Vahlens Großes Auditing Lexikon

Vahlens Großes Auditing Lexikon

Herausgegeben von

StB Prof. Dr. Carl-Christian Freidank
Prof. Dr. Laurenz Lachnit
und
WP/StB Jörg Tesch

Schriftleitung

StB Stefan C. Weber

Verlag C. H. Beck München
Verlag Franz Vahlen München

ISBN 978 3 8006 3171 1

© 2007 Verlag Franz Vahlen GmbH, Wilhelmstraße 9, 80801 München
Satz: ottomedien
Ostendstraße 29, 64331 Weiterstadt
Druck: Druckerei C. H. Beck
(Adresse wie Verlag)

Umschlaggestaltung: Bruno Schachtner, Dachau

Gedruckt auf säurefreiem, alterungsbeständigem Papier
(hergestellt aus chlorfrei gebleichtem Zellstoff)

Geleitwort

Die Globalisierungsprozesse der Weltwirtschaft, insbesondere im Hinblick auf die Entwicklung der Kapital- und Finanzmärkte, haben in Verbindung mit nationalen Reformen, europäischen Harmonisierungsprozessen und anglo-amerikanischen Herausforderungen einerseits und neueren wissenschaftlichen Erkenntnissen andererseits dazu geführt, dass sich das traditionelle Revisions- und Treuhandwesen in den letzten Jahren zu einem komplexen Fachgebiet weiterentwickelt hat. Es umfasst heute sämtliche Bereiche der Unternehmensüberwachung, -steuerung und -beratung. Dabei ist zusätzlich die mit diesen Umbrüchen verbundene Transformationsdynamik der Gesetzgeber, internationalen Standardsetter, der Berufsverbände und/oder der Aufsichtsbehörden zu berücksichtigen. Daher ist es eine besondere Herausforderung für die in diese Prozesse Eingebundenen bzw. Beteiligten, umfassende und aktuelle Information zu sichern und sich auf die komplexen und neuen Anforderungen einzustellen.

Vor diesem Hintergrund ist es zu begrüßen, dass sich zwei Hochschullehrer und ein Vertreter des wirtschaftsprüfenden Berufsstandes zusammengefunden haben, um ein umfangreiches Auditing-Lexikon herauszugeben. Dank der gelungenen Synthese von Theorie und Praxis und der hohen Aktualität, verbunden mit der übersichtlichen Darstellung und unter Heranziehung der durchdachten Zugriffmöglichkeiten, gelingt es dem Nachschlagewerk eindrucksvoll, eine Lücke im Schrifttum zum betriebswirtschaftlichen Prüfungswesen zu schließen. Die Aufnahme des Werkes in die renommierte Reihe „Vahlens Große Lexika" des C.H. Beck/Franz Vahlen Verlags, das überzeugende Konzept der Herausgeber sowie die hohe Fachkompetenz und die außerordentlich sorgfältige Arbeitsweise der Autoren waren wesentliche Gründe für die Deloitte & Touche GmbH Wirtschaftsprüfungsgesellschaft, Vahlens Großes Auditing Lexikon zu fördern. Ich wünsche dem Werk, das seinen Adressatenkreis mit Sicherheit erreichen wird, eine weite Verbreitung und viele Neuauflagen.

München, im Februar 2007
Prof. Dr. Wolfgang Grewe
Senior Partner Deloitte Deutschland
Managing Partner Deloitte Touche Tohmatsu
Europe Middle East Africa

Vorwort der Herausgeber

Vahlens Großes Auditing Lexikon zielt darauf ab, dem Benutzer einen schnellen, aktuellen und umfassenden Zugriff auf wesentliche Inhalte der nationalen und internationalen Unternehmensüberwachung und Unternehmenssteuerung (Corporate Governance) zu ermöglichen. Das Lexikon, das einerseits einen hohen Praxisbezug aufweist, andererseits aber auch Adressaten aus der Wissenschaft erreichen will, richtet sich primär an Wirtschaftsprüfer, vereidigte Buchprüfer, Verbands-, Betriebs- und Außenprüfer der öffentlichen Verwaltung, Steuerberater, Aufsichts- und Beiräte sowie Unternehmensberater, ferner an Fach- und Führungskräfte aus den Bereichen Rechnungs-, Finanz- und Steuerwesen sowie Interner Revision und Controlling. Aber auch Studenten und Dozenten der Wirtschafts- und Rechtswissenschaften an Universitäten, Fachhochschulen sowie Berufs- und Wirtschaftsakademien sollen angesprochen werden. Schließlich ist Vahlens Großes Auditing Lexikon in besonderem Maße für die Vorbereitung auf die Examina des wirtschaftsprüfenden bzw. steuerberatenden Berufes geeignet und beabsichtigt, auch in dieser Hinsicht eine Lücke im Schrifttum zu schließen.

Von dem genannten Adressatenkreis werden im Hinblick auf das komplexe und dynamische Fachgebiet des Auditing in steigendem Umfang zeitnahe Informationen sowohl zu elementaren Fragen als auch zu aktuellen Entwicklungen aus den Bereichen Prüfung, Kontrolle, Aufsicht und Consulting benötigt. Auf der Grundlage neuester betriebswirtschaftlicher Erkenntnisse, wichtiger nationaler und internationaler Neuerungen, höchstrichterlicher Rechtsprechung sowie Erfahrungen der Praxis wird dem Leser des Auditing Lexikons zur Unterstützung seiner Tätigkeit eine Auswahl von *2.800 Stichwörtern* angeboten, die sich aus *965 beschreibenden, inhaltsprägenden Basisstichwörtern* (einschließlich weiterführender Literaturangaben) und *1.835 Verweisstichwörtern* zusammensetzt. Dabei beziehen sich die Stichwörter im Bereich Consulting in erster Linie auf die Beratungsfunktion der wirtschaftsprüfenden bzw. steuerberatenden Berufsstandes. Darüber hinaus wurden knapp *30 Basisstichwörter* verfasst, die auf länderspezifische Besonderheiten der Wirtschaftsprüfung (z.B. Wirtschaftsprüfung in China) eingehen.

Als Bearbeiter der Basisstichwörter konnten insgesamt *473 Autoren* aus Wissenschaft und Praxis gewonnen werden, die aufgrund ihrer speziellen Forschungsschwerpunkte bzw. Arbeitsgebiete und Erfahrungen in besonderem Maße ausgewiesen und geeignet sind, die Konzeption des Lexikons umzusetzen, insbesondere konkrete Entscheidungshilfen und Lösungen bei komplexen Problemstellungen in systematischer und verständlicher Form zu liefern. Während die Verfasser historische Ausführungen, theoretische Fundierungen und Herleitungen auf ein Mindestmaß reduziert haben, wurden gegensätzliche Auffassungen im Schrifttum und der betriebswirtschaftlichen Praxis zu einzelnen Stichwörtern in gebotener Kürze dargestellt und ggf. kommentiert. Zudem haben die Herausgeber darauf geachtet, dass die Bearbeitung der länderspezifischen Basisstichwörter zur Wirtschaftsprüfung von Autoren aus dem jeweiligen Kulturkreis übernommen wurde. Verfasser, Herausgeber und Schriftleitung haben sich bemüht, sämtliche bis Ende 2006 eingetretenen Rechtsänderungen zu berücksichtigen oder zumindest auf diese Novellierungen hinzuweisen.

Die Herausgeber danken allen Beteiligten für ihre engagierte Mitarbeit am Vahlens Großes Auditing Lexikon. Zunächst gilt der Dank den Bearbeitern der Basisstichworte, ohne deren Bereitschaft und Geduld das Projekt nicht hätte realisiert werden können. Danken möchten die Herausgeber vor allem Herrn StB, Dipl.-Bw. Stefan C. Weber für die Übernahme der Schriftleitung, der durch seinen Einsatz, seine Akribie und Gelassenheit entscheidend zur Erstellung des Lexikons in der vorliegenden Form beigetragen hat. Ein besonderer Dank geht ebenfalls an die Herren Dr. Helmut Ammann † und Prof. Dr. Stefan Müller für die konzeptionelle und redaktionelle Hilfe. Weiterhin danken die Herausgeber Frau Dr. Eva Griewel, Frau Dipl-Kffr. Annemarie Kusch und Herrn Dipl.-Kfm. Marco Canipa-Valdez sowie Frau Katharina Bosse, Herrn cand.rer.pol. Jan Jucknat, Herrn Dipl.-Kfm. Max Köster, Herrn Dipl.-Kfm. Stéphan Lechner, Herrn Dipl.-Kfm./Dipl.-Ök. Andreas Mammen, Herrn Dipl.-Kfm. Nyls-Arne Pasternack,

Vorwort der Herausgeber

Herrn Dipl.-Kfm. Richard Simm, Herrn Dipl.-Kfm. Volker Steinmeyer, Herrn Dipl.-Kfm. Patrick Velte, Frau Hermine Werner, Herrn Dipl.-Kfm. Thomas Wernicke und Herrn WP/StB Dr. Ralf Wissmann für die intensive und zuverlässige Unterstützung der Schriftleitung. Schließlich geht ein herzlicher Dank an Herrn Dr. Jürgen Schechler und Herrn Dipl.-Vw. Dieter Sobotka von den Verlagen C.H. Beck und Franz Vahlen sowie Herrn Manfred Otto von ottomedien für die außerordentliche gute Zusammenarbeit bei der Publikation des Lexikons. Last but not least sei der Deloitte & Touche GmbH Wirtschaftsprüfungsgesellschaft für die großzügige finanzielle Förderung des gesamten Projekts gedankt.

Hamburg/Oldenburg
im Februar 2007

Carl-Christian Freidank
Laurenz Lachnit
Jörg Tesch

Benutzerhinweise

1. Die einzelnen Basisstichwörter vermitteln neben den notwendigen Grundlagen insbesondere Informationen über geänderte Regelungen, aktuelle betriebswirtschaftliche Konzepte und Methoden sowie neue wissenschaftliche Erkenntnisse. Zudem wurde ihre Bearbeitung aus Sicht der Aufgaben des wirtschaftsprüfenden Berufsstandes vorgenommen. Sofern die Herausgeber es aus Gründen einer besseren Abgrenzung zu anderen Stichwörtern und einer gezielteren Informationsvermittlung als notwendig erachtet haben, wurde bereits im Titel zu einigen Basisstichwörtern auf diese Fokussierung hingewiesen (z.B. „Abschlusserstellung durch den Wirtschaftsprüfer"; „Anschaffungskosten, Prüfung der").

2. Das Lexikon enthält beschreibende, inhaltsprägende Basisstichwörter und Stichwörter als reine Verweise, die streng alphabetisch geordnet sind. Besteht ein Stichwort aus mehr als einem Wort (z.B. „Revisions- und Treuhandbetriebe"), dann ist der Anfangsbuchstabe des ersten Wortes (hier: R) für seine alphabetische Einordnung maßgebend. Sofern bei mehreren Stichwörtern das erste Wort in allen Buchstaben identisch ist (z.B. „Controlling, Aufgaben des" und „Controlling im Konzern"), wird der erste Buchstabe des zweiten Wortes als alphabetischer Ordnungsmaßstab verwandt. Sinngemäß wird verfahren, wenn bei Stichwörtern mehrere Worte identisch sind (z.B. „Bilanzpolitische Gestaltungsspielräume nach HGB" und „Bilanzpolitische Gestaltungsspielräume nach US GAAP"). Aus Sicht der alphabetischen Reihenfolge wurden die Umlaute ä, ö und ü wie ae, oe und ue behandelt.

3. Im laufenden Text einzelner Basisstichwörter sind mittels eines Pfeils Verweise auf andere Beiträge im Vahlens Großes Auditing Lexikon eingearbeitet, um zum einen die einzelnen Stichwörter des Werkes miteinander zu vernetzen und zum anderen thematische Querverbindungen deutlich zu machen. Eine Verweisung auf ein anderes Basisstichwort erfolgt innerhalb eines Beitrags grundsätzlich nur bei seiner Erstnennung. Lediglich Verweisungen in Klammernzusätzen können mehrfach auftreten.

4. Quellenangaben erfolgen zunächst im laufenden Text der einzelnen Basisstichwörter durch Kurzzitation. Am Ende der Basisstichwörter finden sich die exakten Fundstellen sowie weiterführende Literaturhinweise.

5. Sämtliche im Lexikon verwandten Abkürzungen sind im Abkürzungsverzeichnis oder im laufenden Text erläutert. Sofern Symbole z.B. in mathematischen Formeln, Tabellen oder Graphiken verwendet wurden, sind diese im laufenden Text erklärt.

6. Die Namen der Autoren befinden sich zum einen unter den einzelnen Basisstichwörtern und zum anderen in ausführlicher Form im Mitarbeiterverzeichnis.

7. Die Lösung der Frage, ob ein Sachverhalt unter einem deutschen oder englischen Begriff erläutert werden soll, wurde nach Maßgabe der üblichen Gebräuchlichkeit entschieden (z.B. „Cost Driver" und nicht „Kostentreiber"). Ein schneller Zugriff auf das jeweilige Basisstichwort wird über Verweisstichwörter gewährleistet (so erfolgt etwa beim Verweisstichwort „Kostentreiber" ein Hinweis auf das Basisstichwort „Cost Driver").

8. Zum Zwecke der Hervorhebung wichtiger Begriffe und Passagen sowie von Namen wurden diese kursiv gesetzt.

Mitarbeiterverzeichnis

1. Herausgeber

Freidank, Carl-Christian, Prof. Dr., Universität Hamburg, Fakultät Wirtschafts- und Sozialwissenschaften, Department Wirtschaftswissenschaften, Institut für Wirtschaftsprüfung und Steuerwesen, Lehrstuhl für Revisions- und Treuhandwesen, Max-Brauer-Allee 60, 22765 Hamburg, Tel.: 040/42838-6712, Fax: 040/42838-6714, E-Mail: freidank@mba.uni-hamburg.de.

Lachnit, Laurenz, Prof. Dr., Carl von Ossietzky Universität Oldenburg, Fakultät II: Informatik, Wirtschafts- und Rechtswissenschaften, Institut für Betriebswirtschaftslehre und Wirtschaftspädagogik, Professur für Rechnungswesen, Wirtschaftsprüfung und Controlling, Postfach 2503, 26111 Oldenburg, Tel.: 0441/798-4191, Fax: 0441/798-4170, E-Mail: Laurenz.Lachnit@uni-oldenburg.de.

Tesch, Jörg, WP/StB, Deloitte & Touche GmbH Wirtschaftsprüfungsgesellschaft, Axel-Springer-Platz 3, 20355 Hamburg, Tel.: 040/32080-4520, Fax: 040/32080-4700, E-Mail: jtesch@deloitte.de.

2. Schriftleitung

Weber, Stefan C., StB, Universität Hamburg, Fakultät Wirtschafts- und Sozialwissenschaften, Department Wirtschaftswissenschaften, Institut für Wirtschaftsprüfung und Steuerwesen, Lehrstuhl für Revisions- und Treuhandwesen, Max-Brauer-Allee 60, 22765 Hamburg, Tel.: 040/42838-2955, Fax: 040/42838-6714, E-Mail: st.weber@mba.uni-hamburg.de.

3. Auroren einzelner Stichwörter

Alewell, Dorothea, Prof. Dr., Friedrich-Schiller-Universität Jena, Wirtschaftswissenschaftliche Fakultät, Lehrstuhl für Allgemeine Betriebswirtschaftslehre, insb. Personalwirtschaft und Organisation, Carl-Zeiß-Str. 3, 07743 Jena

Altenburger, Otto A., WP/StB Prof. Dr., Universität Wien, Institut für Betriebswirtschaftslehre, Lehrstuhl für Externes Rechnungswesen (Revision und Treuhand), Brünner Str. 72, A-1210 Wien

Antonakopoulos, Nadine, Dipl.-Bw., KPMG Deutsche Treuhand-Gesellschaft, Department of Professional Practice Audit, Banking & Finance, Marie-Curie-Str. 30, 60439 Frankfurt a. M.

Baetge, Jörg, Prof. Dr. Dr. h.c., Westfälische Wilhelms-Universität Münster, Wirtschaftswissenschaftliche Fakultät, Am Meckelbach 17, 48161 Münster

Balke, Jörg, WP/StB, Deloitte & Touche GmbH Wirtschaftsprüfungsgesellschaft, Seemannstr. 8, 04317 Leipzig

Ballwieser, Wolfgang, Prof. Dr. Dr. h.c., Ludwig-Maximilians-Universität München, Department für Betriebswirtschaft, Seminar für Rechnungswesen und Prüfung, Ludwigstr. 28 RG, 80539 München

Bantleon, Ulrich, WP/StB Prof., Berufsakademie Villingen-Schwenningen, Friedrich-Ebert-Str. 30, 78054 Villingen-Schwenningen

Barckow, Andreas, Dr., Deloitte & Touche GmbH Wirtschaftsprüfungsgesellschaft, Franklinstr. 50, 60486 Frankfurt a. M.

Bareis, Peter, StB Prof. Dr., Betzenbergstr. 6, 72135 Dettenhausen

Bassen, Alexander, Prof. Dr., Universität Hamburg, Lehrstuhl für Allgemeine Betriebswirtschaftslehre mit Schwerpunkt Finanzierung/Investition, Von-Melle-Park 9, 20146 Hamburg

Bayer, Herbert, RA, Deloitte & Touche GmbH Wirtschaftsprüfungsgesellschaft, Rosenheimer Platz 4, 81669 München

Bechstein, Robert, RA, Oettinger und Partner GbR – Rechtsanwälte, Wirtschaftsprüfer, Steuerberater, Dieselstr. 15, 71254 Ditzingen

Berens, Wolfgang, Prof. Dr., Westfälische Wilhelms-Universität Münster, Wirtschaftswissenschaftliche Fakultät, Lehrstuhl für Betriebswirtschaftslehre, insb. Controlling, Universitätsstr. 14–16, 48143 Münster

Berger, Jens, CPA, Deloitte & Touche GmbH Wirtschaftsprüfungsgesellschaft, Franklinstr. 50, 60486 Frankfurt a. M.

Berger, Ralf, WP/StB, Deloitte & Touche GmbH Wirtschaftsprüfungsgesellschaft, Schwannstr. 6, 40476 Düsseldorf

Bernais, Nina, Dipl.-Bw., Kanzlei Prof. Dr. Peter Haller – Wirtschaftsprüfer, Kurfürstenstr. 15, 36037 Fulda

Berninghaus, Harald, Dr., RSM Hemmelrath Management Consultants, Jungfernstieg 30, 20354 Hamburg

Bertram, Frank, WP/StB, Deloitte & Touche GmbH Wirtschaftsprüfungsgesellschaft, Axel-Springer-Platz 3, 20355 Hamburg

Beyer, Dirk, Dipl.-Kfm., Technische Universität Dresden, Fakultät Wirtschaftswissenschaften, Lehrstuhl für Betriebswirtschaftslehre, insb. betriebliches Rechnungswesen/Controlling, Mommsenstr. 13, 01062 Dresden

Bieg, Hartmut, Prof. Dr., Universität des Saarlandes, Rechts- und Wirtschaftswissenschaftliche Fakultät, Lehrstuhl für Allgemeine Betriebswirtschaftslehre, insb. Bankbetriebslehre, Postfach 151150, 66041 Saarbrücken

Bielenberg, Oliver, WP/StB, Deloitte & Touche GmbH Wirtschaftsprüfungsgesellschaft, Axel-Springer-Platz 3, 20355 Hamburg

Biethahn, Jörg, Prof. Dr., Georg-August-Universität Göttingen, Fachbereich Wirtschaftswissenschaften, Institut für Wirtschaftsinformatik, Abteilung I, Platz der Göttinger Sieben 5, 37073 Göttingen

Birkental, Rüdiger, WP/StB, Deloitte & Touche GmbH Wirtschaftsprüfungsgesellschaft, Schwannstr. 6, 40476 Düsseldorf

Mitarbeiterverzeichnis

Bliesener, Max-Michael, Prof. Dr., Universität Lüneburg, Fakultät für Wirtschafts-, Verhaltens- und Rechtswissenschaften, Volgershall 1, 21339 Lüneburg

Böcking, Hans-Joachim, Prof. Dr., Universität Frankfurt a.M., Fachbereich Wirtschaftswissenschaften, Professur für Betriebswirtschaftslehre, insb. Wirtschaftsprüfung und Corporate Governance, Postfach 111932, 60054 Frankfurt a. M.

Böhlhoff, Marc, WP/StB, Deloitte & Touche GmbH Wirtschaftsprüfungsgesellschaft, Schwannstr. 6, 40476 Düsseldorf

Bolin, Manfred, Prof. Dr., BDO Deutsche Warentreuhand AG Wirtschaftsprüfungsgesellschaft, Ferdinandstr. 59, 20095 Hamburg

Bonthrone, Robin, Fry & Bonthrone Partnerschaft, In der Witz 29, 55252 Mainz-Kastel

Bosch, Wolfgang, Dr., Gleiss Lutz, Mendelssohnstr. 87, 60325 Frankfurt a. M.

Botta, Volkmar, Prof. Dr., Grillparzerweg 9, 07749 Jena

Brameier, Simon, Deloitte & Touche GmbH Wirtschaftsprüfungsgesellschaft, Franklinstr. 50, 60486 Frankfurt a. M.

Brandt, Oliver K., Dipl.-Kfm., DekaBank Deutsche Girozentrale, Mainzer Landstr. 16, 60325 Frankfurt a. M.

Breisig, Thomas, Prof. Dr., Carl von Ossietzky Universität Oldenburg, Fakultät II: Informatik, Wirtschafts- und Rechtswissenschaften, Institut für Betriebswirtschaftslehre und Wirtschaftspädagogik, Fachgebiet Organisation und Personal, Postfach 2503, 26111 Oldenburg

Breithecker, Volker, StB Prof. Dr., Universität Duisburg-Essen, Mercator School of Management, Department of Accounting and Finance, Lotharstr. 65, 47057 Duisburg

Bretthauer, Sven, Deloitte & Touche GmbH Wirtschaftsprüfungsgesellschaft, Kurfürstendamm 23, 10719 Berlin

Brodersen, Ole, Dipl.-Wirt.-Inf., Georg-August-Universität Göttingen, Fachbereich Wirtschaftswissenschaften, Institut für Wirtschaftsinformatik, Abteilung I, Platz der Göttinger Sieben 5, 37073 Göttingen

Brösel, Gerrit, PD Dr., Technische Universität Ilmenau, Wirtschaftswissenschaftliche Fakultät, Institut für Betriebswirtschaft, Fachgebiet Rechnungswesen/Controlling, Postfach 100565, 98684 Ilmenau

Brühl, Rolf, Prof. Dr., ESCP – EAP Europäische Wirtschaftshochschule Berlin, Lehrstuhl für Unternehmensplanung und Controlling, Heubnerweg 6, 14059 Berlin

Bruhn, Manfred, Prof. Dr., Universität Basel, Wirtschaftswissenschaftliche Fakultät, Lehrstuhl für Marketing und Unternehmensführung, Petersgraben 51, CH-4051 Basel

Budäus, Dietrich, Prof. Dr. Dr. h.c., Universität Hamburg, Department Wirtschaft und Politik, Fachgebiet Betriebswirtschaftslehre, Lehrstuhl Public Management, Rentzelstr. 7, 20146 Hamburg

Buhleier, Claus, WP/StB/CPA Dr., Deloitte & Touche GmbH Wirtschaftsprüfungsgesellschaft, Q 5, 22, 68161 Mannheim

Bühler, Matthias, WP/CPA, Deloitte & Touche GmbH Wirtschaftsprüfungsgesellschaft, Q 5, 22, 68161 Mannheim

Bukowski, Michael, WP/StB, Deloitte & Touche GmbH Wirtschaftsprüfungsgesellschaft, Georgstr. 52, 30159 Hannover

Burkert, Frank, Deloitte & Touche GmbH Wirtschaftsprüfungsgesellschaft, Axel-Springer-Platz 3, 20355 Hamburg

Burkhardt, Katja, Dipl.-Kffr., Universität Hohenheim, Fakultät Wirtschafts- und Sozialwissenschaften, Institut für Betriebswirtschaftslehre, Lehrstuhl für Rechnungswesen und Finanzierung, Kohlerstr. 4, 70619 Stuttgart

Buscher, Udo, Prof. Dr., Technische Universität Dresden, Fakultät Wirtschaftswissenschaften, Lehrstuhl für Betriebswirtschaftslehre, insb. Industrielles Management, 01062 Dresden

Canis, Anne, Dipl.-Kffr., Friedrich-Schiller-Universität Jena, Wirtschaftswissenschaftliche Fakultät, Lehrstuhl für Allgemeine Betriebswirtschaftslehre, insb. Personalwirtschaft und Organisation, Carl-Zeiß-Str. 3, 07743 Jena

Carletti, Anna Maria, Deloitte & Touche, Palazzo Carducce, Via Olona 2, I-20123 Milan

Clauß, Carsten, StB/RA, Wirtschaftsprüferkammer, Berlin, Rauchstr. 26, 10787 Berlin

Corsten, Hans, Prof. Dr., Universität Kaiserslautern, Wirtschaftswissenschaftliche Fakultät, Lehrstuhl für Produktionswirtschaft, Gottlieb-Daimler-Str. Geb. 42, 67663 Kaiserslautern

Corsten, Martina, Dipl.-Kffr., Universität Mannheim, Fakultät für Betriebswirtschaftslehre, Lehrstuhl für Allgemeine Betriebswirtschaftslehre und Rechnungswesen, Ernst & Young Stiftungslehrstuhl, Schloss – Ostflügel, 68131 Mannheim

Crampton, Adrian, WP/CA, Deloitte & Touche GmbH Wirtschaftsprüfungsgesellschaft, Schwannstr. 6, 40476 Düsseldorf

Dahlke, Andreas, Dipl.-Kfm., Universität Hohenheim, Fakultät Wirtschafts- und Sozialwissenschaften, Institut für Betriebswirtschaftslehre, Lehrstuhl für Betriebswirtschaftliche Steuerlehre und Prüfungswesen (510G), 70593 Stuttgart

Darby, Roderick, M.A., Wirtschaftsübersetzer, Château de la Brunié, F-81220 Damiatte

De Schutter, Patrick, Deloitte Bedrijfsrevisoren/Reviseurs d'Entreprises, Lange Lozanastraat 270, B-2018 Antwerpen

Deimel, Klaus, Prof. Dr., Fachhochschule Bonn-Rhein-Sieg (University of Applied Sciences), Fachbereich Wirtschaft, von-Liebig-Str. 20, 53359 Rheinbach

Delahaye, Susanne, Dipl.-Kffr., Rheinisch-Westfälische Technische Hochschule Aachen, Fakultät für Wirtschaftswissenschaften, Lehrstuhl für Betriebswirtschaftliche Steuerlehre und Wirtschaftsprüfung, Templergraben 64, 52056 Aachen

Detert, Karsten, Dipl.-Ök., Ruhr-Universität Bochum, Fakultät für Wirtschaftswissenschaft, Lehrstuhl für Internationale Unternehmensrechnung, Universitätsstr. 150, 44780 Bochum

Mitarbeiterverzeichnis

Dey, Günther, Prof. Dr., Hochschule Bremen, Fachbereich Wirtschaft, Werderstr. 73, 28199 Bremen

Diedrich, Ralf, Prof. Dr., Universität Leipzig, Wirtschaftswissenschaftliche Fakultät, Professur für Allgemeine Betriebswirtschaftslehre (Controlling, Unternehmensrechnung), Marschnerstr. 31, 04109 Leipzig

Diehm, Sven, Dr., Deutsche Telekom AG, Friedrich-Ebert-Allee 140, 53113 Bonn

Dietterle, Peter, WP/StB, Deloitte & Touche GmbH Wirtschaftsprüfungsgesellschaft, Axel-Springer-Platz 3, 20355 Hamburg

Dinter, Christian, WP/StB, Deloitte & Touche GmbH Wirtschaftsprüfungsgesellschaft, Axel-Springer-Platz 3, 20355 Hamburg

Dohm, Karin, WP/StB, Deloitte & Touche GmbH Wirtschaftsprüfungsgesellschaft, Kurfürstendamm 23, 10719 Berlin

Drüppel, Thomas, WP/StB, Deloitte & Touche GmbH Wirtschaftsprüfungsgesellschaft, Bornknechtstr. 5, 06108 Halle

Dwenger, Nadja, Dipl.-Kffr., Technische Universität Berlin, Zionskirchstr. 36, 10119 Berlin

Ebeling, Ralf Michael, Prof. Dr., Universität Halle, Wirtschaftswissenschaftliche Fakultät, Externes Rechnungswesen und Wirtschaftsprüfung, Große Steinstr. 73, 06099 Halle

Eberhardt, Tim, Dr., Universität Hamburg, Präsidialverwaltung, Leiter Innenrevision, Edmund-Siemens-Allee 1, 20146 Hamburg

Echinger, Barbara, WP/StB, RWT-Horwath GmbH Wirtschaftsprüfungsgesellschaft, Charlottenstr. 45–51, 72764 Reutlingen

Egner, Thomas, Prof. Dr., WHL – Wissenschaftliche Hochschule Lahr, Lehrstuhl für Betriebswirtschaftliche Steuerlehre und Externes Rechnungswesen, Hohbergweg 15-17, 77933 Lahr

Ehrhardt, Olaf, Prof. Dr., Fachhochschule Stralsund, Zur Schwedenschanze 15, 18435 Stralsund

Eigenstetter, Hans, StB Prof. Dr., EHS Steuerberatungsgesellschaft mbH, Clermont-Ferrand-Allee 34, 93049 Regensburg

Eisenmenger, Sven, Dr., Universität Hamburg, Fakultät Wirtschafts- und Sozialwissenschaften, Department Wirtschaftswissenschaften, Institut für Recht der Wirtschaft, Max-Brauer-Allee 60, 22765 Hamburg

Elbert, Ralf, Dr., Technische Universität Darmstadt, Fachbereich Rechts- und Wirtschaftswissenschaften, Fachgebiet Unternehmensführung & Logistik, Hochschulstr. 1, 64289 Darmstadt

Elschen, Rainer, Prof. Dr., Universität Duisburg-Essen, Fachbereich 5: Wirtschaftswissenschaften, Lehrstuhl für Finanzwirtschaft und Banken, Universitätsstr. 12, 45117 Essen

Engelhardt, Heiko, WP/StB, Deloitte & Touche GmbH Wirtschaftsprüfungsgesellschaft, Georgstr. 52, 30159 Hannover

Epstein, Rolf, Deloitte Consulting GmbH, Franklinstr. 50, 60486 Frankfurt a. M.

Erhardt, Martin, Prof. Dr., Hochschule Pforzheim, Tiefenbronner Str. 65, 75175 Pforzheim

Ernst, Christoph, Dr., Bundesministerium der Justiz Berlin, Mohrenstr. 37, 10117 Berlin

Ernstberger, Jürgen, Dr., Universität Regensburg, Wirtschaftswissenschaftliche Fakultät, Lehrstuhl Betriebswirtschaftslehre, insb. Financial Accounting and Auditing, Universitätsstr. 31, 93053 Regensburg

Euler, Roland, Prof. Dr., Johannes Gutenberg-Universität Mainz, Fachbereich Rechts- und Wirtschaftswissenschaften, Lehrstuhl für Betriebswirtschaftslehre, insb. Betriebliche Steuerlehre, Jakob-Welder-Weg 9, 55099 Mainz

Ewert, Jens, Deloitte & Touche, 30/F Bund Center 222 Yan An Road East, 200002 Shanghai

Ewert, Ralf, Prof. Dr., Universität Frankfurt a.M., Fachbereich Wirtschaftswissenschaften, Lehrstuhl für Betriebswirtschaftslehre, insb. Controlling und Auditing, Mertonstr. 17, 60054 Frankfurt a. M.

Fabritius, Dieter, Deloitte & Touche GmbH Wirtschaftsprüfungsgesellschaft, Löffelstr. 42, 70597 Stuttgart

Farsky, Mario, Dipl.-Kfm., Universität Hamburg, Institut für Handel und Marketing, Arbeitsbereich Marketing & Branding, Von-Melle-Park 5, 20146 Hamburg

Federmann, Rudolf, StB Prof. Dr., Helmut-Schmidt-Universität, Universität der Bundeswehr Hamburg, Institut für Betriebswirtschaftliche Steuerlehre, Holstenhofweg 85, 22039 Hamburg

Fischbach, Sven, Prof. Dr., Fachhochschule Mainz (University of Applied Sciences), Mainzer Str. 17, 65719 Hofheim a.T.

Fischenich, Wilfried, Deutsches Institut für Interne Revision e.V. (IIR), Ohmstr. 59, 60486 Frankfurt a. M.

Fischer, Thomas M., Prof. Dr., Friedrich-Alexander-Universität Erlangen-Nürnberg, Lehrstuhl für Rechnungswesen und Controlling, Lange Gasse 20, 90403 Nürnberg

Flöthe, Nicole, Dipl.-Inform., Deloitte & Touche GmbH Wirtschaftsprüfungsgesellschaft, Seemannstr. 8, 04317 Leipzig

Franz, Klaus-Peter, Prof. Dr., Heinrich-Heine-Universität Düsseldorf, Wirtschaftswissenschaftliche Fakultät, Lehrstuhl für Unternehmensprüfung und Controlling, Universitätsstr. 1, 40225 Düsseldorf

Franzenburg, Dirk, WP/StB, Sparkassen- und Giroverband für Schleswig-Holstein, Faluner Weg 6, 24109 Kiel

Freidank, Carl-Christian, Prof. Dr., Universität Hamburg, Fakultät Wirtschafts- und Sozialwissenschaften, Department Wirtschaftswissenschaften, Institut für Wirtschaftsprüfung und Steuerwesen, Lehrstuhl für Revisions- und Treuhandwesen, Max-Brauer-Allee 60, 22765 Hamburg

Freiling, Jörg, Prof. Dr., Universität Bremen, Fachbereich Wirtschaftswissenschaft, Lehrstuhl für Mittelstand, Existenzgründung und Entrepreneurship, Wilhelm-Herbst-Str. 5, 28359 Bremen

Friederichs-Schmidt, Silke, Dr., Generali Versicherungen, Adenauerring 7, 81737 München

Friedl, Birgit, Prof. Dr., Christian-Albrechts-Universität zu Kiel, Wirtschafts- und Sozialwissenschaftliche Fakultät, Institut für Betriebswirtschaftslehre, Olshausenstr. 40, 24098 Kiel

Mitarbeiterverzeichnis

Friedrich, Carsten, WP/StB, Deloitte & Touche GmbH Wirtschaftsprüfungsgesellschaft, Schwannstr. 6, 40476 Düsseldorf

Frotscher, Gerrit, Prof. Dr., Universität Hamburg, Institut für Ausländisches und Internationales Finanz- und Steuerwesen, Sedanstr. 19, 20146 Hamburg

Gadatsch, Andreas, Prof. Dr., Fachhochschule Bonn-Rhein-Sieg (University of Applied Sciences), Professur für Betriebswirtschaftslehre, insb. Wirtschaftsinformatik, Grantham Allee 20, 53757 St. Augustin

Gaitanides, Michael, Prof. Dr., Helmut-Schmidt-Universität, Universität der Bundeswehr Hamburg, Fachbereich Wirtschafts- und Organisationswissenschaften, Holstenhofweg 85, 22039 Hamburg

Georghadjis, Costas, Deloitte & Touche, P.O.Box 53180, CY-3301 Limassol

Gerum, Elmar, Prof. Dr., Philipps-Universität Marburg, Fachbereich Wirtschaftswissenschaften, Lehrstuhl für Allgemeine Betriebswirtschaftslehre, Organisation und Personalwirtschaft, Universitätsstr. 24, 35032 Marburg

Gerybadze, Alexander, Prof. Dr., Universität Hohenheim, Fakultät für Wirtschafts- und Sozialwissenschaften, Lehrstuhl für Internationales Management, Schloß Osthof-Nord, 70599 Stuttgart

Giehle, Uwe, WP/StB, Deloitte & Touche GmbH Wirtschaftsprüfungsgesellschaft, Franklinstr. 50, 60486 Frankfurt a. M.

Gneuß, Stefan, WP, Deloitte & Touche GmbH Wirtschaftsprüfungsgesellschaft, Seemannstr. 8, 04317 Leipzig

Göbel, Markus, Dr., Helmut-Schmidt-Universität, Universität der Bundeswehr Hamburg, Institut für betriebliche Logistik und Organisation, Holstenhofweg 85, 22043 Hamburg

Göbel, Stefan, Prof. Dr., Universität Rostock, Wirtschafts- und Sozialwissenschaftliche Fakultät, Lehrstuhl für Unternehmensrechnung und -besteuerung, Ulmenstr. 69, 18057 Rostock

Goltz, Ferdinand, Dr., Wirtschaftsprüferkammer, Berlin, Rauchstr. 26, 10787 Berlin

Goos, Bernd, WP/StB, Deloitte & Touche GmbH Wirtschaftsprüfungsgesellschaft, Axel-Springer-Platz 3, 20355 Hamburg

Gössinger, Ralf, Prof. Dr., Universität Dortmund, Wirtschafts- und Sozialwissenschaftliche Fakultät, Lehrstuhl für Produktion und Logistik, Otto-Hahn-Str. 6, 44227 Dortmund

Göthel, Stephan R., RA Dr., Happ Lutter & Partner, Hermannstr. 40, 20095 Hamburg

Götze, Uwe, Prof. Dr., Technische Universität Chemnitz, Fakultät für Wirtschaftswissenschaften, Professur Betriebswirtschaftslehre III: Unternehmensrechnung und Controlling, Reichenhainer Str. 39, 09107 Chemnitz

Gräfer, Horst, Prof. Dr., Universität Paderborn, Fakultät für Wirtschaftswissenschaften, Warburger Str. 100, 33098 Paderborn

Grelck, Sven, Dipl.-Inform., agens Consulting GmbH, Buchenweg 11-13, 25479 Ellerau

Griewel, Eva, Dr., Deloitte & Touche GmbH Wirtschaftsprüfungsgesellschaft, Axel-Springer-Platz 3, 20355 Hamburg

Gröger, Hans-Christian, Dipl.-Kfm., Universität Leipzig, Wirtschaftswissenschaftliche Fakultät, Professur für Allgemeine Betriebswirtschaftslehre (Controlling, Unternehmensrechnung), Marschnerstr. 31, 04109 Leipzig

Groß, Peter, Dipl.-Finw., Bundesfinanzakademie Brühl, Willy-Brandt-Str. 10, 50321 Brühl

Gross, Mirco, Dipl.Kfm., Universität St. Gallen, Institut für öffentliche Dienstleistungen und Tourismus (IDT-HSG), Dufourstr. 40b, CH-9000 St. Gallen

Grotherr, Siegfried, Prof. Dr., Universität Hamburg, Fakultät Wirtschafts- und Sozialwissenschaften, Department Wirtschaftswissenschaften, Institut für Wirtschaftsprüfung und Steuerwesen, Arbeitsbereich Betriebswirtschaftliche Steuerlehre, Von-Melle-Park 5, 20146 Hamburg

Grünewald, Holger, WP/StB, Deloitte & Touche GmbH Wirtschaftsprüfungsgesellschaft, Schwannstr. 6, 40476 Düsseldorf

Grünstäudl, Matthias, Dipl.-Kfm., Deloitte & Touche GmbH Wirtschaftsprüfungsgesellschaft, Löffelstr. 42, 70597 Stuttgart

Günther, Thomas, Prof. Dr., Technische Universität Dresden, Fakultät Wirtschaftswissenschaften, Lehrstuhl für Betriebswirtschaftslehre, insb. betriebliches Rechnungswesen/Controlling, Mommsenstr. 13, 01062 Dresden

Hachmeister, Dirk, Prof. Dr., Universität Hohenheim, Fakultät Wirtschafts- und Sozialwissenschaften, Institut für Betriebswirtschaftslehre, Lehrstuhl für Rechnungswesen und Finanzierung, Schloß Osthof-Ost, 70593 Stuttgart

Hagmüller, Jürgen, Dipl.-Kfm., Universität Bern, Wirtschafts- und Sozialwissenschaftliche Fakultät, Institut für Unternehmensrechnung und Controlling, Engehaldenstr. 4, CH-3012 Bern

Hahn, Axel, Prof. Dr., Carl von Ossietzky Universität Oldenburg, Department für Informatik, Postfach 2503, 26111 Oldenburg

Hahn, Klaus, StB Prof. Dr., Berufsakademie Stuttgart (University of Cooperative Education), Studienbereich Steuern und Prüfungswesen, Herdweg 21, 70174 Stuttgart

Haller, Axel, Prof. Dr., Universität Regensburg, Wirtschaftswissenschaftliche Fakultät, Lehrstuhl Betriebswirtschaftslehre, insb. Financial Accounting and Auditing, Universitätsstr. 31, 93053 Regensburg

Haller, Peter, WP Prof. Dr., Kanzlei Prof. Dr. Peter Haller – Wirtschaftsprüfer, Kurfürstenstr. 15, 36037 Fulda

Hällmayr, Dirk, WP/StB/CPA, Deloitte & Touche GmbH Wirtschaftsprüfungsgesellschaft, Georgstr. 52, 30159 Hannover

Hammelstein, Klaus, WP/StB, Deloitte & Touche GmbH Wirtschaftsprüfungsgesellschaft, Axel-Springer-Platz 3, 20355 Hamburg

Hartebrodt, Martin, Dipl.-Wirtsch.-Ing., Technische Universität Dresden, Fakultät Wirtschaftswissenschaften, Lehrstuhl für Betriebswirtschaftslehre,

Mitarbeiterverzeichnis

insb. betriebliches Rechnungswesen/Controlling, Mommsenstr. 13, 01062 Dresden

Hartung, Thomas, PD Dr., Ludwig-Maximilians-Universität München, Fakultät für Betriebswirtschaft, Institut für Risikoforschung und Versicherungswirtschaft, Geschwister-Scholl-Platz 1, 80539 München

Hasenkamp, Ulrich, Prof. Dr., Philipps-Universität Marburg, Fachbereich Wirtschaftswissenschaften, Institut für Wirtschaftsinformatik, Universitätsstr. 24, 35032 Marburg

Häussermann, Peter, WP/StB, Deloitte & Touche GmbH Wirtschaftsprüfungsgesellschaft, Rosenheimer Platz 4, 81669 München

Hayn, Sven, WP/CPA Prof. Dr., Ernst & Young Wirtschaftsprüfungsgesellschaft, Rothenbaumchaussee 78, 20148 Hamburg

Heilgeist, Klaus, WP/StB Dr., Bundessteuerberaterkammer, Berlin, Neue Promenade 4, 10178 Berlin

Heinek, Dirk, WP/StB, Deloitte & Touche GmbH Wirtschaftsprüfungsgesellschaft, Kurfürstendamm 23, 10719 Berlin

Heineke, Carsten, Dr., WHU Vallendar, Stiftungslehrstuhl der Deutschen Telekom AG, Lehrstuhl für Betriebswirtschaftslehre, insb. Controlling und Telekommunikation, Burgplatz 2, 56179 Vallendar

Heise, Sabine, Zollfahndungsamt Hamburg, Sieker Landstr. 13, 22143 Hamburg

Helbling, Carl, WP Prof. Dr., Schiedhaldenstr. 17, CH-8700 Küsnacht

Helten, Elmar, Prof. Dr., Ludwig-Maximilians-Universität München, Fakultät für Betriebswirtschaft, Geschwister-Scholl-Platz 1, 80539 München

Heni, Bernhard, StB Prof. Dr., Universität Kassel, Fachbereich Wirtschaftswissenschaften, Fachgebiet Bilanzielles Rechnungswesen, Nora-Platiel-Str. 5, 34109 Kassel

Henselmann, Klaus, Prof. Dr., Friedrich-Alexander-Universität Erlangen-Nürnberg, Betriebswirtschaftliches Institut, Lehrstuhl für Rechnungswesen und Prüfungswesen, Lange Gasse 20, 90403 Nürnberg

Herzig, Andreas, Deloitte & Touche GmbH Wirtschaftsprüfungsgesellschaft, Löffelstr. 42, 70597 Stuttgart

Hesberg, Dieter, PD Dr., Universität Hamburg, Fakultät Wirtschafts- und Sozialwissenschaften, Department Wirtschaftswissenschaften, Institut für Versicherungsbetriebslehre, Von-Melle-Park 5, 20146 Hamburg

Heßeler, Benjamin, Bucerius Law School, Hochschule für Rechtswissenschaft, Jungiusstr. 6, 20355 Hamburg

Heumann, Rainer, Dr., Westfälische Wilhelms-Universität Münster, Wirtschaftswissenschaftliche Fakultät, Universitätsstr. 14–16, 48143 Münster

Heurung, Rainer, WP/StB Prof. Dr., Universität Siegen, Fachbereich Wirtschaftswissenschaften, Wirtschaftsinformatik und Wirtschaftsrecht, Professor für Allgemeine Betriebswirtschaftslehre, insb. Prüfungswesen und Betriebswirtschaftliche Steuerlehre, Hölderlinstr. 3, 57076 Siegen

Heyd, Reinhard, Prof. Dr., Universität Ulm, Fakultät für Mathematik und Wirtschaftswissenschaften, Helmholtzstr. 18, 89081 Ulm

Hildebrandt, Johannes, Dipl.-Wirt.-Math., Universität Bremen, Fachbereich Wirtschaftswissenschaften, Lehrstuhl für Allgemeine Betriebswirtschaftslehre, insb. Finanzwirtschaft, Postfach 330440, 28334 Bremen

Hillebrand, Werner, WP/StB Prof. Dr., Fachhochschule Mainz (University of Applied Sciences), Fachbereich III: Wirtschaftswissenschaften, Schwerpunkt Prüfungs- und Steuerwesen, An der Bruchspitze 50, 55122 Mainz

Hinz, Michael, PD Dr., Universität Duisburg-Essen, Fachbereich 5: Wirtschaftswissenschaften, Lehrstuhl für Betriebswirtschaftslehre, insb. Wirtschaftsprüfung, Universitätsstr. 12, 45117 Essen

Hirschberger, Wolfgang, WP/StB Prof. Dr., Berufsakademie Villingen-Schwenningen, Friedrich-Ebert-Str. 30, 78054 Villingen-Schwenningen

Hofmann, Annette, Dipl.-Kffr., Universität Hamburg, Fakultät Wirtschafts- und Sozialwissenschaften, Department Wirtschaftswissenschaften, Institut für Versicherungsbetriebslehre, Von-Melle-Park 5, 20146 Hamburg

Hofmeister, Heidemarie, WP/StB Prof. Dr., Fachhochschule Düsseldorf, Fachbereich Wirtschaft, Universitätsstr. 1, Geb. 23.31/23.32, 40225 Düsseldorf

Höll, Ralph, WP/StB, Deloitte & Touche GmbH Wirtschaftsprüfungsgesellschaft, Rosenheimer Platz 4, 81669 München

Hölscher, Alfons, WP/StB, Deloitte & Touche GmbH Wirtschaftsprüfungsgesellschaft, Schwannstr. 6, 40476 Düsseldorf

Holtz-Stosch, Christine, Sprachendienste Holtz-Stosch GmbH, Baldungweg 24, 73614 Schorndorf

Hömberg, Reinhold, Prof. Dr., Rheinisch-Westfälische Technische Hochschule Aachen, Fakultät für Wirtschaftswissenschaften, Lehrstuhl für Betriebswirtschaftliche Steuerlehre und Wirtschaftsprüfung, Templergraben 64, 52056 Aachen

Hommel, Ulrich, Prof. Ph.D., European Business School Oestrich-Winkel, Department of Finance, Stiftungslehrstuhl für Unternehmensfinanzierung und Kapitalmärkte, Schloß Reichartshausen, 65375 Oestrich-Winkel

Hopp, Christian, MBA/MFM/FRM, Universität Konstanz, Fachbereich Wirtschaftswissenschaften, Professur für Betriebswirtschaftslehre, insb. Internationales Finanzmanagement, Fach D 147, 78457 Konstanz

Horch, Nils, Dipl.-Ing., ESCP – EAP Europäische Wirtschaftshochschule Berlin, Lehrstuhl für Unternehmensplanung und Controlling, Heubnerweg 6, 14059 Berlin

Horváth, Péter, Prof. Dr. Dr. h.c., IPRI – International Performance Research Institute gGmbH, Rotebühlstr. 121, 70178 Stuttgart

Huber, Johannes, RA/vBP Dr., Deloitte & Touche GmbH Wirtschaftsprüfungsgesellschaft, Franklinstr. 50, 60486 Frankfurt a. M.

Huch, Burkhard, Prof. Dr., Technische Universität Braunschweig, Institut für Wirtschaftswissenschaften, Lehrstuhl für Controlling und Unternehmensrechnung, Pockelsstr. 14, 38106 Braunschweig

Hucke, Anja, Richterin am OLG Rostock, Prof. Dr., Universität Rostock, Juristische Fakultät, Professur für Bürgerliches Recht, Handels- und Gesellschaftsrecht, Deutsches und Europäisches Wirtschafts- und Unternehmensrecht, Möllner Str. 10, 18109 Rostock

Hülsberg, Frank M., WP/StB, Deloitte & Touche GmbH Wirtschaftsprüfungsgesellschaft, Schwannstr. 6, 40476 Düsseldorf

Hummel, Detlev, Prof. Dr., Universität Potsdam, Wirtschafts- und Sozialwissenschaftliche Fakultät, Lehrstuhl für Betriebswirtschaftslehre (Finanzen und Banken), August-Bebel-Str. 89, Haus 3, 14482 Potsdam

Hummeltenberg, Wilhelm, Prof. Dr., Universität Hamburg, Fakultät Wirtschafts- und Sozialwissenschaften, Department Wirtschaftswissenschaften, Institut für Wirtschaftsinformatik (II), Max-Brauer-Allee 60, 22765 Hamburg

Hundsdoerfer, Jochen, Prof. Dr., Freie Universität Berlin, Fachbereich Wirtschaftswissenschaft, Lehrstuhl für Betriebswirtschaftslehre, insb. Betriebswirtschaftliche Steuerlehre, Garystr. 21, 14195 Berlin

Hüttche, Tobias, WP/StB Prof. Dr., Hüttche & Partner – Wirtschaftsprüfer, Steuerberater, Gotthardtstr. 18/19, 99084 Erfurt

Hütten, Christoph, Dr., SAP, Walldorf, Hans-Thoma-Str. 18, 69242 Mühlhausen

Joachim, Gabi, beo Gesellschaft für Sprachen & Technologie mbH, Gurlittstr. 31, 20099 Hamburg

Jöckle, Nicole, WP, Deloitte & Touche GmbH Wirtschaftsprüfungsgesellschaft, Franklinstr. 50, 60486 Frankfurt a. M.

Joos-Sachse, Thomas, Prof. Dr., Hochschule Pforzheim, Fakultät Wirtschaft und Recht, Tiefenbronner Str. 65, 76177 Pforzheim

Jung, Claude G., WP/CFE/MAS ECI/CIA, Unternehmensberatung CGJ Claude G. Jung, Sälihügel 7, CH-6005 Luzern

Jurowsky, Rainer, WP/StB Prof. Dr., Fachhochschule Düsseldorf, Fachbereich Wirtschaft, Universitätsstr. 1, Geb. 23.31/23.32, 40225 Düsseldorf

Kaczmarska, Karolina, Deloitte & Touche GmbH Wirtschaftsprüfungsgesellschaft, Franklinstr. 50, 60486 Frankfurt a. M.

Kahle, Holger, Prof. Dr., Universität Hohenheim, Fakultät Wirtschafts- und Sozialwissenschaften, Institut für Betriebswirtschaftslehre, Lehrstuhl für Betriebswirtschaftliche Steuerlehre und Prüfungswesen (510G), 70593 Stuttgart

Kajüter, Peter, Prof. Dr., Westfälische Wilhelms-Universität Münster, Lehrstuhl für Betriebswirtschaftslehre, insb. Internationale Unternehmensrechnung, Universitätsstr. 14–16, 48143 Münster

Kaminski, Bert, Prof. Dr., Universität Greifswald, Rechts- und Staatswissenschaftliche Fakultät, Lehrstuhl für Allgemeine Betriebswirtschaftslehre und Rechnungs-, Revisions- sowie betriebliches Steuerwesen, Friedrich-Loeffler-Str. 70, 17489 Greifswald

Kämmerer, Jörn Axel, Prof. Dr., Bucerius Law School, Hochschule für Rechtswissenschaft, Jungiusstr. 6, 20355 Hamburg

Kämpfer, Georg, Prof. Dr., Primavesistr. 1, 04155 Leipzig

Kandler, Erich, WP/StB/CPA, Deloitte Österreich Holding Wirtschaftsprüfungs GmbH, Renngasse 1/Freyung, A-1013 Wien

Karavas, Mike, Deloitte & Touche, P.O.Box 62091, GR-15210 Halandri Athen

Keimer, Imke, Dipl.-Wirt.-Math., Universität Bern, Wirtschafts- und Sozialwissenschaftliche Fakultät, Institut für Unternehmensrechnung und Controlling, Engehaldenstr. 4, CH-3012 Bern

Kiblboeck, Ingrid, Deloitte & Touche GmbH Wirtschaftsprüfungsgesellschaft, Rosenheimer Platz 4, 81669 München

Kiefer, Marcus, Dr., Haselrain 8, CH-3186 Düdingen

Kindler, Steffen, WP/StB, Deloitte & Touche GmbH Wirtschaftsprüfungsgesellschaft, Georgstr. 52, 30159 Hannover

Kirchhoff, Klaus Rainer, Kirchhoff Consult AG, Ahrensburger Weg 2, 22359 Hamburg

Kirchhoff-Kestel, Susanne, Dr., Robert-Koch-Str. 46b, 59174 Kamen

Kittlitz, Martin, Dr., Raupach & Wollert-Elmendorff Rechtsanwaltsgesellschaft mbH, Axel-Springer-Platz 3, 20355 Hamburg

Kjaer-Hansen, Tim, WP, Deloitte & Touche GmbH Wirtschaftsprüfungsgesellschaft, Axel-Springer-Platz 3, 20355 Hamburg

Kleineidam, Hans-Jochen, Prof. Dr., Helmut-Schmidt-Universität, Universität der Bundeswehr Hamburg, Institut für Betriebswirtschaftliche Steuerlehre, Holstenhofweg 85, 20043 Hamburg

Klinkhammer, Bernhard, WP/StB/CIA/CISA, Deloitte & Touche GmbH Wirtschaftsprüfungsgesellschaft, Axel-Springer-Platz 3, 20355 Hamburg

Kloock, Josef, Prof. Dr. Dr. h.c. Dr. h.c., Berliner Str. 24, 50374 Erftstadt

Klöpfer, Elisabeth, Dr., PricewaterhouseCoopers AG, Elsenheimerstr. 33, 80687 München

Klübenspies, Marco, Dipl.-Kfm., Universität Siegen, Fachbereich Wirtschaftswissenschaften, Wirtschaftsinformatik und Wirtschaftsrecht, Professur für Allgemeine Betriebswirtschaftslehre, insb. Prüfungswesen und Betriebswirtschaftliche Steuerlehre, Hölderlinstr. 3, 57076 Siegen

Knobloch, Alois Paul, PD Dr., Universität Hohenheim, Fakultät Wirtschafts- und Sozialwissenschaften, Institut für Betriebswirtschaftslehre, Lehrstuhl für Rechnungswesen und Finanzierung, Filderhauptstr. 59c, 70599 Stuttgart

Köhler, Annette G., Prof. Dr., Universität Duisburg-Essen, Mercator School of Management, Lehrstuhl für Rechnungswesen, Wirtschaftsprüfung und Controlling, Lotharstr. 65, 47057 Duisburg

Kolb, Susanne, WP/StB, Deloitte & Touche GmbH Wirtschaftsprüfungsgesellschaft, Schwannstr. 6, 40476 Düsseldorf

König, Susanne, Dr., Carl von Ossietzky Universität Oldenburg, Fakultät II: Informatik, Wirtschafts- und Rechtswissenschaften, Institut für Betriebswirtschaftslehre und Wirtschaftspädagogik, Fachgebiet Berufs- und Wirtschaftspädagogik, Ammerländer Heerstr. 114–118, 26129 Oldenburg

Mitarbeiterverzeichnis

König, Rolf Jürgen, Prof. Dr., Universität Bielefeld, Fakultät für Wirtschaftswissenschaften, Lehrstuhl für Betriebswirtschaftslehre und Steuerlehre, Postfach 100131, 33501 Bielefeld

Koschmieder, Kurt-Dieter, Prof. Dr., Friedrich-Schiller-Universität Jena, Wirtschaftswissenschaftliche Fakultät, Lehrstuhl für Allgemeine Betriebswirtschaftslehre, Betriebswirtschaftliche Steuerlehre und Wirtschaftsprüfung, Carl-Zeiß-Str. 3, 07743 Jena

Krackhardt, Oliver, LL.M. (VUW), Bucerius Law School, Hochschule für Rechtswissenschaft, Jungiusstr. 6, 20355 Hamburg

Krafft, Kay, Deloitte & Touche Corporate Finance GmbH, Schwannstr. 6, 40476 Düsseldorf

Krag, Joachim, Prof. Dr., Philipps-Universität Marburg, Fachbereich Wirtschaftswissenschaften, Lehrstuhl für Allgemeine Betriebswirtschaftslehre und Wirtschaftsprüfung, Am Plan 1, 35037 Marburg

Kramer, Dominik, Prof. Dr., Fachhochschule Trier, Fachbereich Wirtschaft, Schneidershof, 54208 Trier

Krantz, Telge-Sascha, WP/StB, Deloitte & Touche GmbH Wirtschaftsprüfungsgesellschaft, Axel-Springer-Platz 3, 20355 Hamburg

Kraus, Christian, Dipl.-Kfm., Universität Regensburg, Wirtschaftswissenschaftliche Fakultät, Lehrstuhl Betriebswirtschaftslehre, insb. Financial Accounting and Auditing, Universitätsstr. 31, 93053 Regensburg

Krawitz, Norbert, Prof. Dr., Universität Siegen, Fachbereich Wirtschaftswissenschaften, Wirtschaftsinformatik und Wirtschaftsrecht, Lehrstuhl Betriebswirtschaftslehre II, Steuerlehre und Prüfungswesen, Hölderlinstr. 3, 57068 Siegen

Kress, Felicitas, Deloitte Touche Tohmatsu, 185 Avenue Charles de Gaulle, F-92524 Neuilly sur Seine Cedex

Kritzer, Michael, WP/StB, Deloitte & Touche GmbH Wirtschaftsprüfungsgesellschaft, Axel-Springer-Platz 3, 20355 Hamburg

Kröger, Christian W., Prof. Dr., Fachhochschule Osnabrück, Fakultät Wirtschafts- und Sozialwissenschaften, Betriebswirtschaftslehre, Rechnungswesen, Controlling und Finanzierung, Caprivistr. 30 A, 49076 Osnabrück

Kroppen, Heinz-Klaus, Prof. Dr., Deloitte & Touche GmbH Wirtschaftsprüfungsgesellschaft, Schwannstr. 6, 40476 Düsseldorf

Krüger, Holm, Dr., Technische Universität Dresden, Fakultät Wirtschaftswissenschaften, Lehrstuhl für Betriebswirtschaftslehre: Wirtschaftsprüfung, Steuerlehre, 01062 Dresden

Krull, Devid, Dipl.-Kfm., Universität Duisburg-Essen, Fachbereich 5: Wirtschaftswissenschaften, Lehrstuhl für Betriebswirtschaftslehre, insb. Umweltwirtschaft und Controlling, Universitätsstr. 11, 45117 Essen

Künnemann, Martin, WP/StB Dr., Deloitte & Touche GmbH Wirtschaftsprüfungsgesellschaft, Georgstr. 52, 30159 Hannover

Kupsch, Peter, WP/StB Prof. Dr., Universität Bamberg, Lehrstuhl für Betriebswirtschaftslehre, insb. Betriebliche Steuerlehre und Wirtschaftsprüfung, Feldkirchenstr. 21, 96045 Bamberg

Kurth, Thomas, WP, Deloitte & Touche GmbH Wirtschaftsprüfungsgesellschaft, Kurfürstendamm 23, 10719 Berlin

Kußmaul, Heinz, Prof. Dr., Universität des Saarlandes, Rechts- und Wirtschaftswissenschaftliche Fakultät, Lehrstuhl für Allgemeine Betriebswirtschaftslehre, insb. Betriebswirtschaftliche Steuerlehre, Postfach 151150, 66041 Saarbrücken

Küting, Karlheinz, Prof. Dr., Universität des Saarlandes, Rechts- und Wirtschaftswissenschaftliche Fakultät, Institut für Wirtschaftsprüfung, Campus, Gebäude 16, 66123 Saarbrücken

Lachnit, Laurenz, Prof. Dr., Carl von Ossietzky Universität Oldenburg, Fakultät II: Informatik, Wirtschafts- und Rechtswissenschaften, Institut für Betriebswirtschaftslehre und Wirtschaftspädagogik, Professur für Rechnungswesen, Wirtschaftsprüfung und Controlling, Postfach 2503, 26111 Oldenburg

Lackes, Richard, Prof. Dr., Universität Dortmund, Wirtschafts- und Sozialwissenschaftliche Fakultät, Lehrstuhl für Wirtschaftsinformatik, Vogelpothsweg 87, 44227 Dortmund

Lado, Judit, Deloitte & Touche, P.O.Box 503, 1397 Budapest

Ladwig, Désirée H., Prof. Dr., Helmut-Schmidt-Universität, Universität der Bundeswehr Hamburg, MDC Management Development Center e.V., Postfach 700822, 22008 Hamburg

Lammert, Joachim, Dipl.-Kfm., Westfälische Wilhelms-Universität Münster, Institut für Unternehmensrechnung und -besteuerung, Universitätsstr. 14–16, 48143 Münster

Lange, Christoph, Prof. Dr., Universität Duisburg-Essen, Fachbereich 5: Wirtschaftswissenschaften, Lehrstuhl für Betriebswirtschaftslehre, insb. Umweltwirtschaft und Controlling, Campus Essen, 45117 Essen

Lattuca, Antonio Juan, Deloitte & Touche, Paraguay 777, S2000CVO Rosario, Santa Fe

Layer, Manfred, Prof. Dr., Universität Hamburg, Fakultät Wirtschafts- und Sozialwissenschaften, Department Wirtschaftswissenschaften, Institut für Industriebetriebslehre und Organisation, Von-Melle-Park 5, 20146 Hamburg

Lechner, Stéphan, Dipl.-Kfm., Universität Hamburg, Fakultät Wirtschafts- und Sozialwissenschaften, Department Wirtschaftswissenschaften, Institut für Wirtschaftsprüfung und Steuerwesen, Lehrstuhl für Revisions- und Treuhandwesen, Max-Brauer-Allee 60, 22765 Hamburg

Leimkühler, Claudia, Dr., Erzbistum Hamburg, Danziger Str. 52a, 20099 Hamburg

Lentfer, Thies, Dr., von Diest, Greve und Partner – Wirtschaftsprüfer, Steuerberater, Stubbenhuk 3, 20459 Hamburg

Lenz, Thomas, Dipl.-Kfm., Philipps-Universität Marburg, Fachbereich Wirtschaftswissenschaften, Am Plan 1, 35032 Marburg

Lichtenberg, Folke, WP/StB/CPA, Deloitte & Touche GmbH Wirtschaftsprüfungsgesellschaft, Axel-Springer-Platz 3, 20355 Hamburg

Linder, Stefan, Dipl.-Kfm., WHU Vallendar, Stiftungslehrstuhl der Deutschen Telekom AG, Lehrstuhl für

Mitarbeiterverzeichnis

XVIII

Betriebswirtschaftslehre, insb. Controlling und Telekommunikation, Burgplatz 2, 56179 Vallendar

Lingnau, Volker, Prof. Dr., Technische Universität Kaiserslautern, Lehrstuhl für Unternehmensrechnung und Controlling, Postfach 3049, 67653 Kaiserslautern

Loch, Frank, WP/StB/CA Dr., Deloitte & Touche GmbH Wirtschaftsprüfungsgesellschaft, Schwannstr. 6, 40476 Düsseldorf

Loderer, Claudio, Prof. Dr., Universität Bern, Institut für Finanzmanagement, Engehaldenstr. 4, CH-3012 Bern

Löffler, Andreas, Prof. Dr. Dr., Friedrich-Alexander-Universität Erlangen-Nürnberg, Lehrstuhl für Banken und Finanzierung, Postfach 39 31, 90020 Nürnberg

Lorenzen, Hans-Jochen, WP/StB/CPA, Deloitte & Touche GmbH Wirtschaftsprüfungsgesellschaft, Axel-Springer-Platz 3, 20355 Hamburg

Lorson, Peter, Prof. Dr., Universität Rostock, Wirtschafts- und Sozialwissenschaftliche Fakultät, Lehrstuhl für Allgemeine Betriebswirtschaftslehre: Unternehmensrechnung und Controlling, Ulmenstr. 69, 18051 Rostock

Lotz, Ulrich, WP/StB/CPA, Deloitte & Touche GmbH Wirtschaftsprüfungsgesellschaft, Schwannstr. 6, 40476 Düsseldorf

Lück, Wolfgang, WP/StB Prof. Dr. Dr. h.c., Technische Universität München, Fakultät für Wirtschaftswissenschaften, Lehrstuhl für Betriebswirtschaftslehre, Accounting, Auditing, Consulting, Arcisstr. 21, 80333 München

Lücke, Jost, Deloitte & Touche GmbH Wirtschaftsprüfungsgesellschaft, Schwannstr. 6, 40476 Düsseldorf

Maennig, Wolfgang, Prof. Dr., Universität Hamburg, Fakultät Wirtschafts- und Sozialwissenschaften, Department Wirtschaftswissenschaften, Von-Melle-Park 5, 20146 Hamburg

Mandl, Gerwald, Prof. Dr., Universität Graz, Sozial- und Wirtschaftswissenschaftliche Fakultät, Institut für Revisions-, Treuhand-, Rechnungswesen, Universitätsstr. 15 Fl, A-8010 Graz

Mandler, Udo, Prof. Dr., Fachhochschule Gießen-Friedberg, Wiesenstr. 14, 35390 Gießen

Manuchakian, Paulo, Deloitte Touche Tohmatsu, Rua José Guerra 127, CEP – 04719-030 Sao Paulo – S.P.

Marquard, Josef, WP/StB, Deloitte & Touche GmbH Wirtschaftsprüfungsgesellschaft, Rosenheimer Platz 4, 81669 München

Marquardt, Beatrix, LL.M., Deloitte & Touche GmbH Wirtschaftsprüfungsgesellschaft, Schwannstr. 6, 40476 Düsseldorf

Marten, Kai-Uwe, Prof. Dr., Universität Ulm, Fakultät für Mathematik und Wirtschaftswissenschaften, Abt. Rechnungswesen und Wirtschaftsprüfung, Helmholtzstr. 22, 89081 Ulm

Marx, Franz Jürgen, StB Prof. Dr., Universität Bremen, Fachbereich Wirtschaftswissenschaften, Lehrstuhl für Betriebliche Steuerlehre und Wirtschaftsprüfung, Hochschulring 4, 28359 Bremen

Massmann, Jens, Dr., Mergenthalerallee 10–12, 65760 Eschborn

Mateja, Jacek, Deloitte & Touche, ul. Marcelinska 90, 60-324 Poznan

Matzenbacher, Hans-Jochen, Dr., DaimlerChrysler AG, HPC 096-Z 131, 70546 Stuttgart

Mauersberger, Dietmar, Deloitte & Touche GmbH Wirtschaftsprüfungsgesellschaft, Schwannstr. 6, 40476 Düsseldorf

Maurer, Torsten, Prof. Dr., Berufsakademie Stuttgart (University of Cooperative Education), Studienbereich Steuern und Prüfungswesen, Herdweg 21, 70174 Stuttgart

Maxl, Peter, Wirtschaftsprüferkammer, Berlin, Rauchstr. 26, 10787 Berlin

Mayer, Dietmar, WP/StB, Deloitte & Touche GmbH Wirtschaftsprüfungsgesellschaft, Rosenheimer Platz 4, 81669 München

Mayer-Fiedrich, Matija Denise, Prof. Dr., Helmut-Schmidt-Universität, Universität der Bundeswehr Hamburg, Professor für Allgemeine Betriebswirtschaftslehre und Internationale Finanzierung, Holstenhofweg 85, 22043 Hamburg

Meier, Carsten, WP/StB, Deloitte & Touche GmbH Wirtschaftsprüfungsgesellschaft, Georgstr. 52, 30159 Hannover

Meier, Jan-Hendrik, Dipl.-Kfm., Universität Bremen, Fachbereich Wirtschaftswissenschaft, Lehrstuhl für Allgemeine Betriebswirtschaftslehre, Unternehmensrechnung, und Controlling, Hochschulring 4, 28359 Bremen

Mertens, Peter, Prof. Dr. Dr. h.c. mult., Friedrich-Alexander-Universität Erlangen-Nürnberg, Wirtschafts- und Sozialwissenschaftliche Fakultät, Wirtschaftsinformatik I, Lange Gasse 20, 90403 Nürnberg

Meyer, Jörn-Axel, Prof. Dr., Deutsches Institut für kleine und mittlere Unternehmen, Postfach 120544, 10595 Berlin

Meyer, Marco, StB Dr., Viereck 13, 22607 Hamburg

Meyer, Wilhelm, Finanz- und Versicherungsmathematik Barthel & Meyer GmbH, Osterstr. 22, 30159 Hannover

Michehl, Thomas, StB, Deloitte & Touche GmbH Wirtschaftsprüfungsgesellschaft, Georgstr. 52, 30159 Hannover

Mielke, Matthias, RA Dr., Raupach & Wollert Elmendorff Rechtsanwaltsgesellschaft mbH, Axel-Springer-Platz 3, 20355 Hamburg

Mochty, Ludwig, Prof. Dr., Universität Duisburg-Essen, Fachbereich 5: Wirtschaftswissenschaften, Lehrstuhl für Unternehmensrechnung und Controlling, Universitätsstr. 11, 45117 Essen

Möller, Klaus, Prof. Dr., Georg-August-Universität, Platz der Göttinger 3, 37073 Göttingen

Möller, Hans Peter, Prof. Dr., Rheinisch-Westfälische Technische Hochschule Aachen, Fakultät für Wirtschaftswissenschaften, Lehrstuhl für Betriebswirtschaftslehre: Unternehmensrechnung und Finanzierung, Templergraben 64, 52056 Aachen

Müller, Klaus J., WP/StB Dr., Deloitte & Touche GmbH Wirtschaftsprüfungsgesellschaft, Schwannstr. 6, 40476 Düsseldorf

Müller, Marcell, Dipl.-Jur., Deloitte & Touche GmbH Wirtschaftsprüfungsgesellschaft, Schwannstr. 6, 40476 Düsseldorf

Mitarbeiterverzeichnis

Müller, Stefan, Prof. Dr., Helmut-Schmidt-Universität, Universität der Bundeswehr Hamburg, Fachbereich Wirtschafts- und Organisationswissenschaften, Professur für Betriebswirtschaftslehre, Postfach 700822, 22008 Hamburg

Müller-Böling, Detlef, Prof. Dr., CHE Centrum für Hochschulentwicklung, Verler Str. 6, 33332 Gütersloh

Müller-Osten, Anne, Dipl.-Kffr., Universität Hamburg, Fakultät Wirtschafts- und Sozialwissenschaften, Department Wirtschaftswissenschaften, Institut für öffentliche Wirtschaft, Von-Melle-Park 5, 22146 Hamburg

Naumann, Klaus-Peter, Prof. Dr., Institut der Wirtschaftsprüfer in Deutschland e.V., Tersteegenstr. 14, 40474 Düsseldorf

Nell, Martin, Prof. Dr., Universität Hamburg, Fakultät Wirtschafts- und Sozialwissenschaften, Department Wirtschaftswissenschaften, Institut für Versicherungsbetriebslehre, Von-Melle-Park 5, 20146 Hamburg

Nemet, Marijan, WP, Deloitte & Touche GmbH Wirtschaftsprüfungsgesellschaft, Franklinstr. 50, 60486 Frankfurt a. M.

Neubeck, Guido, CPA Dr., Deloitte & Touche GmbH Wirtschaftsprüfungsgesellschaft, Schwannstr. 6, 40476 Düsseldorf

Niedereichholz, Christel, Prof. Dr., Fachhochschule Ludwigshafen am Rhein (University of Applied Sciences Ludwigshafen), Institute for International Management Consulting, Ernst-Boehe-Str. 4, 67059 Ludwigshafen

Niehues, Michael, WP/StB, Deloitte & Touche GmbH Wirtschaftsprüfungsgesellschaft, Schwannstr. 6, 40476 Düsseldorf

Northoff, Thomas, RA, Deloitte & Touche GmbH Wirtschaftsprüfungsgesellschaft, Rosenheimer Platz 4, 81669 München

Nowak, Eric, Prof. Dr., University of Lugano & Swiss Finance Institute, Via Guiseppe Buffi 13, 6904 Lugano

Oberdörster, Tatjana, Dipl.-Kffr., Westfälische Wilhelms-Universität Münster, Wirtschaftswissenschaftliche Fakultät, Universitätsstr. 14–16, 48143 Münster

Oettinger, Hans-Joachim, WP/StB, Oettinger und Partner GbR – Rechtsanwälte, Wirtschaftsprüfer, Steuerberater, Dieselstr. 15, 71254 Ditzingen

Ohlsen, Jörg, WP/StB, Deloitte & Touche GmbH Wirtschaftsprüfungsgesellschaft, Axel-Springer-Platz 3, 20355 Hamburg

Olbrich, Michael, PD Dr., FernUniversität in Hagen, Fakultät Wirtschaftswissenschaft, Lehrstuhl für Betriebswirtschaftslehre, insb. Unternehmensgründung und Unternehmensnachfolge, Universitätsstr. 11/TGZ, 58084 Hagen

Oldenburg, Alexander, WP/StB Dr., Deloitte & Touche GmbH Wirtschaftsprüfungsgesellschaft, Kurfürstendamm 23, 10719 Berlin

Olges, Wilhelm, WP Dr., Deloitte & Touche GmbH Wirtschaftsprüfungsgesellschaft, Kurfürstendamm 23, 10719 Berlin

Orth, Thomas M., WP/StB, Deloitte & Touche GmbH Wirtschaftsprüfungsgesellschaft, Schwannstr. 6, 40476 Düsseldorf

Ossadnik, Wolfgang, Prof. Dr., Universität Osnabrück, Fachbereich Wirtschaftswissenschaften, Fachgebiet Betriebswirtschaftslehre mit Schwerpunkt Rechnungswesen und Controlling (Managerial Accounting), Rolandstr. 8, 49069 Osnabrück

Otter, Andreas, WP/StB, Deloitte & Touche GmbH Wirtschaftsprüfungsgesellschaft, Seemannstr. 8, 04317 Leipzig

Paetzmann, Karsten, Dr., KPMG Deutsche Treuhand-Gesellschaft, Ludwig-Erhard-Str. 11–17, 20459 Hamburg

Palloks-Kahlen, Monika, Dr., Universität Dortmund, Wirtschafts- und Sozialwissenschaftliche Fakultät, Lehrstuhl für Unternehmensrechnung und Controlling, Otto-Hahn-Str. 6 A, 44227 Dortmund

Pape, Ulrich, Prof. Dr., ESCP – EAP Europäische Wirtschaftshochschule Berlin, Lehrstuhl für Finanzierung und Investition, Heubnerweg 6, 14059 Berlin

Pardo, Santiago, Deloitte & Touche, Dunajska 9, 1000 Ljubljana

Paul, Mikael, Deloitte & Touche, P.O.Box 94, 331 Helsinki

Paul, Stephan, Prof. Dr., Ruhr-Universität Bochum, Fakultät für Wirtschaftswissenschaft, Lehrstuhl für Finanzierung und Kreditwirtschaft, Universitätsstr. 150, 44780 Bochum

Paule, Ivan, Deloitte & Touche, APOLLO Business Center Prievoszska 2/B, 82109 Bratislava

Paulitschek, Patrick, Dipl.-WiWi, Universität Ulm, Fakultät für Mathematik und Wirtschaftswissenschaften, Abt. Rechnungswesen und Wirtschaftsprüfung, Helmholtzstr. 22, 89081 Ulm

Peemöller, Volker H., Prof. Dr., Schulstr. 2, 97299 Zell

Peetson, Monica, Deloitte & Touche, Roosikransi 2, 10119 Tallinn

Peffekoven, Frank P., Dr., Helmut-Schmidt-Universität, Universität der Bundeswehr Hamburg, Fachbereich Wirtschafts- und Organisationswissenschaften, Institut für Controlling und Unternehmensrechnung, Holstenhofweg 85, 22043 Hamburg

Pellens, Bernhard, Prof. Dr., Ruhr-Universität Bochum, Fakultät für Wirtschaftswissenschaft, Lehrstuhl für Internationale Unternehmensrechnung, Universitätsstr. 150, 44780 Bochum

Perlitz, Manfred, Prof. Dr., Universität Mannheim, Fakultät für Betriebswirtschaftslehre, Lehrstuhl für Internationales Management, Schloss, 68131 Mannheim

Peters, Andreas C., Dr., Raupach & Wollert-Elmendorff Rechtsanwaltsgesellschaft mbH, Axel-Springer-Platz 3, 20355 Hamburg

Pfaff, Dieter, Prof. Dr., Universität Zürich, Wirtschaftswissenschaftliche Fakultät, Institut für Rechnungswesen und Controlling, Plattenstr. 14, CH-8032 Zürich

Pfohl, Hans-Christian, Prof. Dr. Dr. h. c., Technische Universität Darmstadt, Fachbereich Rechts- und Wirtschaftswissenschaften, Fachgebiet Unternehmensführung & Logistik, Hochschulstr. 1, 64289 Darmstadt

Mitarbeiterverzeichnis

Pietsch, Gotthard, Dr., FernUniversität in Hagen, Fakultät Wirtschaftswissenschaft, Lehrstuhl für Betriebswirtschaftslehre, insb. Organisation und Planung, Postfach 940, 58084 Hagen

Pisternick, Theresia, WP/StB, Deloitte & Touche GmbH Wirtschaftsprüfungsgesellschaft, Löffelstr. 42, 70597 Stuttgart

Plendl, Martin, WP/StB Dr., Deloitte & Touche GmbH Wirtschaftsprüfungsgesellschaft, Rosenheimer Platz 4, 81669 München

Poddig, Thorsten, Prof. Dr., Universität Bremen, Fachbereich Wirtschaftswissenschaft, Lehrstuhl für Allgemeine Betriebswirtschaftslehre, insb. Finanzwirtschaft, Postfach 330440, 28334 Bremen

Polovinkina, Svetlana, Deloitte, 4/7 Vozdrizhenka St., bldg. 2, 125009 Moskau

Pottgießer, Gaby, Dr., Am Moor 58, 25436 Tornesch

Prangnell, Helen, MPA, School of Accountancy, Law and Finance, Unitec New Zealand, Private Bag 92025 Auckland

Precht, Jan, Wirtschaftsprüferkammer, Berlin, Rauchstr. 26, 10787 Berlin

Quick, Reiner, Prof. Dr., Technische Universität Darmstadt, Fachbereich Rechts- und Wirtschaftswissenschaften, Institut für Betriebswirtschaftslehre, Rechnungswesen, Controlling und Wirtschaftsprüfung, Hochschulstr. 1, 64289 Darmstadt

Rammert, Stefan, Prof. Dr., Johannes Gutenberg-Universität Mainz, Fachbereich Rechts- und Wirtschaftswissenschaften, Lehrstuhl für Betriebswirtschaftslehre, insb. Rechnungslegung und Wirtschaftsprüfung, Jakob Welder-Weg 9, 55128 Mainz

Rebmann, Karin, Prof. Dr., Carl von Ossietzky Universität Oldenburg, Fakultät II: Informatik, Wirtschafts- und Rechtswissenschaften, Institut für Betriebswirtschaftslehre und Wirtschaftspädagogik, Professur für Berufs- und Wirtschaftspädagogik, Postfach 2503, 26111 Oldenburg

Rehkugler, Heinz, Prof. Dr., Albert-Ludwigs-Universität Freiburg i.B., Wirtschafts- und Verhaltenswissenschaftliche Fakultät, Lehrstuhl für Finanzwirtschaft und Banken, Bertoldstr. 17, 79085 Freiburg i.Br.

Reibis, Christian, Dr., Emilienstr. 66B, 20259 Hamburg

Reichmann, Holger, WP/StB Dr., Deloitte & Touche GmbH Wirtschaftsprüfungsgesellschaft, Schwannstr. 6, 40476 Düsseldorf

Reichmann, Thomas, Prof. Dr., Universität Dortmund, Institut für Controlling (GfC e.V.), Emil-Figge-Str. 86–90, 44227 Dortmund

Reiher, Gerald, WP/StB, Deloitte & Touche GmbH Wirtschaftsprüfungsgesellschaft, Axel-Springer-Platz 3, 20355 Hamburg

Reinders, Heiko, Dr., Deloitte & Touche GmbH Wirtschaftsprüfungsgesellschaft, Rosenheimer Platz 4, 81669 München

Reiner, Günter, Richter am Hanseatischen OLG Hamburg, Prof. Dr., Helmut-Schmidt-Universität, Universität der Bundeswehr Hamburg, Institut für Privatrecht, Professur für Bürgerliches Recht, Handels-, Gesellschafts-, Wirtschafts- und Steuerrecht, Holstenhofweg 85, 22043 Hamburg

Reiß, Herbert, WP/StB, Deloitte & Touche GmbH Wirtschaftsprüfungsgesellschaft, Postfach 48 49, 90026 Nürnberg

Reker, Jürgen, WP/StB, Deloitte & Touche GmbH Wirtschaftsprüfungsgesellschaft, Georgstr. 52, 30159 Hannover

Richter, Hermann J., PD Dr., Universität Dortmund, Wirtschafts- und Sozialwissenschaftliche Fakultät, Lehrstuhl für Unternehmensrechnung und Controlling, Otto-Hahn-Str. 6 A, 44227 Dortmund

Richter, Nina, CPA, Deloitte & Touche GmbH Wirtschaftsprüfungsgesellschaft, Schwannstr. 6, 40476 Düsseldorf

Riecken, Maike, WP/StB, Deloitte & Touche GmbH Wirtschaftsprüfungsgesellschaft, Axel-Springer-Platz 3, 20355 Hamburg

Rieker, Helmut, WP/StB Prof. Dr., Fachhochschule Nürtingen, Fachbereich 1, Sigmaringer Str. 14, Geb. KV, 72622 Nürtingen

Rohmann, Katrin, Deloitte & Touche GmbH Wirtschaftsprüfungsgesellschaft, Kurfürstendamm 23, 10719 Berlin

Rossmanith, Jonas, Prof. Dr., Hochschule Albstadt-Sigmaringen, Fachbereich Externe Rechnungslegung und Unternehmensbesteuerung, Anton-Günther-Str. 51, 72488 Sigmaringen

Röthel, Anne, Prof. Dr., Bucerius Law School, Hochschule für Rechtswissenschaft, Jungiusstr. 6, 20355 Hamburg

Roubik, Eduardo, Deloitte & Touche Chile, Casilla 5-T Providencia Santiaggo

Rückle, Dieter, Prof. Dr., Universität Trier, Fachbereich IV – Betriebswirtschaftslehre, insb. Wirtschaftsprüfung und Controlling, Universitätsring 15, 54296 Trier

Ruhnke, Klaus, Prof. Dr., Freie Universität Berlin, Institut für Betriebswirtschaftliche Steuerlehre, Unternehmensrechung und Wirtschaftsprüfung, Boltzmannstr. 20, 14195 Berlin

Ruhwedel, Peter, Dr., Deloitte Consulting GmbH, Schwannstr. 6, 40476 Düsseldorf

Rupert, Williams, Deloitte & Touche, Biskapa gate 2, LV-1050 Riga

Sander, Marco, WP/StB, Deloitte & Touche GmbH Wirtschaftsprüfungsgesellschaft, Rosenheimer Platz 4, 81669 München

Sattler, Henrik, Prof. Dr., Universität Hamburg, Fakultät Wirtschafts- und Sozialwissenschaften, Department Wirtschaftswissenschaften, Institut für Handel und Marketing, Von-Melle-Park 5, 20146 Hamburg

Schaefer, Sigrid, Dr., Universität Duisburg-Essen, Fachbereich 5: Wirtschaftswissenschaften, Lehrstuhl für Betriebswirtschaftslehre, insb. Umweltwirtschaft und Controlling, Universitätsstr. 11, 45117 Essen

Schäfer, Helmuth, WP/StB, Deloitte & Touche GmbH Wirtschaftsprüfungsgesellschaft, Georgstr. 52, 30159 Hannover

Schauer, Reinbert, Prof. Dr., Johannes Kepler Universität Linz, Sozial- und Wirtschaftswissenschaftliche Fakultät, Institut für Betriebswirtschaftslehre der gemeinwirtschaftlichen Unternehmen, Altenbergerstr. 69, A-4040 Linz

Mitarbeiterverzeichnis

Scheffler, Eberhard, WP Prof. Dr., Lovells, Warburgstr. 50, 20354 Hamburg

Scherm, Ewald, Prof. Dr., FernUniversität in Hagen, Fakultät Wirtschaftswissenschaft, Lehrstuhl für Betriebswirtschaftslehre, insb. Organisation und Planung, Postfach 940, 58084 Hagen

Schiemann, Frank, Dipl.-Wirtsch.-Ing., Technische Universität Dresden, Fakultät Wirtschaftswissenschaften, Lehrstuhl für Betriebswirtschaftslehre, insb. betriebliches Rechnungswesen/Controlling, Mommsenstr. 13, 01062 Dresden

Schiffel, Simon, Dipl.-Kfm., Universität Augsburg, Lehrstuhl für Finanz- und Bankwirtschaft, Universitätsstr. 2, 86135 Augsburg

Schiller, Ulf, Prof. Dr., Universität Bern, Wirtschafts- und Sozialwissenschaftliche Fakultät, Institut für Unternehmensrechnung und Controlling, Engehaldenstr. 4, CH-3012 Bern

Schilling, Florian, Dr., Board Consultants International, Frankfurt Airport Center 1, 60549 Frankfurt a. M.

Schirmeister, Raimund, Prof. Dr., Heinrich-Heine-Universität Düsseldorf, Wirtschaftswissenschaftliche Fakultät, Lehrstuhl für Betriebswirtschaftslehre, insb. Finanzierung und Investition, Universitätsstr. 1, 40225 Düsseldorf

Schlecker, Matthias, Dipl.-Kfm., ESCP – EAP Europäische Wirtschaftshochschule Berlin, Lehrstuhl für Finanzierung und Investition, Heubnerweg 6, 14059 Berlin

Schlereth, Dieter, WP/StB, Deloitte & Touche GmbH Wirtschaftsprüfungsgesellschaft, Schwannstr. 6, 40476 Düsseldorf

Schmalzhaf, Tobias, Dipl.-Kfm., Dipl.-Bw., Universität Trier, Fachbereich IV – Betriebswirtschaftslehre, insb. Wirtschaftsprüfung und Controlling, Universitätsring 15, 54296 Trier

Schmitz, Hans, Prof. Dr., Technische Fachhochschule Berlin, Fachbereich Wirtschafts- und Gesellschaftswissenschaften, Lehrgebiet Betriebswirtschaftslehre/Controlling, Haus Gauß/Luxemburger Str. 10, 13353 Berlin

Schmundt, Wilhelm, Dipl.-Kfm., Universität Mannheim, Fakultät für Betriebswirtschaftslehre, Lehrstuhl für Allgemeine Betriebswirtschaftslehre und Betriebswirtschaftliche Steuerlehre II, Schloss, 68131 Mannheim

Schneider, Bettina, WP/StB Prof. Dr., Fachhochschule Aachen (University of Applied Sciences), Fachbereich Wirtschaftswissenschaften, Eupener Str. 70, 52066 Aachen

Schneider, Jürgen, Dr., BDO Deutsche Warentreuhand AG Wirtschaftsprüfungsgesellschaft, Hauptstr. 69, 57520 Niederdreisbach

Schneider, Walter, Prof. Dr., Berufsakademie Stuttgart (University of Cooperative Education), Studienbereich Steuern und Prüfungswesen, Jägerstr. 56, 70174 Stuttgart

Schneider, Wilhelm, Prof. Dr., Fachhochschule Bonn-Rhein-Sieg (University of Applied Sciences), Fachbereich Wirtschaft, von-Liebig-Str. 20, 53359 Rheinbach

Schnepel, Volker, Dr., Wirtschaftsprüferkammer, Berlin, Rauchstr. 26, 10787 Berlin

Scholz, Marcus, StB Dr., Deloitte & Touche GmbH Wirtschaftsprüfungsgesellschaft, Q 5, 22, 68161 Mannheim

Schönwald, Ulrich, WP/StB, Deloitte & Touche GmbH Wirtschaftsprüfungsgesellschaft, Schwannstr. 6, 40476 Düsseldorf

Schrempf, Alexandra, Mag., Universität Graz, Sozial- und Wirtschaftswissenschaftliche Fakultät, Institut für Revisions-, Treuhand-, Rechnungswesen, Universitätsstr. 15 Fl, A-8010 Graz

Schröder, Alexander, Dipl.-Ing., Dipl.-Wirtsch.-Ing., Technische Universität München, Fakultät für Wirtschaftswissenschaften, Lehrstuhl für Betriebswirtschaftslehre, Accounting, Auditing, Consulting, Arcisstr. 21, 80333 München

Schulze, Lasse, Dipl.-Kfm., Universität Mannheim, Fakultät für Betriebswirtschaftslehre, Lehrstuhl für Internationales Management, Schloss, 68131 Mannheim

Schumann, Michael, Dipl.-Ing., agens Consulting GmbH, Buchenweg 11–13, 25479 Ellerau

Schütt, Rainer, StB, Deloitte & Touche GmbH Wirtschaftsprüfungsgesellschaft, Axel-Springer-Platz 3, 20355 Hamburg

Schwarz, Torsten, WP/StB, Deloitte & Touche GmbH Wirtschaftsprüfungsgesellschaft, Schwannstr. 6, 40476 Düsseldorf

Schweigel, Katja, Deloitte & Touche GmbH Wirtschaftsprüfungsgesellschaft, Schwannstr. 6, 40476 Düsseldorf

Schwetje, Gerald, Dipl.-Kfm., Hamburger Beratungs-Kontor GmbH & Co. KG, Iserbarg 21, 22559 Hamburg

Schwibinger, Thorsten, WP/StB, Deloitte & Touche GmbH Wirtschaftsprüfungsgesellschaft, Georgstr. 52, 30159 Hannover

Sebacher, Michael, StB, Deloitte & Touche GmbH Wirtschaftsprüfungsgesellschaft, Löffelstr. 42, 70597 Stuttgart

Seicht, Gerhard, Prof. Dr., Wirtschaftsuniversität Wien, Fachbereich Betriebswirtschaft, Institut für Betriebswirtschaftslehre der Industrie, Augasse 2–6, A-1090 Wien

Seidl, David, Prof. Dr., Ludwig-Maximilians-Universität München, Department für Betriebswirtschaft, Juniorprofessur für Strategische Unternehmensführung, Ludwigstr. 28 Rgb III, 80539 München

Servatius, Wolfgang, Dr., Ludwig-Maximilians-Universität München, c/o Lehrstuhl Prof. Dr. Fastrich, Ludwigstr. 29, 80539 München

Seuring, Stefan, PD Dr., Carl von Ossietzky Universität Oldenburg, Fakultät II: Informatik, Wirtschafts- und Rechtswissenschaften, Ammerländer Heerstr. 114–118, 26129 Oldenburg

Siebold, Katrin, Dipl.-Kffr., Heinrich-Heine-Universität Düsseldorf, Wirtschaftswissenschaftliche Fakultät, Lehrstuhl für Betriebswirtschaftslehre, insb. Finanzierung und Investition, Universitätsstr. 1, 40225 Düsseldorf

Sievers, Andreas, WP/CPA, Wendelsweg 4, 60599 Frankfurt a. M.

Mitarbeiterverzeichnis

Simons, Dirk, Prof. Dr., Universität Mannheim, Fakultät für Betriebswirtschaftslehre, Lehrstuhl für Allgemeine Betriebswirtschaftslehre und Rechnungswesen, Ernst & Young Stiftungslehrstuhl, Schloss – Ostflügel, 68131 Mannheim

Smith, Rod, Deloitte Tohmatsu, Grosvenor Place 225 George Street, New South Wales 2000 Sydney

Sommer, Ulrich, StB/vBP Prof. Dr., Berufsakademie Villingen-Schwenningen, Friedrich-Ebert-Str. 30, 78054 Villingen-Schwenningen

Specht, Günter, Prof. Dr., Technische Universität Darmstadt, Fachbereich Rechts- und Wirtschaftswissenschaften, Fachgebiet Technologiemanagement und Marketing, Hochschulstr. 3, 64289 Darmstadt

Spengel, Christoph, Prof. Dr., Universität Mannheim, Fakultät für Betriebswirtschaftslehre, Lehrstuhl für Allgemeine Betriebswirtschaftslehre und Betriebswirtschaftliche Steuerlehre II, Schloss, 68131 Mannheim

Stanke, Cornelia, Dr., Deloitte & Touche GmbH Wirtschaftsprüfungsgesellschaft, Rosenheimer Platz 4, 81669 München

Stefani, Ulrike, Dr., Universität Zürich, Wirtschaftswissenschaftliche Fakultät, Institut für Rechnungswesen und Controlling, Plattenstr. 14, CH-8032 Zürich

Stegmann, Wolfgang, Dipl.-Kfm., DATEV eG, Paumgartnerstr. 6–14, 90329 Nürnberg

Steiner, Manfred, Prof. Dr., Universität Augsburg, Lehrstuhl für Finanz- und Bankwirtschaft, Universitätsstr. 2, 86135 Augsburg

Steinle, Claus, Prof. Dr., Leibniz Universität Hannover, Wirtschaftswissenschaftliche Fakultät, Institut für Unternehmensführung und Organisation, Königsworther Platz 1, 30167 Hannover

Steins, Jan, Dipl.-Kfm., Universität Osnabrück, Fachbereich Wirtschaftswissenschaften, Fachgebiet Betriebswirtschaftslehre mit Schwerpunkt Rechnungswesen und Controlling (Managerial Accounting), Rolandstr. 8, 49069 Osnabrück

Stobbe, Thomas, StB Prof. Dr., Hochschule Pforzheim, Fakultät Wirtschaft und Recht, Studiengang Betriebswirtschaftslehre/Steuer- und Revisionswesen, Tiefenbronner Str. 65, 75175 Pforzheim

Stober, Rolf, Prof. Dr. Dr. h.c. mult., Universität Hamburg, Fakultät Wirtschafts- und Sozialwissenschaften, Department Wirtschaftswissenschaften, Institut für Recht der Wirtschaft, Max-Brauer-Allee 60, 22765 Hamburg

Strauch, Joachim, Dr., Kaiser-Friedrich-Ring 134, 40547 Düsseldorf

Streim, Hannes, Prof. Dr., Ruhr-Universität Bochum, Fakultät für Wirtschaftswissenschaft, Lehrstuhl für Theoretische Betriebswirtschaftslehre I, Universitätsstr. 150, 44801 Bochum

Streitferdt, Lothar, Prof. Dr., Universität Hamburg, Fakultät Wirtschafts- und Sozialwissenschaften, Department Wirtschaftswissenschaften, Institut für öffentliche Wirtschaft, Von-Melle-Park 5, 22146 Hamburg

Strenger, Christian, Dipl.-Kfm., DWS Investment GmbH, Grüneburgweg 113–115, 60323 Frankfurt a. M.

Strobel, Wilhelm, Prof. Dr., Hummelsbütteler Kirchenweg 117, 22339 Hamburg

Strunk, Günther, Prof. Dr., Strunk Kolaschnik Partnerschaft, Neuer Wall 11, 20354 Hamburg

Stuth, Theodor, WP/StB, Deloitte & Touche GmbH Wirtschaftsprüfungsgesellschaft, Schwannstr. 6, 40476 Düsseldorf

Süß, Stefan, Dr., FernUniversität in Hagen, Fakultät Wirtschaftswissenschaft, Lehrstuhl für Betriebswirtschaftslehre, insb. Organisation und Planung, Postfach 940, 58084 Hagen

Tanriover, Omer, Deloitte & Touche, Yapi Kredi Plaza, B. Block, Kat:5-6-1480620 Levent-Istanbul

Tanski, Joachim S., Prof. Dr., Fachhochschule Brandenburg, Buschkrugallee 225, 12359 Berlin

ter Horst, Klaus W., Prof., Fachhochschule Bonn-Rhein-Sieg (University of Applied Sciences), Grantham Allee 20, 53757 Sankt Augustin

Tesch, Jörg, WP/StB, Deloitte & Touche GmbH Wirtschaftsprüfungsgesellschaft, Axel-Springer-Platz 3, 20355 Hamburg

Theile, Carsten, Prof. Dr., Fachhochschule Bochum, Fachbereich Wirtschaft, Lennershofstr. 140, 44801 Bochum

Theileis, Ulrich, Deloitte & Touche GmbH Wirtschaftsprüfungsgesellschaft, Schwannstr. 6, 40476 Düsseldorf

Theisen, Manuel R., Prof. Dr. Dr., Ludwig-Maximilians-Universität München, Department für Betriebswirtschaft, Ludwigstr. 28/IV/RG, 80539 München

Thelen, Michael, WP/StB, Dr. Randerath & Partner Wirtschaftsprüfungsgesellschaft, Steuerberatungsgesellschaft, Klevchen 16, 52525 Heinsberg

Thiergard, Jens, WP/StB, Deloitte & Touche GmbH Wirtschaftsprüfungsgesellschaft, Schwannstr. 6, 40476 Düsseldorf

Thommes, Kirsten, Dipl.-Kffr., Friedrich-Schiller-Universität Jena, Wirtschaftswissenschaftliche Fakultät, Lehrstuhl für Allgemeine Betriebswirtschaftslehre, insb. Personalwirtschaft und Organisation, Carl-Zeiß-Str. 3, 07743 Jena

Thyll, Alfred, WP/StB, Deloitte & Touche GmbH Wirtschaftsprüfungsgesellschaft, Schwannstr. 6, 40476 Düsseldorf

Tissen, Klaus, WP/StB, Deloitte & Touche GmbH Wirtschaftsprüfungsgesellschaft, Schwannstr. 6, 40476 Düsseldorf

Tominski, Georg, WP/StB, Deloitte & Touche GmbH Wirtschaftsprüfungsgesellschaft, Löffelstr. 42, 70597 Stuttgart

Tredop, Dietmar, Dipl.-Hdl., Carl von Ossietzky Universität Oldenburg, Fakultät II: Informatik, Wirtschafts- und Rechtswissenschaften, Institut für Betriebswirtschaftslehre und Wirtschaftspädagogik, Fachgebiet Berufs- und Wirtschaftspädagogik, Postfach 2503, 26111 Oldenburg

Troßmann, Ernst, Prof. Dr., Universität Hohenheim, Fakultät Wirtschafts- und Sozialwissenschaften, Institut für Betriebswirtschaftslehre, Lehrstuhl für Controlling (510L), 70593 Stuttgart

Tüffers, Henning, RA, Wirtschaftsprüferkammer, Berlin, Rauchstr. 26, 10787 Berlin

Ueda, Tomonori, Deloitte & Touche GmbH Wirtschaftsprüfungsgesellschaft, Schwannstr. 6, 40476 Düsseldorf

v. Eitzen, Bernd, WP/StB Prof. Dr., Hochschule Niederrhein, Fachbereich Wirtschaftswissenschaften, Webschulstr. 41–43, 41065 Mönchengladbach

v. Wysocki, Klaus, WP/StB Prof. Dr. Dr. h.c., Am Rupenhorn 6 A, 14055 Berlin

van de Kerkhove, Eric, Deloitte SA, rue de Neudorf, L-2220 Luxemburg

van Schalk, F. D. J., Prof. Dr., Deloitte & Touche, P.O.Box 4321, 3006 AH Rotterdam

Vanek, Michal, Deloitte & Touche, Tyn 641/4, 110 00 Prague 1

Vaseghi, Sam, Dr., Deloitte, Weidekampsgade 6, 2300 Kopenhagen

Veidt, Reiner J., Dr., Wirtschaftsprüferkammer, Berlin, Rauchstr. 26, 10787 Berlin

Veit, Klaus-Rüdiger, Prof. Dr., Christian-Albrechts-Universität zu Kiel, Wirtschafts- und Sozialwissenschaftliche Fakultät, Institut für Betriebswirtschaftslehre, Lehrstuhl für Rechnungswesen, Olshausenstr. 40, 24098 Kiel

Velte, Patrick, Dipl.-Kfm., Universität Hamburg, Fakultät Wirtschafts- und Sozialwissenschaften, Department Wirtschaftswissenschaften, Institut für Wirtschaftsprüfung und Steuerwesen, Lehrstuhl für Revisions- und Treuhandwesen, Max-Brauer-Allee 60, 22765 Hamburg

Voit, Franz, WP/StB, Deloitte & Touche GmbH Wirtschaftsprüfungsgesellschaft, Rosenheimer Platz 4, 81669 München

Wall, Friederike, Prof. Dr., Universität Witten/Herdecke, Wirtschaftsfakultät, Dr. Werner Jackstädt-Stiftungslehrstuhl für Betriebswirtschaftslehre – Controlling und Informationsmanagement, Alfred Herrhausen-Str. 50, 58448 Witten

Walter, Oskar, WP/StB, Deloitte & Touche GmbH Wirtschaftsprüfungsgesellschaft, Rosenheimer Platz 4, 81669 München

Walter, Robert, Dr., Deloitte & Touche GmbH Wirtschaftsprüfungsgesellschaft, Franklinstr. 50, 60486 Frankfurt a. M.

Waschbusch, Gerd, Prof. Dr., Universität des Saarlandes, Rechts- und Wirtschaftswissenschaftliche Fakultät, Lehrstuhl für Betriebswirtschaftslehre, insb. Rechnungswesen und Finanzwirtschaft, Im Stadtwald, 66123 Saarbrücken

Watrin, Christoph, StB Prof. Dr., Westfälische Wilhelms-Universität Münster, Institut für Unternehmensrechnung und -besteuerung, Universitätsstr. 14–16, 48143 Münster

Weber, Joachim, Prof. Dr., Berufsakademie Stuttgart (University of Cooperative Education), Jägerstr. 56, 70174 Stuttgart

Weber, Jürgen, Prof. Dr., WHU Vallendar, Stiftungslehrstuhl der Deutschen Telekom AG, Lehrstuhl für Betriebswirtschaftslehre, insb. Controlling und Telekommunikation, Burgplatz 2, 56179 Vallendar

Weber, Stefan C., StB, Universität Hamburg, Fakultät Wirtschafts- und Sozialwissenschaften, Department Wirtschaftswissenschaften, Institut für Wirtschaftsprüfung und Steuerwesen, Lehrstuhl für Revisions- und Treuhandwesen, Max-Brauer-Allee 60, 22765 Hamburg

Weber, Wolfgang, Prof. Dr. Drs. h.c., Universität Hamburg, Fakultät Wirtschafts- und Sozialwissenschaften, Von-Melle-Park 9, 20146 Hamburg

Wehrheim, Michael, StB Prof. Dr., Philipps-Universität Marburg, Fachbereich Wirtschaftswissenschaften, Am Plan 1, 35032 Marburg

Weilep, Volker, Prof. Dr., Dr. Weilep GmbH Wirtschaftsprüfungsgesellschaft, Breite Str. 11, 29221 Celle

Weißenberger, Barbara E., Prof. Dr., Justus-Liebig-Universität Gießen, Fachbereich Wirtschaftswissenschaften, Professur für Betriebswirtschaftslehre IV mit Schwerpunkt Industrielles Management und Controlling, Licher Str. 62, 35394 Gießen

Weitz, Manfred, RA Dr. LL.M. (Univ. of Georgia), Deloitte & Touche GmbH Wirtschaftsprüfungsgesellschaft, Schwannstr. 6, 40476 Düsseldorf

Wels, Andreas, Dipl.-Math., Technische Universität Dresden, Fakultät Wirtschaftswissenschaften, Lehrstuhl für Betriebswirtschaftslehre, insb. Industrielles Management, 01062 Dresden

Wendt, Mathias, Dipl.-Kfm., Dipl.-Jurist, Berliner Volksbank eG, Budapester Str. 35, 10787 Berlin

Wenger, Martin, Dipl.-Kfm., Universität Augsburg, Lehrstuhl für Finanz- und Bankwirtschaft, Universitätsstr. 2, 86135 Augsburg

Wentzler, Jochen, WP/StB, Deloitte & Touche GmbH Wirtschaftsprüfungsgesellschaft, Schwannstr. 6, 40476 Düsseldorf

Werkmeister, Clemens, PD Dr., Universität Hohenheim, Fakultät Wirtschafts- und Sozialwissenschaften, Institut für Betriebswirtschaftslehre, Lehrstuhl für Controlling (510L), 70593 Stuttgart

Werner, Jürgen, StB Prof., Berufsakademie Villingen-Schwenningen, Friedrich-Ebert-Str. 30, 78054 Villingen-Schwenningen

Wernicke, Thomas, Dipl.-Kfm., Universität Hamburg, Fakultät Wirtschafts- und Sozialwissenschaften, Department Wirtschaftswissenschaften, Institut für Wirtschaftsprüfung und Steuerwesen, Lehrstuhl für Revisions- und Treuhandwesen, Max-Brauer-Allee 60, 22765 Hamburg

Weskamp, Ralf, WP/StB, Deloitte & Touche GmbH Wirtschaftsprüfungsgesellschaft, Schwannstr. 6, 40476 Düsseldorf

Wiemers, Burkhard, Dr., PricewaterhouseCoopers AG, Halbe Höhe 10, 45147 Essen

Wilkinson, Patrick, Dr., Cognitive Consulting und Language Logistics, Kirchstr. 32, 40227 Düsseldorf

Winter, Dirk H., Dipl.-Kfm., Technische Universität Dresden, Fakultät Wirtschaftswissenschaften, Lehrstuhl für Betriebswirtschaftslehre, insb. Industrielles Management, 01062 Dresden

Wirnsperger, Peter, Deloitte & Touche GmbH Wirtschaftsprüfungsgesellschaft, Axel-Springer-Platz 3, 20355 Hamburg

Wißmann, Ralf, WP/StB Dr., Deloitte & Touche GmbH Wirtschaftsprüfungsgesellschaft, Axel-Springer-Platz 3, 20355 Hamburg

Mitarbeiterverzeichnis

Wohlgemuth, Michael, Prof. Dr., Universität Duisburg-Essen, Fakultät 3: Wirtschaftswissenschaft, Institut für Rechnungswesen, Wirtschaftsprüfung und Steuerwissenschaften, Lotharstr. 65, 47057 Duisburg

Wolfgarten, Wilhelm, WP/StB, Deloitte & Touche GmbH Wirtschaftsprüfungsgesellschaft, Schwannstr. 6, 40476 Düsseldorf

Wollert, Michael, Deloitte & Touche GmbH Wirtschaftsprüfungsgesellschaft, Rosenheimer Platz 4, 81669 München

Wolz, Matthias, Prof. Dr., Universität Dortmund, Wirtschafts- und Sozialwissenschaftliche Fakultät, Lehrstuhl für Wirtschaftsprüfung und Unternehmensbesteuerung, 44221 Dortmund

Wulf, Inge, Dr., Carl von Ossietzky Universität Oldenburg, Fakultät II: Informatik, Wirtschafts- und Rechtswissenschaften, Institut für Betriebswirtschaftslehre und Wirtschaftspädagogik, Ammerländer Heerstr. 114–118, 26129 Oldenburg

Wünsche, Benedikt, Dipl.-Kfm., Westfälische Wilhelms-Universität Münster, Wirtschaftswissenschaftliche Fakultät, Catharina-Müller-Str. 4, 48149 Münster

Wurl, Hans-Jürgen, Prof. (em.) Dr. Dr. h.c., bis 2004 Inhaber des Lehrstuhls für Rechnungswesen & Controlling an der Technischen Universität Darmstadt, Hubgraben, 35041 Marburg-Marbacht

Zaeh, Philipp E., Dr., MPC Münchmeyer Petersen Capital AG, Palmaille 75, 22767 Hamburg

Zein, Nicole, Dipl.-Kffr., Universität Mannheim, Fakultät für Betriebswirtschaftslehre, Lehrstuhl für Allgemeine Betriebswirtschaftslehre und Rechnungswesen, Ernst & Young Stiftungslehrstuhl, Schloss – Ostflügel, 68131 Mannheim

Zentes, Joachim, Prof. Dr., Universität des Saarlandes, Rechts- und Wirtschaftswissenschaftliche Fakultät, Institut für Handel & Internationales Marketing (H.I.Ma.), Gebäude A 5.4, 66123 Saarbrücken

Ziegenbein, Hans-Jürgen, WP/StB, Deloitte & Touche GmbH Wirtschaftsprüfungsgesellschaft, Georgstr. 52, 30159 Hannover

Zielke, Christian, Prof. Dr., Fachhochschule Gießen-Friedberg, Fachbereich Sozial- und Kulturwissenschaften, Wiesenstr. 14, 35390 Gießen

Zimmermann, Doris, WP/StB Prof. Dr., Fachhochschule Aachen (University of Applied Sciences), Eupener Str. 70, 52066 Aachen

Zimmermann, Jochen, Prof. Dr., Universität Bremen, Fachbereich Wirtschaftswissenschaft, Lehrstuhl für Allgemeine Betriebswirtschaftslehre, Unternehmensrechnung, und Controlling, Hochschulring 4, 28359 Bremen

Zülch, Henning, Prof. Dr., Handelshochschule Leipzig (HHL), Lehrstuhl für Rechnungswesen, Wirtschaftsprüfung und Controlling, Jahnallee 59, 04109 Leipzig

Zündorf, Horst, Prof. Dr., Hamburger Universität für Wirtschaft und Politik, Lehrstuhl für betriebswirtschaftliche Steuerlehre und externes Rechnungswesen, Von-Melle-Park 9, 20146 Hamburg

Abkürzungsverzeichnis

A$	Australian Dollar (als Währungseinheit)	AG	Aktiengesellschaft
		AGB	Allgemeine Geschäftsbedingungen
a.A.	anderer Ansicht	AGBG	Gesetz zur Regelung des Rechts der Allgemeinen Geschäftsbedingungen
AAA	American Accounting Association		
AAPA	American Association of Public Accountants	AHK	Anschaffungs-/Herstellungskosten
		AIA	American Institute of Accountants
AASB	Auditing and Assurance Standards Board	AICPA	American Institute of Certified Public Accountants
AASOC	Auditing and Assurance Standards Oversight Council	AK	Anschaffungskosten
		AKEIÜ	Arbeitskreis Externe und Interne Unternehmensüberwachung der Schmalenbach-Gesellschaft – Deutsche Gesellschaft für Betriebswirtschaft e.V.
AB	Anfangsbestand		
Abb.	Abbildung		
ABC	Activity Based Costing		
Abl.	Amtsblatt		
Abl. EG	Amtsblatt der Europäischen Gemeinschaften	AKEU	Arbeitskreis Externe Unternehmensrechnung der Schmalenbach-Gesellschaft – Deutsche Gesellschaft für Betriebswirtschaft e.V.
ABR	Accounting and Business Research (Zeitschrift)		
Abs.	Absatz	AktG	Aktiengesetz
ABS	Asset Backed Securities	AktuarV	Verordnung über die versicherungsmathematische Bestätigung und des Erläuterungsberichts des Verantwortlichen Aktuars (Aktuarverordnung)
Abschn.	Abschnitt		
abzgl.	abzüglich		
Acc	Accountancy (Zeitschrift)		
Acc.Res.	Accounting Research (Zeitschrift)		
Acc.Rev.	The Accounting Review (Zeitschrift)	Aktz.	Aktenzeichen
Achte RL 84/253/EWG	Achte Richtlinie 84/253/EWG des Rates vom 10.4.1984 aufgrund von Art. 54 Abs. 3 Buchstabe g) des Vertrages über die Zulassung der mit der Pflichtprüfung der Rechnungslegungsunterlagen beauftragten Personen	AKU	Arbeitskreis Unternehmensbewertung des Instituts der Wirtschaftsprüfer in Deutschland e.V.
		AKW	Arbeitskreis Weltbilanz des Instituts der Wirtschaftsprüfer in Deutschland e.V.
		ALLGO	Allgemeine Gebührenordnung für die wirtschaftsprüfenden sowie wirtschafts- und steuerberatenden Berufe (früher Essener Gebührenordnung)
ACF	Management-Handbuch Accounting, Controlling and Finance		
ACL	Audit Command Language	a.M.	am Main
AcSEC	Accounting Standards Executive Committee	Anl.	Anlage
		Anm.	Anmerkung
ADS	Adler/Düring/Schmaltz (Kommentar)	AnSVG	Gesetz zur Verbesserung des Anlegerschutzes (Anlegerschutzverbesserungsgesetz)
AEAO	Anwendungserlass zur Abgabenordnung	AnwBl.	Anwaltsblatt (Zeitschrift)
AER	The American Economic Review (Zeitschrift)	AnzV	Verordnung über die Anzeigen und die Vorlage von Unterlagen nach dem Gesetz über das Kreditwesen (Anzeigenverordnung)
a.F.	alte Fassung		
AfA	Absetzung für Abnutzung		
AfaA	Absetzung für außergewöhnliche technische oder wirtschaftliche Abnutzung	ao.	außerordentlich(e), (en), (er)
		AO	Abgabenordnung
		APAG	Gesetz zur Fortentwicklung der Berufsaufsicht über Abschlussprüfer in der Wirtschaftsprüferordnung (Abschlussprüferaufsichtsgesetz)
AFM	Netherlands Authority for the Financial Markets		
a.G.	auf Gegenseitigkeit		

Abkürzungsverzeichnis

APAK	Abschlussprüferaufsichtskommission
APB	Accounting Principles Board
APr	Abschlussprüfer
AR	Aufsichtsrat
ARB	Accounting Research Bulletin(s)
ArbZG	Arbeitszeitgesetz
ARIS	Architektur Integrierter Informationssysteme
Art.	Artikel
ASB	Auditing Standards Board
ASBJ	Auditing Standards Board of Japan
ASC	Accounting Standards Committee
ASCPA	American Society of Certified Public Accountants
ASIC	Australian Securities and Investments Commission
ASP	Application Service Providing
ASR	Accounting Series Releases
ASRB	Accounting Standards Review Board
AStG	Gesetz über die Besteuerung bei Auslandsbeziehungen (Außensteuergesetz)
ASTM	American Society for Testing and Materials
ASX	Australian Stock Exchange
AtG	Gesetz über die friedliche Verwendung der Kernenergie und den Schutz gegen ihre Gefahren (Atomgesetz)
AUASB	Auditing and Assurance Standards Board
Aufl.	Auflage
AuslInvestmG	Gesetz über den Vertrieb ausländischer Investmentanteile und über die Besteuerung der Erträge aus ausländischen Investmentanteilen (Auslandsinvestmentgesetz)
AV	Anlagevermögen
AVG	Angestelltenversicherungsgesetz
AWG	Außenwirtschaftsgesetz
AWV	Arbeitsgemeinschaft für wirtschaftliche Verwaltung e.V.
BAC	Business Accounting Council
BAFinBaFin	Bundesanstalt für Finanzdienstleistungsaufsicht
BAG	Bundesarbeitsgericht
BAKred	Bundesaufsichtsamt für das Kreditwesen
Bank	Die Bank (Zeitschrift)
BAnz.	Bundesanzeiger
BARefG	Gesetz zur Stärkung der Berufsaufsicht und zur Reform berufsrechtlicher Regelungen in der Wirtschaftsprüferordnung (Berufsaufsichtsreformgesetz)
BausparkG	Gesetz über Bausparkassen
BAV	Bundesaufsichtsamt für das Versicherungswesen
BAWe	Bundesaufsichtsamt für den Wertpapierhandel
BayGO	Bayerische Gemeindeordnung
BayHO-VV	Verwaltungsvorschriften zur Bayerischen Haushaltsordnung
BayObLG	Bayerisches Oberstes Landesgericht
BayRG	Gesetz über Errichtung und die Aufgaben einer Anstalt des öffentlichen Rechts „Der Bayerische Rundfunk" (Bayerisches Rundfunkgesetz)
BB	Betriebs-Berater (Zeitschrift)
BBK	Buchhaltung-Bilanz-Kostenrechnung (Zeitschrift)
BC	Bilanzbuchhalter und Controller (Zeitschrift)
BCBS	Basel Committee of Banking Supervision
BDB	Bundesverband Deutscher Banken
BDE	Betriebsdatenerfassung
BdF	Bundesminister der Finanzen
BDI	Bundesverband der Deutschen Industrie
BdJ	Bundesminister der Justiz
BDSG	Bundesdatenschutzgesetz
BDU	Bundesverband Deutscher Unternehmensberater e.V.
BeckBilKomm	Beck'scher Bilanz Kommentar (Kommentar)
BfW	Bundesminister für Wirtschaft
Begr.	Begründung
BERI	Business Environment Risk Information
BestV	Bestätigungsvermerk
BetrAV	Betriebliche Altersversorgung (Zeitschrift)
BetrAVG	Gesetz zur Verbesserung der betrieblichen Altersversorgung (Betriebsrentengesetz)
BetrVerfG	Betriebsverfassungsgesetz
BewG	Bewertungsgesetz
BFA	Bankenfachausschuss des Instituts der Wirtschaftsprüfer in Deutschland e.V.
bfai	Bundesagentur für Außenwirtschaft
BFB	Bundesverband der freien Berufe
BfF	Bundesamt für Finanzen
BFH	Bundesfinanzhof
BFHE	Sammlung der Entscheidungen des Bundesfinanzhofs, insbesondere ab 1872/73
BFH/NV	Sammlung amtlich nicht veröffentlichter Entscheidungen des BFH (Zeitschrift)

Abkürzungsverzeichnis

BFuP	Betriebswirtschaftliche Forschung und Praxis (Zeitschrift)
BGB	Bürgerliches Gesetzbuch
BGBl.	Bundesgesetzblatt
BGH	Bundesgerichtshof
BGHST	Entscheidungen des Bundesgerichtshofs in Strafsachen
BGHZ	Entscheidung des Bundesgerichtshofs in Zivilsachen
BHO	Bundeshaushaltsordnung
BilKoG	Gesetz zur Kontrolle von Unternehmensabschlüssen (Bilanzkontrollgesetz)
BilModG	Bilanzrechtsmodernisierungsgesetz
BilReG	Gesetz zur Einführung internationaler Rechnungslegungsstandards und zur Sicherung der Qualität der Abschlussprüfung (Bilanzrechtsreformgesetz)
BilReG RegE	Regierungsentwurf zum Bilanzrechtsreformgesetz
BiRiLiG	Bilanzrichtlinien-Gesetz
BiRiLiG RegE	Regierungsentwurf zum Bilanzrichtlinien-Gesetz
BIZ	Bank für Internationalen Zahlungsausgleich
BJR	Business Judgement Rule
BKA	Bundeskartellamt
BMF	Bundesministerium der Finanzen
BMJ	Bundesministerium für Justiz
BMWA	Bundesministerium für Wirtschaft und Arbeit
BMWi	Bundesministerium für Wirtschaft und Technologie
BörsG	Börsengesetz
BörsO	Börsenordnung für die Frankfurter Wertpapierbörse
BörsZulG	Gesetz zur Einführung eines neuen Marktabschnitts an den Wertpapierbörsen (Börsenzulassungsgesetz)
BörsZulV	Verordnung über die Zulassung von Wertpapieren zur amtlichen Notierung an einer Wertpapierbörse (Börsenzulassungsverordnung)
BOStB	Berufsordnung der Bundessteuerberaterkammer
BPGes	Buchprüfungsgesellschaft(en)
BpO	Betriebsprüfungsordnung
BPO	Buchprüferordnung
BRAGO	Bundesgebührenordnung für Rechtsanwälte
BRAO	Bundesrechtsanwaltsordnung
BRD	Bundesrepublik Deutschland
BR-Drucks.	Bundesrats-Drucksache
BRH	Bundesrechnungshof
BRHG	Gesetz über den Bundesrechnungshof (Bundesrechnungshofgesetz)
BRSA	Banking Regulations and Standards Authority
BS	Berufssatzung der Wirtschaftsprüferkammer
BSI	Bundesamt für die Sicherheit in der Informationstechnik
BspG	Bundesgesetz über die Beaufsichtigung und den Betrieb von Bausparkassen (Bausparkassengesetz)
bspw.	beispielsweise
BStBl.	Bundessteuerblatt
BT-Drucks.	Bundestags-Drucksache
BuW	Betrieb und Wirtschaft (Zeitschrift)
B.V.	Besloten Vennootschap
BVB	Bundesverband der vereidigten Buchprüfer e.V.
BVerfG	Bundesverfassungsgericht
BVerfGE	Entscheidungen des Bundesverfassungsgerichts
BVerwG	Bundesverwaltungsgericht
bzgl.	bezüglich
bzw.	beziehungsweise
ca.	circa
CAA	Commissariat aux Aussurances
CAP	Committee on Accounting Procedures
CD	Compact Disk
CCA	Chilean College of Accountants
CEBS	Committee of European Banking Supervisors
CEIOPS	Committee of European Insurance and Occupational Pension Supervisors
CENCyA	Comisión Especial de Normas de Contabilidad y Auditoria
CEO	Chief Executive Officer(s)
CESR	Committee of European Securities Regulators
CFC	Conselho Federal de Contabilidade
CFO	Chief Financial Officer(s)
CFR	Code of Federal Regulations
CHF	Schweizer Franken (als Währungseinheit)
CIA	Certified Internal Auditor
CICA	Canadian Institute of Certified Accountants
CICPA	Chinese Institute of Certified Public Accountants
CIO	Chief Information Officer(s)
CISA	Certified Information Systems Auditor
CM	Controller Magazin (Zeitschrift)
CMB	Capital Market Board
CNCC	Compagnie nationale des commissaires aux comptes
CNV	Comisión Nacional de Valores

Abkürzungsverzeichnis

Co.	Compagnie (Kompanie i.S.v. Gesellschaft)
CObiT	Control Objectives of Information and Related Technology
CON	Concept Statement(s) des FASB
CONSOB	Commissione nazionale per le società e la borsa
Coso	Committee of the Sponsoring Organisations of the Treadway Commission
CPA	Certified Public Accountant(s)
CPAB	Canadian Public Accountability Board
CRCC	Compagnies régionales des commissaires aux comptes
CSRC	Chinese Securities Regulatory Commission
CSSF	Commission de Surveillance du Secteur Financier
CVM	Comissão de Valores Mobiliários
CZK	Tschechische Krone (als Währungseinheit)
D&O	Directors & Officers Liability Insurance
DAI	Deutsches Aktieninstitut
DAV	Deutscher Anwaltsverein
DAX	Deutscher Aktienindex
DB	Der Betrieb (Zeitschrift)
DBA	Doppelbesteuerungsabkommen
DBV	Deutscher Buchprüferverband e.V.
DBW	Die Betriebswirtschaft (Zeitschrift)
DCGK	Deutscher Corporate Governance Kodex
DeckRV	Verordnung über Rechnungsgrundlagen für die Deckungsrückstellung (Deckungsrückstellungsverordnung) vom 6.5.1996, zuletzt geändert durch Verordnung vom 5.1.2003
DepG	Gesetz über die Verwahrung und Anschaffung von Wertpapieren (Depotgesetz)
DGB	Deutscher Gewerkschaftsbund
DGRV	Deutscher Genossenschafts- und Raiffeisenverband e.V.
d.h.	das heißt
DIHT	Deutscher Industrie- und Handelstag
DIN	Deutsches Institut für Normung
Diss.	Dissertation
DKK	Dänische Kronen (als Währungseinheit)
DNS	Domain Name System
DOS	Disk Operating System
DPR	Deutsche Prüfstelle für Rechnungslegung
Dr.	Doktor
Dres.	Doctores
DrittelbG	Gesetz über die Drittelbeteiligung der Arbeitnehmer im Aufsichtsrat (Drittelbeteiligungsgesetz)
DRS	Deutsche(r) Rechnungslegungs Standard(s)
DRSC	Deutsches Rechnungslegungs Standards Committee e.V.
Drucks.	Drucksache
DSGV	Deutscher Sparkassen- und Giroverband
DSOP	Draft Statement of Principles
DSR	Deutscher Standardisierungsrat
DStR	Deutsches Steuerrecht (Zeitschrift)
DStZ	Deutsche Steuer-Zeitung (Zeitschrift)
DSWR	Datenverarbeitung/Steuer/Wirtschaft/Recht (Zeitschrift)
DTI	Department of Trade and Industry
DV	Datenverarbeitung
DVD	Digital Versatile Disk
DVFA	Deutsche Vereinigung für Finanzanalyse und Asset Management e.V.
DVFA/SG	Deutsche Vereinigung für Finanzanalyse und Asset Management e.V./Schmalenbach-Gesellschaft – Deutsche Gesellschaft für Betriebswirtschaft e.V.
DVStB	Verordnung zur Durchführung der Vorschriften über Steuerberater, Steuerbevollmächtigte und Steuerberatungsgesellschaften
DWS-Institut	Deutsches wissenschaftliches Steuerinstitut der Steuerberater e.V.
DZWiR	Deutsche Zeitschrift für Wirtschafts- und Insolvenzrecht (Zeitschrift)
€	Euro (als Währungseinheit)
EAG	Einlagensicherungs- und Anlegerentschädigungsgesetz
EAR	European Accounting Review (Zeitschrift)
EB	Endbestand
E-BAnz.	Elektronischer Bundesanzeiger
ebd.	ebenda
ECGI	European Corporate Governance Institute
ECIIA	European Confederation of Institutes of Internal Auditing
ECOFIN-Rat	Rat der Europäischen Union Wirtschaft und Finanzen
ED	Exposure Draft
EDV	Elektronische Datenverarbeitung
EEK	Estische Krone (als Währungseinheit)
EFG	Entscheidungen der Finanzgerichte
EFRAG	European Financial Reporting Advisory Group

Abkürzungsverzeichnis

EFTA	European Free Trade Association	ErbStG	Erbschaftsteuer- und Schenkungsteuergesetz
EG	Europäische Gemeinschaft	ErbStR	Erbschaftsteuer-Richtlinien
eGen	eingetragene Genossenschaft	Erg.-Lfg.	Ergänzungslieferung
EGHGB	Einführungsgesetz zum Handelsgesetzbuch	ERH	Europäischer Rechnungshof
EGV	Vertrag zur Gründung der Europäischen Gemeinschaften	Erste RL 68/151/EWG	Erste Richtlinie 68/151/EWG des Rates vom 9.3.1968 zur Koordinierung der Schutzbestimmungen, die in den Mitgliedstaaten den Gesellschaften im Sinne des Artikels 58 Abs. 2 des Vertrages im Interesse der Gesellschafter sowie Dritter vorgeschrieben sind, um diese Bestimmungen gleichwertig zu gestalten
EHUG	Gesetz über elektronische Handelsregister und Genossenschaftsregister sowie das Unternehmensregister		
EHUG RegE	Regierungsentwurf zum Vertrag zur Gründung der europäischen Gemeinschaft für Kohle und Stahl- Gesetz über elektronische Handelsregister und Genossenschaftsregister sowie das Unternehmensregister		
		ESCO	European Securities Committee
		ESt	Einkommensteuer
		EStB	Der Ertrag-Steuer-Berater (Zeitschrift)
EigVO	Eigenbetriebsverordnung	EStDV	Einkommensteuer-Durchführungsverordnung
einschl.	einschließlich		
EITF	Emerging Issues Task Force	EStG	Einkommensteuergesetz
EK	Eigenkapital	EStH	Einkommensteuer-Hinweise
E-Mail	Electronic Mail	EStR	Einkommensteuer-Richtlinien
EMAS	Enviromental Management and Auditing System	et al.	et alii (und andere)
		etc.	et cetera
Empfehlung 2001/256/EG	Empfehlung 2001/256/EG der KOM vom 15.11.2000 zu Mindestanforderungen an Qualitätssicherungssysteme für die Abschlussprüfung in der EU	EU	Europäische Union
		EuGH	Europäischer Gerichtshof
		EURIBOR	European Interbank Offered Rate
		e.V.	eingetragener Verein
		evtl.	eventuell(e)
		EWG	Europäische Wirtschaftsgemeinschaft
Empfehlung 002/590/EG	Empfehlung 2002/590/EG der KOM vom 16.5.2002 zur Unabhängigkeit des Abschlussprüfers in der EU – Grundprinzipien	EWR	Europäischer Wirtschaftsraum
		Externe RechVUVO	Verordnung über die Rechnungslegung von Versicherungsunternehmen (1973)
Empfehlung 2004/913/EG	Empfehlung 2004/913/EG der KOM vom 14.12.2004 zur Einführung einer angemessenen Regelung für die Vergütung von Mitgliedern der Unternehmensleitung börsennotierter Gesellschaften	F	Framework der IFRS
		F&E	Forschung und Entwicklung
		FACPCE	Federación Argentina de Concejos Profesionales de Ciencias Económicas
		FAF	Financial Accounting Foundation
Empfehlung 2005/162/EG	Empfehlung 2005/162/EG der KOM vom 15.2.2005 zu den Aufgaben der nicht geschäftsführenden Direktoren/Aufsichtsratsmitgliedern/börsennotierter Gesellschaften sowie zu den Ausschüssen des Verwaltungs-/Aufsichtsrats	FAIT	Fachausschuss für Informationstechnologie des Instituts der Wirtschaftsprüfer in Deutschland e.V.
		FAR	Fachausschuss Recht des Instituts der Wirtschaftsprüfer in Deutschland e.V.
		FAS	Financial Accounting Standard
EnWG	Gesetz über die Elektrizitäts- und Gasversorgung (Energiewirtschaftsgesetz)	FASAC	Financial Accounting Standards Advisory Council
		FASB	Financial Accounting Standards Board
EPS	Entwurf des IDW – Prüfungsstandards	FASF	Financial Accounting Standards Foundation
ErbSt	Erbschaftsteuer		

Abkürzungsverzeichnis

FAT	Finance Action Task Force
FAZ	Frankfurter Allgemeine Zeitung (Zeitung)
FB	Finanzbetrieb (Zeitschrift)
FEE	Fédération des Experts Comptables Européens
FEI	Financial Executives Institute
FER	Fachempfehlung(en) zur Rechnungslegung
FESCO	Forum of European Securities Commissions
FG	Finanzgericht
FGG	Gesetz über die Angelegenheiten der freiwilligen Gerichtsbarkeit
FGO	Finanzgerichtsordnung
FiFo	First in – First out
FIN	FASB Interpretation(s)
FinDAG	Gesetz über die Bundesanstalt für Finanzdienstleistungsaufsicht (Finanzdienstleistungsaufsichtsgesetz)
FinDAG RegE	Regierungsentwurf zum Finanzdienstleistungsaufsichtsgesetz
FK	Fremdkapital
FMFG	Finanzmarktförderungsgesetz
FördGG	Gesetz über Sonderabschreibungen und Abzugsbeträge im Fördergebiet (Fördergebietsgesetz)
FormblattVO	Verordnung über Formblätter für die Gliederung des Jahresabschlusses für Wohnungsunternehmen
FR	Finanz-Rundschau (Zeitschrift)
FRC	Financial Reporting Council
FRR	Financial Reporting Release(s)
FRRP	Financial Reporting Review Panel
FRS	Financial Reporting Standard(s)
FRSB	Financial Reporting Standards Board
FS	Festschrift
FSA	Financial Services Agency
FSF	Financial Stability Forum
FSP	FASB Staff Positions
FVG	Gesetz über die Finanzverwaltung (Finanzverwaltungsgesetz)
GAAP	Generally Accepted Accounting Principles
GAAS	Generally Accepted Auditing Standards
GAS	Governmental Accounting Standards
GbR	Gesellschaft bürgerlichen Rechts
GDPdU	Grundsätze zum Datenzugriff und zur Prüfbarkeit digitaler Unterlagen
gem.	gemäß
GEMA	Gesellschaft für musikalische Aufführungs- und mechanische Vervielfältigungsrechte
GemKVO	Verordnung über die Kassenführung der Gemeinden
GemOBW	Gemeindeordnung Baden-Württemberg
GenG	Gesetz betreffend die Erwerbs- und Wirtschaftsgenossenschaften (Genossenschaftsgesetz)
Gewinnabgrenzungsaufzeichnungs-VO	Verordnung zu Art, Inhalt und Umfang von Aufzeichnungen im Sinne des § 90 Abs. 3 der Abgabenordnung
GewO	Gewerbeordnung
GewSt	Gewerbesteuer
GewStG	Gewerbesteuergesetz
GewStR	Gewerbesteuerrichtlinien
GG	Grundgesetz für die Bundesrepublik Deutschland (Grundgesetz)
ggf.	gegebenenfalls
GKR	Gemeinschaftskontenrahmen
GKV	Gesamtkostenverfahren
gl.A.	gleicher Ansicht
GmbH	Gesellschaft mit beschränkter Haftung
GmbHG	Gesetz betreffend die Gesellschaften mit beschränkter Haftung
GmbHR	GmbH-Rundschau (Zeitschrift)
GO	Gemeindeordnung
GoA	Grundsätze ordnungsmäßiger Abschlussprüfung
GoB	Grundsätze ordnungsmäßiger Buchführung
GoBS	Grundsätze ordnungsmäßiger IT-gestützter Buchführungssysteme
GoF	Grundsätze ordnungsmäßiger Unternehmensführung
GoöB	Grundsätze ordnungsmäßiger öffentlicher Buchführung
GoU	Grundsätze ordnungsmäßiger Unternehmensüberwachung
GoUB	Grundsätze ordnungsmäßiger Unternehmensbewertung
GPSG	Gesetz über technische Arbeitsmittel und Verbraucherprodukte (Geräte- und Produktsicherheitsgesetz)
GrESt	Grunderwerbsteuer
GrEStG	Grunderwerbsteuergesetz
GRI	Global Reporting Initiative
GrS	Großer Senat
GrSt	Grundsteuer
GuV	Gewinn- und Verlustrechnung
GVG	Gerichtsverfassungsgesetz
GWB	Gesetz gegen Wettbewerbsbeschränkungen
GwG	Gesetz über das Aufspüren von Gewinnen aus schweren Straftaten (Geldwäschegesetz)

Abkürzungsverzeichnis

Geldwäsche-bekämpfungs-gesetz	Gesetz zur Verbesserung der Bekämpfung der Geldwäsche und der Bekämpfung der Finanzierung des Terrorismus
H	Haben
H3C	Haut conseil du commissariat aux comptes
HB I	Handelsbilanz I
HB II	Handelsbilanz II
HBR	Harvard Business Review (Zeitschrift)
HdJ	Handbuch des Jahresabschlusses in Einzeldarstellungen
HdR-E	Handbuch der Rechnungslegung – Einzelabschluss
HeimG	Heimgesetz
HeimsicherungsV	Verordnung über die Pflichten der Träger von Altenheimen, Altenwohnheimen und Pflegeheimen für Volljährige im Falle der Entgegennahme von Leistungen zum Zwecke der Unterbringung eines Bewohners oder Bewerbers (Heimsicherungsverordnung)
HFA	Hauptfachausschuss des Instituts der Wirtschaftsprüfer in Deutschland e.V.
HGB	Handelsgesetzbuch
HGrG	Gesetz über die Grundsätze des Haushaltsrechts des Bundes und der Länder (Haushaltsgrundsätzegesetz)
HiFo	Highest in – First out
HK	Herstellungskosten
HKICPA	Hong Kong Institute of Certified Public Accountants
h.M.	herrschende(r) Meinung
HR	Handelsregister
HRG	Hochschulrahmengesetz
HR-G	Gesetz über den Hessischen Rundfunk
HRK	Kroatische Kuna (als Währungseinheit)
Hrsg.	Herausgeber
HS	Halbsatz
HTM	Kauppakamarin Hyväksymä Tilintarkastaja
HV	Hauptversammlung
HWA	Handwörterbuch der Absatzwirtschaft
HWB	Handwörterbuch der Betriebswirtschaft
HWBF	Handwörterbuch des Bank- und Finanzwesens
HWF	Handwörterbuch der Führung
HWO	Handwörterbuch der Organisation
HWP	Handwörterbuch des Personalwesens
HWPlan	Handwörterbuch der Planung
HWProd	Handwörterbuch der Produktionswirtschaft
HWR	Handwörterbuch des Rechnungswesens
HWRev	Handwörterbuch der Revision
HWRP	Handwörterbuch der Rechnungslegung und Prüfung
HWUC	Handwörterbuch der Unternehmensrechnung und Controlling
i.A.	im Allgemeinen
IAA	International Accounting Association
IAASB	International Auditing and Assurance Standards Board
IAESB	International Accounting Education Standards Board
IAIS	International Association of Insurance Supervisors
IAPC	International Auditing Practices Committee
IAPP	Independent Auditing Practice Pronouncements
IAS	International Accounting Standard(s)
IASB	International Accounting Standards Board
IAPS	International Auditing Practice Statement(s)
IASC	International Accounting Standards Committee
IASP	International Actuarial Standards of Practice
Ibracon	Instituto dos Auditores Independentes do Brasil
IBR-IRE	Belgian Institute of Auditors
i.Br.	im Breisgau
ICAA	Institute of Chartered Accountants in Australia
ICAC	Instituto de Contabilidad y Auditoría de Cuentas
ICAEW	Institute of Chartered Accountants in England and Wales
ICAI	Institute of Chartered Accountants in Ireland
ICANZ	Institute of Chartered Accountants of New Zealand
ICAS	Institute of Chartered Accountants of Scotland
ICAZ	Institute of Chartered Accountants of Zimbabwe
ICCAP	International Coordination Committee for the Accountants Profession

Abkürzungsverzeichnis

ICMCI	International Council of Management Consulting Institutes
ICPAC	Institute of Certified Public Accountants of Cyprus
IDEA	Interactive Data Extraction & Analysis
i.d.F.	in der Fassung
i.d.R.	in der Regel
IDW	Institut der Wirtschaftsprüfer in Deutschland e.V.
IDW EPS	IDW Entwurf Prüfungsstandard
IDW ES	IDW Entwurf Standard
IDW FG	IDW Fachgutachten
IDW-FN	IDW-Fachnachrichten (Zeitschrift)
IDW PH	IDW Prüfungshinweis(e)
IDW PS	IDW Prüfungsstandard(s)
IDW RH HFA	IDW Rechnungslegungshinweis(e) des Hauptfachausschusses
IDW RS	IDW Stellungnahme(n) zur Rechnungslegung
IDW S	IDW Standard(s)
i.e.S.	im engeren Sinne
IESBA	International Ethics Standards Board for Accountants
IFAC	International Federation of Accountants
IFRIC	International Financial Reporting Interpretations Committee
IFRS	International Financial Reporting Standard(s)
IGC	International Group of Controlling
IHK	Industrie- und Handelskammer
IIA	Institute of Internal Auditors
IIA Austria	Institut für Interne Revision Österreich
IIR	Deutsches Institut für Interne Revision e.V.
IKR	Industriekontenrahmen
IKS	Internes Kontrollsystem
IMA	Institute of Management Accountants
INF	Die Information über Steuer und Wirtschaft (Zeitschrift)
inkl.	inklusive
insb.	insbesondere
InsO	Insolvenzordnung
Investmentmodernisierungsgesetz	Gesetz zur Modernisierung des Investmentwesens und zur Besteuerung von Investmentvermögen
InvG	Investmentgesetz
InvZulG	Investitionszulagengesetz
IOSCO	International Organisation of Securities Commissions
IP	Internet Protocol
IPSAS	International Public Sector Accounting Standard(s)
IRE	Institut des Réviseurs d'Entreprises
i.S.	im Sinne
ISA	International Standard(s) on Auditing
ISACA	Information Systems Audit and Control Association
ISACF	Information Systems Audit and Control Foundation
ISAE	International Standard(s) on Assurance Engagements
ISO	International Standard Organization
ISQC	International Standard(s) of Quality Control
ISRE	International Standard(s) on Review Engagements
ISRS	International Standard(s) on Related Services
IStR	Internationales Steuerrecht (Zeitschrift)
i.S.d.	im Sinne des (der) (dieser)
i.S.e.	im Sinne eines (einer)
i.S.v.	im Sinne von
IT	Informationstechnik bzw. Informationstechnologie
ITGI	IT Governance Institute
ITIL	IT Infrastructure Library
ITSEC	Information Technology Security Evaluation Criteria
i.V.m.	in Verbindung mit
IWP	Institut Österreichischer Wirtschaftsprüfer
i.w.S.	im weiteren Sinne
IWW	Institut für Wirtschaftspublizistik Würzburg
JA	Jahresabschluss
JAE	Journal of Accounting and Economics (Zeitschrift)
JArbSchG	Gesetz zum Schutz der arbeitenden Jugend (Jugendarbeitsschutzgesetz)
JB	Journal of Business (Zeitschrift)
J Corp L	Journal of Corporation Law (Zeitschrift)
JF	The Journal of Finance (Zeitschrift)
JFE	Journal of Financial Economics (Zeitschrift)
Jg.	Jahrgang
JICPA	Japanese Institute of Certified Public Accountants
JoA	Journal of Accountancy (Zeitschrift)
JoAR	Journal of Accounting Research (Zeitschrift)

JuMiG	Justizmitteilungsgesetz und Gesetz zur Änderung kostenrechtlicher und anderer Gesetze
JuS	Juristische Schulung (Zeitschrift)
JW	Juristische Wochenzeitschrift (Zeitschrift)
JZ	Juristenzeitung (Zeitschrift)
KAGes	Kapitalanlagegesellschaft(en)
KAGG	Gesetz über Kapitalanlagegesellschaften
KalV	Verordnung über die versicherungsmathematischen Methoden zur Prämienkalkulation und zur Berechnung der Alterungsrückstellung in der privaten Krankenversicherung (Kalkulationsverordnung)
KapCoRiLiG	Gesetz zur Durchführung der Richtlinie des Rates der Europäischen Union zur Änderung der Bilanz- und der Konzernbilanzrichtlinie hinsichtlich ihres Anwendungsbereichs (90/605/EWG), zur Verbesserung der Offenlegung von Jahresabschlüssen und zur Änderung anderer handelsrechtlicher Bestimmungen (Kapitalgesellschaften- und Co-Richtlinie-Gesetz)
KapGes	Kapitalgesellschaft(en)
KapInHaG	Gesetz zur Verbesserung der Haftung für falsche Kapitalmarktinformationen (Kapitalmarktinformationshaftungsgesetz)
KapMuG	Gesetz über Musterverfahren in kapitalmarktrechtlichen Streitigkeiten (Kapitalanleger-Musterverfahrensgesetz)
KapVO	Kapazitätsverordnung
KdöR	Körperschaft des öffentlichen Rechts
KFA	Fachausschuss für kommunales Prüfungswesen des Instituts der Wirtschaftsprüfer in Deutschland e.V.
KfW	Kreditanstalt für Wiederaufbau
KG	Kommanditgesellschaft
KGaA	Kommanditgesellschaft auf Aktien
KHBV	Verordnung über die Rechnungs- und Buchführungspflichten von Krankenhäusern (Krankenhaus-Buchführungsverordnung)
KHEntgG	Gesetz über die Entgelte für voll- und teilstationäre Krankenhausleistungen (Krankenhausentgeltgesetz)
KHFA	Krankenhausfachausschuss des Instituts der Wirtschaftsprüfer in Deutschland e.V.
KHG	Gesetz zur wirtschaftlichen Sicherung der Krankenhäuser und zur Regelung der Krankenhauspflegesätze (Krankenhausfinanzierungsgesetz)
KHT	Keskuskauppakamarin Hyväksymä Tilintarkastaja
KiFo	Konzern in – First out
KiLo	Konzern in – Last out
KiSt	Kirchensteuer
KöSDI	Kölner Steuerdialog (Zeitschrift)
KOM	Kommission der Europäischen Gemeinschaften
KonBefrV	Konzernabschlussbefreiungsverordnung
KonTraG	Gesetz zur Kontrolle und Transparenz im Unternehmensbereich
KoR	Zeitschrift für kapitalmarktorientierte Rechnungslegung, ab 2005 Zeitschrift für internationale und kapitalmarktorientierte Rechnungslegung (KoR^{IFRS}) (Zeitschrift)
KraftSt	Kraftfahrzeugsteuer
krp	Kostenrechnungspraxis (Zeitschrift)
KSt	Körperschaftsteuer
KStG	Körperschaftsteuergesetz
KSVG	Kommunalselbstverwaltungsgesetz
KuMaKV	Verordnung zur Konkretisierung des Verbotes der Kurs- und Marktpreismanipulation
KWG	Gesetz über das Kreditwesen (Kreditwesengesetz)
KWT	Kammer der Wirtschaftstreuhänder
LCC	Law on Commercial Companies
Lfg.	Lieferung
LG	Landgericht
LHG	Gesetz über die Hochschulen und Berufsakademien in Baden-Württemberg (Landeshochschulgesetz)
LHO	Landeshaushaltsordnung
LHO HH	Landeshaushaltsordnung der Hansestadt Hamburg
LIBOR	London Interbank Offered Rate
LiFo	Last in – First out
lit.	litera (im Sinne von Buchstabe)
LL	Lieferungen und Leistungen
LO	Lizenzierungsordnung
LoFo	Lowest in – First out
LRH	Landesrechnungshöfe
LSchlG	Gesetz über den Ladenschluss (Ladenschlussgesetz)
LSE	London Stock Exchange
LSP	Leitsätze für die Preisermittlung bei öffentlichen Aufträgen (Anlage zur Verordnung PR Nr. 30/53 vom 21.11.1953)

Abkürzungsverzeichnis

LSt	Lohnsteuer
LStDV	Lohnsteuer-Durchführungsverordnung
LVO	Verordnung der Landesregierung über die Laufbahnen der Beamten und Richter im Lande Baden-Württemberg (Landeslaufbahnverordnung)
M&A	Mergers & Acquisitions (Zeitschrift)
MA	Massachusetts
MaBV	Verordnung über die Pflichten der Makler, Darlehens- und Anlagenvermittler, Bauträger und Baubetreuer (Makler- und Bauträgerverordnung)
MAc	Management Accounting
MAG	Marktaufsichtsgesetz
MaH	Mindestanforderungen an das Betreiben von Handelsgeschäften der Kreditinstitute
MaIR	Mindestanforderungen an die Interne Revision der Kreditinstitute
MaBVMaK . .	Makler- und Bauträgerverordnung-Mindestanforderungen an das Kreditgeschäft der Kreditinstitute
MaKonV	Verordnung zur Konkretisierung des Verbotes der Marktmanipulation (Marktmanipulations-Konkretisierungsverordnung)
MaRisk	Mindestanforderungen an das Risikomanagement
MarkenG . . .	Gesetz über den Schutz von Marken und sonstigen Kennzeichen (Markengesetz)
m.a.W.	mit anderen Worten
max.	maximal(e)
MD&A	Management's Discussion and Analysis of Financial Condition and Results of Operations
MDAX	Deutscher Midcap Aktienindex
MDR-StV . . .	Staatsvertrag zum Mitteldeutschen Rundfunk
min.	minimal(e)
Min.	Minute(n)
Mio.	Million(en)
MitbestG . . .	Gesetz über die Mitbestimmung der Arbeitnehmer (Mitbestimmungsgesetz)
mm	Manager Magazin (Zeitschrift)
Montan-MitbestG . . .	Gesetz über die Mitbestimmung der Arbeitnehmer in den Aufsichtsräten und Vorständen der Unternehmen des Bergbaus und der Eisen und Stahl erzeugenden Industrie (Montan-Mitbestimmungsgesetz)
Mrd.	Milliarde(n)
MS	Management Science (Zeitschrift)
MuSchG	Gesetz zum Schutz der erwerbstätigen Mutter (Mutterschutzgesetz)
m.w.N.	mit weiteren Nachweisen
NAA	National Association of Accountants
NASBA	National Association of State Boards of Accountancy
NASDAQ . .	National Association of Securities Dealers Automated Quotation – System
NCL	Normas Contables Legales
NCP	Normas Contables Profesionales
n.F.	neue Fassung
NIvRa	Netherlands Institut van Registeraccountants
NJ	New Jersey
NJW	Neue Juristische Wochenschrift (Zeitschrift)
NJW-RR . . .	Neue Juristische Wochenschrift – Rechtsprechungsreport Zivilrecht (Zeitschrift)
NKPG	Niedersächsisches Gesetz über die überörtliche Kommunalprüfung (Niedersächsisches Kommunalprüfungsgesetz)
No.	Nummero
NOvAA	Nederlandse Orde van Accountants Administratieconsulenten
NPC	Normas e Procedimentos de Contabilidade
Nr.	Nummer
NV	nicht veröffentlicht
N.V.	Naamloze Vennootschap
NY	New York
NYSE	New York Stock Exchange
NZG	Neue Zeitschrift für Gesellschaftsrecht (Zeitschrift)
o.Ä.	oder Ähnliche(s)
OECD	Organisation for Economic Cooperation and Development
OEEC	Organization for European Economic Cooperation
ÖFA	Fachausschuss für öffentliche Unternehmen und Verwaltungen des Instituts der Wirtschaftsprüfer in Deutschland e.V.
ÖPP-Beschleunigungsgesetz	Gesetz zur Beschleunigung der Umsetzung von Öffentlich Privaten Partnerschaften und zur Verbesserung gesetzlicher Rahmenbedingungen für Öffentlich Private Partnerschaften
OFD	Oberfinanzdirektion

OHG	Offene Handelsgesellschaft	RechVersV	Verordnung über die Rechnungslegung der Versicherungsunternehmen
o.J.	ohne Jahr		
o.Jg.	ohne Jahrgang		
OLG	Oberlandesgericht	RechVUVO	Verordnung über die Rechnungslegung von Versicherungsunternehmen
o.O.	ohne Ort		
OUVS	Open University Validation Service		
o.V.	ohne Verfasser	REFA	Reichsausschuss für Arbeitszeitermittlung
p.a.	per anno (pro Jahr)	RefE	Referentenentwurf
PAAB	Public Accountants and Auditors' Board	RegE	Regierungsentwurf
PartGes	Partnerschaftsgesellschaft(en)	Regierungskommission Corporate Governance	Regierungskommission Corporate Governance – Unternehmensführung – Unternehmenskontrolle – Modernisierung des Aktienrechts
PartGG	Gesetz über Partnerschaftsgesellschaften Angehöriger Freier Berufe (Partnerschaftsgesellschaftsgesetz)		
PBV	Pflege-Buchführungsverordnung		
PC	Personal Computer(s)		
PCAOB	Public Company Accounting Oversight Board	RHB	Roh-, Hilfs- und Betriebsstoffe
		RIC	Rechnungslegungs Interpretation Committee
PersGes	Personengesellschaft(en)		
PEST-Analyse	Political, Economic, Social und Technology-Analyse	RIW	Recht der Internationalen Wirtschaft (Zeitschrift)
PH	Prüfungshinweis(e)	RL	Rentabilität und Liquidität
PIMS	Profit Impact of Market Strategies	RL 80/723/ EWG	Richtlinie 80/723/EWG der Kommission vom 25.6.1980 über die Transparenz der finanziellen Beziehungen zwischen den Mitgliedstaaten und den öffentlichen Unternehmen
PIN	Personal Identification Number		
PIOB	Public Interest Oversight Board		
PöV	Verordnung PR 30/53 über die Preise bei öffentlichen Aufträgen vom 21.11.1953 (Stand: 13.6.1989)		
PPB	Professional Practices Board		
PrB	Prüfungsbericht	RL 82/121/ EWG	Richtlinie 82/121/EWG des Rates vom 15.2.1982 über regelmäßige Informationen, die von Gesellschaften zu veröffentlichen sind, deren Aktien zur amtlichen Notierung an einer Wertpapierbörse zugelassen sind
PrüfbV	Prüfungsberichtverordnung		
PrüfO	Prüfungsordnung für Wirtschaftsprüfer		
PS	Prüfungsstandard(s)		
PublG	Gesetz über die Rechnungslegung von bestimmten Unternehmen und Konzernen (Publizitätsgesetz)		
PuK	Planung und Kontrolle, Planungs- und Kontrollsysteme, Planungs- und Kontrollrechnung (Lehrbuch)	RL 89/48/ EWG	Richtlinie 89/48/EWG des Rates vom 21.12.1988 über eine allgemeine Regelung zur Anerkennung der Hochschuldiplome, die mindestens eine dreijährige Berufsausbildung abschließen
RA	Rechtsanwalt		
RAG	Bundesgesetz über die Zulassung und Beaufsichtigung der Revisorinnen und Revisoren (Revisionsaufsichtsgesetz)	RL 89/592/ EWG	Richtlinie 89/592/EWG des Rates vom 13.11.1989 zur Koordinierung der Vorschriften betreffend Insidergeschäfte
RAP	Rechnungsabgrenzungsposten		
RBB-StV	Staatsvertrag zum Rundfunk Berlin-Brandenburg	RL 90/605/ EWG	Richtlinie 90/605/EWG des Rates vom 8.11.1990 zur Änderung der Richtlinien 78/660/EWG, 83/349/EWG über den Jahresabschluss bzw. den konsolidierten Abschluss hinsichtlich ihres Anwendungsbereichs
RBerG	Rechtsberatungsgesetz		
RDG	Gesetz über außergerichtliche Rechtsdienstleistungen (Rechtsdienstleistungsgesetz)		
Rdnr.	Randnummer		
RechKredV	Verordnung über die Rechnungslegung der Kreditinstitute		

Abkürzungsverzeichnis

RL 92/101/
EWG ...... Richtlinie 92/101/EWG des Rates vom 23.11.1992 zur Änderung der Richtlinie 77/91/EWG, 83/349/EWG über die Gründung der Aktiengesellschaft sowie die Erhaltung und Änderung ihres Kapitals

RL 95/26/EG Richtlinie 95/26/EG des Europäischen Parlaments und des Rates vom 29.6.1995 zur Änderung der Richtlinien 77/780/EWG und 89/646/EWG betreffend Kreditinstitute, der Richtlinien 73/239/EWG und 92/49/EWG betreffend Schadenversicherungen, der Richtlinien 79/267/EWG und 92/96/EWG betreffend Lebensversicherungen, der Richtlinie 93/22/EWG betreffend Wertpapierfirmen sowie der Richtlinie 85/611/EWG betreffend bestimmte Organismen für gemeinsame Anlagen in Wertpapieren (OGAW) zwecks verstärkter Beaufsichtigung dieser Finanzunternehmen

RL 95/46/EG Richtlinie 95/46/EG des Europäischen Parlaments und des Rates vom 24.10.1995 zum Schutz natürlicher Personen bei der Verarbeitung personenbezogener Daten und zum freien Datenverkehr

RL 2001/65/
EG .... Richtlinie 2001/65/EG des Europäischen Parlaments und des Rates vom 27.9.2001 zur Änderung der Richtlinien 78/660/EWG, 83/349/EWG und 86/635/EWG des Rates im Hinblick auf die im Jahresabschluss bzw. im konsolidierten Abschluss von Gesellschaften bestimmter Rechtsformen und von Banken und anderen Finanzinstituten zulässigen Wertansätze

RL 2001/86/
EG .... Richtlinie 2001/86/EG des Rates vom 8.10.2001 zur Ergänzung des Statuts der Europäischen Gesellschaft hinsichtlich der Beteiligung der Arbeitnehmer

RL 2002/12/
EG .... Richtlinie 2002/12/EG des Europäischen Parlaments und des Rates vom 5.3.2002 zur Änderung der Richtlinie 79/267/EWG des Rates hinsichtlich der Bestimmungen über die Solvabilitätsspanne für Lebensversicherungsunternehmen

RL 2002/13/
EG .... Richtlinie 2002/13/EG des Europäischen Parlaments und des Rates vom 5.3.2002 zur Änderung der Richtlinie 73/239/EWG des Rates hinsichtlich der Bestimmungen über die Solvabilitätsspanne für Schadenversicherungsunternehmen

RL 2003/6/
EG .... Richtlinie 2003/6/EG des Europäischen Parlaments und des Rates vom 28.1.2003 über Insider-Geschäfte und Marktmanipulation (Marktmissbrauch)

RL 2003/48/
EG .... Richtlinie 2003/48/EG des Rates vom 3.6.2003 im Bereich der Besteuerung von Zinserträgen

RL 2003/49/
EG .... Richtlinie 2003/49/EG des Rates vom 3.6.2003 über eine gemeinsame Steuerregelung für Zahlungen von Zinsen und Lizenzgebühren zwischen verbundenen Unternehmen verschiedener Mitgliedstaaten

RL 2003/51/
EG .... Richtlinie 2003/51/EG des Europäischen Parlaments und des Rates vom 18.6.2003 zur Änderung der Richtlinien 78/660/EWG, 83/349/EWG, 86/635/EWG und 91/674/EWG über den Jahresabschluss und den konsolidierten Abschluss von Gesellschaften bestimmter Rechtsformen, von Banken und anderen Finanzinstituten sowie von Versicherungsunternehmen

RL 2003/123/
EG .... Richtlinie 2003/123/EG des Europäischen Parlaments und des Rates vom 15.7.2003 zur Änderung der Richtlinie 68/151/EWG des Rates in Bezug auf die Offenlegungspflichten von Gesellschaften bestimmter Rechtsformen

RL 2004/109/
EG .... Richtlinie 2004/109/EG des Europäischen Parlaments und des Rates vom 15.12.2004 zur Harmonisierung der Transparenzanforderungen in Bezug auf Informationen über Emittenten, deren Wertpapiere zum Handel auf einem geregelten Markt zugelassen sind, und zur Änderung der Richtlinie 2001/34/EG

RL 2005/19/
EG .... Richtlinie 2005/19/EG des Rates vom 17.2.2005 zur Änderung der

	Richtlinie 90/434/EWG über das gemeinsame Steuersystem für Fusionen, Spaltungen, die Einbringung von Unternehmensteilen und den Austausch von Anteilen, die Gesellschaften verschiedener Mitgliedstaaten betreffen	S.	Seite
		SAAPS	South African Auditing Practice Statement(s)
		SAB	Staff Accounting Bulletin(s)
		SABI	Sonderausschuss Bilanzrichtlinien-Gesetz des Instituts der Wirtschaftsprüfer in Deutschland e.V.
RL 2005/68/ EG	Richtlinie 2005/68/EG des Europäischen Parlaments und des Rates vom 16.11.2005 über die Rückversicherung und zur Änderung der Richtlinien 73/239/EWG, 92/49/ EWG des Rates sowie der Richtlinien 98/78/EG und 2002/83/EG	SAC	Standards Advisory Council
		SAFP	Superintendencia de Administradoras de Fondos de Pensiones
		SAICA	South African Institute of Chartered Accountants
		SAP	Statement(s) on Auditing Procedures
		SAS	Statement(s) on Auditing Standards
RL 2006/43/ EG	Richtlinie 2006/43/EG des Europäischen Parlaments und des Rates vom 17.5.2006 über Abschlussprüfungen von Jahresabschlüssen und konsolidierten Abschlüssen, zur Änderung der Richtlinien 78/660/ EWG und 83/349/EWG des Rates und zur Aufhebung der Richtlinie 84/253/EWG des Rates	SBIF	Superintendencia de Bancos e Instituciones Financieras
		sbr	Schmalenbach Business Review (Zeitschrift)
		S.C.C.	Société des Commissaires aux Comptes
		Schufa	Schutzgemeinschaft für allgemeine Kreditsicherheit
		SchwArbG .	Gesetz zur Bekämpfung der Schwarzarbeit
RL 2006/46/ EG	Richtlinie 2006/46/EG des Europäischen Parlaments und des Rates vom 14.6.2006 zur Änderung der Richtlinien des Rates 78/660/ EWG über den Jahresabschluss von Gesellschaften bestimmter Rechtsformen, 83/349/EWG über den konsolidierten Abschluss, 86/635/ EWG über den Jahresabschluss und den konsolidierten Abschluss von Banken und anderen Finanzinstituten und 91/674/EWG über den Jahresabschluss und den konsolidierten Abschluss von Versicherungsunternehmen	SDAX	Deutscher Smallcap Aktienindex
		SE	Societas europaea
		SEAG	Gesetz zur Ausführung der Verordnung (EG) Nr. 2157/2001 des Rates vom 8.10.2001 über das Statut der Europäischen Gesellschaft (SE) (SE-Ausführungsgesetz)
		SEBG	Gesetz über die Beteiligung der Arbeitnehmer in einer Europäischen Gesellschaft (SE-Beteiligungsgesetz)
		Sec.	Section
		SEC	Securities and Exchange Commission
RMS	Risikomanagementsystem	Sechste RL 77/ 388/EWG ..	Sechste Richtlinie 77/388/EWG des Rates vom 17.5.1977 zur Harmonisierung der Rechtsvorschriften der Mitgliedstaaten über die Umsatzsteuern — Gemeinsames Mehrwertsteuersystem: einheitliche steuerliche Bemessungsgrundlage
Rn.	Randnummer		
ROAC	Registro Oficial de Auditores de Cuentas		
ROI	Return on Investment		
ROM	Read Only Memory		
Rom-Vertrag	Vertrag zur Gründung der Europäischen Wirtschaftsgemeinschaft	SEEG	Gesetz zur Einführung der Europäischen Gesellschaft
Royal NIVRA	Nederlands Instituut van Registeraccountants	SEStEG ...	Gesetz über steuerliche Begleitmaßnahmen zur Einführung der Europäischen Gesellschaft und zur Änderung weiterer steuerrechtlicher Vorschriften
RS	Rechnungslegungsstandard(s)		
Rspr.	Rechtsprechung		
RWZ	Zeitschrift für Recht und Rechnungswesen (Zeitschrift)		
		SFAC	Statement(s) of Financial Accounting Concepts
s.	siehe	SFAS	Statement(s) of Financial Accounting Standards
S	Soll		

Abkürzungsverzeichnis

SGAS	Statement(s) of Governmental Accounting Standards
SGB	Sozialgesetzbuch
SIA	Slovenian Institute of Auditors
SIAS	Specific Independent Auditing Standard(s)
SIC	Standards Interpretations Committee
Siebente RL 83/349/EWG	Siebente Richtlinie 83/349/EWG des Rates vom 13.6.1983 über den konsolidierten Abschluss
SiegelVO	Verordnung über die Gestaltung des Siegels der Wirtschaftsprüfer, vereidigten Buchprüfer, Wirtschaftsprüfungsgesellschaften und Buchprüfungsgesellschaften (Siegelverordnung)
SigG	Gesetz über Rahmenbedingungen für elektronische Signaturen (Signaturgesetz)
SKK	Slowakische Krone (als Währungseinheit)
SKSU	Slovenská komora auditorov
SMAP	Statement(s) on Management Accounting Procedures
SMAX	Smallcap Aktien Index
SMO	Statement(s) of Membership Obligations
SOA	Sarbanes Oxley Act
sog.	sogenannt
SolvV	Solvenzverordnung
SolZ	Solidaritätszuschlag
SolZG	Solidaritätszuschlagsgesetz
SOP	Statement(s) of Position, Statement(s) of Principles
Sp.	Spalte
SpkG	Sparkassengesetz(e)
SQCS	Statement(s) on Quality Control Standards
SQL	Structured Query Language
SSAE	Statement(s) on Standards for Attestation Engagements
SSAP	Statement(s) of Standard Accounting Practice
SSARS	Statement(s) on Standard for Accounting Review Services
ST	Der Schweizer Treuhänder (Zeitschrift)
StÄndG	Gesetz zur Änderung steuerlicher Vorschriften (Steueränderungsgesetz 2001)
StB	Steuerberater bzw. Der Steuerberater (Zeitschrift)
StBerG	Steuerberatungsgesetz
Stbg	Die Steuerberatung (Zeitschrift)
StBGebV	Steuerberater-Gebühren-Verordnung
StBGes	Steuerberatungsgesellschaft(en)
StbJb	Steuerberater-Jahrbuch
StBK	Steuerberaterkammer
StBv	Steuerbevollmächtigte(r)
Std.	Stunde(n)
StEntlG	Steuerentlastungsgesetz 1999/2000/2002
SteuStud	Steuer und Studium (Zeitschrift)
StGB	Strafgesetzbuch
StiftG NRW	Stiftungsgesetz für das Land Nordrhein-Westfalen
StPO	Strafprozessordnung
StuB	Steuern und Bilanzen (Zeitschrift)
StuW	Steuer und Wirtschaft (Zeitschrift)
SVIR	Schweizerischer Verband für Interne Revision
SVS	Superintendencia de Valores y Seguros
SWIFT	Society for Worldwide Interbank Financial Telecommunication
SWOT	Strength Weakness Opportunity Threat (Analysis)
T €	Tausend Euro
Tab.	Tabelle(n)
TAN	Transaction Number
TB	Technical Bulletins des FASB
TDG	Gesetz über die Nutzung von Telediensten (Teledienstgesetz)
TecDAX	Deutscher Technologie Aktienindex
TransPuG	Gesetz zur weiteren Reform des Aktien- und Bilanzrechts, zu Transparenz und Publizität (Transparenz- und Publizitätsgesetz)
Treuhand-Kammer	Schweizerische Kammer der Wirtschaftsprüfer, Steuerexperten und Treuhandexperten (Chambre fiduciaire, Chambre suisse des experts comptables, fiduciaires et fiscaux)
u.a.	unter anderem
u.Ä.	und Ähnliche(s)(m)
UAG	Gesetz zur Ausführung der Verordnung (EG) Nr. 761/2001 des Europäischen Parlaments und des Rates vom 19. März 2001 über die freiwillige Beteiligung von Organisationen an einem Gemeinschaftssystem für das Umweltmanagement und die Umweltbetriebsprüfung (EMAS) (Umweltauditgesetz)
UBBG	Gesetz über Unternehmensbeteiligungsgesellschaften
UGB	Unternehmensgesetzbuch (Österreich, bis 2006 HGB)

UEC	Union Européenne des Experts Comptables Economiques et Financiers	VFA	Versicherungsfachausschuss des Instituts der Wirtschaftsprüfer in Deutschland e.V.
ÜPKKG	Gesetz zur Regelung der überörtlichen Prüfung kommunaler Körperschaften in Hessen	vgl.	vergleiche
		VG-Wort	Verwertungsgesellschaft Wort
		v.H.	von Hundert
UIG	Umweltinformationsgesetz	Vierte RL 78/ 660/EWG	Vierte Richtlinie 78/660/EWG des Rates vom 25.6.1978 über den Jahresabschluss von Gesellschaften bestimmter Rechtsformen
UKV	Umsatzkostenverfahren		
UMAG	Gesetz zur Unternehmensintegrität und Modernisierung des Anfechtungsrechts		
UmwG	Umwandlungsgesetz	Viertes FMFG	Gesetz zur weiteren Fortentwicklung des Finanzplatzes Deutschland (Viertes Finanzmarktförderungsgesetz)
UmwStG	Umwandlungssteuergesetz		
UN	United Nations		
UNO	United Nations Organisation		
UrhG	Gesetz über Urheberrecht und verwandte Schutzrechte (Urheberrechtsgesetz)	Vill L Rev	Villanova Law Review (Zeitschrift)
		VO	Verordnung
		VO (EG) Nr. 1836/93	Verordnung (EG) Nr. 1836/93 des Europäischen Rates vom 29.6.1993 über die freiwillige Beteiligung von gewerblichen Unternehmen an einem Gemeinschaftssystem für das Umweltmanagement und die Umweltbetriebsprüfung
UrhWahrnG	Gesetz über die Wahrnehmung von Urheberrechten und verwandten Schutzrechten (Urheberrechtswahrnehmungsgesetz)		
US	United States		
US$	United States Dollar (als Währungseinheit)		
USA	United States of America		
US GAAP	United States Generally Accepted Accounting Principles	VO (EG) Nr. 515/97	Verordnung (EG) Nr. 515/1997 des Rates vom 13.3.1997 über die gegenseitige Amtshilfe zwischen Verwaltungsbehörden der Mitgliedstaaten und die Zusammenarbeit dieser Behörden mit der Kommission im Hinblick auf die ordnungsgemäße Anwendung der Zoll- und der Agrarregelung
US-GAAS	United States Generally Accepted Auditing Standards		
USt	Umsatzsteuer		
UStG	Umsatzsteuergesetz		
UStR	Umsatzsteuer-Richtlinien		
usw.	und so weiter		
u.U.	unter Umständen		
UV	Umlaufvermögen		
UWG	Gesetz gegen den unlauteren Wettbewerb	VO (EG) Nr. 659/1999	Verordnung (EG) Nr. 659/1999 des Rates vom 22.3.1999 über besondere Vorschriften für die Anwendung von Artikel 88 des EG-Vertrages
VAG	Gesetz über die Beaufsichtigung der Versicherungsunternehmen (Versicherungsaufsichtsgesetz)	VO (EG) Nr. 761/2001	Verordnung (EG) Nr. 761/2001 des Europäischen Parlaments und des Rates vom 19.3.2001 über die freiwillige Beteiligung von Organisationen an einem Gemeinschaftssystem für das Umweltmanagement und die Umweltbetriebsprüfung (EMAS)
vBP	vereidigter Buchprüfer		
VerkprospG	Wertpapier-Verkaufsprospektgesetz (Verkaufsprospektgesetz)		
VerkprospV			
VerglO	Vergleichsordnung Wertpapier-Verkaufsprospekt-Verordnung		
VerpackV	Verordnung über die Vermeidung und Verwertung von Verpackungsabfällen	VO (EG) Nr. 2157/2001	Verordnung (EG) Nr. 2157/2001 des Rates vom 8.10.2001 über das Statut der Europäischen Gesellschaft (SE)
VersKapAG	Gesetz zur Änderung von Vorschriften über die Bewertung der Kapitalanlagen von Versicherungsunternehmen und zur Aufhebung des Diskontsatz-Überleitungs-Gesetzes (Versicherungskapitalanlagen-Bewertungsgesetz)	VO (EG) Nr. 1606/2002	Verordnung (EG) Nr. 1606/2002 des Europäischen Parlaments und des Rates vom 19.7.2002 betreffend die Anwendung internationaler Rechnungslegungsstandards

Abkürzungsverzeichnis

XL

VO (EG) Nr. 1/2003	Verordnung (EG) Nr. 1/2003 des Rates vom 16.12.2002 zur Durchführung der in den Artikeln 81 und 82 des Vertrags niedergelegten Wettbewerbsregeln
VO (EG) Nr. 2273/2003	Verordnung (EG) Nr. 2273/2003 der Kommission vom 22.12.2003 zur Durchführung der Richtlinie 2003/6/EG des Europäischen Parlaments und des Rates: Ausnahmeregelungen für Rückkaufprogramme und Kursstabilisierungsmaßnahmen
VO (EG) Nr. 139/2004	Verordnung (EG) Nr. 139/2004 des Rates vom 20.1.2004 über die Kontrolle von Unternehmenszusammenschlüssen (EG-Fusionskontrollverordnung)
VOLVorstOG	Gesetz über die Offenlegung der Vorstandsvergütungen (Verdingungsordnung für Leistungen (ausgenommen Bauleistungen) Vorstandsvergütungs-Offenlegungsgesetz)
vs.	versus
VUWLR	Victoria University of Wellington Law Review (Zeitschrift)
VVaG	Versicherungsvertrag auf Gegenseitigkeit
VVG	Gesetz über den Versicherungsvertrag (Versicherungsvertragsgesetz)
VW	Versicherungswirtschaft (Zeitschrift)
VwGO	Verwaltungsgerichtsordnung
WACC	Weighted Average Cost of Capital
WDR-G	Gesetz über den Westdeutschen Rundfunk Köln
WFA	Wohnungswirtschaftlicher Fachausschuss des Instituts der Wirtschaftsprüfer in Deutschland e.V.
WI	Wirtschafsinformatik (Zeitschrift)
WiK	Zeitschrift für die Sicherheit der Wirtschaft (Zeitschrift)
WiPrPrüfV	Wirtschaftsprüferprüfungsverordnung
WiSt	Wirtschaftswissenschaftliches Studium (Zeitschrift)
WISU	Das Wirtschaftsstudium (Zeitschrift)
WM	Wertpapier Mitteilungen (Zeitschrift)
WP	Wirtschaftsprüfer
WpAIV	Verordnung zur Konkretisierung von Anzeige-, Mitteilungs- und Veröffentlichungspflichten sowie der Pflicht zur Führung von Insiderverzeichnissen nach dem Wertpapierhandelsgesetz (Wertpapierhandelsanzeige- und Insiderverzeichnisverordnung)
WPAnrV	Wirtschaftsprüferexamens-Anrechnungsverordnung
WPBHV	Wirtschaftsprüfer-Berufshaftlichtversicherungsverordnung
WpDPV	Verordnung über die Prüfung der Wertpapierdienstleistungsunternehmen nach § 36 des Wertpapierhandelsgesetzes (Wertpapierdienstleistungs-Prüferverordnung)
WPg	Die Wirtschaftsprüfung (Zeitschrift)
WPGes	Wirtschaftsprüfungsgesellschaft(en)
WPGO	Gebührenordnung für Pflichtprüfungen der Wirtschaftsprüfer
WPH	Wirtschaftsprüfer-Handbuch
WpHG	Gesetz über den Wertpapierhandel (Wertpapierhandelsgesetz)
WPJb	Wirtschaftsprüfer-Jahrbuch
WPK	Wirtschaftsprüferkammer
WPK-Mag.	Wirtschaftsprüferkammer-Magazin (Zeitschrift)
WPK-Mitt.	Wirtschaftsprüferkammer-Mitteilungen (Zeitschrift)
WPO	Gesetz über eine Berufsordnung der Wirtschaftsprüfer (Wirtschaftsprüferordnung)
WPOÄG	Gesetz zur Änderung von Vorschriften über die Tätigkeit der Wirtschaftsprüfer (Wirtschaftsprüferordnungs-Änderungsgesetz)
WpPG	Gesetz über die Erstellung, Billigung und Veröffentlichung des Prospekts, der beim öffentlichen Angebot von Wertpapieren oder bei der Zulassung von Wertpapieren zum Handel an einem organisierten Markt zu veröffentlichen ist (Wertpapierprospektgesetz)
WPRefG	Gesetz zur Reform des Zulassungs- und Prüfungsverfahrens des Wirtschaftsprüfungsexamens (Wirtschaftsprüfungsexamens-Reformgesetz)
WPRefG RegE	Regierungsentwurf zum Wirtschaftsprüfungsexamens-Reformgesetz
WpÜG	Wertpapiererwerbs- und Übernahmegesetz
WTBG	Bundesgesetz über die Wirtschaftstreuhandberufe (Wirtschaftstreuhandberufsgesetz)

WZO	Weltzollorganisation
XBRL	Extensible Business Reporting Language
z.B.	zum Beispiel
ZBB	Zeitschrift für Bankrecht und Bankwirtschaft (Zeitschrift)
ZdK	Zentralverband Deutscher Konsumgenossenschaften e.V.
ZEvA	Zentrale Evaluierungs- und Akkreditierungsagentur Hannover
ZfB	Zeitschrift für Betriebswirtschaft (Zeitschrift)
ZfBh	Zeitschrift für Buchhaltung (Zeitschrift)
ZfbF	Zeitschrift für betriebswirtschaftliche Forschung (Zeitschrift)
ZfC	Zeitschrift für Controlling (Zeitschrift)
ZfCM	Zeitschrift für Controlling und Management (Zeitschrift)
ZfdG	Gesetz über das Zollkriminalamt und die Zollfahndungsämter (Zollfahndungsdienstgesetz)
ZfdgVW	Zeitschrift für die gesamte Versicherungswirtschaft (Zeitschrift)
ZfhF	Zeitschrift für handelsrechtliche Forschung (Zeitschrift)
ZFHwuHp	Zeitschrift für Handelswissenschaft und Handelspraxis (Zeitschrift)
ZfK	Zeitschrift für das gesamte Kreditwesen (Zeitschrift)
zfo	Zeitschrift Führung + Organisation (Zeitschrift)
ZfR	Zeitschrift für das gesamte Rechnungswesen (Zeitschrift)
ZGR	Zeitschrift für Unternehmens- und Gesellschaftsrecht (Zeitschrift)
ZHK	Zeitschrift für das gesamte Handels- und Konkursrecht (Zeitschrift)
ZHR	Zeitschrift für das gesamte Handels- und Wirtschaftsrecht (Zeitschrift)
ZIP	Zeitschrift für Wirtschaftsrecht (Zeitschrift)
ZIR	Zeitschrift für Interne Revision (Zeitschrift)
ZK	Zollkodex
ZKA	Zollkriminalamt
ZKI	Zollkriminalinstitut
ZonRFG	Gesetz zur Förderung des Zonenrandgebietes (Zonenrandförderungsgesetz)
ZP	Zeitschrift für Planung und Unternehmenssteuerung (Zeitschrift)
ZPO	Zivilprozessordnung
ZRQuotenV	Verordnung über die Mindestbeitragsrückerstattung in der Lebensversicherung
z.T.	zum Teil
ZuSEG	Gesetz über die Entschädigung von Zeugen und Sachverständigen
ZVEI	Zentralverband der Elektrotechnik und Elektroindustrie
ZVglRWiss	Zeitschrift für vergleichende Rechtswissenschaft (Zeitschrift)
Zweite RL 77/91/EWG	Zweite Richtlinie 77/91/EWG des Rates vom 13.12.1976 zur Koordinierung der Schutzbestimmungen, die in den Mitgliedstaaten den Gesellschaften im Sinne des Artikels 58 Absatz 2 des Vertrages im Interesse der Gesellschafter sowie Dritter für die Gründung der Aktiengesellschaft sowie für die Erhaltung und Änderung ihres Kapitals vorgeschrieben sind, um diese Bestimmungen gleichwertig zu gestalten
zzgl.	zuzüglich

A

Abberufung des Aufsichtsrats →Aufsichtsrat, Be- und Abberufung

Abberufung des Vorstands →Vorstand, Bestellung und Abberufung

ABC-Analyse

Die ABC-Analyse ist ein wichtiges Instrument zur *Strukturierung komplexer Sachverhalte durch Klassifizierung* (A-, B- und C-Klasse) beobachteter Variablen, wie z. B. →Umsatzerlöse, Absatzmengen, Deckungsbeiträge (→Deckungsbeitragsrechnungen), Kostenarten (→Kostenartenrechnung), Materialarten, Lieferanten, Projekte und Kunden in drei Gruppen nach ihrer Wichtigkeit und Bedeutung für betriebswirtschaftliche Entscheidungen. Eine solche Klassifizierung großer Datenmengen nach ihrer Wichtigkeit zielt darauf ab, einen effizienten Einsatz betrieblicher Ressourcen zu gewährleisten. Die ABC-Analyse erlaubt damit eine Konzentration der Analyse auf diejenigen Untersuchungsbereiche, die als besonders relevant im Hinblick auf das jeweilige Entscheidungskriterium angesehen werden. Damit fördert sie das zielgerichtete ökonomische Handeln innerhalb komplexer Entscheidungssituationen und trägt insofern zu einer *Verbesserung der Entscheidungseffizienz* bei.

Zur Abgrenzung der drei Analyseklassen wird oftmals die *80:20-Regel* angewandt. Die Disposition über den jeweiligen Ziel-Mittel-Einsatz ist demnach in der Klasse A am effizientesten, weil mit ca. 20 % des Mitteleinsatzes nahezu 80 % der gesetzten Ziele erreicht werden. Demgegenüber ist der Mitteleinsatz in der C-Klasse am ineffizientesten, da mit ca. 80 % des Mitteleinsatzes nur annähernd 20 % der Zielerreichung realisiert wird.

Die ABC-Analyse findet insb. dort Anwendung, wo es gilt, große Datenmengen auf ein gesetztes Zielkriterium hin zu bewerten und in eine Rangfolge zu bringen. So lassen sich mit der ABC-Analyse bspw. Erhebungs-, Analyse- und Beurteilungsfelder im Rahmen interner Betriebsanalysen des →Controllings, der Prüfung, der →Sanierungsberatung und im Bereich der →Due Diligence abstecken.

Stellt man bspw. auf das →Beschaffungscontrolling ab, hilft die ABC-Analyse, die wesentlichen von den unwesentlichen Beschaffungsvorgängen zu unterscheiden, indem sie die Aufmerksamkeit des Einkäufers auf diejenigen Güter ausrichtet, die eine hohe wirtschaftliche Bedeutung für das Unternehmen haben. Dazu werden Wert und Anzahl des Bedarfs oder Verbrauchs aller Materialpositionen nach bestimmten Kriterien ermittelt (→Bedarfsplanung und -kontrolle). Als A-Artikel werden z. B. diejenigen Beschaffungsgüter klassifiziert, die prozentual zur Beschaffungsmenge den höchsten Beschaffungswert haben. Die C-Artikel haben demgegenüber prozentual zur Beschaffungsmenge den geringsten Beschaffungswert. Dazu werden die Jahresverbrauchs- oder -beschaffungsmengen jeder Position mit den entsprechenden Einstandspreisen oder Verrechnungspreisen (→Verrechnungspreise, kalkulatorische) multipliziert, um den jeweiligen Anteil am Jahresbeschaffungswert zu erhalten (s. Abb. 1).

Abb. 1: Anteile der Artikel am Beschaffungswert

Artikel-Nummer	1	2	3	4	5	6	7	8	9	10
zu beschaffende Menge je Artikel (Stück/Jahr)	200	900	100	500	1000	2000	600	800	400	5000
Einkaufspreis (€/Stück)	10,–	20,–	280,–	20,–	4,–	100,–	10,–	40,–	50,–	16,–
Beschaffungswert (€)	2000	18000	28000	10000	4000	200000	60000	32000	20000	80000

Abdeckungshierarchien

Abb. 2: Rangordnung der Artikel nach Beschaffungswertanteilen

Rangordnung der Artikel nach Beschaffungswertanteilen	Artikel-Nr.	Beschaffungswert des Artikels in €	Kumulierter Beschaffungswert in €	% des kumulierten Beschaffungswertes am Gesamtwert	% der Artikel an der Gesamtanzahl der Artikel
(1)	(2)	(3)	(4)	(5)	(6)
1	6	200 000	200 000	50 %	10 %
2	10	80 000	280 000	70 %	20 %
3	8	32 000	312 000	78 %	30 %
4	3	28 000	340 000	85 %	40 %
5	9	20 000	360 000	90 %	50 %
6	2	18 000	378 000	94,5 %	60 %
7	4	10 000	388 000	97 %	70 %
8	7	6 000	394 000	98,5 %	80 %
9	5	4 000	398 000	99,5 %	90 %
10	1	2 000	400 000	100 %	100 %
Gesamtumsatz		400 000			

Danach werden alle Positionen wertmäßig in fallender Reihenfolge tabellarisch sortiert und die Werte fortlaufend kumuliert. Ausgehend von dem Gesamtjahresbeschaffungswert von 100 % lässt sich dann der prozentuale Anteil der A-, B- und C-Artikel ermitteln. Die A- und B-Artikel erreichen i. d. R. 80 bis 90 % des Jahresbeschaffungswertes, wobei die A-Artikel oftmals nur 20 % und die A- und B-Artikel zusammen zumeist nur 50 % der gesamten zu beschaffenden Artikelzahl erreichen (s. Abb. 2).

Dieser wert- und mengenanteilige Zusammenhang lässt sich schließlich mithilfe der *Lorenz'schen Konzentrationskurve* auch grafisch visualisieren (s. Abb. 3).

Als einfach zu handhabendes Instrumentarium zur Analyse komplexer Datenstrukturen

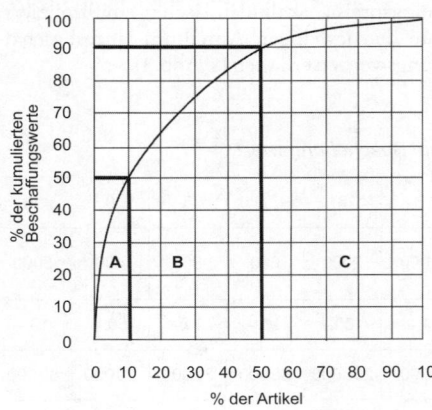

Abb. 3: Lorenz'sche Konzentrationskurve

hat sich die ABC-Analyse inzwischen als *Entscheidungsunterstützungsinstrument* (→Entscheidungsinstrumente) nicht nur im Controlling (→Controllinginstrumente) etabliert. Gleichwohl gilt es bei der Anwendung dieses Instrumentes zu beachten, dass die ABC-Analyse nur jeweils ein Entscheidungskriterium zur Klassifizierung benutzt und deshalb u. U. wichtige Ursache-Wirkungs-Zusammenhänge unberücksichtigt bleiben, die ggf. einer gesonderten Analyse bedürfen.

Literatur: Reichmann, T.: Controlling mit Kennzahlen und Management-Tools. Die systemgestützte Controlling-Konzeption, 7. Aufl., München 2006.

Hermann J. Richter

Abdeckungshierarchien →Bezugsgrößenhierarchie

Abfindung des Vorstands

Abfindungen für Vorstände sind aufgrund spektakulärer Fälle in den USA und Europa (u. a. *Mannesmann*) in das Blickfeld der juristischen Diskussion gerückt.

Abfindungen sind zu unterscheiden in bereits bei Vertragsschluss ausgehandelte (z. B. Change of Control-Klauseln oder bei sonstiger vorzeitiger Beendigung des Mandats versprochene Abfindungen) und in nachträglich aufgrund besonderer Umstände gewährte Abfindungen. Vertragsgrundlage für die gezahlte Abfindung ist in beiden Fällen der Anstellungsvertrag, der bei den sog. nachträglichen Abfindungen durch einen entsprechenden Beschluss des Aufsichtsrats (§ 87 Abs. 1 AktG) in Bezug auf die Vergütung (→Vorstand und Aufsichtsrat, Vergütung von) abgeändert wird. Nach herrschender Ansicht ist die Entscheidung über die Vergütung – ebenso wie die sonstigen Personalentscheidungen auch – eine unternehmerische Entscheidung des Aufsichtsrats (→Überwachungsaufgaben des Aufsichtsrats), bei der er einen weiten Ermessensspielraum hat, der nur durch die in § 87 Abs. 1 AktG vorgezeichnete Angemessenheitsprüfung eingeschränkt ist (Wollburg 2004, S. 651).

Die Zulässigkeit der Abfindung im Einzelfall ist Gegenstand der Prüfung der Zulässigkeit der Gesamtvergütung; nur in außergewöhnlichen Fällen kann ein Teilaspekt, vor allem aus formellen Gründen, bereits für sich unzulässig sein. Aus diesem Grund sind die personenbezogenen und die unternehmensbezogenen Kriterien des § 87 Abs. 1 AktG, d. h. Aufgaben und Leistungsfähigkeit des Vorstandsmitglieds sowie Lage der Gesellschaft (→Vorstand und Aufsichtsrat, Vergütung von), auch für die Abfindung zu prüfen (Fleischer 2005a, S. 1280). Darüber hinaus wird in Erwägung gezogen, dass bei der Prüfung der Angemessenheit der Vergütung der Marktwert für Vorstandsmitglieder zu berücksichtigen sei. Damit bestimmen sowohl personen- als auch unternehmens- und marktbezogene Kriterien die Angemessenheit der Abfindung im Einzelfall.

Maßgebender Zeitpunkt für die Kriterien ist der Zeitpunkt der Zusage der Abfindung, sodass auch nachträglich vereinbarte Vergütungsbestandteile – z. B. bei Erweiterung des Aufgabengebietes oder bei nachträglicher anderer Bewertung der Leistung des Vorstands – grundsätzlich zulässig sind.

Unmittelbar in die Prüfung des § 87 Abs. 1 AktG können Abfindungen einbezogen werden, die bereits zu Beginn des Vertrages vereinbart werden und die Gesamtvergütung entweder nicht erhöhen (Abfindung in Höhe des vereinbarten Restgehaltes bei vorzeitiger Beendigung des Vertrages) oder einen besonderen Interessenausgleich zwischen Unternehmen und Manager darstellen, wie das bei sog. Change of Control-Klauseln der Fall sein kann.

Schwieriger zu beurteilen sind die nachträglich vereinbarten Abfindungen, ohne dass sich das Aufgabengebiet des Vorstands geändert hat, die Leistung des Vorstands vom AR nun jedoch anders honoriert werden soll. Hier ist in Bezug auf die Angemessenheit insb. zu bedenken, dass die ursprünglich vereinbarte Vergütung schon einmal von der Gesellschaft und dem Vorstand als angemessen beurteilt worden ist. Daher dürfte für die nachträgliche Vereinbarung einer Abfindung, obwohl sie grundsätzlich zulässig ist, nur ein begrenzter Anwendungsbereich verbleiben (Thüsing 2003, S. 503 ff.). Hier wird genau zu prüfen sein, ob die Angemessenheit auch bei Anwendung eines weiten Ermessensspielraums des Aufsichtsrats noch bejaht werden kann. In Frage kommt eine solche nachträgliche Vereinbarung vor allem bei außergewöhnlichen Tätigkeiten des Vorstands, die eine besondere Wertsteigerung des Unternehmens (→Shareholder Value-Analysis; →Unternehmenssteuerung, wertorientierte; →wertorientierte Unternehmensführung) mit sich gebracht haben, wobei der Vorstand zur Wertsteigerung des Unternehmens stets bereits aufgrund seiner Bestellung (→Vorstand, Bestellung und Abberufung) verpflichtet ist. Wenn eine solche Tätigkeit ausnahmsweise zu einer nachträglichen Anpassung der Angemessenheit führen kann, ist der AR rechtlich berechtigt, die Vergütung auch dann anzuheben, wenn – wie im Falle der Abfindung – eine künftige Anreizwirkung (→Incentive-Systeme) mit der Vergütung nicht mehr erzielt werden kann (Marsch-Barner 2005, S. 405).

Dennoch sollte es dabei bleiben, dass trotz der gegebenen grundsätzlichen Zulässigkeit der nachträglichen Vereinbarung von Abfindungen von diesem Vergütungsinstrument nur begrenzt Gebrauch gemacht werden soll, da die bei Vertragsschluss unterstellte Angemessenheit der Vergütung überschritten werden kann und so für den AR und Vorstand rechtliche Risiken entstehen können (→Haftung des Aufsichtsrats; →Haftung des Vorstands). Anspruch auf eine nachträgliche Erhöhung der Vergütung auch in Form einer Abfindung hat der Vorstand in keinem Fall.

Literatur: Fleischer, H.: Zur Angemessenheit der Vorstandsvergütung im Aktienrecht (Teil I), in: DStR 43 (2005a), S. 1279–1283; Fleischer, H.: Zur Angemessenheit der Vorstandsvergütung im Aktienrecht (Teil II), in: DStR 43 (2005b), S. 1318–1323; Marsch-Barner, R.: Aktuelle Rechtsfragen zur Vergütung von Vorstands- und Aufsichtsratsmitgliedern einer AG, in: Crezelius, G./Hirte, H./Vieweg, K. (Hrsg.): Gesellschaftsrecht,

Rechnungslegung, Sportrecht. FS für Volker Röhricht, Köln 2005, S. 401–419; Thüsing, G.: Auf der Suche nach dem iustum pretium der Vorstandstätigkeit, in: ZGR 32 (2003), S. 457–507; Wollburg, R.: Unternehmensinteresse bei Vergütungsentscheidungen, in: ZIP 25 (2004), S. 646–658.

Torsten Maurer; Tobias Hüttche

Abfindungsbilanz →Auseinandersetzungsbilanz

Abgrenzungsprüfung →Cut-Off; →Materielle Prüfung

Abhängigkeitsbericht

Der sog. Abhängigkeitsbericht (Bericht des Vorstands über Beziehungen zu →verbundenen Unternehmen gem. § 312 AktG) und seine Prüfung durch den →Abschlussprüfer (APr) dienen dem *Schutz von Minderheitsaktionären und Gläubigern abhängiger Gesellschaften im faktischen Konzern (→Konzernarten).* Die faktische Konzernierung beruht auf Abhängigkeitsverhältnissen (§ 17 AktG), die nicht aufgrund eines Beherrschungs- und/oder Gewinnabführungsvertrags (§ 291 AktG) (→Unternehmensverträge) oder einer Eingliederung (§§ 319 ff. AktG), sondern aufgrund anderer rechtlicher oder tatsächlicher Umstände zustande gekommen sind.

Im faktischen Konzern darf ein herrschendes Unternehmen seinen Einfluss nicht dazu benutzen, eine abhängige AG (→Aktiengesellschaft, Prüfung einer) oder →Kommanditgesellschaft auf Aktien (KGaA) zu veranlassen, ein für sie nachteiliges Rechtsgeschäft vorzunehmen oder Maßnahmen zu ihrem Nachteil zu treffen oder zu unterlassen, es sei denn, dass die Nachteile ausgeglichen werden (§ 311 Abs. 1 AktG). Ist der *Nachteilsausgleich* nicht bis zum Ende des Geschäftsjahres der abhängigen Gesellschaft erfolgt, so ist zu bestimmen, wann und durch welche Vorteile der Nachteil ausgeglichen werden soll. Auf diesen Nachteilsausgleich ist ein Rechtsanspruch zu gewähren (§ 311 Abs. 2 AktG).

Der Vorstand einer faktisch konzernierten abhängigen AG oder KGaA stellt in den ersten 3 Monaten des Geschäftsjahres einen Abhängigkeitsbericht auf (§ 312 AktG), der *durch den APr zu prüfen* ist, sofern der JA prüfungspflichtig ist (→Pflichtprüfungen) (§ 313 AktG). Ferner besteht eine *Prüfpflicht auch durch den AR* (§ 314 AktG) (→Überwachungsaufgaben des Aufsichtsrats). *Stichtag für* die Aufstellung des Abhängigkeitsberichts ist der Abschlussstichtag für den JA.

Inhalte des Abhängigkeitsberichts sind:

- alle *Rechtsgeschäfte*, welche die Gesellschaft im vergangenen Geschäftsjahr *mit dem herrschenden Unternehmen oder einem mit ihm verbundenen Unternehmen* oder auf Veranlassung oder im Interesse dieser Unternehmen vorgenommen hat,

- alle anderen *Maßnahmen*, die sie auf Veranlassung oder im Interesse dieser Unternehmen im vergangenen Geschäftsjahr getroffen oder unterlassen hat,

- Angabe von *Leistung und Gegenleistung* bei Rechtsgeschäften,

- bei den Maßnahmen Angabe der *Gründe* und deren *Vor- und Nachteile* für die abhängige Gesellschaft,

- bei einem Nachteilsausgleich, wie der Ausgleich während des Geschäftsjahres tatsächlich erfolgt ist oder auf welche Vorteile der Gesellschaft ein Rechtsanspruch gewährt worden ist,

- die auch in den →Lagebericht aufzunehmende *Schlusserklärung* des Vorstands, ob die Gesellschaft nach den Umständen, die ihm in dem Zeitpunkt bekannt waren, in dem das Rechtsgeschäft vorgenommen oder die Maßnahme getroffen oder unterlassen wurde, bei jedem Rechtsgeschäft eine angemessene Gegenleistung erhielt und dadurch dass die Maßnahme getroffen oder unterlassen wurde, nicht benachteiligt wurde bzw. im Falle der Benachteiligung, ob die Nachteile ausgeglichen worden sind.

Liegen die Aufstellungsvoraussetzungen vor, so ist ein Abhängigkeitsbericht auch dann zu erstatten, wenn keine berichtspflichtigen Rechtsgeschäfte und/oder Maßnahmen vorliegen (sog. *Negativbericht*).

Ob ein *Abhängigkeitsverhältnis* (§ 17 AktG) vorliegt, ist vom Vorstand zu beurteilen und vom APr unter Berücksichtigung der rechtlichen und tatsächlichen Umstände zu überprüfen. Eine Mehrheitsbeteiligung löst eine *Abhängigkeitsvermutung* aus (§ 17 Abs. 2 AktG). Bei Eingreifen dieser Abhängigkeitsvermutung muss der APr davon ausgehen, dass Abhängigkeit besteht, bis ihm der Vorstand das Gegenteil nachgewiesen hat (Beweislastumkehr). Zur *Widerlegung der Abhängigkeitsvermutung* sind Satzungsregelungen geeignet, die das →Stimmrecht oder seine Ausübung beschränken oder Mehrstimmrechte für andere Aktien vorsehen. Auch durch einen Entherrschungsvertrag kann die Abhängigkeit widerlegt werden. Entscheidend bleiben jedoch stets das Gesamtbild der Beziehungen zwischen den Unternehmen und das Verhalten ihrer vertretungsberechtigten Organe.

Eine *Änderung der →rechtlichen Verhältnisse während des Geschäftsjahres* ist zu berücksichtigen. Die Aufstellung eines Abhängigkeitsberichts entfällt, wenn bis zum Geschäftsjahresende des abhängigen Unternehmens durch Abschluss eines →Unternehmensvertrages und dessen Eintragung in das HR ein Vertragskonzern begründet wird. Wird das Abhängigkeitsverhältnis erst im laufenden Geschäftsjahr des abhängigen Unternehmens begründet, muss ein Abhängigkeitsbericht erstattet werden, in den aber nur Vorgänge nach Eintritt der Abhängigkeit aufzunehmen sind.

Die *Prüfung* des Abhängigkeitsberichts durch den APr erstreckt sich nach § 313 Abs. 2 Satz 1 AktG darauf, ob

- die tatsächlichen Angaben des Berichts richtig sind,
- bei den im Bericht aufgeführten Rechtsgeschäften nach den Umständen, die im Zeitpunkt ihrer Vornahme bekannt waren, die Leistung der Gesellschaft nicht unangemessen hoch war; soweit sie dies war, ob die Nachteile ausgeglichen worden sind,
- bei den im Bericht aufgeführten Maßnahmen keine Umstände für eine wesentlich andere Beurteilung als die durch den Vorstand sprechen.

Die *Vollständigkeit* des Abhängigkeitsberichts ist nicht Prüfungsgegenstand; entsprechend ist auch keine →*Vollständigkeitserklärung* einzuholen. Der Prüfer hat jedoch zu beurteilen, ob das →Interne Kontrollsystem (IKS) eine vollständige und zutreffende Berichterstattung gewährleistet. Ergeben sich bei der Prüfung (→Internes Kontrollsystem, Prüfung des; →Systemprüfung) Anzeichen für eine Unvollständigkeit, sind ergänzende Prüfungshandlungen vorzunehmen (→Auswahl von Prüfungshandlungen). Im Falle der Unvollständigkeit besteht eine Berichtspflicht (→Berichtsgrundsätze und -pflichten des Wirtschaftsprüfers).

Für die Prüfung des Abhängigkeitsberichtes hat der Prüfer die gleichen *Auskunftsrechte* wie für die →Jahresabschlussprüfung (→Auskunftsrechte des Abschlussprüfers) (§ 313 Abs. 1 Satz 3 und 4 AktG).

Die Prüfung der *Richtigkeit* erfolgt durch eine objektive Tatsachenermittlung.

Die Prüfung der *Angemessenheit* erfordert die subjektive Beurteilung des Prüfers. Welche Beurteilungsmaßstäbe anzulegen sind, ist im Gesetz nicht ausdrücklich geregelt. Es kann jedoch auf die Verrechnungspreisgrundsätze (→Verrechnungspreise, steuerrechtliche) für multinationale Unternehmen und Steuerverwaltungen der *OECD*, die entsprechenden Grundsätze für die Prüfung der Einkunftsabgrenzung durch Umlageverträge zwischen international verbundenen Unternehmen der deutschen Finanzverwaltung sowie auf die steuerrechtlichen Beurteilungskriterien für die Annahme →verdeckter Gewinnausschüttungen zurückgegriffen werden. Zur Beurteilung der Angemessenheit von Verrechnungspreisen werden insb. die Preisvergleichsmethode, die Absatzpreismethode und die Kostenaufschlagsmethode herangezogen.

Bei umfangreichen Geschäftsbeziehungen ist eine →*Stichprobenprüfung* ausreichend. Eine *Zwischenprüfung* kann zweckmäßig sein.

Der →*Prüfungsbericht* (PrB) dient vorrangig der Unterrichtung des Aufsichtsrats über Prüfungsdurchführung und -ergebnis (→Auftragsdurchführung; →Prüfungsurteil). Einzugehen ist dabei auf die Abgrenzung des Kreises verbundener Unternehmen. Ferner ist anzugeben, worauf sich der Prüfer bei der Beurteilung berichtspflichtiger Rechtsgeschäfte und Maßnahmen gestützt hat. Um Wiederholungen zu vermeiden wird der Abhängigkeitsbericht i. d. R. als Anlage beigefügt. Der – je nach Inhalt des Abhängigkeitsberichts ggf. durch Fortlassungen anzupassende – *Vermerk* ist in § 313 Abs. 3 Satz 2 AktG vorformuliert. Es gelten die allgemeinen Grundsätze zur Einschränkung und Versagung [→Bestätigungsvermerk (BestV)].

Im *Bericht über die Jahresabschlussprüfung* sollte auf die gesonderte Berichterstattung über die Prüfung des Abhängigkeitsberichts hingewiesen werden. Fehlt die Schlusserklärung des Vorstands im Lagebericht, so ist der →*Bestätigungsvermerk (BestV) zum JA* einzuschränken.

Literatur: IDW (Hrsg.): IDW HFA 3/1991: Zur Aufstellung und Prüfung des Berichts über Bezie-

Ablauforganisation

hungen zu verbundenen Unternehmen (Abhängigkeitsbericht nach § 312 AktG), in: WPg 45 (1992), S. 91–94 und WPg 51 (1998), S. 927; IDW (Hrsg.): WPH 2006, Band I, 13. Aufl., Düsseldorf 2006, Abschn. F, Rn. 903–1020.

Jörg Tesch

Ablauforganisation

Die Ablauforganisation beschäftigt sich mit der Gestaltung von Arbeitsprozessen innerhalb eines Unternehmens. Sie ist, ebenso wie die →Aufbauorganisation, ein Teilgebiet der unternehmensinternen, organisatorischen Gestaltung, wobei die Ergebnisse der Aufbauorganisation die Grundlage für die Entwicklung einer Ablauforganisation bilden.

Bei der *Aufbauorganisation* steht die Darstellung von Aufgabenkomplexen als statische Gebilde und ihre aufgabenbezogene Koordination im Vordergrund.

Die *Ablauforganisation* wird primär unter dynamischen Aspekten als Komplex von Aufgabenerfüllungsvorgängen i. S. v. Arbeitsprozessen gesehen. Die Arbeitserfüllungsvorgänge sind in Arbeitsinhalt, -zeit, -raum und -zuordnung zu zerlegen. Die Ordnung des Arbeitsinhalts ist nach zwei Kriterien zu unterscheiden. Einerseits muss der *Arbeitsinhalt* nach Arbeitsobjekten und andererseits nach Verrichtungen organisiert werden. Arbeitsobjekt und die Grobfestlegung der Verrichtung ergeben sich aus der Gesamtaufgabe des Unternehmens. Die Ordnung der *Arbeitszeit* erfolgt durch Zerlegung der Zeitfolge in einzelne Teilaufgaben sowie der Festlegung der Zeitdauer für diese einzelnen Teilaufgaben. Der höchste Grad der Zeitorganisation ist erreicht, wenn auch der Kalenderzeitpunkt zur Zeitbestimmung festgelegt wurde. Hinsichtlich der Ordnung des *Arbeitsraumes* interessiert die räumliche Anordnung der einzelnen Stellen zur Arbeitsverrichtung, um eine größtmögliche Wirtschaftlichkeit zu erreichen. Die *Zuordnung* der Teilaufgaben zu Stellen (Personen) hängt von der Art der wahrzunehmenden Aufgaben ab. Hierbei ist die Funktionstrennung, d. h. die personelle Trennung unvereinbarer Tätigkeiten, ein entscheidendes Kriterium für die Stellenzuordnung und damit für eine funktionierende Ablauforganisation. Um eine ordnungsgemäße Ablauforganisation zu unterstützen und sicherzustellen, bedarf es von der Unternehmensleitung präzise formulierter Richtlinien und Arbeitsanweisungen.

Um die Zuverlässigkeit einer Ablauforganisation, verstanden als die Wahrscheinlichkeit dafür, dass ein Arbeitsprozess ohne Fehler abläuft, zu erhöhen, werden in diese interne Kontrollen [→Internes Kontrollsystem (IKS)] eingebunden. Dabei kann die Kontrolle dem Arbeitsprozess vorgeschaltet (vorbeugende Kontrolle), gleichgeschaltet oder nachgeschaltet (Entdeckungskontrolle) sein. Eine Kontrolle (→Soll-Ist-Vergleich) beinhaltet stets einen Vergleich zwischen einem gegebenen Maßstab (Soll-Objekt) und einer bestimmten Ausprägung eines Tatbestandes (Ist-Objekt) (→Kontrolltheorie; →Kontrollkonzeptionen).

Die Verpflichtung, die Ablauforganisation eines Unternehmens zu verstehen und ihre Funktionalität zu beurteilen, ergibt sich für den →Abschlussprüfer (APr) aus der Notwendigkeit, die Risiken in der Rechnungslegung, aufgrund ihrer unmittelbaren Wirkung auf den JA eines zu prüfenden Unternehmens, zu identifizieren. Aus diesem Grunde ist im Rahmen eines →risikoorientierten Prüfungsansatzes das Verständnis der Ablauforganisation und der hierin eingebundenen internen Kontrollen für den APr von grundlegender Bedeutung (→Internes Kontrollsystem, Prüfung des; →Systemprüfung). Durch die strategische Analyse (Aufbauorganisation) werden die Geschäftsrisiken und jene Arten von Geschäftsvorfällen, die einen wesentlichen Einfluss auf den JA haben, aufgezeigt. Bei der anschließenden Prozessaufnahme (Ablauforganisation) geht es im Rahmen der Risikoanalyse darum, vorhandene Kontrollen in den Prozessen herauszuarbeiten bzw. bestehende Kontrollschwächen und sich daraus ergebende Risiken für den JA zu identifizieren. Je nach Wirksamkeit der implementierten Kontrollen verbleibt danach ein mehr oder minder großes →Prüfungsrisiko, aus dem der Umfang von aussagebezogenen Prüfungshandlungen (→ergebnisorientierte Prüfungshandlungen) abzuleiten ist, damit am Ende mit hinreichender Sicherheit ein →Prüfungsurteil dahingehend getroffen werden kann, dass der JA und der →Lagebericht frei von wesentlichen (→Wesentlichkeit) Fehlern (→Fehlerarten in der Abschlussprüfung) sind.

Um ein zutreffendes Prüfungsurteil abgeben zu können, muss der APr u. a. durch die Prüfung der Ablauforganisation sicherstellen, dass sämtliche Arbeiten einmal bzw. keine Arbeiten mehrfach ausgeführt werden. Im Rahmen einer →Jahresabschlussprüfung hat sich der APr daher intensiv mit den Prozessabläufen eines Unternehmens zu beschäftigen. Die Prüfung der Ablauforganisation sollte entsprechend der im zu prüfenden Unternehmen bestehenden und in Prozesse aufgeteilten Arbeitsabläufe stattfinden. Besonderes Augenmerk ist bei der Prüfung auf die Prozesse zu richten, die Einfluss auf rechnungslegungsbezogene Daten und damit Auswirkung auf den JA haben.

Zur *Aufnahme des Soll-Zustandes* sind Gespräche mit der Geschäftsführung, aber auch mit den Mitarbeitern zu führen (→Unternehmensleitung, Informationsaustausch des Wirtschaftsprüfers mit), um die Ablauforganisation zu verstehen und interne Kontrollen zu identifizieren. Die Ergebnisse dieser Gespräche sind zu dokumentieren (→Arbeitspapiere des Abschlussprüfers). Darüber hinaus kann sich der APr anhand evtl. vorhandener Verfahrens- und Prozessbeschreibungen, die den Inhalt und die Abfolge der anfallenden Arbeitsprozesse regeln, einen Überblick über den Zusammenhang und das Zusammenwirken der manuellen und maschinellen Aufgabenbearbeitung verschaffen. Ebenso ermöglicht eine solche Verfahrens- und Prozessbeschreibung, die in den Verfahren implementierten maschinellen und manuellen Kontrollen aufzunehmen.

Bei der *Aufnahme des Ist-Zustandes* ist die ordnungsgemäße Einhaltung der von der Unternehmensleitung vorgegebenen Richtlinien und Arbeitsanweisungen seitens des Abschlussprüfers durch Interviews mit der Geschäftsführung und mit den in die jeweiligen Prozesse involvierten Mitarbeitern sowie zusätzlich durch geeignete Unterlagen festzustellen. Durch diese Aufbauprüfung erhält der APr Sicherheit bzgl. der Implementierung und der Funktionsfähigkeit der Ablauforganisation. Durch die anschließende →Funktionsprüfung (*Soll-Ist-Vergleich*) stellt der APr sicher, dass die Ablauforganisation während der gesamten zu prüfenden Periode dem geforderten Soll-Zustand entspricht.

Aufgrund der steigenden Komplexität und der zunehmenden Automatisierung von Prozessabläufen, ist die Prüfung der Ablauforganisation in vielen Fällen nur noch durch eine zusätzliche →IT-Systemprüfung zu realisieren. Aus diesem Grunde sind IT-Spezialisten in die Prüfung der Ablauforganisation einzubinden, um sicherzustellen, dass die Prozesse systemseitig ordnungsgemäß abgebildet und verarbeitet werden.

Literatur: IDW (Hrsg.): Entwurf einer Neufassung des IDW Prüfungsstandards: Feststellung und Beurteilung von Fehlerrisiken und Reaktionen des Abschlussprüfers auf die beurteilten Fehlerrisiken (IDW EPS 261, Stand: 8. Dezember 2005), in: WPg 59 (2006), S. 228–240; IDW (Hrsg.): WPH 2006, Band I, 13. Aufl., Düsseldorf 2006; Wöhe, G.: Einführung in die allgemeine Betriebswirtschaftslehre, 22. Aufl., München 2005.

Jens Thiergard

Ablaufplanung →Maschinenbelegungsplanung und -kontrolle

Absatzsegmentrechnung →Vertriebscontrolling

Abschichtungsbilanz →Auseinandersetzungsbilanz

Abschlussaussagen →Balance Sheet Auditing

Abschlusserstellung durch den Wirtschaftsprüfer

Zu den beruflichen Tätigkeiten von Wirtschaftsprüfern (→Berufsbild des Wirtschaftsprüfers) gehört gem. § 2 Abs. 3 →Wirtschaftsprüferordnung (WPO), als Sachverständiger auf den Gebieten der wirtschaftlichen Betriebsführung aufzutreten (→Sachverständigentätigkeit) und in wirtschaftlichen Angelegenheiten zu beraten. Das schließt die *Erstellung von Abschlüssen* ein. Von besonderer Relevanz sind diesbezüglich die regulären *Jahresabschlüsse*. Häufig werden WP beauftragt, solche Abschlüsse anzufertigen.

Zur Erstellung von Jahresabschlüssen durch WP hat der *HFA* detaillierte *Grundsätze* entwickelt (IDW HFA 4/1996). Empfohlen wird, über die Anfertigung des Jahresabschlusses einen Bericht zu erstatten, der Art und Umfang der durchgeführten Arbeiten erkennen lässt (→Berichtsgrundsätze und -pflichten des Wirtschaftsprüfers). Ein solcher Erstellungsbericht darf allerdings nicht den Eindruck verbreiten, es habe eine →Jahresabschlussprüfung nach den §§ 316 ff. HGB stattgefunden. Hinsichtlich der *Prüfung*, auch einer freiwilligen (→freiwillige und vertragliche Prüfung), hat der *HFA* vielmehr klargemacht, dass ein WP, der einen JA erstellt, nicht den Anschein hervorrufen darf, es sei eine unabhängige Prüfung durchgeführt worden. Der Grundsatz „Unabhängigkeit der Sache nach" schließt Erstellung und Prüfung des Abschlusses durch dieselbe Person aus (→vereinbare und unvereinbare Tätigkeiten des Wirtschaftsprüfers; →Ausschluss als Abschlussprüfer). Es gilt ein Selbstprüfungsverbot, weil eine Überwachung eigener Tätigkeiten die Unabhängigkeit gefährden würde (→Unabhängigkeit und Unbefangenheit des Wirtschaftsprüfers; →bilanzpolitische Beratung durch den Wirtschaftsprüfer).

Im Rahmen des →*Berufsrechts des Wirtschaftsprüfers* ist das Postulat der Unabhängigkeit in § 2 →Berufssatzung der Wirtschaftsprüferkammer (BS) sowie in § 43 Abs. 1 WPO verankert (→Berufsgrundsätze des Wirtschaftsprüfers). Ein WP muss darum seine Tätigkeit versagen, wenn bei der Durchführung eines Auftrags Befangenheit zu besorgen ist (§ 49 WPO). Eine solche Besorgnis liegt nach § 21 Abs. 1 BS vor, wenn so nahe Beziehungen des Prüfers zum Gegenstand der Beurteilung bestehen, dass sie geeignet sein könnten, die Urteilsbildung (→Prüfungsurteil) zu beeinflussen. Bei der Prüfung eines selbst erstellten Abschlusses wird man aus der gebotenen Sicht eines objektiven Dritten eine Besorgnis der Befangenheit annehmen müssen, die eine Erstellung und Prüfung eines Jahresabschlusses durch denselben WP ausschließt.

Auch das *nationale Handelsrecht* verbietet eine Jahresabschlussprüfung, wenn Gründe vorliegen, nach denen die Besorgnis der Befangenheit besteht (§ 319 Abs. 2 HGB). Dieser allgemeine →Ausschluss als Abschlussprüfer wirkt, wenn aus der Perspektive eines vernünftig denkenden, sachverständigen Dritten zu befürchten sein wird, der →Abschlussprüfer (APr) könne seiner Tätigkeit nicht mit der notwendigen Unvoreingenommenheit und Objektivität nachkommen, weil Beziehungen gesellschaftlicher, finanzieller oder persönlicher Art existieren. Bei einer Abschlusserstellung werden derartige Verflechtungen gegeben sein, sodass bereits auf der Basis des generellen Ausschlusses eine Prüfung durch den Ersteller des Abschlusses nicht in Betracht kommen kann. Speziell ist ein WP von der Abschlussprüfung ausgeschlossen (§ 319 Abs. 3 Satz 1 Nr. 3a HGB), wenn er über den Rahmen der Prüfungstätigkeit hinaus in der zu prüfenden Gesellschaft bei der Führung der Bücher oder der Aufstellung des Jahresabschlusses in dem zu prüfenden Geschäftsjahr oder bis zur Erteilung des →Bestätigungsvermerks mitgewirkt hat – es sei denn, die Tätigkeit hat untergeordnete Bedeutung. Die vollständige Erstellung eines Jahresabschlusses ist dabei stets als wesentliches Mitwirken zu interpretieren, insoweit wird der konkrete Ausschlussgrund wirksam. Von einer zulässigen unbedeutenden Beteiligung kann nur ausgegangen werden, wenn der APr, ohne den Abschluss selbst zu erstellen, lediglich die Korrektur von Fehlern vornimmt. Ein entsprechendes Gebot angemessener Einwirkung auf den JA relativiert den konkreten Ausschlussgrund. Allerdings ist eine Prüfung nur zulässig, wenn das Tätigwerden nicht i. S. d. vorrangigen generellen Ausschlussgrundes zur Besorgnis von Befangenheit führt.

In der *Empfehlung 2002/590/EG* vom 16.5.2002 zur Unabhängigkeit des Abschlussprüfers wird betont, dass diese Unabhängigkeit für das Vertrauen der Öffentlichkeit in den BestV elementare Bedeutung hat. Als Faktor, der die Unabhängigkeit gefährden kann, wird die Überprüfung eigener Leistungen genannt. Dabei sieht man ein Risiko immer dann, wenn ein APr an der Erstellung von Buchungsunterlagen oder des Jahresabschlusses beteiligt ist. Die Höhe des Risikos hängt nach Meinung der *KOM* von dem Umfang ab, in dem der Prüfer an der Erstellung mitwirkt und in welchem Maße der Mandant öffentliches Interesse findet. Das Risiko wird i.A. als tolerabel betrachtet, sofern sich die Beteiligung an der Erstellung der Unterlagen lediglich als technische oder mechanische Unterstützung erweist. Bei →Pflichtprüfungen von Unternehmen öffentlichen Interesses soll allerdings jede über eine Prüfung hinausgehende Unterstützung – als unannehmbar hohes Risiko für die Unabhängigkeit – unzulässig sein. Auch in der RL 2006/43/EG vom 17.5.2006 (sog. novellierte APr-RL) wird hervorgehoben, dass APr unabhängig sein sollten und deshalb von einer Prüfung abzusehen ist, wenn geschäftliche sowie finanzielle Beziehungen zum geprüften Unternehmen bestehen oder zusätzliche Leistungen erbracht werden, die die Unabhängigkeit des Prüfers beeinträchtigen (→Richtlinien und Verordnungen der Europäischen Union, Bedeutung für Rechnungslegung und Unternehmensüberwachung). Der *SOA* von 2002 sichert die Qualität von Abschlussprüfungen (→Prüfungsqualität) und die Unabhängigkeit des Abschlussprüfers dadurch, dass verschiedene Leistungen als inkompatibel mit der Tätigkeit eines Abschlussprüfers eingestuft werden. Danach sind einem APr Buchhaltungsarbeiten und Jahresabschlusserstellung verboten (→Sarbanes Oxley Act, Einfluss auf das Prüfungswesen).

Literatur: IDW (Hrsg.): Stellungnahme: Grundsätze für die Erstellung von Jahresabschlüssen durch den Wirtschaftsprüfer (IDW HFA 4/1996), in: WPg 50 (1997), S. 67–76; Moxter, A.: Zur Abgrenzung von unzulässiger Mitwirkung und gebotener Einwirkung des Abschlußprüfers bei der Abschlußerstellung, in: BB 51 (1996), S. 683–686; Ring, H.: Gesetzliche Neuregelungen der Unabhängigkeit des Abschlussprüfers, in: WPg 58 (2005), S. 197–202; Tiedje, J.: Die neue EU-Richtlinie zur Abschlussprüfung, in: WPg 59 (2006), S. 593–605; Veltins, M. A.: Verschärfte Unabhängigkeitsanforderungen an den Abschlussprüfer, in: DB 57 (2004), S. 445–452.

Klaus-Rüdiger Veit

Abschlussgliederungsprinzip →Kontenrahmen, Wahl des

Abschlusspostenorientierte Prüfung
→Balance Sheet Auditing

Abschlussprüfer

APr ist die natürliche oder juristische Person, die gem. § 318 HGB von dem zuständigen Organ des zu prüfenden Unternehmens zum APr gewählt oder vom Gericht dazu bestellt worden ist (Winkeljohann/Hellwege 2006, Rn. 61 zu § 323 HGB, S. 2051). Ein festgestellter, der gesetzlichen Prüfungspflicht unterliegender JA (→Pflichtprüfungen), der nicht von dem bestellten APr geprüft wurde, ist bei der AG (→Aktiengesellschaft, Prüfung einer) nach § 256 Abs. 1 Nr. 3 AktG nichtig (→Nichtigkeit des Jahresabschlusses), dies gilt für die →Gesellschaft mit beschränkter Haftung (GmbH) analog (Baumbach/Hueck 2006, Rn. 25 zu § 42a GmbHG).

Die →*Bestellung des Abschlussprüfers* gliedert sich in die Schritte Wahl und Beauftragung. Die *Wahl* erfolgt für die →Jahresabschlussprüfung nach § 318 Abs. 1 Satz 1 HGB durch die Gesellschafter, für die Prüfung des Konzernabschlusses (→Konzernabschlussprüfung) durch die Gesellschafter des Mutterunternehmens. Vorschlagsberechtigt ist bei der AG allein der AR (§ 124 Abs. 3 Satz 1 AktG). Bei der GmbH, →Offenen Handelsgesellschaft (OHG), →Kommanditgesellschaft (KG) kann im Rahmen der Satzungsautonomie ein anderes Organ gesellschaftsvertraglich für die Wahl zuständig sein (§ 318 Abs. 1 Satz 2 HGB). Unverzüglich nach der Wahl haben die gesetzlichen Vertreter oder im Fall der Zuständigkeit des Aufsichtsrats dieser dem gewählten APr den Prüfungsauftrag (→Prüfungsauftrag und -vertrag) zu erteilen (*Beauftragung*). Die Zuständigkeit des Aufsichtsrats zur Beauftragung ergibt sich bei der AG aus § 111 Abs. 2 Satz 3 AktG, bei der mitbestimmten GmbH kann sie aus §§ 6 Abs. 1, 25 Abs. 1 Nr. 2 MitbestG (→Mitbestimmung) oder ebenso wie bei OHG, KG aus gesellschaftsvertraglicher Regelung folgen. Will der gewählte APr den Auftrag nicht annehmen, hat er dies dem Auftraggeber unverzüglich mitzuteilen [§ 51 →Wirtschaftsprüferordnung (WPO)].

Der erteilte und angenommene Prüfungsauftrag kann nach § 318 Abs. 1 Satz 5 HGB von der Gesellschaft nur nach gerichtlicher Bestellung eines anderen Prüfers widerrufen werden. Eine Kündigung ist nur aus wichtigem Grund möglich, eine ordentliche Kündigung ist ebenso wie die einvernehmliche Aufhebung des Prüfungsvertrags nicht möglich. Als wichtiger Grund ist seitens der Gesellschaft die (nachträglich festgestellte) Nichtigkeit der Prüferwahl sowie der Wegfall der Prüfungspflicht anzusehen (Winkeljohann/Hellwege 2006, Rn. 16 zu § 318 HGB, S. 1891). Seitens des Abschlussprüfers ergibt sich mit Ausnahme der Weigerung der Gesellschaft, vereinbarte Abschlagszahlungen zu leisten, faktisch kaum ein Kündigungsgrund. Die Weigerung der Gesellschaft, ihren Vorlage- und Auskunftspflichten gegenüber dem APr nachzukommen (→Auskunftsrechte des Abschlussprüfers), begründet kein Kündigungsrecht, sondern stellt ggf. einen Grund zur Einschränkung oder Versagung des →Bestätigungsvermerks dar (IDW PS 400.56 f.) (→Prüfungshemmnis).

APr können WP oder WPGes (→Revisions- und Treuhandbetriebe), bei mittelgroßen Gesellschaften auch vereidigte Buchprüfer (vBP) oder BPGes sein, die über eine wirksame Bescheinigung über die Teilnahme an der Qualitätskontrolle nach § 57a WPO (→Qualitätskontrolle in der Wirtschaftsprüfung; →Peer Review) verfügen.

Gerichtliche Ersetzung des Abschlussprüfers: Nach § 318 Abs. 3 HGB hat das zuständige

Gericht bei gesetzlicher Prüfungspflicht auf Antrag der gesetzlichen Vertreter, des Aufsichtsrats oder von Gesellschaftern (bei der AG: Quorum von 5 % des Grundkapitals oder eines Börsenwerts von 500.000 €) nach Anhörung der Beteiligten und des gewählten Prüfers einen anderen APr zu bestellen, wenn dies aus einem in der Person des Prüfers liegenden Grund geboten erscheint, insb. wenn ein Ausschlussgrund nach §§ 319, 319a HGB (→Ausschluss als Abschlussprüfer) vorliegt. Weitere Gründe können sein: fehlende Qualifikation, ungenügende Ausstattung und schwerer Vertrauensbruch (Baumbach/Hopt 2006, Rn. 6 zu § 318 HGB). Der Antrag ist nach § 318 Abs. 3 Satz 2 HGB fristgebunden (2 Wochen nach Wahl des Abschlussprüfers). § 318 Abs. 3 Satz 3 HGB stellt klar, dass im Fall des nachträglichen Bekanntwerdens eines Befangenheitsgrundes (→Unabhängigkeit und Unbefangenheit des Wirtschaftsprüfers) die Frist erst mit Erlangung der Kenntnis des befangenheitsbegründenden Umstandes zu laufen beginnt (zuvor streitig).

Vom *gerichtlichen Ersetzungsverfahren* eines gewählten Abschlussprüfers ist das *gerichtliche Bestellungsverfahren* nach § 318 Abs. 4 HGB zu unterscheiden, das darauf gerichtet ist, einen bis zum Ablauf des Geschäftsjahres nicht gewählten Prüfer zu bestellen, um die rechtzeitige Durchführung der Abschlussprüfung zu gewährleisten. Das Gericht wird auf Antrag der gesetzlichen Vertreter, des Aufsichtsrats oder eines Gesellschafters, auch jedes Aktionärs, tätig, wobei die gesetzlichen Vertreter verpflichtet sind, den Antrag zu stellen (§ 318 Abs. 4 Satz 3 HGB).

Antragsgründe sind:

- fehlende, nichtige oder erfolgreich angefochtene Wahl des Abschlussprüfers,
- Ablehnung des Prüfungsauftrages durch den gewählten APr,
- dessen Wegfall (z. B. durch Tod, Ausschließung aus dem Beruf),
- Verhinderung des gewählten Abschlussprüfers, die Prüfung rechtzeitig abzuschließen *und*
- nicht rechtzeitige Ersatzwahl.

Die gerichtliche Bestellung des Abschlussprüfers nach § 318 Abs. 3 oder Abs. 4 HGB muss durch diesen angenommen werden (→Auftragsannahme und -fortführung). Die Vergütung (→Prüfungshonorare; →Vergütungsregelungen für den Wirtschaftsprüfer) kann der gerichtlich bestellte APr mit der Gesellschaft vereinbaren oder gerichtlich nach § 318 Abs. 5 Satz 2 HGB festsetzen lassen.

Literatur: Baumbach, A./Hopt, K. J. (Hrsg.): HGB, 32. Aufl., München 2006; Baumbach, A./Hueck, A. (Hrsg.): GmbHG, 18. Aufl., München 2006; IDW (Hrsg.): IDW Prüfungsstandard: Grundsätze für die ordnungsmäßige Erteilung von Bestätigungsvermerken bei Abschlussprüfungen (IDW PS 400, Stand: 28. Oktober 2005), in: WPg 58 (2005), S. 1382–1402; Winkeljohann, N./Hellwege, H.: Kommentierung der §§ 318 und 323 HGB, in: Ellrott, H. et al. (Hrsg.): BeckBilKomm, 6. Aufl., München 2006.

Holger Grünewald

Abschlussprüferaufsichtskommission

Die *APAK* ist ein durch das *APAG* vom 27.12.2004 ins Leben gerufenes Gremium zur letztverantwortlichen öffentlichen Fachaufsicht über die →*Wirtschaftsprüferkammer* (*WPK*) und damit die gesetzlichen Abschlussprüfungen (→Pflichtprüfungen; →Jahresabschlussprüfung; →Einzelabschluss; →Konzernabschlussprüfung) durchführenden Berufsangehörigen in Deutschland. Die Überwachung durch die *APAK* ist als öffentlich zu bezeichnen, da ihre Mitglieder gegenüber den Berufsständen der WP und →vereidigten Buchprüfer (vBP) unabhängig und weisungsungebunden sind. Der Fachbezug der Überwachungsfunktion kommt in der inhaltlichen Prüfung von Einzelfällen durch die *APAK* zum Ausdruck; es erfolgt also – im Gegensatz zu einer Rechtsaufsicht – keine Beschränkung auf die Prüfung der Einhaltung formaler rechtlicher Anforderungen.

Die *APAK* setzt sich aus sechs bis zehn ehrenamtlichen Mitgliedern zusammen, die ausnahmslos berufsfremd sein müssen, d. h. während der ihrer Ernennung vorangegangenen 5 Jahre nicht persönliches Mitglied der *WPK* gewesen sein dürfen. Wie auch schon beim früheren *Qualitätskontrollbeirat*, der als Vorgängergremium der *APAK* bezeichnet werden kann, sollen die *APAK*-Mitglieder Experten aus den Bereichen Rechnungslegung, Finanzwesen, Wirtschaft, Wissenschaft oder Rspr. sein. Die Einstellung eigener Mitarbeiter durch die *APAK* ist nicht vorgesehen; es ist ihr jedoch gestattet, im Zusammenhang mit der Wahrnehmung ihrer Aufgaben auf die Personalressourcen der *WPK* zurückzugreifen.

Die *APAK* ist dafür verantwortlich, dass die *WPK* ihre in mittelbarer Staatsverwaltung ausführenden Aufgaben gegenüber gesetzliche Abschlussprüfungen durchführenden Berufsträgern geeignet, angemessen und verhältnismäßig erfüllt. Explizit nennt der Gesetzgeber in diesem Zusammenhang Prüfung und Eignungsprüfung (→Wirtschaftsprüfungsexamen; →Berufszugang zum Wirtschaftsprüfer), Bestellung, Anerkennung, Widerruf und Registrierung (→Berufsregister für Wirtschaftsprüfer und Steuerberater), Berufsaufsicht (→Berufsaufsicht für Wirtschaftsprüfer, national) und Qualitätskontrolle (→Qualitätskontrolle in der Wirtschaftsprüfung; →Peer Review) sowie die Annahme von Berufsgrundsätzen (→Berufsgrundsätze des Wirtschaftsprüfers) als durch die *APAK* zu überwachende Aufgaben der *WPK* (s. für eine nähere Beschreibung der genannten Aufgaben Marten/Köhler 2005, S. 147–149).

Um der *APAK* eine ordnungsgemäße Wahrnehmung ihrer Überwachungsaufgabe zu ermöglichen, ist sie mit weit reichenden Rechten und Kompetenzen ausgestattet. So haben die *APAK*-Mitglieder ein Informations- und Einsichtsrecht gegenüber der *WPK*. Sie können an deren Sitzungen beratend teilnehmen sowie Informationen und Einsicht in Unterlagen von der *WPK* verlangen. Darüber hinaus ist die *WPK* dazu verpflichtet, von sich aus über aufsichtsrelevante Vorgänge an die *APAK* zu berichten; ein Vorgang ist dann als aufsichtsrelevant einzustufen, wenn seine Bearbeitung durch die *WPK* abgeschlossen wurde und eine Entscheidung nach außen verfügt werden, d. h. in einen Verwaltungsakt münden und damit eine Rechtswirkung nach sich ziehen soll. Schließlich steht es der *APAK* frei, jederzeit das Fachwissen von Vertretern der *WPK*, Berufsangehörigen oder sachverständigen Dritten in Anspruch zu nehmen und diese zu ihren Sitzungen einzuladen.

Durch die *WPK* getroffene Vorentscheidungen unterliegen einem Recht zur Zweitprüfung durch die *APAK*. Konkret bedeutet dies, dass die *APAK* bei abweichender Auffassung einen Sachverhalt an die *WPK* zurückverweisen und eine erneute Prüfung durch diese veranlassen kann. Sollte die *WPK* bei ihrer ursprünglichen Sichtweise bleiben und sich nicht der Meinung der *APAK* anschließen, kann die *APAK* von ihrem Letztentscheidungsrecht Gebrauch machen und die *WPK* anweisen, anders, d. h.

i. S. d. *APAK*, zu entscheiden und diese Entscheidung im Namen der *WPK* umzusetzen. Sollte die *WPK* die Entscheidung der *APAK* für rechtswidrig halten, kann sie mit der Bitte um rechtliche Beurteilung das *BMWi* anrufen, welches die Rechtsaufsicht sowohl über die *WPK* als auch die *APAK* führt.

Eine weitere Aufgabe der *APAK* besteht im Kontext ihrer Überwachungsfunktion in der Zusammenarbeit mit ausländischen Stellen. Dies gilt gleichermaßen für zuständige Stellen in anderen Mitgliedstaaten der EU als auch für solche in Drittstaaten.

Im Zuge des geplanten BARefG (7. WPO-Novelle) plant der Gesetzgeber eine Ausweitung der Kompetenzen der *APAK*. So soll ihr künftig ein Initiativrecht in Bezug auf die Durchführung anlassfreier Sonderuntersuchungen nach § 61a Satz 2 Nr. 2 WPO i.d.F. des BARefG-E zukommen. Die *APAK* wird also der *WPK* Weisung erteilen können, bei →Abschlussprüfern von Unternehmen des öffentlichen Interesses i. S. d. § 319a Abs. 1 HGB anlassfrei berufsaufsichtsrechtliche Ermittlungen aufzunehmen. Dies kann sie als Reaktion auf ihr vorliegende Hinweise auf einen möglichen Berufsrechtsverstoß, aufgrund einer Anfrage einer ausländischen Aufsichtsstelle oder auch ohne besonderen Anlass tun. Die *APAK* wird das Recht haben, an diesen Ermittlungen auch selbst teilzunehmen.

I.S.e. möglichst effizienten Arbeitsweise unterliegt die *APAK* keinem Plenarvorbehalt, d. h. sie kann entscheidungsbefugte Ausschüsse einrichten. Die Pflicht der *APAK* zur jährlichen Veröffentlichung ihrer Zielsetzungen in Form eines Arbeitsprogramms sowie zur öffentlichen Berichterstattung am Ende eines jeden Geschäftsjahres mittels eines Tätigkeitsberichts soll eine umfangreiche Unterrichtung der Öffentlichkeit, deren Interesse die *APAK* verpflichtet ist, über ihre Arbeit sicherstellen.

Die durch die Tätigkeit der *APAK* anfallenden →Kosten werden über das Budget der *WPK* abgedeckt und damit letztendlich von den Berufsangehörigen durch ihre Pflichtbeiträge getragen. Diese mittelbare Form der Finanzierung soll die Möglichkeit der Einflussnahme des Berufsstandes auf die Arbeit der *APAK* ausschließen.

Die Reform des deutschen Aufsichtssystems über WP und vBP und die damit verbundene Einrichtung der *APAK* war wesentlich durch internationale Entwicklungen getrieben (→Richtlinien und Verordnungen der Europäischen Union, Bedeutung für Rechnungslegung und Unternehmensüberwachung). Auf europäischer Ebene fordert die RL 2006/43/EG vom 17.5.2006 (sog. novellierte APr-RL), dass APr und Abschlussprüfungen durchführende WPGes (→Revisions- und Treuhandbetriebe) eines Mitgliedstaates einer öffentlichen Aufsicht unterliegen müssen, die zumindest mehrheitlich von berufsfremden Personen ausgeübt wird. Die Ausstattung einer solchen Instanz mit einer Letztverantwortlichkeit in den Bereichen Zulassung und Registrierung von Abschlussprüfern (→Berufszugang zum Wirtschaftsprüfer), Annahme von Berufsgrundsätzen (→Berufsgrundsätze des Wirtschaftsprüfers), Prüfungsgrundsätzen [→Grundsätze ordnungsmäßiger Abschlussprüfung (GoA)] und Normen (→Prüfungsnormen) zur internen →Qualitätssicherung bei Abschlussprüfern sowie Fortbildung (→Aus- und Fortbildung des Wirtschaftsprüfers) und Qualitätskontroll-, Sonderuntersuchungs- und Disziplinarsysteme (→Qualitätskontrolle in der Wirtschaftsprüfung; →Berufsgerichtsbarkeit für Wirtschaftsprüfer) ist obligatorisch.

Es ist festzustellen, dass das deutsche System nach der Umsetzung des BARefG im Grundsatz mit den Anforderungen der novellierten APr-RL in Einklang stehen wird. Der Vorteil einer EU-weit harmonisierten Abschlussprüferaufsicht besteht insb. in der ebenfalls in der Richtlinie verankerten gegenseitigen Anerkennung der Aufsichtssysteme der einzelnen Mitgliedstaaten. Eine Doppelaufsicht von WPGes wird hierdurch ausgeschlossen, da durch die Anwendung des Herkunftslandprinzips regelmäßig ausschließlich die Aufsichtsinstanz desjenigen Mitgliedstaates für die Überwachung einer WPGes zuständig ist, in dem diese ihren Sitz hat – dies gilt auch für den Fall, dass ein anderer Mitgliedstaat, in dem die Gesellschaft ebenfalls tätig ist, im Zusammenhang mit der APr-Aufsicht weiter reichende Anforderungen stellt.

Auch die Einführung des →*Public Company Accounting Oversight Board (PCAOB)* in den →United States of America (USA) im Zuge des Erlasses des sog. SOA im Jahre 2002 dürfte die Reform des deutschen Aufsichtssystems beeinflusst haben (→Sarbanes Oxley Act, Einfluss auf das Prüfungswesen). Prinzipiell erscheint auch im Verhältnis zu den USA – wie auf europäischer Ebene bereits sichergestellt – eine gegenseitige Anerkennung der Aufsichtssysteme erstrebenswert, um eine für die WPGes belastende Doppelaufsicht zu vermeiden. Da jedoch in den USA mit dem quasistaatlichen *PCAOB* der Weg eines Monitoring-Systems beschritten wurde, wurde – das genannte Ziel verfolgend – auch hierzulande eine Weiterentwicklung in Richtung einer vom Berufsstand stärker entkoppelten Aufsicht erforderlich. Dabei gab man jedoch dem bewährten Modell der berufsständischen Selbstverwaltung den Vorzug und entwickelte dieses durch Einführung eines starken Public-Interest-Elements sowie die anstehende Einführung anlassfreier Sonderuntersuchungen in Richtung einer sog. modifizierten Selbstverwaltung weiter.

Literatur: Heininger, K./Bertram, K.: Neue Anforderungen an Berufsaufsicht und Qualitätskontrolle durch das Abschlussprüferaufsichtsgesetz (APAG), in: DB 57 (2004), S. 1737–1741; Marten, K.-U./Köhler, A. G.: Vertrauen durch öffentliche Aufsicht. Die Abschlussprüferaufsichtskommission als Kernelement der WPO-Novellierung, in: WPg 58 (2005), S. 145–152; Marten, K.-U./Paulitschek, P.: Öffentliche Aufsicht über deutsche Abschlussprüfer unter Berücksichtigung der Implikationen des geplanten Berufsaufsichtsreformgesetzes, in: RWZ 5 (2006), S. 155–161.

Kai-Uwe Marten; Patrick Paulitschek

Abschlussprüfung und Interne Revision
→Interne Revision und Abschlussprüfung

Abschlussstichtag, Ereignisse nach dem
→Ereignisse nach dem Abschlussstichtag

Abschlussvermittler →Finanzdienstleistungsinstitute

Abschreibungen, außerplanmäßige
→Außerplanmäßige Abschreibungen

Abschreibungen, bilanzielle

Abschreibungen geben den (außer-) planmäßigen Werteverzehr eines →Vermögensgegenstands wieder. Grundlage für die Prüfung der handelsbilanziellen Abschreibungen sind die Bewertungsvorschriften gem. den §§ 253, 279, 280 HGB, während die §§ 254, 281 HGB für die Prüfung von steuerlichen Abschreibungen (→Abschreibungen, steuerrechtliche) maßgeblich sind.

Abnutzbare Vermögensgegenstände bzw. →Assets des →Anlagevermögens sind nach HGB (§ 253 Abs. 2 HGB) und →International Financial Reporting Standards (IFRS) (IAS 16.43, IAS 38.74) *planmäßig abzuschreiben*. Wesentlich sind die Wahl der Abschreibungsmethode (z. B. linear oder geometrisch-degressiv) und die Bestimmung der →Nutzungsdauer. Nach IFRS werden Goodwills (→Geschäfts- oder Firmenwert) und immaterielle Anlagen mit unbestimmter Nutzungsdauer lediglich außerplanmäßig abgeschrieben. →*Außerplanmäßige Abschreibungen* nach § 253 Abs. 2 Satz 3 und Abs. 3 HGB sind bei abnutzbaren und nichtabnutzbaren Vermögensgegenständen Pflicht, soweit diese auf einer voraussichtlich dauernden Wertminderung beruhen. Bei voraussichtlich vorübergehender Wertminderung besteht beim →Umlaufvermögen eine Abschreibungspflicht, während beim Anlagevermögen ein Wahlrecht besteht, das bei KapGes und haftungsbeschränkten →Personengesellschaften (PersGes) auf →Finanzanlagen beschränkt ist. Nach IFRS besteht bei voraussichtlich dauernder bzw. vorübergehender Wertminderung eine Pflicht bzw. ein Verbot zur Vornahme von außerplanmäßigen Abschreibungen, soweit der Zeitwert (→Zeitwerte, Prüfung von) die AHK [→Anschaffungskosten (AK); →Herstellungskosten, bilanzielle] unterschreitet. Bei Wegfall der Ursachen für die Wertminderung besteht nach HGB und IFRS grundsätzlich eine Pflicht zur →Wertaufholung.

Die Prüfung der bilanziellen Abschreibungen sollte möglichst im Rahmen der Prüfung der betreffenden Bilanzposition erfolgen. Die Prüfung der Höhe der planmäßigen Abschreibungen auf →*Sachanlagen* und →*immaterielle Vermögensgegenstände* kann analytisch erfolgen (→analytische Prüfungshandlungen), indem der Erwartungswert, der mittels Höhe und Zugängen des Bilanzpostens im Berichts- und Vorjahr sowie der Vorjahresabschreibung und der Abschreibungssätze ermittelt worden ist, mit den Istwerten verglichen wird (→Soll-Ist-Vergleich) und bei einer signifikanten Abweichung weitere Untersuchungshandlungen durchgeführt werden (→Abweichungsanalyse). Entscheidet sich der →Abschlussprüfer (APr) für eine →Einzelfallprüfung, sollten für eine Stichprobe (→Stichprobenprüfung) aus dem Anlagenverzeichnis die Übereinstimmung von Abschreibungen mit dem Abschreibungsplan geprüft, die Abschreibungen nachgerechnet sowie die richtige Erfassung der Abschreibungen in der Anlagenkartei, auf den Sachkonten und im →Anlagespiegel geprüft werden. Bei Zugängen ist darauf zu achten, ob die Abschreibungen zeitanteilig vorgenommen werden. Um weiteren Abschreibungsbedarf zu entdecken, sind Informationen darüber einzuholen, ob Anlagen infolge technischer Mängel, wirtschaftlicher Überholung oder Änderung des Fertigungsverfahrens einer außerplanmäßigen Abschreibung bedürfen. Für immaterielle Anlagen mit unbestimmter Nutzungsdauer und Goodwills sind jährlich eine Prüfung des →Impairmenttests durchzuführen. Werden außerplanmäßige Abschreibungen vorgenommen, sind ihre Zulässigkeit und Angemessenheit zu prüfen. Des Weiteren ist zu prüfen, ob vorgenommene Zuschreibungen dem Grunde und der Höhe nach zulässig sind bzw. erforderliche Zuschreibungen vorgenommen worden sind.

Der Wertansatz von *Anteilen an* →*verbundenen Unternehmen,* →*Beteiligungen und Wertpapieren* ist mit dem Börsen- oder Marktpreisen abzustimmen. Sofern dies nicht möglich ist, ist eine Prüfung anhand anderer Nachweise (→Prüfungsnachweise), wie bspw. Jahresabschlüssen, →Prüfungsberichten, Planungsunterlagen (→Planung), Zwischenberichten (→Zwischenberichterstattung), Analysen vorzunehmen. Bereits vorgenommene außerplanmäßige Abschreibungen sind auf ihre Zulässigkeit dem Grunde und der Höhe nach zu prüfen, die Einholung einer schriftlichen Stellungnahme der Geschäftsführung erscheint angemessen (→Auskunftsrechte des Abschlussprüfers). Bei *Ausleihungen* ist zu prüfen, ob außerplanmäßige Abschreibungen, z. B. aufgrund von Kursverlusten bei Fremdwährungsforderungen (→Forderungen) oder eröffneten Vergleichs-/Insolvenzverfahren (→Insolvenz), erforderlich sind.

Im Rahmen der Prüfung der Abschreibungen auf →*Vorratsvermögen* ist zunächst die Angemessenheit des Verfahrens zur Ermittlung der Wertberichtigungen zu beurteilen. Wesentlich ist, ob alle zutreffenden Wertberichtigungsgründe, wie niedrigere →Wiederbeschaffungskosten, verlustfreie Bewertung, Reichweitenabschläge, wirtschaftlich veraltete Erzeugnisse sowie Abschläge für beschädigte Vorräte, berücksichtigt worden sind. Die

Wertberichtigungen sind analytisch anhand bspw. der Entwicklung der Umschlagshäufigkeit (→Vermögensstruktur), Entwicklung der →Umsatzerlöse/Margen und/oder in Stichproben auf ihre Angemessenheit zu prüfen. Insb. sind nicht wertberichtigte Posten auf Wertberichtigungsbedarf zu überprüfen sowie Informationen aus der Inventurbeobachtung (→Inventur) auszuwerten.

Auch die Prüfung der Abschreibungen auf →*Forderungen* beginnt mit der Beurteilung der Angemessenheit der Methoden und Annahmen des Managements zur Bestimmung der Wertberichtigung. Sind diese angemessen, so hat lediglich eine Überprüfung der rechnerischen Richtigkeit zu erfolgen. Sofern dies nicht der Fall ist, hat der APr selbst einen Wert für die Höhe der Wertberichtigungen zu entwickeln und zu testen, ob dieser von dem angegebenen Wert erheblich abweicht. Für eine Auswahl der Abschreibungen ist zu überprüfen, ob die Abschreibungen autorisiert worden sind.

Der Ausweis bzw. die Anhangangaben (→Anhang) zu den Abschreibungen, kumulierten Abschreibungen, außerplanmäßigen Abschreibungen sowie Bilanzierungs- und Bewertungsmethoden und deren Änderung (→Änderung der Bilanzierungs- und Bewertungsmethoden) sind auf Richtigkeit und Vollständigkeit zu überprüfen.

Literatur: IDW (Hrsg.): WPH 2006, Band I, 13. Aufl., Düsseldorf 2006.

Telge-Sascha Krantz

Abschreibungen, kalkulatorische

Abschreibungen spiegeln im betrieblichen →Rechnungswesen grundsätzlich alle – mithilfe einer bestimmten Methode ermittelten – Wertminderungen am ruhenden Vermögen wider. Bei abnutzbarem Vermögen, das länger als ein Geschäftsjahr im Unternehmen verbleibt, werden mithilfe von Abschreibungen die Anschaffungsausgaben auf ihre voraussichtliche →Nutzungsdauer verteilt. Während dieser Betrag in der Finanzbuchhaltung in die →Gewinn- und Verlustrechnung (GuV) als zu verrechnender Aufwand eingeht, wird er in der Betriebsbuchführung als →Kosten erfasst. In der Finanzbuchhaltung hat die Höhe der Abschreibungen Einfluss auf den Wertansatz (→Bewertungsgrundsätze) des betreffenden Vermögenspostens (→Vermögensgegenstand; →Asset) und auf den Gewinn, sodass durch Abschreibungen im Rahmen der gesetzlichen Möglichkeiten Bilanzpolitik (→bilanzpolitische Entscheidungsmodelle; →bilanzpolitische Gestaltungsspielräume nach HGB; →bilanzpolitische Gestaltungsspielräume nach IFRS; →bilanzpolitische Gestaltungsspielräume nach US GAAP; →bilanzpolitische Gestaltungsspielräume nach Steuerrecht; →bilanzpolitische Gestaltungsspielräume, Prüfung von) betrieben werden kann. Demgegenüber unterliegt die Berechnung der Abschreibung für die Betriebsbuchführung *keinen rechtlichen Restriktionen*, sondern dient allein dem Sachziel der Unternehmen. Da sich i. d. R. die Höhe der Abschreibung in der Finanzbuchhaltung von der der Betriebsbuchhaltung unterscheidet, wird bei Ersteren von bilanzieller Abschreibung (→Abschreibungen, bilanzielle), bei Letzteren von kalkulatorischer Abschreibung [sog. Anderskosten (→kalkulatorische Kosten)] gesprochen.

Wesentliche Aufgabe der Abschreibungen in der Betriebsbuchführung ist es, den Werteverzehr von Gütern für *Zwecke der Kostenplanung und -kontrolle* (→Kostencontrolling) verursachungsgerecht (→Kostenverursachung) zu erfassen, z. B. Ermittlung und Steuerung der Produkt- und Periodenerfolge (→Erfolgscontrolling), Berechnung von →Preisuntergrenzen oder Beurteilung der Vorteilhaftigkeit von Eigenerstellung oder Fremdbezug (→Eigenfertigung versus Fremdbezug). Inhalt und Umfang der kalkulatorischen Abschreibung richten sich nach den Zweckmäßigkeitskriterien der Kostenrechnung (→Kosten- und Leistungsrechnung; →Kostenrechnung, Prüfung der). Die Zwecksetzung beeinflusst einerseits die Ermittlung der Mengenkomponente und andererseits die Kostenbewertung. Hinsichtlich der Mengenkomponente ist zudem zu berücksichtigen, dass nur betriebsnotwendige Anlagen die Basis für die kalkulatorischen Abschreibungen bilden. Im Rahmen der Bewertungsentscheidung sind Beginn und Dauer, Methode sowie Abschreibungsbasis bzw. Volumen der kalkulatorischen Abschreibung zu bestimmen.

Der *Abschreibungsbeginn* sollte taggenau erfolgen; aus Vereinfachungsgründen ist eine monatsgenaue Ermittlung der Abschreibungsbeträge zu empfehlen. Die *Dauer der Abschreibung* orientiert sich nicht an der betriebsgewöhnlichen Nutzungsdauer entsprechend den

AfA-Tabellen, sondern an der für kostenrechnerische Zwecke relevanten voraussichtlichen wirtschaftlichen Nutzungsdauer, die mithilfe betrieblicher Erfahrungswerte zu schätzen ist. Stellt sich in späteren Jahren heraus, dass die Schätzungen nicht richtig waren, sind die Folgejahre zu korrigieren.

Als *Abschreibungsmethode* kommen wie bei den bilanziellen Abschreibungen grundsätzlich Zeit- und Leistungsabschreibungen in Betracht. Unter Verursachungsaspekten scheint bei primärer Orientierung am Gebrauchs- und Zeitverschleiß die leistungsabhängige Abschreibung die geeignete Methode zu sein. Ein zentrales Problem dieser Methode ist allerdings die Bestimmung des Gesamtnutzungsvorrats und die Messung der tatsächlichen Periodennutzung. Daher finden häufig zeitabhängige Verfahren Anwendung. Ob hierbei die degressive oder lineare Abschreibung zum Einsatz kommt, hängt vom erwarteten Entwertungsverlauf ab (Kußmaul 1995, S. 24).

Grundlage für das *Abschreibungsvolumen* können u. a. Anschaffungs-, Wiederbeschaffungs- oder Durchschnittspreise sein. Zu beachten ist jedoch, dass nach Ablauf der Nutzungsdauer über die Abschreibungen so viele finanzielle Mittel im Unternehmen angesammelt worden sein sollten, dass eine Ersatzbeschaffung möglich ist. Daher ist die ursprüngliche Anschaffungsausgabe, sprich die (historischen) AHK, als Basis für die Berechnung der Abschreibungshöhe i. d. R. nicht zufriedenstellend. Um eine adäquate Ersatzbeschaffung und somit die Erhaltung der Unternehmenssubstanz sicherzustellen, sind die kalkulatorischen Abschreibungsbeträge auf der Basis von Wiederbeschaffungspreisen zu ermitteln. Damit wird ein *Beitrag zur angestrebten langfristigen Unternehmensfortführung* (→Going Concern-Prinzip), vor allem zur Erhaltung der betrieblichen Substanz geleistet (Böcking/Orth 2002, Sp. 13). Zu beachten ist, dass zu diesem Zweck eine Nettosubstanzerhaltung ausreichend ist, sodass die Abschreibung nur auf den eigenkapitalfinanzierten Anteil des abnutzbaren Vermögens auf der Basis von Wiederbeschaffungspreisen zu bemessen ist (Zimmermann 1992, S. 1417–1424). Voraussetzung für den Rückfluss kalkulatorischer Abschreibungen ist, dass diese als Bestandteil der Preiskalkulation für Produkte über die ermittelten Verkaufspreise am Absatzmarkt realisiert werden und dem Unternehmen über den Umsatzprozess wieder zufließen (Lohmann-Ruchti-Effekt). Somit sind kalkulatorische Abschreibungen *Bestandteil der Innenfinanzierung*. Falls die Schätzung von →Wiederbeschaffungskosten problematisch ist, kann ersatzweise auf Tagespreise abgestellt werden. Ist auch dies nur mit großem Aufwand möglich, ist auf die Anschaffungsausgabe abzustellen (Kußmaul 1995, S. 24).

Literatur: Böcking, H.-J./Orth, Ch.: Abschreibungen, in: Ballwieser, W. et al. (Hrsg.): HWRP, 3. Aufl., Stuttgart 2002, Sp. 11–26; Kußmaul, H.: Abschreibungen, in: Corsten, H. (Hrsg.): Lexikon der Betriebswirtschaftslehre, 3. Aufl., München/Wien 1995, S. 19–25; Zimmermann, G.: Kostenrechnung und Unternehmenserhaltung, in: Männel, W. (Hrsg.): Handbuch der Kostenrechnung, 1992, S. 1414–1428.

Inge Wulf

Abschreibungen, leistungsabhängige
→Abschreibungen, kalkulatorische

Abschreibungen, steuerrechtliche

Dem Werteverzehr des Vermögens des Kaufmanns ist im JA durch planmäßige (§ 253 Abs. 2 Satz 1 HGB) und →außerplanmäßige Abschreibungen (§ 253 Abs. 2 Satz 3, Abs. 3 Satz 2 HGB) Rechnung zu tragen.

Neben diesen handelsrechtlich gebotenen Abschreibungen (→Abschreibungen, bilanzielle) dürfen gem. § 254 Satz 1 HGB auch Abschreibungen vorgenommen werden, um →Vermögensgegenstände des →Anlagevermögens oder →Umlaufvermögens mit einem niedrigeren Wert anzusetzen, der allein aufgrund einer steuerrechtlichen Vorschrift zulässig ist. Niedrigere Werte in diesem Sinne können sich aus steuerrechtlichen Abschreibungsbestimmungen ergeben, zum anderen aus einer Verminderung der AHK (→Anschaffungskosten; Herstellungskosten, bilanzielle), bspw. aus der Übertragung von steuerfreien Rücklagen, wie die § 6b Rücklage oder die Rücklage für Ersatzbeschaffung nach Abschn. 6.6 Abs. 4 EStR (→Sonderposten mit Rücklageanteil). Sämtlichen steuerlichen Spezialvorschriften ist gemein, dass sie nicht eine sachgerechte Abbildung des Werteverzehrs des Vermögens zum Gegenstand haben, sondern Normen mit Subventionscharakter darstellen.

Für die nach den ergänzenden Vorschriften für KapGes sowie bestimmte Personenhandelsgesellschaften [→Personengesellschaften (PersGes)] (§§ 264 ff. HGB) zur Rechnungslegung Verpflichteten wird der Anwendungsbereich der Norm durch § 279 Abs. 2 HGB derart eingeschränkt, dass die steuerlichen Abschreibungen nur insoweit vorgenommen werden dürfen, als das Steuerrecht ihre Anerkennung bei der steuerrechtlichen Gewinnermittlung davon abhängig macht, dass sie sich aus der Bilanz ergeben (sog. →Maßgeblichkeit, umgekehrte).

Der insofern durch den Gesetzgeber geduldeten Beeinflussung des handelsrechtlichen Jahresabschlusses durch ausschließlich steuerliche, nicht unmittelbar mit der Generalnorm des § 264 Abs. 2 HGB (→True and Fair View) vereinbare, Ergebnis wirksame Wahlrechte (→bilanzpolitische Gestaltungsspielräume nach HGB), ist durch entsprechende Erläuterungspflichten im →Anhang Rechnung getragen worden. Nach § 281 HGB ist der Betrag der allein nach steuerrechtlichen Vorschriften vorgenommenen Abschreibungen, getrennt nach Anlagevermögen und Umlaufvermögen anzugeben, soweit er sich nicht aus der Bilanz oder der →Gewinn- und Verlustrechnung (GuV) ergibt, und hinreichend zu begründen. Darüber hinaus ist nach § 285 Nr. 5 HGB im Anhang anzugeben, in welchem Umfang das →Jahresergebnis dadurch beeinflusst wurde, dass bei Vermögensgegenständen im Geschäftsjahr oder in früheren Geschäftsjahren Abschreibungen nach den §§ 254, 280 Abs. 2 HGB aufgrund steuerrechtlicher Vorschriften vorgenommen wurden; ferner das Ausmaß erheblicher künftiger Belastungen, die sich aus solchen Bewertungen ergeben.

Steuerliche Abschreibungen betreffen im Wesentlichen:

- Übertragung steuerfreier Rücklagen bzw. von Veräußerungsgewinnen, wie etwa
  - die Rücklage für Ersatzbeschaffung nach Abschn. 6.6 Abs. 4 EStR,
  - die Rücklage für Reinvestitionen nach § 6b EStG,
  - die Rücklage für →Zuschüsse aus öffentlichen oder privaten Mitteln nach Abschn. 6.5 EStR sowie
  - die Rücklage gem. § 7g EStG (Ansparabschreibung);
- →Sonderabschreibungen
  - zur Förderung kleiner und mittlerer Betriebe gem. § 7g EStG sowie
  - für →Investitionen im Fördergebiet gem. § 4 FördgebietsG;
- erhöhte Absetzungen
  - für Gebäude in Sanierungsgebieten und städtebaulichen Entwicklungsbereichen (§ 7h EStG) und
  - für Gebäude, die Baudenkmäler sind (§ 7i EStG).

Während Sonderabschreibungen neben den planmäßigen Abschreibungen verrechnet werden, treten die erhöhten Absetzungen an deren Stelle, d. h. nur der die planmäßigen Abschreibungen übersteigende Teil fällt unter § 254 HGB.

Die Prüfung der steuerlichen Abschreibungen hat sich schwerpunktmäßig an der mit der Norm verfolgten Zielsetzung, d. h. der Vermittlung von Informationen über die Beeinflussung der →Vermögenslage, →Finanzlage und →Ertragslage (→wirtschaftliche Verhältnisse) durch die Inanspruchnahme rein steuerlicher Vorschriften zu orientieren. Neben der Prüfung der Erfüllung der handels- und steuerrechtlichen Voraussetzungen für die Vornahme der steuerlichen Abschreibungen dem Grunde und der Höhe nach stehen die →Angabepflichten im Anhang im Mittelpunkt der Betrachtung.

Neben aussagebezogenen Prüfungshandlungen (→ergebnisorientierte Prüfungshandlungen) hat die Prüfung der von dem Unternehmen installierten Verfahren zur Sicherstellung einer zutreffenden Bilanzierung, Bewertung und Berichterstattung über die steuerlichen Abschreibungen eine herausragende Bedeutung.

Wesentliche Risikobereiche bei der Prüfung der steuerlichen Abschreibungen betreffen:

- die Erfüllung der steuerrechtlichen Voraussetzungen für die Inanspruchnahme der Subvention und richtige Bemessung der Subventionshöhe im Zeitablauf (insb. Beachtung zeitraumbezogener Nebenbedingungen),
- die Erfüllung der Voraussetzungen für die Übertragung von steuerfreien Rücklagen sowie
- die Erfüllung der umfangreichen Angabepflichten im Anhang.

Helmuth Schäfer

Abschreibungen, zeitabhängige
→Abschreibungen, kalkulatorische

Abschreibungsquote →Aufwands- und Ertragsanalyse

Absolut fixe Kosten →Kostenabbaubarkeit

Absolute Preisobergrenze →Preisobergrenze

Abspaltung →Unternehmensumwandlungen

Abstimmprüfung

Die Abstimmprüfung (Abstimmungsprüfung, Globalabstimmung) ist eine →*formelle Prüfung* und eine Spielart der →*Verprobung*, damit auch der →*indirekten Prüfung* zuzuordnen. Daten, die aus verschiedenen Systemen stammen, aber wegen sachlogischer Zusammenhänge gleich sein müssen, werden visuell oder elektronisch miteinander abgeglichen. Hierdurch erfolgt die Überprüfung des Vorhandenseins und der Vollständigkeit. Mittels *Gesamtabstimmung* wird überprüft, ob alle →Buchungen vollständig aus den Grundbüchern ins Hauptbuch (→Grund- und Hauptbuch) und anschließend in den JA übertragen wurden. *Teilabstimmungen* beziehen sich auf einen Teil der Buchführung, z. B. Abstimmung einer Nebenbuchhaltung, wie der Lohnbuchhaltung, mit den entsprechenden Hauptbuchkonten. *Einzelabstimmungen* erfassen jeweils nur einen einzelnen Sachverhalte, wie z. B. ein Konto. Eine *Methode der Abstimmprüfung* wird beispielhaft anhand eines Kontokorrentkontos dargestellt. Basis hierfür sind →Bestätigungen Dritter.

Abb. 1: Kontoauszug des Kontoführers A/ Kontoinhaber B

Vorfall	Betrag	Saldo
Anfangssaldo		0
1. Einzahlung	12.000S	
2. Belastung Gebühren	5.000H	
Endsaldo		**7.000S**

Probleme ergeben sich oftmals aufgrund stichtagsbezogener Saldenungleichheit. Ursache hierfür sind grundsätzlich *Schwebeposten*. Dies sind Geschäftsvorfälle, die ein Vertragspartner schon gebucht hat, während der an-

Abb. 2: Kontoauszug des Kontoführers B/ Kontoinhaber A

Vorfall	Betrag	Saldo
Anfangssaldo		0
3. Auszahlung	12.000H	
4. Provisionszahlung	15.000H	
Endsaldo		**27.000H**

dere noch keine Buchung vollzogen hat (Nr. 2 und 4). Weitere Ursachen können Fehlbuchungen oder Fraud (→Unregelmäßigkeiten) sein. Als *Schritt 1* erfolgt die *Fortschreibung der Salden* um die Schwebeposten: 7.000S + 15.000S (Gegenbuchung Nr. 4) = 22.000S sowie 27.000H + 5.000S (Gegenbuchung Nr. 2) = 22.000H. Die fortgeschriebenen Salden müssen sich spiegelbildlich (hier: 22.000S und 22.000H) entsprechen; ansonsten sind nicht alle Schwebeposten erfasst. Im *Schritt 2* ist die reale *Ausbuchung der Schwebeposten* nachzuvollziehen. Besondere Aufmerksamkeit gilt hierbei Stornobuchungen. Diese stellen einen *Warnhinweis (Red Flag)* für Fraud dar. Da sich zwei wesentliche gegenläufige Sachverhalte zu einer scheinbar unwesentlichen Differenz saldieren können, sind *Abstimmdifferenzen* grundsätzlich nachzuvollziehen. Die turnusmäßige Abstimmung von Konten gehört zu den GoB (→Grundsätze ordnungsmäßiger Buchführung, Prüfung der) und auch zu den Bestandteilen eines →Internen Kontrollsystems. Hierbei ist das *Vier-Augen-Prinzip* zu beachten, d. h. wer Verfügungsmacht besitzt, darf nicht abstimmen. Ein Verstoß hiergegen stellt einen weiteren *Warnhinweis* für Fraud dar.

Ulrich Bantleon

Abstimmungsprüfung →Abstimmprüfung

ABS-Transaktionen

Als *ABS-Transaktionen* werden Finanzierungsmodelle bezeichnet, bei denen ein Unternehmen (Originator) einen umfangreichen Bestand gleichartiger →Vermögensgegenstände (insb. →Forderungen) an eine *Zweckgesellschaft* veräußert. Diese für die ABS-Transaktion eigens gegründete Gesellschaft (*Special Purpose Vehicle* − SPV) refinanziert ihrerseits den Kauf durch die Ausgabe von Wertpapieren am Kapitalmarkt, die durch die sachenrechtlich übertragenen Aktiva gesichert sind.

Verkauf und Abtretung der Forderungen müssen gegenüber den Schuldnern nicht offengelegt werden. Der Originator übernimmt häufig weiterhin gegen Entgelt die Forderungsverwaltung und den Forderungseinzug (→Forderungscontrolling).

Im Vordergrund von ABS-Transaktionen steht die Absicht des Originators, durch eine Verschiebung des Forderungsausfallrisikos auf das SPV eine Ausbuchung der Forderung und eines korrespondierenden Darlehens zu erreichen. Sind die Voraussetzungen für die Ausbuchung der Forderungen erfüllt, weist der Veräußerer statt der Forderungen die vom SPV zugeflossenen liquiden Mittel in seiner Bilanz aus; im Regelfall nutzt er diese zur Darlehenstilgung. Hieraus folgt eine Bilanzverkürzung (sog. *„Off-Balance-Effekt"*), aus der bessere Bilanzkennzahlen (z. B. Eigenkapitalquote, Gesamtkapitalrentabilität, Gearing) resultieren (→Kennzahlen und Kennzahlensysteme als Kontrollinstrument; →Erfolgskennzahlensystem; →Finanzierungsregeln).

ABS-Transaktionen eignen sich auch bei günstigen Refinanzierungskonditionen durch hohe Volumina/ gute →Bonität der übertragenen →Assets und für →Investitionen, die nicht mit Kreditaufnahmen finanziert werden sollen bzw. können. Darüber hinaus kann ggf. auch die Steuerlast durch eine Vermeidung GewSt-licher Dauerschuldzinsen vermindert werden (→Steueraufwand).

Entscheidend für die *Ausbuchung der Forderungen* nach HGB ist gem. IDW RS HFA 8 der Übergang des wirtschaftlichen Eigentums, der insb. an zwei Kriterien geknüpft ist: Einerseits muss das SPV die typischen Rechte eines Eigentümers grundsätzlich auf Dauer erlangen, zum anderen muss das Forderungsausfallrisiko vollumfänglich auf das SPV übergehen. Wegen der Vielfalt der möglichen Gestaltungen ist eine Gesamtbeurteilung aller Verhältnisse des Einzelfalles erforderlich.

Eine *zivilrechtlich wirksame Veräußerung* muss in der Weise erfolgen, dass sie der Zweckgesellschaft erlaubt, die Vermögensgegenstände zu verkaufen oder zu verpfänden. Die Transaktion muss endgültig sein; schädlich wäre z. B. ein echtes Pensionsgeschäft nach § 340b Abs. 2 HGB, bei dem eine Rückübertragung zum Verkäufer fest vereinbart ist. Lediglich dann, wenn der Bestand an Forderungen des SPV (z. B. durch Tilgung) so gering wird, dass eine Fortführung des Finanzierungsmodells unwirtschaftlich wird, ist eine Rückübertragung der Assets im Rahmen eines sog. „Clean Up Calls", der bereits von vorneherein vereinbart sein kann, möglich.

Dem erforderlichen Übergang des mit den Forderungen verbundenen *Bonitätsrisikos* (→Bonität) würde bspw. eine Ausfallgarantie einschl. einer sog. First Loss-Verpflichtung, bei der der Veräußerer erwartete Ausfälle bis zu einer bestimmten Höhe zu tragen hat bzw. ausgefallene oder ausfallgefährdete Forderungen durch risikolose Forderungen zu ersetzen hat, entgegenstehen. Hinderlich können ebenfalls Put-Optionen, ein Total Return Swap oder eine gesellschaftsrechtliche →Beteiligung am SPV sein.

Nicht schadhaft für den Übergang des Bonitätsrisikos ist dagegen ein endgültiger, in der Höhe variabler Abschlag auf den Kaufpreis, um eventuelle Bonitätsrisiken abzudecken. Ist der Kaufpreisabschlag hingegen nicht endgültig fixiert worden, z. B. bei ABS-Transaktionen im Zusammenhang mit Garantiefonds, so muss der vereinbarte Kaufpreisabschlag angemessen sein. Als unschädlich wird es angesehen, wenn der Veräußerer für den rechtlichen Bestand der Forderung weiterhin einzustehen hat, da es sich hierbei um Gewährleistungspflichten außerhalb des Bonitätsrisikos handelt.

Ist eine der Voraussetzungen für den Übergang des wirtschaftlichen Eigentums nicht erfüllt, liegt eine Sicherungsabtretung zur Besicherung eines Darlehens vor. Dies hat zur Folge, dass sowohl die verkauften Forderungen als auch eine entsprechende Finanzverbindlichkeit (→Verbindlichkeiten) in der Bilanz auszuweisen sind. Unabhängig von der Bilanzierung sind im →Anhang (→Angabepflichten) umfangreiche Angaben zur ABS-Transaktion erforderlich.

Um prüfen zu können, ob das wirtschaftliche Eigentum auf das SPV übergegangen ist, muss eine entsprechend detaillierte *Dokumentation* der Transaktion vorliegen. Diese hat neben historischen Daten zu bisherigen Forderungsausfällen im Besonderen die Einschätzung des Originators über die erwarteten tatsächlichen Ausfälle zu enthalten, damit die Angemessenheit des Kaufpreisabschlages geprüft werden kann. Die Dokumentation umfasst auch die im Rahmen der ABS-Transaktion für den oder vom Veräußerer zu erbringenden Leistungen (z. B. Inkasso).

Eine „Off-Balance"-Bilanzierung nach den →*International Financial Reporting Standards (IFRS)* ist gem. IAS 39 vorzunehmen, wenn die vertraglich vereinbarten Ansprüche nicht mehr geltend gemacht werden können und die Verfügungsmacht (Control), z. B. durch Ausübung, Verfall, Veräußerung oder Abtretung an einen Dritten, verloren gegangen ist. Alle Vertragsparteien müssen darin übereinstimmen, dass die Verfügungsgewalt übergegangen ist. Beurteilungsprobleme ergeben sich, wenn trotz formaler Übertragung ein Recht bzw. eine Pflicht zur Rückübertragung besteht oder anderweitige Rechte/Pflichten zurückbehalten werden. Im Gegensatz zum HGB ist nach IAS 39 in bestimmten Konstellationen auch eine Teilausbuchung der Forderungen möglich.

Ob der Originator und die Zweckgesellschaft in einem Mutter-Tochter-Verhältnis stehen und das SPV in den *Konzernabschluss* des Veräußerers einzubeziehen ist, ist nach den allgemeinen Grundsätzen zu beurteilen (→Konsolidierungskreis). Eine Nichteinbeziehung mit Verweis auf § 296 Abs. 2 HGB kann grundsätzlich nur dann erfolgen, wenn der verkaufte Forderungsbestand in Relation zu den gesamten Vermögensgegenständen im Konzern (→Konzernarten) unwesentlich ist. Eine Nichteinbeziehung wegen Unwesentlichkeit ist nach IFRS grundsätzlich nicht vorgesehen.

Literatur: Bieg, H. et al.: Handbuch der Rechnungslegung nach IFRS, Düsseldorf 2006, S. 297 ff.; Förschle, G./Kroner, M.: Kommentierung des § 246 HGB, in: Ellrott, H. et al. (Hrsg.): BeckBilKomm, 6. Aufl., München 2006, Rn. 29–34, S. 88–89; IDW (Hrsg.): IDW Stellungnahme zur Rechnungslegung: Zweifelsfragen der Bilanzierung von asset backed securities-Gestaltungen oder ähnlichen securitisation-Transaktionen (IDW RS HFA 8, Stand: 9. Dezember 2003), in: WPg 55 (2002), S. 1151–1157 und WPg 57 (2004), S. 138; Watrin, C./Struffert, R.: Asset Backed Securities-Transaktionen im Einzel- und Konzernabschluss nach IAS, in: KoR 3 (2003), S. 398–408.

Christian Dinter

Abweichungen höheren Grades

Im Rahmen der →Abweichungsanalyse können mittels Plan-Ist-Vergleichen die Abweichungen zwischen den geplanten Planwerten und den realisierten Istwerten analysiert und auf deren unterschiedliche Ursachen hin untersucht werden.

Grundlegend werden →Preisabweichungen und →Mengenabweichungen (Abweichungen 1. Grades) sowie Abweichungen höheren Grades unterschieden.

In der folgenden Abb. wird dieser Zusammenhang für den Fall von zwei Kosteneinflussfaktoren graphisch dargestellt. Entsprechend der Definition von →Kosten als bewerteter Güterverzehr sind Faktormengen (x) und Faktorpreise (p) gem. Formel 1 multiplikativ verknüpft. Die Gesamtkosten (K) einer Kostenstelle (→Cost Center) ergeben sich in der Graphik somit als Rechteck. Die Gesamtabweichung zwischen den Ist- und den Planwerten ergibt sich aus einer Abweichung der geplanten (x_p) und tatsächlich verbrauchten Faktorverbrauchsmengen (x_i) [= Mengenabweichung (Δx)] sowie einer Abweichung zwischen den geplanten (p_p) und den tatsächlich entrichteten Faktorpreisen (p_i) [= Preisabweichung (Δp)]. Somit ergibt sich für die Ist- bzw. die Plankosten:

$K_i = x_i \cdot p_i$ bzw.

$K_p = x_p \cdot p_p$.

Für die Istpreise und Istmengen sollen folgende Gleichungen verwendet werden:

$p_i = p_p + \Delta p$ und

$x_i = x_p + \Delta x$.

Es lässt sich hieraus die Zusammensetzung der Gesamtabweichung (ΔK) rechnerisch herleiten.

$\Delta K = K_i - K_p$

$\Delta K = (x_i \cdot p_i) - (x_p \cdot p_p)$

$\Delta K = ((x_p + \Delta x) \cdot (p_p + \Delta p)) - (x_p \cdot p_p)$

$\Delta K = p_p \cdot \Delta x + \Delta p \cdot x_p + \Delta x \cdot \Delta p$.

Es lässt sich somit zeigen, dass sich die Gesamtabweichung (ΔK) einer Kostenstelle aus einer Mengenabweichung ($p_p \cdot \Delta x$), einer Preisabweichung ($\Delta p \cdot x_p$) sowie einer Abweichung höherer Ordnung ($\Delta x \cdot \Delta p$) zusammensetzt (Coenenberg 2003, S. 361 f.).

Wie zu erkennen ist, treten bei mehreren auf die Kostenhöhe einwirkenden, multiplikativ verknüpften Kostenbestimmungsfaktoren sog. Abweichung höherer Ordnung (zweiter, dritter,... n-ten Grades) auf. Diese stellen den Anteil der Kostenabweichung dar, der in der

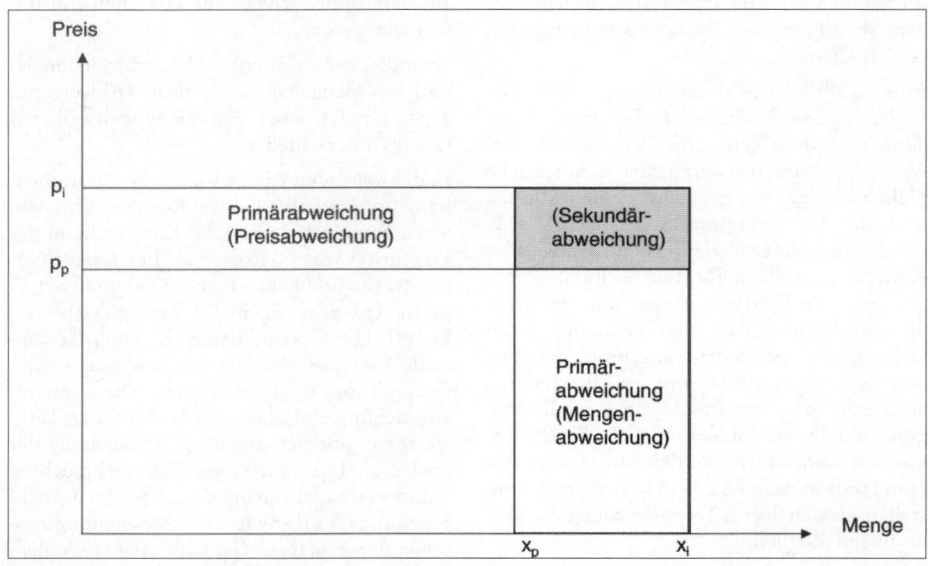

Abb.: Aufspaltung von Primär- und Sekundärabweichungen

Quelle: Coenenberg 2003, S. 363.

rechnerischen Analyse weder eindeutig auf die Veränderung der Faktorpreise, noch auf die Veränderung der Faktorverbrauchsmengen zurückzuführen ist. Die Abweichung zweiten Grades (ΔA_2) ist also definiert als das Produkt aus der Differenz zwischen geplantem und realisiertem Mengenverbrauch und der Differenz zwischen Plan- und Istpreisen:

$\Delta A_2 = \Delta x \cdot \Delta p$

oder

$\Delta A_2 = (p_i - p_p) \cdot (x_i - x_p)$.

In der Theorie haben sich unterschiedliche Konzepte der Verrechnung dieser Abweichungen höherer Ordnung herausgebildet. Diese beruhen auf einer mathematischen Verrechnung der Abweichungen höherer Ordnung, nicht aber auf einer verursachungsorientierten Kostenverteilung (→ Kostenverursachung). Es wird unterschieden zwischen:

- proportionaler, symmetrischer Abweichungsverrechnung,
- alternativer Abweichungsverrechnung,
- kumulativer Abweichungsverrechnung und
- differenziert-alternativer Abweichungsverrechnung.

Bei der proportionalen oder symmetrischen Abweichungsverrechnung wird die Gesamtabweichung höherer Ordnung entweder proportional zur Höhe der Teilabweichungen 1. Grades oder gleichmäßig den beiden Kostenbestimmungsfaktoren Menge und Preis zugeordnet.

Bei der alternativen Abweichungsverrechnung auf Ist-Bezugsbasis werden die Abweichungen höheren Grades alternativ errechnet und jeweils komplett einem Kostenbestimmungsfaktor zugeordnet. Bei diesem Verfahren ist die Summe der Teilabweichungen höher als die Gesamtabweichung, da die Abweichungen höheren Grades mehrfach verrechnet werden. Bei der alternativen Abweichungsverrechnung auf Plan-Bezugsbasis bleiben die Abweichungen höherer Ordnung unberücksichtigt und werden auf keinen Kostenbestimmungsfaktor zugerechnet.

Bei der kumulativen Abweichungsverrechnung wird die einem Kostenbestimmungsfaktor zuzurechnende Abweichung bestimmt, indem man sukzessive die einzelnen Einflussgrößen mit den Planwerten ansetzt. Hierbei ist auf die Reihenfolge der Aufnahme der Plan-Einflussgrößen zu achten, da die Abweichungen 2. Grades dabei immer den zuerst ermittelten Abweichungen zugeordnet werden. Die Gesamtabweichung ist hier gleich der Summe der Teilabweichungen.

Bei der differenziert-alternativen Abweichungsverrechnung wird jeweils der zu untersuchende Faktor von Plan- auf Istwerte umgestellt, während die anderen Kostenbestimmungsfaktoren mit den Planwerten eingehen. Abweichungen höheren Grades treten bei diesem Verfahren nicht auf, da die multiplikative Verknüpfung der Ist-Kostenbestimmungsfaktoren aufgehoben wird (Coenenberg 2003, S. 363 ff.; Schweitzer/Küpper 1995, S. 650 ff.).

Literatur: Coenenberg, A. G.: Kostenrechnung und Kostenanalyse, 5. Aufl., Stuttgart 2003; Deimel, K./Isemann, R./Müller, S.: Kosten- und Erlösrechnung. Grundlagen, Managementaspekte und Integrationsmöglichkeiten der IFRS, München 2006; Schweitzer, M./Küpper, H.-U.: Systeme der Kosten- und Erlösrechnung, 8. Aufl., München 2003.

Klaus Deimel

Abweichungsanalyse

Die Überwachung und Analyse der Unternehmenstätigkeit stellt eine der zentralen Aufgaben im Rahmen des →Controllings, der Prüfung (→Jahresabschlussprüfung; →Konzernabschlussprüfung) sowie der Revision (→Interne Revision) dar. Grundlegend bezeichnet die Abweichungsanalyse im Rahmen des Controlling-Regelkreises jede Analyse der Abweichungen zwischen bestimmten, vorgegebenen Normwerten und realisierten Istwerten zur Beurteilung der Wirtschaftlichkeit des unternehmerischen Leistungserstellungsprozesses. Zur Durchführung einer Abweichungsanalyse können folgende Vergleichsmaßstäbe als Normwerte herangezogen werden:

- Istwerte der Vergangenheit (→zeitlicher Vergleich),
- Vergleichswerte aus anderen Unternehmen (-seinheiten) (→überbetriebliche Vergleiche; →Benchmarking) oder
- Planwerte (→Soll-Ist-Vergleich/Plan-Ist-Vergleich).

Ziel der Abweichungsanalyse ist es, Unwirtschaftlichkeiten im Unternehmen aufzuspüren und so das Unternehmen optimal wirtschaftlich auszurichten. Allerdings reicht allein die Feststellung der Abweichungen zwischen Plan- und Istwerten zur →Unternehmensüberwachung i. d. R. nicht aus. Für die Verbesserung der Unternehmensentscheidungen ist es darüber hinaus notwendig, die Ursachen von Fehlsteuerungen frühzeitig zu erkennen, um entsprechende Gegensteuerungsmaßnahmen ergreifen zu können.

Bei der Abweichungsanalyse in der →Plankostenrechnung geht es darum, die Kosten- bzw. Erlösabweichungen zwischen Planwerten und den tatsächlich realisierten Istwerten zu analysieren. Die Planwerte repräsentieren hierbei die bei optimal-wirtschaftlichem Verhalten erzielbaren →Kosten bzw. →Erlöse einer Kostenstelle (→Cost Center), die Istkosten (→Istkostenrechnung) dagegen die tatsächlich realisierten Kosten bzw. Erlöse. Im Rahmen der Abweichungsanalyse wird die Gesamtabweichung zwischen geplanten Werten (Kosten/Erlösen) und den realisierten Istwerten analysiert und in Teilabweichungen aufgespalten. Als Zielgrößen für solche Vergleiche können u. a. Erfolge, Deckungsbeiträge (→Deckungsbeitragsrechnungen), Erlöse, verschiedene Kostenarten (→Kostenartenrechnung) wie auch Kapitalwerte oder Zinsfüße (→Kalkulationszinssatz) herangezogen werden (Kloock 1995, S. 25 ff.). Im Folgenden beschränkt sich die Darstellung ausschließlich auf die Abweichungsanalyse von Ist- und Plankosten im Rahmen der Plankostenrechnung.

Abb. 1 zeigt überblicksartig die Systematik der Abweichungsanalyse in der flexiblen Plankostenrechnung auf Vollkostenbasis. Die Istkosten (K_i) stellen hierbei das Produkt aus den Istmengen der verbrauchten Produktionsfaktoren (x_i) bewertet mit Istpreisen (p_i) dar. Plankosten (K_p) dagegen sind definiert als die Planmengen der verbrauchten Produktionsfaktoren (x_p) bewertet mit Planpreisen (p_p) bei geplantem →Beschäftigungsgrad. Da in der Unternehmenspraxis die geplante Beschäftigung von Kostenstellen nicht notwendigerweise mit der tatsächlich realisierten Beschäftigung übereinstimmt, stellen die →Sollkosten (K_s) die Anpassung der Plankosten auf die tatsächlich realisierte Beschäftigung der Kostenstelle ($K_s = p_s \cdot x_s$) dar. Die Sollkosten sind diejenigen Kosten, die bei optimal-wirtschaftlichem Verhalten und gegebenem Ist-Beschäftigungsgrad hätten erreicht werden müssen. Die Gerade der verrechneten Kosten (K_{verr}) repräsentiert die Kosten, die im Rahmen der Plankostenträgerrechnung (→Kostenträgerstückrechnung; →Kalkulation) auf die Kostenträger verrechnet werden. Im Gegensatz zu den Sollkosten wird hier nicht zwischen den fixen und variablen Kosten (→Fixkostencontrolling) unterschieden, sondern die Fixkosten der Kostenstelle auf die einzel-

Abb. 1: Abweichungsanalyse in der flexiblen Plankostenrechnung auf Vollkostenbasis

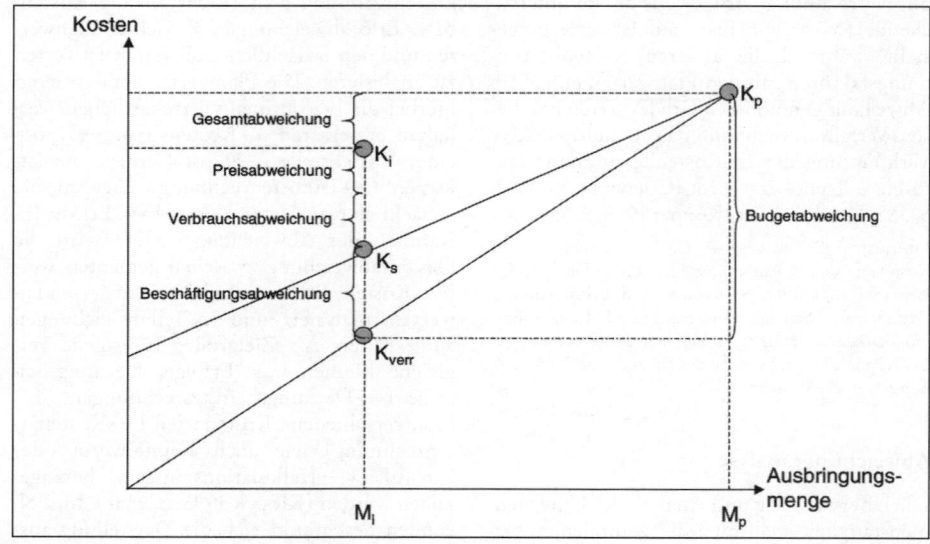

mit:
K_i = Istkosten
K_s = Sollkosten
K_{verr} = verrechnete Plankosten

K_p = Plankosten
M_i = Ist-Ausbringungsmenge
M_p = Plan-Ausbringungsmenge
Quelle: Coenenberg 2003, S. 354; Haberstock 2004, S. 263.

nen Kostenträgereinheiten proportional verrechnet. Wie aus Abb. 1 zu erkennen ist, kann die Gesamtabweichung in die grundlegenden Teilabweichungen

- Budgetabweichung ($K_p - K_{verr}$),
- Beschäftigungsabweichung ($K_s - K_{verr}$) und
- →Preisabweichung bzw. →Verbrauchsabweichung ($K_i - K_s$) aufgespalten werden.

Abb. 2 zeigt noch einmal synoptisch die Zusammensetzung und Berechnung der Teilabweichungen. Ziel dieser Abweichungsanalysen ist es, den Beitrag unternehmensexterner Faktoren, wie z. B. Preisabweichungen auf dem Beschaffungs- oder Absatzmarkt, sowie den Einfluss von Beschäftigungsschwankungen von dem Einfluss unternehmensinterner Unwirtschaftlichkeiten, die vom jeweiligen Kostenstellenleiter zu verantworten sind, zu trennen und diese zu analysieren.

Im ersten Schritt der Abweichungsanalyse werden zunächst einmal solche Veränderungen der Kosten (Plan- und Istkosten) abgespalten, die aus einer von der →Planbeschäfti-gung abweichenden Istbeschäftigung herrühren. Dies ist insofern relevant, als diese Kostenabweichungen keine weiterführenden Hinweise auf innerbetriebliche Unwirtschaftlichkeiten zu geben vermögen. Dazu lässt sich zunächst die Budgetabweichung zwischen Plankosten und verrechneten Kosten errechnen, die daraus resultiert, dass der vorgegebene, geplante Beschäftigungsgrad nicht eingehalten werden konnte. Diese Umrechnung dient der Anpassung der Kosten-Werte auf die Istbeschäftigung.

Die nähere Untersuchung dieser Abweichung der Kosten bei der Istbeschäftigung ist Gegenstand der eigentlichen Abweichungsanalyse, die sich nach dem System der zwei Abweichungen bzw. nach dem System der drei Abweichungen unterscheiden lässt (s. Abb. 3). Die Differenz zwischen den verrechneten Kosten (K_{verr}) und den realisierten Istkosten (K_i) stellt die gesamte relevante Kostenabweichung dar. Diese lässt sich aufspalten in eine Preisabweichung und eine →Mengenabweichung, die sich wiederum in Beschäftigungs- und Verbrauchsabweichung gliedert. Die Verbrauchsabweichung lässt sich durch sog. Spezialabwei-

Abweichungsanalyse

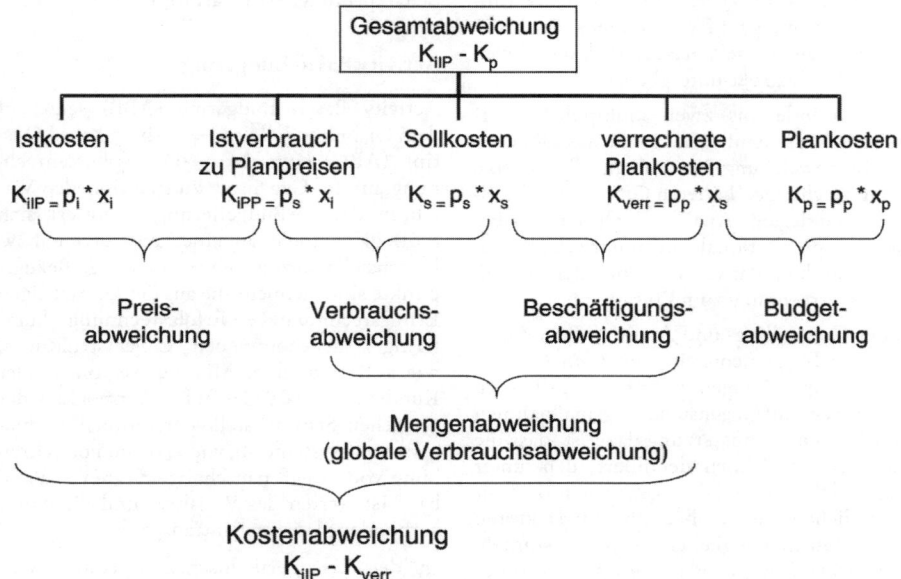

Abb. 2: Systematik der Teilabweichungen

mit:
K_{iIP} = Istkosten bewertet zu Istpreisen
K_{iPP} = Istkosten bewertet zu Planpreisen
K_s = Sollkosten
K_{verr} = verrechnete Plankosten
K_p = Plankosten
x_i = Ist-Produktionsfaktorverbrauch

x_p = Plan-Produktionsfaktorverbrauch
x_s = Soll-Produktionsfaktorverbrauch
p_i = Ist-Produktionsfaktorpreis
p_p = Ist-Produktionsfaktorpreis
p_s = Soll-Produktionsfaktorpreis

Quelle: Coenenberg 2003, S. 360; Haberstock 2004, S. 262.

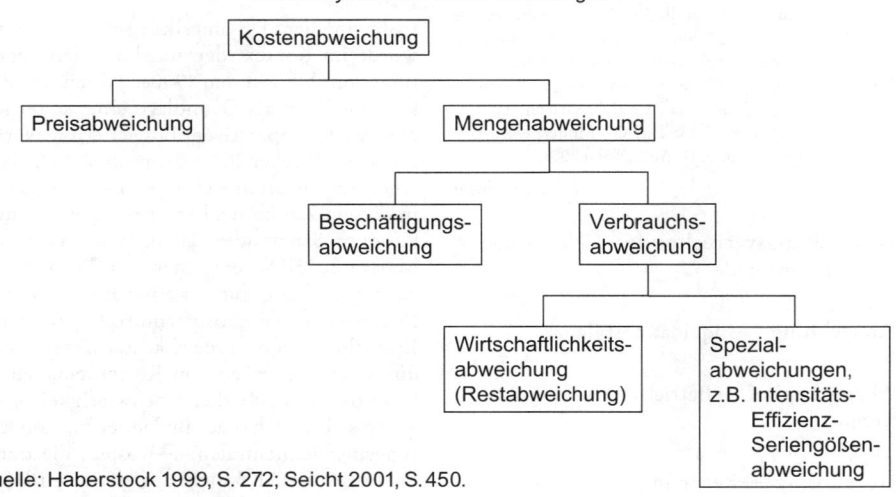

Abb. 3: System der drei Abweichungen

Quelle: Haberstock 1999, S. 272; Seicht 2001, S. 450.

chungen näher analysieren und bspw. in Beschäftigungs-, Effizienz- (Ausbeute-) (→Effizienzabweichung), Mix-, →Intensitätsabweichungen sowie eine Wirtschaftlichkeitsabweichung als Restgröße untergliedern.

Sofern mindestens zwei, multiplikativ verknüpfte Kosteneinflussfaktoren die Höhe einer Teilabweichung bestimmen, liegen sog. →Abweichungen höheren Grades vor, die einer gesonderten Analyse bedürfen. Dabei kommen proportionale, symmetrisch-alternative oder kumulative Konzepte der Abweichungsverrechnung zum Einsatz.

In der Controlling- und Auditing-Praxis werden diese Instrumente eingesetzt, um Gründe für Planabweichungen zu ermitteln, diese zu analysieren und Gegensteuerungsmaßnahmen zu initiieren. Voraussetzung dazu ist, dass die Planwerte tatsächlich detailliert, d. h. unter Zugrundelegung und Dokumentation der wesentlichen Kostenbeeinflussungsfaktoren (→Kostenabhängigkeiten) geplant wurden. So ist sowohl in der Planung als auch in der Ist-Erfassung der Daten [→Betriebsdatenerfassung (BDE)] zumindest eine Unterscheidung der Leistungs- und Kostendaten in eine Mengen- und eine Preiskomponente durchzuführen. Auf eine gleichartige Ermittlung zwischen Planung und Ist-Erfassung ist zu achten (Kongruenz von Planung und Ist-Datenerfassung). Pauschale Plansätze dagegen verhindern eine sinnvolle Abweichungsanalyse.

Literatur: Agthe, K.: Die Abweichungen in der Plankostenrechnung, Freiburg i.Br. 1958; Coenenberg, A. G.: Kostenrechnung und Kostenanalyse, 5. Aufl., Stuttgart 2003; Deimel, K./Isemann, R./Müller, S.: Kosten- und Erlösrechnung. Grundlagen, Managementaspekte und Integrationsmöglichkeiten der IFRS, München 2006; Haberstock, L.: Kostenrechnung II, 9. Aufl., Berlin 2004; Kloock, J.: Abweichungsanalyse, in: Corsten, H. (Hrsg.): Lexikon der Betriebswirtschaftslehre, 3. Aufl., München 1995; Seicht, G.: Moderne Kosten- und Leistungsrechnung, 11. Aufl., Wien 2001.

Klaus Deimel

Abweichungsverrechnung →Abweichungen höheren Grades

Abwicklung →Liquidationsbilanz

Abzugskapital →Betriebsnotwendiges Vermögen

Accounting →Rechnungswesen

Accounting Estimates →Prognose- und Schätzprüfung, →Schätzwerte, Prüfung von

Activity Based Budgeting

Activity Based Budgeting (ABB) setzt auf dem Grundmodell des →Activity Based Costing (ABC) bzw. der →Prozesskostenrechnung auf. Im Gegensatz zu traditionellen Verfahren der →Budgetierung orientiert sich ABB dabei nicht an einer ressourcen- bzw. kostenstellenbezogenen →Planung. Bezugspunkte sind vielmehr die aus der kurzfristigen Erfolgsrechnung (→Erfolgsrechnung, kurzfristige) übernommenen Objektstrukturen, wie z. B. Produkte, Märkte, Regionen oder Kunden. Das ABB zielt auf die Vermeidung der typischen Schwachstellen traditioneller Budgetierungssysteme ab, wie z. B. die Fortschreibung von – ggf. pauschal gekürzten – Plan- bzw. Ist-Werten des Vorjahres und die damit verbundene Leistungsintransparenz.

In der US-amerikanischen Literatur wird ABB vielfach als „Reverse Process of ABC" (Cooper/Kaplan 1998, S. 303) beschrieben. Auf Basis der im Rahmen der Ist-Prozesskostenrechnung hergeleiteten Kostenfunktionen (→Kosten) sowie den geplanten Leistungs- bzw. Prozessmengen werden prozesskostenbasierte Budgets hergeleitet (s. Abb.). Vor diesem Hintergrund stellt das ABB ein Planungsinstrument dar, dessen Grundgedanke in vereinfachter Form auch in öffentlichen Bereichen, wie z. B. der *KOM* oder US-amerikanischen Militäreinrichtungen (Vann 1997), Einsatz findet.

Insb. in der US-amerikanischen Literatur wurde im Kontext der zunehmenden Bedeutung von ABC in den 1990er Jahren der Einsatz von ABB als Grundlage einer unternehmensweiten operativen Budgetierung vorgeschlagen (Bleeker 2001; Brimson/Antos 1999). Allerdings mehren sich in den letzten Jahren in diesem Zusammenhang kritische Stimmen (Cooper/Slagmulder 2000; Liu/Robinson/Martin 2003). So entstehen u. a. Probleme in Zusammenhang mit der Variabilisierung von Fixkosten (→Fixkostencontrolling) bei der Ermittlung von Prozesskostensätzen, z. B. durch das Auftreten von Kostenremanenzen (→Kostenabbaubarkeit). Schwierigkeiten ergeben sich auch bei der Budgetierung von leistungsmengenneutralen →Kosten, die durch die Logik des ABB nicht abgedeckt wird. Sol-

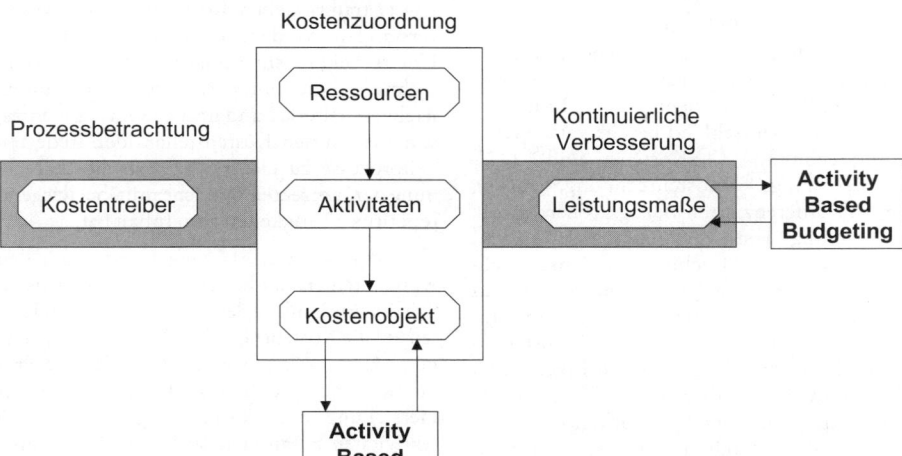

Abb.: Herleitung prozesskostenbasierter Budgets

Quelle: Dambrowski/Hieber 1998, S. 304.

len alternative Szenarien (→Szenariotechnik) bzw. Prozessvarianten geplant werden, steigt der Komplexitätsgrad des Budgetierungsprozesses sehr stark an und macht zudem eine äußerst leistungsfähige IT-Umgebung (→IT-Umfeld; →IT-Systeme) erforderlich. Schließlich sind die realisierten Prozessstrukturen im Zeitablauf meist nicht stabil, was die Aussagekraft von nachgelagerten →Abweichungsanalysen beeinträchtigt.

Im Lichte neuerer Ansätze der Budgetierung, wie z.B. dem Beyond Budgeting, die stärker auf die Arbeit mit Prognosegrößen (→Prognoseinstrumente) ausgerichtet sind, wird ABB deshalb heute vor allem als ein fallweise anwendbares Instrument des →Gemeinkostencontrollings (→Controllinginstrumente) eingeordnet (Dambrowski/Hieber 1998). Im Gegensatz zu anderen Verfahren mit vergleichbaren Zielsetzungen, wie z.B. dem →Zero-Based-Budgeting, steht im ABB aufgrund der Anbindung an das ABC bereits eine ausgefeilte Budgetierungslogik zur Verfügung.

Zielsetzung des ABB ist dabei die mittelfristige Reduktion von Prozesskosten in Gemeinkostenbereichen, z.B. durch die Eliminierung nicht-wertschöpfender Aktivitäten i.V.m. der Ressourcenlenkung hin zu wertschöpfenden Aktivitäten (→Kostenmanagement; →Kostencontrolling). Daneben soll das ABB einen Anstoß zur Verkürzung von Prozessdauern im Rahmen einer kontinuierlichen Verbesserung geben (→Prozessmanagement) sowie die Realisierung kostengünstiger Prozessalternativen bzw. die effizientere Nutzung bestehender Kapazitäten unterstützen (Brimson/Antos 1999; Dambrowski/Hieber 1998). Vorgaben zur Reduktion von Gemeinkosten werden dabei über das →Benchmarking von Ist-Prozesskosten, z.B. für einzelne Organisationseinheiten, hergeleitet. Weiterhin wird auf eine detaillierte Abweichungsanalyse i.d.R. verzichtet, sodass die oben beschriebenen Nachteile des ABB aus der operativen Budgetierung bei einem Einsatz im Gemeinkostencontrolling weitgehend vermieden werden können.

Literatur: Bleeker, R.: Key Features of Activity-Based Budgeting, in: Journal of Cost Management 15 (2001), Heft 7, S. 5–20; Brimson, J. A./Antos, J.: Driving Value Using Activity-Based Budgeting, NY et al. 1999; Cooper, R./Kaplan, R.: Cost and Effect, Boston 1998; Cooper, R./Slagmulder, R.: Activity-based budgeting Part I and II, in: Strategic Finance 82 (2000), Heft 9, S. 85–86 und Heft 10, S. 26–27; Dambrowski, J./Hieber, W. L.: Activity Based Budgeting (ABB), in: Gleich, R./Seidenschwarz, W. (Hrsg.): Die Kunst des Controlling, München 1997, S. 293–312; Liu, L. Y. J./Robinson, J. J./Martin, J.: An application of activity-based budgeting: A UK experience, in: Cost Management 17 (2003), Heft 9, S. 30–36; Vann, J. M.: Activity Based Costing, Armed Forces Comptroller, Winter 1997, S. 7–13.

Barbara E. Weißenberger

Activity Based Costing

ABC wurde ab 1985 entwickelt, da in den USA bis dahin Steuerungssysteme für direkte und indirekte Gemeinkosten (→Gemeinkostencontrolling) weitgehend fehlten. Eine Nutzung der in Deutschland bereits verbreiteten Kostenrechnung (→Kosten- und Leistungsrechnung; →Kostenrechnung, Prüfung der) mit differenzierten Bezugsgrößen für die Verrechnung von Fertigungsgemeinkosten, wie etwa eine Maschinenstundensatzrechnung, erfolgte weitgehend nicht. Stattdessen kamen überwiegend Lohnzuschläge zum Einsatz, die bei den gestiegenen Gemeinkostenanteilen oft nur zu sehr ungenauen Ergebnissen führten (Miller/Vollmann 1985, S. 142–150). Zur Verringerung der Quersubventionierung von Produkten durch ungeeignete Bezugsgrößen wurde zunächst ein Konzept entwickelt, um die fertigungsnahen Gemeinkosten verursachungsgerechter (→Kostenverursachung; →Kostenzurechenbarkeit) zu verrechnen (Johnson/Kaplan 1987). Dieses Konzept wurde dann zusammen mit Cooper weiterentwickelt und konkretisiert zur prozessorientierten Gemeinkostenverrechnung unter dem Begriff des ABC (Kaplan/Cooper 1998, S. 79–322).

Kern des ABC ist somit die Benutzung von Prozessbetrachtungen zur Strukturierung der Gemeinkostenbereiche. Dabei wird, im Gegensatz zu der →Prozesskostenrechnung als deutsche, primär auf die indirekten Gemeinkostenbereiche zielende Adaption, eine ganzheitlichere Betrachtung unter Integration gerade auch der direkten Gemeinkostenbereiche vorgenommen. Diesem umfassenden Anspruch folgend wird davon ausgegangen, dass alle Ressourcen des Unternehmens zur Durchführung von Aktivitäten zur Leistungserstellung eingesetzt werden. Daher sind die →Kosten der Ressourcen den diese verursachenden Aktivitäten zuzurechnen. Die so zu errechnenden Aktivitätenkosten sind dann den Kostenträgern über die Verwendung von →Cost Drivern zuzuordnen. Das ABC bezieht somit zwischen die Kosten der Ressourcen in der →Kostenartenrechnung die Ebene der Aktivitäten ein, die, da in amerikanischen Kostenrechnungssystemen die →Kostenstellenrechnung weniger detailliert ausgestaltet ist als in Deutschland, dann den →Cost Centern, verstanden als Aktivitätenzentren, entsprechen. Durch diesen umfassenderen Ansatz kann das ABC als eigenständige Alternative zu einem traditionellen Kostenrechnungssystem verstanden werden. Dies ist ein wichtiges Unterscheidungsmerkmal zur Prozesskostenrechnung, die einer Kostenstellenrechnung nachgeschaltet ist und über die Zusammenfassung der in den Kostenstellen identifizierten Teilprozesse zu Hauptprozessen die Verrechnung der indirekten Bereiche mit überwiegend repetitiven Tätigkeiten zum Inhalt hat.

Nach der Zusammenfassung der Kosten in den Aktivitäten erfolgt bei dem ABC im nächsten Schritt eine Umlage der dort gesammelten Kosten auf die Kostenträger auf Basis hierfür geeigneter Cost Driver. Somit setzen sich die Produktkosten aus der Summe der Kosten aller zur Herstellung und Auslieferung notwendigen Aktivitäten zusammen, wobei die Verrechnung der Kosten in folgenden Schritten erfolgt:

1) Tätigkeitsidentifikation und Beschreibung als Aktivitäten (→Prozessketten),
2) Bestimmung der Kostenarten,
3) Bestimmung der Bezugsgrößen (Cost Driver) auf der Stufe der Zuordnung der Kosten zu den Aktivitäten,
4) Abgrenzung der Aktivitätszentren sowie
5) Bestimmung der Bezugsgrößen (Cost Driver) auf der Stufe der Verrechnung der Kosten der Aktivitäten auf die Kostenobjekte.

Neben der so erfolgten Betrachtung des Kostenflusses von den Ressourcen über die Aktivitäten bis zu den Kostenobjekten erlaubt das ABC aber noch eine weitere Sichtweise. Durch die Prozessorientierung ist es möglich, die Faktoren für die Durchführung von Aktivitäten zu bestimmen, die Ausführung der Aktivitäten zu beobachten und die hierbei erwirtschafteten Ergebnisse zu ermitteln. Die dabei generierten Informationen können im Aktivity Based Management dann unternehmenszieloptimal zur Unternehmenssteuerung (→Unternehmenssteuerung, wertorientierte) eingesetzt werden, wobei über die Produktkalkulation (→Kalkulation; Kalkulationsmethoden) und die Gemeinkostenverrechnung hinaus die Identifikation und Ausgestaltung der betrieblichen Aktivitäten im Hinblick auf Qualitätsverbesserungen, Zeiteinsparungen und Kostenreduktionen in den Mittelpunkt der Betrachtung rücken. Dabei werden die einzelnen Aktivitäten oft im Kontext der gesamten Wertschöpfungskette gesehen.

Literatur: Cooper, R./Kaplan, R. S.: Measure Costs right: Make the right decisions, in: HBR 66 (1988), S. 96–103; Horngren, C. T./Foster, G./Datar, S. M.: Cost Accounting, 13. Aufl., Upper Saddle River, New Jersey 2005, S. 139–160; Miller, J.-G./Vollmann, T.-E.: The hidden factory, in: HBR 63 (1985), S. 142–150; Johnson, H. T./Kaplan, R. S.: Relevance Lost. The Rise and Fall of Management Accounting, Boston, MA, 1987; Kaplan, R. S./Cooper, R.: Cost Effect. Using Integrated Cost Systems to Drive Profitability and Performance, Bosten, MA, 1998.

Stefan Müller

Activity Based Management →Activity Based Costing

Ad-hoc-Publizität

Gem. § 15 Abs. 1 →Wertpapierhandelsgesetz (WpHG) ist ein Emittent börsennotierter Finanzinstrumente (→Financial Instruments) verpflichtet, Insiderinformationen, die sich auf Umstände beziehen, die in seinem Tätigkeitsbereich eingetreten sind und die eine erhebliche Kursbeeinflussung i..S.d. § 13 Abs. 1 WpHG nach sich ziehen können, unverzüglich der Öffentlichkeit zugänglich zu machen (→Publizität). Der am 20.7.2005 veröffentlichte Emittentenleitfaden der →*Bundesanstalt für Finanzdienstleistungsaufsicht* (*BaFin*) enthält Erläuterungen zur Ad-hoc-Publizität und soll Emittenten von Finanzinstrumenten eine praxisnahe Hilfestellung bei der Auslegung der neuen gesetzlichen Vorgaben im Bereich des Insiderrechts (→Insidergeschäfte) und der kapitalmarktrechtlichen Meldepflichten geben.

Im Gegensatz zur Regelpublizität unterliegt die Ad-hoc-Publizität keiner Prüfungspflicht. Es besteht jedoch die Möglichkeit zur Vereinbarung einer freiwilligen Prüfung (→freiwillige und vertragliche Prüfung) auf Basis des ISAE 3000. Im Rahmen der Prüfung steht das System zur Informationsgewinnung und -weiterleitung eines berichtspflichtigen Unternehmens im Vordergrund. Die Konzentration auf (kontinuierliche) →Systemprüfungen (→indirekte Prüfung) liegt in der elementaren Bedeutung einer unverzüglichen Veröffentlichung entscheidungsnützlicher Informationen begründet.

Festzustellen ist, ob seitens des Unternehmens alle Maßnahmen ergriffen wurden, um relevante Informationen in allen Bereichen des Unternehmens zu identifizieren und diese an eine entsprechende Stelle (Clearing-Stelle) weiterzuleiten. Letzterer obliegt die Beurteilung, inwiefern eine Information die Kursentwicklung beeinflussen kann. Möglicher Prüfungsgegenstand ist daher das System, welches die Überschreitung von Schwellenwerten registriert und die Meldung an die Clearing-Stelle weiterleitet.

Ein tatsächliches Vorhandensein von Insiderinformationen ist anhand empirisch feststellbarer Daten ebenso zu prüfen wie die Nachvollziehbarkeit der unterstellten Gesetzmäßigkeiten. Ferner ist die tatsächliche Eignung einer Aussage zur Kursbeeinflussung (Prognoseaussage) (→Prognose- und Schätzprüfung) daraufhin zu untersuchen, ob sie logisch haltbar ist.

Ergänzend soll angemerkt werden, dass im Vorfeld der Veröffentlichung (Ex-ante-Prüfung) eine Beurteilung der vom Unternehmen hergeleiteten Prognose sinnvoll ist. Des Weiteren kann im Rahmen einer Ex-Post-Prüfung die Qualität des implementierten Systems sowie die tatsächliche Reaktion des Kapitalmarkts auf publizierte Ad-hoc-Mitteilungen festgestellt werden.

In den →Prüfungsnormen zur Systemprüfung (ISA 315, ISA 330 sowie IDW PS 260) wird das prüferische Vorgehen skizziert. Weitere Informationen hinsichtlich einer möglichen Vorgehensweise im Rahmen der Prüfung der Ad-hoc-Publizität finden sich in ISA 545 und ISAE 3400.

Literatur: IDW (Hrsg.): IDW Prüfungsstandard: Das interne Kontrollsystem im Rahmen der Abschlussprüfung (IDW PS 260, Stand: 2. Juli 2001), in: WPg 54 (2001), S. 821–830; Ruhnke, K.: Überlegungen zur Prüfung von Ad-hoc-Meldungen auf der Basis des International Standard on Assurance Engagements, in: WPg 54 (2001), S. 440–452.

Frank M. Hülsberg

Adjusted Present Value-Ansatz →Discounted Cash Flow-Methoden; →Unternehmensbewertung

Administrationssysteme

Administrationssysteme sind Softwaresysteme, die die Abwicklung der betrieblichen Prozesse (→Prozessmanagement) unterstützen. Ziel ist es hierbei, z. B. durch die Automatisierung von Routineaufgaben Rationalisierungspotenziale auszunutzen, rechenintensive →Planungen und Simulationen durchzu-

Administrationssysteme

führen, Massendaten zu verwalten oder die Kommunikation zu verbessern.

Administrationssysteme sind eng verwandt mit den *Dispositionssystemen*, die zur Vorbereitung kurzfristiger Planungsentscheidungen dienen. Beide Systeme sind vorwiegend auf der unteren und mittleren Führungsebene zu finden und oftmals nur schwer zu differenzieren.

Administrationssysteme und Dispositionssysteme werden unter dem Begriff der „*operativen Systeme*" geführt. Man unterscheidet branchenneutrale und -spezifische Anwendungen, wobei die Zuordnung der einzelnen Systeme zu diesen beiden Klassen nicht immer eindeutig ist. So ist z. B. die →Kosten- und Leistungsrechnung i.A. branchenneutral, es gibt aber auch spezielle Softwarepakete, die Besonderheiten einzelner Branchen berücksichtigen.

Nach *Stahlknecht* dominieren bei den *branchenneutralen* Anwendungen drei Aufgabenbereiche:

1) Die *Finanzbuchhaltung*: hier sind die Aufgaben weitestgehend branchen- und firmenunabhängig und es ist von außen eine Standardisierung durch AktG, AO, EStR, HGB, Kontenrahmen (GKR oder IKR) (→Kontenrahmen, Wahl des) usw. vorgegeben. Funktionen sind z. B. Debitoren-, Kreditoren- und Sachbuchhaltung (→Debitoren; →Kreditoren; →Offene-Posten-Buchhaltung) sowie die Kosten- und Leistungsrechnung mit →Kostenstellenrechnung, →Kostenträgerstückrechnung und Betriebsergebnisrechnung (→Erfolgsrechnung, kurzfristige; →Kostenträgerzeitrechnung).

2) Die *Lohn- und Gehaltsabrechnung* (Personalabrechnung): auch hier sind die formalen Berechnungs- und Zahlungsvorschriften (LSt, KiSt, vermögenswirksame Leistungen; Überweisungen an Banken, Krankenkassen, Datenträgeraustausch usw.) bis auf branchenspezifische Tarifverträge oder Betriebsvereinbarungen weitgehend vorgeschrieben oder einheitlich geregelt.

3) Die *Fakturierung*: auch hier wird – von branchenspezifischen Sonderfällen abgesehen – nach einem allgemein üblichen Schema vorgegangen.

Spezifische Systeme existieren für fast jede Branche. In *Industrieunternehmen* werden die beiden Hauptgeschäftsprozesse Auftragsabwicklung und Produktentwicklung unterstützt (→Industriecontrolling).

In der *Auftragsabwicklung* sind Administrationssysteme vor allem im Bereich der Fertigung (Produktionsplanung und -steuerung) zu finden. Die einzelnen Aufgaben in der Fertigung sind: Materialwirtschaft und Logistik bzw. →Supply Chain Management (→Supply Chain Controlling) [mit Lagerbestandsführung, Inventurunterstützung (→Inventur), automatisierter Bedarfsermittlung, Bestelldisposition, Bestellüberwachung und Wareneingangsprüfung]. Systeme zur Produktionsplanung und -steuerung (PPS) werden zur Auftragssteuerung, Bedarfsplanung (→Bedarfsplanung und -kontrolle), Zeit- und →Kapazitätsplanung, Auftragsfreigabe, →Betriebsdatenerfassung (BDE) und für die Instandhaltung eingesetzt.

Für *Marketing und Vertrieb* existieren →Customer Relationship Management (CRM)-Systeme zur Erstellung von Verkaufsstatistiken, artikelgenauen Umsatzverfolgungen, Außendienst- und Vertriebssteuerung sowie zum Kontaktmanagement. Dazu werden Kundendienstinformationen mit einem Auswertungssystem gekoppelt.

In *Produktentwicklung* und *Arbeitsvorbereitung* kommen weitere Systeme zur Anwendung, etwa Werkzeug für Computer Aided Design (CAD), Computer Aided Engineering (CAE), Computer Aided Planning (CAP), Computer Aided Manufacturing (CAM), Systeme zur Planung der Fertigungsautomatisierung und Computer Aided Quality Assurance (CAQ).

Handelsunternehmen setzen Administrationssysteme auf der Warenausgangsseite (Kassenabwicklung, Verkaufsdatenerfassung), der Wareneingangsseite (Bestellabwicklung, Wareneingangserfassung, Rechnungsprüfung, Warenauszeichnung) und zur Bestandsführung ein.

Administrationssysteme unterstützen in →*Kreditinstituten* insb. die Bereiche Transaktionsabwicklung, Kundenberatung und Eigenbestandsverwaltung von Wertpapieren. Auch bei Abrechnung und Auswertung von Kontokorrent, im Darlehen- und Sparverkehr sowie bei der Bestandsführung von Sorten und Münzen liegen Anwendungsfelder.

→Versicherungsunternehmen, als weitere Branche, können Administrationssysteme bei der Vertragsanfertigung und -verwaltung, bei der Schadensbearbeitung und -regulierung, bei der Provisionsabrechnung, im →Rechnungswesen und im Personalwesen einsetzen.

Literatur: Stahlknecht, P./Hasenkamp, U.: Einführung in die Wirtschaftsinformatik, 11. Aufl., Berlin et al. 2005; Rautenstrauch, C./Schulze, T.: Informatik für Wirtschaftswissenschaftler und Wirtschaftsinformatiker, Berlin et al. 2003.

Axel Hahn

Adressenausfallrisiko →Engagementprüfung, →Kreditprüfung

Advanced Budgeting →Budgetierung

Adverse Publizität →Enforcementsysteme

Ähnlichkeitskalkulation →Auftragskalkulation

Änderung der Bilanzierungs- und Bewertungsmethoden

Die Prüfung der Änderung der Bilanzierungs- und Bewertungsmethoden im Rahmen der →Jahresabschlussprüfung (→Konzernabschlussprüfung) umfasst das Erkennen von Änderungen der Bilanzierungs- und Bewertungsmethoden, die Beurteilung der Zulässigkeit der Änderungen und die Ordnungsmäßigkeit der Berichterstattung hierüber im →Anhang (→Angabepflichten) sowie die vom →Abschlussprüfer (APr) ggf. vorzunehmende Berichterstattung im →Prüfungsbericht (PrB).

Unter *Bilanzierungsmethoden* werden diejenigen Entscheidungen verstanden, die den Ansatz in der Bilanz und der →Gewinn- und Verlustrechnung (GuV) zum Gegenstand haben (→Ansatzgrundsätze), während die *Bewertungsmethoden* (→Bewertungsgrundsätze) bestimmte, in ihrem Ablauf definierte Verfahren der Wertfindung sind, zu denen auch die Abschreibungsmethoden (→Abschreibungen, bilanzielle; →Abschreibungen, steuerrechtliche) sowie die Wertansatzwahlrechte (§§ 253–256 HGB) zählen (IDW 2006, Abschn. F, Rn. 592, S. 600). Abweichungen von Bilanzierungsmethoden liegen vor, wenn Ansatzwahlrechte in aufeinander folgenden Jahresabschlüssen nicht einheitlich ausgeübt werden oder wenn →Bilanzierungshilfen in Anspruch genommen werden (Winnefeld 2002, Abschn. J, Rn. 82). Abweichungen von Bilanzierungsmethoden sind folglich nur innerhalb der gesetzlichen Ansatzwahlrechte zulässig. Dem APr werden Abweichungen von Bilanzierungsmethoden bei der Prüfung der Bilanzposten auf Nachweis (→Nachweisprüfungshandlungen) und Vollständigkeit zur Kenntnis gelangen (→Fehlerarten in der Abschlussprüfung). Bei der Prüfung der Zulässigkeit ist zu beachten, dass die Bilanzierungsmethoden keinem gesetzlichen Stetigkeitsgebot (→Stetigkeit), sondern im Rahmen vernünftiger kaufmännischer Beurteilung lediglich den Schranken des Willkürverbots unterliegen (IDW 2006, Abschn. F, Rn. 616, S. 606). Jedoch können gesellschaftsvertragliche Bestimmungen zu beachten sein, die eine Pflicht zur Methodenstetigkeit begründen.

Änderungen von *Bewertungsmethoden* (→Änderung von Bewertungsannahmen) unterliegen dagegen den strengeren Anforderungen des § 252 Abs. 1 Nr. 6 HGB (Bewertungsstetigkeit). Sinn und Zweck der Vorschrift ist, die Vergleichbarkeit des Jahresabschlusses mit dem jeweils vorausgehenden zu verbessern (→zeitlicher Vergleich). Daraus ergibt sich, dass die Beibehaltung der Bewertungsmethode immer dann verlangt wird, wenn vergleichbare Sachverhalte zu beurteilen sind, d. h. wenn die zu bewertenden →Vermögensgegenstände und →Schulden vergleichbaren Nutzungs- und Risikobedingungen unterworfen sind. Das Gebot der Bewertungsstetigkeit erstreckt sich folglich nicht nur (zeitlich) auf solche Vermögensgegenstände und Schulden, die bereits im vorhergehenden JA zu bilanzieren waren, sondern auch auf zwischenzeitliche Zugänge, sofern gleichartige Vermögensgegenstände und Schulden im Vorjahresabschluss unter vergleichbaren Umständen zu bewerten waren (IDW HFA 3/1997). Stellt der APr eine Änderung der Bewertung fest, hat er demzufolge nicht nur zu prüfen, ob die Bewertung für sich genommen zulässig ist, sondern auch, ob der Übergang auf die geänderte Bewertung in zulässiger Anwendung von § 252 Abs. 3 HGB, der das Vorliegen eines begründeten Ausnahmefalls voraussetzt, erfolgt ist.

Eine Änderung ist nur zulässig, wenn die Änderung

- durch eine Änderung der rechtlichen Gegebenheiten (→rechtliche Verhältnisse) veranlasst wurde,

- unter Beachtung der GoB ein besseres Bild der →Vermögenslage, →Finanzlage oder

→ Ertragslage (→ True and Fair View) vermitteln soll,
- dazu dient, Bewertungsvereinfachungsverfahren in Anspruch zu nehmen,
- zur Anpassung an konzerneinheitliche Bewertungsrichtlinien erfolgt sowie
- erforderlich ist, um steuerliche Ziele (→ Maßgeblichkeit, umgekehrte) zu verfolgen.

Der vorstehende, in IDW HFA 3/1997 aufgeführte Katalog ist insoweit abschließend. Kritisch zu hinterfragen ist der dort ebenfalls genannte Grund, mit der Abweichung den Konzernabschluss an international anerkannte Grundsätze [→ International Financial Reporting Standards (IFRS); → United States Generally Accepted Accounting Principles (US GAAP)] anzupassen, da dieser Überlegung erkennbar der Gedanke eines „dualen" Konzernabschlusses zugrunde liegt. Als zu weitgehend wird man die außerdem in der Literatur (ADS 1995, Rn. 113 zu § 252 HGB) genannten Gründe

- wesentliche Änderungen in der Gesellschafterstruktur (→ Gesellschafterwechsel),
- Wechsel des Managements und der unternehmerischen Konzeption sowie
- Vermeidung einer sonst drohenden Anzeige des Verlusts der Hälfte des Grund- oder Stammkapitals (→ Gezeichnetes Kapital; → Unterbilanzen)

ablehnen müssen.

Abweichungen von Bilanzierungs- und Bewertungsmethoden sind im Anhang anzugeben und zu begründen (§ 284 Abs. 2 Nr. 3 HGB). Der APr hat demnach zu prüfen, ob festgestellte Bilanzierungs- und/oder Bewertungsänderungen unter Angabe der jeweiligen Posten und der Beschreibung der Änderung sowie der zahlenmäßigen Auswirkung im Anhang dargestellt sind (→ Vergleichsangaben über Vorjahre). Ferner ist festzustellen, ob die genannte Begründung von Bewertungsänderungen, d. h. die Darlegung der Überlegungen und Argumente, die zu der abweichenden Methode geführt haben, die Zulässigkeit der Bewertungsänderung stützen (IDW HFA 3/1997).

Unabhängig von Art und Umfang der Berichterstattung im Anhang hat der APr im PrB nach § 321 Abs. 2 Satz 4 HGB Erläuterungen zu den wesentlichen Bewertungsgrundlagen zu geben und in diesem Zusammenhang auf Änderungen in der Ausübung von Bilanzierungs- und Bewertungswahlrechten und Ermessensspielräumen (→ bilanzpolitische Gestaltungsspielräume nach HGB; → bilanzpolitische Gestaltungsspielräume nach Steuerrecht) einzugehen (IDW PS 450.74). Diese Erläuterungen sollen den Adressaten des Prüfungsberichts eine eigene Beurteilung dieser Maßnahmen ermöglichen und Hinweise geben, worauf sie ggf. ihre Prüfungs- und Überwachungstätigkeit ausrichten sollen. Ein bloßer Verweis auf die – wenn auch zutreffenden – Anhangangaben genügt der Berichtspflicht nicht.

Literatur: ADS: Rechnungslegung und Prüfung der Unternehmen, Teilband 1, 6. Aufl., Stuttgart 1995; IDW (Hrsg.): IDW Stellungnahme: Zum Grundsatz der Bewertungsstetigkeit (IDW HFA 3/1997), in: WPg 50 (1997), S. 540–542; IDW (Hrsg.): IDW Prüfungsstandard: Grundsätze ordnungsmäßiger Berichterstattung bei Abschlussprüfungen (IDW PS 450, Stand: 8. Dezember 2005), in: WPg 59 (2006a), S. 113–128; IDW (Hrsg.): WPH 2006, Band I, 13. Aufl., Düsseldorf 2006b; Winnefeld, R.: Bilanz-Handbuch, 3. Aufl., München 2002.

Holger Grünewald

Änderung des Jahresabschlusses → Bilanzfehlerberichtigung; → Nachtragsprüfung

Änderung von Bewertungsannahmen

Als einer der GoB ist im Handelsrecht der Grundsatz der Bewertungsstetigkeit (→ Stetigkeit) verankert (§ 252 Abs. 1 Nr. 6 HGB). Mit dem Ziel der Sicherung der Vergleichbarkeit aufeinander folgender Jahresabschlüsse (→ zeitlicher Vergleich) soll dieser Grundsatz für die Bewertung von → Vermögensgegenständen und → Schulden beachtet werden (→ Bewertungsgrundsätze), wenn mehrere gesetzlich zulässige Alternativen bzw. Schätzungs- oder Ermessensspielräume bestehen (→ bilanzpolitische Gestaltungsspielräume nach HGB). Zu den Verfahren der Wertfindung gehören bspw. die verschiedenen Abschreibungsmethoden (→ Abschreibungen, bilanzielle) oder die Vorgehensweise zur Einbeziehung einzelner Faktoren in die HK (→ Herstellungskosten, bilanzielle). Der Kaufmann soll grundsätzlich an die im vorangegangenen JA verwandten Methoden gebunden sein. Dies umfasst neben der zeitlichen auch die sachliche Dimension, sodass art- und funktionsgleiche Bewertungsobjekte nicht nach unterschiedlichen Verfahren bewertet werden sollten. Obwohl der Wortlaut des § 252 Abs. 1 Satz 1 HGB lediglich die Bewertungsstetigkeit (→Stetigkeit) umfasst, ist die Regelung zur Wahrung des Willkürverbots auch auf Ansatzwahlrechte anzuwenden (→Änderung der Bilanzierungs- und Bewertungsmethoden).

Trotz der Fassung der Bewertungsstetigkeit als Sollvorschrift, wird durch die Formulierung des § 252 Abs. 2 HGB deutlich, dass der Grundsatz als Mussvorschrift auszulegen ist. Eine Durchbrechung der →Stetigkeit darf „nur in begründeten Ausnahmefällen" erfolgen. Hierdurch wird dem Bilanzierenden lediglich die Möglichkeit gegeben, sich durch die Wahl der Bewertungsmethode veränderten Verhältnissen anzupassen und dem Grundsatz der Klarheit und Übersichtlichkeit (§ 243 Abs. 1 und 2 HGB; →Grundsätze ordnungsmäßiger Rechnungslegung) zu genügen. Nicht berührt werden dagegen zwingende Abweichungen von den angewandten Vorjahresmethoden, die aus speziellen Bewertungsvorschriften (§§ 253–256 HGB) resultieren.

Im Rahmen der →Jahresabschlussprüfung (→Konzernabschlussprüfung) hat der →Abschlussprüfer (APr) die Beachtung des Grundsatzes der Bewertungsstetigkeit und somit die Stetigkeit der Bewertungsannahmen zu prüfen. Stellt er hierbei Abweichungen fest, hat er sich von der Angemessenheit der Gründe zu überzeugen. Eine Durchbrechung ist nach der Stellungnahme des IDW HFA 3/1997 nur in folgenden Fällen begründbar und angemessen:

- Veranlassung durch die Änderung rechtlicher Gegebenheiten,
- Vermittlung eines besseren Bildes der →Vermögenslage, →Finanzlage und →Ertragslage (→True and Fair View) unter Beachtung der GoB (→Grundsätze ordnungmäßiger Buchführung, Prüfung der),
- Inanspruchnahme von Bewertungsvereinfachungsverfahren,
- Anpassung des Jahresabschlusses an konzerneinheitliche Bilanzierungsrichtlinien,
- Anpassung des Konzernabschlusses an internationale Rechnungslegungsgrundsätze [→International Financial Reporting Standards (IFRS); →United States Generally Accepted Accounting Principles (US GAAP)] sowie

- Verfolgung steuerlicher Ziele (→Maßgeblichkeit, umgekehrte).

In der Literatur werden noch weitere Gründe für eine Durchbrechung der Bewertungsstetigkeit, wie bspw. die Wahrnehmung von →Abschreibungen (→Abschreibungen, bilanzielle) im Rahmen vernünftiger kaufmännischer Beurteilung (§ 253 Abs. 4 HGB), wesentliche Veränderungen in der Gesellschafterstruktur (→Gesellschafterwechsel) oder eine grundlegend andere Einschätzung der Unternehmensentwicklung, diskutiert (ADS 1998, Rn. 113 zu § 252 HGB, S. 67). Zur Sicherstellung der Vergleichbarkeit der Jahresabschlüsse (→zeitlicher Vergleich) und hieraus auch eines verbesserten Einblicks in die Vermögens-, Finanz- und Ertragslage ist eine enge Auslegung des § 252 Abs. 2 HGB zu empfehlen (IDW 2006, Abschn. E, Rn. 241, S. 334).

Eine Durchbrechung der Bewertungsstetigkeit führt bei KapGes und →Personengesellschaften (PersGes) i. S. d. § 264a HGB zwingend zu einer →Angabepflicht im →Anhang (§ 284 Abs. 2 Nr. 3 HGB). Liegt eine →Änderung der Bilanzierungs- und Bewertungsmethoden vor hat der APr daher auch zu prüfen, ob die Begründung der Abweichungen ausreichend dokumentiert ist und der Einfluss auf den JA zutreffend dargestellt und erläutert wurde. Der jeweilige Posten der Bilanz bzw. →Gewinn- und Verlustrechnung (GuV) ist anzugeben und die Abweichung gegenüber den Methoden des Vorjahres zu erläutern und zu begründen (§ 284 Abs. 2 Nr. 3 1. HS HGB).

Bei der Abfassung des →Prüfungsberichts soll der APr die wesentlichen Bewertungsgrundlagen insb. bei Vorliegen erheblicher Bewertungsspielräume oder bei der zielgerichteten Ausübung von Bilanzierungsentscheidungen erläutern. Vom Einfluss auf die Gesamtaussage des Jahresabschlusses ist abhängig, ob verbale Erläuterungen ausreichen oder ob es einer Quantifizierung bedarf. Dabei sind die Auswirkungen eines Methodenwechsels auf die entsprechenden Vorjahreszahlen (→Vergleichsangaben über Vorjahre) anzugeben und auf künftige Umkehreffekte einzugehen. Ist eine Quantifizierung nicht möglich, sollten zumindest tendenzielle Aussagen zu den Auswirkungen auf die Gesamtaussage getroffen werden.

Literatur: ADS: Rechnungslegung und Prüfung der Unternehmen, Teilband 6, 6. Aufl., Stuttgart 1998; IDW (Hrsg.): IDW Stellungnahme: Zum Grundsatz der Bewertungsstetigkeit (IDW HFA 3/1997), in: WPg 50 (1997), S. 540–542; IDW (Hrsg.): WPH 2006, 13. Aufl., Düsseldorf 2006.

Frank Bertram

Äquivalenzziffernkalkulation

Die Äquivalenzziffernkalkulation (→Kalkulation; →Kalkulationsmethoden) ist eine Variante der Kostenträgerrechnung (→Kostenträgerstückrechnung). Sie eignet sich speziell für die periodenbezogene Kostenermittlung bei industrieller Sortenfertigung. Dieser Fertigungstyp ist dadurch gekennzeichnet, dass mehrere unterschiedliche Erzeugnisse einer bestimmten Gattung hergestellt werden. Sortenprodukte unterscheiden sich nur in bestimmten marginalen Merkmalen, wie etwa in den Abmessungen, in der farblichen Gestaltung, in den verwendeten Ausgangsmaterialen oder in der Formgebung. Für die Anwendung der Äquivalenzziffernkalkulation kommen bspw. Walzwerke, Ziegeleien, Sägewerke, Molkereien oder Zementfabriken in Betracht (→Kalkulation, branchenorientiert).

Bei der Äquivalenzziffernrechnung werden die Kostenunterschiede zwischen zwei Produktarten durch ein Schätzgröße (Äquivalenzziffer) zum Ausdruck gebracht. Wenn also bspw. davon ausgegangen werden kann, dass die Herstellung einer Mengeneinheit der Erzeugnisart A 25% mehr →Kosten als die Herstellung einer Mengeneinheit der Erzeugnisart B verursacht (→Kostenverursachung), dann wäre der Faktor 1,25 in diesem Beispiel die (geschätzte) Äquivalenzziffer. Ist die Äquivalenzziffer bekannt, so kann im Umkehrschluss festgestellt werden, wie viele Mengeneinheiten der Sorte A anstelle der Sorte B – bei gleichem Kostenanfall – hätten produziert werden können. Bei mehr als zwei Erzeugnisarten, müssen dementsprechend auch mehr Äquivalenzziffern ermittelt werden, wobei üblicherweise von einer Referenzsorte ausgegangen wird.

Dies soll durch folgendes Beispiel verdeutlicht werden (s. Abb.).

Während der Abrechnungsperiode insgesamt angefallene Kosten: 240.000,– €

$$\frac{240.000\ \text{€}}{8.000\ \text{kg}} = \frac{30\ \text{€}}{\text{Recheneinheit}}$$

Die Sorte A ist in diesem Beispiel die Referenzsorte. Um nun die Kosten je Mengeneinheit zu kalkulieren, müssen zunächst für die Sorten B und C die Äquivalenzziffern geschätzt werden. Mithilfe dieser Äquivalenzziffern kann dann berechnet werden, wie viele Mengeneinheiten der Sorte A anstelle der Sorten B und C bei unveränderten Kosten hätten hergestellt werden können. Durch die Division der insgesamt angefallenen Kosten durch die (fiktive) Gesamtmenge der Referenzsorte (Sorte A) ergeben sich die Kosten je Mengeneinheit der Referenzsorte. Mit diesem Ergebnis lassen sich dann unmittelbar auch die Kosten je Mengeneinheit der beiden anderen Sorten und auch die gesamten Kosten, nach Erzeugnisarten differenziert, bestimmen.

Grundsätzlich wird bei der Äquivalenzziffernkalkulation nicht zwischen Einzelkosten (→Einzelkostencontrolling) und Gemeinkosten (→Gemeinkostencontrolling) oder fixen (→Fixkostencontrolling) und variablen Kosten differenziert. Eine →Kostenstellenrechnung ist bei dieser Kalkulationsform nicht erforderlich. Allerdings ist es durchaus möglich, die Herstellkosten (→Herstellkosten, kalkulatorische) und die Kosten für Verwaltung und Vertrieb getrennt zu erfassen. Voraussetzung dafür ist allerdings, dass einerseits die beiden Kostenblöcke separat ermittelt werden können und andererseits für die beiden Kostenblöcke die spezifischen Äquivalenzziffern verfügbar sind. Bei einer noch weitergehenden Differenzierung nach Kostenstellen (→Cost Center) und einer getrennten Erfassung [→Betriebsdatenerfassung (BDE)] der

Abb.: Beispiel zur Äquivalenzziffernkalkulation

Sorte	produzierte Menge	Äquivalenzziffer	Recheneinheiten*	Kosten je Sorte (€)	Kosten je Mengeneinheit
A	3.200 kg	1,0	3.200 kg	96.000,–	30,–
B	1.000 kg	1,2	1.200 kg	36.000,–	36,–
C	2.000 kg	1,8	3.600 kg	108.000,–	54,–
* Umrechnung in Mengeneinheiten der Referenzsorte A			8.000 kg		

Einzelkosten oder der variablen Kosten entspricht die Äquivalenzziffernrechnung der elektiven →Zuschlagskalkulation.

Die Äquivalenzziffernkalkulation ist in der Grundversion einfach zu handhaben. Die Genauigkeit der Ergebnisse hängt maßgeblich davon ab, inwieweit die ermittelten Äquivalenzziffern die realen Gegebenheiten reflektieren. Nach den Erkenntnissen empirischer Untersuchungen wird in der betrieblichen Praxis diese Kalkulationsform nur relativ selten angewandt.

Literatur: Coenenberg, A. G.: Kostenrechnung und Kostenanalyse, 5. Aufl., Stuttgart 2003; Schweitzer, M./Küpper, H.-U.: Systeme der Kosten- und Erlösrechnung, 8. Aufl., München 2003; Währisch, M.: Kostenrechnungspraxis in der deutschen Industrie. Eine empirische Studie, Wiesbaden 1998; Weber, J./Weißenberger, B. E.: Einführung in das Rechnungswesen, 7. Aufl., Stuttgart 2006.

Hans-Jürgen Wurl

Agency Costs →Principal-Agent-Theorie

Agreed-Upon Procedures →Asset Audit

AICPA →American Institute of Certified Public Accountants

Akkreditierung von Hochschulen →Hochschulen, Evaluation von

Akquisitionscontrolling →Beteiligungscontrolling

Akquisitionsmanagement →Postmerger Integration

Aktiengesellschaft, europäische

Die europäische AG (Societas Europaea, SE) ist eine Gesellschaft europäischen Rechts mit eigener Rechtspersönlichkeit, deren Gründung seit dem 8.10.2004 möglich ist. Der SE liegt kein einheitliches europäisches Aktienrecht zugrunde; die VO (EG) Nr. 2157/2001 (sog. SE-VO) verweist vielfach auf die Bestimmungen des jeweiligen Sitzstaates der SE (Art. 9 Abs. 1 SE-VO; Theisen/Wenz 2002, S. 47 f.). Primäre *Rechtsquellen* sind die SE-VO, Richtlinien, auf die die SE-VO verweist – wie z. B. die RL 2001/86/EG (sog. SE-RL) – sowie die nach der SE-VO ausdrücklich zulässigen Satzungsbestimmungen der jeweiligen SE. Für die nicht oder teilweise geregelten Bereiche ist das nationale Recht des Sitzstaates für die SE (in Deutschland das SEEG) und das nationale Recht des Sitzstaates für Aktiengesellschaften zu beachten. Die SE und AG differieren unter gesellschaftsrechtlicher Perspektive in wesentlichen Aspekten:

Für die *Gründung* (→Unternehmensgründung) einer SE ist ein Mindestkapital von 120.000 € (Art. 4 Abs. 2 SE-VO) sowie eine gewisse Mehrstaatlichkeit des Gründungsvorgangs erforderlich (Art. 2 SE-VO). Die SE-VO unterscheidet vier primäre Gründungsmöglichkeiten:

1) Verschmelzung (Art. 17–31 SE-VO),
2) Holding-SE (Art. 32–34 SE-VO),
3) Tochter-SE (Art. 35 f. SE-VO) und
4) Umwandlung einer bestehenden AG (Art. 37 SE-VO).

Zudem ist die sekundäre Gründung einer oder mehrerer Tochter-SE durch eine SE möglich (Art. 3 Abs. 2 SE-VO).

Der *Sitz* der SE muss sich innerhalb der EU und in dem Mitgliedstaat mit der Hauptverwaltung befinden (Art. 7 SE-VO). Im Gegensatz zur AG ist bei der SE eine Sitzverlegung in einen anderen Mitgliedstaat ohne Auflösung der Gesellschaft (→Unternehmensbeendigung) und Gründung einer neuen juristischen Person möglich (Art. 8 Abs. 1 SE-VO).

Hinsichtlich der *Spitzenverfassung* wird der SE ein Wahlrecht zwischen dem dualistischen System mit Leitungs- und Aufsichtsorgan und dem monistischen System mit einem Verwaltungsorgan (→Board of Directors) eingeräumt (Art. 38 SE-VO) (→Dual- und Boardsystem). Die Größe der Gremien ist innerhalb bestimmter Grenzen frei bestimmbar (§§ 16, 17 Abs. 1, 23 Abs. 1 SEAG). Während das dualistische Modell weitgehend dem deutschen System (→Unternehmensüberwachung) entspricht, bietet das monistische System neue Gestaltungsmöglichkeiten. Der geschäftsführende Direktor bzw. die geschäftsführenden Direktoren, den bzw. die der Verwaltungsrat in Deutschland bestellen muss (§ 40 Abs. 1 SEAG), können gleichzeitig dem Verwaltungsrat angehören. Sogar eine Personalunion zwischen dem Vorsitzenden des Verwaltungsrats und dem Vorsitzenden der Geschäftsführung, vergleichbar dem Président-Directeur Général der französischen Societé Anonyme, ist zulässig (Brandt 2005, S. 3).

Vor Gründung der SE muss die *Beteiligung der Arbeitnehmer* (→Mitbestimmung) geklärt werden (Art. 12 Abs. 2 SE-VO). Die SE-RL und das SEBG regeln diese unter den Grundsätzen „Vorrang der Verhandlungslösung" zwischen der Arbeitgeber- und Arbeitnehmerseite und „Sicherung der Beteiligungsrechte" (Vorher-Nachher-Prinzip) (Brandt 2005, S. 4). Letzteres schlägt sich in qualifizierten Mehrheitserfordernissen für den Abbau von Mitbestimmungsrechten (Art. 3 Abs. 4 SE-RL) sowie einer gesetzlichen Auffanglösung (Art. 7 SE-RL) nieder. Problematisch ist die Ausweitung der Mitbestimmung im monistischen Modell, da neben der Aufsicht auch an der Leitung mitgewirkt wird. Der Gesetzgeber hat hierfür keine besondere Regelungen vorgesehen (Brandt 2005, S. 3).

Rechnungslegung, Prüfung (→Jahresabschlussprüfung; →Einzelabschluss; →Konzernabschlussprüfung; →Aktiengesellschaft, Prüfung einer), →*Publizität* und *Besteuerung* folgen weitgehend den Vorschriften für die AG (Art. 61 SE-VO; Brandt 2005, S. 6 f.). Die Verankerung der SE im deutschen Ertragsteuerrecht erfolgt durch das SEStEG.

Literatur: Brandt, U.: Ein Überblick über die Europäische Aktiengesellschaft (SE) in Deutschland, in: BB 60 (2005), BB-Special Nr. 3, S. 1–8; Theisen, M. R./Wenz, M.: Hintergründe, historische Entwicklung und Grundkonzeption, in: Theisen, M. R./Wenz, M. (Hrsg.): Die Europäische Aktiengesellschaft. Recht, Steuern und Betriebswirtschaft der Societas Europaea (SE), Stuttgart 2002, S. 1–50.

Manfred Perlitz; Lasse Schulze

Aktiengesellschaft, Prüfung einer

Die AG ist eine juristische Person des Privatrechts und unterliegt als Formkaufmann (§ 3 Abs. 1 AktG) den Rechnungslegungsvorschriften der §§ 238–256 HGB sowie den ergänzenden Vorschriften für KapGes der §§ 264–335b HGB. Mittelgroße und große Aktiengesellschaften i.S.d. § 267 HGB (→Größenklassen) unterliegen einer handelsrechtlichen Prüfungspflicht des Jahresabschlusses (→Pflichtprüfungen; →Jahresabschlussprüfung). Bei börsennotierten KapGes i.S.d. § 3 Abs. 2 AktG hat der →Abschlussprüfer (APr) im Rahmen seiner Prüfung zu beurteilen, ob der Vorstand seiner Verpflichtung zur Einrichtung eines →Risikomanagementsystems i.S.d. § 91 Abs. 2 AktG nachgekommen ist (→Überwachungsaufgaben des Vorstands) und ob dieses System seine Aufgaben erfüllen kann (→Risikomanagementsystem, Prüfung des). Kapitalmarktorientierte Aktiengesellschaften, d.h. solche die einen organisierten Kapitalmarkt in Anspruch nehmen, gelten stets als große (§ 267 Abs. 3 Satz 2 HGB). Neben der handelsrechtlichen Prüfungspflicht können aktienrechtliche Sonderprüfungen (→Sonderprüfungen, aktienrechtliche) notwendig sein.

Aufgrund der ergänzenden Regelungen für KapGes ist der JA der AG um einen →Anhang zu erweitern und um einen →Lagebericht zu ergänzen (außer kleine).

Bei der →Jahresabschlussprüfung einer AG sind folgende Aspekte von besonderer Bedeutung:

Bei einer AG hat die Beauftragung des Abschlussprüfers unverzüglich nach der Wahl durch die HV (→Haupt- und Gesellschafterversammlung) durch den AR der Gesellschaft zu erfolgen (§ 111 Abs. 2 Satz 3 AktG i.V.m. § 318 Abs. 1 Satz 4 HGB). Eine nicht ordnungsgemäße →Bestellung des Abschlussprüfers kann dazu führen, dass ein festgestellter JA (→Feststellung und Billigung des Abschlusses) nichtig ist (§ 256 Abs. 1 Nr. 3 AktG) (→Nichtigkeit des Jahresabschlusses).

Der APr hat im Rahmen seiner →Prüfungsplanung und -durchführung (→Auftragsdurchführung) das rechtliche und →wirtschaftliche Umfeld der Gesellschaft zu analysieren. Wesentliche Dokumente, die dabei eingesehen werden sollten, sind neben den Aufsichtsratsprotokollen (→Versammlungsprotokolle) und denen seiner Ausschüsse (→Aufsichtsratsausschüsse) auch die Dokumentationen des Vorstands zu wesentlichen geschäftspolitischen Entscheidungen. Im Zuge der Prüfung der →rechtlichen Verhältnisse sollte sich der APr auch mit der Erfüllung der Mitteilungsvorschriften der §§ 20, 21 AktG befassen, da aus einer Nichtbeachtung dieser ein Ruhen von Gesellschafterrechten resultiert.

Die Auseinandersetzung mit dem Risikomanagementsystem der Gesellschaft ist auch in den Fällen geboten, in denen die explizite Prüfungspflicht des § 317 Abs. 4 HGB nicht einschlägig ist, da die Kenntnis dieses Überwachungssystems für die gesamte Prüfungsplanung und -durchführung von erheblicher Bedeutung ist und dem APr bei der Bewältigung seiner →Prüfungsrisiken wesentliche Unterstützung geben kann.

Rechtsformspezifische Regelungen zur Aufstellung des Jahresabschlusses resultieren aus den §§ 150–161 AktG. Diese sind durch die Abschlussprüfung neben den allgemeinen Regelungen des HGB zu berücksichtigen:

Nach § 150 AktG ist in der Bilanz eine →Gesetzliche Rücklage zu bilden, in die grundsätzlich der zwanzigste Teil des Jahresüberschusses (→Jahresergebnis) einzustellen ist, bis die Gesetzliche Rücklage und die →Kapitalrücklagen nach § 272 Abs. 2 Nr. 1–3 HGB zusammen den zehnten oder einen in der Satzung bestimmten höheren Teil des Grundkapitals (→Gezeichnetes Kapital) der Gesellschaft erreichen. Die Gesetzliche Rücklage dient zur Stärkung der Haftungsbasis der AG. Daher ist eine Verwendung der Gesetzlichen Rücklage nur unter den restriktiven Vorgaben des § 150 Abs. 3 und 4 AktG zulässig. Verletzungen dieser Vorschriften können nach § 256 Abs. 1 Nr. 4 AktG zur Nichtigkeit des Jahresabschlusses führen (→Rücklagen).

Die Vorschrift des § 152 AktG bestimmt, dass das Grundkapital der Gesellschaft als →Gezeichnetes Kapital auszuweisen ist. Die Gesamtbeträge der Aktien jeder Gattung sind gesondert anzugeben. Bedingtes Kapital ist mit dem Nennbetrag und etwaige Mehrstimmrechtsaktien sind von den übrigen Aktien abgesetzt zu vermerken. Zur Kapitalrücklage und den →Gewinnrücklagen sind die Einstellungen sowie Entnahmen in der Bilanz oder im Anhang zu benennen.

Nach § 158 AktG ist die →Gewinn- und Verlustrechnung (GuV) der AG um eine Überleitungsrechnung vom →Jahresergebnis zum Bilanzgewinn zu ergänzen (→Gliederung der Gewinn- und Verlustrechnung). Diese Angaben können auch alternativ im Anhang erfolgen.

Rechtsformspezifische Sondervorschriften zur Erweiterung des Anhangs über die handelsrechtlichen Vorschriften hinaus enthält § 160 AktG. Danach sind im Anhang der AG zusätzlich Angaben erforderlich zu sog. Vorratsaktien (Nr. 1), eigenen Aktien (→eigene Anteile) (Nr. 2), den Aktiengattungen (Nr. 3), einem genehmigten Kapital (Nr. 4), Wandelschuldverschreibungen und ähnlichen Wertpapieren (Nr. 5), →Genussrechten sowie zu Rechten aus Besserungsscheinen und ähnlichen Rechten (Nr. 6), zum Bestehen wechselseitiger →Beteiligungen (Nr. 7) sowie zu meldepflichtigen Beteiligungen (Nr. 8). Da fehlende Anhangangaben regelmäßig aus qualitativen Momenten heraus bei der Beurteilung des Jahresabschlusses durch den APr nach pflichtgemäßem Ermessen eine wesentliche Beanstandung darstellen dürften (→Wesentlichkeit; →Fehlerarten in der Abschlussprüfung), kommt der Prüfung der Vollständigkeit der Anhangangaben bei der AG eine noch höhere Bedeutung zu als bei den übrigen Jahresabschlussprüfungen.

Stellen Vorstand und AR den JA der AG fest (→Feststellung und Billigung des Abschlusses), können sie bis zur Hälfte des Jahresüberschusses in die Anderen Gewinnrücklagen einstellen (§ 58 Abs. 2 AktG).

Der APr der AG hat nach § 313 AktG auch den Bericht des Vorstands über Beziehungen zu →verbundenen Unternehmen (→Abhängigkeitsbericht) zu prüfen und in seinem →Prüfungsbericht (PrB) über diese gesetzliche Erweiterung seines Prüfungsauftrags (→Prüfungsauftrag und -vertrag) Bericht zu erstatten.

Wie bei der →Gesellschaft mit beschränkter Haftung (GmbH) nach § 30 GmbHG muss der APr auch bei der Prüfung der AG die Einhaltung der Kapitalerhaltungsvorschriften der §§ 57 ff., 62 AktG überprüfen und über Verstöße ggf. berichten (→Unregelmäßigkeiten; →Unregelmäßigkeiten, Konsequenzen aus).

Die Berichterstattung des Abschlussprüfers richtet sich bei der AG an den AR. Regelmäßig ist der schriftliche PrB des Abschlussprüfers nach § 321 HGB um eine Teilnahme an der Bilanzsitzung des Aufsichtsrats oder seines Bilanzausschusses (→Audit Committee) zu ergänzen (§ 171 Abs. 1 Satz 2 AktG) (→Aufsichtsrat, mündliche Berichterstattung an), denn neben der Prüfungspflicht nach §§ 316 ff. HGB besteht eine eigene Prüfungspflicht durch den AR der AG nach den §§ 170, 171 AktG (→Überwachungsaufgaben des Aufsichtsrats). Dazu hat der Vorstand den JA und Lagebericht einschl. des Prüfungsberichts des Abschlussprüfers vorzulegen (→Berichterstattungspflichten des Vorstands).

Carsten Meier

Aktienoptionen →Aktienoptionsprogramme

Aktienoptionsprogramme

Aktienoptionsprogramme stellen bis heute eines der gebräuchlichsten langfristigen variablen Vergütungsinstrumente im Rahmen der aktienbasierten Vergütung dar (→Vorstand und Aufsichtsrat, Vergütung von; →Incentive-Systeme). Aktienoptionen gewähren dem Begünstigten das Recht, zu einem späteren Zeitpunkt oder Zeitraum eine Aktie des eigenen Unternehmens zu einem zuvor festgelegten oder rechnerisch bestimmten Ausübungspreis zu erwerben.

Neben der Festlegung des Bezugspreises werden im Rahmen eines Aktienoptionsprogramms weitere Gestaltungsparameter vereinbart. Dies sind insb. die Festlegung des Plantyps (→Planung), die Laufzeit der Aktienoption, die Länge der Sperrfrist und Ausübungsfrist, die Art und Definition der Sperrfrist, die Anzahl der zu begebenden Aktienoptionen, der Grad der Verwässerung der Altaktionäre bzw. die Ergebnisbelastung durch das Aktienoptionsprogramm, die Anzahl und Frequenz der zu begebenden jährlichen Tranchen, die Definition des Teilnehmerkreises, die Festlegung einer oder mehrerer Ausübungshürden oder Erfolgsziele, die Festlegung einer Maximalauszahlung (Kappung) und die Form der Finanzierung.

Der →Deutsche Corporate Governance Kodex (DCGK) formuliert hinsichtlich der Ausgestaltung der Vergütungsparameter von Vergütungskomponenten mit langfristiger Anreizwirkung u. a. die Vorstellung, dass Aktienoptionen und vergleichbare Gestaltungen auf anspruchsvolle und relevante Vergleichsparameter bezogen sein sollen (DCGK 4.2.3). Zudem soll eine nachträgliche Änderung der Erfolgsziele oder der Vergleichsparameter ausgeschlossen sein und der AR soll für ao., nicht vorhergesehene Entwicklungen eine Begrenzungsmöglichkeit vereinbaren (→Überwachungsaufgaben des Aufsichtsrats). Gleichzeitig verbindet der DCGK mit Aktienoptionsprogrammen Transparenzanforderungen (→Publizität), die sich auf die Grundzüge des Aktienoptionsprogramms, die konkrete Ausgestaltung und auf Wertangaben des Aktienoptionsprogramms beziehen.

Bei der finanzmathematischen Bewertung von Aktienoptionen werden u. a. die wesentlichen Variablen Ausübungspreis der Aktie (mit einem negativen Werteffekt auf den Optionswert), die erwartete Länge der Laufzeit (mit einem positiven Werteffekt), die Höhe des Aktienkurses (positiver Werteffekt), die Volatilität der Aktie (positiver Werteffekt), die Dividendenrendite (negativer Werteffekt) und der risikolose Zinssatz (positiver Werteffekt) herangezogen.

Bei der Auflegung eines Aktienoptionsprogramms sind die Konsequenzen für die bilanzielle Behandlung und Bewertung zu berücksichtigen. Grundsätzlich hängt die bilanzielle Behandlung nach IFRS 2 (→International Financial Reporting Standards) bzw. →United States Generally Accepted Accounting Principles (US GAAP) davon ab, ob die aktienbasierte Vergütung durch die Gewährung von Eigenkapitalinstrumenten (→Eigenkapital) oder durch einen Ausgleich in Form von Barmitteln erbracht wird. Bei der Hingabe von Eigenkapitalinstrumenten wird regelmäßig der Wert der Aktienoptionen zum Zeitpunkt der Gewährung ermittelt und über die Sperrfrist verteilt. Dieser Wert wird prinzipiell nicht mehr verändert, auch wenn massive Kursverluste eine wirtschaftlich sinnvolle Ausübung verhindern. Dies führt auch dann zu einem konstanten positiven Aufwand (→Personalaufwand), wenn sich für den Planteilnehmer in der Ex-post-Betrachtung kein Ausübungsgewinn ergeben hat. Umgekehrt führen höchste Ausübungsgewinne auch nicht zu einer Erhöhung des Aufwands, obwohl der Ausübungsgewinn deutlich oberhalb des Aufwands zu taxieren wäre. Dieser Aufwand ist in Deutschland in der steuerlichen Betrachtung etwa bei der Finanzierung aus bedingtem Kapital gem. § 192 Abs. 2 Nr. 3 AktG grundsätzlich nicht zu berücksichtigen. Deutlich anders verhält es sich bei dem Ausgleich durch Barmittel [sog. Stock Appreciation Rights (SAR)], hier wird regelmäßig ein steuerlich abzugsfähiger Aufwand (→Betriebsausgaben) kreiert, der in Summe der tatsächlichen Auszahlung entspricht.

Neben der Form der Finanzierung bzw. Auszahlung spielt die Ausgestaltung der Ausübungshürde oder der Erfolgsziele für die bilanzielle Behandlung und Bewertung eine bedeutende Rolle. Bei der Klassifizierung der Ausübungshürden wird diesbezüglich zwischen „Performance"-Bedingungen und Marktbedingungen unterschieden, hierbei werden Letztere in die Berechnung des Wertes der zugrunde liegenden Aktienoption einbezogen. Unter einer Marktbedingung wird bspw. ein absoluter Kursanstieg oder ein relativer Kursanstieg verstanden. Ein relativer Kursanstieg ist bspw. ein besserer Kursverlauf als ein Vergleichsindex. Unter einer „Performance"-Bedingung wird etwa das Erreichen eines definierten internen Ergebnisziels verstanden. Hier kann das Nichterreichen des Ergebnisziels dazu führen, dass der bereits gebuchte Aufwand als ao. Ertrag (→außerordentliche Aufwendungen und Erträge) ergebniswirksam wird.

Jens Massmann

Aktienrendite →Capital Asset Pricing Model

Aktionsplan der Europäischen Kommission →Corporate Governance in der EU

Aktionspläne →Kapitalbedarfsplanung; →Planbilanz

Aktiva →Bilanztheorie

Aktivierungsfähigkeit, abstrakte →Vermögensgegenstand

Aktivierungsfähigkeit, konkrete →Vermögensgegenstand

Aktivierungsgrundsätze →Ansatzgrundsätze

Aktivitäten-Bilanz →Energieversorgungsunternehmen

Aktivitäten-GuV →Energieversorgungsunternehmen

Aktivitäten-Kosten →Activity Based Costing

Allgemeine Auftragsbedingungen für Wirtschaftsprüfer →Auskunftsrechte des Abschlussprüfers; →Berufshaftpflichtversicherung des Wirtschaftsprüfers und des Steuerberaters

Allowable Costs →Target Costing

Alpha-Fehler →Fehlerarten in der Abschlussprüfung

Alpha-Risiko →Prüfungsrisiko, →Stichprobenprüfung

American Institute of Certified Public Accountants

Das *AICPA* (früher *AIA*) ist die Berufsorganisation der amerikanischen WP, den →Certified Public Accountants (Born 2005, S. 343).

Mit rund 350.000 Mitgliedern ist das *AICPA* die größte Berufsorganisation in den →United States of America (USA). Da nur ca. 40% der Mitglieder des *AICPA* als Prüfer tätig sind, ist es nur bedingt mit dem →*Institut der Wirtschaftsprüfer in Deutschland e.V.* (*IDW*) vergleichbar (Kubin 2002, Sp. 42). Rund 60% der Mitglieder sind in Industrie, Behörden oder bei sonstigen Arbeitgebern beschäftigt.

Bis zum Jahr 1972 war es die Aufgabe des *AICPA*, →United States Generally Accepted Accounting Principles (US GAAP) zu erlassen. Dies geschah zunächst durch das *CAP*, das die *ARB* erließ und später durch den *APB* abgelöst wurde, der die APB Opinions herausgab (Born 2005, S. 344 f.). Aufgrund von aufgekommenen Zweifeln an der Unabhängigkeit des *APB* musste das *AICPA* diese Kompetenz an den 1973 gegründete →*Financial Accounting Standards Board* (*FASB*) abgeben. Damit ist die Bedeutung des *AICPA* für Rechnungslegungsfragen zurückgegangen (KPMG 1997, S. 6).

Heute sieht das *AICPA* seine Mission darin, seine Mitglieder mit Ressourcen und Informationen zu versorgen, die es Ihnen ermöglichen, einen wertvollen Service professionell zum Wohle der Öffentlichkeit, ihrer Arbeitgeber und ihrer Mandanten zu leisten (AICPA 2005a).

Die satzungsmäßigen Aufgaben des *AICPA* sind die Vereinigung der CPA in den USA, die Vertretung ihrer Interessen, die Überwachung der Berufsausübungsvorschriften (→Berufsaufsicht für Wirtschaftsprüfer, international), Unterstützung der Accountingausbildung und die Förderung der Beziehungen zu Berufsangehörigen anderer Länder. Des Weiteren erlässt das *AICPA* die Berufsgrundsätze (Code of Professional Conduct) für CPA (Kubin 2002, Sp. 43).

Die Voraussetzungen, die für eine Mitgliedschaft im *AICPA* erfüllt sein müssen, hängen davon ab, ob eine Vollmitgliedschaft, eine Mitgliedschaft als *AICPA*-Associate oder als Associate einer *AICPA*-Section angestrebt wird. Für eine Vollmitgliedschaft im *AICPA* muss man das CPA-Examen bestanden haben, ein gültiges und nicht widerrufenes CPA-Zertifikat besitzen, den Beruf in einem Unternehmen ausüben, das an einem anerkannten Monitoring Programm (→Peer Review) teilnimmt sowie sich verpflichten, die Satzung des *AICPA* und die Berufsgrundsätze (→Berufsgrundsätze des Wirtschaftsprüfers) einzuhalten. Um diese Mitgliedschaft zu behalten ist man verpflichtet, sich regelmäßig in einem vom *AICPA* festgelegten Umfang fortzubilden. Bei Mitgliedschaften als *AICPA*-Associate oder als *AICPA*-Section Associate sind die Voraussetzungen nicht so umfangreich (AICPA 2005b).

Wichtige Institutionen des *AICPA* sind das *Governing Council* (Verwaltungsrat), der →*Board of Directors* (Aufsichtsrat) und der *Joint Trial Board* (Untersuchungsausschuss). Das *Governing Council* legt die Richtlinien des *AICPA* fest, der *Board of Directors* überwacht und lenkt die Aktivitäten des *AICPA* und der *Joint Trial Board* untersucht Verstöße der Mitglieder. Außerdem existieren eine Reihe von Committees (Ausschüssen) und Boards (Gremien), die das *AICPA* in seiner Arbeit unterstützen. Beispiele für wichtige Committees und Boards sind das *AcSEC*, der *AICPA Peer Review Board* und der *ASB* (AICPA 2005b). Diese geben eine Reihe von Verlautbarungen des *AICPA* heraus. So gibt das *AcSEC* Industry Audit and Accounting Guides, SOP, Issue Papers und Practice Bulletins heraus. Bei den Industry Audit and Accounting Guides handelt es sich um branchenspezifische Empfehlungen zur Bilanzierung und Prüfung. SOP behandeln Themen, die noch nicht von der →*Securities and Exchange Commission* (*SEC*) oder dem *FASB* aufgegriffen wurden und die Issue Papers sind Diskussionspapiere zu aktuellen Fragestellungen. Die Practice Bulletins befassen sich mit Fragen der Berichterstattung. Der *ASB* gibt die →Statements on Auditing Standards (SAS) heraus, die die →United States Generally Accepted Auditing Standards (US GAAS) bilden.

Literatur: AICPA 2005a: AICPA Mission Statement (The fundamental purpose of the AICPA), http://www.aicpa.org/about/mission.htm (Download: 16. November 2005); AICPA 2005b: Summary of AICPA Operations, http://www.aicpa.org/about/summary.htm (Download: 16. November 2005); Born, K.: Rechnungslegung International. Rechnungslegung nach IAS/IFRS im Vergleich mit HGB und US-GAAP, 4. Aufl., Stuttgart 2005; KPMG (Hrsg.): Rechnungslegung nach US-amerikanischen Grundsätzen. Eine Einführung in die US-GAAP und die SEC-Vorschriften, Düsseldorf 1997; Kubin, K. W.: American Institute of Certified Public Accountants (AICPA), in: Ballwieser, W. et al. (Hrsg.): HWRP, 3. Aufl., Stuttgart 2002, Sp. 42–47.

Ulrich Schönwald

Amortisationsrechnung →Wirtschaftlichkeitsberechnungen

Amtsermittlungsgrundsatz →Außenprüfung

Amtslöschung von Unternehmen

Zum Schutz des Rechtsverkehrs ist die Löschung von Unternehmen aus dem HR (→Registeraufsicht) in bestimmten Fällen von Amts wegen vorgesehen (§§ 141a ff. FGG). Aktiengesellschaften (→Aktiengesellschaft, Prüfung einer), →Kommanditgesellschaften auf Aktien und →Gesellschaften mit beschränkter Haftung, die vermögenslos sind, können von Amts wegen oder auf Antrag der Steuerbehörde (Finanzamt, kommunale Steuerbehörde) gelöscht werden. Dies gilt auch für →Offene Handelsgesellschaften und →Kommanditgesellschaften, bei denen kein persönlich haftender Gesellschafter eine natürliche Person ist (z. B. →GmbH & Co. KG). Dabei müssen die zur Vermögenslosigkeit geforderten Voraussetzungen sowohl bei der Gesellschaft als auch bei den persönlich haftenden Gesellschaftern vorliegen.

Vermögenslosigkeit bedeutet das vollständige Fehlen verwertbarer →Vermögensgegenstände, nicht nur bilanzierungsfähiger Aktiva (→Ansatzgrundsätze), sondern auch sonstiger verwertbarer Positionen. Nach Anhörung der amtlichen Berufsvertretung – IHK – ist zu prüfen, ob die Gesellschaft nach Auffassung eines vernünftig denkenden Kaufmanns ohne Aktivvermögen ist (Winkler 2003, Rn. 8 zu § 141a FGG). Schwebende Geschäfte, bloße Aussichten auf Vermögenserwerbe oder unverwertbare Vermögensgegenstände beseitigen die Vermögenslosigkeit aber nicht. Ein steuerlicher →Verlustvortrag, der künftig steuerwirksam werden könnte, beseitigt die Vermögenslosigkeit nach h.M. ebenfalls nicht (Schulze-Osterloh/Zöllner 2006, Rn. 6 zu Anhang nach § 77 GmbHG).

Das Gericht teilt den gesetzlichen Vertretern der Gesellschaft die Löschungsabsicht mit; diesen steht ein Widerspruchsrecht zu. Die Gesellschafter können durch Zuführung geringer Vermögenswerte den Löschungsgrund aufheben. Die Gesellschaften sind zu löschen, wenn das Insolvenzverfahren (→ Insolvenz) über das Vermögen der Gesellschaft durchgeführt worden ist und keine Anhaltspunkte dafür vorliegen, dass die Gesellschaft noch Vermögen besitzt. Nach §§ 142 und 143 FGG kann die Eintragung einer Gesellschaft von Amts wegen gelöscht werden, wenn die Eintragung auf wesentlichen Verfahrensmängeln beruht. Nach § 144 Abs. 1 FGG besteht die Möglichkeit der Löschung einer Gesellschaft bei Vorliegen von Satzungsmängeln (§§ 275 f. AktG, §§ 75 f. GmbHG), die Voraussetzungen für eine Nichtigkeitsklage sind.

Literatur: Schulze-Osterloh, J./Zöllner, W.: Kommentierung des Anhangs nach § 77 GmbHG, in: Baumbach, A./Hueck, A. (Hrsg.): GmbH-Gesetz. Gesetz betreffend die Gesellschaften mit beschränkter Haftung, 18. Aufl., München 2006; Winkler, K.: Kommentierung des § 141a FGG, in: Keidel, T./Kuntze, J./Winkler, K. (Hrsg.): Freiwillige Gerichtsbarkeit. Kommentar zum Gesetz über die Angelegenheiten der Freiwilligen Gerichtsbarkeit, 15. Aufl., München 2003.

Franz Jürgen Marx

Amtsniederlegung von Vorstand und Aufsichtsrat

Die Amtsniederlegung von Vorstand und AR ist gesetzlich nicht geregelt. Gleichwohl besteht für das einzelne Vorstands- und Aufsichtsratsmitglied ein unabweisbares Bedürfnis, das Mandat selbstständig zu beenden.

Nach h.M. kommt es für die Zulässigkeit der Amtsniederlegung nicht darauf an, ob sich das Mitglied auf einen wichtigen Grund beruft bzw. ein solcher vorliegt, da die jederzeitige Amtsniederlegung grundsätzlich zulässig sein muss, um es dem Mandatsträger zu ermöglichen, sich den strengen Haftungsgefahren der §§ 93, 116 AktG (→ Haftung des Vorstands; → Haftung des Aufsichtsrats) zu entziehen (s. BGH-Urteil vom 8.2.1993, S. 260, welches zum Geschäftsführer einer → Gesellschaft mit beschränkter Haftung ergangen, aber auf alle Organe von KapGes anzuwenden ist).

Bestehen für die Niederlegung des Amtes ohne wichtigen Grund in der Satzung der AG (→ Aktiengesellschaft, Prüfung einer) zumutbare Fristen (unserer Auffassung nach höchstens 2 Monate), sind diese allerdings einzuhalten; die Bestimmung einer Frist für die Amtsniederlegung aus wichtigem Grund wäre dagegen unzulässig und nicht zu beachten.

Bei der Amtsniederlegung durch den *Vorstand* ohne wichtigen Grund kann sich eine Unzulässigkeit aus dem allgemeinen Rechtsgedanken des Rechtsmissbrauchs ergeben, wenn z.B. die AG durch die Niederlegung nicht handlungsfähig wäre. Hierbei ist ein Rechtsmissbrauch nur in engen Grenzen zu bejahen. Rechtsmissbräuchlich kann eine Niederlegung ohne wichtigen Grund z.B. dann sein, wenn der Vorstand hierdurch bessere Konditionen seines Anstellungsvertrages durchsetzen will. Die Niederlegung erfolgt durch eine einseitige, empfangsbedürftige Erklärung gegenüber dem AR, für den der Aufsichtsratsvorsitzende i.d.R. die Erklärung entgegennehmen kann.

Das *Aufsichtsratsmitglied* kann sein Mandat jederzeit ohne wichtigen Grund niederlegen; dies gilt in gleicher Weise für das entsandte Aufsichtsratsmitglied und für Arbeitnehmer-Vertreter (→ Mitbestimmung) unabhängig davon, ob diese sich im Einzelfall im Innenverhältnis (z.B. zum entsendeberechtigten Aktionär) pflichtwidrig verhalten. Die Amtsniederlegung darf nach h.M. nur nicht zur Unzeit erfolgen, wobei auch hier strenge Anforderungen an das Vorliegen einer „Niederlegung zur Unzeit" zu stellen sind (Hoffmann-Becking 1999, S. 347). Grundsätzlich bedarf die Erklärung der Niederlegung keiner besonderen Form; in der Satzung ist meistens die Schriftform vorgeschrieben. Die Erklärung hat gegenüber dem Vorstand, nicht allein gegenüber dem Aufsichtsratsvorsitzenden zu erfolgen.

Literatur: BGH-Urteil vom 8.2.1993, Aktz. II ZR 58/92, BGHZ, Band 121, S. 257–262; Hoffmann-Becking, M.: Begründung, Dauer und Beendigung der Mitgliedschaft im Aufsichtsrat, in: Hoffmann-Becking, M. (Hrsg.): Münchener Handbuch des Gesellschaftsrecht, Band 4 (Aktiengesellschaft), 2. Aufl., München 1999, S. 331–351.

Tobias Hüttche; Torsten Maurer

Amtszeit von Vorstand und Aufsichtsrat

Die Amtszeit des Vorstands ist rechtlich von der Dauer des Anstellungsvertrages zu trennen. Trotz bestehender Zusammenhänge zwischen organschaftlicher Bestellung und rechtsgeschäftlichem Vertragsverhältnis sind diese streng auseinander zu halten (→Vorstand, Bestellung und Abberufung). Bei vorzeitigem Ablauf der Amtszeit – im Falle der Abberufung oder Amtsniederlegung (→Amtsniederlegung von Vorstand und Aufsichtsrat) – und – ausnahmsweise – weiter bestehenden vertraglichem Verhältnis bleiben die Rechte aus diesem Verhältnis unberührt.

Der AR bestellt das Vorstandsmitglied für höchstens 5 Jahre. Eine Wiederbestellung oder Verlängerung sind möglich, bedürfen aber eines Beschlusses des Aufsichtsrats, der frühestens 1 Jahr vor Ablauf der bisherigen Amtszeit gefasst werden darf (§ 84 Abs. 1 AktG). Besteht der Vorstand aus mehreren Personen, ist die Amtszeit für jedes Vorstandsmitglied gesondert zu betrachten. Die Amtszeit beginnt mit Zustimmung des Vorstandsmitglieds zu dessen Bestellung bzw. zu einem späteren Zeitpunkt, wenn die Bestellung von dem Eintritt eines in der Zukunft liegenden ungewissen Ereignisses abhängig gemacht worden ist. Solange die AG (→Aktiengesellschaft, Prüfung einer) nicht eingetragen ist, fungiert der wirksam bestellte erste Vorstand als Vorstand einer Vor-AG. Die Bestellung wirkt nach Eintragung der AG weiter.

Die Höchstdauer der Bestellung soll nicht dadurch umgangen werden, dass der AR kurz nach der Bestellung eine neue Amtszeit beschließt. Der AR soll erst nach Bewährung des Vorstandsmitglieds eine Wiederbestellung beschließen können. Deshalb ordnet das Gesetz an, dass die Wiederbestellung erst 1 Jahr vor Ablauf der bisherigen Amtszeit zulässig ist. Bei Erstbestellung eines Vorstandsmitglieds sieht der →Deutsche Corporate Governance Kodex (DCGK 5.1.2) vor, dass die Bestellung i. d. R. nicht für die gesetzlich zulässige Höchstdauer erfolgen soll, damit man die Eignung des Vorstandsmitglieds überprüfen kann (→Überwachungsaufgaben des Aufsichtsrats) und nicht auf das Instrument der Abberufung angewiesen ist (Hefermehl/Spindler 2004, Rn. 29 zu § 84 AktG).

Eine Mindestdauer der Bestellung ist im Gesetz nicht vorgesehen. Es können Gründe für eine kurze Amtszeit bestehen, wenn z. B. das bestellte Vorstandsmitglied nur die Übergangszeit bis zum geplanten Amtsantritt eines neuen Vorstandsmitglieds überbrücken soll. Hierbei ist jedoch streng darauf zu achten, dass durch die befristete Bestellung die im Gesetz gewollte Unabhängigkeit des Vorstands vom AR nicht gefährdet wird (§ 76 Abs. 1 AktG). Aus diesem Grund sollten für kurzfristige Bestellungen bis zu 3 Jahren sachliche Gründe bestehen, da ansonsten die Gefahr der Abhängigkeit des Vorstands vom AR und die Übernahme der tatsächlichen Geschäftsführung der AG durch den AR besteht (Mertens 1996, Rn. 20 zu § 84 AktG, S. 147).

Die Amtszeit des Aufsichtsratsmitglieds ist für jedes Mitglied gesondert zu prüfen. Es gibt keine Amtszeit des Kollegialorgans, sondern nur des Individuums. Es ist deshalb in der Praxis nicht unüblich, voneinander abweichende Amtszeiten für Aufsichtsratsmitglieder zu vereinbaren, um persönliche Diskontinuitäten des Kollegialorgans zu vermeiden.

Im AktG ist keine feste Amtszeit vorgeschrieben, sondern es bestimmt nur eine Höchstgrenze von regelmäßig 5 Jahren, die durch die Bezugnahme auf den HV-Termin (→Haupt- und Gesellschafterversammlung) etwas abweichen kann (Wortlaut des § 102 Abs. 1 AktG). Eine Wiederbestellung ist möglich, wobei auch hierfür die Höchstgrenzen zu beachten sind. Fraglich ist dabei, ob eine Wiederbestellung – so wie beim Vorstand – auch vor dem Ende der Amtszeit möglich ist. Das AktG schweigt im Gegensatz zum Vorstand hierzu. Die h.M. (Hüffer 2004, Rn. 6 zu § 84 AktG, S. 422 m.w.N.) nimmt die Möglichkeit der vorzeitigen Wiederbestellung an, sofern hierbei die Restlaufzeit der vorhergehenden Amtsperiode in die neue Amtszeit einbezogen wird. Diese Ansicht führt im Ergebnis zu einer Verkürzung der vorherigen Amtszeit.

Für die Arbeitnehmervertreter im AR (→Mitbestimmung) gelten vorstehende Ausführungen zur Dauer der Amtszeit entsprechend. Besteht für einzelne Aktionäre ein Entsenderecht für Aufsichtsratmitglieder (§ 101 Abs. 2 AktG), kann der entsendungsberechtigte Aktionär die Amtszeit im Rahmen der Höchstgrenzen des § 102 Abs. 1 AktG frei bestimmen (Hoffmann-Becking 1999, S. 345 f.).

Die Amtszeit beginnt mit der Annahme der Wahl bzw. zu einem späteren Zeitpunkt, wenn die Bestellung von einer Bedingung abhängig gemacht wird (→Aufsichtsrat, Be- und Abberufung). Sie endet mit Ablauf der Amtsperiode, auch wenn zu diesem Zeitpunkt kein anderes Aufsichtsratsmitglied bestellt ist. Für Ersatzmitglieder (→Ersatzmitglieder im Aufsichtsrat), die in den AR eingerückt sind, endet die Amtszeit spätestens mit Ablauf der Amtszeit des weggefallenen (regulären) Aufsichtsratsmitglieds.

Literatur: Hefermehl, W./Spindler, G.: Kommentierung des § 84 AktG, in: Kropff, B./Semler, J. (Hrsg.): Münchener Kommentar zum Aktiengesetz, München 2004; Hoffmann-Becking, M. (Hrsg.): Münchener Handbuch des Gesellschaftsrechts, Band 4 (Aktiengesellschaft), 2. Aufl., München 1999; Hüffer, U.: Kommentar zum Aktiengesetz, 6. Aufl., München 2004; Mertens, H.-J.: Kommentierung des § 84 AktG, in: Zöllner, W. (Hrsg.): Kölner Kommentar zum Aktiengesetz, 2. Aufl., Köln 1996.

Tobias Hüttche; Torsten Maurer

Analytische Prüfungshandlungen

Analytische Prüfungshandlungen sind, neben den →Einzelfallprüfungen, Bestandteil der →ergebnisorientierten Prüfungshandlungen. Sie dienen zur Durchführung von Plausibilitätsbeurteilungen (→Plausibilitätsprüfungen), die eine Form der indirekten Prüfungsmethoden (→indirekte Prüfung) darstellen und auf aggregierte Größen ausgerichtet sind. Gegenstand der analytischen Prüfungshandlungen sind:

1) Trendanalysen,
2) Kennzahlenanalysen sowie
3) einfache Rechenmodelle,

durch die die Beziehungen von prüfungsrelevanten Finanz- und Betriebsdaten eines Unternehmens zu anderen Daten aufgezeigt sowie auffällige Abweichungen festgestellt werden. Trendanalysen untersuchen die Veränderungen eines bestimmten Abschlusskontos oder einer bestimmten Art von Geschäftsvorfällen über die Zeit hinweg (→zeitlicher Vergleich) und ermitteln einen Trend. Kennzahlenanalysen untersuchen Verhältniszahlen (→Kennzahlen und Kennzahlensysteme als Kontrollinstrument). Einfache Rechenmodelle dienen dazu, die Daten der Finanzbuchhaltung durch einen Vergleich mit den von der Finanzbuchhaltung unabhängigen Aufzeichnungen auf ihre inhaltliche Richtigkeit hin zu überprüfen. Diese Vorgehensweise beinhaltet lediglich eine pauschale Prüfung von Gesamtheiten von Geschäftsvorfällen oder Bestandsgrößen und nicht eine Prüfung einzelner Geschäftsvorfälle oder Bestandselemente. Hierdurch verringert sich der Umfang der durchzuführenden Prüfungshandlungen, so dass die Durchführung von Plausibilitätsbeurteilungen dem Grundsatz der Wirtschaftlichkeit entspricht. Diese Prüfungshandlungen werden demnach als besonders effektiv und effizient bezeichnet. Der Grundgedanke der Plausibilitätsbeurteilungen entspricht dem aus dem Bereich der steuerlichen →Außenprüfung stammenden Begriff der →Verprobung. Hierbei soll im Rahmen eines →Soll-Ist-Vergleichs nicht eine exakte Gleichheit zwischen Soll-Objekt und Ist-Objekt festgestellt, sondern nur eine sach-logische Übereinstimmung herbeigeführt werden. Die analytischen Prüfungshandlungen setzen sich daher aus drei Komponenten zusammen:

1) Prognose (des Soll-Objektes),
2) Vergleich (des Ist-Objektes mit dem Soll-Objekt) und
3) Beurteilung (der Soll-Ist-Differenz) (→Abweichungsanalyse).

Die Anwendung analytischer Prüfungshandlungen beruht auf der Erwartung, dass Zusammenhänge zwischen bestimmten Informationen und Daten vorhanden sind und fortbestehen. Der vorgefundene Zusammenhang gilt als →Prüfungsnachweis für die Vollständigkeit, Genauigkeit und Richtigkeit der untersuchten Daten. Hierzu finden sich in den Prüfungsstandards [→International Standards on Auditing (ISA); →United States Generally Accepted Auditing Standards (US GAAS); →Verlautbarungen des Instituts der Wirtschaftsprüfer in Deutschland e.V.] Ausführungen. Ähnlich wie bei der Risikoorientierung, die den gesamten →Prüfungsprozess von der →Planung (→Prüfungsplanung) bis zum →Prüfungsbericht (PrB) begleitet (→risikoorientierter Prüfungsansatz), sind auch die analytischen Prüfungshandlungen als umfassender Prüfungsansatz zu verstehen und werden bei der Planung, Durchführung (→Auftragsdurchführung) und Kontrolle einer Prüfung eingesetzt. Üblicherweise wird im Bereich der Planung die Tätigkeit und das Umfeld (→wirtschaftliches Umfeld) des Prüfungsobjektes beurteilt, potenzielle Risikobereiche und Prüfungsschwerpunkte identifiziert und weitere Prüfungshandlungen festgelegt (→Auswahl von Prüfungshandlungen). Im Bereich der Durchführung können wirksame Prüfungsnachweise geliefert sowie der Sachverhalt bei Abweichung verifiziert werden. Im Bereich der Kontrolle werden die Gesamtaussage der Prüfung (→Prüfungsurteil) sowie die Ergebnisse der einzelnen Prüfungshandlungen beurteilt und ggf. weitere Prüfungshandlungen ausgewählt.

Ergebnis von analytischen Prüfungshandlungen können Hinweise auf kritische Prüfungsgebiete, aber auch unmittelbar in einem Jahresabschlussposten enthaltene Falschaussagen bzw. ungewöhnliche oder unerwartete Beträge sein, die mögliche Risikobereiche darstellen und weiter gehende Prüfungshandlungen erfordern („Warnfunktion"). Durch ihre zusammenhängende Betrachtungsweise eignen sie sich auch zur Aufdeckung von betrügerischen Handlungen (→Bilanzfälschung; →dolose Handlungen; →Unregelmäßigkeiten). Analytische Prüfungshandlungen sind demnach in jeder Phase der (Abschluss-) Prüfung (→Jahresabschlussprüfung; →Konzernabschlussprüfung; →Interne Revision) einsetzbar. Daneben können solche Prüfungshandlungen auch als Einzelprüfungen dienen.

Die Qualität analytischer Prüfungshandlungen hängt entscheidend von der Zuverlässigkeit des zur Verfügung gestellten Datenmaterials ab. Ebenso ist wichtig, ob die Annahme bestimmter Verhältnisse zwischen den einzelnen Daten gerechtfertigt ist. Außerdem bestehen Abhängigkeiten von den verschiedenen Einflussfaktoren. Problematisch ist das Vorliegen einer stark aggregierten Datenstruktur. Darüber hinaus ist die Verwendung von Vergleichszahlen eines anderen Unternehmens oder einer bestimmten Branche (→überbetriebliche Vergleiche) meist nur eingeschränkt möglich. Neben der Wirtschaftlichkeit und Effektivität durch den Einsatz analytischer Prüfungshandlungen trägt die Verlässlichkeit des Datenmaterials entscheidend zur Prüfungssicherheit bei. Hieraus ergibt sich, dass analytische Prüfungshandlungen i.d.R. allein nicht ausreichend sein können und mit →Systemprüfungen und/oder →Einzelfallprüfungen kombiniert werden, um ein optimales Prüfungsziel zu erreichen. Werden auf Grundlage von analytischen Prüfungshandlungen Besonderheiten/Abweichungen nicht festgestellt, so kann grundsätzlich unterstellt werden, dass die direkt geprüften Bereiche (→direkte Prüfung) wahrscheinlich keine Auffälligkeiten oder →Unregelmäßigkeiten aufweisen. Eine absolute Prüfungssicherheit für eine so getroffene Feststellung besteht allerdings nicht, denn auch die mit analytischen Verfahren gewonnenen Aussagen über die nicht direkt beobachtbaren Ist-Objekte hängen davon ab, ob die unterstellten Hypothesen die jeweiligen Gegebenheiten zutreffend ausdrücken. Bei der Feststellung von Abweichungen können die Ursachen der Abweichung nicht lokalisiert werden. In diesen Fällen bleibt ungeklärt, ob tatsächlich eine Abweichung besteht oder ob die Abweichung durch die Unterstellung unzutreffender Hypothesen verursacht ist.

Literatur: AICPA (Hrsg.): Codification of Statements on Auditing Standards, NY 1999; Förschle, G./Peemöller, V. H. (Hrsg.): Wirtschaftsprüfung und Interne Revision, Heidelberg 2004; Gärtner, M.: Analytische Prüfungshandlungen im Rahmen der Jahresabschlussprüfung. Ein Grundsatz ordnungsmäßiger Abschlussprüfung, Marburg 1994; IDW (Hrsg.): WPH 2000, Band I, 12. Aufl., Düsseldorf 2000; IDW (Hrsg.): IDW Prüfungsstandard: Analytische Prüfungshandlungen (IDW PS 312, Stand: 2. Juli 2001), in: WPg 54 (2001), S. 903–906; Lück, W. (Hrsg.): Lexikon der Rechnungslegung und Abschlussprüfung, 4. Aufl., München/Wien 1998, S. 29–30; Lück, W.: Jahresabschlußprüfung, Stuttgart 1993; Marten, K.-U./Quick, R./ Ruhnke, K.: Wirtschaftsprüfung – Grundlagen des betriebswirtschaftlichen Prüfungswesens nach nationalen und internationalen Normen, 2. Aufl., Stuttgart 2003; Wysocki, K. v.: Wirtschaftliches Prüfungswesen, Band III: Prüfungsgrundsätze und Prüfungsverfahren nach den nationalen und internationalen Prüfungsstandards, München 2003, S. 186–191.

Ulrich Schönwald

Analytisches Risiko →Risikoorientierter Prüfungsansatz

Anderskosten →Kalkulatorische Kosten; →Kostenartenrechnung

Andersleistungen →Erträge; →Kostenartenrechnung

Angabepflichten

Unter dem *Begriff der Angabepflichten* lassen sich die im HGB oder in anderen Spezialgesetzen (z. B. EGHGB, AktG, GmbHG) geregelten Angaben zusammenfassen, die der JA ergänzend zu den einzelnen Posten der Bilanz und der →Gewinn- und Verlustrechnung (GuV) enthalten muss. Dabei handelt es sich um

• Bilanzvermerke,
• GuV-Vermerke und
• Anhangangaben.

Der JA von KapGes und →Personengesellschaften (PersGes) i. S. d. § 264a HGB soll unter Beachtung der GoB (→Grundsätze ordnungsmäßiger Buchführung, Prüfung der) ein den tatsächlichen Verhältnissen entsprechendes Bild der →Vermögenslage, →Finanzlage und →Ertragslage des Unternehmens vermitteln (Generalnorm des § 264 Abs. 2 Satz 1 HGB). Die Vermerke in Bilanz und GuV sowie die Angaben im →Anhang dienen dem besseren Verständnis und der Erläuterung der einzelnen Bilanz- und GuV-Posten und damit dem Ziel, einen *besseren Einblick in die Vermögens-, Finanz- und Ertragslage der Gesellschaft* zu gewähren.

Zur Ergänzung des Gliederungsschemas der Bilanz gem. § 266 HGB (→Gliederung der Bilanz) ist eine Vielzahl von *Bilanzvermerken* vorgesehen. Dabei ist zu unterscheiden zwischen Vermerken, die obligatorisch in der Bilanz anzugeben sind [bereits im Gliederungsschema enthaltene „Davon-Vermerke" (z. B. § 266 Abs. 3 C.8. HGB) oder in anderen Vorschriften des HGB geregelte Vermerke (z. B. Angaben zu Restlaufzeiten von →Forderungen und →Verbindlichkeiten gem. § 268 Abs. 4 Satz 1, Abs. 5 Satz 1 HGB] und Vermerken, die alternativ in bzw. unter der Bilanz oder im Anhang aufzunehmen sind (z. B. Angaben gem. den §§ 268 Abs. 7, 285 Nr. 1 und 2 HGB und § 42 Abs. 3 GmbHG) (→bilanzpolitische Gestaltungsspielräume nach HGB).

Auch bei den *GuV-Vermerken* gibt es Vermerke, die grundsätzlich in der GuV anzugeben sind (im Schema zur →Gliederung der Gewinn- und Verlustrechnung des § 275 HGB enthaltene „Davon-Vermerke"), sowie Vermerke, für die ein Wahlrecht zwischen einer Angabe in der GuV oder im Anhang besteht (z. B. Angaben gem. § 277 Abs. 3 Satz 1 HGB). In der Praxis werden häufig auch die „Davon-Vermerke" der GuV unter Hinweis auf die Vergrößerung der Klarheit der Darstellung (§ 265 Abs. 7 Nr. 2 HGB) in den Anhang verlagert.

Die *Angaben im Anhang* umfassen die sog. *Pflichtangaben* (Angaben, die stets in den Anhang gehören, z. B. Angaben zu den angewandten Bilanzierungs- und Bewertungsmethoden (§ 284 Abs. 2 Nr. 1 HGB) und die *Wahlpflichtangaben* (obligatorische Angaben, für die jedoch ein gesetzliches Wahlrecht hinsichtlich einer Angabe in der Bilanz/GuV oder im Anhang besteht). Der Angabe im Anhang wird i. d. R. auch bei den Wahlpflichtangaben der Vorzug gegeben. Die gesetzlichen Grundlagen für die Anhangangaben sind in den §§ 284–288 HGB, in diversen anderen Vorschriften des HGB (§§ 264 ff. HGB) und in anderen Spezialgesetzen (z. B. EGHGB, AktG, GmbHG) geregelt.

Für kleine Gesellschaften i. S. d. § 267 Abs. 1 HGB (→Größenklassen) bestehen *Erleichterungen für die Aufstellung des Anhangs* (§§ 274a, 276 Satz 2, 288 Satz 1 HGB). Die entsprechenden Anhangangaben (Pflicht- und Wahlpflichtangaben) können weggelassen werden. Mittelgroße Gesellschaften (§ 267 Abs. 2 HGB) können Erleichterungen nur bzgl. der Aufgliederung der →Umsatzerlöse in Anspruch nehmen (§ 288 Satz 2 HGB). Größenabhängige Erleichterungen für die Angabe der obligatorisch in der Bilanz/GuV anzugebenden Bilanz- bzw. GuV-Vermerke sind nicht vorgesehen.

Unabhängig von der →Größenklasse besteht für Gesellschaften, die als Tochterunternehmen in den Konzernabschluss ihres Mutterunternehmens einbezogen werden (→Konsolidierungskreis), unter bestimmten Voraussetzungen die Möglichkeit, von der *Anwendung der ergänzenden Vorschriften für KapGes und PersGes i. S. d.* § 264a HGB *befreit* zu werden (§§ 264 Abs. 3 und 4, 264b HGB). Damit entfallen für diese Unternehmen, vorbehaltlich gesellschaftsvertraglicher Sonderregelungen, u. a. die Verpflichtungen zur Beachtung der ergänzenden Ansatz-, Gliederungs- und Ausweisvorschriften und zur Aufstellung eines Anhangs. Lediglich der Vermerk über die Angabe der →Haftungsverhältnisse (§ 251 HGB) entfällt nicht.

Die *Prüfung der Angabepflichten* zum JA beinhaltet die Prüfung der Bilanz- und GuV-Vermerke und des Anhangs. Die *Prüfung der Bilanz- und GuV-Vermerke* (Pflichtvermerke in Bilanz und GuV sowie Wahlpflichtangaben, für die das Wahlrecht zugunsten einer Angabe in Bilanz/GuV in Anspruch genommen worden ist) umfasst die Prüfung

- der Vollständigkeit der Vermerke,
- der gesetzeskonformen Inanspruchnahme des Angabewahlrechts (→ bilanzpolitische Gestaltungsspielräume, Prüfung von),
- der Richtigkeit der Vermerke,
- der Darstellungsstetigkeit (→ Stetigkeit) der Vermerke,
- der richtigen Inanspruchnahme größenabhängiger Erleichterungen.

Ggf. hat der →Abschlussprüfer (APr) zu überprüfen, ob die Voraussetzungen der §§ 264 Abs. 3, 264b HGB erfüllt sind, und die Gesellschaft zulässigerweise auf die Angabe der Bilanz- und GuV-Vermerke verzichtet hat.

Die Prüfung der *Vollständigkeit der Vermerke* bezieht sich auf die Überprüfung, ob Bilanz und GuV alle gesetzlich vorgesehenen Vermerke enthalten. Die Prüfung erfolgt zweckmäßigerweise anhand einer →Prüfungscheckliste, die die geforderten Angaben berücksichtigt. Gleiches gilt für die Überprüfung der *gesetzeskonformen Inanspruchnahme des Angabewahlrechts* für die Wahlpflichtangaben. Hierzu kann die für die Prüfung des Anhangs unverzichtbare Anhang-Checkliste herangezogen werden.

Die Prüfung der *Richtigkeit der Vermerke* sollte von dem APr bereits bei der Prüfung der einzelnen Bilanz- und GuV-Posten mitgeprüft werden.

Bei der Prüfung der Bilanz und der GuV hat der APr darauf zu achten, dass bzgl. der Angabe der Vermerke die →*Stetigkeit in der Darstellung* (§ 265 Abs. 1 HGB) beachtet ist. Bei Durchbrechung der Stetigkeit ist festzustellen, ob diese im zulässigen Rahmen erfolgt ist und ob der Anhang diesbezügliche Angaben und Begründungen enthält.

Im Hinblick auf die *Inanspruchnahme der größenabhängigen Erleichterungen* für kleine Gesellschaften (§ 267 Abs. 1 und 4 HGB) hat der APr zunächst festzustellen, ob die Gesellschaft die Kriterien erfüllt. Außerdem hat er zu überprüfen, ob sich die Anwendung der Erleichterungen nur auf die Wahlpflichtangaben bezieht.

Hat die *Prüfung der Vermerke zu keinen Beanstandungen* geführt, erfolgt im →Prüfungsbericht (PrB) nur die Feststellung, dass die gesetzlichen Vorschriften zur Gliederung, Bilanzierung (→Ansatzgrundsätze) und Bewertung (→Bewertungsgrundsätze) sowie zum Anhang eingehalten worden sind. Sind *Einwendungen gegen die Angabe der Vermerke* zu erheben (Pflichtangaben zu den Vermerken sind nicht, unvollständig oder falsch erfolgt), sind diese im PrB darzustellen und ihre Auswirkungen auf das Prüfungsergebnis und den →Bestätigungsvermerk (BestV) (→Prüfungsurteil) anzugeben.

Der BestV des Abschlussprüfers enthält keine direkte Aussage zur Prüfung der Vermerke. Einwendungen gegen die Angabe der Vermerke können – bei →Wesentlichkeit – zu einer *Einschränkung des Bestätigungsvermerks* führen (§ 322 Abs. 4 HGB).

Literatur: ADS: Rechnungslegung und Prüfung der Unternehmen, Teilband 5, 6. Aufl., Stuttgart 2000, S. 99–101; Farr, W.-M.: Aufstellung, Prüfung und Offenlegung des Anhangs im Jahresabschluss der GmbH & Co. KG, in: GmbHR 91 (2000), S. 543–552 und 605–613.

Bernd Goos

Angebotskalkulation →Auftragskalkulation

Anhang

KapGes und →*Personengesellschaften (PersGes)* i. S. d. § 264a HGB haben den JA (§ 242 HGB) um einen Anhang zu erweitern, der zusammen mit Bilanz und →Gewinn- und Verlustrechnung (GuV) eine Einheit bildet (§ 264 Abs. 1 Satz 1 HGB). Für kleine und mittelgroße Gesellschaften i. S. d. § 267 Abs. 1 und 2 HGB (→Größenklassen) bestehen Erleichterungen für die Aufstellung des Anhangs (§§ 274a, 276 Satz 2, 288 HGB). Für Gesellschaften, die als Tochterunternehmen in den Konzernabschluss ihres Mutterunternehmens einbezogen werden (→Konsolidierungskreis), besteht unter bestimmten Voraussetzungen die Möglichkeit, von der Aufstellung eines Anhangs befreit zu werden (§§ 264 Abs. 3 und 4, 264b HGB). *Einzelkaufleute und reine PersGes* brauchen keinen Anhang aufzustellen. Wird *freiwillig ein Anhang aufgestellt*, sind die Vorschriften über seinen Mindestinhalt (§§ 284, 285 HGB) zu beachten.

Die *Aufgabe des Anhangs* besteht darin, zusammen mit Bilanz und GuV unter Beachtung der GoB (→Grundsätze ordnungsmäßiger Buchführung, Prüfung der) ein den tatsächlichen Verhältnissen entsprechendes Bild der →Vermögenslage, →Finanzlage und →Ertragslage (→True and Fair View) der Gesellschaft zu vermitteln (Generalnorm des § 264 Abs. 2 Satz 1 HGB). Er dient dem Verständnis und der Ergänzung der Angaben in Bilanz und GuV und entlastet diese von Angaben, die sonst dort zur Beurteilung der Verhältnisse der Gesellschaft erforderlich gewesen wären. Weiterhin enthält der Anhang Informationen, die keinen unmittelbaren Zusammenhang mit dem JA haben, gleichwohl für die Beurteilung der →wirtschaftlichen Verhältnisse von Bedeutung sind.

Die *Berichterstattung im Anhang* unterliegt den Grundsätzen der Wahrheit, der Vollständigkeit sowie der Klarheit und Übersichtlichkeit (→Grundsätze ordnungsmäßiger Rechnungslegung). Das Vollständigkeitsgebot wird durch den Grundsatz der →Wesentlichkeit begrenzt; erst die Beschränkung auf das Wesentliche vermittelt ein klares Bild.

Gesetzlich vorgeschrieben ist für den Anhang nur ein *Mindestumfang*. Dieser kann durch freiwillige Angaben erweitert werden. Die gesetzlichen Grundlagen für den Mindestinhalt sind in den §§ 284–288 HGB, in diversen anderen Vorschriften des HGB (§§ 264 ff. HGB) sowie in anderen Spezialgesetzen (z. B. EGHGB, AktG, GmbHG, PublG) geregelt. § 284 HGB enthält die Vorschriften zu den allgemeinen Angaben über Bilanzierungs- und Bewertungsmethoden (→Ansatzgrundsätze; →Bewertungsgrundsätze) in der Bilanz und der GuV sowie über die →Währungsumrechnung. Regelungen zu Einzelangaben zur Erläuterung von Bilanz und GuV sowie zu zusätzlichen Informationen finden sich in § 285 HGB, an weiteren Stellen des HGB und in anderen Gesetzen. Angaben im Anhang haben insoweit zu unterbleiben, als es für das Wohl der BRD oder eines ihrer Länder erforderlich ist (§ 286 Abs. 1 HGB). Neben der allgemeinen *Schutzklausel* enthält § 286 HGB weitere Ausnahmeregelungen für das Unterlassen bestimmter Anhangangaben. Die gesetzlich geregelten Angaben umfassen Pflichtangaben (→Angabepflichten), die stets in den Anhang gehören (*Pflichtangaben des Anhangs*) und Angaben, die wahlweise im Anhang oder in der Bilanz/GuV erfolgen können (*Wahlpflichtangaben*, z. B. §§ 265 Abs. 3 Satz 1, 285 Nr. 2 HGB).

Die Form des Anhangs ist im HGB nicht geregelt, es besteht *Gestaltungsfreiheit*; eine Strukturierung des Anhangs nach sachlichen Gesichtspunkten ist jedoch geboten. Außerdem ist der Grundsatz der *Darstellungsstetigkeit* (§ 265 Abs. 1 HGB) hinsichtlich Aufbau und Struktur sowie hinsichtlich Angabe und Platzierung der Wahlpflichtangaben zu beachten (→Stetigkeit). In der Praxis ist folgende →*Gliederung des Anhangs* üblich:

- Allgemeine Angaben,
- Angaben zu Bilanzierungs- und Bewertungsmethoden, Währungsumrechnung,
- Erläuterungen zur Bilanz,
- Erläuterungen zur GuV und
- Sonstige Angaben.

Die Angaben zu den Bilanzierungs- und Bewertungsmethoden sowie die Erläuterungen zu den einzelnen Bilanz- und GuV-Posten sollten in der Reihenfolge der Gliederungsschemata gem. §§ 266 bzw. 275 HGB (→Gliederung der Bilanz; →Gliederung der Gewinn- und Verlustrechnung) erfolgen.

Wird der *JA* von einem →Abschlussprüfer (APr) *geprüft*, ist der Anhang als Bestandteil des Jahresabschlusses in die →Jahresabschlussprüfung einzubeziehen. Die Prüfung des Jahresabschlusses und damit auch des Anhangs hat sich darauf zu erstrecken, ob die gesetzlichen Vorschriften und sie ergänzende Bestimmungen des Gesellschaftsvertrags oder der Satzung beachtet worden sind (§ 317 Abs. 1 Satz 2 HGB) (→Ordnungsmäßigkeitsprüfung). Gegenstand der Prüfung ist der gesamte Anhang einschl. sämtlicher freiwilliger Angaben.

Die *Prüfung des Anhangs* erfordert aufgrund der Vielzahl von Vorschriften, die Angaben im Anhang vorschreiben, sowie der Möglichkeit, Angaben wahlweise im Anhang oder in der Bilanz bzw. GuV machen zu können (→bilanzpolitische Gestaltungsspielräume nach HGB), besondere Überlegungen zur Vorgehensweise bei der Prüfung. Folgende *Prüfungsziele* lassen sich für die Prüfung des Anhangs ableiten:

- Einhaltung der allgemeinen Berichterstattungsgrundsätze für den Anhang,
- Feststellung der Vollständigkeit des Anhangs bzgl. der Pflichtangaben,
- Feststellung der richtigen Inanspruchnahme der Angabealternativen (Wahlpflichtangaben) (→bilanzpolitische Gestaltungsspielräume, Prüfung der),
- Beurteilung der Ordnungsmäßigkeit der im Anhang enthalten Angaben,

Anhang

- Feststellung der richtigen Inanspruchnahme größenabhängiger Erleichterungen sowie
- Beurteilung der richtigen Inanspruchnahme von Schutzklauseln.

Der APr hat neben der Vollständigkeit und Richtigkeit der Anhangangaben (s. unten) die *allgemeinen Berichterstattungsgrundsätze* für den Anhang auf ihre Einhaltung hin zu überprüfen. Er hat dabei darauf zu achten, dass die Ausführungen im Anhang klar und übersichtlich gegliedert sind, der Anhang eine gewisse Struktur aufweist und die →Stetigkeit in der Darstellung beachtet ist. Zu berücksichtigen ist auch, dass der Grundsatz der Wesentlichkeit eingehalten wird.

Die Prüfung der *Vollständigkeit der Anhangangaben* bezieht sich auf die Überprüfung, ob der Anhang sämtliche in den verschiedenen Gesetzen enthaltenen Pflichtangaben enthält. Die Prüfung erfolgt zweckmäßigerweise anhand einer Anhang-Checkliste (→Prüfungscheckliste). Gleiches gilt für die Überprüfung der gesetzeskonformen *Inanspruchnahme der Angabealternativen* bzgl. der Wahlpflichtangaben.

Bzgl. der *Ordnungsmäßigkeit der im Anhang enthaltenen Angaben* hat der APr zu beurteilen, ob diese Angaben vollständig, richtig und verständlich sind. Er hat zunächst die *allgemeinen Angaben* auf ihre Richtigkeit zu überprüfen. Bei der Beurteilung der von der geprüften Gesellschaft angewandten *Bilanzierungs- und Bewertungsmethoden* hat der APr darauf zu achten, dass diese im Anhang in ihrer Gesamtheit so verständlich dargestellt werden, wie es zur Vermittlung eines den tatsächlichen Verhältnissen entsprechenden Bildes i. S. d. Generalnorm des § 264 Abs. 2 Satz 1 HGB erforderlich ist. Weiterhin ist zu überprüfen, dass die Angaben im Anhang in keinem Widerspruch zu den aus der Prüfung der Bilanzposten bereits bekannten Bilanzierungs- und Bewertungsmethoden stehen. Der APr hat sich außerdem davon zu überzeugen, dass (zulässige) Abweichungen von den Methoden (→Änderung der Bilanzierungs- und Bewertungsmethoden) angegeben und begründet wurden und dass deren Einfluss auf die Vermögens-, Finanz- und Ertragslage gesondert dargestellt worden ist. Die *Erläuterungen zu den einzelnen Bilanz- und GuV-Posten* sollten von dem APr bereits bei der Prüfung der entsprechenden Posten der Bilanz bzw. GuV mitgeprüft werden. Die Prüfung der *sonstigen Anhangangaben,* wie z. B. Angaben über die Organe der Gesellschaft und deren Bezüge (→Vorstandsbezüge; →Vorstand und Aufsichtsrat, Vergütung von), erfordert i. d. R. weitergehende Prüfungshandlungen [z. B. Einsicht in HR-Eintragungen (→Registerauszüge) und Gehaltsunterlagen].

Im Hinblick auf die *Inanspruchnahme der größenabhängigen Erleichterungen* für die Aufstellung des Anhangs hat der APr festzustellen, ob die Gesellschaft überhaupt die Kriterien für kleine bzw. mittelgroße Gesellschaften (§ 267 Abs. 1, 2 und 4 HGB) erfüllt.

Hat die Gesellschaft bei der Aufstellung des Anhangs eine der *Schutzklauseln* des § 286 HGB angewandt, hat der APr zu prüfen, ob die dafür maßgeblichen Voraussetzungen auch tatsächlich vorliegen. Er sollte außerdem hierzu eine schriftliche Begründung der gesetzlichen Vertreter (→Auskunftsrechte des Abschlussprüfers) zu den Arbeitspapieren (→Arbeitspapiere des Abschlussprüfers) nehmen.

Hat die *Prüfung des Anhangs zu keinen Beanstandungen* geführt, erfolgt im →Prüfungsbericht (PrB) lediglich die kurze Feststellung, dass die gesetzlichen Vorschriften zur Gliederung, Bilanzierung (→Ansatzgrundsätze) und Bewertung (→Bewertungsgrundsätze) sowie zum Anhang eingehalten worden sind. Ist eine der Schutzklauseln des § 286 HGB in Anspruch genommen worden, sollte auf die zulässige Anwendung hingewiesen werden. Sind *Einwendungen gegen den Anhang* zu erheben (Pflichtangaben sind überhaupt nicht, unvollständig oder falsch erfolgt), sind diese im PrB entsprechend darzustellen und ihre Auswirkungen auf das Prüfungsergebnis und den →Bestätigungsvermerk (BestV) (→Prüfungsurteil) anzugeben.

Der BestV des Abschlussprüfers enthält keine direkte Aussage zur Prüfung des Anhangs. Einwendungen gegen den Anhang können – bei Wesentlichkeit – zu einer *Einschränkung* oder zur *Versagung des Bestätigungsvermerks* führen (§ 322 Abs. 4 HGB). Einwendungen gegen den Anhang können z. B. sein:

- unzulässigerweise wurde kein Anhang erstellt (hier Versagungsvermerk),
- wesentliche Pflichtangaben fehlen (z. B. Organbezüge),

- unzureichende Angaben, Aufgliederungen oder Erläuterungen,
- unzutreffende Anwendung von Schutzklauseln oder größenabhängigen Aufstellungserleichterungen.

Literatur: Ellrott, H.: Kommentierung der §§ 284–288 HGB, in: Ellrott, H. et al. (Hrsg.): BeckBilKomm, 6. Aufl., München 2006, S. 1189–1314; Farr, W.-M.: Aufstellung, Prüfung und Offenlegung des Anhangs im Jahresabschluss der GmbH & Co. KG, in: GmbHR 91 (2000), S. 543–552 und 605–613; IDW (Hrsg.): IDW Prüfungsstandard: Grundsätze für die ordnungsmäßige Erteilung von Bestätigungsvermerken bei Abschlussprüfungen (IDW PS 400, Stand: 28. Oktober 2005), in: WPg 58 (2005), S. 1382–1402; IDW (Hrsg.): IDW Prüfungsstandard: Grundsätze ordnungsmäßiger Berichterstattung bei Abschlussprüfungen (IDW PS 450, Stand: 8. Dezember 2005), in: WPg 59 (2006a), S. 113–128; IDW (Hrsg.): WPH 2006, Band I, 13. Aufl., Düsseldorf 2006b, Abschn. F, Rn. 552–846 und Abschn. R, Rn. 587–604; Winnefeld, R.: Bilanz-Handbuch, München 2002, Kapitel J.

Bernd Goos

Anhang, Gliederung des →Gliederung des Anhangs

Anlagegitter →Anlagespiegel

Anlagenabnutzungsgrad →Vermögensstruktur

Anlagenbuch →Nebenbücher

Anlagencontrolling

Das Anlagencontrolling ist als Subsystem des →Industriecontrollings bzw. des →Investitionscontrollings aufzufassen. Mit Anlagencontrolling sind die umfassenden Maßnahmen zu verstehen, die auf eine Koordination und Steuerung des komplexen Aufgabenfeldes der Anlagensteuerung abzielen. Unter Anlagen werden hier industrielle maschinelle Anlagen verstanden. In den letzten Jahren ist die gesamte Produktion in Industrieunternehmen immer kapital- und anlagenintensiver geworden. Die Koordination und Steuerung der Anlagen ist als eine lebenszyklusumfassende Aufgabe zu verstehen, der in anlagenintensiven Industrieunternehmen ein wichtiger Stellenwert eingeräumt wird.

Ziel des Anlagencontrolling ist es, die in der Anlagensteuerung anfallenden Entscheidungen in den typischen Controllingphasen →Planung, Steuerung und Kontrolle zu begleiten und die Versorgung mit den notwendigen Informationen im Rahmen eines IT-Anlagen-Informationssystems (→Führungsinformationssysteme) sicherzustellen. Dabei ist die Controllingunterstützung bei der Senkung der Anlagenkosten insb. zu betonen.

Anlagencontrolling impliziert viel mehr als nur Investitionscontrolling. Dieser Controllingbereich konzentriert sich vor allem auf die erfolgs-, rentabilitäts- und wertorientierte Koordination und Steuerung der Anlageninvestitionsmaßnahmen. Das Anlagencontrolling befasst sich dagegen mit der Planung, Steuerung und Überprüfung aller phasenspezifischen Aktivitäten der maschinellen Anlagen.

Denkbar sind in Bezug auf die Anlagensteuerung die folgenden *Controllingbestandteile* des Anlagencontrolling:

- →Controlling von Projektierung, Bereitstellung und Inbetriebnahme der Anlagen,
- →Instandhaltungscontrolling (Controlling von Instandhaltungsleistungen und -kosten) sowie
- Controlling von Anlagenaußerbetriebnahmen.

Der *erste* Bestandteil könnte inhaltlich und organisatorisch auch dem Investitionscontrolling zugeschlagen werden. In der frühen Phase der Anlagenbereitstellung kommt es beim Anlagencontrolling vorrangig auf eine zielorientierte Unterstützung des Investitionscontrollings und auf ein gut organisiertes →Projektcontrolling an, das die Errichtung von Neuanlagen (Bauten, komplexe Einzelanlagen etc.) steuert.

Dem *Instandhaltungscontrolling,* als Subsystem des Anlagencontrollings, kommt in der anschließenden Nutzungsphase der Anlage eine besonders große Bedeutung zu.

Zum Ende der Anlagennutzungsdauer (→Nutzungsdauer) unterstützt das Anlagencontrolling die Entscheider, die sich um eine alternative Verwendung bzw. -wertung oder umweltgerechte Entsorgung der Altanlagen bemühen. Diese permanente Anlagensteuerung und -optimierung ist als ein kontinuierlicher Verbesserungsprozess zu implementieren. Aufgrund der enormen Probleme der Entsorgung der Anlagen und des Umweltschutzes (→umweltbezogenes Controlling; →Ökoaudit) hat der *dritte* Bestandteil in den letzten Jahren zunehmend an Bedeutung gewonnen.

Die *Koordinationsaufgabe* des Anlagencontrollings spielt in der privatwirtschaftlichen Praxis eine wichtige Rolle. Die Investitionsbudgetierung (→Budgetierung) kann in Unternehmen erhebliche Abstimmungsbedarfe auslösen. Da man sich schon anlässlich der Planung von Anlageninvestitionsmaßnahmen über die später zu realisierenden Instandhaltungsmaßnahmen Gedanken zu machen hat, sollte konsequenterweise auch das Instandhaltungsmanagement an den Investitionsentscheidungen beteiligt werden. Dies ermöglicht eine Zurückführung anlagenspezifischer Instandhaltungsbedarfe. Zudem kommt es auf bestmögliche Nutzung der Angebote jener Anlagenhersteller an, die sich im Rahmen ihres Investitionsgütermarketings intensiv um wartungsarme, zuverlässige Technologien bemühen. Koordinationsbedarfe bestehen auch bei der Schnittstelle zwischen Produktion und Instandhaltung. Es besteht das Risiko, dass sich das Produktionsmanagement kurzfristig für eine Optimierung der wertschöpfenden Produktionszeiten einsetzt, während das Instandhaltungsmanagement danach strebt, dass die instand zu haltenden Anlagen neben der Produktionszeit bedarfsweise intensiv überprüft und gesteuert werden können.

Zur Untermauerung seiner komplexen Koordinations- und Steuerungsaufgaben hat das Anlagencontrolling grundsätzlich auf steuerungsrelevante Informationen des gesamten Anlagenlebenszyklus abzustellen. Die Daten des Investitionscontrollings sind in Zahlungsgrößen zu überführen, um so in periodenübergreifenden Rentabilitätsberechnungen (→Rentabilitätsanalyse) Berücksichtigung zu finden. Aufgrund der Interdependenzen sind die vielfältigen Daten in einem System anlagensteuerungsrelevanter Kennzahlen (→Balanced Scorecard) zusammenzuführen (→Kennzahlen und Kennzahlensysteme als Kontrollinstrument).

Des Weiteren haben geeignete Kostenkennzahlen das Anlagenmanagement vor allem über prozessspezifische Kostenniveaus (Kostensätze der Instandhaltung etc.) zu informieren, Kostenstrukturen aufzudecken [Abschreibungs-, Kapitalkosten- und Instandhaltungsquote (→Abschreibungen, kalkulatorische; →Kapitalkosten)] und auf bedeutsame Kostenentwicklungen aufmerksam zu machen (Kostensenkungspotenziale; →Benchmarking). In der Praxis erschließen Industrieunternehmen durch Benchmarking-Studien beachtliche Kostensenkungs- und Effektivitäts- bzw. Effizienzsteigerungspotenziale.

Literatur: Baumann, F.: Industrielles Anlagen-Controlling: Konzeption und Realisierung eines umfassenden Planungs-, Kontroll- und Informationsversorgungssystems für den Einsatz neuer Fertigungstechnologien, Berlin 1991; Horváth, P.: Controlling, 10. Aufl., Stuttgart 2006; Männel, W.: Investitionscontrolling, 3. Aufl., Lauf 2001; Männel, W.: Anlagencontrolling, in: ZfB 61 (1991), Ergänzungsheft 3, S. 193–216.

Christian W. Kröger

Anlagenintensität →Vermögensstruktur

Anlagespiegel

Im Anlagespiegel, der häufig auch als Anlagegitter bezeichnet wird, wird die Entwicklung der einzelnen Posten des →Anlagevermögens und des Postens „Aufwendungen für die Ingangsetzung und Erweiterung des Geschäftsbetriebes" dargestellt.

Im Rahmen der Durchführung von *formalen Prüfungshandlungen* hat der Prüfer als Erstes festzustellen, ob die vertikale Gliederung der →Sachanlagen eingehalten wird, die sich grundsätzlich nach dem der Bilanz zugrunde liegenden Gliederungsschema (→Gliederung der Bilanz) richtet. Über die in § 266 Abs. 2 HGB normierte Mindestgliederung hinausgehende Aufgliederungen sind gem. § 265 Abs. 5 HGB erlaubt, dürfen jedoch den Grundsatz der Übersichtlichkeit und Klarheit (Grundsätze ordnungsmäßiger Rechnungslegung) nicht beeinträchtigen.

Die horizontale Gliederung zeigt dem Bilanzadressaten die Entwicklung der Einzelposten im Laufe des Geschäftsjahres. Die Darstellung dieses eigentlichen Anlagespiegels kann nach der Brutto- oder Nettowertmethode erfolgen.

Nach der *Nettowertmethode* hat der Anlagespiegel folgendes Aussehen (s. Abbildung auf der folgenden Seite).

Die gesetzlich geforderte Angabe der Höhe der Abschreibungen (→Abschreibungen, bilanzielle) pro Posten des Geschäftsjahres kann alternativ auch in der Bilanz vorgenommen werden (§ 268 Abs. 2 Satz 3 HGB).

Wurde die *Bruttowertmethode* gewählt, so sind für die Abschreibungen analog zu den →Anschaffungskosten (AK) und HK (→Herstel-

Anlagevermögen

Historische AK und HK zu Beginn des Geschäftsjahres	Zugänge	Umbuchungen	Abgänge	Historische AK und HK am Ende des Geschäftsjahres	Zuschreibungen des Geschäftsjahres	Kumulierte Abschreibungen (abzüglich Zuschreibungen der Vorjahre)	(wahlweise in Bilanz oder hier: Abschreibungen des Geschäftsjahres)	Nettowerte am Ende des Geschäftsjahres	Nettowerte am Ende des Vorjahres

lungskosten, bilanzielle) die Spalten „Zugänge", „Abgänge" und „gesamte Abschreibungen am Ende des Geschäftsjahres" einzufügen. Die Spalte „kumulierte Abschreibungen" ist durch die Spalte „kumulierte Abschreibungen zu Beginn des Geschäftsjahres" zu ersetzen.

Grundsätzlich sind unabhängig von der Höhe eines Restbuchwertes alle zu Beginn des Geschäftsjahres im Unternehmen vorhandenen →Vermögensgegenstände in die Darstellung des Anlagespiegels einzubeziehen. In einem nächsten Schritt sind die zu Beginn des Geschäftsjahres ausgewiesenen kumulierten AHK des Vorjahres, die kumulierten Abschreibungen des Vorjahres sowie die Restbuchwerte des Vorjahres mit den entsprechenden Positionen des (geprüften) Anlagespiegels des Vorjahres abzustimmen. Die Restbuchwerte pro Posten des Geschäftsjahres und des Vorjahres sind mit den jeweiligen Bilanzausweisen abzustimmen (→Abstimmung). Darüber hinaus ist die Summe der Abschreibungen des Geschäftsjahres im Anlagespiegel mit den in der →Gewinn- und Verlustrechnung (GuV) ausgewiesenen Abschreibungen abzugleichen.

Hiernach ist die rechnerische Richtigkeit des gesamten Anlagespiegels zu überprüfen. Die rechnerische Richtigkeit kann sowohl horizontal von den historischen AK bis zum Ausweis zum Ende des Geschäftsjahres als auch vertikal für jede Spalte erfolgen.

Die einzelnen Spalten des Anlagespiegels sind mit den entsprechenden Werten des Nebenbuchs (→Nebenbücher) bzgl. der Summen lückenlos (→lückenlose Prüfung) bzw. für einzelne Bilanzposten in Stichproben (→Stichprobenprüfung) abzustimmen. Ebenso sind die aus dem Nebenbuch generierten Zu- und Abgangslisten sowie die Liste über die Abschreibungen des Geschäftsjahres mit den entsprechenden Spalten des Anlagespiegels abzugleichen.

Abweichungen können sich insb. in Höhe der Position „Geleistete Anzahlungen und Anlagen im Bau" sowie in Höhe des Wertes der geringwertigen →Wirtschaftsgüter ergeben, da beide Positionen oftmals nicht im Nebenbuch geführt werden. Sofern die geleisteten →Anzahlungen und Anlagen im Bau nicht im Nebenbuch geführt werden, ist dieser Posten mit anderen geeigneten Zusammenstellungen (z. B. separat geführten Excel-Listen) zu verproben (→Verprobung).

Bei der Prüfung der Spalte „Umbuchungen" ist zu beachten, dass es sich hierbei um Ausweisänderungen vor allem aus dem Posten „Geleistete Anzahlungen und Anlagen im Bau" in andere Posten des Anlagevermögens handelt. Die Höhe der Umbuchungen im zu prüfenden Geschäftsjahr aus der Position „Geleistete Anzahlungen und Anlagen im Bau" auf andere Bilanzpositionen darf die Höhe des Ausweises dieser Position zu Beginn des Geschäftsjahres nicht übersteigen. Unterjährige Zugänge sind direkt unter der Position „Zugänge" auszuweisen.

Darüber hinaus kann der Prüfer auch Umgliederungen vom Anlagevermögen in das →Umlaufvermögen und umgekehrt in dieser Spalte als ordnungsgemäß erachten.

Literatur: IDW (Hrsg.): WPH 2006, Band I, 13. Aufl., Düsseldorf 2006.

Holger Reichmann

Anlagevermittler →Finanzdienstleistungsinstitute

Anlagevermögen

Das Anlagevermögen beinhaltet alle →Vermögensgegenstände, die bestimmt sind, dauernd dem Geschäftsbetrieb zu dienen (§ 247 Abs. 2 HGB).

Sofern der Prozess Anlagevermögen auch kontrollorientiert geprüft werden soll, sind in einem ersten Schritt die standardisierten unternehmensinternen Verfahrensabläufe, angefangen von der Bestellung eines Vermögensgegenstandes (→Einkaufswesen) bis zu dessen Ausscheiden durch Verkauf bzw. Verschrottung aufzunehmen. In einem zweiten Schritt sind die installierten Kontrollen [→Internes Kontrollsystem (IKS)] aufzunehmen und auf

Anlagevermögen

ihre Wirksamkeit zu überprüfen (→Internes Kontrollsystem, Prüfung des; →Funktionsprüfung; →indirekte Prüfung). Durch die vom Unternehmen aufgestellten Verfahrensanweisungen soll eine unternehmensweit einheitliche Vorgehensweise sichergestellt und potenzielle Fehlerquellen soweit wie möglich ausgeschaltet bzw. reduziert werden. Besonderes Augenmerk gilt auch der Pflege und Verwaltung der Stammdaten des Anlagevermögens.

Für die Durchführung der *formalen Prüfungshandlungen* pro Posten des Anlagevermögens sollte sich der Prüfer zu Beginn der Prüfung vom Mandanten ein Bestandsverzeichnis (→Nebenbücher) sowie einen →Anlagespiegel aushändigen lassen. Das Nebenbuch, aus dem der Anlagespiegel generiert wird, ist die Basis der meisten Prüfungshandlungen. Die Prüfung beginnt mit der Abstimmung der Vorträge aus dem Nebenbuch mit den Endbeständen der letzten Schlussbilanz pro Posten für die →Anschaffungskosten (AK), HK (→Herstellungskosten, bilanzielle), kumulierten Abschreibungen (→Abschreibungen, bilanzielle) und den hieraus abgeleiteten Restbuchwerten (→Saldenvortragsprüfung).

Differenzen zwischen Hauptbuch (→Grund- und Hauptbuch) und Nebenbuch bei den Restbuchwerten betreffen häufig die Position „Geleistete →Anzahlungen und Anlagen im Bau" sowie geringwertige →Wirtschaftsgüter, da beide Positionen oftmals nicht im Nebenbuch, sondern nur auf Hauptbuchkonten geführt werden. Die Prüfung basiert in diesen Fällen auf den entsprechenden Hauptbuchkonten, die vorzugsweise durch gesonderte Aufstellungen des Mandanten detailliert werden.

Grundsätzliche Schwerpunkte der →materiellen Prüfung sind – funktionierende Kontrollmechanismen vorausgesetzt – die im Berichtsjahr erfolgten Veränderungen, d.h. die Prüfung der Zugänge, Abgänge und Zuschreibungen (→Wertaufholung) auf Basis der aus dem Nebenbuch generierten Detail-Aufstellungen.

Für die *Prüfung der →immateriellen Vermögensgegenstände des Anlagevermögens* können aus dem Bestandsverzeichnis die Art des Anspruchs, die Kennzeichnung des Rechts, seine zeitliche und regionale Gültigkeit sowie die wirtschaftliche Bedeutung ersichtlich sein.

Als Nachweise (→Prüfungsnachweise) dienen Eintragungen bei öffentlichen Stellen (Patentregister) und privatrechtliche Verträge (z. B. Kaufkonzessions- und Lizenzverträge). Als Nachweis für einen →Geschäfts- oder Firmenwert können Kaufverträge, Bewertungsgutachten, Jahresabschlüsse o. Ä. dienen, aus denen sich der Geschäfts- oder Firmenwert ableiten lässt.

Soweit die Ansatzvorschriften (→Ansatzgrundsätze) wie im HGB nur derivativ erworbene immaterielle Vermögensgegenstände zulassen, kann die Prüfung der AK in den meisten Fällen durch Abstimmung mit Kaufverträgen etc. erfolgen. Komplexer wird die Prüfung originär geschaffener immaterieller Vermögensgegenstände, die Abstimmhandlungen mit diversen Subsystemen, wie Projektkostenrechnungen (→Kosten- und Leistungsrechnung) oder anderen geeigneten Aufschreibungsmethoden, verlangt. Die größte Schwierigkeit bereitet in der Praxis das Erkennen eines ao. Abschreibungsbedarfs (→außerplanmäßige Abschreibungen) auf den beizulegenden Wert. Diese Problematik gewinnt angesichts des „Impairment Only"-Ansatzes bei Geschäfts- oder Firmenwerten nach internationaler Rechnungslegung [→International Financial Reporting Standards (IFRS)] weiter an Bedeutung. Die Zuordnung der →Cash Flows zu den Vermögensgegenständen ist nicht immer eindeutig zu entscheiden. Häufig setzt das Erkennen außerplanmäßigen Abschreibungsbedarfs gute Kenntnisse über die wirtschaftlichen Unternehmensgrundlagen und die internen und externen Interdependenzen voraus.

Sofern der Posten der immateriellen Vermögensgegenstände wesentlich ist (→Wesentlichkeit), sollte bereits bei der →Prüfungsplanung berücksichtigt werden, einen erfahrenen Prüfer mit diesem Prüfgebiet zu betrauen.

Im Wege der bewussten Auswahl (→deduktive Auswahl) oder via Sampling werden, i.d.R. auf Basis der Zugangs- und Abgangsliste, die Stichproben für die *Prüfung der →Sachanlagen* ausgewählt (→Stichprobenprüfung). Diese Listen geben i.d.R. folgende Informationen: genaue Bezeichnung des Gegenstandes, Zugangs- bzw. Abgangsdatum, Höhe der AHK, Verweis auf die Eingangsrechnungen, Abschreibungsmethode, →Nutzungsdauer, Höhe →außerplanmäßiger Abschreibungen oder eventueller Zuschreibungen,

Höhe der Gewinne und Verluste aus Anlagenabgängen und den Bilanzwert am Stichtag.

Bei einer *Zugangsprüfung* sind ohne Anspruch auf Vollständigkeit folgende einzelne Prüfungsschritte meist kumulativ durchzuführen:

- Einbindung des Zugangs in den Investitionsplan,
- Genehmigung der →Investition unter Berücksichtigung der bestehenden Autorisierungskonzepte (→Investitionscontrolling; →Investitionskontrolle),
- Verfahren zur Angebotsausschreibung,
- Durchsicht der eingegangenen Angebote,
- Dokumentation des ausgewählten Angebots,
- Abstimmung mit externen Rechnungen,
- Erfassung von Anschaffungsnebenkosten,
- Erfassung erbrachter zu aktivierender Eigenleistungen durch Abstimmung mit Projektkostenabrechnungen bzw. mit anderen internen Kalkulationsgrundlagen (→Kalkulation),
- Übernahme bzw. Umbuchung evtl. bisher aktivierter Anlagen im Bau,
- Fertigstellungs- bzw. Abnahmeprotokolle i.V.m. der Festlegung des Zugangsdatums,
- Inaugenscheinnahme des Anlageguts,
- Überprüfung der angesetzten Nutzungsdauer und Zulässigkeit der gewählten Abschreibungsmethode,
- rechnerische Richtigkeit der ermittelten Jahresabschreibung unter Berücksichtigung von Rundungseffekten,
- Bedarf an außerplanmäßigen Abschreibungen und Richtigkeit des gewählten Ausweises.

I.d.R. unterteilt sich die Prüfung des →Prüffelds Sachanlagen in die Teilgebiete Zugangs-, Abgangsprüfung, analytische →Verprobung der Abschreibungen (→analytische Prüfungshandlungen; die →Einzelfallprüfungen erfolgen im Rahmen der Zugangsprüfung) sowie die Zusammenstellung der anhangsrelevanten Informationen und Daten einschl. des Anlagespiegels, aus dem i.d.R die wesentlichen Informationen für die →Kapitalflussrechnung abgeleitet werden können.

Wie für alle Prüffelder gilt auch für das Anlagevermögen der Grundsatz der Verantwortlichkeit für alle korrespondierenden Posten der Bilanz und →Gewinn- und Verlustrechnung (GuV) sowie die Anhangangaben (→Anhang). In der Bilanz zählen hierzu sicherlich neben dem Anlagevermögen die korrespondierenden Sonderposten (→Sonderposten mit Rücklageanteil), falls die Gesellschaft sich für einen Bruttoausweis entscheidet. Innerhalb der GuV zählen hierzu neben den Abschreibungen die sonstigen betrieblichen Erträge mit →Erträgen aus Anlagenabgängen und aus →Wertaufholungen und die sonstigen betrieblichen Aufwendungen mit den Verlusten aus Anlagenabgängen (→sonstige betriebliche Aufwendungen und Erträge).

Literatur: IDW (Hrsg.): WPH 2006, Band I, 13. Aufl., Düsseldorf 2006.

Holger Reichmann

Anleihen

Gem. § 266 Abs. 3 C. Nr. 1 HGB sind innerhalb der Bilanz bei KapGes auf der Passivseite *Anleihen* gesondert unter „C. Verbindlichkeiten" auszuweisen. Unter Anleihen fallen grundsätzlich alle Schuldverpflichtungen, die an einem *öffentlichen* Kapitalmarkt aufgenommen worden sind. Schuldschein*darlehen* sind nicht an einem Kapitalmarkt aufgenommen und werden insofern unter den sonstigen →Verbindlichkeiten bzw. Verbindlichkeiten gegenüber →Kreditinstituten ausgewiesen.

Neben Schuldverschreibungen und Obligationen können auch Wandelschuldverschreibungen und Optionsschuldverschreibungen in Betracht kommen (Hoyos/Ring 2006, Rn. 212 zu § 266 HGB, S. 858), die als *konvertible* Anleihen durch einen „Davon-Vermerk" zu kennzeichnen sind (→Angabepflichten).

Begebene →Genussrechte mit Fremdkapitalcharakter (bzgl. Abgrenzung s. HFA 1/94) können auch unter dem Posten Anleihen gezeigt werden, mit weiterer Untergliederung gem. § 265 Abs. 5 Satz 1 HGB oder einem „Davon-Vermerk" (zur Angabepflicht bei einer AG s. § 160 Abs. 1 Nr. 6 AktG).

Zurückgekaufte bzw. anderweitig zurückerworbene Anleihestücke sind beim Anleihebetrag (auf der Passivseite) abzusetzen, wenn infolge einer Vernichtung der Stücke ein weiterer Umlauf ausgeschlossen ist. Erworbene noch nicht vernichtete Stücke sind hingegen auf der Aktivseite unter den Wertpapieren des →Umlaufvermögens auszuweisen, wenn ein Wiederverkauf vorgesehen ist.

Für die Bewertung der begebenen Anleihen ist der Rückzahlungsbetrag entsprechend § 253 Abs. 1 Satz 2 HGB maßgeblich. Ist der Rückzahlungsbetrag höher als der Ausgabebetrag, so darf gem. § 250 Abs. 3 HGB der Unterschiedsbetrag als Disagio unter den →Rechnungsabgrenzungsposten auf der Aktivseite ausgewiesen werden (zur Behandlung von sog. Zero-Bonds s. HFA 1/1986). Bei Währungsverbindlichkeiten sind gestiegene Wechselkurse durch Hochschreibung der Verbindlichkeiten zu berücksichtigen; bei nacher stattfindenden Kursrückgängen ist die Verbindlichkeit max. bis zu ihrem Ursprungsbetrag zu ermäßigen. Üblicherweise haben Änderungen der Kapitalmarktverhältnisse keine Auswirkung auf die Bilanzierung von Anleihen. Sinkt jedoch der entsprechende Kapitalmarktzinsfuß erheblich unter den Anleihenzinsfuß und liegt mithin eine überverzinsliche Verbindlichkeit vor, so ist ggf. eine Drohverlustrückstellung (→Rückstellungen) für den Barwert der Mehrzinsen zurückzustellen (ADS 1995, Rn. 149 zu § 253 HGB).

Zur Prüfung des *Nachweises* der Anleihen sind die zugrunde liegenden Beschlüsse des Vorstandes, Aufsichtsrats, der HV (→Haupt- und Gesellschafterversammlung) etc. einzusehen (→Nachweisprüfungshandlungen). Daneben können Börsenprospekte bzw. Abrechnungen der Emissionsbanken, aus denen u. a. Auszahlungsmodalitäten und Zinssätze hervorgehen, als Prüfungsgrundlage herangezogen werden. Es empfiehlt sich die Ablage dieser Papiere als Dauerarbeitspapier, da diese Unterlagen jedes Jahr zur Verfügung stehen sollten (→Arbeitspapiere des Abschlussprüfers). Sollten konvertible Anleihen im Bestand vorhanden sein, sind ggf. Umtauschfristen zu beachten.

Der Rückzahlungsbetrag ist den Emissionsbedingungen zu entnehmen. Bei Währungsverbindlichkeiten ist bei der Erstverbuchung der entsprechende Geldkurs (ggf. auch Mittelkurs) zugrunde zu legen. Währungsveränderungen sind am jeweiligen Stichtag zu überprüfen und durch aufwandswirksame Hochschreibung der Verbindlichkeit bzw. ertragswirksame Korrektur bis max. zum Kurs der Erstverbuchung zu berücksichtigen.

Die Einhaltung der Zins- und Tilgungsbedingungen ist anhand von Zins- und Tilgungsplänen zu überprüfen. Es ist ein Abgleich zwischen tatsächlich gezahltem Zinsaufwand und vereinbarten Zinszahlungen aufzustellen (→Verprobung). Auflösungen ggf. bestehender Rechnungsabgrenzungsposten sind bei der Prüfung des Zinsaufwands (→Finanzergebnis) zu berücksichtigen; unterjährig gezahlte Zinsen sind zum Stichtag abzugrenzen (→periodengerechte Erfolgsermittlung). Die Zinsabgrenzungen sind zu überprüfen.

Literatur: ADS: Rechnungslegung und Prüfung der Unternehmen, Teilband 1, 6. Aufl., Stuttgart 1995; Hoyos, M./Ring, M.: Kommentierung des § 266 HGB, in: Ellrott, H. et al. (Hrsg.): BeckBilKomm, 6. Aufl., München 2006; IDW HFA 1/1986: Zur Bilanzierung von Zero-Bonds, in: IDW (Hrsg.): IDW Prüfungsstandards (IDW PS), IDW Stellungnahmen zur Rechnungslegung (IDW RS), IDW Standards (IDW S) einschließlich der dazugehörigen Entwürfe, IDW Prüfungs- und Rechnungslegungshinweise (IDW PH und IDW RH), Loseblattausgabe, Band II, Düsseldorf, Stand: 17. Erg.-Lfg. März 2006; IDW HFA 1/1994: Zur Behandlung von Genussrechten im Jahresabschluss von Kapitalgesellschaften, in: IDW (Hrsg.): IDW Prüfungsstandards (IDW PS), IDW Stellungnahmen zur Rechnungslegung (IDW RS), IDW Standards (IDW S) einschließlich der dazugehörigen Entwürfe, IDW Prüfungs- und Rechnungslegungshinweise (IDW PH und IDW RH), Loseblattausgabe, Band II, Düsseldorf, Stand: 17. Erg.-Lfg. März 2006.

Klaus Hammelstein

Annahmestichprobe →Entdeckungsstichproben, homograde; →Homograde Stichprobe

Annexberatung →Existenzgründungsberatung

Annuitätenmethode →Wirtschaftlichkeitsberechnungen

Anrechnungsverfahren, modifiziertes →Ergebnisabhängige Aufwendungen

Anreiz-Systeme →Incentive-Systeme

Ansatzgrundsätze

Die Ansatzgrundsätze legen fest, was als Aktivum und was als Passivum – unabhängig von dessen Höhe – in der Bilanz anzusetzen ist (Küpper/Wagenhöfer 2002, S. 642). Die →Bewertungsgrundsätze regeln demgegenüber die Frage der Höhe der Wertansätze. Gem. § 246 Abs. 1 HGB sind sämtliche →Vermögensgegenstände, →Schulden und →Rechnungsabgrenzungsposten (RAP) in der Bilanz anzusetzen und zu erfassen. Daneben regelt § 247 Abs. 1 i.V.m. § 243 Abs. 2 HGB, dass das →Anlagevermögen, das →Umlaufvermögen, das →Eigenkapital, die Schulden sowie die RAP gesondert auszuweisen und hinreichend aufzugliedern sind.

Die Aktivierungs- bzw. Passivierungsfähigkeit setzt das Vorliegen eines Vermögensgegenstandes bzw. einer Schuld (abstrakte Aktivierungs-/Passivierungsfähigkeit) sowie die Aktivierbarkeit/Passivierbarkeit (konkrete Aktivierungs-/Passivierungsfähigkeit) voraus.

Bei der Prüfung der Bilanz muss der Prüfer daher feststellen, ob sämtliche Vermögens- und Schuldposten vollständig erfasst sind und die Posten auch tatsächlich vorhanden sind. Grundlage für die Aufnahme von Vermögensgegenständen und Schulden in die Bilanz ist das →Inventar (§ 240 HGB). Insofern hat sich der Prüfer vom Vorhandensein und der vollständigen Erfassung der Vermögens- und Schuldposten im Inventar zu überzeugen. Hierbei sind insb. auch die Vorschriften zur Aktivierungs-/Passivierungspflicht, zu den Aktivierungs-/Passivierungswahlrechten (→bilanzpolitische Gestaltungsspielräume nach HGB) sowie zu den Aktivierungs-/Passivierungsverboten zu beachten. Ist geklärt, ob ein aktivierungsfähiger Gegenstand gegeben ist, stellt sich die Frage der Zurechnung. Entscheidend ist hierbei das wirtschaftliche Eigentum, wobei maßgebliches Kriterium die Verfügungsgewalt ist. Vom Prüfer zu beachten sind hier insb. die Sonderfälle des Eigentumsvorbehaltes, der Kommission, der Sicherungsübereignung, des Leasings (→Leasingverhältnisse) sowie von Treuhandverhältnissen (→Treuhandschaften; →Treuhandwesen).

In der Handelsbilanz besteht für alle Vermögensgegenstände grundsätzlich Aktivierungspflicht. Beispiele für handelsrechtliche Wahlrechte sind Kosten der Ingangsetzung und Erweiterung (→Ingangsetzungs- und Erweiterungsaufwendungen) des Geschäftsbetriebs (§ 269 HGB), derivativer →Geschäfts- oder Firmenwert (§ 255 Abs. 4 HGB) und aktive →latente Steuern (§ 274 Abs. 2 HGB). Daneben sind Wahlrechte bei RAP nach § 250 Abs. 1 und 3 HGB gegeben. Aktivierungsverbote bestehen für unentgeltlich erworbene →immaterielle Vermögensgegenstände (§ 248 Abs. 2 HGB), Gründungs- und Kapitalbeschaffungsaufwendungen (§ 248 Abs. 1 bzw. 2 HGB) und den originären Firmenwert (§ 255 Abs. 4 HGB).

Für Schulden gilt handelsrechtlich ebenso nach § 246 Abs. 1 HGB grundsätzlich eine Passivierungspflicht. Passivierungswahlrechte existieren bei der Wertaufholungsrücklage (§ 58 Abs. 2a AktG, § 29 Abs. 4 GmbHG), beim →Sonderposten mit Rücklageanteil (§§ 247 Abs. 3, 273 HGB; §§ 6b Abs. 3, 7g Abs. 3 EStG), bei mittelbaren Verpflichtungen aus Pensionszusagen (Art. 28 Abs. 1 Satz 2 EGHGB), bei den →Rückstellungen für im Geschäftsjahr unterlassene Reparaturen, die im Folgejahr nach Ablauf von 3 Monaten nachgeholt werden (§ 249 Abs. 1 Satz 3 HGB) und bei den Aufwandsrückstellungen (§ 249 Abs. 2 HGB).

Sowohl im Hinblick auf die einzelnen Aktivierungs- als auch Passivierungsgrundsätze hat der Prüfer zu untersuchen, ob die jeweiligen Voraussetzungen für die gewählte bilanzielle Behandlung vorliegen. Das Gesetz verlangt zudem in zahlreichen Fällen, insb. bei Ausübung von Ansatz- und Bewertungswahlrechten, Angaben im →Anhang, in denen das ausgeübte Wahlrecht zu begründen und ihr Einfluss auf die →Vermögenslage, →Finanzlage und →Ertragslage (→wirtschaftliche Verhältnisse) des Unternehmens darzulegen ist. Insb. in Fällen, in denen das Gesetz keine Zahlenangaben, sondern nur verbale Erläuterungen verlangt, muss der Prüfer kritisch untersuchen, ob die gewählte Formulierung einem getreuen Einblick (→True and Fair View) gerecht wird (IDW 2000, Abschn. R, Rn. 340).

Literatur: ADS: Rechnungslegung und Prüfung der Unternehmen, Teilband 6, 6. Aufl., Stuttgart 1998; Ballwieser, W. et al. (Hrsg.): HWRP, 3. Aufl., Stuttgart 2003; IDW (Hrsg.): WPH 2000, Band I, 12. Aufl., Düsseldorf 2000; Küpper, H.-U./Wagenhofer, A. (Hrsg.): HWUC, 4. Aufl., Stuttgart 2002.

Maike Riecken

Ansatzprüfung →Materielle Prüfung

Ansatzstetigkeit →Stetigkeit

Anschaffungskosten

AK bezeichnen jene Aufwendungen (→Aufwendungen und Erträge), die im Rahmen des Erwerbs von →Vermögensgegenständen an-

Anschaffungskosten

fallen. Sie bilden die Wertobergrenze für den Wertansatz der Vermögensposten. Gem. § 255 Abs. 1 HGB zählen folgende Komponenten zu den AK:

Kaufpreis

− Anschaffungspreisminderungen

+ Anschaffungsnebenkosten einschl. Kosten der Versetzung in die Betriebsbereitschaft

+ nachträgliche Anschaffungskosten

= Anschaffungskosten

Es dürfen nur die Beträge in die AK einfließen, die dem Vermögensgegenstand einzeln zugerechnet werden können; Gemeinkosten (→Gemeinkostencontrolling) dürfen daher keine Berücksichtigung finden. Der *Kaufpreis* versteht sich bei vorsteuerabzugsberechtigten Unternehmen (→Umsatzsteuersonderprüfung) als Nettobetrag. Bei Anschaffungen in einer Fremdwährung erfolgt die Euro-Umrechnung zum Briefkurs (Kahle 2002, Rn. 63–68 zu § 255 HGB, S. 19–20). Der Kaufpreis ist um alle *Anschaffungspreisminderungen* zu kürzen; hierzu zählen u. a. in Anspruch genommene Skonti, Rabatte, zurückgewährte Entgelte und Nachlässe sowie Boni.

Finanzierungskosten gehören nicht zu den AK, da diese gem. § 255 Abs. 3 HGB auf den Zeitraum der Herstellung entfallen müssen und somit nur für die Bestimmung der Herstellungskosten (→Herstellungskosten, bilanzielle; →Herstellungskosten, Prüfung der) relevant sind. Bei Zuwendungen der öffentlichen Hand, wie z. B. →Zuschüsse, →Zulagen, Subventionen oder Beihilfen, können die AK um den Zuwendungsbetrag reduziert werden, sofern das Unternehmen die Zuwendung nicht zurückzahlen muss. Hierbei wird der Zuwendungsbetrag erfolgsneutral erfasst und wirkt sich erst in den Folgeperioden durch geringere Abschreibungsbeträge (→Abschreibungen, bilanzielle) auf die →Gewinn- und Verlustrechnung (GuV) aus. Alternativ kann auch eine passivische Abgrenzung erfolgen: Der Vermögensgegenstand wird in Höhe der Anschaffungskosten brutto ausgewiesen. Die Zuwendung wird als passiver Sonderposten verbucht, der über die →Nutzungsdauer des Vermögenspostens aufgelöst wird, sodass die GuV insgesamt nur mit der Netto-Abschreibung belastet wird. Diese indirekte Methode wird in der Literatur kritisch gesehen, da der Einblick in die Unternehmenslage erschwert wird (ADS 1995, Rn. 56 zu § 255 HGB, S. 351). Zuwendungen, die nicht im Zusammenhang mit der Investitionstätigkeit (→Investition) stehen, sind sofort erfolgswirksam zu erfassen. Werden Zuschüsse mit späteren Zahlungen verrechnet (z. B. Bauzuschüsse von Mietern), liegt eine Verpflichtung vor, die entsprechend als →erhaltene Anzahlungen oder ggf. als →Rückstellung zu passivieren ist (IDW 2006, Rn. 255 zu § 255 HGB, S. 338). Falls der Vermögensposten durch Ausübung einer Kaufoption oder eines Terminkontraktes erworben wurde, stellen die Aufwendungen für den Erwerb der Kaufoption bzw. der Kontraktpreis die Anschaffungskosten dar (Kahle 2002, Rn. 93–94 zu § 255 HGB, S. 24–25).

Als *Anschaffungsnebenkosten* gelten alle Ausgaben, die unmittelbar mit dem Erwerb oder der *Versetzung in den betriebsbereiten Zustand* zusammenhängen. Auch hier ist eine einzelne Zurechenbarkeit (→Kostenzurechenbarkeit) vorausgesetzt. Zu nennen sind u. a.:

- Nebenkosten des Erwerbs (z. B. Provisionen, GrESt),
- Nebenkosten der Verbringung in die Unternehmung [z. B. Zölle (→Zollprüfung; →Zollfahndung), Transportversicherung, Verpackung] sowie
- Nebenkosten der Inbetriebnahme/Versetzung in den betriebsbereiten Zustand (z. B. Kosten der Fundamentierung, Montagekosten oder Kosten für Probeläufe und Sicherheitsüberprüfungen).

Die *Betriebsbereitschaft* eines Vermögenspostens ist gegeben, sobald dieser seiner Zweckbestimmung entsprechend genutzt werden kann. Bei →Sachanlagen liegt die Betriebsbereitschaft i. d. R. mit der Montage am betrieblichen Einsatzort vor, ggf. nach Abschluss von Probeläufen. Beim Kauf eines →Grundstücks zählen auch die Abbruchkosten für ein Gebäude zu den Anschaffungsnebenkosten, sofern im Erwerbszeitpunkt beabsichtigt war, das Grundstück unbebaut zu nutzen (ADS 1995, Rn. 13 und 24 zu § 255 HGB, S. 339 und 344). Grundsätzlich sind nur Anschaffungsnebenkosten in der tatsächlich angefallenen Höhe dem Vermögensgegenstand zuzurechnen. Jedoch sind aus Vereinfachungsgründen Pauschalierungen von direkt zuzurechnenden AK zulässig, z. B. bei Transportversicherungen (IDW 2006, Rn. 249 zu § 255 HGB, S. 336–337). Die Einbeziehung von Anschaffungsnebenkosten kann dazu führen, dass die aktivierten Anschaffungskosten höher sind als der Zeitwert (→Zeitwerte, Prüfung von) des Vermögenspostens. Daher ist in jedem Fall zu prüfen, ob ggf. eine →außerplanmäßige Abschreibung gem. § 253 Abs. 2 Satz 3 HGB erforderlich ist. Zu den *nachträglichen Anschaffungskosten* zählen jene Aufwendungen, die nicht zeitnah zum Anschaffungszeitpunkt angefallen sind, die aber zum Zwecke des Erwerbs oder der Herstellung der Betriebsbereitschaft getätigt werden. Voraussetzung für eine Aktivierung ist, dass der Vermögensposten durch die nachträglich aufgewendeten Ausgaben eine erhebliche Wertsteigerung erfahren hat (Kahle 2002, Rn. 108–113 zu § 255 HGB, S. 26–28).

Anschaffungsvorgänge können rechtlich auch als *Tausch* vollzogen werden. Bei Tauschgeschäften kann handelsrechtlich zwischen einer Buchwertfortführung (Wertansatz erfolgt zum Buchwert des hingegebenen Postens), Gewinnrealisierung (Ansatz erfolgt zum Zeitwert, jedoch höchstens zum geschätzten Zeitwert des eingetauschten Postens) oder ergebnisneutralen Behandlung (Ansatz erfolgt zum Buchwert des hingegebenen Postens zzgl. Ertragsteuerbelastung) unterschieden werden (IDW 2006, Rn. 264 zu § 255 HGB, S. 341–342). Erfolgt die Vermögensübertragung im Zuge einer Gesamtrechtsnachfolge ist entsprechend den Vorschriften des UmwG zwischen Verschmelzung, Spaltung, Übertragung als übertragende Umwandlung sowie der Formwechsel zu unterscheiden (→Unternehmensumwandlungen; →Umwandlungsprüfung). Während beim Formwechsel die Buchwerte mangels Anschaffungsvorgang grundsätzlich fortgeführt werden, kann im Falle der übertragenden Umwandlung zwischen der Buchwertfortführung und der Bilanzierung zu Zeitwerten gewählt werden. Bei *unentgeltlichem Erwerb*, wie z. B. Schenkung oder Erbschaft, ist eine Aktivierung zum Zeitwert vorzunehmen (Kahle 2002, Rn. 35–59, 74–77 zu § 255 HGB, S. 14–18, 21).

Literatur: ADS: Rechnungslegung und Prüfung der Unternehmen, Teilband 1, 6. Aufl., Stuttgart 1995; IDW (Hrsg.): WPH 2006, Band I, 13. Aufl., Düsseldorf 2006; Kahle, H.: Kommentierung des § 255 HGB, in: Baetge, J./Krisch, H.-J./Thiele, S. (Hrsg.): Bilanzrecht, Bonn 2002.

Inge Wulf

Anschaffungskosten, Prüfung der

§ 255 Abs. 1 HGB definiert die →Anschaffungskosten (AK) als „die Aufwendungen, die geleistet werden, um einen Vermögensgegenstand zu erwerben und ihn in einen betriebsbereiten Zustand zu versetzen, soweit sie dem Vermögensgegenstand einzeln zugeordnet werden können", wobei diese Aufwendungen einzeln zurechenbar sein müssen. Die AK beinhalten neben dem Anschaffungspreis (Rechnungspreis) auch alle Nebenkosten und nachträglichen AK, die bei der Beschaffung eines →Vermögensgegenstands und seines Versetzens in einen betriebsbereiten Zustand entstanden sind. Gleichzeitig sind nach dem Erfolgsneutralitätsprinzip Minderungen des Anschaffungspreises oder der Nebenkosten des Erwerbs von den AK abzusetzen. Die AK bilden die Basis für spätere Abschreibungen (→Abschreibungen, bilanzielle).

Der *Anschaffungspreis* ist anhand geeigneter Nachweise (→Prüfungsnachweise), wie z. B. Eingangsrechnungen oder Verträge, zu prüfen. Sofern die Möglichkeit zum Vorsteuerabzug besteht, umfasst der Anschaffungspreis nur den Nettopreis abzgl. USt. Nicht abziehbare Vorsteuer ist dagegen Bestandteil der AK. Erfolgt der Kauf auf *Rentenbasis*, ist zudem die Ermittlung des Barwerts in die Prüfung einzubeziehen. Bei der Anschaffung des Vermögensgegenstands in *fremder Währung* ist bei Bargeschäften und →Anzahlungen die zutreffende Umrechnung (→Währungsumrechnung) mit dem zum Erwerbszeitpunkt aufgewendeten €-Betrag zu prüfen, während bei Zielkäufen der Geldkurs zum Zeitpunkt der Erstverbuchung der →Verbindlichkeiten maßgeblich ist. Bereits im Rahmen der Anschaffung sind Überlegungen zur *Werthaltigkeit* des Vermögensgegenstandes zu machen. Darüber hinaus ergeben sich Sonderfragen i.V.m. *Tauschgeschäften*, *Umwandlungsvorgängen* (→Unternehmensumwandlungen) oder beim *unentgeltlichen Erwerb*.

Bei der Prüfung der *Anschaffungsnebenkosten* ist zwischen den Nebenkosten anlässlich des Erwerbs, wie z. B. Eingangsfrachten, Zölle, Provisionen, Courtagen, Transport- und Speditionskosten und GrESt, und →Kosten des Versetzens des Vermögensgegenstandes in einen betriebsbereiten Zustand, wie z. B. Montage-, Fundamentierungs-, Inspektions- und Abnahmekosten, Kosten des Probelaufs sowie der Sicherheitsprüfung, zu unterscheiden. Nebenkosten des Erwerbs müssen dem Vermögensgegenstand einzeln zurechenbar sein (→Kostenzurechenbarkeit). Für Gemeinkosten (→Gemeinkostencontrolling), die nur durch eine mittelbare Zuordnung zurechenbar sind, gilt aus Objektivierungs- und Vereinfachungsgründen ein Aktivierungsverbot. Hingegen wird aus Vereinfachungsgründen die Pauschalierung direkt zurechenbarer Nebenkosten, z. B. bei Eingangsfrachten, Verpackungskosten und Transportversicherungen, als zulässig angesehen.

Bei der Prüfung der AK ist das grundsätzliche Verbot der Einbeziehung von *Finanzierungskosten* ist zu beachten. Sie können nur insoweit als Anschaffungsnebenkosten aktiviert werden, als die Kredite zur Finanzierung von Anzahlungen oder Vorauszahlungen für erworbene Güter mit längerer Bauzeit dienen.

Nachträgliche AK liegen vor, wenn ein Vermögensgegenstand z. B. durch Instandhaltung (→Instandhaltungscontrolling) und Umbau verändert wird, sodass sich eine Erweiterung, eine wesentliche Verbesserung oder eine Änderung des Nutzungszweckes ergibt. Weiterhin zählen rückwirkende Erhöhungen von Kaufpreis und Anschaffungsnebenkosten zu den nachträglichen AK. Nachträgliche Währungsschwankungen oder Preissicherungsklauseln betreffen die Finanzierungssphäre und führen nicht zu nachträglichen Anpassungen der AK.

AK-Minderungen umfassen alle in Anspruch genommenen Skonti, Rabatte, Boni und sonstigen Preisnachlässe sowie zurückgewährte Entgelte. Auch hier wird eine Pauschalierung als zulässig angesehen.

Subventionen und →*Zuschüsse* können grundsätzlich von den AK abgesetzt oder durch Bildung eines Passivpostens neutralisiert werden. Die sofortige erfolgswirksame Vereinnahmung wird nur in Ausnahmefällen als sachgerecht angesehen.

Im Rahmen der Prüfung von AK nach den →*International Financial Reporting Standards (IFRS)* ergeben sich Besonderheiten für Fremdfinanzierungskosten, für die ein Einbeziehungswahlrecht gilt (→bilanzpolitische Gestaltungsspielräume nach IFRS), sowie für erwartete Aufwendungen für Abbruch, Rückbau oder Entsorgung (Dismantling Costs, IAS 16.15c), welche zu einer Erhöhung der AK (bei gleichzeitiger Bildung einer →Rückstellung) führen.

Literatur: IDW (Hrsg.): WPH 2006, Band I, 13. Aufl., Düsseldorf 2006, Abschn. E, Rn. 248–267.

Gerald Reiher

Anschaffungsnebenkosten →Anschaffungskosten

Anspruchserhebungsprinzip →Berufshaftpflichtversicherung des Wirtschaftsprüfers und des Steuerberaters

Anstalt →Öffentliche Unternehmen

Anstellungsvertrag des Geschäftsleiters →Wettbewerbsverbot der Unternehmensleitung

Antizipationen →Bilanztheorie

Antizipative Posten →Rechnungsabgrenzungsposten

Anzahlungen

Bei Anzahlungen handelt es sich um Vorleistungen im Rahmen von schwebenden Geschäften, bei denen die geschuldete Lieferung oder Leistung des Vertragspartners noch nicht bzw. noch nicht vollständig erbracht wurde. Zu unterscheiden ist zwischen geleisteten und erhaltenen Anzahlungen. *Geleistete Anzahlungen* können durch das Unternehmen für Gegenstände des →Anlagevermögens oder des →Umlaufvermögens entrichtet worden sein. Sie sind von →Rechnungsabgrenzungsposten zu unterscheiden, da sie keinen Zeitraumbezug haben. Ferner sind sie von sonstigen →Vermögensgegenständen abzugrenzen, da sie durch Zahlung und nicht erbrachte Lieferungen oder Leistungen entstanden sind. *Erhaltene Anzahlungen* entstehen durch eine Einzahlung des Auftraggebers des Unternehmens. Dabei muss sich diese Anzahlung auf einen künftigen Umsatz des Unternehmens beziehen. Ansonsten würden sonstige →Verbindlichkeiten vorliegen. Weitere Voraussetzung für die Annahme von Anzahlungen ist das Vorliegen eines schwebenden Geschäfts, dass durch Vertrag, Vorvertrag oder ein bindendes Vertragsangebot, mit dessen Annahme ernsthaft zu rechnen ist, konkretisiert sein muss.

Der *Nachweis* von geleisteten Anzahlungen wird nach den gleichen Grundsätzen wie bei →Forderungen aus Lieferungen und Leistungen geprüft (→Nachweisprüfungshandlungen). Als Prüfungsunterlagen dienen hierzu insb. Saldenlisten oder Zahlungsbelege. Ferner ist zu prüfen, ob der Ausweis als Anzahlung noch zutreffend ist oder ob durch zwischenzeitliche Lieferung oder Leistung eine Verrechnung mit der korrespondierenden Verbindlichkeit erforderlich ist.

Geleistete Anzahlungen sind zu →Anschaffungskosten (AK) zu bewerten. Dies ist i.d.R. der entrichtete Anzahlungsbetrag. Wie bei Forderungen ist zu prüfen, ob Abschreibungen (→Abschreibungen, bilanzielle) aufgrund von Bonitätsproblemen (→Bonität; →Bonitätsanalyse) erforderlich sind. Bei geleisteten Anzahlungen in Fremdwährung sind Abwertungen auf einen niedrigeren Stichtagskurs grundsätzlich vorzunehmen. Abziehbare Vorsteuer ist nicht zu aktivieren.

Hinsichtlich des Ausweises hat der →Abschlussprüfer (APr) die oben genannten Abgrenzungsfragen zu berücksichtigen.

Für die Prüfung von erhaltenen Anzahlungen gelten die gleichen Grundsätze wie für Verbindlichkeiten aus Lieferungen und Leistungen. Die Nachweisprüfung erfolgt allgemein durch Saldenlisten oder Einzahlungsbelege. Darüber hinaus ist auch hier zu prüfen, ob der Ausweis als erhaltene Anzahlung noch zutreffend ist oder wegen zwischenzeitlich erfolgter Lieferung oder Leistung mit der korrespondierenden Forderung zu verrechnen ist. Ferner kommt bei erwarteten Rückforderungsansprüchen ein geänderter Ausweis unter den sonstigen Verbindlichkeiten in Betracht.

Die *Bewertung* erhaltener Anzahlungen erfolgt zum Nennbetrag. Sofern die Anzahlung in Fremdwährung entrichtet wurde, erfolgt eine Einbuchung zum Geldkurs. An nachfolgenden Stichtagen sind bei steigenden Kursen Aufwertungen vorzunehmen (→Bewertungsgrundsätze; →Währungsumrechnung).

Erhaltene Anzahlungen sind grundsätzlich unter den Verbindlichkeiten *auszuweisen*. Gem. § 268 Abs. 5 Satz 2 HGB können diese aber auch offen von den Vorräten (→Vorratsvermögen) abgesetzt werden. Voraussetzung hierfür ist, dass es sich um Anzahlungen auf Vorräte handelt. Eine entsprechende Verwendung der erhaltenen Anzahlungen ist grundsätzlich nicht erforderlich. Daher können i.A. sämtliche erhaltene Anzahlungen auf Vorräte offen von der Gesamtsumme der Vorräte abgesetzt werden, sofern hieraus insgesamt kein Negativbetrag entsteht. Eine Ausnahme kann sich jedoch ergeben, sofern durch den gewählten Ausweis die →Finanzlage (→wirtschaftliche Verhältnisse) der Gesellschaft unzutreffend dargestellt würde. Dies wäre insb. dann der Fall, wenn erhebliche erhaltene Anzahlungen noch nicht verwendet worden sind und diese ggf. sogar auf gesonderten Bankkonten geführt werden. Zu berücksichtigen ist, dass der jeweilige Ausweis Auswirkung auf die Bilanzsumme hat und somit für die Zuordnung zu den →Größenklassen des § 267 HGB entscheidend sein kann.

Die erhaltene Anzahlung kann ohne *USt* ausgewiesen werden. Bei einem Ausweis inkl. USt ist die zusätzlich passivierte USt-Schuld durch einen aktiven Rechnungsabgrenzungsposten nach § 250 Abs. 1 Nr. 2 HGB zu neutralisieren.

Bei der Prüfung von Abschlüssen nach den →International Financial Reporting Standards (IFRS) ist zu berücksichtigen, dass erhaltene Anzahlungen als Verbindlichkeiten zu passivieren sind. Eine Absetzung von den Vorräten ist nur bei →langfristiger Auftragsfertigung (IAS 11.42) unter Berücksichtigung zusätzlicher →Angabepflichten zulässig.

Literatur: Ellroth, H./Ring, S.: Kommentierung des § 247 HGB, in: Ellrott, H. et al. (Hrsg.): BeckBilKomm, 6. Aufl., München 2006, Rn. 70–72; Hoyos, M./Ring, M.: Kommentierung der §§ 253 und 266 HGB, in: Ellrott, H. et al. (Hrsg.): BeckBilKomm, 6. Aufl., München 2006, Rn. 95–98 und 223–227; IDW (Hrsg.): WPH 2000, Band I, 12. Aufl., Düsseldorf 2000, Abschn. E, Rn. 422 und Absch. R, Rn. 490.

Gerald Reiher

APAK →Abschlussprüferaufsichtskommission

A-posteriori-Wahrscheinlichkeiten →Entdeckungswahrscheinlichkeiten, bedingte

A-priori-Wahrscheinlichkeiten →Entdeckungswahrscheinlichkeiten, bedingte

Arbeitsdirektor →Mitbestimmung

Arbeitsgemeinschaften →Unternehmenszusammenschlüsse

Arbeitsintensität →Vermögensstruktur

Arbeitspapiere des Abschlussprüfers

Nach der *Definition* des *Hauptfachausschusses des* →*Instituts der Wirtschaftsprüfer in Deutschland e.V.* (*IDW*) sind Arbeitspapiere alle Aufzeichnungen und Unterlagen, die der →Abschlussprüfer (APr) im Zusammenhang mit der Abschlussprüfung (→Jahresabschlussprüfung; →Konzernabschlussprüfung) selbst erstellt, sowie alle Schriftstücke und Unterlagen, die er von dem geprüften Unternehmen oder von Dritten als Ergänzung seiner eigenen Unterlagen zum Verbleib erhält. Da sie internen Zwecken dienen, sind sie nicht zur Weitergabe bestimmt (→Verschwiegenheitspflicht des Wirtschaftsprüfers).

Die *Funktion der Arbeitspapiere* ist in erster Linie die Dokumentation der zur Stützung der Prüfungsaussagen dienenden →Prüfungsnachweise. Gleichzeitig wird anhand der Arbeitspapiere nachgewiesen, dass die Abschlussprüfung in Übereinstimmung mit den →Grundsätzen ordnungsmäßiger Abschlussprüfung (GoA) durchgeführt wurde.

Die Arbeitspapiere erfüllen vielfältige *Zwecke*, wie z. B.

- Unterstützung bei der →Planung und Durchführung der Abschlussprüfung (→Prüfungsplanung; →Prüfungsprozess),
- Unterstützung bei der Überwachung der Prüfungstätigkeit,
- Dokumentation der Prüfungsnachweise zur Stützung der Prüfungsaussagen im →Prüfungsbericht (PrB) und im →Bestätigungsvermerk (BestV),
- Grundlage für die Erstellung des Prüfungsberichts,
- Unterstützung bei der Beantwortung von Rückfragen zur Prüfung sowie zur Vorbereitung von →Folgeprüfungen,
- Grundlage für Maßnahmen zur →Qualitätssicherung in der Wirtschaftsprüferpraxis und
- Sicherung des Nachweises in Regressfällen (→Haftung des Wirtschaftsprüfers).

Hinsichtlich der *Form und des Inhaltes von Arbeitspapieren* ist anzumerken, dass der APr die durchgeführte Abschlussprüfung angemessen zu dokumentieren hat. Diese Dokumentation erfolgt über die Arbeitspapiere. Feststellungen, die im PrB enthalten sind, müssen nicht zusätzlich in den Arbeitspapieren wiederholt werden. Arbeitspapiere und PrB müssen jedoch alle Informationen enthalten, die zum Prüfungsergebnis (→Prüfungsurteil) insgesamt führen als auch zu einzelnen Prüfungsfeststellungen. Hinsichtlich der Form gibt es keine gesonderten Vorschriften, jedoch müssen die Arbeitspapiere dem Grundsatz der Klarheit und Übersichtlichkeit entsprechen. Form und Inhalt liegen im pflichtgemäßen Ermessen des Wirtschaftsprüfers (→Eigenverantwortlichkeit des Wirtschaftsprüfers). Die Aufbewahrung und Erstellung von Arbeitspapieren kann außer in Papierform auch in elektronischer Form oder mithilfe anderer geeigneter Medien erfolgen.

Die Arbeitspapiere müssen Aufschluss über Informationen zur Planung – einschl. der im Verlauf der Prüfung (→Prüfungsprozess) vorgenommenen Änderungen – beinhalten sowie Art, zeitlichen Ablauf und Umfang der durchgeführten Prüfungshandlungen (z. B. Nachweisprüfungshandlungen) erkennen lassen. Des Weiteren sind die Ergebnisse aus den eingeholten Prüfungsnachweisen und die daraus gezogenen Schlussfolgerungen einschl. der Überlegungen des Abschlussprüfers zu wichtigen Sachverhalten, denen Ermessensentscheidungen zugrunde liegen, in den Arbeitspapieren darzulegen.

Form und Inhalt der Arbeitspapiere richten sich nach der Art des Auftrages (→Prüfungsauftrag und -vertrag), der Form des →Prüfungsurteils und dem Inhalt des Prüfungsberichtes. Ebenfalls haben die Art und Komplexität der Geschäftstätigkeit des zu prüfenden Unternehmens und die Art und der Zustand des rechnungslegungsbezogenen →Internen Kontrollsystems des zu prüfenden Unternehmens Einfluss auf die Gestaltung der Arbeitspapiere. Der Umfang der im Einzelfall erforderlichen Anleitung und Überwachung der Mitarbeiter sowie die Durchsicht ihrer Arbeitsergebnisse prägen, ebenso wie Besonderheiten der angewandten Prüfungsmethoden und -techniken (→Buchführungstechnik und Prüfungsmethoden), die Form und den Inhalt von Arbeitspapieren. Die Klarheit und Übersichtlichkeit von Arbeitspapieren werden z. B. dadurch gewährleistet, dass die Arbeitspapiere erkennen lassen, von wem und wann sie angelegt und ggf. nachgeprüft wurden. Die Arbeitspapiere sollen Aufzeichnungen über Art,

Umfang und Ergebnis der Prüfungshandlungen im Einzelnen enthalten und Aufschluss über die Bedeutung verwendeter Prüfzeichen geben. Die einzelnen Prüfungsschritte müssen anhand der Arbeitspapiere nachvollziehbar, Texte und Zahlen lesbar und die Übersichtlichkeit der Ordnung und Ablage von Arbeitspapieren z. B. durch ein Inhaltsverzeichnis, eine systematische Nummerierung und evtl. Querverweise gegeben sein.

Eine Standardisierung (z. B. durch →Prüfungschecklisten, Musterbriefe, Standardgliederung) ermöglicht eine effizientere Erstellung und Durchsicht der Arbeitspapiere. Darüber hinaus erleichtern standardisierte Arbeitspapiere die Delegation der anfallenden Arbeiten sowie die Kontrolle der →Prüfungsqualität (→Risikomanagement der Revisions- und Treuhandbetriebe).

Inhalte von Arbeitspapieren können Kopien von Urkunden, Schriftstücken und Aufzeichnungen sein. Auch vom Unternehmen erstellte Aufzeichnungen, Analysen und sonstige Unterlagen können als Arbeitspapiere herangezogen werden. Die Arbeitspapiere sollten Informationen über den Geschäftszweig und das rechtliche und →wirtschaftliche Umfeld des Unternehmens, Rechtsverhältnisse (→rechtliche Verhältnisse) und Organisation, Risikobeurteilung und →Prüfungsplanung enthalten. Darüber hinaus sollten die Arbeitspapiere Aufschluss über das rechnungslegungsbezogene IKS, falls vorhanden über die →Interne Revision und sonstige Besonderheiten des Unternehmens geben. Ebenfalls sind die →Vollständigkeitserklärung, der JA, der →Lagebericht und der BestV sowie das Auftragsbestätigungsschreiben (→Auftragsbestätigung) in die Arbeitspapiere aufzunehmen. Angaben zum Prüfungszeitpunkt, zum Prüfungsort, zu Prüfungshandlungen (→Auswahl von Prüfungshandlungen), zur Zusammensetzung des Prüfungsteams sowie die Prüfungsnachweise für die einzelnen →Prüffelder inkl. Analysen von Geschäftsvorfällen, Salden, bedeutsamen Kennzahlen (→Kennzahlen und Kennzahlensysteme als Kontrollinstrument) und Trends (→analytische Prüfungshandlungen) gehören ebenso zu den Arbeitspapieren wie die Abwägungen und Schlussfolgerungen des Abschlussprüfers im Zusammenhang mit Ermessensentscheidungen der gesetzlichen Vertreter. Kopien des gesamten Schriftverkehrs, die in Zusammenhang mit der →Jahresabschlussprüfung stehen, wie z. B. →Managementletter und Gesprächsprotokolle, sind in die Arbeitspapiere aufzunehmen. Auf Art, Umfang und Verwendung von →Ergebnissen Dritter ist gesondert einzugehen. Angaben zur Person des Dritten, dessen Ergebnisse verwendet wurden, sind ebenfalls darzustellen.

Die Arbeitspapiere sollten die Beaufsichtigung der Prüfungsdurchführung (→Auftragsdurchführung), die Durchsicht der Prüfungsunterlagen durch den verantwortlichen APr und die Tatsache einer durchgeführten →Berichtskritik erkennen lassen.

Sofern Arbeitspapiere für Folgeprüfungen relevant sind, ist die Ablage in einer *Dauerakte* zu bevorzugen. Die Dauerakte beinhaltet somit eine systematische Sammlung aller Unterlagen, die über einen Zeitraum von mehreren Jahren Bedeutung haben. Sie ist laufend zu ergänzen und auf dem neuesten Stand zu halten.

Die Arbeitspapiere sind Eigentum des Abschlussprüfers und gehören zu dessen Handakten, deren gesetzliche Aufbewahrungsfrist in Deutschland 7 Jahre beträgt.

Der APr muss die Vertraulichkeit der Arbeitspapiere wahren und eine sichere Aufbewahrung jederzeit gewährleisten.

Literatur: IDW (Hrsg.): IDW Prüfungsstandard: Arbeitspapiere des Abschlussprüfers (IDW PS 460, Stand: 28. Juni 2000), in: WPg 54 (2000), S. 916–918; IDW (Hrsg.): WPH 2006, Band I, 13. Aufl., Düsseldorf 2006.

Holger Reichmann

Arbeitsproduktivität →Wertschöpfungsanalyse

Arbitriumwert →Unternehmenswert

Argentinien

Wie die Rechnungslegungsrichtlinien, so werden auch die →Prüfungsrichtlinien in Argentinien von der *CENCyA*, der Kommission für Rechnungslegungs- und Prüfungsgrundsätze, festgelegt. Diese Aufgabe ist im Gesetz über die Tätigkeit der *Consejos Profesionales* verankert. Unter dem Dach des privaten Berufsverbands FACPCE sind 24 separate Consejos zusammengeschlossen (einer für jede Provinz und einer für die Bundeshauptstadt). Der *FACPCE* vertritt Argentinien über die *CENCyA* im *IAASB* der →*International Federation of Accountants* (*IFAC*).

Abschlüsse sind einmal jährlich (bei KapGes häufiger) zu erstellen und müssen von einem Prüfungsgutachten begleitet sein. Es ist die Aufgabe der *Consejos Profesionales* sicherzustellen, dass diese Gutachten unter Beachtung der als NCP bekannten argentinischen Buchführungsstandards auf Provinzebene erstellt und die Abschlüsse von einem unabhängigen WP unter Verwendung der argentinischen Prüfungsrichtlinien NAA geprüft werden.

Die *CENCyA* muss dafür Sorge tragen, dass sich die in Argentinien geltenden Prüfungsgrundsätze (ebenso wie die Rechnungslegungsgrundsätze) immer an der internationalen Entwicklung orientieren.

Wenngleich sich die in Argentinien geltenden Prüfungsrichtlinien insgesamt nach den →International Standards on Auditing (ISA) der *IFAC* richten, so sind sie doch nicht ganz so detailliert wie die ISA selbst. Aus diesem Grunde hat die *CENCyA* ein Programm gestartet, mit dem in Anlehnung an die ISA die eigenen Standards ausgebaut werden sollen. Dabei geht die *CENCyA* davon aus, dass nach und nach die meisten der 192 separaten Vorgaben der ISA übernommen werden.

Die *Consejos Profesionales* sind verantwortlich für die Lizenzierung, Überprüfung und Disziplinierung von WP. Lizenzierte WP müssen sich an die Prüfungsrichtlinien der *CENCyA* halten. Zuwiderhandlungen können zivilrechtliche Maßnahmen der *Consejos* nach sich ziehen, die von Verwarnungen bis hin zum Entzug der Lizenz als WP reichen können. Die Überwachung der Prüfungspraktiken durch die *Consejos* erfolgt im Rahmen stichprobenartiger Konformitätsprüfungen sowie durch die Untersuchung von Problemen, die den *Consejos* zur Kenntnis gebracht wurden.

Die in Argentinien geltenden Prüfungsgrundsätze sind durch den Technischen Beschluss Nr. 7 festgelegt, der vom *FACPCE* herausgegeben und von den einzelnen *Consejos Profesionales* verabschiedet wurde.

Diese Grundsätze umfassen sowohl die für Wirtschaftsprüfungen i.A. geltenden Normen als auch die insb. für die Abschlussprüfung relevanten Bestimmungen. Sie sind zusammengesetzt aus:

1) den Grundbedingungen für die Durchführung der Prüfung: Unabhängigkeit des Wirtschaftsprüfers;

2) den Richtlinien zur praktischen Durchführung und

3) den für unterschiedliche Audit-Berichte geltenden Standards.

Auch die Rechnungslegungsgrundsätze werden in Argentinien vom bereits erwähnten *FACPCE*, im Besonderen durch dessen technisches Gremium, die *CENCyA*, festgelegt. Diese unter der Bezeichnung NCP laufenden Standards werden vom *FACPCE* im *Boletin Oficial de la República Argentina (Mitteilungsblatt für Rechtsveröffentlichungen)* herausgegeben. Eine vom *Consejo* einer Provinz angenommene Richtlinie wird dann zum für die betreffende Provinz maßgeblichen Rechnungslegungsgrundsatz.

Aufsichts- und Regulierungsbehörden können darüber hinaus auch die Einhaltung der gesetzlichen Rechnungslegungsgrundsätze (NCL) verlangen, die u.U. von den NCP abweichen. Vertreter offizieller Stellen, wie bspw. der Zentralbank, der staatlichen Wertpapieraufsichtsbehörde und des Generalinspektorats der Justiz, sind ebenso wie Vertreter aus Wirtschaft und Hochschulkreisen zur Teilnahme an den *CENCyA*-Besprechungen eingeladen. Aufgrund der engen Koordination zwischen der *CENCyA* und den Behörden bestehen jedoch zwischen den NCP und den diversen NCL keine wesentlichen Unterschiede.

Die *CENCyA* sieht in den →International Financial Reporting Standards (IFRS) die Hauptquelle für Rechnungslegungsgrundsätze und hat ihre eigenen Standards in den letzten Jahren erheblich stärker an diese angesprochenen Normen angenähert.

Im Jahr 1997 unternahm die *CENCyA* einen Vergleich zwischen den NCP und den IAS, aus dem der Beschluss hervorging, dass der Großteil der noch verbleibenden Unterschiede beseitigt werden sollte. Seither wurden acht Änderungen an den NCP in die Praxis umgesetzt. Darüber hinaus bemüht sich die *CENCyA* um die endgültige Zustimmung für die Einbindung einer Reihe von IFRS in die NCP für solche Bereiche, in denen bislang noch keine argentinischen Richtlinien existieren. Die *CENCyA* vertritt jedoch die Auffassung, dass auf gewissen Gebieten die Unterschiede zu den IFRS bestehen bleiben sollten. Dies betrifft Themen, die nach Meinung der *CENCyA* von den IFRS nicht aufgegriffen werden.

Nach argentinischem Handelsrecht müssen alle Unternehmen mit Ausnahme von im Besitz einer Einzelperson befindlichen Firmen umfassende Jahresberichte vorlegen, während KapGes darüber hinaus auch Quartalsberichte erstellen müssen. Sowohl die Jahres- als auch die Quartalsberichte müssen den Vorgaben der NCP folgen.

Die Durchsetzung des Einsatzes von Rechnungslegungsgrundsätzen obliegt den *Consejos* und den für die jeweiligen Sektoren zuständigen offiziellen Regulierungsbehörden (im Falle der Regulierung des Wertpapiermarktes ist dies bspw. die CNV, die staatliche Börsenaufsicht). Zuwiderhandlungen gegen die NCP ziehen für die WP durch die *Consejos* auferlegte Disziplinarmaßnahmen, für die Unternehmen durch die Regulierungsbehörden erhobene Strafen nach sich. Die *Consejos* haben Sonderrechtsausschüsse eingerichtet, die WP (in Form von Stichproben) routinemäßig auf Einhaltung der NCP überprüfen. Darüber hinaus führen diese Ausschüsse auch Untersuchungen im Zuge konkreter Beanstandungen durch.

Antonio Juan Lattuca; Gabi Joachim

Argumentationswert →Unternehmenswert

Artikelerfolgsrechnung

Die Artikelerfolgsrechnung ist ein Verfahren der kurzfristigen Ergebnisrechnung (→Erfolgsrechnung, kurzfristige), das im internen →Rechnungswesen angewendet wird. Das Periodenergebnis wird dabei nicht nur für das Unternehmen als Ganzes ermittelt, sondern auch für die einzelnen Produkte (Artikel) differenziert ausgewiesen. Um auf diese Weise die Erfolgsquellen des Unternehmens aufzeigen zu können, müssen sowohl →Erlöse als auch →Kosten den Artikeln zugerechnet werden. Daher handelt es sich um eine Ergebnisrechnung nach dem UKV (→Gliederung der Gewinn- und Verlustrechnung), die eine Kostenträgerrechnung (→Kostenträgerstückrechnung; →Kostenträgerzeitrechnung) voraussetzt. Die Informationen der Artikelerfolgsrechnung können aufgrund der differenzierten Ergebnisdarstellung zur Unterstützung produktbezogener Entscheidungen herangezogen werden.

Die Artikelerfolgsrechnung entspricht in ihrer Struktur einer →Deckungsbeitragsrechnung.

Die Kosten der Produkte werden daher auf Teilkostenbasis ermittelt und die fixen Kosten (→Fixkostencontrolling) finden in einem Block oder in mehreren Blöcken Eingang in die Ergebnisrechnung.

Die Artikelerfolgsrechnung umfasst eine Plan- und eine Istrechnung (→Plankostenrechnung; →Istkostenrechnung). Während die *Planrechnung* keine Besonderheiten aufweist, werden, im Unterschied zur geschlossenen Kostenträgererfolgsrechnung, bei der Artikelerfolgsrechnung in der *Istrechnung* die Kostenabweichungen bei den Materialkosten und →Fertigungskosten nur geschätzt. Durch diese Vereinfachung kann die Ergebnisrechnung schneller und mit weniger Aufwand erstellt werden. Allerdings ergibt sich gleichzeitig eine geringere Genauigkeit der generierten Informationen. Die Vereinfachung bei der Berücksichtigung von Kostenabweichungen ergibt sich konkret aus dem Verzicht auf die Abstimmung zwischen der →Kostenstellenrechnung und Ergebnisrechnung der Periode und aus dem Verzicht auf eine Bestandsrechnung für Kostenabweichungen.

Bei der Ergebnisplanung werden die →*Sollkosten* für die einzelnen Produktarten ermittelt, indem die Kosten pro Stück [ermittelt im Rahmen einer Plankalkulation(→Kalkulation)] mit den geplanten Absatzmengen multipliziert werden. Diese Kosten werden von den Planerlösen der einzelnen Produktarten abgezogen, um die Plandeckungsbeiträge der Produktarten zu errechnen. Abzgl. der fixen Plankosten des Unternehmens ergibt sich das Planergebnis der betrachteten Periode.

Die Istkosten werden bei der Artikelergebnisrechnung als Summe aus Sollkosten und Kostenabweichungen errechnet. Die Sollkosten des Umsatzes werden als Produkt aus den Absatzmengen und den Plankosten je Produkteinheit, die in der Plankalkulation ermittelt wurden, bestimmt. Bei den Kostenabweichungen ist zwischen den Verwaltungs- und Vertriebskosten sowie den Material- und Fertigungskosten zu unterscheiden. Die Bestimmung der Abweichungen bei den Verwaltungs- und Vertriebskosten ist weniger problematisch, da diese i. d. R. den abgesetzten Mengen der Periode zugeordnet werden können. Bei den Herstellkosten (→Herstellkosten, kalkulatorische) tritt dagegen das Problem auf, dass nicht alle abgesetzten Produkte in der aktuellen Periode hergestellt worden sind und im

Normalfall die Kostenabweichungen von Periode zu Periode unterschiedlich ausfallen. Um diesen Sachverhalt richtig zu erfassen, wäre eine gesonderte Bestandsrechnung erforderlich, aus der zu entnehmen ist, für welche Lagerbestände bei Fertigerzeugnissen, Materialien etc. welche Kostenabweichungen in den unterschiedlichen Perioden aufgetreten sind. Zur Vereinfachung werden diese Abweichungen auf Basis von Vergangenheitsdaten geschätzt. Hierzu müssen für die Material- und Fertigungskosten normalisierte oder durchschnittliche Abweichungsprozentsätze ermittelt werden. Der entsprechende Prozentsatz wird mit den Planwerten multipliziert und ergibt so den Schätzwert für die Abweichung. Durch dieses Vorgehen kann auch auf das aufwendige Verteilen der Kostenstellenabweichungen auf die verschiedenen Produktarten verzichtet werden. Die Summe der Abweichungen, die sich für die abgesetzte Menge aus der Kostenstellenrechnung ergibt, unterscheidet sich i. d. R. von den Abweichungen, die in der Artikelergebnisrechnung ausgewiesen werden. Da die Grunddaten, die für die Erstellung der Istrechnung notwendig sind, leicht ermittelt werden können, kann die Bestimmung des Istergebnisses zeitnah und in sehr kurzen Intervallen erfolgen.

Die Ermittlung der Erlösseite der Artikelergebnisrechnung weist für die Istrechnung keine Besonderheiten auf. Für die Analyse des Istergebnisses werden auch in der Artikelergebnisrechnung →Mengenabweichungen und →Preisabweichungen analysiert (→Abweichungsanalyse).

Ob die Artikelergebnisrechnung als vereinfachte Form der Bestimmung des Istergebnisses eingesetzt werden sollte, hängt davon ab, wie die Ungenauigkeit der Abweichungsermittlung für einen speziellen Anwendungsfall einzuschätzen ist. Bei stark schwankenden Kostenabweichungen ist der Einsatz weniger sinnvoll. Zu beachten ist, dass die Artikelergebnisrechnung auch i.V.m. EDV-unterstützten Informationssystemen (→Führungsinformationssysteme; →IT-Systeme) nicht überflüssig wird. Die Abstimmung zwischen Kostenstellenrechnung und Ergebnisrechnung erfordert die Lösung von Zurechnungsproblemen (→Kostenzurechenbarkeit), die nicht in jedem Fall automatisiert durch eine Software (→Standardsoftware für das Rechnungswesen) erfolgen kann.

Literatur: Hoitsch, H.-J./Lingnau, V.: Kosten- und Erlösrechnung. Eine controllingorientierte Einführung, 5. Aufl., Berlin et al. 2004; Kilger, W.: Einführung in die Kostenrechnung, 3. Aufl., Wiesbaden 1992; Kilger, W./Pampel, J./Vikas, K.: Flexible Plankostenrechnung und Deckungsbeitragsrechnung, 11. Aufl., Wiesbaden 2002.

Hans Schmitz

Asset

Eine Normierung des Vermögensbegriffs *Asset* ist durch den →*Financial Accounting Standards Board* (*FASB*) und den →*International Accounting Standards Board* (*IASB*) in den jeweiligen Rahmenkonzepten [CON 6.25 bzw. F.49(a)] erfolgt [→International Financial Reporting Standards (IFRS); →United States Generally Accepted Accounting Principles (US GAAP)]. Die Abgrenzung unterscheidet sich dabei grundlegend vom Vermögensbegriff des HGB, weshalb Asset in der offiziellen deutschen Übersetzung auch nicht als →Vermögens*gegenstand*, sondern als Vermögens*wert* bezeichnet wird.

FASB und *IASB* definieren Asset als

- eine in der Verfügungsmacht eines Unternehmens stehende Ressource, die
- aus einem in der Vergangenheit liegenden Ereignis resultiert und
- von der angenommen wird, dass dem Unternehmen aus ihr ein künftiger wirtschaftlicher Nutzen zufließen wird.

Von Verfügungsmacht wird ausgegangen, wenn sich das Unternehmen den künftigen wirtschaftlichen Nutzen aus der zugrunde liegenden Ressource verschaffen und den Zugriff Dritter auf diesen Nutzen beschränken bzw. verhindern kann. Ausschlaggebend ist hierbei die wirtschaftliche Betrachtungsweise. Zivilrechtliches Eigentum ist daher weder notwendig noch hinreichend für die Klassifizierung einer Ressource als Vermögenswert.

Die Einschränkung auf Ereignisse der Vergangenheit zeigt auf, dass die Nutzenstiftung nicht einzig auf finanzwirtschaftlichen Erwartungen beruht, sondern durch bereits stattgefundene Vorgänge oder Ereignisse begründet worden sein muss. Dies bezieht sowohl unternehmensinterne Vorgänge (Herstellungsvorgang) als auch externe Vorgänge (Anschaffung) mit ein. Die bloße Absicht, Gegenstände zu erwerben, erzeugt noch keinen Vermögenswert (ADS International 2002, Abschn. 1, Rn. 147).

Wirtschaftlicher Nutzen kann sich hierbei sowohl aus einer Verwertung am Absatzmarkt (Einnahmenerzielung) als auch aus dem Nutzungspotentzial infolge des Vorhandenseins des Asset (Ausgabenersparnis) ergeben. Möglichkeiten sind die Nutzbarkeit einer Ressource im betrieblichen Produktionsprozess, das Tauschen einer Ressource gegen andere Vermögenswerte, der Einsatz einer Ressource zur Tilgung von →Verbindlichkeiten (→Liability) oder die Ausschüttung einer Ressource an Anteilseigner. Eine zwingende Einzelveräußerungsfähigkeit ergibt sich folglich anders als im deutschen Bilanzrecht nicht.

Die Asset-Definition im US-amerikanischen Framework verlangt darüber hinaus bereits in der Definition, dass der künftige wirtschaftliche Nutzenzufluss wahrscheinlich und verlässlich bestimmbar sein muss. Dies ist in der grundlegenden Definition des *IASB*-Frameworks nicht gefordert, sondern kommt dort erst bei der Evaluierung konkreter Aktivierungsfähigkeit (→Ansatzgrundsätze) zum Tragen. Hinsichtlich der Wahrscheinlichkeit des Nutzenzuflusses sind hierzu in keinem der Rahmenkonzepte konkrete Wahrscheinlichkeitsgrenzen vorgegeben. Es wird von einer sachverhaltsabhängigen Festlegung der Wahrscheinlichkeitsgrenze ausgegangen. Ist der Eintritt des Nutzenzuflusses aus einem Vermögenswert möglich, aber nicht wahrscheinlich, da seine Existenz erst durch ein in der Zukunft liegendes Ereignis bestätigt werden muss, welches nicht vollständig unter Kontrolle des Unternehmens steht, liegt eine Eventualforderung vor, welche grundsätzlich nicht aktiviert werden darf.

Es zeigt sich, dass der Vermögensbegriff im Rahmen internationaler Rechnungslegung grundsätzlich weiter gefasst ist als im deutschen Bilanzrecht. So sind Vermögensgegenstände i.S.d. HGB stets Assets i.S.d. Rahmenkonzepte, ohne dass der Umkehrschluss gelten würde, da der Begriff Asset inhaltlich über den des Vermögensgegenstands hinausgeht. Unterschiede ergeben sich insb. aus dem unterschiedlichen Verständnis von Sachverhalten, die im deutschen Bilanzrecht als →Bilanzierungshilfen oder →Rechnungsabgrenzungsposten angesehen werden.

Im Zentrum der internationalen Definition steht die Möglichkeit zukünftiger Vermögensvorteile im Zusammenhang mit der Nutzung des Gegenstandes, weniger hingegen seine derzeitigen Eigenschaften. Der Vermögensbegriff wird folglich dynamisch betrachtet und nicht statisch wie im HGB. Zurückzuführen ist dies auf die unterschiedlichen konzeptionellen Ausrichtungen der beiden internationalen Rechnungslegungssysteme (IFRS, US GAAP) im Vergleich zum HGB (Achleitner/Behr 2003, S. 102).

Literatur: Achleitner, A.-K./Behr, G.: International Accounting Standards – Ein Lehrbuch zur Internationalen Rechnungslegung, 3. Aufl., München 2003; ADS International: Rechnungslegung nach Internationalen Standards. Kommentar, Loseblattausgabe, Stuttgart, Stand: 1. Erg.-Lfg. 2002.

Simon Brameier

Asset Audit

Asset Audit ist eine Prüfung, die häufig im Zusammenhang mit einer →*ABS-Transaktion* durchgeführt wird und insb. zum Ziel hat, die Qualität der Verwaltung von →Forderungen beim Forderungsverkäufer (Originator) zu untersuchen und das der Strukturierung der Transaktion zugrunde liegende Datenmaterial zu validieren. Auftraggeber eines Asset Audits ist i.A. der Arranger der ABS-Transaktion. Dieser erhält vom Originator im Rahmen der Strukturierung der Transaktion Daten über den zu verbriefenden Forderungsbestand; außerdem verbleibt die Forderungsverwaltung (Servicing) i.d.R. beim Originator. Im Rahmen eines Asset Audits beauftragt der Arranger einen unabhängigen Dritten (i.d.R. WP oder RA) mit der Prüfung der generellen Fähigkeit des Originators, zuverlässiges Datenmaterial zu generieren, sowie der Daten selbst. Der Prüfungsauftrag (→ Prüfungsauftrag und -vertrag) stellt ein sog. *Agreed-Upon Procedures Engagement* i.S.d. von der *International Federation of Accountants* (*IFAC*) herausgegebenen ISRS 4400 dar (IFAC 2006, S. 1074–1083). Das Asset Audit findet üblicherweise vor Abschluss (Closing) der ABS-Transaktion statt; in der Praxis finden sich jedoch vielfach auch Transaktionen (insb. im Rahmen von Asset Backed Commercial Paper-Programmen mit revolvierenden →Forderungen), bei denen das Asset Audit turnusmäßig wiederholt wird, um eine gleich bleibende Datenqualität sicherzustellen.

Umfang und Ablauf eines Asset Audits sind abhängig von der Transaktionsstruktur, der Organisation der Forderungsverwaltung beim Originator sowie den Anforderungen des Arrangers und ggf. den in die Transaktion eingebundenen Ratingagenturen (→Rating). Die vorzunehmenden Prüfungshandlungen sind daher im Vorfeld der Prüfung detailliert mit dem Auftraggeber zu vereinbaren (→Auswahl von Prüfungshandlungen). Sie umfassen zum einen die Abstimmung der (bspw. in Form einer Access- oder Excel-Datenbank) zur Verfügung gestellten Daten mit Originalunterlagen, wie Rechnungen, Zahlungsnachweisen und Lieferscheinen, in Stichproben (→Einzelfallprüfungen; →Stichprobenprüfung) und zum anderen die Untersuchung verschiedener, auf die Forderungsverwaltung bezogener →Geschäftsprozesse, wie z. B. Stammdatenverwaltung oder Mahnwesen einschl. der zugehörigen IT-Umgebung (→Systemprüfung).

Typische →Prüffelder in einem Asset Audit sind Forderungsbestände zum Stichtag, Größenklassengliederung, Laufzeitengliederung, zeitliche Verteilung der Zahlungseingänge innerhalb einer Periode, Rückstände, Wertberichtigungen, Rabatte/Gutschriften, Aufrechnungen, Debitorenmanagement (→Debitoren), auf die Forderungsverwaltung bezogenes Berichtswesen (→Berichtssystem), in der Forderungsverwaltung eingesetzte →IT-Systeme sowie Ergebnisse interner und externer Prüfungen (→Interne Revision; →Jahresabschlussprüfung).

Typische Prüfungstechniken (→Buchführungstechnik und Prüfungsmethoden), die in diesem Zusammenhang Anwendung finden, sind Managementinterviews, Einsichtnahme in Organisationsanweisungen und andere Dokumente des Originators, Beobachtung von Arbeitsabläufen, Abstimmungshandlungen, Vergleiche und Prüfung auf rechnerische Richtigkeit (→Abstimmprüfung; →Soll-Ist-Vergleich; →betriebswirtschaftlicher Vergleich; →Verprobung).

Vor Abschluss des Asset Audits wird üblicherweise eine →Vollständigkeitserklärung (Management Representation Letter) eingeholt, die neben der Benennung der Auskunftspersonen eine Bestätigung des Originators enthält, dass die erbetenen Informationen vollständig und wahrheitsgemäß zur Verfügung gestellt wurden.

Die Prüfungshandlungen und deren Ergebnisse werden in den Arbeitspapieren des Prüfers grundsätzlich in der gleichen Form wie bei einer Abschlussprüfung (→Jahresabschlussprüfung; →Konzernabschlussprüfung) dokumentiert (→Arbeitspapiere des Abschlussprüfers). Sie werden in einem Bericht zusammengefasst, der entsprechend dem Agreed-upon Procedures-Charakter des Prüfungsauftrags als sog. *Report of factual findings* ausgestaltet ist (IFAC 2006, S. 1078 f., 1082 f.). Der Bericht enthält daher keine wertenden Aussagen i. S. e. →Prüfungsurteils (Opinion), sondern beschreibt lediglich die durchgeführten Prüfungshandlungen und die getroffenen Prüfungsfeststellungen. Dies ist in dem Bericht durch entsprechende Hinweise zum Ausdruck zu bringen. So ist bspw. darauf hinzuweisen, dass die durchgeführten Prüfungshandlungen so mit dem Auftraggeber vereinbart wurden, dass der Bericht nur für denjenigen Personenkreis bestimmt ist, der diesen Prüfungshandlungen zugestimmt hat, und dass die Verantwortung für Art und Umfang der Prüfungshandlungen beim Auftraggeber liegt.

Literatur: IFAC (Hrsg.): Handbook of international auditing, assurance, and ethics pronouncements, London 2006.

Ulrich Lotz

Asset Backed Securities →ABS-Transaktionen

Asset Deal →Due Diligence; →Legal Due Diligence

Assoziierte Unternehmen →Konzernabschlussprüfung

Audit Committee

Das *Audit Committee* (AC) hat seine Wurzeln in den USA. Dem →Board of Directors einer US-amerikanischen KapGes steht es frei, bestimmte Geschäftsführungs- und Überwachungsaufgaben auf Ausschüsse (Committees) zu übertragen. Dem AC obliegt die Überwachung der Geschäftsführung, die Prüfung des Jahres- und ggf. des Konzernabschlusses sowie die Koordination der Zusammenarbeit von →Abschlussprüfer (APr), Geschäftsführung und →Interner Revision (→Interne Revision und Abschlussprüfung).

Für bei der →*Securities and Exchange Commission* (*SEC*) registrierte Unternehmen sind Angaben zum Vorhandensein eines AC verpflichtend, was sich auch in den Zulassungsbedingungen US-amerikanischer Börsenorganisationen widerspiegelt. Zusätzlich begründet der *SOA* die Verpflichtung zur Errichtung eines AC für börsennotierte Unternehmen und konkretisiert die Anforderungen an dieses Gremium (→ Sarbanes Oxley Act, Einfluss auf Vorstand und Aufsichtsrat).

In Deutschland mit seiner von der institutionellen Trennung zwischen Geschäftsführung und deren Überwachung geprägten Unternehmensverfassung (→ Dual- und Boardsystem) ist die Einrichtung eines AC weder gesetzlich verankert, noch wird sie grundsätzlich von den Börsenorganisationen (→ Börsenaufsicht) als Voraussetzung für die Zulassung von Aktien zum Handel gefordert. § 107 Abs. 3 AktG eröffnet dem AR einer AG (→ Aktiengesellschaft, Prüfung einer) jedoch die Möglichkeit, aus seiner Mitte Ausschüsse zu bilden, auf die die Kompetenz zur Beschlussvorbereitung und -fassung sowie die Überwachung der Beschlussausführung übertragen werden kann (→ *Aufsichtsratsausschüsse*). Für den AR einer → Gesellschaft mit beschränkter Haftung (GmbH) bestehen ähnliche Gestaltungsmöglichkeiten (§§ 45, 46, 52 GmbHG). Bei börsennotierten Aktiengesellschaften sind Audit Committees inzwischen weit verbreitet, was neben der angelsächsisch orientierten Internationalisierung der deutschen Wirtschaft auf eine Empfehlung des → *Deutschen Corporate Governance Kodex* (DCGK) zurückzuführen ist.

Der AR kann mit einfacher Mehrheit über die Bildung und Besetzung eines AC entscheiden. Damit das AC anstelle des Aufsichtsratsplenums Beschlüsse fassen kann, muss der Ausschuss nach § 108 Abs. 2 Satz 3 AktG mindestens aus drei Mitgliedern bestehen. Der Aufgabenbereich des AC umfasst folgende Bereiche (AKEIÜ 2000):

- *Überwachung des* → *Rechnungswesens und der Rechnungslegung*:
  - Analyse von unterjähriger Berichterstattung (→ Zwischenberichterstattung), insb. der → Zwischenabschlüsse;
  - Prüfung des Jahresabschlusses und des → Lageberichts, des Konzernabschlusses und → Konzernlageberichts mit Analyse der Bilanzierungs- und Bewertungsmethoden (→ Änderung der Bilanzierungs- und Bewertungsmethoden) und der Rentabilität (→ Rentabilitätsanalyse) (§ 90 Abs. 1 Nr. 2 AktG);
  - Beurteilung von Gesellschaftsverträgen und Geschäftsordnungen der Tochterunternehmen (→ Geschäftsordnung für Vorstand und Aufsichtsrat; → Aufsichtsrat im Konzern);
  - Beurteilung des Finanzmanagements (→ Finanzcontrolling) des Unternehmens bzw. Konzerns (→ Konzernarten);
  - Prüfung der Systematik und Prämissen für die Unternehmensplanung (→ Planung).

- *Zusammenarbeit mit dem APr*:
  - Auswahl des der HV (→ Haupt- und Gesellschafterversammlung) vorzuschlagenden Abschlussprüfers (→ Bestellung des Abschlussprüfers);
  - Festlegung des Prüfungsauftrags (→ Prüfungsauftrag und -vertrag), ergänzender Prüfungsschwerpunkte und des → Prüfungshonorars;
  - Vereinbarung zusätzlicher Angaben im → Prüfungsbericht (PrB), z. B. zur → Entsprechenserklärung (§ 161 AktG).

- *Zusammenarbeit mit der Internen Revision*: Beurteilung des → Internen Kontrollsystems (→ Risikomanagementsystem, Prüfung durch den Aufsichtsrat).

Nach § 111 Abs. 4 AktG können Maßnahmen der Geschäftsführung dem AR und damit auch seinen Ausschüssen nicht übertragen werden. Ebenso dürfen gem. § 107 Abs. 3 Satz 2 AktG bestimmte Aufgaben (→ Überwachungsaufgaben des Aufsichtsrats) nicht an einen Ausschuss delegiert werden. Hierzu zählen die Prüfung des Jahresabschlusses und des Gewinnverwendungsvorschlags (→ Ergebnisverwendung, Vorschlag für die; → Ergebnisverwendung) sowie die Erteilung des Prüfungsauftrags an den APr. In diesen Fällen kann das AC lediglich Beschlüsse vorbereiten und ihre Ausführung überwachen.

Das AC ist nach § 107 Abs. 3 Satz 3 AktG verpflichtet, dem AR regelmäßig über seine Arbeit zu berichten (→ Aufsichtsratsausschüsse). Umfang und zeitliche Abfolge der Arbeitsberichte sind weder gesetzlich noch im DCGK geregelt. Angemessen erscheint eine schriftliche *Berichterstattung*, die terminadäquate Aufsichtsratsentscheidungen gewährleistet. Die Berichterstattung soll zum einen alle für die

Aufbaugründung

Überwachung der Geschäftsführung relevanten Beschlüsse des Ausschusses und zum anderen die wesentlichen Aussagen des Jahres- bzw. Konzernabschlusses, die wesentliche Feststellungen des Abschlussprüfers (→Prüfungsurteil) sowie eine Beurteilung des Jahres- bzw. Konzernabschlusses durch das AC umfassen.

Literatur: AKEIÜ: Prüfungsausschüsse in deutschen Aktiengesellschaften, in: DB 53 (2000), S. 2281–2285; Scheffler, E.: Aufgaben und Zusammensetzung von Prüfungsausschüssen (Audit Committees), in: ZGR 32 (2003), S. 236–263; Theisen, M. R.: Grundsätze einer ordnungsmäßigen Information des Aufsichtsrats, 3. Aufl., Stuttgart 2002; Warncke, M.: Prüfungsausschuss und Corporate Governance, Berlin 2005.

Peter Kupsch

Aufbaugründung →Existenzgründungsberatung

Aufbauorganisation

Die Prüfung der Aufbauorganisation (Aufbauprüfung) bildet im Rahmen der Abschlussprüfung (→Jahresabschlussprüfung, →Konzernabschlussprüfung) neben der →Funktionsprüfung den zweiten wichtigen Bestandteil der Prüfung des →Internen Kontrollsystems (→Internes Kontrollsystem, Prüfung des; →Systemprüfung). Ziel der Prüfung der Aufbauorganisation ist, die vorhandenen Prozesse aufzunehmen und festzustellen, ob die Prozesse so wie beschrieben funktionieren können. Häufig wird die Prüfung der Aufbauorganisation mithilfe eines „Walkthrough" (→Transaction Flow Auditing) durchgeführt. Dabei wird anhand eines ausgewählten Geschäftsvorfalls der zu prüfende Prozess durchlaufen und festgestellt, wie der Geschäftsvorfall von seiner Initiierung bis zur endgültigen Bearbeitung im System abgebildet wird.

Das Verfahren zur Prüfung der Aufbauorganisation ist für deutsche Abschlussprüfungen im IDW PS 260 dargestellt. Dabei sind die folgenden fünf Bestandteile des Internen Kontrollsystems zu prüfen:

- das →Kontrollumfeld,
- Risikobeurteilungen,
- Kontrollaktivitäten,
- das Informationssystem einschl. der für das →Rechnungswesen relevanten Prozessbereiche und Kommunikation sowie
- die Überwachung des Internen Kontrollsystems.

Diese fünf Bestandteile wurden ursprünglich durch das *Coso* entwickelt (→Coso-Report). Sie sind ebenfalls im ISA 315 „Understanding the Entity and its Environment and Assessing the Risk of Material Misstatement" berücksichtigt und im dortigen Appendix 2 ausführlich erläutert.

Die Aufbauprüfung erstreckt sich insb. auf die Regelungen, die die Ordnungsmäßigkeit (→Ordnungsmäßigkeitsprüfung) und Verlässlichkeit der Rechnungslegung, den Fortbestand des Unternehmens (→Going Concern-Prinzip) sowie den Schutz des vorhandenen Vermögens einschl. der Aufdeckung von Verstößen (→Unregelmäßigkeiten; →Unregelmäßigkeiten, Aufdeckung von) zum Gegenstand haben. Die Prüfung der wirtschaftlichen (effizienten) Gestaltung (→Wirtschaftlichkeits- und Zweckmäßigkeitsprüfung) eines Internen Kontrollsystems ist regelmäßig nicht Gegenstand der Aufbauprüfung. Die Prüfung der Wirksamkeit (Effektivität) ist Gegenstand der →*Funktionsprüfung*.

Die Durchführung der Aufbauprüfung erfolgt in zwei Schritten. Zunächst ist das Design der Kontrollen zu prüfen und danach deren Implementierung. Im Folgenden wird die Prüfung des Designs der internen Kontrollen und der Implementierung anhand der fünf Bestandteile des Internen Kontrollsystems dargestellt.

Kontrollumfeld: Das Kontrollumfeld umfasst die Aufsichts- Geschäftsleitungsgremien und deren Einstellungen, Bewusstsein und Aktionen im Hinblick auf das IKS. Das Kontrollumfeld setzt den „Tone at the Top" und beeinflusst damit die Einstellung der Mitarbeiter zur internen Kontrolle im Unternehmen. Durch die Vorgabe einer Struktur und von Verhaltensregeln wird eine Grundlage für wirksame interne Kontrollen geschaffen.

Bei der Beurteilung des Designs des Kontrollumfeldes befasst sich der WP bzw. →vereidigte Buchprüfer (vBP) u. a. mit den folgenden Elementen und deren Einbindung in die Abläufe des Unternehmens:

- Kommunikation und Einforderung von Integrität und ethischen Werten,
- Kompetenz der Aufsichtsorgane und der Geschäftsleitung,

- Umfang der Einbindung der Aufsichtsgremien,
- Philosophie der Geschäftsleitung und Form der Geschäftsführung,
- Organisationsstruktur,
- Vergabe von Autorität und Verantwortung sowie
- Regelungen zur Personalentwicklung.

Die Prüfung der Implementierung der oben genannten Aspekte erfolgt i. d. R. durch Befragung der Geschäftsleitung und Prüfung der Dokumentation oder Beobachtung. Nicht in jedem Falle muss eine Dokumentation des Kontrollumfeldes vorhanden sein (insb. bei kleineren Unternehmen). Daher ist die Beobachtung der Einstellung der Geschäftsleitung zu einem funktionsfähigen Kontrollumfeld von besonderer Bedeutung.

Risikobeurteilungen: Der WP/vBP hat zu beurteilen, ob im Unternehmen die Risikobeurteilung in angemessener Weise erfolgt. Dabei hat der WP/vBP ein Verständnis dafür zu gewinnen, wie im Unternehmen sämtliche Risiken erkannt werden, die sich auf die Ordnungsmäßigkeit und Verlässlichkeit der Rechnungslegung auswirken können und nach welchem Verfahren diese Risiken beurteilt bzw. gewichtet werden. Ein System der Risikobeurteilung mit angemessenem Design und richtiger Implementierung kann den WP/vBP bei der Durchführung der Abschlussprüfung (→ Prüfungsprozess) unterstützen. Sollten im Rahmen der Abschlussprüfungen Risiken erkannt werden, die nicht bereits durch das System der Risikobeurteilung durch das Management erkannt wurden, sind diese Schwächen des Internen Kontrollsystems zu beurteilen und ggf. den Aufsichtsgremien des Unternehmens mitzuteilen.

Kontrollaktivitäten: Die Aufbauprüfung von Kontrollaktivitäten stellt sicher, dass die Kontrollen geeignet sind, wesentliche Fehler (→ Wesentlichkeit; → Unregelmäßigkeiten) in der Rechnungslegung und der Aufstellung von JA bzw. → Lagebericht zu verhindern (fehlervermeidende Kontrollen) oder aufzudecken bzw. zu korrigieren (fehleraufdeckende Kontrollen).

Die Prüfung von Implementierung und Design der Kontrollmaßnahmen kann sich auf die folgenden Aspekte beziehen:

- Autorisation von Kontrollmaßnahmen,
- Durchführung der Analyse von Sachverhalten und Entwicklungen (Performance Reviews),
- Kontrolle der Richtigkeit, Vollständigkeit und Genehmigung von Vorgängen (Informationsverarbeitung),
- physische Kontrollen zur Sicherung von Vermögenswerten und Aufzeichnungen und
- Funktionstrennung zur Sicherstellung, dass genehmigende, ausführende, verwaltende und abrechnende Funktionen durch unterschiedliche Personen wahrgenommen werden.

Die Aufbauprüfung von Kontrollaktivitäten umfasst auch ein Verständnis der Risiken, die durch den Einsatz der IT entstehen. Dabei sind die folgenden Bereiche zu erörtern (ISA 315.94):

- DV und Netzwerksicherheit,
- Erwerb, Änderung und Wartung von Systemsoftware,
- Zugangssicherheit sowie
- Erwerb, Änderung und Wartung von Anwendungssoftware.

Informationssystem einschl. der für das Rechnungswesen relevanten Prozessbereiche und Kommunikation: Der WP/vBP muss sich einen Überblick über das betriebliche Informationssystem (→ Führungsinformationssysteme) verschaffen, um beurteilen zu können, ob alle rechnungslegungsrelevanten Informationen erfasst und verarbeitet werden. Darüber hinaus hat der WP/vBP einen Überblick über die Kommunikationsprozesse zu gewinnen, die den Mitarbeitern ein Verständnis für ihre Aufgaben und Verantwortlichkeiten zur Erfassung der Geschäftsvorfälle vermitteln.

Bei der Aufbauprüfung des Informationssystems werden die folgenden Aspekte erfasst und beurteilt:

- Art und Weise der Initiierung/Erzeugung von Transaktionen, einschl. Art und Umfang der Nutzung des elektronischen Datenaustausches,
- Ablauf des Prozesses (manuell, computergestützt oder automatisch),
- Durchführung des Prozesses durch Mitarbeiter des Unternehmens oder durch Dritte,
- die wesentlichen Anwendungssysteme, die zur Durchführung der Transaktionen verwendet werden,

Aufbauprüfung

- Schnittstellen mit anderen Anwendungssystemen,
- Richtlinien und Verfahren zur Verarbeitung von Finanzinformationen,
- verwendete Buchhaltungsunterlagen und weitere Nachweise und Informationen,
- wesentliche verwendete Stammdaten,
- wesentliche Outputs/Datenausgaben,
- Verfahren zur Eingabe von erzeugten Transaktionsergebnissen bzw. Salden in das Hauptbuch (Grund- und Hauptbuch),
- Verfahren zur Erzeugung, Verbuchung und Verarbeitung von Buchungsdaten, einschl. ungewöhnlicher Buchungsdaten, im Hauptbuch sowie
- Verfahren zur Erstellung des Jahresabschlusses und des Lageberichts.

Überwachung des Internen Kontrollsystems:
Der WP/vBP hat auch die Maßnahmen zur Überwachung des Internen Kontrollsystems zu beurteilen. Hierzu zählen z. B. die Aktivitäten der →Internen Revision (IDW PS 321 bzw. ISA 610 „Considering the Work of Internal Auditing"). Darüber hinaus können die Prüfungsergebnisse anderer, externer Prüfer (→Ergebnisse Dritter) berücksichtigt werden.

I.d.R. wird das IKS regelmäßig durch die Geschäftsleitung überwacht. Auch diese Aktivitäten und deren Design und Implementierung sind Gegenstand der Aufbauprüfung.

Literatur: IDW (Hrsg.): IDW Prüfungsstandard: Das interne Kontrollsystem im Rahmen der Abschlussprüfung (IDW PS 260, Stand: 2. Juli 2001), in: WPg 54 (2001), S. 821–830; IDW (Hrsg.): IDW Prüfungsstandard: Interne Revision und Abschlussprüfung (IDW PS 321, Stand: 6. Mai 2002), in: WPg 55 (2002), S. 686–689.

Thomas M. Orth

Aufbauprüfung →Aufbauorganisation

Aufbewahrungspflichten

In § 147 AO sowie § 257 HGB werden die Aufbewahrungspflichten geregelt. Demnach ist jeder Kaufmann dazu verpflichtet, Bücher und Aufzeichnungen, →Inventare, Jahresabschlüsse, →Lageberichte, Eröffnungsbilanzen, die zum Verständnis der vorgenannten Dokumente erforderlichen Arbeitsanweisungen und sonstige Organisationsunterlagen sowie Buchungsbelege aufzubewahren. Die AO verweist zusätzlich auf Zollmeldungen und sonstige Unterlagen, soweit sie für die Besteuerung von Bedeutung sind. Für diese Dokumente gilt eine Aufbewahrungsfrist von 10 Jahren. Empfangene und versandte Geschäftsbriefe sind i.d.R. 6 Jahre aufzubewahren. Aufbewahrungsfristen können im Falle ungeklärter steuerlicher Sachverhalte über die genannten Fristen hinausgehen (§ 147 Abs. 3 AO).

Hinsichtlich Art und Medium der Aufbewahrung besteht grundsätzlich Wahlfreiheit soweit die archivierungspflichtigen Dokumente während der Dauer der Aufbewahrungsfrist verfügbar sind und jederzeit innerhalb angemessener Frist lesbar gemacht werden können. Eingeschränkt wird diese Wahlmöglichkeit in § 257 Abs. 3 HGB, nach dem Eröffnungsbilanzen, Jahresabschlüsse und Konzernabschlüsse grundsätzlich im Original aufzubewahren sind. Seit dem 1.1.2002 hat die Finanzbehörde zudem bei originär digitalen Daten das Recht, im Rahmen einer →Außenprüfung Einsicht in die gespeicherten Daten zu nehmen und das Datenverarbeitungssystem zur Prüfung der Unterlagen zu nutzen (§ 147 Abs. 6 AO; GDPdU).

Es ist zu beachten, dass bei Vorliegen einer IT-gestützten Buchführung (→IT-Buchführung) auch die Verfahrensdokumentation zu den Arbeitsanweisungen und sonstigen Organisationsunterlagen i.S.d. § 257 Abs. 1 HGB bzw. § 147 Abs. 1 AO gehört und grundsätzlich 10 Jahre aufzubewahren ist [→Grundsätze ordnungsmäßiger IT-gestützter Buchführungssysteme (GoBS) nach BMF-Schreiben vom 7.11.1995].

Neben den klassischen Aufbewahrungsformen auf Papier, Mikrofilm oder Mikrofiche haben elektronische, magnetische oder optische Datenträger eine zunehmende Bedeutung bei der Archivierung von Informationen.

Für die Prüfung von Aufbewahrungspflichten sind einige grundsätzlich zu untersuchende Sachverhalte zu beachten. Hierzu zählen

- die Identifizierung der zu archivierenden Dokumente; dies umfasst auch Daten aus dem IT-Bereich (→IT-Systeme), z.B. aus der Anwendungsentwicklung oder dem Customizing von Standardsoftware,
- die Zuordnung der korrekten Aufbewahrungsfristen sowie

- die Sicherstellung der Verfügbarkeit der Dokumente in lesbarer Form und in angemessener Zeit.

Dies wird anhand von →Stichprobenprüfungen zu verschiedenen Dokumententypen aus unterschiedlichen Jahren überprüft. Der zu prüfende Zeitraum sollte den Archivierungszeitraum der betreffenden Dokumente umfassen. Zusätzlich sollte der Archivierungsprozess überprüft werden. Dabei ist insb. bei jedem Medienwechsel (z. B. beim Einscannen), der Indexierung der Dokumente sowie der abschließenden Ablage von Dokumenten für die Dauer ihrer Archivierungsfrist auf ausreichende prozessinhärente Kontrollen (→Internes Kontrollsystem) zu achten. Zudem ist die Dokumentation des Prozesses und der durchgeführten Kontrollen nachzuweisen (→Internes Kontrollsystem, Prüfung des; →Aufbauorganisation; →Funktionsprüfung; →Kontrollprüfung). Folgende beispielhaft aufgezählte Fragestellungen sind für die Prüfung des Archivierungsprozesses bei einer IT-gestützten Archivierung zu beachten:

- Wird beim Einscannen von empfangenen Geschäftsbriefen auf die bildlich korrekte Wiedergabe geachtet (z. B. Farbe, handschriftliche Anmerkungen, Rückseiten, angehängte AGB oder Zusatzvereinbarungen etc.)?
- Wie wird die Übereinstimmung von archiviertem Dokument und Original sichergestellt und eine nachträgliche Änderung von Daten ausgeschlossen?
- Unterliegt die manuelle Indexierung einer ausreichenden Kontrolle (z. B. Vier-Augen-Prinzip) bzw. ist bei einer automatischen Indexierung sichergestellt, dass fehlerhaft indexierte Dokumente (z. B. durch schlechte Lesbarkeit oder unabgestimmte Änderungen des Dokumentenaufbaus) entdeckt werden?
- Wird die Indexdatenbank in einer ausreichend gesicherten IT-Umgebung betrieben? Erfolgen regelmäßige Backups (→IT-Sicherheit)?
- Werden von den Datenträgern (Magnetplatten, optische Datenträger), auf denen die archivierten Dokumente gespeichert werden, regelmäßig Sicherungskopien angefertigt und ausgelagert?
- Ist die Verfügbarkeit der technischen Hilfsmittel (Hardware, Software), die dazu benötigt werden, archivierte Dokumente wieder sichtbar zu machen oder eine Auswertung digital vorliegender Daten zu ermöglichen (GDPdU), auch für ältere Daten jederzeit sichergestellt?

Literatur: BMF-Schreiben vom 7.11.1995, Aktz. IV A 8 – S 0316 – 52/95, BStBl. I 1995, S. 738–747.

Andreas Herzig

Aufdeckungsprüfung →Freiwillige und vertragliche Prüfung

Aufgegebene Geschäftsfelder →Discontinued Operations

Aufsichtsrat, Amtsniederlegung vom →Amtsniederlegung von Vorstand und Aufsichtsrat

Aufsichtsrat, Amtszeit von →Amtszeit von Vorstand und Aufsichtsrat

Aufsichtsrat, Be- und Abberufung

Die Verwaltung deutscher KapGes ist durch das *dualistische System* (→Dual- und Boardsystem) geprägt, das zwischen der Geschäftsführung (Vorstand; §§ 76 ff. AktG) und der Überwachung der Geschäftsführung (AR; § 111 AktG) trennt. Dementsprechend können Aufsichtsratsmitglieder nicht gleichzeitig Mitglied des Vorstands sein und umgekehrt (§ 105 AktG).

Mitglied des Aufsichtsrats kann nur eine natürliche, unbeschränkt geschäftsfähige Person sein. Ausgeschlossen sind jedoch Personen, die bereits in zehn Handelsgesellschaften, die gesetzlich einen AR zu bilden haben, Aufsichtsratsmitglied sind oder gesetzlicher Vertreter eines von der Gesellschaft abhängigen Unternehmens oder einer anderen KapGes sind, deren AR ein Vorstandsmitglied der Gesellschaft angehört. Dabei werden bis zu fünf Aufsichtsratssitze bei Tochterunternehmen der Gesellschaft nicht angerechnet (§ 100 AktG) (→Mandatsbegrenzung des Aufsichtsrats).

Die *Zusammensetzung* des Aufsichtsrats (→Zusammensetzung von Vorstand und Aufsichtsrat) richtet sich nach § 96 AktG. Die Mitglieder des Aufsichtsrats werden von der HV (→Haupt- und Gesellschafterversammlung) gewählt, soweit sie nicht in den AR zu entsenden oder als Aufsichtsratsmitglieder der Arbeitnehmer nach den Gesetzen zur →Mitbestimmung (MitbestG, Montan-MitbestG, DrittelbG) zu wählen sind (§ 101 AktG). Ihre Amtszeit (→Amtszeit von Vorstand und Aufsichtsrat) beträgt max. 4 Jahre (§ 102 AktG). Gehört dem AR die zur Beschlussfähigkeit nötige Zahl von Mitgliedern nicht an, so hat ihn das Gericht auf Antrag des Vorstands auf diese Zahl zu ergänzen (§ 104 AktG).

Aufsichtsratsmitglieder, die von der HV gewählt worden sind, können vor Ablauf ihrer Amtszeit jederzeit *abberufen* werden, allerdings nur mit einer Mehrheit, die mindestens drei Viertel der abgegebenen Stimmen umfasst. Die Satzung kann eine andere Mehrheit und weitere Erfordernisse bestimmen. Das Gericht hat auf Antrag des Aufsichtsrats ein Aufsichtsratsmitglied abzuberufen, wenn in dessen Person ein wichtiger Grund vorliegt. Der AR beschließt über die Antragstellung mit einfacher Mehrheit (§ 103 AktG). Wichtige Gründe sind insb. gesellschaftswidriges Verhalten, grobe Pflichtverletzung, dauerhafte Interessenkonflikte (→Interessenkonflikte von Vorstand und Aufsichtsrat) oder Unfähigkeit zu ordnungsgemäßer Amtsführung.

Literatur: Hüffer, U.: Aktiengesetz, 7. Aufl., München 2006.

Eberhard Scheffler

Aufsichtsrat, Beratungsaufgaben des
→Beratungsaufgaben des Aufsichtsrats

Aufsichtsrat, Berichterstattungspflichten des →Berichterstattungspflichten des Aufsichtsrats

Aufsichtsrat, Ersatzmitglieder im
→Ersatzmitglieder im Aufsichtsrat

Aufsichtsrat, Geschäftsordnung für
→Geschäftsordnung für Vorstand und Aufsichtsrat

Aufsichtsrat, Haftung des →Haftung des Aufsichtsrats

Aufsichtsrat im Konzern

Aus rechtlicher Perspektive ist ein Konzernaufsichtsrat nicht existent. Der AR ist aktienrechtlich oder aufgrund anderer Gesetze (→Mitbestimmung) immer Organ der jeweiligen (Einzel-) Gesellschaft. Folglich hängt die Anzahl der Aufsichtsräte innerhalb eines als Konzern organisierten Unternehmensverbundes von der Anzahl der aufsichtsratspflichtigen Gesellschaften ab. Bei einem *Unterordnungskonzern* (→Konzernarten), auf den sich die folgenden Ausführungen der praktischen Bedeutung folgend beschränken, kommt allerdings rechtlich wie auch faktisch dem AR der Obergesellschaft überragende Bedeutung zu, sodass für diesen auch der Begriff des *Konzernaufsichtsrat*s durchaus angemessen erscheint.

Im Detail ist das Ausmaß konzernweiter Überwachung durch den AR der Konzernobergesellschaft insb. rechtlich noch ungeklärt. Die Auffassung allerdings, der AR der Konzernobergesellschaft dürfe nur die unmittelbare Geschäftsführung der Gesellschaft (und nicht die Auswirkungen dieser auf den Konzern) überwachen, war schon lange eine Mindermeinung und dürfte durch die Gesetzesänderungen der letzten Jahre (KonTraG 1998, TransPuG 2002) nicht mehr haltbar sein: In den genannten Gesetzen sind für den aktienrechtlich zu bildenden AR die Informations- und Kontrollrechte im Hinblick auf den Konzern präzisiert worden. Im Einzelnen erstrecken sich die →Berichterstattungspflichten des Vorstands an den AR auch auf *Tochter- und Gemeinschaftsunternehmen*. Dabei hat der Vorstand zu berichten über die beabsichtigte Geschäftspolitik und Unternehmensplanung (→Planung) des Konzerns, wobei auf Soll-Ist-Abweichungen (→Soll-Ist-Vergleich; →Abweichungsanalyse) von früher berichteten Zielen unter Angabe von Gründen einzugehen ist. Darüber hinaus hat er zu berichten über Rentabilität und Eigenkapitalrentabilität (→Rentabilitätsanalyse; →Erfolgskennzahlensystem), Geschäftsgang, →Umsatzerlöse und Lage der Gesellschaft bzw. des Konzerns (→Vermögenslage; →Finanzlage; →Ertragslage) sowie über Geschäfte, die für die Rentabilität (→Erfolgscontrolling) oder Liquidität (→Liquiditätscontrolling) von erheblicher Bedeutung sein können (§ 90 Abs. 1 AktG).

Neben den Informationsrechten obliegen dem Konzernaufsichtsrat auch Prüfungspflichten (→Überwachungsaufgaben des Aufsichtsrats). Der Vorstand hat den Konzernabschluss und den →Konzernlagebericht unverzüglich nach ihrer Aufstellung dem AR vorzulegen (§ 170 Abs. 1 Satz 2 AktG) (→ Berichterstattungspflichten des Vorstands). Dieser hat die Unterlagen zu prüfen und über das Ergebnis seiner Prüfung schriftlich der HV (→ Haupt- und Gesellschafterversammlung) zu berichten (→ Berichterstattungspflichten des Aufsichtsrats). Insb. muss der AR erklären, ob er den vom Vorstand aufgestellten Konzernabschluss und -lagebericht billigt (§ 171 AktG) (→ Feststellung und Billigung des Abschlusses). Die Billigungserklärung gilt auch für den ggf. gebildeten AR einer →Gesellschaft mit beschränkter Haftung (GmbH) als Muttergesellschaft (§ 42a Abs. 4 GmbHG). Auf der anderen Seite ist die Fähigkeit des Konzernaufsichtsrats, den Konzernabschluss und -lagebericht materiell zu prüfen, von vornherein beschränkt, denn das hierzu notwenige Einsichtsrecht auf Bücher und Schriften sowie die Kontrolle von →Vermögensgegenständen gem. § 111 Abs. 2 AktG richtet sich nur gegen die Obergesellschaft selbst und reicht nicht in die übrigen Konzernunternehmen hinein. Dies wird zu Recht als deutliche Schwäche im Überwachungssystem (→ Unternehmensüberwachung) kritisiert. Dem Vorschlag der *Regierungskommission Corporate Governance* auf Einführung eines konzernweiten Einsichts- und Sonderprüfungsrechts des Konzernaufsichtsrats ist der Gesetzgeber bislang nicht gefolgt.

Ungeachtet der Detailkritik an der geltenden Rechtslage herrscht im jüngeren Schrifttum Übereinstimmung dahingehend, dass die Überwachungssphäre des Konzernaufsichtsrats dem Zuständigkeitsbereich des Vorstands der Konzernmutter folgen müsse. Der Umfang dessen Führungsaufgaben (→ Konzernmanagement) hängt maßgeblich von der Art der Konzernorganisation ab. Betriebswirtschaftlich reicht das Organisationsspektrum vom Stammhauskonzern, in der die (nur formell selbständigen) Tochtergesellschaften unter enger (auch operativer) Führung des Vorstands des Stammhauses stehen, bis zur reinen (nur strategisch geführten) Finanz- oder Vermögensholding. Entsprechend der Konzernorganisation hat der Vorstand dann ein geeignetes Berichtswesen (→ Berichtssystem) zu implementieren [→ Risikomanagementsystem (RMS); →Controlling im Konzern], um den Anforderungen des § 90 Abs. 1 AktG nachkommen zu können. Die Aufgabe des Konzernaufsichtsrats besteht darin, zu überprüfen, ob der Vorstand der Konzernmuttergesellschaft seinen Leitungs- und Überwachungspflichten (→ Überwachungsaufgaben des Vorstands) gegenüber den Tochtergesellschaften und deren Geschäftsleitungen nachgekommen ist; insb. sind die notwendigen organisatorischen Vorkehrungen (→ Organisationspflichten des Vorstands), also etwa das konzernweite Berichtswesen in seiner Leistungsfähigkeit, fortlaufend zu prüfen (→ Risikomanagementsystem, Prüfung durch den Aufsichtsrat). Daraus erwachsen dem Konzernaufsichtsrat jedoch keine Überwachungskompetenzen gegenüber den Geschäftsleitungsorganen der Tochtergesellschaften: Die Überwachung der operativen Geschäftsführung der Tochtergesellschaften obliegt dem Vorstand der Konzernmutter sowie den ggf. vorhandenen Aufsichtsräten der Tochtergesellschaften. Hiervon streng zu trennen ist freilich die Rechtmäßigkeitskontrolle des Konzernaufsichtsrats, der darauf zu achten hat, dass die Grenzen zulässiger Einflussnahme des Führungsorgans der Muttergesellschaft gegenüber den Tochterunternehmen nicht überschritten werden. Diese Grenzen sind je nach rechtlicher Gestaltung des Konzerns – Vertragskonzern oder faktischer Konzern (→ Konzernarten) – unterschiedlich weit gezogen. Insgesamt erfasst die Überwachung des Konzernaufsichtsrats die Rechtmäßigkeit, Ordnungs- und Zweckmäßigkeit sowie Wirtschaftlichkeit der gesamten Konzernführung durch die Geschäftsführung der Konzernobergesellschaft.

Literatur: Kleindiek, D.: Konzernstrukturen und Corporate Governance: Leitung und Überwachung im dezentral organisierten Unternehmensverbund, in: Hommelhoff, P./Hopt, K. J./Werder, A. v. (Hrsg.): Handbuch Corporate Governance, Köln/Stuttgart 2003, S. 571–603; Marsch-Barner, R./Schäfer, F. A. (Hrsg.): Handbuch börsennotierte AG, Köln 2005; Theisen, M. R.: Der Konzern, 2. Aufl., Stuttgart 2000.

Carsten Theile

Aufsichtsrat, Interessenkonflikte von
→ Interessenkonflikte von Vorstand und Aufsichtsrat

Aufsichtsrat, Kreditgewährung an →Kreditgewährung an Vorstand und Aufsichtsrat

Aufsichtsrat, Mandatsbegrenzung
→ Mandatsbegrenzung des Aufsichtsrats

Aufsichtsrat, mündliche Berichterstattung an

Nach § 171 Abs. 1 Satz 2 AktG besteht eine generelle Verpflichtung des →Abschlussprüfers zur Teilnahme an der Bilanzsitzung des Aufsichtsrats oder des von diesem eingerichteten Bilanzausschusses (→Audit Committee; →Aufsichtsratsausschüsse). Hierbei sind die Ergebnisse der →Jahresabschlussprüfung (JA; →Lagebericht) bzw. der →Konzernabschlussprüfung (Konzernabschluss; →Konzernlagebericht) durch den APr gegenüber dem AR zu erläutern. Die Teilnahme des Abschlussprüfers an der Bilanzsitzung ist gesetzlich verpflichtend (IDW 2006, Abschn. R, Rn. 803). Im Rahmen der mündlichen Berichterstattung ist auf die wesentlichen Ergebnisse der Prüfung einzugehen und einzelne im →Prüfungsbericht (PrB) enthaltene Prüfungsfeststellungen vertiefend zu erläutern.

Ziel der mündlichen Berichterstattung ist in erster Linie die Unterrichtung des Aufsichtsrats über den vorgelegten und geprüften JA. Weiterhin ist die Berichterstattung als Unterstützung für den AR bei der Ausübung seiner Funktion und seines Auftrages zu sehen. Durch die sachkundige und objektive Beurteilung des Jahresabschlusses und der Unternehmenslage wird dem Aufsichtsgremium ein Informationsinstrument zur Verfügung gestellt, mithilfe dessen die Wahrnehmung seiner Kontroll- und Überwachungsaufgaben (→Überwachungsaufgaben des Aufsichtsrats) unterstützt wird.

Die Inhalte der Bilanzsitzung beziehen sich auf die Erörterung der vom Vorstand vorgelegten (→Berichterstattungspflichten des Vorstands) und geprüften Rechnungslegungsunterlagen. Dabei bezieht sich der APr schwerpunktmäßig auf besondere Risiken, Markt- und Branchentendenzen einzelner Geschäftsfelder bzw. der gesamten Unternehmung. Weitere inhaltliche Fakten der Bilanzsitzung sind der erteilte Prüfungsauftrag (→Prüfungsauftrag und -vertrag), die durchgeführte Prüfung, die Einhaltung der GoB (→Grundsätze ordnungsmäßiger Buchführung, Prüfung der) und der der Prüfung zugrunde gelegte →risikoorientierte Prüfungsansatz. Außerdem erläutert der APr evtl. aufgetretene Besonderheiten im Bereich der →wirtschaftlichen Verhältnisse oder →rechtlichen Verhältnisse des vorangegangenen Geschäftsjahres. Erörterungswürdige Ereignisse im rechtlichen oder wirtschaftlichen Sektor sind bspw. Unternehmensverkäufe, Umwandlungen (→Unternehmensumwandlungen), Restrukturierungen, Rechnungslegungsumstellungen (→internationale Rechnungslegung, Umstellung auf), Kapitalerhöhungen (→Kapitalerhöhungsbilanzen) oder wichtige →Unternehmensverträge. Ergänzend stellt der APr die →Vermögenslage, →Finanzlage und →Ertragslage (→wirtschaftliche Verhältnisse) dar. Dabei zeigt er etwaige positive und/oder negative Veränderungen auf (→zeitlicher Vergleich) und erläutert die Ursachen für die Abweichungen (→Abweichungsanalyse). Ferner werden diese Umstände anhand der Einzelposten aufgezeigt. Ausschlaggebende Ursachen für die Veränderungen gegenüber dem Vorjahr können z. B. Restrukturierungsaufwendungen, essentielle →Rückstellungen oder aber ao. Ereignisse sein. Die Auswirkungen der Einzelposten lassen sich anhand der →Gewinn- und Verlustrechnung (GuV) darstellen. Hierbei werden die wirtschaftlichen Rahmenbedingungen sowie unternehmensspezifischen Faktoren bei der Interpretation der Daten ebenfalls hinzugezogen. Mittels signifikanter Kennzahlen ist ein Vergleich mit anderen Unternehmungen der Branche möglich (→Kennzahlen und Kennzahlensysteme als Kontrollinstrument; →überbetriebliche Vergleiche; →Benchmarking). Im Ergebnis lässt sich damit auch die Positionierung am Markt ableiten.

Ergänzend zu den oben genannten Kriterien nimmt der APr zum vom gesetzlichen Vertreter aufgestellten Lagebericht Stellung. Dabei werden die →Chancen und Risiken der künftigen Entwicklung (→Chancen- und Risikobericht) analysiert und bewertet.

In der Bilanzsitzung würdigt der APr das vorliegende →Interne Kontrollsystem (IKS) und dessen Wirkungsweise. Auf kritische Sachverhalte ist hinzuweisen. Dazu können auch systematische Fehler zählen, die sich zwar auf den geprüften Abschluss nicht wesentlich ausgewirkt haben, sich aber auf künftige Abschlüsse wesentlich auswirken könnten. Werden während der Abschlussprüfung gesetzliche Verstöße, Satzungs- oder Vertragsmissachtungen festgestellt, dann ist der Prüfer dazu verpflichtet, diese dem AR darzulegen und mitzuteilen (→Unregelmäßigkeiten; →Unregelmäßigkeiten Aufdeckung von; →Unregelmäßigkeiten, Konsequenzen aus).

Hat der AR den Prüfungsumfang gegenüber der WPGes (→ Revisions- und Treuhandbetriebe) erweitert, dann wird zu diesem Prüfungsbereich gesondert in der Bilanzsitzung Stellung genommen und die Erkenntnisse aus der Prüfung werden erörtert.

Die Aussagen in der mündlichen Berichterstattung beziehen sich schwerpunktmäßig auf die wesentlichen Ergebnisse der Prüfung, ersetzen gebotene Ausführungen im PrB jedoch nicht und dürfen nicht im Widerspruch zu diesen stehen. Des Weiteren kann der AR durch die Hinweise eigene Tendenzen ableiten, welche Schwerpunkte in der eigenen Überwachungstätigkeit gelegt werden müssen, um der Kontrolle und Überwachung des Vorstands gerecht zu werden bzw. diese korrekt auszuführen. Die nachfolgende Tab. fasst die mündliche Berichterstattung an den AR zusammen.

Literatur: IDW (Hrsg.): IDW Prüfungsstandard: Grundsätze für die mündliche Berichterstattung des Abschlussprüfers an den Aufsichtsrat (IDW PS 470, Stand: 8. Mai 2003), in: WPg 56 (2003), S. 608–610; IDW (Hrsg.): WPH 2006, Band I, 13. Aufl., Düsseldorf 2006.

Ralph Höll

Tab.: Übersicht der mündlichen Berichterstattung an den AR

Auftrag IDW PS 470, Tz. 14	Darstellung des Auftragsumfangs (ggf. vereinbarte Prüfungsschwerpunkte)
Prüfung IDW PS 470, Tz. 16–17	Hinweis auf Beachtung der Grundsätze ordnungsgemäßer Abschlussprüfung; Darstellung des risikoorientierten Prüfungsansatzes • Bedeutung der Kenntnisse über die Geschäftstätigkeit, wirtschaftliches/rechtliches Umfeld • Konsequenzen, die sich aus der Schwerpunktbildung in der Abschlussprüfung und der angewandten Stichprobenverfahren ergeben
Besonderheiten IDW PS 470, Tz. 18–19	Darstellung der rechtlichen und wirtschaftlichen Besonderheiten im zu prüfenden Geschäftsjahr (ggf. signifikante Ereignisse, die nach Ablauf des Geschäftsjahres eingetreten sind, sind im Lagebericht darzustellen)

Wirtschaftliche Lage
IDW PS 470, Tz. 20–23
	• Erläuterung des Einflusses bedeutsamer Geschäftsvorfälle und der Bilanzpolitik auf die Darstellung der Vermögens-/Finanz- und Ertragslage
	• Einflüsse, die zu erläutern sind:
	   – Änderungen in Bewertungsgrundlagen
	   – Ausübung von Bilanzierungs- und Bewertungswahlrechten
	   – Ausnutzung von Ermessensspielräumen
	   – sachverhaltsgestaltender Maßnahmen
	• Erläuterung von Einzelposten, die wesentliche Auswirkungen auf die Darstellung der Lage haben
	• Überleitung auf ein bereinigtes Ergebnis → Beurteilung des (ggf. bereinigten) Ergebnisses unter der Berücksichtigung des Umfeldes, einschl. wesentlicher Risiken der Entwicklung
	• Eingehen auf Konzernbesonderheiten

Prüfungsaussagen
Rechnungslegung
IDW PS 470, Tz. 24–25
 	
IKS, Risikofrüherkennung
IDW PS 470, Tz. 26–27
	• Stellungnahme zur Ordnungsmäßigkeit der Rechnungslegung. (Sollten Einwendungen bestehen, dann sind diese ausführlich zu erläutern mit deren Ursachen und Folgen)
	• Verweis bei wesentlichen Abweichungen von den DRSC-Empfehlungen
	• Hinweis auf kritische Einzelsachverhalte im rechnungslegungsbezogenen IKS
	• Beurteilung der Angemessenheit/Wirksamkeit des Risikofrüherkennungssystems
	   – Risikoerfassung
	   – Risikobewertung und -strukturierung
	   – besondere Risiken
	   – Verbesserungsbedarf

Sonstige bedeutsame Feststellungen IDW PS 470, Tz. 28–30	• Festgestellte Verstöße gegen gesetzliche Vorschriften • Schwerwiegende Verstöße der gesetzlichen Vertreter bzw. Arbeitnehmer gegen Gesetz, Gesellschaftsvertrag/Satzung • Feststellungen zu besonders vereinbarten Berichtspflichten und sonstige Hinweise (Hinweis auf wesentliche künftige Änderungen der Rechnungslegungsnormen)
Prüfungsergebnis IDW PS 470, Tz. 31	Stellungnahme zum im Bestätigungsvermerk abgegebenen Prüfungsteil

Aufsichtsrat, Sorgfaltspflichten des
→ Haftung des Aufsichtsrats

Aufsichtsrat, Zusammensetzung des
→ Zusammensetzung von Vorstand und Aufsichtsrat

Aufsichtsratsausschüsse

Insb. in größeren Aufsichtsräten bilden Aufsichtsratsausschüsse ein wichtiges Instrument zur Sicherstellung der sachgerechten Erfüllung der dem AR obliegenden Überwachungsaufgaben (→ Überwachungsaufgaben des Aufsichtsrats), sodass er aus seiner Selbstorganisationspflicht heraus i. d. R. von der Möglichkeit der Einrichtung von Ausschüssen Gebrauch machen wird. Im → Deutschen Corporate Governance Kodex (DCGK) wird – abhängig von den spezifischen Gegebenheiten des Unternehmens und der Anzahl der Aufsichtsratsmitglieder – zur Steigerung der Effizienz der Aufsichtsratsarbeit explizit die Bildung von Ausschüssen empfohlen. Insb. empfiehlt der DCGK die Einrichtung eines → Audit Committee, das sich mit Fragen der Rechnungslegung, des → Risikomanagementsystems (RMS) (→ Risikomanagementsystem, Prüfung durch den Aufsichtsrat) sowie der Abschlussprüfung (→ Jahresabschlussprüfung; → Einzelabschluss; → Konzernabschlussprüfung) befassen soll und dem insoweit eine zentrale Bedeutung für die → Unternehmensüberwachung zukommt. Ein gesetzlicher Zwang zur Einrichtung von Ausschüssen besteht mit Ausnahme des Vermittlungsausschusses nach § 27 Abs. 3 MitbestG (→ Mitbestimmung) gleichwohl nicht. Die Bildung, Besetzung und Auftragsbestimmung von Ausschüssen obliegt ausschließlich der Entscheidungsautonomie des Aufsichtsrats. Satzungsbestimmungen können diese Geschäftsordnungsautonomie des Aufsichtsrats nicht einschränken (BGH-Urteil vom 25.2.1982, S. 106). Der AR entscheidet uneingeschränkt selbst, ob er aus seiner Mitte einen oder mehrere Ausschüsse bestellt, die ihm zur Entscheidungsvorbereitung, zur Überwachung der Ausführung seiner Beschlüsse oder zur abschließenden Erledigung spezieller Aufgaben dienen (§ 107 Abs. 3 AktG). Ausschüsse dienen ausschließlich als Instrument des Gesamtaufsichtsrats.

Aufgabe *vorbereitender Ausschüsse* ist es, Entscheidungen für das Plenum vorzubereiten und diesem fundierte Beschluss- oder Verhandlungsvorschläge zu unterbreiten, über die das einzelne Aufsichtsratsmitglied nach eigenständiger Urteilsbildung in eigener Verantwortung zu entscheiden hat. Verwendung finden vorbereitende Ausschüsse im Rahmen der begleitenden und gestaltenden Überwachung, insb. bei den Prüfungsaufgaben des Aufsichtsrats. Da vorbereitende Ausschüsse in den ihnen übertragenen Aufgaben nicht selbst beschließen können, ist es hinreichend, wenn sich solche Ausschüsse aus mindestens zwei Mitgliedern zusammensetzen. Demgegenüber müssen überwachende und beschließende Ausschüsse zwingend aus mindestens drei Mitgliedern bestehen, da ihnen Entscheidungsaufgaben zugewiesen sind. Bei *überwachenden Ausschüssen* handelt es sich um Ausschüsse, die abschließend zur Überwachung von Beschlüssen des Aufsichtsrats oder zu einer intensiveren Überwachung einzelner Führungsbereiche eingesetzt werden. *Beschließende Ausschüsse*, die vornehmlich im Bereich der gestaltenden Überwachung anzutreffen sind, sind mit Entscheidungskompetenzen ausgestattet. Im Rahmen der ihnen zugewiesenen Aufgaben können sie anstelle des Gesamtaufsichtsrats endgültige Entscheidungen treffen. Der Gesamtaufsichtsrat verliert somit diesbezüglich seine Beschlusskompetenz. Er besitzt aber weiterhin das Recht und die Pflicht zur allgemeinen Ausschussüberwachung und bleibt Herr des Verfahrens. So können grundsätzlich Befugnisse oder Aufgaben einem Ausschuss nicht zur ausschließlichen Wahrnehmung übertragen werden, da die Überweisung einer Angelegenheit an einen Ausschuss die Zuständigkeit des Gesamtaufsichtsrats nicht beeinträchtigt. Ausschüsse haben daher Eingriffe in die Aufsichtsratskompetenzen zu unterlassen und in jeder Arbeitsphase den mutmaßlichen oder erklärten Willen des Plenums Rücksicht zu nehmen. Bestehen zwischen der Mehrheitsmeinung des Ausschusses und der des Plenums Widersprüche, müssen die Mitglieder des Ausschusses sich zwar nicht gegen ihre eigene Überzeugung i. S. d. Mehrheitsmeinung des Plenums entscheiden, der Ausschuss ist in einem solchen Fall aber verpflichtet, dem Plenum die Möglichkeit zur abschließenden Entscheidung zu eröffnen und darf keine vollendeten Tatsachen schaffen. Ferner ist der Gesamtaufsichtsrat jederzeit befugt, Entscheidungen, die er an einen Ausschuss delegiert hat, wieder an sich zu ziehen, Entscheidungen eines Ausschusses zu ändern oder gänzlich aufzuheben.

Aus der grundsätzlichen Pflicht des Gesamtaufsichtrats, die Tätigkeit der von ihm eingerichteten vorbereitenden, überwachenden und beschließenden Ausschüsse zu überwachen, um Beeinträchtigungen seiner Funktionsfähigkeit zu vermeiden, ergibt sich das Erfordernis, mittels eines funktionsfähigen Berichts-, Entscheidungs- und Konsultationsverfahrens den Informationsfluss zwischen Plenum und Ausschuss zu gewährleisten. Hinsichtlich vorbereitender Ausschüsse bedeutet dies, dass zwingend allen Mitgliedern des Aufsichtsrats rechtzeitig vor der endgültigen Beschlussfassung im Plenum der Ausschussbericht zugänglich ist, der alle entscheidungsrelevanten Informationen enthalten muss, die dem Ausschuss zur Verfügung standen. Demgegenüber sind die Informationspflichten überwachender und beschließender Ausschüsse gegenüber dem Gesamtaufsichtsrat deutlich geringer, da diese Entscheidungen respektive Überwachungshandlungen anstelle des Gesamtaufsichtsrats treffen bzw. abschließend wahrnehmen. So brauchen solche Ausschüsse Vorstandsberichte (→ Berichterstattungspflichten des Vorstands) über ihnen zugewiesene Aufgaben nicht von sich aus an das Plenum weiterzuleiten. Ebenso wenig sind solche Ausschüsse verpflichtet, dem Plenum Detailinformationen zur Verfügung zu stellen. Unberührt hiervon bleibt das Recht des Plenums, durch Beschluss von seinen Ausschüssen umfassende Informationen zu verlangen. Bei beschließenden Ausschüssen vermindert sich die Haftung der nicht dem Ausschuss angehörenden Aufsichtsratsmitglieder (→ Haftung des Aufsichtsrats) auf ein Organisations- und Überwachungsverschulden.

Während für die Übertragung von Aufgaben an vorbereitende Ausschüsse gesetzlich keine Schranken vorgesehen sind, sind in § 107 Abs. 3 Satz 2 AktG Aufgabenbereiche aufgeführt, die aufgrund ihrer zentralen Bedeutung explizit der Beschlussfassung durch den Gesamtaufsichtsrat unterliegen und demzufolge ausdrücklich dem Aufgabenbereich beschließender Ausschüsse entzogen sind. Hierzu gehören z. B. die Wahl des Aufsichtsratsvorsitzenden und seiner Stellvertreter, der Erlass einer Geschäftsordnung für den Vorstand (→ Geschäftsordnung für Vorstand und Aufsichtsrat), die Prüfung des Jahresabschlusses und → Lageberichts bzw. des Konzernabschlusses und → Konzernlageberichts oder die Prüfung des Gewinnverwendungsvorschlags (→ Ergebnisverwendung, Vorschlag für die; → Ergebnisverwendung).

Literatur: BGH-Urteil vom 25.2.1982, Aktz. II ZR 174/80, ZIP 3 (1982), S. 568–575; Hoffmann, D./Preu, P.: Der Aufsichtsrat. Ein Leitfaden für Aufsichtsräte, 5. Aufl., München 2003; Lutter, M./Krieger, G.: Rechte und Pflichten des Aufsichtsrates, 4. Aufl., Köln 2002; Potthoff, E./Trescher, K.: Das Aufsichtsratsmitglied. Ein Handbuch der Aufgaben, Rechte und Pflichten, 5. Aufl., Stuttgart 2001; Rellermeyer, K.: Aufsichtsratsausschüsse, Köln et al. 1986.

Michael Hinz

Aufsichtsratsbericht → Berichterstattungspflichten des Aufsichtsrats

Aufsichtsratsbeurteilung

Weltweit steigen die Anforderungen an die Qualität der Arbeit von Aufsichtsgremien großer Kapitalgesellschaften (→ Vorstand und Aufsichtsrat, Eignungsprofile von). Fast alle internationalen Corporate Governance Kodizes, ob → *Deutscher Corporate Governance Kodex* (DCGK), *Bouton*, *Tabaksblat* oder *Higgs*, fordern regelmäßige Effizienzprüfungen oder Leistungsbeurteilungen der Aufsichtsgremien.

Diese systematische Beurteilung von Aufsichtsräten ist ein neues und für viele noch ungewohntes Phänomen. Es ist schwer vorstellbar, dass der legendäre *Hermann-Josef Abs* sich einer externen Beurteilung seiner Tätigkeit unterzogen hätte. Ein solcher Gedanke hätte sich nicht mit der Auffassung eines Aufsichtsratsmandates als prestigeträchtigem und höchst diskret zu handhabendem Ehrenamt vertragen. Es darf vermutet werden, dass auch heute noch viele Aufsichtsräte den Gedanken, sich als Mitglied des Aufsichtsgremiums evaluieren zu lassen, zu den überflüssigen US-Importen zählen und spontan ähnlich attraktiv finden, wie an einer Schönheitskonkurrenz mitzuwirken.

Ganz im Gegensatz hierzu haben einzelne Aufsichtsratsvorsitzende von sich aus umfassende Bestandsaufnahmen ihrer Aufsichtsräte initiiert, die weit über die Forderungen sämtlicher Kodizes hinausgehen. Diese haben, von der Öffentlichkeit weitgehend unbemerkt, zu grundlegenden Veränderungen der Arbeit dieser Gremien geführt.

Aufsichtsratsbeurteilung

Ungenutzte Potenziale: Derartig unterschiedliche Auffassungen sind eine Reflektion des grundlegenden Transformationsprozesses, in dem sich Aufsichtsgremien weltweit befinden. Man muss sich vor Augen führen, dass bis vor wenigen Jahren engagierte Aufsichtsräte meist nicht erwünscht waren. Ohne den Einfluß aktiver Großaktionäre oder institutioneller Investoren hatten Aufsichtsratssitzungen meist nur formalen Charakter. Diese Tendenz wurde durch die →Mitbestimmung in Deutschland noch verstärkt. Als Ergebnis wurde das erhebliche Potenzial der Mitglieder, auf der Kapitalseite i. d. R. Chefs großer Unternehmen, kaum genutzt.

Unterforderung und Hofzeremoniell: Wenn Gruppen hochqualifizierter Personen dauerhaft unterfordert werden, verändern sich Zielsetzungen und Verhaltensweisen. Formale Elemente treten in den Vordergrund der Interaktion und ersetzen teilweise die Sach- oder Ergebnisorientierung.

So konnten sich über Jahrzehnte hinweg ungeschriebene Spielregeln und Verhaltensmuster herausbilden, die die erhebliche Diskrepanz zwischen formaler Verantwortung und tatsächlicher Einbeziehung der einzelnen Aufsichtsratsmitglieder verfestigten. Ein ausgeprägtes Hofzeremoniell kann sich nur in statischen Regimes herausbilden, die nicht gezwungen sind, sich schnell veränderte Macht- oder Marktverhältnisse einzustellen. Heute – angesichts des beschleunigten technologischen Wandels, intensiveren internationalen Wettbewerbs und der sehr viel anspruchsvolleren institutionellen Investoren – erweisen sich die eingeübten Verhaltensmuster als nicht mehr zeitgemäß. Während über viele Jahre ein zu aktives Rollenverhalten einzelner Mitglieder des Gremiums als störend und kontraproduktiv empfunden wurde, wird dieses nun plötzlich von allen Seiten eingefordert, ohne dass es hierfür klare Vorbilder gäbe.

Unklares Selbstverständnis: Deshalb herrscht bei vielen Aufsichtsräten große Unsicherheit hinsichtlich ihres Selbstverständnisses. Im vertraulichen Einzelgespräch wird nicht selten eingeräumt, dass man sich nicht mehr in der Lage sieht, die Strategie des beaufsichtigten Unternehmens noch zu beurteilen, weil das Geschehen inzwischen viel zu komplex geworden sei und dass man sich deshalb auf allgemeine Plausibilitätskontrollen (→Plausibilitätsprüfungen) beschränken müsse. Gerade verantwortungsvolle, selbstkritische Aufsichtsräte werden mit ihren Sorgen regelrecht allein gelassen.

Demgegenüber steht eine interessierte und kritische Öffentlichkeit, die von Aufsichtsräten zunehmend eine ähnlich professionelle Mandatswahrnehmung einfordert, wie von Vorständen. Allein kann ein einzelnes Mitglied jedoch im AR kaum etwas bewegen. Nur wenn sich die Interaktion im gesamten Gremium ändert, hat der Einzelne eine Chance, einen aktiveren und professionelleren Beitrag zu leisten.

Nur wenige Gremien sind jedoch in der Lage, nur aus eigener Initiative ihre Verhaltensweisen zu ändern, zu stark prägen trotz allen Veränderungswillens tradierte Einstellungen die Interaktion und zu unklar ist meist die Zielsetzung. Eine grundlegende Änderung der Arbeit ist meist Ergebnis einer gemeinsam durchlittenen Krise, die dazu führt, dass der AR ein deutlich klareres Selbstverständnis entwickelt und seine Verantwortung neu definiert. Ein weniger dramatischer Weg zu einer angemesseneren Rollendefinition ist die externe Bestandsaufnahme der Arbeit und der Vergleich mit der Praxis anderer Aufsichtsgremien.

Der Board Review-Prozess: Hier setzt der Board Review-Prozess an, in dem den einzelnen Aufsichtsratsmitgliedern die Möglichkeit gegeben wird, in einer vertraulichen Bestandsaufnahme ihrer Tätigkeit, Unsicherheiten und Kritikpunkte sowohl in der eigenen Rollenwahrnehmung als auch in der des gesamten Gremiums zu identifizieren und Empfehlungen für Verbesserungen zu formulieren. Das überraschende Ergebnis ist dann häufig, dass individuelle Kritik an der Arbeit eines Aufsichtsgremiums meist von der Mehrzahl der Mitglieder geteilt wird, diese aber im Plenum vorher nie zur Sprache kam.

Dieser Prozess beginnt mit einer detaillierten strategischen Bestandsaufnahme mit dem Aufsichtsratsvorsitzenden, auf dessen Basis ein spezifischer Fragenkatalog für das betreffende Unternehmen erstellt wird.

Anschließend wird jedes Aufsichtsrats- und Vorstandsmitglied persönlich interviewt; dabei werden alle relevanten Aspekte der Arbeit des Gremiums behandelt.

Die Interviews werden analysiert und ausgewertet, wobei sämtliche Aussagen der Befragten dabei erfasst und nach Themengebieten geordnet werden.

Die Ergebnisse der Auswertungen werden in einer Präsentation zusammengefasst, die die aktuelle Situation des Gremiums offen beschreibt, mit der „Best Practice" anderer Aufsichtsräte vergleicht (→Benchmarking) und Empfehlungen für die Verbesserung der Arbeit ausspricht.

Zum Abschluss des Review-Prozesses erhalten die Befragten ein individuelles und vertrauliches Feedback zur Qualität ihrer Mandatswahrnehmung.

Diese Bestandsaufnahme und der Vergleich mit der Arbeit anderer Aufsichtsgremien verdeutlichen das Zusammenwirken der einzelnen Einflussfaktoren auf die Arbeit des Aufsichtsrates. Sie bilden die Grundlage für den anschließenden Verbesserungsprozess.

Die Veränderung der Arbeit eines Aufsichtsrats erfolgt nicht aufgrund einer einzelnen Maßnahme, sie ist vielmehr als Prozess zu sehen, in dessen Verlauf verschiedene strukturelle und personelle Elemente in bestimmter Reihenfolge angesprochen und verändert werden.

Internationaler Vergleich: Board Reviews in so unterschiedlichen Ländern wie USA, England, Frankreich, Belgien, Holland, der Schweiz und Deutschland haben immer wieder gezeigt, dass gute Aufsichtsgremien trotz aller struktureller Unterschiede große Gemeinsamkeiten haben. Viele dieser „Best Practices" lassen sich auch auf deutsche Aufsichtsräte übertragen und ermöglichen auch den Aufsichtsräten hierzulande ein besseres Geschäftsverständnis und eine deutlich effektivere Mandatswahrnehmung.

Literatur: Lentfer, T.: Einflüsse der internationalen Corporate Governance-Diskussion auf die Überwachung der Geschäftsführung. Eine kritische Analyse des deutschen Aufsichtssystems, Wiesbaden 2005.

Florian Schilling

Aufsichtsratsevaluation →Aufsichtsratsbeurteilung

Aufsichtsratsplenum →Aufsichtsratsausschüsse

Aufsichtsratssitzung, Protokollierung der →Versammlungsprotokolle

Aufsichtsrecht, europäisches →Europäische Union, öffentlich-rechtliche Prüfungsorgane

Aufspaltung →Unternehmensumwandlungen

Aufstellungsfristen →Prüfungszeitraum

Auftragsannahme und -fortführung

Die Auftragsannahme umfasst die Annahme des seitens des Auftraggebers erteilten Auftrags und die vorhergehende Beurteilung seitens des Prüfers, ob der Auftrag, bei Würdigung aller Umstände, angenommen werden kann. Die Auftragsannahme wird zumeist durch eine →Auftragsbestätigung dokumentiert. Die vorhergehende Beurteilung wird sowohl für Prüfungs- als auch Beratungsaufträge durchgeführt.

Unter dem Begriff Auftragsfortführung wird die Annahme eines neuen, eigenständigen Folgeauftrages verstanden. Die Auftragsfortführung ist insofern von der Erweiterung eines bereits bestehenden Auftrags zu unterscheiden. Auch bei der Auftragsfortführung erfolgt somit die Beurteilung, ob der Folgeauftrag angenommen werden kann oder ob (neue) Umstände vorliegen, die die Annahme des Folgeauftrages ausschließen.

Vor Auftragsannahme empfiehlt es sich zunächst, ausreichende Kenntnis über die Geschäftstätigkeit sowie das rechtliche und →wirtschaftliche Umfeld des potenziellen Auftraggebers zu erlangen.

In diesem Zusammenhang sind auch die Identifizierungs- und Aufbewahrungspflichten des →Geldwäschegesetzes (→Geldwäschegesetz, Beachtung bei Auftragsannahme und -durchführung) in Bezug auf den Auftraggeber bzw. den wirtschaftlich Berechtigten zu beachten.

Des Weiteren ist zu beurteilen, ob berufliche Ausschlussgründe (→Ausschluss als Abschlussprüfer) vorliegen, die der Annahme des Auftrages bzw. Folgeauftrages entgegenstehen. Als berufliche Ausschlussgründe sind insb. Abhängigkeit und Besorgnis der Befangenheit (→Unabhängigkeit und Unbefangenheit des Wirtschaftsprüfers) zu nennen. Diese Ausschlussgründe sind nicht nur vor Annahme von Prüfungsaufträgen (→Prüfungsauftrag

Auftragsbestätigung

und -vertrag), sondern auch vor Annahme von Beratungs- oder anderen Aufträgen zu würdigen.

Neben den Regelungen zur →Unabhängigkeit und Unbefangenheit des Wirtschaftsprüfers finden sich weitere grundsätzliche Regelungen zur Auftragsannahme in der →Wirtschaftsprüferordnung (WPO) und dem StBerG sowie den jeweiligen Berufssatzungen [→Berufssatzung der Wirtschaftsprüferkammer (BS)]. So muss z. B. gem. § 53 WPO das Einverständnis des bisherigen Auftraggebers und des neuen Auftraggebers eingeholt werden, wenn ein Prüfer bereits für einen anderen Auftraggeber in der gleichen Sache tätig war.

Nach Prüfung der Ausschlussgründe ist zu beurteilen, welche Leistungen seitens des Auftragnehmers zu erbringen sind und ob die notwendige Fachkompetenz und personellen und sachlichen Ressourcen zur Durchführung des Auftrages (→Auftragsdurchführung) verfügbar sind. Des Weiteren ist einzuschätzen, ob Gründe dafür sprechen, dass der Auftraggeber seinen Pflichten, wie z. B. Informations- und Auskunftspflichten (→Auskunftsrechte des Abschlussprüfers) und der Pflicht zur Honorarzahlung (→Prüfungshonorare), nicht nachkommen kann.

Wesentlicher Bestandteil der Auftragsannahme ist auch eine Würdigung des Auftragsrisikos (→Risikomanagement der Revisions- und Treuhandbetriebe). Hierzu ist eine Gesamtschau der Umstände des Auftrages erforderlich (Geuer 1994, S. 155 ff.): Maßgeblich zur Beurteilung des Auftragsrisikos sind z. B.

- die Komplexität der angeforderten Dienstleistungen und damit verbundene Unsicherheitsfaktoren,
- der an der Leistung interessierte Personenkreis,
- die vereinbarten oder gesetzlichen Haftungsbegrenzungen,
- die Dauer der Geschäftsbeziehung mit dem Mandanten,
- die Kooperationsbereitschaft und
- die wirtschaftliche Lage des Mandanten.

Es ist nicht nur die mögliche Haftung gegenüber dem Mandanten, sondern auch eine mögliche Dritthaftung zu beurteilen (→Haftung des Wirtschaftsprüfers; →Haftung des Steuerberaters).

Wird ein Auftrag nicht angenommen, so hat der WP/→Steuerberater (StB) dies unverzüglich mitzuteilen (§ 51 WPO, § 63 StBerG).

Für →Jahresabschlussprüfungen und bestimmte weitere Tätigkeiten, wie z. B. Prospektprüfungen finden sich in den Standards des →Instituts der Wirtschaftsprüfer in Deutschland e.V. (IDW) weitere Regelungen zur Auftragsannahme. So führt z. B. IDW PS 220 aus, dass vor Auftragsannahme zu prüfen ist, ob nach den →Berufspflichten des Wirtschaftsprüfers ein Prüfungsauftrag angenommen werden darf und ob die besonderen Kenntnisse und Erfahrungen vorliegen, um die Prüfung sachgerecht durchführen zu können. Ebenfalls ist das Vorliegen von Ausschlussgründen und die ordnungsgemäße Bestellung (→Bestellung des Abschlussprüfers) zu überprüfen (IDW PS 220.11 ff.). Bei →Folgeprüfungen für nachfolgende Geschäftsjahre ist erneut zu beurteilen, ob der Prüfungsauftrag angenommen werden darf (IDW PS 220.24 ff.; IDW PS 230.9 ff.).

Literatur: Geuer, C.: Das Management des Haftungsrisikos der Wirtschaftsprüfer, Düsseldorf 1994; IDW (Hrsg.): IDW Prüfungsstandard: Beauftragung des Abschlussprüfers (IDW PS 220, Stand: 2. Juli 2001), in: WPg 54 (2001), S. 895–898; IDW (Hrsg.): Kenntnisse über die Geschäftstätigkeit sowie das wirtschaftliche und rechtliche Umfeld des zu prüfenden Unternehmens im Rahmen der Abschlussprüfung (IDW PS 230, Stand: 8. Dezember 2005), in: WPg 53 (2000), S. 842–846 sowie WPg 59 (2006), S. 218.

Beatrix Marquardt

Auftragsbestätigung

Die Auftragsbestätigung beinhaltet ein Schreiben des →Abschlussprüfers, mit dem entweder ein durch die zu prüfende Gesellschaft mündlich oder schriftlich erteilten Prüfungsauftrag (→Prüfungsauftrag und -vertrag) angenommen (→Auftragsannahme und -fortführung) oder eine bereits getroffene Vereinbarung dokumentiert wird.

Für die Auftragsbestätigung des Prüfungsauftrags empfiehlt IDW PS 220 eine schriftliche Auftragsbestätigung zur Verdeutlichung des Prüfungsauftrags und zur Vermeidung von Missverständnissen sowohl bei der gesetzlichen →Pflichtprüfung als auch bei freiwilligen Prüfungen (→freiwillige und vertragliche Prüfung).

Die Auftragsbestätigung ist an das für die Erteilung des Prüfungsauftrages zuständige

Organ des Unternehmens zu richten. Für die gesetzliche Pflichtprüfung ist bei der AG (→Aktiengesellschaft, Prüfung einer) der AR gem. § 111 Abs. 2 Satz 3 AktG für die Erteilung des Prüfungsauftrages zuständig. Bei der →Gesellschaft mit beschränkter Haftung (GmbH) ist die Geschäftsführung (§ 35 GmbHG) zuständiges Organ zur Erteilung des Prüfungsauftrages, soweit nicht nach Gesetz oder Gesellschaftsvertrag (z. B. § 52 GmbHG i.V.m. § 111 Abs. 2 Satz 3 AktG) der AR oder Beirat für die Erteilung des Prüfungsauftrages zuständig ist. Bei freiwilligen Prüfungen ist die Auftragsbestätigung an die gesetzlichen Vertreter der Gesellschaft zu richten.

Zumeist ergänzt oder ändert die Auftragsbestätigung den bereits erteilten Prüfungsauftrag inhaltlich. Sie stellt dann ein neues Angebot dar und der Prüfungsvertrag (→Prüfungsauftrag und -vertrag) kommt erst bei Gegenzeichnung der Auftragsbestätigung durch den Auftraggeber zustande.

Nach IDW PS 220 ist in einer Auftragsbestätigung regelmäßig der Umfang der Pflichten des Abschlussprüfers und die Verantwortlichkeit der gesetzlichen Vertreter für die Rechnungslegung aufzuführen. Ratsam ist danach u. a. die Beschreibung der Zielsetzung der Abschlussprüfung (→Jahresabschlussprüfung; →Konzernabschlussprüfung), der Art und des Umfangs von Abschlussprüfung, Berichterstattung und Bestätigung sowie ein Hinweis auf das einer Abschlussprüfung immanente Risiko.

Darüber hinaus sollte eine Auftragsbestätigung regelmäßig die Pflichten der gesetzlichen Vertreter der zu prüfenden Gesellschaft darstellen. Diese manifestieren sich in der Gewährung eines unbeschränkten Zugangs zu den für die Prüfung notwendigen Aufzeichnungen, Schriftstücken und sonstigen Informationen sowie der Vorlage zusätzlicher Informationen, die von der Gesellschaft zusammen mit dem JA veröffentlicht werden (→zusätzliche Informationen zum Jahresabschluss, Beurteilung). Das Auftragsbestätigungsschreiben sollte zusätzlich einen Hinweis auf die gesetzlichen Auskunftspflichten der gesetzlichen Vertreter gem. § 320 HGB (→Auskunftsrechte des Abschlussprüfers) bzw. eine Vereinbarung der entsprechenden Anwendung des § 320 HGB bei freiwilligen Prüfungen beinhalten. Des Weiteren sollte eine Verpflichtung der gesetzlichen Vertreter zur Abgabe einer →Vollständigkeitserklärung aufgenommen werden. Schließlich dürfen Regelungen über die Vergütung sowie den Ersatz von Auslagen (→Prüfungshonorare; →Vergütungsregelungen für den Wirtschaftsprüfer) nicht fehlen.

Bei freiwilligen →Jahresabschlussprüfungen sind auch Vereinbarungen über Haftungsbeschränkungen Inhalt des Auftragsbestätigungsschreibens. Bei gesetzlichen Pflichtprüfungen findet die gesetzliche Haftungsbeschränkung des § 323 Abs. 2 HGB Anwendung (→Haftung des Wirtschaftsprüfers).

Inhalt des Auftragsbestätigungsschreibens sind zumeist auch Ausführungen zur Beschränkung der Weitergabe solcher Arbeitsergebnisse des Abschlussprüfers (z. B. des →Prüfungsberichts), deren Weitergabe an Dritte sich nicht bereits aus dem Prüfungsauftrag ergibt (→Verschwiegenheitspflicht des Wirtschaftsprüfers).

Bei Pflichtprüfungen sind Gegenstand und Umfang der Prüfung gesetzlich in § 317 HGB geregelt und werden durch die einschlägigen →Berufsgrundsätze ausgefüllt (ADS 2000, Rn. 208 zu § 318 HGB). Auch bei freiwilligen Prüfungen muss der Gegenstand und Umfang der Prüfung entsprechend § 317 BGB vereinbart werden.

Werden seitens des Aufsichtsrats besondere Prüfungsschwerpunkte festgelegt, so sind auch diese in das Auftragsbestätigungsschreiben aufzunehmen. Von der Vereinbarung besonderer Prüfungsschwerpunkte sind zusätzliche Auftragsinhalte, die über den Rahmen des gesetzlichen Prüfungsauftrages hinausgehen zu unterscheiden. Diese sind ebenfalls ausdrücklich zu vereinbaren. Für zusätzliche Auftragsinhalte außerhalb der gesetzlichen Abschlussprüfung findet § 323 HGB keine Anwendung, sodass eine Haftungsvereinbarung zur Begrenzung der Haftungshöchstsumme für den nicht von § 323 HGB umfassten Bereich getroffen werden sollte.

Literatur: ADS: Rechnungslegung und Prüfung der Unternehmen, Teilband 7, 6. Aufl., Stuttgart 2000.

Beatrix Marquardt

Auftragsdurchführung

Die Auftragsdurchführung erfordert regelmäßig eine Abfolge von Tätigkeiten, die zu koordinieren sind. Eine typische Abfolge ist:

Auftragsdurchführung

- Aktivitäten vor der Auftragsannahme:
  - Überlegungen zur Annahme des Prüfungsauftrages (→Auftragsannahme und -fortführung; →Prüfungsauftrag und -vertrag), insbs. zur Unabhängigkeit (→Unabhängigkeit und Unbefangenheit des Wirtschaftsprüfers),
  - Festlegung der Auftragsbedingungen (→Auftragsbestätigung) und
  - Festlegung des Prüfungsteams;
- Aktivitäten zur Vorbereitung der →Prüfungsplanung:
  - Erlangung eines ersten Überblicks über die Geschäftstätigkeit des zu prüfenden Unternehmens,
  - Erlangung eines Überblicks über die Kontrollen (→Kontrollsysteme) im Unternehmen,
  - Erlangung eines Überblicks über die Kontrollen und Systeme im →Rechnungswesen und
  - Durchführung einer ersten analytischen Durchsicht des Jahresabschlusses;
- Prüfungsplanung:
  - Festlegung einer Wesentlichkeitsgrenze (→Wesentlichkeit),
  - Ermittlung von →Prüfungsrisiken und von Risiken für Verstöße (→Unregelmäßigkeiten) sowie
  - risikoorientierte Festlegung von Prüfungsschwerpunkten (→risikoorientierter Prüfungsansatz);
- Prüfungsdurchführung:
  - (falls möglich) Prüfung des →Internen Kontrollsystems (→Internes Kontrollsystem, Prüfung des; →Systemprüfung),
  - Durchführung aussagebezogener Prüfungshandlungen (→ergebnisorientierte Prüfungshandlungen) sowie
  - abschließende Durchsicht des Jahresabschlusses und des →Lageberichts;
- Schlussphase:
  - Untersuchung von Ereignissen nach dem →Abschlussstichtag,
  - Einholung einer →Vollständigkeitserklärung sowie
  - Berichterstattung (→Berichtsgrundsätze und -pflichten des Wirtschaftsprüfers)
  - Beurteilung der →Prüfungsqualität.

Die dargestellte Reihenfolge der Aktivitäten ist nicht zwingend einzuhalten, wird jedoch empfohlen. Insb. sind Risiken, die erst am Ende der Prüfung erkannt werden, weiter zu verfolgen. Ggf. ist die Prüfungsplanung dynamisch anzupassen (IDW PS 240).

Aktivitäten vor der Auftragsannahme müssen sicherstellen, dass der WP vom zu prüfenden Unternehmen unabhängig ist. Darüber hinaus sind erste Erkenntnisse zum →Kontrollumfeld (d. h. zur Einstellung der Geschäftsleitung zu einem funktionierenden Kontrollsystem) zu dokumentieren. Die Abfassung von Auftragsbedingungen und die Einholung einer schriftlichen →Auftragsbestätigung ist regelmäßiger Bestandteil dieser ersten Phase der Auftragsdurchführung. Darüber hinaus ist das Prüfungsteam nach Gesichtspunkten, wie Qualifikation, Kompetenz und Verfügbarkeit, zusammenzustellen. Bereits in dieser frühen Phase ist festzustellen, ob ein Umfeld gegeben ist, welches Verstöße begünstigt.

Bei den *Aktivitäten zur Vorbereitung der Prüfungsplanung* geht es in erste Linie darum, eine Aussage darüber zu treffen, ob wesentliche Risiken vorhanden sind, die bereits im Rahmen der Prüfungsplanung erkannt werden können. Dazu analysiert der WP systematisch die Geschäftstätigkeit des Unternehmens (IDW PS 230) und dessen IKS (IDW PS 260). Bei der Analyse des Internen Kontrollsystems werden in Anlehnung an den →*Coso*-Report die Unternehmenskontrollen und die Kontrollen im Rechnungswesen analysiert. Ziel dieser Phase ist die Erlangung eines ersten Überblicks über das Rechnungswesen, um geeignete Prüfungsschwerpunkte setzen zu können. Darüber hinaus wird im Rahmen einer Aufbauprüfung (→Aufbauorganisation) beurteilt, ob das IKS sinnvoll ist und ob es wie vorgesehen implementiert wurde. Eine weitere Tätigkeit in dieser Phase ist die kritische Durchsicht des Jahresabschlusses. Dabei werden häufig Branchenvergleiche erstellt oder Kennzahlen gebildet (→überbetriebliche Vergleiche; →Kennzahlen und Kennzahlensysteme als Kontrollinstrument).

Im Rahmen der *Prüfungsplanung* ist die für den Adressaten des Jahresabschlusses relevante Wesentlichkeitsgrenze durch den WP festzulegen (IDW PS 250). Des Weiteren sind auf Basis der bisherigen Erkenntnisse Prüfungsgebiete (→Prüffelder) und Prüfungsschwerpunkte festzulegen. Dabei ist risikoorientiert zu planen. Die Festlegung von Prüfungsschwerpunkten kann getrennt für einzelne Posten des Jahresabschlusses erfolgen. Die Schwerpunkte können aber auch innerhalb einzelner Posten unterschiedlich nach, möglicherweise fehlerhaften, Abschlussaussagen (Assertions) festgelegt werden. Durch die Festlegung von Schwerpunkten ist sicherzustellen, dass die Prüfung zu der angestrebten Prüfungssicherheit führt, jedoch auch noch in einem wirtschaftlich vertretbaren Zeitrahmen durchgeführt werden kann.

Die *Prüfungsdurchführung* umfasst (falls sinnvoll) die →Funktionsprüfung (→Systemprüfung) des Internen Kontrollsystems. In diese Prüfung sind die allgemeinen Computerkontrollen einzubeziehen (IDW FAIT 1 bzw. IDW PS 330). In Abhängigkeit von den bisherigen Ergebnissen der Prüfungsplanung und -durchführung sind aussagebezogene Prüfungshandlungen durchzuführen. Dies können →analytische Prüfungshandlungen (→Plausibilitätsprüfungen) oder →Einzelfallprüfungen sein (→Auswahl von Prüfungshandlungen). Zumindest ein Teil der Prüfungssicherheit ist durch aussagebezogene Prüfungshandlungen zu erlangen. Eine ausschließliche Prüfung des Internen Kontrollsystems ist nicht zulässig. Nach Abschluss der Prüfungshandlungen ist der JA auf Postenebene erneut kritisch auf noch erkennbare Fehler (→Fehlerarten in der Abschlussprüfung) durchzusehen.

Die *Schlussphase* enthält neben der Einholung einer durch die Geschäftsleitung unterschriebenen Vollständigkeitserklärung und der Prüfung von Ereignissen nach dem Bilanzstichtag die Berichterstattung. Der →Prüfungsbericht (PrB) ist nach den Maßgaben der IDW PS 450 und 400 zu erstellen. Dabei sind wesentliche Sachverhalte mit Einfluss auf die →Vermögenslage, →Finanzlage und →Ertragslage (→wirtschaftliche Verhältnisse) des Unternehmens im PrB und ggf. im →Bestätigungsvermerk (BestV) darzustellen.

Die Prüfung schließt ab mit geeigneten Verfahren zur Sicherung der Prüfungsqualität (IDW/WPK VO 1/2006). Regelmäßiger Bestandteil dieser Verfahren sind die →Berichtskritik (zwingend) sowie ggf. die prüfungsbegleitende →Qualitätssicherung durch einen vom Mandat unabhängigen WP. Darüber hinaus ist durch die WP-Praxis (→Revisions- und Treuhandbetriebe) in regelmäßigen Abständen eine →interne Nachschau der durchgeführten Aufträge durchzuführen. Dabei geht es darum, dass ein ggf. vom Mandat unabhängiger WP feststellt, ob die Grundsätze und Maßnahmen zur Sicherung der Prüfungsqualität in der vorgegebenen Form bei der Organisation der Praxis und der Durchführung der einzelnen Aufträge eingehalten wurden.

Literatur: IDW (Hrsg.): IDW-Prüfungsstandard: Grundsätze der Planung von Abschlussprüfungen (IDW PS 240, Stand: 28. Juli 2000), in: WPg 53 (2000), S. 846–849; IDW (Hrsg.): IDW Prüfungsstandard: Das interne Kontrollsystem im Rahmen der Abschlussprüfung (IDW PS 260, Stand: 2. Juli 2001), in: WPg 54 (2001), S. 821–830; IDW (Hrsg.): IDW Prüfungsstandard: Abschlussprüfung bei Einsatz von Informationstechnologie (IDW PS 330, Stand: 24. September 2002), in: WPg 55 (2002a), S. 1167–1179; IDW (Hrsg.): IDW Stellungnahme zur Rechnungslegung: Grundsätze ordnungsmäßiger Buchführung bei Einsatz von Informationstechnologie (IDW RS FAIT 1, Stand: 24. September 2002), in: WPg 55 (2002b), S. 1157–1167; IDW (Hrsg.): IDW Prüfungsstandard: Wesentlichkeit im Rahmen der Jahresabschlussprüfung (IDW PS 250, Stand: 8. Mai 2003), in: WPg 56 (2003), S. 944–946; IDW (Hrsg.): IDW Prüfungsstandard: Grundsätze für die ordnungsmäßige Erteilung von Bestätigungsvermerken bei Abschlussprüfungen (IDW PS 400, Stand: 28. Oktober 2005), in: WPg 58 (2005), S. 1382–1402; IDW (Hrsg.): IDW Prüfungsstandard: Grundsätze ordnungsmäßiger Berichterstattung bei Abschlussprüfungen (IDW PS 450, Stand: 8. Dezember 2005), in: WPg 59 (2006a), S. 113–128; IDW (Hrsg.): Kenntnisse über die Geschäftstätigkeit sowie das wirtschaftliche und rechtliche Umfeld des zu prüfenden Unternehmens im Rahmen der Abschlussprüfung (IDW PS 230, Stand: 8. Dezember 2005), in: WPg 53 (2000), S. 842–846 sowie WPg 59 (2006b), S. 218; IDW/WPK (Hrsg.): Gemeinsame Stellungnahme der WPK und des IDW: Anforderungen an die Qualitätssicherung in der Wirtschaftsprüferpraxis (VO 1/2006), in: WPg 59 (2006), S. 629–646.

Thomas M. Orth

Auftragsdurchlaufzeitcontrolling
→Logistikcontrolling

Auftragsfortführung →Auftragsannahme und -fortführung

Auftragskalkulation

Unter der Auftragskalkulation wird die Ermittlung von →Kosten für einen Kundenauftrag verstanden. Im Vergleich zur stückbezogenen →Kalkulation in der →Kostenträgerstückrechnung bezieht sich die Auftragskalkulation i. d. R. nicht nur auf eine Produkteinheit, sondern auf mehrere Produkte oder

Auftragskalkulation

komplexe Produkte. Die Auftragskalkulation kann als Vor- und Nachkalkulation (→Kalkulationsmethoden) durchgeführt werden. Als Vorkalkulation vor der Auftragserteilung kann die Auftragskalkulation auch als Angebotskalkulation bezeichnet werden.

Die Auftragskalkulation als *Vorkalkulation* dient i.d.R. als Beurteilungsmaßstab für die Beurteilung nachfrager- oder konkurrenzorientierter Preise oder als Basis für die Bildung kostenorientierter Preise, falls die Marktgegebenheiten diese Art der Preisbildung erlauben. Das Vorgehen bei der Vorkalkulation für spezielle Aufträge hängt stark von der Art der herzustellenden Produkte ab. Bei *wenig standardisierten* Produkten können, je nach Informationsstand, Schätzungen auf der Grundlage von Kenngrößen, durch Ähnlichkeitsbetrachtungen oder durch die Verwendung von Geometriedaten, vorgenommen werden. Sind die Produkte dagegen *standardisiert* oder setzen sie sich aus standardisierten Komponenten zusammen, kann die Auftragskalkulation auf Plankosten (→Plankostenrechnung) zurückgreifen und führt zu Ergebnissen, deren Genauigkeit höher einzuschätzen ist. Für die Kostenplanung sind allerdings genaue Produktdaten, z.B. in Form von Stücklisten und Arbeitsplänen, erforderlich. Die Verfahren der Kostenschätzung unterscheiden sich ebenfalls hinsichtlich ihrer Genauigkeit, erfordern dementsprechend aber auch Eingangsinformationen in unterschiedlichem Umfang. Bei der Kalkulation mit Kenngrößen wird für Aufträge eine Kenngröße verwendet, die als Maßstab für die Umrechnung der Kosten abgeschlossener Aufträge auf das aktuell betrachtete Objekt dienen kann. Dies könnte bspw. im Schiffbau das Gewicht sein, das zur Auftragskalkulation für Containerschiffe herangezogen wird. Bei der *Ähnlichkeitskalkulation* wird im Gegensatz hierzu mehr als eine Größe verwendet, um die Umrechnung vorhandener Erfahrungswerte auf einen neuen Auftrag zu unterstützen. Neben dem Gewicht könnte bspw. das Volumen und die Motorleistung von Schiffen verwendet werden. Die Auftragskalkulation wird hierdurch aufwendiger, weil auch definiert werden muss, wie die Ähnlichkeit aus den Ausprägungen mehrerer Kenngrößen zusammengefasst ermittelt werden soll. Die *Kostenschätzung auf der Grundlage von Geometriedaten* unterscheidet sich von diesen beiden Verfahren insofern, als sie i.d.R. auf der Ebene der Einzelteile ansetzt. Hier werden Kostenschätzungen aus den Abmessungen der Teile abgeleitet, bspw. aus dem Durchmesser von Zahnrädern oder aus der Länge von Wellen. Die Ermittlung umfangreicher Eingangsinformationen für die Durchführung einer Auftragskalkulation als Vorkalkulation wird durch den Termindruck eingeschränkt, wenn das Ergebnis der Kalkulation für die Angebotserstellung benötigt wird.

Mit der Auftragskalkulation in Form einer *Nachkalkulation* können nach dem Abschluss der Produktion Kostenabweichungen festgestellt werden. Die Kostenabweichungen können sich dabei aus →Mengenabweichungen und →Preisabweichungen ergeben, die getrennt analysiert werden können (→Abweichungsanalyse). Die Ergebnisse der Nachkalkulation für die Aufträge können aber nicht nur zur Kontrolle, sondern auch zur Bestandsbewertung (→Bestandsplanung und -kontrolle) verwendet werden. Als Ursachen für die Kostenabweichungen kommen neben der abweichenden Umsetzung der Vorgaben auch falsche Annahmen bei der →Planung (→Planungssysteme) oder ungenaue Eingangsinformationen in Frage. Letzteres ist besonders bei der Auftragskalkulation für wenig standardisierte Produkte zu berücksichtigen. Die Nachkalkulation setzt voraus, dass eine auftragsbezogene Kostenerfassung [→Betriebsdatenerfassung (BDE)] im Unternehmen möglich ist. Bei Aufträgen mit langer Fertigungsdauer (→langfristige Auftragsfertigung) kann es sinnvoll sein, vor der endgültigen Fertigstellung die Istkosten (→Istkostenrechnung) zwischenzeitlich auszuwerten und den geschätzten Werten gegenüberzustellen (→Soll-Ist-Vergleich). Dabei ist darauf zu achten, dass nicht der Zeitablauf als Grundlage des Kostenvergleichs verwendet wird, sondern der Arbeitsfortschritt der Gegenüberstellung von geschätzten und tatsächlichen Kosten zugrunde zu legen ist. Des Weiteren kann es sinnvoll sein, nicht nur die ursprüngliche Vorkalkulation als Vergleichsgrundlage zu verwenden, sondern die Planung auf der Grundlage neu gewonnener Informationen zu aktualisieren. Die Ergebnisse der Nachkalkulation können wiederum als Grundlage für zukünftige Vorkalkulationen verwendet werden, wenn neben den Kostendaten auch die Kenngrößen der Schätzverfahren für den abgeschlossenen Auftrag dokumentiert werden. Zu beachten ist allerdings, dass die ermittelten Istwerte Unwirtschaftlichkeiten enthalten können und zudem für zukünftige Vorkalkulationen an die aktuellen Preisentwicklungen anzupassen sind.

Für die Erstellung von Auftragskalkulationen existieren in verschiedenen *Branchen* Vorgaben zur Gestaltung der Kalkulation (→Kalkulation, branchenorientiert), die z.T. Empfehlungen von Branchenverbänden, z.T. verbindliche rechtliche Regelungen sind. Hierbei werden aber i.d.R. nicht die Verfahren der Auftragskalkulation, sondern die Gliederung der Kalkulation angesprochen.

Literatur: Hoitsch, H.-J.: Produktionswirtschaft, 2. Aufl., München 1993; Kilger, W./Pampel, J./Vikas, K.: Flexible Plankostenrechnung und Deckungsbeitragsrechnung, 11. Aufl., Wiesbaden 2002.

Hans Schmitz

Aufwand →Aufwendungen und Erträge

Aufwand, neutraler →Kostenartenrechnung

Aufwands- und Ertragsanalyse

Im Rahmen der →Erfolgsspaltung wird das →Jahresergebnis in einzelne Erfolgsquellen zerlegt. Gegenstand der Aufwands- und Ertragsanalyse ist es, die Zusammensetzung dieser Erfolgsquellen – insb. des ordentlichen Betriebsergebnisses – mit dem Ziel zu untersuchen, die Ursachen und Determinanten des Erfolges herauszustellen, um daraus Prognosen für die künftige Entwicklung der nachhaltigen Ertragskraft (→Erfolgsprognose) abzuleiten (→Erfolgscontrolling).

Die dazu verwendeten Kennzahlen (→Kennzahlen und Kennzahlensysteme als Kontrollinstrument) sind sowohl absolute Zahlen (→Umsatzerlöse, Gesamtleistung, die Höhe der verschiedenen Ertrags- und Aufwandsarten) als auch Relativzahlen, die eben diese Aufwands- und Ertragsgrößen zu solchen Größen in Relation setzen, von denen angenommen werden kann, dass sie diese beeinflussen:

Kennzahl zur Aufwands- und Ertragsanalyse

$$= \frac{\text{Ertrags- bzw. Aufwandsgröße (z.B. Personalaufwand, Materialaufwand, Abschreibungen)}}{\text{Den Zähler beeinflussende Ertrags- oder Aufwandsgröße (z.B. Gesamtleistung, Umsatz, gesamter Aufwand)}}$$

Bei der *Aufwandsanalyse* auf Grundlage des *Gesamtkostenverfahrens* [→Gliederung der Gewinn- und Verlustrechnung (GuV)] stehen die Aufwendungen für die Produktionsfaktoren Personal, Werkstoffe und Betriebsmittel im Mittelpunkt, die als Quoten der Gesamtleistung ermittelt werden. Die Kennzahlen Personal-, Material- oder Abschreibungsquote (häufig auch Intensitätskennzahlen genannt) beschreiben die Bedeutung der jeweiligen Aufwandsart bzw. des betrachteten Produktionsfaktors und ermöglichen es, im Rahmen der Beurteilung der Nachhaltigkeit bzw. der Prognose der künftigen Ertragskraft, die Erwartungen über die Entwicklungen der Faktorpreise einzubeziehen. Außerdem lassen sich die festgestellten Veränderungen im Zeitablauf als Fehlentwicklungen oder Verbesserungen identifizieren.

Die *Personalaufwandsquote* (= →Personalaufwand pro Gesamtleistung) stellt die →Erfolgsabhängigkeit von der Entwicklung der Personalkosten dar. Zu erwartende Ergebnisse von Tarifverhandlungen lassen sich mithilfe der Personalaufwandsquote vergleichsweise einfach in die Prognoserechnungen (→Prognoseinstrumente) einspielen. Allerdings sind zu Lohn- und Gehaltssteigerungen gegenläufige Effekte, wie Produktivitätssteigerungen, ebenfalls zu berücksichtigen. Bei erheblichen Schwankungen ist zu prüfen, ob und inwieweit diese auf Veränderungen der Rückstellungspolitik für →Pensionsverpflichtungen bzw. deren Auslagerung zurückzuführen sind.

Die *Materialaufwandsquote* (= Materialaufwand pro Gesamtleistung) liefert neben den oben beschriebenen allgemeinen Informationen spezifische Hinweise auf die Fertigungstiefe der Produktionsprozesse. Hohe Werte lassen auf eine vergleichsweise höhere produktionswirtschaftliche und absatzpolitische Flexibilität schließen, weil das Risiko von Beschäftigungsschwankungen auf die Zulieferer verlagert wird. Eine niedrige Quote hingegen spricht für Liefersicherheit und möglicherweise auch für Synergieeffekte in der Produktionswirtschaft.

Die *Abschreibungsquote (Kapitalintensität)* gibt Hinweise auf die Investitionsaktivitäten (oder -vernachlässigungen) i.S.v. Kapazitätserweiterungen (→Kapazitätsplanung; →Kapazitätscontrolling) oder Rationalisierung und Restrukturierungen. Allerdings ist hier auf bilanz- und steuerpolitische Störeinflüsse zu achten (→bilanzpolitische Gestaltungsspiel-

Abb.: Struktur- und Änderungs-GuV

Struktur- und Änderungs-GuV	t_0		Veränderung		t_1	
	absolut	%	absolut	%	absolut	%
Umsatzerlöse		100 %				100 %
– Herstellungskosten des Umsatzes						
= Bruttoergebnis vom Umsatz						
– Vertriebskosten						
– Verwaltungskosten						
– sonstige betriebl. Aufwendungen						
= Betriebsergebnis						

räume nach HGB; →bilanzpolitische Gestaltungsspielräume nach Steuerrecht; →bilanzpolitische Gestaltungsspielräume nach IFRS; →bilanzpolitische Gestaltungsspielräume nach US GAAP).

Im Falle des *Umsatzkostenverfahrens* [→Gliederung der Gewinn- und Verlustrechnung (GuV)] werden die Herstellungs-, Vertriebs- und Verwaltungs-, gelegentlich auch Forschungsaufwendungsquoten, ermittelt. Die Beziehungsgrößen sind in Ermangelung der Gesamtleistung die Umsatzerlöse.

Als geeignetes *Instrument der Aufwands- und Ertragsanalyse* hat sich die Struktur- und Änderungs-GuV erwiesen (Lachnit 2004, S. 212).

In *vertikaler Sicht* verdeutlichen die Zahlen die Ertrags- und Kostenstrukturen (→Erträge; →Kosten), z. B. die Herstellungskostenquote [→Herstellungskosten (HK)], die Vertriebskostenquote usw. Die Kenntnis dieser Strukturen lässt im zwischenbetrieblichen Vergleich (→betriebswirtschaftlicher Vergleich) Stärken und Schwächen erkennen.

Die *horizontale* Betrachtung ermöglicht zweierlei: zunächst werden die absoluten Veränderungen der einzelnen Ertrags- und Aufwandsarten herausgestellt. Summiert ergeben sie die Veränderung des Betriebsergebnisses. Darüber hinaus aber werden durch die Veränderungsproportionen gewinnerhöhende bzw. -belastende Einflüsse im Anpassungsprozess von Umsatz und den Aufwandsarten erkennbar. Häufig wird bei steigenden Umsätzen eine proportionale Steigerung der Aufwendungen als „normal" hingenommen. Wenn es bei sinkendem Ergebnis dem Management nicht gelingt, die Aufwendungen entsprechend zu senken, wird dies mit (vorübergehend) nicht zu vermeidenden Kostenremanenzen begründet. Immerhin werden die Zusammenhänge und Folgen transparent gemacht.

Kennzahlen zur *Ertragsstrukturanalyse* sind neben den Umsatzerlösen und den sonstigen betrieblichen Erträgen (→sonstige betriebliche Aufwendungen und Erträge) z. B. die Spartenabhängigkeit (= Umsatz einer Sparte pro Gesamtumsatzerlöse) und die Exportabhängigkeit (= Auslandsumsatz pro Gesamtumsatzerlöse). Außerdem werden im Rahmen der Erfolgsspaltung bzw. Ergebnisquellenanalyse besonders das ordentliche Ergebnis, unregelmäßige und bewertungsabhängige Ergebnisbestandteile, das Betriebs- und das →Finanzergebnis besonders herausgearbeitet, um die Nachhaltigkeit der Ertragskraft einzuschätzen und zu prognostizieren. Dabei stellen die sonstigen betrieblichen Erträge eine besondere Problematik dar, weil über ihre Zusammensetzung häufig nur wenige Informationen verfügbar sind, sich hier aber häufig für das Urteil entscheidende außerordentliche Komponenten, wie z. B. Veräußerungserlöse aus dem Verkauf von →Anlagevermögen und Erträge aus der Auflösung von →Rückstellungen, verbergen.

Literatur: Baetge, J./Kirsch, H.-J./Thiele, S.: Bilanzanalyse, 2. Aufl., Düsseldorf 2004, S. 396–424; Gräfer, H.: Bilanzanalyse, 9. Aufl., Herne/Berlin 2005, S. 78–89; Küting, K./Weber, C. P.: Die Bilanzanalyse, 8. Aufl., Stuttgart 2006, S. 257–270; Lachnit, L.: Bilanzanalyse, Wiesbaden 2004, S. 210–214.

Horst Gräfer

Aufwands- und Ertragskonsolidierung
→Konsolidierungsformen

Aufwands- und Ertragszuschüsse
→Zuschüsse

Aufwendungen und Erträge

Die Begriffe „Aufwendungen" und „Erträge" werden in den deutschen Rechnungslegungsvorschriften zwar an verschiedenen Stellen genannt (z. B. §§ 246 Abs. 1 Satz 1, 252 Abs. 1 Nr. 5 HGB), aber nicht definiert. Die Literatur versteht unter Aufwendungen und Erträgen Veränderungen des bilanziellen →Eigenkapitals, die nicht auf Einlagen, Entnahmen oder Gewinnausschüttungen zurückzuführen sind. Eine ähnliche Definition enthält das Rahmenkonzept der →International Financial Reporting Standards (IFRS) in F. 92 bzw. 94.

Das Vorliegen von Aufwendungen oder Erträgen im JA setzt somit mengen- oder wertmäßige Änderungen von Aktiva oder Passiva voraus. Sowohl Höhe als auch Zeitpunkt der Erfassung von Aufwendungen und Erträgen werden daher von den Bilanzierungs- und Bewertungsvorschriften (→Ansatzgrundsätze; →Bewertungsgrundsätze) bestimmt.

Die Anwendung dieser Vorschriften kann jedoch nur der Ermittlung des gesamten Saldos von Aufwendungen und Erträge – des →Jahresergebnisses – einer Rechnungslegungsperiode dienen. Der JA muss den Adressaten darüber hinaus Informationen über die Zusammensetzung des Ergebnisses vermitteln. Diesem Zweck dient die →Gewinn- und Verlustrechnung (GuV), in der Aufwendungen und Erträge geordnet dargestellt werden (→Gliederung der Gewinn- und Verlustrechnung). Die Vorschriften zur GuV sowie nicht-kodifizierte Grundsätze (→Grundsätze ordnungsmäßiger Buchführung, Prüfung der), die aus der Informationsfunktion ableitbar sind, sind heranzuziehen, um die oben getroffenen Definitionen von Aufwendungen und Erträgen zu konkretisieren.

So wird der Geschäftsvorfall „Verkauf von Erzeugnissen" in zwei Bestandteile zerlegt: zum einen in das Element „Zugang von liquiden Mitteln oder →Forderungen", einen Reinvermögenszugang, der gem. § 277 Abs. 1 HGB in der GuV als →Ertrag – in diesem Fall als →Umsatzerlös – abgebildet wird; zum anderen in das Element „Abgang von Erzeugnissen", eine Reinvermögensminderung, die sich als Aufwand in der GuV niederschlägt. Ohne diese Aufgliederung des Geschäftsvorfalls würde der Abschlussadressat darüber im Unklaren gelassen, aus welchen Aufwands- und Ertragskomponenten sich das Ergebnis aus für die gewöhnliche Geschäftstätigkeit typischen Erzeugnissen, Waren und Dienstleistungen zusammensetzt.

Dem handelsrechtlichen JA ist es ungeachtet des in § 246 Abs. 2 HGB statuierten Verrechnungsverbots in anderen Fällen hingegen nicht fremd, nur den Erfolg aus dem Verkauf eines →Vermögensgegenstands als Ertrag oder Aufwand abzubilden: der Vorgang „Verkauf von →Anlagevermögen" wird nicht in die Komponenten „Abgang von Anlagen" und „Zugang von liquiden Mitteln oder Forderungen" zerlegt; in der GuV wird allein der Saldo dieser Vermögensbewegung als sonstiger betrieblicher Ertrag oder Aufwand (→sonstige betriebliche Aufwendungen und Erträge) erfasst; nur in dieser Höhe liegt eine Reinvermögensveränderung vor. Eine Aufteilung dieser Veränderung in ihre Bestandteile ist unter dem Gesichtspunkt der Informationsfunktion nicht notwendig.

Das Gleiche gilt bei der Behandlung von Anschaffungsvorgängen: hier findet keine Abbildung einer Reinvermögensminderung aus dem Abgang von liquiden Mitteln oder dem Zugang von →Schulden einerseits und einer Reinvermögensmehrung aus dem Zugang des erworbenen Vermögensgegenstandes andererseits statt.

Bei der Abbildung von Herstellungsvorgängen ist zu differenzieren. Bei Anwendung des Gesamtkostenverfahrens (§ 275 Abs. 2 HGB) wird der Ressourcenverbrauch als Aufwand erfasst, dem als Ertrag die Erhöhung des Bestands an Erzeugnissen (→Vorratsvermögen) bzw. andere aktivierte Eigenleistungen gegenübergestellt werden. Dagegen bildet eine nach dem UKV (§ 275 Abs. 3 HGB) aufgestellte GuV weder Aufwendungen noch Erträge aus Herstellungsvorgängen ab.

Um festzustellen, ob Aufwendungen oder Erträge vorliegen, sind gem. der obigen Definition Reinvermögensänderungen aus Einlagen, Entnahmen und Gewinnausschüttungen auszuschließen (→Eigenkapital). Solange derartige Vorgänge in der gesellschaftsrechtlich vorgesehenen Form erfolgen, bereitet dies keine Schwierigkeiten. Auch die Behandlung von Gewinnen sowie Verlusten, die aufgrund von Ergebnisabführungsverträgen (→Unternehmensverträge) abgeführt oder übernommen werden, ist unproblematisch. Obwohl diese Vorgänge betriebswirtschaftlich große Ähnlichkeit mit Ausschüttungen bzw. Einlagen haben, handelt es sich gem. § 277 Abs. 3 Satz 2 HGB um Aufwendungen bzw. Erträge. Strittig ist die Behandlung von →verdeckten Gewinnausschüttungen, etwa in Form von Unterpreislieferungen an Gesellschafter (→Verrechnungspreise, handelsrechtliche; →Verrechnungspreise, kalkulatorische; →Verrechnungspreise, steuerrechtliche). Nach Schulze-Osterloh liegt ein Ertrag in Höhe des üblicherweise erzielbaren Preises vor (Schulze-Osterloh 2000, Rn. 348 zu § 42 GmbHG). Die Differenz zum tatsächlich erzielten Preis sei außerhalb des →Jahresergebnisses dem Bilanzgewinn zu belasten. Die h.M. spricht sich dagegen für den Ausweis eines Ertrags nur in Höhe des erzielten Preises aus (ADS 1997, Rn. 28b zu § 277 HGB, S. 556; Förschle/Taetzner 2003, Rn. 111 zu § 278 HGB, S. 1158). Erhält ein Unternehmen von seinen Gesellschaftern einen Zuschuss, ohne zur Erbringung einer Gegenleistung verpflichtet zu sein, besteht einerseits die Möglichkeit, diesen Zuschuss als Ertrag zu erfassen. Andererseits ist eine erfolgsneutrale Abbildung als Zugang zur →Kapitalrücklage möglich. Die Zulässigkeit der jeweiligen Alternative hängt davon ab, ob die Gesellschafter den Zuschuss mit der Zweckbestimmung gewährt haben, ihn unmittelbar ins →Eigenkapital einzustellen (ADS, Rn. 137 zu § 272 HGB, S. 357: bei fehlender Zweckbestimmung durch Gesellschafter erfolgsneutrale Einstellung in das Eigenkapital; a.A. IDW HFA 2/1996, Abschn. 22, S. 712: bei fehlender Zweckbestimmung erfolgswirksame Erfassung als Ertrag).

Bei der Prüfung der Aufwendungen und Erträge ist hinreichende Sicherheit zu erlangen, ob

- alle Aufwendungen und Erträge erfasst worden sind,
- alle ausgewiesenen Aufwendungen und Erträge belegt sind (→Nachweisprüfungshandlungen),
- die Aufwendungen und Erträge periodengerecht abgegrenzt sind (→periodengerechte Erfolgsermittlung),
- die Aufwendungen und Erträge unter dem zutreffenden Posten ausgewiesen werden und
- ob die Aufwendungen und Erträge zutreffend verbucht worden sind (→Fehlerarten in der Abschlussprüfung).

Diese Prüfung ist i.V.m. der Prüfung der Bilanzposten vorzunehmen, da zwischen jenen Posten und den Aufwendungen und Erträgen sachliche und buchhalterische Zusammenhänge bestehen. Da die Aufwendungen und Erträge als zeitraumbezogene Größen einen umfangreicheren Prüfungsstoff als die stichtagsbezogenen Aktiva und Passiva bieten, wird die erforderliche Sicherheit durch →Einzelfallprüfungen i.d.R. nicht erreicht werden. Daher kommen für die Prüfung der GuV →Kontrollprüfungen (→Internes Kontrollsystem, Prüfung des; →Systemprüfung) in Betracht, die durch →analytische Prüfungshandlungen ergänzt werden.

Literatur: ADS: Rechnungslegung und Prüfung der Unternehmen, Teilband 5, 6. Aufl., Stuttgart 1997; Döring, U.: Aufwand und Ertrag, in: Ballwieser, W. et al. (Hrsg.): HWRP, 3. Aufl., Stuttgart 2002, Sp. 140–146; Förschle, G./Taetzner, T.: Kommentierung des § 278 HGB, in: Ellrott, H. et al. (Hrsg.): BeckBilKomm, 6. Aufl., München 2006; IDW (Hrsg.): IDW Stellungnahme: Zur Bilanzierung privater Zuschüsse (IDW HFA 2/1996), in: WPg 49 (1996), S. 709–713; Schulze-Osterloh, J.: Kommentierung des § 42 GmbHG, in: Baumbach, A./Hueck, A. (Hrsg.): GmbH-Gesetz, 17. Aufl., München 2000.

Dirk Hällmayr

Aus- und Fortbildung des Wirtschaftsprüfers

Die Ausbildung des Wirtschaftsprüfers umfasst i.d.R. ein Hochschulstudium sowie das erfolgreiche Bestehen des →Wirtschaftsprüfungsexamens (→Berufszugang zum Wirtschaftsprüfer).

Darüber hinaus ist der WP verpflichtet, sein berufliches Wissen fortlaufend zu erneuern und zu ergänzen. Der WP verletzt erheblich seine gesetzliche Pflicht zur gewissenhaften Ausübung des Berufs [§ 43 →Wirtschaftsprüferordnung (WPO)], wenn er sich nicht über die für sein berufliches Verhalten maßgeblichen Bestimmungen auf dem Laufenden hält (→Berufspflichten des Wirtschaftsprüfers; →Berufsgrundsätze des Wirtschaftsprüfers). Im Rahmen seiner Berufspflicht zur Fortbildung ist jeder WP verpflichtet, neben dem notwendigen Literaturstudium an Fortbildungsmaßnahmen teilzunehmen. Der Umfang dieser Maßnahmen sollte 40 Stunden pro Jahr nicht unterschreiten (IDW VO 1/1993). Die Fortbildung ist zu dokumentieren.

Anrechenbare Fortbildungsmaßnahmen sind:

- Seminare zu prüfungsrelevanten Sachverhalten, wie

- Gesetzesänderungen zur Bilanzierung (→Ansatzgrundsätze) und Bewertung (→Bewertungsgrundsätze),
- Änderungen gesetzlicher Prüfungsvorschriften (→Prüfungsnormen),
- Änderungen von Prüfungsstandards (→Prüfungsrichtlinien),
- neue fachliche Verlautbarungen (→Verlautbarungen des *Instituts der Wirtschaftsprüfer in Deutschland e.V.*) und
- internationale Rechnungslegung;
- Seminare zum Steuerrecht;
- betriebswirtschaftliche Seminare;
- Seminare mit dem Schwerpunkt Wirtschaftsrecht und
- Besuch von Fachtagungen.

Darüber hinaus sind auch die folgenden Tätigkeiten zur Ermittlung der Fortbildungsstunden anrechenbar:

- Tätigkeit als Fachreferent oder -dozent,
- Tätigkeit in Fachausschüssen des → Instituts der Wirtschaftsprüfer in Deutschland e.V. und der →Wirtschaftsprüferkammer (WPK),
- Tätigkeit im Prüfungsausschuss,
- schriftstellerische Tätigkeit (Erstellung und Veröffentlichung von Fachaufsätzen oder Fachbüchern) sowie
- Mitarbeit bei internen Fachgremien.

Nicht anrechenbar sind hingegen:

- Besuch allgemeiner Tagungen,
- Zeiten für das Literaturstudium und
- Besuch von fachfremden Seminaren.

Der Besuch eines Präsenzseminars ist nicht Voraussetzung zur Anerkennung der Fortbildungsmaßnahme. Vielmehr können die erforderlichen Zeiten auch durch Nutzung zeitgemäßer Vermittlungsmethoden, wie E-Learning oder Web-Konferenzen, erbracht werden.

Die Fortbildungsveranstaltungen sollten sich inhaltlich an den Vorkenntnissen des Wirtschaftsprüfers orientieren und zielgerichtet die erforderlichen Qualifikationen vermitteln. Dazu kann es angemessen sein, dass der WP seinen aktuellen Wissensstand z. B. durch Eingangstests ermittelt. Darüber hinaus kann es sinnvoll sein, die erlangte Qualifikation durch die Beantwortung von Prüfungsfragen nachzuweisen. Diese Methode kann durch die Nutzung von E-Learning unterstützt werden.

Bei größeren WPGes (→Revisions- und Treuhandbetriebe) ist es empfehlenswert, den Lernbedarf an einer zentralen Stelle zu ermitteln und die Fortbildungsaktivitäten zu koordinieren. Ziel dieser Koordinationsmaßnahmen ist die regelmäßige Erstellung eines Fortbildungsplans für die Mitarbeiter der WPGes. Dieser ist ggf. durch Ad-hoc-Maßnahmen zu ergänzen, falls ein aktueller Fortbildungsbedarf erkennbar wird (z. B. durch kurzfristige Änderung der berufsrelevanten Vorschriften). Der Fortbildungsplan ist den Mitarbeitern der WPGes mitzuteilen. Die Teilnahme an den erforderlichen Fortbildungsveranstaltungen ist zu überwachen und zu dokumentieren.

Die Dokumentation der Fortbildung gehört zu den →Berufspflichten des Wirtschaftsprüfers. Diese Dokumentation ist regelmäßig auch Gegenstand der *Prüfung für Qualitätskontrolle* (→Qualitätskontrolle in der Wirtschaftsprüfung; →Peer Review).

Literatur: IDW (Hrsg.): Stellungnahme des IDW zur beruflichen Fortbildung der Wirtschaftsprüfer im IDW (VO 1/1993), in: WPg 47 (1994), S. 361–362.

Thomas M. Orth

Ausbeutegradabweichung →Effizienzabweichungen

Auseinandersetzungsbilanz

Scheidet ein Gesellschafter aus einer →Personengesellschaft (PersGes) aus, geht nach § 738 Abs. 1 Satz 1 BGB dessen Anteil am Gesellschaftsvermögen auf die übrigen Gesellschafter über. Diese sind infolgedessen verpflichtet, dem Ausscheidenden alle Gegenstände, die dieser „Gesellschafter der Gesellschaft zur Benutzung überlassen hat" zurückzugeben, ihn von allen gemeinschaftlichen →Schulden im Innenverhältnis zur Gesellschaft zu befreien sowie ihm ein Auseinandersetzungsguthaben (Abfindung) zu zahlen (§ 732 BGB). Dieses Guthaben soll den anteiligen Gegenwert des Unternehmens zum Zeitpunkt des Ausscheidens darstellen (Winnefeld 2002, S. 1855). Soweit der Wert des Unternehmens kleiner als die gemeinschaftlichen Schulden und der Summe der Einlagen und gesamthänderisch gebundenen Rücklagen sein sollte, haftet der ausscheidende Gesellschafter nach § 739 BGB jedoch auch für diesen Fehlbetrag anteilig.

Auseinandersetzungsbilanz

Zum Zweck der Ermittlung des Auseinandersetzungsguthabens muss mittels einer *Auseinandersetzungsbilanz* gem. § 738 BGB – auch als Abschichtungs- oder Abfindungsbilanz bezeichnet – der Wert des gesamten Gesellschaftsvermögens ermittelt und auf den einzelnen Gesellschafter entsprechend der Beteiligungsquote verteilt werden. In Ermangelung eventueller gesellschaftsvertraglich vereinbarter Auseinandersetzungsregeln gelten die schuldrechtlichen Auseinandersetzungsvorschriften der §§ 730 ff. BGB. Die Auseinandersetzungsbilanz wird von den übrigen geschäftsführenden Gesellschaftern aufgestellt und von allen Gesellschaftern, einschl. des Ausscheidenden, festgestellt. Der ausgeschiedene Gesellschafter hat einen einklagbaren Anspruch auf Aufstellung der Auseinandersetzungsbilanz und ihrer Vorlegung.

Gegenstand der mittels Auseinandersetzungsbilanz durchzuführenden Vermögensermittlung der PersGes ist das von ihr betriebene Unternehmen als Ganzes. Dazu gehören neben den nach handelsbilanziellen Maßstäben bilanzierungspflichtigen bzw. bilanzierungsfähigen →Vermögensgegenständen und Schulden (→Ansatzgrundsätze) insb. auch die selbst geschaffenen →immateriellen Vermögensgegenstände sowie weitere positive Erfolgsfaktoren, die dazu beitragen, dass den verbleibenden Gesellschaftern zukünftig Gewinne aus dem anwachsenden Anteil des ausgeschiedenen Gesellschafters zufließen (Winnefeld 2002, S. 1855). Selbst geschaffene immaterielle Vermögensgegenstände von unternehmenswertbestimmender Größenordnung sind häufig Patente, Lizenzen, Marken (→Markenbewertung) und allgemein der →Geschäfts- oder Firmenwert (Goodwill).

Eine rechtlich verbindliche Bewertungsmethode für die Ermittlung des Unternehmensvermögens gibt es nicht. Enthält auch der Gesellschaftsvertrag keine Regelungen zur Bemessung des Auseinandersetzungsguthabens, hat der ausscheidende Gesellschafter nach herrschender Auffassung und ständiger Rspr. einen Anspruch auf Vergütung des Verkehrswertes seines Anteils.

Die einfachste Variante, i.S.v. intersubjektiver Nachprüfbarkeit, zur Ermittlung des Verkehrswertes wäre die *Substanzwertmethode*, nach der das handelsbilanziell identifizierte und bewertete Nettovermögen des Unternehmens um Zeitwertdifferenzen (→stille Reserven und Lasten) korrigiert wird (→Substanzwert). Diese Methode kommt jedoch mehr bei unrentablen, auf kurzfristige Verwertung der Substanz ausgerichteten Unternehmen zur Anwendung, bei denen ein Geschäfts- oder Firmenwert mangels positiver Zukunftsaussichten keine Rolle spielt.

Gebräuchlicher ist dagegen die →*Ertragswertmethode*, bei welcher sich der Verkehrswert des Unternehmens anhand der nachhaltig erzielbaren Zahlungsüberschüsse ermitteln lässt. Es ist der Ertragswert des →*betriebsnotwendigen* Vermögens, welcher letztlich den für die Abfindungsbemessung entscheidenden →Unternehmenswert bestimmt. Dieser entspricht bei einer Unternehmensveräußerung i.A. dem erzielbaren Preis unter Zugrundelegung der auf den Bewertungsstichtag abgezinsten künftig zu erwartenden Gewinne. Ist der Ertragswert geringer als der Zerschlagungswert (→Liquidationswert), so ist dieser maßgebend. Betriebsneutrale Vermögensgegenstände werden mit ihrem Zeitwert erfasst.

Eine dritte Methode für Zwecke der Anteilsbewertung stellt die *Buchwertmethode* dar, nach der der Unternehmenswert dem nach handels- oder steuerrechtlichen Normen ermittelten Nettovermögen entspricht. Diese Methode führt für den Ausscheidenden nur dann zu einem fairen Wert, wenn die bilanzierten Vermögensgegenstände und Schulden weder stille Reserven oder Lasten enthalten noch nennenswerte nicht ansatzfähige Positionen (insb. selbst erstellte immaterielle Werte) im Unternehmen vorhanden sind.

Der Gegenstand, die Art und der Umfang der Prüfungsdurchführung einer Auseinandersetzungsbilanz hängen wesentlich davon ab, nach welcher Methode der Unternehmenswert ermittelt wird. Bei der Substanzwert- und der Buchwertmethode werden sich die Prüfungshandlungen (→Auswahl von Prüfungshandlungen) nicht wesentlich von denen einer normalen →Jahresabschlussprüfung gem. § 317 HGB unterscheiden, d. h. der Prüfer wird die in der Auseinandersetzungsbilanz ausgewiesenen Bestände durch interne Nachweise und Erklärungen der Gesellschafter einerseits sowie durch externe →Bestätigungen Dritter andererseits (→Prüfungsnachweise) zu verifizieren suchen. Dabei gelten die IDW PS 300, 302 und 303 analog. Im Hinblick auf die Prüfung wesentlicher angesetzter Zeitwerte (→Zeitwerte, Prüfung von) sollten dem Prüfer Gutachten externer Sachverständiger vorgelegt werden. Bei der Ertragswertmethode steht die Verifizierung der Planrechnungen über die zukünftig erzielbaren Zahlungsüberschüsse der Unternehmung im Mittelpunkt der Prüfung. Da es sich hierbei um eine zukunftsertragsorientierte →Unternehmensbewertung handelt, gelten hierbei für WP die „Grundsätze der Durchführung von Unternehmensbewertungen" gem. IDW S 1 analog.

Literatur: Baumbach, A./Hopt, K. J. (Hrsg.): HGB, 31. Aufl., München 2003; IDW (Hrsg.): IDW Prüfungsstandard: Prüfungsnachweise im Rahmen der Abschlussprüfung (IDW PS 300, Stand: 2. Juli 2001), in: WPg 54 (2001), S. 898–903; IDW (Hrsg.): IDW Prüfungsstandard: Erklärungen der gesetzlichen Vertreter gegenüber dem Abschlussprüfer (IDW PS 303, Stand: 6. Mai 2002), in: WPg 55 (2002), S. 680–682; IDW (Hrsg.): IDW Prüfungsstandard: Bestätigungen Dritter (IDW PS 302, Stand: 1. Juli 2003), in: WPg 56 (2003), S. 872–875; IDW (Hrsg.): IDW Standard: Grundsätze zur Durchführung von Unternehmensbewertungen (IDW S 1, Stand: 18. Oktober 2005), in: WPg 58 (2005), S. 1303–1321; Koller, I./Roth, W.-H./Morck, W.: Handelsgesetzbuch. Kommentar, 5. Aufl., München 2005; Winnefeld, R.: Bilanzhandbuch, 3. Aufl., München 2002.

Frank Loch

Ausgeweitete Stichtagsinventur →Inventurvereinfachungsverfahren, Prüfung von

Ausgleich der abgezinsten Grenzsteuersätze →Steuerbarwertminimierung

Ausgleichgesetz der Planung →Engpassplanung

Ausgliederung →Unternehmensumwandlungen

Auskunftsrechte des Abschlussprüfers

§ 320 Abs. 2 HGB begründet im Rahmen der →Pflichtprüfung des Jahresabschlusses Auskunftsrechte des →Abschlussprüfers gegenüber den gesetzlichen Vertretern der Gesellschaft. Sie erstrecken sich auf alle Aufklärungen und Nachweise, die für eine sorgfältige Prüfung notwendig sind. Aufklärungen sind weder typ- noch formgebunden, d. h. sie dürfen in Gestalt von Auskünften, Begründungen oder sonstigen Erklärungen schriftlich wie mündlich erteilt werden (ADS 2000, Rn. 28 zu § 320 HGB, S. 369). Nachweise hingegen müssen in Form schriftlicher Unterlagen über den fraglichen Vorgang vorgelegt werden; soweit sie nicht bereits in der Vergangenheit angefertigt wurden, sind sie speziell für den APr zu erstellen. Davon zu unterscheiden ist die Vorlagepflicht nach § 320 Abs. 1 HGB, die dem APr die Einsichtnahme und Prüfung von JA, Büchern, Personalunterlagen etc. vor Ort ermöglicht.

Welche Auskünfte für eine ordnungsgemäße Prüfungsdurchführung (→Auftragsdurchführung) notwendig sind, entscheidet der APr nach pflichtgemäßem Ermessen unter Heranziehung der anwendbaren Berufsstandards (ADS 2000, Rn. 74 zu § 320 HGB, S. 383). Grenzen des Auskunftsrechts ergeben sich hiernach insb. aus dem nach § 317 HGB vorgegebenen Gegenstand und Umfang der Prüfung (→Jahresabschlussprüfung; →Konzernabschlussprüfung). Spezifikationen des Auskunftsrechts beinhaltet z. B. IDW PS 300 (→Prüfungsnachweise). Inhalt des Auskunftsrechts können danach z. B. die Vorlage von Saldenbestätigungen (→Bestätigungen Dritter), die Befragung unternehmensinterner und -externer Personen sowie die Vorlage des Schriftverkehrs mit Anwälten der Gesellschaft sein. Etwaige Verschwiegenheitspflichten seitens der gesetzlichen Vertreter stehen dem Auskunftsrecht des Abschlussprüfers aufgrund dessen eigener Verschwiegenheitspflicht (→Verschwiegenheitspflicht des Wirtschaftsprüfers) gem. § 323 Abs. 1 Satz 1 HGB nicht entgegen (ADS 2000, Rn. 81 zu § 320 HGB, S. 385).

Die in verschiedenen IDW PS vorgesehene →Vollständigkeitserklärung der gesetzlichen Vertreter der Gesellschaft fällt nicht unter das Auskunftsrecht des Abschlussprüfers (ADS 2000, Rn. 33 f. zu § 320 HGB, S. 370; Baumbach/Hopt 2003, Rn. 2 zu § 320 HGB, S. 913, streitig), wird aber oft explizit z. B. in einer →Auftragsbestätigung vereinbart (IDW PS 220). Das Auskunftsrecht des Abschlussprüfers besteht gem. § 320 Abs. 2 Satz 2 HGB bereits vor Aufstellung des Jahresabschlusses, soweit dies die Vorbereitung der Abschlussprüfung erfordert. Dadurch wird der APr in die Lage versetzt, bereits nach Erteilung des Prüfungsauftrages (→Prüfungsauftrag und -vertrag) mit den Vorbereitungsarbeiten zu beginnen und sog. →Vorprüfungen und Zwischenprüfungen durchzuführen.

Zur Aufklärung sind bei der Pflichtprüfung eines Jahres- bzw. →Einzelabschlusses alle gesetzlichen Vertreter der zu prüfenden Gesellschaft (nicht einzelne Mitglieder) und gem. § 320 Abs. 2 Satz 3 HGB auch die Mutter- und Tochterunternehmen verpflichtet. Der Begriff Mutter- und Tochterunternehmen entspricht dabei § 290 HGB und umfasst auch ausländische Mutter- und Tochterunternehmen (ADS 2000, Rn. 49 zu § 320 HGB, S. 375). Die gesetzlichen Vertreter der Gesellschaft können ausdrücklich oder stillschweigend Angestellte der Gesellschaft beauftragen, an Aufklärungen mitzuwirken. In solchen Fällen gelten Auskünfte, Begründungen oder sonstige Erklärungen der beauftragten Personen als verbindliche Auskünfte der gesetzlichen Vertreter. Der APr kann jedoch stets Aufklärungen unmittelbar durch die gesetzlichen Vertreter verlangen.

Kommen die gem. § 320 HGB zur Auskunft verpflichteten gesetzlichen Vertreter dem Auskunftsverlangen des Abschlussprüfers nicht nach, so kann der APr sein Auskunftsrecht nach h.M. nicht auf gerichtlichem Wege durchsetzen (ADS 2000, Rn. 82 zu § 320 HGB, S. 385). Einer verweigerten oder unzureichenden Auskunft kann der APr nur dadurch begegnen, dass er dieselbe entweder gem. § 321 Abs. 2 Satz 1 HGB in seinem →Prüfungsbericht (PrB) feststellt oder den →Bestätigungsvermerk (BestV) gem. § 322 HGB einschränkt oder versagt.

Für den Konzern-APr gilt gem. § 320 Abs. 3 HGB ein erweitertes Auskunftsrecht. Danach wird dem Konzern-APr neben dem Auskunftsrecht gegenüber der den Konzernabschluss aufstellenden Gesellschaft (Mutterunternehmen) auch ein Auskunftsrecht gegenüber den Tochterunternehmen eingeräumt. Der Konzern-APr hat auch das Recht zu unmittelbaren Prüfungshandlungen (→Auswahl von Prüfungshandlungen) bei den Tochterunternehmen i.S.d. § 320 Abs.1 Satz 2 HGB (ADS 2000, Rn. 62f. zu § 320 HGB, S. 379). Das Auskunftsrecht gem. § 320 Abs. 2 HGB besteht auch gegenüber den Abschlussprüfern der Jahres- bzw. Einzelabschlüsse des Mutterunternehmens und der Tochterunternehmen. Dieses Auskunftsrecht gegenüber den anderen Abschlussprüfern gilt nach dem Wortlaut des § 320 Abs. 3 Satz 2 2. HS HGB selbst dann, wenn die Einzelabschlüsse freiwilligen Prüfungen unterzogen worden sind (→freiwillige und vertragliche Prüfung). (ADS 2000, Rn. 66f. zu § 320 HGB, S. 381).

Die Grenzen des Auskunftsrechts des Konzernabschlussprüfers entsprechen den für das Auskunftsrecht des Abschlussprüfers genannten, wobei für die →Konzernabschlussprüfung auf die Notwendigkeit für die sorgfältige Prüfung des Konzernabschlusses abgestellt wird. Dem Auskunftsrecht des Konzernabschlussprüfers unterliegen damit vor allem Informationen, die für die Konsolidierung (→Konsolidierungsformen) erforderlich sind (s. im Einzelnen ADS 2000, Rn. 78 f. zu § 320 HGB, S. 384).

Wird der APr zur Durchführung einer freiwilligen Abschlussprüfung beauftragt, so findet das gesetzliche Auskunftsrecht gem. § 320 HGB keine direkte Anwendung. Aus der jeweiligen vertraglichen Vereinbarung zwischen APr und Mandant können sich jedoch entsprechende Mitwirkungs- bzw. Auskunftspflichten des Mandanten ergeben. So sieht z. B. Nr. 3 der seitens deutscher WP oft verwendeten Allgemeinen Auftragsbedingungen für WP und WPGes (→Revisions- und Treuhandbetriebe) vom 1.1.2002 (IDW-AAB) eine explizite Aufklärungspflicht des Auftraggebers vor. Dabei mag es im Einzelfall ratsam sein, sich an den AR der Gesellschaft zu wenden, damit dieser im Rahmen seiner Überwachungspflicht (→Überwachungsaufgaben des Aufsichtsrats) die gesetzlichen Vertreter zur Erfüllung der Auskunftspflicht anhält (Ebenroth/Boujong/Joost 2001, Rn. 12 zu § 320 HGB).

Literatur: ADS: Rechnungslegung und Prüfung der Unternehmen, Teilband 7, 6. Aufl., Stuttgart 2000; Baumbach, A./Hopt, K. J. (Hrsg.): HGB, 31. Aufl., München 2003; Ebenroth, C. T./Boujong, K./Joost, D. (Hrsg.): Handelsgesetzbuch. Kommentar, München 2001; IDW (Hrsg.): IDW Prüfungsstandard: Beauftragung des Abschlussprüfers (IDW PS 220, Stand: 2. Juli 2001), in: WPg 54 (2001a), S. 895–898; IDW (Hrsg.): IDW Prüfungsstandard: Prüfungsnachweise im Rahmen der Abschlussprüfung (IDW PS 300, Stand: 2. Juli 2001), in: WPg 54 (2001b), S. 898–903.

Beatrix Marquardt

Auslagenersatz →Prüfungsauftrag und -vertrag

Ausleihungen an Beteiligungsgesellschaften →Verbundene Unternehmen

Aussagebezogene Prüfungshandlungen →Ergebnisorientierte Prüfungshandlungen

Ausscheiden des Abschlussprüfers

Das Ausscheiden des →Abschlussprüfers als gesetzlicher Pflichtprüfer (→Pflichtprüfungen) kann durch gerichtliche Ersetzung gem. § 318 Abs. 1, Abs. 3 und Abs. 4 HGB oder Kündigung seitens des Prüfers gem. § 318 Abs. 6 HGB erfolgen.

Die Regelungen des § 318 Abs. 1 und Abs. 6 HGB schließen das Recht der Parteien des Prüfungsauftrages zur ordentlichen Kündigung oder einvernehmlichen Aufhebung des Prüfungsauftrages aus und stellen strenge Anforderungen an die Kündigungs- bzw. Ersetzungsgründe (→Prüfungsauftrag und -vertrag).

Nach § 318 Abs. 3 HGB können die gesetzlichen Vertreter, der AR oder unter bestimmten Bedingungen auch die Gesellschafter des prüfungspflichtigen Unternehmens bei Gericht einen Antrag auf Bestellung eines anderen Prüfers stellen, wenn dies aus einem in der Person des gewählten Prüfers liegenden Grund geboten erscheint (→Bestellung des Abschlussprüfers). Als einen solchen Ersetzungsgrund führt § 318 Abs. 3 HGB insb. die Besorgnis der Befangenheit (→Unabhängigkeit und Unbefangenheit des Wirtschaftsprüfers) auf [§ 21 Abs. 1 →Berufssatzung der *Wirtschaftsprüferkammer* (BS); ADS 2000, Rn. 353 zu § 318 HGB; BGH-Urteil vom 25.11.2002, S. 970–974]. Weitere Ersetzungsgründe können unter engen Voraussetzungen z. B. die mangelnde persönliche Zuverlässigkeit des Prüfers oder die Verletzung der Verschwiegenheitspflicht (→Verschwiegenheitspflicht des Wirtschaftsprüfers; →Verschwiegenheitspflicht des Wirtschaftsprüfers, Verletzung der) durch den Prüfer sein (ADS 2000, Rn. 371 ff. zu § 318 HGB). Der Antrag auf Ersetzung kann nur innerhalb einer Frist von 2 Wochen seit der Wahl des Abschlussprüfers gestellt werden (zum nachträglichen Ersetzungsantrag s. ADS 2000, Rn. 342 ff. zu § 318 HGB).

Der Widerruf des Prüfungsauftrages und damit die Kündigung des Prüfungsvertrages kann erst nach Ersetzung des Prüfers durch das Gericht erfolgen.

Der Prüfer kann den Prüfungsauftrag gem. § 318 Abs. 6 HGB nur aus wichtigem Grund kündigen. Zur Auslegung des Begriffs des wichtigen Grundes kann zwar auf die allgemeinen Kündigungsvorschriften im BGB (§§ 626, 627 BGB) zurückgegriffen werden, allerdings sind aufgrund der Zielsetzung des § 318 Abs. 6 HGB besonders strenge Anforderungen an den Kündigungsgrund zu stellen (ADS 2000, Rn. 435 zu § 318 HGB; Dißars 2005, S. 2231 ff.). Nach § 318 Abs. 6 Satz 2 HGB stellen Meinungsverschiedenheiten (→Meinungsverschiedenheiten zwischen Gesellschaft und Abschlussprüfer) über den Inhalt des →Bestätigungsvermerks, seine Einschränkung oder Versagung ausdrücklich keinen wichtigen Grund zur Kündigung des Prüfungsauftrages (→Prüfungsauftrag und -vertrag) dar. Ein wichtiger Grund zur Kündigung des Prüfungsvertrages ist grundsätzlich die maßgebliche Erschütterung der Vertrauensbasis. So kann eine wiederholte Täuschung zum Wegfall der Vertrauensgrundlage führen und zur Kündigung berechtigen. Andererseits soll die Verletzung der Verpflichtung zur Erteilung von Auskünften nach § 320 HGB (→Auskunftsrechte des Abschlussprüfers) grundsätzlich nicht zur Kündigung des Prüfungsvertrages berechtigen, da in diesem Fall der Prüfer seinen BestV einschränken oder versagen kann. Auch die Weigerung seitens der Gesellschaft, vereinbarte Abschlagszahlungen zu leisten, stellt einen zur Kündigung berechtigenden wichtigen Grund dar (a.A. Dißars 2005, S. 2232).

Die Kündigung seitens des Prüfers kann zwar formlos erfolgen, § 318 Abs. 6 Satz 3 HGB sieht jedoch zur Offenlegung und Nachprüfbarkeit der Kündigungsgründe eine schriftliche Begründung der Kündigung vor. Gem. § 318 Abs. 6 Satz 4 hat der APr über das Ergebnis seiner bisherigen Prüfung einen Bericht entsprechend § 321 HGB [Prüfungsbericht (PrB)] zu erstellen.

Bei einer freiwilligen Prüfung (→freiwillige und vertragliche Prüfung) können beide Parteien den Prüfungsvertrag aus wichtigem Grund gem. § 626 BGB kündigen. Die Kündigung muss innerhalb einer Frist von 2 Wochen nachdem der Kündigende von den Tatsachen, die den wichtigen Grund ausmachen, Kenntnis erlangt hat, erfolgen. Ein wichtiger Grund zur Kündigung des Prüfungsvertrages i.S.d. § 626 BGB ist z. B. ein dauerhafter Zahlungsverzug des Auftraggebers. Da es sich bei einer Abschlussprüfung (→Jahresabschlussprüfung; →Konzernabschlussprüfung) um Dienste höherer Art handelt, die aufgrund eines besonderen Vertrauensverhältnisses zwischen den Parteien übertragen werden, kann der Prüfungsvertrag gem. § 627 Abs. 1 BGB jederzeit, auch ohne Vorliegen eines wichtigen Grundes, gekündigt werden, wobei seitens des Prüfers jedoch nicht zur Unzeit gekündigt werden darf.

Literatur: ADS: Rechnungslegung und Prüfung der Unternehmen, Teilband 7, 6. Aufl., Stuttgart 2000; BGH-Urteil vom 25.11.2002, NJW 56 (2003), S. 970–974; Dißars, U. C.: Kündigung des Auftrags zur gesetzlichen Abschlussprüfung aus wichtigem Grund, in: BB 57 (2005), S. 2231–2234.

Beatrix Marquardt

Ausschluss als Abschlussprüfer

Ein WP ist von der Durchführung einer gesetzlichen Abschlussprüfung (→Pflichtprüfungen; →Jahresabschlussprüfung; →Konzernabschlussprüfung), d. h. als →Abschlussprüfer (APr), nach § 319 Abs. 2 HGB ausgeschlossen, wenn Gründe, insb. Beziehungen geschäftlicher, finanzieller oder persönlicher Art vorliegen, nach denen die Besorgnis der Befangenheit besteht. Mit diesem Grundsatz (relativer Ausschlussgrund) knüpft der Gesetzgeber an die Grundprinzipien der Empfehlung 2002/590/EG zur Unabhängigkeit des Abschlussprüfers in der EU an (BilReG, Begründung zum Allgemeinen Teil, S. 38). Liegen danach Faktoren („Threats") vor, die zu einer Besorgnis der Befangenheit Anlass geben könnten, haben sowohl der Prüfer als auch die zu prüfende Gesellschaft ggf. die Möglichkeit – z. B. im Rahmen der →Unabhängigkeitserklärung nach dem →Deutschen Corporate Governance Kodex (DCGK) – durch geeignete Schutzmaßnahmen („Safeguards") einem solchen Risiko entgegenzuwirken. Beurteilungsmaßstab ist dabei stets die Sichtweise eines vernünftigen und verständigen Dritten (→Unabhängigkeit und Unbefangenheit des Wirtschaftsprüfers).

Abweichend von diesem Grundsatz wird die Besorgnis der Befangenheit seitens des Wirtschaftsprüfers unwiderlegbar vermutet, d. h. der WP ist als Prüfer ausgeschlossen, wenn eine in den §§ 319 Abs. 3 und 319a Abs. 1 HGB konkretisierte Beziehung zwischen WP und zu prüfender Gesellschaft vorliegt (absolute Ausschlussgründe). Safeguards sind hier ebenso wenig relevant wie die Sichtweise eines verständigen Dritten. In der Praxis bietet es sich daher an, das Vorliegen eines absoluten Ausschlussgrunds vor der Erwägung möglicher sonstiger Befangenheitsgründe und etwaige Schutzmaßnahmen zu prüfen.

Ein WP ist stets ausgeschlossen, wenn er Anteile, andere nicht nur unwesentliche finanziellen Interessen an der zu prüfenden Gesellschaft oder eine →Beteiligung an einem Unternehmen besitzt, das mit der zu prüfenden Gesellschaft verbunden ist (→verbundene Unternehmen) oder von dieser mehr als 20% der Anteile hält (§ 319 Abs. 3 Nr. 1 HGB). Unter anderen finanziellen Interessen werden die unterschiedlichsten Finanzinstrumente (z. B. Schuldverschreibungen, Schuldscheine, Optionen) verstanden, mit deren Besitz ein unmittelbares finanzielles Eigeninteresse an Fortbestand und Erfolg der zu prüfenden Gesellschaft verbunden sein könnte.

Persönliche Beziehungen in Form der Tätigkeit als gesetzlicher Vertreter, Aufsichtsratsmitglied oder Arbeitnehmer der zu prüfenden Gesellschaft, eines mit dieser →verbundenen Unternehmens oder eines zu mehr als 20% an der zu prüfenden Gesellschaft beteiligten Unternehmens führen ebenfalls stets zum Ausschluss (§ 319 Abs. 3 Nr. 2 HGB).

Bei den geschäftlichen Beziehungen, die zum Ausschluss des Wirtschaftsprüfers als Prüfer führen, unterscheidet der Gesetzgeber zwischen den Kriterien der Vereinbarkeit bestimmter Nichtprüfungsleistungen mit der Abschlussprüfung (→vereinbare und unvereinbare Tätigkeiten des Wirtschaftsprüfers) und dem Gesamtumfang der geschäftlichen Beziehungen. Als mit der Abschlussprüfung unvereinbar gelten stets die Mitwirkung bei der Buchführung oder Aufstellung des zu prüfenden Abschlusses (→Abschlusserstellung durch den Wirtschaftsprüfer), die Mitwirkung bei der Durchführung der →Internen Revision in verantwortlicher (planender und leitender) Funktion, Unternehmens- oder Finanzdienstleistungen sowie vom WP eigenständig durchgeführte versicherungsmathematische Berechnungen oder Bewertungsleistungen mit nicht nur unwesentlichen (→Wesentlichkeit) Auswirkungen auf den zu prüfenden Abschluss, wenn diese Dienstleistungen über die Prüfungstätigkeit hinaus in dem zu prüfenden Geschäftsjahr oder bis zum Zeitpunkt der Erteilung des →Bestätigungsvermerks erbracht werden (§ 319 Abs. 3 Nr. 3 HGB). Diese Leistungen gelten auch dann als zur Prüfung inkompatibel, wenn sie von einem Unternehmen erbracht werden, bei dem der WP gesetzlicher Vertreter, Arbeitnehmer oder Mitglied des Aufsichtsrats oder Gesellschafter mit mehr als 20% der →Stimmrechte ist. Bei der Prüfung von börsennotierten Unternehmen führt zusätzlich das Erbringen von Rechts- oder Steuerberatungsleistungen (→Rechtsberatung; →Steuerberatung) zum Ausschluss als Prüfer, wenn diese Leistungen im zu prüfenden Geschäftsjahr erbracht werden, über das Aufzeigen von Gestaltungsalternativen hinausgehen und sich, sofern nicht nur unwesentlich, unmittelbar auf die Darstellung der →Vermögenslage, →Finanzlage und →Ertragslage (→wirtschaftliche Verhältnisse) des zu prüfenden Abschlusses auswirken (§ 319a Abs. 1 Nr. 2 HGB). Ein besonderer Ausschlussgrund bei der Prüfung börsennotierter Unternehmen liegt auch vor, wenn der WP im zu prüfenden Geschäftsjahr an der Entwicklung, Einrichtung und Einführung von Rechnungslegungsinformationssystemen mitgewirkt hat (§ 319a Abs. 1 Nr. 3 HGB).

Bezogen auf die geschäftlichen Beziehungen in ihrer Gesamtheit ist ein WP als APr ausgeschlossen, wenn er in den letzten 5 Jahren mehr als 30% seiner Gesamteinnahmen von der zu prüfenden Gesellschaft und von Unternehmen, an denen diese mehr als 20% der Anteile hält, bezogen hat und dies auch im laufenden Geschäftsjahr zu erwarten ist (§ 319 Abs. 3 Nr. 5 HGB). Für potenzielle Prüfer börsennotierter Unternehmen liegt die kritische Umsatzgrenze bereits bei 15% der Gesamteinnahmen (§ 319a Abs. 1 Nr. 1 HGB).

Ein weiterer Ausschlussgrund bei Prüfung börsennotierter Unternehmen ist gegeben, wenn der WP bereits in 7 oder mehr Fällen einen BestV über die Prüfung des Unternehmens gezeichnet hat und nicht mindestens 3 Jahre seit seiner letzten Beteiligung an einer Prüfung des Unternehmens vergangen sind (→Prüferrotation) (§ 319a Abs. 1 Nr. 4 HGB).

Ein Ausschluss ist auch dann gegeben, wenn die in §§ 319 Abs. 3 und 319a Abs. 1 HGB konkretisierten Beziehungen nicht vom WP selbst unterhalten werden, sondern von einer anderen Person, mit der er den Beruf gemeinsam ausübt (sog. Sozietätsklausel). Gleiches gilt, wenn die entsprechenden Beziehungen seitens des Ehegatten oder Lebenspartners (§ 1 Abs. 1 LPartG) des Wirtschaftsprüfers, einer bei der Prüfung beschäftigten Person, deren Ehegatte oder Lebenspartner bestehen. Soll eine WPGes (→Revisions- und Treuhandbetriebe) als APr bestellt werden (→Bestellung des Abschlussprüfers), sind außerdem die Beziehungen ihrer verbundenen Unternehmen, ihrer gesetzlichen Vertreter, bestimmter Gesellschafter und Aufsichtsratsmitglieder sowie von Beschäftigten mit Möglichkeit zur Einflussnahme auf das Prüfungsergebnis (→Prüfungsurteil) auf das Vorliegen eines Ausschlussgrunds hin zu untersuchen.

Der WP ist aufgrund des Tätigkeitsverbots bei Vorliegen der Besorgnis der Befangenheit [§ 49 →Wirtschaftsprüferordnung (WPO)] berufsrechtlich verpflichtet, vor Annahme des Prüfungsauftrags das Vorliegen eines Ausschlussgrunds zu überprüfen (→Auftragsannahme und -fortführung; →Prüfungsauftrag und -vertrag; →Berufsrecht des Wirtschaftsprüfers). Liegt ein solcher Grund im Zeitpunkt des Beschlusses über die Wahl zum APr vor und nimmt der WP den Auftrag dennoch an, hat dies die Nichtigkeit und den ersatzlosen Wegfall des Honoraranspruchs (→Prüfungshonorare) für den WP zur Folge (Gelhausen/Heinz 2005, S. 699 ff.).

Literatur: Gelhausen, H. F./Heinz, S.: Der befangene Abschlussprüfer, seine Ersetzung und sein Honoraranspruch – Eine aktuelle Bestandsaufnahme auf der Grundlage des Bilanzrechtsreformgesetzes, in: WPg 58 (2005), S. 693–703.

Michael Niehues

Ausschüsse des Aufsichtsrats →Aufsichtsratsausschüsse

Ausschüttungssperren →Ergebnisverwendung, Vorschlag für die; →Latente Steuern

Außenfinanzierungsbedarf →Finanzbedarfsrechnung

Außenprüfung

Die Außenprüfung ist eine Ausprägung der steuerlichen Betriebsprüfung durch Einsatz des Außendiensts der →Betriebsprüfungsstellen der Finanzverwaltung, die sich nicht nur auf Betriebe (Gewerbebetriebe, selbstständige Betriebe oder land- und forstwirtschaftliche Betriebe), sondern auch auf die Vermögensverwaltung von Privatpersonen, u. a. auf die steuerlichen Verhältnisse sog. Einkunftsmillionäre erstreckt.

Der *Amtsermittlungsgrundsatz* in § 88 AO verpflichtet die Finanzverwaltung, steuerlich

Außenprüfung

relevante Tatbestände aufzuklären. Zweck dieser Ermittlungshandlungen ist einerseits die Sicherung des Steueraufkommens und andererseits die Gewährleistung der Gleichmäßigkeit der Besteuerung (§ 85 AO). Für die Betriebsprüfung gelten wie für alle Außenprüfungen die §§ 193–207 AO. Ergänzt werden diese gesetzlichen Bestimmungen durch Verwaltungsvorschriften, insb. durch die BpO.

Gegenstand der Außenprüfung sind im Regelfall alle laufend veranlagten Steuerarten. Dies sind die ESt bzw. bei Körperschaften (→Unternehmensformen) die KSt, die GewSt für alle Gewerbebetriebe sowie die USt (→Umsatzsteuersonderprüfung). In Ausnahmefällen können auch die nicht laufend veranlagten Steuern in eine Außenprüfung einbezogen werden, z.B. ErbSt oder GrESt, wenn eine Klärung der Sachverhalte nicht im Rahmen der Festsetzung oder der regelmäßigen Außenprüfung möglich ist. Zur Festlegung von Prüfungszeitraum und -turnus sieht die AO keine konkreten Regelungen vor. Diese werden deshalb in der BpO konkretisiert und an *Größenklassen der Betriebe* festgemacht.

Grundsatz ist ein *Prüfungszeitraum*, der 3 Besteuerungszeiträume umfasst. Bei Großbetrieben und konzern- bzw. sonstigen zusammenhängenden Unternehmen (→Konzernarten) sollen Außenprüfungen als sog. Anschlussprüfung stattfinden, sodass eine nahtlose Prüfung aller Veranlagungszeiträume gewährleistet wird. Bei Klein-, Mittel- sowie Kleinstbetrieben ist der Außenprüfungszeitraum zwingend auf 3 Veranlagungszeiträume eingegrenzt und muss nicht, darf aber die letzten 3 Jahre umfassen. *Anlässe* für die Anordnung einer Außenprüfung sind häufig Meldungen der Veranlagungsstellen, insb. wenn im Rahmen der Veranlagung Kenntnisse über schwierige Sachverhalte oder Vermutungen über die Unvollständigkeit von Besteuerungsgrundlagen bestehen. Ferner lösen Zufallsauswahlen Außenprüfungen aus, sog. →Richtsatzprüfungen, die auch bezwecken, die Datensammlung der Finanzämter zu vervollständigen, als auch die Zugehörigkeit zu bestimmten Branchen, die aufgrund von Erfahrungen als prüfungsbedürftig angesehen werden.

Für die schriftlich zu erteilende *Prüfungsanordnung* gelten eine Reihe formaler Voraussetzungen an deren inhaltliche Bestimmtheit und deren Bekanntgabe. Steuerliche Außenprüfungen dürfen in den Geschäftsräumen bzw. Wohnungen der Steuerpflichtigen sowie an Amtsstelle *örtlich durchgeführt* werden. Nur noch in Ausnahmefällen wird die Prüfung in den Räumen des steuerlichen Beraters [→Steuerberater (StB)] genehmigt. Im Vorfeld der Außenprüfung fragt der Betriebsprüfer i.d.R. Datenmaterial aus der Finanzbuchhaltung sowie die wesentlichen Vertragsunterlagen ab. Darüber hinaus stehen dem Betriebsprüfer die Veranlagungsakten zur Verfügung, zu denen üblicherweise auch die →Prüfungsberichte der →Jahresabschlussprüfung gehören, sowie etwaiges Kontrollmaterial anderer Finanzämter oder Behörden.

Eine besondere Bedeutung hat auch der seit 2002 bestehende gesetzliche Anspruch der Finanzverwaltung auf *EDV-Datenzugriff*. Dieser bezieht sich einerseits auf die Verpflichtung des Steuerpflichtigen, die elektronisch vorliegenden Daten auch für Veranlagungszeiträume vor 2002 in elektronisch verwertbarer Form der Außenprüfung zugänglich zu machen. Ab 2002 müssen diese Daten [insb. die Finanzbuchhaltung, aber auch Kalkulationsunterlagen (→Kalkulation)] in elektronischer Form vorliegen (→Aufbewahrungspflichten), um eine elektronische Auswertung durch spezifische Prüfsoftware zu ermöglichen (→IT-gestützte Prüfungsdurchführung). Die Finanzverwaltung hat hierbei auch Anspruch auf elektronischen Zugriff, d.h. durch Zugang zum EDV-System des Unternehmens.

Prüfungsschwerpunkte sind insb.:

- Entsprechung der Bücher mit den GoB (→Grundsätze ordnungsmäßiger Buchführung, Prüfung der),
- Vollständigkeit der Einnahmen,
- →periodengerechte Erfolgsermittlung,
- Abgrenzung Privat- und Unternehmenssphäre und sonstige Tatbestände, die den Abzug von →Betriebsausgaben verwehren,
- steuerliche Bewertung von Aktiva und Passiva,
- Vollständigkeit der erklärten Umsätze (→Umsatzerlöse) und
- zutreffender Vorsteuerabzug.

Die *Schlussbesprechung* soll dazu dienen, eine Übereinstimmung über Prüfungsfeststellungen zwischen Steuerpflichtigem, dem hierdurch nochmals rechtliches Gehör gewährt wird, und der Außenprüfung zu erreichen.

Hierzu nehmen von Seiten des Finanzamts der Sachgebietsleiter sowie der Außenprüfer teil. Häufig wird für schwierig zu ermittelnde Sachverhalte nach einer Einigungsmöglichkeit gesucht. In besonderen Fällen kann diese förmlich im Rahmen einer tatsächlichen Verständigung schriftlich erfolgen, die Bindungswirkung für die Steuerfestsetzung und auch in späteren Rechtsbehelfsverfahren entfaltet.

Die Auswertung der Ergebnisse (→Mehr- und Wenigerrechnung) erfolgt in einem schriftlichen *Betriebsprüfungsbericht*, in dem die Änderung der Besteuerungsgrundlagen mehr oder weniger nachvollziehbar dargestellt wird, der aber häufig keinen einfachen Überblick über die endgültige Mehrbelastung aus Steuern und Zinsen ermöglicht. Für den Bericht besteht i. d. R. eine Einwendungsfrist von 4 Wochen. In diesem Rahmen kann eine *verbindliche Zusage* über Sachverhalte beantragt werden, die Gegenstand der Außenprüfung waren und für die für kommende Veranlagungszeiträume Dispositionssicherheit hergestellt werden soll. Nach Auswertung des Betriebsprüfungsberichts durch die Veranlagungsstelle ergehen Änderungsbescheide unter Aufhebung des Vorbehalts der Nachprüfung, der die Veranlagung für Steuerpflichtigen und Finanzamt änderbar gehalten hat.

Soweit Auseinandersetzungen über die Prüfungsfeststellungen entstehen, schließt sich an die Änderungsbescheide ein *Rechtsbehelfsverfahren* an, in dem rechtliche Einwendungen gegen die Festsetzung geltend gemacht werden und die nach Anhörung der zuständigen Außenprüfung von den Rechtsbehelfsstellen der Finanzämter bearbeitet werden. Sollte das außergerichtliche Einspruchsverfahren nicht zur Abhilfe führen, sondern eine ablehnende Einspruchsentscheidung getroffen werden, ist das zulässige Rechtsmittel gegen diesen Verwaltungsakt die Klage vor dem örtlich zuständigen FG.

Literatur: Eckhoff, R.: Kommentierung Vor §§ 193–203 AO, in: Söhn, H. et al. (Hrsg.): Hübschmann/Hepp/Spitaler, Kommentar zur Abgabenordnung und Finanzgerichtsordnung, Loseblattausgabe, Band V, 10. Aufl., Köln, Stand: 187. Erg.-Lfg. Dezember 2005; Wenzig, H.: Außenprüfung. Betriebsprüfung, Achim 2004.

Alexander Oldenburg

Außenprüfungsstellen der Finanzverwaltung →Betriebsprüfungsstellen der Finanzverwaltung

Außerbuchhalterische Bereiche

Der Gesetzgeber hat im HGB die →Jahresabschlussprüfung auf die Prüfung des Jahresabschlusses und des →Lageberichtes beschränkt, wobei gem. § 317 Abs. 1 HGB ausdrücklich die Buchführung einzubeziehen ist. Dies bedeutet aber nicht, dass sog. außerbuchhalterische Bereiche nicht ebenfalls der Prüfung unterliegen, denn sie entfalten häufig Wirkungen, die wiederum in der Buchführung ihren Niederschlag finden und oftmals die Lage (→Vermögenslage; →Finanzlage; →Ertragslage) des Unternehmens beeinflussen. Zu den außerbuchhalterischen Bereichen zählen vor allem die Rechtsgrundlagen und Rechtsbeziehungen des zu prüfenden Unternehmens (→rechtliche Verhältnisse). Hinzu kommen aufgrund der erweiterten Berichtspflicht gem. § 321 Abs. 1 Satz 3 HGB (→Redepflicht des Abschlussprüfers) etwaige schwerwiegende Verstöße gegen Gesetz, Gesellschaftsvertrag und Satzung (→Unregelmäßigkeiten; →Unregelmäßigkeiten, Aufdeckung von; →Unregelmäßigkeiten, Konsequenzen aus) sowie der Komplex der Bestellung und Beauftragung des Abschlussprüfers (→Bestellung des Abschlussprüfers; →Prüfungsauftrag und -vertrag) selbst.

Ausgangspunkte der Prüfungshandlungen werden die Satzung und die Protokolle (→Versammlungsprotokolle) der HV bzw. der Gesellschafterversammlung (→Haupt- und Gesellschafterversammlung) und der Aufsichtsratssitzungen sein sowie die Verträge, die das Unternehmen mit Dritten geschlossen hat. In dem Maße, in dem der Prüfer konkrete Auswirkungen insb. von Rechtsbeziehungen auf JA und Buchführung erwartet, wird er seine Prüfungstätigkeit intensivieren müssen (→risikoorientierter Prüfungsansatz). Es steht zu erwarten, dass dann auch zusätzlich Auskünfte in der Unternehmung einzuholen sind (→Unternehmensleitung, Informationsaustausch des Wirtschaftsprüfers mit; →Auskunftsrechte des Abschlussprüfers). In diesen möglicherweise vielschichtigen Fällen sollte sich der Prüfer eine ausführlich gehaltene →Vollständigkeitserklärung geben lassen. Materiell sind die angesprochenen Prüfungstätigkeiten überwiegend als →Ordnungsmäßigkeitsprüfungen zu klassifizieren. Die Zweckmäßigkeit (→Wirtschaftlichkeits- und Zweckmäßigkeitsprüfung) insb. von Vertragsbeziehungen ist nicht Gegenstand der Prüfung der außerbuchhalterischen Bereiche, sondern vielmehr Inhalt von Sonderprüfungen.

Eine abschließende Eingrenzung der von einer Prüfung zu erfassenden →rechtlichen Verhältnisse lässt sich aber nicht vornehmen. Der Gesetzgeber verlangt auch keine umfassende Rechtmäßigkeitsprüfung. Deshalb muss der Prüfungsgegenstand und in der Folge das →Prüffeld funktional bestimmt werden. Die konkreten Prüfungshandlungen (→Auswahl von Prüfungshandlungen) und die Prüfungsintensität unterliegen damit in besonderem Maße der →Eigenverantwortlichkeit des Wirtschaftsprüfers. Im Einzelnen sind als Bestimmungsfaktoren für den Prüfungsumfang Struktur, Größe und Branchenbesonderheiten des betreffenden Unternehmens zu nennen. Insb. für →Kreditinstitute und →Versicherungsunternehmen sind die Regelungen der §§ 340 ff. HGB im Einzelnen zu beachten (→Jahresabschlussprüfung, erweiterte).

Aus der Vielzahl der denkbaren Prüfungshandlungen im Zusammenhang mit den Rechtsgrundlagen und den rechtlichen Verhältnissen des Unternehmens seien beispielhaft die folgenden Prüfungsfelder genannt:

1) *Satzung/Gesellschaftsvertrag*:
- Einhaltung aktienrechtlicher Gründungsvorschriften (→Gründungsprüfung),
- Beachtung von Gründerrechten,
- Übereinstimmung der geschäftlichen Tätigkeiten mit den in Satzung/Gesellschaftsvertrag festgelegten Zielen.

2) *Organe*:
- Ordnungsmäßigkeit der Beschlüsse des Vorstands bzw. des Aufsichtsrates,
- Entlastung von Vorstand und AR durch die HV,
- Ernennung von Prokuristen und deren Eintragung ins HR.

3) *Kapitalverhältnisse*:
- Zusammensetzung des Grundkapitals (→Gezeichnetes Kapital),
- Ordnungsmäßigkeit von Kapitalerhöhungen und -herabsetzungen (→Kapitalerhöhungsbilanzen),
- etwaige Zurückgewährungen von Einlagen.

4) →*Haupt- und Gesellschafterversammlung*:
- Ordnungsmäßigkeit der Einberufung von HV bzw. Gesellschafterversammlung,
- Ausführung der Beschlüsse von HV bzw. Gesellschafterversammlung bspw. bzgl. der Gewinnverwendung (→Ergebnisverwendung),
- Beachtung des Zustimmungsvorbehalts bei bedeutsamen Geschäften (→zustimmungspflichtige Geschäfte).

5) *Wichtige Verträge*: Im Einzelnen geht es hierbei um die Frage, ob derartige Verträge überhaupt existieren (→Nachweisprüfungshandlungen). Sofern dies der Fall ist, können sie u. a. Einfluss auf die Höhe der →Rückstellungen haben und erfordern darüber hinaus im Einzelfall auch einen entsprechenden Ausweis in der Bilanz und im →Anhang. Als wichtige Verträge kommen insb. in Betracht:
- langfristige Liefer-, Abnahme- oder Gewährleistungsverträge,
- Kredit- und Leasingverträge (→Leasingverhältnisse) sowie
- Beherrschungs- und/oder Gewinnabführungsverträge (→Unternehmensverträge).

6) *Unternehmensverbindungen*: Bzgl. bestehender Unternehmensverbindungen geht es im Kontext der außerbuchhalterischen Bereiche vor allem um die Prüfung, ob bestimmte gesetzgeberische Auflagen erfüllt wurden. Dies kann bspw. die Verpflichtung zur Erstellung eines →Abhängigkeitsberichtes oder die Aufstellung eines →Teilkonzernabschlusses betreffen.

Auch nach den →International Standards on Auditing (ISA) sind die rechtlichen Verhältnisse eines Unternehmens Gegenstand der Jahresabschlussprüfung. ISA 250 (Considerations of Laws and Regulations in an Audit of Financial Statements) und ISA 310 (Knowledge of the Business) formulieren im Kern Prüfungsaufgaben, die der Zielrichtung der korrespondierenden Vorschriften des HGB weitestgehend entsprechen.

Literatur: Häuselmann, H.: Die Prüfung der rechtlichen Verhältnisse, in: Wysocki, K. v. et al. (Hrsg.): Handbuch des Jahresabschlusses, Köln 1997; IDW (Hrsg.): WPH 2006, Band I, Düsseldorf 2006; Schulze-Osterloh, J.: Rechtliche Verhältnisse, in: Ballwieser, W. et al. (Hrsg.): HWRP, 3. Aufl., Stuttgart 2002, Sp. 1993–2006.

Joachim Krag

Außerordentliche Aufwendungen und Erträge

Die Prüfung der ao. Aufwendungen und Erträge stellt einen Schwerpunkt der Prüfung der →Gewinn- und Verlustrechnung (GuV) dar, da die meisten Erfolgsbeiträge bereits im Zusammenhang mit der Prüfung korrespondierender Bilanzposten oder des Zahlungsverkehrs untersucht werden. Aufgrund der naturgemäß geringen Häufigkeit und Voraussehbarkeit der ao. Geschäftsvorfälle bietet sich in Abhängigkeit der →Wesentlichkeit eine →Stichprobenprüfung oder eine vollständige →Einzelfallprüfung (→lückenlose Prüfung) an. Die Durchführung einer →Systemprüfung ist hingegen aufgrund der mangelnden Regelmäßigkeit dieser Posten nicht zu empfehlen.

Der Schwerpunkt der Prüfung der ao. Aufwendungen und Erträge liegt auf dem Ausweis bzw. der Abgrenzung von anderen Posten (→Aufwendungen und Erträge) der GuV. Zur Prüfung der vollständigen Abgrenzung ao. Sachverhalte empfehlen sich →analytische Prüfungshandlungen mit der Bildung von Erwartungswerten aller GuV-Posten sowie Einzelfalluntersuchungen wesentlicher Posten auf den Sammelkonten der →sonstigen betrieblichen Aufwendungen und Erträge.

Mit der Einführung des BiRiLiG wurde als Kriterium für ao. Aufwendungen und Erträge eingeführt, dass diese außerhalb der gewöhnlichen Geschäftstätigkeit (§ 277 Abs. 4 Satz 1 HGB) anfallen. Da dieses Kriterium in den Gesetzesmaterialien nicht näher definiert wird und die Begründung zum BiRiLiG RegE (BT-Drucks. 10/317, S. 86) lediglich herausstellt, dass →periodenfremde Aufwendungen und Erträge grundsätzlich nicht zu den ao. Aufwendungen und Erträgen gehören, ergibt sich im Rahmen der Abschlussprüfung (→Jahresabschlussprüfung; →Konzernabschlussprüfung) das Erfordernis, Sachverhalte anhand der Ungewöhnlichkeit in der Art des Geschäftsvorfalls (hohes Maß an Abnormität) und der Seltenheit ihres Vorkommens zu beurteilen. Neben diesen Kriterien kommt es nicht zusätzlich auf die Wesentlichkeit der ao. Aufwendungen und Erträge an, da § 277 Abs. 4 Satz 2 HGB Angaben im →Anhang für die in der GuV ausgewiesenen Beträge von nicht untergeordneter Bedeutung fordert und damit herausstellt, dass die Betragshöhe lediglich ein Schwellenkriterium für Erläuterungen im Anhang, nicht jedoch für die Zuordnung zum ao. Ergebnis darstellt.

Bei der Beurteilung, inwieweit die genannten Kriterien erfüllt sind, ist auf die Eigenart des geprüften Unternehmens abzustellen. Der →Abschlussprüfer (APr) wird seiner Beurteilung seine Kenntnis über die Geschäftstätigkeit sowie das rechtliche und →wirtschaftliche Umfeld des geprüften Unternehmens, insb. sein Wissen über grundlegende Besonderheiten des Unternehmens, der Branche sowie der Geschäftsstrategie (→Geschäftsstrategie und -planung) zugrunde legen.

Als typische ao. Sachverhalte sind anzusehen:

- Gewinne/Verluste aus der Veräußerung ganzer Betriebe, wesentlicher Betriebsteile oder wesentlicher →Beteiligungen,
- Sozialplanaufwendungen bei Massenentlassungen,
- einmalige Erträge aus →Zuschüssen zur Umstrukturierung oder Sanierung,
- Zwangseingriffe, bspw. Enteignung, Boykott, behördliches Produktionsverbot, Bußgelder (→Straf- und Bußgeldvorschriften) und
- Elementarschäden.

Bei der Prüfung der Abgrenzung berücksichtigt der APr auch Intentionen des Managements, über einen Ausweis des ao. Ergebnisses Bilanzpolitik (→bilanzpolitische Gestaltungsspielräume nach HGB; →bilanzpolitische Gestaltungsspielräume nach IFRS; →bilanzpolitische Gestaltungsspielräume nach US GAAP) zu betreiben, bspw. um die Verantwortung für außergewöhnliche Aufwendungen aus der gewöhnlichen Geschäftstätigkeit herauszuhalten oder bestimmte Kennzahlen, bspw. Earnings before Interest and Taxes (EBIT) oder Earnings before Interest, Taxes, Depreciation and Amortization (EBITDA) (→Kennzahlen und Kennzahlensysteme als Kontrollinstrument; →Kennzahlen, wertorientierte) in seinem Sinne zu beeinflussen. Im Zweifel wird er auf einen Ausweis im Rahmen der gewöhnlichen Geschäftstätigkeit bestehen, um dem Ausnahmecharakter des ao. Ergebnisses gerecht zu werden.

Neben dem Ausweis des ao. Ergebnisses in der GuV sind die Pflichtangaben im Anhang (→Angabepflichten) zu prüfen. Soweit die ao. Posten als nicht von „untergeordneter Bedeutung" anzusehen sind, sind sie gem. § 277 Abs. 4 Satz 2 HGB im Anhang zu erläutern. Die ao. Aufwendungen und Erträge sind detailliert aufzugliedern, soweit sie für den Empfänger das Jahresabschlusses von entscheidungsrelevanter Größe sind.

Zusätzlich ist zu prüfen, ob erforderlichenfalls die Angabe gem. § 285 Nr. 6 HGB, in welchem Umfang die Steuern vom Einkommen und Ertrag (→Steueraufwand) das ao. Ergebnis betreffen, gemacht wurde.

Literatur: Förschle, G.: Kommentierung des § 275 HGB, in: Ellrott, H. et al. (Hrsg.): BeckBilKomm, 6. Aufl., München 2006; Federmann, R.: Außerordentliche Erträge und Aufwendungen in der GuV-Rechnung, in: BB 42 (1987), S. 1071–1078; IDW (Hrsg.): WPH 2006, Band I, 13. Aufl., Düsseldorf 2006; Marx, T.: Außerordentliche Erträge und außerordentliche Aufwendungen i. S. d. §§ 275 Abs. 2 Nr. 15 und 16, 277 Abs. 4 HGB, in: WPg 50 (1995), S. 476–480.

Oliver Bielenberg

Außerplanmäßige Abschreibungen

Der Begriff der außerplanmäßigen Abschreibungen umfasst sowohl die über den geplanten Abschreibungsverlauf (→Abschreibungen, bilanzielle) hinausgehenden Abschreibungen auf die abnutzbaren →Sachanlagen als auch die Abschreibungen auf die nicht abnutzbaren Sach- und →Finanzanlagen. Ferner werden Wertberichtigungen auf →Vermögensgegenstände des →Umlaufvermögens den außerplanmäßigen Abschreibungen zugerechnet.

Die *Prüfung* der außerplanmäßigen Abschreibungen erfolgt maßgeblich im Rahmen der Prüfung der Wertansätze der korrespondierenden Vermögensgegenstände. Hierzu ist zunächst das *Erfordernis* von außerplanmäßigen Abschreibungen festzustellen, für die regelmäßig Anhaltspunkte bestehen können beim Auftreten ungewöhnlicher Geschäftsvorfälle (bspw. Schadensfälle, →Insolvenzen von Kunden), Veränderungen im Marktumfeld (drohende Schließung von Geschäftseinheiten) oder fortdauernder Verlustsituationen bei →Beteiligungen. Außerplanmäßige Abschreibungen sind vorzunehmen, wenn sich im Rahmen des Niederstwerttestes eine Unterschreitung des Buchwertes durch den →beizulegenden Wert eines →Vermögensgegenstandes ergibt.

Zur Ermittlung des *beizulegenden Wertes* bieten sich verschiedene Maßstäbe an, sodass der →Abschlussprüfer (APr) zunächst die Wahl des geeigneten Bewertungsmaßstabes prüfen muss. Als Bewertungsmaßstab kommt einerseits ein ggf. verfügbarer *Börsen- oder Marktwert* in Frage (je nach Art des Gutes auf dem Beschaffungs- oder Absatzmarkt) oder alternativ ein *Einzelveräußerungswert* (Verkaufswert abzgl. noch anfallender Aufwendungen), →Wiederbeschaffungskosten oder *der Ertragswert* (ermittelt nach der →Erwartungswertmethode bzw. den →Discounted Cash Flow-Methoden). Die Ermittlung dieses Wertes ist anhand geeigneter →Prüfungsnachweise zu prüfen. Hier bieten sich insb. an:

- Börsen- oder Marktwert: aktuelle Notierungen;
- →Wiederbeschaffungskosten: Einkaufsrechnungen, die zeitnah zum Bewertungsstichtag liegen, aktuelle Marktinformationen (Preislisten, Notierungen);
- Einzelveräußerungswert: Verkaufsrechnungen, die zeitnah zum Bewertungsstichtag liegen, interne Kostenkalkulationen (→Kalkulation), Projektkostenschätzungen (→Plankostenrechnung);
- →Ertragswert: zugrunde liegende Prämissen, Geschäftspläne (→Planung), Budgets (→Budgetierung), Kalkulationen der Zinsfüße (→Kalkulationszinssatz).

Ferner ist zu prüfen, ob die Gründe für außerplanmäßige Abschreibungen aus den Vorjahren entfallen sind; in diesem Fall ist bei KapGes und Gesellschaften i. S. d. § 264a HGB gem. § 280 Abs. 1 HGB zwingend eine →Wertaufholung vorzunehmen. Diese ist auf den Wert begrenzt, der sich bei Fortführung einer planmäßigen Abschreibung ergeben hätte.

Bei der Prüfung von Jahresabschlüssen, die gem. →International Financial Reporting Standards (IFRS) aufgestellt wurden, sieht IAS 36 die Prüfung der Wertansätze auf außerplanmäßigen Abschreibungsbedarf vor, soweit Anhaltspunkte für eine dauerhafte Wertminderung vorliegen. Für immaterielle Vermögenswerte (→Asset), die keiner planmäßigen Abschreibung unterliegen ist ein jährlicher →Impairmenttest durchzuführen. Dies betrifft insb. die Werthaltigkeit eines →Geschäfts- oder Firmenwertes, der im Rahmen eines →Unternehmenszusammenschlusses erworben wurde. Sachanlagen sind im Rahmen des Impairment Tests auf den höheren Betrag aus Nettoverkaufserlös und dem Barwert der zukünftigen Mittelzuflüsse abzuwerten. Bei der Bewertung des →Vorratsvermögens ist grundsätzlich eine Bewertung aufgrund des Absatzmarktes zugrunde zu legen.

Die Prüfung des Ausweises der außerplanmäßigen Abschreibungen betrifft die Zuordnung zu den Posten der →Gewinn- und Verlustrechnung (GuV). In Abhängigkeit der abgeschriebenen Vermögensgegenstände und der Abschreibungsursache kommen im Wesentlichen der Ausweis unter den Posten Materialaufwand (→Materialaufwendungen) bzw. HK (→Herstellungskosten, bilanzielle), sonstige betriebliche Aufwendungen (→sonstige betriebliche Aufwendungen und Erträge), Abschreibungen, Abschreibungen auf Finanzanlagen und auf Wertpapiere des Umlaufvermögens oder den ao. Aufwendungen (→außerordentliche Aufwendungen und Erträge) in Frage.

Die Prüfung der Anhangangaben (→Anhang; →Angabepflichten) umfasst die Angabe von außerplanmäßigen Abschreibungen gem. § 253 Abs. 2 HGB i.V.m. § 279 Abs. 1 Satz 2 HGB sowie die Angabe, ob außerplanmäßige Abschreibungen aus Vorjahren aufgrund des Wertaufholungsgebotes rückgängig gemacht werden mussten.

Literatur: Böcking, H.-J./Orth, C.: Abschreibungen, in: Ballwieser, W. et al. (Hrsg.): HWRP, 3. Aufl., Stuttgart 2002, S. 12–26; IDW (Hrsg.): WPH 2000, Band I, 12. Aufl., Düsseldorf 2000, S. 275 ff.; Hoyos, M./Schramm, M./Ring, M.: Kommentierung des § 253 HGB, in: Ellrott, H. et al. (Hrsg.): BeckBilKomm, 6. Aufl., München 2006, S. 484–485.

Oliver Bielenberg

Ausstehende Einlagen

Wenn die zu leistende Einlage nicht in voller Höhe erbracht wurde, besitzt das bilanzierende Unternehmen gem. § 272 Abs. 1 Satz 2 und 3 HGB ein *Ausweiswahlrecht* (→bilanzpolitische Gestaltungsspielräume nach HGB). Ausstehende Einlagen auf das Kapital können zum einen gem. § 272 Abs. 1 Satz 2 HGB auf der Aktivseite der Bilanz (→Gliederung der Bilanz) unter entsprechender Bezeichnung ausgewiesen werden. In diesem Fall sind eingeforderte Einlagen durch einen Davon-Vermerk gesondert auszuweisen (→Angabepflichten). Alternativ kann nach § 272 Abs. 1 Satz 3 HGB der nicht eingeforderte Teil der ausstehenden Einlagen auch vom Kapital offen abgesetzt werden. Der verbleibende Betrag ist als Posten „*Eingefordertes Kapital*" in der Hauptspalte der Passivseite zu zeigen. Zusätzlich sind die eingeforderten Einlagen unter den →Forderungen auszuweisen und entsprechend zu bezeichnen (Baetge/Kirsch/Thiele 2005, S. 480–482; Küting/Kessler/Hayn 2004, Rn. 35–38 zu § 272 HGB, S. 21–22). Ausstehende Einlagen besitzen demnach einen *bivalenten Charakter* als Korrekturposten zum →Eigenkapital und/oder als Forderungen.

Bei →Unternehmensgründung ist vor allem die Einhaltung der einschlägigen Schutzbestimmungen (s. z.B. § 36a AktG i.V.m. § 10 Abs. 2 AktG und § 67 Abs. 1 AktG; § 7 Abs. 2 und 3 GmbHG und bzw. i.V.m. § 5 Abs. 1 GmbHG) zu prüfen. Zusätzlich sind die Bestimmungen des Gesellschaftsvertrags zu beachten. Die Gründe für eine Veränderung der ausstehenden Einlagen im Vergleich zur testierten Vorjahresbilanz (→Vergleichsangaben über Vorjahre) werden i.d.R. durch die Prüfung der →rechtlichen Verhältnisse offenkundig. So kann eine Erhöhung bspw. aus der Ausgabe neuer Anteile gegen nicht voll geleistete Einlagen (§ 184 AktG) oder eine Verminderung aus einer Kapitalherabsetzung des nur teilweise eingezahlten Kapitals (§ 223 AktG) resultieren. Analog des Forderungscharakters kann auch eine Wertherabsetzung der eingeforderten ausstehenden Einlagen gem. § 253 Abs. 3 Satz 2 HGB (→außerplanmäßige Abschreibungen) ursächlich sein. Die Gründe für eine Abschreibung sind seitens der Gesellschaft zu erläutern (z.B. per →Bonitätsanalyse eines Anteilseigners). Bei der Bemessung des Abschreibungsbedarfs sind indes auch die einschlägigen Haftungsregelungen und die Möglichkeit der Kaduzierung zugrunde zu legen (§§ 63 ff. AktG, §§ 21 ff. GmbHG). Eine Abwertung ausstehender Einlagen ist aktivisch bei der ausgewiesenen Forderung vorzunehmen. Im Interesse der Vermittlung eines dem nach § 264 Abs. 2 HGB geforderten Bildes (→True and Fair View) sollte der Betrag abgewerteter ausstehender Einlagen gegenüber dem ursprünglichen Nominalbetrag vermerkt oder in der Vorspalte der Bilanz ausgewiesen werden. Eine Abwertung *nicht* eingeforderter ausstehender Einlagen kommt i.d.R. nicht in Betracht, da mangels Einforderung nicht die Verhältnisse am Bilanzstichtag (z.B. temporäre Zahlungsunfähigkeit eines Gesellschafters) der Bewertung zugrunde gelegt werden können. Sehen indes Bestimmungen des Gesellschaftsvertrags einen ultimativen Fälligkeitszeitpunkt ausstehender Einlagen vor, kann u. U. ein möglicher Abwertungsbedarf *nicht* eingeforderter ausstehender Einlagen hinreichend konkretisiert sein (ADS 1995/2001, Rn. 58–73 zu § 272 HGB, S. 332–338).

Im Rahmen der Prüfung des →Konzernabschlusses sind eingeforderte und *nicht* eingeforderte ausstehende Einlagen zu unterscheiden. Eingeforderte ausstehende Einlagen gegenüber *Tochterunternehmen* (TU) (Forderungscharakter) sind durch die Schuldenkonsolidierung (→Konsolidierungsformen; →Konsolidierungsprüfung) aufzurechnen. Indes sind *nicht* eingeforderte ausstehende Einlagen (Korrekturposten zum Eigenkapital) i. d. R. vom Kapital der TU abzusetzen. Aus Sicht der *Einheitstheorie* (→Interessen- und Einheitstheorie) sind eingeforderte und nicht eingeforderte ausstehende Einlagen von *konzernfremden Dritten* aber in der Konzernbilanz zu zeigen. Diese können als Liquiditätsreserve des Konzerns interpretiert werden. Eine Aufrechnung mit dem Kapital erscheint vor diesem Hintergrund unsachgemäß (Förschle/Deubert 2006, Rn. 36 zu § 301 HGB, S. 1505–1506).

Literatur: ADS: Rechnungslegung und Prüfung der Unternehmen, Teilband 5, 6. Aufl., Stuttgart 1995/2001; Baetge, J./Kirsch, H.-J./Thiele, S.: Bilanzen, 8. Aufl., Düsseldorf 2005; Förschle, G./Deubert, M.: Kommentierung des § 301 HGB, in: Ellrott, H. et al. (Hrsg.): BeckBilkomm, 6. Aufl., München 2006; Küting, K./Kessler, H./Hayn, B.: Kommentierung des § 272 HGB, in: Küting, K./Weber, J. (Hrsg.): Handbuch der Rechnungslegung – Einzelabschluss, Loseblattausgabe, Band 2, 5. Aufl., Stuttgart, Stand: 6. Erg. Lfg. März 2004.

Henning Zülch

Australien

In Australien müssen Abschlussprüfungen gem. dem Corporations Act 2001 von einem registrierten WP durchgeführt werden. Die Registrierung wird von der Aufsichtsbehörde, der *ASIC*, nach den im Corporations Act 2001 festgelegten Registrierungskriterien kontrolliert.

Bis vor kurzem sahen andere Aspekte der Gesetzgebung ein ausgewogenes Mitaufsichtsmodell durch Selbstkontrollmechanismen der Berufsverbände und Gesetzesanforderungen vor.

Für KapGes und sonstige Unternehmen, die unter den Corporations Act 2001 fallen, wurde aus dem Selbstkontrollmodell primär ein Gesetzesmodell, das für Berichtsperioden ab 30.6.2005 in Kraft getreten ist. Die Neuregelungen sehen u. a. vor:

- Unabhängigkeitsanforderungen an den WP,
- eine schriftliche, in den Geschäftsbericht aufzunehmende Unabhängigkeitserklärung des Wirtschaftsprüfers,
- bei börsennotierten Unternehmen die kategorisierte Angabe der Honorare für Nichtprüfungsleistungen, eine Unbedenklichkeitserklärung der Geschäftsleitung hinsichtlich der Unabhängigkeit des Wirtschaftsprüfers sowie die Gründe für diese Einschätzung,
- Prüfungspartnerrotation alle 5 Jahre mit zweijährigem Cooling-off,
- Cooling-off-Periode von 2 Jahren vor Übernahme einer Leitungspositionen bei dem Prüfungsunternehmen,
- Namensangabe jedes leitenden Angestellten, der früher Partner der WPGes des Unternehmens war, im Geschäftsbericht,
- Festlegung der auf den →International Standards on Auditing (ISA) basierenden →Prüfungsnormen durch das *AUASB*, einer öffentlich-rechtlichen Institution unter dem *Financial Reporting Council* der Regierung.
- WP-Teilnahme an der HV,
- Erweiterung der Meldepflicht von Verstößen durch den WP an die *ASIC* bei dem Versuch der unzulässigen Beeinflussung, Nötigung, Manipulation oder Irreführung des Wirtschaftsprüfers und der Beeinträchtigung des ordnungsgemäßen Prüfungsablaufs.

Was Zwangsmaßnahmen gegen WP anbelangt, gibt es seit einiger Zeit einen *Company Auditors and Liquidators Disciplinary Board*, der von der *ASIC* an diese Kommission verwiesene Fälle prüft und begrenzte Strafen gegen WP verhängen kann. Mit Einführung der oben genannten Gesetzesanforderungen zu Unabhängigkeit und Prüfungsnormen stehen der *ASIC* mehr Zwangsmaßnahmen gegen WP, auch Prozesse, zur Verfügung.

Die Anforderungen an die Erstellung von Jahresabschlüssen sowie Prüfungen nach dem Corporations Act 2001 hängen von der Art des Unternehmens ab. Unternehmen, die einen JA erstellen und von einem registrierten WP prüfen lassen müssen, sind

- Alle Unternehmen mit Offenlegungspflicht. Dazu gehören an der *ASX* notierte Unternehmen, Unternehmen und registrierte Finanzdienstleister, die auf Basis eines Prospekts Kapital beschaffen oder andere Wertpapiere als Obligationen zur Bezahlung des Aktienerwerbs an einem Unternehmen im Rahmen einer Übernahme anbieten sowie Unternehmen, deren Wertpapiere im Rahmen eines Vergleichs oder Vergleichsplans ausgegeben werden.
- registrierte Finanzdienstleister und nicht börsennotierte Aktiengesellschaften.
- große Holdinggesellschaften (also Unternehmen, die mindestens zwei der folgenden Kriterien erfüllen: konsolidierter betrieblicher Bruttoertrag von mindestens 10 Mio. A$, konsolidierte Bruttoaktiva von mindestens 5 Mio. A$ bzw. mindestens 50 Mitarbeiter), außer wenn von der *ASIC* eine Freistellung von den Anforderungen erteilt wurde.
- Eine kleine Holdinggesellschaft muss nur einen JA erstellen, wenn bestimmte Bedingungen vorliegen – z. B. wenn sie von einem ausländischen Unternehmen kontrolliert wird und ihre Ergebnisse nicht im Konzernabschluss ausgewiesen werden oder wenn mindestens 5% der Aktionäre oder die *ASIC* einen JA verlangen. Ob der Abschluss im Falle eines Aktionärs- oder *ASIC*-Ersuchens geprüft werden muss, hängt davon ab, ob dies Teil des Ersuchens ist.
- 100%ige Tochtergesellschaften sind von der Anforderung, einen Abschluss nach einem *ASIC* Class Order zu erstellen, freigestellt, wenn die Muttergesellschaft einen Konzernabschluss erstellt.

Die oben genannten Abschlüsse sowie die zugehörigen PrB (außer denjenigen einer großen Holdinggesellschaft, die von der *ASIC* freigestellt wurde, oder einer kleinen Holdinggesellschaft im Rahmen eines *ASIC*-Ersuchens, wenn das Ersuchen dies nicht verlangt) müssen innerhalb von 3 Monaten nach Abschluss des Geschäftsjahres bei *der ASIC* eingereicht werden (für börsennotierte Unternehmen über die *ASX*).

Nach dem Corporations Act 2001 besteht der Abschluss für ein Geschäftsjahr aus:

- dem JA,
- dem Anhang zum JA sowie
- der Erklärung der Geschäftsleitung zum JA und zu den Anhängen.

Der JA (Bilanz, GuV, Lagebericht und Kapitalflussrechnung) muss den australischen Bilanzierungsgrundsätzen entsprechen. Die Anhänge müssen die in den Grundsätzen vorgesehenen Offenlegungen sowie gesetzlich vorgeschriebene Offenlegungen oder sonstige Informationen, die das Unternehmen nach Auffassung der Geschäftsleitung wahrheitsgemäß und angemessen darstellen, enthalten.

Die Erklärung der Geschäftsleitung (vorbehaltlich einer Prüfung als Teil des Abschlusses) enthält die Meinung der Geschäftsleitung dazu, ob begründeter Anlass zu der Vermutung besteht, dass das Unternehmen in der Lage ist, seine Verbindlichkeiten bei Fälligkeit zu begleichen, und dass der Abschluss den Bilanzierungsgrundsätzen entspricht und das Unternehmen wahrheitsgemäß und angemessen darstellt.

Bei börsennotierten Unternehmen muss die Erklärung der Geschäftsleitung nur abgegeben werden, wenn der Geschäftsleitung eine Erklärung des →Chief Executive Officer (CEO)/CFO vorliegt, dass die Finanzunterlagen ordnungsgemäß geführt wurden und dass der Abschluss den Bilanzierungsgrundsätzen sowie den geltenden Gesetzen entspricht und das Unternehmen wahrheitsgemäß und angemessen darstellt.

Durch das *AASB* wurden alle →International Financial Reporting Standards (IFRS) in australische Bilanzierungsgrundsätze umgesetzt. Seit dem 1.1.2005 sind diese gesetzlich vorgeschrieben. Das *Australian Accounting Standards Board (AASB)* aktualisiert die australischen Grundsätze ständig im Einklang mit den IFRS.

Außerdem gibt ein Ausschuss des *AASB*, die *Urgent Issues Group* (UIG), zeitnah Hinweise zu dringenden Aspekten des Berichtswesens. Das *AASB* genehmigt oder verwirft formell vorgeschlagene neue *UIG*-Interpretationen, die in einem separaten Bilanzierungsgrundsatz enthalten sind, und verleiht ihnen nach dem Gesetz dieselbe Rechtswirkung wie den anderen Grundsätzen. Die *UIG* prüft auch die Interpretationen des IFRIC dahingehend, ob sie für Australien erlassen werden können.

Rod Smith; Christine Holtz-Stosch

Auswahl, bewusste

Auswahl, bewusste →Deduktive Auswahl; →Stichprobenprüfung

Auswahl, deduktive →Deduktive Auswahl

Auswahl, detektivische →Deduktive Auswahl; →Stichprobenprüfung

Auswahl, induktive →Deduktive Auswahl; →Stichprobenprüfung

Auswahl nach dem Konzentrationsprinzip →Deduktive Auswahl; →Stichprobenprüfung

Auswahl typischer Fälle →Deduktive Auswahl; →Stichprobenprüfung

Auswahl von Prüfungshandlungen

Die Auswahl von Prüfungshandlungen ist Gegenstand der fachlichen Beurteilung durch den WP. Die Prüfungshandlungen sind je nach geprüftem Risiko unterschiedlich. Die folgende Übersicht gibt eine Auswahl der gängigen Prüfungshandlungen wieder:

- inhärentes Risiko:
  - Befragung der Geschäftsleitung (Auskunftsrechte des Abschlussprüfers),
  - Beobachtung,
  - Durchsicht der Dokumentation,
  - analytische Durchsicht der Posten des Jahresabschlusses (einschl. der Angaben im →Anhang und im →Lagebericht) sowie
  - Auswertung weiterer Informationsquellen (z. B. Internet, Tageszeitungen);
- Kontrollrisiko:
  - Befragung i.V.m. der Prüfung der Dokumentation,
  - Befragung i.V.m. einer Verfahrenswiederholung und
  - Befragung i.V.m. einer Beobachtung der Abläufe;
- Entdeckungsrisiko:
  - analytische Durchsicht der Kontensalden,
  - bewusste Auswahl (deduktive Auswahl),
  - repräsentative Auswahl,
  - Zufallsauswahl,
- Vollprüfung (→lückenlose Prüfung),
- Durchsicht von →Ereignissen nach dem Abschlussstichtag sowie
- Einholung von →Bestätigungen Dritter.

Die *Befragung der Geschäftsleitung* wird i.d.R. zu Beginn einer Prüfung eingesetzt, um einen ersten Überblick über das Unternehmen bzw. über Änderungen zum Vorjahr zu erhalten. Befragungen alleine sind zur Erlangung einer Prüfungssicherheit in keinem Fall ausreichend. Dennoch können diese Gespräche erste Hinweise auf →Prüfungsrisiken ergeben, die dann im Rahmen der →Prüfungsplanung und -durchführung (→Auftragsdurchführung) weiter verfolgt werden müssen.

Die *Beobachtung* von Abläufen ist eine mögliche Prüfungshandlung, die jedoch nur in Ausnahmefällen verwendet wird, wie z. B. bei der Inventurbeobachtung (→Inventur). Das Risiko bei der Beobachtung liegt darin, dass der Beobachtete sich der besonderen Situation bewusst ist und sich daher entsprechend der Soll-Vorgaben verhält. Eine abschließende Prüfungssicherheit wird durch die Beobachtung von Abläufen nicht erzielt. Dennoch kann diese Prüfungshandlung einen ersten Eindruck zum Unternehmen und zum tatsächlich gelebten →Internen Kontrollsystem vermitteln.

Die *Durchsicht der Dokumentation* ist die gängigste Prüfungshandlung. Als Dokumentation können herangezogen werden (Auswahl):

- Verfahrensbeschreibungen,
- Arbeitsanweisungen,
- Verträge,
- Lieferscheine,
- Eingangsrechnungen,
- Bankauszüge sowie
- Bestätigungen Dritter.

Darüber hinaus sind auch die Ergebnisse der Tätigkeiten von Mitarbeitern als Dokumentation anzusehen. Hierfür sind typisch die Abzeichnung von Geschäftsvorfällen, die Freigabe von Auszahlungen oder der Nachweis einer durchgeführten Kontrolle bzw. Analyse.

Die *analytische Durchsicht der Posten des Jahresabschlusses* verschafft dem →Abschlussprüfer (APr) einen ersten Überblick über die wesentlichen Posten im JA und mithilfe von

Auswahl von Prüfungshandlungen

Kennzahlen (→Kennzahlen und Kennzahlensysteme als Kontrollinstrument) einen ersten Überblick über die Relationen im JA. Auf der Basis der Kenntnis der Geschäftstätigkeit und der Analyse von Kennzahlen lassen sich dann ungewöhnliche Veränderungen erkennen (→Abweichungsanalyse). Diese müssen im Rahmen der Prüfungsplanung und -durchführung ggf. als Risiken weiter verfolgt werden. In diese Durchsicht sind auch die Anhangsangaben sowie die Angaben aus dem Lagebericht einzubeziehen.

Die *Durchsicht weiterer Informationsquellen* ist für den APr relevant, da nur so eine umfassende Branchensicht möglich ist. Nur durch die gezielte Analyse der Brancheninformationen bzw. der Tagespresse können Hinweise auf Risiken erlangt werden, die in dieser Form nicht durch das zu prüfende Unternehmen bereitgestellt werden. Als Informationsquellen kommen in Betracht:

- Internet,
- Tagespresse,
- Mitteilungen der Industrie- und Handelskammern sowie
- Analysen durch Rating-Agenturen (→Rating).

Im Rahmen der →Jahresabschlussprüfung wird versucht, das *Kontrollrisiko* durch Befragung i.V.m. einer weiteren geeigneten Prüfungshandlung zu minimieren (→risikoorientierter Prüfungsansatz). In Betracht kommen die Prüfung der Dokumentation, Verfahrenswiederholungen und Beobachtungen. Typische Fragen umfassen die folgenden Aspekte:

- eine genaue Erläuterung der einzelnen Arbeitsschritte, die bei der Durchführung der Kontrollmaßnahmen ausgeführt werden,
- Berichte und andere verwendete Auswertungen sowie eine Erläuterung, wie diese Informationen verwendet werden,
- eine Beschreibung der Vorgehensweise wenn ein Ausnahmefall oder ein Fehler erkannt wird,
- eine Beschreibung der Kontrollmaßnahmen, die bei ungewöhnlichen Geschäftsvorfällen eingesetzt werden sowie
- Änderungen der Kontrollmaßnahmen im Berichtsjahr einschl. Wechsel der ausführenden Mitarbeiter.

Wie bereits oben erläutert ist die Prüfung der Dokumentation die gängigste Prüfungshandlung bei der Prüfung von Kontrollen (→Kontrollprüfung; →Internes Kontrollsystem, Prüfung des). Zusätzlich werden, gerade bei operativen Kontrollmaßnahmen, *Verfahrenswiederholungen* durchgeführt. Die Wiederholung einer Kontrollmaßnahme belegt jedoch nur in Ausnahmefällen ihre Wirksamkeit. Dieser Nachweis ist i.d.R. nicht dazu geeignet, die Wirksamkeit einer Kontrollmaßnahme während des gesamten zu prüfenden Zeitraums schlüssig zu belegen. Verfahrenswiederholungen werden häufig bei der Prüfung programmierter Kontrollmaßnahmen eingesetzt, da Computer die Transaktionen systematisch verarbeiten und in diesen Fällen Rückschlüsse auf die weiteren Transaktionen möglich sind. Die Prüfung programmierter Kontrollmaßnahmen durch Verfahrenswiederholung setzt jedoch wirksame Computerkontrollen voraus, die diese Kontrollmaßnahmen unterstützen.

Bei der *analytischen Durchsicht der Kontensalden* (→analytische Prüfungshandlungen) werden für einzelne Konten oder Kontengruppen die folgenden Tätigkeiten durchgeführt:

- sinnvolle Zusammenfassung der Kontensalden, zu deren Entwicklung angemessene Aussagen getroffen werden können; diese Zusammenfassungen können z.B. nach Produktgruppen, Aufwandsarten oder Monaten erfolgen,
- Ermittlung des erwarteten Kontensaldos (häufig auf Basis von Modellen oder auf Basis einer Analyse der Geschäftsentwicklung),
- Festlegung einer max. zulässigen Abweichung zwischen gebuchtem und erwartetem Wert,
- Ermittlung der Abweichungen (→Soll-Ist-Vergleich),
- Analyse der Abweichungen (→Abweichungsanalyse) sowie
- Auswertung der Ergebnisse und ggf. Einholung weiterer Erläuterungen und Verbesserung des Modells zur Ermittlung der erwarteten Werte.

Im Rahmen der →Stichprobenprüfung kommen als Auswahlverfahren die bewusste Auswahl (deduktive Auswahl), die repräsentative sowie die Zufallsauswahl in Betracht. Die *bewusste Auswahl* ist ein nicht-statistisches Prüfverfahren zur Auswahl von Elementen mit bestimmten gemeinsamen Eigenschaften aus einer Grundgesamtheit (z. B. →Forderungen an nahe stehende Gesellschaften aus einer Grundgesamtheit, die auch Forderungen an Dritte enthält oder Nullsalden). Bei einer bewussten Auswahl ist eine Sicherheit nur zu den ausgewählten Stichproben gegeben, jedoch nicht zur größeren Grundgesamtheit, aus der die Stichproben gezogen wurden. Bei der Verwendung der bewussten, nicht-repräsentativen Auswahl braucht die verbleibende Grundgesamtheit, aus der die Stichprobe gezogen wurde, nur dann nicht geprüft zu werden, wenn sie vom Betrag her unwesentlich (→Wesentlichkeit) ist.

Bei der Anwendung der *repräsentativen Auswahl* wird versucht, von den Eigenschaften ausgewählter Sachverhalte, für die angemessene Nachweise geprüft werden, auf die Eigenschaften der Grundgesamtheit zu schließen. Die repräsentative Auswahl ist dann angemessen, wenn das Auswahlverfahren zur Prüfung solcher Sachverhalte führt, die dem APr, falls deren zutreffende Erfassung festgestellt wird, Sicherheit hinsichtlich der Eigenschaften der Elemente der Grundgesamtheit geben, die nicht ausgewählt und untersucht wurden. Diese Sicherheit erhält der APr dann, wenn die ausgewählten Sachverhalte für die Grundgesamtheit als Ganzes repräsentativ sind. Aus diesem Grund müssen die einzelnen Sachverhalte, aus denen die Grundgesamtheit besteht, vergleichbare Eigenschaften aufweisen und in ähnlicher Art und Weise verarbeitet werden. I.d.R. erfolgt die repräsentative Auswahl mithilfe statistischer Auswahlverfahren.

Die *Zufallsauswahl* ist ein theoretisch mögliches Auswahlverfahren. Dieses Verfahren erlaubt jedoch keine Aussage zum Entdeckungsrisiko und ist daher i.d.R. nicht als Auswahlverfahren geeignet.

Vollprüfungen (→lückenlose Prüfung) erfordern die Untersuchung von Nachweisen für alle oder einen wesentlichen Anteil (d. h. die verbleibenden Sachverhalte der Grundgesamtheit sind in ihrer Summe nicht wesentlich) der Sachverhalte, aus denen sich die Grundgesamtheit zusammensetzt. Diese Art von Prüfung ist i.A. dann angemessen, wenn Grundgesamtheiten nur aus einem Sachverhalt oder wenigen großen Sachverhalten bestehen oder wenn Datenauswertungsverfahren verwendet werden.

Die *Durchsicht von Geschäftsvorfällen nach dem Abschlussstichtag* konzentriert sich i.d.R. auf die folgenden vier Sachverhalte, wobei jeweils zu prüfen ist, ob die →Aufwendungen und Erträge in der richtigen Periode erfasst worden sind (→periodengerechte Erfolgsermittlung):

- Eingangsrechnungen, die dem zu prüfenden Unternehmen nach dem Abschlussstichtag zugehen.
- Ausgangsrechnungen für Leistungen, die nach dem Abschlussstichtag erbracht worden sind.
- Auszahlungen, die nach dem Abschlussstichtag geleistet werden.
- Einzahlungen, die nach dem Abschlussstichtag erfasst werden.

Die *Einholung von Bestätigungen Dritter* ist wesentlicher Bestandteil einer Abschlussprüfung. Bei den Bestätigungen kann es sich handeln um:

- Bankbestätigungen,
- Bestätigungen von Rechtsanwälten über aktuelle Rechtsstreitigkeiten,
- Saldenbestätigungen von Kunden und Lieferanten und
- Gutachten von Sachverständigen (z. B. Pensionsgutachten, Wertermittlungen).

Thomas M. Orth

Auswahlprüfung →Stichprobenprüfung

Ausweisprüfung →Materielle Prüfung

Auswertungsrechnungen →Relative Einzelkostenrechnung

Auszahlungen →Cash Flow; →Investition; →Kapitalbedarfsplanung

B

Back-Office →Controlling in Revisions- und Treuhandbetrieben

Bad Dept Ratio →Forderungscontrolling

Badwill →Geschäfts- oder Firmenwert

BaFin →Bundesanstalt für Finanzdienstleistungsaufsicht

BAKred →Bundesanstalt für Finanzdienstleistungsaufsicht

Balance Sheet Auditing

Im Rahmen der →Jahresabschlussprüfung kommen als Ansatzpunkte für die Ausgestaltung des →risikoorientierten Prüfungsansatzes die geschäftsrisikoorientierte Prüfung (→Business Risk Audit), die tätigkeitskreisorientierte Prüfung (→Transaction Flow Auditing) sowie die abschlusspostenorientierte Prüfung (Balance Sheet Auditing) in Betracht (IDW PS 260.37). Dabei schließen sich die genannten Ansatzpunkte nicht gegenseitig aus. Bei einer geschäftsrisikoorientierten Prüfung wird i. S. e. Top Down-Ansatzes, ausgehend von dem Geschäft des Mandanten (Top) und den identifizierten Geschäftsrisiken [→Risikomanagementsystem (RMS); →Risikomanagementsystem, Prüfung des], der Bezug zum JA und den darin enthaltenen Abschlussposten (Down) hergestellt. Auch bei einer tätigkeitskreisorientierten Prüfung ist letztendlich zu prüfen, ob und in welchem Umfang tätigkeitskreisbezogene Teilurteile positionsbezogene Abschlussaussagen stützen; demnach gehen Positions- und Tätigkeitskreisorientierung teilweise ineinander über. Folglich orientieren sich auch die geschäftsrisiko- und die tätigkeitskreisorientierte Prüfung in bestimmten Teilbereichen zwingend an den Abschlussposten (Marten/Quick/Ruhnke 2003, S. 314–348).

Im Vergleich zu einer tätigkeitskreisorientierten bzw. geschäftsrisikoorientierten Prüfung steht bei einer abschlusspostenorientierten Prüfung nicht die Analyse von Geschäftsrisiken oder Prozessen (→Geschäftsprozesse) im Mittelpunkt. Vielmehr setzt die abschlusspostenorientierte Prüfung definitionsgemäß an den zu prüfenden Abschlussposten an. Im Idealfall folgt die abschlusspostenorientierte Prüfung, anders als die geschäftsrisikoorientierte Prüfung, nicht einem Top Down-Ansatz, sondern vollzieht sich im Zuge eines reduktionistischen Vorgehens, i. S. e. Bottom Up-Ansatzes. Der Prüfer geht bei der abschlusspostenorientierten Prüfung zumeist retrograd (→retrograde Prüfung) vor und vergleicht die sich im vorläufigen JA niederschlagenden Ist-Posten mit denen vom Prüfer konstruierten normenkonformen Soll-Posten (→Soll-Ist-Vergleich). Durch Beurteilung der Abweichungen (→Abweichungsanalyse) und unter Berücksichtigung der zu definierenden Materiality-Grenzen (→Wesentlichkeit) soll eine Aussage über die Normenkonformität des Ist-Objektes getroffen werden (→Ordnungsmäßigkeitsprüfung). Durch die Aggregation der verschiedenen Teilurteile zu den einzelnen Abschlussposten bildet der →Abschlussprüfer (APr) ein Gesamturteil [→Prüfungsurteil; →Bestätigungsvermerk (BestV)].

Bei der Durchführung der Prüfung (→Prüfungsprozess) von Abschlussposten orientiert sich der Prüfer an den *Abschlussaussagen* (Audit Assertions, Financial Statement Assertions), d. h. der zu prüfende Abschluss enthält Erklärungen und Einschätzungen der Unternehmensleitung, die sich auf verschiedene Aussagen in der Rechnungslegung beziehen können. Das lange Zeit vorherrschende Konzept der Abschlussaussagen (IDW PS 300.7, ISA 500.13 a.F.) wurde auf internationaler Ebene im Rahmen des Prüfungsrisikoprojektes (→Prüfungsrisiko) der →*International Federation of Accountants (IFAC)* und des US-amerikanischen *ASB* überarbeitet. Nunmehr systematisieren ISA 500.17 und IDW EPS 300.7 n.F. die Aussagen in drei Kategorien: Aussagen über Arten von Geschäftsvorfällen, Aussagen über Kontensalden am Geschäftsjahresende sowie Aussagen über Ausweis und Angaben. Den einzelnen Kategorien sind wiederum Unteraussagen zugeordnet; z. B. zählen zu der zuerst genannten Kategorie die Unteraussagen Vorkommen, Vollständigkeit, Genauigkeit, Periodenabgrenzung (→periodengerechte Erfolgsermittlung) sowie Kontenzuordnung. Da die neue Transformationsstrategie des →*Instituts der Wirtschaftsprüfer in Deutschland e.V. (IDW)* künftig lediglich eine Übersetzung der →International Standards on Auditing (ISA) – ggf. ergänzt durch auf die deutschen Besonderheiten abgestellte Normentexte in Gestalt sog. Ergänzungstextziffern – vorsieht (→Verlautbarungen des Instituts der Wirtschaftsprüfer in Deutschland e.V.), ist bereits derzeit faktisch von einer Gültigkeit des neuen Aussagenkonzeptes auch auf nationaler Ebene auszugehen.

Diese Abschlussaussagen dienen dem Prüfer als Orientierungshilfe bei der Erlangung ausreichender und geeigneter →Prüfungsnachweise. Demnach muss der Prüfer anhand der in den Abschlussaussagen genannten Kategorien postenbezogen der Frage nachgehen, ob die Angaben der Unternehmensleitung zur Abbildung der ökonomischen Realität den zugrunde gelegten Rechnungslegungsnormen [→International Financial Reporting Standards (IFRS); →United States Generally Accepted Accounting Principles (US GAAP)] entsprechen. Aus den Abschlussaussagen lassen sich abschlusspostenorientierte Prüfungsziele ableiten, die anschließend mittels postenspezifischer Prüfungshandlungen untersucht werden (s. ausführlich am Beispiel der Prüfung der →Forderungen aus Lieferungen und Leistungen z. B. Marten/Quick/Ruhnke 2003, S. 344–348). Bei einer abschlusspostenorientierten Prüfung stehen zwar stärker als bei einer geschäftsrisikoorientierten Prüfung →Einzelfallprüfungen im Vordergrund, dennoch sind auch bei einer abschlusspostenorientierten Prüfung →Systemprüfungen und →analytische Prüfungshandlungen zwingend. Zunächst ist das inhärente Risiko festzulegen und durch die Prüfung des →Internen Kontrollsystems (→Internes Kontrollsystem, Prüfung des) das Kontrollrisiko zu bestimmen. Anschließend sind zur Erlangung der geforderten Prüfungssicherheit regelmäßig analytische Prüfungen und Einzelfallprüfungen durchzuführen. Die beiden zuletzt angesprochenen Prüfungen sind bei wesentlichen Abschlussposten zwingend (IDW PS 260.77).

Die Praxis verwendet zur Durchführung eines Balance Sheet Audit oftmals *Standardprüfungsprogramme* in Form von →Prüfungschecklisten, die sich auch IT-gestützt (→IT-gestützte Prüfungsdurchführung) einsetzen lassen. Im deutschsprachigen Raum stellen solche Arbeitshilfen – in Anlehnung an das Konzept der Abschlussaussagen – zumeist vereinfacht auf eine Nachweisprüfung (→Nachweisprüfungshandlungen), Bewertungsprüfung und Ausweisprüfung ab. Hinzu treten Prüfungshandlungen, welche sich auf die Risikoanalyse und die Prüfung des Internen Kontrollsystems beziehen (Niemann 2004). Bspw. werden in Bezug auf die Prüfung des Nachweises von Vorräten (→Vorratsvermögen) u. a. die folgenden Fragen gestellt (→Nachweisprüfungshandlungen) (Niemann 2004, S. 294 f.):

- „Ist der ausgewiesene Bilanzwert durch die Sachkonten, Saldenlisten sowie evtl. Saldenbestätigungen nachgewiesen?" sowie
- „Ist sichergestellt, dass die angezahlten Vorräte noch nicht an die Gesellschaft geliefert wurden?"

Diese Programme lassen sich durch Ausblendung irrelevanter Fragen sowie durch Ergänzung individuell erforderlicher Fragen in mandantenspezifische →Prüfungsprogramme überführen. Standardprüfungsprogramme bieten den Vorteil, dass sie dem Prüfer Anregungen für einzelne Prüfungshandlungen (→Auswahl von Prüfungshandlungen) liefern. Nachteile einer Anwendung solcher Standardprüfungsprogramme sind, dass sie zu schematisch und kreativitätshemmend vorgehen und vor allem aus diesem Grunde oftmals nur geringe Fehleraufdeckungswahrscheinlichkeit (→Entdeckungswahrscheinlichkeiten, bedingte) besitzen.

Literatur: IDW (Hrsg.): IDW Prüfungsstandard: Das interne Kontrollsystem im Rahmen der Abschlussprüfung (IDW PS 260, Stand: 2. Juli 2001), in: WPg 54 (2001), S. 821–830; IDW (Hrsg.): IDW Prüfungsstandard: Prüfungsnachweise im Rahmen der Abschlussprüfung (IDW PS 300, Stand: 2. Juli 2001), in: WPg 54 (2001), S. 898–893; IDW (Hrsg.): Entwurf einer Neufassung des IDW Prüfungsstandards: Prüfungsnachweise im Rahmen der Abschlussprüfung (IDW EPS 300 n.F., Stand: 8. Dezember 2005), in: WPg 59 (2006), S. 240–246; Marten, K.-U./Quick, R./Ruhnke, K.: Wirtschaftsprüfung, 2. Aufl., Stuttgart 2003; Niemann, W.: Jahresabschlussprüfung, 2. Aufl., München 2004.

Klaus Ruhnke

Balanced Performance Management
→Kennzahlen, wertorientierte

Balanced Scorecard

Vor dem Hintergrund immer lauterer Kritik an der Eindimensionalität finanzieller Kennzahlensysteme (→Kennzahlen und Kennzahlensysteme als Kontrollinstrument) in den USA wurde Anfang der 1990er Jahre unter der Leitung von Kaplan und Norton ein Forschungsprojekt mit zwölf US-amerikanischen Unternehmen durchgeführt. Ziel war es, die vorhandenen Kennzahlensysteme an die gestiegenen Anforderungen der Unternehmen anzupassen. Im Konzept der Balanced Scorecard werden dementsprechend die traditionellen finanziellen Kennzahlen durch eine Kunden-, eine interne Prozess- und eine Lern- und Entwicklungsperspektive ergänzt und auf die verfolgte Unternehmensstrategie bezogen; vorlaufende Indikatoren bzw. Leistungstreiber treten damit an die Seite von Ergebniskennzahlen (Kaplan/Norton 1996, S. 24 ff.):

- Die *finanzielle* Perspektive zeigt, ob die Implementierung der Strategie zur Ergebnisverbesserung beiträgt. Kennzahlen der finanziellen Perspektive sind z. B. die erzielte Eigenkapitalrendite bzw. Economic Value Added (→Kennzahlen, wertorientierte). Die finanziellen Kennzahlen nehmen dabei eine Doppelrolle ein. Zum einen definieren sie die finanzielle Leistung, die von einer Strategie erwartet wird. Zum anderen fungieren sie als Endziele für die anderen Perspektiven der Balanced Scorecard. Kennzahlen der Kunden-, internen Prozess- sowie Lern- und Wachstumsperspektive sollen grundsätzlich über Ursache-Wirkungsbeziehungen mit den finanziellen Zielen verbunden sein.

- Die *Kundenperspektive* reflektiert die strategischen Ziele des Unternehmens in Bezug auf die Kunden- und Marktsegmente, auf denen es konkurrieren möchte. Für die identifizierten Kunden- und Marktsegmente sollen Kennzahlen, Zielvorgaben und Maßnahmen entwickelt werden.

- Aufgabe der *internen Prozessperspektive* ist es, diejenigen Prozesse abzubilden, die vornehmlich von Bedeutung sind, um die Ziele der finanziellen und der Kundenperspektive zu erreichen. Hierbei ist eine Darstellung der kompletten Wertschöpfungskette hilfreich (→Wertschöpfungsanalyse).

- Die Kennzahlen der *Lern- und Entwicklungsperspektive* beschreiben die Infrastruktur, die notwendig ist, um die Ziele der ersten drei Perspektiven zu erreichen. Die Notwendigkeit von →Investitionen in die Zukunft wird von Kaplan und Norton besonders betont. Drei Hauptkategorien werden hierbei unterschieden: Qualifizierung von Mitarbeitern, Leistungsfähigkeit des Informationssystems (→Führungsinformationssysteme) sowie Motivation und Zielausrichtung von Mitarbeitern.

Die grundlegende Strukturierung in vier Perspektiven – als unterschiedliche Blickrichtungen auf die wirtschaftliche Realität – ist weder zufällig noch als strikt einzuhaltende Vorgabe zu verstehen. Sie bildet zum einen die Wertschöpfungskette ab und berücksichtigt wichtige Managemententwicklungen zum Ende des zwanzigsten Jahrhunderts. Zum anderen kann (und soll) sie auf die konkrete Unternehmenssituation bezogen und somit inhaltlich verändert werden: Besitzt für ein Unternehmen z. B. die Integration von Lieferanten eine zentrale Bedeutung, so folgt daraus die Sinnhaftigkeit einer eigenen Lieferantenperspektive (→Lieferantencontrolling).

Innerhalb der Perspektiven sieht das Konzept der Balanced Scorecard eine strikte Beschränkung der Zahl ausgewiesener Kennzahlen vor (z. B. auf jeweils fünf). Angesichts der üblichen Kennzahlenvielfalt in den Unternehmen erfordert dies eine starke Selektion. Das Trennen von Wichtigem und Unwichtigem, das auch schon in der Konzentration auf wenige Perspektiven deutlich wurde, lässt sich als ein Grundmerkmal der Balanced Scorecard kennzeichnen.

Bei der Selektion der Kennzahlen gelten zwei Bedingungen: Zum einen muss jede in die Balanced Scorecard aufgenommene Kennzahl einen Strategiebezug aufweisen, zum anderen müssen die Kennzahlen i. S. e. Ursache-Wirkungsbeziehung miteinander verbunden sein. Anders als im ROI-Schema (→ROI-Kennzahlensystem) oder in Werttreiberhierarchien (→Werttreiber) wird somit auf eine mathematische Verknüpfung zugunsten eines sachlogischen Zusammenhangs verzichtet. Dies entspricht dem „Manager-Alltag" in vielen Unternehmen: Der hohe Grad von Veränderung erfordert es, stets mehrere Aspekte gleichberechtigt im Blick zu behalten, die zwar zusammenhängen, jedoch in Gewicht und Wirkungen ständig neue Ausprägungen erfahren.

Bandbreitenmethode

Zur Generierung der Ursache-Wirkungsbeziehungen findet sich bei Kaplan und Norton der Verweis auf Diskussion im Management-Team, das zu Ergebnissen kommt, die später mit empirischen Daten – z. B. mittels Regressionsanalysen – überprüft werden können. Die Diskussion über derartige Zusammenhänge regt das Nachdenken über das eigene Geschäft an und führt zu einem gemeinsamen Verständnis über deren Grundlagen. Von quantitativ ausgerichteten Verknüpfungsmodellen ist eher abzuraten. In jedem Fall gilt es auch bei den Ursache-Wirkungsbeziehungen stark zu selektieren. Eine übermäßig komplexe und unübersichtliche Darstellung wird schnell aussagenlos.

Für Kaplan und Norton stellt die Balanced Scorecard nicht nur ein neues Kennzahlensystem dar; als „Managementsystem" soll sie vielmehr das Bindeglied zwischen der Entwicklung einer Strategie und ihrer Umsetzung sein (Kaplan/Norton 1996, S. 147 ff.). Diese – der Grundintention des →Performance Measurement entsprechende – Nutzung bildet einen sehr gangbaren Weg, die häufig zu beobachtende Lücke zwischen einer aufwändigen Strategieformulierung (→wertorientierte Strategieplanung) und der Strategiedurchsetzung zu schließen.

Literatur: Kaplan, R. S./Norton, D. P.: Translating Strategy into Action: The Balanced Scorecard, Boston 1996; Speckbacher, G./Bischof, J./Pfeiffer, T. A.: Descriptive analysis on the implementation of balanced scorecards in German-speaking countries, in: Management Accounting Research, 14 (2003), S. 361–387; Weber, J./Schäffer, U.: Balanced Scorecard & Controlling, 3. Aufl., Wiesbaden 2000.

Jürgen Weber

Bandbreitenmethode →Sensitivitätsanalysen

Banken →Kreditinstitute

Bankenaufsicht →Bundesanstalt für Finanzdienstleistungsaufsicht

Bankencontrolling

Banken (→Kreditinstitute) kommt als bedeutenden Finanzintermediären eine herausgehobene Stellung im Wirtschaftsleben zu, die sich akzentuiert in ihrem →Controlling niederschlägt: Die →Planung, Steuerung und Kontrolle (→Kontrolltheorie) der Gesamtbank sowie einzelner organisatorischer Teileinheiten und aller →Geschäftsprozesse und Bankleistungen erfolgt im Hinblick auf das *Erfolgs-* respektive *Rentabilitätsziel* (→Erfolgscontrolling), das in ein ausdifferenziertes, sehr spezifisches Risikocontrolling [→Risiko- und Chancencontrolling; →Risikomanagementsystem (RMS)] eingebettet ist.

Das *strategische Rentabilitätscontrolling* konzentriert sich auf die Wettbewerbsposition, die eine Bank mit ihrem optimal auszugestaltenden Portfolio an Finanzanlagen, Kundeneinlagen und Dienstleistungen gem. § 1 KWG langfristig zu sichern und ggf. auszubauen hat; dies steht unter der Bedingung des durch ein Bilanzstrukturmanagement permanent zu gewährleistenden finanziellen Gleichgewichts. Die Tendenz zur Wertorientierung der Unternehmenssteuerung (→Unternehmenssteuerung, wertorientierte) favorisiert die Eigenkapitalrentabilität (*Return on Equity*) – evtl. in der Variante eines *Economic Profit* oder *Economic Value Added* – als ultimative Zielvariable. Aufgefächert über z. B. ein →ROI-Kennzahlensystem ermöglicht sie die retrograde Ableitung *operativer*, in die →Budgetierung integrierter Steuerungsgrößen in Form der in den verschiedenen Geschäftsbereichen und mit den einzelnen Kundentransaktionen zu erzielenden Soll- oder Mindestmargen (womit zugleich das Bezugssystem für eine Ist-Daten bezogene Kontrollrechnung definiert ist). Eingang in deren →Kalkulation findet dabei, neben den Betriebs- und den Standardausfallkosten, auch – und charakteristisch – ihr relativer Vorteil im Vergleich zur stets realisierbaren Anlage- und Finanzierungsalternative gleichen Volumens und gleicher Laufzeit auf den Geld- und Kapitalmärkten. Diese als *Marktzinsmethode* bekannte Kalkulation erlaubt die Rückführung des jeweiligen Geschäftserfolges auf den Renditevorteil im Aktivgeschäft, den Zinsvorteil bei dessen Finanzierung und/oder auf den Beitrag, der aus der erfolgreichen Fristentransformation resultiert (Schierenbeck 2003a, S. 43–292).

Neben allgemeinen unternehmerischen Risiken (wie Zins-, Währungs- und Kursschwankungen sowie operativen Risiken) gehen Banken geschäftstypische Risiken aufgrund ihrer Intermediationsleistungen ein: Das sind zum einen die aus der Losgrößen- und Fristentransformation herrührenden Kredit- und Liquiditätsrisiken (insb. Forderungsausfälle), soweit sie nicht bereits als Standardausfallkosten a priori in die Angebote einkalkuliert sind. Zum anderen handelt es sich bei Banken per se um *Risikointermediäre*, die – neben der einschlägigen Kundenberatung und der Vermittlung von Absicherungskontrakten – selbst Risikopositionen zeichnen, wie z. B. im Derivategeschäft (→derivative Finanzinstrumente), und mit ihnen auf eigene Rechnung handeln. Dies alles erfordert ein institutionalisiertes *Risikocontrolling*, um die Bank durch geeignete Risikovorsorge gegen *unerwartete Verluste* zu schützen. Aufgrund solcher Besonderheiten und infolge globaler Finanzmärkte unterliegen Banken zudem einer speziellen Aufsicht [→*Bundesanstalt für Finanzdienstleistungsaufsicht (BaFin)*], deren Leitsätze das Risikomanagement ins Zentrum rücken (→Mindestanforderungen an das Risikomanagement) und zunehmend international vereinheitlicht und länderübergreifend angelegt sind (→Basel II). Während für jeden einzelnen Geschäftstyp geeignete Risikoinstrumente vorzuhalten sind, ist die zentrale Maßnahme der Gesamtplanung die Bereitstellung haftenden (Eigen-) Kapitals (*ökonomisches Kapital*). Hierzu ist die Messung des Risikopotenzials der Bank (respektive eines Geschäftsfeldes) Voraussetzung, die anhand des →Value at Risk den erwarteten maximalen Portfolioverlust innerhalb einer gewissen Zeitspanne und mit einer vorgegebenen Wahrscheinlichkeit quantifiziert, um den benötigten Deckungsbedarf abzuschätzen. Darauf aufbauend sind die Ertrags*chancen* in Relation zu den eingegangenen Risiken zu ermitteln und hinsichtlich der Eigenkapitalunterlegung zu optimieren, wozu risikoadjustierte Performance-Kennzahlen (→Kennzahlen und Kennzahlensysteme als Kontrollinstrument) dienen [*Risk Adjusted Performance Measurement* (→Performance Measurement) bzw. *Risk Adjusted Profitability Measurement*]: In der Praxis gängig ist die Kennzahl *Return on Risk Adjusted Capital (RORAC)*, bei welcher der Nettoerfolg (*Return*) eines Geschäftsbereichs oder einer Transaktion relativ zum benötigten Risikokapital berechnet wird. Ein positiver Wertbeitrag liegt dann vor, wenn die Alternativanlage des →Eigenkapitals vom RORAC-Wert übertroffen wird. Dieser explizite Vergleich entfällt bei der Kennzahl *Risk Adjusted Return on Capital (RAROC)*, da er bereits modellendogen vorliegt: Der um den erwarteten Verlust verminderte Nettoerfolg wird in Relation zum erforderlichen Risikokapital gesetzt, sodass alle Maßnahmen mit einem positiven RAROC zur Wertsteigerung beitragen; RAROC und RORAC gelangen daher zur identischen Einschätzung der Vorteilhaftigkeit. Exante erlauben sie die Allokation knappen, mithin teuren Eigenkapitals, indem die gesamtbankbezogene Ziel-Eigenkapitalrentabilität auf den Ziel-RAROC der einzelnen Bereiche herunter gebrochen wird, so dass eine Rangfolge aller geplanten Geschäftsvorhaben entsteht. Expost lässt sich der tatsächlich eingetretene Erfolg dann mit der Sollvorgabe vergleichen (→Soll-Ist-Vergleich) und bspw. als Kriterium in Vergütungssysteme einbinden. Aufgrund ihrer Normierung auf das ökonomische Kapital erlauben Performancemaße einen Renditevergleich unterschiedlich riskanter Geschäfte bzw. Geschäftsbereiche, obschon der Zusammenhang zur Wertentwicklung der Bank empirisch nicht unumstritten ist.

Literatur: Hartmann-Wendels, T. et al.: Bankbetriebslehre, 4. Aufl., Berlin et al. 2007; Krumnow, J.: Risikomanagement bei Kreditinstituten, in: Ballwieser, W. et al. (Hrsg.): HWRP, 3. Aufl., Stuttgart 2002, Sp. 2047–2057; Neupel, J. et al. (Hrsg.): Aktuelle Entwicklungen im Bankcontrolling. Rating, Gesamtbanksteuerung und Basel II, ZfbF-Sonderheft 52, Düsseldorf 2005; Schierenbeck, H.: Ertragsorientiertes Bankmanagement, Band 1: Grundlagen, Marktzinsmethode und Rentabilitäts-Controlling, 8. Aufl., Wiesbaden 2003a; Schierenbeck, H.: Ertragsorientiertes Bankmanagement, Band 2: Risiko-Controlling und integrierte Rendite-/Risikosteuerung, 8. Aufl., Wiesbaden 2003b.

Raimund Schirmeister; Katrin Siebold

Bankenrevision →Unternehmensethik und Auditing

Bankguthaben

Bankguthaben sind →Forderungen an ein in- oder ausländisches →Kreditinstitut, die der Liquidität erster Ordnung zuzuordnen sind (→Finanzlage). Hierzu gehören täglich fällige Gelder sowie befristete Einlagen, wenn diese kurzfristig – auch unter Abzug von Vorfälligkeitsentschädigungen – abrufbar sind.

Die Prüfung der Bankguthaben gliedert sich in Ansatz-, Nachweis-, Bewertungs- und Ausweisprüfung (→Fehlerarten in der Abschlussprüfung; →Nachweisprüfungshandlungen; →Bewertungsprüfung). Erstere, bei der der →Abschlussprüfer (APr) die Zulässigkeit des Ansatzes von Bankguthaben zu prüfen hat, ist eng mit der Nachweisprüfung verbunden, in der die Existenz der ausgewiesenen Posten zu verifizieren ist. Hierzu sind Banksaldenbestätigungen (→Bestätigungen Dritter) anzufordern, die zwecks Erhöhung der Beweiskraft direkt vom Kreditinstitut an den APr zu senden sind. Ergeben die Rückantworten Abweichungen zum gebuchten Zahlenwerk, hat eine Klärung dieser Differenzen zu erfolgen (→Abstimmprüfung). Erhält der APr keine Saldenbestätigungen oder werden diese exklusive Zinsen und Spesen verfasst, ist auf Bankkontoauszüge zurückzugreifen. Zur Sicherstellung der periodengerechten Buchung der Gebühren, sind ebenfalls die Kontoauszüge um den Bilanzstichtag heranzuziehen.

Zur Gewährleistung der Bilanzwahrheit ist die korrekte Bewertung entsprechend den gesetzlichen Vorschriften und GoB sicherzustellen (→Grundsätze ordnungsmäßiger Buchführung, Prüfung der). Für den Ansatz der Höhe nach sind die für Forderungen geltenden Grundsätze entscheidend. Somit erfolgt die Bewertung zum Nennwert unter Berücksichtigung des strengen Niederstwertprinzips (§ 253 Abs. 1 und 3 HGB). Fremdwährungsguthaben sind mit dem Briefkurs am Bilanzstichtag umzurechnen (→Währungsumrechnung). Eine niedrigere Bewertung ist zulässig, wenn mit einer Abwertung der ausländischen Währung gerechnet wird (§ 253 Abs. 3 Satz 3 HGB). Ferner sind ggf. Abschreibungen (→Abschreibungen, bilanzielle, →Abschreibungen, steuerrechtliche) auf Guthaben bei Auslandsbanken aufgrund möglicher Transferrisiken (z. B. bei beschränkt konvertierbaren Fremdwährungsguthaben) vorzunehmen. Notwendige Wertkorrekturen aufgrund mangelnder →Bonität der Schuldner (insb. bei kleineren Kreditinstituten oder bei Auslandsbanken) sind zu prüfen.

Die vertikale Ausweisprüfung dient der Gewährleistung der richtigen Abgrenzung von anderen Bilanzposten (→Gliederung der Bilanz). Bankguthaben sind als flüssige Mittel in einem Posten zusammen mit dem Kassenbestand, Bundesbankguthaben und Schecks innerhalb des →Umlaufvermögens auszuweisen (§ 266 Abs. 2 B.IV HGB). Unterliegen Mittel einer Zweckbestimmung, wie bspw. einer Akkreditivdeckung, ist ein Ausweis unter Guthaben bei Kreditinstituten problematisch. Zumindest sollte i. S. d. Bilanzklarheit ein entsprechender Vermerk im JA erfolgen. Ein gesonderter Ausweis oder ein Vermerk in Bilanz oder →Anhang (→Angabepflichten) ist ferner bei vorläufig gesperrten Guthaben (z. B. aus →Anzahlungen von Kunden) notwendig (ADS 1998, Rn. 151 zu § 266 HGB, S. 144). In der Literatur umstritten ist der Ausweis von Bausparkassenguthaben (→Bausparkassen). Bei fehlender sofortiger Verfügbarkeit bedarf es eines Vermerks im Anhang (ADS 1998, Rn. 154 zu § 266 HGB, S. 145). Daher wird bei gesperrten Bausparguthaben wegen der eingeschränkten Disponierbarkeit auch der Ausweis unter den →sonstigen Vermögensgegenständen vorgeschlagen (Rusch 1983, Sp. 395; Peemöller 2001, S. 104).

Im Rahmen einer horizontalen Ausweisprüfung ist der Zusammenhang mit Posten der →Gewinn- und Verlustrechnung (GuV) sowie erforderlicher Anhangangaben zu beachten. Die Prüfung der Anhangangaben bezieht sich bspw. auf die Angabepflicht zu den angewandten Bilanzierungs- und Bewertungsmethoden (§ 284 Abs. 2 Nr. 1 HGB). Ferner sind Methodenabweichungen (→Änderung der Bilanzierungs- und Bewertungsmethoden) gegenüber dem Vorjahr anzugeben und zu begründen (Grundsatz der →Stetigkeit – § 284 Abs. 2 Nr. 3 HGB) und die Grundlagen der →Währungsumrechnung darzustellen (§ 284 Abs. 2 Nr. 2 HGB). Schließlich ist zu beachten, dass gleichartige Forderungen und →Verbindlichkeiten gegenüber demselben Kreditinstitut bei identischer Fälligkeit saldiert werden. Ansonsten gilt nach HGB (§ 246 Abs. 2 HGB) und den →International Financial Reporting Standards (IFRS) das Saldierungsverbot. Im Unterschied hierzu können nach den →United States Generally Accepted Accounting Principles (US GAAP) kurzfristige Forderungen und Verbindlichkeiten auch saldiert werden, wenn diese bei verschiedenen Kreditinstituten bestehen (Coenenberg 2001, S. 242).

Literatur: ADS: Rechnungslegung und Prüfung der Unternehmen, Teilband 6, 6. Aufl., Stuttgart 1998; Coenenberg, A. G.: Jahresabschluss und Jahresabschlussanalyse, 18. Aufl., Landsberg/Lech 2001; Peemöller, V. H.: Bilanzanalyse und Bilanzpolitik. Einführung in die Grundlagen, 2. Aufl., Wiesbaden 2001; Rusch, H.: Flüssige Mittel, Prüfung, in: Coenenberg, A. G./Wysocki, K. v. (Hrsg.): HWRev, Stuttgart 1983, Sp. 393–400.

Frank Bertram

Bankverkehr

Unter dem Terminus „Bankverkehr" sind die von einem Unternehmen unterhaltenen Konten und Obligos bei einem →Kreditinstitut in statischer Sicht zu verstehen. Abzugrenzen hiervon ist der →Zahlungsverkehr, der die Nutzung dieser Konten und Obligos in dynamischer Form beinhaltet. Die Prüfung des Bankverkehrs (→Jahresabschlussprüfung; →Konzernabschlussprüfung) zielt auf den Nachweis (→Nachweisprüfung), die Bewertung (→Bewertungsprüfung) und den Ausweis der im Zahlenwerk ausgewiesenen Kontensalden (→Fehlerarten in der Abschlussprüfung) sowie auf die sonstigen Informationen, die u. a. für Anhangangaben (→Anhang; →Angabepflichten) und eine korrekten Darstellung der →Vermögenslage, →Finanzlage und →Ertragslage erforderlich sind.

Zur Nachweisprüfung sind Saldenbestätigungen bei allen Banken (→Bestätigungen Dritter), zu denen das zu prüfende Unternehmen Geschäftsbeziehungen unterhält, einzuholen. Der Versand der im offenen Verfahren angefertigten Saldenbestätigungen erfolgt durch und der Rücklauf an den →Abschlussprüfer (APr). Neben Kontensalden werden sonstige Informationen, wie Termingeschäfte, Kreditlinien, Festgelder, Sicherheiten, Wechselobligo, Unterschriftsberechtigungen oder Avale, abgefragt. Ergeben die Rückantworten Abweichungen zum Zahlenwerk des Mandanten, sind diese Differenzen zu klären (→Abstimmprüfung). Kann eine Saldenbestätigung trotz wiederholter Anfrage nicht beigebracht werden, ist für eine alternative Prüfung bspw. auf Kontoauszüge, Tilgungspläne, Schriftwechsel und das Wechselkopierbuch des Mandanten zurückzugreifen.

Zur Gewährleistung der Bilanzwahrheit ist die korrekte Bewertung der ausgewiesenen Aktiva und Passiva zu prüfen (→Grundsätze ordnungsmäßiger Buchführung, Prüfung der). →Forderungen sind zum Nennwert unter Berücksichtigung des strengen Niederstwertprinzips (§ 253 Abs. 1 und 3 HGB) und →Verbindlichkeiten zum Rückzahlungsbetrag (§ 253 Abs. 1 Satz 2 HGB) zu bewerten. Kurzfristige Fremdwährungsbestände sind zum Stichtagskurs umzurechnen (→Währungsumrechnung). Der zu passivierende Rückzahlungsbetrag von Fremdwährungsverbindlichkeiten ergibt sich aus der Umrechnung mit dem Geldkurs des Tages, an dem die Verbindlichkeit zu einer wirtschaftlichen Belastung wird (Transaktionskurs). Als Ausfluss des Imparitätsprinzips ist der Geldkurs am Bilanzstichtag mit dem historischen Kurs zu vergleichen und die Verbindlichkeit mit dem höheren Wert zu passivieren. Bei einem sinkenden Wert am folgenden Bilanzstichtag kann eine Abwertung der Verbindlichkeit vorgenommen werden, die im HGB auf den historischen Wert begrenzt ist (→Bewertungsgrundsätze). In der internationalen Rechnungslegung werden dagegen auch unrealisierte Gewinne ausgewiesen [→International Financial Reporting Standards (IFRS); →United States Generally Accepted Accounting Principles (US GAAP)]. Ferner ist zu untersuchen, ob ein auf der Aktivseite unter den →Rechnungsabgrenzungsposten (RAP) erfasstes Damnum korrekt über die Laufzeit des korrespondierenden Darlehens abgeschrieben wird (§ 250 Abs. 3 HGB).

Im Rahmen der vertikalen Ausweisprüfung ist die korrekte Abgrenzung von anderen Posten zu prüfen (→Gliederung der Bilanz). Bspw. ist hierbei zu beachten, dass diskontierte Wechsel als →Eventualverbindlichkeiten ausgewiesen werden (§ 251 HGB). Dienen ausgegebene Wechsel lediglich als Sicherheit für eine gewährte Kreditlinie, werden diese nicht als Wechselverbindlichkeit ausgewiesen. Ferner sind die Abgrenzung des Wechseldiskonts sowie der Ausweis der Zinsen in der →Gewinn- und Verlustrechnung (GuV) unter dem Posten „Zinsen und ähnliche Aufwendungen" zu prüfen (→Gliederung der Gewinn- und Verlustrechnung; →Aufwendungen und Erträge). Guthabenzinsen sind unter „sonstige Zinsen und ähnliche Erträge" auszuweisen. Zu beachten ist die Einhaltung des Saldierungsverbotes (§ 246 Abs. 2 HGB) in Bilanz und GuV. Eine Ausnahme besteht bei HGB und IFRS lediglich, wenn sich gleichartige Forderungen und Verbindlichkeiten gegenüber demselben Kreditinstitut bei identischer Fälligkeit gegenüberstehen. Anders ist es nach US GAAP erlaubt, kurzfristige Forderungen und Verbindlichkeiten auch bei unterschiedlichen Kreditinstituten zu saldieren (Coenenberg 2001, S. 242). Bei der horizontalen Ausweisprüfung hat der APr das Vorhandensein aller erforderlichen Angaben im →Anhang (→Angabepflichten) zu prüfen. Hierbei handelt es sich um die Angabe des Forderungsbetrages mit einer Restlaufzeit von mehr als einem Jahr (§ 268 Abs. 4 HGB i.V.m. § 265 Abs. 7 Nr. 2 HGB) sowie der Angabe des Betrages der Verbindlichkeiten mit einer Restlaufzeit bis zu einem Jahr (§ 268 Abs. 5

HGB) und von mehr als 5 Jahren (§ 285 Nr. 1a HGB). Ebenso hat ein Ausweis des Gesamtbetrages der Verbindlichkeiten zu erfolgen, die durch Pfandrechte oder ähnliche Rechte gesichert sind. Hierzu ist die Art und Form der Sicherheiten, die aus der Saldenbestätigung (→ Bestätigungen Dritter) generiert werden können, anzugeben (§ 285 Nr. 1b HGB). Ein aktivischer Unterschiedsbetrag, der in den RAP enthalten ist, muss entweder gesondert in der Bilanz oder im Anhang angegeben werden (§ 268 Abs. 6 HGB).

Literatur: Coenenberg, A. G.: Jahresabschluss und Jahresabschlussanalyse, 18. Aufl., Landsberg/Lech 2001.

Frank Bertram

Basel II

Die Regulierung der Kreditwirtschaft steht derzeit vor einem radikalen Umbruch. Im Juni 1999 hatte der bei der *BIZ* angesiedelte und mit Vertretern der wichtigsten nationalen Aufsichtsbehörden besetzte *Basler Ausschuss für Bankenaufsicht* einen ersten Entwurf für die zukünftige Regulierung von →Kreditinstituten vorgelegt. Als Ergebnis eines intensiven Konsultationsprozesses und fortlaufenden Modifikationen auf der Basis von Auswirkungsstudien wurde im Juni 2004 eine grundsätzliche Vereinbarung über ein neues Rahmenwerk (kurz „Basel II") getroffen. Nach weitgehender Übernahme durch das Europäische Parlament im September 2005 wurden diese neuen Kontrollnormen für die Branche in nationales Recht (in Deutschland vor allem im KWG) umgesetzt und traten zum 1.1.2007 in Kraft. In den USA, wo nur einige wenige, international tätige Banken Basel II unterworfen werden, erfolgt die Einführung ein Jahr später. Angesichts der Komplexität des Regulierungspakets ist eine Übernahme durch Entwicklungs- und Schwellenländer noch nicht absehbar.

Mit der Modifizierung der bisherigen Vorschriften verfolgt der *Basler Ausschuss* das Ziel, die Solidität und Stabilität des internationalen Finanzsystems zu stärken, für dieses ein „sicheres Haus" zu errichten. Dafür sollen Bankrisiken umfassender, differenzierter und individueller behandelt werden als derzeit. Nach „Basel I" (der ersten weltweiten Verständigung über die Bankenaufsicht aus dem Jahre 1988) werden nämlich nur einzelne Bankrisiken, insb. Preisänderungs- und Adressausfallrisiken [→Risikomanagementsystem (RMS)], und diese zudem in sehr holzschnittartiger Weise begrenzt.

Drei Säulen tragen den Basler Ansatz. Schon seit Jahrzehnten unterlagen Banken *quantitativen Normen* (*Säule 1*), mussten in Höhe von 8% Eigenkapital für eingegangene Kredit- und Marktrisikopositionen vorhalten. Die bisher bestehenden Kreditrisikoregelungen werden nun stärker differenziert durch Einbeziehung von externen Ratingurteilen bzw. individualisiert durch Rückgriff auf interne →Ratings der Kreditinstitute. Zugleich werden erstmals sog. operationelle Risiken durch quantitative Vorschriften begrenzt. Hierunter versteht man die Gefahr von Verlusten, die in Folge der Unangemessenheit oder des Versagens von internen Verfahren, Menschen und Systemen (→Internes Kontrollsystem bei Kreditinstituten) oder von externen Ereignissen auftreten. In Bezug auf diese beiden Risikokategorien wird – wie zuvor schon bei Marktrisiken – ein evolutionäres Konzept verfolgt: Künftig stehen wahlweise sowohl standardisierte Erfassungskonzepte als auch feinere bankeigene Modelle zur Verfügung. Letztere erfordern zwar einen höheren Entwicklungsaufwand, werden aufgrund ihrer größeren Präzision aber von der Aufsicht [→*Bundesanstalt für Finanzdienstleistungsaufsicht* (*BaFin*)] präferiert und den Instituten auf mittlere Sicht zur Anwendung empfohlen.

In den USA werden traditionell die Ressourcen und betrieblichen Abläufe einer jeden Bank in regelmäßigen Abständen einer Überprüfung unterzogen. Diese ist dann die Grundlage für eventuelle Aufschläge auf die sich aus den quantitativen Normen ergebenden Eigenkapitalanforderungen. Dieses in den deutschen Aufsichtsvorschriften bisher nicht verankerte Vorgehen wird von Basel zum Inhalt der *2. Säule* gemacht (*qualitative Aufsicht*). Ein Supervisory Review and Evaluation Process (SREP) soll das individuelle Risikoprofil einer jeden Bank bestimmen und dafür in gewissen Rhythmen vor Ort die wesentlichen Potenziale und Prozesse (→Geschäftsprozesse) der Kreditinstitute untersuchen. Die Bank muss dafür ihre Risikotragfähigkeit durch die Konfrontation von Risiken und Risikodeckungspotenzialen im Rahmen eines Internal Capital Adequacy Assessment Process (ICAAP) nachweisen.

Mit der *3. Säule* (*Marktdisziplinierung*) strebt der *Basler Ausschuss* die Erhöhung der Transparenz über die Risikoposition von Banken durch Verankerung umfangreicher Publizitätsvorschriften (→Publizität) an, damit die Finanzmarktteilnehmer die Kreditinstitute über ihre risikoangepassten Renditeforderungen stärker disziplinieren können.

Wichtig ist der Zusammenhang der drei Säulen, die nicht isoliert nebeneinander stehen sollen: Bestimmte, vor allem bankindividuelle Verfahren zur Ermittlung der notwendigen Eigenkapitalunterlegung (Säule 1) darf ein Kreditinstitut nur dann anwenden, wenn diese von der Aufsicht eingehend geprüft wurden (Säule 2) und/oder die Bank die Finanzmärkte über die Ausgestaltung der Systeme im Rahmen ihrer →Publizität informiert hat (Säule 3).

In der öffentlichen Diskussion über die Konsequenzen von Basel II für das Bank/Kunde-Verhältnis stand vor allem die Zukunft der *Mittelstandsfinanzierung* (→kleine und mittlere Unternehmen) im Brennpunkt des Interesses. Befürchtete Kreditrationierungen sind nicht zu erwarten. Zum einen hat Basel das Ziel verfolgt, die Eigenkapitalanforderungen im Rahmen der endgültigen Kalibrierung insgesamt nicht ansteigen zu lassen. Zum anderen wurden „Mittelstands-Komponenten" verankert. So ist es Banken etwa möglich, kleinvolumige Kredite an Geschäftskunden mit denjenigen an Privatkunden zu einem „Retail-Portfolio" zusammenzufassen und mit vergleichsweise wenig Eigenkapital zu unterlegen.

Kreditinstitute streben indes (auch vor dem Hintergrund ihrer im internationalen Vergleich niedrigen Renditen) immer stärker eine *risikoorientierte Preisstellung* an. Vor dem Hintergrund der teils freiwillig, teils durch Basel II regulatorisch initiierten internen Ratings besteht hierfür eine zunehmend bessere Basis. Während die Differenzierung von Zinsforderungen über die Bonitätsklassen (→Bonität) hinweg bei Buchkrediten gegenüber dem Kapitalmarktpricing derzeit noch einen Rückstand aufweist, ist demnach künftig eine deutlichere Konditionenspreizung zu erwarten. Hiervon würden Kreditnehmer guter Bonität profitieren, die angesichts zu stark einheitlicher Preise in der Vergangenheit diejenigen schlechterer →Bonität (→Bonitätsanalyse) subventionierten. Solche Kreditnehmer aber, deren Bonität gefallen ist, müssen dagegen in stärkerem Maße mit zeitnaher und deutlicherer Erhöhung ihrer Kreditkonditionen rechnen.

Literatur: BCBS: International Convergence of Capital Measurement and Capital Standards – A Revised Framework, Basel 2004; Deutsche Bundesbank: Neue Eigenkapitalanforderungen für Kreditinstitute (Basel II), in: Monatsberichte 56 (2004), Nr. 9, S. 75–100; Hofmann, G. (Hrsg.): Basel II und MaRisk, Frankfurt a.M. 2006; Paul, S. (Hrsg.): Basel II, Mittelstand und Kreditpreise, ff forschungsfolge 01 des ikf, Frankfurt a.M. 2003; Paul, S.: Basel II im Überblick, in: Hofmann, G. (Hrsg.): Basel II und MaRisk, Frankfurt a.M. 2006; Paul, S.: Überwachung der Banken unter marktwirtschaftlichen Gesichtspunkten, in: Hofmann, G. (Hrsg.): Basel II und MaRisk, Frankfurt a.M. 2006; Rudolph, B.: Ökonomische Analyse des neuen Baseler Akkords, in: Gillenkirch, R. M./Schauenberg, B./Schenk-Mathes, H. Y./Velthuis, L. J. (Hrsg.): Wertorientierte Unternehmenssteuerung, FS für Helmut Laux, Berlin et al. 2004, S. 193–231.

Stephan Paul

Bausparkassen

Für die Rechnungslegung und bei der *Prüfung von Bausparkassen* sind insb. die nachfolgenden Vorschriften zu berücksichtigen: HGB, AktG, RechKredV, BspG, BspV sowie Verlautbarungen der →*Bundesanstalt für Finanzdienstleistungsaufsicht* (*BaFin*), wie bspw. die →Mindestanforderungen an Risikomanagement (BaFin 2005) und die PrüfbV. Die →Jahresabschlussprüfung umfasst gemeinhin die Buchführung (→Grundsätze ordnungsmäßiger Buchführung, bankspezifisch; →Grundsätze ordnungsmäßiger Buchführung, Prüfung der), den JA, den →Lagebericht sowie die Einhaltung der besonderen organisatorischen Pflichten von Instituten nach § 25a KWG; darüber hinaus sind branchenspezifische Feststellungen gem. § 13 BspG zu treffen (→Jahresabschlussprüfung, erweiterte).

Die *Prüfung* erfolgt nach dem risiko- und prozessorientierten Prüfungsansatz (→risikoorientierter Prüfungsansatz; →Grundsätze ordnungsmäßiger Abschlussprüfung, bankspezifisch), wobei im Hinblick auf das für die Bausparkassen kennzeichnende Massengeschäft →Systemprüfungen die Prüfung der Buchführung schwerpunktmäßig bestimmen. Das materielle Schwergewicht im Rahmen der *Prüfung des Jahresabschlusses* liegt auf der Aktivseite bei den Baudarlehen und hier insb. auf der getroffenen Risikovorsorge. Daneben hat die Prüfung der Geldanlagen und der damit verbundenen derivativen Instrumente (→derivative Finanzinstrumente) hinsichtlich bausparrechtlicher Zulässigkeit sowie ihrer Bilanzierung und Bewertung eine besondere Be-

Bausparkassen

deutung. Aufgrund der Variantenvielfalt an Bauspartarifen mit zahlreichen Optionen (Zinsboni, Gebührenrückerstattung) wird die Prüfung der Passivseite von der vollständigen Erfassung der hieraus resultierenden →Verbindlichkeiten und →Rückstellungen stark beeinflusst. Bausparmathematische Simulationen (→Simulationsmodelle) sind hierfür von besonderer Relevanz. Daneben hat auch die adäquate Abgrenzung der erhaltenen Gebühren große Bedeutung. Die Prüfung der typischen Zins- und Provisionserträge und -aufwendungen erfolgt i.V.m. den korrespondierenden Bilanzposten. Hinsichtlich der Prüfung des →Anhangs ist insb. auf die zusätzlichen →Angabepflichten nach der RechKredV zu achten.

Beim *Lagebericht* sind als Besonderheit die für Bausparkassen erforderlichen Zusatzangaben einschl. des statistischen Teils hervorzuheben. Im Rahmen der *Prüfung der Umsetzung und Einhaltung der organisatorischen Pflichten nach § 25a KWG* ist insb. die Prüfung des →Risikomanagementsystems (→Mindestanforderungen an das Risikomanagement; →Risikomanagementsystem, Prüfung des) für die bausparkassenspezifischen Bereiche wie das Kollektivgeschäft mit Kollektivsimulationen sowie die Einhaltung von Kontingenten aus BspG und BspV zu berücksichtigen. Als *besondere gesetzliche Pflichten* hat der →Abschlussprüfer (APr) nach § 13 BspG zusätzliche Feststellungen im Rahmen der Abschlussprüfung zu treffen, die sich auf das Zuteilungsverfahren, die Einhaltung der Beleihungsvorschriften sowie die Beachtung der BspV beziehen. Bei dieser erweiterten Prüfung handelt es sich aufgrund der Massenvorgänge um eine Systemprüfung (→Internes Kontrollsystem, Prüfung des), die zum Ziel hat festzustellen, ob die notwendigen innerbetrieblichen organisatorischen Maßnahmen zur Einhaltung der Vorschriften, z. B. durch Arbeitsanweisungen, getroffen worden sind (→Aufbauorganisation). Die Wirksamkeit der organisatorischen Maßnahmen ist durch entsprechende Stichproben zu unterlegen (→Stichprobenprüfung; →Funktionsprüfung).

Die in der von der *BaFin* erlassenen PrüfbV enthaltenen Zusatzvorschriften für Bausparkassen stellen eine wesentliche *Erweiterung der Prüfungs- und Berichtserfordernisse* dar. Die danach in den →Prüfungsbericht (PrB) aufzunehmenden finanzwirtschaftlichen Informationen i.w.S. sind gleichfalls Gegenstand der Prüfung (§ 1 Abs. 1 PrüfbV). Gem. PrüfbV besteht bei Bausparkassen darüber hinaus eine gegenüber § 321 HGB erweiterte Berichterstattungspflicht. So ist bei der *Darstellung der geschäftlichen Entwicklung* einzugehen auf die typischen bauspartechnischen Daten, wie z. B. die Aufgliederung der eingelösten Neugeschäfts einschl. der Erhöhungen der Bausparsummen, den nicht zugeteilten Bausparsummenbestand sowie den Anteil des Neugeschäfts hieran, die Angabe des jeweiligen Verhältnisses von Bauspardarlehen sowie der Vor- und Zwischenfinanzierungskredite zum Bestand an Bauspareinlagen; ferner ist über die *Organisation und Kontrolle des Außendienstes* zu berichten. Die *Darstellung der →Vermögenslage* ist geprägt durch das Kollektivgeschäft sowie die durch das BspG zugelassenen Geldanlagen. Bei der *Darstellung der Liquiditätslage* (→Finanzlage) ist bausparspezifisch eine Aufgliederung der Geldanlagen unter Angabe der Schuldner und Restlaufzeiten vorzunehmen. Daneben hat eine Aufgliederung der Vor- und Zwischenfinanzierungskredite nach kollektiver und außerkollektiver Finanzierung, voraussichtlichen Restlaufzeiten, zugeordneten Finanzierungsmitteln und eine Beurteilung dieser Aufgliederung nach liquiditätsmäßigen Gesichtspunkten zu erfolgen. Die *Darstellung der →Ertragslage* einer Bausparkasse konzentriert sich beim Bauspargeschäft i.e.S. auf die Ermittlung des Zinsüberschusses. Die durch die PrüfbV für Bausparkassen schematisch vorgegebene Zinsspannenrechnung ist nicht immer aussagefähig und wird i.d.R. ergänzt durch eine der angewandten Margenkalkulation (→Kalkulation) angepasste Darstellung. Wesentlich für die Ertragslage ist der in den Zinsüberschuss eingehende Zins aus der Zwischenanlage von Bauspareinlagen sowie das Provisionsergebnis, bei dem im Wesentlichen den →Erträgen aus Abschluss-, Darlehens- und Beleihungsgebühren die Aufwendungen aus den im Vertrieb angefallenen Provisionen gegenübergestellt werden. Bei der Darstellung der Auswirkungen von Zinsänderungen auf die Ertragslage (Zinsänderungsrisiko) ist bei Bausparkassen vor allem zu beachten, dass eine realitätsnahe Kollektivsimulation zugrunde gelegt wird. Für die *Anzeigepflichten* hat die *BaFin* einerseits im Bereich der Bauspardarlehen sowie der Vor- und Zwischenfinanzierungskredite gewisse Erleichterungen eingeräumt und andererseits durch die PrüfbV für Bausparkassen zusätzliche Berichtspflichten festgelegt.

Die Grundsätze für die ordnungsmäßige Erteilung von →*Bestätigungsvermerken* bei Abschlussprüfungen, der Inhalt des Bestätigungsvermerks sowie seine Bestandteile, eine Versagung oder eine Einschränkung bestimmen sich nach § 322 HGB sowie IDW PS 400. Auf Besonderheiten des Ergebnisses nach § 13 BspG ist im BestV nicht hinzuweisen; hier besteht nur eine Berichtspflicht.

Literatur: BaFin (Hrsg.): Rundschreiben 18/2005 vom 20.12.2005: Mindestanforderungen an das Risikomanagement, o.O. 2005; Grewe, W./Pisternick, T.: Bausparkassen, in: Ballwieser, W. et al. (Hrsg.): HWRP, 3. Aufl., Stuttgart 2002, Sp. 215–226; IDW (Hrsg.): IDW Prüfungsstandard: Grundsätze für die ordnungsmäßige Erteilung von Bestätigungsvermerken bei Abschlussprüfungen (IDW PS 400, Stand: 28. Oktober 2005), in: WPg 58 (2005), S. 1382–1402; Schäfer, O./Cirpka, E./Zehender, A. J.: Bausparkassengesetz und Bausparkassenverordnung, 5. Aufl., Bonn 1999.

Theresia Pisternick; Uwe Giehle

Bauträger →Makler- und Bauträgerverordnung

BAV →Bundesanstalt für Finanzdienstleistungsaufsicht

BAWe →Bundesanstalt für Finanzdienstleistungsaufsicht

Bayes 'sches Theorem →Entdeckungswahrscheinlichkeiten, bedingte; →Prüfungsrisikomodelle

Beauftragung des Abschlussprüfers
→Abschlussprüfer

Bedarfsplanung und -kontrolle

Die Bedarfsplanung stellt neben der Beschaffungsmengenplanung sowie der Beschaffungszeitpunktplanung einen zentralen Teilbereich der Beschaffungsplanung (→Beschaffungscontrolling) dar. I.A. umfasst die Beschaffungsplanung alle Entscheidungen, die mit der Bereitstellung von Produktionsfaktoren für den Produktionsprozess in Verbindung stehen. Bestimmte Planungsprozesse (→Planung) werden jedoch aufgrund spezifischer Strukturen gesondert behandelt, wie z. B. →Personalcontrolling, →Investitionscontrolling und Kapitalbeschaffungscontrolling. Die Bedarfsplanung im engsten Sinne beschränkt sich auf alle Planungsprozesse, die sich auf die Bereitstellung von Materialien für den Produktionsprozess beziehen, d. h. →Roh-, Hilfs- und Betriebsstoffe (RHB), mit dem Ziel, eine kostenoptimale Materialversorgung zu realisieren. Im Idealfall sollte stets (nur) so viel Material vorhanden sein, wie tatsächlich benötigt wird (Just-in-Time). Zu diesem Zweck werden mithilfe von Verfahren zur Bedarfsplanung und -kontrolle die in zukünftigen Perioden erforderlichen Materialbedarfe für die Produktion nach Art, Menge, Qualität und Zeitstruktur ermittelt und kontrolliert, damit die benötigten Materialien in der notwendigen Qualität und Menge, zur rechten Zeit, am rechten Ort und zu den günstigsten →Kosten bereitgestellt werden (Glaser 1976, Sp. 513).

Als Teilbereiche ergeben sich daraus die Bedarfsmengenplanung, die Sortimentsplanung (→Sortimentscontrolling) und die Materialbereitstellungsplanung. Während die Bedarfsmengenplanung aus der Gegenüberstellung von Gesamtbedarf der jeweiligen Materialart einer Periode (Bruttobedarf) und Materialbestand die Materialmenge anzeigt, die in der Planperiode nicht verfügbar und somit am Markt zu beschaffen ist (Nettobedarf), werden in der Sortimentsplanung die Materialqualitäten, Begrenzung der Materialarten durch Normung und Standardisierung festgelegt. Dabei werden auch Substitutionsmöglichkeiten analysiert (*Make-or-Buy-Entscheidung*). Der Materialbereitstellungsplanung kommt schließlich die Aufgabe zu, die Bedarfstermine unter Berücksichtigung der jeweiligen Bedarfsstruktur und der Bedingungen auf den Beschaffungsmärkten zu ermitteln.

Als Verfahren für die Bedarfsplanung, die als deterministische Materialdisposition bezeichnet werden kann, finden zum einen die programmgebundene Bedarfsplanung und zum anderen die verbrauchsgebundene Bedarfsplanung Anwendung. Programmgebundene Bedarfsplanungen eignen sich vor allem für die Beschaffung von Einsatzmaterial in der Massen-, Sorten- und Serienfertigung, wohingegen verbrauchsgebundene Bedarfsplanungen immer dann eingesetzt werden sollten, wenn keine direkten Beziehungen zum Fertigungsprogramm bestehen, wie z. B. bei Hilfs- und Betriebsstoffen sowie sonstigen Kleinmaterialien.

Die *programmgebundene Bedarfsplanung* knüpft an vorliegende Produktionspro-

Abb.: Ausgewählte Prognoseverfahren bei unterschiedlichen Bedarfsverlaufsformen

Charakterisierung des Bedarfsverlaufs		Verfahren
Regelmäßiger Bedarfsverlauf	Konstanter Bedarfsverlauf	- Gleitender Durchschnitt - Exponentielles Glätten 1. Ordnung
	Trendförmiger Bedarfsverlauf	- Linearer Trend - Exponentielles Glätten 2. Ordnung - Exponentielles Glätten höherer Ordnung - Verfahren von Holt (Exponentielles Glätten mit zwei Glättungsparametern
	Saisonal schwankender Bedarfsverlauf	- Zeitreihendekomposition - Verfahren von Winters - Multiple lineare Regression
Sporadischer Bedarfsverlauf (liegt vor, wenn relativ häufig kein Bedarf vorliegt: Nullbedarfsperioden)		- Verfahren von Wedeking - Verfahren von Croston - Verfahren von Trux

gramme und einer gegebenen Erzeugnisstruktur an (Grochla 1978, S. 42–46). Dabei werden Art, Qualität und Menge der herzustellenden Erzeugnisse pro Zeiteinheit genau festgelegt. Derartige Erzeugnisstrukturen lassen sich über Rezepturen oder in tabellarischer Form als Stückliste darstellen. Die Bedarfsauflösung erfolgt zwingend aus erzeugnisbezogenen Aufzeichnungen, mit deren Hilfe der zukünftige Brutto- und Nettobedarf pro Materialart ermittelt werden kann (Corsten 1995, S. 631). Die Bedarfsermittlung kann auch mit dem sog. Gozinto-Graphen (gerichtete, bewertete Graphen) erfolgen. Im Prinzip handelt es sich hierbei um eine allgemeine formale Darstellung der Stücklistenauflösung.

Im Gegensatz zur programmgebundenen setzt die *verbrauchsgebundene Bedarfsplanung* an die Materialbedarfe in der Vergangenheit an und versucht mithilfe von statistischen Methoden den zukünftigen Bedarf auf Grundlage der historischen Verbrauchsstruktur der jeweiligen Materialart zu prognostizieren. Als Prognoseverfahren kommen grundsätzlich Zeitreihenverfahren und kausale Prognoseverfahren in Betracht (→Prognoseinstrumente). Die Wahl des Prognoseverfahrens sollte danach erfolgen, welches Instrument eine zuverlässige Bedarfsvorhersage ermitteln kann. Je nach Bedarfsverlauf sollten daher unterschiedliche Prognoseinstrumente zum Einsatz kommen, um eine möglichst hohe Vorhersagegenauigkeit zu erreichen. (Glaser 1975, Sp. 514). Die folgende Tabelle gibt einen Überblick darüber, welche Prognoseverfahren bei welchen Bedarfverläufen am geeignetsten erscheinen (Corsten 1995, S. 634; Mertens/Backert 1981, S. 339–362):

Bei der programmgesteuerten Bedarfsplanung leitet sich der Materialbedarf aus dem zukünftigen Produktionsprogramm ab, so dass dieses Verfahren nicht genauer sein kann als die ihm zugrunde liegenden Produktionspläne, die bereits mit Ungenauigkeiten behaftet sein können. Zudem sind ggf. Annahmen über mögliche Absatzmengen zu treffen, wenn keine Kundenaufträge vorliegen. Bei der verbrauchsgesteuerten Bedarfplanung ist zu kritisieren, dass keine direkte Verbindung zwischen Absatzplanung und Materialbedarfsplanung besteht. Es wird vielmehr angenommen, dass der zukünftige Bedarf sich in etwa so entwickelt, wie die Materialbedarfe in der Vergangenheit. Bei beiden Methoden kommt dem →Controlling (→Controllership) die wichtige Aufgabe zu (→Controlling, Aufgaben des), den Materialdisponenten frühzeitig über erkennbare trend-, konjunktur-, saison- und produktlebenszyklusbedingte (→Produktlebenszykluskonzept) Absatzveränderungen zu informieren (Reichmann 2006, S. 419–420). Unabhängig von der angewandten Bedarfsplanung erfolgt die Kontrolle grundsätzlich mithilfe von Soll-Ist-Abweichungsanalysen (→Abweichungsanalyse; →Soll-Ist-Vergleich; →Kontrollinstrumente; →Kontrollsysteme).

Literatur: Corsten, H.: Materialbedarfsermittlung, in: Corsten, H. (Hrsg.): Lexikon der Betriebswirtschaftslehre, 3. Aufl., München/Wien 1995, S. 630–635; Glaser, H.: Beschaffungsplanung, in: Grochla, E./Wittmann, W. (Hrsg.): HWB, 4. Aufl., Stuttgart 1976, Sp. 512–523; Grochla, E.: Grundlagen der Materialwirtschaft, 3. Aufl., Wiesbaden 1978; Mertens, P./Backert, K.: Vergleich und Auswahl von Prognoseverfahren für betriebswirtschaftliche Zwecke, in: Mertens, P. (Hrsg.): Prognoserechnung, 4. Aufl., Würzburg/Wien 1981,

S. 339–362; Reichmann, T.: Controlling mit Kennzahlen und Management-Tools, 7. Aufl., München 2006.

Inge Wulf

Bedingte Entdeckungswahrscheinlichkeiten → Entdeckungswahrscheinlichkeiten, bedingte

Befangenheit der Unternehmensleitung → Interessenkonflikte von Vorstand und Aufsichtsrat

Befangenheit des Wirtschaftsprüfers → Unabhängigkeit und Unbefangenheit des Wirtschaftsprüfers

Behavioral Accounting → Responsibility Accounting

Beherrschungsvertrag → Konzernarten; → Konzerne, Unternehmensbewertung von; → Unternehmensverträge

Beihilfen → Fördermittelberatung; → Zuschüsse

Beihilferecht, europäisches → Europäische Union, öffentlich-rechtliche Prüfungsorgane

Beirat bei Personengesellschaften

Der Beirat ist ein *freiwillig* eingerichtetes Gremium mit der Aufgabe der Beratung und/oder Kontrolle der Geschäftsführung. Während die AG (→ Aktiengesellschaft, Prüfung einer) obligatorisch und die → Gesellschaft mit beschränkter Haftung (GmbH) unter den Voraussetzungen der Mitbestimmungsgesetzgebung (→ Mitbestimmung) einen AR zu bilden hat, gibt es bei → Personengesellschaften (PersGes) keine gesetzlichen Vorgaben für ein entsprechendes Gremium. Die Gesellschafter der PersGes haben aber das Recht, einen Beirat zu bilden und dabei die Wahl zwischen zwei rechtlichen Gestaltungsformen. Der Beirat kann gesellschaftsrechtlich als ein eigenständiges Organ der PersGes begründet werden (organschaftlicher Beirat); in einem solchen Fall können die Gesellschafter ihnen zustehende (Kontroll-) Kompetenzen (→ Kontrollrechte bei Personengesellschaften) auf den Beirat übertragen. Beiräte können aber auch dadurch entstehen, dass die Gremienmitglieder lediglich in einem schuldrechtlichen Vertragsverhältnis zur Unternehmung stehen. Eine Kompetenzübertragung ist dann nicht möglich; der schuldrechtliche Beirat ist somit nur bei rein beratenden Gremien zweckmäßig.

Beiräte treten vor allem in der → Kommanditgesellschaft (KG) auf, da dort die Kommanditisten ein besonderes Interesse an der Überwachung der geschäftsführungsbefugten Komplementäre haben. Dies gilt insb. für die → Kommanditgesellschaft auf Aktien (KGaA). Bei der → GmbH & Co. KG kann der Beirat bei der KG, der Komplementär-GmbH, aber auch personalidentisch bei beiden Rechtsformen angesiedelt sein. Beiräte in der → Offenen Handelsgesellschaft (OHG) sind i.A. reine Beratungsgremien, da die allesamt geschäftsführungsbefugten OHG-Gesellschafter nur selten bereit sind, Kompetenzen an Dritte abzutreten.

Nach ihrer Funktion können Beratungs-, Kontroll- und Fachbeiräte unterschieden werden (Becker 2004, S. 109 f.). Letztere sind bei PersGes eher selten anzutreffen. *Beratungsbeiräte* dienen dazu, der Gesellschaft externes Fach- und Branchenwissen zukommen zu lassen. Gleichzeitig können damit auch Geschäftsbeziehungen abgesichert und ein Ausgleich konfligierender Gesellschafter- bzw. Familieninteressen herbeigeführt werden (→ Beratungsaufgaben des Aufsichtsrats). Beim Ausscheiden geschäftsführender Gesellschafter reichen die Aufgaben der Beiräte von der → Nachfolgeberatung bis zur → Notgeschäftsführung.

Kontrollbeiräte können neben der Beratungsaufgabe von den Gesellschaftern Funktionen übertragen bekommen, die den gesetzlichen → Überwachungsaufgaben des Aufsichtsrats entsprechen oder sogar darüber hinausgehen. Insofern sind Kontrollbeiräte eher ein Instrument der Gesellschafter und ein Organ, das zwischen Geschäftsleitung und Gesellschafterversammlung (→ Haupt- und Gesellschafterversammlung) steht (organschaftlicher Beirat). Kontrollbeiräte werden daher häufig auch als Gesellschafterausschuss oder Aufsichts- bzw. Verwaltungsrat bezeichnet.

Bei den *Kontrollaufgaben* kann es sich zum einen um eine periodische Rückschau und Erfolgsbeurteilung gem. den Gesellschafterrechten der §§ 118 und 166 HGB handeln (Einsichtsrechte in JA und Buchführung); in diesem Zusammenhang sollte die Geschäftsführung analog zu § 90 AktG zur periodischen Berichterstattung verpflichtet werden (→ Berichterstattungspflichten des Vorstands). Zum anderen werden Kontrollbeiräten häufig auch Zustimmungsvorbehalte für grundlegende Unternehmensentscheidungen eingeräumt (→zustimmungspflichtige Geschäfte). Zu nennen sind Entscheidungen über die Rechts- und Beteiligungs- sowie Standortstruktur sowie über grundlegende Marktbearbeitungsstrategien. Auch bei der Formulierung der Unternehmensstrategie und der daraus abgeleiteten →Planungen kann der Beirat mitwirken. Schließlich kann dem Beirat auch die Zuständigkeit für die Bestimmung, Abberufung und Vergütung der geschäftsführenden Gesellschafter zugeordnet werden. Die Gesamtheit der Kontrollaufgaben ist im Gesellschaftsvertrag festzulegen.

Kontrollbeiräte sollten mindestens vierteljährlich tagen und entscheidungsfähig ausgestaltet sein: neben einer ungeraden Anzahl ist dabei auf eine begrenzte Gruppengröße (drei bis fünf Personen) zu achten. Die schriftliche Festlegung der Beiratsorganisation in einer Beiratsordnung (→Geschäftsordnung für Vorstand und Aufsichtsrat) wird empfohlen. Im Zuge der Diskussion zur →Corporate Governance gewinnen Kontrollbeiräte gerade bei Familienunternehmen zunehmend an Bedeutung.

Literatur: Becker, F.: Die Beiratsorganisation als Instrument der Unternehmensführung, in: Böllhoff, C. G. et al. (Hrsg.): Management von industriellen Familienunternehmen, Stuttgart 2004; May, P. et al.: Governance Kodex für Familienunternehmen, Bonn 2004; Riegger, B.: Fakultativer Beirat der Kommanditgesellschaft, in: Riegger, B./Weipert, L. (Hrsg.): Münchener Handbuch des Gesellschaftsrechts, Band 2, München 2004, S. 173–216.

Udo Mandler

Beizulegender Wert

Für →Vermögensgegenstände des →Anlagevermögens gilt das gemilderte Niederstwertprinzip des § 253 Abs. 2 Satz 3 HGB. Demnach können auf Vermögensgegenstände des Anlagevermögens →außerplanmäßige Abschreibungen vorgenommen werden, um sie mit dem niedrigeren beizulegenden Wert am Abschlussstichtag anzusetzen. Bei einer voraussichtlich dauernden Wertminderung besteht ein Abschreibungsgebot. Das Abschreibungswahlrecht bei nur vorübergehender Wertminderung (→bilanzpolitische Gestaltungsspielräume nach HGB) erfährt für KapGes durch § 279 Abs. 1 HGB eine Beschränkung auf →Finanzanlagen. Vermögensgegenstände des →Umlaufvermögens unterliegen dem strengen Niederstwertprinzip gem. § 253 Abs. 3 HGB, nach dem Abschreibungen auf einen niedrigeren Börsen- oder Marktpreis oder, sofern ein solcher nicht feststellbar ist, auf den niedrigeren beizulegenden Wert zum Abschlussstichtag zwingend vorzunehmen sind.

Eine weitere Konkretisierung durch das Gesetz erfährt der Begriff beizulegender Wert nicht. Abgeleitet aus dem Zweck der Vorschrift, die ein Ausfluss des Imparitätsprinzips (→Grundsätze ordnungsmäßiger Rechnungslegung) ist, nach dem auch Verluste nach dem Abschlussstichtag zu berücksichtigen sind, hat der beizulegende Wert den Erfolgsbeitrag eines Vermögensgegenstands zum Unternehmen im Rahmen seiner beabsichtigten Verwendung zu reflektieren. Sofern dieser Erfolgsbeitrag niedriger ist als die AHK (→Anschaffungskosten; →Herstellungskosten, bilanzielle), ist der hieraus resultierende Verlust zu antizipieren.

Bei Vermögensgegenständen, die *unmittelbar zur Veräußerung* bestimmt sind (→unfertige und fertige Erzeugnisse) kann der beizulegende Wert am Absatzmarkt abgeleitet werden, wonach dieser retrograd anhand voraussichtlicher Verkaufserlöse abzgl. noch zu erwartender Aufwendungen und Erlösschmälerungen ermittelt wird. Die voraussichtlichen Verkaufserlöse sind anhand von Verkaufspreislisten oder Verträgen zu prüfen. Erlösschmälerungen ergeben sich aus allgemeinen Geschäftsbedingungen oder besonderen vertraglichen Vereinbarungen, wie bspw. Konditionsblättern im Einzelhandel. Die noch anfallenden Aufwendungen sind aus der Kostenrechnung (→Kosten- und Leistungsrechnung; →Kostenrechnung, Prüfung der) der Unternehmung abzuleiten. Dabei handelt es sich um Vertriebs- und Versandkosten (→Kosten). Bei der Prüfung ist das Stichtagsprinzip (→Grundsätze ordnungsmäßiger Rechnungslegung) zu beachten. So dürfen einerseits nur werterhellende Tatsachen berücksichtigt werden. Nach dem Abschlussstichtag eintretende Änderungen des Verkaufspreises (→Ereignisse nach dem Abschlussstichtag) sind bspw. als wertbegründende Tatsachen nicht bei der Ermittlung des beizulegenden Werts einzubeziehen. Diese können jedoch im Rahmen des Abschreibungswahlrechts des

§ 253 Abs. 3 Satz 3 HGB berücksichtigt werden. Bei der Prüfung der noch zu erwartenden Aufwendungen ist zu berücksichtigen, dass nur angemessene Teile einbezogen werden. Anteilige Fixkosten (→Fixkostencontrolling) dürfen bei der verlustfreien Bewertung einzelner Vermögensgegenstände wegen ihres Charakters als Periodenkosten nicht berücksichtigt werden, da es ansonsten zu einer Antizipation von Fixkosten der Folgeperiode kommen würde.

Bei den →*Roh-, Hilfs- und Betriebsstoffen* haben sinkende Absatzmarktpreise keine unmittelbare Auswirkung auf deren Bewertung, da diese im Unternehmen noch zu Fertigerzeugnissen weiterverarbeitet werden sollen. Letztlich sind die Nettoveräußerungserlöse der Fertigerzeugnisse Wert bestimmend. Praktisch stellt sich die Rückrechnung negativer Erfolgsbeiträge auf die Produktionsfaktoren als problematisch dar. Daher wird der beizulegende Wert am Beschaffungsmarkt unter der Annahme, dass auch Konkurrenzunternehmen Kostenvorteile am Beschaffungsmarkt realisieren und diese an den Absatzmarkt weitergeben können, anhand von →Wiederbeschaffungskosten abgeleitet. Für Überbestände an Roh-, Hilfs- und Betriebsstoffen ist der Absatzmarkt maßgeblich.

Für *Handelswaren* gilt die sog. doppelte Maßgeblichkeit, nach der der niedrigere beizulegende Wert sowohl vom Beschaffungs- als auch vom Absatzmarkt abgeleitet wird.

Vermögensgegenstände des *Anlagevermögens* werden dauerhaft für die Erzielung von Erfolgsbeiträgen der Unternehmung eingesetzt. Daher wäre das theoretisch zutreffende Konzept zur Ermittlung des beizulegenden Werts grundsätzlich ein Ertragswert (→Ertragswertmethode). Erfolgsbeiträge lassen sich jedoch nur in Ausnahmefällen, wie Finanzanlagen, Marken (→Markenbewertung), Patenten oder langfristig vermieteter oder verpachteter Anlagegegenstände, einzelnen Anlagegegenständen zurechnen. Der →Abschlussprüfer (APr) hat in diesem Zusammenhang die Planung sowie die Annahmen zur Kapitalisierung der Einzahlungsüberschüsse (→Kalkulationszinssatz) zu prüfen. Für den überwiegenden Teil des Anlagevermögens erfolgt aufgrund der genannten Problematik des Ertragswerts die Bewertung anhand von Wiederbeschaffungskosten. Auch hier liegt der Gedanke zugrunde, dass Konkurrenzunternehmen Anlagengegenstände am Beschaffungsmarkt günstiger erwerben und entsprechend Kostenvorteile an den Absatzmarkt weitergeben.

Weiterhin ist im Rahmen der Abschlussprüfung (→Jahresabschlussprüfung; →Konzernabschlussprüfung) zu beachten, dass auch weitere Faktoren Auswirkungen auf den beizulegenden Wert von Vermögensgegenständen haben können. Zu nennen sind hier bspw. nachhaltige Unterauslastung bei Produktionsanlagen (→Kapazitätsplanung; →Kapazitätscontrolling), Qualitätsmängel beim →Vorratsvermögen (→Qualitätscontrolling), Bonitätsprobleme bei Lieferforderungen (→Bonität; →Forderungen) oder Unterverzinslichkeit bei Ausleihungen.

Bei der Prüfung von *Abschlüssen nach den* →*International Financial Reporting Standards (IFRS)* ist zu berücksichtigen, dass bei der Ermittlung von Abschreibungen auf das →Vorratsvermögen streng absatzmarktorientiert vorzugehen ist. Bei der Bewertung von übrigen Anlagegegenständen wird auf den Nutzungswert (Value in Use) (→Impairmenttest) abgestellt. Dem oben geschilderten Problem der Einzelzurechenbarkeit von Erfolgsbeiträgen wird durch die Zusammenfassung von Vermögenswerten (→Asset) zu Zahlungsmittel generierenden Einheiten (→Cash Generating Units) begegnet. Für Finanzinstrumente (→Financial Instruments) sind Marktwerte maßgeblich.

Literatur: ADS: Rechnungslegung und Prüfung der Unternehmen, Teilband 1, 6. Aufl., Stuttgart 1995, Kommentierung des § 253 HGB, Rn. 482 ff.

Gerald Reiher

Beizulegender Zeitwert → Fair Value

Beleg →Belegprüfung; →Formelle Prüfung; →Materielle Prüfung

Belegfunktion →Buchungen

Belegprinzip →Grund- und Hauptbuch

Belegprüfung

Belege dienen dem Nachweis buchungspflichtiger Geschäftsvorfälle und werden für die Nachvollziehbarkeit der Buchführung gem.

§ 238 Abs. 1 HGB in die Prüfung einbezogen. Belege übernehmen dabei die Funktion der nachweislichen Verbindung zwischen Geschäftsvorfall und →Buchung. Im Rahmen der Belegprüfung wird festgestellt, ob die Daten richtig erfasst und zutreffend in die Buchführung übernommen wurden. Zu unterscheiden ist die Prüfung des Beleginhalts hinsichtlich der formellen und materiellen Richtigkeit einerseits und der Vergleich des Beleginhalts mit den Eintragungen in den Büchern andererseits (→formelle Prüfung; →materielle Prüfung) (Lück 1989, S. 107).

In die Prüfung des Beleginhalts zur Feststellung der formellen und materiellen Richtigkeit sind die Verständlichkeit des Belegtexts, die rechnerische Richtigkeit des aufgeführten Buchungsbetrags bzw. der zugrundeliegenden Mengen- und Wertangaben (→rechnerische Prüfung), der Zeitpunkt des Geschäftsvorfalls sowie die Autorisierung des Geschäftsvorfalls durch den Berechtigten einzubeziehen. Ferner ist zu prüfen, ob der Beleginhalt Angaben zur Kontierung und zum Buchungsdatum umfasst und des Weiteren ein eindeutiges Ordnungsmäßigkeitskriterium, z. B. eine Belegnummer, angegeben ist, um die Auffindbarkeit für die Dauer der Aufbewahrung (→Aufbewahrungspflichten) zu ermöglichen (→Grundsätze ordnungsmäßiger Buchführung, Prüfung der).

Der Vergleich des Beleginhalts mit den Eintragungen in den Büchern richtet sich auf die zutreffende und zeitgerechte Buchung des Geschäftsvorfalls. In den Vergleich werden insb. der Belegtext und der Buchungstext, die erfassten und gebuchten Beträge, die Kontierung und die gebuchten Konten sowie das Belegdatum und das Buchungsdatum einbezogen.

Auch bei IT-gestützen Buchführungssystemen (→IT-Buchführungen) ist der Nachweis der Verbindung von Geschäftsvorfall und Buchung erforderlich (→Grundsätze ordnungsmäßiger IT-gestützter Buchführungssysteme). Belege werden bei IT-gestützten Prozessen möglicherweise automatisch erzeugt. In diesen Fällen wird der Nachweis des Zusammenhangs zwischen Geschäftsvorfall und Buchung verfahrensseitig geführt, sodass insoweit eine Verfahrensprüfung (→IT-Systemprüfung) erforderlich ist.

Literatur: Lück, W.: Belegprüfung, in: Lück, W. (Hrsg.): Lexikon der Rechnungslegung und Abschlussprüfung, 2. Aufl., Marburg 1989.

Bernhard Klinkhammer

Belgien

Wirtschaftprüfung in Belgien wird vom *IBR–IRE* auf Basis des Gesetzes vom 22.7.1953 über die Gründung des *IBR–IRE* und der entsprechenden Durchführungsverordnungen geregelt. Das Gesetz harmonisiert die gesetzliche Abschlussprüfung nach der Achten RL 84/253/EWG (sog. APr-RL). Es legt fest, wer Prüfungen durchführen darf und welches die Mindestanforderungen an WP für den Erhalt der Lizenz sind. Das Gesetz stellt strenge Anforderungen an die Kontrolle von Wirtschaftsprüfern und WPGes und sieht Sanktionen bei Verstößen gegen die Anforderungen vor. Die belgischen Prüfungsgrundsätze werden nach dem Vorbild der internationalen Prüfungsgrundsätze [→International Standards on Auditing (ISA)] harmonisiert. Die Hauptaufgabe von *IBR-IRE* ist es, die Berufsausbildung zu überwachen und kompetente, die Voraussetzungen erfüllende Kandidaten zum WP zu qualifizieren. *IBR-IRE* überwacht auch die Berufsausübung. Das Institut hat einen Standard zur ständigen Weiterbildung herausgegeben. Er sieht eine Mindestanzahl von Weiterbildungsstunden pro Jahr vor, um die Zulassung als WP zu behalten.

Nach dem Unternehmensgesetz vom 7.5.1999 besteht die gesetzliche Pflicht zur Prüfung von Jahresabschlüssen. Nach diesem Gesetz müssen alle mittleren und großen Unternehmen sowie börsennotierte Gesellschaften ihre geprüften Jahresabschlüsse veröffentlichen. Eine Gesellschaft gilt als mittleres oder großes Unternehmen, wenn zwei der drei folgenden Kriterien erfüllt sind:

- Jahresumsatz (netto): 7.300.000 €,
- Bilanzsumme: 3.650.000 €,
- durchschnittliche Anzahl der Mitarbeiter im Jahr: 50

oder: durchschnittliche Anzahl der Mitarbeiter im Jahr: 100.

Die Jahresabschlüsse müssen innerhalb von 6 Monaten nach Ende des Geschäftsjahres von den Hauptversammlungen genehmigt werden. Sie müssen innerhalb eines Monats nach der HV bei der *Nationalbank* veröffentlicht werden. Es gibt weitere Anforderungen an Banken, Investmentfonds, Versicherungsgesellschaften, Gesundheitseinrichtungen etc., die ihre geprüften Jahresabschlüsse den gesetzlich vorgesehenen Aufsichtsgremien vorlegen müssen.

Nach der VO (EG) Nr. 1606/2002 müssen an europäischen Börsen notierte Unternehmen ihre Konzernabschlüsse seit 2005 nach den →International Financial Reporting Standards (IFRS) erstellen. Banken und Versicherungen müssen ihre Konzernabschlüsse seit 2006 nach den IFRS erstellen. Diese Verordnung gilt in allen EU-Mitgliedsstaaten ohne Umsetzung in die nationale Gesetzgebung. Nicht-börsennotierte Gesellschaften haben die Möglichkeit, ihre Konzernabschlüsse nach IFRS zu erstellen. Für die gesetzlich vorgeschriebenen belgischen Abschlüsse ist die Anwendung der IFRS jedoch nicht zulässig.

Die Rotation von WPGes ist in Belgien nicht vorgeschrieben. Seit dem Corporate Governance-Gesetz vom 2.8.2002 und dem königlichen Dekret vom 4.4.2003 über verbotene Nicht-Prüfungsleistungen sind sehr strenge Regelungen zur Unabhängigkeit der WP und zu potenziellen Interessenkonflikten in Kraft. In diesem königlichen Dekret werden sieben Kategorien von sog. verbotenen Dienstleistungen aufgeführt, die WP und WPGes bzw. Experten, an die sie angeschlossen sind, nicht mehr für ihre Prüfungsmandanten erbringen dürfen:

- Treffen von Entscheidungen oder Eingreifen in den Entscheidungsprozess der Prüfungsmandanten;
- Unterstützung oder Beteiligung bei der Erstellung von Buchhaltungsunterlagen oder bei der Erstellung der Jahresabschlüsse des Prüfmandanten;
- Übernahme der Verantwortung für die Planung, Umsetzung und Verwaltung von Finanzinformationssystemen des Prüfungsmandanten;
- Durchführung von Bewertungen für wesentliche Abschlussposten;
- Beteiligung an der →Internen Revision des Prüfungsmandanten;
- Tätigkeiten oder Vertretung des Prüfungsmandanten bei der Beilegung steuerlicher oder sonstiger Prozesse;
- Beteiligung an der Rekrutierung von Mitgliedern eines offiziellen Gremiums oder des Managements des Prüfmandanten.

Daneben gibt es sog. zulässige Dienstleistungen. Für diese Dienstleistungen sieht das königliche Dekret jedoch vor, dass die Gebühren für diese Dienste nicht über denjenigen für die gesetzliche Abschlussprüfung liegen dürfen. Diese Vorschrift wird streng kontrolliert und Verstöße werden hart sanktioniert.

Patrick De Schutter; Christine Holtz-Stosch

Bemessungsgrundlage, steuerliche
→Steuercontrolling

Benchmarking

Das Benchmarking gehört zu der Gruppe der Kostenmanagementinstrumente (→Kostenmanagement). Man versteht hierunter eine Managementtechnik, die darauf zielt, die Leistungen des eigenen Unternehmens kontinuierlich mit denen anderer Unternehmen zu messen. Gegenstand solcher Vergleiche können Kostenstrukturen (Cost Benchmarking), Leistungen, Prozesse oder Produkte sein. Als Vergleichsobjekte für ein Benchmarking Projekt sollten solche Unternehmen herangezogen werden, die entweder zu den Spitzenunternehmen einer Branche gehören oder die einzelne Unternehmensfunktionen besonders gut, schnell oder kostengünstig ausführen. Darüber hinaus ist es ebenso möglich, eigene Unternehmensteile miteinander zu vergleichen. Ziel des Vergleichs mit den Besten ist es, die Leistungslücke zu den führenden Unternehmen zu schließen und diese zu übertreffen. Durch die Messung der eigenen Leistung an führenden Unternehmen bzw. Unternehmensteilen können Schwachstellen und Wettbewerbsnachteile im eigenen Unternehmen erkannt und gezielt verbessert werden. Die Benchmarking-Methode zielt darauf ab, einen Lernprozess im eigenen Unternehmen zu initiieren („Lernen von den Besten!") (Hoffjan 1997, S. 345 ff.).

Hinsichtlich der *Formen* des Benchmarking können das interne, wettbewerbsorientierte sowie das funktionale Benchmarking unterschieden werden.

Beim *internen* Benchmarking werden die Prozesse oder die Kosten- und Leistungsstrukturen innerhalb des eigenen Unternehmens verglichen. Hierbei können einzelne Betriebsstätten, Abteilungen oder Filialen Gegenstand eines Benchmarking sein. Weit verbreitet in der Praxis ist der Filialvergleich innerhalb filialisierter Handelsunternehmen.

Das *wettbewerbsorientierte* Benchmarking vergleicht die eigenen Leistungen mit den Prozessen und Leistungen direkter Wettbewerber, um von diesen zu lernen. So können bspw. die Kostenstrukturen oder die Produkt- und Serviceeigenschaften der Wettbewerber analysiert werden.

Beim *branchenfremden* Benchmarking werden vornehmlich Prozesse und Funktionen branchenübergreifend verglichen. Hierbei geht es darum, aufgrund logischer Gleichartigkeit von Prozessen branchenübergreifend Lernprozesse für das eigene Unternehmen zu initiieren und neue, anders geartete Lösungsansätze für unternehmerische Aufgabenstellungen zu finden. So hat bspw. das amerikanische Unternehmen *Xerox* die eigenen Prozesse im Bereich Fakturierung mit *American Express*, bzgl. der Umschlaghäufigkeit mit *Sony* und in Bezug auf die Logistik mit dem Versandhändler *L.L.Bean* verglichen, um von diesen jeweiligen Branchenführern zu lernen (Hardt 2002, S. 92).

Zu den *zentralen Problemen* des Benchmarking gehören zum einen die Beschaffung der relevanten Informationen sowie die verlässliche Definition bzw. Erhebung der relevanten Daten und zum anderen das Auffinden tatsächlich vergleichbarer Unternehmen.

Als *Informationsquellen* für das Benchmarking kommen neben einem freiwilligen Austausch von Informationen zwischen Benchmarking-Partnern auch die Auswertung öffentlich zugänglicher Informationen aus Geschäftsberichten, Informationsbroschüren, Preislisten, Patentschriften, Verbandsinformationen oder Presseberichten in Frage. Darüber hinaus können auch Auskünfte Dritter, z. B. von Kunden, Lieferanten oder Mitarbeitern sowie die Informationen des eigenen Außendienstes, für ein Benchmarking herangezogen werden. Am einfachsten gestaltet sich die Informationsgewinnung dann, wenn zwischen den Unternehmen entweder keine Wettbewerbsbeziehungen bestehen oder alle Kooperationspartner gleichermaßen von einem Benchmarking profitieren können (Burger 1999, S. 111 ff.).

Sind Wettbewerber nicht bereit, Informationen direkt zur Verfügung zu stellen, können die Informationen auch über sog. Clearing-Stellen bereitgestellt werden. Diese sorgen für eine exakte Datendefinition und -erhebung sowie für eine anonymisierte Bereitstellung der Daten, die dann den teilnehmenden Unternehmen zur Verfügung gestellt werden.

Ein zweites Problem ist die *Identifikation vergleichbarer Unternehmen*. Diese entscheidet zentral über die Anwendbarkeit der Methode. Je besser vergleichbar die Daten sind, desto valider sind die Rückschlüsse, die daraus für das eigene Unternehmen gezogen werden können. Die Identifikation tatsächlich vergleichbarer Unternehmen bzw. Unternehmensprozesse entscheidet zentral auch über die Akzeptanz der gewonnenen Erkenntnisse bei den betroffenen Mitarbeitern. Hinsichtlich der Vergleichbarkeit der Strukturen und der eindeutigen und objektiven Datenerhebung ist das interne Benchmarking gegenüber anderen Benchmarking-Formen im Vorteil, allerdings sind die zu erzielenden Lerneffekte oftmals gering. Umgekehrt ist die Identifikation logisch gleichartiger und damit übertragbarer →Geschäftsprozesse branchenfremder Unternehmen ein zentrales Problem des funktionalen Benchmarking. Im Gegenzug sind die zu erzielenden Lerneffekte bei Anwendung dieser Methode am größten.

Die Durchführung eines Benchmarking Projekts erfolgt in fünf Phasen:

- Phase I: Auswahl des Benchmarkingobjekts (Produkte, Prozesse, Methoden, →Kosten, Leistungen),
- Phase II: Auswahl des Benchmarkingbereichs (z. B. Vertrieb, Produktion, Verwaltung oder Beschaffung) und des Vergleichsunternehmens,
- Phase III: Datendefinition und Datengewinnung,
- Phase IV: Feststellung der Leistungslücken und Analyse der Ursachen und
- Phase V: Entwicklung eigener optimierter Lösungen (Best Practice) und Entwicklung von Implementierungsplänen.

Es ist beim Einsatz der Benchmarking-Methode zu beachten, dass ein solcher Benchmarking-Zyklus keine einmalige Aktivität sein darf, sondern eine kontinuierliche Aktivität im Rahmen des unternehmerischen Verbesserungsprozesses darstellen sollte.

Literatur: Hardt, R.: Kostenmanagement, 2. Aufl., München/Wien 2002. Hoffjan, A.: Cost Benchmarking als Instrument des strategischen Kostenmanagement, in: Freidank, C.-Chr. et al. (Hrsg): Kostenmanagement. Aktuelle Konzepte und Anwendungen, Berlin/Heidelberg/New York 1997, S. 343–355; Burger, A.: Kostenmanagement, 3. Aufl., München/Wien 1999.

Klaus Deimel

Beratungsaufgaben des Aufsichtsrats

Die Überwachung der Geschäftsführung durch den AR verlangt nicht nur eine vergangenheitsbezogene Kontrolle (→Kontrolltheorie), sondern vor allem eine zukunftsorientierte Überwachung (→Überwachungsaufgaben des Aufsichtsrats). Als vorrangiges Mittel der vorbeugenden Überwachung gilt die Beratung des Vorstands. Sie ist Teil der Überwachungspflicht des Aufsichtsrats. Art und Umfang der Beratung bestimmt der AR nach pflichtmäßigem Ermessen.

Der Beratungspflicht des Aufsichtsrats entspricht die Pflicht des Vorstands, sich beraten zu lassen. Der Vorstand muss sich der Diskussion im AR stellen und bei seinen Entscheidungen und Maßnahmen dessen Anregungen sorgfältig abwägen und ggf. berücksichtigen. Eine wichtige Rolle spielen dabei die durch Satzung oder vom AR bestimmten Geschäfte, die der Zustimmung des Aufsichtsrats bedürfen (→zustimmungspflichtige Geschäfte) (§ 111 Abs. 4 Satz 2 AktG).

Der AR soll in alle grundlegenden unternehmerischen Entscheidungen des Vorstands eingebunden werden. Soweit die Gesetz- und Ordnungsmäßigkeit der Geschäftsführung oder die Zweckmäßigkeit und Wirtschaftlichkeit von Vorstandsentscheidungen in Frage stehen (→Geschäftsführungsprüfung; →Wirtschaftlichkeits- und Zweckmäßigkeitsprüfung), ist der AR nicht nur berechtigt, sondern sogar verpflichtet, im Unternehmensinteresse auf den Vorstand einzuwirken.

Die Beratung durch den AR konzentriert sich auf die originären, d. h. nicht delegierbaren Führungsaufgaben des Vorstands. Sie bezieht sich in erster Linie auf die Geschäftspolitik und andere strategisch-konzeptionelle Themen der Unternehmens- bzw. Konzernführung, weniger auf Einzelfragen der operativen Unternehmenstätigkeit. Wesentliche Gegenstände der Beratung sind die strategische Ausrichtung des Unternehmens oder Konzerns (→Konzernarten), die Gestaltung der Unternehmensorganisation und der Managementstruktur, die Grundlagen und Eckdaten der Unternehmensplanung (→Planung) sowie bedeutsame Investitionsvorhaben (→Investition) und wichtige Finanztransaktionen.

Bei der überwachungsrelevanten Beratung sollen die speziellen Kenntnisse und Erfahrungen der einzelnen Aufsichtsratsmitglieder genutzt werden, um Fehlentscheidungen des Vorstands möglichst zu vermeiden. Um eine umfassende qualifizierte Beratung des Vorstands zu erreichen, sollte bei der Auswahl der Aufsichtsratsmitglieder darauf geachtet werden, dass sie in ihrer Gesamtheit über das für das Unternehmen wesentliche Fachwissen, Verständnis und Know-how verfügen (→Vorstand und Aufsichtsrat, Eignungsprofile von).

Als Berater ist der AR Sparringspartner für den Vorstand bei der Analyse der unternehmensrelevanten Umweltfaktoren und der Situation und Entwicklung des Unternehmens sowie bei der Würdigung anstehender Entscheidungen und Maßnahmen. Die Beratungsaufgabe im Rahmen des Aufsichtsratsmandats umfasst die Erörterung und kritische Beurteilung grundlegender Fragen der Unternehmensführung [→Grundsätze ordnungsmäßiger Unternehmensführung (GoF)], die das Aufsichtsratsmitglied ohne detaillierte Analysen und besondere Recherchen aufgrund seines präsenten Wissens und seiner Erfahrungen geben kann. Die Beratung kann auf die Empfehlung hinauslaufen, dass weitere Untersuchungen anzustellen oder besondere Experten, wie bspw. →Unternehmensberater, WP oder →Steuerberater (StB), einzuschalten sind.

Außerhalb des Bereichs der überwachungsbedürftigen Geschäftsführung, also bei weniger bedeutsamen Maßnahmen, trifft den AR keine besondere Beratungspflicht. Der AR ist von sich aus nicht berechtigt, zu sämtlichen Angelegenheiten der Gesellschaft ungebeten Stellung zu nehmen, denn der Vorstand soll die Gesellschaft eigenverantwortlich leiten (→Dual- und Boardsystem). Anders ist es bei →zustimmungspflichtigen Geschäften. Hier kann der AR seine Zustimmung versagen. Das gilt auch dann, wenn er die Maßnahme des Vorstands zwar für vertretbar hält, selbst aber eine andere Lösung bevorzugt.

Die Lösung spezieller Geschäftsführungsaufgaben, z. B. hinsichtlich rechtlicher oder steuerrechtlicher Gestaltungsalternativen oder technischer Machbarkeit, gehört nicht zu der Beratungsaufgabe des Aufsichtsrats. Soll ein Aufsichtsratsmitglied wegen seiner professionellen Fachkompetenz den Vorstand in solchen Angelegenheiten beraten, bedarf der entsprechende Beratungsvertrag zu seiner Wirksamkeit der ausdrücklichen Genehmigung durch den AR (§ 114 AktG). Dabei ist darauf

Beratungsbeirat

zu achten, dass diese spezielle Beratung klar von der allgemeinen Beratungsaufgabe des Aufsichtsrats abgegrenzt wird. Im Zweifel sollte zur Vermeidung von Interessenkollisionen (→Interessenkonflikte von Vorstand und Aufsichtsrat; →Unabhängigkeit des Aufsichtsrats) auf Beratungsverträge mit Aufsichtsratsmitgliedern verzichtet werden.

Literatur: Lutter, M./Krieger, G.: Rechte und Pflichten des Aufsichtsrats, 4. Aufl., Köln 2002; Potthoff, E./Trescher, K./Theisen, M. R.: Das Aufsichtsratsmitglied, 6. Aufl., Stuttgart 2003; Semler, J./Schenk, K. v. (Hrsg.): Arbeitshandbuch für Aufsichtsratsmitglieder, 2. Aufl., München 2004.

Eberhard Scheffler

Beratungsbeirat →Beirat bei Personengesellschaften

Beratungshaftung des Wirtschaftsprüfers

Die Beratungshaftung des Wirtschaftsprüfers ist ein atypischer Fall der allgemeinen →Haftung des Wirtschaftsprüfers. Sie wird dann relevant, wenn der WP „Out Area" tätig wird, also über die Prüfung (→Jahresabschlussprüfung; →Konzernabschlussprüfung) hinaus Beratungsdienstleistungen erbringt. Dies erfolgt in der Praxis vor allem durch die →Steuerberatung, die Beteiligung an der Emission von Kapitalanlagen, an einer →Due Diligence oder im Rahmen einer →Sanierungsberatung (Geuer 1994, S. 21–33). Die Übernahme von Beratungsdienstleitungen kann gem. §§ 319 f. HGB zum →Ausschluss als Abschlussprüfer führen.

Der WP ist gem. § 2 Abs. 2 →Wirtschaftsprüferordnung (WPO) und § 3 Nr. 3 StBerG zur *Steuerberatung* befugt. Die Haftung des Wirtschaftsprüfers für die Steuerberatung *gegenüber dem Mandanten* richtet sich nach § 280 BGB auf der Grundlage des konkreten Mandats (entgeltlicher Geschäftsbesorgungsvertrag gem. § 675 BGB) (Palandt 2006, Rn. 28 zur Einführung vor § 631 BGB). Er hat hiernach grundsätzlich jede unrichtige Beurteilung einer steuerlichen Frage zu vertreten und muss, wenn eine objektive Pflichtverletzung feststeht, beweisen, dass ihn kein Verschulden trifft (Palandt 2006, Rn. 86 zu § 280 BGB). Die Zulässigkeit der Vereinbarung einer Haftungsbeschränkung folgt aus § 54a Abs. 1 WPO. *Gegenüber Dritten* kommt eine Haftung aufgrund eines konkludenten Auskunftsvertrages, eines Vertrages mit Schutzwirkung für Dritte oder gem. § 311 Abs. 3 BGB in Betracht (→Haftung des Wirtschaftsprüfers). Dies wird vor allem relevant, wenn der WP gegenüber dem Verhandlungspartner des Mandanten zur Auskunft über die Kreditwürdigkeit (→Kreditwürdigkeitsprüfung) herangezogen wird (BGH-Urteil vom 4.8.1998, S. 1948).

Bei *sonstigen Beratungsleistungen* des Wirtschaftsprüfers richtet sich die *Haftung gegenüber dem Mandanten* gem. § 280 Abs. 1 BGB nach dem konkreten Vertrag (§ 675 Abs. 2 BGB). Maßgeblich ist der Umfang und die Intensität der geschuldeten Beratungsleistung. Innerhalb des vertraglich vereinbarten Pflichtenprogramms hat der WP seinen Rat gewissenhaft zu erteilen (→Berufsgrundsätze des Wirtschaftsprüfers). Ihn trifft ggf. eine Nachforschungspflicht. Ungeprüfte Angaben dürfen nicht so weitergegeben werden, dass der Eindruck der Prüfung vermittelt wird (Palandt 2006, Rn. 33 zu § 675 BGB). Der Ratsuchende ist durch den Schadensersatz so zu stellen, wie er bei pflichtgemäßer Beratung stehen würde (Palandt 2006, Rn. 35 zu § 675 BGB). *Gegenüber Dritten* richtet sich die Haftung nach den oben zur Steuerberatung genannten Grundsätzen. Bei der *Sanierungsberatung* besteht insb. die Möglichkeit, dass der WP sich wegen Gläubigerschädigung gegenüber Dritten ersatzpflichtig macht (BGH-Urteil vom 3.4.1990, S. 1907). Auch ist eine zivil- und strafrechtliche Haftung wegen Beihilfe zur Insolvenzverschleppung (→Insolvenz) möglich.

Bei der *Emission von Kapitalanlagen* scheidet eine *Prospekthaftung* des Wirtschaftsprüfers gem. § 44 BörsG regelmäßig aus, weil der →Bestätigungsvermerk (BestV) des Jahresabschlusses nur einen Teil des Prospekts ausmacht (s. auch BGH-Urteil vom 15.12.2005, S. 611). Denkbar ist jedoch eine *Haftung nach den allgemeinen zivilrechtlichen Grundsätzen der Prospekthaftung* (§ 311 Abs. 2, 3 BGB). Voraussetzung hierfür ist, dass der WP durch seine Beteiligung an der Emission, seiner beruflichen Stellung erkennbar Vertrauen der Anleger in Anspruch nimmt (Leenenbach 2002, S. 435 f.). Prospektverantwortliche, die gegenüber enttäuschten Anlegern schadensersatzpflichtig sind, können hiernach auch WP sein, wenn ihre Tätigkeit nach außen erkennbar wird und ein Vertrauen auf die Richtigkeit und Vollständigkeit des Prospekts hervorruft (Leenenbach 2002, S. 473; Zacher/Stöcker

2004, S. 1495). Praktisch bedeutsam ist diese Haftung bei einem falschen Testat des Jahresabschlusses (einschränkend BGH-Urteil vom 6.4.2006, S. 1975). Weitergehend ist die Haftung, wenn der WP seine Rolle als WP überschreitet und als Initiator oder Vermittler von Kapitalanlagen auftritt. Gleiches gilt, wenn der WP empfiehlt, sich an einem bestimmten Unternehmen zu beteiligen (BGH-Urteil vom 20.2.1975, S. 763). Ist die beratende Tätigkeit nach § 43a Abs. 1 Nr. 1 WPO unzulässig, ändert dies an einer Haftung nichts. Auch die berufsrechtlichen Haftungsprivilegien (→Berufsrecht des Wirtschaftsprüfers) sollen in diesem Fall nicht gelten (Zacher/Stöcker 2004, S. 1495).

Literatur: BGH-Urteil vom 20.2.1975, Aktz. III ZR 14/73, WM 29 (1975), S. 763; BGH-Urteil vom 3.4.1990, Aktz. XI ZR 206/88, NJW 43 (1990), S. 1907–1909; BGH-Urteil vom 4.8.1998, Aktz. III ZR 245/96, NJW 51 (1998), S. 1948–1951; BGH-Urteil vom 15.12.2005, Aktz. III ZR 424/04, NJW-RR 21 (2006), S. 611–615; BGH-Urteil vom 6.4.2006, Aktz. III ZR 256/04, NJW 59 (2006), S. 1975–1978; Geuer, C.: Das Management des Haftungsrisikos der Wirtschaftsprüfer, Düsseldorf 1994; Leenenbach, M.: Kapitalmarkt- und Börsenrecht, Köln 2002; Palandt, O.: Bürgerliches Gesetzbuch, 65. Aufl., München 2006; Zacher, T./Stöcker, C.: Die Haftung von Wirtschaftsprüfern bei steuerorientierten Kapitalanlagen – Überblick und aktuelle Tendenzen, in: DStR 42 (2004), S. 1484–1496.

Wolfgang Servatius

Beratungsprozess →Organisationsberatung

Bereichecontrolling

Die Ausrichtung der Controlling-Funktion (→Controllingkonzepte) kann im Unternehmen sehr unterschiedlich erfolgen (Peemöller 2005, S. 82 ff.). Dies ist im Wesentlichen abhängig von der Primär-Organisation des Unternehmens. Bei einer *funktionalen* Gliederung lässt sich das Bereichecontrolling nach den Hauptfunktionen F&E, Beschaffung (→Beschaffungscontrolling), Produktion (→Produktionscontrolling), Absatz (→Vertriebscontrolling), Personal (→Personalcontrolling) und im Weiteren nach den einzelnen Verwaltungsfunktionen (→Verwaltungscontrolling) aufteilen. Der Umfang der Abgrenzung einzelner Bereiche ist von der organisatorischen Gliederung abhängig. Die Teilziele und Maßnahmen der einzelnen Funktionsbereiche lassen sich aus den Strategien und Zielen des Gesamtbetriebs herleiten. Den Ausgangspunkt bildet der Engpassbereich (→Engpassplanung). Er dominiert die →Planungen der anderen Bereiche, wenn sie nicht unabhängig vom Wertedurchfluss des Unternehmens sind, wie es z. B. für den Bereich F&E zutrifft. Dieser Bereich sollte autonom geplant werden. Für die anderen Bereiche müssen die Funktionspläne abgeleitet und immer im Zusammenhang mit einem *Maßnahmenplan* gesehen werden, der die betriebliche Dynamik fördert. Der *Funktionsplan* sollte die zeitliche Entwicklung der Plandaten enthalten, um eine zeitliche und inhaltliche Abstimmung der einzelnen Teilpläne im Zeitablauf zu gewährleisten. Die Aufgabe des Controllings (→Controlling, Aufgaben des) besteht in der *Koordination* der Bereiche in zeitlicher, mengenmäßiger, qualitätsmäßiger und räumlicher Hinsicht. Das Problem der Koordination ergibt sich aus der isolierten, sukzessiv erfolgten Teilplanung einzelner Unternehmensbereiche. Dadurch wird eine nachträgliche Abstimmung der Teilpläne erforderlich.

Die *Probleme* bei der Koordination dieser Organisation im Hinblick auf das →Controlling ergeben sich aus den nachfolgenden Sachverhalten:

- starke Betonung von Bereichsinteressen,
- erhebliche Auswirkungen von Entscheidungen eines Bereichs auf die anderen Bereiche,
- hohe Beziehungsintensität zwischen den Bereichen und
- schwierige Erfolgsrechnung (→Erfolgsrechnung, kurzfristige) für die einzelnen Bereiche.

Soll eine Ausrichtung auf die Gesamtziele des Unternehmens erfolgen und eine Abstimmung zwischen den Bereichen gelingen, lässt sich das Controlling zum sog. *begleitenden Controlling* ausbauen (Hahn/Hungenberg 2001, S. 946). Dabei wird zusätzlich zu einem *Zentral-Controlling* ein *Bereichs-Controlling* eingeführt. Dieses Bereichs-Controlling ist dem Zentral-Controlling funktional und dem Bereichsleiter disziplinarisch unterstellt. Um eine einheitliche Ausrichtung des Controllings in den verschiedenen Bereichen zu erreichen und die Koordination zwischen den Bereichen sicherzustellen, werden Controller-Konferenzen auf allen Ebenen erforderlich. Im Unternehmen entsteht dadurch eine Controller Hierarchie. Sie ist nicht nur im Rahmen der Planungsabstimmung erforderlich, sondern auch bei der Auswertung der Kontrollergebnisse, da zum einem die Zuordnung von Abweichungen auf die einzelnen Bereiche Probleme aufwirft, zum anderen aber auch die Korrekturmaßnahmen bereichsübergreifend vorzunehmen sind.

Zur *Abstimmung* der Bereiche bieten sich unterschiedliche *Instrumente* (→Controllinginstrumente) an, die isoliert oder auch kombiniert zur Anwendung kommen können. Sie lassen sich nach ihrer zeitlichen Reichweite, nach ihrer umfassenden Regelung und ihrer Verbindung mit der Organisationsstruktur beurteilen (Küpper 1995, Sp. 2001 f.).

Steuerung über die →*Finanzplanung*: Durch die Aufteilung der finanziellen Mittel auf die organisatorischen Einheiten wird eine nicht sehr umfassende Koordination ihrer Aktivitäten erreicht. Diese Abstimmung ist wenig detailliert und ausschließlich auf monetäre Aspekte ausgerichtet.

Steuerung über Budgetsysteme: Budgets (→Budgetierung) enthalten neben den Maßnahmen auch die Kostenwerte nach Kostenarten (→Kostenartenrechnung) für die einzelnen organisatorischen Einheiten. Die Budgetsysteme (→Zero-Based-Budgeting; →Activity Based Budgeting) werden aus den Zielvorstellungen der Unternehmensführung abgeleitet und sind auf Angemessenheit und Kompatibilität zu prüfen. Der Vorteil von Budgetsystemen ergibt sich aus der Ausgestaltung durch den Controller, der in den Budgetrichtlinien oder im Budgetmanual sehr detailliert vorschreiben kann, was das Budget zu enthalten hat und wie es aufzustellen ist. Dadurch wird eine große Vergleichbarkeit zwischen den Budgets der verschiedenen organisatorischen Einheiten und eine relativ genaue Kontrolle nach den vorgegebenen Werten möglich. Für die einzelnen Bereiche können auch unterschiedliche →Beschäftigungsgrade geplant werden, sodass sowohl die Planung als auch die Kontrolle erforderliche Anpassungen an geänderte Planungen rasch ermöglichen.

Steuerung über Kennzahlen und Kennzahlensysteme: Durch Kennziffern können alle quantifizierbaren Sachverhalte gesteuert werden (→Kennzahlen und Kennzahlensysteme als Kontrollinstrument). Über Kennziffernsysteme lassen sich auch Verknüpfungen zwischen verschiedenen Größen berücksichtigen. Damit kann sowohl eine sehr lockere als auch eine sehr enge Koordination durch Kennzahlen erfolgen. Die Art ist abhängig von der Anzahl und der Wertgrößenvorgabe der Kennzahlen. Der Nachteil der Kennzahlen ist in der Vernachlässigung nicht oder nur schwer quantifizierbarer Sachverhalte zu sehen, wie z. B. Umweltschutz (→umweltbezogenes Controlling), Personalförderung (→Personalcontrolling) und Instandhaltung (→Instandhaltungscontrolling), da als Steuerungsgröße üblicherweise Gewinn, Rentabilität und Liquidität gewählt werden.

Steuerung über Verrechnungspreise: Bei einem Leistungstransfer zwischen den organisatorischen Einheiten kann eine Lenkung mithilfe von Preisen für die Leistungen erfolgen. An diese Verrechnungspreise (→Verrechnungspreise, kalkulatorische; →Verrechnungspreise, handelsrechtliche; →Verrechnungspreise, steuerrechtliche) werden folgende Anforderungen gestellt:

- Die Preise müssen zum Ausgleich von Angebot und Nachfrage für jede Güter- und Leistungsart führen.
- Die Preise müssen zu Entscheidungen aller Bereiche führen, die für das Gesamtunternehmen optimal sind. Als Verrechnungspreise werden Marktpreise, Grenzkostenpreise und Knappheitspreise diskutiert.

Eine Steuerung und Koordination ist auch über *Ziele* möglich. Der Vorteil von Zielen besteht in ihrer Steuerungs- und Koordinationskraft, da Ziele ohne zusätzliche Steuerungsinstrumente die Ausrichtung auf ein Gesamtziel ermöglichen und eine flexiblere Anpassung erlauben. Allerdings kommen diese Vorteile bei einer funktionalen Ausprägung der Organisation nicht zum Tragen, da die Abhängigkeiten zwischen den Bereichen zu groß sind. Bei jeder Planänderung müssten auch die Ziele der anderen Bereiche angepasst und in Maßnahmen übergeleitet werden. Insofern dominieren bürokratische Koordinationsinstrumente das Bereichecontrolling. Eine umfassende Konzeption zur Steuerung und Koordination der Bereiche über Ziele, Kennzahlen, Vorgaben und Maßnahmen besteht in der →Balanced Scorecard.

Literatur: Hahn, D./Hungenberg, H.: PuK – Wertorientierte Controllingkonzepte, 6. Aufl., Wiesbaden 2001; Küpper, H.-U.: Steuerungsinstrumente von Führung und Kooperation, in: Kieser, A. et al. (Hrsg.): HWF, 2. Aufl., Stuttgart 1995, Sp. 1995–2005; Peemöller, V. H.: Controlling, 5. Aufl., Herne/Berlin 2005.

Volker H. Peemöller

Bereitschaftskosten →Grundrechnung

Bericht des Aufsichtsrats →Berichterstattungspflichten des Aufsichtsrats

Bericht über Beziehungen zu verbundenen Unternehmen (§ 312 AktG) →Abhängigkeitsbericht

Berichterstattungspflichten des Aufsichtsrats

Der AR einer AG (→Aktiengesellschaft, Prüfung einer) ist gem. § 171 Abs. 2 AktG zur schriftlichen Berichterstattung an die HV (→Haupt- und Gesellschafterversammlung) verpflichtet. In dieser Vorschrift sind auch die bei allen Aktiengesellschaften verbindlichen Berichtsbestandteile geregelt. Bei einer abhängigen AG ist der Bericht des Aufsichtsrats gem. § 314 Abs. 2 AktG um weitere Bestandteile zu ergänzen, die den →Abhängigkeitsbericht betreffen. Zweck der Berichterstattung des Aufsichtsrats ist die Rechenschaft gegenüber den Aktionären über seine Überwachungstätigkeit gegenüber dem Vorstand (Überwachungsaufgaben des Aufsichtsrats). Ergänzt wird diese Berichtspflicht durch das Auskunftsrecht des Aktionärs gem. § 131 AktG.

§ 171 Abs. 2 AktG schreibt folgende Pflichtbestandteile des Berichts vor:

- Berichterstattung über das Ergebnis der Prüfung des Jahresabschlusses, des →Lageberichts und des vom Vorstand unterbreiteten Gewinnverwendungsvorschlags (→Ergebnisverwendung, Vorschlag für die) durch den AR (§ 171 AktG). Insb. wenn der AR den vom Vorstand aufgestellten JA nicht billigt (→Feststellung und Billigung des Abschlusses), hat er seine abweichende Auffassung zur Rechtmäßigkeit, Satzungsmäßigkeit und Ordnungsmäßigkeit des Jahresabschlusses darzulegen (ADS 1997, Rn. 64 zu § 171 AktG, S. 348). Da der AR aber auch die Zweckmäßigkeit des Jahresabschlusses zu prüfen hat, hat er auch darüber zu berichten. Gegenstände der Zweckmäßigkeitsprüfung (→Wirtschaftlichkeits- und Zweckmäßigkeitsprüfung) sind insb. die Bilanzpolitik (→bilanzpolitische Gestaltungsspielräume, Prüfung von) und die Bildung und Auflösung von →Rücklagen (Hüffer 2002, Rn. 3–7 zu § 171 AktG, S. 776 f.). Bei Mutterunternehmen i.S.v. § 290 Abs. 1 oder Abs. 2 HGB bezieht sich die Berichterstattungspflicht des Aufsichtsrats auch auf die Prüfung des Konzernabschlusses und des →Konzernlageberichts (→Aufsichtsrat im Konzern). Erstellt eine AG, die eine große KapGes ist (→Größenklassen), gem. § 325 Abs. 2a HGB zur Bekanntmachung im BAnz. einen →Einzelabschluss nach →International Financial Reporting Standards (IFRS), so hat der AR auch über das Ergebnis der Prüfung dieses Abschlusses zu berichten. Da weder der Konzernabschluss noch ein IFRS-Einzelabschluss Ausschüttungsbemessungsgrundlage sind, fällt dieser Aspekt bei der Prüfung und Berichterstattung durch den AR weg.

- Berichterstattung über Art und Umfang der Prüfung der Geschäftsführung der Gesellschaft (→Geschäftsführungsprüfung) durch den AR während des Geschäftsjahres, wobei bei börsennotierten Gesellschaften insb. die vom AR gebildeten Ausschüsse (→Aufsichtsratausschüsse) und die Zahl der Sitzungen des Aufsichtsrats und seiner Ausschüsse anzugeben sind. Zu berichten ist, wie die →Berichterstattungspflichten des Vorstands an den AR (§ 90 AktG) sowie die Einsichtnahmerechte des Aufsichtsrats (§ 111 Abs. 2 AktG) für Überwachungszwecke genutzt wurden und ggf. welche Beanstandungen sich dabei ergeben haben.

- Bei prüfungspflichtigen Gesellschaften Stellungnahme zum Ergebnis der Prüfung des Jahresabschlusses durch den →Abschlussprüfer (APr) (→Jahresabschlussprüfung; →Prüfungsurteil). Eine ausführliche Berichterstattung des Aufsichtsrats wird insb. dann erwartet, wenn der APr den →Bestätigungsvermerk (BestV) versagt oder eingeschränkt hat oder wenn der AR zu einem anderen Ergebnis kommt als der APr.

- Erklärung des Aufsichtsrats am Schluss des Berichts, ob nach dem abschließenden Ergebnis seiner Prüfung Einwendungen zu erheben sind. Diese für die Entlastung des Vorstands relevante Erklärung (ADS 1997, Rn. 75 zu § 171 AktG, S. 351 f.) bezieht sich auf sämtliche Überwachungsmaßnahmen des Aufsichtsrats.

- Erklärung des Aufsichtsrats am Schluss des Berichts, ob er den vom Vorstand aufgestellten JA billigt. Wenn der AR den JA billigt, so ist dieser gem. § 172 AktG festgestellt, sofern nicht Vorstand und AR trotz Billigung des Jahresabschlusses beschließen, die Feststellung der HV zu überlassen (→Feststellung und Billigung des Abschlusses). In diesem Fall sind auch die Beschlüsse von Vorstand und AR in den Bericht des Aufsichtsrats aufzunehmen. Billigt der AR den JA nicht, so ist dieser grundsätzlich durch die HV festzustellen. Die Erklärung zur Billigung oder Nichtbilligung bezieht sich ggf. auch auf den von einem Mutterunternehmen aufgestellte Konzernabschluss und den ggf. von einer großen KapGes gem. § 325 Abs. 2a HGB zur Bekanntmachung im BAnz. aufgestellten IFRS-Einzelabschluss, auch wenn diese Abschlüsse nicht festgestellt werden.

Der Vorstand einer abhängigen AG hat gem. § 312 AktG einen sog. Abhängigkeitsbericht zu erstellen, der gem. § 313 HGB vom APr und gem. § 314 HGB vom AR zu prüfen ist. In diesem Fall hat der AR in seinem Bericht an die HV auch über Folgendes zu berichten (§ 314 Abs. 2 und 3 AktG):

- Berichterstattung über das Ergebnis der Prüfung des Abhängigkeitsberichts durch den AR.
- Stellungnahme zum Ergebnis der Prüfung des Abhängigkeitsberichts durch den APr.
- Wiedergabe des vom APr erteilten Bestätigungsvermerks zum Abhängigkeitsbericht bzw. Mitteilung der Versagung des Bestätigungsvermerks.
- Erklärung am Schluss des Berichts, ob nach dem abschließenden Ergebnis der Prüfung des Abhängigkeitsberichts Einwendungen gegen die Schlusserklärung des Vorstands zum Abhängigkeitsbericht zu erheben sind. Diese Erklärung kann ggf. gem. § 315 Nr. 2 AktG Anlass für eine Sonderprüfung des Abhängigkeitsberichts (→Sonderprüfung, aktienrechtliche) sein.

Der AR hat über seinen grundsätzlich schriftlichen Bericht einen Beschluss zu fassen (ADS 1997, Rn. 62 und 63 zu § 171 AktG, S. 348) und ihn innerhalb eines Monats nach Zugang der Vorlagen dem Vorstand zuzuleiten (§ 171 Abs. 3 AktG). Wird diese Frist nicht eingehalten, so hat der Vorstand dem AR eine Nachfrist von max. einem Monat zu setzen. Geht der Bericht dem Vorstand vor Ablauf der Nachfrist nicht zu, so gilt der JA als vom AR nicht gebilligt. Verletzt der AR seine Berichterstattungspflicht zum Abhängigkeitsbericht, so haftet er ggf. gem. § 318 Abs. 2 HGB gesamtschuldnerisch (→Haftung des Aufsichtsrats). Gem. § 175 Abs. 2 AktG ist der Bericht des Aufsichtsrats zusammen mit den übrigen Unterlagen zur Einsicht der Aktionäre auszulegen. Außerdem kann jeder Aktionär eine Abschrift des Berichts verlangen. Der Bericht des Aufsichtsrats ist gem. § 325 Abs. 1 HGB mit den übrigen Unterlagen zum HR einzureichen.

Literatur: ADS: Rechnungslegung und Prüfung der Unternehmen, Teilband 4, 6. Aufl., Stuttgart 1997; Hüffer, U.: Aktiengesetz, 5. Aufl., München 2002.

Ralf Michael Ebeling

Berichterstattungspflichten des Vorstands

Die Berichterstattungspflichten des Vorstands der AG (→Aktiengesellschaft, Prüfung einer) an den AR sind zu einem erheblichen Teil, aber nicht ausschließlich in § 90 AktG geregelt. Dadurch soll der AR in die Lage versetzt werden, seinen Pflichten zur Überwachung der Geschäftsführung (→Überwachungsaufgaben des Aufsichtsrats) nachzukommen. Zu unterscheiden sind Berichterstattungspflichten, die der Vorstand ohne Anforderung des Aufsichtsrats in bestimmten zeitlichen Abständen bzw. aus besonderem Anlass zu erfüllen hat, von solchen Pflichten, denen der Vorstand erst auf Verlangen des Aufsichtsrats bzw. eines einzelnen Aufsichtsratsmitglieds nachzukommen hat.

Ohne Anforderung hat der Vorstand dem AR über folgende Gegenstände zu berichten:

- Über die beabsichtigte Geschäftspolitik und andere grundsätzliche Fragen der Unternehmensplanung (→Planung), worunter insb. die →Finanzplanung sowie die Investitions- und Personalplanung (→Investitionscontrolling; →Personalcontrolling) zu verstehen sind. Unter Angabe von Gründen ist auf Abweichungen der tatsächlichen Entwicklung von früher berichteten Zielen einzugehen (→Abweichungsanalyse). Über diesen Gegenstand ist mindestens einmal jährlich zu berichten, es sei denn, Änderungen der Lage oder neue Fragen gebieten eine unverzügliche Berichterstattung. Nach h.M. ergibt sich aus dieser Berichtspflicht zugleich eine Planungspflicht des Vorstands (Oltmanns 2003, Rn. 2 zu § 90 AktG, S. 476).
- Über die →Rentabilität der Gesellschaft, insb. die Rentabilität des Eigenkapitals

(→Rentabilitätsanalyse) ist zumindest einmal jährlich in der sog. Bilanzsitzung zu berichten. Für erforderlich gehalten werden darüber hinaus auch Angaben zum →Cash Flow der Gesellschaft (→Cash Flow-Analyse) (Hüffer 2002, Rn. 3 zu § 90 AktG, S. 431 f.). Auch bzgl. dieses Berichtsgegenstands können Lageänderungen oder neue Fragen eine unverzügliche Berichterstattung gebieten.

- Regelmäßig mindestens vierteljährlich sowie unverzüglich bei Lageänderungen und neuen Fragen über den Gang der Geschäfte, insb. den Umsatz (→Umsatzerlöse) und die Lage (→Vermögenslage; →Finanzlage; →Ertragslage) der Gesellschaft.
- Über beabsichtigte Geschäfte, die für die Rentabilität oder Liquidität der Gesellschaft von erheblicher Bedeutung sein können (→Erfolgscontrolling; →Liquiditätscontrolling). Dem AR ist so rechtzeitig zu berichten, dass er vor Vornahme der Geschäfte Gelegenheit zur Stellungnahme hat.

Ist die AG Mutterunternehmen i. S. v. § 290 Abs. 1 oder Abs. 2 HGB (→Konzernarten), so hat der Vorstand in seinen Berichten auch auf Tochterunternehmen und Gemeinschaftsunternehmen einzugehen. Der Vorstand ist verpflichtet, sich die berichtspflichtigen Informationen bei den betreffenden Unternehmen zu beschaffen (Oltmanns 2003, Rn. 12 zu § 90 AktG, S. 478). Entsprechend dem Wortlaut der Vorschrift kommt es dabei nicht darauf an, ob das Mutterunternehmen einen Konzernabschluss erstellt und wie die betreffenden Tochter- oder Gemeinschaftsunternehmen in den Konzernabschluss einbezogen sind (→Konzernabschlussprüfung; →Konsolidierungsformen) (s. auch Oltmanns 2003, Rn. 12 zu § 90 AktG, S. 478). Der Vorstand ist auch dann zu dieser Berichterstattung verpflichtet, wenn die AG nur Mutterunternehmen eines Teilkonzerns ist.

Aus sonstigen wichtigen Anlässen, wozu auch dem Vorstand bekannt gewordene geschäftliche Vorgänge bei →verbundenen Unternehmen i. S. v. § 15 AktG gehören (Hüffer 2002, Rn. 11 zu § 90 AktG, S. 434 f.), die die Lage der Gesellschaft erheblich beeinflussen können, hat der Vorstand dem Aufsichtsratsvorsitzenden zu berichten. Im Gegensatz zu allen anderen Berichten gilt für diesen Bericht wegen der Eilbedürftigkeit nicht die regelmäßig vorgeschriebene Textform.

Auf Verlangen des Aufsichtsrats als Organ der Gesellschaft oder auf Verlangen eines einzelnen Aufsichtsratsmitglieds hat der Vorstand jederzeit über folgende Gegenstände Bericht zu erstatten:

- über (sämtliche) Angelegenheiten der Gesellschaft,
- über ihre rechtlichen und geschäftlichen Beziehungen zu verbundenen Unternehmen sowie
- über geschäftliche Vorgänge bei verbundenen Unternehmen, die auf die Lage der Gesellschaft einen erheblichen Einfluss haben können.

Adressat des Berichts ist auch dann der AR zu Händen des Vorsitzenden (Oltmanns 2003, Rn. 19 zu § 90 AktG, S. 480 f.), wenn ein einzelnes Mitglied den Bericht verlangt. Von der erwähnten Ausnahme abgesehen ist die Textform vorgeschrieben, was auch die Berichterstattung per e-mail einschließt (Oltmanns 2003, Rn. 17 zu § 90 AktG, S. 479 f.).

Grundsätzlich hat jedes Aufsichtsratsmitglied, unabhängig davon, ob es sich um einen Vertreter der Arbeitnehmer- oder der Kapitalgeberseite handelt (Hüffer 2002, Rn. 3 zu § 90 AktG, S. 431 f.), das Recht, die Berichte zur Kenntnis zu nehmen und vom Aufsichtsratsvorsitzenden die Übermittlung der schriftlichen Berichte zu verlangen. Letzteres kann allerdings gem. Beschlusslage des Aufsichtsrats abweichend geregelt werden. Über die nicht in Textform zu erstattenden Berichte hat der Vorsitzende des Aufsichtsrats die Mitglieder spätestens in der nächsten Aufsichtsratssitzung zu unterrichten.

Die Berichterstattungspflichten des Vorstands gem. § 90 AktG werden ergänzt durch Berichterstattungs- und Vorlagepflichten zu solchen Gegenständen, über die der AR zu beschließen hat. Zu erwähnen sind die Vorlage des Jahresabschlusses und des Gewinnverwendungsvorschlags (§ 170 AktG) (→Ergebnisverwendung, Vorschlag für die), die Vorlage des →Abhängigkeitsberichts (§ 314 Abs. 1 Satz 1 AktG) sowie die Beschlussfassung des Aufsichtsrats über satzungsgemäß →zustimmungspflichtige Geschäfte (§ 111 Abs. 4 Satz 2 AktG), über die Befreiung von Vorstandsmitgliedern vom Wettbewerbsverbot (§ 88 AktG) (→Wettbewerbsverbot der Unternehmensleitung) und über die Kreditgewährung an Vorstandsmitglieder (§ 89 AktG) (→Kreditge-

Berichtigung des Jahresabschlusses

währung an Vorstand und Aufsichtsrat). Zu unterscheiden sind von den Berichtspflichten des Vorstands die Einsichtnahmerechte des Aufsichtsrats gem. § 11 Abs. 2 AktG.

Literatur: Hüffer, U.: Aktiengesetz, 5. Aufl., München 2002; Oltmanns, M.: Anwaltkommentar-Aktienrecht, Bonn 2003.

Ralf Michael Ebeling

Berichtigung des Jahresabschlusses
→ Bilanzfehlerberichtigung

Berichtsgrundsätze und -pflichten des Wirtschaftsprüfers

Die Grundlage für die Tätigkeit des Wirtschaftsprüfers ist der *vom Auftraggeber erteilte Auftrag* (→Prüfungsauftrag und -vertrag). Dieser kann aufgrund gesetzlicher Vorschriften, gesellschaftsvertraglicher oder satzungsmäßiger Regelungen oder einer freiwilligen Beauftragung erteilt werden. Im Rahmen der von ihm durchgeführten Tätigkeit hat der WP schriftlich oder mündlich zu berichten (*Vertragspflicht des WP*).

Eine explizite *Verpflichtung zur schriftlichen Berichterstattung* besteht bei gesetzlich vorgeschriebenen Prüfungen (→Pflichtprüfungen), z. B. bei →Jahresabschlussprüfungen und →Konzernabschlussprüfungen von KapGes und diesen gleichgestellten Gesellschaften (§§ 316 Abs. 1 und 2 i.V.m. 321 HGB), von →Kreditinstituten und →Versicherungsunternehmen (§§ 340k Abs. 1, 341k Abs. 1 i.V.m. 321 HGB) und bei Prüfungen nach dem UmwG (§§ 9 Abs. 1 i.V.m. 12 UmwG; →Umwandlungsprüfung) sowie bei →Gründungsprüfungen (§§ 33 Abs. 2 i.V.m. 34 Abs. 2 AktG). Liegt keine gesetzliche Verpflichtung vor (→freiwillige und vertragliche Prüfung), ergibt sich die Verpflichtung zur schriftlichen Berichterstattung aus dem dem WP erteilten Auftrag. Der WP hat außerdem die vom →*Institut der Wirtschaftsprüfer in Deutschland e.V.* (*IDW*) dargelegten Grundsätze zur Berichterstattung zu beachten (z. B. IDW PS 450), die i. d. R. einen schriftlichen Bericht erfordern.

Inhalt und Aufbau des Berichts sind abhängig von der *Art der durchgeführten Prüfung* (Abschluss-, Umwandlungs-, Gründungsprüfung etc.). Die Berichterstattung hat dabei, unabhängig von der Art der Prüfung, über die der WP zu berichten hat, die Aufgabe, die jeweiligen Berichtsadressaten unabhängig und sachverständig über Gegenstand, Durchführung und Ergebnis der Prüfung zu informieren (*Informationsfunktion*). Damit der →Prüfungsbericht (PrB) diese Funktion erfüllen kann, sind bei der Berichterstattung eine Reihe von *allgemeinen Berichtsgrundsätzen* zu beachten.

Der WP hat den PrB gewissenhaft und unparteiisch zu erstatten (§ 17 Abs. 1 Satz 2 WPO), d. h. er hat über Art und Umfang sowie Ergebnis der Prüfung wahrheitsgetreu, vollständig, unparteiisch und mit der gebotenen Klarheit schriftlich zu berichten (IDW PS 450.8–20).

Der *Grundsatz der Wahrheit* verlangt, dass der Inhalt des Prüfungsberichts nach der Überzeugung des Wirtschaftsprüfers den tatsächlichen Gegebenheiten entspricht. Aus dem PrB muss ersichtlich sein, ob und inwieweit sich die Beurteilungen des Wirtschaftsprüfers auf nicht selbst durchgeführte Prüfungshandlungen (z. B. Prüfungen durch →Interne Revision oder andere externe Prüfer) und/oder Gutachten von Sachverständigen (z. B. Versicherungsmathematiker) (→Ergebnisse Dritter) und Auskünfte stützen.

Der *Grundsatz der Vollständigkeit* gebietet, dass im PrB alle in den jeweiligen gesetzlichen Vorschriften oder den vertraglichen Vereinbarungen geforderten Feststellungen zu treffen sind. Es ist darüber zu berichten, welche wesentlichen Feststellungen und Ergebnisse die Prüfung ergeben hat. Wesentlich sind dabei solche Tatsachen, die für eine ausreichende Information der Berichtsadressaten zur Vermittlung eines klaren Bildes über das Prüfungsergebnis bedeutsam sind (siehe unten). Das Weglassen wesentlicher Tatsachen verstößt gegen den Grundsatz der Wahrheit und der Vollständigkeit. Der Grundsatz der Vollständigkeit umfasst auch den *Grundsatz der Einheitlichkeit* der Berichterstattung. Der PrB ist als einheitliches Ganzes zu betrachten und hat ohne das Heranziehen anderer Dokumente für sich lesbar und verständlich zu sein.

Der *Grundsatz der Unparteilichkeit* (§ 43 Abs. 1 WPO, § 323 Abs. 1 Satz 1 HGB) bedeutet, dass der WP alle Sachverhalte unter Berücksichtigung aller verfügbaren Informationen sachgerecht wertet (→Berufspflichten des Wirtschaftsprüfers). Alle für die Beurteilung wesentlichen Tatbestände sind zu erfassen und allein aus der Sache heraus zu werten und darzustellen (objektive Berichterstattung). Auf abweichende Auffassungen der gesetzlichen Vertreter des geprüften Unternehmens ist hinzuweisen.

Der *Grundsatz der Klarheit* verlangt eine verständliche, eindeutige und problemorientierte Darstellung der berichtspflichtigen Sachverhalte sowie eine übersichtliche Gliederung des Prüfungsberichts. Der Bericht hat sich an den jeweiligen Berichtsadressaten zu orientieren; der PrB ist so abzufassen, dass er von diesen, ein gewisses Grundverständnis unterstellend, verstanden werden kann. Die Berichterstattung ist auf das Wesentliche zu beschränken, die Adressaten sollen nur über solche Feststellungen und Sachverhalte informiert werden, die für ihre Tätigkeit von Belang sind. Eine eindeutige Berichterstattung erfordert Formulierungen im PrB, die Fehldeutungen einzelner Prüfungsfeststellungen und -ergebnisse durch die Berichtsempfänger ausschließen.

Die allgemeinen Berichtsgrundsätze sind nicht nur bei der Berichterstattung über Abschlussprüfungen (→Jahresabschlussprüfung; →Konzernabschlussprüfung) zu beachten. Sie gelten entsprechend für die Erstattung von PrB über andere Prüfungen (z. B. Gründungs-, Umwandlungs- und Sanierungsprüfungen). Eine sinngemäße Anwendung der Berichtsgrundsätze bei der Berichterstattung über andere durch den WP durchgeführte Tätigkeiten (z. B. →Abschlusserstellung durch den Wirtschaftsprüfer, →Unternehmensbewertungen und →Prospektbeurteilungen) entspricht allgemeiner Berufsauffassung.

Ein *Verstoß* gegen die Berichtsgrundsätze kann für den WP als →Abschlussprüfer (APr) *strafrechtliche Konsequenzen* haben. § 332 HGB stellt den APr, wenn er bei gesetzlich vorgeschriebenen Jahres- und Konzernabschlussprüfungen im PrB über das Prüfungsergebnis unrichtig berichtet oder erhebliche Umstände verschweigt oder einen inhaltlich unrichtigen →Bestätigungsvermerk (BestV) erteilt, unter Strafe. Der APr hat dabei vorsätzlich zu handeln. Ähnliche Vorschriften finden sich in Spezialgesetzen, z. B. § 403 AktG bei Gründungsprüfungen, § 314 UmwG bei Umwandlungsprüfungen. Bei einer Pflichtverletzung kann sich eine *zivilrechtliche Haftung* gegenüber der geprüften Gesellschaft für den APr von gesetzlichen Pflichtprüfungen aus § 323 HGB ergeben, die *berufsrechtliche Ahndung* erfolgt nach den §§ 67 ff. WPO (→Berichtspflicht des Abschlussprüfers, Verletzung der).

Literatur: IDW (Hrsg.): IDW Prüfungsstandard: Grundsätze ordnungsmäßiger Berichterstattung bei Abschlussprüfungen (IDW PS 450, Stand: 8. Dezember 2005), in: WPg 59 (2006a), S. 113–128; IDW (Hrsg.): WPH 2006, Band I, 13. Aufl., Düsseldorf 2006b, Abschn. Q, Rn. 40–63, S. 1648–1655; Plendl, M.: Prüfungsbericht, in: Ballwieser, W. et al. (Hrsg.): HWRP, 3. Aufl., Stuttgart 2002, Sp. 1777–1790.

Bernd Goos

Berichtskritik

Als Tätigkeit umfasst die Berichtskritik die kritische Durchsicht und die Überarbeitung der Entwürfe von →Prüfungsberichten und Gutachten (→Gutachtertätigkeiten) durch Personen, die an deren Erstellung i. d. R. nicht mitgewirkt haben (Wysocki 2002, S. 268). Somit stellt die Berichtskritik einen Bestandteil (Subsystem) interner Verfahren dar, die der Einhaltung der allgemeinen Berufspflichten der Unparteilichkeit und Gewissenhaftigkeit der WP [→*Berufspflichten des Wirtschaftsprüfers;* § 323 HGB, § 43 Abs. 1 →Wirtschaftsprüferordnung (WPO); §§ 1 ff. → Berufssatzung der Wirtschaftsprüferkammer (BS)] und der gesetzlichen Normen (→Prüfungsnormen), insb. bei der Durchführung betriebswirtschaftlicher Prüfungen i. S. v. § 2 Abs. 1 WPO mit Führung des Berufssiegels, dienen (Qualitätssicherungssystem; § 55b WPO und §§ 37–39 BS). Die Funktion des Qualitätssicherungssystems (→Qualitätssicherung) besteht in der ordnungsgemäßen Abwicklung von Aufträgen (→Auftragsdurchführung), d. h. insb. der Beachtung gesetzlicher und berufsständischer Anforderungen sowie der dem WP obliegenden Berufspflichten. Die allgemeine Verpflichtung in der WP-Praxis (→Revisions- und Treuhandbetriebe), Maßnahmen der →Qualitätssicherung bzw. -kontrolle (→Qualitätskontrolle in der Wirtschaftsprüfung) einzurichten, wurde unter Berücksichtigung der international anerkannten Grundsätze, dem ISQC 1 (Stand: Februar 2004) und dem ISA 220 (Stand: Februar 2004), in der BS und der IDW/WPK VO 1/1995 bzw. IDW/WPK VO 1/2006 für den deutschen Berufsstand konkretisiert.

In IDW/WPK VO 1/2006 wird die Berichtskritik als Bestandteil und Funktion einer auftragsbezogenen Qualitätssicherung i. S. d. § 24d BS wie folgt definiert: „Überprüfung der Prüfungsabwicklung und der Prüfungsergebnisse anhand der Berichterstattung und ggf. der Arbeitspapiere durch einen nicht un-

Berichtskritik

mittelbar mit dem Auftrag befassten Wirtschaftsprüfer oder einen anderen qualifizierten Mitarbeiter vor Mitteilung des Prüfungsergebnisses gegenüber dem Auftraggeber." Diese Definition der Berichtskritik (*Berichtskritik i.w.S.*, Review) enthält neben den Aufgaben der *Berichtskritik i.e.S.* – kritische Durchsicht und Überarbeitung der Entwürfe von Prüfungsberichten und Gutachten zur Sicherstellung der formellen und materiellen Richtigkeit, der inhaltlichen Qualität der Berichterstattung sowie der Überwachung der fachgerechten Aufgabenerfüllung der Berichtsverfasser (Wysocki 2002, S. 268) – weitere qualitätssichernde Elemente (Prüfungskritik).

Der Umfang der *Prüfungskritik* ist abhängig von dem zu prüfenden Unternehmen (z. B. Unternehmen im öffentlichen Interesse gem. § 319a HGB, § 24d BS), der Art und der Komplexität des Auftrages (→Prüfungsauftrag und -vertrag), den Erfahrungen und Kenntnissen des Auftragsteams und dem mit dem Auftrag verbundenen Risiko (→Prüfungsrisiko). Ausgehend hiervon sind einzelfallbezogen zusätzliche Maßnahmen durchzuführen, die kontinuierlich die gesamte Auftragsabwicklung (→Auftragsdurchführung), von der Auftragsannahme (→Auftragsannahme und -fortführung) über die →Prüfungsplanung, der Durchführung der Prüfungshandlungen (→Prüfungsprozess) bis hin zur Berichterstattung (→Berichtsgrundsätze und -pflichten des Wirtschaftsprüfers), umfassen können (§ 38 BS) (systematische Nachschau einzelner Phasen der Auftragsabwicklung).

Die Berichtskritik stellt über die Einbeziehung eines prozessunabhängigen Berichtskritikers (Vier-Augen-Prinzip) eine Maßnahme im Rahmen des Qualitätssicherungssystems und der ordnungsgemäßen →Auftragsdurchführung dar, wobei die Ergebnisse des Berichtskritikers in die abschließende, im PrB niedergelegte eigenverantwortliche Urteilsbildung (→Prüfungsurteil) des auftragsverantwortlichen WP (→Eigenverantwortlichkeit des Wirtschaftsprüfers) einfließen. Durch die Einbindung eines spezialisierten Berichtskritikers, der aufgrund wiederholter kritischer Durchsichten und Überarbeitungen von Berichtsentwürfen über umfassende Erfahrung und besondere Fachkenntnisse auf dem Gebiet der Berichterstattung verfügt, können die Aufgaben der Berichtskritik effizient erfüllt und ein hohes Qualitätsniveau der Berichte sichergestellt werden. Bei größeren WPGes wird die Berichtskritik oftmals von einer spezialisierten Organisationseinheit oder von besonders erfahrenen Mitarbeitern wahrgenommen; in kleineren WPGes obliegt diese Aufgabe regelmäßig der Leitungsinstanz. Die Berichtskritik darf auch der mitunterzeichnende WP durchführen, sofern dieser auftragsbezogen die Kriterien Fachkompetenz, berufliche Erfahrung und Objektivität erfüllt; zur Sicherstellung der Objektivität darf der Berichtskritiker nicht in die Abwicklung des Auftrages eingebunden sein (IDW/WPK VO 1/2006).

Die Berichtskritik umfasst sowohl formelle als auch materielle Aspekte. Gegenstand der *formellen Berichtskritik* ist die Präsentation der Prüfungsergebnisse im Bericht; im Einzelnen betrifft dies u. a. die Vereinheitlichung des Aufbaus und der Gliederung des Prüfungsberichts, den Satzbau, die Klarheit des Ausdrucks, die Übersichtlichkeit von Zahlenaufstellungen und Tabellen sowie die Überprüfung der Rechtschreibung und Zeichensetzung.

Im Rahmen der *materiellen Berichtskritik* überprüft der Berichtskritiker die Darstellung und Beurteilung der Sachverhalte auf Folgerichtigkeit, Schlüssigkeit und Vollständigkeit (im Hinblick auf §321 HGB und IDW PS 450); das Gesamtergebnis muss nachvollziehbar und konsistent aus den Teilergebnissen der einzelnen Prüfungsgebiete (→Prüffelder) abgeleitet werden können. Ferner sind die im Bericht enthaltenen Zahlenangaben und Verweise auf Richtigkeit und Abstimmbarkeit – innerhalb des Berichtes und bzgl. des Jahresabschlusses, des →Lageberichtes sowie der Angaben der Buchführung (ggf. unter Hinzuziehung der →Arbeitspapiere des Abschlussprüfers) – zu kontrollieren.

Literatur: IDW (Hrsg.): IDW Prüfungsstandard: Grundsätze ordnungsmäßiger Berichterstattung bei Abschlussprüfungen (IDW PS 450, Stand: 8. Dezember 2005), in: WPg 59 (2006), S. 113–128; IDW/WPK (Hrsg.): Gemeinsame Stellungnahme der WPK und des IDW zur Qualitätssicherung in der Wirtschaftsprüferpraxis (VO 1/1995), in: WPg 48 (1995), S. 824–839; IDW/WPK (Hrsg.): Gemeinsame Stellungnahme der WPK und des IDW: Anforderungen an die Qualitätssicherung in der Wirtschaftsprüferpraxis (VO 1/2006), in: WPg 59 (2006), S. 629–646; Lenz, H.: Entwurf der VO 1/2005 zur Qualitätssicherung in der Wirtschaftsprüfung aus Sicht mittelständischer WP-Praxen, in: BB 60 (2005), S. 1615–1620; Lück, W.: Wirtschaftsprüfung und Treuhandwesen, Stuttgart 1986, S. 186–189; Schmidt, A./Pfitzer, N./Lindgens, U.: Qualitätssicherung in der Wirtschaftsprüferpraxis, in: WPg 58 (2005), S. 321–343; Wysocki, K. v.: Berichtskritik, in: Ballwieser, W. et al. (Hrsg.): HWRP, 3. Aufl., Stuttgart 2002, S. 267–273.

Dirk Heinek

Berichtspflicht des Abschlussprüfers, Verletzung der

Die Verletzung der Berichtspflicht durch den →Abschlussprüfer (APr) oder Prüfungsgehilfen belegt § 332 HGB mit Freiheits- oder Geldstrafe (→Straf- und Bußgeldvorschriften). Vergleichbare Vorschriften finden sich in § 403 Abs. 1 AktG, § 18 PublG, § 314 UmwG sowie § 150 GenG. § 332 HGB geht dem Aktienrecht als spezielle Norm vor. Das GmbHG enthält keine besonderen Regelungen.

Eine Verletzung der Berichtspflicht (→Berichtsgrundsätze und -pflichten des Wirtschaftsprüfers) liegt vor, wenn über das Ergebnis der Prüfung (→Prüfungsurteil) unrichtig berichtet wird, erhebliche Umstände verschwiegen werden oder ein inhaltlich unrichtiger →Bestätigungsvermerk (BestV) erteilt wird. Entscheidend ist, dass es sich um eine Prüfung i. S. d. § 316 HGB (→Jahresabschlussprüfung; →Konzernabschlussprüfung) gehandelt hat und über deren Ergebnis ein →Prüfungsbericht (PrB) erstattet und ein BestV erteilt wurde. Auf die rechtlich wirksame →Bestellung des Abschlussprüfers kommt es nicht an. Berichte über aktienrechtliche Sonderprüfungen (→Sonderprüfungen, aktienrechtliche) fallen nicht unter § 332 HGB, sind aber vergleichbar sanktioniert. Für freiwillige (Abschluss-) Prüfungen (→freiwillige und vertragliche Prüfung), wie etwa die →Due Diligence, gelten die allgemeinen Regelungen des Berufsrechts (→Berufsrecht des Wirtschaftsprüfers).

Nur über berichtspflichtige Sachverhalte kann auch unrichtig i. S. d. Vorschrift berichtet werden. § 321 Abs. 1 bis 4 HGB gibt den inhaltlichen Rahmen vor. Unrichtig muss der endgültige, schriftliche PrB sein. Entwürfe sind wie mündliche Auskünfte oder Aussagen gegenüber der HV (→Haupt- und Gesellschafterversammlung) oder dem AR (→Aufsichtsrat, mündliche Berichterstattung an) unbeachtlich. Werden pflichtig zu erstattende Berichte (→Redepflicht des Abschlussprüfers) vorab erstattet, ist § 332 HGB hingegen einschlägig. Maßstab für die Unrichtigkeit ist das Ergebnis der Prüfung. Der Bericht muss subjektiv richtig sein, sich also mit der Überzeugung des Prüfers und dem Ergebnis seiner Beurteilung decken (Hoyos/Huber 2006a, Rn. 11 zu § 323 HGB). Eine objektive Unrichtigkeit ist daher unbeachtlich, solange sich der (fälschlicherweise) angenommene und berichtete Sachverhalt mit der Überzeugung des Prüfers deckt. Andererseits führt auch eine objektive Richtigkeit zur Unrichtigkeit i. S. d. Norm.

Verschwiegen werden Umstände, wenn sie nicht erwähnt werden. Auch hier kommt es auf den Kenntnisstand des Abschlussprüfers an. Unbekannte Sachverhalte können nicht verschwiegen werden. Stets muss es sich um erhebliche Umstände handeln. Was erheblich ist, bestimmt der Einzelfall. Für nach § 321 Abs. 1 bis 4 HGB berichtspflichtige Sachverhalte wird dies immer der Fall sein (Quedenfeld 2001, Rn. 24 zu § 332 HGB). Das Verschweigen erheblicher Sachverhalte ist dabei von einer nicht ausreichenden Erläuterung abzugrenzen.

Ein BestV ist unrichtig, wenn er in seinem Ergebnis nicht mit der inneren Überzeugung des Abschlussprüfers übereinstimmt. Da der Versagungsvermerk nicht als BestV gilt, fällt ein unrichtiger Versagungsvermerk nicht unter § 332 HGB. Formale Mängel sind unbeachtlich. Wird der Vermerk unzulässigerweise nicht von einem →vereidigten Buchprüfer (vBP) oder WP unterzeichnet, liegt ein Verstoß gegen § 32 →Wirtschaftsprüferordnung (WPO) vor, nicht hingegen gegen § 332 HGB.

Die Norm stellt zunächst auf den APr als natürliche Person ab. Ist eine Prüfungsgesellschaft (→Revisions- und Treuhandbetriebe) gewählt, trifft die strafrechtliche Verantwortlichkeit die gesetzlichen Vertreter. Dies sind zunächst diejenigen, die auch den PrB und BestV unterzeichnen. Betroffen sind jedoch auch Verteter, die – ohne mit dem Mandat betraut zu sein – Kenntnis von den Unrichtigkeiten erlangen und diese dennoch zulassen.

Prüfungsgehilfen können sich gleichfalls strafbar machen. Der Begriff des Prüfungsgehilfen umfasst aber faktisch nur die nicht zur Geschäftsführung befugten Berufsangehörigen (→Berufsorganisation des Wirtschaftsprüferberufes). Die strafbare Handlung setzt voraus, dass tatsächlich Einfluss auf PrB und BestV genommen wurde. Dies setzt regelmäßig die verantwortliche Leitung einer Prüfung voraus.

Berichtssystem

Sind APr und Prüfungsgehilfe gemeinschaftlich tätig, werden beide als Täter behandelt. Kennt der APr die Unrichtigkeit nicht, beruht diese aber auf Handlungen des Prüfungsgehilfen, so wird Letzterer als Täter in mittelbarer Täterschaft gelten (Hoyos/Huber 2006b, Rn. 38 zu § 332 HGB).

Literatur: Quedenfeld, D.: Kommentierung des § 332 HGB, in: Schmidt, K. (Hrsg.): Münchener Kommentar zum Handelsgesetzbuch, Band 4, München 2001; Hoyos, M./Huber, H.-P.: Kommentierung des § 323 HGB, in: Ellrott, H. et al. (Hrsg.): BeckBilKomm, 6. Aufl., München 2006a; Hoyos, M./Huber, H.-P.: Kommentierung des § 332 HGB, in: Ellrott, H. et al. (Hrsg.): BeckBilKomm, 6. Aufl., München 2006b.

Torsten Maurer; Tobias Hüttche

Berichtssystem

Ein gutes Berichtssystem erreicht folgende *Ziele*:

1) Bereitstellung aller von den Führungskräften benötigten Daten zur richtigen Zeit und in der richtigen Form,
2) einfache Erstellung/Änderung von Berichten,
3) kurze Antwortzeiten,
4) transparenter und schneller Datenfluss sowie
5) leichte Änderung/Erweiterung des Datenmodells.

Die Informationsbedarfe der Führungskräfte dienen als Ausgangsbasis für die Identifikation der relevanten Datenquellen. Die Fakten daraus zu vereinheitlichen und zu aggregieren ist Gegenstand sog. *Extraktions-Transformations-Lade-Prozesse* (ETL-Prozesse). Ein Beispiel für eine Verdichtung von →Kosten und →Erlösen wäre:

- pro Erzeugnishauptgruppennummer,
- pro Erzeugnisgruppennummer,
- pro Erzeugnisnummer.

Durch Kombination dieser Verdichtungsstufen ergeben sich vielfältige Darstellungsmöglichkeiten (z.B. Erzeugnisgruppe pro Kunde, Erzeugnishauptgruppe pro Kundengruppe). Die Verdichtung von Inhalten aus einem oder mehreren Datenbeständen wird man nach Möglichkeit der Organisationshierarchie eines Unternehmens anpassen, um die Zuordnung von Informationen und Verantwortung zu gewährleisten.

Die für *Analysezwecke* aufbereiteten Daten werden meist in Data Warehouses bzw. Data Marts gespeichert.

Gestaltungsregeln, die einer besseren Informationsdarstellung auf Papier oder am Bildschirm dienen, sind:

1) Ein Berichtssystem soll einen formal einheitlichen Aufbau besitzen. Dazu gehören eine einheitliche Gestaltung des Berichtskopfes, die gleiche Reihenfolge von Summen- und Einzelinformationen und die gleiche Technik der Veranschaulichung von Ausnahmesituationen.

2) Informationen sollen nicht isoliert dargestellt, sondern durch Vergleichsgrößen relativiert werden. Neben Plan-, Ist- und Vergangenheitsvergleichen ist es besonders reizvoll, zwischenbetriebliche Vergleiche (→überbetriebliche Vergleiche) anzustellen oder sog. Benchmarks (→Benchmarking) durchzuführen.

3) Außergewöhnliche Datenkonstellationen sind hervorzuheben.

4) Controller mögen ihren Berichten, soweit sie nicht Routinecharakter haben, u. a. Informationen über die Methoden der Datenerhebung und exemplarische Rechenprozeduren beifügen.

Grafische Darstellungen übertreffen tabellarische oft an Aussagekraft. Dabei ist insb. auf eine einheitliche Notation, z. B. Planwerte immer blau, Istwerte immer grau, Kosten immer als Säulen etc., zu achten.

Ein besonderer Typus von Grafiken sind die *strukturellen Navigationshilfen*. Sie informieren über den Inhalt und die Organisation von großen Daten- und Wissensspeichern und erleichtern dem Nutzer die Orientierung. Beispiele sind:

1) Übersichtskarten zeigen die gesamte Datenorganisation „von hoher Warte". Mit Zoomtechniken und Schiebereglern kann man wahlweise Ausschnitte aus diesen Karten vergrößern und darin dann auch manipulieren.

2) Fischaugen-Ansichten in sog. Hyperbolischen Bäumen rücken interessante und wichtige Betrachtungsobjekte in den Mittelpunkt und platzieren weniger wichtige Informationen in der Peripherie. Gleichzeitig ist der Abstand zum Zentrum ein Indikator für die Relevanz des Eintrags.

3) Landmarken sind markante Objekte, die vom Autor eines Berichtssystems festgelegt werden. Diese Landmarken können von allen Systempunkten jederzeit erreicht werden.

4) Führungen, sog. „Guided Tours", präsentieren ausgewählte Informationen in spezieller Folge, um vor allem den weniger eingearbeiteten Benutzer von der eigenständigen Informationssuche zu entlasten.

Insb. gilt es, die Führungskräfte auf Ausnahmesituationen, also Abweichungen von bisher üblichen, prognostizierten oder geplanten Ergebnissen, hinzuweisen.

Welche Abweichung eine Ausnahme darstellt, lässt sich auf zwei Arten feststellen: Einmal mag man über einen Parameter für eine Größe (z. B. Abweichung vom Planumsatz) Toleranzen vorgeben, deren Überschreitung dazu führt, dass diese Abweichung eine Ausnahme wird. Die Toleranz kann absolut, z. B. „200.000 € Abweichung vom Planumsatz", oder prozentual, z. B. „5 % Abweichung vom Planumsatz", angegeben werden. Zum anderen ist es möglich, die Ausnahme variabel zu definieren, etwa jeweils die zehn größten Differenzen als „Ausnahme" zu bezeichnen („Hitliste").

Gibt man einen absoluten oder prozentualen Schwellenwert vor, so werden auf den unteren Verdichtungsstufen weit mehr Meldungen generiert als auf den oberen, weil sich an der Spitze der Verdichtungspyramide die positiven und negativen Abweichungen der unteren Verdichtungsebenen weitgehend ausgleichen. Hier empfiehlt es sich die Standardabweichung zugrunde zu legen.

Für die Darstellung von Ausnahmen sind u. a. folgende Varianten möglich:

- Kennzeichnung am Bildschirm mit unterschiedlichen Farben. Beliebt ist die Ampelfunktion, wobei gefährliche Sachverhalte mit roter, erfreuliche mit grüner und neutrale mit gelber Farbe gekennzeichnet werden,
- getrenntes Ausweisen, z. B. auf gesonderten Seiten, sowie
- verbale Kurzgutachten mit Angabe der wichtigsten Ursachen, Gefahren (etwa Hochrechnungen) und Bewertungen der Situation („Expertisesystem").

Literatur: Chamoni, P./Gluchowski, P.: Analytische Informationssysteme, 3. Aufl., Berlin et al. 2006; Mertens, P./Griese, J.: Integrierte Informationsverarbeitung, Band 2: Planungs- und Kontrollsysteme in der Industrie, 9. Aufl., Wiesbaden 2002.

Peter Mertens

Bernoulli-Prozess →Binomische Verteilung

Berufsakademien, Forschung im Prüfungswesen

Unter dem Begriff „Forschung" wird die gezielte systematische Suche nach neuen wissenschaftlichen Erkenntnissen und Methoden verstanden. Dabei wird zwischen der *Grundlagenforschung* („reine" Forschung) und der *angewandten Forschung* („Zweckforschung") unterschieden. Die angewandte Forschung unterscheidet sich von der Grundlagenforschung vor allem darin, dass sie konkrete Problemstellungen der Praxis aufgreift und praktische Problemlösungen in Form von normativen Modellen und Regeln zu erarbeiten versucht, während die Grundlagenforschung sich mit wissenschaftlichen Problemen beschäftigt und hierfür allgemein gültige Problemlösungen in Form von deskriptiven Theorien zu entwickeln versucht (Ulrich 1984, S. 202 f.). Bei der angewandten Forschung stehen also die Entwicklung konkreter Modelle, Regeln und Verfahren sowie deren praktische Anwendbarkeit im Vordergrund. Die angewandte Forschung stellt somit das *Bindeglied* zwischen der *Grundlagenforschung* und der *betrieblichen Praxis* dar. Das theoretische Wissenschaftsverständnis der Betriebswirtschaftlehre, und damit auch des Prüfungswesens (→Geschichte des Prüfungswesens), basiert vorwiegend auf der angewandten Forschung (Thommen/Achleitner 2004, S. 51).

Dieses empirisch orientierte Wissenschaftsverständnis (→empirische Forschung im Prüfungswesen) deckt sich mit dem Leitgedanken der *dual aufgebauten Studiengänge* an den Berufsakademien, deren Konzeption darin besteht, eine fundierte theoretische Hochschulausbildung mit der konkreten praktischen Umsetzung zu vernetzen. Da die Ausrichtung der Berufsakademien in den einzelnen Bundesländern unterschiedlich ist (→ Berufsakademien, Lehre im Prüfungswesen), beziehen sich die nachstehenden Ausführungen auf die staatlichen Berufsakademien in Baden-Württemberg, deren gesetzliche Rahmenbedingungen im LHG geregelt sind.

Nach § 84 LHG zählt die inhaltliche Weiterentwicklung des Fachgebiets und damit auch die angewandte Forschung zu den Kernaufgaben der hauptamtlichen Professoren der Berufsakademien in Baden-Württemberg. Nach § 33 LVO muss der hauptamtliche Professor an einer Berufsakademie „über eine besondere Befähigung zu wissenschaftlicher Arbeit" verfügen. Einstellungsvoraussetzung ist daher i. d. R. die Promotion. Ferner muss eine mindestens fünfjährige erfolgreiche berufliche Tätigkeit nach dem Universitätsstudium (→Universitäten, Lehre im Prüfungswesen; →Universitäten, Forschung im Prüfungswesen) nachgewiesen werden, davon mindestens 2,5 Jahre außerhalb des Hochschulbereichs. Die Professoren können nach § 84 Abs. 8 LHG zur „beruflichen und wissenschaftlichen Fortbildung" alle 4 Jahre ein sog. Fortbildungshalbjahr beantragen.

Angewandte Forschung an den Berufsakademien ist eine wichtige Voraussetzung für *innovative Lehre* und für einen *erfolgreichen Wissenstransfer* aus den Berufsakademien in die Wirtschaft, gerade auch in die mittelständischen Prüfungsgesellschaften (→Revisions- und Treuhandbetriebe). Die wissenschaftliche Arbeit der Professoren wird vor allem durch Fachbeiträge in renommierten Zeitschriften und Sammelbänden sowie eigenständige Buchveröffentlichungen dokumentiert. Flankiert wird die wissenschaftsbasierte Arbeit durch Fachgutachten und die Vergabe sowie Betreuung von Diplomarbeiten, in denen konkrete Lösungsansätze für Problemstellungen in der Praxis erarbeitet werden.

Im Bereich des Prüfungswesens sind derzeit vor allem folgende Themenbereiche Gegenstand der angewandten Forschungsarbeiten an den Berufsakademien:

Internationale Rechnungslegung: Die →Jahresabschlussprüfung erstreckt sich zunehmend auf Abschlüsse nach →International Financial Reporting Standards (IFRS) und →United States Generally Accepted Accounting Principles (US GAAP). Diese Rechnungslegungsnormen müssen in den Kontext der deutschen →Bilanztheorien eingeordnet und unter Beachtung der deutschen Rahmenbedingungen (u. a. dem →Maßgeblichkeitsprinzip der Handels- für die Steuerbilanz) in der Praxis umgesetzt werden.

Bilanzpolitik und Bilanzanalyse: Der Übergang auf IFRS (→Internationale Rechnungslegung, Umstellung auf) eröffnet einerseits ein neues bilanzpolitisches Instrumentarium (→bilanzpolitische Gestaltungsspielräume nach IFRS) und stellt andererseits die Bilanzanalyse vor neue Herausforderungen (→Jahresabschlussanalyse; →Jahresabschlussanalyse, Methoden der). Vor diesem Hintergrund ist die Entscheidungsrelevanz der IFRS-Abschlüsse für die interne Führung und Steuerung (→wertorientierte Unternehmensführung; →Unternehmenssteuerung, wertorientierte) und die externe Bilanzanalyse kritisch zu beleuchten.

Prüfungsablauf und Prüfungseffizienz: Gegenstand der Untersuchungen sind vor allem die Möglichkeiten und Grenzen zur Steigerung der Effizienz von Prüfungsabläufen (→Prüfungsprozess) durch Einsatz moderner ganzheitlicher Prüfungsmethoden (geschäftsrisikoorientierte Prüfung; →Transaction Flow Auditing; →Balance Sheet Auditing etc.).

Unabhängigkeit des Abschlussprüfers: Aus den theoretischen Ansätzen zur Unabhängigkeitsgefährdung und aufgrund konkreter Erfahrungen (z. B. *Enron*-Skandal) müssen konkrete Konzepte zur Stärkung der Unabhängigkeit des →Abschlussprüfers (u. a. →Prüferrotation; →Enforcementsysteme; →Peer Review; Trennung von Prüfung und Beratung) erarbeitet werden, die in Einklang mit dem Postulat einer effizienten Abschlussprüfung (→Jahresabschlussprüfung; →Konzernabschlussprüfung) stehen (→Unabhängigkeit und Unbefangenheit des Wirtschaftsprüfers).

Unternehmensanalysen: Zum Aufgabengebiet des Wirtschaftsprüfers gehört die →Unternehmensberatung. Ein typisches Betätigungsfeld ist dabei die →Unternehmensbewertung. Für die Umsetzung der neueren kapitalmarktorientierten Verfahren der Unternehmensbewertung (→Unternehmensbewertung, marktorientierte; →Discounted Cash Flow-Methoden; →Ertragswertmethode; →Realoptionen) müssen gerade auch für mittelständische Unternehmen (→kleine und mittlere Unternehmen) operationale Ansätze entwickelt werden.

Literatur: Thommen, J.-P./Achleitner, A.-K.: Allgemeine Betriebswirtschaftslehre, 4. Aufl., Wiesbaden 2004; Ulrich, H.: Management, Bern/Stuttgart 1984; Weber, J.: Theorie und Praxis – ein Widerspruch? Ein Plädoyer für Wissenschaft und wissenschaftliches Arbeiten, in: Studium & Praxis 4 (2003), S. 2–18.

Klaus Hahn

Berufsakademien, Lehre im Prüfungswesen

An den staatlichen Berufsakademien in Baden-Württemberg werden seit 1974 *dual aufgebaute Studiengänge* angeboten, deren Konzeption darin besteht, eine fundierte theoretische Hochschulausbildung mit der konkreten praktischen Umsetzung zu verbinden. In den Neuen Bundesländern Sachsen und Thüringen sowie in Berlin wurden ebenfalls staatliche Berufsakademien eingerichtet. In Bundesländern wie Niedersachsen, Hamburg oder Nordrhein-Westfalen sind die Berufsakademien privat organisiert. Da der Studienverlauf und die Abschlüsse in den einzelnen Bundesländern unterschiedlich sind, beziehen sich die nachstehenden Ausführungen auf die staatlichen Berufsakademien in Baden-Württemberg, deren gesetzliche Rahmenbedingungen das LHG regelt.

Zugangsvoraussetzungen und Standorte: Voraussetzung für ein Studium an der Berufsakademie (University of Cooperative Education) ist grundsätzlich das *Abitur*, die Fachhochschulreife reicht nicht aus. Ab dem Studienjahr 2006/07 sind Berufstätige auch ohne Abitur, die die in § 89 LHG genannten Voraussetzungen erfüllen (insb. einschlägige Praxiserfahrung), zum Studium in einem der bisherigen Aus- und Fortbildung entsprechenden Studiengang berechtigt. Die von der Berufsakademie evaluierten und zugelassenen *Unternehmen* wählen eigenständig die Studierenden aus, die formalrechtliche Zulassung erfolgt durch die Berufsakademie. Während des Studiums wechseln sich im Dreimonats-Rhythmus Theoriephasen an der Berufsakademie und Praxisphasen in den Partnerunternehmen ab. Zurzeit sind an den Berufsakademien in Baden-Württemberg rund 20.000 Studierende von mehr als 8.000 Unternehmen aus allen Bundesländern eingeschrieben. Bereits 1980 wurde ein eigener Studiengang „Steuern und Prüfungswesen" an den Standorten Stuttgart und Villingen-Schwenningen eingerichtet. Später hinzugekommen sind die Standorte Karlsruhe, Mannheim und Mosbach (s. Abb.).

Insgesamt sind an allen Standorten in Baden-Württemberg derzeit über 700 Studierende in diesem Studiengang eingeschrieben.

Studieninhalte: Die Studieninhalte im Studiengang Steuern und Prüfungswesen sind gekennzeichnet durch zwei Schwerpunkte, nämlich einerseits der *Betriebswirtschaftlichen Steuerlehre* und andererseits dem *Rechnungs- und Prüfungswesen*. Gegenstand sind darüber hinaus vor allem die Allgemeine Betriebswirtschaftslehre, Wirtschafts- und Unternehmensrecht sowie Volkswirtschaftslehre und ergänzende Fächer wie Wirtschaftsenglisch, Rhetorik/Präsentation, Mathematik/Statistik und EDV. Je nach Wahl des Studierenden kann Prüfungswesen in unterschiedlichem Umfang an den einzelnen Standorten vertieft werden. Prüfungswesen wird an allen Standorten in Baden-Württemberg im 5. und 6. Semester angeboten. Darüber hinaus kann an den Berufs-

Abb.: Berufsakademien-Überblick

Berufsakademie	Homepage	Studiengangsleiter	Anzahl der Studierenden (1. 10. 2005)
Stuttgart	www.ba-stuttgart.de/steuern	Prof. Dr. Klaus Hahn Prof. Dr. Torsten Maurer Prof. Dr. Uwe Schramm	254
Villingen/Schwenningen	www.ba-vs.de/steuern-pruefungswesen	Prof. Dr. Thomas Grubert Prof. Dr. Wolfgang Hirschberger Prof. Dr. Clemes Wangler	212
Mannheim	www.meyer-ba.vircon.net	Prof. Dr. Ulrich Harbrücker Prof. Holger Meyer	153
Karlsruhe	www.ba-karlsruhe.de	Prof. Peter Kortschak	66
Mosbach	www.ba-mosbach.de/sp	Prof. Dr. Elke Heizmann	35
Dresden	www.ba-dresden.de	Prof Dr. Ulrike Fritschler	135
Leipzig	www.ba-leipzig.de	Prof. Dr. Claudia Siegert	108
Berlin	www. ba-berlin.de	Prof. Dr. Richard Bosley	78

akademien in Stuttgart und Villingen-Schwenningen Prüfungswesen vom 1. bis zum 6. Semester als eigenständige Vertiefungsrichtung gewählt werden.

Gegenstand der Vorlesungen in der Vertiefungsrichtung Prüfungswesen: In den Grundlagenveranstaltungen zum Prüfungswesen werden einerseits berufsrechtliche Fragen [Berufsbild (→Berufsbild des Wirtschaftsprüfers), Berufsorganisation (→Berufsorganisation des Wirtschaftsprüferberufes) und →Prüfungsnormen] und andererseits die Konzeption der →Prüfungsplanung sowie die unterschiedlichen theoretischen Ansätze der →Jahresabschlussprüfung behandelt. Gegenstand der Aufbauveranstaltungen sind die konkrete Ausweis-, Bestands- und →Bewertungsprüfung einzelner Bilanzposten sowie die Prüfung der Gewinn- und Verlustrechnung (GuV), des Cash Flow-Statements, der →Segmentberichterstattung, des →Anhangs und des →Lageberichts. Parallel hierzu werden separate Vorlesungen zur Rechnungslegung nach den →International Financial Reporting Standards (IFRS) und zur Konzernrechnungslegung angeboten, sodass in den Vorlesungen zum Prüfungswesen gerade auch auf diese Abschlüsse eingegangen werden kann. In weiteren Aufbauveranstaltungen werden ausgewählte Einzelprüfungen besprochen, wie z.B. die Prüfung von Quartalsberichten (→Zwischenabschlüsse, →Zwischenberichterstattung), die Prüfung der →Ad-hoc-Publizität und vor allem die Sonderprüfungen [→Gründungsprüfungen, Verschmelzungsprüfungen (→Umwandlungsprüfungen), →Unterschlagungsprüfungen etc.]. Die hierfür erforderlichen steuerrechtlichen, gesellschaftsrechtlichen und strafrechtlichen Kenntnisse werden wiederum parallel in einschlägigen Veranstaltungen behandelt, wie z.B. zur Wahl und Besteuerung von →Unternehmensformen (→Unternehmensformen, Wahl der) oder zum Gesellschaftsrecht. Abgerundet wird das Curriculum mit Veranstaltungen, die sich mit den Besonderheiten der Prüfung branchenspezifischer Abschlüsse (→Kreditinstitute, →Versicherungsunternehmen, →Genossenschaften) beschäftigen. Gegenstand der Abschlussprüfung (→Jahresabschlussprüfung, →Konzernabschlussprüfung) ist zunehmend das Unternehmen als Ganzes, d.h. die Unternehmensstrategie, die →Unternehmensbewertung, das Unternehmensumfeld und die →Geschäftsprozesse rücken in den Blickwinkel der Abschlussprüfung. Diese Themengebiete werden in den Vorlesungen zur →Unternehmensberatung vom 4. bis zum 6. Semester behandelt, sodass im Rahmen der Veranstaltungen zum Prüfungswesen gezielt auf die ganzheitlichen prozess- und risikoorientierten Ansätze (→risikoorientierter Prüfungsansatz) eingegangen werden kann.

Unterrichtsmethodik und Didaktik: Die Unterrichtsmethodik ist gekennzeichnet durch ein seminaristisches Konzept. In kleinen Gruppen (ca. 25 Personen) werden den Studierenden die Studieninhalte sowohl wissenschaftsbasiert als auch anwendungsorientiert vermittelt. Neben den hauptamtlichen Dozenten werden die Veranstaltungen von hoch qualifizierten nebenberuflichen Dozenten/Dozentinnen abgehalten, die als WP, →Steuerberater (StB) oder →Unternehmensberater tätig sind. Durch Planspiele werden zudem Methodenkompetenz, Führungseigenschaften, Selbstständigkeit und Teamfähigkeit geschult. Auf Basis des so erworbenen Fachwissens sind die Studierenden frühzeitig in der Lage, während der Praxisphasen wertschöpfende Tätigkeiten zu erbringen und ihr gelerntes Wissen umzusetzen. Neben diesem Qualifizierungsmehrwert steht die Vermittlung von Sozialkompetenz in den Praxisphasen im Vordergrund.

Anforderungen an die Studierenden: In Anbetracht der Komplexität der Studieninhalte und der ständig wechselnden Theorie- und Praxisphasen erfordert der Studiengang von den Studierenden ein hohes Maß an Motivation, Leistungsbereitschaft, Belastbarkeit und analytischem Denkvermögen zur Erarbeitung praxisorientierter Lösungen. Voraussetzungen sind ferner Kontaktfreudigkeit sowie Überzeugungs- und Teamfähigkeit.

Einsatzgebiete nach erfolgreichem Abschluss: Infolge der breiten betriebswirtschaftlichen Ausbildung zum Diplom-Betriebswirt/in können die Absolventen grundsätzlich in allen Bereichen des Finanz- und →Rechnungswesens tätig werden. Schwerpunktmäßig werden sie in Steuerberatungs- und Wirtschaftsprüfungsunternehmen tätig, aber auch in Steuer- und Rechnungswesenabteilungen größerer Unternehmen sowie in Beratungsgesellschaften.

Qualitätssicherung: Die Berufsakademien in Baden-Württemberg verfügen seit 2001 über ein Qualitätsmanagementsystem. Darüber hinaus sind sie durch den *OUVS* in London und die *ZEvA* akkreditiert. An der Evaluierung der Lehre sind auch die Studierenden beteiligt.

Bezeichnung und Rechtsstellung des Abschlusses: Der Abschluss an einer Berufsakademie ist nach § 76 LHG dem Abschluss einer Fachhochschule gleichwertig und vermittelt dieselben Berechtigungen. Die Studierenden im Studiengang Steuern und Prüfungswesen schließen zurzeit mit dem Titel „Diplom-Betriebswirt/in (BA)" ab. Darüber hinaus erhalten sie auf Antrag (ohne Zusatzprüfung) eine Bachelor-Urkunde der *Open University*. Ab dem Abschlussjahrgang 2009 wird anstelle des Titels „Diplom-Betriebswirt" durch die Berufsakademie selbst der Titel „Bachelor of Arts" verliehen. Die Kultusministerkonferenz hat im Oktober 2004 die hochschulrechtliche Gleichstellung der Bachelor-Abschlüsse der Berufsakademien in akkreditierten Studiengängen beschlossen. Die Absolventen der Berufsakademien sind damit hinsichtlich der Aufnahme weiterführender Studiengänge (Master, Promotion) den Bachelor-Absolventen der Universitäten und Fachhochschulen gleichgestellt. Das LHG sieht in § 78 i.V.m. § 92 Abs. 2 überdies vor, dass Berufsakademien – nach Erlass einer entsprechenden Rechtsverordnung – Aufbaustudiengänge anbieten können, die mit einem Master-Degree abschließen.

Berufsexamina: Die Diplom-Betriebswirte/innen der staatlichen Berufsakademien werden nach § 36 StBerG zur Steuerberaterprüfung zugelassen, wenn sie nach Abschluss des Diploms 3 Jahre auf dem Gebiet der von den Bundes- und Landesfinanzbehörden verwalteten Steuern tätig waren. Die Zulassung zum →Wirtschaftsprüfungsexamen (→Berufszugang zum Wirtschaftsprüfer) ist gem. § 9 →Wirtschaftsprüferordnung (WPO) nach vierjähriger Tätigkeit im Anschluss an das Diplom möglich, wenn die Anstellung bei einem Wirtschaftsprüfungsunternehmen erfolgte und mindestens 2 Jahre überwiegend Prüfungstätigkeiten ausgeübt wurden.

Literatur: Freidank, C.-Chr. (Hrsg.): Die deutsche Rechnungslegung und Wirtschaftsprüfung im Umbruch. FS für Wilhelm Theodor Strobel zum 70. Geburtstag, München 2001; Marten, K.-U./Quick, R./Ruhnke, K.: Wirtschaftsprüfung. Grundlagen des betriebswirtschaftlichen Prüfungswesens nach nationalen und internationalen Normen, 2. Aufl., Stuttgart 2003.

Walter Schneider; Klaus Hahn

Berufsaufsicht für Steuerberater

→Steuerberater (StB) und StBv üben kein Gewerbe, sondern einen freien Beruf aus (§ 32 Abs. 2 StBerG). Als Organ der Steuerrechtspflege sind sie nicht ausschließlich Interessenvertreter des Mandanten, sondern auch dem Gemeinwohl verpflichtet. Anders als Gewerbetreibende unterliegen StB und StBv daher einer besonderen berufsrechtlichen Bindung. Zu den von ihnen zu beachtenden Berufspflichten gehören insb. die Pflicht zur unabhängigen, eigenverantwortlichen und gewissenhaften Berufsausübung, die Pflicht zur Verschwiegenheit sowie die Pflicht zum Abschluss einer angemessenen Berufshaftpflichtversicherung (→Berufsgrundsätze des Steuerberaters; →Berufshaftpflichtversicherung des Wirtschaftsprüfers und des Steuerberaters).

Zum Schutz der Mandanten, aber auch der Allgemeinheit ist es erforderlich, dass die Einhaltung der Berufspflichten durch die Berufsangehörigen überwacht wird. Der Gesetzgeber hat diese Aufgabe dem Berufsstand als Teil der beruflichen Selbstverwaltung übertragen. Hierfür war die Überlegung entscheidend, dass der Berufsstand aufgrund der größeren Sachnähe die Berufsaufsicht effektiver wahrnehmen kann als der Staat. Auch reagierte der Gesetzgeber damit auf den Einwand, der StB könne u. U. bei der Vertretung seiner Mandanten gegenüber der Finanzverwaltung nicht mit der gebotenen Härte auftreten, wenn er deren Aufsicht unterliege. § 76 Abs. 1 StBerG bestimmt daher, dass die StBK die Aufgabe hat, die Erfüllung der beruflichen Pflichten durch die Kammermitglieder zu überwachen. Diese Aussage wird in § 76 Abs. 2 Nr. 4 StBerG noch einmal wiederholt und dahingehend konkretisiert, dass es der StBK insb. obliegt, das Recht zur Erteilung einer Rüge nach § 81 StBerG zu handhaben.

Die Berufsaufsicht stellt eine gesetzliche Pflichtaufgabe der StBK dar, deren Ausübung nicht im Ermessen der Kammer liegt. Bei bestehenden Verdachtsmomenten muss sie von Amts wegen tätig werden und prüfen, ob eine Berufspflichtverletzung vorliegt. Dagegen steht es im Ermessen der StBK, welche berufsaufsichtlichen Maßnahmen sie im Einzelfall bei Vorliegen einer Berufspflichtverletzung ergreift. Ein Anspruch Dritter auf das Ergreifen von Aufsichtsmaßnahmen oder auf eine fehlerfreie Ermessensentscheidung besteht nicht (BVerwG-Beschluss vom 20.10.1992, S. 2066). In persönlicher Hinsicht ist die Berufsaufsicht auf die eigenen Kammermitglieder beschränkt. Gegenüber Steuerberatern, die Mitglied einer anderen StBK sind und im Kammerbereich tätig werden, darf die StBK im Wege der Berufsaufsicht daher nicht vorgehen (Gehre/Borstel, Rn. 4 zu § 76 StBerG, S. 345).

Stellt die StBK eine Berufspflichtverletzung fest, hat sie je nach Schwere der Pflichtverletzung und des Verschuldens des Berufsangehörigen die folgenden Möglichkeiten: Bei leichten Pflichtverstößen kann sich die Kammer darauf beschränken, dem Kammermitglied eine sog. missbilligende Belehrung auszusprechen, in der sie sein Verhalten missbilligt und ihn über die bestehende Rechtslage belehrt. Hält die StBK die Erteilung einer missbilligenden Belehrung nicht für ausreichend, kann sie dem betroffenen Berufsangehörigen gem. § 81 StBerG auch eine Rüge erteilen, wenn die „Schuld des Mitglieds gering ist und ein Antrag auf Einleitung eines berufsgerichtlichen Verfahrens nicht erforderlich erscheint." Ist das Verschulden des Berufsangehörigen nicht mehr als gering anzusehen und scheidet damit die Erteilung einer Rüge aus, hat die StBK schließlich die Möglichkeit, die Durchführung eines berufsgerichtlichen Ermittlungsverfahrens bei der zuständigen Staatsanwaltschaft zu beantragen (→Berufsgerichtsbarkeit für Steuerberater).

Die StBK ist im Rahmen der Berufsaufsicht nicht auf ein hoheitliches Vorgehen beschränkt. Sofern die berufsrechtlichen Aufsichtsmittel nicht ausreichen, um dem Berufsrechtsverstoß zu begegnen, kann sie auch zivilrechtlich gegen Kammermitglieder vorgehen und nach dem UWG auf Unterlassung klagen (BVerfG-Beschluss vom 26.10.2004, S. 366). Für eine solche wettbewerbsrechtliche Unterlassungsklage ist die StBK nach § 8 Abs. 3 Nr. 2 UWG aktiv legitimiert.

Literatur: BVerfG-Beschluss vom 26.10.2004, Aktz. 1 BvR 981/00, BVerfGE Band 111, S. 366–381; BVerwG-Beschluss vom 20.10.1992, Aktz. 1 B 23/92, NJW 46 (1993), S. 2066–2067; Gehre, H./Borstel, R. v.: Steuerberatungsgesetz, 5. Aufl., München 2005.

Klaus Heilgeist

Berufsaufsicht für Wirtschaftsprüfer, international

Die Aufsicht über →Abschlussprüfer (APr) oblag bis zu Beginn der 2000er Jahre überwiegend nationalen berufsständischen Selbstverwaltungskörperschaften (Self-Regulation), ggf. unter der Rechtsaufsicht eines nationalen Ministeriums (Monitored Self-Regulation) (→Berufsaufsicht für Wirtschaftsprüfer, national). Die Aufgaben dieser Form der Berufsaufsicht bestanden i. d. R. in der Zulassung zum Beruf (→Berufszugang zum Wirtschaftsprüfer) und der Ahndung von Verstößen gegen nationale →*Berufspflichten des Wirtschaftsprüfers*. Teilweise zählte auch die Organisation von Systemen zur externen →Qualitätskontrolle in der Wirtschaftsprüfung zu deren Aufgaben, so z. B. das 1977 vom →*American Institute of Certified Public Accountants* (*AICPA*) eingeführte Peer Review-Programm (→Peer Review), welches heute – nach mehrfachen Änderungen – immer noch für die Abschlussprüfungen von nicht der Aufsicht durch die →*Securities and Exchange Commission* (*SEC*) unterliegenden Unternehmen relevant ist. Inzwischen werden infolge größerer Bilanzskandale (→Bilanzfälschung), die zu deutlichen Verlusten an den internationalen Kapitalmärkten führten, neue und weitergehende Anforderungen an Organisation und Aufgaben einer Berufsaufsicht über APr gestellt. Dabei geht die Entwicklung weg von der Selbstregulierung bis hin zu einer ausschließlich durch Berufsfremde ausgeübten Berufsaufsicht.

Diese Entwicklung begann in den →United States of America (USA). Mit dem SOA von 2002 wurde dort eine vom Berufsstand unabhängige, zwar privatwirtschaftlich organisierte, aufgrund der äußerst umfangreichen Kontroll- und Durchsetzungsbefugnisse der *SEC* jedoch de facto staatliche Aufsichtsbehörde, das →*Public Company Accounting Oversight Board* (*PCAOB*) geschaffen (→Sarbanes Oxley Act, Einfluss auf das Prüfungswesen) (Lenz 2002, S. 2273). Dessen Aufsicht erstreckt sich auf alle in- und ausländischen WPGes (Public Accounting Firms) einschl. der Mitglieder in deren →Unternehmensnetzwerken, die Abschlüsse von bei der SEC registrierten Emittenten (Issuer) prüfen oder in wesentlichem Umfang zu einer solchen Abschlussprüfung (→Jahresabschlussprüfung; →Konzernabschlussprüfung) beitragen, wie

z. B. die Prüfung größerer Tochtergesellschaften im Konzern (→Konzernarten) eines solchen Emittenten durchführen. Nicht-US-amerikanische APr, die diese Bedingungen erfüllen und sich zu diesem Zweck beim *PCAOB* registrieren lassen müssen, unterliegen damit neben ihrer jeweiligen nationalen Berufsaufsicht auch der Aufsicht des *PCAOB*. Die Befugnisse des *PCAOB* sind dabei äußerst weit reichend. Es hat die Autorität über die Standardsetzung, in dem es →*Berufsgrundsätze des Wirtschaftsprüfers*, wie etwa →Prüfungsnormen, sowie Standards zur →Qualitätssicherung und zur →Unabhängigkeit und Unbefangenheit des Wirtschaftsprüfers, entweder von Berufsorganisationen übernehmen oder eigenständig formulieren kann. Gleichzeitig überwacht es die Einhaltung dieser Standards und der Vorschriften der *SEC* im Rahmen regelmäßiger Qualitätskontrollen (Inspections) und nimmt bei Hinweisen auf mögliche Pflichtverletzungen, i. d. R. auf Veranlassung der *SEC*, anlassbezogene Sonderuntersuchungen (Investigations) bei den Abschlussprüfern vor. Schließlich obliegt dem *PCAOB* auch die Ahndung festgestellter Pflichtverletzungen, die bis zum Entzug der Registrierung und damit dem dauerhaften Tätigkeitsverbot in Bezug auf die Abschlussprüfung von Emittenten auf dem US-Kapitalmarkt führen kann. Zusätzlich zu dieser (quasi-) staatlichen Berufsaufsicht für APr kapitalmarktorientierter Unternehmen verbleibt die Berufsaufsicht für die in den jeweiligen Bundesstaaten der USA zugelassenen APr bei den *State Boards of Accountancy*, die dort jeweils als Selbstverwaltungskörperschaften organisiert sind.

Im Anschluss an die Veränderungen in den USA und mit Blick auf den Beitrag der Abschlussprüfung zur Stabilität der Kapitalmärkte hat die internationale Vereinigung der Wertpapieraufsichtsbehörden, *IOSCO*, im Oktober 2002 „Principles of Auditor Oversight" veröffentlicht, in denen sie eine berufsstandsunabhängige, „öffentliche Aufsicht" (Public Oversight) fordert, die sowohl über die Qualität der berufsständischen Facharbeit als auch über die Einhaltung der sich daraus ergebenden Berufsgrundsätze (einschl. Prüfungsgrundsätze, Unabhängigkeitsregeln und Standards zur internen →*Qualitätssicherung*) wachen soll. Darüber hinaus soll diese „öffentliche Aufsicht" entweder selbst disziplinarisch tätig werden können oder, sofern die Ahndung von Pflichtverletzungen weiterhin dem Berufsstand selbst überlassen bleibt, die Ausübung der Disziplinargewalt durch die zuständige Berufsorganisation überwachen. Schließlich soll die „öffentliche Aufsicht" zur Durchführung der vorstehenden Aufgaben mit ausreichenden Befugnissen ausgestattet sein sowie auf eine solide Finanzierung bauen können, die vom Berufsstand nicht beeinflusst werden kann (IOSCO 2002, S. 3).

Den Anforderungen der *IOSCO* vergleichbar, jedoch mit dem über das Kapitalmarktinteresse hinausgehenden Bezug auf den gesamten Berufsstand, stellt der europäische Gesetzgeber mit der RL 2006/43/EG (sog. novellierte APr-RL) grundsätzliche Anforderungen an die Berufsaufsichten in den einzelnen Mitgliedstaaten der EU (Art. 32), die ergänzt werden um die Forderung nach einer EU-weiten Koordination der Berufsaufsichten (Art. 34 und 36) und um Regelungen zur Kooperation mit Berufsaufsichten aus Drittstaaten (Art. 46 Abs. 2 f. und Art. 47), wie z. B. mit dem *PCAOB* (Lanfermann 2005, S. 2649 f.). Zu den von den Mitgliedstaaten bei der Gestaltung ihrer jeweiligen Berufsaufsichten zu beachtenden Grundsätzen gehören die Schaffung eines von mehrheitlich aus Berufsfremden geleiteten, transparenten und von Einflussnahmen einzelner WP oder WPGes (→Revisions- und Treuhandbetriebe) frei finanzierten Systems einer „öffentlichen Aufsicht", das die abschließende fachbezogene Verantwortung hat über

- die Zulassung und Registrierung von WP und WPGes,
- die Verabschiedung von Berufspflichten, Prüfungs- und Qualitätssicherungsstandards,
- die Maßnahmen zur laufenden Fort- und Weiterbildung (→Aus- und Fortbildung des Wirtschaftsprüfers),
- die Durchführung von externen Qualitätskontrollen und anlassbezogenen Sonderuntersuchungen sowie
- über die Maßnahmen der Disziplinaraufsicht.

Die detaillierte Gestaltung von Organisation und Befugnissen der jeweiligen Berufsaufsicht bleibt den einzelnen EU-Mitgliedstaaten überlassen. So ist es nicht unbedingt erforderlich, dass die „öffentliche Aufsicht" selbst über unmittelbare aufsichtsrechtliche Befugnisse, wie z. B. die eigenständige Durchführung der Qualitätskontrolle oder die Ausübung der Disziplinargewalt, verfügt. Sie muss lediglich in der Lage sein, geeignete Aufsichtsmaßnahmen initiieren und ggf. Sonderuntersuchungen bei Abschlussprüfern durchführen zu können (Art. 32 Abs. 5 novellierte APr-RL). In Antizipation dieser Richtlinienbestimmungen haben einige Mitgliedstaaten der EU – wie auch die BRD mit der →*Abschlussprüferaufsichtskommission (APAK)* – bereits Aufsichtssysteme entwickelt, deren Strukturen sich aufgrund der jeweiligen Historie und des Rechtssystems zwar erheblich voneinander unterscheiden, den vorstehenden Grundsätzen jedoch entsprechen (→ Berufsaufsicht für Wirtschaftsprüfer, national; → Richtlinien und Verordnungen der Europäischen Union, Bedeutung für Rechnungslegung und Unternehmensüberwachung).

Literatur: IOSCO: Principles for Auditor Oversight, A Statement of the Technical Committee of the International Organisation of Securities Commissions, October 2002, http://www.ifac.org/Credibility/ViewPoints.Category.php?CatID=001 (Download: 9. Dezember 2005); Lanfermann, G.: Modernisierte EU-Richtlinie zur gesetzlichen Abschlussprüfung, in: DB 58 (2005), S. 2645–2650; Lenz, H.: Sarbanes-Oxley Act of 2002 – Abschied von der Selbstregulierung der Wirtschaftsprüfer in den USA, in: BB 57 (2002), S. 2270–2275.

Michael Niehues

Berufsaufsicht für Wirtschaftsprüfer, national

WP und →vereidigte Buchprüfer (vBP) üben einen freien Beruf aus. Sie erfüllen besondere Aufgaben des Gemeinwohls. Die Ausübung des Berufs und dazu erforderliche Rechte und Pflichten sind besonders reglementiert [→ Wirtschaftsprüferordnung (WPO)]. Damit Berufspflichten (→ Berufspflichten des Wirtschaftsprüfers; → Berufsgrundsätze des Wirtschaftsprüfers) eingehalten werden, müssen Verstöße sanktioniert werden.

Nach internationalem Verständnis ist die Berufsaufsicht umfassend zu verstehen, d. h. sie erfasst die repressive Aufsicht (Disziplinaraufsicht) und die präventive Aufsicht (Widerrufsverfahren; → Qualitätskontrolle in der Wirtschaftsprüfung). Berufsaufsicht i.e.S. und herkömmlicher Prägung ist die Disziplinaraufsicht. Die Disziplinaraufsicht greift, wenn schuldhafte Verstöße gegen Berufspflichten festgestellt werden und sanktioniert werden müssen.

Die Disziplinaraufsicht obliegt z.T. der beruflichen Selbstverwaltung [→*Wirtschaftsprüferkammer (WPK)*] (§§ 4, 57 Abs. 1, 2 Nr. 1 WPO), z.T. der Berufsgerichtsbarkeit (§§ 67 f. WPO) (→ Berufsgerichtsbarkeit für Wirtschaftsprüfer). Soweit die Zuständigkeit der *WPK* gegeben ist, obliegt die Aufsicht der *WPK* wiederum der Aufsicht der →*Abschlussprüferaufsichtskommission (APAK)* (§ 66a WPO, § 61a Satz 4 WPO). Die Aufsicht der *APAK* über die *WPK* geht im Rahmen der Disziplinaraufsicht über die Systemaufsicht hinaus und erstreckt sich auf die Aufsicht in Einzelfällen, soweit die *WPK* bei beabsichtigter Verfahrenseinstellung den Vorgang vor Bekanntgabe der Entscheidung der *APAK* vorlegen muss (§ 61a Satz 4 WPO). Bei Vorgängen mit grenzüberschreitenden Auswirkungen ist die APAK originär zuständig (§ 66a Abs. 8, 9 WPO); dies dürfte jedoch nur in Abgrenzung zu einer sonst gegebenen Zuständigkeit der WPK der Fall sein, nicht also eine Zuständigkeit der Generalstaatsanwaltschaft überlagern.

Bei der Zuständigkeit der *WPK* (§ 61a Satz 1 WPO) ist zwischen den Ermittlungspflichten und den Sanktionsmöglichkeiten zu unterscheiden. Die Ermittlungspflichten sind umfassend, d. h. die *WPK* ermittelt bei jedem Verdacht einer Berufspflichtverletzung von Berufsangehörigen und entscheidet, ob ein Rügeverfahren eingeleitet oder ob das Verfahren an die Berufsgerichtsbarkeit abgegeben wird. Sanktionieren kann die *WPK* nur in den Fällen, in denen die Schuld des Mitgliedes gering ist und ein Antrag auf Einhaltung eines berufsgerichtlichen Verfahrens nicht erforderlich erscheint (§ 63 Abs. 1 Satz 1 WPO). Die Pflichtverletzung darf nicht mehr als 3 Jahre zurückliegen. Als Sanktionsmöglichkeit steht die Rüge zur Verfügung, die mit einer Geldbuße bis zu 10.000 € verbunden werden kann.

Die *WPK* wird im Rahmen der Berufsaufsicht von Amts wegen, auf Anzeige oder Beschwerde von Berufsangehörigen, Mandanten oder anderen interessierten Personen, auf Mitteilung anderer Verwaltungsbehörden oder auch aufgrund einer Mitteilung von Gerichten und Staatsanwaltschaften nach Maßgabe des JuMiG tätig. § 61a Satz 3 WPO verlangt ausdrücklich die Berücksichtigung von Mitteilungen der →*Deutschen Prüfstelle für Rechnungslegung (DPR)*. Die *WPK* recherchiert darüber hinaus nach wechselnden risikoorientierten

Kriterien die Abschlüsse von Unternehmen einschl. →Bestätigungsvermerk (BestV) der →Abschlussprüfer (APr), deren Hinterlegung beim zuständigen Registergericht (→Registeraufsicht) im BAnz. bekannt gemacht wurde (→Offenlegung des Jahresabschlusses).

Der *WPK* steht kein spezielles Ermittlungsinstrumentarium, jedenfalls kein Ermittlungsinstrumentarium mit Eingriffsrechten, zur Verfügung. Eine Ausnahme bildet der Amtshilfegrundsatz, der andere Behörden verpflichtet, Hilfestellungen zu geben und insb. Auskünfte zu erteilen. Eine weitere Ausnahme bildet § 62 WPO. Nach § 62 WPO sind persönliche Mitglieder der *WPK* verpflichtet, in Aufsichts- und Beschwerdesachen vor der *WPK* zu erscheinen oder – so eine zulässige Auslegung der Vorschrift – schriftlich Stellung zu nehmen und in diesem Rahmen Auskunft zu geben und die Handakten vorzulegen. Diese Pflicht steht allerdings unter dem ausdrücklichen Vorbehalt, dass dadurch die Verpflichtung der Berufsangehörigen zur Verschwiegenheit nicht verletzt werden darf (§ 62 Satz 2 WPO) (→Verschwiegenheitspflicht des Wirtschaftsprüfers, Verletzung der).

Zusätzlich gilt der ungeschriebene Rechtsgrundsatz, wonach niemand verpflichtet ist, sich selbst zu belasten (nemo-tenetur-Prinzip). Nicht-Kammer-Angehörige sind nicht zur Auskunft verpflichtet (§ 64 Abs. 4 WPO).

Peter Maxl

Berufsbild des Wirtschaftsprüfers

Das Berufsbild des Wirtschaftsprüfers wird vorrangig von den folgenden Aufgaben bestimmt [§ 2 →Wirtschaftsprüferordnung (WPO)]:

- *Prüfungstätigkeit*: Die berufliche Tätigkeit des Wirtschaftsprüfers wird maßgeblich durch die Vorbehaltsaufgabe geprägt, die durch Gesetz vorgeschriebenen →Jahresabschlussprüfungen und →Konzernabschlussprüfungen durchzuführen und →Bestätigungsvermerke über die Vornahme (→Auftragsdurchführung) und das Ergebnis (→Prüfungsurteil) solcher Prüfungen zu erteilen bzw. zu versagen. Dies umfasst auch Prüfungen von nach international anerkannten Rechnungslegungsgrundsätzen [→International Financial Reporting Standards (IFRS)] aufgestellten →Einzelabschlüssen und Konzernabschlüssen und sonstige gesetzlich vorgeschriebene Prüfungen (→Pflichtprüfungen), wie z. B. Sonderprüfungen nach dem Aktiengesetz (→Sonderprüfungen, aktienrechtliche). Wegen der besonderen Befähigung zum gesetzlichen →Abschlussprüfer (APr) werden dem WP regelmäßig auch die sog. freiwilligen, d. h. nicht gesetzlich vorgeschriebenen Prüfungen von Jahresabschlüssen (→freiwillige und vertragliche Prüfung) sowie sonstige betriebswirtschaftliche Prüfungen, wie z. B. Due Diligence-Prüfungen (→Due Diligence) und →Unterschlagungsprüfungen, übertragen.

- →*Steuerberatung*: Zu den beruflichen Vorbehaltsaufgaben zählt die unbeschränkte (geschäftsmäßige) Hilfeleistung in Steuersachen, also die Steuerberatung. Sie umfasst das Recht der Vertretung der Steuerpflichtigen vor dem *FG* und dem *BFH*.

- →*Gutachtertätigkeit* und →*Sachverständigentätigkeit*: Ebenfalls zum Berufsbild gehört die Tätigkeit als Gutachter oder Sachverständiger in allen Bereichen der wirtschaftlichen Betriebsführung, zu der z. B. die →Unternehmensbewertung zählt.

- →*Unternehmensberatung*: Die Beratung in unternehmerischen und wirtschaftlichen Angelegenheiten gehört ebenfalls zu den Aufgaben des Wirtschaftsprüfers.

- →*Rechtsberatung*: In Angelegenheiten, mit denen der WP beruflich befasst ist, die in unmittelbarem Zusammenhang mit seinen Aufgaben stehen und die er ohne die Rechtsberatung nicht sachgemäß erledigen kann, ist der WP auch zur Rechtsbesorgung/-beratung befugt.

Aufgrund der besonderen Verantwortung, die der WP durch seine Aufgaben übernimmt, sind bei der Ausübung seiner Tätigkeit u. a. die folgenden Berufspflichten (→Berufspflichten des Wirtschaftsprüfers) zu erfüllen (§§ 43, 43a, 49 WPO):

- *Unabhängigkeit*: Der Beruf des Wirtschaftsprüfers muss unabhängig ausgeübt werden, d. h. der WP muss frei sein von Bindungen, die die berufliche Entscheidungsfreiheit beeinträchtigen oder beeinträchtigen könnten (→Unabhängigkeit und Unbefangenheit des Wirtschaftsprüfers).

- *Unbefangenheit*: Die Funktion des Abschlussprüfers verlangt, dass der WP bei seinen Feststellungen, Beurteilungen und Entscheidungen frei von Einflüssen, Bindungen und Rücksichten ist, und zwar gleichgültig, ob sie persönlicher, wirtschaftlicher oder rechtlicher Natur sind (→Unabhängigkeit und Unbefangenheit des Wirtschaftsprüfers).

- *Unparteilichkeit*: Der WP hat sich bei der Prüfungstätigkeit und der Erstattung von Gutachten unparteiisch zu verhalten.
- *Verschwiegenheit*: Die Pflicht zur Verschwiegenheit bildet die Grundlage für das Vertrauensverhältnis zum Mandanten. Alle Tatsachen und Umstände, die dem WP bei seiner Berufstätigkeit anvertraut werden, dürfen nicht unbefugt offenbart werden (→Verschwiegenheitspflicht des Wirtschaftsprüfers).
- *Gewissenhaftigkeit*: Der WP hat seinen Beruf gewissenhaft auszuüben. Aufträge müssen ordnungsgemäß durchgeführt werden (→Auftragsdurchführung). Bei der Einstellung von Mitarbeitern sind deren fachliche und persönliche Eignung zu prüfen. Mitarbeiter sind über Berufspflichten zu unterrichten; für ihre angemessene praktische und theoretische Aus- und Fortbildung ist zu sorgen (→Aus- und Fortbildung des Wirtschaftsprüfers).
- *Eigenverantwortung*: Der WP ist gehalten, seinen Beruf eigenverantwortlich auszuüben. Er hat sein Handeln in eigener Verantwortung zu bestimmen, sich selbst ein Urteil zu bilden und seine Entscheidungen selbst zu treffen (→Eigenverantwortlichkeit des Wirtschaftsprüfers).
- *Berufswürdiges Verhalten*: Der WP hat sich sowohl innerhalb als auch außerhalb der Berufstätigkeit des Vertrauens und der Achtung würdig zu erweisen, die der Beruf erfordert (→Berufsethik des Wirtschaftsprüfers).

Die Anforderungen an den Beruf des Wirtschaftsprüfers werden auch durch die →Berufssatzung der Wirtschaftsprüferkammer (BS) dargelegt. Die BS konkretisiert die bereits genannten Anforderungen der WPO an das Berufsbild des Wirtschaftsprüfers. Darüber hinaus werden weitere berufstypische Besonderheiten geregelt, wie z. B. die Pflicht zur Siegelführung, die besonderen Berufspflichten bei der Durchführung von Prüfungen und der Erstattung von Gutachten sowie bei beruflicher Zusammenarbeit innerhalb von Sozietäten oder Berufsgesellschaften (→Revisions- und Treuhandbetriebe).

Darüber hinaus ist das Berufsbild des Wirtschaftsprüfers durch die besondere Verpflichtung zur Einrichtung, Aufrechterhaltung und Kontrolle einer hohen Qualität im Rahmen seiner beruflichen Tätigkeit geprägt. Das gem. § 55b WPO zu dokumentierende Qualitätssicherungssystem ist sowohl Gegenstand einer internen →Qualitätssicherung (→Berichtskritik und→ interne Nachschau) als auch einer externen Qualitätssicherung (→Qualitätskontrolle in der Wirtschaftsprüfung; →Peer Review).

Thomas M. Orth

Berufseid →Berufsethik des Wirtschaftsprüfers

Berufsethik des Wirtschaftsprüfers

Die Berufsethik ist ein Teilbereich der Wirtschafts- und Unternehmensethik.

Wirtschaftsethik ist die theoretische Reflexion über die moralischen Aspekte wirtschaftlichen Handelns und seine institutionellen Bedingungen. Sie liefert Orientierungswissen, kein Verfügungswissen. Die ethische Legitimationsbasis der Marktwirtschaft ist das Modell der „unsichtbaren Hand" (*Adam Smith*). Das Eigeninteresse der Marktakteure dient zugleich dem Gesamtinteresse. Wettbewerb führt zu Tauschgerechtigkeit und verbürgt Freiheit. Der Staat stellt den Ordnungsrahmen für den Wirtschaftsprozess, sichert den Wettbewerb, stabilisiert Märkte ggf. durch Regulierung und korrigiert bei Marktversagen.

Der auf das Unternehmen bezogene Teilbereich der Wirtschaftsethik wird als *Unternehmensethik* bezeichnet. Ethik-Management im Unternehmen integriert zielgerichtet, systematisch und aufeinander abgestimmt verbindliche ethische Handlungsmaßstäbe in alle unternehmerischen Entscheidungsprozesse. Ethik-Kodizes (Unternehmensleitsätze) sind dabei der Ausgangspunkt des Ethik-Managements. Seine institutionelle Verankerung erhält das Ethik-Management durch Ethik-Kommissionen, Ethik-Beauftragte, Ethik-Trainings und Ethik-Audits.

Im *Berufs- oder Standesethos* dokumentieren sich Normen, die nur für eine bestimmte Berufsgruppe verbindlich sind. Ein funktionsfähiger Kapitalmarkt lenkt die Kapitalströme in die rentabelste Verwendung. Der WP erhöht durch eine unabhängige Prüfung der externen Rechnungslegung (→Jahresabschlussprüfung; →Konzernabschlussprüfung) die Glaubwürdigkeit dieser Kapitalmarktinformationen. Die Öffentlichkeit zieht zwar ihren Nutzen aus der Tätigkeit von Wirtschaftsprüfern, zahlt aber nicht dafür. Finanziell entlohnt wird der WP vom geprüften Unternehmen selbst. Zudem ist jeder WP nicht nur →Abschlussprüfer (APr), sondern auch potenzieller →Unternehmensberater. Damit ist er äußerlich niemals ganz unabhängig von dem geprüften Unternehmen. Die wesentliche ethische Herausforderung ist für den WP, trotz äußerer Abhängigkeiten die Prüfung der Rechnungslegung mit innerer Unabhängigkeit gewissenhaft zu erfüllen (→Unabhängigkeit und Unbefangenheit des Wirtschaftsprüfers).

Ausdruck des Berufsethos der WP ist zunächst der bei der Bestellung zu leistende *Berufseid* (§ 17 WPO). Die Eidesformel lautet: „Ich schwöre bei Gott dem Allmächtigen und Allwissenden, dass ich die Pflichten eines Wirtschaftsprüfers verantwortungsbewusst und sorgfältig erfüllen, insbesondere Verschwiegenheit bewahren und Prüfungsberichte und Gutachten gewissenhaft und unparteiisch erstatten werde, so wahr mir Gott helfe."

Die in der →Wirtschaftsprüferordnung (WPO) niedergelegten *Berufsgrundsätze* (→Berufsgrundsätze des Wirtschaftsprüfers) stellen einen Teil der ethischen Grundlagen der Berufsausübung der WP dar. Sie umfassen:

- Ausschluss der Ausübung anderer Berufe (mit Ausnahmen; § 43 Abs. 2 WPO),
- Berufserfahrung (§ 9 WPO),
- berufswürdiges Verhalten (§ 43 Abs. 2 WPO),
- Eigenverantwortlichkeit (§ 43 Abs. 1 WPO) (→Eigenverantwortlichkeit des Wirtschaftsprüfers),
- Fortbildungsverpflichtung (§ 43 Abs. 2 WPO) (→Aus- und Fortbildung des Wirtschaftsprüfers),
- Gewissenhaftigkeit (§§ 17, 43 Abs. 1 WPO),
- körperliche Fähigkeit zur Berufsausübung (§ 10 WPO),
- Sorgfalt (§ 17 WPO),
- Unabhängigkeit (§ 43 Abs. 1 WPO),
- Unbescholtenheit (§ 10 WPO),
- Unparteilichkeit (§ 43 Abs. 1 WPO),
- Verantwortungsbewusstsein (§ 17 WPO),
- Vermeidung der Besorgnis der Befangenheit (§ 49 WPO) (→Unabhängigkeit und Unbefangenheit des Wirtschaftsprüfers),
- Verschwiegenheit (§§ 17, 43 Abs. 1 WPO) (→Verschwiegenheitspflicht des Wirtschaftsprüfers) und
- Vorbildung (§ 8 WPO).

Die →*Wirtschaftsprüferkammer* (*WPK*) hat keinen auch sog. Ethik-Kodex verfasst, sondern eine Berufssatzung [→Berufssatzung der Wirtschaftsprüferkammer (BS)] herausgegeben. Die dort niedergelegten Berufsgrundsätze können als Interpretation der WPO bezeichnet werden.

Die Prüfungsstandards des →*Instituts der Wirtschaftsprüfer in Deutschland e.V.* (*IDW*) enthalten keinen gesonderten Ethik-Standard.

Das *Ethics Committee* der →*International Federation of Accountants* (*IFAC*) hat einen Code of Ethics for Professional Accountants herausgegeben. Dieser Ethik-Kodex stellt heraus, dass WP in ihrer Berufsausübung (auch) im öffentlichen Interesse handeln. Als grundlegende Prinzipien („fundamental principles") der Berufsübung werden darin genannt:

- Integrität („integrity"),
- Unparteilichkeit („objectivity"),
- berufliche Kompetenz und gebotene Sorgfalt („professional competence and due care"),
- Verschwiegenheit („confidentiality") und
- berufswürdiges Verhalten („professional behavior").

Berufsangehörige sind verpflichtet, Umstände zu identifizieren, die eine Gefährdung dieser Berufspflichten mit sich führen. Soweit Gefahren bestehen, sind Maßnahmen zu treffen, um die Prinzipien zu wahren.

Der Code of Ethics trat am 30.6.2006 in Kraft. Die *WPK* wird eine Übersetzung erarbeiten und sich mit der Transformation in nationale Regelungen befassen.

Literatur: Ludewig, R.: Zur Berufsethik der Wirtschaftsprüfer, in: WPg 56 (2003), S. 1093–1099; Noll, B.:

Wirtschafts- und Unternehmensethik in der Marktwirtschaft, Stuttgart et al. 2003; Praem, H. J.: Unabhängigkeit als ethisch-moralische Herausforderung, in: WPg 55 (2002), S. 1355–1360.

Jörg Tesch

Berufsgerichtsbarkeit für Steuerberater

Zu den Aufgaben der Steuerberaterkammern (→*Bundessteuerberaterkammer*) zählen nach § 76 Abs. 2 Nr. 4 StBerG u. a. die →Berufsaufsicht für Steuerberater, also die Überwachung der Erfüllung der ihren Mitgliedern obliegenden Pflichten (so etwa die in § 57 StBerG aufgeführten allgemeinen Berufspflichten; →Berufsgrundsätze des Steuerberaters), und die Ahndung von Berufspflichtverletzungen durch Ausspruch einer Rüge. Ist die Schuld eines Mitglieds gewichtig, kommt die Rüge als Maßnahme nicht in Betracht und die Ahndung der Berufspflichtverletzung erfolgt durch die sog. Berufsgerichtsbarkeit für →Steuerberater (StB) (§ 81 Abs. 1 StBerG).

Bei den Berufsgerichten handelt es sich um Sondergerichte i. S. d. Art. 101 Abs. 2 GG. Diese sind für das Berufsrecht und damit für ein spezielles Sachgebiet zuständig und werden mit berufsangehörigen Beisitzern besetzt. Dies lässt sich zum einen mit der besonderen Verantwortung eines StB oder StBv gegenüber seinen Mandanten, gegenüber dem Gemeinwohl und schließlich gegenüber seinem Berufsstand begründen sowie der daraus folgenden Erforderlichkeit des Berufsstandes, die Ausübung dieser Verantwortung überwachen zu können. Zum anderen erfordert die Beurteilung, ob eine Handlung eines StB oder StBv als pflichtwidrig einzustufen ist, von dem Gericht ein hohes Maß an Spezialwissen, das durch die Einrichtung von speziellen Berufsgerichten und deren Besetzung mit berufsangehörigen Beisitzern – gegenüber der Verwendung der allgemeinen Verwaltungsgerichte oder ordentlichen Gerichte – gewährleistet wird (Ziegenhagen 1998, S. 84–87).

Erlangen die Steuerberaterkammern Kenntnis über Tatsachen, die den Verdacht begründen, dass eines ihrer Mitglieder eine Berufspflicht verletzt hat, so beantragen sie bei der zuständigen Staatsanwaltschaft die Einleitung des berufsrechtlichen Verfahrens, sofern sie den Ausspruch einer Rüge für nicht ausreichend halten (§ 81 Abs. 1 StBerG). Nach der Entscheidung über das Einreichen der Anschuldigungsschrift durch die Staatsanwaltschaft beim zuständigen LG gem. den §§ 114–115 StBerG entscheidet dieses über die Eröffnung der Hauptverhandlung nach § 118 StBerG.

Im Gegensatz dazu steht es einem StB, StBv oder einem laut § 74 StBerG sonstigen Mitglied der StBK nach § 116 StBerG offen, die Einleitung eines berufsgerichtlichen Verfahrens gegen sich selbst zu beantragen, um sich von dem Verdacht einer Pflichtverletzung zu befreien. Diese Möglichkeit hat er allerdings nicht, sofern die StBK sein Verhalten bereits gerügt hat (zum Ablauf des Verfahrens im Einzelnen und zu alternativen Möglichkeiten, die zur Einleitung eines berufsgerichtlichen Verfahrens gegen ein Mitglied der StBK führen können s. Elbs/Birke 2003, S. 373–383).

Die Berufsgerichtsbarkeit für StB und StBv ist gem. den §§ 95–97 StBerG wie folgt aufgebaut, wobei neben den Vertretern des jeweiligen Gerichtes jeweils zwei StB oder StBv als Beisitzer fungieren:

- 1. Instanz: Kammer für StB- und StBv-Sachen des Landgerichts, das für den Sitz der StBK zuständig ist,
- 2. Instanz: Senat für StB- und StBv-Sachen beim OLG,
- 3. Instanz: Senat für StB- und StBv-Sachen beim BGH.

Für das berufsgerichtliche Verfahren gilt laut § 109 StBerG der Vorrang des Strafverfahrens und nach § 110 StBerG die Zuständigkeitsregelung, falls der betroffene StB oder StBv zugleich der Berufsgerichtsbarkeit eines anderen Berufs untersteht.

Zu den Disziplinarmaßnahmen, die durch das Berufsgericht ausgesprochen werden können, zählen die Warnung, der Verweis, eine Geldbuße bis zu 25.000 € und im Höchstfall die Ausschließung aus dem Beruf (§ 90 StBerG). Als Rechtsmittel stehen die Beschwerde, Berufung und Revision gem. den §§ 126–131 StBerG zur Verfügung (s. zum StBerG die detaillierten Kommentierungen in Kuhls et al. 2004).

Literatur: Elbs, H./Birke, R.: Die Berufsgerichtsbarkeit der Steuerberater, in: Stbg 46 (2003), S. 373–386; Kuhls, C. et al.: Steuerberatungsgesetz – Praktikerkommentar mit Schwerpunkten zum Berufsrecht der Steuerberater, 2. Aufl., Herne/Berlin 2004; Ziegenhagen, C.: Die Berufsgerichtsbarkeit der freien Berufe, Münster 1998.

Christoph Watrin; Joachim Lammert

Berufsgerichtsbarkeit für Wirtschaftsprüfer

Gegen einen WP, der seine Pflichten (→Berufspflichten des Wirtschaftsprüfers) schuldhaft verletzt, wird eine berufsgerichtliche Maßnahme verhängt [§ 67 Abs. 1 →Wirtschaftsprüferordnung (WPO)]. Ausgenommen sind die Fälle, die in die Maßnahmenzuständigkeit der →*Wirtschaftsprüferkammer (WPK)* fallen. Die *WPK* rügt eine Berufspflichtverletzung, wenn die Schuld des Mitgliedes gering ist und ein Antrag auf Einleitung eines berufsgerichtlichen Verfahrens nicht erforderlich erscheint (§ 63 Abs. 1 Satz 1 WPO). Eine mögliche Rüge ist allerdings kein Verfahrenshindernis für ein berufsgerichtliches Verfahren (§ 69 Abs. 1 Satz 1 WPO).

Teil des berufsgerichtlichen Verfahrens ist die ermittelnde und das Verfahren als Anschuldigungsbehörde begleitende *Generalstaatsanwaltschaft (GStA)* beim *Kammergericht* in Berlin. Sie ist aufgrund der bundesweiten Zuständigkeit der *WPK* ebenfalls bundesweit zuständig. I.d.R. wird die *GStA* auf eine Anregung der *WPK* hin tätig, es kommen aber auch unmittelbare Anzeigen bei der *GStA* vor. Die *GStA* prüft, ob ein berufsgerichtliches Verfahren eingeleitet wird (§ 85 WPO). Die *GStA* kann auch einen Aufsichtsvorgang an die *WPK* zur Weiterbehandlung im Rahmen der Berufsaufsicht (→Berufsaufsicht für Wirtschaftsprüfer, national) zurückgeben, wenn sie der Auffassung ist, dass eine berufsgerichtliche Ahndung nicht in Betracht kommt. Der *Vorstand* der *WPK* hat die Möglichkeit der gerichtlichen Überprüfung der Ablehnung eines Antrages auf Einleitung berufsrechtlicher Ermittlung.

Die *GStA* hat weitgehende Möglichkeiten der Sachverhaltsermittlung. Durch den Verweis des § 127 WPO auf die StPO stehen der *GStA* zunächst die gleichen Instrumentarien zur Verfügung wie den übrigen Staatsanwaltschaften, insb. Zeugenvernehmungen oder Durchsuchungen und Beschlagnahmen.

Das berufsgerichtliche Verfahren im engeren Sinn wird gem. § 85 WPO durch Einreichen der Anschuldigungsschrift der *GStA* eingeleitet. In der ersten Instanz entscheidet (ebenfalls bundesweit) das *LG Berlin*, in der zweiten Instanz das *Kammergericht Berlin*. Die dritte Instanz (*BGH*) entscheidet nur, wenn die Revision zugelassen wird oder im Fall des Berufsausschlusses (§ 107 WPO).

Die Besetzung der Gerichte sieht die Beteiligung von aus dem Beruf kommenden Beisitzern vor. In der ersten Instanz ist das Gericht durch einen Berufsrichter und zwei Beisitzer besetzt, in der zweiten Instanz durch drei Berufsrichter und zwei Beisitzer; Letzteres gilt auch für den *BGH*.

Als berufsgerichtliche Maßnahmen sind gem. § 68 Abs. 1 WPO möglich:

- Warnung,
- Verweis,
- Geldbuße bis zu 100.000 €,
- Verbot, auf bestimmten Tätigkeitsgebieten für die Dauer von einem Jahr bis zu 5 Jahren tätig zu werden,
- Berufsverbot von einem bis zu 5 Jahren und
- Ausschließung aus dem Beruf.

Verweis und Geldbuße können nebeneinander verhängt werden.

Gem. § 111 WPO kann gegen einen Berufsangehörigen ein vorläufiges Berufsverbot verhängt werden, wenn dringende Gründe für die Annahme vorhanden sind, dass gegen ihn auf Ausschließung aus dem Beruf erkannt werden wird. Ein solcher Antrag auf Erlass eines Berufsverbots kann auch bereits vor Einleitung des berufsgerichtlichen Verfahrens gestellt werden.

Mit der 5. WPO-Novelle zum 1.1.2005 neu eingeführt wurde die Möglichkeit der Untersagungsverfügung (§ 68a WPO). Wird gegen Berufsangehörige eine berufsgerichtliche Maßnahme wegen einer Pflichtverletzung, die zum Zeitpunkt der Verhängung der Maßnahme noch nicht abgeschlossen ist, verhängt, so kann das Gericht neben der Verhängung der Maßnahme die Aufrechterhaltung des pflichtwidrigen Verhaltens untersagen. Bei wissentlicher Zuwiderhandlung kann ein Ordnungsgeld bis zur Höhe von 100.000 € verhängt werden.

Die Verfolgung einer Pflichtverletzung verjährt in 5 Jahren, soweit sie nicht die Ausschließung aus dem Beruf, ein Berufsverbot oder ein Tätigkeitsverbot rechtfertigt (§ 70 Abs. 1 Satz 1 WPO). In diesen Fällen unterliegt die Pflichtverletzung keiner zeitlichen Verfolgungsbegrenzung.

Peter Maxl

Berufsgesellschaft →Partner

Berufsgrundsätze des Steuerberaters

→Steuerberater (StB) haben ihren Beruf unabhängig, eigenverantwortlich, gewissenhaft, verschwiegen und unter Verzicht auf berufswidrige Werbung auszuüben (§57 StBerG).

Zur Wahrung der Unabhängigkeit dürfen StB keine Bindungen eingehen, die ihre berufliche Entscheidungsfreiheit gefährden könnten. Von daher dürfen sie in einer Angelegenheit nicht tätig werden, bei der die Besorgnis einer Interessenkollision gegeben ist. Bei Zustimmung der Beteiligten ist eine Tätigkeit zulässig. Bei widerstreitenden Interessen ist allerdings nur eine vermittelnde Tätigkeit (z. B. Mediation) zulässig. Eigenverantwortliche Tätigkeit bedeutet, dass der Berufsangehörige sich sein Urteil selbst bildet und seine Entscheidung selbst trifft.

Als eigenverantwortlich gilt auch die Tätigkeit als Angestellter nach § 58 StBerG, sofern sich der angestellte StB nicht an Weisungen zu halten hat, die seine Entscheidungsfreiheit aufheben.

Mit dem Beruf eines Steuerberaters sind insb. vereinbar:

- die Tätigkeit als WP (→Berufsbild des Wirtschaftsprüfers), vereidigter Buchprüfer (vBP) oder RA,
- eine freiberufliche Tätigkeit zur Wahrung fremder Interessen,
- eine wirtschaftsberatende (→Unternehmensberatung), gutachterliche (→Gutachtertätigkeiten) oder treuhänderische Tätigkeit (→Treuhandwesen; →Treuhandschaften) sowie die Erteilung von →Bescheinigungen über die Beachtung steuerrechtlicher Vorschriften,
- die Tätigkeit eines Lehrers an Hochschulen und wissenschaftlichen Instituten (→Universitäten, Lehre im Prüfungswesen; →Fachhochschulen, Lehre im Prüfungswesen; →Berufsakademien, Lehre im Prüfungswesen), jedoch nicht an staatlichen Verwaltungsfachhochschulen,
- eine freie schriftstellerische Tätigkeit sowie eine freie Vortrags- und Lehrtätigkeit sowie
- die Durchführung von Vortragsveranstaltungen zur Vorbereitung auf die Prüfung als StB sowie als WP und vBP.

Ebenso vereinbar ist die Fortbildung der Mitglieder der Steuerberaterkammern (→Bundessteuerberaterkammer) und deren Mitarbeiter.

Nicht vereinbar sind:

- eine gewerbliche Tätigkeit sowie
- eine Tätigkeit als Arbeitnehmer mit Ausnahme der Tätigkeit als Hochschullehrer bzw. als angestellter StB bei anderen Steuerberatern, Wirtschaftsprüfern und vereidigten Buchprüfern, Rechtsanwälten, bei entsprechenden Berufsgesellschaften und bei PartGes.

Der Grundsatz der Gewissenhaftigkeit verpflichtet den StB nicht nur zur sorgfältigen Wahrnehmung der Interessen des Auftraggebers, sondern auch zur Beachtung der steuer- und berufsrechtlichen Vorschriften. Die gewissenhafte Berufsausübung verlangt vom StB, dass er einen Auftrag nur annimmt, wenn er über die dafür erforderliche Sachkunde und die zur Bearbeitung erforderliche Zeit verfügt. Die zuverlässige, gründliche und pünktliche Erledigung der Aufträge des Mandanten gehört ebenso zur gewissenhaften Berufsausübung.

Aus dem Grundsatz der Gewissenhaftigkeit ist unmittelbar die Pflicht zur Fortbildung abzuleiten. Danach muss der StB aus Gründen einer Qualitätssicherung die Entwicklung der Steuergesetze, das einschlägige Fachschrifttum sowie die Rspr. zeitnah zur Kenntnis nehmen und bei der Beratung seiner Mandanten beachten.

Die Verschwiegenheitspflicht des Steuerberaters erstreckt sich auf alles, was ihm in Ausübung des Berufes oder bei Gelegenheit der Berufstätigkeit anvertraut worden oder bekannt geworden ist. Die Verpflichtung zur Verschwiegenheit besteht nicht, soweit die Offenlegung der Wahrung eigener berechtigter Interessen des Steuerberaters dient. Sie entfällt ebenfalls, wenn der StB vom Auftraggeber von seiner Verschwiegenheitspflicht entbunden worden ist. Die Verschwiegenheitspflicht dauert auch nach Beendigung des Mandatsverhältnisses an. StB müssen auch ihre Mitarbeiter, die nicht StB sind, schriftlich zur Verschwiegenheit verpflichten.

Berufswidrige Werbung ist den Steuerberatern verboten. Berufswidrig ist Werbung dann, wenn sie reklamehaft, reißerisch und nicht objektiv nachprüfbar ist. Dagegen dürfen StB sachlich über ihre Tätigkeit informieren, wobei vergleichende oder wertende Aussagen unzulässig sind. Außerdem darf die Werbung nicht auf die Erteilung eines Auftrages im Einzelfall gerichtet sein.

Im Interesse der Mandanten oder auch im Eigeninteresse sind StB verpflichtet, sich gegen die aus der Berufstätigkeit ergebenden Haftpflichtgefahren (→Haftung des Steuerberaters) ausreichend zu versichern (→Berufshaftpflichtversicherung des Wirtschaftsprüfers und des Steuerberaters). Angestellte StB und als freie Mitarbeiter tätige StB sind in die Berufshaftpflichtversicherung ihres Arbeitgebers bzw. Auftraggebers einzuschließen. Bei eigenen Mandaten ist eine eigene Berufshaftpflichtversicherung abzuschließen.

Ulrich Sommer

Berufsgrundsätze des Wirtschaftsprüfers

Die Berufsgrundsätze des Wirtschaftsprüfers sind aus den berufsbezogenen Aufgaben und der →Berufsethik des Wirtschaftsprüfers abgeleitete Regeln, in denen die Auffassung über persönlichkeits- und tätigkeitsbezogene Fragen einer ordnungsgemäßen Berufsausübung festgeschrieben wird (Ludewig 2002, Sp. 280 ff.). Ihre Festlegung und Fortentwicklung oblag zunächst weitgehend dem Berufsstand (so verweist Ludewig 2002, Sp. 282 z. B. auf die Darstellung von „Grundsätzen der Berufsausübung" im WPJb von 1934). Mit Blick auf die im öffentlichen Interesse stehenden Aufgaben des Wirtschaftsprüfers ist allerdings gerade in den letzten Jahren die Regelung von Berufsgrundsätzen zunehmend auf nationale und supranationale Gesetzgeber (EU) oder Berufsaufsichtsbehörden, wie z. B. auf das →*Public Company Accounting Oversight Board* (*PCAOB*) in den →United States of America (USA), direkt übergegangen oder wurde unter eine berufsunabhängige Aufsicht gestellt, wie z. B. die →*Abschlussprüferaufsichtskommission* (*APAK*) in Deutschland oder das *PIOB* für die Setzung internationaler Standards durch die entsprechenden Gremien der →*International Federation of Accountants* (*IFAC*) (→Berufsaufsicht für Wirtschaftsprüfer, national; →Berufsaufsicht für Wirtschaftsprüfer, international). Gleichzeitig beschränken sich sowohl nationale als auch internationale Regelungen nicht mehr auf die Festlegung von Grundsätzen, die ggf. durch Richtlinien des Berufsstands konkretisiert werden sondern, es werden zunehmend Standards aufgestellt, die neben dem jeweiligen Grundsatz auch dessen Interpretation sowie Richtlinien zu dessen Handhabung umfassen (s. z. B. die Ersetzung des IDW FG 1/1988 durch gleich mehrere IDW PS). Diese Prozesse der rechtlichen Normierung und der Standardisierung von Regelungen zur Berufsausübung setzen sich u. a. mit der RL 2006/43/EG vom 17.5.2006 (sog. novellierte APr-RL) fort. Denn diese Richtlinie ermöglicht es der *KOM* in einem vereinfachten Rechtsetzungsverfahren (Komitologie) zusätzlich zu den in der Richtlinie bereits festgeschriebenen Grundsätzen, EU-weite Grundsätze zur Berufsethik (Art. 21) sowie zur →Unabhängigkeit und Unbefangenheit des Wirtschaftsprüfers (Art. 22 Abs. 4) zu erlassen und die →International Standards on Auditing (ISA) verbindlich ins europäische Recht zu übernehmen (Art. 26). Darüber hinaus sind die →*Wirtschaftsprüferkammer* (*WPK*) und das →*Institut der Wirtschaftsprüfer in Deutschland e.V.* (*IDW*) über ihre Mitgliedschaft in der *IFAC* bereits heute verpflichtet, bestimmte, von der IFAC in ihren SMO aufgeführte Standards umzusetzen, sofern dies nicht dem deutschen Recht zuwider läuft. Dazu gehören u. a. die Standards des *IAASB* zu →Qualitätssicherung (ISQC1), Abschlussprüfung (ISA), →prüferischer Durchsicht (ISRE) und sonstigen Prüfungstätigkeiten (ISAE), der Code of Ethics for Professional Accountants des *IESBA* und die Standards des *IAESB* zur →Aus- und Fortbildung des Wirtschaftsprüfers (IFAC 2004).

Die Berufsgrundsätze lassen sich gem. der folgenden Abb. nach allgemeinen, an die Person oder die Praxis des Wirtschaftsprüfers zu stellenden und nach tätigkeitsbezogenen Anforderungen sowie nach dem Charakter der diesen Anforderungen zugrunde liegenden Normen und Normquellen einteilen (s. auch zu →Prüfungsnormen Marten/Quick/Ruhnke 2003, S. 80 ff.).

Die →Wirtschaftsprüferordnung (WPO) führt als gesetzliche Vorschrift die allgemeinen Berufspflichten der Unabhängigkeit, Gewissenhaftigkeit, Verschwiegenheit und Eigenverantwortlichkeit (§ 43 Abs. 1 WPO) (→Berufspflichten des Wirtschaftsprüfers; →Unabhängigkeit und Unbefangenheit des Wirtschaftsprüfers; →Verschwiegenheitspflicht des Wirtschaftsprüfers; →Eigenverantwort-

Abb.: Berufsgrundsätze des Wirtschaftsprüfers

Normquellen	Normkategorien	Berufsgrundsätze Allgemein	Berufsgrundsätze Tätigkeitsbezogen
Nationaler Gesetzgeber	**Rechtsnormen** Gesetze	WPO	Abschlussprüfung (HGB, WPO) Gesetzliche Prüfungen (Spezialgesetze, WPO) Sonstige Prüfungen, Gutachten (WPO)
Europäischer Gesetzgeber	Richtlinie: Bindung der EU-Mitgliedstaaten	(nur mittelbare Auswirkung der tätigkeitsbezogenen Normsetzung)	Abschlussprüferrichtlinie (Berufsethik, Unabhängigkeit, Qualitätssicherung, Prüfungsstandards)
	Verordnung: unmittelbare Bindung		
	Empfehlungen: „politische" Bindung der Mitgliedstaaten, Berufsorganisationen und Berufsträger		Qualitätssicherung (2000) Unabhängigkeit (2002)
WPK + APAK	**berufsständische Normen** Berufssatzung Berufsrichtlinien WPK-Verlautbarungen	allgemeine Berufspflichten i.w.S.	besondere Berufspflichten bei Prüfungen und Gutachten Qualitätssicherungssystem VO 1/2006
IDW	IDW-Verlautbarung	(nur mittelbare Auswirkung der tätigkeitsbezogenen Normsetzung)	Prüfungsstandards Prüfungshinweise
IFAC + PIOB	Internationale Standards	Code of Ethics	ISQC ISA ISRE ISAE Independence für Assurance Engagements Education

lichkeit des Wirtschaftsprüfers) auf und verpflichtet den WP zur Enthaltung von mit dem Beruf und dem Ansehen des Berufs unvereinbaren Tätigkeiten (→vereinbare und unvereinbare Tätigkeiten des Wirtschaftsprüfers), berufswürdigem Verhalten und zur Fortbildung (§ 43 Abs. 2 WPO). Weiter können aus der Eidesformel des § 17 Abs. 1 WPO die Pflichten zu Verantwortungsbewusstsein und Sorgfalt abgeleitet werden. In Bezug auf die Durchführung von Prüfungen (→Auftragsdurchführung) und →Gutachtertätigkeiten treten als besondere Berufspflichten die Unparteilichkeit (§§ 17 Abs. 1 und 43 Abs. 1

WPO) und die Vermeidung der Besorgnis der Befangenheit (§ 49 WPO) hinzu. Des Weiteren regelt § 55b WPO die Pflicht zur Qualitätssicherung durch ein entsprechendes System. Konkretisiert und ergänzt werden diese Berufsgrundsätze durch die →Berufssatzung der Wirtschaftsprüferkammer (BS). Zum weiteren Verständnis der in der WPO und BS kodifizierten Berufsgrundsätze dienen nach wie vor die inzwischen außer Kraft gesetzten Berufsrichtlinien der WPK (Marten/Quick/Ruhnke 2003, S. 82 f.). Im Zusammenhang mit der Umsetzung der APr-RL (und einer ggf. daran anschließenden vereinfachten Rechtsetzung durch die *KOM*) in nationales Recht wird auch zu überprüfen sein, inwieweit die in der WPO und BS kodifizierten Grundsätze für die Tätigkeit des →Abschlussprüfers an die europäische Rechtslage anzupassen sind (→Richtlinien und Verordnungen der Europäischen Union, Bedeutung für Rechnungslegung und Unternehmensüberwachung).

Einer Überprüfung auf die Übereinstimmung mit der APr-RL und den zukünftig verbindlich zu übernehmenden internationalen Prüfungsstandards bedarf es auch in Bezug auf die gegenwärtig in §§ 316 ff. HGB kodifizierten →Grundsätze ordnungsmäßiger Abschlussprüfung (GoA), hier insb. betreffend den Gegenstand und Umfang der Prüfung (§ 317 HGB), die Ausschlussgründe (→Ausschluss als Abschlussprüfer) (§§ 319 f. HGB), den →Prüfungsbericht (PrB) (§ 321 HGB) und den →Bestätigungsvermerk (BestV) (§ 322 HGB). In diesen Zusammenhang fällt auch, dass die bisher nicht kodifizierten Prüfungsstandards und -hinweise, wie sie vom *IDW* verlautbart wurden und z.T. noch werden, für Zwecke der Abschlussprüfung außer Kraft treten und die ISA über das sog. Endorsement durch die *KOM* zukünftig Gesetzeskraft entfalten. Die materiellen Auswirkungen auf die Prüfungstätigkeit des Wirtschaftsprüfers werden sich jedoch in Grenzen halten, da die IDW PS aufgrund der ISA-Transformation des IDW bereits heute weitestgehend den internationalen Standards entsprechen.

Schließlich haben die von der *IFAC* verlautbarten Berufsgrundsätze bzw. Standards (über die Abschlussprüfung hinaus) bereits heute für einen Großteil des deutschen Berufsstands Bindungswirkung. Grund dafür ist weniger die aus der *IFAC*-Mitgliedschaft resultierende Verpflichtung seitens der *WPK* und des *IDW* zu deren Transformation als die Selbstverpflichtung derjenigen WPGes (→Revisions- und Treuhandbetriebe), deren Netzwerke mit der Prüfung multinationaler und börsennotierter Unternehmen befasst sind (s. dazu IFAC 2004).

Literatur: IDW (Hrsg.): IDW Fachgutachten: Grundsätze ordnungsmäßiger Durchführung von Abschlussprüfungen (IDW FG 1/1988), in: WPg 42 (1989), S. 9–19; IFAC 2004: Statement of Membership Obligations 1–7, April 2004, http://www.ifac.org/Store/Details.tmpl?SID=10814385036021759 (Download: 25. Januar 2006); Ludewig, R.: Berufsgrundsätze des Wirtschaftsprüfers, in: Ballwieser, W. et al. (Hrsg.): HWRP, 3. Aufl., Stuttgart 2002; Marten, K.-U./Quick, R./Ruhnke, K.: Wirtschaftsprüfung. Grundlagen des betriebswirtschaftlichen Prüfungswesens nach nationalen und internationalen Normen, 2. Aufl., Stuttgart 2003.

Michael Niehues

Berufshaftpflichtversicherung des Wirtschaftsprüfers und des Steuerberaters

Die Berufshaftpflichtversicherung betrifft die →Haftung des Wirtschaftsprüfers und die →Haftung des Steuerberaters. Die Berufshaftpflichtversicherung für WP ist in § 54 →Wirtschaftsprüferordnung (WPO) und in der WPBHV geregelt. Gem. § 54 WPO sind selbstständige WP und WPGes (→Revisions- und Treuhandbetriebe) gesetzlich verpflichtet, eine Berufshaftpflichtversicherung zur Deckung der sich aus ihrer Berufstätigkeit (§ 2 WPO) ergebenden Haftpflichtgefahren für Vermögensschäden abzuschließen und die Versicherung während der Dauer ihrer Bestellung oder Anerkennung aufrecht zu erhalten. § 54 WPO trägt der Prägung des →Berufsbildes des Wirtschaftsprüfers durch →Pflichtprüfungen Rechnung und stellt durch einen Verweis auf § 323 Abs. 2 HGB sicher, dass die Risiken aus der typischen beruflichen Tätigkeit des Wirtschaftsprüfers versichert sind (Maxl/Struckmeier 1999, S. 1–2).

Die Berufshaftpflichtversicherung für StB ist in § 67 StBerG sowie in den §§ 51–56 der DVStB geregelt.

Die Versicherungssumme stellt den Höchstbetrag der Leistung dar, zu der der Versicherer im einzelnen Schadensfall verpflichtet ist. Die Berufshaftpflichtversicherung umfasst grundsätzlich alle Schäden, die durch einen Verstoß des Versicherungsnehmers bei der Ausübung seiner Berufstätigkeit entstehen und für die er aufgrund gesetzlicher Bestimmungen die Verantwortung trägt (→Berufspflichten des Wirtschaftsprüfers; →Berufsgrundsätze des Wirtschaftsprüfers; →Berufsgrundsätze des Steuerberaters).

Mögliche Pflichtverletzungen erstrecken sich von Fehlern bei der Pflichtprüfung bis hin zu Frist- und Terminversäumnissen. Versichert werden ausschließlich Vermögensschäden, also solche Schäden, die weder Personen- noch Sachschäden sind, noch sich aus solchen Schäden herleiten.

Bei den von Wirtschaftsprüfern und Steuerberatern verursachten Vermögensschäden handelt es sich i. d. R. um Spätschäden. Dies sind solche Schäden, bei denen der Zeitpunkt des Eintritts der Schadenursache und der Zeitpunkt der Kenntniserlangung über den entstandenen Schaden relativ weit, meistens über 1 Jahr, auseinanderfallen. In Abhängigkeit von der zeitlichen Abgrenzung des Versicherungsschutzes trägt der Versicherer oder der Versicherungsnehmer das Spätschadenrisiko. Dabei wird zwischen Verstoßprinzip und Anspruchserhebungsprinzip (Claims-Made) unterschieden (Schlie 1994, S. 64–80). Für die Mindestdeckungssummen der Berufshaftpflichtversicherung des Wirtschaftsprüfers und des Steuerberaters gilt automatisch das Verstoßprinzip. Hier übernimmt der Versicherer das Spätschadenrisiko. Die während der Versicherungszeit begründete Leistungspflicht des Versicherers besteht bei Zugrundelegung des Verstoßprinzips auch nach Beendigung des Versicherungsverhältnisses fort. Das Verstoßprinzip genügt somit von seinem zeitlichen Deckungsrahmen her der drittschützenden Intention der Berufshaftpflichtversicherung (Schlie 1995, S. 69).

Der Versicherungsschutz des Wirtschaftsprüfers muss sich grundsätzlich auf alle den § 54 WPO betreffenden Tätigkeiten erstrecken. Er umfasst nicht nur die Befriedigung begründeter, sondern auch die Abwehr unbegründeter Schadensersatzansprüche. Ausgeschlossen sind u. a. Schäden, die auf die Übernahme eines unternehmerischen Risikos im Rahmen der versicherten Tätigkeit zurückzuführen sind (Geuer 1994, S. 286).

Der Versicherungsschutz des Wirtschaftsprüfers und des Steuerberaters muss auch solche Vermögensschäden abdecken, die durch Personen verursacht werden, für die der WP bzw. StB nach § 278 oder § 831 BGB einzustehen hat. Bei juristischen Personen (→Unternehmensformen) besteht der Versicherungsschutz für die Organen und Angestellten zur Last fallenden Verstöße.

Die Versicherung muß bei einem im Inland zum Geschäftsbetrieb befugten →Versicherungsunternehmen zu den nach Maßgabe des VAG eingereichten allgemeinen Versicherungsbedingungen abgeschlossen werden. Die Mindestversicherungssumme beträgt für WP gem. § 54 WPO für den einzelnen Versicherungsfall 1 Mio. € und für StB gem. § 52 DVStB 250.000 €. Für WP ist gem. § 2 WPBHV ein Selbstbehalt von bis zu einem Prozent der Mindestversicherungssumme zulässig. Für StB ist gem. § 52 DVStB ein Selbstbehalt von max. 1.500 € zulässig. Bei der Verwendung vorformulierter Allgemeiner Auftragsbedingungen oder der Prüfung einer börsennotierten AG (→Aktiengesellschaft, Prüfung einer) haftet der WP mit max. 4 Mio. € und sollte sich in dieser Höhe versichern. Der StB haftet entsprechend mit max. einer Mio. €.

Neben der gesetzlichen Haftungsbegrenzung für WP und StB gibt es die vertragliche Haftungsbegrenzung von Ersatzansprüchen gem. § 54a WPO bzw. § 67a StBerG. Die gesetzliche Haftungsbegrenzung nach § 323 Abs. 2 HGB bezieht sich nur auf Schadensersatzansprüche aus einer gesetzlich vorgeschriebenen Abschlussprüfung (→Pflichtprüfungen; →Jahresabschlussprüfung; →Konzernabschlussprüfung). Andere Tätigkeiten des Wirtschaftsprüfers, wie z. B. freiwillige Prüfungen (→freiwillige und vertragliche Prüfung), fallen nicht darunter, sodass der WP hier unbegrenzt haften würde. Übersteigt das Schadenrisiko die Deckungssumme von einer Mio. €, sollte er daher seine Haftung vertraglich begrenzen. Die vertragliche Haftungsbegrenzung kann entweder im Rahmen der Allgemeinen Auftragsbedingungen oder auf individueller Basis erfolgen. Bei schriftlicher Vereinbarung im Einzelfall beschränkt sich die Haftung des Wirtschaftsprüfers auf die Mindestversicherungssumme, bei Verwendung Allgemeiner Auftragsbedingungen ist die Haftung auf 4 Mio. € beschränkt. Für den StB gilt entsprechend eine Grenze von 250.000 € bei Individualvereinbarung und einer Mio. € bei Verwendung Allgemeiner Auftragsbedingungen.

Von der Versicherungsgesellschaft kann der Versicherungsschutz für WP nach § 4 WPBHV bzw. für StB nach § 53a DVStB für bestimmte Ansprüche ausgeschlossen werden. Diese sind zum Ersten Ersatzansprüche wegen wissentlicher Pflichtverletzung, zum Zweiten Ersatzansprüche wegen Schäden, die durch Fehlbeträge bei der Kassenführung, durch Pflichtverletzungen beim Zahlungsakt oder durch Veruntreuung durch das Personal des Versicherungsnehmers entstehen, und zum Dritten Ersatzansprüche, die vor Gericht in Staaten, die kein Mitgliedsstaat der EU oder kein anderer Vertragsstaat des Abkommens über den EWR sind, geltend gemacht werden.

Literatur: Kaufmann, A.: Die Berufshaftpflichtversicherung des Steuerberaters, Hamburg 1996; Maxl, P./Struckmeier, D.: Neue Deckungssummen und Versicherungsbedingungen in der Berufshaftpflichtversicherung, in: WPK-Mitt. 38 (1999), S. 1–11; Schlie, A.: Die Berufshaftpflichtversicherung für die Angehörigen der wirtschaftsprüfenden und steuerberatenden Berufe, Karlsruhe 1995; Sommerschuh, N.: Berufshaftung und Berufsaufsicht. Wirtschaftsprüfer, Rechtsanwälte und Notare im Vergleich, Heidelberg 2003.

Martin Nell; Annette Hofmann

Berufsorganisation des Wirtschaftsprüferberufes

Eine Berufsorganisation vertritt den Berufsstand in der Öffentlichkeit, nimmt Selbstverwaltungsaufgaben wahr und befasst sich mit der berufsrechtlichen Facharbeit.

Berufsorganisationen auf nationaler Ebene sind in Deutschland vor allem die →*Wirtschaftsprüferkammer* (*WPK*) und das →*Institut der Wirtschaftsprüfer in Deutschland e.V.* (*IDW*). Daneben vertreten der *BVB* und der *DBV* im Besonderen die Interessen der →vereidigten Buchprüfer (vBP) und BPGes in Deutschland.

Die *WPK* (mit ihrem Hauptsitz in Berlin sowie mehreren Landesgeschäftsstellen) ist zur beruflichen Selbstverwaltung des Berufsstandes gebildet worden. Die hauptsächliche Aufgabe der *WPK* ist es, die beruflichen Belange der Mitglieder zu wahren und die Erfüllung der beruflichen Pflichten (→Berufspflichten des Wirtschaftsprüfers) zu überwachen (→Berufsaufsicht für Wirtschaftsprüfer, national). Das *IDW* mit Sitz in Düsseldorf widmet sich hingegen insb. der Facharbeit (Förderung der Fachgebiete des Wirtschaftsprüfers) sowie der Wahrnehmung berufspolitischer Interessen. Die *WPK* ist eine KdöR, während das *IDW* als e.V. privatrechtlich organisiert ist. Bei der *WPK* besteht Pflichtmitgliedschaft für alle WP, vBP, WPGes und BPGes (→Revisions- und Treuhandbetriebe) sowie deren Vertreter, die nicht WP bzw. vBP sind. Die Mitgliedschaft im *IDW* ist freiwillig.

In den →*United States of America* (*USA*) vertritt das →*American Institute of Certified Public Accountants* (*AICPA*) als Dachverband den Berufsstand der →Certified Public Accountants (CPA). Die Aufgaben des *AICPA* sind u. a. die Herausgabe von Berufsgrundsätzen und die Interessenwahrnehmung der CPA. Die Mitgliedschaft ist freiwillig.

Die →*Fédération des Experts Comptables Européens* (*FEE*) hat ihren Sitz in Brüssel und ist die Interessenvertretung des Berufsstandes auf europäischer Ebene. In der *FEE* sind Berufsorganisationen der WP aus Europa zusammengeschlossen. Deutscher Vertreter ist das *IDW*. Die *FEE* vertritt die Interessen des Berufsstandes gegenüber den Organen der EU und setzt sich für eine Harmonisierung des Wirtschaftsprüferberufes in Europa ein.

Die →*International Federation of Accountants* (*IFAC*) mit Sitz in NY ist ein weltweiter Zusammenschluss nationaler Berufsorganisationen. Der Tätigkeitsschwerpunkt der *IFAC* liegt in der Herausgabe international geltender →Prüfungsnormen [→International Standards on Auditing (ISA)] und →Berufsgrundsätze des Wirtschaftsprüfers. Die Mitgliedsorganisationen haben sich verpflichtet, die ISA in nationale PS zu transformieren. Sowohl die *WPK* als auch das *IDW* sind Mitglieder der *IFAC*.

Literatur: IDW (Hrsg.): WPH 2006, Band I, 13. Aufl., Düsseldorf 2006; Marten, K.-U./Quick, R./Ruhnke, K.: Wirtschaftsprüfung. Grundlagen des betriebswirtschaftlichen Prüfungswesens nach nationalen und internationalen Normen, 2. Aufl., Stuttgart 2003.

Johannes Huber

Berufspflichten des Wirtschaftsprüfers

Die Berufspflichten des Wirtschaftsprüfers umfassen die im →Berufsrecht des Wirtschaftsprüfers geregelten Vorschriften zur Berufsausübung. Die grundlegenden gesetzlichen Normen enthält der dritte Teil der →Wirtschaftsprüferordnung (WPO). Aufgrund der Ermächtigungsgrundlage des § 57 Abs. 4 WPO konkretisiert die →Berufssatzung der Wirtschaftsprüferkammer (BS) als untergesetzliche Norm einzelne dieser Berufspflichten (IDW 2006, Abschn. A, Rn. 277, S. 66), die sich wiederum nach allgemeinen und besonderen Berufspflichten unterscheiden lassen.

Zu den allgemeinen Berufspflichten zählen insb. Unabhängigkeit (→ Unabhängigkeit und Unbefangenheit des Wirtschaftsprüfers), Gewissenhaftigkeit, Verschwiegenheit (→ Verschwiegenheitspflicht des Wirtschaftsprüfers) und → Eigenverantwortlichkeit des Wirtschaftsprüfers. Darüber hinaus gehören zu diesen allgemeinen Berufspflichten u. a. ein berufswürdiges Verhalten (→ Berufsethik des Wirtschaftsprüfers), das Verbot der Vertretung widerstreitender Interessen sowie die → Aus- und Fortbildung des Wirtschaftsprüfers und seiner Mitarbeiter.

Die besonderen Berufspflichten des Wirtschaftsprüfers regeln neben Fragen zur beruflichen Zusammenarbeit (§§ 28 ff. BS) und zur erlaubten Kundmachung und berufswidrigen Werbung (§§ 31 ff. BS) (→ Werbung des Wirtschaftsprüfers) insb. die bei der Durchführung von Prüfungen (→ Jahresabschlussprüfung u. a.) und → Gutachtertätigkeiten zu beachtenden Pflichten (§§ 20 ff. BS), wie die Unparteilichkeit, die Unbefangenheit und die Vermeidung der Besorgnis der Befangenheit. Infolge des APAG vom Dezember 2004 wurde außerdem die Pflicht zur → Qualitätssicherung im Rahmen der Prüfungstätigkeit ausdrücklich in § 55b WPO geregelt und in den Katalog der besonderen Berufspflichten aufgenommen (§§ 24d und 37 ff. BS).

Der WP hat gem. § 43 Abs. 1 Satz 1 WPO seinen Beruf unabhängig auszuüben. Die BS definiert diese gesetzliche Pflicht zur *Unabhängigkeit* als Freiheit von Bindungen, die die berufliche Entscheidungsfreiheit beeinträchtigen oder beeinträchtigen könnten, und verlangt vom WP die Wahrung der persönlichen und wirtschaftlichen Unabhängigkeit gegenüber jedermann (§ 2 Abs. 1 BS). Insb. ist es dem WP untersagt, Erfolgshonorare und Provisionszahlungen zu vereinbaren (→ Vergütungsregelungen für den Wirtschaftsprüfer), Mandantenrisiken zu übernehmen oder Versorgungsvereinbarungen von Auftraggebern anzunehmen (§ 2 Abs. 2 BS). Damit stellt dieser Begriff zunächst auf das Erfordernis tatsächlicher Unabhängigkeit ("independence in fact") ab. In einem umfassenderen Sinne muss sich der WP außerdem bei all seinen Tätigkeiten sein fachliches und wirtschaftliches Urteil frei von sachfremden Erwägungen und ohne Rücksichtnahme auf eigene Belange oder Interessen Dritter bilden können (IDW 2006, Abschn. A, Rn. 285, S. 68). Er muss damit auch von seiner inneren Einstellung her unabhängig ("independence of mind") bzw. unbefangen sein. Insofern verwirrt die Einordnung der *Unbefangenheit* unter die besonderen Berufspflichten (§ 21 Abs. 2 BS). Unter Unabhängigkeit i.w.S. wird auch das Tätigkeitsverbot des Wirtschaftsprüfers bei bestehender Besorgnis der Befangenheit nach § 49 2. HS WPO diskutiert. Die diesbezügliche Berufspflicht besteht in der Vermeidung von Umständen oder Sachverhalten, die einen verständigen Dritten veranlassen könnten, die → Unabhängigkeit und Unbefangenheit des Wirtschaftsprüfers bei dessen Prüfungsdurchführungen oder Gutachtenerstellung in Frage zu stellen ("independence in appearance"), was ggf. die Beendigung inkompatibler Aufträge oder die Ablehnung des Prüfungs- oder Gutachtenauftrags zur Folge haben kann (→ Ausschluss als Abschlussprüfer).

Unparteilichkeit: § 43 Abs. 1 Satz 2 WPO verlangt vom WP, dass er sich insb. bei der Erstattung von → Prüfungsberichten und Gutachten unparteiisch zu verhalten hat, d. h. i. S. e. unbedingten Neutralität keinen der Beteiligten benachteiligt oder bevorzugt; bei Aufträgen, die eine argumentative Darstellung zum Gegenstand haben, muss dies deutlich in Auftragsbezeichnung und Ergebnispräsentation zum Ausdruck gebracht werden (§ 20 BS).

Die Berufsausübung erfordert gem. § 43 Abs. 1 Satz 1 WPO *Gewissenhaftigkeit* des Wirtschaftsprüfers. Nach § 4 BS sind WP bei der Erfüllung ihrer Aufgaben an das Gesetz gebunden, sie haben sich über die für die Berufsausübung geltenden Bestimmungen zu unterrichten und diese fachlichen Regeln zu beachten. Aufträge dürfen nur angenommen werden, wenn der WP über die dafür erforderliche Sachkunde und die zur Bearbeitung erforderliche Zeit verfügt (→ Auftragsannahme und -fortführung). Durch eine sachgerechte Gesamtplanung aller Aufträge sind die Voraussetzungen zu schaffen, dass übernommene und erwartete Aufträge unter Beachtung der → Berufsgrundsätze des Wirtschaftsprüfers ordnungsgemäß durchgeführt und zeitgerecht abgeschlossen werden können (IDW/WPK VO 1/2006.79). Die gewissenhafte Berufsausübung beinhaltet weiterhin, dass die fachliche und persönliche Eignung der Mitarbeiter bei Einstellung überprüft wird, und diese nach Maßgabe ihrer Verantwortung über die Berufspflichten und das in der Praxis eingerichtete Qualitätssicherungssystem unterrichtet werden (§ 5 BS). Die Pflicht des Wirtschaftsprüfers sich fortzubilden (§ 43 Abs. 2 Satz 4 WPO) dient dem notwendigen Erhalt seiner fachlichen Kompetenz. Folglich fällt unter die Pflicht zur Gewissenhaftigkeit auch die Sorge für eine angemessene und strukturierte *Aus- und Fortbildung* der Mitarbeiter (§ 6 BS) sowie die regelmäßige Überprüfung der Einhaltung der Berufspflichten (§ 7 BS). Ausfluss der Pflicht zur Gewissenhaftigkeit ist auch die Pflicht zur praxisinternen Qualitätssicherung insb. bei der Durchführung von betriebswirtschaftlichen Prüfungen i. S. d. § 2 Abs. 1 WPO (IDW 2006, Abschn. A, Rn. 371, S. 92), die nun in § 55b WPO gesondert geregelt ist.

Nach § 43 Abs. 1 Satz 1 WPO ist der WP zur *Verschwiegenheit* verpflichtet. WP dürfen Tatsachen und Umstände, die ihnen bei ihrer Berufstätigkeit anvertraut oder bekannt werden, nicht unbefugt offenbaren; sie haben außerdem geeignete Vorkehrungen zu treffen, dass solche Tatsachen und Umstände Unbefugten nicht offenbar werden (§ 9 BS). Ebenso dürfen sie entsprechende Kenntnisse, die ihren Auftraggeber oder Dritte betreffen, weder für eigene noch für fremde Vermögensdispositionen verwerten (§ 10 BS). Insofern beinhaltet die Verschwiegenheitpflicht auch das Verbot der Verwertung von Insiderkenntnissen. Die Pflicht zur Verschwiegenheit reicht über die Beendigung des Auftragsverhältnisses hinaus. Der WP hat Gehilfen und Mitarbeiter, sofern diese nicht schon selbst gesetzlich zur Verschwiegenheit verpflichtet sind, vor deren Dienstantritt auf die Einhaltung der Vorschriften zur Verschwiegenheit und zu den Insiderregeln zu verpflichten. Bei Abschlussprüfungen (→ Jahresabschlussprüfung; →Konzernabschlussprüfung) tritt neben die berufsrechtliche Regelung die Verschwiegenheitspflicht nach § 323 Abs. 1 Satz 1 HGB (→Verschwiegenheitspflicht des Wirtschaftsprüfers; →Verschwiegenheitspflicht des Wirtschaftsprüfers, Verletzung der).

Eigenverantwortlichkeit: Der WP hat seinen Beruf eigenverantwortlich auszuüben (§ 43 Abs. 1 Satz 1 WPO), d. h. sein Handeln in eigener Verantwortung und frei von Weisungen zu bestimmen, sich selbst ein Urteil zu bilden und seine Entscheidungen selbst zu treffen (§ 11 Abs. 1 BS, § 44 Abs. 1 Satz 1 WPO). Für WP-Praxen (→ Revisions- und Treuhandbetriebe) umfasst die Beachtung der Eigenverantwortlichkeit des Wirtschaftsprüfers, dass sie zu organisatorischen Maßnahmen verpflichtet sind, die es den verantwortlichen WP ermöglichen in ausreichendem Umfang an der Auftragsdurchführung teilzunehmen und die Tätigkeit von Mitarbeitern und Spezialisten ausreichend zu überblicken (IDW/WPK VO 1/2006.51, § 12 BS).

Die Pflicht des Wirtschaftsprüfers zu einem *berufswürdigem Verhalten* (→ Berufsethik des Wirtschaftsprüfers) resultiert vor allem aus der Wahrnehmung der dem Berufsstand vorbehaltenen, im öffentlichen Interesse liegenden Prüfungsaufgaben (§ 2 Abs. 1 WPO). So hat er sich nicht nur der mit diesen Aufgaben verbundenen besonderen Berufspflichten bewusst zu sein, sondern hat sich auch außerhalb der Berufstätigkeit des Vertrauens und der Achtung würdig zu erweisen, die der Beruf erfordert (§ 43 Abs. 2 Satz 2 und 3 WPO). Diese Verhaltenspflicht konkretisiert sich u. a. in den Geboten zur Sachlichkeit und zur Unterrichtung des Auftraggebers über anlässlich der → Auftragsdurchführung festgestellte Gesetzesverstöße (→Unregelmäßigkeiten; →Unregelmäßigkeiten, Konsequenzen aus) sowie im Verbot der Verwendung des Namens oder der Berufsqualifikation zur Werbung für nicht berufsbezogene Produkte oder Dienstleistungen (§ 13 BS), insb. aber auch in dem Tätigkeitsverbot bei der beabsichtigten Inanspruchnahme für pflichtwidrige Handlungen (§ 49 1. HS WPO).

Das *Verbot der Vertretung widerstreitender Interessen* besagt, dass ein WP nicht tätig werden darf, wenn er einen anderen Auftraggeber in derselben Sache im widerstreitenden Interesse berät oder vertritt bzw. beraten oder vertreten hat, sofern kein gemeinsamer Auftrag oder das Einverständnis aller Beteiligten vorliegt (§ 3 BS).

Die weitere Entwicklung der hier dargestellten Berufspflichten und deren Anpassung an internationale Vorgaben wird insb. davon abhängen, inwieweit die *KOM* von der ihr im Zusammenhang mit der RL 2006/43/EG vom 17.5.2006 (sog. novellierte APr-RL) eingeräumten Möglichkeit Gebrauch macht, in einem vereinfachten Rechtsetzungsverfahren (Komitologieverfahren) EU-einheitliche

Grundsätze zur Berufsethik („principles on professional ethics") und zur Unabhängigkeit des Abschlussprüfers zu erlassen.

Literatur: IDW (Hrsg.): WPH 2006, Band I, 13. Aufl., Düsseldorf 2006; IDW/WPK (Hrsg.): Gemeinsame Stellungnahme der WPK und des IDW: Anforderungen an die Qualitätssicherung in der Wirtschaftsprüferpraxis (VO 1/2006), in: WPg 59 (2006), S. 629–646.

Michael Niehues

Berufsrecht des Wirtschaftsprüfers

Das Berufsrecht des Wirtschaftsprüfers ist vornehmlich in der →Wirtschaftsprüferordung (WPO) und der →Berufssatzung der Wirtschaftsprüferkammer (BS) geregelt.

Die WPO i.d.F. vom 5.11.1975 gibt dem Berufsstand erstmals eine geschlossene berufsgesetzliche Regelung (→Berufsrecht des Wirtschaftsprüfers, Entwicklung des). Neben allgemeinen Vorschriften (§§ 1–4 WPO) (→Berufsbild des Wirtschaftsprüfers) sind im zweiten Teil (§§ 5–42 WPO) die Voraussetzungen für die Berufsausübung geregelt (→Berufszugang zum Wirtschaftsprüfer; →Errichtung und Erlöschen einer Wirtschaftsprüfungsgesellschaft; →Berufsregister für Wirtschaftsprüfer und Steuerberater; →Wirtschaftsprüfungsexamen). Der dritte Teil (§§ 43–56 WPO) beschäftigt sich mit den Rechten und Pflichten der WP (→Berufspflichten des Wirtschaftsprüfers; →Berufsgrundsätze des Wirtschaftsprüfers; →Verschwiegenheitpflicht des Wirtschaftsprüfers; →vereinbare und unvereinbare Tätigkeiten des Wirtschaftsprüfers; →Eigenverantwortlichkeit des Wirtschaftsprüfers; →Arbeitspapiere des Abschlussprüfers; →Werbung des Wirtschaftsprüfers; →Berufshaftpflichtversicherung des Wirtschaftsprüfers und Steuerberaters; →Vergütungsregelungen für den Wirtschaftsprüfer). Der vierte Teil (§§ 57–61 WPO) ist Ausdruck der Selbstverwaltung des Berufsstandes und widmet sich der Organisation des Berufes durch die →*Wirtschaftsprüferkammer* (*WPK*). § 57 WPO weist der *WPK* ihre Aufgaben zu. Die durch das WPOÄG vom 19.12.2000 eingefügten §§ 57a ff. WPO legen die Errichtung von externen Qualitätskontrollen fest (→Qualitätskontrolle in der Wirtschaftsprüfung). Im fünften Teil der WPO sind die Regelungen zur Berufsaufsicht (→Berufsaufsicht für Wirtschaftsprüfer, national) durch die *WPK* enthalten. Der durch das APAG vom 27.12.2004 eingefügte § 66a WPO regelt die Bildung einer aus Berufsfremden bestehenden →*Abschlussprüferaufsichtskommission* (*APAK*), die eine fachbezogene Aufsicht über die *WPK* wahrnehmen soll. Der sechste Teil (§§ 67–127 WPO) beschäftigt sich ausschließlich mit der →Berufsgerichtsbarkeit für Wirtschaftsprüfer. Der siebte Teil widmet sich den →vereidigten Buchprüfern (vBP) sowie BPGes. Der achte Teil (vormals siebter Teil), der die bis Ende 1989 geltenden Vorschriften für die erleichterte Bestellung von vereidigten Buchprüfern, →Steuerberatern (StB) und Rechtsanwälten zum WP enthielt, wurde durch das WPOÄG vom 19.12.2000 aufgehoben. Der neunte Teil (§§ 131g–131m WPO), die Eignungsprüfung als WP, ermöglicht Angehörigen vergleichbarer Berufe aus den Mitgliedstaaten der EG und des EWR-Abkommens die Eignung für die Ausübung des WP-Berufes durch ein erleichtertes Examen nachzuweisen. Die Straf- und Bußgeldvorschriften im zehnten Teil (§§ 132–133b WPO) stellen die unbefugte Verwertung und Offenbarung fremder Betriebs- oder Geschäftsgeheimnisse, die im Rahmen der Qualitätskontrolle der WP bekannt geworden sind, als Antragsdelikte unter Strafe. Die Bußgeldvorschriften schützen die Berufsbezeichnung der WP, vBP, WPGes und BPGes (→Revisions- und Treuhandbetriebe). Die WPO schließt mit den Übergangs- und Schlussvorschriften im elften Teil (§§ 134a–141 WPO).

Das Dritte WPOÄG vom 15.6.1994 hat mit der Einfügung von § 57 Abs. 3 und 4 WPO die *WPK* dazu ermächtigt, die BS zu erlassen. Die *WPK* hat diese Satzungsermächtigung umgesetzt. Die BS ist nach Verabschiedung durch den *Beirat* der *WPK* am 11.6.1996 in Kraft getreten. Die BS konkretisiert die allgemeinen →Berufspflichten des Wirtschaftsprüfers nach § 43 WPO. Darüber hinaus widmet sich die BS ausgewählten besonderen Berufspflichten, wie etwa bei Werbung (→Werbung des Wirtschaftsprüfers), beruflicher Zusammenarbeit oder →Qualitätssicherung.

Auch das HGB enthält in den §§ 316 ff. HGB Regelungen mit Bezug zum Berufsrecht, insb. zur →Unabhängigkeit und Unbefangenheit des Wirtschaftsprüfers und zur →Haftung des Wirtschaftsprüfers.

Literatur: IDW (Hrsg.): WPH 2006, Band I, 13. Aufl., Düsseldorf 2006; Schmidt, M./Kaiser, S.: Die Fünfte WPO-Novelle-eine umfassende Reform in schwieriger Zeit, in: WPK-Mitt. 42 (2003), S. 150–163; Knorr L./Schnepel V.: Die Novellierung der Berufssatzung, in:

WPK-Mitt. 41 (2002), S. 2–8; WPK (Hrsg.): Textsammlung zur Wirtschafsprüferordnung, 8. Auflage, Berlin 2006.

Johannes Huber

Berufsrecht des Wirtschaftsprüfers, Entwicklung des

Das →Berufsrecht des Wirtschaftsprüfers erhielt erstmals im Jahre 1931 eine gesetzliche Grundlage. Im Zuge der Weltwirtschaftskrise und dem Zusammenbruch großer Unternehmen wurde die Abschlussprüfung für Aktiengesellschaften (→Aktiengesellschaft, Prüfung einer) durch unabhängige Prüfer durch die Verordnung des Reichspräsidenten über Aktienrecht, Bankenaufsicht und über eine Steueramnesie vom 19.9.1931 sowie die Erste Verordnung zur Durchführung der aktienrechtlichen Vorschriften der Verordnung des Reichspräsidenten über Aktienrecht, Bankenaufsicht und über eine Steueramnesie vom 15.12.1931 gesetzlich vorgeschrieben. In der Ländervereinbarung über die Grundsätze für die öffentliche Bestellung der WP (Anlage zur Ersten Durchführungsverordnung vom 15.12.1931) wurden Grundsätze für das Prüfungs- und Bestellungsverfahren erlassen. Diese Regelungen blieben im Wesentlichen unverändert bis 1945 gültig und bilden die Grundlage der heutigen →Wirtschaftsprüferordnung (WPO).

Im Jahr 1945 führte die Aufteilung in die vier Besatzungszonen mit jeweils eigener Gesetzesgewalt auch im Berufsrecht der WP zu unterschiedlichen Entwicklungen. Diese Rechtszersplitterung wurde erst am 1.11.1961 mit dem In-Kraft-Treten der WPO vom 24.7.1961 beendet.

Die WPO ist im Laufe der Zeit mehrfach geändert worden: Die 1. WPO-Novelle (Gesetz zur Änderung der WPO vom 20.8.1975) beinhaltete im Wesentlichen eine Angleichung an die StPO und die BRAO sowie Änderungen zum →Wirtschaftsprüfungsexamen. Wesentlichen Einfluss auf das Berufsrecht hatte ferner das BiRiLiG vom 19.12.1985, mit dem die →Pflichtprüfungen für →Gesellschaften mit beschränkter Haftung ab einer bestimmten Größe eingeführt worden sind. Darüber hinaus wurden →vereidigte Buchprüfer (vBP) als gesetzliche →Abschlussprüfer (APr) mittelgroßer Gesellschaften mit beschränkter Haftung zugelassen. Mit der 2. WPO-Novelle (Zweites Gesetz zur Änderung der WPO vom 20.7.1990) wurde die RL 89/48/EWG (sog. Hochschuldiplom-RL) umgesetzt. Seitdem haben APr aus Mitgliedstaaten der EG die Möglichkeit, nach Ablegen einer Eignungsprüfung, den Beruf des Wirtschaftsprüfers in Deutschland auszuüben. Das Dritte WPOÄG vom 15.7.1994, die 3. WPO-Novelle, hat mit der Einfügung von § 57 Abs. 3 und 4 WPO die →*Wirtschaftsprüferkammer (WPK)* dazu ermächtigt, eine Satzung über die Rechte und Pflichten bei der Ausübung der Berufe des Wirtschaftsprüfers und des vBP (Berufssatzung) zu erlassen [→Berufssatzung der Wirtschaftsprüferkammer (BS)]. Die *WPK* hat diese Satzungsermächtigung umgesetzt. Durch die 4. WPO-Novelle (WPOÄG vom 19.12.2000) wurde eine obligatorische Qualitätskontrolle für alle Berufsangehörigen eingeführt, die gesetzliche Abschlussprüfungen (→Jahresabschlussprüfung; →Konzernabschlussprüfung) durchführen (→Qualitätskontrolle in der Wirtschaftsprüfung). Darüber hinaus wurde die Zuständigkeit für die Bestellung von Wirtschaftsprüfern, die Anerkennung von WPGes (→Revisions- und Treuhandbetriebe; →Errichtung und Erlöschen einer Wirtschaftsprüfungsgesellschaft) sowie die Aufsicht über Berufsangehörige und Berufsgesellschaften (→Berufsaufsicht für Wirtschaftsprüfer, national) von den obersten Landesbehörden auf die *WPK* übertragen. Eine umfangreiche Ausbildungsreform beinhaltete die 5. WPO-Novelle (WPRefG vom 1.12.2003). Einen Schwerpunkt bildete dabei die Überarbeitung der Prüfungsinhalte des Wirtschaftsprüfungsexamens. So etwa die ausdrückliche Erwähnung internationaler Rechnungslegungsvorschriften [→International Financial Reporting Standards (IFRS)]. Die bisher bei den Ländern angesiedelte *Prüfungsstelle für das Wirtschaftsprüfungsexamen* wurde auf die *WPK* übertragen. Darüber hinaus wurde der Zugang zum Beruf des vereidigten Buchprüfers geschlossen, um die Einheitlichkeit des Prüferberufes wieder herzustellen. Daneben enthielt auch das BilReG vom 4.12.2004 Regelungen mit Bezug zum Berufsrecht, insb. zur Unabhängigkeit des Abschlussprüfers (→Unabhängigkeit und Unbefangenheit des Wirtschaftsprüfers). Die durch das APAG vom 27.12.2004 eingefügte 6. WPO-Novelle regelt die Bildung einer aus Berufsfremden bestehenden →*Abschlussprüferaufsichtskommission (APAK)*, die eine fachbezogene Aufsicht über die *WPK* wahrnehmen soll. In einer geplanten

7. WPO-Novelle (BARefG) sollen insb. die Vorschriften zur Berufsaufsicht geändert werden. Zentrales Anliegen ist eine Verschiebung der Zuständigkeiten von der *Generalstaatsanwaltschaft* hin zur *WPK*. Darüber hinaus soll der Turnus der Qualitätskontrolle (→Qualitätskontrolle in der Wirtschaftsprüfung) von 3 auf 6 Jahre verlängert werden, sofern keine kapitalmarktorientierten Unternehmen (§ 319a HGB) geprüft werden.

Literatur: IDW (Hrsg.): WPH 2006, Band I, 13. Aufl., Düsseldorf 2006; Knorr L./Schnepel V.: Die Novellierung der Berufssatzung, in: WPK-Mitt. 41 (2002), S. 2–8; Schmidt, M./Kaiser, S.: Die Fünfte WPO-Novelle – eine umfassende Reform in schwieriger Zeit, in: WPK-Mitt. 42 (2003), S. 150–163; WPK (Hrsg.): Textsammlung zur Wirtschafsprüferordnung, 8. Aufl., Berlin 2006.

Johannes Huber

Berufsregister für Wirtschaftsprüfer und Steuerberater

Berufsregister für WP und →Steuerberater (StB) sind von der zentral organisierten →*Wirtschaftsprüferkammer* (WPK) bzw. den regional geführten Steuerberaterkammern (→*Bundessteuerberaterkammer*) nach § 37 Abs. 1 →Wirtschaftsprüferordnung (WPO) bzw. § 76 Abs. 5 StBerG geführte Verzeichnisse der Pflichtmitglieder, d. h. WP, →vereidigte Buchprüfer (vBP), WPGes, BPGes (→Revisions- und Treuhandbetriebe) und Zweigniederlassungen bzw. StB, StBv, StBGes und Zweigniederlassungen. Sie dienen den Kammern vornehmlich zur Mitgliederverwaltung und Wahrnehmung der ihnen per Gesetz zukommenden Aufgaben, wie etwa der Berufsaufsicht (→Berufsaufsicht für Wirtschaftsprüfer, national; →Berufsaufsicht für Steuerberater) und der Interessenvertretung der Mitglieder. Das Berufsregister der WP ist öffentlich, kann also von jedermann eingesehen werden, wohingegen für eine Einsichtnahme in das Berufsregister der StB zunächst der Nachweis eines berechtigten Interesses erforderlich ist.

Im Berufsregister werden die persönlichen und beruflichen Daten der Pflichtmitglieder erfasst. Tatsachen, die eine Eintragung, ihre Veränderung oder Löschung erforderlich machen, sind der *WPK* bzw. der zuständigen StBK von den Mitgliedern andernfalls den zur gesetzlichen Vertretung berufenen Organen oder vertretungsberechtigten Gesellschaftern der Mitglieder mitzuteilen. Hierzu zählen etwa Änderungen der beruflichen Verhältnisse eines Wirtschaftsprüfers, vereidigten Buchprüfers, Steuerberaters oder Steuerbevollmächtigten oder der Struktur einer WPGes, BPGes, StBGes und deren Zweigniederlassungen. Jede Eintragung, Änderung oder Löschung im Berufsregister wird bei der Erfassung von den Mitarbeitern der Kammer auf die Vereinbarkeit mit dem Berufsrecht (→Berufsrecht des Wirtschaftsprüfers; →Berufsgrundsätze des Wirtschaftsprüfers; →Berufsgrundsätze des Steuerberaters) überprüft. Hierzu zählt auch die Erfüllung der Bestellungs- und Anerkennungsvoraussetzungen. Eintragungen, Änderungen und Löschungen können im Übrigen auch von Amts wegen vorgenommen werden.

Das Berufsregister der WP enthält über die oben genannten Angaben hinaus Informationen bzgl. der Teilnahme an der Qualitätskontrolle (→Qualitätskontrolle in der Wirtschaftsprüfung; →Peer Review) und ggf. der Registrierung als Prüfer (zu den Inhalten und der Führung des Berufsregisters s. im Detail §§ 37–40 WPO und §§ 45–50 DVStB).

Christoph Watrin; Joachim Lammert

Berufssatzung der Wirtschaftsprüferkammer

Die „Satzung der Wirtschaftsprüferkammer über die Rechte und Pflichten bei der Ausübung der Berufe des Wirtschaftsprüfers und des vereidigten Buchprüfers" (BS) ist am 15.9.1996 in Kraft getreten und seither mehrfach novelliert worden. Die BS konkretisiert die in § 43 →Wirtschaftsprüferordnung (WPO) normierten allgemeinen und die besonderen →Berufspflichten des Wirtschaftsprüfers und des →vereidigten Buchprüfers und ist als materielles Gesetz für diese verbindliches Recht. Neben der Konkretisierung der allgemeinen Berufspflichten Unabhängigkeit (→Unabhängigkeit und Unbefangenheit des Wirtschaftsprüfers), Gewissenhaftigkeit, Verschwiegenheit (→Verschwiegenheitspflicht des Wirtschaftsprüfers), Eigenverantwortlichkeit (→Eigenverantwortlichkeit des Wirtschaftsprüfers) und berufswürdiges Verhalten (→Berufsethik des Wirtschaftsprüfers) im Teil 1 setzt die BS Schwerpunkte bzgl. der besonderen Berufspflichten. Sie regelt in den Teilen 2 bis 5 die besonderen Berufspflichten bei der Durchführung von Prüfungen und der →Gutachtertätigkeit des Wirtschaftsprüfers, die besonderen Berufspflichten bei beruflicher Zusammenarbeit, die besonderen Berufspflichten im Zusammenhang mit erlaubter Kundmachung und berufswidriger Werbung (→Werbung des Wirtschaftsprüfers) sowie die besonderen Berufspflichten zur Sicherung der Qualität (→Qualitätssicherung) der Berufsarbeit. Der Aufbau der BS richtet sich im Wesentlichen nach der Gliederung der Satzungsermächtigung gem. § 57 Abs. 4 WPO.

Erstmalig aktualisiert wurde die BS im Februar 1998. Durch die Änderung wurde der Rspr. des *Bundesverfassungsgerichts* Rechnung getragen, wonach es auch im Recht der freien Berufe unzulässig ist, bestimmte Werbeträger auszuschließen. Dies war nur der erste Schritt einer Entwicklung, die schließlich zu einer weitgehenden Angleichung des berufsrechtlichen Werberechts an das allgemeine Werberecht geführt hat.

Bereits im Rahmen einer umfassenden Novellierung der BS im März 2002 erfolgte eine Liberalisierung der Kundmachungsvorschriften für Sozietäten sowie die Aufhebung der Differenzierung zwischen Tätigkeits- und Interessenschwerpunkten und der bezifferten Höchstgrenze für deren Kundgabe. Daneben ist die Neudefinition zur Begründung beruflicher Niederlassungen und Zweigniederlassungen hervorzuheben.

Von besonderer Bedeutung sind die im März 2005 in Kraft getretenen Änderungen. Ein Schwerpunkt dieser Novellierung lag in der weiteren und jetzt umfassenden Liberalisierung der Regelungen zur Werbung. Diese orientieren sich jetzt grundsätzlich an den Beschränkungen des allgemeinen Wettbewerbsrechts und sind lediglich noch auf berufsspezifische Besonderheiten zugeschnitten. Der zweite Schwerpunkt der Novellierung bestand darin, auf der Grundlage des mit dem APAG neu geschaffenen § 55b WPO konkretisierende Regelungen zur →Qualitätssicherung in der WP/vBP-Praxis in die BS zu implementieren. Inhaltlich gehörten die Regelungen durch die gemeinsame Vorstandsverlautbarung (VO 1/1995) der →*Wirtschaftsprüferkammer (WPK)* und des →*Instituts der Wirtschaftsprüfer in Deutschland e.V. (IDW)* auch zuvor schon überwiegend zum beruflichen Standard, sind aber durch die Aufnahme in die BS zu verbindlichen Pflichten geworden. Soweit über die bisherigen Standards hinausgehende Anforderungen an die Qualitätssicherung, insb. nach dem International Standard on Quality Control 1 (ISQC 1), bestehen, sind diese ebenfalls in Satzungsregelungen umgesetzt worden.

Veranlasst durch die im Zuge des BilReG neu gefassten §§ 319, 319a HGB sind im September 2005 die Regelungen zur Besorgnis der Befangenheit völlig neu gefasst worden. Neben der Anpassung der Struktur der Vorschriften an die internationalen Gepflogenheiten wurden hierbei auch die inhaltlichen Vorgaben des Code of Ethics der →*International Federation of Accountants (IFAC)* und der Empfehlung 2002/590/EG zur Unabhängigkeit des →Abschlussprüfers berücksichtigt.

Im Februar 2006 ist eine weitere Änderung der BS erfolgt. Diese beschränkte sich auf Detailänderungen einzelner Vorschriften. Zu nennen sind insb. die Einschränkung der Siegelführungspflicht auf die dem WP/vBP vorbehaltenen Tätigkeiten sowie die Modifizierung der Pflichten zur Durchführung der →Berichtskritik.

Nach dem Regierungsentwurf des BARefG wird die Ermächtigungsgrundlage für Regelungen in der BS zur Kundmachung und Werbung vollständig entfallen. Gleichzeitig wird die *WPK* ermächtigt, konkretisierende Vorschriften u. a. zur Fortbildungspflicht in die BS aufzunehmen. Ebenfalls in die BS eingegliedert werden sollen die bisher in der WPBHV und der SiegelVO enthaltenen Regelungen.

Literatur: IDW/WPK (Hrsg.): Gemeinsame Stellungnahme der WPK und des IDW zur Qualitätssicherung in der Wirtschaftsprüferpraxis (VO 1/1995), in: WPg 48 (1995), S. 824–839; Knorr, K. E./Schnepel, V.: Die Novellierung der Berufssatzung, in: WPK-Mitt. 41 (2002), S. 2–8; Knorr, K. E./Schnepel, V.: Die dritte Änderung der Berufssatzung – Teil 1 Allgemeine Regelungen, in: WPK-Mag. o.Jg. (2005), Heft 1, S. 42–47; Schmidt, A./Pfitzer, N./Lindgens, U.: Qualitätssicherung in der Wirtschaftsprüferpraxis, in: WPg 58 (2005), S. 321–343; Knorr, K. E./Precht, J.: Die vierte Änderung der Berufssatzung, in: WPK-Mag. o.Jg. (2005), Heft 4, S. 40–43; Knorr, K. E./Schnepel, V.: Die fünfte Änderung der Berufssatzung, in: WPK-Mag. o.Jg. (2006), Heft 1, S. 44–47.

Volker Schnepel

Berufsverbot des Wirtschaftsprüfers
→Berufsgerichtsbarkeit für Wirtschaftsprüfer; →Straf- und Bußgeldvorschriften

Berufswürdiges Verhalten →Berufsethik des Wirtschaftsprüfers

Berufszugang zum Wirtschaftsprüfer

Der Berufszugang zum WP erfolgt i. d. R. durch ein Hochschulstudium und eine erfolgreich absolvierte Prüfung, die durch die →*Wirtschaftsprüferkammer* (*WPK*) unter staatlicher Aufsicht durchgeführt wird (→Wirtschaftsprüfungsexamen). Darüber hinaus regelt § 8 Abs. 2 →Wirtschaftsprüferordnung (WPO) die Fälle, in denen auf eine Hochschulausbildung verzichtet werden kann.

Die WPO sieht vier Zugangswege zum Beruf des Wirtschaftsprüfers vor:

- Das Vollexamen, bei dem sieben Klausuren aus den Fachbereichen wirtschaftliches Prüfungswesen, →Unternehmensbewertung und Berufsrecht (2), Steuerrecht (2), Betriebs- und Volkswirtschaftslehre (2), und Wirtschaftsrecht (1) sowie eine mündliche Prüfung vorgeschrieben sind.
- Das Examen nach § 8a WPO (akkreditierter Studiengang) mit dem Ziel, die Klausuren in den Fächern Betriebs- und Volkswirtschaftslehre sowie Wirtschaftsrecht im Rahmen des Studiums zu schreiben.
- Das Examen nach § 13b WPO (Anerkennung einzelner Studienleistungen) mit dem Ziel der Anerkennung einzelner Studienleistungen der Fächer Betriebs- und Volkswirtschaftslehre sowie Wirtschaftsrecht.
- Eine Eignungsprüfung für Staatsangehörige eines Mitgliedsstaates der EG, wenn diese bereits in einem Mitgliedsstaat der EU die Zulassung zur Durchführung von →Pflichtprüfungen besitzen.

Die Zulassung zum *Vollexamen* setzt voraus, dass die Bewerberin oder der Bewerber mit abgeschlossenem Hochschulstudium eine wenigstens 3-jährige Tätigkeit bei einem WP oder einer WPGes (→Revisions- und Treuhandbetriebe) bzw. bei einer sonstigen Stelle gem. § 8 Abs. 2 Nr. 1 WPO nachweisen. Von diesen 3 Jahren müssen mindestens 2 Jahre Prüfungstätigkeit geleistet worden sein. Für die Bewerber gem. § 8 Abs. 2 WPO gelten längere Praxiszeiten (§ 9 Abs. 2 WPO).

Für →Steuerberater (StB) bzw. →vereidigte Buchprüfer (vBP) sehen die §§ 12 und 13 WPO eine Möglichkeit zur Verkürzung der Prüfung vor.

Durch die Novellierung des Hochschulrahmengesetzes wurde die Einrichtung gestufter Studiengänge an Universitäten und Fachhochschulen ermöglicht (→Universitäten, Lehre im Prüfungswesen; →Fachhochschulen, Lehre im Prüfungswesen). Diese Studiengänge schließen mit dem Bachelor- und dem Master-Grad ab.

Die WPAnrV regelt die Voraussetzungen, unter denen Leistungen aus einem Hochschulstudiengang auf das →Wirtschaftsprüfungsexamen angerechnet werden.

Die *Anerkennung eines Masterstudiengangs nach § 8a WPO* setzt nach § 3 WPAnrV voraus, dass die Prüfungsordnung

1) den Nachweis über die Ableistung von einem halben Jahr Tätigkeit gem. § 9 Abs. 1 WPO und einem halben Jahr Prüfungstätigkeit gem. § 9 Abs. 2 WPO (Praxiszeit) nach Erwerb des ersten berufsqualifizierenden Abschlusses, aber vor Beginn des Masterstudienganges vorsieht;

2) das Bestehen einer Zugangsprüfung, die wirtschaftsprüfungsrelevante Anteile berücksichtigt, vorsieht; im Zeitpunkt der Zugangsprüfung muss die Praxiszeit abgeleistet sein;

3) für den Masterstudiengang vier Theoriesemester vorsieht;

4) vorsieht, dass die Masterschlussarbeit in dem Prüfungsgebiet „wirtschaftliches Prüfungswesen, Unternehmensbewertung und Berufsrecht" geschrieben wird.

Ein Bachelorstudiengang umfasst i. d. R. sechs Semester, der Masterstudiengang vier Semester.

Für Hochschulabsolventen mit einer mindestens 8-semestrigen Regelstudienzeit beträgt die erforderliche Berufspraxis mindestens 3 Jahre. In dieser Zeit sollen die Bewerber mindestens 2 Jahre überwiegend an →Jahresabschlussprüfungen teilgenommen haben (§ 9 Abs. 2 WPO). Durch Praktika darf es nicht zu einer Verkürzung der 5-jährigen akademischen Ausbildung kommen. Die weiteren Voraussetzungen zur Anerkennung eines Masterstudiengangs nach § 8a WPO werden in einem Referenzrahmen zusammengefasst, der gemeinsam von je einem Praxisvertreter oder einer Praxisvertreterin der *Aufgabenkommission* nach § 8 WPO, der Finanzverwaltung, der WPK, des →*Instituts der Wirtschaftsprüfer in Deutschland e. V. (IDW)*, des *Verbandes der Hochschullehrer für Betriebswirtschaft e. V.* und des *Fachhochschullehrer-Arbeitskreises „Steuern und Wirtschaftsprüfung"* erarbeitet und beschlossen wird (§ 4 Abs. 2 WPAnrV). Dieser Referenzrahmen wird ergänzt durch Curricula, die die Inhalte der einzelnen Prüfungsgebiete näher erläutern.

Die *Anerkennung von Studienleistungen* nach § 13b WPO erfolgt durch eine Akkreditierung einzelner Studienfächer. Die zugehörigen Prüfungsleistungen können sowohl im Rahmen eines Bachelor- als auch eines Masterstudiengangs erbracht werden. Maßgebend für die Akkreditierung sind die Vorgaben durch einen Referenzrahmen und Curricula (s. Anerkennung eines Masterstudiengangs nach § 8a WPO).

Darüber hinaus gewährt § 131g WPO für Staatsangehörige eines Mitgliedsstaates der EG, wenn diese die unmittelbare Zulassung zur Durchführung von Pflichtprüfungen von Jahresabschlüssen und anderen Rechnungsunterlagen nachweisen können, die Möglichkeit, den Berufszugang durch eine *Eignungsprüfung* zu erwerben. Die weiteren Anforderungen an die Eignungsprüfung regelt § 131h WPO.

Die Inhalte aller schriftlichen Klausuren werden zentral durch eine *Aufgabenkommission* (§ 8 WiPrPrüfV) erarbeitet.

Die Klausuraufgaben für die Aufsichtsarbeiten sind aus der Berufsarbeit des Wirtschaftsprüfers zu entnehmen. Nähere Regelungen dazu finden sich in § 4 WiPrPrüfV.

Die nach dem schriftlichen Examen abzulegende mündliche Prüfung soll pro Kandidat die Dauer von 2 Stunden nicht überschreiten. Die mündliche Prüfung wird abgeleistet vor einem Prüfungsausschuss, der sich gem. § 2 WiPrPrüfV zusammensetzt aus:

- einem Vertreter der für Wirtschaft zuständigen obersten Landesbehörde (Vorsitz),
- einen Hochschullehrer der Betriebswirtschaftslehre,
- einem Mitglied mit der Befähigung zum Richteramt,
- einem Vertreter der Finanzverwaltung,
- einem Vertreter der Wirtschaft und
- zwei WP.

Die Prüfung ist bestanden, wenn auf jedem Prüfungsgebiet eine Leistung erbracht wurde, die mindestens mit der Note 4,0 bewertet wurde. Nach bestandener Prüfung kann der Bewerber auf Antrag durch Aushändigung einer von der *WPK* ausgestellten Urkunde als WP bestellt werden. Nähere Einzelheiten dazu regelt § 15 WPO. Die Bestellung muss versagt werden, wenn der Bewerber infolge einer strafgerichtlichen Verurteilung nicht die Fähigkeit zur Bekleidung öffentlicher Ämter besitzt. Darüber hinaus muss die Bestellung versagt werden, wenn keine Deckungszusage einer Berufshaftpflichtversicherung (→ Berufshaftpflichtversicherung des Wirtschaftsprüfers und des Steuerberaters) vorliegt, eine mit dem Beruf des Wirtschaftsprüfers unvereinbare Tätigkeit ausgeübt wird (→ vereinbare und unvereinbare Tätigkeiten des Wirtschaftsprüfers) und wenn unmittelbar nach der Bestellung keine berufliche Niederlassung zum Berufsregister (→ Berufsregister für Wirtschaftsprüfer und Steuerberater) angegeben wird. Die Bestellung kann versagt werden, wenn der Bewerber sich so verhalten hat, dass die Besorgnis begründet ist, er werde den → Berufspflichten des Wirtschaftsprüfers nicht genügen (§ 16 WPO).

Bewerber haben vor Aushändigung der Berufsurkunde einen Berufseid (→ Berufsethik des Wirtschaftsprüfers) vor der *WPK* zu leisten (§ 16 WPO).

Thomas M. Orth

Berufung des Aufsichtsrats → Aufsichtsrat, Be- und Abberufung

Beschäftigungsabweichung

Die Beschäftigungsabweichung stellt einen Begriff der flexiblen → Plankostenrechnung auf Vollkostenbasis dar. Dieser Begriff bezeichnet in der Plankostenrechnung die Veränderung der Fixkostendeckung, die aus unterschiedlichen Plan- und Ist-Beschäftigungsgraden (→ Beschäftigungsgrad) resultiert (s. zu einer weiteren Interpretation der Beschäftigungsabweichung Haberstock 2004, S. 260 ff.).

Während die Istkosten (K_i) für eine bestimmte tatsächlich realisierte Istbeschäftigung entstanden sind, sind die Plankosten (K_p) für den geplanten Beschäftigungsgrad (→ Planbeschäftigung) geplant. In der Unternehmenspraxis ist jedoch festzustellen, dass nur selten die geplanten Beschäftigungsgrade (oder Ausbringungsmengen) tatsächlich auch erreicht werden. Zumeist resultieren diese Abweichungen in der Praxis aus wechselnden Absatzsituationen, ungeplanten Störungen im Be-

Beschäftigungsabweichung

triebsablauf oder unterschiedlich langen Abrechnungsperioden.

Vor dem Hintergrund des generellen Ziels der Plankostenrechnung einer wirksamen, unternehmensinternen Wirtschaftlichkeitskontrolle, ist es notwendig, die Effekte einer Unter- bzw. Überauslastung der Kapazitäten (Beschäftigungsabweichung) von den unternehmensinternen Unwirtschaftlichkeiten (→Verbrauchsabweichungen) zu trennen und sichtbar zu machen. Daher werden in der Plankostenrechnung die Plankosten (K_p) auf den realisierten Ist-Beschäftigungsgrad umgerechnet, in dem sog. →Sollkosten (K_s) errechnet werden (s. Abb.). Diese repräsentieren die Kosten, die bei einer geplanten, optimalen Beschäftigung hätten erreicht werden müssen. Die Berechnung erfolgt nach folgender Formel:

$K_s = p_s \cdot x_s$

Während bei der Bewertung der Sollkosten (K_s) explizit die Unterscheidung in variable und fixe Kostenbestandteile (→Fixkostencontrolling) vorgenommen wird, um unter dieser Prämisse die tatsächlich zu erreichenden Gesamtkosten zu bestimmen, wird bei der Errechnung der auf die Kostenträger verrechneten Plankosten (K_{verr}) ein proportionaler Verrechnungssatz (Verrechnungspreis) angewendet:

$K_{verr} = p_{verr} \cdot x_i$

mit:

$p_{verr} = \dfrac{K_p}{X_p}$

Dieser Plankosten-Verrechnungssatz (p_{verr}) berechnet sich aus den gesamten Plankosten (K_p) (fixe und variable Plankosten) geteilt durch die →Planbeschäftigung (x_p). Dieser Verrechnungssatz repräsentiert die mithilfe der Plankalkulation (→Kalkulation) auf die Produkte verrechneten Produktkosten.

Der Begriff Beschäftigungsabweichung (ΔB) stellt, wie die Abb. zeigt, die Differenz zwischen den Sollkosten (K_s) und den auf die

---

Legende zur Abb.:

K_i = Istkosten
K_s = Sollkosten
K_{verr} = verrechnete Plankosten
K_p = Plankosten
M_i = Ist-Ausbringungsmenge
M_p = Plan-Ausbringungsmenge

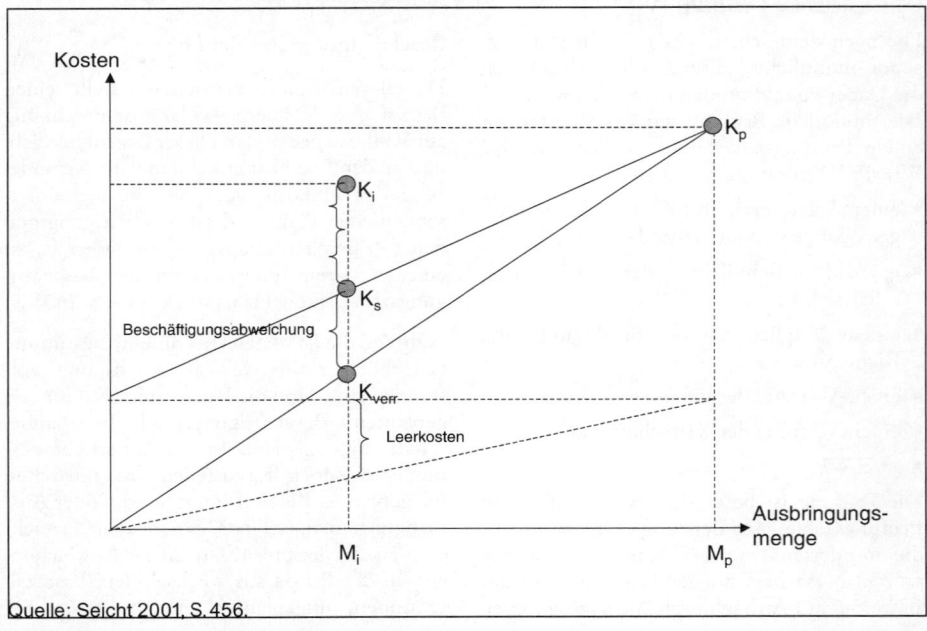

Abb.: Grundstruktur der flexiblen Plankostenrechnung auf Vollkostenbasis

Quelle: Seicht 2001, S. 456.

Kostenträger verrechneten Plankosten (K_{verr}) dar.

$$\Delta B = K_s - K_{verr}$$

Die Beschäftigungsabweichung stellt somit den Betrag der ungedeckten bzw. der überdeckten Fixkosten dar, je nachdem, ob der Ist-Beschäftigungsgrad unter oder über dem Plan-Beschäftigungsgrad liegt. Der Begriff der „Beschäftigungsabweichung" deckt sich begrifflich und in der Höhe damit mit dem Begriff der →Leerkosten i. S. d. nicht genutzten Fixkosten. Die Beschäftigungsabweichung ist ein Indikator für die Wirtschaftlichkeit der Nutzung der in einer Kostenstelle entstandenen Fixkosten (→Kostenmanagement). Sie zeigt daher im Grunde keine echte Unwirtschaftlichkeiten auf, sondern stellt eine Verrechnungsdifferenz zwischen →Kostenstellenrechnung und Kostenträgerrechnung (→Kostenträgerstückrechnung; →Kalkulation) dar (Coenenberg 2003, S. 355; Seicht 2001, S. 454 ff.).

D.h. in dem oben gezeigten Beispiel, dass bei dem gewählten Beschäftigungsgrad nur die →Kosten in Höhe K_{verr} in der →Kalkulation auf die Produkte umgelegt werden konnten. Die Kostendifferenz zischen K_s und K_{verr} bleibt bei der realisierten Beschäftigung (x_i) durch den Verkauf der Leistungen ungedeckt.

Literatur: Agthe, K.: Die Abweichungen in der Plankostenrechnung, Freiburg i.Br. 1958; Coenenberg, A. G.: Kostenrechnung und Kostenanalyse, 5. Aufl., Stuttgart 2003; Deimel, K./Isemann, R./Müller, S.: Kosten- und Erlösrechnung, München 2006; Haberstock, L.: Kostenrechnung II, 9. Aufl., Berlin 2004; Seicht, G.: Moderne Kosten- und Leistungsrechnung, 11. Aufl., Wien 2001.

Klaus Deimel

Beschäftigungsgrad

Der Beschäftigungsgrad ist eine betriebswirtschaftliche Kennzahl, die die Ausnutzung produktionstechnischer Kapazitäten in Unternehmen anzeigt (→Kennzahlen und Kennzahlensysteme als Kontrollinstrument; →Kapazitätscontrolling). Diese Kennzahl kennzeichnet allgemein das Verhältnis der tatsächlichen Nutzung von Betriebsmitteln zu deren max. verfügbaren (zumeist zeitlichen) Kapazität.

In der →Plankostenrechnung wird der Beschäftigungsgrad herangezogen um das Verhältnis einer realisierten Ist-Bezugsgröße zu einer Plan-Bezugsgröße zu beschreiben. Üblicherweise wird dabei die Beschäftigung einer Kostenstelle herangezogen. So wird der Beschäftigungsgrad (b) definiert als:

$$b = \frac{\text{Istbeschäftigung einer Kostenstelle}}{\text{Planbeschäftigung einer Kostenstelle}} \cdot 100 \quad (1)$$

oder

$$b = \frac{M_i}{M_p} \cdot 100 \quad (2)$$

Der Beschäftigungsgrad gewinnt in der Plankostenrechnung zur Prognose der Plankosten sowie zur Analyse der Kostenabweichungen (→Abweichungsanalyse) an Bedeutung, da die Beschäftigung einer Kostenstelle als zentrale Bestimmungsgröße der →Kosten gilt.

Im Rahmen der Kostenplanung findet der Beschäftigungsgrad bei der Bestimmung der Plankosten für verschiedene Beschäftigungsgrade einer Kostenstelle Anwendung.

Im Rahmen der Abweichungsanalyse kann mithilfe des Beschäftigungsgrades zunächst die →Beschäftigungsabweichung als das Verhältnis der ungenutzten zu den genutzten Kapazitäten errechnet und so die Höhe der →Leerkosten bestimmt werden.

Ebenso kann im Rahmen einer Plankostenrechnung auf Vollkostenbasis die Höhe der →Sollkosten mithilfe des Beschäftigungsgrades errechnet werden. Wegen der Einbeziehung der Fixkosten (→Fixkostencontrolling) in diesem Kostenrechnungssystem muss zur Umrechnung der Plankosten in die Sollkosten ein sog. Variator berechnet werden, der das Verhältnis von gesamten Plankosten (K_p) zu variablen Plankosten (K_{vp}) kennzeichnet (→Variatorenrechnung).

Der Variator (v) berechnet sich nach folgender Formel:

$$v = \frac{K_{vp}}{K_p} \cdot 10 \quad (3)$$

Literatur: Haberstock, L.: Kostenrechnung II, 9. Aufl., Berlin 2004; Schweitzer, M./Küpper, H.-U.: Systeme der Kosten- und Erlösrechnung, 8. Aufl., München 2003; Seicht, G.: Moderne Kosten und Erlösrechnung, 11. Aufl., Wien 2001.

Klaus Deimel

Beschäftigungsrisiko →Fixkostencontrolling

Beschaffung →Einkaufsportfolio; →Einkaufswesen

Beschaffungscluster

Beschaffungscluster → Einkaufsportfolio

Beschaffungscontrolling

Die Verselbstständigung von Unternehmensfunktionen erfordert eine dezidierte Ausweisung des Wertbeschöpfungsbeitrages jeder Funktionseinheit. Insb. nicht direkt im Kundenkontakt stehende Bereiche, wie die Forschungs- und Entwicklungsabteilung oder das Beschaffungsmanagement, müssen zunehmend ihren Beitrag an der gesamten Unternehmenswertschöpfung verdeutlichen. Notwendig ist daher ein aussagekräftiges Instrumentarium, das die Messung und Darstellung des *Wertschöpfungsbeitrages* (→ Wertschöpfungsanalyse) der Beschaffung expliziert. Dies erscheint umso dringlicher, als gerade Leistungsverbesserungen in der Beschaffung eine gewaltige Hebelwirkung auf das Unternehmensergebnis haben. Die Messung und Darstellung der Einkaufsleistung ist daher eine zentrale Anforderung an ein modernes Beschaffungscontrolling.

Um die Beschaffungsleistung aussagekräftig zu messen, ist die Segmentierung des Beschaffungsprozesses notwendig. Die Leistungsmessung kann dann gezielt auf die Anforderungen der jeweiligen Segmente zugeschnitten werden. Zu unterscheiden ist hierbei zwischen strategischen und operativen Beschaffungsprozessen.

Indem die *strategischen Beschaffungsprozesse* auf eine optimale Wettbewerbsfähigkeit auf Beschaffungsmärkten zielen, liefern sie einen originären Beitrag zum Gesamtergebnis. Strategische Beschaffungsaktivitäten sind einzelvorgangsübergreifend, fokussieren auf die Reduzierung der Gesamtversorgungskosten [Total Cost of Ownership (TCO)] und sind direkt an die Unternehmensziele angebunden. Da hier Tätigkeiten rund um das Beschaffungsmarketing im Aufgabenfokus stehen, sind eine ausgeprägte Nähe zum Beschaffungsmarkt und zu den Verkaufsorganisationen der Lieferanten entscheidend.

Die *operativen Beschaffungsprozesse* setzen auf den Vorgaben der strategischen Beschaffung auf und zielen auf geringe Prozesskosten in Kombination mit einer effizienten und einfachen Beschaffungsabwicklung. Da es sich hier zumeist um vorgangsbezogene Teilaufgaben der Beschaffung handelt, muss insb. die Nähe zur unternehmensinternen Leistungserstellung und zur Bestellabwicklung beim Lieferanten gesucht werden (Buchholz 2002, S. 367).

Da die beiden Beschaffungsprozesse sich inhaltlich differenzieren, müssen auch die Leistungen unterschiedlich dargestellt werden. Die Leistungen der strategischen Beschaffung

Abb.: Strategisches vs. operatives Beschaffungscontrolling

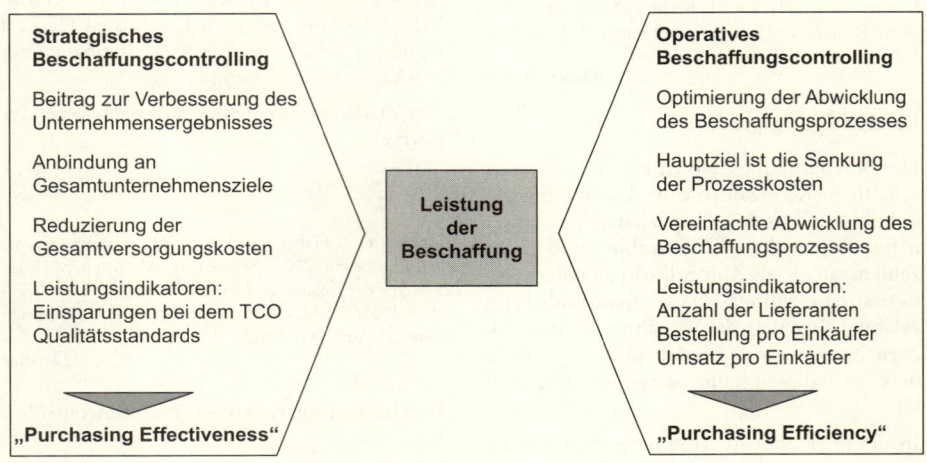

Quelle: Buchholz 2002, S. 368.

werden über andere Indikatoren gemessen als die der operativen Beschaffung (s. Abb). Da die strategische Perspektive der Einkaufsaktivitäten zunehmend relevanter wird, sind Kenngrößen zu definieren, die den Beitrag der Beschaffung zum Gesamtunternehmenserfolg aufzeigen (→Kennzahlen und Kennzahlensysteme als Kontrollinstrument).

Unabhängig von der Differenzierung in strategisches und operatives Beschaffungscontrolling nennt Reichmann (Reichmann 2001, S. 346–358) die folgenden Instrumente, die im Rahmen des Beschaffungscontrollings prioritär Verwendung finden: Beschaffungsmarktforschung und Lieferantenanalyse, →ABC-Analyse, Betriebsunterbrechungsanalyse und Preisobergrenzenbestimmung (→Preisobergrenze).

Beschaffungsmarktforschung bezeichnet die systematische umfassende Sammlung, Bewertung und Ordnung aller Informationen, die den Beschaffungsmarkt kennzeichnen. Ausgewertet werden hier ebenso spezifische Verbraucher- und Händlerbefragungen wie Produktions-, Verbrauchs-, und Lagerstatistiken. Die *Lieferantenanalyse* zielt, mit Blick auf die Marktgegebenheiten und unternehmensspezifischen Verbrauchsdaten, auf die Auswahl und die Leistungsbewertung der geeigneten Lieferanten (Piontek 2004, S. 95–111).

Anwendung findet in der Marktforschung und Lieferantenanalyse ebenso wie im eigentlichen Beschaffungsmanagement die *ABC-Analyse*. Diese unterstützt den Einkäufer bei der Priorisierung der Lieferanten und der Beschaffungsvorgänge. Er soll sich gem. der Klassifizierung in A, B oder C zunächst nur mit solchen Lieferanten, Vorgängen oder Gütern beschäftigen, die im Hinblick auf unternehmerische Wertschöpfung prioritär sind (Piontek 2004, S. 128–129).

Ein weiteres Instrument ist die *Betriebsunterbrechungsanalyse*. Eine unpünktliche Warenlieferung bedingt eine Unterbrechung des Materialflusses, die bei den nachfragenden Stellen prinzipiell zu Fehlmengen und ggf. zu Betriebsunterbrechungen mit entsprechenden Betriebsunterbrechungskosten führt. Die, in Abhängigkeit von dem Fertigungsverfahren, differenziert zu ermittelnden Fehlmengenkosten sind entscheidend für die Definition des notwendigen Lieferbereitschaftsgrades im Rahmen des operativen Beschaffungsprozesses.

Schließlich verweist Reichmann (Reichmann 2001, S. 351–358) auf die Relevanz der *Preisobergrenzenbestimmung* als Instrument für das Beschaffungscontrolling. Die →Preisobergrenze entspricht dem Betrag, den ein Unternehmen für ein →Wirtschaftsgut max. zu zahlen bereit ist. Übersteigt der Beschaffungspreis die errechnete Preisobergrenze, so muss der Controller zunächst prüfen, ob, durch Faktorsubstitution oder durch bisher noch nicht berücksichtige Eigenerstellung (→Eigenfertigung versus Fremdbezug), der Produktionsfaktor ersetzt werden kann. Ist dies nicht der Fall, so hat der Controller die Geschäfts- oder Vertriebsleitung über die Preisentwicklung des Produktionsfaktors mit dem Ziel zu informieren, dass zeitnah über eine preisliche Anpassung des betroffenen Artikels entschieden wird.

Das Beschaffungscontrolling verfügt zwar über eine Vielzahl von Partialinstrumenten (Piontek 2004, S. 95–230), ein standardisiertes Schema zur Messung von Einkaufsleistungen hat sich jedoch noch nicht etabliert. Ein umfassenderes *Konzept des* →*Performance Measurement* im Beschaffungsbereich stellt Buchholz (Buchholz 2002, S. 378–379) mit seinem Beschaffungscontrolling-Tool Procurement Performance Tracking (PPT) vor. Es handelt sich hierbei um einen Lösungsansatz, „der in nachprüfbarer und konsistenter Art und Weise die Leistungen des Einkaufs in Form von erreichten Kostenreduzierungen misst und ausweist" (Buchholz 2002, S. 378). Im Zentrum stehen hierbei die Leistungsmessung, bezogen auf strategische Beschaffungsaufgaben, und die Leistungskategorien der →Kosten. Indem das PPT dem Controller unterschiedliche Betrachtungsperspektiven – Beschaffung, Kunden, Produkt – bietet, ist eine perspektivenspezifische Analyse der Einsparungen möglich. Die einzelnen Perspektiven werden in unterschiedliche Analyseebenen unterteilt. So differenziert sich etwa die Beschaffungsperspektive in Gesamteinkauf, Einkaufsgruppe und Einkaufssachgebiet. Die Auswertung der Beschaffungsleistung ist als Kombination zwischen den einzelnen Analyse- bzw. Berichtsebenen frei wählbar. Bereinigt um die externen Einflussfaktoren Mengenvolumen, Markt und Währung, kann für jedes Betrachtungsobjekt auf der ausgewählten Berichtsebene die Beschaffungsleistung berechnet werden. PPT liefert somit Antworten auf die Frage: „Wer kauft was für wen wie gut?" (Buchholz 2002, S. 378).

Literatur: Buchholz, W.: Messung und Darstellung von Beschaffungsleistungen, in: ZfbF 54 (2002), S. 363–380; Reichmann, T.: Controlling mit Kennzahlen und Managementberichten, 6. Aufl., München 2001; Piontek, J.: Beschaffungscontrolling, 3. Aufl., München 2004.

Markus Göbel

Beschaffungskosten →Bestandsplanung und -kontrolle

Beschaffungsmanagement →Einkaufsportfolio

Beschaffungsmarktforschung
→Beschaffungscontrolling

Beschaffungsplanung →Bedarfsplanung und -kontrolle

Beschaffungsprozesse →Beschaffungscontrolling

Bescheinigungen

Bescheinigungen dienen der Darstellung des Ergebnisses der Tätigkeit eines Wirtschaftsprüfers. Bescheinigungen werden sowohl über die Durchführung von Prüfungen als auch über die Durchführung sonstiger Tätigkeiten erteilt. Im Bereich der Prüfung von Jahres- und Konzernabschlüssen (→Jahresabschlussprüfung; →Konzernabschlussprüfung) kommen Bescheinigungen dann in Frage, wenn kein →Bestätigungsvermerk (BestV) erteilt werden kann, weil Prüfungsumfang und Prüfungsgegenstand nicht den gesetzlichen Vorschriften der §§ 316 ff. HGB entsprechen (→Bescheinigungen im Prüfungswesen). Wichtigster Anwendungsbereich für die Erteilung von Bescheinigungen bei Nicht-Prüfungsaufträgen ist die Erstellung von Jahres- oder Konzernabschlüssen durch WP (→Abschlusserstellung durch den Wirtschaftsprüfer).

Das →*Institut der Wirtschaftsprüfer in Deutschland e.V.* (*IDW*) hat bisher noch keinen gesonderten IDW PS (→Verlautbarungen des Instituts der Wirtschaftsprüfer in Deutschland e.V.) über die Erteilung von Bescheinigungen verabschiedet. Daher gelten für Prüfungsaufträge (→Prüfungsauftrag und -vertrag) gem. IDW PS 400.7 bis auf weiteres die „Grundsätze zur Erteilung von Bescheinigungen bzw. Berichten über beauftragte Prüfungshandlungen bei Jahresabschlüssen oder bei Teilen von Jahresabschlüssen außerhalb von Jahresabschlussprüfungen" fort, die in den Fußnoten der aufgehobenen IDW FG 2/1988 und IDW FG 3/1988 enthalten waren; für die Erstellung von Jahresabschlüssen ist die Stellungnahme HFA 4/1996 (IDW HFA 1/1996, Abschn. F) zu beachten, die auf denselben Prinzipien beruht.

Danach soll ein WP einen JA oder →Zwischenabschluss (gleich ob von ihm geprüft oder von ihm erstellt), einen Status oder vergleichbare Rechenwerke nicht ohne Bescheinigung lediglich unterschreiben und/oder mit seinem Siegel versehen und auch nicht auf Bogen mit seinem Briefkopf wiedergeben, um den Anschein zu vermeiden, dass er die volle Verantwortung für den Inhalt des Dokuments übernimmt.

Weder eine Bescheinigung noch ein Bescheinigungsbericht über die Durchführung einer Prüfung (→Auftragsdurchführung) dürfen den Eindruck erwecken, als habe eine Prüfung gem. §§ 316 ff. HGB bzw. in entsprechendem Umfang stattgefunden. Vielmehr müssen Art und Umfang der Tätigkeit des Wirtschaftsprüfers aus der Bescheinigung oder aus dem Bescheinigungsbericht ersichtlich sein, wenn eine freiwillige Prüfung eines Abschlusses (→freiwillige und vertragliche Prüfung) nicht in Art und Umfang einer gesetzlichen Abschlussprüfung nach den §§ 316 ff. HGB (→Pflichtprüfungen) entspricht.

Hat der WP den Abschluss erstellt, so müssen auch in diesem Fall Art und Umfang der Tätigkeit in der Bescheinigung dargestellt werden. Der Wortlaut der Bescheinigung soll dem erteilten Auftrag (→Prüfungsauftrag und -vertrag) entsprechen; dabei darf die Aussage nicht über die vom WP auftragsgemäß übernommene Verantwortung hinausgehen.

Ferner muss eine Bescheinigung als solche bezeichnet werden. Sie darf nur erteilt werden, wenn keine Zweifel an der Ordnungsmäßigkeit des bescheinigten Sachverhalts bestehen (→Ordnungsmäßigkeitsprüfung). Wird ein Bericht abgegeben, so ist sowohl in diesem als auch in der Bescheinigung, die einen Verweis auf den Bericht zu enthalten hat, festzustellen, dass dieser Bericht auftragsgemäß keinen

→Prüfungsbericht (PrB) i.S.d. § 321 HGB darstellt.

Hat sich der Auftrag des Prüfers auf die Durchführung von Prüfungshandlungen in nur eingeschränktem Umfang beschränkt (→Auswahl von Prüfungshandlungen), so sind die vorgenommenen Prüfungshandlungen in der Bescheinigung anzugeben. In diesen Fällen kann keine Bescheinigung über die Ordnungsmäßigkeit des Jahresabschlusses erteilt werden.

Auch im Falle einer Abschlusserstellung ohne Prüfungshandlungen muss aus der Bescheinigung klar hervorgehen, dass keine Gewähr für die Ordnungsmäßigkeit der zugrunde gelegten Unterlagen und damit auch nicht des erstellten Abschlusses gegeben wird, sondern dass Unterlagen und Auskünfte ohne weitere Würdigung verarbeitet wurden.

Des Weiteren muss in der Bescheinigung auf besondere Sachverhalte explizit hingewiesen werden (HFA 4/1996, Anmerkungen zu Abschn. F.II.), z.B. Führung der Bücher und/oder Anfertigung des →Inventars durch den WP, Verwendung abweichender steuerlicher Bewertungsvorschriften, ausstehende Organbeschlüsse, nicht abschließend zu beurteilende Risiken, Einwendungen gegen einzelne Wertansätze, Zweifel an wesentlichen Teilen der Rechnungslegung.

Trifft der Prüfer Feststellungen, die im Falle einer Abschlussprüfung nach den §§ 316 ff. HGB eine →Redepflicht des Abschlussprüfers gem. § 321 Abs.1 Nr. 3 HGB auslösen würden [entwicklungsbeeinträchtigende oder den Bestand gefährdende Tatsachen (→Bestandsgefährdung; →Going Concern-Prinzip), schwerwiegende Verstöße der gesetzlichen Vertreter oder von Arbeitnehmern gegen Gesetz, Gesellschaftsvertrag oder Satzung (→Unregelmäßigkeiten; →Unregelmäßigkeiten, Aufdeckung von; →Unregelmäßigkeiten, Konsequenzen aus)], so folgt aus seiner Treuepflicht, dass er auch bei einer Prüfung mit eingeschränktem Umfang entsprechend zu informieren hat.

Der WP darf eine Bescheinigung nur dann mit dem Berufssiegel versehen, wenn sie Erklärungen über Prüfungsergebnisse enthält [§ 48 Abs.1 Satz 2 →Wirtschaftsprüferordnung (WPO); § 18 Abs. 2 →Berufssatzung der Wirtschaftsprüferkammer (BS)]. Dementsprechend ist die Siegelung einer Bescheinigung über die Erstellung eines Abschlusses nur dann zulässig, wenn der Erstellungsauftrag umfassende Prüfungshandlungen oder Plausibilitätsbeurteilungen (→Plausibilitätsprüfungen; →Verprobung) mit beinhaltet, nicht jedoch bei einem Auftrag ohne jegliche Prüfungshandlungen.

Bescheinigungen sind vom WP eigenhändig unter Angabe von Ort und Datum zu unterzeichnen. Dabei sind sie jeweils auf den Tag zu datieren, an dem die prüferische Tätigkeit bzw. die Erstellungsarbeit abgeschlossen wurde.

Zusätzlich zu einer Bescheinigung kann ein schriftlicher Bescheinigungsbericht erstattet werden, dessen Erstellung jedoch nicht zwingend geboten ist (mit Ausnahmen, z. B. bei Bescheinigung zu einer Vermögensübersicht; s. IDW 2006, Abschn. Q, Rn. 1187, S. 1911). Die Bescheinigung, sofern sie ohne Bericht erteilt wird, sollte als Mindestangaben enthalten: Adressat der Bescheinigung; Auftrag und Auftragsbedingungen; Gegenstand, Art und Umfang der Tätigkeit; Durchführungsgrundsätze; zugrunde liegende Rechtsvorschriften und Unterlagen; Feststellungen; Hinweis, dass weder eine →Jahresabschlussprüfung noch eine →prüferische Durchsicht eines Jahresabschlusses durchgeführt wurde (IDW PS 400.7; IDW 2006, Abschn. Q, Rn. 1162, S. 1905). Ein schriftlicher Bescheinigungsbericht ist zusätzlich zur Bescheinigung zu erstatten, wenn Gegenstand, Umfang und Ergebnis der Tätigkeit des Wirtschaftsprüfers im Rahmen der Bescheinigung nicht im erforderlichen Umfang dargestellt werden können; die Bescheinigung muss dann auf diesen Bericht verweisen, der Bericht hat die geforderten Mindestangaben zu enthalten. Die weitere Untergliederung bzw. der Inhalt der sich aus den Mindestangaben ergebenden Abschnitte des Berichts sollte sich an den allgemeinen Berichterstattungsgrundsätzen des IDW PS 450.8 ff. orientieren (s. beispielhafte Untergliederung in IDW 2006, Abschn. Q, Rn. 1183, S. 1909–1910).

Der WP darf keine Bescheinigung erteilen, wenn persönliche Ausschlussgründe nach § 319 Abs. 2 HGB (→Ausschluss als Abschlussprüfer) vorliegen oder die Besorgnis der Befangenheit nach § 49 WPO besteht (→Unabhängigkeit und Unbefangenheit des Wirtschaftsprüfers).

Die →Haftung des Wirtschaftsprüfers aus einer Bescheinigung reicht nur so weit, wie er die Verantwortung für die Richtigkeit des bescheinigten Sachverhalts im Wortlaut der Bescheinigung übernommen hat (IDW 2006, Abschn. Q, Rn. 1158, S. 1904).

Literatur: IDW (Hrsg.): IDW Fachgutachten: Grundsätze ordnungsmäßiger Berichterstattung bei Abschlussprüfungen (IDW FG 2/1988), in: WPg 42 (1989a), S. 20–27; IDW (Hrsg.): IDW Fachgutachten: Grundsätze für die Erteilung von Bestätigungsvermerken bei Abschlussprüfungen (IDW FG 3/1988), in: WPg 42 (1989b), S. 27–36; IDW (Hrsg.): IDW Prüfungsstandard: Grundsätze für die ordnungsmäßige Erteilung von Bestätigungsvermerken bei Abschlussprüfungen (IDW PS 400, Stand: 28. Oktober 2005), in: WPg 58 (2005), S. 1382–1402; IDW (Hrsg.): IDW Prüfungsstandard: Grundsätze ordnungsmäßiger Berichterstattung bei Abschlussprüfungen (IDW PS 450, Stand: 8. Dezember 2005), in: WPg 59 (2006a), S. 113–128; IDW (Hrsg.): IDW Stellungnahme: Grundsätze für die Erstellung von Jahresabschlüssen durch Wirtschaftsprüfer (IDW HFA 4/1996), in: IDW (Hrsg.), IDW Prüfungsstandards (IDW PS), IDW Stellungnahmen zur Rechnungslegung (IDW RS), IDW Standards (IDW S) einschließlich der dazugehörigen Entwürfe, IDW Prüfungs- und Rechnungslegungshinweise (IDW PH und IDW RH), Loseblattausgabe, Band I, Düsseldorf, Stand: 17. Erg.-Lfg. März 2006b; IDW (Hrsg.): WPH 2006, Band I, 13. Aufl., Düsseldorf 2006c.

Peter Häussermann

Bescheinigungen im Prüfungswesen

Bescheinigungen im Prüfungswesen dienen der Darstellung eines Prüfungsergebnisses durch einen WP. →Bescheinigungen können für die Prüfung von Jahres- und Konzernabschlüssen (→Jahresabschlussprüfung, →Konzernabschlussprüfung) oder sonstigen konsolidierten Abschlüssen (→Teilkonzernabschlüsse) erteilt werden, wenn es sich um freiwillige Prüfungen (→freiwillige und vertragliche Prüfung) handelt, für die kein →Bestätigungsvermerk (BestV) erteilt werden kann, bei denen sich also Prüfungspflicht, Prüfungsgegenstand und Prüfungsumfang nicht aus den §§ 316 ff. HGB [ggf. erweitert aufgrund zusätzlicher gesetzlicher Vorschriften (→Jahresabschlussprüfung, erweiterte)] ergeben, und für die Prüfungsgegenstand und -umfang auch nicht freiwillig entsprechend dieser Vorschriften vereinbart worden sind. Des Weiteren können Bescheinigungen über sonstige Prüfungen und prüfungsnahe Tätigkeiten erteilt werden.

Hat der WP nur eine →prüferische Durchsicht (Review) eines Jahres- oder →Zwischenabschlusses durchgeführt, so kann er darüber ebenfalls nur eine Bescheinigung erteilen, wobei er zusätzlich zu den allgemeinen Grundsätzen die besonderen Vorschriften des IDW PS 900.25 ff. zu beachten hat (IDW 2002, Abschn. P, Rn. 29–48, S. 1124–1129). Danach soll die Bescheinigung nach der Überschrift und Nennung des Adressaten aus einem einleitenden und einem beschreibenden Abschnitt bestehen. Der einleitende Abschnitt soll den Abschluss bezeichnen, der der prüferischen Durchsicht unterzogen wurde, die angewandten Rechnungslegungsgrundsätze [z. B. handelsrechtliche GoB; →International Financial Reporting Standards (IFRS); →United States Generally Accepted Accounting Principles (US GAAP)] nennen sowie eine Erklärung über die Verantwortlichkeiten der Unternehmensleitung bzw. des Wirtschaftsprüfers enthalten. Der beschreibende Abschnitt soll unter Bezugnahme auf IDW PS 900 die Art und Weise des Review beschreiben und erklären, dass sich die prüferische Durchsicht in erster Linie auf Befragungen und analytische Beurteilungen (→analytische Prüfungshandlungen) beschränkt. Des Weiteren soll deutlich gemacht werden, dass ein Review aufgrund des gegenüber einer Abschlussprüfung geringeren Prüfungsumfangs nur zu einer geringeren Sicherheit führt und daher kein BestV erteilt wird. Abschließend hat der WP die Negativaussage zu treffen, dass im Rahmen der prüferischen Durchsicht keine Sachverhalte festgestellt worden sind, „die zu der Annahme veranlassen, dass der Abschluss in wesentlichen Belangen nicht in Übereinstimmung mit den angewandten Rechnungslegungsgrundsätzen aufgestellt worden ist" (IDW PS 900.26; zu weiteren Hinweisen sowie Formulierungsbeispielen in Fällen der Erweiterung des Gegenstands der prüferischen Durchsicht bzw. von Verstößen gegen angewandte Rechnungslegungsgrundsätze s. IDW PS 900.27 ff. sowie den Anhang). Eine Bescheinigung über eine prüferische Durchsicht kann mit dem Berufssiegel versehen werden [IDW PS 900.32 mit Verweis auf § 48 Abs. 1 Satz 2 →Wirtschaftsprüferordnung (WPO)].

Erhält der WP den Auftrag (→Prüfungsauftrag und -vertrag) zur Prüfung einer vorläufigen IFRS-Konzerneröffnungsbilanz und soll er über das Ergebnis seiner Prüfung eine Bescheinigung erteilen, so hat er dabei IDW PH 9.400.8 zu beachten. Für eine solche Bescheinigung soll bei der Beauftragung eine ausschließlich unternehmensinterne Verwendung vereinbart werden, aufgrund der im IDW PH beschriebenen Unsicherheiten bei Aufstellung einer vorläufigen IFRS-Konzerneröffnungsbilanz; dementsprechend soll die Bescheinigung nur an die gesetzlichen Vertreter und das Aufsichtsgremium adressiert sein und einen klaren Hinweis auf den lediglich internen Verwendungszweck enthalten. Aus der Überschrift muss eindeutig hervorgehen, dass sich die Bescheinigung nicht auf einen vollständigen Konzernabschluss, sondern nur auf eine vorläufige Eröffnungsbilanz bezieht. Des Weiteren ist u. a. darauf hinzuweisen, welche Unterlagen zur Prüfung vorgelegen haben, und dass nur ein vollständiger Konzernabschluss ein den tatsächlichen Verhältnissen entsprechendes Bild der wirtschaftlichen Lage des Konzerns (→True and Fair View) vermitteln kann. Dementsprechend sollte auch nur eine Beurteilung bzgl. der Übereinstimmung der IFRS-Konzerneröffnungsbilanz mit den Erläuterungen der gesetzlichen Vertreter abgegeben werden.

Das →*Institut der Wirtschaftsprüfer in Deutschland e.V. (IDW)* hat des Weiteren für verschiedene Anlässe PS bzw. PH veröffentlicht, die der WP auch hinsichtlich der Erteilung von Bescheinigungen zu beachten hat. Dazu zählen IDW PS 750.36 über die Prüfung der Jahresrechnung eines Vereins (→Lizenzspielervereine), IDW PS 820.62 ff. bei der Prüfung der Umweltberichterstattung eines Unternehmens, IDW PS 821.70 ff. bei der Prüfung von Berichten im Bereich der Nachhaltigkeit (→Nachhaltigkeitsberichte), IDW PS 880.45 ff. für die Prüfung rechnungslegungsrelevanter Software im Hinblick auf GoB-Konformität (→Software-Bescheinigung), IDW PS 890.34 ff. bei der Durchführung von →Web-Trust-Prüfungen sowie IDW PH 9.420.3.32 ff. für Prüfungen nach dem KKG und dem EEG. Dabei orientieren sich alle PS, EPS bzw. PH an den allgemeinen Grundsätzen für die Erteilung von Bescheinigungen, machen teilweise weitere Vorgaben zu deren Inhalt und geben Formulierungsbeispiele.

Weitere Anlässe für Bescheinigungen im Prüfungswesen sind die Prüfung der ordnungsgemäßen Entrichtung der Lizenzentgelte für den „Grünen Punkt" (→Duales System Deutschland-Prüfung) sowie die Prüfung von Sanierungskonzepten (→Sanierungsbilanzen) (IDW 2002, Abschn. F, Rn. 699–721, S. 512–517).

Literatur: IDW (Hrsg.): IDW Prüfungsstandard: Grundsätze ordnungsmäßiger Durchführung von Umweltberichtsprüfungen (IDW PS 820, Stand: 30. September 1999), in: WPg 52 (1999a), S. 884–891; IDW (Hrsg.): IDW Prüfungsstandard: Erteilung und Verwendung von Softwarebescheinigungen (IDW PS 880, Stand: 25. Juni 1999), in: WPg 52 (1999b), S. 1066–1071; IDW (Hrsg.): IDW Prüfungsstandard: Die Durchführung von WebTrust-Prüfungen (IDW PS 890, Stand: 8. März 2001), in: WPg 54 (2001), S. 458–463; IDW (Hrsg.): IDW Prüfungsstandard: Grundsätze für die prüferische Durchsicht von Abschlüssen (IDW PS 900, Stand: 1. Oktober 2002), in: WPg 55 (2002a), S. 1078–1084; IDW (Hrsg.): WPH 2002, Band II, 12. Aufl., Düsseldorf 2002b; IDW (Hrsg.): IDW Prüfungshinweis: Prüfung einer vorläufigen IFRS-Konzerneröffnungsbilanz (IDW PH 9.400.8, Stand: 23. Mai 2005), in: WPg 58 (2005a), S. 679; IDW (Hrsg.): IDW Prüfungshinweis: Prüfungen nach dem Kraft-Wärme-Kopplungsgesetz und dem Erneuerbare-Energien-Gesetz (IDW PH 9.420.3, Stand: 7. Juni 2005), in: WPg 58 (2005b), S. 732–745; IDW (Hrsg.): IDW Prüfungsstandard: Prüfung von Vereinen (IDW PS 750, Stand: 1. März 2006), in: WPg 59 (2006a), S. 646–651; IDW (Hrsg.): IDW Prüfungsstandard: Grundsätze ordnungsmäßiger Prüfung oder prüferischer Durchsicht von Berichten im Bereich der Nachhaltigkeit (IDW PS 821, Stand: 18. Mai 2006), in: WPg 59 (2006b), S. 854–863.

Peter Häussermann

Beschlussrechte, aktienrechtliche

→Haupt- und Gesellschafterversammlung

Besorgnis der Befangenheit
→Abschlusserstellung durch den Wirtschaftsprüfer; →Ausschluss als Abschlussprüfer; →Unabhängigkeit und Unbefangenheit des Wirtschaftsprüfers

Bestätigungen Dritter

Im Rahmen der Prüfung von Jahres-, Konzern- und →Zwischenabschlüssen (→Jahresabschlussprüfung; →Konzernabschlussprüfung; →prüferische Durchsicht) werden bei außenstehenden Dritten rechnungslegungsrelevante Informationen abgefragt. Insb. Auskünfte zu →Forderungen, →Verbindlichkeiten oder →Rückstellungen sowie über Geschäftsbeziehungen, bspw. mit Banken (→Bankguthaben), sind Inhalt dieser Anfragen (IDW 2006, Abschn. R, Rn. 88, S. 1961). Als *Bestätigungen Dritter* versteht man somit die Antworten auf mündliche oder schriftliche Befragungen durch den →Abschlussprüfer (APr) im Rahmen seiner aussagebezogenen Prüfungshandlungen (→ergebnisorientierte Prüfungshandlungen; →Einzelfallprüfungen). Der APr muss entscheiden, ob Bestätigungen aus externen Quellen einzuholen sind. Hierbei sind die →Wesentlichkeit der zu prüfenden Posten sowie das inhärente Risiko und das Kontrollrisiko (→Prüfungsrisiko) in die Überlegungen einzubeziehen. Auch hängt der Grad der Verlässlichkeit externer Bestätigungen von der sachgerechten Gestaltung, Durchführung und Auswertung der Einholung von Bestätigungen durch den APr ab (IDW PS 302.6 ff.).

Es werden *Saldenbestätigungen*, *Bestätigungen für von Dritten verwahrtes Vermögen* (z. B. in Konsignationslagern, die grundsätzlich durch Bestätigungen der Verwahrer nachzuweisen sind) und *andere Bestätigungen* unterschieden.

Die Einholung von *Saldenbestätigungen* lässt sich in *drei Verfahren* der Bestätigungsanfrage unterteilen, die entweder einzeln oder kombiniert angewandt werden können (IDW 2006, Abschn. R, Rn. 491 f., S. 2086). Im Rahmen der *positiven Methode* werden die befragten Personen gebeten, die Übereinstimmung oder Nichtübereinstimmung einer angegebenen Information schriftlich dem APr mitzuteilen. Grundsätzlich kann man bei der Beantwortung einer Bestätigungsanfrage nach der positiven Methode einen verlässlichen Prüfungsnachweis (→Prüfungsnachweise) erwarten. Es besteht aber die Möglichkeit, dass die Dritten eine Bestätigung ohne eine entsprechende Inhaltsprüfung abgeben. Mit der *offenen Methode* soll dieses Risiko vermindert werden. Bei der offenen Methode gibt man dem Dritten keine Informationen zur Bestätigung vor. Die gewünschten Informationen (z. B. offene Posten) werden direkt bei ihm nachgefragt. Erfahrungsgemäß wird bei diesem Verfahren mit einer geringeren Rücklaufquote gerechnet, weil der Arbeitsaufwand für die befragten Personen höher ist. Der APr muss somit zwischen der möglichen Rücklaufquote und der Sicherheit der Informationen abwägen. Bei einer Abschlussprüfung wählt man üblicherweise für Forderungen Saldenbestätigungen nach der positiven Methode und für Verbindlichkeiten nach der offenen Methode aus. Bei der *negativen Methode* der Bestätigungsanfrage im Rahmen von Saldenbestätigungen werden die befragten Personen gebeten, nur dann zu antworten, wenn sie mit der angegebenen Information nicht einverstanden sein sollten. Ein wesentlicher Nachteil der negativen Methode liegt darin, dass ein ausbleibender Rücklauf keinen expliziten →Prüfungsnachweis für die mitgeteilte Information darstellt. Aus diesem Grund müssen bei der Verwendung der negativen Methode i. d. R. die Prüfungshandlungen erweitert werden. *Andere Bestätigungen* umfassen neben den *Rechtsanwaltsbestätigungen*, *Bestätigungen von Sachverständigen zur Erfassung sonstiger Risiken* (z. B. →Eventualverbindlichkeiten, Steuern, technische Sachverhalte, Umweltrisiken) auch *Bankbestätigungen* (→Bankguthaben). Bankbestätigungen sind für alle Arten der geschäftlichen Beziehungen des Unternehmens mit Kredit- und →Finanzdienstleistungsinstituten (bzw. deren jeweiliger Niederlassung) sowie für alle Geschäftsbeziehungen zu Finanzunternehmen i. S. v. § 1 Abs. 3 KWG notwendig. Auch wenn die Gebühren der Kreditinstitute für diese Bestätigungen z. T. nicht unwesentlich sind, kann auf Bankbestätigungen nicht verzichtet werden. Mit Bankbestätigungen werden zusätzliche Informationen abgefragt, die aus den Unterlagen beim zu prüfenden Unternehmen vor Ort nicht ohne weiteres ersichtlich sind. Angaben zu gestellten Sicherheiten, Avalen, Gewährleistungen, Indossamentverpflichtungen, Geschäfte mit Finanzderivaten sowie die Unterschriftsberechtigungen werden regelmäßig der Inhalt von Bankbestätigungen sein (IDW PS 302.17 ff.).

Hierbei müssen die gesetzlichen Vertreter des zu prüfenden Unternehmens ihren *Mitwirkungspflichten* nach § 320 Abs. 2 HGB nachkommen. Bei Einwendungen des Managements gegen bestimmte Anfragen des Abschlussprüfers und dem Fehlen von anderen ausreichenden Prüfungsergebnissen liegt ein →*Prüfungshemmnis* vor (IDW PS 400.56 ff.). Auch sind Weigerungsgründe der gesetzlichen Vertreter ein Indiz für mögliche →*Unregelmäßigkeiten* (IDW PS 210.31; →Unregelmäßigkeiten, Aufdeckung von; →Unregelmäßigkeiten, Konsequenzen). Um verlässliche Informationen zu erhalten, hat der APr auch darauf zu achten, Bestätigungsanfragen nur an solche Personen zu richten, von denen eine qualifizierte Beantwortung zu erwarten ist und die zur Erteilung der entsprechenden Auskünfte autorisiert sind. Neben der richtigen Adressierung der Bestätigungsanfragen sind auch die Auswahl, der Versand und der Rücklauf der

Bestätigungsanfragen vom APr zu kontrollieren. Insb. die direkte Rückantwort an den APr ist hierbei wesentlich. Wenn Bestätigungsanfragen nach der positiven oder offenen Methode unbeantwortet bleiben sollten, sind Zweitanfragen zu versenden. Bleiben auch diese unbeantwortet, hat der APr alternative Prüfungshandlungen vorzunehmen, um ausreichende und angemessene Prüfungsnachweise zu erlangen. Falls der APr Bedenken an der Zuverlässigkeit und Authentizität der Antworten hat, sollte er mit den befragten Personen direkten Kontakt aufnehmen und eine nochmalige Bestätigung anfordern. Dabei sind mündliche Antworten von hoher Relevanz dem APr gegenüber zusätzlich in schriftlicher Form zu bestätigen. Abweichungen zwischen den Anfragen und Bestätigungen hat der APr zu dokumentieren. Im Rahmen der weiteren Prüfungshandlungen ist diesen Differenzen nachzugehen. Möglicherweise sind diese Differenzen auch Hinweise für falsche Angaben in den Aufzeichnungen des zu prüfenden Unternehmens (IDW PS 302.37 ff.). Der Einfluss auf den Abschluss ist vom APr festzustellen. Ggf. sind entsprechende Konsequenzen im →*Bestätigungsvermerk* (*BestV*) und/oder im →*Prüfungsbericht* (*PrB*) zu ziehen.

Literatur: IDW (Hrsg.): WPH 2006, Band I, 13. Aufl., Düsseldorf 2006; IDW (Hrsg.): IDW Prüfungsstandard: Bestätigungen Dritter (IDW PS 302, Stand: 1. Juli 2003), in: WPg 56 (2003), S. 872–875; IDW (Hrsg.): IDW Prüfungsstandard: Grundsätze für die ordnungsmäßige Erteilung von Bestätigungsvermerken bei Abschlussprüfungen (IDW PS 400, Stand: 28. Oktober 2005), in: WPg 58 (2005), S. 1382–1402; IDW (Hrsg.): Entwurf einer Neufassung des IDW Prüfungsstandards: Zur Aufdeckung von Unregelmäßigkeiten im Rahmen der Abschlussprüfung (IDW EPS 210 n.F., Stand: 8. Dezember 2005), in: WPg 59 (2006), S. 218–228.

Stefan Gneuß

Bestätigungsvermerk

Der BestV dient der Zusammenfassung des Ergebnisses einer →Jahresabschlussprüfung bzw. →Konzernabschlussprüfung. Der BestV ist in § 322 HGB geregelt. Er kann für die Prüfung von Jahres- und Konzernabschlüssen erteilt werden, bei denen sich Prüfungspflicht, Prüfungsgegenstand und Prüfungsumfang aus den §§ 316 ff. HGB (→Pflichtprüfungen), ggf. erweitert aufgrund zusätzlicher gesetzlicher Vorschriften (→Jahresabschlussprüfung, erweiterte), ergeben, oder für die Prüfungsgegenstand und -umfang freiwillig entsprechend dieser Vorschriften vereinbart worden sind (→freiwillige und vertragliche Prüfung). Für Prüfungen mit abweichendem Prüfungsgegenstand oder geringerem Umfang darf kein BestV erteilt werden (→Bescheinigungen im Prüfungswesen).

WP haben bei der Erteilung von Bestätigungsvermerken den IDW PS 400 zu beachten, der auch zahlreiche Musterformulierungen enthält.

Der BestV beschreibt die Aufgabe des →Abschlussprüfers und grenzt diese gegenüber der Verantwortlichkeit der gesetzlichen Vertreter der geprüften Gesellschaft für die Rechnungslegung ab. Sodann stellt er Gegenstand, Art und Umfang der Prüfung dar und fasst das Prüfungsergebnis in einer Beurteilung zusammen (IDW PS 400.2). Der BestV entspricht damit dem international üblichen Bestätigungsbericht (s. insb. nach den →International Standards on Auditing: ISA 700 „The Auditor's Report on Financial Statements").

Der BestV kann in uneingeschränkter oder in eingeschränkter Form erteilt werden, soweit er nicht aufgrund von Einwendungen, oder weil der APr nicht in der Lage ist, ein →Prüfungsurteil abzugeben, versagt wird (§ 322 Abs. 2 Satz 1 HGB).

Ein Vermerk ist mit einer zutreffenden Überschrift zu versehen, also „Bestätigungsvermerk des Abschlussprüfers" bzw. „Versagungsvermerk des Abschlussprüfers" (IDW PS 400.19 f.).

Der Prüfungsgegenstand ist in einem einleitenden Abschnitt des Bestätigungsvermerks anzugeben; es handelt sich dabei i.d.R. um den geprüften Abschluss mit seinen Bestandteilen unter Einbeziehung der Buchführung, den entsprechenden →Lagebericht sowie die angewandten Rechnungslegungsgrundsätze (IDW PS 400.24–27). Auch die Abgrenzung der Verantwortlichkeiten des Abschlussprüfers einerseits sowie der gesetzlichen Vertreter der Gesellschaft andererseits hat bereits in der Einleitung zu erfolgen.

Im nachfolgenden beschreibenden Abschnitt hat der APr auf Art und Umfang der Prüfung einzugehen. Während bzgl. der Angabe der Art der Prüfung der Hinweis ausreicht, dass eine Jahres- bzw. Konzernabschlussprüfung durchgeführt wurde, ist auf den Umfang der Prüfung ausführlicher einzugehen; dabei darf insb. kein falscher Eindruck vom Prüfungsumfang erweckt werden (→Erwartungslücke). Folgende Hinweise gehören zwingend zur Beschreibung des Prüfungsumfangs:

- Hinweis, dass die Prüfung so geplant und durchgeführt wurde (→Prüfungsplanung; →Auftragsdurchführung), um mit hinreichender Sicherheit beurteilen zu können (→risikoorientierter Prüfungsansatz), dass die Rechnungslegung frei von wesentlichen Mängeln ist (→Wesentlichkeit; →Fehlerarten in der Abschlussprüfung);
- Hinweis auf die Prüfungsgrundsätze [→Grundsätze ordnungsmäßiger Abschlussprüfung (GoA) des →*Instituts der Wirtschaftsprüfer in Deutschland e.V.* (*IDW*); ggf. →International Standards on Auditing (ISA)];
- Berücksichtigung der Kenntnisse über Geschäftstätigkeit, rechtliches und →wirtschaftliches Umfeld sowie der Erwartung über mögliche Fehler (→Fehlerarten in der Abschlussprüfung);
- Beurteilung der Wirksamkeit des →Internen Kontrollsystems (→Internes Kontrollsystem, Prüfung des; →Systemprüfung) sowie der sonstigen →Prüfungsnachweise auf Basis von Stichproben (→Stichprobenprüfung);
- Beurteilung der angewandten Rechnungslegungsgrundsätze;
- Beurteilung der wesentlichen Einschätzungen der gesetzlichen Vertreter im Rahmen der Rechnungslegung sowie Würdigung der Gesamtdarstellung von JA und Lagebericht.

Ergänzende Hinweise zu besonderen Prüfungshandlungen (→Auswahl von Prüfungshandlungen) haben dagegen nicht im BestV, sondern ausschließlich im →Prüfungsbericht (PrB) zu erfolgen. Da die Gesamtverantwortung für die Prüfung beim APr liegt, dürfen Hinweise auf →Ergebnisse Dritter, auf welche er sich nach pflichtgemäßem Ermessen gestützt hat, nicht in den BestV aufgenommen werden. Der beschreibende Abschnitt endet mit der Erklärung des Abschlussprüfers, dass seine Prüfung nach Art und Umfang eine hinreichend sichere Grundlage für das Prüfungsurteil bildet.

Der BestV schließt mit der Beurteilung durch den APr. Die Beurteilung hat nach § 322 Abs. 2 Satz 1 HGB zweifelsfrei zu ergeben, zu welcher Beurteilung der APr gelangt ist, ob er also einen uneingeschränkten oder eingeschränkten BestV erteilt hat bzw. ob der BestV versagt wurde.

Voraussetzung für die Erteilung eines uneingeschränkten Bestätigungsvermerkes ist, dass der APr keine wesentlichen Beanstandungen gegen die Buchführung, den JA und den Lagebericht zu erheben hat, und dass auch keine →Prüfungshemmnisse vorliegen, d. h. nicht der Umstand gegeben ist, dass wesentliche abgrenzbare oder nicht abgrenzbare Teile der Rechnungslegung nicht mit hinreichender Sicherheit beurteilt werden können. Der APr trifft dann die positive Gesamtaussage, dass die Prüfung zu keinen Einwendungen geführt hat, der JA den gesetzlichen Vorschriften entspricht und unter Beachtung der GoB (→Grundsätze ordnungsmäßiger Buchführung, Prüfung der) ein den tatsächlichen Verhältnissen entsprechendes Bild der →Vermögenslage, →Finanzlage und →Ertragslage (→wirtschaftliche Verhältnisse) des Unternehmens vermittelt (→True and Fair View), der Lagebericht mit dem JA in Einklang steht sowie die →Chancen und Risiken der künftigen Entwicklung zutreffend darstellt (§ 322 Abs. 3 und 6 HGB).

Der eingeschränkte BestV stellt eine eingeschränkt positive Gesamtaussage dar, wenn zu wesentlichen Teilen der Rechnungslegung ein positives Urteil abgegeben werden kann, obwohl gegen abgrenzbare Teile der Rechnungslegung wesentliche Beanstandungen bestehen bzw. Prüfungshemmnisse vorliegen; die Beanstandungen bzw. Prüfungshemmnisse müssen zum Zeitpunkt der Testatserteilung fortbestehen.

Sind die Beanstandungen bzw. die Prüfungshemmnisse insgesamt so wesentlich, dass sie sich auf den Abschluss insgesamt auswirken und zu einer missverständlichen oder unvollständigen Darstellung führen bzw. der APr die Auswirkung solcher Prüfungshemmnisse nicht abschließend klären kann, so ist eine negative Gesamtaussage zu treffen, d. h. ein Versagungsvermerk zu erteilen.

Alle wesentlichen Gründe einer Einschränkung bzw. Versagung sind im Prüfungsurteil darzulegen (§ 322 Abs. 4 Satz 3 HGB).

Keine Einschränkung bzw. Versagung stellen Ergänzungen des Bestätigungsvermerks (IDW

PS 400.70 ff.) bzw. der Hinweis auf →Bestandsgefährdungen (§ 322 Abs. 2 Satz 3 HGB) dar (IDW PS 400. 77 ff.).

Der BestV bzw. der Versagungsvermerk ist vom APr unter Angabe von Ort und Tag zu unterzeichnen und zu siegeln; er ist auch in den PrB aufzunehmen [§ 322 Abs. 7 HGB; § 48 Abs. 1 →Wirtschaftsprüferordnung (WPO)].

Literatur: Förschle, G./Küster, T.: Kommentierung des § 322 HGB, in: Ellrott, H. et al. (Hrsg.): BeckBil-Komm, 6. Aufl., München 2006; IDW (Hrsg.): IDW Prüfungsstandard: Grundsätze für die ordnungsmäßige Erteilung von Bestätigungsvermerken bei Abschlussprüfungen (IDW PS 400, Stand: 28. Oktober 2005), in: WPg 58 (2005), S. 1382–1402; IDW (Hrsg.): WPH 2006, Band I, 13. Aufl., Düsseldorf 2006, Abschn. Q, Rn. 391–716, S. 1734–1810.

Peter Häussermann

Bestätigungsvermerk bei unscharfen Ergebnissen →Prüfungsplanung, Erfassung von Unschärfe und Unsicherheit

Bestandsgefährdung

Gem. § 321 Abs. 1 Satz 1 HS 2 HGB hat der →Abschlussprüfer (APr) im →Prüfungsbericht (PrB) über bestandsgefährdende Tatsachen zu berichten, wenn diese im Verlauf der Prüfung (→Jahresabschlussprüfung; →Konzernabschlussprüfung) festgestellt wurden.

Eine Bestandsgefährdung liegt vor, wenn ernsthaft damit zu rechnen ist, dass das Unternehmen in absehbarer Zeit seinen Geschäftsbetrieb nicht fortführen kann und ggf. →Insolvenz anmelden oder in Liquidation (→Liquidationsbilanz) gehen muss. Die Gefährdung muss sich auf den rechtlichen Bestand des gesamten Unternehmens beziehen. Eine Bestandsgefährdung ist anzunehmen, wenn die festgestellten Tatsachen mit einer nicht zu vernachlässigenden Wahrscheinlichkeit darauf hindeuten, dass ein Unternehmen seine Geschäftstätigkeit nicht weiterführen kann (Kuhner 2004, Rn. 28 zu § 321 HGB).

Als Indikatoren für berichtpflichtige bestandsgefährdende Tatsachen gelten: erhebliche laufende Verluste, deren Ende nicht abzusehen ist; die Fertigung kann kostendeckend nicht fortgeführt werden (→Selbstkostenermittlung); laufende Liquiditätsengpässe (→Liquiditätscontrolling); drohende Zahlungsunfähigkeit; drohender Fremdkapitalentzug ohne Möglichkeit, neue Kredite aufzunehmen; nachhaltig zurückgehender Absatz wegen mangelnder Marktanpassungen; tief greifende Preisänderungen auf den Beschaffungs- oder Absatzmärkten, die vom Unternehmen nicht aufgefangen werden können; extrem nachteilige langfristige Verträge; Haftungsrisiken, die den Bestand des Unternehmens tangieren; Fehlmaßnahmen bei größeren Investitionsprojekten (→Investition) sowie Verlust in Höhe der Hälfte des Grund- bzw. Stammkapitals (→Gezeichnetes Kapital) (§ 92 Abs. 1 AktG; § 49 Abs. 3 GmbHG). Als Indikatoren für lediglich entwicklungsbeeinträchtigende Tatsachen gelten indes: anhaltende Dividendenlosigkeit; stark rückläufige Auftragseingänge und -bestände; Verluste wesentlicher Marktanteile; Verkauf von Teilbetrieben oder →Beteiligungen zur Deckung von Liquiditätslücken; notwendige Schließung von Teilbetrieben; erhebliche nachhaltige Verluste bei Zweigniederlassungen (→Zweigniederlassungsbericht), Betriebsstätten oder Beteiligungsgesellschaften (→Beteiligungsgesellschaften, Prüfungsunterlagen von); drohende Sanierungsmaßnahmen (→Sanierungsberatung; →Sanierungsbilanzen); behördliche Auflagen mit gravierenden Auswirkungen auf die Rentabilität (→Rentabilitätsanalyse) sowie negative wirtschaftliche Entwicklung einer bedeutenden Beteiligungsgesellschaft (Grewe/Plendl 2002, Sp. 2007 f.). Somit liegt keine Bestandsgefährdung vor, wenn die Fortführung einzelner Zweigniederlassungen, Betriebsstätten oder Unternehmensteile gegeben ist (IDW 2000, Abschn. Q, Rn. 103).

Die Berichtpflicht gem. § 321 HGB Abs. 1 Satz 3 HS 2 bezieht sich nur auf Tatsachen, die bei ordnungsmäßiger Durchführung der Abschlussprüfung dem APr bekannt geworden sind. Diese Tatsachen sind bereits dann zu nennen, wenn sie die Entwicklung beeinträchtigen oder ernsthaft zur Folge haben können, dass die Fortführung der Unternehmenstätigkeit (→Going Concern-Prinzip) gefährdet ist. Sie sind nicht erst dann zu nennen, wenn die Entwicklung des geprüften Unternehmens bereits wesentlich beeinträchtigt oder sein Bestand konkret gefährdet ist (→Berichtsgrundsätze und -pflichten des Wirtschaftsprüfers).

Aus der Berichtpflicht ergibt sich grundsätzlich keine Erweiterung des Gegenstandes und des Umfangs der Abschlussprüfung, die in § 317 HGB abschließend geregelt sind. Der Gesetzgeber ist der Auffassung, dass die Berichtpflichten bei ordnungsmäßiger Prüfungsdurchführung (→Prüfungsprozess) ohne zusätzliche Prüfungshandlungen erfüllt werden (können). Bei ordnungsmäßiger Durchführung der Prüfung können sich durch entsprechende Feststellungen indes die Prüfungsschwerpunkte und -intensität verändern. Vor allem bei Unternehmen mit angespannten wirtschaftlichen Verhältnissen und bei festgestellten Mängeln des →Internen Kontrollsystems (→Internes Kontrollsystem, Prüfung des; →Systemprüfung) ist mit höherer Intensität zu prüfen (→risikoorientierter Prüfungsansatz), wodurch Tatsachen festgestellt werden können, die ohne die Vertiefung der Prüfung nicht erkannt worden wären (Grewe/Plendl 2002, Sp. 2009). In die Berichterstattung sind ggf. auch Tatsachen einzubeziehen, die dem APr auf andere, nicht der gesetzlichen Verschwiegenheitspflicht (→Verschwiegenheitspflicht des Wirtschaftsprüfers; →Berufsgrundsätze des Wirtschaftsprüfers) unterliegende Weise, z. B. durch Presseinformationen, bekannt geworden sind.

Um das Risiko einer Fehlinterpretation der festgestellten Tatsachen durch den APr und das damit verbundene Haftungsrisiko (→Haftung des Wirtschaftsprüfers) zu mindern, sollte er auf die →Jahresabschlussanalyse zurückgreifen, um seine Einschätzung zur Bestandsgefährdung zu kontrollieren und ggf. zu ergänzen. Bei der traditionellen Jahresabschlussanalyse wird deduktiv und gestützt auf die subjektiven Erfahrungen des Abschlussprüfers versucht, ein auf Ursache-Wirkungszusammenhängen basierendes Kennzahlensystem (→Kennzahlen und Kennzahlensysteme als Kontrollinstrument) zu entwickeln (→Jahresabschlussanalyse, Methoden der). Bei empirisch-statistisch entwickelten Verfahren erfolgt die Auswahl und Gewichtung von Kennzahlen auf der Basis hinreichend vieler Jahresabschlüsse von solventen und insolventen Unternehmen. Mithilfe mathematisch-statistischer Verfahren lässt sich die Bestandsfestigkeit der Unternehmen beurteilen (Baetge/Linßen 1999, S. 375). Der APr kann dann das Bestandsrisiko als a-posteriori-Insolvenzwahrscheinlichkeit ermitteln. Er kommt zu einem ganzheitlichen Urteil über die Bestandsfestigkeit eines Unternehmens, das widerspruchsfrei und unabhängig von der Person des Beurteilenden ist, eine relative und absolute Beurteilung eines Unternehmens erlaubt und zuverlässig ist. Mithilfe von →Sensitivitätsanalysen kann der Einfluss einer jeden Kennzahl auf das Gesamturteil festgestellt werden (Baetge/Kruse/Uthoff 1996, S. 279). Dem APr ermöglicht dies, den Einfluss jeder Kennzahl betriebswirtschaftlich plausibel nachzuvollziehen und entsprechende Prüfungsschwerpunkte (→Prüffelder, kritische) bei der Abschlussprüfung zu setzen. Als Ergänzung und Kontrolle (→Kontrolltheorie) der eigenen Beurteilung des Abschlussprüfers und der klassischen Bilanzanalyse, können die modernen Verfahren zur Sicherheit der Einschätzung des Abschlussprüfers beitragen (Grewe/Plendl 2002, Sp. 2010). Bei genereller Angabe des Bilanzrating-Urteils (→Rating) wird bei Anteilseignern und Gläubigern eine Verunsicherung bzgl. der Bestandfestigkeit des Unternehmens vermieden, sofern das Bilanzrating „Investment Grade" ausweist.

Literatur: Baetge, J./Kruse, A./Uthoff, C.: Bonitätsklassifikation von Unternehmen mit Neuronalen Netzen, in: WI 38 (1996), Heft 3, S. 273–281; Baetge, J./Linßen, T.: Beurteilung der wirtschaftlichen Lage durch den Abschlussprüfer und Darstellung des Urteils im Prüfungsbericht und Bestätigungsvermerk, in: BFuP 50 (1999), S. 369–389; Grewe, W./Plendl, M.: Redepflicht des Abschlussprüfers, in: Ballwieser et al. (Hrsg.): HWRP, 3. Aufl., Stuttgart 2002, Sp. 2007–2013; IDW (Hrsg.), WPH 2000, Band I, 12. Aufl., Düsseldorf 2000; Kuhner, C.: Kommentierung des § 321 HGB, in: Küting, K./Weber, C.-P. (Hrsg.): HdR-E, Loseblattausgabe, 5. Aufl., Stuttgart, Stand: 6. Erg.-Lfg. März 2004.

Jörg Baetge; Rainer Heumann

Bestandsplanung und -kontrolle

Die Bestandsplanung und -kontrolle ist als Teilbereich des →Logistikcontrollings zur Sicherstellung eines optimalen Bestandes bei minimalen →Kosten zwingend notwendig. Hinsichtlich der →Planung ist zwischen lang- und kurzfristigen Bestandsentscheidungen zu unterscheiden. Während Erstere mit der Frage der grundsätzlichen Lagerkapazität und der Lagerausstattung zusammenhängen und tendenziell konstitutiven Charakter haben, betreffen Letztere die Optimierung der Bestellmenge. Große Bestellmengen erfordern i. d. R. große, mehrere kleine Bestellmengen nur geringe Lagerkapazitäten (→Kapazitätsplanung; →Kapazitätscontrolling). Auch wenn höhere Lagerkapazitäten mit höheren Kosten verbunden sind [z. B. Raum-, Zins- und Versicherungskosten (→Kostenartenrechnung)], ist eine Lagerhaltung und auch eine Bestandsplanung unverzichtbar, um insb.

Versorgungsengpässen vorzubeugen (Sicherungsfunktion) bzw. Engpässe bei der Beschaffung zu überbrücken (Ausgleichsfunktion) (Wöhe 2005, S. 400–401).

Im Mittelpunkt der *kurzfristigen Bestandsplanung* stehen Entscheidungen über die Höhe von Lagerbeständen und deren durchschnittliche Lagerdauer, die die Lagerauslastung beeinflussen. Der Höhe der Bestellmenge kommt hierbei eine zentrale Bedeutung zu, da der Lagerbestand und somit die Bestellmenge zu optimieren ist, um die Kosten so weit wie möglich zu reduzieren. Hohe Bestellmengen führen zu hohen Beständen und bedeuten gleichzeitig hohe Lagerkosten, da die durchschnittliche Lagerdauer höher ist. Dennoch dürfen die Bestände nicht zu niedrig bestimmt werden. Vielmehr muss ein gewisser Reservebestand verfügbar sein (eiserner Bestand, Mindestbestand), um einen störungsfreien Produktionsablauf sicherzustellen (→Produktionscontrolling) und Fehlmengenkosten möglichst zu vermeiden. Die Höhe des eisernen Bestandes ist aufgrund von Erfahrungswerten zu schätzen und bei verändertem →Beschäftigungsgrad, aber auch bei Änderung von Risiken auf den Beschaffungsmärkten (→Risiko- und Chancencontrolling; →Beschaffungscontrolling), anzupassen. Ein zu hoher Mindestbestand ist zu vermeiden, da dieser gebundenes Kapital darstellt, das zusätzlich zu den damit verbundenen Kosten eine unnötige Risikoansammlung verursacht. Der eiserne Bestand darf nur dann verwendet werden, wenn die geplante Beschaffungszeit überschritten wird oder der tatsächliche Verbrauch höher ist als geplant (→Verbrauchsabweichungen). Daher ist unter Berücksichtigung der Beschaffungszeit rechtzeitig eine neue Bestellung aufzugeben. Diese Menge wird als Melde- oder Bestellbestand bezeichnet, der sich aus der Multiplikation von Verbrauch pro Zeiteinheit und Beschaffungszeit ergibt, wobei der eiserne Bestand noch hinzuzurechnen ist. Um die gesamten Beschaffungskosten so gering wie möglich zu halten, stellt sich die Frage nach der optimalen Bestellmenge, die unter Berücksichtigung der gesamten Kosten ermittelt wird. Als Gesamtkosten fallen neben den Beschaffungskosten i.e.S., wozu neben den →Anschaffungskosten (AK) auch die mittelbaren Kosten der Einkaufsabteilung sowie der Warenannahme und -prüfung zählen, auch die Lager- und Fehlmengenkosten an. Bei den mittelbaren Kosten handelt es sich um bestellfixe Kosten, deren Höhe von der Anzahl der Bestellungen pro Jahr abhängig ist. Die Lagerkosten werden vom mengen- und wertmäßigen Lagerbestand sowie der Lagerdauer bestimmt, die umso höher sind, je höher die Bestellmenge ist. Im Wesentlichen zählen hierzu Raum-, Versicherungs-, Vorratserhaltungs- sowie Zinskosten. Festzustellen ist, dass hohe Bestellmengen zwar zu relativ niedrigeren Beschaffungskosten i.e.S. und Fehlmengenkosten führen, aber gleichzeitig relativ hohe Lagerkosten verursachen. Die Ermittlung der optimalen Bestellmenge erfolgt mithilfe der 1. Ableitung der Gleichung der Gesamtkosten wie folgt:

Optimale Bestellmenge

$$= \sqrt{\frac{2 \cdot \text{Jahresbedarf} \cdot \text{bestellfixe Kosten}}{\text{Einstandspreis} \cdot (\text{Zinssatz} + \text{Lagerkostensatz})}}$$

Problematisch ist allerdings, dass dieses Modell auf *vereinfachten Annahmen* basiert. So sind von praktischer Relevanz u. a. mengenabhängige Beschaffungskosten (Mengenrabatte), die Möglichkeit von Teillieferungen bei Großaufträgen, die Lagerkapazität, finanzielle Restriktionen sowie der Gesamtbedarf einer Planungsperiode und seine zeitliche Verteilung. Zudem ist zu berücksichtigen, dass die Bestellmenge zusätzlich von zukünftigen Preissteigerungen und Nachfrageverschiebungen, Modeänderungen oder technischem Fortschritt beeinflusst wird. Zur Lösung solcher Bestandsplanungsmodelle sind Näherungslösungen anzuwenden, die zwar keine optimalen, allerdings relativ gute Lösungen bei begrenztem Planungsaufwand liefern. Bspw. können flexible Bestellstrategien in Form von Bestellpunktsystemen und Bestellrhythmussystemen Anwendung finden (Wöhe 2005, S. 405).

Die Bestandskontrolle ist ggf. Aufgabe einer besonderen betrieblichen Revisionsabteilung (→Interne Revision). Zentrales Ziel ist es, Mängel der Bestandsplanungen bzw. der Lagerwirtschaft aufzudecken oder ihnen vorbeugend entgegenzuwirken. Dies erfolgt u. a. über die Prüfung des Wareneingangs, Überwachung der Lagerbestände, Kontrolle der Entnahmen, Kontrolle der Bestandsrichtgrößen, Kontrolle der technischen, baulichen Gegebenheiten, Kontrolle der Kontrolleinrichtungen und -prozeduren. Die Kontrolle der Lagerbestände kann z. B. über einen stichprobenweisen Vergleich von Soll- und Istbeständen (→Soll-Ist-Vergleich) vorgenommen werden

Bestandsrechnung

(→Stichprobenprüfung). Als Instrumente können zudem Lagerkennzahlen, wie z. B. Lagerumschlag, Lagerdauer, Lieferbereitschaftsgrad, Lagerkapazitätsauslastungsgrad oder Lagerreichweite, eingesetzt werden (→Kennzahlen und Kennzahlensysteme als Kontrollinstrument) (Reichmann 2001, S. 436–438).

Literatur: Reichmann, T.: Controlling mit Kennzahlen und Managementberichten, 6. Aufl., München 2001; Wöhe, G.: Einführung in die Allgemeine Betriebswirtschaftslehre, 22. Aufl., München 2005.

Inge Wulf

Bestandsrechnung →Artikelerfolgsrechnung

Bestellfixe Kosten →Bestandsplanung und -kontrolle

Bestellmenge, optimale →Bestandsplanung und -kontrolle

Bestellpunktsystem →Bestandsplanung und -kontrolle

Bestellrhythmussystem →Bestandsplanung und -kontrolle

Bestellung des Abschlussprüfers

Die Bestellung des →Abschlussprüfers ist in § 318 HGB gesetzlich geregelt. Danach wird der APr eines Jahresabschlusses (→Jahresabschlussprüfung) von den Gesellschaftern gewählt. Unverzüglich nach der Wahl haben die gesetzlichen Vertreter oder der AR (bei Zuständigkeit) den Prüfungsauftrag (→Prüfungsauftrag und -vertrag) zu erteilen. Für →Gesellschaften mit beschränkter Haftung (GmbH) sowie →Offene Handelsgesellschaften (OHG) und →Kommanditgesellschaften (KG) i. S. v. § 264a Abs. 1 HGB kann der Gesellschaftsvertrag etwas anderes bestimmen. Damit der Prüfer den Status des gesetzlichen Abschlussprüfers erhält, ist außerdem die Annahme des Auftrags (→Auftragsannahme und -fortführung) durch den APr erforderlich.

Das Wahlverfahren ist je nach Rechtsform unterschiedlich ausgestaltet. § 118 Abs. 1 AktG schreibt für Aktiengesellschaften zwingend die Wahl durch die HV (→Haupt- und Gesellschafterversammlung) vor. Der AR schlägt den APr vor, jedoch ist die HV nicht an diesen Vorschlag gebunden. Der APr ist mit einfacher Stimmenmehrheit gewählt, soweit nicht die Satzung abweichende Regelungen enthält. Der Wahlvorgang ist durch umfangreiche Vorschriften des AktG geregelt und abgesichert. Die Wahl des Abschlussprüfers einer →Kommanditgesellschaft auf Aktien erfolgt ebenfalls zwingend durch die HV, wobei die persönlich haftenden Gesellschafter, die den JA aufstellen, nicht wahlberechtigt sind. Bei der *GmbH* wird der APr grundsätzlich von den Gesellschaftern gewählt, allerdings kann durch den Gesellschaftsvertrag dieses Recht auf ein anderes Gremium übertragen werden. Auch die Ausgestaltung des Wahlvorganges und die Festlegung der erforderlichen Mehrheit ist weitgehend dispositives Recht. Bei der O*HG* und der *KG*, die nach § 264a HGB verpflichtet sind, einen JA aufzustellen und prüfen zu lassen, wird der APr i. d. R. durch die Gesellschafter (bei der KG: inkl. Kommanditisten) gewählt. Wie bei der GmbH kann der Gesellschaftsvertrag etwas anderes bestimmen. Die Wahl des *Konzernabschlussprüfers* (→Konzernabschlussprüfung) erfolgt durch das je nach Rechtsform gesetzlich oder gesellschaftsvertraglich autorisierte Gremium der Muttergesellschaft. Findet keine Wahl statt, ist automatisch der APr der Muttergesellschaft auch Konzern-APr (§ 318 Abs. 2 Satz 1 HGB).

Gem. § 318 Abs. 1 Satz 3 HGB soll der APr vor Ablauf des Geschäftsjahres gewählt werden, auf das sich seine Prüfungstätigkeit erstreckt. Damit soll ihm die Möglichkeit gegeben werden, die Prüfung sachgerecht zu planen (→Prüfungsplanung) und an einer →Inventur beobachtend teilzunehmen. Zum APr wählbar ist der in § 319 Abs. 1 HGB genannte Personenkreis. Auch die Wahl mehrerer Prüfer, die eine →Gemeinschaftsprüfung oder jeder eine voneinander unabhängige Prüfung durchführen, ist möglich.

Ist bis zum Ablauf des Geschäftsjahres kein APr gewählt, hat der gewählte APr die Annahme des Auftrags abgelehnt, ist er weggefallen oder nicht in der Lage, den Auftrag rechtzeitig zu beenden, so hat das Gericht auf Antrag der gesetzlichen Vertreter, des Aufsichtsrats oder eines Gesellschafters einen APr zu bestellen. Die gesetzlichen Vertreter sind dazu verpflichtet (§ 318 Abs. 4 HGB). Gründe für den Wegfall sind z. B. Tod, Geschäftsunfähigkeit oder das Erlöschen der Bestellung als WP. Auch eine Kündigung aus wichtigem Grund (§ 318 Abs. 6 HGB) ist ein nachträglicher Wegfall. Krankheit, Zeit- oder Mitarbeitermangel können Gründe sein, die eine rechtzeitige Beendigung der Prüfung verhindern (→Ausscheiden des Abschlussprüfers).

Auf Antrag kann das Gericht nach Anhörung der Beteiligten den gewählten APr abberufen und einen anderen bestellen, wenn es besondere Gründe (insb. Befangenheit) gibt, die in der Person des Abschlussprüfers liegen (§ 318 Abs. 3 HGB). Besorgnis der Befangenheit liegt vor allem dann vor, wenn die in § 21 →Berufssatzung der Wirtschaftsprüferkammer (BS) beschriebenen Sachverhalte zutreffen (→Unabhängigkeit und Unbefangenheit des Wirtschaftsprüfers). Antragsberechtigt sind die gesetzlichen Vertreter, der AR und die Gesellschafter. Letztere bei einer AG oder KGaA jedoch nur, wenn sie mindestens 10 % des Grundkapitals (→Gezeichnetes Kapital) oder mindestens eine Mio. € vertreten. Der Antrag muss innerhalb von zwei Wochen nach der Wahl des Abschlussprüfers beim Amtsgericht am Sitz der zu prüfenden Gesellschaft gestellt werden.

Bei der der Wahl folgenden Beauftragung und Annahme kommt zwischen dem gewählten APr und der zu prüfenden Gesellschaft ein zivilrechtlicher Vertrag zustande, dessen Inhalt eine Geschäftsbesorgung (§ 675 BGB) ist. Dieser Prüfungsvertrag kann mündlich oder schriftlich geschlossen werden. I.d.R. wird der APr den Auftrag in Form einer schriftlichen →Auftragsbestätigung annehmen. Will der APr den Auftrag nicht annehmen, so hat er dies dem Auftraggeber unverzüglich anzuzeigen [§ 51 →Wirtschaftsprüferordnung (WPO)]; andernfalls gilt sein Schweigen als Annahme.

Literatur: ADS: Rechnungslegung und Prüfung der Unternehmen, Teilband 7, 6. Aufl., Stuttgart 2000; Lück, W.: Jahresabschlussprüfung. Grundsätze für eine umfassende Prüfung der Rechnungslegung, Stuttgart 1993.

Ralf Weskamp

Bestellung des Vorstands →Vorstand, Bestellung und Abberufung

Bestellungsverfahren, gerichtliches
→Bestellung des Abschlussprüfers;
→Prüfungsauftrag und -vertrag

Betätigungsprüfung

Die staatliche Betätigungsprüfung ist eine →hoheitliche Prüfung und Teil der Finanzkontrolle im Rahmen der Rechnungsprüfung der öffentlichen Verwaltung. Neben der gesetzlichen Pflicht zur Rechnungsprüfung und der Prüfung der Jahresrechnung stellt die Betätigungsprüfung eine freiwillige Prüfungshandlung dar. Sie bildet ein Recht der Kommune, das Unternehmen, an dem sie ausschließlich oder teilweise, direkt oder mittelbar beteiligt ist, zu kontrollieren. Insb. wird dabei auf die ordnungsmäßige Verwendung der öffentlichen Mittel und auf eine an den haushaltsrechtlichen Vorgaben orientierte Beteiligungsverwaltung geachtet (→Ordnungsprüfung).

Der Grund für die Schaffung der Betätigungsprüfung steht im Zusammenhang mit der Zulassung privatrechtlicher →Unternehmensformen im Rahmen kommunalen Handelns. Damit einhergehend musste eine verstärkte Einflussnahme auf die Unternehmensführung und das Prüfungswesen bei Prüfung der Unternehmensführung durch die Gemeinde ermöglicht werden.

Die Betätigung der Kommune als Gesellschafter, Aktionär oder Mitglied in Gesellschaften und anderen Vereinigungen des privaten Rechts wird dabei im Rahmen der (örtlichen und überörtlichen) Rechnungsprüfung nach kaufmännischen Grundsätzen mitgeprüft (s. bspw. Art. 106 Abs. 4 Satz 1 BayGO). Unternehmen in Rechtsformen des privaten Rechts sind dabei KapGes [AG (→Aktiengesellschaft; Prüfung einer; →Gesellschaft mit beschränkter Haftung (GmbH); →Kommanditgesellschaft auf Aktien (KGaA)], PersGes [→Offene Handelsgesellschaft (OHG); →Kommanditgesellschaft (KG), stille Beteiligung] und →Genossenschaften i. S. d. GenG. Eine Beteiligung an einer OHG, an einer eGen mit unbeschränkter Nachschusspflicht, als Komplementär an einer KG oder als stiller Gesellschafter kommt jedoch wegen des haushaltsrechtlichen Sparsamkeitsgebots (s. bspw. Art. 106 Abs. 1 Nr. 3 BayGO) nicht in Betracht. In der Praxis ist die Beteiligung an einer GmbH am häufigsten anzutreffen. Ebenfalls umfasst sind die selbständigen Kommunalunternehmen und Beteiligungen der Kommunen an Erwerbs- und Wirtschaftsgenossenschaften. Bei Letzteren jedoch nur dann, wenn den Kommunen das Recht zur Rechnungsprüfung eingeräumt worden ist (dazu näher unten).

Die Durchführung der Betätigungsprüfung obliegt den →Rechnungsprüfungsämtern der Bundesländer. Im Rahmen der Betätigungsprüfung werden die Gesellschaften, an denen die Beteiligung gehalten wird, jedoch nicht un-

Betätigungsprüfung

mittelbar geprüft. Die Durchführung der Prüfung hat sich an den landesrechtlichen gesetzlichen Vorschriften des Prüfungswesens zu orientieren (bspw.: §§ 109 ff. GemOBW sowie die GemPrOBW oder Art. 103 ff. BayGO, KommPrVBay). Eine für die Durchführung einer Betätigungsprüfung beispielhafte Checkliste wurde von der *Arbeitsgemeinschaft der Rechnungsprüfungsämter von Baden-Württemberg* ausgearbeitet (Kölz/Strauß 2005, S. 224 f.). Danach umfasst die Betätigungsprüfung im Wesentlichen sechs Bereiche, die in sehr detaillierten Unterpunkten gegliedert sind:

- Stammdaten und bedeutende Fakten zur jeweiligen Beteiligung,
- Einhaltung der Vorschriften des kommunalen Wirtschaftsrechts,
- Betätigung der Kommune als Anteilseigner,
- mittelbare Beteiligungen,
- Organisation und Tätigkeit der Beteiligungsverwaltung sowie
- Steuerung und Überwachung.

Im Vorfeld der Betätigungsprüfung sind von der Kommune in dem jeweiligen Unternehmen, an dem sie beteiligt ist, die Voraussetzungen für die Prüfung zu schaffen, damit durch die Rechnungsprüfungsämter die Informations- und Prüfungsrechte der §§ 53, 54 Haushaltsgrundsätzegesetz (HGrG) ausgeübt werden können. Sofern die Kommune bspw. nur mit einem geringfügigen Teil an einer Genossenschaftsbank beteiligt ist, wird ihr dieses Recht nicht ohne Weiteres eingeräumt werden. Insofern gewähren jedoch die strikteren Bilanzierungs- und Prüfungsvorschriften sowie die Bankenaufsicht [→*Bundesanstalt für Finanzdienstleistungsaufsicht* (*BaFin*)] der Kommune einen ausreichenden Schutz.

Nach § 53 HGrG kann eine Gebietskörperschaft, der die Mehrheit der Anteile eines Unternehmens oder der 1/4 der Anteile und zusammen mit anderen Gebietskörperschaften die Mehrheit der Anteile eines Unternehmens in einer Rechtsform des privaten Rechts gehört, verlangen, dass das Unternehmen

- im Rahmen der Abschlussprüfung (→Jahresabschlussprüfung; →Konzernabschlussprüfung) auch die Ordnungsmäßigkeit der Geschäftsführung prüfen lässt (→Geschäftsführungsprüfung),
- die →Abschlussprüfer (APr) beauftragt, in ihrem Bericht auch darzustellen:

- die Entwicklung der →Vermögenslage und →Ertragslage sowie die Liquidität und Rentabilität der Gesellschaft,
- verlustbringende Geschäfte und die Ursachen der Verluste, wenn diese Geschäfte und die Ursachen für die Vermögens- und Ertragslage von Bedeutung waren und
- die Ursachen eines in der →Gewinn- und Verlustrechnung (GuV) ausgewiesenen Jahresfehlbetrages.

- ihr den →Prüfungsbericht (PrB) der APr und, wenn das Unternehmen einen Konzernabschluss aufzustellen hat, auch den PrB der Konzern-APr unverzüglich nach Eingang übersendet.

Hierbei ist insb. der Begriff der Ordnungsmäßigkeit der Geschäftsführung als unbestimmter Rechtsbegriff auslegungsbedürftig. In der betriebswirtschaftlichen Literatur wird der Begriff „Geschäftsführung" sowohl institutionell als auch funktionell verstanden. Im Gesellschaftsrecht ist keine allgemeingültige Definition des Begriffs „Geschäftsführung" zu finden. Lediglich das AktG enthält in § 77 Abs. 1 AktG eine Formulierung, durch die institutionelle Abgrenzung der Geschäftsführung erfolgt. Die Grenzen der Geschäftsführung lassen sich somit nicht allgemeingültig bestimmen. Deshalb ist im Rahmen des § 53 Abs. 1 Nr. 1 HGrG zunächst zu klären, wer in dem betreffenden Unternehmen Aufgaben der Geschäftsführung wahrnimmt. Der Begriff „Ordnungsmäßigkeit" knüpft an das Wert- und Ordnungssystem an, dem die Geschäftsführung nach allgemeinen Maßstäben zu genügen hat. Für die Prüfung sind nicht nur rechtliche Beurteilungsmaßstäbe von Bedeutung, sondern auch solche, die aus betriebswirtschaftlichen Erkenntnissen abzuleiten, auszuwählen und anzuwenden sind (→Geschäftsführungsprüfung).

Literatur: Bauer, T./Zwick, W.(Hrsg.): Praxis der Kommunalverwaltung: Gemeindeordnung für den Freistaat Bayern (Gemeindeordnung – GO), Loseblattausgabe, München, Stand: 382. Erg.-Lfg. Juli 2006; Bennemann, G./Zahradnik, S. et al. (Hrsg.): Praxis der Kommunalverwaltung: Hessische Gemeindeordnung (HGO), Loseblattausgabe, Walluf, Stand: Juli 2006; Kölz, J./Strauss, I.: Die Betätigungsprüfung in Baden-Württemberg, in: Der Gemeindehaushalt 5 (2005), S. 224–227; Masson et al. (Hrsg.): Bayerische Kommunalgesetze: Gemeindeordnung, Landkreisordnung, Bezirksordnung, Kommentar, Loseblattausgabe, Stuttgart, Stand: 85. Erg.-Lfg. März 2006; Peter, H./Müsse, T. (Hrsg.): Praxis der Kommunalverwaltung, Landesausgabe Nordrhein-Westfalen : Das kommunale Prüfungswesen in Nordrhein-Westfalen, Loseblattausgabe, Walluf, Stand: 362. Erg.-Lfg. Juli 2006.

Thomas Northoff

Beta-Fehler →Fehlerarten in der Abschlussprüfung

Beta-Koeffizient →Capital Asset Pricing Model

Beta-Risiko →Prüfungsrisiko; →Stichprobenprüfung

Beteiligungen

Die Prüfung der Beteiligungen im Rahmen der →Jahresabschlussprüfung (→Konzernabschlussprüfung) erfolgt im Wesentlichen analog zur Prüfung der →verbundenen Unternehmen. Jedoch besteht bei der Prüfung der Beteiligungen regelmäßig eine eingeschränkte Verfügbarkeit der Prüfungsunterlagen von Beteiligungsgesellschaften (→Beteiligungsgesellschaften, Prüfungsunterlagen von), da die Prüfungs- und Auskunftsrechte, die dem →Abschlussprüfer (APr) einer KapGes gem. § 320 Abs. 1 Satz 2 und Abs. 2 HGB gegenüber verbundenen Unternehmen eingeräumt sind (→Auskunftsrechte des Abschlussprüfers), gegenüber Beteiligungsunternehmen nicht bestehen.

Für die *Planung* der Prüfung (→Prüfungsplanung) der Beteiligungen bietet sich eine vorgezogene Prüfung bereits im Rahmen der →Vorprüfung an, da Teile des Ausweises und Ansatzes von Beteiligungen bereits zu diesem Zeitpunkt beurteilt werden können. Insb. gilt dies, wenn die Prüfung auch das →Interne Kontrollsystem (IKS) soweit es sich auf die Beteiligungen erstreckt, umfasst (→Internes Kontrollsystem, Prüfung des; →Systemprüfung). Bereits im Rahmen der Vorprüfung sollten Prüfungsunterlagen, wie →Zwischenabschlüsse (→Zwischenberichterstattung) oder Planungsrechnungen für die Beteiligungen (→Planung; →Beteiligungscontrolling), eingeholt werden, um Informationen über die Entwicklungen der Beteiligungen bis zu diesem Zeitpunkt zu erhalten, auch wenn eine endgültige Würdigung erst zum Zeitpunkt der Hauptprüfung möglich sein wird (→Continuous Audit).

Die Prüfung erstreckt sich auf den *Nachweis der Beteiligung* (→Nachweisprüfungshandlungen), die *Beteiligungsabsicht*, die *Bewertung der Beteiligung* (→Bewertungsprüfung), den *Ausweis mit der Beteiligung im Zusammenhang stehender* →*Aufwendungen und Erträge* und auf den *Ausweis in* →*Anhang* (→Angabepflichten) *und* →*Lagebericht*.

Als Ausgangspunkt der Prüfung des *Nachweises der Beteiligung* dient bei umfangreichen Beteiligungsverhältnissen eine Liste der vorliegenden Beteiligungen. Die Liste gibt einen Überblick über den AB, den EB sowie die Zu- und Abgänge und ggf. vorgenommene Zu- oder Abschreibungen (→Wertaufholung; →Abschreibungen, bilanzielle; →Abschreibungen, steuerrechtliche). Bei →Erstprüfungen lässt sich der Bestand der Beteiligungen durch Originaldokumente, wie Depotauszüge, Verwahrbestätigungen, Handelsregisterauszüge (→Registerauszüge) sowie Urkunden zum Erwerb, nachweisen (→Prüfungsnachweise). Sofern in Wertpapieren verbriefte Anteile selbst verwahrt werden, sind diese durch ein Protokoll über die körperliche Bestandsaufnahme zu belegen. Bei →Wiederholungsprüfungen kann sich die Nachweisprüfung auf die Prüfung der Zu- und Abgänge in der Beteiligungsliste beschränken.

Zugänge zu den Beteiligungen werden durch Einsichtnahme in die Kaufabrechnungen, Verträge, Gesellschafterversammlungsprotokolle (→Versammlungsprotokolle) oder Gründungsberichte (→Unternehmensgründung; →Gründungsprüfung) nachgewiesen. Es ist ferner zu prüfen, ob ggf. erforderliche Genehmigungen durch Aufsichtsbehörden (insb. →Kartellbehörden; →Fusionskontrolle) für den Anteilserwerb erteilt worden sind. Für die Prüfung der Abgänge werden ebenfalls die zugrunde liegenden Originaldokumente (→Prüfungsnachweise) eingesehen. Bei Veränderungen im Beteiligungsbestand ist insb. der Zeitpunkt des Erwerbs bzw. des Abgangs und die zeitliche Zuordnung des Gewinnbezugsrechts zwischen Käufer und Verkäufer zu prüfen. Bei Abgängen ist die korrekte buchhalterische Ermittlung eines Abgangsgewinns oder -verlustes und dessen Ausweis in der →Gewinn- und Verlustrechnung (GuV) zu prüfen.

Eine *fortdauernde Beteiligungsabsicht* mit einer engen wirtschaftlichen Beziehung zu dem Beteiligungsunternehmen lässt sich aus Gesprächen mit der Geschäftsleitung des geprüften Unternehmens ableiten (→Unterneh-

Beteiligungen, stille

mensleitung, Informationsaustausch des Wirtschaftsprüfers mit), soweit aus den sonstigen Prüfungsunterlagen keine unmittelbaren →Planungen zur Veräußerung der Beteiligung erkennbar sind.

Zur *Bewertung der Beteiligung* werden die geprüften Jahresabschlüsse, Zwischenabschlüsse oder Planungsrechnungen der Beteiligungsunternehmen eingesehen (→Bewertungsprüfung). Aufgrund der fehlenden Auskunftspflicht des Beteiligungsunternehmens wird der APr das zu prüfende Unternehmen bitten, entsprechende Auskünfte bei dem Beteiligungsunternehmen einzuholen oder eine unmittelbare Verbindung mit dem Beteiligungsunternehmen herzustellen. Sollte er hieraus keine hinreichenden Zusatzinformationen erhalten, liegt ein →Prüfungshemmnis vor. Wird dadurch die Ordnungsmäßigkeit des Jahresabschlusses oder der Lageberichts des geprüften Unternehmens in Frage gestellt, muss der APr ggf. eine Einschränkung seines →Bestätigungsvermerks erwägen. Bestehen Markt- oder Börsenpreise für die Anteile am Beteiligungsunternehmen, können diese als Anhaltspunkte für einen →beizulegenden Wert herangezogen werden können (→Zeitwerte, Prüfung von).

Soweit sich aus den zur Verfügung stehenden Unterlagen und den erteilten Auskünften keine Anhaltspunkte für eine nachhaltige Wertminderung der Beteiligung ergeben, bestehen gegen die Fortführung der →Anschaffungskosten (AK) oder den niedrigeren Buchwerte keine Bedenken. Für den Fall, dass in Vorperioden Wertberichtigungen auf die Beteiligung vorgenommen wurden (→außerplanmäßige Abschreibungen), ist zu beurteilen, ob der Grund für diese Wertberichtigungen entfallen und eine →Wertaufholung gem. § 280 Abs. 1 Satz 1 HGB vorzunehmen ist. Ist bereits eine Wertaufholung ermittelt worden, ist zu prüfen, ob der Buchwert nach Zuschreibung nicht die AK der Beteiligung übersteigt. Zu diesem Zweck sind Nachweise zur Anschaffung der Beteiligung und zur Ermittlung der ursprünglichen AK einzusehen (→Prüfungsnachweise; →Nachweisprüfungshandlungen).

Im Zusammenhang mit der Prüfung des Bilanzausweises der Beteiligung steht die Prüfung der mit der Beteiligung zusammenhängenden →Aufwendungen und Erträge in der GuV. Diese entfallen auf die Posten „Erträge aus Beteiligungen" und „Abschreibungen auf Finanzanlagen" und der Abgrenzung zu den gesondert auszuweisenden „Erträgen aus Anteilen an verbundenen Unternehmen". Gewinne und Verluste aus Abgängen von Beteiligungen sind unter den Posten „sonstige betriebliche Aufwendungen" bzw. „sonstige betriebliche Erträge" auszuweisen (→sonstige betriebliche Aufwendungen und Erträge).

Die Prüfung der Angaben im Anhang umfasst die Vollständigkeit und Richtigkeit der Anhangangaben. Sollten die Geschäftsanteile nicht voll eingezahlt sein, ist eine Anhangangabe als →sonstige finanzielle Verpflichtung gem. § 285 Nr. 3 HGB erforderlich. Soweit an einem Unternehmen ein Anteilsbesitz von 20% oder mehr besteht, ist diese in einer Beteiligungsliste im Anhang zu nennen.

Die Prüfung der Einhaltung gesetzlicher Vorschriften (→Ordnungsmäßigkeitsprüfung) umfasst die Überprüfung, ob ggf. bestehende Meldepflichten gem. AktG eingehalten wurden.

Bei wesentlichen Einflüssen der Entwicklung der Beteiligungen auf die Lage (→Vermögenslage; →Finanzlage; →Ertragslage) des geprüften Unternehmens kann eine Berichterstattung im Rahmen des Lageberichts erforderlich sein. Die Angemessenheit dieser Lageberichterstattung hat der APr anhand der während der Prüfung erlangten Nachweise und Auskünfte zu überprüfen.

Literatur: Förschle, G.: Beteiligungen, in: Ballwieser, W. et al. (Hrsg.): HWRP, 3. Aufl., Stuttgart 2002, Sp. 330–346; IDW (Hrsg.): WPH 2006, Band I, 13. Aufl., Düsseldorf 2006.

Oliver Bielenberg

Beteiligungen, stille →Eigenkapital

Beteiligungscontrolling

Die Vielfalt der Definitionen von Beteiligungscontrolling (BC) korrespondiert mit der des →Controllings. Üblicherweise wird unter Controlling die Koordination bzw. Steuerung betrieblicher Prozesse oder Teilbereiche durch die →Planung, Kontrolle und Informationsversorgung verstanden. Das BC i.e.S. bezieht sich ausschließlich auf die Steuerung rechtlich selbständiger Tochtergesellschaften. Gesetzlich werden hierunter nach § 271 Abs. 1 HGB Anteile an anderen Unternehmen verstanden, die dazu bestimmt sind, dem eigenen Geschäftsbetrieb durch Herstellung einer dauernden Verbindung zu jenen Unternehmen zu dienen. BC i.w.S. umfasst auch andere Formen existierender Unternehmensverbindungen (→ Unternehmenszusammenschlüsse), z. B. strategische Allianzen, und zielt somit auf unternehmerische → Beteiligungen ab. Das Verständnis der Abgrenzung von BC und Konzerncontrolling (→ Controlling, Ausgestaltung im Konzern) divergiert. Konzerncontrolling wird dabei sowohl als übergeordnetes Controlling des Konzerns verstanden, in dem das BC einen Teilbereich darstellt. Das dezentrale Controlling in den Beteiligungen ist hierin nicht enthalten. Konzerncontrolling wird allerdings auch als Spezialfall des Beteiligungscontrollings eingeordnet, da es die spezielle Konstellation des Konzerns gem. § 18 AktG (→ Konzernarten) voraussetzt.

Aufgabenbezogen kann BC in Planung, Kontrolle und Informationsversorgung unterschieden werden. Die *Planung* im Rahmen des BC ist vor allem durch eine strategische Verantwortung der Zentrale bei einem geringen beteiligungsspezifischen Wissen gekennzeichnet. Aufgabe ist die vertikale und horizontale Abstimmung strategischer und operativer Pläne. Zudem werden die Unterstützung der Beteiligung bei der Zielerreichung, die → Plausibilitätsprüfung und die Konsolidierung der Einzelpläne hierunter subsumiert. Im Rahmen der Kontrolle werden vor allem die strategischen Soll- und Ist-Werte der Beteiligungen erfasst. Diese beziehen sich sowohl auf die Prämissen als Inputkontrolle, die Durchführung als Prozesskontrolle und die Überwachung der verbleibenden Risiken (→ Risiko- und Chancencontrolling). Die zentrale Rolle der *Informationsversorgung* basiert auf der Erkenntnis, dass die Steuerung dezentraler Beteiligungen nur auf Basis ausreichender und relevanter Informationen möglich ist. Zudem sind die Frequenz und der Detaillierungsgrad festzulegen. Diese werden im Berichtswesen in standardisierter und im operativen Bereich in aggregierter Form als Kennzahlen zur Verfügung gestellt (→ Berichtssystem; → Führungsinformationssysteme). Ergänzend zu den grundsätzlichen Controllingaufgaben (→ Controlling, Aufgaben des) wird im BC die Beratungsaufgabe des zentralen Controllings hervorgehoben. Diese können sich sowohl auf die Umsetzung eines einheitlichen Ansatz- und Bewertungsrasters beziehen, umfassen aber auch Aufgaben des → Projektcontrollings.

Eine *phasenbezogene* Abgrenzung orientiert sich am Lebenszyklus der Beteiligung und unterscheidet in Akquisitions-, Beteiligungsführungs- und Desinvestitionsphase. Im Rahmen des *Aquisitionscontrollings* werden die Steuerung der Suche von potenziellen Beteiligungen, die Analyse potenzieller Synergien im Rahmen der → Due Diligence und die Ermittlung des → Unternehmenswertes sowie der abschließende Kauf der Beteiligung unterschieden. Im Rahmen der *Beteiligungsphase* stehen die eingangs beschriebenen Aufgaben des BC bei der Integration, der Nutzung und der Desintegration im Vordergrund. Beim *Desinvestitionscontrolling* werden potenzielle Käufer identifiziert, eine Bewertung der Beteiligung vorgenommen und der Verkauf abgeschlossen.

Nach einer *institutionellen* Abgrenzung werden das zentrale BC der Muttergesellschaft, das dezentrale BC der Tochter sowie die Verknüpfung dieser Controllingsysteme unterschieden. Das BC ist daneben in das Controlling der Gesamtunternehmung eingebunden. Festzulegen ist die Aufgabenverteilung zwischen Mutter und Tochter sowie der Einsatz der Koordinationsinstrumente. Das BC der Muttergesellschaft umfasst dabei das → strategische Controlling und überlässt die operative Planung und Kontrolle (→ operatives Controlling) den Tochtergesellschaften.

Bei den eingesetzten *Koordinationsinstrumenten* dominieren die Koordination durch Pläne sowie durch Ziele. Die Ableitung dieser Ziele orientiert sich verstärkt am wertorientierten Controlling (→ Unternehmenssteuerung, wertorientierte). Hierbei werden den Beteiligungen geforderte Zielrenditen, abgeleitet aus den risikoadjustierten durchschnittlich gewichteten → Kapitalkosten [→ Weighted Average Cost of Capital-Ansatz (WACC)], vorgegeben. Eine Beteiligung ist nur dann wertsteigernd, wenn sie ihre Kapitalkosten deckt. Ein einheitliches Berichtswesen sichert die Vergleichbarkeit der Informationen. Die Vereinheitlichung betrifft zum einen die eingesetzten Standards und Methoden, wie z. B. den Rechnungslegungsstandard [→ International Financial Reporting Standards (IFRS); → United States Generally Accepted Accounting Principles (US GAAP)]. Zum anderen müssen die technischen Planungs- und Berichtssysteme der Mutter- und Tochtergesellschaften miteinander kommunizieren. Es ist Aufgabe des BC den Grad der Standardisierung der Methoden und Systeme festzulegen.

Ein →Risikomanagementsystem ermöglicht das vorausschauende Erkennen von Risiken. Durch ein für den gesamten Konzern definiertes Risikofrüherkennungssystem (→Früherkennungssysteme) wird die finanzielle Berichterstattung zur Muttergesellschaft ergänzt. Ziel ist es, frühzeitig Gefahren für das Mutterunternehmen zu identifizieren, zu bewerten und ggf. darauf reagieren zu können, um so Schaden vom Konzern abzuwenden bzw. zu begrenzen.

Literatur: Littkemann, J./Zündorf, H.: Beteiligungscontrolling. Ein Handbuch für die Unternehmens- und Beratungspraxis, Herne/Berlin 2004; Schäffer, U./Eckey, M./Schumacher, T.: Überblick über das Beteiligungscontrolling, in: Schäffer, U./Weber, J. (Hrsg.): Bereichscontrolling, Stuttgart 2005, S. 441–453.

Alexander Bassen

Beteiligungsgesellschaften, Prüfungsunterlagen von

Im Rahmen der Prüfung der →Finanzanlagen fordert der →Abschlussprüfer (APr) →Prüfungsnachweise an, um das Bestehen der Beteiligung, die korrekte Bewertung der Beteiligung, die Klassifizierung innerhalb der Systematik der Finanzanlagen, die sachgerechte Abbildung von Beteiligungserträgen oder -aufwendungen (→Aufwendungen und Erträge) in der →Gewinn- und Verlustrechnung (GuV) sowie die erforderlichen Angaben in →Anhang und →Lagebericht zu prüfen.

Als Nachweise für den *Bestand der Beteiligung* dienen neben Sachkontoauszügen und einer Beteiligungsliste Originalbelege, wie Depotauszüge und sonstige Verwahrbestätigungen, Dividendengutschriften, HR-Auszüge (→Registerauszüge), Gesellschafterliste gem. § 40 GmbHG, →Versammlungsprotokolle von Gesellschafterversammlungen (→Haupt- und Gesellschafterversammlung) und →Prüfungsberichte über das Beteiligungsunternehmen (→Nachweisprüfungshandlungen).

Zur Prüfung der Zu- und Abgänge bei den →Beteiligungen werden die entsprechenden Rechtsgrundlagen, wie Gesellschafts- und →Unternehmensverträge, Gründungsprotokolle (→Unternehmensgründung), Kaufverträge sowie Schriftwechsel, herangezogen.

Der Nachweis der *Beteiligungsabsicht* kann durch mündlich erteilte Auskünften durch die Geschäftsleitung (→Unternehmensleitung, Informationsaustausch des Wirtschaftsprüfers mit) oder durch Schriftverkehr bzw. Dokumentation der für den Erwerb maßgeblichen Überlegungen und Planungsunterlagen sowie durch den Nachweis der zukünftigen Einbindung in die Unternehmensplanung (→Planung) des beteiligten Unternehmens untermauert werden.

Zur Prüfung des *Wertansatzes der Beteiligung* (→Bewertungsprüfung) und zur Beurteilung, ob ggf. eine →außerplanmäßige Abschreibung des Beteiligungswertansatzes erforderlich ist, zieht der APr Unterlagen über die wirtschaftliche Entwicklung der Beteiligung heran. Insb. sind dies geprüfte oder bescheinigte Jahresabschlüsse oder →Zwischenabschlüsse des Beteiligungsunternehmens, Erfolgsrechnungen und statistische Zusammenstellungen und andere Veröffentlichungen über die Unternehmensentwicklung. Diese Unterlagen ergeben allerdings nur einen Überblick über die Entwicklung der Beteiligung in der Vergangenheit.

Bei den zur Einschätzung der zukünftigen Entwicklung erforderlichen Unterlagen, wie Finanzplänen (→Finanzplanung) sowie Umsatz- und Ertragsschätzungen (→Umsatzplanung und -kontrolle; →Erfolgsprognose), handelt es sich um interne Unterlagen des Beteiligungsunternehmens, die vielfach nicht verfügbar sind. In diesem Fall können öffentlich verfügbare Informationen, wie allgemeine Brancheninformationen und Veröffentlichungen über das Beteiligungsunternehmen, herangezogen werden.

Weitere Anhaltspunkte über die Werthaltigkeit einer Beteiligung ergeben sich ggf. aus Planungsrechnungen, die dem Beteiligungserwerb zugrunde gelegt wurden und einer vergleichenden Darstellung zu der tatsächlichen Entwicklung der Beteiligung. Soweit Notierungen über Börsen- oder Marktpreise bestehen, können diese zu einer →Verprobung des Wertes der Beteiligung herangezogen werden.

Als Nachweis für die mit den Beteiligungen zusammenhängenden Ertrags- bzw. Aufwandsposten in der GuV werden Dividendengutschriften und Aufstellungen über die Gewinnverteilung des Beteiligungsunternehmens herangezogen. Im Falle von Auf- oder Abwertungen der Beteiligung werden die GuV-Posten im Rahmen der Prüfungsdokumentation zur Auf- bzw. Abwertung der Beteiligung nachgewiesen.

Literatur: Förschle, G.: Beteiligungen, in: Ballwieser, W. et al. (Hrsg.): HWRP, 3. Aufl., Stuttgart 2002, S. 330–346; IDW (Hrsg.): WPH 2006, Band I, 13. Aufl., Düsseldorf 2006, Abschn. R, Rn. 445–451, S. 2076 f.

Oliver Bielenberg

Betrieb, steuerrechtlicher
→ Unternehmensumwandlungen

Betriebsabrechnung

Die Betriebsabrechnung umfasst die → Kostenarten- und die → Kostenstellenrechnung. Sie sollte konzeptionell so gestaltet werden, dass sie eine verursachungsgerechte Kostenträgerrechnung (produktbezogene Kostenkalkulation; → Kostenträgerstückrechnung) sowie – auf der Grundlage der ermittelten Ergebnisse – eine aussagekräftige (kurzfristige) Betriebsergebnisrechnung (→ Erfolgsrechnung, kurzfristige; → Kostenträgerzeitrechnung) ermöglicht.

Die Struktur der Betriebsabrechnung wird maßgeblich durch die intendierte Form der Kostenträgerrechnung geprägt. Bei einer einstufigen → Divisionskalkulation erübrigt sich die Kostenstellenrechnung, da die ermittelten → Kosten pauschal auf die Kostenträger verrechnet werden. Aber auch bei einer summarischen → Zuschlagskalkulation, wenn also lediglich mit einem einzigen Zuschlagssatz kalkuliert wird, reduziert sich die Betriebsabrechnung auf die Kostenartenrechnung, wobei allerdings bei der Kostenartenrechnung dann zwischen Einzelkosten und Gemeinkosten (→ Einzelkostencontrolling; → Gemeinkostencontrolling) differenziert werden muss. Dagegen erfordert die mehrstufige Divisionskalkulation eine Aufspaltung der erfassten Kosten nach den unterschiedlichen Fertigungsstufen und dem Verwaltungs- und Vertriebsbereich, wobei auf eine innerbetriebliche Leistungsverrechnung (→ Kosten- und Leistungsverrechnung, innerbetriebliche) dann i.A. verzichtet wird. Diese Einschränkung gilt prinzipiell auch für die verschiedenen Varianten der → Kalkulation bei Kuppelproduktion. Die höchsten methodischen Anforderungen an die Betriebsabrechnung ergeben sich, wenn die Kosten der für den Absatzmarkt bestimmten Leistungen nach dem Konzept der elektiven Zuschlagskalkulation bestimmt werden sollen. Die folgenden Ausführungen zur Prozessgestaltung der Betriebsabrechnung beziehen sich auf diese Form der Kostenträgerrechnung.

Der Prozess der Betriebsabrechnung in der erweiterten Fassung lässt sich in vier Phasen untergliedern:

1) die periodenbezogene Erfassung der Kosten, untergliedert nach Kostenarten,

2) eine möglichst verursachungsgerechte Verteilung der Kosten auf die unterschiedlichen Kostenstellen (Primärkostenumlage),

3) die innerbetriebliche Leistungsverrechnung (Sekundärkostenumlage) sowie

4) die Ermittlung geeigneter Zuschlagssätze.

In der ersten Phase geht es darum, vollständig und möglichst realitätskonform die Kosten der Referenzperiode zu erfassen (→ Betriebsdatenerfassung). Bei einer rein vergangenheitsorientierten Vollkostenrechnung sind von den gesamten Kosten die Einzelkosten gesondert auszuweisen, da sie direkt, also ohne Schlüsselung, den Kostenträgern zugeordnet werden können. Auch die verschiedenen Varianten der → Plankostenrechnung erfordern zusätzlich zur Kostenplanung eine Ermittlung der tatsächlich angefallenen Kosten, um Kostenkontrollen zu ermöglichen (→ Kostencontrolling). Allerdings sind dabei die ermittelten Kosten in fixe und variable Bestandteile aufzuspalten.

In der zweiten Phase müssen die Gemeinkosten – im Rahmen der Plankostenrechnung die Kosten insgesamt – den Kostenstellen möglichst verursachungsgerecht zugeordnet werden (→ Kostenverursachung; → Kostenzurechenbarkeit). Üblicherweise wird in der Kostenstellenrechnung zwischen Hilfskostenstellen und Hauptkostenstellen differenziert. Hilfskostenstellen erbringen Leistungen, bspw. Reparaturen, für andere Kostenstellen. Die Kosten der Hilfskostenstellen müssen infolgedessen auf die Empfängerkostenstellen umgelegt werden. Hauptkostenstellen sind dadurch gekennzeichnet, dass die Kosten dieser Kostenstellen direkt auf die Kostenträger verrechnet werden.

Die dritte Phase der Betriebsabrechnung umfasst die notwendige Umlage der Kosten der Hilfskostenstellen, also die sog. innerbetriebliche Leistungsverrechnung, mitunter auch als Sekundärkostenumlage bezeichnet. Für diese Phase sind verschiedene Verfahren entwickelt worden. Mit am häufigsten wird das sog. Treppenverfahren angewandt. Es ist relativ einfach zu handhaben. Allerdings können nach diesem methodischen Konzept innerbetriebliche Leistungsverflechtungen nur unzureichend berücksichtigt werden.

In der vierten und letzten Phase der Betriebsabrechnung müssen zunächst geeignete Bezugsgrößen gefunden werden. Dabei wird von der Vorstellung ausgegangen, dass Hauptkostenstellen bestimmte (homogene) Leistungen für die Endprodukte erbringen. Je mehr dieser speziellen Leistungen einer Hauptkostenstelle in ein Endprodukt eingehen, umso stärker soll es dann auch mit Kosten dieser Kostenstelle belastet werden. Da die Leistungen der Hauptkostenstellen zumeist immaterieller Art sind, müssen geeignete Leistungsindikatoren identifiziert werden. Für die Hauptkostenstelle „Montage" könnte z. B. die erforderliche Montagezeit als Leistungsindikator in Betracht kommen. In diesem Fall wäre die insgesamt ermittelte Montagezeit die Bezugsbasis für die Umlage der Kosten dieser Hauptkostenstelle. Die Zuschlagssätze ergeben sich dann aus der Division der Kostenstellenkosten durch den Gesamtwert der gewählten Bezugsbasis. Bei einem berechneten Zuschlagssatz von 78,– €/h für die Hauptkostenstelle „Montage" müsste ein Endprodukt mit Montagekosten in Höhe von 26,– € belastet werden, falls für die Montage einer Mengeneinheit dieses Endproduktes 20 Minuten benötigt würden.

Die Ergebnisse der Betriebsabrechnung können in einem sog. →Betriebsabrechnungsbogen übersichtlich dokumentiert werden.

Die Zuverlässigkeit der Abrechnungsergebnisse hängt davon ab, wie die Gestaltungsprobleme der Betriebsabrechnung gelöst werden. So ist grundsätzlich zu klären, wie viele Kostenarten unterschieden werden sollen und welchem Messkonzept für die Bewertung der Vorzug gegeben werden soll. Ein anderes grundsätzliches Problem der Betriebsabrechnung betrifft die Kostenstellenbildung. Je mehr Kostenstellen unterschieden werden, umso häufiger müssen bestimmte Kostenarten mehr oder weniger willkürlich geschlüsselt werden, umso homogener sind allerdings dann auch, zumindest tendenziell, die Kostenstellenleistungen. Die Qualität der Abrechnungsergebnisse wird nicht zuletzt auch durch die gewählte Methodik der innerbetrieblichen Leistungsverrechnung geprägt, und schließlich hängt die Entscheidungsadäquanz der Kostenträgerrechnung maßgeblich von der Identifikation geeigneter Bezugsgrößen ab.

Literatur: Eisele, W.: Technik des betrieblichen Rechnungswesens. Buchführung – Kostenrechnung – Sonderbilanzen, 7. Aufl., München 2002; Haberstock, L.: Kostenrechnung I. Einführung, 12. Aufl., Hamburg 2005; Kloock, J./Sieben, G./Schildbach, T./Homburg, C.: Kosten- und Leistungsrechnung, 9. Aufl., Stuttgart 2005; Schweitzer, M./Küpper, H.-U.: Systeme der Kosten- und Erlösrechnung, 8. Aufl., München 2003.

Hans-Jürgen Wurl

Betriebsabrechnungsbogen

Im Betriebsabrechnungsbogen (BAB) werden die Ergebnisse der →Betriebsabrechnung dokumentiert. Sie bilden die Grundlage insb. für die Kostenträgerrechnung (→Kostenträgerstückrechnung), aber auch für die kurzfristige Erfolgsrechnung (→Erfolgsrechnung, kurzfristige; →Kostenträgerzeitrechnung) und – ganz allgemein – für ein zielkonformes →Kostenmanagement. Wird wegen der produktionstechnischen Gegebenheiten auf eine detaillierte →Kostenstellenrechnung verzichtet, erübrigt sich auch die Erstellung eines Betriebsabrechnungsbogens.

Die zentralen Elemente in diesem Darstellungskonzept sind die Ergebnisse der Primärkostenumlage sowie die Ergebnisse der innerbetrieblichen Leistungsverrechnung (→Kosten- und Leistungsverrechnung, innerbetriebliche). Bei der Primärkostenumlage geht es darum, die differenziert erfassten Gemeinkosten (→Gemeinkostencontrolling) möglichst verursachungsgerecht (→Kostenverursachung) auf die unterschiedlichen Kostenstellen (→Cost Center) zu verteilen. Im Rahmen der sich anschließenden innerbetrieblichen Leistungsverrechnung werden die →Kosten derjenigen Leistungen, die nicht unmittelbar in die Endprodukte eingehen, auf die Empfängerkostenstellen umgelegt. Für Kostenstellen, die innerbetriebliche Leistungen hervorbringen, ist die Sammelbezeichnung Hilfskostenstellen gebräuchlich. Alle übrigen Kostenstellen werden dagegen als Hauptkostellen bezeichnet. Charakteristisch für Hauptkostenstellen ist die Annahme, dass deren Leistungen unmittelbar in die Endprodukte eingehen. Üblicherweise werden im BAB auch die Zuschlagsätze für die Verrechnung der Kosten der Hauptkostenstellen im Rahmen der Kostenträgerrechnung ausgewiesen.

Bei einer vergangenheitsorientierten Kostenrechnung (→Kosten- und Leistungsrechnung) auf Vollkostenbasis ist es üblich, im oberen Bereich des Betriebsabrechnungsbogens auch die ermittelten Einzelkosten (→Einzelkostencontrolling), differenziert nach Kostenstellen, auszuweisen. Dadurch wird für jede Kostenstelle die Gesamtheit der in diesem Bereich angefallenen Kosten erkennbar.

Die folgende Abb. verdeutlicht exemplarisch den Aufbau eines Betriebsabrechnungsbogens für diese Form der Kostenrechnung.

In diesem Beispiel, das auch als symptomatisch für die starre →Plankostenrechnung und für die Normalkostenrechnung gelten kann, wurden die Ergebnisse der innerbetrieblichen Leistungsverrechnung nach dem Treppenverfahren ermittelt. In den beiden Grundformen der flexiblen Plankostenrechnung (→Grenzplankostenrechnung) wird generell zwischen fixen und variablen Kosten (→Fixkostencontrolling) differenziert. Die fixen

Abb.: Beispiel eines Betriebsabrechnungsbogens

Kostenarten	Verteilungsschlüssel	Betrag	Hilfskostenstellen			Hauptkostenstellen				
			R	H	S	F1	F2	F3	M	V
Einzelkosten	–	30.000	–	–	–	10.000	–	–	20.000	–
Personalkosten*)	Lohn- und Gehaltslisten	24.800	1.000	1.100	2.400	6.000	8.000	1.200	400	4.700
Hilfs- und Betriebsstoffe	Entnahmescheine und Rechnungen	4.373	100	500	250	1.000	1.795	698	10	20
Elektrizität	Verbrauch (KWh)	2.407	50	100	20	1.247	760	200	10	20
Steuern	Bemessungsgrundlagen	2.830	80	80	80	800	1.000	500	40	260
Fremdreparaturen	Rechnungen	320	–	–	120	–	200	–	–	–
Mieten		150	–	–	–	–	–	–	150	–
Postgebühren	Verbrauch	110	–	–	10	–	–	–	–	100
Büromaterial	Entnahmescheine und Rechnungen	368	10	20	50	30	40	10	8	200
Werbungskosten	–	1.042	–	–	–	–	–	–	–	1.042
Kalkulatorische Abschreibungen	Anlagewerte	11.490	450	800	600	2300	4000	3000	40	300
Kalkulatorische Zinsen	Gebundenes Kapital	4.630	260	300	400	900	1.500	1.100	70	300
Kalkulatorische Wagniskosten	Statistische Aufzeichnungen	1.580	50	100	80	200	500	200	50	400
Summe der Primärkosten	–	54.100	2.000	3.000	4.000	12.477	17.795	6.908	778	7.142
Umlage R	Arbeitszeit [h]	1500 (2000)	→	(150) 200	–	(500) 667	–	(800) 1066	–	(50) 67
Umlage H	Wärmeverbrauch [WE]	950 (3200)		→	(50) 168	(200) 674	(250) 842	(300) 1011	(50) 168	(100) 337
Umlage S	Ärztliche Behandlungen [B]	360 (4168)			→	(100) 1158	(125) 1447	(80) 926	(5) 58	(50) 579
Summe der Gemeinkosten	–	54.100	–	–	–	14.976	20.084	9.911	1.004	8.125
Bezugsbasis — Arbeitszeit/ Maschinenlaufzeit [h]						400	236	80	–	–
Bezugsbasis — Materialeinzelkosten [€]						–	–	–	20.000	–
Bezugsbasis — Herstellkosten [€]						–	–	–	–	75.975
Bezugsbasis — Zuschlagssatz (gerundet)						37,5 €/h	85 €/h	124 €/h	5,0 %	10,7 %

*) ohne Lohneinzelkosten   (Alle Wertangaben im oberen Bereich der Tabelle in €)

R: Reperaturwerkstatt   F: Fertigung
H: Heizung   M: Materialwirtschaft
S: Sozialstation   V: Verwaltung und Vertrieb

Betriebsausgaben

Kosten, also die Kosten der Betriebsbereitschaft, sollten im Rahmen der Kostenstellenrechnung nicht geschlüsselt werden. Von diesem Prinzip wird allerdings in der flexiblen Plankostenrechnung auf Vollkostenbasis abgewichen. Unabhängig davon werden für jede der unterschiedenen Kostenstellen die fixen und die variablen Kosten getrennt ausgewiesen.

Der BAB soll vor allem einen komprimierten Überblick über die Kostenstruktur in den verschiedenen Kostenstellen vermitteln. Problematisch an diesem Instrumentarium ist allerdings, dass die Übersichtlichkeit der dargestellten Daten ab einer gewissen Anzahl von Kostenstellen erheblich beeinträchtigt ist. Bei u.U. mehreren Hundert Kostenstellen, was vor allem in größeren Unternehmen durchaus nicht ungewöhnlich ist (Währisch, S. 31 und 120 ff.), ist die Praktikabilität nicht mehr gegeben. Unter derartigen Voraussetzungen bleibt dann nur die Möglichkeit, bestimmte Kostenstellen zu Segmenten (Cluster) zusammenzufassen, um dadurch die Übersichtlichkeit wieder herzustellen. Eine derartige Aggregation ist jedoch zwangsläufig mit Informationsverlusten verbunden. Deshalb wird in der betrieblichen Praxis häufig auf die Erstellung eines Betriebsabrechnungsbogens ganz verzichtet und stattdessen individuell für jede Kostenstelle ein Abrechnungsbogen mit detaillierten Informationen erstellt.

Literatur: Coenenberg, A. G.: Kostenrechnung und Kostenanalyse, 5. Aufl., Stuttgart 2003; Kilger, W.: Flexible Plankostenrechnung und Deckungsbeitragsrechnung, 12. Aufl., Wiesbaden 2006; Kloock, J./Sieben, G./Schildbach, T.: Kosten- und Leistungsrechnung, 9. Aufl., Düsseldorf 2006; Schweitzer, M./Küpper, H.-U.: Systeme der Kosten- und Erlösrechnung, 8. Aufl., München 2003; Währisch, M.: Kostenrechnungspraxis in der deutschen Industrie. Eine empirische Studie, Wiesbaden 1998.

Hans-Jürgen Wurl

Betriebsausgaben

Der Begriff der Betriebsausgaben entstammt der steuerlichen Gewinnermittlung (→Gewinnermittlungsmethoden, steuerrechtliche). Zwar ergibt sich der Gewinn nur im Sonderfall direkt als Saldo der Betriebseinnahmen und -ausgaben (§ 4 Abs. 3 EStG), jedoch erfordert auch der Vergleich des Betriebs(rein)vermögens (§ 4 Abs. 1 EStG, § 5 EStG) eine Abgrenzung der gewinnneutralen Entnahmen von den gewinnmindernden Betriebsausgaben (§ 4 Abs. 1 Satz 6, § 5 Abs. 6 EStG).

Das Gesetz definiert dabei – in üblicher Vermengung des betriebswirtschaftlichen Vokabulars – Betriebsausgaben als „*Aufwendungen, die durch den Betrieb veranlasst sind*" (§ 4 Abs. 4 EStG).

Als Aufwendungen (→Aufwendungen und Erträge) sind dabei grundsätzlich *periodisierte Ausgaben* durch Abgang, Gebrauch, Verbrauch oder Wertverlust positiver →Wirtschaftsgüter sowie Zugang oder Wertzuwachs negativer Wirtschaftsgüter zu verstehen. Trotz der Bezugnahme auf den handelsrechtlichen Begriff der Aufwendungen und des →Maßgeblichkeitsprinzips sind die Begriffe Aufwendungen und Betriebsausgaben *nicht deckungsgleich*. Bestimmte handelsrechtliche Aufwendungen werden nicht oder nur beschränkt zum Abzug als Betriebsausgaben zugelassen (§ 4 Abs. 5 EStG, § 10 KStG). Mangels betrieblicher Veranlassung unterliegen auch Aufwendungen der privaten Lebensführung nach ständiger Rspr. einem allgemeinen *Aufteilungs- und Abzugsverbot* (§ 12 EStG).

Das durch die Rspr. konkretisierte *Veranlassungsprinzip* bedeutet, dass die Betriebsaufwendungen zunächst tatsächlich oder *objektiv mit dem Betrieb zusammenhängen* müssen. Diese fast tautologische Forderung ist dahingehend zu interpretieren, dass die Betriebsausgaben entweder mit bestimmten Betriebseinnahmen in wirtschaftlichem Zusammenhang stehen oder zumindest den Betriebszweck i.A., d. h. i. d. R. die Gewinnerzielung fördern müssen. Dies gilt im Übrigen auch für vorweggenommene und nachträgliche Betriebsausgaben, die vor Aufnahme bzw. nach Beendigung der betrieblichen Tätigkeit anfallen.

Die Forderung der Rspr., dass die Aufwendungen darüber hinaus *subjektiv dem Betrieb zu dienen bestimmt* sind, ist nur dann zwingend, wenn die Betriebsausgaben durch den Steuerpflichtigen verursacht wurden und nicht ohne sein Zutun zwangsläufig entstanden sind. Mit dieser subjektiven Sichtweise sieht die Rspr. auch einen *subjektiven Entscheidungsspielraum* des Steuerpflichtigen, der dazu führt, dass die betriebliche Veranlassung von Aufwendungen zunächst unabhängig von ihrer objektiven Notwendigkeit, ihrer Üblichkeit oder Zweckmäßigkeit zu beurteilen ist. Dennoch trägt letztlich der Steuerpflichtige die Feststellungslast bezüglich der Angemessenheit der Betriebsausgaben – anhand objektiver Kriterien.

Die *Prüfung der Betriebsausgaben* bildet regelmäßig einen Schwerpunkt im Rahmen einer →Außenprüfung. Ziel der Prüfung ist dabei in einem ersten Schritt, die Angemessenheit der geprüften Betriebsausgaben festzustellen. Hierzu werden zunächst die formelle Richtigkeit der Belege (→formelle Prüfung; →Belegprüfung) und anschließend ihre materielle Begründetheit (→materielle Prüfung) anhand steuerrechtlicher Vorschriften geprüft.

Dabei hat der Prüfer in einem ersten Schritt zu untersuchen, ob die geltend gemachten Betriebsausgaben *dem Grunde* nach abzugsfähig sind. Danach hat er sich zu vergewissern, dass ihre geltend gemachte *Höhe* sowohl *absolut* als auch *relativ* zu den entsprechenden Betriebseinnahmen oder anderen Betriebsausgaben sachgerecht ist.

In einem zweiten Schritt versucht der Prüfer, aufgrund des Umfangs einzelner und der Struktur aller Betriebsausgaben die Höhe der Betriebseinnahmen oder anderer Betriebsausgaben zu plausibilisieren. Hierzu werden die Betriebsausgaben im Rahmen einer →Richtsatzprüfung oder anderer Verprobungsverfahren (→Verprobung) zu den entsprechenden Betriebseinnahmen oder anderen Betriebsausgaben ins Verhältnis gesetzt. Wird im Rahmen der Prüfung festgestellt, dass die Betriebsausgaben in einem auffälligen Missverhältnis zu anderen Betriebsaugaben stehen, kann dies ein Hinweis auf fälschlich geltend gemachte Betriebsausgaben sein. Werden ungewöhnliche Relationen zu den Betriebseinnahmen festgestellt, kann dies auf ihre Verkürzung hindeuten.

Literatur: Crezelius, G.: Kommentierung des § 4 EStG, in: Kirchhof, P. (Hrsg.): EStG Kompakt Kommentar, 6. Aufl., Heidelberg 2006; Knobbe-Keuk, B.: Bilanz und Unternehmenssteuerrecht, 9. Aufl., Köln 1993; Tipke, K./Lang, J.: Steuerrecht, 18. Aufl., Köln 2005.

Bettina Schneider; Wilhelm Schneider

Betriebsdatenerfassung

Unter *Betriebsdaten* versteht man die im Laufe des Produktionsprozesses verwendeten Mengendaten. Hierbei kann es sich sowohl um Ist- als auch um Solldaten handeln. Die Betriebsdaten lassen sich in auftrags-, betriebsmittel-, mitarbeiter- und materialbezogene Daten untergliedern. Aus Sicht des →Rechnungswesens handelt es sich bei den erfassten Betriebsdaten um Mengendaten, die bei der Erfassung von Geschäftsvorfällen verwendet werden können. Darauf aufbauend können die Mengendaten zur Ermittlung von Aufwands- und Kostendaten ermittelt werden (→Aufwands- und Ertragsanalyse).

Die Erfassung von Betriebsdaten erfolgt i.d.R. aufgrund technischer oder betriebswirtschaftlicher Anforderungen der Unternehmen. Z.T. müssen einzelne Daten allerdings aufgrund von Vorgaben erfasst und archiviert werden. Solche Vorgaben existieren bspw. in der pharmazeutischen Industrie, um die Fertigungsprozesse von Medikamenten aufgrund von Prozessdaten rekonstruieren zu können.

Die zur Betriebsdatenerfassung eingesetzten technischen Systeme werden als *Betriebsdatenerfassungssysteme* (BDE-Systeme) bezeichnet. Neben der eigentlichen Erfassung wird von diesen Systemen auch eine Verarbeitung vorgenommen, die der Korrektur, Aufbereitung und Weitergabe der Betriebsdaten dient. Im Rahmen einer computerintegrierten Fertigung [Computer Integrated Manufacturing (CIM)] erfüllen BDE-Systeme die Aufgabe, für andere Informationssysteme (→Führungsinformationssysteme) die Rückkopplung aus den real ablaufenden Prozessen zu gewährleisten. Dies sind zum einen zeitkritische Systeme der Regelungstechnik, zum anderen weniger zeitkritische betriebswirtschaftliche Informationssysteme. Beispiele für letztere sind Produktionsplanungssysteme (→Planung; →Planungssysteme) oder Informationssysteme des Rechnungswesens.

Die inhaltliche Breite der Daten, die unter dem Oberbegriff Betriebsdaten zusammengefasst werden, wird erkennbar, wenn man Beispiele zu den unterschiedlichen Datenkategorien betrachtet. *Auftragsbezogene Daten* umfassen bspw. Termindaten zum Beginn und zum Ende von Bearbeitungsschritten, Stückzahlen sowie Liegezeiten in der Fertigung. *Betriebsmittelbezogene Daten* umfassen z. B. Nutzungszeiten, Stillstandszeiten und Produktionsmengen. *Mitarbeiterbezogene Daten* sind bspw. Anwesenheitszeiten, ausgeführte Tätigkeiten oder bearbeitete Stückzahlen. Beispiele für *materialbezogene Betriebsdaten* sind Lagerzugangsmengen, Messwerte der Qualitätsprüfung oder Angaben zu Lagerorten. Die Aufgabe von BDE-Systemen besteht vor dem Hintergrund der skizzierten Datenfülle auch darin, die im Detail erfassten Daten so aufzubereiten, dass sie für die Verwender den gewünschten Verdichtungsgrad aufweisen.

Für die Gestaltung der BDE ist die Art der Datenerfassung von besonderer Bedeutung. Die *Erfassungsart* bestimmt über die →Kosten und die Genauigkeit der Erfassung maßgeblich die Effizienz der Datenerhebung. Grundsätzlich sind die automatische und die manuelle Erfassung zu unterscheiden. Die *manuelle* Erfassung erfolgt durch die Eingabe der Betriebsdaten an stationären Terminals oder mit mobilen Erfassungsgeräten. Während der technische Erfassungsaufwand durch die manuelle Erfassung begrenzt werden kann, ist der Zeitaufwand der Mitarbeiter u. U. hoch. Die Genauigkeit der Daten hängt von der Sorgfalt der Erfasser ab.

Die *automatische* Erfassung erfordert i. d. R. einen höheren technischen Aufwand, da geeignete Erfassungsgeräte vorhanden sein müssen. Zur automatischen Erfassung von Betriebsdaten im Fertigungsprozess werden unterschiedlichste Sensoren eingesetzt, um z. B. das Gewicht, die Abmessungen oder die Anzahl von Werkstücken festzustellen. Zur Prüfung werden auch Kamerasysteme mit der entsprechenden bildverarbeitenden Software eingesetzt. Bei der automatischen Erfassung ist neben der Messung von Eigenschaften allerdings auch die Identität von Werkstücken oder Ressourcen von Bedeutung. Zur Identifikation werden bspw. Barcodes eingesetzt, die durch entsprechende Scanner gelesen werden können. Flexibler ist die Verwendung von identifizierenden Chips, deren Inhalt über Funk ausgewertet werden kann. Die Radio Frequency Identification (RFID)-Technologie erleichtert die automatische Erfassung von Identitätsdaten, da keine Sichtverbindung zwischen dem Chip und dem Empfänger der Daten bestehen muss. Die Chips werden zusammen mit der notwendigen Antenne in Etiketten integriert, die z. B. auf ein Produkt aufgeklebt werden können. Die RFID-Technologie wird auch in Chipkarten genutzt, die eine automatische Erfassung von Mitarbeiterdaten ermöglichen. Der Einsatz von RFID zur Identifizierung wird derzeit vor allem durch die Kosten der Funketiketten bestimmt.

Sofern Betriebsdaten dazu genutzt werden können, die Leistung oder das Verhalten der Mitarbeiter zu überwachen, besteht nach dem BetrVerfG u. U. ein Mitbestimmungsrecht des Betriebsrats (→Mitbestimmung). Die Gestaltung der BDE ist in diesem Fall mit den Mitarbeitervertretern abzustimmen.

Literatur: Hoitsch, H.-J.: Produktionswirtschaft, 2. Aufl., München 1993; Mertens, P.: Integrierte Informationsverarbeitung 1. Operative Systeme in der Industrie, 15. Aufl., Wiesbaden 2006; Nicolai, S.: eSales und eService – Added Value-Strategien durch eCommerce, in: Wannenwetsch, H. H./Nicolai, S. (Hrsg.): E-Supply-Chain-Management. Grundlagen – Strategien – Praxisanwendungen, 2. Aufl., Wiesbaden 2004, S. 168–202; Scheer, A.-W.: Wirtschaftsinformatik. Referenzmodelle für industrielle Geschäftsprozesse, 7. Aufl., Berlin et al. 1997.

Hans Schmitz

Betriebseinnahmen →Betriebsausgaben

Betriebsergebnis →Kostenträgerzeitrechnung

Betriebsergebnisrechnung →Direct Costing; →Kostenträgerzeitrechnung

Betriebsfremde Erträge →Erträge

Betriebsfremdes Vermögen →Betriebsnotwendiges Vermögen

Betriebsnotwendiges Vermögen

Das betriebsnotwendige Vermögen eines Unternehmens setzt sich aus allen materiellen und →immateriellen Vermögensgegenständen des →Anlagevermögens und →Umlaufvermögens zusammen, welche dem Erreichen des Unternehmensziels dienen, also betriebsnotwendig sind. Benötigt wird diese Größe im Rahmen des internen →Rechnungswesens bei der Ermittlung der kalkulatorischen Zinsen (→kalkulatorische Kosten).

Eine Leistungserstellung ist ohne Kapital nicht möglich. Allerdings könnte Kapital anderweitig verzinslich angelegt werden. Für das vom Unternehmen benötigte Kapital entstehen also →Opportunitätskosten, für die in der Kostenrechnung (→Kosten- und Leistungsrechnung; →Kostenrechnung, Prüfung der) kalkulatorische Zinsen angesetzt werden. Hierbei wird nicht zwischen →Eigenkapital und →Fremdkapital unterschieden, da die Art der Unternehmensfinanzierung für die →Kalkulation (→Kalkulationsmethoden) irrelevant sein soll. Entsprechend werden in der Finanzbuchhaltung ggf. für das Fremdkapital erfasste Zinsaufwendungen (→Aufwendungen und Erträge) nicht als →Kosten erfasst, sondern stellen neutralen Aufwand dar.

Die anzusetzenden kalkulatorischen Zinsen ergeben sich durch Multiplikation des betriebsnotwendigen Kapitals mit einem festzulegenden kalkulatorischen Zinssatz: Kalkulatorische Zinsen = betriebsnotwendiges Kapital · kalkulatorischer Zinssatz.

Der *kalkulatorische Zinssatz* wird individuell für jedes Unternehmen festgelegt. Er orientiert sich am langfristigen risikofreien Kapitalmarktzins (z. B. für erstklassige Staatsanleihen) zzgl. eines Zuschlags für das (höhere) Risiko einer Anlage des Kapitals im Unternehmen.

Das *betriebsnotwendige Kapital* kann aus dem in der Bilanz ausgewiesenen Vermögen abgeleitet werden:

Gesamtvermögen laut Bilanz
+ in der Bilanz nicht ausgewiesenes, aber betriebsnotwendiges Vermögen
− betriebsfremdes Vermögen
= betriebsnotwendiges Vermögen
− Abzugskapital
= betriebsnotwendiges Kapital

Das *Gesamtvermögen* laut Bilanz umfasst alle aktivierten →Vermögensgegenstände des Anlage- und Umlaufvermögens. Nicht in der Bilanz ausgewiesene betriebsnotwendige Vermögen [stille Reserven (→stille Reserven und Lasten), wie z. B. geringwertige Wirtschaftsgüter oder nicht aktivierte selbst entwickelte Patente] sind hinzuzuzählen. Abzuziehen vom Gesamtvermögen sind nicht betriebsnotwendige Vermögensgegenstände (z. B. ungenutzte Maschinen, betriebszielfremde Wertpapieranlagen oder überhöhte Kassenbestände), da bei der Ermittlung der kalkulatorischen Zinsen nur das Vermögen anzusetzen ist, das zur Erreichung des Betriebszieles dient.

Bei der Ermittlung des betriebsnotwendigen Vermögens ist zu berücksichtigen, dass einzelne in der (stichtagsbezogenen) Bilanz ausgewiesene Vermögensgegenstände im Laufe der Zeit Wertschwankungen unterliegen. Bei einer zeitraumbezogenen Ermittlung der kalkulatorischen Zinsen können diese Schwankungen periodengenau durch den Ansatz von Durchschnittsgrößen (z. B. durchschnittliche Vermögenswerte für mehrere Perioden) berücksichtigt werden.

Sollen die kalkulatorischen Zinsen für einzelne Vermögensgegenstände ermittelt werden, so ist das während der →Nutzungsdauer gebundene Kapital zu erfassen, also

- bei nicht abnutzbarem Anlagevermögen (z. B. →Grundstücke) dessen Wert in voller Höhe;

- bei abnutzbarem Anlagevermögen dessen Durchschnittswert in der jeweiligen Periode [Rest(buch)wertmethode] bzw. der durchschnittliche Wert während der gesamten Nutzungsdauer (Durchschnittsmethode); hierbei ist ein eventueller Restwert über die gesamte Nutzungsdauer voll anzusetzen;

- bei betriebsnotwendigem Umlaufvermögen der Durchschnittsbestand.

Unter Berücksichtigung dieser Korrekturen errechnet sich das *betriebsnotwendige Vermögen*. Dieses ist der Betrag, der vom Unternehmen eigentlich finanziert werden müsste. Allerdings stehen einem Unternehmen i. d. R. Teile des Kapitals (vermeintlich) zinsfrei zur Verfügung. Diese müssen folglich nicht durch verzinsliche Kredite oder Eigenkapital finanziert werden. Hierbei handelt es sich insb. um →Anzahlungen von Kunden sowie in Anspruch genommene Lieferantenkredite. Diese Posten werden als sog. Abzugskapital vom betriebsnotwendigen Vermögen abgezogen, um das für die Ermittlung der kalkulatorischen Zinsen grundlegende *betriebsnotwendige Kapital* zu erhalten.

Das betriebsnotwendige Vermögen ist somit eine Zwischengröße bei der Ermittlung des betriebsnotwendigen Kapitals. Es bezieht sich nur auf die Aktiva, während das betriebsnotwendige Kapital zudem Besonderheiten (Zinsfreiheit) der Passiva berücksichtigt.

Literatur: Fischbach, S.: Grundlagen der Kostenrechnung, 4. Aufl., Landsberg/Lech 2006; Freidank, C.-Chr.: Kostenrechnung, 7. Aufl., München/Wien 2001.

Sven Fischbach

Betriebsprüfung →Außenprüfung

Betriebsprüfungsbericht →Außenprüfung; →Betriebsprüfungsstellen der Finanzverwaltung

Betriebsprüfungsstellen der Finanzverwaltung

Die steuerliche Betriebsprüfung obliegt grundsätzlich den Landesfinanzbehörden (§ 17 FVG) und ist u. a. zu unterscheiden von der Betriebsprüfung der Sozialversicherungsträger. In den Finanzämtern sind zu diesem Zweck Dienststellen zur Durchführung der →Außenprüfung eingerichtet (Außenprüfungsstellen). Diese unterscheiden sich nach Zuständigkeiten, Selbständigkeit, Größe und betrieblicher Gliederung.

Eine Hierarchie der grundsätzlichen *Zuständigkeiten* der Betriebsprüfungsstellen ergibt sich nach Größenmerkmalen der Steuerpflichtigen, aber auch nach der bundeslandspezifischen Struktur: *Kleinstbetriebe* unterliegen i. d. R. nicht der Betriebsprüfung, sondern werden von den Stellen der Betriebsnahen Veranlagung des örtlich zuständigen Finanzamts betreut.

Betriebsprüfungsstellen der *kleinen und mittlere Betriebe* sind üblicherweise bei den für diese zuständigen Finanzämtern vorgesehen. Diese sind i. d. R. als sog. veranlagende Betriebsprüfung eingerichtet, die auch das der Prüfung folgende Festsetzungsverfahren verantwortet. Für *Körperschaften*, →*Personengesellschaften (PersGes)* und *land- und forstwirtschaftliche Betriebe* können zentrale Betriebsprüfungsstellen eingerichtet sein. Für *Konzernprüfungen* ist die Zuständigkeit originär bei dem *BfF* vorgesehen, um eine bundesländereinheitliche Behandlung sicherzustellen. Die Durchführung der Prüfung wird jedoch i. d. R. auf das örtlich zuständige Finanzamt übertragen. Das *BfF* behält sich die Entsendung eigener Prüfer und die Durchsicht der Prüfungsergebnisse vor. Für *Realsteuern* (GewSt, GrSt) bestehen zudem Prüfungsstellen bei den jeweiligen Gemeinden; diese sind jedoch wenig bedeutend, weil die Prüfung der Besteuerungsgrundlagen i. d. R. bei den Finanzämtern angesiedelt ist.

Von diesen grundsätzlichen Zuständigkeiten abgesehen, erfolgt aus Praktikabilitätsgründen häufig eine Übertragung von Betriebsprüfungsaufgaben auf räumlich oder fachlich besser geeignete Betriebsprüfer/Prüfungsstellen (Auftragsprüfung). Spezialisierte Fachprüfer werden für bestimmte Themenkreise im Rahmen der Betriebsprüfung hinzugezogen, bspw. für Fragen des internationalen Steuerrechts (insb. →Verrechnungspreise, steuerrechtliche) oder im Rahmen von →Unternehmensumwandlungen. Daneben sind in den Finanzämtern sog. „besondere Prüfungsdienste" eingerichtet: die Lohnsteueraußenprüfung und/oder die →Umsatzsteuersonderprüfung.

Auch die →Steuerfahndung kann als besonderer Prüfungsdienst organisiert sein.

Hinsichtlich der *Selbständigkeit und betrieblichen Gliederung* in der Aufbauorganisation der Finanzverwaltung werden Betriebsprüfungsstellen i. d. R. als eigenständige Verantwortungsbereiche durch einen Hauptsachgebietsleiter geführt, der dem Vorsteher des Finanzamts unmittelbar verantwortlich ist. Diese sind i. d. R. Juristen des höheren Dienstes und verfügen über Sachgebietsleiter, deren Verantwortlichkeiten u. a. regional, fachlich, branchenbezogen oder nach Aufkommen gegliedert sind und die Finanzverwaltung im Betriebsprüfungsverfahren vertreten. Diesen sind wiederum jeweils eine Anzahl von Außenprüfern zugeordnet, die die eigentlichen Prüfungshandlungen bei den Steuerpflichtigen vornehmen und die Betriebsprüfungsberichte fertigen. Als Anhaltspunkt für die *organisatorische Größe* eines Prüfungssachgebiets gilt, dass zwischen 10 bis 15 Außenprüfer einem Sachgebiet zugeordnet sein können.

Der Betriebsprüfer ist ein Amtsträger, der hoheitliche Aufgaben ausübt, allerdings im Gegensatz zu Beamten der Vollstreckungstellen der Finanzämter nicht zur Entgegennahme finanzieller Mittel berechtigt ist. Der Betriebsprüfer unterliegt als Vertreter der Finanzbehörden einer umfassenden Schweigepflicht über im Rahmen seiner Tätigkeit erlangte Kenntnisse (Steuergeheimnis, §§ 30 ff. AO). Hiervon sind jedoch eine Reihe von Ausnahmen geregelt, bspw. die Meldungen an Religionsgemeinschaften und Sozialversicherungsträger, sowie Maßnahmen zur Bekämpfung illegaler Beschäftigung und der Geldwäsche (→Geldwäschegesetz).

Literatur: Eckhoff, R.: Kommentierung Vor §§ 193–203 AO, in: Söhn, H. et al. (Hrsg.): Hübschmann/Hepp/Spitaler, Kommentar zur Abgabenordnung und Finanzgerichtsordnung, Loseblattausgabe, Band V, 10. Aufl., Köln, Stand: 187. Erg.-Lfg. Dezember 2005; Sauer, O. M.: Kommentierung Vor §§ 193–203 AO, in: Beermann, A./Gosch, D.: Abgabenordnung, Finanzgerichtsordnung. Kommentar, Loseblattausgabe, Band 2, Bonn/Berlin, Stand: 54. Erg.-Lfg. November 2005; Wenzig, H. et al.: Der Prüfungsgeschäftsplan, in: Schröder, J./Muuss, H. (Hrsg.): Handbuch der steuerlichen Betriebsprüfung. Die Außenprüfung, Loseblattausgabe, Band 2, Berlin, Stand: Erg.-Lfg. 03/05 Dezember 2005.

Alexander Oldenburg

Betriebsrat →Mitbestimmung

Betriebsstätte →Steuerplanung, internationale

Betriebsstoffe →Roh-, Hilfs- und Betriebsstoffe

Betriebssystem

Die Betriebssystemsoftware ist kein eigenständiges Prüfungsobjekt im Rahmen der Durchführung von →IT-Systemprüfungen, sondern Bestandteil der IT-Infrastruktur. Die IT-Infrastruktur umfasst alle technischen Ressourcen und den IT-Betrieb. Zu den technischen Ressourcen zählen neben räumlichen Einrichtungen die Hardware, die Betriebssystemsoftware, die für den Aufbau von internen und externen Netzen erforderlichen Kommunikationseinrichtungen sowie technische Lösungen für die Abwicklung und Unterstützung des IT-Betriebs (IDW PS 330; IDW RS FAIT 1; IDW PH 9.330.1). Unter IT-Betrieb sind Regelungen und Maßnahmen zu verstehen, die die Durchführung, Aufrechterhaltung und Sicherheit der Informationsverarbeitung gewährleisten.

Der Prüfer hat die IT-Systemprüfung so zu gestalten, dass die Risiken des eingesetzten →IT-Systems zutreffend beurteilt werden. Hierzu muss festgestellt werden, ob das Unternehmen durch die Einrichtung eines wirksamen →Internen Kontrollsystems (→Internes Kontrollsystem, Prüfung des; →Systemprüfung) auf die inhärenten Risiken des IT-Systems und der eingesetzten Betriebssystemsoftware angemessen reagiert hat (→Risikomanagementsystem (RMS); →Risikomanagementsystem, Prüfung des). D.h., dass Risiken, die zu wesentlichen Fehlern in der Rechnungslegung führen (→Wesentlichkeit; →Fehlerarten in der Abschlussprüfung), verhindert bzw. aufgedeckt und korrigiert werden. Die Prüfung der IT-Infrastruktur richtet sich auf

- die physischen Sicherungsmaßnahmen,
- logische Zugriffskontrollen,
- Datensicherungs- und Auslagerungsverfahren,
- Maßnahmen für den geordneten Regelbetrieb,
- Verfahren für den Notbetrieb sowie
- Maßnahmen zur Sicherung der Betriebsbereitschaft.

Nur wenn die rechnungslegungsrelevanten Daten und →IT-Systeme den gesetzlichen Vorschriften und den Sicherheitsregeln entsprechen, kann die Verlässlichkeit der in der Buchführung, JA und →Lagebericht enthaltenen Informationen gewährleistet werden (IDW PS 200; IDW PS 260).

Ausgangspunkt für die Prüfung eines Betriebssystems ist die Bestandsaufnahme der Hardware und der getroffenen physischen Sicherheitsmaßnahmen. Der Prüfer erhält so den Überblick über die zu betrachtenden Computersysteme und die im Einsatz befindlichen Betriebssystemvarianten.

Bei der Prüfung der logischen Zugriffskontrollen mit den entsprechenden Sicherheitsrichtlinien sind wichtige Regelungsfelder z. B. Benutzerverwaltung, Rechtevergabe, Zugriff auf sicherheitskritische Systemressourcen, Passwortregeln sowie Protokollierungs- und Auditmaßnahmen. Die Wiederherstellbarkeit des Systems muss durch geeignete Backup- und Restoreprozeduren sichergestellt werden.

Die Systemadministration ist für die Installation und Wartung der Systeme verantwortlich, ihre Berechtigungen und Aktivitäten sind deshalb besonders sicherheitskritisch (→IT-Sicherheit) und prüfungsrelevant. Wichtiger Prüfungspunkt sind die Regelungen und Maßnahmen zum Change-Management, wie z. B. Test, Freigabe und Dokumentation von Systemveränderungen. Sicherheitskritische Patches und Updates müssen zeitnah getestet und eingespielt, Backup- und Restoreprozeduren sowie Notfallmaßnahmen regelmäßig auf ihre Wirksamkeit getestet werden.

Das Auditing muss gewährleisten, dass wirksame Kontrollmechanismen und Berichtswege (→Berichtssystem) installiert sind. Abweichungen sollten zeitnah erkannt und entsprechende Eskalationsmechanismen und Notfallpläne für Notbetrieb ausgearbeitet sein.

Zur Sicherheit und Verfügbarkeit der Rechnersysteme müssen auch Kompetenz und Zuverlässigkeit des eingesetzten Personals sichergestellt sein. Hier ist u. a. zu prüfen, welche Maßnahmen bei der Personalauswahl getroffen werden und wie eine regelmäßige Weiterbildung aller Beteiligten gewährleistet wird (→Personalcontrolling).

Im Rahmen der Aufbauprüfung sind die Vorkehrungen gegen den Ausfall von IT dahingehend zu beurteilen, ob die Abhängigkeit des Unternehmens von der Funktionsfähigkeit der IT angemessen berücksichtigt worden ist. Die Gestaltung der organisatorischen Regelungen (Katastrophenfall-Handbuch) und der technischen Sicherungsmaßnahmen (z. B. redundante Auslegung der Hardware) müssen mit hinreichender Sicherheit gewährleisten, dass der vorgegebene Zeitraum zur Wiederherstellung der Programmfunktionen und -abläufe eingehalten wird. Dabei ist insb. die Plausibilität der von der Unternehmensleitung festgelegten Schadensszenarien (→ Szenariotechnik) anhand der Dokumentation der getroffenen Vorkehrungen kritisch zu würdigen.

Bei Unternehmen mit hoher Abhängigkeit von IT-Systemen sind besondere Anforderungen an die Qualität der Risikovorsorge und den Detaillierungsgrad einer Notfallplanung zu stellen. Zusätzlich ist hier zu prüfen, ob geeignete Eskalationsverfahren organisiert und die Wirksamkeit der Wiederanlauf- und Notfallszenarien in regelmäßigen Tests verifiziert werden.

Bei der Prüfung und Beurteilung von Funktionsfähigkeit und Wirksamkeit der Maßnahmen kann der →Abschlussprüfer (APr) auf eigene Tests verzichten, soweit die erfolgreiche Durchführung von Tests anhand der Testdokumentation mit der erforderlichen Sicherheit beurteilt werden kann (→ Testfälle).

Literatur: IDW (Hrsg.): IDW Prüfungsstandard: Ziele und allgemeine Grundsätze der Durchführung von Abschlussprüfungen (IDW PS 200, Stand: 28. Juni 2000), in: WPg 53 (2000), S. 706–710; IDW (Hrsg.): IDW Prüfungsstandard: Abschlussprüfung bei Einsatz von Informationstechnologie (IDW PS 330, Stand: 24. September 2002), in: WPg 55 (2002a), S. 1167–1179; IDW (Hrsg.): IDW Stellungnahme zur Rechnungslegung: Grundsätze ordnungsmäßiger Buchführung bei Einsatz von Informationstechnologie (IDW RS FAIT 1, Stand: 24. September 2002), in: WPg 55 (2002), S. 1157–1167; IDW (Hrsg.): IDW Prüfungshinweis: Checkliste zur Abschlussprüfung beim Einsatz von Informationstechnologie (IDW PH 9.330.1, Stand: 1. Juli 2002), in: IDW (Hrsg.): IDW Prüfungsstandards (IDW PS), IDW Stellungnahmen zur Rechnungslegung (IDW RS), IDW Standards (IDW S) einschließlich der dazugehörigen Entwürfe, IDW Prüfungs- und Rechnungslegungshinweise (IDW PH und IDW RH), Loseblattausgabe, Band II, Düsseldorf, Stand: 18. Erg.-Lfg. Mai 2006a; IDW (Hrsg.): IDW Prüfungsstandard: Feststellung und Beurteilung von Fehlerrisiken und Reaktionen des Abschlussprüfers auf die beurteilten Fehlerrisiken (IDW PS 261, Stand: 6. September 2006), in: WPg 59 (2006b), S. 1433–1445.

Wolfgang Stegmann

Betriebsunterbrechungsanalyse
→ Beschaffungscontrolling

Betriebsvermögensrentabilität → Erfolgskennzahlensystem; → ROI-Kennzahlensystem

Betriebsvermögensvergleich → Gewinnermittlungsmethoden, steuerrechtliche

Betriebsversammlung → Mitbestimmung

Betriebswirtschaftlicher Vergleich

Der Vergleich von Sachverhalten ist ein Instrument der Erkenntnisgewinnung durch Beschreibung und Differenzierung. Man erreicht damit die Feststellung komparativer Einzeltatsachen und trägt so zu deren Einordnung und Beurteilung bei. Der Vergleich kann in den Sozialwissenschaften in gewissem Umfang dieselben Funktionen erfüllen, die in den Naturwissenschaften das Experiment inne hat. Ein exaktes Experiment lässt sich im Wirtschaftsleben wegen der Vielfalt und Veränderlichkeit der Einflüsse sowie wegen seiner störenden Wirkung nicht durchführen. Experimentähnliche Aussagen über wirtschaftliche Erkenntnisobjekte kann man aber erhalten, indem man sich die entsprechenden Angaben für verschiedene Zeiten oder für verschiedene Merkmalsträger beschafft. Voraussetzung für eine sinnvolle Aussage ist allerdings, dass man diejenigen Einflüsse auf das betrachtete Merkmal, die nicht Gegenstand der Untersuchung sind, hinreichend genau ausschaltet.

Betriebswirtschaftliche Vergleiche haben im Rahmen von Unternehmensanalysen und Unternehmensprüfungen (→ Jahresabschlussprüfung; → Konzernabschlussprüfung) eine herausragende Bedeutung. Die Daten des Unternehmens gewinnen ihre volle Aussagekraft erst dadurch, dass man sie vor einem Vergleichshintergrund betrachtet.

Im Prinzip sind die in der gegenüber stehenden Abbildung benannten Arten *betriebswirtschaftlicher Vergleiche* denkbar (Lachnit 2004, S. 50). Wesensbestimmend für inner- bzw. einbetriebliche Vergleiche ist, dass die verglichenen Daten alle aus ein und demselben Unternehmen stammen. Der →*zeitliche Vergleich* verdeutlicht Veränderungen eines betrachteten Sachverhaltes im Zeitverlauf und betont dadurch Entwicklungstendenzen, die evtl. prognostisch (→Prognoseinstrumente) in die Zukunft verlängert werden können. Die Problematik des zeitlichen Vergleichs liegt wesentlich darin, dass nicht deutlich wird, inwieweit die betrachtete Position absolut gesehen als gut, schlecht oder normal zu beurteilen ist.

Der Aussagewert des →*Soll-Ist-Vergleichs* hängt entscheidend davon ab, dass sinnvolle Sollangaben aus dem betrachteten Unternehmen zur Verfügung stehen. In Frage kommen z. B. Vorgabe-, Plan-, Standard- oder Erwartungswerte. Wesentlich ist bei Soll-Ist-Vergleichen eine sorgfältige Analyse der angetroffenen Abweichungen des Ist vom Soll, wobei auch Änderungen in den hinter dem Soll liegenden Prämissen zu klären sind.

Beim *Interobjekt-Vergleich* werden verschiedene Betrachtungsobjekte desselben Betriebes bzw. Unternehmens in Bezug auf ein bestimmtes Merkmal verglichen. So kann z. B. als Verfahrensvergleich die Wirtschaftlichkeit verschiedener Verfahren oder als Produktvergleich z. B. der Gewinnbeitrag verschiedener Produkte gegenübergestellt und als Entscheidungshilfe eingesetzt werden.

Der *International-Vergleich* ist eine relativ neue Vergleichsvariante. Da Unternehmen in Deutschland inzwischen zunehmend ihre Jahres- und Konzernabschlüsse auf internationale Rechnungslegungsstandards, wie z. B. →International Financial Reporting Standards (IFRS) oder →United States Generally Accepted Accounting Principles (US GAAP), ausrichten (wollen), besteht die Möglichkeit bzw. Notwendigkeit, die Werte der Jahresabschlusspositionen gem. Erscheinungsbild nach verschiedenen Rechnungslegungssystemen zu vergleichen (→Jahresabschlussanalyse). Diese Vergleiche werfen ein teilweise völlig neues Licht auf einige Daten und erfordern eine inhaltliche Bewertung der Unterschiede bei Analyse, Beratung und Prüfung von Unternehmen.

Das Kennzeichnende an →überbetrieblichen Vergleichen ist, dass ein Sachverhalt des betrachteten Unternehmens mit einem entsprechenden Sachverhalt verglichen wird, der von außerhalb des Unternehmens stammt. Dabei kann der überbetriebliche Vergleich zum →Benchmarking, d. h. zum Vergleich mit einem Bestwert, ausgebaut werden. Beim *zwischenbetrieblichen Vergleich* werden die Werte des betrachteten Unternehmens zu denen eines anderen Unternehmens in Beziehung gesetzt. Man erkennt dadurch, wie das betrachtete Unternehmen relativ zu dem anderen Unternehmen einzuordnen ist. Ein zentrales Problem besteht dabei allerdings darin, Vergleichbarkeitsstörungen abzufangen, d. h. ein relativ vergleichbares anderes Unternehmen zu finden.

Beim *Vergleich mit Durchschnittswerten* kommen als Vergleichshintergrund vor allem Branchen- oder Gruppendurchschnittswerte in Frage. Der Vergleich mit Branchen- oder Gruppendurchschnitten erlaubt eine Absoluteinordnung des betrachteten Unternehmens gemessen an durchschnittlichen, als Normalfall anzusehenden Verhältnissen der betreffenden Branche bzw. Gruppe und erlaubt eine Einschätzung dahingehend, ob das betrachtete Unternehmen in Bezug auf den jeweiligen Sachverhalt als über- oder unterdurchschnittlich einzustufen ist.

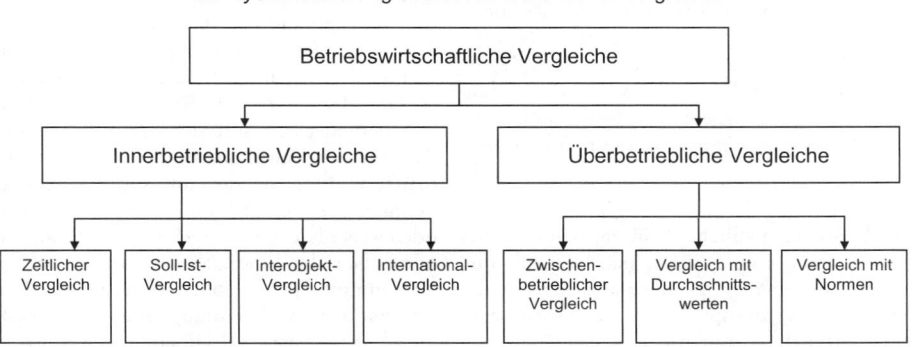

Abb.: Systematisierung betriebswirtschaftlicher Vergleiche

Normen sind überbetrieblich gesetzte, exogen vorgegebene Sollwerte. Der *Vergleich mit Normen* soll zum einen das Urteil über den Sachverhalt im betrachteten Unternehmen in der Wertung fundieren, zum anderen will man bei negativen Abweichungen Problemhinweise oder Krisensignale (→Krisendiagnose) erhalten. Das Spektrum möglicher Vergleiche mit Normen ist breit. Es reicht von Vergleichen mit Richtzahlen (→Richtsatzprüfung) über Vergleiche mit Konventionsnormen, mit theoretisch abgeleiteten oder mit rechtlich gesetzten Normen bis zu Vergleichen mit empirisch-statistisch begründeten Normen.

Literatur: Küting, K./Weber, C.-P.: Bilanzanalyse, 8. Aufl., Stuttgart 2006; Lachnit, L.: Bilanzanalyse, Wiesbaden 2004; Lachnit, L.: Betriebswirtschaftliche Vergleiche, in: Horváth, P./Reichmann, T. (Hrsg.): Vahlens Großes Controlling Lexikon, 2. Aufl., München 2003, S. 74–75.

Laurenz Lachnit

Better Budgeting →Budgetierung

Beurteilung des Aufsichtsrats →Aufsichtsratsbeurteilung

Bewegungsbilanz →Kapital- und Finanzflussrechnung

Bewertungsannahmen, Änderung von
→Änderung von Bewertungsannahmen

Bewertungsgrundsätze

Bewertungsgrundsätze sind allgemeine Regeln der Bewertung, die in § 252 HGB geregelt sind. Es handelt sich um die Grundsätze der Bilanzidentität, Unternehmensfortführung, Einzelbewertung, Vorsicht, Periodenabgrenzung und Bewertungsstetigkeit (→Grundsätze ordnungsmäßiger Rechnungslegung). Diese Grundsätze sind von jedem Bilanzierungspflichtigen zu beachten. Sie sollen Regelungslücken ausfüllen und sind daher bei der Anwendung der speziellen Bewertungsvorschriften (§§ 253–256, 279–283 HGB) zu beachten.

Die Einhaltung der Bewertungsgrundsätze ist durch unterschiedliche Prüfungshandlungen (→Auswahl von Prüfungshandlungen) im Verlauf des →Prüfungsprozesses sicherzustellen (→Bewertungsprüfung). Der Grundsatz der Unternehmensfortführung (§ 252 Abs. 1 Nr. 2 HGB) ist nur dann gesondert zu prüfen, wenn Indizien vorliegen, dass tatsächliche oder rechtliche Gegebenheiten dagegen sprechen könnten, dass →Vermögensgegenstände planmäßig innerhalb der normalen Unternehmenstätigkeit verwertet werden (→Going Concern-Prinzip). Es handelt sich daher nicht um eine Bewertungsregel i.e.S., sondern um eine Prämisse für die Anwendung der speziellen Bewertungsregeln. Im Rahmen der →Prüfungsplanung ist daher über eine vorläufige analytische Durchsicht (→analytische Prüfungshandlungen) sicherzustellen, dass Anzeichen für wirtschaftliche Schwierigkeiten [z. B. bilanzielle Überschuldung (→Überschuldungsprüfung), Ausschöpfung der Kreditlinien, Unterlassen notwendiger →Investitionen] oder rechtliche Gegebenheiten (z. B. Eröffnung einer →Insolvenz, Satzungsbestimmungen, die die Auflösung oder Abwicklung des Unternehmens zum Gegenstand haben) nicht vorliegen bzw. mit hinreichender Sicherheit ausgeschlossen werden können. Nach h.M. kann von der Unternehmensfortführung ausgegangen werden, wenn für einen ausreichend sicher überschaubaren Zeitraum (i.d.R. mindestens 12 Monate) davon ausgegangen werden kann, das dass Unternehmen seine Geschäftstätigkeit fortsetzen kann. Kommt der →Abschlussprüfer (APr) zu dem Ergebnis, dass das Unternehmen nicht fortgeführt werden kann, so sind Einzelveräußerungswerte (→Liquidationswert), höchstens die (fortgeführten) Anschaffungskosten, anzusetzen.

Vor Beginn der substanziellen Prüfungshandlungen (→ergebnisorientierte Prüfungshandlungen; →analytische Prüfungshandlungen; →Einzelfallprüfungen) hat der APr sicherzustellen, dass die Eröffnungsbilanz des zu prüfenden Geschäftsjahres mit der Schlussbilanz des vorangegangenen Geschäftsjahres übereinstimmt (→Saldenvortragsprüfung) und damit der Grundsatz der Bilanzidentität (§ 252 Abs. 1 Nr. 1 HGB) eingehalten wird (→Stetigkeit). Es soll sichergestellt werden, dass für den Zeitraum von der →Unternehmensgründung bis zur -auflösung (→Unternehmensbeendigung) die Summe der Periodenergebnisse dem Ergebnis der Totalperiode entspricht. Eine „Neubewertung" in der Eröffnungsbilanz ist somit nicht zulässig. Die internationalen Rechnungslegungsvorschriften [→International Financial Reporting

Standards (IFRS); →United States Generally Accepted Accounting Principles (US GAAP)] lassen hingegen eine Neubewertung, die nicht innerhalb der →Gewinn- und Verlustrechnung (GuV) ausgewiesen wird, von bestimmten Vermögenswerten (→Asset) zu.

Im Rahmen der substanziellen Prüfungshandlungen werden die in § 252 Abs. 1 Nr. 3–6 HGB kodifizierten Bewertungsgrundsätze Einzelbewertung, Vorsicht, Periodenabgrenzung und →Stetigkeit geprüft. Dazu müssen vom APr neben der bereits aus der →Saldenvortragsprüfung vorliegenden Summen- und Saldenliste Informationen über die in die einzelnen Bilanz- und GuV-Posten einfließenden Einzelkonten für alle wesentlichen Bilanzposten, wie z. B. Bestandslisten, Anlagegitter (→Anlagespiegel), Offene-Posten-Listen (→Offene-Posten-Buchhaltung) und Rückstellungsspiegel (→Rückstellungen), angefordert werden (→Prüfungsnachweise). Anhand dieser Unterlagen kann dem APr u. a. die Einzelbewertung wesentlicher Vermögensgegenstände und →Schulden nachgewiesen werden, welche eine Saldierung von Wertsteigerungen und -minderungen verhindern soll. Auch zulässige Ausnahmen vom Grundsatz der Einzelbewertung, wie Gruppenbewertung im →Anlagevermögen oder →Vorratsvermögen (→Inventurvereinfachungsverfahren, Prüfung von), oder die Bildung von Bewertungseinheiten bei Grund- und Sicherungsgeschäften im Währungs- und Zinsbereich werden dadurch prüfbar. Am Beispiel des Einzelbewertungsgebots bzw. Saldierungsverbots, die in engem Zusammenhang mit dem Vorsichtsprinzip (insb. Imparitätsprinzip, s. unten) stehen, wird deutlich, dass die Bewertungsgrundsätze nicht isoliert nebeneinander, sondern als Einheit zu verstehen sind. Eine Nichteinhaltung eines Grundsatzes zieht also in den meisten Fällen einen Verstoß gegen die übrigen Bewertungsgrundsätze nach sich.

Durch Stichprobenauswahl (→Stichprobenprüfung) und Saldenbestätigungsaktion (→Bestätigungen Dritter) nach dem Grundsatz der →Wesentlichkeit erfolgt einerseits die Prüfung der Einhaltung des Vorsichtsprinzips, realisiert vornehmlich durch das Anschaffungskostenprinzip [→Anschaffungskosten (AK); →Anschaffungskosten, Prüfung der] und das Imparitätsprinzip (→Grundsätze ordnungsmäßiger Buchführung, Prüfung der). Andererseits lässt sich durch den dadurch gewonnenen Einblick in die Liefer- und Leistungsbeziehungen des Unternehmens auch die Prüfung der Periodenabgrenzung durchführen, indem z. B. kurz vor und nach dem Stichtag gebuchte Forderungen bzw. →Umsatzerlöse und Verbindlichkeiten bzw. Aufwendungen auf periodengerechte Verbuchung überprüft werden können (→periodengerechte Erfolgsermittlung; →Cut-Off). Deutlich wird ein Konflikt zwischen dem Vorsichtsprinzip und dem Prinzip der Periodenabgrenzung. Die Rechnungslegung nach HGB ist am Gläubigerschutz und der Bemessung eines ausschüttbaren Gewinns orientiert. Damit kommt dem Prinzip der Vorsicht besondere Bedeutung zu. Internationale Rechnungslegungsvorschriften (IFRS und US GAAP) dienen dagegen in erster Linie Informationsbedürfnissen (→True and Fair View). Eine deutliche Betonung des Vorsichtsprinzips ist mit diesem Ziel nicht vereinbar.

Die Prüfung des Prinzips der Bewertungsstetigkeit erfolgt zweckmäßigerweise zusammen mit der Prüfung des →Anhangs (→Angabepflichten), dessen Vollständigkeit und Richtigkeit bereits im Rahmen der substanziellen Prüfungshandlungen sichergestellt werden soll, indem alle Sachverhalte auf ihre Abbildung im Anhang geprüft werden. Eine Änderung der Bewertungsmethoden (→Änderung der Bilanzierungs- und Bewertungsmethoden; →Änderung der Bewertungsannahmen) muss gem. § 284 Abs. 2 HGB aus dem Anhang ersichtlich sein und darf gem. § 252 Abs. 2 HGB nur in begründeten Ausnahmefällen durchgeführt werden, z. B. bei einem Wechsel der Konzernzugehörigkeit (→Konsolidierungskreis). Wird ein Unternehmen erstmalig in den Konzernabschluss eines Mutterunternehmens einbezogen oder wechselt es die Konzernzugehörigkeit, so sind die Bilanz- und GuV-Posten auf Einzelabschlussebene an die im Konsolidierungskreis bestehenden Bewertungsrichtlinien anzupassen. Dies kann durch die Aufstellung einer vom Jahres- bzw. →Einzelabschluss losgelösten →Handelsbilanz II oder durch die Anpassung der Bewertungsmethoden im Jahres- bzw. Einzelabschluss erfolgen. Der APr hat in diesem Fall die Beachtung der neuen Richtlinien im Jahres- bzw. Einzelabschluss zu prüfen, indem er die Bewertungsrichtlinien des Konzerns (→Konzernarten) mit den im Jahres- bzw. Einzelabschluss angewandten Bewertungsgrundsätzen vergleicht. Beispiele für Abweichungen sind Anpassungen der Abschreibungsmethode (linear, degressiv etc.) oder Änderungen der geschätzten betriebsgewöhnlichen →Nutzungsdauer von Gegenständen des Anlagevermögens (→Abschreibungen, bilanzielle; →Abschreibungen, steuerrechtliche).

Literatur: IDW (Hrsg.): WPH 2006, Band I, 13. Aufl., Düsseldorf 2006.

Michael Kritzer

Bewertungsmethoden, Änderung von
→Änderung der Bilanzierungs- und Bewertungsmethoden

Bewertungsobjekt →Unternehmensbewertung

Bewertungsprüfung

Bewertungsprüfungen werden sowohl im Rahmen der Abschlussprüfung (→Jahresabschlussprüfung; →Konzernabschlussprüfung) als auch im Zuge von Sachgründungen (→Gründungsprüfung) und Kapitalerhöhungen mit Sacheinlagen (→Kapitalerhöhungsbilanzen; →Eigenkapital) sowie gesellschaftsrechtlichen Umstrukturierungen von Unternehmen (→Unternehmensumwandlungen) durchgeführt.

Im Falle der Abschlussprüfung umfassen sie die Prüfung der Wertansätze der Aktiva und Passiva dem Grunde wie auch der Höhe nach. Eine im Zuge der voranschreitenden Internationalisierung der Rechnungslegung (→Internationale Rechnungslegung, Umstellung auf) wachsende Bedeutung kommt dabei der Prüfung von Zeitwerten (→Zeitwerte, Prüfung von; →Fair Value) zu, bspw. im Bereich der Prüfung der Werthaltigkeit (→Impairmenttest) von →Beteiligungen oder des Goodwills (→Geschäfts- oder Firmenwert).

Jenseits der Abschlussprüfung sind es vor allem die Eignerstruktur von Unternehmen betreffende Vorgänge, die eine Bewertungsprüfung erforderlich machen. So schreibt bspw. § 33 Abs. 2 Nr. 4 AktG im Falle einer Sachgründung eine Bewertungsprüfung durch einen unabhängigen und sachverständigen Gründungsprüfer vor (→Gründungsprüfung). Entsprechend hat auch für Kapitalerhöhungen mit Sacheinlagen gem. § 183 Abs. 3 AktG eine Bewertungsprüfung durch einen unabhängigen und sachverständigen Dritten zu erfolgen.

Die Bewertungsprüfung geht bei Vorliegen einer Sachgründung bzw. einer Kapitalerhöhung mit Sacheinlagen der Frage nach, „ob der Wert der Sacheinlagen oder Sachübernahmen den geringsten Ausgabebetrag der dafür zu gewährenden Aktien oder den Wert der dafür zu gewährenden Leistungen erreicht" (§ 34 Abs. 1 Nr. 2 AktG). Nur wenn dies der Fall ist – wenn sich also Leistung und Gegenleistung in einem angemessenen Verhältnis gegenüberstehen – kann das gem. § 23 Abs. 3 Nr. 3 AktG in der Satzung auszuweisende Grundkapital (→Gezeichnetes Kapital) des Unternehmens seine Funktion als Garantie- und Betriebskapital wahrnehmen und Gläubigern ein Mindestmaß an Sicherheit dafür bieten, dass ihre gegenüber dem Unternehmen bestehenden →Forderungen erfüllt werden können (Angermayer 1994, S. 25).

Weitere Anwendungsbereiche der Bewertungsprüfung bilden gesellschaftsrechtliche Umstrukturierungen (→Unternehmensumwandlungen), wie Verschmelzungen (§§ 9–12 UmwG), Spaltungen (§ 125 UmwG), Rechtsformwechsel (§ 207 UmwG), Abschlüsse von Beherrschungs- oder Gewinnabführungsverträgen (§ 293b AktG) (→Unternehmensverträge) Eingliederungen (§ 320 Abs. 3 AktG) oder die Übertragung der Anteile der Minderheitsaktionäre auf den Hauptaktionär (sog. Squeeze Out, §§ 327a–327f AktG).

Abgesehen von wenigen, gesetzlich geregelten Ausnahmen (s. etwa § 9 Abs. 2 UmwG oder § 293b Abs. 3 AktG) sehen die umwandlungs- und aktienrechtlichen Vorschriften in den vorgenannten Fällen die Durchführung einer Bewertungsprüfung durch einen unabhängigen, sachverständigen Prüfer vor. Die Prüfung dient dabei in erster Linie dem Schutz der Interessen von Minderheitsgesellschaftern, gegen die der Mehrheitsgesellschafter die gesellschaftsrechtliche Umstrukturierung durchsetzen kann (Piltz 2005, S. 780). Hinsichtlich der Auswahl der Prüfer verweisen sowohl Umwandlungs- als auch Aktienrecht in den hier diskutierten Umstrukturierungsfällen auf die §§ 319 und 319a HGB (→Unabhängigkeit und Unbefangenheit des Wirtschaftsprüfers; →Ausschluss als Abschlussprüfer). Im Regelfall wird es sich bei dem Bewertungsprüfer somit um einen WP bzw. um eine WPGes (→Revisions- und Treuhandbetriebe) handeln.

Grundsätzlich steht dem Anteilseigner, dessen Anteile an einer Gesellschaft im Zuge einer Verschmelzung, eines Squeeze Out oder ähnlicher Maßnahmen untergehen, eine angemessene Kompensation in Form einer Gewährung von Anteilen an der aufnehmenden Gesellschaft oder in Form einer Barabfindung zu. Die Aufgabe des Bewertungsprüfers besteht in diesem Zusammenhang darin, das Umtauschverhältnis der Anteile der beteiligten Unternehmen bzw. die Höhe der Barabfindung an die Minderheitsaktionäre auf ihre Angemessenheit hin zu überprüfen und über das Ergebnis der Prüfung schriftlich Bericht zu erstatten (ausführlich zu umwandlungsrechtlichen Sachverhalten s. Schaal 2001, S. 35–51).

Maßgeblich für die Angemessenheit der Höhe des Umtauschverhältnisses bzw. der Barabfindung sind grundsätzlich die →Unternehmenswerte (Verkehrswerte) der beteiligten Gesellschaften. Die eigenständige Bestimmung einer angemessenen Abfindung – mithin die Durchführung einer eigenständigen →Unternehmensbewertung – durch den Bewertungsprüfer ist allerdings nicht erforderlich. Grundlage seiner Angemessenheitsprüfung bildet vielmehr die dem Abfindungsangebot zugrunde liegende Bewertung der von der Umstrukturierung betroffenen Unternehmen durch die beteiligten Unternehmen, die sich dazu regelmäßig WP bedienen. Der Bewertungsprüfer hat sich lediglich ein Urteil darüber zu bilden, ob die angewandten Bewertungsmethoden sowie die ihnen zugrunde liegenden Prämissen dem Bewertungszweck angemessen erscheinen und das Bewertungskalkül technisch fehlerfrei umgesetzt worden ist (Leuering 2004, S. 606; Veit 2005, S. 1700). Im Regelfall wird er zu diesem Zweck die ihm vorgelegten Daten und Bewertungskalküle durch Kontrollrechnungen verifizieren (IDW 2002, Abschn. D, Rn. 24, S. 234–235).

Hinsichtlich der zur Bemessung eines Umtauschverhältnisses bzw. einer Barabfindung zu verwendenden Bewertungsmethodik beziehen weder Umwandlungs- noch Aktienrecht eindeutig Stellung. In der Praxis dominiert – bedingt vor allem durch die vielfache Einbindung von Wirtschaftsprüfern in die Erstellung der Bewertungsgutachten (→Gutachtertätigkeiten) – die von der ständigen Rspr. anerkannte →Ertragswertmethode deutlich gegenüber allen anderen Verfahren der Unternehmensbewertung (Piltz 2005, S. 783).

Eine besondere Rolle nimmt allerdings bei börsennotierten Aktiengesellschaften (→Aktiengesellschaft, Prüfung einer) die Marktbewertung in Gestalt ihrer Börsenkurse ein. Seit den Entscheidungen des *BVerfG* vom 27.4.1999 (BVerfG-Urteil vom 17.4.1999, S. 1693–1697) und des *BGH* vom 12.3.2001 (BGH-Urteil vom 12.3.2001, S. 969–973) bildet der um außergewöhnliche Ausschläge bereinigte durchschnittliche Börsenkurs der Aktie der betroffenen Gesellschaft über die 3 letzten Monate vor ihrer HV (→Haupt- und Gesellschafterversammlung) grundsätzlich die Untergrenze bei erzwungenen Deinvestitionen gegen Abfindung, wie etwa bei Unternehmensverträgen oder beim Ausschluss von Minderheitsaktionären. Um der Gefahr des Missbrauchs von Kursbeeinflussungen zu begegnen, wird jedoch zunehmend ein Referenzzeitraum von 3 Monaten diskutiert, der bereits im Zeitpunkt der Bekanntgabe der Konzernierungsmaßnahme und nicht erst im Zeitpunkt der beschließenden HV endet.

Im Kontext des Ertragswertverfahrens hat der Bewertungsprüfer insb. die Ermittlung der Zukunftserfolge (→finanzielle Ergebnisse, Prognose von), die Wahl des Kapitalisierungszinses (→Kalkulationszinssatz) sowie die Berücksichtigung etwaiger Besonderheiten des Bewertungsobjekts (nicht →betriebsnotwendiges Vermögen, →Steuern in der Unternehmensbewertung u.Ä.) kritisch zu prüfen (in Bezug auf Squeeze Outs s. auch Veit 2005, S. 1700). Die Bewertungsprüfung findet in der Praxis häufig parallel zur Erstellung des Bewertungsgutachtens statt, um dem Bewertungsprüfer ein frühzeitiges Äußern etwaiger Einwände zu ermöglichen. Der Bewertungsgutachter legt dem Prüfer dabei bereits abgeschlossene Teilbereiche seiner Bewertung vor (z. B. sein Kalkül zur Bestimmung des Kapitalisierungszinses), die der Prüfer dann hinsichtlich ihrer Plausibilität und Angemessenheit würdigen kann (zur Frage der rechtlichen Zulässigkeit einer parallelen Prüfung s. Leuering 2004, S. 607 m.w.N.).

Wie die hier skizzierten Beispiele zeigen, kommt der Bewertungsprüfung – sei es in Form der Prüfung der Angemessenheit von Bilanzansätzen im Rahmen der Abschlussprüfung oder von Umtauschverhältnissen bzw. Abfindungen im Zuge gesellschaftsrechtlicher Strukturmaßnahmen – bereits heute eine herausragende Bedeutung in der täglichen Arbeit

Bewertungsstetigkeit

des Wirtschaftsprüfers zu (→Berufsbild des Wirtschaftsprüfers). Nicht zuletzt vor dem Hintergrund der voranschreitenden Internationalisierung der Rechnungslegung ist jedoch davon auszugehen, dass die Anforderungen an die bewertungstheoretische Methodenkompetenz des Wirtschaftsprüfers auch in Zukunft weiter steigen werden.

Literatur: Angermayer, B.: Die aktienrechtliche Prüfung von Sacheinlagen, Düsseldorf 1994; BGH-Urteil vom 12.3.2001, Aktz. II ZB 15/00, DB 54 (2001), S. 969–973; BVerfG-Urteil vom 17.4.1999, Aktz. 1 BvR 1613/94, DB 52 (1999), S. 1693–1697; IDW (Hrsg.): WPH 2002, Band II, 12. Aufl., Düsseldorf 2002; Leuering, D.: Die parallele Angemessenheitsprüfung durch den gerichtlich bestellten Prüfer, in: NZG 7 (2004), S. 606–610; Piltz, D. J.: Die Rechtsprechung zur Unternehmensbewertung, in: Peemöller, V. H. (Hrsg.): Praxishandbuch der Unternehmensbewertung, 3. Aufl., Herne/Berlin 2005, S. 779–796; Schaal, C.: Der Wirtschaftsprüfer als Umwandlungsprüfer: Pflichten, Rechte, Haftung, Düsseldorf 2001; Veit, K.-R.: Die Prüfung von Squeeze outs, in: DB 58 (2005), S. 1697–1702.

Michael Bukowski

Bewertungsstetigkeit →Änderung der Bilanzierungs- und Bewertungsmethoden; →Änderung von Bewertungsannahmen; →Stetigkeit

Bewertungswahlrechte, steuerrechtliche →Bilanzpolitische Gestaltungsspielräume nach Steuerrecht

Bewusste Auswahl →Deduktive Auswahl; →Stichprobenprüfung

Beyond Budgeting →Activity Based Budgeting, →Budgetierung

Beziehungen zu nahestehenden Personen

Nahestehende Personen sind natürliche sowie juristische Personen und Unternehmen, die das berichtende Unternehmen (das zu prüfende Unternehmen) oder eines seiner Tochterunternehmen beherrschen können (d. h. die rechtliche Möglichkeit haben, die Geschäftspolitik eines anderen Unternehmens mittelbar oder unmittelbar zu bestimmen) oder die auf das berichtende Unternehmen oder auf seine Tochterunternehmen unmittelbar oder mittelbar wesentlich einwirken können, sowie diejenigen natürlichen sowie juristischen Personen und Unternehmen, die das berichtende Unternehmen beherrschen kann oder auf die es wesentlich einwirken kann (DRS 11.6 i.V.m. IDW PS 255.5).

Die *Berichtspflichten* der gesetzlichen Vertreter über Beziehungen zu nahe stehenden Personen beschränken sich nach dem deutschen Handelsrecht im Wesentlichen auf den Ausweis von Anteilen (→Finanzanlagen) und Ausleihungen an, →Forderungen gegen und →Verbindlichkeiten gegenüber →verbundenen Unternehmen in der Bilanz nach § 266 HGB (→Gliederung der Bilanz), Davon-Vermerke für Finanzerträge und -aufwendungen aus Geschäften mit verbundenen Unternehmen in der →Gewinn- und Verlustrechnung (GuV) nach § 275 HGB (→Gliederung der Gewinn- und Verlustrechnung), Organbezüge (→Vorstand und Aufsichtsrat, Vergütung von; →Vorstandsbezüge) und weitere Angaben zu Organen im →Anhang (→Konzernanhang) nach den §§ 285 Nr. 9, 10 und 314 Abs. 1 Nr. 6 HGB sowie den Ausweis in der Bilanz oder wahlweise die Angabe im Anhang von Ausleihungen an, Forderungen gegen und Verbindlichkeiten gegenüber Gesellschafter/n nach § 42 Abs. 3 GmbHG und § 264c Abs. 1 HGB.

Darüber hinaus enthält das Aktienrecht nach § 312 AktG die Verpflichtung des Vorstands einer abhängigen AG (→Aktiengesellschaft, Prüfung einer), einen Bericht über Beziehungen zu verbundenen Unternehmen (→Abhängigkeitsbericht) aufzustellen, dessen Schlusserklärung nach § 312 Abs. 3 Satz 3 AktG in den →Lagebericht aufzunehmen ist.

DRS 11, der sich weitestgehend an IAS 24 [→International Financial Reporting Standards (IFRS)] orientiert, regelt für nicht kapitalmarktorientierte Mutterunternehmen die Berichterstattung im Konzernabschluss über nahestehende Personen sowie über Geschäftsvorfälle zwischen ihnen und dem Mutterunternehmen und seinen Tochterunternehmen. Die Angaben zu wesentlichen Geschäftsvorfällen betreffen die Beschreibung und den Umfang des Geschäftsvorfalls, daraus resultierende Forderungen und Verbindlichkeiten sowie Eventualforderungen und →Eventualverbindlichkeiten und die Preisgestaltung (DRS 11.12). Mithilfe dieser Angaben im Konzernanhang werden Auswirkungen von Transaktionen mit nahe stehenden Personen auf die →Vermögenslage, →Finanzlage und →Ertragslage nachvollziehbar.

Im Rahmen der *Abschlussprüfung* (→Jahresabschlussprüfung; →Konzernabschlussprüfung) eines Unternehmens ergibt sich aus Geschäften mit nahestehenden Personen ein erhöhtes Kontrollrisiko bzgl. deren vollständiger Erfassung, der zutreffenden Feststellung der zugrunde liegenden Geschäftsbedingungen sowie grundsätzlich der Ernsthaftigkeit der Vertragsabschlüsse (→Prüfungsrisiko). Es besteht die Möglichkeit, dass durch Transaktionen zwischen nahestehenden Personen Gewinnverschiebungen, Gesetzesverstöße und Vermögensschädigungen initiiert werden (→Unregelmäßigkeiten). Insb. bei →kleinen und mittleren Unternehmen werden üblicherweise verstärkt Geschäftsbeziehungen zwischen dem zu prüfenden Unternehmen und nahestehenden Personen, vor allem dem Eigentümer-Unternehmer, vorgefunden (IDW PH 9.100.1.23).

Die Verantwortung des →Abschlussprüfers liegt darin, seine Prüfungshandlungen (→Auswahl von Prüfungshandlungen) so zu planen (→Prüfungsplanung) und durchzuführen (→Auftragsdurchführung), dass er angemessene und ausreichende →Prüfungsnachweise für die Beurteilung des →Internen Kontrollsystems hinsichtlich seiner Ausgestaltung und Wirksamkeit in Bezug auf Geschäftsvorfälle mit nahestehenden Personen generiert (→Internes Kontrollsystem, Prüfung des; →Systemprüfung) und zu prüfen, ob die insgesamt während der Abschlussprüfung festgestellten Geschäftsvorfälle mit nahestehenden Personen ordnungsgemäß in der Buchführung abgebildet sind sowie die nach den geltenden Rechnungslegungsgrundsätzen erforderlichen Angaben im JA enthalten sind (→Ordnungsmäßigkeitsprüfung).

Die Prüfung der Angemessenheit der Konditionen ist – anders als im Rahmen der Prüfung des →Abhängigkeitsberichts – grundsätzlich nicht Gegenstand der Abschlussprüfung. Liegen jedoch erkennbare Anhaltspunkte für unangemessene Geschäftsbedingungen vor, ist zu prüfen, ob ggf. Rückforderungsansprüche oder Steuerrisiken im zu prüfenden Abschluss zu berücksichtigen sind. Vor dem Hintergrund des regelmäßig dominanten oder starken Einflusses von Eigentümer-Unternehmern auf Geschäftsbedingungen gewinnt diese Problematik wiederum ein besonderes Gewicht bei der Prüfung kleinerer und mittlerer Unternehmen (IDW PH 9.100.1.25; →kleine und mittlere Unternehmen, Prüfung von).

Der APr hat erst dann angemessene und ausreichende Prüfungsnachweise durch seine Prüfungshandlungen erlangt, wenn er keine Umstände festgestellt hat, die das Risiko von Unrichtigkeiten und Verstößen im Zusammenhang mit nahestehenden Personen vergrößern oder die Anzeichen für derartige Verstöße oder Unrichtigkeiten darstellen (IDW PS 255.12) (→Unregelmäßigkeiten, Aufdeckung von).

Im Prüfungsverlauf (→Prüfungsprozess) sind die bestehenden Beziehungen zu nahestehenden Personen abzuklären und die Geschäftsvorfälle mit den identifizierten nahestehenden Personen festzustellen und zu beurteilen. Hierfür empfiehlt es sich für den APr, Informationen von den gesetzlichen Vertretern und den Aufsichtsgremien des zu prüfenden Unternehmens einzuholen und auszuwerten. Als Informationsquellen kommen bspw. Steuererklärungen, Schriftverkehr mit Rechtsanwälten oder Finanzbehörden und Gremienprotokolle (→Versammlungsprotokolle) in Betracht.

Sowohl für die vorläufige Beurteilung des Kontrollrisikos als auch im weiteren Verlauf der Abschlussprüfung ist stets auf ungewöhnlich erscheinende Geschäftsvorfälle mit nahestehenden Personen zu achten. Solche zeichnen sich vielfach durch unübliche Konditionen (z. B. Preise, Zinssätze, Rückzahlungsbedingungen), vergleichsweise hohe Geschäftsvolumina, inadäquate rechtliche Gestaltungen oder unübliche Abwicklungsmethoden aus (IDW PS 255.19).

Vor Beendigung seiner Prüfungstätigkeit hat sich der APr im Rahmen der berufsüblichen →Vollständigkeitserklärung oder durch eine gesonderte schriftliche Erklärung von den gesetzlichen Vertretern die Vollständigkeit der über nahestehende Personen erhaltenen Informationen und die Angemessenheit der diesbezüglichen Angaben in der Rechnungslegung bestätigen zu lassen.

Wenn in Zusammenhang mit nahestehenden Personen →Prüfungshemmnisse vorliegen oder nicht ordnungsgemäße Angaben in der Rechnungslegung konstatiert werden, hat der APr dies im →Prüfungsbericht (PrB) darzustellen und ggf. Konsequenzen für den →Bestätigungsvermerk (BestV) hieraus zu ziehen.

Bezugsgrößen, direkte

Literatur: IDW (Hrsg.): IDW Prüfungsstandard: Beziehungen zu nahe stehenden Personen im Rahmen der Abschlussprüfung (IDW PS 255, Stand: 1. Juli 2003), in: WPg 56 (2003), S. 1069–1072; IDW (Hrsg.): IDW Prüfungshinweis: Besonderheiten der Abschlussprüfung kleiner und mittelgroßer Unternehmen (IDW PH 9.100.1, Stand: 1. Juli 2004), in: WPg 57 (2004), S. 1038–1046.

Susanne Kolb

Bezugsgrößen, direkte
→ Kostenverursachung

Bezugsgrößen, indirekte
→ Kostenverursachung

Bezugsgrößen, mengenmäßige
→ Kalkulation, branchenorientiert

Bezugsgrößen, qualitative →Kalkulation, branchenorientiert

Bezugsgrößen, zeitliche →Kalkulation, branchenorientiert

Bezugsgrößenhierarchie

Unter einer Bezugsgrößenhierarchie (synonym: Bezugsobjekthierarchie) versteht man die hierarchische Verknüpfung von Bezugsobjekten für Kosten-, Erlös- und Ergebnisdaten (→Kosten; →Erlöse; →Finanzergebnis). Die Verwendung derartiger Hierarchien in großem Umfang wurde für das interne →Rechnungswesen von *Riebel* vorgeschlagen, der die Hierarchien in seinem Konzept der →Deckungsbeitragsrechnung verwendete. Anknüpfend an diese Ideen wurde die Verwendung von Bezugsobjekthierarchien allerdings auch für andere Konzepte übernommen. Bezugsobjekthierarchien sind für die Unternehmenspraxis von besonderer Bedeutung, da mehrdimensionale Hierarchien die Grundlage für Analysen in modernen Informationssystemen (→Führungsinformationssysteme) des internen Rechnungswesens bilden.

Die Bezeichnungen *Bezugsgröße* bzw. *Bezugsobjekt* (Cost Object) werden im Zusammenhang mit Bezugsobjekthierarchien als allgemeine Bezeichnungen für Objekte verwendet, denen Kosten-, Erlös- oder Ergebnisdaten zugeordnet werden. Konkrete Beispiele für Bezugsobjekte sind Produkte, Produktarten, Betriebsmittel, Prozesse, Kunden, Aufträge oder organisatorische Teileinheiten. Allgemein lassen sich Bezugsobjekte den grundlegenden Kategorien

- Ressourcen,
- Leistungen,
- Marktpartner,
- Zeitpunkte/-intervalle und
- geografische Bereiche

zuordnen. Aus diesen unterschiedlichen Bezugsobjektarten ergeben sich unterschiedliche *Hierarchien*, die für die Auswertung von Kosten-, Erlös- und Ergebnisdaten relevant sind. Nach dem Zusammenhang, in dem die Hierarchiebildung stattfindet, lassen sich folgende Hierarchiearten unterscheiden:

- Entscheidungshierarchien,
- Zurechnungshierarchien und
- Abdeckungshierarchien.

Die *Entscheidungshierarchien* verknüpfen Entscheidungsobjekte, die Elemente einer Entscheidungskette sind. Ein Beispiel hierfür ist die Beziehung zwischen Betriebsmitteln und den Produkten, die mit ihnen gefertigt werden. Die Entscheidung zur Fertigung von Produkten ist in einer Entscheidungskette u. a. mit der vorgelagerten Entscheidung über die benötigten Betriebsmittel verknüpft. *Zurechnungshierarchien* werden durch die Anwendung von Zurechnungsprinzipien gebildet. Diese Hierarchien müssen nicht ausschließlich aus Entscheidungsobjekten bestehen, da die Bewertung von Entscheidungsobjekten oft auch die Zusammenführung von Werten anderer Bezugsobjekte erfordert. Dies ist bspw. der Fall, wenn zur Beurteilung von Investitionsobjekten (→Investition) Schätzungen über die Auszahlungen zusammenzufassen sind, die durch die Fertigung der Produkte mit dem betrachteten Betriebsmittel anfallen werden (→Investitionscontrolling). Z.T. wird auch von *Verdichtungshierarchien* gesprochen, die jedoch Spezialfälle der Zurechnungshierarchien darstellen, nämlich die Zurechnung von unteren Hierarchieebenen auf übergeordnete Ebenen. Die *Abdeckungshierarchien* beschreiben den speziellen Anwendungsfall, dass eine Vorgabe, die auf einer übergeordneten Ebene formuliert wird, Bezugsobjekten untergeordneter Ebenen zugeordnet wird, da diese zur Erreichung der Vorgabe beitragen sollen. Es besteht eine Verbindung zu Entscheidungsproblemen, da durch die Abdeckungshierarchien die Aufspaltung von Zielgrößen unterstützt wird.

Innerhalb von Bezugsobjekthierarchien können Ressourcen, Leistungen und Marktpartner dadurch verknüpft werden, dass allgemeine Objekte den spezielleren übergeordnet werden oder ein Ganzes in Teile zerlegt wird. Ein Kunde wird bspw. als Teil einer Kundengruppe dieser Kundengruppe hierarchisch untergeordnet, eine Produktvariante wird der zugrunde liegenden Produktart als spezielle Ausprägung untergeordnet. Hierarchien aus Perioden oder geografischen Bereichen stellen dagegen i. d. R. Zerlegungen eines Ganzen in Teile dar. Für die Bildung von Bezugsobjekthierarchien sind die Zusammenhänge aber nur dann relevant, wenn die Hierarchien in Form von Entscheidungs-, Zurechnungs- oder Abdeckungshierarchien genutzt werden können.

Als Beispiel für die Verwendung von Bezugsobjekthierarchien bei der →Planung (→Planungssysteme) lässt sich die Erlösplanung (→Umsatzplanung und -kontrolle) heranziehen. Ausgehend vom Erlösziel des Unternehmens könnten Erlösvorgaben bspw. für geografische Bereiche wie Regionen und einzelne Länder formuliert werden. Parallel hierzu könnte außerdem eine produktbezogene Hierarchie verwendet werden, um die Erlösziele der Regionen auch nach Produktgruppen oder Produktarten differenzieren zu können. In diesem Beispiel würde eine Hierarchie aus geografischen Bereichen mit einer produktbezogenen Hierarchie kombiniert werden. Einsatzzweck wäre in diesem Fall die Formulierung von Abdeckungshierarchien.

Bezugsobjekthierarchien lassen sich außerdem für Kontrollzwecke (→Kontrollkonzeptionen; →Kontrollinstrumente; →Kontrollsysteme) einsetzen. So können Kostenabweichungen bspw. unter Verwendung produktbezogener oder ressourcenbezogener Hierarchien ausgewertet werden, um die Ursachen der Abweichungen identifizieren zu können (→Abweichungsanalyse). In diesem Fall würden die Hierarchien als Zurechnungshierarchien verwendet werden.

Literatur: Blattmann, A./Schmitz, H.: Multidimensionale Auswertungen im Controlling. Die Verbindung von fachlichen Grundlagen und praktischen Anforderungen für Business Intelligence Werkzeuge, in: krp 45 (2001), S. 13–21; Hoitsch, H.-J./Lingnau, V.: Kosten- und Erlösrechnung. Eine controllingorientierte Einführung, 5. Aufl., Berlin et al. 2004; Riebel, P.: Einzelkostenrechnung und Deckungsbeitragsrechnung, 7. Aufl., Wiesbaden 1994.

Hans Schmitz

Bezugsgrößenkalkulation →Kalkulationsmethoden

Bezugskosten →Kalkulation im Warenhandel

Bezugsobjekte →Einzelkostencontrolling

Bezugsobjekthierarchie →Bezugsgrößenhierarchie

Bezugsrechte

Wird das Grundkapital (→Eigenkapital) einer AG durch Ausgabe neuer (junger) Aktien erhöht, hat der Aktionär einen gesetzlichen Anspruch darauf, einen seinem bisherigen Anteil am Grundkapital entsprechenden Teil der neuen Aktien zugeteilt zu bekommen (§ 186 AktG). Durch Inanspruchnahme dieses Bezugsrechts kann der Aktionär seine Beteiligungsquote am Grundkapital der AG auch nach Erhöhung des Grundkapitals konstant halten und die sonst eintretende Verminderung seines Stimmen-, Gewinn- und Liquidationsanteils vermeiden. Die Ausübung des Bezugsrechts erfolgt formlos; die Frist zur Ausübung des Bezugsrechts muss mindestens 2 Wochen umfassen. Der Aktionär hat die Wahl, das Bezugsrecht auszuüben oder zu verkaufen.

Erhöhungen des Grundkapitals, die ein Bezugsrecht begründen, umfassen Kapitalerhöhungen gegen Einlagen (§ 186 Abs. 1 AktG), Kapitalerhöhungen aus Gesellschaftsmitteln (§ 212 AktG), genehmigtes Kapital (§ 203 Abs. 1 AktG) sowie die Ausgabe von Wandel- und Gewinnschuldverschreibungen und von →Genussrechten (§ 221 Abs. 4 AktG). Aus einer bedingten Kapitalerhöhung (§ 192 AktG) folgt ebenso wie bei einer Erhöhung des Grundkapitals bei einer Verschmelzung mit Kapitalerhöhung (§ 69 Abs. 1 UmwG) kein Bezugsrecht.

Einen *rechnerischen Wert* hat das Bezugsrecht, sofern der Preis der alten Aktien den Preis der neuen Aktien übersteigt. Der Wert wird durch *drei Parameter* bestimmt, und zwar durch das *Bezugsverhältnis*, den *Bezugskurs der neuen Aktien* sowie den *Börsenkurs der alten Aktien*. Der rechnerische Wert ergibt sich anhand folgender Formel:

Wert des Bezugsrechts

$$= \frac{(\text{Börsenkurs der alten Aktien} - \text{Bezugskurs der neuen Aktien})}{(1 + \text{Bezugsverhältnis})}$$

Das Bezugsverhältnis entspricht dem Verhältnis von bisherigem Grundkapital zum Erhöhungskapital. Untere Grenze des Bezugskurses ist der Nominalwert der Aktien. Wirtschaftlich ist der Börsenkurs der alten Aktien als obere Grenze zu sehen. Der Wert des Bezugsrechts wächst, je niedriger der Bezugskurs innerhalb dieser Grenzen festgelegt wird.

Literatur: Perridon, L./Steiner, M.: Finanzwirtschaft der Unternehmung, 13. Aufl., München 2004; Meilicke, H.: Das Bezugsrecht des Aktionärs bei Kapitalerhöhungen, in: BB 16 (1961), S. 1281–1284.

Henning Zülch

Bezugsverhältnis →Bezugsrechte

Bilanz →Bilanztheorie

Bilanz- und Erfolgsrechnungstheorie →Bilanztheorie

Bilanz, Gliederung der →Gliederung der Bilanz

Bilanz, interne →Planbilanz

Bilanzanalyse →Jahresabschlussanalyse

Bilanzanalyse, Methoden der →Jahresabschlussanalyse, Methoden der

Bilanzbewertung, Theorie der →Bilanztheorie

Bilanzdelikte →Bilanzfälschung

Bilanzenzusammenhang →Mehr- und Wenigerrechnung

Bilanzfälschung

Die Erstellung fehlerhafter Bilanzen kann zu einer Vielzahl von Straftaten führen. Das Bilanzstrafrecht lässt sich in wenigstens vier Bereiche aufteilen. Es umfasst zunächst Strafvorschriften, die allein die Erstellung und Prüfung des fehlerhaften Abschlusses unter Strafe stellen („reine Bilanzdelikte"). Als Kernvorschriften sind insoweit die §§ 331 f. HGB zu nennen. Als zweite Gruppe kommen Strafvorschriften in Betracht, die als notwendiges oder typisches Merkmal eine Fehlbilanzierung beinhalten, darüber hinaus aber eine besondere Verwendung des Abschlusses voraussetzen. Hierzu zählen der Kreditbetrug (§ 265b StGB), der Kapitalanlagebetrug (§ 264a StGB) durch Vorlage falscher Bilanzen, bestimmte Konkursstraftaten nach § 283 StGB sowie die Steuerhinterziehung (§ 370 AO), soweit diese durch Vorlage einer falschen Steuerbilanz begangen wird. In einem dritten Teilbereich ist die Verwendung fehlerhafter Bilanzen zumindest denkbares Mittel der Tatbegehung. Praktische Relevanz haben der Betrug (§ 263 StGB) und der Subventionsbetrug (§ 264 StGB). Schließlich kann eine Falschbilanzierung auch zur Verdeckung anderer Straftaten eingesetzt werden. In Betracht kommen Unterschlagung (§ 246 StGB), Untreue (§ 266 StGB) (→Untreue von Gesellschaftsorganen) und Bestechungsdelikte (§ 331 StGB, § 299 StGB).

Im Folgenden wird auf die „reinen Bilanzdelikte" näher eingegangen.

Die Strafbarkeit der Unternehmensleitung bei Erstellung eines unzutreffenden Jahresabschlusses wird durch den § 331 HGB als Grundtatbestand erfasst (Straf- und Bußgeldvorschriften). Dabei sind drei unterschiedliche Tatbestände zu differenzieren:

Unrichtige Darstellung der Unternehmensverhältnisse (§ 331 Nr. 1 HGB): Hiernach wird bestraft, wer als Mitglied des vertretungsberechtigten Organs oder des Aufsichtsrats einer KapGes in der Eröffnungsbilanz, im JA, im →Lagebericht oder im →Zwischenabschluss die Verhältnisse der Gesellschaft unrichtig wiedergibt oder verschleiert.

Täter können zunächst die Organe der KapGes sein, die von Gesetzes wegen zur Vertretung und zur Aufstellung des Jahresabschlusses bestimmt sind. Dies sind insb. die Geschäftsführer einer →Gesellschaft mit beschränkter Haftung (GmbH) sowie die Vorstände einer AG (→Aktiengesellschaft, Prüfung einer). Daneben sind Mitglieder des Aufsichtsrats taugliche Täter, wenn es sich um einen obligatorischen AR handelt, wie bspw. der Aufsichtsrat einer GmbH mit mehr als 500 Arbeitnehmern gem. § 77 Abs. 1 BetrVerfG (→Mitbestimmung). Bloße Beiräte oder Mitglieder anderer zusätzlicher Gremien sind als solche keine tauglichen Täter. Auf die zivil- oder gesellschaftsrechtliche Wirksamkeit des Bestellungsaktes (→Vorstand, Bestellung und Abberufung; →Aufsichtsrat, Be- und Abberufung) kommt es bei der Frage einer möglichen Täterschaft nicht an. Entscheidend ist die tatsächliche Übernahme der Funktion.

Gegenstände der unrichtigen Darstellung können die Eröffnungsbilanz, der JA, der Lagebericht oder der Zwischenbericht nach § 340a Abs. 3 HGB (→Kreditinstitute) sein.

Das Tatverhalten besteht in der unrichtigen Wiedergabe oder Verschleierung der Verhältnisse der KapGes. Verhältnisse der Gesellschaft sind alle tatsächlichen Umstände, die für die Beurteilung der gegenwärtigen Situation oder der voraussichtlichen Entwicklung des Unternehmens von Bedeutung sind. Dabei bezieht sich der Begriff der Verhältnisse nicht nur auf Tatsachen i.e.S., sondern auch auf Schlussfolgerungen, Schätzungen, Bewertungen und Prognosen.

Die Feststellung, ob die betreffende Darstellung unrichtig ist, bildet das Kernproblem des Bilanzfälschungstatbestands. Unrichtigkeit liegt vor, wenn die Darstellung objektiv nicht dem Tatsächlichen entspricht bzw. die beinhalteten Wertungen auf Grundlage der anerkannten Erfahrungssätze nicht vertretbar sind. Klassische Beispiele für unrichtige Darstellungen sind Aktivierungen nicht existierender oder der Gesellschaft nicht (mehr) gehörender →Wirtschaftsgüter, die Überbewertung von →Forderungen, Warenbeständen (→Vorratsvermögen) oder →Anlagevermögen, das Verschweigen von →Verbindlichkeiten und die Fingierung von →Umsatzerlösen.

Unrichtige Darstellung/Verschleierung im Konzernabschluss, Konzernbericht etc. (§ 331 Nr. 2 und 3 HGB)

§ 331 Nr. 2 und Nr. 3 HGB entsprechen in Bezug auf Täterkreis und Tathandlung im Wesentlichen der Grundvorschrift von Nr. 1.

§ 331 Nr. 2 HGB bezieht sich auf die für einen Konzern (→Konzernarten) zu erstellenden Unterlagen, wie Konzernabschluss, →Konzernlagebericht und den hier ausdrücklich zum JA gehörenden →Konzernanhang.

§ 331 Nr. 3 HGB regelt den Sonderfall, dass ein Konzernunternehmen sich mit befreiender Wirkung auf einen andernorts, z. B. von einer ausländischen Konzernleitung erstellten Konzernabschluss, berufen kann und diesen zum Zwecke der Befreiung offenlegt. Taugliche Täter sind hierbei sowohl die Organe der inländischen (Tochter-) als auch der ausländischen Muttergesellschaft.

Unrichtige Angaben gegenüber dem →Abschlussprüfer (§ 331 Nr. 4 HGB): § 331 Nr. 4 HGB knüpft an die →Auskunftsrechte des Abschlussprüfers an, die ihm zur Durchfüh-

rung seines Prüfungsauftrages (→Prüfungsauftrag und -vertrag; →Auftragsdurchführung) eingeräumt werden (§ 320 HGB). Taugliche Täter sind die gesetzlichen Vertreter der geprüften Gesellschaft sowie die Organe von Tochterunternehmen. Angaben können schriftliche Auskünfte, Nachweise wie Bücher, Urkunden, Inventurlisten (→Inventur), aber auch mündliche Erklärungen gegenüber dem WP oder dessen Hilfspersonen (→Unternehmensleitung, Informationsaustausch des Wirtschaftsprüfers mit) sein. Es müssen Angaben unrichtig wiedergegeben werden oder die Verhältnisse unrichtig wiedergegeben oder verschleiert werden.

Strafbarkeit von Abschlussprüfern (§ 332 HGB): Die Strafbarkeit von Abschlussprüfern bei Testierung unzutreffender Jahresabschlüsse wird durch § 332 HGB geregelt (→Straf- und Bußgeldvorschriften). Festzuhalten ist hier die Besonderheit, dass nicht die unsorgfältige Prüfung (→Jahresabschlussprüfung; →Konzernabschlussprüfung) als solche durch den Straftatbestand sanktioniert wird. Bestraft wird allein die Unehrlichkeit des Prüfers, d. h. der Fall, dass der Prüfer abweichend von seinen eigenen Prüfungsergebnissen (→Prüfungsurteil) berichtet.

Abschließend ist zu bemerken, dass eine Strafbarkeit nach den §§ 331 f. HGB nur in Fällen der eindeutigen und beabsichtigten Fehlbilanzierung ohne Probleme nachzuweisen ist.

Jost Lücke

Bilanzfehlerberichtigung

Die Berichtigung eines fehlerhaften Bilanzansatzes fällt handelsrechtlich unter den Oberbegriff der Änderung des Jahresabschlusses. Eine Änderung liegt dann vor, wenn nach der Feststellung des Jahresabschlusses (→Feststellung und Billigung des Abschlusses) ein fehlerhafter Bilanzansatz berichtigt wird.

Werden bis zur Feststellung des Jahresabschlusses Berichtigungen durchgeführt, handelt es sich dabei um keine Änderung des Jahresabschlusses, da Berichtigungen bis zum Feststellungszeitpunkt ohne weiteres vorgenommen werden können.

Eine Pflicht zur →Nachtragsprüfung entsteht nach § 316 Abs. 3 HGB dann, wenn Berichtigungen nach der Vorlage des →Prüfungsberichts an den AR bis zum Feststellungsbeschluss vorgenommen werden.

Bilanzfehlerberichtigung

Dagegen lösen Berichtigungen während der Aufstellungsphase bis zur Beendigung der →Jahresabschlussprüfung keine Nachtragsprüfung aus, da sie Bestandteile des Aufstellungsprozesses sind und aus beliebigem Grund vorgenommen werden können.

Unternehmen, bei denen eine formelle Feststellung des Jahresabschlusses nicht erforderlich ist, z. B. beim Einzelunternehmer, ist der unterzeichnete und damit rechtswirksam gewordene JA einem festgestellten JA gleichgestellt (IDW RS HFA 6.4–6).

Eine Prüfung, ob ein fehlerhafter Bilanzansatz vorliegt, richtet sich zunächst danach, ob ein Verstoß (→Unregelmäßigkeiten) gegen zwingende handelsrechtliche Vorschriften oder gegen die GoB (→Grundsätze ordnungsmäßiger Buchführung, Prüfung der) vorliegt. Ein fehlerhafter Bilanzansatz liegt nur dann vor, wenn er die objektiv bestehenden Verhältnisse am Bilanzstichtag unzutreffend wiedergibt (Ellrott/Ring 2006, Rn. 803 und 805 zu § 253 HGB, S. 565). Liegt ein fehlerhafter Bilanzansatz nun vor, dann wird ein JA nur dann fehlerhaft, wenn der Kaufmann spätestens im Zeitpunkt der Feststellung bei pflichtgemäßer und gewissenhafter Prüfung hätte erkennen können, dass dieser fehlerhaft ist. Treten jedoch nach dem festgestellten JA Erkenntnisse über das Vorliegen eines fehlerhaften Bilanzansatzes auf, sog. werterhellende Erkenntnisse, so machen diese Erkenntnisse den festgestellten Abschluss nicht fehlerhaft (IDW RS HFA 6.15).

Nach der Bilanzfeststellung kann ein fehlerhafter Bilanzansatz grundsätzlich immer in laufender Rechnung korrigiert werden. Eine Rückwärtsberichtigung des betroffenen, festgestellten Jahresabschlusses ist zulässig, aber nicht erforderlich. Eine Pflicht zur Berichtigung des fehlerhaften Bilanzansatzes ergibt sich nur dann, wenn ohne Berichtigung ein den tatsächlichen Verhältnissen entsprechendes Bild der →Vermögenslage, →Finanzlage und →Ertragslage (→True and Fair View) nicht vermittelt werden kann. Eine Berichtigung kann jedoch unterbleiben, wenn eine zeitnahe Richtigstellung der Vermögens-, Finanz- und Ertragslage (→wirtschaftliche Verhältnisse) durch eine Korrektur im laufenden Abschluss erreicht werden kann.

Ist ein JA nichtig (→Nichtigkeit des Jahresabschlusses) und der Mangel durch Zeitablauf geheilt, so genügt es, wenn der Fehler in dem letzten offenen noch nicht festgestellten JA korrigiert wird. Dabei sind die Korrektur und deren Auswirkungen auf die Darstellung der Vermögens-, Finanz- und Ertragslage des Unternehmens einschl. der quantitativen Auswirkungen auf die betroffenen Abschlussposten angemessen zu erläutern.

Ist die Nichtigkeit eines Jahresabschlusses durch Heilung noch nicht eingetreten, kann eine Ersetzung durch einen fehlerfreien Abschluss unterbleiben, wenn es sich um einen formalen Mangel handelt, bei dem die Verjährung nach 6 Monaten eintritt. Bei anderen Mängeln ist nach Art und Schwere des Verstoßes und seinen Folgewirkungen zu entscheiden. Wenn die Feststellung sowie die Offenlegung des aktuellen Abschlusses (→Offenlegung des Jahresabschlusses), in dem die Unrichtigkeiten korrigiert werden, kurzfristig zu erwarten ist, wird eine Korrektur in laufender Rechnung grundsätzlich ausreichen. Eine Pflicht zur Rückwärtsberichtigung besteht in diesen Fällen nur dann, wenn dies wegen materieller Folgewirkungen erforderlich ist (IDW RS HFA 6.16–19).

Wird ein JA aufgrund eines fehlerhaften Bilanzansatzes geändert, der bereits mehrere Geschäftsjahre zurückliegt, so müssen auch alle folgenden Jahresabschlüsse geändert werden, auch wenn diese bereits festgestellt sind. Die Berichtigung der nachfolgenden Jahresabschlüsse ergibt sich aus dem Grundsatz der Bilanzidentität nach § 252 Abs. 1 Nr. 1 HGB, da die Schlussbilanz des Vorjahres nicht von der Eröffnungsbilanz des darauf folgenden Geschäftsjahres abweichen darf (→Grundsätze ordnungsmäßiger Rechnungslegung; →Stetigkeit) (IDW RS HFA 6.21).

Aus Vereinfachungsgründen können Anpassungen, die sich durch die Berichtigung eines fehlerhaften Bilanzansatzes ergeben, in der →Gewinn- und Verlustrechnung (GuV) unter den →sonstigen betrieblichen Aufwendungen und Erträgen ausgewiesen werden (→Gliederung der Gewinn- und Verlustrechnung). Eine Erläuterung ist ggf. nach § 277 Abs. 4 Satz 3 HGB im →Anhang (→Gliederung des Anhangs) erforderlich. Mehrsteuern aus der →Außenprüfung sind stets unter „Steuern vom Einkommen und vom Ertrag" bzw. unter „sonstigen Steuern" auszuweisen. Steuererstattungen sind in dem Posten →Steueraufwand zu saldieren, auch wenn dieser Posten dadurch negativ wird (IDW RS HFA 6.30).

Die Änderung eines in einen Konzernabschluss einbezogenen Jahresabschlusses (→Konsolidierungskreis) führt nicht zwingend zu einer Änderung des Konzernabschlusses. Entscheidend für eine Änderung wird sein, ob die Änderung auch aus Konzernsicht unter Berücksichtigung der konzerneinheitlichen Bilanzierungs- und Bewertungsmethoden für die Darstellung der Vermögens-, Finanz- und Ertragslage des Konzerns (→Konzernarten) wesentlich (→Wesentlichkeit) ist. Aufgrund der fehlenden Ausschüttungsbemessungsfunktion wird es aber auch in diesem Fall i. d. R. ausreichend sein, dass die Änderung im laufenden Konzernabschluss berücksichtigt wird (IDW RS HFA 6.31).

Literatur: Ellrott, H./Ring, M.: Kommentierung des § 253 HGB, in: Ellrott, H. et al. (Hrsg.): BeckBilKomm, 6. Aufl., München 2006, S. 564–572; IDW (Hrsg.): IDW Stellungnahme zur Rechnungslegung: Änderung von Jahresabschlüssen und Anpassung der Handelsbilanz an die Steuerbilanz (IDW RS HFA 6, Stand: 4. September 2001), in: WPg 54 (2001), S. 1084–1087.

Jonas Rossmanith

Bilanzgewinn →Ergebnisverwendung, Vorschlag für die; →Gewinnvortrag

Bilanzgleichung, statische →Bilanztheorie

Bilanzidentität →Bilanztheorie; →Stetigkeit

Bilanzielle Abschreibungen
→Abschreibungen, bilanzielle

Bilanzielle Herstellungskosten
→Herstellungskosten, bilanzielle

Bilanzielle Überschuldung
→Überschuldungsprüfung

Bilanzierungshilfen

Bilanzierungshilfe i. S. d. HGB ist ein gesondert auszuweisender Aktivposten, für den ein Ansatzwahlrecht besteht, bei dessen Wahrnehmung eine Ausschüttungssperre und besondere Auflösungsvorschriften kodifiziert sind und der explizit zwar nur für KapGes vorgesehen ist, jedoch auch für Gesellschaften i. S. d. § 264a HGB Geltung hat (→bilanzpolitische Gestaltungsspielräume nach HGB). Für die steuerliche Gewinnermittlung sind Bilanzierungshilfen jedoch nicht relevant (→Gewinnermittlungsmethoden, steuerrechtliche). Im HGB werden zwei Aktivierungswahlrechte als Bilanzierungshilfen bezeichnet, die es KapGes oder →Personengesellschaften (PersGes) gem. § 264a HGB erlauben, →Ingangsetzungs- und Erweiterungsaufwendungen nach § 269 HGB und →latente Steuern nach § 274 Abs. 2 HGB zu aktivieren. Das HGB enthält zu beiden Posten Vorschriften bzgl. des Ausweises (→Gliederung der Bilanz), einer bestimmten Form der →Abschreibung (→Abschreibung, bilanzielle) in den Folgeperioden, einer Beschränkung der Gewinnausschüttung sowie detaillierter Erläuterungen zu der Ausübung des Aktivierungswahlrechts im →Anhang (→Angabepflichten).

Neben diesen im Gesetz explizit als Bilanzierungshilfen bezeichneten Aktivierungswahlrechten gewährt der Gesetzgeber sog. Quasi-Bilanzierungshilfen in Form des Disagios nach § 250 Abs. 3 HGB und des derivativen →Geschäfts- oder Firmenwerts (Goodwill) nach § 255 Abs. 4 HGB (Veit 2002, S. 89–119).

Im Rahmen der *Prüfung* (→Jahresabschlussprüfung; →Konzernabschlussprüfung) sollte sich der →Abschlussprüfer (APr) zunächst über Inhalt und Entwicklung des betreffenden Postens informieren; dies kann anhand von Planungsunterlagen, Kaufverträgen, Bewertungsgutachten u.ä. Unterlagen erfolgen (→Prüfungsnachweise). Anhand dieser Unterlagen hat der APr zu prüfen, ob die gesetzlichen Aktivierungs- und Ausweisvoraussetzungen auch tatsächlich erfüllt werden.

Darüber hinaus hat sich der APr von der korrekten Erfassung von Zuführungs- und/oder Auflösungsbeträgen unter den betreffenden Posten in der →Gewinn- und Verlustrechnung (GuV) zu überzeugen. Im Zusammenhang mit der Bewertung der betreffenden Postens bestehen materielle Unterschiede (→Bewertungsprüfung). Während aktivierte Aufwendungen für die Ingangsetzung und Erweiterung des Geschäftsbetriebs in jedem folgenden Geschäftsjahr zu mindestens einem Viertel abzuschreiben sind (§ 282 HGB), sind aktivierte latente Steuern aufzulösen, sobald eine Steuerentlastung eintritt oder wenn mit einer Entlastung nicht mehr zu rechnen ist (§ 274 Abs. 2 Satz 4 HGB). Ein aktiviertes Disagio ist nach § 250 Abs. 3 Satz 2 HGB durch planmäßige jährliche Abschreibungen (→Abschreibungen, bilanzielle; →Abschrei-

Bilanzierungsmethoden, Änderung von

bungen, steuerrechtliche) zu tilgen, wobei mit der Abschreibung im selben Geschäftsjahr zu beginnen ist. Die Abschreibung eines Geschäfts- oder Firmenwerts hingegen hat entweder nach § 255 Abs. 4 Satz 2 HGB in jedem folgenden Geschäftsjahr zu mindestens einem Viertel oder nach § 255 Abs. 4 Satz 3 HGB planmäßig über die Laufzeit zu erfolgen. Der APr hat sich von der korrekten Durchführung der entsprechenden Abschreibungsmethode zu überzeugen.

Bzgl. der für Bilanzierungshilfen obligatorischen Berichterstattungspflicht im Anhang hat der APr festzustellen, ob sich im Vergleich zum Vorjahr Änderungen in den Aktivierungs- und Abschreibungsmethoden (→Änderung der Bilanzierungs- und Bewertungsmethoden) ergeben haben (IDW 2006, Abschn. R, Rn. 526, S. 2094).

Während das Gesetz für Bilanzierungswahlrechte nach §§ 269 und 274 Abs. 2 HGB direkte Erläuterungspflichten vorsieht, sehen weder HGB, AktG noch GmbHG eine direkte Erläuterungspflicht im Fall einer Aktivierung eines Disagios vor. Eine indirekte Erläuterungspflicht ergibt sich jedoch aus § 284 Abs. 2 Nr. 1 und 3 HGB, wonach die Ausübung von Aktivierungswahlrechten zu erläutern ist. Entsprechendes gilt für die Aktivierung eines Geschäfts- oder Firmenwerts (Veit 2002, S. 119 und 126). Der APr hat sich von der korrekten Berichterstattung zu überzeugen.

Entsprechendes gilt für die Prüfung der zutreffenden Berücksichtigung des aktivierten Postens bei der Gewinnverteilung von KapGes. Hier hat der APr sich davon zu überzeugen, ob ein ggf. in den Anhang aufgenommener Gewinnverwendungsvorschlag die Ausschüttungsbeschränkung beachtet (→Eigenkapital). Der Gesetzgeber fordert Ausschüttungsbeschränkungen nur für Bilanzierungshilfen i. S. e. Aktivierung von Aufwendungen für die Ingangsetzung und Erweiterung des Geschäftsbetriebs sowie im Falle einer Aktivierung von aktiven latenten Steuern.

Die erstmalige Inanspruchnahme von Bilanzierungshilfen kann darauf hindeuten, dass das bilanziell ausgewiesene →Eigenkapital und das →Jahresergebnis durch den Bilanzierenden positiver dargestellt werden soll; der APr sollte somit auch ein verstärktes Augenmerk auf mögliche Überbewertungen (→Bewertungsprüfung) anderer Aktivposten bzw.

Ansatz nicht aktivierungsfähiger Beträge legen. Die Ausübung der Nutzung einer Bilanzierungshilfe stellt darüber hinaus eine wesentliche Bewertungsgrundlage i.S.d § 321 Abs. 2 Satz 4 HGB dar, auf die im →Prüfungsbericht (PrB) einzugehen ist.

Literatur: IDW (Hrsg.): WPH 2006, Band I, 13. Aufl., Düsseldorf 2006; Veit, K.-R.: Bilanzpolitik, München 2002.

Heiko Engelhardt

Bilanzierungsmethoden, Änderung von
→Änderung der Bilanzierungs- und Bewertungsmethoden

Bilanzierungswahlrechte, steuerrechtliche
→Bilanzpolitische Gestaltungsspielräume nach Steuerrecht

Bilanzmethode →Mehr- und Wenigerrechnung

Bilanzplan →Planbilanz

Bilanzpolitik →Bilanzpolitische Gestaltungsspielräume nach HGB; →Bilanzpolitische Gestaltungsspielräume nach IFRS; →Steuercontrolling

Bilanzpolitik, Analyse der →Jahresabschlussanalyse

Bilanzpolitische Beratung durch den Wirtschaftsprüfer

Bilanzpolitik wird immer dann unterstellt, wenn die Geschäftsführung bewusst und im Hinblick auf die unternehmerischen Zielsetzungen zweckorientierte Entscheidungen hinsichtlich der formellen und materiellen Gestaltung der Bilanz vornimmt. Diese stellen darauf ab, im Rahmen des rechtlich Zulässigen das Verhalten der Interessengruppen des Jahresabschlusses zielkonform zu beeinflussen (Freidank 1998, S. 85 ff.). Im Hinblick auf die unterschiedlichen Objekte scheint der Begriff Rechnungslegungspolitik terminologisch passender als der Begriff Bilanzpolitik zu sein, da sich die zweckorientierte Beeinflussung des Datenmaterials durch das Management (→bilanzpolitische Entscheidungsmodelle) nicht nur auf die Bilanz beschränkt, sondern z. B. ebenfalls Auswirkungen auf die →Gewinn- und Verlustrechnung (GuV), den →Lagebericht, den →Anhang oder die →Kapitalflussrechnung entfaltet.

Aufgrund der Tatsache, dass die Bilanzpolitik in die übergeordnete Unternehmenspolitik eingegliedert ist und dem Oberziel der Unternehmung, z. B. Maximierung des Shareholder Value (→Shareholder Value-Analysis; →wertorientierte Unternehmensführung; →Unternehmenssteuerung, wertorientierte) zu dienen hat, können bilanzpolitische Ziele im Folgenden als betriebliche Subziele konkretisiert werden.

Eine bilanzpolitische Beratung der Geschäftsführung durch Experten, z. B. durch den WP, wird angesichts der Vernetzung von Bilanzpolitik und strategischer Unternehmensleitung bzw. -planung (→Planung) als wesentlich erachtet. Der WP verfügt über ausreichende Fach- und Sachkenntnisse, mögliche Gestaltungsalternativen aufzuzeigen und konkrete Vorschläge zu unterbreiten. Allerdings kann die bilanzpolitische Beratung immer dann problematisch sein, wenn gleichzeitig ein Prüfungsauftrag (→Prüfungsauftrag und -vertrag) durch das Unternehmen vorliegt, da der WP eine Testierung des Jahresabschlusses (→Jahresabschlussprüfung) und des →Lageberichts vornimmt, die er maßgeblich mitgestaltet hat (sog. Selbstprüfung) und das Postulat der Unabhängigkeit (→Unabhängigkeit und Unbefangenheit des Wirtschaftsprüfers) verletzt wird (Bauer 2004, S. 179). Unabhängigkeit umfasst sowohl die öffentlich wahrgenommene (Independence in Appearance) als auch die tatsächliche Unabhängigkeit (Independence in Fact), die durch ein zu enges Verhältnis zwischen Mandant und WP oder durch ein Eigeninteresse des →Abschlussprüfers an dem zu prüfenden Unternehmen bei einer gleichzeitigen Beratungstätigkeit gefährdet wird. Lediglich eine objektive und unabhängige Instanz kann eine angemessene →Prüfungsqualität gewährleisten.

In jüngster Zeit sind die Anforderungen an die Unabhängigkeit durch zahlreiche nationale, supra- und internationale Normierungen gestiegen. Das BilReG ist maßgeblich geprägt durch die Ausführungen des SOA (→Sarbanes Oxley Act, Einfluss auf das Prüfungswesen), der Empfehlung 2002/590/EG zur Unabhängigkeit des Abschlussprüfers sowie der Final Rules der →*Securities and Exchange Commission (SEC)* und hat zahlreiche Normierungen der RL 2006/43/EG (sog. novellierte APrRL) bereits vorweggenommen (s. zu den Einflüssen Lanfermann 2005, S. 2645; Ring 2005, S. 198). Durch das BilReG ist die Vorschrift des § 319 HGB, die für sämtliche prüfungspflichtige Unternehmen zu beachten ist, konkretisiert und um den § 319a HGB erweitert worden. Letzterer findet lediglich bei der Prüfung von Unternehmen Anwendung, die einen organisierten Markt i. S. d. § 2 Abs. 5 →Wertpapierhandelsgesetz (WpHG) in Anspruch nehmen. Ausfluss dieser gesetzlichen Bestrebungen waren spektakuläre Unternehmenskrisen und -zusammenbrüche auf nationaler und internationaler Ebene (→Bilanzfälschung; →Wirtschaftskriminalität), die das Vertrauen in die in- und externe →Unternehmensüberwachung (→Corporate Governance) nachhaltig beeinträchtigt haben.

Die Unabhängigkeit des Wirtschaftsprüfers ist immer dann in Frage zu stellen, wenn Gründe vorliegen, nach denen die Besorgnis der Befangenheit besteht (→Berufsgrundsätze des Wirtschaftsprüfers). Diese können gem. § 319 Abs. 2 HGB insb. aus Beziehungen geschäftlicher, finanzieller oder persönlicher Art resultieren. Das bereits erwähnte Selbstprüfungsverbot ist in § 319 Abs. 3 Nr. 3 HGB kodifiziert, wonach nicht nur die Mitwirkung an der Buchführung oder Aufstellung des Jahresabschlusses, sondern ausdrücklich auch die Beteiligung an der Durchführung der →Internen Revision in verantwortlicher Position, die Erbringung von Unternehmensleitungs- und Finanzdienstleistungen sowie eigenständiger Bewertungsleistungen untersagt ist, sofern eine wesentliche (→Wesentlichkeit) Auswirkung auf den JA vorliegt (Hönsch 2005, S. 232).

Der für die Prüfung kapitalmarktorientierter Unternehmen als Sonderregelung (lex specialis) zu beachtende § 319a HGB verschärft die Anforderungen an die Unabhängigkeit. Ein Verstoß gegen das Selbstprüfungsverbot ist hiernach gegeben, wenn gem. § 319a Abs. 1 Satz 1 Nr. 2 HGB über die Prüfungstätigkeit hinaus Rechts- oder Steuerberatungsleistungen (→Steuerberatung) erbracht werden, die über das Aufzeigen von Gestaltungsalternativen hinausgehen und die unmittelbar und wesentlich auf die Darstellung der wirtschaftlichen Lage (→Vermögenslage; →Finanzlage; →Ertragslage) des Unternehmens Einfluss nehmen.

Nach den geltenden Regelungen des deutschen Handelsrechts ist die bilanzpolitische Beratungstätigkeit durch den WP nicht von vornherein explizit ausgeschlossen. Zeigt der WP dem Mandanten lediglich die Vielzahl bilanzpolitischer Gestaltungsalternativen auf (→bilanzpolitische Gestaltungsspielräume nach HGB; →bilanzpolitische Gestaltungsspielräume nach Steuerrecht; →bilanzpolitische Gestaltungsspielräume nach IFRS; →bilanzpolitische Gestaltungsspielräume nach US GAAP), ohne ihm den Einsatz eines bestimmten Instrumentariums nahe zu legen, kann eine Besorgnis der Befangenheit grds. ausgeschlossen werden. Wertet der WP dagegen die aufgezeigten bilanzpolitischen Möglichkeiten bzw. nimmt er dem Management die Entscheidung bei der Wahl der bilanzpolitischen Maßnahme ab, ist die Grenze zur Besorgnis der Befangenheit i. d. R. überschritten [s. grundlegend BGH-Urteil vom 21.4.1997, S. 1162 („Allweiler"); BGH-Urteil vom 25.11. 2002, S. 383 („Hypo-Vereinsbank"); BGH-Urteil vom 3.6.2004, S. 1491 („K. of America Inc.") sowie hierzu im Einzelnen Grewe 2004, S. 451; Ebke/Paal 2005, S. 894].

Die theoretisch vorzugswürdige Lösung besteht in der Trennung von Beratungs- und Abschlussprüfungsleistungen durch die Bestellung zweier WP (→Bestellung des Abschlussprüfers) aus unterschiedlichen WPGes (→Revisions- und Treuhandbetriebe). Durch diese Form der „Signalisierung" (Signalling Theory) kann die Independence in Appearance der externen Adressatengruppen gestärkt werden (s. zu empirischen Studien zur Independence in Appearance Quick 2002, S. 622 f.) Aus Kostengesichtspunkten wird von dieser Möglichkeit in der Unternehmenspraxis bislang allerdings nur wenig Gebrauch gemacht, so dass auch weiterhin von einer Bündelung von Beratungs- und Prüfungstätigkeiten unter Beachtung der gesetzlichen Restriktionen auszugehen ist.

Literatur: Bauer, M.: Abschlussprüfung und Beratung. Wess' Brot ich ess, dess' Lied ich sing?!, in: WiSt 33 (2004), S. 178–185; BGH-Urteil vom 21.04.1997, Aktz. II ZR 317/95, ZIP 18 (1997), S. 1162–1165; BGH-Urteil vom 25.11.2002, Aktz. II ZR 49/01, DB 56 (2003), S. 383–387; BGH-Urteil vom 3.6.2004, Aktz. X ZR 104/ 03, WPg 57 (2004), S. 1136–1140; Ebke, W. F./Paal, B. P.: Die Unabhängigkeit des gesetzlichen Abschlussprüfers: Absolute Ausschlussgründe und ihre Auswirkungen auf den Prüfungsvertrag. Zugleich Besprechung der Entscheidung BGH WM 2004, 1491 (K. of America. Inc.), in: ZGR 34 (2005), S. 894–912; Freidank, C.-Chr.: Zielformulierungen und Modellbildungen im Rahmen der Rechnungslegungspolitik, in: Freidank, C.-Chr. (Hrsg.): Rechnungslegungspolitik. Eine Bestandsaufnahme aus handels- und steuerrechtlicher Sicht, Berlin et al. 1998, S. 85–153; Freidank, C.-Chr./Velte, P.: Rechnungslegung und Rechnungslegungspolitik. Eine Einführung aus handels-, steuerrechtlicher und internationaler Sicht in die Rechnungslegung und Rechnungslegungspolitik von Einzelunternehmen, Personenhandels- und Kapitalgesellschaften, Stuttgart 2007; Grewe, W.: Zur Unabhängigkeit des Abschlussprüfers, in: Göbel, S./Heni, B. (Hrsg.): Unternehmensrechnung: Konzeption und praktische Umsetzung. FS zum 68. Geburtstag von Gerhard Scherrer, München 2004, S. 441–464; Hönsch, H.: Stärkung der Rolle des Abschlussprüfers und Einführung eines Enforcementverfahrens. Drei neue deutsche Gesetze im Überblick, in: ST 79 (2005), S. 231–235; Lanfermann, G.: EU-Richtlinie zur gesetzlichen Abschlussprüfung, in: DB 58 (2005), S. 2645–2650; Quick, R.: Abschlussprüfung und Beratung, in: DBW 62 (2002), S. 622–643; Ring, H.: Gesetzliche Neuregelungen der Unabhängigkeit des Abschlussprüfers, in: WPg 58 (2005), S. 197–202.

Patrick Velte

Bilanzpolitische Entscheidungsmodelle

Aufgrund der Komplexität der Zusammenhänge und der wechselseitigen Beziehungen zwischen Wahlrechten und Kennzahlen (→Kennzahlen und Kennzahlensysteme als Kontrollinstrument) gestaltet sich eine alle Zielsetzungen berücksichtigende Bilanzpolitik als sehr schwierig. Aus diesem Grund wurden seit Beginn der 1970er Jahre in der betriebswirtschaftlichen Forschung bilanzpolitische Gestaltungsprobleme in Form von Entscheidungsmodellen operational formuliert und so eine normative Betrachtung ermöglicht. Bilanzpolitische Entscheidungsmodelle können im Rahmen einer zieloptimalen Bilanzpolitik und für Zwecke der →Finanzplanung sowie Bilanzplanung (→Planbilanz) Anwendung finden. Sie berücksichtigen durch die genaue Erfassung der quantitativen Zusammenhänge aller endogenen Größen die Auswirkungen der bilanzpolitischen Maßnahmen auf sämtliche Zielwerte und berechnen, wie die vorhandenen Wahlrechte und Ermessensspielräume ausgeübt werden müssen, um eine alle Zielgrößen beachtende optimale Entscheidung zu erreichen. Durch die computergestützte Umsetzung von Entscheidungsmodellen können in der betrieblichen Praxis unter Berücksichtigung der wichtigsten bilanzpolitischen Ziele optimale Abschlüsse ermittelt werden, die unter realitätsnahen Bedingungen von Hand nicht errechenbar sind (Freidank 2001, S. 18 f.).

Die Aufstellung von bilanzpolitischen Entscheidungsmodellen ist darauf ausgerichtet,

Empfehlungen über den Einsatz des Instrumentariums in Abhängigkeit von einer operational formulierten Zielfunktion zu geben (Freidank 1990, S. 82). Zur Bestimmung der Zielfunktion muss das Zielsystem des Entscheidungsträgers bekannt sein, das aus den Zielgrößen und den Präferenzrelationen besteht. Die Zielfunktion kann hierbei etwa die Maximierung des Jahresüberschusses (→Jahresergebnis) bzw. Bilanzgewinns oder (bei mehrperiodigen Modellen) die →Steuerbarwertminimierung sein. Vor dem Hintergrund des in der Praxis häufig verfolgten Ziels der Ergebnisglättung bietet sich auch eine Fixierung des Ergebnisses an. Daneben können bei Vorliegen mehrerer Ziele Gewichtungen vorgenommen, Nebenbedingungen formuliert (z. B. Mindestanspruchsniveaus für bestimmte Bilanzkennzahlen) oder Prioritäten gesetzt werden. Der Aktionsraum des Entscheidungsmodells umfasst die Menge aller Handlungsalternativen, die dem Entscheidungsträger in Form des bilanzpolitischen Instrumentariums zur Verfügung stehen (Eigenstetter 1997, S. 210). Als Grundlage dient ein vorläufiger Basis-JA, der durch die Auswahl einer Kombination von Alternativen aus dem Aktionsraum in Form von Wahlrechtsausübungen in einen zieloptimalen JA transformiert werden soll, wobei auch die Unterlassensalternative, bei der keine Änderungen am vorläufigen JA vorgenommen werden, zum Aktionsraum gehören muss.

Während sich einperiodige Modelle nur auf die Rechnungslegung für die Referenzperiode (i. d. R. 1 Jahr) beziehen, versuchen mehrperiodige Modelle, die Aktionsparameter auch für zukünftige Perioden zu optimieren. Die Notwendigkeit mehrperiodiger bilanzpolitischer Entscheidungsmodelle ergibt sich daraus, dass bestimmte Maßnahmen nicht nur eine Periode tangieren (Primäreffekte), sondern auch Folgewirkungen für die künftigen Perioden haben (Sekundäreffekte), die die Realisation späterer Handlungsziele gefährden können (Freidank 1990, S. 78). Um Fehlentscheidungen in der Zukunft zu vermeiden, bedarf es auch der →Planung künftiger bilanzpolitischer Zielgrößen unter Berücksichtigung der Sekundärwirkungen der Instrumente, sofern eine hinreichend genaue Vorausbestimmung der zukünftigen Entscheidungsparameter möglich ist.

Bei der Konzipierung bilanzpolitischer Entscheidungsmodelle sind in Anlehnung an Freidank (Freidank 1993, S. 312–323) u. a. folgende Prämissen zu berücksichtigen:

- Es sollte auf Partialmodelle zurückgegriffen werden, da möglichst vereinfachende Abbildungen den Erfordernissen der Praxis am ehesten nachkommen.
- Das Erreichen einer zumindest hinreichend guten Lösung muss sichergestellt sein.
- Die Handlungsziele der Bilanzpolitik müssen klar quantifizierbar sein.
- Zielkonflikte sollten durch Zielgewichtung oder Rangfolgebildung lösbar sein.
- Dem Entscheidungsträger müssen sämtliche vorhandenen Instrumente vollständig zur Verfügung stehen, und er muss den Flexibilitätsgrad der Alternativen kennen (→Flexibilitätsanalyse des bilanzpolitischen Instrumentariums).
- Darüber hinaus ist zu beachten, dass das Entscheidungsmodell flexibel genug sein sollte, damit es prinzipiell von jedem Unternehmen entsprechend seiner individuellen Zielvorstellungen und des vorhandenen Instrumentariums benutzt werden kann.

Die meisten Modellansätze tragen simultanen Charakter. Dabei werden alle Bestandteile des Entscheidungsmodells gleichzeitig festgelegt. Die Entscheidungsträger geben zu Beginn die Zielfunktion, Nebenbedingungen und sämtliche Handlungsalternativen an, die optimale Lösung wird dann ohne weiteres Eingreifen der Personen errechnet. Zur Lösung simultaner Modelle bieten sich die mathematischen Verfahren des →Operations Research (→mathematische Entscheidungsmodelle) an. Dies erfordert eine eindeutige Problemformulierung, ermöglicht aber durch IT-Einsatz eine Problemlösung mit geringem zeitlichen Aufwand. Im Schrifttum findet sich vor allem eine Vielzahl steuerbilanzpolitischer Entscheidungsmodelle, die aufgrund zu berücksichtigender Zinseffekte und Progressionswirkungen der Ertragsteuern großteils mehrperiodig ausgerichtet sind. Handelsbilanzpolitische Modelle sind dagegen seltener anzutreffen. Aufgrund der Verknüpfung von Handels- und Steuerbilanz über das →Maßgeblichkeitsprinzip empfiehlt sich im Rahmen einer umfassenden Bilanzpolitik der Einsatz von Modellen, die Handels- und Steuerbilanz mit ihren bestehenden Interdependenzen gemeinsam betrachten (→bilanzpolitische Gestaltungsspielräume nach HGB; →bilanzpolitische Gestaltungsspielräume nach Steuerrecht) und in die Optimierung einbeziehen. Neben der Handelsbilanz nach HGB sind in jüngerer Zeit auch Entscheidungsmodelle für die internationale Rechnungslegung nach den Vorschriften der →International Financial Reporting Standards (IFRS) (→bilanzpolitische Gestaltungsspielräume nach IFRS) entwickelt worden (s. z. B. Reibis 2005; Schäfer 1999).

Literatur: Eigenstetter, H.: Entscheidungsmodelle für eine anteilseignerbezogene Steuerpolitik. Zugleich ein Beitrag zur Wahl der Mitunternehmer-GmbH als Gestaltungsinstrument, Frankfurt a.M. 1997; Freidank, C.-Chr.: Entscheidungsmodelle der Rechnungslegungspolitik. Computergestützte Lösungsvorschläge für Kapitalgesellschaften vor dem Hintergrund des Bilanzrichtlinien-Gesetzes, Stuttgart 1990; Freidank, C.-Chr.: Jahresabschlussoptimierung nach der Steuerreform, in: BB 56 (2001), Beilage 9 zu Heft 49, S. 1–22; Freidank, C.-Chr./Velte, P.: Rechnungslegung und Rechnungslegungspolitik. Eine Einführung aus handels-, steuerrechtlicher und internationaler Sicht in die Rechnungslegung und Rechnungslegungspolitik für Einzelunternehmen, Personenhandels- und Kapitalgesellschaften, Stuttgart 2007; Kloock, J.: Bilanzpolitik und Maßgeblichkeitsprinzip aus handelsrechtlicher Sicht, in: BFuP 41 (1989), S. 141–158; Reibis, C.: Computergestützte Optimierungsmodelle als Instrumente einer unternehmenswertorientierten Rechnungslegungspolitik. Eine Analyse vor dem Hintergrund des Bilanzrechtsreformgesetzes, Hamburg 2005; Schäfer, S.: Entscheidungsmodelle der Konzernrechnungslegungspolitik. Computergestützte Gestaltungen nach den Vorschriften des Handelsrechts und der International Accounting Standards, Landsberg/Lech 1999; Seelbach, H./Fischer, K.: Optimierungsmodelle zur Bilanzgestaltung, in: Freidank, C.-Chr. (Hrsg.): Rechnungslegungspolitik. Eine Bestandsaufnahme aus handels- und steuerrechtlicher Sicht, Berlin et al. 1998, S. 231–271.

Christian Reibis

Bilanzpolitische Gestaltungsspielräume nach HGB

Im Rahmen der handelsrechtlichen Bilanzpolitik werden die durch externe und interne Beschränkungen markierten bilanzpolitischen Handlungsspielräume zielgerichtet zur Gestaltung des handelsrechtlichen Jahresabschlusses genutzt. Üblicherweise werden die *bilanzpolitischen Gestaltungsspielräume* entsprechend ihren Auswirkungen auf den handelsrechtlichen JA einerseits in Handlungen materialer Natur, andererseits in Handlungen formaler Natur unterteilt (Waschbusch 1994a, S. 807 f.). *Materiale bilanzpolitische Instrumente* beschäftigen sich mit dem sachlichen Gehalt des handelsrechtlichen Jahresabschlusses, bspw. mit der Beeinflussung der Wertansätze einzelner Bilanzpositionen und damit einhergehend des zu veröffentlichenden Periodenerfolgs (→Jahresergebnis) oder der Einwirkung auf die Strukturbeziehungen von Bilanz und →Gewinn- und Verlustrechnung (GuV). *Bilanzpolitische Gestaltungsspielräume formaler Art* beziehen sich ausschließlich auf die äußere Form der einzelnen Darstellungseinheiten des handelsrechtlichen Jahresabschlusses. Hierbei geht es allein um die Art oder den Ort des Ausweises bestimmter Jahresabschlusspositionen bzw. der Angaben im →Anhang sowie im →Lagebericht.

Darüber hinaus kann eine Einteilung bilanzpolitischer Instrumente nach dem *Zeitpunkt ihrer Durchführung* vorgenommen werden (Waschbusch 1994a, S. 808). Hiernach sind Maßnahmen, die ihren Einsatz vor dem Jahresabschlussstichtag finden, von solchen abzugrenzen, die erst nach dem Jahresabschlussstichtag zur Anwendung gelangen. In diesem Zusammenhang wird auch zwischen *sachverhaltsgestaltenden und sachverhaltsdarstellenden Maßnahmen* unterschieden.

Zu den bereits vor dem Jahresabschlussstichtag einsetzbaren *sachverhaltsgestaltenden Handlungsalternativen* der handelsrechtlichen Bilanzpolitik (Waschbusch 1994a, S. 811–815) zählen zum einen diejenigen geschäftlichen Transaktionen, deren Zwecksetzung in erster Linie in einer Aufbereitung der Bilanzsumme bzw. der Bilanzstruktur besteht, wobei Auswirkungen auf die Erfolgshöhe in diesen Fällen als mehr oder minder unbeabsichtigte Nebeneffekte in Kauf genommen werden. Zum anderen ist bei der Inanspruchnahme von sachverhaltsgestaltenden Maßnahmen aber auch an die Herbeiführung solcher Geschäftsvorfälle zu denken, die ihrerseits vorrangig auf eine Steuerung des Erfolgsausweises der Unternehmung hinwirken und dabei zugleich die Höhe der Bilanzsumme bzw. die Struktur der Bilanz entweder unverändert lassen oder zumindest aber nicht nachteilig verändern wollen. Die folgenden sachverhaltsgestaltenden Handlungsalternativen sind möglich:

1) Die zeitliche Verschiebung von Maßnahmen, deren Erfordernis sich ohnehin abzeichnet, vor bzw. nach den Jahresabschlussstichtag; dabei sind folgende Maßnahmen denkbar: Vorverlagerung/Nachverlagerung des Erwerbs bzw. der Veräußerung von Aktiva, der Aufnahme, Rückzahlung bzw. Um-

schichtung von Kapital sowie von Maßnahmen mit unmittelbarem Aufwands- bzw. Ertragscharakter (→Aufwendungen und Erträge).

2) Die Durchführung oder Unterlassung von Maßnahmen vor dem Jahresabschlussstichtag; hierbei ist an Maßnahmen zu denken, die nach dem Jahresabschlussstichtag wieder rückgängig bzw. nicht wieder rückgängig gemacht werden.

Die *materialen Sachverhaltsdarstellungen* gelangen – ausgehend von bereits realisierten Sachverhalten – erst im Jahresabschlussaufstellungszeitraum zur Anwendung. Ausgangsbasis sind die von der Buchhaltung vorgegebenen Zahlen. Materiale Sachverhaltsdarstellungen können in gesetzliche Wahlrechte und Ermessensspielräume unterteilt werden (Waschbusch 1992, S. 310–314). Von *Ermessensspielräumen* wird gesprochen, wenn eine Rechtsnorm so ungenau gefasst ist, „dass entweder ein gegebener Sachverhalt nicht eindeutig unter einen bestimmten Tatbestand fällt oder einem gegebenen Tatbestand eine bestimmte Rechtsfolge nicht eindeutig zugeordnet ist und der zur Rechnungslegung Verpflichtete daher entscheidet, welche Folgerungen aus den ihm vorliegenden Tatsachen gezogen werden müssen" (Bauer 1981a, S. 72 f.). Ermessensspielräume sind Folge der Unmöglichkeit einer vollständigen Objektivierung und exakten Normierung der ökonomischen Wirklichkeit, der Ungewissheit der zukünftigen Entwicklung und damit nicht zuletzt des Bestehens von Informationslücken bei der Beurteilung von Sachverhalten, der Ermittlung von jahresabschlussbezogenen Daten bzw. der Schätzung von Wahrscheinlichkeiten. Ihren Niederschlag finden sie in Form unbestimmter Rechtsbegriffe bzw. in Form von Gesetzeslücken. Ein *Wahlrecht* liegt vor, wenn für die Einbeziehung eines gegebenen Sachverhalts in den handelsrechtlichen JA mindestens zwei eindeutig bestimmte, sich gegenseitig ausschließende Handlungsmöglichkeiten bestehen, der Gesetzgeber dem Rechnungslegenden also ausdrücklich die freie Entscheidung zwischen zwei oder mehreren gleichermaßen zulässigen Alternativen überlässt (Bauer 1981a, S. 66). „Das äußert sich bspw. in der Verwendung der Worte ‚Wahlrecht', ‚können' und ähnlicher Ausdrücke sowie in der Angabe mehrerer Rechtsfolgen, die mit ‚oder' verbunden sind" (Bauer 1981a, S. 77).

Die materialen sachverhaltsdarstellenden Gestaltungsspielräume können den Bereichen Bilanzierungspolitik, Bewertungspolitik, Ausweispolitik, offene Rücklagenpolitik sowie Berichtspolitik zugeordnet werden (Waschbusch 1994b, S. 919–922). Im Rahmen der *Bilanzierungspolitik* werden die vom Gesetzgeber ausdrücklich vorgesehenen Freiräume beim Ansatz einzelner Bilanzpositionen (→Ansatzgrundsätze) dem Grunde nach (sog. Bilanzansatzwahlrechte) in *Aktivierungs- und Passivierungswahlrechte* unterschieden (Bieg/Kußmaul 2006, S. 259 f.). Beispiele für *Aktivierungswahlrechte* sind: § 250 Abs. 3 HGB, § 255 Abs. 4 HGB, § 269 HGB oder § 274 Abs. 2 Satz 1 HGB. Beispiele für Passivierungswahlrechte sind: § 247 Abs. 3 i.V.m. § 273 HGB, § 249 Abs. 1 Satz 3 HGB, § 249 Abs. 2 HGB sowie Art. 28 Abs. 1 EGHGB. Gegenstand der *Bewertungspolitik* ist die zweckgerichtete Gestaltung der Wertansätze einzelner Bilanzpositionen (→Bewertungsgrundsätze) durch Nutzung von Bewertungswahlrechten und Ermessensspielräumen beim Ansatz bilanzierungspflichtiger oder freiwillig bilanzierter →Vermögensgegenstände und →Schulden (Wöhe 1997, S. 673). Die Bewertungswahlrechte werden ihrerseits weiter in Wertansatzwahlrechte und Methodenwahlrechte unterschieden. Die *Wertansatzwahlrechte* ermöglichen dem Rechnungslegenden die Wahl zwischen zwei oder mehreren gesetzlich zulässigen Wertansätzen (Marettek 1976, S. 515). Ein Wertsansatzwahlrecht ist bspw. in § 253 Abs. 3 Satz 3 HGB festgeschrieben. *Methodenwahlrechte* kommen bei der Ermittlung der Wertansätze einzelner Bilanzpositionen zur Anwendung. Ihre Entstehungsursache liegt darin, „dass der Gesetzgeber einen bestimmten Wert bzw. eine bestimmte Wertart zwar zwingend vorgeschrieben hat, nicht jedoch die jeweilige Methode und die jeweiligen Komponenten zu seiner (bzw. ihrer; der Verfasser) Bestimmung" (Marettek 1976, S. 515). Bspw. kann zwischen den verschiedenen anerkannten Methoden der planmäßigen Abschreibung (→Abschreibungen, bilanzielle), wie z. B. linearer oder geometrisch-degressiver Abschreibung, frei gewählt werden. *Ermessensspielräume* ergeben sich vor allem infolge unvermeidbarer Unschärfen bei der Ermittlung der an sich vorgegebenen Wertart. Objektiv nicht ohne weiteres nachvollziehbar, lassen sie „dem Ermessen des Rechnungslegenden in nicht eindeutig festgelegten oder festlegbaren Grenzen freien Raum" (Bauer

1981b, S. 768). Sie werden deswegen auch als „das subjektive Moment in jeder Bilanzierung" (Marettek 1976, S. 519) bezeichnet. Beispiele sind: die Schätzung der →Nutzungsdauer von Gegenständen des abnutzbaren Sachanlagevermögens (→Sachanlagen) sowie die Ermittlung der Höhe der Einzelwertberichtigungen auf →Forderungen. Gegenstand der *Ausweispolitik* sind die gesetzlich determinierten Wahlrechte bzgl. des Ausweises einzelner Bilanzpositionen sowie Positionen der GuV. Ihre Zahl ist sehr begrenzt. Beispiele sind: § 272 Abs. 1 Satz 2 und 3 HGB und § 281 Abs. 1 Satz 1 HGB. Gegenstand der *offenen Rücklagenpolitik*, die an dem in der GuV ausgewiesenen Jahresüberschuss bzw. Jahresfehlbetrag (→Jahresergebnis) anknüpft, sind die den relevanten Entscheidungsorganen einer Unternehmung zustehenden Wahlrechte bzgl. der Bildung und Auflösung offener →Rücklagen. Gegenstand der *Berichtspolitik* sind die quantitativen und qualitativen Erläuterungswahlrechte im Anhang und im Lagebericht. Erläuterungswahlrechte ergeben sich dadurch, dass für den Anhang und den Lagebericht jeweils nur ein Mindestinhalt im Gesetz festgelegt ist.

Zu den *formalen Sachverhaltsdarstellungen der handelsrechtlichen Bilanzpolitik* zählen insb. die Gliederungswahlrechte (→Gliederung der Bilanz; →Gliederung der Gewinn- und Verlustrechnung) sowie die verschiedenen Möglichkeiten der optischen Gestaltung der Berichterstattung im Anhang und im Lagebericht. Die *zeitlichen handelsrechtlichen Gestaltungsspielräume* umfassen vornehmlich die Wahl des Jahresabschlussstichtags.

Literatur: Bieg, H./Kußmaul, H.: Externes Rechnungswesen, 4. Aufl., München 2006; Bauer, J.: Grundlagen einer handels- und steuerrechtlichen Rechnungspolitik der Unternehmung, Wiesbaden 1981a; Bauer, J.: Zur Rechtfertigung von Wahlrechten in der Bilanz, in: BB 36 (1981b), S. 766–772; Marettek, A.: Ermessensspielräume bei der Bestimmung wichtiger aktienrechtlicher Wertansätze, in: WiSt 5 (1976), S. 515–520; Waschbusch, G.: Die handelsrechtliche Jahresabschlusspolitik der Universalaktienbanken. Ziele Daten Instrumente, Band 12 der Schriften zur Bilanz- und Steuerlehre, Küting, K./Wöhe, G. (Hrsg.), Stuttgart 1992; Waschbusch, G.: Die Instrumente der handelsrechtlichen Jahresabschlusspolitik: Ein Systematisierungsansatz (I), in: WISU 23 (1994a), S. 807–816; Waschbusch, G.: Die Instrumente der handelsrechtlichen Jahresabschlusspolitik: Ein Systematisierungsansatz (II), in: WISU 23 (1994b), S. 919–924; Wöhe, G.: Bilanzierung und Bilanzpolitik, 9. Aufl., München 1997.

Gerd Waschbusch

Bilanzpolitische Gestaltungsspielräume nach IFRS

Nach F.9 ff. sowie IAS 1.7 (2003) besteht der Zweck eines Abschlusses nach den →International Financial Reporting Standards (IFRS) darin, Informationen für einen möglichst weiten Kreis von Abschlussadressaten bereitzustellen, damit sie u. a. wirtschaftliche Entscheidungen treffen können. Aus diesem Funktionszweck der IFRS-Abschlüsse lässt sich als *Ziel der Bilanzpolitik in IFRS-Abschlüssen* ableiten: Die Darstellung der →Vermögenslage, →Ertragslage und →Finanzlage soll dergestalt beeinflusst werden, dass die Abschlussadressaten in ihren wirtschaftlichen Entscheidungen beeinflusst werden bzw. sich beeinflussen lassen (Ziesemer 2002, S. 15).

Die Abb. 1 gibt einen Überblick über die unterschiedlichen *Instrumente* der Bilanzpolitik.

Die *Sachverhaltsgestaltung* umfasst Maßnahmen vor dem Bilanzstichtag, die für den Bilanzleser nicht offen erkennbar sind und bei denen Transaktionen derart strukturiert werden, dass die gewünschte bilanzielle Abbildung erreicht wird. Die IFRS haben explizit den Anspruch, den tatsächlichen wirtschaftlichen Gehalt von Geschäftsvorfällen durch die Bilanzierung abzubilden und lösen sich daher in einem starken Maß von der rechtlichen Gestaltung. Daher finden sich detaillierte Regelungen in den IFRS, die gängige Sachverhaltsgestaltungen zum Inhalt haben und diese begrenzen (z. B. die Regelungen zur Ausbuchung von finanziellen Vermögenswerten (→Asset) in IAS 39.15 ff. (2004), die Relevanz für Pensionsgeschäfte, →ABS-Transaktionen und Factoring haben).

Durch *Sachverhaltsabbildung* wird Einfluss auf die Darstellung der wirtschaftlichen Wirklichkeit nach dem Bilanzstichtag genommen. Die expliziten Bewertungs- und Gliederungswahlrechte kann das bilanzierende Unternehmen ebenso zur *formellen* Gestaltung (Einflussnahme auf die Form und die Darstellung der Vermögens-, Ertrags- und Finanzlage) und *materiellen* Gestaltung (Steuerung der Höhe der ausgewiesenen Abschlussdaten, vor allem →Jahresergebnis, →Eigenkapital und Bilanzsumme) des IFRS-Abschlusses einsetzen wie auch die sich zwangsläufig ergebenden Ermessensspielräume oder faktischen (verdeckten) Wahlrechte.

Abb. 1: Instrumente der Bilanzpolitik

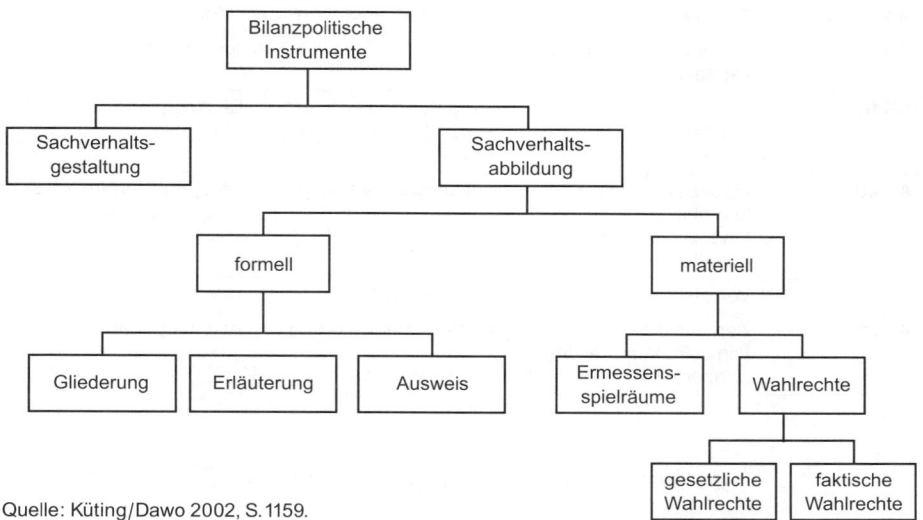

Quelle: Küting/Dawo 2002, S. 1159.

Formelle bilanzpolitische Maßnahmen eröffnen sich nach IFRS hinsichtlich der →Gliederung der Bilanz, die zwar nach dem Fristigkeitsprinzip aufzustellen ist [IAS 1.51 (2003)]; dem bilanzierenden Unternehmen ist es jedoch durch Definition eines von 12 Monaten abweichenden Geschäftszyklus gem. IAS 1.57 (a) (2003) möglich, Einfluss auf die Abgrenzung zwischen lang- und kurzfristig zu nehmen. Zudem wird ein verbindliches Gliederungsschema durch die IFRS für die Bilanz ebenso wie für die →Gewinn- und Verlustrechnung (GuV) nicht vorgegeben. Hinsichtlich des Formats der GuV (→Gliederung der Gewinn- und Verlustrechnung) besteht gem. IAS 1.88 (2003) ein explizites Wahlrecht zwischen GKV und UKV. Im Hinblick auf den *Ausweis* gewähren die IFRS bei einer Reihe von Angaben das Wahlrecht, die anzugebenden Beträge (z. B. bei wesentlichen Ertragsoder Aufwandsposten gem. IAS 1.86 (2003) oder den als Aufwand erfassten Ausgaben für F&E gem. IAS 38.126 (2004)] entweder als Betrag in der Bilanz bzw. GuV auszuweisen oder aber den Betrag in den →Notes zu nennen. Ebenso können bestimmte öffentliche →Zuschüsse gem. dem Brutto- oder Nettoverfahren abgebildet werden (IAS 20).

Materielle Bilanzpolitik, die die Höhe der ausgewiesenen Abschlussdaten beeinflusst, ist im Hinblick auf Ansatz (→Ansatzgrundsätze) und Bewertung (→Bewertungsgrundsätze) im IFRS-Abschluss von Relevanz. Für den *Ansatz* von Vermögenswerten und →Schulden (→Liability) bestehen jedoch nach IFRS im Gegensatz zum HGB keine expliziten Wahlrechte (mit Ausnahme des IAS 19.93A, der ein Ansatzwahlrecht für bestimmte versicherungsmathematische Gewinne und Verluste bietet, sowie zum →Konsolidierungskreis bei faktischer Beherrschung). Potenzial für bilanzpolitische Maßnahmen bieten jedoch die Kriterien, die gem. F.83 für den Ansatz eines Abschlusspostens erfüllt sein müssen:

- Es muss „wahrscheinlich" sein, dass ein mit dem Sachverhalt verknüpfter künftiger wirtschaftlicher Nutzen dem Unternehmen zufließen oder von ihm abfließen wird, und

- die AHK (→Anschaffungskosten; →Herstellungskosten, bilanzielle) oder der Wert des Sachverhalts müssen „verlässlich" ermittelt werden können.

Die Unbestimmtheit der Begriffe „wahrscheinlich" und „verlässlich" eröffnet eine Reihe von Auslegungsalternativen für das bilanzierende Unternehmen und damit ein faktisches Wahlrecht hinsichtlich des Ansatzes.

Im Hinblick auf die *Bewertung* bestehen in den IFRS folgende explizite Wahlrechte, die im Regelfall dadurch gekennzeichnet sind, dass der jeweilige Standard zwischen Benchmark

Abb. 2: Explizite Bewertungswahlrechte nach IFRS

Standard	Thematik	Wahlrecht zwischen	oder
IAS 23	Behandlung von Fremdkapitalkosten	Aufwand	Aktivierung
IAS 16	Folgebewertung von Sachanlagen	Fortgeführten Anschaffungs-/Herstellungskosten	Beizulegender Zeitwert
IAS 40	Folgebewertung von Immobilien, die als Finanzinvestition gehalten werden	Beizulegendem Zeitwert	Fortgeführten Anschaffungs-/Herstellungskosten
IAS 2	Vorratsbewertung	Fifo-Methode	Durchschnittsmethode
IAS 31	Berücksichtigung von Joint Ventures im Konzernabschluss	Quotenkonsolidierung	At-equity-Methode

Abb. 3: IFRS 1: Retrospektive Anwendung und Ausnahmen

Optionale Ausnahmen	Verpflichtende Ausnahmen
– Unternehmenszusammenschlüsse	– Ausbuchung finanzieller Vermögenswerte und Schulden
– Beizulegender Zeitwert oder Neubewertung als Ersatz für Anschaffungs- oder Herstellungskosten	– Bilanzierung von Sicherungsbeziehungen
– Leistungen an Arbeitnehmer	– Schätzungen
– kumulierte Umrechnungsdifferenzen	– als zur Veräußerung gehalten klassifizierte Vermögenswerte und aufgegebene Geschäftsbereiche
– Zusammengesetzte Finanzinstrumente	
– Vermögenswerte und Schulden von Tochterunternehmen, assoziierten Unternehmen und Joint Ventures	
– Einstufung von früher angesetzten Finanzinstrumenten	
– Anteilsbasierte Vergütungen	
– Versicherungsverträge	
– Entsorgungsverpflichtungen als Bestandteil der Anschaffungs- und Herstellungskosten von Sachanlagen	
– Leasing	
– Zeitwertbewertung von Finanzinstrumenten beim erstmaligen Ansatz	

und Allowed Alternative Method unterscheidet (s. Abb. 2).

Zu beachten ist bei der Ausübung der expliziten Bewertungswahlrechte, die die IFRS gewähren, dass diese gem. IAS 8.13 (2003), ebenso wie Bilanzierungsmethoden, stetig (→Stetigkeit) anzuwenden sind. Eine →Änderung der Bilanzierungs- und Bewertungsmethoden ist nur innerhalb der strengen Grenzen des IAS 8.14 (2003) möglich.

Abgesehen von expliziten und faktischen Wahlrechten stehen dem bilanzierenden Unternehmen *Ermessensspielräume* in Bezug auf die materielle Gestaltung des IFRS-Abschlusses zur Verfügung. Diese Ermessensspielräume entstehen dann, wenn eine Rechnungslegungsnorm zwar Ansatz oder Bewertung eines Vermögenswerts oder von Schulden regelt, die Voraussetzungen oder die Methode zur Bestimmung von Ansatz oder Bewertung jedoch nicht abschließend geregelt sind. Ein erheblicher Bereich von Ermessensspielräumen ergibt sich bei der Bewertung zum beizulegenden Zeitwert (sog. →Fair Value), die in IAS 16, IAS 36, IAS 38, IAS 39, IAS 40 sowie IFRS 3 und IFRS 5 entweder als Wahlrecht eingeräumt oder aber verpflichtend vorgeschrieben wird. Trotz einer eindeutigen Definition des Fair Value ist die Bestimmung in der Praxis mit Schwierigkeiten verbunden, weil für die meisten Vermögenswerte und Schulden kein verlässlich beizulegender Zeitwert existiert, der für die Bewertung herangezogen werden könnte. In diesen Fällen wird stattdessen auf mathematische Modelle unter Zugrundelegung bestimmter von der Geschäftsführung für plausibel gehaltener Annahmen zurückgegriffen, mit deren Hilfe der Fair Value ermittelt wird (sog. „mark-to-model Fair Value"). Damit liegen in den allermeisten Fällen keine eindeutig feststellbaren und aufgrund dessen auch nicht objektiv nachprüfbare Fair Values vor, da die Prämissen, die der Ermittlung des Fair Value zugrunde lagen, im Abschluss nicht offen gelegt werden (s. zur Fair Value Problematik Ernst & Young 2005, S. 6).

Ein erhebliches Spektrum an bilanzpolitischen Möglichkeiten bietet der für ab dem 1.1.2004 beginnende Geschäftsjahr anzuwendende *IFRS 1* (First-Time Application of IFRS) bei der erstmaligen Anwendung der IFRS (→Internationale Rechnungslegung, Umstellung auf).

Die grundsätzlich vollständige retrospektive Anwendung der IFRS, die von einem IFRS-Anwender bei der Erstellung seiner Eröffnungsbilanz nach IFRS gefordert wird, kann erheblichen Zeitaufwand und →Kosten verursachen. Jedoch wird die vollständige retrospektive Anwendung durch mehrere Ausnahmen von der rückwirkenden Anwendung, die IFRS 1 beinhaltet, erleichtert (s. Abb. 3).

Für jede der optionalen Ausnahmen besteht die Möglichkeit, entweder die spezifizierte Vereinfachungsregel oder aber die retrospektive Anwendungsmethode zu wählen. Im Gegensatz hierzu wird die retrospektive Anwendung für die Sachverhalte, die unter die verpflichtenden Ausnahmen fallen, verboten (zu den Regelungen zur erstmaligen Anwendung von IFRS s. Hayn/Waldersee 2004, S. 17–25).

Fazit: Generell lässt sich bei einer Bilanzierung nach den IFRS eine Verlagerung von offener Bilanzpolitik in Richtung sachverhaltsgestaltende Maßnahmen konstatieren. Die dargestellten expliziten und faktischen Wahlrechte, insb. aber die Ermessensspielräume, die dem bilanzierenden Unternehmen bei der Anwendung der IFRS offen stehen, führen zu weiteren bilanzpolitischen Gestaltungsmöglichkeiten. Darunter fallen auch unbestimmte Normierungsbegriffe der Standards, die vom Bilanzierenden vor dem Hintergrund der eigenen Kultur sowie des sozio-ökonomischen Umfelds ausgelegt werden müssen.

Literatur: Ernst & Young: How fair is fair value? (Positionspapier der IFRS Stakeholder Series), London 2005, www.ey.com (Download: 12. Dezember 2005); Hayn, S./Waldersee, G.: IFRS/US-GAAP/HGB im Vergleich, Synoptische Darstellung für den Einzel- und Konzernabschluss, 5. Aufl., Stuttgart 2004; Küting, K./Dawo, S.: Bilanzpolitische Gestaltungspotenziale im Rahmen der International Financial Reporting Standards (IFRS) – Ansatzfragen am Beispiel der Abbildung immaterieller Werte – (Teil I), in: StuB 4 (2002), S. 1157–1163; Küting, K./Dawo, S.: Bilanzpolitische Gestaltungspotenziale im Rahmen der International Financial Reporting Standards (IFRS) – Ansatzfragen am Beispiel der Abbildung immaterieller Werte – (Teil II), in: StuB 4 (2002), S. 1205–1213; Ziesemer, S.: Rechnungslegungspolitik in IAS-Abschlüssen und Möglichkeiten ihrer Neutralisierung, Düsseldorf 2002.

Sven Hayn

Bilanzpolitische Gestaltungsspielräume nach Steuerrecht

Der subjektbezogene Anwendungsbereich umfasst alle Steuerpflichtigen mit Einkünften aus Land- und Forstwirtschaft, selbstständiger Arbeit und insb. aus Gewerbebetrieb, die ihre Einkünfte gem. § 4 Abs. 1, ggf. i.V.m. § 5 Abs. 1 EStG, pflichtgemäß oder wahlweise im Wege des *Betriebsvermögensvergleichs* oder der *Steuerbilanz* ermitteln. Daher wird die Inanspruchnahme auch als *Steuerbilanzpolitik* bezeichnet. Hierunter ist die zielgerichtete Beeinflussung des auszuweisenden steuerlichen Gewinns durch nach Gesetz, Rspr. und Verwaltungspraxis zulässige Verfahrens-, Bilanzierungs- und Bewertungswahlrechte sowie Ermessensspielräume zu verstehen (Dieckmann 1970, S. 66). Sie bildet einen relativ selbstständigen Teil der *Steuerplanung* (→ Steuerplanung, nationale; → Steuerplanung, internationale) von Unternehmen bzw. Konzernen (→ Konzernarten). Die wichtigste *Zielsetzung* stellt die → *Steuerbarwertminimierung* dar. Aufgrund des Bilanzzusammenhangs wirken sich steuerbilanzpolitische Entscheidungen prinzipiell auch auf den Gewinn zukünftiger Perioden aus, sodass *Zinseffekte* und bei Tarifänderungen *Steuersatzeffekte* sowie ggf. *Progressionseffekte* entstehen. Das → *Maßgeblichkeitsprinzip* nach § 5 Abs. 1 Satz 1 EStG schränkt bei bilanzierenden Steuerpflichtigen mit gewerblichen Einkünften die Inanspruchnahme steuerlicher Wahlrechte jedoch deutlich ein, weil die → *bilanzpolitischen Gestaltungsspielräume nach HGB* nicht deckungsgleich sind. Wegen der *Umkehrmaßgeblichkeit* (→ Maßgeblichkeit, umgekehrte) gem. § 5 Abs. 1 Satz 2 EStG müssen die bilanzierenden Gewerbetreibenden ihre handels- und steuerrechtliche Bilanzpolitik prinzipiell aufeinander abstimmen.

Es lassen sich zwei Klassen von *Aktionsparametern* unterscheiden. *Verfahrenswahlrechte* besitzen eine mittelbare Relevanz für die Höhe der auszuweisenden Gewinne. Einkommensteuerpflichtige, die ihren steuerlichen Gewinn nicht pflichtgemäß durch *Betriebsvermögensvergleich* ermitteln, können unter bestimmten Voraussetzungen eine alternative Methode wählen (→ *Gewinnermittlungsmethoden, steuerrechtliche*). Gewerbetreibende, die im HR eingetragen sind, können zwischen dem kalenderjahrgleichen und einem abweichenden *Wirtschaftsjahr* entscheiden. Im laufenden Betrieb darf eine *Umstellung* auf einen vom Kalenderjahr abweichenden Zeitraum nach § 4a Abs. 1 Nr. 2 Satz 2 EStG nur im Einvernehmen mit dem zuständigen Finanzamt erfolgen. Wegen der Zurechnungsvorschrift des § 4a Abs. 2 Nr. 2 EStG tritt durch die Umstellung für einen Teil des Jahresgewinns eine sog. *Steuerpause* ein, die generell zu einem positiven Zinseffekt führt.

Die *Bilanzierungs-* und *Bewertungswahlrechte* weisen eine unmittelbare Relevanz für die Höhe der Gewinneinkünfte in den betroffenen Perioden auf. Die steuerlichen Vorschriften gewähren jedoch nur in wenigen Fällen *Bilanzierungs-* oder *Ansatzwahlrechte*. Für → Wirtschaftsgüter, die weder *notwendiges Privatvermögen* noch *notwendiges Betriebsvermögen* darstellen, die aber in einem gewissen objektiven Zusammenhang mit dem Betrieb stehen und ihm zu dienen bestimmt sind, existiert ein Zuordnungswahlrecht zum *gewillkürten Betriebsvermögen*.

Gem. § 6b Abs. 1 EStG können *aufgedeckte stille Reserven* (→ stille Reserven und Lasten) aus der Veräußerung von → Grundstücken und Gebäuden auf bestimmte im Jahr der Veräußerung oder im vorangegangenen Jahr angeschaffte oder hergestellte Wirtschaftsgüter übertragen werden. Ferner sieht § 6b Abs. 10 EStG zur Erleichterung von *Umstrukturierungen* vor, dass bei → Personengesellschaften (PersGes) Gewinne aus der Veräußerung von → *Beteiligungen an Kapitalgesellschaften* auf die → Anschaffungskosten (AK) neu beschaffter Anteile an Kapitalgesellschaften, abnutzbarer beweglicher Wirtschaftsgüter oder Gebäude übertragen werden können. Bei einer erzwungenen Aufdeckung der stillen Reserven von Wirtschaftsgütern infolge *höherer Gewalt* oder eines behördlichen Eingriffs gestattet Abschn. 6.6 EStR die Übertragung auf ein Ersatzwirtschaftsgut. Wenn eine entsprechende Reinvestition (→ Investition) im Jahr des Ausscheidens nicht erfolgt, bietet das Steuerrecht alternativ die Möglichkeit, die aufgedeckten Reserven in eine steuerfreie → *Rücklage* einzustellen. Diese kann innerhalb bestimmter Fristen auf begünstigte Reinvestitionsobjekte übertragen werden; andernfalls ist sie spätestens am Ende der maximalen Laufzeit ergebniserhöhend aufzulösen. Die Rücklagenbildung bzw. Übertragung bewirkt keine endgültige Freistellung von der Ertragsbesteuerung, sondern lediglich eine Steuerstundung mit einem Zinsgewinn (Börner/Krawitz 1977, S. 124).

Für rechtsverbindliche *betriebliche Versorgungszusagen* an Arbeitnehmer vor dem 1.1.1987 (sog. *Altzusagen*) besteht gem. Art. 28

Abs. 1 EGHGB i.V.m. § 6a EStG auch in der Steuerbilanz ein *Passivierungswahlrecht*. Neuzusagen nach dem genannten Zeitpunkt unterliegen dagegen handelsrechtlich und aufgrund des *Maßgeblichkeitsprinzips* unter den Voraussetzungen des § 6a Abs. 1 und 2 EStG auch steuerrechtlich einer Pflicht zur Bildung von *Pensionsrückstellungen* (→Pensionsverpflichtungen; →Rückstellungen).

Trotz laufender Rechtsänderungen gewährt das Steuerrecht nach wie vor zahlreiche *Bewertungswahlrechte*. Auf der Aktivseite besteht ein begrenzter Gestaltungsspielraum bzgl. der Höhe der *bilanziellen HK* (→Herstellungskosten, bilanzielle) (Abschn. 6.3 Abs. 5 Satz 2 EStR). Größere Bedeutung weisen die *Abschreibungswahlrechte* (→Abschreibungen, steuerrechtliche) auf. Hinsichtlich der Methode kann der Steuerpflichtige bei beweglichen Wirtschaftsgütern des →Anlagevermögens zwischen der *linearen* oder der *geometrisch-degressiven AfA* bzw. u.U. der *Leistungs-AfA* wählen. Dabei beläuft sich der *Abschreibungssatz* der degressiven AfA derzeit auf höchstens das Doppelte des linearen Satzes bzw. auf max. 20 %. Für Wirtschaftsgüter, die in den Jahren 2006 oder 2007 angeschafft werden, darf dieser Satz maximal das Dreifache des linearen Satzes und 30% nicht übersteigen. Nach § 7 Abs. 3 Satz 1 EStG kann ohne Begründung ein Wechsel von der AfA in fallenden zur AfA in gleichen Jahresbeträgen erfolgen (Hilke 2002, S. 171). Wesentliche Ermessensspielräume bestehen wegen der Unsicherheit bei der Schätzung der *betriebsgewöhnlichen* →Nutzungsdauer.

Außerdem gewährt das Steuerrecht gem. §§ 7b–7k EStG und § 4 FördGG anstelle der normalen AfA *erhöhte Absetzungen* oder zusätzlich zur normalen AfA →*Sonderabschreibungen* (Scheffler 2006, S. 271–273). Bspw. können kleine und mittlere Unternehmen nach § 7g EStG Sonderabschreibungen in Form einer zeitlich befristeten *Ansparabschreibung* zur Förderung der Selbstfinanzierung zukünftiger →Investitionen in Anspruch nehmen (sog. *Investitionsrücklage*).

Die steuerrechtliche Möglichkeit einer *Teilwertabschreibung* bei einer voraussichtlich dauernden Wertminderung gem. § 6 Abs. 1 Nr. 1 Satz 2 EStG wandelt sich für bilanzierende Gewerbetreibende infolge der Maßgeblichkeit aufgrund des handelsrechtlichen *Niederstwertprinzips* zu einer Abwertungspflicht.

Bei *geringwertigen Wirtschaftsgütern* des abnutzbaren beweglichen Anlagevermögens, deren AHK 410 € nicht übersteigen, räumt § 6 Abs. 2 EStG das Wahlrecht ein, diese im Wirtschaftsjahr der Anschaffung, Herstellung, Einlage (→verdeckte Einlage) oder der Eröffnung des Betriebs in voller Höhe als →Betriebsausgaben abzusetzen.

Vor allem „*steuerfreie Rücklagen*" und →*Rückstellungen* bieten *passivische Bewertungswahlrechte*. Der Steuerpflichtige kann bei den steuerfreien Rücklagen generell zwischen einem € und dem jeweils zulässigen Höchstwert, der dem bei der Veräußerung entstandenen Gewinn i. S. v. § 6b Abs. 1 Satz 1 EStG entspricht, wählen, d. h. auch einen beliebigen Zwischenwert ansetzen. Für *Pensionsrückstellungen* gewährt das EStG in § 6a Abs. 3 Satz 1 EStG ein explizites Wahlrecht bis zum *Teilwert* der →Pensionsverpflichtung, d. h. der Höchstwert darf bei den Rückstellungen bzw. bei den jährlichen Zuführungen unterschritten werden.

Die Ausnutzung der bilanzpolitischen Gestaltungsspielräume wirkt sich je nach Einkunftsart, Rechtsform und sonstigen Einflussgrößen auf die ESt oder die KSt, ggf. auf die GewSt, den SolZ, die KiSt und u.U. auf die Schenkungssteuer und ErbSt aus. Die Optimierung ihres Einsatzes kann mithilfe →*bilanzpolitischer Entscheidungsmodelle* erfolgen.

Literatur: Börner, D./Krawitz, N.: Steuerbilanzpolitik. Eine entscheidungsorientierte Analyse der Wahlrechte zur steuerlichen Gewinnermittlung, Herne/Berlin 1977; Coenenberg, A. G.: Jahresabschluss und Jahresabschlussanalyse, 20. Aufl., Stuttgart 2005; Dieckmann, K.: Steuerbilanzpolitik. Gegenwärtig bestehende Möglichkeiten und Grenzen der Beeinflussung des steuerlichen Jahreserfolges in der Bundesrepublik Deutschland, Wiesbaden 1970; Hilke, W.: Bilanzpolitik, 6. Aufl., Wiesbaden 2002; Scheffler, W.: Besteuerung von Unternehmen II. Steuerbilanz und Vermögensaufstellung, 4. Aufl., Heidelberg 2006.

Norbert Krawitz

Bilanzpolitische Gestaltungsspielräume nach US GAAP

Bzgl. bilanzpolitischer Gestaltungen lassen sich nach h.M. Darstellungsgestaltungen und Sachverhaltsgestaltungen (Dispositionen vor dem Bilanzstichtag) unterscheiden (Freidank 1998, S. 104). Durch Darstellungsgestaltungen mittels Ausnutzung von Wahlrechten und Ermessensspielräumen können gegebene Sachverhalte nach Ablauf einer Periode unterschiedlich im Abschluss dargestellt werden. Dagegen betreffen Sachverhaltsgestaltungen gezielte Gestaltungen von Sachverhalten in einer Periode mit dem Ziel, eine gewünschte Darstellung im Abschluss zu erreichen. Nach den →United States Generally Accepted Accounting Principles (US GAAP) gibt es im Vergleich zum HGB (→bilanzpolitische Gestaltungsspielräume nach HGB) und zu den →International Financial Reporting Standards (IFRS) (→bilanzpolitische Gestaltungsspielräume nach IFRS) nur sehr wenige Wahlrechte, d. h. Bilanzierungsalternativen, die explizit von den Rechnungslegungsregeln eingeräumt werden. Dagegen bestehen eine Reihe von Ermessensspielräumen (Schildbach 1999, S. 411). Hierunter versteht man implizite Wahlrechte, die sich aus Regelungslücken, unbestimmten Rechtsbegriffen und nicht eindeutig formulierten Rechnungslegungsregeln ergeben. Die Konkretisierung der Regelungen unterliegt dem subjektiven Ermessen der Abschlussersteller. Darüber hinaus bietet der „Rule-based Approach" der US GAAP, bei dem für eine große Zahl von Sachverhalten detaillierte Einzelfallregelungen bestehen, stärkere Anreize für Sachverhaltsgestaltungen als der „Principle-based Approach", der z. B. dem HGB zugrunde liegt (Heintges 1995, S. 15–19).

Im Einzelnen bestehen folgende *Wahlrechte und Ermessensspielräume* beim *Bilanzansatz*: Bei einem selbst erstellten immateriellen Vermögenswert (Intangible Asset) (→Immaterielle Vermögensgegenstände; →Forschungs- und Entwicklungsaufwendungen) des →Anlagevermögens besteht (im Umkehrschluss zu SFAS 142.10) ein Wahlrecht zur Aktivierung, wenn er identifizierbar und seine →Nutzungsdauer zuverlässig bestimmbar ist. Sonderregelungen bestehen allerdings für selbst erstellte Software. Die Aktivierung ist abhängig von der Frage, ob das Projekt technisch durchführbar ist (SFAS 86.3 f.). Bei zur eigenen Nutzung bestimmter Software müssen für eine Aktivierung verschiedene Kriterien vorliegen, deren Erfüllung dem subjektiven Ermessen des Managements unterliegt (SOP 98–1).

Weitere Ermessensspielräume ergeben sich beim Ansatz von aktiven Abgrenzungsposten (Deferred Charges), die die allgemeinen Kriterien eines →Asset erfüllen, aber nicht explizit geregelt sind, wie z. B. bestimmte Werbeausgaben. Das Management hat hierbei abzuschätzen, ob der Zufluss künftigen ökonomischen Nutzens wahrscheinlich („probable") ist und sich die Höhe zuverlässig schätzen („reasonably estimated") lässt. Eine ähnliche Einschätzung ist bzgl. der Aktivierung von →latenten Steuern (→latente Steuern, Prüfung von) im Hinblick auf die Umkehrbarkeit von temporären Differenzen sowie die Verrechenbarkeit von →Verlustvorträgen notwendig. Die Realisierung dieser Posten muss überwiegend wahrscheinlich sein („more likely than not") (SFAS 109.17 und 109.96). Diese Anforderung lässt sich insb. bei zeitlich nicht absehbaren Realisierungen nur schwer konkretisieren (Schildbach 2002, Sp. 2623). Auch bei der Frage des Ansatzes von →Rückstellungen ist eine ähnliche Einschätzung vorzunehmen (SFAS 5.8).

Bei der *Bewertung* bestehen ebenfalls Wahlrechte und Ermessensspielräume. So hat das Management Spielräume bei der Abgrenzung von nicht produktionsbedingten →Kosten, →Leerkosten und ungewöhnlichen Ausschusskosten, die nicht aktivierungsfähig sind (SFAS 151.2 i.V.m. ARB 43.4.5), sowie bei der Beurteilung, ob Qualifying Assets vorliegen, für die Fremdkapitalzinsen während der Anschaffung oder Herstellung zu aktivieren sind (→Herstellungskosten, bilanzielle; →Anschaffungskosten).

Bei gleichen und austauschbaren Vorräten (→Vorratsvermögen) besteht ein Wahlrecht zwischen mehreren Bewertungsverfahren. Nach ARB 43.4 sind das Durchschnittsverfahren, die FiFo- und LiFo-Methode, die retrograde Bewertung sowie unter bestimmten Voraussetzungen die Standardkostenmethode anwendbar (→Verbrauchsfolgeverfahren). Bei der Folgebewertung von Vorräten ist im Rahmen eines Niederstwerttests („lower of cost of market") der Wiederbeschaffungspreis (→Wiederbeschaffungskosten), der Verkaufspreis abzgl. aller noch erwarteten Kosten (Net Realizable Value) und der Net Realizable Value abzgl. einer gewöhnlichen Gewinnmarge zu bestimmen. Bei der Ermittlung eines Wertabschlags besteht ein einmaliges Wahlrecht, diese für einzelne Vorräte, für eine Gruppe oder für den Gesamtbestand vorzunehmen (Kieso/Weygandt/Warfield 2004, S. 425). Bzgl. der Bestimmung der Werte sowie der Ausübung dieses Wahlrechts besteht die Möglichkeit, in begrenztem Umfang Bilanzpolitik zu betreiben (KPMG 2003, S. 56).

Umfangreichere Gestaltungsspielräume bestehen bei der Folgebewertung von →Sachanlagen und von immateriellen Vermögenswerten mit einer begrenzten Nutzungsdauer. Bei der planmäßigen Abschreibung (→Abschreibungen, bilanzielle) können alle Methoden angewandt werden, die die AHK auf die Nutzungsdauer verteilen und die der wirtschaftlichen Abnutzung entsprechen. In Frage kommen z. B. die lineare, degressive, digitale oder leistungsabhängige Abschreibung. Daneben liegt die Schätzung der Nutzungsdauer sowie ggf. eines Restwerts (falls dieser als wesentlich eingestuft wird) im Ermessen der Abschlussersteller. Bei dem Wertminderungstest (→Impairmenttest) bestehen wesentliche bilanzpolitische Spielräume bei der Schätzung der Cash Flows, der ggf. notwendigen Abgrenzung einer Asset Group (→Cash Generating Units) sowie bei der Ermittlung des beizulegenden Zeitwerts (→Fair Value), insb. dann, wenn sich der Fair Value des Asset bzw. der Asset Group nicht aus einem Börsen- oder Marktpreis ableiten lässt, sondern als Barwert künftiger Cash Flows (→Discounted Cash Flow-Methoden) zu bestimmen ist.

Ähnliche Spielräume ergeben sich bei der →außerplanmäßigen Abschreibung von Intangible Assets mit unbegrenzter Nutzungsdauer (mit Ausnahme vom Goodwill), für die ebenfalls periodisch der Fair Value zu ermitteln ist.

Wesentliche Gestaltungsmöglichkeiten bestehen bei dem zweistufigen Impairmenttest eines derivativen Goodwills [→Geschäfts- oder Firmenwert (GFW)]. Diese betreffen die Abgrenzung von Reporting Units, die Zuordnung des Goodwills auf diese Units sowie die Ermittlung des Fair Value einer Reporting Unit und dessen Aufteilung auf die einzelnen Assets und →Liabilities. Bilanzpolitisch lassen sich z. B. durch eine geeignete Zusammenfassung von Geschäftseinheiten zu Reporting Units außerplanmäßige Abschreibungen aufgrund von Kompensationseffekten vermeiden (Sellhorn 2004, S. 173–176).

Dem Ermessen des Rechnungslegenden unterliegt auch die Wertermittlung von Verbindlichkeitsrückstellungen nach FIN 14.3. Daneben besteht bei →Pensionsverpflichtungen ein echtes Wahlrecht bzgl. der Behandlung von versicherungsmathematischen Gewinnen und Verlusten. Hierbei ist ein Mindestbetrag, der sich aus der Anwendung der Korridormethode ergibt, zu erfassen. Es darf aber auch jede andere systematische Methode angewandt werden, die zu einer schnelleren Erfassung führt (SFAS 87.32 f.). Ein ähnliches Wahlrecht besteht für Änderungen der Verpflichtung aus rückwirkenden Vertragsanpassungen (Prior Service Cost) (SFAS 87.25 f.).

Weitere Ermessensspielräume bestehen bei der (Neu-) Klassifizierung von Finanzinstrumenten (→Financial Instruments) sowie bei der Ermittlung des Fair Value von Trading und Available-for-Sale Financial Instruments.

Die Ermessensspielräume bei den Regelungen zur Umsatzrealisierung (→Umsatzerlöse) wurden durch SAB 101 zwar eingeschränkt, es bestehen aber dennoch Spielräume, z. B. bei der Anwendung der Percentage of Completion-Methode (→langfristige Auftragsfertigung) nach SOP 81-1 bzgl. der Kriterien für die Anwendbarkeit der Methode sowie der Festlegung des Fertigstellungsgrades und bei der Umsatzrealisierung bei Fertigstellung eines Produktes nach SFAC 5.83 bzgl. der Voraussetzungen.

Möglichkeiten zur *Sachverhaltsgestaltung* ergeben sich bei Leasingverträgen (→Leasingverhältnisse). Diese werden zwischen den beiden Vertragsparteien häufig so ausgestaltet, dass gerade keines der z.T. mit wertmäßig festgelegten Grenzen konkretisierten Kriterien für das Vorliegen eines Finanzierungsleasings gem. SFAS 13.7 erfüllt wird. Dadurch werden weder der geleaste Vermögenswert noch die zugehörigen →Verbindlichkeiten in der Bilanz erfasst und in den ersten Jahren der Leasingzeit ist das ausgewiesene →Jahresergebnis i.d.R. höher (Kieso/Weygandt/Warfield 2004, S. 1097). Diese Vorteile stellen auch Anreize für Sale and Leaseback-Transaktionen dar.

Weitere Sachverhaltsgestaltungen werden im Bereich der Umsatzrealisierung vorgenommen, da das Umsatzwachstum als eine wesentliche Größe zur Beurteilung der Unternehmensentwicklung dient. In Frage kommen z. B. kurzfristige Rabatte für Zwischenhändler oder großzügige Rücknahmeverpflichtungen, um – zumeist am Ende der Bilanzperiode – die ausgewiesenen Revenues künstlich zu erhöhen („channel stuffing") (Pilhofer 2002, S. 87–96).

Auch die Gründung von Objektgesellschaften (Special-purpose Entities) stellt eine Möglichkeit der Sachverhaltsgestaltung dar. In diese Gesellschaften werden Vermögenswerte und →Schulden eines Unternehmens ausgelagert, die zumeist mit erhöhten Risiken verbunden sind (→ABS-Transaktionen). Die Beziehung zu der Special-purpose Entity wird dabei so ausgestaltet, dass diese nicht in den →Konsolidierungskreis (→Konsolidierungsprüfung) einbezogen werden muss. Dies hat Auswirkungen auf die Rendite- und Risikoposition des Konzerns (→Konzernarten). Eingeschränkt wurde diese bilanzpolitische Gestaltungsmöglichkeit allerdings durch die im Jahr 2003 erlassene FIN 46, da darin nicht die Stimmrechtsmehrheit, sondern die wirtschaftliche Kontrolle über eine Gesellschaft für eine Einbeziehung in den Konsolidierungskreis vorausgesetzt wird.

Einschränkungen für die bilanzpolitisch motivierte Ausübung von Wahlrechten ergeben sich durch die Forderung nach Vergleichbarkeit und →Stetigkeit (→Grundsätze ordnungsmäßiger Rechnungslegung; →Grundsätze ordnungsmäßiger Buchführung, Prüfung der) der Rechnungslegungsinformationen (SFAC 2.111–122), die in den US GAAP restriktiver umgesetzt wurde als z. B. im HGB (Haller 1994, S. 255). Nach SFAS 154.5–7 dürfen Änderungen der Bilanzierungsmethoden (→Änderung der Bilanzierungs- und Bewertungsmethoden) nur bei Einführung eines neuen Standards sowie bei Verbesserung der Aussagekraft durch Anwendung der neuen Methode erfolgen. Bei Vornahme dieser Änderungen sind alle ausgewiesenen Vorjahre entsprechend anzupassen (Retrospective Application). Änderungen von Bilanzierungsmethoden und wesentliche Änderungen bei Annahmen und Schätzungen erfordern umfangreiche Angaben in den →Notes (SFAS 154.17). Schließlich wird die beabsichtigte Wirkung von rechnungslegungspolitischen Maßnahmen durch die umfangreichen Berichtspflichten zu den jeweiligen Sachverhalten (z. B. zu Abschreibungsmethoden oder Pensionsverpflichtungen) abgeschwächt bzw. verhindert.

Literatur: Freidank, C.-Chr.: Zielformulierungen und Modellbildungen im Rahmen der Rechnungslegungspolitik, in: C.-Chr. Freidank (Hrsg.): Rechnungslegungspolitik. Eine Bestandsaufnahme aus handels- und steuerrechtlicher Sicht, Berlin et al. 1998, S. 85–153; Haller, A.: Die Grundlagen der externen Rechnungslegung in den USA. Unter besonderer Berücksichtigung der rechtlichen, institutionellen und theoretischen Rahmenbedingungen, 4. Aufl., Stuttgart 1994; Heintges, S.: Bilanzkultur und Bilanzpolitik in den USA und in Deutschland. Einflüsse auf die Bilanzpolitik börsennotierter Unternehmen, Sternenfels/Berlin 1995; Kieso, D. E./Weygandt, J. J./Warfield, T. D.: Intermediate Accounting, 11. Aufl., NY 2004; KPMG Deutsche Treuhand-Gesellschaft (Hrsg.): Rechnungslegung nach US-amerikanischen Grundsätzen. Grundlagen der US-GAAP und SEC-Vorschriften, 3. Aufl., Düsseldorf 2003; Pilhofer, J.: Umsatz- und Gewinnrealisierung im internationalen Vergleich. Bilanzpolitische Gestaltungsmöglichkeiten nach HGB, US-GAAP und IFRS, Herne/Berlin 2002; Schildbach, T.: Rechnungslegung nach US-GAAP: Hoffnung und Wirklichkeit, in: BB 54 (1999), S. 359–365 und S. 411–415; Schildbach, T.: Wahlrechte bei Ansatz und Bewertung, in: Ballwieser, W. et al. (Hrsg.): HWRP, 3. Aufl., Stuttgart 2002, Sp. 2607–2625; Sellhorn, T.: Goodwill Impairment. An Empirical Investigation of Write-Offs under SFAS 142, Frankfurt a.M. et al. 2004.

Axel Haller; Jürgen Ernstberger

Bilanzpolitische Gestaltungsspielräume, Prüfung von

Bilanzpolitik kann als bewusste und im Hinblick auf die Unternehmensziele zweckorientierte Gestaltung des Jahres- bzw. Konzernabschlusses im Rahmen der Rechnungslegungsnormen verstanden werden. Bilanzpolitische Instrumente bestehen in *Sachverhaltsgestaltungen* sowie *sachverhaltsabbildenden Maßnahmen*. Letztere resultieren aus der Wahrnehmung durch die Rechnungslegungsnormen explizit und implizit eingeräumter *Wahlrechte* (Ansatz-, Bewertungs- und Ausweiswahlrechte) sowie *Ermessensspielräume*. *Zulässige Bilanzpolitik* und *verbotene Bilanzdelikte* sind dort zu unterscheiden, wo bei bilanzpolitischen Maßnahmen gegen gesetzliche Vorschriften oder Rechnungslegungsnormen verstoßen wird und dies mit straf- oder gesellschaftsrechtlichen Sanktionen belegt ist (→Bilanzfälschung; →Straf- und Bußgeldvorschriften). Der →Abschlussprüfer (APr) hat die vom Unternehmen vorgenommenen bilanzpolitischen Maßnahmen sowie deren Auswirkungen auf den JA zu prüfen und darüber im Rahmen des →Prüfungsberichts Stellung zu nehmen.

Bei *sachverhaltsgestaltenden Maßnahmen*, die sich auf Ansatz und/oder Bewertung (→Ansatzgrundsätze; →Bewertungsgrundsätze) von →Vermögensgegenständen und →Schulden auswirken [z. B. Sale and Lease Back-Transaktionen; Forderungsverkäufe im Rahmen von →ABS-Transaktionen oder von Pensionsgeschäften; abschlussstichtagsbezogene

Beeinflussung der Gesamtaussage des Jahresabschlusses (Window Dressing); der Einsatz von Special Purpose Entities (→Leasingverhältnisse); konzerninterne Transaktionen bzw. solche mit nahe stehenden Personen (→Beziehungen zu nahe stehenden Personen)], hat der APr die bilanzpolitischen Maßnahmen zu identifizieren und zu prüfen, ob die Transaktionen entsprechend den anzuwendenden Rechnungslegungsnormen [z. B. HGB, →International Financial Reporting Standards (IFRS), →United States Generally Accepted Accounting Principles (US GAAP)] abgebildet werden (→bilanzpolitische Gestaltungsspielräume nach HGB; →bilanzpolitische Gestaltungsspielräume nach IFRS; →bilanzpolitische Gestaltungsspielräume nach US GAAP). Der APr wird sich auf die sachverhaltsgestaltenden Maßnahmen konzentrieren, die nicht von den Abschlussadressaten erwartet werden und bei denen die Abweichung von üblichen bilanziellen Gestaltungen sich wesentlich (→Wesentlichkeit) auf die Gesamtaussage des Jahresabschlusses auswirkt. In einem IFRS-Abschluss (→Einzelabschluss) wird der Prüfer bei Sachverhaltsgestaltungen mit nahe stehenden Personen feststellen, ob die entsprechend IAS 24 hierzu erforderlichen Angaben im →Anhang vollständig und richtig aufgenommen wurden. Für den →Lagebericht ist zu prüfen, ob gem. § 289 Abs. 1 Satz 2 HGB bzw. § 315 Abs. 1 Satz 2 HGB bei der Analyse des Geschäftsverlaufes Ergebniseffekte aus sachverhaltsgestaltenden Maßnahmen (DRS 15.33, 45, 50) und bei der Erläuterung der Lage der Gesellschaft die aus sachverhaltsgestaltenden Maßnahmen resultierenden außerbilanziellen Finanzinstrumente (→Financial Instruments) (DRS 15.67–68, 79–80) dargestellt werden. Bei den *sachverhaltsabbildenden Maßnahmen* der Bilanzpolitik ist im Rahmen der →Jahresabschlussprüfung festzustellen, ob die von dem Unternehmen angewendeten Bilanzierungs- und Bewertungsmethoden – insb. die wahrgenommenen Ansatz-, Bewertungs- und Ausweiswahlrechte – mit den anzuwendenden Rechnungslegungsnormen konform gehen. Neben der Einzelbeurteilung der Bilanzierungs- und Bewertungsgrundlagen wird der APr die Angemessenheit der Bilanzierungs- und Bewertungsmethoden in ihrer Gesamtheit beurteilen. Im Rahmen der Prüfung des Anhangs wird er feststellen, ob die vom Unternehmen angewendeten Bilanzierungs- und Bewertungsmethoden –

insb. die wahrgenommenen Bilanzierungs- und Bewertungswahlrechte – vollständig, klar und deutlich dargestellt werden, damit der JA mit den Hauptbestandteilen Bilanz, →Gewinn- und Verlustrechnungen (GuV) sowie Anhang ein den tatsächlichen Verhältnissen entsprechendes Bild der →Vermögenslage, →Finanzlage und →Ertragslage (→wirtschaftliche Verhältnisse) vermittelt (§ 264 Abs. 2 HGB; § 297 Abs. 3 HGB; IAS 1.13) (→True and Fair View). Die Anwendung ungeeigneter Bilanzierungs- und Bewertungsmethoden kann weder durch die Angabe der angewendeten Methoden noch durch Anhangangaben oder zusätzliche Erläuterungen geheilt werden.

Die Vielzahl der möglichen sachverhaltsabbildenden Maßnahmen wird im Zeitablauf durch den Grundsatz der →Stetigkeit (§ 252 Abs. 1 Nr. 6 HGB; § 298 Abs. 1 i.V.m. § 252 Abs. 1 Nr. 6 HGB; § 297 Abs. 3 Satz 2 HGB; IAS 8.13) begrenzt. Der APr wird daher die Stetigkeit der Wahlrechtsausübung prüfen. Dabei wird er bei der geänderten Ausübung von Wahlrechten beurteilen, ob dies zulässig und begründet ist sowie ob die hierzu erforderlichen Angaben im Anhang (→Änderung der Bilanzierungs- und Bewertungsmethoden; →Änderung der Bewertungsannahmen) angegeben werden (§ 284 Abs. 2 Nr. 3 HGB; § 313 Abs. 1 Nr. 3 HGB; § 297 Abs. 3 Satz 4 und 5 HGB; IAS 8.28–31).

Die im Rahmen der Abschlusserstellung notwendigen Schätzungen (z. B. →außerplanmäßige Abschreibungen, Abschreibungsdauer, Bewertung von →Rückstellungen etc.) bieten inhärente *Ermessensspielräume* für den Bilanzierenden aufgrund der Unsicherheiten über die Konsequenzen bereits eingetretener oder erst in der Zukunft wahrscheinlich eintretender Ereignisse. Die im JA vorgenommenen Schätzungen wird der Prüfer entsprechend *IDW PS 314* beurteilen, indem er die Grundlagen und Berechnung der von der Unternehmensleitung geschätzten Werte beurteilt, geschätzte Werte mit später eingetretenen Ereignissen vergleicht oder Vergleiche mit unternehmensunabhängigen Schätzungen anstellt (→Prognose- und Schätzprüfung). Soweit der im JA berücksichtigte Wert innerhalb einer Bandbreite zu akzeptierender Wertansätze liegt, wird der Prüfer dies akzeptieren.

Um den Adressaten des *Prüfungsberichts* eine eigene Beurteilung der von der Unternehmensleitung angewendeten bilanzpolitischen Maßnahmen zu ermöglichen sowie um Hinweise zu geben, worauf diese ggf. ihre Prüfungs- und Überwachungstätigkeit ausrichten sollen, wird der APr gem. *IDW PS 450* im PrB hierzu entsprechende Ausführungen machen. Dabei wird der APr eingehen auf die wesentlichen Bewertungsgrundlagen (§ 321 Abs. 2 Satz 4 1. HS HGB) sowie den Einfluss, den Änderungen in den Bewertungsgrundlagen und sachverhaltsgestaltende Maßnahmen auf die Gesamtaussage des Jahresabschlusses insgesamt haben (§ 321 Abs. 2 Satz 4 2. HS HGB). Zu den Änderungen in den Bewertungsgrundlagen gehören insb. Änderungen bei der Ausübung von Bilanzierungs- und Bewertungswahlrechten und der Ausnutzung von Ermessensspielräumen. Im Rahmen der von § 171 Abs. 1 Satz 2 AktG geforderten *mündlichen Berichterstattung an den Aufsichtsrat* (→ Aufsichtsrat, mündliche Berichterstattung an) wird der APr entsprechend *IDW PS 470.20* den Einfluss bilanzpolitischer Maßnahmen auf die Darstellung der Vermögens-, Finanz- und Ertragslage erläutern.

Literatur: IDW (Hrsg.): IDW Prüfungsstandard: Die Prüfung von geschätzten Werten in der Rechnungslegung (IDW PS 314, Stand: 2. Juli 2001), in: WPg, 54 (2001), S. 906–909; IDW (Hrsg.): IDW Prüfungsstandard: Grundsätze für die mündliche Berichterstattung des Abschlussprüfers an den Aufsichtsrat (IDW PS 470, Stand: 8. Mai 2003), in: WPg 56 (2003), S. 608–610; IDW (Hrsg.): IDW Prüfungsstandard: Grundsätze ordnungsmäßiger Berichterstattung bei Abschlussprüfungen (IDW PS 450, Stand: 8. Dezember 2005), in: WPg 59 (2006), S. 113–128; IDW (Hrsg.): WPH 2006, Band I, 13. Aufl., Düsseldorf 2006.

Claus Buhleier

Bilanzpolitische Maßnahmen, formelle
→ Bilanzpolitische Gestaltungsspielräume nach IFRS; → Bilanzpolitische Gestaltungsspielräume nach IFRS

Bilanzpolitische Maßnahmen, materielle
→ Bilanzpolitische Gestaltungsspielräume nach IFRS

Bilanzpolitisches Instrumentarium
→ Flexibilitätsanalyse des bilanzpolitischen Instrumentariums

Bilanzpostenkontrolle → Mehr- und Wenigerrechnung

Bilanzpostenprobe → Mehr- und Wenigerrechnung

Bilanzrating → Bestandsgefährdung

Bilanztheorie

Der Terminus „*Bilanztheorie*" steht für „*Theorie des Jahresabschlusses*".

Richtigerweise müsste man somit von „*Bilanz- und Erfolgsrechnungstheorie*" sprechen.

Betrachtungsobjekte der „Bilanztheorie" sind die beiden Konti-Saldi der (doppelten) kaufmännischen Finanzbuchhaltung, somit das „*Schlussbilanzkonto*" („SBK") und das „*Gewinn- und Verlustkonto*" („GuV-Konto"), das man besser als „*Aufwands- und Ertragskonto*" bezeichnen sollte.

Mit einer „*Bilanztheorie*" will man Ansichten und Einsichten über das Gebilde „*Bilanz*" [und → Gewinn- und Verlustrechnung (GuV)] formulieren. Eine „Theorie" i. S. v. Aussagen über Ursache-Wirkungszusammenhänge liegt bei der „Bilanztheorie" jedoch nicht vor.

Viele Sachverhalte, die ab den 1920er Jahren des vorigen Jahrhunderts unter dem Schlagwort „Bilanztheorie" abgehandelt worden sind, sind davor schon – aus dem Blickwinkel der gesamten kaufmännischen Buchhaltung – unter dem Stichwort „Buchhaltungstheorien" unterrichtet und dargestellt worden.

Finanzbuchhaltungen und Jahresüberschüsse sind *geldkapitalistische Rechnungen*, die in Geld (Währungseinheiten) über Güter und Kaufkraft geführt werden. „Geld" ist also nicht das Objekt dieser Rechnungen, sondern nur ihr „Generalnenner".

Verändert sich diese Maßzahl (Geld) in ihrem inneren Wert (schleichende Inflation!), dann bedürfte es einer Neu-Eichung bzw. der Herstellung der Geldwertparität bei all jenen Positionen, die es zu addieren oder zu subtrahieren gilt, wenn die Rechenergebnisse ökonomisch sinnvolle Aussagen ermöglichen sollen.

Die *Bilanz* ist eine zeitdimensionslose Zeitpunktrechnung; somit immer ein Zustandsbild (= „statisch")! Die „Aktiva" (Vermögen) zeigt die Sachform des Kapitals („Investitionen") und die „Passiva" (Kapital) zeigt die Ursprünge des Kapitals und die Anspruchsberechtigten („Finanzierungen").

Das „*Eigenkapital*" ist eine abstrakte Saldogröße (Vermögen weniger Schulden); der „*Gewinn*" ist ein Mehr an Eigenkapital und der „*Verlust*" ist ein Weniger an Eigenkapital.

Das „*Schlussbilanzkonto*" („SBK") ist das „Konto Saldi" der „Bestandskonten" (Bilanz). Das „*Gewinn- und Verlustkonto*" („GuV-Konto" als Unterkonto des Eigenkapitalkontos) ist das „Konto Saldi" der „Erfolgskonten".

Die *Buchhaltung* ist die zerlegte Bilanz, die durch die Verbuchung der Geschäftsfälle weiterbewegt wird.

Die *Eröffnungsbilanz* eines neuen Geschäftsjahres (einer neuen Buchhaltung) muss identisch mit der Schlussbilanz des Vorjahres sein. Aus dieser „*Bilanzidentität*" ergibt sich die „*Bilanzzweischneidigkeit*". D.h., bilanzpolitische Maßnahmen (Ansatz, Bewertung) (→bilanzpolitische Entscheidungsmodelle) können den Totalerfolg nicht verändern!

„*Erträge*" sind periodisierte (betriebliche) Einnahmen und „*Aufwendungen*" sind periodisierte (betriebliche) Ausgaben.

Die *Formel der „Erfolgskongruenz*" besagt:

Totalerfolg = Summe aller Periodenerfolge laut GuV (1)

Totalerfolg
= Summe aller Erträge
− Summe aller Aufwendungen (2)

Totalerfolg
= Summe aller betrieblichen Einnahmen
− Summe aller betrieblichen Ausgaben (3)

Die *Bilanz* blickt z.T. in die Vergangenheit („Transitorien") *und* z.T. in die Zukunft („Antizipationen"). Sie hat somit ein „Janusgesicht". Sie ist eine Kombination einer unvollständigen Vergangenheitsrechnung mit einer noch unvollkommeneren Zukunftsrechnung!

„*Transitorien*" sind Kassabewegungen (Einnahmen, Ausgaben) *vor* dem Bilanzstichtag; die Erfolgsverrechnung (Erträge, Aufwendungen) erfolgt *nach* dem Bilanzstichtag. „*Antizipationen*" sind Erfolgsverrechnungen (Erträge, Aufwendungen) *vor* dem Bilanzstichtag; die Kassabewegungen (Einnahmen, Ausgaben) erfolgen *nach* dem Bilanzstichtag.

Die „*statische*" Bilanzgleichung lautet:

Aktiva $\stackrel{!}{=}$ Passiva (4)

Die „*dynamische*" Bilanzgleichung lautet:

Reinvermögen $\stackrel{!}{=}$ Eigenkapital bzw. (5)

Vermögen − Schulden $\stackrel{!}{=}$ Eigenkapital (6)

Eine „*Einfache Buchhaltung*" hat nur eine einzige Kontenreihe; nämlich die Reihe der Konten des Vermögens und der Schulden (negatives Vermögen); die Gewinnermittlung kann daher nur durch einen „Reinvermögensvergleich" erfolgen. Die *Doppelte Buchhaltung* besteht aus der Verkettung von zwei „einfachen" Buchhaltungen (Kontenreihen), nämlich aus der Verkettung der Kontenreihe des Reinvermögens (Vermögenskonten und Schuldenkonten) mit der Kontenreihe des Eigenkapitals (EK-Bestandskonto, GuV-Konto; Aufwandskonten, Ertragskonten).

In einer doppelten (zweifachen) Buchhaltung ist auch eine doppelte (zweifache) Gewinnermittlung möglich, nämlich über den Reinvermögensvergleich (wie bei einfacher Buchhaltung) *und* über das GuV-Konto.

Die Literatur kennt zahlreiche, meist „personalisierte", *Bilanztheorien*, z.B. „Statische Bilanz *Nicklischs*", „Dynamische Bilanz *Schmalenbachs*", „Organische Bilanz *Schmidts*", „Finanzwirtschaftliche Bilanz *Walbs*", „Pagatorische Bilanz *Kosiols*", „Kapitaltheoretische Bilanz *Seichts*" etc.

Es handelt sich dabei um „Bilanztheorien", die jeweils nur Teilbereiche (Fragmente) einer umfassenden Theorie der Bilanz (Singular!) darstellen. Zahlreiche Widersprüchlichkeiten, die zwischen solchen „Bilanztheorien" bestehen, sind insb. auf unterschiedliche Vorstellungen über die Zwecke, Ziele, Gründe und Motive von Jahresabschlüssen zurückzuführen. Unterschiede in den „Bewertungstheorien" (und jede „Bilanztheorie" beinhaltet auch eine Bewertungstheorie) lassen sich durch sehr verschiedenartige (explizit oder oft auch nur implizit) gesetzte Prämissen erklären.

Aufgabe einer *Bilanz-Metatheorie* („Bilanztheorie", Singular) ist es, diese zahlreichen, fragmentarischen, widersprüchlichen Bilanztheorien (Bilanz- und Erfolgsrechnungstheorien) in ein widerspruchsfreies System einzuordnen (s. Abb. 1).

Die „*Statische*" *Theorie* besagt zu Recht, der Inhalt der Bilanz bestünde aus *Beständen* (Aktiva, Passiva; Vermögen, Kapital). Die „*Dynamiker*" (Schmalenbach und Anhänger) hingegen behaupten, der Inhalt ihrer („dynamischen") Bilanz bestünde nicht aus Beständen, sondern aus „*Bewegungen*" (!) („Vorleistungen", „Nachleistungen"). *Jede* kaufmännische Abschlussbilanz ist jedoch eine zeitdimensionslose Stichtagsrechnung! Auch eine „dynamische" Bilanz ist somit eine solche *Stichtags-*

Bilanztheorie

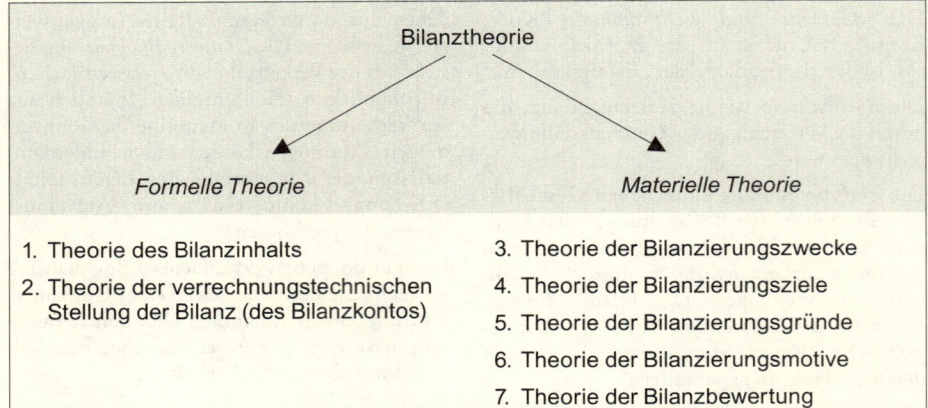

Abb. 1: Bilanztheorie

rechnung. Inhalt einer solchen Stichtagsrechnung können aber stets nur *(rechnungsmäßige) Bestände* und nicht Bewegungen sein!

Diese Bilanzbestände (bzw. wesentliche Teile davon) kann man sich in der ökonomischen Analyse als *vergangene* Bewegungen oder auch als *zukünftige* Bewegungen denken. Z.B. kann man sich eine Maschine als *vergangene Ausgabe*, aber auch als *zukünftigen Aufwand*, aber auch als *zukünftige Einnahme* denken (!). Dies ändert aber nichts daran, dass der Inhalt *jeder* Stichtagsbilanz aus „Beständen", und *nur aus* „Beständen" bestehen kann!

Die *Statische Theorie* sieht in der *Buchhaltung* zu Recht eine *zerlegte Bilanz*, die durch die Verbuchung der eingetretenen Bestandsveränderungen („Geschäftsfälle") *weiterbewegt* wird. Folgende *Typen (Kategorien) von Geschäftsfällen* können dabei unterschieden werden: „Aktivtausch", „Passivtausch", „Bilanzverlängerung" und „Bilanzverkürzung".

Das *GuV-Konto* ist hierbei ein nützliches, aber keineswegs ein systemnotwendiges Anhängsel (Unterkonto) des Bestandskontos „Eigenkapital".

In der *„Dynamischen" Theorie* steht nicht die Bilanz (SBK), sondern das *GuV-Konto* (Periodenerfolgsrechnung mit periodisierten Einnahmen = „Erträge" und periodisierten Ausgaben = „Aufwendungen") im Vordergrund. Die *Bilanz* (Bestandsrechnung) habe *nur dienende Funktion!* Alle (!!) Bilanzpositionen ließen sich als *Schwebeposten* (Abgrenzungsposten) zwischen Geldrechnung (Kassa; Einnahmen, Ausgaben) und Periodenerfolgsrechnung (GuV-Rechnung; Erträge, Aufwendungen) erklären und begründen (s. S. 225):

Tatsächlich jedoch beinhaltet die Bilanz noch *weitere Positionen*, die sich *keineswegs* als Schwebeposten [Rechnungsabgrenzungsposten (RAP)] *zwischen* Geldrechnung (Kassa; Einnahmen, Ausgaben) und Periodenerfolgsrechnung (GuV-Rechnungen; Erträge, Aufwendungen; Eigenkapital!) erklären lassen!

Die Bilanz ist somit keineswegs für *alle* (!) Bilanzpositionen das von den „Dynamikern" behauptete „verknüpfende Band" *zwischen* Kassa (Geld) und GuV (Eigenkapital)!

Gegebene Darlehen („Ausgabe früher, Einnahme später") und *erhaltene Darlehen* („Einnahme früher, Ausgabe später") sind zwar Positionen einer zeitlichen Abgrenzung, aber nur *innerhalb* der Kassarechnung; nicht jedoch *zwischen* (!) Kassarechnung und Periodenerfolgsrechnung.

Geld und *Eigenkapital* sind die zwei Fixpunkte, zwischen denen Transitorische Posten und Antizipative Posten „schweben"; Geld und Eigenkapital (GuV) können somit nicht (zu sich selbst) „Schwebeposten" sein. Würde man auch „Geld" (Kassa) und „Eigenkapital" (GuV) als Schwebeposten deuten, wäre es um die „dynamische" Erklärung der Transitorischen Posten und der Antizipativen Posten geschehen. „Geld" (Kassa) und „Eigenkapital" als die konstitutiven Größen jeder Bilanz können somit auch in einer „dynamischen Theorie" nur *„statisch"* erklärt werden!

Abb. 2: „Dynamische" Theorie

Einnahmen	Kassa	Ausgaben	Aufwendungen	GuV	Erträge
(1) Einnahme jetzt, Ertrag jetzt		(1) Ausgabe jetzt, Aufwand jetzt	(1) Aufwand jetzt, Ausgabe jetzt	(1) Ertrag jetzt, Einnahme jetzt	
(2) Einnahme jetzt, Ertrag später		(2) Ausgabe jetzt, Aufwand später	(2) Aufwand jetzt, Ausgabe später	(2) Ertrag jetzt, Einnahme später	
(3) Einnahme jetzt, Ertrag früher		(3) Ausgabe jetzt, Aufwand früher	(3) Aufwand jetzt, Ausgabe früher	(3) Ertrag jetzt, Einnahme früher	

Rechnungsabgrenzungskonto
Bilanz

Ausgaben, noch nicht Aufwand (Aktive Transitorien)	Einnahmen, noch nicht Ertrag (Passive Transitorien)
Ertrag, noch nicht Einnahmen (Aktive Antizipationen)	Aufwand, noch nicht Ausgaben (Passive Antizipationen)

Bilanzverlust

Folgende Informationsgruppen (*Theorie der Bilanzziele*) vermag eine Bilanz bzw. ein JA zu bieten:

1) Darstellung des Gesamt-Vermögens in seiner absoluten Größe (Bilanzsumme),

2) Darstellung der Art der Zusammensetzung des Vermögens und des Kapitals (Strukturbilder),

3) Darstellung des „Reinvermögens" (= Eigenkapital) in seiner absoluten Größe und

4) Darstellung der Veränderungen des Reinvermögens (Eigenkapitals) (= Erfolg).

Will man den Jahreserfolg ermitteln, nennt man dies ein „*dynamisches* Bilanzziel". Will man das Vermögen, die Schulden, das Reinvermögen ermitteln, nennt man dies ein „*statisches* Bilanzziel". Erklärt man, beides mit *einer* Bilanz ermitteln zu wollen, so nennt man dies ein „dualistisches" Bilanzziel.

Die „Theorie der Bilanzbewertung" stellt das wichtigste Kapitel der materiellen Theorie der Bilanz dar. Die für „richtig" empfundene Art der Bilanzbewertung hängt von den gesetzten *Prämissen* ab; insb. sind zu nennen:

1) „Vermögen", verstanden als konkrete Sache oder als Eigenschaft,

2) „Vermögen", gesehen als Sachgesamtheit (Gesamtbewertung) oder als Summe von Teilen (Einzelbewertung),

3) Definition des „Eigenkapitals" (nominell, real-kaufkraftmäßig, substantiell-gütermäßig),

4) Gewinnbegriff: Quellentheorie, Reinvermögenszugangstheorie,

5) gesamter Periodenerfolg oder nur ordentlicher Betriebserfolg,

6) verursachter Periodenerfolg oder „realisierter" Erfolg,

7) wirklicher (erzielter) Gewinn oder „ausschüttbarer" Gewinn,

8) Periodisierungsprinzip (Abschreibungstheorien!),

9) Motive (Gläubigerschutz, Steuerminderung, Ausschüttungssperre, Anlegerschutz, usw.),

10) gewählte Blickrichtung: Bilanz = Vergangenheitsrechnung (Resteverwaltung einer Realisationsrechnung) oder Bilanz = Zukunftsrechnung (Prognose zukünftiger Einnahmen und zukünftiger Ausgaben) sowie

11) unterstelltes zukünftiges Schicksal (Weiterbetrieb oder Liquidation).

Je nachdem, *welche* Prämissen man implizit oder explizit setzt, wird man für die „richtige" Art der Bilanzbewertung zu unterschiedlichen Ergebnissen kommen müssen. Bilanztheoretische Fragen hatten einst lange Zeit die wissenschaftliche Diskussion der Betriebswirte beherrscht. Heute *scheinen* diese Fragen nicht aktuell zu sein. Tatsächlich jedoch sind Gespräche und Diskussionen über betriebswirtschaftliche Sachverhalte ohne Rückgriff auf bilanz- und erfolgsrechnungstheoretische Argumente kaum möglich.

Literatur: Edwards, E. O./Bell, P. W.: The Theory and Measurement of Business Income, Berkeley/Los Angeles 1961; Fischer, R.: Die Bilanzwerte, was sie sind und was sie nicht sind, 1. Teil, Leipzig 1905; 2. Teil, Leipzig 1908; Kosiol, E.: Formalaufbau und Sachinhalt der Bilanz. Ein Beitrag zur Bilanztheorie, in: Wirtschaftslenkung und Betriebswirtschaftslehre, FS zum 60. Geburtstag von Ernst Walb, Leipzig 1940, S. 103–132; Nicklisch, H.: Die Entthronung der Bilanz, in: ZFHwuHp (1932), S. 2–5; Schmalenbach, E.: Grundlagen dynamischer Bilanzlehre, in: ZfhF 14 (1919), S. 1–60 und S. 65–101; Schmidt, F.: Die organische Bilanz im Rahmen der Wirtschaft, 1. Aufl., Leipzig 1921; Seicht, G.: Die Kapitaltheoretische Bilanz und die Entwicklung der Bilanztheorien, Berlin 1970; Seicht, G.: Die Unhaltbarkeit der dynamischen Bilanztheorie, in: ZfB 40 (1970), S. 589–612; Seicht, G.: Die Kontrolle der Kapitalerhaltung, in: Seicht, G. (Hrsg.): Management und Kontrolle, FS für Erich Loitlsberger, Berlin 1981, S. 469–506; Sganzini, C.: Die realistische Theorie der doppelten Buchhaltung, in: ZfBh (1906), S. 185–189, S. 209–213, S. 235–238 und S. 259–262; Walb, E.: Zur Theorie der Erfolgsrechnung, in: ZfhF 18 (1923), S. 416–443.

Gerhard Seicht

Bilanzverlust →Verlustvortrag

Bilanzvermerke →Angabepflichten

Bilanzziele, Theorie der →Bilanztheorie

Bildungscontrolling →Personalcontrolling

Billigung des Abschlusses →Feststellung und Billigung des Abschlusses

Binomialverteilung →Binomische Verteilung

Binomische Verteilung

Die *binomische Verteilung* (*Binomialverteilung*) ist eine der am häufigsten verwendeten Wahrscheinlichkeitsverteilungen. Sie stellt den einfachsten Spezialfall einer *Multinomialverteilung* dar und beschreibt den möglichen Ausgang von *Bernoulli-Prozessen*.

Ein *Bernoulli-Prozess* besteht dabei aus einer Folge unabhängig identisch verteilter *Bernoulli-Experimente* X_i, d. h. gleichartigen Zufallsversuchen mit genau zwei möglichen Ergebnissen, die man allgemein als Erfolg ($X_i = 1$) und Misserfolg ($X_i = 0$) bezeichnen kann. Üblicherweise wird die Wahrscheinlichkeit für das Ergebnis Erfolg $P(X_i = 1)$ mit p, für das Ergebnis Misserfolg $P(X_i = 0)$ hingegen mit $q = 1 - p$ bezeichnet.

Beispiele:
- Fairer Wurf einer Münze: p = q = 0,5 oder
- Qualitätskontrolle, Ausschussquote beträgt erfahrungsgemäß 5%, bei einer Stichprobe (→Stichprobenprüfung) wird nach defekten Produkten gesucht: p = 0,05; q = 0,95.

Für ein *Bernoulli-Experiment* ergibt sich die folgende Verteilung:

$$P(X) = \begin{cases} p & \text{wenn } X = 1 \\ q & \text{wenn } X = 0 \end{cases} \quad (1)$$

bzw. äquivalent

$$P(X) = p^x q^{1-x}. \quad (2)$$

Charakteristische Eigenschaften einer *Bernoulli*-verteilten Zufallsvariablen sind:
- Erwartungswert $E(X) = p$,
- Varianz $Var(X) = pq$.

Ein naives Zufallsexperiment, anhand dessen man sich diese Verteilung gut vor Augen führen kann, ist das Ziehen einer Kugel aus einer Urne, in der sich nur Kugeln mit zwei unterschiedlichen Farben befinden (z. B. rot = Erfolg, weiß = Misserfolg). Ein *Bernoulli-Prozess* stellt formal eine endliche bzw. abzählbar unendliche Folge von *Bernoulli-Experimenten* X_i, $i = 1, ..., n$ (∞) dar. In das Urnenmodell übertragen bedeutet das, dass n-mal eine Kugel aus der Urne gezogen wird, wobei die gezogene Kugel nach der Feststellung des Ausgangs Erfolg oder Misserfolg (d. h. der Farbe) sofort wieder zurückgelegt wird. Auf diese Weise ist für jede Realisierung des Experimentes X_i die Erfolgswahrscheinlichkeit $P(X_i = 1) = p$ und die Misserfolgswahrscheinlichkeit entsprechend $P(X_i = 0) = q$.

Die binomische Verteilung B gibt nun die Wahrscheinlichkeit an, bei einer Anzahl n von Wiederholungen eine Anzahl x von Erfolgen bei einer Erfolgswahrscheinlichkeit p zu beobachten. Sie ergibt sich aus der Betrachtung des Einzelexperimentes [Formel (2)], indem die Anzahl von Möglichkeiten einbezogen wird, mit denen sich x Erfolge in einer Abfolge von n Experimenten ergeben können. Somit ist

$$B(x \mid p, n) = \binom{n}{x} p^x q^{n-x} = \frac{n!}{x!(n-x)!} p^x q^{n-x}. \quad (3)$$

Damit ergibt sich der Erwartungswert einer binomialverteilten Zufallsvariablen X zu $E(X) = np$, die Varianz zu $Var(X) = npq$.

Im Prüfungswesen findet die *Bernoulli-Verteilung* vor allem Anwendung im Rahmen der Fehleranteilsschätzung bei →Prüffeldern (s. hierzu etwa Buchner 1997, S. 400 ff.) sowie im *homograden* →*Hypothesentest* (→homograde Stichprobe) (s. hierzu etwa Marten/Quick/Ruhnke 2003, S. 301 ff.).

Aufgrund der zu berechnenden Fakultäten wird die Binomialverteilung in der Praxis gerne durch die Poisson- oder die Normalverteilung approximiert.

Sei hierzu eine Folge von binomialverteilten Zufallsvariablen $X_n \sim B(k \mid n, p_n)$ betrachtet, für die die Besonderheit gilt, dass das Produkt aus Stichprobenumfang n und Erfolgswahrscheinlichkeit p_n konstant ist: $n \cdot p_n = \lambda$. Für den Grenzfall $n \to \infty$ ergibt sich für die einzelnen Wahrscheinlichkeitsfunktionen W_n von X_n mit

$$W_n(X_n = x) = \binom{n}{x} p_n^x (1 - p_n)^{n-x} \quad (4)$$

die folgende Grenzverteilung:

$$\lim_{n \to \infty} w_n(X_n = x) = \frac{(np_n)^x}{x!} \exp(-np_n)$$

$$= \frac{\lambda^x}{x!} \exp(-\lambda) \quad (5)$$

Diese wird als *Poisson-Verteilung* bezeichnet, die u. a. Grundlage des *Dollar-Unit-Sampling* bildet (s. hierzu ausführlich etwa Wolz 2003, S. 114 ff.), welches von nahezu allen WPGes (→Revisions- und Treuhandbetriebe) im Rahmen von →Einzelfallprüfungen (→ergebnisorientierte Prüfungshandlungen) intensiv genutzt wird. Eine derartige Approximation wird als brauchbar angesehen, wenn $n \geq 50$ und $p \leq 0{,}05$.

Für den Fall, dass sowohl $np > 4$ als auch $nq > 4$ gilt, wird auch eine Approximation einer eigentlich binomialverteilten Zufallsvariablen durch eine Normalverteilung als angemessen angesehen, d. h.

$$w_n(X_n = x) \approx \frac{1}{\sqrt{2\pi npq}} \exp\left(-\frac{(x - np)^2}{2npq}\right) \quad (6)$$

Literatur: Buchner, R.: Wirtschaftliches Prüfungswesen, 2. Aufl., München 1997; Marten, K.-U./Quick, R./Ruhnke, K.: Wirtschaftsprüfung, 2. Aufl., Stuttgart 2003; Wolz, M.: Wesentlichkeit im Rahmen der Jahresabschlussprüfung, Düsseldorf 2003.

Matthias Wolz

Blueprinting →Dienstleistungscontrolling

Board of Directors

Im Rahmen der Unternehmungsverfassung, speziell hier der Spitzenverfassung, wird die Ausgestaltung von Regelungen und Strukturen zur Leitung und Kontrolle (→Kontrolltheorie) einer Unternehmung zusammengefasst. Bei schweren Unternehmenskrisen, Fehlschlägen, Zusammenbrüchen und/oder Wirtschaftsskandalen (→Wirtschaftskriminalität) rückt die Unternehmensverfassung mit ihren Spitzengremien bei der Frage, warum Leitung und Kontrolle eines Unternehmens nicht richtig funktionieren, immer wieder in den Mittelpunkt des öffentlichen Interesses. Die zwei weltweit vorherrschenden Grundformen der Unternehmungsverfassung sind das Board-Modell und das Vorstands-Aufsichtsrats-Modell (→Dual- und Boardsystem).

Das Board-Modell, das in einigen Ländern auch als Verwaltungsratsmodell bezeichnet wird, vereinigt die Leitungs- und Kontrollfunktion in einem Gremium (Vereinigungsmodell oder Unitary Board System) mit einem Direktoralprinzip [Machtkonzentration beim →Chief Executive Officer (CEO)]. Im Vorstands-Aufsichtsrats-Modell hingegen gibt es eine deutliche Trennung zwischen Leitung und Kontrolle (Trennungsmodell oder Two-Tier Board System). Der Vorstand leitet das Unternehmen nach dem Kollegialprinzip (Gesamtgeschäftsführung), der AR kontrolliert den Vorstand.

Der Board of Directors (B.o.D.) wird von der Generalversammlung der amerikanischen Unternehmensform Corporation (entspricht in etwa der deutschen AG) gewählt (Shareholders' Meeting). Er besteht aus Inside Directors und Outside Directors und vertritt das Unternehmen nach außen. Die Geschäftsführung liegt bei den Inside Directors unter der Leitung des CEO. Die Kontrolle liegt bei den Outside Directors. In den USA ist es gängige Praxis, die Positionen der Outside Directors mit Vertretern aus der Wissenschaft oder Politik zu besetzen, die einen vom Management unabhängigen Standpunkt einnehmen sollen.

In größeren Unternehmen ist der B.o.D. in verschiedene Untergliederungen mit speziellen Aufgaben unterteilt, z. B. Compensation Committee (Vergütungsfragen), Legal Affairs Committee (Rechtliche Grundsätze), Mergers and Acquisitions Committee (Unternehmensverschmelzungen/Aufkäufe), Finance Committee etc. Der Finanzbereich ist i. d. R. anders strukturiert als in deutschen Unternehmen. Der Vice-President verwaltet als Finanzchef die Finanzen. Ihm unterstellt ist der Treasurer, der für die eigentlichen Finanzierungsaufgaben zuständig ist, und der Controller (→Controllership), der das →Rechnungswesen leitet.

Der B.o.D. verfügt über weitergehende Befugnisse als der Vorstand in deutschen Aktiengesellschaften. Vom Grundsatz her ist er insgesamt verantwortlich für die Verwaltung des Vermögens der Corporation im Interesse der Shareholder (Aktionäre), für die Formulierung der langfristigen Unternehmensstrategien (→wertorientierte Strategieplanung) und die Kontrolle der Zielerreichung sowie für die Entscheidung über die Gewinnverwendung (→Ergebnisverwendung) und die Berichterstattung an die Aktionäre (→Publizität).

Im Board-Modell findet die Kontrolle des Unternehmens nicht organisationsintern (durch Aufsichtsgremien), sondern nur organisationsextern statt. Unzufriedene Aktionäre verkaufen ihre Anteile und stimmen so „mit den Füßen" ab. Aus diesem Grunde sind den Unternehmen umfangreiche kapitalmarktbezogene Informations- und Rechnungslegungsvorschriften [u. a. →United States Generally Accepted Accounting Principles (US GAAP)] auferlegt, deren Einhaltung die Wertpapieraufsichtsbehörde →Securities and Exchange Commission (SEC) überwacht.

Seit 1990 ist aber in einer Reihe von Unternehmensskandalen (z. B. *Enron*, *Tyco International*, *WorldCom* etc.) die Ohnmacht des B.o.D. als Aufsichtsorgan gegenüber dem Executive Management deutlich geworden. Die Probleme werden als systembedingt angesehen. Der B.o.D. ist abhängig von Art, Güte und Umfang der Informationen, die er vom Management bekommt. Die Mitglieder treffen sich nur zu vorgegebenen Sitzungen und kennen sich häufig nur flüchtig. Ein weiteres Problem liegt in der Auswahl der Outside Directors, die häufig nicht über die notwendigen Erfahrungen oder das Know-how verfügen, um ein Unternehmen im Detail verstehen und kontrollieren zu können. Sie stehen zudem im direkten Spannungsfeld der Machtausübung der Chief Executive Officers, die i. d. R. recht durchsetzungsstarke Persönlichkeiten sind. Zusammen mit dem Loyalitätsgefühl gegenüber dem Unternehmen kommt es zu einer Aufsichtskultur, die im amerikanischen als „Culture of Not Rocking the Boat" bezeichnet wird.

In Begriffen wie →Audit Committee, Non-Executive Directors oder Two-Tier Board kommen neue Trends zur Trennung von Geschäftsführung und Kontrolle zum Ausdruck. Das Audit Committee soll grundsätzlich zuständig sein für die Überwachung der Finanzberichterstattung, die Überwachung des →Risikomanagementsystems (→Risikomanagementsystem, Prüfung durch den Aufsichtsrat) und die Überwachung des →Internen Kontrollsystems (IKS). Es bildet die Schnittstelle zwischen dem Aufsichtsorgan, externer Revision (→Jahresabschlussprüfung; →Konzernabschlussprüfung) und →Interner Revision einerseits und dem für den Betrieb der Steuerungssysteme verantwortlichen Management andererseits. Ziele und Funktionsweise des Audit Committee/Prüfungsausschusses als Organ des Board sind allgemein in den *OECD Corporate Governance Principles 2004* und im Aktionsplan Corporate Governance der *KOM* vom 21.5.2003 [COM (2003)248 endgültig] umrissen.

Der Non-Executive Director wird als neues Kontrollorgan diskutiert. Er soll zwar ein Mitglied des B.o.D., aber kein Arbeitnehmer des Unternehmens oder mit ihm in irgendeiner anderen Form verbunden sein. Er soll die Finanzsituation im Unternehmen detailliert prüfen können und die Macht haben, das Executive Management, also auch den CEO, abzusetzen. Weiterhin wird darüber nachgedacht, den B.o.D. in ein Management Board und ein Supervisory Board aufzuspalten [Annäherung an das deutsche Aufsichtsratssystem (Two-Tier Board)].

Literatur: Kutschker, M./Schmid, S.: Internationales Management, 4. Aufl., München 2005, S. 562–574.

Désirée H. Ladwig

Board Review →Aufsichtsratsbeurteilung

Boardsystem → Dual- und Boardsystem

Börsenaufsicht

Die Börsenaufsicht ist in Deutschland seit In-Kraft-Treten des Zweiten FMFG von 1994 in drei Säulen gegliedert; Aufgaben und Kompetenzen der Börsenaufsicht verteilen sich auf die →*Bundesanstalt für Finanzdienstleistungsaufsicht* (*BaFin*), die Börsenaufsichtsbehörden der Länder sowie die Handelsüberwachungsstellen (HÜSt) der Börsen. Um die wichtigen volkswirtschaftlichen Funktionen einer Börse zu sichern (insb. die effiziente Ressourcenallokation), hat die Börsenaufsicht den Auftrag, das Vertrauen der Anleger in eine ordnungsgemäße Abwicklung ihrer Börsenaufträge zu stärken. Das Bestehen derartiger staatlicher bzw. institutioneller Rahmenbedingungen ist ein integraler Bestandteil für die Wettbewerbsfähigkeit und Attraktivität eines Finanzplatzes (Bieg 2000a, S. 256).

Ziel der Wertpapieraufsicht der *BaFin* ist die Schaffung einer transparenten und verlässlichen Börse unter besonderer Berücksichtigung des Anlegerschutzes; daher übt sie eine zentrale Börsenaufsichtsfunktion auf der Grundlage des WpHG, des WpÜG und des VerkProspG aus. Eine der zentralen Aufgaben der staatlichen Wertpapieraufsicht ist die Aufdeckung möglicher Insidervergehen (→Insidergeschäfte); einem Insider ist es verboten, sein Wissen über kursrelevante, nicht öffentliche Informationen zum Kauf von sog. Insiderpapieren (Wertpapiere, die in Deutschland oder innerhalb der EU zum organisierten Handel zugelassen sind bzw. deren Preis von solchen Finanzinstrumenten abhängt) zu nutzen bzw. einem Dritten Kenntnis über diese Informationen zu verschaffen. Für diesen Zweck muss jedes abgeschlossene Börsengeschäft mit solchen Papieren der staatlichen Wertpapieraufsicht gemeldet werden.

Börsenaufsicht

Emittenten von Wertpapieren, die zum Handel an einer deutschen Börse zugelassen sind, müssen – ad-hoc – neue Tatsachen aus ihrem Unternehmensbereich, die einen erheblichen Einfluss auf die →Vermögenslage und →Finanzlage bzw. auf den allgemeinen Geschäftsverlauf des Emittenten haben, veröffentlichen. Die *BaFin* kontrolliert, inwieweit die Unternehmungen ihre Pflichten zur →Ad-hoc-Publizität erfüllen.

Ferner beschäftigt sich die staatliche Wertpapieraufsicht mit Directors' Dealings; Transaktionen von Vorständen und Aufsichtsräten mit unternehmungseigenen Aktien müssen bei Überschreiten einer bestimmten Wertgrenze gemeldet werden, damit eine gewisse Transparenz des Kapitalmarkts für die Anleger gewährleistet werden kann.

Die Überwachung der Kurs- und Marktpreise (→Kurs- und Marktpreismanipulationen), die Prüfung der Wertpapierverkaufsprospekte und die Kontrolle bedeutender Veränderungen in der Aktionärsstruktur von börsennotierten Unternehmen gehören ebenfalls zum Aufgabenbereich der Wertpapieraufsicht der *BaFin*.

Nach § 1 Abs. 1 BörsG bedarf es für die Errichtung einer Börse der Genehmigung der Börsenaufsichtsbehörde des Bundeslandes, in dem die Börse ihren Sitz haben soll; Verantwortung für die Ausübung der Börsenaufsicht trägt i. d. R. das Wirtschaftsministerium des Landes.

Die Börsenaufsichtsbehörden der Länder üben die Rechts- und Marktaufsicht aus; zur Rechtsaufsicht zählt insb. das Genehmigungsverfahren über die Satzungen der Börsen, das Teilnahmerecht der Aufsicht an den Beratungen der Börsenorgane und die Einflussnahmemöglichkeiten auf die Regelwerke der Börse, falls dies aus Rechtsgründen geboten erscheint (§ 1 Abs. 4 BörsG). Die Marktaufsicht ist gekennzeichnet durch die Überwachung des Börsenhandels, der Handelsteilnehmer sowie elektronischer Hilfseinrichtungen und Handelssysteme. Gem. § 1 Abs. 5 BörsG sind die Börsenorgane zur Zusammenarbeit mit der Börsenaufsichtsbehörde verpflichtet; sie kann ohne weiteres von den Marktteilnehmern Einsichtnahme in deren Unterlagen verlangen. Bspw. werden von der Börsenaufsichtsbehörde die Kursfeststellungen der Skontroführer überprüft, um die Einhaltung der Vorschriften zu gewährleisten sowie evtl. Manipulationen zu verhindern (s. zu Arten der Kursfeststellung Bieg 2000b, S. 303 f.). Die Börsenaufsichtsbehörde besitzt weitreichende Ermittlungsbefugnisse; so kann sie u. a. Anordnungen gegenüber der Börse und Handelsteilnehmern erlassen, um Verstöße gegen börsenrechtliche Vorschriften zu unterbinden oder sonstige Missstände, die Handel, Abwicklung und Überwachung an der Börse beeinträchtigen, zu beseitigen bzw. zu vermeiden, Sanktionsverfahren über die Handelsteilnehmer und Skontroführer einleiten sowie die Handelsüberwachungsstelle zu Prüfungen bestimmen (§ 2 Abs. 1 und 2 BörsG).

Seit dem Zweiten FMFG muss jede Börse als eigenes Börsenorgan eine HÜSt einrichten und betreiben (§ 4 Abs. 1 BörsG); sie erfüllt einen Teil der Selbstverwaltung der deutschen Börsen (Bieg 2000a, S. 257). Hauptaufgabe der HÜSt ist die Überwachung des Börsenhandels und der Börsengeschäftsabwicklung. Dabei werden alle relevanten Daten erfasst sowie systematisch und lückenlos ausgewertet; sie übt die Kontrolle über die Preisbildung an der Börse aus, um das ordnungsgemäße Zustandekommen von Börsenkursen, eine elementare Verpflichtung der Börsenaufsicht, zu sichern. Die HÜSt kontrolliert u. a. die Handelsvolumina, die Einhaltung der Regelwerke der Börse, die Einhaltung der Handelsusancen und vergleicht die Preise ihrer Börse mit denen an anderen Börsenplätzen (§ 4 Abs. 4 BörsG). Stellt die HÜSt Unregelmäßigkeiten fest, so informiert sie die Börsengeschäftsführung und die Börsenaufsichtsbehörde; sie selbst besitzt keine Bestrafungsmöglichkeiten (Beck 2004, S. 94). Börsengeschäftsführung und Börsenaufsichtsbehörde können Sanktionen gegenüber dem Handelsteilnehmer verhängen oder das Verfahren an den Sanktionsausschuss der Börse abgeben. Die Sanktionen können von einer Abmahnung bis hin zum Widerruf der Börsenzulassung reichen.

Zwischen den einzelnen Säulen der Börsenaufsicht ist eine enge gesetzliche Kooperation vorgesehen, wobei die *BaFin* den börslichen und außerbörslichen Wertpapierhandel in Bezug auf Insiderhandel, gesetzliche Vorgaben und Meldepflichten kontrolliert (Kurth 1999, S. 244) und die Börsenaufsichtsbehörde mit Unterstützung der HÜSt die Rechts- und Marktaufsicht an den Börsen verantwortet.

Literatur: Beck, H.: § 1–8 BörsG, in: Schwark, E. (Hrsg.): Kapitalmarktrechtskommentar, München

2004; Bieg, H.: Börsenaufsicht, Börsenorganisation und Börsenhandel (Teil I), in: StB 7 (2000a), S. 254–262; Bieg, H.: Börsenaufsicht, Börsenorganisation und Börsenhandel (Teil II), in: StB 8 (2000b), S. 303–311; Kurth, M.: Börsenaufsicht, in: Redaktion der ZfK (Hrsg.): Enzyklopädisches Lexikon des Geld-, Bank- und Börsenwesens, Band 1: A-I, 4. Aufl., Frankfurt a.M. 1999, S. 242–249.

Hartmut Bieg

Börsenaufsichtsbehörde →Börsenaufsicht

Bonding →Principal-Agent-Theorie

Bonität

Unter Bonität versteht man die Fähigkeit eines Schuldners, seinen Zahlungsverpflichtungen nachzukommen. Die Prüfung der Bonität im Rahmen der Abschlussprüfung (→Jahresabschlussprüfung; →Konzernabschlussprüfung) ist erforderlich im Rahmen der Bewertung von →Vermögensgegenständen, bei denen das geprüfte Unternehmen als Gläubiger zum Empfang einer Geld- oder Sachleistung von einem Verpflichteten berechtigt ist. Dies betrifft im Wesentlichen →Forderungen aller Art, Ausleihungen, Wertpapiere, aus denen dem Unternehmen eine Kapitalrückzahlung zusteht, →Bankguthaben (soweit nicht durch eine Einlagensicherung gedeckt) sowie Ansprüche aus im Bestand befindlichen Schecks und Wechseln; daneben können auch Ansprüche aus Sachleistungsverpflichtungen (z. B. vorausbezahlte oder angezahlte noch nicht gelieferte Güter) sowie →derivativen Finanzinstrumenten (z. B. Optionsgeschäfte) Gegenstand einer Bonitätsprüfung sein. In diesen Fällen ist zu prüfen, ob der Schuldner seinen Verpflichtungen dem Unternehmen gegenüber nachkommen kann. Die Bonitätsprüfung stellt dabei nur einen Teil der zum jeweiligen →Prüffeld erforderlichen Prüfungshandlungen dar; daneben sind z. B. der rechtliche Bestand der Forderungen (→Nachweisprüfungshandlungen) und die mögliche Befriedigung aus vereinbarten Sicherungen (z. B. Eigentumsvorbehalt) zu prüfen (→Auswahl von Prüfungshandlungen). Ziel der Bonitätsprüfung ist es festzustellen, in welchem Maße der Schuldner seinen Verpflichtungen nachkommen kann und in welcher Höhe ggf. Wertberichtigungen aufgrund mangelnder Schuldnerbonität zu bilden sind.

Die Bonitätsprüfung bei Forderungen des →Umlaufvermögens erfolgt im Wesentlichen anhand folgender Kriterien:

1) Höhe und Entwicklung der Salden, Auflaufen von Salden, Altersaufbau der Salden,

2) Berücksichtigung etwaiger gestellter Sicherheiten,

3) bisheriges Zahlungsverhalten,

4) allgemein verfügbare bzw. im Einzelnen vom Schuldner oder Dritten (Auskunfteien, Bankauskünfte) erhaltene Informationen zu dessen wirtschaftlicher Situation,

5) →Rating des Schuldners (soweit vorhanden und verfügbar),

6) Hinweise auf Zahlungsschwierigkeiten (z. B.: laufende Prolongation von Zahlungszielen, Nichteinlösung von Lastschriften oder Schecks),

7) Angebot von Vergleichsregelungen,

8) Zwangsmaßnahmen Dritter (z. B. Pfändungsversuche) und

9) Eröffnung von Insolvenzverfahren (→Insolvenz).

Für die Beurteilung der Bonität (→Bonitätsanalyse) und hieraus folgend der Bewertung ist darüber hinaus auch das Gesamtengagement des betreffenden Schuldners maßgebend. Es ist empfehlenswert, die der Bonitätsprüfung zu unterwerfenden →Debitoren zur effizienten Prüfungsdurchführung mit einem mathematisch-statistischen Stichprobenverfahren zu bestimmen (→Stichprobenprüfung). Hierbei ist ggf. eine Schichtung nach Risikogesichtspunkten vorzunehmen (z. B. nach Altersstruktur). Im Rahmen der Prozessprüfung der Debitoren ist auch die vom Unternehmen verwendete Bonitätsprüfung hinsichtlich der Erkennung von Bonitätsrisiken im Kundenstamm einer kritischen Überprüfung zu unterziehen. In dieser Prozessprüfung sind vom →Abschlussprüfer (APr) auch die Umsetzung der vom Unternehmen gewonnenen Erkenntnisse und der Umgang mit den Risiken, insb. das bewusste Eingehen von Bonitätsrisiken, zu analysieren [→Risikomanagementsystem (RMS); →Risikomanagementsystem, Prüfung des] und in das Gesamtergebnis der Bonitätsprüfung mit einzubeziehen.

Für die Prüfung der Bonität des Schuldners von Bankguthaben und Wertpapieren sowie bestimmten Ausleihungen kann – sofern vorhanden – auf Ratings zurückgegriffen werden. Ratings stellen eine standardisierte Klassifizierung der Bonität der Schuldner dar. Sie werden von externen Agenturen (z. B. *Stan-*

dard & Poor's, Moody's, Fitch) durchgeführt. Die Ratings führen zu einer Zuordnung der Schuldner zu Risikogruppen, die Basis für eine pauschalisierte Einzelwertberichtigung sein können. Die für den Bereich Forderungen genannten Prüfungskriterien sind bei Fehlen allgemein zugänglicher Ratings ebenfalls analog auf die einzelnen Schuldner anzuwenden. Insb. bei nicht kapitalmarktorientierten Schuldnern ist eine →Einzelfallprüfung der Schuldnerbonität erforderlich. Handelt es sich um eine Vielzahl von betragsmäßig kleinen Beträgen ist die Verwendung eines mathematisch-statistischen Stichprobenverfahrens zu empfehlen.

Die Prüfung der Bonität durch den APr wird in ihrer Effizienz gesteigert durch ein standardisiertes Vorgehen nach einem →Prüfungsprogramm, das die oben genannten Kriterien berücksichtigt und in einer prüfereigenen Kategorisierung nach Risikoklassen mündet.

Literatur: IDW (Hrsg.): WPH 2006, Band I, 13. Aufl., Düsseldorf 2006, Abschn. R, Rn. 494, S. 498 f.

Ralph Höll

Bonitätsanalyse

Bonitätsanalyse ist die Bewertung der →Bonität (finanzielle Solidität) eines Unternehmens oder einer Privatperson aus Sicht von Kapitalgebern. Aus der Perspektive von Fremdkapitalgebern analysiert sie die Fähigkeit eines Kreditnehmers, vertragsmäßige Zins- und Tilgungszahlungen aus dem Kreditgeschäft in Zukunft zu leisten, und dient somit als Entscheidungsgrundlage (→Entscheidungsinstrumente) zur Kreditvergabe und -verlängerung sowie zur Festlegung der Kreditkonditionen. Für Eigenkapitalgeber liefert sie Informationen, wie erfolgreich das Management arbeitet und ob das Unternehmen eine für das übernommene Risiko entsprechende Rendite erwarten lässt. Ebenso haben Lieferanten und Kunden, nicht nur, wenn sie als Kreditgeber auftreten, ein verständliches Interesse, die wirtschaftliche Potenz ihrer Geschäftspartner und damit die Dauerhaftigkeit ihrer Geschäftsbeziehung einschätzen zu können. Nicht zuletzt benötigen auch die Arbeitnehmer und ihre Interessensvertretungen verlässliche Informationen über die aktuelle und künftige wirtschaftliche Lage des Unternehmens.

Als Teil der →Kreditprüfung, in der die Risiken einzelner Kreditengagements ermittelt werden, ist die Bonitätsanalyse mit der →Kreditwürdigkeitsprüfung gleichzusetzen. Weitere Bestandteile der Kreditprüfung sind die Kreditfähigkeitsprüfung, die auf die rechtliche Fähigkeit abzielt, als Kreditnehmer aufzutreten, die Beurteilung der Werthaltigkeit der zu stellenden Sicherheiten sowie die sachliche Prüfung des Kreditantrags. In der Bonitätsanalyse erfolgt zum einen eine Analyse der personenabhängigen Eigenschaften des Kreditnehmers. Hier werden personenbezogene Eigenschaften des Kreditnehmers geprüft, indem man sich vorrangig subjektiver Faktoren bedient, wie z. B. der persönliche Eindruck und Auskünfte Dritter. Zum anderen findet eine Prüfung der wirtschaftlichen Verhältnisse auf Basis objektiver Faktoren statt.

Die Informationsbedürfnisse zur Bonitätsbeurteilung von Unternehmen sind überwiegend auf die künftige Unternehmensentwicklung gerichtet. Adäquate Informationsinhalte wären dafür z. B. die erwartete Gesamtmarkt- und Branchenentwicklung, die Wettbewerbsposition und die geplanten Marktstrategien, die Investitionspläne (→Investition; →Planung) etc. Auch die Beurteilung der Qualifikation und (charakterlichen) Qualität der Unternehmensleitung sowie Umfang und Qualität verfügbarer Personal- und Sachsicherheiten zur Absicherung von Fremdkapitalansprüchen stellen wesentliche Informationsfelder dar. Ebenso kann die Beobachtung des Zahlungsverhaltens und der Kontobewegungen zusätzliche Einblicke in die Liquiditätssituation bieten. Soweit wie möglich werden solche qualitativen Informationen in die Bonitätsanalyse einbezogen. Oft stehen hierzu aber nur unpräzise, möglicherweise gar falsche Daten zur Verfügung, deren Prognosekraft deshalb sehr eingeschränkt sein kann.

Daher bedient man sich bei der Bonitätsanalyse von Unternehmen dominant einer gesetzlich normierten, quantitativen Informationsquelle, deren wesentlicher Zweck die Rechenschaftslegung der Unternehmensleitung gegenüber den Kapitalgebern ist: des Jahresabschlusses. Mithilfe der Bilanz- oder →Jahresabschlussanalyse lassen sich wertvolle Erkenntnisse über die →Vermögenslage, →Finanzlage und →Ertragslage gewinnen. Zu den traditionellen Methoden der Bilanzanalyse (→Jahresabschlussanalyse, Methoden der) gehören die Finanzflussrechnung (→Kapital- und Finanzflussrechnung) und die

Kennzahlenanalyse (→Kennzahlen und Kennzahlensysteme als Kontrollinstrument). Ihre Schwäche ist zum einen die schwache theoretische Fundierung, zum andern die schwierige Aggregation der Einzelurteile zu einem Gesamturteil. Daher werden – auch um den Anforderungen von →Basel II gerecht zu werden – in →Kreditinstituten dominant mathematisch statistische Verfahren (z. B. →Diskriminanzanalysen und logistische Regressionen) zur Klassifikation von Jahresabschlüssen eingesetzt.

Zu einer umfassenden Beurteilung der Bonität eines Unternehmens werden sowohl qualitative als auch quantitative Informationen hinzugezogen. Werden sämtliche Aussagen nun in einer einzigen Kennzahl verdichtet, die eine Gesamtaussage über Stärken, Schwächen sowie Risiken und Zukunftspotenziale eines Unternehmens erlaubt, spricht man auch von →Rating.

Literatur: Baetge, J./Kirsch, H.-J./Thiele, S.: Bilanzanalyse, 2. Aufl., Düsseldorf 2004; Rehkugler, H./Poddig, T.: Bilanzanalyse, 4. Aufl., München 1998.

Heinz Rehkugler

Bonus, jährlicher →Tantiemen für Gesellschaftsorgane

Branchenorientierte Kalkulation
→Kalkulation, branchenorientiert

Branchenspezifisches Controlling
→Controlling nach Branchenaspekten

Branchenvergleich →Betriebswirtschaftlicher Vergleich; →Überbetriebliche Vergleiche

Brasilien

Der Berufsstand der WP wird in Brasilien vom *CFC* (bundesstaatlicher Rat für Wirtschaftsprüfung) reguliert, der die Registrierung von Einzelpersonen oder Firmen kontrolliert, die in Brasilien externe Wirtschaftsprüfungen durchführen. Der *CFC* gibt daneben auch Standards für die allgemeine Wirtschaftsprüfung heraus. Des Weiteren legt der Rat für Unternehmen mit öffentlich gehandelten Aktien (kapitalmarktorientierte Unternehmen) und für bei der *CVM* (brasilianische Wertpapierkommission) registrierte Unternehmen zusätzliche Wirtschaftsprüfungsanforderungen oder -standards für praktizierende WP fest. Trotz der deutlichen Fortschritte dieser Institutionen in den vergangenen Jahren würde ein Vergleich der derzeit in Brasilien bestehenden und offiziell verabschiedeten Wirtschaftsprüfungsstandards mit den →International Standards on Auditing (ISA) der →*International Federation of Accountants (IFAC)* zeigen, dass bestimmte Wirtschaftsprüfungsbereiche noch immer nicht von offiziell verabschiedeten Standards abgedeckt werden. Dieses Problem wird umgangen, indem internationale Wirtschaftsprüfungsnetzwerke weltweite Prüfungsgrundsätze anwenden und so gewährleisten, dass die erbrachten Dienstleistungen von höchster Qualität sind und den Standards entsprechen, die in Europa und in den →United States of America (USA) angewandt werden.

Bei Unternehmen, die bei der *CVM* registriert sind, verlangt diese die Rotation der WP/WPGes im 5–Jahres-Rhythmus. Der vorhergehende WP kann nach einem Zeitraum von 3 Jahren dieselbe Firma erneut prüfen.

Die gesetzliche Pflicht zur Prüfung der Abschlüsse besteht nur für Unternehmen (KapGes in Form einer „Sociedade Anónima" – „S.A."), deren Aktien öffentlich gehandelt werden, sowie für Finanzinstitute, die bei der *Banco Central do Brasil* (der brasilianischen Zentralbank) registriert sein müssen. Für andere KapGes (ebenfalls „S.A."), deren Aktien nicht öffentlich gehandelt werden, und für Kommanditgesellschaften („Limitadas") besteht in Brasilien keine gesetzliche Prüfungspflicht.

Der JA kapitalmarktorientierter Unternehmen muss zusammen mit dem Bericht der APr bis zum 31. März bei der *CVM* eingereicht werden. Finanzinstitute müssen ihre Jahres- und Halbjahresabschlüsse zusammen mit dem PrB bis zum 31. März bzw. 31. August vorlegen. Neben der Vorlage bei der *CVM* und der *Banco Central* müssen diese Jahres- und Halbjahresberichte in einer Tageszeitung veröffentlicht werden, die in der Stadt vertrieben wird, in der die betreffenden Unternehmen und Finanzinstitute ihren Sitz haben.

Quartalsberichte (ITR – Informações Trimestrais) von kapitalmarktorientierten Unternehmen und Finanzinstituten sind von externen Wirtschaftsprüfern zu prüfen und bei der *CVM* und der *Banco Central* bis einschl. zum 45. Tag nach dem Abschlussstichtag des Quartals zusammen mit dem PrB einzureichen. Bei einer verspäteten Vorlage der Abschlüsse bei der *CVM* oder der Banco Central werden Strafen verhängt, die sich nach der Anzahl der Tage der Verspätung richten.

I.A. folgt die brasilianische Bilanzierungspraxis – wie die allgemein anerkannten Rechnungslegungsgrundsätze in Abschlüssen genannt werden – dem vom brasilianischen Gesellschaftsrecht festgelegten Rahmenkonzept für die Rechnungslegung. Nach dieser Bilanzierungspraxis umfassen die Abschlüsse die Bilanz, die GuV, die Veränderungen der Gewinnrücklagen sowie die Herkunft und die Verwendung der Mittel, die den Mittelzu-/-abfluss aus betrieblicher Tätigkeit mit den Veränderungen im Working Capital abstimmen. Diese Abschlüsse müssen zur besseren Vergleichbarkeit zusammen mit denen des Vorjahres vorgelegt werden. Die →Kapitalflussrechnung ist nicht vorgeschrieben, wird aber empfohlen.

Die Rechnungslegungsverlautbarungen NPC, die vom *Ibracon* (Institut der unabhängigen Wirtschaftsprüfer Brasiliens) zusammen mit dem *CFC* veröffentlicht werden, nähern sich dem durch das Gesellschaftsrecht festgelegten Rahmenkonzept für die Rechnungslegung, das von den Anforderungen der brasilianischen ESt-Regelungen zur Bestimmung des zu versteuernden Einkommens geprägt ist, an bzw. ergänzen es. Das *Ibracon*, dessen zahlreiche Kommissionen aus praktizierenden Wirtschaftsprüfern bestehen, hat aktiv am Projekt zur Konvergenz mit den →International Financial Reporting Standards (IFRS) mitgearbeitet. Entsprechend folgen die kürzlich vom *Ibracon* veröffentlichten wichtigen Verlautbarungen den allgemeinen, von den IFRS übernommenen Richtlinien, die an die örtlichen Gegebenheiten und Bedürfnisse angepasst wurden.

Auf Grundlage der zuvor aufgeführten Punkte kann man sagen, dass sich die brasilianische Bilanzierungspraxis den IFRS annähert. Bereiche, wie die Bewertung von Vorräten (→Vorratsvermögen), die Erfassung von Erlösen (→periodengerechte Erfolgsermittlung), →Sachanlagen, die Behandlung von Erfolgsunsicherheiten, Ertragssteuern und Zweckgesellschaften sowie Wertminderungsrückstellungen (→Rückstellungen), folgen im Wesentlichen der entsprechenden von den IFRS definierten Praxis. Der noch immer bestehende Hauptunterschied betrifft den Goodwill, der nach brasilianischer Bilanzierungspraxis weiterhin abgeschrieben und periodisch auf Wertminderung überprüft wird. Wichtige Bereiche, wie die Bilanzierung von derivativen Finanzinstrumenten und Sicherungsgeschäften, die Bilanzierung von Leasingverhältnissen sowie die Abzinsung auf den Barwert von Forderungen und Verbindlichkeiten, sind noch immer nicht abgedeckt.

Ein weiterer bedeutender Faktor ist der Status eines Hochinflationslandes, den Brasilien bis zum 31.12.1997 innehatte – seit diesem Zeitpunkt gilt das Land nach den von US GAAP und IFRS definierten Parametern (→Inflation, Rechnungslegung bei) nicht mehr als hochinflationär. Nach diesen Rahmenkonzepten für die Rechnungslegung müssen Abschlüsse seitdem nicht mehr an das Preisniveau angepasst werden. Nach der brasilianischen Bilanzierungspraxis ist jedoch eine Anpassung der Abschlüsse seit dem 31.12.1995 nicht mehr erforderlich. Diese Anpassung an das Preisniveau war auf die Inflationsbereinigung nicht-monetärer Vermögenswerte, wie →Anlagevermögen, →Rechnungsabgrenzungsposten (RAP), Finanzinvestitionen und →Eigenkapital, beschränkt.

Die *CVM* hat in Anerkennung der wichtigen Rolle des *Ibracon* die von diesem veröffentlichten Rechnungslegungsverlautbarungen als Anforderungen verkündet, die von allen kapitalmarktorientierten Unternehmen einzuhalten sind. Dies war in den letzten 10 Jahren immer wieder der Fall.

Paulo Manuchakian; Patrick Wilkinson

Break Even-Analyse

Die Break Even-Analyse ermittelt als zentrales →Controllinginstrument diejenigen Absatzmengen bzw. die dazugehörigen →Erlöse, bei denen die gesamten (fixen und absatzmengenabhängig variablen) →Kosten voll gedeckt sind und legt somit diejenige Erlös-Mengen-Kombination fest, von der ab die Unternehmung Gewinne erzielt.

Formal ermittelt man diesen kritischen Wert, indem die entstandenen Kosten des Umsatzes mit den erzielten Erlösen gleichgesetzt werden:

$$X_d = \frac{K_f}{p - k_p}$$

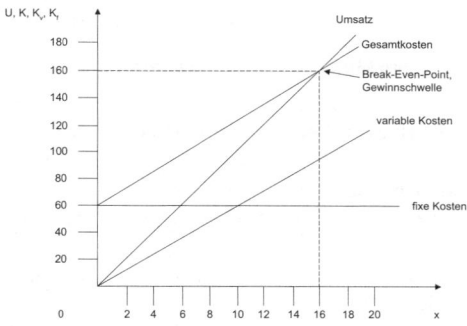

mit:

X_d = Break Even-Absatzmenge

K_f = Fixkosten der Periode

p = Stückerlös

k_p = proportionale Stückkosten

Durch die Bewertung der Break Even-Absatzmenge mit dem Stückerlös erhält man den Break Even-Umsatz (Heigl 1989, S. 129).

Mit der Break Even-Analyse steht ein Bewertungs- und →Entscheidungsinstrument zur Verfügung, mit dem Ansätze für notwendige betriebliche Anpassungsentscheidungen bei geänderten konjunkturellen Rahmenbedingungen und rückläufiger Beschäftigung (→Beschäftigungsgrad) gefunden werden können. In Abhängigkeit von den zugrunde liegenden Prämissen ist es mithilfe der Break Even-Analyse möglich, die Auswirkungen von Änderungen der Absatzpreise und -mengen, der Kosten sowie der Programmzusammensetzung auf die Zielgröße Gewinn aufzuzeigen (Coenenberg 1993, S. 289–290).

In der Grundform ist die Aussagekraft der Break Even-Analyse im Hinblick auf die Initiierung und Begründung betrieblicher Anpassungsentscheidungen durch die grundlegenden Prämissen eingeschränkt:

- Es wird nur ein Produkt hergestellt.
- Kosten, Preise und Kapazitäten sind fest vorgegeben und bekannt.
- Preise, variable Stückkosten und fixe Kosten (→Fixkostencontrolling) werden als mengenunabhängig unterstellt. Für die Kosten bedeutet dies z. B., dass weder Überstunden- oder Nachtzuschläge einen Einfluss auf den variablen Kostensatz ausüben, noch intervallfixe Kosten, z. B. aufgrund mehrerer Arbeitsschichten, berücksichtigt werden.
- Parameteränderungen, z. B. aufgrund von Verfahrensänderungen, treten während des betrachteten Zeitraums nicht ein.
- Die bei einer bestimmten Absatzmenge anfallenden Kosten sind von der Produktionsmenge der Vorperiode unabhängig, d. h. es liegt keine Kostenremanenz (→Kostenabbaubarkeit) vor.
- Produktions- und Absatzmengen verlaufen synchron (Lagerhaltung wird nicht berücksichtigt).

Durch eine Reihe von Erweiterungsmöglichkeiten des Grundmodells lassen sich die restriktiven Prämissen der Break Even-Analyse teilweise aufheben (Kilger 1993, S. 802–803).

1) In Mehrproduktunternehmen ist die Break Even-Analyse sinnvoll einzusetzen, sofern die Deckungsbeiträge der Produkte (→Deckungsbeitragsrechnungen) gleich sind. Bei unterschiedlichen Produktdeckungsbeiträgen besteht jedoch das Problem, dass der Break Even-Point durch verschiedene Preis-Mengen-Kombinationen realisiert werden kann, sodass es lediglich möglich ist, mit festen Mengen- oder Umsatzverhältnissen der jeweiligen Erzeugnisgruppen, z. B. bei Kuppelproduktion (→Kalkulation bei Kuppelproduktion), einen Break Even-Point für den gesamten Umsatz-Mix zu ermitteln bzw. spezifische Gewinnschwellen für Haupterzeugnisgruppen bzw. Absatzsegmente zu bestimmen.

2) Stellen sich Erlös- und Gesamtkostenverlauf als nicht-linear dar, ist eine Verfeinerung der Break Even-Analyse nur sinnvoll, wenn der erheblich höhere Planungsaufwand (→Planung) für die Erstellung der Erlös- und Kostenfunktionen eine nicht nur marginale Verbesserung der Break Even-Schätzung zur Folge hat. I.d.R. kann in der Break Even-Analyse auf die bis auf eine Produktmengeneinheit genaue Ermittlung der Gewinnschwelle verzichtet werden. In vielen Fällen wird es gerechtfertigt sein, die Linearitätsprämisse aufrechtzuerhalten und zusätzlich Schwankungsintervalle zu definieren, innerhalb derer der Break Even-Point liegt, um einen Anhaltspunkt dafür zu geben, in welcher Größenordnung der Mindestumsatz liegen muss.

3) Die für die Kosten- und Erlösfunktionen unterstellte Parameterkonstanz wird insofern aufgehoben, als auf dem Wege einer komparativ-statischen Analyse der Einfluss von Veränderungen der Kosten- und Erlösfunktionen aufgrund von Änderungen der zugrunde liegenden Parameter im Rahmen der Vorbereitung von Anpassungsentscheidungen Gegenstand der Analyse sein muss.

Für die Entscheidungsträger ist nicht nur feststellbar, wo der Break Even-Point liegt, sondern auch (jeweils kurzfristig) in Abhängigkeit von unterschiedlichen Umsatzentwicklungen, ob der Break Even-Point noch erreicht werden kann oder nicht, indem monatlich den geplanten Kosten- oder Erlöswerten die tatsächlich eingetretenen Istwerte gegenübergestellt werden und somit ein →Soll-Ist-Vergleich zwischen geplantem und tatsächlich erreichtem Break Even-Point durchgeführt wird. Die entsprechende Kennzahl (→Kennzahlen und Kennzahlensysteme als Kontrollinstrument) ist die sog. Break Even-Point-Erreichung:

$$\text{Break Even-Point-Erreichung} = \frac{A^{(I)}}{\frac{K_f^{(p)}}{p^{(p)} - k_v^{(p)}}}$$

mit:

$p^{(p)}$ = geplanter Stückpreis
$K_f^{(p)}$ = geplante Fixkosten
$k_v^{(p)}$ = geplante, variable Stückkosten
$A^{(I)}$ = kumulierte Ist-Absatzmenge

Als Controllinginstrument unterstützt die Break Even-Analyse zudem auch die →Planung, da sie Auswirkungen von Änderungen der variablen und fixen Kosten sowie der Preise auf die Gewinnschwelle erkennen lässt. Es lässt sich zeigen, in welchem Umfang z. B. Preissteigerungen durch Kosteneinsparungen (→Kostenmanagement) bei den variablen oder fixen Kosten die Unternehmung zum ursprünglichen Break Even-Point zurückführen. In gleicher Weise kann abgeschätzt werden, in welchem Umfang die gesamten variablen und fixen Kosten im Falle eines konjunkturell bedingten Absatzrückgangs gesenkt werden müssen, damit die Unternehmung verlustfrei bleibt (Reichmann 2006, S. 153).

Literatur: Coenenberg, A. G.: Kostenrechnung und Kostenanalyse, Landsberg 2003; Heigl, A.: Controlling – Interne Revision, 2. Aufl., Stuttgart 1989; Kilger, W.: Flexible Plankostenrechnung und Deckungsbeitragsrechnung, Wiesbaden 1993; Reichmann, T.: Controlling mit Kennzahlen und Management-Tools. Die systemgestützte Controlling-Konzeption, 7. Aufl., München 2006.

Thomas Reichmann

Break Even-Point →Break Even-Analyse

Brutto-Cash Flow →Cash Flow; →Wertorientierte Unternehmensführung

Bruttofehler-Untersuchung →Heterograde Stichprobe

Buchführung →Buchführungstechnik und Prüfungsmethoden

Buchführungspflicht →Buchungen

Buchführungstechnik und Prüfungsmethoden

Unter Buchführung versteht man die planmäßige und lückenlose Aufzeichnung aller finanziellen Geschäftsvorfälle in einem Unternehmen. Diese erfolgt chronologisch mit inhaltlicher und zahlenmäßiger Wertangabe. Die kaufmännische Buchführung ist Grundlage des jährlichen Jahresabschlusses und zusammen mit der Kostenrechnung (→Kosten- und Leistungsrechnung; →Kostenrechnung, Prüfung der) Basis betriebswirtschaftlicher Entscheidungen.

Die Buchführungspflicht ergibt sich sowohl aus dem HGB als auch aus der AO. Nach § 238 Abs. 1 HGB müssen Kaufleute eine systematische Dokumentation der Entstehung und Abwicklung ihrer Geschäftsvorfälle vornehmen, um ihnen und ggf. Dritten einen Überblick über die Lage (→Vermögenslage; →Finanzlage; →Ertragslage) des Unternehmens zu vermitteln. Der Gesetzgeber schreibt kein bestimmtes Buchführungssystem vor. Ihrem Anwendungsgebiet entsprechend kann zwischen kaufmännischer und kameralistischer Buchführung unterschieden werden. Die kaufmännische Buchführung liegt als einfache und als doppelte Buchführung, die Kameralistik als einfache und als gehobene Buchführung vor. Während die einfache und doppelte Buchführung kaufmännische Verfahren sind, ist die Kameralistik der öffentlich-rechtlichen Rechnungslegung (→Grundsätze ordnungsmäßiger öffentlicher Buchführung) zuzuordnen.

Die (einfache) Kameralistik kennt weder eine →Inventur noch eine Bewertung. Sie stellt die tatsächlichen Einnahmen und Ausgaben den veranschlagten Einnahmen und etatmäßigen Ausgaben gegenüber. Ergebnis dieses →Soll-Ist-Vergleichs sind Etatüberschüsse oder Fehlbeträge. Auch in der gehobenen Form, die u. a. auch Vermögenskonten und die Periodenabgrenzung umfasst, ist die Kameralistik für kaufmännische Zwecke ungeeignet, da bei ihr die zwingende Verbindung zwischen Vermögens- und Erfolgskonten fehlt (→Umstellung von Kameralistik auf Doppik).

Bei der einfachen (kaufmännischen) Buchführung werden nur diejenigen Geschäftsvorfälle gebucht, die aus Inventur- und Kontrollgründen erforderlich sind; innerbetriebliche Leistungsvorgänge werden nicht erfasst. Es existieren ausschließlich Vermögenskonten und der Gewinn ergibt sich anhand eines Vermögens- oder Bestandsvergleichs: Endvermögen − Anfangsvermögen + Entnahmen − Einlagen = Gewinn.

Eine →Gewinn- und Verlustrechnung (GuV) kennt die einfache Buchführung mangels Erfolgsfaktor nicht. Gegenüber der doppelten Buchführung fehlt die Kontrollfunktion der Doppelbuchung und das nach sachlichen Kriterien geführte Hauptbuch. Da der von einem Kaufmann nach § 242 Abs. 3 HGB aufzustellende JA mindestens aus Bilanz und GuV bestehen muss, hat die einfache Buchführung kaum praktische Bedeutung.

KapGes sowie bestimmte Personenhandelsgesellschaften [→Personengesellschaften (PersGes)], die nach §§ 264 ff. HGB zur Veröffentlichung eines Jahresabschlusses, d. h. Bilanz und GuV, verpflichtet sind, folgen der doppelten Buchführung (Doppik). Der Gewinn wird auf doppelte Weise ermittelt: über die Vermögensrechnung (Bilanz) und die Erfolgsrechnung (GuV). Jeder Geschäftsvorfall löst eine doppelte Buchung aus, wobei stets mindestens ein Konto im Soll und mindestens ein Konto im Haben berührt werden.

Die Abschlussprüfung (→Jahresabschlussprüfung; →Konzernabschlussprüfung) und die Prüfungsmethoden orientieren sich an der Zielsetzung der Abschlussprüfung gem. § 317 Abs. 1 Satz 2 HGB. Danach erstreckt sich die Prüfung darauf, ob die gesetzlichen Vorschriften und sie ergänzende Bestimmungen des Gesellschaftsvertrags oder der Satzung beachtet worden sind (→Ordnungsmäßigkeitsprüfung). So hat der →Abschlussprüfer (APr) im →Prüfungsbericht (PrB) u. a. darzustellen, ob die Buchführung den gesetzlichen und den ergänzenden Bestimmungen des Gesellschaftsvertrags oder der Satzung entspricht (§ 321 Abs. 2 Satz 1 HGB). Die gesetzlichen Vorschriften über die Rechnungslegung werden ergänzt durch die nicht kodifizierten GoB (→Grundsätze ordnungsmäßiger Buchführung, Prüfung der).

Der APr führt eine Abschlussprüfung mit dem Ziel durch, seine Prüfungsaussagen (→Prüfungsurteil) unter Beachtung des Grundsatzes der Wirtschaftlichkeit mit hinreichender Sicherheit treffen zu können. Die Abschlussprüfung ist daher keine →lückenlose Prüfung, sondern eine →Stichprobenprüfung unter Beachtung des Grundsatzes der →Wesentlichkeit und des Fehlerrisikos (→Business Audit Risk; →Prüfungsrisiko; →risikoorientierter Prüfungsansatz; →Fehlerarten in der Abschlussprüfung). Stichprobenprüfungen kommen sowohl für Funktionstests (→Funktionsprüfung) im Rahmen der Prüfung des Internen Kontrollsystems (→Internes Kontrollsystem, Prüfung des; →Systemprüfung) als auch für aussagebezogene Prüfungshandlungen (→ergebnisorientierte Prüfungshandlungen) in Betracht.

Vor Beginn der eigentlichen Prüfung verschafft sich der APr detaillierte Informationen über die Geschäftstätigkeit und das →wirtschaftliche Umfeld des zu prüfenden Unternehmens („Knowledge of the Clients Business"). Im weiteren Verlauf werden die Kenntnisse über das Unternehmen vertieft. In diesem Zusammenhang identifiziert der APr die in den Prozessen enthaltenen internen Kontrollen (IKS) und legt fest, in welchem Umfang das unternehmerische →Kontrollsystem für die prüferischen Zwecke genutzt werden soll (→Aufbauorganisation; →Kontrollprüfung). Anschließend werden die in den Prozessen identifizierten Kontrollen auf ihre Funktionsfähigkeit hin geprüft („Test of Control", →Funktionsprüfung; →Kontrollprüfung). Durch die Prüfung des Internen Kontrollsystems, welche auch die →IT-Prüfung umfasst (→IT-Systemprüfung), soll festgestellt werden, ob alle rechnungslegungsrelevanten Vorgänge vollständig und zuverlässig

Buchhaltung

erfasst werden. Im Hinblick auf die zu beachtenden Kriterien der Vollständigkeit, Richtigkeit, Übersichtlichkeit und Zeitnähe sind bei der Prüfung u. a. folgende Punkte zu beachten:

- Sind die Aufgabenbereiche der Mitarbeiter in der Buchhaltung beschrieben und klar abgegrenzt?
- Ist die Stellvertretung für die einzelnen Mitarbeiter in der Buchhaltung unter Beachtung der erforderlichen Funktionstrennung geregelt?
- Ist die Vollständigkeit der notwendigen Angaben, wie z. B. Buchungsbetrag, Ausstellungsdatum/Eingangsdatum, Belegnummer, für jede Buchung gewährleistet?
- Werden die Geschäftsvorfälle zeitnah und in zeitlicher Reihenfolge gebucht?
- Wird kontrolliert, dass alle Belege erfasst werden?

Anhand der Ergebnisse der Funktionstests im Rahmen der Prüfung des Internen Kontrollsystems legt der APr fest, in welchem Umfang aussagebezogene Prüfungshandlungen („Substantive Tests"), also →analytische Prüfungshandlungen („Analytical Procedures") und →Einzelfallprüfungen („Tests of Details") durchgeführt werden (→Auswahl von Prüfungshandlungen).

Analytische Prüfungshandlungen sind Plausibilitätsbeurteilungen (→Plausibilitätsprüfungen) von Verhältniszahlen und Trends, durch die Beziehungen von prüfungsrelevanten Daten eines Unternehmens zu anderen Daten aufgezeigt sowie auffällige Abweichungen festgestellt werden (→Abweichungsanalyse). Bei Einzelfallprüfungen werden unmittelbare Soll-Ist-Vergleiche von einzelnen Geschäftsvorfällen und Beständen durchgeführt.

Literatur: Eisele, W.: Technik des betrieblichen Rechnungswesens, 7. Aufl., München 2002; Freidank, C.-Chr./Velte, P.: Rechnungslegung und Rechnungslegungspolitik. Eine Einführung aus handels-, steuerrechtlicher und internationaler Sicht in die Rechnungslegung und Rechnungslegungspolitik von Einzelunternehmen, Personenhandels- und Kapitalgesellschaften, Stuttgart 2007; IDW (Hrsg.): IDW Prüfungsstandard: Das interne Kontrollsystem im Rahmen der Abschlussprüfung (IDW PS 200, Stand: 28. Juni 2000), in: WPg 53 (2000), S. 706–710; IDW (Hrsg.): WPH 2006, Band I, 13. Aufl., Düsseldorf 2006.

Barbara Echinger

Buchhaltung →Bilanztheorie

Buchinventur →Inventar

Buchprüfungsgesellschaft →Revisions- und Treuhandbetriebe

Buchungen

Eine Buchung ist die Erfassung eines Geschäftsvorfalls aufgrund eines Belegs in einem der Haupt- (→Grund- und Hauptbuch) oder →Nebenbücher einer Buchführung (→Buchführungstechnik und Prüfungsmethoden). Geschäftsvorfälle gelten als gebucht, wenn sie autorisiert und nach einem Ordnungsprinzip (Kontierung) vollständig, richtig, zeitgerecht und verarbeitungsfähig erfasst und gespeichert sind. Geschäftsvorfälle gelten bereits dann als gebucht, wenn diese in der Finanzbuchführung vorgelagerten IT-Anwendungen (→IT-Systeme; →IT-Buchführungen) mit allen erforderlichen Angaben erfasst, gespeichert, durch die gesetzlichen Vertreter autorisiert wurden und in ihrer Bearbeitung anschließend keinen weiteren Kontrollen (→Kontrolltheorie) unterliegen.

Die Prüfung der Buchungen bezieht sich auf die Einhaltung von Ordnungsmäßigkeitskriterien (→Ordnungsmäßigkeitsprüfung). Hierbei werden Prüfungshandlungen durchgeführt (→Auswahl von Prüfungshandlungen), die je nach Zielsetzung entweder unter →IT-Systemprüfungen (→IT-Buchführungen) oder →Einzelfallprüfungen (→Belegprüfung) zu subsumieren sind.

Die Ordnungsmäßigkeitsanforderungen ergeben sich aus den handelsrechtlichen Vorschriften in Verbindung mit den GoB (→Grundsätze ordnungsmäßiger Buchführung, Prüfung der). Ausgangspunkt ist die Buchführungspflicht gem. § 238 Abs. 1 HGB. Danach ist „[..] jeder Kaufmann [..] verpflichtet, Bücher zu führen und in diesen seine Handelsgeschäfte und die Lage seines Vermögens nach den Grundsätzen ordnungsmäßiger Buchführung ersichtlich zu machen. Die Buchführung muss so beschaffen sein, dass sie einem sachverständigen Dritten innerhalb angemessener Zeit einen Überblick über die Geschäftsvorfälle und über die Lage des Unternehmens vermitteln kann. Die Geschäftsvorfälle müssen sich in ihrer Entstehung und Abwicklung verfolgen lassen."

Die Nachprüfbarkeit der Buchführung umfasst die Nachvollziehbarkeit des einzelnen Geschäftsvorfalles von seinem Ursprung bis zur endgültigen Darstellung und umgekehrt, wobei der Ursprung in dem Zeitpunkt liegt, in dem der Geschäftsvorfall aufzeichnungspflichtig wird, die Nachvollziehbarkeit des Verarbeitungsverfahrens anhand der Verfahrensdokumentation in dem Sinne, dass von einem sachverständigen Dritten in angemessener Zeit die Angemessenheit und Wirksamkeit des →Kontrollsystems beurteilt werden kann und den Nachweis, dass das Verfahren entsprechend seiner Dokumentation durchgeführt worden ist (→Internes Kontrollsystem, Prüfung des).

Auf welche Weise diese Anforderungen erfüllt werden, ist allein dem Buchführungspflichtigen überlassen. Maßgeblich wird jedoch die Nachprüfbarkeit durch die organisatorische und IT-technische Einbettung des verwendeten Buchführungssystems in die Unternehmensabläufe beeinflusst (→Grundsätze ordnungsmäßiger IT-gestützter Buchführungssysteme).

Ein einzelner Geschäftsvorfall wird nachvollziehbar, wenn die Buchführung die Beleg-, Journal- und Kontenfunktion erfüllt. Die Belegfunktion ist Grundvoraussetzung für die Beweiskraft der Buchführung. Die Journalfunktion hat den Nachweis der tatsächlichen und zeitgerechten Verarbeitung der Geschäftsvorfälle innerhalb der IT-gestützten Rechnungslegung zum Gegenstand. Die Kontenfunktion setzt voraus, dass die im Journal in zeitlicher Reihenfolge aufgezeichneten Geschäftsvorfälle auch in sachlicher Ordnung auf Konten abgebildet werden. Bei computergestützten Buchführungsverfahren werden Journal- und Kontenfunktion i.d.R. gemeinsam wahrgenommen. Diese Funktionen werden bspw. durch maschinelle Kontenfindungsverfahren unterstützt (→IT-Systemprüfung).

Sinn und Zweck eines Belegs besteht darin, den einer Buchung zugrunde liegenden wirtschaftlichen Sachverhalt nachzuweisen und zu dokumentieren. Nach übereinstimmender Auffassung ist jede Buchung durch einen Beleg nachzuweisen („keine Buchung ohne Beleg"). Über die Belegfunktion wird damit der Nachweis der zutreffenden Abbildung der internen und externen Geschäftsvorfälle im →Rechnungswesen geführt (→formelle Prüfung).

Für die Erfüllung der Belegfunktion sind folgende Angaben notwendig, die durch die Gestaltung der →Geschäftsprozesse in einem Unternehmen determiniert werden (Angemessenheit und Wirksamkeit des →Internen Kontrollsystems):

- hinreichende Erläuterung des Buchungsvorgangs anhand des Buchungstextes oder -schlüssels,
- Buchungsbetrag oder Mengen- und Wertangaben, aus denen sich der zu buchende Betrag ergibt,
- Zeitpunkt des Geschäftsvorfalls (Belegdatum, Bestimmung der Buchungsperiode) und
- Bestätigung (Autorisierung) durch den Verantwortlichen (z. B. Unterschrift, Handzeichen, Freigabe).

Für die buchhalterische und prüferische Arbeit sind ergänzende Angaben sinnvoll: Kontierung, Belegnummer bzw. Ordnungskriterium für die Ablage der Belege und Buchungsdatum für die Kennzeichnung des Eingangs ins System.

Bei IT-gestützten Geschäftsprozessen kann und soll der Nachweis durch konventionelle Belege (z. B. Papier) nicht erbracht werden. Dies betrifft bspw. Buchungen von Materialverbräuchen, die bei Lagerentnahmen automatisch generiert werden (→Lagerwesen), maschinelle Bewertung von Halb- und Fertigfabrikaten (→unfertige und fertige Erzeugnisse), Dauerbuchungen, wie Abschreibungen (→Abschreibungen, bilanzielle), Fakturiersätze, die von Programmen durch Multiplikation von Preisen mit aus der →Betriebsdatenerfassung (BDE) entnommenen Mengen gebildet werden (z. B. Stromverbrauch bei Versorgungsunternehmen, Billing-Systeme bei Telekommunikationsunternehmen). Für entsprechende automatisierte Rechnungslegungsverfahren kann die Belegfunktion über den verfahrensmäßigen Nachweis des Zusammenhangs zwischen dem einzelnen Geschäftsvorfall und seiner Buchung oder durch Sammelbelege nebst Einzelnachweis erfüllt werden. Hierzu werden Dokumentationen der programmierten Vorschriften zur Generierung der Buchungen, Nachweise, dass die in der Dokumentation enthaltenen Vorschriften einem autorisierten Änderungsverfahren unterlegen haben (u. a. Test- und Freigabeverfahren, Versionsführung, Zugriffsschutz, →IT-Sicherheit) sowie Nachweise der tatsächlichen Durchführung der einzelnen Buchung vorausgesetzt (→IT-Systemprüfung).

Bei der Prüfung der Buchungen auf Basis von →Einzelfallprüfungen sind die Einhaltung der allgemeinen Ordnungsmäßigkeitskriterien Vollständigkeit, Richtigkeit und Zeitgerechtigkeit zu berücksichtigen. Der Grundsatz der *Vollständigkeit* betrifft den Umfang der Buchungen. Alle Geschäftsvorfälle sind aufzeichnungs- bzw. buchungspflichtig, die den Umfang oder die Struktur der →Vermögenslage, der →Schulden, der →Rechnungsabgrenzungsposten (RAP) oder der →Aufwendungen und Erträge verändern. Jeder Geschäftsvorfall ist grundsätzlich einzeln zu erfassen. Zusammenfassungen oder Verdichtungen sind zulässig, sofern sie nachvollziehbar in ihre Einzelpositionen aufgegliedert werden können. Nach dem Grundsatz der *Richtigkeit* haben die Belege und Bücher die Geschäftsvorfälle inhaltlich zutreffend abzubilden, d. h. in Übereinstimmung mit den tatsächlichen Verhältnissen und im Einklang mit den rechtlichen Vorschriften. Die *Zeitgerechtigkeit* der Buchführung betrifft die Zuordnung der Geschäftsvorfälle zu den Buchungsperioden sowie die Zeitnähe der Buchungen. Jeder Geschäftsvorfall ist der Buchungsperiode zuzuordnen, in der er angefallen ist (→periodengerechte Erfolgsermittlung; →Cut-Off). Über die Zuordnung eines Buchungsdatums zu einem Beleg(-datum) lassen sich Rückschlüsse auf die Zeitnähe der Buchung ziehen. Geschäftsvorfälle sind zeitnah, d. h. möglichst unmittelbar nach Entstehung, zu erfassen. Bei zeitlichen Abständen zwischen Entstehung und Erfassung sind geeignete Maßnahmen zur Sicherstellung der Vollständigkeit zu treffen.

Die Einhaltung der Kriterien Nachvollziehbarkeit und Unveränderlichkeit wird in der Regel durch Verfahrensprüfungen (→Systemprüfung; →IT-Systemprüfung) untersucht. Das Buchführungsverfahren muss darüber hinaus sicherstellen, dass die Buchungen sowohl in zeitlicher Ordnung (Journalfunktion) als auch in sachlicher Ordnung (Kontenfunktion) dargestellt werden können. Deren Umsetzung wird sowohl durch Verfahrensprüfungen als auch Einzelfallprüfungen untersucht.

Die Prüfbarkeit auf Basis von Einzelfall- bzw. →Systemprüfung muss über die Dauer der Aufbewahrungsfrist gegeben sein (→Aufbewahrungspflichten). Dies gilt neben den Belegen auch für die zum Verständnis der Buchführung erforderliche Dokumentation.

Michael Sebacher

Buchwertmethode →Auseinandersetzungsbilanz; →Konsolidierungsformen; →Unternehmensumwandlungen

Budgetabweichung →Abweichungsanalyse

Budgetierung

Die Budgetierung ist ein wesentliches Element der →Controllinginstrumente aus dem Bereich des →operativen Controllings, in dem ein formalzielorientierter, in wertmäßigen Größen formulierter, für eine Entscheidungsperiode mit einem bestimmten Verbindlichkeitsgrad vorgegebener Plan (→Planung) aufgestellt und zur Kontrolle nachfolgender Planumsetzungshandlungen herangezogen wird. Es handelt sich um ein ursprünglich von *General Motors*, *Du Pont*, *Siemens*, *EDF*, *Saint Gobain* und *Péchiney* in den 1920er Jahren entwickeltes und inzwischen in größeren Unternehmen weit verbreitetes Konzept zur teilweisen Dezentralisierung von Entscheidungen.

Als *Ziele* der Budgetierung werden in der Literatur unter den unterschiedlichsten Schlagworten Aspekte genannt, die sich grob drei Zielen bzw. Funktionen zuordnen lassen: die Prognose der Umweltentwicklung und der Auswirkungen erwogener Handlungsalternativen, die Koordination von Handlungen bzw. der die Handlungen durchführenden Personen und Abteilungen sowie die Motivation der beteiligten Personen durch die Zielsetzung und Kontrolle.

Hinsichtlich der *Wirkungen* der Budgetierung bzw. von Budgets werden neben den funktionalen, mit den genannten Zielen korrespondierenden Wirkungen auch solche dysfunktionaler Art diskutiert, wie die einseitige Fokussierung auf die Planeinhaltung und die starke Belastung von Managementkapazitäten zur Budgeterstellung und -kontrolle.

(Gestaltungs-)Parameter der Budgetierung sind die Partizipation des Budgetverantwortlichen an der Budgeterstellung, die Knappheit der Budgets, der Formalisierungsgrad des Budgetierungsprozesses, die Verbindlichkeit der Budgets und die Bedeutung ihrer Einhaltung für die Vergabe extrinsischer Anreize sowie

der Grad der Dezentralisierung ihrer Erstellung (Top-down, Gegenstrom und Bottom-up). Trotz intensiver Beschäftigung mit der Budgetierung in der theoretischen und empirischen Forschung sind die Erkenntnisse zu den Wirkungen der Budgetierung sowie den dabei relevanten Ursache-Wirkungszusammenhängen mit den Parametern der Budgetierung in großen Teilen widersprüchlich, auf einzelne Teilfragen fokussiert und uneinheitlich systematisiert (s. detailliert Sponem 2004, S. 73 f.).

Während die Budgetierung in den 1980er Jahren nur wenige nennenswerte Impulse zur Weiterentwicklung erlebte, wird sie seit Ende der 1990er Jahre in Theorie wie Praxis wieder intensiver – und insb. kritisch – unter den Schlagworten Better Budgeting und Beyond Budgeting diskutiert. Das *Better Budgeting* (Advanced Budgeting) strebt dabei im Kern durch Entfeinerung und dafür verstärkt analytische Neuplanung mittels →Activity Based Budgeting oder →Zero-Based-Budgeting eine Reduktion des Budgetierungsaufwands und eine Verbesserung der Zuverlässigkeit der erstellten Pläne an (Schäffer/Zyder 2003, S. 107). Das *Beyond Budgeting* wiederum zielt durch den Übergang von einer durch Ziele bzw. Pläne koordinierten Organisation zu einer durch Selbstabstimmung bzw. interne Märkte koordinierten Organisation im Kern auf einen Ersatz der Budgetierung ab (Hope/Fraser 2003, S. 150–153). In beiden Konzepten wird darüber hinaus u. a. der Einsatz relativer, benchmarkorientierter Ziele zwecks verstärkter Ausrichtung der Handlungen am Wettbewerb propagiert (Hope/Fraser 2003, S. 147 f.; Kopp/Leyk 2004, S. 11 f.).

Entgegen dem insb. in Veröffentlichungen zum Beyond Budgeting erweckten Eindruck sind jedoch weder das Better Budgeting noch das Beyond Budgeting per se der „klassischen" Budgetierung überlegen. Vielmehr bauen alle drei Ansätze auf unterschiedlichen Prämissen auf: Die Budgetierung geht von einem eher stabilen, dafür aber durchaus auch durch hohe Komplexität, wie bspw. durch Verbundeffekte auf Beschaffungs-, Produktions- und Absatzseite, charakterisierten Kontext aus, in dem angesichts der Verbundbeziehungen zentrales Wissen von hoher Relevanz ist. Das Better Budgeting wiederum unterstellt einen Kontext mittlerer Dynamik und mittlerer Komplexität, d. h. eine annähernd gleich große Bedeutung zentralen wie dezentralen Wissens. Das Beyond Budgeting schließlich geht von einer Situation mit hoher Dynamik aber nur geringer Komplexität und damit hoher Bedeutung dezentralen Wissens aus (Weber/Linder 2004, S. 258–260). Angesichts dieser (impliziten) Prämissen hängt die Eignung jedes der Konzepte damit von dem Umfeld ab, in dem sich ein Unternehmen befindet (ebd., S. 259 f.). Obwohl beide Neugestaltungsansätze der Budgetierung in jüngster Zeit große Aufmerksamkeit auf sich gezogen haben und ein signifikanter Anteil an Unternehmen eine an den Ideen des Better Budgeting orientierte Umgestaltung plant, wäre es daher falsch, die Budgetierung für veraltet zu erklären.

Literatur: Hope, J./Fraser, R.: Beyond Budgeting. How Managers Can Break Free from the Annual Performance Trap, Boston 2003; Kopp, J./Leyk, J.: Effizient und effektiv planen und budgetieren, in: Horváth & Partners (Hrsg.): Beyond Budgeting umsetzen. Erfolgreich planen mit Advanced Budgeting, Stuttgart 2004, S. 1–13; Sponem, S.: Diversité des Pratiques Budgétaires des Entreprises Françaises. Proposition d'une Typologie et Analyse des Déterminants, Diss. Université Paris Dauphine, Paris 2004; Schäffer, U./Zyder, M.: Beyond Budgeting ein neuer Management Hype?, in: ZfCM 47 (2003), Sonderheft 1, S. 101–110; Weber, J./Linder, S.: Budgeting, Better Budgeting oder Beyond Budgeting, in: Weber, J. (Hrsg.): Das Advanced-Controlling-Handbuch. Alle entscheidenden Konzepte, Steuerungssysteme und Instrumente, Weinheim 2004, S. 217–270.

Jürgen Weber; Stefan Linder

Bürogemeinschaft →Revisions- und Treuhandbetriebe

Bundes- und Landeshaushaltsordnung

Warum wird geprüft? In der bundesstaatlich verfassten parlamentarischen Demokratie der BRD wird dem Bund und den Ländern im Rahmen der Selbstverwaltung das Recht übertragen, Steuern zu erheben (Art. 105 GG). Aus dieser verfassungsrechtlichen Gewährung der Finanzhoheit entspringt zugleich die demokratische Verpflichtung, dass die Regierenden den Repräsentanten der Bürger Nachweis über die ihnen übertragene Haushalts- und Wirtschaftsführung zu erbringen haben. Die Haushaltsrechnung als ziffernmäßiges Ergebnis dieser Haushalts- und Wirtschaftsführung ist sodann die Grundlage, auf der die parlamentarischen Organe über die Entlastung der Regierenden entscheiden (Art. 114 GG, § 114 LHO bzw. BHO). Die entscheidende Aufgabe der

Prüfung nach BHO bzw. LHO besteht demnach in der Unterstützung der parlamentarischen Organe im Entlastungsverfahren. Die parlamentarischen Organe haben dabei (seit 1969) das Recht, unmittelbar auf die Prüfungsergebnisse nach BHO bzw. LHO zuzugreifen und können gezielt Beratungsersuche erbitten, um ihre Kontrollaktivitäten gegenüber den Regierenden weiter zu fundieren (§ 88 LHO bzw. BHO). Anders ist dies auf kommunaler Ebene (→kommunales Rechnungswesen).

Wer prüft? Subjekt der Prüfung nach BHO und LHO ist auf Bundesebene der *BRH* und auf Landesebene der *Landesrechnungshof* (→Rechnungshöfe) (§ 88 LHO bzw. BHO). Der *BRH* kann zur Vorbereitung, Unterstützung und Ergänzung seiner Prüfungstätigkeit Prüfungsämter, die seiner Dienst- und Fachaufsicht unterstellt sind, einrichten und von diesen Prüfungsaufgaben unter seiner Weisung wahrnehmen lassen (§ 100 BHO). Auf Länderebene sind die Länder mit dieser, seit Anfang des Jahres 1998 veränderten Form der Arbeitsteilung bei der Prüfung in der Mehrheit [in Hamburg hingegen existiert bspw. weiterhin die sog. Vorprüfung, die organisatorisch und personell in die jeweilige Behörde integriert ist (§ 100 LHO HH)]. Die →Rechnungshöfe können darüber hinaus ausländischen und über- oder zwischenstaatlichen Prüfungsbehörden die Durchführung einzelner Prüfungen übertragen (§ 93 BHO bzw. LHO). Der verfassungsrechtliche Schutz des Rechnungshofs durch Art. 114 Abs. 2 Satz 1 GG garantiert, dass die Prüfung durch den Rechnungshof nicht ersetzt oder eingeschränkt werden kann, auch wenn in manchen Prüfungsbereichen eine Prüfungsvergabe an WP oder WPGes (→Revisions- und Treuhandbetriebe) durchaus nahe liegend ist. Andere Tendenzen ergeben sich aus der überörtlichen Prüfung kommunaler Körperschaften (→kommunales Rechnungswesen; →hoheitliche Püfung).

Was wird geprüft? Objekt der Prüfung durch die Rechnungshöfe ist die gesamte Haushalts- und Wirtschaftsführung (§ 88 BHO bzw. LHO) und nicht mehr, wie vor der Neufassung des Art. 114 GG im Jahre 1969, alleinig die Rechnung. Seitdem wird zwischen der traditionellen Rechnungsprüfung und der von nun an so nennbaren rechnungsunabhängigen *Finanzkontrolle* unterschieden. Der Kontrollgegenstand erstreckt sich seitdem quasi lückenlos auf jegliches staatliche Finanzgebaren unabhängig davon, ob sich die staatlichen Maßnahmen bereits in Rechnungen niedergeschlagen oder ob sich diese noch nicht zu Rechnungen verdichtet haben. Angesichts der Begrenztheit der Kontrollressourcen im Vergleich zu diesem umfassenden Kontrollgegenstand kann der Rechnungshof nach seinem Ermessen die Prüfung beschränken und Rechnungen ungeprüft lassen (§ 89 LHO bzw. BHO). In den Haushaltsordnungen explizit als Prüfobjekte benannt werden insb. die Sondervermögen und Betriebe (§ 88), unmittelbare juristische Personen des öffentlichen Rechts (§§ 111, 112), juristische Personen des privaten Rechts in gesetzlich bestimmten Fällen (§ 104), die Betätigung bei Unternehmen in einer Rechtsform des privaten Rechts (§ 92), Stellen außerhalb der Verwaltung, wenn diese öffentliche Mittel verwalten oder erhalten (§ 91).

Wie wird geprüft? Als Prüfungsmaßstäbe ergeben sich aus den Haushaltsordnungen in formeller Hinsicht die der Rechtmäßigkeit und Ordnungsmäßigkeit (§ 90 Nr. 1 und 2), über die weitestgehend Klarheit herrscht, in materieller Hinsicht die bislang viel gedeuteten Maßstäbe der Wirtschaftlichkeit und Sparsamkeit (§ 90 Nr. 3 und § 7) (→Ordnungsprüfung). Aus den Verwaltungsvorschriften (VV) zu § 7 BHO, an denen sich die entsprechenden Vorschriften der Mehrheit der Länder orientieren, geht hervor, dass der Grundsatz der Wirtschaftlichkeit das Sparsamkeits- und das Ergiebigkeitsprinzip *umfasst*. Das Sparsamkeitsprinzip (Minimalprinzip) verlangt, ein bestimmtes Ergebnis mit möglichst geringem Mitteleinsatz zu erreichen. Das Ergiebigkeitsprinzip (Maximalprinzip) verlangt, mit einem bestimmten Mitteleinsatz das bestmögliche Ergebnis zu erzielen. Abweichend zu dieser Interpretation des Wirtschaftlichkeitsbegriffs, die mit der Bedeutung des betriebswirtschaftlichen Effizienzbegriffs übereinstimmt, wird in einigen Ländern noch zwischen Wirtschaftlichkeit einerseits und Sparsamkeit andererseits separiert (bspw. § 7 BayHO-VV). Alle VV zum Grundsatz der Wirtschaftlichkeit schreiben ausdrücklich Erfolgskontrollen vor, anhand derer über die Prüfung einer wirtschaftlichen Mittelverwendung hinaus festgestellt werden soll, ob und in welchem Ausmaß die politisch bestimmten Ziele erreicht wurden und ob die Maßnahme für die Zielerreichung ursächlich (wirksam) war. Dieser auch durch § 90 Nr. 4 BHO bzw. LHO über den Begriff der Wirksamkeit aufgenommene Prüfungsmaßstab entspricht der Bedeutung des betriebswirtschaftlichen Effektivitätsbegriffs, der als Begriff allerdings lediglich in den bayrischen VV Eingang gefunden hat (§ 7 BayHO-VV).

Die Tätigkeit der unabhängigen Rechnungshöfe stellt eine *externe* Finanzkontrolle dar, darüber hinaus lassen sich aus den Haushaltsordnungen auch vereinzelte Elemente einer *internen* Finanzkontrolle entnehmen: Während des Haushaltsaufstellungsverfahrens übernimmt regelmäßig der Beauftragte für den Haushalt u. a. die Aufgabe, Unterlagen für den Haushaltsentwurf aufzustellen und wird bei Maßnahmen von finanzieller Bedeutung beteiligt (§ 9 BHO bzw. LHO). Ziel ist ein titelgenaues (bzw. produktgenaues, sofern entsprechende Reformen gegriffen haben) Festlegen von Finanzpositionen, um diese später im Haushaltsvollzug zu bewirtschaften. Als Maßstab dieser in das Haushaltsaufstellungsverfahren integrierten Prüfung werden durch die Haushaltsordnungen neben dem zentralen Grundsatz der Wirtschaftlichkeit (§ 7) folgende benannt: Vollständigkeit (§ 11), Einheit (§ 11), Non-Affektation (§ 8), sachliche und zeitliche Spezialität (§ 17 Abs. 1 und § 19 Abs. 1) sowie Jährlichkeit (§ 1 und § 12). Weiterhin sehen die Haushaltsordnungen unvermutete Prüfungen der für Zahlungen oder →Buchungen zuständigen Stellen vor (§ 78). Eine eigenständige Organisationseinheit mit eigenem Prüfungsrecht i. S. e. →Internen Revision lässt sich aus den Haushaltsordnungen jedoch nicht ableiten.

Literatur: Dahm, S.: Das Neue Steuerungsmodell auf Bundes- und Länderebene sowie die Neuordnung der öffentlichen Finanzkontrolle in der Bundesrepublik Deutschland, Berlin 2004; Hewer, A.: Möglichkeiten einer Kooperation zwischen staatlicher Finanzkontrolle und Wirtschaftsprüfern, in: WPg 57 (2004), S. 1201–1209; Krebs, W.: Kontrolle in staatlichen Entscheidungsprozessen. Ein Beitrag zur rechtlichen Analyse von gerichtlichen, parlamentarischen und Rechnungshof-Kontrollen, Heidelberg 1984.

Lothar Streitferdt; Anne Müller-Osten

Bundesanstalt für Finanzdienstleistungsaufsicht

Die *BaFin* wurde am 1. 5. 2002 im Zuge des *FinDAG* vom 22. 4. 2002 nach britischem Vorbild als „Allfinanzaufsicht" errichtet (s. detailliert Hagemeister 2002, S. 1773 f.). Mit der Gründung der *BaFin* wurden die bisherigen Bundesbehörden *BAKred*, *BAV* und *BAWe* organisatorisch zusammengelegt (§ 1 FinDAG). Die *BaFin* ist eine selbstständige Anstalt des öffentlichen Rechts mit Sitz in Bonn und Frankfurt a. M.; sie unterliegt der Rechts- und Fachaufsicht des *BMF* (§ 2 FinDAG).

Das Ziel der *BaFin* besteht in der Aufrechterhaltung von Stabilität, Funktionsfähigkeit und Wettbewerbsfähigkeit des deutschen Finanzsystems (BaFin 2006a, S. 1). Die *BaFin* sichert die Zahlungsfähigkeit von Instituten (→Kreditinstitute, →Bausparkassen, →Finanzdienstleistungsinstitute) und →Versicherungsunternehmen (Solvenzaufsicht), sorgt für Marktintegrität und -transparenz durch Verhaltensstandards (Marktaufsicht) (FinDAG ReGE, Begründung zum Allgemeinen Teil, S. 31–32) und stellt als Verkörperung der „Aufsicht" neben der „Controlle" und „Prüfung" eine wichtige Komponente des unternehmerischen Überwachungssystems (→Unternehmensüberwachung) dar (Freidank/Paetzmann 2004, S. 903).

Die *BaFin* besteht aus den drei Organisationseinheiten (sog. Aufsichtssäulen) Bankenaufsicht, Versicherungsaufsicht und Wertpapieraufsicht/Asset-Management (BaFin 2006a, S. 2). Ihre Aufsicht gliedert sich jeweils in die zwei Phasen Erlaubniserteilung und – unter Mitwirkung der *Deutschen Bundesbank* (§ 7 KWG) – die laufende Aufsicht; die *BaFin* achtet insb. darauf, dass (s. im Einzelnen BaFin 2006b, S. 3–5):

- nur zugelassene Unternehmen ihre Dienste am Markt anbieten und dass diese von Vorständen geleitet werden, die ihre fachliche Eignung und persönliche Zuverlässigkeit nachgewiesen haben,

- die Unternehmen die gesetzlichen, aufsichtsrechtlichen und kaufmännischen Grundsätze erfüllen und einhalten (z. B. gesetzliche Einlagensicherung, versicherungstechnische →Rückstellungen) und

- eine angemessene Organisation nach Art und Umfang der betriebenen Geschäfte implementiert ist.

Das Hauptziel der *Bankenaufsicht* besteht nach § 6 Abs. 2 KWG darin, Missständen im Kreditwesen entgegenzuwirken, die

- die Sicherheit der den Instituten anvertrauten Vermögenswerte gefährden,
- die ordnungsgemäße Durchführung der Bankgeschäfte beeinträchtigen oder
- erhebliche Nachteile für die Gesamtwirtschaft nach sich ziehen können.

Durch eine umfassende vorbeugende Überwachung betreibt sie sowohl Gläubigerschutz als auch Funktionsschutz (Krämer 2000, S. 35–120; Winkler 2003, S. 21 f. m.w.N.). Rechtliche Grundlagen sind das KWG sowie Spezialgesetze, wie z. B. das HGB, das DepG und das BspG.

Die Bankenaufsicht gibt Regeln vor, die Institute bei der Gründung und beim Betreiben ihrer Geschäfte, in Abhängigkeit von deren Art und Umfang, zu beachten haben. Hierzu zählen u. a. (s. hierzu im Einzelnen BaFin 2006b, S. 3–5):

- eine ausreichende Eigenmittelausstattung entsprechend der eingegangenen Risiken (§§ 10, 10a KWG),
- eine ausreichende Liquidität, um die Zahlungsfähigkeit jederzeit zu gewährleisten (§ 11 KWG),
- ein geeignetes →Internes Kontrollsystem (IKS) (→Internes Kontrollsystem bei Kreditinstituten) (§ 25a KWG) und
- ein geeignetes →Risikomanagementsystem (§ 25a KWG) [→Mindestanforderungen an das Risikomanagement (MaRisk)].

Das Hauptziel der *Versicherungsaufsicht* ist der Verbraucherschutz (§ 81 VAG), der sich darin manifestiert,

- die Belange der Versicherten ausreichend zu wahren und
- sicherzustellen, dass die Verpflichtungen aus den Versicherungsverträgen jederzeit erfüllbar sind.

Gesetzliche Grundlagen der Versicherungsaufsicht sind das VAG, das VVG und das BGB. Sie überwacht – im Wesentlichen auf der Grundlage des § 81 VAG – insb. (s. hierzu im Einzelnen BaFin 2006c, S. 4–6):

- die Ordnungsmäßigkeit des Geschäftsbetriebs, Einhaltung der kaufmännischen Grundsätze und aller gesetzlichen und aufsichtsbehördlichen Vorschriften,
- die Einrichtung eines angemessenen Internen Kontrollsystems,

- die Mindesthöhe der Eigenmittel (Mindestgarantiefonds abhängig von der Versicherungssparte),
- die Bildung ausreichender versicherungstechnischer Rückstellungen,
- die Vorhaltung einer ausreichenden Liquidität (→Solvenzvorschriften für Versicherungsunternehmen) sowie
- die risikogerechte Kapitalanlage in Bezug auf Sicherheit und Rentabilität.

Das Ziel der *Wertpapieraufsicht/Aufsicht des Asset Managements* ist es, die Transparenz und Integrität des Marktes sowie den Anlegerschutz zu gewährleisten. Gesetzliche Grundlagen sind das →Wertpapierhandelsgesetz (WpHG), das WpÜG, das WpPG und das VerkProspG.

Im Bereich Asset Management beaufsichtigt die *BaFin* die Finanzdienstleistungsinstitute und →Kapitalanlagegesellschaften (KAGes) und führt bei in Deutschland aufgelegten Fonds die Produktaufsicht nach dem InvG durch. Die Solvenzaufsicht über KAGes und Finanzdienstleistungsinstitute wird auf der Grundlage des KWG durchgeführt. Die Marktaufsicht über KAGes und deren Investmentfonds, Investmentaktiengesellschaften sowie die Zulassung ausländischer Investmentfonds zum öffentlichen Vertrieb sind im InvG kodifiziert (BaFin 2006d, S. 1).

Die zentralen Aufgaben der Wertpapieraufsicht/Aufsicht des Asset Managements sind (s. hierzu im Einzelnen BaFin 2006d, S. 2–9):

- die Bekämpfung von →Insidergeschäften (§ 12–16b WpHG),
- die Überwachung der →Ad-hoc-Publizität (§ 15 WpHG),
- die Verfolgung von →Kurs- und Marktpreismanipulationen (§ 20a WpHG),
- die Prüfung der Vollständigkeit von Wertpapierprospekten (§ 3 WpPG) und Prospekten für Vermögensanlagen (§ 8f Abs. 1 Satz 1 VerkProspG),
- die Überwachung von Unternehmensübernahmen nach dem WpÜG und
- die Aufsicht über KAGes (§ 44 Abs. 5 InvG).

Zu den Informationsquellen der *BaFin* gehören neben den Jahresabschlüssen insb. die →Prüfungsberichte, die u. a. im Rahmen der

→Jahresabschlussprüfung (→Jahresabschlussprüfung, erweiterte) oder der Prüfung nach § 36 WpHG von WPGes (→Revisions- und Treuhandbetriebe) oder →Prüfungsverbänden erstellt und nach Beendigung der Prüfung unverzüglich bzw. auf Anforderung bei der *BaFin* (und der *Deutschen Bundesbank*) einzureichen sind (§ 26 Abs. 1 Satz 3 KWG, § 36 Abs. 1 Satz 6 und 7 WpHG). Wichtige Informationen erhält die Aufsicht auch aus sog. Monatsausweisen (§ 25 KWG) der Institute sowie aus weiteren nach dem KWG i.V.m. der AnZV ihr gegenüber bestehenden unterjährigen Meldepflichten. Zudem führt die *BaFin* Sonderprüfungen durch (§ 44 KWG), wobei sie sich dabei i.d.R. WPGes bedient (→Sonderprüfungen nach Kreditwesengesetz).

Die *BaFin* verfügt über alle aufsichtsrechtlichen Entscheidungskompetenzen. Sie kann verschiedene Maßnahmen zur Gefahrenabwehr ergreifen (§ 46 KWG), die von schriftlichen Abmahnungen, über Bußgelder bis hin zum Entzug der Erlaubnis zum Geschäftsbetrieb und der Schließung der Geschäftsräume reichen. Die *BaFin* kann auch den Vorstand, den AR oder andere Organe der Gesellschaft durch einen Sonderbeauftragten ersetzen (s. hierzu im Einzelnen BaFin 2006b, S. 5).

Im Zuge des *BilKoG* vom 15.12.2004 wurde das Aufgabengebiet der *BaFin* unter Einführung der §§ 37n–37u WpHG, §§ 342b–342e HGB erweitert (s. im Einzelnen Gelhausen/Hönsch 2005, S. 511–529). Die *BaFin* ist die zweite Stufe des sog. Enforcement-Verfahrens zur Überprüfung der Unternehmensabschlüsse (→Enforcementsysteme; →Enforcementsystem in Deutschland). Die *BaFin* ist befugt, eine Prüfung mit öffentlich-rechtlichen Mitteln durchzusetzen, wenn das Unternehmen der →*Deutschen Prüfstelle für Rechnungslegung* (*DPR*) (erste Stufe) seine Mitwirkung bei der Prüfung verweigert, mit dem Ergebnis der Prüfung nicht einverstanden ist oder die *BaFin* erhebliche Zweifel an der Richtigkeit des Prüfungsergebnisses der *DPR* bzw. der ordnungsmäßigen Durchführung der Prüfung hat. In diesen Fällen ordnet die *BaFin* eine erneute Prüfung der Rechnungslegung an.

Literatur: BaFin (Hrsg.): Die Bundesanstalt für Finanzdienstleistungsaufsicht, www.bafin.de (Download: 19. September 2006a), S. 1–2; BaFin (Hrsg.): Die Bankenaufsicht, www.bafin.de (Download: 19. September 2006b), S. 1–5; BaFin (Hrsg.): Die Versicherungsaufsicht, www.bafin.de (Download: 19. September 2006c), S. 1–6; BaFin (Hrsg.): Die Wertpapieraufsicht/das Asset-Management, www.bafin.de (Download: 19. September 2006d), S. 1–12; Freidank, C.-Chr./Paetzmann, K.: Die Wirkung von Rechtsnormen im Controlling. Ein Analysedefizit konzeptioneller Forschung?, in: Scherm, E./Pietsch, G.(Hrsg.): Controlling – Theorien und Konzeptionen, München 2004, S. 893–919; Gelhausen, H. F./Hönsch, H.: Das neue Enforcement-Verfahren für Jahres- und Konzernabschlüsse. Durchsetzung fehlerfreier Rechnungslegung durch die Deutsche Prüfstelle für Rechnungslegung (DPR) und die Bundesanstalt für Finanzdienstleistungsaufsicht, in: AG 50 (2005), S. 511–529; Hagemeister, H.-O.: Die neue Bundesanstalt für Finanzdienstleistungsaufsicht, in: WM 56 (2002), S. 1773–1812; Krämer, G.: Ziele, Adressaten und Risiken der Bankenaufsicht, Aachen 2000; Winkler, H.: Prüfungsbericht von Kredit- und Finanzdienstleistungsinstituten. Eine betriebswirtschaftliche Analyse deutscher und internationaler Prüfungskonventionen, Wiesbaden 2003.

Barbara Echinger; Stefan C. Weber

Bundesanzeiger, elektronischer →Zwangsgeld

Bundesanzeigerpublizität →Publizität

Bundesaufsichtsamt für das Kreditwesen →Bundesanstalt für Finanzdienstleistungsaufsicht

Bundesaufsichtsamt für das Versicherungswesen →Bundesanstalt für Finanzdienstleistungsaufsicht

Bundesaufsichtsamt für den Wertpapierhandel →Bundesanstalt für Finanzdienstleistungsaufsicht

Bundeshaushaltsordnung →Bundes- und Landeshaushaltsordnung

Bundeskartellamt →Kartellbehörden

Bundesrechnungshof →Rechnungshöfe

Bundessteuerberaterkammer

Die →Steuerberater (StB) in Deutschland sind kraft Gesetzes Mitglied einer der 21 Steuerberaterkammern in Deutschland. Die Steuerberaterkammern wiederum bilden eine Bundeskammer, die die Bezeichnung „*Bundessteuerberaterkammer*" führt (§85 StBerG).

Als Organisation der beruflichen Selbstverwaltung ist die *Bundessteuerberaterkammer* demokratisch legitimiert. Die StB wählen in ihren Kammerbezirken die Vorstände der bundesweit 21 Steuerberaterkammern. Die Vorstände vertreten durch Delegierte ihre StBK in der *Bundeskammerversammlung* und wählen dort das Präsidium der *Bundessteuerberaterkammer*. In der Satzungsversammlung, von der die BOStB erlassen und geändert wird, sind die StB durch direkt gewählte Delegierte vertreten.

Als Körperschaft des öffentlichen Rechts ist die *Bundessteuerberaterkammer* zur Objektivität verpflichtet und politisch neutral. Das *BMF* sichert als Aufsichtsbehörde der *Bundessteuerberaterkammer* die Einhaltung von Gesetz und Satzung.

Die *Bundeskammerversammlung*, die durch die Vertreter der 21 Steuerberaterkammern gebildet wird, ist das oberste Organ und das Entscheidungsgremium der *Bundessteuerberaterkammer*. Ihre Aufgabe ist es, die BOStB als Satzung zu erlassen und fortzuschreiben. Eine Änderung der Satzung, die nähere Regelungen zu den im Gesetz nur allgemein festgelegten Berufspflichten des Steuerberaters (→Berufsgrundsätze des Steuerberaters) enthält, muss von der Mehrheit aller Mitglieder der *Satzungsversammlung* beschlossen werden.

Das *Präsidium*, das für 4 Jahre von der *Bundeskammerversammlung* gewählt wird, setzt sich aus neun Mitgliedern zusammen und ist für die Leitung der *Bundessteuerberaterkammer* zuständig. Dies sind der Präsident, die drei Vizepräsidenten sowie fünf weitere Mitglieder, die allesamt Vorstandsmitglieder von Steuerberaterkammern sein müssen. In den Aufgabenbereich des *Präsidiums* fallen alle Entscheidungen und Maßnahmen, soweit diese nicht der *Bundeskammerversammlung* oder der *Satzungsversammlung* vorbehalten sind. Insb. obliegt dem *Präsidium* die Ausführung der Beschlüsse der *Bundeskammerversammlung*, die Erstattung von Gutachten und die Abgabe von Stellungnahmen, die Einsetzung von Ausschüssen und die Rechnungslegung.

Die Tätigkeit der *Bundessteuerberaterkammer* hat folgende Schwerpunkte:

- Vertretung des gesamten Berufsstandes auf nationaler und internationaler Ebene,
- Mitwirkung bei der Gestaltung des Berufsrechts, bei der Beratung von Steuergesetzen und bei der Beratung von Gesetzen auf allen Rechtsgebieten der beruflichen Betätigung und Unterstützung der StB, insb. durch die Förderung der beruflichen Fortbildung.

Die *Bundessteuerberaterkammer* vertritt die Interessen aller StB gegenüber dem *Bundestag*, dem *Bundesrat*, den Bundesministerien, den Bundesgerichten, den obersten Verwaltungsbehörden sowie den EU-Institutionen. Als Vertretung des gesamten Berufsstandes arbeitet sie außerdem in zahlreichen nationalen und internationalen Organisationen mit. Im Zuge der Mitwirkung bei der Gestaltung des Berufsrechts wird die *Bundessteuerberaterkammer* bei Änderungen des StBerG und der dazu gehörenden Verordnungen angehört. Die Mitwirkung bei der Beratung von Steuergesetzen ergibt sich aus den in § 86 Abs. 2 Nr. 4, 5 und 6 StBerG festgelegten Pflichten.

Die *Bundessteuerberaterkammer* nimmt Stellung zu Gesetz-, Verordnungs- und Richtlinienentwürfen. Als Körperschaft des öffentlichen Rechts vertritt sie jedoch keine Einzel- oder Gruppeninteressen. Gleiches gilt für die Mitwirkung bei der Beratung von Gesetzen. Bei der Unterstützung der StB steht die Förderung der beruflichen Fortbildung im Mittelpunkt.

Die *Bundessteuerberaterkammer* wirkt im *DWS-Institut* mit. Das *DWS-Institut* gibt Handbücher für die Beratungspraxis heraus, bietet zahlreiche Fortbildungsveranstaltungen an und nimmt zu steuerrechtlichen Fragen und Problemen seiner Mitglieder Stellung. Dem *DWS-Institut* ist die *DWS-Verlag GmbH* angeschlossen, die die Berufsarbeit durch die Herausgabe von praxisrelevanten Arbeitsmitteln (Fachliteratur, Checklisten, Formulare) unterstützt. Eine weitere Tochtergesellschaft des *DWS-Instituts* ist die *DWS-Online GmbH*, die über das Internet den Steuerberatern und deren Mitarbeitern multimedial aufbereitete Fortbildungen anbietet.

Ulrich Sommer

Business Intelligence-Systeme →Risikosimulation

Business Judgement Rule

Der US-amerikanische Begriff Business Judgement Rule wird häufig zur Bezeichnung der *Figur des Geschäftsleiterermessens* herangezogen. Diese Rechtsfigur ist im deutschen Recht schon seit dem AktG von 1937 bekannt und spätestens seit der Entscheidung *ARAG/Garmenbeck* des *BGH* aus dem Jahre 1997 allgemein anerkannt (BGH-Urteil vom 21.4. 1997, S. 244–257). Sie ist bereits in § 76 Abs. 1 AktG angelegt, wonach der Vorstand die Gesellschaft unter eigener Verantwortung zu leiten hat. Allerdings wurde sie erst im Jahre 2005 durch das UMAG in Gesetzesform gegossen. In § 93 Abs. 1 AktG, der zunächst von den Vorstandsmitgliedern einer AG (→ Aktiengesellschaft, Prüfung einer) verlangt, bei ihrer Geschäftsführung die Sorgfalt eines ordentlichen und gewissenhaften Geschäftsleiters anzuwenden, heißt es im angefügten zweiten Satz: „Eine Pflichtverletzung liegt nicht vor, wenn das Vorstandsmitglied bei einer unternehmerischen Entscheidung vernünftigerweise annehmen durfte, auf der Grundlage angemessener Information zum Wohle der Gesellschaft zu handeln." Die Business Judgement Rule schafft also einen Haftungsfreiraum (sicheren Hafen, Safe Harbor), der über § 116 Satz 1 AktG ebenso für Aufsichtsratsmitglieder gilt (→ Haftung des Vorstands; → Haftung des Aufsichtsrats).

Hinter der Business Judgement Rule steht zunächst der *Gedanke*, dass sich Aktionäre ein wachsendes und gedeihendes Unternehmen wünschen. Dies erfordert vom Management ein gewisses Maß an Innovation und Risikobereitschaft. Gäbe es keinen Schutz durch die Business Judgement Rule, würden Manager weniger Risiken eingehen und hierdurch den unternehmerischen Erfolg spürbar beeinträchtigen. Des Weiteren müssen Manager täglich und häufig unter Zeitdruck mögliche Risiken und Erfolge von Entscheidungen abwägen (→ Risiko- und Chancencontrolling), deren Wirkungen erst in der Zukunft liegen. Dagegen haben Richter den Vorteil, im Streitfall erst im Nachhinein über unternehmerische Entscheidungen urteilen zu müssen. Die Business Judgement Rule schützt das Management vor der Gefahr, dass ein Richter bei dieser nachträglichen Beurteilung der unternehmerischen Entscheidung erst später eingetretene Tatsachen und Erkenntnisse zu Lasten des Managements mit berücksichtigt und damit von dem Schaden auf ein vorheriges Fehlverhalten zurückschließt (sog. Hindsight Bias) und keine reine Beurteilung ex-ante vornimmt. Schließlich sind Richter keine Manager und verfügen daher regelmäßig nicht über das erforderliche Wissen in Fragen der Unternehmensführung. Die Business Judgement Rule sperrt daher eine richterliche Überprüfung der Entscheidung, wenn das Management gewisse Kriterien eingehalten hat.

Die in § 93 Abs. 1 Satz 2 AktG kodifizierte Business Judgement Rule fordert eine *bewusste unternehmerische Entscheidung*. Unternehmerische Entscheidungen sind aufgrund ihrer Zukunftsbezogenheit durch Prognosen (→ Prognoseinstrumente) und nicht justiziable Einschätzungen geprägt. Das unterscheidet sie von der Beachtung gesetzlicher, satzungsmäßiger oder anstellungsvertraglicher Pflichten ohne tatbestandlichen Beurteilungsspielraum, deren Verletzung nicht geschützt ist. Für illegales Verhalten gibt es keinen sicheren Hafen.

Des Weiteren muss der Manager vernünftigerweise annehmen dürfen, *zum Wohl der Gesellschaft zu handeln*. Dies ist jedenfalls dann erfüllt, wenn das Handeln der langfristigen Ertragsstärkung und Wettbewerbsfähigkeit des Unternehmens und seiner Produkte oder Dienstleistungen dient.

Zudem muss der Manager vernünftigerweise annehmen dürfen, auf der Grundlage *angemessener Informationen* zu handeln. „Angemessen" heißt zwar einerseits, dass ein Manager seine Entscheidung gründlich vorbereiten muss, anerkennt aber auch andererseits, dass bei Entscheidungen unter Zeitdruck eine umfassende Entscheidungsvorbereitung (→ Entscheidungsinstrumente) schwierig oder gar unmöglich sein kann. Was angemessen ist, entscheidet der Manager anhand der Umstände des Einzelfalls. Hierbei hat er anerkannte betriebswirtschaftliche Verhaltensmaßstäbe (→ Grundsätze ordnungsmäßiger Unternehmensführung) zu beachten. Schließlich verlangen die Worte *„vernünftigerweise annehmen durfte"* vom Manager, nicht fahrlässig zu handeln. Es gilt ein objektiver Maßstab, sodass ein subjektiver Mangel an Erfahrung nicht zählt.

Die *Darlegungs- und Beweislast* für das Vorliegen der Tatbestandsvoraussetzungen der Business Judgement Rule liegt beim betroffenen Manager. Dies bedeutet einen markanten Unterschied zum US-amerikanischen Recht, wonach der Kläger das Nichtvorliegen der Voraussetzungen der Business Judgement Rule darlegen und beweisen muss.

Literatur: BGH-Urteil vom 21.4.1997, Aktz. II ZR 175/95, BGHZ, Band 135, S. 244–257; Merkt, H./Göthel, S. R. (Hrsg.): US-amerikanisches Gesellschaftsrecht, 2. Aufl., Frankfurt a.M. 2006, Rn. 843–869; Raiser, T./Veil, R. (Hrsg.): Recht der Kapitalgesellschaften, 4. Aufl., München 2005, § 14, Rn. 74–78; Schäfer, C.: Die Binnenhaftung von Vorstand und Aufsichtsrat nach der Renovierung durch das UMAG, in: ZIP 26 (2005), S. 1253–1259.

Stephan R. Göthel

Business Process Reengineering
→Reengineering

Business Reporting →Value Reporting

Business Risk Audit

Im Rahmen der →Jahresabschlussprüfung kommen als Ansatzpunkte für die Ausgestaltung des →risikoorientierten Prüfungsansatzes die Geschäftsrisiken und die hiermit in einem engen Zusammenhang stehenden →Geschäftsprozesse [Business Risk Audit (BRA), geschäftsrisikoorientierte Prüfung], die betrieblichen Funktionsbereiche des Mandanten (Tätigkeitskreise; →Transaction Flow Auditing) sowie die Systematik der Rechnungslegung (abschlusspostenorientierte Prüfung; →Balance Sheet Auditing) in Betracht. Dabei schließen sich die genannten Ansatzpunkte nicht gegenseitig aus: Beispielsweise geht auch eine geschäftsrisikoorientierte Prüfung in bestimmten Teilbereichen zwingend abschlusspostenorientiert vor (ISA 330.49).

Das *IAASB* [→*International Federation of Accountants* (*IFAC*)] hat bereits zentrale Elemente eines Business Risk Audit (BRA) in den internationalen →Prüfungsnormen [→International Standards on Auditing (ISA)] verankert. Grundlage dieser Neuausrichtung der internationalen Prüfungsnormen war ein gemeinsam mit dem US-amerikanischen *ASB* des →*American Institute of Certified Public Accountants* (*AICPA*) betriebenes Projekt, welches sich mit der Frage beschäftigte, inwieweit das traditionelle Risikomodell sowie die bestehenden Prüfungsnormen vor dem Hintergrund einer stärkeren Ausrichtung der Prüfung an den Risiken zu überarbeiten sind (Audit Risk Project). Dabei war vor allem eine stärkere Konzentration des prüferischen Inputs auf jene Bereiche beabsichtigt, bei denen das Risiko einer wesentlichen Falschdarstellung hoch ist. Die BRA-spezifischen Anpassungen wurden durch die Verabschiedung von ISA 315, 330 sowie die Überarbeitung von ISA 500 und die Ergänzungen zu ISA 200 vollzogen (sog. Audit Risk Standards). Auf deutscher Ebene liegen mit IDW EPS 261 und IDW EPS 300 entsprechende Diskussionsentwürfe vor.

Im Rahmen des Audit Risk Project wurden verschiedene ISA verlautbart, die auf eine stärkere Berücksichtigung geschäftsrisikoorientierter Elemente im klassischen Risikomodell (→risikoorientierter Prüfungsansatz) abzielen. Da das Geschäftsrisiko des Mandanten oftmals sowohl inhärente als auch Kontrollrisiken anspricht, ist grundsätzlich eine gemeinsame Beurteilung der inhärenten und der Kontrollrisiken vorzuziehen; die getrennte Beurteilung ist weiterhin möglich (ISA 200.21). Das aus der gemeinsamen Beurteilung resultierende Fehlerrisiko bezeichnen die Standards nunmehr als Risiko wesentlicher falscher Angaben im Abschluss (z. B. ISA 200.21, ISA 315.100). Das Geschäftsrisiko ist als die Gefahr definiert, dass der Mandant seine Ziele nicht erreicht. Dieses Risiko umfasst, im Unterschied zum Risiko falscher Angaben im Abschluss, auch jene Risiken, die nicht unmittelbar Einfluss auf den JA haben. ISA 315.31 geht davon aus, dass ein Verständnis für die Geschäftsrisiken die Wahrscheinlichkeit erhöht, Risiken wesentlicher falscher Angaben im Abschluss zu identifizieren. Insofern wurde mit dem BRA kein Paradigmenwechsel vollzogen, sondern vielmehr das klassische Risikomodell abweichend interpretiert und in Teilbereichen neu ausgerichtet. Neben der zuvor angesprochenen *Modifikation des klassischen Risikomodells* sind die folgenden *Änderungen* von besonderer Bedeutung:

- Der Prüfer hat sich stärker als bisher ein eingehendes Verständnis über die Geschäftstätigkeit des Mandanten zu verschaffen (z. B. ISA 315.20–40, ISA 315.Appendix 1).
- Der Prüfer muss in höherem Umfang als bisher Risikobeurteilungen vornehmen und den Einfluss der identifizierten Risiken auf den JA und die darin enthaltenen Aussagen in sein Kalkül einbeziehen (z. B. ISA 315.30, ISA 315.Appendix 3).
- Der Prüfer ist stärker als bisher dazu angehalten, die festgestellten Risiken mit den eingesetzten Prüfungshandlungen (→Auswahl von Prüfungshandlungen) zu verbinden (s. z. B. ISA 330.7, ISA 330.51); hierzu soll auch das neue Konzept der (Abschluss-)Aussagen (Assertions) gem. ISA 500.15–18 beitragen (s. ausführlich Ruhnke/Lubitzsch 2006).

- Allerdings muss der Prüfer auch dann, wenn das Risiko einer wesentlichen Falschaussage im JA als niedrig beurteilt wird, bei jeder wesentlichen Transaktion, bei jedem wesentlichen Kontensaldo sowie bei jeder wesentlichen →Angabepflicht aussagebezogene Prüfungshandlungen (→ergebnisorientierte Prüfungshandlungen) tätigen (ISA 330.49).
- Zusätzliche Sachverhalte sind zu dokumentieren (z. B. ISA 315.122 ff.).

Die großen Prüfungsgesellschaften (→Revisions- und Treuhandbetriebe) haben bereits vor Verabschiedung der BRA-spezifischen ISA ihre Prüfungsansätze stärker geschäftsrisikoorientiert ausgerichtet. Demnach lagen offensichtlich Anreize vor, welche die Prüfungspraxis dazu bewogen hat, einen veränderten Prüfungsansatz anzuwenden. Zu nennen sind vor allem eine höhere Prüfungseffizienz, eine stärkere Kopplung von Prüfung und Risikomanagement (→Risk Management) sowie die Schaffung eines Zusatznutzens für den Mandanten. Obgleich die großen Gesellschaften den BRA-Ansatz in ähnlicher Form praktizieren, weichen die verwendeten Bezeichnungen teilweise voneinander ab (z. B. „E&Y Global Audit Methodology", „KPMG Audit Methodology" und „PwC Audit"). Die Ansätze sind umfassend in den internen Prüfungshandbüchern beschrieben, bzw. sie spiegeln sich in den eingesetzten gesellschaftsspezifischen IT-Tools wieder (→IT-gestützte Prüfungsdurchführung). Gleichwohl lässt sich die Überlegenheit eines BRA gegenüber der bisher praktizierten Vorgehensweise nicht abschließend beweisen, auch wenn die vorhandenen empirischen Studien tendenziell für eine Überlegenheit dieses Ansatzes sprechen (Ruhnke 2006 m.w.N.; →empirische Forschung im Prüfungswesen).

Wichtig für das Verständnis der folgenden Ausführungen ist, dass es sich bei einer geschäftsrisikoorientierten Prüfung weder um eine →Geschäftsführungsprüfung noch um eine →Unterschlagungsprüfung (die über die Aufdeckung von →Unregelmäßigkeiten im Rahmen der Abschlussprüfung hinaus geht) handelt. *Kernidee* eines BRA ist, dass ein besseres Verständnis des →Abschlussprüfers für das Geschäft des Mandanten wesentlich zu einem besseren Verständnis für die →Prüfungsrisiken beiträgt. Dabei beeinflusst die Perspektive, durch die der Prüfer das Geschäft und die Branche des Mandanten betrachtet, das weitere prüferische Vorgehen in hohem Maße. Das Netz ökonomischer Beziehungen des Mandanten lässt sich als System beschreiben. Dabei soll der Prüfer sein Augenmerk nicht isoliert auf einzelne Systemelemente, sondern auf das Gesamtsystem mit seinen Interaktionen lenken und ein Verständnis für die sich im Zeitablauf aus Veränderungen einzelner Systemelemente resultierende Dynamik entwickeln (Marten/Quick/Ruhnke 2003, S. 314–330).

Die zuvor eingenommene ganzheitliche (holistische) Perspektive führt zu einem prüferischen Vorgehen, das einem Top-Down-Ansatz folgt. Danach hat der Prüfer, ausgehend von der Beschäftigung mit der Gesamtheit der Geschäftsprozesse und dem Geschäftsumfeld des Mandanten (top), Erwartungshaltungen hinsichtlich der Abschlussaussagen und Prüfungsrisiken zu entwickeln (down), um das weitere Prüfungsvorgehen festlegen zu können. Insb. geht es darum, den Schwerpunkt aussagebezogener Prüfungshandlungen auf die →Prüffelder zu legen, bei denen zuvor wesentliche Prüfungsrisiken identifiziert wurden. In Bezug auf →Systemprüfungen (→indirekte Prüfung) sind weniger die Kontrollen auf der operativen Ebene, sondern verstärkt jene Kontrollen zu prüfen, die in der Unternehmenshierarchie möglichst weit oben angesiedelt sind (High Level-Kontrollen).

Dieses Vorgehen ist nicht grundsätzlich neu. Auch bislang (traditionelle Abschlussprüfung) hat sich der Prüfer nicht nur isoliert mit den Geschäftsvorfällen und den Abschlussposten beschäftigt und die einzelnen Teilurteile in ein Gesamturteil über den JA verdichtet (reduktionistisches Vorgehen i. S. e. Bottom-Up-Ansatzes). Auch bei einer traditionellen Prüfung ist eine Beschäftigung mit den Geschäftsrisiken des Mandanten sowie eine Systemprüfung obligatorisch. Neu ist vielmehr, dass die Risikofokussierung im Zuge eines BRA eine stärkere Betonung erfahren hat. Gleichwohl verpflichtet ISA 330.49 den Prüfer bei wesentlichen Sachverhalten zu aussagebezogenen Prüfungshandlungen; insofern finden sich auch beim BRA Elemente eines Bottom-Up-Ansatzes.

Typisierend folgt das prüferische Vorgehen zumeist den nachstehend beschriebenen Phasen (s. auch Link 2006, S. 189–213):

- Die *Analyse der Unternehmensstrategie* zielt auf das Verständnis für die strategischen Geschäftsziele des Mandanten, die zur Verwirklichung eingesetzten Strategien, die operative Umsetzung durch Prozesse sowie die Geschäftsrisiken ab. Dabei gilt es zunächst, den Prozess der Strategieformulierung zu analysieren, um zu verstehen, auf welcher Grundlage die Geschäftsleitung Entscheidungen trifft, insb. wie diese mit möglichen Risiken umgeht. Zu identifizieren und analysieren sind weiterhin die zur Implementierung der Strategie gewählten spezifischen Aktionsprogramme sowie damit einhergehende Risiken. Die Durchführung der Strategieanalyse kann durch verschiedene betriebswirtschaftliche Verfahren, wie z. B. die SWOT-Analyse, die PEST-Analyse, das Five-Forces-Modell von *Porter* oder das Konzept der →Balanced Scorecard unterstützt werden.

- Die *Prozessanalyse* dient dazu, auf Grundlage der zuvor identifizierten strategischen Geschäftsrisiken sowie wesentlicher Geschäftsvorfälle ein Verständnis für die Handhabung der Schlüsselprozesse (prüfungssensitive Prozesse) durch den Mandanten zu erlangen. Schlüsselprozesse sind die Prozesse, die für die verbleibenden aussagebezogenen Prüfungshandlungen von zentraler Bedeutung sind.

- Primär ist zu untersuchen, ob die Prozessziele im Einklang mit den Unternehmenszielen stehen und ob die Schlüsselprozesse wirksam sind; hiermit unauflöslich verbunden ist die Identifikation von Prozesskontrollen und eine Beurteilung, ob diese Kontrollen tatsächlich durchgeführt werden und wirksam sind (→Kontrollprüfung). Um die Wirksamkeit der Prozesse sowie mögliche Prozessrisiken beurteilen zu können, sind kritische Erfolgsfaktoren zu identifizieren und mittels Schlüsselindikatoren zu messen. Diese Indikatoren lassen sich durch ein externes →Benchmarking objektiviert beurteilen. Um den Zusammenhang zwischen Schlüsselindikatoren und den Abschlussposten nebst den relevanten Aussagen herauszuarbeiten und zu verdeutlichen, lassen sich Schleifendiagramme einsetzen. Weiterhin stellt die bereits in der vorherigen Phase angesprochene Balanced Scorecard ein geeignetes Hilfsmittel dar, um den Zusammenhang zwischen nicht-finanziellen und den im Rahmen der Rechnungslegung relevanten finanziellen Faktoren herzustellen.

- Die *verbleibenden aussagebezogenen Prüfungshandlungen* sind in Abhängigkeit von den zuvor identifizierten strategischen und Prozessrisiken sowie den bestehenden internen Kontrollen [→Internes Kontrollsystem (IKS)] zu planen (→Prüfungsplanung). Diese Prüfungshandlungen müssen sich direkt auf die identifizierten Risiken beziehen. Da diese Phase die Brücke zu den Aussagen baut, lassen sich die mit der →Planung und Durchführung aussagebezogener Prüfungshandlungen einhergehenden Probleme auch als *Bridging-Problematik* bezeichnen. Unabhängig von den identifizierten Risiken sind aussagebezogene Prüfungshandlungen für wesentliche Sachverhalte (→Wesentlichkeit) obligatorisch. Als weitere kritische Punkte sind – analog zu einer traditionellen Abschlussprüfung – zu nennen: Bestimmung des Zeitpunktes, zu dem die Suche nach weiteren Prüfungsnachweisen abgebrochen werden kann, weil die geforderte Prüfungssicherheit erreicht ist und Würdigung der erlangten Prüfungsnachweise im Hinblick auf die Formulierung eines Gesamturteils (→Prüfungsurteil).

- Hinsichtlich der *Berichterstattung* ergeben sich im Vergleich zu einer traditionellen Abschlussprüfung keine grundsätzlich neuen Anforderungen. Die interne Berichterstattung [→Prüfungsbericht (PrB)] begleitet die vorherigen Phasen und die abschließende externe Berichterstattung ist an feste Berichtsformate gebunden [→Bestätigungsvermerk (BestV)].

Literatur: IDW (Hrsg.): Entwurf einer Neufassung des IDW Prüfungsstandards: Feststellung und Beurteilung von Fehlerrisiken und Reaktionen des Abschlussprüfers auf die beurteilten Fehlerrisiken (IDW EPS 261, Stand: 8. Dezember 2005), in: WPg 59 (2006a), S. 228–240; IDW (Hrsg.): Entwurf einer Neufassung des IDW Prüfungsstandards: Prüfungsnachweise im Rahmen der Abschlussprüfung (IDW EPS 300 n.F., Stand: 8. Dezember 2005), in: WPg 59 (2006b), S. 240–246; Link, R.: Abschlussprüfung und Geschäftsrisiko, Wiesbaden 2006; Marten, K./Quick, R./Ruhnke, K.: Wirtschaftsprüfung, 2. Aufl., Stuttgart 2003; Ruhnke, K.: Business Risk Audits: State of the Art und Entwicklungsperspektiven, in: JfB 56 (2006), Heft 6; Ruhnke, K./Lubitzsch, K.: Abschlussprüfung und das neue Aussagenkonzept der IFAC: Darstellung, Beweggründe und Beurteilung, in: WPg 59 (2006), S. 366–375.

Klaus Ruhnke

Business Units → Responsibility Accounting

Business-Plan

Im Prinzip kann ein Business-Plan als ein Dokument verstanden werden, dass das Geschäftsvorhaben als Ganzes vermarktet, nämlich an potenzielle Kapitalgeber sowie an Ansprechpartner, auf deren Unterstützung man unternehmerisch angewiesen ist. Ein Business-Plan ist dann erfolgreich, wenn es gelingt, die wichtigsten Chancen und Wachstumspotenziale des Unternehmens dem Leser in einem realistischen Rahmen zu übermitteln. Der Business-Plan sollte in überschaubarer Weise und angemessener Detaillierung das Geschäftsvorhaben bzw. die weitere Geschäftsentwicklung begründen und beschreiben. Er sollte nicht nur darauf zielen, die Stärken des Unternehmens in den Vordergrund zu stellen; vielmehr sollte auch ein realistisches Bild der Problembereiche, der Risiken und der Hindernisse vorgestellt werden. Daran sollten entsprechende Lösungsvorschläge anknüpfen (→Risiko- und Chancencontrolling). Der Business-Plan sollte in klar definierte Abschnitte gegliedert werden. Die Abschnitte eines Business-Plans beziehen sich i.A. auf folgende betriebswirtschaftliche Teilbereiche:

- Geschäftsidee und strategische Ziele,
- Management und Organisation,
- Produkte und Dienstleistungen,
- Markt und Wettbewerb,
- Marketing und Vertrieb,
- F&E,
- Produktion,
- Einkauf und Logistik sowie
- Finanzen.

Die *Geschäftsidee und die Unternehmensstrategie* bestimmen die Richtung eines Unternehmens. Kapitalgeber wollen das Geschäftsmodell verstehen und wissen, was in der Zukunft erreicht werden kann und welche Umsatz- und Gewinnpotenziale erzielt werden können (→Erfolgsprognose). Sie wollen verstehen, warum sie in das Unternehmen investieren sollen. Ziele und Strategien, wie das zukünftige Geschäft erreicht werden soll, sind von besonderer Wichtigkeit. Das Wachstum eines Unternehmens muss plausibel aus der Vergangenheit hin zur Zukunft dargestellt werden.

Menschliche Fähigkeiten stellen einen Erfolgsfaktor dar. Kapitalgeber sowie Investoren schauen zunehmend auf die Branchen- und technische Qualifikation, die unternehmerischen Erfahrungen, die Integrität des Managements Teams sowie auf die Fähigkeit jedes einzelnen Managers und seine Verantwortung im Unternehmen. Wichtiger als das Organisations-Chart ist die Darstellung des Personals und der Mitarbeiter hinter der Organisation, deren Skills und Fähigkeiten. Bei der *Beurteilung des Managements* kommt es darauf an, welche Erfahrungen das Management hinsichtlich Führungs-, Branchen- und Krisenerfahrung hat. Gerade das Management und die Organisation ist ein schwer zu beurteilendes Thema, in dem stark subjektive Elemente einfließen.

Produkte und Dienstleistungen sind das Fundament eines Geschäftsmodells. Dabei ist es wichtig, dass die Produkte und Dienstleistungen die Bedürfnisse der Kunden treffen; denn nur dann wenn ein Kunde bereit ist, einen Preis zu zahlen, erhält der Unternehmer seinen Gegenwert und generiert damit seinen Umsatz. Besonders hervorzuheben sind die Produkteigenschaften, Alleinstellungsmerkmale, die sich vom Markt oder anderen Wettbewerbern absetzen.

Der *Markt* ist oftmals für Außenstehende nicht transparent, insb. wenn es sich um sehr spezielle Produkte handelt. Kapitalgeber können diese Märkte selbst nur schwer einschätzen. Um zukünftige Absatz- und Umsatzpotenziale abzuschätzen, muss das Marktpotenzial ermittelt werden. In Zeiten der Verdrängung und gesättigter Märkte sind Marktlücken schwer auszumachen. Deshalb müssen sich Unternehmen darauf einstellen, dass sie in allen Märkten *Wettbewerber* vorfinden. Insofern ist es notwendig, sich einen genauen Überblick über die Wettbewerber und deren Marktverhalten zu verschaffen.

Vertrieb und Marketing sind der Schlüssel zum Markt. Hier sollte aufgezeigt werden, welcher Marktanteil in einem spezifischen Markt mit einem Produktportfolio angestrebt wird (→Portfolioanalyse). Im Marketingplan werden die Produkte strategisch positioniert und auf die Zielmärkte ausgerichtet. Die Auswahl der Marketinginstrumente muss konsistent auf die Unternehmensstrategie ausgerichtet werden und effektiv in der Umsetzung sein (→Marketingcontrolling). Die Vertriebsstrategie sollte detailliert beschreiben, wie die Produkte und Dienstleistungen verkauft werden. Dabei ist darzustellen, welche Vertriebskanäle genutzt werden, wie das Preis- und Konditionssystem gestaltet wird, welches Verkaufsmaterial angeboten wird und wie die Kunden effektiv angesprochen werden (→ Vertriebscontrolling).

Das zukünftige Geschäftspotenzial hängt entscheidend von den Innovationen und Entwicklungsprojekten für neue Produkte und Dienstleistungen ab. Die Beschreibung der *F&E* sollte die Entwicklungsstrategie, die wesentlichen Entwicklungsprojekte und deren -stand als auch die Forschungs- und Entwicklungsaufwendungen aufzeigen. Darüber hinaus sollte auch der Entwicklungsstand in Bezug zum Wettbewerb analysiert und dargestellt werden (→ Technologie-Markt-Portfolio).

Bei der Beschreibung der *Produktion* kommt es darauf an, dass sie reibungslos läuft, auf dem höchsten technischen Niveau arbeitet und dass diese im Hinblick auf die Lieferschnelligkeit und -zuverlässigkeit sowie auf die HK (→ Herstellungskosten, bilanzielle) wettbewerbsfähig ist (→ Produktionscontrolling). Bei der Beschreibung der Produktion sollten folgende Kernpunkte abgehandelt werden: Produktionsumfang sowie der Anteil der Eigen- und Fremdfertigung (→ Eigenfertigung versus Fremdbezug); Produktionsstandorte; Qualitätsstrategie (→ Qualitätscontrolling); technologischer Stand der Fertigung; Investitionsbedarf und -planung (→ Investitionscontrolling); Workflow der Auftragsbearbeitung unter Einbeziehung der Logistik sowie Qualifikation der Mitarbeiter (→ Personalcontrolling). Weiterhin sollte mindestens ein dreijähriger Produktionsplan ausgewiesen werden.

Eng mit der Produktion sind der *Einkauf und die Logistik* verbunden. Hier sollte aufgezeigt werden, wie das Beschaffungsmanagement organisiert ist, wie die Lieferantenkonzentration als auch die Lieferantenbeziehungen aussehen (→ Logistikcontrolling; → Lieferantencontrolling). Basierend auf der Einkaufsstrategie und der Organisation der Einkaufsabteilung sollte eine Einkaufsplanung aufgestellt werden. Die Beschreibung der Logistik zeigt die Effizienz des Materialflusses auf, damit die Warenbestände möglichst niedrig gehalten werden. Hierbei kommt es auf Lagervolumen, Warenlagerwert, Lagerflächen, Transport als auch auf die gesamten Logistikkosten (→ Kosten) an.

Eine intensive *Analyse der Finanzdaten* ist die Basis für die → Planung. Die Darstellung der wirtschaftlichen Verhältnisse ist eine vergangenheitsorientierte Standortbestimmung und zeigt die Entwicklung der letzten 3 Jahre auf. Wichtigstes Instrumentarium sind die Jahresabschlüsse, → Gewinn- und Verlustrechnung (GuV) und betriebswirtschaftliche Auswertungen, aber auch der → Prüfungsbericht (PrB). Kapitalgeber beurteilen die Jahresabschlüsse anhand der Ertragskraft, z. B. Cash Flow-Berechnungen (→ Cash Flow; → Cash Flow-Analyse), der Liquidität (→ Liquiditätskennzahlen) ihres Unternehmens und analysieren den JA durch eine entsprechende Kennzahlenanalyse (→ Jahresabschlussanalyse).

Kreditgeber oder Investoren wollen die *zukünftige Unternehmensentwicklung* (3–5 Jahre) sehen. Instrumente sind sowohl die Planungen der Umsätze (→ Umsatzplanung und -kontrolle), → Kosten (→ Plankostenrechnung) und der → Finanzplanungen und Cash Flow-Planungen als auch die → Planbilanzen, wobei → Cash Flow und Finanzpläne auf monatlicher Basis für 2 Jahre geplant werden sollten.

Die Unternehmensplanung basiert auf der Unternehmensstrategie, den Markt- und Wettbewerbseinschätzungen sowie den Umwelteinflüssen. Die Annahmen müssen realistisch und nachvollziehbar getroffen werden und einen direkten Bezug zu den Vergangenheitsdaten haben. Die Umsatzplanung repräsentiert die Einschätzung des Marktes für die nächsten Jahre. Die Umsatzeinschätzungen müssen fundiert und plausibel sein, um eine realistische Planung aufzustellen. Nach der Umsatzplanung sind die Kosten, wie Material-, Personal-, Produktions-, Verkaufs- und Marketingkosten (→ Kostenartenrechnung) detailliert und qualifiziert zu planen. Aus der Planung der Umsätze und der Kosten lassen sich der Deckungsbeitrag und das betriebswirtschaftliche Ergebnis ermitteln (→ Deckungsbeitragsrechnungen; → Erfolgsrechnung, kurzfristige).

Der Finanz- und Liquiditätsplanung (→ Finanzplanung; → Finanzcontrolling; → Liquiditätscontrolling) kommt bei der Planung besondere Bedeutung zu. Die → Finanzplanung dient der Feststellung des Kapitalbedarfes (→Kapitalbedarfsplanung). Mit dem Finanzplan wird festgestellt, wie viel Liquidität im Unternehmen vorhanden ist (kurzfristiger Finanzbedarf). Er zeigt auch, wann Auszahlungen fällig sind (Tilgung von Krediten, Zinszahlungen, Bezahlung von →Verbindlichkeiten und Dividenden). Der Finanzplan ist für ein Unternehmen so wichtig wie der JA. Der Cash Flow hingegen zeigt die Finanzkraft oder das Selbstfinanzierungspotenzial auf, er informiert Gläubiger und Kapitalanleger, über welche Mittel das Unternehmen aus eigener Kraft verfügt zur Zahlung der Dividenden, Durchführung von →Investitionen und zur Zahlung von Steuern sowie der Tilgung von →Schulden.

Zusammenfassend lässt sich der Business-Plan als eine Analyse und Planung des gesamten Geschäftsvorhabens verstehen, der allen Beteiligten (Stakeholder) ein transparentes Bild zur Beurteilung des Unternehmens verschafft.

Literatur: Schwetje, G./Vaseghi, S.: Der Businessplan. Wie Sie Kapitalgeber überzeugen, 2. Aufl., Heidelberg 2005.

Gerald Schwetje

Bußgeldvorschriften →Straf- und Bußgeldvorschriften

C

Cadburyreport

Im Dezember 1992 wurde in Großbritannien der *Report of the Committee on the Financial Aspects of Corporate Governance* veröffentlicht. Dieser basiert auf den Empfehlungen eines Ausschusses unter Vorsitz von *Sir Adrian Cadbury*, dem ehemaligen Chairman der *Cadbury Schweppes plc* und wird daher auch als Cadburyreport bezeichnet.

Der Cadburyreport stellt eine Reaktion auf diverse Bilanzdelikte (→ Bilanzfälschung) in Großbritannien Ende der 1980er sowie zu Beginn der 1990er Jahre dar und nimmt eine Vorreiterrolle in der Diskussion um die Grundsätze guter und verantwortungsvoller Unternehmensführung (→ Grundsätze ordnungsmäßiger Unternehmensführung; → *Corporate Governance*) zur Wiederherstellung des Vertrauens der Investoren in die Finanzberichterstattung und den → *Abschlussprüfer* (APr) ein.

Der Cadburyausschuss wurde im Mai 1991 vom *Financial Reporting Council*, der *LSE* sowie Vertretern des Berufsstands der WP eingerichtet und besteht aus 14 Mitgliedern. Bei diesen handelt es sich u. a. um Vertreter des Berufsstands der WP, der *Confederation of British Industry*, Hochschullehrer und der *Bank of England*. Die Empfehlungen betreffen primär die Berichts- und Überwachungsfunktionen des → *Board of Directors* (→ *Dual- und Boardsystem*) sowie Aufgaben und Verhalten des Abschlussprüfers in → *Großbritannien*.

Kern des Cadburyreports stellt ein Code of Best Practise für die Mitglieder des Board of Directors dar, der sich in erster Linie an alle in Großbritannien börsennotierte Gesellschaften richtet, dessen Befolgung aber prinzipiell allen Unternehmen empfohlen wird. Dieser Auffassung schloss sich auch die *LSE* in ihren Börsenzulassungsvorschriften an und verpflichtete im Juni 1993 alle gelisteten Unternehmen, wie vom Code gefordert, eine formale → *Entsprechenserklärung* im JA nach dem Comply-or-Explain-Prinzip abzugeben, ob den Empfehlungen des Codes Folge geleistet wurde bzw. zu erklären, warum die Umsetzung von Empfehlungen abgelehnt wurde. Die Einhaltung der Vorschriften des Cadburyreports ist zwar nicht gesetzlich vorgeschrieben, jedoch ist in der Initiative eine Maßnahme zur Vermeidung staatlicher Eingriffe in die → *Corporate Governance* zu sehen.

Der Code of Best Practise basiert auf drei Prinzipien. Zunächst wird das Prinzip der Offenheit unter dem Vorbehalt der handelsüblichen Verschwiegenheit als wesentlich für effiziente Kapitalmärkte angesehen. Des Weiteren handelt es sich um das Prinzip der Rechtschaffenheit bzw. Integrität, welches sich in einer vollständigen, ausgewogenen und ehrlichen Berichterstattung niederschlagen soll. Das Prinzip der gegenseitigen Rechenschaft findet sich in der Erfordernis der Bereitstellung entscheidungsrelevanter Informationen durch die Unternehmensleitung ebenso wieder wie in der Forderung, dass Anteilseigner mögliche Machtpositionen nicht zum Schaden Dritter ausnutzen sollen.

Der Code of Best Practise gliedert sich in vier Abschnitte. Der erste Abschnitt enthält Empfehlungen zu Organisation und Ausgestaltung des Board of Directors. Hierzu zählt bspw. die Forderung, dass das Board eine ausreichende Anzahl an nicht geschäftsführenden Direktoren enthalten soll. Der zweite Abschnitt definiert Anforderungen an nicht geschäftsführende Direktoren. So soll die Mehrheit dieser Direktoren unabhängig vom Management bzw. Unternehmen sein, die Ernennung soll nur für einen bestimmten Zeitraum erfolgen und eine automatische Vertragsverlängerung ausgeschlossen sein. Empfehlungen des dritten Abschnitts betreffen geschäftsführende Direktoren. Die Vertragslaufzeit soll hier drei Jahre nicht überschreiten, und die angemessene Höhe der Bezüge soll von einem Vergütungsausschuss festgesetzt und veröffentlicht werden. Der vierte Abschnitt zur Berichterstattung und Überwachung enthält bspw. Empfehlungen, ein → *Audit Committee* einzurichten und über die Effektivität des → *Internen Kontrollsystems* zu berichten.

Im Cadburyreport wird angeregt, den Code of Best Practise regelmäßig fortzuentwickeln und bei Bedarf Folgekomitees zu bilden. Dem Cadburyreport folgte 1995 der Greenburyreport, der sich primär mit Fragen der Direktorenvergütung beschäftigt. 1998 wurde der Hampelreport veröffentlicht, der eher die Prinzipien guter Corporate Governance betont, als explizite Regeln zu formulieren. Ebenfalls 1998 wurde der Combined Code veröffentlicht, der eine Zusammenfassung der Prinzipien und Empfehlungen der vorangegangenen Reports darstellt und seitdem als Börsenzulassungsvoraussetzung in Großbritannien zu beachten ist. Der Turnbullreport von 1999 enthält Hinweise zur Anwendung des Combined Code. 2003 wurde der Higgsreport veröffentlicht, der zu einer von der mittlerweile für die Finanzaufsicht verantwortlichen *Financial Authority Services* anerkannten Überarbeitung des Combined Code führte.

Annette G. Köhler

Cafeteria-Systeme →Incentive-Systeme

Capital Asset Pricing Model

In die Bewertung von →Finanzanlagen – insb. Aktien – geht einerseits deren *Rendite*, andererseits das damit verbundene *Risiko* ein. Drückt sich Letzteres in Form von (bekannten) Wahrscheinlichkeitsverteilungen der erwarteten Zahlungen aus, postuliert das *Capital Asset Pricing Model (CAPM)* bei einperiodiger →Planung den Zusammenhang zwischen *Aktienrendite* und *Kapitalmarkt*: Der Erwartungswert der Rendite μ_i der Aktie i lässt sich im Kapitalmarktgleichgewicht als Summe aus dem Zinssatz r für risikolose Finanzanlagen respektive Kreditaufnahmen und einer Risikoprämie beschreiben. Diese Risikoprämie ist das Produkt aus dem Marktpreis für die Risikoübernahme auf dem Kapitalmarkt (= μ_M – r) und der marktbezogenen Risikohöhe β_i der Aktie i („*Modell der Wertpapierlinie*"):

$$\mu_i = r + (\mu_M - r) \cdot \beta_i. \quad (1)$$

Das CAPM baut auf der →Portfolioanalyse auf, in der Wertpapiere (Aktien) anhand ihrer erwarteten Rendite μ und deren als Standardabweichung σ (bzw. Varianz σ^2) gemessenem Risiko unter Einbeziehung individueller Risikopräferenzen bewertet werden. Unter Ausnutzung der Kovarianz (respektive Korrelation) zwischen den Wertpapierrenditen lassen sich aus ihnen diversifizierte Portefeuilles zusammenstellen, deren jeweiliges Risiko σ_P geringer sein kann als jedes der darin enthaltenen Einzelrisiken σ_i. Im CAPM haben nun alle als risikoavers unterstellten Marktakteure homogene Erwartungen, also identische Vorstellungen von der Renditeverteilung der Aktien und deren Kovarianzen, sodass sich der Kapitalmarkt im Gleichgewicht befindet. Innerhalb der effizienten – d. h. von keinen anderen hinsichtlich μ und σ dominierten – Portefeuilles kann dann eines ausgezeichnet werden, indem neben dem Engagement in Aktien eine Anlage oder Verschuldung zum sicheren Zinssatz r zugelassen ist. Das resultierende voll diversifizierte *Marktportefeuille M* ist für alle Anleger identisch, unabhängig von ihrer subjektiven Risikopräferenz. Dieser wird im jeweiligen Anlegerportfolio P dadurch genügt, dass jeder Anleger sein zu investierendes Kapital einerseits auf das Marktportefeuille M, andererseits auf die sichere Anlage zum Zinssatz r aufteilt; ist der Anleger wenig risikoscheu, wird er den in das Marktportefeuille M investierten Betrag erhöhen, indem er sich weiteres Kapital zum sicheren Zinssatz r leiht. Dieses „*Modell der Kapitalmarktlinie*" drückt insoweit einen linearen Zusammenhang zwischen der erwarteten Rendite μ_P und dem Risiko σ_P im Anlegerportfolio aus, d. h., welches höhere Risiko mit einer höheren Renditeerwartung akzeptiert werden muss:

$$\mu_P = r + \left(\frac{(\mu_M - r)}{\sigma_M}\right) \cdot \sigma_P \quad (2)$$

Die Differenz der Mehrrendite μ_M gegenüber der risikofreien Anlage zu r in (1) kann als Prämie für das nicht diversifizierbare „Wagnis" interpretiert werden, überhaupt auf dem Aktienmarkt zu investieren; ein solches *Marktrisiko* ist durch Diversifikation nicht zu beseitigen (*systematisches Risiko*). Gemessen wird es im marktbezogenen Risiko β_i, definiert als Quotient der Kovarianz zwischen Aktie und Marktportefeuille zur Varianz des Marktportefeuilles. Dieser *Beta-Koeffizient* beziffert die Veränderung der erwarteten Rendite μ_i einer Aktie i, wenn sich die Marktrendite μ_M um eine Einheit ändert. Gilt speziell $\beta_i = 0$, liegt der risikolose Zinssatz vor, für $\beta_i = 1$ sind Aktien- und Marktrendite identisch. In der Analysepraxis wird der β-Faktor einer Aktie üblicherweise mittels (linearer) Regression aus historischen Renditen ermittelt, wobei als Marktportefeuille ein repräsentativer Aktienindex (z. B. der DAX 30) zugrunde liegt. Hierbei zeigt sich, dass sich der β-Faktor einer bestimmten Aktie im Zeitablauf ändert, mithin seine Voraussage schwer zu rechtfertigen ist. Als Gründe lassen sich die in der Realität nicht bestehenden Anwendungsvoraussetzungen der CAPM-Welt, wie heterogene Erwartungen der Marktakteure und deren tatsächliches Risikoverhalten, →Transaktionskosten, begrenzt informationseffiziente Märkte u. a., anführen. Dennoch findet die Grundidee von (1), die additive Zerlegung der erwarteten Rendite in risikolosen Zins und der geschilderten Risikoprämie, vielfältige praktische Anwendungen, etwa bei der Bestimmung der →Kapitalkosten (→Weighted Average Cost of Capital-Ansatz) und im Wertmanagement (→Unternehmenssteuerung, wertorientierte; →Value Based Management).

Literatur: Perridon, L./Steiner, M.: Finanzwirtschaft der Unternehmung, 13. Aufl., München 2004; Steiner, M./Bruns, C.: Wertpapiermanagement, 8. Aufl., Stuttgart 2002; Uhlir, H./Steiner, P.: Wertpapieranalyse, 4. Aufl., Heidelberg 2001.

Raimund Schirmeister

Capital Employed →Wertorientierte Unternehmensführung

Capital Lease →Leasingverhältnisse

CAPM →Capital Asset Pricing Model

Cash Flow

Der Cash Flow (CF) stellt den Zahlungsmittelüberschuss als Saldo aus Einzahlungen (Cash Inflow) und Auszahlungen (Cash Outflow) einer Periode dar.

Der CF dient zur Beschreibung und interner sowie externer Analyse verschiedener Sachverhalte im Unternehmen und in Unternehmensbereichen (→Cash Flow-Analyse). Vorrangig wird der CF zur Beurteilung der →Finanzlage eines Unternehmens herangezogen. Er ermöglicht Aussagen über die Fähigkeit, wie Verpflichtungen aus Finanzierungstätigkeiten nachgekommen werden kann. Zudem lässt sich aus dem CF ableiten, welche alternativen Finanzierungsformen durch die Fähigkeit zu Zins- und Tilgungszahlungen bzw. zu Dividendenzahlungen oder Ausschüttungen möglich sind. Durch die beschränkte Aussagekraft bilanzieller Erfolgsgrößen wurde im Zusammenhang mit der Shareholder Value-Diskussion in der 1980er Jahren der CF auch verstärkt als Erfolgsgröße herangezogen (→Shareholder Value-Analysis).

In einer statischen Betrachtung dient der CF zur Beurteilung der Finanzlage eines Unternehmens. Gesetzlich ist hierzu nach § 297 Abs. 1 HGB sowie nach IAS 7 und SFAS 95 eine →Kapitalflussrechnung (Cash Flow-Statement) aufzustellen.

In einer dynamischen Betrachtung dient der CF zur Ermittlung der Vorteilhaftigkeit von Investitions- und Finanzierungsentscheidungen (→Entscheidungsinstrumente; →Investitionscontrolling; →Finanzcontrolling). Hierzu werden die zukünftigen periodischen Cash Flows diskontiert. Bezieht sich die Analyse auf einzelne Investitionsobjekte (→Investition) werden Verfahren der dynamischen Investitionsrechnung (u. a. Kapitalwert/Net Present Value, Interne Zinssatz-Methode/Internal Rate of Return) eingesetzt. Bei einer Ermittlung des Werts ganzer Unternehmen spricht man von der →Discounted Cash Flow-Methode (DCF).

Der CF kann originär oder derivativ ermittelt werden. Bei der originären Ermittlung ergibt sich der CF aus dem Saldo der Einzahlungen und Auszahlungen der Finanzrechnung.

   Einzahlungen
− Auszahlungen
= CF

Bei der derivativen Ermittlung wird nicht auf zahlungsstromorientierte Daten der Buchhaltung zurückgegriffen. Vielmehr wird der CF aus Bestands- und Stromgrößen des Jahresabschlusses abgeleitet.

Bei der derivativen direkten Ermittlung werden die einzahlungswirksamen →Erträge und die zahlungswirksamen Aufwendungen (→Aufwendungen und Erträge) saldiert:

   Zahlungswirksame Erträge
− Zahlungswirksame Auszahlungen
= CF

Bei der derivativen indirekten Ermittlung erfolgt eine Rückrechnung aus dem Bilanzgewinn oder -verlust:

Bilanzgewinn (- verlust)
+ Zuführung zu den →Rücklagen (− Auflösung von Rücklagen)
− →Gewinnvortrag der Vorperiode (+ →Verlustvortrag der Vorperiode)

= Jahresüberschuss/Jahresfehlbetrag (→Jahresergebnis)

+ Nicht zahlungswirksame Aufwendungen (z. B. Abschreibungen, →Rückstellungen)
− Nicht zahlungswirksame Erträge (z. B. Zuschreibungen, Auflösung von Rückstellungen)

= CF

Zur finanz- und erfolgswirtschaftlichen Analyse wird der CF nach dem →*Deutschen Rechnungslegungs Standards Committee e.V.* (*DRSC*) (DRS 2) – orientiert an den →International Financial Reporting Standards (IAS 7) und den →United States Generally Accepted Accounting Principles (SFAS 95) – in die Bereiche laufende Geschäftstätigkeit, Investitionstätigkeit und Finanzierungstätigkeit unterschieden:

  Einzahlungen aus Umsatztätigkeit
− Auszahlungen aus Umsatztätigkeit
+ Sonstige Einzahlungen, die nicht der Investitions- oder Finanzierungstätigkeit zuzuordnen sind
− Sonstige Auszahlungen, die nicht der Investitions- oder Finanzierungstätigkeit zuzuordnen sind

= *CF aus laufender Geschäftstätigkeit (Operating Cash Flow, Brutto-CF)*

Der CF aus der Investitionstätigkeit skizziert dagegen die Zuflüsse und Abflüsse liquider Mittel in materielle und immaterielle Ressourcen des Unternehmens, welche die Grundlage zukünftiger Cash Flows bilden. Hieraus kann die Zukunftsorientierung des Unternehmens abgeleitet werden:

+ Einzahlungen aus Abgängen von Gegenständen des →Anlagevermögens
− Auszahlungen für →Investitionen in das materielle und immaterielle Anlagevermögen
+ Einzahlungen aus Abgängen des Finanzvermögens und erhaltene Dividenden
− Auszahlungen für Investitionen in das Finanzvermögen
+/− Einzahlungen und Auszahlungen aus dem Erwerb und Verkauf von Geschäftseinheiten

= *CF aus Investitionstätigkeit [Investing Cash Flows, Free CF (Entity)]*

Der CF aus der Finanzierungstätigkeit stellt die Zahlungsströme dar, die sich aus der Beziehung mit den Eigen- und Fremdkapitalgebern ergeben, wobei Zinszahlungen der laufenden Geschäftstätigkeit zugewiesen werden:

+ Einzahlungen aus der Fremdkapitalaufnahme (z. B. Kredite, Anleihen)
− Auszahlungen für die Rückzahlung von →Fremdkapital

= *Free CF (Equity)*

− Auszahlungen an Eigenkapitalgeber (u. a. Dividenden, Rückzahlungen, Erwerb →eigener Anteile)
+ Einzahlungen aus der Zuführung von →Eigenkapital

= *CF aus Finanzierungstätigkeit (Financing Cash Flows)*

Die verschiedenen Cash Flows werden addiert, um zum periodischen CF zu gelangen. Der Free Cash Flow wird vor allem im Rahmen der →Unternehmensbewertung mittels DCF-Verfahren eingesetzt. Er stellt den Betrag dar, der zur Befriedigung der Ansprüche von Eigen- und Fremdkapitalgebern zur Verfügung steht. Der Free CF (Entity) steht dabei allen Kapitalgebern zur Verfügung, der Free CF (Equity) nur den Eigenkapitalgebern. Zumeist werden bei der Ermittlung des Free CF die Steuern separat ausgewiesen, da diese ebenfalls im Diskontierungssatz berücksichtigt werden (→Steuern in der Unternehmensbewertung).

Literatur: Volkart, R.: Corporate Finance, Zürich 2003; Coenenberg, A. G.: Jahresabschluss und Jahresabschlussanalyse, 20. Aufl., Stuttgart 2005.

Alexander Bassen

Cash Flow Return on Investment
→Wertorientierte Unternehmensführung

Cash Flow-Analyse

Die Cash Flow-Analyse ist ein Teilbereich der →Jahresabschlussanalyse, insb. der dynamischen Liquiditäts- und Finanzanalyse.

Die Analyse kann sich auf die Erfolgslage (→Ertragslage) beziehen – hier dient der →Cash Flow wegen seiner Orientierung auf Zahlungsströme als Größe, die im Vergleich zum Jahresüberschuss (→Jahresergebnis) weniger von bilanzpolitischen Maßnahmen (→bilanzpolitische Entscheidungsmodelle; →bilanzpolitische Beratung durch den Wirtschaftsprüfer) beeinflussbar ist. Da aber auch Größen, die nicht von Zahlungen begleitet sind, als gewinn- oder verlustrelevant anzusehen sind, bleiben Betriebsergebnis, Jahresüberschuss und Rentabilitäten (→Rentabilitätsanalyse) die wichtigsten Erfolgsgrößen.

Vor allem aber ist die Cash Flow-Analyse finanzwirtschaftlich ausgerichtet. Sie dient der dynamischen Liquiditätsbetrachtung. Von Bedeutung sind dabei die Untersuchung der Fähigkeit von Unternehmen, aus eigener wirtschaftlicher Erfolgstätigkeit einen finanziellen Überschuss zu erwirtschaften, sowie der Abgleich mit den übrigen Finanzströmen und dem Liquiditätsbestand, im Grunde gem. folgender Formel:

	AB liquide Mittel
+/–	Cash Flow
+/–	erfolgsneutrale Zu- und Abflüsse von Finanzmitteln
=	EB liquide Mittel.

Mit der systematischen Trennung in erfolgswirksame und erfolgsneutrale Zahlungsvorgänge ist der wichtige Analyseschritt dahin getan, den finanziellen Erfolg aus der Vielzahl der Zahlungsvorgänge herauszufiltern. Die sog. direkte Methode zur Berechnung des Cash Flows macht dabei sein Wesen klarer als die indirekte Methode. Bei der Direktberechnung werden aus der →Gewinn- und Verlustrechnung (GuV) alle von Zahlungen begleiteten →Aufwendungen und Erträge ermittelt, was bei einer externen Analyse nicht immer einfach ist.

Die Cash Flows sind zunächst jeweils absolute Kennzahlen und damit nur bedingt tauglich für eingehende Analysen (→Kennzahlen und Kennzahlensysteme als Kontrollinstrument).

Für weitergehende Zwecke kann der Cash Flow zerlegt werden, um seine Quellen genauer bestimmen zu können, oder er kann mittels Verhältniszahlen relativiert werden, womit er auch für Zwecke →überbetrieblicher Vergleiche (→betriebswirtschaftlicher Vergleich) aussagefähiger wird.

Bei einer *Zerlegung* des Cash Flows folgt man sinnvollerweise der Struktur der GuV, aus der der Cash Flow abgeleitet wird. Im Einzelnen erhält man mit den Stufen

- Cash Flow aus dem Betriebsergebnis,
- Cash Flow aus dem →Finanzergebnis und
- Cash Flow aus dem außerordentlichen Ergebnis

wichtige Hinweise darauf, inwieweit das Unternehmen durch sein Kerngeschäft, durch seine Finanzengagements oder durch Sondereinflüsse liquide Mittel erwirtschaftet hat. Diese Analyse wird erleichtert durch die Ermittlung des Cash Flows nach der direkten Methode ausschließlich aus der GuV.

Hierbei wird eher die Entstehung des Cash Flows untersucht. Eine Aussage zur Verwendung der erwirtschafteten Finanzmittel erlaubt die Cash Flow-Deckungsbeitragsrechnung: Vom Cash Flow werden in mehreren Rechenschritten die erfolgsneutralen Finanzierungsgrößen abgezogen, die jeweilige Zwischensumme stellt als Deckungsbeitrag dar, ob – bei positivem Wert – noch weitere Finanzierungsaufgaben gelöst werden können. Z.B.

	Cash Flow
–	Ersatzinvestitionen (zur Substanzerhaltung)
=	Cash Flow-Deckungsbeitrag I
–	Erweiterungsinvestitionen (zur Zukunftssicherung)
=	Cash Flow-Deckungsbeitrag II (= Free Cash Flow)
–	Schuldentilgung (netto: Tilgung minus Neuaufnahme)
=	Cash Flow-Deckungsbeitrag III.

Cash Flow-Verhältniszahlen zeigen die absolute Zahl in Beziehung zu sinnvollen anderen Größen.

Die Cash Flow-Verwendungsrate

$$\frac{\text{Cash Flow}}{\text{Investitionen + Schuldentilgung + Gewinnausschüttung}}$$

macht in anderer Form als die Cash Flow-Deckungsbeitragsrechnung eine ähnliche Aussage dazu, ob das Unternehmen in der Lage war bzw. sein wird, die anstehenden erfolgsneutralen Finanzierungsaufgaben aus dem Cash Flow leisten zu können. Der Wert sollte im mehrjährigen Durchschnitt größer 1 sein.

Weitere Kennzahlen dienen vor allem überbetrieblichen Vergleichen, die als hoch verdichtete Größen jeweils in Zusammenhang mit weiteren Kennzahlen interpretiert werden müssen. Nur als Kennzahlen-Set können sie ein abgerundetes Bild der →Finanzlage ergeben.

So gibt der Kehrwert der angegebenen Verwendungsrate aufgelöst auf die drei einzelnen Verwendungsaufgaben als Cash Flow-Deckungskraft an, in welchem Ausmaß die jeweilige Ausgabe den Cash Flow in Anspruch genommen hat:

Schuldentilgung
Cash Flow

oder

Investitionen
Cash Flow

oder

Gewinnausschüttung
Cash Flow

Die Finanzkraft des Umsatzgeschehens wird in der sog. Cash Flow-Marge ausgedrückt. Analog zur Umsatzrentabilität (= Gewinn pro Umsatz, die zeigt, wie viel Gewinn jede Geldeinheit Umsatz generiert) macht diese Kennzahl

Cash Flow
Umsatz

das Finanzpotenzial des Umsatzes deutlich. Je niedriger der Wert ist, umso größer muss das finanzielle Gefährdungspotenzial, z. B. von Preisrückgängen, eingeschätzt werden.

Die Finanzanalyse mittels Cash Flow-Kennzahlen kann abgerundet werden durch eher theoretische Größen: Die Tilgungsdauer-Kennzahlen

gesamte Verbindlichkeiten
Cash Flow

kurzfrist. Verbindlichkeiten
Cash Flow

kurzfrist. Fremdkapital
Cash Flow

zeigen die jeweilige theoretische Zeit in Jahren an, die ein Unternehmen zur Entschuldung aus dem Cash Flow bräuchte. Aussagefähig wird die Kennzahl aber eher in Betriebsvergleichen oder Branchenanalysen.

Literatur: Coenenberg, A. G.: Jahresabschluss und Jahresabschlussanalyse, 20. Aufl., Stuttgart 2005; Lachnit, L.: Bilanzanalyse, Wiesbaden 2004.

Günther Dey

Cash Flow-Deckungsbeitragsrechnung
→Cash Flow-Analyse

Cash Flow-Marge →Cash Flow-Analyse

Cash Flow-Verwendungsrate →Cash Flow-Analyse

Cash Generating Units

Eine Cash Generating Unit (CGU) ist die kleinste identifizierbare Gruppe von Vermögenswerten innerhalb eines Unternehmens (Konzerns), die (weitestgehend) unabhängig von anderen (Gruppen von) Vermögenswerten Mittelzuflüsse erzeugt (IAS 36.6). Die Identifikation einer CGU ist im Rahmen eines →Impairmenttests des Goodwills (→Geschäfts- oder Firmenwert) erforderlich bzw. auch bei Impairmenttests von sonstigen Vermögenswerten, sofern diese nicht isoliert bewertbar sind. Hier findet eine Abweichung vom Grundsatz der Einzelbewertung (→Grundsätze ordnungsmäßiger Rechnungslegung; →Grundsätze ordnungsmäßiger Buchführung, Prüfung der) statt. Unterschieden werden Cash Generating Units, denen ein Goodwill zugeordnet ist und Cash Generating Units ohne Goodwill-Zuordnung (Wagenhofer 2005, S. 171 f.). Im Folgenden werden vier Prüfungsschritte zur Identifikation, Abgrenzung, Ermittlung des Buchwertes und des Nutzungswertes (Value in Use) einer CGU erläutert.

Die Prüfung von Cash Generating Units kann zunächst als →Systemprüfung der →Aufbauorganisation und →Ablauforganisation des Unternehmens aufgebaut werden. Dabei kann der Prüfer eng mit den Prüfern der →Segmentberichterstattung und des →Risikomanagementsystems (RMS) (→Risikomanagementsystem, Prüfung des) zusammenarbeiten. Bei der Identifikation von Cash Generating Units wird empfohlen, unternehmensinterne Steuerungseinheiten als Abgrenzungsmerkmale heranzuziehen (IAS 36.69). Dabei ist die Managementebene zu bestimmen, die

die Verfügungsgewalt über den auf Werthaltigkeit zu testenden Vermögenswert ausübt. Sofern diese Managementebene über ein entsprechendes Reportingsystem (→Berichtssystem; →Führungsinformationssysteme) verfügt, ist die CGU auf Basis dieses Systems zu bilden. Erscheint das System ungeeignet, ist ggf. das Reportingsystem einer höheren oder niedrigeren Managementebene heranzuziehen. Grundlegendes Konzept dieser Vorgehensweise ist der sog. Management Approach.

Ist ein entsprechendes Reportingsystem im zu prüfenden Unternehmen nicht etabliert, so sind die Cash Generating Units im Rahmen des Impairmenttests zu identifizieren. Hierzu sind, genau wie bei der Prüfung eines vorhandenen Reportingsystems, interne Organigramme, Organisationshandbücher, interne Verfahrensrichtlinien und Berichte über die Entwicklung von Geschäftsbereichen (→Geschäftsfeldstrategie und -planung) an Vorstand oder AR auszuwerten und auf deren Basis die Aufteilung in Cash Generating Units zu plausibilisieren (→Plausibilitätsprüfungen). Es können verschiedene Produktlinien, Geschäftsfelder oder regionale Abgrenzungen als Identifikationsmerkmal herangezogen werden (IAS 36.69). Im Rahmen dieses ersten Prüfungsschrittes sind die eingerichteten Prozesse und Kontrollen (→Kontrolltheorie) auf ihre Wirksamkeit hinsichtlich des Erkennens eines Wertminderungsbedarfs zu überprüfen. Hierbei entsteht eine Interdependenz zur Prüfung des →Anlagevermögens.

In einem weiteren Prüfungsschritt ist die korrekte Abgrenzung der einzelnen Cash Generating Units zu prüfen. Insb. ist darauf zu achten, dass Vermögenswerte nicht in mehreren Cash Generating Units gleichzeitig vollständig berücksichtigt werden bzw. zur Zahlungsmittelgenerierung notwendige Vermögenswerte auch berücksichtigt wurden (Vollständigkeit der CGU). Erfolgt eine Zuordnung von Vermögenswerten durch Schlüsselung, ist die Aufteilung der Vermögenswerte zu plausibilisieren und auf die Konsistenz zu den anderen betroffenen Cash Generating Units zu prüfen. Die Abgrenzung der CGU muss im Zeitablauf stetig sein (→Stetigkeit), eine Änderung darf nur durchgeführt werden, wenn diese sachlich gerechtfertigt ist (IAS 36.72; Coenenberg 2005, S. 120). Gründe für Änderungen können Teilverkäufe, Umorganisationen oder weiterentwickelte Produktionstechniken sein.

Ein Problemfeld bei der Abgrenzung von Cash Generating Units ergibt sich bei vertikalen oder horizontalen Verflechtungen der Produktion innerhalb des Unternehmens. Bei der Identifikation ist die Unabhängigkeit der Mittelzuflüsse der CGU entscheidend. Wird der Output einer Gruppe von Vermögenswerten nur unternehmensintern verwendet (vertikale Verflechtung zwischen Unternehmensbereichen), handelt es sich grundsätzlich nicht um eine CGU. Eine solche Gruppe ist dann mit der übergeordneten CGU zusammenzufassen. Eine Ausnahme besteht, wenn für den unternehmensintern verwendeten Output ein aktiver Markt besteht (IAS 36.70). Im Falle einer horizontalen Verflechtung wird eine Trennung in verschiedene Cash Generating Units häufig nicht möglich sein, wenn die verflochtenen Geschäftsbereiche auf dieselben Ressourcen zugreifen und eine eindeutige Zuordnung der Mittelzu- und -abflüsse verhindert wird. Die betroffenen Geschäftsbereiche sind dementsprechend zu einer CGU zusammen zu fassen (Hoffmann 2005, S. 438–442).

Die Ermittlung des Buchwertes der CGU ist Gegenstand des dritten Prüfungsschrittes. Dabei werden der CGU alle Vermögenswerte zugeordnet, die im Zusammenhang mit ihrer Geschäftstätigkeit stehen. Es sind nur solche Vermögenswerte zu berücksichtigen, die künftige Mittelzuflüsse erzeugen (IAS 36.76, sog. Äquivalenzprinzip). Auch die sog. Corporate →Assets, also Vermögenswerte, die der Gesamtheit des Unternehmens dienen und zur CGU in Beziehung stehen, sind auf Grundlage einer vernünftigen und stetigen Basis den einzelnen Cash Generating Units zuzuordnen. Ist eine Zuordnung auf Basis der identifizierten Cash Generating Units nicht möglich, ist der Impairmenttest zunächst ohne Berücksichtigung der Corporate Assets durchzuführen und dann die nächst größere CGU zu bestimmen, die den betreffenden Vermögenswert enthält und der die Corporate Assets zugeordnet werden können (IAS 36.102).

Sondervorschriften bestehen im Bereich des IAS 36 für die Zuordnung eines Goodwills auf eine CGU. Die Zuordnung des Goodwills ist unabhängig von der für sonstige Vermögenswerte und →Schulden so durchzuführen, dass jede CGU oder Gruppe von Cash Generating Units, die von den Synergien aus dem jeweiligen →Unternehmenszusammenschluss profitiert, einen entsprechenden Teil des entstandenen Goodwills trägt. Dabei darf die betreffende CGU (bzw. Gruppe von Cash Generating Units) nicht größer sein als ein Segment im Rahmen der Segmentberichterstattung. Die Untergrenze für die Größe einer CGU im Rahmen eines späteren Goodwill-Impairment wird wiederum durch den Management Approach determiniert. Dementsprechend ist eine Zuordnung nur bis zur niedrigsten Managementebene erforderlich, auf der der Goodwill für interne Zwecke systematisch überwacht wird (Pellens et al. 2004, S. 657–661). Dies wiederum ist vom Prüfer unter Kenntnis der internen Unternehmensstruktur zu plausibilisieren. Naturgemäß ergeben sich dabei Überschneidungen mit der Prüfung der Segmentberichterstattung.

Schulden werden bei der Ermittlung des Buchwertes der CGU grundsätzlich nicht berücksichtigt, es sei denn, der erzielbare Betrag einer CGU ließe sich ohne Berücksichtigung dieser Schuld nicht ermitteln, weil die jeweilige Schuld im Falle eines Verkaufes der CGU vom Käufer mit übernommen werden müsste (IAS 36.76 und IAS 36.78). Beispiele hierfür sind Verpflichtungen zur Abraumbeseitigung oder Rekultivierung.

Abschließender Prüfungsschritt ist die Prüfung des ermittelten Nutzungswertes (→Zeitwerte, Prüfung von). Dabei ist auf die sachliche und rechnerische Richtigkeit abzustellen. Besondere Beachtung muss hierbei die Beurteilung der Gesamtnutzungsdauer finden, da diese den Nutzungswert maßgeblich beeinflusst. Diese →Nutzungsdauer wird entweder durch einen führenden Vermögenswert innerhalb der CGU bestimmt oder durch den am längsten nutzbaren Vermögenswert (IAS 36.40; IDW RS HFA 16.102 f.). Bei der →Planung der →Cash Flows ist eine Detailplanung von max. 5 Jahren zu dokumentieren und anschließend eine Rente für die Restnutzungsdauer zu berechnen (bei unbegrenzter Nutzungsdauer eine ewige Rente). Die Planung kann nur plausibilisiert werden, wobei der Prüfer auf Vergangenheitswerte (die Vergangenheitsorientierung wird in IAS 36.44 und IAS 36.45 deutlich zum Ausdruck gebracht) zurückgreifen und Planungstreue berücksichtigen muss und über Branchenkenntnis verfügen sollte.

Bei der Ermittlung des Kapitalisierungszinssatzes können ein modifizierter Weighted Average Cost of Capital Ansatz – ohne Berücksichtigung des Tax Shield (→Steuern in der Unternehmensbewertung) – , der Zinssatz für Neukredite oder andere übliche Fremdkapitalzinssätze Verwendung finden (→Discounted Cash Flow-Methoden). Da es auf Ebene von Cash Generating Units regelmäßig keine Vergleichsdaten gibt, ist der modifizierte WACC-Ansatz nur plausibilisierbar. Auch hier ist eine ausreichende Branchenkenntnis des Prüfers erforderlich. Bei der Verwendung eines Zinssatzes für Neukredite kann auf tatsächlich neu abgeschlossene Kreditverträge oder Bankauskünfte zurückgegriffen werden. Finden andere Fremdkapitalsätze Verwendung, z. B. EURIBOR, ist auf eine adäquate Laufzeit zu achten.

Literatur: Coenenberg, A. G.: Jahresabschluss und Jahresabschlussanalyse, 20. Aufl., Stuttgart 2005; IDW (Hrsg.): IDW Stellungnahme zur Rechnungslegung: Bewertungen bei der Abbildung von Unternehmenserwerben und bei Werthaltigkeitsprüfungen nach IFRS (IDW RS HFA 16, Stand: 18. Oktober 2005), in: WPg 58 (2005), S. 1415–1426; Hoffmann, W.-D.: Außerplanmäßige Abschreibung, Wertaufholung, in: Lüdenbach, N./Hoffmann, W.-D. (Hrsg.): Haufe IFRS-Kommentar, Freiburg i.Br. 2005, S. 417–488; Pellens, B./Fülbier, R. U./Gassen, J.: Internationale Rechnungslegung, 5. Aufl., Stuttgart 2004; Wagenhofer, A.: Internationale Rechnungslegungsstandards – IAS/IFRS, 5. Aufl., Frankfurt a.M. 2005.

Axel Haller; Christian Kraus

Cash Management →Währungscontrolling

Cash Value Added →Value Based Management; →Wertorientierte Unternehmensführung

Cash-Pooling →Liquiditätscontrolling

Category-Management →Sortimentscontrolling

Center-Arten →Profitcenter

Center-Organisation →Lean Auditing; →Profitcenter

CEO →Chief Executive Officer

Certified Information Systems Auditor

CISA ist eine berufliche Qualifikation auf den Gebieten der Prüfung, Steuerung und Überwachung sowie der Sicherheit von Informationssystemen (→Führungsinformationssysteme). Um diese Qualifikation zu erlangen, ist ein erfolgreiches Bestehen des CISA-Examens erforderlich sowie grundsätzlich ein Nachweis über mindestens 5 Jahre Berufserfahrung in den vorstehend genannten Gebieten zu erbringen.

Das CISA-Examen wird von der *ISACA* mit Sitz in Chicago, Illinois/USA, durchgeführt. *ISACA* ist ein weltweiter Berufsverband, der mittlerweile in mehr als 140 Ländern Personen, die sich mit der IT befassen, repräsentiert. In Deutschland ist *ISACA* durch den *Berufsverband der IT-Revisoren und IT-Sicherheitsmanager* vertreten. Informationen über das Zertifizierungsprogramm zum CISA können z. B. über die Website www.isaca.de abgerufen werden.

Das CISA-Examen soll ein Testinstrument zur Bewertung und Beurteilung der individuellen Kompetenz von Personen insb. auf dem Gebiet der Prüfung von Informationssystemen (→ IT-Systeme; → IT-Systemprüfung) sein, ferner sollen dem Management Kriterien zur Personalauswahl und Personalentwicklung (→ Human Resource Management) zur Verfügung gestellt werden.

Der *ISACA*-Website (www.isaca.org) zufolge umfasst das vierstündige CISA-Examen derzeit sechs Teilgebiete mit insgesamt 200 Multiple-Choice-Fragen; die nachfolgend mit aufgeführten Prozentzahlen geben die relative Gewichtung der gestellten Examensfragen für das jeweilige Teilgebiet an:

- The Information System Audit Process (10%),
- IT-Governance (15%),
- Systems and Infrastructure Life Cycle Management (16%),
- IT-Service Delivery and Support (14%),
- Protection of Information Assets (31%) und
- Business Continuity and Disaster Recovery (14%).

Das Examen wird im Juni und Dezember eines jeden Jahres angeboten. *ISACA* führt als Testzentren in Deutschland, wo das Examen abgelegt werden kann, die Städte Berlin, München, Düsseldorf, Frankfurt, Hamburg und Heidelberg auf.

Um die Qualifikation als CISA beizubehalten, muss der Inhaber den *ISACA*-Berufsehrenkodex befolgen sowie die Vorschriften über die berufliche Fortbildung einhalten. Die Verantwortung für die Festlegung der Anforderungen an die berufliche Fortbildung obliegt dem *CISA Certification Board*.

Der Berufsehrenkodex beschreibt das Aufgabengebiet eines CISA und gilt als Wegweiser für sein berufliches und persönliches Verhalten. Die Vorschriften über die berufliche Fortbildung beinhalten unter anderem Regelungen für die Meldeperioden absolvierter beruflicher Fortbildungsstunden, für die Überprüfung der gemeldeten Fortbildungsstunden sowie für den Entzug des CISA-Titels.

Bernhard Klinkhammer

Certified Internal Auditor

CIA ist eine berufliche Qualifikation im Bereich der → Internen Revision. Um diese Qualifikation zu erlangen, ist ein erfolgreiches Bestehen des CIA-Examens erforderlich. Das CIA-Examen wurde vom → *Institute of Internal Auditors (IAA)* initiiert, und mittlerweile kann die Examensanmeldung und -teilnahme in zahlreichen Ländern, darunter auch in Deutschland beim → *Deutschen Institut für Interne Revision e.V. (IIR)*, erfolgen.

Das CIA-Examen soll einen allgemein anerkannten, international vergleichbaren Qualifikationsrahmen für Personen, die mit Revisionstätigkeiten befasst sind, bilden. Zulassungsvoraussetzungen für die Teilnahme am CIA-Examen sind in Deutschland grundsätzlich ein Fachhochschul- oder Universitätsabschluss sowie mindestens 2 Jahre Berufserfahrung in der Internen Revision oder in gleichwertigen Tätigkeiten.

Der Website des *IAA* (www.theiia.org) zufolge umfasst das CIA-Examen derzeit vier Teilgebiete mit jeweils 125 Multiple-Choice-Fragen:

- Part I: The Internal Audit Activity's Role in Governance, Risk and Control,
- Part II: Conducting the Internal Audit Engagement,
- Part III: Business Analysis and Information Technology,
- Part IV: Business Management Skills.

Part IV ist zur Anpassung der Examensfragen an regionale und prüfungsspezifische Gegebenheiten bestimmt. Sofern ein Examenskandidat über bestimmte andere Berufstitel und -qualifikationen, wie z. B. WP, → Certified Information Systems Auditor (CISA), verfügt, ist eine Befreiung von Teil IV auf Antrag möglich.

Das Examen wird im Mai und November eines jeden Jahres angeboten. Es müssen nicht alle vier Teilgebiete zu einem Examenstermin einbezogen werden, zudem müssen die Teilgebiete nicht in der vorstehenden Reihenfolge ausgewählt werden. Die vom *IIR* derzeit veröffentlichten Bedingungen für das CIA-Examen besagen, dass mit den Prüfungen innerhalb einer Zweijahresfrist nach der Zulassung zum Examen begonnen werden muss. Diese Zweijahresfrist gilt zudem für alle nachfolgenden Teil- und Nachprüfungen, gerechnet jeweils von der zuletzt abgelegten Prüfung. Werden diese Fristen nicht eingehalten, ist das Examen mit allen Teilgebieten erneut zu absolvieren.

Personen, die das CIA-Examen insgesamt bestanden haben, sind zur fachlichen Weiterbildung sowie zur Berichterstattung über die fachliche Weiterbildung verpflichtet. In Deutschland stellt das *IIR* ein Meldeformular für die Berichterstattung über seine Website (www.iir-ev.de) zur Verfügung. Der Umfang der akzeptierten fachlichen Weiterbildung beträgt für eine Person, die Funktionen der Internen Revision ausübt und das CIA-Examen insgesamt bestanden hat, 80 Stunden innerhalb einer Zweijahresperiode.

Bernhard Klinkhammer

Certified Management Consultant
→ Unternehmensberater

Certified Public Accountant

CPA ist die allgemeine amerikanische Berufsbezeichnung für Fachleute im →Rechnungswesen. Lizenzierte CPA dürfen sich als „Public Accountant" bezeichnen und repräsentieren den US-amerikanischen WP. Nur lizenzierte CPA dürfen Bestätigungsvermerke erteilen. Momentan (Stand: 2004) ist das Ablegen der CPA-Prüfung lediglich in den →United States of America (USA) möglich.

Das bundeseinheitliche Uniform CPA Exam wird vom →*American Institute of Certified Public Accountants* (*AICPA*) entwickelt und vom *NASBA* verwaltet. Das *AICPA* ist verantwortlich für die Erstellung der Examensaufgaben, Entwicklung von Bewertungsstandards und die Auswertung der Prüfung.

Obwohl das Examen einheitlich für alle US-Bundesstaaten ist, gelten in den einzelnen Bundesstaaten unterschiedliche Lizenzierungsvoraussetzungen. Diese Voraussetzungen für die Lizenzierung werden von dem jeweiligen *State Board of Accountancy* erlassen.

Neben dem Bestehen des eigentlichen CPA-Examens umfassen die Lizenzierungserfordernisse

- bestimmte Rechnungswesen-Kurse/Vorlesungen am College im Mindestumfang von 150 Stunden,
- praktische Erfahrung im Prüfungswesen für eine bestimmte Zeit,
- Fortbildungsmaßnahmen um die Lizenz zu erhalten.

Darüber hinaus verlangen einige *State Boards* noch die Ablegung zusätzlicher Prüfungen, wie z.B. eines Ethic Exam, bevor die Lizenz erteilt wird. Wegen der unterschiedlichen Lizenzierungsvoraussetzungen kann ein CPA nur in dem Bundesstaat Bestätigungsvermerke erteilen, in dem er lizenziert ist.

Bis zum Jahr 2003 konnte das CPA-Examen zweimal jährlich im Mai und November abgelegt werden. Zur Anpassung an die geänderten Rahmenbedingungen und den zunehmenden Wettbewerb mit anderen Dienstleistungsanbietern wurde das CPA-Examen im Jahr 2004 reformiert. Nach der Reformation des Examens besteht seit dem Jahr 2004 die Möglichkeit, dass Examen in vier Zeitfenstern abzulegen. Die Zeitfenster bestehen jeweils in den ersten 2 Monaten eines Quartals (Januar/Februar, April/Mai usw.). Die Prüfung ist nunmehr vollständig computerbasiert. Daher ist neben dem Fachwissen auch praktische Erfahrung im Umgang mit Textverarbeitungs- und Datenbankprogrammen erforderlich. Die Prüfung umfasst die folgenden Prüfungsgebiete:

- Auditing & Attestation (AUAT),
- Financial Accounting & Reporting (FARE),
- Regulation (REG) und
- Business Environment & Concept (BEC).

Im Prüfungsgebiet Auditing & Attestation werden Kenntnisse der Prüfungsverfahren (Auditing Procedures), der Prüfungsgrundsätze [→United States Generally Accepted Auditing Standards (US GAAS)] und weitere Standards im Zusammenhang mit Prüfungsdienstleistungen (Other Standards Related to Attest Engagements) sowie die erforderlichen Fähigkeiten (Skills) zu deren Anwendung bei Abschlussprüfungen (Audit Engagements) und andere Prüfungsdienstleistungen (Other Attestation Engagements) verlangt.

Das Prüfungsgebiet Financial Accountig & Reporting umfasst nach der Reform Kenntnisse der Rechnungslegungsvorschriften für privatwirtschaftliche Unternehmen mit Gewinnerzielungsabsicht, für öffentliche Einrichtungen und Not-for-Profit Organizations (Accounting Principles Generally Accepted in the United States of America for Business Enterprises, Not-for-Profit Organizations, and Governmental Entities). Darüber hinaus werden verstärkt die erforderlichen Fähigkeiten (Skills) zu deren Anwendung geprüft.

Das Prüfungsgebiet Regulation ist wiederum in zwei Hauptgebiete unterteilt:
- Ethics, Professional and Legal Responsibilities, and Business Law sowie
- Federal Taxation.

Der erste Bereich umfasst Kenntnisse der Berufsgrundsätze und sonstiger rechtlicher Verpflichtungen der Berufsträger (CPA's Professional and Legal Responsibilities) sowie Kenntnisse über die rechtlichen Auswirkungen von Geschäftsvorfällen mit engem Bezug zu Rechnungslegung und Prüfung (Legal Implications of Business Transactions, particularly as they relate to Accounting and Auditing).

Der zweite Bereich umfasst als Hauptgebiet die US-Bundessteuern.

Im Prüfungsgebiet Business Environment & Concept werden von den Kandidaten Kenntnisse über grundlegende →Geschäftsprozesse und deren Auswirkungen auf das Rechnungswesen sowie Kenntnisse in der Prüfung von Jahresabschlüssen verlangt.

Zeitlich umfasst die gesamte CPA-Prüfung 14 Stunden. Nach Umstellung auf die computerbasierte Prüfung kann die Prüfung in jedem Fach einzeln und in beliebiger Reihenfolge abgelegt werden. Die Examenskandidaten erhalten für jedes bestandene Prüfungsfach für die Dauer von 18 Monaten einen Credit. Die Prüfung ist in einem Fach bestanden, wenn mehr als 75% der Punkte erreicht sind. Die Prüfung muss in allen vier Fächern innerhalb eines Zeitraums von 18 Monaten bestanden werden.

Gelingt es einem Kandidaten nicht, die Prüfung in allen vier Fächern innerhalb von 18 Monaten zu bestehen, verfällt der Credit für bereits bestandene Fächer. Die Prüfungsergebnisse werden 60 Tage nach Ablegen des Examens veröffentlicht.

Nach derzeitiger Regelung dürfen CPA in Deutschland weder →Jahresabschlussprüfungen vornehmen noch →Bestätigungsvermerke erteilen. Ihre Funktion besteht bis auf weiteres darin, bei der Erstellung und Prüfung internationaler Jahresabschlüsse mitzuwirken und zwischen europäischen und angelsächsischen Finanzkreisen zu vermitteln. In Deutschland wird der Berufsstand der CPA durch die *German CPA Society – Verband der Certified Public Accountants in Deutschland e.V.* vertreten.

Ulrich Schönwald

Chancen und Risiken der künftigen Entwicklung

Die Verpflichtung zur Prüfung der *Chancen und Risiken der zukünftigen Entwicklung* im Rahmen der Prüfung des →Lageberichts ergibt sich gem. § 317 Abs. 2 Satz 1 HGB aus der Verpflichtung zu beurteilen, ob der Lagebericht mit dem JA sowie mit den während der Prüfung (→Jahresabschlussprüfung) gewonnenen Erkenntnissen in Einklang steht und ob der Lagebericht insgesamt ein zutreffendes Bild von der Lage (→Vermögenslage; →Finanzlage; →Ertragslage) des Unternehmens vermittelt (→True and Fair View). Ferner hat der →Abschlussprüfer (APr) im →Prüfungsbericht (PrB) zu der Beurteilung der Lage des Unternehmens durch die gesetzlichen Vertreter Stellung zu nehmen und dabei insb. auf deren Beurteilung des Fortbestandes (→Going Concern-Prinzip) und der künftigen Entwicklung des Unternehmens einzugehen.

Durch die Regelungen des *BilReG* wurden die Vorschriften für die Risikoberichterstattung wesentlich verschärft. Die Inhalte der zukünftigen Chancen- und Risikoberichterstattung (→Chancen- und Risikobericht) wurden in § 289 Abs. 2 Nr. 2 HGB dahingehend konkretisiert, dass der Lagebericht auch auf die Risikomanagementziele und -methoden (→Risk Management) der Gesellschaft einschl. ihrer Methoden zur Absicherung aller wichtigen Arten von Transaktionen, die im Rahmen der Bilanzierung als Sicherungsgeschäfte erfasst werden, einzugehen hat. Dies hebt die Verpflichtung, ein →Risikomanagementsystem (RMS) zu unterhalten zusätzlich hervor. Die *Risikoberichterstattung* umfasst eine Vielzahl möglicher Risiken, die im Zusammenhang mit einer Unternehmensanalyse festgestellt werden können. Dies können bspw. politische, rechtliche, soziokulturelle, demographische, ökonomische und ökologische Risiken sein. Besonders hervorgehoben werden durch § 289 Abs. 2 HGB Preisänderungs-, Ausfall- und Liquiditätsrisiken sowie die Risiken aus Zahlungsstromschwankungen, denen die Gesellschaft hinsichtlich des Einsatzes von Finanzinstrumenten (→Financial Instruments; →derivative Finanzinstrumente) ausgesetzt ist. Der APr hat zu prüfen, ob die Angaben zu den Risiken und dem Risikomanagement angemessen sind und dazu beitragen ein *zutreffendes Bild von den tatsächlichen Verhältnissen im Unternehmen* (→True and Fair View) zu vermitteln. Diese Prüfung nimmt jedoch nicht den Umfang einer Prüfung des Risikomanagementsystems gem. § 91 Abs. 2 AktG (→Risikomanagementsystem, Prüfung des) ein. Die Reaktion des Managements auf identifizierte Risiken gehört nicht zum Prüfungsumfang. Die Prüfungshandlungen (→Auswahl von Prüfungshandlungen) umfassen zunächst die *Vollständigkeit* (→Fehlerarten in der Abschlussprüfung) der Verarbeitung der bei der Berichterstattung verfügbaren Informationen. Als Grundlage dienen die während der →Auftragsdurchführung erhaltenen Informationen über das Unternehmen sowie das Geschäftsumfeld. Soweit das Unternehmen ein RMS eingerichtet hat, wird der APr die in diesem System gesammelten Informationen über Unternehmensrisiken mit den im Lagebericht aufgeführten Risiken abgleichen. Vor dem Hintergrund der tatsächlichen Lage des Unternehmens verschafft sich der APr ein Bild davon, ob die *grundlegenden Annahmen* der Geschäftsleitung realistisch sind und ob die angewandten →Prognoseinstrumente sachgerecht sind und richtig gehandhabt wurden (→Prognose- und Schätzprüfung). Die Darstellung im Lagebericht darf nicht von internen Erwartungen der Geschäftsleitung abweichen. Die Erwartungen müssen realitätsnah sein und den Handlungsspielraum des Unternehmens berücksichtigen. Für den Fall, dass das Eintreten von Annahmen nicht mit überwiegender Wahrscheinlichkeit erwartet wird, sollte die Darstellung alternativer Szenarien (→Szenariotechnik) erwogen werden. Insb.

sind die Annahmen kritisch zu hinterfragen, wenn sich das Unternehmen in ernsthaften wirtschaftlichen Schwierigkeiten befindet. Ferner muss der APr prüfen, ob die *Darstellungsform* und *Wortwahl* den Risiken der zukünftigen Entwicklung gerecht wird und ob Annahmen und Wirkungszusammenhänge ausreichend erläutert und als solche gekennzeichnet sind. Durch die Erweiterung der Risikoberichterstattung im Rahmen des BilReG um eine Darstellung der *Chancen der künftigen Entwicklung* hat der APr ebenfalls die Plausibilität dieser Angaben zu überprüfen (→Plausibilitätsprüfungen; →analytische Prüfungshandlungen). Dies kann bspw. die Verplausibilisierung von Stärken-Schwächen- oder Chancen-Risiken- Analysen beinhalten. Die Prämissen für diese Analysen sind mit den Planungsunterlagen des Unternehmens (→Planung; →Geschäftsfeldstrategie und -planung) zu verproben.

Literatur: IDW (Hrsg.): Entwurf einer Neufassung des IDW Prüfungsstandards: Prüfung des Lageberichts (IDW EPS 350 n.F., Stand: 18. Oktober 2005), in: WPg 58 (2005), S. 1224; IDW (Hrsg.): WPH 2006, Band I, 13. Aufl., Düsseldorf 2006.

Oliver Bielenberg

Chancen- und Risikobericht

Für den →Abschlussprüfer (APr) besteht gem. §§ 316 f. HGB die Pflicht, die Chancen und Risiken der künftigen Entwicklung als Gegenstand der Lage- und Konzernlageberichterstattung (→Lagebericht; →Konzernlagebericht) im Rahmen der Abschlussprüfung (→Jahresabschlussprüfung; →Konzernabschlussprüfung) zu beurteilen.

Die *Pflicht zur Berichterstattung* über das →Risikomanagementsystem (RMS) und bestimmte Risiken (Risikobericht) ergibt sich für mittelgroße und große KapGes (→Größenklassen) sowie ihnen gem. § 264a HGB gleichgestellte Gesellschaften aus § 289 Abs. 1 Satz 4 und Abs. 2 Nr. 2a und b bzw. § 315 Abs. 1 Satz 5 sowie Abs. 2 Nr. 2a und b HGB. Grundsätze zur Risikoberichterstattung werden in DRS 5 und IDW RH HFA 1.005 geregelt.

Die *Pflicht zur Prüfung* der Chancen und Risiken wird in § 317 Abs. 2 Satz 2 HGB besonders hervorgehoben, indem der APr zur Prüfung aufgefordert wird, ob die →Chancen und Risiken der künftigen Entwicklung zutreffend dargestellt sind. Ansonsten gelten für diesen Teil der Lageberichterstattung (Konzernlageberichterstattung) die gleichen Prüfungsgrundsätze (→Grundsätze ordnungsmäßiger Abschlussprüfung) wie für den gesamten Lagebericht, der im Wesentlichen auf Vollständigkeit, Klarheit und Verlässlichkeit zu prüfen (→Fehlerarten in der Abschlussprüfung) sowie darauf hin zu beurteilen ist, ob er im Einklang mit den bei der →Jahresabschlussprüfung bzw. →Konzernabschlussprüfung gewonnenen Erkenntnissen steht (s. auch IDW EPS 350 n.F.5).

Bei der Prüfung ist zu beurteilen, ob aus Gründen der Klarheit eine förmliche *Abgrenzung des Risikoberichts* vom →Prognosebericht erfolgt (DRS 15.91). Während im Risikobericht auf die Risiken der künftigen Entwicklung (DRS 5.3) und das Risikomanagement sowie bestimmte Risiken mit Bezug zu Finanzinstrumenten (DRS 15.83) (→Financial Instruments; →derivative Finanzinstrumente) einzugehen ist, enthält der Prognosebericht die voraussichtliche Entwicklung mit ihren Chancen (DRS 15.84; DRS 5.5). Die Berichterstattung über die Chancen der künftigen Entwicklung (Chancenbericht) ist demnach integraler Bestandteil des Prognoseberichts.

Im Rahmen der Risikoberichterstattung nach §§ 289 Abs. 1 Satz 4 bzw. 315 Abs. 1 Satz 5 HGB ist zu beurteilen, ob die Berichterstattung an der Entscheidungsrelevanz der Lageberichtsadressaten, den Gegebenheiten des Unternehmens, dem Umfeld und den mit der spezifischen Geschäftstätigkeit verbundenen Risiken orientiert ist. Risiken sind grundsätzlich zu quantifizieren, zu beschreiben und zu kategorisieren.

Der gem. § 289 Abs. 2 Nr. 2 bzw. § 315 Abs. 2 Nr. 2 HGB geforderte *Bezug zu Finanzinstrumenten* ist immer dann gegeben, wenn Risiken im Hinblick auf

- →Finanzanlagen i.S.d. § 266 Abs. 2 lit. A. III. HGB,
- →Forderungen i.S.d. § 266 Abs. 2 lit. B. II. Nr. 1–3 HGB,
- →Verbindlichkeiten i.S.d. § 266 Abs. 3 lit. C. Nr. 1–2, Nr. 4–8 HGB sowie
- Instrumente i.S.d. § 1 Abs. 11 KWG bzw. § 2 Abs. 2b →Wertpapierhandelsgesetz (WpHG)

bestehen.

Neben dem Bezug zu Finanzinstrumenten ist vom APr zu beurteilen, ob die Angaben im Risikobericht für die Beurteilung der Lage der künftigen Entwicklung von Bedeutung sind, und ob alle bedeutenden Angaben enthalten sind.

Im Rahmen der Prüfung der Darstellungen zum *Risikomanagement* nach §§ 289 Abs. 2 Nr. 2 bzw. 315 Abs. 2 Nr. 2 HGB ist vom APr zu beurteilen, ob sowohl die Risikomanagementziele als auch die -methoden einschl. der Methoden zur Absicherung dargelegt werden. Darzulegen ist hier nicht das gesamte RMS und auch nicht das RMS i.S.d. § 91 Abs. 2 AktG (→Risikomanagementsystem, Prüfung des), sondern lediglich die Ziele und Methoden derjenigen Risikomanagementprozesse, die die oben aufgeführten Finanzinstrumente tangieren (IDW EPS 350 n.F.27). Dies gilt unabhängig davon, ob und wie die Abbildung dieser Finanzinstrumente im JA erfolgt. Es ist insb. jeweils die Richtigkeit und Vollständigkeit der Aussagen zur Risikobereitschaft des Unternehmens, die Beschreibung der Sicherungsziele, die Darstellung der gesicherten Grundgeschäfte und die Beschreibung anderer wesentlicher Elemente (z. B. Kontrahentenlimite) zu beurteilen. Das gesamte Risikomanagement ist im Rahmen der Berichterstattung nach §§ 289 Abs. 1 Satz 4 bzw. 315 Abs. 1 Satz 5 HGB zu beschreiben.

Neben der Prüfung der Darstellungen zum Risikomanagement ist vom APr die Ordnungsmäßigkeit der Berichterstattung der in §§ 289 Abs. 2 Nr. 2b bzw. 315 Abs. 2 Nr. 2b HGB aufgeführten *bestimmten Risiken* (Preisänderungsrisiken, Ausfallrisiken, Liquiditätsrisiken, Cash Flow-Risiken) zu beurteilen. Preisänderungsrisiken liegen bei Schwankungen des Marktwerts von Finanzinstrumenten vor und resultieren aus Volatilitäten, Wechselkurs- und Marktänderungsrisiken. Sofern Vertragspartner aus einem Geschäft mit Finanzinstrumenten ihren Verpflichtungen nicht oder nicht fristgerecht nachkommen können, liegen Ausfallrisiken vor, auf welche im Risikobericht einzugehen ist. Liquiditätsrisiken sind auf der anderen Seite evident, wenn das Unternehmen selbst seinen finanziellen Verpflichtungen aus Finanzinstrumenten nicht nachkommen kann. Cash Flow-Risiken (→Cash Flow) resultieren aus Unsicherheiten über Höhe und Zeitpunkt von erwarteten Zahlungsströmen aus Finanzinstrumenten (→Finanzlage).

Chancencontrolling

Auf das *Ergebnis der Prüfung* der Chancen und Risiken ist im →Bestätigungsvermerk (BestV) und im →Prüfungsbericht (PrB) gesondert einzugehen.

Literatur: IDW (Hrsg.): Entwurf einer Neufassung des IDW Prüfungsstandards: Prüfung des Lageberichts (IDW EPS 350 n.F., Stand: 18. Oktober 2005), in: WPg 58 (2005a), S.1224; IDW (Hrsg.): IDW Rechnungslegungshinweis: Anhangangaben nach § 285 Satz 1 Nr. 18 und 19 HGB sowie Lageberichterstattung nach § 289 Abs. 2 Nr. 2 HGB in der Fassung des Bilanzrechtsreformgesetzes (IDW RH HFA 1.005, Stand: 18. März 2005), in: WPg 58 (2005b), S. 531–534; Kajüter, P.: Prüfung der Risikoberichterstattung im Lagebericht, in: BB 57 (2002), S. 243–249; Tesch, J./Wißmann, R.: Lageberichterstattung nach HGB, Weinheim 2006.

Guido Neubeck

Chancencontrolling →Risiko- und Chancencontrolling

Change of Control-Klausel →Abfindung des Vorstands

Changemanagement
→Datenverarbeitungsorganisation

Chartered Accountant

Die Wurzeln der *Chartered Accountants* reichen bis in das Jahr 1285 in England zurück. König *Edward I.* regelte in einem Statut, dass Kaufleute bzw. Eigentümer von Landgütern ihre durch Angestellte geführten Geschäftsbücher einer freiwilligen Prüfung durch *Auditors* unterziehen lassen konnten. Aus dem Prüfungsergebnis wurden schon damals Rechtsfolgen abgeleitet. Das Statut stellte die schon bereits vorhandene Praxis des Revisionswesens in →Großbritannien fest (Meisel 1992, S. 28–33).

Zur Mitte des 19. Jahrhunderts erfolgte der Zusammenschluss von Berufsrevisoren in einzelnen Städten des Königreiches zu Berufsvereinigungen. Sie erhielten eine *Royal Charter* als königlichen Freibrief, der keine monopolartige Stellung begründete, wohl aber den Organisationen offiziellen Charakter verlieh und den Mitgliedern zu hohem Ansehen in der Öffentlichkeit verhalf. Die in der Welt erstmalige Konstituierung des Accountant-Berufs in seiner heutigen Form als freier Beruf erfolgte im Jahr 1880 durch die Inkorporierung bestehender englischer Vereinigungen mit Freibrief im *ICAEW* (ICAEW 2005, Sec. 1.102).

Die Berechtigung, die geschützte Bezeichnung *Chartered Accountant* zu führen, besitzen neben Mitgliedern des *ICAEW* auch Mitglieder nachstehender Vereinigungen: *ICAS*, *ICAI* (Irland), *ICAA* (Australien), *CICA* (Kanada), *SAICA* (Südafrika), *ICAZ* (Simbabwe) und *ICANZ* (Neuseeland) (ICAEW 2005, Sec. 1.110). *Chartered Accountants* können sowohl Aufgaben im Prüfungssektor als auch in Industrie, Handel und dem öffentlichen Sektor wahrnehmen. Der Prüfungssektor umfasst u. a. die Tätigkeitsbereiche Abschlussprüfung, Steuerberatung, Liquidation und Zwangsverwaltung, Schlichtung, Wirtschafts- und Finanzberatung (Quigg/Niemann 2001, S. 323 f.).

Die Träger der Berufsbezeichnung *Chartered Accountant* im Vereinigten Königreich sind nach Bestehen der Berufsexamina und Aufnahme in die entsprechende Berufsorganisation noch nicht berechtigt, selbstständig gesetzliche Abschlussprüfungen durchzuführen oder einen Bestätigungsvermerk zu erteilen oder zu versagen. Dieses wird erst durch die Bestellung zum *Registered Auditor* möglich. Registered Auditors sowie alle anderen Chartered Accountants „in Public Practice" müssen ein *Practising Certificate* halten. Dieses Zertifikat besitzt eine Gültigkeit von einem Jahr. Voraussetzung für die Erteilung bzw. Erneuerung dieser Legitimation ist der Nachweis einer vorschriftsmäßigen Berufshaftpflichtversicherung, das Erfüllen der Weiterbildungsanforderungen und ein sog. Status als „fit and proper person". Der *Registered Auditor* ist am ehesten mit dem WP in Deutschland (→Berufsbild des Wirtschaftsprüfers) zu vergleichen. Vor dem Hintergrund der Achten RL 84/253/EWG (sog. APr-RL) sind die Berufsverbände die maßgeblichen Instanzen für die Ausgestaltung und Aufsicht über Aus- und Weiterbildung der Accountants zum APr. Sie erhalten diesen Auftrag vom Wirtschaftsministerium, verfolgen jedoch eigene Ausbildungspolitiken mit unterschiedlichen Wegen zur beruflichen Qualifizierung. Dies erschwert eine Abgrenzung der jeweiligen Ausbildungswege. Wesentliche Unterschiede im Vergleich zur Ausbildung zum deutschen WP (→Aus- und Fortbildung des Wirtschaftsprüfers; →Wirtschaftsprüfungsexamen; →Berufszugang zum Wirtschaftsprüfer) liegen in Vorbildungsvoraussetzungen, Dauer der praktischen Ausbildung und Strukturierung der Berufsexamina. So ist für den Beginn der Ausbildung zum *Chartered Accountant* die allgemeine Hochschulreife grundsätzlich ausreichend, obwohl die überwiegende Mehrheit der Berufsanfänger aus Hochschulabsolventen besteht. Die Berufsexamina werden im Vereinigten Königreich nicht wie in Deutschland zum Ende, sondern können schon während der Ausbildung aufeinander aufbauend abgelegt werden. Die Dauer der Ausbildung beträgt für Schulabgänger mit Hochschulreife 4, für Hochschulabsolventen 3 Jahre (Bartels 1994, S. 354–356).

Die Chartered Accountants im Vereinigten Königreich sind Berufsgrundsätzen verpflichtet, die mit dem *Code of Ethics* der →*International Federation of Accountants* (*IFAC*) kompatibel sind. Die Grundsätze der Berufsvereinigungen lauten:

1) Integrität: Ein Mitglied sollte sich in allen beruflichen und wirtschaftlichen Belangen stets integer verhalten. Dieses beinhaltet nicht nur Ehrenhaftigkeit, sondern auch faires Verhalten und Aufrichtigkeit. Die Beratung und Arbeit eines Mitglieds muss frei von Eigeninteresse und unbeeinflusst durch Interessen Dritter sein.
2) Objektivität: In allen beruflichen und wirtschaftlichen Urteilen sollte ein Mitglied nach Objektivität streben. Objektivität ist die ausschließliche Haltung, die alle Erwägungen prägen soll.
3) Kompetenz: Ein Mitglied sollte nur diejenigen Arbeiten verrichten, zu denen es die notwendigen Fähigkeiten besitzt. Wenn nötig, sollte angemessene Unterstützung oder Beratung herangezogen werden.
4) Ausführung: Bei der ausgeübten Tätigkeit soll ein Mitglied mit angemessener Fertigkeit und besonderer Sorgfalt vorangehen im besonderen Bewusstsein der Erwartungen an das Mitglied in fachlicher und beruflicher Hinsicht.
5) Höflichkeit: Höflichkeit und Achtung sollte ein Mitglied stets allen Personen entgegenbringen, denen es beruflich bedingt begegnet (ICAEW 2005, Sec. 1.200).

Literatur: Bartels, K. D.: Die Ausbildung des Accountancy-Berufsstandes in England und Wales, in: WPg 46 (1994), S. 347–356; ICAEW: Members Handbook, http://www.icaew.co.uk/membershandbook (Download 29. Juni 2005); Meisel, B. S.: Geschichte der deutschen Wirtschaftsprüfer. Entstehungs- und Entwicklungsgeschichte vor dem Hintergrund einzel- und gesamtwirtschaftlicher Krisen, Köln 1992; Quick, R./ Niemann, L.: Das Institute of Chartered Accountants in England and Wales. Berufszugang, Aufgaben, Organisation, in: ZVglRWiss 100 (2001), S. 322–358.

Adrian Crampton

Checklisten → Prüfungschecklisten

Chief Executive Officer

Die Amtsbezeichnung CEO stammt aus dem angelsächsischen Raum. Der CEO hat (hatte) in der US-Corporation eine omnipotente Machtstellung inne. Er wird vom →Board of Directors (B.o.D.), dessen Mitglied er auch ist, ernannt. Alle anderen Officers (Top Führungskräfte) berichten an ihn/sie und er/sie wiederum berichtet i. d. R. an den B.o.D. Der CEO ist in kleineren Unternehmen oft auch gleichzeitig Chairman of the Board und/oder President. In größeren Unternehmen werden diese Positionen aber gewöhnlich getrennt besetzt. In anderen englischsprachigen Ländern (insb. in Unternehmen aus Ländern des Commonwealth of Nation) wird der Begriff CEO meist nur in Institutionen der öffentlichen Verwaltung benutzt. Privatunternehmen verwenden eher den Begriff Managing Director.

Die Positionsmacht der CEO entspricht in etwa der des Vorstandsvorsitzenden oder der des alleinigen Geschäftsführers in Deutschland (→Dual- und Boardsystem). Durch die zunehmende Internationalisierung wird die Bezeichnung CEO aber verstärkt auch in deutschen Unternehmen eingesetzt, allerdings nur als Zusatztitel ohne eine rechtliche Bedeutung. Nach deutschem Aktienrecht muss eine AG (→Aktiengesellschaft, Prüfung einer) einen Vorstand, nicht jedoch einen Vorstandsvorsitzenden haben. In fast allen deutschen Aktiengesellschaften sieht aber die Satzung einen Vorstandsvorsitzenden vor. Im Gegensatz zur alleinigen Verantwortung des CEO in den USA (Direktoralprinzip) ist in deutschen Aktiengesellschaften der Vorstandsvorsitzende nur der Koordinator der Arbeit der Vorstandsmitglieder (→Zusammensetzung von Vorstand und Aufsichtsrat). Die Mitglieder des Vorstands tragen gemeinsam die Verantwortung für die Unternehmensleitung (Kollegialitätsprinzip) (→Haftung des Vorstands). Vom AR wird der Vorstand kontrolliert (→Überwachungsaufgaben des Aufsichtsrats). Der CEO wird nur durch die

Shareholders Meetings kontrolliert, bzw. durch die Kauf- und Verkaufsentscheidungen der Aktionäre (Shareholders). Sie können nur „mit den Füßen" abstimmen, indem sie ihre Aktien verkaufen, da es im B.o.D. keine organisationsinterne Kontrolle wie den AR in deutschen Aktiengesellschaften gibt.

In den vergangenen Jahren sind eine Reihe von US-amerikanischen Unternehmen in die Kritik der öffentlichen Meinung geraten. Die mangelnde Kontrolle der Unternehmensleitung hatte in einigen Fällen zu Aufsehen erregenden Wirtschaftsskandalen (→Wirtschaftskriminalität) geführt (*Enron*, *Tyco International*, *World Com* etc.). In den USA wurde daraufhin der SOA am 30.6.2002 gesetzlich verankert, um die Anteilseigner besser vor unlauteren Machenschaften des Managements zu schützen. Durch ihn werden die CEO und CFO verpflichtet, die jährlichen Finanzberichte zu zertifizieren bzw. verantwortlich zu zeichnen. Die Gehälter und sonstigen Einkünfte der CEO und CFO – z. B. aus Aktiengeschäften – müssen offengelegt werden (→Publizität). In einigen Unternehmen wurde der CFO dem CEO faktisch gleich gestellt, insb. im Zusammenhang mit den Anforderungen der →*Securities and Exchange Commission* (*SEC*). Das →*Public Company Accounting Oversight Board* (*PCAOB*) hat die Aufgabe, die wesentlichen Finanztransaktionen des Unternehmens im Detail zu kontrollieren. Es hat Richtlinien herausgegeben, wie das Management seinen internen Controlling-Ansatz (→Controlling; →Controllingkonzepte) realisieren soll (z. B. gem. →Coso-Report). Der SOA hat damit eine fundamentale Veränderung in der Unternehmensverfassung und des Reportsystems in den USA bewirkt. Der CIO erlangt in diesem Zusammenhang zusätzliche Macht (auf Kosten des CEO), da er verantwortlich für die Sicherheit, die Korrektheit und die Reliabilität des →IT-Systems ist, das für die Generierung der geforderten Finanzdaten (→Führungsinformationssysteme; →Berichtssystem) sorgt.

In Deutschland sollte aufgrund der Erfahrungen u. a. aus dem „Fall *Holzmann*" die *Regierungskommission Corporate Governance* im Jahr 2000 die Defizite des deutschen Systems der Unternehmensführung und -kontrolle (→Unternehmensüberwachung) beheben. Die *Regierungskommission* sprach sich für einen →Deutschen Corporate Governance Kodex (DCGK) für börsennotierte Unternehmen aus. Dieser von der *Cromme*-Kommission erarbeitete Kodex wurde am 26.2.2002 der Öffentlichkeit vorgestellt. Der Kodex enthält keine eigenen Haftungsnormen (→Haftung des Vorstands; →Haftung des Aufsichtsrats), konkretisiert aber die Innenverhältnishaftung des § 93 Abs. 2 AktG. Die Außenverhältnishaftung (geregelt in der Deliktshaftung § 823 BGB) wird durch den Kodex nicht verschärft.

In den USA wird über die Installation eines sog. Non-Executive Director (NED) diskutiert, um die Macht des CEO weiter einzuschränken. Der NED ist ein Mitglied des B.o.D., er soll aber kein Arbeitnehmer des Unternehmens oder mit ihm in irgendeiner anderen Form verbunden sein. Seine Aufgabe ist es, die Finanzinformationen zu prüfen und in entsprechenden Fällen das Executive Management, also auch den CEO, absetzen zu können. Weiterhin wird darüber nachgedacht, den B.o.D. in ein Management Board und ein Supervisory Board aufzuspalten (Annäherung an das deutsche Aufsichtsratssystem Two-Tier Board).

Literatur: Baums, T. (Hrsg.): Bericht der Regierungskommission Corporate Governance, Köln 2001; Dahnz, W.: Manager und ihr Berufsrisiko, München 2002.

Désirée H. Ladwig

Chief Financial Officer →Chief Executive Officer

Chief Information Officer →Chief Executive Officer

Chile

Die Rechnungslegungs- und Prüfungsstandards für den privaten Sektor werden in Chile von vier verschiedenen Organisationen festgelegt:

- vom chilenischen Buchprüferkolleg (*CCA*),
- von der Aufsichtsbehörde für Wertpapiere und Versicherungen (*SVS*),
- von der Aufsichtsbehörde für Banken und Finanzinstitute (*SBIF*) und
- von der Aufsichtsbehörde für Verwaltungsgesellschaften für Pensionsfonds (*SAFP*).

Die in Chile allgemein anerkannten Rechnungslegungsstandards (GAAP) wurden im

Laufe der letzten 10 Jahre an die →International Financial Reporting Standards (IFRS) angeglichen und sind gut entwickelt. Zum Teil sind jedoch noch Abweichungen zu den IFRS zu konstatieren.

Nur öffentliche Unternehmen, Pensionsfonds, Versicherungsgesellschaften und im Finanzsektor tätige Organisationen sind in Chile von Gesetz wegen dazu verpflichtet, ihre Bilanzen prüfen zu lassen und zu veröffentlichen. Ein erheblicher Teil des chilenischen Unternehmenssektors unterliegt keinerlei Prüfungs- und/oder Veröffentlichungspflicht.

Nach dem chilenischen Gesellschaftsrecht wird zwischen öffentlichen und nicht öffentlichen Unternehmen (d. h. Sociedades Anónimas Abiertas bzw. Sociedades Anónimas Cerradas) unterschieden, für die unterschiedliche Berichts- und Prüfungsbestimmungen bestehen. Um als Sociedad Anónima Abierta zu gelten, muss ein Unternehmen 500 oder mehr Aktionäre haben und es müssen sich mindestens 10% des Gezeichneten Kapitals im Besitz von mindestens 100 Aktionären befinden. Öffentliche Unternehmen unterliegen dem Gesetz nach der Regulierung durch die SVS. Nicht öffentliche Unternehmen können sich freiwillig bei der SVS registrieren lassen und unterliegen dann ebenfalls deren Bestimmungen. Mehr als 200 dieser nicht öffentlichen Unternehmen haben sich bislang hierzu entschlossen und sind derzeit im Wertpapierregister der SVS (Registro de Valores) zu finden.

Das Gesellschaftsrecht sieht vor, dass alle Unternehmen Jahresberichte gem. den chilenischen GAAP erstellen müssen und dass eingetragene Unternehmen einmal jährlich von einem unabhängigen APr zu prüfen sind. Nicht eingetragene Unternehmen (also nicht öffentliche Unternehmen, die sich freiwillig der Regulierung durch die SVS unterwerfen), brauchen sich nicht prüfen zu lassen, sondern müssen vielmehr ihre Konten durch einen vom Unternehmen bestellten „Konteninspekteur" verifizieren lassen. „Konteninspekteure" müssen auf der HV einen „schriftlichen Bericht über ihre Konten-, Bestands- und Abschlussinspektion" vorlegen. Bei diesen Inspekteuren braucht es sich lediglich um „Personen in fortgeschrittenem Alter" zu handeln, die „bislang keiner Straftat für schuldig befunden worden sind". Die von ihnen durchgeführte Prüfung lässt sich nicht mit einer Abschlussprüfung vergleichen. Nach Art. 56 der Unternehmensbestimmungen (Reglamento de Sociedades Anónimas, RSA) müssen WP allgemein anerkannte Prüfungsstandards (GAAS) anwenden und insb. in Zusammenhang mit öffentlichen Unternehmen den von der SVS herausgegebenen Prüfungsanweisungen Folge leisten.

Die chilenischen Prüfungsstandards sind gut entwickelt, gegenüber den →International Standards on Auditing (ISA) jedoch in mehreren Schlüsselbereichen nicht auf dem neuesten Stand. Insb. behandeln die chilenischen GAAS nicht das Thema Fraud (ISA 240; →Unregelmäßigkeiten). § 101 der chilenischen Prüfungsstandards sieht vor, dass WP bei Fehlen eines nationalen Standards zu einem bestimmten Thema den relevanten ISA anwenden sollten.

Dem CCA, Mitglied der →*International Federation of Accountants (IFAC)*, angehörende Prüfer müssen dessen Ethikcode befolgen. Dieser legt zwar die fundamentalen Verhaltensgrundsätze für Prüfer fest, enthält jedoch keine Richtlinien in Bezug auf deren Anwendung. Die Verhaltensgrundsätze des CCA Ethikcodes sind dem *IFAC* Code of Ethics ähnlich.

Eduardo Roubik; Gabi Joachim

China

In China geht der Beruf des Wirtschaftsprüfers auf das Jahr 1918 zurück. Er wurde 1980, lange nach der Gründung der Volksrepublik China im Jahr 1949, wieder eingeführt. Seit Beginn der Wirtschaftsreform vor ca. 20 Jahren hat China ein schnelles Wachstum erlebt, währenddessen eine wesentliche Reform des Berufes stattgefunden hat, einschl. der schrittweisen Öffnung des Wirtschaftsprüfungsmarktes. Das Gesetz der Volksrepublik China über WP (Law of the People's Republic of China on Certified Public Accountants – das „Gesetz über Wirtschaftsprüfer"), das zuerst im Januar 1985 verkündet und anschließend zweimal, im Dezember 1993 und im Oktober 1999, geändert wurde, bildet die Grundlage des chinesischen Wirtschaftsprüfungssystems.

In China hat das *Finanzministerium* im Wesentlichen die Führungsrolle bei der Aufsicht über den Berufsstand der WP übernommen; das *CICPA* (chinesisches Institut der Wirtschaftsprüfer) hat dabei nur eine zweitrangige Position inne. Das *CICPA* wurde im Jahr 1988 gegründet und damals bevollmächtigt, den Berufsstand zu überwachen. Dazu wurde im Jahr 1995 die Kontrollabteilung des Instituts eingerichtet. Nach der Satzung des *CICPA* wird sein *Vorstand* nominiert und von der *Versammlung der Vertreter der WP*, dem höchsten Entscheidungsträger des Instituts, gewählt. Gleichzeitig gibt es in den Provinzen und den Großstädten örtliche Institute, die direkt der Zentralregierung unterstehen; diese ist auch für den Nominierungs- und Wahlprozess des Vorstands der örtlichen Institute zuständig.

Angesichts einer Reihe von schweren Wirtschaftsprüfungsfehlern am Aktienmarkt hat das *Finanzministerium* dem *CICPA* im Jahr 2002 jedoch beinahe alle mit der Überwachung in Verbindung stehenden Befugnisse, wie die Lizenzierung, die Genehmigung von Wirtschaftsprüfungsstandards, die Verhängung von verwaltungstechnischen Strafen gegen WP und WPGes usw., entzogen. Das *CICPA*, das dem Gesetz nach dem *Finanzministerium* untersteht, ist berechtigt, in seinem Verantwortungsbereich liegende Disziplinarmaßnahmen zu verhängen.

Das Gesetz über WP schreibt vor, dass Wirtschaftsprüfungsstandards und -verfahrensweisen vom *CICPA* zu formulieren sind und nach der Genehmigung durch das *Finanzministerium* wirksam werden.

In China sind die Unabhängigkeitsanforderungen in wichtigen allgemeinen Standards enthalten und nicht ausschließlich in einem oder mehreren spezifischen Wirtschaftsprüfungsstandards festgelegt. Die vom *CICPA* veröffentlichten Leitlinien (d. h. die Leitlinien bzgl. der Praxis der beruflichen Ethik der WP, die im Juli 2002 in Kraft traten) haben weitere praktische Kriterien hinsichtlich der Unabhängigkeit der WP festgelegt, wie die Vermeidung von Interessenkonflikten mit Klienten, die Wahrung der Objektivität, die Auflage einer verpflichtenden Rotation etc.

Den entsprechenden Vorschriften gem. muss ein angehender WP die fünf Prüfungen in Rechnungslegung, Wirtschaftsprüfung, Finanzierungs- und →Kostenmanagement, Steuerrecht und Wirtschaftsrecht absolvieren (nach Abschluss jeder Prüfung bleibt das Ergebnis die folgenden 4 Jahre gültig), bevor er die erforderliche Qualifikation erlangt hat, um die Mitgliedschaft beim *CICPA* zu beantragen. Darüber hinaus müssen Kandidaten, die die *CICPA*-Prüfungen bestanden haben, 2 Jahre Berufserfahrung vorweisen und in einer WPGes arbeiten, um die praktische Zulassung vom *Finanzministerium* zu erhalten.

Kandidaten aus verschiedenen Ländern/Regionen außerhalb Kontinentalchinas können ebenfalls die Prüfungen ablegen und einen Antrag auf die Zulassung als WP stellen, auch wenn die Prüfungen noch immer ausschließlich auf Chinesisch abgehalten werden. Kürzlich hat das *CICPA* eine bilaterale Anerkennungsübereinkunft mit dem *HKICPA* unterzeichnet, derzufolge Kandidaten teilweise von den Zulassungsprüfungen des jeweils anderen Instituts befreit werden.

Das *CICPA* erkennt bei seinen Prüfungen, ähnlich wie andere Länder dies tun, keine Fachprüfungen aus anderen Ländern an, ausgenommen die Hongkongs.

Um die Qualität des Berufsstandes zu verbessern und zu überwachen, unternimmt das *CICPA* unter Leitung des *Finanzministeriums* seit Mitte der 1990er erhebliche Anstrengungen, um eine Reihe von chinesischen Standards zur unabhängigen Wirtschaftsprüfung (Chinese Independent Auditing Standards) aufzustellen, die der internationalen Praxis entsprechen. Die allgemeinen Standards in den vier Bereichen unabhängige Wirtschaftsprüfung, Berufsethik, Qualitätskontrolle und berufliche Weiterbildung legen die allgemeinen Prinzipien fest, nach denen Wirtschaftsprüfungsdienstleistungen durchgeführt werden; auf dieser Grundlage wurden spezifische Standards zur unabhängigen Wirtschaftsprüfung (SIAS) und Verlautbarungen zur unabhängigen Wirtschaftsprüfungspraxis (IAPP) erstellt. Die SIAS legen die Anforderungen hinsichtlich spezifischer Wirtschaftsprüfungsthemen fest, die im Rahmen der allgemeinen Prüfung von Abschlüssen häufig auftreten. Die IAPP enthalten vor allem Vorschriften für die Wirtschaftsprüfung für spezielle Zwecke und in bestimmten Branchen sowie für andere Bescheinigungsdienstleistungen, wie Überprüfungs- und Prüfungsmandate. Berufliche Leitlinien bieten den Wirtschaftsprüfern detaillierte betriebliche Anleitungen für bestimmte Bereiche der Wirtschaftsprüfung.

Im November 2004 veröffentlichte das *CICPA* Standardentwürfe, um eine Reihe von Wirtschaftsprüfungsstandards, die als „risikoorientierte Standards" eingestuft wurden, neu festzulegen oder zu überarbeiten; diese Standards spiegeln Chinas Absicht wider, mit den neuesten Entwicklungen der →International Standards on Auditing (ISA) Schritt zu halten und langfristig ein risikoorientiertes Wirtschaftsprüfungssystem aufzubauen. Bis heute wurden neben den oben genannten vier allgemeinen Standards 28 SIAS, zehn IAPP und fünf Praxisleitlinien veröffentlicht.

Um die Wirtschaftsprüfung bei börsennotierten Unternehmen durchführen zu können, müssen WPGes nach Erfüllung spezieller Anforderungen, die von der CSRC und dem Finanzministerium festgelegt werden, eine Lizenz erhalten. Auch die People's Bank of China und das Finanzministerium können WPGes Lizenzen für die Prüfung von Finanzunternehmen oder Unternehmen in Staatsbesitz gewähren. Verglichen mit den einfachen Anforderungen sind diese wesentlich strenger, und zwar in Bezug auf die geringe Anzahl der lizenzierten WP, die Nichtverletzung der verzeichneten Vorschriften etc. Und diese WPGes müssen u. U. noch strengere Vorschriften beachten, wenn sie diese Prüfungen durchführen.

Verglichen mit der Situation vor 10 Jahren tragen WP/WPGes heute deutlich mehr rechtliche Verantwortung. In einigen aktuellen Fällen haben verschiedene WPGes Verwaltungsstrafen erhalten, andere wurden nach dem Strafrecht verurteilt. In den →United States of America (USA) stellen Zivilklagen die häufigste Form von Prozessen gegen WP dar, in China dagegen werden eher administrative und Kriminalstrafen verhängt. Eine ganze Reihe rechtlicher Hindernisse muss erst beseitigt werden, bevor eine Ausweitung der Zivilklagen möglich wird.

Entsprechenden Vorschriften zufolge können WPGes entweder die Rechtsform einer Gesellschaft mit beschränkter Haftung oder die einer Personengesellschaft wählen.

Im Hinblick auf die zuvor genannten verschiedenen Lizenzen bestehen einige spezielle Wirtschaftsprüfungsanforderungen für spezifische Branchen und Unternehmen, wie börsennotierte Unternehmen, Banken, Versicherungsgesellschaften, Wertpapierhandelsunternehmen, Unternehmen im Staatsbesitz etc.

Obwohl es in China bisher noch keine umfassenden Auflagen für WP/WPGes bzgl. der periodischen Rotation gab, schreibt eine vom Finanzministerium und der CSCR veröffentlichten Anordnung (seit Januar 2004 in Kraft) eine periodische Rotation des den Bericht unterzeichnenden Wirtschaftsprüfers bei einem mit Wertpapieren oder Futures in Verbindung stehenden Mandat vor.

Die Zahl der WP hat stark zugenommen, um die Bedürfnisse einer wachsenden Wirtschaft erfüllen zu können. Zurzeit gibt es in China ungefähr 60.000 WP und 4.000 lizenzierte WPGes.

Entsprechenden Auflagen zufolge sind periodische Pflichtprüfungen durch WP für bestimmte Unternehmenstypen, wie Auslandsinvestitionsunternehmen (FIE – Foreign Invested Enterprises), große und mittlere Unternehmen in Staatsbesitz und börsennotierte Unternehmen, erforderlich.

Diese drei Unternehmenstypen sind für die Hauptnachfrage nach Wirtschaftsprüfungsdienstleistungen verantwortlich. Daneben ist es interessant zu wissen, dass diese Prüfungsberichte und Stellungnahmen bei verschiedenen Behörden eingereicht werden. Die Prüfungsberichte der FIE werden während der jährlichen Pflichtprüfung in die Systeme von fünf verschiedenen Regierungsbehörden [dem Finanzministerium, dem Industrial and Commercial Bureau (der Industrie- und Handelsbehörde), dem Taxation Bureau (der Steuerbehörde), dem Foreign Exchange Trade System und dem Handelsministerium] eingegeben. Die Prüfungsberichte der Unternehmen in Staatsbesitz werden in erster Linie bei der staatlichen Assets Supervision and Administration Commission (Aufsichts- und Verwaltungskommission für das Staatsvermögen) zu Vermögensverwaltungszwecken vorgelegt. Die Prüfungsberichte der börsennotierten Unternehmen schließlich werden bei den Wertpapierbörsen (Shanghai und Shenzhen) zu Zwecken der Informationsoffenlegung eingereicht.

Neben diesen Auflagen für jährliche Wirtschaftsprüfungen ist ein von einem lizenzierten WP unterzeichneter Prüfungsbericht vor jeder Finanzmarkttransaktion, wie einem Börsengang, einer Anleiheemission und anderen bedeutenden Maßnahmen, erforderlich, der von der betreffenden Behörde genehmigt sein muss.

Die Festlegung von Standards in China hat sich nicht nur hinsichtlich des Rahmenwerks, sondern auch hinsichtlich spezieller Standardthemen in erheblichem Umfang an den internationalen Standards orientiert. In den letzten Jahren haben die Standard Setter in China eng mit ihren internationalen Kollegen zusammengearbeitet, was auf eine mögliche noch bessere Angleichung der beiden Rahmenwerke in absehbarer Zukunft hindeutet.

Jens Ewert; Robin Bonthrone

Chinese Walls →Finanzierungsberatung

CIA →Certified Internal Auditor

CISA →Certified Information Systems Auditor

Clearing-Stelle →Ad-hoc-Publizität; →Benchmarking

Client Relationship →Customer Relationship Management

Clusteranalyse →Diskriminanzanalyse

CObiT →Control Objectives of Information and Related Technology

Code of Conduct →Dolose Handlungen; →Unternehmensethik und Auditing

Code of Ethics →Berufsethik des Wirtschaftsprüfers; →Unternehmensethik und Auditing

Combined Code →Cadburyreport

Comfort Letter

Ein Comfort Letter ist ein Schreiben, in welchem der WP die Ergebnisse gesondert vereinbarter Untersuchungshandlungen zu bestimmten Finanzangaben, die Eingang in einen Börsenprospekt finden, zusammenfasst.

Für die Ausreichung eines Comfort Letter ist der IDW PS 910 anwendbar (→Verlautbarungen des Instituts der Wirtschaftsprüfer in Deutschland e.V.).

Der Comfort Letter wurden ursprünglich für anglo-amerikanische Kapitalmarkttransaktionen entwickelt (AICPA, SAS No. 72 „Letters for Underwriters and certain other Requesting Parties"). Bei deutschen Kapitalmarkttransaktionen dient der Comfort Letter den nach §§ 44, 45 BörsG prospektverantwortlichen Emissionsbanken als einer der Nachweise, dass die Prospektverantwortlichen die Unrichtigkeit oder Unvollständigkeit der Angaben des Prospektes nicht gekannt haben und die Unkenntnis nicht auf grober Fahrlässigkeit beruht (s. auch Ebke/Siegel 2001, S. 1 ff.; Köhler/Weiser 2003, S. 565 ff.; Meyer 2003, S. 1745 ff.).

Ein Comfort Letter nach IDW PS 910 wird im Auftrag des emittierenden Unternehmens (Emittentin) erteilt und an die Emittentin als Auftraggeberin und die die Emission begleitenden prospektverantwortlichen Konsortialbanken/Emissionsbanken zur internen, vertraulichen Verwendung adressiert (IDW PS 910.12 ff.).

Inhalt und Umfang der für den Comfort Letter zu erbringenden Leistungen richten sich nach dem Auftragsverhältnis zwischen WP und Emittentin (→Prüfungsauftrag und -vertrag).

IDW PS 910 beschreibt verschiedene Untersuchungshandlungen, zu deren Durchführung ein WP – regelmäßig der →Abschlussprüfer (APr) der Emittentin – im Hinblick auf bestimmte Finanzinformationen der Emittentin beauftragt werden kann. Der Umfang der Untersuchungshandlungen hängt insb. von den seitens der Emittentin zur Verfügung gestellten Finanzinformationen und somit von der Leistungsfähigkeit des →Rechnungswesens (→Berichtssystem) der Emittentin ab.

Untersuchungshandlungen nach IDW PS 910 sind z. B. Untersuchungshandlungen zu Ereignissen nach Erteilung des →Bestätigungsvermerks, das Lesen der →Anhänge bzw. →Konzernanhänge von Jahres-/Konzernabschlüssen auf in laufender Rechnung korrigierte Fehler (→Bilanzfehlerberichtigung), Untersuchungshandlungen für die Folgeperiode und der formelle Zahlenabgleich (→Abstimmprüfung).

Untersuchungshandlungen zu Ereignissen nach Erteilung des Bestätigungsvermerks beziehen sich auf den Untersuchungszeitraum zwischen Erteilung des Bestätigungsvermerks zum letzten im Prospekt abgedruckten Jahres-/Konzernabschluss und einem bestimmten Stichtag, der i.d.R. 2–3 Arbeitstage vor dem Datum der Erteilung des Comfort Letter (*Cutoff Date*) liegt. Sie sind darauf gerichtet festzustellen, ob der Emittentin im Untersuchungszeitraum BestV-relevante Ereignisse bekannt geworden sind. BestV-relevant sind allein wertaufhellende Ereignisse (→Ereignisse nach dem Abschlussstichtag). IDW PS 910 führt die im Regelfall erforderlichen Untersuchungshandlungen, wie z. B. die Befragung der Unternehmensleitung (→Unternehmensleitung, Informationsaustausch des Wirtschaftsprüfers mit) und anderer Auskunftspersonen zu Ereignissen nach Erteilung des Bestätigungsvermerks, das kritische Lesen von Protokollen über die Sitzungen der Gesellschaftsorgane im Untersuchungszeitraum (→Versammlungsprotokolle) und das kritische Lesen von aktuellen →Zwischenabschlüssen und Monatsberichten auf.

Der WP kann auch beauftragt werden, die (Konzern-) Anhänge auf in laufender Rechnung korrigierte Fehler kritisch zu lesen und, falls in den (Konzern-) Anhängen auf derartige Fehlerkorrekturen hingewiesen wurde, diese wörtlich zu zitieren.

Als Untersuchungshandlungen für die *Folgeperiode*, also für den Zeitraum zwischen dem Stichtag des letzten testierten Abschlusses und dem *Cutoff Date*, können z. B. das kritische Lesen von Sitzungsprotokollen der Gesellschaftsorgane und Monatsberichten, Befragungen des Managements der Emittentin zu Veränderungen von im Einzelfall zu bestimmenden Abschlussposten und eine →prüferischen Durchsicht von Zwischenabschlüssen für Zwecke des Comfort Letter, beauftragt werden.

Eine weitere Untersuchungshandlung nach IDW PS 910 ist der formelle Zahlenabgleich zwischen im Prospekt enthaltenen Zahlen mit Zahlen in Jahres-/Konzernabschlüssen bzw. in anderen seitens der Emittentin vorgelegten Unterlagen (→Verprobung), die dem →Internen Kontrollsystem (IKS) der Emittentin unterliegen (→Internes Kontrollsystem, Prüfung des; →Systemprüfung). Hierbei werden seitens der Konsortialbanken zunächst die abzugleichenden Daten im Börsenprospekt markiert. Der WP vergleicht dann die markierte Zahl und versieht sie je nach Herkunft der Zahl mit einem zuvor definierten Buchstaben. Kann z. B. die markierte Zahl im Prospekt direkt mit einer Zahl aus einem definierten JA verglichen werden, so wird diese mit „A" gekennzeichnet. Kann kein Abgleich erfolgen, so unterbleibt eine Markierung seitens des Wirtschaftsprüfers.

Der WP sollte eine →Vollständigkeitserklärung seitens der Geschäftsführung bzw. des Vorstands der Emittentin einholen (IDW PS 910.136).

Die nach IDW PS 910 vereinbarten Untersuchungshandlungen stellen nach Art, Umfang und Zweck weder eine Prospektprüfung (→Prospektbeurteilung), eine Abschlussprüfung (→Jahresabschlussprüfung; →Konzernabschlussprüfung), noch eine prüferische Durchsicht dar. Eine erneute Aussage zu einem bereits im Rahmen eines Abschlussprüfungsauftrages erteilten BestV wird nicht getroffen. Je nach Umfang der Untersuchungshandlungen und dem Grad der erlangten Sicherheit wird der Bericht über die Untersuchungshandlungen entweder durch Wiedergabe der Feststellungen zum Sachverhalt (*Factual Findings*) oder durch eine negativ formulierten Aussage (*Negative Assurance*) erfolgen. Hierbei ist auch die sog. 135-Tage Regelung zu beachten (IDW PS 910.73 f.) Im Comfort Letter wird keine Aussage zur rechtlichen Beurteilung des Prospektes oder zur Angemessenheit der Darstellung und Vollständigkeit der Angaben im Prospekt getroffen oder Prospektverantwortung – auch nicht für Teile des Prospektes – übernommen. Des Weiteren kann aufgrund des begrenzten Umfangs der Untersuchungshandlungen nach IDW PS 910 die Richtigkeit der Finanzangaben oder gar des gesamten Finanzteils des Prospektes nicht bestätigt werden.

Der Begriff Comfort Letter wird im internationalen Gebrauch auch für →Patronatserklärungen verwandt. Als Comfort Letter werden auch einfache Verwaltungsschreiben der *KOM* zum Bescheid von Freistellungsanträgen im Bereich des EU-Kartellrechts (→Kartellbehörden) bezeichnet.

Literatur: Ebke, W. F./Siegel, T.: Comfort Letters, Börsengänge und Haftung: Überlegungen aus Sicht des deutschen und US-amerikanischen Rechts, in: WM 54 (2001), Sonderbeilage 2, S. 3–23; IDW (Hrsg.): IDW Prüfungsstandard: Grundsätze für die Erteilung eines Comfort Letter (IDW PS 910, Stand: 4. März 2004), in: WPg 57 (2004), S. 342–352.; Köhler, A. G./Weiser, F.: Die Bedeutung von Comfort Letters im Zusammenhang mit Emissionen, in: DB 56 (2003), S. 565–570; Meyer, A.: Der IDW Prüfungsstandard für Comfort Letters, in: WM 57 (2003), S. 1745–1756.

Beatrix Marquardt

Commercial Due Diligence

Im Rahmen von Unternehmenstransaktionen, wie Akquisitionen, Anteilserwerben, →Beteiligungen oder →Joint Ventures, erfolgt eine detaillierte Prüfung der Zielgesellschaft. Diese umfangreiche Sorgfältigkeitsprüfung wird in der Praxis als →Due Diligence bezeichnet und umfasst i.d.R. zahlreiche fachspezifische Prüfungen, die dazu dienen, die Zielgesellschaft transparenter zu machen und durch Aufdecken von möglichen Risiken eine größere Transaktionssicherheit für einen potenziellen Käufer bzw. Investor zu erreichen. Die Due Diligence wird i.d.R. von einem potenziellen Käufer bzw. Investor eines Unternehmens vorgenommen. Teilweise kann jedoch auch der Verkäufer eines Unternehmens Auftraggeber einer Due Diligence sein. Diese sog. Vendor Due Diligence dient zur Steigerung der Verkaufsattraktivität und zur effizienteren Durchführung des Transaktionsprozesses und findet derzeit in der Praxis immer häufiger Verwendung, insb. wenn eine breite Käufergruppe angesprochen wird (Auktion).

Aufgrund der hohen Komplexität der Fragestellungen wird die Due Diligence in unterschiedliche Bereiche eingeteilt, die von den jeweiligen Experten aus verschiedenen Fachdisziplinen geprüft werden. Gegenstand und Umfang einer Due Diligence sind im Einzelfall sehr unterschiedlich und richten sich nach den Anforderungen des Auftraggebers. I.A. können folgende fachspezifische Due Diligence-Prüfungen erfolgen:

- Commercial Due Diligence,
- →Financial Due Diligence,
- →Legal Due Diligence,
- →Tax Due Diligence,
- →Environmental Due Diligence und
- IT Due Diligence.

Die unterschiedlichen fachspezifischen Due Diligence-Prüfungen beinhalten die Analyse der Vergangenheit und dienen zur Plausibilisierung der →Planung des Unternehmens. Bei der Vergangenheitsanalyse werden dabei im Wesentlichen ao. und nicht wiederkehrende Effekte eliminiert, d.h. sowohl auf Unternehmensebene (endogen) als auch ao. Marktfaktoren, die einen mittelbaren oder unmittelbaren Einfluss auf die Entwicklung der Zielgesellschaft hatten (exogen). Diese Bereinigung dient als Ausgangsbasis zur Plausibilisierung der vorliegenden Planung im Rahmen eines →Business-Plans, unter Berücksichtigung der bereinigten und normalisierten Vergangenheit.

Zur Vermeidung einer fehlerhaften Akquisitionsentscheidung bedingt durch eine subjektive Fehleinschätzung der Marktentwicklung gewinnt vor allem für branchenfremde Käufer, insb. für Finanzinvestoren ohne Sektorschwerpunkt, eine Commercial Due Diligence immer mehr an Bedeutung. Ein wesentlicher Bestandteil der Commercial Due Diligence ist die Betrachtung der externen Markt- und Rahmenbedingungen sowie die Analyse der strategischen Positionierung und Ausrichtung des Unternehmens im Vergleich zum Wettbewerb (marktkonforme Strategieverifizierung).

Zur Identifikation des zukünftigen Marktpotenzials und der Verifizierung der strategischen Ausrichtung des Zielunternehmens werden grundsätzlich folgende Teilbereiche ausführlich untersucht:

- Definition und Abgrenzung des relevanten Marktes,
- Marktvolumen und mittelfristiges Marktwachstum,
- Marktphase,
- Wettbewerbsanalyse,
- Darstellung von Markttreibern,
- Chancen/Risiken-Analyse (SWOT-Analyse) sowie
- Positionierung des Unternehmens im relevanten Markt.

Die notwendigen Informationen zum Erstellen einer aussagefähigen Due Diligence erfolgen zum einen durch Einholen von Sekundärdaten, wie z.B. Analystenberichte, Expertenbeurteilungen, und zum anderen durch Primärquellen, wie Interviewergebnisse mit Zulieferern, Abnehmern und Wettbewerbern der Zielgesellschaft. Des Weiteren werden über das zu prüfende Unternehmen relevante Informationen in einem Datenraum zusammengestellt und den potenziellen Käufern zugänglich gemacht. Diese von dem Unternehmen zusammengetragenen Daten beinhalten u.a. Analysen der Vertriebsmitarbeiter sowie externe Expertenberichte (Verbandsinformationen), die nicht öffentlich zugänglich sind.

Nach Prüfung der Qualität der gewonnen Informationen beginnt die Auswertung des vorliegenden Datenmaterials. Die Commercial Due Diligence zieht für eine detaillierte Analyse ausgewählte Instrumentarien zur Hilfe. Die Erkenntnisse der Commercial Due Diligence werden in eine Chancen-/Risiko-Einteilung vorgenommen (SWOT-Analyse). Dabei werden sowohl endogene als auch exogene Faktoren unterschieden. Endogene Faktoren sind Stärken und Schwächen des Zielunternehmens, die den derzeitigen Status quo der Gesellschaft widerspiegeln (Strengths, Weaknesses). Exogene Faktoren sind Chancen und Risiken für das Unternehmen (Opportunities, Threats), die sich aus den Ergebnissen der untersuchten Marktentwicklungsprognose ergeben. Die Commercial Due Diligence dient im Wesentlichen zur Verifizierung der Umsatzplanung (→Umsatzplanung und -kontrolle) des Zielunternehmens und ist im Ergebnis eng verbunden mit der Financial Due Diligence, die sich jedoch ausschließlich auf endogene Faktoren der Gesellschaft bezieht.

Die Ergebnisse der Datensammlung werden in einem Bericht unter Berücksichtigung einer möglichen Kaufentscheidung zusammengefasst und dienen dem Auftraggeber als Bewertungsgrundlage einer Akquisitionsentscheidung. Dabei werden die Erkenntnisse der Commercial Due Diligence mit denen im Business-Plan zugrunde liegenden Annahmen verglichen und können zu einer möglichen Revidierung des Business-Plans führen und bilden dadurch einen wesentlichen Grundstein für die darauf folgenden Vertragsverhandlungen.

Für strategische Investoren ist ein wesentlicher Eckpunkt der Commercial Due Diligence die Ermittlung der Integrierbarkeit des Zielunternehmens in die bestehende Organisationsstruktur (→Postmerger Integration). Für Finanzinvestoren oder branchenfremde Unternehmen, die mit dem Anteilserwerb bzw. der Akquisition des Zielunternehmens einen Markteintritt in neues Segment beabsichtigen, ist vor allem die Analyse der Marktstellung des zu erwerbenden Unternehmens von entscheidender Bedeutung.

Abschließend ist festzuhalten, dass es sich bei der Commercial Due Diligence um eine strategische Überprüfung von Zielobjekten eines Merger & Acquisition-Vorhabens handelt. Sie stützt sich auf eine originäre Befragung im Markt und auf ergänzende Branchenberichte und Statistiken und ist somit nicht als Marktforschungsstudie zu betrachten. Des Weiteren werden Meinungen von Marktexperten in die Untersuchung einbezogen. Auf diese Weise werden die Untersuchungsperspektiven der traditionellen Due Diligence-Analyse erweitert und mangelnder Zukunftsorientierung und/oder unvollkommener Erfassung der Markt- und Wettbewerbsposition entgegengesteuert. Trotz der zahlreichen Vorteile, die die Commercial Due Diligence mit sich bringt, darf man den enormen Zeitdruck, die Begrenztheit der Informationsträger und den hohen Anspruch der Validität der zugrunde liegenden Daten nicht bedenkenlos außer Acht lassen. Aufgrund der Kaufpreisfindung zum einen und der Minimierung des Verfehlens der Transaktion zum anderen wird die Commercial Due Diligence künftig immer mehr an Bedeutung gewinnen.

Literatur: Beck, R.: Commercial Due Diligence, in: M & A 12 (2002), S. 554–559.

Kay Krafft

Common Sense-Heuristik →Simultane Verfahren der Prüfungsplanung

Completed Contract-Methode
→Langfristige Auftragsfertigung

Comprehensive Income

Der Begriff des *Comprehensive Income* (CI) umfasst alle Veränderungen des →Eigenkapitals, die aus der laufenden Geschäftstätigkeit sowie anderen Ereignissen und Umständen, die nicht durch Transaktionen eines Unternehmens mit seinen Anteilseignern bedingt sind, resultieren. Dies beinhaltet zusätzlich zu dem in der →Gewinn- und Verlustrechnung (GuV) ermittelten Ergebnis (Net Income) direkt im Eigenkapital erfasste Ergebnisse der Periode, welche unter den →United States Generally Accepted Accounting Principles (US GAAP) als *Other Comprehensive Income* (OCI) bezeichnet werden (s. Abb.).

Die →International Financial Reporting Standards (IFRS) enthalten keine derartige spezifische Begrifflichkeit. Daher wird OCI im Folgenden synonym für direkt im Eigenkapital erfasste Sachverhalte sowohl unter US GAAP als auch IFRS verwendet. Ebenfalls bezeichnet IAS 1 *„Presentation of Financial Statements"* nicht-anteilseignerbezogene Eigenka-

Abb.: Comprehensive Income

Gesamte Eigenkapitalveränderung der Periode		
Comprehensive Income (Gesamtunternehmenserfolg)		Transaktionen mit Anteilseignern (Kapitaleinlagen und -entnahmen, Dividendenausschüttungen)
Periodenergebnis gem. GuV (Net Income)	Other Comprehensive Income der Periode	

pitaländerungen als „*Total Income and Expense for the Period*"; der Begriff *Comprehensive Income* findet hierfür im Folgenden ebenfalls synonyme Verwendung.

Das OCI bildet jene Erfolgsvorgänge ab, die eine Wirkung auf das Reinvermögen des Unternehmens haben, aber aufgrund spezifischer Rechnungslegungsvorschriften des jeweiligen Bilanzierungssystems nicht als →Aufwendungen und Erträge in der betrachteten Berichtsperiode erfasst werden dürfen oder müssen (Lachnit/Müller 2005, S. 1637). Grundsätzlich stellt das kumulierte OCI einen Indikator für zukünftig zu realisierende Erfolge des Unternehmens dar (Coenenberg/Deffner/Schultze 2005, S. 442).

Durch die Darstellung des CI als Gesamterfolg einer Periode soll die Erfolgssituation eines Unternehmens und damit das grundsätzliche Ziel der Vermittlung eines den tatsächlichen Verhältnissen der →Vermögenslage, →Finanzlage und →Ertragslage des Unternehmens entsprechenden Bildes (→True and Fair View) verfolgt werden.

Unter der Zielsetzung der Erreichung des →True and Fair View wird für Abschlüsse nach *US GAAP* der Ausweis des CI durch den Rechnungslegungsstandard SFAS 130 „*Reporting Comprehensive Income*" verlangt. Im Rahmen der Rechnungslegung nach *IFRS* ist der Ausweis nicht aus Transaktionen mit Eigenkapitalgebern resultierender →Eigenkapitalveränderungen in einer Eigenkapitalveränderungsrechnung gem. IAS 1 verpflichtend. Auch das deutsche Handelsrecht verlangt seit Verabschiedung des BilReG mit § 297 Abs. 1 Satz 1 HGB in der Konzernbilanzierung eine Eigenkapitalveränderungsrechnung, welche die Darstellung des CI umfasst. Die Darstellung der Entwicklung des Konzerneigenkapitals ist in DRS 7 „*Konzerneigenkapital und Konzerngesamtergebnis*" geregelt.

Unter die direkt im Eigenkapital zu erfassenden Ergebnisse sind unter IFRS bspw. zu subsumieren:

- erfolgsneutrale Verbuchung →latenter Steuern auf erfolgsneutral erfasste Gewinne und Verluste gem. IAS 12,
- Gewinne und Verluste aus der Neubewertung von →Sachanlagen gem. IAS 16 bzw. immateriellen Vermögenswerten (→immaterielle Vermögensgegenstände) gem. IAS 38,
- versicherungsmathematische Gewinne und Verluste aus Leistungen an Arbeitnehmer gem. IAS 19 bei Wahl der erfolgsneutralen Methode,
- Differenzen aus der Umrechnung der funktionalen Währung eines ausländischen Tochterunternehmens in die Berichtswährung des Konzerns (→Währungsumrechnung) gem. IAS 21,
- Gewinne und Verluste aus der Fair Value-Bewertung (→Fair Value) von *Available-for-Sale*-Finanzinstrumenten (→Financial Instruments) gem. IAS 39 sowie
- Wertveränderungen von in Cash Flow Hedge-Beziehungen einbezogenen Derivaten (→derivative Finanzinstrumente) gem. IAS 39.

Analog nennt SFAS 130 für die US GAAP die Erfassung von Wertänderungen im OCI aufgrund der Regelung durch spezifische Standards, wie bspw. von unrealisierten Gewinnen und Verlusten aus Fremdwährungsumrechnungen gem. SFAS 52.

Hinsichtlich des Ausweises stehen grundsätzlich drei Ausweisformate zur Verfügung: Der *One-Statement Approach* kombiniert den Ausweis des Net Income und des OCI, indem die Aufgliederung des OCI direkt auf die Darstellung des Net Income folgt (*Statement of Income and Comprehensive Income*). Beim *Two-*

Statement Approach hingegen wird das CI zusätzlich zur Aufgliederung des Net Income separat dargestellt (*Statement of Comprehensive Income*). Beim *Statement of Changes in Equity Approach* wird das *Statement of Comprehensive Income* in die Eigenkapitalveränderungsrechnung einbezogen. Gem. SFAS 130 besteht für US GAAP die Wahlmöglichkeit zwischen den drei Alternativen (→bilanzpolitische Gestaltungsspielräume nach US GAAP). Unter IFRS sind nur der *Two-Statement Approach* und der *Statement of Changes in Equity Approach* zulässig (→bilanzpolitische Gestaltungsspielräume nach IFRS) (Lachnit/Müller 2005, S. 1638 f.).

Im Rahmen der Konvergenzbestrebungen wird zwischen dem →*International Accounting Standards Board (IASB)* und dem →*Financial Accounting Standards Board (FASB)* die Darstellung der Erfolgsberichterstattung in einer *Joint International Group on Financial Statement Presentation* diskutiert. Aktuelle Entwicklungen können auf der Homepage des *IASB* eingesehen werden.

Im deutschen Handelsrecht ist gem. DRS 7 die Angabe des *kumulierten übrigen Konzernergebnisses* bei Unterscheidung der erfolgsneutral erfassten Komponenten in den Ausgleichsposten aus der Fremdwährungsumrechnung (→Währungsumrechnung) und in andere neutrale Transaktionen vorgeschrieben.

Die Prüfung des CI basiert auf der Prüfung der beiden Komponenten Periodenergebnis (→Jahresergebnis) und OCI hinsichtlich Ansatz, Höhe und Ausweis. Dabei ist auch zu beachten, dass eine Umbuchung von im OCI erfassten Wertveränderungen vorzunehmen ist. Jene unrealisierten Gewinne und Verluste, die in der laufenden oder Vorperioden als Bestandteil des OCI bilanziert wurden, sind bei Realisation im Periodenergebnis zu erfassen. Eine Doppelerfassung im CI darf nicht erfolgen.

Literatur: Coenenberg, A. G./Deffner, M./Schultze, W.: Erfolgsspaltung im Rahmen der erfolgswirtschaftlichen Analyse von IFRS-Abschlüssen, in: KoR 5 (2005), S. 435–443; Lachnit, L./Müller, S.: Other comprehensive income nach HGB, IFRS und US-GAAP – Konzeption und Nutzung im Rahmen der Jahresabschlussanalyse, in: DB 58 (2005), S. 1637–1645.

Nina Richter

Computer Integrated Manufacturing
→Betriebsdatenerfassung

Consulting →Unternehmensberatung

Contingencies

Als *Contingencies* werden Vermögenswerte (*Contingent* →*Assets*) und →Schulden (*Contingent* →*Liabilities*) eines Unternehmens bezeichnet, die vom Eintritt oder Nichteintritt eines oder mehrerer unsicherer Ereignisse abhängen. Diese Begriffsabgrenzung wird nahezu übereinstimmend, wenn auch mit unterschiedlichen Terminologien, nach den →International Financial Reporting Standards (IFRS) (IAS 37.10) und den →United States Generally Accepted Accounting Principles (US GAAP) (SFAS 5.1) verwendet.

Abbildung nach HGB. Gem. den §§ 251, 285 Nr. 4 HGB hat ein Unternehmen sämtliche →Haftungsverhältnisse und →sonstigen finanziellen Verpflichtungen im →Anhang anzugeben (→Eventualverbindlichkeiten). Dies hat unabhängig von Eintrittswahrscheinlichkeiten zu erfolgen (ADS 2002, Rn. 316 zu IAS 37). Eine Angabe von Eventualvermögenswerten ist im deutschen Handelsrecht nicht vorgesehen [eine mögliche Angabepflicht kann sich aus den §§ 289, 315 HGB (→Lagebericht; →Konzernlagebericht) ergeben].

Bilanzierung nach IFRS. Die Bilanzierung von *Contingencies* wird in IAS 37 *Provisions, Contingent Liabilities and Contingent Assets* behandelt. Danach ist ein Sachverhalt als Eventualschuld nicht nur dann zu klassifizieren, wenn er die oben genannte Definition erfüllt, sondern auch wenn er die Ansatzkriterien in IAS 37.14 bzw. des Framework (F.49b) für Schulden (→Liability) nicht erfüllt, also einen aus einem vergangenen Ereignis resultierenden zukünftigen Nutzenabfluss. Für solche möglichen Verpflichtungen besteht gem. IAS 37.27 ein Passivierungsverbot. Das Gleiche gilt für Eventualforderungen (IAS 37.31), die einen möglichen Nutzenzufluss darstellen, der von unsicheren Ereignissen in der Zukunft abhängt. Eine Aktivierung kommt nur dann in Betracht, wenn der Nutzenzufluss so gut wie sicher (*virtually certain*) ist. Dieses Vorgehen ist als imparitätische Behandlung einzustufen, da eine →Rückstellung bei wesentlich geringerer Eintrittswahrscheinlichkeit zu passivieren als ein Anspruch zu aktivieren ist.

Das bilanzierende Unternehmen muss über Eventualschulden und -forderungen im Anhang (→Notes) Angaben über Art und Umfang machen (IAS 37.28 und 34 i.V.m. IAS 37.86 und 89). Die Angabe einer Eventualschuld darf nur unterbleiben, wenn die Wahrscheinlichkeit eines Nutzenabflusses gering (*remote*) ist. Diese Schwelle wird in IAS 37 jedoch nicht quantitativ festgelegt, so dass sich für den Bilanzierenden Ermessensspielräume ergeben (→bilanzpolitische Gestaltungsspielräume nach IFRS). Eventualforderungen sind bei wesentlicher Bedeutung nur dann anzugeben, wenn der Nutzenzufluss wahrscheinlich (*probable*) ist. Diese Grenze wird in der Literatur nach h.M. als Eintrittswahrscheinlichkeit von mehr als 50% festgelegt (s. stellvertretend Keitz et al. 2003, Rn. 53 zu IAS 37).

Regelungen in den US GAAP. Nach US GAAP ist eine Eventualvermögenseinbuße (*Contingent Loss*) zu erfassen, wenn es wahrscheinlich ist, dass ein Vermögenswert wertgemindert bzw. dem Unternehmen eine Schuld entstanden ist und die Höhe der Vermögenseinbuße zuverlässig geschätzt werden kann (SFAS 5.8). Sind eines oder beide dieser Merkmale nicht erfüllt, sind Angaben über Art und Höhe der möglichen Verpflichtung zu machen, sofern die Eintrittswahrscheinlichkeit nicht als gering (*remote*, s. oben) eingeschätzt wird (SFAS 5.9 f.).

Eventualvermögensmehrungen (*Contingent Gains*) sind gem. SFAS 5.17a i.V.m. ARB 50.3 und 5 nicht zu aktivieren, da dies zu einem Ausweis unrealisierter Gewinne im JA führen würde. Das Unternehmen hat Angaben über solche Sachverhalte zu machen, die jedoch nicht zu falschen Implikationen für den Bilanzleser hinsichtlich der Eintrittswahrscheinlichkeit führen dürfen (SFAS 5.17b).

Prüfung der Contingencies. In der Praxis ergeben sich regelmäßig Sachverhalte, deren Auswirkungen von zukünftigen Ereignissen abhängen (z.B. anhängige Gerichtsverfahren) und für das Unternehmen eine Verpflichtung bzw. einen Vermögenswert darstellen. Da diese Posten nicht buchhalterisch erfasst werden (→außerbuchhalterische Bereiche), ist auf den Nachweis der Vollständigkeit besonders Wert zu legen (Bordt 1991, Rn. 97). Im Rahmen der Prüfung von Abschlüssen nach internationalen Rechnungslegungsgrundsätzen muss dabei insb. berücksichtigt werden, dass auf der einen Seite zu prüfen ist, ob überhaupt eine Angabe möglich bzw. notwendig ist. Dies gilt insb. für die Eventualforderungen. Auf der anderen Seite muss geprüft werden, ob es sich bei den vermeintlichen *Contingencies* nicht de facto um eine Rückstellung bzw. einen Vermögenswert handelt, d. h. es ist nachzuvollziehen, wie die Unternehmensleitung zu ihrer Entscheidung gekommen ist. Daneben ist zu prüfen, ob im Wertaufhellungszeitraum Umstände eingetreten sind, die zu einer anderen Beurteilung des Sachverhaltes führen als zum Bilanzstichtag (IDW PS 203.14) (→Ereignisse nach dem Abschlussstichtag). Waren diese Bedingungen bereits zum Bilanzstichtag existent, so muss dem gem. SAS 1 *Subsequent Events* bzw. IAS 10 *Events After the Balance Sheet Date* Rechnung getragen werden.

Literatur: ADS: Rechnungslegung nach Internationalen Standards. Kommentar, Loseblattausgabe, Stuttgart, Stand: 1. Erg.-Lfg. 2002; Bordt, K.: Die Eventualverbindlichkeiten, in: Wysocki, K. v. et al. (Hrsg.): HDJ, Loseblattausgabe, Band III, Kapitel III.9, Köln, Stand: 31. Erg.-Lfg. August 2003; IDW (Hrsg.): IDW Prüfungsstandard: Ereignisse nach dem Abschlussstichtag (IDW PS 203, Stand: 2. Juli 2001), in: WPg 54 (2001), S. 891–894; Keitz, I. v. et al.: IAS 37 – Provisions, Contingent Liabilities and Contingent Assets, in: Baetge, J. et al. (Hrsg.): Rechnungslegung nach International Accounting Standards (IAS) – Kommentar auf der Grundlage des deutschen Bilanzrechts, 2. Aufl., Stuttgart 2003.

Jens Berger

Continuous Audit

Der Begriff des Continuous Audit (permanente Prüfung) ist als Ausfluss einer von den Kapitalmarktteilnehmern erwarteten zeitnahen Veröffentlichung der jährlichen Rechnungslegung zu sehen. Als Reaktion auf die geforderte zeitnahe →Publizität und die Empfehlung im →Deutschen Corporate Governance Kodex (DCGK), den Konzernabschluss 90 Tage nach Geschäftsjahresende zugänglich zu machen (DCGK 7.1.2), veröffentlicht eine Vielzahl der börsennotierten Aktiengesellschaften (→Aktiengesellschaft, Prüfung einer) ihre (Konzern-) Abschlüsse und →Lageberichte sowie →Konzernlageberichte bereits kurz nach dem Geschäftsjahresstichtag. Eine möglichst frühzeitige Veröffentlichung i. S. e. Reduktion der Zeitspanne vom Stichtag bis zur Bekanntgabe der in Rede stehenden Publizität für die Aktionäre ist dabei mit dem Begriff Fast Close belegt.

Hinsichtlich der Ablauforganisation eines Fast Close-Abschlusses ergeben sich hohe Anforderungen, in die auch die Abschlussprüfung (→Jahresabschlussprüfung; →Konzernabschlussprüfung) mit einzubeziehen ist. Aufgrund der Tatsache, dass die gesetzlich vorgeschriebene Durchführung (→Auftragsdurchführung) der (Konzern-) Abschlussprüfung nach §§ 267 Abs. 3 Satz 2 i.V.m. 316 Abs. 2 und 3 HGB zur Sicherung der Verlässlichkeit bereits vor der Veröffentlichung der jährlichen Publizität zu erfolgen hat, ist auch diese als Teilprozess in die Planung eines Fast Close mit einzubeziehen (Eggemann/Petry 2002, S. 1637).

Aufgrund des zeitlichen Engpasses ist es deshalb erforderlich, einen Teil der notwendigen Prüfungshandlungen (→Auswahl von Prüfungshandlungen) bereits vor dem Geschäftsjahresstichtag durchzuführen. Durch die Verlagerung eines großen Teils der Überwachungshandlungen in das laufende Geschäftsjahr kann daher in Bezug auf die zeitliche Durchführung der Prüfung von einem Continuous Audit gesprochen werden, der sich insb. durch die Zielsetzung einer frühzeitigen Testierung i. S. d. Beglaubigungsfunktion der Abschlussprüfung auszeichnet.

Für die Auswahl einer Verlagerung von Prüfungstätigkeiten vor den Stichtag im Rahmen einer →Vorprüfung eignen sich insb. die Prüfung des →Internen Kontrollsystems (→Internes Kontrollsystem, Prüfung des; →Systemprüfung) bzw. die Prüfung des →Risikomanagementsystems (→Risikomanagementsystem, Prüfung des), die Einholung von Saldenbestätigungen (→Bestätigungen Dritter) sowie die Prüfung des →Anlagevermögens hinsichtlich des Nachweises (→Nachweisprüfungshandlungen). Alternativ zur Verlagerung von einzelnen Prüfungshandlungen kann auch eine vollständige, den gesetzlichen Vorschriften entsprechende Prüfung eines Hard Close-Abschlusses erfolgen. Ein solcher Abschluss, der den Grundsätzen des Jahresabschlusses komplett entspricht, wird meist auf den Monatsstichtag, der dem des Geschäftsjahres vorausgeht, aufgestellt. Die Prüfung der Publizität zum Geschäftsjahresstichtag beschränkt sich in der Folge auf die gebuchten Geschäftsvorfälle des letzten Monats.

Als weiterer Ansatzpunkt eine zeitnahe Testierung i. S. d. Continuous Audit zu ermöglichen, ergibt sich ein vermehrter Einsatz spezieller →Prüfungssoftware (→IT-gestützte Prüfungsdurchführung; →IT-gestützte Prüfungstechniken), mittels der eine Reduktion des zeitlichen Prüfungsumfangs erreicht wird (Küting/Dawo/Heiden 2001, S. 620).

Wenn unterjährig durch den →Abschlussprüfer (APr) zudem die (Konzern-) Zwischen- bzw. Quartalsberichte (→Zwischenberichterstattung; →Zwischenabschlüsse) einer →prüferischen Durchsicht unterliegen, ergibt sich zusätzlich ein Beitrag zu einem kontinuierlichen Überwachungsprozess durch den APr, der als Teilbereich auch unter das Stichwort Continuous Audit zu subsumieren ist. Hierunter fallen zudem alle weiteren Dienstleistungen des Abschlussprüfers, die der Mandant freiwillig zur Überwachung seines Unternehmens (→Unternehmensüberwachung) in Auftrag gibt und die in Konsequenz zu einer Reduktion der Zeitabstände führen, in denen sich der APr mit seinem Mandant auseinandersetzt (Küting/Dawo/Heiden 2001, S. 616–617, 620).

Literatur: Eggemann, G./Petry, M.: Fast Close – Verkürzung von Aufstellungs- und Veröffentlichungszeiten für Jahres- und Konzernabschlüsse, in: BB 57 (2002), S. 1635–1639; Küting, K./Weber, C.-P./Boecker, C.: Fast Close – Beschleunigung der Jahresabschlusserstellung: (zu) schnell am Ziel?!, in: StuB 6 (2004), S. 1–10; Küting, K./Dawo, S./Heiden, M.: Rechnungslegung und Wirtschaftsprüfung im Internet-Zeitalter, in: BB 56 (2001), S. 615–621.

Folke Lichtenberg

Control Activities →Internes Kontrollsystem

Control Environment →Internes Kontrollsystem

Control Objectives of Information and Related Technology

CObIT sind von der *ISACF* und dem *ITGI* herausgegebene Standards (Best Practices) zum Management von IT-Prozessen mit Steuerungs- und Kontrollzielen, die die zuverlässige und sichere Anwendung der IT-Prozesse gewährleisten und dabei die Erreichung der Unternehmensziele unterstützen (→Datenverarbeitungsorganisation).

Mit zunehmendem Durchdringungsgrad der IT in den Unternehmensprozessen (→Geschäftsprozesse) wächst aber auch die Abhängigkeit der Unternehmen von einer den

Anforderungen entsprechend verfügbaren und zuverlässig richtig arbeitenden IT, die klassische Sicherheitsanforderungen und rechtliche Erfordernisse erfüllt und dabei wirtschaftlich vertretbar bleibt. Damit hat sich die IT zu einem entscheidenden kritischen Erfolgsfaktor für die Unternehmen entwickelt.

CObIT wurde als Rahmen entwickelt, um den Unternehmen die Möglichkeit der Prüfung einer Kontroll- und Steuerungsumgebung für die IT und ihre Prozesse zu schaffen, die sich an den Geschäftszielen und -anforderungen orientiert und damit die Basis für IT-Governance legt.

CObIT bezieht etablierte Standards, wie *ISO*, *ITSEC*, *Coso* (→Coso-Report) und *ITIL* mit ein. CObIT (3. Ausgabe) ist modular aufgebaut und bietet gezielt für die entsprechende Hierarchieebene eigene Module an (s. Abb. 1).

Beim *Executive Summary* handelt es sich um die Zusammenfassung für das Topmanagement, das in kurzer Zeit das Schlüsselkonzept und die Grundprinzipien von CObIT verstehen muss.

Das *Framework*, das Rahmenwerk, beschreibt in vier Domänen „Planung und Organisation" (Planning & Organisation, PO), „Beschaffung und Implementierung" (Acquisition & Implementation, AI), „Betrieb und Unterstützung" (Delivery & Support, DS), sowie „Überwachung" (Monitoring, M) insgesamt 34 IT-Prozesse, die dafür erforderlichen IT-Ressourcen sowie Kriterien für sichere und ordnungsmäßige →IT-Systeme. Zu jedem der 34 IT-Prozesse sind insgesamt 318 Kernaufgaben (Aktivitäten), Kontrollziele (*Control Objectives*) und Revisionsrichtlinien (*Audit Guidelines*) festgelegt.

In den *Management Guidelines* werden für jeden der 34 IT-Prozesse die Geschäftsziele (*Key Goal Indicator*) festegelegt, die durch den jeweiligen Prozess unterstützt werden sollen. Kritische Erfolgsfaktoren (*Critical Success Factors*) identifizieren die wichtigsten strategischen, technischen, organisatorischen und prozessorientierten Aufgaben. Leistungsindikatoren (*Key Performance Indicators*) dienen der Messung, ob die IT-Prozesse die kritischen Erfolgsfaktoren erfüllt haben.

Mit dem Reifegradmodell (Maturity Model) kann das Management auf sechs Entwicklungsstufen die IT-Prozesse in ihrer Entwicklung zur optimalen Organisation messen.

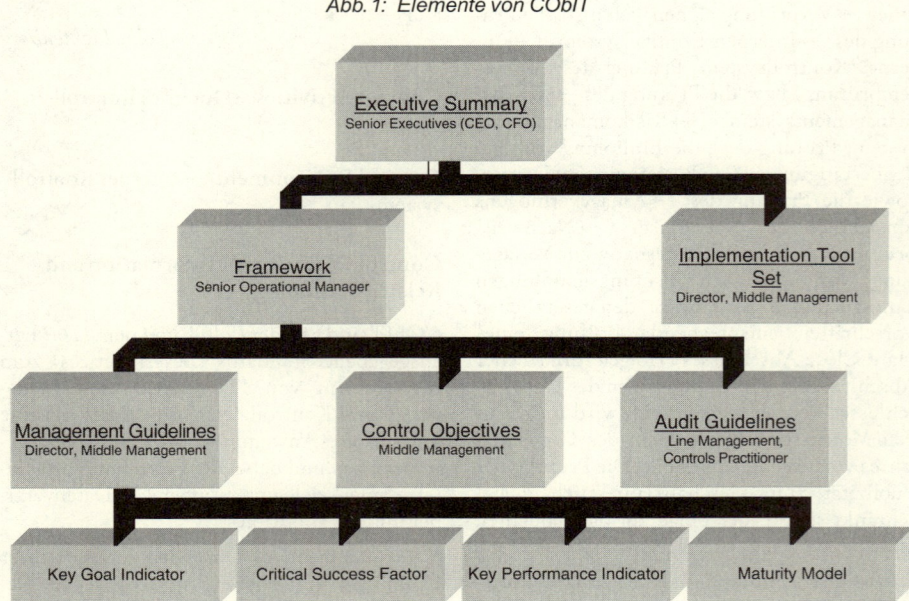

Abb. 1: Elemente von CObIT

Quelle: ISACF/ITGI 2000, S. 12.

Abb. 2: CObIT-Würfel

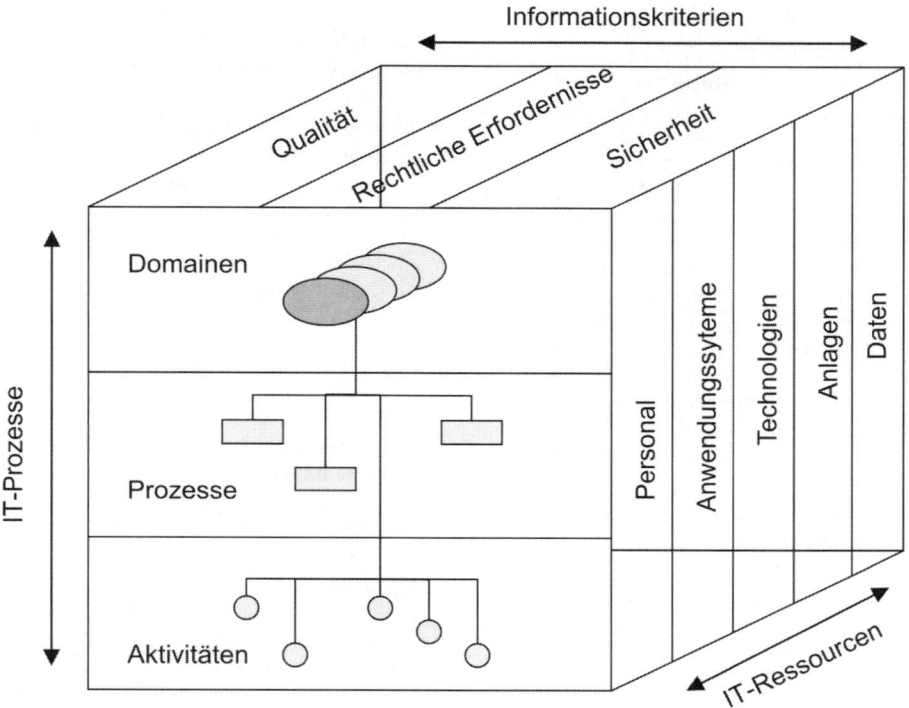

Quelle: ISACF/ITGI 2000, S.16.

CObIT stellt spezifische Anforderungen an die Informationen, die die IT-Prozesse an die Geschäftsprozesse liefern müssen, um die Geschäftsziele zu erreichen. Diese Anforderungen stammen aus dem Bereich Qualität, Ordnungsmäßigkeit und Sicherheit und werden in sieben Informationskriterien gegliedert: Zuverlässigkeit, Effektivität, Effizienz, Integrität, Vertraulichkeit, Verfügbarkeit und rechtliche Erfordernisse (*Compliance*).

Die Schnittstelle zwischen den →Geschäftsprozessen und den IT-Prozessen sind die IT-Ressourcen, die für die Prozessabwicklung erforderlich sind: Personal, Anwendungssysteme, Technologien, Anlagen und Daten (s. Abb. 2).

Mitte Dezember 2005 veröffentlichte die *ITGI* Cobit 4.0. Sie konzentriert sich verstärkt auf den Geschäftsbetrieb, um die entstehenden Verantwortlichkeiten von Vorständen und Mitarbeitern anzusprechen.

Die IT-Kontrollziele von CobIT finden auch bei der Erfüllung der Anforderungen an das →Interne Kontrollsystem (IKS) nach dem US-amerikanischen SOA Anwendung (→Sarbanes Oxley Act, Einfluss auf das Prüfungswesen). Rechnungslegungsrelevante Prozesse basieren auf IT-Systemen (→IT-Buchführungen). Für diese IT-Systeme müssen die IT-Kontrollen als Bestandteil des Internen Kontrollsystems für rechnungslegungsrelevante Prozesse entsprechend gestaltet, implementiert und ihre Nachhaltigkeit nachgewiesen werden. Von den 34 IT-Prozessen, die CObIT definiert, sind nach ITIG 27 IT-Prozesse i. S. d. SOA relevant.

Literatur: ISACF/ITGI (Hrsg.): COBIT* 3rd Edition Control Objectives, Rolling Meadows, IL USA, July 2000; o.V.: ISACA News Release, COBIT 4.0: Major Update to International Standard, http://www.isaca.org (Download: 16. Januar 2006).

Sven Grelck

Control Self Assessment → Self-Audit

Control-Gap

Eine Kontrolllücke (Control-Gap) ist vorhanden, wenn ein Kontrollziel nicht erreicht werden kann. Ein Kontrollziel steht dabei für die notwendige oder gewünschte Reduzierung der Eintrittswahrscheinlichkeit eines antizipierten Risikos. Wird durch eine Kontrolllücke ein Kontrollziel nicht erreicht, steigt die Wahrscheinlichkeit eines Eintritts des Risikos, das durch das Kontrollziel adressiert wurde. Das Risiko kann dabei aus verschiedenen Unternehmensbereichen oder -funktionen stammen [z. B. Risiko eines fehlerhaften Ausweises von Positionen im JA, Risiko des Verlustes von Betriebsvermögen, Risiko von Unterschlagungen und Gesetzesverstößen (→dolose Handlungen; →Unregelmäßigkeiten) etc.].

Das Auftreten einer Kontrolllücke (Control-Gap) kann mehrere Gründe haben:

- Eine Kontrolle (→Kontrolltheorie) kann nicht funktionsfähig bzw. nicht verlässlich sein. Wenn bei einer Überprüfung der Funktionsfähigkeit einer Kontrolle (→Kontrollprüfung) festgestellt wird, dass durch unrichtige oder unzulässige Durchführung diese Kontrolle teilweise nicht funktioniert (z. B. zu kontrollierende Sachverhalte teilweise nicht kontrolliert wurden) oder durch fehlerhafte Umsetzung im →IT-System (z. B. zu umfassende Zugriffsberechtigungen) eine Umgehung dieser Kontrolle möglich ist, so ist von einer nicht funktionierenden Kontrolle auszugehen.
- Eine Kontrolle kann falsch konzipiert sein. Dies ist der Fall, wenn eine Kontrolle auch bei korrekter Funktion nicht in der Lage ist, das Ihr zugedachte Kontrollziel zu erfüllen bzw. die Eintrittswahrscheinlichkeit des durch das Kontrollziel adressierten Risikos in ausreichendem Maße zu reduzieren. Unter diesen Umständen ist davon auszugehen, dass das für das →Interne Kontrollsystem (IKS) gewünschte/erforderliche Niveau an Kontrollsicherheit zumindest in Teilen nicht erreicht werden kann.

Während die beiden oben genannten Varianten einer Control-Gap sachlich bzw. inhaltlich zu verstehen sind, ist die dritte Variante formaler Natur. Sie liegt dann vor, wenn ein formaler Nachweis für die Existenz und zuverlässige Durchführung der Kontrolle aufgrund fehlender Dokumentation nicht erbracht werden kann. Sind folgende Anforderungen bezogen auf die Dokumentation von Kontrollen nicht erfüllt, so führt dies ebenfalls zu einer Control-Gap:

- *Beschreibung der Existenz von Kontrollen*: In einer Verfahrensbeschreibung sollte die Durchführung von Kontrollen, deren Einbettung in die zugrunde liegenden Unternehmensprozesse (→Geschäftsprozesse) sowie die Verantwortung für die Durchführung der Kontrollen geregelt sein. Zudem sollte aus der Dokumentation von Kontrollen hervorgehen, welchem Kontrollziel sie zugeordnet sind und damit, welche Risiken durch sie adressiert werden. Weitere Angaben in der Dokumentation betreffen die Häufigkeit der Durchführung der Kontrolle (Kontrollfrequenz) sowie die Unterscheidungen in Key-Control und Nicht-Key-Control sowie automatisierte oder organisatorische (manuelle) Kontrolle.

- *Nachweis zur Durchführung von Kontrollen*: Dass Kontrollen tatsächlich zuverlässig durchgeführt werden, ist durch eine geeignete Dokumentation nachzuweisen. Hierfür ist in automatisierte und organisatorische Kontrollen zu unterscheiden (→Kontrollprüfung):

  - Für *organisatorische* Kontrollen ist ein Nachweis durch geeignete Dokumente, z. B. Nachweis der Durchführung einer Kontrolle mittels Namenskurzzeichen und Datum, zu führen.

  - Für *automatisierte* Kontrollen ist der Nachweis über die Existenz von IT-Systemeinstellungen und Zugriffsberechtigungen zu führen, die sicherstellen, dass die nachzuweisenden Kontrollen zwangsläufig durchgeführt werden und nicht umgangen werden können.

Das Ausmaß einer Kontrolllücke (Control-Gap) kann anhand der folgenden Begriffe kategorisiert werden:

- *Material Weakness*: bezeichnet eine oder mehrere Kontrolllücken, deren Auftreten eine höhere Eintrittswahrscheinlichkeit materieller Risiken verursacht.
- *Significant Deficiency*: bezeichnet eine oder mehrere Kontrolllücken, deren Auftreten eine höhere Eintrittswahrscheinlichkeit

nicht materieller, jedoch durchaus mit Konsequenzen verbundener, Risiken verursacht.
- *Deficiency*: bezeichnet eine oder mehrere Kontrolllücken, deren Auftreten eine geringe Eintrittswahrscheinlichkeit nicht materieller und nicht mit Konsequenzen verbundener Risiken verursacht.

Gem. der obigen Einstufung einer Control-Gap sollte die Behebung seiner Ursachen priorisiert werden. Für eine Control-Gap, die als Material Weakness eingestuft wird, ergibt sich stets unverzüglicher Handlungsbedarf zur Beseitigung des Grundes für die Control-Gap.

Literatur: IIA (Hrsg.): Standards für die berufliche Praxis der Internen Revision, Florida 2004.

Andreas Herzig

Controllability Principle →Responsibility Accounting

Controllerausbildung

Das Bild vom Controller hat sich im Zeitlauf gewandelt. *Weber/Schäffer* (Weber/Schäfer 2000) unterscheiden drei Entwicklungspfade, auf denen drei idealtypische, normative Vorstellungen von Controllern basieren. Betrachtet man →Controlling vorrangig als Informationsversorgung, verbirgt sich dahinter das Bild vom Controller als „Buchhalter" klassischer Prägung. Andere sehen das Controlling als Teilbereich der Unternehmensführung mit dem Controller in der Funktion des „Navigators", dessen Aufgabe es ist, proaktiv und zukunftsgerichtet dafür zu sorgen, dass das Unternehmen die gewünschten Ergebnisse erreicht. Noch einen Schritt weiter geht der dritte Typus. Hiernach gilt es, mithilfe des Controllings unterschiedliche Teilsysteme des Unternehmens zu koordinieren; der Controller wird zum „Innovator" bzw. „Management Consultant". Je weiter das Verständnis, desto größer wird die Schnittmenge zwischen „Controller" und „Manager": Der Manager ist weisungsbefugt und für das Ergebnis verantwortlich, der Controller für die Transparenz der Ergebnisse zuständig. Dies erhöht die Notwendigkeit zur Zusammenarbeit im Team und schafft Überlappungen in den jeweiligen Stellenbeschreibungen (Deyhle 1992, S. 365 f.).

Dieser veränderten Rolle versucht u. a. die IGC Rechnung zu tragen. Die IGC beschäftigt sich mit der Fortentwicklung des Berufsbildes des Controllers und der Schaffung von Qualitätsstandards in der Controllingaus- bzw. -weiterbildung über Ländergrenzen hinweg. Nach dem „Controller-Leitbild" der IGC obliegt den Controllern z. B. die ganzheitliche Koordinierung sämtlicher (auch unternehmensübergreifender) Teilpläne, die Moderation des gesamten Controlling-Prozesses sowie die Transparenzherstellung bzgl. der Strategien, Prozesse oder Ergebnisse (Remmel 1997). Damit greift das Leitbild die „modernen" Typen des Controller-Bildes explizit auf.

Welche Anforderungen die betriebliche Praxis an Controller stellt, findet sich hingegen weniger in Leitbildern als in den Ergebnissen von Stellenanzeigenanalysen (s. z. B. bei Steinle/Bruch 2003, S. 49 ff.) bzw. Unternehmensbefragungen (s. z. B. Landsberg/Mayer 1988). Der Schwerpunkt der Tätigkeiten liegt demzufolge derzeit eher im operativen als im strategischen Bereich. Neben fachlichen und methodischen Kompetenzen, z. B. Kenntnisse im internen →Rechnungswesen und der Umgang mit →Controllinginstrumenten, werden zunehmend Personal- und Sozialkompetenzen relevant. Hierzu zählen vor allem Kontaktfähigkeit, Kooperationsbereitschaft, Durchsetzungskraft und Zuverlässigkeit.

Fraglich ist, ob sich die skizzierten Tendenzen in den Controlling-Ausbildungsinhalten widerspiegeln. Eine berufliche Erstausbildung zum/zur Kaufmann/-frau im Controlling gibt es in Deutschland nicht. Der Ausbildungsweg erfolgt vor allem über eine (Fach-)Hochschulausbildung und/oder über eine berufliche Weiterbildung. Controller bringen oft eine Kombination aus akademischer (vorzugsweise betriebswirtschaftlicher) und praktischer Vorbildung mit. *Landsberg/Mayer* (Landsberg/Mayer 1988) zufolge sind 75 Prozent der Befragten Akademiker und besitzen im Durchschnitt eine Berufserfahrung von 10 Jahren. In der Hochschulausbildung liegt der inhaltliche Schwerpunkt im Bereich der Fach- und Methodenkompetenz, wie z. B. Vermittlung von Controlling-Theorien und Instrumenten-Wissen (Hirsch 2004, S. 78 f.). Die inhaltliche Ausgestaltung hängt hierbei nicht unwesentlich vom theoretischen Verständnis des jeweiligen Controlling-Lehrstuhls ab.

Im Bereich der Controlling-Weiterbildung gibt es neben Weiterbildungsmöglichkeiten bei diversen Anbietern seit 1998 die Möglichkeit, bundesweit einheitlich die ersten Prüfungen zum „Controller IHK" bei der *IHK* abzulegen.

Dabei werden neben Fach- und Methodenkompetenzen auch soziale und personale Kompetenzen in Modulen wie „Unternehmens- und Mitarbeiterführung" bzw. „Kommunikation und Moderation" vermittelt.

Zusammenfassend obliegt den Controllern die (kommunikative) Aufgabe, in und mit anderen Teilsystemen des Unternehmens zu (re-) agieren. Je stärker die Koordinations- und Beratungsfunktion in den Mittelpunkt rückt, desto größer sollte (jenseits einer fundierten fachlichen Ausbildung) die Bedeutung der persönlichkeitsbezogenen und sozialen Kompetenzen in den Ausbildungs- und Lehrinhalten sein. Vor diesem Hintergrund sind die Gewichtungen bestehender Curricula kritisch zu hinterfragen. Dass dies notwendig ist, zeigt die jüngste Untersuchung von Weber/Schäffer/Bauer (Weber/Schäffer/Bauer 2005, S. 112 f.). Hiernach ist das Selbst- und Fremdbild des Controllers das eines nüchternen, streng analytischen, kostenorientierten, zahlenfixierten und streng rationalen Akteurs und erinnert damit weiterhin an das überholt scheinende Bild eines „Buchhalters" klassischer Prägung.

Literatur: Deyhle, A.: Entwicklungsperspektiven des Controlling, in: Risak, J./Deyhle, A. (Hrsg.): Controlling, Wiesbaden 1992, S. 359–385; Hirsch, B.: Die Controllingausbildung an Universitäten – empirische Erkenntnisse, in: ZfCM 2 (2004), S. 78–80; Landsberg, G. v./Mayer, E.: Berufsbild des Controllers, Stuttgart 1988; Remmel, M.: Entwicklungstendenzen im Controlling, in: CM 5 (2003), S. 303–307; Steinle, C./Bruch, H. (Hrsg.): Controlling. Kompendium für Ausbildung und Praxis, Stuttgart 2003; Weber, J./Schäffer, U.: Balanced Scorecard & Controlling, 3. Aufl., Wiesbaden 2000; Weber, J./Schäffer, U./Bauer, M.: Controller und Manager im Team, in: Weber, J. (Hrsg.): Das Advanced-Controlling-Handbuch, Weinheim 2005, S. 97–131.

Dietmar Tredop; Susanne König

Controllership

Controllership entspricht der allgemeinen Umschreibung der Gesamtheit an Controllingaufgaben (→Controlling, Aufgaben des) im anglo-amerikanischen Sprachgebrauch.

Nachdem der Ursprung von →Controlling in Amerika liegt, ist eine differenzierte Betrachtung des englischen Begriffs „to control" und der Entwicklung von Controllingaufgaben als Grundlage für die Entwicklung und Durchsetzung des deutschen Begriffs „Controlling" hilfreich. Während es im Deutschen unerlässlich ist, explizit darauf hinzuweisen, dass es sich bei „Controlling" nicht einfach um das Kontrollieren von erbrachten Leistungen und erreichten Zielen handelt, ist der englische Begriff i. S. v. beherrschen, lenken, steuern und regeln von Prozessen zu verstehen (Horváth 2003, S. 21) und somit bereits mit einer viel weitreichenderen Bedeutung belegt.

In den →United States of America (USA) entstanden die ersten Controller-Stellen bereits Ende des 19. Jahrhunderts, deren Aufgaben und Bedeutung sich alsbald von der Überprüfung abgewickelter Transaktionen ausweitete (Weber 2004, S. 10). Das 1931 gegründete *Controller's Institute of America (CIA)* definierte aufgrund der Entwicklung als erster Controller-Verband zunächst allgemeine und spezielle Aufgaben von Controllern, um einen allgemeinen Konsens zu schaffen. Später folgte nach der Umfirmierung des Instituts in *FEI* eine Strukturierung bzw. eine weitergehende Unterteilung der Aufgaben in Controllership und Treasurership im Rahmen des Financial Managements.

Diese formale Trennung der Aufgaben des „Financial Executive" wurde in einer weiteren Definition später wieder aufgehoben und stattdessen grob zu folgenden Aufgaben zusammengefasst (s. dazu ausführlicher FEI 1972, S. 83 ff.):

- Planning (→Planung),
- Provision of Capital,
- Administration of Funds,
- Accounting and Control,
- Protection of →Assets,
- Tax Administration,
- →Investor Relations,
- Evaluation and Consulting und
- Management Information Systems.

Bei den definierten Aufgaben handelt es sich demnach sowohl um Aufgaben des Controllers als auch des Treasurer. Eine genauere einheitliche Definition des Controllership findet sich auch nicht in der anglo-amerikanischen Literatur (Richter 1987, S. 21) – ähnlich der Diskussion um Controllingdefinition im deutschsprachigen Raum – schließlich unterliegt das Controllership in einem dynamischen System einem ständigen Veränderungsprozess, wie auch zahlreiche empirische Studien in der anglo-amerikanischen Controlling-Praxis zeigen.

Controllership

Abb.: Abgrenzung Controllership und Treasurership nach FEI

Financial Management

Controllership

Planung

Aufstellung, Koordinierung und Durchführung von Unternehmensplänen als integrierter Teil des Managements zur Kontrolle des Geschäftsablaufs.

Die Planung umfasst Gewinnpläne, Programme für Kapitalinvestitionen und Finanzierungen, Absatzpläne, Gemeinkostenbudgets und Kostenstandards.

Berichterstattung und Interpretation

Vergleich der Ausführung mit den Plänen und Standards und Berichterstattung sowie Interpretation der Resultate des Geschäftsablaufs an alle Bereiche des Managements und die Kapitaleigner.

Diese Funktion schließt die Formulierung von Buchhaltungs- und Bilanzrichtlinien ein, die Koordinierung der Systeme und Vorgabe sowie die Vorbereitung von zu bearbeitenden Daten und Sonderberichten.

Bewertung und Beratung

Beratung mit allen Teilen des Managements, die für die Richtlinien und Ausführungen in den verschiedenen Unternehmensbereichen verantwortlich sind, wenn es sich um die Erreichung der gesetzten Ziele und die Wirksamkeit der Richtlinien sowie der Organisationsstruktur und -abläufe handelt.

Steuerangelegenheiten

Aufstellung und Anwendung von Richtlinien und Verfahren für die Bearbeitung von Steuerangelegenheiten.

Berichterstattung an staatliche Stellen

Kontrolle und Koordinierung von Richtlinien und Verfahren für die Bearbeitung von Steuerangelegenheiten.

Sicherung des Vermögens

Durch innerbetriebliche Kontrollen und Revision sowie durch Überwachung des Versicherungsschutzes ist die Sicherheit des Vermögens zu gewährleisten.

Volkswirtschaftliche Untersuchungen

Ständige Untersuchung der wirtschaftlichen und sozialen Kräfte und Einflüsse von staatlichen Stellen sowie Beurteilung möglicher Auswirkungen auf das Unternehmen.

Treasurership

Kapitalbeschaffung

Aufstellung und Ausführung von Programmen für die Kapitalbeschaffung einschließlich der Verhandlungen zur Kapitalbeschaffung und der Erhaltung der notwendigen finanziellen Verbindungen.

Verbindung zu Investoren

Schaffung und Pflege eines Marktes für die Wertpapiere des Unternehmens und in Verbindung damit Unterhaltung von entsprechenden Kontakten zu Investitionsbanken, Finanzexperten und Aktionären.

Kurzfristige Finanzierung

Beschaffung und Erhaltung von Quellen für den laufenden kurzfristigen Kreditbedarf des Unternehmens, wie Wirtschaftsbanken und andere Kreditinstitute.

Bankenverbindung und Aufsicht

Die Bankverbindungen aufrechterhalten, die Aufsicht über die Firmengelder und Wertpapiere ausüben und diese auch günstig anlegen sowie die Verantwortung für die finanziellen Aspekte im Immobiliengeschäft übernehmen.

Kredite und Forderungseinzug

Überwachung der Gewährung von Kundenkrediten und des Einzugs der fälligen Forderungen einschließlich der Kontrolle von Sondervereinbarungen für Verkaufsfinanzierungen, wie Ratenzahlungen und Mietpläne.

Kapitalanlage

Zweckmäßige Anlage von Kapitalfonds des Unternehmens sowie Ausarbeitung und Koordinierung von Richtlinien für die Anlage von Kapital in Pensionsrückstellungen oder ähnlichen Verwendungsarten.

Versicherungen

Sorge für einen notwendigen und ausreichenden Versicherungsschutz.

Quelle: Weber 2004, S. 11.

Literatur: FEI: Responsibilities of a Financial Executive as definded by FEI, in: Lemke, B. C./Edwards, J. D. (Hrsg.): Administrative Control and Executive Action, 2. Aufl., Columbus/Ohio 1972, S. 83–85; Horváth, P.: Controlling, 9. Aufl., München 2003; Richter, H. J.: Theoretische Grundlagen des Controlling. Strukturkriterien für die Entwicklung von Controlling-Konzeptionen, Frankfurt a.M. 1987; Weber, J.: Einführung in das Controlling, 10. Aufl., Stuttgart 2004.

Thomas Reichmann

Controlling

Ausgangsfeld eines Nachdenkens über Wesen und Inhalte des Controllings, über den Kern dessen „was Controlling im Innersten zusammenhält?" kann in der Entfaltung der unternehmerischen Aufgabe gesehen werden (Steinle 2004, S. 435–456): Quantitatives und qualitatives Wachstum hieraus resultierender Anforderungen führen zu Überlastung und Überforderung der inizialen Führungsperson(en). Dies fordert Entlastung und Unterstützung, indem weitere Akteure entsprechende Aufträge und adäquate Kompetenzen erhalten. Neben diesem Grundsachverhalt der Entlastung durch Teilung von Aufgabenfeldern und einer damit möglichen Spezialisierung und den Folgephänomenen erhöhter Eignungs- und Koordinationsanforderungen sowie entsprechenden Aufgabenfeldern liegen weitere Ursachen für die Bildung von unterstützenden und entlastenden Aufgabenfeldern und dann Stellen in kognitiven (Wahrnehmung; Informationsverarbeitung; Wissen; Lernen) und kapazitiven (ausgeschöpfte Leistungskapazität) Begrenzungen bei Inhabern von Leitungspositionen. Hinzu tritt die Notwendigkeit schneller und problemadäquater Reaktionen durch weitgehend handlungsautonome (Sub-) Einheiten sowie das Ausschöpfen motivatorischer Potenziale durch delegierte Handlungsfelder. Beide Sachverhalte implizieren Handlungsspielräume zur Aufgabenrealisation. Die hieraus entstehende Prinzipal-Agenten-Problematik (→ Principal-Agent-Theorie) ist durch vor- und nachsorgende Determinierungsprozesse (Leistungs- und Wertdiagnosen; Anreize; Strukturen; Personen) zielorientiert zu bewältigen, was wiederum vielfältige Entlastungs- und Unterstützungsleistungen für Führungskräfte erfordert.

Während sich die Frage nach dem Wesenskern des Controllings mit „Unterstützung" noch einigermaßen konzise beantworten lässt, erweist sich die Frage nach den *Zielen* der Unterstützungsleistung des Controllings als recht komplex: Wenn Controlling als Führungsunterstützungsleistung verstanden wird, dann kann es keine originären, nur für das Controlling gültigen Ziele geben. Vielmehr stellen die Ziele der Führung bzw. des Managements Richt- und Ankergrößen auch für das Controlling dar. Management als Konzeption, Implementation und Entwicklung erwünschter Transformationsergebnisse in der und durch die Unternehmung sieht sich vor folgenden unternehmungsbezogenen Zielkategorien (Steinle 2003, S. 20–22): Strategie- und Steuerungsziele, leistungswirtschaftliche Ziele, sozial-personale Ziele und finanzwirtschaftliche/wertbezogene Ziele. *Strategie- und Steuerungsziele* wollen die langfristige Handlungs-, Entwicklungs- und Überlebensfähigkeit der Unternehmung sicherstellen. Sie umschreiben Grundanforderungen für das Handeln insb. der Managementgruppe und geben Orientierungen für die einzelnen Managementprozesse (→ Planung; Kontrolle; Organisation; Führung; Entwicklung). Inhaltlich richten sie sich auf die Zeit-, Chancen-/Risiken- und Synergieorientierung. *Leistungswirtschaftliche Ziele* beziehen sich auf die Bestimmung der Marktleistungen der Unternehmung. Hierbei sind einerseits Marktziele, andererseits Produktarten, -mengen und Qualitätsniveaus zu bestimmen. Hinzu kommen Aussagen über erzeugende Prozesse im Rahmen der Wertkette, über das einzusetzende Personalpotenzial, das technische/finanzielle Potenzial und das Verbrauchsgüterpotenzial. *Sozial-personale Ziele* beziehen sich einerseits auf die grundlegenden Orientierungen für den Bereich der Personalwirtschaft und das Personal, andererseits auf die Sicherstellung gesellschaftlicher Forderungen und Normen. *Finanzwirtschaftliche/wertbezogene Ziele* sind als monetäre Abbildung der anzustrebenden unternehmungsbezogenen Ziele zu verstehen. Sie richten sich auf die Quellen und das gewünschte Niveau des geldbezogenen Erfolgs (Erfolgsentstehung). Erfolgsverwendungsziele beziehen sich auf den Verbleib der Wertschöpfung, also auf die Erfolgseinbehaltung/Selbstfinanzierung oder die Erfolgsausschüttung. Liquiditätsziele sind i. S. e. Nebenbedingung bei der Realisation vorgenannter Ziele zu sehen.

Mit diesen vier großen Kategorien von Richtgrößen sind die Ziele des Controllings, Unterstützungsleistungen zur (besseren) Erreichung der Unternehmungsziele zur Verfügung zu stellen, inhaltlich konkretisiert worden. Interessant in diesem Zusammenhang ist die Generierbarkeit entsprechender zielbezogener Teilcontrollings, bzgl. der Strategie-/Steuerungsziele bspw. eines →strategischen Controllings oder eines →Risiko- und Chancencontrollings (→Risikomanagementsystem), bzgl. der leistungswirtschaftlichen Ziele eines →Produktionscontrollings, →Marketingcontrollings bzw. Wertkettencontrollings oder der finanzwirtschaftlichen/wertbezogenen Ziele eines wertorientierten Controllings (→Unternehmenssteuerung, wertorientierte) bzw. eines →Erfolgscontrollings, →Finanzcontrollings und →Investitionscontrollings, die sich dann durch Spezifizierungen der jeweils globalen Zielkategorien auszeichnen.

Eine Möglichkeit, die Ziele des Controllings weiter zu verdeutlichen ist darin zu sehen, Charakteristika der Unterstützungsleistung zu unterscheiden. Unterstützung könnte sich erstens in der Übernahme von Ausführungs- und Verfügungsleistungen und einer daraus resultierenden Handlungsverantwortung zeigen (Teilleistungen aus dem Aufgabenkombinat von Führungskräften – unter denen Koordinationsaufgaben eine primäre Rolle einnehmen – werden zur Erfüllung angewiesen). Zweitens könnte Unterstützung in Form von Informations- und Beratungsleistungen mit einer sich daraus ergebenden zweckadäquaten Erstellungsverantwortung erfolgen. Antrags-, Planungs-, Entscheidungs-, Anordnungs-, Kontroll-, Mitsprache- und Vertretungsleistungen (letztlich „Managementleistungen") stellen eine dritte Kategorie dar. Entsprechend der von der Unternehmungsleitung gewünschten Unterstützungsleistung sind unterschiedliche Konfigurationen aus diesen Gruppen möglich.

Schließlich ist darauf hinzuweisen, dass Kernelemente und Ziele des Controllings sehr unterschiedlichen Sichtweisen zugänglich sind (Günther/Niepel 2000, S. 222–240), was sich auch in der Abfolge differenter Aussagenkombinate in Controllingtheorien und →Controllingkonzepten zeigt.

Literatur: Günther, T./Niepel, M.: Controlling. Sammelrezension zu ausgewählten Werken, in: DBW 60 (2000), S. 222–240; Steinle, C.: Controlling: Von der erweiterten Koordinationsorientierung zur qualitätszentrierten Dienstleistung, in: Scherm, E./Pietsch, G. (Hrsg.): Controlling. Theorien und Konzeptionen, München 2004, S. 433–456; Steinle, C.: Entwicklung, Ansätze und Grundverständnis des Controlling, in: Steinle, C./Bruch, H. (Hrsg.): Controlling. Kompendium für Ausbildung und Praxis, 3. Aufl., Stuttgart 2003, S. 20–30.

Claus Steinle

Controlling, Aufgaben des

Wird der Kern des →Controllings in Führungsunterstützungsleistungen gesehen, dann kann diese allgemeine Zwecksetzung unter Einnahme einer eher strategischen sowie einer eher taktisch-operativen Sichtweise in Form von Aufgaben weiter spezifiziert werden (Steinle 2003, S. 23–25).

Entsprechende *strategische Aufgaben* des Controllings richten sich auf die Generierung von Leistungen, mit deren Hilfe eine verbesserte Erreichung aller Ziele der Unternehmung sichergestellt werden soll (→strategisches Controlling). Im Mittelpunkt stehen hier die Konzeptionierung und Entwicklung von marktlichen sowie funktionsbezogenen Nutzen- und Erfolgspotenzialen/Kompetenzen im leistungswirtschaftlichen und dem Strategie-/Steuerungsbereich. Aus der Strategiegenerierung und der strategischen →Planung und Kontrolle, die dabei dominieren, ergeben sich wiederum Anforderungen und Aufgabenfelder für die Gestaltung der übrigen Führungsteilsysteme, wie Organisation, Personalführung und den Änderungs-/Wandlungsbereich.

Unter der *taktisch-operativen Perspektive* und bei mittelfristiger Orientierung stehen Aufgabenfelder im Bereich der Bildung und Entwicklung der finanzwirtschaftlichen/wertbezogenen Ziele sowie insb. im Bereich der Programm- sowie der operativen Planung und Kontrolle im Mittelpunkt (→operatives Controlling). Das eher kurzfristige Feld umfasst Aufgabenstellungen, die sich mit der Formulierung und Sicherstellung von Erfolgs- sowie Liquiditätszielen (→Erfolgscontrolling; →Liquiditätscontrolling) beschäftigen und die primär im Bereich der Ergebnis- und →Finanzplanung und -kontrolle (→Finanzcontrolling) sowie der Investitionsplanung und →Investitionskontrolle (→Investitionscontrolling) angesiedelt sind. Hierbei stellen das →Rechnungswesen und die ergebnisorientierte Informationserstellung und -erstattung sowie die Gestaltung und Koordination der entsprechenden Systeme, Prozesse und organisatorischen Regelungen weitere wichtige Aufgabenfelder dar (Hahn/Hungenberg 2001, S. 277–284).

Die vorgenannten Aufgabenstellungen werden allerdings vom Controlling nicht i. S. e. Eigen- oder Letztverantwortlichkeit durchgeführt, denn dies würde den (abzulehnenden) Sachverhalt der Gleichsetzung von Controlling und Unternehmungsführung/Management beinhalten. Vielmehr könnten die vom Controlling bereitgestellten Unterstützungsleistungen nach der *Art der Aufgabenwahrnehmung* grob in *Entlastungsaufgaben* (das Controlling erhält Aufgabenteile aus dem Aufgabenkombinat entsprechender Führungskräfte zur Ausführung; „Basisleistungen") sowie in *Novellierungsaufgaben* (aktive Wahrnehmung von Unterstützungsaufgaben i. S. v. Anregungs- und Entwicklungsleistungen; „Initiativleistungen") (→ Controllingkonzepte) unterschieden werden.

Eine weitere Differenzierung der Aufgabenstellungen nach dem *Grad der Mitwirkungsintensität* des Controllings bei der Aufgabenerfüllung resultiert in

- Informations- (Controller als Informationstechniker),
- Beratungs- (Controller als Consultant),
- Mitentscheidungs- (Controller als Mitgestalter),
- Alleinentscheidungs- (Controller als Manager) sowie
- Ausführungs-/Durchführungsaufgaben (Controller als Mitarbeiter).

Abb.: Aufgaben des Controllings

Unternehmungsplanung und -kontrolle,
insbesondere ergebnisorientierte,
z.T. liquiditätsorientierte
Planungs- und Kontrollrechnung

    Mitwirkung oder **Mitentscheidung** bei
    - grundlegender Zielplanung und -kontrolle
    - strategischer Planung und Kontrolle
    - operativer Planung und Kontrolle
    - der Informationsversorgung

    Koordination aller Teilplanungen mit
    Durchführung der
    - periodischen Ergebnis- und
      Finanzplanungen und -kontrollen
    - Kapitalwertplanungen und Kontrollen

Rechnungswesen/Dokumentationsrechnung

    Durchführung der
    - Kosten und Erlösrechnung sowie evtl.
    - Buchhaltung, GuV, Bilanz
    - Steuern, Zölle

Information

    Durchführung der primär ergebnisorientierten
    Informationserstellung und -erstattung für
    - interne interessierte Gruppen
    - externe interessierte Gruppen
      (Berichtswesen)

} Mitentscheidung oder Alleinentscheid (in Abstimmung mit der Unternehmungsspitze über Systeme mit Techniken und Verfahren sowie Organisationsstrukturen

Nutzungsaufgabe

Gestaltungsaufgabe

Quelle: Hahn/Hungenberg 2001, S. 278.

Mit *Hahn/Hungenberg* können die Controllingaufgaben weiter nach ihrem *Systembezug* in *Nutzungsaufgaben* und *Gestaltungsaufgaben* unterschieden werden, was wiederum mit der von *Horváth* (Horváth 2006, S. 108–136) vorgenommenen Systematisierung in systemkoppelnde und systembildende Koordination korrespondiert (Hahn/Hungenberg 2001, S. 278–279).

Gestaltungsaufgaben beinhalten (vorrangig) die Bildung und Strukturierung des →Planungssystems und →Kontrollsystems sowie des Informationssystems (→Führungsinformationssysteme). Die *Nutzungsaufgaben* richten sich dann auf die Durchführung der notwendigen Planungen, Kontrollen und Informationsversorgungsprozesse. Sie umfassen damit den laufenden Betrieb entsprechender Systeme und Rechnungen. In Anlehnung an eine Übersicht bei *Hahn/Hungenberg* können unter Einbezug dieser Überlegungen die konkretisierten Aufgaben und Mitwirkungsfelder des Controllings mit der vorstehenden Abb. zusammengefasst und verdeutlicht werden.

Das zentrale Aufgabenfeld des Controllings ist somit darin zu sehen, Planung und Kontrolle als die bedeutenden Managementaufgaben zu unterstützen: Durch Planung und Kontrolle werden die zukunftsbezogenen Willensbildungs- und Entscheidungsprozesse systematisiert, inhaltlich gefüllt und zur Umsetzung in Realisationsprozesse vorbereitet sowie hinsichtlich ihrer Ergebnisse und ihrer Erfolgsbeiträge überwacht.

Literatur: Hahn, D./Hungenberg, H.: PuK. Wertorientierte Controllingkonzepte, 6. Aufl., Wiesbaden 2001; Horváth, P.: Controlling, 10. Aufl., München 2006; Steinle, C.: Entwicklung, Ansätze und Grundverständnis des Controlling, in: Steinle, C./Bruch, H. (Hrsg.): Controlling. Kompendium für Ausbildung und Praxis, 3. Aufl., Stuttgart 2003, S. 20–30.

Claus Steinle

Controlling, begleitendes →Bereichecontrolling

Controlling im Konzern

Funktional bedeutet →Controlling die rationalitätssichernde →Planung und die zielorientierte Steuerung, Kontrolle (→Kontrolltheorie) und Koordinierung der Entscheidungen und betrieblichen Aktivitäten innerhalb des Unternehmens. Controlling ist damit eine Kernfunktion des Managements.

Zur Entlastung der Manager sind in größeren Unternehmen Teile der Controllingfunktion organisatorisch verselbstständigt worden. Damit wird das Controlling (→Controllership) zur *Institution*. Träger dieser Institution ist der Controller. Art und Umfang der organisatorisch verselbstständigten Controllingaufgaben (→Controlling, Aufgaben des) bestimmt letztlich die Unternehmensleitung.

Analog zur Führung einer einzelnen Unternehmung beinhaltet auch die Konzernführung (→Konzernmanagement) die Controllingfunktion. Sie bezweckt, dass die Konzernunternehmen unter Beachtung der Rahmenbedingungen für den Konzern (z. B. Konzernrecht, Grundlagen der Leitungsmacht) entsprechend den von der Konzernleitung gesetzten Zielen für den Konzern (→Konzernarten) und seine Unternehmen agieren. Das *Konzern-Controlling* wirkt primär koordinierend und kontrollierend im Hinblick auf die Zielerreichung für den Gesamtkonzern. Es berührt nicht die rechtliche Selbständigkeit und Eigenverantwortlichkeit der Geschäftsführung der Konzernunternehmen. Vorbehaltlose und umfassende Informationen für die Konzernführung bedeuten kein Eingreifen in das Management der Tochtergesellschaften.

Die *Schwerpunkte* des Konzern-Controllings ergeben sich aus den originären Aufgaben und „echten" Entscheidungen (*Gutenberg*) der Konzernleitung, nämlich aus der strategischen und finanziellen Führung des Konzerns. Die gebotene Marktnähe und die dazu erforderliche Flexibilität unternehmerischer Entscheidungen machen eine *dezentrale Konzernführung* mit weitgehender Entscheidungsdelegation unumgänglich. Dies verlangt jedoch ein wirksames Controlling, damit die Einzelentscheidungen im Einklang mit den übergreifenden Konzernzielen getroffen werden. Dazu ist ein umfassendes →Controllingkonzept notwendig, das alle Konzernunternehmen und ihre Aktivitäten systematisch einbezieht. Sein Rückgrat ist ein konzerneinheitliches Planungs-, Informations- und Abrechnungssystem (→Planungssysteme; →Führungsinformationssysteme).

Zur Erreichung der strategischen und operativen Ziele für den Gesamtkonzern müssen daraus entsprechende Zielvorgaben für die Konzernunternehmen abgeleitet werden. Planung und Ist-Entwicklung der einzelnen Konzernunternehmen sollen sich in dem von der Konzernleitung vorgegebenen Rahmen (strategische Geschäftsfelder des Konzerns, Kapitalrendite, Verschuldungsgrad u.Ä.) bewegen. Die Pläne der einzelnen Konzernunternehmen müssen sich als Bausteine in das größere Gebäude der Konzernplanung einfügen. Dieselbe Struktur ist bei Erfassung [→Betriebsdatenerfassung (BDE)] und Ausweis der Ist-Daten zugrunde zu legen, damit ein sachgerechter →Soll-Ist-Vergleich durchgeführt und die Zielerreichung auf Konzernebene strukturkonform gesteuert, koordiniert und überwacht werden kann.

Bei ihren Zielvorgaben hat die Konzernleitung die juristische Selbstständigkeit der Konzernunternehmen und die Grundlagen bzw. Restriktionen ihrer Leitungsmacht zu beachten. Außerdem müssen die Zielvorgaben für die Konzernunternehmen unter den gegebenen Umständen (verfügbare Ressourcen, Entwicklung der Umwelt, Verhalten der Konkurrenz) realisierbar sein. Sie müssen hinreichend spezifiziert werden und messbar sein, damit ihre Verwirklichung überwacht werden kann.

Für die Steuerung und Überwachung des Konzerns ist die systematische Konzernplanung durch eine rechtzeitige, regelmäßige und zutreffende Berichterstattung (→Berichtssystem) an die Konzernführung zu ergänzen. Dieses managementorientierte Berichtswesen sollte konzerndurchgängig hierarchisch aufgebaut sein mit ausreichendem Detaillierungsgrad für jede Managementebene im Konzern und mit zunehmender Verdichtung der Daten zur Konzernspitze hin.

Der *Konzern-Controller* nimmt eine Stabfunktion der Konzernleitung wahr. Seine primäre Aufgabe ist, ein zeitgemäßes managementorientiertes Planungs- und →Berichtssystem konzernübergreifend zu installieren, effizient zu nutzen und zu pflegen, das alle wesentlichen Erfolgskriterien und Steuerungsgrößen für das Konzern-Management zeitnah, vergleichbar und übersichtlich im Soll und Ist abbildet. Zu den typischen Aufgaben des Konzern-Controllers gehören auch die konzerneinheitliche Definition relevanter Maßstäbe und Kennzahlen (→Kennzahlen und Kennzahlensysteme als Kontrollinstrument) sowie fallweise erstellte betriebswirtschaftliche Analysen und →Wirtschaftlichkeitsberechnungen (→Rentabilitätsanalyse) für wichtige Geschäftsvorhaben, Investitionsprojekte (→Investition; →Investitionscontrolling) u.Ä.

Der Konzern-Controller des Konzerns braucht ausreichende Kompetenzen (→Controllerausbildung), um dafür sorgen zu können, dass bei allen Konzernunternehmen ein einheitlich ausgerichtetes, effizientes und managementgerechtes Controllingsystem eingerichtet und gehandhabt wird.

Die *Arbeitsteilung* zwischen Konzern-Controller und den Controllern der Konzernunternehmen besteht darin, dass der Konzern-Controller sämtliche für die Konzernleitung notwendigen Informationen bearbeitet und die Controllingaktivitäten im Konzern überwacht und koordiniert, während der Controller der Konzernunternehmen in erster Linie für das Management dieser Unternehmen tätig ist. Eine enge *Kooperation* zwischen den Controllern auf Konzern- und Unternehmensebene entlastet das Management beim konzernleitenden Unternehmen und bei dessen Tochterunternehmen.

Literatur: Scheffler, E.: Konzernmanagement, 2. Aufl., München 2005.

Eberhard Scheffler

Controlling in Nonprofit-Organisationen

→Controlling ist als informationsversorgendes System zur Unterstützung der Führung einer Nonprofit-Organisation (NPO) bei der →Planung, Analyse und Entwicklung von Handlungsalternativen zu verstehen. Die betriebswirtschaftlichen →Controllinginstrumente sind weitgehend auch in NPO, wenn auch modifiziert, zur Unterstützung der Planungs-, Durchsetzungs- und Überwachungsprozesse einsetzbar. Durch das Fehlen des Wettbewerbsdruckes vom Markt her sind sie für die NPO-Führung umso wichtiger, soll das NPO-Management durch Zielwirksamkeit (Effektivität) und Wirtschaftlichkeit (Effizienz) gekennzeichnet sein. Bei dem oftmals eingeräumten Leistungsmonopol bedeutet der Wegfall von Konkurrenz auch das Fehlen von Innovationsdruck. Die Kontrolle (→Kontrolltheorie) des erreichten Erfolgs wird schwierig, wenn qualitative Kriterien überwiegen und sich der Messung entziehen. Deshalb ist zwischen *Ergebniscontrolling* (auf der Basis von Ermittlungsrechnungen) und *Verfahrenscontrolling* (auf der Basis einer Systemanalyse) zu unterscheiden.

→Strategisches Controlling soll eine NPO in die Lage versetzen, die Erfüllung des grundlegenden Leistungsauftrages einer Organisation bei stetig wechselnden Umfeldbedingungen langfristig sicherzustellen. Eine zentrale Aufgabe stellt die Vermeidung von Situationszwängen dar. Die NPO soll frühzeitig agieren können und nicht unter Zeitdruck reagieren müssen. Dies setzt voraus, dass die NPO zukünftige Chancen und Risiken systematisch erkennen und beachten kann [→Risiko- und Chancencontrolling; →Risikomanagementsystem (RMS)]. Als spezifische Instrumente sind zu erwähnen: Umfeldanalyse (Chancen/Gefahren), Stärken-Schwächen-Profil (Außen-/Innenwirkung), →Portfolioanalyse, Leistungsanalyse (Aufgabenkritik), Gemeinkosten-Management (Dimensionierung der Leistungsbereitschaft; →Gemeinkostencontrolling; →Kostenmanagement) und in zunehmendem Maße die →Balanced Scorecard. Sie soll die operative Messbarkeit der Umsetzung von Strategien ermöglichen und zielt auf eine Ausgewogenheit zwischen monetären und nicht-monetären Kenngrößen sowie zwischen externen und internen Performance-Perspektiven ab.

Die Grundlage für das →operative Controlling liefert ein integriertes (internes und externes) →Rechnungswesen. Es übernimmt eine Mittlerfunktion zwischen Zielsystem und Leistungssystem einer NPO und dient in gleicher Weise als Lenkungsinstrument und als Abbildungsinstrument (→Rechnungswesen in Nonprofit-Organisationen). Es ist so zu entwickeln, dass sowohl zukunfts- als auch vergangenheitsbezogen (→Soll-Ist-Vergleich) neben der Finanzrechnung auch eine Bestandsrechnung sowie Ergebnisrechnungen geführt werden, die monetäre Erfolgssalden (zum Nachweis der Substanzveränderungen) wie auch quantitative und qualitative Leistungs-Wirkungsquotienten als Ergebnisse ermöglichen.

Das Bewusstsein um die langfristigen Ziele einer NPO und die daraus abgeleiteten Aufgabenbereiche und deren Entwicklung im Zeitablauf unter Berücksichtigung der Stärken und Schwächen der NPO und der im gesellschaftlichen und wirtschaftlichen Umfeld erkennbaren Chancen und Gefahren lässt es logisch erscheinen, gerade wegen der eingeschränkten Marktsteuerung dem *strategischen Controlling* einen Vorrang einzuräumen. Dies setzt jedoch einen hohen Informationsstand über den gegenwärtigen Zustand und die unmittelbar daraus folgende Entwicklung der NPO voraus.

Dieser Informationsstand ist wegen eines mangelhaft ausgebauten Rechnungswesens, insb. wegen eines fehlenden Leistungs- und Ergebnisbewusstseins, in NPO sehr oft nicht gegeben. Daher muss in diesen Fällen der Einführung und Entwicklung des *operativen Controllings* der Vorrang eingeräumt werden. Unscharfe strategische Zielvorgaben und Führungskonzepte sind allenfalls in Kauf zu nehmen. Das →Controllingkonzept muss sich in diesen Fällen zunächst auf die Dokumentation von rudimentären Plänen und die umfassende Darstellung des Ist-Zustandes (*Registrator*-Funktion) konzentrieren. Erst dann kann ein Controller (→Controllership) i. S. e. *Navigators* für die Bereitstellung von Planungs- und Steuerungshilfsmitteln verantwortlich zeichnen und eine methodisch abgesicherte Planung und Überwachung der verschiedenen Teilbereiche einer NPO veranlassen.

Controlling ist als eine typische Stabsaufgabe zweckmäßig der obersten NPO-Führung zuzuordnen. Dies schließt nicht aus, dass in einzelnen Bereichen die Controllingfunktion auch dezentral von dort agierenden Aufgabenträgern wahrgenommen wird (→Bereichecontrolling). Controlling ist im Grunde genommen zuallererst eine Aufgabe der Führenden und Ausführenden in den verschiedenen Ebenen der Aufbauorganisation einer NPO, also im Liniensystem. Soweit diese Stellen ergebnisorientiert arbeiten, betreiben sie bereits Controlling. Aus dem bestehenden Informationsdefizit im operativen Bereich von NPO könnte man auch ableiten, die Controllingfunktion mit den Aufgaben des Verantwortlichen für das Rechnungswesen zu verbinden. Hierzu bestehen jedoch interessante Alternativen, nämlich die Zuordnung zum Personalwesen oder zum NPO-Marketing, wenn der Personalbereich bzw. die Außenorientierung i. S. d. Erkennens gesellschaftlicher Bedürfnisse als strategischer Erfolgsfaktor der NPO angesehen wird.

Literatur: Kaplan, R. S.: Strategic Performance Measurement and Management in Nonprofit Organizations, in: Nonprofit Management & Leadership 11 (2001), S. 353–370; Schauer, R.: Rechnungswesen für Nonprofit-Organisationen, 2. Aufl., Bern 2003; Schwarz, P. et al.: Das Freiburger Management-Modell für Nonprofit-Organisationen, 5. Aufl., Bern 2005.

Reinbert Schauer

Controlling in Revisions- und Treuhandbetrieben

Aufgabe des →Controllings (→Controlling, Aufgaben des) in →Revisions- und Treuhandbetrieben (RuT-Betriebe) ist der Einsatz geeigneter Führungsinstrumente zwecks Unterstützung der Geschäftsleitung bei der zielgerechten Unternehmensführung hinsichtlich aller betrieblichen Bereiche und Funktionen unter Beachtung der jeweiligen leistungs-, betriebs-, branchen- und kontextspezifischen Besonderheiten von Prüfung (→Jahresabschlussprüfung; →Konzernabschlussprüfung u. a.), Treuhandtätigkeit (→Treuhandwesen) und Beratung (→bilanzpolitische Beratung durch den Wirtschaftsprüfer u. a.).

Die Controlling-Situation von RuT-Betrieben als Professional-Service-Betriebe ist *extern* gekennzeichnet durch eine jeweils hohe Leistungskomplexität, Kontaktintensität, Prozess- und Front-Office-Orientierung sowie einen hohen Individualisierungsgrad, weil die Merkmale des externen Faktors im Leistungsprozess von Auftrag zu Auftrag stark divergieren. Der externe Faktor ist beim →Dienstleistungscontrolling in RuT-Betrieben das Unternehmen des Mandanten.

Zu den *internen* Besonderheiten zählt eine Kostenstruktur (→Kosten) mit hohen Fix- und Gemeinkostenanteilen (→Kostencontrolling; →Fixkostencontrolling; →Gemeinkostencontrolling). Der größte Anteil (ca. 70%) entfällt auf den Produktionsfaktor „Fachpersonal", der die wichtigste Determinante des Leistungspotenzials ist (→Personalcontrolling). Typisch sind Dezentralität und flache Hierarchien wegen Personalintensität sowie partnerschaftliche Organisation (→Partner). RuT-Betriebe sind durch geringe Kapitalintensität bzw. -bindung geprägt. Neben hohen Aufwendungen für das Human Capital (→Human Resource Management) steigt der Anteil für das Structure Capital, weil die Ressource „Information" nicht-personen-gebunden an Bedeutung gewinnt (Knowledge-Management; →Wissensmanagement).

Im →Prüfungsmarkt herrscht intensiver Wettbewerb, der über Zeithonorare (→Erfolgscontrolling; →Auftragskalkulation) ausgetragen wird. Saisonalität im Prüfungsgeschäft erfordert auch unterjährig ein ausgeprägtes →Kapazitätscontrolling und Ressourcencontrolling. Veränderungen im Controlling resultieren u. a. aus Internationalisierung, Konzentration, Diversifikation, Marktdynamik, Wandel in der rechtlichen Umwelt (→Berufsrecht des Wirtschaftsprüfers) und wachsenden Haftungsrisiken (→Haftung des Wirtschaftsprüfers).

Controllingvolumen und Effizienz der →Controllinginstrumente sind abhängig von der *Betriebsgröße*, die von kleinen Einzelpraxen über mittlere Prüfungsnetzwerke bis zu den sog. Big Four reicht. In allen Typen existieren im Grundsatz die gleichen Aufgaben; Unterschiede betreffen den Detaillierungsgrad des Controllings.

Eine *(aufbau-) organisatorische Trennung* zwischen →operativem Controlling und →strategischen Controlling ist in RuT-Betrieben eher gering ausgeprägt. Erst bei größeren Betrieben finden sich gesonderte *Organisationseinheiten* (Stabstelle, Zentralabteilung), die für die strategische →Planung etc. verantwortlich sind. Bei geringerem Umfang werden deren Aufgaben von der Geschäftsleitung übernommen.

Beim *operativen Controlling* liegt der Schwerpunkt auf monetären, kurzfristigen und eher vergangenheitsorientierten Parametern, die etwa für →Kalkulation (→Kalkulationsmethoden; →Kalkulation, branchenorientiert), interne Verrechnung oder Kosten- bzw. Stundenbudgetierung (→Budgetierung) leicht bestimmbar sind. Typische Kennzahlen sind Audit Fees, Labor Hours, Billing Rate, Staff Costs, Chargeable Ratio etc.

Für präskriptive Zwecke sowie vor einem mittel- bis langfristigen Planungshorizont werden beim *strategischen Controlling* Vorgaben benötigt, die von der gesamtbetrieblichen Strategie abgeleitet und in operationale Teilziele, Kennzahlen (→Kennzahlen und Kennzahlensysteme als Kontrollinstrument), Messwerte und Partialsteuerungsinstrumente übersetzt werden. Weil bei Prüfungsdiensten Differenzierungen extern nicht genügend wahrnehmbar sind, bilden nur Kosten- bzw. Zeitführerschaft oder Nischenstrategie eine gesamtbetriebliche *Wettbewerbsoption*.

Ein betriebsweites →*Controllingkonzept,* das Mängel durch isoliert angewendete Einzelinstrumente vermeidet, ist die *revisionsspezifische* →*Balanced Scorecard,* die sich gliedert in:

1) Finanzperspektive,
2) Mandatsperspektive,

3) interne Prozessperspektive,

4) personale Wachstumsperspektive und

5) organisationale Wachstumsperspektive.

Ad 1): Den Ausgangspunkt bildet die übergeordnete *Finanzperspektive*. Unter Beachtung berufständischer Determinanten (→Berufsgrundsätze des Wirtschaftsprüfers; →Berufspflichten des Wirtschaftsprüfers) gilt auch in RuT-Betrieben das Primat der *erfolgswirtschaftlichen Oberziele*. Hier sind überwiegend monetäre Kernergebnisgrößen traditioneller Reporting-Tools (→Berichtssystem) erforderlich, wie für Ausschüttungsziele (Tantiemen, Boni etc.), jedoch auch differenzierte Größen zu Honorarumsatz (→Umsatzplanung und -kontrolle), Deckungsbeiträgen (→Deckungsbeitragsrechnungen), Ertragsquellen-Mix, Auftragseingang, Auslastung (→Kapazitätsplanung; →Kapazitätscontrolling) und Kostenkontrolle. Ist die Erbringung von Prüfungsdiensten risikobehaftet, sind auch Ergebnisgrößen wie Standard-Risikokosten, Risk Income Ratios etc. bedeutsam, für die spezielle Verfahren eines →Risikomanagementsystems (RMS) Voraussetzung sind.

Ad 2): Mit der *Mandatsperspektive* werden absatzseitige Treibergrößen für den Betriebserfolg der Finanzperspektive beschrieben. Neben mandatstypbezogener Profitabilität und Rentabilität (→Rentabilitätsanalyse) mit monetären Kennziffern sind Auswertungen zur Mandatsakquisition und -erhaltung von häufig mehrjährigen Mandaten relevant, mit z. B. Akquisitionskostengrößen, %-Repeat-Business, Cross Sell Ratios (Absatzcontrolling). Weil die Klientensicht entscheidend ist, sind auch extern orientierte und eher „weiche" Indikatoren nötig, unter denen die Mandantenzufriedenheit an oberster Stelle steht. Neben Aspekten von Mandatsbeziehung und Reputation werden beim „Client Value" die externen Erwartungen an Qualität, Zeit(dauer) und Honorar beobachtet, wofür jeweils spezifische Methoden (z. B. Client Questionnaire, Marktforschung) nötig sind. Als Maßgrößen dienen z. B. Konkurrenzpreisindizes, Parameter zur Leistungsdauer (Level Overtime Worked), zum Zusatznutzen oder zur Erreichbarkeit. Auch das Quality Review System (→Qualitätscontrolling) liefert geeignete Informationen.

Ad 3): Kernbereiche der *internen Prozessperspektive*, aus der der prozessuale Ressourceneinsatz in Front- und Back-Office gesteuert wird, sind Prozesseffektivität (Struktur) und -effizienz (Durchführung). Weitere Aspekte betreffen Prozessqualität, -kosten und insb. -zeitverbrauch. Ergänzend werden spezielle Instrumente (z. B. qualitative Prozess-Index-Verfahren, →Prozesskostenrechnung) benötigt, weil das klassische Reporting hier nur begrenzt unterstützen kann. Im Front-Office-Bereich besteht zudem eine zentrale Schnittstelle zu den Fachkonzepten des operativen Prüfungsansatzes, wie dem →Balance Sheet Auditing, →Transaction Flow Auditing o. ä.

Ad 4): Aus Personalstatistik, →Kostenstellenrechnung (→Kosten- und Leistungsrechnung), Zeitdatenerfassung (Time Sheets) etc. lassen sich Werte für Parameter der *personalen Wachstumsperspektive* gewinnen, die als mittelfristige Treiber für die Prozessperspektive wirken. Neben Mitarbeiter(gruppen)profitabilität sind Personalbestandsentwicklung, Leistungsfähigkeit und -bereitschaft in quantitativer (z. B. Front/Back-Office-Staff), qualitativer (z. B. Betriebsklima-Index), zeitlicher (z. B. % Training Hours) und monetärer (z. B. Training Costs) Dimension Kernthemen. Verstärkt kommen hier auch indirekte Größen, etwa bei Anreizsystemen oder Zufriedenheitsmessung, in Betracht.

Ad 5): Leistungstreiber, die nicht unmittelbar im Human Capital, sondern in der betrieblichen Infrastruktur begründet liegen, finden sich in der *organisationalen Wachstumsperspektive*. Beobachtet werden hier die Hard- und Softwareunterstützung (z. B. →IT-gestützte Prüfungsdurchführung; Datenbanken; →Prüfungssoftware) aber auch die Informationsversorgung mit z. B. digital verfügbaren →Prüfungschecklisten, Projektberichten etc. (Information Cover Ratio). Weitere Schlüsselthemen betreffen die Entwicklung der internen und externen Vernetzung (Netzwerkorganisation) bis hin zur Organisationskultur, deren Indikatoren abhängig vom Einzelfall zu definieren sind.

Literatur: Wiemers, B.: Prozessorientiertes Controlling und Performance Measurement in Revisionsunternehmen, in: Freidank, C.-C./Meyer, E. (Hrsg.): Controlling-Konzepte, 6. Aufl., Wiesbaden 2003, S. 457–483; Wiemers, B.: Strategisches Controlling in Professional-Service-Betrieben, Landsberg am Lech 2001.

Burkhard Wiemers

Controlling nach Branchenaspekten

Sollen branchenspezifische Anforderungen an ein →Controlling formuliert werden, so wird unterstellt, dass die Branchenzugehörigkeit die Ausgestaltung des Controllings determiniert. Dem entsprechend werden z. B. →Industriecontrolling, →Handelscontrolling, →Dienstleistungscontrolling, →Finanzcontrolling, →Bankencontrolling und Verwaltungscontrolling thematisiert. Als Einflussgröße auf das Controlling und die Ausprägung seiner Komponenten (→Controllinginstrumente) kommt der Branche jedoch nach bisherigen Untersuchungen im Vergleich mit Unternehmensgröße, Umwelt und Organisationsstruktur eine vergleichsweise geringe Bedeutung zu.

Eine branchenspezifische Ausgestaltung des Controllings könnte jedoch auch dann erfolgen, wenn die Ausprägungen bestimmter controllingrelevanter Merkmale in einer Branche eine gewisse Homogenität aufweisen. Die Problematik dieser Annahme sei beispielhaft für die Dienstleistungsbranche skizziert, die typischerweise dadurch charakterisiert wird, dass immaterielle Produkte unter Einwirken des Kunden mit einem hohen Anteil von Personalkosten (→Personalaufwand) hergestellt werden.

Die Nicht-Lagerbarkeit immaterieller Produkte bedingt das Vorhalten entsprechender Leistungspotenziale, die durch hohe fixe Bereitschaftskosten gekennzeichnet sind. Von besonderer Bedeutung für das Controlling ist in diesem Zusammenhang die Implementierung einer Kostenrechnung (→Kosten- und Leistungsrechnung; →Kostenrechnung, Prüfung der), die eine hohe Fixkostentransparenz bietet, um Kostensenkungspotenziale erkennen und realisieren zu können (→Fixkostencontrolling; →Kostencontrolling; →Kostenmanagement).

Die Einbindung des externen Faktors (Kunden), der sich einer autonomen Disponierbarkeit entzieht, bedingt zusätzlich eine steigende Komplexität. Die Entscheidung, ob, wann und in welcher Form eine Dienstleistung produziert wird, liegt bei den Wünschen des Nachfragers. Beschränkt sich die Mitwirkung nicht nur auf das Auslösen der Produktion i. S. d. klassischen Auftragsproduktion, sondern erfolgt die Leistungserstellung am Kunden (z. B. →Unternehmensberatung) oder an einem von ihm in den Prozess eingebrachten Objekt (z. B. Reparaturdienstleistungen), so stellt die Qualität dieses externen (Produktions-) Faktors eine nur bedingt planbare Größe dar. Ausmaß und Qualität der Bereitschaft zur Kooperation des Kunden werden damit zu kostenwirksamen Faktoren, die kostensenkend, -neutral oder -steigernd wirken können. Je höher die Einwirktiefe des externen Faktors ist, desto gravierender sind die Auswirkungen auf die Standardisierbarkeit von Abläufen. Für das Controlling bedeutet dies insb., dass eine detaillierte und differenzierte Kostenrechnung kaum noch sinnvoll eingesetzt werden kann, da eine hohe Dynamik in den Prozessen (→Geschäftsprozesse) und eine filigrane Ausgestaltung der Kostenrechnung sich widersprechen.

Im Rahmen der Leistungserstellung spielt der Faktor menschliche Arbeit eine entscheidende Rolle. Gerade bei individuell erstellten Leistungen und der hiermit verbundenen fehlenden Standardisierbarkeit müssen den Mitarbeitern große Entscheidungsspielräume und Freiheitsgrade in der Umsetzung eingeräumt werden. Für das Controlling bedeutet dies, dass z. B. menschlichen Arbeitszeiten als Bezugsgrößen der Kostenrechnung der Vorzug vor Maschinenzeiten zu geben ist (→Bezugsgrößenhierarchie).

Bei all diesen Merkmalen ist jedoch zu beachten, dass es immer auch Dienstleistungen gibt, die die jeweilige „dienstleistungstypische" Ausprägung nicht aufweisen: So ist der Fremdbezug (→Eigenfertigung versus Fremdbezug) von Spezialwerkzeugen eine im Wesentlichen materielle Dienstleistung, automatisierte Dienstleistungen (z. B. Geldautomaten) werden weitestgehend ohne nennenswerten Einfluss des externen Faktors erbracht, usw. Bereits diese beispielhaften Ausführungen sollten deutlich gemacht haben, dass eine schematische Ableitung von Gestaltungsempfehlungen allein auf Basis der Branchenzugehörigkeit der in der Realität vorhandenen Komplexität kaum gerecht werden kann. Für die Ausgestaltung des Controllings sollten daher stattdessen die Ausprägungen der relevanten Kontextfaktoren ermittelt werden.

Strukturiert man diese, so bietet es sich an, zunächst zwischen den durch die Unternehmung beeinflussbaren, internen und den nicht beeinflussbaren, externen Faktoren zu differenzieren. Zu den externen Faktoren zählen gesetzliche Bestimmungen, Komplexität der Umwelt sowie der Stand von Controllingtheorie und -technologie. Bei den internen Faktoren sollten die typischerweise allein berücksichtigten unternehmensspezifischen Merkmale (Strategie, Struktur und Organisation, IT, Potenzial-, Prozess- und Leistungsdimension sowie Dynamik der Leistungserstellung) um Kontextfaktoren ergänzt werden, die die kognitiven Fähigkeiten und Grenzen der Organisationsmitglieder erfassen.

Diese Erweiterung des situativen Ansatzes zu einem situiert-kognitiven Ansatz ermöglicht es, neben den Organisationsstrukturen auch die – für das Controlling besonders relevanten – Problemlösungsprozesse bei der Gestaltung des Controllings zu berücksichtigen. Dies entspricht auch den Erkenntnissen der Managerial and Organizational Cognition Theory, wonach es als Aufgabe des Controllings angesehen werden kann, die Manager zu befähigen, bei ihren intellektuellen Vorhaben – der Handhabung äußerst komplexer Probleme – effektiver zu sein. Danach bedürfen Manager in allen Phasen des Problemlösungsprozesses der Unterstützung, insb. auf den Gebieten, auf denen sie nicht selbst eine einschlägige Expertise aufweisen (z. B. Kostenrechnung).

Literatur: Gerling, P./Lingnau, V.: Dienstleistungs-Controlling. Ein kognitionsorientierter Ansatz, in: Seicht, G. (Hrsg.): Jahrbuch für Controlling und Rechnungswesen 2006, Wien 2006, S. 395–418.

Volker Lingnau

Controlling, Prüfung des

Das →Controlling hat die Aufgabe, das Management bei der Zielbildung, →Planung, Kontrolle (→Kontrolltheorie) und der Gestaltung des Informationssystems (→Führungsinformationssysteme) zu *unterstützen* sowie die *Koordination* der einzurichtenden Führungsteilsysteme zu übernehmen (→Controlling, Aufgaben des). Da das Controlling nicht zu den nach §§ 316, 317 HGB geregelten Prüfungsobjekten der handelsrechtlichen →Jahresabschlussprüfung zählt, ist fraglich, ob bzw. in welchem Rahmen eine Prüfung des Controllings erforderlich bzw. notwendig ist (Hachmeister 2003, S. 437 f.).

Für die Prüfung des Controllings ergeben sich folgende Anknüpfungspunkte: Sie könnte im Rahmen der Prüfung anderer Prüfungsobjekte, z. B. des →Lageberichts oder des →Risikomanagementsystems (RMS), notwendig werden. Des Weiteren ist die Notwendigkeit der Prüfung aufgrund der Umsetzung des Managements Approach in der Rechnungslegung zu hinterfragen. Darüber hinaus ist der Frage nachzugehen, ob eine umfassende Prüfung des Controllings verpflichtend werden sollte (Hachmeister 2003, S. 437–439).

Nach § 317 Abs. 2 HGB ist im Rahmen der →Jahresabschlussprüfung zu prüfen, ob der *Lagebericht* mit dem JA übereinstimmt und die Lage (→Vermögenslage; →Finanzlage; →Ertragslage) des Unternehmens einschl. der →Chancen und Risiken der künftigen Entwicklung (→Chancen- und Risikobericht) zutreffend darstellt (→True and Fair View). Die im Lagebericht enthaltenen Aussagen des Vorstands über die künftige/n Entwicklung und Risiken bedürfen keiner eigenen Prognose (→Prognoseinstrumente) des Abschlussprüfers, sondern einer vor dem Hintergrund der JA-Angaben plausiblen Beurteilung (→Plausibilitätsprüfungen). Der APr hat sich dabei von der *Zuverlässigkeit* und *Funktionsfähigkeit* der verwendeten unternehmensinternen →Planungssysteme zu überzeugen (IDW PS 350.4, 15 f.; IDW EPS 350.4, 20 f.). Diese Einschätzung erfordert i. d. R. eine Beurteilung der *Koordinationsfunktion* des Controllings im Führungsteilsystem „Planung", das somit explizit zum Prüfungsobjekt wird. Allerdings ist eine umfassende Beurteilung des Planungssystems nicht erforderlich, sondern nur eine Einschätzung der Planungen, die die prospektiven Aussagen im Lagebericht betreffen. Zu prüfen ist die *Ordnungsmäßigkeit* der Unternehmensplanung, wobei auch die Systematik der Gesamtplanung sowie die Konsistenz der Teilpläne zu beurteilen sind. Die Existenz von Koordinationsinstrumenten und deren Anwendung im Führungsteilsystem „Planung" sind im Rahmen einer →Systemprüfung zu analysieren (Hachmeister 2003, S. 439 f.).

Nach § 91 Abs. 2 AktG ist der Vorstand verpflichtet, zur Früherkennung bestandsgefährdender Risiken geeignete Maßnahmen zu treffen (→Früherkennungssysteme), insb. ein Überwachungssystem einzurichten; diese →Organisationspflichten des Vorstands betreffen allerdings nicht die Maßnahmen zur Risikobewältigung. Der APr hat nach § 317 Abs. 4 HGB diese Maßnahmen inkl. des Risikomanagementsystems zu beurteilen. Des Weiteren ist die Risikoberichterstattung des Vorstands Gegenstand der Prüfung des Lageberichts (§ 317 Abs. 2 HGB). Da das Controlling das Management u. a. bei der Risikosteuerung unterstützen soll, stellt es ein notwendiges Teilsystem des *Risikomanagements* dar, welches die Identifikation, Bewertung und Steuerung von Risiken sicherzustellen hat. Daneben basiert der →Chancen- und Risikobericht des Vorstands auf Berichten des Controllings über die Unternehmensrisikosituation. Folglich ist die *Unterstützungsfunktion* des Controllings Kern der handelsrechtlichen Prüfung des Risikomanagements (→Risikomanagementsystem, Prüfung des; IDW PS 340). Der APr hat letztlich zu untersuchen, ob das Controlling geeignet ist, Risiken (frühzeitig) zu erkennen und zu kommunizieren (→Risiko- und Chancencontrolling). Gegenstand der Prüfung sind dabei Überwachungsabläufe sowie (Bewertungs- bzw. Schätz-) Methoden und Verfahren, die das Management bei seinen Entscheidungen nutzt. Weiterhin ist bspw. zu prüfen, nach welchen Kriterien wesentliche und unwesentliche sowie den Bestand gefährdende und nicht gefährdende Risiken differenziert werden, wie die Maßnahmen der Risikosteuerung festgelegt und hinsichtlich ihrer Effizienz und Wirtschaftlichkeit beurteilt werden (Hachmeister 2003, S. 440–446).

Der *Management Approach* fordert mit dem Hinweis auf eine entscheidungsrelevante Rechnungslegung die gezielte Verwendung der Daten des internen →Rechnungswesens für externe Bilanzzwecke. Basis des Managements Approach ist ein funktionsfähiges Controlling. Die Übernahme von unternehmensinternen Daten ist vor allem in der internationalen Rechnungslegung [→International Financial Reporting Standards (IFRS); →United States Generally Accepted Accounting Principles (US GAAP)], insb. bei der Bilanzierung von Finanzinstrumenten (→Financial Instruments) und des →Geschäfts- oder Firmenwerts, beim →Impairmenttest sowie bei der Erstellung von Segmentberichten (→Segmentberichterstattung), notwendig: Bspw. ist bei der Fair Value-Ermittlung (→Fair Value) nicht marktgehandelter Finanzinstrumente auf vom Controlling entwickelte Bewertungsmodelle zurückzugreifen. Bei der Bilanzierung immaterieller Vermögenswerte (→immaterielle Vermögensgegenstände) ist eine Beurteilung des Managements über die Werthaltigkeit dieser Vermögenswerte erforderlich. Das dafür erforderliche Instrumentarium wird im Rahmen der *Unterstützungsfunktion* des Controllings entwickelt. Segmentberichte informieren über die einzelnen Geschäftseinheiten im Unternehmensportfolio und deren Beitrag zum Erfolg sowie zur Liquidität. Die dafür notwendigen Informationen liefert das Controlling als *Informationssystem*. Aufgrund dieser Verquickung von Controlling und Bilanzierung werden Teilbereiche des Controllings zum Gegenstand der Jahresabschlussprüfung, z. B. die Abläufe im Berichtswesen (→Berichtssystem), bestimmte →Controllinginstrumente (z. B. Bewertungsmodelle) sowie das interne Rechnungswesen als Informationsinstrument. Durch die Umsetzung des Managements Approach steigen die Anforderungen an das Controlling: Für verlässliche und aussagefähige Daten ist nicht nur die einheitliche Anwendung von Richtlinien, sondern vielmehr die Konsistenz und Plausibilität der Richtlinien zu prüfen (Benecke 2000, S. 85–94, 155–173, 212–225; Hachmeister 2003, S. 446–451).

Aus den vorangehenden Überlegungen resultiert, dass das Controlling als Objekt der handelsrechtlichen Jahresabschlussprüfung zu verstehen ist. Eine *umfassende Prüfung* des Controllings kann schon aufgrund des uneinheitlichen Verständnisses über die Aufgaben des Controllings (→Controlling, Aufgaben des) nicht vorgenommen werden. Prüfungsobjekte sind lediglich Teilbereiche des Controllings.

Literatur: Benecke, B.: Internationale Rechnungslegung und Management Approach, Wiesbaden 2000; Hachmeister, D.: Das Controlling als Objekt der handelsrechtlichen Abschlussprüfung, in: ZP 14 (2003), S. 437–456; IDW (Hrsg.): IDW Prüfungsstandard: Prüfung des Lageberichts (IDW PS 350, Stand: 26. Juni 1998), in: WPg 51 (1998), S. 663–666; IDW (Hrsg.): Die Prüfung des Risikofrüherkennungssystems nach § 317 Abs. 4 HGB (IDW PS 340, Stand: 11. September 2000), in: WPg 52 (1999), S. 658–662; IDW (Hrsg.): Entwurf einer Neufassung des IDW Prüfungsstandards: Prüfung des Lageberichts (IDW EPS 350 n.F., Stand: 18. Oktober 2005), in: WPg 58 (2005), S. 1224–1228.

Dirk Hachmeister

Controlling, umweltbezogenes →Umweltbezogenes Controlling

Controllinginstrumente

Controllinginstrumente – hier synonym mit Methoden oder Mitteln verstanden – bezeichnen geordnete Verfahren, die häufig i. S. e. Schrittfolge zur Erkenntnisgewinnung und Problembewältigung (Analyse/Zielbildung/Suche/Entscheidung/Umsetzung) im Bereich des →Controllings zum Tragen kommen. Entsprechend dem Controllingkern beinhalten sie zunächst sehr allgemein Führungsunterstützungsverfahren, die bildhaft als Werkzeuge aus „Controllers Toolbox" vorzustellen sind.

Der Versuch einer aussagekräftigen Benennung bzw. *Klassifikation der Instrumente* steht vor dem Hintergrund der Querschnittsfunktion des Controllings und seiner diesbezüglichen Entlastungs- und Novellierungsaufgaben (→Controlling, Aufgaben des) vor Schwierigkeiten. Dies zeigt auch eine Durchsicht entsprechender Schriften in denen Ordnungs- und Abgrenzungsversuche häufig nur rudimentär, eindimensional oder „spontan" vorgenommen werden, sodass *Schäffer/Steiners* (Schäffer/Steiners 2005, S. 117–119) von einer willkürlichen/kriteriengestützten Zuordnung von Instrumenten zur Gruppe der Controllinginstrumente sprechen und statt dessen ein Verständnis vorschlagen, nach dem aus dem breiten Feld betriebswirtschaftlicher Führungsinstrumente durch den *Nutzungszweck* Controllinginstrumente werden können.

So unterscheiden bspw. *Horváth/Niemand* (Horváth/Niemand 1995, S. 410–418) das klassische Controllinginstrumentarium in drei Elementgruppen: ergebnisorientierte →Planung und Kontrolle (→Budgetierung), verschiedene Formen der →Kosten- und Leistungsrechnung und der Investitionsrechnung (führungsorientiertes Rechnungswesen) sowie Berichtswesen (Reporting). Hinzu treten „neue Tools" mit Strategiebezug, wie ergebnisorientierte Portfolios (→Portfolioanalyse); Shareholder Value-Ansatz (→Shareholder Value-Analysis), mit Markt- (→Target Costing) und Prozessbezug (Prozesskostenmanagement; →Prozesskostenrechnung; →Prozessmanagement) und mit Mehrdimensionalität (nicht monetäre Kennzahlen) sowie die Empfehlung zu einem integrierten Instrumenteneinsatz. Grundlegend zeigt sich dabei eine Orientierung des integrierten Instrumenteneinsatzes am →Produktlebenszykluskonzept.

Huch/Behme/Ohlendorf (Huch/Behme/Ohlendorf 2004, S. 275) differenzieren die Instrumente in Informationssystem (→Führungsinformationssysteme), Systeme des →Rechnungswesens, Controlling-Zielsysteme, Kennzahlensysteme (→Kennzahlen und Kennzahlensysteme als Kontrollinstrument), Verrechnungspreise (→Verrechnungspreise, kalkulatorische) und Methoden der →Abweichungsanalysen. Als implizites Ordnungsmerkmal schimmert dabei eine gewisse Orientierung an den Phasen des Managementprozesses durch.

Vor diesem Hintergrund wird eine stärker theoriegeleitete Systematik vorgeschlagen, die grundlegend am *Nutzungszweck* anknüpft, diesen aber einer inhaltlichen *Differenzierung* unterzieht, wie dies mit der nachfolgenden Abb. verdeutlicht wird.

Demzufolge können fünf – auch kombinierbare – Ordnungsgesichtspunkte für die Kategorisierung der Instrumente unterschieden werden (Steinle 2005, S. 425 f.):

1) Art der zu unterstützenden Managementprozesse,
2) ebenen-/bereichsorientierte Bezugsfelder,
3) Zielgrößen/„Zwecke" des Controllings,
4) Verbindlichkeit/Standardisierbarkeit und
5) Art der Denk-/Informationsprozesse.

Zu 1): Entsprechend der Art der zu unterstützenden *Managementprozesse* können Strategiebildungs-, Planungs-, Kontroll-, Organisations-, Führungs-/Durchsetzungs- und Veränderungsmethoden unterschieden werden.

Zu 2): *Ebenen- bzw. bereichsorientierte* Bezugsfelder ordnen Instrumente danach, ob sie nur in einzelnen oder allen Feldern (Zentrale, Sparten oder spezifischen Bereichen/Funktionen; Realgüterbereiche: Marketing bis hin zum Entsorgungsbereich; Wertumlaufbereich: Ergebnis-/Erlösbereich; Projektbereich) zum Einsatz kommen.

Zu 3): Auch die *Zielgrößen* des Controllings können instrumentunterscheidend eingesetzt werden, obwohl sich dabei Überschneidungen zu 2) ergeben. Damit sind umsatz-, kosten-, finanz-, investitions-, personal- und beständeorientierte Mittel zu nennen. Hinzu tritt unter strategischer Perspektive eine zweckdifferenzierte Unterscheidung in informations-, koordinations- und rationalitätssichernde Instrumente (→Controllingkonzepte).

Controllinginstrumente

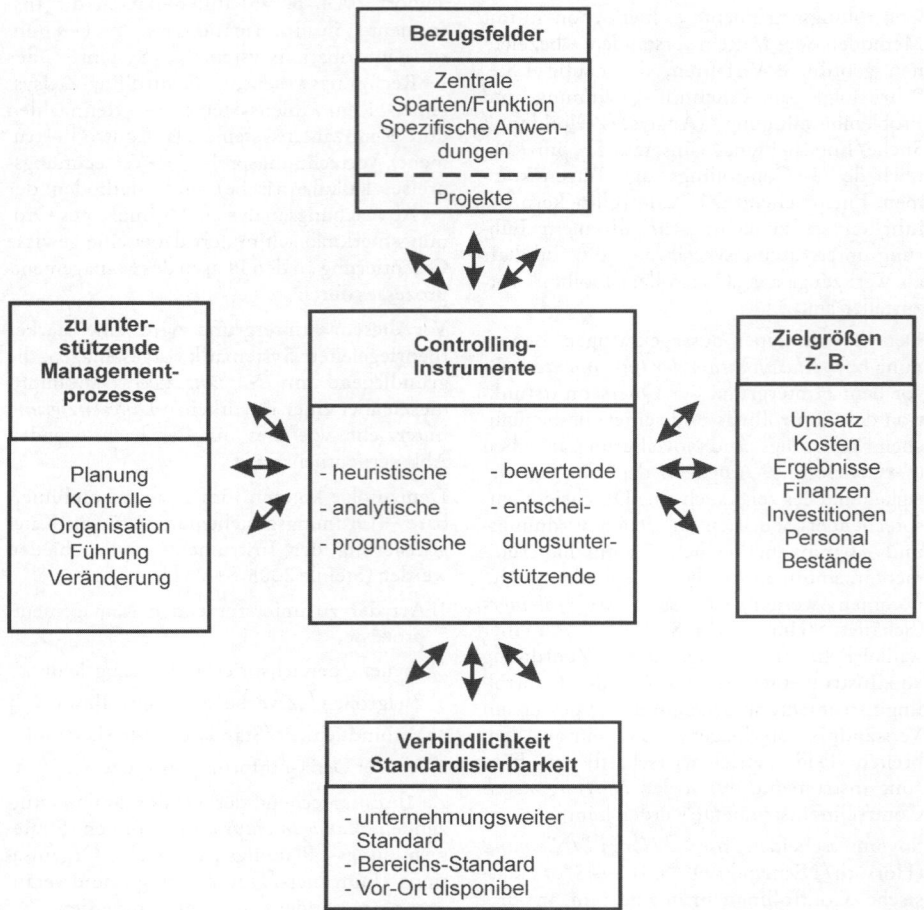

Abb.: Gliederungssystematik für Controllinginstrumente

Quelle: Steinle 2005, S. 426.

Zu 4): Nach der *Verbindlichkeit* können Instrumente dementsprechend charakterisiert werden, ob sie als unternehmungsweiter/bereichsbezogener Standard gelten oder ob sie vor Ort disponibel einsetzbar sind.

Zu 5): Eine weitere Ordnungsmöglichkeit ergibt sich aus der *Art des Denk- und Entscheidungsprozesses* der durch den Instrumenteinsatz gefördert wird. Dementsprechend können heuristische, analytische, prognostische, bewertende und entscheidungsunterstützende Methoden genannt werden.

Die Abb. gibt einen Eindruck von der „Breite" des Controllinginstrumentariums; diese Nutzungszweck differenzierte Systematik ist gleichzeitig offen für die Aufnahme weiterer Instrumente, die aufgrund der Herausforderungen für das Controlling immer wieder neu zu entwickeln und einzusetzen sind.

Literatur: Horváth, P./Niemand, S.: Methoden und Tools des Controlling, in: Corsten, H./Reiß, M. (Hrsg.): Handbuch Unternehmungsführung: Konzepte – Instrumente – Schnittstellen, Wiesbaden 1995, S. 409–418; Huch, B./Behme, W./Ohlendorf, T.: Rechnungswesenorientiertes Controlling: ein Leitfaden für Studium und Praxis, 4. Aufl., Heidelberg 2004; Schäffer, U./Steiners, D.: ZP-Stichwort: Controllinginstrumente, in: ZP 16 (2005), S. 115–120; Steinle, C.: Ganzheitliches Management: Eine mehrdimensionale Sichtweise integrierter Unternehmungsführung, Wiesbaden 2005.

Claus Steinle

Controllingkonzepte

Allgemein stellen Theorien die Beschreibung und Erklärung benannter Wirklichkeitsbereiche in Form von Ursachen – Wirkungsaussagen in den Mittelpunkt. Im Bereich des →Controllings als einer betriebswirtschaftlichen Teildisziplin herrscht jedoch eine starke Gestaltungsorientierung, die Probleme der Praxis über (bewährte) Handlungsempfehlungen bewältigen will. Entsprechende Theorien mit „geprüften" Aussagen liegen dazu als Handlungsbasis bisher noch kaum vor. Dagegen haben sich aus vielfältigen Praxiserfahrungen und -beschäftigungen *Konzepte des Controllings* i.S. pragmatisch-normativer Aussagengeflechte gebildet, die häufig ein instrumentalistisch-technisches Selbstverständnis aufweisen und den Charakter von „Schulen" annehmen (Scherm/Pietsch 2004, S. 6–9).

Entsprechende Konzepte, die den Kern des Controllings jeweils unterschiedlich setzen, sind wie folgt zu unterscheiden (Steinle 2004, S. 439–449):

1) rechnungswesen-/informationszentrierte Konzepte,
2) informationssystem-/informationsökonomischorientierte Konzepte,
3) koordinations- und ergebnisfokussierte Konzepte und
4) Entwicklungskeime: rationalitäts-, reflexions- und dienstleistungsgerichtete Konzepte.

Zu 1): In *rechnungswesenzentrierten Konzepten* erhält Controlling i. S. e. Zuarbeit bzw. Unterstützung diejenigen Informations- und Berichtsaufgaben, die sich unter Einsatz primär des →Rechnungswesens durchführen lassen. In dieser Gruppe – stellvertretend seien *Huch/Behme/Ohlendorf* (Huch/Behme/Ohlendorf 2004) genannt – nehmen die Kosten- und Investitionsrechnung (→Kosten- und Leistungsrechnung; →Kostenrechnung, Prüfung der; →Investitionskontrolle; →Investitionscontrolling) eine zentrale Rolle ein. Controlling dieser Prägung konzentriert sich auf ergebnis- und finanztechnische Richtgrößen. Durch den Vergleich planerisch gesetzter Sollvorgaben mit den ermittelten Ist-Werten (→Soll-Ist-Vergleich) sowie durch nachgeschaltete Ursachenanalysen für diagnostizierte Soll-Ist-Abweichungen (→Abweichungsanalyse) werden kurz- und mittelfristig orientierte Steuerungsinformationen für die operative Führung – und entsprechende Führungskräfte – erarbeitet.

Zu 2): Controlling wird in diesen Konzepten als das zentrale *Element des Informationssystems* der Unternehmung (→Führungsinformationssysteme) verstanden. Seine Kernaufgabe besteht darin, Wirtschaftlichkeitsprüfungen aller betrieblichen Systeme und Prozesse durchzuführen, um eine gewinn- bzw. ergebniszentrierte Führung der Unternehmung zu gewährleisten. Verbesserungsvorschläge entstammen hierbei zunächst der Kostenrechnung sowie der Erlösplanung (→Erlöse), wobei dann aber die Informationsbasis um nichtmonetäre Größen erweitert wird. *Reichmann* (Reichmann 2001) schlägt für die entscheidungsproblembezogene Informationsversorgung insb. Kennzahlen (→Kennzahlen und Kennzahlensysteme als Kontrollinstrument) und Managementberichte (→Berichtssystem) vor. *Informationsökonomische* Ansätze akzentuieren weitergehend den Informationswert, die Prinzipal-Agenten-Beziehung sowie die Spieltheorie.

Zu 3): *Horváth* (Horváth 2006, S. 97–100) bestimmt Controlling als ein selbstständiges Subsystem der Führung: Controlling koordiniert dabei insb. →Planung und Kontrolle sowie die Informationsversorgung und sichert auf diese Weise die Koordinations-, Reaktions- und Adaptionsfähigkeit der Führung, um die Ergebnis- und Sachziele der Unternehmung zu realisieren. Grundlegend führt die steigende Umweltkomplexität zu einer zunehmenden Aufgabenteilung, die eine Fülle von Abstimmungsprozessen erforderlich macht. Über das Führungssystem nimmt dabei das Management eine *originäre Koordination* vor (Abstimmung der Kernsysteme). Dabei entsteht *innerhalb* des Führungssystems ein stark erhöhter Koordinationsbedarf, der i. S. e. *Sekundärkoordination* durch das Controlling erfüllt wird. Diese stellt den Kern des eigenständigen Controllingkonzeptes dar.

Zu 4): *Rationalitätssichernde Ansätze* (Weber/Schäffer 2001, S. 33–38) rücken das Erreichen von *Führungsrationalität* in den Mittelpunkt. Als Sicherstellungsfunktionen – diese sind durch das Controlling zu gewährleisten – können unterschieden werden: Anwendung des richtigen Willensbildungsverfahrens, Bereitstellung der richtigen führungsrelevanten Informationen, richtige Verarbeitung der Durchsetzungs- und Realisationserfahrungen und Gewährleistung der Verbindung mit anderen Führungshandlungen. *Reflexionsorientierte Konzepte* (Pietsch 2003, S. 21) geben dem Controlling die Aufgabe (→Controlling, Aufgaben des) einer umfassenden Reflexion von Selektionshandlungen des Managements in den Bereichen Planung, Organisation und Personalführung. *Dienstleistungsgerichtete Konzepte* weisen dem Controlling die Erbringung qualitätsvoller Unterstützungsleistungen zu (Steinle 2004, S. 446–454).

Trotz der für die junge Controlling-Disziplin nicht überraschenden, sehr unterschiedlichen Schwerpunktsetzungen in den genannten Konzepten findet sich doch eine Orientierung an einem Kern von Koordinierungsaufgaben und Unterstützungsleistungen.

Literatur: Horváth, P.: Controlling, 10. Aufl., München 2006; Huch, B./Behme, W./Ohlendorf, T.: Rechnungswesenorientiertes Controlling: ein Leitfaden für Studium und Praxis, 4. Aufl., Heidelberg 2004; Pietsch, G.: Reflexionsorientiertes Controlling. Konzeption und Gestaltung, Wiesbaden 2003; Reichmann, T.: Controlling mit Kennzahlen und Managementberichten, 6. Aufl., München 2001; Scherm, E./Pietsch, G.: Theorie und Konzeption in der Controllingforschung, in: Scherm, E./Pietsch, G. (Hrsg.): Controlling. Theorien und Konzeptionen, München 2004, S. 3–19; Steinle, C.: Controlling: Von der erweiterten Koordinationsorientierung zur qualitätszentrierten Dienstleistung, in: Scherm, E./Pietsch, G. (Hrsg.): Controlling. Theorien und Konzeptionen, München 2004, S. 433–456; Weber, J./Schäffer, U.: Sicherstellung der Rationalität von Führung als Funktion des Controlling, in: Weber, J./Schäffer, U. (Hrsg.): Rationalitätssicherung der Führung, Wiesbaden 2001, S. 25–45.

Claus Steinle

Controllingmethoden →Controllinginstrumente

Corporate Finance →Finanzierungsberatung

Corporate Governance

Die unter dem Begriff Corporate Governance diskutierten Probleme haben ihre Kernursache darin, dass die Eigentümer ihre Ziele nicht in den Handlungen des (angestellten) Managements repräsentiert sehen (Trennung von Eigentum und Verfügungsmacht) (→Principal-Agent-Theorie; Berle/Means 1932). Vor diesem Hintergrund hat die US-amerikanische Literatur der 1960er und 1970er Jahre die Frage untersucht, wie das Management i.S.d. Ziele der Eigentümer zu disziplinieren ist. Der populärste Ansatz (Jensen/Meckling 1976, S. 11–25; Fama 1980, S. 288–307) beinhaltet dem Management zu offerierende Anreize, die die Qualität von Vertragsbeziehungen aufweisen. Diese *Theory of Contracts* bildet noch heute den Ausgangspunkt der durch die Finanzmarkttheorie geprägten Corporate Governance-Diskussion. Könnten Eigentümer und Management im Vorwege einen (kostenfreien) Vertrag schließen, in dem Regelungen für alle zukünftigen Eventualitäten festgelegt sind, entstünden keine Probleme mehr. Alle Entscheidungen würden zum Zeitpunkt des Vertragsschlusses getroffen. In der Realität erscheint dies schon aufgrund der unsicheren zukünftigen Entwicklung nicht möglich.

Mit Blick auf die daher unvollständigen Verträge der Kapitalüberlassung und bestehende Informationsasymmetrien, die Spielräume für opportunistisches Handeln öffnen, ist es das Ziel der Corporate Governance, die Interessen der Aktionäre zu schützen. Corporate Governance bedeutet damit die zielgerichtete *Führung und Überwachung* von Unternehmen und beinhaltet Mechanismen zur Regelung von Kompetenzen, Schaffung von Anreizen, Installierung von Überwachungsprozessen und Koordinierung von Außenbeziehungen des Unternehmens (Freidank/Paetzmann 2004, S. 897). Anders als der Begriff der Unternehmensverfassung beinhaltet Corporate Governance neben der Binnenordnung des Unternehmens auch sein Umfeld, insb. den Kapitalmarkt.

In der zweiten Hälfte der 1990er Jahre war vor dem Hintergrund anziehender Aktienkurse eine Fokussierung auf den *Shareholder Value* (→Value Based Management) als oberstes Formalziel unternehmerischen Handelns und eine Ausbreitung variabler, anreizorientierter Modelle zur Vergütung von Vorstand und AR (→Vorstand und Aufsichtsrat, Vergütung von; →Vorstandsbezüge; →Aktienoptionsprogramme) zu beobachten. Ausgelöst durch zahlreiche Skandale und Firmenzusammenbrüche (→Wirtschaftskriminalität) kam um die Jahrhundertwende ein weltweiter *Modernisierungsprozess* in Gang, als auch das Vertrauen in die unternehmerischen Überwachungsorgane, insb. AR und →Abschlussprüfer (APr), erschüttert wurde. Die bekannteste Modernisierung ist neben dem britischen

→Cadburyreport von 1992 der US-amerikanische SOA von 2002, der mit Blick auf die Corporate Governance die Verpflichtungen der Unternehmensführung und ihrer Überwachungsinstitutionen konkretisiert sowie ihre Haftung (→Haftung des Vorstands; →Haftung des Aufsichtsrats) ausweitet (→Corporate Governance in den USA; →Sarbanes Oxley Act, Einfluss auf Vorstand und Aufsichtsrat). Im Zeichen der fortschreitenden *Internationalisierung* wurden auch in Europa (→Corporate Governance in der EU; →Richtlinien und Verordnungen der Europäischen Union, Bedeutung für Rechnungslegung und Unternehmensüberwachung) und in Deutschland [→Deutscher Corporate Governance Kodex (DCGK)] ähnliche Gesetze und Kodices erlassen. Insgesamt ging mit den Reforminitiativen eine deutliche Erhöhung der Regulierungsdichte einher (Freidank/Paetzmann 2004, S. 913).

In angelsächsischen Governance-Systemen wirkt ein *Market for Corporate Control* diszi-plinierend auf das Management, indem er marktliche Anreize für das Verhalten des Managements bietet (Jensen/Ruback 1983, S. 5–50). Typische Kennzeichen dieser „Market Governance" sind eine breite Streuung der Aktien ohne dominanten Eigentümer, häufige Wechsel der Aktionäre und keine langfristige Verbundenheit mit dem Unternehmen. Eine asymmetrische Informationsverteilung zwischen Anlegern und Management soll durch eine weitreichende Transparenz („*Disclosure*"; →Publizität) reduziert bzw. vermieden werden. Als ein weiteres Kennzeichen eines funktionierenden Market for Corporate Control werden feindliche Übernahmen („Hostile Takeovers") gesehen.

Im deutschen Governance-System erfolgt die Disziplinierung des Managements durch langfristig mit dem Unternehmen verbundene Stakeholders, zu denen vor allem die Anteilseigner, Banken (→Kreditinstitute), Mitarbeiter (→Mitbestimmung) und wichtige Kunden gehören („Managed Governance"): „a

Abb.: Gegenüberstellung der Systeme Managed und Market Governance

DISZIPLINIERUNG DES MANAGEMENTS IN DEN GOVERNANCE-TYPEN

	Managed Governance	Market Governance
Stakeholder vs. Shareholder model	Disziplinierung erfolgt durch Anteilseigner und durch langfristig mit dem Unternehmen verbundene Stakeholders wie Banken, Mitarbeiter (deutsche Mitbestimmung), Kunden	Disziplinierung erfolgt durch Anteilseigner, insbesondere Institutionelle Investoren und Kapitalmarkt-Analysten
	◊ Stakeholder model ◊ Long-term large investor model	◊ Shareholder model
Insider vs. Outsider model	Disziplinierung erfolgt durch „interne" Kräfte, nämlich durch Manager von Großaktionären im Aufsichtsrat und durch verbundene Netzwerk-Partner (japanisches Keiretsu)	Disziplinierung erfolgt durch „externe" Kräfte des Marktes, insbesondere durch den „Market for corporate control" einschließlich feindlicher Übernahmen
	◊ Insider model ◊ Blockholder-based model ◊ Network-based model	◊ Outsider model ◊ Market-based model

Quelle: Paetzmann 2006, S. 339.

stylized version of the German model is that it relies on continuous monitoring of managers by other stakeholders, who have a long-term relationship with the firm and engage permanently in important aspects of decision-making and, in case of dissatisfaction, take action to correct management decisions through internal channels" (OECD 1995, S. 85).

Die Abb. stellt das System der *„Managed Governance"* dem der *„Market Governance"* gegenüber. Mit Blick auf die nachweislich verbreiteten Großaktionärs-Strukturen wird das deutsche wie auch das kontinentaleuropäische (und ebenfalls das japanische) Stakeholder-System auch als „Long-term Large Investor Model", „Network-based Model" oder „Blockholder-based Governance Regime" bezeichnet. Im Gegensatz dazu repräsentieren die USA und Großbritannien mit einem hohen Grad an Aktionärsschutz, einer geringen Eigentumskonzentration und einer klaren Shareholder-Ausrichtung das „Market-based" Governance-System (Shleifer/Vishny 1997, S. 737–784). Ein weiterer Ansatz einer (freilich stets zu gering nuancierten und damit holzschnittartigen) Systematisierung der Typen nimmt Bezug auf die disziplinierende Kräfte: Sind diese vornehmlich interner Natur und bestehen aus Vereinbarungen mit Stakeholders, wird von einem „Insider Model of Corporate Control" gesprochen. Überwiegen die Marktkräfte mit einem effektiven Market for Corporate Control, liegt ein „Outsider Model" vor.

In beiden idealtypischen Governance-Systemen werden die Disziplinierungsmechanismen durch Überwachungskomponenten der *Kontrolle* (→Kontrolltheorie), der *Prüfung* und der *Aufsicht* unterstützt bzw. getragen (Freidank/Paetzmann 2004, S. 902 f.). Hierzu gehören unternehmensinterne [organisatorische Sicherungsmaßnahmen, →Controlling, →Risikomanagementsystem (RMS), →Interne Revision] sowie unternehmensexterne [→Jahresabschlussprüfung, Bonitätsprüfung durch →Rating, AR, Aufsichtsämter, wie z. B. die →*Bundesanstalt für Finanzdienstleistungsaufsicht* (*BaFin*), →Enforcementsystem] Überwachungskomponenten. Eng hiermit zusammenhängend ist die Unterscheidung in ein One-Tier-Board- und ein Two-Tier-Board-System (→Dual- und Boardsystem). Besondere Bedeutung hat die nicht abgeschlossene Debatte erlangt, ob Unternehmen mit „guter" Governance „erfolgreicher" sind als solche mit verbesserungswürdiger. Je stärker dabei die komplexen Erfolgswirkungen mit ihren Interdependenzen berücksichtigt werden, umso mehr tritt ein Effizienzvergleich von Governance-*Systemen* (s. oben) in den Vordergrund der Diskussion.

Literatur: Berle, A. A./Means, G. C.: The modern corporation and private property, NY 1932; Fama, E.: Agency problems and the theory of the firm, in: Journal of Political Economy 88 (1980), S. 288–307; Freidank, C.-Chr./Paetzmann, K.: Die Wirkung von Rechtsnormen im Controlling – ein Analysedefizit konzeptioneller Forschung?, in: Scherm, E./Pietsch, G. (Hrsg.): Controlling – Theorien und Konzeptionen, München 2004, S. 893–919; Jensen, M./Meckling, W.: Theory of the firm: Managerial behavior, agency costs and capital structure, in: JFE 3 (1976), S. 11–25; Jensen, M./Ruback, R.: The market for corporate control, in: JFE 11 (1983), S. 5–50; OECD (Hrsg.): Financial markets and corporate governance. Financial market trends 62 (1995), S. 13–35; Paetzmann, K.: Governance und Unternehmernachfolge, in: Achleitner, A.-K./Everling, O./Klemm, S. (Hrsg.): Nachfolgerating, Wiesbaden 2006, S. 335–353; Shleifer, A./Vishny, R.: A survey of corporate governance, in: JF 53 (1997), S. 737–784.

Karsten Paetzmann

Corporate Governance in den USA

Gegenstand US-amerikanischer →Corporate Governance ist der Konflikt zwischen den Interessen der Aktionäre („Shareholders") und dem Management („Directors") einer Gesellschaft. Dieser Konflikt rührt daher, dass in den USA – anders als in Deutschland – Aktienbesitz traditionell weit gestreut ist und in aller Regel keine Groß- oder Mehrheitsaktionäre vorhanden sind. Während also in Deutschland eine effiziente Überwachung und Kontrolle (→Kontrolltheorie) des Managements (→Unternehmensüberwachung) durch Groß- oder sogar Mehrheitsaktionäre gewährleistet ist, muss diese Überwachung in den USA anders sichergestellt werden.

Bereits in den 1930er Jahren beschäftigten sich *Adolf Berle* und *Gardiner Means* in den USA mit dem Problem des Auseinanderfallens von „Ownership and Control" (Eigentum und Kontrolle) (→Principal-Agent-Theorie). Der einzelne Aktionär sei i. d. R. uninformiert und unorganisiert und werde als Folge seiner Machtlosigkeit bei Unzufriedenheit seine Aktien (der sog. „Wall Street Rule" folgend) verkaufen anstatt zu versuchen, Einfluss auf das Management zu nehmen. Die Folge ist eine große Machtfülle des Managements, insb. des „→Chief Executive Officer" (CEO), der die Besetzung des restlichen Vorstands („→Board of Directors") weitgehend selbst bestimmt.

Infolge einer veränderten Aktionärsstruktur, insb. durch die immer stärkere Bedeutung institutioneller Investoren, dem Aufkommen von Übernahmeangeboten und dem im Rahmen des Nixon-Skandals bekannt gewordenem Fehlverhalten zahlreicher Unternehmen entwickelte sich ab Beginn der 1970er Jahre eine anhaltende Diskussion, die zu zahlreichen Vorschlägen zur Reform der Corporate Governance führte. Während viele Unternehmen die Vorschläge diverser Vereinigungen und Institute uneinheitlich umsetzten, blieb jedoch eine allgemein verbindliche gesetzliche Regelung aus.

Dies änderte sich erst mit dem SOA 2002. Dieses nach dem demokratischen Senator *Paul S. Sarbanes* und dem republikanischen Kongressabgeordneten *Michael Oxley* benannte Gesetz stellte die erste bundesweit geltende Regelung im Bereich Corporate Governance dar (zuvor waren Regelungen in diesem Bereich Sache der Einzelstaaten) und gilt als die umfassendste Änderung im US-amerikanischen Gesellschaftsrecht seit dem Securities Act von 1933 und dem Securities Exchange Act von 1934.

Der SOA führte zu weitreichenden Reformen. Die Schärfe der Regelungen ist nur aus der Entstehungsgeschichte des Gesetzes verständlich. Infolge der Finanzskandale (→Wirtschaftskriminalität) um Firmen wie *Enron, Tyco, WorldCom* etc., die in erster Linie auf mangelnde Kontrolle der handelnden Personen zurückgeführt wurden, erließ die Regierung *Bush* ein Maßnahmenpaket mit dem Ziel, derartige Skandale in Zukunft zu verhindern und die handelnden Personen haftbar zu machen. Hierdurch sollte das Vertrauen der Investoren in den Finanzmarkt wieder hergestellt werden. Die Überwachung der Regelungen wurde der US-amerikanischen Börsenaufsichtsbehörde →*Securities and Exchange Commission (SEC)* unterstellt. Die Regelungen umfassen u. a. die Einführung einer umfassenden persönlichen zivilrechtlichen wie strafrechtlichen Haftung des CEO sowie des „CFO" (= Finanzvorstand) für die Richtigkeit des Jahresabschlusses (→Sarbanes Oxley Act, Einfluss auf Vorstand und Aufsichtsrat), die Gründung der Aufsichtsbehörde für WP „→*Public Company Accounting Oversight Board*" *(PCAOB)* (→Sarbanes Oxley Act, Einfluss auf das Prüfungswesen) sowie umfangreiche Überwachungspflichten.

Vielfach wurde kritisiert, dass hierbei z.T. über das Ziel hinausgeschossen wurde. Die Kritik richtet sich vor allem gegen SOA 404, der interne Kontrollen [→Internes Kontrollsystem (IKS); →Coso-Report; →Risikomanagementsystem (RMS)] zum Finanzreport der Firmen sowie deren Überwachung durch den →Abschlussprüfer (APr) (→Internes Kontrollsystem, Prüfung des; →Systemprüfung; →Risikomanagementsystem, Prüfung des) vorschreibt und gegen die persönliche Haftung des CEO und CFO für die Richtigkeit des Jahresabschlusses. Das Gesetz führe zu erheblichem bürokratischen und finanziellen Aufwand. Hierdurch würden vor allem kleinere Gesellschaften vom Börsengang abgehalten und der US-amerikanische Finanzmarkt geschwächt. Daher hat es in letzter Zeit vermehrt Initiativen zur Abschaffung bzw. Änderung vor allem dieser Regelungen gegeben. Bislang waren diese jedoch nicht erfolgreich. Die weitere Entwicklung bleibt abzuwarten.

Die besondere Bedeutung der Corporate Governance in den USA ergibt sich aus ihrer Funktion als Schrittmacher der weltweiten Entwicklung in den letzten Jahren (→Corporate Governance in der EU). Seit die USA im Jahr 2002 den SOA erlassen haben, findet sich praktisch kein wirtschaftlich bedeutsamer Staat mehr ohne eigenen Kodex. Auch die deutsche Entwicklung wurde hierdurch maßgeblich beeinflusst (→Sarbanes Oxley Act, Einfluss auf Vorstand und Aufsichtsrat). Viele Regelungen haben nur deshalb Aufnahme in den →Deutschen Corporate Governance Kodex (DCGK) gefunden, weil sie aus US-amerikanischer Sicht gute Corporate Governance auszeichnen und daher von internationalen Investoren erwartet werden. Diese Regelungen fügen sich jedoch vielfach schlecht in das deutsche Recht ein. Dies ergibt sich schon aus dem oben bereits erwähnten unterschiedlichen Ansatzpunkt US-amerikanischer Corporate Governance. Das Problem der Kontrolle des Managements stellt sich in Deutschland aufgrund der Vielzahl von Groß- bzw. Mehrheitsaktionären sowie des gesetzlich vorgeschriebenen Kontrollorgans AR (→Überwachungsaufgaben des Aufsichtsrats) weit weniger als in den USA. Vielmehr stellt sich das Problem, die Minderheitsaktionäre vor den Mehrheitsaktionären zu schützen. In dieser Hinsicht hilft eine Adaption der US-Regelungen jedoch nicht weiter.

Gleichwohl sind die US-Regelungen für international ambitionierte deutsche Unternehmen von zentraler Bedeutung, da nach US-amerikanischem Recht auch ausländische Unternehmen, die an US-Börsen gelistet sind oder werden wollen, die dortigen Regelungen einhalten müssen. Dies gilt auch für solche Regelungen, deren Nutzen für deutsche Unternehmen aufgrund ihrer unterschiedlichen Struktur zweifelhaft ist, wie z. B. die unbedingte Notwendigkeit eines →Audit Committee als zweitem Board, über das deutsche Aktiengesellschaften (→Aktiengesellschaft, Prüfung einer) mit dem AR ohnehin verfügen. Umgekehrt ergaben sich in jüngster Zeit vermehrt arbeits- und datenschutzrechtliche Probleme infolge der Verwendung aufgrund US-amerikanischer Vorschriften erlassener Verhaltenkodices gegenüber Mitarbeitern US-amerikanischer Firmen in Europa.

Literatur: Berle, A. A./Means, G.: The Modern Corporation and Private Property, NY 1932; Branson, D. M.: Enron – When all Systems Fail: Creative Destruction or Roadmap to Corporate Governance Reform?, in: Vill L Rev 48 (2003), S. 989–1021; Hamilton, R. W.: Corporate Governance in America 1950–2000: Major Changes but Uncertain Benefits, in: J Corp L 25 (2000), S. 349–373; Krackhardt, O.: New Rules for Corporate Governance in the United States and Germany – A Model for New Zealand?, in: VUWLR 36 (2005), S. 319–358; Wackerbarth, U.: Investorvertrauen und Corporate Governance, in: ZGR 34 (2005), S. 686–725.

Anne Röthel; Oliver Krackhardt

Corporate Governance in der EU

Die Entwicklung der →Corporate Governance in der EU findet auf zwei Ebenen statt: auf der nationalen Ebene, also in den Mitgliedstaaten, und auf der supranationalen Ebene, also auf Ebene der EU. Beide Entwicklungen sind miteinander verknüpft. Der Fortschritt der nationalen Corporate Governance-Kodizes wird nachhaltig durch die Vorgaben der EU beeinflusst. Aber auch umgekehrt werden supranationale Maßnahmen und europäische Rahmenvorgaben durch die Entwicklung nationaler Kodizes mitgeprägt. Staaten mit einem hohen Standard an Corporate Governance sind dabei der (europäische) Schrittmacher für die allgemeinen Trends. Ein signifikanter Einfluss wird außerdem von der Entwicklung der →Corporate Governance in den USA sowie von den 2004 aktualisierten *Corporate Governance-Regeln der OECD* (OECD 2004) erwartet.

Auf nationaler Ebene begann die Entwicklung der Corporate Governance in Großbritannien. Startpunkt waren dort der Bericht und der „Code of Best Practice" des *Cadbury Committees* (→Cadburyreport) 1992. Es folgten weitere Reports und der „Combined Code". Als Folge der britischen Entwicklung breitete sich die Idee der *Selbstregulierung* in ganz Europa aus. Deutschland folgte 2002 mit dem →Deutschen Corporate Governance Kodex (DCGK). Inzwischen besteht in jedem europäischen Staat ein Regelwerk (für einen Überblick über die verschiedenen Kodizes s. ECGI 2006).

Auf supranationaler Ebene erkannte man Ende des 20. Jahrhunderts Handlungsbedarf. Die *„High Level Group of Company Law Experts"* stellte 2002 einen ersten Bericht („Winter-Report") mit Empfehlungen für ein modernes Gesellschaftsrecht vor, der bereits detaillierte Äußerungen zu Fragen der Corporate Governance enthielt. Mitgeprägt durch die amerikanische Corporate Governance-Diskussion im Zuge des *Enron*-Skandals und des SOA (→Sarbanes-Oxley-Act, Einfluss auf das Prüfungswesen; →Sarbanes-Oxley-Act, Einfluss auf Vorstand und Aufsichtsrat) folgte 2003 ein *„Aktionsplan"* der KOM vom 21.5. 2003 (KOM 2003), der einen Zeitplan für die bis 2010 geplanten europäischen Maßnahmen auf dem Gebiet des Gesellschaftsrechts und der Corporate Governance festlegte.

Darin hat sich die Gemeinschaft darauf festgelegt, dass die EU zurzeit *keinen europäischen Kodex* plant, da ein solcher nicht zu einer signifikanten Verbesserung der Corporate Governance in Europa beitragen würde. Vielmehr soll durch einzelne Maßnahmen eine *Annäherung der verschiedenen nationalen Corporate Governance-Kodizes* erreicht werden. Diese Mischung von verbindlichen und nicht verbindlichen Maßnahmen sowie die Beschränkung auf grundlegende Prinzipien sollen dem Subsidiaritäts- und Verhältnismäßigkeitsgrundsatz des EG-Vertrages sowie den nationalen Besonderheiten Rechnung tragen. So soll ein europäisches Kerngesellschaftsrecht mit flexiblen Vorgaben und Vorrang von Information und Offenlegung geschaffen werden (Hopt 2005, S. 463).

Leitprinzipien der (zukünftigen) Corporate Governance-Entwicklung sollen die *Stärkung von Aktionärsrechten und der Schutz Dritter* sein sowie die Steigerung der Effektivität und Wettbewerbsfähigkeit der Unternehmen. Zur Umsetzung dieser Prinzipien existieren derzeit zwei Empfehlungen sowie zwei Richtlinien. Es exisitiert zudem ein Richtlinienvorschlag über die erleichterte Ausübung von Aktionärsrechten (KOM 2005).

Die rechtlich die Mitgliedstaaten nicht bindenden Empfehlungen 2004/913/EG und 2005/162/EG betreffen die Vergütung für die Unternehmensleitung (→Vorstandsbezüge; →Vorstand und Aufsichtsrat, Vergütung von) und die Stärkung der Rolle der Aufsichtsratsmitglieder (→Unabhängigkeit des Aufsichtsrats; →Vorstand und Aufsichtsrat, Eignungsprofile von). Ein Teil der Empfehlungen findet sich bereits in der aktuellen Fassung des DCGK. Hinsichtlich der Vorstandsvergütung hat der deutsche Gesetzgeber mit dem VorstOG vom 10.8.2005 die Initiative ergriffen. Die RL 2006/43/EG sieht für Unternehmen des öffentlichen Interesses (bestimmte börsennotierte Unternehmen, →Kreditinstitute und →Versicherungsunternehmen) die verpflichtende Einrichtung von Prüfungsausschüssen [→*Audit Committee*; →*Abschlussprüferaufsichtskommission (APAK)*] vor. Die RL 2006/46/EG enthält Regelungen zu einem Corporate Governance-Statement börsennotierter Gesellschaften (→Publizität), zur kollektiven Verantwortlichkeit von Organmitgliedern für den JA, den →Lagebericht und die Corporate Governance-Statements (→Haftung des Vorstands; →Haftung des Aufsichtsrats) sowie zur Offenlegung von Transaktionen mit nahe stehenden Personen und außerbilanzieller Vereinbarungen.

Einen weiteren Teil des *„Aktionsplans"* hat die EU bereits in die Praxis umgesetzt. Um die Konvergenz der europäischen Kodizes, eine Zusammenarbeit der einzelnen europäischen Staaten, aber auch den Dialog mit den USA und den dortigen Corporate Governance-Praktiken zu fördern und zu verbessern, wurden das *Europäische Corporate Governance-Forum* und der *Sachverständigenausschuss* für Fragen des Gesellschaftsrechts und Corporate Governance geschaffen. Das *Europäische Corporate Governance-Forum* hat die Aufgabe, die KOM zu beraten und die strategischen Entscheidungen vorzubereiten. Mitglieder sind europäische Experten auf dem Gebiet der Corporate Governance, die sich mehrmals im Jahr treffen. Dem *Sachverständigenausschuss* gehören Sachverständige aus allen Bereichen des Gesellschaftsrechts und der Corporate Governance an. Er soll die *KOM* bei der Ausarbeitung von Maßnahmen der Corporate Governance in technischen Einzelfragen beraten.

Literatur: ECGI, Index of Codes, http://www.ecgi.org/codes/all_codes.php (Download: 4. Oktober 2006); Hopt, K. J.: Europäisches Gesellschaftsrecht und deutsche Unternehmensverfassung – Aktionsplan und Interdependenzen, in: ZIP 26 (2005), S. 461–474; KOM, Mitteilung an den Rat und das Europäische Parlament, Modernisierung des Gesellschaftsrechts und Verbesserung der Corporate Governance in der Europäischen Union – Aktionsplan vom 21.5.2003, KOM (2003) 284 endg., Brüssel 2003, S. 1–33; KOM, Vorschlag für eine Richtlinie des Europäischen Parlaments und des Rates über die Ausübung der Stimmrechte durch Aktionäre von Gesellschaften, die ihren eingetragenen Sitz in einem Mitgliedstaat haben und deren Aktien zum Handel auf einem geregelten Markt zugelassen sind, sowie zur Änderung der Richtlinie 2004/109/EG, KOM (2005) 685 endg., Brüssel 2005, S. 1–20; OECD-Grundsätze der Corporate Governance Neufassung 2004, http://www.oecd.org/dataoecd/57/19/32159487.pdf (Download: 4. Oktober 2006), S. 1–87.

Anne Röthel; Benjamin Heßeler

Corporate Governance-Regeln der OECD
→Corporate Governance in der EU

Coso-Report

Die erstmalige Veröffentlichung der Studie *„Internal Control – Integrated Framework"* des *Coso (Coso-Report)* 1992 in den USA sollte eine Leitlinie zum Aufbau und zur Beurteilung von Internal Control Systemen (→Internal Control) definieren. Weiterführend wurde im Mai 1994 eine Ergänzung der Berichterstattung an externe Dritte beigefügt. Die letzte Fassung des *Coso-Reports* 1994 besteht aus zwei Bänden und vier wesentlichen Teilen. Band I beinhaltet eine zusammenfassende Darstellung (Executive Summary), das eigentliche Rahmenkonzept (Framework) und die Berichterstattung an externe Interessengruppen (Reporting to External Parties). Band II enthält ergänzend zu Band I eine Skizzierung der entsprechenden Bewertungsinstrumente (Evaluation Tools) zur Beurteilung von Internal Control Systemen (Coso 1994, S. 7).

Die den *Coso-Report* herausgebende *Treadway Commission* wurde 1985 gemeinsam vom

Coso-Report

Dimension I

[Abbildung: Coso-Würfel mit drei Dimensionen – Dimension I: Operations, Financial Reporting, Compliance; Dimension II: Monitoring, Information & Communication, Control Activities, Risk Assessment, Control Environment; Dimension III: Unit A, Unit B, Activity 1, Activity 2]

Quelle: Coso 1994, S. 19.

→American Institute of Certified Public Accountants (AICPA), von der AAA, vom →Institute of Internal Auditors (IIA), vom IMA und vom FEI mit dem Ziel gegründet, die verursachenden Faktoren von betrügerischen Abschlusspraktiken (→Bilanzfälschung) zu identifizieren und Empfehlungen zur Vermeidung von Gesetzwidrigkeiten zu geben. Ein erster Bericht der Treadway Commission, der „Fraud Report" – der Vorläufer des Coso-Reports – wurde 1987 veröffentlicht (Holzer/Köblinger 1993, S. 313).

Das Coso-Framework als Kern des Coso-Reports lässt sich neben der grundsätzlichen Definition des Begriffes →Internal Control in drei gleichwertige Dimensionen (I-III) einteilen (s. Abb.).

Die Dimension I, abgeleitet aus der Definition des Internal Control-Begriffs, besteht aus den drei Zielkategorien Gewährleistung der Wirksamkeit und Effizienz der betrieblichen Abläufe (Operations), die Verlässlichkeit der finanziellen Berichterstattung (Financial Reporting) und die Sicherstellung aller für das Unternehmen geltenden einschlägigen Gesetze und Vorschriften (Compliance).

Die Dimension II enthält die fünf Ebenen der Steuerungsaktivitäten. Das Steuerungs- und Überwachungsumfeld (Control Environment) beeinflusst die grundsätzliche Einstellung zur →Unternehmensüberwachung aller Organisationsmitglieder. Das Steuerungs- und Überwachungsumfeld dient als Basis für alle weiteren Steuerungsaktivitäten. Die Risikobeurteilung (Risk Assessment) unterstützt das Management dabei, die Unternehmensrisiken, welche die angestrebten Ziele gefährden, zu evaluieren. Die Steuerungs- und Kontrollaktivitäten (Control Activities) werden umgesetzt, um eine sachgerechte Risikoerkennung und Risikosteuerung zu gewährleisten. Information und Kommunikation (Information and Communication) gewährleisten, dass relevante Informationen identifiziert, aufbereitet und innerhalb der Organisation weitergeleitet werden. Die Überwachung (Monitoring) gewährleistet eine permanente Überprüfung und Anpassung des gesamten Prozesses.

In der Dimension III werden die möglichen Prüfungsobjekte, eingeteilt in Einheiten (Units) und Aktivitäten (Activities), systematisiert.

Eine globale Akzeptanz und den damit einhergehenden Verbreitungsgrad erhält der Coso-Report u. a. durch die Berücksichtigung in zentralen Prüfungsstandards (→Prüfungsnormen).

So folgen die →International Standards on Auditing (ISA 315 und 330) bzw. PS 260 des →*Instituts der Wirtschaftsprüfer in Deutschland e.V.* (*IDW*) dem *Coso-Report* nahezu vollständig. Durch den SOA 2002 (→Sarbanes Oxley Act, Einfluss auf das Püfungswesen) gewinnt der *Coso-Report* auch in jüngster Zeit wieder verstärkt an Bedeutung. Sowohl die →*Securities and Exchange Commission* (*SEC*) als auch der →*Public Company Accounting Oversight Board* (*PCAOB*) geben bezogen auf die Finanzberichterstattung eine nachhaltige Empfehlung zur Umsetzung des *Coso*-Frameworks.

Im Jahr 2004, 12 Jahre nach der ersten Veröffentlichung des *Coso-Reports,* wurde durch die *Treadway Commission* das „*Enterprise Risk Management Framework*" (*COSO ERM*) veröffentlicht (Coso 2004). Das „*Enterprise Risk Management Framework*" nimmt den *Coso-Report* vollständig auf und erweitert diesen um die Etablierung eines integrierten Risikomanagementkonzepts und eines internen Überwachungssystems.

Literatur: Coso (Hrsg.): Internal Control – Integrated Framework, 2. Aufl., Jersey City 1994; Coso (Hrsg.): Enterprise Risk Management – Integrated Framework, Jersey City 2004; Holzer, P./Köblinger, T.: Entwicklung des Internen Kontrollsystems: Der COSO-Report, in: RWZ 3 (1993), S. 313–319; IDW (Hrsg.): IDW Prüfungsstandard: Das interne Kontrollsystem im Rahmen der Abschlussprüfung (IDW PS 260, Stand: 2. Juli 2001), in: WPg 54 (2001), S. 821–830.

Wolfgang Lück; Alexander Schröder

Cost Center

Cost Center (Kostenstellen) sind Abrechnungsbezirke innerhalb des Unternehmens, in denen →Kosten entstehen. Sie bilden die notwendige Voraussetzung der →Kostenstellenrechnung und ermöglichen die gesonderte →Planung, Erfassung [→Betriebsdatenerfassung (BDE)] und Kontrolle der Kosten (→Kostencontrolling). Die Art und Tiefe der Unterteilung in Kostenstellen ist abhängig von dem Produktionsprogramm und der Aufbau- bzw. →Ablauforganisation.

Im Hinblick auf die beiden zentralen Zielsetzungen der Kostenrechnung (→Kosten- und Leistungsrechnung; →Kostenrechnung, Prüfung, der), →Kalkulation der betrieblichen Produktionsprozesse einerseits und Kontrolle der einzelnen Verantwortlichen andererseits, müssen sowohl organisatorische als auch funktionale Aspekte bei der Bildung berücksichtigt werden. I.A. werden die Kostenstellen differenziert nach betrieblichen Funktionen, produktionstechnischen Gesichtspunkten und rechentechnischen Notwendigkeiten.

Eine Differenzierung nach *betrieblichen Funktionen* kann erfolgen in:

- Fertigungskostenstellen (→Fertigungskosten), die unmittelbar an der Outputerstellung beteiligt sind, wie Montage und Prüfstelle,

- Fertigungshilfskostenstellen, die die Outputerstellung mittelbar unterstützen, indem sie Leistungen erbringen, die für die Fertigung benötigt werden (Beispiele sind Instandhaltung, Fertigungsmaschinenbau, Arbeitsvorbereitung sowie Fertigungsplanung und -steuerung),

- Materialkostenstellen, die mit Tätigkeiten im Zusammenhang mit der Beschaffung, Lagerung und Verwaltung von Vorräten beschäftigt sind, z. B. Einkauf, Materialprüfung oder Lager,

- Verwaltungskostenstellen, die administrative Funktionen ausüben, wie Buchhaltung, allgemeine Verwaltung oder Unternehmensleitung,

- Vertriebskostenstellen, die mit Tätigkeiten für den Absatz der erstellten Güter beschäftigt sind, z. B. Versand, Marketing, Kundenauftragsabwicklung oder Fertigwarenlager,

- allgemeine (Hilfs-) Kostenstellen, die Leistungen für viele andere Kostenstellen erbringen, wie insb. Energieversorgung, Kantine, Gebäudeinstandhaltung und Entsorgung/Recycling, sowie

- F&E, in der zeitlich vorgelagert Kosten für die Fertigung entstehen, die insb. bei volatiler Inanspruchnahme eine separate Erfassung sinnvoll werden lässt und auch bei Anwendung bestimmter Rechnungslegungsnormen [→International Financial Reporting Standards (IFRS); →United States Generally Accepted Accounting Principles (US GAAP)] notwendig ist.

Nach *produktionstechnischen* Gesichtspunkten kann differenziert werden in

- Hauptkostenstellen, die den Fertigungskostenstellen entsprechen,

- Nebenkostenstellen, in denen vermarktungsfähige Nebenprodukte, wie Kuppel-

produkte (→Kalkulation bei Kuppelproduktion) oder Abfallverwertung, bearbeitet werden, sowie
- Hilfskostenstellen, denen die übrigen Kostenstellen zuzurechnen sind, die nicht bzw. nur indirekt zur Outputerstellung beitragen.

Schließlich gibt es *rechentechnische* Notwendigkeiten, die Kostenstellen zu differenzieren in:
- Vorkostenstellen, die wie die Hilfskostenstellen nicht bzw. nur indirekt Leistungen erbringen und deren Kosten auf andere Vorkostenstellen und Endkostenstellen umzulegen sind (→Kosten- und Leistungsverrechnung, innerbetriebliche), sodass sie im →Betriebsabrechnungsbogen (→Betriebsabrechnung) aufzulösen sind, und
- Endkostenstellen, deren Kosten direkt auf die Kostenträger umgelegt werden können (→Kostenträgerstückrechnung) und i. d. R. aus der Notwendigkeit der handelsrechtlichen Beständebewertung (→Bewertungsgrundsätze) in die Kostenstellen Material, Fertigung, Verwaltung und Vertrieb unterteilt werden.

Branchenspezifisch können andere Differenzierungen nötig werden (→Kalkulation, branchenorientiert), wie insb. für Dienstleistungsunternehmen.

Die Ausgestaltung des Verantwortlichkeitsbereiches einer Kostenstelle bezieht sich dabei auf die in der Stelle verursachten Kosten (→Kostenverursachung), wobei bei der Bildung der Kostenstellen einerseits auf die Wirtschaftlichkeit zu achten ist und andererseits eine klare, vollständige, eindeutige und überschneidungsfreie Einteilung vorzunehmen ist.

Cost Center sind abzugrenzen von anderen Ausprägungen der Center-Organisation, wobei das Kriterium auf der konkreten Ausgestaltung der *Erfolgsverantwortung und Entscheidungsautonomie* des Centers liegt. Aus dem Grundsatz der Kongruenz von Aufgabe, Kompetenz und Verantwortung resultieren verschiedene Lenkungsgrößen der internen Steuerung. Prinzipiell lassen sich folgende Formen der Center-Organisation unterscheiden:
- Cost Center (Bereiche mit Kosten- oder Budgetverantwortung),
- Revenue Center (Bereiche mit Erlösverantwortung),
- →Profitcenter (Bereiche mit Erfolgsverantwortung) und
- Investment Center (Bereiche mit Erfolgs- und Finanzierungsverantwortung).

Im Falle eines *Cost Centers* ist der Bereichsleiter für den Güterverbrauch verantwortlich. Entscheidungskompetenz in Bezug auf das für die Leistungserstellung notwendige Vermögen oder die Absatzpreise ist nicht vorhanden. Ein *Revenue Center* ist ähnlich konzipiert, wobei der Bereichsleiter nicht für die Kosten, sondern für den Umsatz (→Umsatzerlöse; →Erlöse) verantwortlich gemacht wird. Rentabilitätskennzahlen als Relation des Erfolgs zum Kapitaleinsatz sind zur Steuerung eines Cost bzw. Revenue Centers i. d. R. nicht geeignet, weshalb in der Praxis überwiegend eine Steuerung mit Budgets und Budgetabweichungen auf der Basis der verursachten Kosten (Controllable Cost) bzw. erzielten →Erlöse erfolgt.

Wenn die Abbildung der Center so gut gelingt, dass alle Mitarbeiter ihr Handeln allein aufgrund der Abbildungsmöglichkeit ihres Bereiches an den Unternehmenszielen ausrichten, können die Funktionen der →Budgetierung auf andere Steuerungsinstrumente übertragen werden. Hier reichen dann relative, umfeldabhängig selbst adjustierende Zielvorgaben, wie z. B. Marktanteile (Hope/Fraser 2000, S. 30–35). Die Verantwortung innerhalb eines *Profitcenters* erstreckt sich auf Entscheidungen über das gesamte operative Geschäft. Umsatz- und Kostenverantwortung und damit auch die operative Gewinnverantwortung sind charakteristisch für Profitcenter. I.S.d. mehrstufigen →Deckungsbeitragsrechnung können einem Profitcenter bestimmte unbeeinflussbare Gemeinkosten und Erfolgsbeiträge nicht zugerechnet werden. Einem *Investment Center* sind die weitreichendsten Kompetenzen zuzusprechen. Neben den Entscheidungen im operativen Bereich liegen grundsätzlich Investitions- und Desinvestitionsentscheidungen (→Investition; →Investitionscontrolling) im Rahmen der Kompetenz des Spartenleiters. Diese können sich dann auch auf →Finanzanlagen erstrecken (Baldenius/Fuhrmann/Reichelstein 1999, S. 51–65).

Literatur: Baldenius, T./Fuhrmann, G./Reichelstein, S.: Zurück zu EVA, in: BFuP 51 (1999), S. 51–65; Freidank, C.-Chr.: Kostenrechnung, 7. Aufl., München 2001, S. 133–135; Hope, J./Fraser, R.: Beyond Budgeting, in: Strategic Finance 82 (2000), Heft 10, S. 30–35; Horngren, C. T./Datar, S. M./Foster, G.: Cost Accounting, 12. Aufl., Upper Saddle River NJ 2005, S. 197–198; Möller, H. P./Zimmermann, J./Hüfner, B.: Erlös- und Kostenrechnung, München 2005, S. 222–236.

Stefan Müller

Cost Driver

Cost Driver stellen die Bezugsgrößen (→ Bezugsgrößenhierarchie) für die Verrechnung der angefallenen Gemeinkosten (→ Gemeinkostencontrolling) im Rahmen der → Prozesskostenrechnung oder des → Activity Based Costing dar. Der Begriff der Cost Driver, der mit Kostenantriebskräften oder Kostentreibern übersetzt werden kann, betont, dass die Anzahl der zur Herstellung der Produkte erforderlichen Prozesse das Volumen der entstehenden Gemeinkosten beeinflusst und nicht die wertmäßige Höhe der zur Verrechnung verwendeten Zuschlagsbasen. Daher werden konkret auch nur die leistungsmengeninduzierten Kosten durch die Cost Driver verursacht. Zur Bestimmung vermeidet die Prozesskostenrechnung und das Activity Based Costing die Anwendung von Schlüsseln und die Ermittlung von → Kosten in Abhängigkeit vom Output, sondern stellt auf die Abhängigkeit der Kosten (→ Kostenabhängigkeiten) von den → Geschäftsprozessen (Activities), die tatsächlich ausgeführt werden, ab. Der Geschäftsprozess wird selbst zum Kostenträger. Dabei hat der Cost Driver analog zu den Bezugsgrößen der → Plankostenrechnung eine Doppelfunktion, da er sowohl die Messgröße der Ressourceninanspruchnahme, d. h. der → Kostenverursachung, ist als auch die Messgröße für den Leistungsoutput (Horváth/Mayer 1993, S. 18). Demnach führt eine Steigerung der über den relevanten Cost Driver gemessenen Anzahl der Prozessdurchführungen auch zu einer analogen Steigerung der beanspruchten Ressourcen und damit zu einer Steigerung der angefallenen Kosten, und vice versa. Notwendige Voraussetzung um von einem Cost Driver zu sprechen ist somit der kausale Zusammenhang zwischen den Kosten und dem Kostenträger. Der Cost Driver steht demnach sowohl zur Ressourcennutzung als auch zur Leistungsmenge in einer festen Beziehung, wobei aber die Kostenverursachung als alleiniges Kostenzurechnungsprinzip (→ Kostenzurechenbarkeit) abgelehnt wird.

Daraus folgt, dass sich auch andere Kosteneinflussgrößen bestimmen und bewerten lassen. So sind die Cost Driver auch unterschiedlich zu systematisieren, z. B. volumen-, komplexitätsun- und effizienzabhängig oder ablaufabhängig, komplexitätsabhängig und auftragsspezifisch.

Die Cost Driver beziehen sich jeweils auf einen bestimmten Prozess bzw. auf eine Prozessstufe. Die Zusammenfassung der Cost Driver bleibt ein zentrales Problem der Prozesskostenrechnung und des Acitivity Based Costing, da die Cost Driver der Hauptprozesse häufig nicht identisch sind mit den Messgrößen der Teilprozesse. Daher bedarf die Auswahl der Cost Driver große Kreativität und Sorgfalt (Homburg/Zimmer 1999, S. 1042–1055).

Aus der Ausgestaltung der Prozesskostenrechnung und des Activity Based Costing als Vollkostenrechnungssysteme folgt, dass der Cost Driver aufgrund der Vermengung von proportionalen und fixen Kosten (→ Fixkostencontrolling) nicht für eine unterjährige Sollkostenermittlung (→ Sollkosten) i. S. d. flexiblen Plankostenrechnung geeignet ist. Vielmehr sind die Ist-Cost-Driver-Mengen und die Prozesskostensätze Maßstab der Kapazitätsauslastung (→ Kapazitätscontrolling).

Literatur: Cooper, R.: Activity-based-Costing. Wann brauche ich ein Activity-based-Costing-System und welche Kostentreiber sind notwendig?, in: krp 34 (1990), S. 271–280; Deimel, K./Isemann, R./Müller, S.: Kosten- und Erlösrechnung, München 2006, S. 333–348; Freidank, C.-Chr.: Kostenrechnung, 7. Aufl., München 2001, S. 356–362; Homburg, C./Zimmer, K.: Optimale Auswahl von Kostentreibern in der Prozesskostenrechnung, ZfbF 51 (1999), S. 1042–1055; Horváth, P./Mayer, R.: Prozesskostenrechnung Konzeption und Entwicklungen, in: krp 37 (1993), Sonderheft 2, S. 15–28.

Stefan Müller

CPA →Certified Public Accountant

Customer Relationship Management

Customer Relationship Management (CRM), Kundenbeziehungsmanagement, bildet eine bereichsübergreifende Geschäftsstrategie, die auf den systematischen Aufbau und die Pflege dauerhafter und profitabler Kundenbeziehungen zielt. Die Ziele des Customer Relationship Managements lassen sich weitgehend von den folgenden Unternehmenszielen ableiten:

- Marktanteile erhöhen,

- Kundenzufriedenheit steigern,
- Segmentierung des Kundenstamms,
- Kostenreduzierung durch zentrale Erfassung sowie
- Service verbessern mit geringem Aufwand.

CRM unterstützt die Kommunikation im Kundenprozess mit verlässlichen Zahlen, Daten und Fakten, um die Aufmerksamkeit in Beziehungen mit einem hohen Kundenwert zu konzentrieren und Schwachstellen im Dialog mit dem Kunden zu identifizieren. Das Ziel steht im Geiste einer verbesserten Kundenorientierung, um dem Kunden individualisierte, seinen Bedürfnissen entsprechende Leistungen anbieten zu können.

Im Rahmen der wirtschaftsprüferischen Tätigkeit gewinnt die Client Relationship bzw. Mandantenbeziehung nicht nur aus betriebswirtschaftlicher Sicht eine wichtige Rolle, sondern auch um gezielt gegenüber sowohl Mandanten als auch anderen Stakeholdern (z. B. Behörden, Öffentlichkeit etc.) Vertrauen aufzubauen und dies nachhaltig aufrecht zu erhalten (Trust-building). Eine erfolgreiche Client Relationship wird somit im Kontext eines umfassenden Stakeholder Relationship aufgestellt. Diese Betrachtungsweise steht im unmittelbaren Bezug zu der Frage der →Unabhängigkeit und Unbefangenheit des Wirtschaftsprüfers. Stakeholder setzen – u. a. aufgrund der unabhängigen Stellung des Wirtschaftsprüfers – ihr Vertrauen in seine Aktivität; dieses Vertrauen wird durch eine entsprechend erfolgreiche Client Relationship bestärkt. Über diesen Zyklus des sich wechselseitig verstärkenden Vertrauens zwischen dem WP und seinem Mandanten einerseits, und dem WP und den weiteren Stakeholdern andererseits, reift das Customer Relationship im Umfeld der Wirtschaftprüfung in einem ao. diskret und vertrauenserweckenden Klima. Aus diesem Vertrauensumfeld heraus ergibt sich für die Wirtschaftsprüfung ein indirektes Akquisitionspotenzial zur Initiierung neuer Mandantenbeziehungen und Gewinnung von Marktanteilen.

Sam Vaseghi

Cut-Off

Die Cut-Off-Prüfung (Abgrenzungsprüfung) dient als Bestandteil der Prüfung des Jahresabschlusses (→Jahresabschlussprüfung) dazu, die periodengerechte Abgrenzung eines Geschäftsjahres zu verifizieren. Eine ordnungsgemäße Periodenabgrenzung dient insb. der →periodengerechten Erfolgsermittlung, d. h. es soll sichergestellt sein, dass das Ergebnis des jeweiligen Geschäftsjahres aus den →Aufwendungen und Erträgen dieses Geschäftsjahres gespeist ist. Der Zeitpunkt der jeweiligen Zahlung hat dabei keinerlei Relevanz (§ 252 Nr. 5 HGB). Bei Cut-Off-Prüfungen steht die Überprüfung der ordnungsgemäßen Periodenabgrenzung und damit der Erfolgsermittlung im Mittelpunkt. Insb. bei der Erfassung von Vorräten (→Vorratsvermögen), →Forderungen, →Rückstellungen und →Verbindlichkeiten sowie den damit korrespondierenden Posten der →Gewinn- und Verlustrechnung (GuV) besteht die Gefahr einer fehlerhaften Periodenabgrenzung und damit eines falsch ausgewiesenen →Jahresergebnisses.

Aus diesem Grund ist die Durchsicht stichtagsnaher Transaktionen zur Kontrolle der ordnungsgemäßen Periodenabgrenzung wesentlicher Gegenstand der Cut-Off-Prüfung. Während bei Posten der Aktivseite tendenziell die Gefahr einer Überbewertung besteht, d. h. dass z. B. Forderungen, die Leistungen des Folgejahres betreffen, bereits im abgelaufenen Geschäftsjahr enthalten sind, wird für Posten der Passivseite nach berufständischer Auffassung eher die Gefahr einer Unterbewertung, d. h. eines unvollständigen Ausweises, gesehen. Dies resultiert aus dem dem HGB zugrunde liegenden Vorsichtsprinzip (§ 252 Abs. 1 Nr. 4 HGB) (→Grundsätze ordnungsmäßiger Rechnungslegung). Den →International Financial Reporting Standards (IFRS) wohnt hingegen eine stärkere Betonung des →True and Fair View inne, sodass hier die periodengerechte Erfolgsermittlung den Vorsichtsgedanken und das Imparitätsprinzip als Overiding Principle übertrifft.

Die Prüfung des periodengerechten Cut-Off i.e.S. gliedert sich in zwei Phasen. Zum einen wird im Rahmen der Prüfung des →Internen Kontrollsystems (→Internes Kontrollsystem, Prüfung des; →Systemprüfung; IDW PS 260, ISA 400) und der Prozesse des Unternehmens (→Geschäftsprozesse) u. a. analysiert, ob die von der Geschäftsleitung implementierte →Aufbauorganisation und →Ablauforganisation die ordnungsgemäße Abgrenzung grundsätzlich gewährleistet. Je dezentraler Lagerbuchhaltung (→Lagerwesen), Ein- und Verkauf (→Einkaufswesen) sowie Buchhaltung sind, desto größer sind die Anforderungen an das jeweilige IKS. Der Beginn der Cut-Off-Prüfung findet daher zweckmäßigerweise bereits bei der Teilnahme des Prüfers an der →Inventur sowie bei der Prüfung der Inventur statt. Hierbei werden geeignete Informationen über die Unternehmensprozesse bzgl. der Wareneingänge und -abgänge gesammelt, die bei der späteren Prüfung herangezogen werden können.

Zum anderen wird im Rahmen der Prüfung einzelner Posten mittels Einzelfallstichproben (→Einzelfallprüfungen; →Stichprobenprüfung) die korrekte Abgrenzung verifiziert. So werden die Warenein- und -ausgangsscheine sowie die Lieferscheine mit den entsprechenden Ein- bzw. Ausgangsrechnungen abgestimmt. Dies soll z. B. sicherstellen, dass zu einem kurz vor dem Bilanzstichtag erhaltenen Wareneingang auch die dazugehörige Verbindlichkeit und zu einem Warenausgang kurz vor Bilanzstichtag auch die dazugehörige Forderung ausgewiesen wird. Durch Abstimmung (→Abstimmprüfung) der Ein- und Ausgangsrechnungen mit den Warenflüssen werden u. U. auftretende Vorfakturierungen und somit Doppelerfassungen aufgedeckt.

Klassischerweise werden Forderungen durch Saldenbestätigungen (→Bestätigungen Dritter) bzgl. ihrer Werthaltigkeit geprüft (→Bewertungsprüfung); hierbei werden regelmäßig auch durch Abgleich des Zahlenwerkes des Unternehmens und seiner Kunden zeitliche Buchungsunterschiede und damit verbundene Cut-Off-Problematiken aufgedeckt (IDW PS 302; ISA 505). Außerdem spielt der Gefahrenübergang eine wichtige Rolle bei der Periodenzuordnung (→Forderungen). Erst wenn die nach dem Vertrag geschuldete Lieferung und Leistung erfüllt worden ist, entsteht der Anspruch auf Gegenleistung.

Bei Posten der Passivseite, insb. bei den Verbindlichkeiten, sollte neben einer Saldenbestätigung auch die Durchsicht der nach dem Bilanzstichtag geleisteten Zahlungen (→Zahlungsverkehr) des Unternehmens vorgenommen werden. Nur so sind potenziell zum Bilanzstichtag nicht berücksichtigte, aber bereits existente Verbindlichkeiten zu evaluieren. Besonders schwierig wird die Cut-Off-Prüfung bei der Beurteilung der Vollständigkeit der Rückstellungen. Hier ist neben den Erkenntnissen aus den bis dahin stattgefundenen Prüfungshandlungen insb. auf die Auskünfte des Unternehmens (→Unternehmensleitung, Informationsaustausch des Wirtschaftsprüfers mit) bzw. auf die das Unternehmen vertretenden Rechtsanwälte und →Steuerberater (StB) einzugehen, die auch durch Bestätigungsschreiben zur Abgabe einer Stellungnahme aufzufordern sind.

Letzter Baustein der Cut-Off-Prüfung ist die Einholung der →Vollständigkeitserklärung der gesetzlichen Vertreter des Unternehmens, die diese dazu verpflichtet, sämtliche für die Prüfung und Beurteilung des Jahresabschlusses relevanten Vorgänge und Geschäftsvorfälle im Rahmen der Prüfung zu kommunizieren.

Literatur: IDW (Hrsg.): IDW Prüfungsstandard: Das interne Kontrollsystem im Rahmen der Abschlussprüfung (IDW PS 260, Stand: 2. Juli 2001), in: WPg 54 (2001), S. 821–830; IDW (Hrsg.): IDW Prüfungsstandard: Bestätigungen Dritter (IDW PS 302, Stand: 1. Juli 2003), in: WPg 56 (2003), S. 872–875; IDW (Hrsg.): WPH 2006, Band I, 13. Aufl., Düsseldorf 2006; Kleekämper, H./Angermayer, B./Oser, P.: Vorräte, in: Ballwieser, W. et al. (Hrsg.): HWRP, 3. Aufl., Stuttgart 2002, Sp. 2591–2606; Klocke, H.: Roh-, Hilfs- und Betriebsstoffe, Prüfung der, in: Coenenberg, A. G./Wysocki, K. v. (Hrsg.): HWRev, 2. Aufl., Stuttgart 1992, S. 1666–1676.

Karin Dohm

CVA →Value Based Management; →Wertorientierte Unternehmensführung

D

D & O-Versicherung

Die Directors' and Officers' Liability Insurance (Vermögensschaden-Haftpflichtversicherung für Leitungsorgane) stammt aus der US-amerikanischen Unternehmenspraxis, wo sie erstmals in den 1930er Jahren als Reaktion auf das erhöhte gesetzliche Haftungsrisiko aus dem Securities Act 1933 und dem Securities Exchange Act 1934 angeboten wurde. In Deutschland erfolgte der Abschluss von D & O-Versicherungen seit 1986 zunächst zögerlich; in den vergangenen Jahren sind die Nachfrage nach diesem Versicherungsschutz und die Anzahl der Versicherungsfälle jedoch erheblich gestiegen. Dies liegt zum einen an einem stetig steigenden Haftungsrisiko der Führungskräfte (→Haftung des Vorstands; →Haftung des Aufsichtsrats), ausgelöst durch gesetzliche Neuregelungen, wie das KonTraG (es enthält bspw. die Verpflichtung des Vorstands, ein →Risikomanagementsystem (RMS) gem. § 91 Abs. 2 AktG einzurichten) oder das UMAG (es erleichtert z. B. die Möglichkeiten einer Klagedurchsetzung gegen Vorstände und Aufsichtsräte durch eine Aktionärsminderheit gem. § 148 AktG). Dazu kommen Maßnahmen zur Verbesserung der →Corporate Governance, die den Pflichtenkatalog des Managements erweitern und das Haftungsrisiko erhöhen (→Deutscher Corporate Governance Kodex) soll. Flankiert werden die Normen durch eine zunehmend strenge Rspr. So hat der *BGH* im *„ARAG/Garmenbeck"*-Urteil (BGH-Urteil vom 21.4.1997, S. 244) im Jahre 1997 den AR verpflichtet, dafür zu sorgen, Schadensersatzforderungen gegen den Vorstand zu realisieren. Zum anderen ist die Bereitschaft potenziell geschädigter Dritter und auch der Unternehmen selbst gestiegen, die Leitungsorgane bei (angeblichem) Fehlverhalten in Anspruch zu nehmen, wie es insb. im angloamerikanischen Rechtsraum seit Jahrzehnten praktiziert wird.

Versichert werden können Leitungs- und Überwachungsorgane (auch frühere und zukünftige Mitglieder) von KapGes, geschäftsführende Gesellschafter von →Personengesellschaften (PersGes) – ausgenommen die GbR – sowie leitende Angestellte. Versicherungsnehmerin und Prämienschuldnerin ist die Gesellschaft selbst. Entgegen der Empfehlung des →Deutschen Corporate Governance Kodex (DCGK 3.8) erfolgt in der Praxis keine Vereinbarung eines angemessenen Selbstbehalts, welcher aus verhaltenstheoretischer Sicht Disziplinierungswirkung entfalten könnte (→Principal-Agent-Theorie). Zudem ergibt sich aus einem Selbstbehalt keine signifikante Reduzierung der Versicherungsprämie und Gruppenversicherungen sind üblich.

Der Versicherungsumfang umfasst Innenansprüche (Gesellschaft gegen das Leitungsorgan) wie Außenansprüche (Inanspruchnahme durch Unternehmensexterne). Gedeckt werden Vermögensschäden, die aufgrund von Pflichtverletzungen eingetreten sind, die ein ordentlicher Kaufmann hätte vermeiden können. Nicht versichert sind Vermögensschäden, die durch unternehmerische Fehlentscheidungen hervorgerufen werden, Personen- und Sachschäden (diese werden regelmäßig über die Betriebshaftpflichtversicherung abgedeckt), Ansprüche aufgrund vorsätzlicher/wissentlicher Pflichtverletzungen, wegen der Nichterfüllung vertraglicher Pflichten, auf Vertragsstrafen und Geldleistungen aus dem Straf- und Ordnungswidrigkeitenrecht (→Straf- und Bußgeldvorschriften) sowie Ansprüche aus Produkt- und Prospekthaftung, Arbeitgeber- und Umwelthaftpflicht. Ausgedehnt werden kann der Versicherungsschutz auf länderspezifische Haftungsrisiken (z. B. Diskriminierung am Arbeitsplatz, welche im angloamerikanischen Rechtsraum unter den Sammelbegriff „Employment Practice Liability" fällt).

Der Versicherungsschutz vermittelt den Führungskräften Entscheidungsspielräume, da sie im Fall einer Pflichtverletzung nicht befürchten müssen, für den entstandenen Vermögensschaden unbegrenzt mit ihrem Privatvermögen in Anspruch genommen zu werden. Zudem könnte eine Entlastung eintreten durch die modifizierte →Business Judgement Rule, die Ende 2005 in § 93 Abs. 1 Satz 2 AktG verankert wurde. Sie bildet als Maßstab für die

Ausübung unternehmerischen Ermessens ein Gegengewicht zur Haftungsklage nach § 148 AktG und bietet der Führungskraft einen Haftungsfreiraum, wenn sie die unternehmerische Entscheidung nach bestem Wissen auf Grundlage angemessener Information zum Wohle der Gesellschaft getroffen hat.

Zum Leistungsspektrum des →Versicherungsunternehmens (Koch 2004, S. 20) gehören die Prüfung der geltend gemachten Ansprüche, die Abwehr unberechtigter Ansprüche sowie die Erfüllung berechtigter Schadensersatzforderungen (Rechtsschutz- und Entschädigungsfunktion). Zwar sollte die Pflichtverletzung generell nach Beginn des Versicherungsschutzes begangen worden sein, doch besteht auch die Möglichkeit einer Rückwärtsdeckung.

Die Prämienhöhe bestimmt sich vorrangig nach dem Jahresumsatz der Versicherungsnehmerin und der gewünschten Versicherungssumme. Angesichts der erheblichen Nachfrage nach D & O-Versicherungen, zahlreicher Haftungsfälle und begrenzter Anbietergesellschaften sind die Prämien in den vergangenen Jahren stark angestiegen und die Versicherer bemüht, auch angesichts vermehrter Kollusionen zwischen Gesellschaft und Organ zu Lasten des Versicherers den Versicherungsschutz vor allem im Bereich der Innenhaftung zu reduzieren (Westphalen 2006, S. 17).

Literatur: BGH-Urteil vom 21.4.1997, Aktz. II ZR 175/95, BGHZ Band 135, S. 244–257; Koch, R.: Die Rechtsstellung der Gesellschaft und des Organmitglieds in der D & O-Versicherung (I). Teil 1: Rechtsstellung der Gesellschaft gegenüber dem D & O-Versicherer, in: GmbHR 95 (2004), S. 18–28; Westphalen, F. v.: Ausgewählte neuere Entwicklungen in der D & O-Versicherung, in: VersV 57 (2006), S. 17–23.

Anja Hucke

Dänemark

Nach dem dänischen Gesetz vom 7.7.2001 über den JA i.d.F. des Gesetzes Nr. 604 vom 24.6. 2004 haben alle gewerbetreibenden Unternehmen ihren JA prüfen zu lassen, wenn sie in zwei aufeinander folgenden Jahren folgende Größenkriterien zum Bilanzstichtag überschreiten:

- eine Bilanzsumme von 29 Mio. DKK,
- Umsatzerlöse von 58 Mio. DKK,
- eine durchschnittliche Zahl der Vollzeitbeschäftigen von 50 Mitarbeitern im Laufe des Geschäftsjahres.

Der größte Teil der Unternehmen, d. h. Aktiengesellschaften und Gesellschaften mit beschränkter Haftung, die von diesem Gesetz erfasst sind, unterliegen der unbedingten Prüfungspflicht. Es liegt derzeit ein Gesetzentwurf vor, wonach u. a. diese Gesellschaften von der Prüfungspflicht befreit werden, wenn sie folgende Größenkriterien in zwei aufeinander folgenden Jahren nicht überschreiten:

- eine Bilanzsumme von 1,5 Mio. DKK,
- Umsatzerlöse von 3 Mio. DKK,
- eine durchschnittliche Zahl der Vollzeitbeschäftigen von 12 Mitarbeitern im Laufe des Geschäftsjahres.

Das Gesetz vom 7.7.2001 über den JA brach mit der bisherigen Regulierungstradition und basiert weitgehend auf internationalen Standards. Das Gesetz schreibt nunmehr selbst ein Standardsetter-Gremium vor, das Rechnungslegungsstandards, die den dänischen Rechnungslegungsguidelines nachfolgen, verfassen soll. Die Rechnungslegungsstandards sollen die dänische Rechnungslegungsregulierung effektiver gestalten sowie der internationalen Entwicklung folgen, ohne dass dadurch in jedem Fall eine Gesetzesänderung notwendig wird. Die dänischen Gesetze geraten dadurch nicht in einen Zwiespalt zwischen europäischen Vorschriften und internationalen Standards (Johansen et al. 2003).

Die Jahresabschlussprüfung hat unter Beachtung der GoA (§ 17 der dänischen Erklärungsbekanntmachung) zu erfolgen, was ein Unterbegriff der allgemein anerkannten Apr-Normen ist. Die GoA bilden die Grundlage für die Mindestprüfungshandlungen des Abschlussprüfers bei einer konkreten Aufgabe. Sie bestehen aus den unter Abschlussprüfern allgemein bekannten und anerkannten Verfahren, wobei die dänischen Prüfungsstandards den wesentlichsten Beitrag ausmachen. Die Prüfungsstandards werden von *Foreningen af Statsautoriserede Revisorer* (dänischer Verband der staatlich autorisierten WP) und *Foreningen af Registrerede Revisor* (dänischer Verband der registrierten Revisoren) ausgegeben, und seit 2002 werden die Prüfungsstandards von diesen Verbänden einvernehmlich erarbeitet, so dass sie in ihrem Inhalt Übersetzungen der internationalen Prüfungsstandards [→International Standards on Auditing (ISA)] darstellen, ergänzt durch besondere dänische Forderungen, wo diese strenger als die internationalen Prüfungsstandards sind oder davon abweichen (Füchsel et al. 2003).

Die Tätigkeiten des Wirtschaftsprüfers werden durch das dänische Gesetz über die Tätigkeiten von Wirtschaftsprüfern vom 1.9.2003 (dänisches WpG) geregelt. Die Bekanntmachung über Erklärungen durch WP vom 22.12.2004 ist von besonderer Bedeutung.

Das dänische WpG war ein markanter Bruch mit der bisherigen Regulierungstradition der Tätigkeiten des Wirtschaftsprüfers. Früher wurden nicht nur seine Tätigkeiten als WP, sondern auch als Privatperson geregelt – in dem Sinne, dass es dem WP untersagt war, andere gewerbliche Tätigkeiten als Prüfungstätigkeiten zu betreiben. Der Fokus wurde geändert, so dass nunmehr allein die Fälle, in denen der WP als Erklärungsgeber fungiert, von den in der Empfehlung 2002/590/EG gewählten Regeln über die Unabhängigkeit von Wirtschaftsprüfern umfasst sind (Füchsel et al. 2005).

Das Gesetz fokussiert somit die Erklärungsabgabe durch WP und stellt u. a. Unabhängigkeitsregeln ausschließlich im Verhältnis zu solchen Erklärungsabgaben auf (§ 1 dänisches WpG). Dieser Paragraph baut auf der Empfehlung 2002/590/EG auf, die auf einem prinzipienorientierten Ansatz basiert. Dies bedeutet erstens, dass WP und WPGes, wenn keine Erklärung abgegeben wird, alle anderen Tätigkeiten durchführen dürfen, ohne Rücksicht auf deren Art. Zweitens bedeutet die Weise, auf die die Unabhängigkeitsregeln aufgebaut sind, dass es typischerweise nicht bestimmte Arten von Tätigkeiten sind, die eine Inhabilität auslösen, sondern dass sie durch besondere Formen der Anknüpfung zum Mandanten ausgelöst wird.

Es gibt zwei WP-Kategorien, staatlich autorisierte WP und registrierte WP. Die Ausbildung als staatlich autorisierter WP ist eine länger dauernde Ausbildung auf Universitätsebene, die wesentlich höher ist als das, was nach der Achten RL 84/253/EWG (sog. APr-RL) gefordert wird, und die Ausbildung als registrierter WP entspricht ungefähr dem europäischen Niveau.

Jeder, der die Bedingungen nach § 3 des dänischen WpG erfüllt, kann entweder als staatlich autorisierter oder registrierter WP zugelassen werden. Die wesentlichen Bedingungen sind das Bestehen eines besonderen Examens innerhalb von 3 Jahren, die Teilnahme an der Durchführung von Aufgaben, die die Prüfung von Jahresabschlüssen oder die entsprechenden Rechnungslegungsberichte betreffen, sowie eine gezeichnete Versicherung gegen finanzielle Ansprüche, die eine Folge der Durchführung von Erklärungsaufgaben sein dürften (§ 3 dänisches WpG).

Die Funktionsperiode des Abschlussprüfers läuft bis zu den Zeitpunkt, wo ein neuer APr das Amt übernimmt, es sei denn andere gesetzliche Vorschriften oder andere Bestimmungen in den Unternehmenssatzungen liegen vor. Bei Unternehmen des öffentlichen Interesses, z. B. Unternehmen, die gewisse Größenkriterien überschreiten, und börsennotierte Unternehmen, hat die WPGes dafür zu sorgen, dass der unterzeichnende APr spätestens 7 Jahre, nachdem er für die Aufgabe bestellt wurde, für eine Periode von mindestens 2 Jahren ausgewechselt wird. Sobald der APr seine Prüfung beendet hat, hat er den geprüften Gegenstand mit einem BestV zu versehen. Er ist ferner dazu verpflichtet, ein Prüfungsprotokoll zu führen. Stellt der APr fest, dass Wirtschaftsstraftaten begangen wurden, die wesentliche Beträge ausmachen oder ansonsten schwerer Art sind, obliegen ihm besondere Berichtspflichten.

Zur Sicherung der Qualität wurde eine obligatorische externe Qualitätskontrolle eingeführt, die ihren Ausgangspunkt in der Empfehlung 2001/256/EG zur Qualitätssicherung nimmt. *Foreningen af Statsautoriserede Revisorer* ist für diese Qualitätskontrolle verantwortlich.

Literatur: Füchsel, K. et al.: Revisor – Regulering og rapportering, Kopenhagen 2005; Johansen, A. R. et al.: Årsregnskabsloven med kommentarer, Kopenhagen 2003; Johansen, A. R. et al.: Revisorloven med kommentarer, Oslo 2003.

Tim Kjaer-Hansen

Darlehenskonten → Kapitalkonten

Darlehensvermittlung → Finanzdienstleistungsinstitute

Darmstädter Portfolioansatz
→ Technologie-Markt-Portfolio

Darstellungsstetigkeit → Stetigkeit

Data Marts → Berichtssystem; → Risikosimulation

Data Warehouse →Berichtssystem; →Risikosimulation

Datenmigration →Datenumsetzung bei Systemänderungen

Datenschutz

Der Begriff Datenschutz steht allgemein für den Schutz von Daten vor unbefugtem Zugriff. Gesetzliche Bestimmungen finden sich in zahlreichen in- und ausländischen Gesetzen, unter ihnen das BDSG als das in Deutschland bekannteste. Weitere Vorgaben zum Schutz von Daten finden sich bspw. im deutschen Aktienrecht bei der Verpflichtung des Vorstands zur Verschwiegenheit über Betriebs- und Geschäftsgeheimnisse (§ 93 AktG) sowie im deutschen Wertpapierhandelsrecht das Verbot der unbefugten Mitteilung von Insidertatsachen [§ 14 →Wertpapierhandelsgesetz (WpHG); →Insidergeschäfte]. Ein Beispiel für ausländische Datenschutzgesetze stellt der US-amerikanische Financial Modernization Act, 15 U.S.C. §§ 6801–6803 (2005) dar, der Auswirkungen auch auf deutsche Tochtergesellschaften US-amerikanischer Finanzinstitute (→Kreditinstitute; →Finanzdienstleistungsinstitute) haben kann.

Soweit keine spezialgesetzlichen Regelungen eingreifen, findet der Datenschutz in Deutschland seine gesetzlichen Grenzen im BDSG. Aufgabe des BDSG ist nach § 1 Abs. 1 BDSG der Schutz des Einzelnen vor Verletzung seines Persönlichkeitsrechts durch den Umgang mit seinen personenbezogenen Daten. Das BDSG ist von Unternehmen und sonstigen nicht-öffentlichen Stellen zu beachten, sofern diese personenbezogene Daten unter Einsatz von Datenverarbeitungsanlagen erheben, verarbeiten oder nutzen (§ 1 Abs. 2 Nr. 3 BDSG). Die Legaldefinition einer „nicht-öffentlichen Stelle" i. S. d. § 1 Abs. 2 Nr. 3 BDSG findet sich in § 2 Abs. 4 BDSG. Größte Relevanz entfaltet das BDSG für den Schutz personenbezogener Daten von Arbeitnehmern und für den täglichen Geschäftsbetrieb, soweit Rechte Dritter unmittelbar oder mittelbar betroffen sind. Die Anwendung des BDSG soll in diesen Fällen einem Missbrauch bei der Verarbeitung und Verwendung, d. h. Speicherung, Übermittlung, Veränderung und Löschung von personenbezogenen Daten, vorbeugen. Zulässig ist eine solche Verarbeitung und Verwendung nur, soweit das BDSG oder eine andere Rechtsvorschrift dies erlaubt oder anordnet oder der Betroffene eingewilligt hat (§ 4 Abs. 1 BDSG); besondere Bedeutung als sog. Erlaubnistatbestand erlangt hier die Regelung des § 28 BDSG, der u. a. die Datenerhebung, -verarbeitung und -nutzung für eigene Zwecke regelt.

Als „personenbezogen" i. S. d. § 3 Abs. 1 BDSG gelten sämtliche Einzelangaben über persönliche oder sachliche Verhältnisse einer natürlichen Person (Betroffener). Daten, die sich hingegen nur auf juristische Personen beziehen, wie etwa die Firma eines Mandanten/Kunden, stellen keine personenbezogenen Daten i. S. d. BDSG dar, wodurch das BDSG nicht zur Anwendung gelangt.

Die Anwendbarkeit des BDSG auf die zu verarbeitenden/nutzenden Daten hat zur Folge, dass der Betroffene grundsätzlich seine Einwilligung zur Verarbeitung/Nutzung erteilen muss (§ 4 Abs. 1 BDSG). Diese soll schriftlich erfolgen, soweit nicht wegen besonderer Umstände eine andere Form angemessen ist (§ 4a Abs. 1 BDSG). Daneben sieht das BDSG einzelne Ausnahmetatbestände in § 4 Abs. 2 (s. hierzu auch § 28 BDSG) vor, die eine Einwilligung des Betroffenen entbehrlich machen.

Bei einer Übermittlung personenbezogener Daten ins Ausland sind besondere Voraussetzungen zu beachten (§ 4b BDSG). Große Bedeutung hat in diesem Zusammenhang das am 26.7.2000 zwischen den →United States of America (USA) und der EU getroffene Abkommen zu den „Safe Harbor Privacy Principles" erlangt; hat sich bspw. ein US-amerikanisches Unternehmen zur Einhaltung der formellen und materiellen Bedingungen des Abkommens verpflichtet, wird ein dem europäischen Standard (RL 95/46/EG) entsprechender Datenschutz vermutet. Besteht im internationalen Umfeld kein derartiges Abkommen oder hat sich der jeweilige Adressat zu dessen Einhaltung nicht ordnungsgemäß verpflichtet, besteht die Möglichkeit individualvertraglicher Sonderregelungen bzw. staatlicher Ausnahmegenehmigungen.

Jede nicht-öffentliche Stelle, die selbst oder im Auftrag personenbezogene Daten erhebt, verarbeitet oder nutzt, ist nach § 9 BDSG verpflichtet, die notwendigen technischen und organisatorischen Maßnahmen zum Schutz dieser Daten gegen Missbrauch zu treffen, näher spezifiziert in der Anlage zu § 9 BDSG.

Danach ist die innerbetriebliche Organisation bei einer automatisierten Verarbeitung oder Nutzung personenbezogener Daten jeweils so zu gestalten, dass sie den besonderen Anforderungen des Datenschutzes gerecht wird. Zudem hat jede nicht-öffentliche Stelle einen von der Geschäftsleitung unabhängigen Datenschutzbeauftragten zu bestellen, sofern mehr als vier Arbeitnehmer mit der Erhebung, Verarbeitung oder Nutzung personenbezogener Daten betraut sind (§ 4f BDSG). Dieser hat die Einhaltung des BDSG zu überwachen und die weiteren Aufgaben aus dem Katalog des § 4g BDSG zu erfüllen. Im Rahmen dieser Tätigkeiten hat der Datenschutzbeauftragte u. a. eine Übersicht über alle Verfahren automatisierter Verarbeitungen zu erstellen, in denen personenbezogene Daten gespeichert werden (§ 4e BDSG). Dieses Verfahrensverzeichnis dient der Schaffung von Transparenz im Umgang mit personenbezogenen Daten, beschreibt die Art und Weise der DV bzw. Datennutzung und gibt zu erkennen, welche Zwecke damit verfolgt werden.

Konkurrenz zwischen dem BDSG und anderen Regelungen, die eine Datenschutzpflicht bzw. Verschwiegenheitspflicht enthalten, besteht grundsätzlich nicht. Hintergrund sind die jeweils unterschiedlichen Schutzzwecke derartiger Regelungen. Als Beispiel sind gesetzliche Verschwiegenheitsverpflichtungen von Beratern, wie z. B. § 43a BRAO für Rechtsanwälte, § 57 StBerG für →Steuerberater (StB) und § 43 →Wirtschaftsprüferordnung (WPO) für WP (→Verschwiegenheitspflicht des Wirtschaftsprüfers), zu nennen, welche im Umfeld der Beratung einen besonderen Schutz der Mandantendaten sicherstellen sollen. An dem unterschiedlichen Schutzzweck der jeweiligen Norm orientieren sich auch die Folgen einer Nichtbeachtung, welche von Bußgeldzahlungen über Geld- bis hin zu Freiheitsstrafen reichen (→Verschwiegenheitspflicht des Wirtschaftsprüfers, Verletzung der). Davon unberührt bleibt die Geltendmachung etwaiger Schadensersatzansprüche zugunsten des Betroffenen.

Manfred Weitz; Marcell Müller

Datenschutz-Audit

Durch die Novellierung des BDSG im Jahr 2001 wurde Anbietern von Datenverarbeitungssystemen und -programmen und Daten verarbeitenden Stellen die Möglichkeit eröffnet, sich ihr Datenschutzkonzept (→Datenschutz) sowie ihre technischen Einrichtungen prüfen und bewerten lassen zu können (§ 9a BDSG). Des Weiteren wird im § 9a BDSG darauf verwiesen, dass die näheren Anforderungen an die Prüfung und Bewertung, das Verfahren sowie die Auswahl und Zulassung von Gutachtern durch ein besonderes Gesetz geregelt werden. Ein solches Bundesgesetz ist bis heute nicht erlassen worden, obwohl in einigen Bundesländern für diese selbst jeweils weitergehende Regelungen getroffen wurden. Da es bisher keine einheitliche bundesweite Regelung zu einem Datenschutz-Audit gibt und auch hinsichtlich einer möglichen Ausgestaltung es keine einheitlichen Vorgaben gibt, ist diese Art von Prüfung durch die entsprechenden Unternehmen weitestgehend nicht angenommen worden.

Allerdings bietet das Gesetz selbst Anhaltspunkte für die Ausgestaltung eines Datenschutz-Audits. Einerseits wäre die Einhaltung der gesetzlichen Vorschriften zu überprüfen. Andererseits gibt § 9 BDSG vor, dass öffentliche oder nicht-öffentliche Stellen, die selbst oder im Auftrag personenbezogene Daten erheben, verarbeiten oder nutzen, technische und organisatorische Maßnahmen zu treffen haben, die notwendig sind, um die Anforderungen der einzelnen Paragraphen des BDSG zu erfüllen. In der Anlage zum BDSG, den § 9 BDSG betreffend, werden die zu treffenden technischen und organisatorischen Maßnahmen in Form von acht Rahmenanforderungen präzisiert:

- Einrichtung von Zutrittskontrollen, um unberechtigten Zutritt zu den Datenverarbeitungsanlagen, mit denen personenbezogene Daten verarbeitet oder genutzt werden, zu verhindern;
- Einrichtung von Zugangskontrollen, um die Nutzung von →IT-Systemen durch Unbefugte zu verhindern;
- Einrichtung von Zugriffskontrollen, so dass sichergestellt wird, dass die zur Nutzung des IT-Systems Berechtigten nur auf die ihrer Zugriffsberechtigung unterliegenden Daten zugreifen können. Des Weiteren muss sichergestellt werden, dass personenbezogene Daten bei der Verarbeitung, Nutzung und nach der Speicherung nicht unberechtigt gelesen, kopiert, verändert oder gelöscht werden können;

Datenschutzbeauftragter

- Einrichtung einer Weitergabekontrolle, die sicherstellen soll, dass personenbezogene Daten bei der elektronischen Übertragung, während ihrer Speicherung auf Datenträger und ggf. dessen Transport, nicht unberechtigt gelesen, kopiert, verändert oder gelöscht werden können. Des Weiteren muss auch festgestellt werden können, an welche Stellen eine Übermittlung personenbezogener Daten durch Einrichtungen zur Datenübertragung vorgenommen wird;
- Einrichtung einer Eingabekontrolle, die sicherstellen soll, dass nachträglich festgestellt werden kann, ob und durch wen personenbezogene Daten in IT-Systeme eingegeben, verändert oder gelöscht werden können;
- Einrichtung einer Auftragskontrolle, die sicherstellen soll, dass personenbezogene Daten, die im Rahmen einer Auftrags-DV verarbeitet werden, nur gem. den Vorgaben des Auftraggebers verarbeitet werden können;
- Einrichtung einer Verfügbarkeitskontrolle, die sicherstellen soll, dass personenbezogene Daten vor (zufälliger) Zerstörung oder Verlust geschützt sind und
- Sicherstellung, dass zu unterschiedlichen Zwecken erhobene Daten getrennt verarbeitet werden können.

Es ist zu erkennen, dass diese Anforderungen auch gleichzeitig Anforderungen (z. B. Zutritts-, Zugangs-, Zugriffskontrollen) darstellen, deren Einhaltung bei IT-Sicherheitsprüfungen (→IT-Sicherheit) im Rahmen von →IT-Systemprüfungen untersucht wird. Somit ist die Diskussion in Unternehmenskreisen durchaus verständlich, zu hinterfragen, warum Unternehmen, die sich regelmäßigen Sicherheitsüberprüfungen unterziehen, die alle Unternehmensdaten betreffen (rechnungslegungsbezogene und personenbezogene), noch ein zusätzliches Datenschutz-Audit durchführen sollen.

Sieht man allerdings ein solches Datenschutz-Audit als freiwillige Prüfung (→freiwillige und vertragliche Prüfung) an, was es faktisch aufgrund der derzeitigen gesetzlichen Lage ist, so kann eine solche für Auftragsdaten verarbeitende Stellen (IT-Dienstleister) durchgeführte Prüfung, die ggf. mit einem entsprechenden Datenschutzzertifikat beendet wird, Wettbewerbsvorteile bringen. Ein solches Zertifikat würde den Kunden des IT-Dienstleisters signalisieren, dass ihre Daten bei dem zertifizierten Unternehmen den gesetzlichen und Sicherheitsanforderungen entsprechend verarbeitet werden. Damit würde sich der IT-Dienstleister von den Wettbewerbern abheben. Eine regelmäßige Nachzertifizierung wäre aber notwendig, um sicherzustellen, dass das notwendige Sicherheitsniveau beibehalten wird.

Ein Datenschutz-Audit könnte in Form einer IT-Systemprüfung stattfinden. Grundlage einer solchen Prüfung sollten dann insb. die Anforderungen des § 9 BDSG mit der zugehörigen Anlage sein. Eine solche Herangehensweise stellt das Datenschutzmanagement-System eines Unternehmens in den Vordergrund. Ein solches System kann und muss sich entsprechend ändernden Rahmenbedingungen und Anforderungen im und außerhalb des Unternehmens angepasst werden. Solchen Änderungen kann durch eine regelmäßige Nachzertifizierung Rechnung getragen werden.

Dieter Fabritius

Datenschutzbeauftragter →Datenschutz

Datenumsetzung bei Systemänderungen

Größere Systemänderungen bei Anwendungssystemen, die die Ablösungen eines Altsystems durch eine neue Version des gleichen Systems oder durch ein Neusystem beinhalten, gehen i. d. R. mit einer Datenumsetzung aus dem alten System in das neue System einher (Datenmigration). Bei dieser Art von Systemänderungen ist darauf zu achten,

- dass auf der einen Seite die Implementierung der neuen Softwarefunktionalitäten entsprechend den Ordnungsmäßigkeitsanforderungen erfolgt. D.h., dass die Einführung nach einem geregelten Prozess erfolgt, von der Erhebung der fachlichen Anforderungen bis hin zum Test und der Freigabe der neuen Programmfunktionalitäten. Der →Abschlussprüfer (APr) wird im Rahmen der →Systemprüfung untersuchen, ob der geregelte Prozess eingehalten wurde. Im Rahmen von Funktionstest (→Testfälle), bei denen er auf Tests des Unternehmens zurückgreift, aber auch eigene Tests durchführen kann, wird er überprüfen, ob die fachlichen Anforderungen vollständig und richtig umgesetzt wurden (z. B. Umsetzung der Kontierungsrichtlinie über eine entsprechende Parametrisierung);

- dass auf der anderen Seite die Datenumsetzung aus dem alten in das neue System ordnungsgemäß erfolgt → Ordnungsmäßigkeitsprüfung).

Im Rahmen einer solchen Prüfung einer *Datenumsetzung* ist die vollständige und richtige Übernahme der Daten (z. B. Stamm- und Bewegungsdaten) aus dem abzulösenden Anwendungssystem (Altsystem) in das Neusystem zu prüfen. Dabei sind durch das zu prüfende Unternehmen geeignete Abstimm- und Kontrollauswertungen zu erstellen, welche die Vollständigkeit und Richtigkeit der umgesetzten Daten unterlegen. Insb. unterjährige Systemwechsel stellen an Unternehmen höhere Anforderungen bezüglich solcher Abstimm- und Kontrollauswertungen. Diese Auswertungen sind vom APr zu prüfen (IDW PS 330.83).

Das Verfahren zur Datenumsetzung (Migration) ist ein Verfahren, bei welchem rechnungslegungsrelevante Daten von einem → IT-System zum anderen migriert werden können. In einem solchen Fall ist i. S. d. GoB die vollständige und richtige Datenübernahme sicherzustellen (→ Grundsätze ordnungsmäßiger IT-gestützter Buchführungssysteme), um die Ordnungsmäßigkeit der Rechnungslegung fortlaufend (sowohl im Alt- als auch im Neusystem) zu gewährleisten. Das Umsetzungsverfahren ist nachzuweisen, die Projektunterlagen zur Migration, speziell auch die Abstimm- und Kontrollauswertungen sind aufbewahrungspflichtig.

Die folgenden, aus den GoB abgeleiteten Ordnungsmäßigkeitskriterien müssen auch im Rahmen einer Migration erfüllt bleiben:

- Nachvollziehbarkeit der Geschäftsvorfälle und
- ordnungsmäßige Anwendung des Verfahrens zur Verarbeitung von rechnungslegungsrelevanten Daten sowie dessen Nachvollziehbarkeit.

Diesen beiden aus den GoB abgeleiteten Ordnungsmäßigkeitsanforderungen ist ein hoher Stellenwert beizuordnen, da es bei Systemablösungen häufig zu einer Restrukturierung der Daten im Neusystem kommt (z. B. angepasster Kontenplan). Dabei kann es, wenn das Unternehmen dem Migrationsprozess nicht die notwendige Beachtung zukommen lässt, zu Problemen bei der Erfüllung der Ordnungsmäßigkeitsanforderungen im Zusammenhang mit der Beleg-, Journal- und Kontenfunktion kommen. Zu Problemen kann es dann kommen, wenn bspw. Konten des Altsystems im Neusystem geteilt oder zusammengefasst werden. Wird ein solcher Sachverhalt nicht ausreichend dokumentiert, so kann dieses zu dem oben genannten Verstoß gegen die GoB führen und auch die Nachvollziehbarkeit der Migration erheblich beeinträchtigen. Um solche Probleme zu vermeiden, muss die vollständige und richtige Übernahme der Daten durch (prozessintegrierte) Kontrollen [→ Internes Kontrollsystem (IKS)] sichergestellt werden, und zum anderen die Nachvollziehbarkeit des angewandten Migrationsverfahrens durch das Erstellen einer entsprechenden Dokumentation, auch zur Sicherung der Beweiskraft der Buchführung, gewahrt werden.

Die Vollständigkeit und Richtigkeit der migrierten Daten ist über eine angemessene Migrationsdokumentation nachzuweisen. Dabei muss, wie auch bei einer IT-gestützten Rechnungslegung (→ IT-Buchführungen), das Verfahren durch einen sachverständigen Dritten hinsichtlich der formellen und sachlichen Richtigkeit in angemessener Zeit prüfbar sein. Dies bezieht sich sowohl auf die Prüfbarkeit einzelner migrierter Geschäftsvorfälle (→ Einzelfallprüfungen) als auch auf die Prüfbarkeit des Migrationsverfahrens (Verfahrens- oder Systemprüfung). Weiterhin muss sich aus der Dokumentation ergeben, dass das Verfahren entsprechend seiner Beschreibung durchgeführt worden ist (IDW RS FAIT 1.52). Entsprechend muss eine solche Dokumentation folgende Bestandteile enthalten:

- eine Anwenderdokumentation, in welcher die Verantwortlichkeiten für Migration festgelegt werden sowie die Schritte und die Reihenfolge der Schritte, die die jeweils Verantwortlichen durchführen müssen (z. B. die Kontroll- und Abstimmverfahren),
- eine technische Systemdokumentation mit einer technischen Darstellung der Programme, mit denen die Datenumsetzung vorgenommen wird sowie
- eine Betriebsdokumentation, welche die ordnungsgemäße Anwendung des Migrationsverfahrens nachweist (z. B. technische Protokolle zur Durchführung der einzelnen Migrationsschritte und Kontrollverfahren).

Literatur: IDW (Hrsg.): IDW Stellungnahme zur Rechnungslegung: Grundsätze ordnungsmäßiger Buch-

Datenverarbeitungsorganisation

führung bei Einsatz von Informationstechnologie (IDW RS FAIT 1, Stand: 24. September 2002), in: WPg 55 (2002), S. 1157–1167; IDW (Hrsg.): IDW Prüfungsstandard: Abschlussprüfung bei Einsatz von Informationstechnologie (IDW PS 330, Stand: 24. September 2002), in: WPg 55 (2002), S. 1167–1179.

Dieter Fabritius

Datenverarbeitungsorganisation

Im Rahmen der gesetzlichen Abschlussprüfung (→Jahresabschlussprüfung; →Konzernabschlussprüfung; →Pflichtprüfungen) ist die Beurteilung der IT-Organisation Prüfungsgegenstand der →IT-Systemprüfung (IDW PS 330; IDW RS FAIT 1; IDW PH 9.330.1). Die IT-Organisation umfasst zum einen Regelungen für die Entwicklung, Einführung und Änderung des →IT-Systems und zum anderen Regelungen für die Steuerung des Einsatzes eines IT-Systems.

Der Themenkomplex IT-Organisation ist auch in Standards zur IT-Governance von Bedeutung, wie z. B. in den Best Practice CObiT (→Control Objectives of Information and Related Technology), die insb. für die Prüfung international tätiger Unternehmen geeignet sind. Aus dem CObiT-Framework lassen sich folgende →Prüffelder ableiten:

- IT-Strategie,
- IT-Organisation,
- IT-Investitionen,
- Kommunikation von Führungszielen und -richtung,
- Personal,
- Einhaltung externer Anforderungen,
- Projektmanagement,
- Qualitätsmanagement,
- Changemanagement,
- Servicelevelmanagement,
- Management der Leistungen von Fremdanbietern,
- Kostenerfassung und -verrechnung sowie
- Überwachung der Prozesse.

Für eine *IT-Strategie,* die ein optimales Gleichgewicht zwischen den Chancen der IT und den Anforderungen an die IT sowie deren Erreichung sicherstellt, ist ein langfristiger strategischer Planungsprozess (→Planung) notwendig (→IT-Controlling). Die langfristigen Pläne sollten periodisch in operative Pläne umgesetzt werden, die klare und konkrete kurzfristige Ziele setzen. Dabei sind u. a. zu berücksichtigen:

- Unternehmensstrategie,
- Bedeutung der IT für die Erreichung der Unternehmensziele,
- Bestandsaufnahme der technischen Lösungen und der aktuellen Infrastruktur,
- Beobachtung der Technologieentwicklung und
- Erfordernis, die Geschäftsleitung einzubinden, ihre kritische Beurteilung und Unterstützung.

Die *IT-Organisation* soll die Bereitstellung der richtigen IT-Dienstleistungen gewährleisten. Sie muss hinsichtlich Größe und Fähigkeiten den definierten Rollen und Verantwortlichkeiten entsprechen, auf den Geschäftszweck ausgerichtet sein, die Strategie unterstützen und für eine wirksame Leitung und adäquate Kontrolle sorgen. Zu beachten sind:

- angemessene Verantwortung für die IT auf Geschäftsleitungsebene,
- Führung und Beaufsichtigung der IT durch das Management,
- Ausrichtung der IT auf den Geschäftszweck,
- Einbindung/Berücksichtigung der IT bei zentralen Entscheidungsprozessen,
- organisatorische Flexibilität,
- klare Rollen und Verantwortlichkeiten,
- Gleichgewicht zwischen Kontrolle (→Kontrolltheorie) und Übertragung von Befugnissen,
- Stellenbeschreibungen,
- Personalausstattung und Schlüsselpersonal,
- organisatorische Einordnung von Sicherheits-, Qualitäts- und Internen Kontrollfunktionen [→IT-Sicherheit; →Qualitätscontrolling; →Internes Kontrollsystem (IKS)] und
- Funktionstrennung.

Durch ein periodisches Investitions- und Kostenbudget (→Investition; →Kosten; →Budgetierung) für *IT-Investitionen* müssen die Bereitstellung und die Ausgabenkontrolle von Finanzmitteln sichergestellt sein (→Investitionscontrolling; →Investitionskontrolle). Dabei sind insb. zu berücksichtigen:

- klare Budgetverantwortung,
- Kostenrechtfertigung und Bewusstsein über die Gesamtkosten,
- Nutzenrechtfertigung und Verantwortung für die Nutzenerbringung sowie
- Lebenszyklen für Technologien (→Technologielebenszyklus) und Anwendungen.

Die *Kommunikation von Führungszielen und -richtung* sorgt für das Bewusstsein und Verständnis dieser Ziele. Hierzu müssen Richtlinien aufgestellt und an die Mitarbeiter kommuniziert sowie Standards vorgegeben werden, die die strategischen Alternativen in praktikable und ausführbare Regeln für die Mitarbeiter umsetzen. Erforderlich sind hier vor allem:

- mit den Unternehmenszielen verknüpfte technologische Vorgaben,
- Bekenntnis zur Qualität,
- Sicherheits- und Kontrollpraktiken und
- kontinuierliche Kommunikationsmaßnahmen.

Motiviertes und kompetentes *Personal* muss gewonnen und gehalten werden, um eine optimale Unterstützung der IT-Prozesse durch die Ressource „Personal" zu erreichen. Ermöglicht wird dies durch gute, faire und transparente Praktiken bei Beschaffung, Eingliederung, Überprüfung, Entlohnung, Ausbildung, Beurteilung, Förderung und Entlassung von Personal. Bei der Personalstrategie zu beachten sind auch die Ausgewogenheit zwischen internen und externen Ressourcen sowie die Nachfolgeplanung für Schlüsselpositionen (→Personalcontrolling).

Die *Einhaltung externer Anforderungen* sorgt dafür, dass gesetzlichen und vertraglichen Verpflichtungen nachgekommen wird. Hierzu sind externe Anforderungen zu identifizieren und hinsichtlich ihrer Auswirkungen auf die IT zu analysieren und geeignete Maßnahmen zu ergreifen, um deren Einhaltung zu gewährleisten. Zu betrachten sind u. a. Gesetze, Verordnungen und Verträge sowie Sicherheit und Ergonomie, →Datenschutz und Urheberrechte (→Urheberrechts- und Urheberrechtswahrnehmungsgesetz).

Das *Projektmanagement* (→Projektcontrolling) soll die Prioritätensetzung und die zeit- und kostengerechte Lieferung ermöglichen. Erreicht wird dies durch die Identifizierung und Priorisierung der Projekte in Übereinstimmung mit dem Geschäftsplan und durch die Einführung und Anwendung von guten Projektmanagementtechniken. Dabei sind zu berücksichtigen u. a.:

- Aufgabendetaillierung, Meilensteinfestlegung und Phasengenehmigungen,
- Zuteilung der Verantwortlichkeiten,
- Kosten- und Personalbudgets unter Abwägung von internen und externen Ressourcen,
- Qualitätssicherungspläne und -methoden und
- Risikobeurteilungen für die Gesamtplanung und Projekte.

Mit dem *Qualitätsmanagement* (→Qualitätscontrolling; →Total Quality Management) soll die Abdeckung der Kundenanforderungen erreicht werden. Hierzu müssen Qualitätsmanagementstandards und -systeme geplant, eingeführt und unterhalten werden. In Betracht zu ziehen sind u. a.:

- Verantwortlichkeiten für Qualitätssicherung,
- Einbeziehung von Endbenutzern und Qualitätssicherungspersonal sowie
- →Benchmarking gegen Industrienormen.

Das *Changemanagement* soll die Wahrscheinlichkeit von Betriebsunterbrechungen, unberechtigten Änderungen und Fehlern minimieren. Dies wird durch ein Managementsystem ermöglicht, das für die Analyse, Einführung und Nachverfolgung aller verlangten und durchgeführten Änderungen an der IT-Infrastruktur (→IT-Umfeld) sorgt. Berücksichtigt werden müssen u. a.:

- Identifizierung von Änderungen,
- Kategorisierung, Priorisierung und Notfallverfahren,
- Releasemanagement,
- Konfigurationsmanagement und
- Redesign von →Geschäftsprozessen.

Mit dem *Servicelevelmanagement* soll ein gemeinsames Verständnis über den Grad der geforderten Dienstleistung geschaffen werden. Dies wird ermöglicht durch die Erstellung von Dienstleistungsvereinbarungen, die die Leistungskriterien festlegen, an denen die Quantität und Qualität der Dienstleistung gemessen werden. U. a. zu beachten sind:

Dauerakte des Abschlussprüfers

- Festlegung der Verantwortlichkeiten,
- Kundenzufriedenheitskriterien und
- →Kosten-Nutzen-Analysen der verlangten Servicelevels.

Das *Management von Fremdanbieterleistungen* soll sicherstellen, dass Aufgaben und Verantwortlichkeiten von Fremdanbietern klar definiert sind, eingehalten werden und den Anforderungen entsprechen. Hier sind vor allem folgende Maßnahmen in Betracht zu ziehen:

- Fremdanbieterdienstleistungsvereinbarungen,
- Vertraulichkeitsvereinbarungen,
- Überwachung und Berichterstattung über Dienstleistungserbringung,
- leistungsbezogene Verträge und Vertragsstrafen und
- interne und externe organisatorische Verantwortlichkeiten.

Die *Kostenerfassung und -verrechnung* [→Betriebsdatenerfassung (BDE); →Kosten- und Leistungsverrechnung, innerbetriebliche] wird durch ein Kostenrechnungssystem (→Kosten- und Leistungsrechnung; →Kostenrechnung, Prüfung der) erreicht, das gewährleistet, dass →Kosten aufgezeichnet, berechnet und mit dem erforderlichen Detaillierungsgrad dem entsprechenden Diensteangebot zugeordnet werden (→Kostenmanagement; →Kostencontrolling).

Die *Überwachung der Prozesse* (→Prozessmanagement) soll die Erreichung der für die IT gesetzten Leistungsziele sicherstellen. Ermöglicht wird dies durch die Festlegung von aussagefähigen Leistungsindikatoren, durch systematische und zeitnahe Berichterstattung über Leistungen sowie durch unverzügliches Reagieren auf Abweichungen.

Literatur: IDW (Hrsg.): IDW Stellungnahme zur Rechnungslegung: Grundsätze ordnungsmäßiger Buchführung bei Einsatz von Informationstechnologie (IDW RS FAIT 1, Stand: 24. September 2002), in: WPg 55 (2002), S. 1157–1167; IDW (Hrsg.): IDW Prüfungsstandard: Abschlussprüfung bei Einsatz von Informationstechnologie (IDW PS 330, Stand: 24. September 2002), in: WPg 55 (2002), S. 1167–1179; IDW (Hrsg.): IDW Prüfungshinweis: Checkliste zur Abschlussprüfung beim Einsatz von Informationstechnologie (IDW PH 9.330.1, Stand: 1. Juli 2002), in: IDW (Hrsg.): IDW Prüfungsstandards (IDW PS), IDW Stellungnahmen zur Rechnungslegung (IDW RS), IDW Standards (IDW S) einschließlich der dazugehörigen Entwürfe, IDW Prüfungs- und Rechnungslegungshinweise (IDW PH und IDW RH), Loseblattausgabe, Band II, Düsseldorf, Stand: 18. Erg.-Lfg. Mai 2006; o.V.: ISACA News Release, COBIT 4.0: Major Update to International Standard, http://www.isaca.org (Download: 16.01. 2006).

Wolfgang Stegmann

Dauerakte des Abschlussprüfers
→Arbeitspapiere des Abschlussprüfers; →Folgeprüfung

Davon-Vermerke →Angabepflichten

Days of Sales Outstanding →Forderungscontrolling

DCGK →Deutscher Corporate Governance Kodex

Debitoren

Die Bezeichnung „Debitoren" ist auf die →Forderungen aus Lieferungen und Leistungen begrenzt. Waren- und Leistungsforderungen entstehen aufgrund gelieferter Waren oder erbrachter Leistungen, die den Gegenstand des Unternehmens bilden und unabhängig von ihrer Fristigkeit im →Umlaufvermögen ausgewiesen werden. Rabatte, Umsatzprämien, Preisnachlässe sind abzuziehen, für Provisionen sind →Rückstellungen oder →Verbindlichkeiten zu passivieren. Eine Saldierung von Forderungen und Verbindlichkeiten ist gem. § 246 Abs. 2 HGB verboten (→Grundsätze ordnungsmäßiger Buchführung, Prüfung der).

Nachweisprüfung: Ziel der →Nachweisprüfungshandlungen ist es, ein Urteil darüber zu erlangen, ob alle in der Bilanz ausgewiesenen Forderungen realisiert sind (Vorhandensein) und ob alle realisierten Forderungen in der Bilanz ausgewiesen sind (Richtigkeit und Vollständigkeit) (→Fehlerarten in der Abschlussprüfung).

Insb. bei großen Produktions- und Handelsunternehmen sind administrative Funktionen durch hohe Geschäftsvorfallzahlen, hohen Organisations- und Automationsgrad und zahlreiche interne Kontrollen gezeichnet. Hier lassen sich auf Einzelfälle bezogene Prüfungshandlungen durch eine Prüfung des Internen Kontrollsystems beschränken (→Internes Kontrollsystem, Prüfung des; →Systemprüfung). Die Ergebnisse dieser Prüfung bestimmen den danach noch erforderlichen Umfang der Detailprüfungen, insb. der Einholung von Saldenbestätigungen (→Bestätigungen Dritter).

Bei der *Prüfung des internen Kontrollsystems* sollten folgende Untersuchungen vorgenommen werden:

- Aufbau/Organisation der Kontokorrentkonten,
- Kontenanzahl/-art,
- Kontenführung und Funktionstrennung,
- Abstimmung der Saldenlisten mit dem Hauptbuch (→Grund- und Hauptbuch) und mit Kunden (→Abstimmprüfung),
- Behandlung von Differenzen,
- Sicherung (z. B. Einholung von Kreditauskünften oder Einrichtung von Liefersperren),
- Mahnwesen,
- Ausbuchung,
- eventuelle Saldierungen sowie
- Rücksendungen.

Bestandteil der Prüfung des Internen Kontrollsystems ist auch die Durchführung einer →IT-Systemprüfung bei Einsatz von IT (IDW PS 330.9). Insgesamt ist zu beurteilen, ob die Verfahren und Arbeitsanweisungen angemessen sind und eingehalten werden. In Abhängigkeit von der Beurteilung des Internen Kontrollsystems ist Art, Umfang und zeitlicher Ablauf der aussagebezogenen Prüfungshandlungen (→ergebnisorientierte Prüfungshandlungen) festzulegen (IDW PS 260.35).

Aussagebezogene Prüfungshandlungen (→ergebnisorientierte Prüfungshandlungen): Forderungen werden durch Saldenlisten nachgewiesen, die den Stand der Kontokorrentkonten wiedergeben. Die Debitoren-Sachkonten müssen mit Saldenlisten und Kontokorrentkonten übereinstimmen (→Abstimmprüfung). Bei der Prüfung sollte gleichzeitig zur Vorbereitung der Bonitätsprüfung (→Bonität) die Abwicklung des Saldos im neuen Geschäftsjahr geprüft werden und die Beträge vermerkt werden, die zum Prüfungszeitpunkt noch nicht ausgeglichen sind. Hierbei ist in Stichproben ebenso die Zusammensetzung des ausgewiesenen Saldos aus Einzelbelastungen zu prüfen (→Einzelfallprüfungen). So wird der Altersaufbau des Forderungsbestandes offenbar (→Bewertungsprüfung) und es können u.U. weitere Nebenerkenntnisse erlangt werden, wie z. B. Additionsfehler oder bewusste Unkorrektheiten auf dem Konto. (IDW 2006, Abschnitt R, Rn. 494, S. 2087). Inwieweit sich der Sollbestand der Saldenliste mit dem Ist-Bestand deckt, kann nur durch Saldenbestätigungen (→Bestätigungen Dritter) festgestellt werden. Soweit die Höhe der Debitoren absolut oder relativ von Bedeutung ist, gehört die Einholung von Saldenbestätigungen daher zu den Grundsätzen einer ordnungsmäßigen Durchführung von Abschlussprüfungen (→Grundsätze ordnungsmäßiger Abschlussprüfung). Falls eine Saldenbestätigung nicht eingeht, hat sich der Prüfer in anderer Weise ein Urteil über diesen Posten zu bilden (z. B. durch Prüfung von Zahlungseingängen auf die angefragten Salden; →Zahlungsverkehr). Bei abweichend bestätigten Salden sind die aufgetretenen Differenzen zu klären. Auf auffällige →Buchungen und Einhaltung der allgemeinen Ordnungsprinzipien sollten auch diejenigen Konten durchgesehen werden, die von Stichproben nicht erfasst werden. Von besonderer Bedeutung sind auch die Buchungen um den Bilanzstichtag; die gebuchten Rechnungen sollten stichprobenartig mit den Lieferscheinen und dem Zeitpunkt des Gefahrenübergangs abgestimmt werden, um so z. B. auch Vorfakturierungen (→periodengerechte Erfolgsermittlung; →Cut-Off) zu erkennen. Besonders kritisch zu prüfen sind auch Konten „pro Diverse", insb. wenn auf diesen Konten Forderungen und Verbindlichkeiten vermischt werden und die →Umsatzerlöse auf diesen Konten hoch sind.

Prüfung der Bewertung (→Grundsätze ordnungsmäßiger Buchführung, Prüfung der): Forderungen sind mit dem Nominalbetrag anzusetzen (§ 253 Abs. 3 HGB). Die →Bewertungsprüfung hat zum Ziel, festzustellen, ob die Forderungen mit ihrem Nennwert angesetzt werden können oder Abschreibungen (→Abschreibungen, bilanzielle; →Abschreibungen, steuerrechtliche) zur Berücksichtigung eines allg. Kreditrisikos oder spezieller Risiken vorzunehmen sind. Die durchzuführende Bonitätsanalyse (→Bonität) hat zum Ziel, spezielle Kreditrisiken aufzudecken. Ausgangspunkt stellt die kritische Durchsicht der Konten im Hinblick auf Höhe der Salden, Altersaufbau, Umfang am Prüfungsstichtag noch nicht ausgeglichener Forderungen, starkes Anwachsen des Saldos, Art der Zahlung, regelmäßige Verlängerung von Akzepten, Anzahl notwendiger Mahnungen und Reaktionen auf diese Mahnungen sowie Sicherheiten dar. Für die Bonitätsanalyse von Währungsforderungen gelten die gleichen Grundsätze, wobei zusätzlich zu prüfen ist, ob Abwertungen aufgrund veränderter Umrechnungskurse (→Währungsumrechnung) erforderlich sind (Niederstwertprinzip). Es ist zu berücksichtigen, inwieweit das Währungsrisiko durch Kurssicherungsklauseln und Deckungsgeschäfte ausgeschaltet ist und ob darüber hinaus das Ausfallrisiko durch Ausfuhrgarantien oder Ausfuhrbürgschaften des Bundes (Hermesgarantie) abgedeckt ist. Wegen des allgemeinen Kreditrisikos ist i.d.R. die Bildung einer Pauschalwertberichtigung erforderlich, wobei nach Risikogruppen differenziert werden sollte.

Im Hinblick auf die zunehmende Bedeutung von IT-gestützten Buchführungssystemen (→Grundsätze ordnungsmäßiger IT-gestützter Buchführungssysteme) sollte der →Abschlussprüfer (APr) beim →Prüfungsprozess datengestützte Analyseprogramme, wie z.B. ACL (Audit Command Language) oder WinIDEA, einsetzen, um die →Prüfungsqualität zu verbessern und die Effizienz zu steigern (→IT-gestützte Prüfungsdurchführung; →IT-gestützte Prüfungstechniken).

Literatur: Ballwieser, W. et al. (Hrsg.): HWRP, 3. Aufl., Stuttgart 2002; IDW (Hrsg.): IDW Prüfungsstandard: Abschlussprüfung bei Einsatz von Informationstechnologie (IDW PS 330, Stand: 24. September 2002), in: WPg 55 (2002), S. 1167–1179; IDW (Hrsg.): IDW Prüfungsstandard: Das interne Kontrollsystem im Rahmen der Abschlussprüfung (IDW PS 260, Stand: 2. Juli 2001), in: WPg 54 (2001), S. 821–830; IDW (Hrsg.): WPH 2006, Band I, 13. Aufl., Düsseldorf 2006; Lück, W. (Hrsg.): Lexikon der Rechnungslegung und Abschlußprüfung, 4. Aufl., München/Wien/Oldenbourg 1998.

Maike Riecken

Debt Push-Down →Steuerplanung, internationale

Decision Support Systeme →Management Support Systeme

Deckungsbeitrag →Deckungsbeitragsrechnungen; →Direct Costing

Deckungsbeitrag, engpassbezogener →Engpassplanung

Deckungsbeitrag, relativer →Engpassplanung

Deckungsbeitragsrechnung, einstufige →Deckungsbeitragsrechnungen; →Direct Costing

Deckungsbeitragsrechnung, mehrdimensionale →Deckungsbeitragsrechnungen

Deckungsbeitragsrechnung, mehrstufige →Deckungsbeitragsrechnungen; →Direct Costing

Deckungsbeitragsrechnungen

In der →*relativen Einzelkostenrechnung* ist die Deckungsbeitragsrechnung eine Methode zur Beurteilung der Vorteilhaftigkeit von Entscheidungen (→Planung; →Planungssysteme). Der Deckungsbeitrag einer Entscheidungsalternative ist die Differenz zwischen ihren →Erlösen und Einzelkosten. Die Deckungsbeitragsrechnung der →*Grenzplankostenrechnung* ist darüber hinaus auch eine kurzfristige Periodenerfolgsrechnung (→Erfolgsrechnung, kurzfristige; →Kostenträgerzeitrechnung), die das Betriebsergebnis als Differenz aus dem Periodendeckungsbeitrag und den fixen →Kosten der Periode ermittelt. Der *Periodendeckungsbeitrag* wird dabei berechnet als Differenz aus den Erlösen und den variablen Selbstkosten (→Selbstkostenermittlung) der abgesetzten Produktmengen.

Es kann zwischen

- der einstufigen und
- der mehrstufigen Deckungsbeitragsrechnung

unterschieden werden. In eine *einstufige Deckungsbeitragsrechnung* gehen die fixen Kosten als undifferenzierter Block ein. Werden die fixen Kosten (→Fixkostencontrolling) nach ihrer Zurechenbarkeit (→Kostenzurechenbarkeit) zu hierarchisch abgegrenzten Bezugsobjekten (→Bezugsgrößenhierarchie) in mehrere Fixkostenkategorien gegliedert und stufenweise vom Periodendeckungsbeitrag subtrahiert, liegt eine *mehrstufige Deckungsbeitragsrechnung* vor. Bei jeder Fixkostenkategorie handelt es sich um die Einzelkosten (→Einzelkostencontrolling) eines bestimmten Bezugsobjektes. Hierarchisch abgegrenzt sind Bezugsobjekte, wenn jedes Bezugsobjekt

Deckungsbeitragsrechnungen

Abb.: Mehrstufige Deckungsbeitragsrechnung

Bereiche	A		B			
Produktgruppen	I		II		III	
Produkte	P1	P2	P3	P4	P5	P6
Periodenerlöse der Produkte (in €)	6.750	9.000	11.850	28.050	20.250	55.500
– Variable Periodenkosten der Produkte (in €)	4.750	7.110	9.825	19.767	16.860	49.210
– Deckungsbeitrag I der Produkte (in €)	2.000	1.890	2.025	8.283	3.390	6.290
– Produktfixkosten (in €)	1.000	800	1.050	4.200	900	2.600
– Deckungsbeitrag II der Produkte (in €)	1.000	1.090	975	4.083	2.490	3.690
Deckungsbeitrag I der Produktgruppen (in €)	2.090		5.058		6.180	
– Produktgruppenfixkosten (in €)	1.850		1.200		2.400	
– Deckungsbeitrag II der Produktgruppen (in €)	240		3.858		3.780	
– Deckungsbeitrag I der Bereiche (in €)	240		7.638			
– Bereichsfixkosten (in €)	–		850			
– Deckungsbeitrag II der Bereiche (in €)	240		6.788			
Deckungsbeitrag der Unternehmung (in €)	7.028					
– Unternehmungsfixkosten (in €)	1.840					
= Betriebsergebnis der Periode (in €)	5.188					

Quelle: Friedl 2004, S. 342.

Bestandteil des jeweils übergeordneten Bezugsobjektes ist. Es werden u. a. folgende Fixkostenkategorien abgegrenzt: Produktfixkosten, Produktgruppenfixkosten, Bereichsfixkosten und Unternehmungsfixkosten. Die fixen Kosten sind jeweils auf der Hierarchieebene auszuweisen, auf der sie gerade noch als Einzelkosten erfasst werden können. So sind Patentgebühren für ein Produkt Einzelkosten dieses Produktes, aber auch Einzelkosten der Produktgruppe, zu der dieses Produkt zählt. Auszuweisen sind sie als Produktfixkosten. Die folgende Abb. zeigt ein Beispiel für eine mehrstufige Deckungsbeitragsrechnung.

Die mehrstufige Deckungsbeitragsrechnung informiert darüber, ob der Deckungsbeitrag einzelner Produkte oder Produktgruppen zur Deckung der durch sie verursachten Produkt- oder Produktgruppenfixkosten ausreicht bzw. über den Umfang, in dem der Deckungsbeitrag zur Deckung der fixen Kosten übergeordneter Bezugsobjekte (Bereiche, Unternehmung) beiträgt. Sie zeigt damit, wo Maßnahmen zur Verbesserung des Betriebsergebnisses ergriffen werden müssen, wie z. B. Rationalisierungsmaßnahmen oder die Elimination von Produkten aus dem Absatzprogramm. Die *Entscheidungen über diese Maßnahmen* sind jedoch langfristiger Natur und können nicht auf der Grundlage einer kurzfristigen Periodenerfolgsrechnung getroffen werden. Sie erfordern vielmehr langfristige Analysen. Die mehrstufige Deckungsbeitragsrechnung gibt zudem keine Auskunft darüber, in welchem Umfang und in welchem Zeitraum fixe Kosten überhaupt abgebaut werden können. Es wird deshalb vorgeschlagen, die Kosten der verschiedenen Fixkostenkategorien nach ihrer Abbaufähigkeit in kurz-, mittel- und langfristig abbaubare Kosten zu untergliedern (→Kostenabbaubarkeit).

Eine Erweiterung der mehrstufigen Deckungsbeitragsrechnung ist die *mehrdimensionale Deckungsbeitragsrechnung,* deren Grundgedanke der relativen Einzelkostenrechnung entstammt. Zur Anwendung gelangt sie, wenn Fixkosten auch nach Bezugsobjekten gegliedert werden sollen, die in keiner hierarchischen Beziehung zueinander stehen. Als Beispiel können Produktgruppen und Absatzgebiete genannt werden, wenn jedes Produkt in mehreren Absatzgebieten und in jedem Ab-

Deckungsgrad

satzgebiet mehrere Produkte angeboten werden. Fehlt die hierarchische Beziehung zwischen den Bezugsobjekten, gibt es keine eindeutige Reihenfolge, in der die verschiedenen Fixkostenkategorien zu verrechnen und die Bezugsobjekte zusammenzufassen sind. Bei der mehrdimensionalen Deckungsbeitragsrechnung handelt es sich um eine Folge mehrstufiger Deckungsbeitragsrechnungen, die sich in der Reihenfolge der Verrechnung der verschiedenen Fixkostenkategorien unterscheiden. Die mehrdimensionale Deckungsbeitragsrechnung ermöglicht den differenzierten Ausweis der Gewinn- und Verlustquellen der Unternehmung (Schweitzer/Küpper 2003, S. 465–468).

Literatur: Friedl, B.: Kostenrechnung. Grundlagen, Teilrechnungen und Systeme der Kostenrechnung, München/Wien 2004; Kilger, W.: Flexible Plankostenrechnung und Deckungsbeitragsrechnung, 12. Aufl., Wiesbaden 2006; Riebel, P.: Einzelkosten- und Deckungsbeitragsrechnung. Grundfragen einer markt- und entscheidungsorientierten Unternehmensrechnung, 7. Aufl., Wiesbaden 1994; Schweitzer, M./Küpper, H.-U.: Systeme der Kosten- und Leistungsrechnung, 8. Aufl., München 2003.

Birgit Friedl

Deckungsgrad →Liquiditätskennzahlen

Deckungsrechnung, kalkulatorische →Istkostenrechnung

Deckungsrückstellung →Grundsätze ordnungsmäßiger Buchführung, versicherungsspezifisch

Dedektion →Dolose Handlungen

Deduktive Auswahl

Aus Gründen der Wirtschaftlichkeit kommt im Rahmen einer Abschlussprüfung (→Jahresabschlussprüfung; →Konzernabschlussprüfung) oder einer Revision (→Revisionseinsatzgebiete) eine vollständige Prüfung aller Geschäftsvorfälle (Vollprüfung; →lückenlose Prüfung) oft nicht in Betracht. Sofern der Prüfungsauftrag (→Prüfungsauftrag und -vertrag) und das →Prüffeld dies zulassen, kann anstelle der Vollprüfung im Rahmen eines →risikoorientierten Prüfungsansatzes sichergestellt werden, dass mit einer Mindestwahrscheinlichkeit das Prüfungsfeld keine wesentlichen Fehler (→Wesentlichkeit; →Fehlerarten in der Abschlussprüfung) enthält. Danach gilt es, das →Prüfungsrisiko, bestehend aus dem Produkt aus *inhärentem Risiko*, *Kontrollrisiko* und *Entdeckungsrisiko*, durch geeignete Prüfungshandlungen (→Auswahl von Prüfungshandlungen) auf ein nach Wesentlichkeitsaspekten angemessenes Maß (Wesentlichkeitsgrenze) zu reduzieren. Um dies zu erreichen, werden das inhärente Risiko des Prüffeldes im Rahmen der Risikoanalyse und das Kontrollrisiko im Rahmen der Systemanalyse der Prüfung abgeschätzt (→Prüfungsrisikomodelle). Das verbleibende Entdeckungsrisiko ist danach durch hinreichende aussagebezogene bzw. →ergebnisorientierte Prüfungshandlungen (→analytische Prüfungshandlungen und →Einzelfallprüfungen) soweit zu reduzieren, dass das angestrebte Risikoniveau erreicht wird. Zu diesem Zweck ist das notwendige Maß an einzelnen Prüfungshandlungen, also die Stichprobengröße, festzulegen.

Bei der Stichprobenziehung kommen die *bewusste Auswahl* und die *Zufallsauswahl* zur Anwendung. Die bewusste Auswahl (*deduktive Auswahl*) im Rahmen der →Stichprobenprüfung und damit des risikoorientierten Prüfungsansatzes bezieht in Abgrenzung zur Zufallsauswahl (auch *induktive Auswahl*) die subjektiven Einschätzungen und Erfahrungen des Prüfers nach pflichtgemäßem Ermessen in die Auswahl der Stichprobe ein. Für die bewusste Auswahl stehen drei Möglichkeiten zur Verfügung: Die *Auswahl typischer Fälle* ist eine Auswahltechnik, deren Ziel es ist, eine möglichst hohe Repräsentativität der Stichprobe zu erzielen. Hierfür werden gleichartige Fälle ausgewählt, die in großer Anzahl in der Grundgesamtheit vorhanden sind und deren mögliche Fehler daher typisch für einen bestimmten Arbeitsgang sind. Bei der *Auswahl nach dem Konzentrationsprinzip* werden Stichprobenelemente gezogen, die aufgrund ihrer Bedeutung für die Gesamtaussage des Prüffeldes eine besondere Bedeutung haben. In Frage kommen hier Vorgänge, die besonders hohe Transaktionen oder hohe Werte repräsentieren. Die *detektivische Auswahl* zielt auf die bewusste Auswahl von Stichprobenelementen, bei denen der Prüfer aus der Risiko- und →Systemprüfung, aus analytischen Prüfungshandlungen oder aus Erfahrung eine besondere Fehlerhäufigkeit erwartet. Die Zufallsauswahl kann als *echte Zufallsauswahl*, z.B. anhand randomisierter Zahlen, oder als *unechte Zufallsauswahl* mittels der Buchstaben-, Datums- oder Geburtstagsmethode erfolgen.

Die Verfahren der Stichprobenauswahl können und sollten kombiniert eingesetzt werden. Die bewussten Auswahlverfahren bieten den Vorteil, dass die aus der →Vorprüfung oder aus Erfahrung bekannten Defizite des →Internen Kontrollsystems (→Internes Kontrollsystem, Prüfung des) in die Prüfung eingehen und sich so der Prüfungsaufwand zur Erlangung eines →Prüfungsurteils reduzieren lässt. Sie bergen aber auch den Nachteil, dass die Quantifizierung des Prüfungsrisikos nicht möglich ist, da eine bewusst gezogene Stichprobe keine Repräsentativität für die Grundgesamtheit aufweist. Ein weiterer Nachteil der bewussten Verfahren ist ihre Vorhersehbarkeit durch das zu prüfende Unternehmen.

Neben der *einstufigen Zufallsauswahl* existieren verschiedene Ansätze der *komplexen Zufallsauswahl*, die Anwendung finden, sofern sich die Stichproben in mindestens einer Merkmalsausprägung unterscheiden. Aus diesem Grunde können sie als Mischverfahren zwischen bewusster und Zufallsauswahl gelten. Eine *geschichtete Auswahl* wird vorgenommen, indem die Grundgesamtheit in Schichten unterteilt wird, deren Stichprobenelemente sich hinsichtlich der Merkmalsausprägung innerhalb der Schichten möglichst wenig, zwischen den Schichten jedoch möglichst stark unterscheiden. Es werden dann aus allen Schichten Stichproben gezogen. Genau umgekehrt verhält sich dies bei der *Klumpenauswahl*, bei der die Schichten untereinander möglichst homogen, die Elemente jeder Schicht möglichst inhomogen verteilt sein sollten. Bei dieser Methode werden lediglich aus einigen Teilgesamtheiten Stichproben gezogen. Im Idealfall der vollständigen Homogenität der Schichten genügt die Untersuchung einer einzigen Schicht, um Repräsentativität für alle Schichten zu erlangen. Das *Monetary Unit Sampling* sieht jede Geldeinheit eines Elements als eigenständiges Stichprobenelement an. Hierdurch steigt proportional mit dem Wert des Prüfungselements die Wahrscheinlichkeit der Einbeziehung in die Stichprobe.

Literatur: Buchner, R.: Der Wirtschaftsprüfer. Beruf und Berufsorganisation, Herne 1985; IDW (Hrsg.): WPH 2006, Band I, 13. Aufl., Düsseldorf 2006; Marten, K.-U. et al.: Wirtschaftsprüfung. Grundlagen des betriebswirtschaftlichen Prüfungswesens nach nationalen und internationalen Normen, Stuttgart 2001.

Jochen Zimmermann; Jan-Hendrik Meier

Delisting, Einberufung der Hauptversammlung →Einberufungspflichten des Vorstands

Depotprüfung

Die Depotprüfung ist eine gesetzlich vorgeschriebene Prüfung (§ 29 Abs. 2 Satz 2 1. HS KWG; →Pflichtprüfungen), die bei allen →Kreditinstituten durchzuführen ist, die das Depotgeschäft, also die Verwahrung und Verwaltung von Wertpapieren für andere (§ 1 Abs. 1 Satz 2 Nr. 5 KWG), betreiben. Die zentralen Vorschriften zur Durchführung der Depotprüfung finden sich im Abschnitt 6 der PrüfbV. Die Bekanntmachung des *Bundesaufsichtsamtes für das Kreditwesen* [*BAKred*, jetzt: →*Bundesanstalt für Finanzdienstleistungsaufsicht* (*BaFin*)] vom 21.12.1998 (BAKred 1998a) konkretisiert für die Kreditinstitute die an eine ordnungsgemäße Handhabung des Depotgeschäfts zu stellenden Anforderungen und enthält wesentliche materielle Prüfungshinweise für die Durchführung der Depotprüfung. Weitere Rechtsvorschriften, die in diesem Zusammenhang zu beachten sind, betreffen das DepG, das HGB (insb. §§ 383 ff. HGB zum Kommissionsgeschäft) sowie die Bestimmungen in § 128 AktG (Mitteilungspflichten) und § 135 AktG (Ausübung des →Stimmrechts). Die *BaFin* kann auf schriftlichen Antrag ein Kreditinstitut von der Depotprüfung befreien, wenn das Depotgeschäft nur in einem geringen Umfang durchgeführt wird (§§ 75 Abs. 1 PrüfbV i.V.m. 31 Abs. 2 KWG).

Die Depotprüfung ist von dem →Abschlussprüfer (APr) des Kreditinstituts durchzuführen (§ 29 Abs. 2 Satz 2 KWG). Der Auftrag (→Prüfungsauftrag und -vertrag) zur Abschlussprüfung (→Jahresabschlussprüfung; →Konzernabschlussprüfung) beinhaltet damit auch gleichzeitig die Depotprüfung (→Jahresabschlussprüfung, erweiterte). Bei einem Wechsel des Abschlussprüfers hat derjenige APr die Depotprüfung vorzunehmen, der den in den →Prüfungszeitraum fallenden JA geprüft hat (BAKred 1998b, Erläuterung Nr. 46). Falls der APr auch zur Prüfung nach § 36 Abs. 1 →Wertpapierhandelsgesetz (WpHG) bestellt worden ist, so empfiehlt es sich, diese Prüfung zeitgleich mit der Depotprüfung durchzuführen. Die Rechte des Depotprüfers richten sich nach § 320 HGB, so dass ihm die gleichen Auskunftsrechte wie dem APr (→Auskunftsrechte des Abschluss-

Depotprüfung

prüfers) zustehen. Der Prüfer hat eine berufsübliche →Vollständigkeitserklärung einzuholen, die dem PrB beigeheftet werden sollte. Für die Depotprüfung hat das →*Institut der Wirtschaftsprüfer in Deutschland e.V.* (*IDW*) ein spezielles Muster einer Vollständigkeitserklärung herausgegeben.

Die Depotprüfung ist eine Zeitraumprüfung und hat einmal im Geschäftsjahr stattzufinden. Der Prüfungszeitpunkt ist vom Prüfer im freien Ermessen, aber unregelmäßig zu bestimmen. Die Prüfung soll dabei nicht jedes Jahr zum gleichen Stichtag beginnen. Der Prüfungs- und Berichtszeitraum umfasst jeweils den Zeitraum zwischen dem Stichtag der letzten und der folgenden Prüfung und stimmt i. d. R. nicht mit dem Kalenderjahr überein.

Prüfungsgegenstand der Depotprüfung sind das Depotgeschäft, die Verbuchung von Lieferansprüchen aus wertpapierbezogenen Derivaten (→derivative Finanzinstrumente), die depotrechtlichen Anforderungen an die Eigentumsübertragung bei Wertpapiergeschäften, die unregelmäßige Verwahrung und die Gewährung von Wertpapierdarlehen sowie die Einhaltung der Bestimmungen der §§ 128 und 135 AktG. Weitere detaillierte Prüfungsanforderungen ergeben sich aus den Anforderungen an den PrB (§§ 73 und 74 PrüfbV). In die Depotprüfung sind auch die inländischen und ausländischen Zweigstellen des Kreditinstituts einzubeziehen, soweit diese das Depotgeschäft betreiben. Der Prüfer entscheidet, ob und in welchem Umfang eine Prüfung vor Ort erforderlich ist (→Wesentlichkeit). Auf eine Prüfung kann verzichtet werden, wenn das Depotgeschäft der Zweigstelle unbedeutend ist, nachweislich regelmäßig durch die →Interne Revision geprüft wird und sich keine wesentlichen Beanstandungen ergeben haben (→Interne Revision und Abschlussprüfung). Allerdings sind auch diese Zweigstellen in angemessenen Zeitabständen in die Depotprüfung einzubeziehen. Weiterhin ist die Depotprüfung auf solche Unternehmen auszudehnen, auf die der Depotprüfung unterliegende Tätigkeitsbereiche ausgegliedert worden sind (→Outsourcing). Der Prüfer kann nach pflichtgemäßem Ermessen auf die Ergebnisse der internen und externen Prüfer des Auslagerungsunternehmens zurückgreifen (→Ergebnisse Dritter). In die Depotprüfung sind sämtliche Prüfungsgegenstände einzubeziehen. Eine Schwerpunktbildung ist nach pflichtgemäßem Ermessen zulässig. Die Prüfungen können in Form von →Systemprüfungen mit Funktionstests (→Funktionsprüfung) sowie stichprobenweise durchgeführten →Einzelfallprüfungen (→Stichprobenprüfung) erfolgen, sofern nicht eine →lückenlose Prüfung erforderlich ist. Die Prüfungen müssen den gesamten →Prüfungszeitraum erfassen und in einem angemessenen Verhältnis zum Umfang der jeweiligen Geschäfte stehen.

Bei als Depotbank (§ 20 Abs. 1 InvG) tätigen Kreditinstituten ist zusätzlich die ordnungsgemäße Wahrnehmung der Depotbankaufgaben zu prüfen (§ 70 Abs. 1 Satz 3 PrüfbV). Die Prüfung bezieht sich primär auf die unabhängige Kontrolltätigkeit der Depotbank im Verhältnis zwischen der →Kapitalanlagegesellschaft (KAGes) und den Anlegern. Die Prüfungsgegenstände der Depotbankprüfung lassen sich aus den umfangreichen Berichtspflichten ableiten (§ 74 Abs. 4 PrüfbV). Auch bei der Depotbankprüfung ist die Bildung von Schwerpunkten zulässig (BAKred 1998b, Erläuterung Nr. 49) und aufgrund der Vielzahl und Komplexität der Prüfungsanforderungen auch empfehlenswert. Ist ein Kreditinstitut als Depotbank i. S. d. § 136 Abs. 1 Nr. 3 InvG tätig, so ist entsprechend zu prüfen, ob die Anleger in einer den Vorschriften §§ 20 bis 29 InvG entsprechenden Weise gesichert werden (BAKred 1998b, Erläuterung Nr. 49).

Stellt der Prüfer Mängel hinsichtlich der ordnungsgemäßen Handhabung des zu prüfenden Geschäftes fest (→Ordnungsmäßigkeitsprüfung), so hat er zunächst die Prüfung auszudehnen, bis der Prüfer überzeugt ist, dass es sich nur um vereinzelte und unwesentliche Mängel handelt. Als unwesentlich sind Mängel einzuordnen, die nicht zu einer Schädigung des Kunden führen und die im Verlauf der Prüfung beseitigt werden. Über diese Mängel ist die Interne Revision zu informieren. Können Mängel während der laufenden Prüfung nicht beseitigt werden, so ist die Prüfung so lange auszusetzen, bis der Prüfer sich von der Beseitigung überzeugt hat; bei einer längeren Aussetzung sowie bei wesentlichen Mängeln, die zu einer Schädigung der Kunden führen, ist die *BaFin* zu informieren (IDW 2006, Abschn. Q, Rn. 1111, S. 1892).

Der PrB ist gesondert vom →Prüfungsbericht über die Abschlussprüfung unverzüglich zu erstatten (§ 29 Abs. 2 Satz 3 KWG). Der Bericht kann gemeinsam mit dem Bericht nach

§ 36 WpHG erstattet werden, aufgrund der unterschiedlichen Adressaten empfiehlt sich aber eine getrennte Berichterstattung. Der Inhalt des Prüfungsberichts ist detailliert in den §§ 73 und 74 PrüfbV geregelt. Die Gliederung des Prüfungsberichts kann sich zweckmäßigerweise an der Gliederung der Bekanntmachung des *BAKred* (BAKred 1998a) orientieren (IDW 2006, Abschn. Q, Rn. 1110, S. 1892). Unverzüglich nach Beendigung der Prüfung hat der Prüfer der *BaFin* und der *Deutschen Bundesbank* einen PrB einzureichen.

Literatur: BAKred: Anforderungen an die Ordnungsmäßigkeit des Depotgeschäfts und der Erfüllung der Wertpapierlieferungsverpflichtungen, Bekanntmachung vom 21. Dezember 1998a; BAKred: Erläuterungen zur Verordnung über die Prüfung der Jahresabschlüsse und Zwischenabschlüsse der Kreditinstitute und Finanzdienstleistungsinstitute und über die Prüfung nach § 12 Abs. 1 Satz 3 des Gesetzes über Kapitalanlagegesellschaften sowie der darüber zu erstellenden Berichte (Prüfungsberichtsverordnung PrüfbV) vom 17. Dezember 1998b; IDW (Hrsg.): WPH 2006, Band I, 13. Aufl., Düsseldorf 2006.

Ralf Wißmann

Derivative Finanzinstrumente

Ein *Finanzinstrument* ist nach IAS 32.11 definiert als ein „Vertrag, der gleichzeitig bei dem einen Unternehmen zu einem finanziellen Vermögenswert und bei dem anderen Unternehmen zu einer finanziellen Verbindlichkeit oder einem Eigenkapitalinstrument führt". Finanzinstrumente lassen sich in *originäre Finanzinstrumente* (→Forderungen, →Verbindlichkeiten und →Eigenkapital) und *derivative Finanzinstrumente* (z. B. Swaps, Forwards, Optionen und Futures) unterteilen. Ein derivatives Finanzinstrument ist nach IAS 39.9 definiert als ein Finanzinstrument, das seinen Wert verändert infolge einer Änderung eines Zinssatzes, Wechselkurses, Index oder einer anderen bestimmten Variablen, das nur geringe oder keine Anschaffungsauszahlungen erfordert und das zu einem späteren Zeitpunkt beglichen wird. Eine ähnliche Definition gibt das →*Institut der Wirtschaftsprüfer in Deutschland e.V.* (*IDW*) in seinem Rechnungslegungshinweis (IDW RH HFA 1.005).

Bedeutsame Regelungen für die Prüfung von derivativen Finanzinstrumenten enthalten der IDW PS 315 (Transformation des ISA 545) und der IAPS 1012 der →*International Federation of Accountants* (*IFAC*).

Die *Verantwortung* für die korrekte Erfassung, Verbuchung und Wertermittlung von derivativen Finanzinstrumenten trägt das Management. Der →Abschlussprüfer (APr) muss ausreichende und angemessene →Prüfungsnachweise einholen, um dies zu beurteilen. Er beurteilt auch die Annahmen des Managements, ist aber nicht verantwortlich für die Vorhersage zukünftiger Bedingungen oder Ereignisse.

Die Prüfung derivativer Finanzinstrumente im Rahmen der →Jahresabschlussprüfung (→Konzernabschlussprüfung) erfolgt nach dem →*risikoorientierten Prüfungsansatz*. Zunächst hat der APr deshalb das *inhärente Risiko* zu beurteilen, das von unternehmensbezogenen, prüffeldspezifischen (→Prüffelder) und nicht-unternehmensbezogenen Faktoren abhängt (→Prüfungsrisiko). Dazu sollte sich der APr über die Erfahrung aller mit den derivativen Finanzinstrumenten befassten Personen informieren (Händler, Buchhalter, Abwickler, Bewertende, Risikoüberwacher). Je größer deren Erfahrung ist, desto geringer ist das inhärente Risiko. Die Zwecke für den Einsatz von derivativen Finanzinstrumenten (Risikoreduzierung durch Sicherungsgeschäfte oder Gewinnmaximierung/Spekulation) wirken sich ebenfalls auf das inhärente Risiko aus. Ferner ist von Bedeutung, ob durch das derivative Finanzinstrument Zahlungsströme vor oder nach Vertragsabschluss ausgelöst werden, da ohne Zahlungsströme das Risiko einer buchhalterischen Nichterfassung steigt.

Zur Einschätzung des *Kontrollrisikos* hat der APr das →Interne Kontrollsystem (IKS) zu prüfen (→Internes Kontrollsystem, Prüfung des; →Systemprüfung). Dazu ist zunächst das →*Kontrollumfeld* zu beurteilen. Für ein positives Kontrollumfeld sprechen Beschränkungen für die Genehmigung von Transaktionen in Abhängigkeit von Art und Einsatzzweck der Finanzinstrumente und für max. zulässige Risiken sowie aus Bonitätsgesichtspunkten (→Bonität) für einzelne Kontraktpartner. Ferner sollten eine unabhängige und zeitnahe Überwachung der Risiken und eine aufbauorganisatorische Funktionstrennung von Handel, Buchführung und Risikoüberwachung gegeben sein.

Um das vorhandene *Kontrollsystem* zu prüfen, sollte der APr eine Vorstellung von einem Soll-System entwickeln, mit dem er das Ist-System des zu prüfenden Unternehmens vergleicht

(→Aufbauorganisation; →Kontrollprüfung; →Soll-Ist-Vergleich). Verlautbarungen verschiedener Organisationen [→*Bundesanstalt für Finanzdienstleistungsaufsicht (BaFin), Baseler Ausschuss für Bankenaufsicht*] können als Leitfaden dienen.

Um Prüfungsnachweise über Aufbau und Wirksamkeit des Kontrollsystems zu erlangen, werden *System- und Funktionstests* durchgeführt (→Funktionsprüfung; →Kontrollprüfung). Folgende Prüfungshandlungen kommen in Betracht (→Auswahl von Prüfungshandlungen):

1) auf der Ebene des Handels:
- Einhaltung von Richtlinien und Limits,
- Geschäfte nur mit zugelassenen Kontraktpartnern sowie
- zeitgerechte Einholung von Genehmigungen;

2) auf der Ebene der Buchhaltung und Abwicklung:
- Erfassung aller Transaktionen in der Buchhaltung,
- Dokumentation aller Transaktionen,
- zeitnahe Bewertung der zu erfassenden Finanzinstrumente,
- Umgang mit Bestätigungen der Kontraktpartner (→Bestätigungen Dritter) sowie
- Einhaltung der Regelungen zur Datensicherheit (→IT-Sicherheit);

3) auf der Ebene der Risikoüberwachung:
- zeitnahe Zusammenstellung aller Risikopositionen,
- zeitnahe Berichterstattung an das Management (→Führungsinformationssysteme) sowie
- zeitnahe Überwachung und ggf. Reaktion des Managements.

Auf der Basis der durchgeführten System- und Funktionstests kommt der APr zu einer Aussage über die Angemessenheit und Wirksamkeit des Kontrollsystems in Bezug auf derivative Finanzinstrumente, um daraus Art und Umfang der *aussagebezogenen Prüfungshandlungen* (→ergebnisorientierte Prüfungshandlungen) planen zu können (→Prüfungsplanung). Dabei sind insb. der Nachweis, die Vollständigkeit und die Bewertung von Bedeutung (→Fehlerarten in der Abschlussprüfung). Die Prüfungssicherheit im Hinblick auf *Nachweis* (→Nachweisprüfungshandlungen) und *Vollständigkeit* ist schwierig zu erlangen, da Zahlungen (→Zahlungsverkehr) bei Vertragsabschluss häufig nicht erfolgen und Verträge über derivative Finanzinstrumente oft als Telefonhandel oder über außerbörsliche Handelssysteme geschlossen werden. Der APr sollte deshalb Saldenbestätigungen von den bekannten oder möglichen Kontraktpartnern einholen (→Bestätigungen Dritter). →Analytische Prüfungshandlungen (→Plausibilitätsprüfungen) werden i.d.R. nicht geeignet sein, Prüfungssicherheit zu schaffen.

Hinsichtlich der *Bewertung* (→Bewertungsprüfung) sind alle *eingebetteten Derivate* zu identifizieren, da sie unter bestimmten Voraussetzungen von dem Basiswert abzuspalten und gesondert zu bewerten sind. Ein eingebettetes Derivat ist definiert als Bestandteil eines strukturierten (zusammengesetzten) Produkts, das aus einem Basisvertrag und einem Derivat besteht, mit dem Ergebnis, dass ein Teil der →Cash Flows des zusammengesetzten Finanzinstruments ähnlichen Veränderungen unterliegt wie das freistehende Derivat (IAS 39.10). Eine Zerlegung und gesonderte Bewertung haben u.a. zu erfolgen, wenn das zusammengesetzte Finanzinstrument nicht zum Zeitwert (→Fair Value) „through profit and loss" bewertet wird (IAS 39.11). Das abgespaltene Derivat ist dann grundsätzlich zum Zeitwert zu bewerten.

Die Prüfungshandlungen bei zu Zeitwerten bewerteten derivativen Finanzinstrumenten hängen davon ab, ob es sich um *Marktwerte* handelt. Bei der Heranziehung von Marktwerten ist die Verwendung der geeigneten und richtigen Marktwerte nachzuvollziehen. Dabei ist zu beurteilen, ob sie aus einem aktiven Markt (IAS 38.7) abgeleitet wurden. Falls keine Marktwerte existieren, erfolgt die Bewertung mit komplexen *Bewertungsmodellen* (Optionspreismodelle wie z.B. das *Cox/Ross/Rubinstein*-Modell oder das *Black/Scholes*-Modell). Durch den APr ist die konsistente und stetige Anwendbarkeit der Modelle bei den im Unternehmen vorhandenen derivativen Finanzinstrumenten zu prüfen, ebenso die konsistente Verwendung der in die Modelle einfließenden Marktdaten (→Zeitwerte, Prüfung von).

Der APr kann zur Prüfung der vom Management ermittelten Werte auch eine unabhängige

Schätzung des Zeitwerts vornehmen oder durch Sachverständige vornehmen lassen (→Ergebnisse Dritter) und eigene Annahmen treffen (→Schätzwerte, Prüfung von; Prognose- und Schätzprüfung).

Weitere aussagebezogene Prüfungshandlungen betreffen die →*Bonität der Kontraktpartner* und ein ggf. erhöhtes Ausfallrisiko.

Abschließend hat der APr die Angaben im →Anhang (→Angabepflichten) über die derivativen Finanzinstrumente zu prüfen und mit den Anforderungen gem. IFRS 7 (→Notes) abzustimmen. Dabei ist insb. die Vollständigkeit der Angaben ein Prüfungsschwerpunkt, wozu geeignete Checklisten (→Prüfungscheckliste) heranzuziehen sind.

Literatur: IDW (Hrsg.): IDW Rechnungslegungshinweis: Anhangangaben nach § 285 Satz 1 Nr. 18 und 19 HGB sowie Lageberichterstattung nach § 289 Abs. 2 Nr. 2 HGB in der Fassung des Bilanzrechtsreformgesetzes (IDW RH HFA 1.005, Stand: 18. März 2005), in: WPg 58 (2005), S. 531–534; IDW (Hrsg.): IDW Prüfungsstandard: Die Prüfung von Zeitwerten (IDW PS 315, Stand: 8. Dezember 2005), in: WPg 59 (2006), S. 309–314; Schmidt, M.: Überlegungen zur Prüfung von Finanzinstrumenten nach internationalen Normen, in: WPg 57 (2004), S. 12–29.

Klaus J. Müller

Desinvestitionscontrolling →Beteiligungscontrolling

Detektivische Auswahl →Deduktive Auswahl; →Stichprobenprüfung

Deutsche Prüfstelle für Rechnungslegung

Um das Vertrauen der Kapitalmarktteilnehmer in die Rechnungslegung der Wertpapieremittenten zu stärken, ist durch das *BilKoG* vom 15.12.2004 ein zweistufiges Verfahren zur Durchsetzung der einschlägigen Rechnungslegungsnormen (= Enforcement) eingeführt worden (§§ 342b ff. HGB und §§ 37n ff. WpHG). Auf der ersten Stufe wird eine privatrechtlich organisierte, vom *BMJ* im Einvernehmen mit dem *BMF* anerkannte Prüfstelle für Rechnungslegung tätig, während auf der zweiten Stufe als staatliche Einrichtung die →*Bundesanstalt für Finanzdienstleistungsaufsicht* (*BaFin*) eingreift und ggf. die Prüfung und Veröffentlichung von Bilanzfehlern mit hoheitlichen Mitteln durchsetzen kann.

Mit diesem *zweistufigen System* soll der Wirtschaft angeboten werden, sich beim Enforcement zu engagieren. Für die betroffenen Unternehmen wird die Möglichkeit geschaffen, Unstimmigkeiten über Bilanzierungsfragen auf privatrechtlicher Ebene mit einem Gremium qualifizierter Fachleute zu lösen. Zur Einrichtung der unabhängigen und weisungsungebundenen Prüfstelle wurde von den Wirtschaftsverbänden [BDI, →*Wirtschaftsprüferkammer* (WPK), DGB u. a.] ein Trägerverein (*DPR*) gegründet, dessen Aufgabe es ist, eine weisungsunabhängige neutrale Prüfstelle einzurichten. Neben dem Vereinsvorstand wurde ein Nominierungsausschuss geschaffen, der die Mitglieder der Prüfstelle im Einvernehmen mit dem *BMJ* und *BMF* beruft.

Die inzwischen anerkannte und eingerichtete *DPR* (→Prüfstelle) prüft, ob der zuletzt festgestellte JA (→Feststellung und Billigung des Abschlusses) und der zugehörige →Lagebericht oder der zuletzt gebilligte Konzernabschluss und →Konzernlagebericht eines kapitalmarktorientierten Unternehmens den anzuwendenden Rechnungslegungsnormen, d. h. den Gesetzen, den GoB (→Grundsätze ordnungsmäßiger Buchführung, Prüfung der) sowie den deutschen oder internationalen Rechnungslegungsstandards [→International Financial Reporting Standards (IFRS); →United States Generally Accepted Accounting Principles (US GAAP)] entsprechen. Die *Prüfstelle* prüft

1) soweit konkrete Anhaltspunkte für einen Verstoß gegen Rechnungslegungsvorschriften vorliegen (Anlassprüfung),

2) auf Verlangen der *BaFin* oder

3) ohne besonderen Anlass im Wege einer stichprobenartigen Prüfung (→Stichprobenprüfung).

Eine Prüfung findet nicht statt, solange bzgl. des zu prüfenden Sachverhalts oder des zu prüfenden Abschlusses eine Klage auf Nichtigkeit gem. § 256 AktG anhängig ist oder nach § 142 oder § 258 AktG ein Sondeprüfer (→Sonderprüfungen, aktienrechtliche) bestellt worden ist.

Die Prüfstelle prüft nur dann, wenn das zu prüfende Unternehmen bereit ist, an der Prüfung mitzuwirken. Seine gesetzlichen Vertreter und die von ihnen benannten Auskunftspersonen sind dann verpflichtet, richtige und vollständige Auskünfte zu erteilen sowie richtige und vollständige Unterlagen vorzulegen. Weigert sich das Unternehmen an der Prüfung mitzuwirken, teilt dies die Prüfstelle der *BaFin* mit. In diesem Fall kann die *BaFin* selbst eine Prüfung einleiten. Sie kann damit auch die Prüfstelle beauftragen, die dann als Verwaltungsgehilfin der *BaFin* auftritt.

Für die *Anlassprüfung* müssen konkrete Umstände tatsächlicher Art vorliegen; bloße Vermutungen oder Hypothesen reichen nicht aus. Die Anhaltspunkte müssen sich auf den zuletzt gebilligten Abschluss eines bestimmten Unternehmens beziehen. Die Anlassprüfung beschränkt sich auf jene Sachverhalte, für die Anhaltspunkte für eine fehlerhafte Behandlung (→Unregelmäßigkeiten) vorliegen. Die Prüfstelle kann aber ihre Prüfung ausdehnen, wenn dabei weitere Anhaltspunkte für eine fehlerhafte Rechnungslegung auftauchen.

Die *Prüfung auf Verlangen der BaFin* setzt ebenfalls konkrete Anhaltspunkte für eine fehlerhafte Rechnungslegung voraus und leitet eine Prüfung der ersten Stufe ein.

Die *stichprobenartige Prüfung* erfolgt nach von der Prüfstelle im Einvernehmen mit dem *BMJ* und dem *BMF* festgelegten Grundsätzen. Bei der Stichprobenauswahl soll ein risikoorientierter Ansatz mit einer zufälligen Stichprobe kombiniert werden. Es sollen innerhalb eines bestimmten Zeitraums alle kapitalmarktorientierten Unternehmen einer Prüfung unterzogen werden.

Die Stichprobenprüfung ist keine vollumfängliche Abschlussprüfung (→Jahresabschlussprüfung; →Konzernabschlussprüfung) i.S.v. § 317 HGB, doch gelten deren Maßstäbe. Ausgenommen von der Prüfung sind im Regelfall die Buchführung und das Überwachungssystem [→Risikomanagementsystem (RMS)] des Unternehmens (§ 317 Abs. 4 HGB). Die Enforcementprüfung wird auch nicht sämtliche Abschlussposten umfassen. Die Jahresabschlüsse von Tochterunternehmen werden bei der Prüfung des Konzernabschlusses i.d.R. nicht zu prüfen sein.

Die Prüfstelle berichtet der *BaFin* über ihre Absicht, eine Prüfung einzuleiten, über eine etwaige Weigerung des Unternehmens mitzuwirken sowie über das Prüfungsergebnis und darüber, ob das Unternehmen mit dem Prüfungsergebnis einverstanden ist. Im Übrigen sind die bei der Prüfstelle Beschäftigten verpflichtet, über die Betriebs- und Geschäftsgeheimnisse des geprüften Unternehmens und über die bei ihrer Prüftätigkeit gewonnenen Erkenntnisse Stillschweigen zu bewahren (§ 342c HGB).

Die Tätigkeit der Prüfstelle erfolgt nach einer mit dem *BMJ* und dem *BMF* abgestimmten *Verfahrensordnung*. Hierin sind die innere Ordnung der *Prüfstelle* und der Ablauf des Prüfverfahrens sowie die notwendige Unabhängigkeit der an einem Prüfverfahren beteiligten Personen geregelt.

Für jeden Prüfungsfall ist eine *Kammer* zuständig, die sich aus dem Präsidenten, dem Vizepräsidenten und einem weiteren Mitglied der Prüfstelle zusammensetzt. Die Kammer benennt einen fallverantwortlichen Prüfer, der Mitglied der Prüfstelle, aber nicht der zuständigen Kammer ist. Ihm obliegt die eigentliche Prüfungstätigkeit. Er berichtet der Kammer über sein Prüfung und deren Ergebnis. Ihm steht ein weiteres kammerunabhängiges Mitglied der Prüfstelle als sog. Berichtskritiker zur Seite, der die Prüfungsdurchführung und Prüfungsfeststellungen des fallverantwortlichen Prüfers kritisch begleitet und ebenfalls an die Kammer berichtet. Die Kammer entscheidet über das abschließende Prüfungsergebnis. Wenn das Unternehmen mit den von der *Prüfstelle* festgestellten Fehlern nicht einverstanden ist, obliegt es der *BaFin* auf der zweiten Stufe des Enforcement die Fehlerhaftigkeit der Rechnungslegung zu konstatieren; dazu ist das Einverständnis des Unternehmens nicht erforderlich. Ergibt die Prüfung durch die *BaFin* keine Beanstandung, so teilt sie dies dem betroffenen Unternehmen mit.

Ergibt die Prüfung der Prüfstelle oder der *BaFin*, dass die Rechnungslegung fehlerhaft ist, ordnet die *BaFin* an, dass das Unternehmen den festgestellten Fehler samt den wesentlichen Teilen der Begründung bekannt zu machen hat (§ 37g WpHG) (→Publizität).

Eberhard Scheffler

Deutscher Corporate Governance Kodex

Der DCGK ist Teil einer internationalen Bewegung, die ihren Ausgangspunkt 1992 nahm mit dem „Cadbury Report on the Financial Aspects of Corporate Governance" (→Cadburyreport). 1999 wurden die „OECD-Principles of Corporate Governance" verabschiedet, die auf die internationale Harmonisierung der Corporate Governance-Systeme (→Corporate Governance) durch anerkannte Mindeststandards zielen und als Richtschnur für die nationale Gesetzgebung und Maßstab für die nationalen Kodices dienen sollen. In der Zwischenzeit sind zahlreiche nationale Corporate Governance-Kodices in Europa entstanden (→Corporate Governance in der EU). In den USA dominieren dagegen individuelle Vorschläge einzelner Pension Funds oder von Großunternehmen (→Corporate Governance in den USA).

In Deutschland wurde vom *BMJ* die *Regierungskommission DCGK* eingesetzt, die sich aus Vertretern der Wirtschaft, der Wissenschaft und des öffentlichen Lebens zusammensetzt. Dadurch sollte der deutschen Wirtschaft die Möglichkeit eröffnet werden, durch *Selbstorganisation* einen Kodex zu entwickeln. Der Kodex soll i. d. R. einmal jährlich vor dem Hintergrund nationaler und internationaler Entwicklungen überprüft und bei Bedarf angepasst werden. Die erste Fassung des Kodex wurde am 26.2.2002 veröffentlicht.

Zu Ziel und Inhalt heißt es in der Präambel: „Der vorliegende DCGK stellt wesentliche gesetzliche Vorschriften zur Leitung und Überwachung deutscher börsennotierter Gesellschaften (Unternehmensführung) dar und enthält international und national anerkannte Standards guter und verantwortungsvoller Unternehmensführung. Der Kodex soll das deutsche Corporate Governance System transparent und nachvollziehbar machen. Er will das Vertrauen der internationalen und nationalen Anleger, der Kunden, der Mitarbeiter und der Öffentlichkeit in die Leitung und Überwachung deutscher Aktiengesellschaften fördern."

Um dieser *Kommunikationsfunktion* und *Ordnungsfunktion* gerecht zu werden, trifft der Kodex zu folgenden Themenfeldern Aussagen:

1) *Aktionäre* und *HV* (→Haupt- und Gesellschafterversammlung): Der Kodex betont die Rechte der Aktionäre als wirtschaftliche Eigentümer und den Grundsatz „One-Share One-Vote". Durch Einsatz des Internets soll die Gesellschaft den Aktionären die Vorbereitung auf die HV erleichtern.

2) *Zusammenwirken* von *Vorstand* und *AR*: Er fordert ein intensives Zusammenwirken und eine offene Diskussion zwischen Vorstand und AR, wobei die Wahrung der Vertraulichkeit von entscheidender Bedeutung ist.

3) *Vorstand*: Der Vorstand hat sich am Unternehmensinteresse zu orientieren und durch gute Unternehmensführung den →Unternehmenswert zu steigern. Die Vergütung soll aufgrund einer Leistungsbeurteilung und unter Berücksichtigung der wirtschaftlichen Lage der Gesellschaft festgelegt werden.

4) *AR*: Es wird eine effiziente Informationsversorgung des Aufsichtsrats empfohlen. Zur Verbesserung der Diskussionskultur im AR wird eine intensivere Ausschussarbeit (→Aufsichtsratsausschüsse; →Audit Committee) vorgeschlagen sowie Vorgespräche der Anteilseignervertreter und der Arbeitnehmervertreter mit Vorstandsmitgliedern zur Vorbereitung der Plenarsitzungen.

5) *Transparenz*: Jedes Vorstands- und jedes Aufsichtsratsmitglied soll Interessenkonflikte (→Interessenkonflikte von Vorstand und Aufsichtsrat) dem Gesamtaufsichtsrat gegenüber offenlegen. Die Gesellschaften sollen die Aktionäre bei Informationen (→Publizität) gleich behandeln.

6) *Rechnungslegung* und *Abschlussprüfung*: Die WP sollen die beruflichen, finanziellen und sonstigen Beziehungen zwischen Unternehmen und →Abschlussprüfer (APr) sowie während der Prüfung auftretende Befangenheitsgründe (→Unabhängigkeitserklärung; →Unabhängigkeit und Unbefangenheit des Wirtschaftsprüfers) vollständig offenlegen.

Der Kodex unterscheidet Empfehlungen („Soll") und Anregungen („Sollte"/„Kann"). Die Gesellschaften können von den Empfehlungen abweichen, sind dann aber verpflichtet, dies in der →*Entsprechenserklärung* (§ 161 AktG) jährlich offen zu legen und zu begründen („Comply or Explain"). Die Idee dieser Regelung ist, dass der Kapitalmarkt Unternehmen, die sich nicht an den Kodex halten, entsprechend sanktionieren wird. Erste empirische Untersuchungen zeigen, dass dem Kodex zwar in vielen Punkten gefolgt wird, aber das Ausmaß der Entsprechung keinen Einfluss auf den Aktienkurs hat.

Literatur: Gerum, E. et al.: Das deutsche Corporate Governance-System zwischen Kontinuität und Wandel – Eine empirische Untersuchung, Stuttgart 2006; Nowak, E./Rott, R./Mahr, T.: Wer den Kodex nicht einhält, den bestraft der Kapitalmarkt? – Eine empirische Analyse der Selbstregulierung und Kapitalmarktrelevanz des Deutschen Corporate Governance Kodex, in: ZGR 34 (2005), S. 253–279; Ringleb, H.-M. et al. (Hrsg.): Deutscher Corporate Governance Kodex – Kommentar, 2. Aufl., München 2005.

Elmar Gerum

Deutsches Institut für Interne Revision e.V.

Das *IIR* wurde im November 1958 als gemeinnütziges Institut zur Förderung und Weiterentwicklung der →Internen Revision in Deutschland mit Sitz in Frankfurt a. M. gegründet.

Die satzungsgemäßen Ziele des Instituts werden erfüllt durch:

- Bereitstellung von Informationen über die Interne Revision,
- wissenschaftliche Forschung im Tätigkeitsbereich der Internen Revision,
- Entwicklung von Revisionsgrundsätzen und -methoden und deren laufende Anpassung an die betriebswirtschaftlichen, organisatorischen und technischen Gegebenheiten,
- wissenschaftliche und praktische Weiterbildung von Mitarbeiterinnen und Mitarbeitern der Internen Revision,
- Pflege von Beziehungen zur Praxis und Wissenschaft im In- und Ausland sowie
- Pflege von Kontakten zu Institutionen der Wirtschaftsprüfung [→*Institut der Wirtschaftsprüfer in Deutschland e.V.* (*IDW*); →*Wirtschaftsprüferkammer* (*WPK*)].

Satzungsmäßige Organe sind die *Mitgliederversammlung*, der *Verwaltungsrat*, der *Vorstand* und die *Geschäftsführung*. Daneben besteht ein *Wissenschaftlicher Beirat*, dem namhafte Hochschullehrer aus dem Bereich Prüfungswesen (→Universitäten, Lehre im Prüfungswesen; →Universitäten, Forschung im Prüfungswesen) angehören.

Das *IIR* hat zurzeit ca. 1.700 Mitglieder aus allen Bereichen der Wirtschaft, Wissenschaft und Verwaltung. Es sind zwei Arten der Mitgliedschaft möglich:

1) *Ordentliche Mitglieder*: Leiter und Mitarbeiter von Revisionsabteilungen oder anderen Stellen, denen die Durchführung der Internen Revision in Unternehmen übertragen ist. Ferner Personen, von denen aufgrund ihrer Ausbildung oder beruflichen Tätigkeit eine die Ziele des Instituts fördernde Mitarbeit erwartet werden kann.

2) *Fördernde Mitglieder:* Unternehmen und Wirtschaftsverbände sowie betriebswirtschaftliche Institute und Vereine.

Die fachlichen Aufgabenstellungen werden, im Rahmen der vom Vorstand definierten Vorgaben, durch eine Vielzahl von Gremien umgesetzt. Hier sind insb. zu nennen:

- *IIR-Programmausschuss:* Grundsatzarbeit wird vom Programmausschuss geleistet. Darin vertreten sind erfahrene Führungskräfte der Internen Revision aus verschiedenen Branchen, wie z. B. aus Industrie, →Kreditinstituten, →Versicherungsunternehmen sowie Versorgungsunternehmen und Dienstleistungsunternehmen (→Elektrizitätsversorgungsunternehmen; →Energieversorgungsunternehmen; →Krankenhäuser u. a.).

- *IIR-Arbeitskreise und Projektgruppen:* Hierbei wird zwischen den permanent agierenden Arbeitskreisen und den zeitlich sowie auf ein konkretes Projekt ausgerichteten Projektgruppen unterschieden. Ein wesentlicher Teil der Institutsarbeit wird in diesen beiden Gruppierungen erbracht. Erfahrene Leiter und Mitarbeiter von Internen Revisionen beschäftigen sich dort mit der systematischen Durchdringung aller wesentlichen Prüfungs- und Beratungsgebiete (→Revisionseinsatzgebiete). Die Arbeitskreise veröffentlichen ihre Ergebnisse in Form von Revisionsleitfäden und anderen Ausarbeitungen. Neben diversen Projektgruppen, in denen sowohl zu aktuellen Themen Stellung genommen als auch die maßgebliche Vorbereitung für Kongresse und Tagungen geleistet wird, sind derzeit folgende Arbeitskreise implementiert:

  - *Industrie-Arbeitskreise*: IT-Revision, Revision der Anlagen- und Materialwirtschaft, Revision des Finanz- und Rechnungswesens (→Financial Auditing), Revision Personalmanagement (→Human Ressource Management) und interne Dienstleistungen, Revision des Vertriebes.

  - *Arbeitskreise für Kreditinstitute*: Abwehr wirtschaftskrimineller Handlungen (→Wirtschaftskriminalität; →dolose Handlungen), →Basel II, IT-Revision in Kreditinstituten, Revision in →Bausparkassen, →Mindestanforderungen an das Risikomanagement (MaRisk), Revision

- des Handels/Investmentbankings, Revision des Kreditgeschäftes, Sicherheitsvorkehrungen in Kreditinstituten, Revision des Wertpapiergeschäftes, Revision des →Zahlungsverkehrs.

- *Arbeitskreis für diverse Branchen*: interne Revision im Handel, Interne Revision im Krankenhaus, interne Revision in öffentlichen Institutionen (→öffentliche Unternehmen), Interne Revision in der Versicherungswirtschaft, Interne Revision Energie und Verkehr (→Energieversorgungsunternehmen).

- Sonstige Arbeitskreise: Interne Revision im Mittelstand, Interne Revision in der Immobilienwirtschaft, Technische Revision.

- *Weiterbildung in der IIR-Akademie*: Im Rahmen der *IIR-Akademie* bietet das *IIR* ein alle Bereiche umfassendes Weiterbildungsprogramm sowohl für Führungskräfte als auch für Mitarbeiter und Mitarbeiterinnen der Internen Revision an.

- *Zertifizierungen*: Seit 1998 bereitet das *IIR* auf das vom →*Institute of Internal Auditors* (*IIA*) geschaffene, weltweit anerkannte Berufsexamen zum →Certified Internal Auditor (CIA) in deutscher Sprache im Rahmen seiner *IIR-Akademie* vor und hält die entsprechenden Prüfungen ab. Neben diesem breit gefächerten Qualifizierungsnachweis des CIA-Examens werden auch Examen in speziellen Revisionsbereichen und -branchen vom Institut vorbereitet und durchgeführt. Hierzu zählen:

  - Certification in Control Self-Assessment (CCSA),
  - Certified Financial Services Auditor (CFSA),
  - Certified Government Auditing Professional (CGAP).

- *Erfahrungsaustausch*: Zur Klärung aktueller Fragen und Probleme aus der Praxis veranstaltet das *IIR* in regelmäßigen Abständen Erfahrungsaustausch-Tage für die Bereiche Energie und Verkehr, Handel, Industrie, Interkulturelle Aspekte, Krankenhäuser, Kreditinstitute, Öffentliche Verwaltung und Technische Revision. An diesen Veranstaltungen können neben den Mitgliedern auch alle interessierten Personen teilnehmen.

- *Kongresse und Fachtagungen:* Höhepunkte der *IIR*-Arbeit sind die in zweijährigem Turnus durchgeführten *IIR*-Kongresse, *IIR*-Jahrestagungen und *IIR*-Foren Kreditinstitute. Namhafte Repräsentanten aus Wissenschaft und Praxis informieren die Führungs- und Fachkräfte über aktuelle nationale und internationale Entwicklungen der Internen Revision sowie über Veränderungen im revisorischen Umfeld.

- *Forschungs- und Entwicklungsvorhaben:* Neben der Tätigkeit der Arbeitskreise führt das *IIR* Forschungs- und Entwicklungsvorhaben durch. So wurden die Grundlagenwerke Grundsätze der Internen Revision, Muster-Revisionshandbuch und Mitarbeitentwicklung in der Internen Revision im *IIR* erarbeitet und veröffentlicht. Daneben hat das Institut nationale Revisionsstandards zu Themen, wie der Zusammenarbeit von Interner Revision und Abschlussprüfer (APr) (→Interne Revision und Abschlussprüfung), dem Risikomanagement [→Risikomanagementsystem (RMS); →Risikomanagementsystem, Prüfung des] sowie dem Qualitätsmanagement, erstellt. Eine in mehrjährigem Abstand durchgeführte repräsentative Umfrageaktion informiert über den Stand und die Entwicklung der Internen Revision in Deutschland. Des Weiteren prämiiert das *IIR* mit einem Förderpreis hervorragende Beiträge, die durch den *Wissenschaftlichen Beirat* bewertet werden, aus Wissenschaft und Praxis auf dem Gebiet der Internen Revision.

- *Veröffentlichungen*: Das IIR veröffentlicht als Herausgeber die

  - ZIR als publizistisches Organ (seit 1966),
  - die *IIR*-Schriftenreihe mit Arbeitsergebnissen der *IIR*-Arbeitskreise (38 Bände) sowie
  - das *IIR*-Forum mit wissenschaftlichen Beiträgen zur Internen Revision (6 Bände).

- *Internationale Zusammenarbeit:* Seit vielen Jahren praktiziert das *IIR* eine gute und fachlich fruchtbare Zusammenarbeit mit dem *IIA Austria* und dem *SVIR*. Das *IIR* ist Mitglied des *IIA* und der *ECIIA*.

Wilfried Fischenich

Deutsches Rechnungslegungs Standards Committee e.V.

Die Rechnungslegung ist in Deutschland, der kontinentaleuropäischen Rechtstradition entsprechend, in der Vergangenheit vornehmlich durch Gesetze normiert worden; die gesetzlichen Vorschriften haben über unbestimmte Rechtsbegriffe, wie die GoB (→ Grundsätze ordnungsmäßiger Buchführung, Prüfung der) Einfallstore für Weiterentwicklungen offengehalten.

Für die seit den 1990er Jahren weltweit im Vordringen begriffenen angelsächsisch geprägten → United States Generally Accepted Accounting Principles (US GAAP) und → International Financial Reporting Standards (IFRS) ist kennzeichnend, dass die Rechnungslegung nicht im Einzelnen durch Gesetz, sondern durch themenbezogene Standards geregelt wird, die durch ein allgemein anerkanntes und/oder öffentlich autorisiertes Expertengremium, einen sog. Standard Setting Body, in einem öffentlichen Verfahren (Due Process) erarbeitet werden.

Der deutsche Gesetzgeber hat mit § 342 HGB eine Rechtsgrundlage geschaffen, um einen privatrechtlich organisierten Standardsetter durch Vertrag anzuerkennen und ihm bestimmte Aufgaben im Hinblick auf die Entwicklung von Rechnungslegungsregeln übertragen zu können; das *BMJ* hat mit dem Standardisierungsvertrag vom 3.9.1998 das *DRSC* als Trägerverein des *DSR*, des deutschen Rechnungslegungs-Standardsetters und nationalen Liaison-Partners des → International Accounting Standards Board (*IASB*), anerkannt. International tritt das *DRSC* als *German Accounting Standards Board* auf.

Mitglieder des *DRSC*, eines eingetragenen Vereins mit Sitz in Berlin, sind natürliche Personen mit einer Qualifikation als Rechnungsleger und Unternehmen einschl. freiberuflicher Vereinigungen, deren Mitgliedschaftsrechte von Rechnungslegern ausgeübt werden.

Der von der *Mitgliederversammlung* gewählte *Vorstand* legt die Grundsätze für die Arbeit des Vereins fest und wählt und bestellt die sieben Mitglieder des DSR und die ebenfalls sieben Mitglieder des *RIC*. Dem Vorstandsausschuss obliegt die gesetzliche Vertretung des Vereins. Für die Führung der Geschäfte hat der Vorstand eine(n) Generalsekretär(in) bestellt.

Der *DSR* nimmt die fachliche Hauptaufgabe des *DRSC* wahr. Seine Mitglieder üben ihre Tätigkeit unabhängig aus und dürfen sich nicht Weisungen des Vorstands, von Mitgliedern, des *BMJ* oder sonstiger Organisationen unterwerfen. Das *RIC* fungiert als fachliches Bindeglied zum *IFRIC* des *IASB*, insb. bei der Anwendung von IFRS auf spezifische deutsche Sachverhalte. Der *DSR* hat ein Vetorecht gegenüber Verlautbarungen des *RIC*.

Die Ausgaben des *DRSC* werden aus Mitgliedsbeiträgen, Spenden und sonstigen Einnahmen, vornehmlich aus Veröffentlichungen, bestritten.

Satzungsgemäße Aufgaben des *DRSC* sind in Übereinstimmung mit § 342 Abs. 1 Satz 1 HGB die

- Entwicklung von Empfehlungen (Standards) zur Anwendung der Grundsätze über die Konzernrechnungslegung (→ Grundsätze ordnungsmäßiger Rechnungslegung),
- Beratung der Gesetzgebung auf nationaler und EU-Ebene in allen Fragen der Rechnungslegung sowie
- Vertretung der BRD in internationalen Standardisierungsgremien.

Das *DRSC* hat sich darüber hinaus zum Ziel gesetzt,

- im öffentlichen Interesse die Qualität der Rechnungslegung zu erhöhen und die Konvergenz nationaler und internationaler Regelungen voranzutreiben, hierzu
- mit dem *IASB* und anderen internationalen Standardisierungsgremien zusammenzuarbeiten und
- die Forschung und Ausbildung auf diesen Gebieten zu fördern.

Der *DSR* legt sein Arbeitsprogramm mit mindestens einjährigem Vorlauf fest und lässt sich bei der Identifikation der Themen und Prioritäten von der Agenda und Konvergenzbestrebungen des *IASB* und von der Bedeutung und Dringlichkeit offener nationaler Rechnungslegungsfragen leiten. Zur Erarbeitung von Verlautbarungsentwürfen kann der *DSR* u. a. Arbeitsgruppen einsetzen.

Standardentwürfe bedürfen einer Zweidrittelmehrheit im *DSR* und müssen mit einem Aufruf zur Stellungnahme binnen mindestens 45 Tagen auf der Homepage des *DRSC* (www.standardsetter.de) veröffentlicht werden. Wird der Entwurf aufgrund eingegangener Kommentierungen wesentlich geändert, wird der Öffentlichkeit eine weitere Frist zur Äußerung von mindestens 30 Tagen eingeräumt. Ein Standard wird auf einer öffentlichen Sitzung ebenfalls mit Zweidrittelmehrheit verabschiedet und sodann dem *BMJ* mit der Bitte um Veröffentlichung vorgelegt. Mit Veröffentlichung erlangt ein Standard zwar nicht Rechtsnormqualität, aber es gilt nach § 342 Abs. 2 HGB die Vermutung, dass die die Konzernrechnungslegung betreffenden GoB insoweit beachtet sind, wenn den Regelungen des Standards gefolgt wird.

Bei der Entwicklung von Rechnungslegungsstandards ist der *DSR* an die geltenden gesetzlichen Vorschriften gebunden; er ist indessen auch aufgefordert, abweichende Empfehlungen de lege ferenda an den Gesetzgeber zu richten. Übt ein Unternehmen ein gesetzlich eingeräumtes Wahlrecht (→bilanzpolitische Gestaltungsspielräume nach HGB) entgegen einem Standard aus, so begründet dies keine Einwendung des Konzernabschlussprüfers (→Konzernabschlussprüfung); er muss allerdings im →Prüfungsbericht (PrB) darauf hinweisen (IDW PS 450.134).

Die Kompetenz des *DRS* beim Standardsetting beschränkt sich (anders als bei der Beratung im Zusammenhang mit Gesetzgebungsvorhaben) auf die Konzernrechnungslegung – eine Begrenzung, die zu Kontroversen geführt hat, da einerseits unter Konzernrechnungslegungsvorschriften i.e.S. die §§ 290–315a HGB zu verstehen sind, andererseits aber ein Konzernabschluss auch den grundlegenden Rechnungslegungsregeln für Jahresabschlüsse zu entsprechen hat.

Für die weitere Funktion des *DRS* als Standardsetter ist ferner von Bedeutung, dass im Zuge der VO (EG) Nr. 1606/2002 kapitalmarktorientierte Unternehmen seit 2005 ihren Konzernabschluss nach den IFRS erstellen müssen und andere Unternehmen dies dürfen (→Richtlinien und Verordnungen der Europäischen Union, Bedeutung für Rechnungslegung und Unternehmensüberwachung). Die Weiterentwicklung der nationalen Konzernrechnungslegung trifft daher nur mehr solche Unternehmen, die von diesem Wahlrecht keinen Gebrauch machen; zur Modernisierung des deutschen Bilanzrechts hat das *DRSC* im Mai 2005 detaillierte Vorschläge unterbreitet. Im Übrigen dürfte sich der Tätigkeitsschwerpunkt des *DRS* vom nationalen Standardsetting hin zu einer intensivierten Unterstützung des *IASB* und zur Erarbeitung von Interpretationen der IFRS verlagern.

Literatur: Baetge, J./Krumnow, J./Noelle, J.: Das Deutsche Rechnungslegungs Standards Committee (DRSC), in: DB 54 (2001), S. 769–774; IDW (Hrsg.): IDW Prüfungsstandard: Grundsätze ordnungsmäßiger Berichterstattung bei Abschlussprüfungen (IDW PS 450, Stand: 8. Dezember 2005), in: WPg 59 (2006), S. 113–128; Scheffler, E.: Der Deutsche Standardisierungsrat – Struktur, Aufgaben und Kompetenzen, BFuP 51 (1999), S. 407–417; Scheffler, E.: Deutsches Rechnungslegungs Standards Committee (DRSC), in: Ballwieser, W. et al. (Hrsg.): HWRP, 3. Aufl., Stuttgart 2002, Sp. 528–537; Schwab, M.: Der Standardisierungsvertrag für das DRSC – Eine kritische Würdigung, BB 54 (1999), S. 731–738 und 783–788; Schwab, M.: Deutscher Standardisierungsrat (DSR), in: Ballwieser, W. et al. (Hrsg.): HWRP, 3. Aufl., Stuttgart 2002, Sp. 521–528.

Martin Künnemann

Devisengeschäfte

Devisen sind Zahlungsmittel in ausländischer Währung (→Zahlungsverkehr). Bei Devisen handelt es sich ausschließlich um Buchgeld (täglich fällige Guthaben bei →Kreditinstituten; Schecks und Wechsel, die auf ausländische Währung lauten und im Ausland zahlbar sind). In Abhängigkeit von der Fristigkeit unterscheidet man Devisenkassa- und Devisentermingeschäfte. Daneben werden Devisengeschäfte auch in Form von Währungsswaps und Devisenoptionen durchgeführt.

Der →Abschlussprüfer (APr) hat die ordnungsgemäße Erfassung der Devisengeschäfte im →Rechnungswesen sowie deren Entwicklung und die daraus resultierenden Risiken zu prüfen und darüber im Rahmen des →Prüfungsberichts Stellung zu nehmen. Im Rahmen des →risikoorientierten Prüfungsansatzes hat der APr zunächst die inhärenten Risiken sowie die Kontrollrisiken zu beurteilen (→Prüfungsrisiko). In Abhängigkeit von dem Ergebnis der Beurteilung des inhärenten sowie des Kontrollrisikos sind vom APr noch aussagebezogene Prüfungshandlungen (→ergebnisorientierte Prüfungshandlungen) durchzuführen. Schwerpunkte der Prüfung der Devisengeschäfte sind i.d.R. Vollständigkeit, Nachweis (→Nachweisprüfungshandlungen) und Bewertung (→Bewertungsprüfung; →Fehlerarten in der Abschlussprüfung).

Devisengeschäfte

Der APr muss über eingehende Kenntnisse der Geschäftstätigkeit sowie des rechtlichen und →wirtschaftlichen Umfelds des Unternehmens verfügen (IDW PS 230). Hierzu gehören auch Fremdwährungstransaktionen und auf Fremdwährung lautende Vermögenswerte (→Vermögensgegenstand; →Asset) und Verpflichtungen (→Schuld; →Liability) einschl. Sicherungsgeschäfte (→Währungsumrechnung). Der APr muss insb. feststellen, ob die abgeschlossenen Devisengeschäfte im Einklang mit Art und Umfang der Geschäftstätigkeit des Unternehmens stehen. Hierbei sind Struktur, Risikogehalt und Zwecksetzung der Geschäfte, die ausgewählten Partner, die Laufzeit der Devisengeschäfte, offene Positionen etc. zu beachten.

Die Unternehmensleitung hat durch organisatorische Sicherungsmaßnahmen, interne Kontrollen (→Kontrolltheorie) sowie prozessunabhängige Überwachungsmaßnahmen (→Interne Revision) geeignete Maßnahmen zur Risikosteuerung und -überwachung zu treffen [→Internes Kontrollsystem; →Risikomanagementsystem (RMS)]. Zur Einschätzung des Kontrollrisikos im Bereich der Devisengeschäfte bedarf es zunächst einer Einschätzung des →Kontrollumfelds (IDW PS 260). Hierbei ist zu prüfen, ob Grundsätze für den Einsatz von Devisengeschäften definiert wurden (Zwecke, zulässige Instrumente und Geschäftspartner usw.) sowie organisatorische Sicherungsmaßnahmen u. a. auch zum Schutz des Vermögens getroffen wurden.

Im Rahmen der organisatorischen Sicherungsmaßnahmen sind insb. die Funktionstrennung sowie Zugriffsbeschränkungen im EDV-Bereich (→IT-Sicherheit; →Datenschutz-Audit) und Zahlungsrichtlinien zu nennen. Die Prüfung der Funktionstrennung von Handel, Abwicklung, Buchhaltung und Risikoüberwachung ist zentraler Bestandteil der Prüfung der Devisengeschäfte. Besonders bei derivativen Devisengeschäften ist zu beachten, dass bei Abschluss der Geschäfte keine Zahlungen oder →Buchungen erfolgen und somit die vollständige Erfassung aller Devisengeschäfte durch die Unternehmensleitung sichergestellt werden muss.

Zur Vermeidung bestandsgefährdender Risiken (→Bestandsgefährdung) ist die Prüfung des →Risikomanagementsystems des Unternehmens auf geeignete Maßnahmen zur Risikosteuerung sowie -überwachung von wesentlicher Bedeutung (→Risikomanagementsystem, Prüfung des). Die Maßnahmen der Risikoüberwachung beinhalten neben der Funktionstrennung häufig Limitvorgaben für Geschäftspartner und Währungen, Freigabeverfahren innerhalb eines Funktionsbereichs (Vier-Augen-Prinzip) etc.

Art und Umfang der aussagebezogenen Prüfungshandlungen hängen von dem Ergebnis der Prüfung des →Internen Kontrollsystems (→Internes Kontrollsystem, Prüfung des; →Systemprüfung) ab. Geeignete Prüfungshandlungen für die Prüfung der Vollständigkeit sind Saldenbestätigungen (positive oder negative Methode), die an die jeweiligen Geschäftspartner verschickt werden (→Bestätigungen Dritter). Durch die Verschickung von Saldenbestätigungen an potenzielle Geschäftspartner, mit denen gem. Buchhaltung des Unternehmens gegenwärtig keine Geschäfte bestehen, kann die Prüfung der Vollständigkeit der Geschäfte erweitert werden. Als extern erlangte →Prüfungsnachweise besitzen Saldenbestätigungen eine hohe Beweiskraft (IDW PS 300). Dabei ist allerdings zu beachten, dass Auswahl, Versand und Rücklauf der Anfragen unter der Kontrolle des Abschlussprüfers erfolgen müssen (IDW PS 302). Durch analytische Verfahren (→analytische Prüfungshandlungen; →Plausibilitätsprüfungen) können Posten, wie das Währungsergebnis, auf Plausibilität geprüft werden. Für einzelne Geschäfte ist die Verwendung von →analytischen Prüfungshandlungen ansonsten eingeschränkt. Ein weiterer Ansatzpunkt für →Einzelfallprüfungen ist die Abwicklung der Geschäfte. Im Rahmen der Abwicklung der Geschäfte fallen bei Ausführung oder Glattstellung Zahlungen an, die als Ausgangspunkt für einen gut verfolgbaren Prüfungspfad fungieren.

Für die Funktion der Bewertung ist entscheidend (→Bewertungsprüfung), ob Marktwerte (→Fair Value) existieren oder ob eine gesonderte Bewertung vorzunehmen ist. Insb. die Bewertung von derivativen Devisengeschäften (Währungsswaps, Devisenoptionen) kann sich als schwierig erweisen (→derivative Finanzinstrumente). Werden Gutachten von Dritten (→Ergebnisse Dritter) als Bewertungsgrundlage verwendet, so ist IDW PS 322 zu beachten. Der APr muss sich von der beruflichen Qualifikation und der fachlichen Kompetenz sowie von der Unabhängigkeit des

Sachverständigen überzeugen. Zur Prüfung von Marktwerten bieten sich überschlägige Vergleichsrechnungen, die Überprüfung der Bewertungsparameter mit unabhängigen Quellen sowie die Analyse der Entwicklung der Marktwerte im Zeitablauf an (→Verprobung; →Zeitwerte, Prüfung von).

Des Weiteren ist die unterschiedliche Bilanzierung von derivativen Devisengeschäften nach HGB und internationalen Rechnungslegungsnormen [→International Financial Reporting Standards (IFRS); →United States Generally Accepted Accounting Principles (US GAAP)] zu beachten. Nach HGB sind für negative Marktwerte zum Bilanzstichtag gem. § 249 Abs. 1 Satz 1 HGB Drohverlustrückstellungen (→Rückstellungen) zu bilden. Aufgrund des Imparitätsprinzips sind nur negative Marktwerte zu berücksichtigen, eine Saldierung mit positiven Marktwerten ist aufgrund des Einzelbewertungsgrundsatzes nach HGB unzulässig (Ausnahme Bewertungseinheiten; →Bewertungsgrundsätze). Nach IFRS (IAS 39) und US GAAP (SFAS 133) werden dagegen sowohl positive als auch negative Marktwerte berücksichtigt, so dass ein Ausweis der jeweiligen Marktwerte als sonstiger →Vermögensgegenstand bzw. sonstige →Verbindlichkeit vorzunehmen ist.

Im →*Anhang* (→Angabepflichten) sind gem. § 285 Nr. 18 HGB Angaben zu Art, Umfang und Zeitwerten von →derivativen Finanzinstrumenten und somit allen derivativen Devisengeschäften zu machen (zum Konzernabschluss s. § 314 Nr. 10 HGB). Im →*Lagebericht* sind gem. § 289 Abs. 2 Nr. 2a HGB Angaben zum Risikomanagement (Ziele und Methoden) im Hinblick auf die Verwendung von Finanzinstrumenten (→Financial Instruments) zu geben (zum Konzernabschluss s. § 315 Abs. 2 Nr. 2 HGB) (→Chancen- und Risikobericht). Für die Anhangangabepflichten nach IFRS bzw. US GAAP sind entsprechend IAS 39 bzw. SFAS 133 zu beachten (→Notes).

Literatur: IDW (Hrsg.): Kenntnisse über die Geschäftstätigkeit sowie das wirtschaftliche und rechtliche Umfeld des zu prüfenden Unternehmens im Rahmen der Abschlussprüfung (IDW PS 230, Stand: 8. Dezember 2005), in: WPg 53 (2000), S. 842–846 sowie WPg 59 (2006), S. 218; IDW (Hrsg.): IDW Prüfungsstandard: Das interne Kontrollsystem im Rahmen der Abschlussprüfung (IDW PS 260, Stand: 2. Juli 2001), in: WPg 54 (2001a), S. 821–830; IDW (Hrsg.): IDW Prüfungsstandard: Prüfungsnachweise im Rahmen der Abschluss-

prüfung (IDW PS 300, Stand: 2. Juli 2001), in: WPg 54 (2001b), S. 898–903; IDW (Hrsg.): IDW Prüfungsstandard: Verwertung der Arbeit von Sachverständigen (IDW PS 322, Stand: 6. Mai 2002), in: WPg 55 (2002), S. 689–692; IDW (Hrsg.): IDW Prüfungsstandard: Bestätigungen Dritter (IDW PS 302, Stand: 1. Juli 2003), in: WPg 56 (2003), S. 872–875; Schmidt, M.: Überlegungen zur Prüfung von Finanzinstrumenten nach internationalen Normen, in: WPg 57 (2004), S. 12–29.

Claus Buhleier; Matthias Bühler

Devisentermingeschäfte →Bankverkehr; →Währungscontrolling

Diagonale Maßgeblichkeit →Maßgeblichkeit bei Umwandlungen; →Maßgeblichkeitsprinzip

Dienstleistungscontrolling

Der Dienstleistungsbegriff wird in der Literatur kontrovers diskutiert. Ohne auf diese Diskussion einzugehen, seien die beiden folgenden Merkmale herangezogen, um den Aufgabenbereich des Dienstleistungscontrollings aufzuzeigen:

- Integrativität, die sich auf den Sachverhalt bezieht, dass die Dienstleistungserstellung die Integration eines externen Produktionsfaktors voraussetzt.

- Immaterialität, die als ein notwendiges, jedoch nicht als ein hinreichendes Kriterium zu kennzeichnen ist, wobei sie auf den Prozess der Leistungserstellung zu beziehen ist. Ergebnisbezogen bedarf jede Dienstleistung eines materiellen oder energetischen Trägermediums, d. h., dass bei der Dienstleistungserstellung Transformationsprozesse von Energie und/oder Materie stattfinden.

Auf der Grundlage dieser beiden Merkmale lassen sich dann Ansatzpunkte für ein Dienstleistungscontrolling aufzeigen.

Aus der Integration des externen Produktionsfaktors im Rahmen der Endkombination, durch die die Leistungserstellung beeinflusst wird, resultiert die Interaktivität der Leistungserstellung. Gerade personenbezogene Dienstleistungen werden entscheidend durch die individuellen Eigenschaften der an der Leistungserstellung beteiligten Personen beeinflusst, ein Sachverhalt, der etwa in der Kostenträgerrechnung (→Kostenträgerstückrechnung) zu Problemen führen kann, da hierdurch bedingt äußerst heterogene Kostenträ-

Dienstleistungscontrolling

ger auftreten können [gleiches gilt für die Erfolgsrechnung (→Erfolgsrechnung, kurzfristige; →Kostenträgerzeitrechnung)]. Darüber hinaus liegt häufig die Situation vor, dass bestimmte Leistungsarten im Verbund bereitgestellt werden, wodurch weitere Probleme in der Kostenzurechnung (→Kostenzurechenbarkeit) entstehen. In diesem Zusammenhang erlangt die Verhaltensbeeinflussung des →Controllings (→Controllingkonzepte; →Controlling, Aufgaben des; →Controllinginstrumente) besondere Bedeutung, und zwar sowohl hinsichtlich der internen Leistungserbringung als auch beim externen Produktionsfaktor, falls dieser als Nachfrager in den Leistungserstellungsprozess integriert wird. Diese Überlegung legt eine prozessorientierte Betrachtungsweise nahe, und zwar in der Form von „Input-Aktivität-Output". Dabei bietet es sich an, mit Standardwerten je Mengeneinheit der einzelnen Tätigkeiten in Minuten oder mit Prozesskostensätzen (→Prozesskostenrechnung) zu arbeiten. Dies setzt voraus, dass sich Prozesse in gleicher oder zumindest ähnlicher Weise wiederholen, so dass sog. „Standards of Performance" fixiert werden können (z. B. auf der Basis von Zeitstudien). Grundlage einer prozessorientierten Betrachtung können Prozessstrukturlisten bilden, in denen analog zu Stücklisten die einzelnen Teilprozesse und Aktivitäten in ihren Abhängigkeiten erfaßt werden, so dass sich Aktivitätsketten ergeben. Zur Visualisierung bietet sich das Blueprinting an, mit dessen Hilfe sich die Erstellungssequenz in einzelne Teilsequenzen zerlegen lässt.

Eine Prozesssteuerung kann aber auch auf der Basis von Input- bzw. Outputgrößen erfolgen. Dabei können Kennzahlensteuerungen (→Kennzahlen und Kennzahlensysteme als Kontrollinstrument) oder eine Zielvorgabe bzw. -vereinbarung zum Einsatz gelangen. Über den konkreten Weg der Leistungserstellung entscheiden dann die Mitarbeiter.

Liegen weitgehend individuelle Leistungen vor, dann lässt sich das Mengen- und Zeitgerüst lediglich schätzen. Üblich ist in diesem Zusammenhang eine auftragsweise Vor- und Nachkalkulation (→Kalkulation; →Kalkulationsmethoden), die den Aufbau einer Ist-Datensammlung, die Bildung von Soll-Vorstellungen und darauf aufbauend die Festlegung von Einsatzzeiten erfordern. Bedingt durch die Varietät der Leistungen bietet es sich an, markante Zustände im Erstellungsprozess zu bestimmen, mit deren Hilfe dann der Weg von der Ausgangssituation zum intendierten Ergebnis beschrieben wird.

Damit stellt sich für das Controlling die Notwendigkeit, sowohl eine Ergebnis- als auch eine Verfahrenskontrolle durchzuführen. Dabei kann ein Betriebsdatenerfassungssystem [→Betriebsdatenerfassung (BDE)] eine wertvolle Unterstützung bieten und das →Rechnungswesen, in dem Wertgrößen erfasst werden, ergänzen.

Bedingt durch die Immaterialität wird eine eindeutige Leistungsdefinition erschwert, und zwar dadurch, dass

- einerseits zwischen Quantität und Qualität der Leistung interdependente Beziehungen bestehen und
- anderseits, bedingt durch die Integration des externen Produktionsfaktors, die Qualität nicht nur durch die Leistungsgeber beeinflußt wird.

Es ist damit nicht sicherzustellen, dass der Nachfrager immer eine qualitativ gleiche Leistung erhält, da

- inter- und intraindividuelle Schwankungen auf Seiten des Anbieters und des Nachfragers sowie
- wechselwirkungsbedingte Schwankungen aufgrund der Interaktionen zwischen Personal und Nachfrager, der Nachfrager untereinander und zwischen dem Personal

auftreten können.

Diese Probleme zeigen sich in aller Deutlichkeit im Rahmen der Produktivitätsmessung, wenn etwa „Anzahl von Behandlungsfällen", „unterrichtete Schüler pro Lehrer" oder „Anzahl der Kundenberatungen pro Arbeitsstunde" herangezogen werden. Die so ermittelten Produktivitätsmaße zeichnen sich zwar einerseits durch ihre Einfachheit aus, bergen aber anderseits auch erhebliche Gefahren in sich, so dass sie vorsichtig zu interpretieren sind, was die folgenden Beispiele verdeutlichen:

- Ist eine steigende Zahl von Behandlungsfällen in einem Krankenhaus mit einem sinkenden Heilungsgrad verbunden, dann verbirgt sich hierunter nur vordergründig eine Produktivitätssteigerung.
- Werden im Bildungsbereich als Output die unterrichteten Schüler und als Input die Un-

terrichtsstunden eingesetzt, dann steigt die Produktivitätskennzahl, wenn die Zahl der Schüler bei gleichem Input erhöht wird. Auch dies kann nicht einfach als eine Produktivitätssteigerung interpretiert werden, da die qualitative Komponente vernachlässigt wird.

Dieser Sachverhalt sei als Produktivitätsparadoxon bezeichnet. So werden etwa Aspekte wie Intensität der Betreuung oder Eingehen auf einzelne Patienten oder Schüler bei dieser Vorgehensweise nicht berücksichtigt. Hieraus resultiert die Notwendigkeit, begleitende qualitätssichernde Maßnahmen durchzuführen, damit kein Anreiz besteht, Mengenausweitungen über Qualitätsminderungen zu erreichen.

Die Überlegungen haben gezeigt, dass es möglich ist, auf der Grundlage der Merkmale „Integrativität" und „Immaterialität" spezifische Aspekte für ein Dienstleistungscontrolling herauszustellen. Gleichzeitig sei betont, dass zwischen einem Controlling für Industrieunternehmungen (→Industriecontrolling) und einem Dienstleistungscontrolling keine grundsätzlichen, sondern lediglich graduelle Unterschiede existieren.

Bedingt durch die Integration des externen Produktionsfaktors und der damit einhergehenden partiellen Simultaneität zwischen Produktion und Absatz ergeben sich im Dienstleistungsbereich günstige Voraussetzungen zum Abbau eines sog. Fremdcontrollings (Off-the-Job-Controlling) bei gleichzeitigem Aufbau eines Selbstcontrollings (On-the-Job-Controlling). Controlling wird in dieser Sicht eine Sache für „Jedermann", wobei sich gleichzeitig die Bedeutung der Verhaltensbeeinflussung durch das Controlling zeigt. Zur Einführung eines Selbstcontrollings bietet sich die Integration des externen Produktionsfaktors an, da die durch ihn bewirkte Fremdbestimmung den Mitarbeitern die Möglichkeit eröffnet, auf diesen Faktor einzuwirken und diesen damit in das Controlling einzubinden.

Literatur: Corsten, H.: Controlling der Dienstleistungsproduktion, in: Lingnau, V./Schmitz, H. (Hrsg.): Aktuelle Aspekte des Controllings, Heidelberg 2002, S. 49–72; Stuhlmann, S.: Kapazitätsgestaltung in Dienstleistungsunternehmungen. Eine Analyse aus der Sicht des externen Faktors, Wiesbaden 2000; Vikas, K.: Controlling im Dienstleistungsbereich mit Grenzplankostenrechnung, Wiesbaden 1988.

Hans Corsten

Differenzenprobe →Mehr- und Wenigerrechnung

Differenzkalkulation →Kalkulation im Warenhandel

Differenzmethode →Heterograde Stichprobe

Direct Costing

Direct Costing ist eine Teilkostenrechnung (→Kosten- und Leistungsrechnung), bei der der Überschuss der →Erlöse über bestimmte Teilkosten als Deckungsbeitrag ausgewiesen wird (daher auch als →Deckungsbeitragsrechnung bezeichnet). Der Deckungsbeitrag wird dabei ausgehend vom Erlös retrograd errechnet. Die →Kosten werden in Abhängigkeit zur Beschäftigung (→Kostenabhängigkeiten) in fixe und proportionale Kostenbestandteile aufgespalten. Den Kostenträgern werden nur die proportionalen Kosten zugerechnet. Der Begriff „Direct" stellt darauf ab, dass dem Produkt nur die direkt mit der Beschäftigung variierenden Kosten zugerechnet werden.

Die Berechnung des Deckungsbeitrags erfolgt grundsätzlich durch die Bildung der Differenz zwischen Erlös und Kosten. Unterschieden wird zwischen einer ein- und mehrstufigen Deckungsbeitragsrechnung. Im einstufigen Verfahren werden nur die variablen Kosten in Abzug gebracht. Das Ergebnis bildet den Deckungsbeitrag, der zur „Deckung" der fixen Kosten zur Verfügung steht. Das Direct Costing liefert damit keine Informationen darüber, wie einzelne Bestandteile der Fixkosten mit den einzelnen Teilen des Leistungsprogramms eines Unternehmens zusammenhängen. Teilweise wird unter dem Begriff „Direct Costing" nur dieses einstufige Verfahren verstanden. Beim mehrstufigen Verfahren (auch Fixkostendeckungsrechnung) wird dem Grundsatz einer gestaffelten und hierarchischen Erfassung [→Betriebsdatenerfassung (BDE)] und Zuordnung fixer Kosten gefolgt. Die fixen Kosten werden denjenigen Größen zugerechnet, die als Ursachen ihrer Entstehung (→Kostenverursachung) i. S. e. Zweck-Folge-Zusammenhangs anzusehen sind. Ihre Zurechnung (→Kostenzurechenbarkeit) kann dabei immer nur so weit erfolgen, wie sie ohne Schlüsselung direkt für einzelne Bezugsgrößen erfasst sind. Als Bezugsgrößen werden üblicherweise Erzeugnisse (Produkt, Produktgruppen) und abgrenzbare Organisationseinheiten [Arbeitsplatz, Kostenstelle (→Cost Center), Unternehmensbereiche] gewählt. So lassen sich Erkenntnisse darüber gewinnen, ab welcher Stufe der →Bezugsgrößenhierarchie eine Über- oder Unterdeckung der Fixkosten auftritt. Durch Verwendung weiterer Dimensionen (wie Aufträge, Kunden oder Verkaufsgebiete) kann die Aussagefähigkeit weiter verbessert werden.

Problematisch sind einige Annahmen, denen das Direct Costing unterliegt. Die Beschäftigung (→Beschäftigungsgrad) ist das einzige Zuordnungskriterium für die Kostenauflösung; andere maßgebliche Bezugsgrößen bleiben unbeachtet. Überdies geht der Anteil der beschäftigungsproportionalen Kosten an den Gesamtkosten stark zurück. Problematisch ist ebenfalls die Prämisse der eindeutigen Trennbarkeit der Kosten in fixe und proportionale Bestandteile, die in der Praxis oft nicht umsetzbar ist. Die Fixkosten stellen zudem in der Praxis i.d.R. keine homogene Masse dar, sondern unterscheiden sich in sachlicher – der Zurechenbarkeit auf die Leistungseinheiten – und zeitlicher Hinsicht – der Zurechenbarkeit auf einzelne Perioden. Im Rahmen der →Kostenstellenrechnung kann die Verrechnung vereinzelter Kostenträgergemeinkosten als Kostenstelleneinzelkosten Schwierigkeiten bereiten. In diesem Fall sind mithilfe geeigneter Schlüssel diese Kosten auf die betreffenden Kostenstellen aufzuteilen. Insb. im mehrstufigen Verfahren sind die Kostenstellen so einzuteilen, dass sie möglichst nur von einer Produktart bzw. Produktgruppe durchlaufen werden.

Anwendung findet das Direct Costing für kurzfristige Entscheidungsprobleme wie Produktions- und Absatzprogrammgestaltung, Eigenerstellung oder Fremdbezug (→Eigenfertigung versus Fremdbezug), Sortimentsplanung, Zusatzauftragsannahme und ähnliche Problemstellungen. Auch zur Angebotspreiskalkulation (→Kalkulation; →Kalkulationsmethoden) kann es herangezogen werden, indem es durch die Einbeziehung von Soll-Deckungsbeiträgen erweitert wird. Ein wesentliches Anwendungsfeld ist die →Planung und Analyse des Betriebsergebnisses. Hier folgt der Ergebnisaufbau i.d.R. dem Deckungsbeitragsprinzip.

allgemein:
Erlös
./. Teilkosten
= Deckungsbeitrag

einstufige Deckungsbeitragsrechnung:
Erlös
./. Variable Kosten (Grenzkosten)
= Deckungsbeitrag

mehrstufige Deckungsbeitragsrechnung:
Erlös
./. Variable Kosten (Grenzkosten)
= Deckungsbeitrag I
./. Produktgruppenfixkosten
= Deckungsbeitrag II
./. Unternehmensfixkosten
= Deckungsbeitrag III (= Gewinn)

Literatur: Horváth, P.: Controlling, 10. Aufl., München 2006; Kilger, W./Pampel, W./Vikas, K.: Flexible Plankostenrechnung und Deckungsbeitragsrechnung, 11. Aufl., Wiesbaden 2002; Schweitzer, M./Küpper, H.-U.: Systeme der Kosten- und Erlösrechnung, 8. Aufl., München 2003.

Péter Horváth; Klaus Möller

Directors' Dealings →Börsenaufsicht; →Insidergeschäfte

Direkte Kosten →Einzelkostencontrolling

Direkte Maßgeblichkeit →Maßgeblichkeitsprinzip

Direkte Produktrentabilität →Distributionsanalyse; →Sortimentscontrolling

Direkte Prüfung

Nach angewandter Methode des →Soll-Ist-Vergleichs werden direkte und →indirekte Prüfungen unterschieden. Eine direkte Prüfung liegt vor, wenn →Prüfungsnachweise durch einen unmittelbaren Soll-Ist-Vergleich von einzelnen Geschäftsvorfällen und Beständen gewonnen werden. Beispiele sind:

- die Prüfung der →Forderungen aus Lieferungen und Leistungen auf Existenz durch Saldenbestätigungen (→Bestätigungen Dritter),

- die Prüfung des tatsächlichen Vorhandenseins eines materiellen →Vermögensgegenstandes durch Inaugenscheinnahme und
- die rechnerische Prüfung zur Feststellung der Richtigkeit von Zahlenmaterial in Belegen (→Belegprüfung).

Die direkte Prüfung kann als formelle oder materielle Prüfungshandlung (→formelle Prüfung; materielle Prüfung) ausgestaltet sein. Die erlangten Prüfungsnachweise stützen einzelne Aussagen in der Rechnungslegung (→ergebnisorientierte Prüfungshandlungen).

Literatur: Marten, K.-U./Quick, R./Ruhnke, K.: Wirtschaftsprüfung. Grundlagen des betriebswirtschaftlichen Prüfungswesen nach nationalen und internationalen Normen, Stuttgart 2003.

Jörg Tesch

Direktgeschäft →Steuerplanung, internationale

Direktorialprinzip →Chief Executive Officer; →Unternehmensüberwachung

Discontinued Operations

Als „Discontinued Operations" (aufgegebene Geschäftsfelder) bezeichnet man in der internationalen Rechnungslegung [→International Financial Reporting Standards (IFRS) und →United States Generally Accepted Accounting Principles (US GAAP)] einen Unternehmensbestandteil (Component of an Entity), der entweder zum Bilanzstichtag bereits veräußert wurde oder als zur Veräußerung gehalten klassifiziert wird. Die Bilanzierungs- und Bewertungsnormen von IFRS 5 und SFAS 144 sind weitestgehend identisch. Bei einer „Component" muss es sich um ein wesentliches, eigenständiges Geschäftsfeld oder eine regionale Einheit handeln, worunter i.A. operativ tätige Teile eines Unternehmens verstanden werden, deren →Cash Flows operativ und im →Rechnungswesen vom Rest des Unternehmens getrennt werden können (Pellens/Fülbier/Gassen 2005). Es kann sich dabei um einzelne berichtspflichtige Segmente (→Segmentberichterstattung), operative Geschäftsfelder, Reporting Units oder klar abgrenzbare Gruppen von Vermögenswerten (→Asset), einzelne →Cash Generating Units oder auch eine Gruppe von Cash Generating Units handeln. Darüber hinaus muss die geplante oder erfolgte Veräußerung Gegenstand koordinierter Verkaufsbemühungen sein. Schließlich fallen auch ausschließlich mit Weiterveräußerungsabsicht erworbene Tochterunternehmen unter den Begriff der „Discontinued Operations".

Die „Components" sind im Konzernabschluss nach IFRS und US GAAP weiterhin zu konsolidieren, ein Einbeziehungswahlrecht für ausschließlich mit Weiterveräußerungsabsicht erworbene Tochterunternehmen besteht nur im Handelsrecht (§ 296 Abs. 1 Nr. 3 HGB) (→Konsolidierungskreis). Die den „Discontinued Operations" zuzuordnenden Vermögenswerte (→Asset) und →Schulden (→Liability) sind in der Bilanz als gesonderte Position innerhalb der kurzfristigen Vermögenswerte bzw. Schulden auszuweisen (RIC 1) und zum niedrigeren Betrag aus Buchwerten und beizulegenden Zeitwerten (→Fair Value) abzgl. →Kosten der Veräußerung anzusetzen. Bei abnutzbaren Vermögenswerten ist die planmäßige Abschreibung (→Abschreibungen, bilanzielle) ab dem Zeitpunkt der Klassifizierung als „Discontinued Operations" auszusetzen. Das den „Discontinued Operations" zuzurechnende Ergebnis ist in der →Gewinn- und Verlustrechnung (GuV) als einzelner Betrag nach Steuern (→Steueraufwand), gesondert vom Ergebnis aus fortgeführten Geschäftsbereichen auszuweisen. Ein Ausweis als ao. Posten ist unter internationalen Rechnungslegungsvorschriften nicht zulässig. Die einzelnen Ergebnisbestandteile sind entweder in der GuV oder in den →Notes sowohl für die laufende als auch die Vorperiode aufzugliedern. Zum Bilanzstichtag muss mit einer Veräußerung i. d. R. innerhalb eines Jahres gerechnet werden, bei längeren Zeiträumen sind die Veräußerungskosten zum Barwert anzusetzen. Der Ausweis als „Discontinued Operations" erfolgt ab dem Zeitpunkt, zu dem der Unternehmensbestandteil entweder veräußert oder als „zur Veräußerung gehalten" klassifiziert wird, falls dies früher geschieht und endet mit der Vollendung der Geschäftsaufgabe.

Im →Anhang sind die „Discontinued Operations" zu beschreiben, ebenso wie die Tatsachen und Umstände, die zu der Veräußerung oder Stilllegung geführt haben. Darüber hinaus sind die ihr zuzurechnenden →Aufwendungen und Erträge, Vorsteuerergebnis, →Steueraufwand und Zahlungsströme für die Berichts- und Vorperiode darzustellen, ebenso wie die Art und Weise und der zeitliche Rahmen, in dem die Veräußerung erwartet wird. Der bei der Klassifizierung als zur Veräußerung gehalten erfasste Gewinn oder Verlust ist ebenso darzustellen wie das Segment, dem die „Discontinued Operations" zuzurechnen ist.

Spezielle handelsrechtliche Ansatz- und Ausweisvorschriften bestehen nicht. Die bei der Einstellung von Geschäftsbereichen entstehenden Aufwendungen oder Erträge können jedoch, wenn sie unregelmäßig und außerhalb der gewöhnlichen Geschäftstätigkeit anfallen, als →außerordentliche Aufwendungen und Erträge zu erfassen sein. Je nach →Wesentlichkeit der entsprechenden Beträge können sich im HGB →Angabepflichten im Anhang ergeben. Ebenso werden im →Lagebericht entsprechende Informationen anzugeben sein.

Die Prüfung von „Discontinued Operations" durch den →Abschlussprüfer (APr) hat vor dem Hintergrund der Wesentlichkeit (IDW PS 250) dem Grunde (→Nachweisprüfungshandlungen), der Höhe (→Bewertungsprüfung) sowie der Vollständigkeit und Richtigkeit von Bilanz- und Anhangsausweis nach zu erfolgen. Bei Unternehmen, die ihren Abschluss entweder nach handelsrechtlichen Vorschriften oder nach den von der EU gebilligten IFRS aufstellen (§ 315a HGB) ist darüber hinaus eine Prüfung der Angaben im Lagebericht erforderlich (IDW PS 350). Anhand der Unterlagen des Managements, wie z.B. Planungs-, Controlling- und Vertragsunterlagen (→Planung; →Controlling) (IDW PS 300) ist zunächst zu prüfen, ob ein Ausweis als „Discontinued Operations" in Bilanz und GuV zu Recht erfolgt, d. h. es ist zu beurteilen, ob die von den jeweils einschlägigen Rechnungslegungsstandards (IFRS 5 oder SFAS 144) geforderten Ansatzkriterien erfüllt sind und wenn ja, ab welchem Zeitpunkt im Geschäftsjahr dies der Fall ist. Die Bestimmung der beizulegenden Zeitwerte der abgegrenzten Vermögenswerte oder Geschäftsbereiche ist zu verifizieren (s. hierzu IDW PS 315). Die erwarteten Veräußerungskosten sind bei längerfristigen Verkaufsplänen anhand der Planungsunterlagen einer →Plausibilitätsprüfung (→analytische Prüfungshandlungen) zu unterziehen (IDW PS 312). Bei erfassten Wertminderungsaufwendungen sind die im Rahmen eines →Impairmenttests mittels →Discounted Cash Flow-Methoden verwendeten Parameter (IDW RS HFA 16), sowie bei längerfristigen Veräußerungsplänen die bei der Barwertberechnung der erwarteten Veräußerungskosten genutzten Zinssätze auf Angemessenheit zu überprüfen (→Prognose- und Schätzprüfung).

Darüber hinaus ist die Vollständigkeit und Richtigkeit der Angaben im Anhang sowie ggf. im Lagebericht nach den jeweiligen Rechnungslegungsvorschriften zu prüfen. Unrichtigkeit oder Unvollständigkeit der Angaben sind im →Prüfungsbericht (PrB) zu erwähnen, je nach Wesentlichkeit ist darüber hinaus der →Bestätigungsvermerk (BestV) anzupassen.

Literatur: IDW (Hrsg.): IDW Prüfungsstandard: Prüfung des Lageberichts (IDW PS 350, Stand: 26. Juni 1998), in: WPg 51 (1998), S. 663–666; IDW (Hrsg.): IDW Prüfungsstandard: Prüfungsnachweise im Rahmen der Abschlussprüfung (IDW PS 300, Stand: 2. Juli 2001), in: WPg 54 (2001a), S. 898–903; IDW (Hrsg.): IDW Prüfungsstandard: Analytische Prüfungshandlungen (IDW PS 312, Stand: 2. Juli 2001), in: WPg 54 (2001b), S. 903–906; IDW (Hrsg.): IDW Prüfungsstandard: Wesentlichkeit im Rahmen der Jahresabschlussprüfung (IDW PS 250, Stand: 8. Mai 2003), in: WPg 56 (2003), S. 944–946; IDW (Hrsg.): IDW Stellungnahme zur Rechnungslegung: Bewertungen bei der Abbildung von Unternehmenserwerben und bei Werthaltigkeitsprüfungen nach IFRS (IDW RS HFA 16, Stand: 18. Oktober 2005), in: WPg 58 (2005), S. 1415–1426; IDW (Hrsg.): IDW Prüfungsstandard: Die Prüfung von Zeitwerten (IDW PS 315, Stand: 8. Dezember 2005), in: WPg 59 (2006), S. 309–314.

Robert Walter

Discounted Cash Flow-Methoden

Im Rahmen der →Discounted Cash Flow-Methoden (DCF) wird der →Unternehmenswert durch Diskontierung zukünftiger →Cash Flows unter Heranziehung eines →Kalkulationszinssatzes, der sich am Kapitalmarkt orientiert, ermittelt. Insofern wird der Unternehmenswert aus der Investitions- und Kapitalmarkttheorie unter Berücksichtigung der künftigen Unternehmensentwicklung abgeleitet. Als Cash Flow eines Unternehmens wird nicht der „traditionelle" Cash Flow, der sich aus Gewinn, Abschreibungen (→Abschreibungen, bilanzielle) sowie Veränderungen der →Rückstellungen zusammensetzt, herangezogen, sondern vielmehr der sog. Free Cash Flow, bei dem zum traditionellen Cash Flow zusätzlich →Investitionen, Desinvestitionen bzw. Veränderungen des

$$UW = MWEK$$
$$= \underbrace{\sum_{t=1}^{T} \frac{CF_t^{WACC}}{(1+k)^t} + \begin{cases} \frac{CF_T^{WACC}}{k \cdot (1+k)^T} \\ \text{oder:} \\ (\text{Gewinn} \cdot \text{KGV}) \cdot (1+k)^{-T} \end{cases}}_{MWGK} - MWFK$$

Working Capital (nicht durch kurzfristiges →Fremdkapital finanziertes →Umlaufvermögen) berücksichtigt werden.

Die Ermittlung der Erwartungswerte der zu kapitalisierenden Cash Flows kann nach der indirekten oder nach der direkten Methode erfolgen. Bei der Anwendung der indirekten Methode werden →Planbilanzen, Plan-Gewinn- und Verlustrechnungen [→Gewinn- und Verlustrechnung (GuV)] und andere Prognoserechnungen aufgestellt. Auf Basis der Plan-GuV wird indirekt der zu diskontierende Cash Flow abgeleitet, der sowohl den Eigenkapital- als auch den Fremdkapitalgebern zufließt. Die direkte Methode der Cash Flow-Ermittlung im Rahmen der →Shareholder Value-Analysis nach *Rappaport* spielt in der Praxis der →Unternehmensbewertung eine eher untergeordnete Rolle. *Rappaport* prognostiziert den Free Cash Flow mittels →Werttreibern (→Prognoseinstrumente) (Rappaport 1999, S. 41). Danach ergibt sich dieser als:

Free Cash Flow

= Einzahlungen − Auszahlungen

= (Umsatz des Vorjahres) · (1 + Wachstumsrate des Umsatzes) · (betriebliche Gewinnmarge) · (1 − Cash-Gewinnsteuersatz)] − (Zusatzinvestitionen ins AV und ins Netto-UV)

I.A. unterscheidet man bei den DCF-Methoden den Bruttoansatz (sog. Entity Approach) und den Nettoansatz (sog. Equity Approach). Unter Ersterem werden insb. der →Weighted Average Cost of Capital Ansatz (WACC), der Total Cash Flow Ansatz (TCF) und die Adjusted Present Value Methode (APV) subsumiert.

Bei dem Entity Approach wird zunächst der Wert des Gesamtkapitals, d. h. der Bruttounternehmenswert, berechnet. In einem weiteren Schritt ermittelt man den Marktwert des →Eigenkapitals (= Nettounternehmenswert), indem der Bruttounternehmenswert um den Wert des Fremdkapitals vermindert wird (Ballwieser 1998, S. 84; s. Formel oben).

mit:
UW: Unternehmenswert;
MWEK: Marktwert des Eigenkapitals;
MWGK: Marktwert des Gesamtkapitals;
MWFK: Marktwert des Fremdkapitals;
CF_t^{WACC}: Erwartungswert der Cashflows der Eigen- und Fremdkapitalgeber in der Periode t;
CF_T^{WACC}: Erwartungswert der Cashflows der Eigen- und Fremdkapitalgeber am Ende des Planungshorizonts;
KGV: Kurs-Gewinn-Verhältnis;
k: WACC, gewogener durchschnittlicher Kapitalkostensatz;
t: Periodenindex;
T: Planungshorizont.

Die Diskontierungsrate, die notwendig ist, um im Entity Approach den Barwert der indirekt ermittelten Cash Flows zu bestimmen, wird über das Konzept der gewogenen →Kapitalkosten berechnet. Nach dem sog. WACC-Ansatz werden Eigen- und Fremdkapitalkosten des Unternehmens im Verhältnis ihrer jeweiligen Marktwerte gewichtet. Der TCF-Ansatz ist im Wesentlichen wie der WACC-Ansatz durchzuführen, allerdings unterscheidet er sich darin, dass sämtliche durch die Fremdfinanzierung ersparten Steuerzahlungen (sog. „Tax Shields") direkt im Zähler, d. h. bei der Cash Flow-Ermittlung, Berücksichtigung finden. So wird die gewerbesteuerliche Abzugsfähigkeit der Fremdkapitalzinsen im Zahlungsstrom erfasst; konsequenterweise sind die Ertragsteuern bei der Kapitalkostenermittlung nicht mehr zu erfassen (→Steuern in der Unternehmensbewertung). Die Anpassung der durchschnittlich gewogenen Kapitalkosten ergibt die Formel nach *Modigliani* und *Miller* (Kußmaul 2006, S. 51):

$$k_{TCF} = r_{EK} \cdot \frac{MWEK}{MWGK} + r_{FK} \cdot \frac{MWFK}{MWGK}$$

mit:

k_{TCF}: WACC, gewogener durchschnittlicher Kapitalkostensatz unter Berücksichtigung der gewerbesteuerlichen Abzugsfähigkeit der Fremdkapitalkosten im Cash Flow;

r_{EK}: Erwartungswert der Rendite der Eigentümer, risikoangepasste Renditeforderung der Eigentümer, Kapitalkosten der Eigentümer;

r_{FK}: Erwartungswert der Rendite der Fremdkapitalgeber, Renditeforderung der Fremdkapitalgeber.

Beim APV-Ansatz stellt der Cash Flow den Zahlungsmittelüberschuss dar, der den Eigentümern eines fiktiv schuldenfreien Unternehmens zufließt. Der Unternehmenswert wird in drei Schritten ermittelt. Im ersten Schritt werden die Cash Flows unter der Prämisse reiner Eigenfinanzierung und Diskontierung mit der Renditeforderung der Eigentümer ermittelt. Im zweiten Schritt werden die Wertbeiträge, die sich aufgrund der durch die Fremd- und/oder Innenfinanzierung bedingten steuerlichen Vor- bzw. Nachteile ergeben, berechnet. Schließlich wird im dritten Schritt der Unternehmensgesamtwert um den Marktwert des Fremdkapitals vermindert, um somit den Marktwert des Eigenkapitals zu erhalten. Es lässt sich also feststellen, dass bei dem APV-Ansatz der Einfluss der Finanzierung – im Gegensatz zu dem WACC-Ansatz, wonach die Finanzierung durch die Gewichtung von Eigen- und Fremdkapital mit den jeweiligen Marktwerten berücksichtigt wird – zunächst getrennt ermittelt und anschließend zum Marktwert eines unverschuldeten Unternehmens addiert wird (s. hierzu Bieg/Kußmaul 2000, S. 349–353).

Bei der Anwendung des Equity-Approach werden die Zahlungsströme an die Eigentümer direkt ermittelt und mit einer Diskontierungsrate, die sich mittels des →Capital Asset Pricing Model (CAPM) vom Kapitalmarkt ableiten lässt, diskontiert (Heurung 1998, S. 207). Im Cash Flow sind entsprechend die Zinszahlungen an die Fremdkapitalgeber bereits eliminiert (Bender/Lorson 1997, S. 2).

Literatur: Ballwieser, W.: Unternehmensbewertung mit Discounted Cash-Flow-Verfahren, in: WPg 51 (1998), S. 81–92; Bender, J./Lorson, P.: Verfahren der Unternehmensbewertung (IV). Discounted Cash-Flow-Verfahren und Anmerkungen zu Shareholder Value-Konzepten, in: BuW 51 (1997), S. 1–9; Bieg, H./Kußmaul, H.: Investitions- und Finanzierungsmanagement. Band I: Investition, München 2000; Heurung, R.: Zur Unternehmensbewertung bei Spaltungsprozessen mit Kapitalstrukturproblemen, in: WPg 51 (1998), S. 201–215; Kußmaul, H.: Unternehmensbewertung unter Berücksichtigung des Steuersenkungsgesetzes, in: Freidank, C.-C./Tanski, J.: ACF, Loseblattausgabe, München, Stand: 3. Erg.-Lfg. Januar 2006, S. 1–91; Rappaport, A.: Shareholder Value. Ein Handbuch für Manager und Investoren, 2. Aufl., Stuttgart 1999.

Heinz Kußmaul

Diskriminanzanalyse

Die Diskriminanzanalyse ist ein mathematisch-statistisches Klassifikationsverfahren, mit dem Gruppenunterschiede anhand von mehreren Variablen analysiert und bestimmt werden können, und gehört zur Klasse der strukturprüfenden Verfahren. *Multivariate* Diskriminanzanalyse (MDA) bedeutet, dass die Klassifikation im Gegensatz zur univariaten Diskriminanzanalyse auf Basis von *mehreren* Variablen gleichzeitig erfolgt. Die MDA ermöglicht es, zwei oder mehr Gruppen unter Berücksichtigung von mehreren Variablen zu untersuchen und zu ermitteln, wie sich diese Gruppen unterscheiden. Dabei geht man davon aus, dass die Gesamtheit der betrachteten Objekte aus zwei oder mehr zu unterscheidenden (diskriminierenden) Teilgesamtheiten besteht, wobei jedes Element dieser Gesamtheit genau einer Teilgesamtheit angehört. Voraussetzung für die Anwendung der Diskriminanzanalyse ist, dass die Daten für die Merkmalsvariablen der Elemente sowie deren Gruppenzugehörigkeit vorliegen. Die Merkmalsvariablen müssen metrisch skaliert sein, während sich die Gruppenzugehörigkeit

$$UW = MWEK = \sum_{t=1}^{T} \frac{CF_t^{EK}}{(1+r_{EK})^t} + \begin{cases} \frac{CF_T^{EK}}{r_{EK}\cdot(1+r_{EK})^T} \\ \text{oder:} \\ (\text{Gewinn}\cdot KGV)\cdot(1+i)^{-T} \end{cases}$$

mit:
CF_t^{EK}: Erwartungswert des Cash Flows der Eigentümer in der Periode t;
CF_T^{EK}: Erwartungswert des Cash Flows der Eigentümer am Ende des Planungshorizonts (der ersten Phase).

durch eine nominal skalierte Variable (Gruppierungsvariable) ausdrücken lässt. Die Diskriminanzanalyse lässt sich damit als ein Verfahren charakterisieren, mit dem die Abhängigkeit einer nominal skalierten Variablen (Gruppierungsvariablen) von metrisch skalierten Variablen (Merkmalsvariablen der Elemente) untersucht wird. Ein bedeutendes Anwendungsgebiet der Diskriminanzanalyse ist die Bestimmung oder Prognose der Gruppenzugehörigkeit von Elementen (Klassifizierung). Im Gegensatz zur Diskriminanzanalyse, die bereits bestehende, vorgegebene Gruppen *untersucht,* um Elemente in diese Gruppen einzuordnen, geht man bei der Clusteranalyse von ungruppierten Daten aus, bei der erst durch die Analyse selbst Gruppen *erzeugt* werden (Backhaus/Erichson/Plinke/ Weiber 2003, S. 156–157).

Zur Unternehmensbeurteilung, d. h. zur Abschätzung der gegenwärtigen wirtschaftlichen Lage und der künftigen wirtschaftlichen Entwicklung eines Unternehmens, stehen einem unternehmensexternen Analytiker zumeist nur veröffentlichte Jahresabschlüsse (→Offenlegung des Jahresabschlusses) zur Verfügung, die bilanzanalytisch ausgewertet werden können (→Jahresabschlussanalyse). Die Bestandsfestigkeit eines Unternehmens kann aufbauend auf Abschlussinformationen über die →Vermögenslage, →Finanzlage und →Ertragslage eingeschätzt werden. Dem externen Bilanzanalytiker sollte es somit möglich sein, gesunde, d. h. solvente Unternehmen von kranken, d. h. insolvenzgefährdeten Unternehmen zu trennen (Baetge 2002, S. 2281–2282). Bereits 1968 hat *Altmann* die MDA verwendet, um Krisenunternehmen auf der Basis von Jahresabschlussdaten frühzeitig zu erkennen (→Krisendiagnose). Mit dem Einsatz der MDA als „modernes" Verfahren der Bilanzanalyse (→Jahresabschlussanalyse, Methoden der) ist ein objektiver Frühwarnindikator entwickelt worden, mit dem gefährdete Unternehmen rechtzeitig vor einer Krise identifiziert werden können (Erxleben/Baetge/Feidicker/Koch/Krause/Mertens 1992, S. 1238). Folgende Voraussetzungen müssen bei der MDA erfüllt sein, um eine optimale Klassifikation erreichen zu können: Die Kennzahlenausprägungen müssen normalverteilt, multivariat trennfähig und linear unabhängig sein. Zudem müssen die Varianz-Kovarianz-Matrizen für die Variablen der gesunden und der kranken Unternehmen bekannt sein. In der Praxis der MDA sind diese Bedingungen zumeist nicht erfüllt. Empirische Studien haben indes gezeigt, dass auch bei einer Verletzung dieser Anwendungsvoraussetzungen gute Klassifikationsergebnisse erzielt werden (Baetge 2002, S. 2282).

Für Zwecke der Früherkennung (→Früherkennungssysteme) von Unternehmenskrisen lassen sich mithilfe der MDA Unternehmen entweder der Gruppe der *gesunden* Unternehmen oder der Gruppe der *kranken* Unternehmen zuordnen. Die Variablen, anhand derer die Gruppenzugehörigkeit ermittelt wird, sind dabei die Jahresabschlusskennzahlen. Zu diesem Zweck werden die Jahresabschlüsse von möglichst drei aufeinander folgenden Jahren einer großen Zahl repräsentativ ausgewählter gesunder und kranker, d. h. solcher Unternehmen, die nach den drei Jahren insolvent geworden sind (→Insolvenz), als Daten für die MDA benötigt. In einem ersten Schritt wird mithilfe einer zufällig ausgewählten – je mit 50 % gesunden und kranken Unternehmen besetzten – Lernstichprobe die Diskriminanzfunktion (Trennfunktion) berechnet. Dazu werden aus sämtlichen Jahresabschlüssen der Lernstichprobe die zuvor definierten, möglichst die Bilanzpolitik (→bilanzpolitische Entscheidungsmodelle) konterkarierenden Kennzahlenwerte ermittelt. Aufbauend auf sämtlichen Kennzahlenwerten wird mit dem mathematisch-statistischen Verfahren der MDA bestimmt, welche Kennzahlen (→Kennzahlen und Kennzahlensysteme als Kontrollinstrument) in welcher Gewichtung die Unternehmen der Lernstichprobe am besten in „solvente" und „insolvenzgefährdete" trennen. Mit der Diskriminanzfunktion wird der D-Wert ermittelt. Damit können auch Unternehmen, die nicht in der Lernstichprobe enthalten sind und deren finanzielles Schicksal noch unbekannt ist, klassifiziert werden, wenn zuvor noch der Trennwert ermittelt worden ist. Der Trennwert dient der Trennung der Unternehmen in gesunde und kranke Unternehmen. Dieser kritische Trennwert (Cut-off) wird in einem zweiten Schritt bestimmt. Unternehmen, deren D-Wert größer ist als der kritische Trennwert, werden als „gesund" bezeichnet. Unternehmen, deren D-Wert hingegen kleiner ist als der kritische Trennwert werden als „krank" bezeichnet. Auch mit einem gut gewählten kritischen Trennwert ist eine

Fehlklassifikation indes nicht ausgeschlossen. So können kranke Unternehmen fälschlich als gesund klassifiziert werden (α-Fehler) und tatsächlich gesunde Unternehmen fälschlich als krank klassifiziert werden (β-Fehler). Die Festlegung des kritischen Trennwerts bzw. die Art seiner Ermittlung hat einen unmittelbaren Einfluss auf den α- und β-Fehler und somit auf die im dritten Schritt der MDA zu ermittelnde Klassifikationsleistung der Diskriminanzfunktion. Die ermittelte Diskriminanzfunktion wird in diesem Schritt anhand der zweiten Stichprobe aus dem Datensatz der Jahresabschlüsse, nämlich der Kontrollstichprobe, getestet. Die Kontrollstichprobe sollte ausschließlich Datensätze umfassen, die nicht zum „lernen" in der Lernstichprobe verwendet wurden. Die Güte der Klassifikation wird dabei anhand des Prozentsatzes der falsch bzw. richtig klassifizierten Unternehmen (α- und β-Fehler) gemessen (Baetge/Kirsch/Thiele 2004, S. 537–542). Die MDA wird in zahlreichen →Kreditinstituten zur Erfüllung der Anforderungen nach →Basel II, nämlich zur Berücksichtigung des Kreditrisikos von Firmenkunden vor Abschluss des Kreditgeschäfts (→Kreditwürdigkeitsprüfung) eingesetzt und zwar mithilfe des Internal Rating Based Approach (IRB-Ansatz) (→Rating).

Literatur: Backhaus, K. et al.: Multivariate Analysemethoden. Eine anwendungsorientierte Einführung, Berlin et al. 2003; Baetge, J./Kirsch, H.-J./Thiele, S.: Bilanzanalyse, Düsseldorf 2004; Baetge, J.: Die Früherkennung von Unternehmenskrisen anhand von Abschlusskennzahlen, in: DB 44 (2002), S. 2281–2287; Baetge, J. et al.: Klassifikation von Unternehmen. Ein Vergleich von Neuronalen Netzen und Diskriminanzanalyse, in: ZfB 62 (1992), S. 1237–1262.

Jörg Baetge; Tatjana Oberdörster

Dispositionssysteme →Administrationssysteme

Distributionsanalyse

Die Distributionsanalyse kann einerseits als Kontrolle von Distributionsaktivitäten, wie die Kontrolle der Distributionskanäle, der Distributionsorgane und der Distributionslogistik verstanden werden, andererseits als Überprüfung des Ausmaßes der Erhältlichkeit von Distributionsobjekten (→Vertriebscontrolling). Gebräuchliche *Verfahren* zur Messung und Bewertung der Effizenz von *Distributionskanälen* sind die Distributionskostenanalyse (DKA), die Strategic-Profit-Model-Analyse (SPMA), das Verfahren der Direkten Produktrentabilität (DPR) sowie das Verfahren der relativen Umsatzbewertung.

Bei der *DKA* werden die Kostendaten nach Marketingfunktionen aufgegliedert, wobei die Zurechnung der funktionalen →Kosten zu den einzelnen Kanälen entweder anhand der Vollkosten- oder der Teilkostenmethode (→Kosten- und Leistungsrechnung; →Kalkulation; →Kalkulationsmethoden; →Direct Costing; →Grenzplankostenrechnung) erfolgt. Auf diese Weise wird die relative Kostenträchtigkeit sowie – durch die Berechnung von Deckungsbeiträgen (→Deckungsbeitragsrechnungen) – die relative Gewinnträchtigkeit verschiedener Distributionskanäle ermittelt (→Kostencontrolling). In die *SPMA* wird das →Eigenkapital, das nötig ist, um ein bestimmtes Verkaufsvolumen zu erzielen, zusätzlich einbezogen. Die SPMA ermöglicht es, den Einfluss verschiedener Distributionskanäle (sowie den ihrer Mitglieder bzw. Organe) auf den Gesamt-ROI (→ROI-Kennzahlensystem) zu bestimmen. Mithilfe der *DPR* können einzelnen Produkten die das Ergebnis tangierenden Kosten zugeordnet und eine direkte Produktrentabilität pro Artikel und pro Fläche berechnet werden (→Rentabilitätsanalyse). Im Rahmen der *relativen Umsatzbewertung* werden realisierte Umsätze (→Umsatzerlöse) im Verhältnis zum definierten Marktumsatzpotenzial betrachtet. Aus der Kombination der Ergebnisse der genannten sowie weiterer Untersuchungen lassen sich Determinanten des Erfolgs bzw. Misserfolgs verschiedener Distributionskanäle ableiten. Auf der Grundlage einer entscheidungsorientierten Erfassung [→Betriebsdatenerfassung (BDE)] und Verrechnung von Logistikkosten lässt sich darüber hinaus die →Planung und Kontrolle des Systems der Distributionslogistik vornehmen.

Zur Kontrolle und Bewertung von *Distributionsorganen* setzen Channel-Manager von Herstellerunternehmen oftmals Punktbewertungsverfahren ein, die i.d.R. auf den Kriterien Verkaufserfolg, Lagerbestand, Verkaufspotenzial, Einstellung gegenüber dem Hersteller oder Produkt, Wettbewerbssituation und zukünftige Leistungssteigerung der Distributionsorgane basieren.

Das Ausmaß der Erhältlichkeit von *Distributionsobjekten* (Produkten) wird von Herstellerunternehmen in bestimmten Absatzgebieten mithilfe von Distributionskennzahlen gemessen (→Kennzahlen und Kennzahlensysteme als Kontrollinstrument), wobei i.d.R. die Kennzahlen Distributionsdichte sowie Distributionsgrad herangezogen werden.

Die *Distributionsdichte* ist definiert als der Quotient aus der Anzahl der mit dem Distributionsobjekt belieferten Geschäfte und einer nicht absatzmittlerbezogenen Bezugsgröße (→Bezugsgrößenhierarchie), wie z. B. der Fläche oder der Einwohnerzahl des analysierten Absatzgebietes. Bei dieser Berechnung liegt eine Gleichgewichtung der in den Zähler des Quotienten eingehenden Absatzstellen vor; um eine höhere Bedeutung von umsatzstärkeren Absatzstellen zu berücksichtigen, kann der Quotient mit entsprechenden Gewichtungsfaktoren multipliziert werden.

Der *Distributionsgrad*, in dessen Nenner – im Gegensatz zur Distributionsdichte – eine absatzmittlerbezogene Bezugsgröße eingeht, misst die Intensität der Distribution auf der letzten Stufe des Absatzkanals. Es gibt zwei generelle Möglichkeiten der Messung des Distributionsgrades, eine konsumentenabhängige und eine konsumentenunabhängige. Erstere ermittelt die Wahrscheinlichkeit, mit der ein bestimmtes Produkt, dessen Erhältlichkeit vom Konsumenten erwartet wird, auch tatsächlich erhältlich ist. Bei der konsumentenunabhängigen Variante wird der Quotient aus der Anzahl der Absatzstellen einer Branche (oder eines Absatzgebietes oder eines Betriebstyps), in denen das Distributionsobjekt erhältlich ist, und der Anzahl sämtlicher Absatzstellen der Branche (bzw. des Absatzgebietes/des Betriebstyps) gebildet. Dieser Berechnungsweise des Distributionsgrades kommt eine höhere praktische Relevanz zu.

Bei der Berechnung von Distributionsgraden wird darüber hinaus zwischen numerischen und gewichteten Distributionsgraden unterschieden. Während *numerische* Distributionsgrade rein anzahlbezogene Verhältniszahlen darstellen, berücksichtigen *gewichtete Distributionsgrade* die unterschiedliche umsatzmäßige Bedeutung der betrachteten Absatzstellen. Zur Gewichtung des numerischen Quotienten werden im Zähler der Gesamtumsatz oder der mit einer bestimmten Warengruppe erzielte Umsatz der das Distributionsobjekt führenden Absatzstellen betrachtet. In den Nenner geht analog der Gesamtumsatz bzw. der mit einer bestimmten Warengruppe erzielte Umsatz sämtlicher Absatzstellen der definierten Grundgesamtheit ein.

Diese Unterscheidung zwischen numerischen und gewichteten Distributionsgraden wird bspw. von *ACNielsen* im Rahmen von Handelspanels vorgenommen. Bei der Bestimmung dieser beiden Arten von Distributionsgraden wertet *ACNielsen* zusätzlich aus, ob die Distributionsobjekte in den jeweiligen Absatzstellen generell geführt werden und ob sie auch am Tag der Erfassung erhältlich waren.

Bei der Distributionsanalyse mithilfe der genannten Distributionskennzahlen ist jedoch zu berücksichtigen, dass diese von einem rein quantitativen Charakter geprägt sind und daher die mit der konkreten Absatzstelle verbundenen qualitativen Aspekte, wie die Warenplatzierung im Regal, die Beschaffenheit der Displays, die Art und Weise der werblichen Gestaltung usw., nicht mit in die Analyse einbeziehen.

Literatur: Ahlert, D.: Distributionspolitik, 4. Aufl., Stuttgart et al. 2002; Specht, G.: Distributionsmanagement, 4. Aufl., Stuttgart et al. 2005.

Joachim Zentes

Disziplinaraufsicht →Berufsaufsicht für Wirtschaftsprüfer, national

Divisionskalkulation

Die Divisionskalkulation (→Kalkulation) ist ein spezielles Verfahren der →Kostenträgerstückrechnung. Der Anwendungsbereich umfasst die industrielle Massenfertigung sowie verschiedene Formen der Serienfertigung. Implizites Ziel der Divisionskalkulation ist eine möglichst verursachungsgerechte Zuordnung der während einer Periode angefallenen →Kosten auf die im gleichen Zeitraum hergestellten Leistungseinheiten (→Kostenverursachung; →Kostenzurechenbarkeit).

Die Anwendung dieser Kalkulationsvariante (→Kalkulationsmethoden) kommt allerdings nur in Betracht, wenn in den abgegrenzten Produktionsprozessen jeweils nur ein Produkttyp bearbeitet wird.

Zu unterscheiden ist zwischen einstufiger und mehrstufiger Divisionskalkulation.

Bei *einstufiger* Divisionskalkulation werden die insgesamt angefallenen Kosten durch die gesamte Produktionsmenge dividiert. Dabei wird also nicht zwischen verschiedenen Fertigungsstufen unterschieden. Sollten Produktion und Absatz nicht identisch sein, müssen vorab die Verwaltungs- und Vertriebskosten periodenbezogen gesondert erfasst werden [→Betriebsdatenerfassung (BDE)]. Sie sind auf die tatsächlich während der Periode abgesetzten Mengeneinheiten zu verteilen. Die Höhe der ermittelten Herstellkosten (→Herstellkosten, kalkulatorische), die dann auf diese Mengeneinheiten verrechnet werden, hängt von der gewählten Verbrauchsfolgeprämisse (→Verbrauchsfolgeverfahren) hinsichtlich der zu Beginn der Periode vorhandenen Lagerbestände ab. Die Vorgehensweise soll die folgende Abb. verdeutlichen.

Abb.: Beispiel zur Divisionskalkulation

Ausgangsdaten:

- Produktionsvolumen: 1.200 ME
- angefallene Herstellkosten: 180.000 €
- angefallene Verwaltungs- und Vertriebskosten: 19.000 €
- Lageranfangsbestand (200 ME)
  - Bewertungsansatz: 120 €/ME
  - bewertet: 24.000 €
- Absatz: 1.300 ME

Ergebnisse:

Verbrauchsfolgeprämisse: FIFO (first in first out)

- Herstellkosten je produzierter ME: 150 €/ME
- Herstellkosten der abgesetzten Menge: 189.000 €
- Selbstkosten der abgesetzten Menge: 208.000 €
- Selbstkosten/ME: 160 €/ME
- Lagerendbestand (100ME)
  - Bewertungsansatz: 150 €/ME
  - bewertet: 15.000 €

ME: Mengeneinheit(en)

Wäre in diesem Beispiel von der LiFo-Prämisse ausgegangen worden, hätte sich ein Selbstkostensatz (→Selbstkostenermittlung) in Höhe von 162,31 € ergeben.

Bei *mehrstufigen* Produktionsprozessen lässt sich die Kostenträgerkalkulation in Analogie zu dem dargestellten Beispiel durchführen. Die Ergebnisse werden dann i.A. noch stärker von der Annahme über die Abfolge der Lagerbestandsentnahme am Ende der verschiedenen Fertigungsstufen beeinflusst.

Grundsätzlich ist die Divisionskalkulation ein Verfahren der Kostenträgerrechnung für die Herstellung einer einzigen Produktart.

Wenn jedoch diese Produktart unterschiedlichen Veredelungsprozessen unterzogen wird, also mehrere Produktvarianten entstehen, so lässt sich auch unter derartigen Rahmenbedingungen die Divisionskalkulation anwenden, vorausgesetzt, dass in den verschiedenen Veredlungsprozessen jeweils nur eine der Produktvarianten bearbeitet wird. Das gilt prinzipiell auch für die sog. Chargenfertigung.

Charakteristisch für die Divisionskalkulation ist, dass nicht zwischen Einzelkosten (→Einzelkostencontrolling) und Gemeinkosten (→Gemeinkostencontrolling) oder fixen und variablen Kosten (→Fixkostencontrolling) unterschieden wird. Allerdings ist es durchaus möglich, auch nach diesem Ansatz im Rahmen der →Kostenartenrechnung die Einzelkosten oder die variablen Kosten abzuspalten und dann den Kostenträgern direkt zuzurechnen. Eine Verrechnung geplanter Kosten (→Plankostenrechnung) kommt ebenfalls in Betracht.

In der betrieblichen Praxis findet zwar die Divisionskalkulation in etwa ebenso häufig Anwendung wie die →Äquivalenzziffernkalkulation. Die weiteste Verbreitung hat jedoch die (differenzierte) →Zuschlagskalkulation gefunden (Währisch, S. 35 ff. und S. 135 ff.).

Literatur: Coenenberg, A. G.: Kostenrechnung und Kostenanalyse, 5. Aufl., Stuttgart 2003; Schweitzer, M./ Küpper, H.-U.: Systeme der Kosten- und Erlösrechnung, 8. Aufl., München 2003; Weber, J./Weißenberger, B. E.: Einführung in das Rechnungswesen, 7. Aufl., Stuttgart 2006; Währisch, M.: Kostenrechnungspraxis in der deutschen Industrie. Eine empirische Studie, Wiesbaden 1998.

Hans-Jürgen Wurl

Dollar-Unit-Verfahren →Heterograde Stichprobe; →Stichprobenprüfung

Dolose Handlungen

Die Formen doloser Handlungen sind vielfältig und die Wirtschaft erleidet dadurch Verluste in Milliardenhöhe. Hierzu gehören Bilanzmanipulationen (→Bilanzfälschung), Wirtschaftsspionage, Korruption, Betrug, Untreue (→Untreue von Gesellschaftsorganen), Diebstahl und Intellectual Property Delikte. Elemente der Strategie zur Bekämpfung von →Wirtschaftskriminalität sind *Prävention*, *Dedektion* und *Aufklärung*.

Primäres Ziel ist die Vermeidung doloser Handlungen (= *Prävention*). Da dies sowohl aus Wirtschaftlichkeitsgründen als auch durch den „Faktor Mensch" bedingt nicht vollständig zu erreichen ist, sind dolose Handlungen zumindest im Nachhinein zu erkennen (= *Dedektion*). Dies stellt die Basis für die Analyse des Tatbestandes und der Täteridentifizierung (= *Aufklärung*) dar.

Zur Umsetzung der Bekämpfungsstrategie sind konkrete Maßnahmen zu definieren. Hierbei beinhaltet das entsprechende *Verhinderungskonzept* unterschiedliche Maßnahmenkategorien:

1) *Mitarbeiter- und verhaltensbezogene Maßnahmen*: Hierzu gehören die Sensibilisierung und Schulung der Führungskräfte und Mitarbeiter sowie die Vorgabe einer unternehmensinternen Verhaltensrichtlinie. Ferner ist von hoher Bedeutung, dass stringent und sichtbar die Konsequenzen (organisatorisch, arbeits- und strafrechtlich) aus aufgeklärten Fällen gezogen werden.

2) *Prozessbezogene Maßnahmen*: Die effektive und effiziente Gestaltung der Prozesse (→ Geschäftsprozesse) unter besonderer Berücksichtigung eines wirksamen → Internen Kontrollsystems ist der Erfolgsfaktor.

3) *Aufbauorganisatorische Maßnahmen*: Besondere Bedeutung kommt der Existenz einer → Internen Revision sowie der einer Ansprechstelle für die Entgegennahme von Informationen über dolose Geschäftspraktiken zu (Whistle Blowing).

Durch die *Sensibilisierung und Schulung der Führungskräfte und Mitarbeiter* soll deutlich gemacht werden, dass dolose Handlungen nicht zur Geschäftspolitik gehören. Den Mitarbeitern müssen die Formen der Wirtschaftskriminalität, die Gefahr des „Anfütterns" sowie die persönlichen Konsequenzen (arbeits- und strafrechtlich) bewusst gemacht werden. Insb. an die Führungskräfte ist deren Verantwortung für die Prävention und Aufklärung von dolosen Handlungen eindeutig zu adressieren.

Bei der ethischen Positionierung stellt eine *Verhaltensrichtlinie* (Code of Conduct, Code of Ethic) ein wichtiges unterstützendes Instrument der Prävention dar (Heißner 2005, S. 24 ff.). Hiermit wird z. B. der Umgang mit Lieferanten oder Behörden, die Annahme von Geschenken oder anderen Vorteilen sowie die Zulässigkeit von Nebentätigkeiten geregelt.

Wichtig ist, dass die *Folgen von Verstößen klar geregelt sind und auch konsequent umgesetzt werden*, nämlich Disziplinarmaßnahmen, wie Abmahnung oder ggf. fristlose Kündigung, und andere rechtliche Schritte. Mit diesen Konsequenzen sollten auch diejenigen Führungskräfte zu rechnen haben, die nicht sicherstellen, dass alle Mitarbeiter die Verhaltensrichtlinie kennen und die Bestimmungen einhalten.

Wichtiges Element der Prävention ist eine *effektive und effiziente Gestaltung der Prozesse*. Verantwortlich hierfür ist primär der jeweilige Prozesseigner. Aufgabe der Führungskräfte ist hierbei u. a. die Feststellung der korruptionsgefährdeten Arbeitsgebiete und Mitarbeiter. Die Kernfrage lautet: Welcher Mitarbeiter ist aus Sicht eines Dritten „schmierungswürdig"? Für diese Arbeitsgebiete sind Prozess- und Risikoanalysen zu erstellen und darauf aufbauend die Aufbau- und Ablauforganisation sowie die Personalzuordnung zweckmäßig zu gestalten.

Die Existenz einer Internen Revision *im Unternehmen stellt per se eine Präventivwirkung dar.* Studien zur Wirtschaftskriminalität belegen deren Bedeutung (Ernst & Young 2003, S. 16; KPMG 1995, S. 13). Die Interne Revision unterstützt die Unternehmenseinheiten bei der Erreichung ihrer Ziele, indem mit einem systematischen und zielgerichteten Ansatz die Effektivität des → Risikomanagementsystems (RMS) und des Internen Kontrollsystems sowie die Führungs- und Überwachungsprozesse bewertet und durch entsprechende Empfehlungen Verbesserungen erreicht werden (IIR 2002).

Durch einen risikoorientierten Ansatz bei der → Planung des Revisionsprogramms (→ Revisionsauftragsplanung) können i. S. d. Prävention und Dedektion die „richtigen" Revisionsprojekte (→ Revisionseinsatzgebiete) identifiziert werden. Projektbegleitende oder Ex-ante-Revisionen bieten die Möglichkeit, das Revisions-Know-how hinsichtlich potenzieller Risiken rechtzeitig einzubringen und mögliche Schwachstellen von vornherein zu vermeiden.

Im Rahmen der Revisionsdurchführung erfolgen Prozess- und Risikoanalysen (mehrstufiges Prozessmodell; Binner/Rieckmann 2005, S. 50 ff.). Die Kenntnis von Red Flags (= Indikatoren für dolose Handlungen) ist sehr nützlich, dies ermöglicht, „to ask tough questions" (Green 2003, S. 60). Ein Schwerpunkt der Prozessanalyse liegt in der Prüfung des Internen Kontrollsystems (→Internes Kontrollsystem, Prüfung des). Es ist sicherzustellen, dass das IKS alle geeigneten Kontrollmaßnahmen beinhaltet und diese effizient genutzt werden. Nicht die Anzahl der Kontrollen (→Kontrolltheorie), sondern das Vorhandensein der „richtigen" Kontrollen (Effektivität) ist der Erfolgsfaktor.

In den zitierten Studien von *KPMG* (KPMG 1995, S. 13) und *Ernst & Young* (Ernst & Young 2003, S. 16) wird deutlich, dass *Whistle Blowing*, d. h. Informationen von Dritten (eigene Mitarbeiter, Lieferanten, Behörden, Kripo usw.), die wichtigste Quelle ist, dolose Handlungen aufzudecken. So fordert auch SOA 301 (→Sarbanes Oxley Act, Einfluss auf das Prüfungswesen) die Bereitstellung einer Ansprechstelle für die Entgegennahme von Beschwerden über Regelverstöße im Bereich der Buchführung/-prüfung und sonstige unangebrachte Geschäftspraktiken. Zur Organisation dieses Whistle Blowing sind in der Industrie oder bei Behörden Hotlines, Korruptionsbeauftragte oder die Funktion eines Ombudsmannes eingerichtet.

Literatur: Binner, H. F./Rieckmann, P.: Geschäftsprozesse – analysieren, optimieren und modellieren, in: ZIR 40 (2005), S. 50–63; Ernst & Young (Hrsg.): Wirtschaftskriminalität in Deutschland – Nur ein Problem der Anderen?, Hamburg 2003; Green, S.: Fighting Financial Reporting Fraud, in: Internal Auditor 60 (2003), Heft 12, S. 58–65; Heißner, S.: Wertemanagement als Instrument der Kriminalprävention, in: WIK o.Jg. (2002), Heft 2, S. 24–26; IIR: Grundlagen der Revision, Frankfurt a.M. 2002; KPMG (Hrsg.): Untersuchung zur Wirtschaftskriminalität, Berlin 1995.

Hans-Jochen Matzenbacher

Doppelte Buchführung →Buchführungstechnik und Prüfungsmethoden

Doppik →Buchführungstechnik und Prüfungsmethoden

Downsizing →Outsourcing

DPR →Deutsche Prüfstelle für Rechnungslegung

Drifting Costs →Target Costing

Drittelbeteiligung →Zusammensetzung von Vorstand und Aufsichtsrat

DRSC →Deutsches Rechnungslegungs Standards Committee e.V.

DSD-Prüfung →Duales System Deutschland-Prüfung

Du Pont-Kennzahlensystem →Kennzahlen und Kennzahlensysteme als Kontrollinstrument

Dual- und Boardsystem

Dual- und Boardsystem sind Merkmale zur Strukturierung von Systemen der →Unternehmensüberwachung bei Aktiengesellschaften (→Corporate Governance). Das Dualsystem, auch als Trennungsmodell, zweistufiges, doppelstufiges oder „Two-Tier-System" bezeichnet, ist vor allen Dingen im kontinentaleuropäischen Raum verbreitet, u. a. in Deutschland, Österreich und den Niederlanden (Schneider-Lenné 1995, S. 28). Dem Dualsystem liegt der Gedanke einer weitgehenden Trennung von Unternehmensleitung und -überwachung zugrunde. In Deutschland stehen die drei Organe Vorstand, AR und HV (→Haupt- und Gesellschafterversammlung) bei einer AG (→Aktiengesellschaft, Prüfung einer) gleichwertig nebeneinander.

Die institutionalisierte Funktionstrennung erlaubt eine klare Abgrenzung der Verantwortungsbereiche. Daher liegen die Vorzüge des Dualsystems in der Förderung einer unabhängigen, nach außen hin nachvollziehbaren und neutralen Überwachung. Vor allem in Deutschland ist in den vergangenen Jahren verstärkt auf die unzureichende Professionalisierung und (Selbst-) Evaluation des Aufsichtsrats (→Aufsichtsratsbeurteilung) hingewiesen worden. Das Gremium AR wird (immer noch) als Ehrenamt erachtet. Aufgrund der gestiegenen Anforderungen im Zuge der Internationalisierungsbestrebungen in der Rechnungslegung [→International Financial Reporting Standards (IFRS)], Abschlussprüfung (→Sarbanes Oxley Act, Einfluss auf das Prüfungswesen) und Überwachung (→Sarbanes Oxley Act, Einfluss auf Vorstand und Aufsichtsrat; →Richtlinien und Verordnungen der Europäischen Union, Bedeutung für Rechnungslegung und Unternehmensüberwachung) ist die Zahl der Aufsichtsratsmandate, die ein Mitglied in Anspruch nimmt, auf ein maßvolles Niveau zu reduzieren (→Mandatsbegrenzung des Aufsichtsrats). Vielfach kann basierend auf der →Principal-Agent-Theorie eine Informationsasymmetrie zwischen Vorstand und AR konstatiert werden, welche die Effizienz der Überwachungstätigkeit nachhaltig schwächt. Dieses Defizit des dualistischen Systems wird im Schrifttum als „Entscheidungsferne" der Überwachungsinstanz bezeichnet (Lutter 1995, S. 18). Der deutsche Gesetzgeber hat die Informationsrechte des Aufsichtsrats durch zahlreiche Normierungen, u. a. durch das KonTraG, TransPuG und den →Deutschen Corporate Governance Kodex (DCGK) mit seinen jährlichen Anpassungen, erheblich ausgeweitet. Der Vorstand soll dazu angehalten werden, über die strategische Geschäftspolitik zeitnah und angemessen zu berichten (→Berichterstattungspflichten des Vorstands). Trotz der höheren Unabhängigkeit der Überwachungstätigkeit konnte sich das dualistische System im internationalen Kontext nicht durchsetzen (Lentfer 2005, S. 52).

Im angloamerikanischen Rechtskreis findet hingegen das Boardsystem überwiegend Anwendung, welches auch unter den Begriffen Vereinigungsmodell, monistisches, einstufiges oder „One-Tier-System" erfasst wird (→Corporate Governance in den USA). Mit dem →Board of Directors existiert lediglich ein Verwaltungsorgan, das sowohl die Leitungs- als auch die Überwachungskompetenz besitzt. Die in der Unternehmenspraxis am häufigsten existierende „gemischte Board-Struktur" setzt sich aus Outside und Inside Directors zusammen. Während die Inside oder Executive Directors vergleichbar mit dem deutschen Vorstand die Tagesgeschäfte führen, sind die Outside oder Non-Executive Directors vergleichbar mit dem deutschen AR für die Überwachung der Geschäftsführung zuständig.

Die Bündelung von Leitungs- und Überwachungsaufgaben im Board ist hinsichtlich einer flexiblen Aufteilung von Aufgaben und Verantwortlichkeiten zu begrüßen. Jedoch sind die individuellen Regelungen der Kompetenzzuweisungen häufig aus externer Sicht schwer nachvollzieh- und kommunizierbar. Zudem bestehen Unsicherheiten bzgl. einer geforderten Neutralität der Kontrolle (Potthoff 1996, S. 259, der die Gefahr einer „Kameraderie" zwischen Inside und Outside Directors beschreibt). Eine Selbstüberwachung ist i. d. R. durch eine mangelhafte Objektivierung gekennzeichnet und unter diesem Gesichtspunkt der Überwachung durch ein eigenständiges Gremium unterlegen. Zur Stärkung der Unabhängigkeit ist z. B. in amerikanischen Pensionsfonds dazu übergegangen worden, die früher häufig verbreitete „Personalunion" von President und →Chief Executive Officer (CEO) zu unterbinden und jene Positionen überwiegend mit Outside Directors zu besetzen.

Eine weitere Maßnahme zur Stärkung der Überwachungstätigkeit stellt die Bildung von Ausschüssen mit nicht geschäftsführenden Board-Mitgliedern dar (für Deutschland: →Aufsichtsratsausschüsse). In der Unternehmenspraxis sind dies u. a. Ernennungsausschüsse („Nominating Committees"), Vergütungsausschüsse („Compensation Committees") oder Prüfungsausschüsse („→Audit Committees"). Neben einer freiwilligen Einrichtung von Ausschüssen sind zudem die restriktiven Börsenregelungen zu beachten. So schreibt die *NYSE* bereits seit dem Jahre 1978 für ein Listing die Einrichtung eines Prüfungsausschusses verbindlich vor. Die Implementierung von (Prüfungs-) Ausschüssen erfreut sich ebenfalls in Dualsystemen wachsender Beliebtheit. Nach der RL 2006/43/EG (sog. novellierte APr-RL) werden Unternehmen des öffentlichen Interesses aufgefordert, einen Prüfungsausschluss einzurichten. Dabei steht weniger die Frage der Unabhängigkeit der Überwachungsträger im Vordergrund, sondern die Steigerung der Effektivität der Überwachungstätigkeit.

Angesichts der systemübergreifenden Attraktivität der Ausschussbildung, der Stärkung der Unabhängigkeit der Überwachungsträger im Board- und Dualsystem sowie der gleichzeitigen Einbindung des Überwachungsgremiums in die strategische Geschäftspolitik der Unternehmensleitung ist von einer langfristigen Konvergenz des One- und Two-Tier-Systems auszugehen (Böckli 2003, S. 219). Die Tatsache, dass weder dem monistischen noch dem dualistischen Modell eine absolute Überlegenheit zugesprochen werden kann (Bleicher/Paul 1986, S. 263), hat u. a. die *KOM* dazu bewogen, bei der Societas Europaea (→Aktiengesellschaft, europäische) ein ausdrückliches Wahlrecht zwischen einem Dual- und einem Boardsystem zu kodifizieren (→Corporate Governance in der EU; s. hierzu Bröder 2006, S. 21 f.). Die nationale Umsetzung der VO (EG) Nr. 2157/2001 sowie der RL 2001/86/EG erfolgte durch das SEEG und SEBG. Die Regelungen zur →Mitbestimmung, die ab einer Beschäftigungszahl von mehr als 500 (§§ 1, 4 Abs. 1 DrittelbG) bzw. 2.000 (§§ 1, 4 Abs. 1 MitbestG) Arbeitnehmern gelten, sind dabei sowohl bei der Wahl des Board- als auch des Dualsystems grds. zu beachten (Lutter/Kollmorgen/Felthaus 2005, S. 2474) (s. zur sog. Mitbestimmungsauffanglösung die §§ 34 Abs. 1, 35 Abs. 1, 36–38 SEBG). Ansonsten wird die Mitbestimmung in erster Linie durch freie Verhandlungen zwischen den Parteien festgelegt (§§ 11 ff. SEBG; Weiss/Wöhlert 2006, S. 122; Henssler 2006, S. 23).

Literatur: Bleicher, K./Paul, H.: Das amerikanische Board-Modell im Vergleich zur deutschen Vorstands-/Aufsichtsratsverfassung. Stand und Entwicklungstendenzen, in: DBW 46 (1986), S. 263–288; Böckli, P.: Konvergenz: Annäherung des monistischen und des dualistischen Führungs- und Aufsichtsratssystems, in: Hommelhoff, P./Hopt, K. J./Werder, A. v. (Hrsg.): Handbuch Corporate Governance. Leitung und Überwachung börsennotierter Unternehmen in der Rechts- und Wirtschaftspraxis, Stuttgart 2003, S. 201–222; Bröder, K.: Die Europäische Aktiengesellschaft – Societas Europaea (SE), in: SteuStud 7 (2006), S. 21–28; Henssler, M.: Kein Unternehmen ist zur Mitbestimmung gezwungen, in: FAZ vom 1.2.2006, Nr. 27, S. 23; Lentfer, T.: Einflüsse der internationalen Corporate Governance-Diskussion auf die Überwachung der Geschäftsführung: Eine kritische Analyse des deutschen Aufsichtsratssystems, Wiesbaden 2005; Lutter, M.: Das dualistische System der Unternehmensverwaltung, in: Scheffler, E. (Hrsg.): Corporate Governance, Wiesbaden 1995, S. 5–26; Lutter, M./Kollmorgen, A./Felthaus, H.: Die Europäische Aktiengesellschaft. Satzungsgestaltung bei der mittelständischen SE, in: BB 60 (2005), S. 2473–2483; Potthoff, E.: Board-System versus duales System der Unternehmensverwaltung. Vor- und Nachteile, in: BFuP 48 (1996), S. 253–268; Schneider-Lenné, E. R: Das anglo-amerikanische Board-System, in: Scheffler, E. (Hrsg.): Corporate Governance, Wiesbaden 1995, S. 27–56; Weiss, S./Wöhlert, H.-T.: Societas Europaea. Der Siegeszug des deutschen Mitbestimmungsrechts in Europa?, in: NZG 9 (2006), S. 121–126.

Patrick Velte

Duales System Deutschland-Prüfung

Auf der Grundlage der VerpackV ist das *Duale System Deutschland AG* (*DSD*) als Entsorgungssystem anerkannt und übernimmt für die Zeichennehmer des Zeichens „Der Grüne Punkt" die sich aus der VerpackV ergebenden Verpflichtungen für den Zeichennehmer. Der Zeichennehmer ist vertragsgemäß verpflichtet, die Lizenzentgeltabrechnung prüfen zu lassen. Der *Arbeitskreis Prüfung der Meldungen an die DSD* des →*Instituts der Wirtschaftsprüfer in Deutschland e.V.* (*IDW*) hat in Abstimmung mit dem *DSD* folgende Unterlagen zur Durchführung der Prüfung von *DSD*-Lizenzentgelten herausgegeben:

- Richtlinie zur Prüfung der ordnungsgemäßen Entrichtung der Lizenzentgelte für die Nutzung der Marke „Der Grüne Punkt" vom 1.10.1994 i.d.F. vom 1.2.2005 (Richtlinie 2/2005),
- Hinweise zur Prüfung der Rückerstattung von *DSD*-Lizenzentgelten für Handelsexporte vom 1.4.1998 (Handelsexporte 4/1998),
- Hinweise zur Prüfung der ordnungsmäßigen Entrichtung der Lizenzentgelte für den „Grünen Punkt" bei Abschluss einer Zusatzvereinbarung für Teilnehmer an alternativen Befreiungssystemen und Selbstentsorger vom 1.7.2002 (ZVEU 7/2002),
- Hinweise zur Prüfung der ordnungsmäßigen Entrichtung der Lizenzentgelte für den „Grünen Punkt" bei Abschluss einer Zusatzvereinbarung für Teilnehmer an alternativen Befreiungssystemen und Selbstentsorger vom 1.5.2004 (ZEU2 5/2004),
- Berichterstattung über die Sitzung des Arbeitskreises Prüfung der Meldungen an die DSD am 27.7.2004,
- Bescheinigung,
- Bescheinigung bei Abschluss einer Zusatzvereinbarung i.d.F. vom 31.1.2003 („ZEU2"),
- Vollständigkeitserklärung.

Die Prüfung der Ordnungsmäßigkeit der Lizenzentgeltentrichtung ist von einem WP, →vereidigten Buchprüfer (vBP) oder →Steuerberater (StB) durchzuführen. Es erscheint sinnvoll, den →Abschlussprüfer (APr) auch mit der Prüfung der Lizenzentgelte zu betrauen, da bei der *DSD*-Prüfung auf Prüfungsergebnisse der →Jahresabschlussprüfung aufgebaut werden kann. Für das Auskunftsrecht des Prüfers gilt § 320 Abs. 2 HGB (→Auskunftsrechte des Abschlussprüfers) entsprechend. Durch den Prüfer ist vom Zeichennehmer eine →Vollständigkeitserklärung einzuholen. Der Prüfer hat über das Ergebnis der Prüfung schriftlich Bericht zu erstatten. Der Bericht endet mit einer →Bescheinigung (→Bescheinigungen im Prüfungswesen). Bescheinigung und Bericht sollen nicht losgelöst voneinander verwendet werden. Empfänger des Berichtes ist der Zeichennehmer bzw. der Exporteur (bei der Prüfung von Rückerstattungen von Lizenzentgelten für Handelsexporte). Die Haftung des Prüfers ist auf die Haftung nach § 323 Abs. 2 HGB begrenzt (→ Haftung des Wirtschaftsprüfers).

Grundlage der Prüfung sind die vom *IDW* und dem *DSD* gemeinsam erarbeiteten und veröffentlichten oben angegebenen Richtlinien und Hinweise. Danach sind grundsätzlich folgende Prüfungsschritte vorgesehen:

- Ermittlung der jeweiligen vertraglichen Grundlagen,
- Prüfung des Mengengerüsts,
- Prüfung des Wertgerüsts,
- Prüfung der Vollständigkeit der gemeldeten lizenzentgeltpflichtigen Verpackungen und
- Abstimmung der Meldungen mit der Zahlungsabwicklung.

Zu den wesentlichen Vertragsunterlagen gehören der Zeichennutzungsvertrag sowie Zusatzvereinbarungen und Ergänzungen hierzu, die Produktblätter inkl. unterjährige An- oder Abmeldungen oder die Anlage zur Vereinbarung über die Meldung des Gesamtsortiments, abgegebene unterjährige Meldungen und die Jahresabschlussmeldung für den Prüfungszeitraum sowie die maßgeblichen Lizenzentgeltlisten und Bemessungsgrundlagen und Mitteilungen zu Lizenzentgeltkürzungen.

Bei der Durchführung der Prüfung ist die ordnungsgemäße Meldung der Verkaufsverpackungen (VP) nach Menge, Materialart und Gewicht zu prüfen. Grundlage hierfür sind die Produktblätter mit verpackungs- und artikelbezogenen Informationen über die VP, die lizenzentgeltpflichtig sind und dem Zeichennutzungsvertrag als Anlage beigefügt sind. Die mit den Produktblättern gemeldeten VP sind mithilfe von →Systemprüfungen und →Plausibilitätsprüfungen (→analytische Prüfungshandlungen) von vorgelegten Statistiken und den darin enthaltenen Angaben daraufhin zu untersuchen, ob diese VP mit den im Berichtszeitraum abgesetzten VP übereinstimmen. Bei im Berichtsjahr erstmalig beantragten *DSD*-Lizenzen ist zu beachten, dass für die Mengenermittlung das Markteinführungsdatum relevant ist. Ebenso ist auf VP zu achten, deren Verkauf im Berichtsjahr eingestellt wurde. Die Vollständigkeit der gemeldeten und abgerechneten VP mit den von den Zeichennehmern verwendeten VP ist mit den vorhandenen Unterlagen abzustimmen.

Die Menge der abgesetzten relevanten VP ist i. d. R. anhand einer Absatzstatistik oder einer Produktionsstatistik – unter Berücksichtigung von Bestandsveränderungen – abzustimmen (→Abstimmprüfung). Werden von der Menge der abgesetzten VP Kürzungen vorgenommen, so z. B. wegen nicht lizenzentgeltpflichtiger oder exportierter VP, ist das Vorliegen der dafür erforderlichen Voraussetzungen (Abschluss entsprechender Zusatzvereinbarungen) nachzuweisen. Aus den abgeschlossenen Zusatzvereinbarungen können sich weitere Prüfungshandlungen ergeben (→Auswahl von Prüfungshandlungen), die in entsprechenden Hinweisen des *IDW* zu diesen Zusatzvereinbarungen im Einzelnen dargelegt sind.

Bemessungsgrundlage für die Ermittlung des Lizenzentgelts ist neben der Menge der abgesetzten VP die Materialart und das Gewicht der jeweiligen Verpackung. Dabei kann der Prüfer von den jeweiligen technischen Angaben in den Produktblättern ausgehen. Die Überprüfung der technischen Angaben auf den Produktblättern mit den gemeldeten VP ist nicht Bestandteil der Prüfung, es sei denn, dass es sich um sofort erkennbare offensichtlich falsche Angaben handelt. So ist darauf zu achten, ob die vorliegenden Unterlagen Anhaltspunkte über einen nicht dokumentierten Wechsel der VP oder Veränderungen im Gewicht oder dem Material der VP ergeben.

Unter Zuhilfenahme der jeweils gültigen Lizenzentgeltliste und den anzuwendenden Bemessungsgrundlagen sowie der abgesetzten Menge ist zu überprüfen, ob das Lizenzentgelt zutreffend berechnet wurde. Dazu wird es auch erforderlich sein, durch eine Auswahl geeigneter Stichproben von VP die Gewichts- und Stückentgelte zu überprüfen (→Stichprobenprüfung). Aus dem Lizenzentgelt abzgl. etwaiger Lizenzentgeltkürzungen zzgl. der auf diese Summe entfallenden USt ergibt sich das für das Abrechnungsjahr an die *DSD* zu entrichtende Gesamtlizenzentgelt.

Für die Abstimmung der unterjährigen Meldungen und der Jahresabschlussmeldung mit der Zahlungsabwicklung sind als Prüfungsunterlagen (→Prüfungsnachweise) die für die jeweiligen Monate bzw. Quartale abgegebenen

Meldeformulare sowie die entsprechenden Zahlungsbelege heranzuziehen. Hierbei sollte durch Einsichtnahme in alle Zahlungsbelege sichergestellt werden, dass die gemeldeten unterjährigen Zahlungen tatsächlich geleistet wurden. Aus den geleisteten Zahlungen lässt sich die Summe der unterjährig an die *DSD* abgeführten Entgelte berechnen, die dann mit der Jahresabschlussmeldung abgestimmt werden kann. Eine sich ergebende Differenz führt zu einer Nachzahlung oder einer Erstattung.

Sämtliche während der Prüfung festgestellten Abweichungen im Mengen- oder Wertgerüst, in der Vollständigkeit der gemeldeten VP oder beim Lizenzentgelt sind im Bericht darzustellen und – wenn wesentlich – in die Bescheinigung aufzunehmen. Soweit vertraglich nicht vereinbarte Kürzungen des Lizenzentgelts vorgenommen werden, hat der Prüfer ebenfalls einen entsprechenden Vermerk in die Bescheinigung aufzunehmen.

Literatur: DSD: Schreiben des DSD betreffend Vereinbarung einer Haftungsbegrenzung vom 10.10.1994, in: IDW-FN o.Jg. (1994), S. 518–519; Gundert, M.: Prüfung der ordnungsgemäßen Entrichtung der Lizenzentgelte für Der Grüne Punkt, in: BB 53 (1998a), S. 1302–1309; Gundert, M.: Ausgewählte Einzelfragen der Lizenzentgeltprüfung für das Zeichen Der Grüne Punkt, in: BB 53 (1998b), S. 2100–2105.

Hans-Jürgen Ziegenbein

Due Diligence

Bei einer Due Diligence (DD, engl.: gebührende Sorgfalt) handelt es sich um Analysen und Prüfungen eines Unternehmens, die bei der Vorbereitung von Unternehmenskäufen und sonstigen Unternehmenstransaktionen zur Informationsversorgung des Entscheidungsträgers und der Chancen- und Risikoerkennung auf betriebswirtschaftlicher und juristischer Ebene in den Transaktionsprozess integriert werden. Das Ziel besteht in einer Beurteilung der Zweckmäßigkeit und Wirtschaftlichkeit sowie der Strukturierung der Transaktion unter Berücksichtigung der mit der Akquisition bzw. dem Zielunternehmen weiterhin verfolgten Pläne (Schmitting 2005, S. 255).

Im Verhältnis zur →*Unternehmensbewertung* nimmt die DD sowohl eine Zuliefer- als auch eine Absicherungsfunktion ein: Zum einen wird im Rahmen der DD die Datenbasis für eine Unternehmensbewertung erhoben, zum anderen kann eine zuvor errechnete Bandbreite für den →*Unternehmenswert* nachträglich verifiziert respektive angepasst werden.

Aufgrund der Komplexität der Entscheidungssituation bei dem Kauf ganzer Unternehmen (Asset Deal) oder der Übertragung der Gesellschaftsrechte (Share Deal) wird die DD regelmäßig in Teilgebiete aufgeteilt:

Im Rahmen der →*Financial Due Diligence* wird das →Rechnungswesen des Unternehmens sowie die vergangene, gegenwärtige und zukünftige →Vermögenslage, →Finanzlage und →Ertragslage einer detaillierten Analyse unterzogen (Wagner/Russ 2002, S. 1025). Gegenstand einer →*Tax Due Diligence* ist die Identifizierung und Quantifizierung steuerlicher Risiken aus der Vergangenheit sowie die Transaktionsstrukturierung (Hogh 2005, S. 16). Die →*Legal Due Diligence* ist auf die Prüfung der Chancen und Risiken der rechtlichen Innen- und Außenbeziehungen bspw. in den Bereichen Gesellschafts-, Vertrags-, Arbeits- und Kartellrecht gerichtet (Picot 2004, S. 70). Die *Market* oder →*Commercial Due Diligence* gleicht durch eine interne und externe Unternehmensanalyse die Absatz-, Preis- und Marktanteilsentwicklungen mit den Anforderungen des Marktes (Kundenbedürfnisse, Wettbewerbsaktivitäten etc.) ab.

Darüber hinaus werden in Abhängigkeit der Struktur des Target und der Bedeutung für die Transaktion weitere Untersuchungsbereiche definiert und durchgeführt (bspw. Human Resources DD, Production DD, →Environmental Due Diligence, IT DD).

Durch die Vielzahl der an einer DD beteiligten Mitarbeiter des potenziellen Käufers und von diesem beauftragten Prüfer und Berater [→Unternehmensberater; →Steuerberater (StB)] sowie des regelmäßig engen Zeitrahmens bedarf es zur aufbau- und ablauforganisatorischen Koordination eines entsprechenden *Projektmanagements*. Hierzu gehört die Zusammenstellung des DD-Teams sowie die Zuweisung der Untersuchungsbereiche zu den Aufgabenträgern, um sowohl Überschneidungen als auch Lücken im Untersuchungsprogramm zu vermeiden.

Zum *DD-Team* des Käuferunternehmens gehören Führungskräfte des betroffenen Geschäftsbereichs sowie Mitarbeiter unterer Ebenen zur Beurteilung der operativen Zusammenarbeit und der Identifikation potenzieller Synergien. Externe Sachverständige sind für gesamte Teilbereiche, wie Financial, Tax oder Legal DD, verantwortlich (WP, StB, RA) oder werden für spezifische Gutachten beauftragt (bspw. Umweltgutachter, Versicherungsmathematiker, IT-Spezialisten).

Bei der Beauftragung einer DD, bspw. an einen WP bzw. eine WPGes (→Revisions- und Treuhandbetriebe), ist der Untersuchungsumfang möglichst genau zu definieren und schriftlich zu vereinbaren sowie eine Haftungsvereinbarung (→Haftung des Wirtschaftsprüfers; →Haftung des Steuerberaters) zu treffen (FAR 1998, S. 287–289). Darüber hinaus sollte der Zeitplan sowie die Form der Berichterstattung unter allen Beteiligten im Voraus festgelegt werden.

Voraussetzung für die Zulassung einer DD durch den Verkäufer ist, dass der Käufer eine Verschwiegenheitserklärung unterzeichnet oder ein *Letter of Intent* abgeschlossen wird. Auf dieser Grundlage übermittelt der potenzielle Käufer eine Zusammenstellung derjenigen Informationen, die für die DD benötigt werden (sog. Information Request List). Die Bereitstellung der Unterlagen seitens des Verkäufers erfolgt oftmals in einem Datenraum.

Während der DD müssen die Informationen dann ausgewertet und als Entscheidungsgrundlage die Ergebnisse zusammengefasst werden. Der laufenden *Dokumentation* und *Bericht*erstattung (DD Report) kommt dabei eine zweifache Bedeutung zu: Zum einen ist es aus organisatorischen Gründen notwendig, die Kommunikation unter den Beteiligten sicherzustellen. Zum anderen ist aus rechtlichen Gründen bedeutsam, dass eine Beweisführung im Falle späterer Rechtsstreitigkeiten erfolgen kann.

In *gewährleistungsrechtlicher* Hinsicht ist bzgl. der Offenlegung der Informationen während der DD entscheidend, dass der Verkäufer allein für diejenigen Mängel an der Kaufsache einzustehen hat, die er vor dem Kauf nicht offen legte; eine Haftung für dem Käufer bekannte Mängel ist insofern ausgeschlossen. In einer Anlage im Kaufvertrag werden hierzu die während der DD zur Verfügung gestellten Informationen aufgelistet (sog. Disclosure Schedule).

Grundsätzlich legt das deutsche Recht dem Käufer keine Pflicht zur Prüfung einer Kaufsache vor Erwerb auf. Verhält sich der Käufer hingegen grob fahrlässig, kann dies zum Verlust seiner Gewährleistungsansprüche führen (§ 442 BGB). Eine grobe Fahrlässigkeit wäre dann anzunehmen, wenn eine Verkehrssitte zur Durchführung einer DD bei einem Unternehmenskauf existiert. Obgleich eine DD mittlerweile üblich und bei nahezu allen Unternehmenskäufen durchgeführt wird, wird eine Verkehrssitte nach h.M. bislang abgelehnt (Holzapfel/Pöllath 2005, S. 22). Eine unterlassene DD ist demnach unschädlich zur Aufrechterhaltung der Gewährleistungsansprüche.

Aus *gesellschaftsrechtlicher* Sicht wird eine Pflicht der Geschäftsleitung des Käuferunternehmens zur DD im Rahmen der sorgfältigen Vorbereitung eines Unternehmenskaufs konstatiert (§ 43 GmbHG, § 93 AktG). Strittig ist hingegen die Frage, ob und unter welchen Beschlussvoraussetzungen die Geschäftsleitung des Zielunternehmens dem potenziellen Käufer eine DD gestatten darf oder muss.

Literatur: FAR: Hinweise zur rechtlichen Gestaltung von due-diligence-Aufträgen, in: IDW-FN o.Jg. (1998), S. 287–289; Hogh, M.: Due Diligence und Unternehmenskauf, in: Kneip, C./Jänisch, C. (Hrsg.): Tax Due Diligence, München 2005, S. 1–25; Holzapfel, H.-J./Pöllath, R.: Unternehmenskauf in Recht und Praxis, 12. Aufl., Köln 2005; Picot, G.: Vertragsrecht, in: Picot, G. (Hrsg.): Unternehmenskauf und Restrukturierung, 3. Aufl., München 2004, S. 1–246; Schmitting, W.: Perspektiven eines Risikomanagements im Rahmen von Unternehmensakquisition und Due Diligence, in: Berens, W./Brauner, H. U./Strauch, J. (Hrsg.): Due Diligence bei Unternehmensakquisitionen, 4. Aufl., Stuttgart 2005, S. 249–286; Wagner, W./Russ, W.: Due Diligence, in: IDW (Hrsg.): WPH 2002, Band II, 12. Aufl., Düsseldorf 2002, S. 997–1113.

Wolfgang Berens; Joachim Strauch

Durchführungskontrolle →Realisationskontrolle

Durchlaufterminierung →Kapazitätsplanung

Durchlaufzeit →Geschäftsprozesse

Durchschnittsbewertung →Roh-, Hilfs- und Betriebsstoffe

Durchschnittsprinzip →Kalkulationsmethoden

DV-Controlling →IT-Controlling

Dynamische Bilanztheorie →Bilanztheorie

Dynamische Investitionsrechenverfahren →Investition

E

E-Business

E-Business bezeichnet die integrierte Abwicklung von administrativen und betriebswirtschaftlichen →Geschäftsprozessen unter Nutzung von Informations- und Kommunikationstechnologien (→IT-Systeme), insb. des Internets. Die technische Abwicklung von E-Business ist durch die Schnittstellen der im Unternehmen eingesetzten IT zu ungeschützten, öffentlich zugänglichen Netzwerken gekennzeichnet. Ferner sind die Geschäftspartner in vielen Fällen anonym, so z. B. im Bereich Business-to-Consumer. Die Prüfung der Sicherheit beim Einsatz von E-Business erfolgt grundsätzlich nach den Vorgaben des IDW PS 330 [→*Institut der Wirtschaftsprüfer in Deutschland e.V. (IDW)*], wonach das →IT-Umfeld und die IT-Organisation, die IT-Infrastruktur, die IT-Anwendungen und die IT-Geschäftsprozesse unter Berücksichtigung der besonderen Sicherheitsrisiken aus dem Einsatz von E-Business Gegenstand der Prüfung sind (→Jahresabschlussprüfung; →Konzernabschlussprüfung). Spezifische Risiken im Zusammenhang mit E-Business können sich sowohl aus der Verarbeitung der E-Business-Geschäftsvorfälle innerhalb des Unternehmens als auch aus der Kommunikation über ungeschützte Netzwerke bzw. den Schnittstellen zu diesen Netzwerken ergeben.

Risiken in der *Verarbeitung* von E-Business-Geschäftsvorfällen ergeben sich insb. aus einer unvollständigen Erfassung der Geschäftsvorfälle aufgrund von Integritätsverletzungen bei den Daten, aus einer unzutreffenden Abbildung der Geschäftsvorfälle wegen mangelnder Authentizität und Autorisierung (→Datenschutz), aus einer nicht zeitgerechten Aufzeichnung der Geschäftsvorfälle aufgrund fehlender Verfügbarkeit der Systeme bzw. aus einer Beeinträchtigung der Nachvollziehbarkeit der Buchführung und dem Verstoß gegen Aufbewahrungsvorschriften (→Aufbewahrungspflichten) wegen einer unzureichenden Aufzeichnung der eingehenden Daten.

Von besonderer Bedeutung beim Einsatz von E-Business sind die spezifischen Sicherheitsrisiken, die sich aus der *Kommunikation,* d. h. der Übertragung von Daten über ungesicherte, öffentlich zugängliche Netzwerke, ergeben. So können unzureichend geschützte bzw. unverschlüsselte Daten auf dem Weg vom Sender zum Empfänger verloren gehen bzw. unautorisiert verändert werden. Darüber hinaus besteht bei der Übertragung von unverschlüsselten Daten die Gefahr, dass diese von nicht autorisierten Personen gelesen werden (sog. Sniffen). Auf diese Weise können sowohl Betriebsgeheimnisse als auch Benutzernamen und Passwörter oder personenbezogene Daten ausspioniert werden. In diesem Zusammenhang ist zu prüfen, ob das Unternehmen geeignete Verschlüsselungsverfahren (z. B. Public Key Infrastructure) einsetzt, die die Manipulation bzw. das unautorisierte Lesen der übertragenen Daten verhindern können. Es ist in Abhängigkeit vom potenziellen Risiko darauf zu achten, dass der angewandte Verschlüsselungsalgorithmus und die gewählte Schlüssellänge dem Grad der erforderlichen Informationssicherheit entsprechen. Der Sicherheitsgrad kann durch den Einsatz von hybriden Verfahren, d. h. die Kombination von symmetrischen und asymmetrischen Verschlüsselungsverfahren noch weiter erhöht werden. Im Bereich des E-Mail-Verkehrs ist z. B. Pretty Good Privacy ein weit verbreitetes Verfahren. Bei den browsergestützten Verfahren finden hierarchische Zertifikate, wie z. B. Secure Socket Layer, häufig Anwendung.

Ein weiteres Risiko neben dem Verlust, der Verfälschung oder des unberechtigten Lesens der übertragen Daten besteht in der Anonymität des Internets. Durch die Anonymität ist in vielen Fällen die Authentizität und Verbindlichkeit von E-Business-Transaktionen nicht gegeben. Das Problem einer fehlenden Authentizität, d. h. einer nicht eindeutigen Identifizierung des Geschäftspartners, wird durch die bewusste Verwendung von falschen IP-Adressen (IP-Spoofing) bzw. falschen Domain-Namen (DNS-Spoofing) durch den Sender noch verstärkt. Zur eindeutigen Identifizierung des Geschäftspartners kann z. B. ein PIN-Code-Verfahren eingesetzt werden. PIN-Codes werden meist in Kombination mit einer codierten und einmalig gültigen TAN verwendet, die insb. die Verbindlichkeit des Geschäftsvorfalles sicherstellen soll. Neben den PIN-/TAN-Verfahren dient vor allem die Verwendung von elektronischen Signaturen dem zweifelsfreien Nachweis der Urheberschaft und der Unverfälschtheit von Informationen. Gegenstand der Prüfung wird in diesen Fällen sein, ob vom Unternehmen angemessene und wirksame Verfahren implementiert worden sind, die der spezifischen Risikosituation aus dem Einsatz von E-Business Rechnung tragen.

Eines der größten Sicherheitsrisiken beim Einsatz von E-Business besteht jedoch in der Öffnung der unternehmenseigenen Netzwerke nach außen. Dies birgt die Gefahr, dass Hacker in die →IT-Systeme der Unternehmen eindringen, die Kontrollen über diese ausüben oder außer Betrieb setzen, Daten ausspionieren oder zerstören bzw. unberechtigt Transaktionen ausführen. Häufig verschaffen sich Hacker Zugangsinformationen zu den IT-Systemen des Unternehmens über sog. trojanische Pferde oder Backdoor-Viren, die u. a. Passwörter ausspionieren und an den Hacker weitermelden. Auch andere Arten von Viren können über E-Mail-Anhänge oder beim Surfen im Internet in das unternehmenseigene Netzwerk eingeschleust werden. Die Wirkungsweise von Viren reicht von scherzhaften Elementen bis hin zur Zerstörung von Daten und Programmen. Auch durch die Ausführung von Java-Scripts oder Active-X-Elementen durch Internetbrowser können Daten und Programme gelöscht werden. In besonderen Risikosituationen kann es deshalb geboten sein, die Übertragung und automatische Ausführung von Java-Scripts oder Active-X-Elementen zu deaktivieren. Eine besondere Form von Angriffen stellen die sog. Denial-of-Services-Attacks dar, die darauf abzielen, die IT-Systeme eines Unternehmens außer Betrieb zu setzen. Häufig bedienen sich Angreifer hierzu sog. Würmer, die sich eigenständig weiterverbreiten, indem sie sich z. B. selbständig an alle E-Mail-Adressen im Mail-System des Anwenders weiter versenden. Hierdurch entsteht ein Schneeballeffekt, der zu einer hohen Belastung der Kommunikationswege führen und ganze Netzwerke lahm legen kann. Zum Schutz gegen Viren und Hackerangriffe werden Virenschutzprogramme und Firewall-Systeme eingesetzt, die im Regelfall auch über sog. Intrusion-Detection-Systeme verfügen. Der →Abschlussprüfer (APr) hat sich davon zu überzeugen, dass die eingesetzten Abwehrmechanismen der spezifischen Risikosituation des Unternehmens angemessen sind und über regelmäßige Updates auf dem aktuellen Stand gehalten werden.

Literatur: IDW (Hrsg.): IDW Stellungnahme zur Rechnungslegung: Grundsätze ordnungsmäßiger Buchführung bei Einsatz von Electronic Commerce (IDW RS FAIT 2, Stand: 29. September 2003), in: WPg 56 (2003), S. 1258–1276; IDW (Hrsg.): IDW Prüfungsstandard: Abschlussprüfung bei Einsatz von Informationstechnologie (IDW PS 330, Stand: 24. September 2002), in: WPg 55 (2002), S. 1167–1179.

Franz Voit

Echte Seriengrößenabweichung →Seriengrößenabweichung

Echte Verbrauchsabweichung →Verbrauchsabweichungen

Echte Zufallsauswahl →Stichprobenprüfung

E-Commerce

Geschäftsaktivitäten unter Nutzung moderner Informations- und Kommunikationstechnologien, vor allem unter Nutzung des Internets, sind in der heutigen Unternehmenswelt nicht mehr wegzudenken. Die besondere Bedeutung der Internet-Technologie ergibt sich aus dem Umstand, dass sie im Gegensatz zu bisherigen technischen Innovationen nicht nur eine oder einige wenige Branchen erfasst, sondern grundsätzlich alle (→Internetnutzung durch den Wirtschaftsprüfer). Ihre vielfältigen Einsatzmöglichkeiten liegen dabei sowohl in der Optimierung bestehender interner Organisationsabläufe wie auch in der Nutzung als Vertriebs- oder Distributionskanal. Somit kann sich zumindest hinsichtlich der innerbetrieblichen Nutzung des Internets eine sinnvolle Anwendung für jede unternehmerische Tätigkeit ergeben. Eine Nutzung des Mediums als Vertriebsinstrument hängt demgegenüber stark von dem angebotenen Produkt und seinen Eigenschaften ab. In Abhängigkeit von der Branche werden die Verbreitung des Internets und die Vornahme elektronischer Geschäftsaktivitäten variieren. Gemeinsame Grundlage aller Maßnahmen und ihrer betriebswirtschaftlichen Vorteile ist die technische Ausgestaltung des Mediums Internet. Jede Ausweitung der Geschäftsaktivitäten im Internet ist durch den technischen Fortschritt determiniert, der anders als bisherige Innovationen weder auf eine Technologie noch auf eine bestimmte Branche beschränkt bleibt. Die im Sprachgebrauch mit dem Begriff Internet oder den Begriffen Electronic Commerce, Virtual Reality, Virtual Business, Electronic Business oder Cyber-Business umschriebenen Veränderungen des Wirtschaftslebens basieren auf der konsequenten und sinnvollen Zusammenführung zweier unterschiedlicher Technologien, die über einen längeren Zeitraum weitgehend isoliert voneinander entwickelt wurden und deren Zusammenführung erst den von vielen Beobachtern festgestellten „Quantensprung" in der technologischen Entwicklung der Weltwirtschaft herbeigeführt hat. Bei diesen Kerntechnologien handelt es sich einerseits um die Digitalisierung, andererseits um die Telekommunikation.

Die Anwendungsmöglichkeiten der Internetnutzung für die Unternehmen zeigen, dass durch die IT eine radikale Veränderung der wirtschaftlichen Realitäten in den letzten Jahren zu beobachten war, die eine örtlich und zeitlich ungebundene Nutzung von →Wirtschaftsgütern immer dann möglich macht, wenn diese digitalisierbar zu jedem Zeitpunkt an jeden Ort der Welt geschafft werden können und die Wirtschaftsgüter von jedem Ort – auch zeitgleich – genutzt werden können. Insb. ist eine größer werdende Bedeutung von immateriellen Wirtschaftsgütern zu erwarten.

Hierdurch ergeben sich zahlreiche Änderungsnotwendigkeiten im Handels- wie im Steuerrecht. Für das Handelsrecht ist vor allem die Frage nach der Bestimmung des wirtschaftlichen Eigentums bei →immateriellen Vermögensgegenständen sowie die vorzunehmende Abgrenzung von Nutzungsüberlassung auf der einen Seite und Veräußerung auf der anderen Seite zu nennen. Nach der derzeit auch für das Handelsrecht vorherrschenden Vorschrift des § 39 AO ist eine wörtliche Übernahme der Bestimmung des wirtschaftlichen Eigentums für immaterielle Wirtschaftsgüter nicht möglich, da das entscheidende Kriterium der Sachherrschaft und der Ausschluss des zivilrechtlichen Eigentümers auf die Nutzung des Wirtschaftsgutes bei immateriellen Wirtschaftsgütern nicht gegeben ist.

Aber auch Fragen der Abgrenzung von Herstellung und Anschaffung bei immateriellen Wirtschaftsgütern des →Anlagevermögens und die Beachtung des Bilanzierungsverbotes nach § 248 Abs. 2 HGB sind als noch nicht gelöste Problemfelder ebenso zu nennen, wie die Frage nach der Abnutzbarkeit einer Homepage sowie einer Domain. Während für eine Homepage die wohl überwiegende Mehrheit im Schrifttum von einer Abschreibungsdauer (→Nutzungsdauer; →Abschreibung, bilanzielle) ähnlich einer Marke (→Markenbewertung) und einer planmäßigen Abnutzung ausgeht, soll eine Domain nach ersten finanzgerichtlichen Entscheidungen nur dann einer planmäßigen Abschreibung unterliegen, wenn der Domain explizit ein Markencharakter zugewiesen werden kann.

Nicht nur, aber auch das Steuerrecht kommt seiner regelnden Funktion nur dann zutreffend nach, wenn die Lebenswirklichkeit durch die Gesetze in der Weise abgebildet werden kann, dass eine Subsumtion möglich ist. Dies wird auch die Herausforderung für die nächsten Jahre sein. Folgende Probleme sind beispielhaft zu nennen:

Die Bestimmung der Ansässigkeit von KapGes bei dezentraler Organisation und zunehmender Kommunikation über das Internet kann im Einzelfall nicht mehr eindeutig erfolgen, sodass es zu Doppelbesteuerungen und dem Verlust des Abkommensschutzes nach dem Recht der DBA kommen kann (beispielhaft: Art. 4 DBA USA-Deutschland).

Eine weitere Frage, die derzeit wohl als geklärt anzusehen ist, ist die nach der Einkunftsqualifikation von Einkünften aus dem E-Commerce. Regelmäßig werden Einkünfte aus Gewerbebetrieb gem. § 15 EStG vorliegen, die nur dann gem. § 49 Abs. 1 Nr. 2 a) EStG im Inland zur beschränkten Steuerpflicht führen, wenn der Steuerpflichtige im Inland eine Betriebsstätte unterhält. Hierbei kann der Internet-Server durchaus die Voraussetzungen für das Vorliegen einer Betriebsstätte erfüllen, doch steht es weitgehend im Ermessen des Steuerpflichtigen die Begründung einer Betriebsstätte durch entsprechende vertragliche Vereinbarungen und entsprechende tatsächliche Handhabung zu verhindern. Hierdurch können Wettbewerbsverzerrungen entstehen, die zu Nachteilen für im Inland ansässige Unternehmen führen können. Einkünfte aus Vermietung und Verpachtung sind bei digitalisierten Produkten, wie dem Download von Musik oder von Bildern, nach übereinstimmender Auffassung der *OECD* und der deutschen Finanzverwaltung regelmäßig nicht anzunehmen, da es sich insoweit um sog. Copy Righted Articles handelt, deren Vertrieb zu gewerblichen Einkünften bzw. Unternehmensgewinnen führt.

Im Bereich der USt hat sich vor allem durch die Bestimmung des Ortes der Leistungen bei privaten Endkunden in der EG eine bisher eingetretene Wettbewerbsverzerrung aufgelöst. Weiterhin unklar ist demgegenüber nach welchen Kriterien von einer zusammenhängenden Leistung oder von dem Verhältnis Haupt- zu Nebenleistung auszugehen ist. Weitere Wettbewerbsverzerrungen im Bereich der USt entstehen durch die Nichtgewährung des reduzierten USt-Satzes für elektronisch übermittelte Verlagserzeugnisse sowie durch die besonderen verfahrensrechtlichen Schwierigkeiten bei der Erlangung des Vorsteuerabzugs aus digitalisierten Rechnungen.

Günther Strunk

Economic Value Added →Value Based Management; →Wertorientierte Unternehmensführung

Economics of Speed →Geschäftsprozesse

EDV-Controlling →IT-Controlling

Effective Tax Rate →Konzernsteuerquote

Effizienzabweichungen

Die Effizienzabweichung (Ausbeutegradabweichung) in der →Plankostenrechnung gehört zur Gruppe der Spezialabweichungen, die im Rahmen der →Abweichungsanalyse näher untersucht werden können. Im Rahmen solcher Abweichungsanalysen werden die in einer Kostenstelle (→Cost Center) festgestellten Kostenabweichungen in →Preisabweichungen, →Beschäftigungsabweichungen und →Verbrauchsabweichungen aufgespalten. Die Verbrauchsabweichung wiederum kann noch einmal in die sog. Wirtschaftlichkeits- und Spezialabweichungen unterschieden werden.

Effizienzabweichungen können in solchen Unternehmensprozessen auftreten, in denen prozessbedingt unterschiedliche Effizienzgrade zwischen Prozessinput und -output erreicht werden können. Tiefergehende Analysen solcher Effizienzabweichungen lassen sich vornehmen, wenn man die Abhängigkeit der hergestellten Menge von der Intensität und des Effizienzgrades in Betracht zieht. Bei der Errechnung der Effizienzabweichung wird angenommen, dass die Ausbringungsmenge (M) entsprechend der folgenden Formel eine Funktion der Arbeitsintensität (λ), des Effizienzgrades (β) und der eingesetzten Zeit (t) ist (Haberstock 2004, S. 348 ff.):

$$M = t \cdot \lambda \cdot \beta$$

Eine Abweichung der Ausbringungsmenge kann – wie zu erkennen ist – bei konstantem Zeiteinsatz auf einer Veränderung des Verhältnisses von Input zu Output der Produktionsfaktormengen, also dem Effizienzgrad (β) oder auf ungeplanten Abweichungen der Intensität (λ) (→Intensitätsabweichung) beruhen. Beide Faktoren sind mit der Produktionszeit multiplikativ mit der Ausbringungsmenge verknüpft, sodass Abweichungen im Effizienzgrad und der Intensität durch eine Erhöhung der Beschäftigungszeit aufgefangen werden können. Insofern entspricht eine Effizienzabweichung (Δ E) (und teilweise auch die Intensitätsabweichung) einem Mehr- oder Minderverbrauch an Beschäftigungszeit (t) gegenüber der →Planung. Anders ausgedrückt heißt dies, dass – in verrechneten Plankosten (K_{verr}^{Pl}) ausgedrückt – mehr oder weniger Beschäftigungszeit verwendet wurde, als es entsprechend der Planintensität bzw. der Planeffizienz hätte sein dürfen (Haberstock 2004, S. 348 ff.).

Die Effizienzabweichung kann somit nach folgender Formel berechnet werden:

$$\Delta E = d_p * (t_i - t_s)$$

Die Effizienzabweichung entspricht somit der mit dem Stundensatz bewerteten Differenz zwischen Ist- und Soll-Stunden (Arbeits- bzw. Maschinenstunden) für eine bestimmte Ausbringungsmenge (M) (= Beschäftigung). Die nachfolgende Abb. verdeutlicht den Zusammenhang.

Abb.: Analyse der Effizienzabweichung

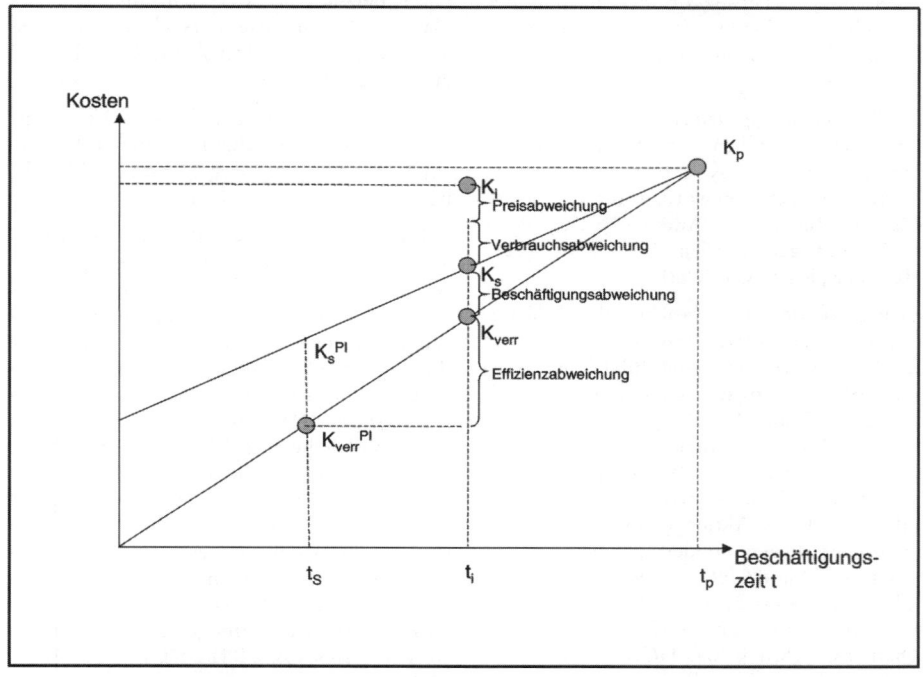

Quelle: Haberstock 2004, S. 352; Küpper/Schweitzer 1995, S. 644.

mit:

K_i	= Istkosten	K_{verr}^{plan}	= verrechnete Plankosten
K_s	= Sollkosten	K_p	= Plankosten
K_s^{plan}	= geplante Sollkosten	t_i	= Ist-Beschäftigungszeit
K_{verr}	= verrechnete Kosten	t_p	= Plan-Beschäftigungszeit
		t_s	= Soll-Beschäftigungszeit

Wegen der oben genannten Zusammenhänge ist nun auf der Abszisse nicht mehr die Beschäftigung in Ausbringungseinheiten, sondern der Inputfaktor „Beschäftigungszeit" aufgetragen. Die ursprüngliche Ausbringungsmenge hätte laut Planintensität in einer Fertigungszeit von t_p erreicht werden müssen. Aufgrund einer Verringerung der Ausbringungsmenge hätte bei Einhaltung der geplanten Effizienz und Intensität eine Soll-Beschäftigungszeit t_s realisiert werden müssen. Wegen einer Verschlechterung der Ist-Effizienz sind aber tatsächlich Beschäftigungszeiten von t_i benötigt worden.

Anders ausgedrückt heißt dies, das – in verrechneten Plankosten ausgedrückt – mehr Beschäftigungszeit verwendet wurde, als es entsprechend der Planeffizienz hätte sein dürfen.

Effizienzabweichungen können bspw. aufgrund geringer Mitarbeitermotivation, ungeübter Arbeitskräfte, erhöhter Ausschussproduktion aufgrund des Einsatzes schlechterer Einsatzmaterialien oder suboptimaler Maschinenproduktivitäten hervorgerufen werden (Seicht 2001, S. 460).

Literatur: Haberstock, L.: Kostenrechnung II, 9. Aufl., Berlin 2004; Schweitzer, M./Küpper, H. U.: Systeme der Kosten- und Erlösrechnung, 6. Aufl., München 1995; Seicht, G.: Moderne Kosten- und Leistungsrechnung, 11. Aufl., Wien 2001.

Klaus Deimel

Eigenbetrieb → Öffentliche Unternehmen

Eigene Anteile

KapGes dürfen unter bestimmten gesetzlichen Voraussetzungen *eigene Anteile* erwerben

Eigene Anteile

(§ 71 AktG, § 33 GmbHG). Bei →Personengesellschaften (PersGes) sind aufgrund des Anwachsungsprinzips eigene Anteile nicht denkbar (Ellrott/Ring 2006, Rn. 612 zu § 253 HGB, S. 541).

Die *Prüfung der eigenen Anteile* hat sich insb. darauf zu erstrecken, ob die gesetzlichen Beschränkungen (§§ 71–71e AktG, § 33 GmbHG) eingehalten worden sind und ob die Rücklage für eigene Anteile (§ 272 Abs. 4 HGB) gebildet worden ist (IDW 2006, Abschn. R, Rn. 518, S. 2092).

Eigene Anteile sind ungeachtet der Zulässigkeit des Erwerbs gem. § 266 Abs. 2 HGB unter den Wertpapieren im Posten B.III.2 auszuweisen (→Gliederung der Bilanz); dies gilt auch für eigene GmbH-Anteile. Ein Ausweis unter anderen Posten ist unzulässig (Ellrott/Bartels-Hetzler 2006, Rn. 138 f. zu § 266 HGB, S. 848 f.). Zum Einzug vorgesehene eigene Anteile einer AG (→Aktiengesellschaft, Prüfung einer) unterliegen Sonderregelungen (§ 272 Abs. 1 Sätze 4 und 6 HGB; IDW 2006, Abschn. F, Rn. 251, S. 499). Eine →Offene Handelsgesellschaft (OHG) und →Kommanditgesellschaft (KG) i. S. d. § 264a HGB haben Anteile an Komplementärgesellschaften unter den Posten A.III.1 oder A.III.3 zu aktivieren und in Höhe des aktivierten Betrags nach dem Posten „Eigenkapital" (→Eigenkapital) einen Sonderposten unter der Bezeichnung „Ausgleichsposten für aktivierte eigene Anteile" zu bilden (§ 264c Abs. 4 Sätze 1 und 2 HGB).

Das aufgestellte →Inventar ist anhand der Nachweise und Belege zu überprüfen (→Nachweisprüfungshandlungen). Depotbescheinigungen und Inventare sollten auch Angaben über mögliche Belastungen der Anteile enthalten (z. B. Verpfändungen; Sicherungsübereignungen).

Die periodengerechte Erfassung eigener Anteile im JA der KapGes ist hinsichtlich des rechtlichen und wirtschaftlichen Übergangs anhand der vertraglichen und gesetzlichen Regelungen zu prüfen (→Cut-Off; →periodengerechte Erfolgsermittlung)

Bei der *Bewertung* der eigenen Anteile gelten der Grundsatz der Einzelbewertung, das Anschaffungskosten- und das strenge Niederstwertprinzip sowie das Wertaufholungsgebot [→Bewertungsgrundsätze; →Anschaffungskosten (AK); →Wertaufholung; →Bewertungsprüfung; →Grundsätze ordnungsmäßiger Buchführung, Prüfung der]. Der am Stichtag →beizulegende Wert bestimmt sich regelmäßig nach dem Börsenkurs oder dem inneren Wert der Anteile (Ellrott/Ring 2006, Rn. 612 zu § 253 HGB, S. 541).

Für →Kreditinstitute und →Versicherungsunternehmen sind die besonderen Gliederungsvorschriften gem. § 2 Abs. 1 RechKredV bzw. § 2 RechVersV zu beachten.

Bei der Bilanzierung eigener Anteile im *Konzernabschluss* und der Rücklage für eigene Anteile bei der Kapitalkonsolidierung nach HGB und gem. DRS 7 (→Konzernabschlussprüfung; →Konsolidierungsformen; →Konsolidierungsprüfung) sind Besonderheiten zu beachten (s. hierzu im Einzelnen Förschle/Kroner 2006, Rn. 113 f. zu § 297 HGB, S. 1430 f.; Förschle/Deubert 2006, Rn. 34 zu § 301 HGB, S. 1505). Anteile an dem Mutterunternehmen, die einem konsolidierten Tochterunternehmen gehören (sog. *Rückbeteiligung*), sind aus Sicht des Konzerns (→Konzernarten) eigene Anteile, die nicht zum Einzug bestimmt sind, und als solche in der Konzernbilanz im →Umlaufvermögen gesondert auszuweisen (§ 266 Abs. 2 B.II.2 HGB; § 301 Abs. 4 HGB).

Nach § 71 Abs. 2 Satz 2 AktG bzw. § 33 Abs. 2 Satz 1 GmbHG ist in Höhe des für die eigenen Anteile angesetzten Betrages eine *Rücklage für eigene Anteile* gem. § 272 Abs. 4 HGB zu bilden und auf der Passivseite der Bilanz im Posten A.III.2. gesondert auszuweisen. Die Bildung ist bei der Aufstellung der Bilanz aus vorhandenen freien →Gewinnrücklagen, ersatzweise aus freien →Kapitalrücklagen (§ 272 Abs. 2 Nr. 4 HGB) oder dem →Jahresergebnis vorzunehmen. Die Rücklage darf nur insoweit aufgelöst werden, als sich der aktivierte Wert der Eigenanteile vermindert. Die Rücklage berechtigt nicht, von einer notwendigen Abschreibung (→Abschreibungen, bilanzielle) auf eigene Anteile abzusehen (Ellrott/Ring 2006, Rn. 612 zu § 253 HGB, S. 541; Förschle/Hoffmann 2006, Rn. 117–125 zu § 272 HGB, S. 999–1001).

Im Rahmen der →Jahresabschlussprüfung ist die Vollständigkeit der gesetzlich geforderten Angaben im →Anhang zum Bestand und zur Entwicklung der eigenen Anteile und der Rücklage für eigene Anteile zu prüfen (§ 152 Abs. 3 Nr. 2 und 3, § 160 Abs. 1 Nr. 2 AktG; s. auch Förschle 2006, Rn. 27 zu § 270 HGB,

S. 924 f.; Förschle/Hoffmann 2006, Rn. 119 und 122 zu § 272 HGB, S. 999 f.).

Im Abschluss nach →International Financial Reporting Standards (IFRS) wie auch nach →United States Generally Accepted Accounting Principles (US GAAP) sind eigene Anteile grundsätzlich offen vom →Eigenkapital abzusetzen (IAS 32; ARB 43.1A sowie Förschle/Hoffmann 2006, Rn. 285–288 zu § 272 HGB, S. 1025).

Literatur: Ellrott, H./Bartels-Hetzler, S.: Kommentierung des § 266 HGB, in: Ellrott, H. et al. (Hrsg.): BeckBilKomm, 6. Aufl., München 2006; Ellrott, H./Ring, S.: Kommentierung des § 253 HGB, in: Ellrott, H. et al. (Hrsg.): BeckBilKomm, 6. Aufl., München 2006; Förschle, G.: Kommentierung des § 270 HGB, in: Ellrott, H. et al. (Hrsg.): BeckBilKomm, 6. Aufl., München 2006; Förschle, G./Deubert, M.: Kommentierung des § 301 HGB, in: Ellrott, H. et al. (Hrsg.): BeckBilKomm, 6. Aufl., München 2006; Förschle, G./Hoffmann, K.: Kommentierung des § 272 HGB, in: Ellrott, H. et al. (Hrsg.): BeckBilKomm, 6. Aufl., München 2006; Förschle, G./Kroner, M.: Kommentierung des § 297 HGB, in: Ellrott, H. et al. (Hrsg.): BeckBilKomm, 6. Aufl., München 2006; IDW (Hrsg.): WPH 2006, Band I, 13. Aufl., Düsseldorf 2006; Kessler, M./Suchan, S. W.: Erwerb eigener Aktien und dessen handelsrechtliche Behandlung, in: BB 55 (2000), S. 2529–2537.

Wilhelm Olges

Eigenfertigung versus Fremdbezug

Die Entscheidung zwischen Eigenfertigung und Fremdbezug ist im Rahmen der →Planung (→Planungssysteme) der Produktionsfaktoren zu treffen (→Beschaffungscontrolling). Zu unterscheiden ist die langfristige Entscheidung über die Fremdvergabe von Vorprodukten oder Teilen von der kurzfristigen Fremdvergabe einzelner Teilmengen, bei der die Vorprodukte oder Teile parallel prinzipiell auch im eigenen Unternehmen gefertigt werden könnten.

Auf *strategischer* Ebene ergibt sich aus der Entscheidung zwischen Eigenfertigung und Fremdbezug die Festlegung der *Fertigungstiefe* des Unternehmens. Im Fall der Eigenfertigung müssen entsprechende Kapazitäten aufgebaut und erhalten werden, während im Fall des Fremdbezugs die benötigten Bezugsquellen langfristig gesichert werden müssen. Da durch die Entscheidung zwischen Eigenfertigung und Fremdvergabe für das Unternehmen in einem Teilbereich langfristig Rahmenbedingungen festgelegt werden, sollte die Entscheidung sorgfältig vorbereitet werden. Hierbei sind u. a. auch die Auswirkungen der Entscheidung auf die Wettbewerbsposition des Unternehmens zu berücksichtigen. Als wichtige Entscheidungskriterien sind zunächst die Auswirkungen auf die Kostensituation (→Kostencontrolling) und das Qualitätsniveau der Produkte (→Qualitätscontrolling) zu untersuchen. Darüber hinaus ist aber auch zu berücksichtigen, inwiefern die betrachteten Fertigungsschritte spezielles Know-how enthalten, das nicht an andere Unternehmen weitergegeben werden sollte. Weitere Kriterien sind die Flexibilität und die Auswirkungen auf die Kapazitätsauslastung (→Kapazitätsplanung; →Kapazitätscontrolling) im Unternehmen. Zu untersuchen ist, ob die eigene Fertigung oder die in Frage kommenden Zulieferer flexibler auf Änderungen der Kundennachfrage reagieren können. Die Eigenfertigung kann die Kapazitätsauslastung erhöhen, die Kapazitäten können aber damit nicht mehr für andere Zwecke eingesetzt werden. Außerdem ist zu prüfen, inwiefern die Auslagerung von Fertigungsschritten (→Outsourcing) zu Brüchen im Fertigungsprozess oder aufwendigen logistischen Lösungen führt (→Logistikcontrolling). Hinsichtlich der Alternative des Fremdbezugs spielt neben der eigenen Marktmacht auf dem Beschaffungsmarkt auch die Art und Anzahl möglicher Zulieferer eine wichtige Rolle (→Lieferantencontrolling). Die Auswertung dieser Kriterien muss unternehmensspezifisch jeweils für die konkrete Problemstellung erfolgen. Generelle Aussagen zur Vorteilhaftigkeit von Eigenfertigung und Fremdbezug lassen sich nicht formulieren.

Die Entscheidung zwischen Eigenfertigung und Fremdbezug ist nicht nur für den Fertigungsbereich relevant. Auch für *andere Bereiche* in Unternehmen wird die Auslagerung von Prozessen untersucht, z. B. in Bezug auf den Betrieb von →IT-Systemen oder die Abwicklung administrativer Prozesse. Für diese Bereiche können die aufgezeigten Kriterien analog untersucht werden.

Ein *kurzfristiges* Entscheidungsproblem hinsichtlich Eigenfertigung oder Fremdbezug setzt voraus, dass die Möglichkeit zur Eigenerstellung prinzipiell vorliegt. Wären die entsprechenden Kapazitäten nicht vorhanden, müssten diese zunächst aufgebaut werden. Es würde also ein Entscheidungsproblem auf der strategischen Ebene zu lösen sein. Aus kurzfristiger Sicht sind die →Kosten der beiden

Alternativen von zentraler Bedeutung. Die Ermittlung der relevanten Kosten (→Kosten- und Leistungsrechnung) hängt davon ab, in welchem Maß die einzusetzenden Kapazitäten aktuell ausgelastet sind.

Im *einfachsten Fall* sind die benötigten Kapazitäten *nicht* voll ausgelastet, sodass für die Eigenfertigung ausreichend freie Kapazitäten vorhanden wären. Um in diesem Fall zu entscheiden, ob anstelle des Fremdbezugs selbst gefertigt werden sollte, müssen die Grenzherstellkosten (→Herstellkosten, kalkulatorische; →Plankostenrechnung; →Grenzplankostenrechnung) bei Eigenfertigung der Teile mit den relevanten Fremdbezugskosten verglichen werden. Die Fremdbezugskosten setzen sich aus den Preisen der zu beschaffenden Teile und den Kosten für den Beschaffungsvorgang [einschl. z. B. Transport- und Versicherungskosten (→Kostenartenrechnung)] zusammen. Sind die Grenzherstellkosten niedriger, ist die Eigenfertigung, ausgehend vom Kriterium der entstehenden Kosten, vorzuziehen.

Ein abweichendes Szenario liegt vor, wenn in der Fertigung ein *Engpass* (→Engpassplanung) existiert, auf dem nicht genügend freie Kapazität für die Eigenfertigung vorhanden ist. Wird für die betrachteten Teile oder Vorprodukte die Eigenfertigung durchgeführt, können andere Teile infolgedessen nicht produziert werden. Neben den Grenzherstellkosten sind in diesem Fall zusätzlich die durch die Verdrängung entgangenen Deckungsbeiträge (→Deckungsbeitragsrechnungen) zu berücksichtigen. Dabei muss der Bezug zwischen den verdrängten Teilen und den Enderzeugnissen hergestellt werden, in denen die Teile verwendet werden.

Als drittes Szenario ist der Fall anzusehen, dass bei der Eigenfertigung *mehrere Engpässe* zu berücksichtigen sind. Eine optimale Lösung lässt sich in diesem Fall nur durch den Einsatz komplexerer Entscheidungsmodelle (→mathematische Entscheidungsmodelle; →Entscheidungsinstrumente) ermitteln. Dabei müssten die Planung der Produktionsmengen und die Beschaffungsplanung simultan erfolgen.

Die komplexeren Szenarien ohne freie Kapazitäten erfordern zwar einen höheren Aufwand bei der Entscheidungsvorbereitung, können aber durch Kostenreduktionen zu einer Ergebnisverbesserung führen.

Literatur: Hoitsch, H.-J.: Produktionswirtschaft, 2. Aufl., München 1993; Männel, W.: Die Wahl zwischen Eigenfertigung und Fremdbezug. Theoretische Grundlagen – Praktische Fälle, Stuttgart 1981.

Hans Schmitz

Eigenhändler →Finanzdienstleistungsinstitute

Eigenkapital

Die Prüfungsaufgabe besteht in der Prüfung der Passivposten A. I bis A. V des § 266 Abs. 3 HGB (→Gliederung der Bilanz). Im Falle einer AG (→Aktiengesellschaft, Prüfung einer) ist die Ergebnisverwendungsrechnung (§ 158 Abs. 1 AktG) in die Prüfung einzubeziehen, um Veränderungen von →Kapitalrücklage und →Gewinnrücklage zu erfassen. Auch im →Anhang enthaltene Angaben zum Eigenkapital o. Ä. sollten in das Prüfgebiet (→Prüffelder) eingeschlossen werden.

Die speziellen Prüfungshandlungen des →Abschlussprüfers bestehen in der Prüfung des →Gezeichneten Kapitals, der →ausstehenden Einlagen und der →Rücklagen.

Bei der Prüfung des Gezeichneten Kapitals hat der APr grundsätzlich allen →Buchungen auf den →Kapitalkonten während des zu prüfenden Geschäftsjahres nachzugehen. Ferner ist zu prüfen, ob das Gezeichnete Kapital zum Nennbetrag angesetzt ist. Im Falle verschiedener Aktiengattungen ist der auf jede Aktiengattung entfallende Betrag des Grundkapitals anzugeben. Bei Mehrheitsstimmrechtsaktien (→Stimmrecht) sind beim Grundkapital die Gesamtstimmenzahl der Mehrheitsrechtsaktien und die der restlichen Aktien anzugeben. Bedingtes Kapital ist mit dem Nennbetrag anzugeben. Genehmigtes Kapital ist im Anhang zu vermerken (§§ 152 Abs. 1, 160 Abs. 1 Nr. 4 AktG).

Bei Abschlussprüfungen (→Jahresabschlussprüfung; →Konzernabschlussprüfung) sollte die Höhe des in den Büchern ausgewiesenen Betrages mit den Angaben im HR abgestimmt werden (→Nachweisprüfungshandlungen). Ferner ist bei Namensaktien die ordnungsgemäße Führung des Aktienbuches zu überprüfen. Bei Anschlussprüfungen hat der APr festzustellen, ob Veränderungen des Grund- bzw. Stammkapitals stattgefunden haben, indem er eine Durchsicht der →Versammlungsprotokolle der →Haupt- und

Gesellschafterversammlungen bzw. des letzten HR-Auszugs (→Registerauszüge) vornimmt. Erfolgte keine Veränderung, so wird das Gezeichnete Kapital mit dem Ansatz in der testierten Schlussbilanz des Vorjahres und dem Saldo des Grund-/Stammkapitalkontos abgestimmt (→Abstimmprüfung). Erfolgten Kapitalerhöhungen (§§ 182–220 AktG) oder Kapitalherabsetzungen (§§ 222–239 AktG) muss der APr feststellen, ob die gesetzlichen Vorschriften und Beschlüsse des Aufsichtsrats und der Haupt- und Gesellschafterversammlung eingehalten worden sind (→Versammlungsprotokolle). Die Protokolle sind ferner darauf durchzusehen, ob Beschlüsse über die Vorbereitung einer zukünftigen Änderung des Kapitals (bedingte Kapitalerhöhung gem. §§ 192–201 AktG, genehmigtes Kapital gem. §§ 202–206 AktG) gefasst worden sind.

Bei der Prüfung der ausstehenden Einlagen gelten prinzipiell die gleichen Grundsätze wie für die Prüfung anderer →Forderungen. Der APr sollte insb. überprüfen, ob die ausstehenden Einlagen auf das Gezeichnete Kapital gesondert ausgewiesen und eingeforderte Einlagen vermerkt sind (§ 272 Abs. 1 HGB). Es ist auch festzustellen, ob die Mindestbeträge eingezahlt sind. Ferner sollte die →Bonität untersucht werden. Bei →Personengesellschaften (PersGes) ist eine exakte Abgrenzung zu diversen Forderungen gegen und →Verbindlichkeiten gegenüber Gesellschaftern zu berücksichtigen. Dabei müssen Vereinbarungen über die Behandlung von Gewinnen und Verlusten, Entnahmen, Verzinsungen der verschiedenen Konten, Veränderungen im Gesellschafterbestand (→Gesellschafterwechsel), Ausweis und Bewertung ausstehender Einlagen beachtet werden (IDW RS HFA 7). Weiterhin sind die Vorschriften der §§ 63–66 AktG (Kaduzierung etc.) bzw. §§ 19 ff. GmbHG zu berücksichtigen.

Wie beim Gezeichneten Kapital sind auch die Rücklagen vor allem auf Veränderungen zum Vorjahr zu prüfen (→Abweichungsanalyse). Die Einstellungen bzw. Entnahmen haben dem Gesetz bzw. der Satzung zu entsprechen; ansonsten droht die →Nichtigkeit des Jahresabschlusses nach § 256 Abs. 1 Nr. 4 AktG. Die Kapitalrücklagen sind auf die Anwendung der Bestimmungen des § 272 Abs. 2 HGB sowie anderer rechtsformspezifischer Vorschriften (u. a. §§ 231, 232 AktG) hin zu prüfen.

Bei der Prüfung der Gewinnrücklagen sind nur Beträge zu berücksichtigen, die im laufenden oder früheren Geschäftsjahr aus dem Ergebnis (→Jahresergebnis) gebildet worden sind. Dazu gehören Gesetzliche Rücklagen, Rücklagen für eigene Anteile, satzungsmäßige Rücklagen und andere Gewinnrücklagen. Bei Aktiengesellschaften ist hinsichtlich der gesetzlichen Rücklage zu prüfen, ob die Vorschriften gem. §§ 150 ff. sowie § 58 AktG beachtet wurden. Der Betrag und die Höhe der in die „Rücklage für eigene Anteile" gem. § 272 Abs. 4 HGB eingestellten Rücklagen sollen dem Betrag der eigenen Anteile, der auf der Aktivseite ausgewiesen ist, entsprechen. Weiterhin sollte der APr die Rücklagenbewegungen in den Gewinnrücklagen (§ 152 Abs. 3 AktG) beachten (→Rücklagenspiegel).

Abschließend sollte der APr die übrigen zum Eigenkapital gehörenden Posten der Ergebnisverwendungsrechnung (→Ergebnisverwendung) prüfen. Hierzu zählen der →Gewinnvortrag und →Verlustvortrag, der Jahresüberschuss/-fehlbetrag (→Jahresergebnis) und der Posten „Nicht durch Eigenkapital gedeckter Fehlbetrag". Wird im Posten „Eigenkapital" Genussrechtskapital ausgewiesen (→Genussrechte), so ist der Ausweis besonders zu prüfen. Hierbei ist festzustellen ob das Genussrechtskapital die Voraussetzungen für die Qualifikation als Eigenkapital erfüllt. Dies wird anhand der im IDW HFA 1/1994 aufgestellten Kriterien (Nachrangigkeit, Erfolgsabhängigkeit der Vergütung sowie Teilnahme am Verlust, Längerfristigkeit der Kapitalüberlassung) überprüft, die kumulativ erfüllt sein müssen. Liegt keine kumulative Erfüllung vor, hat der APr einen Ausweis unter Verbindlichkeiten zu verlangen. Anhand von Verträgen und ggf. Emissionsunterlagen ist das Bestehen von Nebenreden zu prüfen. Aktiengesellschaften müssen alle bestehenden →Genussrechte gem. § 160 Abs. 1 Nr. 6 AktG im Anhang angeben.

Bei der Prüfung des Gewinnvortrages und der Ausschüttungen hat der APr die Richtigkeit der gebuchten Ausschüttungszahlungen/-verbindlichkeiten zu beachten. Die ermittelte Ausschüttung wird rechnerisch überprüft und mit der Entwicklung des Eigenkapitals und der →Gewinn- und Verlustrechnung (GuV) abgestimmt (→rechnerische Prüfung; →Abstimmprüfung). Hierbei vermindert sich der Ergebnisvortrag des Vorjahres durch die Ausschüttungen, welche auf einem Beschluss über die Verwendung von Vorjahresergebnissen (→Ergebnisverwendung) beruhen. Die Verbindlichkeiten aus Ausschüttungen/Dividenden werden nachgerechnet und dahingehend überprüft, ob Ausschüttungssperren gem. §§ 269 Satz 2, 272 Abs. 4, 274 Abs. 2 Satz 3 HGB, Art. 53 Abs. 2 EGHGB, § 233 AktG oder gesellschaftsvertragliche Bestimmungen bestehen. Die Ausweise werden mit der Saldenliste und den Kapitalkonten abgestimmt (→Abstimmprüfung).

Ferner sollte der APr eine Aufstellung aller bestehenden stillen →Beteiligungen an der Gesellschaft und deren Verträge einsehen. Hierdurch erfolgt die sachgerechte Zuordnung der stillen Einlagen zum Eigen- oder →Fremdkapital. Weiterhin stellt der APr fest, ob die Einlagen in der vertraglich vereinbarten Höhe und Weise geleistet worden sind, ob der Bilanzausweis korrekt ist (→Gliederung der Bilanz) und ob die Beteiligung der stillen Gesellschafter an Gewinn und Verlust richtig berechnet, gebucht und ausgewiesen ist.

Bestehende →Unternehmensverträge, wie Beherrschungsvertrag oder Gewinnabführungsvertrag, werden auf ihre ordnungsmäßige Einhaltung, den Eintrag im HR und ihre korrekte Abbildung in der GuV überprüft. Ferner stellt der APr fest, ob die Obergesellschaft wirtschaftlich in der Lage wäre, einen Verlustausgleich zu leisten.

Falls bei einer Prüfung kein Beherrschungsvertrag zwischen dem abhängigen und dem herrschenden Unternehmen besteht, muss festgestellt werden, ob gem. § 312 AktG ein →Abhängigkeitsbericht aufgestellt worden ist, der nach § 313 AktG prüfungspflichtig ist.

Der APr muss feststellen, ob eine bilanzielle Überschuldung vorliegt und eine materielle Überschuldung beseitigt worden ist (→Überschuldungsprüfung).

Bei der Durchführung der Prüfung (→Auftragsdurchführung; →Prüfungsprozess) hat der APr grundsätzlich die Grundsätze des IDW PS 200, IDW PS 201, IDW PS 450 und IDW PS 400 zu beachten (→Verlautbarungen des Instituts der Wirtschaftsprüfer in Deutschland e.V.).

Literatur: IDW (Hrsg.): IDW Stellungnahme: Zur Behandlung von Genussrechten im Jahresabschluss von Kapitalgesellschaften (IDW HFA 1/1994), in: WPg 47 (1994), S. 419–423; IDW (Hrsg.): IDW Prüfungsstandard: Ziele und allgemeine Grundsätze der Durchführung von Abschlussprüfungen (IDW PS 200, Stand: 28. Juni 2000), in: WPg 53 (2000a), S. 706–710; IDW (Hrsg.): IDW Prüfungsstandard: Rechnungslegungs- und Prüfungsgrundsätze für die Abschlussprüfung (IDW PS 201, Stand: 17. November 2000), in: WPg 53 (2000b), S. 710–713; IDW (Hrsg.): IDW Prüfungsstandard: Grundsätze für die ordnungsmäßige Erteilung von Bestätigungsvermerken bei Abschlussprüfungen (IDW PS 400, Stand: 28. Oktober 2005), in: WPg 58 (2005), S. 1382–1402; IDW (Hrsg.): IDW Stellungnahme zur Rechnungslegung: Zur Rechnungslegung bei Personenhandelsgesellschaften (IDW RS HFA 7, Stand: 12. Mai 2005), in: WPg 58 (2005), S. 669–670; IDW (Hrsg.): IDW Prüfungsstandard: Grundsätze ordnungsmäßiger Berichterstattung bei Abschlussprüfungen (IDW PS 450, Stand: 8. Dezember 2005), in: WPg 59 (2006), S. 113–128.

Marc Böhlhoff

Eigenkapitalkosten →Kalkulationszinssatz; →Kapitalkosten

Eigenkapitalquote →Finanzierungsregeln; →Kapitalstruktur, Planung und Kontrolle der

Eigenkapitalrendite →Kapitalstruktur, optimale

Eigenkapitalrentabilität →Erfolgskennzahlensystem; →Rentabilitätsanalyse; →ROI-Kennzahlensystem

Eigenkapitalspiegel →Eigenkapitalveränderung

Eigenkapitalveränderung

Das →Eigenkapital wird in den meisten Rechnungslegungssystemen als Residualgröße definiert: Es ist jener Posten, der den Ausgleich von Aktiv- und Passivseite bewirkt, nachdem alle bilanzierungspflichtigen Sachverhalte als →Vermögensgegenstand oder →Schuld erfasst und den jeweiligen Bewertungsvorschriften (→Bewertungsgrundsätze) unterworfen wurden. Bei einer statischen Betrachtungsweise kommt dem Eigenkapital lediglich der Charakter eines „Differenzenausgleichskontos" zu, bei dem die Frage des *wie viel* im Vordergrund steht (→Bilanztheorie). Geht man stattdessen der Frage nach, *inwiefern* und *warum* sich das Eigenkapital dem Grunde und/oder der Höhe nach verändert hat, reichen die Primärbestandteile Bilanz und

→Gewinn- und Verlustrechnung (GuV) zur Beantwortung u. U. nicht aus.

Als Ursachen einer Eigenkapitalveränderung lassen sich drei Sachverhalte ausmachen (Wollmert 2002, Sp. 605):

- Kapitaltransaktionen der bzw. mit den Eigner(n),
- in der laufenden oder früheren Periode(n) entstandene, aber noch nicht an die Gesellschafter ausgekehrte Gewinne sowie
- erfolgsneutral im Eigenkapital erfasste Bewertungsergebnisse.

Veränderungen infolge der beiden erstgenannten Sachverhalte sind in aller Regel selbsterklärend und ohne Zuhilfenahme weiterer Informationen erklärbar. Eigenkapitalveränderungen infolge erfolgsneutral erfasster Bewertungsergebnisse sind dagegen nicht monokausal, so dass ergänzende Angaben (→Angabepflichten) zwingend erforderlich sind.

Verändert sich das eingezahlte Kapital eines Unternehmens (→Gezeichnetes Kapital und →Kapitalrücklage, soweit vorhanden) von einem Stichtag zum nächsten, so kann dieses sachlogisch nur auf eine Aufstockung oder eine Auskehrung der Gesellschaftsmittel zurückzuführen sein. Zu beachten ist dabei, dass eine Erhöhung des →Gezeichneten Kapitals auch durch Umwandlung von →Gewinnrücklagen erfolgen kann, eine Zuführung neuer liquider Mittel ist nicht zwingend. Veränderungen der Gewinnrücklagen gehen entweder auf einen (Teil-) Gewinnverwendungsbeschluss (Zuweisung) (→Ergebnisverwendung), eine Entnahme zum Ausgleich bilanzieller Verluste oder zwecks Ausschüttung oder eine Kapitalumwandlung in Gesellschaftsmittel mit Erfolgsanspruch zurück.

Die erfolgsneutrale Erfassung von Veränderungen aus der Bewertung von Vermögen und Schulden ist im deutschen Bilanzrecht weitgehend unbekannt. Der Gesetzgeber bestimmt vielmehr, dass Wertänderungen durch die Vornahme von Zuschreibungen oder Abschreibungen (→Wertaufholung; →Abschreibungen, bilanzielle) erfolgswirksam zu erfassen sind (§§ 253 und 280 HGB). Eine Ausnahme von dieser Regel stellen die Ergebnisse aus der →Währungsumrechnung eines ausländischen Teilbetriebs dar. Für diesen Sachverhalt sieht auch das deutsche Bilanzrecht eine unmittelbare Erfassung im Eigenkapital vor. In den internationalen Rechnungslegungssystemen →International Financial Reporting Standards (IFRS) und →United States Generally Accepted Accounting Principles (US GAAP) sind derartige erfolgsneutrale →Buchungen hingegen weitaus häufiger. Sie dienen der Erfassung von Wertänderungen an Vermögen und Schulden, die in früheren Perioden eingetreten sind und denen infolge veränderter Rahmenbedingungen in der laufenden Periode ein anderer Wert beizulegen ist (IAS 1.96 ff. respektive SFAC 6.215 ff. i.V.m. SFAS 130.22 ff.).

Die erfolgsneutralen Buchungen stellen konzeptionell einen Kompromiss zwischen einer reinen Bewertung zum →Fair Value mit erfolgswirksamer Gegenbuchung und einer am Realisationsprinzip (→periodengerechte Erfolgsermittlung) orientierten Performance-Messung dar. Diese Vorgehensweise sehen die Standardsetter [→*International Accounting Standards Board* (*IASB*); →*Financial Accounting Standards Board* (*FASB*)] als Weg, die beiden Ziele einer den tatsächlichen Verhältnissen entsprechenden Darstellung der →Vermögenslage und der →Ertragslage (verstanden als verursachte Wertschöpfung der Periode) miteinander zu vereinbaren. Als Beispiele für derartige erfolgsneutral zu erfassende Bewertungsergebnisse seien stellvertretend die folgenden angeführt:

- die Erfassung von Wertänderungen bei Wertpapieren, die der Bewertungskategorie Available for Sale zugeordnet wurden (IAS 39 und SFAS 115),
- die vorübergehende Einstellung von Bewertungsergebnissen aus Cash Flow Hedges in einer eigenen Rücklage (IAS 39 und SFAS 133),
- die Erfassung von Wertänderungen bei →Sachanlagen, für die die Neubewertungsmethode (→Bewertungsgrundsätze) gewählt wurde (IAS 16) sowie
- die wahlweise erfolgsneutrale Erfassung von versicherungsmathematischen Erfolgen (IAS 19).

Die Darstellung der Veränderung des Eigenkapitals ist sowohl nach deutschen als auch nach internationalen Rechnungslegungsgrundsätzen Pflichtbestandteil des Abschlusses (§ 297 Abs. 1 HGB, IAS 1.8, SFAS 130.6). Sie erfolgt üblicherweise mittels einer eigenständigen Aufstellung unter der Bezeichnung „Eigenka-

Abb.: Beispiel für eine Eigenkapitalveränderungsrechnung

					Bilanzposten				
		Gezeichnetes Kapital	Kapitalrücklage	Gewinnrücklagen	Ausgleichsposten aus der Währungsumrechnung	Rücklage aus Bewertungsergebnissen von AfS-Wertpapieren	Ergebnisse effektiver Cash Flow Hedges	Auf Minderheiten entfallender Anteil am Eigenkapital	**Bilanzielles Eigenkapital**
	Stand 01.01.200X	...	...	...	...	...	...	...	...
Wertbeeinflussendes Ereignis	Änderungen im Konsolidierungskreis				...	...	...		
	Wechselkursänderungen				...	...		...	
	Einstellungen in die Gewinnrücklagen			...				...	
	Dividendenzahlungen							...	
	Wertänderungen von Wertpapieren					...			
	Fällige Cash Flow Hedges						...		
	Stand 31.12.200X	...	...	...	...	...	...	...	...

pitalveränderungsrechnung" oder „Eigenkapitalspiegel". Dabei handelt es sich um eine systematische Aufstellung aller im Eigenkapital aufgeführten Posten auf der einen und ihrer Wert beeinflussenden Größen auf der anderen Seite.

Statt eine vollständige Zusammenstellung *aller* Eigenkapitalveränderungen zu liefern, lassen *IASB* und *FASB* auch eine Aufgliederung allein der Bewertungsergebnisse zu [IAS 1.8(c) sowie 96 ff. respektive SFAS 130. Appendix B].

Eine Sonderstellung unter den Eigenkapitalveränderungen nehmen Anpassungen der Eigenkapitalposten infolge der bilanziellen Erfassung von in früheren Geschäftsjahren begangenen Fehlern sowie aufgrund der erstmaligen Anwendung neuer Verlautbarungen ein. In beiden Fällen handelt es sich nicht um Eigenkapitalveränderungen i.e.S. (d.h. Kapitaltransaktionen mit den Eignern, →Ergebnisverwendungen oder Bewertungsergebnisse), sondern um eine Korrektur der betroffenen Posten dergestalt, als wäre der Fehler in der Vergangenheit nicht begangen bzw. die neue Regelung schon immer berücksichtigt worden. Die Korrektur erfolgt durch Anpassung des Eröffnungsbilanzwertes des jeweiligen Bilanzpostens [IAS 8.22 und 42(b) sowie SFAS 154.7(b) und 25(b)].

Literatur: FASB (Hrsg.): Original Pronouncements 2005–2006, Norwalk 2005; IASB (Hrsg.): International Financial Reporting Standards (IFRSs) 2006, London 2006; Wollmert, P.: Eigenkapitalveränderungsrechnung, in: Ballwieser, W. et al. (Hrsg.): HWRP, 3. Aufl., Stuttgart 2002, Sp. 605–610.

Andreas Barckow

Eigenkapitalveränderungsrechnung
→Eigenkapitalveränderung

Eigenkontrolle →Kontrollsysteme

Eigenprüfung →Kommunales Rechnungswesen

Eigenverantwortlichkeit des Steuerberaters →Berufsgrundsätze des Steuerberaters

Eigenverantwortlichkeit des Wirtschaftsprüfers

Die Eigenverantwortlichkeit ist eine der →Berufspflichten des Wirtschaftsprüfers, die in der →Wirtschaftsprüferordnung (§ 43

Abs. 1 Satz 1 WPO) normiert und in der →Berufssatzung der Wirtschaftsprüferkammer (BS) (§§ 11, 12 BS) konkretisiert werden. Der WP hat sein Handeln in eigener Verantwortung zu bestimmen, sein Urteil selbst zu bilden und seine Entscheidungen selbst zu treffen (§ 11 Abs. 1 BS).

Eine eigenverantwortliche Tätigkeit wird verneint, wenn der WP Weisungen unterworfen ist, die ihn verpflichten, →Prüfungsberichte und Gutachten (→Gutachtertätigkeiten) auch dann zu unterzeichnen, wenn ihr Inhalt sich mit seiner Überzeugung nicht deckt; entsprechende Weisungen sind unzulässig (§ 44 Abs. 1 Satz 1, 2 WPO). Gesetzliche Vertreter und Gesellschafter einer WPGes (→Revisions- und Treuhandbetriebe), die nicht WP sind, sowie Mitglieder des Aufsichtsrats der WPGes dürfen auf die Durchführung von Abschlussprüfungen (→Jahresabschlussprüfung; →Konzernabschlussprüfung) (→Auftragsdurchführung) nicht dergestalt Einfluss nehmen, dass die eigenverantwortliche und unabhängige Berufsausübung des verantwortlichen Wirtschaftsprüfers beeinträchtigt wird (§ 44 Abs. 1 Satz 3 WPO). Entsprechendes gilt, wenn der WP seinen Beruf gemeinsam mit einem Nicht-WP ausübt; auch in dieser Situation darf von Seiten der Nicht-Berufsangehörigen ein Einfluss weder auf die Entscheidung zur Auftragsannahme (→Auftragsannahme und -fortführung) noch auf die →Auftragsdurchführung und Urteilsfindung (→Prüfungsurteil) ausgeübt werden.

Die Vereinbarung einer Mitzeichnung bei gesetzlichen Vertretern von WPGes oder bei angestellten Wirtschaftsprüfern durch einen anderen WP ist dagegen grundsätzlich mit dem Grundsatz der Eigenverantwortlichkeit vereinbar (§ 44 Abs. 1 Satz 3 WPO). Die Erteilung der Prokura an einen angestellten WP (Sollvorschrift des § 45 WPO) ist keine notwendige Voraussetzung für eine eigenverantwortliche Tätigkeit.

Der WP darf zur Ausführung seiner Aufträge Mitarbeiter einsetzen. Er hat diese jedoch sorgfältig auszuwählen, insb. auf ihre fachliche Qualifikation zu achten. Die Tätigkeit der Hilfskräfte ist durch den WP zu überwachen. Die Erledigung der Arbeiten darf dabei nicht ausschließlich den Mitarbeitern überlassen werden; der WP muss vielmehr in der Lage sein, sich ein auf eigenen Kenntnissen beruhendes Urteil zu bilden. Dazu hat er in ausreichendem Umfang selbst an der Durchführung der Arbeiten teilzunehmen und sich ein eigenes Urteil über alle wesentlichen Zweifelsfragen zu bilden. Des Weiteren ist er verpflichtet, die von seinen Mitarbeitern ausgeführten Arbeiten zu kontrollieren, insb. eine Durchsicht und Durchsprache der Arbeitspapiere (→Arbeitspapiere des Abschlussprüfers) vorzunehmen (Vier-Augen-Prinzip, §§ 12, 24b Abs. 3 BS).

Die Eigenverantwortlichkeit des Wirtschaftsprüfers wird durch die Einholung internen oder externen fachlichen Rats in schwierigen Zweifelsfragen nicht eingeschränkt, vielmehr handelt der WP in Erfüllung seiner Berufspflicht der Gewissenhaftigkeit, wenn er entsprechende Probleme frühzeitig klärt. Die Ergebnisse der Konsultation sind durch den WP aber wiederum in eigener Verantwortlichkeit zu würdigen (§ 24b Abs. 2 BS).

Die Übernahme der Ergebnisse von Prüfungen und Untersuchungen Dritter (→Ergebnisse Dritter) ist dem WP grundsätzlich gestattet. Seine eigene Verantwortung wird dadurch jedoch nicht eingeschränkt; daher hat der WP sich ein Urteil über die Prüfungsergebnisse Dritter, insb. über ihr Zustandekommen, zu bilden, und er hat in Prüfungsberichten und Gutachten deutlich zu machen, dass er sich bei der eigenen Urteilsbildung auf Angaben Dritter gestützt hat und inwiefern er diese Angaben in seinem eigenen Bericht bzw. Gutachten wiedergibt.

Die Übernahme einer beruflichen Tätigkeit ist dem WP nicht erlaubt, wenn die berufliche Verantwortung nicht getragen werden kann oder nicht getragen werden soll (§ 11 Abs. 2 BS). Damit sollen Mehrfachfunktionen bspw. in eigener Praxis und im Angestelltenverhältnis in einer WPGes verhindert werden, wenn dabei nicht mehr jede Tätigkeit tatsächlich ausgeübt und persönlich übersehen werden kann. Des Weiteren stellt es einen Verstoß gegen diese Regelung dar, als WP die alleinige verantwortliche Führung einer WPGes oder deren Zweigniederlassung nur zwecks Erfüllung der berufsrechtlichen Voraussetzungen zu übernehmen, wenn die berufliche Verantwortung weder getragen werden kann noch soll.

Ist ein WP nicht eigenverantwortlich tätig, so ist seine Bestellung zum WP durch die *WPK* zwingend zu widerrufen (§ 20 Abs. 2 Nr. 1 WPO). Die *WPK* kann von einem Widerruf absehen, wenn anzunehmen ist, dass der WP künftig eigenverantwortlich tätig sein wird, und dem WP eine entsprechende Frist setzen; lässt der WP diese Frist verstreichen, ohne seiner Berufspflicht nachzukommen, so ist der Widerruf der Bestellung auszusprechen (§ 20 Abs. 4 WPO).

Literatur: IDW (Hrsg.): WPH 2006, Band I, 13. Aufl., Abschn. A, Rn. 373–380.

Peter Häussermann

Eigenverwaltung →Insolvenzverwaltung

Eignungsprofil des Aufsichtsrats →Vorstand und Aufsichtsrat, Eignungsprofile von

Eignungsprofil des Vorstands →Vorstand und Aufsichtsrat, Eignungsprofile von

Einberufungspflichten des Vorstands

Nach § 121 Abs. 1 und 2 AktG (ggf. i.V.m. § 283 Nr. 6 AktG) hat der Vorstand – bzw. bei der →Kommanditgesellschaft auf Aktien (KGaA) der persönlich haftende Gesellschafter – die HV (→Haupt- und Gesellschafterversammlung) in den durch Gesetz oder Satzung speziell bestimmten Fällen sowie – ebenso wie nach § 111 Abs. 3 AktG der AR – immer dann einzuberufen, „wenn das Wohl der Gesellschaft es erfordert". Mit wenigen Ausnahmen (§§ 92 Abs. 1, 175 Abs. 1 AktG) ist die HV immer darauf gerichtet, Beschlüsse zu fassen. Die *Formalien der Einberufung* ergeben sich aus den §§ 121–127 AktG. Die Einberufung ist mitsamt der Tagesordnung in den Gesellschaftsblättern (§ 25 AktG) bzw. per Einschreiben bekannt zu machen (§§ 121 Abs. 3 und 4, 124 AktG), die Einberufungsfrist beträgt einen Monat (§ 123 AktG). Verstöße gegen die Einberufungskompetenz des Vorstands oder Bekanntmachungsfehler ziehen die Nichtigkeit des HV-Beschlusses nach sich (§§ 241 Nr. 1 AktG, 256 Abs. 3 Nr. 1 AktG); sonstige Verstöße gegen Einberufungsformalien führen zur Anfechtbarkeit nach § 245 Nr. 2 AktG.

Praktisch am bedeutendsten ist die jährliche Pflicht zur Einberufung der *ordentlichen* HV in den ersten 8 Monaten des Geschäftsjahres (§ 175 AktG). Zwingende Tagesordnungspunkte der Jahreshauptversammlung sind die Entgegennahme des festgestellten Jahresabschlusses und des →Lageberichts (§ 175 Abs. 1 AktG), ausnahmsweise die Feststellung des Jahresabschlusses (→Feststellung und Billigung des Abschlusses) (§ 173 AktG) sowie die Entscheidungen über die Verwendung eines vorhandenen Bilanzgewinns (→Ergebnisverwendung; →Ergebnisverwendung, Vorschlag für die) (§§ 119 Abs. 1 Nr. 2, 174 AktG), über die →Bestellung des Abschlussprüfers (§ 119 Abs. 1 Nr. 4 AktG, § 318 Abs. 1 HGB), über die Entlastung der Mitglieder des Vorstands und des Aufsichtsrats (§ 119 Abs. 1 Nr. 3, § 120 AktG) sowie ggf. auch über die Neu- oder Wiederwahl von Aufsichtsratsmitgliedern (→Aufsichtsrat, Be- und Abberufung) (§ 119 Abs. 1 Nr. 1, § 101 Abs. 1 AktG). Ebenfalls unmittelbare gesetzliche Einberufungspflichten enthalten § 92 Abs. 1 i.V.m. § 401 Abs. 1 Nr. 1 AktG (Verlust in Höhe der Hälfte des Grundkapitals), §§ 122, 138 Satz 3 AktG und § 62 Abs. 2 UmwG (jeweils auf Aktionärsverlangen). Hinzu kommen die aufsichtsrechtlichen §§ 44 Abs. 5 KWG, 83 Abs. 1 Satz 1 Nr. 6 VAG und § 3 Abs. 1 BausparkG. Danach kann bei den diesen Gesetzen unterworfenen Finanzinstituten (→Kreditinstitute; →Versicherungsunternehmen; →Bausparkassen) die →*Bundesanstalt für Finanzdienstleistungsaufsicht (BaFin)* als Aufsichtsbehörde die Einberufung der HV verlangen; die Behörde hat dann auch das Recht, an der HV teilzunehmen (§§ 44 Abs. 1 Nr. 2 KWG, 83 Abs. 1 Satz 1 Nr. 5 VAG und § 3 Abs. 1 BausparkG).

Zusätzlich *darf* der Vorstand die HV einberufen, wenn er ihre Zustimmung zu einer Geschäftsführungsmaßnahme (→zustimmungsbedürftige Geschäfte) ausnahmsweise benötigt (z. B. § 111 Abs. 4 Satz 3 AktG) oder zu seiner eigenen Absicherung (§ 93 Abs. 4 Satz 1 AktG) freiwillig erstrebt (§ 119 Abs. 2 AktG) sowie wenn er eine sonstige Maßnahme treffen oder veranlassen will, für die die HV ganz oder teilweise zuständig ist (*mittelbare Einberufungspflichten*). Soweit diese Maßnahmen für das „Wohl der Gesellschaft" (Wahrung des Gesellschaftsinteresses) erforderlich sind (z. B. dringende Sanierung durch Kapitalherabsetzung und anschließender Kapitalerhöhung), verdichtet sich das Einberufungs*recht* des Vorstands wegen § 121 Abs. 1 Fall 3 AktG zu einer Einberufungs*pflicht*.

Zuständigkeiten der HV über die in § 119 Abs. 1 AktG (nicht abschließend) genannten Fälle hinaus bestehen z. B. für den Verzicht der Gesellschaft auf Ersatzansprüche (§§ 50, 93

Abs. 4 Satz 3 AktG), für die Nachgründung (§ 52 Abs. 1 AktG), die Feststellung des Jahresabschlusses (§ 173 Abs. 1 AktG), die Wahl des Abschlussprüfers (→Bestellung des Abschlussprüfers) (§ 318 Abs. 1 HGB) sowie für die Strukturmaßnahmen der §§ 179a AktG (Vermögensübertragung), 274 AktG (Fortsetzung der aufgelösten Gesellschaft), 293 AktG (→Unternehmensverträge), 319 AktG (Eingliederung), 327a AktG (Ausschluss von Minderheitsaktionären), und §§ 13 Abs. 1, 125 Satz 1, 193, 240 Abs. 1 UmwG (→Unternehmensumwandlungen, wie Verschmelzung, Spaltung, Formwechsel). Darüber hinaus hat der *BGH* in Einzelfällen bei sonstigen Umstrukturierungsmaßnahmen *ungeschriebene* gesetzliche Mitwirkungsbefugnisse der HV angenommen, wenn sie an die „Kernkompetenz der HV" zur „Bestimmung über die Verfassung der AG" rühren, weil sie Veränderungen nach sich ziehen, „die denjenigen zumindest nahe kommen, welche allein durch eine Satzungsänderung herbeigeführt werden können" (BGH-Urteil vom 26.4.2004, S. 30, „Gelatine", Leitsatz 1; zuvor bereits BGH-Urteil vom 25.2. 1982, S. 122, „Holzmüller"). Dies wurde bisher für die Ausgliederung eines wesentlichen Teils des Betriebsvermögens angenommen (BGH-Urteil vom 25.2.1982, S. 122) sowie für die Einbringung der Beteiligung an einer Tochter- in eine andere Tochtergesellschaft bei ausreichender wirtschaftlicher Bedeutung für möglich gehalten (BGH-Urteil vom 26.4.2004, S. 30). Eine weitere ungeschriebene Mitwirkungskompetenz der HV besteht nach der Rspr. bei der Entscheidung über das „Delisting" der Aktien einer Gesellschaft, weil sie die Verkehrsfähigkeit der Aktien und damit auch den „mitgliedschaftlichen Vermögenswert" des Aktieneigentums (Art. 14 Abs. 1 GG) erheblich beeinträchtigt (BGH-Urteil vom 25.11.2002, S. 47, „Macrotron", unter II.1.). Aus ungeschriebenen gesetzlichen HV-Zuständigkeiten ergibt sich ebenfalls eine (mittelbare) Einberufungspflicht des Vorstands nach § 121 Abs. 1 AktG (Kubis 2004, Rn. 5 zu § 121 AktG m.w.N.). Liegt der mitwirkungsbedürftigen Strukturmaßnahme ein bereits ausgearbeitetes Vertragswerk zugrunde, ist dieses den Aktionären zusammen mit der Tagesordnung analog § 124 Abs. 2 Satz 2 AktG vorab bekannt zu machen (z. B. Weißhaupt 2004, S. 588).

Für *satzungsmäßige* Einberufungspflichten besteht wegen des vorgegebenen aktienrechtlichen Kompetenzgefüges und des Prinzips der Satzungsstrenge (§ 23 Abs. 5 AktG) nur ein geringer Gestaltungsspielraum. Immerhin darf z. B. die Mindestbeteiligung, ab der Aktionäre die Einberufung der HV verlangen können, in der Satzung herabgesetzt werden (§ 122 Abs. 1 Satz 2 AktG). Nach § 68 Abs. 2 Satz 3 Fall 2 AktG kann die Satzung die Übertragung von Namensaktien von der Zustimmung der HV abhängig machen. Erfüllt der Vorstand seine gesetzliche oder satzungsmäßige Einberufungspflicht nicht oder zu spät, macht er sich nach § 93 AktG haftbar (→Haftung des Vorstands).

Inwieweit Verstöße gegen gesetzliche Pflichten zur Einberufung der HV *berichtspflichtig* (→Redepflicht des Abschlussprüfers) sind, ist noch nicht abschließend geklärt. Bejaht wird eine Berichtspflicht im Schrifttum jedenfalls für Verstöße gegen den strafrechtlich sanktionierten § 92 Abs. 1 i.V.m. § 401 Abs. 1 Nr. 1 AktG. Von einem „schwerwiegenden" Verstoß i. S. d. § 321 Abs. 1 Satz 3 HGB (→Unregelmäßigkeiten; →Unregelmäßigkeiten, Konsequenzen aus) dürfte man ebenfalls ausgehen können, wenn der Vorstand es im Berichtszeitraum versäumt hat, die Jahreshauptversammlung einzuberufen (§ 175 AktG). Gleichermaßen berichtspflichtig dürften Verstöße gegen ungeschriebene Mitwirkungsbefugnisse der Aktionäre sein, da sie bereits per se eine „wesentliche Beeinträchtigung der Mitwirkungsbefugnisse der Aktionäre" voraussetzen (BGH-Urteil vom 26.4.2004, S. 30).

Literatur: Behrends, O. H.: Einberufung der Hauptversammlung gem. § 121 IV AktG (mittels eingeschriebenem Brief) trotz abweichender Satzungsbestimmung, in: NZG 3 (2000), S. 578–583; BGH-Urteil vom 25.2.1982, Aktz. II ZR 174/80, BGHZ, Band 83, S. 122–144; BGH-Urteil vom 25.11.2002, Aktz. II ZR 133/01, BGHZ, Band 153, S. 47–61; BGH-Urteil vom 26.4.2004, Aktz. II ZR 155/02, BGHZ, Band 159, S. 30–48; Halberkamp, T./Gierke, O.: Das Recht der Aktionäre auf Einberufung einer Hauptversammlung, in: NZG 7 (2004), S. 494–500; Kubis, D.: Kommentierung des § 121 AktG, in: Kropff, B./Semler, J. (Hrsg.): Münchener Kommentar zum Aktiengesetz, 2. Aufl., München 2004; Weißhaupt, F.: Holzmüller-Informationspflichten nach den Erläuterungen des BGH in Sachen Gelatine, in: AG 49 (2004), S. 585–592.

Günter Reiner

Einbringung
→Unternehmensumwandlungen

Einbringung, steuerrechtliche
→Maßgeblichkeit bei Umwandlungen

Einfache Zufallsauswahl →Stichprobenprüfung

Einflussgrößenanalyse →Zeitlicher Vergleich

Eingliederung →Konzernarten

Einheitstheorie →Interessen- und Einheitstheorie

Einkaufsportfolio
Das Einkaufsportfolio ermöglicht eine situative Sichtweise im Zusammenhang mit Problemstellungen des strategischen Beschaffungsmanagements und zeigt gleichzeitig – wenn auch vereinfacht – mögliche Handlungsoptionen bzw. Basisstrategien der Beschaffung auf (→Lieferantencontrolling). Den Portfolioansätzen kommt im Beschaffungsbereich eine besondere Bedeutung zu. Dies lässt sich an einer Vielzahl an unterschiedlichen Portfoliomatrizen in der Beschaffung erkennen. Die meisten Ansätze basieren auf der grundlegenden Arbeit von *Kraljic* (Kraljic 1983) Anfang der 1980er Jahre.

Ziel des Einsatzes von Portfoliomodellen (→Portfolioanalyse) im Beschaffungsbereich ist im Grundsatz die Identifikation von Potenzialen und Gefahren, die vom Beschaffungsmarkt ausgehen. Hierzu werden die Dimensionen des Portfolios zunächst definiert, um dann entsprechend die Beschaffungsgüter in die Matrix einzuordnen. Es existiert eine Vielzahl an unterschiedlichen Dimensionen bzw. an Kombinationsmöglichkeiten dieser Dimensionen. Mögliche Einkaufsportfolios ergeben sich bspw. aus der Gegenüberstellung von Marktmacht der Hersteller vs. Marktmacht des Handels sowie der technischen Komplexität bzw. Versorgungsrisiko vs. Einkaufsvolumen.

Der Ansatz von *Kraljic* (Kraljic 1983, S. 112 f.) stellt die umfangreichste Konzeption zur Anwendung von Portfoliomodellen im Beschaffungsbereich dar. Bei diesem Einkaufsportfolio werden im Rahmen einer Analyse zunächst die zu beschaffenden Wirtschaftsgüter nach ihrer Bedeutung für den Erfolg und nach ihrem Beschaffungsrisiko eingeteilt. Hierbei ergibt sich eine Vier-Felder-Matrix:

- strategische Artikel mit großem Ergebniseinfluss und hohem Beschaffungsrisiko,
- Engpassartikel mit niedrigem Ergebniseinfluss und hohem Beschaffungsrisiko,
- Hebelartikel mit großem Ergebniseinfluss und niedrigem Beschaffungsrisiko sowie
- unkritische Artikel mit niedrigem Ergebniseinfluss und geringem Beschaffungsrisiko.

Die Klassifizierung setzt ein funktionierendes Informationssystem (→Führungsinformationssysteme) voraus, da eine Vielzahl an Informationen notwendig ist. Der zweite Schritt der Einkaufsportfolio-Analyse nach *Kraljic* beinhaltet die Untersuchung des Beschaffungsmarktes, um die Verhandlungsmacht der Lieferanten mit denen der Nachfrager zu vergleichen. Auf Basis der Ergebnisse der ersten beiden Schritte werden in der dritten Phase die entsprechenden Strategien abgeleitet und es erfolgt eine strategische Positionierung der Beschaffung anhand der Einkaufsportfolio-Matrix. Diese bietet drei unterschiedliche strategische Stoßrichtungen an:

- abschöpfen,
- abwägen und
- diversifizieren.

Im vierten Schritt werden dann die eher operativen Handlungsempfehlungen, so Preis- und Mengenwahl, als Konsequenz der Positionierung abgeleitet.

Die Beschaffungsgegebenheiten im Handel sind im Vergleich zu anderen Branchen durch eine hohe Komplexität, so durch eine enorme Artikelanzahl und eine hohe Sortimentsdynamik, charakterisiert (→Beschaffungscontrolling). Dennoch lassen sich die vielfältigen Beschaffungssituationen vereinfacht in einem Einkaufsportfolio darstellen. So haben *Zentes/Bartsch* (Zentes/Bartsch 2002, S. 38) eine Matrix durch die Kombination der (unabhängigen) Dimensionen „absatzmarktorientierte Profilierungsrelevanz" und „Komplexität der Beschaffungssituation" aufgestellt. Die Profilierungsrelevanz zielt hierbei aus der Perspektive des Category-Managements auf die Bedeutung („Rolle") einer Warengruppe oder Artikelgruppe ab. Die Komplexität der Beschaffungssituation beinhaltet Fragestellungen, die u. a. die Transparenz über mögliche Beschaffungsquellen und die Anzahl an (potenziellen) Lieferanten betreffen. Aus dieser Sichtweise können drei typische und gleichermaßen empirisch relevante Beschaffungssituationen unterschieden werden.

Abb.: Einkaufsportfolio im Handel

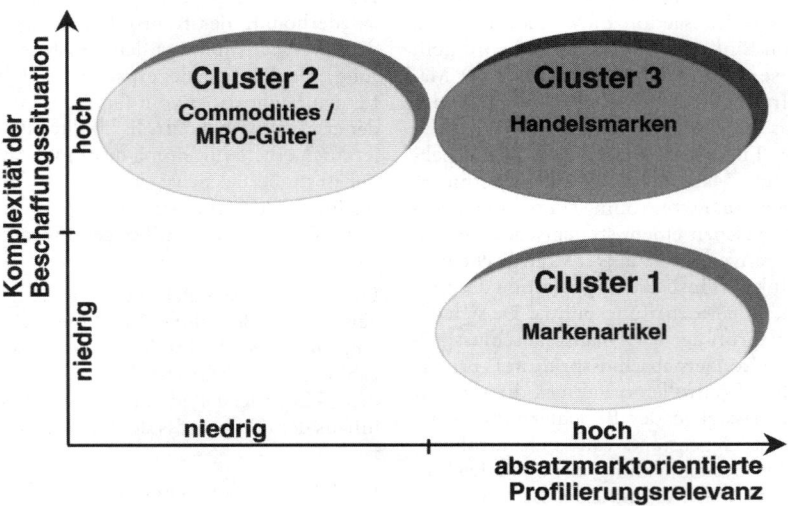

Quelle: Zentes/Bartsch 2002, S. 38.

Das Beschaffungscluster 1 ist durch eine hohe Profilierungsrelevanz bei gleichzeitig niedriger beschaffungsmarktbezogener Komplexität charakterisiert. Diese Situation ist typisch für viele Markenartikelbereiche. Dieses Beschaffungscluster bietet strategische Ansatzpunkte für kollaborative Formen des →Supply Chain Managements (→Supply Chain Controlling) zu Erzielung von Win-Win-Situationen. Im Gegensatz zu diesem Cluster ist das Beschaffungscluster 2 [Commodities/Maintenance-Repair-Operations (MRO)-Güter] durch eine niedrige Profilierungsrelevanz, jedoch hohe Beschaffungskomplexität gekennzeichnet. In den meisten Fällen trifft dies für eine hohe Artikelanzahl mit meist geringer Umsatzbedeutung (C-Artikel) (→ABC-Analyse) zu, für die zudem eine Vielzahl von Lieferanten existiert. Auf Grund der niedrigen Profilierungsrelevanz stellt sich in diesem Beschaffungscluster die strategische Frage eines etwaigen →Outsourcings der Beschaffung, so durch Einschaltung eines Systemlieferanten. Das Beschaffungscluster 3 weist eine bzgl. beider Dimensionen hohe Bedeutung auf. Diese Situation ist u. a. bei Handelsmarken gegeben, bei denen eine weit gehende Integration des Handels in die Wertschöpfungskette vorliegt. Dieses Beschaffungscluster bietet wesentliche Potenziale zur Effektivitäts- und Effizienzsteigerung durch verstärkte Wertkettenverknüpfung.

Literatur: Kraljic, P.: Purchasing must become supply management, in: HBR 61 (1983), Heft 5, S. 109–117; Zentes, J./Bartsch, A.: Neuorientierung des Beschaffungsmanagements. Multi Channel Sourcing, HandelsMonitor, Band 6, Frankfurt a.M. 2002; Zentes, J. et al.: Best Practice-Prozesse im Handel. Customer Relationship Management und Supply Chain Management, Frankfurt a.M. 2002.

Joachim Zentes

Einkaufswesen

Im Rahmen eines →risikoorientierten Prüfungsansatzes kann durch die Prüfung des →Internen Kontrollsystems (→Internes Kontrollsystem, Prüfung des; →Systemprüfung) der Umfang aussagebezogener Prüfungshandlungen (→ergebnisorientierte Prüfungshandlungen) reduziert werden. Die internen Kontrollen des Unternehmens können auf unterschiedlichen Hierarchieebenen eingerichtet und entweder präventiv oder detektiv sein. Im Einzelnen können Kontrollen anhand von Reviews, Kontrollen geschäftsführender Gesellschafter, Abstimmungen und Vergleichen sowie anhand von Zugriffskontrollen („Vier-Augen-Prinzip") erfolgen (→Kontrollprüfung).

Bei einer funktionsorientierten Ausgestaltung des risikoorientierten Prüfungsansatzes wer-

Einkaufswesen

den die →Prüffelder in Anlehnung an die betrieblichen Funktionen des Unternehmens bestimmt (→Transaction Flow Auditing). Die Funktion Einkauf (Einkaufswesen) wird üblicherweise als eine Aufgabe innerhalb der Materialwirtschaft gesehen. Zentrale Aufgabe des Einkaufs ist die bedarfsgerechte Versorgung anderer Funktionsbereiche des Unternehmens mit Material und Dienstleistungen (→Beschaffungscontrolling). Zu unterscheiden ist zwischen einem strategischen und einem operativen Einkauf. Der strategische Einkauf beinhaltet insb. die Organisation des Einkaufs und die Beschaffungspolitik. Da sich die Abschlussprüfung (→Jahresabschlussprüfung; →Konzernabschlussprüfung) primär an solchen Kontrollen orientiert, die sich auf die Zuverlässigkeit der Berichterstattung beziehen, ist Gegenstand von →Kontrollprüfungen (→Systemprüfung) der operative Einkauf, welcher den eigentlichen Beschaffungsprozess (→Geschäftsprozesse) darstellt.

Geschäftsvorfälle des Einkaufs können insb. Auswirkungen auf die Abschlussposten Materialaufwand (→Materialaufwendungen) und sonstige betriebliche Aufwendungen (→sonstige betriebliche Aufwendungen und Erträge) (Fehlermöglichkeit Nachweis) sowie auf →Verbindlichkeiten und →Rückstellungen (Fehlermöglichkeiten insb. Vollständigkeit und →Cut-Off) haben (→Fehlerarten in der Abschlussprüfung). Zur Vermeidung oder Aufdeckung von Fehlern mit Auswirkungen auf den Abschluss (→Unregelmäßigkeiten) müssen Kontrollziele sowie Kontrollmaßnahmen zu deren Erreichung eingerichtet sein. Bei der Auswahl zu prüfender Kontrollen sollte der APr aus Effizienzgründen Kontrollen der höchsten Hierarchieebene, die zugleich möglichst mehrere Kontrollziele erfüllen, berücksichtigen.

Nach einer Beurteilung der theoretischen Wirksamkeit der Kontrollmaßnahmen (Design & Implementation; →Aufbauorganisation), die anhand eines exemplarischen Beschaffungsvorgangs (Walkthrough; →Transaction Flow Auditing) zu verifizieren ist, erfolgt die Prüfung der tatsächlichen Durchführung und Wirksamkeit der Kontrollen (Effectiveness; →Funktionsprüfung). Als Kontrollprüfungshandlungen kommen zunächst ausführliche Befragungen in Betracht, die durch weitere Prüfungshandlungen, wie die Prüfung der Dokumentation der Kontrollmaßnahme, Beobachtung der Mitarbeiter während der Durchführung der Kontrollmaßnahme sowie Wiederholung der Kontrollmaßnahme durch den APr, ergänzt werden (→Kontrollprüfung). Der Umfang der ergänzenden Überprüfungen hängt dabei vom Grad des Ausmaßes der erwünschten Kontrollsicherheit ab und ist letztlich eine Beurteilung des Einzelfalls. Ferner ist zu berücksichtigen, ob durch die Kontrollmaßnahme ein identifiziertes spezifisches Risiko (→Prüfungsrisiko) gemindert werden soll.

Der Funktionsbereich Einkauf kann in die Teilprozesse Bestellung, Erfassung von Wareneingängen und Verbindlichkeiten sowie Auszahlung (→Zahlungsverkehr) eingeteilt werden. Wesentliche Bedeutung kommt darüber hinaus dem Teilprozess der Stammdatenpflege zu.

Im Rahmen des erstgenannten Teilprozesses muss gewährleistet sein, dass Bestellungen nur für genehmigte Ausgaben erfolgen. Geeignete Kontrollmaßnahmen stellen i. d. R. standardisierte Genehmigungsverfahren durch das Management dar. Für unübliche Anschaffungsvorgänge (z. B. langfristige Verträge, Anlagengüter) sollten Sondergenehmigungen von der Geschäftsleitung eingeholt werden. Ferner sollte ein genau definiertes System von betragsmäßigen Bestellgrenzen definiert sein, welches nur nach eingeholter Genehmigung höher gestellter Hierarchieebenen durchbrochen werden darf. Durch die Einrichtung eines geeigneten Vier-Augen-Prinzips ist darüber hinaus die richtige und vollständige Verarbeitung der Bestellvorgänge sicherzustellen. Eine wirksame detektive Kontrolle kann ein Review durch Mitarbeiter, die nicht mit der Bestellung befasst sind, darstellen. Durch eine fortlaufende Nummerierung der Bestellvorgänge und deren Aufzeichnung und Review wird die Vollständigkeit der verarbeiteten Bestellungen gewährleistet.

Bei der Erfassung der Verbindlichkeiten ist sicherzustellen, dass diesen entsprechende Wareneingänge oder Dienstleistungen gegenüberstehen und dass deren Erfassung richtig und vollständig erfolgt. Aus diesem Grund sollte das Unternehmen eine wirksame Rechnungsprüfung einrichten, die einen Abgleich zwischen Bestellung, Wareneingangsschein und Eingangsrechnung vornimmt (→Soll-Ist-Vergleich). Eine weitere Kontrollmaßname zur Gewährleistung von Vollständigkeit und Richtigkeit der Erfassung kann durch einen Abgleich tatsächlicher Aufwendungen mit dem Budget (→Budgetierung) durch das Management darstellen. Sofern sich hieraus Abweichungen ergeben, sollten diese durch das Management genehmigt werden. Bei geringerem Transaktionsvolumen kann auch eine Überprüfung (Review) der erfassten Einkäufe anhand von Wareneingangsscheinen sinnvoll sein.

Gutschriften dürfen nur in begründeten Fällen und in der richtigen Periode vorgenommen werden. Gerade im Rahmen der Gutschrifterteilung sollte auch im Hinblick auf die Möglichkeit →doloser Handlungen ein adäquates Genehmigungsverfahren installiert sein. Ferner kann durch das Management eine Abstimmung von Daten der Kreditorenbuchhaltung (→Kreditoren) mit den Lieferanten erfüllt werden. Hieraus resultierende Abweichungen sind zu analysieren (→Abweichungsanalyse).

Bei der Prüfung des Teilprozesses der Warenannahme ergeben sich Überschneidungen mit der Prüfung des Funktionsbereichs →Lagerwesen.

Hinsichtlich der getätigten Auszahlungen ist sicherzustellen, dass diese nur für tatsächlich erhaltene Waren und Dienstleistungen an die richtigen Lieferanten vorgenommen werden. Im Rahmen der Rechnungsprüfung sollte eine sachliche und rechnerische Richtigkeit des Auszahlungsbetrages sichergestellt werden. Weiterhin sollte ein standardisiertes Verfahren der Zahlungsfreigabe unter Beachtung des Vier-Augen-Prinzips vorhanden sein. Bei der Prüfung des Funktionsbereichs Einkauf ist insgesamt darauf zu achten, dass die erforderlichen Funktionstrennungen zwischen Bestellung, Wareneingang, Verbuchung und Rechnungsprüfung sowie Auszahlung eingehalten werden.

Die Verwaltung der Stammdaten stellt die Grundlage für Präventivkontrollen im Einkauf gerade bei datenbankgestützten Rechnungslegungssystemen (→IT-System; →Grundsätze ordnungsmäßiger IT-gestützter Buchführungssysteme) dar. Die Stammdaten des Einkaufs umfassen im Wesentlichen die automatisierte betragsmäßige Begrenzung von Bestellungen sowie Lieferantendaten, wie Adressen, Bankverbindungen und Skontovereinbarungen. Stammdaten sind vor unberechtigtem Zugriff zu schützen. Darüber hinaus sollten Änderungen der Stammdaten nur autorisiert vorgenommen und regelmäßig durch das Management kontrolliert werden.

Gerald Reiher

Einkreissystem →Kontenrahmen, Wahl des

Einlagen, ausstehende →Ausstehende Einlagen

Einlagen, verdeckte →Verdeckte Einlagen

Einlagerungsinventur →Inventurvereinfachungsverfahren, Prüfung von

Einnahmeüberschuss-Rechnung →Gewinnermittlungsmethoden, steuerrechtliche

Einstufige Divisionskalkulation →Divisionskalkulation

Eintrittsrecht der Gesellschaft →Wettbewerbsverbot der Unternehmensleitung

Einzahlungen →Cash Flow; →Investition; →Kapitalbedarfsplanung

Einzel- und Gemeinkosten, Abgrenzung von →Einzelkostencontrolling

Einzelabschluss

Unabhängig von der Rechtsform (→Unternehmensformen) besteht ein Einzelabschluss (*Financial Statement*) nach den →International Financial Reporting Standards (IFRS) aus Bilanz (*Balance Sheet*), →Gewinn- und Verlustrechnung (*Income Statement*), →Kapitalflussrechnung bzw. Finanzierungsrechnung (*Cash Flow Statement*) (→Kapital- und Finanzflussrechnung), Eigenkapitalveränderungsrechnung (*Changes in Equity*) (→Eigenkapitalveränderung) sowie einem →Anhang vergleichbaren Erläuterungsteil, den →*Notes to Financial Statement*.

Die Anwendung der IFRS gewährleistet, dass ein Einzelabschluss eine getreue Darstellung der →Vermögenslage, →Finanzlage und →Ertragslage (→wirtschaftliche Verhältnisse) vermittelt. Im Gegensatz zur Generalnorm des HGB wird der Grundsatz der *Fair Presentation* bei den IFRS zum *Overriding*

Principle erhoben (→ True and Fair View). Durch die Stellung als *Overriding Principle* wird deutlich, dass als übergeordnete Zielsetzung für einen Einzelabschluss das Kriterium der *Fair Presentation* steht. Als Hauptzweck des Einzelabschlusses nach IFRS ist somit die Abbildung der *Financial Position* des Unternehmens zu nennen.

Eine nach IFRS aufgestellte Bilanz unterscheidet sich in ihrem Aufbau von der Bilanz nach deutschem HGB (→ Gliederung der Bilanz). Der Aufbau einer IFRS-Bilanz ist in IAS 1 geregelt. Danach kann eine Bilanz in Konto- oder Staffelform erstellt werden. Für die Bilanzgliederung haben die Unternehmen grundsätzlich zwei Möglichkeiten zur Auswahl und zwar eine Gliederung nach der Fristigkeit (auf der Vermögensseite: *Current* →*Assets* und *Non-Current Assets* und korrespondierend auf der Schuldenseite: *Current* →*Liabilities* und *Non-Current Liabilities*) als Regelfall und eine Gliederung von →*Assets* und →*Liabilities* jeweils nach ihrer Liquiditätsnähe als Ausnahmefall (IAS 1.51). Die einmal getroffene Wahl des Gliederungsschemas ist i. S. d. →Stetigkeit möglichst beizubehalten. Das *RIC* des →*Deutschen Rechnungslegungs Standards Committee e.V.* (*DRSC*) präferiert in RIC 1 die Anordnung von langfristig zu kurzfristig.

Die formalen Anforderungen der IFRS an die GuV (→ Gliederung der Gewinn- und Verlustrechnung) sind vergleichsweise zu den Vorschriften des HGB gering. Prinzipiell ist jede Darstellungsform möglich, wenn eine *Fair Presentation* der Ertragslage des Unternehmens erfolgt. IAS 1 lässt jedoch offen, ob die Konto- oder Staffelform anzuwenden ist. Im Regelfall wird der international üblichen Staffelform der Vorzug gegeben. Eine Gliederung der Aufwendungen kann sowohl nach der Aufwandsartenmethode (*Nature of Expense Method* – GKV) als auch nach der funktionalen Zugehörigkeit der Aufwendungen (*Cost of Sales Method* – UKV) erfolgen. Obwohl IAS 1 beide Verfahren alternativ zulässt, wird das UKV als bessere Darstellungsform gewertet, da eine Zurechnung nach Funktionen gem. IAS 1.92 den Adressaten oft wichtigere Informationen als die Aufteilung nach den Aufwandsarten liefert. Bei der Anwendung des Umsatzkostenverfahrens müssen nach IAS 1.93 zusätzliche Angaben im Anhang über die Art der Aufwendungen, speziell die Höhe der plan- und außerplanmäßigen Abschreibungen (→Abschreibungen, bilanzielle; →außerplanmäßige Abschreibungen) sowie der →Materialaufwendungen und des →Personalaufwandes gemacht werden. Gem. IAS 1.81 sind mindestens folgende Posten in einer IFRS-GuV darzustellen: →Umsatzerlöse, Finanzierungsaufwendungen, Gewinn- und Verlustanteile an assoziierten Unternehmen und →Joint Ventures, die nach der Equity-Methode (→Konsolidierungsformen) bilanziert werden, →Steueraufwand, Ergebnis nach Steuern aus nicht-fortgesetzter Geschäftstätigkeit (→Discontinued Operations) und das Periodenergebnis (→Jahresergebnis). Zusätzliche Posten sind in der IFRS-GuV darzustellen, wenn eine solche Darstellung für das Verständnis der Finanzlage des Unternehmens relevant ist.

Die Kapitalflussrechnung (IAS 7) wie die Eigenkapitalveränderungsrechnung [IAS 1.8 (c) und 1.96 ff.] sind im Gegensatz zum JA nach HGB zwingender Bestandteil eines jeden IFRS-Einzelabschlusses. Die Eigenkapitalveränderungsrechnung hat nach IAS 1.96 zwingend das Periodenergebnis (*Profit or Loss*), die mit dem →Eigenkapital (erfolgsneutral) verrechneten Beträge sowie die Auswirkungen einer →Änderung der Bilanzierungs- und Bewertungsmethoden und die Korrektur von Bilanzierungs- und Bewertungsfehlern zu enthalten.

Der Anhang nach IFRS (→ Notes) hat gegenüber den anderen Bestandteilen des Einzelabschlusses eine Erläuterungs-, Ergänzungs- und Entlastungsfunktion. Den JA-Adressaten sollen Informationen bereitgestellt werden, die bilanzpolitische Maßnahmen der Geschäftsführung (→bilanzpolitische Entscheidungsmodelle) transparent machen, wirtschaftliche und anlageorientierte Entscheidungen fördern und →überbetriebliche Vergleiche ermöglichen. Nach IAS 1.103 enthält der Anhang Informationen über die Grundlagen der Aufstellung des Jahresabschlusses und die besonderen Bilanzierungs- und Bewertungsmethoden (→Ansatzgrundsätze; →Bewertungsgrundsätze), die von den IFRS vorgeschriebenen Angaben, die nicht in anderen Bestandteilen des Jahresabschlusses gemacht werden, und zusätzliche Informationen, die nicht in anderen Bestandteilen des Jahresabschlusses enthalten, aber für das Verständnis jedes dieser Bestandteile relevant sind.

Bedeutung erlangt der IFRS-Einzelabschluss in Bezug der Offenlegung (→Offenlegung des Jahresabschlusses) nach § 325 Abs. 2a HGB. Da dieser nur der Billigung und nicht der Feststellung unterliegt (→Feststellung und Billigung des Abschlusses), muss er durch einen →Abschlussprüfer (APr) geprüft werden, da er sonst nicht gebilligt werden kann (§ 324a Abs. 1 i.V.m. § 316 Abs. 1 Satz 2 HGB).

Ein nicht geprüfter und nicht gebilligter IFRS-Einzelabschluss entfaltet keine befreiende Wirkung der Offenlegung i.S.v. § 325 Abs. 2a Satz 1 und Abs. 2b HGB, da er rechtlich nicht existent ist. Für einen nicht geprüften aber gebilligten IFRS-Einzelabschluss nach § 325 Abs. 2a HGB gilt das Gleiche.

Ist ein IFRS-Einzelabschluss geprüft aber vom AR nicht gebilligt, dann darf dieser von den gesetzlichen Vertretern nicht im BAnz. veröffentlicht werden. Bei allen übrigen Gesellschaften darf ein geprüfter, nicht gebilligter IFRS-Einzelabschluss jedoch offengelegt werden (Ellrott 2006, Rn. 3–4 zu § 324a HGB, S. 2087).

Bei der Prüfung eines IFRS-Einzelabschlusses sind die Bestandteile eines →Prüfungsprozesses sowie die eingesetzten Prüfungshandlungen analog zu einer Prüfung nach HGB anzuwenden [→analytische Prüfungshandlungen; →Einzelfallprüfungen; →Plausibilitätsprüfungen; →Prüfungsbericht (PrB); →Prüfungsnachweise; →Prüfungsplanung; →Prüfungsprogramm; →Prüfungsrisiko; →Prüfungsstrategie; →Schlussbesprechung; →Systemprüfung; →Vorprüfung).

Literatur: Ellrott, H.: Kommentierung des § 324a HGB, in: Ellrott, H. et al. (Hrsg.): BeckBilKomm, 6. Aufl., München 2006, S. 2086–2089.

Jonas Rossmanith

Einzelabschlussprüfung →Einzelabschluss

Einzelbewertungsgrundsatz →Bewertungsgrundsätze; →Grundsätze ordnungsmäßiger Buchführung, bankspezifisch; →Grundsätze ordnungsmäßiger Rechnungslegung

Einzelfallprüfungen

Einzelfallprüfungen sind, neben den →analytischen Prüfungshandlungen, Bestandteil der aussagebezogenen Prüfungshandlungen (→ergebnisorientierte Prüfungshandlungen), die der →Abschlussprüfer (APr) durchführen muss, um →Prüfungsnachweise für ein hinreichend sicheres →Prüfungsurteil zu erhalten. Das Prüfungsurteil wird i.d.R. aus einer Kombination von →Systemprüfungen und aussagebezogenen Prüfungshandlungen gewonnen. Der notwendige Umfang der Einzelfallprüfungen hängt von dem Grad der Sicherheit ab, den der APr aus der Systemprüfung und den analytischen Prüfungshandlungen gewonnen hat (→risikoorientierter Prüfungsansatz). Aufgrund der höheren Effizienz sind diese Prüfungen den Einzelfallprüfungen grundsätzlich vorzuziehen.

Bei den Einzelfallprüfungen werden durch →Soll-Ist-Vergleich von Geschäftsvorfällen oder Beständen Informationen gewonnen, die einzelne Aussagen im →Rechnungswesen und damit im JA belegen. Im Regelfall stützt der APr hierbei sein Prüfungsurteil auf Stichproben (→Stichprobenprüfung), deren Anzahl unter Berücksichtigung der →Wesentlichkeit und des verbliebenen →Prüfungsrisikos bestimmt wird.

Die Art der Einzelfallprüfung hängt von den jeweiligen Gegebenheiten ab und der APr hat für den Einzelfall zu entscheiden, welche Methode die notwendige Prüfungssicherheit bringt. Mögliche Methoden sind:

- Einsichtnahme in Belege und Unterlagen,
- Bestätigungen (→Bestätigungen Dritter),
- Befragungen,
- Beobachtungen,
- Inaugenscheinnahme,
- Berechnungen.

Hierbei gilt, dass Prüfungsnachweise von Dritten verlässlicher sind als unternehmensinterne; Gleiches gilt für die Schriftform im Vergleich zur mündlichen Erklärung. Der Grad der Verlässlichkeit interner Nachweise steigt dabei mit der Qualität des →Internen Kontrollsystems. Zu beachten ist weiterhin, dass ein einziger Prüfungsnachweis i.d.R. nicht geeignet ist, um ausreichende Sicherheit sowohl für den Nachweis (→Nachweisprüfungshandlungen), die Vollständigkeit als auch für die Bewertung (→Bewertungsprüfung) zu erlangen.

Die aus der Einzelfallprüfung gewonnene Prüfungssicherheit fließt in die Gesamtsicherheit und damit in das Prüfungsurteil ein.

Einzelfallrisiko

Literatur: IDW (Hrsg.): Entwurf einer Neufassung des IDW Prüfungsstandards: Prüfungsnachweise im Rahmen der Abschlussprüfung (IDW EPS 300 n.F., Stand: 8. Dezember 2005), in: WPg 59 (2006), S. 240–246; IDW (Hrsg.): WPH 2006, Band I, 13. Aufl., Düsseldorf 2006.

Jens Thiergard

Einzelfallrisiko →Risikoorientierter Prüfungsansatz

Einzelkosten →Kosten

Einzelkosten →Kostenzurechenbarkeit

Einzelkosten, relative →Relative Einzelkostenrechnung

Einzelkostencontrolling

Einzelkosten sind →Kosten, die sich einer Bezugsgröße direkt zurechnen lassen. Sie werden daher auch als direkte Kosten bezeichnet und von den Gemeinkosten (→Gemeinkostencontrolling) abgegrenzt, bei denen eine solche direkte Zurechnung nicht möglich ist. Typische *Zurechnungsobjekte* sind Produkte, Aufträge, Projekte, Kostenstellen (→Cost Center; →Kostenstellenrechnung), Perioden, Kunden und Regionen. Bezugsobjekte werden je nach Betrachtungs- und Entscheidungszweck zusammengefasst oder weiter aufgegliedert.

Zu den *Aufgaben* des *Einzelkostencontrollings* gehört die zweckmäßige Strukturierung der Bezugsgrößen in einer →Bezugsgrößenhierarchie. In ihr lässt sich für alle Kosten eine Bezugsgröße finden oder – soweit notwendig und noch nicht vorhanden – bilden, für die diese Kosten Einzelkosten sind. Zur differenzierten Kostenabbildung ist es sinnvoll, die Kosten in der Bezugsgrößenhierarchie möglichst weit unten zuzuordnen und erst bei Bedarf zu aggregieren. Derartige Bezugsgrößenhierarchien hat insb. *Riebel* (Riebel 1994) zur Grundlage seiner Einzelkostenrechnung gemacht (→relative Einzelkostenrechnung). Verbunden mit einer entsprechenden Erlöszuordnung erlaubt dies eine entscheidungsorientierte →Deckungsbeitragsrechnung und Ergebnisrechnung (→Erfolgsrechnung, kurzfristige; →Kostenträgerzeitrechnung). Die Umsetzung einer flexibel auf mannigfaltige Auswertungen und Entscheidungsfragen anpassbaren Bezugsgrößenhierarchie und die zugehörige Zuordnung der Kosten (→Kostenzurechenbarkeit) geraten regelmäßig zu einem sehr anspruchsvollen Unterfangen. Dennoch gehören sie im Rahmen von *Online-Analytical-Processing-Konzepten* (OLAP-Konzepten) zu den zentralen Merkmalen einer modernen Software für die Kostenrechnung (→Kosten- und Leistungsrechnung; →Kostenrechnung, Prüfung der) und das →Controlling.

Im betrieblichen Alltag konzentriert sich die *Abgrenzung von Einzel- und Gemeinkosten* vielfach auf die Zurechenbarkeit auf die Produkte als Kostenträger (→Kostenträgerstückrechnung). Anlässe hierfür sind die →Kalkulation von Preisgrenzen (→Preisobergrenze; →Preisuntergrenze) sowie die Preis- bzw. Wertermittlung gem. vertraglichen Vereinbarungen oder rechtlichen Vorschriften. Solche gelten insb. für die Leistungsverrechnung (→Kosten- und Leistungsverrechnung, innerbetriebliche), etwa im Rahmen einer Supply Chain (→Supply Chain Controlling; →Supply Chain Management), und zur Bestandsbewertung nach Handels- und Steuerrecht, nach den LSP (Coenenberg 2003, S. 113 ff.) oder bei öffentlicher Preisregulierung (Schweitzer/Küpper 2003, S. 753 ff.).

Für diese Zwecke werden *Einzelkosten* der Produkte den Kalkulationsobjekten direkt zugerechnet. Alle übrigen Kosten gelten dann als Gemeinkosten. Dabei gehen Einzelkosten auf dreierlei Weise in die Kalkulation (→Kalkulationsmethoden) ein: zum ersten bilden Material- und Fertigungseinzelkosten (→Fertigungskosten) eigenständige Kalkulationspositionen; zum zweiten sind Einzelkosten in der →Zuschlagskalkulation wichtige Bezugsgrößen für die Gemeinkostenzurechnung. Dazu dienen etwa Material-, Fertigungs-, Verwaltungs- oder Vertriebsgemeinkostenzuschlagssätze. Sie formulieren auf pauschale Weise einen Zusammenhang zwischen Gemeinkosten und Einzelkosten und gelten im Regelfall über ein konkretes Kalkulationsobjekt hinaus. Zum dritten gehen Sondereinzelkosten in die Kalkulation ein. Dies sind Kosten eines Auftrags oder Projekts, die nicht in den pauschal postulierten Zusammenhang von Einzel- und Gemeinkosten passen. Typische Sondereinzelkosten der Fertigung sind spezielle Werkzeuge, Mess- und Prüfeinrichtungen oder Lizenzen. Sondereinzelkosten des Vertriebs werden für Verpackungen, Frachten, Transportversicherungen und Zölle angesetzt. In der

Abgrenzung von Einzelkosten, die auf die Gemeinkosten wirken und auf die daher die Gemeinkostenzuschlagssätze anzuwenden sind, und Sondereinzelkosten, bei denen dies nicht der Fall ist, liegt eine wichtige Aufgabe des Einzelkostencontrollings.

Zum *Management* von *Einzelkosten* bietet das Einzelkostencontrolling zahlreiche Ansätze. Einzelmaterial- und Fertigungslohnkosten werden im Rahmen der Produktgestaltung festgelegt, indem Stücklisten und Arbeitspläne aufgestellt werden und dieses Mengengerüst durch Beschaffungspreise und Lohnsätze bewertet wird. Demgem. bieten Wertanalysen, Varianten- und Zielkostenrechnungen (→Target Costing) Möglichkeiten, die Kosten- und Erlöskonsequenzen unterschiedlicher Gestaltungsalternativen aufzuzeigen und zu gestalten. →Lebenszykluskostenrechnungen erweitern solche Ansätze auf längerfristige Wirkungen. Kontinuierliche Verbesserungsprozesse (auch Kaizen Costing) ermöglichen vielfach regelmäßige Kostensenkungsvorgaben. Grundlage dafür sind Hypothesen über Erfahrungs- und Lerneffekte bei Fertigungsprozessen, die sowohl die Fertigungszeiten im eigenen Betrieb und damit die Fertigungseinzelkosten als auch die Fertigungszeiten bei Lieferanten und damit die Materialeinzelkosten senken sollen. Weitere Schwerpunkte des Einzelkostencontrolling zielen auf Beschaffungspreise und Lohnkosten. Möglichkeiten bestehen etwa in der Ausnutzung von Mengenrabatten und der Gestaltung von Rahmenvereinbarungen. Da solche Maßnahmen vielfach über einzelne Kalkulationsobjekte hinausreichen, werden sie vielfach durch die Verwendung von Standardkostensätzen von der Kalkulation einzelner Produkte oder Aufträge abgegrenzt. Dies gilt ebenso für die Kostenwirkungen von Beschaffungspreis-, Währungs- oder anderen Risikoabsicherungen (→Risiko- und Chancencontrolling; →Risikomanagementsystem). Dieses Vorgehen betont die Rolle der Standardkostenfestlegung und weist zugleich darauf hin, dass das Controlling von Einzelkosten immer in enger Verbindung mit den übrigen Kosten, den Gemeinkosten, zu beurteilen ist.

Literatur: Coenenberg, A. G.: Kostenrechnung und Kostenanalyse, 5. Aufl., Stuttgart 2003; Riebel, P.: Einzelkosten- und Deckungsbeitragsrechnung, 7. Aufl., Wiesbaden 1994; Schweitzer, M./Küpper, H.-U.: Systeme der Kosten- und Erlösrechnung, 8. Aufl., München 2003.

Clemens Werkmeister

Einzelkostenprinzip →Grundrechnung

Einzelkreditengagement →Engagementprüfung

Einzelprojektcontrolling →Projektcontrolling

Electronic Commerce →E-Commerce

Electronic Data Interchange →Handelscontrolling

Elektrizitätsversorgungsunternehmen

Elektrizitätsversorgungsunternehmen gehören neben den Gasversorgungsunternehmen zu den →Energieversorgungsunternehmen. Diese sind nach § 10 Abs. 1 EnWG unabhängig von ihrer Rechtsform (→Unternehmensformen) verpflichtet, einen JA nach den für KapGes geltenden Vorschriften aufzustellen, nach den §§ 316 ff. HGB prüfen zu lassen (→Jahresabschlussprüfung; →Konzernabschlussprüfung) und offenzulegen (→Offenlegung des Jahresabschlusses). Für kleine Unternehmen i. S. d. § 267 Abs. 1 HGB ergibt sich hieraus jedoch keine Prüfungspflicht (IDW EPS 610.5). Die Auswahl des →Abschlussprüfers muss nach § 319 ff. HGB erfolgen. Für die Prüfung gelten die →Grundsätze ordnungsmäßiger Abschlussprüfung.

Die →Jahresabschlussprüfung umfasst gem. § 10 Abs. 4 EnWG auch die buchhalterische Entflechtung der Tätigkeitsbereiche in der internen Rechnungslegung nach § 10 Abs. 3 EnWG, wonach die ausgeübten Tätigkeiten der Elektrizitätsübertragung und der Elektrizitätsverteilung auf getrennten Konten zu erfassen sind, was einer Vermeidung von Diskriminierung und Quersubventionierung dienen soll. Neben dem Vorhandensein getrennter Konten ist nach § 10 Abs. 4 EnWG auch zu prüfen, ob die Wertansätze und die Kontenzuordnung sachgerecht und nachvollziehbar erfolgt sind und der Grundsatz der →Stetigkeit beachtet worden ist (→Grundsätze ordnungsmäßiger Buchführung, Prüfung der). Die Prüfung von Bilanz und →Gewinn- und Verlustrechnung (GuV) der einzelnen Tätigkeitsbereiche sollte sich auf die ordnungsgemäße Ableitung aus den getrennten Konten und die Beachtung der Vorschriften für KapGes erstrecken (IDW EPS 610.8 und 9). Darüber hinaus ist zu prüfen, ob im →Anhang entsprechend § 10 Abs. 2 EnWG Geschäfte größeren Umfangs mit verbundenen und assoziierten Unternehmen gesondert ausgewiesen wurden. Verstöße gegen die Angabepflicht, die nicht geringfügig sind (→Wesentlichkeit), führen aufgrund der hohen Bedeutung dieser Vorschrift zu einer Einschränkung des →Bestätigungsvermerks (IDW EPS 610.10).

Der →Prüfungsbericht (PrB) ist nach den Grundsätzen des IDW PS 450 zu erstellen. Bei vertikal integrierten Elektrizitätsversorgungsunternehmen ist nach § 10 Abs. 4 Satz 3 EnWG im BestV anzugeben, ob die Vorgaben nach § 10 Abs. 3 EnWG zur Kontentrennung eingehalten worden sind. Über das Ergebnis der Prüfung (→Prüfungsurteil) der Entflechtung der Rechnungslegung muss in einem gesonderten Berichtsabschnitt („Feststellungen zur buchhalterischen Entflechtung") berichtet werden (IDW EPS 610.16) (→Berichtsgrundsätze und -pflichten des Wirtschaftsprüfers). Bei Beanstandungen gegen die Entflechtung ist der BestV einzuschränken.

Literatur: IDW (Hrsg.): IDW Prüfungsstandard: Grundsätze ordnungsmäßiger Berichterstattung bei Abschlussprüfungen (IDW PS 450, Stand: 8. Dezember 2005), in: WPg 59 (2006), S. 113–128; IDW (Hrsg.): Neufassung des Entwurfs IDW Prüfungsstandard: Prüfung von Energieversorgungsunternehmen (IDW EPS 610 n.F., Stand: 12. Mai 2005), in: WPg 58 (2005), S. 676–679.

Marco Meyer

Elektronisches Unternehmensregister
→Publizität; →Registeraufsicht;
→Zwangsgeld

Emanzipationsstrategie →Kapazitätscontrolling

Emissionsagio →Rücklagen

Emittentenleitfaden →Kurs- und Marktpreismanipulationen

Empirische Forschung im Prüfungswesen
Erfahrungswissenschaftliche Ansätze einer →Prüfungstheorie zielen auf das Erkennen und die Gestaltung der Prüfungsrealität ab. Zentrale Aufgabe der empirischen Prüfungsforschung ist es, die Hypothesen einer solchen Theorie (bzw. eines Bezugsrahmens als Theorievorstufe) im Hinblick auf ihren Wahrheitsgehalt zu überprüfen. Diese Überprüfung stützt sich regelmäßig auf empirische Signifikanztests. Zentrale *Gütekriterien* empirischer Forschung sind die interne und die externe Validität.

Die *Forschungsmethoden* lassen sich in Datengewinnung und -auswertung unterscheiden. Typisch für die Datengewinnung im Prüfungswesen sind neben Dokumentenanalysen (z. B. von →Bestätigungsvermerken oder →Prüfungsberichten) vor allem Befragungen und Laborexperimente. Die zuletzt genannten Experimente konfrontieren den Prüfer regelmäßig mit einem hypothetischen Prüfungsszenario (zumeist in Gestalt einer Fallstudie), um das prüferische Verhalten sowie die erarbeiteten Ergebnisse zu beobachten. Eine besondere Form des Laborexperimentes ist die experimentelle Wirtschaftsforschung, welche z. B. den Einfluss der Prüferhaftung (→Haftung des Wirtschaftsprüfers) auf einem experimentellen Markt für Prüfungsleistungen (→Prüfungsmarkt) untersucht. Zur Datenauswertung lassen sich die gängigen Verfahren der beschreibenden (deskriptiven) und schließenden Statistik einsetzen.

Bei der Erforschung des Einflusses der erlangten →Prüfungsnachweise (unabhängige Variable) auf das →Prüfungsurteil (abhängige Variable) erhält die Urteilsfindung Black Box-Charakter. Dieser lässt sich durch auf dem Informationsverarbeitungsansatz beruhende Prozessverfolgungstechniken (z. B. verbale Protokolle) auflösen. Im Prüfungskontext gelangen auch die Pfadanalyse und lineare Strukturgleichungsmodelle zum Einsatz. Weiterhin sind empirische Forschungsmethoden relevant, die sich mit der Untersuchung von Wahrscheinlichkeitsschlüssen beschäftigen: Dabei bestimmt der Prüfer aufgrund von Vorinformationen zunächst eine subjektive Fehlerwahrscheinlichkeit (Anker) und passt diese aufgrund weiterer Informationsbeschaffungsaktivitäten (Erlangung weiterer Prüfungsnachweise) kontinuierlich an, bis das Abbruchkriterium (geforderte Prüfungssicherheit) erreicht ist (Belief Adjustment-Modell).

Der Bestand an empirischen Studien mit Bezug zum Prüfungswesen ist hoch. Es ist davon auszugehen, dass derzeit mehr als 1.000 Studien vorliegen. Der Entwicklung einer Prüfungstheorie förderlich ist die Herausbildung von *Bezugsrahmen* und die Systematisierung der vorliegenden empirischen Studien entlang der im Bezugsrahmen herausgearbeiteten Untersuchungskategorien (Ruhnke 2000, S. 263–288). Eine zentrale Kategorie stellt der →Prüfungsprozess dar. Als weitere Kategorien, die sich zumeist weiter untergliedern lassen, kommen in Betracht: Beteiligte Akteure, Prüfungsstunden, Prüfungskosten und →Prüfungshonorare, Normenverstöße (→Prüfungsnormen), Markt für Prüfungsleistungen und Prüfungsumfeld, Nutzen von Abschlussprüfungen, Beurteilung der →Prüfungsqualität, Prüfungsansatz (→risikoorientierter Prüfungsansatz) und Strukturvorgaben sowie Prüfungstechniken und -handlungen (→Buchführungstechnik und Prüfungsmethoden; →Auswahl von Prüfungshandlungen). Im Folgenden werden beispielhaft wesentliche empirische Forschungsergebnisse zu ausgewählten Kategorien dargestellt (zu den nachstehend skizzierten Ergebnissen s. Lenz 2002, Sp. 628–646 m.w.N.; Ruhnke 2000, S. 288–433).

(1) Der *Prüfungsprozess* lässt sich wie folgt skizzieren: Ausgehend von den Vorinformationen wird eine Urteilshypothese generiert und durch die Suche nach weiteren Prüfungsnachweisen überprüft. Der Suchprozess ist zu beenden, wenn durch Aggregation der Prüfungsnachweise das Abbruchkriterium erreicht wurde; anschließend ist das Prüfungsurteil zu formulieren. Diese kognitiven Kategorien unterliegen wiederum Verzerrungen (Problemlösungsanomalien), welche sich vereinfacht als empirisch beobachtete (systematische) Abweichungen von der erwarteten rationalen Problemlösung kennzeichnen lassen. Einen engen Zusammenhang zum Problemlösungsmodell weist weiterhin die Lernumgebung (z. B. Feedback-Prozesse) auf.

Empirische Belege sprechen dafür, dass der Prüfer seine erstmals gebildete Urteilshypothese oftmals in Abhängigkeit von bekannten Fehlerhäufigkeiten (Häufigkeitseffekte), vor kurzem aufgetretenen Fehlern (Neuheitseffekte) sowie Schwachstellen mit hohem Fehlerpotenzial formuliert. Aufgaben- und branchenspezifisches Wissen erhöht die Wahrscheinlichkeit einer korrekten Urteilshypothesenformulierung. Der Prüfer sucht häufig nach Prüfungsnachweisen, welche die zuvor formulierte Urteilshypothese bestätigen (Bestätigungseffekte) und konzentriert sich dabei auf leicht verfügbare Informationen (Verfügbarkeitseffekte). Die Überlegungen hinsichtlich der Aggregation der Prüfungsnachweise lassen sich durch das Belief Adjustment-Modell präzisieren und auf diese Weise in Laborexperimenten empirisch erkunden. Dabei ist u. a. festzustellen, dass die zuletzt erlangten Prüfungsnachweise den Überzeugungsgrad der gebildeten Urteilshypothese regelmäßig stärker beeinflussen (Neuheitseffekte); dieser Effekt wird bei stärkerer Vertrautheit des Prüfers mit der Aufgabe zumindest gemildert. In einigen →Prüffeldern zeigt der Ankereffekt ein gewisses Verharren auf den Vorinformationen, d.h. neue Prüfungsnachweise gleichen den bisher gebildeten Überzeugungsgrad zwar in die richtige Richtung an, jedoch nehmen diese Anpassungen insgesamt ein zu geringes Ausmaß ein. Weiterhin erfährt der Überzeugungsgrad weniger starke Anpassungen, wenn die Beweise nicht sukzessive, sondern simultan verarbeitet werden (Minderungseffekte). Insgesamt sprechen die empirischen Belege dafür, dass das Vorgehen des Prüfers in hohem Maße in Abhängigkeit von der zu bearbeitenden Prüfungsaufgabe (Prüffeld) variiert; dies würde dafür sprechen, aufgabenbezogene Prüfungstheorien zu bilden.

(2) Die direkt auf den →*Prüfungsmarkt* bezogenen Studien untersuchen oftmals die *Konzentration* und die *Wettbewerbsverhältnisse*. Insgesamt zeigt sich eine hohe Konzentration mit bestehender Branchenspezialisierung. Empirische Belege liegen auch zu den auf den Prüfer bezogenen *Sanktionen* sowie die →*Haftung* des Wirtschaftsprüfers vor. Dabei ist z. B. zu vermuten, dass eine proportionale (verschuldensabhängige) einer gesamtschuldnerischen prüferischen Haftung vorzuziehen ist. Hierfür sprechen u. a. die bei einem gesamtschuldnerischen Haftungsregime verstärkt feststellbaren rechtfertigungsorientierten →Prüfungsstrategien, welche weniger eine hohe Prüfungsqualität, sondern vielmehr primär eine mögliche Rechtfertigung des Prüfungsurteils vor Gericht im Auge haben. Weiterhin besitzt die Prüfung bei einem gesamtschuldnerischen Haftungsregime eine Versicherungsfunktion; hierfür spricht u. a., dass die Prüfungshonorare bei Kontrolle (→Kontrolltheorie) anderer Einflussfaktoren mit Zunahme des mandantenspezifischen Risikos systematisch steigen.

Des Weiteren existiert eine Vielzahl empirischer Studien zur Wahl des Abschlussprüfers (→Bestellung des Abschlussprüfers) und zum Prüferwechsel: Beispielsweise ist tendenziell feststellbar, dass Mandanten bei einem Börsengang mit zunehmender Größe und Komplexität sowie mit höheren spezifischen Risiken verstärkt eine große Prüfungsgesellschaft (→ Revisions- und Treuhandbetriebe) mit hoher wahrgenommener Prüfungsqualität wählen, um die Agency-Kosten (→ Principal-Agent-Theorie) zu reduzieren. Empirisch belegen lässt sich auch die Existenz einer →Erwartungslücke. Andere empirische Studien versuchen nachzuweisen, ob das gleichzeitige Angebot von Prüfungs- und Beratungsleistungen bei einem Mandanten die Unabhängigkeit des Prüfers (→ Unabhängigkeit und Unbefangenheit des Wirtschaftsprüfers) beeinträchtigt. Befragungen sprechen fast ausnahmslos dafür, dass ein hoher Beratungsanteil die wahrgenommene Unabhängigkeit beeinträchtigt.

(3) *Nutzen* besitzt eine Abschlussprüfung (→ Jahresabschlussprüfung; → Konzernabschlussprüfung) dann, wenn der Prüfungsgegenstand seiner Natur nach für den Entscheidungsträger relevant und fehleranfällig ist. Weiterhin muss eine Prüfung geeignet sein, Fehler aufzudecken und zu korrigieren oder hierüber zu berichten; ein weiterer Nutzeffekt kann in der Eignung einer Prüfung begründet liegen, Fehler von vornherein zu verhindern. Nutzen geht von einer Prüfung auch dann aus, wenn die geprüften Informationen einen Beitrag zur Prognose (→ Prognoseinstrumente) künftiger Unternehmensentwicklungen leisten. Der auf diese Weise erfasste Nutzen muss die Prüfungskosten übersteigen. Weiterhin lässt sich der Nutzen von Prüfungen über das tatsächliche Entscheidungsverhalten der Empfänger von Prüfungsinformationen (z. B. Entscheidungen der Eigen- und Fremdkapitalgeber) sowie über eine freiwillige Nachfrage nach Prüfungsleistungen (→ freiwillige und vertragliche Prüfung) belegen (s. hierzu sowie zu den nachstehend angesprochenen empirischen Ergebnissen Ruhnke 2003, S. 251–280).

Dieses Beziehungsgeflecht mit Bezugsrahmencharakter gilt es empirisch zu erkunden: Beispielsweise zeigt sich, dass Jahresabschlüsse in hohem Maße fehleranfällig sind. Die Fehleraufdeckungskraft von Abschlussprüfungen ist hoch; dies lässt sich z. B. durch die vom Prüfer beim Mandanten veranlassten Korrekturbuchungen belegen. Der Effekt der Fehlerprophylaxe ist empirisch nachweisbar, indem man auf einem experimentellen Markt untersucht, inwieweit Abschlusseller ihr Verhalten in Abhängigkeit davon variieren, ob ihnen eine anschließende Prüfung bevorsteht oder nicht; hier sprechen auf ähnliche Situationen bezogene empirische Studien für eine prophylaktische Wirkung. Bzgl. des tatsächlichen Entscheidungsverhaltens der Empfänger von Prüfungsinformationen ist z. B. in Bezug auf den BestV festzustellen, dass der Kapitalmarkt signifikant auf ein unerwartet nicht uneingeschränkt erteiltes Testat reagiert und dass geprüfte Jahresabschlüsse die Vergabe von Krediten nebst den Kreditvergabekonditionen beeinflussen (→ Kreditwürdigkeitsprüfung; →Rating). Auch für eine freiwillige Nachfrage nicht prüfungspflichtiger Unternehmen gibt es empirische Belege; diese Nachfrage verstärkt sich z. B. mit zunehmender Größe, mit zunehmendem Verschuldungsgrad sowie mit einer zunehmenden Existenz von Risikofaktoren.

Literatur: Lenz, H.: Empirische Forschung in der Prüfung, in: Ballwieser, W. et al. (Hrsg.): HWRP, 3. Aufl., Stuttgart 2002, Sp. 628–646; Ruhnke, K.: Normierung der Abschlußprüfung, Stuttgart 2000; Ruhnke, K.: Nutzen von Abschlussprüfungen: Bezugsrahmen und Einordnung empirischer Studien, in: ZfB 73 (2003), S. 250–280.

Klaus Ruhnke

Endergebniskontrolle →Realisationskontrolle

Endkostenstellen →Kostenstellenrechnung

Endwertmethode →Wirtschaftlichkeitsberechnungen

Energieversorgungsunternehmen

Energieversorgungsunternehmen (EVU) sind natürliche oder juristische Personen, die andere mit Energie versorgen, ein Energieversorgungsnetz betreiben oder an einem Energieversorgungsnetz als Eigentümer Verfügungsbefugnis besitzen (§ 13 EnWG). Hierbei wird unter *Energie* Elektrizität und Gas verstanden, soweit sie zur leitungsgebundenen Energieversorgung verwendet werden (§ 3 Nr. 14 EnWG). Unter *Energieversorgungsnetze* fallen Elektrizitäts- und Gasversorgungsnetze über alle Spannungsebenen (§ 3 Nr. 16 EnWG).

EVU haben unabhängig von ihrer Rechtsform (→Unternehmensformen) einen *JA* nach den für KapGes geltenden Vorschriften des HGB aufzustellen, prüfen zu lassen (→Jahresabschlussprüfung) und offen zu legen (→Offenlegung des Jahresabschlusses).

Vertikal integrierte EVU i. S. v. § 3 Nr. 38 EnWG haben darüber hinaus nach § 10 Abs. 3 Satz 1 EnWG für jede ihrer Tätigkeiten in den Bereichen Elektrizitätsübertragung, Elektrizitätsverteilung, Gasfernleitung, Gasverteilung, Gasspeicherung und Betrieb von LNG-Anlagen gesonderte Konten zu führen, als wenn diese Tätigkeiten von rechtlich selbständigen Unternehmen ausgeführt würden (sog. *Unbundling*). Für zusätzlich durchgeführte Tätigkeiten können die Konten jeweils für den Elektrizitätsbereich, den Gasbereich und die übrigen Bereiche zusammengefasst werden (§ 10 Abs. 3 Sätze 3 und 4 EnWG). Für jeden dieser Tätigkeitsbereiche ist eine den HGB-Vorschriften entsprechende sog. *Aktivitäten-Bilanz* und *Aktivitäten-Gewinn- und Verlustrechnung* aufzustellen. Diese sind auch im Rahmen der Durchführung der →Jahresabschlussprüfung zu beurteilen (§ 10 Abs. 4 EnWG).

Gegenstand der Prüfung ist auch die Richtigkeit der *Angaben im* →*Anhang* über bestimmte Geschäfte gem. § 10 Abs. 2 EnWG. Der →Abschlussprüfer (APr) hat sich davon zu überzeugen, dass die erforderlichen organisatorischen und abrechnungstechnischen Voraussetzungen geschaffen worden sind, um eine zutreffende Darstellung der angabepflichtigen Geschäfte zu gewährleisten (IDW PS 610.10).

Weitere Besonderheiten bei der Durchführung einer Jahresabschlussprüfung (→Auftragsdurchführung) bei EVU ergeben sich u. a. aus den Bereichen Verbrauchsabgrenzung, Bauzuschüsse (→Zuschüsse) und Konzessionsabgabe sowie der Gesellschafterstruktur.

Für eine Vielzahl ihrer Tarifkunden messen die Versorgungsunternehmen den Verbrauch an Energie nicht genau am Bilanzstichtag, sondern zu verschiedenen Zeitpunkten während des Jahres. Deshalb sind geeignete Schätzverfahren anzuwenden, um zum Ende des Geschäftsjahres die korrekte *Verbrauchsabrechnung* zwischen Ablese- und Bilanzstichtag durchzuführen.

Darüber hinaus gibt es aufgrund allgemeiner Lieferbedingungen die Verpflichtung der Empfänger von Versorgungsleistungen, für den Anschluss an das Versorgungsnetz *Bauzuschüsse* an die Versorgungsunternehmen zu zahlen. Diese Bauzuschüsse sind zu passivieren und über die →Nutzungsdauer der entsprechenden →Vermögensgegenstände erfolgswirksam aufzulösen oder aktivisch von den →Anschaffungskosten (AK) der Vermögensgegenstände abzuziehen.

Konzessionsabgaben sind von den Energie- und Wasserversorgungsunternehmen an die jeweiligen Gebietskörperschaften für die Benutzung öffentlicher Wege zur Verlegung der Versorgungsleitungen zu zahlen sowie für das Recht, den Letztverbraucher unmittelbar versorgen zu dürfen.

Schließlich sind Besonderheiten bei der Rechnungslegung und Prüfung von EVU darauf zurückzuführen, dass es sich bei der Mehrheit dieser Betriebe um *Wirtschaftsbetriebe der öffentlichen Hand*, insb. in privater Rechtsform oder Eigenbetriebe (→öffentliche Unternehmen) handelt. Dadurch sind bei der Prüfung dieser Unternehmen neben den Vorschriften des Handels- und Gesellschaftsrechts ergänzende Bestimmungen aus dem Haushaltsrecht sowie für die kommunalen Betriebe und Einrichtungen aus den Gemeindeordnungen, dem Eigenbetriebsrecht und den kommunalrechtlichen Prüfungsvorschriften zu berücksichtigen. Im Wesentlichen handelt es sich bei diesen ergänzenden rechtlichen Vorschriften um Vorschriften aus dem →Haushaltsgrundsätzegesetz (HGrG), der Bundeshaushaltsordnung (BHO) und den verschiedenen Haushaltsordnungen der Länder und Gemeinden (→Bundes- und Landeshaushaltsordnung) sowie den Eigenbetriebsgesetzen, den Eigenbetriebsverordnungen und den Kommunalprüfungsgesetzen. Hieraus ergeben sich u. a. die folgenden ergänzenden Rechnungslegungs-, Berichts- und Prüfungspflichten:

- Der JA und der →Lagebericht sind unabhängig von der tatsächlichen →Größenklasse gem. § 267 HGB nach den Vorschriften des HGB für große KapGes aufzustellen.

- Neben der Erstellung eines Jahresabschlusses und eines Lageberichts ist auch ein Wirtschaftsplan, bestehend aus einem Erfolgs- und einem Vermögensplan (→Planung) sowie einer Stellenübersicht und ein mehrjähriger Finanzplan (→Finanzplanung) zu erstellen.

- Bei Eigenbetrieben sind darüber hinaus i. d. R. Formblätter für die Bilanz und die

→Gewinn- und Verlustrechnungen (GuV) zu beachten sowie für den Anlagennachweis. Die Gliederung entspricht im Wesentlichen den Vorschriften der §§ 266 und 275 des HGB (→Gliederung der Bilanz; →Gliederung der Gewinn- und Verlustrechnung), erfordern i. d. R. jedoch eine tiefere Gliederung.

- Des Weiteren sind →Forderungen und →Verbindlichkeiten gegenüber der Gemeinde gesondert auszuweisen.
- Darüber hinaus haben Eigenbetriebe eine Erfolgsübersicht zu erstellen, in der die →Aufwendungen und Erträge jeweils nach Sparten darzustellen sind.
- Eine Körperschaft kann bei einer Beteiligungsquote von mehr als 50% von dem beteiligten Versorgungsunternehmen gem. § 53 Abs. 1 HGrG verlangen, dass dieses die Ordnungsmäßigkeit der Geschäftsführung prüfen lässt (→Geschäftsführungsprüfung). In diesem Fall hat der APr folgende Sachverhalte ergänzend in seinem →Prüfungsbericht (PrB) darzustellen:
  - die Entwicklung der →Vermögenslage und →Ertragslage sowie die Liquidität (→Liquiditätskennzahlen) und Rentabilität (→Rentabilitätsanalyse) der Gesellschaft,
  - verlustbringende Geschäfte und die Ursachen der Verluste sowie
  - die Ursachen eines in der GuV ausgewiesenen Jahresfehlbetrags (→Jahresergebnis).

Die Erteilung des →Bestätigungsvermerks richtet sich grundsätzlich nach dem IDW PS 400 sowie – soweit zutreffend – nach dem IDW PH 9.400.3. Bei Unternehmen, die zu einem vertikal integrierten EVU verbunden sind, ist im BestV auch anzugeben, ob die Vorgaben zur buchhalterischen Entflechtung in der internen Rechnungslegung eingehalten wurden.

Literatur: IDW (Hrsg.): IDW Prüfungshinweis: Zur Erteilung des Bestätigungsvermerks bei kommunalen Wirtschaftsbetrieben (IDW PH 9.400.3, Stand: 10. April 2000), in: WPg 53 (2000), S. 526–527; IDW (Hrsg.): IDW Prüfungsstandard: Grundsätze für die ordnungsmäßige Erteilung von Bestätigungsvermerken bei Abschlussprüfungen (IDW PS 400, Stand: 28. Oktober 2005), in: WPg 58 (2005), S. 1382–1402; IDW (Hrsg.): IDW Prüfungsstandard: Prüfung von Energieversorgungsunternehmen (IDW PS 610, Stand: 1. März 2006), in: WPg 59 (2006a), S. 533–536; IDW (Hrsg.): IDW Stellungnahme zur Rechnungslegung: Rechnungslegung von Energieversorgungsunternehmen nach dem Energiewirtschaftsgesetz (IDW RS ÖFA 2, Stand: 14. Februar 2006), in: WPg 59 (2006b), S. 465–469; IDW (Hrsg.): WPH 2006, Band I, 13. Aufl., Düsseldorf 2006c.

Hans-Jochen Lorenzen

Enforcementsystem in Deutschland

Enforcementsystem in Deutschland bedeutet die Gesamtheit der Prozesse, die im deutschen Rechtssystem der Durchsetzung einer den einschlägigen Normen entsprechenden Rechnungslegung dienen. Hierzu gehören im Fall der börsennotierten AG (→Aktiengesellschaft, Prüfung einer) primär die Überprüfung der Rechnungslegung durch den AR (§ 171 AktG) (→Überwachungsaufgaben des Aufsichtsrats), den →Abschlussprüfer (APr) (§ 316 HGB) (→Jahresabschlussprüfung; →Konzernabschlussprüfung) und das Registergericht (§ 329 HGB) (→Registeraufsicht), die Nichtigkeits- bzw. Anfechtungsklagemöglichkeit der Aktionäre (§§ 256, 257 AktG), die Überwachung der Rechnungslegung durch die →Börsenaufsicht (z. B. § 50 Abs. 2 BörsO) sowie über die Grundsätze der Maßgeblichkeit (→Maßgeblichkeitsprinzip) und der umgekehrten Maßgeblichkeit (→Maßgeblichkeit, umgekehrte) auch die steuerliche →Außenprüfung (s. ausführlich Tielmann 2001, S. 37 ff.). Durch das BilKoG vom 15.12.2004 ist die Prüfung durch von staatlicher Seite beauftragte zentrale Instanzen hinzugekommen. Teilweise wird allein diese letztgenannte Komponente als Enforcement bezeichnet.

Auslöser für die Einrichtung eines staatlich beauftragten Enforcement waren die Bilanzskandale der jüngeren Vergangenheit (→Wirtschaftskriminalität). Vor ihrem Hintergrund wurde eine nur eingeschränkte Wirksamkeit der bestehenden Enforcementmaßnahmen bzgl. der Abschreckungswirkung (Präventivfunktion) und Sicherstellung einer zeitnahen Fehlerkorrektur (Korrektivwirkung) konstatiert (Hütten 2003, S. 125 f. m.w.N.) und zur Stärkung des Anlegervertrauens eine zusätzliche zentrale Enforcementinstanz propagiert. Die Bundesregierung nahm die Thematik in ihren Maßnahmenkatalog zur Stärkung der Unternehmensintegrität und des Anlegerschutzes (→Zehn-Punkte-Programm der Bundesregierung) auf (Bundesregierung 2003, Abschn. 6) und leitete ein Gesetzgebungsverfahren zur Einrichtung einer solchen Enforcementinstanz ein. An seinem Ende stand ein Kompromiss zwischen den als Vorbildern dienenden zentralen Enforcementeinrichtungen der USA [→Securities and Exchange Commission (SEC): staatliche Einrichtung)] und Großbritanniens (FRRP: privatrechtliche Einrichtung).

Das Enforcementverfahren nach dem BilKoG ist zweistufig, wobei auf der ersten Stufe eine von der Bundesregierung beauftragte privatrechtliche Einrichtung (Prüfstelle) und auf der zweiten Stufe die →Bundesanstalt für Finanzdienstleistungspflicht (BaFin) als staatliche Einrichtung für die Überprüfung zuständig ist. Das Verfahren ist beschränkt auf die Jahres- und Konzernabschlüsse sowie →Lageberichte und →Konzernlageberichte von in- und ausländischen Unternehmen, deren Wertpapiere an einer deutschen Börse im amtlichen oder geregelten Markt zugelassen sind (s. ausführlich Gelhausen/Hönsch 2005, S. 512 f.). Geprüft wird, ob die geprüften Unterlagen den gesetzlichen Vorschriften – einschl. GoB (→Grundsätze ordnungsmäßiger Buchführung, Prüfung der) – oder den sonstigen gesetzlich zugelassenen Rechnungslegungsstandards entsprechen (§§ 342b Abs. 2 HGB, 37n WpHG). Das Enforcementverfahren findet nicht statt, solange eine Klage auf Nichtigkeit gem. § 256 Abs. 7 AktG anhängig ist oder wenn nach § 142 Abs. 1 und 2 HGB oder § 258 Abs. 1 AktG ein Sonderprüfer (→Sonderprüfungen, aktienrechtliche) bestellt worden ist.

Um als Prüfstelle von der Bundesregierung beauftragt zu werden, muss eine Einrichtung aufgrund ihrer Satzung, personellen Zusammensetzung und Verfahrensordnung eine unabhängige sachverständige und vertrauliche Prüfung mit festgelegtem Verfahrensablauf gewährleisten (§ 342b Abs. 1 HGB). Als zuständige privatrechtlich organisierte Einrichtung hat das *BMJ* im März 2005 die →*Deutsche Prüfstelle für Rechnungslegung (DPR)* mit Sitz in Berlin anerkannt. Die *DPR* ist ein auf Initiative und unter Führung des *BMJ* von 15 Berufs- und Interessenvertretungen [u. a. BDI, BDB, DGB, →*Deutsches Rechnungslegungs Standards Committee e.V. (DRSC)*, →*Wirtschaftsprüferkammer (WPK)*, →*Institut der Wirtschaftsprüfer in Deutschland e.V. (IDW)*] gegründeter Verein (s. ausführlich Zülch 2005a, S. 565 ff.). Die *DPR* umfasst vier Organe: die für die Prüfungshandlungen zuständige Prüfstelle, den Vereinsvorstand, die Vereinsmitgliederversammlung sowie den für die personelle Besetzung der Prüfstelle zuständigen Nominierungsausschuss. Der Präsident, der Vizepräsident sowie die mindestens drei weiteren Mitglieder der Prüfstelle müssen laut *DPR*-Satzung Rechnungsleger sein und über ausreichende Erfahrung insb. mit den →International Financial Reporting Standards (IFRS) verfügen. Sie führen ihre Prüfungen hauptamtlich und weisungsunabhängig durch.

Die Prüfstelle leitet ein Prüfungsverfahren einerseits reaktiv bei Vorliegen von Anhaltspunkten für Rechnungslegungsverstöße oder auf Verlangen der *BaFin* und andererseits proaktiv ohne besonderen Anlass (stichprobenartige Prüfung) ein. Die Mitwirkung des betroffenen Unternehmens ist freiwillig, die Prüfstelle hat keine Auskunftsrechte. Ergibt eine Prüfung, dass die Rechnungslegung ordnungsgemäß ist, informiert die Prüfstelle das geprüfte Unternehmen und die *BaFin* über das Prüfungsergebnis. Das Prüfungsverfahren ist damit i. d. R. abgeschlossen. Stellt die Prüfstelle einen Fehler fest, teilt sie diesen mit Begründung dem betroffenen Unternehmen mit und gibt diesem die Gelegenheit zur Stellungnahme (§ 342b Abs. 5 HGB). Ist das Unternehmen mit der Fehlerfeststellung einverstanden, informiert die Prüfstelle die *BaFin*, die den Fehler amtlich feststellt und anordnet, dass das Unternehmen den Fehler samt den wesentlichen Teilen der Begründung der Feststellung unverzüglich im elektronischen BAnz. sowie entweder in einem überregionalen Börsenpflichtblatt oder über ein Informationsverbreitungssystem i. S. d. § 15 Abs. 3 Satz 1 Nr. 2 WpHG bekannt zu machen hat (§ 37q Abs. 2 WpHG). Diese Anordnung unterbleibt, wenn an einer Veröffentlichung (→Publizität) kein öffentliches Interesse besteht oder die Veröffentlichung geeignet ist, den berechtigten Interessen des geprüften Unternehmens zu schaden. Ist das geprüfte Unternehmen mit der Fehlerfeststellung nicht einverstanden, erstattet die Prüfstelle der *BaFin* Bericht und übergibt ihr den Fall. Gleiches gilt, wenn ein Unternehmen bei der Prüfung nicht mitwirkt und der Prüfstelle erbetene Auskünfte oder Unterlagen verweigert.

Auf der zweiten Verfahrensstufe wird die *BaFin* tätig. Sie führt Prüfungen durch, wenn ihr die Prüfstelle ein Verfahren übergeben hat oder wenn erhebliche Zweifel an der Richtigkeit des Prüfungsergebnisses der Prüfstelle oder an der ordnungsgemäßen Durchführung der Prüfung durch die Prüfstelle bestehen. Der *BaFin* stehen gegenüber dem geprüften Unternehmen und dessen APr ein Recht auf Auskunft und Vorlage von Unterlagen zu (§ 37o Abs. 4 WpHG). Sie kann sich bei der Prüfung der Prüfstelle sowie anderer Einrichtungen und Personen, wie z. B. WPGes (→Revisions- und Treuhandbetriebe), bedienen. Kommt die *BaFin* zu dem Ergebnis, dass kein Rechnungslegungsfehler vorliegt, stellt sie das Prüfungsverfahren ein. Andernfalls stellt sie wie oben ausgeführt den Fehler fest und ordnet seine Veröffentlichung an (§ 37q Abs. 2 WpHG). Gegen solche Verfügungen der *BaFin* sind Widerspruch und Beschwerde statthaft, die jedoch keine aufschiebende Wirkung haben (§§ 37t, 37u WpHG).

Abgesehen von der Fehlerveröffentlichung verhängen weder die *BaFin* noch die Prüfstelle Sanktionen gegen Unternehmen, Unternehmensorganmitglieder oder APr. Sie können auch keine Fehlerkorrektur fordern. Allerdings erstatten sie bei Verdacht einer Straftat im Zusammenhang mit der Rechnungslegung der zuständigen Behörde Anzeige. Tatsachen, die auf das Vorliegen einer Berufspflichtverletzung durch den APr schließen lassen, übermitteln sie der *WPK* (→Berufsaufsicht für Wirtschaftsprüfer, national), Tatsachen, die auf Verstöße gegen börsenrechtliche Vorschriften schließen lassen, zeigt die *BaFin* der zuständigen Börsenaufsichtsbehörde an (§§ 342b Abs. 8 HGB, 37r WpHG).

Zur Deckung der Kosten der Prüfstelle und der allgemeinen Enforcement-Kosten der *BaFin* wird von den prüfungspflichtigen Unternehmen eine Umlage erhoben (s. hierzu Zülch 2005b, S. 7). Die individuellen →Kosten einer Prüfung auf der zweiten Verfahrensstufe werden dagegen vom geprüften Unternehmen getragen, sofern das Prüfungsergebnis der *BaFin* nicht zu Gunsten des Unternehmens vom Ergebnis der Prüfstelle abweicht (§§ 17d, 17c FinDAG).

Die Enforcement-Prüfungen betreffen erstmals die Rechnungslegung von am 31.12.2004 oder später endenden Geschäftsjahren. Die Prüfstelle führt seit dem 1.6.2005 Prüfungen durch (§ 56 EGHGB).

Literatur: Bundesregierung der BRD: Maßnahmenkatalog der Bundesregierung zur Stärkung der Unternehmensintegrität und des Anlegerschutzes vom 25.2.2003, http://www.bundesregierung.de/Anlage 469122/Der-vollstaendige-Massnahmenkatalog.pdf (Download: 9. November 2005); Gelhausen, H. F./ Nönsch, H.: Das neue Enforcement-Verfahren für Jahres- und Konzernabschlüsse, in: AG 50 (2005), S. 511–529; Hütten, C.: Qualitätssteigerung der Finanzberichterstattung durch Einführung einer Enforcement-Institution?, in: Freidank, C.-C./Schreiber, O. R. (Hrsg.): Corporate Governance, Internationale Rechnungslegung und Unternehmensanalyse im Zentrum aktueller Entwicklungen, Hamburg 2003, S. 123–158; Tielmann, S.: Durchsetzung ordnungsmäßiger Rechnungslegung, Düsseldorf 2001; Zülch, H.: Die Deutsche Prüfstelle für Rechnungslegung DPR e.V. – Organisation und Prüfungsverfahren, in: StuB 7 (2005a), S. 565–570; Zülch, H.: Das deutsche Enforcement-Modell des Bilanzkontrollgesetzes – Ausgestaltung und Implikationen für Rechnungslegung und Abschlussprüfung, in: StuB 7 (2005b), S. 1–9.

Christoph Hütten

Enforcementsysteme

Unter Enforcement wird grundsätzlich die Durchsetzung einer ordnungsgemäßen Anwendung gesetzlicher Rechnungslegungsvorschriften bzw. sonstiger durch das Gesetz zugelassener Rechnungslegungsnormen verstanden. Das Enforcement soll präventiv wesentlichen →Unregelmäßigkeiten möglichst im Rahmen der Erstellung von Jahresabschlüssen entgegenwirken. Sind trotz der Präventivfunktion noch wesentliche Unrichtigkeiten und Verstöße in den veröffentlichten Jahresabschlüssen enthalten, sollen diese aufgedeckt, korrigiert und sanktioniert werden.

Hinsichtlich der Organisationsform kann es sich bei einer Enforcement-Einrichtung um eine privatwirtschaftliche (z. B. das *FRRP* in Großbritannien), öffentlich-rechtliche Einrichtung [z. B. die →*Securities and Exchange Commission (SEC)* in den USA] oder um eine Kombination aus beidem [z. B. →*Deutsche Prüfstelle für Rechnungslegung (DPR)* und →*Bundesanstalt für Finanzdienstleistungsaufsicht (BaFin)* in Deutschland] handeln. Bei dem Kombinationsmodell (zweistufiges Enforcement) wird die (Vor-) Prüfung der Rechnungslegung einem privaten Gremium überlassen, während die Rolle der Sanktionsinstanz der Behörde zukommt (Böcking 2003, S. 695). Eine Überwachungsinstanz wird personell mit kompetenten und unabhängigen Fachleuten besetzt, die ihre Tätigkeit ehrenamtlich und/oder hauptamtlich ausüben.

Die Zuständigkeit einer Enforcement-Instanz ist i. d. R. auf kapitalmarktorientierte Unternehmen begrenzt und erstreckt sich somit nicht auf alle rechnungslegungspflichtigen Unternehmen. Als Prüfungsgegenstand kommen grundsätzlich der JA und Konzernabschluss sowie der zugehörige →Lagebericht bzw. →Konzernlagebericht in Frage. Die Prüfung kann auch andere Berichte umfassen (z. B. →Zwischenberichterstattung). Die Prüfung kann die Rechnungslegung des letzten Geschäftsjahres oder weiter zurückliegender Jahre betreffen. Das Enforcement kann grundsätzlich sämtliche relevanten Rechnungslegungssysteme betreffen [landesspezifische Vorschriften, →International Financial Reporting Standards (IFRS); →United States Generally Accepted Accounting Principles (US GAAP)]. Das Enforcement ist nicht auf nationale Territorien beschränkt, denn die Enforcement-Instanzen der einzelnen Staaten kooperieren grundsätzlich weltweit. Die internationale Zusammenarbeit vollzieht sich insb. im Rahmen der *IOSCO* und des *CESR*.

Der →Abschlussprüfer (APr) trifft bereits im Rahmen der Abschlussprüfung (→Jahresabschlussprüfung; →Konzernabschlussprüfung) ein unabhängiges Urteil über die Rechnungslegung (→Prüfungsurteil). Die Tätigkeit des Abschlussprüfers ist nicht unmittelbar Untersuchungsgegenstand der Enforcement-Einrichtung. Weichen allerdings die Feststellungen der Enforcement-Instanz von dem →Bestätigungsvermerk (BestV) ab, wird das Wirtschaftsprüfergremium [→*Wirtschaftsprüferkammer (WPK)*] informiert, das ggf. ein Berufsaufsichtsverfahren (→Berufsaufsicht für Wirtschaftsprüfer, national) einleitet.

Eine Enforcement-Stelle kann ohne besonderen Anlass (proaktiv) und/oder auf Grund konkreter Anhaltspunkte (reaktiv) tätig werden. Eine Prüfung ohne Verdacht kann systematisch oder auf Basis von Zufallsstichproben (→Stichprobenprüfung) erfolgen und sich auf die Bilanzierung, Bewertung sowie die Angaben beziehen. Die Auswahl von Berichten kann aufgrund finanzieller und anderer Faktoren vorgenommen werden [z. B. Red Flags, Anzahl der noch unbearbeiteten Dokumente, Größe und Wirtschaftszweig des Unternehmens, auffällige Veränderungen von Bilanzkennzahlen (→Kennzahlen und Kennzahlensysteme als Kontrollinstrument) und Zeitpunkt der letztmaligen Überprüfung]. Ein konkreter Anlass für eine Prüfung kann sich bspw. durch Presseberichte oder Hinweise von Informanten (z. B. Whistle-Blower) ergeben. Die Intensität der Prüfung kann variieren und von der Überprüfung einzelner Positionen bis zur Prüfung des gesamten Jahresabschlusses reichen. Es wird allerdings keine Vollprüfung (→lückenlose Prüfung) durchgeführt. Liegen Anhaltspunkte für eine Regelverletzung vor, leitet die Enforcement-Instanz eine Untersuchung ein. Eine private Instanz leitet das Untersuchungsverfahren i. d. R. durch ein Schreiben an die Unternehmensführung ein, um einen Sachverhalt aufzuklären. Eine Behörde kann die Untersuchung hingegen mit einem unangemeldeten Besuch oder einer Anforderung zur Einsicht von Dokumenten innerhalb eines bestimmten Zeitraums beginnen (Kiefer 2003, S. 152–155).

Bei einer privaten Instanz wird das Ergebnis der Untersuchung in Abstimmung mit dem Unternehmen festgestellt. Zeigt sich das Unternehmen im Rahmen eines zweistufigen Enforcements mit dem Ergebnis, z. B. einem aufgedeckten Fehler, nicht einverstanden, wird der Fall von der staatlichen Enforcement-Institution übernommen. Eine staatliche Enforcement-Stelle entscheidet je nach Unregelmäßigkeit über die Einleitung eines Rechtsverfahrens [Einleitung eines Verwaltungsverfahrens (z. B. Feststellung und Anordnung zur Bekanntmachung eines Fehlers) und/oder Übertragung des Falls an ein Zivilgericht und/oder Beantragung eines strafrechtlichen Verfahrens]. Der Beschluss über die Einleitung eines Rechtsverfahrens hängt u. a. von der Art und Wesentlichkeit der Unregelmäßigkeit ab. Die Korrektur eines aufgedeckten Fehlers bestimmt sich grundsätzlich nach den einschlägigen Rechnungslegungsnormen.

Ein privates Gremium ist im Rahmen seiner Untersuchungen auf die Kooperationsbereitschaft der betroffenen Unternehmen angewiesen. Es hat weder ein Auskunftsrecht noch die Berechtigung, etwaige Dokumente zur Beweiserhebung einzusehen. Außerdem darf es keine Zeugen vernehmen. Eine staatliche Aufsicht kann hingegen grundsätzlich über umfassende Ermittlungsrechte verfügen (z. B. Auskunftsrecht, Einsicht in Unterlagen, Bücher bzw. andere Dokumente, Recht zur Zeugenvorladung und Zeugen in Eid nehmen) (Böcking/Kiefer 2002, S. 28).

Die Vorwürfe und die Untersuchung werden seitens der Enforcement-Instanz bis zur Beendigung des Verfahrens geheim gehalten. Allerdings kann das Unternehmen je nach Unregelmäßigkeit verpflichtet sein, die Kapitalmarktteilnehmer über die Auswirkungen des Verfahrens auf die →Vermögenslage oder →Finanzlage oder den allgemeinen Geschäftsverlauf des Unternehmens zu informieren.

Eine private Enforcement-Instanz hat a priori keine unmittelbaren Sanktionierungsbefugnisse. Im Hinblick auf die Sanktionsbemessung kann die Aufsicht der privaten Instanz durch ein Schiedsgericht, d. h. ein privates Gericht, flankiert werden. Alternativ kann eine private Instanz gewissermaßen nur in der Funktion einer Sanktionen vorbereitenden Stelle agieren. Die Zwangsmaßnahmen müssen bei dieser Konstellation von einem rechtlich ermächtigten Organ (z. B. Staatsanwaltschaft oder Behörde) beschlossen werden. Neben der Androhung eines Gerichtsverfahrens gegenüber dem Unternehmen verfügt eine private Enforcement-Instanz über das mittelbare Sanktionsmittel der adversen →Publizität. Bei der adversen Publizität handelt es sich um eine Sanktionierung, wenn sich die Investoren aufgrund der Veröffentlichung eines Fehlers in der Rechnungslegung für einen Verkauf ihrer Wertpapiere entscheiden oder nachteilige Effekte auf anderen Märkten des Unternehmens ausgelöst werden. Im Falle eines privaten Gremiums wird diese Sanktion allerdings dadurch abgemildert, dass die Veröffentlichungsmodalitäten mit den betroffenen Unternehmen abgestimmt werden müssen. Staatliche Institutionen können weitere, drastischere Sanktionen verhängen. Als Sanktionsmittel kommen z. B. Berufsverbote, hohe Geldstrafen und die Herausgabe von Gewinnen in Betracht (Kiefer 2003, S. 155–157). Auf der Grundlage ihrer hoheitlichen Gewalt steht einer Behörde eine Vielzahl von Sanktionen zur Verfügung. Losgelöst von der Ausgestaltung des Enforcement besteht für Unternehmen generell die Möglichkeit ein ordentliches Gericht zur Überprüfung der verhängten Sanktionen anzurufen.

Eine Enforcement-Stelle benötigt grundsätzlich keine Rechtsetzungsbefugnis im Bereich der Rechnungslegung. Die Zuständigkeit zur Entwicklung liegt i.A. bei den Rechnungslegungsgremien [etwa dem →*Financial Accounting Standards Board* (*FASB*) oder dem →*International Accounting Standards Board* (*IASB*)] bzw. dem Gesetzgeber. Es ist allerdings zu berücksichtigen, dass zwischen der Normsetzung und der Normdurchsetzung im Bereich der Rechnungslegung eine Interdependenzbeziehung besteht. Jede Enforcement-Instanz muss – auch bei Fehlen legislativer Kompetenzen – zwangsläufig geltende Normen auslegen und dadurch fortentwickeln. Die Normdurchsetzung beeinflusst somit das Maß der Determiniertheit des Rechnungslegungssystems und die Grenze zwischen pflichtgemäßer und regelwidriger Rechnungslegung. Soweit Unternehmen bei der Erstellung des Abschlusses Fragen zur normkonformen Bilanzierung, Bewertung und zum Ausweis von Rechnungslegungssachverhalten haben, kann die Enforcement-Einrichtung als Verbindungsstelle zwischen dem Rechnungslegungsgremium als Normsetzungsorgan und den anfragenden Unternehmen fungieren (Pre-Clearance) (Nonnenmacher 2004, S. 276). Das Verhältnis zwischen der Enforcement-Einrichtung und den Unternehmen, die ihrer Überwachung unterliegen, sowie natürlichen Personen (z. B. gesetzliche Vertreter) ist i.A. in einer Verfahrensordnung geregelt.

Für die Finanzierung der Einrichtung kommen grundsätzlich die öffentliche Hand, privatwirtschaftliche Unternehmen oder bestimmte Interessengruppen (z. B. Aktionäre) der Unternehmen in Frage.

Literatur: Böcking, H.-J.: Audit und Enforcement: Entwicklungen und Probleme, in: ZfbF 55 (2003), S. 683–706; Böcking, H.-J./Kiefer, M.: Eine europäische Finanzaufsichtsbehörde ist notwendig – Ein Plädoyer für ein schlagkräftiges Pendant zur amerikanischen Börsenaufsichtsbehörde SEC, in: FAZ vom 23.09.2002, Nr. 221, S. 28; Kiefer, M.: Kritische Analyse der Kapitalmarktregulierung der U.S. Securities and Exchange Commission – Lösungsansatz für eine deutsche und europäische Enforcement Instanz als Bestandteil der Corporate Governance, Wiesbaden 2003; Nonnenmacher, R.: Stellungnahmen im Meinungsspiegel zum Thema: Sicherung der Abschlußprüfung durch Enforcement – aber wie?, in: BFuP 56 (2004), S. 268–279.

Hans-Joachim Böcking; Marcus Kiefer

Engagementprüfung

Gem. IDW PS 522.12 beinhaltet die →*Kreditprüfung* vor allem die Prüfung und Beurteilung der ordnungsmäßigen Organisation des Kreditgeschäftes, der Angemessenheit und Wirksamkeit des →Internen Kontrollsystems (→Internes Kontrollsystem bei Kreditinstituten; →Internes Kontrollsystem, Prüfung des) einschl. interner Kontrollverfahren für Adressenausfallrisiken und des Adressenausfallrisikos. Das Adressenausfallrisiko wird dabei als

Risiko eines Verlusts oder entgangenen Gewinns aufgrund des Ausfalls eines Vertragspartners verstanden und umfasst das Kreditrisiko, das Kontrahentenrisiko, das Länderrisiko und das Anteilseignerrisiko.

Im Rahmen einer →Einzelfallprüfung von einzelnen Kreditengagements (*Engagementprüfung*) ist festzustellen, ob die organisatorischen Vorgaben [Organisation des Kreditgeschäfts, MaRisk (→Mindestanforderungen an das Risikomanagement), IKS] beachtet werden und ob die Einschätzung der Adressenausfallrisiken durch das →Kreditinstitut richtig und ggf. eine gebildete Risikovorsorge angemessen ist.

Der Stichprobenumfang und die Zusammensetzung der Stichprobe (→Stichprobenprüfung) haben sich dabei an der Risikosituation des Kreditinstituts, den Ergebnissen der Prüfung der Organisation des Kreditgeschäftes und den implementierten →Kontrollsystemen und -verfahren zu orientieren (→risikoorientierter Prüfungsansatz). Die Auswahl kann bewusst nach Risikomerkmalen (wie z. B. Größe, Zahlungsverhalten, →Rating) oder unter Verwendung anerkannter mathematisch-statistischer Verfahren (bspw. bei Teilzahlungsbanken) erfolgen. § 59 PrüfbV ist bei der Ermittlung der Stichprobe zu beachten, um hier geforderte Anforderungen erfüllen zu können.

Die Engagementprüfung wird regelmäßig auf sog. Engagementbögen dokumentiert (Scharpf 2004, S. 156). Diese Bögen enthalten üblicherweise sämtliche Angaben über den Kreditnehmer gem. § 19 Abs. 2 KWG, den Kredit (Art, Zins, Fälligkeit), Sicherheiten, →wirtschaftliche Verhältnisse etc. Ggf. können diese Angaben teilweise in automatisierter Form von den Kreditinstituten bereitgestellt werden.

Im Rahmen der Engagementprüfung ist insb. eine Einschätzung des Ausfalles der jeweiligen Adresse (Vertragspartner) vorzunehmen (→Kreditwürdigkeitsprüfung). Dies gilt in erster Linie für das Kreditrisiko (bspw. Ausfall von Darlehen), das Kontrahentenrisiko (bspw. Ausfall eines unrealisierten Gewinns durch Ausfall eines Swappartners), als auch für das Anteilseignerrisiko (bspw. bei →Beteiligungen) (IDW PS 522.1). Das Länderrisiko, dass ein Ausfall nicht durch die individuellen Verhältnisse der Adresse, sondern durch Transferprobleme aufgrund von politischen oder ökonomischen Entwicklungen in dem jeweiligen Land besteht, wird i. d. R. gesondert beurteilt.

Die Ausfallwahrscheinlichkeit kann primär anhand der wirtschaftlichen Verhältnisse der Kreditnehmer beurteilt werden, d. h. in erster Linie durch Jahresabschlüsse, Planungsunterlagen (→Planung) etc. Auch von anerkannten Ratingagenturen vergebene Ratings können mit zur Beurteilung herangezogen werden. Bei privaten Kreditnehmern sind die Einkommens- und Vermögensverhältnisse von Bedeutung. Die Kapitaldienstfähigkeit ist festzustellen. Daneben liefern aber auch das bisherige Zahlungsverhalten sowie die Gesamtverschuldung weitere Hinweise.

Bei schlechten vorliegenden wirtschaftlichen Verhältnissen gewinnt die Bewertung der Sicherheiten an Bedeutung. Oft kann ein Kredit nur auf den Barwert der vorhandenen Sicherheiten abgestellt werden. Sicherheiten können nur berücksichtigt werden, wenn der rechtliche und tatsächliche Bestand nachgewiesen ist. Verwertungskosten sind bei der Bewertung einzubeziehen. Für die Berücksichtigung von Immobiliensicherheiten bei der Prüfung der Werthaltigkeit s. IDW PH 9.522.1.

Neben der Beurteilung der wirtschaftlichen Verhältnisse und Sicherheiten wird oft die ordnungsgemäße Bearbeitung anhand dieser Stichprobe überprüft. Hinsichtlich der Überprüfung des § 18 KWG hat die →*Bundesanstalt für Finanzdienstleistungsaufsicht* (*BaFin*) 2005 die Aufsichtsschreiben, die den Kreditinstituten detailliert vorgeschrieben haben, wie sie die Anforderungen des § 18 KWG zu erfüllen haben, außer Kraft gesetzt. Künftig sollen Banken über ein System zur Bonitätsprüfung (→Bonität; →Bonitätsanalyse) verfügen.

Gem. § 28 Abs. 4 PrüfbV sind die geprüften Kredite in die Risikoklassen „Kredite ohne erkennbares Risiko", „Kredite mit erhöhten latenten Risiken" und „wertberichtigte Kredite" einzuordnen (auch bezeichnet als Risikoklassen I bis III). Kredite der Risikoklasse I sind Kredite mit einwandfreien wirtschaftlichen Verhältnissen der Kreditnehmer. In die Kategorie Risikoklasse II fallen Kredite, für die eine Einzelwertberichtigung noch nicht erforderlich scheint, jedoch aufgrund der wirtschaftlichen Verhältnisse ein erhöhtes, aber noch kein akutes Ausfallrisiko vorliegt. In die Risikokategorie III fallen die Kredite, die akut ausfallgefährdet oder uneinbringlich sind, und für die eine Risikovorsorge zu bilden ist.

Über die Kreditprüfung wird üblicherweise in einem gesonderten Teilbericht berichtet. Gem. § 59 ff. PrüfbV ist über bemerkenswerte Kreditengagements zu berichten. Als bemerkenswert sind bspw. Großkredite, größere Kreditengagements der Risikoklasse II und Kreditengagements mit hoher Risikovorsorge anzusehen (§ 59 Abs. 2 PrüfbV). Nach § 60 PrüfbV sind bei der Kreditbesprechung allgemeine Angaben, wie z. B. Name, Geschäftszweig und Sitz des Kreditnehmers, Kreditbetrag und Inanspruchnahme, Sicherheiten, Einzelwertberichtigungen etc. zu machen. Üblicherweise wird der Prüfer kurz auf die wirtschaftlichen Verhältnisse des Kreditnehmers eingehen, die Sicherheiten darstellen und Verwertungsmöglichkeit und Realisationswert nennen (§ 65 Abs. 2 PrüfbV). Des Weiteren ist eine zusammenfassende Schlussbemerkung zu erstellen, in der darzulegen ist, ob die gebildeten Wertberichtigungen ausreichend sind bzw. warum bei Krediten der Risikoklasse II keine Einzelwertberichtigung notwendig ist. Liegen nach dem Urteil der Prüfer unvollständige Unterlagen vor, so ist anzugeben bei welchen Sachverhalten Unterlagen fehlen. Des Weiteren ist die Beachtung des § 18 KWG anzugeben.

Wurde für die Kreditprüfung ein vor dem Bilanzstichtag liegender Stichtag gewählt, so ist im Rahmen einer Nachschauprüfung auf wesentliche Veränderungen der Risikolage, der Organisation, des Internen Kontrollsystems und eine Verschlechterung des Kreditportfolios einzugehen. Bereits geprüfte Kreditengagements müssen bei wesentlichen Veränderungen erneut geprüft werden. Zwischenzeitlich genehmigte Neukredite sind, wenn Sie für die Beurteilung wesentlich sein könnten, noch in die Prüfung mit einzubeziehen.

Sollten sich bei der Engagementprüfung begründete Zweifel ergeben, dass die Angemessenheit der bestehenden Risikovorsorge nicht ausreichend ist, so hat der →Abschlussprüfer (APr) unter Berücksichtigung des Gesamtbildes zu prüfen, ob der →Bestätigungsvermerk (BestV) einzuschränken oder zu versagen ist.

Literatur: IDW (Hrsg.): IDW Prüfungsstandard: Die Prüfung der Adressenausfallrisiken und des Kreditgeschäftes von Kreditinstituten (IDW PS 522, Stand: 1. Oktober 2002), in: WPg 56 (2002), S. 1254–1259; IDW (Hrsg.): Berücksichtigung von Immobiliensicherheiten bei der Prüfung der Werthaltigkeit von ausfallgefährdeten Forderungen bei Kreditinstituten (IDW PH 9.522.1, Stand: 7. Juli 2005), in: WPg 58 (2005), S. 850–856; Scharpf, P.: Handbuch Bankbilanz, Stuttgart 2004.

Klaus Hammelstein

Engpassplanung

Die Engpassplanung ist bei kurzfristigen Entscheidungen im Rahmen von Unternehmensplanungen (→Planung), wie insb. hinsichtlich Beschaffung, Maschinenkapazitäten oder Absatz, immer dann von Bedeutung, wenn bei der Planoptimierung ein oder mehrere Kapazitätsbegrenzungen zu beachten sind. Engpässe können unterschiedlichste Ursachen haben, z. B. vorübergehender Ausfall bedingt durch die Reparatur einer Maschine, begrenzter oder verminderter Lagerraum, urlaubs- oder krankheitsbedingt verminderter Personalbestand, Lieferverzögerungen oder -ausfälle bei Rohstoffen oder unerwartete zusätzliche Nachfrage nach Erzeugnissen. Da es bei Vorliegen eines Engpasses aus Kapazitätsgründen nicht möglich ist, alle Produkte zu produzieren, können Produkte, die eigentlich einen positiven Deckungsbeitrag (→Deckungsbeitragsrechnungen) generieren würden, nicht produziert werden. Dieser Nutzenentgang ist über die Ermittlung der →Opportunitätskosten des verdrängten Produktes bei Entscheidungen über Fremdbezug oder kurzfristigen Abbau des Engpasses (→Eigenfertigung versus Fremdbezug) in der →Kalkulation (→Kalkulationsmethoden) zu berücksichtigen.

Im Prinzip kommt der Engpassplanung die zentrale Aufgabe zu, die Vielzahl der interdependenten Teilpläne des Gesamtsystems der betrieblichen →Planung abzustimmen. Der Gesamtplan ist – in Anlehnung an das von *Gutenberg* geprägte „Ausgleichsgesetz der Planung" – auf den Teilbereich ausgerichtet, der den Minimumsektor bzw. Engpassbereich in der Unternehmung darstellt. Die gesamte Planung wird somit auf den schwächsten betrieblichen Teilbereich abgestellt (Gutenberg 1983, S. 163–165). Die Engpasslanung bietet im Gegensatz zur →Kapazitätsplanung (→Kapazitätscontrolling) den Vorteil, dass alle bekannten Engpässe in die betriebliche Gesamtplanung eingebettet werden und somit Berücksichtigung finden. Ziel ist es, auftretende Diskrepanzen – unter Berücksichtigung der Interdependenzen zwischen den einzelnen Teilplänen – zu beseitigen.

Auf langfristige Sicht wird versucht, den Engpassbereich auf das Niveau der anderen Teilbereiche, z. B. durch Erweiterungsinvestitionen (→Investition; →Investitionscontrolling), einzuregulieren. Dagegen lässt sich das Problem des Minimumsektors kurzfristig vielfach nicht so einfach beseitigen. Damit stellt sich die Frage nach einem Entscheidungskriterium bei der Optimierung des Produktionsprogramms (→Operations Research). Ohne Engpass ist – ausgehend vom Ziel der Gewinnmaximierung – der Deckungsbeitrag das entscheidende Kriterium, wobei die Maximierung des Deckungsbeitrags zum höchsten Gewinn führt.

Bei Vorliegen auch nur eines Engpasses bietet dieser Ansatz keine geeignete Lösung. Vielmehr hängt die Wahl des optimalen Produktionsprogramms neben dem Deckungsbeitrag zusätzlich von der zeitlichen Inanspruchnahme des Engpasses ab, sodass die engpassbezogenen oder relativen Deckungsbeiträge das Entscheidungskriterium für die Vorteilhaftigkeit darstellen. Der relative Deckungsbeitrag ist definiert als absoluter Stückdeckungsbeitrag (= Verkaufspreis pro Stück – variable Stückkosten) bezogen auf die relevante Nutzung eines betrieblichen Engpasses, z. B. Deckungsbeitrag eines Erzeugnisses pro Minute Laufzeit einer Maschine mit knapper Kapazität, wo alternativ auch andere Produkte gefertigt werden (können).

Der relative Deckungsbeitrag kann wie folgt ermittelt werden:

$$\text{Relativer Deckungsbeitrag} = \frac{\text{Stückpreis} - \text{variable Stückkosten}}{\text{Engpasseinheit}}$$

oder

$$\text{Relativer Deckungsbeitrag} = \frac{\text{Stückpreis} - \text{variable Stückkosten}}{\text{Produktionskoeffizient}}$$

wobei

$$\text{Produktionskoeffizent} = \frac{1 \text{ Stunde Engpasskapazität}}{\text{Fertigung pro Stück}}$$

Entsprechend dieser Formel wird die Produktart mit dem höchsten engpassbezogenen Deckungsbeitrag mit der Höchstmenge in das operative Produktionsprogramm aufgenommen. Anschließend wird die Produktart mit dem zweithöchsten engpassbezogenen Deckungsbeitrag gewählt; es wird solange fortgefahren, bis die Kapazitätsgrenze erreicht ist. Dabei kann u. U. bei der zuletzt ins Produktionsprogramm aufgenommenen Produktart nicht die volle Höchstmenge realisiert werden. (Hoitsch 2001, Sp. 190).

In der Praxis treten jedoch häufig mehrere Engpässe auf, sodass sich für jeden Engpass eine andere Reihenfolge der Produktarten nach ihren relativen Deckungsbeiträgen ergeben kann. In solchen Fällen versagt der einfache relative Deckungsbeitrag. Vielmehr sind zur Bestimmung des optimalen Produktions- und Absatzprogramms die verschiedenen Engpassbeschränkungen in einen simultanen Lösungssatz zu bringen. Als Lösung für die Ermittlung des optimalen Produktionsverfahrens bei mehreren Engpässen bietet sich insb. die lineare Programmierung an. Dabei können Simplex-Verfahren zur Lösung von linearen Optimierungsproblemen eingesetzt werden (Schweitzer/Küpper 2003, S. 483–485).

Literatur: Gutenberg, E.: Grundlagen der Betriebswirtschaftslehre, Band 1: Die Produktion, 24. Aufl., Berlin et al. 1983; Hoitsch, H.-J.: Engpassplanung, in: Horváth, P./Reichmann, T. (Hrsg.): Vahlens Großes Controlling Lexikon, 2. Aufl., München 2003, Sp. 190–191; Schweitzer, M./Küpper, H.-U.: Systeme der Kosten- und Erlösrechnung, 8. Aufl., München 2003.

Inge Wulf

Ent- und Übergangskonsolidierung

Der Abgang eines Unternehmens aus dem Konzernkreis (→Konsolidierungskreis) oder der Wechsel der Beteiligungsquote, bspw. durch Hinzuerwerb von Anteilen bereits bestehender →Beteiligungen an einem Konzernunternehmen, stellt erhöhte Ansprüche an die Konzernbilanzierung und ist daher für den →Abschlussprüfer (APr) ein Schwerpunkt im Rahmen seiner Tätigkeit bei der →Konzernabschlussprüfung. Die Prüfung der Ent- und Übergangskonsolidierung erfolgt als →Einzelfallprüfung.

Eine Entkonsolidierung ist grundsätzlich erforderlich bei der Veräußerung einer Beteiligung, die bisher entweder vollkonsolidiert wurde oder als assoziiertes Unternehmen im Rahmen der Quotenkonsolidierung bzw. at Equity (→Konsolidierungsformen) in den Konzernabschluss einbezogen wurde. Eine Übergangskonsolidierung erfolgt, wenn mit einer geänderten Konsolidierungsmethode weiterhin eine Einbeziehung in den Konzernabschluss erfolgen soll. Insb. ist dies der Fall bei Hinzuerwerben oder Veräußerungen von Anteilen, die mit einem veränderten Einfluss auf ein Tochterunternehmen verbunden sind. Häufige Fälle sind der Übergang von der Vollkonsolidierung auf die Quotenkonsolidierung bzw. auf eine Einbeziehung at Equity oder ein Wechsel zwischen der Quotenkonsolidierung und der Equity-Bewertung vice versa.

Zur Prüfung, ob die gewählte Konsolidierungsmethode angemessen ist (→Konsolidierungsprüfung), zieht der APr Urkunden, wie Anteilskaufverträge, →Unternehmensverträge (→Beteiligungsgesellschaften, Prüfungsunterlagen von) heran, aus denen sich Details über die Veränderung der Beteiligungsquote sowie zum Einfluss auf die Beteiligung ergeben. Aus dem Anteilskaufvertrag sind neben der Veränderung der Beteiligungsverhältnisse und dem Kaufpreis der vereinbarte Zeitpunkt und die Voraussetzungen für den Übergang der Anteile ersichtlich. Es ist zu prüfen, zu welchem Stichtag die Übertragung der Anteile vereinbart wurde und ob ggf. die Voraussetzungen für die Übertragung der Anteile gegeben sind. Soweit die Übertragung an das Eintreten von Bedingungen geknüpft ist, bspw. die Erteilung von Genehmigungen durch Aufsichtsbehörden (→Kartellbehörden; →Fusionskontrolle), ist zu prüfen, ob diese Auflagen bis zum Bilanzstichtag des Konzernabschlusses erfüllt waren. Die entsprechenden Unterlagen zum Nachweis sind einzusehen (→Nachweisprüfungshandlungen).

Das Erfordernis einer Entkonsolidierung ist gesetzlich nicht verankert, ergibt sich aber aus dem Einheitsgrundsatz (→Interessen- und Einheitstheorie). Entsprechend der Erwerbsfiktion im Zeitpunkt der Erstkonsolidierung scheiden bei der Entkonsolidierung nicht die Geschäftsanteile des abgehenden Tochterunternehmens, sondern die →Vermögensgegenstände und →Schulden (ggf. einschl. eines bestehenden →Geschäfts- oder Firmenwertes) aus dem Konzernkreis aus. Der Abgang ist mit den Buchwerten am Veräußerungstag anzusetzen. Bei einer nur teilweisen Veräußerung ist mit den Vermögenswerten und Schulden sowie einem Geschäfts- und Firmenwert entsprechend anteilig zu verfahren. Hinsichtlich des nicht veräußerten Anteils ist ein Übergang von der Vollkonsolidierung zur Quotenkonsolidierung bzw. Equity-Bewertung oder Anschaffungskostenmethode jeweils erfolgsneutral.

Da der *Veräußerungserfolg* im JA/→Einzelabschluss des Mutterunternehmens als Differenz zwischen Veräußerungserlös und Beteiligungsbuchwert ermittelt wird, erfolgt eine Erfassung von →Aufwendungen und Erträgen des Tochterunternehmens erst bei Ermittlung des Abgangserlöses. Im Konzern (→Konzernarten) hingegen werden diese Erträge und Aufwendungen laufend im Rahmen des Konzernergebnisses vereinnahmt. Andererseits fallen Aufwendungen im Konzern zur Abschreibung (→Abschreibungen, bilanzielle) eines Geschäfts- oder Firmenwertes an, die den JA/Einzelabschluss nicht beeinflussen. Diese unterschiedliche Periodisierung von Ergebnisanteilen des Tochterunternehmens kann durch eine Überleitungsrechnung ausgehend vom Veräußerungserfolg des Mutterunternehmens wie folgt dargestellt werden:

Veräußerungserfolg des Mutterunternehmens

+/– Ab- bzw. Zuschreibungen auf den Beteiligungsbuchwert im JA/Einzelabschluss

+/– erfolgswirksam verrechnete stille Rücklagen/Lasten (→stille Reserven und Lasten) seit der Erstkonsolidierung

+/– Differenz zwischen erworbenem und abgehendem Firmenwert/passivischem Unterschiedsbetrag

–/+ Rücklagenzuführungen bzw. -minderungen beim Tochterunternehmen seit Erstkonsolidierung

–/+ Jahresüberschuss/-fehlbetrag (→Jahresergebnis) des Tochterunternehmens im Veräußerungszeitpunkt

= Veräußerungserfolg des Konzerns

Durch eine entsprechende Kontrollrechnung prüft der APr, ob bei der Ermittlung des Abgangserfolges im Konzernabschluss alle Vermögensgegenstände und Schulden mit den ggf. auf sie zugewiesenen stillen Rücklagen/Lasten sowie ein bestehender Geschäfts- oder Firmenwert bzw. passivischer Unterschiedsbetrag korrekt berücksichtigt wurden. Ein im Rahmen der Erstkonsolidierung erfolgsneutral mit den →Rücklagen verrechneter Geschäfts- oder Firmenwert/passivischer Unterschiedsbetrag muss im Rahmen der Entkonsolidierung erfolgswirksam werden. Die Veränderung der Unterschiedsbeträge ist im →Konzernanhang zu erläutern.

Bei der Prüfung des →Anlagespiegels des Konzerns ist darauf zu achten, ob für die einzelnen Vermögensgegenstände Abgänge der AHK [→Anschaffungskosten (AK); →Herstellungskosten, bilanzielle] sowie der kumulierten Abschreibungen in der Abgangsspalte oder gesondert als „Abgänge wegen Veränderungen des Konsolidierungskreises" erfasst wurden.

Gem. § 294 Abs. 2 HGB sind im →Anhang bei Änderungen des →Konsolidierungskreises Angaben zu machen, die die eine sinnvolle Vergleichbarkeit mit dem Vorjahr (→zeitlicher Vergleich) ermöglichen sollen. Entsprechende Erläuterungen bzw. Überleitungsrechnungen sind durch den APr zu prüfen.

Die Prüfung des Ausweises des Abgangs in der →Gewinn- und Verlustrechnung (GuV) bezieht sich auf die erfolgswirksame Erfassung des Veräußerungserfolges und den Ausweis entweder als gesonderter Posten oder als Teil der →sonstigen betrieblichen Aufwendungen und Erträge.

In der *internationalen Rechnungslegung* kann insb. der Zeitpunkt der Entkonsolidierung von dem nach HGB gewählten Zeitpunkt abweichen. Während es nach deutschem Verständnis für zulässig gehalten wird, neben dem Veräußerungszeitpunkt den letzten JA/Einzelabschluss des Tochterunternehmens heranzuziehen, hat die Entkonsolidierung gem. den →International Financial Reporting Standards (IFRS) auf den Zeitpunkt zu erfolgen, an dem die Möglichkeit zur Einflussnahme übergeht. Soweit die Veräußerung nicht zum Stichtag des Konzernabschlusses erfolgt, macht dieses die Aufstellung eines →Zwischenabschlusses erforderlich, der vom APr zu prüfen ist.

Literatur: IDW (Hrsg.): WPH 2006, Band I, 13. Aufl., Düsseldorf 2006, Abschn. M, Rn. 426–428, S. 1231 f.; Küting, K.-H./Weber, C.-P.: Der Konzernabschluss. Lehrbuch zur Praxis der Konzernrechnungslegung, 9. Aufl., Stuttgart 2005; Pfaff, D./Ganske, T.: Ent- und Übergangskonsolidierung, in: Ballwieser, W. et al. (Hrsg.): HWRP, 3. Aufl., Stuttgart 2002, S. 654–667.

Oliver Bielenberg

Entdeckungsrisiko →Prüfungsrisiko; →Prüfungsrisikomodelle; →Risikoorientierter Prüfungsansatz

Entdeckungsstichproben, homograde

Zur Auswertung von Zufallsstichproben (→Stichprobenprüfung) kommen grundsätzlich Schätz- oder Testverfahren in Betracht. Während Schätzverfahren vor allem zur Informationsgewinnung als Grundlage einer anschließenden Urteilsbildung dienen, ist den Testverfahren durch die Vorgabe bestimmter Hypothesen eine Entscheidungsregel für die Beurteilung eines →Prüffelds immanent. Im Prüfungswesen (→Geschichte des Prüfungswesens) werden die Schätz-, Annahme- und Entdeckungsstichprobe, die ein Spezialfall der homograden Annahmestichprobe darstellt, unterschieden. Mittels homograder *Schätzstichproben* wird aufgrund der Stichprobenergebnisse ein Konfidenzintervall für den Fehleranteil der Grundgesamtheit ermittelt. Die Entscheidung, ob ein Prüffeld als ordnungsgemäß anzunehmen oder abzulehnen ist, wird nach der Bestimmung des Konfidenzintervalls unter Berücksichtigung weiterer Informationen gefällt. *Annahmestichproben* dienen dem Test, ob das Stichprobenergebnis die vorgegebene Hypothese über den Fehleranteil in der Grundgesamtheit bestätigt oder widerlegt, d. h., die Testentscheidung als solche entscheidet über das weitere Vorgehen. Bei *Entdeckungsstichproben* gilt es, die Entdeckungswahrscheinlichkeiten von fehlerhaften Elementen in der Grundgesamtheit zu berechnen. Hierbei lässt sich die Berechnung der Wahrscheinlichkeit, dass *sämtliche* fehlerhaften Elemente einer Grundgesamtheit in die Stichprobe gelangen, von derjenigen, dass *mindestens ein* fehlerhaftes Element in die Stichprobe gelangt, unter der Annahme, dass die Grundgesamtheit eine bestimmte Anzahl Fehler enthält, differenzieren. Bei Entdeckungswahrscheinlichkeiten handelt es sich folglich um bedingte Wahrscheinlichkeiten (→Entdeckungswahrscheinlichkeiten, bedingte).

Entdeckungsstichproben mit denen die Wahrscheinlichkeit ermittelt werden soll, dass *sämtliche fehlerhaften Elemente* einer Grundsamtheit in eine Zufallsstichprobe gelangen, spielen im Prüfungswesen kaum eine Rolle, da der zu erhebende Stichprobenumfang für die Entdeckung sämtlicher fehlerhaften Elemente mindestens gleich der verlangten Entdeckungswahrscheinlichkeit sein muss und sich, mit steigender Zahl der erwarteten Fehler in der Grundgesamtheit, der Vollerhebung annähert.

Praktische Bedeutung kommt hingegen der Bestimmung des Stichprobenumfangs zu, der es mit einer vorgegebenen Wahrscheinlichkeit erwarten lässt, dass *wenigstens ein fehlerhaftes Element* der Grundgesamtheit in der Stichprobe enthalten ist. Zweckmäßigerweise geht man zur Berechnung des erforderlichen Stichprobenumfangs von der Wahrscheinlichkeit aus, kein fehlerhaftes Element zu finden. Ziel ist es somit, mit vorgegebener Wahrscheinlichkeit materiell fehlerhafte Prüffelder zu entdecken. Da für Entdeckungsstichproben i. d. R. deutlich geringere Stichprobenumfänge benötigt werden als für eine Annahmestichprobe, empfiehlt sich die Anwendung der Entdeckungsstichprobe insb. dann, wenn vermutet wird, dass ein Prüffeld keine oder nur sehr wenige fehlerhafte Elemente enthält. Findet der →Abschlussprüfer (APr) in der Stichprobe kein fehlerhaftes Element, lässt dies die Aussage zu, dass der wahre Fehleranteil der Grundgesamtheit den angenommenen Fehleranteil mit der vorgegebenen Entdeckungswahrscheinlichkeit nicht übersteigt. Wird in der Stichprobe hingegen ein fehlerhaftes Element festgestellt, kommt es darauf an, wie die Entdeckungsstichprobe angelegt ist. Soll anhand der Entdeckungsstichprobe eine Entscheidung über die Annahme oder Ablehnung des Prüffelds getroffen werden, wird bei einem gefundenen Fehler auf das Vorliegen eines materiell fehlerhaften Prüffelds geschlossen. Bei dieser Vorgehensweise wird somit ein potenziell hohes Risiko der Zurückweisung ordnungsmäßiger Prüffelder in Kauf genommen. Die Stichprobe kann aber auch vollständig geprüft werden, um dann anhand der in der Stichprobe entdeckten Fehler die A-posteriori-Wahrscheinlichkeit dafür zu berechnen, dass der tatsächliche Fehleranteil einen bestimmten Wert nicht übersteigt (→Entdeckungswahrscheinlichkeiten, bedingte).

Literatur: Coenenberg, A. G./Hanisch, H.: Stichprobenprüfung, Entdeckungsstichproben, in: Coenenberg, A. G./Wysocki, K. v. (Hrsg.): HWRev, 2. Aufl., Stuttgart 1992, Sp. 1862–1874; Guy, D. M./Carmichael, D. R./Whittington, R.: Audit Sampling. An Introduction, 5. Aufl., NY 2002; Wysocki, K. v.: Grundlagen des betriebswirtschaftlichen Prüfungswesens. Prüfungsordnungen, Prüfungsorgane, Prüfungsverfahren, Prüfungsplanung und Prüfungsbericht, 3. Aufl., München 1988.

Michael Hinz

Entdeckungswahrscheinlichkeiten, bedingte

Bei den Wahrscheinlichkeiten für die Entdeckung sämtlicher in einer Grundgesamtheit enthaltenen Fehler oder mindestens eines fehlerhaften Elements oder einer bestimmten Anzahl fehlerhafter Elemente durch eine Stichprobe (→Stichprobenprüfung) mit gegebenem Umfang unter der Voraussetzung, dass die Grundgesamtheit eine bestimmte Anzahl bzw. einen bestimmten Anteil fehlerhafter Elemente enthält, handelt es sich um sog. *bedingte Entdeckungswahrscheinlichkeiten* (Likelihoods). Kennzeichen dieser Wahrscheinlichkeiten ist es, dass sie nur unter der Bedingung gelten, dass die Grundgesamtheit einen bestimmten Fehleranteil aufweist.

Die Bestimmung von Wahrscheinlichkeiten des Auftretens fehlerhafter Elemente bzw. von Fehleranteilen in Entdeckungsstichproben (→Entdeckungsstichproben, homograde) ist für den →Abschlussprüfer (APr) insb. dann sinnvoll, wenn es ihm mithilfe dieser bedingten Entdeckungswahrscheinlichkeiten gelingt, Rückschlüsse auf die Struktur der Grundgesamtheit zu ziehen, aus der die Entdeckungsstichprobe entnommen wurde. Es lässt sich damit infolgedessen der Frage nachgehen, welche Wahrscheinlichkeiten alternativen Strukturen der Grundgesamtheit, die der APr für wahrscheinlich hält, auf der Grundlage von Entdeckungsstichproben zugeordnet werden können. Zur Beantwortung dieser Frage bietet sich das *Bayes'sche Theorem* an.

Das *Bayes'sche Theorem* ist ein Lehrsatz der Wahrscheinlichkeitsrechnung und gestattet es, Vorinformationen des Abschlussprüfers über die Grundgesamtheit mit neuen, aus einer Entdeckungsstichprobe gewonnenen Informationen zu verbinden. Dadurch werden im Vergleich zur Entdeckungsstichprobe genauere Aussagen bei gleichem Stichprobenumfang bzw. gleichwertige Aussagen bei niedrigerem Stichprobenumfang möglich. Mittels des *Bayes'schen Theorems* kann aus bekannten Vorinformationen über wahrscheinliche Fehleranteile der Grundgesamtheit (*A-priori-Wahrscheinlichkeiten*) und den durch die Stichprobe gewonnenen neuen bedingten Wahrscheinlichkeiten (*Likelihoods*) auf die unbekannte bedingte Wahrscheinlichkeit geschlossen werden, dass die Grundgesamtheit einen bestimmten Fehleranteil enthält, unter der Voraussetzung, dass eine bestimmte Anzahl fehlerhafter Elemente in der Stichprobe entdeckt wurde (*A-posteriori-Wahrscheinlichkeiten*). Ein Problem der Anwendung des *Bayes'schen Theorems* liegt in der Bestimmung der als bekannt vorauszusetzenden A-priori-Wahrscheinlichkeiten. So ist man im Rahmen der Abschlussprüfung (→Jahresabschlussprüfung; →Konzernabschlussprüfung) bei der Anwendung des *Bayes'schen Theorems* auf subjektive A-priori-Wahrscheinlichkeiten angewiesen, d. h., dass es sich bei der Zuordnung der für zutreffend gehaltenen A-priori-Wahrscheinlichkeiten auf für möglich gehaltene Fehleranteile aufgrund von Vorinformationen um eine subjektive Bewertung durch den APr handelt, die das Ergebnis, die A-posteriori-Wahrscheinlichkeiten, beeinflusst. Dies gestattet allerdings, Informationen, die dem APr bereits vor der Prüfung eines →Prüffelds zur Verfügung stehen, für die Beurteilung des Prüffelds zu nutzen. So können bei →Wiederholungsprüfungen Informationen aus vorangegangenen Prüfungen oder Informationen aus bereits geprüften Prüffeldern, die mit dem zu prüfenden Prüffeld verzahnt sind, genutzt werden. Auch der Stand des →Internen Kontrollsystems (→Internes Kontrollsystem, Prüfung des, →Systemprüfung) oder erkennbare Tendenzen der Geschäftspolitik erlauben Annahmen über die A-priori-Wahrscheinlichkeiten des Fehleranteils in einem Prüffeld. Um die Aussagegenauigkeit zu erhöhen, sollte der APr auf der Grundlage der ihm vorliegenden Informationen den alternativ für möglich gehaltenen Fehleranteilen der Grundgesamtheit unterschiedliche A-priori-Wahrscheinlichkeiten zuordnen können. Nachteilig für die Anwendung des *Bayes'schen Theorems* ist, dass sich der für eine bestimmte A-posterori-Wahrscheinlichkeit erforderliche Stichprobenumfang nicht im Voraus berechnen lässt. Ferner sind die A-posteriori-Wahrscheinlichkeiten nur für die in der Stichprobe gefundene Anzahl fehlerhafter Elemente gültig. Sie müssen folglich für jede Stichprobe neu berechnet werden.

Literatur: Buchner, R./Krane, H. G./Reuter, H. H.: Zur Anwendung des Bayesschen Theorems bei Buchprüfungen auf Stichprobenbasis, in: ZfB 41 (1971), S. 1–26; Wysocki, K. v.: Grundlagen des betriebswirtschaftlichen Prüfungswesens. Prüfungsordnungen, Prüfungsorgane, Prüfungsverfahren, Prüfungsplanung und Prüfungsbericht, 3. Aufl., München 1988.

Michael Hinz

Enterprise Resource Planning
→Fertigungsaufträge

Enterprise Risk Management Framework
→Coso-Report

Entity Approach →Discounted Cash Flow-Methoden

Entity Concept →Interessen- und Einheitstheorie

Entrepreneurial Finance →Unternehmensgründung

Entrepreneurial Marketing →Unternehmensgründung

Entrepreneurship →Unternehmensgründung

Entscheidung unter Ungewissheit
→Sensitivitätsanalysen

Entscheidungsfeld →Entscheidungsmatrix

Entscheidungshierarchien →Bezugsgrößenhierarchie

Entscheidungsinstrumente

Unter Entscheidungsinstrumenten versteht man Modelle, Verfahren und Regeln, die in einer Entscheidungssituation bei der Auswahl einer zieladäquaten Alternative helfen sollen. Eine Entscheidungssituation liegt vor, wenn unter bestimmten Umweltzuständen diejenige von mehreren Handlungsalternativen auszuwählen ist, die am besten zur Zielerfüllung beiträgt. Die so beschriebene Entscheidungssituation wird in der betrieblichen Praxis im Rahmen der →Planung prozessual angegangen und gliedert sich dabei in die Phasen Zielbildung, Problemfeststellung, Alternativensuche, Prognose, Bewertung und Entscheidung. Die Entscheidungsinstrumente lassen sich danach unterteilen, in welchen Phasen des Planungsprozesses sie zum Einsatz kommen und in welchem Maße die einzelnen Ausprägungen der Entscheidungssituation berücksichtigt werden.

1) Entscheidungsinstrumente können nur in der *Phase der Entscheidung* zum Einsatz kommen, die Generierung und Bewertung der Alternativen erfolgt explizit vorher. Beispiele hierfür sind Entscheidungsregeln, die auf einer gegebenen Ergebnismatrix (→Entscheidungsmatrix) aufbauen. Demgegenüber erfassen insb. →mathematische Entscheidungsmodelle die Alternativen implizit über eine Schar von Restriktionen und bewerten sie i. S. d. Zielfunktion (Adam

1996, S. 84–86). Die *Phasen Alternativensuche, Bewertung und Entscheidung* werden also simultan mit einem Modell angegangen.

2) Entscheidungsinstrumente können auf *eine Zielgröße* abzielen. Bei betriebswirtschaftlichen Modellen ist dies häufig ein monetäres Ziel, wie die Minimierung der →Kosten oder die Maximierung des Gewinns. Demgegenüber stehen Entscheidungsinstrumente, die *mehrere Zielgrößen* berücksichtigen, wie die Nutzwertanalyse (→Scoringmodelle) oder das Goal Programming (Bamberg/Coenenberg 2006, S. 47–67).

3) Entscheidungssituationen können ein- oder mehrperiodig sein. In *einperiodigen* Situationen kommen Entscheidungsinstrumente zum Einsatz, die vom Zeitablauf abstrahieren. Diese Instrumente können auch in dynamischen Situationen eingesetzt werden, es wird dann bewusst auf eine exakte Abbildung der Entscheidungssituation verzichtet. Ein Beispiel hierfür sind die statischen Verfahren der Investitionsrechnung (→Investition). *Mehrperiodige* Instrumente hingegen berücksichtigen den Zeitablauf, wie z. B. die Verfahren der dynamischen Investitionsrechnung (→Investitionscontrolling), und – ggf. noch weitergehend – die dadurch entstehenden Interdependenzen zwischen gegenwärtigen und zukünftigen Entscheidungen, bspw. beim Einsatz eines Entscheidungsbaums (Adam 1996, S. 88–91).

4) Deterministische Entscheidungsinstrumente unterstellen *Sicherheit* und berücksichtigen deshalb die entscheidungsrelevanten Größen in jeweils nur einer Ausprägung. Stochastische Entscheidungsinstrumente erfassen mehrwertige Erwartungen in Bezug auf die entscheidungsrelevanten Größen, wobei den Ausprägungen Eintrittswahrscheinlichkeiten zugeordnet werden, man spricht auch von Entscheidungen unter *Risiko*. In dieser Situation kommen z. B.

Abb.: Idealtypische Charakterisierung ausgewählter Entscheidungsinstrumente

Entscheidungsinstrument	1. Phase			2. Ziele		3. Zeit		4. Situation			5. Bereich		6. Vorgehen	
	Alternativengenerierung	Bewertung	Entscheidung	ein	mehrere	eine Periode	mehrere Perioden	Sicherheit	Risiko	Unsicherheit	speziell	allgemein	optimierend	heuristisch
Mathematische Instrumente														
. Lineare Programmierung	X	X	X	X		X	X	X				X	X	
. Nicht-lineare Programmierung	X	X	X	X		X	X	X				X	X	
Entscheidungsregeln														
. µ-Regel		X		X		X		X				X	X	
. µσ-Regel		X			X	X		X				X	X	
. Bernoulli-Prinzip		X			X	X		X				X	X	
. Wald-Regel		X		X		X				X		X		X
. Maximax-Regel		X		X		X				X		X		X
. Hurwicz-Regel		X		X		X				X		X		X
. Entscheidungstabellen		X			X	X		X				X		X
Mehrzielverfahren														
. Nutzwertanalyse		X			X			X				X		X
. Goal Programming		X			X			X				X	X	
. Zielrangordnung		X			X			X				X		X
. Zielgewichtung		X			X			X				X		X
Analyse-Instrumente														
. Break-Even-Analyse		X	X	X				X				X		X
. Risikoanalyse		X	X	X	X				X			X		X
. Sensitivitätsanalyse		X	X	X					X			X		X
. Portfolioanalyse		X	X	X					X			X		X
. Entscheidungsbaumanalyse		X	X				X	X				X	X	
Bereichsorientierte Instrumente														
. Losgröße	X	X	X	X		X		X			X		X	X
. Produktionsprogrammplanung	X	X	X	X		X		X			X		X	X
. Investitionsrechnung														
- statisch		X	X	X		X		X				X	X	
- dynamisch		X	X	X			X	X				X	X	

Entscheidungsregeln (μ-, $\mu\sigma$-Regel, Bernoulli-Prinzip) zum Einsatz. In einer *Unsicherheit*ssituation liegen keine Wahrscheinlichkeiten vor, auch für diesen Fall können Entscheidungsregeln (z. B. Wald-, Maximax- oder Hurwicz-Regel) eingesetzt werden (Bamberg/Coenenberg 2006, S. 41).

5) Die Entscheidungsinstrumente können auf bestimmte *Funktionsbereiche* bezogen und dementsprechend ausgestaltet sein. Dies gilt z. B. für Instrumente in der Produktion (→Maschinenbelegungsplanung und -kontrolle) oder in der Beschaffung. *Allgemeine* Instrumente sind demgegenüber variabel im Einsatz und müssen durch den Anwender an die jeweilige Entscheidungssituation angepasst werden, wie dies z. B. bei der linearen Programmierung üblich ist (Homburg 2000, S. 209–452 gibt einen Überblick über die Planung in Funktionsbereichen).

6) *Optimierende* Entscheidungsinstrumente ermitteln die in der gegebenen Situation optimale Alternative (→Operations Research). Sie bauen auf einem mathematischen Ansatz auf, für den eine Optimalitätsgarantie gegeben ist. So ermitteln lineare Programme immer – sofern überhaupt eine Lösung existiert – das Optimum. *Heuristische* Entscheidungsinstrumente sollen zu einer guten Lösung führen, eine Optimalitätsgarantie ist aber nicht gegeben (Berens/Delfmann/Schmitting 2004, S. 103–128). Diese Instrumente können quantitativer Natur sein, gleichfalls ist jedoch auch ein ganz oder teilweise qualitatives Vorgehen denkbar, z. B. bei Entscheidungstabellen oder der →Portfolioanalyse.

Die Abb. ordnet ausgewählte Entscheidungsinstrumente in das aufgezeigte Gliederungsschema ein. Die Zuordnung zu den einzelnen Punkten ist dabei idealtypisch. So ist bspw. die statische Investitionsrechnung zwar einperiodig angelegt, zielt aber auf mehrperiodige Entscheidungssituationen ab. Ferner ist es möglich, mehrere der Instrumente miteinander zu verbinden. Besonders flexibel sind hierbei mathematische Entscheidungsinstrumente, die z. B. mit Entscheidungsregeln kombinierbar sind und so Situationen unter Risiko abbilden können. Gleichfalls ist es möglich, Mehrzielverfahren, wie das Goal Programming, bspw. in ein lineares Programm zu integrieren.

Literatur: Adam, D.: Planung und Entscheidung. Modelle – Ziele – Methoden, 4. Aufl., Wiesbaden 1996; Bamberg, G./Coenenberg, A. G.: Betriebswirtschaftliche Entscheidungslehre, 13. Aufl., München 2006; Berens, W./Delfmann, W./Schmitting, W.: Quantitative Planung. Grundlagen, Fallstudien, Lösungen, 4. Aufl., Stuttgart 2004; Homburg, C.: Quantitative Betriebswirtschaftslehre. Entscheidungsunterstützung durch Modelle, 3. Aufl., Wiesbaden 2000.

Dominik Kramer

Entscheidungsmatrix

Die Entscheidungsmatrix stellt eine Darstellungsform für Entscheidungssituationen in der Entscheidungstheorie dar. Die Modelle und Methoden der normativen Entscheidungstheorie unterstützen einen Entscheidungsträger, eine seinen Präferenzen entsprechende, subjektiv optimale Entscheidung in Wahlsituationen zu treffen. Ausgangspunkt der Überlegungen bildet das in Abb. 1 dargestellte Grundmodell, das sich aus Informationen über das Entscheidungsfeld sowie das Zielsystem zusammensetzt. Die Entscheidungsfeldinformationen beschreiben das Umfeld, die Alternativen sowie deren Konsequenzen. Die Zielinformationen dienen der Auswahl der Alternativen (s. Abb. 1).

Erster Bestandteil des Entscheidungsfelds ist der *Aktionsraum* $A = \{a_1, a_2, ..., a_I\}$. Dieser umfasst alle vom Entscheidungsträger für die vorliegende Situation in Betracht gezogenen Handlungsalternativen a_i. Vorausgesetzt wird dabei, dass mehr als eine Handlungsmöglichkeit existiert (bei nur einer Handlungsmöglichkeit liegt kein Entscheidungsproblem vor), alle Alternativen explizit bekannt sind und sich gegenseitig ausschließen. Der Aktionsraum bildet den beeinflussbaren Teil des Entscheidungsfeldes ab.

Als zweiter Bestandteil fließt die Umwelt in das Entscheidungsfeld ein. Sie wird über den Zustandsraum $Z = \{z_1, z_2, ..., z_J\}$ abgebildet und umfasst alles, was sich der Beherrschung durch den Entscheider entzieht und gleichzeitig Einfluss auf die Konsequenzen seiner Alternativen hat. Der Zustandsraum mit seinen einzelnen *Umweltzuständen* z_j bildet den unbeeinflussbaren Teil des Entscheidungsfeldes. Bei Sicherheit umfasst der Zustandsraum nur einen Umweltzustand. Mehrere mögliche Umweltzustände gibt es bei Entscheidungen unter Risiko; hier sind die subjektiven oder objektiven Eintrittswahrscheinlichkeiten der jeweili-

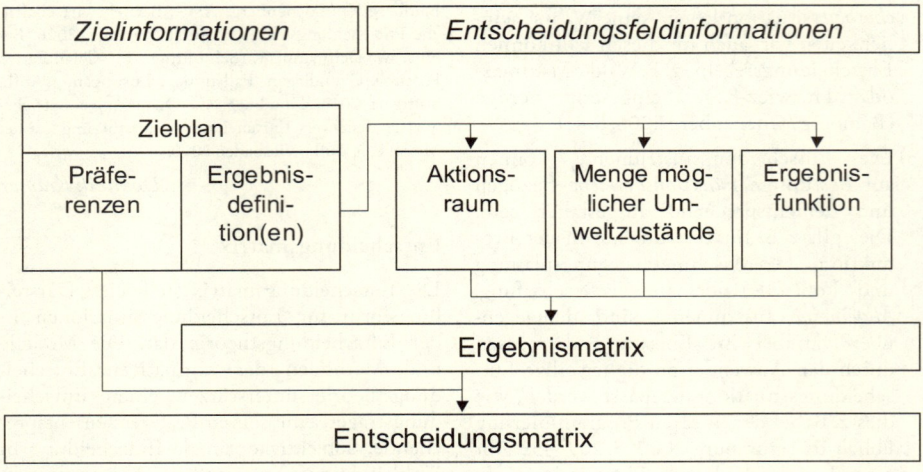

Abb. 1: Bestandteile des Grundmodells der Entscheidungstheorie

Quelle: Sieben/Schildbach 1994, S. 16.

gen z_j bekannt. Auch bei Unsicherheit liegen mehrere Umweltzustände vor, bekannt ist nur, dass die jeweiligen Zustände eintreten können, Wahrscheinlichkeiten sind jedoch nicht gegeben (Laux 2005, S. 20–23).

Jeder Kombination von Aktion und Umweltzustand werden nun zielbezogene Ergebnisse e_{ij} zugeordnet, dies geschieht über die *Ergebnisfunktion* f. Verfolgt der Entscheidungsträger nur eine Ergebnisart zu einem Zeitpunkt, kann die Ergebnisfunktion formuliert werden als:

$$e_{ij} = f(a_i, z_j) \text{ mit } i = 1, 2, ..., I; j = 1, 2, ..., J \quad (1)$$

Die *Ergebnismatrix* liefert eine Zusammenstellung der Ergebnisfunktion in Abhängigkeit von den Aktionen und Umweltzuständen. Abb. 2 zeigt eine solche Ergebnismatrix für die Funktion (1).

Abb. 2: Ergebnismatrix bei einer Ergebnisart zu einem Zeitpunkt

		Umweltzustände		
		z_1	z_2	...	z_J
Alternativen	a_1	e_{11}	e_{12}	...	e_{1J}
	a_2	e_{21}	e_{22}	...	e_{2J}
	⋮	⋮	⋮	⋮	⋮
	a_I	e_{I1}	e_{I2}	...	e_{IJ}

Werden mehrere Ergebnisarten k (k = 1, 2, ..., K) und mehrere Zeitpunkte t (t = 1, 2, ..., T) betrachtet, so ist die Ergebnisfunktion dementsprechend auszuweiten. Jeder Kombination von Handlungsalternative und Umweltzustand werden dann K·T Ergebnisse zugeordnet (für jede Ergebnisart zu jedem Zeitpunkt je ein Ergebnis). Die Ergebnismatrix ist dementsprechend zu erweitern (Bamberg/Coenenberg 2006, S. 23–27). Die genaue Definition der Ergebnisarten ist dem Zielplan des Entscheidungsträgers zu entnehmen.

Im Zielplan bildet der Entscheidungsträger seine Wertvorstellungen ab. Die *Ergebnisdefinitionen* beschreiben die als wünschenswert erachteten Ergebnisse. Diese sind hinsichtlich ihrer Arten- (z.B. Gewinn), Höhen- (z.B. gemessen in €), Zeit- (Zeitpunkt des Gewinnanfalls) und Sicherheitsmerkmale (Eintrittswahrscheinlichkeit) eindeutig zu definieren. Über seine Präferenzen verleiht der Entscheidungsträger der relativen Intensität, mit der er die verschiedenen möglichen Ergebnisse anstrebt, Ausdruck. Die *Präferenzen* beziehen sich dabei auf die gleichen Merkmale wie die Ergebnisdefinitionen (Arten-, Höhen-, Zeit- und Sicherheitspräferenz) und ermöglichen einen Vergleich zwischen verschiedenen Ergebnisarten in unterschiedlichen Ausprägungen ihrer Merkmale (Schildbach 2005, S. 14–16).

Abb. 3: Entscheidungsmatrix mit Teil- und Gesamtnutzen

	Umweltzustände			Gesamt-nutzen
	z_1	z_2	... z_J	
a_1	u_{11}	u_{12}	... u_{1J}	u_1
a_2	u_{21}	u_{22}	... u_{2J}	u_2
⋮	⋮	⋮	⋮	⋮
a_I	u_{I1}	u_{I2}	... u_{IJ}	u_I

(Alternativen)

In der in Abb. 3 dargestellten *Entscheidungsmatrix* werden die Informationen der Ergebnismatrix mit den Präferenzen verbunden. Dabei wird der Nutzen der einzelnen Alternativen aus Sicht des Entscheidungsträgers gemessen an seinen Präferenzen ermittelt. Bei einem schrittweisen Vorgehen werden zuerst die einzelnen Ergebnisse der Ergebnismatrix in Nutzenwerte u_{ij} transformiert, es resultiert die sog. *Nutzenmatrix*. Die Entscheidungsmatrix liegt erst dann vor, wenn die Nutzenwerte je Handlungsalternative a_i zum Gesamtnutzen u_i aggregiert werden, die Entscheidungsmatrix erweist sich also letztlich als ein Vektor (Sieben/Schildbach 1994, S. 30 f.). Entscheidungen können mit geeigneten →Entscheidungsinstrumenten (z. B. Entscheidungsregeln) schon auf Ebene der Ergebnis- bzw. Nutzenmatrix getroffen werden. Liegt der abschließende Entscheidungsvektor vor, so werden keine Entscheidungsinstrumente benötigt. Optimal – und damit zu wählen – ist dann die Alternative, die zum maximalen Gesamtnutzen u_i führt.

Literatur: Bamberg, G./Coenenberg, A. G.: Betriebswirtschaftliche Entscheidungslehre, 13. Aufl., München 2006; Laux, H.: Entscheidungstheorie, 6. Aufl., Berlin et al. 2005; Schildbach, T.: Entscheidung, in: Bitz, M. et al. (Hrsg.): Vahlens Kompendium der Betriebswirtschaftslehre, Band 2, 5. Aufl., München 2005, S. 1–41; Sieben, G./Schildbach, T.: Betriebswirtschaftliche Entscheidungstheorie, 4. Aufl., Düsseldorf 1994.

Dominik Kramer

Entscheidungsmodelle, mathematische
→Mathematische Entscheidungsmodelle

Entscheidungsregeln →Entscheidungsinstrumente

Entscheidungssituation →Entscheidungsinstrumente; →Entscheidungsmatrix

Entscheidungstheorie →Entscheidungsmatrix

Entscheidungswert →Unternehmenswert

Entscheidungswert, subjektiver
→Konzerne, Unternehmensbewertung von

Entsprechenserklärung

Nach § 161 AktG haben Vorstand und AR einer börsennotierten Gesellschaft jährlich zu erklären, dass den vom *BMJ* im amtlichen Teil des elektronischen Bundesanzeigers bekannt gemachten Empfehlungen der Regierungskommission →Deutscher Corporate Governance Kodex (DCGK) entsprochen wurde und wird bzw. welche Empfehlungen nicht angewendet wurden oder werden. Die sog. Entsprechenserklärung ist gesondert, außerhalb des Jahres- bzw. Konzernabschlusses abzugeben und den Aktionären dauerhaft, z. B. durch Veröffentlichung auf der Website des Unternehmens, zugänglich zu machen (→Publizität). Ergänzend ist die Erklärung zusammen mit dem Abschluss und →Lagebericht im BAnz. bekannt zu machen und die Bekanntmachung zum HR einzureichen (§ 325 Abs. 1 Satz 1 HGB) (→Offenlegung des Jahresabschlusses).

Eine unmittelbare Aufnahme der Entsprechenserklärung in den →Anhang oder den Lagebericht ist nicht vorgesehen. Statt dessen ist im Anhang zum JA anzugeben, dass die Entsprechenserklärung abgegeben und den Aktionären zugänglich gemacht worden ist (§ 285 Nr. 16 HGB). Im →Konzernanhang ist für jedes in den Konzernabschluss einbezogene börsennotierte Unternehmen anzugeben, dass die Entsprechenserklärung abgegeben und den Aktionären zugänglich gemacht worden ist (§ 314 Abs. 1 Nr. 8 HGB).

Im Rahmen der gesetzlichen Abschlussprüfung (→Jahresabschlussprüfung; →Konzernabschlussprüfung; →Pflichtprüfungen) ist zu prüfen, ob der gesetzlichen Angabepflicht entsprochen wurde und ob die Anhangangabe zur Abgabe der Entsprechenserklärung vollständig ist und zutrifft. Da die Entsprechenserklärung selbst nicht Bestandteil des Abschlusses ist, ist ihre inhaltliche Aussage auch nicht Gegenstand der Abschlussprüfung. Daher ist es nicht Aufgabe des →Abschlussprüfers zu prüfen, ob und inwieweit den Verhaltensempfehlungen des DCGK tachlich entsprochen wurde und ob Abweichungen von diesen Empfehlungen zutreffend in der Entsprechenserklärung dargestellt sind. Dies gilt selbst dann, wenn die Entsprechenserklärung – entgegen der gesetzlichen Konzeption – in den Anhang oder in den Lagebericht aufgenommen wurde. Um Missverständnisse über die Tragweite der Abschlussprüfung zu vermeiden, ist in solchen Fällen ein Hinweis in den einleitenden Abschnitt des →Bestätigungsvermerks aufzunehmen, in dem darzulegen ist, dass der APr keine Prüfung der Entsprechenserklärung vorgenommen hat.

Die Prüfung der Vollständigkeit der Anhangangabe zur Entsprechenserklärung hat sich darauf zu erstrecken, ob die Angabe eine Aussage zur Abgabe der Erklärung und dazu enthält, dass die Erklärung den Aktionären zugänglich gemacht wurde.

Zur Prüfung, ob die Anhangangabe zutreffend ist, ist insb. festzustellen, ob eine Entsprechenserklärung vorliegt, die die formellen Anforderungen des § 161 AktG an den Inhalt und an die jährliche Abgabe der Erklärung erfüllt. Hierzu

- muss die Entsprechenserklärung sowohl eine vergangenheitsbezogene als auch eine zukunftsorientierte Aussage zur Einhaltung der Verhaltensempfehlungen des DCGK enthalten und es
- müssen Abweichungen von den Verhaltensempfehlungen des DCGK in der Entsprechenserklärung im Einzelnen aufgeführt sein; ein pauschaler Hinweis, dass von einzelnen Empfehlungen abgewichen wurde, genügt nicht.

Sind die formellen Anforderungen nicht vollständig erfüllt, kann grundsätzlich nicht mehr vom Vorliegen der nach § 161 AktG geforderten Erklärung ausgegangen werden. Folglich ist die Anhangangabe als unzutreffend anzusehen.

Zur Beurteilung, ob die Anhangangabe zur Entsprechenserklärung zutreffend ist, ist auch zu prüfen, ob die Entsprechenserklärung, wie in der Anhangangabe erklärt, tatsächlich rechtzeitig, d. h. jährlich abgegeben und den Aktionären zugänglich gemacht wurde. Ein einmaliges Veröffentlichen der Erklärung, z. B. im Rahmen der Offenlegung im HR, ist hierzu nicht ausreichend.

Ist die gesetzlich geforderte Anhangangabe zur Entsprechenserklärung vorhanden, vollständig und zutreffend, ist hierauf im →Prüfungsbericht (PrB) und im →Bestätigungsvermerk (BestV) nicht gesondert einzugehen. Auswirkungen auf die Berichterstattung des Abschlussprüfers ergeben sich allerdings, wenn die Anhangangabe fehlt, unvollständig oder unzutreffend ist.

So ist der BestV einzuschränken, wenn entgegen § 161 AktG bis zur Erteilung des Bestätigungsvermerks keine Entsprechenserklärung abgegeben wurde und daher die vorgeschriebene Anhangangabe fehlt oder wenn die formellen Anforderungen des § 161 AktG an die Erklärung nicht erfüllt sind und die Anhangangabe insofern unzutreffend ist. Der BestV ist auch dann einzuschränken, wenn im Anhang wahrheitsgemäß über die gesetzeswidrige Nichtabgabe der Entsprechenserklärung berichtet wird. Da die §§ 285 Nr. 16, 314 Abs. 1 Nr. 8 HGB eine Berichterstattung erfordern, „dass" und nicht „ob" die Entsprechenserklärung abgegeben wurde, stellt der Hinweis auf die Nichtabgabe der Erklärung nicht die gesetzlich geforderte Angabe dar.

Demgegenüber ergeben sich aufgrund unzutreffender Aussagen in der Entsprechenserklärung, die bei der Prüfung festgestellt worden sind, keine Auswirkungen auf den BestV. Hierüber ist allerdings im Rahmen der →Redepflicht des Abschlussprüfers zu berichten. Zwar ist die Abschlussprüfung nicht auf die Einhaltung des DCGK und darauf auszurichten, ob die Entsprechenserklärung inhaltlich zutreffend ist. Je nach Art und Inhalt der einzelnen Verhaltensempfehlungen ist es jedoch mehr oder weniger wahrscheinlich, dass der APr Abweichungen von den Empfehlungen des DCGK, die in der Entsprechenserklärung nicht angegeben wurden, bei Durchführung der Abschlussprüfung feststellt. Dies gilt insb. für solche Empfehlungen, die einen unmittelbaren sachlichen Bezug zum Gegenstand der Abschlussprüfung, d. h. zur Rechnungslegung haben, aber auch für Verhaltensempfehlungen, deren Einhaltung zwangsläufig aus Unterlagen und Informationen erkennbar ist, die der APr zur Erlangung seiner →Prüfungsnachweise heranzieht. Demgegenüber wird dem APr die Feststellung von Abweichungen von solchen Empfehlungen nicht möglich sein, die eine subjektive Beurteilung durch den Vorstand oder den AR der zu prüfenden Gesellschaft außerhalb der Rechnungslegung erfordern (s. hierzu auch Anhang 1 zu IDW PS 345 mit einer entsprechenden Zuordnung der einzelnen Verhaltensempfehlungen des DCGK).

Literatur: IDW (Hrsg.): IDW Prüfungsstandard: Auswirkungen des Deutschen Corporate Governance Kodex auf die Abschlussprüfung (IDW PS 345, Stand: 8. Dezember 2005), in: WPg 59 (2006), S. 314–333.

Klaus-Peter Naumann

Entstehungsrechnung →Wertschöpfungsrechnung

Entwicklungsaufwendungen →Forschungs- und Entwicklungsaufwendungen

Entwicklungsbeeinträchtigende Tatsachen →Bestandsgefährdung

Entwicklungskosten →Forschungs- und Entwicklungskosten

Environmental Due Diligence

Ziel der Environmental Due Diligence (Umwelt Due Diligence) als Unterform der →Due Diligence ist es, alle aus der Perspektive Umwelt resultierenden Haftungsrisiken und →Kosten offen zu legen, damit im Rahmen einer Gesamtbewertung des Unternehmens (→Unternehmensbewertung) und der daraus resultierenden wirtschaftlichen →Planung die größtmögliche Sicherheit gewährleistet wird.

Die Durchführung der Umwelt Due Diligence erstreckt sich i. d. R. über zwei Phasen. In der ersten Phase, nämlich des Umwelt-Assessment, findet eine Untersuchung gem. ASTM 1527/1528 statt. Dabei werden sowohl Informationen, die am Standort vorliegen, einer prüferischen Durchsicht unterzogen als auch potenzielle Gefahren und Risiken in Bezug auf die Umwelt i.w.S. eingeschätzt.

In der zweiten Phase der Umwelt Due Diligence werden gegenständliche Untersuchungen durchgeführt, überwiegend mit dem Ziel der Komplementierung und Vervollständigung der Informationen der ersten Phase. In der zweiten Phase ist man bemüht, an den Stellen, wo im Verlauf der ersten Phase entweder Datenlücken oder konkrete Risikomomente aufgetreten sind, eigene Daten zu gewinnen und weiter zu analysieren.

Die erfassten Umweltrisiken lassen sich in zwei Kategorien aufteilen: direkte Umweltrisiken, wie z. B. der Verstoß gegen gesetzliche Regelungen, Verordnungen, Genehmigungen bzw. behördliche Auflagen, und indirekte Umweltrisiken, wie z. B. kostenwirksame Umweltrelevanz der Rohstoffbeschaffung.

Die klassische Umwelt Due Diligence umfasst die folgenden Themenkomplexe, die fallspezifisch um einige Themen erweitert werden können:

- Umgebungsfaktoren,
- Standortfaktoren,
- Standorthistorie,
- Standortaktivitäten,
- Umweltmanagement (→umweltbezogenes Controlling) am Standort,
- Luftemissionen,
- Wasserversorgung und Abwasserbehandlung bzw. -entsorgung,
- Abfallentsorgung,
- Umgang mit und Lagerung von Gefahr-, Brenn- und wassergefährdenden Stoffen,
- Tanks,
- Asbest und asbesthaltige Stoffe,
- polychlorierte Materialien,
- Ozonschicht abbauende Stoffe,
- Umweltlärm, Geruchs- und Staubbelästigung und
- betriebliches Erscheinungsbild.

Literatur: Scott, C. (Hrsg.): Due Diligence in der Praxis, Wiesbaden 2001.

Sam Vaseghi

Environmental Management Accounting →Umweltbezogenes Controlling

Equity Approach →Discounted Cash Flow-Methoden

Equity-Konsolidierung →Konsolidierungsformen

Erbfolge, vorweggenommene →Unternehmensformen, Wahl der

Ereignisse nach dem Abschlussstichtag

Informationen zum JA, die sich aus besserer Kenntnis bereits bilanzierter Sachverhalte ergeben oder auf Ereignisse beziehen, die bereits zum Bilanzstichtag bestanden haben (sog.

wertaufhellende Tatsachen), sind im JA zu berücksichtigen. Demgegenüber ist eine Erfassung wertbegründender Ereignisse, die aus neuen Ereignissen nach dem Bilanzstichtag resultieren, im JA nicht zulässig. Unbeschadet davon ist über Vorgänge von wesentlicher Bedeutung (→Wesentlichkeit), die sich bis zur Erteilung des →Bestätigungsvermerks ergeben, im →Lagebericht zu berichten.

Der →Abschlussprüfer (APr) muss vor Erteilung des Bestätigungsvermerks prüfen, ob seit dem Bilanzstichtag Ereignisse von besonderer Bedeutung aufgetreten sind und beurteilen, ob deren Abbildung in JA und Lagebericht zutreffend ist, ggf. hat er Konsequenzen für den BestV zu ziehen. Eine kontinuierliche Überprüfung aller bilanzierten Sachverhalte ist jedoch nicht erforderlich. Die Prüfungshandlungen (→Auswahl von Prüfungshandlungen) sollten zeitnah zur Erteilung des Bestätigungsvermerks erfolgen, um die Vollständigkeit der erfassten Sachverhalte zu gewährleisten.

Im Rahmen dieser Nachschau werden zum einen Sachverhalte, die sich in zeitlicher Nähe zum Bilanzstichtag ergeben haben, überprüft. Dies betrifft z. B. die Abgrenzung des →Vorratsvermögens, Begleichung von →Verbindlichkeiten sowie Erteilung von Gutschriften in zeitlicher Nähe nach dem Bilanzstichtag.

Zum anderen sind Prüfungshandlungen darauf ausgerichtet, die *Vollständigkeit* der Erfassung wesentlicher Ereignisse zu prüfen. Als Prüfungsschritte bieten sich an:
- Befragung der Anwälte des Unternehmens bzw. Einholung aktualisierter Rechtsanwaltsbestätigungen, ob wesentliche neue Erkenntnisse zu anhängigen oder drohenden Rechtsangelegenheiten vorliegen,
- Durchsicht von Protokollen von Gesellschafterversammlungen (→Haupt- und Gesellschafterversammlung), Geschäftsführungsbesprechungen, Aufsichtsratssitzungen u.Ä. für die Zeit nach dem Bilanzstichtag und Erkundigungen, ob es weitere Treffen gegeben hat, für die keine Versammlungsprotokolle vorliegen,
- Durchsicht von wesentlichen →Buchungen, die nach dem Bilanzstichtag vorgenommen wurden,
- Würdigung der Vorgehensweise des Managements sicherzustellen, dass wesentliche Ereignisse nach dem Bilanzstichtag bekannt werden und
- Befragung der Geschäftsleitung, ob sich seit dem Bilanzstichtag Sachverhalte von besonderer Bedeutung ergeben haben, so z. B.
- Stand der Abwicklung von Geschäften, die zum JA noch schwebend waren,
- Aktualisierung von Vorgängen, die bisher nur aufgrund von Schätzungen (→Schätzwerte, Prüfung von) im JA berücksichtigt wurden,
- Prüfung, ob neue finanzielle Verpflichtungen eingegangen wurden (z. B. Darlehen, Finanzderivate),
- Verkäufe oder geplante Verkäufe von wesentlichen Teilen des →Anlagevermögens oder Betriebsstätten,
- Verlust oder Zerstörung von →Vermögensgegenständen (z. B. durch höhere Gewalt, Enteignung durch Behörden),
- Existenz von Vorgängen, die die Angemessenheit der angewendeten Bilanzierungs- und Bewertungsmethoden (→Ansatzgrundsätze; →Bewertungsgrundsätze) in Frage stellen und
- Vorliegen von Korrekturbuchungen, die den JA betreffen.

Zur Absicherung, ob die Informationen über die wirtschaftliche Entwicklung im Jahresabschluss korrekt dargestellt sind, werden →Zwischenabschlüsse eingesehen und mit den →Planungen der Gesellschaft verglichen (→Soll-Ist-Vergleich). Ggf. ist zu überprüfen, ob die bei der Aufstellung des Jahresabschlusses zugrunde gelegte Prämisse der Unternehmensfortführung (Going Concern-Prinzip) weiterhin zutreffend ist.

Zur Dokumentation gehört neben der Darstellung von wesentlichen Ereignissen und ihrer Abbildung im JA und Lagebericht die Dokumentation der vorgenommenen Prüfungshandlungen und Nennung der eingesehenen Unterlagen bzw. vorgenommenen Befragungen. Auch der Zeitraum, der von der Nachschau erfasst wurde, ist in den →Arbeitspapieren des Abschlussprüfers zu dokumentieren.

Nach der Erteilung des Bestätigungsvermerks ist der APr nicht mehr verpflichtet, Prüfungshandlungen betreffend den testierten JA durchzuführen. Soweit ihm allerdings bis zur Auslieferung des →Prüfungsberichts wesentliche wertaufhellende Ereignisse bekannt werden, hat er diese mit der Unternehmensleitung zu besprechen und zu beurteilen, ob der bereits geprüfte JA geändert werden muss (→ Bilanzfehlerberichtigung).

Oliver Bielenberg

Erfahrungskurvenmodell
→ Erfolgsabhängigkeiten

Erfolg → Erfolgscontrolling

Erfolgsabhängigkeiten

Die realwirtschaftliche Tätigkeit von Unternehmen, i. S. d. Abgabe von Leistungen an den Markt gegen Entgelt, ist ungeachtet mehrdimensionaler Unternehmensziele auf Erfolgserzielung ausgerichtet. Der erzielte Erfolg bedarf regelmäßig noch einer rechnerischen Ermittlung (→ Erfolgsprognose). Erfolg ist dann ein rechenökonomischer Saldo aus positiven und negativen erfolgswirksamen Rechenelementen, die per Konvention unterschiedlich definiert werden können (Lehmann 2002, Sp. 393 f.). Außer pagatorischen können auch kalkulatorische Rechenelemente in eine Erfolgsermittlung eingehen. Neben der traditionellen, gesetzlich erzwungenen und auf ein Berichtsjahr bezogenen Erfolgsrechnung werden Ermittlungen aus besonderen Anlässen und für kürzere oder längere Zeiträume erstellt. Unterschiedliche Rechnungszwecke erfordern differenzierte Erfolgsrechnungen. Eine verstärkt wertorientierte Erfolgssteuerung (→ Erfolgscontrolling; → wertorientierte Unternehmensführung) und die wachsende Internationalisierung der Rechnungslegung [→ International Financial Reporting Standards (IFRS); → United States Generally Accepted Accounting Principles (US GAAP)] haben zu einer Konvergenz von internem und externem → Rechnungswesen und zur freiwillig erweiterten Unternehmenspublizität (→ Publizität; → Value Reporting, → Balanced Scorecard) geführt (Müller 2003, S. 72–96).

Versteht man *Erfolgsfaktoren* als Einflussgrößen, Situationen, Strukturen oder Leistungsfaktoren, die das Unternehmen gegenüber Wettbewerbern unterscheidet und von denen der unternehmerische Erfolg abhängt, wird der Blick auf das realökonomische Geschehen gelenkt. Aktuelle oder zukünftige Erfolgsfaktoren sind unternehmensinterne und -externe Parameter, die die Wertbildung der Vermögens- und Erfolgsgrößen beeinflussen. Die Ermittlung solcher Erfolgsfaktoren kann auf analytischem Weg auch über statistische Verfahren (Korrelations- und Regressionsanalysen) erfolgen. Eine Entschlüsselung *der* betriebswirtschaftlichen Erfolgsfaktoren und ihrer Wechselbeziehungen zueinander ist jedoch noch nicht gelungen. Die vorliegenden Studien gelangen zu unterschiedlichen Ergebnissen.

Mit dem „*PIMS-Programm*", dessen Anfänge bis in die fünfziger Jahre des vergangenen Jahrhunderts reichen, wurden die Ergebniswirkungen verschiedener Unternehmensstrategien untersucht. Die Datenbank des Projekts umfasste zeitweise Daten von 450 Unternehmen mit 3.000 Strategischen Geschäftseinheiten (SGE). Neben dem geschäftlichen Umfeld und der Wettbewerbsposition der Strategischen Geschäftseinheit wurden Merkmale der Leistungserstellung, Budgetaufteilung (→ Budgetierung), Strategie und des Erfolgs erfasst. Das PIMS-Programm identifizierte rund 30 Unternehmens- und Marktvariablen, die einen deutlichen Einfluss auf den ROI (→ ROI-Kennzahlensystem) bzw. →Cash Flow aufweisen. Die PIMS-Studie ist in der Literatur heftiger Kritik ausgesetzt, da die komplexen Wirkungszusammenhänge mit dem Einsatz multipler Regressionsanalysen, die Interdependenzen zwischen den erklärenden Variablen vernachlässigen, nicht zuverlässig untersucht werden können. Zudem basieren die Datengrundlagen auf subjektiven Bewertungen einzelner Variablen in einer kurzfristigen Betrachtung. Die aus den Ergebnissen abgeleiteten Strategieempfehlungen orientieren sich einseitig am ROI und vernachlässigen mögliche Synergieeffekte zwischen einzelnen SGE. Der methodischen Kritik ist später durch den Einsatz kausalanalytischer Untersuchungen Rechnung getragen worden. Das Programm wird heute mit Daten von 250 Unternehmen und rund 3.000 SGE fortgeführt. Die von *Capon/Farley/Hoenig* (Capon/Farley/Hoenig 1990) veröffentlichte Meta-Analyse, die 320 Studien zur Erfolgsfaktorenfindung umfasste, zeigt die zentralen unabhängigen Variablen zur Erklärung des Unternehmenserfolgs und deren signifikante Unterschiede im Hinblick auf Wahrscheinlichkeit und Stärke einer positiven bzw. negativen Korrelation auf. So besteht zwischen der Qualität der Leistungen und dem Unternehmenserfolg in 92,9 % der untersuchten Beziehungen ein positiver Zusammenhang. Es wird auch deutlich, dass die Forschung einseitig auf positiv wirkende Erfolgsfaktoren ausgerichtet und die Wirkung organisationsinterner Faktoren bislang unzureichend untersucht worden ist. Zu einer pessimistischen Einschätzung der Erfolgsfaktorenforschung gelangen *Nicolai/Kieser* (Nicolai/Kieser 2002), da es bislang nicht gelungen sei, konsistente, verlässliche und praktisch nutzbare Ergebnisse hervorzubringen.

Das enger angelegte *Erfahrungskurvenmodell* will Kostenentwicklungen (→Kosten) von Produkten im Zeitablauf erklären. Empirische Beobachtungen zeigen, dass mit einer Verdopplung der im Zeitablauf kumulierten Produktmenge eine Stückkostensenkung von 20 bis 30 % realisiert werden kann, die im Wesentlichen auf Lerneffekte zurückzuführen ist. Die Untersuchungen in verschiedenen Branchen verdeutlichen mehr oder weniger dieses Kostensenkungspotenzial.

Erfolgsabhängigkeiten können auch am Lebenszyklusmodell (→Lebenszykluskonzept; →Lebenszykluskostenrechnung) aufgezeigt werden, bei dem jedes Produkt in idealtypischer Weise vier Phasen (Einführung, Wachstum, Reife und Sättigung) durchläuft und dabei zunächst ein konvexer, dann ein konkaver Verlauf der Absatz- und Erfolgskurve skizziert werden kann. Die zentrale Kritik hieran betrifft die Verwendung der Zeit als die einzige Variable zur Erklärung von Absatz und Erfolg und die Implikation einer begrenzten Lebensdauer aller Produkte.

Literatur: Capon, N./Farley, J. U./Hoenig, S.: Determinants of Financial Performance, in: MS 36 (1990), S. 1143–1159; Homburg, C./Krohmer, H.: Marketingmanagement, Wiesbaden 2003; Lehmann, M.: Erfolgsermittlung, in: Küpper, H.-U./Wagenhofer, A. (Hrsg.): HWUC, 4. Aufl., Stuttgart 2002, Sp. 392–401; Nicolai, A./Kieser, A.: Trotz eklatanter Erfolglosigkeit: Die Erfolgsfaktorenforschung weiter auf Erfolgskurs, in: DBW 62 (2002), S. 579–596; Müller, S.: Management-Rechnungswesen. Ausgestaltung des externen und internen Rechnungswesens unter Konvergenzgesichtspunkten, Wiesbaden 2003.

Franz Jürgen Marx

Erfolgscontrolling

Jedes Unternehmen verfolgt Ziele. Die grundsätzlichen *Zielbereiche eines Unternehmens* sind typischerweise die Bildung von Erfolgspotenzialen, die Sicherung von Erfolg sowie die Sicherung der Liquidität. Zielkategorien können sein:

- *ökonomische Ziele:* Wirtschaftlichkeit, Produktivität, Rentabilität (→Rentabilitätsanalyse), Vermögen (→Vermögensstruktur), Shareholder Value (→Shareholder Value-Analysis),
- *soziale Ziele:* Mitarbeiterzufriedenheit, Macht, Ehre, Anerkennung,
- *materiale Ziele:* Bedarfsdeckung durch materielle und immaterielle Güter sowie
- *ökologische Ziele:* Umweltschutz, Lärmschutz, Entsorgung, Recycling.

Auf diese Ziele werden die gesamten Aktivitäten des Unternehmens hin ausgerichtet. Diese Aktivitäten sind zielorientiert zu koordinieren [Planung und Kontrolle (→Kontrollkonzeptionen; →Kontrollsysteme)]. *Erfolg* stellt das Ausmaß an Zielerreichung innerhalb eines bestimmten Zeitraums dar (Periodenerfolg). Unter *Erfolgssteuerung* versteht man daher alle Aktivitäten, die geeignet sind, den Zielerreichungsgrad des Unternehmens zu erhöhen. Hierzu zählen insb. die folgenden, sich regelmäßig wiederholenden Schritte des *Planungs- und Kontrollzyklus*:

1) Festlegung der längerfristigen unternehmerischen *Grundsätze* und *Ziele* durch die Unternehmenseigentümer (regelmäßige Überprüfung und Aktualisierung).

2) Ableitung der bis zu einem bestimmten Zeitpunkt (bspw. Monat, Quartal, Jahr, Jahrfünft, Generation) anzustrebenden *Plan-* oder *Soll-Werte* aus den Zielvorgaben.

3) Analyse der zu erwartenden *unternehmensexternen Entwicklungen* und Trends am Markt (Beschaffungs-, Personal-, Energie- und Absatzmarkt).

4) Analyse der *unternehmensinternen Stärken und Schwächen* (Strengthens & Weaknesses) im Hinblick auf Zielvorgaben der Eigentümer sowie auch bzgl. der zu erwartenden *unternehmensexternen Marktentwicklungen* i. S. v. *Chancen und Risiken* (Opportunities & Threats) (→Risiko- und Chancencontrolling) i. S. e. →Abweichungsanalyse (→Soll-Ist-Vergleich).

5) Im Rahmen einer *Vorschau* (Forecast) wird insb. geprüft, welche Entwicklung das Unternehmen in den nächsten Jahren nehmen würde (→Erfolgsprognose), wenn sich an der strategischen Ausrichtung nichts ändern würde und keine zusätzlichen Strategien und Maßnahmen getroffen würden.

6) Suche, Bewertung und Auswahl möglicher *Strategien und Maßnahmen* zur Minderung von Schwächen und zur Weiterentwicklung von Stärken im Hinblick auf die Unternehmenszielsetzungen (→*Planung* i.e.S.). Die aufgrund des vorgesehenen Maßnahmenkatalogs absehbaren Erfolgs-, Liquiditäts-, Kosten- und Kapazitätskonsequenzen (→Liquiditätscontrolling; →Kostencontrolling; →Kapazitätscontrolling) sind im Rahmen der quantitativ orientierten Planung unbedingt zu berücksichtigen. Auch hier ist es nötig, im Rahmen von geeigneten prognostischen Einschätzungen, eine Analyse der Wirkungen möglicher Strategien und Maßnahmen vorzunehmen [einschl. Worst- und Best-Case-Analysen i.S.v. Szenarien (→Szenariotechnik)]. Es wird aber nicht gelingen, zufällige Ereignisse in der Zukunft vorherzusagen.

7) Die Wirkungen der beabsichtigten Maßnahmen sind dann im Rahmen der „Quantitativen Erfolgsplanung" (→Budgetierung) zu bewerten. Daraufhin sind die planmäßig zu ergreifenden Strategien und Maßnahmen auszuwählen (Entscheidung).

8) *Umsetzung* der ausgewählten Strategien und Maßnahmen.

9) Messung und Analyse der Erfolgswirksamkeit der ausgeführten Strategien und Maßnahmen (*Kontrolle* des Erfolgs) zu einem bestimmten Zeitpunkt (bspw. monatlich, quartalsweise, jährlich). Stellt man im Rahmen der *Erfolgskontrolle* ungünstige, d.h. nicht zielkonforme Abweichungen fest, so müssen im Folgemonat, -quartal oder -jahr entsprechende Gegensteuerungsmaßnahmen eingeleitet werden.

10) Abermalige Durchführung der Schritte 1) bis 9).

Die Koordination aller zur Erfolgsplanung, -steuerung und -kontrolle erforderlichen Aktivitäten liegt beim →*Controlling* (vom engl. „to control": steuern, regeln). Das Unternehmens-Controlling ist für eine entsprechend hohe Planungsqualität und -detaillierung, für den zeitlichen Fortschritt der Planung sowie für die erforderliche Abstimmung der Teilpläne untereinander (Absatz-, Produktions-, Beschaffungsplan etc.) verantwortlich.

Zur Erfüllung der entsprechenden Aufgaben bedient man sich folgender →*Controllinginstrumente*: Analyse- und Planungstechniken (→Planungssysteme), Bewertungs- und Entscheidungstechniken (→Entscheidungsinstrumente), Abweichungsanalysen (Soll-Ist-Vergleiche), Stärken-Schwächen-Analysen, langfristige Absatz- und Produktplanung, Investitionsplanung und →Investitionskontrolle (→Investitionscontrolling), Kennzahlenvergleiche (→Erfolgskennzahlensystem; →Kennzahlen und Kennzahlensysteme als Kontrollinstrument; →zeitlicher Vergleich; →überbetrieblicher Vergleiche; →betriebswirtschaftlicher Vergleich) sowie →Planbilanz und -GuV. Als integratives Instrument wird insb. die multiperspektivisch konzipierte →*Balanced Scorecard* eingesetzt.

Die *Erfolgsrechnung* (→Erfolgsrechnung, kurzfristige), auch →*Kostenträgerzeitrechnung* genannt, befasst sich mit der Planung und Kontrolle des Unternehmenserfolgs innerhalb eines bestimmten Zeitraums (z.B. Monats-, Quartals-, Jahreserfolgsrechnung). In ihr werden die →Kosten und →Erlöse dergestalt aufbereitet, dass der Erfolgsbeitrag (→Deckungsbeitragsrechnungen) einzelner Produkte, Dienstleistungen, Produktgruppen (Sparten), Kunden, Kundengruppen, Regionen, Absatzwege oder Verantwortungsbereiche (→Profitcenter) ausgewiesen werden kann.

Literatur: Bugdahl, V.: Methoden der Entscheidungsfindung, Würzburg 1990; Hamer, E.: Wie Unternehmer entscheiden, Landsberg/Lech 1988; Harting, D.: Führen mit strategischen Unternehmensplänen, Stuttgart 1992; Horváth, P./ Weber, J.: Controlling in Klein- und Mittelbetrieben, in: Horváth, P.: Controlling, 9. Aufl., München 2003; Horváth, P./Reichmann, T. (Hrsg.): Vahlens Großes Controllinglexikon, 2. Aufl., München 2003; Horváth & Partners: Das Controllingkonzept, 6. Aufl., München 2006; Kosmider, A.: Controlling im Mittelstand, 2. Aufl., Stuttgart 1994; Pfohl, H.-Ch. (Hrsg.): Betriebswirtschaftslehre der Mittel- und Kleinbetriebe, 3. Aufl., Berlin 1997, S. 335–376; Schlicksupp, H.: Innovation, Kreativität und Ideenfindung, 6. Aufl., Würzburg 2004; Weber, J.: Kosten- und Finanzplanung, München 1992; Weber, J.: Erfolgssteuerung, Erfolgsrechnung, Frühaufklärungssysteme, in: Stickel et al. (Hrsg.): Gabler Wirtschaftsinformatiklexikon, Wiesbaden 1997, S. 244 ff., 279 ff.; Zahn, E. (Hrsg.): Auf der Suche nach Erfolgspotentialen, Stuttgart 1991.

Joachim Weber

Erfolgsfaktoren →Erfolgsabhängigkeiten

Erfolgshonorare für den Wirtschaftsprüfer
→Vergütungsregelungen für den Wirtschaftsprüfer

Erfolgskennzahlensystem

Der Erfolg der unternehmerischen Betätigung wird zweckmäßigerweise nicht nur durch absolute Größen (Gewinn, Jahresüberschuss, Ergebnis) sondern vorzugsweise auch durch Relativzahlen gemessen. Relativkennzahlen haben den Vorteil, dass sie für die Beurteilung des Erfolges auch den dazu notwendigen Ressourceneinsatz in die Betrachtung einbeziehen und damit die Effizienz des Vermögens- und Kapitaleinsatzes messen. Der Zusammenhang zwischen dem erzielten Erfolg und den eben diesen Erfolg bestimmenden Größen wird durch *Rentabilitätskennzahlen* in einem Wirkungs-/Ursachenverhältnis abgebildet.

Je nach den Definitionen bzw. Inhalten der Zähler- und Nennergrößen werden verschiedene Rentabilitäten für die Analyse herangezogen: Die

Eigenkapitalrentabilität

$$= \frac{\text{Ergebnis (Gewinn, Jahresüberschuss) nach Steuern}}{\text{Durchschnittliches Eigenkapital}} \cdot 100$$

misst die Rendite, die durch den Einsatz des von den Eigentümern, Gesellschaftern und Aktionären bereitgestellten Kapitals (Gezeichnetes Kapital, →Rücklagen) erzielt wird und diesem Kreis in Form von Ausschüttungen oder durch Thesaurierungen (→Ergebnisverwendung) der im Unternehmen verbleibende Gewinne zusteht. Die Höhe der Eigenkapitalrentabilität wird bestimmt durch die Gesamtkapitalrentabilität, die Zinsbelastung und dem Verschuldungsgrad. Die

Gesamtkapitalrentabilität

$$= \frac{\text{Ergebnis} + \text{Ertragsteuern} + \text{Zinsaufwand}}{\text{Gesamtkapital}} \cdot 100$$

ist ein Maß für die Beurteilung der Effizienz des gesamten Kapitaleinsatzes [→Eigenkapital, →Verbindlichkeiten, →Rückstellungen, passive →Rechnungsabgrenzungsposten (RAP)]. Als *Unternehmensrendite* ist sie für die Beurteilung des Unternehmenserfolges im Betriebs-, Branchen- und Entwicklungsvergleich (→überbetriebliche Vergleiche) von besonderer Bedeutung. Wenn man die Gesamtkapitalrentabilität mit den durchschnittlichen →Kapitalkosten [→Weighted Average Cost of Capital-Ansatz (WACC)] vergleicht, zeigt sie an, ob durch den Kapital- bzw. Vermögenseinsatz im betrachteten Unternehmen Werte geschaffen oder vernichtet wurden (→wertorientierte Unternehmensführung).

Eine Maßzahl, die sowohl Markt- wie auch Kosten- bzw. Aufwandseinflüsse (→Kosten) erfasst, ist die

$$\text{Umsatzrentabilität} = \frac{\text{Jahresüberschuss}}{\text{Umsatzerlöse}} \cdot 100$$

Da in dieser Kennzahl jedoch der Kapital- oder Vermögenseinsatz unberücksichtigt bleibt, stellt die Umsatzrendite kein Beurteilungskriterium für den unternehmerischen Erfolg, sondern lediglich eine hilfreiche Kennzahl für Betriebs-, Branchen- und Entwicklungsvergleiche und damit den Ausgangspunkt für weitere detaillierte →Aufwands- und Ertragsanalysen dar. Kombiniert man die Umsatzrendite mit der

$$\text{Umschlagshäufigkeit} = \frac{\text{Umsatzerlöse}}{\text{Kapital bzw. Vermögen}}$$

erhält man den ROI = Umsatzrendite · Umschlagshäufigkeit und damit wieder eine Rentabilitätskennzahl, die den Erfolg und den zu seiner Erzielung notwendigen Ressourceneinsatz in einen differenzierten Zusammenhang bringt. Die den ROI (→ROI-Kennzahlensystem) beeinflussenden Determinanten können in einem *Kennzahlensystem* (→Kennzahlen und Kennzahlensysteme als Kontrollinstrument) zusammengefasst und verknüpft werden (s. Abb. nächste Seite).

Alle beschriebenen Kennzahlen sind in der Analysepraxis (→Rentabilitätsanalyse; →Jahresabschlussanalyse; →Jahresabschlussanalyse, Methoden der) üblich und anerkannt. Allerdings sind sie für eine *Erfolgsanalyse mit dem Ziel der Einschätzung der künftigen Ertragskraft* zu ungenau, zu wenig differenziert und durch außerordentliche, unregelmäßige sowie steuer- und bilanzpolitische Einflüsse (→bilanzpolitische Entscheidungsmodelle; →bilanzpolitische Gestaltungsspielräume nach HGB; →bilanzpolitische Gestaltungsspielräume nach Steuerrecht; →bilanzpolitische Gestaltungsspielräume nach IFRS; →bilanzpolitische Gestaltungsspielräume nach US GAAP) verzerrt. Bspw. sollte die Eigenkapitalrentabilität ebenso wie die Gesamtkapitalrentabilität auf Basis des Ergebnisses vor Ertragsteuern (→Steueraufwand) ermittelt werden, weil diese von zahlreichen steuerlichen Sonderfaktoren, →Verlustvorträgen etc. bestimmt werden. Das →Jahresergebnis selbst ist durch außerordentliche und unregelmäßige Ergebnisbeiträge in seiner Aussage begrenzt, deshalb sollte den Kennzahlen das *ordentliche* Jahreser-

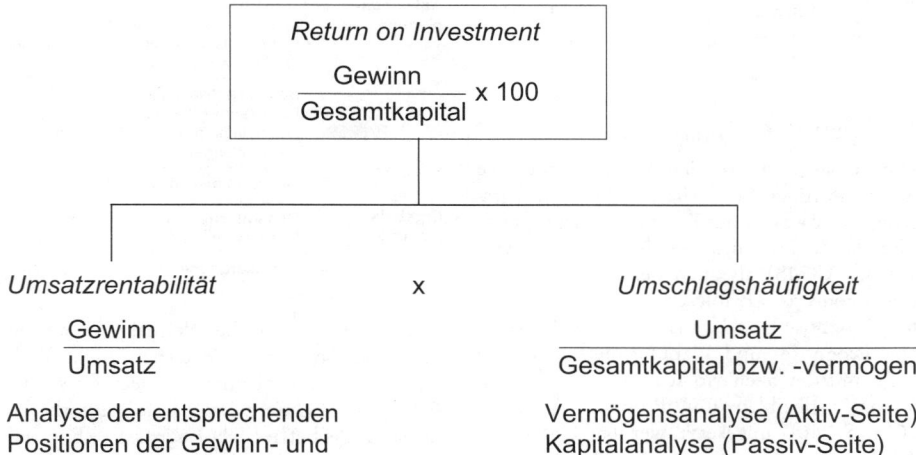

Analyse der entsprechenden
Positionen der Gewinn- und
Verlustrechnung

Vermögensanalyse (Aktiv-Seite)
Kapitalanalyse (Passiv-Seite)

gebnis zugrunde gelegt werden. Wird bei der Umsatzrendite – wie häufig üblich – im Zähler der Gewinn oder der Jahresüberschuss angesetzt, führt das zu unpräzisen Erkenntnissen, weil diese Größen auch durch das →Finanzergebnis bestimmt werden, es aber keinen Kausalzusammenhang zwischen dem Finanzergebnis und den →Umsatzerlösen gibt. Richtiger ist es folglich, das ordentliche Betriebsergebnis als Bezugsgröße zu wählen.

Deshalb ist es unter der Zielsetzung der Prognose (→Prognoseinstrumente) der künftigen Ertragskraft sachdienlicher, die

Rentabilität des Gesamtvermögens
(return on total assets)
$$= \frac{\text{ordentliches Jahresergebnis vor Steuern}}{\text{Gesamtvermögen}} \cdot 100$$

heranzuziehen und dieses um die Partialbetrachtungen

Betriebsvermögensrentabilität
$$= \frac{\text{ordentliches Betriebsergebnis}}{\text{Betriebsvermögen}} \cdot 100$$

sowie die

Finanzvermögensrentabilität
$$= \frac{\text{ordentliches Finanzergebnis}}{\text{Finanzvermögen}} \cdot 100$$

zu ergänzen, weil die Unternehmen mit unterschiedlichem Erfolg und variierender Intensität in betrieblichen Leistungsprozessen und finanziellen Engagements tätig sind. Man denke bspw. an die Automobilindustrie, in der Finanzierungs- und Leasinggeschäfte (→Leasingverhältnisse) inzwischen fast ebenso bedeutsam sind, wie die Produktion und der Verkauf von Fahrzeugen.

Zur vertiefenden Einsicht können die Determinanten weiter differenziert und zu einer „ausdifferenzierten →Rentabilitätsanalyse" verfeinert werden (Lachnit 2004, S. 222 ff.). So kann bspw. die Betriebsrentabilität gespalten werden in die Umschlagshäufigkeit und in die Umsatzrendite, wobei diese das ordentliche Betriebsergebnis im Zähler und den Umsatz bzw. die Gesamtleistung im Nenner haben sollte.

Literatur: Coenenberg, A. G.: Jahresabschluss und Jahresabschlussanalyse, 20. Aufl., Stuttgart 2005, S. 1080–1091; Gräfer, H.: Bilanzanalyse, 9. Aufl., Herne/Berlin 2005, S. 90–102; Küting, K./Weber, C. P.: Die Bilanzanalyse, Stuttgart 2001, S. 295–304; Lachnit, L.: Bilanzanalyse, Wiesbaden 2004, S. 214–225.

Horst Gräfer

Erfolgskongruenz →Bilanztheorie

Erfolgslage, Analyse der →Jahresabschlussanalyse

Erfolgsplan →Planbilanz

Erfolgspositionen →Geschäftsfeldstrategie und -planung

Erfolgspotenziale →Geschäftsfeldstrategie und -planung; →Wertorientierte Strategieplanung

Erfolgsprognose

Die Erfolgsprognose zielt auf die Vorhersage der zukünftigen Erfolgslage ab. Sie ist integrativer Teil sowohl einer Fortbestehensprognose und damit auch des →Risikomanagementsystems (RMS) als auch des Erfolgscontrollingsystems (→Erfolgscontrolling). Die Erfolgsprognose besteht aus einer Kombination von Prognose- und Planungsmethoden und kann mit der Szenario-Technik bzw. der differenziert-flexiblen GuV-Prognose (Lachnit 2004, S. 260) umgesetzt werden. Unterstellt werden ein gedankliches Modell des Unternehmenssystems mit der Kenntnis der Regelkreise und Stellgrößen sowie deren Einflüsse auf das System in der Zukunft. Die Erfolgsprognose setzt sich aus verschiedenen Teilprognosen bzw. -planungen zusammen, wobei der Planungsbegriff (→Planung) im Gegensatz zum Prognosebegriff eine aktive Eingriffsmöglichkeit bei der Ausgestaltung der Zukunft impliziert. Dies ist immer dann der Fall, wenn das Management aktiv eine Strategie verfolgt und an den ihm zur Verfügung stehenden Stellschrauben die Zukunft zu beeinflussen versucht. Die Erfolgsprognose wird somit im Rahmen der integrierten Unternehmensplanung zur Erfolgsplanung, die grundsätzlich die folgenden Bestandteile beinhalten kann:

Abb.: Erfolgsprognose

Umsatzplanung	Absatzmengen mal Absatzwerte
	= Umsatz
Leistungsplanung	+/− Bestandsänderung Erzeugnisse + andere aktivierte Eigenleistungen
	= **betriebliche Leistung (Gesamtleistung)**
Ertragsplanung	+ sonstige betriebliche Erträge + Finanzerträge + unregelmäßige und außerordentliche Erträge
	= **Gesamtertrag**
Kostenplanung	Inputmengen (für die Erbringung der Gesamtleistung) mal Wertansätze
	= **Kosten (leistungsbedingter bewerteter Güterverzehr)**
Aufwandsplanung	Korrektur um: a) kalkulatorische Kosten b) neutrale betriebliche Aufwendungen c) Umbewertungen
	= Betriebsaufwendungen + Finanzaufwendungen + unregelmäßige und außerordentliche Aufwendungen
	= **Gesamtaufwand**
Ergebnisplanung	Gesamtertrag − Gesamtaufwand
	= **Jahresergebnis**

Im ersten Schritt sind die zukünftig zu erwartenden Ausprägungen der externen, nicht direkt durch das Unternehmen zu beeinflussenden Faktoren des Unternehmenserfolges vorherzusagen. Da der betriebliche Engpass (→Engpassplanung) i. d. R. der Absatz ist, hat die Erfolgsprognose zunächst auf die Bestimmung der zukünftig anzunehmenden Nachfrage, Preise und Marktanteile der zu erstellenden Produkte und Dienstleistungen abzustellen.

Als Prognosemethoden kommen qualitative Verfahren, wie Anwendungsanalyse und Delphi-Methode, und quantitative Verfahren, wie Zeitreihenverfahren und kausale Verfahren, sowie Regressionsanalysen, →Simulationsmodelle oder heuristische Verfahren in Frage (→Prognoseinstrumente). Unter dem Einfluss des technologischen Fortschritts im EDV-Bereich verbessert sich die Qualität der von den im Prinzip schon lange bekannten Verfahren generierten Ergebnisse, da durch die Nutzung von Datenbanksystemen und Internet zunehmend auch auf große unternehmensinterne und unternehmensexterne Datenbasen zurückgegriffen werden kann und die Berechnung flexibler und schneller erfolgt. Zudem sind neue Verfahren entwickelt worden, die, z. B. über iterative Prozesse, Trennfunktionen in →neuronalen Netzen entwickeln.

Im Gegensatz zur Verwendung bei der →Krisendiagnose und dem Risikomanagement, wo auch der Einsatz von ereignisorientierten Prognoseverfahren (→Prognoseinstrumente) sinnvoll erscheint, ist bei einer Nutzung der Erfolgsprognose im →Controlling (→Controllingkonzepte; →Controlling, Aufgaben des; →Controllinginstrumente) eine Betragsorientierung unerlässlich. Die Güte dieser Verfahren hängt entscheidend von dem verwendeten Modell und hier insb. von den gesetzten Prämissen ab. Einerseits engen die Prämissen den Aussagebereich und die Übertragbarkeit der Ergebnisse auf die Praxis deutlich ein, andererseits ist aus Komplexitätsgründen ein Gesamtmodell kaum beherrschbar. Daher ist die Kenntnis der gesetzten Prämissen und der Aussagegrenzen der Modelle von entscheidender Bedeutung. Hinsichtlich des Prognosehorizonts können für Erfolgsprognosen bis etwa 3 Monate Zeitreihenzerlegungsverfahren oder multiple Regressionsverfahren eingesetzt werden, die in Abhängigkeit von der Güte der vorhandenen Datenbasis auch für mittelfristige Vorhersagen von unter 2 Jahren eingesetzt werden können. Schwierigkeiten bestehen insb. in der Identifizierung von Trendwendepunkten, für die bisher kaum akzeptable Methoden existieren. Darüber hinausgehende Prognosen können methodisch unterstützt werden durch Analysen von Lebenskurven, Input-Output-Analysen und ggf. Regressionsanalysen sowie durch qualitative Verfahren, wobei generell eine deutlich abnehmende Genauigkeit zu konstatieren ist.

Nachdem der Umsatz prognostiziert und geplant wurde (→ Umsatzplanung und -kontrolle), erfolgt unter Einbezug von Lagerbewegungen (→ Verbrauchsfolgeverfahren) und Eigenleistungen die Leistungsplanung, die in der Ermittlung der Gesamtleistung mündet. Unter Einbeziehung der nichtbetrieblichen Erfolgsbereiche und in dem Prämissengebäude der handelsrechtlichen Rechnungslegung sowie der anzunehmenden Überformung durch die Abschlusspolitik (→ bilanzpolitische Entscheidungsmodelle; → bilanzpolitische Gestaltungsspielräume nach HGB; → bilanzpolitische Gestaltungsspielräume nach Steuerrecht; → bilanzpolitische Gestaltungsspielräume nach IFRS; → bilanzpolitische Gestaltungsspielräume nach US GAAP; → bilanzpolitische Gestaltungsspielräume, Prüfung von) kann im Folgeschritt dann auch der zu erwartende handelsrechtliche Ertrag des Unternehmens bestimmt werden.

Ausgehend von der Gesamtleistungsplanung sind dann die notwendigen Inputmengen zu ermitteln und über den Einsatz von Prognosemethoden die Verfügbarkeit und die Preise der einzusetzenden Produktivfaktoren vorherzusagen, die für die geplante Leistungserstellung voraussichtlich benötigt werden. Auf der Basis der dabei gelieferten Daten (→ Kosten- und Leistungsrechnung) wird dann, in Abstimmung mit den Unternehmenszielen und -strategien sowie den innerbetrieblichen Verbrauchsfunktionen und Kostenrelationen (→ Kostenabhängigkeiten), die Kostenplanung durchgeführt, die in die Betriebsergebnisplanung mündet. Hierbei ist darauf zu achten, dass die verwendeten Kostenrelationen möglichst einerseits frei von zufälligen Schwankungen zu ermitteln sind, was eine vergangenheitsorientiert angelegte → Erfolgsspaltung notwendig werden lässt, und andererseits aber an die zukünftig zu erwartenden Relationen anzupassen sind. Die Prognoseinstrumente sind daher zu ergänzen um betriebswirtschaftliche Planungskalküle. Bei diesem Vorgehen wird eine flexible Kombination von Methoden und Informationen praktiziert, indem die Kostendaten auf der Basis betriebswirtschaftlichen Erfahrungs- und Zusammenhangswissens unter Berücksichtigung aktueller Informationen, z. B. über Branchenkonjunktur, Lohn- und Preissteigerungsgeschehen, Devisenkurse usw., planerisch flexibel fortentwickelt werden und in der Gesamtschau die betreffende Prognoserechnung ergeben (Lachnit 2004, S. 259).

Im Folgeschritt müssen → Kosten in Aufwendungen überführt werden, was einerseits die Korrektur um Zusatzkosten und Differenzen bei Anderskosten (→ kalkulatorische Kosten) sowie die Einbeziehung von neutralen Aufwendungen notwendig macht, um die Betriebsaufwendungsplanung zu erhalten. Andererseits sind die zu erwartenden Finanzaufwendungen sowie die weiteren unregelmäßigen und außerordentlichen Aufwendungen zu prognostizieren, um die gesamten Aufwendungen in Analogie zu den → Erträgen planen zu können. Dabei ist darauf zu achten, dass es nicht zu Doppelkorrekturen kommt, da in den unregelmäßigen Aufwendungen Teile der Anderskosten enthalten sein können, wie etwa pauschalisierte Risikokosten. Schließlich können die geplanten Gesamtaufwendungen von den geplanten Gesamterträgen subtrahiert werden, um das geplante → Jahresergebnis zu erhalten.

Erfolgt die Erfolgsprognose von externer Seite, so sind im Prinzip die gleichen Schritte durchzuführen, wobei es jedoch aufgrund des deutlich geringeren Informationsbestandes und der oft hochaggregierten Daten zu entsprechend schlechteren Ergebnissen kommen dürfte. Statt der Kosten- und Leistungsdaten stehen nur der JA und weitere extern verfügbare Informationen zur Verfügung, woraus dann über die Bestimmung des als ordentlich und nachhaltig eingeschätzten ordentlichen Jahresergebnisses (→Erfolgsspaltung) der Erfolg mit der differenziert-flexiblen GuV-Prognose zu prognostizieren ist.

Literatur: Hansmann, K.-W.: Prognose und Prognoseverfahren, in: BFuP 47 (1995), S. 269–286; Lachnit, L.: Bilanzanalyse, Wiesbaden 2004; Lachnit, L.: EDV-gestützte Unternehmensführung in mittelständischen Betrieben, München 1989; Lachnit, L./Müller, S.: Unternehmenscontrolling, Wiesbaden 2006, S. 138–144; Neumann, R.: Prognosegewinn- und Prognoseverlustrechnung sowie Prognosebilanz der Industrie-Aktiengesellschaft für das kommende Geschäftsjahr, Frankfurt a.M. 1985.

Stefan Müller

Erfolgsquellenanalyse →Ertragslage

Erfolgsrechnung, kurzfristige

Im Rahmen der kurzfristigen Erfolgsrechnung (→Kostenträgerzeitrechnung) werden Kosten- und Erlösinformationen (→Kosten; →Erlöse) zusammengeführt, wobei durch eine detaillierte Darstellung der Ergebniskomponenten ein möglichst genauer Einblick in den Prozess der Gewinnerzielung vermittelt werden soll.

Bei allen Verfahren der Ergebnisermittlung ist das Problem zu lösen, dass ein Teil der erfassten →Kosten für Produkte anfällt, die zunächst gelagert und erst in späteren Perioden verkauft werden, während ein Teil der →Umsatzerlöse für Produkte anfällt, die bereits in früheren Perioden produziert wurden. Gem. des auch in der Kosten- und Erlösrechnung (→Kosten- und Leistungsrechnung) geltenden Realisationsprinzips sollen jedoch erst zum Zeitpunkt des Absatzes der betrieblichen Leistung *sämtliche* Kosten den Umsatzerlösen gegenüber gestellt werden. Aus diesem Grund müssen Bestandsveränderungen an →unfertigen und fertigen Erzeugnissen in der Ergebnisermittlung „neutralisiert" werden. Dies kann zum einen geschehen, indem man von den gesamten Kosten der Periode ausgeht und die →Erlöse entsprechend des Wertes der Bestandsveränderungen korrigiert. Diesen Weg geht das *GKV*. Zum anderen kann man von den Erlösen der Periode ausgehen und die Periodenkosten entsprechend des Wertes der Bestandsveränderungen korrigieren. Diesen Weg geht das *UKV*. Bewertet werden die Bestandsveränderungen bei beiden Verfahren mit den Herstellkosten (→Herstellkosten, kalkulatorische) der entsprechenden Produkte. GKV und UKV gelangen grundsätzlich zu einem Betriebsergebnis in gleicher Höhe.

Beim GKV werden den gesamten Kosten der Periode die gesamten Erlöse der Periode gegenübergestellt. Die zu Herstellkosten bewerteten Bestandsverringerungen erhöhen die Kosten, die Bestandserhöhungen erhöhen die Erlöse. Das Betriebsergebnis errechnet sich damit wie folgt: Umsatzerlöse der Periode + Bestandserhöhungen („Verrechnungserlöse") – Gesamtkosten der Periode – Bestandsverringerungen („Verrechnungskosten"). Da beim GKV die Kosten nach Kostenarten und die Erlöse nach Erlösträgern gegliedert sind, ist es nicht möglich, Erfolgsbeiträge einzelner Produkte oder Produktgruppen zu ermitteln (→Artikelerfolgsrechnung). Darüber hinaus erfordert das GKV zur Berechnung des Ist-Ergebnisses *Stichtagsinventuren* (→Inventur; →Inventurvereinfachungsverfahren, Prüfung von) zur Ermittlung der Bestände an fertigen und unfertigen Erzeugnissen sowie selbst erstellten Anlagen, so dass eine quartals- oder monatsweise Erfolgsermittlung faktisch nicht möglich ist. Daher kann dieses Verfahren zwar grundsätzlich zur (jährlichen) Ergebnis*ermittlung*, nicht jedoch für eine aussagekräftige →*Planung* und *Kontrolle* (→Kontrolltheorie) des Ergebnisses herangezogen werden. Dem gegenüber wird teilweise als Vorteil angeführt, dass das GKV keine →Kostenstellenrechnung und →Kostenträgerstückrechnung, sondern nur eine →Kostenartenrechnung benötige, um den Periodenerfolg zu ermitteln. Dies ist jedoch nur richtig, wenn keine Bestandsveränderungen existieren, für deren Bewertung mit Herstellkosten dann nämlich auch eine Kostenstellen- und Kostenträgerstückrechnung nötig ist.

Beim *UKV* der kurzfristigen Erfolgsrechnung werden den Umsatzerlösen nur die Selbstkosten (→Selbstkostenermittlung) der *abgesetzten* Erzeugnisse („Umsatzkosten") gegenüber gestellt. Hierfür muss eine Zerlegung der Periodengesamtkosten mithilfe der Kostenstellen- und Kostenträgerstückrechnung in die (vollen) Selbstkosten der abgesetzten Produkte und die den Bestandsveränderungen der fertigen und unfertigen Erzeugnisse sowie den aktivierten Eigenleistungen entsprechenden (vollen) Herstellkosten durchgeführt werden.

Das UKV benötigt daher auch bei absatzsynchroner Fertigung immer eine Kostenstellen- und Kostenträgerstückrechnung.

Das *UKV* hat gegenüber dem GKV zwei wesentliche *Vorteile*:

1) Kosten und Erlöse sind beide nach Produkten oder Produktarten gegliedert. Dadurch lassen sich die Ergebnisse beliebig nach Erlös- bzw. Kostenträgern, Absatzgebieten, Kunden- und Kundengruppen sowie betrieblichen Ergebnisbereichen (→Profitcenter) gliedern.

2) Weiterhin kann das Ist-Betriebsergebnis für beliebig kurze Perioden ohne zeitraubende Stichtagsinventur ermittelt werden.

Der letzte Vorteil ist jedoch dahingehend zu relativieren, dass hierfür die Buchbestände der Bestandskonten für fertige und unfertige Erzeugnisse bekannt sein müssen, was nur bei Anwendung der Fortschreibungsmethode gewährleistet ist, nicht jedoch wenn diese Konten, wie bei der Befundrechnung, während der Rechnungsperiode „ruhen".

Da eine *künstliche Proportionalisierung* der fixen Kosten (→Fixkostencontrolling) zu falschen Schlüssen in der Ergebnisanalyse und damit zu Fehlentscheidungen bei der Verkaufssteuerung führt, ist allerdings auch das UKV auf *Vollkostenbasis*, trotz seiner Vorteile gegenüber dem GKV, zur Informationsversorgung der Planung und Kontrolle *nicht* geeignet. Die kurzfristige Erfolgsrechnung muss deshalb zur →Deckungsbeitragsrechnung, d. h. zum UKV auf *Teil*kostenbasis ausgebaut werden.

Literatur: Hoitsch, H.-J./Lingnau, V.: Kosten- und Erlösrechnung. Eine controllingorientierte Einführung, 5. Aufl., Berlin et al. 2004.

Volker Lingnau

Erfolgsspaltung

Ziel der Erfolgsspaltung ist es, durch Aufspaltung des ausgewiesenen →Jahresergebnisses in *Teilergebnisse* und Erfolgs*komponenten,* einen tieferen Einblick in die Zusammensetzung des Ergebnisses (Gewinn, Jahresüberschuss) zu bekommen. Es sollen markante Teilergebnisse und Erfolgseinflüsse herausgestellt werden, die eine differenzierte Beurteilung und Einschätzung (→Prognoseinstrumente) der künftigen Ertragskraft ermöglichen.

Üblicherweise wird dabei zwischen dem *ordentlichen Ergebnis* (= ordentliches Betriebsergebnis + ordentliches →Finanzergebnis), dem *außerordentlichen Ergebnis* und dem *unregelmäßigen Ergebnis* (= liquiditätswirksames + liquiditätsunwirksames unregelmäßiges Ergebnis) unterschieden (s. Abb.).

Die Erfolgsspaltung – man könnte auch sagen die Zuordnung der Positionen der Erfolgsrechnung zu *Ergebnisquellen* – wird vorgenommen, weil die einzelnen Komponenten des Jahresergebnisses eine unterschiedliche Prognosequalität haben. Insb. die Herausstellung des ordentlichen Unternehmensergebnisses (*Regelmäßigkeit*!) und seine Trennung in Betriebs- und →Finanzergebnis (*Betriebszugehörigkeit*!) sind für die Beurteilung der Nachhaltigkeit der Ertragskraft von Bedeutung. Das ordentliche Ergebnis gilt als wiederkehrend bzw. „planbar", sofern seine Determinanten, die in den hier zusammengefassten Erfolgsrechnungspositionen (z. B. →Umsatzerlöse, →Personalaufwand, →Materialaufwendungen und übrige regelmäßige Aufwendungen) zum Ausdruck kommen, konstant bleiben oder ihre Veränderungen einigermaßen übersehbar und damit extrapolierbar sind. Die Trennung von Betriebsergebnis einerseits und Finanzergebnis andererseits ist für die Erfolgsplanung (→Erfolgsprognose) von Bedeutung, weil es sich um artverschiedene Erfolgsfelder handelt, die unterschiedlichen Einflüssen unterliegen und auch von der Unternehmenspolitik differenziert betroffen sind.

Das *ordentliche Betriebsergebnis* umfasst die mit der geschäftszweigtypischen Leistungserstellung und -verwertung regelmäßig anfallenden →Aufwendungen und Erträge. Schwierigkeiten bereitet bei seiner Ermittlung die Eliminierung der unregelmäßigen Teile der →sonstigen betrieblichen Aufwendungen und Erträge.

Im *außerordentlichen Ergebnis* werden diejenigen →Erträge und Aufwendungen erfasst, die ihrer Art nach ungewöhnlich und der Häufigkeit ihres Vorkommens nach höchst selten sind (→außerordentliche Aufwendungen und Erträge). Sie finden sich folglich nur selten in den Erfolgsrechnungen der veröffentlichten Jahresabschlüsse. Umso wichtiger ist die Ermittlung des *unregelmäßigen Ergebnisses*. Hierunter werden diejenigen Ergebnisteile subsumiert, die weder aus normaler, nachhaltiger betrieblicher Leistungstätigkeit noch aus re-

Erfolgsspaltung

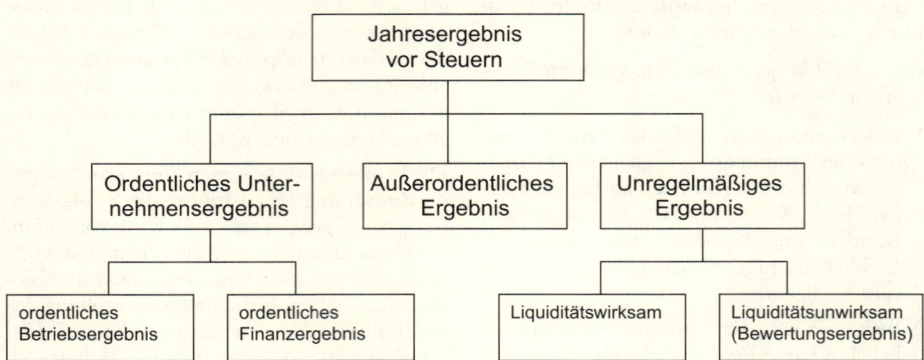

Abb.: Erfolgsspaltung, Ergebnisquellenanalyse

gelmäßigen finanziellen Erfolgsvorgängen stammen. Die Kenntnis solcher, sich i.d.R. nicht wiederholender Erfolge oder Belastungen ist für die Einschätzung der Ertragskraft von exorbitanter Bedeutung. Ein im Wesentlichen aus Vermögensliquidationen oder aus der Auflösung „nicht mehr benötigter" →Rückstellungen gespeistes Jahresergebnis mag für Ausschüttungen notwendig, vielleicht sogar sinnvoll sein. Im Hinblick auf die Einschätzung der aktuellen oder künftigen Leistungsfähigkeit der Unternehmung ist es minderer Qualität. Erhöht wird die Einsicht in die Unternehmensverhältnisse, wenn das unregelmäßige Ergebnis weiter in seine *finanz- und liquiditätswirksamen* Teile [→Erlöse aus Verkäufen des Finanz- oder Sachanlagevermögens (→Finanzanlagen; →Sachanlagen), Entschädigungen aus Versicherungen etc.] und in das *Bewertungsergebnis* [Bildung und Auflösung von Rückstellungen und →Sonderposten mit Rücklageanteil, →außerplanmäßige Abschreibungen und steuerliche Abschreibungen (→Abschreibungen, steuerrechtliche) auf →Anlagevermögen und →Umlaufvermögen etc.] untergliedert wird. Während im ersteren Teil immerhin noch Zahlungen fließen und sich positive Liquiditätseffekte ergeben, handelt es sich beim Bewertungsergebnis um rein buchhalterische, meist steuer- oder bilanzpolitisch motivierte Dispositionen (→bilanzpolitische Gestaltungsspielräume nach HGB; →bilanzpolitische Gestaltungsspielräume nach Steuerrecht; →bilanzpolitische Gestaltungsspielräume nach IFRS; →bilanzpolitische Gestaltungsspielräume nach US GAAP). Sie sind bei der Analyse (→Bilanzanalyse) und Prognose entsprechend zu würdigen: Ein negatives Bewertungsergebnis kann i.d.R. als Bildung stiller Reserven (→stille Reserven und Lasten), ein positives hingegen als deren Auflösung gewertet werden.

Jahresabschlüsse nach den →International Financial Reporting Standards (IFRS) ermöglichen nicht nur eine Erfolgsspaltung nach den oben beschriebenen Kriterien, sondern erhöhen sogar deren Aussagefähigkeit, weil in diesem Regelwerk erheblich mehr Zusatzinformationen zu finden sind. Dies betrifft gem. IFRS 1.81 z.B. die Gewinn- und Verlustanteile an assoziierten Unternehmen und →Joint Ventures, die nach der Equity-Methode (→Konsolidierungsformen; →Konsolidierungsprüfung) bilanziert werden, und nach IFRS 5 den Ausweis von Ergebnissen aus Stilllegungen von Geschäftsbereichen (→Discontinued Operations) und Verkäufen von Anlagevermögen. Außerdem fordert IFRS 1.86 f. zusätzliche Informationen, wenn Ertrags- oder Aufwandspositionen wesentlich sind. Anzugeben sind die Art und der Betrag dieser Positionen. Speziell zu berichten ist über außerplanmäßige Abschreibungen der Vorräte auf den Nettoveräußerungswert oder der →Sachanlagen auf den erzielbaren Betrag sowie über die →Wertaufholung solcher ao. Abschreibungen, über Restrukturierungen der Tätigkeiten des Unternehmens und die Auflösung von Rückstellungen für Restrukturierungsaufwand, über die Beendigung von Rechtsstreitigkeiten und über sonstige Auflösungen von Rückstellungen.

Außerordentliche Komponenten im oben beschrieben Sinne ihres ungewöhnlichen Charakters nach Art und Höhe sowie ihres seltenen Vorkommens dürfen gem. IFRS 1.85 nicht als besondere Posten ausgewiesen werden.

Literatur: Coenenberg, A. G.: Jahresabschluss und Jahresabschlussanalyse, 20. Aufl., Stuttgart 2005, S. 1047–1070; Gräfer, H.: Die Bilanzanalyse, 9. Aufl., Herne/Berlin 2005, S. 58–75; Küting, K./Weber, C. P.: Die Bilanzanalyse, 6. Aufl., Stuttgart 2001, S. 218–250; Lachnit, L.: Bilanzanalyse, Wiesbaden 2004, S. 179–210.

Horst Gräfer

Erfolgssteuerung →Erfolgscontrolling; →Planung

Ergänzungsbilanzen, steuerrechtliche →Sonder- und Ergänzungsbilanzen, steuerrechtliche

Ergebnisabhängige Aufwendungen

Die Berechnungsgrundlage für die Bestimmung sog. ergebnisabhängiger Aufwendungen [z. B. Tantiemen sowie KSt und GewSt (→Steuern als Prüffeldergruppe; →Tantiemen für Gesellschaftsorgane)], das →Jahresergebnis und Bilanzergebnis, ist erst dann bekannt, wenn die Höhe dieser Aufwendungen vorliegt. Da die in Rede stehenden Aufwendungen das Ergebnis mindern, sie aber erst feststehen, wenn die Bemessungsbasis vorliegt, bietet es sich an, ihre Ermittlung mithilfe eines *Gleichungssystems* vorzunehmen, durch das der Erfolg und die ergebnisabhängigen Aufwendungen *simultan* berechnet werden können (→mathematische Entscheidungsmodelle). Darüber hinaus sind diese linearen Gleichungssysteme auch im Rahmen zielgerichteter Gestaltungsprozesse des Jahres-, Einzel- und Konzernabschlusses nach nationalen und internationalen Regelungen (→bilanzpolitische Beratung durch den Wirtschaftsprüfer; →bilanzpolitische Entscheidungsmodelle; →bilanzpolitische Gestaltungsspielräume nach IFRS; →bilanzpolitische Gestaltungsspielräume nach Steuerrecht; →bilanzpolitische Gestaltungsspielräume, Prüfung von) einzusetzen (Freidank 1990, S. 261–279; Freidank/Reibis 2004, S. 191–235; Hahn/Schneider 1998, S. 333–405).

Die folgenden Ausführungen verdeutlichen, wie der →Abschlussprüfer (APr) (→Revisions- und Treuhandbetriebe) die in Gestalt von *Matrizen* zu formulierenden simultanen Gleichungssysteme nutzen kann, um die im JA ausgewiesenen erfolgsabhängigen Aufwendungen zu überprüfen. Zu diesen Zwecken braucht er lediglich die entsprechenden Variablen (z. B. Ertragsteuersätze, steuerrechtliche Modifikationen, den vorläufigen Jahresüberschuss oder Tantiemenvereinbarungen) in die entwickelten Gleichungssysteme einzusetzen, um die relevanten Erfolgsgrößen, ggf. mithilfe eines *Tabellenkalkulationsprogramms*, zu ermitteln (→IT-gestützte Prüfungsdurchführung; →IT-gestützte Prüfungstechniken; →IT-Prüfung; →Prüfungssoftware). Mithin stellt das nachstehende *handelsrechtliche Grundmodell*, das Bezug auf eine *KapGes* nimmt, aber je nach Anforderung beliebig modifiziert werden kann (Freidank 2001, S. 1031–1037), ein Hilfsmittel im Rahmen der *Prüfung des Eigenkapitalausweises* (→Eigenkapital; →Eigenkapitalveränderung) und der →*Ergebnisverwendung* von KapGes dar, durch dessen Einsatz sich notwendige →*ergebnisorientierte Prüfungshandlungen* (→Prüfungsplanung) in diesen Bereichen erheblich rationalisieren lassen.

Geht man von einem vorläufigen Jahresüberschuss vor Ertragsteuern (vJvor) und Tantiemenaufwendungen (TA) aus, dann lässt sich der handelsrechtliche Jahresüberschuss nach erfolgsabhängigen (Jnach) wie folgt definieren:

vJvor − KSt − GewSt − TA = Jnach (1)

oder:

Jnach + KSt + GewSt + TA = vJvor (2).

Die Größe vJvor ist der laufenden Buchhaltung der KapGes zu entnehmen. Sie setzt sich grundlegend aus dem vorläufigen Erfolgssaldo des extern orientierten →Rechnungswesens nach Vornahme sämtlicher Abschlussbuchungen (ohne ergebnisabhängige Aufwendungen) zusammen. Unterstellt man, dass auf das zu versteuernde Einkommen (zvE) die Definitivbelastung mit dem KSt-Faktor sd ($= 1/4$) zur Anwendung gelangt (§ 23 Abs. 1 KStG) (der SolZ gem. § 2 Nr. 3 i.V.m. § 3 Abs. 1 Nr. 1 und 2, § 4 SolzG bleibt unberücksichtigt), dann gilt für den Übergangszeitraum mit den entsprechenden Sondervorschriften (§§ 36–40 KStG) bzgl. des *modifizierten Anrechnungsverfahrens* infolge von KSt-Änderungen bei einer Ausschüttung aus mit 40% vorbelasteten Gewinnrücklagen (A 40) bzw. aus mit 0% vorbelasteten →Gewinnrücklagen bzw. der →Kapitalrücklage (A 0) (→Gesetzliche Rücklage; Rücklagen)

Ergebnisabhängige Aufwendungen

$$KSt = sd \cdot zvE - sm \cdot A\,40 + se \cdot A\,0 \quad (3)$$

In dieser Übergangszeit werden ausgeschüttete versteuerte *Altrücklagen* mit einer Vorbelastung von 30% (statt 25% bzw. 26,5%) beim Anteilseigner im *Halbeinkünfteverfahren* besteuert. Infolgedessen mindert sich die KSt bei Ausschüttungen aus den mit 40% KSt vorbelasteten Gewinnrücklagen (EK 40) stets um einen Faktor sm (= $^1/_6$) auf den Rücklagenbetrag (§ 37 Abs. 1 und Abs. 2 KStG), wobei aber die Begrenzung der KSt-Minderung nach § 37 Abs. 2a KStG zu beachten ist. Jedoch können sich während des Übergangszeitraumes auch *KSt-Erhöhungen* ergeben, wenn bei den Ausschüttungen aus Gewinnrücklagen bzw. der Kapitalrücklage auf solche Beträge zurückgegriffen wird, die nach altem Recht zur Kategorie des nicht belasteten →Eigenkapitals als sonstige Vermögensmehrungen (z. B. steuerfreie →Erträge und Einlagen) (EK 02) zählten (§ 38 Abs. 1 und Abs. 2 KStG). Laut § 38 Abs. 2 Satz 1 KStG erhöht sich dann die KSt um einen Faktor se (= $^3/_7$) des Betrages einer Ausschüttung aus unbelastet vorhandenen Altrücklagen.

Aufgrund der vielfältigen *Durchbrechungen des →Maßgeblichkeitsprinzips* sowie der zu berücksichtigenden *ESt- und KSt-rechtlichen Modifikationen* sind der handelsrechtliche Jahresüberschuss (Jnach) und das zu versteuerndes Einkommen (zvE) nicht identisch. Diese Abweichungen sind in Abb. 1 mit der Größe k gekennzeichnet. Unter Berücksichtigung der Änderungsgröße k ergibt sich sodann

$$KSt = sd\,(Jnach + k) - sm \cdot A\,40 + se \cdot A\,0 \quad (4)$$

Wie Abb. 1 zeigt, ist in dem Differenzbetrag k der KSt-Aufwand selbst enthalten, der aber in dem aufzustellenden *interdependenten Gleichungssystem* veränderlichen Charakter tragen muss. Wird von der Änderungsgröße k nun der KSt-Aufwand abgezogen, errechnet sich der konstante Ausdruck

$$k^* = k - KSt \quad (5)$$

der dann diejenigen Abweichungen zwischen Jnach und zvE erfasst, die nicht den KSt-Aufwand betreffen. Aufgrund dieser Modifikation ergibt sich nun für Gleichung (4)

$$KSt = sd\,(Jnach + k^* + KSt)$$
$$- sm \cdot A\,40 + se \cdot A\,0 \quad (6)$$

oder:

$$-Jnach + \frac{1-sd}{sd} \cdot KSt = k^*$$
$$-\frac{sm}{sd} \cdot A\,40 + \frac{se}{sd} \cdot A\,0 \quad (7)$$

Abb. 1: Berechnung der KSt-rechtlichen Bemessungsgrundlage

handelsrechtliches Jahresergebnis (Jnach)

± Abweichungen der Handels- von der Ertragsteuerbilanz

= Steuerbilanzerfolg

± Erfolgskorrekturen aufgrund ESt-rechtlicher Vorschriften (§ 8 Abs. 1 KStG i.V.m. § 3, § 4 Abs. 5 EStG)

+ nicht abziehbare Steueraufwendungen, wie z. B. KSt (§ 10 Nr. 2 KStG)

+ andere nicht abziehbare Aufwendungen (§ 9 Abs. 1 Nr. 2, § 10 Nr. 1, 3, 4 KStG)

+ verdeckte Gewinnausschüttungen (§ 8 Abs. 3 KStG)

− verdeckte Einlagen

− Gewinnanteile und Geschäftsführervergütungen der persönlich haftenden Gesellschafter einer KGaA (§ 9 Abs. 1 Nr. 1 KStG)

= korrigierter Steuerbilanzerfolg

− Verlustabzug (§ 8 Abs. 4 KStG i.V.m. § 10d EStG) (Vk)

= zu versteuerndes (KSt-rechtliches) Einkommen (zvE)

} k

Um zur Bemessungsgrundlage der GewSt, dem Gewerbeertrag (GE) (§ 7 GewStG), zu gelangen, muss das KSt-rechtliche Einkommen vor Verlustabzug noch um bestimmte GewSt-rechtliche Modifikationen sowie den Abzug eines ggf. vorgetragenen Gewerbeverlustes (g) korrigiert werden. Dies lässt sich wie folgt darstellen (Vk = KSt-rechtlicher Verlustabzug gem. § 8 Abs. 4 KStG i.V.m. § 10d EStG; h = Hebesatz der Standortgemeinde in % pro 100; m = Steuermesszahl Gewerbeertrag in % pro 100).

Ergebnisabhängige Aufwendungen

Abb. 2: Berechnung der GewSt-rechtlichen Bemessungsgrundlage

$$\left.\begin{array}{l}\text{zu versteuerndes Einkommen vor Verlustabzug} \\ \pm \text{ Gewerbeertragsteuerrechtliche Modifikation (§§ 8, 9 GewStG)} \\ - \text{ Verlustabzug (§ 10 a GewStG)} \\ \hline = \text{ Gewerbeertrag (GE)}\end{array}\right\} g$$

Für die GewSt, die vom Gewerbeertrag berechnet wird, gilt

GewSt = m · h · GE   (8)

und unter Einbeziehung des oben entwickelten Formelapparates

GewSt = m · h · (Jnach + k* + KSt + Vk + g)   (9)

oder:

m · h · Jnach − m · h · KSt + GewSt
= m · h · (k* + Vk + g)   (10).

Im Hinblick auf die *ergebnisabhängigen Tantiemen* wird davon ausgegangen, dass sie entweder direkt oder indirekt vom Jahresüberschuss aufgrund gesetzlicher Regelungen oder vertraglicher Vereinbarungen wie folgt zu berechnen sind.

Abb. 3: Ermittlung der Bemessungsgrundlage für Tantiemen

Jahresüberschuss (Jnach)
± Veränderungen aufgrund von Tantiemenvereinbarungen (ta)
= Bemessungsgrundlage für Tantiemen (TB)

Unter Berücksichtigung eines Faktors tb, der auf die Bemessungsgrundlage TB für die Tantiemen anzuwenden ist, ergibt sich sodann

TA = tb · TB = tb · (Jnach + ta)
mit $0 \leq tb \leq 1$ (11)

oder:

− tb · Jnach + TA = tb · ta   (12).

Die Formeln (2), (7), (10) und (12), die die ergebnisabhängigen Aufwendungen repräsentieren, sind dergestalt formuliert worden, dass eine direkte Abhängigkeit vom Jahresüberschuss besteht. Diese Beziehungen lassen sich zusammenfassend durch das in Abb. 4 dargestellte simultane Gleichungssystem zum Ausdruck bringen.

Das Matrizenmodell ist in der Lage, die interdependenten Beziehungen zwischen Jahres- und Bilanzergebnis, Tantiemen und Ertragsteuern exakt zu erfassen. Darüber hinaus ist der Ansatz im Hinblick auf bestimmte handels- und steuerrechtliche Spezialregelungen ohne Schwierigkeiten zu modifizieren [z. B. aktienrechtliche Rücklagenvariationen (→Rücklagen), Wirkungen →latenter Steuern, Einbeziehung des Solidaritätszuschlags, Vorstands- und Aufsichtsratstantiemen (→Vorstand und Aufsichtsrat, Vergütung von) oder Ausschüttungen aus EK 45] und auf den *Konzernabschluss* (→Konzernabschlussprüfung) übertragbar. Sofern der APr die für seine Prüfungsaufgabe entsprechende Matrix übernommen oder (weiter-)entwickelt hat, braucht er lediglich die erforderlichen Variablen in die Modelle einzusetzen. Die Lösung ist dann mithilfe eines *PC* über die in jedem Tabellenkalkulationsprogramm vorhandene Rechenfunktion für simultane Gleichungssysteme zu generieren.

Allerdings ist zu berücksichtigen, dass nach dem im November 2006 verabschiedeten SEStEG KSt-Guthaben, die noch aus dem ehemaligen Anrechnungsverfahren stammen, ab dem 31.12.2006 nicht mehr durch eine ordentliche Gewinnausschüttung mittels einer KSt-Minderung abgebaut werden können. So wurde die Vorschrift des § 37 KStG neu gefasst, nach der künftig KSt-Guthaben, die aus Altrücklagen resultieren, nicht mehr durch Ausschüttungen, sondern durch ratierliche

Abb. 4: Simultanes Gleichungssystem in Matrizenschreibweise

$$\begin{bmatrix} 1 & 1 & 1 & 1 \\ -1 & \dfrac{1-sd}{sd} & 0 & 0 \\ -m\cdot h & -m\cdot h & 1 & 0 \\ -tb & 0 & 0 & 1 \end{bmatrix} \cdot \begin{bmatrix} \text{Jnach} \\ \text{KSt} \\ \text{GewSt} \\ \text{TA} \end{bmatrix} = \begin{bmatrix} vJvor \\ k^* - \dfrac{sm}{sd}\cdot A40 + \dfrac{se}{sd}\cdot A0 \\ m\cdot h\cdot (k^* + Vk + g) \\ tb\cdot ta \end{bmatrix}$$

Ergebniscontrolling

Auszahlungen über einen Zeitraum von 10 Jahren ab dem Jahr 2008 an die Unternehmen zu realisieren sind (Dötsch/Pung 2006, S. 2653 f.). Vor diesem Hintergrund ist das vorstehend formulierte Matrizenmodell im Hinblick auf die Erfassung des KSt-Aufwands entsprechend anzupassen.

Literatur: Dötsch, E./Pung, A.: SEStEG: Die Änderungen des KStG, in: DB 59 (2006), S. 2648–2656; Eisele, W.: Technik des betrieblichen Rechnungswesens, 7. Aufl., München 2002; Freidank, C.-Chr.: Einsatzmöglichkeiten simultaner Gleichungssysteme im Bereich der computergestützten Rechnungslegungspolitik, in: ZfB 60 (1990), S. 261–279; Freidank, C.-Chr.: Matrizenmodelle als Hilfsmittel zur Prüfung ergebnisabhängiger Aufwendungen, in: WPg 52 (1999), S. 811–820; Freidank, C.-Chr.: Einfluss des Steuersenkungsgesetzes auf die Ermittlung ergebnisabhängiger Aufwendungen, in: BB 56 (2001), S. 1031–1037; Freidank, C.-Chr./Reibis, Chr.: IT-gestützte Rechnungslegungspolitik auf internationaler Basis, in: Freidank, C.-Chr. (Hrsg.): Corporate Governance und Controlling, Heidelberg 2004, S. 191–235; Freidank, C.-Chr./Velte, P.: Rechnungslegung und Rechnungslegungspolitik. Eine Einführung aus handels-, steuerrechtlicher und internationaler Sicht in die Rechnungslegung und Rechnungslegungspolitik von Einzelunternehmen, Personenhandels- und Kapitalgesellschaften, Stuttgart 2007; Hahn, K./Schneider, W.: Simultane Modelle der handelsrechtlichen Bilanzpolitik von Kapitalgesellschaften unter besonderer Berücksichtigung der Internationalisierung der Rechnungslegung, in: Freidank, C.-Chr. (Hrsg.): Rechnungslegungspolitik. Eine Bestandsaufnahme aus handels- und steuerrechtlicher Sicht, Berlin et al. 1998, S. 333–405.

Carl-Christian Freidank

Ergebniscontrolling →Controlling in Nonprofit-Organisationen

Ergebnisglättung →Bilanzpolitische Entscheidungsmodelle

Ergebniskontrolle →Realisationskontrolle

Ergebnismatrix →Entscheidungsmatrix

Ergebnisorientierte Prüfungshandlungen

Der Begriff „ergebnisorientierte Prüfungshandlungen" fasst die beiden Prüfungstechniken der →analytischen Prüfungshandlungen (→Plausibilitätsprüfungen) auf der Ebene der Posten der Bilanz- und →Gewinn- und Verlustrechnung (GuV) sowie der →Einzelfallprüfung zusammen. Häufig werden „ergebnisorientierte Prüfungshandlungen" auch als „aussagebezogene Prüfungshandlungen" oder „substanzielle Prüfungshandlungen" bezeichnet.

Der Umfang der ergebnisorientierten Prüfungshandlungen richtet sich bei einer risikoorientierten Abschlussprüfung (→Jahresabschlussprüfung; →Konzernabschlussprüfung) immer nach dem Ergebnis der bis zur Prüfungsdurchführung erreichten Sicherheit (→risikoorientierter Prüfungsansatz). Demnach ist der Umfang abhängig vom Grad der erreichten inhärenten Sicherheit (im Rahmen der →Prüfungsplanung) und der Kontrollsicherheit (im Rahmen der Prüfungsdurchführung).

Falls keine weiteren Risiken erkennbar sind, ist es gängige Praxis, zumindest die Posten der GuV ausschließlich analytisch zu prüfen. Werden im Rahmen der Prüfungsplanung Risiken erkannt oder ist das →Interne Kontrollsystem (IKS) nicht zuverlässig (→Internes Kontrollsystem, Prüfung des; →Systemprüfung; →Funktionsprüfung; →indirekte Prüfung) sind zwingend auch Einzelfallprüfungen durchzuführen.

Die Durchführung der Prüfung sollte sich an den nachfolgend erläuterten möglichen Fehlern (→Fehlerarten in der Abschlussprüfung) orientieren (s. dazu ISA 500.17):

- Fehler, die durch die Durchführung von Geschäftsvorfällen entstehen können:
  - Nachweis: Die erfassten Geschäftsvorfälle sind tatsächlich durchgeführt worden und betreffen das Unternehmen.
  - Vollständigkeit: Alle Geschäftsvorfälle, die zu erfassen wären, wurden auch erfasst.
  - Richtigkeit: Beträge und sonstige Daten der erfassten Geschäftsvorfälle wurden richtig erfasst.
  - →Cut-Off: Die Geschäftsvorfälle wurden in der richtigen Rechnungslegungsperiode erfasst (→periodengerechte Erfolgsermittlung).
  - Verbuchung: Die Geschäftsvorfälle wurden auf den richtigen Konten erfasst.
- Fehler, die durch die Aufstellung des Jahresabschlusses entstehen können:
  - Existenz: Die Vermögenswerte (→Vermögensgegenstand; →Asset), Schulden (→Liability) und das →Eigenkapital sind tatsächlich vorhanden.

- Rechte und Verpflichtungen: Das Unternehmen hat die Rechte an den Vermögenswerten oder kontrolliert diese; Schulden sind Verpflichtungen des Unternehmens.
- Vollständigkeit: Alle Vermögenswerte, Schulden und Eigenkapitalbestandteile, die zu erfassen wären, wurden auch erfasst.
- Bewertung: Die Vermögenswerte, Schulden und Eigenkapitalbestandteile sind angemessen bewertet und ggf. erforderliche Wertanpassungen sind richtig erfasst (→ Bewertungsprüfung).

- Fehler, die durch den Ausweis der Posten oder durch Angaben zum JA entstehen können:
  - Nachweis/Rechte und Verpflichtungen: Die ausgewiesenen Geschäftsvorfälle und andere Sachverhalte entsprechen den Tatsachen und betreffen das Unternehmen.
  - Vollständigkeit: Der JA enthält alle erforderlichen Angaben.
  - Verständlichkeit: Die Finanzinformationen sind angemessen angegeben und beschrieben, die Angaben sind klar und verständlich.
  - Richtigkeit und Bewertung: Die Finanzinformationen sind richtig und mit angemessen Beträgen angegeben.

Der Umfang der ergebnisorientierten Prüfungshandlungen richtet sich für jeden der beschriebenen möglichen Fehler nach dem abzudeckenden Risiko (→ Prüfungsrisiko) und der festgelegten *Wesentlichkeitsgrenze* (→ Wesentlichkeit). Im Folgenden werden die wesentlichen Schritte zur Durchführung ergebnisorientierter Prüfungshandlungen aufgezeigt:

Analytische Prüfung auf Ebene der Bilanz- und GuV-Posten:
- Festlegung des Postens und der zu prüfenden möglichen Fehler,
- Untergliederung des Postens in geeignete Gruppen (z. B. Produkte, Absatzmärkte, Monate, Quartale, Lohn-/Gehaltsempfänger),
- Festlegung von erwarteten Beträgen für die jeweiligen Gruppen,
- Festlegung einer max. möglichen Abweichung zwischen dem erwarteten Betrag und dem tatsächlich gebuchten Betrag (in Abhängigkeit von der erforderlichen Sicherheit und der Wesentlichkeitsgrenze),
- Analyse der Abweichungen, die über die festgelegte max. Grenze hinausgehen (→ Abweichungsanalyse) und
- Dokumentation der Prüfungshandlungen.

Wesentlicher Bestandteil der analytischen Prüfung ist die Festlegung des erwarteten Wertes. Dabei sollten Daten verwendet werden, die nicht unmittelbar aus dem Rechnungswesen stammen. Beispiele dafür sind:

- Ermittlung von Abschlägen für Vorratsbestände (→ Vorratsvermögen) anhand der Umschlagshäufigkeit (→ Vermögensstruktur),
- Ermittlung erwarteter Werte für Boni anhand der Entwicklung der → Umsatzerlöse,
- Ermittlung des erwarteten → Personalaufwands auf Basis der Einstellungen/Entlassungen bzw. Sonderzahlungen und
- Ermittlung erwarteter Werte für die Umsätze auf Basis der Absatzmengen.

Sollten die Abweichungen zwischen den erwarteten und den tatsächlich gebuchten Beträgen über die festgelegte max. Grenze hinausgehen, sind weitere Analysen durchzuführen, wie z. B.:

- Verbesserung des Modells zur Ermittlung der erwarteten Werte,
- Besprechung der Abweichungen mit den Verantwortlichen im Unternehmen (→ Unternehmensleitung, Informationsaustausch des Wirtschaftsprüfers mit) und
- Durchsicht der Konten auf unübliche Buchungen.

Einzelfallprüfung:
- Festlegung des Postens und der zu prüfenden möglichen Fehler,
- Festlegung des Stichprobenumfangs zur Erreichung des Prüfungsziels (in Abhängigkeit von der erforderlichen Sicherheit und der Wesentlichkeitsgrenze),
- Ziehung der Stichproben (→ *Auswahl von Prüfungshandlungen*; → Stichprobenprüfung),
- Durchführung eines → Soll-Ist-Vergleichs und

Ergebnispläne

- Dokumentation der Prüfungshandlungen.

Typisch für die Einzelfallprüfung ist die Ziehung von Stichproben (→*Auswahl von Prüfungshandlungen*).

Thomas M. Orth

Ergebnispläne →Planbilanz

Ergebnisse Dritter

Der →Abschlussprüfer (APr) unterliegt gem. § 43 Abs. 1 →Wirtschaftsprüferordnung (WPO) und § 11 →Berufssatzung der Wirtschaftsprüferkammer (BS) dem Grundsatz der *Eigenverantwortlichkeit* (→Eigenverantwortlichkeit des Wirtschaftsprüfers). Folglich hat er die Abschlussprüfung (→Jahresabschlussprüfung; →Konzernabschlussprüfung) in eigener Verantwortung zu planen (→Prüfungsplanung) und durchzuführen (→Auftragsdurchführung), Aussagen zum geprüften Abschluss (Jahres-, Konzern- oder →Zwischenabschluss) zu treffen und ein →Prüfungsurteil zu fällen. Dem steht die *Verwendung von Ergebnissen Dritter* nicht entgegen. Der Einfluss der Arbeit des externen Dritten auf das Prüfungsurteil ist dabei immer zu beurteilen. Ergebnisse Dritter beinhalten die Verwendung der Arbeit eines *anderen externen Prüfers* (IDW PS 320), die Berücksichtigung von Ergebnissen der →*Interne Revision* (IDW PS 321) (→Interne Revision und Abschlussprüfung) und die Verwertung der Arbeit von *Sachverständigen* (IDW PS 322).

Ein anderer externer Prüfer trifft Prüfungsaussagen zur Rechnungslegung von Teileinheiten, die in den vom APr zu prüfenden Abschluss eingehen. Zu unterscheiden ist bei der Verwendung der Arbeit eines anderen externen Prüfers die eigenverantwortliche *Verwertung* oder – beschränkt auf den gesetzlich geregelten Fall des § 317 Abs. 3 Satz 2 oder 3 HGB – die *Verwendung* der Ergebnisse durch den APr (IDW PS 320.2 ff.). Die Gesamtverantwortung des Abschlussprüfers für das Prüfungsurteil bezieht sich auch auf die verwerteten oder verwendeten Teilergebnisse der anderen externen Prüfer. Im →*Bestätigungsvermerk* (*BestV*) ist demnach nicht auf Teilergebnisse, die von Dritten übernommen worden sind, zu verweisen (IDW PS 400.34). Der APr soll einen anderen externen Prüfer, dessen Arbeit er weiterverwenden will, über die *Unabhängigkeitserfordernisse* (→Unabhängigkeit und Unbefangenheit des Wirtschaftsprüfers), die beabsichtigte Verwertung der Arbeit und der Prüfungsaussagen, über *Prüfungsschwerpunkte, Besonderheiten und besondere Risiken* sowie über die zu beachtenden Rechnungslegungs-, Prüfungs- und Berichtpflichten (ggf. mit Audit Instructions) informieren (IDW PS 320.14, 22a). In welchem Ausmaß und mit welcher Gewichtung die Arbeit eines anderen externen Prüfers verwendet werden kann, hängt nicht nur von der Bedeutung der von dem anderen externen Prüfer geprüften Teileinheiten für das Gesamturteil des Abschlussprüfers, sondern auch von der fachlichen Kompetenz und der beruflichen Qualifikation des anderen externen Prüfers ab. Bei einem in Übereinstimmung mit den Regeln der Achten RL 84/253/EWG (sog. APr-RL) als gesetzlichen APr zugelassenen Prüfer, zu denen auch der deutsche WP gehört, wird die entsprechende Qualifikation als ausreichend angesehen (IDW PS 320.18 ff.). Die Qualität der Arbeit der anderen externen Prüfers (→Prüfungsqualität) ist neben einer Kenntnisnahme der wesentlichen Prüfungsfeststellungen insb. durch das kritische Lesen des →Prüfungsberichts (falls vorhanden), mittels einer Überprüfung der durchgeführten Prüfungshandlungen (z. B. in Form eines Fragebogens oder einer →Prüfungscheckliste), auf Basis einer gemeinsamen Teilnahme an Besprechungen (insb. →Schlussbesprechungen) oder mit einem *Arbeitspapier-Review* (→Arbeitspapiere des Abschlussprüfers) zu beurteilen. Falls in der Praxis des anderen externen Prüfers *Qualitätssicherungsgrundsätze und -maßnahmen* (→Qualitätssicherung) eine angemessene Qualität der Arbeit des anderen externen Prüfers gewährleisten, kann der APr seine Prüfungshandlungen auf die Durchsicht des Prüfungsberichts oder eine sonstige Zusammenfassung der Prüfungsergebnisse des anderen externen Prüfers beschränken (IDW PS 320.23 f.). Auch wenn bei einer *Übernahme* der Prüfungsergebnisse nach § 317 Abs. 3 Satz 2 oder 3 HGB die Prüfungshandlungen des Konzernabschlussprüfers mit der Prüfung der gesetzlichen Voraussetzungen zur Übernahme als ausreichend erachtet werden, sollte eine Abstimmung zwischen dem Konzern-APr und den Abschlussprüfern der in den Konzernabschluss einbezogenen Gesellschaften (→Konsolidierungskreis) über Art und Umfang der Prüfung der Bereiche, die für die →Konzernabschlussprüfung von Bedeutung sind, erfolgen (IDW PS 320.27 ff.). Die maßgebenden Prüfungsfeststellungen eines anderen externen Prüfers auf die Abschlussprüfung sind bei dem gesamten Prüfungsurteil angemessen zu berücksichtigen.

Neben den Ergebnissen von anderen externen Prüfern können auch Feststellungen *der Internen Revision* (IDW PS 321) und die Ergebnisse der Arbeit von *Sachverständigen* (IDW PS 322) im Rahmen der Abschlussprüfung verwertet werden. Ergebnisse der Internen Revision sind bspw. im Rahmen von →Systemprüfungen und bei der Planung von Prüfungshandlungen verwertbar. Ergebnisse von Sachverständigen muss der WP angemessen würdigen und sich ein eigenes Urteil über deren Aussagen bilden. Die damit verbundenen Auswirkungen auf den Abschluss und →Lagebericht sind von ihm zu analysieren und ggf. im PrB darzustellen.

Literatur: IDW (Hrsg.): IDW Prüfungsstandard: Interne Revision und Abschlussprüfung (IDW PS 321, Stand: 6. Mai 2002a), in: WPg 55 (2002), S. 686–689; IDW (Hrsg.): IDW Prüfungsstandard: Verwertung der Arbeit von Sachverständigen (IDW PS 322, Stand: 6. Mai 2002), in: WPg 55 (2002b), S. 689–692; IDW (Hrsg.): IDW Prüfungsstandard: Verwendung der Arbeit eines anderen externen Prüfers (IDW PS 320, Stand: 5. Mai 2004), in: WPg 57 (2004), S. 593–597; IDW (Hrsg.): IDW Prüfungsstandard: Grundsätze für die ordnungsmäßige Erteilung von Bestätigungsvermerken bei Abschlussprüfungen (IDW PS 400, Stand: 28. Oktober 2005), in: WPg 58 (2005), S. 1382–1402.

Stefan Gneuß

Ergebnisverwendung

Der Begriff Ergebnisverwendung ist im Gesetz nicht definiert. Abgeleitet aus den Vorschriften des § 275 Abs. 4 HGB und des § 158 Abs. 1 AktG werden nach h.M. hierunter alle Maßnahmen verstanden, die, ausgehend vom Jahresüberschuss bzw. Jahresfehlbetrag (→Jahresergebnis), die Ermittlung des Bilanzgewinns bzw. des Bilanzverlustes betreffen (ADS 1997, Rn. 15 zu § 268 HGB, S. 200).

Ohne Berücksichtigung der Ergebnisverwendung beinhaltet die Eigenkapitalgliederung nach § 266 Abs. 3 A. HGB die Posten „Gewinnvortrag bzw. Verlustvortrag" (→Gewinnvortrag; →Verlustvortrag) und „Jahresüberschuss bzw. Jahresfehlbetrag". Diese werden durch den Posten „Bilanzgewinn bzw. Bilanzverlust" ersetzt, wenn die Bilanz nach § 268 Abs. 1 HGB unter Berücksichtigung der vollständigen oder teilweisen Verwendung des →Jahresergebnisses aufgestellt wird.

Vorgänge im Rahmen der Ergebnisverwendung sind Einstellungen in →Gewinnrücklagen, Entnahmen aus Gewinn- und →Kapitalrücklagen, Ausschüttungen an Gesellschafter aufgrund ihrer Gesellschafterstellung und der Vortrag von Ergebnisbestandteilen auf neue Rechnung (ADS 1997, Rn. 15 zu § 268 HGB, S. 201).

Nicht zur Ergebnisverwendung zählen die Verwendung des ausgewiesenen Bilanzgewinns sowie sämtliche ergebnisabhängigen Aufwendungen, wie z. B. Tantiemen (→Tantiemen für Gesellschaftsorgane) oder stille →Beteiligungen (Ellrott/Krämer 2006, Rn. 2 zu § 268 HGB, S. 886).

Die Aufstellung unter teilweiser Verwendung des Jahresergebnisses ist vorzunehmen, wenn Gesetz oder Satzung erfordern, dass Einstellungen in oder Entnahmen aus Gewinnrücklagen vorzunehmen sind, die nur einen Teil des Jahresergebnisses erfassen (Ellrott/Krämer 2006, Rn. 4 zu § 268 HGB S. 887). Gesetzliche Vorschriften ergeben sich für die AG z. B. aus § 58 Abs. 2, 2a; § 150 Abs. 1–4 AktG (→Aktiengesellschaft, Prüfung einer).

Die →Gesellschaft mit beschränkter Haftung (GmbH) muss ihre Bilanz zwingend unter teilweiser Verwendung des Jahresergebnisses aufstellen, wenn Gesellschaftervertrag oder ein Gesellschafterbeschluss die Einstellung in oder Auflösung von Gewinnrücklagen vorschreiben (Ellrott/Krämer 2006, Rn. 5 zu § 268 HGB, S. 887). Eine teilweise Verwendung des Jahresergebnisses kann bei der GmbH auch dann erforderlich sein, wenn ein vorab durch die Gesellschafter gefasster Ausschüttungsbeschluss besteht (Selchert 1996, S. 547).

Die Aufstellung der Bilanz unter vollständiger Ergebnisverwendung kann erfolgen, wenn kein Bilanzgewinn bzw. -verlust verbleibt oder das Bilanzergebnis ausschließlich auf neue Rechnung vorzutragen ist.

Bei der KapGes ist dieser Fall in der Praxis anzutreffen, wenn ein →Verlustvortrag oder ein Jahresfehlbetrag ausgeglichen wird, satzungsmäßige oder gesellschaftsvertragliche Ermächtigungen zur Einstellung in Gewinnrücklagen vorliegen oder nach Ausschüttung von Vorzugsdividenden keine weiteren Dividenden gezahlt werden können (ADS 1997, Rn. 31 zu § 268 HGB, S. 211).

Bei der →Personengesellschaft (PersGes) erfolgt aufgrund der gesetzlich vorgesehenen Gewinn- und Verlustverteilung nach § 121 HGB oder § 168 HGB i. d. R. die Bilanzaufstellung unter vollständiger Ergebnisverwendung. Die Aufstellung unter teilweiser Verwendung des Jahresergebnisses ist nur denkbar, wenn die Gewinnverwendung von einem besonderen Gesellschafterbeschluss abhängt (IDW 2006, Abschn. F, Rn. 324, S. 525).

Zur Prüfung der Ergebnisverwendung hat der →Abschlussprüfer (APr) zunächst einen möglichen Verlustvortrag zu prüfen. Dies ist bei der AG von besonderer Bedeutung, da der um einen Verlustvortrag geminderte Jahresüberschuss die Grundlage zur Bildung der →Gesetzlichen Rücklage gem. § 150 Abs. 2 AktG darstellt. Die Prüfung des Verlustvortrags erfordert die Abstimmung mit dem Bilanzverlust bzw. dem Jahresfehlbetrag des Vorjahres (Selchert 1996, S. 548).

Anschließend sind alle weiteren ausgewiesenen Beträge im Rahmen der Ergebnisverwendung zu prüfen.

Ein weiterer Prüfungsaspekt betrifft den Ausweis. Für die AG besteht nach § 158 Abs. 1 AktG ein Ausweiswahlrecht. Danach kann die Ergebnisverwendung gem. § 275 Abs. 4 HGB durch eine Erweiterung der →Gliederung der Gewinn- und Verlustrechnung (GuV) berücksichtigt oder im →Anhang dargestellt werden (→bilanzpolitische Gestaltungsspielräume nach HGB). Das in § 158 Abs. 1 AktG dargestellte Schema ist jedoch vollständig in vorgeschriebener Form anzuwenden (Selchert 1996, S. 549).

Für die GmbH besteht keine Pflicht zur Anwendung dieses Schemas, ein Ausweis entsprechend den Vorschriften des AktG ist jedoch aus Gründen der Klarheit und Übersichtlichkeit zu empfehlen (Ellrott/Krämer 2006, Rn. 3 zu § 268 HGB, S. 886).

Literatur: ADS: Rechnungslegung und Prüfung der Unternehmen, Teilband 5, 6. Aufl., Stuttgart 1997; Ellrott, H./Krämer, A.: Kommentierung des § 268 HGB, in: Ellrott, H. et al. (Hrsg.): BeckBilKomm, 6. Aufl., München 2006; IDW (Hrsg.): WPH 2006, Band I, 13. Aufl., Düsseldorf 2006; Selchert, F. W.: Jahresabschlussprüfung der KapGes. Grundlagen, Durchführung, Bericht, 2. Aufl., Wiesbaden 1996.

Peter Haller

Ergebnisverwendung, Vorschlag für die

Die →Ergebnisverwendung ist Teil der Gesellschafterrechte (z. B. § 174 AktG, § 29 GmbHG), jedoch sieht § 170 Abs. 2 AktG für die AG (→Aktiengesellschaft, Prüfung einer) vor, dass der Vorstand dem AR einen Vorschlag über die Verwendung des Bilanzgewinns vorlegt, der auf der HV (→Haupt- und Gesellschafterversammlung) zur Abstimmung gestellt werden soll. Als Gliederung des Ergebnisverwendungsvorschlags ist vorgesehen:

1) Verteilung an die Aktionäre,
2) Einstellung in die →Gewinnrücklagen,
3) →Gewinnvortrag,
4) Bilanzgewinn.

Die Verteilung an die Aktionäre entspricht der Ausschüttung nach § 58 Abs. 4 AktG. Soweit nach § 59 AktG eine Abschlagszahlung geleistet wurde, ist diese in einer Vorspalte anzugeben. Bei Aktien mit unterschiedlichen Gewinnrechten (§ 11 AktG) sind die auf die Aktienarten entfallenden Ausschüttungsbeträge gesondert auszuweisen.

Die Einstellung in die Gewinnrücklagen bezieht sich auf die durch die HV mögliche Einstellung von Teilen des Bilanzgewinns (§ 58 Abs. 3 AktG). Werden mehrere Arten von Gewinnrücklagen dotiert, sind diese einzeln aufzuführen. Der Vorstand hat im Ergebnisverwendungsvorschlag zu beachten, dass der Beschluss der HV nach § 254 AktG angefochten werden kann, wenn Teile des Bilanzgewinns von der HV in die Gewinnrücklagen eingestellt oder als Gewinnvortrag stehen gelassen werden und keine Verzinsung des Grundkapitals (abzgl. nicht eingeforderter Einlagen) von mindestens 4% zur Ausschüttung kommt. Ausgenommen sind Einstellungen in die Gewinnrücklagen, die zur Sicherung des Unternehmensfortbestands (→Going Concern-Prinzip) nach vernünftiger kaufmännischer Beurteilung notwendig erscheinen.

Die HV kann den gesamten oder einen Teil des Bilanzgewinns als Gewinnvortrag auf neue Rechnung in das nächste Geschäftsjahr übertragen (§ 58 Abs. 3 AktG). Meist wird jedoch nur ein Spitzenbetrag vorgetragen. Der Gewinnvortrag findet im nächsten Jahr als Bestandteil des Bilanzgewinns wieder Eingang in den Dispositionsbereich der HV.

Der Bilanzgewinn muss der Summe der ersten drei Positionen entsprechen, ansonsten ist der

Gewinnverwendungsvorschlag unvollständig. Der ausgewiesene Betrag entspricht demjenigen in Bilanz, →Gewinn- und Verlustrechnung (GuV) und →Anhang (§ 268 Abs. 1 HGB, § 158 Abs. 1 AktG). Der Bilanzgewinn ist eine durch gesetzliche Gewinnverwendungsschranken sowie Dispositionsmöglichkeiten des Vorstands gestaltete Größe. Ausgehend vom Jahresüberschuss (→Jahresergebnis) sind zunächst zwingend die Verrechnung mit einem →Verlustvortrag sowie die Pflichtdotierung der →Gesetzlichen Rücklage vorzunehmen. Der Vorstand hat ferner die gesetzlichen Ausschüttungssperren nach den §§ 269, 274 Abs. 2 HGB zu beachten. Vertragliche/satzungsrechtliche Dotierungspflichten der Gewinnrücklagen können den Spielraum des Vorstands weiter einengen. Stellen Vorstand und AR den JA fest (→Feststellung und Billigung des Abschlusses), können nach § 58 Abs. 2 AktG bis zu 50 % des Jahresüberschusses den Gewinnrücklagen zugewiesen werden, soweit die Satzung nicht einen höheren bzw. geringeren Anteil vorsieht. Eine Zuführung zu den →Rücklagen durch den Vorstand ist nur möglich, solange die anderen Gewinnrücklagen zzgl. des einzustellenden Betrags die Hälfte des Grundkapitals (→Gezeichnetes Kapital) nicht übersteigen. Unbeschadet dessen darf der Vorstand mit dem AR zusätzlich u. a. den Eigenkapitalanteil der →Wertaufholung bei →Vermögensgegenständen des →Anlagevermögens und →Umlaufvermögens den Gewinnrücklagen zuführen (§ 58 Abs. 2a AktG). Der Vorstand kann zur Erhöhung des Bilanzgewinns auch Entnahmen aus den Gewinnrücklagen tätigen.

Die HV ist nicht an den Gewinnverwendungsbeschluss gebunden. Bei Abweichungen ist der JA erst in der Folgeperiode anzupassen (§ 278 HGB). Entsteht durch die Abweichung zusätzlicher Aufwand, mindert sich die mögliche Ausschüttung entsprechend. Dies kann z. B. bei dividendenabhängiger Entlohnung von Vorstand bzw. AR (→Vorstand und Aufsichtsrat, Vergütung von; →Vorstandsbezüge) zu berücksichtigen sein.

Der AR hat den Vorschlag zur Verwendung des Bilanzgewinns zu prüfen, dem Vorstand einen Bericht hierüber zuzuleiten sowie schriftlich an die HV zu berichten (§ 171 AktG) (→Überwachungsaufgaben des Aufsichtsrats; →Berichterstattungspflichten des Aufsichtsrats).

Von der gesetzlichen Gliederung ist abzuweichen, wenn ansonsten die Gewinnverwendung nicht vollständig abgebildet wird, z. B. die Satzung Zuwendungen an gemeinnützige Einrichtungen (z. B. →Stiftungen) vorsieht.

Literatur: Coenenberg, A. G.: Jahresabschluss und Jahresabschlussanalyse, 20. Aufl., Stuttgart 2005; Ellrott, H./Ring, M.: Kommentierung von § 325, in: Ellrott, H. et al. (Hrsg.): BeckBilKomm, 5. Aufl., München 2003; Freidank, C.-C.: Eigenkapital und Ergebnisverwendung der GmbH und der AG (Teil III), in: StB 51 (2000), S. 128–138.

Thomas Egner

Ergiebigkeitsprinzip →Bundes- und Landeshaushaltsordnung

Erhaltene Anzahlungen →Anzahlungen

Erlösabweichungsanalyse →Mengenabweichung; →Preisabweichung

Erlösartenrechnung →Erlöse

Erlöschen einer Wirtschaftsprüfungsgesellschaft →Errichtung und Erlöschen einer Wirtschaftsprüfungsgesellschaft

Erlöscontrolling →Kostencontrolling

Erlöse

Erlöse stellen diejenigen Einnahmen dar, die man beim Verkauf von Gütern erzielt. Üblicherweise beschränkt man den Begriff auf Einnahmen aus dem Verkauf von →Umlaufvermögen. Zwischen den Konzepten des Erlöses im internen und im externen →Rechnungswesen besteht weitgehende Deckungsgleichheit.

In einer Welt, in der Unternehmen im Wettbewerb miteinander stehen, ist die Beschäftigung mit Erlösen unausweichlich, möchte man einkommensoptimale Entscheidungen treffen. Der Fortbestand eines Unternehmens (→Going Concern-Prinzip) ist über einen längeren Zeitraum hinaus nur gesichert, wenn die Erlöse dieses Zeitraums mindestens die →Kosten decken. Die Erfüllung dieser rein zeitraumbezogenen Bedingung ist schwierig, weil es Kosten gibt, deren Wirkung sich über mehrere Zeiträume erstreckt. Die Unternehmenssteuerung fällt leichter, wenn man die Prüfung, ob die erzielbaren Erlöse die Kosten übersteigen, bei jedem einzelnen Verkauf vornehmen kann. Dazu benötigt man aber den Erlös und die Kosten jeder Verkaufstransaktion.

Wenn Käufer und Verkäufer eines Gutes für jede einzelne Einheit einen Preis vereinbaren, stellt die Ermittlung des Erlöses je Einheit, den der Verkäufer beim Verkauf erzielt, kein Problem dar. Der vereinbarte Preis je Einheit entspricht dem Erlös je Einheit. Schwierig wird es dagegen, wenn mehrere Verkaufseinheiten des gleichen Gutes oder mehrere unterschiedliche Güter zu einem gemeinsamen Preis verkauft werden, der sich nicht als Summe der Einzelpreise ergibt. Die Gewährung von Mengenrabatten, der Verkauf im Rahmen von Abonnements oder der gemeinsame Verkauf unterschiedlicher Güter zu einem einzigen Preis stellen Beispiele dar. In solchen Situationen muss man sich überlegen, ob man wirklich den nicht messbaren Erlös je Einheit benötigt oder ob man sich mit dem Erlös des verkauften Bündels an Gütern zufrieden gibt. Den Erlös je Einheit eines Gutes hat man zumindest implizit vereinbart; als Schätzwert dafür lässt sich auch ein durchschnittlicher Erlös je Einheit verstehen. Bestimmt man einen Erlös je Einheit bei Verkauf eines Bündels von Gütern, muss man letztlich entscheiden, ob man den Verkaufserlös mithilfe eines Marginalprinzips oder mithilfe eines Finalprinzips jeder einzelnen zu verkaufenden Einheit zurechnen möchte.

Folgt man den Prinzipien, die für die Bestimmung der Kosten entwickelt wurden, auch bei den Erlösen, so hat man die beim Verkauf einer einzigen Einheit eines Gutes durch Messung ermittelbaren Erlöse von denjenigen zu unterscheiden, die sich – weil nur für eine Gesamtheit von Gütern messbar – nur als Durchschnittsbetrag je Einheit bestimmen lassen. Die Zurechnung der erstgenannten Art von Erlösen auf eine einzige Einheit bereitet keine Schwierigkeiten, die Zurechnung der letztgenannten Art dagegen sehr wohl. Üblicherweise wird ein Durchschnittswert angesetzt. Die folgenden Ausführungen befassen sich nur mit der zuletzt genannten Art von Zurechnungen.

Die Durchschnittsbildung kann beim einfachen Fall gleichartiger Güter dadurch erfolgen, dass man die für die Gesamtheit verkaufter Güter erzielten Erlöse durch die Zahl der verkauften Einheiten dividiert. Komplizierter wird die Rechnung, wenn man unterschiedliche Güterarten zu einem gemeinsamen Preis verkauft oder mit einem gemeinsamen Mengenrabatt versieht. Dann muss man zur Bildung sinnvoller Durchschnittswerte zunächst eine (willkürliche) Aufteilung des gemeinsamen Preises oder des Rabattes auf die Erzeugnisarten vornehmen, bevor man die Bestimmung der durchschnittlichen Erlöse je Einheit der verschiedenen Erzeugnisarten vornehmen kann. Dabei lassen sich Verfahren verwenden, die einer Zuschlagsrechnung bei den Kosten (→Zuschlagskalkulation) entsprechen. Die objektive Bestimmung der Erlöse je Einheit aus dem Verkauf mehrerer Einheiten, die gemeinsam zu einem einheitlichen Preis verkauft werden, wie es sich bspw. bei Abonnements ergibt, ist unmöglich. Die analoge Anwendung der schon für die Kostenrechnung (→Kosten- und Leistungsrechnung; →Kostenrechnung, Prüfung der) wenig aussagekräftigen Verfahren der Marktwert- oder Restwertrechnung, die für die Zurechnung von Kosten (→Kostenzurechenbarkeit) auf gemeinsam erzeugte Güter empfohlen werden, ist erst Recht für die Erlösrechnung nicht besonders aussagekräftig.

Sieht man von solchen gemeinsam zu einem einheitlichen Preis verkauften Güterbündeln ab, so besteht ein Verfahren, die Erlöse aus dem Verkauf einzelner Einheiten zu ermitteln darin, die insgesamt angefallenen Erlöse auf Erlösstellen zu übertragen und sie anschließend den einzelnen erzeugten Einheiten zuzurechnen. Das Vorgehen folgt einer analogen Anwendung der Gedanken, die für Kosten in der →Kostenstellenrechnung zum Ausdruck kommen. Sinnvoll wäre dabei die Verwendung eines marktseitigen Verteilungsschlüssels. Eine derartige Ermittlung der Erlöse je Einheit in Anlehnung an Verfahren, die für die Bestimmung der Kosten je Einheit (→Kalkulation; →Kalkulationsmethoden; →Kostenträgerstückrechnung) bei Anwendung eines Finalprinzips (also bei Ermittlung von Vollkosten) verwendet werden, erscheint in diesem Fall genau so problematisch wie die Ermittlung der Kosten. Eine Beschränkung auf diejenigen Mengeneinheiten, deren Erlöse und Kosten man tatsächlich messen kann, erscheint viel sinnvoller.

Erlösrechnungen sind dann besonders aussagekräftig, wenn zugleich der Bezug zur Kostenrechnung hergestellt wird. Man sollte in der Lage sein, den auf bestimmte Mengeneinheiten bezogenen Erlösen die zugehörigen

Kosten so willkürfrei wie möglich gegenüberzustellen, wenn man die Konsequenzen unternehmerischer Entscheidungen für das Einkommen beurteilen möchte.

Geht es bei der Betrachtung nur um die Erlöse und nicht um das Einkommen, so sollte man zumindest eine Gliederung anstreben, aus der sich die Einflussgrößen für die Erlösentstehung ergeben. Die diesbezüglichen Vorgehensweisen lassen sich unter dem Stichwort Erlösartenrechnung zusammenfassen.

In zeitraumbezogenen Rechnungen verwendet man die Summe der Erlöse des jeweiligen Zeitraums. In der Literatur zum sog. GKV (→Gliederung der Gewinn- und Verlustrechnung) erscheinen sie zusammen mit den Mehrungen oder Minderungen des Bestandes an fertigen Erzeugnissen. Dies dient lediglich der richtigen Einkommensermittlung, wenn man auf der Kostenseite einer Einkommensrechnung mehr oder weniger als die Kosten des Abrechnungszeitraums ansetzt. Es sollte auf keinen Fall der Eindruck entstehen, dass Bestandsmehrungen oder Bestandsminderungen etwas mit Erlösen zu tun haben.

Hans Peter Möller; Jochen Zimmermann

Erlösverbunde →Umsatzplanung und -kontrolle

Ermächtigungstreuhand →Treuhandschaften

Ermessensspielräume →Bilanzpolitische Gestaltungsspielräume nach HGB; →Bilanzpolitische Gestaltungsspielräume nach US GAAP

Eröffnungsbilanz →Bilanztheorie

Eröffnungsbilanz II →Handelsbilanz II

Eröffnungsbilanzwerte →Erstprüfung

Errichtung und Erlöschen einer Wirtschaftsprüfungsgesellschaft

Bei der *Errichtung* einer WPGes (→Revisions- und Treuhandbetriebe) empfiehlt es sich, sich im Vorfeld mit der für die Anerkennung zuständigen Behörde, der →*Wirtschaftsprüferkammer* (*WPK*) [§ 29 Abs. 1 →Wirtschaftsprüferordnung (WPO)], abzustimmen.

Im Wesentlichen geht es um die Frage, ob der vorgesehene Gesellschaftsvertrag mit dem →Berufsrecht des Wirtschaftsprüfers in Einklang zu bringen ist und ob die Firmierung zulässig ist. Gesellschaftsrechtliche Aspekte werden im Folgenden nicht dargestellt.

Zulässige Rechtsformen sind gem. § 27 WPO die AG (→Aktiengesellschaft, Prüfung einer), die →Kommanditgesellschaft auf Aktien (KGaA), die →Gesellschaft mit beschränkter Haftung (GmbH), die →Offene Handelsgesellschaft (OHG) und die →Kommanditgesellschaft (KG) sowie PartGes (→Revisions-und Treuhandbetriebe). Der Entwurf des BARefG nimmt als weitere Rechtsform die „Europäische Gesellschaft (SE)" (→Aktiengesellschaft, europäische) hinzu. Im Übrigen sei auf § 27 Abs. 2 WPO verwiesen.

Die *Führung von WPGes* erfordert, dass die Gesellschaft von Wirtschaftsprüfern verantwortlich geführt wird. Dabei erstreckt sich die verantwortliche Führung sowohl auf die berufliche Tätigkeit der Gesellschaft nach außen als auch auf die organisatorische Gestaltung der Gesellschaft nach innen. Bei der beruflichen Tätigkeit im Kernbereich der WPGes durchbrechen berufsrechtliche Grundsätze (→Berufsgrundsätze des Wirtschaftsprüfers) die ansonsten üblichen gesellschaftsrechtlichen Möglichkeiten (z. B. eingeschränktes bzw. nicht bestehendes Weisungsrecht von Gesellschaftern und Geschäftsführern ohne WP-Zulassung, die die Unabhängigkeit des Handelnden gefährden). Weiter ist die Möglichkeit der Organstellung bzw. gesetzlichen Vertretung bei der WPGes grundsätzlich an die persönliche WP-Eigenschaft der natürlichen Personen gebunden (s. im Einzelnen zur Ausnahmeregelung § 28 Abs. 1–3 sowie §§ 56 und 58 WPO). Nach dem Entwurf des BARefG können auch in einem anderen Mitgliedstaat der EU zugelassene →Abschlussprüfer (APr) zu gesetzlichen Vertretern der WPGes bestellt werden. Im Falle von Ausnahmen ist die Beschränkung der Anzahl der in den gesetzlichen Vertretungsorganen bestellten Personen, die nicht über die persönliche Voraussetzung des Wirtschaftsprüfers verfügen, beschränkt. Gem. dem Entwurf des BARefG muss die Mehrheit der gesetzlichen Vertreter der WPGes durch Berufsträger oder in einem anderen Land der EU zugelassene APr gebildet werden. Dabei ist zu beachten, dass Personen, die die gesetzliche Vertretung der WPGes ausüben und zugleich nicht über die WP-Qualifikation verfügen, die für die Berufsausübung geltenden Regelungen (→Berufsrecht des Wirtschaftsprüfers) gleichwohl einhalten müssen, was insb. dazu führt, dass dieser Personenkreis keiner sonstigen gewerblichen Tätigkeit nachgehen darf (§ 56 Abs. 1 WPO).

Kongruent mit der Einschränkung der gesetzlichen Vertretung der Gesellschaft ist auch der potenzielle *Kreis der Gesellschafter* begrenzt bzw. an bestimmte Mindestanforderungen geknüpft, um spiegelbildlich zum Charakter einer WPGes den Einfluss der WP zu gewährleisten. Insb. soll durch die Vorschriften der WPO verhindert werden, dass in WPGes „berufsfremdes, nicht an der Geschäftstätigkeit teilnehmendes Kapital" den überwiegenden Einfluss gewinnt. Einzelheiten enthält hierzu § 28 Abs. 4 WPO mit seinen Querverweisen. Der Entwurf des BARefG sieht vor, dass zusätzlich auch eine in einem anderen Mitgliedstaat der EU zugelassene Prüfungsgesellschaft Gesellschafter der WPGes sein kann.

Hinsichtlich des *Mindestkapitals der WPGes* sei auf die Regelungen der §§ 28 Abs. 5 und 6 WPO verwiesen. Weitere Voraussetzung für die Anerkennung als WPGes ist die vorläufige *Deckungszusage zum Abschluss einer Berufshaftpflichtversicherung* (→Berufshaftpflichtversicherung des Wirtschaftsprüfers und des Steuerberaters) (§ 28 Abs. 7 WPO).

Bei der *Firmierung* schreibt § 31 WPO vor, dass der Zusatz „Wirtschaftsprüfungsgesellschaft" zwingend zu führen ist; nach dem Entwurf des BARefG zusätzlich auch im beruflichen Verkehr. Kombinationen bei Mehrfachqualifikationen der Gesellschaft (z. B. Steuerberatungsgesellschaft) sind berufsrechtlich zulässig bzw. aufgrund des weiteren einschlägigen Berufsrechts zwingend erforderlich.

Hinsichtlich des *Erlöschens* der Anerkennung als WPGes ist wie folgt zu differenzieren: Erfolgt die gesellschaftsrechtliche Auflösung der Gesellschaft, so erlischt die Anerkennung; weiter erlischt die Anerkennung durch freiwilligen Verzicht (§ 33 WPO). Neben dem durch den WP selbst veranlassten Erlöschen der Anerkennung ist bei Vorliegen der Voraussetzung gem. § 34 WPO die Anerkennung durch die *WPK* zurückzunehmen oder zu widerrufen. Im Wesentlichen handelt es sich dabei um nachträgliche gesellschaftsinterne Veränderungen, die mit den zuvor genannten Bestimmungen nicht vereinbar sind. Der Gesellschaft ist vor Widerruf oder Rücknahme der Anerkennung eine angemessene Frist zur Wiederherstellung des rechtmäßigen Zustandes einzuräumen. Hinzuweisen ist in diesem Zusammenhang auf die Übergangsregelung nach § 134a Abs. 2 WPO (sog. „Altgesellschaften"). Die Auswirkungen der RL 2006/43/EG (sog. novellierte APr-RL) vom 17.5.2006 sowie deren Umsetzung in nationales Recht auf die erörterten Fragestellungen bleiben abzuwarten (→Richtlinien und Verordnungen der Europäischen Union, Bedeutung für Rechnungslegung und Unternehmensüberwachung).

Literatur: IDW (Hrsg.): WPH 2006, Band I, 13. Aufl., Düsseldorf 2006; WPK (Hrsg.): Merkblatt für die Errichtung und Anerkennung einer Wirtschaftsprüfungsgesellschaft, www.wpk.de (Download: 13. Juli 2006).

Heiko Reinders

Errichtungsinvestitionen →Investition

Error →Internes Kontrollsystem; →Unregelmäßigkeiten

Ersatzinvestitionen →Investition

Ersatzmitglieder im Aufsichtsrat

Die Wahl von Ersatzmitgliedern gem. § 101 Abs. 3 Satz 2 AktG dient der Vermeidung von Vakanzen im AR und den mit einer vorgezogenen Neuwahl verbundenen →Kosten, nachdem ein Aufsichtsratsmandat vorzeitig beendet worden ist. Ersatzmitglieder sind keine stellvertretenden Aufsichtsratsmitglieder, die im Interesse einer ungeteilten Kompetenzzuordnung nach deutschem Recht explizit nicht vorgesehen sind (§ 101 Abs. 3 Satz 1 AktG). Dem Ersatzmitglied entstehen dementsprechend aus seiner Stellung zunächst weder Rechte noch Pflichten gegenüber der Gesellschaft; es ist zu behandeln wie ein externer Dritter (Lutter/Krieger 2002, Rn. 889). Erst mit dem vorzeitigen Ausscheiden des Aufsichtsratsmitglieds tritt das Ersatzmitglied in dessen Rechtsposition. Es wird automatisch Mitglied des Aufsichtsrats, wenn es die Wahl zum Ersatzmitglied bereits angenommen hat, und die Annahme nicht unter einem Vorbehalt erfolgt ist (Semler 2004, Rn. 64; kritisch Lutter/Krieger 2002, Rn. 882 f.). Sein Mandat endet spätestens mit Ablauf der Amtszeit (→Amtszeit von Vorstand und Aufsichtsrat) des ausgeschiedenen Aufsichtsratsmitglieds. Regelmäßig erlischt das Mandat jedoch bereits durch die vorzeitige Neuwahl eines Nachfolgers, mit der abhängig von der Ausgestaltung der Satzungsregelung oder des Wahlbeschlusses die Position als Ersatzmitglied wieder aufleben kann.

Die Bestellung von Ersatzmitgliedern kann durch die Satzung weder zwingend festgeschrieben noch untersagt werden (Lutter/Krieger 2002, Rn. 882; Potthoff/Trescher 2003, Rn. 996). Ein Ersatzmitgmuss gleichzeitig mit dem Aufsichtsratsmitglied gewählt werden, das es ggf. zu ersetzen gilt (§ 101 Abs. 3 Satz 3 AktG). Möglich ist auch die Wahl einzelner Personen für eine definierte Gruppe von Aufsichtsratsmitgliedern oder mehrerer Ersatzmitglieder für Einzelpersonen; die Reihenfolge des Nachrückens ist im zweiten Fall festzulegen. Die Wahl hat zwingend unter Beachtung der Gruppenzugehörigkeit zu erfolgen: So bestimmt die HV (→Haupt- und Gesellschafterversammlung) typischerweise mehrere Ersatzmitglieder für die Gruppe der Anteilseignervertreter; die Arbeitnehmer (→Mitbestimmung) müssen überdies auch nach der Gruppe der Arbeitnehmer, leitenden Angestellten und Gewerkschaftsvertreter differenzieren.

Auf die Bestellung sowie auf die Nichtigkeit und Anfechtung der Bestellung von Ersatzmitgliedern sind die allgemeinen Regelungen anzuwenden (§ 101 Abs. 3 Satz 4 AktG); die Abberufung richtet sich nach den für die Abberufung (→Aufsichtsrat, Be- und Abberufung) des ausgeschiedenen Aufsichtsratsmitglieds gültigen Vorschriften (§ 103 Abs. 5 AktG).

Literatur: Lutter, M./Krieger, G.: Rechte und Pflichten des Aufsichtsrats, 4. Aufl., Köln 2002; Semler, J.: § 2 Vorschlags- und Wahlverfahren, Entsendung, Ausscheiden, in: Semler, J./Schenck, K. v. (Hrsg.): Arbeitshandbuch für Aufsichtsratsmitglieder, 2. Aufl., München 2004, S. 75–99; Potthoff, E./Trescher, K.: Das Aufsichtsratsmitglied. Ein Handbuch der Aufgaben, Rechte und Pflichten, 6. Aufl., Stuttgart 2003.

Thies Lentfer

Ersetzung des Abschlussprüfers
→Abschlussprüfer; →Ausscheiden des Abschlussprüfers

Erstprüfung

Erstprüfungen umfassen im Gegensatz zu →Folgeprüfungen Abschlussprüfungen (→Jahresabschlussprüfung; →Konzernabschlussprüfung), bei denen der Jahres- oder Konzernabschluss des Vorjahres entweder ungeprüft oder durch einen anderen →Abschlussprüfer (APr) geprüft worden ist. Des Weiteren werden auch Prüfungen bei Unternehmen, die erstmals einen Abschluss aufstellen, unter dem Begriff der Erstprüfung subsumiert (IDW PS 205.1).

Da im Rahmen von Erstprüfungen ein unvermeidbar erhöhtes Risiko besteht, falsche Angaben im Abschluss nicht zu erkennen (→Prüfungsrisiko), sind durch den APr die Eröffnungsbilanzwerte (EBW) zu prüfen und darüber zu berichten. EBW sind gem. § 252 Abs. 1 Nr. 1 HGB die Beträge, die sich aus den Posten der Schlussbilanz des vorhergehenden Geschäftsjahres ergeben. Neben den reinen Bilanzposten hat der APr im Rahmen der Prüfung der EBW auch die aufgrund eines gesetzlichen Wahlrechts (→bilanzpolitische Gestaltungsspielräume nach HGB) im →Anhang aufgenommenen Posten zu betrachten. EBW sind die Folge der in vorhergehenden Geschäftsjahren angewandten Ausweis-, Bilanzierungs-, Bewertungs- und Konsolidierungsmethoden (→Ansatzgrundsätze; →Bewertungsgrundsätze; →Konsolidierungsformen) sowie der Geschäftsvorfälle vergangener Geschäftsjahre.

Die Prüfung der EBW erstreckt sich neben der Bilanzidentität zur Schlussbilanz des Vorjahres (→Saldenvortragsprüfung) auf die Prüfung, ob die Eröffnungsbilanz falsche Angaben enthält, die den Abschluss wesentlich beeinflussen (→Wesentlichkeit), und ob die Ausweis-, Bilanzierungs-, Bewertungs- und Konsolidierungsmethoden stetig (→Stetigkeit) und willkürfrei angewendet werden.

Art und Umfang der vom APr durchzuführenden Prüfungshandlungen (→Auswahl von Prüfungshandlungen) hängen von verschiedenen Faktoren ab, insb. ob der Vorjahresabschluss geprüft wurde oder dieser ungeprüft ist oder ob sogar erstmals ein Jahres- oder Konzernabschluss aufgestellt wird. Darüber hinaus sind auch die im Abschluss angewandten Ausweis-, Bilanzierungs-, Bewertungs- und Konsolidierungsmethoden, die Art der EBW, das Risiko falscher Angaben im Abschluss sowie die →Wesentlichkeit der einzelnen EBW für den zu prüfenden Abschluss für Art und Umfang der Prüfungshandlungen zu betrachten.

Liegt dem APr ein geprüfter Vorjahresabschluss vor, kann er ausreichende →Prüfungsnachweise für die Beurteilung der EBW grundsätzlich über die Durchsicht des →Prüfungsberichtes und bei Bedarf weiterer Arbeitspapiere des Vorjahresprüfers (→Arbeitspapiere des Abschlussprüfers) erlangen. Sind die Prüfungsnachweise aus der Verwertung des Vorjahresabschlusses unzureichend, muss sich der APr durch weitere Prüfungshandlungen Sicherheit über die EBW verschaffen.

Liegt dem APr ein Vorjahresabschluss mit eingeschränktem oder versagtem →Bestätigungsvermerk (BestV) vor, muss er im Rahmen der laufenden Prüfung den Posten, die zu den Einwendungen geführt haben, besondere Aufmerksamkeit widmen.

Werden Abschlüsse neu gegründeter Gesellschaften geprüft (→Gründungsprüfung), so stehen der Gründungsvorgang und sich daraus ergebende Auswirkungen auf den Abschluss im Mittelpunkt der Prüfung. Dies gilt entsprechend für Gesellschaften, die aufgrund eines Umwandlungsvorgangs (→Unternehmensumwandlungen) einer Erstprüfung unterliegen.

Im PrB ist durch den APr festzustellen, ob die EBW ordnungsgemäß aus dem Vorjahresabschluss übernommen worden sind. U.U. sind ergänzende Hinweise zu zusätzlich erforderlich gewordenen Prüfungshandlungen in den PrB aufzunehmen (IDW PS 205.18).

Der BestV des Abschlussprüfers beinhaltet i. d. R. keinen Vermerk hinsichtlich der Prüfung der EBW. Aufgrund der Prüfung der EBW können sich Auswirkungen auf den BestV ergeben. Der APr hat den BestV einzuschränken oder zu versagen, wenn er nicht in der Lage ist, ausreichende und angemessene Prüfungsnachweise zu den EBW zu erlangen (→Prüfungshemmnisse) bzw. wenn falsche EBW nicht in laufender Rechnung berichtigt werden (→Bilanzfehlerberichtigung).

Literatur: IDW (Hrsg.): IDW Prüfungsstandard: Prüfung von Eröffnungsbilanzwerten im Rahmen von Erstprüfungen (IDW PS 205, Stand: 17. November 2000), in: WPg 54 (2001), S. 150–152.

Nicole Flöthe

Erträge

Der Begriff „Erträge" entstammt im Gegensatz zu den Begriffen „Leistungen" und „Erlöse" nicht aus der →Kosten- und Leistungsrechnung, sondern aus der Finanzbuchhaltung. Allgemein verkörpert dieser Begriff die positiven Erfolgsbeiträge, sprich die Werteentstehung eines Unternehmens. Aus betriebswirtschaftlicher Sicht bezeichnen Erträge eine Zunahme des unternehmerischen Erfolgs, sei es durch die betriebliche Leistungserstellung (z. B. von Erzeugnissen), die Bereitstellung (z. B. von Kapital durch →Kreditinstitute) oder den Absatz (z. B. von Waren durch Handelsunternehmen) von Gütern oder Dienstleistungen. Erträge werden in der Erfolgsrechnung [→Gewinn- und Verlustrechnung (GuV)] erfasst und bewirken indirekt eine Erhöhung des →Eigenkapitals; als Beispiele sind →Umsatzerlöse, Zinserträge, Beteiligungserträge (→Beteiligungen) oder Mieterträge zu nennen.

Der Umfang der in der Erfolgsrechnung zu berücksichtigenden Erträge hängt häufig vom *Realisationszeitpunkt* und von der Bewertungsfrage ab (Kosiol 1976, Sp. 310–311). Erträge dürfen im Gegensatz zu Aufwendungen (→Aufwendungen und Erträge) nach dem vom Vorsichtsprinzip geprägten deutschen Handelsrecht als Ausfluss des Imparitätsprinzips nur bei Realisation berücksichtigt werden (→Grundsätze ordnungsmäßiger Rechnungslegung; →Grundsätze ordnungsmäßiger Buchführung, Prüfung der). Bei Umsatzerlösen wird der Realisationszeitpunkt zweifelsfrei vom Verkaufszeitpunkt bestimmt. Von Bedeutung ist die Frage des Realisationszeitpunktes bspw. bei →langfristiger Auftragsfertigung. Nach deutschem Recht dürfen die damit verbundenen Erträge erst nach vollständiger Leistungserstellung mit der Marktrealisation als Umsatzerlöse verbucht werden (*Completed-Contract-Method*). Dies führt i. d. R. zu großen Schwankungen im Gewinnausweis von Unternehmen. Nach internationalem Recht, →International Financial Reporting Standards (IFRS) und →United States Generally Accepted Accounting Principles (US GAAP), werden langfristige →Fertigungsaufträge i. d. R. entsprechend der *Percentage-of-Completion-Method* bewertet. Danach werden die aus dem Projekt erwarteten Gewinne über den Zeitraum der Leistungserstellung gem. Baufortschritt verteilt, womit anders als nach deutschem Handelsrecht eine

Abb.: Abgrenzung von Erträgen und Leistungen bzw. Erlösen

Gesamte Erträge		
Neutrale Erträge		Zweckerträge (Erträge – Leistungen)
Erträge. denen keine Leistungen entsprechen	Erträge > oder < als ihnen entsprechende Leistungen	

Gewinnglättung erfolgt. Die enge Auslegung des Realisationsprinzips nach deutschem Recht erlaubt auch keine Berücksichtigung von in naher Zukunft realisierbaren Erträgen. Dies hat zur Folge, dass in hohem Maße als realisierbar geltende Erträge nicht erfasst werden dürfen. Daher darf z. B. für die Bewertung von Finanzumlaufvermögen (→Umlaufvermögen) gem. § 253 Abs. 1 HGB keine Antizipation von Gewinnbeiträgen erfolgen, so dass ein Ansatz max. zu →Anschaffungskosten (AK) geboten ist, während nach IFRS und US GAAP eine erfolgswirksame (Trading Securities) bzw. erfolgsneutrale (Available for Sale Securities) Verrechnung zum Marktzeitwert (→Fair Value) geboten ist.

Die Höhe der Erträge wird maßgeblich von der zugrunde liegenden *Bewertungsfrage* beeinflusst (Kosiol 1976, Sp. 311–312). Die Bewertung der Erträge aus Umsatzerlösen erfolgt zu den erzielten Verkaufspreisen. In diesem Fall werden die Erträge mit den entsprechenden Einnahmen gemessen (zahlungsbegleitete Erträge). Neben den *zahlungsbegleiteten Erträgen*, wozu auch Erträge aus dem Verkauf von Wertpapieren zählen, gibt es auch zahlreiche *nicht zahlungsbegleitete Erträge*, wie z. B. Erträge aus Zuschreibungen. Diese Unterscheidung der Zahlungsbegleitetheit ist vor allem für die →Kapital- und Finanzflussrechnung von Bedeutung. Insb. im Falle der *nicht zahlungsbegleiteten Erträge* wird die Höhe der Erträge von den gesetzlichen Bewertungsvorschriften (→Bewertungsgrundsätze) geprägt. So dürfen nach deutschem Handelsrecht auf Lager befindliche Erzeugnisse (→unfertige und fertige Erzeugnisse), die (noch) nicht durch den Umsatzprozess realisiert wurden, höchstens zu AHK angesetzt werden; bei Herstellungskosten (→Herstellungskosten, bilanzielle; →Herstellungskosten, Prüfung der) kann zwischen einem Voll- und Teilkostenansatz gewählt werden. Marktzeitwerte können nach dem für die Bewertung maßgeblichen *Niederstwertprinzip* nur angesetzt werden, wenn diese unter den Anschaffungswerten liegen und entsprechend eine Abschreibung (→Abschreibungen, bilanzielle; →außerplanmäßige Abschreibungen) notwendig ist. Für die Bemessung der Höhe von Erträgen aus der Auflösung von →Rückstellungen liegt ebenso ein Einschätzungsspielraum vor wie bei der Bemessung der Höhe von Erträgen aus Zuschreibungen.

Einfluss auf die Ertragshöhe hat letztlich auch das zugrunde liegende Rechnungslegungssystem, da nach HGB insb. mehr Wertansatzwahlrechte erlaubt sind als nach IFRS oder US GAAP (→bilanzpolitische Gestaltungsspielräume nach HGB; →bilanzpolitische Gestaltungsspielräume nach IFRS; →bilanzpolitische Gestaltungsspielräume nach US GAAP). Der Umfang der Erträge wird jedoch anders als bei Leistungen bzw. Erlösen nicht durch den Betriebszweck eingegrenzt. Da die Erträge entweder operativer, finanzieller oder unregelmäßiger bzw. außerordentlicher Natur (→außerordentliche Aufwendungen und Erträge) sein können, stehen den Erträgen nicht nur Leistungen in gleicher Höhe gegenüber (Zweckerträge). Vielmehr existieren darüber hinaus noch neutrale Erträge, die keinen sachzielbezogenen, periodenbezogenen oder ordentlichen Charakter haben und wertmäßig nicht den Leistungen entsprechen (Schmalenbach 1963, S. 12).

Neutrale Erträge lassen sich in folgende Arten aufspalten (Freidank 2001, S. 22–23):

- *betriebsfremde Erträge*: diese hängen nicht mit dem Sachziel des Unternehmens zusammen (z. B. Spenden oder Wertpapierverkäufe);

- *periodenfremde Erträge*: diese stehen zwar mit der eigentlichen Betriebstätigkeit in Verbindung, sind aber anderen Perioden zuzurechnen und müssen daher sachlich abgegrenzt werden, wie z. B. unerwarteter Eingang einer in Vorjahren abgeschriebenen →Forderung oder erfolgswirksame Auflösung von Rückstellungen (→periodenfremde Aufwendungen und Erträge);

- *außerordentliche Erträge*: diese sind zwar auch betriebsbedingt, dennoch muss eine Abgrenzung erfolgen, da das Eintreten einmalig oder ungewöhnlicher Natur ist, wie z. B. Erträge aus Versicherungsentschädigungen oder Erträge aus dem Verkauf von →Sachanlagen (→außerordentliche Aufwendungen und Erträge).

An die Stelle derjenigen neutralen Erträge, die zwar der Art nach auch als Leistungen auftreten, aber andere Wertansätze verlangen, treten als kalkulatorische Leistungen die sog. Andersleistungen (bewertungsverschiedene Leistungen); ferner können Zusatzleistungen, denen keine Erträge gegenüberstehen, auftreten; bspw. im Falle selbst geschaffener Patente, die nach handelsrechtlichen Vorschriften einem Ansatzverbot unterliegen.

Literatur: Freidank, C.-Chr.: Kostenrechnung, 7. Aufl., München/Wien 2001; Kosiol, E.: Aufwand und Ertrag, in: Grochla, E./Wittmann, W. (Hrsg.): HWB, 4. Aufl., Stuttgart 1976, Sp. 309–315; Schmalenbach, E.: Kostenrechnung und Preispolitik, 8. Aufl., Köln/Opladen 1963.

Inge Wulf

Erträge aus anderen Wertpapieren und Ausleihungen des Finanzanlagevermögens
→Finanzergebnis

Erträge aus Beteiligungen →Finanzergebnis

Ertragsanalyse →Aufwands- und Ertragsanalyse

Ertragslage

Die Prüfung der Ertragslage erfolgt im Zusammenhang mit der Prüfung des Jahresabschlusses insgesamt unter Berücksichtigung aller im Rahmen der Prüfung (→Jahresabschlussprüfung; →Konzernabschlussprüfung) gewonnenen Erkenntnisse. Dabei erfolgt im Rahmen der →Prüfungsplanung eine vorläufige Beurteilung der Ertragslage, z. B. durch Vergleich wesentlicher Kennzahlen mit denen des Vorjahres (→Kennzahlen und Kennzahlensysteme als Kontrollinstrument; →zeitlicher Vergleich). Im weiteren Verlauf der Prüfung wird durch Berücksichtigung der Ergebnisse der Prüfung in den einzelnen →Prüffeldern, insb. der Posten der →Gewinn- und Verlustrechnung (GuV), eine Konkretisierung der vorläufigen Lagebeurteilung durchgeführt.

Zum Ende der Prüfung erfolgt eine abschließende Beurteilung.

Die Ertragslage eines Unternehmens soll anhand der Aufwands- und Ertragsstruktur die wesentlichen Ergebnisquellen darstellen. Das zentrale Instrument zur Darstellung der Ertragslage ist die GuV. Daneben enthält der →Lagebericht aber auch der →Anhang bei KapGes zahlreiche Angaben, die für die Beurteilung der Ertragslage von Bedeutung sind. Ggf. ist auch eine →Segmentberichterstattung zu berücksichtigen.

Entsprechend § 264 Abs. 2 HGB hat der JA ein den tatsächlichen Verhältnissen entsprechendes Bild der →Vermögenslage, →Finanzlage und Ertragslage (→wirtschaftliche Verhältnisse) zu vermitteln (→True and Fair View). Gegenstand und Umfang der Prüfung der Ertragslage ergeben sich aus § 317 HGB. Ergänzend sind aus den §§ 321 [→Prüfungsbericht (PrB)] und 322 [→Bestätigungsvermerk (BestV)] HGB zusätzliche Prüfungspflichten abzuleiten.

Zur Beurteilung der Ertragslage ist eine Erfolgsquellenanalyse durchzuführen. Diese Analyse hat das Ziel, die Erfolgsquellen und das Zustandekommen des Erfolges (→Erfolgsabhängigkeiten) im abgelaufenen Geschäftsjahr sowie die Aufwands- und Ertragsstruktur zu untersuchen. Dabei erfolgt ausgehend vom gesetzlichen Gliederungsschema der GuV (→Gliederung der Gewinn- und Verlustrechnung) eine Aufgliederung in folgende Ergebniskategorien:

Abb.: Ergebniskategorien der Ertragslage – Beispiel

Betriebsergebnis

Finanzergebnis

Neutrales Ergebnis

= Ergebnis vor Ertragsteuern

Ertragsteuern

= Jahresergebnis

Quelle: IDW 2006, Abschn. Q, Rn. 240, S. 1701.

Das Betriebsergebnis umfasst die Ertrags- und Aufwandskomponenten, die mit dem eigentlichen Betriebszweck in direktem Zusammenhang stehen, zeitlich in das Geschäftsjahr fallen und nach Art und Größe typisch und nicht zufällig sind. Die hier auszuweisenden Betriebsaufwendungen und -erträge sind um wesentliche betriebsfremde, aperiodische und außergewöhnliche Einflussgrößen zu bereinigen.

Dem →Finanzergebnis wird grundsätzlich das Zins- und Beteiligungsergebnis zugeordnet.

Das neutrale Ergebnis umfasst – über das in der GuV ausgewiesene ao. Ergebnis (→außerordentliche Aufwendungen und Erträge) hinausgehend – wesentliche Sondereinflüsse. In Betracht kommen insb. die Bereinigung der Sondereinflüsse nach den Regelungen der gemeinsamen Arbeitsgruppe der *DVFA/SG* zur Ermittlung des Ergebnisses nach *DVFA/SG* (Busse von Colbe et al. 2000).

Die Höhe und Zusammensetzung der →Aufwendungen und Erträge sowie wesentliche Veränderungen gegenüber dem Vorjahr (→Vergleichsangaben über Vorjahre) sind zu untersuchen (→zeitlicher Vergleich). Ein Schwerpunkt der Prüfung sollte auf der Abgrenzung, Veränderung und Analyse des betrieblichen und neutralen Bereiches liegen.

Ein weiteres Instrument zur Analyse der Ertragslage ist die Bildung von aussagekräftigen Kennzahlen, möglichst in einem Mehrjahresvergleich. In der Praxis werden insb. Kennzahlen zur Material- und Personalintensität, zur Herstellungskostenquote (bei Anwendung des Umsatzkostenverfahrens) sowie zur Eigenkapital-, Gesamtkapital- und Umsatzrentabilität (→Rentabilitätsanalyse; →Erfolgskennzahlensystem; →ROI-Kennzahlensystem) verwendet.

Im →Prüfungsbericht (PrB) ist darauf einzugehen, ob die Generalnorm des § 264 Abs. 2 HGB (→True and Fair View) beachtet wurde. Soweit es für die Beurteilung der Gesamtaussage des Jahresabschlusses erforderlich ist, sind die Posten der GuV aufzugliedern und ausreichend zu erläutern. Abschließend ist das Ergebnis der Prüfung (→Prüfungsurteil) im →Bestätigungsvermerk (BestV) zusammenzufassen. Es ist eine Erklärung darüber abzugeben, inwieweit der JA unter Beachtung der GoB (→Grundsätze ordnungsmäßiger Buchführung, Prüfung der) ein den tatsächlichen Verhältnissen entsprechendes Bild der Vermögens-, Finanz- und Ertragslage vermittelt und ob der Lagebericht eine zutreffende Vorstellung von der Lage des Unternehmens gibt.

Literatur: Busse von Colbe, W. et al. (Hrsg.): Ergebnis je Aktie nach DVFA/SG. DVFA/SG Earnings per Share, 3. Aufl., Stuttgart 2000; IDW (Hrsg.): WPH 2006, Band I, 13. Aufl., Düsseldorf 2006.

Jörg Balke

Ertragsschwache Unternehmen, Bewertung von

Ertragsschwäche von Unternehmen wird in der Literatur unterschiedlich definiert. Dem IDW S 1 (→Verlautbarungen des Instituts der Wirtschaftsprüfer in Deutschland e.V.) zufolge wird ein Unternehmen als ertragsschwach bezeichnet, wenn seine Kapitalverzinsung nachhaltig geringer ist als der Kapitalisierungszinssatz (→Kalkulationszinssatz), wobei eine andauernde Ertragsschwäche zu Zahlungsunfähigkeit und Überschuldung (→Überschuldungsprüfung) eines Unternehmens führen kann (IDW S 1.159). Einer anderen Definition zufolge liegt Ertragsschwäche hingegen dann vor, wenn die jeweiligen zukünftigen Periodeneinzahlungsüberschüsse vor →Investitionen nicht das Bündel aller unternehmenserhaltenden Periodeninvestitionen zur Sicherung der Wettbewerbsfähigkeit des Unternehmens ausgleichen (Leuner 2004, Rn. 1505 sowie 1508).

Liegt bei einem gewinnorientierten Unternehmen Ertragsschwäche vor, gibt es grundsätzlich zwei Möglichkeiten: Entweder man versucht das Unternehmen fortzuführen und nachhaltig zu sanieren (→Sanierungsbilanzen) oder man leitet die Liquidation (→Liquidationsbilanz) ein. Bei der Ermittlung des →Unternehmenswertes (→Unternehmensbewertung) eines ertragsschwachen Unternehmens als Fortführungswert können →Ertragswertmethoden oder →Discounted Cash Flow-Methoden herangezogen werden. Entsprechend dem Zukunftsbezogenheitsprinzip ist für die Bewertung nicht die derzeitige →Ertragslage relevant, sondern das künftige Potenzial, finanzielle Überschüsse zu erzielen. Die Prognose (→Prognoseinstrumente) der künftigen finanziellen Überschüsse ist deshalb besonders schwierig, da diese mit erheblichen Unsicherheiten bzgl. der Höhe und des zeitlichen Anfalls behaftet sind. Problemfelder bei der Bewertung sind hier jedenfalls die Beurteilung der Umgestaltungen der ertragsschwachen Unternehmen gem. ihrem Sanierungskonzept (→Sanierungsberatung), die Auswirkungen der entsprechenden Führungskonzepte sowie die damit verbundenen Unsicherheiten. Die geplanten Maßnahmen sind daher hinsichtlich ihrer Plausibilität und Realisierbarkeit besonders sorgfältig zu prüfen (→Plausibilitätsprüfungen) (Nadvornik/ Volgger 2002, S. 754 und 759). Bei der Bewertung sollte der Bewerter nicht grundsätzlich von einer unendlichen Lebensdauer des Unternehmens ausgehen, sondern diese im Vorhinein sorgfältig prüfen und realistisch ansetzen (Leuner 2004, Rn. 1553).

Bei der Beurteilung des Sanierungskonzepts ist zusätzlich danach zu differenzieren, ob ein objektivierter Unternehmenswert oder ein subjektiver Entscheidungswert ermittelt werden soll. Im ersten Fall sind im Rahmen der Bewertung nur bereits eingeleitete oder hinreichend konkretisierte Maßnahmen aus dem Unternehmenskonzept zu berücksichtigen. Im zweiten Fall sind zusätzlich auch geplante, aber noch nicht eingeleitete und noch nicht im bisherigen Unternehmenskonzept vorgesehene Maßnahmen, wie etwa beabsichtigte Erweiterungsinvestitionen (→Investition) oder Veränderungen strategischer Geschäftsfelder (→Geschäftsfeldstrategie und -planung), in die →Unternehmensbewertung mit einzubeziehen (IDW S 1.43, 58 sowie 162). Dazu ist festzuhalten, dass aus Sicht des Verkäufers bzw. potenziellen Käufers die Sanierungsfähigkeit des Unternehmens unterschiedlich beurteilt werden könnte bzw. dass die Sanierungskonzepte voneinander abweichen könnten. Daher ist es denkbar, dass z. B. für den Verkäufer die Liquidation und damit der →Liquidationswert, für den potenziellen Käufer hingegen der Fortführungswert der relevante subjektive Entscheidungswert sein könnte.

Liegt der Liquidationswert des Unternehmens über dem Barwert der finanziellen Überschüsse bei Fortführung, so bildet der Liquidationswert grundsätzlich die Wertuntergrenze (IDW S 1.160). Den Liquidationswert generell als Wertuntergrenze im Rahmen einer Unternehmensbewertung festzulegen wäre allerdings verfehlt, da eine Liquidationsbewertung nur dann in Frage kommt, wenn die Liquidation des Bewertungsobjekts unter unternehmerischen und vor allem rechtlichen Gesichtspunkten eine tatsächlich realisierbare Variante darstellt. Bestehen bspw. öffentlich-rechtliche Bindungen oder testamentarische Auflagen, die zur Fortführung des Unternehmens verpflichten, ist bei der Bewertung vom Fortführungswert und nicht vom Liquidationswert auszugehen (Schwarz 2002, S. 809 und 813 f.).

Der →Substanzwert kann weder für einen Verkäufer noch für einen Käufer entscheidungsrelevant sein, da es sich dabei nur um einen Reproduktionswert handelt und nicht um einen für einen Verkäufer realisierbaren Mittelzufluss oder eine sinnvolle Preisobergrenze für einen Käufer (Leuner 2004, Rn. 1521–1531).

Die Bewertung ertragsschwacher Unternehmen, bei denen die Leistungserstellung im Vordergrund steht, wie etwa Nonprofit-Unternehmen, Unternehmen, welche karitative Dienste leisten oder solche, die Aufgaben der öffentlichen Daseinsvorsorge erfüllen, hat IDW S 1 entsprechend nach anderen Grundsätzen zu erfolgen als bei Unternehmen, die finanzielle Zielsetzungen verfolgen bzw. gewinnorientiert sind. Bei diesen Unternehmen wird angenommen, dass sie unabhängig von einer unternehmerischen Betätigung geführt werden müssen und eine Liquidation als Alternative zur Fortführung der Tätigkeit nicht in Frage kommt. In diesen Fällen sind nach IDW S 1 weder der Zukunftserfolgswert noch der Liquidationswert maßgeblich, vielmehr ist hier der Substanzwert als Rekonstruktionswert anzusetzen (IDW S 1.162 f. und 180). Unklar ist jedoch, welche Bedeutung ein derartiger Rekonstruktionswert haben sollte. Für den Unternehmenseigner kann dieser Wert keine Entscheidungsgrundlage darstellen. Sind für die Aufrechterhaltung des Betriebes Zuschüsse zu leisten, dann könnte sich der Unternehmenseigner fragen, wie viel er max. für die Abnahme dieses Betriebes durch einen Dritten zahlen dürfte. Dies ergibt sich aus der Diskontierung der zukünftig zu leistenden Zuschüsse und nicht aus dem Rekonstruktionswert. Bestehen die Alternativen in der Errichtung eines Unternehmens oder im Kauf eines bestehenden Unternehmens, dann kann ermittelt werden, welche Investitionsausgaben durch den Kauf erspart werden können.

Literatur: IDW (Hrsg.): IDW Standard Grundsätze zur Durchführung von Unternehmensbewertungen (IDW S 1, Stand: 18. Oktober 2005), in: WPg 58 (2005), S. 1303–1321; Leuner, R.: Bewertung ertragsschwacher Unternehmen (Sanierung), in: Peemöller, V. H. (Hrsg.): Praxishandbuch der Unternehmensbewertung, 3. Aufl., Herne/Berlin 2005, S. 699–720; Nadvornik, W./ Volgger, S.: Die Bewertung ertragsschwacher Unternehmen, in: Feldbauer-Durtsmüller, B./Schlager, J. (Hrsg.): Krisenmanagement Sanierung – Insolvenz Handbuch für Banken, Management, Rechtsanwälte, Steuerberater, Wirtschaftsprüfer und Unternehmensberater, Wien 2002, S. 751–777; Schwarz, R.: Die Liquidationsbewertung ertragsschwacher Unternehmen, in: Feldbauer-Durtsmüller, B./Schlager, J. (Hrsg.): Krisenmanagement Sanierung – Insolvenz Handbuch für Banken, Management, Rechtsanwälte, Steuerberater, Wirtschaftsprüfer und Unternehmensberater, Wien 2002, S. 807–819.

Gerwald Mandl; Alexandra Schrempf

Ertragswert →Ertragswertmethode

Ertragswertmethode

Im Rahmen der →Unternehmensbewertung wird mittels der Ertragswertmethode ein Unternehmens-Gesamtwert ermittelt [(im Gegensatz zur Einzelbewertung des Vermögens (→Vermögensgegenstand) und der →Schulden, wie z. B. beim Substanzwertverfahren (→Substanzwert)]. Die Ertragswertmethode ist die traditionell deutsche Methode der theoriegestützten Unternehmensbewertung. Dagegen findet im anglo-amerikanischen Raum und zunehmend auch in der deutschen Praxis der Unternehmensbewertung das Discounted Cash Flow-Verfahren (→Discounted Cash Flow-Methoden) Anwendung, das auf den Shareholder Value-Überlegungen (→Shareholder Value-Analysis) und der Kapitalmarkttheorie basiert.

Der Ertragswert ist der aus den zukünftigen Erfolgen (→Erfolgsprognose) abgeleitete Wert einer →Investition (Zukunftserfolgswert). Im Ertragswertverfahren werden die dem Unternehmer aus dem Unternehmen zukünftig zufließenden →Erträge mit Renditemöglichkeiten aus alternativen Kapitalanlagen oder einer vom Investor geforderten Mindestverzinsung verglichen. Der Ertragswert (EW) wird formal definiert als Summe der abgezinsten künftigen Erfolge (E), als Barwert der periodisierten Ertrags- bzw. Einzahlungsüberschüsse, und basiert damit auf dem investitionstheoretischen Kalkül, dass nur der aus der Investition erzielbare (quantifizierbare) Nutzen den Wert der Investition bestimme:

$$EW = \sum_{t=1}^{\infty} \frac{E_t}{(1+r)^t}$$

Die Ermittlung des Unternehmenswertes als Marktwert des →Eigenkapitals erfolgt rechentechnisch einstufig durch eine Kapitalisierung der um die Fremdkapitalkosten geminderten Überschüsse. Diese Nettokapitalisierung ist mit dem Equity-Ansatz beim Discounted Cash Flow-Verfahren vergleichbar (Drukarczyk 2003, S. 304 f.).

Zentrale Schwierigkeitskomplexe bei der Unternehmensbewertung nach der Ertragswertmethode sind die Ermittlung der zukünftigen Erträge (→Erfolgsprognose) und die Bestimmung des Kapitalisierungszinssatzes (r). Die Prognoseunsicherheit kann über die Sicherheitsäquivalentmethode bei der Ermittlung der Erträge oder – so die Bewertungspraxis – über einen um einen Risikozuschlag erhöhten →Kalkulationszinssatz Berücksichtigung finden (Krag/Kasperzak 2000, S. 61 ff.). Bei der Prognose der Erträge wird i. d. R. auf die dem Unternehmenseigner (Eigenkapitalgeber) zufließenden finanziellen Überschüsse, die aus den künftigen handelsrechtlichen Erfolgen (Ertragsüberschüsse) resultieren, abgestellt. Maßgebend hierfür sind die unternehmensinternen Plandaten: Finanzplan (→Finanzplanung), →Planbilanz, Plan-GuV (→Gewinn- und Verlustrechnung). Um Sondereinflüsse bereinigte Vergangenheitswerte besitzen nur für Plausibilitätsüberlegungen Relevanz. Wegen der mit zunehmendem Planungshorizont verbundenen Prognoseunsicherheiten hat sich in der Praxis eine Phaseneinteilung herausgebildet (Peemöller/Kunowski 2002, S. 228 f.): Detaillierte Planung der nahen Zukunft (z. B. nächste 3 bis 5 Jahre), Fortschreibung der Trendentwicklung (Continuing Value – CV) auf Basis der Detailplanung der ersten Phase in der zweiten Phase (Mandl/Rabel 2002, S. 58):

$$EW = \sum_{t=1}^{T} \frac{E_t}{(1+r)^t} + \frac{CV_T}{r(1+r)^T}$$

Je nach Ermittlungs- bzw. Schätzmöglichkeiten der Erträge kann mit periodenspezifischen, mit konstant wachsenden oder konstanten Erträgen bei unendlichem oder endlichem Planungshorizont gearbeitet werden. Bei zeitlich begrenzter Lebensdauer des Unternehmens bzw. des Engagements ist der Rest-(Veräußerungs- oder Liquidations-)wert ergänzend in die Ermittlung einzubeziehen. Das rechentechnisch relativ hohe Gewicht von Restwert oder Continuing Value erfordert bei deren Prognose besondere Sorgfalt.

Die Ermittlung der Überschüsse ist abhängig von der Bewertungsperspektive. Bei der objektivierten Ermittlung des →Unternehmenswerts, bei der der Bewerter die Funktion eines neutralen Gutachters einnimmt, soll ein frei von subjektiven Vorstellungen Einzelner, für alle Parteien nachvollziehbarer (typisierter) Zukunftserfolg ermittelt werden. Die Ermittlung der Überschüsse erfolgt unter der Annahme der Unternehmensfortführung mit unverändertem Konzept. Berücksichtigung finden noch die am Bewertungsstichtag bereits eingeleiteten nicht partnerspezifischen (unechten) Synergien (→Synergieeffekte in der Unternehmensbewertung). Die Nettozuflüsse werden sodann auf Basis typisierter Annahmen über die steuerliche Belastung der Eigentümer (→Steuern in der Unternehmensbewertung) ermittelt.

Bei der subjektiven Unternehmenswertfeststellung erfolgt eine Bewertung aus Sicht konkreter Käufer bzw. Verkäufer. Dabei wird die für die objektivierte Unternehmensbewertung erforderliche Typisierung ersetzt durch die individuellen Möglichkeiten und →Planungen von Käufer bzw. Verkäufer. Ziel der Bewertung ist es, Grenzpreise zu ermitteln: Aus Sicht des Verkäufers die Preisobergrenze, d. h. den Betrag, den der Käufer bei seinen individuellen Renditeerwartungen höchstens zahlen darf; aus Sicht des Verkäufers die Preisuntergrenze, die er nicht unterschreiten darf, ohne seine ökonomische Situation zu verschlechtern. Neben den individuell erzielbaren (echten) Synergieeffekten werden bei der Überschussermittlung (-prognose) die konkret geplanten Finanzierungsmaßnahmen [Kapitalstruktur (→Kapitalstruktur, Planung und Kontrolle der) und Ausschüttungen], das nicht →betriebsnotwendige Vermögen, die beabsichtigten Veränderungen beim Management und die tatsächliche Steuerbelastung berücksichtigt (IDW S 1, Rn. 57–72).

Der Kapitalisierungszinssatz spiegelt die Rendite einer hinsichtlich Fristigkeit, Risiko und Besteuerung vergleichbaren Alternativanlage wider. Der Kapitalmarktzins besteht grundsätzlich aus einem quasi risikolosen Basiszins und einer Risikoprämie (Krag/Kasperzak 2000, S. 56 ff.). Bei der Ermittlung objektivierter Unternehmenswerte wird dabei auf die langfristig erzielbare Rendite öffentlicher Anleihen, gekürzt um die ESt, abgestellt. Die Risikoprämie wird sodann aus den Preisbildungsmodellen →Capital Asset Pricing Model bzw. Tax Capital Asset Pricing Model abgeleitet. Für subjektive Entscheidungswerte sind die individuellen Renditeerwartungen des Investors maßgebend, die sich z. B. aus konkreten Alternativanlagen oder der subjektiv angestrebten Mindestverzinsung ergeben.

Literatur: Drukarczyk, J.: Unternehmensbewertung, 4. Aufl., München 2003; IDW (Hrsg.): IDW Standard: Grundsätze zur Durchführung von Unternehmensbewertungen (IDW S 1, Stand: 18. Oktober 2005), in: WPg 58 (2005), S. 1303–1321; Krag, J./Kasperzak, R.: Grundzüge der Unternehmensbewertung, München 2000; Mandl, G./Rabel, K.: Methoden der Unternehmensbewertung (Überblick), in: Peemöller, V. H. (Hrsg.): Praxishandbuch der Unternehmensbewertung, 2. Aufl., Herne/Berlin 2002, S. 47–85; Peemöller, V. H./Kunowski, S.: Ertragswertverfahren nach IDW, in: Peemöller, V. H. (Hrsg.): Praxishandbuch der Unternehmensbewertung, 2. Aufl., Herne/Berlin 2002, S. 199–261.

Kurt-Dieter Koschmieder

Erwartungslücke

Die „Erwartungslücke" (Expectation Gap) bildet sich aus der Diskrepanz zwischen den Vorstellungen der Öffentlichkeit über Umfang sowie Sinn und Zweck der gesetzlichen Abschlussprüfung (→Jahresabschlussprüfung; →Konzernabschlussprüfung) einerseits und dem tatsächlich vom Gesetzgeber normierten Prüfungsauftrag und Prüfungsumfang andererseits. Während der →Bestätigungsvermerk (BestV) auf die rechtliche Zulässigkeit des vom Unternehmen aufgestellten Jahresabschlusses abzielt (→Ordnungsmäßigkeitsprüfung), besteht in weiten Teilen der Bevölkerung die Vorstellung, dass der uneingeschränkte BestV die wirtschaftliche Gesundheit des Unternehmens bestätigt. Die bestehende Erwartungslücke gegenüber dem →Abschlussprüfer (APr) ist nicht nur ein begrenzt deutsches Problem. Sie existiert in fast allen Industriestaaten, obwohl sich das Gesellschaftsrecht und die Anforderungen an die Rechnungslegung, deren Prüfung und die dafür verantwortlichen Prüfer unterscheiden. Angesichts der für die WP fundamentalen Bedeutung des Vertrauens der Öffentlichkeit erscheint es sachgerecht, in der Schließung dieser Erwartungslücke die größte und wichtigste Herausforderung für den Berufsstand zu sehen.

Die *Gründe* für das Entstehen einer „Erwartungslücke" werden in der Literatur grundsätzlich in die Kategorien Prüfer-, Normen- und Öffentlichkeitsversagen eingeteilt.

Das *Prüferversagen* manifestiert sich für breite Kreise der Öffentlichkeit in weithin bekannt gewordenen Fällen, wie *Enron* und *Worldcom*. In Deutschland wurden in diesem Zusammenhang insb. die Fälle *Balsam* und *Flowtex* diskutiert. Die Lösung dieses Problemkomplexes kann durch eine Steigerung der Qualität der Abschlussprüfung (→ Prüfungsqualität) bzw. durch eine Erweiterung derselben erreicht werden. Die Qualität einer Abschlussprüfung wird sicherlich in hohem Maße durch das Ausbildungsniveau der Berufsträger determiniert. Hinsichtlich der Ausbildung in Deutschland und der teilweise verpflichtenden Fortbildung des Berufsstandes (→ Aus- und Fortbildung des Wirtschaftsprüfers) besteht auf diesem Feld national allerdings kein verstärkter Handlungsbedarf. Im internationalen Vergleich kann der deutsche WP eher als überqualifiziert eingestuft werden. Daher zielen die z.T. auch durch gesetzgeberische Initiativen angestoßenen Maßnahmen vor allem auf eine verstärkte Nutzung der Überwachung der Prüfungsleistungen durch Dritte entweder wie in Deutschland durch die verstärkte Nutzung von Instrumenten, wie freiwillige Interoffice Reviews, oder der Unterziehung einer Überprüfung durch andere Berufsträger im Rahmen eines Peer Reviews (→ Qualitätssicherung; → Qualitätskontrolle in der Wirtschaftsprüfung). Die → United States of America (USA) haben den Weg der Schaffung einer unabhängigen Aufsichtbehörde [→ *Public Company Accounting Oversight Board (PCOAB)*] gewählt. Weltweit wird versucht, eine Vereinheitlichung des Prüfungsumfangs und der → Prüfungsqualität durch die Verständigung auf die Befolgung der International Standards on Auditing (ISA) zu erreichen, die den Prüfungsumfang z.B. durch eine stärkere Fokussierung auf Betrugsrisiken (Fraud) ständig ausweiten (→ Unregelmäßigkeiten). International organisierte WPGes (→ Revisions- und Treuhandbetriebe) gehen in ihren intern verbindlichen Prüfungsansätzen in Teilbereichen über die nationalen und internationalen Vorgaben noch hinaus.

Das *Normenversagen* ist insb. an den Gesetzgeber bzw. an den Berufsstand adressiert. Es ist durch angemessen formulierte Prüfungsstandards bzw. Gesetzestexte (→ Prüfungsnormen; → Prüfungsrichtlinien) sowie durch ständige Überprüfung und Weiterentwicklung derselbigen abzubauen. Auf internationaler Ebene wurde mit dem SOA (→ Sarbanes Oxley Act, Einfluss auf das Prüfungswesen),

national durch Verabschiedung des KonTraG, TransPuG und später durch das BilKoG, das erstmals ein Enforcementsystem in Deutschland etabliert, sowie durch verschiedene berufsständische Verlautbarungen (→ Verlautbarungen des Instituts der Wirtschaftsprüfer in Deutschland e.V.) reagiert.

Das *Öffentlichkeitsversagen* ist hingegen nur durch eine Verbesserung der Informationsversorgung der Öffentlichkeit zu bekämpfen. In diesem Zusammenhang sind der gesamte Berufsstand und die ihn vertretenden Organisationen gefordert, die in der Vergangenheit eine eher defensive Öffentlichkeitsarbeit betrieben haben. Hinzuweisen ist in diesem Zusammenhang auch auf die berufsrechtlich verankerte → Verschwiegenheitspflicht des Wirtschaftsprüfers, die eine angemessene Verteidigung der angegriffenen WP bzw. WPGes erheblich einschränkt.

Durch verstärkte Information der Öffentlichkeit, durch Sicherstellung von Qualität und Angemessenheit des Prüfungsumfangs sowie durch eindeutig und klar formulierte Gesetze und Verlautbarungen sind – auch auf internationaler Ebene – sowohl die Gesetzgebung als auch die Berufsorganisationen gefordert, die bestehende Erwartungslücke zu verringern.

Literatur: Eibelshäuser, M./Kraus-Grünewald, M.: Aufgabe und Auftrag des Abschlussprüfers, in: WPg 47 (2004), Sonderheft, S. S107–S119; IDW (Hrsg.): WPH 2006, Band I, 13. Aufl., Düsseldorf 2006.

Holger Reichmann

Erweiterte Prüfungspflicht
→ Unregelmäßigkeiten, Konsequenzen aus

Erweiterungsaufwendungen → Ingangsetzungs- und Erweiterungsaufwendungen

Erweiterungsinvestitionen → Investition

Erwerbsmethode → Konsolidierungsformen

Estland

Das grundlegende Gesetz, das die Tätigkeit der WP in Estland regelt, ist das Gesetz über zugelassene öffentliche WP (*Audiitortegevuse seadus*). Das Gesetz legt die Anforderungen an WP, die Voraussetzungen für das Bestehen des → Wirtschaftsprüfungsexamens, die rechtlichen Grundlagen der Berufsausübung der WP sowie die Organisation der WPK fest.

Die WPK ist das *Estländische Institut der zugelassenen WP*, das auch Mitglied der →*International Federation of Accountants* (*IFAC*) ist. Nur Mitglieder der WPK haben das Recht, als WP in Estland beruflich tätig zu sein. Die estländische WPK ist ein Berufsverband der estländischen WP, der sich selbst verwaltet, die berufliche Tätigkeit der WP organisiert und die Rechte der WP schützt. Ein ausländischer Staatsangehöriger, der in einem anderen Staat als WP zugelassen ist, darf die Tätigkeit des Wirtschaftsprüfers in Estland ausüben, wenn er eine Prüfung über die derzeit in Estland gültige Gesetzgebung bestanden hat.

Die beruflichen Tätigkeiten der WP sind die Abschlussprüfung, die betriebliche Beratung und die Wahrnehmung anderer, den Wirtschaftsprüfern gesetzlich übertragener Aufgaben, sofern solche Dienstleistungen durch Gesetze und durch die Prüfungsrichtlinien (*Auditeerimiseeskiri*) geregelt sind. Die Prüfungsrichtlinien beinhalten Anforderungen an Prüfungen und an Standespflichten auf der Basis der von der *IFAC* veröffentlichten Standards.

Ein WP ist eine Person, die durch das Bestehen des Wirtschaftsprüfungsexamens die einschlägige Qualifikation erlangt hat, oder eine WPGes. Mindestens drei Viertel der stimmberechtigten Anteile in einer WPGes müssen von zugelassenen Wirtschaftsprüfern bzw. WPGes gehalten werden und die Mehrheit der Geschäftsführer müssen WP sein.

Zu den ethischen Grundsätzen der Wirtschaftsprüfung gehören Integrität, Objektivität, Verschwiegenheit sowie berufliche Fähigkeit und die erforderliche Sorgfalt. Ein WP sollte über die für die Durchführung der berufsmäßigen Leistungen erforderlichen Fähigkeiten verfügen und dauerhaft verpflichtet sein, seine beruflichen Kenntnisse und Fertigkeiten zu verbessern, um so sicher zu stellen, dass Prüfungsleistungen auf hohem beruflichem Niveau erbracht werden. Die fortwährende Überwachung des beruflichen Verhaltens sowie des Niveaus der beruflichen Fähigkeiten ist Aufgabe der estländischen WPK anhand von wiederholten Tätigkeitsberichten sowie Einzelfallprüfungen.

Im Mandantenverhältnis soll der APr eine vollständige Unabhängigkeit wahren. In bestimmten Fällen wird ein turnusmäßiger Wechsel des Abschlussprüfers verlangt, um die Unabhängigkeit sicherzustellen (z. B. bei Abschlussprüfern von Investmentgesellschaften).

Wenn eine Prüfung gesetzlich vorgeschrieben ist, haftet der WP bzw. die WPGes für etwaige, dem Mandanten oder einem Dritten infolge eines Verstoßes gegen eine Berufspflicht widerrechtlich zugefügte Schäden. Eine Vereinbarung über die Haftungsbeschränkung des Wirtschaftsprüfers ist unwirksam. Die Verjährungsfrist für in dieser Vorschrift genannte Ansprüche beträgt 5 Jahre. Um den Ersatz von durch die berufliche Tätigkeit des Wirtschaftsprüfers verursachten Schäden sicherzustellen, ist der WP verpflichtet, für die gesamte Zeit seiner beruflichen Tätigkeit eine Berufshaftpflichtversicherung abzuschließen.

Neben der gesetzlich vorgeschriebenen Prüfung des Abschlusses darf der WP auf Wunsch des Mandanten andere Leistungen erbringen (z. B. prüferische Durchsicht finanzieller Informationen, vereinbarte Prüfungshandlungen und Aufstellungen).

Die Anforderungen an prüfungspflichtige Unternehmen sind im Handelsgesetzbuch Estlands (*Äriseadustik*), im estländischen Rechnungslegungsgesetz (*Raamatupidamise seadus*) sowie in den auf die von der *Wirtschaftlichen Aufsichtsbehörde* (*Finantsinspektsioon*) überwachten Unternehmen anwendbaren Gesetzen enthalten. Diese Anforderungen schließen die Berücksichtigung des Tätigkeitsfelds und der Rechtsform eines Unternehmens, dessen Größe sowie die Frage, ob dessen Wertpapiere an einer örtlichen Wertpapierbörse notiert sind, ein.

Die Abschlüsse von Finanzinstituten müssen vierteljährlich veröffentlicht werden, jedoch nur die Jahresabschlüsse müssen nach den internationalen Prüfungsstandards [→International Standards on Auditing (ISA)] geprüft werden. Neben dem regelmäßigen BestV zum JA muss der APr eines Finanzinstituts der *Wirtschaftlichen Aufsichtsbehörde* einen Bericht über die Bewertung von Vermögenswerten, die Verwendung des eingesetzten Kapitals, die Wirksamkeit der internen Kontrollen sowie die Zuverlässigkeit der Informationssysteme erstatten.

Versicherungsgesellschaften unterliegen ähnlichen Anforderungen – mit Ausnahme des Erfordernisses, vierteljährliche Zwischenabschlüsse zu veröffentlichen – sowie der zusätzlichen Anforderung an den APr, über die

Angemessenheit der versicherungsmathematischen Rückstellungen zu berichten.

Emittenten von öffentlich gehandelten Wertpapieren müssen nach den ISA geprüfte Jahresabschlüsse hinterlegen und diese öffentlich zugänglich machen. Die Jahresabschlüsse von Gesellschaften des öffentlichem Interesses mit Haftungsbegrenzung (*aktsiaselts*) müssen jährlich geprüft und beim estländischen HR hinterlegt werden. Das Prüfungserfordernis für die Jahresabschlüsse anderer Unternehmen (z. B. Gesellschaften mit beschränkter Haftung estländischen Rechts) hängt davon ab, dass auf konsolidierter Basis mindestens zwei der drei nachstehenden Kriterien erfüllt werden:

- Umsatzerlöse 10 Mio. EEK,
- Bilanzsumme 5 Mio. EEK,
- Anzahl der Mitarbeiter 10.

Monica Peetson; Roderick Darby

Ethik →Unternehmensethik und Auditing

Ethik-Management →Berufsethik des Wirtschaftsprüfers

Europäische Aktiengesellschaft →Aktiengesellschaft, europäische

Europäische Union, öffentlich-rechtliche Prüfungsorgane

Bei der Ausführung Europäischen Gemeinschaftsrechts ist zwischen dem Vollzug durch Gemeinschaftsorgane oder -behörden (gemeinschaftseigener oder gemeinschaftsunmittelbarer Vollzug) und dem indirekten oder mitgliedstaatlichen Vollzug zu unterscheiden [der als unmittelbarer Vollzug bezeichnet wird, wenn Gemeinschaftsrecht ausgeführt wird, und als mittelbarer, wenn auf Gemeinschaftsrechtsakten beruhende nationale Normen vollzogen werden (Epiney 2001, Rn. 477–479)]. Gemeinschaftseigner Vollzug ist (im Lichte des Subsidiaritätsprinzips, Art. 5 EGV) nicht nur die Ausnahme, sondern findet sich im wirtschaftlichen Bereich überdies selten in Reinform. Auch wo der KOM als oberster Exekutivbehörde der EG Prüfungskompetenzen zugewiesen werden – wie im Kartellrecht –, ist sie meist in kooperative Netzwerke mit nationalen Behörden eingespannt. Eine Ausnahme stellt die Beihilfenkontrolle dar, die bislang ausschließlich in den Händen der *KOM* liegt.

Die *KOM* verfügt im europäischen *Wettbewerbsrecht* über legislative und administrative Zuständigkeiten. Ihr steht das Vorschlagsrecht für Verordnungen oder Richtlinien zur Verwirklichung der Art. 81 EGV (Kartellverbot) und Art. 82 EGV (Verbot des Marktmissbrauchs) durch den Rat zu (Art. 83 Abs. 1 EGV), der seine Rechtsetzungsbefugnisse in diesem Bereich überdies weitgehend an die *KOM* delegiert hat. Im EGV ist die Funktion der *KOM* als oberster Wettbewerbsbehörde nur unvollständig angelegt. Art. 88 Abs. 1 EGV beauftragt sie mit der Kontrolle staatlicher Beihilfen. Soweit nicht auf der Grundlage der Art. 89, 87 Abs. 3 EGV bereichsbezogene Freistellungsverordnungen erlassen worden sind, ist die *KOM* auf der Grundlage der VO (EG) Nr. 659/1999 [sog. Beihilfenverfahrensverordnung (BeihVerfVO)] ausschließlich zuständig. Über eine exklusive Rechtsetzungszuständigkeit verfügt die *KOM* in Bezug auf öffentliche und gemeinwirtschaftliche Unternehmen (Art. 86 Abs. 3 EGV); sie schließt den Erlass von Einzelentscheidungen und Richtlinien ein [(s. insb. RL 80/723/EWG (sog. Transparenz-RL)]. Da die Rechtsakte nur an die Mitgliedstaaten und nicht auch an die Unternehmen adressiert sein dürfen, bleibt es auch hier im Grundsatz beim indirekten Gemeinschaftsrechtsvollzug. In den übrigen Bereichen des Wettbewerbsrechts (Kartellverbot, Missbrauchsverbot, →Fusionskontrolle) ist auf sekundärrechtlicher Grundlage – mit Unterschieden im Einzelnen – ein kooperativer Prüfungsmechanismus geschaffen worden, der die *KOM* und die nationalen Wettbewerbsbehörden (→Kartellbehörden) in eine Wechselbeziehung stellt („gemischter Vollzug"; Epiney 2001, Rn. 479).

Die Kontrolle der Einhaltung dieser *unternehmensbezogenen Wettbewerbsvorschriften* ist der *KOM* nicht durch den EGV zugewiesen, sondern sie beruht auf einer Zuständigkeitsdelegation des Rates (Art. 83 i.V.m. Art. 202 EGV). Zur Überwachung des gemeinschaftsrechtlichen *Kartellverbots* (Art. 81 EGV) sowie des *Verbots missbräuchlicher Ausnutzung einer marktbeherrschenden Stellung* (Art. 82 EGV) wurde durch die VO (EG) Nr. 1/2003 [sog. Kartellverfahrensverordnung (KartVerfVO)] ein „European Competition Network" zwischen der *KOM* und den nationalen Wettbewerbsbehörden begründet (Erwägungsgrund Nr. 15 zur KartVerfVO; s. dazu Lampert et al. 2004, Rn. 179 ff.). Weist ein Wettbewerbssachverhalt grenzüberschreitende Bedeutung auf, bleiben die nationalen Behörden zuständig, sofern die *KOM* nicht das Verfahren an sich zieht. Sie müssen aber Art. 81 und 82 EGV neben dem nationalen Wettbewerbsrecht anwenden, das diesen Vorschriften nicht widersprechen und nur im Falle des Art. 82 EGV strengere Maßstäbe vorsehen darf. In der Praxis behält sich die *KOM* die Prüfung der „Hard-Core-Kartelle" vor und überlässt weniger schwerwiegende Wettbewerbsverstöße den nationalen Wettbewerbsbehörden. Ihre Zusammenarbeit mit der *KOM* ist durch wechselseitige Konsultation (Art. 11 KartVerfVO) und Informationsaustausch (Art. 12 KartVerfVO) geprägt. Parallele Verfahren vor den nationalen Wettbewerbsbehörden und der *KOM* werden im Ergebnis wirksam unterbunden, während sie im Verhältnis der nationalen Behörden untereinander lediglich für unerwünscht erklärt werden (Art. 13 KartVerfVO: hinreichender Grund, das Verfahren auszusetzen), aber rechtlich möglich sind. Die angesichts des Wortlauts des Art. 81 Abs. 3 EGV rechtlich bedenkliche (nur Zuber 2005, Rn. 24 zu Art. 1 VerfVO) Umdeutung seiner Ausnahmetatbestände durch Art. 1 Abs. 2 und 3 KartVerfVO in unmittelbar anwendbare Legalausnahmen verstärkt den repressiven Akzent der kartellrechtlichen Kontrolle: Die Möglichkeit, eine Einzelfreistellung zu erwirken, entfällt; sog. Nichtanwendbarkeitsfeststellungen (Art. 10 KartVerfVO) ergehen nur ausnahmsweise und von Amts wegen. Ein gewisses Maß an Rechtssicherheit wird durch (nicht bindende) „informelle Beratungsschreiben" und Leitlinien der *KOM* zur „Selbstveranlagung" (Bekanntmachung der *KOM*, ABl. EG 2001, Nr. C 3, S. 2) hergestellt; überdies besteht die Möglichkeit zur Gruppenfreistellung durch Erlass entsprechender Verordnungen der *KOM* fort.

Ähnlich wie in der KartVerfVO ist die Zuständigkeitsverteilung zwischen der *KOM* und nationalen Wettbewerbsbehörden bei der Kontrolle von *Zusammenschlüssen von gemeinschaftsweiter Bedeutung* (→Fusionskontrolle) geregelt. Auch die VO (EG) Nr. 139/2004 [sog. Fusionskontrollverordnung (FusKVO)] folgt – mit Ausnahme der durch Art. 9 Abs. 3 lit. b ermöglichten Teilverweisung – dem Prinzip der ausschließlichen Zuständigkeit. Das Verfahren einschl. der Anmeldung der Fusion wird bei einer einzigen Behörde gebündelt („One Stop Shop"-Prinzip; Klees 2005, Rn. 1, 3 und 36 zu § 12 VO 139/2004; s. auch Bekanntmachung der *KOM* über die Zusammenarbeit innerhalb des Netzes der Wettbewerbsbehörden, ABl. EG 2004, Nr. C 101, S. 43). Allerdings steht die Regelzuständigkeit – anders als nach der KartVerfVO – der *KOM* zu, während nationale Wettbewerbsbehörden erst aufgrund ihres Verweisungsbeschlusses in Aktion treten dürfen (Art. 4 Abs. 4 und Art. 9 Abs. 3 und 4 FusKVO). Bei Fusionen ohne gemeinschaftsweite Bedeutung kann unter den Voraussetzungen des Art. 4 Abs. 5 und des Art. 22 FusKVO auch der umgekehrte Weg einer Verweisung durch die Mitgliedstaaten an die *KOM* eingeschlagen werden.

Bislang ausschließlich zuständig ist die *KOM* für die Kontrolle *staatlicher Beihilfen*. Die Mitgliedstaaten müssen beabsichtigte Beihilfen (Art. 87 EGV) bei ihr grundsätzlich anmelden (Art. 2 BeihVerfVO). Ohne „Genehmigung" der *KOM* gilt für staatliche Beihilfen ein Durchführungsverbot (oder auch „Stand Still"-Prinzip; Art. 88 Abs. 3 Satz 3 EGV, Art. 3 BeihVerfVO; s. dazu etwa Lübbig/Martín-Ehlers 2003, Rn. 508–512, 524). Die *KOM* tritt zunächst in eine Vorprüfung ein, an deren Ende bereits eine faktische Genehmigung in Form der „Entscheidung, keine Einwände zu erheben" (Art. 4 Abs. 3 BeiVerfVO) stehen kann. Andernfalls führt sie eine förmliche Prüfung (Art. 88 Abs. 2 EGV, Art. 6 BeihVerfVO) durch, die entweder mit einer – als Genehmigung aufzufassenden – „Positiventscheidung" (über die Vereinbarkeit der Beihilfe mit dem gemeinsamen Markt), ggf. unter Auflagen oder Bedingungen, oder einer „Negativentscheidung" (über die Unvereinbarkeit) abschließt (Art. 7 Abs. 3–5 BeihVerfVO). Sind Beihilfen im Widerspruch zum EG-Beihilfen- und Beihilfenverfahrensrecht zugewandt worden, ist die *KOM* zur Durchsetzung des Gemeinschaftsrechts auf die Mitwirkung der nationalen Subventionsgeber angewiesen: Nur diese, nicht auch die *KOM*, können – und müssen – Beihilfenbescheide wegen Gemeinschaftsrechtswidrigkeit zurücknehmen. Der Grundsatz der praktischen Wirksamkeit des Gemeinschaftsrechts (Art. 10 EGV) modifiziert die verwaltungsverfahrensrechtlichen Rücknahmekauteln in der Weise, dass grundsätzlich kein Ermessen besteht, der Vertrauensschutz des Beihilfenempfängers nur ausnahmsweise Berücksichtigung finden darf und Rücknahmefristen sowie eine eventuelle Entreicherung des Adressaten unbeachtlich sind (grundlegend EuGH-Urteil vom 20.3. 1997, S. I-1591, Rn. 37 f.). Bei materiell gemeinschaftsrechtswidrigen Beihilfen verpflichtet die *KOM* im Wege einer Entscheidung (Art. 249 Abs. 4 EGV) den Mitgliedstaat, dessen Behörde die Beihilfe gewährt hat, den Bewilligungsbescheid zurückzunehmen. Im Falle von Beihilfen der Bundesländer fehlt dem Bund allerdings nach innerstaatlichem Recht die Befugnis, die Rücknahme gegenüber den Landesbehörden durch Weisung zu erzwingen. Im Falle potenziell genehmigungsfähiger, aber nicht ordnungsgemäß notifizierter Beihilfen kann die *KOM* nach Maßgabe bestimmter Kriterien die einstweilige Rückzahlung anordnen („Rückforderungsanordnung"; Art. 11 Abs. 2 BeihVerfVO; s. hierzu Koenig/Kühling/Ritter 2005, Rn. 428). Ist eine Beihilfe aus materiellen Gründen rechtswidrig, besteht kein Ermessen und die *KOM* ist zum Erlass einer sog. Rückforderungsentscheidung gegenüber dem Mitgliedstaat verpflichtet (Art. 14 Abs. 1 BeihVerfVO). Nach dem von der *KOM* vorgestellten „Aktionsplan staatliche Beihilfen" [Roadmap zur Reform des Beihilferechts 2005–2009 (Konsultationspapier)] vom 7.6.2005 sollen mitgliedstaatliche Behörden künftig in die Beihilfenprüfung einbezogen werden. Einem kooperativen Kontrollmechanismus nach dem Muster der kartellrechtlichen Prüfung könnte ggf. über eine allgemeine Gruppenfreistellungsverordnung der Weg bereitet werden.

Die Aufsicht über *Kredit- und Finanzdienstleistungsmärkte* (→*Finanzdienstleistungsinstitute*; →*Kreditinstitute*) folgt dem Prinzip der Herkunftslandkontrolle; ein zentrales europäisches Aufsichtsorgan existiert nicht. Diese Dezentralität spiegelt das materiellrechtliche Konzept der Mindestharmonisierung, die den Mitgliedstaaten in den einzelnen Finanzdienstleistungsbereichen Raum für weiterreichende und Sonderregelungen lässt, wider (s. Hildebrandt 2004, S. 63 f.). Das Grünbuch der *KOM* zur Finanzdienstleistungspolitik 2005–2010 [KOM (2005), 177 vom 3.5.2005)] wendet sich gegen die vorgeschlagene Errichtung neuer europäischer Kontrollstrukturen und strebt im Rahmen des sog. *Lamfalussy*-Prozesses eine engere Zusammenarbeit der nationalen Aufsichtsbehörden an, ohne sich hierbei vom Prinzip der Herkunftslandkontrolle zu verabschieden. Zu diesem Zweck wurden durch Beschlüsse der *KOM* in den Jahren 2003 und 2004 Aufsichtsausschüsse als Kooperationsforen der nationalen Aufsichtsbehörden [in Deutschland die →*Bundesanstalt für Finanzdienstleistungsaufsicht* (*BaFin*)] und zugleich Beratungsgremien für die *KOM* geschaffen (*CEBS*, *CESR*, *CEIOPS*). Die Marktmissbrauchs-Richtlinie (2003/6/EG), die Richtlinie 2004/39/EG über Märkte für Finanzinstrumente sowie die Wertpapier-Transparenzrichtlinie (2004/109/EG) weisen der *KOM* immerhin eine quasi-administrative Zuständigkeit für Durchführungsrechtsakte (Art. 202 EGV) zu, die auf die Einheitlichkeit der Verfahrenspraxis und die Anwendung der materiellen Rechtsvorschriften abzielen. Durch die beratende Mitwirkung von *CEBS*, *CESR* und *CEIOPS*, vor allem aber des durch Beschluss der *KOM* vom 6.6.2001 geschaffenen und mit Vertretern der Mitgliedstaaten beschickten Europäischen Wertpapierausschusses (*ESC*) – der als Regelungsausschuss gem. Art. 5 des Komitologiebeschlusses vom 28.6.1999 fungiert –, an der Beschlussfassung wird eine Rückbindung der Durchführungsrechtsakte an die nationale Rechtsanwendungsebene sichergestellt. Ähnlich wie im Kapitalmarktbereich soll die Prüfung der *unternehmerischen Rechnungslegung* und die Aufsicht über den Berufsstand der WP (→*Berufsaufsicht für Wirtschaftsprüfer, international*) gestaltet werden: Der am 11.10.2005 vom Rat gebilligte Vorschlag zur Änderung der Achten RL 84/253/EWG [KOM (2004) 177 endg.] zielt auf einen „einheitlichen europäischen Rechtsrahmen für die Abschlussprüfung" ab. Durch die bis 2008 umzusetzende RL 2006/43/EG ist dieser Rechtsrahmen nunmehr geschaffen worden (→*Richtlinien und Verordnungen der Europäischen Union, Bedeutung für Rechnungslegung und Unternehmensüberwachung*).

Literatur: Epiney, A.: Rechtsanwendung und Europäisches Verfahrensrecht, in: Beutler, B. (Hrsg.): Die Europäische Union. Rechtsordnung und Politik, 5. Aufl., Baden-Baden 2001, S. 267–282; EuGH-Urteil vom 20.3.1997, Land Rheinland-Pfalz/Alcan, Rs. 24/95, Slg. 1997, S. I-1591–1625; Hildebrandt, M.: Die europäische Aufsicht über Finanzdienstleister zwischen zentraler und dezentraler Rechtsetzung und Rechtsdurchsetzung, Hamburg 2004, S. 63 f.; Koenig, C./Kühling, J./Ritter, N.: EG-Beihilfenrecht, 2. Aufl., Frankfurt a.M. 2005; Klees, A.: Europäisches Kartellverfahrensrecht mit Fusionskontrollverfahren, Köln et al. 2005; Lampert, T. et al.: EG-KartellVO. Praxiskommentar zur Verordnung (EG) Nr. 1/2003, Heidelberg 2004; Lübbig, T./ Martín-Ehlers, A.: Beihilfenrecht der EU. Das Recht der Wettbewerbsaufsicht über staatliche Beihilfen in der Europäischen Union, München 2003; Zuber, A.: Kommentierung des Art. 1 VerfVO, in: Loewenheim, U./ Meessen, K./Riesenkampff, A. (Hrsg.): Kartellrecht. Band 1: Europäisches Recht, Kommentar, München 2005.

Jörn Axel Kämmerer

Europäischer Rechnungshof →Rechnungshöfe

Europäisches Corporate Governance-Forum →Corporate Governance in der EU

EVA →Value Based Management; →Wertorientierte Unternehmensführung

Evaluation des Aufsichtsrats →Aufsichtsratsbeurteilung

Evaluation von Hochschulen
→Hochschulen, Evaluation von

Eventualverbindlichkeiten

Eventualverbindlichkeiten sind vertraglich eingegangene Verpflichtungen, die zukünftig zu einem Vermögensabfluss des Bilanzierenden führen können, aus denen eine Inanspruchnahme zum Abschlussstichtag jedoch noch nicht gegeben ist. Aus diesem Grund erfolgt der Ausweis unter dem Bilanzstrich, bei KapGes nach § 268 Abs. 7 HGB wahlweise auch im →Anhang (→Angabepflichten). Aufgrund der ungewissen Inanspruchnahme besteht keine Passivierungspflicht wie bei →Rückstellungen oder →Verbindlichkeiten. Gem. § 251 HGB (→Haftungsverhältnisse) umfassen die Eventualverbindlichkeiten Verbindlichkeiten aus der Begebung und Übertragung von Wechseln, aus Bürgschaften, Wechsel- und Scheckbürgschaften und aus Gewährleistungsverträgen sowie →Haftungsverhältnisse aus der Bestellung von Sicherheiten für fremde Verbindlichkeiten. Entscheidend ist, dass der Bilanzierende keinen Einfluss mehr auf den Eintritt der Umstände hat, die zu einer Inanspruchnahme führen können.

Vor der Umsetzung der Vierten RL 78/660/ EWG waren Haftungsverhältnisse lediglich im JA von Aktiengesellschaften (→Aktiengesellschaft, Prüfung einer) zu vermerken. § 251 HGB gilt nunmehr für alle Kaufleute. Für KapGes sind ergänzend § 268 Abs. 7 HGB, der eine Aufgliederung des Vermerks verlangt, und § 285 Nr. 3 HGB, nach dem sonstige finanzielle Verpflichtungen, die nicht nach § 251 HGB unter dem Bilanzstrich auszuweisen sind, im Anhang anzugeben sind, zu beachten. Für den →Konzernanhang gelten die →Angabepflichten zu den →sonstigen finanziellen Verpflichtungen nach § 314 Abs. 1 Nr. 2 HGB analog. Die Abgrenzung der Haftungsverhältnisse von den sonstigen finanziellen Verpflichtungen erfolgt anhand der rechtlichen Konkretisierung. Während bei Haftungsverhältnissen lediglich die Möglichkeit einer Inanspruchnahme besteht, ist bei sonstigen finanziellen Verpflichtungen der zukünftige Mittelabfluss wahrscheinlich. Eine Passivierung der sonstigen finanziellen Verpflichtungen ist aufgrund eines Passivierungsverbots (z. B. bei schwebenden Geschäften) oder eines Passivierungswahlrechts (z. B. bei Verpflichtungen, für die eine Aufwandsrückstellung gebildet werden kann) nicht immer geboten.

Der Gesetzgeber hat mit der Ausweispflicht der Eventualverbindlichkeiten bezweckt, dass sämtliche Verpflichtungen, die für die Beurteilung der Lage einer Gesellschaft erforderlich sind, anzugeben sind, auch wenn eine Inanspruchnahme aus Sicht des Bilanzierenden in naher Zukunft nicht gegeben ist. Somit werden auch nicht bilanzwirksame Geschäftsvorfälle abgebildet und in die Einschätzung der Risikoposition des Unternehmens mit einbezogen. Eingeschränkt auf die nach § 251 HGB vermerkpflichtigen Haftungsverhältnisse ist die Aussagekraft bei Bilanzierenden, die keine KapGes sind und insofern weder eine Aufgliederung der Haftungsverhältnisse noch eine Angabe der sonstigen finanziellen Verpflichtungen vornehmen müssen.

In der Praxis gestaltet sich vor allem die Abgrenzung zu den aufwandswirksamen Rückstellungen schwierig, die sich von den aufwandsneutralen Eventualverbindlichkeiten durch den Grad der Wahrscheinlichkeit der Inanspruchnahme unterscheiden. Im Gegensatz zu den Eventualverbindlichkeiten ist bei den Rückstellungen zum Abschlussstichtag die tatsächliche Inanspruchnahme aus der vertraglich begründeten Verpflichtung wahrscheinlich. Da der Grad der Wahrscheinlichkeit der Inanspruchnahme i. d. R. nicht quantifizierbar ist, ist die Abgrenzung in der Praxis oft diskussionsbehaftet. Ist aus einem vertraglichen Verhältnis mit einer teilweisen Inanspruchnahme zu rechnen, so ist für diesen Teilbetrag eine Rückstellung zu bilden; die Differenz, für die eine Inanspruchnahme zum Abschlussstichtag nicht wahrscheinlich ist, ist nach h.M. unverändert als Eventualverbindlichkeit auszuweisen.

Bei der Prüfung von Eventualverbindlichkeiten im Rahmen der →Jahresabschlussprüfung (→Konzernabschlussprüfung) ist darauf zu achten, ob die in § 251 HGB aufgeführten Haftungsverhältnisse des Unternehmens vollständig und in zutreffender Höhe unter der Bilanz vermerkt oder in Ausübung des Wahlrechts nach § 268 Abs. 7 HGB im Anhang angegeben sind. Da bei Eventualverbindlichkeiten regelmäßig mit einer zeitnahen Inanspruchnahme aus der Verpflichtung nicht zu rechnen ist, ist zu jedem Abschlussstichtag zu prüfen, dass diese Voraussetzung unverändert erfüllt und die Bildung von Rückstellungen oder die Passivierung von Verbindlichkeiten nicht erforderlich ist.

Für →Kreditinstitute und →Versicherungsunternehmen gelten gem. §§ 340a Abs. 2 bzw. 341a Abs. 2 HGB die Bestimmungen der jeweiligen Rechnungslegungsverordnungen sowie die dazu erlassenen Formblätter.

Literatur: Bieg, H.: Bilanzierung und Bewertung von Haftungsverhältnissen gem. § 251 HGB, in: BBK 20 (2005), S. 969–974; Haegert, L.: Eventualverbindlichkeiten, Prüfung der, in: Coenenberg, A. G./Wysocki, K. v. (Hrsg.): HWRev, 2. Aufl., Stuttgart 1992.

Karin Dohm

Executive Director →Board of Directors

Executive Information Systeme →Management Support Systeme

Existenzgründungsberatung

Die *gesetzliche Legitimation der Beratungstätigkeit* des Wirtschaftsprüfers ergibt sich aus § 2 →Wirtschaftsprüferordnung (WPO): WP sind demnach befugt, in wirtschaftlichen und steuerlichen Angelegenheiten zu beraten (→Steuerberatung). Gem. § 5 Nr. 2 RBerG – und dem geplanten RDG – können WP auch Rechtsberatungen durchführen, soweit dies in unmittelbarem Zusammenhang mit ihren beruflichen Aufgaben steht und diese sonst nicht sachgerecht zu erfüllen sind (Annexberatung) (→vereinbare und unvereinbare Tätigkeiten des Wirtschaftsprüfers). Die *Grenzen der Beratungstätigkeit* ergeben sich vornehmlich aus den allgemeinen Berufspflichten →des Wirtschaftsprüfers gem. § 43 Abs. 1 WPO (→Berufsgrundsätze des Wirtschaftsprüfers). Entsprechend dem Grundsatz der Gewissenhaftigkeit darf ein WP nur Beratungsaufträge annehmen (→Auftragsannahme und -fortführung), für die er die notwendige Fachkenntnis besitzt. Zudem gilt der Grundsatz der Unabhängigkeit: Wenn bei einem Auftrag Besorgnis zur Befangenheit besteht, muss der WP seine Tätigkeit versagen, um möglichen Interessenkonflikten vorzubeugen (§ 49 WPO, §§ 319, 319a HGB), d. h., es gilt ein Selbstprüfungsverbot. Eine unzulässige Selbstprüfung liegt grundsätzlich vor, wenn Beratungsergebnisse unmittelbar und maßgeblich in das zu prüfende Objekt einfließen. Daraus resultierende Grenzen der Tätigkeit des Wirtschaftsprüfers werden in der Rspr. [z. B. BGH-Urteil vom 21.4.1997, S. 1162 („Allweiler"), BGH-Urteil vom 25.11.2002, S. 383 („Hypo-Vereinsbank")] konkretisiert (→Unabhängigkeit und Unbefangenheit des Wirtschaftsprüfers).

Eine *Existenzgründung* ist der Prozess, in dem natürliche Personen mit dem Ziel der Schaffung einer wirtschaftlichen Lebensgrundlage durch Aufnahme einer gewerblichen oder freiberuflichen Tätigkeit finanzielle Selbständigkeit erlangen. Die Existenzgründung ist von der →Unternehmensgründung abzugrenzen, die wiederum aus Sicht eines Wirtschaftssubjekts die Erlangung des Eigentums und der damit verbundenen Leitungsmacht an einem Unternehmen durch Eigenerstellung (Aufbaugründung) oder Fremdbezug (Übernahmegründung) umschreibt (Olbrich 2003, S. 139). Da jedoch nicht jede Unternehmensgründung zu einer wirtschaftlichen Lebensgrundlage des in Rede stehenden Wirtschaftssubjekts führen soll und nicht jede Form wirtschaftlicher Unabhängigkeit eine Unternehmensgründung nach sich zieht, liegen zwei Begriffe unterschiedlichen Inhalts vor, die über eine Schnittmenge verfügen (Hering/Vincenti 2005, S. 7 f.): Existenzgründungen umfassen jene Unternehmensgründungen, die auf die wirtschaftliche Existenzgrundlage des Gründers abstellen. Existenzgründer sind i. d. R. auf fachgerechte Beratung angewiesen. Durch Unterstützung des Wirtschaftsprüfers können Fehler, die ggf. zu einem schnellen

Scheitern der Gründung führen, vermieden werden. Deshalb basiert der Anspruch eines Existenzgründers auf Überbrückungsgeld (§ 57 SBG III) oder Existenzgründungszuschuss (§ 421l SGB III) jeweils auf der Stellungnahme über die Tragfähigkeit der Existenzgründung durch eine fachkundige Stelle, wozu auch WP zu zählen sind. Gem. der „Richtlinie über die Förderung von Unternehmensberatungen für kleine und mittlere Unternehmen und Existenzgründer vom 17.12.2004" sind zudem Beratungsleistungen eines Wirtschaftsprüfers unter bestimmten Voraussetzungen förderfähig.

Unter einer *Existenzgründungsberatung* werden entscheidungsvorbereitende (passive Beratung) und entscheidungsmitwirkende (aktive Beratung) Tätigkeiten von sachverständigen Personen (Beratern) verstanden, die sich auf die Zielformulierung, das Entscheidungsfeld sowie die Entscheidungsfindungen von Wirtschaftssubjekten im Rahmen der Erlangung beruflicher Selbständigkeit beziehen. Als Arten der Existenzgründungsberatung kommen sowohl Global- und Grundsatzberatungen als auch Spezialberatungen, die ausgesuchte Sachgebiete betreffen, in Betracht (Buchner 1997, S. 302–304). Zahlreiche Aspekte der einzelnen Existenzgründungsphasen (Hering/Vincenti 2005, S. 185–197) können zu einem Bedarf an Beratungsleistungen des Wirtschaftsprüfers führen (s. ausführlich Brösel/Olbrich/Rudolf 2005, S. 1286–1288). Der Beratungsbedarf der *Vorgründungsphase* kann die Probleme von der Ideenfindung bis zur Erstellung des eine Vielzahl von Teilplänen umfassenden Geschäftsplans (→Business-Plan) beinhalten, z. B. Analysen (Ressourcen, Markt, Förderprogramme), →Planung [Umsatz (→Umsatzplanung und -kontrolle), →Kosten, Kapitalbedarf (→Kapitalbedarfsplanung)], →Unternehmensbewertung sowie Strategiewahl, Wahl der →Unternehmensform (→Unternehmensformen, Wahl der) und Standortwahl (→Standortberatung). Die *Gründungsphase i.e.S.* beinhaltet jene Aspekte, die sich mit der Umsetzung des Geschäftsplans auf realwirtschaftlicher und juristischer Ebene ergeben, z. B. Aufbau- und Ablauforganisation (→Organisationsberatung) sowie Implementierung des →Rechnungswesens, der EDV-Umwelt (→IT-Beratung) und des →Internen Kontrollsystems. Der Beratungsbedarf in der *Frühentwicklungsphase* ergibt sich aus der Aufnahme der Produktion der Sach- und/oder Dienstleistungen sowie deren Markteinführung, z. B. Aufbau des →Controllings (→Controlling, Aufgaben des) und des →Risikomanagementsystems, laufende Buchhaltung und Erstellung von Jahresabschlüssen (→Abschlusserstellung durch den Wirtschaftsprüfer). Zudem stellen sich phasenübergreifend steuerliche Fragen (→Steuerberatung).

Wird ein WP *nur mit der Existenzgründungsberatung beauftragt*, ist vor allem hinsichtlich der auftretenden Rechtsfragen zu überprüfen, ob die Grenzen zulässiger →Rechtsberatung eingehalten werden. Erhält ein WP nach einer *Existenzgründungsberatung auch den Auftrag als* →*Abschlussprüfer* (APr) (→Prüfungsauftrag und -vertrag) *oder zur* →*Gründungsprüfung*, ist zu eruieren, ob Besorgnis zur Befangenheit besteht (→vereinbare und unvereinbare Tätigkeiten des Wirtschaftsprüfers): Dies ist der Fall, wenn der WP Beratungsleistungen erbracht hat, die i. S. e. aktiven Beratung über das Aufzeigen von Handlungs- und Gestaltungsalternativen hinausgehen sowie sich unmittelbar und wesentlich auf das Prüfungsobjekt auswirken (Brösel/Olbrich/Rudolf 2005, S. 1290–1293). Der *BGH* rechnet diesbezüglich der Sachkompetenz des Beratungsempfängers eine besondere Bedeutung zu: Unternehmerische Entscheidungen setzen nicht nur Entscheidungsfreiheit, sondern auch Entscheidungskompetenz voraus. Hieraus ergibt sich insb. nach Existenzgründungsberatungen ein erhöhtes Befangenheitspotenzial, denn damit z. B. ein JA als „eigenes Werk" des Gründers gilt, welches der WP prüfen darf (→Jahresabschlussprüfung), muss der Gründer sachkompetent sein (Leibfried/Bauer/Weber 2003, S. 223).

Literatur: BGH-Urteil vom 21.04.1997, Aktz. II ZR 317/95, ZIP 18 (1997), S. 1162–1165; BGH-Urteil vom 25.11.2002, Aktz. II ZR 49/01, DB 56 (2003), S. 383–387; Brösel, G./Olbrich, M./Rudolf, J.: Gründungsberatung durch den Wirtschaftsprüfer, in: WPg 58 (2005), S. 1284–1293; Buchner, R.: Wirtschaftliches Prüfungswesen, 2. Aufl., München 1997; Hering, T./Vincenti, A.: Unternehmensgründung, München/Wien 2005; Leibfried, P./Bauer, G./Weber, I.: Umstellung auf IAS – Beratung durch den Wirtschaftsprüfer, in: BuW 57 (2003), S. 221–226; Olbrich, M.: Unternehmensnachfolge und Unternehmensgründung – eine terminologische Abgrenzung, in: Walterscheid, K. (Hrsg.): FS für Klaus Anderseck, Frankfurt a. M. et al. 2003, S. 133–145.

Gerrit Brösel; Michael Olbrich

Exit →Unternehmensüberwachung

Exit Value →Fair Value

Expectation Gap →Erwartungslücke

Expertensysteme im Prüfungswesen

Expertensysteme (XPS) sind IT-gestützte Systeme, welche die Problemlösungsfähigkeiten von Experten simulieren. Hierfür enthält ein XPS große Wissensmengen über ein eng begrenztes Spezialgebiet sowie Heuristiken, um das Erfahrungswissen des Experten für spezielle Problemstellungen zu nutzen. Für XPS ist zum einen deren Schlussfolgerungsfähigkeit charakteristisch, d. h. eine Problemlösung generieren zu können, wenn der Lösungsweg nicht explizit als Algorithmus beschrieben ist. Zum anderen können XPS im Idealfall erklären, warum welche Schlussfolgerungen gezogen wurden (Erklärungsfähigkeit).

Ein XPS umfasst die in der Abb. dargestellten Komponenten (s. z. B. Stahlknecht/Hasenkamp 2005, S. 431–436).

Die Wissensbasis enthält neben dem Expertenwissen fallspezifisches Faktenwissen sowie Ergebnisse von bereits durchgeführten Schlussfolgerungsprozessen [z. B. aus Prüfungshandlungen (Ruhnke 1990, S. 130)]. Die Wissenserwerbskomponente dient der Wissensimplementierung durch den Experten oder den sog. Wissensingenieur (Knowledge Engineer). Ein lernfähiges XPS kann zudem automatisch Wissen aus bereits bearbeiteten Fällen gewinnen. Die Problemlösungskomponente umfasst die Algorithmen zur Auswertung der Wissensbasis. Mit der Erklärungskomponente werden das Schlussfolgerungsverfahren und ggf. dessen Prämissen verdeutlicht. Über die Dialogkomponente werden Wissensbestandteile eingegeben, aber auch Ergebnisse mit der Erklärungskomponente kommuniziert.

Im Rahmen der IT-gestützten Prüfung (→IT-gestützte Prüfungsdurchführung; →IT-gestützte Prüfungstechniken) können XPS bspw. eingesetzt werden für (Mertens/Dräger 1992, Sp. 507f.; Meyer-Pries 1998, S. 45–48):

- kontextabhängige Informationsversorgung des Prüfers z. B. mit einschlägigen Prüfungs-

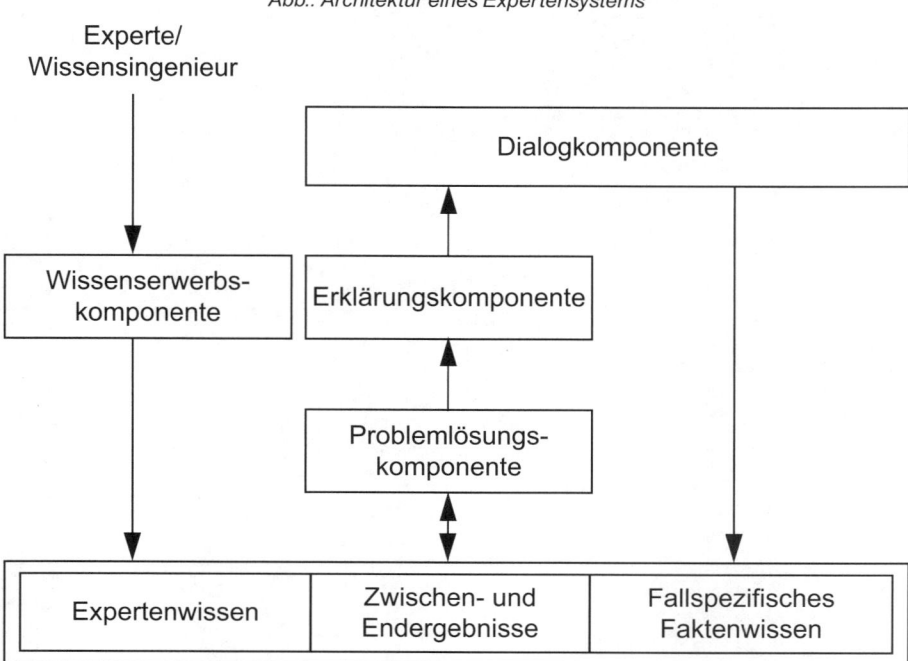

Abb.: Architektur eines Expertensystems

Externe Finanzkontrolle

standards (→ Prüfungsnormen; → Prüfungsrichtlinien), Beschreibungen sowie Ergebnissen früherer Prüfungshandlungen (→ Auswahl von Prüfungshandlungen),

- Planung und Vorbereitung der Prüfungshandlungen, indem z. B. Ergebnisse von Prüfungshandlungen ggf. in Kombination mit konventionellen Planungsverfahren in die → Planung nachfolgender Prüfungen eingehen (→ Prüfungsplanung),
- Diagnose von Schwachstellen im Rahmen der → Jahresabschlussprüfung, wobei die entsprechenden XPS zumeist auf bestimmte Positionen des Jahresabschlusses ausgerichtet sind und
- die automatische Erstellung von Berichten (Expertisen) über Prüfungsergebnisse, die als erste Basis für einen → Prüfungsbericht (PrB) dienen können.

Literatur: Mertens, P./Dräger, U.: Expertensysteme in der Revision, in: Coenenberg, A./Wysocki, K. v. (Hrsg.): HWRev, 2. Aufl., Stuttgart, Sp. 504–512; Meyer-Pries, L.: PC-Abschlußüberwachung – ein wissensbasiertes System zur Ordnungsmäßigkeitsbeurteilung von Jahresabschlüssen, in: Wirtschaftsinformatik 40 (1998), S. 45–53; Ruhnke, K.: Expertensysteme als Prüfungswerkzeug, in: WPg 43 (1990), S. 125–133; Stahlknecht, P./Hasenkamp, U.: Einführung in die Wirtschaftsinformatik, 11. Aufl., Berlin et al. 2005.

Friederike Wall

Externe Finanzkontrolle → Bundes- und Landeshaushaltsordnung; → Rechnungshöfe

Externe Rotation → Prüferrotation

Extraktions-Transformations-Lade-Prozesse → Berichtssystem

F

Fachbeirat →Beirat bei Personengesellschaften

Fachhochschulen, Forschung im Prüfungswesen

Forschung bezeichnet systematisches, zielgerichtetes Streben nach wissenschaftlichen Erkenntnissen und Theorien. Zu unterscheiden ist die „reine" (*Grundlagen-*) Forschung, die eine Anwendbarkeit ihrer Forschungsergebnisse nicht direkt anstrebt, und die der Lösung konkreter Fragestellungen gewidmete *angewandte Forschung*. Die Weiterentwicklung des *Prüfungswesens* (→Geschichte des Prüfungswesens) als funktional abgegrenzte spezielle Betriebswirtschaftslehre wird im Wesentlichen durch die angewandte Forschung getrieben, da die Grundlagenforschung Gesetzmäßigkeiten (bislang) nur vereinzelt aufdecken konnte (Ballwieser 2002, Sp. 1826).

Die angewandte Forschung wurde sowohl Universitäten als auch Fachhochschulen durch die Hochschulgesetze der Länder als Kernaufgabe wissenschaftlicher Hochschulen übertragen und wird durch Forschungsprogramme gefördert. Träger der Forschung sind zunächst die Lehrstuhlinhaber selbst. Zu ihren Einstellungsvoraussetzungen an Fachhochschulen zählen neben besonderer Befähigung zur wissenschaftlichen Arbeit auch besondere Leistungen bei der Anwendung oder Entwicklung wissenschaftlicher Erkenntnisse oder Methoden in der beruflichen Praxis (§ 44 HRG). Dies führt dazu, dass die Lehrstühle i. d. R. durch Berufsträger [WP, →Steuerberater (StB)] oder andere analog qualifizierte Führungskräfte besetzt werden.

Ihre Forschungsgebiete entsprechen vielfach denen der universitären Forschung (→Universitäten, Forschung im Prüfungswesen). Sie liegen zum einen in der Analyse – de lege lata und de lege ferenda – nationaler und internationaler Rechnungslegungsnormen [→International Financial Reporting Standards (IFRS); →United States Generally Accepted Accounting Principles (US GAAP)], zum anderen im →Prüfungsprozess selbst. Dabei sind zwei Forschungsrichtungen zu unterscheiden: prospektiv: „Was könnte geschehen?" und retrospektiv: „Wie konnte es nur geschehen?" Aufgrund der Aktualität der Projekte sowie der Praxiskontakte der Forschenden werden häufig Kooperationen mit der örtlichen Wirtschaft eingegangen. Da die Forschungsgebiete einem ständigen Wandel unterworfen sind, beschränkt sich die folgende Aufstellung auf eine Auswahl forschender Lehrstühle (S. 448–451).

Literatur: Ballwieser, W.: Prüfungslehre, in: Ballwieser, W. et al. (Hrsg.): HWRP, 3. Aufl., Stuttgart 2002, Sp. 1825–1831; Waldeyer, H. W.: Das Recht der Fachhochschulen, Heidelberg 2000; WPK (Hrsg.): Studienführer Wirtschaftliches Prüfungs- und Treuhandwesen Wintersemester 2005/2006, Berlin 2005.

Bettina Schneider; Wilhelm Schneider

Fachhochschulen, Lehre im Prüfungswesen

Die *Ausbildungsziele* des *Studiums an Fachhochschulen* liegen neben der Befähigung zur wissenschaftlichen Arbeit insb. in der direkten Vorbereitung auf berufliche Tätigkeiten (§ 2 Abs. 1 HRG). Insoweit wurde die anwendungsbezogene oder praxisnahe Lehre den Fachhochschulen als *Kernaufgabe* durch die Hochschulgesetze der Länder übertragen. Träger sind i. d. R. die Lehrstuhlinhaber (→Fachhochschulen, Forschung im Prüfungswesen) selbst.

Die herausgehobene Bedeutung der Lehre an Fachhochschulen wird auch durch die *Einstellungsvoraussetzungen* der Professoren deutlich. Zu ihnen zählen neben besonderer Befähigung zur wissenschaftlichen Arbeit vor allem besondere *berufspraktische Leistungen* und *die pädagogische Eignung* (§ 44 Abs. 1 HRG), die in einzelnen Bundesländern nochmals in einer Probezeit unter Beweis gestellt werden muss.

In der Regel werden die *Lehrstühle* im Bereich des Prüfungswesens mit Berufsträgern [WP; →Steuerberater (StB)] oder analog qualifizierten Führungskräften besetzt.

Fachhochschulen, Lehre im Prüfungswesen

Fachhochschule (FH) / Hochschule (HS)	Lehrstuhlinhaber /-in
FH Aachen 52066 Aachen 0241 / 6009-1910 www.wirtschaft.fh-aachen.de schneider@fh-aachen.de doris.zimmermann@fh-aachen.de	WP/StB Prof. Dr. Bettina Schneider WP/StB Prof. Dr. Doris Zimmermann
FH Ansbach 91522 Ansbach 0981 / 4877-201 www.fh-ansbach.de gisela.schmid-pickert@fh-ansbach.de	StB Prof. Dr. Gisela Schmid-Pickert Prof. Dr. Ulrich Schweizer
FH Aschaffenburg 63743 Aschaffenburg 06021 / 314-700 www.fh-aschaffenburg.de joachim.fass@fh-aschaffenburg.de	Prof. Dr. Hartwig Webersinke Prof. Dr. Patricia Feldhoff Prof. Dr. Joachim Faß
FH Augsburg 86169 Augsburg 089 / 1266-7171 www.fh-augsburg.de/Betriebswirtschaft h.lachhammer@infos-akademie.de	Prof. Dr. Johann Lachhammer
FH der Wirtschaft Bergisch Gladbach 51456 Bergisch Gladbach 02202 / 9527-353 www.fhdw.de hans.ott@fhdw.de	WP/StB Prof. Dr. Bernd Kossow vBP/StB Prof. Dr. Hans Ott
HS Anhalt / Abt. Bernburg 06406 Bernburg 03471 / 355-1310 www.professorarians.de arians@wi.hs-anhalt.de	WP/StB Prof. Dr. Georg Arians
FH Bochum 44801 Bochum 0234 / 32-10601 www.fh-bochum.de Dekanat.fb6@fh-bochum.de	Prof. Dr. Joachim Beier StB Prof. Dr. Ursula Förster WP/StB Prof. Dr. Bruno Rauenbusch Prof. Dr. Carsten Theile
HS Bremerhaven 27568 Bremerhaven 04777 / 808-765 www.bwl.hs-bremerhaven.de kwilden@hs-bremerhaven.de	Prof. Dr. Carsten Dorn Prof. Dr. Klaus Wilden
FH Calw 75365 Calw 07051 / 9203-0 www.fh-calw.de info@fh-calw.de	StB Prof. Bernd Neufang WP/StB Prof. Dr. Dietrich Bihr Prof. Dr. Peter Leibfried, MBA/CPA RA/ FAStR Prof. Dr. Axel Pestke WP/StB Prof. Dr. Siegfried Wendel
FH Deggendorf 94469 Deggendorf 0991 / 3615-116 www.fh-deggendorf.de herbert.kittl@fh-deggendorf.de	WP/StB Prof. Dr. Herbert Kittl WP/StB Prof. Dr. Petra Plininger
International School of Management 44227 Dortmund 0231 / 975139-0 www.ism-dortmund.de manfred.bolin@ism-dortmund.de	WP/StB Prof. Dr. Karsten Hoffmann WP/StB Prof. Dr. Manfred Bolin

Fachhochschule (FH) / Hochschule (HS)	Lehrstuhlinhaber /-in
FH Düsseldorf 40225 Düsseldorf 0211 / 81-14073 www.fh-duesseldorf.de rainer.jurowsky@fh-duesseldorf.de	WP/StB Prof. Dr. Heidemarie Hofmeister WP/StB Prof. Dr. Rainer Jurowsky StB Prof. Dr. Jörg Graetz
FH Erfurt 99085 Erfurt 0361 / 6700-196 www.fh-erfurt.de huettche@wirt.fh-erfurt.de	WP/StB Prof. Dr. Tobias Hüttche
FH Frankfurt am Main 60318 Frankfurt/M. 069 / 1533-2961 www.fb3-fh-frankfurt.de/fb3 engel@fbw-fh-frankfurt.de	StB Prof. Dr. Dejan Engel-Ciric
Fachhochschule Fulda 36039 Fulda 0661 / 9640-278 www.fh-fulda.de peter.haller@w.fh-fulda.de	WP Prof. Dr. Peter Haller
FH Gießen Friedberg 35390 Gießen 06041 / 309-2733 www.fh-giessen.de udo.mandler@w.fh-giessen.de	Prof. Dr. Udo Mandler
FH Hildesheim/Holzminden/Göttingen 31134 Hildesheim (05121) 881-500 www.fbw.fh-hildesheim.de andreas.schiller@hawk-hhg.de	Prof. Dr. Andreas Schiller
FH Ingolstadt 85049 Ingolstadt 0841 / 9348-127 www.fh-ingolstadt.de axel.bader@fh-ingolstadt.de	Prof. Dr. Walter Schober WP/StB Prof. Dr. Axel Bader
FH Jena 07745 Jena 03641 / 2055-86 / 50 www.bw.fh-jena.de/ tedenhofer@bw.fh-jena.de	WP/StB Prof. Dr. Thomas Edenhofer StB Prof. Dr. Harald Leitzgen
FH Koblenz 56075 Koblenz 0261 / 9528-164 www.fh-koblenz.de/betriebswirtschaft fbw@fh-koblenz.de RheinAhrCampus Remagen 53424 Remagen 02642 / 932-298 www.rheinahrcampus.de remagen-bsw@rheinahrcampus.de	StB Prof. Rudolph Münzinger StB/RB Prof. Egon Stapper WP/StB Prof. Dr. Arno Steudter Prof. Dr. Thomas Mühlencoert Prof. Dr. Matthias Graumann Prof. Dr. Torsten Wengel
HS für Technik, Wirtschaft und Kultur Leipzig 04277 Leipzig 0341 / 307665-41 www.htwk-leipzig.de ditges@wiwi.htwk-leipzig.de	WP/StB Prof. Dr. Johannes Ditges WP/StB/RA Prof. Dr. Heinz-Christian Knoll

Fachhochschule (FH) / Hochschule (HS)	Lehrstuhlinhaber /-in
FH Ludwigshafen am Rhein 67059 Ludwigshafen a. R. 0621 / 5203-168 www.fh-ludwigshafen.de birk@fh-ludwigshafen.de	WP/StB Prof. Dr. Birgit Angermayer WP/StB Prof. Dr. Andreas Birk WP/StB Prof. Dr. Frank Grafmüller
HS Niederrhein 41065 Mönchengladbach 02161 / 186-0 www.hs-niederrhein.de/ Manfred.Backes@hs-niederrhein.de	WP/StB Prof. Dr. Manfred Backes WP/StB Prof. Dr. Bernd von Eitzen vBP/StB Prof. Dr. Norbert Jacobs Prof. Dr. Helmut Pasch Prof. Dr. Thomas Statzkowski StB Prof. Dr. Martin Zimmermann
FH München 81243 München 089 / 1265-2715 www.fh-muenchen.de dek-fb10@bw.fh-muenchen.de	WP/StB Prof. Dr. Winfried Schwarzmann WP Prof. Dr. Bertram Otto
FH Münster 48149 Münster 0251 / 83-65501 www.fh-muenster.de thoms-meyer@fh-muenster.de	WP/StB Prof. Dr. Dirk Thoms-Meyer StB Prof. Dr. Dirk Kiso StB Prof. Dr. Günther-Herbert Melcher StB Prof. Dr. Wilhelm Willemer
FH Nürtingen 72622 Nürtingen 07022 / 929-215 www.fh-nuertingen.de hoss@fh-nuertingen.de	Prof. Dr. Günter Hoss WP/StB Prof. Dr. Helmut Rieker Prof. Dr. Peter Rümmele
FH Osnabrück 49076 Osnabrück 0541 / 969-2226 www.wi.fh-osnabrueck.de raute@wi.fh-osnabrueck.de tonner@wi.fh-osnabrueck.de	WP/StB Prof. Dr. Rudolf Raute StB Prof. Dr. Norbert Tonner
HS Pforzheim 75175 Pforzheim 07231 / 28-6076 www.fh-pforzheim.de stobbe@fh-pforzheim.de	Prof. Dr. Thomas Stobbe WP/StB Prof. Dr. Susanne Schmidtmeier Prof. Dr. Martin Erhardt Prof. Rudolf Hack StB Prof. Markus Mink StB Prof. Dr. Helmut Neeb WP/StB Prof. Dr. Georg Heni StB/RA Prof. Dr. Michael Schaden StB/RA Prof. Dr. Klaus Weber
HS Reutlingen 72762 Reutlingen 07121 / 271-406 www.fh-reutlingen.de magdalena.smola@fh-reutlingen.de	Prof. Dr. Gerhard Mayer Prof. Dr. Dieter Hoppen StB Prof. Dr. Detlev K. Schrade
FH Bonn-Rhein-Sieg 53359 Rheinbach 02241 / 865-425 www.fh-brs.de wilhelm.schneider@fh-brs.de norbert.seeger@fh-brs.de	Prof. Dr. Wilhelm Schneider Prof. Dr. Norbert Seeger
FH Rosenheim 83024 Rosenheim 08031 / 805-457 www.fh-rosenheim.de list@fh-rosenheim.de	StB Prof. Dr. Stephan List

Fachhochschulen, Lehre im Prüfungswesen

Fachhochschule (FH) / Hochschule (HS)	Lehrstuhlinhaber /-in
HS für Technik und Wirtschaft des Saarlandes 66123 Saarbrücken 0681 / 5867-519/558 www.htw-saarland.de fbbw@htw-saarland.de	Prof. Dr. Matthias Gröhl Prof. Dr. Hans Demmer Prof. Peter Schorr
FH Stralsund 18435 Stralsund 03831 / 456-6 00 www.fh-stralsund.de bwl@fh-stralsund.de	Prof. Dr. Gerald Blakowski Prof. Dr. Ingomar Kloss Prof. Dr. Ulrich Niehus Prof. Dr. Heiner Richter Prof. Dr. Beate Sieven
FH Trier 54293 Trier Tel.:0651 / 8103-482 www.wirtschaft.fh-trier.de a.kihm@fh-trier.de	Prof. Dr. Axel Kihm
FH Harz 38855 Wernigerode 03943 / 695-241 www.hs-harz.de nbraun@hs-harz.de	Prof. Dr. Norbert Braun
FH Wiesbaden 65183 Wiesbaden 0611 / 9002-104 www.bwl.fh-wiesbaden.de p.griesar@bwl.fh-wiesbaden.de	Prof. Dr. Jakob Weinberg StB Prof. Dr. Patrick Griesar
FH Würzburg-Schweinfurt 97070 Würzburg 0931 / 3511-143 www.fh.wuerzburg.de buchholz@mail.fh-wuerzburg.de	StB Prof. Dr. Rainer Bucholz Prof. Dr. Eberhard Reinöhl
HS Zittau/Görlitz 02763 Zittau 03583 / 611-416 www.hs-zigr.de v.truschka@hs-zigr.de	Prof. Dr. Johannes Laser Prof. Dr. Volker Truschka

Quelle: Wirtschaftsprüferkammer (2005), eigene Ergänzungen

Die in § 8 →Wirtschaftsprüferordnung (WPO) als *Zulassungsvoraussetzung zum →Wirtschaftsprüfungsexamen* geforderte *Hochschulausbildung* kann sowohl an Fachhochschulen als auch an Universitäten absolviert werden, die Anforderungen an die Praxistätigkeit nach dem Studium hängen allein von der Regelstudiendauer des gewählten Studienganges ab (§ 9 WPO) (→Berufszugang zum Wirtschaftsprüfer).

Bei der *Auswahl* der entsprechenden *Hochschule* sollte sich der Studienanfänger zunächst über das *Lehrangebot* der Hochschulen klar werden, das regelmäßig von der →*Wirtschaftsprüferkammer* (*WPK*) erhoben wird (z. B. WPK 2005).

Die angebotenen Veranstaltungen konzentrieren sich auf folgende Themenkomplexe:
- Prüfungsobjekt:
  - JA – national und international (→Jahresabschlussprüfung) und
  - Konzernabschluss – national und international (→Konzernabschlussprüfung).
- Prüfungssubjekt:
  - →Berufsrecht des Wirtschaftsprüfers,
  - →Prüfungstheorien,
  - →risikoorientierter Prüfungsansatz,
  - →Prüfungsprozess sowie
  - →Qualitätssicherung und →Qualitätskontrolle in der Wirtschaftsprüfung.

- Sondergebiete:
  - →Jahresabschlussanalyse,
- branchenspezifische Rechnungslegung und Prüfung (z. B. →Kreditinstitute, →Versicherungsunternehmen) und
- →Unternehmensbewertung.

Dieser idealtypische Veranstaltungskanon findet sich nicht an allen Fachhochschulen: *Einführende* Veranstaltungen zum *Prüfungsobjekt* sind fester Bestandteil wirtschaftswissenschaftlicher Grundlagenausbildung im →Rechnungswesen in den Curricula der unteren Semester betriebswirtschaftlicher Studiengänge. Auch ihre Vertiefung in einem Schwerpunktfach „Rechnungswesen" ist weit verbreitet. Demgegenüber werden Veranstaltungen zum Prüfungssubjekt und zu Sondergebieten nur an einem beschränkten Kreis von Hochschulen angeboten – schwerpunktmäßig in den höheren Semestern als Module eines Schwerpunktfaches „Wirtschaftsprüfung", oder „Prüfungswesen". Das aktuelle Lehrangebot der Fachhochschulen zeigt die jedes Semester aktualisierte Übersicht der *WPK* (WPK 2005).

Bei der Entscheidung für eine bestimmte Hochschule sollte weiterhin bedacht werden, das seit Mitte 2005 die Möglichkeit besteht, bestimmte in einem *Hochschulstudium* erbrachte Leistungen auf die Prüfungsgebiete „Angewandte Betriebswirtschaftslehre", „Volkswirtschaftslehre" und „Wirtschaftsrecht" des *Wirtschaftsprüfungsexamens anrechnen* zu lassen (§§ 8a, 13b WPO).

Einzelheiten regelt die *WPAnrV*. Sie erlaubt, dass zum einen Leistungen im Rahmen bestimmter Masterstudiengänge (§§ 1–6 WPAnrV) erbracht werden, zum anderen, dass einzelne Studienleistungen aus anderen Studiengängen direkt auf das Examen angerechnet werden (§§ 7–9 WPAnrV).

Sollen Leistungen aus *speziellen Masterstudiengängen* anerkannt werden, muss das Lehrangebot der Studiengänge den inhaltlichen Anforderungen der §§ 2 und 3 sowie des nach § 4 WPAnrV zu erlassenden Referenzrahmens entsprechen. Dies ist im Rahmen einer Akkreditierung unter Beteiligung des Berufsstandes nachzuweisen (§ 5 Abs. 2 WPAnrV).

Die *Anerkennung einzelner Studienleistungen aus anderen Studiengängen* setzt zunächst deren *Gleichwertigkeit* mit Inhalt, Form und Umfang der in der WiPrPrüV vorgesehenen Prüfungsleistungen voraus (§ 7 WPAnrV). Die Hochschule kann die Feststellung der Gleichwertigkeit jedes Semester oder jedes Hochschuljahr beantragen (§ 8 WPAnrV).

Mit beiden Maßnahmen werden weitere Teile der Ausbildung zum WP auf die Hochschulen verlagert (→Aus- und Fortbildung des Wirtschaftsprüfers). Auch hier trifft das Gesetz keine Unterscheidungen zwischen Universitäten (→Universitäten, Lehre im Prüfungswesen; →Universitäten, Forschung im Prüfungswesen) und Fachhochschulen.

Literatur: Waldeyer, H. W.: Das Recht der Fachhochschulen, Heidelberg 2000; WPK (Hrsg.): Studienführer Wirtschaftliches Prüfungs- und Treuhandwesen Wintersemester 2005/2006, Berlin 2005.

Bettina Schneider; Wilhelm Schneider

Factoring →Forderungscontrolling

Fade Rate →Finanzielle Ergebnisse, Prognose von

Fair Presentation →Grundsätze ordnungsmäßiger Buchführung, bankspezifisch

Fair Value

Die Durchbrechung des historischen Anschaffungskostenprinzips [→Anschaffungskosten (AK); →Anschaffungskosten, Prüfung der] i. S. e. Zuschreibung (→Wertaufholung) auf den höheren beizulegenden Zeitwert (Fair Value) stellt den zentralen Unterschied zwischen dem nationalen Handelsrecht (HGB), dem Steuerrecht (EStG) und den internationalen Rechnungslegungsstandards [→International Financial Reporting Standards (IFRS) und →United States Generally Accepted Accounting Principles (US GAAP)] dar. Dem Fair Value kommt u. a. bei der Bewertung von →Sachanlagen (IAS 16), von immateriellen Vermögenswerten (IAS 38), von →Financial Instruments (IAS 32 bzw. IAS 39), von als Finanzinvestition gehaltenen Immobilien (IAS 40) und bei biologischen Vermögenswerten (IAS 41) eine wesentliche Bedeutung zu. Dieser wird im IFRS-Regelwerk definiert als „the amount for which an asset could be exchanged, or a liability settled, between knowledgeable, willing parties in an arm's length transaction" (s. z. B. IAS 38.8), d. h. der Fair Value lässt sich als hypothetischer Marktpreis "unter idealisierten Bedingungen" charakterisieren, als potenzielles Ergebnis einer fiktiven Transaktion zwischen den Verhandlungsgruppen (sog. Marktpreisbildungshypothese). Dabei wird der Fair Value vorwiegend durch die Verhältnisse am Absatzmarkt (Exit Value) determiniert und ist somit strikt vom unternehmensinternen Nutzungswert (Value in Use) zu unterscheiden. Das Fair Value-Konzept des IFRS-Regelwerks stellt ferner auf sachverständige vertragswillige und gleichberechtigte Partner ab, d. h. beide Parteien sind vollständig über die Marktsituation informiert und motiviert, aber nicht gezwungen, zu kaufen (sog. Informationsverarbeitungshypothese).

Das →*International Accounting Standards Board* (*IASB*) nimmt an, dass die (paritätische) Bewertung zum Fair Value grundsätzlich entscheidungsnützlichere Informationen bereitstellt als die Befolgung des Anschaffungskostenprinzips (Cost Model). Der Zielsetzung einer Decision Usefulness (→True and Fair View) könne vollends entsprochen werden, da der Fair Value die Adressaten der Rechnungslegung über die Höhe, den zeitlichen Anfall und die Unsicherheit der →Cash Flows (→Cash Flow-Analyse) informiert. Diese Aussage ist jedoch aufgrund der weitreichenden Ermessensspielräume bei der Bestimmung des Fair Value (→bilanzpolitische Gestaltungsspielräume nach IFRS; →bilanzpolitische Gestaltungsspielräume nach US GAAP; →bilanzpolitische Beratung durch den Wirtschaftsprüfer) zu relativieren (Dohrn 2004, S. 122; Tanski/Zeretzke 2006, S. 54). Zudem gelingt durch das Fair Value Accounting keine Effektivvermögensapproximation i. S. d. Enterprise Value (→Shareholder Value-Analysis), weil grundsätzlich lediglich die Marktwerte der einzelnen Vermögenswerte erfasst werden und die Synergieeffekte (→Synergieeffekte in der Unternehmensbewertung) lediglich ansatzweise Berücksichtigung finden.

Kann keine verlässliche Fair Value-Ermittlung garantiert werden, sind ersatzweise die →Anschaffungskosten (AK) heranzuziehen (s. u. a. IAS 38.75). Der aktuelle Marktpreis wird fälschlicherweise häufig mit dem Fair Value gleichgesetzt. Der Fair Value als hypothetischer Marktpreis unter idealisierenden Bedingungen fordert jedoch als Kriterium für die „Preisgüte" die Existenz eines (fiktiven) aktiven Marktes, der für einen Großteil der Vermögenswerte (→Asset) und Schulden (→Liability) nur in den seltensten Fällen vorliegt (Hitz 2005, S. 1015 und 1022). Das Fair Value-Modell gilt somit lediglich in den restriktiven Grenzen eines aktiven Marktbezugs im kapitalmarkttheoretischen Sinne als entscheidungsnützlich. Die Orientierung des Fair Value an der jeweiligen Marktsituation impliziert ferner, dass die Wertentwicklung nicht von beeinflussbaren Störgrößen verzerrt wird (z. B. Zinsänderungen oder Konjunkturschwankungen). Die Qualität des Accounting wird somit entscheidend durch die Fähigkeit des Abschlusserstellers determiniert, Störgrößen bei der Ableitung des Fair Value frühzeitig zu antizipieren und entsprechende Korrektur- oder Planungsrechnungen (→Planung) vorzunehmen.

Im Schrifttum wird der Fair Value u. a. mit dem steuerrechtlichen Teilwert gem. § 6 Abs. 1 EStG in Verbindung gebracht (s. auch Tanski/Zeretzke 2006, S. 54). Beide Bewertungsgrößen gehen von fiktiven Märkten, Transaktionen und Vertragspartnern aus, die unter vollkommener Informationseffizienz handeln und ausgehend von hypothetischen Marktpreisen den Teilwert bzw. den Fair Value ermitteln (s. u. a. Moxter 1994, S. 830; Tanski/Zeretzke 2006, S. 54). Ebenso findet sich mit den Fair Value- bzw. Teilwertvermutungen, auf die immer dann zurückgegriffen werden muss, wenn keine eindeutigen Marktdaten generiert werden können.

Die Fair Value-Hierarchie folgt einem vierstufigen Bewertungskonzept, das in der nachfolgenden Abb. exemplarisch nach IAS 40 dargestellt wird.

Liegt bereits ein bindender Kaufvertrag (Binding Sales Agreement) „zwischen unabhängigen Geschäftspartnern" vor (IAS 36.25 sowie hierzu Meyer 2005, S. 322), ist der fixierte Preis als Fair Value zugrunde zu legen, da dieser auf einer objektivierten externen Bewertungsbasis ermittelt worden ist und eine Verlässlichkeit der Datenbasis garantiert. Bei fehlender Existenz eines Kaufvertrags ist auf einen aktiven Markt (Active Market) (s. zu den Voraussetzungen IAS 38.8) abzustellen und der aktuelle Angebotspreis (Marktpreis) als Fair Value anzusetzen (Stufe 1). Diese Situation ist jedoch bei der Bewertung vieler Vermögensposten (insb. bei Intangible Assets) nicht in der betrieblichen Praxis vorzufinden (Fladt/Feige 2003, S. 255); daher bedarf es eines Rückgriffs auf die nachfolgenden Stufen.

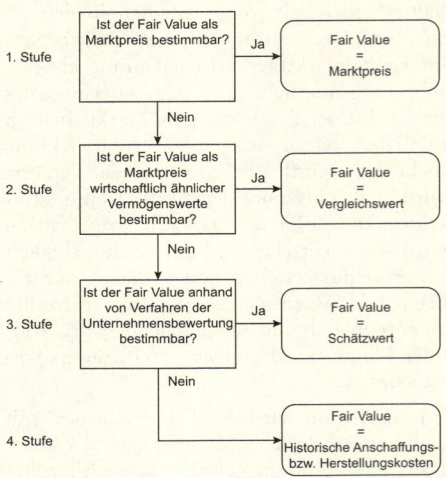

Abb.: Stufen-Konzept des Fair Value Accounting nach IFRS

Quelle: Bieg et al. 2006, S. 90.

Der Übergang von einer Stufe zur nächsten geht mit einem Verlust an Verlässlichkeit einher, da der tatsächliche Marktpreis als „bester" Indikator für die Bestimmung des Fair Value (Stufe 1) durch Vergleichswerte bzw. Surrogate (Stufe 2) bzw. methodisch ermittelte Schätzwerte (Stufe 3) bzw. AK (Stufe 4) ersetzt wird. Für einen Großteil der zum Fair Value bewerteten Abschlussposten ist, da weder aktive Märkte noch Vergleichswerte heranzuziehen sind, ein Rückgriff auf die Verfahren der →Unternehmensbewertung der 3. Stufe erforderlich (→Prognose- und Schätzprüfung; →Zeitwerte, Prüfung von; →Schätzwerte, Prüfung von).

Das *IASB* überlässt dem Abschlussersteller die letztendliche Entscheidung, welches Modell bei der Fair Value-Bestimmung zum Einsatz gelangt. Es wird davon ausgegangen, dass durch ein besonderes Einschätzungsvermögen (Best Estimate) der Unternehmensleitung die jeweils richtige Bewertungsmethode ausgewählt wird (Ulbricht 2004, S. 329). In der betrieblichen Praxis werden insb. die →Ertragswertmethode und die →Discounted Cash Flow-Methoden bevorzugt (→Cash Flow; →Cash Flow-Analyse).

Die Ausführungen belegen, dass die Bewertung zum Fair Value i. d. R. mit rechnungslegungspolitischen Gestaltungsspielräumen einhergeht (z. B. Auswahl der jeweiligen Stufe, Schätzung der Cash Flows und des →Kalkulationszinssatzes auf der 3. Stufe) und keine generell objektiven Ergebnisse vermuten lässt. Den Fair Value als „gerechten" Wert zu beurteilen, erscheint angesichts der empirisch festgestellten Kapitalmarktineffizienzen und Informationsasymmetrien als wenig sachgerecht (s. auch Ernst & Young 2005, S. 8 f.; Kessler 2005, S. 74).

Literatur: Bieg, H. et al. (Hrsg.): Handbuch der Rechnungslegung nach IFRS. Grundlagen und praktische Anwendung, Wiesbaden 2006; Dohrn, M.: Entscheidungsrelevanz des Fair Value-Accounting am Beispiel von IAS 39 und IAS 40, Köln/Lohmar 2004; Ernst & Young (Hrsg.): How fair is fair value?, London 2005; Fladt, G./Feige, P.: Der Exposure Draft 3 Business Combinations des IASB. Konvergenz mit den US-GAAP?, in: WPg 56 (2003), S. 249–262; Freidank, C.-Chr./Velte, P.: Rechnungslegung und Rechnungslegungspolitik. Eine Einführung aus handels-, steuerrechtlicher und internationaler Sicht in die Rechnungslegung und Rechnungslegungspolitik von Einzelunternehmen, Personenhandels- und Kapitalgesellschaften, Stuttgart 2007; Hitz, J.-M.: Fair Value in der Rechnungslegung, in: DBW 66 (2006), S. 109–113; Kessler, H.: Ist der Fair Value fair?, in: Bieg, H./Heyd, R. (Hrsg.): Fair Value. Bewertung in Rechnungswesen, Finanzwirtschaft und Controlling, München 2005, S. 57–81; Kümmel, J.: Grundsätze für die Fair Value-Ermittlung mit Barwertkalkülen. Eine Untersuchung auf der Grundlage des Statement of Financial Accounting Concepts No. 7, Düsseldorf 2002; Meyer, M.: Unternehmenswertorientierte Berichterstattung auf Basis der IAS/IFRS. Eine bilanztheoretische und bilanzpolitische Betrachtung aus deutscher Sicht, Wiesbaden 2005; Moxter, A.: Zur Klärung der Teilwertkonzeption, in: Kirchhof, P./Offerhaus, K./Schöberle, H. (Hrsg.): Steuerrecht. Verfassungsrecht. Finanzpolitik. FS für Franz Klein, Köln 1994, S. 827–839; Tanski, J. S./Zeretzke, R.: Die Fair Value-Fiktion, in: DStR 44 (2006), S. 53–58; Ulbricht, T.: Goodwill Impairment und Bewertung immaterieller Vermögensgegenstände nach IAS & US-GAAP, in: Richter, F./Timmreck, C. (Hrsg.): Unternehmensbewertung. Moderne Instrumente und Lösungsansätze, Stuttgart 2004, S. 323–341.

Patrick Velte

Faktischer Konzern →Abhängigkeitsbericht; →Konzernarten; →Konzernmanagement

Faktorproduktivität →Wertschöpfungsanalyse

FASB →Financial Accounting Standards Board

Fast Close →Continuous Audit; →Prüfungszeitraum; →Vorprüfung

Fédération des Experts Comptables Européens

Die *FEE* wurde als Zusammenschluss der *Groupe d'Etudes des Experts Comptables de la C.E.E.* und der *UEC* am 29.10.1986 in Lausanne gegründet. Sitz der *FEE* ist Brüssel.

Die *FEE* vertritt Berufsorganisationen aus allen 25 EU-Mitgliedstaaten und aus drei *EFTA*-Staaten und versteht sich daher als wesentlicher Interessenvertreter des europäischen Berufsstands gegenüber den Organen und beratenden Gremien der EU. Unter Einschluss der korrespondierenden Mitgliedsorganisationen aus Bulgarien, Israel, Rumänien, →Estland und Litauen umfasst die *FEE* 44 Berufsorganisationen aus 32 Ländern. Die in der *FEE* zusammenarbeitenden Berufsorganisationen vertreten insgesamt mehr als 500.000 Angehörige insb. der prüfenden Berufe. Davon stammen ca. 95% aus den Ländern der EU, von denen wiederum ungefähr 45% freiberuflich tätig sind. Für Deutschland ist seit der Gründung das →*Institut der Wirtschaftsprüfer in Deutschland e.V. (IDW)* Mitglied der *FEE*.

Als Interessenvertretung des europäischen Berufsstands ist es Aufgabe der *FEE*, zu Fragen, die den Berufsstand betreffen, gegenüber den Organen der EU, den mit diesen Fragen befassten internationalen Gremien sowie den nationalen Regierungssachverständigen die Meinungen des europäischen Berufsstandes zu vertreten. Daneben sollen der *KOM* Anregungen und Lösungsvorschläge zu Problemen unterbreitet werden, die aus Sicht des Berufsstandes zur Verwirklichung des Rom-Vertrages von besonderer Bedeutung sind.

In diesem Rahmen hat sich die *FEE* z. B. folgende Ziele gesetzt:

- unter Berücksichtigung weltweiter Entwicklungen zur Verbesserung, Harmonisierung und Liberalisierung der Berufsausübung und des Berufsrechts (→Berufsrecht des Wirtschaftsprüfers) beizutragen und, wo erforderlich, spezifische europäische Interessen zu verteidigen;
- frühzeitig aktuelle Entwicklungen zu erkennen, die einen Einfluss auf den europäischen Berufsstand haben können, um die Mitgliedsorganisationen hierüber zu informieren und zu unterstützen und um unter Berücksichtigung des öffentlichen Interesses Einfluss auf diese Entwicklungen nehmen zu können;
- die Zusammenarbeit der europäischen Berufsorganisationen in Bezug auf Fragen von gemeinsamem Interesse zu fördern.

Die hierzu von der *FEE* ergriffenen Aktivitäten umfassen das gesamte Spektrum von Themen, die den europäischen Berufsstand direkt oder indirekt betreffen. Hierzu gehören Themen aus dem Bereich der Rechnungslegung, der Abschlussprüfung (→Jahresabschlussprüfung; →Konzernabschlussprüfung), der Berufsethik (→Berufsethik des Wirtschaftsprüfers), des Berufsrechts, der Besteuerung (→Steuerreform, europäische), der Rechnungslegung im öffentlichen Sektor (→öffentliche Unternehmen), des Gesellschaftsrechts, der Besonderheiten bei →Kreditinstituten, →Versicherungsunternehmen sowie →kleinen und mittleren Unternehmen (→kleine und mittlere Unternehmen, Prüfung von), des Kapitalmarkts oder der Nachhaltigkeit (→Nachhaltigkeitsberichte).

Um die Harmonisierung der Rechnungslegung in Europa zu fördern, pflegt die *FEE* einen regen Gedankenaustausch mit verschiedenen internationalen, an der Erstellung und Benutzung von Jahresabschlüssen beteiligten Gremien [z. B. →*International Federation of Accountants (IFAC)*, →*International Accounting Standards Board (IASB), OECD*] und organisiert Seminare und Kongresse zu speziellen Themen. Neben anderen europäischen Verbänden war die FEE wesentlich an der Gründung der *EFRAG*, der als beratendem Ausschuss im Rahmen der Anerkennung der →International Financial Reporting Standards (IFRS) eine wesentliche Rolle zukommt, beteiligt. Des Weiteren unterstützt und fördert die *FEE* die Entwicklung des →Rechnungswesens und des Berufsstandes in den Ländern Osteuropas (Litauen; →Lettland u. a.).

Die Arbeitsergebnisse der *FEE*, wozu insb. Diskussionspapiere und Stellungnahmen gegenüber den relevanten Organisationen gehören, können im Internet unter www.fee.be abgerufen werden.

Organe der *FEE* sind:

- die *Mitgliederversammlung*, die alle 2 Jahre zusammentritt,
- der *Council* sowie
- das *Executive Committee*.

Der *Council* setzt sich zusammen aus jeweils einem Delegierten pro Mitgliedsland, dem ein Fachberater zur Seite steht. Der *Council* ist zuständig für die Entscheidungen in politischen und strategischen Fragen sowie die Verabschiedung der offiziellen Meinungsäußerungen der *FEE*, soweit er dies nicht an das *Executive Committee* delegiert hat. Zur Vorbereitung dieser Dokumente richtet der *Council* regelmäßig Arbeitskreise und Ad-hoc-Task Forces ein.

Das *Executive Committee* führt die Geschäfte der *FEE* und setzt die Beschlüsse des *Council* um. Ihm gehören der *Präsident* und der *Deputy-Präsident*, die von der Mitgliederversammlung für die Dauer von 2 Jahren gewählt werden, der *Chief Executive Officer* (CEO) sowie mindestens zwei *Vize-Präsidenten* an, die vom *Council* aus dessen Mitte benannt werden.

Klaus-Peter Naumann

FEE →Fédération des Experts Comptables Européens

Feedback-Kontrolle →Realisationskontrolle

Fehlentwicklungsdiagnose →Zeitlicher Vergleich

Fehlerarten in der Abschlussprüfung

Welche Arten von Fehlern bei einer Prüfung auftreten, hängt von Gegenstand und Art der Prüfung ab. So ist fehlerhafte Geschäftsführung etwa bei der →Pflichtprüfung von →Genossenschaften, nicht aber bei der Pflichtprüfung der meisten KapGes nach Handelsrecht relevant (vorausgesetzt, es liegt kein Fall der →Redepflicht des Abschlussprüfers vor). Derartiges bleibt hier ebenso außer Betracht wie etwa technische Fehler in Produktionsvorgängen.

Im Folgenden wird die allgemeine handelsrechtliche Pflichtprüfung i.S.d. §§ 316 ff. HGB zugrunde gelegt (→Jahresabschlussprüfung; →Konzernabschlussprüfung). Fehler können hier im Bereich der Rechnungslegung auftreten. Der Prüfer (→Abschlussprüfer) hat über sie ein Urteil abzugeben (→Prüfungsurteil). Dabei sind ebenfalls Fehler möglich.

Die Rechnungslegung kann bewusste (gelegte) und unbewusste (zufällige) Fehler enthalten (→Unregelmäßigkeiten). Bewusste Fehler können von der Unternehmensleitung oder von Mitarbeitern gelegt werden; dabei können die Fehler in der Rechnungslegung entweder nur auf eine falsche Darstellung in dieser oder aber auf eine Verschleierung von (insb. dolosen) Handlungen abstellen.

Bewusste Fehler können der Bilanzpolitik dienen: Die Erfolgslage (→Ertragslage) soll im Interesse der Unternehmensführung nach oben oder unten manipuliert werden (→Bilanzfälschung). Hat der Prüfer eine Fehlererwartung (etwa aufgrund →analytischer Prüfungshandlungen) in Richtung einer unzulässigen Verbesserung des Erfolgsausweises, wird er daraufhin prüfen, ob unzulässige Aktivierungen (→Ansatzgrundsätze) oder zu hohe/niedrige Bewertungen von Aktiv-/Passiv-Posten (→Bewertungsgrundsätze) vorgenommen wurden. Erwartet der Prüfer Fehler in Richtung einer zu ungünstigen Darstellung, wird er auf Weglassen oder zu niedrige Bewertung von Aktivposten sowie unzulässige oder überhöhten Ansatz von Passivposten prüfen. Bewusste Fehler können auch mit →dolosen Handlungen, u. a. Unterschlagung (→Unterschlagungsprüfung), Diebstahl, Untreue (→Untreue von Gesellschaftsorganen), zusammenhängen. Ferner sind bewusste Fehler mit der Vereinfachung der Abrechnungsmethoden verbunden; derartige Fehler sind nach dem Materiality-Grundsatz (→Wesentlichkeit) nur bei Überschreiten eines tolerierbaren Ausmaßes zu beanstanden.

Unbewusste Fehler haben ihre Ursachen vor allem in

1) Fehlleistungen eines weniger qualifizierten Personals (z. B. falsche Behandlung selten vorkommender Geschäftsfälle),

2) Fehlleistungen bei oftmaligen Handlungen (z. B. Schreibfehler, versehentliche Falschkontierung, irrtümlich falsche Ausstellung von Belegen),

3) fehlerhafter Systemgestaltung (insb. fehlerhafte Kontierungsrichtlinien, Richtlinien für →Inventur und Abschlussarbeiten),

4) technischen Fehlern (etwa bei EDV-Geräten).

Der Prüfer muss ein Gesamturteil über den Prüfungsgegenstand abgeben. Beurteilt er die gefundenen Fehler insgesamt als „unwesentlich (immaterial)", hat er ein positives Urteil abzugeben (insb. Erteilung eines uneingeschränkten →Bestätigungsvermerks); sind die Fehler „wesentlich (material)", führt dies zu einem negativen Gesamturteil (insb. Verweigerung oder Einschränkung des Bestätigungsvermerks).

Der Prüfer muss Fehler im System (Abrechnungssystem; →Kontrollsystem) feststellen (→Systemprüfung; →Internes Kontrollsystem, Prüfung des). Dazu kommen nominale Urteile (richtig oder falsch) oder auch ordinale Urteile (etwa sehr gut, gut, befriedigend, ausreichend, mangelhaft) in Betracht. Substanzielle Prüfungen (→Einzelfallprüfungen) können ebenfalls zu nominalen Urteilen (richtig oder falsch), z.T. auch zu ordinalen Urteilen führen; hier können aber auch kardinale Urteile abgegeben werden (betragsmäßige Abweichungen von einem Soll-Wert). In der Stichprobentheorie spricht man von „homograder" Fragestellung, wenn nur „richtig oder falsch" erhoben wird (→homograde Stichprobe), von „heterograder" Fragestellung, wenn Betragsgrößen von Fehlern festgestellt werden (→heterograde Stichprobe). Bei Verwendung von Stichproben (→Stichprobenprüfung) werden Fehler teils tatsächlich festgestellt, teils durch Hochrechnung auf die Grundgesamtheit geschätzt.

Die substanziellen Prüfungen richten sich bei Bestands- wie Aufwands-/Ertragsgrößen (→Aufwendungen und Erträge) auf folgende Fehler:

1) Existenz (zweifache Fragestellung: Ist der ausgewiesene Posten real vorhanden? Sind real vorhandene Posten vollständig erfasst?) (→Nachweisprüfungshandlungen),

2) Bewertung (→Bewertungsprüfung).

Im Bereich der Leistungen des Prüfers können Fehler im gesamten →Prüfungsprozess auftreten, beginnend bei unzulässiger Übernahme des Auftrags (→Auftragsannahme und -fortführung) bis hin zu fehlerhafter Urteilsmitteilung; externe und interne Qualitätskontrollen sollen diesen Fehlern vorbeugen bzw. sie beseitigen (→Qualitätskontrolle in der Wirtschaftsprüfung).

Da i.d.R. nur stichprobenweise geprüft werden kann (→risikoorientierter Prüfungsansatz), kann das Urteil des Prüfers (→Prüfungsurteil) auch bei ordnungsgemäßem Vorgehen folgende Fehler aufweisen:

1) sog. α-Fehler: Ein im Wesentlichen ordnungsgemäßes Ist-Objekt wird vom Prüfer als fehlerhaft klassifiziert („Prüflingsrisiko");

2) sog. β-Fehler: Ein (gemessen an Wesentlichkeitsanforderungen) fehlerhaftes Ist-Objekt wird vom Prüfer als ordnungsgemäß klassifiziert („Prüfer-Risiko").

Der β-Fehler ist bei der →Prüfungsplanung besonders zu beachten, denn gegen den α-Fehler wird sich der Geprüfte wehren, nicht aber gegen den β-Fehler.

Literatur: Leffson, U.: Wirtschaftsprüfung, 4. Aufl., Wiesbaden 1988; Hömberg, R.: Grundlagen der Prüfungstechnik, in: Wysocki, K. v. et al. (Hrsg.): HDJ, Loseblattausgabe, Band 4, Kapitel VI.3, Köln, Stand: 31. Erg.-Lfg. August 2003, S. 1–93.

Dieter Rückle

Fehlerrisiko →Prüfungsrisiko; →Prüfungsrisikomodelle; →Risikoorientierter Prüfungsansatz

Fehlerwert →Heterograde Stichprobe

Fertige Erzeugnisse →Unfertige und fertige Erzeugnisse

Fertigungsaufträge

In einem Fertigungsauftrag (Work Order) werden im Rahmen der →Planung und Durchführung der Fertigung mehrere Teile zusammengefasst, die gemeinsam den Fertigungsprozess durchlaufen (sollen). Der Fertigungsauftrag, auch als Fertigungslos bezeichnet, führt gleiche oder ähnliche Teile zusammen. Die Zusammenfassung von ähnlichen Teilen zu Fertigungsaufträgen setzt voraus, dass diese Teile mit den gleichen Betriebsmitteln bearbeitet werden. Fertigungsaufträge werden aus unternehmensinterner Sicht gebildet und sind von den Kundenaufträgen abzugrenzen, die aus den Bestellungen der Abnehmer resultieren.

Das Verhältnis von Fertigungs- und Kundenaufträgen kann sehr unterschiedlich beschaffen sein. Im Fall einer *auftragsbezogenen* Fertigung mit *einfachen* Produkten kann bspw. jedem Kundenauftrag genau ein Fertigungsauftrag zugeordnet sein. Um Terminziele bei anderen Kundenaufträgen einhalten zu können (→Termincontrolling) oder *komplexe* Produkte herzustellen, kann ein Kundenauftrag aber auch in mehrere Fertigungsaufträge aufgeteilt werden. Die Zusammenfassung mehrerer Kundenaufträge zu einem größeren Fertigungsauftrag ist ebenso möglich, i.d.R. um den Fertigungsprozess zu optimieren. Bei *kundenanonymer* Fertigung auf Lager, d.h. Fertigung ohne Bezug zu konkreten Kundenaufträgen, erfolgt die Zusammenstellung der Fertigungsaufträge ebenfalls zur Optimierung produktionsbezogener Ziele.

Der Fertigungsauftrag ist das zentrale Objekt für die *Planung und Steuerung des Fertigungsprozesses*. Im Rahmen der Termin- und →Kapazitätsplanung (→Kapazitätscontrolling) wird zunächst festgelegt, wann ein Fertigungsauftrag mit welchen Betriebsmitteln gefertigt werden soll. Der Übergang von der Planung zur Durchführung erfolgt durch die Auftragsfreigabe, bei der die Verfügbarkeit von Material und Kapazitäten noch einmal überprüft wird. Erst danach wird die Umsetzung des Fertigungsauftrags angestoßen. Daher sind mit einem Fertigungsauftrag, anders als bei einem Kundenauftrag, auch Termin-, Material-, und Arbeitsplandaten verknüpft. Die Überwachung des Fertigungsfortschritts erfolgt durch die Rückmeldung des Arbeitsfortschritts der verschiedenen Fertigungsaufträge. In der Praxis erfolgt die Planung und Überwachung von Fertigungsaufträgen (→Fertigungscontrolling) i.d.R. in sog. Produktionsplanungs-/Produktionssteuerungs- (PPS-) Systemen, die international auch als Enterprise Resource Planning (ERP)-Systeme bezeichnet werden. Bei entsprechenden Rückmeldungen aus der Fertigung kann der Bearbeitungsstand der Fertigungsaufträge in den Systemen fortlaufend überwacht werden, sodass bei Abweichungen schnelle Eingriffe in die Fertigung möglich sind.

Die *Zusammenstellung* der Fertigungsaufträge orientiert sich an den Zielen des Fertigungsbereiches. Der Umfang der Fertigungsaufträge wird im Rahmen der *Losgrößenplanung* unter Berücksichtigung der relevanten →Kosten geplant. Im einfachsten Fall wird davon ausgegangen, dass der Wechsel zwischen unterschiedlichen Fertigungsaufträgen, d.h. verschiedenen Produktarten, zu Rüstkosten führt, die für die Umstellung der Betriebsmittel anfallen. Dies sind bspw. die Personalkosten für die Mitarbeiter, die mit der Umstellung befasst sind. Die Minimierung der *Rüstkosten* durch die Bildung großer Fertigungsaufträge führt allerdings zu steigenden *Lagerkosten*, da vorzeitig fertig gestellte Produkte bis zur Lieferung zu lagern sind. Minimiert wird daher die Summe aus Rüst- und Lagerkosten. Für komplexere Problemstellungen wurden unterschiedliche Algorithmen entwickelt, die für die Losgrößenplanung eingesetzt werden können und die auch in entsprechender kommerzieller Standardsoftware verfügbar sind.

Für das →Rechnungswesen sind Fertigungsaufträge zunächst als Bezugsobjekt in der Kostenrechnung (→Kosten- und Leistungsrechnung) von Interesse. Für einen Fertigungsauftrag können auf der Grundlage bezugsgrößenbezogener Kalkulationssätze →Sollkosten ermittelt werden. Die Erfassung der Istkosten (→Istkostenrechnung), einschl. der entstandenen Kostenabweichungen (→Abweichungsanalyse), kann ebenfalls auf einfache Weise für einzelne Fertigungsaufträge erfolgen, wenn entsprechende Informationssysteme (Betriebsdatenerfassungssysteme) in der Fertigung vorhanden sind. Die Rüstkosten stellen in Bezug auf Fertigungsaufträge Einzelkosten (→Einzelkostencontrolling) dar. Wird ein Kundenauftrag nicht jeweils einem Fertigungsauftrag zugeordnet, sind bei der Kostenzurechnung (→Kostenzurechenbarkeit; →Kostenverursachung) zu den Kundenaufträgen u.U. Verbundprobleme zu lösen. Im Fall von langen Fertigungszeiten (→langfristige Auftragsfertigung) und einem hohen Auftragswert kann die Kostenerfassung [→Betriebsdatenerfassung (BDE)] für Fertigungsaufträge auch für das externe Rechnungswesen von Bedeutung sein. Erlauben die verwendeten Rechnungslegungsvorschriften [→International Financial Reporting Standards (IFRS); →United States Generally Accepted Accounting Principles (US GAAP)] den Ausweis von unfertigen Fertigungsaufträgen nach dem Fertigungsfortschritt (Percentage of Completion), ist auf die Daten zurückzugreifen, die für die Fertigungsaufträge erfasst werden.

Literatur: Corsten, H.: Produktionswirtschaft, 11. Aufl., München 2007; Hoitsch, H.-J.: Produktionswirtschaft, 2. Aufl., München 1993; Scheer, A.-W.: Wirtschaftsinformatik. Referenzmodelle für industrielle Geschäftsprozesse, 7. Aufl., Berlin et al. 1997; Slack, N./Chambers, S./Johnston, R.: Operations Management, 4. Aufl., Harlow et al. 2003.

Hans Schmitz

Fertigungskosten

Allgemein handelt es sich bei den Fertigungskosten um eine Kostenart, die nach dem Kriterium der betrieblichen Funktionsbereiche im Fertigungsbereich von Unternehmen entsteht. Der Begriff der Fertigungskosten wird in der Produktkalkulation (→ Kalkulation; → Kostenträgerstückrechnung) als Oberbegriff für die Fertigungslöhne, die Fertigungsgemeinkosten und die Sondereinzelkosten der Fertigung verwendet. Die Summe aus Fertigungs- und Materialkosten ergibt die Herstellkosten (→ Herstellkosten, kalkulatorische). Ergänzt um die Verwaltungs- und Vertriebskosten ergeben sich die Selbstkosten (→ Selbstkostenermittlung) eines Produkts.

Im Fertigungsbereich sind die *Fertigungslöhne* als Einzelkosten (→ Einzelkostencontrolling) den Produkten direkt zurechenbar. Ausgehend von den Fertigungszeiten, die in den Arbeitsplänen der Produkte dokumentiert sind, lassen sich die Löhne produktbezogen planen. Alternativ können die Fertigungslöhne allerdings auch in den Kostenstellen (→ Cost Center) geplant werden, in denen die Mitarbeiter eingesetzt werden. In diesem Fall erfolgt die Zurechnung zu den Produkten gemeinsam mit den Fertigungsgemeinkosten (→ Kostenstellenrechnung).

Die *Fertigungsgemeinkosten* sind den Produkten nur indirekt über die Fertigungskostenstellen zurechenbar, da ihre Höhe davon abhängt, wie der Produktionsprozess in den Kostenstellen konkret realisiert wird. Unterschiede ergeben sich bspw. aus der Nutzung unterschiedlicher Maschinen (→ Maschinenbelegungsplanung und -kontrolle) für den gleichen Arbeitsschritt, wenn sich die Kostensätze der Maschinen unterscheiden. Die Fertigungsgemeinkosten enthalten die → Kosten für alle Ressourcen, die im Fertigungsbereich eingesetzt werden. Neben den Betriebsmittelkosten in Form von Abschreibungs- und Zinskosten (→ Abschreibungen, kalkulatorische), sind dies auch die Personalkosten für alle Mitarbeiter, die nicht durch die Fertigungslöhne abgedeckt werden. Darüber hinaus werden in den Kostenstellen Hilfs- und Betriebsstoffkosten berücksichtigt. Außerdem können verschiedene Gemeinkosten (→ Gemeinkostencontrolling), wie bspw. Kostensteuern (→ Steuercontrolling), Gebühren und Abgaben, Mietkosten, Kosten für Telekommunikation o.Ä., auftreten. Neben diesen *primären Kosten*, d. h. Kosten für Ressourcen, die unternehmensextern beschafft werden, können zusätzlich auch Kosten für unternehmensinterne Vorleistungen Bestandteil der Fertigungsgemeinkosten sein. Diese Vorleistungen, die von anderen Kostenstellen erstellt werden und von den Fertigungskostenstellen in Anspruch genommen werden, müssen durch interne Preise bewertet werden, um ihre Höhe im Fertigungsbereich berücksichtigen zu können. Die Kosten für derartige Vorleistungen, wie bspw. die Kosten für selbst erzeugte elektrische Energie, werden als *sekundäre Kosten* bezeichnet.

Bei den *Sondereinzelkosten der Fertigung* handelt es sich um Kosten, die nicht einer Produkteinheit, sondern einer Produktart, einer Produktgruppe oder einem Auftrag zugerechnet werden können. Die Sondereinzelkosten werden nicht über die Fertigungskostenstellen verrechnet, sondern mit Schlüsselgrößen (i. d. R. der Stückzahl) auf die Produkte verteilt. Ein Beispiel für Sondereinzelkosten sind die Kosten eines Spezialwerkzeugs, das ausschließlich für eine spezielle Produktart eingesetzt wird. Die Schlüsselung erfolgt in diesem Fall, indem die Kosten des Werkzeugs durch die geschätzte Produktionsmenge der Produktart geteilt werden.

Die →*Planung* der Fertigungskosten erfolgt auf der Grundlage des geplanten Produktionsprogramms, d. h. der geplanten Produktionsmengen der unterschiedlichen Produktarten. Die Fertigungslöhne und Sondereinzelkosten der Fertigung können auf der Grundlage der Produktionsmengen direkt geplant werden. Für die Planung der Fertigungsgemeinkosten müssen aus den Produktionsmengen zunächst Beschäftigungsmaßstäbe (→ Beschäftigungsgrad) für die unterschiedlichen Fertigungskostenstellen abgeleitet werden. Auf dieser Grundlage können im Anschluss die Mengen und Preise der eingesetzten Ressourcen geplant werden. Die Erfassung der Fertigungskosten kann unter Berücksichtigung der notwendigen Abgrenzungsschritte auf die Aufwandsdaten der Buchführung zurückgreifen. Dabei ist allerdings zu beachten, dass die Kostenrechnung (→ Kosten- und Leistungsrechnung) die Zuordnung zu Produkten oder Kostenstellen voraussetzt.

Die Berücksichtigung der Fertigungsgemeinkosten in der Produktkalkulation kann auf

Fertigungslos

unterschiedliche Weise erfolgen. Je nach verwendetem Kalkulationsverfahren (→Kalkulationsmethoden) werden die Fertigungsgemeinkosten bspw. in einem Block oder differenziert nach den unterschiedlichen Fertigungskostenstellen den Produkten zugerechnet. Die differenzierte Zurechnung führt dazu, dass sich die unterschiedlichen Fertigungsschritte explizit in der →Kalkulation niederschlagen.

Die Struktur der Fertigungskosten ergibt sich aus der konkreten Ausgestaltung des Fertigungsbereichs in den Unternehmen. Ein hoher Automatisierungsgrad lässt den Anteil der Abschreibungskosten steigen, während der Anteil der Personalkosten sinkt. Vergibt ein Unternehmen Fertigungsschritte an Zulieferer (→Outsourcing), sinken die Fertigungskosten des Unternehmens und die Materialkosten steigen. Durch erhöhte Anforderungen an die Flexibilität der Fertigung, die aus den Marktanforderungen folgen können, ergeben sich u.U. neben den Fertigungskosten für die Produktbearbeitung zusätzliche Kosten für die Planung und Steuerung der Fertigungsprozesse (→Fertigungscontrolling). Die damit verbundenen Kosten können als Kosten für indirekt-produktive Prozesse bezeichnet werden. Sie können den Fertigungskosten oder den Verwaltungskosten zugeordnet werden. Je nach Zuordnung und rechnerischer Abbildung werden diese Kosten dann in der Produktkalkulation als Fertigungsgemeinkosten oder als Verwaltungsgemeinkosten ausgewiesen.

Literatur: Hoitsch, H.-J./Lingnau, V.: Kosten- und Erlösrechnung. Eine controllingorientierte Einführung, 5. Aufl., Berlin et al. 2004; Kilger, W./Pampel, J./Vikas, K.: Flexible Plankostenrechnung und Deckungsbeitragsrechnung, 11. Aufl., Wiesbaden 2002.

Hans Schmitz

Fertigungslos →Fertigungsaufträge

Fertigungtiefe →Wertschöpfungsanalyse

Fertigungstiefenentscheidung →Outsourcing

Feststellung und Billigung des Abschlusses

Dem AR einer AG (→Aktiengesellschaft, Prüfung einer) sind durch den Vorstand unverzüglich nach der Aufstellung der JA, der →Lagebericht, der Gewinnverwendungsvorschlag (→Ergebnisverwendung, Vorschlag für die) sowie ggf. der Konzernabschluss und der →Konzernlagebericht vorzulegen (§ 170 Abs. 1 und 2 AktG) (→Berichterstattungspflichten des Vorstands). Darüber hinaus erhält er unmittelbar vom →Abschlussprüfer (APr) die →Prüfungsberichte zur →Jahresabschlussprüfung und ggf. →Konzernabschlussprüfung (§ 321 Abs. 5 Satz 2 HGB und § 111 Abs. 2 Satz 3 AktG). Die Vorlagepflicht an die Gesellschafter ergibt sich bei einer →Gesellschaft mit beschränkter Haftung (GmbH) aus § 42a GmbHG (Schulze-Osterloh 2006).

Nach § 171 Abs. 1 AktG muss der AR die ihm vorgelegten Unterlagen prüfen. Der Prüfungsgegenstand ist damit eindeutig bestimmt, die Ziele und der Umfang der Prüfung sind im Gesetz nicht festgelegt. Aus der umfassenden →Überwachungsaufgabe des Aufsichtsrats wird nach h.M. eine uneingeschränkte Prüfungspflicht abgeleitet. Dabei kann der AR sich auf die Ergebnisse des Abschlussprüfers stützen. Dazu stehen ihm die Prüfungsberichte zur Verfügung. Darüber hinaus ist der APr gem. § 171 Abs. 1 Satz 2 AktG verpflichtet, „an den Verhandlungen des Aufsichtsrats oder eines Ausschusses über diese Vorlagen teilzunehmen und über die wesentlichen Ergebnisse zu berichten" (→Aufsichtsrat, mündliche Berichterstattung an). Dies entbindet den AR aber nicht von der eigenen Prüfungsaufgabe (Ellrott/Ring 2006, Rn. 22 zu Vor § 325 HGB, S. 2096).

Zu Änderungen des Abschlusses ist der AR rechtlich nicht befugt. Er kann den vom Vorstand aufgestellten Abschluss nur ablehnen oder billigen. „Der Vorstand wird sich Bedenken des Aufsichtsrats aber regelmäßig nicht verschließen und ggf. von sich aus einen überarbeiteten Jahresabschluss vorlegen" (Potthoff/Trescher 2003, S. 455). Wird der JA durch den AR gem. § 172 AktG gebilligt, so ist dieser festgestellt. Durch die Feststellung wird der JA als richtig anerkannt und für die Gesellschafter und das Unternehmen als verbindlich erklärt (Ellrott/Ring 2006, Rn. 70 zu Vor § 325 HGB, S. 2107). In der Praxis wird die Bilanzsitzung des Aufsichtsrats häufig von einem Prüfungsausschuss (→Audit Committee; →Aufsichtsratsausschüsse) (s. dazu Warncke 2005) oder einzelnen Mitgliedern des Aufsichtsrats vorbereitet. Die Abstimmung über die Feststellung muss aber vom gesamten AR vorgenommen werden. Billigt der AR den Abschluss nicht, so stellt nach § 173 Abs. 1 Satz 1 AktG die HV (→ Haupt- und Gesellschafterversammlung) den JA fest. Dies gilt nach § 173 Abs. 1 Satz AktG auch, wenn Vorstand und AR beschließen, die Feststellung des Jahresabschlusses der HV zu überlassen oder wenn der JA gem. § 171 Abs. 3 Satz 3 AktG als nicht gebilligt gilt, weil der Bericht des Aufsichtsrats (→ Berichterstattungspflichten des Aufsichtsrats) nicht fristgerecht vorgelegt wurde. Die HV ist bei der Feststellung des Abschlusses nicht an die Entscheidungen zur Bilanzpolitik von Vorstand und AR (→ bilanzpolitische Gestaltungsspielräume nach HGB) gebunden und kann den Abschluss nach § 173 Abs. 3 AktG ändern.

Bei einer GmbH wird die Feststellung des Jahresabschlusses nach § 46 GmbHG von der Gesellschafterversammlung (→ Haupt- und Gesellschafterversammlung) beschlossen. Der Gesellschaftsvertrag kann die Feststellung des Jahresabschlusses auch anderen Organen zuweisen, so z. B. einem Gesellschafterausschuss, einem AR oder bestimmten Gesellschaftern als Sonderrecht (Schulze-Osterloh 2006, S. 1214; Zöllner 2006). Die Feststellung des Jahresabschlusses ist bei Personenhandelsgesellschaften „ein Grundlagengeschäft der Gesellschaft, das der Mitwirkung aller persönlich haftenden Gesellschafter sowie bei KG auch der Kommanditisten bedarf" (IDW 2006, Abschn. F, Rn. 4, S. 425 f.).

Die Prüfungspflicht des Aufsichtsrats erstreckt sich bei Aktiengesellschaften auch auf den Konzernabschluss und den Konzernlagebericht. Dabei ist es unerheblich, ob der Konzernabschluss nach nationalen oder internationalen [→ International Financial Reporting Standards (IFRS) oder → United States Generally Accepted Accounting Principles (US GAAP)] Normen erstellt wurde. Allerdings hat der AR den Konzernabschluss gem. § 171 Abs. 2 Satz 5 AktG lediglich förmlich zu billigen, da der Konzernabschluss nicht die Grundlage für die Ausschüttung an die Aktionäre bildet. Billigt der AR den Konzernabschluss nicht, so fällt die Billigung gem. § 173 Abs. 1 Satz 2 AktG in die Zuständigkeit der HV (Potthoff/Trescher 2003, S. 457). Bei Mutterunternehmen in der Rechtsform der GmbH wird der Konzernabschluss gem. § 46 Nr. 1b GmbHG grundsätzlich von der Gesellschafterversammlung gebilligt.

Literatur: Ellrott, H./Ring, M.: Kommentierung Vor § 325 HGB, in: Ellrott, H. et al. (Hrsg.): BeckBilKomm, 6. Aufl., München 2006; IDW (Hrsg.): WPH 2006, Band I, 13. Aufl., Düsseldorf 2006; Potthoff, E./Trescher, K.: Das Aufsichtsratsmitglied. Ein Handbuch der Aufgaben, Rechte und Pflichten, 6. Aufl., Stuttgart 2003; Schulze-Osterloh, J.: Kommentierung des § 42a GmbHG, in: Baumbach, A./Hueck, A. (Hrsg.): GmbHG, 18. Aufl., München 2006; Warncke, M.: Prüfungsausschuss und Corporate Governance. Einrichtung, Organisation und Überwachungsaufgabe, Berlin 2005; Zöllner, W.: Kommentierung des § 46 GmbHG, in: Baumbach, A./Hueck, A. (Hrsg.): GmbHG, 18. Aufl., München 2006.

Horst Zündorf

Festwertverfahren → Inventurvereinfachungsverfahren, Prüfung von

FiFo-Methode → Verbrauchsfolgeverfahren

Finalprinzip → Erlöse

Finance Lease → Leasingverhältnisse

Financial Accounting Standards Board

Das *FASB* ist eine private Organisation und wurde 1973 als Nachfolgeorganisation des *APB* gegründet. Im Gegensatz zum *APB* soll das *FASB* vom → *American Institute of Certified Public Accountants* (*AICPA*) unabhängig sein. Das *FASB* wird von der → *Securities and Exchange Commission* (*SEC*) sowie der *FAF* überwacht (Born 2005, S. 345). Auch die Finanzierung des *FASB* wird durch die *FAF* übernommen.

Das *FASB* besteht aus sieben hauptberuflichen Mitgliedern, die für 5 Jahre von der *FAF* gewählt werden. Während ihrer Amtszeit sind die Mitglieder hauptberuflich für das *FASB* tätig. Sie müssen alle weiteren beruflichen und geschäftlichen Tätigkeiten aufgeben, um ihre Unabhängigkeit zu gewährleisten.

Die Aufgabe des *FASB* ist die Entwicklung, Überarbeitung und Aktualisierung von Rechnungslegungsnormen. Die SFAS werden von der *SEC* und dem *AICPA* als maßgeblich anerkannt (FASB 2005, S. 1). Sie erhalten dadurch Gesetzescharakter und bilden den Kern der → United States Generally Accepted Accounting Principles (US GAAP) (Haller/Eierle 1998, S. 734).

Das *FASB* gibt ergänzend noch CON, SFAC, FIN und TB heraus (Schildbach 2000, S. 24).

Abb.: Organisatorische Einbindung des *FASB*

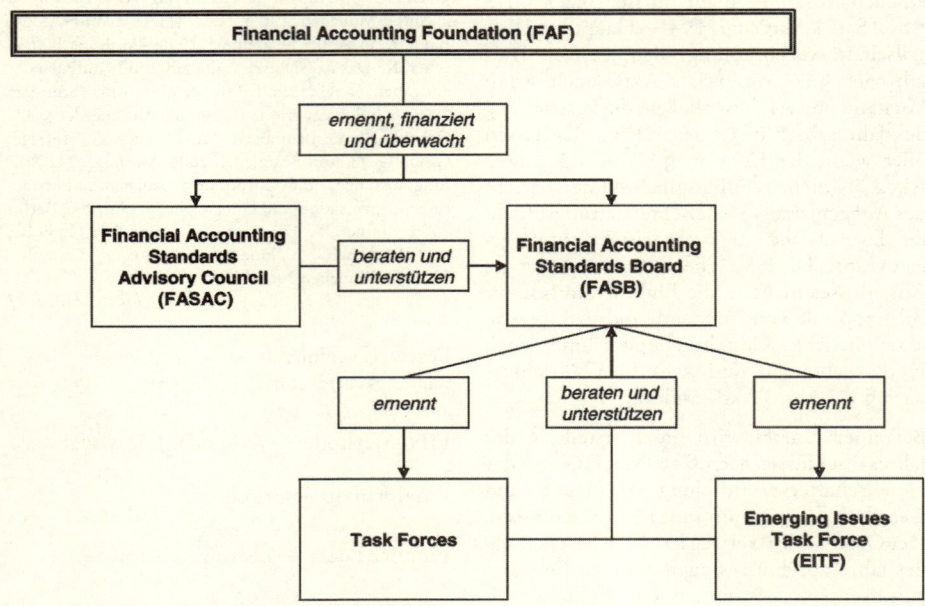

Quelle: Haller/Eierle 1998, S. 734.

Während die SFAS detaillierte Rechnungslegungsgrundsätze darstellen, handelt es sich bei den CON bzw. SFAC um allgemeine Rechnungslegungsgrundsätze, die zum Conceptual Framework der US GAAP gehören. Bei den FIN handelt es sich um Erläuterungen der SFAS bzw. der von den Vorgängerorganisationen des *FASB* verlautbarten ARB und APB Opinions (Born 2005, S. 347 f.). TB sind unterstützende Erläuterungen, die sich auf Rechnungslegungsprobleme bestimmter Unternehmen oder Branchen beziehen. Weiterhin publiziert das *FASB* sog. FSP – früher FASB Implementation Guides (Qs and As, d. h. Questions and Answers) genannt, die eine Anwendungshilfe für die Verlautbarungen des *FASB* darstellen (Born 2005, S. 348).

Alle Verlautbarungen des *FASB*, die vom *Board* des *FASB* verabschiedet werden (SFAS, FIN und CON/SFAC), durchlaufen vor ihrer Verlautbarung einen aufwendigen „Due Process". Dieser lässt sich grob in die drei Phasen Entscheidung über ein „Agenda Project", Erstellung eines „Discussion Memorandum" und standardisierter Einbezug der Öffentlichkeit einteilen.

Unterstützt wird das *FASB* durch das *FASAC*, *Task Forces* und die *EITF*. Aufgabe des FASAC ist es, das *FASB* hinsichtlich der Prioritäten von Projekten und bei vorläufigen Meinungsäußerungen zu Rechnungslegungsproblemen zu beraten. Task Forces werden zu Beginn eines „Due Process" eingerichtet, um das *Board* fachlich zu beraten. Sie ermitteln den Umfang und die Komplexität eines Projektes und dienen als Ansprechpartner für ein bestimmtes Problem. Die *EITF* ist eine dauerhaft eingerichtete Task Force, die sich mit der Früherkennung von Rechnungslegungsproblemen und der schnellen Lösung von Problemen mit geringem allgemeinem Stellenwert beschäftigt. Die *EITF* gibt als Lösungsvorschlag einen *EITF Consensus* heraus. Wenn nötig gibt die *EITF* die Fragestellung an das *FASB* weiter (Mueller 2002, Sp. 770 ff.).

Das *FASB* verfügt über keinen festen Mechanismus zur Entwicklung von Rechnungslegungsnormen. Der Prozess wird gestartet durch interne oder externe direkte Anfragen an das *Board*. Darüber hinaus beobachtet das *Board* auch Entwicklungen in der externen Rechnungslegung durch die Analyse von Jahresabschlüssen (→ Jahresabschlussanalyse).

Nachdem das *Board* Ratschläge und Anregungen über potenzielle Projekte erhalten hat, wird über deren Aufnahme in die Agenda entschieden. Kriterien zur Aufnahme in die Agenda sind:

- die Bedeutung des Problems,
- alternative Lösungsmöglichkeiten,
- technische Realisierbarkeit sowie
- praktische Konsequenzen.

Wird das Thema für weitere Sitzungen in die Agenda aufgenommen, muss festgelegt werden, welche Verlautbarungsart (SFAS, FIN, CON/SFAC) aus dem Projekt resultieren soll. Im weiteren Prozess wird in diversen Board Meetings mit Unterstützung von speziell eingerichteten Task Forces und ggf. unter Hinzuziehung von externen Experten ein *Discussion Memorandum* erarbeitet. Externe Interessenten haben die Möglichkeit, zu diesem *Discussion Memorandum* Stellung zu nehmen. Danach beginnt die dritte Phase des Due Processes, in der das *FASB* der interessierten Öffentlichkeit die Möglichkeit gewährt, auf den Normensetzungsprozess Einfluss zu nehmen. Am Ende des Prozesses steht die Verlautbarung durch das *FASB* (Haller/Eierle 1998, S. 737 ff.). Die organisatorische Einbindung des FASB ist in folgender Abb. zusammenfassend dargestellt.

Literatur: Born, K.: Rechnungslegung International, 4. Aufl., Stuttgart 2005; FASB 2005: Facts about FASB, http://www.fasb.org/facts (Download: 14. November 2005); Haller, A./Eierle, B.: Ideenfindung und -verarbeitung zur Entwicklung von Rechnungslegungsstandards beim Financial Accounting Standards Board, in: DB 51 (1998), S. 733–739; Mueller, G.: Financial Accounting Standards Board (FASB), in: Ballwieser, W. et al. (Hrsg.): HWRP, 3. Aufl., Stuttgart 2002, Sp. 768–772; Schildbach, T.: US-GAAP. Amerikanische Rechnungslegung und ihre Grundlagen, München 2000.

Ulrich Schönwald

Financial Auditing

Das Financial Auditing ist neben dem →Operational Auditing, →Management Auditing und Internal Consulting ein Teilgebiet der →Internen Revision. Dieser Einteilung liegt eine traditionelle Betrachtungsweise zugrunde.

Im Rahmen des Financial Auditing erfolgt eine vergangenheitsorientierte, unabhängige Prüfung finanzieller Daten zum Zweck der Beurteilung von Angemessenheit, Korrektheit und Verlässlichkeit dieser Daten, zur Sicherung des Unternehmensvermögens und zur Beurteilung der Funktionsfähigkeit des →Internen Kontrollsystems (→Internes Kontrollsystem, Prüfung des) (Lück 2001, S. 95).

Ziel der Prüfungen ist die Feststellung der Ordnungsmäßigkeit und Verlässlichkeit von interner und externer Rechnungslegung (→Ordnungsmäßigkeitsprüfung), der Schutz von Vermögen sowie die Überprüfung der Wirksamkeit und Zweckmäßigkeit der in die Arbeitsabläufe integrierten Kontrollen (→Kontrollprüfung).

Die traditionelle Betrachtungsweise der Aufgabengebiete ist aufgrund geänderter Anforderungen und Vorgehensweisen bei den Tätigkeiten der Internen Revision nicht immer zweckdienlich. Eine aktuellere Systematisierung orientiert sich an den Prüfungsaufgaben und unterscheidet zwischen →Ordnungsmäßigkeitsprüfungen, Risiko- und Chancenprüfungen, Sicherheitsprüfungen, Prüfungen der Zukunftssicherung sowie →Wirtschaftlichkeits- und Zweckmäßigkeitsprüfungen (Lück 2001, S. 96). Das Financial Auditing wird sich dabei vornehmlich auf die Prüfung der Ordnungsmäßigkeit, von Risiken und Chancen sowie der Sicherheit beziehen.

Zu den Prüfungsobjekten im Rahmen des Financial Auditing zählen z. B. abschlussbezogene Informationen, der Aufbau des Internen Kontrollsystems sowie des gesamten →Risikomanagementsystems (→Risikomanagementsystem, Prüfung des). Sofern der →Abschlussprüfer (APr) beabsichtigt, die Arbeit der Internen Revision zu verwerten, ist eine Abstimmung von Abschlussprüfung und Interner Revision erforderlich (→Interne Revision und Abschlussprüfung) (IDW PS 321.18–21).

Literatur: IDW (Hrsg.): IDW Prüfungsstandard: Interne Revision und Abschlussprüfung (IDW PS 321, Stand: 6. Mai 2002), in: WPg 55 (2002), S. 686–689; Lück, W.: Financial Auditing, in: Lück, W. (Hrsg.): Lexikon der Internen Revision, München 2001, S. 95–96.

Bernhard Klinkhammer

Financial Due Diligence

Die Financial Due Diligence bildet einen Teilbereich der →Due Diligence und ist eine der häufigsten Analysen beim Erwerb von Unternehmen (Marten/Köhler 1999, S. 337), gefolgt

Financial Due Diligence

von der →Legal Due Dilligence und →Tax Due Diligence. Sie ist weder mit einer Abschlussprüfung (→Jahresabschlussprüfung; →Konzernabschlussprüfung) noch mit einer →Unterschlagungsprüfung vergleichbar. Eine rechtliche Definition des Begriffs ist in Deutschland nicht vorhanden.

Unter „Financial Due Diligence" versteht man allgemein die systematische und detaillierte Analyse und Untersuchung eines Unternehmens(teils) (Target) hinsichtlich der finanziellen Lage und vorhandenen Erlösquellen sowie der damit verbundenen Chancen und Risiken im Rahmen einer Unternehmenstransaktion (ähnlich IDW 2002, Abschn. O, Rn. 100 ff.).

Da keine (gesetzlich) normierten Zwecke verfolgt werden und die Ausgestaltung individuell vereinbart wird, wird i.d.R. keine →Bescheinigung (→Bescheinigungen im Prüfungswesen) oder Siegelung verwandt. Je nach Auftraggeber werden Informationen bzgl. der Branche oder verfügbare Informationen eines strategischen Investors in die Untersuchung einbezogen. Der Unterschied zur →Commercial Due Diligence liegt in der Fokussierung auf Finanzinformationen des Targets.

Die Financial Due Diligence untersucht das Target auf Grundlage der zurückliegenden Finanzinformationen und bezieht die Planungsrechnung (→Planung) sowie Erfolgskomponenten unter dem Blickwinkel der geplanten Transaktion ein. Somit ist die Financial Due Diligence zweckorientiert und dient häufig als Basis für weitere Wertfindungsprozesse. Hierbei werden neben den Abschlüssen auch die Kostenrechnung (→Kosten- und Leistungsrechnung; →Kostenrechnung, Prüfung der), →Kalkulation u.Ä., in die Analysen einbezogen.

Bei der Financial Due Diligence werden die jeweils entscheidungsrelevanten Finanzinformationen beschafft und Informationsasymmetrien zwischen Parteien verringert, die dem Auftraggeber als Grundlage zu einem besseren Verständnis der finanziellen Situation und zur Beurteilung des Unternehmens sowie zur Gestaltung der Unternehmenstransaktion dienen.

Der besondere Fokus der Financial Due Diligence liegt darauf, Entscheidungsträgern die für die geplante Transaktion relevanten Informationen hinsichtlich →Vermögenslage, →Finanzlage und →Ertragslage (→wirtschaftliche Verhältnisse) und den darauf aufbauenden Planungsrechnungen zu liefern und die wesentlichen Feststellungen (Deal Issues) transparent aufzuarbeiten. Wesentlicher Bestandteil der Financial Due Diligence ist daher die detaillierte Darstellung der Vermögens-, Finanz- und Ertragslage in der Vergangenheit und vor allem in der Gegenwart und Zukunft (Brebeck/Bredy 2005, S. 376).

Die Financial Due Diligence kann dabei in drei Phasen eingeteilt werden (ähnlich Brauner/Lescher 2005, S. 399):

Abb. 1: Drei-Phasen-Modell

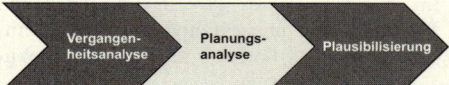

Phase 1: Ziel der *Vergangenheitsanalyse* ist die Identifizierung der finanziellen Ausgangslage, kritischer Umsatz- und Aufwandtreiber, der Rechnungslegungsgrundsätze und wichtigsten Trends und Veränderungsanalysen (→zeitlicher Vergleich). Dabei wird das bestehende Geschäftsmodell analysiert und kritische Erfolgsfaktoren (→Erfolgsabhängigkeiten) identifiziert.

Im Wesentlichen werden folgende Bereiche analysiert:

- Beschreibung des Geschäftsmodells,
- Beschreibung des Berichtswesens (→Berichtssystem),
- Analyse der Bilanzierungs- und Bewertungsmethoden (→Ansatzgrundsätze; →Bewertungsgrundsätze),
- Ertragsanalyse,
- Analyse der Kostenrechnung und -kalkulation,
- →Jahresabschlussanalyse (→Jahresabschlussanalyse, Methoden der) und
- →Cash Flow-Analyse.

Phase 2: Im Rahmen der *Planungsanalyse* werden die Planungsmethoden und -modelle (→Planungssysteme) dargestellt, historische →Planungen mit tatsächlichen Resultaten verglichen und die Abweichungen untersucht (→Soll-Ist-Vergleich; →Abweichungsanalyse). Des Weiteren werden mögliche Konsequenzen auf die vorgelegte Planungsrechnung beurteilt.

Phase 3: Die oben geschilderte Analyse der Vergangenheit und die Analyse der Planungstreue beeinflusst wesentlich die *Plausibilisierung* der Ergebnisse:

- Verifizierung der finanziellen Ausgangslage:
  - Geschäftsmodell und →Werttreiber,
  - Vermögenslage,
  - Finanz- und Liquiditätslage,
  - Unternehmenskennzahlen (→Kennzahlen und Kennzahlensysteme als Kontrollinstrument),
- Abstimmung der festgestellten Ausgangslage mit den getroffenen Annahmen;
- Vergleich von Planungsergebnissen mit Ergebnissen der Vergangenheitsanalyse;
- Abgleich der Annahmen des Planungsmodells, Ausgangslage und Ergebnissen der Vergangenheitsanalyse durch:
  - Detailanalyse des Planungsmodells,
  - Verifikation sachlogischer Zusammenhänge,
  - Analyse auf rechnerische Richtigkeit,
  - Parametrisierung der Planungsgrößen,
  - Beurteilung der Planungsergebnisse.

Die Plausibilisierung der Planung kann zusammenfassend wie in Abb. 2 dargestellt werden.

Die Abwicklung der Financial Due Diligence-Aufträge stellt sich als dynamischer Prozess dar, bei dem sich die Einflüsse der Informationsbeschaffung und -auswertung sowie Ergebnisse anderer Analysegebiete (z. B. →Legal Due Diligence) auswirken. Daher beeinflussen Analyseergebnisse häufig unterschiedliche Prozesse, die im Rahmen der Financial Due Diligence durchlaufen werden:

- Voranalyse der finanziellen Verhältnisse,
- Auftragsdefinition der Financial Due Diligence,
- Analyse der Finanzinformationen,
- Abgleich der Ergebnisse mit anderen Analysen und
- Berichterstattung.

Die zutreffende Darstellung von Finanzanalysen wird häufig mittels Einholung schriftlicher Erklärungen vom Management des Targets hinsichtlich der zutreffenden Tatsachendarstellung von Finanzinformationen sowie Aussagen zu Planungsrechnungen gegenüber dem Auftragnehmer dokumentiert.

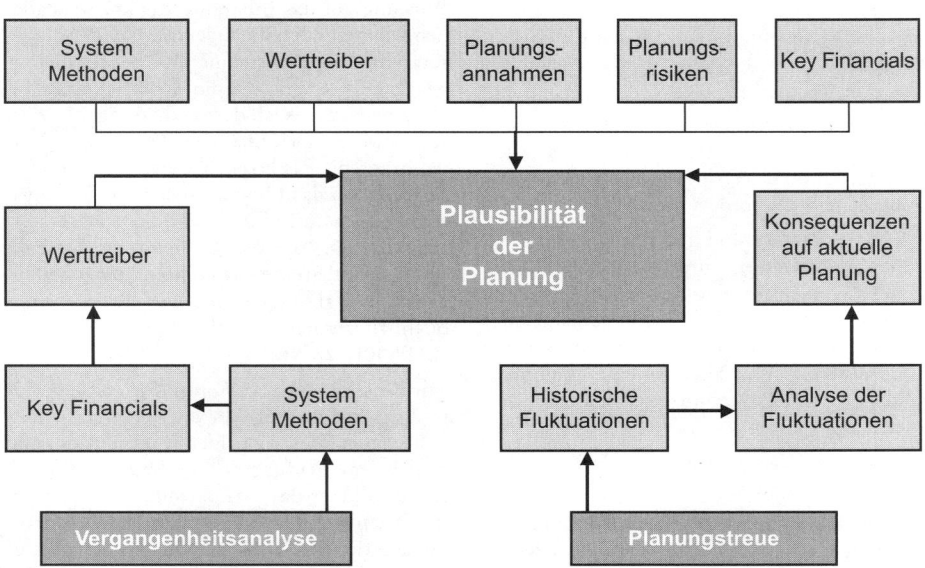

Abb. 2: Plausibilisierung der Planung

Quelle: Ganzert/Lutz 1995, S. 576–581.

Literatur: Brauner, H. U./Lescher, J.: Financial Due Diligence II: Liquidität und Finanzierung, in: Berens, W./Brauner, H. U./Strauch, J. (Hrsg.): Due Diligence bei Unternehmensakquisitionen, 4. Aufl., Stuttgart 2005, S. 373–394; Brebeck, F./Bredy, J.: Financial Due Diligence I: Vermögen, Ertrag und Cashflow, in: Berens, W./Brauner, H. U./Strauch, J. (Hrsg.): Due Diligence bei Unternehmensakquisitionen, 4. Aufl., Stuttgart 2005, S. 373–394; Ganzert, S./Lutz, K.: Due Diligence Review – eine Inhaltsbestimmung, in: WPg 48 (1995), S. 576–581; Marten, K.-U./Köhler, A. G.: Due Diligence in Deutschland. Eine empirische Untersuchung, in: FB 1 (1999), S. 337–348; Weiler, I./Heidelberger, M.: Professionalisierung des Unternehmenskaufs durch den Einsatz der Vendor Due Diligence, Schriftenreihe Analyse und Gestaltung in der Rechts-, Wirtschafts- und Steuerberatung von Unternehmen, Bank 1, Mergers & Aquisitions, Haarmann Hemmelrath (Hrsg.), Frankfurt a.M. 2003, S. 375–395.

Georg Tominski

Financial Instruments

Ein Finanzinstrument (Financial Instrument) ist nach IAS 32.11 ein „Vertrag, der gleichzeitig bei dem einen Unternehmen zu einem finanziellen Vermögenswert und bei dem anderen Unternehmen zu einer finanziellen Verbindlichkeit oder einem Eigenkapitalinstrument führt". Finanzinstrumente lassen sich in originäre Finanzinstrumente (→Forderungen, →Verbindlichkeiten und →Eigenkapital) und →derivative Finanzinstrumente (Swaps, Forwards, Optionen und Futures) (IAS 32.9 und 39.13) unterteilen. Nach IAS 39.9 werden Finanzinstrumente verschiedenen Kategorien zugeordnet:

- *Held to Maturity Investments* weisen bestimmbare Zahlungen und ein Fälligkeitsdatum, das vom Unternehmen eingehalten wird, auf (z. B. festverzinsliche Wertpapiere, Darlehen und Forderungen).
- *Held for Trading* sind finanzielle Vermögenswerte (→Asset) und Verbindlichkeiten (→Liability), die der Gewinnmaximierung dienen sollen und kurzfristig verkauft oder zurückgekauft zu werden. Sie umfassen alle derivativen Finanzinstrumente, die nicht als Sicherheitsinstrument eingesetzt werden.
- *Loans and Receivables* sind Ausleihungen und Forderungen.
- *Available for Sale* sind alle zur Veräußerung verfügbaren finanziellen Vermögenswerte, die nicht zu den ersten drei Kategorien gehören [z. B. Stammaktien oder Anteile an einer →Gesellschaft mit beschränkter Haftung (GmbH), soweit sie auf Dauer gehalten werden und nicht →Beteiligungen i.S.v. IAS 27, 28 oder 31 sind].

Angabe, Darstellung, Ansatz und Bewertung von Finanzinstrumenten richtet sich nach IAS 32 und 39.

Die *Prüfung der Finanzinstrumente* richtet sich nach den allgemeinen Grundsätzen der IDW PS 200, 201, 400 und 450. Ferner ist bei Prüfung von Finanzinstrumenten der IDW PS 315 zur Prüfung von Zeitwerten (→Zeitwerte, Prüfung von) anwendbar. Mangels spezieller deutscher Prüfungsstandards für Finanzinstrumente kann sich der →Abschlussprüfer (APr) an den IAPS 1012 orientieren (Schmidt 2004, S. 14). Der Standard folgt dem →*risikoorientierten Prüfungsansatz*. Demnach sollte sich der APr zur Einschätzung des *inhärenten Risikos* (→Prüfungsrisiko) über die *Erfahrung* aller mit den Finanzinstrumenten befassten Personen informieren (IAPS 1012.27). Hierzu sind die Händler, Portfoliomanager und die Unternehmensleitung zu zählen. Je breiter deren Erfahrung ist, desto geringer ist das inhärente Risiko. Weiterhin hat der APr den *Zweck* des Einsatzes der Finanzinstrumente festzustellen. Dies sind Risikoreduzierung durch Sicherungsgeschäfte oder Gewinnmaximierung/Spekulation (IAPS 1012.20 ff.). Letzteres hat i.A. eine erhöhende Wirkung auf das inhärente Risiko. Abschließend sollten noch die *Eigenschaften* der eingesetzten Finanzinstrumente berücksichtigt werden. Je komplexer die Struktur eines Finanzinstruments ist, desto schwieriger ist dessen Bewertung (1012.27 Nr. 2). Dadurch wird das inhärente Risiko erhöht. Ferner ist von Bedeutung, ob das Finanzinstrument Zahlungsströme (→Cash Flow) vor oder nach Vertragsabschluss auslöst. Ist Letzteres der Fall, so ist das inhärente Risiko höher einzustufen, da ohne Zahlungsströme das Risiko einer buchhalterischen Nichterfassung besteht (IAPS 1012.27 Nr. 3).

Zur Einschätzung des *Kontrollrisikos* (→Prüfungsrisiko) hat der APr das →Interne Kontrollsystem (IKS) zu prüfen (→Internes Kontrollsystem, Prüfung des; →Systemprüfung). Dazu sollte er das →*Kontrollumfeld* beurteilen. Nach IAPS 1012.35 sollten hier Beschränkungen für die Genehmigung von Transaktionen in Abhängigkeit von Art und Einsatzzweck der Finanzinstrumente und für max.

zulässige Risiken (unterteilt nach Arten) vorhanden sein.

Ferner sollte eine unabhängige und zeitnahe Überwachung der Risiken neben den entsprechenden Kontrollverfahren und eine aufbauorganisatorische Funktionstrennung von Handel, Buchführung und Risikokontrolle identifizierbar sein. Um das *IKS* zu testen (→Kontrollprüfung), sollte der APr ein Soll-System entwickeln, mit dem er das Ist-System des zu prüfenden Unternehmens vergleicht (→Aufbauorganisation). Hier sind Verlautbarungen verschiedener Organisationen als gedanklichen Leitfaden hinzuziehen [u. a. →Mindestanforderungen an das Risikomanagement der →*Bundesanstalt für Finanzdienstleistungsaufsicht* (*BaFin*)]. Ferner hat der APr die im Unternehmen integrierten *Kontrollverfahren* zu überprüfen. U.a. deuten detaillierte Dokumentationen der einzelnen Geschäfte, die Beachtung angemessener Datensicherheit und der richtige Umgang mit den Saldenbestätigungen der Kontraktpartner (→Bestätigungen Dritter) auf ein sinnvolles IKS hin (IAPS 1012.40 ff.). Um ein eindeutige Prüfungsnachweise über die Qualität des IKS zu erlangen, führt der APr abschließend →*Funktionsprüfungen* durch. IAPS 1012.64 f. empfiehlt für Finanzinstrumente folgende Prüfungshandlungen vorzunehmen (→Auswahl von Prüfungshandlungen):

- Feststellung, ob die Kontraktpartner auf der Ebene des Handels von der Geschäftsleitung zugelassen wurden und über ausreichend →Bonität verfügen,

- Überprüfung der richtigen Bewertung (→Bewertungsprüfung) und buchhalterischen Erfassung und Dokumentation der Transaktionen und

- Beurteilung, ob die Unternehmensleitung regelmäßig die Aktivitäten mit Finanzinstrumenten überwacht hat (→Überwachungsaufgaben des Vorstands).

Zuletzt hat der Prüfer die *Richtigkeit der Abschlussaussagen* des Jahresabschlusses zu beurteilen. Eine Systematisierung ist dem IDW PS 300 und dem ISA 500.17 zu entnehmen. Bei den Finanzinstrumenten hat der APr die Abschlussaussagen Vorhandensein, Vollständigkeit und Bewertung zu überprüfen (→materielle Prüfung) und diesbezüglich geeignete →ergebnisorientierte Prüfungshandlungen vorzunehmen. *Vorhandensein* setzt voraus, dass ein im JA ausgewiesenes Finanzinstrument tatsächlich existiert (→Nachweisprüfungshandlungen). Die Aussage *Vollständigkeit* verlangt, dass alle Finanzinstrumente im JA enthalten sind. Insb. für derivative Finanzinstrumente sind Nachweise für diese Aussagen schwierig zu erbringen, da Zahlungen meistens nach Vertragsabschluss stattfinden und der Vertrag beim Telefonhandel mündlich und zum Großteil über außerbörsliche Handelssysteme abgewickelt wird. Der APr sollte deshalb Saldenbestätigungen einholen. Diese sind aufgrund der überschaubaren Zahl von Kontraktpartnern beim Handel mit Finanzinstrumenten gut einzufordern. Zusätzlich haben sie als externer Prüfungsnachweis eine hohe Beweiskraft. Eine weitere Prüfungshandlung besteht darin, die Zahlungen bei der Abwicklung der Geschäfte als Prüfpfad zu verwenden (z. B. Kontoauszüge). Sie sind normale Transfers von →Bankguthaben und somit gut nachzuvollziehen.

Bzgl. der *Bewertung* treten Schwierigkeiten bei den eingebetteten Derivaten auf. Nähere Erklärungen und Prüfungshandlungen sind den derivativen Finanzinstrumenten zu entnehmen.

Abschließend hat der APr die Angaben im →Anhang (→Notes) über die Finanzinstrumente mit den Anforderungen des IFRS 7 abzustimmen. Bei der Prüfung des Lageberichts sollte er die DRS 5 und 15 beachten.

Literatur: Bachem, H. J. et al.: IFRS Jahresabschluss, Erstellung und Prüfung 2004/05, Bonn 2005; IDW (Hrsg.): IDW Prüfungsstandard: Ziele und allgemeine Grundsätze der Durchführung von Abschlussprüfungen (IDW PS 200, Stand: 28. Juni 2000), in: WPg 53 (2000a), S. 706–710; IDW (Hrsg.): IDW Prüfungsstandard: Rechnungslegungs- und Prüfungsgrundsätze für die Abschlussprüfung (IDW PS 201, Stand: 17. November 2000), in: WPg 53 (2000b), S. 710–713; IDW (Hrsg.): IDW Prüfungsstandard: Prüfungsnachweise im Rahmen der Abschlussprüfung (IDW PS 300, Stand: 2. Juli 2001), in: WPg 54 (2001), S. 898–903; IDW (Hrsg.): IDW Prüfungsstandard: Grundsätze für die ordnungsmäßige Erteilung von Bestätigungsvermerken bei Abschlussprüfungen (IDW PS 400, Stand: 28. Oktober 2005), in: WPg 58 (2005), S. 1382–1402; IDW (Hrsg.): IDW Prüfungsstandard: Die Prüfung von Zeitwerten (IDW PS 315, Stand: 8. Dezember 2005), in: WPg 59 (2006a), S. 309–314; IDW (Hrsg.): IDW Prüfungsstandard: Grundsätze ordnungsmäßiger Berichterstattung bei Abschlussprüfungen (IDW PS 450, Stand: 8. Dezember 2005), in: WPg 59 (2006b), S. 113–128; Schmidt, M.: Überlegungen zur Prüfung von Finanzinstrumenten nach internationalen Normen, in: WPg 57 (2004), S. 12–29.

Marc Böhlhoff

Financing Cash Flow → Cash Flow

Finanzanlagen

Die Prüfung der Finanzanlagen umfasst die folgenden Posten:

- Anteile an →verbundenen Unternehmen,
- Ausleihungen an verbundene Unternehmen,
- →Beteiligungen,
- Ausleihungen an Unternehmen, mit denen ein Beteiligungsverhältnis besteht sowie
- Wertpapiere des →Anlagevermögens.

Bei der Prüfung der Anteile an verbundenen Unternehmen im Rahmen der →Jahresabschlussprüfung hat der →Abschlussprüfer (APr) als erstes anhand eines vom obersten Mutterunternehmen erstellten Verzeichnisses die Prüfung der Vollständigkeit der Anteile der verbundenen Unternehmen i. S. v. § 271 Abs. 2 HGB vorzunehmen. Es werden alle bestehenden Unternehmensverbindungen, unabhängig davon, ob diese Unternehmen in den Konzernabschluss einbezogen werden (→Konsolidierungskreis), aufgenommen. Diese Liste sollte an alle betroffenen Unternehmen weitergeleitet werden; sie kann nach § 320 Abs. 2 HGB aber auch unmittelbar durch den Prüfer vom Mutterunternehmen angefordert werden (→Auskunftsrechte des Abschlussprüfers). Folgende Angaben sollten im Verzeichnis enthalten sein: die Höhe der Beteiligung (prozentual und nominal), Informationen über die Rechtsform, die →Anschaffungskosten (AK) und der letzte Buchwert. Zum Vergleich und zur Abstimmung mit den Angaben werden die internen und externen Originalunterlagen (z. B. Kaufverträge, HR-Auszüge, →Registerauszüge) verwandt (→Prüfungsnachweise). Im Besonderen ist hierbei auf die unterschiedliche Auslegung des Begriffs „verbundene Unternehmen" nach § 271 Abs. 2 HGB und § 15 AktG zu verweisen. Hieraus können unterschiedliche Konsequenzen entstehen: z. B. Mutter-, Tochter- und assoziierte Unternehmen nach HGB und abhängige Unternehmen nach dem AktG (→Abhängigkeitsbericht). Zudem sollte eine Überprüfung der Konsequenzen stattfinden, die sich aus der Qualifizierung eines Unternehmens als verbundenes Unternehmen für Sonderausweise in der Bilanz (z. B. Ausleihungen, →Forderungen, →Verbindlichkeiten) und →Gewinn- und Verlustrechnung (GuV) (z. B. Erträge aus Beteiligungen und anderen Wertpapieren, Zinsaufwendungen) sowie für Zusatzangaben im →Anhang (z. B. →sonstige finanzielle Verpflichtungen) ergeben.

Da die Prüfung der Finanzanlagen auch alle mit den auszuweisenden →Vermögensgegenständen im unmittelbaren Zusammenhang stehenden →Aufwendungen und Erträge umfasst, erstreckt sie sich auf die folgenden GuV-Posten: Erträge aus Beteiligungen, Erträge aus Gewinngemeinschaften, Gewinnabführungsverträge und Teil-Gewinnabführungsverträge, die Erträge aus anderen Wertpapieren und Ausleihungen des Finanzanlagevermögens (→Finanzergebnis), die →sonstigen betrieblichen Aufwendungen und Erträge, die Abschreibungen auf Finanzanlagen (→Abschreibungen, bilanzielle) sowie die Aufwendungen aus Verlustübernahme. Die Erträge oder Verluste aus dem Abgang von Gegenständen des Finanzanlagevermögens sollten unter dem Posten „sonstige betriebliche Erträge" bzw. „sonstige betriebliche Aufwendungen" ausgewiesen werden (→sonstige betriebliche Aufwendungen und Erträge). Die Erträge aus Anteilen an verbundenen Unternehmen sollten jeweils gesondert aufgeführt werden. Die Bestands- und Zugangsprüfung von verbrieften Anteilen, insb. börsennotierten Wertpapieren, richtet sich danach, ob die Wertpapiere von →Kreditinstituten im Depot oder von der Gesellschaft selbst verwahrt werden. Liegt Fremdverwahrung vor, so kann der Prüfer das Vorhandensein der Wertpapiere am Bilanzstichtag anhand der Depotbescheinigung der Kreditinstitute (→Bestätigungen Dritter) feststellen. Geben die Depotbescheinigungen allerdings keinen Aufschluss über den Anschaffungszeitpunkt, so bedarf es einer stichprobenweisen Einsichtnahme in die Kaufverträge bzw. Kaufbescheinigungen (→Stichprobenprüfung). Handelt es sich um eigenverwahrte Wertpapiere, so ist der Wertpapierbestand ähnlich wie der Kassenbestand aufzunehmen. Dies gilt auch für die Beteiligungen und die anderen Wertpapiere des Anlagevermögens, wobei die Vollständigkeit der Zins- und Erneuerungsscheine überprüft werden muss.

Bei der Prüfung der Bewertung der Anteile (→Bewertungsprüfung) unterscheidet man zwischen börsennotierten Wertpapieren und Wertpapieren, die nicht an der Börse gehandelt werden. Im letzteren Fall erfolgt die Prüfung anhand der Jahresabschlüsse und den entsprechenden Prüfungsberichten dieser Unternehmen sowie durch Auskünfte der geprüften Gesellschaft. Des Weiteren sollte eine Unternehmensplanung (→Planung) angefordert werden. Anhand dieser Materialien kann der Prüfer feststellen, ob Anzeichen für eine nachhaltige Wertminderung vorliegen. Sollte dies der Fall sein, so muss der Prüfer die Gesellschaft davon unterrichten und ggf. eine Wertberichtigung veranlassen. Wurde bereits eine Wertberichtigung seitens der Gesellschaft durchgeführt, so hat sie dem Prüfer die Angemessenheit und Gründe darzulegen. Bei börsennotierten Wertpapieren geben hingegen die am Bilanzstichtag amtlichen Kurse Aufschluss über das Vorliegen einer Wertminderung. Wurden Wertberichtigungen gem. § 254 HGB vorgenommen, so sind die steuerlichen Voraussetzungen zu überprüfen (→Abschreibungen, steuerrechtliche). Für weitere Einzelheiten wird an dieser Stelle auf IDW RS HFA 10 verwiesen.

Für die *Prüfung der Beteiligungen* gelten im Wesentlichen die oben genannten Grundsätze (→Beteiligungen).

Zur *Prüfung der Ausleihungen* dient eine Saldenliste, in der die Ausleihungen zum Bilanzstichtag aufgeführt sein müssen. Um die Sicherung der Ausleihungen zu überprüfen, muss der Prüfer notarielle Urkunden, Hypotheken etc. kontrollieren. Die Einhaltung der Zins- und Tilgungsbedingungen wird anhand von Darlehensverträgen festgestellt. →Forderungen befinden sich in einer geordneten Darlehenskartei, die zur Überwachung der Verzinsung, Sicherheiten und Rückzahlungsbedingungen angewandt wird. In Stichproben muss sich der Prüfer von der richtigen →Buchung der Eingänge von Tilgungen und Zinsen überzeugen (→Stichprobenprüfung).

Des Weiteren hat der Prüfer die sachgerechte Zuordnung der Ausleihungen zum Anlagevermögen zu beachten. Ausleihungen an verbundene Unternehmen sowie an Unternehmen, mit denen ein Beteiligungsverhältnis besteht, sind gesondert auszuweisen.

Die *Prüfung der Wertpapiere des Anlagevermögens* ist dadurch geprägt, dass diese entweder im Unternehmen oder dem in der Praxis üblichen Fall im Depot einer Bank aufbewahrt werden. Am Bilanzstichtag erfolgt zunächst die Einholung der Depotbestätigung (→Bestätigungen Dritter), die auch Angaben über mögliche Belastungen, wie z. B. Pfändungen, enthalten sollte. Diese wird anschließend mit der Eintragung im Wertpapierbuch oder dem von dem Unternehmen aufgestelltem →Inventar verglichen (→Verprobung). Da der Grundsatz der Einzelbewertung gilt (→Grundsätze ordnungsmäßiger Rechnungslegung), muss jedes Papier bzw. jede Art einzeln gekennzeichnet sein.

Verwahrt das Unternehmen seine Wertpapiere hingegen selbst, so wird statt einer Depotbestätigung ein Protokoll über die Aufnahme des Bestandes am Bilanzstichtag erstellt. Der Wertpapierbestand wird dann am Prüfungsstichtag vom APr aufgenommen. Für die Aufnahmetechnik gelten die gleichen Grundsätze wie für die Kassenbestandsaufnahme, wobei auch hier auf die Vollständigkeit der Zins-, Dividenden- und Erneuerungsscheine zu achten ist.

Der APr hat zudem die folgenden Kriterien zu überprüfen: die ordnungsgemäße Buchung der Zu- und Abgänge während des Geschäftsjahres, die Anwendung des Niederstwertprinzips (→beizulegender Wert), die Einhaltung der zuvor angewandten Bewertungsmethoden (→Bewertungsgrundsätze) und die Erforderlichkeit einer Zuschreibung (→Wertaufholung) (→Grundsätze ordnungsmäßiger Buchführung, Prüfung der).

Mit der Überprüfung des Bestandes sollte zugleich die Prüfung der Wertpapiererträge stattfinden, da nur der Bestand die Errechnung der Sollbeträge gestattet. Diese müssen mit den tatsächlichen Eingängen abgestimmt werden (→Abstimmprüfung).

Literatur: IDW (Hrsg.): IDW Stellungnahme zur Rechnungslegung: Anwendung der Grundsätze des IDW S 1 bei der Bewertung von Beteiligungen und sonstigen Unternehmensanteilen für die Zwecke eines handelsrechtlichen Jahresabschlusses (IDW RS HFA 10, Stand: 18. Oktober 2005), in: WPg 58 (2005), S. 1322–1323; IDW (Hrsg.): WPH 2006, Band I, 13. Aufl., Düsseldorf 2006.

Marc Böhlhoff

Finanzbedarfsrechnung

Die Finanzbedarfsrechnung ist eine Nebenrechnung im Rahmen der →Unternehmensbewertung nach der →Ertragswertmethode. Bei diesem Verfahren wird der →Unternehmenswert durch Diskontierung der den Anteilseignern künftig zufließenden Finanzüber-

Finanzbedarfsrechnung

schüsse ermittelt. Die Nettoausschüttungen an die Anteilseigner werden dabei aus den prognostizierten Ertragsüberschüssen (Gewinnen) abgeleitet. Ob die Ertragsüberschüsse unter Liquiditätsgesichtspunkten tatsächlich ausgeschüttet werden können, hängt jedoch wesentlich von den künftigen →Investitionen ab. Die Finanzbedarfsrechnung dient in diesem Zusammenhang dazu, einen möglicherweise bestehenden Außenfinanzierungsbedarf zu ermitteln, der dann entsteht, wenn die mögliche Innenfinanzierung nicht ausreicht, die geplanten Ausschüttungen und Investitionen zu decken. Der aus der Außenfinanzierung resultierende Zinsaufwand für das aufzunehmende →Fremdkapital mindert die zu diskontierenden Ertragsüberschüsse. Besteht hingegen ein Überschuss an Finanzmitteln, so erhöhen die darauf anfallenden Zinserträge die zu diskontierenden Gewinne. Der Finanzbedarfsrechnung kommt somit ebenso die Aufgabe zu, das Zinsergebnis zu prognostizieren (→Prognoseinstrumente).

Da der Finanzbedarf nicht nur durch die Investitionen, sondern auch durch die Höhe der Ausschüttungen bestimmt wird, ist es erforderlich, bei der Unternehmensbewertung nach dem Ertragswertverfahren Annahmen zur künftigen Ausschüttungspolitik zu treffen. Für die Ermittlung eines objektivierten Unternehmenswerts wird hierbei grundsätzlich die Vollausschüttung nach Ersatzinvestitionen unterstellt. Die erwirtschafteten Finanzmittel stehen bei dieser Prämisse folglich nicht weiter auf Unternehmensebene zur Verfügung, um z. B. Kredite zu tilgen. Bei der Ermittlung subjektiver Entscheidungswerte kann es indes sachgerecht sein, hiervon abweichend eine teilweise oder vollständige Thesaurierung der Ertragsüberschüsse anzunehmen (IDW 2002, S. 96).

Die Finanzbedarfsrechnung ist zumindest für den Zeitraum aufzustellen, für den die Ertragsüberschüsse aus der operativen Geschäftsplanung (→Planung) vorliegen. Inwieweit auch für die darüber hinausgehende Phase eine Finanzbedarfsrechnung erstellt werden muss, ist davon abhängig, ob sich das Unternehmen in einem finanziellen Gleichgewichtszustand befindet oder nicht. Hierbei ist vor allem zu prüfen, ob sich die Pensionsaufwendungen (→Pensionsverpflichtungen) mit den Pensionszahlungen und die Abschreibungsgegenwerte mit den Ersatzinvestitionen decken.

Die folgende Abb. zeigt exemplarisch den Aufbau einer Finanzbedarfsrechnung. Der darin ermittelte Kreditbedarf wird mit dem prognostizierten Zinssatz verzinst und mindert als Zinsaufwand die Ertragsüberschüsse (Gewinne) vor Zinsen.

Literatur: Drukarczyk, J./Schüler, A.: Unternehmensbewertung, 5. Aufl., München 2007; IDW (Hrsg.):

Abb.: Finanzbedarfsrechnung

In T€	01	02	03	04	05
Laufender Finanzbedarf					
1. Ersatzinvestitionen	200	140	160	90	100
2. Erweiterungsinvestitionen	150	100	25	20	0
3. Pensionszahlungen	30	32	35	37	40
4. Sonstige nicht aufwandswirksame Ausgaben	15	15	20	10	10
	395	287	240	157	150
Laufende Finanzdeckung					
1. Abschreibungen	130	165	170	190	195
2. Erhöhung der Pensionsrückstellungen	12	10	10	15	12
3. Sonstige nicht ausgabenwirksame Aufwendungen	10	5	15	25	25
	152	180	195	230	232
Finanzunterdeckung (−) bzw. -überdeckung (+)	-243	-107	-45	+73	+82
Vortrag Kredite	-1.000	-1.243	-1.350	-1.395	-1.322
+ Kredittilgung: - planmäßig 5% des Vortrags	50	62	68	70	66
- außerplanmäßig	0	0	0	3	16
− Kreditaufnahme	-293	-169	-113	0	0
= Kreditbedarf	-1.243	-1.350	-1.395	-1.322	-1.240
Zinsaufwand (8% auf Kredite am Jahresanfang)	80	99	108	112	106

IDW Standard Grundsätze zur Durchführung von Unternehmensbewertungen (IDW S 1, Stand: 18. Oktober 2005), in: WPg 58 (2005), S. 1303–1321; IDW (Hrsg.): WPH 2002, Band II, 12. Aufl., Düsseldorf 2002; Schultze, W.: Methoden der Unternehmensbewertung, 2. Aufl., Düsseldorf 2003.

Peter Kajüter

Finanzcontrolling

Das Finanzcontrolling übernimmt als integraler Bestandteil kapitalmarkt- bzw. →wertorientierter Unternehmensführung *Unterstützungsfunktionen bei der finanzzielorientierten Führung* von Unternehmen. Aus den finanziellen Oberzielen des Unternehmens (Perridon/Steiner 2004, S. 9–14) leiten sich die Ziele des Finanzcontrollings ab. Rentabilität und Liquidität gelten in Theorie und Praxis als die beiden wichtigsten Finanzziele erwerbswirtschaftlicher Unternehmen. Traditionell ist die Sicherung der *Liquidität* zentrale Aufgabe des Finanzcontrollings, um die jederzeitige Zahlungsfähigkeit zu gewährleisten und damit die Unternehmensexistenz zu sichern. Die Liquiditätssicherung ist notwendige, aber keine hinreichende Bedingung für die nachhaltige Existenz- und Erfolgssicherung des Unternehmens. Hinreichend ist die Erwirtschaftung monetärer Unternehmenserfolge, wobei die *Rentabilität* des eingesetzten Kapitals (→Rentabilitätsanalyse) oberhalb der unternehmensspezifischen →Kapitalkosten liegen muss, um die Ansprüche der Kapitalgeber zu befriedigen.

Aktuelle Entwicklungstendenzen, wie z. B. die Einführung von →Basel II, die steigende Bedeutung interner oder externer →Ratings sowie die Verbreitung der internationalen Rechnungslegungsstandards [→International Financial Reporting Standards (IFRS)], verdeutlichen die Notwendigkeit, unternehmerische Entscheidungen an den Kapitalgeberinteressen zu orientieren. In Bezug auf die Führungsunterstützungsfunktion des →Controllings (→Controlling, Aufgaben des) (Brühl 2004, S. 35 f.) hat das Finanzcontrolling die für unternehmerische Entscheidungen notwendigen finanzwirtschaftlichen Informationen bereitzustellen. Nach der Entscheidungsebene wird hierbei zwischen strategischen und operativen Entscheidungen (→strategisches Controlling; →operatives Controlling) differenziert.

Strategische Entscheidungen (z. B. hinsichtlich der Auswahl der zu bearbeitenden Geschäftsfelder) benötigen Informationen, mit denen sich der durch die jeweilige Strategie generierte Beitrag zum →Unternehmenswert quantifizieren lässt (→wertorientierte Strategieplanung). Als Mindestanforderungen dienen die unternehmensspezifischen Kapitalkosten, die unter Berücksichtigung der Anlagealternativen von Eigen- und Fremdkapitalgebern abgeleitet werden. Wenn die Rentabilität des eingesetzten Kapitals oberhalb des unternehmensspezifischen Kapitalkostensatzes liegt, wird der Unternehmenswert gesteigert (Pape 2004, S. 160–164). Für strategische Entscheidungen werden daher primär periodenübergreifende Steuerungsgrößen auf Basis von Bar- bzw. Kapitalwerten verwendet. Zur Ermittlung dieser Steuerungsgrößen dienen wertorientierte Führungskonzepte, wie z. B. die →Discounted Cash Flow-Methode oder der Economic Value Added (→Value Based Management; →wertorientierte Unternehmensführung). Die wertorientierten Führungskonzepte gewährleisten eine effiziente Kapitalallokation und schaffen dadurch die Voraussetzung für die langfristige Existenz- und Erfolgssicherung des Unternehmens. Von der Wertsteigerung profitieren nicht nur die Eigen- und Fremdkapitalgeber, sondern sämtliche am Unternehmen beteiligten Anspruchsgruppen.

Zusätzlich zur Auswahl von Methoden (→Controllingkonzepte) und Instrumenten (→Controllinginstrumente) ist das Finanzcontrolling in strategischer Hinsicht für die *integrierte Finanz-, Erfolgs- und Bilanzplanung* verantwortlich, deren Aufgabe die Bereitstellung der notwendigen monetären Informationen und damit die zielorientierte Koordination der Unternehmensplanung (→Planung) im Hinblick auf die finanziellen Unternehmensziele ist. Diese Planungsdaten werden u. a. zur Ableitung der verfügbaren Periodenerfolge (→Erfolgsprognose) genutzt, die wiederum zur Bestimmung von Wertsteigerungsbeiträgen erforderlich sind.

Über die Bereitstellung von Informationen hinaus hat das Finanzcontrolling auf der strategischen Ebene auch eine Gestaltungsfunktion, indem es Handlungsalternativen für eine unter Wertsteigerungsaspekten optimale Unternehmenspolitik aufzeigt. Hierzu dient die Ableitung von *Wertsteigerungsstrategien*, die in leistungs- und finanzwirtschaftliche Strategien unterschieden werden (s. Abb.).

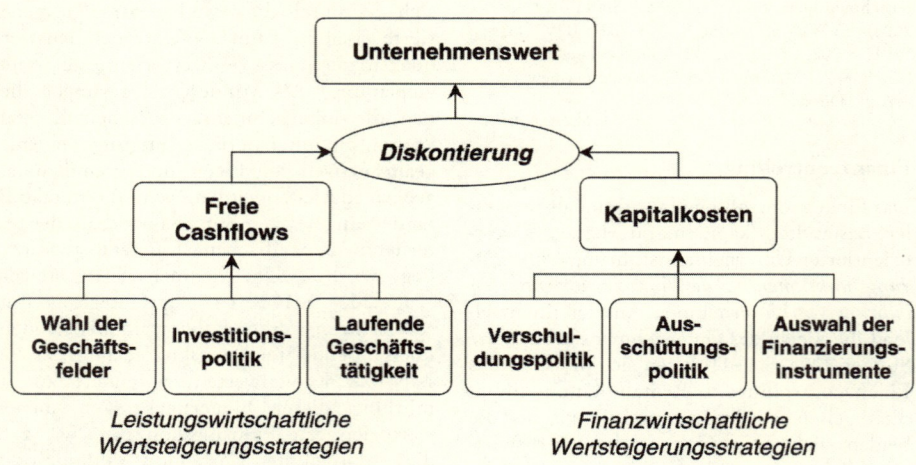

Abb.: Wertsteigerungsstrategien

Leistungswirtschaftliche Strategien zielen primär auf die Steigerung der erwirtschafteten Unternehmenserfolge (Freie →Cash Flows), indem z. B. die Investitionspolitik (→Investition) optimiert wird. Demgegenüber liegt der Fokus der finanzwirtschaftlichen Wertsteigerungsstrategien auf den Kapitalkosten, die z. B. durch die Optimierung der Kapitalstruktur (→Kapitalstruktur, optimale) reduziert werden.

Auch auf der *operativen Entscheidungsebene* verfolgt das Finanzcontrolling die beiden Oberziele der Rentabilitätssteigerung und Liquiditätssicherung. Hierzu stellt das Finanzcontrolling periodenbezogene Erfolgs- und Liquiditätsgrößen (→Erfolgskennzahlensystem; →Liquiditätskennzahlen) zur Verfügung. Die periodenbezogene Steuerung der Erfolgserwirtschaftung (→Performance Measurement; →Erfolgscontrolling) erfolgt auf Basis wertorientierter Kennzahlen (→Kennzahlen, wertorientierte), die den in einer bestimmten Periode erwirtschafteten Beitrag zum Unternehmenswert messen (z. B. Economic Value Added oder Cash Value Added). Zur operativen Steuerung der Liquidität (→Liquiditätscontrolling) dient in erster Linie die kurzfristige →Finanzplanung. Der kurzfristige Finanzplan ist eine systematische Gegenüberstellung sämtlicher in einer bestimmten Planungsperiode erwarteten Ein- und Auszahlungen. Ergänzt wird die Finanzplanung durch die Finanzdisposition, deren Aufgabe die zielgerichtete Gestaltung der Ein- und Auszahlungsströme ist. Hierbei werden – unter Beachtung des Spannungsfeldes zwischen Rentabilität und Liquidität – die Zeitpunkte und die Höhe von Ein- und Auszahlungen optimiert.

Literatur: Brühl, R.: Controlling. Grundlagen des Erfolgscontrollings, München/Wien 2004; Pape, U.: Wertorientierte Unternehmensführung und Controlling, 3. Aufl., Sternenfels/Berlin 2004; Perridon, L./Steiner, M.: Finanzwirtschaft der Unternehmung, 13. Aufl., München 2004.

Ulrich Pape

Finanzdienstleistungsinstitute

Finanzdienstleistungsinstitute i. S. d. § 1 Abs. 1a KWG haben unabhängig von ihrer Größe und Rechtsform den JA und →Lagebericht nach §§ 340k Abs. 1 i.V.m. 340 Abs. 4 HGB prüfen zu lassen (→Pflichtprüfungen). Für die Aufstellung des Jahresabschlusses gelten die Gliederungs- und Ausweisvorschriften der RechKredV und die Rechnungslegungsvorschriften des HGB für große KapGes. Besondere aufsichtsrechtliche Prüfungspflichten ergeben sich, analog zu →Kreditinstituten, aus § 29 KWG. Danach sind bei der Abschlussprüfung (→Jahresabschlussprüfung; →Konzernabschlussprüfung) auch die →wirtschaftlichen Verhältnisse, die Einhaltung von Anzeigepflichten und von KWG-Normen sowie die Verpflichtungen nach dem →Geldwäschegesetz (GWG) zu prüfen (Mayer/Knop 2005, S. 344–348) (→Jahresabschlussprüfung, erweiterte). Für die Prüfungs- und Berichtspflichten kommt der Art der erbrachten Finanzdienstleistungen, auch im Hinblick auf die Einhaltung der von der →*Bundesanstalt für Finanzdienstleistungsaufsicht* (*BaFin*) erteilten Erlaubnis, eine besondere Bedeutung zu. Hinsichtlich des Umfangs der anzuwendenden aufsichtsrechtlichen Vorschriften wird nach verschiedenen Gruppen von Finanzdienstleistungsinstituten differenziert:

- Gruppe I: Wertpapierhandelsbanken/Eigenhändler, Anlage- und Abschlussvermittler sowie Finanzportfolioverwalter, die auf eigene Rechnung mit Finanzinstrumenten (§ 1 Abs. 11 KWG) handeln;
- Gruppe II: Anlage- und Abschlussvermittler/Finanzportfolioverwalter, die nicht auf eigene Rechnung mit Finanzinstrumenten handeln und die befugt sind, sich Eigentum oder Besitz an Geldern oder Wertpapieren von Kunden zu verschaffen;
- Gruppe IIIa: Finanzportfolioverwalter, die nicht auf eigene Rechnung mit Finanzinstrumenten handeln und die nicht befugt sind, sich Eigentum oder Besitz an Geldern oder Wertpapieren von Kunden zu verschaffen;
- Gruppe IIIb: Anlage- und Abschlussvermittler, die nicht auf eigene Rechnung mit Finanzinstrumenten handeln und die nicht befugt sind, sich Eigentum oder Besitz an Geldern oder Wertpapieren von Kunden zu verschaffen;
- Gruppe IV: Drittstaateneinlagevermittlung/Finanztransfergeschäft/Sortengeschäft/Kreditkartengeschäft.

Von Instituten der Gruppe I und II sind die Eigenmittel- und Liquiditätsvorschriften der §§ 10, 10a und 11 KWG i.V.m. den Grundsätzen I und II als auch die Großkreditbegrenzungsnormen der §§ 13, 13a KWG auf Einzelinstituts- sowie konsolidierter Ebene einzuhalten. Die Institute der Gruppe IIIa haben die Großkreditgrenzen zu beachten, bedürfen aber bei einer Überschreitung der Großkrediteinzel- und -gesamtobergrenze nicht der Zustimmung der *BaFin*, sofern den Überschreitungen Provisionsforderungen zugrunde liegen und die →Forderungen jeweils binnen 4 Wochen nach ihrer Entstehung zu erfüllen sind. In diesen Fällen muss der Großkredit auch nicht mit Eigenmitteln unterlegt werden (BaFin 2002). Sie unterliegen ebenso wie die Institute der Gruppe I und II der Eigenmittelnorm nach § 10 Abs. 9 KWG (Eigenmittel/Gemeinkostenrelation) und im Rahmen der Eigenmittelvorschriften einer Konsolidierungspflicht, nicht aber den Grundsätzen I und II. Die Institute der Gruppen IIIb und IV sind von diesen Normen nicht erfasst, soweit sie nicht nach § 10a KWG als nachgeordnetes Unternehmen in die Konsolidierung einbezogen werden. Die Meldepflichten nach § 14 KWG umfassen nur Wertpapierhandelsbanken und Eigenhändler der Gruppe I.

Bei der →Prüfungsplanung und Festlegung der →Prüfungsstrategie ist davon auszugehen, dass insb. bei kleineren Finanzdienstleistern die Rechnungslegung und die Buchführung (→Buchführungstechnik und Prüfungsmethoden) z.T. nicht auf die Erfüllung der Anforderungen der §§ 340 ff. HGB und der RechKredV wie auch der aufsichtsrechtlichen Meldevorschriften ausgelegt sind. Aufgrund der geringen Personalstärke wird i.d.R. die innerbetriebliche Arbeitsteilung und die funktionale Trennung nicht durchgängig gewährleistet sein (IDW PS 520). Die Tätigkeit der →Internen Revision wird vielfach vom Geschäftsleiter oder von Externen wahrgenommen. Wesentliche Bereiche oder Aufgaben, wie das →Rechnungswesen oder die Tätigkeit des Geldwäsche- und Compliancebeauftragten sowie das aufsichtsrechtliche Meldewesen, sind häufig ausgelagert (→Outsourcing). Diese Bereiche sind in die Abschlussprüfung mit einzubeziehen; auf die Prüfungsergebnisse Dritter (→Ergebnisse Dritter) kann entsprechend den berufsständischen Verlautbarungen (→Verlautbarungen des Instituts der Wirtschaftsprüfer in Deutschland e.V.) zurückgegriffen werden.

Im →Prüfungsbericht (PrB) sind sowohl die allgemeinen handelsrechtlichen Anforderungen nach § 321 HGB und der diese konkretisierenden IDW PS zu beachten. Aus der PrüfbV (insb. §§ 44–47) und den darüber hinaus anzuwendenden Schreiben und Verlautbarungen der *BaFin* ergeben sich weitere eigenständige Berichtspflichten. Eine Mustergliederung zur Berichterstattung über die Abschlussprüfung von Finanzdienstleistungsinstituten ist im Anhang 1 des IDW PS 520 enthalten.

Die Finanzdienstleistungsinstitute, die Wertpapierdienstleitungen (§ 2 Abs. 3 WpHG) allein oder zusammen mit Wertpapiernebendienstleistungen (§ 2 Abs. 3a WpHG) erbringen (→Wertpapierdienstleistungsunternehmen), unterliegen zusätzlich der Prüfung nach § 36 des →Wertpapierhandelsgesetzes (WpHG), soweit sie nicht unter die Ausnahmen nach § 2a WpHG fallen (IDW PS 521). Erscheint eine jährliche Prüfung im Hinblick auf Art und Umfang der Geschäftstätigkeit des Finanzdienstleistungsinstituts nicht erforderlich, so kann die *BaFin* auf Antrag einen bis zu dreijährigen Befreiungszeitraum gestatten.

Bei Vermittlung von öffentlich angebotenen Anteilen an einer →Gesellschaft mit beschränkter Haftung (GmbH) oder →Kommanditgesellschaft (KG) durch das Finanzdienstleistungsinstitut ergeben sich daneben auch Prüfungspflichten nach § 16 →Makler- und Bauträgerverordnung (MaBV); die Prüfungspflicht bei Immobilien- und Darlehensvermittlung wurde in 2005 im Rahmen des Gesetzes zur Umsetzung von Vorschlägen zum Bürokratieabbau und zur Deregulierung aufgehoben.

Die *BaFin* kann auch bei Finanzdienstleistungsinstituten Prüfungen nach § 44 Abs. 1 Satz 2 KWG [→Sonderprüfungen nach Kreditwesengesetz (KWG)] und nach § 35 Abs. 1 WpHG ohne besonderen Anlass vornehmen lassen.

Literatur: BaFin (Hrsg.): Rundschreiben 23/2002 vom 15. November 2002. Forderungen von Finanzportfolioverwaltern der Gruppe IIIa vor dem Hintergrund der Großkreditvorschriften, Bonn 2002; IDW (Hrsg.): IDW Prüfungsstandard: Besonderheiten und Problembereiche bei der Abschlußprüfung von Finanzdienstleistungsinstituten (IDW PS 520, Stand: 2. Juli 2001), in: WPg 54 (2001a), S. 982–989; IDW (Hrsg.): IDW Prüfungsstandard: Die Prüfung des Wertpapierdienstleistungsgeschäftes nach § 36 WpHG bei Finanzdienstleistungsinstituten (IDW PS 521, Stand: 2. Juli 2001), in: WPg 54 (2001b), S. 989–997; Mayer, D./Knop, L.: Jahresabschlussprüfung und Prüfung nach § 36 Abs. 1 WpHG bei Finanzdienstleistungsinstituten, in: Becker, A.: Prüfungen in Kreditinstituten und Finanzdienstleistungsunternehmen, Stuttgart 2005, S. 337–365.

Dietmar Mayer

Finanzdisposition →Finanzcontrolling: →Finanzplanung

Finanzergebnis

Die Gliederung der →Gewinn- und Verlustrechnung (GuV) nach HGB erfolgt sowohl nach dem GKV als auch nach dem UKV erfolgsspaltungsorientiert (→Gliederung der Gewinn- und Verlustrechnung; →Erfolgsspaltung). Der Jahresüberschuss/Jahresfehlbetrag (→Jahresergebnis) resultiert aus dem Ergebnis der gewöhnlichen Geschäftstätigkeit, dem ao. Ergebnis (→außerordentliche Aufwendungen und Erträge) und dem →Steueraufwand/-ertrag. Ersteres ergibt sich wiederum aus der Addition des Betriebs- und des Finanzergebnisses. Das Finanzergebnis wird in der GuV nicht separat ausgewiesen, ist aber über bestimmte Posten der GuV errechenbar. Beim GKV ermittelt es sich aus der Summe von § 275 Abs. 2 Nr. 9–13 HGB und beim UKV aus § 275 Abs. 3 Nr. 8–12 HGB. Es handelt sich bei diesem sog. ordentlichen betriebsfremden Ergebnis um aus der finanziellen Sphäre von Finanzierungs- und Kapitalanlagegeschäften resultierende Ertrags- und Aufwandskomponenten.

Die Prüfung des Finanzergebnisses im Rahmen der →Jahresabschlussprüfung (→Konzernabschlussprüfung), die zweckmäßigerweise im Zusammenhang mit der Prüfung der →Finanzanlagen durchgeführt wird, gliedert sich in Ansatz-, Bewertungs- und Ausweisprüfung (→Fehlerarten in der Abschlussprüfung). Anhand von externen Nachweisen sowie Aufstellungen des zu prüfenden Unternehmens über sämtliche im Finanzergebnis zu berücksichtigende Sachverhalte hat sich der →Abschlussprüfer (APr) von der Zulässigkeit des Ansatzes zu überzeugen (→Nachweisprüfungshandlungen). Als externe →Prüfungsnachweise kommen bspw. Dividendenbescheinigungen, Gewinnverwendungsbeschlüsse (→Ergebnisverwendung), Saldenbestätigungen von →Kreditinstituten (→Bestätigungen Dritter), HR-Auszüge (→Registerauszüge), Gesellschaftsverträge, Beherrschungs- und Ergebnisabführungsverträge (→Unternehmensverträge) und Jahresabschlüsse von Beteiligungsunternehmen (→Beteiligungen) in Betracht.

Als „Erträge aus Beteiligungen" (§ 275 Abs. 2 Nr. 9 bzw. Abs. 3 Nr. 8 HGB) sind bspw. Gewinnausschüttungen von KapGes, Gewinnanteile von →Personengesellschaften (PersGes) und Erträge aus Beherrschungsverträgen gem. § 291 Abs. 1 AktG, soweit nicht gleichzeitig die volle oder teilweise Gewinnabführung vorgesehen ist, zu erfassen. Hinsichtlich der Prüfung der korrekten zeitlichen Vereinnahmung der Beteiligungserträge (→periodengerechte Erfolgsermittlung) ist zwischen Erträgen aus Beteiligungen an KapGes und an PersGes zu unterscheiden. Während Letztere i. d. R. mit

Ablauf des Geschäftsjahres der Beteiligungsgesellschaft als realisiert gelten und von den Gesellschaftern phasengleich zu vereinnahmen sind, ist die phasengleiche Vereinnahmung bei Ersteren an folgende Bedingungen geknüpft: Das Geschäftsjahr des Tochterunternehmens darf nicht nach dem des Mutterunternehmens enden, der JA des Tochterunternehmens wird vor Abschluss der Prüfung des Mutterunternehmens festgestellt (→Feststellung und Billigung des Abschlusses), ein entsprechender Gewinnverwendungsvorschlag (→Ergebnisverwendung, Vorschlag für die) liegt vor und kann auch von dem Mutterunternehmen durchgesetzt werden. Erträge aus Gewinngemeinschaften, Gewinnabführungs- und Teilgewinnabführungsverträgen sind gem. § 277 Abs. 3 Satz 2 HGB gesondert in der GuV auszuweisen. Erträge aus →verbundenen Unternehmen sind als Davon-Vermerk in der GuV auszuweisen oder gesondert im →Anhang anzugeben (→Angabepflichten).

Unter „Erträge aus anderen Wertpapieren und Ausleihungen des Finanzanlagevermögens" (§ 275 Abs. 2 Nr. 10 bzw. Abs. 3 Nr. 9 HGB) sind bspw. Erträge aus Anteilen an Unternehmen, die im →Anlagevermögen ausgewiesen werden und nicht als →Beteiligungen gem. § 271 HGB zu qualifizieren sind, und aus ausgereichten, nicht kurzfristigen Darlehen auszuweisen. Erträge aus der periodischen Aufzinsung abgezinster langfristiger →Ausleihungen sowie regelmäßige Zuschreibungen auf die Zinsforderungen bei Zerobonds des Anlagevermögens werden ebenfalls innerhalb dieses Postens erfasst. Erträge aus verbundenen Unternehmen sind als Davon-Vermerk in der GuV auszuweisen oder gesondert im Anhang anzugeben.

Als „sonstige Zinsen und ähnliche Erträge" (§ 275 Abs. 2 Nr. 11 bzw. Abs. 3 Nr. 10 HGB) sind sämtliche Finanzerträge zu erfassen, die nicht bereits unter die vorher genannten Posten fallen. Zu nennen sind insb. Zinsen aus kurzfristigen Geldanlagen, wie Guthaben bei Kreditinstituten (→Bankguthaben) und Erträge aus Wertpapieren des →Umlaufvermögens. Erfolgsbeiträge, die aus der Vergabe von Krediten resultieren (z. B. Agio, Erträge aus Zinsswaps oder Kreditprovisionen), sind auch innerhalb dieses Postens zu erfassen. Hiervon abzugrenzen sind Gebühren (wie Kreditbearbeitungskosten), die bei der Vergabe von Krediten anfallen. Diese sind unter „sonstige betriebliche Erträge" auszuweisen (→sonstige betriebliche Aufwendungen und Erträge). Erträge aus verbundenen Unternehmen sind als Davon-Vermerk in der GuV auszuweisen oder gesondert im Anhang anzugeben.

Unter den Posten § 275 Abs. 2 Nr. 12 bzw. Abs. 3 Nr. 11 HGB sind „Abschreibungen auf Finanzanlagen und auf Wertpapiere des Umlaufvermögens" auszuweisen (→Abschreibungen, bilanzielle; →Abschreibungen steuerrechtliche). Unerheblich ist, ob es sich um „übliche" Abschreibungen handelt und aus welchem Grund sie erfolgen. →Außerplanmäßige Abschreibungen auf Finanzanlagen und Abschreibungen aus der Antizipation künftiger Wertschwankungen bei Wertpapieren des Umlaufvermögens sind als Davon-Vermerk in der GuV auszuweisen oder gesondert im Anhang anzugeben.

Aufwendungen aus Verlustübernahme sind gem. § 277 Abs. 3 Satz 2 HGB gesondert in der GuV zu erfassen. Dabei kann es sich um Verlustübernahmen im Rahmen von Ergebnisabführungsverträgen als auch um freiwillige Verlustübernahmen handeln. Aufwand für drohende Verlustübernahmen ist dagegen unter „sonstige betrieblichen Aufwendungen" zu erfassen (→sonstige betriebliche Aufwendungen und Erträge). Bei tatsächlichem Eintritt der Verlustübernahme im Folgejahr ist der Ausweis innerhalb des Postens „Aufwendungen aus Verlustübernahme" vorzunehmen. Gleichzeitig erfolgt eine Kompensation des Aufwands des Vorjahres als „sonstige betriebliche Erträge".

Gem. § 275 Abs. 2 Nr. 13 bzw. Abs. 3 Nr. 12 HGB sind „Zinsen und ähnliche Aufwendungen" auszuweisen. Hierunter fallen bspw. Zinsen für aufgenommene Darlehen, Abschreibungen auf ein aktiviertes Agio, Zinsanteile bei der Dotierung von Pensionsrückstellungen (→Pensionsverpflichtungen) oder Wechseldiskont. →Kosten des allgemeinen Zahlungsverkehrs werden dagegen unter „sonstige betriebliche Aufwendungen" ausgewiesen. Aufwendungen aus verbundenen Unternehmen sind als Davon-Vermerk in der GuV auszuweisen oder gesondert im Anhang anzugeben.

Buchgewinne und -verluste aus der Veräußerung von Finanzanlagen bzw. Wertpapieren des Umlaufvermögens sind nicht innerhalb des Finanzergebnisses, sondern unter „sonstige betriebliche Erträge" bzw. „sonstige betriebliche Aufwendungen" auszuweisen.

Die Prüfung der erforderlichen Anhangaben beinhaltet im Wesentlichen die Prüfung des gesonderten Ausweises von Erträgen und Aufwendungen aus verbundenen Unternehmen sowie die Angabe außerplanmäßiger Abschreibungen nach § 253 Abs. 2 Satz 3 HGB sowie Abschreibungen nach § 253 Abs. 3 Satz 3 HGB, falls ein alternativ zulässiger Ausweis in der GuV nicht vorgenommen wurde.

Darüber hinaus ist zu beachten, dass Finanzerträge grds. brutto, d. h. vor Abzug anrechenbarer Steuern, auszuweisen sind. Ebenso ist das Saldierungsverbot des § 246 Abs. 2 HGB zu beachten (→Grundsätze ordnungsmäßiger Buchführung, Prüfung der).

Literatur: ADS: Rechnungslegung und Prüfung der Unternehmen, Teilband 6, 6. Aufl., Stuttgart 1998; IDW (Hrsg.): WPH 2006, Band I, 13. Aufl., Düsseldorf 2006.

Michael Kritzer

Finanzflussrechnung →Kapital- und Finanzflussrechnung

Finanzielle Ergebnisse, Prognose von

Die Prognose finanzieller Ergebnisse stützt sich auf die Auswertung wertrelevanter Informationen, wie sie durch die Bilanzanalyse (→Jahresabschlussanalyse; →Jahresabschlussanalyse, Methoden der) und sonstige bewertungsrelevante Informationsquellen gewonnen werden. *Einfache Prognoseverfahren* stehen dabei *komplexen Verfahren* gegenüber. Das einfache Prognoseverfahren basiert ausschließlich auf Informationen aus der Finanzberichterstattung des jeweiligen Unternehmens. Dieses Verfahren besitzt den Vorteil, dass die zur Prognose benötigten Daten direkt dem gesetzlich vorgeschriebenen JA entnommen werden können. Diesem Vorteil steht allerdings der Nachteil des stark eingeschränkten Informationsgehalts dieser Zahlen für Prognosezwecke gegenüber, da sie auf vergangenen Werten beruhen. Das Verfahren liefert einen guten Anhaltspunkt für die zu erwartende Ergebnisentwicklung von Unternehmen, die in einem stabilen wirtschaftlichen Umfeld agieren, in dem keine außergewöhnlichen Änderungsraten zu erwarten sind. Das einfache Verfahren sollte daher auch nur für solche Unternehmen angewendet werden.

Agiert das Unternehmen in einem wirtschaftlich dynamischen Umfeld, ist das einfache Prognoseverfahren ungeeignet und es müssen zur Erstellung einer aussagekräftigen Prognose sowohl Informationen innerhalb als auch außerhalb der Finanzberichterstattung aggregiert und analysiert werden. Hierfür ist eine fundierte Kenntnis des betreffenden Industriezweigs unerlässlich. So haben das Produktportfolio des Unternehmens, die Produktionstechnologie, das Know-how, die Wettbewerbsbedingungen sowie das politische und soziale Umfeld eine große Auswirkung auf den Unternehmenserfolg (→Erfolgsabhängigkeiten). Diese Größen müssen eingängig studiert und quantifiziert werden, um darauf aufbauend eine Prognose zu fertigen.

Neben dem →Cash Flow, der der →Discounted Cash Flow-Methode (→Unternehmensbewertung) zugrunde liegt, ist der Residualgewinn die wichtigste zu prognostizierende Größe, um zu ökonomisch relevanten Aussagen im Rahmen einer Bilanzanalyse zu gelangen. Der Residualgewinn wird durch die bilanzierten Kennzahlen operatives Betriebsergebnis, erwartete →Kapitalkosten und das operativ eingesetzte Kapital definiert (→Kennzahlen und Kennzahlensysteme als Kontrollinstrument). Diese Kennzahlen wiederum werden durch →*Werttreiber,* wie →Umsatzerlöse, Gewinnspanne, Zinsstruktur, sowie durch →außerordentliche Aufwendungen und Erträge beeinflusst. Die Prognose konzentriert sich in erster Linie auf diese Werttreiber und deren Einflussfaktoren: Der Umsatzerlös ist bspw. abhängig von Faktoren wie der Wettbewerbssituation, vorhandenen Produktsubstituten und dem Markennamen, während die Gewinnspanne von der Produktionstechnologie, der Skalenelastizität und der Wettbewerbssituation auf dem Arbeits- und Angebotsmarkt beeinflusst wird. Aus diesem Grund haben die Werttreiber eine Schlüsselfunktion zwischen der Prognose und den genannten Einflussfaktoren.

Die Signifikanz der unterschiedlichen Werttreiber variiert von Industrie zu Industrie. So muss, abhängig vom jeweiligen Industriezweig, eine Gewichtung der Werttreiber vorgenommen werden. Der Fokus wird dabei auf die Treiber mit dem größten Einflusspotenzial auf den →Unternehmenswert gerichtet. Bspw. sind in der Automobilindustrie die Modellpalette und die Produktionskosten für das

Betriebsergebnis entscheidend, wodurch der Umsatzerlös und die Gewinnspanne die relevanten Werttreiber für den Residualgewinn in der Automobilbranche bilden (Penman 2007, S. 557).

Nach der Identifizierung der relevanten Werttreiber wird der typische zeitliche Verlauf der einzelnen Treiber für jeden Industriezweig charakterisiert. Laut empirischen Studien nähern sich in den meisten Industrien die Werttreiber innerhalb von 5 Jahren dem Mittelwert ihres Industriezweigs (Nissim/Penman 2001, S. 139–148). Dieses Phänomen ist als *Mean-Reversion-Verhalten* bekannt. Entscheidend ist bei diesem Verfahren die *Fade Rate*, die angibt, wie lange ein Treiber benötigt, um den erwarteten langfristigen Mittelwert anzunehmen. Diese *Fade Rate* muss für jeden Industriezweig individuell bestimmt werden.

Der hergeleitete typische Verlauf der Werttreiber liefert einen Benchmark (→Benchmarking), falls in der Zukunft keine außergewöhnlichen makroökonomischen Änderungen zu erwarten sind. Um abnormale zukünftige Änderungsraten prognostizieren zu können, gilt es, Indikatoren zu verifizieren, die Veränderungen der wirtschaftlichen Rahmenbedingungen signalisieren. Hierfür sind die Rezessionswahrscheinlichkeit, eine Änderung der Wachstumsrate des Bruttoinlandsprodukts oder von verschiedenen Forschungsinstitutionen veröffentlichte Frühindikatoren geeignet.

Nach der Untersuchung des typischen Verlaufs der Werttreiber und der *Fade Rate* für den Industriezweig, gilt es, die Prognose für das jeweilige Unternehmen individuell anzupassen. Dazu muss prognostiziert werden, inwiefern die Treiber des jeweiligen Unternehmens vom Werttreiber des zugehörigen Industriezweigs abweichen. Relevant sind dabei insb. Faktoren wie die Marktmacht und das Wettbewerbsverhalten des Unternehmens, die einen entscheidenden Einfluss auf deren individuelle *Fade Rate* haben.

Abschließend ist zu beachten, dass die zu prognostizierenden wirtschaftlichen Rahmenbedingungen und Werttreiber sich auf zwei unterschiedliche Arten verändern können. Zum einen sind hier die Entscheidungen des Managements zu nennen, wie die Strategiewahl, die Produktqualität, den Produktionsstandort, F&E oder Kooperationen mit anderen Unternehmen. Zum anderen müssen aber auch veränderte Umweltbedingungen beachtet werden, die von dem Unternehmen nicht oder kaum beeinflussbar sind, wie z. B. Steuern, sonstige gesetzliche Rahmenbedingungen oder Wettbewerb.

Die genannten Determinanten – Einflussfaktoren, Werttreiber, bilanzielle Kennzahlen – bilden das Grundgerüst einer komplexen Prognose. Für die Analysepraxis ist schließlich zu beachten, dass durch die Einbeziehung der verschiedenen Werttreiber ein Aufwand entsteht, der dem Informationsgewinn gegenübersteht. Daher muss jeweils im Rahmen einer →Kosten-Nutzen-Analyse hinterfragt werden, ob die verursachten →Kosten den Mehraufwand rechtfertigen.

Literatur: Nissim, D./Penman, S.: Ratio Analysis and Equity Valuation: from Research to Practice, in: Review of Accounting Studies 6 (2001), S. 109–154; Penman, S.: Financial Statement Analysis and Security Valuation, 3. Aufl., Columbia University 2007.

Ulf Schiller; Jürgen Hagmüller; Imke Keimer

Finanzielles Gleichgewicht

→Finanzierungsregeln; →Finanzplanung

Finanzierungsberatung

Die Bedeutung der externen Rechnungslegung wird im Hinblick auf die zunehmende Internationalisierung der Rechnungslegung durch die →International Financial Reporting Standards (IFRS) und der immer stärker werdenden Fokussierung der Unternehmensführung am Kapitalmarkt (→wertorientierte Unternehmensführung) künftig noch größer werden. Dies hat weit reichende Konsequenzen für den Prüfungs- und Beratungsumfang durch unabhängige WP. Der Umfang der Tätigkeit einer WPGes (→Revisions- und Treuhandbetriebe) geht heutzutage über das ursprüngliche Betätigungsfeld der klassischen Prüfung von Jahresabschlüssen (→Jahresabschlussprüfung) weit hinaus (→Berufsbild des Wirtschaftsprüfers). Unter dem Dach der zumeist im Verbund agierenden Gesellschaften bieten die Unternehmen neben den Prüfungsdienstleistungen, d. h. Abschluss- und Sonderprüfungen (→Sonderprüfungen nach Kreditwesengesetz; →Sonderprüfungen, aktienrechtliche), ein breites Spektrum an weiteren Beratungstätigkeiten an. Die angebotenen Dienstleistungen umfassen sowohl Wirtschaftsprüfung und prüfungsnahe Dienstleistungen als auch →Steuerberatung, Personal- und →Unternehmensberatung, die sich an den Anforderungen nationaler und internationaler Aufgaben und Klienten ausrichten.

Der Bereich der Steuerberatung befasst sich mit den wichtigsten steuerlichen Themen. Das angebotene Leistungsspektrum umfasst die Beratung der Unternehmen in allen Fragen der laufenden Steuerberatung, Unterstützung bei der Erarbeitung von Jahresabschlüssen (→Abschlusserstellung durch den Wirtschaftsprüfer) und die Betreuung bei Betriebsprüfungen (→Außenprüfung). Das zentrale Ziel der laufenden Steuerberatung ist, die Klienten und ihre Fachabteilungen zu entlasten und die steuerliche Situation des betreuten Unternehmens zu optimieren (→Steuerplanung, nationale; →Steuerplanung, internationale). Gerade vor dem Hintergrund einer kontinuierlichen Veränderung der deutschen und internationalen Steuergesetzgebung (→Steuerreform, deutsche; →Steuerreform, europäische) ist eine aktive Beratung vonnöten, damit Unternehmen besser auf neue steuerrechtliche Entwicklungen reagieren können.

In der Verantwortung der Unternehmer steht ein breites Spektrum an Aufgaben von der Personalführung, Produktentwicklung und Produktion, über →Investitionen und Finanzierung, bis hin zur Organisation. Darüberhinaus werden langfristige Strategien entworfen und umgesetzt, aber auch laufend neuen Entwicklungen angepasst (→wertorientierte Strategieplanung). Gerade in dieser Hinsicht stehen einem Unternehmen vielfältige und komplexe Entscheidungen zu Finanzierungs-, Standort- und allgemeinen Organisationsfragen bevor. Mit Entscheidungen, wie der Wahl der Rechtsform (→Unternehmensformen, Wahl der) oder der Festlegung von Finanzierungsstrategien, werden schon früh die Rahmenbedingungen festgelegt, innerhalb derer sich ein Unternehmen langfristig erfolgreich entwickeln soll. Darüber hinaus stellen insb. die Fragestellungen der Unternehmensexpansion durch Beteiligungserwerb und die Gründung von Gemeinschaftsunternehmen die Unternehmer vor bisher nicht gekannte finanzielle und organisatorische Herausforderungen.

Im Bereich der Finanzierungsberatung (Corporate Finance), sind die Themenbereiche Börsengang, Unternehmenskäufe und -verkäufe, →Unternehmensbewertung angesiedelt. Finanzierungsberatung bündelt die Expertise zu betriebswirtschaftlichen, finanzwirtschaftlichen und regulatorischen Fragestellungen und berät und unterstützt die Klienten bei Transaktionen, Finanzierungen sowie u.U. auch bei der Aufklärung wirtschaftskrimineller Sachverhalte (→Wirtschaftskriminalität). Jedoch muss hierbei zwischen großen und kleinen WPGes unterschieden werden. Während es bei großen WPGes durchaus üblich ist, das komplette Spektrum der Steuer- und Finanzierungsberatung aus einer Hand anzubieten, ist dieses für kleinere Gesellschaften aufgrund der hohen Personalanforderungen kaum machbar.

Damit bei externem Wachstum und bei der Strategiefestlegung Rentabilitätsaspekte nicht aus den Augen verloren werden (→Rentabilitätsanalyse), kann es besonders in der Planungsphase (→Planung) und später in der Implementierungsphase wichtig sein, einen Partner zur Hand zu haben, der Wirtschaftsprüfung, Steuerberatung und integrierte betriebswirtschaftliche Beratung aus einer Hand anbietet, damit eine effiziente Kostenkontrolle (→Kostencontrolling) ermöglicht wird und →Geschäftsprozesse gezielt geplant und optimiert werden können (→Prozessmanagement).

Die Finanzberatung umfasst somit ein weites Spektrum der operativen und strategischen Finanzierungstätigkeit eines Unternehmens und reicht von Börsengängen für einen verbesserten Marktzugang für →Eigenkapital bis hin zu einer Transaktionsberatung als Grundlage für externe Investitions- und Finanzierungsentscheidungen. Um die zumeist betriebswirtschaftlichen und prozessorientierten Fragestellungen mit dem nötigen Fachwissen zu lösen, setzen sich die Teams sowohl aus branchen- und transaktionserfahrenen Beratern und Wirtschaftsprüfern als auch aus →Steuerberatern und Rechtsanwälten zusammen, um eine umfassende Betreuung von Corporate-Finance-Mandaten zu gewährleisten.

Problematisch bleibt allerdings nach wie vor die Trennung zwischen der Beratungstätigkeit und den angebotenen Prüfungsdienstleistungen. Die Diskussion über die →Unabhängigkeit und Unbefangenheit des Wirtschaftsprüfers hat zu den Überlegungen geführt, Prüfung und Beratung grundsätzlich zu trennen. Ein Hauptaspekt der Vorschriften besteht u. a. in der Stärkung der Unabhängigkeit des Wirtschaftsprüfers durch eine Einschränkung des parallelen Angebotes von Prüfungs- und Beratungsleistungen. Hier fordert bspw. der SOA (→Sarbanes Oxley Act, Einfluss auf das Prüfungswesen) ein totales Verbot der gleichzeitigen Ausübung von Prüfungs- und Beratungsleistungen bei einem Mandanten durch den →Abschlussprüfer (APr). Ebenso stärkt die Modernisierung der Achten RL 84/253/EWG die Unabhängigkeit der Wirtschaftsprüfer und verbietet ganz konkret das aktive Mitwirken an Managemententscheidungen in den betreuten Unternehmen (→Richtlinien und Verordnungen der Europäischen Union, Bedeutung für Rechnungslegung und Unternehmensüberwachung).

Vor dem Hintergrund der weltweiten Bestrebungen, Corporate Governance-Strukturen (→Corporate Governance) zu stärken, stellt die Verabschiedung des SOA und der europäischen Richtlinie einen wichtigen Baustein dar, das Vertrauen der Anleger in Kapitalmärkte und Unternehmen zurückzugewinnen. Für Unternehmen bietet dieser Prozess auch die Möglichkeit interne Prozesse hinsichtlich Wirtschaftlichkeit und Sicherheit im Zusammenspiel mit Beratern und Wirtschaftsprüfungsunternehmen zu optimieren.

Für die WPGes haben die aktuellen Bestrebungen zur Konsequenz, dass man entweder im Vorfeld jeder Kundenakquisition die Entscheidung treffen muss, ob man Kunden als Abschluss- oder als Beratungsmandat gewinnen möchte oder ob man sich für den Weg einer strikten Trennung von Prüfung und Beratung entscheidet. Für die in der Prüfungsgesellschaft verbleibende prüfungsnahe Beratung müssen Interessenkonflikte durch geeignete Maßnahmen verhindert werden, z. B. keine Vermischung von Prüfungs- und Beratungsteams und von „Chinese Walls", die einen Informationsfluss zwischen den beteiligten Teams verhindern. Das Dilemma der WPGes ist einerseits der Ruf nach einer strikten Trennung von Prüfung und Beratung und andererseits die Herausforderung der zunehmenden Komplexität der →Jahresabschlussprüfung durch den Einsatz multidisziplinärer Teams aus Wirtschaftsprüfern, Steuerberatern und Rechtsanwälten. Diese beiden Aspekte zu vereinbaren ist die aktuelle Herausforderung, der sich die WPGes stellen müssen.

Christian Hopp

Finanzierungsleasing →Leasingverhältnisse

Finanzierungsregeln

Finanzierungsregeln sind Empfehlungen zur Gestaltung der Kapitalstruktur (→Kapitalstruktur, Planung und Kontrolle der), die eine Überschuldung (→Überschuldungsprüfung) und damit →Insolvenz des Unternehmens verhindern sollen. Finanzierungsregeln resultieren aus den Informationsbedürfnissen der Fremdkapitalgeber.

Die Beziehung zwischen Fremdkapitalgebern und Unternehmenseigentümern ist typischerweise durch *asymmetrisch verteilte Informationen* geprägt (→Principal-Agent-Theorie). Die Eigentümer bzw. deren Manager haben Informationsvorteile, die sich einerseits auf die bessere Kenntnis der Unternehmenslage (Hidden Information) sowie andererseits auf die Möglichkeit beziehen, nach Vertragsabschluss Entscheidungen zu Ungunsten der Fremdkapitalgeber zu treffen (Hidden Action). Fremdkapitalgeber werden die Gefahr der Schädigung durch die Eigentümer antizipieren und ex-ante ihre Zinsforderungen erhöhen. Die aus den Informationsasymmetrien resultierenden Nachteile können effizienzsteigernd abgebaut werden, wenn die Eigentümer glaubhaft versichern (Signaling), dass sie Finanzierungsregeln einhalten und nicht zu Lasten der Gläubiger handeln werden (Franke/Hax 2004, S. 420).

Die Grundidee der Finanzierungsregeln zielt auf die *Sicherstellung* des bereits von *Gutenberg* formulierten *finanziellen Gleichgewichtes* ab, das vorliegt, wenn ein Unternehmen jederzeit seinen Zahlungsverpflichtungen nachkommen kann. Allerdings muss in diesem Zusammenhang das Spannungsfeld zwischen Renditesteigerung und Liquiditätssicherung berücksichtigt werden (→Erfolgscontrolling; →Liquiditätscontrolling). Ein hoher Bestand an liquiden Mitteln, bspw. in Form von →Bankguthaben, sichert einerseits das finanzielle Gleichgewicht, verursacht andererseits jedoch hohe →Opportunitätskosten und steht damit im Widerspruch zum Ziel der Renditesteigerung (Wöhe/Bilstein 2002, S. 22 f.).

Horizontale Kapitalstrukturregeln verknüpfen Mittelverwendung (→Investition, Aktiva) und Mittelherkunft (Finanzierung, Passiva) unter Bezug auf ihre Fristigkeit. Die *Goldene Finanzierungsregel* fordert z. B. Fristenkongruenz zwischen →Vermögensgegenstand und Finanzierungsmaßnahme, sodass die aus der Fremdfinanzierung resultierenden Zahlungsverpflichtungen durch die aus der Investition erwirtschafteten Einzahlungsüberschüsse termingerecht bedient werden können. Fallen die Fristen auseinander, geht das Unternehmen zusätzliche Zins- und Refinanzierungsrisiken ein. Eine Prolongation ist bei kurzfristiger Finanzierung nur zu schlechteren Konditionen möglich, wenn das Marktzinsniveau gestiegen ist oder wenn die Gläubiger aufgrund verminderter →Bonität höhere Risikozuschläge (→Kapitalkosten) fordern.

Nach der *Goldenen Bilanzregel* ist das →Anlagevermögen und der langfristig gebundene Teil des →Umlaufvermögens mit →Eigenkapital und langfristigem →Fremdkapital zu finanzieren. Damit verknüpft diese Regel, zusätzlich zur Fristenkongruenz, das Vermögen (→Vermögensstruktur) mit der Kapitalart. Nur kurzfristiges Umlaufvermögen soll mit kurzfristigem Kapital finanziert werden.

Vertikale Kapitalstrukturregeln beschreiben das Verhältnis von Fremd- zu Eigenkapital. Das Eigenkapital dient als Risikopuffer, der evtl. auftretende Verluste zunächst ausgleicht. Daher ist aus der Risikointensität des Geschäftsmodells eine angemessene Höhe des Eigenkapitals abzuleiten. Ein höheres operatives Risiko hat daher entweder eine höhere Eigenkapitalquote oder höhere Zinsforderungen der Gläubiger zur Folge. Allerdings existieren keine theoretisch abgeleiteten Normen für die Höhe der Eigenkapitalquote.

Einer hohen Eigenkapitalquote stehen die Renditeforderungen der Eigenkapitalgeber sowie die Abzugsfähigkeit der Fremdkapitalzinsen von der Steuerbemessungsgrundlage entgegen, die den →Unternehmenswert erhöht (Tax-Shield) (→Steuern in der Unternehmensbewertung). Das steigende Risiko aus einer erhöhten Verschuldung und die damit verbundenen höheren Renditeforderungen der Fremdkapitalgeber begrenzen den Verschuldungsspielraum (→Leverage-Effekt). Daher kann theoretisch eine optimale Kapitalstruktur (→Kapitalstruktur, optimale) durch Minimierung des Gesamtkapitalkostensatzes (→Kapitalkosten) bestimmt werden (Perridon/Steiner 2004, S. 506–519).

Finanzierungsregeln beziehen auch Finanzkennzahlen ein (→Finanzkennzahlensystem; →Kennzahlen und Kennzahlensysteme als Kontrollinstrument). Wichtige Kennzahlen, die die finanzielle Stärke des Unternehmens angeben, sind der dynamische Verschuldungsgrad (→Cash Flow im Verhältnis zu Nettoverbindlichkeiten) sowie der Zinsdeckungsgrad (Cash Flow im Verhältnis zu Zinszahlungen). Diese Kennzahlen eignen sich zur Steuerung der Verschuldung, da sie die Höhe des Fremdkapitals ins Verhältnis zur operativen Leistungsfähigkeit des Unternehmens setzen. Da Kreditgeber Kennzahlen regelmäßig zur Einschätzung der Bonität ihrer Kreditnehmer nutzen (→Bonitätsanalyse), sollten branchenübliche Werte erreicht werden und negative Abweichungen vom Branchendurchschnitt begründbar sein (Franke/Hax 2004, S. 114 f.).

Im Ergebnis beziehen sich die auf Bilanzdaten beruhenden Finanzierungsregeln nur auf die Sicherung des finanziellen Gleichgewichts zu einem bestimmten Zeitpunkt. Aus dem Verhältnis der bilanziellen Größen lässt sich jedoch keine Aussage darüber ableiten, ob zukünftige Ein- und Auszahlungen aus Investitionsprojekten und deren Finanzierung zeitlich zusammenfallen. Diese Aufgabe fällt der →Finanzplanung zu, die sich daher ebenfalls an kennzahlengestützten Finanzierungsregeln orientieren sollte.

Literatur: Franke, G./Hax, H.: Finanzwirtschaft des Unternehmens und Kapitalmarkt, 5. Aufl., Berlin 2004; Perridon, L./Steiner, M.: Finanzwirtschaft der Unternehmung, 13. Aufl., München 2004; Wöhe, G./Bilstein, J.: Grundzüge der Unternehmensfinanzierung, 9. Aufl., München 2002.

Ulrich Pape; Matthias Schlecker

Finanzinstrumente →Financial Instruments

Finanzinstrumente, derivative →Derivative Finanzinstrumente

Finanzinvestitionen →Investition

Finanzkennzahlensystem

Kennzahlen sind verdichtete Informationen, die dazu dienen, die wirtschaftliche Lage, Strukturen oder Prozesse von Unternehmen prägnant zu beschreiben. Finanzkennzahlen informieren über die Auswirkungen der Unternehmenstätigkeit auf die finanzwirtschaftlichen Unternehmensziele und geben Anhaltspunkte für notwendige Plananpassungen (→Finanzcontrolling; →Finanzplanung).

Da einzelne Finanzkennzahlen nur eine begrenzte Aussagefähigkeit aufweisen, werden diese zu Kennzahlensystemen zusammengefasst. *Logisch-deduktive bzw. hierarchische Systeme* arbeiten mit einer oder mehreren Spitzenkennzahlen, aus denen weitere Kennzahlen abgeleitet werden. Bekannte hierarchische Systeme sind das Du Pont-System (Spitzenkennzahl: ROI), das ZVEI-Kennzahlensystem (Spitzenkennzahl: Eigenkapitalrentabilität) sowie das →RL-Kennzahlensystem von *Reichmann* und *Lachnit* (Spitzenkennzahlen: Jahresüberschuss, liquide Mittel). *Empirisch-induktive Systeme*, z. B. das *Baetge*-Bilanz-Rating-System (→Rating), enthalten Kennzahlen, die mithilfe von statistischen Verfahren, wie der →Diskriminanzanalyse oder →neuronalen Netzen, gewonnen werden und für die ein signifikanter Zusammenhang zum Untersuchungsziel – oftmals die Insolvenzprognose (→Insolvenz) – nachgewiesen werden kann (Perridon/Steiner 2004, S. 585–597).

Finanzkennzahlensysteme werden sowohl in der *internen Unternehmenssteuerung* (→Controlling) als auch in der *externen Unternehmensanalyse* eingesetzt. Die im Mittelpunkt der weiteren Ausführungen stehende externe Unternehmens- bzw. →Jahresabschlussanalyse verfolgt das Ziel, Informationen über die →Vermögenslage, →Finanzlage und →Ertragslage eines Unternehmens darzustellen und vergleichbar zu machen sowie darüber hinaus die zwischen Management und Kapitalgebern bestehenden Informationsasymmetrien (→Principal-Agent-Theorie) abzubauen. *Eigenkapitalgeber* sind dabei primär an den zukünftigen monetären Unternehmenserfolgen sowie dem Unternehmensrisiko interessiert, während sich das Informationsbedürfnis der *Fremdkapitalgeber* vorrangig auf die Fähigkeit des Unternehmens richtet, seinen zukünftigen Zahlungsverpflichtungen nachzukommen (Baetge/Kirsch/Thiele 2004, S. 16–24).

Grundlage für die Analyse ist der *JA* (→Jahresabschlussprüfung) mit →*Anhang*, der zuvor aufbereitet und um bilanzpolitische Maßnahmen (→bilanzpolitische Entscheidungsmodelle; →bilanzpolitische Gestaltungsspielräume nach HGB; →bilanzpolitische Gestaltungsspielräume nach Steuerrecht; →bilanzpolitische Gestaltungsspielräume nach IFRS; →bilanzpolitische Gestaltungsspielräume nach US GAAP) korrigiert werden muss. Dazu zählen bspw. die Kapitalisierung von Leasingverpflichtungen (→Leasingverhältnisse) und →Pensionsverpflichtungen, die Aktivierung →immaterieller Vermögensgegenstände (z. B. →Geschäfts- oder Firmenwert) sowie die einheitliche Anwendung von Bewertungswahlrechten (→Stetigkeit).

Eine sinnvolle *Interpretation von Finanzkennzahlen* ist nur durch einen Kennzahlenvergleich möglich. Üblich ist die Analyse der eigenen Unternehmensentwicklung (→zeitlicher Vergleich), die Gegenüberstellung von Plan- und Istwerten (→Soll-Ist-Vergleich) oder der Vergleich mit einer Benchmark (Branchen- bzw. Unternehmensvergleich) (→Benchmarking; →betriebswirtschaftlicher Vergleich; →überbetriebliche Vergleiche). Für ein ganzheitliches Bild der Unternehmenslage sind außerdem die Rahmenbedingungen zu berücksichtigen, z. B. Branchenumfeld, Wettbewerbsposition und -intensität, Lebenszyklusabschnitt (→Produktlebenszykluskonzept) und Produktportfolio (Küting/Weber 1999, S. 43–46). Diese Informationen können jedoch nicht aus der Rechnungslegung gewonnen werden, sondern erfordern weitergehende Recherchen des Analysten.

Finanzkennzahlen können den drei Dimensionen Vermögens-, Finanz- und Ertragslage zugeordnet werden. Die Analyse der *Vermögenslage* zielt auf die Aktivseite der Bilanz (→Gliederung der Bilanz). Aus der Fristigkeit der Aktiva (Anlagen- bzw. Umlaufintensität) oder der Altersstruktur der Anlagen und den Neuinvestitionen (Anlagenabnutzungsgrad, Investitionsquote) werden bspw. zukünftige ergebnisrelevante Risiken abgeleitet. Der Quotient aus Nettoinvestitionen (→Investition) und Abschreibungen (→Abschreibungen, bilanzielle) gibt Auskunft über das Wachstum des Vermögens. Die Nettoinvestitionsdeckung erlaubt Rückschlüsse darauf, inwieweit das Unternehmen →Investitionen aus eigener Kraft finanzieren kann.

Die Analyse der *Finanzlage* berücksichtigt die vertikale Bilanz- bzw. Kapitalstruktur (Eigenkapitalquote, Verschuldungsgrad), die horizontale Bilanzstruktur (Liquiditätsgrade, Fristenkongruenz, →Finanzierungsregeln) und die Zahlungsströme (dynamischer Verschuldungsgrad) sowie den →Cash Flow als Maß für die Innenfinanzierungskraft des Unternehmens (→Cash Flow-Analyse).

Im Rahmen der *Erfolgsanalyse* (→Erfolgsprognose) wird die Ertragskraft des Unternehmens beurteilt. Neben dem absoluten Ergebnis (Jahresüberschuss) liegt der Fokus auf den Quellen des Erfolges, wie Regionen oder Produkten (→Erfolgsabhängigkeiten). Zur Rentabilitätsmessung (→Rentabilitätsanalyse) werden Kennzahlen wie Eigenkapital-, Gesamtkapital- und Umsatzrentabilität gebildet, die eine Erfolgsgröße ins Verhältnis zum eingesetzten Kapital bzw. zum Umsatz setzen.

Grenzen der Jahresabschlussanalyse resultieren aus dem beschränkten Informationsgehalt der Kennzahlen sowie aus dem Vergangenheitsbezug der zugrunde liegenden Jahresabschlussdaten, solange kein Planabschluss (→Planbilanz) verwendet wird (Coenenberg 2005, S. 954). Aus der betriebswirtschaftlichen Theorie lassen sich keine Idealwerte für die Kennzahlen ableiten. Von daher sind geeignete Werte aus branchen- bzw. unternehmensbezogenen Erfahrungswerten sowie den Anforderungen der Kapitalgeber abzuleiten.

Literatur: Baetge, J./Kirsch, H.-J./Thiele, S.: Bilanzanalyse, 2. Aufl., Düsseldorf 2004; Coenenberg, A. G.: Jahresabschluss und Jahresabschlussanalyse, 20. Aufl., Stuttgart 2005; Küting, K./Weber, C.-P.: Die Bilanzanalyse, 4. Aufl., Stuttgart 1999; Perridon, L./Steiner, M.: Finanzwirtschaft der Unternehmung, 13. Aufl., München 2004.

Ulrich Pape; Matthias Schlecker

Finanzkontrolle, externe →Bundes- und Landeshaushaltsordnung; →Rechnungshöfe

Finanzkontrolle, interne →Bundes- und Landeshaushaltsordnung

Finanzlage

Die Prüfung der Finanzlage erfolgt im Zusammenhang mit der Prüfung des →Jahresabschlusses insgesamt unter Berücksichtigung aller im Rahmen der Prüfung gewonnenen Erkenntnisse. Dabei erfolgt im Rahmen der →Prüfungsplanung eine vorläufige Beurteilung der Finanzlage, z. B. durch Vergleich wesentlicher Kennzahlen zur Liquidität (→Liquiditätskennzahlen) und zum →Cash Flow mit denen des Vorjahres (→zeitlicher Vergleich; →Kennzahlen und Kennzahlensysteme als Kontrollinstrument). Diese Beurteilung erfolgt auch vor dem Hintergrund des →Going Concern-Prinzips. Im weiteren Verlauf der Prüfung wird durch Berücksichtigung der Ergebnisse der Prüfung in den einzelnen →Prüffeldern eine Konkretisierung der vorläufigen Lagebeurteilung durchgeführt. Zum Ende der Prüfung erfolgt eine abschließende Beurteilung.

Die Finanzlage eines Unternehmens wird durch die Finanzierung (Herkunft und Verwendung der eingesetzten Mittel sowie deren Fristigkeit) und Liquidität (Fähigkeit des Unternehmens seine Zahlungsverpflichtungen erfüllen zu können) bestimmt. Das zentrale Instrument zur Darstellung der Finanzlage ist die Bilanz nebst den diesbezüglich ergänzenden Angaben im →Anhang sowie der →Lagebericht. Ggf. ist auch eine →Kapitalflussrechnung zu berücksichtigen. Aufgrund der notwendigen dynamischen Betrachtungsweise kann auch der →Gewinn- und Verlustrechnung (GuV) für die Beurteilung der Finanzlage Bedeutung zukommen, da sie i.d.R. Rückschlüsse auf die bevorstehenden zeitablaufbedingten Veränderungen der Bilanzposten zulässt.

Entsprechend § 264 Abs. 2 HGB hat der JA ein den tatsächlichen Verhältnissen entsprechendes Bild der →Vermögenslage, →Finanzlage und →Ertragslage zu vermitteln (→True and Fair View). Gegenstand und Umfang der Prüfung der Finanzlage ergeben sich aus § 317 HGB. Ergänzend sind aus den §§ 321 [→Prüfungsbericht (PrB)] und 322 HGB [→Bestätigungsvermerk (BestV)] zusätzliche Prüfungspflichten abzuleiten. Es ist demnach zu prüfen, ob der JA und Lagebericht eine zutreffende Darstellung der Finanzlage gewährleistet.

Zur Beurteilung der Finanzlage ist eine Finanzierungs- und Liquiditätsanalyse durchzuführen. Dabei ist die Gesamtheit aller Aspekte, die sich auf die Finanzierung einer Gesellschaft beziehen, wie etwa die Finanzstruktur (→Kapitalstruktur, Planung und Kontrolle der), Deckungsverhältnisse, Fristigkeiten, Finanzierungsspielräume, Investitionsvorhaben (→Investition), schwebende Bestellungen sowie Kreditlinien, zu berücksichtigen. Ein umfassendes Instrument zur Analyse der finanziellen Entwicklung ist die Kapitalflussrechnung.

Ein weiteres Instrument zur Analyse der Finanzlage ist die Bildung von Kennzahlen (→Kennzahlen und Kennzahlensysteme als Kontrollinstrument). In der Praxis werden insb. Kennzahlen zur Finanzstruktur und Liquidität gebildet. In Betracht kommen u. a.: Liquiditätsgrade, Working Capital, Deckungsgrade, Cash Flow, Cash Flow-Umsatzrendite, dynamischer Verschuldungsgrad, Innenfinanzierungskraft (→Liquiditätskennzahlen; →Liquiditätscontrolling). Die Kennzahlen sollten zur Darstellung eines Trendverlaufes möglichst in einem Mehrjahresvergleich betrachtet werden (→zeitlicher Vergleich).

Darüber hinaus sind Angaben zur Veränderung von liquiditätsentziehenden Faktoren (z. B. schwebende Bestellungen oder bereits konkretisierte Investitionen mit ihren finanziellen Auswirkungen, verstärkt erforderliche Kredittilgungen, →sonstige finanzielle Verpflichtungen/Verpflichtungen aus langfristigen Verträgen), zu Informationen über Kreditlinienkontingente (z. B. nicht ausgeschöpfte Kreditlinien, Verminderung von Kreditlinien, Ausschöpfung von Sicherheiten für die Beschaffung von →Fremdkapital), zu Konzernbeziehungen [z. B. Beherrschungsverträge (→Unternehmensverträge)] sowie zur Verwendung des →Jahresergebnisses (→Ergebnisverwendung) zu berücksichtigen.

Die Dokumentation der Prüfungsdurchführung (→Auftragsdurchführung) hat in den →Arbeitspapieren des Abschlussprüfers zu erfolgen, zu den Ergebnissen der Prüfung ist im →Prüfungsbericht (PrB) Stellung zu nehmen. Dabei ist darauf einzugehen, ob die Generalnorm des § 264 Abs. 2 HGB hinsichtlich der Abbildung eines den tatsächlichen Verhältnissen entsprechenden Bildes der Vermögens-, Finanz- und Ertragslage beachtet wurde. Hierzu sind neben der Stellungnahme zur Lagebeurteilung der gesetzlichen Vertreter insb. wesentliche Bewertungsgrundlagen, deren Änderungen sowie sachverhaltsgestaltende Maßnahmen darzustellen (→Änderung von Bewertungsannahmen; →Änderung der Bilanzierungs- und Bewertungsmethoden; →bilanzpolitische Gestaltungsspielräume, Prüfung von).

Abschließend ist das Ergebnis der Prüfung (→Prüfungsurteil) im →Bestätigungsvermerk (BestV) zusammenzufassen. Es ist eine Erklärung darüber abzugeben, inwieweit der JA unter Beachtung der GoB (→Grundsätze ordnungsmäßiger Buchführung, Prüfung der) ein den tatsächlichen Verhältnissen entsprechendes Bild der Vermögens-, Finanz- und Ertragslage vermittelt und ob der Lagebericht eine zutreffende Vorstellung von der Lage des Unternehmens gibt.

Andreas Otter

Finanzlage, Analyse der →Jahresabschlussanalyse

Finanzplan →Kapitalbedarfsplanung; →Planbilanz; →Zahlungsunfähigkeitsprüfung

Finanzplan, kurzfristiger →Finanzcontrolling: →Finanzplanung

Finanzplanung

Gegenstand der Finanzplanung sind geschätzte Zahlungsströme, die sich aufgrund der geplanten Unternehmensaktivitäten in einem bestimmten Zeitraum ergeben. Hauptaufgabe der Finanzplanung als Teilfunktion des →Finanzcontrollings ist die *finanzzielorientierte Steuerung* der Beschaffung und Verwendung finanzieller Ressourcen. Die beiden grundlegenden Ziele der Finanzplanung, die aus den obersten Finanzzielen des Unternehmens abgeleitet werden, sind die Liquiditätssicherung sowie die Rentabilitätssteigerung (Spremann 1996, S. 197–199).

Heute ist die Finanzplanung üblicherweise Bestandteil der *integrierten Finanz-, Ertrags- und Vermögensplanung*. Hierbei empfängt die Finanzplanung Daten aus anderen Planungsrechnungen, gleichzeitig ist sie aber auch Informationslieferant, z. B. für Bewertungs- und Steuerungszwecke im Rahmen wertorientierter Führungskonzepte (→wertorientierte Unternehmensführung). Die Finanzplanung ist im Gegensatz zur Finanzbuchhaltung gesetzlich nicht vorgeschrieben. Trotzdem ist sie zur Erfüllung der finanziellen Unternehmensziele zwingend erforderlich und somit aus dem unternehmerischen →Planungssystem nicht wegzudenken.

Hinsichtlich des *Zeithorizontes* wird zwischen langfristiger und kurzfristiger Finanzplanung differenziert. Zielsetzung der langfristigen Finanzplanung ist die Aufrechterhaltung des finanziellen Gleichgewichtes durch Abstimmung von Kapitalbedarf (→Investition) und

Kapitalbeschaffung (Finanzierung). Aus dieser Zielsetzung ergibt sich der mehrjährige Planungshorizont von ca. drei bis fünf Jahren. Konkrete Zahlungsgrößen sind für einen mehrjährigen Planungshorizont kaum planbar, sodass die langfristige Finanzplanung ihre Planungsgrößen aus Planjahresabschlüssen ableitet (Wöhe/Bilstein 2002, S. 399). Die Abschlusspositionen werden dabei als Vorwegnahme zukünftiger Ein- und Auszahlungen interpretiert.

Das zentrale Instrument der *langfristigen Finanzplanung* ist der Planjahresabschluss mit →Planbilanz, Plan-GuV (→Gewinn- und Verlustrechnung) sowie Plankapitalflussrechnung (→Kapital- und Finanzflussrechnung). Die →Planung und Analyse von Planjahresabschlüssen orientiert sich an →Finanzierungsregeln bzw. Finanzierungskennzahlen (→Finanzkennzahlensystem), die von Kapitalgebern und anderen Jahresabschlussadressaten zur Beurteilung der →Vermögenslage, →Finanzlage und →Ertragslage des Unternehmens (→Jahresabschlussanalyse; →Aufwands- und Ertragsanalyse; →Bonitätsanalyse; →Cash Flow-Analyse) genutzt werden. Die Orientierung an den Anforderungen der Kapitalgeber ist eine notwendige Voraussetzung, um die zur Alimentierung der unternehmerischen Geschäftstätigkeit erforderlichen Finanzmittel in ausreichender Höhe und zu adäquaten →Kosten aufnehmen zu können (Franke/Hax 2004, S. 114).

Die *Abstimmung zwischen Kapitalbedarf und -beschaffung* erfolgt im Rahmen der langfristigen Finanzplanung anhand von drei Dimensionen (→Kapitalbedarfsplanung). So muss erstens gewährleistet sein, dass sämtliche geplanten Investitionsprojekte in voller Höhe finanziert werden können (volumenkongruente Finanzierung). Zweitens müssen die Fristen von Kapitalbindung und Finanzierung übereinstimmen (fristenkongruente Finanzierung). Drittens ist schließlich die Abstimmung zwischen der erwarteten Investitionsrendite und den vom Investitionsrisiko abhängigen Finanzierungskosten erforderlich. Nur wenn durch die Investitionstätigkeit eine Rendite erzielt wird, die oberhalb des risikoadjustierten Kapitalkostensatzes (→Kapitalkosten) liegt, leisten die geplanten Investitionsprojekte einen Beitrag zur Steigerung des →Unternehmenswertes (→Shareholder Value-Analysis).

Die *kurzfristige Finanzplanung* ist eine unterjährige Liquiditätsplanung, die für die laufende Abstimmung sämtlicher infolge der unternehmerischen Geschäftstätigkeit erwarteten Ein- und Auszahlungen verantwortlich ist (Franke/Hax 2004, S. 127). Mit Bezug auf die obersten Finanzziele ist die kurzfristige Finanzplanung für die Gewährleistung der jederzeitigen Zahlungsfähigkeit (→Liquiditätscontrolling) sowie für die Steigerung der Rentabilität (→Erfolgscontrolling) verantwortlich. Der Planungshorizont der kurzfristigen Finanzplanung beträgt max. ein Jahr, wobei dem Prinzip der rollierenden Planung gefolgt wird.

Zentrales Planungsinstrument ist der *kurzfristige Finanzplan*, der mit der Prognose- und Gestaltungsfunktion zwei einander ergänzende Funktionen erfüllt (Perridon/Steiner 2004, S. 624). Aufgabe der Prognosefunktion (→Prognoseinstrumente) ist die möglichst exakte Planung der zukünftigen Ein- und Auszahlungen, wobei die benötigten Informationen aus dem betrieblichen →Rechnungswesen sowie aus den weiteren Planungssystemen des Unternehmens (z. B. Beschaffungs-, Produktions-, Absatz- und Investitionspläne) stammen. Zunächst müssen die Informationen aufbereitet, analysiert und erforderlichenfalls in monetäre Planungsgrößen transformiert werden. Ergebnis des Planungsprozesses ist der kurzfristige Finanzplan, der für jede Periode innerhalb des Planungshorizontes folgende Planungsgrößen ausweist: den AB an finanziellen Mitteln, die Ein- bzw. Auszahlungen während der Planungsperiode sowie den EB an finanziellen Mitteln.

Planmäßig sollte der Saldo für jede Planungsperiode „null" betragen. In den Perioden, in denen das nicht der Fall ist, besteht die Aufgabe der Gestaltungsfunktion in der *Plananpassung* (Perridon/Steiner 2004, S. 664–667). Durch die Anpassung der geplanten Ein- oder Auszahlungen soll die im Falle eines negativen Saldos (Zahlungsmitteldefizit) drohende Zahlungsunfähigkeit verhindert werden (*Liquiditätssicherung*). Bei positivem Saldo (Zahlungsmittelüberschuss) besteht die Aufgabe der Gestaltungsfunktion in der rentablen Anlage der verfügbaren Finanzmittel im Rahmen der kurzfristigen Gelddisposition (*Rentabilitätssteigerung*). Angesichts der fehlenden Planbarkeit vieler Zahlungen empfiehlt sich im Rahmen der kurzfristigen Finanzplanung zusätzlich der Aufbau von Liquiditätsreserven, die zur Vermeidung von →Opportunitätskosten z. B. als Commercial Papers oder Kreditlinien gehalten werden können.

Literatur: Franke, G./Hax, H.: Finanzwirtschaft des Unternehmens und Kapitalmarkt, 5. Aufl., Berlin 2004; Perridon, L./Steiner, M.: Finanzwirtschaft der Unternehmung, 13. Aufl., München 2004; Spremann, K.: Wirtschaft, Investition und Finanzierung, 5. Aufl., München 1996; Wöhe, G./Bilstein, J.: Grundzüge der Unternehmensfinanzierung, 9. Aufl., München 2002.

Ulrich Pape

Finanzportfolioverwalter →Finanzdienstleistungsinstitute

Finanzvermögensrentabilität →Erfolgskennzahlensystem; →ROI-Kennzahlensystem

Finnland

Das Wirtschaftsprüfungswesen in Finnland wird generell im Wirtschaftsprüfungsgesetz und in der Wirtschaftsprüfungsverordnung geregelt. Diese, aus dem Jahre 1994 stammenden Regelwerke sind derzeit in Überarbeitung befindlich. Mit den Anpassungen sollen die Vorgaben der RL 2006/43/EG (sog. novellierte APr-RL) umgesetzt werden.

In Finnland gibt es zwei Arten von fachlich qualifizierten Wirtschaftsprüfern: *KHT*-WP und *HTM*-WP. Der *Wirtschaftsprüfungsausschuss* der zentralen *Handelskammer* ist für die Zulassung von *KHT*-Wirtschaftsprüfern (zugelassene WP) und *KHT*-WPGes (zugelassene WPGes) zuständig. In jeder regionalen *Handelskammer* gibt es einen *Wirtschaftsprüfungsausschuss*, der die Aufgabe hat, niederrangigere *HTM*-WP (anerkannte WP) und *HTM*-WPGes (anerkannte WPGes) zuzulassen.

Für beide Arten von Wirtschaftsprüfern ist ein bestimmter beruflicher Hintergrund, Berufserfahrung und eine strenge Prüfung der beruflichen Kompetenz erforderlich. Um als *KHT*-WP zugelassen zu werden, muss der Kandidat u. a. einen höheren Universitätsabschluss vorweisen, bestimmte Studien zu den Pflichten eines Wirtschaftsprüfers abgeschlossen und unter Aufsicht eines *KHT*-Wirtschaftsprüfers mindestens 3 Jahre praktische Erfahrung erworben oder Erfahrung mit vergleichbaren, anspruchsvollen Aufgaben im Prüfungs- und →Rechnungswesen erworben haben.

Bisher ist es in Finnland möglich, dass Prüfungen von einem fachlich qualifizierten WP oder einem sog. Laien-WP durchgeführt werden. Die Pflichten des Wirtschaftsprüfungsgesetzes gelten jedoch auch für diese Laien-WP. Sie unterliegen jedoch nicht der Qualitätskontrolle und müssen nicht die internationalen Wirtschaftsprüfungsnormen befolgen.

Nach Informationen des Ausschusses, der den neuesten Entwurf des revidierten Wirtschaftsprüfungsgesetzes erarbeitet hat, erfüllen Prüfungen, die von einem fachlich nicht qualifizierten WP durchgeführt werden, nicht die Erwartungen und Qualitätsstandards, die von einer gesetzlichen Prüfung verlangt werden.

Nach dem derzeitigen Wirtschaftsprüfungsgesetz müssen alle eingetragenen KapGes (Gesellschaften mit beschränkter Haftung, Genossenschaften, Offene Handelsgesellschaften, Gesellschaften bürgerlichen Rechts und sonstige vergleichbare Kollektive) sowie Stiftungen einen WP zur Prüfung ihrer Jahresabschlüsse wählen. In Finnland sind nicht einmal Kleinunternehmen (normalerweise Gesellschaften bürgerlichen Rechts) von dieser Anforderung ausgenommen.

Bei der Vorbereitung des Entwurfs zur Revision des Wirtschaftsprüfungsgesetzes wurde ausführlich diskutiert, ob Kleinstfirmen von der obligatorischen gesetzlichen Prüfung entbunden werden sollten. Nach dem neuesten Entwurf werden Kleinstfirmen von der gesetzlichen Prüfung befreit.

Ein WP kann eine natürliche Person oder eine zugelassene WPGes sein. Mindestens ein WP muss EWR-Einwohner sein.

Die Pflicht, einen fachlich qualifizierten WP zu wählen, hängt von der Rechtsform und Größe des Unternehmens ab. Derzeit gibt es für den Einsatz zugelassener WP folgende Grenzen:

Nach dem Wirtschaftsprüfungsgesetz muss mindestens ein WP ein *KHT*-WP oder eine *KHT*-WPGes sein, wenn die Gesellschaft öffentlich gehandelte Wertpapiere emittiert hat oder wenn mindestens zwei der folgenden drei Bedingungen erfüllt sind:

- die Bilanzsumme der vorherigen Finanzperiode lag über 25 Mio. €;
- der Umsatz der vorherigen Finanzperiode lag über 50 Mio. €;

- die durchschnittliche Anzahl der Mitarbeiter in der vorherigen Finanzperiode lag über 300.

Es dürfen nur *zugelassene WP* (*KHT* oder *HTM*) gewählt werden, wenn mindestens zwei der folgenden Bedingungen erfüllt sind:

- die Bilanzsumme lag über 2,1 Mio. €;
- der Umsatz lag über 4,2 Mio. €;
- die durchschnittliche Anzahl der Mitarbeiter lag über 50.

Mindestens ein zugelassener WP muss gewählt werden, wenn mindestens zwei der folgenden Bedingungen erfüllt sind:

- die Bilanzsumme lag über 340.000 €;
- der Umsatz lag über 680.000 €;
- die durchschnittliche Anzahl der Mitarbeiter lag über 10.

Nach dem neuesten Entwurf für die Revision des Wirtschaftsprüfungsgesetzes muss eine Gesellschaft einen fachlich qualifizierten WP (zugelassener WP) einsetzen, wenn mindestens zwei der folgenden Bedingungen erfüllt sind:

- Bilanzsumme von über 200.000 €;
- Umsatz von über 300.000 €;
- mehr als 5 Mitarbeiter.

Die Festlegung detaillierter Prüfungsempfehlungen, Prüfungsnormen und Richtlinien ist traditionell die Aufgabe des Berufsstandes. Das *Finnish Institute of Authorised Public Accountants (KHT-yhdistys – Föreningen CGR ry)* spielt bei der Weiterentwicklung der finnischen GAAS und Standespflichten eine wichtige Rolle. Die Empfehlungen des Instituts sind an den →International Standards on Auditing (ISA) der →*International Federation of Accountants (IFAC)* ausgerichtet.

Mikael Paul; Patrick Wilkinson

Firmenwert →Geschäfts- oder Firmenwert

Fisher'sches Separationstheorem
→Kapitalstruktur, optimale

Fixe Kosten →Fixkostencontrolling; →Kosten; →Kostenabbaubarkeit

Fixkostencontrolling

Aufgabe des *Fixkostencontrollings* (→Controlling) ist vor allem die Bereitstellung von Informationen für das Fixkostenmanagement (→Kostenmanagement). Ziel des Fixkostenmanagements ist eine Reduzierung von *Beschäftigungsrisiken*. Sie treten auf, wenn bei Existenz fixer →Kosten Unsicherheit über die →Erlöse herrscht, und bestehen in der Gefahr, dass die Kosten nicht vollständig gedeckt werden. *Fix* sind dabei alle Kosten, die sich nicht automatisch mit der Beschäftigung (→Beschäftigungsgrad) ändern, sich aber durch geeignete Maßnahmen innerhalb bestimmter Fristen an eine veränderte Beschäftigung anpassen lassen. Determiniert wird das Beschäftigungsrisiko durch die Sicherheit der Erlöse und die Kostenflexibilität (Funke 1995, S. 63–65). Einflussgrößen der *Kostenflexibilität* sind

- der Anteil der Fixkosten an den Gesamtkosten,
- der Anteil der nicht mehr beeinflussbaren Kosten an den Fixkosten und
- die Hemmnisse beim Abbau der beeinflussbaren Fixkosten.

Das *Fixkostenmanagement* kann damit definiert werden als risikoorientierte Gestaltung der Flexibilität der Kosten, die für die Realisation des Leistungsprogramms der Unternehmung nötig sind. Das Fixkostenmanagement ist damit nicht dem Kosten-, sondern dem *Risikomanagement* zuzuordnen [→Risikomanagementsystem (RMS); →Risiko- und Chancencontrolling].

Maßnahmen zur Flexibilisierung der Kosten sind

- die Fixkostenumwandlung,
- die Erhöhung der Effizienz der Fixkosten verursachenden Prozesse und
- die Reduzierung von Abbauhemmnissen der Fixkosten.

Fixkostenumwandlung ist die Überführung fixer in variable Kosten, z. B. durch den Übergang vom Kauf zum Leasing (→Leasingverhältnisse) oder das →Outsourcing. *Effizienz steigernde* Maßnahmen sind u. a. der Einsatz des →Benchmarkings und die Errichtung strategischer Allianzen. Folgende Einflussgrößen der *Abbaufähigkeit fixer Kosten* (→Kostenabbaubarkeit) werden unterschieden (Süverkrüp 1968, S. 94):

- unternehmungspolitische,
- technisch-organisatorische,
- rechtliche und
- psychologisch-gesellschaftliche.

Zu den *unternehmungspolitischen Einflussgrößen* zählen die quantitativen, qualitativen und zeitlichen Merkmale des aktuellen und des geplanten Leistungsprogramms. Die *technisch-organisatorischen Einflussgrößen* begrenzen die quantitative Anpassung der Leistungserstellung und -verwertung an Nachfrageschwankungen. Zu ihnen zählen u. a. die begrenzte Teilbarkeit der Potenzialgüter und ihre Einsatzvielfalt. Wird ein Potenzialgut für die Erstellung verschiedenartiger Leistungen eingesetzt, kann es nicht abgebaut werden, solange mindestens eine dieser Leistungen erstellt werden soll. Zu den *rechtlichen Einflussgrößen* zählen gesetzliche, tarif- und einzelvertragliche Regelungen, wie z. B. Auflagen im Bereich des Umweltschutzes und Kündigungsfristen. Die *psychologisch-gesellschaftlichen Einflussgrößen* haben ihre Ursache in unerwünschten Nebenwirkungen des Fixkostenabbaus, z. B. der Entlassung bewährter Mitarbeiter.

Nach der Abbaufähigkeit können die *Fixkosten* wie folgt untergliedert werden (Oecking 1994, S. 78 f.):

- Kosten der Betriebsbereitschaft,
- budgetierte Kosten (→ Budgetierung) und
- beschäftigungsabhängig disponierbare Kosten.

Zu den *Kosten der Betriebsbereitschaft* zählen alle Kosten, die nötig sind, um die aktuelle und die zukünftige Fähigkeit der Unternehmung zur Leistungserstellung zu sichern (→ Leistungscontrolling). Sie können nicht abgebaut werden. Möglich ist eine Kostensenkung durch Effizienz steigernde Maßnahmen. *Budgetierte Kosten* fallen in Bereichen an, deren Beschäftigung von der Auslastung der Produktion unabhängig ist, wie z. B. Public Relations (→ Investor Relations) und → Controlling. Die Fixkosten dieser Bereiche können durch den Abbau von Leistungen oder Effizienz steigernde Maßnahmen gesenkt werden. *Beschäftigungsabhängig disponierbare Kosten* (→ Kostenabhängigkeiten) entstehen in Bereichen, deren Beschäftigung von der Auslastung der Produktion abhängig ist [z. B. Produktion (→ Produktionscontrolling), Beschaffung (→ Beschaffungscontrolling), Logistik (→ Logistikcontrolling)]. Die Fixkosten dieser Bereiche können durch den Abbau von Kapazitäten (→ Kapazitätsplanung; → Kapazitätscontrolling) innerhalb bestimmter Fristen an Beschäftigungsänderungen angepasst werden. Sie bilden den Schwerpunkt der Fixkostenumwandlung.

Aufgaben des Fixkostenmanagements sind die Identifikation und Bewertung von Beschäftigungsrisiken sowie die Ausrichtung (Anpassung) aller gegenwärtigen und künftigen (noch wirksamen) Entscheidungen auf das Risikoziel. Hierzu hat das *Fixkostencontrolling* Informationen über die Abbaufähigkeit der Fixkosten bereitzustellen. Für die Risikoidentifikation und -bewertung reicht eine Grobanalyse der Fixkostenstruktur aus, welche die Fixkosten in die Kosten der Betriebsbereitschaft, die budgetierten Kosten und die beschäftigungsabhängig disponierbaren Kosten spaltet. Daran schließt sich eine kostenstellenbezogene Feinanalyse der beschäftigungsabhängig disponierbaren Kosten an, in der die Fixkosten nach ihrer zeitlichen und sachlichen Veränderbarkeit gegliedert werden. Die Gliederung nach der sachlichen Veränderbarkeit gibt an, um welchen Betrag die Fixkosten bei einer bestimmten Absenkung der Betriebsbereitschaft abgebaut werden können. Die zeitliche Gliederung zeigt, innerhalb welcher Frist diese Kosten abgebaut werden können. Für die Ausrichtung der Entscheidungen auf das Risikoziel sind problemspezifische Sonderanalysen durchzuführen. Als Basis für die Fixkostenstrukturanalyse kann das Controlling eine Potenzialdatenbank einrichten, in der Informationen zu den Vertrags- und Eigentumspotenzialen der Unternehmung systematisch erfasst werden, wie z. B. Vertragsdaten, Kostenstellenzuordnung (→ Cost Center; → Kostenstellenrechnung), Instandhaltungskosten (→ Instandhaltungscontrolling) und Kapazität (→ Kapazitätscontrolling).

Literatur: Freidank, C.-Chr.: Kostenrechnung, 7. Aufl., München/Wien 2001; Funke, S.: Fixkosten und Beschäftigungsrisiko, München 1995; Oecking, G.: Strategisches und operatives Fixkostenmanagement, München 1994; Vikas, K.: Neue Konzepte des Kostenmanagements, 3. Aufl., Wiesbaden 2001.

Birgit Friedl

Fixkostendeckungsrechnung → Direct Costing

Flexibilitätsanalyse des bilanzpolitischen Instrumentariums

Im Hinblick auf die Flexibilitätsanalyse des bilanzpolitischen Instrumentariums bedarf es einleitend einer grundlegenden *Systematisierung* der Maßnahmen, mit dessen Hilfe der Entscheidungsträger seine Vorstellung zu verwirklichen versucht. Die bilanzpolitischen Instrumente – vielfach auch als Darstellungsgestaltungen bezeichnet, da nach dem Jahresabschlussstichtag Einsatz findend – werden vom überwiegenden Schrifttum (s. stellvertretend Freidank 1990, S. 26) wie folgt untergliedert:

1) Ansatzwahlrechte (Aktivierungs- und Passivierungswahlrechte),
2) Bewertungswahlrechte (Wertansatz- und Methodenwahlrechte),
3) Ermessensspielräume (Verfahrens- und Individualspielräume),
4) Ausweiswahlrechte (einschl. Erläuterungswahlrechte im →Anhang und →Lagebericht),
5) Gewinnverwendungswahlrechte sowie
6) zeitliche Wahlrechte in Bezug auf Vorlage und →Offenlegung des Jahresabschlusses sowie Abgabe der Steuererklärung.

Hinsichtlich der Einflussnahme auf das Periodenergebnis lassen sich die vorstehend genannten Maßnahmen in materielle [Nr. 1), 2), 3)] und formelle Aktionsvariablen [Nr. 4), 5), 6)] untergliedern. Materielle Instrumente beeinflussen die Höhe des Jahresüberschusses, formelle lassen den Jahresüberschuss unberührt, haben aber Einfluss auf Gliederung, Ausweis und Erläuterungen im JA. Da mithilfe der Ansatz- und Bewertungswahlrechte sowie der Ermessensspielräume die Höhe des →Jahresergebnisses (vor Steuern) in gewissen Grenzen „manövriert" werden kann, bezeichnet man diese Maßnahmen auch als (handels- und steuer-) bilanzpolitische Manövriermasse (→bilanzpolitische Gestaltungsspielräume nach HGB; →bilanzpolitische Gestaltungsspielräume nach Steuerrecht).

Wesensimmanent ist den bilanzpolitischen Maßnahmen, dass sie nicht nur die Zielausprägung der Referenzperiode, sondern ebenso die Ergebnisse nachfolgender Geschäftsjahre beeinflussen. I.d.R. bewirken bilanzpolitische Aktionsvariablen, allem voran die bilanzpolitische Manövriermasse, lediglich Erfolgsverlagerungen, d. h. Ergebnisminderungen in der gegenwärtigen Periode führen in späteren Wirtschaftsjahren zu Ergebnismehrungen und umgekehrt. Dieser Effekt wird als „Zweischneidigkeit der Bilanz" bezeichnet. Wegen den von den rechnungslegungspolitischen Entscheidungen auf zukünftige Jahresabschlüsse ausgehenden Wirkungen erscheint eine statische (einperiodige) Sichtweise als nicht ausreichend; erforderlich ist vielmehr eine dynamische (mehrperiodige) Betrachtungsweise. Bei der Bestimmung der Länge des Betrachtungs- oder Planungszeitraums sind zwei Aspekte von wesentlicher Bedeutung:

1) der zeitliche Wirkungshorizont der bilanzpolitischen Instrumente sowie
2) die Unsicherheit zukünftiger Daten.

Vor dem Hintergrund des sich bei dynamischer Betrachtungsweise unweigerlich einstellenden Unsicherheitsproblems kommt dem Kriterium der Flexibilität des bilanzpolitischen Instrumentariums im Hinblick auf die Verwirklichung des finanziellen Ziels des Entscheidungsträgers (die) maßgebliche Bedeutung zu. *Flexibilität*, verstanden als Anpassungsfähigkeit eines Systems zur Bewältigung von Unsicherheit und Dynamik der Umwelt, bezeichnet insofern das Änderungsvermögen eines Systems i. S. e. Eignung, unter wechselnden Bedingungen sowie bei Störungen vorgegebene Ziele zu erreichen. Der Flexibilitätsgrad der Aktionsvariablen gibt also Auskunft darüber, inwieweit im Falle einer Divergenz zwischen prognostiziertem und real eingetretenem Zustand die zum Planerstellungszeitpunkt (→Planung) getroffenen Dispositionen zwecks bestmöglicher Zielerreichung an die neue Datenkonstellation angepasst werden können.

Insoweit gilt es, Eigenschaften des materiellen Instrumentariums aufzuzeigen, denen im Rahmen der Anpassung an eine veränderte Datenkonstellation (Umwelt) aus betriebswirtschaftlicher Sicht Relevanz zu bescheinigen ist. Ebenso sind auch die aus der erstmaligen Anwendung der Aktionsvariablen für die gegenwärtige sowie die zukünftigen Perioden sich ergebenden Konsequenzen in die Betrachtung miteinzubeziehen. In der Literatur (s. hierzu im Überblick Eigenstetter 1998, S. 468) finden sich verschiedene Ansätze für eine zielorientierte Strukturierung der Anpassungsfähigkeit; aus diesem Konglomerat lassen sich folgende Erscheinungsformen der Flexibilität ableiten:

1) die Aufschiebbarkeit (zeitliche Flexibilität), gegliedert in
   - beliebig aufschiebbare Instrumente,
   - bedingt aufschiebbare Instrumente,
   - nicht aufschiebbare Instrumente;
2) die Teilbarkeit (quantitative Flexibilität), differenziert in
   - Instrumente mit beliebig teilbarer Ausprägung,
   - Instrumente, deren Ausprägung entweder ganz oder gar nicht zum Tragen kommt;
3) Aufhebbarkeit (Reversibilität), unterteilt in
   - mit Wirkung „ex-tunc" aufhebbare Instrumente,
   - mit Wirkung „ex-nunc" aufhebbare Instrumente;
4) Bindungswirkung (Flexibilität in Bezug auf analoge Fälle), aufgefächert in
   - sachliche Bindungswirkung i.S. variabler oder fixer Instrumente des gleichen Wirtschaftsjahres/Bilanzstichtages,
   - zeitliche Bindungswirkung i.S. variabler oder fixer Instrumente nachfolgender Wirtschaftsjahre/Bilanzstichtage sowie
5) die Wirkungsbreite (Flexibilität hinsichtlich des →Maßgeblichkeitsprinzips).

Eine Maßnahme ist als *aufschiebbar* zu bezeichnen, wenn ihre Anwendung nicht an einen bestimmten Zeitpunkt (Bilanzstichtag) gebunden ist, sondern noch zu einem späteren Zeitpunkt nachgeholt werden kann. Während bei beliebig aufschiebbaren Instrumenten der Einsatz solange hinausgezögert werden kann, wie das Gestaltungsobjekt bilanzpolitischen Maßnahmen zugänglich ist, existiert bei bedingt aufschiebbaren Instrumenten entweder eine gesetzlich vorgegebene oder betrieblich begründete Frist, innerhalb der die Geltendmachung zu erfolgen hat. Demgegenüber wird bei nicht aufschiebbaren Aktionsvariablen das Recht zur Anwendung mit Ablauf der in Betracht kommenden Periode verwirkt; eine Nachholung zu einem späteren Zeitpunkt ist mithin ausgeschlossen. Aufschiebbare Mittel haben den Vorteil, dass sie für andere Gelegenheiten aufgespart werden können, wenn sie zunächst nicht benötigt werden.

Von Instrumenten mit beliebig *teilbarer* Ausprägung wird dann gesprochen, wenn (nahezu) jeder zwischen den beiden Grenzwerten (Ober- und Untergrenze) liegende (Bilanz-) Wert durch eine entsprechende Dosierung (i.S. teilweiser Verwendung) der betreffenden Maßnahme generierbar ist. Das eine Extremum des (Bilanz-) Wertes ergibt sich bei vollumfänglichem Einsatz der Aktionsvariable, wogegen das andere aus der Unterlassungsalternative (Null-Ausprägung) resultiert. Schränkt der Gesetzgeber indes die Wahlmöglichkeit auf den Ansatz der Grenzwerte (Ober- oder Untergrenze) ein, d. h. muss sich der Bilanzierende zwischen vollumfänglicher Anwendung oder gänzlichem Verzicht bzgl. der Maßnahme entscheiden, handelt es sich um Instrumente, deren Ausprägung entweder ganz oder gar nicht zum Tragen kommt. Gleiches gilt, wenn eine derartige Beschränkung der Natur der Aktionsvariable entspringt. Den quantitativ beliebig teilbaren Maßnahmen kommt insb. im Rahmen der Realisierung von Fixierungszielen maßgebliche Bedeutung zu. Quantitative Flexibilität kann in Grenzen den Individualspielräumen testiert werden. Ebenso tragen die Ausprägungen der Bewertungswahlrechte vielfach beliebig teilbaren Charakter, wenngleich der Gesetzgeber bei einzelnen Maßnahmen den Ansatz auf die Ober- oder Untergrenze beschränkt hat. Die Ansatzwahlrechte hingegen zählen zu denjenigen Instrumenten, deren Ausprägungen entweder ganz oder gar nicht zum Tragen kommen; werden die Ansatzwahlrechte allerdings im Kontext mit den Bewertungsmöglichkeiten gesehen, weisen auch sie weitgehend beliebige Teilbarkeit auf.

Unter *Aufhebbarkeit* im vorstehenden Sinne wird die Möglichkeit der Rückgängigmachung einer früher getroffenen bilanzpolitischen Entscheidung verstanden. In Abhängigkeit davon, ob die bilanzpolitische Disposition mit Wirkung zum ursprünglichen Entscheidungszeitpunkt oder lediglich mit Wirkung zum gegenwärtigen Bilanzstichtag aufgehoben werden kann, ist von Reversibilität mit Wirkung „ex-tunc" bzw. Reversibilität mit Wirkung „ex-nunc" die Rede. Während sich die Reversibilität mit Wirkung „ex-tunc" in den engen Grenzen der Bilanzänderung erschöpft, weist eine nicht unerhebliche Anzahl von Ansatz- und

Bewertungswahlrechten Reversibilität mit Wirkung „ex-nunc" auf.

Der Aspekt der *Bindungswirkung* tangiert die Frage, ob durch den (erstmaligen) Einsatz einer bilanzpolitischen Maßnahme die Entscheidungsfreiheit in Bezug auf analoge Fälle eingeschränkt wird; die Einschränkung kann dabei sowohl die gleiche Periode (sachliche Bindungswirkung) als auch die nachfolgenden Perioden (zeitliche Bindungswirkung) betreffen. Im Zusammenhang mit der vorstehenden Fragestellung sind zwei Kategorien von Aktionsvariablen zu unterscheiden: variable und fixe Instrumente. Die variablen Maßnahmen zeichnen sich dadurch aus, dass die bilanzpolitische Gestaltung sachlich uneingeschränkt und ohne die zwingende Voraussetzung kontinuierlicher Anwendung in das Belieben des Bilanzierenden gestellt ist. Jedes Wahlrecht kann mit Rücksicht auf den zu beeinflussenden Tatbestand individuell genutzt werden und es besteht keinerlei Bindung, die einmal und für einen bestimmten Fall getroffene Wahlentscheidung in späteren Perioden für gleichartige Situationen beizubehalten. Das Charakteristikum fixer Maßnahmen hingegen besteht darin, dass eine einmal getroffene bilanzpolitische Entscheidung eine Bindung für analoge Fälle – des gleichen wie auch zukünftiger Wirtschaftsjahre – entfaltet, d. h. dem Bilanzierenden ist es verwehrt, das institutionell gegebene Wahlrecht nach willkürlichem Belieben auszuüben. Hierbei gilt es allerdings zu beachten, dass mit der Entscheidung für eine bestimmte Wahlrechtsausübung zwar die Möglichkeit eines Wechsels in gleich gelagerten Fällen aus allein bilanzpolitischen Motiven ausgeschlossen ist, eine wirtschaftlich begründete Neuorientierung des Wahlrechtseinsatzes indes stets als zulässig erachtet wird. Der Aspekt der Bindungswirkung betrifft im Wesentlichen somit die Reichweite der in § 252 Abs. 1 Nr. 6 HGB kodifizierten Bewertungs(methoden)stetigkeit (→Stetigkeit).

Das Kriterium der *Wirkungsbreite* betrifft die Frage, in welchen (handels- und steuerrechtlichen) Rechenwerken durch den Einsatz des bilanzpolitischen Instrumentariums die Ausprägungen der Zielgrößen simultan – positiv oder negativ – beeinflusst werden (→bilanzpolitische Entscheidungsmodelle). Als (periodische) Rechenwerke des Handels- und Steuerrechts sind in diesem Zusammenhang zu nennen:

1) der handelsrechtliche JA (Handelsbilanz) und

2) der – über die Maßgeblichkeit (§ 5 Abs. 1 EStG) mit der Handelsbilanz verbundene – steuerrechtliche JA (Steuerbilanz).

Im Falle von Personen(handels)gesellschaften und sonstigen Mitunternehmerschaften kommen als steuerrechtliche Zusatzrechnungen ferner in Betracht: Der Sonderbetriebsjahresabschluss [Sonder(betriebs)bilanz] sowie der Ergänzungsjahresabschluss (Ergänzungsbilanz) (→Sonder- und Ergänzungsbilanzen, steuerrechtliche).

Literatur: Eigenstetter, H.: Flexibilitätsanalyse des steuerbilanzpolitischen Instrumentariums, in: Freidank, C.-Chr. (Hrsg.): Rechnungslegungspolitik. Eine Bestandsaufnahme aus handels- und steuerrechtlicher Sicht, Berlin et al. 1998, S. 449–501; Freidank, C.-Chr.: Entscheidungsmodelle der Rechnungslegungspolitik. Computergestützte Lösungsvorschläge für Kapitalgesellschaften vor dem Hintergrund des Bilanzrichtlinien-Gesetzes, Stuttgart 1990; Freidank, C.-Chr./Velte, P.: Rechnungslegung und Rechnungslegungspolitik. Eine Einführung aus handels-, steuerrechtlicher und internationaler Sicht in die Rechnungslegung und Rechnungslegungspolitik von Einzelunternehmen, Personenhandels- und Kapitalgesellschaften, Stuttgart 2007.

Hans Eigenstetter

Flexible Plankostenrechnung
→Plankostenrechnung

Flow to Equity-Ansatz →Unternehmensbewertung

Flow-Shop-Probleme →Maschinenbelegungsplanung und -kontrolle

Fördermittelberatung

Fördermittelberatung umfasst das Aufzeigen von Fördermöglichkeiten, die Unterstützung bei der Einwerbung von Fördermitteln sowie die Prüfung des ordnungsgemäßen Einsatzes und der ordnungsgemäßen Verwendung von Fördermitteln. Ziel der Fördermittelberatung ist es, Finanzierungskonzepte für im Wirtschaftsjahr geplante Vorhaben im Bereich F&E sowie Investitionsvorhaben (→Investition) unter Berücksichtigung von Fördermitteln zu optimieren (→Finanzierungsberatung). Fördermittelberatung beeinflusst entsprechend unmittelbar die Finanzierungspolitik des Unternehmens.

Fördermittel sind alternative Finanzierungsformen zu →Eigenkapital und →Fremdkapital und werden in Form von nicht rückzahlbaren oder bedingt rückzahlbaren →Zuschüssen, zinsverbilligten Darlehen, Landes- und Bundesbürgschaften und/oder öffentlichem Beteiligungskapital ausgereicht. Durch den Einsatz von Fördermitteln können die →Forschungs- und Entwicklungsaufwendungen reduziert bzw. die HK (→Herstellungskosten, bilanzielle) und →Anschaffungskosten (AK) für Investitionsgüter verbilligt werden.

Werden Fördermittel in Erwägung gezogen, gilt es zu beachten, dass Fördermittel Beihilfen sind, da sie unmittelbar die Kostenstruktur (→Kosten) des Unternehmens beeinflussen.

Gem. Art. 87 Abs. 1 EGV sind Beihilfen, die durch die Begünstigung bestimmter Unternehmen oder Produktionszweige den Wettbewerb verfälschen oder zu verfälschen drohen, verboten. Die Begünstigung kann in Form einer Leistungsgewährung als auch in Form einer Leistungsminderung erfolgen. Da Fördermitteln keine unmittelbare Gegenleistung gegenübersteht, stellen diese eine Begünstigung dar und fallen grundsätzlich unter das positive Beihilfeverbot des Art. 87 Abs. 1 EGV.

Art. 87 Abs. 3 EGV gibt jedoch der *KOM* den Ermessensspielraum, aufgrund von politischen Zielstellungen Regionalbeihilfen sowie sektorale und horizontale Beihilfen (Förderbeihilfen) vom Beihilfeverbot auszunehmen. Jedes einzelne Förderprogramm auf Bundes- oder Landesebene ist durch die *KOM* zu genehmigen. Eine Ausnahme bilden Programme im Rahmen der Gruppenfreistellungsverordnungen.

Fördermittel werden auf Landes-, Bundes- und EU- Ebene ausgereicht.

Aufgrund der Vielzahl der Förderinstrumente und Rechtsvorschriften ist die Fördermittelberatung ein wesentlicher Faktor bei der Einwerbung von öffentlichen Fördermitteln.

Fördermittelberatung umfasst dabei insb. die Erstellung der Projektskizze, die Abstimmung mit den Projektträgern auf Landes-, Bundes- und EU-Ebene, das Einbinden von geeigneten Projektpartnern sowie das Anfertigen der Formanträge und der Vorhabensberichte nebst erforderlichen Anlagen.

Die Aufgaben des Fördermittelberaters lassen sich grundlegend in zwei Bereiche untergliedern – die Optimierung der Antragstellung sowie die Beratung in Bezug auf Rechte und Pflichten, die mit der Antragstellung und der Gewährung von Fördermitteln einhergehen.

Die *Optimierung der Antragstellung* erfolgt i. d. R. in den folgenden Phasen:

1) Screeningphase

2) Konzeption des Fördermittelprojektes

3) Entwicklung des optimalen Förderszenarios und Partnering

4) Antragsverfahren

5) Erteilung des Zuwendungsbescheides

6) Umsetzung des Projektes

7) Fördermitteladministration

Zunächst ist das Vorhaben mit den zur Verfügung stehenden Förderinstrumenten abzugleichen (Screeningphase). Der Projektansatz muss mit dem identifizierten Förderprogramm korrelieren. Nach der Screeningphase ist das Projekt entsprechend den Vorgaben des Förderprogramms entlang von Arbeitsschritten und Meilensteinen zu konzipieren. Zur Abdeckung der vollständigen Wertschöpfungskette gilt es, potenzielle Projektpartner zu identifizieren und einzubinden. Zusammenfassend bewirken die Projekt gestaltenden Phasen 1 bis 3 die Optimierung des Förderszenarios.

Es folgt die Antragstellung (einphasig, zweiphasig) in Phase 4. Es muss beachtet werden, dass die Antragstellung im Regelfall vor Vorhabensbeginn erfolgen muss. I.d.R. ist der Beginn des beantragten Förderprojektes erst nach Zuwendungsbescheiderteilung möglich. Hintergrund ist die Vermeidung von Mitnahmeeffekten. Während Phase 4 unterstützt der Fördermittelberater bei der Erstellung der Formanträge und der Vorhabensberichte nebst erforderlichen Anlagen.

Mit der Zuwendungsbescheiderteilung kann die Umsetzung des geplanten Vorhabens beginnen.

Mit der Antragstellung und der Gewährung von Fördermitteln gehen *Rechte und Pflichten* einher, die im Zuge der Fördermittelberatung aufgegriffen werden sollten. In den Phasen 5 bis 7 gilt es, im Hinblick auf die Interessen des

Unternehmens, Auflagen und Berichtspflichten sowie Chancen und Risiken frühzeitig aufzuzeigen und entsprechend zu steuern. Darüber hinaus unterstützt der Fördermittelberater bei der Fördermitteladministration.

In diesem Aufgabenbereich ist die Fördermittelberatung zwingend von der →Rechtsberatung abzugrenzen. Da der Schwerpunkt der Fördermittelberatung überwiegend auf wirtschaftlichem Gebiet liegt und auf die Optimierung des Finanzierungskonzeptes für das geplante Vorhaben abzielt, stellt die Fördermittelberatung keine als Rechtsberatung i. S. d. Art. 1 § 1 Abs. 1 Satz 1 RBerG einzustufende Geschäftstätigkeit dar (BGH-Urteil vom 24.2.2005, S. 1455 f.).

Mögliche Risiken, die mit der Gewährung von Fördermitteln einhergehen können, sind Rückforderungsansprüche.

Es muss berücksichtigt werden, dass eine Förderung grundsätzlich nur für solche Vorhaben gewährt werden kann, welche die jeweiligen Fördervoraussetzungen des gewählten Förderinstruments erfüllen und mit Art. 87 Abs. 1 EGV vereinbar sind.

Erweist sich eine geleistete Beihilfe im Hauptprüfungsverfahren als unvereinbar mit dem EU-Markt, so ist sie materiell rechtswidrig. Es ergeht eine Rückforderungsentscheidung nach Art. 14 VO (EG) Nr. 659/1999 (sog. Beihilfen VO). Darin wird die Rückzahlung bzw. Rückgängigmachung aller Vorteile einschl. Zinsen verlangt, es sei denn, dies würde gegen einen „allgemeinen Grundsatz des Gemeinschaftsrechts" verstoßen. In Bezug auf die Fördermittelberatung kommt hier der Grundsatz des Vertrauensschutzes in Frage. I.d.R. unterstellt der *EuGH*, dass es „einem sorgfältig Gewerbetreibenden regelmäßig möglich [ist], sich Kenntnis darüber zu verschaffen, ob eine von einem Mitgliedsstaat gewährte Beihilfe nach den Vorschriften der gemeinschaftlichen Beihilfeaufsicht genehmigt worden sei" (Lübbing/Martín-Ehlers 2003, S. 229). In diesem Sinne werden sehr hohe Informationspflichten an den Antragssteller gestellt.

Darüber hinaus gilt es zu beachten, dass Fehlangaben bei subventionserheblichen Tatsachen einen Straftatbestand i. S. d. § 264 StGB darstellen.

Wurden Fördermittel rechtmäßig gewährt, so sind an den Zuwendungsbescheid Auflagen, Berichtspflichten und Pflichten während des Förderzeitraums, im Falle der Investitionsförderung auch während der Mittelzweckbindungsfrist, geknüpft. Werden diese nicht erfüllt, kann es zur Rückforderung von Fördermitteln kommen.

Aufgabe des Fördermittelberaters ist es ferner, über die oben genannten Rechte und Pflichten zu informieren und vor diesem Hintergrund die Antragstellung zu begleiten.

Fördermittelberatung sollte prinzipiell das Kriterium der Objektivität erfüllen. Sollte ein Vorhaben wenig Aussicht auf Erfolg haben, so hat der Berater den potenziellen Antragsteller darauf hinzuweisen. Des Weiteren ist es die Aufgabe des Fördermittelberaters, Projekt relevante Informationen und Kostenansätze kritisch und objektiv zu hinterfragen.

Ferner gilt es, das Postulat der Unabhängigkeit (→Unabhängigkeit und Unbefangenheit des Wirtschaftsprüfers) zu erfüllen, wenn gleichzeitig ein Prüfungsauftrag (→Prüfungsauftrag und -vertrag) vorliegt.

Literatur: BGH-Urteil vom 24.2.2005, Aktz. I ZR 128/02, DB 58 (2005), S. 1455 f.; Lübbing, T./Martín-Ehlers, A.: Beihilfenrecht der EU. Das Recht der Wettbewerbsaufsicht über staatliche Beihilfen in der Europäischen Union, München 2003.

Frank Burkert

Folgeprüfung

Als *Folgeprüfung* (FP) wird im Gegensatz zu einer →Erstprüfung jede wiederkehrende Prüfung bezeichnet, die sich auf den gleichen Prüfungsgegenstand, aber zu einem späteren Zeitpunkt als die vorherige Prüfung bezieht. Dabei kann es sich um eine periodische Prüfung, wie die Abschlußprüfung (→Jahresabschlussprüfung; →Konzernabschlussprüfung) oder um eine aperiodische wiederkehrende Prüfung handeln, z. B. auch im Rahmen der Internen Revision.

Der Begriff der →Wiederholungsprüfung, der bisher teilweise synonym verwendet wird, sollte im Interesse einer klaren Abgrenzung nur auf den Fall bezogen werden, dass ein identisches Prüfungsobjekt erneut geprüft wird, z. B. um Feststellungen des bisherigen Prüfers zu überprüfen.

Bei Abschlussprüfungen gem. § 317 HGB wird derselbe Abschlussprüfer (APr), der die Erstprüfung durchgeführt hat, i. d. R. auch für die Folgeperioden als APr bestellt (→Bestellung des Abschlussprüfers); dies geschieht durch mehrfache Wiederwahl, die für jedes Geschäftsjahr gesondert zu erfolgen hat und gängige Praxis darstellt (ADS 2000, Rn. 54–56 zu § 318 HGB, S. 147 f.).

Bei einer FP kann der Prüfer aus den vorangegangenen Prüfungen bereits auf umfangreiche Kenntnisse des geschäftlichen Umfelds (→wirtschaftliches Umfeld), der Rechnungslegung sowie des →Internen Kontrollsystems zurückgreifen. Er kann daher das inhärente Risiko, das Kontrollrisiko und das Entdeckungsrisiko (→Prüfungsrisiko; →Prüfungsrisikomodelle) bei dem zu prüfenden Unternehmen zuverlässiger einschätzen als im Falle einer Erstprüfung. Voraussetzung ist, dass er bei jeder FP von einem aktualisierten Kenntnisstand ausgeht und die zukünftige Entwicklung des Unternehmens in die Risikoanalyse einbezieht (ADS 2000, Rn. 154–158 zu § 317 HGB, S. 96–98).

Aufgrund der Erfahrungen aus den Vorjahresprüfungen und der Kenntnis des Unternehmens gelangt der APr bei FP mit größerer Sicherheit und zugleich geringerem Zeitaufwand als bei einer Erstprüfung zu einer fundierten →Prüfungsstrategie, die die Grundlage der weiteren →Prüfungsplanung darstellt. Bei FP entfällt auf die →Planung daher erfahrungsgemäß ein deutlich geringerer Anteil der verfügbaren Prüfungszeit als bei einem Erstauftrag (Marten/Quick/Ruhnke 2003, S. 233). Auch für die Gesamtplanung aller Aufträge (→simultane Verfahren der Prüfungsplanung) führen FP wegen des relativ gut abschätzbaren Zeitbedarfs zu mehr Planungssicherheit.

Unabhängig davon, ob eine Erst- oder eine Folgeprüfung vorliegt, hat der APr grundsätzlich *alle für die Rechnungslegung wichtigen Sachverhalte bei jeder Prüfung neu zu beurteilen* (IDW PS 240.13). Falls ein funktionsfähiges IKS besteht, kann er bei einer FP jedoch Umfang und Intensität der Prüfung in ausgewählten Teilbereichen deutlich reduzieren. So kann er in Abhängigkeit von der Risikoeinschätzung z. B. bei der Prüfung des Internen Kontrollsystems (→Internes Kontrollsystem, Prüfung des; →Systemprüfung) oder bei Nachweisprüfungen den Umfang der →Nachweisprüfungshandlungen verringern, ohne das Entdeckungsrisiko wesentlich zu erhöhen (Selchert 1996, S. 88).

Darüber hinaus ist es bei FP möglich, im Wege einer langfristigen Auftragsplanung einen *mehrjährigen Prüfungsplan* (→Rotationsplan) aufzustellen, der einen turnusmäßigen Wechsel von Prüfungsschwerpunkten, ggf. mit variierender Prüfungsintensität, vorsieht und im Rahmen eines →risikoorientierten Prüfungsansatzes ebenfalls zu einer wirtschaftlicheren Prüfungsdurchführung (→Auftragsdurchführung) beiträgt (Kupsch 2002, Sp. 1559). Dafür kommen insb. →Ordnungsmäßigkeitsprüfungen und →formelle Prüfungen in Betracht (IDW PS 240.23).

Bei jeder FP ist auch der Mitarbeitereinsatz erneut zu überprüfen. Abgesehen von den Ausschlussgründen nach § 319 HGB (→Unabhängigkeit und Unbefangenheit des Wirtschaftsprüfers) kann nach mehreren FP ein *interner Prüferwechsel* oder mindestens ein Wechsel in der Zuordnung der Prüfungsgebiete sinnvoll sein (Selchert 1996, S. 119). Bei Unternehmen von öffentlichem Interesse ist außerdem nach § 319a Abs. 1 Nr. 4 HGB eine interne Rotation vorzunehmen, falls der verantwortliche WP den →Bestätigungsvermerk (BestV) bereits in sieben oder mehr Fällen gezeichnet hat, es sei denn, die letzte Beteiligung des Wirtschaftsprüfers an der Prüfung liegt mehr als 3 Jahre zurück (→Prüferrotation).

Als Dokumentation der Vorjahresprüfungen stellen die →Arbeitspapiere des Abschlussprüfers eine wichtige Grundlage jeder FP dar, da sie Hinweise auf im Vorjahr festgestellte Mängel und auf Prüfungserfordernisse im Folgejahr geben. Zu einer effizienteren Planung und Durchführung von FP trägt auch die Dauerakte bei, die Informationen für mehrere Folgeperioden enthält und laufend an die Entwicklung angepasst wird (Selchert 1996, S. 183–185). Dadurch wird u. a. vermieden, dass der Prüfer Auskünfte (→Auskunftsrechte des Abschlussprüfers) über wiederkehrende Tatbestände bei jeder FP erneut von dem Mandanten einholen muss. Außerdem können sich neue Mitarbeiter bei einer FP anhand der Dauerakte schneller einarbeiten.

Der →Prüfungsbericht (PrB) einer FP soll aus Gründen der Vergleichbarkeit im Hinblick auf Gliederung, Form und Inhalte der Berichterstattung den Vorjahresberichten entsprechen, sofern nicht aus sachlichen Gründen Abweichungen erforderlich sind (Selchert 1996, S. 825). Bei einer FP ist auch darüber zu berichten, ob etwaige in der Vorjahresprüfung festgestellte Mängel beseitigt oder in der Folgeperiode erneut festgestellt wurden (→Berichtsgrundsätze und -pflichten des Wirtschaftsprüfers).

Das →Prüfungsurteil ist grundsätzlich bei jeder FP neu zu bilden. Aufgrund der Erfahrungen des Abschlussprüfers aus vorherigen Prüfungen wird das Risiko fehlerhafter Beurteilungen (→Fehlerarten in der Abschlussprüfung) bei einer FP dennoch überwiegend niedriger eingeschätzt als bei einer Erstprüfung. In Ausnahmefällen können wesentliche Vorjahresmängel auch das Prüfungsergebnis der FP beeinflussen, z. B. wenn sie im Folgejahr noch fortbestehen, wenn ihre Korrektur im →Prüfungszeitraum zu Einwendungen geführt hat oder wenn der Prüfer wegen der Vorjahresmängel nicht zu einem abschließenden positiven Gesamturteil gelangen konnte (IDW PS 400.52).

Literatur: ADS: Rechnungslegung und Prüfung der Unternehmen, Teilband 7, 6. Aufl., Stuttgart 2000; IDW (Hrsg.): IDW-Prüfungsstandard: Grundsätze der Planung von Abschlussprüfungen (IDW PS 240, Stand: 28. Juli 2000), in: WPg 53 (2000), S. 846–849; IDW (Hrsg.): IDW Prüfungsstandard: Grundsätze für die ordnungsmäßige Erteilung von Bestätigungsvermerken bei Abschlussprüfungen (IDW PS 400, Stand: 28. Oktober 2005), in: WPg 58 (2005), S. 1382–1402; Kupsch, P.: Mehrjähriger Prüfungsplan, in: Ballwieser, W. et al. (Hrsg): HWRP, 3. Aufl., Stuttgart 2002, Sp. 1552–1560; Marten, K.-U./Quick, R./Ruhnke, K.: Wirtschaftsprüfung, 2. Aufl., Stuttgart 2003; Selchert, F. W.: Jahresabschlussprüfung der Kapitalgesellschaften, 2. Aufl., Wiesbaden 1996.

Heidemarie Hofmeister

Forderungen

Im Rahmen der →Jahresabschlussprüfung (→Konzernabschlussprüfung) hat sich der →Abschlussprüfer (APr) davon zu überzeugen, dass die in der Bilanz enthaltenen Forderungen nicht wesentlich (→Wesentlichkeit) falsch sind. Dazu muss er zunächst Prüfungshandlungen im Hinblick auf den *Nachweis* (→Nachweisprüfungshandlungen) und die *Vollständigkeit* der Forderungen durchführen (→Fehlerarten in der Abschlussprüfung). Dadurch wird sichergestellt, dass die in der Bilanz ausgewiesenen Forderungen auch tatsächlich entstanden sind und alle entstandenen Forderungen tatsächlich in der Bilanz ausgewiesen sind. Aufgrund der Vielzahl von Transaktionen in diesem Bereich insb. bei Produktions- und Handelsunternehmen wird der APr seine →Einzelfallprüfungen in geeigneten Stichproben durchführen (→Stichprobenprüfung). Dabei hat der APr darauf zu achten, dass er für die Prüfung der Vollständigkeit eine von den Forderungen unabhängige Grundgesamtheit (z. B. die Kundenbestellungen) heranziehen muss, während für die Prüfung des Nachweises die Forderungen die Grundgesamtheit bilden. Was geeignete Belege für die Nachweisprüfung (→Prüfungsnachweise) sind, muss der APr unter den Umständen des Einzelfalls entscheiden; üblicherweise dürften dies jedoch Rechnungen und die dazugehörigen vom Empfänger oder Frachtführer quittierten Lieferscheine sein. Um beurteilen zu können, ob Forderungen tatsächlich realisiert sind (→Grundsätze ordnungsmäßiger Buchführung, Prüfung der), muss der APr die Abläufe in dem zu prüfenden Unternehmen (hier insb. Auftragsbearbeitung, Versand und Fakturierung) verstehen und sich mit den Allgemeinen Geschäftsbedingungen (Gefahrenübergang) vertraut machen (→Systemprüfung). Die Problematik der Teilgewinnrealisierung tritt dabei insb. bei der →langfristigen Auftragsfertigung auf.

Bei großen Unternehmen, die durch eine Vielzahl identischer Geschäftsvorfälle gekennzeichnet sind, kann die Anzahl der notwendigen Einzelfallprüfungen eingeschränkt werden, wenn der APr das System der rechnungslegungsrelevanten internen Kontrollen überprüft und zu dem Ergebnis kommt, dass das →Interne Kontrollsystem (IKS) funktioniert (→Internes Kontrollsystem, Prüfung des). Zu den →Grundsätzen ordnungsmäßiger Abschlussprüfung (GoA) gehört außerdem das Einholen von Saldenbestätigungen (→Bestätigungen Dritter). Dabei lässt sich der APr vom Kunden des zu prüfenden Unternehmens zu einem (u. U. auch vorgezogenen) Stichtag den offenen Forderungssaldo bestätigen (geschlossene Saldenbestätigung) oder mitteilen (offene Saldenbestätigung).

In engem Zusammenhang mit der Nachweisprüfung steht die Prüfung der korrekten *Periodenabgrenzung* (→periodengerechte Erfolgsermittlung). Hier hat der APr sich davon zu überzeugen, dass die Forderungen tatsächlich in der Periode entstanden sind, in der sie ausgewiesen werden und vice versa (→Cut-Off).

Der nächste Problemkreis, dem sich der APr widmen muss, ist die *Bewertung* der Forderungen (→Bewertungsprüfung). Forderungen sind in der Bilanz mit ihren →Anschaffungskosten (AK) (§ 253 Abs. 1 HGB) oder mit dem niedrigeren →beizulegenden Wert anzusetzen (→ Bewertungsgrundsätze). Für einen niedrigeren Wert kann es unterschiedliche Gründe geben. Gibt es Anzeichen, dass der Kunde nicht in der Lage sein wird, die Forderung zu begleichen (z. B. Eröffnung eines Insolvenzverfahrens), ist die Forderung auf den Betrag zu berichtigen, der voraussichtlich noch erzielt werden kann (Einzelwertberichtigung). Mithilfe geeigneter Auswertungen sollte sich der APr einen Überblick über das Alter der Forderungen verschaffen (Altersstrukturliste), um Hinweise auf möglicherweise uneinbringliche Forderungen zu erhalten. Zweckdienliche Informationen liefert auch das Mahnwesen des zu prüfenden Unternehmens (→ Forderungscontrolling). Für das allgemeine Ausfall- und Kreditrisiko wird üblicherweise eine Pauschalwertberichtigung in Höhe eines bestimmten Prozentsatzes der um die USt bereinigten Forderungen gebildet. Die Angemessenheit dieses Prozentsatzes ist vom APr mithilfe von Erfahrungswerten aus den Vorjahren und/oder der Branche zu überprüfen (→ Verprobung). Forderungen in fremder Währung sind zu dem niedrigeren Geldkurs am Bilanzstichtag anzusetzen (→Währungsumrechnung), sofern sie nicht durch Devisentermingeschäfte (→ Devisengeschäfte) abgesichert sind. Unverzinsliche oder niedrige verzinsliche Forderungen mit einer Laufzeit von mehr als einem Jahr sind mit ihrem Barwert anzusetzen. Der APr hat darauf zu achten, dass bei KapGes und diesen gleichgestellten Gesellschaften Wertberichtigungen, deren Grund entfallen ist, zugeschrieben werden (§ 280 Abs. 1 HGB; → Wertaufholung). Dabei dürfen die AK nicht überschritten werden. Andere Gesellschaften dürfen den niedrigeren Wert beibehalten (§ 253 Abs. 4 HGB) (→bilanzpolitische Gestaltungsspielräume nach HGB).

Schließlich muss sich der APr vom richtigen *Ausweis* der Forderungen überzeugen. Im Gliederungsschema gem. § 266 HGB (→Gliederung der Bilanz) ist für Forderungen aus dem gewöhnlichen Geschäftsbetrieb der Posten B.II.1 Forderungen aus Lieferungen und Leistungen vorgesehen. Insb. bei Forderungen gegen →verbundene Unternehmen oder gegen Unternehmen, mit denen ein Beteiligungsverhältnis besteht, ist zu überprüfen, ob in der Bilanz oder im → Anhang ein Vermerk zur Mitgehörigkeit zu den Forderungen aus Lieferungen und Leistungen erforderlich ist (→ Angabepflichten), wenn dies der Klarheit und Übersichtlichkeit des Jahresabschlusses dient (§ 265 Abs. 3 HGB) (→Grundsätze ordnungsmäßiger Buchführung, Prüfung der). Aufgrund des Saldierungsverbotes (§ 246 Abs. 2 HGB) dürfen Forderungen und →Verbindlichkeiten aus Lieferungen und Leistungen nicht miteinander verrechnet werden. Deshalb hat der APr darauf zu achten, dass Kundenkonten mit einem Habensaldo (sog. kreditorische Debitoren) unter den sonstigen Verbindlichkeiten ausgewiesen werden. Haben Forderungen (z. B. aufgrund von Stundungen oder Ratenzahlungsvereinbarungen) eine Laufzeit von mehr als einem Jahr, so ist dieses im *Anhang* anzugeben. Nur in Ausnahmefällen (z. B. bei branchenunüblich langer Kreditgewährung) dürfte stattdessen ein Ausweis unter den sonstigen →Ausleihungen im →Anlagevermögen möglich sein. Sind Forderungen zur Sicherung von eigenen oder fremden Verbindlichkeiten abgetreten worden, so ist auch dieses im Anhang anzugeben.

Der APr hat die Prüfung der Forderungen in seinen Arbeitspapieren (→ Arbeitspapiere des Abschlussprüfers) zu dokumentieren und über Vorgehensweise und Ergebnis der Prüfung (→Prüfungsurteil) den Auftraggeber im Rahmen des →Prüfungsberichts (PrB) über die Jahresabschlussprüfung zu informieren.

Literatur: Ballwieser, W. et al. (Hrsg.): HWRP, 3. Aufl., Stuttgart 2002; Ellrott, H./Ring, S.: Kommentierung des § 247 HGB, in: Ellrott, H. et al. (Hrsg.): BeckBilKomm, 6. Aufl., München 2006, Rn. 75–114, S. 139–146; IDW (Hrsg.): WPH 2006, Band I, 13. Aufl., Düsseldorf 2006; Marten, K.-U./Quick, R./Ruhnke, K.: Wirtschaftsprüfung. Grundlagen des betriebswirtschaftlichen Prüfungswesens nach nationalen und internationalen Normen, 2. Aufl., Stuttgart 2003.

Ralf Weskamp

Forderungen aus Lieferungen und Leistungen →Debitoren

Forderungen gegen verbundene Unternehmen →Verbundene Unternehmen

Forderungscontrolling

→Forderungen aus Lieferungen und Leistungen stellen gerade in mittelständischen Unternehmen eine zentrale Größe auf der Aktivseite

Forderungscontrolling

der Bilanz (→Gliederung der Bilanz) dar. Ihr faktischer Wert wird jedoch bestimmt durch die Kreditwürdigkeit des jeweiligen Schuldners, die sowohl seine Bereitschaft als auch seine wirtschaftliche Fähigkeit beinhaltet, den Vertragsverpflichtungen fristgemäß nachzukommen. Ohne eine Bonitätsprüfung (→Bonität) und zusätzliche Absicherung stellen Forderungen daher zudem eine wesentliche Risikoquelle dar.

Ein fehlendes Forderungscontrolling (FC), welches die Grundlage der Erfassung und damit möglicher Abwälzung dieser Risiken (→Risiko- und Chancencontrolling) bildet, stellt somit häufig die Ursache von →Insolvenzen dar. *Ziel* des Forderungscontrollings ist es deshalb, die →Planung, Kontrolle (→Kontrolltheorie) und Informationsversorgung des Forderungsbestandes des Unternehmens zu koordinieren.

Im Rahmen des Forderungscontrollings werden eine Reihe von *Kennzahlen* eingesetzt. Diese erleichtern es, das jeweilige Risiko des gesamten Forderungsbestandes zu erfassen (→Kennzahlen und Kennzahlensysteme als Kontrollinstrument). Eine grundsätzliche Information über die Bedeutung offener Forderungen für das Unternehmen und damit für das mit möglichem Ausfall verbundene Risiko liefern die Days of Sales Outstanding (DSO). Die Forderungsumschlagshäufigkeit liefert Informationen darüber, wie hoch die Kapitalbindung durch Forderungen ist. Die Struktur der Forderungen wird durch die Overdue Rate dokumentiert, die den Anteil überfälliger Forderungen an den Gesamtforderungen ermittelt. Der tatsächliche Forderungsausfall kommt dann in der Bad Debt Ratio zum Ausdruck.

$$\text{Days of Sales Outstanding} = \frac{\text{offene Forderungen}}{\text{Konzernumsatz}} \cdot 360$$

$$\text{Forderungsumschlagshäufigkeit} = \frac{\text{Umsatz}}{\text{Forderungen}}$$

$$\text{Anteil an überfälligen Forderungen (Overdue Rate)} = \frac{\text{überfällige Forderungen nach 30/60/90 Tagen}}{\text{Gesamtforderungsbestand}}$$

$$\text{Forderungsausfallrate (Bad Debt Ratio)} = \frac{\text{Forderungsausfall}}{\text{Umsatz}}$$

Die jeweils geeigneten Instrumente des Forderungscontrollings unterscheiden sich danach, ob sie vor oder nach Entstehung der Forderung eingesetzt werden.

Vor Vertragsschluss steht dabei im Vordergrund, die Information über den Schuldner zu verbessern. So können vor Entstehung der Forderungen vor allem Instrumente zur Risikobewertung [→Risikomanagementsystem (RMS); →Risikomanagementsystem, Prüfung des] eingesetzt werden. Hierzu zählen alle Maßnahmen, die eine Früherkennung (→Früherkennungssysteme) durch Prüfung der →Bonität der Kunden umfassen (→Bonitätsanalyse). Neben dem klassischen Instrument der Bankauskünfte werden hierfür bei kapitalmarktorientierten Unternehmen und verstärkt auch bei mittelständischen Unternehmen standardisierte Ratingverfahren (→Rating) eingesetzt. Anhand von Analysen u. a. des Finanzstatus und des Risikomanagements wird von Ratingagenturen, wie *Standard & Poor's*, *Fitch* oder *Hermes*, eine Ratingnotation als Ausdruck für die Ausfallwahrscheinlichkeit vergeben. Während diese Serviceleistungen noch vor einigen Jahren i. d. R. nur für Großunternehmen zur Verfügung standen, sind als Reaktion auf die regulatorischen Anforderungen von →Basel II verstärkt auch Agenturen für mittelständische Unternehmen entstanden. Auf Basis dieser Ergebnisse können ergänzende Maßnahmen der Forderungsabsicherung im Rahmen des Vertragsabschlusses, z. B. (verlängerte) Eigentumsvorbehalte, Bürgschaften oder Abschlagszahlungen, berücksichtigt werden.

Auf der Grundlage dieser Informationen kann zudem über eine mögliche Abwälzung der Ausfallrisiken über eine Kreditversicherung oder im Rahmen von Factoring mit Delkredereübernahme entschieden werden.

Neben diesen präventiven Instrumenten der Risikomessung oder Abwälzung ergeben sich weitere Instrumente des Forderungscontrollings, welche durch Vertragsmodalitäten oder *nach Vertragsabschluss* eingesetzt werden können.

So kann die persönliche Kreditwürdigkeit und damit die Zahlungsmotivation der Kunden durch die Gewährung von Skonti gesteigert werden. Hierbei sind jedoch zusätzliche →Kosten des sog. Lieferantenkredits zu beachten. Als weiteres Instrument wird ein effizientes Mahnwesen genannt. Dieses kann zum einen die Bereitschaft des Zahlungspflichtigen fördern, zum anderen liefert es die notwendigen Informationen für die Kennzahlen des Forderungscontrollings.

Diese Maßnahmen werden oft mit dem *Inkasso* verknüpft, also dem Einzug der Forderungen. Eine weitere Möglichkeit bietet das *Factoring*. Hier kauft ein Factor die offenen Forderungen der Unternehmen vor Fälligkeit an. Je nach übernommener Servicefunktion des Factors werden 10–20% des Forderungsbetrages als Sicherheit einbehalten. Die vom Factor übernommenen Zusatzfunktionen können bspw. das Inkasso- und Mahnwesen sowie die Debitorenbuchhaltung (→Debitoren) umfassen. Für den Kunden kann der Forderungsabtritt ersichtlich sein (offenes Factoring) oder auch verborgen bleiben (stilles/verdecktes Factoring). Wird auch das Ausfallrisiko (Delkredere) übernommen, spricht man vom echten Factoring. Damit kann das Unternehmen nicht nur Liquidität vorziehen (→Liquiditätscontrolling), sondern das Risiko abwälzen (→Risiko- und Chancencontrolling).

Auch beim FC über *ABS* verkauft ein Unternehmen seine Forderungen an eine eigens dafür gegründete Zweckgesellschaft und erhält dafür Liquidität. Die Zweckgesellschaft wiederum refinanziert sich durch die Ausgabe von ABS-Wertpapieren am Kapitalmarkt, die durch die angekauften, revolvierenden Forderungen besichert sind. Damit übernimmt der Kapitalmarkt das gesamte Ausfallrisiko. Die Laufzeit eines Portfolios aus Forderungen beträgt üblicherweise 5 Jahre und wird permanent über den Ankauf aktueller Forderungen des Unternehmens erneuert.

Alexander Bassen

Forderungsumschlagshäufigkeit
→ Forderungscontrolling

Forensische Prüfung

Das Wort forensisch kommt aus dem lateinischen forensis „zum Forum gehörig", „auf dem Forum befindlich". Das Forum war im alten Rom der Markt- und Gerichtsplatz einer Gemeinde. Forensisch ist mithin etwas, das zum Gerichtsplatz gehört, daraus leitet sich die heutige Bedeutung „gerichtlich" bzw. „gerichtlichen, kriminologischen Zwecken dienend" her.

Der Begriff der forensischen Prüfung wird heute nicht nur auf den Bereich der Gerichtsmedizin beschränkt. Andere Bereiche der Verbrechensaufklärung und -bekämpfung arbeiten ebenfalls mit forensischen Methoden, wie etwa die forensische Wirtschaftsprüfung. Die Methoden der forensischen Wirtschaftsprüfung werden u. a. bei der Aufklärung deliktischer Handlungen (→dolose Handlungen) angewandt.

Die forensische Prüfung umfasst die Ermittlungsstrategien, -methoden und den Einsatz technischer Hilfsmittel bei der Aufklärung und Vermeidung deliktischer Handlungen. Weiterhin werden neben der Aufklärung des Sachverhaltes gutachterliche Schadensanalysen und -bewertungen durchgeführt, Beratungen bei Verletzungen gewerblicher Schutzrechte geleistet und Präventionskonzepte zur Minimierung wirtschaftskrimineller Risiken (→Wirtschaftskriminalität) entwickelt und implementiert.

Durch interdisziplinäre Teams, die aus ehemaligen Staatsanwälten, Kriminalbeamten, erfahrenen Wirtschaftsprüfern und IT-Experten bestehen, werden die erforderlichen Wissensgebiete abgedeckt und hierdurch in die →Prüfungsstrategie und -maßnahmen mit eingebracht.

Forensische Prüfungen in einem Unternehmen werden u. a. in folgenden Bereichen angewandt:

- Ermittlungen bei Betrug, Unterschlagung und Untreue (→Unterschlagungsprüfung),
- Korruptionsermittlungen (→Untreue von Gesellschaftsorganen),
- Ermittlungen bei Buchhaltungs- und Bilanzdelikten (→Bilanzfälschung; →Unregelmäßigkeiten),
- Vermögensaufspürung und -rückführung,
- Untersuchungen bei drohender →Insolvenz,
- forensische Computeruntersuchungen,
- Anti-Geldwäsche-Dienstleistungen [→Geldwäschegesetz (GWG)] sowie
- Unterstützung von Aufsichtsbehörden [bspw. →*Bundesanstalt für Finanzdienstleistungsaufsicht (BaFin)*], →Finanzdienstleistungsinstituten und →Kreditinstituten bei der Ermittlung aufsichtsrechtlicher Sachverhalte.

Die interdisziplinären Teams wenden neben den „herkömmlichen" betriebswirtschaftlichen Prüfungs- und Berechnungsmethoden (→Buchführungstechnik und Prüfungsmethoden; →Auswahl von Prüfungshandlungen) kriminalistische Beweisführungen an. Neben der Identifizierung und Wiederherstellung vernichtet geglaubter Daten, Hintergrundrecherchen zu Personen und Gesellschaften und der Rekonstruktion von Zahlungsflüssen werden die Befragung von Zeugen und beteiligten Personen in gutachterlichen Stellungnahmen (→Gutachtertätigkeiten) zusammengefasst und vor Zivil- und Strafgerichten verwendet.

Jost Lücke

Formelle Maßgeblichkeit →Maßgeblichkeitsprinzip

Formelle Prüfung

Im Rahmen des i.d.R. zweistufigen →Prüfungsprozesses ist zu untersuchen, ob und in welchem Umfang der zu prüfende Sachverhalt (*Istobjekt*) bestimmten Anforderungen (*Sollobjekt*) entspricht (→Soll-Ist-Vergleich). Zunächst ist im Rahmen der formellen Prüfung zu klären, ob der JA zutreffend durch die Buchführung aus den Belegen abgeleitet wurde; dann, ob alle Geschäftsvorfälle materiell zutreffend dokumentiert wurden (→materielle Prüfung).

Das Sollobjekt kann in Gesetz oder Gesellschaftsvertrag verankert sein. So verlangt § 239 Abs. 2 HGB vollständige, richtige, zeitgerechte und geordnete Aufzeichnungen, die 10 Jahre lang aufzubewahren sind (§ 257 Abs. 4 HGB). Ziel dieser Regelungen ist, dass ein sachverständiger Dritter die Buchführung innerhalb angemessener Zeit nachvollziehen kann (§ 238 Abs. 1 Satz 2 HGB) (→Grundsätze ordnungsmäßiger Buchführung, Prüfung der). Die →International Financial Reporting Standards (IFRS) formulieren dies weitgehend ähnlich: Die Informationen des Jahresabschlusses müssen vollständig (F. 38), verlässlich (F. 31) und für den – nicht notwendigerweise sachverständigen (F. 9) – Adressaten verständlich (F. 25) sein.

Hieraus lassen sich für den →Abschlussprüfer (APr) folgende Anforderungen für die →Belegprüfung ableiten: Die Belege müssen eine *vollständige und zutreffende Beschreibung des* buchungsrelevanten *Sachverhalts* enthalten. Hierzu zählt u. a. die Darstellung des zugrunde liegenden Geschäftsvorfalls einschl. des Datums und der entsprechenden Mengen- und Betragsangaben.

Der *Beleginhalt* muss sich *nachvollziehen* lassen. Dies erfordert die Verwendung einer lebenden Sprache sowie das Verbot unverständlicher Abkürzungen und Symbole. Der ursprüngliche Beleginhalt darf nicht durch Überschreiben unleserlich gemacht werden, Radierungen sind durch dokumentenechte Eintragungen zu erschweren

Als *Medium zur Auslösung der Buchung* sind in den Beleg alle hierfür notwendigen Angaben aufzunehmen. Der Beleg ist mit einer Nummer zu versehen, die zu berührenden Konten sind zu vermerken. Hat der Beleg zu einer Buchung geführt, ist der Beleg entsprechend zu kennzeichnen, der Veranlassende der Buchung ist zu vermerken.

Wurde die formelle Ordnungsmäßigkeit der Belege überprüft, so hat sich der APr von deren sachgerechter Verarbeitung in der *Buchführung* zu überzeugen:

Der APr hat sich im Rahmen einer →Systemprüfung von der grundsätzlichen *Funktionsfähigkeit der Buchführung* und der ordnungsmäßigen Ableitung des Jahresabschlusses zu überzeugen. Hierzu ist zunächst ihr *systematischer Aufbau* erforderlich, der durch Einrichtung eines Kontenplans (→Kontenrahmen, Wahl des) zu gewährleisten ist.

Ist die Buchführung IT-gestützt, kommt deren Ordnungsmäßigkeit und Sicherheit (→IT-Sicherheit) besondere Bedeutung zu. Hierzu zählt neben der Integration notwendiger Kontrollen (→Kontrolltheorie) und Sicherheitsmaßnahmen gegen unbefugten Zugriff auch die Gewährleistung jederzeitiger Verfügbarkeit der Systeme (→IT-Buchführungen).

Ist die Buchführung grundsätzlich funktionsfähig, hat der APr ihren sachgerechten Einsatz zu verifizieren. In diesem Zusammenhang ist zu gewährleisten, dass die Belege von Betrag und Kontierung richtig und vollständig („*Kein Beleg ohne Buchung*") in der Buchführung erfasst und verarbeitet wurden. Im Analogieschluss ist sicherzustellen, dass die Buchführung alle →Buchungen dokumentiert („*Keine Buchung ohne Beleg*").

Als letzten Schritt der formellen Prüfung hat sich der APr von der sachgerechten Archivierung des Buchungsstoffes und des Jahresabschlusses sowie der Einhaltung der Aufbewahrungsfristen zu überzeugen (→Aufbewahrungspflichten).

Die vom APr einzusetzenden *Prüfungshandlungen* sind in Abhängigkeit vom verwendeten Buchführungssystem zu bestimmen (→Auswahl von Prüfungshandlungen). Unabhängig vom Buchungssystem erforderlich ist die →Ordnungsmäßigkeitsprüfung der (ggf. elektronischen) Belege. Ist ein konventionelles Buchführungssystem zu prüfen, so wird darüber hinaus zunächst die →rechnerische Prüfung im Vordergrund stehen. Sie wird ergänzt durch Übertragungsprüfungen sowie Abstimmungsprüfungen (→Abstimmprüfung) zwischen einzelnen Konten. Liegt ein IT-gestütztes Buchführungssystem vor, so ist mit einer Übertragungsprüfung die richtige Dateneingabe in die EDV zu verifizieren.

Literatur: Baetge, J.: Bilanzen, 4. Aufl., Düsseldorf 1996; Buchner, R.: Rechnungslegung und Prüfung der Kapitalgesellschaft, 3. Aufl., Stuttgart 1996; Lück, W.: Prüfung der Rechnungslegung, München 1999; Seicht G.: Formelle und Materielle Prüfung, in: Coenenberg, A. G./Wysocki, K. v. (Hrsg.): HWR, 2. Aufl., Stuttgart 1992, Sp. 562–567.

Bettina Schneider; Wilhelm Schneider

Formelle Überschuldung →Überschuldungsprüfung

Formwechsel →Maßgeblichkeit bei Umwandlungen

Forschungs- und Entwicklungsaufwendungen

Unternehmen betreiben F&E, um neue oder verbesserte Produkte und Produktprozesse zu schaffen. Unter *Forschung* wird die Suche nach neuen wissenschaftlichen oder technologischen Erkenntnissen verstanden. Es wird dabei zwischen *Grundlagenforschung* (Ausrichtung auf allgemeine Gesetzmäßigkeiten) und *angewandter Forschung* (Suche nach neuartigen Produkten/Verfahren) differenziert. Die *Entwicklung* stellt dagegen die Umsetzung der Forschungsergebnisse in ein – im Einzelfall bestimmbares – neues Produkt oder ein anwendbares Verfahren dar. Hierbei wird zwischen *Neu-* und *Weiterentwicklungen* unterschieden. Des Weiteren können F&E-Aufwendungen im Auftrag eines Dritten anfallen oder F&E-Projekte durch Dritte durchgeführt werden. Für die Bilanzierung ist die Eingruppierung in eine dieser Kategorien relevant. Die Abgrenzung ist oftmals problematisch und im Einzelfall ermessensbehaftet.

Im HGB ist die *Rechnungslegung der F&E-Aufwendungen* nicht ausdrücklich geregelt, so dass diesbezüglich die allgemeinen GoB (→Grundsätze ordnungsmäßiger Buchführung, Prüfung der) anzuwenden sind. Relevant ist, ob die angefallenen F&E-Aufwendungen zu aktivieren sind bzw. ein Wahlrecht besteht (→bilanzpolitische Gestaltungsspielräume nach HGB) oder ob diese sofort aufwandswirksam zu verrechnen sind. Aufwendungen für *Grundlagenforschung,* ebenso wie für *interne Neuentwicklungen ohne Fremdauftrag,* sind grundsätzlich nicht aktivierungsfähig, da es ihnen an einer konkreten Zuordnung zu einem zu bewertenden Erzeugnis mangelt (→Ansatzgrundsätze). Zudem führen sie i. d. R. zu einem selbst erstellten →immateriellen Vermögensgegenstand, der dem Aktivierungsverbot des § 248 Abs. 2 HGB bzw. DRS 12 unterliegt.

Interne Aufwendungen für die *Weiterentwicklung von Erzeugnissen der laufenden Fertigung* können dagegen als Fertigungsgemeinkosten (→Kosten; →Kostenartenrechnung) der produzierten Erzeugnisse zu aktivieren sein. Sie sind wie die einem Prototypen unmittelbar zurechenbaren →Kosten als HK (→Herstellungskosten, bilanzielle) aktivierungsfähig. Die der Erstellung eines Prototyps vorangehenden Entwicklungskosten sind dagegen sofort als Aufwand zu behandeln. Für F&E-Aufwendungen im Zusammenhang mit der Herstellung eines eigenen Anlagegegenstandes (→Anlagevermögen) gelten die gleichen Grundsätze.

Auftragsarbeiten, d. h. F&E-Projekte im Auftrag Dritter gegen Zahlung eines Entgelts, sind beim Auftragnehmer im →Umlaufvermögen grundsätzlich nach § 255 Abs. 2 HGB als unfertige Leistungen mit den HK zu aktivieren, wenn sie noch nicht abgeliefert sind (→unfertige und fertige Erzeugnisse). Nach Erbringung der geschuldeten Leistung erfolgt eine Umsatz- und Gewinnrealisation (→Umsatzerlöse).

Sofern F&E-Arbeiten *durch Dritte* entgeltlich durchgeführt werden, das Risiko der Verwertung beim Dritten liegt und das F&E-Ergebnis einzeln veräußerbar oder verwertbar ist, besteht eine Aktivierungspflicht als immaterieller Vermögensgegenstand. Die Abschreibung (→Abschreibungen, bilanzielle) erfolgt über die voraussichtliche →Nutzungsdauer.

Im Gegensatz zum kategorischen Ansatzverbot des § 248 Abs. 2 HGB besteht für bestimmte F&E-Aufwendungen nach den →*International Financial Reporting Standards* (*IFRS*) eine Aktivierungspflicht. Dabei ist zwischen der F&E-Phase zu unterscheiden. Während Aufwendungen der Forschungsphase wie im HGB sofort als Aufwand zu verrechnen sind (IAS 38.54), ist es unter bestimmten Voraussetzungen Pflicht, Aufwendungen der Entwicklungsphase als selbst erstellte immaterielle Vermögenswerte zu aktivieren. Dafür müssen folgende sechs Kriterien kumulativ erfüllt sein (IAS 38.57):

- *technische Realisierbarkeit* bis zur Markt- oder Gebrauchsreife,
- *Absicht* der Fertigstellung und der anschließenden Nutzung bzw. Verkauf,
- *Fähigkeit* zur Nutzung oder zum Verkauf,
- *Erläuterung der Art und Weise* der voraussichtlichen Nutzung (z. B. Nachweis eines Marktes),
- *Verfügbarkeit* der für die Fertigstellung erforderlichen Ressourcen und
- *Fähigkeit* der zuverlässigen Bewertung der auf den Vermögenswert (→Asset) entfallenden Ausgaben.

Ist eine Trennung zwischen Forschungs- und Entwicklungsphase nicht möglich, sind alle Aufwendungen so zu behandeln, als ob sie in der Forschungsphase angefallen wären (IAS 38.53), d. h. sie sind sofort erfolgswirksam. Die Bewertung hat mit den →Anschaffungskosten (AK) oder HK zu erfolgen. Der Ansatz eines →Fair Value ist nur im Rahmen eines Unternehmenserwerbs oder im Fall öffentlicher →Zuschüsse möglich. Eine Aktivierung führt grundsätzlich zu passiven →latenten Steuern.

Die *Prüfung der F&E-Aufwendungen* erfordert eine Analyse der Strategie und Aktivitäten des Unternehmens im Bereich F&E. Stellt dieser Bereich einen Kernprozess des Unternehmens dar, ist zusätzlich eine Prozessanalyse einschl. der Prüfung des →Internen Kontrollsystems (→Internes Kontrollsystem, Prüfung des; →Systemprüfung) vorzunehmen. Im Zusammenhang mit der Analyse der F&E-Tätigkeiten eines Unternehmens ist der nach § 289 Abs. 2 Nr. 3 HGB zu erstellende →*Forschungs- und Entwicklungsbericht* als Bestandteil des →Lageberichts zu prüfen.

Vor allem für die Frage der Aktivierbarkeit von Entwicklungskosten nach IFRS als selbst erstellte immaterielle Vermögenswerte sind die Nachweise zu prüfen, die zur Aktivierung führen (→Nachweisprüfungshandlungen). Wesentlich ist dabei die *Prüfung der Kostenrechnung* (→Kostenrechnung, Prüfung der) einschl. der Zuordnung der Ausgaben auf einzelne Entwicklungsprojekte. So sollten vor allem der Arbeitseinsatz der beteiligten Mitarbeiter, die eingesetzten →Materialaufwendungen sowie die Bewertungsparameter nachvollziehbar enthalten sein.

Die *Einsichtnahme in Verträge*, aus denen hervorgeht, welche Art von F&E-Auftrag besteht, stellt eine weitere notwendige Prüfungshandlung dar (→Auswahl von Prüfungshandlungen). Die Prüfung der nach IFRS erforderlichen Verfügbarkeit der Ressourcen kann z. B. anhand eines →Business-Plans erfolgen, der benötigte technische, finanzielle und sonstige Ressourcen und Fähigkeiten des Unternehmens zur Sicherung dieser Ressourcen zeigt, z. B. Kreditzusagen (IAS 38.61).

Auch wenn sämtliche Aktivierungskriterien erfüllt werden, sind die F&E-Aufwendungen auf *Werthaltigkeit* zu prüfen (→Bewertungsprüfung). Dabei ist zu beachten, dass aktivierte F&E-Aufwendungen im UV nach § 253 Abs. 3 HGB dem strengen Niederstwertprinzip unterliegen. Die Werthaltigkeit der gem. IFRS aktivierten immateriellen Vermögenswerte ist mittels einer →Discounted Cash Flow-Methode analog zum →Impairmenttest nach IAS 36 zu überprüfen (IAS 38.60).

Literatur: Fischer, D./Neubeck, G.: Bilanzierung von Forschungs- und Entwicklungskosten nach HGB und IAS/IFRS am Beispiel eines Automobilzulieferers, in: BC 29 (2005), S. 217–221; Leibfried, P./Pflanzelt, S.: Praxis der Bilanzierung von Forschungs- und Entwicklungskosten gemäß IAS/IFRS. Eine empirische Untersuchung deutscher Unternehmen, in: KoR 4 (2004), S. 491–497; Scheinpflug, P.: §7 Ansatz von selbstgeschaffenen immateriellen Vermögenswerten, in: Bohl, W. et al. (Hrsg.): Beck'sches IFRS-Handbuch. Kommentierung der IFRS/IAS, 2. Aufl., München 2006.

Christian Dinter

Forschungs- und Entwicklungsbericht

Gem. § 289 Abs. 2 Nr. 3 HGB ist in den Darstellungen des →Lageberichts auch auf den Bereich F&E einzugehen.

Unter *Forschung* ist dabei allgemein die planmäßige Suche nach neuen wissenschaftlichen Erkenntnissen zu verstehen.

Unter *Entwicklung* versteht sich die Anwendung und Umsetzung des sich aus der Forschung ergebenden Wissens für die Ausarbeitung neuer und verbesserter Produkte, Materialien, Systeme, Verfahren und Dienstleistungen (Marten/Quick/Ruhnke 2003, S. 544).

Nach DRS 15 sollten folgende Angaben zu F&E im Lagebericht enthalten sein:
- Berichterstattung nach den wesentlichen Tätigkeitsschwerpunkten und Ergebnissen (z. B. Patente, neue Produkte und Verfahren),
- Angaben zu den Gesamtaufwendungen (→ Forschungs- und Entwicklungsaufwendungen) und der Anzahl der Beschäftigten im F&E-Bereich,
- Angaben zu von Dritten oder staatlichen Stellen erhaltenen Zuwendungen, Lizenzeinnahmen sowie Kooperationsprojekten.

Die F&E-Aktivitäten sollten über mehrere Jahre dargestellt und erläutert werden. Dabei wird die Angabe von Kennzahlen (→ Kennzahlen und Kennzahlensysteme als Kontrollinstrument) empfohlen (DRS 15.99 ff.).

Über Art und Umfang der Darstellungen gibt es keine gesetzlichen Regelungen. Daher hängen die Prüfungshandlungen (→ Auswahl von Prüfungshandlungen) des →Abschlussprüfers im Einzelfall von der gewählten Darstellungsform ab. Die Informationen haben jedoch einen Einblick in die globale Ausrichtung der Aktivitäten sowie deren Intensität im Zeitablauf zu vermitteln.

Der APr hat sich bei der *Prüfung* von Angaben zum Bereich F&E von der Vollständigkeit und Richtigkeit der gemachten Angaben zu überzeugen. Dabei ist auch darauf zu achten, ob vom Unternehmen die notwendigen Mindestangaben erfüllt wurden.

Die Richtigkeit der gemachten Angaben zu Anzahl der Beschäftigten im Bereich F&E, dem Bereich zuordenbare Personal- und Sachaufwendungen (→ Forschungs- und Entwicklungsaufwendungen) sowie die Höhe der geleisteten →Investitionen können i. d. R. mit dem JA abgestimmt werden (→ Abstimmprüfung). Zur Prüfung von darüber hinausgehenden Angaben, wie bspw. zu geplanten Investitionen (→ Investitionscontrolling), hat sich der APr geeignete Unterlagen von der Gesellschaft geben zu lassen.

Bei der Beurteilung der Angemessenheit der gemachten Angaben zu den →Forschungs- und Entwicklungsaufwendungen sind die Möglichkeiten des Abschlussprüfers begrenzt. Dazu können, sofern vorhanden, Branchendurchschnittswerte oder Erfahrungswerte herangezogen werden (→ Verprobung; → überbetriebliche Vergleiche). Allerdings können diese Unterlagen, wegen mangelnder Berücksichtigung der individuellen Verhältnisse, den APr nur insofern unterstützten, als dass Fehlangaben vermieden werden. I.d.R. wird der APr aber auf Angaben des Unternehmens angewiesen sein, ebenso wie bei der Beurteilung der Erfolgsaussichten von konkreten F&E-Aktivitäten (IDW 2000, Abschn. R, Rn. 570, S. 1824).

Sofern im F&E-Bericht Angaben über die zukünftige F&E-Tätigkeit enthalten sind, hat der APr die Aussagen auf Glaubwürdigkeit und Plausibilität zu prüfen (→ Prognose- und Schätzprüfung; → Plausibilitätsprüfungen). Dazu hat er sich in Gesprächen mit den gesetzlichen Vertretern oder den für den Bereich F&E zuständigen Personen einen Eindruck über die zukünftige Lage zu verschaffen bzw. den Zeitraum zwischen Bilanzstichtag und Testatsdatum zu untersuchen. Zur Vergleichbarkeit mit Wettbewerbern kann ein Kennzahlenvergleich vorgenommen werden (→ überbetriebliche Vergleiche; → Benchmarking).

Darüber hinaus ist durch den APr zu prüfen, ob durch die gemachten Angaben die Lage des Unternehmens (→ Vermögenslage, → Finanzlage; → Ertragslage) zutreffend dargestellt wird. Eine zu positive und umfangreiche Berichterstattung über den Bereich F&E könnte dem Leser eine falsche Vorstellung von der tatsächlichen Lage des Unternehmens vermitteln (Marten/Quick/Ruhnke 2003, S. 544 f.). Sofern aufgrund von im vorangegangenen Geschäftsjahr nicht oder nur in sehr geringem Umfang angefallenen Aufwendungen im Lagebericht keine Angaben zu F&E gemacht werden, hat der APr abzuwägen, ob nicht, im Interesse der Vermittlung eines den tatsächlichen Verhältnissen entsprechenden Bildes (→ True and Fair View), ein entsprechender Hinweis in den Lagebericht aufgenommen werden sollte (Negativbericht) (IDW 2000, Abschn. R, Rn. 571, S. 1824).

Die Berichterstattungspflicht über F&E-Aktivitäten hat nur insoweit zu erfolgen, als dass durch die gemachten Darstellungen dem Unternehmen kein Nachteil entsteht. Besteht diese Gefahr, so können detaillierte Angaben zu konkreten laufenden und geplanten Aktivitäten unterbleiben, wobei die Darstellung zumindest so konkret zu halten ist, dass dem externen Leser zumindest ein grundlegendes Verständnis über die Aktivitäten des Unternehmens sowie über den voraussichtlichen Zeithorizont vermittelt wird (ADS 1995, Rn. 117 zu § 289 HGB).

Literatur: ADS: Rechnungslegung und Prüfung der Unternehmen, Teilband 2, 6. Aufl., Stuttgart 1995; IDW (Hrsg.): WPH 2000, Band I, 12. Aufl., Düsseldorf 2000; Marten, K.-U./Quick, R./Ruhnke, K.: Wirtschaftsprüfung, 2. Aufl., Stuttgart 2003; Tesch, J./Wißmann, R.: Lageberichterstattung nach HGB, Weinheim 2006.

Heiko Engelhardt

Forschungs- und Entwicklungscontrolling
→Innovation Audit

Forschungs- und Entwicklungskosten

Die *OECD* unterscheidet *Forschung* (Grundlagenforschung und angewandte Forschung) von *Entwicklung* (experimentelle Entwicklung und konstruktive Entwicklung). Nach den →United States Generally Accepted Accounting Principles (US GAAP) (SFAS 2) sowie nach den →International Financial Reporting Standards (IFRS) (IAS 38) stellt *Forschung* die planmäßige Suche nach neuen Erkenntnissen dar (Research). Unter *Entwicklung* wird der Transfer von Forschungsergebnissen auf die Schaffung oder Verbesserung von Produkten und Verfahren verstanden (Development). Das HGB unterscheidet Grundlagenforschung, Neuentwicklung und Weiterentwicklung.

Grundlage der Bewertung von erbrachten betrieblichen Leistungen auf dem Gebiet der F&E ist die *F&E-Kostenrechnung* (→Kosten- und Leistungsrechnung; →Kostenrechnung, Prüfung der). Sie besteht aus folgenden Teilsystemen:

- →Kostenartenrechnung,
- →Kostenstellenrechnung (F&E-Projektkostenrechnung),
- →Kostenträgerstückrechnung (F&E-Projektkostenkalkulation) und
- →Kostenträgerzeitrechnung (F&E-Projekterfolgsrechnung, F&E-Projektergebnisrechnung).

Zentrale Aufgabe der *Kostenartenrechnung* in F&E ist die →Planung und Kontrolle (→Kontrolltheorie) der Forschungs- und Entwicklungskosten.

Die Forschungs- und Entwicklungskosten setzen sich aus folgenden typischen Kostenartengruppen zusammen (Bürgel et al. 1996, S. 290 f.):

- *Arbeitskosten*: Kurzfristig nicht abbaubare Bruttoarbeitslöhne und -gehälter, Sozialabgaben, tarifliche und freiwillige Sozialleistungen.

- *Betriebsmittelkosten*: I.d.R. beschäftigungsfixe →Kosten (→Fixkostencontrolling) für den Wertverzehr an Gebäuden, Anlagen, Maschinen und Werkzeugen einschl. →Kapitalkosten (→Abschreibungen, kalkulatorische und Zinsen).

- *Materialkosten*: I.d.R. beschäftigungsvariable Kosten für den Verbrauch an Labor- und Werkstattmaterial, Datenträgern, Bauelementen sowie sonstigen →Roh-, Hilfs- und Betriebsstoffen (RHB).

- *Fremdleistungskosten*: I.d.R. – von der Vertragsgestaltung abhängige – variable Kosten für die Inanspruchnahme von Dienstleistungen unternehmensexterner Anbieter; hierzu zählen auch die Kosten für Lizenzen, Patente, Informationen, Gutachter und Berater sowie für Versicherungsschutz.

- *Gebühren und Abgaben*: I.d.R. fixe Beiträge, Gebühren und Steuern, die an öffentliche Einrichtungen abgeführt werden müssen (Kammern, Berufsgenossenschaft, Verbände, Fiskus).

- *Sonstige Kosten*: Sie entstehen durch außerordentlichen Güterverzehr für Lagerhaltung (Schwund, Verderb) oder sonstige Wagnisse.

Man unterscheidet i.d.R. zwei wesentliche F&E-Kostenkategorien (Bürgel et al. 1996, S. 292 f.):

- *Projekteinzelkosten* sind Kosten, welche direkt und ungeschlüsselt auf das Projekt zugerechnet werden können: vor allem Arbeits- und Materialkosten.

- *Projektgemeinkosten* sind Kosten, welche nur über Verrechnungsschlüssel auf das Projekt zugerechnet werden können (→Kosten- und Leistungsverrechnung, innerbetriebliche; →Kostenzurechenbarkeit): Abschreibungen, Mieten, Versicherungen, Kostensteuern (→Steuercontrolling), innerbetriebliche Dienstleistungen und Umlagen.

Im Hinblick auf die *Definition, den Ansatz und die Bewertung von F&E-Kosten* in der Bilanz gibt es in Abhängigkeit von den jeweiligen Vorschriften und Grundsätzen zur Rechnungslegung unterschiedliche Regelungen und Prinzipien (→Ansatzgrundsätze; →Bewertungsgrundsätze):

- *HGB* (bspw. §§ 248, 253, 255, 268 HGB),
- *DRS* (bspw. DRS 12),
- *IFRS* (bspw. IFRS 3 und IAS 38) und
- *US GAAP* (bspw. SFAS 2, SFAS 34, SFAS 68).

Im Rahmen der Rechnungslegung nach HGB werden Ausgaben für F&E aufwandswirksam erfasst (→Forschungs- und Entwicklungsaufwendungen). Lediglich bei auftragsbezogenen Entwicklungskosten kann eine Aktivierung als →Vorratsvermögen vorgenommen werden.

Die Kosten für *Forschungsprojekt*e sind gem. IAS 38.7 und IAS 38.42 aufwandswirksam zu erfassen, wenn sie anfallen. Im Rahmen der IFRS muss ein selbst geschaffener immaterieller Vermögenswert (→Asset), der sich während der Durchführung eines *Entwicklungsprojektes* ergibt, dann aktiviert werden, wenn insb. folgende Nachweise erbracht werden können (IAS 38.45):

- technische Realisierbarkeit der Fertigstellung des immateriellen Vermögenswerts,
- Absicht zur Nutzung und zum Verkauf,
- Fähigkeit zur Nutzung und zum Verkauf,
- Nachweis, wie der voraussichtliche künftige wirtschaftliche Nutzen erzielt werden soll (Existenz eines Marktes oder einer internen Nutzungsmöglichkeit),
- Verfügbarkeit von entsprechenden technischen und finanziellen Ressourcen, um die Entwicklung abschließen zu können und
- Fähigkeit der Zurechnung und Bewertung der Ausgaben während der Entwicklung.

Literatur: Bürgel, H. D./Haller, C./Binder, M.: F&E-Management, München 1996; Kilger, W./Pampel, J./Vikas, K.: Flexible Plankostenrechnung und Deckungsbeitragsrechnung, 11. Aufl., Wiesbaden 2002; Küting, K./Harth, H.-J.: Die Behandlung von Forschungs- und Entwicklungskosten nach HGB, US-GAAP und IAS, in: BC 23 (1999), S. 169–174.

Joachim Weber

Forschungs- und Entwicklungskostenrechnung →Forschungs- und Entwicklungskosten

Forschungs- und Entwicklungsmanagement →Innovationsmanagement

Fortbestehensprognose →Liquidationswert; →Überschuldungsprüfung

Fortbildung des Wirtschaftsprüfers →Aus- und Fortbildung des Wirtschaftsprüfers

Fortschrittskontrolle →Realisationskontrolle

Frankreich

Berufsrecht und *Berufsorganisation* der WP sind im 8. Buch des französischen Handelsgesetzbuches, dem sog. Code de commerce, geregelt. Die gesetzlichen Regelungen werden durch Erlasse und Durchführungsverordnungen ergänzt. WP ist, wer als solcher im Berufsregister eingetragen ist. Die Eintragung setzt den Nachweis der persönlichen und fachlichen Eignung im Zulassungs- bzw. Prüfungsverfahren voraus. Die Berufsaufsicht obliegt den drei Organen *CRCC*, *CNCC* und *H3C*. Oberstes Aufsichtsorgan ist der *H3C*, der durch Gesetz vom 1.8.2003, das sog. Loi de sécurité financière, geschaffen wurde. Der *H3C* ist ein unabhängiges, dem *Justizministerium* unterstelltes Aufsichtsorgan, dessen Aufgaben sich auf die Berufsaufsicht, die Erfüllung der berufsrechtlichen Pflichten sowie die Einhaltung der Vorschriften zur Unabhängigkeit erstrecken. In der Wahrnehmung seiner Aufgaben wird der *H3C* von der nationalen *WPK*, der *CNCC*, sowie den regionalen Wirtschaftsprüferkammern, den *CRCC*, unterstützt. Seine Finanzierung erfolgt durch die öffentliche Hand. *CRCC* und *CNCC* sind juristische Personen, die über Beiträge der als

Mitglieder registrierten WP und WPGes finanziert werden. Neben der Unterstützung des *H3C* sind Aufgabe von *CRCC* und *CNCC* die Wahrnehmung der Interessen ihrer Mitglieder, deren Aus- und Weiterbildung sowie die Durchführung von durch Gesetz vorgeschriebenen Kontrollen zum Zwecke der Qualitätssicherung. Die *CNCC* vertritt zudem die Interessen des Berufsstandes gegenüber den Organen der öffentlichen Hand. Die Beurteilung disziplinarrechtlicher Fragen obliegt grundsätzlich den Regionalkammern, Berufungsinstanz ist der *H3C*.

Die vom *CNCC* erarbeiteten und vom *H3C* verabschiedeten *Prüfungsstandards*, sog. normes professionnelles, unterscheiden folgende drei Arten von *Prüfungen*:

- Zwischen- und Abschlussprüfung,
- Limited Review und
- Prüfung besonderer Vorgänge aufgrund von Gesetz oder Vertrag (z. B. Umwandlungs- oder Verschmelzungsprüfungen, Kapitalerhöhung, sonstige Sonderprüfungen).

Die von Wirtschaftsprüfern und WPGes im Rahmen von Zwischen- und Abschlussprüfung sowie bei Limited Reviews anzuwendenden Prüfungsstandards entsprechen einer Umsetzung der →International Standards of Auditing (ISA) in nationales Recht. Zudem tragen die Prüfungsstandards lokalen Besonderheiten, insb. bei der Prüfung besonderer Vorgänge aufgrund von Gesetz oder Vertrag, Rechnung.

Die *Prüfungspflicht* ergibt sich für Handelsgesellschaften aus dem Code de commerce. Spezialgesetze regeln die Prüfungspflicht für andere Gesellschaften und Unternehmen, die sich infolge der Art der Geschäftstätigkeit (z. B. Versicherungen) oder der Unternehmensgröße ergeben kann. Nach dem Code de commerce unterliegen Aktiengesellschaften (société anonyme, SA), vereinfachte Aktiengesellschaften (société par actions simplifiée, SAS) und Kommanditgesellschaften auf Aktien (société en commandite par actions, SCA) aufgrund ihrer Rechtsform der Pflicht, mindestens einen APr zu bestellen. Gesellschaften mit beschränkter Haftung (société à responsabilité limitée, SARL) sind zur Bestellung eines Abschlussprüfers verpflichtet, wenn an einem Bilanzstichtag mindestens zwei der drei nachfolgenden Kriterien überschritten werden:

- Bilanzsumme: 1.550.000 €,
- Umsatzerlöse: 3.100.000 €,
- durchschnittliche Arbeitnehmerzahl: 50.

Eine freiwillige Bestellung ist grds. möglich. Der APr wird für 6 Geschäftsjahre bestellt. Gem. § L 233–16 des Code de commerce sind KapGes zur Aufstellung und Veröffentlichung eines *Konzernabschlusses* und eines Konzernlageberichtes verpflichtet, soweit sie eine oder mehrere andere Gesellschaften alleine oder gemeinschaftlich mit einem anderen Unternehmen kontrollieren oder einen wesentlichen Einfluss auf diese ausüben. Eine größenabhängige Befreiung von der Pflicht zur Aufstellung eines Konzernabschlusses besteht, wenn mindestens zwei der drei nachfolgenden Kriterien an zwei aufeinander folgenden Bilanzstichtagen nicht überschritten werden:

- Bilanzsumme: 15 Mio. €,
- Umsatz: 30 Mio. €,
- durchschnittliche Arbeitnehmerzahl: 500.

Eine Befreiung ergibt sich auch bei Bestehen von befreienden EU/EWR-Konzernabschlüssen. Konsolidierungspflichtige Gesellschaften sind zur Benennung von zwei Abschlussprüfern verpflichtet, die für 6 Geschäftsjahre bestellt werden.

Infolge einer Entscheidung des französischen *Wirtschafts- und Finanzministeriums* sind auf der Einzelabschlussebene weiterhin die *französischen Rechnungslegungsgrundsätze* anzuwenden. Diese sind im Plan Comptable Général, einem einheitlichen Kontenrahmen, normiert. Anstatt eine Aufstellung nach den →International Financial Reporting Standards (IFRS) zu ermöglichen, ist der Weg einer zunehmenden Konvergenz mit den IFRS gewählt worden, was sich u. a. in den geänderten Regelungen zur Bilanzierung von Rückstellungen und Anlagevermögen widerspiegelt.

Konzernabschlüsse börsennotierter Gesellschaften sind für am oder nach dem 1.1.2005 beginnende Geschäftsjahre unter Anwendung der *IFRS* zu erstellen. Werden lediglich Forderungstitel an der Börse gehandelt, ergibt sich die Pflicht zur Aufstellung des Konzernabschlusses nach IFRS erst für am oder nach dem 1.1.2007 beginnende Geschäftsjahre. Für *nicht börsennotierte Gesellschaften* besteht ein Anwendungswahlrecht. Ein IFRS-Konzernabschluss kann erstmals für am oder nach dem 1.1.2005 beginnende Geschäftsjahre aufgestellt werden und befreit von der Verpflichtung zur Erstellung eines Konzernabschlusses nach französischen Rechnungslegungsgrundsätzen.

Felicitas Kress

Fraud →Internes Kontrollsystem; →Unregelmäßigkeiten

Free Cash Flow →Cash Flow; →Wertorientierte Unternehmensführung

Free Cash Flow-Ansatz →Unternehmensbewertung

Freiwillige und vertragliche Prüfung

Während bei →Pflichtprüfungen das Vorliegen gesetzlich definierter Tatbestände zwingend normierte Prüfungshandlungen auslöst, setzen *freiwillige und vertragliche Prüfungen* eine *vorhergehende Entscheidung* voraus. Eine Sonderstellung nehmen die gesetzlich vorgesehenen Prüfungen ein, die ähnlich den vertraglich ausbedungenen Prüfungen einem Dritten ein einseitiges Prüfungsrecht einräumen (Wysocki 1988, S. 46 f.). Prüfungsberechtigte können von der Geschäftsführung ausgeschlossene Gesellschafter (→Sonderprüfungen, aktienrechtliche) oder die öffentliche Hand (→Außenprüfung) sein.

Die *Merkmale* freiwilliger und vertraglicher Prüfungen beruhen nicht auf gesetzlichen Vorschriften (→Prüfungsnormen), sondern sind *disponibel*. Prüfungsgegenstand und -träger werden ebenso wie die anzuwendenden Methoden (→Buchführungstechnik und Prüfungsmethoden), die Prüfungsintensität und das Soll-Objekt durch das Unternehmen sowie ggf. andere Adressaten in freier Entscheidung festgelegt (Selchert 2002, Sp. 1738). Der durchführende Prüfer ist lediglich an den Prüfungsauftrag (→Prüfungsauftrag und -vertrag) sowie die in den einschlägigen nationalen und internationalen Verlautbarungen der Berufsorganisationen [→*Verlautbarungen des Instituts der Wirtschaftsprüfer in Deutschland e.V.*; →*Wirtschaftsprüferkammer* (*WPK*); →*International Federation of Accountants* (*IFAC*)] kodifizierten allgemeinen →Grundsätze ordnungsmäßiger Abschlussprüfung (Marten/Quick/Ruhnke 2003, S. 614–636) gebunden.

Aus der fehlenden Normierung erwachsen unmittelbare Konsequenzen für die Berichterstattung (→Berichtsgrundsätze und -pflichten des Wirtschaftsprüfers). Ein →Bestätigungsvermerk (BestV) ist Pflichtprüfungen i. S. d. §§ 316 ff. HGB bzw. gesetzlichen Prüfungen, deren Umfang durch explizite Vorschriften erweitert wurde, oder hinsichtlich Art und Umfang äquivalenten freiwilligen Prüfungen vorbehalten. Bei abweichendem Prüfungsgegenstand oder -umfang darf lediglich eine *Bescheinigung* (→Bescheinigungen im Prüfungswesen) ausgestellt werden (IDW PS 400.5); sie ist eindeutig als solche zu bezeichnen. Hierin sind zumindest Adressat, Auftrag, Auftragsbedingungen, Gegenstand, Art und Umfang der Tätigkeit, Durchführungsgrundsätze, zugrunde liegende Rechtsvorschriften und Unterlagen sowie getroffene Feststellungen aufzunehmen (IDW PS 400.7).

Die aktuelle Entwicklung ist geprägt von einem stetigen Anstieg freiwilliger und vertraglicher Prüfungen (Elliott/Pallais 1997, S. 47). Die Vielzahl der in der Praxis zu beobachtenden Formen erschwert eine trennscharfe und überschneidungsfreie Systematisierung. Auch bei der im Folgenden vorgenommenen Klassifizierung nach Maßgabe der Ausrichtung (Wysocki 1988, S. 54) sind die Übergänge z.T. fließend. Hiernach lassen sich unterscheiden:

- →*Ordnungsmäßigkeitsprüfungen*: Ziel ist es, eine Aussage über die Einhaltung gesetzlicher bzw. statuarischer, aber auch anderweitiger als verbindlich angesehener Vorschriften zu treffen. Inhaltlich besteht häufig eine große Nähe zu den *gesetzlich vorgeschriebenen Prüfungen* (Selchert 2002, Sp. 1738 f.). Dies betrifft neben der Prüfung unterjähriger Berichte, wie Halbjahres- bzw. Quartalsberichte (→Zwischenberichterstattung), vor allem die freiwillige →Jahresabschlussprüfung. Hier greift allerdings die Haftungsbegrenzung für gesetzlich vorgeschriebene Jahresabschlussprüfungen gem. § 323 Abs. 2 HGB nicht (→Haftung des Wirtschaftsprüfers) (Marten/Quick/ Ruhnke 2003, S. 615). Daneben gewinnt die Beurteilung der über den prüfungspflichtigen Umfang hinausgehenden Unternehmensberichterstattung zunehmend an Bedeutung (Fey 2002, S. 177). Hierunter fällt z. B. die Prüfung von Wertentwicklungskennzahlen, wie der Economic Value Added (EVA), der Discounted Cash Flow (DCF) (→Cash Flow; →Discounted Cash Flow-Methoden) oder der Total Shareholder Return (TSR) (→Value Reporting), sowie von Umwelt- (→Ökoaudit) oder →Nachhaltigkeitsberichten. Auch die Prüfung von →Ad-hoc-Publizität oder im Vorfeld des Angebots einer Kapitalanlage veröffentlichter Prospekte (→Prospektbeurteilung) spielt hier eine Rolle.

- *Situationsprüfungen*: Gegenstand der Prüfung ist die wirtschaftliche Lage eines Unternehmens. Anlass kann bspw. eine Kreditaufnahme (→Kreditwürdigkeitsprüfung) oder eine geplante Inanspruchnahme des Kapitalmarkts sein. Ferner fallen hierunter die durch die Unternehmensleitung veranlassten Maßnahmen zur Feststellung drohender Insolvenztatbestände (→Insolvenz).

- *Institutionsprüfungen*: Im Mittelpunkt steht die Prüfung bestehender oder noch zu schaffender Einrichtungen eines Unternehmens auf ihre Wirtschaftlichkeit und Zweckmäßigkeit (→Wirtschaftlichkeits- und Zweckmäßigkeitsprüfung). Dies umfasst z. B. die →Geschäftsführungsprüfung oder die Investitions- bzw. Projektprüfung. Ebenfalls hier einzuordnen ist die Prüfung der Sicherheit von →E-Business (→Web-Trust-Prüfungen) sowie von →IT-Systemen (Marten/Quick/Ruhnke 2003, S. 627–636).

- *Aufdeckungsprüfungen*: Entweder isoliert oder im Verbund mit Jahresabschlussprüfungen sollen →dolose Handlungen [neben Unterschlagung (§ 246 StGB) fallen hierunter Betrug (§ 263 StGB), Urkundenfälschung (§ 267 StGB) und →Untreue von Gesellschaftsorganen (§ 266 StGB)] aufgedeckt werden (→Unterschlagungsprüfung). Den Ausgangspunkt bildet i. d. R. ein konkretes Verdachtsmoment. Denkbar ist zudem eine gezielte Überprüfung potenziell gefährdeter Teilgebiete (z. B. Lohn- und Gehaltswesen, Lagerbuchhaltung etc.).

Literatur: Elliott, R. K./Pallais, D. M.: Are You Ready for New Assurance Services?, in: JoA 183 (1997), Heft 6, S. 47–51; Fey, G.: Externe Beurteilung einer kapitalmarktorientierten Unternehmensberichterstattung. Überlegungen zur Erweiterung der Abschlussprüfung, in: Richter, M. (Hrsg.): Theorie und Praxis der Wirtschaftsprüfung III. Entwicklungstendenzen – Corporate Governance – E-Commerce, Berlin 2002, S. 161–207; IDW (Hrsg.): IDW Prüfungsstandard: Grundsätze für die ordnungsmäßige Erteilung von Bestätigungsvermerken bei Abschlussprüfungen (IDW PS 400, Stand 1. Oktober 2002, in: WPg 52 (1999), S. 641–657, Änderungen in: WPg 54 (2001), S. 1492 sowie WPg 55 (2002), S. 1249; Marten, K.-U./Quick, R./Ruhnke, K.: Wirtschaftsprüfung. Grundlagen des betriebswirtschaftlichen Prüfungswesens nach nationalen und internationalen Normen, 2. Aufl., Stuttgart 2003; Selchert, F. W.: Prüfungen, freiwillige und vertragliche, in: Ballwieser, W. et al. (Hrsg.): HWRP, 3. Aufl., Stuttgart 2002, Sp. 1738–1743; Wysocki, K. v.: Grundlagen des betriebswirtschaftlichen Prüfungswesens, 3. Aufl., München 1988.

Stefan Rammert

Fremdbezug →Eigenfertigung versus Fremdbezug

Fremdcontrolling →Dienstleistungscontrolling

Fremdkapital

Der Gesetzgeber verwendet für den Begriff Fremdkapital das Synonym →*Schuld* (§ 246 Abs. 1 Satz 1 HGB). Fremdkapital wird dem Unternehmen von unternehmensexternen Personen zeitlich begrenzt zur Verfügung gestellt (Baetge/Kirsch/Thiele 2003, S. 3) und in der Bilanz auf der Passivseite unter den →Rückstellungen (§ 266 Abs. 3 B HGB) und →Verbindlichkeiten (§266 Abs. 3 C HGB) ausgewiesen (→Gliederung der Bilanz).

Bei der Prüfung des Fremdkapitals im Rahmen der →Jahresabschlussprüfung (→Konzernabschlussprüfung) wird insb. auf den richtigen Ausweis, auf Nachweise (→Prüfungsnachweise; →Nachweisprüfungshandlungen), die richtige Verbuchung und Bewertung (→Bewertungsprüfung), auf Vollständigkeit sowie einen ordnungsgemäßen →Cut-Off (→periodengerechte Erfolgsermittlung) geachtet (→Fehlerarten in der Abschlussprüfung).

Auch die Abgrenzung von →Eigenkapital und Fremdkapital – besonders im Bereich mezzaniner Kapitalformen, die eine Zwischenstellung zwischen Eigen- und Fremdkapital einnehmen und Eigenschaften beider Kapitalformen vereinen – ist zu prüfen. Nach dem deutschen Bilanzrecht stellen insb. die Erfolgsabhängigkeit der Vergütung für die Kapitalüberlassung, die Verlustantizipation des Kapitalgebers, der Zeitraum der Kapitalüberlassung und die Nachrangigkeit des Rückzahlungsanspruchs des überlassenen Kapitals entscheidende Einordnungskriterien dar (→Genussrechte) (Deloitte 2004, S. 25; IDW HFA 1/1994).

Fremdkapital

Die Prüfung des Fremdkapitals setzt sich aus der Prüfung auf Einhaltung der Grundsätze des *Ansatzes*, des *Ausweises* und der *Bewertung* zusammen. Die wesentlichen dabei zu prüfenden Posten sind die *Rückstellungen* und die *Verbindlichkeiten*.

Damit eine Schuld nach den GoB (§ 243 Abs. 1 HGB; →Grundsätze ordnungsmäßiger Buchführung, Prüfung der) passivierungsfähig ist, müssen vier Voraussetzungen erfüllt sein. Es muss eine

1) quantifizierbare,
2) mit einer wirtschaftlichen Belastung verbundene,
3) selbstständig verwertbare
4) Leistungsverpflichtung des bilanzierenden Unternehmens vorliegen (→Ansatzgrundsätze).

Durch gesetzliche Vorschriften wird dieser Passivierungsgrundsatz ergänzt und konkretisiert. Der Passivierungsfähigkeit darf kein Passivierungsverbot entgegenstehen; auch darf es sich bei der zu passivierenden Schuld nicht um Privatschulden (wichtig bei Nicht-KapGes) handeln und die Schuld darf auch nicht Gegenstand eines schwebenden Geschäftes sein.

Gem. dem Grundsatz der Vollständigkeit (§ 246 Abs. 1 HGB) sind grundsätzlich sämtliche Schulden anzusetzen. Ein Passivierungsverbot für den Ansatz von Schulden besteht handelsrechtlich derzeit nicht (Baetge/Kirsch/Thiele 2003, S. 157).

Grundlage für die Prüfung des Ausweises ist die vom Gesetzgeber in § 266 Abs. 3 B und C HGB vorgesehene Gliederung des Fremdkapitals (→Gliederung der Bilanz). Zu beachten sind dabei die für bestimmte →Unternehmensformen und Branchen geltenden besonderen Gliederungsvorschriften (→Kreditinstitute; →Versicherungsunternehmen).

Die Bewertung ist im HGB grundsätzlich in den §§ 252–256 HGB unter der Überschrift „Bewertungsvorschriften" geregelt (→Bewertungsgrundsätze), Sonderregeln gelten für KapGes (§ 279 ff. HGB). Aus dem Imparitätsprinzip (§ 252 Abs. 1 Nr. 4 HGB) lässt sich i.V.m. dem in § 252 Abs. 1 Nr. 3 HGB kodifizierten Stichtagsprinzip ein Höchstwertprinzip für Posten auf der Passivseite ableiten (ADS 1998, Rn. 75 zu § 253 HGB, S. 117), dessen Einhaltung ebenfalls im Rahmen der →Bewertungsprüfung zu prüfen ist (→Grundsätze ordnungsmäßiger Buchführung, Prüfung der). Gem. § 253 Abs. 1 Satz 2 HGB sind Verbindlichkeiten zu ihrem Rückzahlungsbetrag, →Pensionsverpflichtungen, für die eine Gegenleistung nicht mehr zu erwarten ist, zu ihrem Barwert und Rückstellungen nur in Höhe des Betrags anzusetzen, der nach vernünftiger kaufmännischer Beurteilung notwendig ist. Zu jedem Bilanzstichtag ist die Bewertung neu zu überprüfen.

Rückstellungen dienen der Erfassung von dem Grunde und/oder der Höhe nach ungewissen Verbindlichkeiten und von drohenden Verlusten aus schwebenden Geschäften sowie von bestimmten Aufwendungen. Um in der Bilanz angesetzt zu werden, müssen Rückstellungen am Abschlussstichtag rechtlich entstanden oder wirtschaftlich bereits verursacht worden sein. Rückstellungen dürfen nur für die in § 249 Abs. 1 und 2 HGB genannten Zwecke gebildet werden (§ 249 Abs. 3 Satz 1 HGB). Dabei schreibt § 253 Abs. 1 Satz 2 HGB für Rückstellungen einen Ansatz mit demjenigen Betrag vor, der nach vernünftiger kaufmännischer Beurteilung notwendig ist.

Für die Prüfung von Rückstellungen gelten, wie auch für die Prüfung der Verbindlichkeiten, insb. die Grundsätze des IDW PS 200 (ISA 200) sowie des IDW PS 201 (ISA 200). Hauptaufgabe der Prüfung von Rückstellungen ist es festzustellen, ob für passivierungspflichtige ungewisse Verbindlichkeiten zutreffend dotierte Rückstellungen gebildet worden sind. In der Vergangenheit gebildete Rückstellungen, für die der Grund entfallen ist, sind hingegen gem. § 249 Abs. 3 Satz 2 HGB i.V.m. den GoB aufzulösen (→sonstige betriebliche Aufwendungen und Erträge).

Die inhaltlichen Schwerpunkte der *Rückstellungen* orientieren sich an der Gliederung des Postens gem. § 266 Abs. 3 B HGB nach Pensionsrückstellungen, Steuerrückstellungen und sonstigen Rückstellungen (→Gliederung der Bilanz). Klassischerweise sind bei allen drei Rückstellungsarten neben den vom Unternehmen selber zur Verfügung gestellten Nachweisen Unterlagen externer Dritter (→Bestätigungen Dritter) hinzuzuziehen und auszuwerten (IDW PS 300, 302 und 322, ISA 500, 505 und 620). Dies beinhaltet zumeist das Gutachten eines Aktuars sowie die Stellungnahmen der das Unternehmen betreuenden →Steuerberater (StB) und Rechtsanwälte. Zusätzlich sollte der Prüfer die Belastungen auf den Aufwandskonten mit der Dotierung der Rückstellungen lückenlos abstimmen (→lückenlose Prüfung; →Abstimmprüfung; →Verprobung). Aufgrund zahlreicher Ermessensspielräume (→bilanzpolitische Gestaltungsspielräume nach HGB), insb. bei den sonstigen Rückstellungen, sollte die Prüfung der Rückstellungen von einem erfahrenen Prüfer durchgeführt werden (→bilanzpolitische Gestaltungsspielräume, Prüfung von).

Verbindlichkeiten (§ 266 Abs. 3 C HGB; →Gliederung der Bilanz) sind Verpflichtungen, deren Höhe und Fälligkeit am Abschlussstichtag feststeht. Ausgangsbasis für die Prüfung aller Verbindlichkeiten ist der Bestandsnachweis (→Prüfungsnachweise) in Form einer Saldenliste. Durch das Einholen von Saldenbestätigungen (→Bestätigungen Dritter) kann überprüft werden, inwieweit sich der Soll- und der Ist-Bestand decken (→Soll-Ist-Vergleich). Zusätzlich empfiehlt sich die Durchsicht der nach dem Bilanzstichtag geleisteten Zahlungen (→Zahlungsverkehr), um so retrograd die Vollständigkeit der Verbindlichkeiten zu ermitteln. Zu beachten ist, dass bei der Prüfung der Verbindlichkeiten die Davon-Vermerke und die notwendigen Angaben im →Anhang (→Angabepflichten) mit zu prüfen sind (§ 268 Abs. 5 HGB).

Abschließend ist zusätzlich zu den von der Geschäftsführung erhaltenen Nachweisen (IDW PS 303, ISA 580) eine berufsübliche →Vollständigkeitserklärung einzuholen.

Während nach HGB der Gläubigerschutz und das Vorsichtsprinzip im Vordergrund stehen (→Grundsätze ordnungsmäßiger Rechnungslegung), sollen Abschlüsse nach den →*International Financial Reporting Standards* (*IFRS*) insb. den Investoren entscheidungsrelevante Informationen liefern. Aus diesem Grund tritt das Imparitätsprinzip nach HGB zugunsten der durch die IFRS verfolgten →True and Fair View zurück. Für die Prüfung des Fremdkapitals sind besondere folgende Unterschiede maßgeblich:

Die IFRS legen bei der Differenzierung zwischen Eigen- und Fremdkapital andere Maßstäbe an als deutsche Rechnungslegungsvorschriften. Insb. die Rückforderungsmöglichkeit durch den Kapitalgeber ist ein Indiz für die Charakterisierung als Fremdkapital. Des Weiteren sind bestimmte Sachverhalte im Bereich der IFRS nicht rückstellungsfähig (z. B. Aufwandsrückstellungen, IAS 37). Andere Rückstellungen sind den IFRS entsprechend anders zu dotieren als im HGB (→Pensionsverpflichtungen, Anwartschaftsbarwert statt Teilwert, IAS 19). Abschließend ist darauf hinzuweisen, dass die IFRS insb. bei den Anhangangaben deutlich umfassendere Angabepflichten (→ Notes) vorsehen als das HGB.

Literatur: ADS: Rechnungslegung und Prüfung der Unternehmen, Teilband 6, 6. Aufl., Stuttgart 1998; Baetge, J./Kirsch, H.-J./Thiele, S.: Bilanzen, 7. Aufl., Düsseldorf 2003; Deloitte (Hrsg.): Mezzanine-Finanzierung Bridging the Gap, o.O. 2004; IDW (Hrsg.): IDW Stellungnahme: Zur Behandlung von Genussrechten im Jahresabschluss von Kapitalgesellschaften (IDW HFA 1/1994), in: WPg 47 (1994), S. 419–423; IDW (Hrsg.): IDW Prüfungsstandard: Ziele und allgemeine Grundsätze der Durchführung von Abschlussprüfungen (IDW PS 200, Stand: 28. Juni 2000), in: WPg 53 (2000), S. 706–710; IDW (Hrsg.): IDW Prüfungsstandard: Rechnungslegungs- und Prüfungsgrundsätze für die Abschlussprüfung (IDW PS 201, Stand: 17. November 2000), in: WPg 53 (2000), S. 710–713; IDW (Hrsg.): IDW Prüfungsstandard: Prüfungsnachweise im Rahmen der Abschlussprüfung (IDW PS 300, Stand: 2. Juli 2001), in: WPg 54 (2001), S. 898–903; IDW (Hrsg.): IDW Prüfungsstandard: Erklärungen der gesetzlichen Vertreter gegenüber dem Abschlussprüfer (IDW PS 303, Stand: 6. Mai 2002), in: WPg 55 (2002), S. 680–682; IDW (Hrsg.): IDW Prüfungsstandard: Verwertung der Arbeit von Sachverständigen (IDW PS 322, Stand: 6. Mai 2002), in: WPg 55 (2002), S. 689–692; IDW (Hrsg.): IDW Prüfungsstandard: Bestätigungen Dritter (IDW PS 302, Stand: 1. Juli 2003), in: WPg 56 (2003), S. 872–875.

Karin Dohm

Fremdkapitalkosten →Kalkulationszinssatz; →Kapitalkosten

Fremdkapitalquote →Kapitalstruktur, Planung und Kontrolle der

Fremdkapitalrendite →Kapitalstruktur, optimale

Fremdkontrolle →Kontrollsysteme

Fremdprüfung →Kommunales Rechnungswesen

Fremdsteuerung der Gesellschaft →Interessenkonflikte von Vorstand und Aufsichtsrat

Fremdvergleich →Verrechnungspreise, handelsrechtliche; →Verrechnungspreise, steuerrechtliche

Front-Office →Controlling in Revisions- und Treuhandbetrieben

Frühaufklärungssysteme →Krisendiagnose

Früherkennungssystem, Prüfung des →Risikomanagementsystem, Prüfung des

Früherkennungssystem, steuerliches →Steuercontrolling

Früherkennungssysteme

Durch Früherkennungssysteme sollen unternehmenspolitisch relevante Veränderungen in der Konstellation der Rahmenbedingungen möglichst frühzeitig und zuverlässig identifiziert und die gewonnenen Erkenntnisse hinsichtlich der möglichen Konsequenzen analysiert und zu entscheidungsrelevanten Informationen aufbereitet werden. Sie sollen zudem sicherstellen, dass diese Informationen dann auch zeitnah und unverfälscht den zuständigen Entscheidungsträgern zur Verfügung stehen (→Führungsinformationssysteme). Grundsätzlich können die festgestellten Veränderungen sowohl mehr oder weniger gravierende Risiken als auch bedeutsame Chancen beinhalten.

Da unterstellt werden kann, dass vor allem das betriebliche Umsystem in Zukunft tendenziell zunehmend nicht nur durch kontinuierliche und strukturelle, sondern auch durch abrupte Veränderungen geprägt sein wird, kommt betrieblichen Früherkennungssystemen unter dem Aspekt der *Existenzsicherung* eine fundamentale Bedeutung zu.

Nicht zuletzt deshalb wurde durch das BilReG vom 4.12.2004 festgelegt, dass KapGes und bestimmte Personenhandelsgesellschaften [→Personengesellschaften (PersG)] sowie Konzerne (→Konzernarten) verpflichtet sind, im →Lagebericht bzw. →Konzernlagebericht die wesentlichen →Chancen und Risiken der künftigen Entwicklung darzustellen (→Chancen- und Risikobericht). Durch diese Regelung sollen die Unternehmen veranlasst werden, intern geeignete Früherkennungssysteme zu entwickeln und zu implementieren. In Aktiengesellschaften (→Aktiengesellschaft,

Abb. 1: Beobachtungsbereiche strategischer Früherkennungssysteme

Konstitutive Risikopotentiale	Mögliche Umweltveränderungen mit Chancen und Risiken
Naturkatastrophen	Staatliche Förderprogramme und Gesetzesinitiativen
Terroranschläge	Gewerkschaftliche Forderungen
Staatliche Enteignungen und Handelsbeschränkungen	Demographische Entwicklung
Wirtschaftsspionage	Wertewandel auf den Absatzmärkten
Computerkriminalität	Konjunkturelle Entwicklung
	Potentielle Konkurrenz
Fraudulöses Verhalten der Mitarbeiter (Korruption, Unterschlagung, Betrug, Diebstahl)	Innovative Technologien

Abb. 2: Beobachtungsbereiche operativer Früherkennungssysteme

Mitarbeiter	Forschung & Entwicklung	Beschaffung	Leistungs-erstellung	Absatz	Finanzen

• Streikgefahr
• Fluktuation
• Betriebsklima
• Stand der Qualifikation
• Bereitschaft zur Fortbildung
	• Anzahl der Patente
	• F&E-Aufwendungen
	  - absolut
	  - relativ
	• Erfolgsquote
	• Kooperations-angebote
		• Liefer-schwierig-keiten
		• Qualitäts-mängel
		• Preisent-wicklung
		• Erweiterung der Bezugs-quellen
			• Ausschuss
			• Produktqualität
			• Produktions-engpässe
			• Kostenent-wicklung
			• Auslagerungs-potentiale
				• Umsatzent-wicklung
				• Kundenbin-dung
				• Kundenstruktur
				• Relation von Aufträgen zu Angeboten
				• Konkurrenz-situation
					• Zahlungsmoral der Kunden
					• Ausfälle durch Insolvenzen
					• Kreditzusagen der Banken
					• Devisenkurse
					• Cashflow-Entwicklung

Prüfung einer) ist der Vorstand nach § 91 Abs. 2 AktG sogar verpflichtet, „ein Überwachungssystem einzurichten, damit den Fortbestand der Gesellschaft gefährdende Entwicklungen früh erkannt werden" [→Risikomanagementsystem (RMS); →Risikomanagementsystem, Prüfung des; →Risikomanagementsystem, Prüfung durch den Aufsichtsrat].

Unter *konzeptionellen Aspekten* kann zwischen strategischen und operativen Früherkennungssystemen unterschieden werden. Während *strategische* Früherkennungssysteme vornehmlich auf das betriebliche Umsystem ausgerichtet sind, liegen die Beobachtungsfelder *operativer* Früherkennungssysteme im betrieblichen Innenbereich. Die Entwicklungen im betrieblichen Umsystem sind i.A. nicht unmittelbar beeinflussbar und erfordern zumeist längerfristig wirksame Reaktionen. Dagegen lassen sich Störungen und festgestellte Unzulänglichkeiten in den betrieblichen Abläufen unmittelbar durch geeignete Maßnahmen zumindest teilweise kompensieren.

In Abb. 1 sind die wesentlichen Beobachtungsfelder *strategischer* Früherkennungssysteme zusammengestellt. Charakteristisch für diesen Überwachungsbereich ist die Erkenntnis, dass bestimmte Umwelterscheinungen hinsichtlich ihrer Auswirkungen ausschließlich als Risiken zu klassifizieren sind. Sie betreffen alle Unternehmen gleichermaßen. Andere Veränderungen können dagegen sowohl Chancen eröffnen als auch existenzielle Bedrohungen implizieren.

Abb. 2 verdeutlicht die wesentlichen Beobachtungsfelder *operativer* Früherkennungssysteme. Veränderungen in diesem Bereich können positive, häufig aber auch negative Konsequenzen nach sich ziehen.

Das *methodische Spektrum* betrieblicher Früherkennungssysteme lässt sich einerseits in analytische und indikatorgestützte Verfahren sowie anderseits in den Ansatz der ungerichteten Suche untergliedern.

Analytische Verfahren sind dadurch gekennzeichnet, dass die untersuchten Sachverhalte periodisch erfasst werden, um dadurch Hinweise auf relevante Veränderungen zu erhalten. Die gewonnenen Erkenntnisse können wiederum die Grundlage für Entwicklungsprognosen (→Prognoseinstrumente) bilden. Bei den *indikatorgestützten Verfahren* wird dagegen versucht, Vorlaufindikatoren für unternehmenspolitisch bedeutsame Veränderungen in den Rahmenbedingungen oder in den Zielkriterien zu identifizieren. Durch eine systematische Beobachtung der ermittelten Vorlaufindikatoren können dann Rückschlüsse auf positive oder negative Entwicklungstendenzen gezogen werden. So ist bspw. der Auftragsbestand ein Vorlaufindikator für die zukünftigen →Umsatzerlöse (→Umsatzplanung und -kontrolle). Beide Verfahrenskomponenten eignen sich grundsätzlich sowohl für die operative als auch für die strategische Frühaufklärung. Dagegen ist das *Konzept der ungerichteten Suche* auf die Gewinnung strategisch relevanter Erkenntnisse ausgerichtet. Es basiert auf der Annahme, dass sich nicht nur kontinuierliche und strukturelle, sondern auch diskontinuierliche mit zumeist turbulenten Auswirkungen durch sog. *schwache Signale* ankündigen. So ist vorstellbar, dass bestimmte Äußerungen exponierter Politiker bevorstehende Enteignungen ausländischer Tochtergesellschaften signalisieren. Es geht also darum, das gesamte Umfeld „ungerichtet" nach nicht unmittelbar interpretierbaren Veränderungen abzusuchen und die erfassten Phänomene hinsichtlich ihrer möglichen strategischen Relevanz zu analysieren. Dieser von *Ansoff* entwickelte Ansatz hat in der Praxis bisher nur in sehr begrenztem Umfang Anwendung gefunden.

In *organisatorischer Hinsicht* ist zunächst einmal verbindlich festzulegen, welche betriebliche Institution für die Früherkennung unternehmenspolitisch relevanter Chancen und Risiken zuständig sein soll. Üblicherweise wird diese Funktion dem →Controlling übertragen (→Risiko- und Chancencontrolling; →Controlling, Aufgaben des). Darüber hinaus muss geklärt werden, wer welche Teilaufgaben verantwortlich übernehmen soll. Andere organisatorische Gestaltungsparameter sind die Methodik, die Beobachtungsfrequenz, die Festlegung risikopolitischer Toleranzgrenzen und – vor allem auch – die Art der Kommunikation generierter Informationen (→Berichtssystem).

Die *Gestaltung* betrieblicher Früherkennungssysteme muss letztlich auf die individuellen betrieblichen Gegebenheiten, insb. auf das Leistungsprogramm, das Ausmaß der internationalen Aktivitäten und die Unternehmensgröße unter Berücksichtigung von Kosten-Nutzen-Überlegungen (→Kosten-Nutzen-Analyse) abgestimmt werden.

Literatur: Ansoff, H. I.: Managing Surprise and Discontinuity – Strategic Reponse to Weak Signals, in: ZfbF 28 (1976), S. 129–152; Baum, H.-G./Coenenberg, A. G./Günther, T.: Strategisches Controlling, 4. Aufl., Stuttgart 2006; Hahn, D./Hungenberg, H.: PuK – Wertorientierte Controllingskonzepte, 6. Aufl., Wiesbaden 2001; Schierenbeck, H./Lister, M.: Value Controlling. Grundlagen Wertorientierter Unternehmensführung, München/Wien 2001; Wurl, H.-J.: Controlling für technische Führungskräfte. Verstehen, kommunizieren, anwenden, Weinheim 2005.

Hans-Jürgen Wurl

Frühwarnsysteme →Krisendiagnose

Führungsaufgaben des Vorstands
→Beratungsaufgaben des Aufsichtsrats

Führungsinformationssysteme

Führungsinformationssysteme (Managementinformationssysteme) sind Softwaresysteme mit der Aufgabe, Führungskräften die für Entscheidungsprozesse notwendigen und relevanten Informationen in geeigneter Form aufzubereiten und zu präsentieren. Managementinformationssysteme unterstützen so die Entscheidungsfindung im Unternehmen.

Klassischerweise ist diese Anwendungssystemklasse dem Management zugeordnet, aber es haben sich auch Teilsysteme für spezielle Bereiche etabliert (z. B. Vertriebsinformationssysteme, die das Kundenverhalten analysieren, oder Systeme zur Untersuchung von Produktions- und Qualitätsinformationen).

Die Managementinformationssysteme bilden zudem oftmals die Basis des betrieblichen Berichtswesens (→Berichtssystem). Sie lassen sich sowohl für die Erstellung von Standardberichten als auch für die Ad-hoc-Auswertung von Datenbeständen nutzen. So leisten sie als →Kontrollinstrumente mit kurz- und mittelfristigem Entscheidungshorizont Unterstützung und helfen, Trends in Unternehmensabläufen zu erkennen.

Den IT-Einsatz zur Unterstützung aller mittel- und langfristigen Planungsprozesse im Rahmen betrieblicher →Planungssysteme bezeichnet man als computergestützte →Planung. Sie bezieht sich hauptsächlich auf das Berechnen von Planalternativen und -varianten auf Basis der von Managementinformationssystemen verdichteten Betriebsdaten [→Betriebsdatenerfassung (BDE)]. Dazu werden Berechnungen in Optimierungs- und Simulationsverfahren (→Simulationsmodelle; →Risikosimulation) mit entsprechenden mathematischen Modellen (→mathematische Entscheidungsmodelle) angewendet. Ergänzt werden Managementinformationssysteme durch Funktionen zur Planung aller Aktivitäten des Managements, die zum Erreichen der Unternehmensziele erforderlich sind.

Managementinformationssysteme entstanden bereits in den 1960er Jahren mit dem Einsatz umfangreicher Dialogsysteme und der elektronischen Speicherung großer Datenmengen in Unternehmen. Ziel ist es bis heute, zur Verfügung stehende Daten auszuwerten und automatisch Führungsinformationen zu generieren, indem aus der Datenbasis Informationen für die Planung und Kontrolle von Unternehmensabläufen identifiziert und abgeleitet werden.

Die ersten Lösungen boten im Wesentlichen eine Automatisierung des bestehenden Standardberichtswesens. In den meisten Fällen unterblieb jegliche Verdichtung der Daten und ein spontaner Zugriff war i.d.R. aufgrund der Leistungsfähigkeit dieser Systeme nicht möglich. Hinzu kam, dass die Informationen eng an die vorhandenen Datenstrukturen und die operativen Systeme gebunden waren und notwendige Informationen für strategische Entscheidungen (→strategisches Controlling) fehlten. Trotzdem sind derartige ex-post-orientierte →Berichtssysteme bis heute in fast jeder Unternehmung im Einsatz, um aus im Unternehmen verfügbaren Daten Kennzahlen (→Kennzahlen, wertorientierte; →Kennzahlen und Kennzahlensysteme als Kontrollinstrument) abzuleiten. Zum Einsatz kommen Datawarehouse-Technologien, die große Datenmengen aus operativen Systemen extrahieren und eine zeitnahe Analyse unterstützen.

In den 1970er Jahren entstanden Systeme zur Entscheidungsunterstützung, deren Funktionalität sich von der reinen Speicherung der Daten (z.B. in Datenbanken) zur Verwendung der Daten im Kontext der Unternehmenssteuerung (→Wissensmanagement) hin entwickelte. Über die Erstellung von Berichten hinausgehend ist das Ziel dieser Systeme, problemorientierte Analysen zu erstellen und Lösungsvorschläge zu unterbreiten. Um Erfahrungswissen in Entscheidungsprozessen wieder zu verwenden, erfolgt eine Abbildung neuer Fragestellungen auf bereits gemachten Erfahrungen, bekannten Problemen und Lösungsvorschlägen (fallbasiertes Schlussfolgern). Es werden nicht nur globale (unternehmensweite), sondern auch lokale (z.B. abteilungsweite) Problemfelder betrachtet. Dies erfordert einen hohen Aufwand bei der Formalisierung von möglichen Problemstellungen, alternativen Lösungen und den entsprechenden Schlussfolgerungen.

Fortschrittlichere Systeme entstanden in den späten 1980er Jahren und nutzten die zunehmende Vernetzung sowie die verbesserte technische Infrastruktur in den Unternehmen. Diese Systeme können Daten aus den verschiedensten Anwendungssystemen der Unternehmen erfassen und verdichten. Damit wurde es möglich, die meisten Bereiche des Unternehmens zu untersuchen und die Daten und Kennzahlen miteinander in Bezug zu setzen. Managementinformationssysteme sind Bestandteil des Wissensmanagements und werden heute in Kombination mit weiteren Werkzeugen des Wissensmanagements eingesetzt, um so auch externe Daten – z.B. von Marktforschungsinstituten, aus volkswirtschaftlichen Statistiken, aus Onlinedatenbanken oder aus Web-Seiten des Internets – mit zu berücksichtigen.

Managementinformationssysteme stehen als Standardsoftwarepakete zu Verfügung, die nach einer entsprechenden Konfiguration Daten aus verschiedenen Systemen zusammenfassen können, oder werden als Zusatzmodule für →Administrationssysteme angeboten.

Axel Hahn **Führungswirkungsprüfung**
Im Rahmen einer Führungswirkungsprüfung wird geprüft, ob Aktivitäten einer Führungskraft in einem Unternehmen Wirkung zeigen.

Die Führungskraft muss in ihrem Zuständigkeitsbereich positive – unternehmerisch erwünschte – Veränderungen bewirken (→Grundsätze ordnungsmäßiger Unternehmensführung). Es handelt sich um eine spezielle Form des →Management Auditing (→Revisionseinsatzgebiete).

Die →Interne Revision unterstützt im Unternehmen die Organisation bei der Erreichung ihrer Ziele, *indem sie mit einem systematischen und zielgerichteten Ansatz die Effektivität des Risikomanagements, der Kontrollen und der Führungs- und Überwachungsprozesse bewertet und sie verbessern hilft* (IIR 2002, Definition IR).

Gem. KonTraG soll und muss es ein →Risikomanagementsystem (RMS) in Unternehmen geben. Ein wichtiges Risiko ist sicherlich die Wirkungslosigkeit des Managements. Im Rahmen einer Führungswirkungsprüfung werden, wie in jeder anderen Prüfung der Internen Revision auch, Schwachstellen aufgedeckt, um gezielte Maßnahmen zur Verbesserung ergreifen zu können. Daher geht es bei dieser Art der Prüfung nicht darum, eine Personalauswahl zu treffen oder gar ein Assessment-Center durchzuführen. Dafür gibt es eine Personalabteilung oder Personalberater, die das entsprechende Know-how dafür haben. Die Revision darf sich hier nicht instrumentalisieren lassen.

Die Interne Revision befasst sich nicht mit der obersten Führungsebene, dem Vorstand oder der Geschäftsführung, der sie untersteht. Diese zu beurteilen obliegt anderen Institutionen, wie dem Aufsichts- oder Verwaltungsrat (→Überwachungsaufgaben des Aufsichtsrats). Auf den darunter liegenden Ebenen gibt

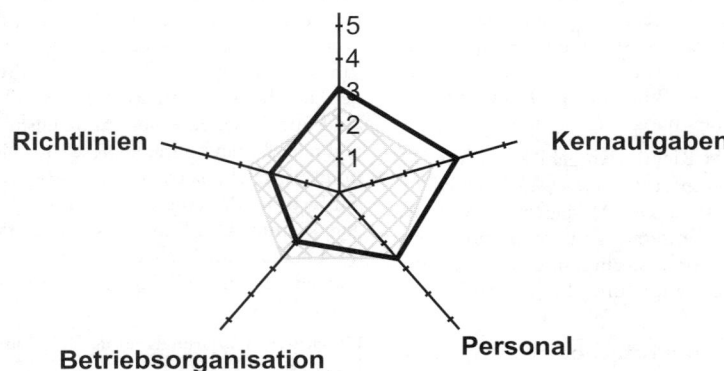

Abb.: Führungswirkungsprüfung

es aber noch hinreichend viele Führungsprozesse, die es zu bewerten und zu verbessern gilt.

Eine Prüfung der Wirkung von Führung kann sich nur an einheitlichen, nachvollziehbaren und messbaren Kriterien ausrichten. Daher nutzt man ein Vorgehensmodell, das sich an den Ergebnissen von Führung orientiert und damit auf belegbaren, nachweisbaren und bewertbaren Fakten/Sachverhalten beruht. Individuelle und situative Einflüsse, wie z. B. Führungsstil, Führungsverhalten, Personalprofile usw., müssen zu Gunsten einer objektiven Bewertung unberücksichtigt bleiben.

Die Durchführung einer Führungswirkungsprüfung basiert daher nicht speziell auf den wissenschaftlichen Inhalten der Führungslehre, sondern darauf, was zweifelsfrei von einer Führungskraft erwartet wird: Die Führungskraft muss in ihrem Zuständigkeitsbereich positive unternehmerisch erwünschte Veränderungen bewirken (Führungswirkung). Sie muss Einfluss nehmen in ihrem Verantwortungsbereich.

Der Maßstab für eine erfolgreiche Führung besteht darin, dass die Führungskraft auf allen wesentlichen Bewährungsfeldern erfolgreich ist und die Komplexität der Führungsaufgabe bewältigt. Das bedeutet, Führung wird nur dann von einer Führungskraft erfolgreich wahrgenommen, wenn die Gesamtheit der ihr übertragenen Aufgaben effizient bewältigt wurde.

Das Vorgehensmodell der Führungswirkungsprüfung basiert auf der Betrachtung von fünf Prüffeldern:

- Kernaufgaben,
- Personal,
- Richtlinie,
- Bereichsorganisation und
- individuelle Zielvereinbarungen

mit jeweils verschiedenen Prüfobjekten, aus deren Einzelbetrachtungen und -bewertungen sich ein vollständiges und beurteilungsfähiges Gesamtbild der Führung ergibt. Daher wird jedes Prüfobjekt dahingehend geprüft, ob Spuren der Führungswirkung hinterlassen wurden.

Neben einem umfangreichen, strukturierten Katalog mit konkreten Prüfkriterien enthält das Vorgehensmodell auch Beispiele, wo die Informationen, die bewerten werden müssen, zu finden sind.

Für das Prüffeld Personal sind Prüfobjekte definiert, wie bspw. Personalentwicklung, Zielvereinbarung mit Mitarbeitern, Mitarbeiterfluktuation, Information und Kommunikation u.Ä. (→ Human Resource Management). Für jedes Prüfobjekt existieren mehrere Prüfkriterien. So wird z. B. bei der Personalentwicklung eine →Planung der Entwicklungs- und Fördermaßnahmen sowie deren Umsetzung erwartet. Bei der Planung wird die Aktualität und Zielorientierung, bei der Umsetzung die Zeitgerechtigkeit und Wirtschaftlichkeit geprüft.

Das Prüffeld Kernaufgaben beinhaltet Prüfobjekte, die von jeder Führungskraft, unabhängig von Branche und Tätigkeitsfeld, erwartet werden müssen. Dazu gehören die Planungs- und Kontrollaktivitäten der Führungskraft in den Bereichen Strategie (→strategisches Controlling), operative Aufgaben (→operatives Controlling), Personal (→Personalcontrolling), Budget (→Budgetierung) sowie die Delegation.

Beim Prüffeld Richtlinien geht es um die Beschaffung von Informationen (→Führungsinformationssysteme; →Management Support Systeme), der Umsetzung im Verantwortungsbereich, der Aktualisierung und Archivierung und natürlich auch um die Kontrolle der Richtlinien.

Die Bereichsorganisation behandelt die Aufbau- und Prozessorganisation, die Kundenorientierung sowie das →Interne Kontrollsystem (IKS) im Verantwortungsbereich der Führungskraft.

Die individuellen Zielvereinbarungen werden vom jeweiligen Unternehmen vorgegeben und sind daher der Führungskraft bekannt und definiert, wie die Zielvereinbarungen zu messen sind.

Jedes der oben genannten Prüffelder enthält ca. fünf Prüfobjekte, die wiederum durch mindestens zwei Prüfkriterien definiert sind. Somit stehen dem Prüfer über 40 prüfbare Kriterien zur Verfügung.

Jedes einzelne Kriterium bringt naturgemäß Unschärfen bei der Bewertung mit sich. Doch wie bei einem Mosaik ergibt erst die Summe aller richtig angeordneten Steinchen ein klares Bild. So ist es auch bei der Führungswirkungsprüfung. Erst die Summe der Einzelbewertungen gibt ein umfassendes Bild über die Führungskraft. Dabei können auch Unschärfen einzelner Details in Kauf genommen werden.

Insgesamt ergibt dies ein klares Bild über die Stärken und Schwächen einer Führungskraft. Die schraffierte Fläche in der nachfolgenden Abb. stellt dabei das Soll bzw. die Erwartungen, die an die Führungswirkung im Minimum gestellt werden, dar. Es gilt dabei die Stärken zu nutzen und die Schwächen durch gezielte Maßnahmen zu behandeln. Das Management ist schließlich ein maßgeblicher Faktor im →Kontrollumfeld des Unternehmens.

Für die Prüfer ist es besonders wichtig, sich bereits im Rahmen der Planungsphase (→Revisionsauftragsplanung) ausführlich und umfassend mit ermittelten Daten, die für die Tatsachenfeststellung herangezogen werden, und mit den Ergebnissen des Führungshandelns auseinander zu setzen. Mithilfe von Vertiefungsinterviews vor Ort muss ermittelt werden, welche positiven und negativen Tatsachen als Führungseffekte der Führungskraft zugerechnet werden können. Diese Interviews sind unumgänglich, da trotz aller objektiven Daten ein Irrtum oder eine Unvollständigkeit vorliegen könnte. Die Führungskraft erhält somit die Chance, auf Sachverhalte aufmerksam zu machen, die in die Prüfung bisher nicht eingeflossen sind.

Literatur: IIR: Grundlagen der Internen Revision, Frankfurt a.M. 2002.

Michael Schumann

Fund Accounting →Rechnungswesen in Nonprofit-Organisationen

Funktionenlehre →Unternehmenswert

Funktionskosten →Kostencontrolling

Funktionspläne →Kapitalbedarfsplanung; →Planbilanz

Funktionsprüfung

Die Funktionsprüfung bildet im Rahmen der Abschlussprüfung (→Jahresabschlussprüfung, →Konzernabschlussprüfung) oder der →Internen Revision neben der Aufbauprüfung (→Ablauforganisation; Prüfung des Control Designs) den zweiten wichtigen Bestandteil der Prüfung des →Internen Kontrollsystems (→Internes Kontrollsystem, Prüfung des; →Systemprüfung). Als Funktionsprüfung wird die Überprüfung von Kontrollen (→Kontrollprüfung) hinsichtlich ihrer Wirksamkeit bezeichnet. Kontrollen bilden in ihrer Gesamtheit einen wesentlichen Bestandteil des →Internen Kontrollsystems. Sie wirken einzeln oder in Gruppen auf die Erreichung von Kontrollzielen, die zur Reduzierung erkannter Risiken in den Prozessen des Unternehmens dienen. Ein funktionierendes IKS kann Risiken in den Prozessen eines Unternehmens wirkungsvoll reduzieren – die Basis dafür sind wirksame Kontrollen. Die Wirksamkeit der Kontrollen sollte daher regelmäßig überprüft werden.

Während die →Systemprüfung den gesamten Prozessablauf und die darin eingebettete Kontrollstruktur anspricht, fokussiert eine Funktionsprüfung auf die Wirksamkeit ausgewählter einzelner Kontrollen. Die Funktionsprüfung erfolgt anhand von Funktionstests mit den folgenden Teilschritten:

1) Feststellung, ob der Ablauf der Kontrollen dem bei der Erfassung gewonnenen Verständnis entspricht,
2) Feststellung anhand von Stichproben (→Stichprobenprüfung), ob die Kontrolle wirksam ist,
3) Feststellung, wie die Durchführung der Kontrolle nachvollziehbar und revisionssicher dokumentiert wird,
4) Feststellung, welche Maßnahmen im Anschluss an die Identifikation von Fehlern eingeleitet werden und
5) kritische Überprüfung der Berichtigung von aufgetretenen Fehlern sowie von Maßnahmen zur Verbesserung der Abläufe.

Da die Funktionsweise des Internen Kontrollsystems im Rahmen der Funktionsprüfung nicht über einen längeren Zeitraum direkt beobachtet werden kann, ist der Prüfer gezwungen, aus den angefallenen Verarbeitungs- und Kontrollergebnissen auf diese zu schließen (→indirekte Prüfung). Auf Basis des Mengengerüstes der zu untersuchenden Verarbeitungsergebnisse werden diese i. d. R. mittels Stichproben überprüft. Die Stichproben können nach der homograden (Ja/Nein-Fragestellung zur Beantwortung der Frage, ob eine Kontrolle wirksam ist oder nicht) und nach der heterograden (Test von Werten zur Ermittlung eines möglichen Schadensausmaßes bei einer nicht wirksamen Kontrolle) Fragestellung ausgewertet werden (→homograde Stichprobe; →heterograde Stichprobe). Die homograde Fragestellung ist für Situationen geeignet, bei welcher der Prüfer lediglich feststellen will, ob eine bestimmte Funktion (Kontrolle) ausgeführt wurde oder nicht. In bestimmten Fällen reicht es nicht aus, nur die Häufigkeit von Fehlern im IKS festzuhalten. Für die Prüfer ist es ebenso von Interesse, ob die entdeckten Fehler wesentlich oder unwesentlich (→Wesentlichkeit) sind. Für diese Aufgabenstellung ist eine heterograde Fragestellung notwendig.

Für die Beurteilung der Funktionsfähigkeit darf keine Unterscheidung zwischen zufälligen und systematischen Fehlern gemacht werden, denn beide Fehler beeinflussen gleichermaßen die Qualität des Internen Kontrollsystems.

Es sind zwei Typen von Kontrollen zu unterscheiden:

- *Organisatorische (manuelle) Kontrollen* sind von Personen durchzuführende Kontrollen, wie z. B. Vergleiche, Kontrollrechnungen, Abstimmungen, Anfertigen von nummerierten Belegsätzen, Abzeichnen und Gegenzeichnen von Belegen, Belegentwertung, Ablage von Büchern und Belegen unter Verschluss sowie Belegausgabe gegen Quittung. Bzgl. der Wirksamkeit dieser Kontrollen ist zu beachten, dass es von der Arbeitsdisziplin des Sachbearbeiters abhängt, ob er die angewiesene Kontrolle durchführt oder nicht. Die Anzahl der zu ziehenden Stichproben bemisst sich nach der Häufigkeit der Kontrollen, sprich (täglich, wöchentlich, monatlich oder jährlich). Die Kontrolle ist wirksam, wenn die Stichproben zu keinen Feststellungen führen. Je nach Prüfungsansatz hat bei Auftreten eines Fehlers eine Erweiterung der Stichproben zu erfolgen. Findet man in den zusätzlichen Stichproben weitere Fehler, kann eine dritte Ausweitung der Stichprobengröße erfolgen oder die Kontrolle wird für nicht wirksam erklärt. Ab einer definierten Fehlerhäufigkeit kann auch ohne Ausweitung des Stichprobenumfangs von einer Unwirksamkeit der geprüften Kontrollaktivität ausgegangen werden. Die vorgenannten Abbruchkriterien müssen jeweils im Vorfeld der Prüfung im Detail festgelegt werden (→Prüfungsplanung).

- *Automatisierte Kontrollen (IT-gestützte Kontrollen oder programmierte Kontrollen)* sind aus Sicht des Internen Kontrollsystems zuverlässiger und effizienter als organisatorische Kontrollen. Zu dieser zählen alle von Maschinen auszuführenden Kontrollen, wie z. B. Mess- und Rechengeräte aller Art, sowie insb. programmierte Kontrollen im Rahmen der IT. Im Rahmen der Funktionsprüfung wird eine Stichprobe je automatisierter Kontrolle ausgeführt; dabei sind mögliche Prozessvarianten zu berücksichtigen. Bei programmierten Kontrollen kann eine Überprüfung von Zugriffsberechtigungen und Customizing-Einstellungen im →IT-System erforderlich werden. Wichtig ist, dass bei automatisierten Kontrollen auch eine Überprüfung der Kontrollen innerhalb des IT-Systems, den General Computer Controls, vorgenommen werden muss (→IT-Systemprüfung). Dies hat den Hintergrund, dass automatisierte Kontrollen nur dann wirksam sein können, wenn die Zuverlässigkeit und Ordnungsmäßigkeit der IT-Infrastruktur sowie der Anwendungs- und Basissysteme sichergestellt ist. Ohne, dass durch eine →IT-Systemprüfung die Wirksamkeit der General Computer Controls bestätigt wurde, kann die Wirksamkeit automatisierter Kontrollen nicht bestätigt werden.

Wird festgestellt, dass eine Kontrolle nicht wirksam ist, so ist zunächst zu überprüfen, ob zusätzliche oder alternative Kontrollen vorhanden sind, die die Wirksamkeit der Kontrolle zur Erreichung des übergeordneten Kontrollziels nicht zwingend erforderlich machen. Ist dies nicht der Fall, ist aus der fehlenden Wirksamkeit der Kontrolle zu schließen, dass das Kontrollziel nicht zu erreichen ist, d. h. der entsprechende Teil des Internen Kontrollsystems nicht zuverlässig ist.

Die Dokumentation einer Funktionsprüfung muss mindestens den Namen und die Position des Testers, das Testdatum, die eindeutige Bezeichnung der zu prüfenden Kontrolle, die Anzahl und Art vorgesehener Stichproben, eine Beschreibung der Vorgehensweise bei der Ausführung der Stichproben, das Ergebnis aus den Stichproben sowie daraus abgeleitete Entscheidungen bzgl. Abbruch bzw. Erweiterung des Tests und die abschließende Bewertung der Kontrolle als wirksam oder unwirksam enthalten. Die Dokumentation muss so aufgebaut sein, dass ein sachverständiger Dritter auf Basis der Dokumentation die Tests mit identischen Stichproben wiederholen kann (→Arbeitspapiere des Abschlussprüfers).

Wurden nicht alle im untersuchten Teil des Internen Kontrollsystems vorhandenen Kontrollen getestet, sondern nur selektierte Kontrollen, so sind Gründe und Vorgehensweise dafür ebenfalls nachvollziehbar zu dokumentieren (bspw. durch die Aufstellung eines →Rotationsplans).

Andreas Herzig

Fusionen →Unternehmenszusammenschlüsse

Fusionskontrolle

Die Fusionskontrolle ist ein mit der 2. Novelle 1973 im Geltungsbereich des GWB implementiertes Instrument der Wettbewerbspolitik zum Schutz der freiheitlichen Marktordnung vor unverhältnismäßig starker Unternehmens- und damit Machtkonzentration. Die entsprechenden Vorschriften über die Fusionskontrolle sind in den §§ 35–43 GWB kodifiziert.

Konzentrationen wirtschaftlicher Macht begründen Zusammenschlusstatbestände im GWB, die auf dem vollständigen oder teilweisen Erwerb des Vermögens eines anderen Unternehmens basieren, den unmittelbaren oder mittelbaren Kontrollerwerb über die Gesamtheit oder Teile eines anderen bzw. anderer Unternehmen zum Gegenstand haben, durch Anteilserwerb am Kapital oder der →Stimmrechte entstehen oder mittels der Erlangung eines wettbewerblich maßgeblichen Einflusses auf ein anderes Unternehmen entstehen können (§ 37 GWB).

Zusammenschlussvorhaben sind beim *BKA* (→Kartellbehörden) als Aufsichtsbehörde durch die beteiligten Unternehmen bereits vor ihrem Vollzug anzumelden, wenn es sich um kontrollpflichtige →Unternehmenszusammenschlüsse handelt. Als Beurteilungskriterium einer Kontrollpflicht wird dabei zum einen auf die im Inland erzielten →Umsatzerlöse mindestens eines der beteiligten Unternehmen im letzten Geschäftsjahr vor dem Zusammenschluss abgestellt, welche einen Schwellenwert von 25 Mio. € übersteigen müssen. Weiterhin müssen die beteiligten Unternehmen insgesamt ein Umsatzvolumen von mehr als 500 Mio. € weltweit erreichen. Ein Zusammenschluss bedarf keiner Anzeige- und Kontrollpflicht, wenn eine Inlandsauswirkung ausgeschlossen werden kann, die oben genannten Umsatzschwellen nicht erreicht werden, ein beteiligtes Unternehmen nicht abhängig ist und weniger als 10 Mio. € Umsatz weltweit im vergangenen Geschäftsjahr erzielt hat (de minimis-Klausel) oder letztlich ausschließlich Märkte betroffen sind, auf denen seit mindestens 5 Jahren Waren oder gewerbliche Leistungen angeboten werden und im letzten Kalenderjahr weniger als 15 Mio. € Umsatz erzielt wurden (Bagatellmarktklausel).

Das *BKA* hat einen Zusammenschluss zu untersagen, sofern zu erwarten ist, dass dieser eine marktbeherrschende Stellung begründet oder verstärkt (§ 36 GWB). Als marktbeherrschend wird ein Unternehmen eingestuft, soweit es als Anbieter oder Nachfrager einer bestimmten Art von Waren oder gewerblichen Leistungen ohne Mitbewerber ist, keinem wesentlichen Wettbewerb ausgesetzt ist oder eine im Verhältnis zu seinen Mitbewerbern überragende Stellung einnimmt (§ 19 GWB). Eine überragende Marktstellung nimmt ein Unternehmen insoweit ein, als es aufgrund von unternehmens- und marktbezogenen Wettbewerbsbedingungen im Verhältnis zu seinen Konkurrenten über einen übermäßigen Verhaltensspielraum verfügt. Die Prüfung einer überragenden Marktstellung besitzt im Kontrollverfahren des *Bundeskartellamts* die größte praktische Relevanz.

Für die fusionsrechtliche Prüfung einer evtl. vorliegenden Marktbeherrschung ermittelt das *BKA* in einem ersten Schritt den sog. sachlich und räumlich relevanten Markt des oder der Unternehmen auf den sich ein möglicher Zusammenschluss auswirken würde und prüft im Rahmen einer ex-ante Abschätzung weiterhin alle für den betroffenen Markt relevanten Wettbewerbsbedingungen.

Dabei können exemplarisch folgende unternehmens- und marktbezogenen Strukturfaktoren als Beurteilungsmaßstab für eine überragende Marktstellung eines Unternehmens dienen: Analyse der Finanzkraft, Marktanteile als Indikator unternehmerischer Leistungsfähigkeit, Zugang zu den Beschaffungs- und Absatzmärkten, rechtliche oder tatsächliche Schranken für den Marktzutritt anderer Unternehmen oder auch Verflechtungen mit anderen Unternehmen.

Trotz Begründung oder Verstärkung einer Marktkonzentration hat das *BKA* einer Fusion dennoch zuzustimmen, wenn die beteiligten Unternehmen den Nachweis erbringen können, dass durch den Zusammenschluss auch Wettbewerbsverbesserungen eintreten, die in der Summe die Nachteile einer Marktbeherrschung überwiegen. Für den Fall einer Untersagungsverfügung besteht als letztes Mittel die Ministererlaubnis (§ 42 GWB), nach der ein Zusammenschlussbegehren genehmigt werden kann. Die Kompetenz für die Erteilung bzw. endgültige Versagung liegt in diesem Fall beim *BfW*, der im Vorfeld seiner Entscheidung jedoch die Stellungnahme der *Monopolkommission* einholen muss. Es wird im Einzelfall geprüft, ob eine Wettbewerbsbeschränkung von gesamtwirtschaftlichen Vorteilen aufgewogen wird oder der Zusammenschluss durch ein überragendes Interesse der Allgemeinheit gerechtfertigt ist.

Auf EU-Ebene werden Zusammenschlüsse durch die VO (EG) Nr. 139/2004 [sog. Fusionskontrollverordnung (FKVO)] geregelt, die mit Wirkung zum 1.5.2005 grundlegend reformiert wurde. In Abhängigkeit der Überschreitung einer Umsatzschwelle von weltweit 5 Mrd. € durch die beteiligten Unternehmen bzw. bei Überschreitung eines gemeinschaftsweiten Umsatzes von 250 Mio. € durch mindestens zwei der beteiligten Unternehmen, ist die *Merger Task Force* der *KOM* für die Beurteilung der kartellrechtlichen Einzelfallprüfung eines Zusammenschlusses zuständig (→ Europäische Union, öffentlich-rechtliche Prüfungsorgane). Änderungen in der FKVO ergaben sich insb. beim Verfahrensablauf durch den Wegfall von Anmeldefristen und durch die Möglichkeit der Fristenverlängerung sowie durch das erweiterte Verweisungssystem (Kompetenzallokation) zwischen der *KOM* und den Mitgliedstaaten. Weiterhin enthält die reformierte FKVO mit dem Significant Impediment of Effective Competition (SIEC)-Test einen neuen materiellen Prüfungsmaßstab, der die Eingriffmöglichkeiten der gemeinschaftlichen Kartellbehörde erweitert. Im Vergleich zum deutschen Kriterium der marktbeherrschenden Stellung, liegt der europäische Eingriffstatbestand bereits dann vor, wenn eine spürbare Beeinträchtigung des Wettbewerbs vorliegt. Damit können bereits Zusammenschlüsse untersagt werden, die sich auf einem niedrigeren Niveau als der Marktbeherrschung befinden. Neben der Durchführungsverordnung regeln die Best-Practise Guidelines der *KOM* den konkreten Verfahrensablauf.

Volker Weilep

Fusionsmanagement → Postmerger Integration

Fuzzy-Mathematik → Prüfungsplanung, Erfassung von Unschärfe und Unsicherheit

G

Gap-Analyse

Die Gap-Analyse (Lückenanalyse) ist ein strategisches Planungs- und →Kontrollinstrument, das die Aufgabe hat, die Abweichung zwischen gewünschter und geplanter Entwicklung darzustellen. Dabei werden unter der Prämisse der Fortsetzung der bisherigen Unternehmenspolitik einer Zielprojektion extrapolierte oder modifizierte Gegenwarts- bzw. Vergangenheitswerte gegenübergestellt. Weichen die geplante Zielgröße (z. B. Umsatz) und die erwartete Entwicklung (Zielerreichung) voneinander ab, entsteht eine sog. strategische Lücke.

Der Abstand zwischen der oberen und der unteren Begrenzung der Lücke kann mithilfe unterschiedlicher Messdimensionen dargestellt werden (z. B. Gewinn-, Umsatz- oder Leistungslücke). Die Lücke fällt i. A. umso kleiner aus, je besser das vorhandene strategische Potenzial bereits genutzt wird (s. Abb.).

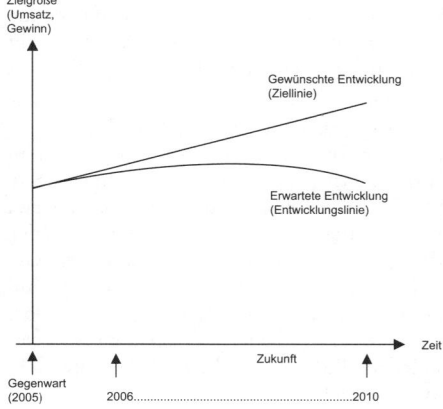

Abb. : Gap-Analyse

Im Rahmen der Gap-Analyse kann zwischen operativer und strategischer Lücke unterschieden werden, wobei eine operative Lücke unter Beibehaltung bestehender Produkt-Markt-Kombinationen durch Planungsverbesserungen (→Planung) bei gegebenen Unternehmensstrukturen zu schließen ist, während das Ausfüllen einer strategischen Lücke i. A. neuer Produkt-Markt-Kombinationen bedarf bzw. unter Anpassung der Unternehmensstrukturen an veränderte Rahmenbedingungen erfolgt. Die Gap-Analyse übernimmt eine wesentliche Kontrollfunktion, indem sie zur rechtzeitigen Erkennung von Abweichungen von geplanten Entwicklungen und zur Anpassung von Ziel- und Maßnahmenplanungen beiträgt.

Die Gap-Analyse gehört zu den objektiv-statistischen →Prognoseinstrumenten und findet primär im Rahmen von Entwicklungsprognosen Anwendung. Als Ziel- bzw. Entwicklungsgröße dienen zumeist →Umsatzerlöse der Vergangenheit bzw. die prognostizierten Umsätze eines vorab festgelegten Planungszeitraumes. Sie ist ein relativ grobes →Controllinginstrument, dessen Beschränkungen vor allem darin zu sehen sind, dass sie eindimensional und unvollständig die strategischen Stoßrichtungen wiedergibt. Es erfolgt eine reine Extrapolation gegenwärtiger Zustände in die Zukunft, was in Zeiten rascher Veränderungen grundsätzlich problematisch erscheint. Können relativ konstante Marktbedingungen vorausgesetzt werden, kann die Gap-Analyse der Effizienzkontrolle (→Effizienzabweichungen) dienen und zielgerichtete Anpassungsprozesse initiieren. Bei wechselnden Marktbedingungen empfiehlt sich, neben einer zeitlichen Strukturierung der Umsatzerlöse (z. B. Istumsatzerlöse Vorjahr (2004), Planumsatzerlöse laufendes Geschäftsjahr (2005), prognostizierte Umsatzerlöse der Geschäftsjahre 2006–2010) eine Segmentierung nach (Absatz-) Märkten vorzunehmen. Letztere können nach den Gründen für Umsatzveränderungen, wie z. B. Branchenwachstum, Preisanpassungen, Marktdurchdringung, Entwicklung von Neuprodukten usw., weiter differenziert werden. Der Planumsatz (→Umsatzplanung und -kontrolle) des laufenden Geschäftsjahres und die prognostizierten Umsatzerlöse können den jeweiligen Ursachen zugeordnet werden. Im Vergleich mit dem von der Geschäftsleitung global festgelegten Umsatzwachstumsziel lässt sich überprüfen, inwieweit die bisherige strategische Ausrichtung des

Garantiezusagen

Unternehmens zur Zielerreichung beiträgt bzw. ob die bestehenden Produkt-Markt-Kombinationen Umsatzsteigerungspotenziale in vorgegebenem Umfang aufweisen. Die Differenzierung nach Umsatzveränderungsursachen lässt die Herkunft bzw. die möglichen Quellen von Umsatzwachstum erkennen, sodass die strategische Lücke durch gezielte Maßnahmen geschlossen werden kann („Sales Gap Line-Chart" von *Emerson Electric*).

Literatur: Knight, C. F.: Emerson Electric: Consistent Profits, Consistently, in: HBR 70 (1992), Heft 1, S. 57–70; Palloks-Kahlen, M.: GAP-Analyse, in: Horváth, P./Reichmann, T. (Hrsg.): Vahlens Großes Controlling-Lexikon, 2. Aufl., München 2003, S. 263; Reichmann, T.: Controlling mit Kennzahlen und Management-Tools. Grundlagen einer systemgestützten Controlling-Konzeption, 7. Aufl., München 2006.

Monika Palloks-Kahlen

Garantiezusagen →Haftungsverhältnisse

GDPdU →Aufbewahrungspflichten

Gebietskörperschaften, Rechnungslegung von →Grundsätze ordnungsmäßiger öffentlicher Buchführung

Gebührenregelungen für den Wirtschaftsprüfer →Vergütungsregelungen für den Wirtschaftsprüfer

Geldkapitalerhaltung, reale →Inflation, Rechnungslegung bei

Geldkapitalerhaltungskonzept →Substanzerhaltung

Geldverbrauchskonzept →Grundsätze ordnungsmäßiger öffentlicher Buchführung

Geldwäschegesetz

Vor dem Eindruck der Anschläge des 11.9.2001 auf das *World Trade Center* in NY wurde der immer dynamischeren Entwicklung auf dem Gebiet der organisierten Kriminalität Rechnung getragen, indem 2002 in Deutschland das Geldwäschebekämpfungsgesetz in Kraft getreten ist. Durch das Geldwäschebekämpfungsgesetz wurde auch das GwG vom 25.10.1993 mit der *Zielsetzung* überarbeitet, eine aktive Geldwäscheprävention zu erreichen.

Die zentrale Definition des Begriffes der Geldwäsche erfolgt über das StGB. Gem. § 261 StGB beschreibt der Tatbestand der Geldwäsche insb. die Verschleierung unrechtmäßig erlangter Vermögenswerte. Erfasst werden jedoch auch weitergehende Tatbestände, wie bspw. Steuervergehen nach §§ 373 und 374 AO, sofern diese Vergehen gewerbs- und bandenmäßig betrieben werden.

Aufgrund der vorgenannten Zielsetzung unterliegen dem *Geltungsbereich* des GwG inländische, dem deutschen KWG unterworfene Institute i. S. v. § 1 Abs. 4 KWG und deren inländische Zweigstellen sowie im Inland gelegene Zweigstellen ausländischer →Kreditinstitute (§ 1 Abs. 3 GwG). Darüber hinaus haben inländische Kreditinstitute dafür Sorge zu tragen, dass ihre ausländischen Zweigstellen und von Ihnen abhängige ausländische Unternehmen unbeschadet landestypischer Besonderheiten die Anforderungen des GwG einhalten (§ 15 GwG).

Die Anforderungen aus dem GwG sowie nach § 25a Abs. 1 Satz 3 Nr. 6 KWG werden durch die →*Bundesanstalt für Finanzdienstleistungsaufsicht (BaFin)* kontinuierlich, auch in europaweiter Abstimmung der Bankenaufsicht fortentwickelt und im Rahmen von Schreiben und eines laufenden Dialogs konkretisiert. Eine Überarbeitung der die aufsichtsseitigen Mindestanforderungen zusammenfassenden Verlautbarung der *BaFin* vom 30.3.1998 steht insofern aus und kann kurzfristig erwartet werden.

Verstöße gegen die gesetzlichen Regelungen des § 25a Abs. 1 Satz 3 Nr. 6 KWG können im Einzelfall seitens der *BaFin* als Missstand i. S. d. § 6 KWG angesehen werden. Bei vorsätzlichen oder leichtfertigen Verstößen können derartige Missstände mit einer Abberufung der Geschäftsführung nach § 36 Abs. 2 KWG geahndet werden. Darüber hinaus ergeben sich bei Verstößen gegen die Regelungen des GwG verschiedene Bußgeldvorschriften, die unter § 17 GwG geregelt sind.

Standen bei der Einführung des GwG in 1993 vor allem dessen stark formalisierten Identifizierungs- und Aufzeichnungsvorschriften im Fokus der Prüfungen, die vor allem über umfassende →Einzelfallprüfungen abgeprüft worden sind, fand in den vergangenen Jahren hinsichtlich der *Prüfungsdurchführung* (→Prüfungsprozess) ein Paradigmenwechsel statt. Im Zentrum des stärker →risikoorientierten Prüfungsansatzes steht nunmehr die Frage nach der Angemessenheit der institutsspezifischen Geldwäschepräventionssysteme. Um die Angemessenheit derartiger Systeme prüfen und würdigen zu können, werden verstärkt →Systemprüfungen und →Funktionsprüfungen durchgeführt.

Grundlage eines angemessenen →Risikomanagementsystems zur Verhinderung der Geldwäsche ist, wie die nachfolgende Abb. verdeutlicht, eine institutsspezifische *Gefährdungsanalyse*, die das geldwäschespezifische Risikoprofil des jeweiligen Institutes abbildet. Ziel der Analyse ist es, die Kunden- und geschäftsspezifischen Risiken des jeweiligen Institutes frühzeitig zu erfassen, zu identifizieren, zu kategorisieren, zu gewichten sowie darauf aufbauend geeignete Geldwäschepräventionsmaßnahmen zu definieren (institutsspezifisches System der Geldwäscheprävention).

Abb.: Risikomanagementsystem zur Verhinderung der Geldwäsche

Die Prüfung der Ordnungsmäßigkeit des institutsseitig eingerichteten Systems der Geldwäscheprävention (→Ordnungsmäßigkeitsprüfung) gliedert sich in eine System- und Funktionsprüfung sowie nachgelagerte Prüfungshandlungen in Form von bestimmten Einzelfallprüfungen.

Die *System- und Funktionsprüfungen* setzen zunächst an der Gefährdungsanalyse an. Es ist zu untersuchen, inwieweit die Analyse vollständig ist und alle erkennbar maßgeblichen Risikofaktoren in ihrem Zusammenspiel würdigt und bewertet. In einem zweiten Schritt ist zu prüfen, inwieweit die Erkenntnis aus dieser Analyse angemessen Eingang in die Aufbau- und Ablauforganisation des Instituts gefunden hat und inwieweit die getroffenen Maßnahmen dazu geeignet sind, der Gefährdung angemessen zu begegnen. Voraussetzung und Grundlage dieses Prüfungsschritts ist eine hinreichende Dokumentation des Sollsystems des Instituts.

Nachfolgend sind die derzeit wesentlichen Inhalte einer *System- und Funktionsprüfung* im Bereich der Prüfung der Geldwäscheprävention zusammengefasst:

Benennung und Tätigkeit des Geldwäschebeauftragten: Gem. der gesetzlichen Regelung hat jedes Institut einen leitenden Angestellten zum Geldwäschebeauftragten (GWB) zu benennen und den Aufsichtsbehörden anzuzeigen. Ihm obliegt u. a. die Bearbeitung von Verdachtsmeldungen bzw. -anzeigen, die Entwicklung, Aktualisierung und Durchführung interner Grundsätze, Verfahren und Kontrollen zur Verhinderung der Geldwäsche sowie die Schaffung entsprechender Organisationsanweisungen. Ferner hat er Schulungsmaßnahmen und Zuverlässigkeitsprüfungen der Mitarbeiter durchzuführen und über eigene Kontrolltätigkeiten die Einhaltung der Anforderungen nach dem GwG zu kontrollieren.

Im Rahmen einer Systemprüfung ist zu untersuchen und zu würdigen, inwieweit der GWB diesen aufsichtsrechtlichen Pflichten nachgekommen ist, ob er die dazu erforderlichen qualitativen und quantitativen Voraussetzungen hat und ob er über die für seine Tätigkeit im Institut erforderliche Akzeptanz und Durchsetzungsfähigkeit verfügt.

Ausgestaltung der internen Grundsätze, Richtlinien und Arbeitsanweisungen: Die vom GWB zu entwickelnden internen Grundsätze und Verfahren zur Verhinderung der Geldwäsche bilden die wesentlichen Rahmenbedingungen für die Geldwäscheprävention und sind in einem Regelwerk schriftlich zu fixieren.

Im Rahmen der Prüfungsaktivitäten hat sich der Prüfer unter Berücksichtigung der Ergebnisse der Gefährdungsanalyse ein Urteil über die Vollständigkeit und Angemessenheit dieses Regelwerkes zu verschaffen. Auch zu prüfen ist, ob das Regelwerk allen betroffenen Mitarbeitern und organisatorischen Einheiten (einschl. ausländischer Zweigstellen) in geeigneter Weise zur Kenntnis gebracht worden ist und ob sichergestellt ist, dass die Mitarbeiter hinsichtlich der Anforderungen des GwG regelmäßig geschult und hinsichtlich ihrer Zuverlässigkeit i. S. d. GwG beurteilt werden.

Know Your Customer-Prinzip – Research – Monitoring: Das Know Your Customer-Prinzip ist als Schnittstelle zwischen dem eingerichteten System und den vorhandenen oder potenziellen Informationen über Geschäftsbeziehungen die erste maßgebliche Funktion des Präventionssystems. Während in der Vergangenheit hierunter vornehmlich transaktionsbezogen eine formelle Kenntnis des Geschäftspartners betrachtet wurde, wird heute durch dieses Prinzip die Gesamtheit der Aufnahme und Verdichtung von Informationen über einen Geschäftspartner verstanden, das dazu dient, in aufbereiteter Form dem Institut eine formelle und materielle Kenntnis über den Geschäftspartner zu vermitteln.

Systemseitig wird diese Funktion aufgrund der nur im Ausnahmefall manuell zu leistenden Arbeit durch ein (i. d. R.) IT-basiertes Researchsystem unterstützt, das als Management- und Expertensystem überwiegend durch Einsatz von Profilen und Regeln potenziell risikoträchtige Transaktionen oder Geschäftspartner vorselektiert und somit einer tiefergehenden Prüfung durch den GWB zugänglich macht. Monitoring-Systeme erlauben hierbei die auf historischen oder punktuell arbeitenden Researchanalysen basierenden Informationen auch auf einen zukünftigen Zeitraum systematisch auszuweiten.

Im Rahmen der Systemprüfung ist die Funktionsfähigkeit des Gesamtsystems, d. h. das wirksame Zusammenspiel der Umsetzung des Know Your Customer-Prinzips, flankiert durch Resarch- und Monitoringsysteme zu analysieren. Ferner ist zu überprüfen, inwieweit die auf Basis dieser Systeme gewonnenen Daten und Erkenntnisse sachgerecht ausgewertet und zur Geldwäscheprävention bzw. ggf. zur Verdachtsanzeige genutzt werden. Ungeachtet der Analyse dieser eher modernen Verfahren ist im Rahmen der Systemprüfung weiterhin zu untersuchen, inwieweit die jeweiligen Institute über angemessene Verfahren verfügen, die eine ordnungsgemäße Umsetzung der in § 2 GwG definierten Identifizierungs- und Aufzeichnungsanforderungen ermöglichen. Hierbei ist u. a. auch darauf zu achten, ob die Front-Offices und Kassensysteme die Identifizierung und Erfassung unterstützen, ob entsprechende Smurfing-Kontrollen (§ 2 Abs. 3 GwG) implementiert sind und ob eine ordnungsgemäße Erfassung der wirtschaftlich Berechtigten i. S. d. § 8 GwG sichergestellt wird.

Zu den Sorgfaltspflichten der Kreditinstitute gehört es auch, sich einen umfassenden Überblick über die Geschäfts- und Gesellschaftsverhältnisse der Kreditinstitute mit denen man Korrespondenzbankbeziehungen unterhält, zu verschaffen.

Ausgestaltung des Verdachtsmeldesystems: Obwohl der Fokus des GwG auf der Geldwäscheprävention liegt, muss für den Fall, dass GwG-relevante Sachverhalte erkennbar werden, jedes Institut über ein angemessenes Verfahren zur Erfassung von internen Verdachtsmeldungen verfügen. Derartige Meldungen sind grundsätzlich zunächst an den GWB weiterzuleiten, der dann zu entscheiden hat, ob eine Verdachtsanzeige an die verantwortlichen Aufsichts- und Strafverfolgungsbehörden erfolgt. Davon unbeschadet muss jeder Mitarbeiter die Möglichkeit haben derartige Meldungen bei einer vom GWB abweichenden Einschätzung des Sachverhalts direkt an die Aufsichts- und Strafverfolgungsbehörden senden zu können.

Im Rahmen der Systemprüfung ist dieses Verfahren sowohl hinsichtlich seiner Angemessenheit als auch hinsichtlich seiner Funktionsfähig zu untersuchen. Die internen Meldungen sind, insb. wenn eine Anzeige unterblieben ist, inhaltlich zu würdigen.

Umsetzung der Anforderungen zum automatisierten Kontenabruf gem. § 24c KWG: Gem. § 24c KWG haben Kreditinstitute sicherzustellen, dass ein automatisierter Abruf von Kontoinformationen durch die Aufsichtsbehörden möglich ist. Die Verantwortung für die sachgerechte Umsetzung entsprechender Maßnahmen liegt bei den jeweiligen Kreditinstituten, die sich hierzu i. d. R. externer Dienstleister bedienen. Die sachgerechte Umsetzung dieser Maßnahmen ist gem. § 29 Abs. 2 KWG Gegenstand der Abschlussprüfung.

Im Rahmen der Geldwäscheprüfung dienen *Einzelfallprüfungen* im Wesentlichen der stichprobehaften Überprüfung (→ Stichprobenprüfung) der im Rahmen des GwG definierten Identifizierungs- und Aufzeichnungspflichten sowie zur Validierung der im Rahmen der System- und Funktionsprüfung gewonnen Erkenntnisse.

Zur Unterstützung bei der Prüfungsdurchführung im Rahmen der →Jahresabschlussprüfung hat der *BFA* eine Geldwäsche-Checkliste herausgegeben. Die →Prüfungschecklíste sollte aufgrund des starken Fokus der Geldwäscheprüfung auf System- und Funktionsprüfungen als Hilfsmittel herangezogen werden. Sie entlässt den Prüfer jedoch nicht von der Verantwortung, das bestehende Geldwäschesicherungssystem in seiner Gesamtheit einschl. der Gefährdungsanalyse institutsspezifisch aufzunehmen, zu prüfen und zu würdigen.

Sofern Geldwäscheprüfungen im Rahmen der Jahresabschlussprüfung von Kreditinstituten und →Finanzdienstleistungsinstituten durchgeführt werden, haben die Prüfer gem. § 17 PrüfbV hierüber zu berichten (→Jahresabschlussprüfung, erweiterte). Sofern Prüfungen im Rahmen der Jahresabschlussprüfung bei anderen GwG-pflichtigen Unternehmen i. S. d. § 1 Abs. 4 KWG durchgeführt werden, sind hinsichtlich der Berichtspflicht die allgemeinen Grundsätze des § 321 HGB zu beachten [→Prüfungsbericht (PrB); →Berichtsgrundsätze und -pflichten des Wirtschaftsprüfers]. Danach wäre u. a. bei wesentlichen Verstößen gegen gesetzliche Vorschriften in einem gesonderten Abschnitt hierüber zu berichten (→Unregelmäßigkeiten; →Unregelmäßigkeiten, Konsequenzen aus). Inwieweit bei Verstößen gegen das GwG entsprechende Verstöße vorliegen, ist im Einzelfall zu würdigen.

Literatur: BFA (Hrsg.): Geldwäsche-Checkliste für die Jahresabschlussprüfung von Kreditinstituten, Düsseldorf 2005; Consbruch, J. et al. (Hrsg.): Consbruch/ Möller/Bähre/Schneider, KWG-Kommentar, Kreditwesengesetz mit den wichtigsten Ausführungsvorschriften, Loseblattausgabe, Band 1, München, Stand: 77. Erg.-Lfg. Dezember 2005.

Marijan Nemet; Ulrich Theileis

Geldwäschegesetz, Beachtung bei Auftragsannahme und -durchführung

Die Notwendigkeit zu einer erhöhten Beachtung des →Geldwäschegesetzes (GWG) bei Auftragsannahme (→Auftragsannahme und -fortführung) sowie →Auftragsdurchführung durch WP und WPGes (→Revisions- und Treuhandbetriebe) – einschl. der bei diesen tätigen →vereidigten Buchprüfern, →Steuerberatern, Rechtsanwälten und Steuerbevollmächtigten – erwächst seit dem 15.8.2002 aus der Novellierung des GwG.

Besonderheiten für WP und WPGes finden sich dabei in der Anwendung der sich für diese Gruppe ergebenden Pflichten. Diese betreffen zum einen die Auslegung der →*Wirtschaftsprüferkammer* (*WPK*), die gem. § 16 Nr. 4 GwG i.V.m. § 4 →Wirtschaftsprüferordnung (WPO) neben ihrer Funktion als allgemeine Aufsichtsbehörde für WP und WPGes ebenfalls die Aufsicht über die Einhaltung der Pflichten nach dem GwG zu führen hat (→Berufsaufsicht für Wirtschaftsprüfer, national). Zum anderen ist eine Besonderheit darin zu sehen, dass der Gesetzgeber mit der Aufnahme der Pflichten für WP, StB und Rechtsanwälte eine „persönliche" Verpflichtung jedes einzelnen Berufsträgers etabliert hat. Zuvor kannte das GwG nur die Verpflichtung von Gesellschaften, nicht eine von Individuen.

Vor dem besonderen Hintergrund der persönlichen Verpflichtung sind die einzelnen Pflichten nach dem GwG mit besonderer Vorsicht und insb. angemessen auszulegen. Die Ahndung von Verstößen mit Bußgeldern treffen nicht mehr nur Gesellschaften, sondern einzelne natürliche Personen. Angemessene Leitlinien für die Anwendung der Bußgeldvorgaben auf natürliche Personen fehlen bislang in der Praxis. Damit im Zusammenhang steht u. a. auch die Funktion des Geldwäschebeauftragten von WPGes (§ 14 Abs. 2 Nr. 1 GwG). Wegen der persönlichen Pflichten der einzelnen Berufsträger (→Berufspflichten des Wirtschaftsprüfers) kann dieser nicht mehr über Verdachtsmeldungen entscheiden, sondern übernimmt vielmehr nur noch die Funktion eines internen Beraters bzw. Ansprechpartners. Diesem Umstand versucht auch die *WPK* Rechnung zu tragen (s. hierzu im Einzelnen WPK 2004).

Im Rahmen der Identifizierung nach § 3 i.V.m. § 2 GwG führt die angesprochene Auslegung der *WPK* (WPK 2004) u. a. dazu, dass juristische Personen zwar über qualifizierte Handelsregisterauszüge zu identifizieren sind, es aber grundsätzlich abweichend zur allgemeinen Praxis einer weiteren Identifizierung der für die juristische Person handelnden natürlichen Person nicht mehr bedarf. Zu einer Einschränkung dieser Ausnahme kommt es nur, wenn besondere Anhaltspunkte vorliegen.

Geleistete Anzahlungen

Im Rahmen der Aufzeichnungs- und Aufbewahrungspflichten nach § 9 GwG ist besonders zu erwähnen, dass die hierzu angefertigten Unterlagen nicht in die Sphäre des Mandanten gelangen dürfen, um eine Einflussnahme auszuschließen.

Die Meldung von Verdachtsfällen nach § 11 GwG erfolgt nicht direkt an Strafverfolgungsbehörden oder Spezialabteilungen der Landeskriminalämter bzw. des *Bundeskriminalamtes*, sondern an die *WPK* als Aufsichtsbehörde in Geldwäscheangelegenheiten (s. oben). Die *WPK* sieht sich hierbei in der Praxis in der Pflicht, Meldungen stets an die jeweils zuständigen Behörden weiterzuleiten, bezieht jedoch zuvor Stellung zum Inhalt der ihr zugeleiteten Verdachtsmeldung.

Literatur: WPK (Hrsg.): Anwendungshinweise der WPK zum Geldwäschegesetz, in: WPK-Mag. o.Jg. (2004), Beilage zu Heft 4, S. 1–11.

Manfred Weitz; Marcell Müller

Geleistete Anzahlungen →Anzahlungen; →Vorratsvermögen

Gemein- und Einzelkosten, Abgrenzung von →Einzelkostencontrolling

Gemeiner Wert →Unternehmensbewertung, steuerrechtliche; →Unternehmenswert

Gemeinkosten →Einzelkostencontrolling; →Gemeinkostencontrolling; →Kosten

Gemeinkostencontrolling

Gemeinkosten sind →Kosten, die einer Bezugsgröße nicht direkt zugerechnet werden können (→Kostenzurechenbarkeit). Bei Änderungen der Bezugsgröße verhalten Gemeinkosten sich vielfach fix (→Fixkostencontrolling). Ein wichtiger Ausnahmefall variabler Gemeinkosten sind die Kosten einer Kuppelproduktion (→Kalkulation bei Kuppelproduktion). Sie ändern sich mit der Menge eines Kuppelprodukts, ohne dass sie nur diesem Produkt zugerechnet werden können (Troßmann 1999, S. 329). Die Diskussion um die Gemeinkosten konzentriert sich jedoch darauf, dass viele Kosten durch Entscheidungen über die Produktionsmenge nicht beeinflussbar sind. Vielmehr sind es die Gestaltung von Produkten und Produktionsprogrammen oder die Bereitstellung von *Produktionspotenzialen*, die die Produktgemeinkosten bestimmen (→Kostenverursachung). Aufgabe des Gemeinkostencontrollings ist daher die Koordination der kostenbeeinflussenden Größen und ihrer Wirkungen (→Kostencontrolling). Dazu gehören die Identifikation von Gemeinkostenproblemen, die Initiierung und Entwicklung von Alternativen sowie die Unterstützung mit geeigneten Methoden. Diese Aufgabe wird durch die vergleichsweise langfristigen sowie sachlich und hierarchisch weit reichenden Wirkungen von Potenzialentscheidungen erschwert. Es besteht die Gefahr, dass die Vorteilhaftigkeit eines Potenzials sich allmählich verändert und dies erst in Notfällen erkannt wird.

Gemeinkosten sind nicht per se schlecht, sondern sie können durchaus auf Wirtschaftlichkeitsüberlegungen (→Wirtschaftlichkeitsberechnungen) zur Zusammenfassung betrieblicher Aufgaben und der Bereitstellung von Produktionspotenzialen beruhen. In organisatorischer Perspektive gelten als typische *Gemeinkostenbereiche* eines Betriebs u. a. seine Verwaltung (→Verwaltungscontrolling), die EDV (→IT-Controlling) und die F&E. In der Güterperspektive umfassen Produktionspotenziale sowohl materielle Güter, wie Gebäude, Maschinen oder Vorräte, als auch immaterielle Potenziale, wie die Mitarbeiter und ihre Fähigkeiten (→Personalcontrolling), den Kundenstamm oder Software. Ausgaben für den Potenzialaufbau stellen während der Potenzialnutzung *Sunk Costs* dar und sind für spätere Entscheidungen irrelevant. Aber auch Ausgabenverpflichtungen während der Potenzialnutzung, etwa für Leasingraten (→Leasingverhältnisse) oder Zinsen, sind möglicherweise irreversibel. Die Beeinflussbarkeit von Zahlungen ist daher ein Problem des Gemeinkostencontrollings.

Gemeinkosten bewirken generell eine Selbstbindung des Betriebs und beeinträchtigen die flexible Anpassung der Ausgaben an die Absatzmengen. Gegenüber Kunden oder Lieferanten droht eine Hold-up-Position, wenn hohe Gemeinkosten und niedrige Einzelkosten (→Einzelkostencontrolling) die Verhandlungsposition verschlechtern. Hier obliegt dem Gemeinkostencontrolling die Koordination von Absicherungsmaßnahmen, etwa über langfristige Abnahmeverträge oder über eine Beteiligung der Kunden an spezifischen Entwicklungskosten (→Forschungs- und

Entwicklungskosten). Gegenüber Konkurrenten kann die Inkaufnahme hoher Sunk Costs dagegen den Willen zur Behauptung im Markt betonen. Sofern mit hohen Sunk Costs niedrige relevante Kosten einhergehen, baut der Betrieb Markteintrittsbarrieren für Konkurrenten auf.

Materielle Möglichkeiten zum Gemeinkostenmanagement bestehen etwa in der Flexibilisierung der Produktionspotenziale durch die Arbeitszeitgestaltung oder den fallweisen An- oder Verkauf von Fertigungskapazitäten (→Kapazitätsplanung; →Kapazitätscontrolling). Ebenso sind die Auslagerung von Leistungsstufen (→Outsourcing) und die Straffung von Führungsstufen (Lean Management) denkbar.

Methodische Instrumente können diese Entscheidungen unterstützen. Zusätzliche Kostenanalysen und Bezugsgrößen (→Bezugsgrößenhierarchie) können die Abhängigkeiten zwischen Entscheidungen und Kosten (→Kostenabhängigkeiten) besser abbilden. Diesen Weg geht bspw. die →Prozesskostenrechnung mit der Betrachtung kostenstellenübergreifender Prozesse und zusätzlicher →Cost Driver. Andere methodische Ansätze setzen stattdessen an der Gestaltung der Produktionspotenziale an. Ein wichtiges Instrument dafür sind →Break Even-Analysen (Schweitzer/Troßmann 1996). Sie verdichten die Potenzialentscheidung auf die Frage, ob eine Produktionsmenge über der Break Even-Menge liegt und damit die Gemeinkosten deckt oder nicht. Die längerfristigen Wirkungen des Potenzialaufbaus erfassen *Investitionsrechnungen* (→Investition; →Investitionskontrolle), insb. Kapitalwertgrößen. Stärker auf eine Kostensenkung zielen spezielle Budgetierungstechniken (→Budgetierung), also insb. die Gemeinkostenwertanalyse und das →Zero-Based-Budgeting. Eher indirekt wirkt die Zurechnung von Gemeinkosten auf dezentrale Einheiten. Dies wird bspw. für die →Kapitalkosten oder die Nutzung von Informations- und Kommunikationskapazitäten (→Führungsinformationssysteme; →Berichtssystem) vorgeschlagen (Pfaff 1993). Die Zurechnung soll für bestimmte Güter deren Knappheit widerspiegeln und ihre Nutzung verteuern und damit Ressourcenpräferenzen oder Informationsvorsprüngen der Manager entgegenwirken. Zwar bleibt bei diesem oft heuristisch geprägten Ansatz vielfach offen, ob die indirekte Beeinflussung der Gemeinkosten tatsächlich im gewünschten Sinne wirkt. Doch sind die Erfahrungen damit schon deswegen nicht zu vernachlässigen, da derartige Kostenaufteilungen eine bedeutende Rolle für die Preisgestaltung und Leistungsabrechnung sowohl im öffentlichen Bereich oder in regulierten Branchen (Telekommunikation, Versorger) als auch innerhalb von Supply Chains (→Supply Chain Controlling; →Supply Chain Management) oder →Unternehmensnetzwerken spielen.

Literatur: Pfaff, D.: Kostenrechnung, Unsicherheit und Organisation, Heidelberg 1993; Schweitzer, M./ Troßmann, E.: Break-even-Analysen, 2. Aufl., Berlin 1998; Troßmann, E.: Internes Rechnungswesen, in: Corsten, H./Reiß, M. (Hrsg.): Betriebswirtschaftslehre, 3. Aufl., München/Wien 1999, S. 305–420.

Clemens Werkmeister

Gemeinschaftsprüfungen

Unter *Gemeinschaftsprüfung* oder *Joint Audit* wird die Durchführung einer gesetzlichen oder freiwilligen *Abschlussprüfung* (→Pflichtprüfungen; →freiwillige und vertragliche Prüfung; →Jahresabschlussprüfung; →Konzernabschlussprüfung) durch mehr als einen WP und/oder eine WPGes (→Revisions- und Treuhandbetriebe) verstanden. Zwecks Durchführung der Prüfung bilden die →Abschlussprüfer (APr) eine Arbeitsgemeinschaft, ein →Joint Venture. Für die Bestellung (→Bestellung des Abschlussprüfers), Beauftragung (→Prüfungsauftrag und -vertrag), Planung (→Prüfungsplanung) und Durchführung (→Auftragsdurchführung) der Prüfung und das Prüfungsergebnis (→Prüfungsurteil) ergeben sich einige Besonderheiten in Abweichung von einer „gewöhnlichen" Abschlussprüfung. Abzugrenzen von Joint Audits ist die Übernahme oder Verwertung von Prüfungsergebnissen von nicht für diese Prüfung bestellten Prüfern (→Ergebnisse Dritter).

Joint Audits als Alternative zur in Deutschland gesetzlich nicht vorgesehenen externen →Prüferrotation können nach häufig geäußerter Auffassung die Unabhängigkeit des einzelnen Prüfers (→Unabhängigkeit und Unbefangenheit des Wirtschaftsprüfers) bei Meinungsverschiedenheiten mit den gesetzlichen Vertretern des geprüften Unternehmens (→Meinungsverschiedenheiten zwischen Gesellschaft und Abschlussprüfer) verbessern und i. S. d. Vier-Augen-Prinzips die →Prü-

Gemeinschaftsprüfungen

fungsqualität erhöhen. Hierin wird eine Reformmaßnahme zur Verbesserung der →Corporate Governance gesehen. Gemeinschaftsprüfungen sind in diversen Staaten (z. B. →Frankreich) obligatorisch und werden auch bei einigen deutschen börsennotierten Unternehmen praktiziert.

Obwohl sich die gesetzlichen Vorschriften auf „einen" oder „den" APr beziehen, ist die *Bestellung* mehrerer Personen zum gesetzlichen APr nicht ausgeschlossen. Der *Beschlussvorschlag* muss den nach § 318 Abs. 1 Satz 4 HGB zu wählenden APr *eindeutig* bestimmen. Es ist unzulässig,

- den gesetzlichen Vertretern oder dem AR die Auswahl des APr unter den gewählten Personen zu überlassen;
- mehrere Personen zum APr zu wählen, mit der Maßgabe, dass zu einem späteren Zeitpunkt bestimmt werden kann, wer der gesetzliche APr sein soll;
- mehr als einen Prüfer mit der Maßgabe zu wählen, dass jeder von ihnen nur ein bestimmtes Teilgebiet des Jahres- bzw. Konzernabschlusses prüfen soll.

Das Ergebnis der Abschlussprüfung setzt sich aus den →Prüfungsurteilen der bestellten WP oder WPGes zusammen, d. h. *jeder* der an einem Joint Audit beteiligten *Prüf*er hat sich ein *eigenes Prüfungsurteil* darüber zu bilden, ob die Buchführung (→Buchführungstechnik und Prüfungsmethoden), der JA (→Konzernabschluss) und ggf. der →Lagebericht (→Konzernlagebericht) den für diese geltenden Vorschriften entsprechen (→Ordnungsmäßigkeitsprüfung). Unbeschadet dieser →Eigenverantwortlichkeit des Wirtschaftsprüfers sind die Prüfer jedoch gemeinsam der APr i. S. d. gesetzlichen Vorschriften. Hieraus folgt, dass die Prüfer in allen Phasen der Prüfung (→Prüfungsprozess; →Auftragsdurchführung) eng zusammenarbeiten müssen.

Jeder Gemeinschaftsprüfer entscheidet eigenverantwortlich über die →*Auftragsannahme und -fortführung*. Auch für die Auftragsausgestaltung und das Prüfungsergebnis sind die Prüfer selbst verantwortlich. In der Praxis verständigen diese sich aber vor der Auftragsannahme auf einheitliche Auftragsbedingungen (→Auftragsbestätigung).

Die *Risikobeurteilung* und die Planung der Prüfung werden von den Gemeinschaftsprüfern gemeinsam vorgenommen. Bei der →*Prüfungsplanung* sind die →Prüffelder zwischen den Gemeinschaftsprüfern *aufzuteilen*. Die Zuständigkeit für die jeweiligen Prüfungsgebiete muss im Innenverhältnis zwischen den Gemeinschaftsprüfern eindeutig abgegrenzt werden. Es kann zweckmäßig sein, für Prüfungsgebiete mit wesentlichen →Prüfungsrisiken gemeinsame Prüfungsgruppen zu bilden. Es empfiehlt sich, eine mehrjährige Prüfungsplanung mit wechselnder Zuordnung der Prüfungsgebiete zu den einzelnen Gemeinschaftsprüfern vorzunehmen, um das Risiko für den einzelnen Prüfer im Rahmen seiner Gesamtverantwortung zu reduzieren.

Jeder Gemeinschaftsprüfer muss an der Prüfung angemessen beteiligt sein, damit er in der Lage ist, sich ein *eigenes Prüfungsurteil* zu bilden und die Gesamtverantwortung übernehmen zu können. Der jeweilige Gemeinschaftsprüfer darf hinsichtlich der von ihm als notwendig erachteten Prüfungshandlungen nicht eingeschränkt werden (→Auswahl von Prüfungshandlungen). Bei der Prüfungsdurchführung ist sicherzustellen, dass die Joint Auditors wesentliche Informationen und Teilergebnisse rechtzeitig austauschen und wesentliche Fragestellungen und Prüfungsrisiken gemeinsam mit dem Mandanten erörtern.

Die Prüfungshandlungen, -feststellungen und -ergebnisse jedes Gemeinschaftsprüfers, einschl. der erforderlichen *Dokumentation* (→Arbeitspapiere des Abschlussprüfers), sind von den anderen Joint Auditors in eigener Verantwortung zu würdigen. Hierzu ist auch eine Einsicht und Beurteilung der Arbeitspapiere der anderen Gemeinschaftsprüfer erforderlich. Sollte einer der Prüfer es für notwendig erachten, müssen weitergehende Prüfungshandlungen erfolgen. Es empfiehlt sich, dass sich die Prüfer über wesentliche Gesichtspunkte der Prüfungsdurchführung und Prüfungsergebnisse durch Austausch schriftlicher Zusammenfassungen gegenseitig informieren.

Die Prüfungsergebnisse werden i. d. R. in einem gemeinsamen →Prüfungsbericht (PrB) festgehalten, in den Angaben zur gemeinsamen Bestellung zum APr in die Ausführungen zum Prüfungsauftrag aufzunehmen sind. Im Hinblick auf die Gesamtverantwortung der Gemeinschaftsprüfer für das Prüfungsergebnis soll der PrB keine Darstellungen über die Aufteilung der Prüfungsgebiete durch die Gemeinschaftsprüfer und über den Anteil des jeweiligen Prüfers am gesamten Prüfungsumfang enthalten. Über abweichende Prüfungsfeststellungen der Gemeinschaftsprüfer, die im Vorfeld der Berichterstattung nicht ausgeräumt werden können, ist im PrB, z. B. im Abschnitt zu den grundsätzlichen Feststellungen, an geeigneter Stelle zu berichten.

Verständigen sich die Gemeinschaftsprüfer unbeschadet ihrer Eigenverantwortlichkeit auf ein einheitliches Gesamturteil, unterzeichnen sie den →*Bestätigungsvermerk* (BestV) bzw. den Vermerk über dessen Versagung gemeinsam. Erteilt einer der Gemeinschaftsprüfer den BestV nur in eingeschränkter Form ist damit allerdings das Gesamturteil der Abschlussprüfung ein eingeschränktes, auch wenn der andere Gemeinschaftsprüfer seinen BestV nicht einschränkt. In den jeweiligen Bestätigungsvermerken ist auf die abweichenden Ergebnisse der anderen beteiligten Prüfer hinzuweisen.

Literatur: IDW (Hrsg.): IDW Prüfungsstandard: Zur Durchführung von Gemeinschaftsprüfungen (Joint Audit) (IDW PS 208, Stand: 25. Juni 1999), in: WPg 52 (1999), S. 707–710; IDW (Hrsg.): WPH 2006, Band I, 13. Aufl., Düsseldorf 2006, Abschn. R, Rn. 777–781.

Christian Dinter

Gemeinschaftsunternehmen →Joint Ventures; →Konzernabschlussprüfung

General Computer Controls →Kontrollprüfung

Generalversammlung →Genossenschaften

Generisches Geschäftsmodell →Kostenmanagement

Genossenschaften

Unternehmen in der Rechtsform einer Genossenschaft verfolgen entsprechend der Bestimmung in § 1 GenG den Zweck, den Erwerb und die Wirtschaft ihrer Mitglieder zu fördern. Die Ursprünge des Genossenschaftswesens liegen in der Mitte des 19. Jahrhunderts als im Mittelstand (→kleine und mittlere Unternehmen) die ersten genossenschaftlichen Selbsthilfeeinrichtungen gegründet wurden. Die dabei entwickelten Grundsätze der Selbsthilfe, Selbstverantwortung und Selbstverwaltung finden sich in den heute gültigen gesetzlichen Regelungen z.T. noch wieder. Von besonderer Bedeutung sind Genossenschaften in der Gegenwart im Kreditwesen durch die im genossenschaftlichen Finanzverbund zusammenwirkenden Volks- und Raiffeisenbanken. Daneben gibt es Genossenschaften insb. im Bereich der Wohnungswirtschaft (→Wohnungsunternehmen) und im Handel.

Die wesentlichste Prüfung einer Genossenschaft ist die regelmäßig vorzunehmende →*Pflichtprüfung* gem. § 53 GenG. Daneben sind noch Prüfungen bei Gründung (→Gründungsprüfung) oder Verschmelzung einer Genossenschaft (→Unternehmensumwandlungen) bzw. Sonderprüfungen, z. B. bei Kreditinstituten (→Sonderprüfungen nach Kreditwesengesetz), zu erwähnen. Die Prüfung gem. § 53 GenG erfolgt mindestens in jedem zweiten Jahr. Bei Genossenschaften, deren Bilanzsumme 2 Mio. € übersteigt, ist die Prüfung jährlich vorzunehmen.

Die Zielsetzung der Prüfung der Genossenschaft ist gem. § 53 Abs. 1 GenG die Feststellung der →*wirtschaftlichen Verhältnisse* und die Feststellung der *Ordnungsmäßigkeit der Geschäftsführung*. Dazu sind die Einrichtungen der Genossenschaft, ihre →Vermögenslage und die Geschäftsführung zu prüfen (→Geschäftsführungsprüfung). Damit ist der Umfang der Prüfung bei Genossenschaften gegenüber KapGes erheblich erweitert (→Jahresabschlussprüfung, erweiterte). Im Rahmen der Prüfung ist gem. § 53 Abs. 2 GenG der JA unter Einbeziehung der Buchführung und des →Lageberichts zu prüfen. Im Falle von →Kreditinstituten sind auch die branchenbezogenen erweiterten Prüfungsanforderungen zu beachten, die sich in Teilbereichen mit dem erweiterten Prüfungsumfang nach § 53 GenG überschneiden.

Der Vorstand einer Genossenschaft hat den um einen →Anhang (→Angabepflichten) erweiterten JA sowie einen Lagebericht in den ersten 5 Monaten eines Geschäftsjahres aufzustellen (→Feststellung und Billigung des Abschlusses).

Grundsätzlich gelten alle Bilanzierungs-, Bewertungs- und Gliederungsvorschriften (→Ansatzgrundsätze; →Bewertungsgrundsätze; →Grundsätze ordnungsmäßiger Rechnungslegung; →Grundsätze ordnungsmäßiger Buchführung, Prüfung der; → Gliederung der Bilanz; →Gliederung der Gewinn- und Verlustrechnung) des HGB auch für Genossenschaften. Einzelne *ergänzende Regelungen* für die Rechtsform der Genossenschaft ergeben sich aus den §§ 336–339 HGB. Die Regelungen des HGB zum JA für einzelne Wirtschaftszweige gelten auch für Genossenschaften; dies betrifft insb. die Kreditinstitute in der Rechtsform der Genossenschaft. Ein Konzernabschluss ist jedoch nicht nach den Vorschriften des HGB, sondern des PublG zu erstellen. Die handelsrechtlichen Regelungen zu Art und Umfang der Prüfung und die hierzu vom Berufsstand der WP [→*Institut der Wirtschaftsprüfer in Deutschland e.V. (IDW)*] entwickelten Grundsätze (→Grundsätze ordnungsmäßiger Abschlussprüfung; →Verlautbarungen des Instituts der Wirtschaftsprüfer in Deutschland e.V.) gelten grundsätzlich auch für die Prüfung des Jahresabschlusses (→Jahresabschlussprüfung) einer Genossenschaft.

Die *Prüfung der Einrichtungen* umfasst neben den baulichen und technischen Einrichtungen insb. die organisatorischen Vorkehrungen, die zur Leistungserbringung vorgehalten werden. Dies betrifft sowohl die →Geschäftsprozesse an sich als auch die Systeme zur Unternehmenssteuerung (→Unternehmenssteuerung, wertorientierte) und Überwachung. Für Kreditgenossenschaften ergeben sich diese Prüfungsinhalte ergänzend aus den Regelungen des KWG.

Die vom Gesetz geforderte *Prüfung der Vermögenslage* wird als Prüfung der wirtschaftlichen Verhältnisse in der Gesamtheit der →Vermögenslage, →Finanzlage und →Ertragslage inkl. des →wirtschaftlichen Umfeldes verstanden. Beurteilungskriterien ergeben sich hierfür aus allgemeinen betriebswirtschaftlichen Grundsätzen und in Analogie zu den vom →Abschlussprüfer (APr) geforderten Beurteilungen, ob der Lagebericht bzw. der JA unter Beachtung der GoB (→Grundsätze ordnungsmäßiger Buchführung, Prüfung der) ein den tatsächlichen Verhältnissen entsprechendes Bild vermittelt (→True and Fair View).

Die →*Geschäftsführungsprüfung* umfasst zunächst formell die Prüfung, ob der Vorstand die gesetzlichen Regelungen und die Bestimmungen des Statuts beachtet hat. Die materielle Prüfung der Geschäftsführung erstreckt sich auf die Geschäftsführungsorganisation (→Organisationspflichten des Vorstands), das Geschäftsführungsinstrumentarium und die Geschäftsführungstätigkeit. Bei der Prüfung der Geschäftsführungsorganisation werden z. B. Regelungen von Kompetenzen und Verantwortlichkeiten im Rahmen der Organisation des Geschäftsbetriebes untersucht. Die Prüfung der Geschäftsführungsorganisation umfasst im Wesentlichen die Prüfung der Wirksamkeit des →Internen Kontrollsystems (→Internes Kontrollsystem, Prüfung des; →Systemprüfung) und die Prüfung der Unternehmensplanung (→Planung) und -steuerung. Bei der Prüfung der Geschäftsführungstätigkeit werden wesentliche, die Struktur und Entwicklung des Unternehmens betreffende, Entscheidungen und ausgewählte Geschäftsvorfälle mit besonderer Tragweite im Bezug auf die damit verbundenen Risiken betrachtet. Für die Prüfung von Kreditgenossenschaften ergibt sich hier ein enger Zusammenhang zu der Prüfung der Einhaltung der Vorgaben zur Geschäftsorganisation nach § 25a KWG (→Mindestanforderungen an das Risikomanagement).

Jede Genossenschaft muss einem Verband (→*Prüfungsverbände*) angehören, dem das Prüfungsrecht verliehen ist. Dieser Verband ist der gesetzliche Prüfer der ihm angehörenden Genossenschaft. Der Verband bedient sich zum Prüfen der bei ihm angestellten Prüfer. Diese sollen im genossenschaftlichen Prüfungswesen ausreichend erfahren und vorgebildet sein.

Im Rahmen seiner Prüfung hat der Verband ein Einsichtsrecht in die Bücher und weitere Unterlagen der Genossenschaft. Der Vorstand hat ihm alle Aufklärungen und Nachweise (→Prüfungsnachweise) zu geben, die er für seine Prüfung benötigt (→Auskunftsrechte des Abschlussprüfers). Der Verband hat dem Vorsitzenden des Aufsichtsrats den Beginn der Prüfung rechtzeitig anzuzeigen. Der Prüfer hat ihn unverzüglich in Kenntnis zu setzen, wenn er Feststellungen trifft, die sofortige Maßnahmen des Aufsichtsrats erforderlich erscheinen lassen. Im unmittelbaren Zusammenhang mit der Prüfung soll der Prüfer in einer gemeinsamen Sitzung des Vorstands und des Aufsichtsrats über das voraussichtliche Ergebnis der Prüfung berichten (→Aufsichtsrat, mündliche Berichterstattung an).

Über das Ergebnis der Prüfung hat der Verband einen →Prüfungsbericht (PrB) anzufertigen. Er ist vom Verband zu unterzeichnen und dem Vorstand unter gleichzeitiger Benachrichtigung des Vorsitzenden des Aufsichtsrats vorzulegen. Nach Eingang des Berichtes haben Vorstand und AR unverzüglich in einer gemeinsamen Sitzung, an der der Prüfer berechtigt ist, teilzunehmen, über den Bericht zu beraten.

Die Vorschriften über die Erteilung eines →*Bestätigungsvermerks* (§ 322 HGB) sind auf Genossenschaften anzuwenden, welche die Größenmerkmale für große KapGes nach § 267 Abs. 3 HGB (→Größenklassen) erfüllen. Für alle anderen Genossenschaften hat der Verband gem. § 59 Abs. 1 GenG eine →Bescheinigung (→Bescheinigungen im Prüfungswesen) auszustellen, dass die Prüfung gem. § 53 GenG stattgefunden hat. Diese beinhaltet jedoch keine Aussage zum Ergebnis der Prüfung (→Prüfungsurteil). Der Vorstand hat die Bescheinigung zum Genossenschaftsregister (→Registeraufsicht) einzureichen.

In der nächsten Generalversammlung ist der PrB Gegenstand der Beschlussfassung. In der *Generalversammlung* hat sich der AR über wesentliche Feststellungen und Beanstandungen zu erklären. Der Prüfungsverband ist berechtigt, an der Generalversammlung beratend teilzunehmen. Auf seinen Antrag oder auf Beschluss der Generalversammlung (→Versammlungsprotokolle) ist der Bericht ganz oder in Teilen zu verlesen.

Katrin Rohmann

Genossenschaftliche Prüfungsverbände
→Prüfungsverbände

Genossenschaftsregister →Zwangsgeld

Genussrechte

Genussrechte gewähren primär auf einem schuldrechtlichen Vertrag beruhende Gläubigerrechte am Reingewinn und/oder am Liquidationserlös, ohne dass damit Mitgliedschaftsrechte – wie →Stimmrecht oder Kontrollrecht – verbunden sind (IDW 2006; Abschn. F, Rn. 826, S. 661). Als Wertpapier verbriefte Genussrechte werden als Genussscheine bezeichnet. In Abhängigkeit von der vertraglichen Ausgestaltung werden beim Emittenten passivierungspflichtige Genussrechte dem →Eigenkapital oder dem →Fremdkapital zugeordnet (*Mezzanine-Kapital*).

Die Prüfung der richtigen Bilanzierung im handelsrechtlichen Abschluss erfolgt im Rahmen der →Jahresabschlussprüfung →(Konzernabschlussprüfung) nach den vom →*Institut der Wirtschaftsprüfer in Deutschland e.V.* (*IDW*) erarbeiteten Kriterien (IDW HFA 1/1994). Eine Zurechnung passivierungspflichtiger Genussrechte zum bilanziellen Eigenkapital ist danach nur zulässig, wenn folgende Kriterien kumulativ erfüllt sind:

- Nachrangigkeit,
- Erfolgsabhängigkeit der Vergütung,
- Teilnahme am Verlust bis zur vollen Höhe und
- Längerfristigkeit der Kapitalüberlassung.

Über die Bedingungen, unter denen eine längerfristige Kapitalüberlassung als gegeben anzusehen ist, gehen die Meinungen in der Literatur und Praxis auseinander (Baetge/Brüggemann 2005, S. 2148 f.). Abgeleitet von typisierten rechtlichen Regelungen (§ 10 Abs. 5 KWG, § 53c Abs. 3a VAG) wird z.T. bereits eine Mindestlaufzeit von 5 Jahren bei einer mindestens zweijährigen Kündigungsfrist als ausreichend angesehen (Küting/Kessler/Harth 1996, S. 14).

Dem Eigenkapital zuzuordnende Genussrechte sind laut *IDW* gesondert als letzter Posten des Eigenkapitals auszuweisen. Für Genussrechte mit Fremdkapitalcharakter erscheint ein gesonderter Posten „Genussrechtskapital" unter den →Verbindlichkeiten sachgerecht, bei Genussscheinen kommt auch der Posten „Ausleihungen" mit weiterer Untergliederung oder einem „Davon-Vermerk" (→Anhang; →Angabepflichten) in Betracht (HFA 1/1994, S. 421). Das *IDW* lehnt einen Ausweis der Genussrechte in einem Sonderposten zwischen Eigenkapital und Fremdkapital ab (zu abweichenden Auffassungen Baetge/Brüggemann 2005, S. 2151).

Auf Erwerberseite sind als Inhaber- oder Orderpapiere erworbene Genussscheine mit Dauerbesitzabsicht als Wertpapiere des →Anlagevermögens gem. § 266 Abs. 2 HGB unter A.III.5, andernfalls unter B.III.3 auszuweisen (→Gliederung der Bilanz). Nicht verbriefte oder in Form von Namenspapieren verbriefte Genussrechte mit Daueranlageabsicht sind unter A.III.6, kürzere Ausleihungen unter B.II.4. zu zeigen (IDW 2006, Abschn. F, Rn. 174–176, S. 204 und 210).

Die →Aufwendungen und Erträge aus Genussrechten sind in Abhängigkeit vom Charakter und der vertraglichen Ausgestaltung der Genussrechte auszuweisen (HFA 1/1994, S. 421–423; IDW 2006, Abschn. F, Rn. 393,

448, 464, 467, 476, 502, 504, 522, 531, S. 544, 560–561, 564– 565, 565–566, 568, 574, 575, 578, 579).

Im →Anhang (→Angabepflichten) sind unbeschadet § 160 Abs. 1 Nr. 6 AktG für Genussrechte, die im Eigenkapital ausgewiesen werden, Angaben über die Erfüllung der Eigenkapitalkriterien zu machen (HFA 1/1994, S. 421; IDW 2006, Abschn. F, Rn. 277, S. 506–507).

Für →Kreditinstitute und →Versicherungsunternehmen gelten besondere Gliederungs- und Ausweisvorschriften gem. § 2 RechKredV bzw. § 2 RechVersV zu (IDW 2006, Abschn. J, Rn. 195–196, 217, 243, S. 788, 792, 797; Abschn. K, Rn. 158–165, 309–316, S. 950–951, 978–979).

Die *Bewertung* der Genussrechte hat in Abhängigkeit von der bilanziellen Einordnung nach den Grundsätzen des § 253 HGB zu erfolgen. Bei Kreditinstituten und Versicherungsunternehmen sind ergänzend § 340e Abs. 1, Satz 2 und 3 bzw. § 341b Abs. 2, Satz 1 HGB zu beachten.

Handelsrechtlich als Eigenkapital qualifizierte Genussrechte sind im *IFRS-Abschluss* [→International Financial Reporting Standards (IFRS)] aufgrund erhöhter Anforderungen an die Kapitalüberlassung vielfach als Fremdkapital unter dem Posten „Verbindlichkeiten" mit Nachrangvermerk zu passivieren. Lediglich Genussrechte mit dividendenabhängiger Ausschüttung und unbegrenzter Laufzeit oder Pflichtwandlung dürfen nach den IFRS dem Eigenkapital zugerechnet werden (Schaber/Kuhn/Eichhorn 2004, S. 317 f.).

Literatur: Baetge, J./Brüggemann, B.: Ausweis von Genussrechten auf der Passivseite der Bilanz des Emittenten, in: DB 58 (2005), S. 2145–2152; IDW (Hrsg.): IDW Stellungnahme: Zur Behandlung von Genussrechten im Jahresabschluss von Kapitalgesellschaften (IDW HFA 1/1994), in: WPg 47 (1994), S. 419–423; IDW (Hrsg.): WPH 2006, Band I, 13. Aufl., Düsseldorf 2006; Küting, K./Kessler, H./Harth, H.-J.: Genussrechtskapital in der Bilanzierungspraxis, in: BB 51 (1996), Beilage 4, S. 1–20; Schaber, M./Kuhn, S./Eichhorn, S.: Eigenkapitalcharakter von Genussrechten in der Rechnungslegung nach HGB und IFRS, in: BB 59 (2004), S. 315–139.

Wilhelm Olges

German Accounting Standards Board
→Deutsches Rechnungslegungs Standards Committee e.V.

Gesamtaufsichtsrat →Aufsichtsratsausschüsse

Gesamthandsbilanz →Sonder- und Ergänzungsbilanzen, steuerrechtliche

Gesamthandsvermögen →Personengesellschaften; →Sonder- und Ergänzungsbilanzen, steuerrechtliche

Gesamtkapitalkosten →Kapitalkosten

Gesamtkapitalrendite →Kapitalstruktur, optimale

Gesamtkapitalrentabilität →Erfolgskennzahlensystem: →Rentabilitätsanalyse; →ROI-Kennzahlensystem

Gesamtkosten →Kalkulatorische Kosten

Gesamtkostenverfahren →Gewinn- und Verlustrechnung; →Gliederung der Gewinn- und Verlustrechnung; →Kostenträgerzeitrechnung

Gesamtleistungsprognose →Erfolgsprognose

Gesamtrechtsnachfolge →Unternehmensumwandlungen

Geschäfts- oder Firmenwert

Beim Geschäfts- oder Firmenwert (Goodwill) handelt es sich um den Teil des →Unternehmenswerts, dem kein separat identifizierbarer und bilanziell ansatzfähiger →Vermögensgegenstand bzw. Vermögenswert (→Asset) zugeordnet werden kann. Er resultiert aus der Differenz zwischen dem Ertragswert (→Ertragswertmethode) und dem →Substanzwert des Unternehmens.

Für Bilanzierungszwecke wird zwischen selbst geschaffenem (originären) und erworbenem (derivativen) Geschäfts- oder Firmenwert unterschieden. Sowohl nach dem deutschen Handels- und Steuerrecht als auch nach internationalen Rechnungslegungsgrundsätzen [→International Financial Reporting Standards (IFRS)/→ United States Generally Accepted Accounting Principles (US GAAP)] ist nur der derivative Geschäfts- oder Firmenwert ansatzfähig. Die Aktivierung des originären Geschäfts- oder Firmenwerts wird aufgrund der Unmöglichkeit einer zuverlässigen Wertermittlung abgelehnt. Im Unterschied zum originären Geschäfts- oder Firmenwert wird der Wert des derivativen Geschäfts- oder Firmenwerts aus dem entrichteten Kaufpreis für das erworbene Unternehmen abgeleitet. Diesem Ansatz liegt die Annahme zu Grunde, der Kaufpreis entspreche dem Unternehmenswert. Rechnerisch ergibt sich der Geschäfts- oder Firmenwert als Unterschiedsbetrag zwischen dem gezahlten Kaufpreis und dem zum Erwerbszeitpunkt neubewerteten Nettoeinvermögen des erworbenen Unternehmens. Wirtschaftlich betrachtet sind im Geschäfts- oder Firmenwert die Wertbeiträge der Vermögensgegenstände bzw. -werte subsumiert, die nicht separat ansatzfähig sind (→Ansatzgrundsätze), jedoch die künftige Ertragskraft des Unternehmens steigern.

Das HGB sieht, abweichend vom Steuerrecht, ein Wahlrecht hinsichtlich der Aktivierung des Geschäfts- oder Firmenwerts vor (→bilanzpolitische Gestaltungsspielräume nach HGB). Alternativ zum Ansatz als Vermögensgegenstand, kann ein erworbener Geschäfts- oder Firmenwert sofort aufwandswirksam erfasst werden. Im Konzernabschluss besteht darüber hinaus die Möglichkeit der erfolgsneutralen Verrechnung mit offenen Rücklagen. Nach IFRS und US GAAP ist der Geschäfts- oder Firmenwert zwingend als Vermögenswert zu aktivieren.

Da der Geschäfts- oder Firmenwert eine Restgröße darstellt, hängt sein erstmaliger Wertansatz von den angewandten Ansatz- und Bewertungsvorschriften für die übrigen Vermögensgegenstände bzw. -werte und →Schulden ab (→Ansatzgrundsätze; →Bewertungsgrundsätze). Insb. die Regelungen zu →immateriellen Vermögensgegenständen bzw. -werten bestimmen die Höhe des angesetzten Geschäfts- oder Firmenwerts. Die Bildung →latenter Steuern auf den Geschäfts- oder Firmenwert ist nach IFRS und US GAAP und laut h.M. ebenfalls nach HGB untersagt.

Hinsichtlich der Folgebewertung schreibt das deutsche Bilanz- und Steuerrecht eine planmäßige Abschreibung des Geschäfts- oder Firmenwerts vor. Die der Abschreibung (→Abschreibungen, bilanzielle; →Abschreibungen, steuerrechtliche) zugrunde liegende →Nutzungsdauer kann nach HGB frei bestimmt werden, nach EStG ist ein Abschreibungszeitraum von 15 Jahren vorgegeben. Darüber hinaus kann der Geschäfts- oder Firmenwert →außerplanmäßigen Abschreibungen bzw. Teilwertabschreibungen unterliegen. Sowohl nach IFRS als auch US GAAP ist die planmäßige Abschreibung des Geschäfts- oder Firmenwerts untersagt. Vielmehr ist der bilanzielle Wertansatz des Geschäfts- oder Firmenwerts mindestens einmal jährlich einem →Impairmenttest zu unterziehen und ggf. außerplanmäßig abzuschreiben. Für die Zuschreibung des Geschäfts- oder Firmenwerts nach einer außerplanmäßigen Abschreibung besteht nach HGB ein faktisches Wahlrecht, nach IFRS und US GAAP gilt ein striktes Zuschreibungsverbot (→Wertaufholung).

In Ausnahmefällen kann sich aus der Differenz zwischen dem Kaufpreis und den Nettoaktiva der neubewerteten Bilanz ein negativer Unterschiedsbetrag (Badwill bzw. Lucky Buy) ergeben. Die IFRS sehen für den Fall eine erneute Überprüfung und anschließend erfolgswirksame Vereinnahmung vor. Unter US GAAP ist ein negativer Unterschiedsbetrag in einem ersten Schritt von bestimmten Vermögenswerten proportional zu deren Buchwerten abzusetzen und erst wenn diese vollständig abgeschrieben sind, erfolgswirksam zu vereinnahmen. Nach HGB wird zwischen der bilanziellen Behandlung im JA und Konzernabschluss unterschieden. Im JA darf nach h.M. kein negativer Geschäfts- oder Firmenwert angesetzt werden. Der entsprechende Differenzbetrag ist durch Abstockung der Ansatzwerte der nicht monetären Vermögensgegenstände auszugleichen. Für den Konzernabschluss ist hingegen eine Passivierung und spätere Auflösung ausdrücklich vorgesehen.

Der Ausweis des Geschäfts- oder Firmenwerts erfolgt sowohl nach HGB als auch nach IFRS und US GAAP unter den immateriellen Vermögensgegenständen bzw. -werten.

Im Rahmen der Abschlussprüfung (→Jahresabschlussprüfung; →Konzernabschlussprüfung) sind der Wertansatz des Geschäfts- oder Firmenwerts sowie die Bewertungs- und Bilanzierungsmethode auf ihre Richtigkeit gegenüber dem angewandten Bilanzierungsrecht und Plausibilität im Hinblick auf vergangene und erwartete Entwicklungen zu überprüfen (→Plausibilitätsprüfungen; →Prognose- und Schätzprüfung).

Beim erstmalig angesetzten Geschäfts- oder Firmenwert ist die neubewertete Bilanz des erworbenen Unternehmens Gegenstand der Prüfung. Neben der Wertmittlung des erworbenen Nettoeinvermögens ist insb. die Vollständigkeit der aktivierten sonstigen immateriellen Vermögensgegenstände bzw. -werte zu überprüfen (→Fehlerarten in der Abschlussprüfung). In den Folgeperioden sind die Abschreibungsmethode bzw. Regelmäßigkeit und Richtigkeit des Impairmenttests zu prüfen.

Literatur: IDW (Hrsg.): IDW Stellungnahme zur Rechnungslegung: Bewertungen bei der Abbildung von Unternehmenserwerben und bei Werthaltigkeitsprüfungen nach IFRS (IDW RS HFA 16, Stand: 18. Oktober 2005), in: WPg 58 (2005), S. 1415–1426.

Karolina Kaczmarska

Geschäftsberichte, Gestaltungsberatung

Gestaltungsmöglichkeiten bei Geschäftsberichten sind mehr als nur eine Pflichtübung – jedes Unternehmen und jede Institution kann mit einem gelungenen Bericht das eigene Profil schärfen und die Leser von den Zielen und der Strategie des Unternehmens überzeugen. Mit dem Jahresreport haben Unternehmen einmal im Jahr die Möglichkeit, über alle wichtigen Entwicklungen im Hause umfassend zu berichten. Neben dem Pflichtprogramm des Finanzteils gehört zu einem professionellen Geschäftsbericht eine durchdachte Struktur, ein umfassendes →Value Reporting, eine ansprechende Gestaltung und eine spannende Leitidee, die dem Bericht einen Zusammenhalt verleiht.

Der Aufbau eines Reports ist mehr als nur der Dreischritt Vorwort, Image, Zahlen. Jeder einzelne Bereich muss eine logische Struktur beinhalten, die je nach Unternehmen unterschiedlich ausfällt. Rund ein halbes Jahr vor der Veröffentlichung sollte man sich Gedanken über den anstehenden Report machen. Um zu einer schlüssigen Struktur zu kommen, sollten die bisherigen Berichte, die Reaktionen darauf von außen und innerhalb des Unternehmens sowie die Berichte der Konkurrenz analysiert werden. Grundsätzlich gilt: Die Struktur eines Berichtes sollte über einige Jahre Bestand haben, damit Leser sich orientieren und die Entwicklung in einzelnen Bereichen schnell nachvollziehen können. Die Auswahl der einzelnen Kapitel sollte die Kernelemente des Geschäftes widerspiegeln. Damit eröffnet sich die Möglichkeit, systematisch die Strategie und die Weiterentwicklung in den einzelnen Bereichen zu veranschaulichen und den Leser davon zu überzeugen, dass das Unternehmen zu den Gewinnern in einem immer schärfer werdenden Wettbewerb gehört.

DRS 15 empfiehlt die Weiterentwicklung des →Lageberichtes zu einem aussagekräftigen Value Reporting. Das beinhaltet neben den klassischen Themen [→Finanzlage, →Vermögenslage, →Ertragslage, Wertentwicklung und Segmentanalyse (→Segmentberichterstattung)] weitere Aspekte: eine Übersicht zum wirtschaftlichen Umfeld, den Marktbedingungen, den Wettbewerbern und den regulatorischen Gegebenheiten. Weitere Aussagen zur Strategie und Struktur finden sich bereits in einigen Reports, allerdings selten im eigentlich möglichen Umfang: Strategische Ziele, Organisation, →Risikomanagementsystem (RMS) und →Corporate Governance sind wichtige Themen, die es mit Leben zu füllen gilt. Soft Facts und wertschöpfende Aktivitäten zur Qualifikation der Mitarbeiter, Kontakt mit den Kunden, Innovativität (→Innovationsmanagement), Markenbekanntheit, Reputation und zu Intellectual Capital Assets könnten ebenfalls in den Lagebericht integriert werden.

Bis diese Informationen tatsächlich alle in den Lagebericht einfließen, sollte in den Imagekapiteln die Chance ergriffen werden, die traditionell vorherrschende Vergangenheitsorientierung des Finanzteils zu erweitern. Aussagen zur erwarteten Entwicklung des Marktumfeldes, zu den Stärken und der Positionierung des Unternehmens sowie zu Zielen und zur Strategie sind die wichtigsten Informationen für die Stake- und Shareholder. Erst auf dieser Basis können die Leser Vertrauen in die zukünftige Entwicklung und die Chancen des Unternehmens gewinnen. Wichtig ist, dass ein Geschäftsbericht nicht als langweiliger Rechenschaftsbericht einer vergangenen Periode daherkommt, sondern eine Botschaft vermittelt, die dem Unternehmen „am Herzen liegt." Mit einer ansprechenden Botschaft positioniert sich ein Unternehmen: Werte werden kommuniziert, Schwerpunkte der Geschäftstätigkeit definiert und die eigene Unternehmenskultur transportiert. Inhalte können auch eine neue strategische Aufstellung oder ein besonderes Highlight im Berichtszeitraum sein – kurz: alles was das Geschäft prägt, geprägt hat und vor allen Dingen prägen wird. So bleiben Botschaften beim Leser hängen, selbst wenn viele andere Informationen bereits vergessen sind.

Das Leitmotiv des Berichtes sollte bereits auf dem Titel kommuniziert werden und neugierig auf die weiteren Inhalte des Reports machen. Die Botschaft wird dann idealerweise im Vorwort aufgegriffen. Damit sollte das Vorwort auch nicht als Zusammenfassung des Berichtes missbraucht werden, sondern die Kompetenz und das Engagement des Top-Managements widerspiegeln. Geschäftsberichte sind Chefsache – das Vorwort ist der am meisten und aufmerksamsten gelesene Teil des Reports. Der →Chief Executive Officer (CEO) sollte die Leser persönlich ansprechen und die Financial Community vom Kurs des Unternehmens überzeugen.

Die Sprache nimmt im ganzen Bericht einen wichtigen Raum ein – statt passiv und staubtrocken sollte aktiv und begeisternd formuliert werden. Dies gilt insb. für das Vorwort. Wer seine Mitarbeiter motivieren möchte, sollte auch seine Leser mitreißen. Das Vorwort soll das Gefühl vermitteln, dass das Management seinen Markt kennt und weiß, wie es das Unternehmen erfolgreich führt.

Im Imageteil sollte die Leitidee des Berichtes inhaltlich deutlich und umfassend herausgearbeitet werden. Idealerweise geht die Gestaltung mit der Präsentation der Leitidee Hand in Hand. Schönheit liegt im Auge des Betrachters – nicht zu bunt, doch auch nicht langweilig sollte die Visitenkarte des Unternehmens daherkommen. Der Geschäftsbericht sollte immer den Spagat schaffen, unterschiedliche Zielgruppen anzusprechen. Investoren verlangen nach umfassenden Finanzdaten; dagegen interessieren sich Mitarbeiter, Kunden und Geschäftspartner eher für die Soft Facts. Ein Geschäftsbericht bietet viele Möglichkeiten, allen Lesern gerecht zu werden – um lesbar zu bleiben sollten 100 Seiten nicht überschritten werden. Jedes Unternehmen sollte die Fähigkeit unter Beweis stellen, zentrale Aussagen auf den Punkt zu bringen. Transparenz schafft Glaubwürdigkeit und Klarheit schafft Vertrauen.

Klaus Rainer Kirchhoff

Geschäftsberichte, Prüfung von

Beim Geschäftsbericht (→Geschäftsberichte, Gestaltungsberatung; →Geschäftsberichte, Rating der) handelt es sich um einen in der Praxis üblichen Sammelbegriff für JA und →Lagebericht sowie weitere freiwillige Angaben der Gesellschaft.

Eine Legaldefinition bzw. Verwendung im HGB besteht nicht mehr. Bis zum In-Kraft-Treten des BiRiLiG vom 19.12.1985 war die Erstellung und Prüfung des Geschäftsberichts gesetzlich vorgeschrieben.

Wird der Geschäftsbericht dazu verwendet, den gesetzlichen Offenlegungsnormen gem. §§ 325 bis 329 HGB nachzukommen, muss er den Lagebericht, JA, Gewinnverwendungsvorschlag (→Ergebnisverwendung, Vorschlag für die) (soweit er sich nicht bereits aus dem JA ergibt), den →Bestätigungsvermerk (BestV) und den Bericht des Aufsichtsrats (→Berichterstattungspflichten des Aufsichtsrats) enthalten (→Offenlegung des Jahresabschlusses; →Publizität). Der Geschäftsbericht wird meist einem unbestimmten Personenkreis zur Verfügung gestellt und bildet daher das zentrale Element der Kapitalmarktkommunikation (→Investor Relations).

Liegt ein Konzern (→Konzernarten) vor, beinhaltet der Geschäftsbericht meist ausschließlich den Konzernabschluss und →Konzernlagebericht (zur Zusammenfassung von →Anhang und Lagebericht des Mutterunternehmens und des Konzerns s. § 298 Abs. 3 bzw. § 315 Abs. 3 HGB).

Freiwillige Zusatzinformationen, die der Selbstdarstellung der Gesellschaft dienen, sind zulässig, solange dadurch die Übersicht und Klarheit der Darstellung nicht beeinträchtigt wird. Bei den freiwilligen Zusatzinformationen handelt es sich u. a. um finanzielle Kennzahlen (→Finanzkennzahlensystem; →Erfolgskennzahlensystem; →Kennzahlen, wertorientierte) sowie Informationen zur Aktie (→Value Reporting). Diese zusätzlichen Informationen, die nicht Bestandteil des Jahresabschlusses und des Lageberichts sind, unterliegen selbst nicht der Abschlussprüfung (→Jahresabschlussprüfung; →Konzernabschlussprüfung). Jedoch können diese gleichwohl →Prüfungsnachweise verkörpern und sind in diesem Fall kritisch zu lesen, denn Unstimmigkeiten zwischen diesen Informationen und dem geprüften JA bzw. Lagebericht können die Glaubhaftigkeit von JA und Lagebericht in Frage stellen (→zusätzliche Informationen zum Jahresabschluss, Beurteilung von). Wesentliche Unstimmigkeiten, d. h. Widersprüche zu den Informationen, die in den JA oder Lagebericht eingegangen sind, können beim →Abschlussprüfer (APr) Zweifel an den getroffenen Prüfungsaussagen (→Prüfungsurteil) aufwerfen.

Damit der APr die zusätzlichen Informationen bei Erteilung des Bestätigungsvermerks würdigen kann, hat er bei der Auftragsannahme (→Auftragsannahme und -fortführung; →Prüfungsauftrag und -vertrag) deren rechtzeitige Vorlage für den Fall zu vereinbaren, dass der JA und der Lagebericht unter Verwendung des Bestätigungsvermerks veröffentlicht werden sollen (§ 320 Abs. 2 HGB). Können die zusätzlichen Informationen nicht oder nicht vollständig vor Erteilung des Bestätigungsvermerks verfügbar gemacht werden, ist zu vereinbaren, dass sie dem APr in der zur Veröffentlichung bestimmten Form zugeleitet werden (→Auskunftsrechte des Abschlussprüfers).

Bestehen wesentliche Unstimmigkeiten, hat der APr zu beurteilen, ob der zu prüfende JA und Lagebericht oder die zusätzliche Information zu ändern sind. Sind der geprüfte JA oder Lagebericht zu ändern und verweigert das Unternehmen eine Anpassung, ist der BestV einzuschränken oder zu versagen. Betrifft der Änderungsbedarf die zusätzlichen Informationen und erfolgt durch die gesetzlichen Vertreter keine Modifikation, kann dies einen schwerwiegenden Verstoß nach § 321 Abs. 1 Satz 3 HGB darstellen (→Unregelmäßigkeiten; →Unregelmäßigkeiten, Konsequenzen aus; →Redepflicht des Abschlussprüfers). Je nach Art und Gewichtigkeit der Unstimmigkeiten kann es sachgerecht sein, den BestV so lange zurückzuhalten, bis diese geklärt sind. Wenn durch die Weigerung der gesetzlichen Vertreter zur Korrektur der Unstimmigkeiten das Vertrauen nachhaltig gestört wird, kann der APr bei freiwilligen Abschlussprüfungen (→freiwillige und vertragliche Prüfung) ggf. eine Kündigung des Prüfungsauftrags in Betracht ziehen. Ist der APr bei wesentlichen Unstimmigkeiten auch durch erweiterte Prüfungshandlungen (→Auswahl von Prüfungshandlungen) nicht in der Lage, abschließend zu beurteilen, ob der JA bzw. Lagebericht oder die zusätzlichen Informationen zutreffend sind, liegt ein →Prüfungshemmnis vor.

Stellt der APr nach Erteilung des Bestätigungsvermerks fest, dass der JA oder Lagebericht in wesentlichen Teilen unrichtig ist, hat die Gesellschaft entsprechende Änderungen vorzunehmen und diese einer →Nachtragsprüfung zu unterziehen. Unterbleiben die Änderungen, ist der BestV zu widerrufen.

Sonderfälle mit einer gesetzlichen Verpflichtung zur Prüfung des Geschäftsberichts finden sich im EAG und im VAG.

Das EAG bestimmt die Errichtung von Entschädigungseinrichtungen bei der *KfW* (§ 6 Abs. 1 EAG).

Die Entschädigungseinrichtungen haben nach Ablauf eines Kalenderjahres einen Geschäftsbericht aufzustellen und einen unabhängigen WP oder eine unabhängige WPGes (→Revisions- und Treuhandbetriebe) mit der Prüfung der Vollständigkeit des Geschäftsberichts und der Richtigkeit der Angaben zu beauftragen. Der zu prüfende Geschäftsbericht muss Angaben zur Tätigkeit und zu den finanziellen Verhältnissen der Entschädigungseinrichtung enthalten. Dabei ist insb. auf die Höhe und Anlage der Mittel, auf ihre Verwendung für Entschädigungsfälle, auf die Höhe der Beiträge sowie auf Verwaltungskosten einzugehen (§ 10 Abs. 1 EAG). Der WP hat seinen Bericht unverzüglich nach der Prüfung des Geschäftsberichts bei der →*Bundesanstalt für Finanzdienstleistungsaufsicht (BaFin)* und der *Deutschen Bundesbank* einzureichen.

Das VAG verlangt ebenfalls eine Prüfung des Geschäftsberichts. Davon betroffen sind der Sicherungsfond für die Lebensversicherer sowie der Sicherungsfond für die Krankenversicherer bei der *KfW*.

Die Sicherungsfonds haben gem. § 130 VAG nach Ablauf eines Kalenderjahres einen JA aufzustellen und einen unabhängigen WP oder eine unabhängige WPGes mit der Prüfung der Vollständigkeit des Geschäftsberichts und der Richtigkeit der Angaben zu beauftragen. Die Geschäftsberichte der Sicherungsfonds müssen Angaben zur Tätigkeit und zu den finanziellen Verhältnissen des Sicherungsfonds einbeziehen. Insb. zur Höhe und Anlage der Mittel, zur Verwendung der Gelder für Entschädigungsfälle, zur Höhe der Beiträge sowie zu den →Kosten der Verwaltung sind Aussagen im zu prüfenden Geschäftsbericht zu machen. Unverzüglich nach der Prüfung des Geschäftsberichts reicht der WP seinen Bericht bei der *BaFin* ein.

Literatur: IDW (Hrsg.): IDW Prüfungsstandard: Die Beurteilung von zusätzlichen Informationen, die von Unternehmen zusammen mit dem Jahresabschluss veröffentlicht werden (IDW PS 202, Stand: 17. November 2000), in: WPg 54 (2001), S. 121–123; IDW (Hrsg.): WPH 2006, Band I, 13. Aufl., Düsseldorf 2006.

Barbara Echinger; Nadja Dwenger

Geschäftsberichte, Rating der

Geschäftsberichte werden mit dem Ziel geratet, die Publikationsqualität des entsprechenden Unternehmens festzustellen. Dafür wird anhand verschiedener Kriterien (Checkpunkte) meist mithilfe von Punktbewertungsverfahren (→Scoringmodelle) untersucht, wie gut die (potenziellen) Investoren über die wirtschaftliche Situation eines Unternehmens informiert werden. Meist wird der veröffentlichte Geschäftsbericht eines Unternehmens als Untersuchungsgegenstand herangezogen, weil er ein allen Adressatengruppen zugängliches Medium der Unternehmenskommunikation ist. Der Geschäftsbericht besteht grundsätzlich aus dem JA/Konzernabschluss, dem →Lagebericht/→Konzernlagebericht sowie weiteren freiwilligen Angaben des Unternehmens. Der Geschäftsbericht stellt damit ein Instrument der →Investor Relations dar. Ein Rating von Geschäftsberichten wird sowohl in der empirischen Forschung als auch bei Wettbewerben von Informationsintermediären (bspw. Zeitschriften) ermittelt. Mit entsprechenden Wettbewerben sollen für Unternehmen Anreize geschaffen werden, eine möglichst gute Kapitalmarktkommunikation zu betreiben.

In Deutschland wurde für Geschäftsberichte erstmals 1983 ein Wettbewerb zur inhaltlichen Qualität ausgetragen, der vom damaligen *Industriemagazin* unter dem Titel „Der beste Geschäftsbericht" veranstaltet wurde. Dieser Wettbewerb wurde vom *Industriemagazin*, seit 1990 *Top Business* genannt, in den folgenden Jahren fortgesetzt. Der Wettbewerb wurde nachfolgend vom *mm* übernommen. Dieser Wettbewerb findet seitdem jährlich unter dem Titel „Die besten Geschäftsberichte" statt. Das Rating von Geschäftsberichten wird exemplarisch an diesem Wettbewerb erläutert. Seit dem Jahr 1996 wurden die Geschäftsberichte für den Wettbewerb in den Kategorien „betriebswirtschaftlicher Inhalt", „Gestaltung" sowie „Text/Sprache" untersucht. Diese Kategorien wurden später um die Kategorie „Finanzkommunikation" erweitert. Seit dem Jahr 2002 wird bei der Beurteilung des betriebswirtschaftlichen Inhalts neben dem Geschäftsbericht auch der Zwischenbericht (→Zwischenabschlüsse) herangezogen. Aufgrund des immer größeren Umfangs der Geschäfts- und →Zwischenberichterstattung wird seit dem Jahr 2004 auch die Effizienz der Berichterstattung berücksichtigt (Kategorie „Berichtseffizienz"). Die Analyse der Geschäfts- und Zwischenberichte umfasst im Einzelnen folgende fünf Kategorien:

1) Die Analyse des *betriebswirtschaftlichen Inhalts* des Geschäftsberichts umfasst 16 Teilberichte mit 117 Kriterien mit über 300 Detailentscheidungen, welche die inhaltlichen Angaben zum Lagebericht, zum →Anhang und zu den sonstigen freiwilligen Angaben umfassen. Die Kriterien sind in mehreren empirischen Untersuchungen ermittelt und gewichtet worden (Armeloh 1998, S. 100–226; Krumbholz 1994, S. 69–224). Die Analyse des betriebswirtschaftlichen Inhalts des Zwischenberichts umfasst sechs Teilberichte mit 52 Kriterien mit über 117 Detailentscheidungen zu vergleichbaren Inhaltspunkten. Zusätzlich wird untersucht, ob eine Bilanz und eine →Gewinn- und Verlustrechnung (GuV) vorhanden ist. Die Kriterien und die Gewichtung entstammen ebenfalls einer empirischen Untersuchung (Rolvering 2002, S. 156–177).

2) Bei der *Finanzkommunikation* werden die Aussagekraft der Strategie und der Ziele, die Transparenz der Strategie und der Finanzdaten sowie die Wahrhaftigkeit bezogen auf die →Corporate Governance (DCGK 6.1–6.8)(→Deutscher Corporate Governance Kodex) und i. S. e. →Value Reporting (Heumann 2005, S. 87–140; Ruhwedel/Schultze 2002, S. 602–612) untersucht.

3) Bei der *Gestaltung* des Geschäftsberichts (→Geschäftsberichte, Gestaltungsempfehlung) werden der optische Gesamteindruck, das Layout, die Typografie, die Bildsprache, die Informationsgrafiken, die Farben sowie die Herstellung und Verarbeitung untersucht.

4) Die Analyse des *Textes* bzw. der *Sprache* im Geschäftsbericht umfasst die Rechtschreibung, die Morphologie, den Satzbau, die Wortwahl, den Stil, den Textaufbau und die Textgliederung; besonderes Augenmerk wird auf den Aktionärsbrief gerichtet.

5) Beim Kriterium der *Berichtseffizienz* fließen verschiedene Komponenten in die Beurteilung ein. Das vorläufige Ergebnis entsprechend den oben genannten Kategorien wird in Relation zum Umfang der Berichterstattung in Geschäfts- und Zwischenberichten gesetzt. Dabei wird die an der Börsenindex-

zugehörigkeit und an der Branchenzugehörigkeit orientierte Komplexität der Unternehmenstätigkeit einbezogen. Künftig wird auch berücksichtigt, wieweit börsenaufsichtsrechtliche Offenlegungspflichten (→Börsenaufsicht; →Publizität) zu einer erweiterten Berichterstattung führen.

In jedem Jahr werden im Rahmen des Wettbewerbs von ca. 200 Unternehmen die Geschäfts- und Zwischenberichte ausgewertet. Der Teilnehmerkreis umfasst dabei Unternehmen, deren Aktien in einem der bedeutenden deutschen oder europäischen Börsenindizes notiert sind: DAX, MDAX, SDAX, TecDAX und STOXX 50. Der Analysevorgang läuft in drei Schritten ab:

Im *ersten Schritt* untersucht eine Gutachtergruppe den betriebswirtschaftlichen Inhalt der Geschäfts- und Zwischenberichte. Die 20 besten Geschäftsberichte aus jedem Börsenindex und alle Berichte der DAX-Unternehmen werden im nächsten Schritt von weiteren wissenschaftlichen Gutachtern untersucht. Bei allen anderen Unternehmen wird nur die inhaltliche Qualität des Geschäfts- und Zwischenberichts bewertet.

Im *zweiten Schritt* werden die Finanzkommunikation, die Gestaltung und die sprachliche Qualität der Geschäftsberichte analysiert. Abschließend wird aus den auf einer Skala von 0% bis 100% normierten Ergebnissen der Gutachter und dem Umfang der Berichterstattung die Effizienz der Berichterstattung ermittelt.

Im *dritten Schritt* werden die besten Berichte eines jeden Indexes von einer Jury aus Kapitalmarktpraktikern geprüft. Die Juroren untersuchen die Berichte anhand der Kriterien Authentizität des vermittelten Bildes, Vollständigkeit, Ansprache und Leserfreundlichkeit. Abhängig davon, wie die Qualität eines Geschäftsberichts beurteilt wird, können bis zu acht Prozentpunkte auf das Gesamturteil aufgeschlagen oder abgezogen werden.

Seit dem Wettbewerb 2006 wird die Finanzkommunikation nicht mehr separat von einer wissenschaftlichen Gutachtergruppe beurteilt, sondern von den Juroren untersucht und durch entsprechende Zu- oder Abschläge auf das vorläufige Teilergebnis der drei wissenschaftlichen Teams berücksichtigt. Darüber hinaus wurden die Kriterien zur Bewertung der wertorientierten Lageberichterstattung i. S. e. Value Reporting in die Kriterienliste für den Konzernlagebericht integriert (*erster Schritt*). Ab dem Wettbewerb 2007 soll das Kriterium der Berichtseffizienz nur noch durch die Juroren und zwar lediglich für die ihnen vorgelegten je sieben besten Berichte der Börsenindizes (nach Inhalt, Sprache und Gestaltung) beurteilt werden.

Literatur: Armeloh, K.-H.: Die Berichterstattung im Anhang, Düsseldorf 1998; Heumann, R.: Value Reporting in IFRS-Abschlüssen und Lageberichten, Düsseldorf 2005; Krumbholz, M.: Die Qualität publizierter Lageberichte, Düsseldorf 1994; Rolvering, A.: Zwischenberichterstattung börsennotierter Kapitalgesellschaften, Herne/Berlin 2002; Ruhwedel, F./Schultze, W.: Value Reporting: Theoretische Konzeption und Umsetzung bei den DAX 100–Unternehmen, in: ZfbF 54 (2002), S. 602–632.

Rainer Heumann; Tatjana Oberdörster

Geschäftsfeld-/Ressourcen-Portfolio

Das Geschäftsfeld-/Ressourcen-Portfolio zählt zu den etablierten Instrumenten der Umwelt-/Unternehmensanalyse in der strategischen →Planung. Basierend auf der finanzwirtschaftlichen Portefeuille-Theorie (Portfolio-Selection-Theorie) werden im *Portfolio* die Planungsobjekte nicht isoliert, sondern aus einer übergeordneten unternehmerischen Gesamtperspektive zusammenhängend bzgl. Chancen- und Risikoverteilung betrachtet. Planungsobjekte sind die eigenständigen *strategischen Geschäftsfelder* (SGF) eines Unternehmens. Sie entstehen aus der Zerlegung des gesamten unternehmerischen Tätigkeitsfeldes nach markt- und planungsorientierten Kriterien (z. B. Problemlösung, Kunde/Markt, Technologie) mit dem Ziel, die Komplexität zu reduzieren (Außensegmentierung des Unternehmens). In der →Portfolioanalyse werden Umwelt- und Unternehmensanalyse der SGF durch zwei repräsentative Faktoren als Ordinate (unabhängiger Faktor) bzw. Abszisse (abhängiger Faktor) in einer zweidimensionalen Matrix gegenübergestellt. Den daraus resultierenden Portfolio-Feldern werden sog. *Normstrategien* zugeordnet, die als Leitlinien für die Ressourcenverteilung (Neuinvestition, Desinvestition etc.) für die im Portfolio positionierten SGF dienen. Die Strategieformulierung und Umsetzung richtet sich dann auf *strategische Geschäftseinheiten* (SGE), die als organisatorische Einheiten im SGF bestehen (Innensegmentierung des Unternehmens) (Bea/Haas 2005, S. 119–132; Welge/Al-Laham 2005, S. 330–340).

Geschäftsfeld-/Ressourcen-Portfolio

Die Dimensionen eines *Geschäftsfeld-Portfolios* lassen sich je nach vertretener Sichtweise im strategischen Management unterschiedlich interpretieren. In einer *marktorientierten Sichtweise* (Market-based View) geht es in der strategischen Analyse um die Positionierung der SGF auf dem Absatzmarkt. Zu den klassischen (absatz-) marktorientierten Portfolio-Ansätzen zählen insb. das Marktwachstum-Marktanteil-Portfolio (*Boston Consulting Group*-Matrix), das Wettbewerbsposition-Marktlebenszyklus-Portfolio (*Arthur D. Little*-Matrix) und das Marktattraktivitäts-Geschäftsfeldstärken-Portfolio (*McKinsey*-Matrix). In der Analyse werden dabei zwar (indirekt) Aspekte der Ressourcenstärke eines SGF berücksichtigt, insb. bei dem letztgenannten Portfolio, die Normstrategien richten sich aber ausschließlich auf das Wettbewerbsverhalten.

Im Unterschied dazu rücken in der hier näher betrachteten *ressourcenorientierten Sichtweise* (Resource-based View) die Strategien für den Aufbau, Erhalt und Ausbau von Ressourcen in den Mittelpunkt. Dabei sind die ressourcenorientierten Strategien nicht mehr nur „Erfüllungsgehilfen" der marktorientierten Strategien, sondern stehen vielmehr gleichberechtigt neben diesen (Bea/Haas 2005, S. 132–160; Hungenberg 2004, S. 423–435). Die ressourcenorientierten Portfolio-Ansätze lassen sich danach unterteilen, ob überwiegend materielle oder immaterielle Ressourcen betrachtet werden.

Neben den Technologie-Portfolios werden vor allem im *Geschäftsfeld-/Ressourcen-Portfolio* überwiegend materielle Ressourcen analysiert. Es richtet sein Augenmerk auf die Ressourcenstärke im Beschaffungsbereich und den dort

Abb.: Geschäftsfeld-/Ressourcen-Portfolio

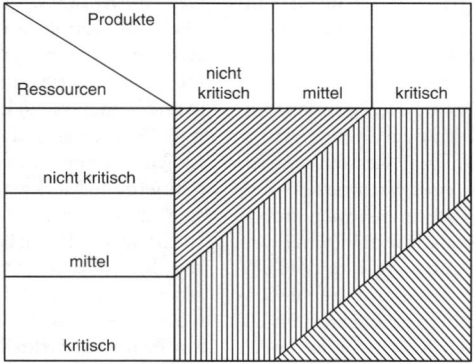

Quelle: Albach 1979, S. 702.

latent vorhandenen Gefährdungspotenzialen. Im Portfolio lassen sich kritische Produkt-Ressourcen-Kombinationen aufzeigen, indem der Beschaffungs- und Absatzmarkt in Form einer isolierten Ressourcen- und Produkt-Matrix zu einer Geschäftsfeld-Ressourcen-Matrix integriert werden. Die *Ressourcen-Matrix* beurteilt die für die Produktion benötigten Ressourcen nach ihrer Kostenentwicklung (→Kosten) und Verfügbarkeit. In der *Produkt-Matrix* werden Kombinationen von Phasen des Produktlebenszyklus (→Produktlebenszykluskonzept) und Stufen der Marktattraktivität dargestellt. In der Geschäftsfeld-Ressourcen-Matrix lassen sich bzgl. der Beschaffungs- bzw. Absatzmarktsituation, wie in nachstehender Abb. gezeigt, ungefährdete, offene und gefährdete SGE differenzieren. Eine SGE gilt dann als ungefährdet, wenn sie bzgl. der Absatz- und Ressourcenseite in der Matrix als unkritisch bewertet wird. Für kritisch bewertete SGE sollte nur dann eine Strategie zur Verbesserung der Ressourcensituation (z. B. Suche nach Ersatzressourcen) verfolgt werden, wenn die Produkt-Matrix eine günstige Bewertung liefert (Albach 1979, S. 702). Ebenfalls auf die Ressourcen im Beschaffungsmarkt richtet sich die Potenzial-/Risikoeinschätzung im Material- und Lieferantenportfolio (Welge/Al-Laham 2005, S. 411–417).

Die neueren ressourcenorientierten Portfolio-Ansätze beruhen auf der Basisannahme des Resource-based View, dass Wettbewerbsvorteile eines Unternehmens lediglich sekundär aus der Marktpositionierung, sondern primär aus den einzigartigen *Ressourcen* und deren Kombinationen entstehen, über die das Unternehmen verfügt. Damit sind nicht länger die SGF bzw. SGE das Analyseobjekt, sondern die hinter ihnen stehenden strategisch relevanten (d. h., die schwer-imitierbaren, unternehmensspezifischen, nicht-substituierbaren und einen Kundennutzen generierenden) immateriellen Ressourcenbündel (Welge/Al-Laham 2005, S. 256–266). Diese Ressourcenbündel werden auch als *Kompetenzen* bezeichnet, was diese Portfolio-Ansätze meist auch im Namen tragen. Sie bilden als interne Dimension der Matrix die Stärken und Schwächen des Unternehmens in Bezug auf die zu untersuchenden Kompetenzfelder ab. In einer externen Dimension werden diese Kompetenzen nach markt- bzw. wettbewerbsorientierten Kriterien bewertet: z. B. nach der Marktattraktivität im marktbezogenen Kompetenzportfolio oder der Kundenattraktivität im kundenwertorientierten Kompetenzportfolio (Hungenberg 2004, S. 447–455; Welge/Al-Laham 2005, S. 361–375). Im Unterschied dazu weist die „Parenting-Advantage"-Matrix eine rein unternehmensinterne Perspektive auf, bei der es nicht um die isolierte Optimierung singulärer Ressourcenpotenziale und Kompetenzfelder geht, sondern um die integrative Betrachtung ressourcenbezogener Verflechtungen zwischen SGF bzw. SGE. Für den Entwicklungs- und Transformationsprozess der gemeinsam nutzbaren Ressourcen und Kompetenzen werden unterschiedliche Rollen für die Unternehmenszentrale und die SGE entwickelt (Campbell/Goold 1997, S. 169–174).

Literatur: Albach, H.: Strategische Unternehmensplanung bei erhöhter Unsicherheit, in: ZfB 48 (1979), S. 702–715; Bea, F. X./Haas, J.: Strategisches Management, 4. Aufl., Stuttgart/Jena 2005; Campbell, A./Goold, M.: Building Core Skills, in: Campbell, A./Sommers, L. K. (Hrsg.): Core Competency-based Strategy, London 1997, S. 163–187; Hungenberg, H.: Strategisches Management in Unternehmen. Ziele – Prozesse – Verfahren, 4. Aufl., Wiesbaden 2006; Welge, M. K./Al-Laham, A.: Strategisches Management. Grundlagen – Prozess – Implementierung, 4. Aufl., Wiesbaden 2005.

Hans-Christian Pfohl; Ralf Elbert

Geschäftsfeldanalyse →Technologie-Markt-Portfolio

Geschäftsfeldstrategie und -planung

Die Geschäftsfeldstrategie und -planung definiert die grundsätzlichen Handlungsweisen und deren Entwicklung, mit denen ein Unternehmen in einem bestimmten *strategischen Geschäftsfeld* (SGF) operieren will, um erfolgreich im Wettbewerb zu bestehen. Ein SGF steht für einen bestimmten Teil des unternehmerischen Tätigkeitsfeldes und bildet aufgrund seiner speziellen Rahmenbedingungen und Wettbewerbssituation ein eigenständiges Objekt für die strategische →Planung. Konstituierende Merkmale für ein SGF sind, dass sich dafür Kunden oder Kundengruppen mit spezifischen Bedürfnissen identifizieren lassen, für die eine bestimmte Leistung angeboten wird, die in Konkurrenz zu Wettbewerbern steht. In der Praxis bestehen SGF meist aus Produkt-Markt-Kombinationen (Hungenberg 2004, S. 73–75; Welge/Al-Laham 2005, S. 330–340).

Die Differenzierung von Strategien für das Gesamtunternehmen und für die SGF dient der Komplexitätsreduktion in der *strategischen Planung*. Darin wird die grundsätzliche, zukünftige Entwicklung des Unternehmens und seiner SGF festgelegt. Das übergeordnete Ziel ist dabei nicht die kurzfristige Gewinnmaximierung, sondern die Sicherung der zukünftigen Unternehmensentwicklung durch die Schaffung der Voraussetzungen für dauerhafte Erfolge (→Erfolgscontrolling). Diese Vorteilsquellen sind dem Erfolg des Unternehmens zeitlich vorgelagert und stehen für zukünftige Erfolgsmöglichkeiten (→Erfolgsabhängigkeiten). Die innen orientierte Denkweise des strategischen Managements (Resource-based View) geht davon aus, dass diese Vorteilsquellen auf Ressourcen, Wissen und Fähigkeiten des Unternehmens beruhen. Die strategische Planung befasst sich daher mit dem Ausbau einzigartiger, interner Potenziale, die von Wettbewerbern nicht imitiert werden können. Diese *Erfolgspotenziale* sind definiert als „[...] das gesamte Gefüge aller [...] erfolgsrelevanten Voraussetzungen, die spätestens dann bestehen müssen, wenn es um die Erfolgsrealisierung geht [...]" (Gälweiler 1990, S. 26–28). Der Aufbau solcher Erfolgspotenziale führt nicht von selbst zum Erfolg, sondern sie müssen in vom Kunden als wichtig wahrgenommene und von der Konkurrenz nicht ohne weiteres einholbare Wettbewerbsvorteile umgesetzt werden. Die Grundlage dafür bilden in der außenorientierten Denkweise des strategischen Managements (Market-based View) die *Erfolgspositionen*, die definiert sind als „[...] bewusst geschaffene Voraussetzungen, die es diesem Unternehmen erlauben, im Vergleich zur Konkurrenz langfristig überdurchschnittliche Ergebnisse zu erzielen [...]" (Pümpin 1992, S. 34). Aufgabe der strategischen Planung ist dabei, das Unternehmen und dessen SGF in der relevanten Umwelt optimal zu positionieren bzw. die Umwelt entsprechend zu beeinflussen (Hungenberg 2004, S. 87–80, 134–141; Pfohl 2005, S. 567–571; Pfohl/Stölzle 1997, S. 108–109).

Die Koordination von Erfolgspotenzialen und -positionen der einzelnen SGF und deren Abstimmung mit allen Teilplänen – insb. den Funktionsbereichsplanungen sowie der gesamtunternehmensbezogenen Ergebnisplanung (→Erfolgsplanung) und →Finanzplanung – ist primär die Aufgabe der *strategischen Unternehmensplanung*. Ein wichtiges Instrument dafür ist die →Portfolioanalyse. Aus der Gegenüberstellung von knappen materiellen und immateriellen Ressourcen zu deren Ausbau, Erhalt oder Auflösung. Dabei gibt die Unternehmensstrategie nicht nur an, wie die SGF konfiguriert und gesteuert werden, sondern auch, wie deren Erfolgspotenziale und -positionen zu unterstützen und zu verstärken sind (Müller-Stewens/Lechner 2005, S. 277–280; Welge/Al-Laham 2005, S. 328–329). Im Unterschied dazu werden in der *strategischen Geschäftsfeldplanung* die Erfolgspotenziale für ein SGF identifiziert und Geschäftsfeldstrategien zu deren Realisierung durch den Aufbau, Erhalt oder Ausbau von Erfolgspositionen entwickelt. Ziel der Geschäftsfeldstrategie ist es, nachhaltige Vorteile gegenüber Wettbewerbern auf einem definierten SGF aufzubauen. Eine Geschäftsfeldstrategie beschreibt folglich grundlegende, zielorientierte Maßnahmen, die einem SGF eine vorteilhafte und gegenüber den Wettbewerbskräften verteidigungsfähige Position im Markt verschafft. Somit können Geschäftsfeldstrategien als Wettbewerbsstrategien charakterisiert werden, durch die festgelegt wird, auf welche Weise sich im jeweiligen Produkt-Markt-Bereich Wettbewerbsvorteile erzielen lassen (Müller-Stewens/Lechner 2005, S. 37; Welge/Al-Laham 2005, S. 382–383).

Logischer Ausgangspunkt für die Planung von Wettbewerbsstrategien bildet die *Situationsanalyse*, die in eine Umweltanalyse zur Identifikation von möglichen Chancen und Risiken (Außenorientierung) und eine Unternehmensanalyse zur Bestimmung der eigenen Stärken und Schwächen (Innenorientierung) unterteilt werden kann. Das Zusammenspiel beider Analysen – die Strengths (Stärken) / Weaknesses (Schwächen) / Opportunities (Chancen) / Threats (Risiken) (SWOT)-Analyse – liefert wichtige Erkenntnisse für die *Strategieentwicklung* (Hungenberg 2004, S. 84–134). Diese ist als kreative Lösung eines schlecht-strukturierten Entscheidungsproblems zu sehen. Erste Anhaltspunkte dafür können generische Wettbewerbsstrategien liefern. Sie lassen sich bspw. einteilen nach ihrer Entwicklungsrichtung (Wachstums-, Stabilisierungs- und Schrumpfungsstrategien), nach der Marktabdeckung (Single-Segment- und Multi-Segment-Strategien), nach dem geographischen Feld (internationale, globale, multinationale und transnationale Strategien) und nach Produkt-Markt-Kombinationen (Marktdurchdringungs-, Marktentwicklungs- und Produktentwicklungsstrategien) (Müller-Stewens/Lechner 2005, S. 253–262; Welge/Al-Laham 2005, S. 326–327). Besondere Beachtung gefunden hat die Unterscheidung nach Wettbewerbsvorteilen in die Strategie der Kostenführerschaft, die Strategie der Differenzierung und die Strategie der Konzentration auf Schwerpunkte (Porter 1999). Diese werden im Folgenden weiter ausgeführt.

Die Strategie der *Kostenführerschaft* in einer Branche erfordert eine konsequente Ausnutzung des Erfahrungskurveneffektes zur Senkung der Stückkosten (→Kosten) und damit verbunden einen aggressiven Aufbau von Kapazitäten (→Kapazitätsplanung; →Kapazitätscontrolling) sowie eine strenge Kostenkontrolle (→Kostencontrolling). Ein SGF, das eine Strategie der Kostenführerschaft verfolgt, muss sich dabei auf Prozessfähigkeiten stützen wie bspw. technologische Fähigkeiten zur Durchführung von Materialflüssen, die Fähigkeit zur Vereinfachung von Abläufen und die Fähigkeit, notwendige Prozesse vorausschauend zu erkennen. Gewinne werden bei dieser Strategie über große Absatzmengen zu niedrigen Preisen erzielt und fallen aufgrund der niedrigen Stückkosten auch dann noch an, wenn die Konkurrenten wegen geringerer Erfahrungskurveneffekte schon keine Gewinne mehr machen. Die Strategie der Kostenführerschaft bietet sich insb. bei stark standardisierten Produkten bzw. Dienstleistungen an, bei denen eine hohe Preistransparenz und Preiselastizität der Nachfrage besteht (Müller-Stewens/Lechner 2005, S. 263–265; Pfohl 2004, S. 88).

Die Strategie der *Differenzierung* besteht darin, dem Produkt in den Augen der Kunden eine Sonderstellung zu verschaffen, so dass es branchenweit als einzigartig angesehen wird. Die Differenzierung kann hierbei entweder über die Schaffung eines Markenimages erfolgen oder über die Produktqualität bzw. die Ausstattung des Produktes mit zusätzlichen Dienstleistungen. Die Grundlage dafür bilden vor allem kundenorientierte Fähigkeiten des SGF, wie bspw. eine konsequente Marktsegmentierung, eine gute Ansprechbarkeit und hohe Flexibilität, die einen positiven Einfluss auf den Unternehmenserfolg ausüben. Die Differenzierung schirmt gegen die Konkurrenten ab und bindet die Kunden an das Produkt bzw. die Dienstleistung. Da die Kunden bereit sind, für den einzigartigen Nutzen einen höheren Preis zu zahlen, wird der Gewinn bei dieser Strategie nicht über hohe Absatzmengen, sondern über größere Ertragsspannen erzielt (Pfohl 2004, S. 89).

Die Strategie der *Konzentration auf Schwerpunkte* erfordert eine Beschränkung auf eine bestimmte Abnehmergruppe, einen regionalen Markt oder eine enge Produktlinie innerhalb einer Branche (Marktnische). Sie wird auch als Spezialisierungsstrategie bezeichnet und basiert auf der Annahme, dass ein SGF ein eng begrenztes strategisches Ziel effizienter erreichen kann als Konkurrenten, die sich im breiteren Wettbewerb der gesamten Branche befinden. In der Marktnische kann das SGF Wettbewerbsvorteile entweder durch Kostenführerschaft oder Differenzierung erreichen. Die Kostenvorteile basieren im Gegensatz zur Strategie der Kostenführerschaft nicht auf dem mit einem großen Absatzvolumen verbundenen Erfahrungskurveneffekt, sondern darauf, dass bestimmte →Kosten gar nicht anfallen. Die Differenzierung erfolgt im verstärkten Maße einzelkundenorientiert, indem permanent neue Leistungen angeboten werden und eine hohe Flexibilität hinsichtlich spezifischer Kundenwünsche angestrebt wird (Pfohl 2004, S. 89–99; Welge/Al-Laham 2005, S. 392–394).

Literatur: Gälweiler, A.: Strategische Unternehmensführung, 2. Aufl., Frankfurt a.M. 1990; Hungenberg, H.: Strategisches Management in Unternehmen. Ziele – Prozesse – Verfahren, 3. Aufl., Wiesbaden 2004; Müller-Stewens, G./Lechner, C.: Strategisches Management. Wie strategische Initiativen zum Wandel führen, 3. Aufl., Stuttgart 2005; Pfohl, H.-Chr./Stölzle, W.: Planung und Kontrolle. Konzeption, Gestaltung, Implementierung, 2. Aufl., München 1997; Pfohl, H.-Chr.: Logistikmanagement. Konzeption und Funktionen, 2. Aufl., Berlin et al. 2004; Pfohl, H.-Chr.: Erfolgspotenziale und Erfolgspositionen in Logistik/Supply Chain Management, in: Amelingmeyer, J./Harland, P. E. (Hrsg.): Technologiemanagement & Marketing. Herausforderungen eines integrierten Innovationsmanagements, Wiesbaden 2005, S. 563–585; Porter, M. E.: Wettbewerbsstrategie. Methoden zur Analyse von Branchen und Konkurrenten, 10. Aufl., Frankfurt 1999; Pümpin, C.: Strategische Erfolgspositionen. Methodik der dynamischen Unternehmensführung, Bern et al. 1992; Welge, M. K./Al-Laham, A.: Strategisches Management. Grundlagen – Prozess – Implementierung, 4. Aufl., Wiesbaden 2005.

Hans-Christian Pfohl; Ralf Elbert

Geschäftsführungsprüfung

Die Prüfung der Geschäftsführung ist nicht Bestandteil der regulären →Jahresabschlussprüfung. Gem. § 111 Abs. 1 AktG bzw. § 52 Abs. 1 GmbHG i.V.m. § 111 Abs. 1 AktG fällt die Aufgabe der Überwachung der Geschäftsführung eines Unternehmens in den Verantwortungsbereich des Aufsichtsrats (→Überwachungsaufgaben des Aufsichtsrats). Es besteht aber die Möglichkeit zur Erweiterung des Prüfungsauftrags (→Prüfungsauftrag und -vertrag) um eine auf die Prüfung der Geschäftsführung ausgerichtete Prüfungsdienstleistung. Auf diese Weise kann eine Aussage darüber getroffen werden, ob die Geschäftsführung i. S. d. Anteilseigner handelt und ob der Bestand des Unternehmens nachhaltig gesichert ist.

Die Vorgehensweise bei dieser freiwilligen Prüfungsdienstleistung (→freiwillige und vertragliche Prüfung) kann sich an einer Prüfung nach dem 1969 in Kraft getretenen →Haushaltsgrundsätzegesetz (HGrG) orientieren. Dieses erlaubt es einer Gebietskörperschaft, welche die Anteilsmehrheit eines Unternehmens in einer Rechtsform des privaten Rechts innehat, den →Abschlussprüfer (Apr) mit einer Erweiterung der Abschlussprüfung (→Jahresabschlussprüfung; →Konzernabschlussprüfung) zu beauftragen (§ 53 HGrG) (→Jahresabschlussprüfung, erweiterte). Diese Möglichkeit besteht auch, wenn einer Gebietskörperschaft mindestens 25 % der Anteile gehören und sie zusammen mit anderen Gebietskörperschaften die Mehrheit der Anteile hält. Dadurch soll sichergestellt werden, dass die Geschäftsführung ihre Aufgaben i. S. d. Trägers und der Bürger erfüllt. Dabei werden nicht nur die Ordnungsmäßigkeit der Rechnungslegung (→Ordnungsmäßigkeitsprüfung), sondern auch die Qualität der veröffentlichten Angaben sowie die Geschäftsführung selbst einer Prüfung unterzogen. Die Sorgfalt eines ordentlichen und gewissenhaften Geschäftsführers ist als genereller Maßstab für sämtliche Untersuchungen anzusehen.

Im Rahmen einer Geschäftsführungsprüfung lassen sich folgende Prüfungsgegenstände konkretisieren: Untersucht werden die Organisation der Geschäftsführung, die eigentliche Geschäftsführungstätigkeit sowie das zur Verfolgung der Unternehmensziele eingesetzte Instrumentarium der Geschäftsführung.

Dabei können allerdings lediglich rational erfassbare Aspekte in Betracht gezogen werden. Eine objektive Überprüfung der Fähigkeiten, Begabungen und Kreativität der mit der Geschäftsführung beauftragten Personen ist nicht umsetzbar. Neben der Ausgestaltung der genannten Prüfungsbereiche an sich werden auch die jeweiligen Auswirkungen auf die →Vermögenslage, →Finanzlage und →Ertragslage (→wirtschaftliche Verhältnisse) des Unternehmens beurteilt.

Bei der Prüfung der Geschäftsführungsorganisation soll i. S. e. Aufbauorganisation die vom Gesetzgeber und in der Satzung des Unternehmens vorgeschriebene Existenz sowie die personelle Besetzung der Unternehmensleitung festgestellt werden. Auch die Richtlinien über Geschäfte, die einer ausdrücklichen Genehmigung bedürfen, sind zu untersuchen. Die Zuständigkeitsbereiche innerhalb einer Führungsebene sollten eindeutig definiert und abgegrenzt sein. Ferner ist die Beurteilung der vertikalen Integration der Führungsorgane in das gesamte Organisationsgeflecht des Unternehmens Bestandteil einer Organisationsprüfung, da eine angemessene Kompetenzverteilung auf die einzelnen Führungsebenen i. S. e. unproblematischen und schnellen Entscheidungsfindung erforderlich ist.

Die Untersuchung der Tätigkeit der Geschäftsführung beleuchtet die Entscheidungen der Unternehmensführung hinsichtlich ihrer Recht- und Zweckmäßigkeit. Insb. werden dabei Entscheidungen betrachtet, die erhebliche Risiken in sich bergen. Auch sämtliche Maßnahmen zur Kapitalbeschaffung und -herabsetzung werden geprüft. Dabei findet die Planungsphase (→Planung) zur Vorbereitung der Entscheidungsfindung besondere Berücksichtigung. Aufgrund der Fülle von Informationen und Umständen, die im Einzelfall zu einer Entscheidungsfindung beitragen, birgt dieser Prüfungsgegenstand häufig besondere Schwierigkeiten. Da ein funktionsfähiges Management ohne die Delegation diverser Aufgaben nicht gewährleistet sein kann, sind in diesem Zusammenhang auch die Arbeitsbereiche zu untersuchen, die der Geschäftsführung direkt unterstellt sind. Besondere Beachtung finden sollte dabei die Funktionsfähigkeit und Qualität der Kommunikation zwischen der Geschäftsführung und den nachgeordneten Stellen (→Führungsinformationssysteme).

Geschäftsführungsprüfung

Der dritte Aspekt im Rahmen der Prüfung der Geschäftsführung ist die Betrachtung des Instrumentariums, dessen sich die Geschäftsführung zur Zielerreichung bedient. Wie bei der Geschäftsführungsorganisation ist das Vorhandensein eines bestimmten Instrumentes an sich wenig aussagekräftig. Vielmehr ist die Ausgestaltung des →Rechnungswesens, des Planungswesens und der Überwachung (→Überwachungsaufgaben des Vorstands) als drei wesentliche Instrumente von besonderer Bedeutung. Das Rechnungswesen übernimmt eine grundlegende Aufgabe im Rahmen der Entscheidungsvorbereitung. Es liefert Daten für das Berichtswesen (→Berichtssystem), die nach entsprechender Aufbereitung der Unternehmensführung als Entscheidungsgrundlage zur Verfügung stehen. Hinsichtlich des Planungswesens ist die tatsächliche Existenz einer fundierten →Planung (→Planungssysteme) von besonderer Bedeutung. Dabei sollte das Planungswesen derart ausgestaltet und in die Unternehmensorganisation eingebunden sein, dass neue Informationen stets in laufenden Planungsprozessen berücksichtigt werden können. Zur Überwachung als drittes zentrales Instrument der Geschäftsführung gehören unternehmensinterne Abläufe und Instanzen, wie bspw. die →Interne Revision, die geeignet sind, Vorgänge im Unternehmen zu untersuchen und zu überwachen. Hierbei steht im Vordergrund, inwiefern das Interne Überwachungssystem [→Risikomanagementsystem (RMS)] dazu geeignet ist, die Geschäftsführung bei ihrer Arbeit zu unterstützen. Die Prüfung der Funktionsfähigkeit des →Internen Kontrollsystems (→Internes Kontrollsystem, Prüfung des; →Systemprüfung) ist Bestandteil der regulären Abschlussprüfung eines Unternehmens. Sich in diesem Zusammenhang evtl. ergebende Synergieeffekte sollten aber nicht ungenutzt bleiben.

Eine ordnungsmäßige Geschäftsführung impliziert, dass die Unternehmensführung ihrer in § 93 Abs. 1 Satz 1 AktG bzw. § 43 Abs. 1 GmbHG gesetzlich verankerten Pflicht zur Sorgfalt nachkommt [→Grundsätze ordnungsmäßiger Unternehmensführung (GoF)]. Auf diese Weise soll das Wohl des Unternehmens in jeglicher Hinsicht gewahrt werden. Die stetige Einhaltung der Schweigepflicht über vertrauliche Angaben und Unternehmensgeheimnisse sowie die Einhaltung von in Gesetzen oder in der Unternehmenssatzung verankerten Regeln können an dieser Stelle beispielhaft aufgeführt werden. Gerade vor dem Hintergrund der durch das UMAG im AktG kodifizierten sog. →Business Judgement Rule (§ 93 Abs. 1 Satz 2 AktG) darf allerdings in diesem Zusammenhang eine sorgfältige Unternehmensführung nicht mit einer erfolgreichen Unternehmensführung verwechselt werden.

Nach Abstimmung mit dem *BMF*, dem *BRH* und den *Landesrechnungshöfen* wurde am 14.2.2000 der IDW PS 720 verabschiedet. Dieser Prüfungsstandard beinhaltet einen „Fragenkatalog zur Prüfung der Ordnungsmäßigkeit der Geschäftsführung und der wirtschaftlichen Verhältnisse nach § 53 HGrG". Er kann auch im Rahmen einer freiwilligen Geschäftsführungsprüfung herangezogen werden und unterstützt den Prüfer bei der Urteilsbildung über die Ordnungsmäßigkeit der Unternehmensführung. IDW PS 720 soll eine einheitliche Grundlage für die Geschäftsführungsprüfung aller Unternehmen bieten, wobei im Einzelfall immer Größe, Branche und Rechtsform eines Unternehmens sowie die jeweilige wirtschaftliche Situation berücksichtigt werden müssen. Der Fragenkatalog kann folglich keinen Anspruch auf Vollständigkeit erheben. Er enthält 21 Fragenkreise, jeweils untergliedert in mehrere Unterfragen, die sich unterschiedlichen Themenschwerpunkten widmen.

Beispielhaft sollen im Folgenden einige Fragenkreise aus dem Bereich der Geschäftsführungstätigkeit betrachtet werden, da dieser Prüfungsgegenstand als besonders facettenreich zu betrachten ist. Neben der Untersuchung →zustimmungspflichtiger Geschäfte, Maßnahmen und deren Abwicklung, sollen Fragen zur Investitionstätigkeit (→Investition) beantwortet werden. Verläuft ihre Planung in angemessener Weise? Werden Rentabilität, Risiken und evtl. Abweichungen untersucht (→Rentabilitätsanalyse; →Risiko- und Chancencontrolling)? Die Finanzierungsseite betreffend wird u. a. nach der Liquidität des Unternehmens (→Liquiditätscontrolling) und einer adäquaten Kreditüberwachung gefragt. In einem weiteren Fragenkreis soll beantwortet werden, ob die Eigenkapitalausstattung (→Eigenkapital) des Unternehmens als ausreichend angesehen wird, oder ob Maßnahmen zur Verbesserung erforderlich sind (→Finanzierungsregeln). Auch nach Ursachen für verlustbringende Geschäfte und einem evtl. Jahresfehlbetrag (→Erfolgscontrolling) wird gefragt. Abschließend sollen Maßnahmen zur Verbesserung der Ertragslage beschrieben werden.

I.S.e. ökonomisch sinnvollen Prüfung kann der WP jährlich wechselnde Prüfungsschwerpunkte setzen. Er ist aber stets dazu verpflichtet, alle Fragen zu beantworten, da es nicht zulässig ist, nur einen Ausschnitt des Fragenkatalogs zugrunde zu legen. Kommt der WP jedoch zu der Auffassung, dass ein Fragenkreis oder auch nur eine Frage für das zu prüfende Unternehmen nicht einschlägig ist, besteht die Möglichkeit zur Abweichung vom vorgegebenen Fragenkatalog. Dieses Vorgehen ist allerdings in angemessener Weise zu begründen.

Literatur: IDW (Hrsg.): IDW Prüfungsstandard: Fragenkatalog zur Prüfung der Ordnungsmäßigkeit der Geschäftsführung und der wirtschaftlichen Verhältnisse nach § 53 HGrG (IDW PS 720, Stand: 14. Februar 2000), in: WPg 53 (2000), S. 326–331; Jung, A.: Erweiterung der Abschlussprüfung von Kapitalgesellschaften: eine Diskussion über die Prüfung der wirtschaftlichen Lage und über die Prüfung der Ordnungsmäßigkeit der Geschäftsführung, Berlin 1996; Kofler, H.: Geschäftsführungsprüfung, in: Kofler, H. et al. (Hrsg.): Betriebswirtschaftliches Prüfungswesen in Österreich: FS für Karl Vodrazka zum 65. Geburtstag, Wien 1996, S. 269–280; Loitz, R.: Die Prüfung der Geschäftsführung auf dem Prüfstand – Analyse und Beurteilung der Geschäftsführungsprüfung nach § 53 HGrG vor dem Hintergrund einer Übertragung auf private Unternehmen, in: BB 52 (1997), S. 1835–1841.

Frank M. Hülsberg

Geschäftsjahr →Periodengerechte Erfolgsermittlung

Geschäftskosten →Kalkulation im Warenhandel

Geschäftsleiterermessen →Business Judgement Rule

Geschäftsordnung für Vorstand und Aufsichtsrat

Das AktG regelt weder die Zulässigkeit des Erlasses noch den Inhalt von Geschäftsordnungen für Vorstand und AR, sondern setzt die Möglichkeit zum Erlass von Geschäftsordnungen für diese beiden Organe voraus. Die Zulässigkeit zum Erlass einer Geschäftsordnung ergibt sich aus der Autonomie der Organe, ihre Binnenverhältnisse grundsätzlich selbst zu regeln.

Trotz der bestehenden Regelungsautonomie ist die Hierarchie des AktG zu beachten. Zwingende Vorschriften des AktG gehen der Satzungsautonomie, abschließende Regelungen in der Satzung der Regelungsautonomie durch die Organe selbst (Geschäftsordnung) vor. Verstöße gegen die Geschäftsordnung in Bezug z. B. auf die Ressortzuständigkeit machen die Rechtsgeschäfte im Außenverhältnis nicht unwirksam, sondern führen zu Pflichtwidrigkeit des Handelns. Daraus können entweder Schadensersatzpflichten (§§ 93, 116 AktG) resultieren (→Haftung des Vorstands; →Haftung des Aufsichtsrats) oder sich ein wichtiger Grund zur Abberufung ergeben (→Vorstand, Bestellung und Abberufung; →Aufsichtsrat, Be- und Abberufung).

Eine Geschäftsordnung für den Vorstand können sowohl der Vorstand selbst als auch der AR erlassen. Die Erlasskompetenz des Aufsichtsrats ist gegenüber der Kompetenz des Vorstands vorrangig. Soweit der Vorstand in zulässiger Weise von seiner Kompetenz Gebrauch gemacht hat, kann er die Geschäftsordnung nur einstimmig abändern oder aufheben (§ 77 Abs. 2 AktG). Der AR kann in eine vom Vorstand erlassene Geschäftsordnung nicht punktuell eingreifen, sondern nur die Geschäftsordnung aufheben und durch eine eigene ersetzen (Mertens 1996, Rn. 43 zu § 77 AktG, S. 80). Die Geschäftsordnung gilt ohne weiteres bei Neueintritt von Vorstandsmitgliedern weiter, ohne dass diese ausdrücklich zustimmen müssen. Eine vom AR erlassene Geschäftsordnung wird auch durch die Neubesetzung des ganzen Vorstands nicht berührt.

Der Inhalt der Geschäftsordnung ist grundsätzlich frei gestaltbar, soweit nicht zwingende Vorschriften des Gesetzes oder der Satzung entgegenstehen. Regelmäßig wird die Binnenorganisation des Vorstands Regelungsgegenstand einer Geschäftsordnung sein (→Organisationspflichten des Vorstands). Insb. ist festgelegt, wie die einzelnen Vorstandsmitglieder ihre geschäftsführende Tätigkeit auszuüben haben. Regelungsbedürftige Punkte der Binnenorganisation des Vorstands sind z. B. Sitzungsmodalitäten des Kollegialorgans, wie z. B. Einberufung, Ort, Leitung, Ressortzuständigkeit, Ausschussbildung, Abstimmungsverfahren sowie Bestimmung der Beschlussfähigkeit (Hefermehl/Spindler 2004, Rn. 39 zu § 77 AktG, S. 119). Darüber hinaus enthalten Geschäftsordnungen Vorschriften zu den Beziehungen des Vorstands zum AR, wie z. B. Verfahrensweise bei →zustimmungspflichtigen Geschäften sowie die Erfüllung der in § 90 AktG statuierten →Berichterstattungspflichten des Vorstands.

Der AR besitzt die Autonomie zur Regelung seiner Verhältnisse, soweit nicht bereits das Gesetz oder die Satzung eine abschließende Regelung getroffen haben. Nach richtiger Ansicht ist der AR nicht nur berechtigt, sondern sogar verpflichtet, die organisationsrechtlichen Voraussetzungen für eine sorgfältige Aufgabenerfüllung (→Überwachungsaufgaben des Aufsichtsrats) zu schaffen (Hopt/Roth 2005, Rn. 202 f. zu § 107 AktG, S. 582 f.); so empfiehlt der →Deutsche Corporate Governance Kodex ausdrücklich den Erlass einer Geschäftsordnung (DCGK 5.1.3). Soweit der AR eine Geschäftsordnung erlassen hat, kann er sie in eigener Autonomie nach allgemeinen Regeln abändern. Soweit in der Satzung selbst Regelungen der Organisation des Aufsichtsrats enthalten sind, können sie nur durch eine Satzungsänderung geändert oder aufgehoben werden. Daher empfiehlt es sich, Regelungen der Binnenorganisation des Aufsichtsrats durch diesen selbst zu erfassen. Die Geltungsdauer der Geschäftsordnung des Aufsichtsrats geht über die Amtszeit der einzelnen Aufsichtsratsmitglieder bzw. des Kollegialorgans (→Amtszeit von Vorstand und Aufsichtsrat) hinaus.

Regelmäßig werden die Formalien der Aufsichtsratssitzungen (Einberufungsmodalitäten, Niederschrift, Leitung, Tagesordnungsfragen, Abstimmungsfragen sowie Regelung der Beschlussfähigkeit) sowie die Sicherstellung der Durchführung der Beschlüsse geregelt (Hoffmann/Preu 2003, S. 123 f.). Daneben sollen die Bildung von →Aufsichtsratsausschüssen sowie die besonderen Aufgaben des Aufsichtsratsvorsitzenden Gegenstand der Geschäftsordnung sein. Der AR wird darüber hinaus oft einen Katalog an Geschäften aufführen, für die er seine Zustimmung vorbehält (→zustimmungspflichtige Geschäfte) (§ 111 Abs. 4 AktG).

Literatur: Hefermehl, W./Spindler, G.: Kommentierung des § 77 AktG, in: Kropff, B./Semler, J. (Hrsg.): Münchener Kommentar zum Aktiengesetz, München 2004; Hoffmann, D./Preu, P.: Der Aufsichtsrat, 5. Aufl., München 2003; Hopt, K. J./Roth, M.: Kommentierung des § 107 AktG, in: Hopt, K. J./Wiedemann, H. (Hrsg.): Großkommentar zum Aktiengesetz, 4. Aufl., Berlin 2005; Mertens, H.-J.: Kommentierung des § 77 AktG, in: Zöllner, W. (Hrsg.): Kölner Kommentar zum Aktiengesetz, 2. Aufl., Köln 1996.

Tobias Hüttche; Torsten Maurer

Geschäftsprozesse

Risiken von Geschäftsprozessen werden üblicherweise mittels Prozesskennzahlen erfasst, die jeweils für die Indikatoren Prozessqualität, Durchlaufzeit und Prozesskosten entwickelt sind. Da die Leistung eines Geschäftsprozesses grundsätzlich an Kundenbedürfnissen zu messen ist, kann es dabei allerdings nicht um Minimierung oder Maximierung der Performancegrößen gehen, sondern immer nur um die Übereinstimmung mit definierten Vorgaben, der sog. „conformance to customer requirements" (Gaitanides et al. 1994, S. 58).

Prozessqualität: Qualität ist gleichzusetzen mit der Erfüllung von (objektivierten) Anforderungen zur dauerhaften Kundenzufriedenheit. Qualitätsmanagement (→Qualitätscontrolling; →Total Quality Management) beinhaltet allgemein die Gestaltung und zielbezogene Abstimmung aller qualitätsfördernden Maßnahmen im Unternehmen. Die Sicherung der Prozessqualität ist gleichbedeutend mit der →Planung, Steuerung und Kontrolle (→Kontrolltheorie) der Geschäftsprozesse hinsichtlich des Parameters Qualität. Damit ist die Prozessqualität ein Ergebnis der Prozessoptimierung. Durch das Qualitätsmanagement wird ein fehlerfreier Prozessablauf angestrebt, indem entlang des gesamten Geschäftsprozesses Maßnahmen zur Qualitätssicherung realisiert werden.

Traditionell wird die Produktqualität erst als eine Eigenschaft des Prozessoutputs gesehen. Diese Vorgehensweise gilt mittlerweile als überholt, da hohe Produktqualität systematisch nur durch die Fehleranalyse und -beseitigung über die gesamte Prozesskette hinweg stabilisiert werden kann. Aus diesem Grunde ist die Qualität nicht erst nach Fertigstellung des Produktes zu kontrollieren, sondern durch entsprechende Maßnahmen im Vollzug der Geschäftsprozesse proaktiv zu sichern (→Qualitätscontrolling). Die Forderung nach höchster Qualität bzw. Null-Fehler-Produktion wird daher für die gesamte Wertkette gefordert. „Unübersehbar ist, dass die Qualitätssicherung nicht nur die Produkte, sondern auch die Prozesse "… „ und – am deutlichsten im TQM-Konzept – letztlich die Gesamtunternehmung betrifft. In der Hoffnung auf Wettbewerbsvorteile werden Qualitätssicherungsprojekte gestartet, wobei autorisierte Gutachter Prozesse unter Berücksichtigung nationaler und internationaler Normen (ISO) zertifizieren" (Grün 1997, S. 286; Vedder 2001, S. 51 ff.). Die Bedeutung einer im Prozess selbst entstehenden Qualität wird insb. im Verfahren der Zertifizierung nach DIN 2000 ff. hervorgehoben. Insb. ISO 9004:2000 hat sich im Qualitätsmanagement Grundsatz 4 auf die Verbesserung der Unternehmensprozesse konzentriert. Ein „erwünschtes Ergebnis lässt sich effizienter erreichen, wenn die Tätigkeiten und die dazugehörigen Ressourcen als Prozess geleitet und gelenkt werden" (s. auch Grünewald/Pagenkemper 2004, S. 38).

Auch das KonTraG stellt Anforderungen an das Management der Prozessqualität. Prozessrisiken können sich auf die Produktqualität, Kostenziele (→Kosten; →Kostenmanagement; →Target Costing) und Termineinhaltung (→Termincontrolling) auswirken und sind daher auch zum Gegenstand des →Risikomanagementsystems (RMS) zu machen.

Mit dem Qualitätsziel ist also insb. die Prozessqualität angesprochen (Vahs 2003, S. 217 ff.). Sie äußert sich in einem reibungslosen Ablauf und der friktionsfreien Integration der Kern- und Supportprozesse und wird deshalb auch als Prozesssicherheit bezeichnet. Sichere Prozesse weisen wenige oder keine Nachbearbeitungsvorgänge auf, die durch vorausgegangene Fehler verursacht wurden. Dies verkürzt auch die Durchlaufzeit. Letztendlich kommt das Qualitätsziel in dem Streben nach Fehlerfreiheit zum Ausdruck, das sich über alle Prozesse der Wertschöpfungskette erstreckt.

→Total Quality Management (TQM) bezeichnet einen ganzheitlichen Qualitätsansatz, dem eine Denk- und Handlungsweise zugrunde liegt, die auf permanente Qualitätsverbesserung gerichtet ist. Ein hohes Qualitätsniveau kann nur durch eine entsprechende Koordination des gesamten Leistungsprozesses auf Basis von Kunden-Lieferanten-Beziehungen sowie einer funktionsübergreifenden Optimierung erreicht werden. Zum anderen müssen die Mitarbeiter durch Selbstkontrolle, Gruppenarbeit und entsprechende Leistungsanreize dazu motiviert werden, eine qualitativ hochwertige Prozessarbeit zu leisten. Das Qualitätsbewusstsein soll alle Geschäftsprozesse und Aktivitäten eines Unternehmens erfassen und zu einem kontinuierlichen Verbesserungsprozess (KVP) führen (Vahs 2003, S. 218). Unter dem Begriff des Kaizen (Imai 1994, S. 15 ff.) wird diese systematische Ausschöpfung von Verbesserungspotenzialen zu einem Bestandteil der Unternehmenskultur erhoben. Die Prozessqualität steht auch in den Ausschreibungskriterien der nationalen und internationalen Qualitätspreise im Vordergrund. Sowohl im *Malcolm Baldridge National Award* als auch im *European Quality Award* erhält sie den höchsten Punktwertfaktor (Zink 1995, S. 37 ff.).

Prozesszeit: Die Verkürzung der Durchlaufzeit hatte bereits in der →Ablauforganisaton als Vorläuferkonzept der Prozessorganisation herausragenden Stellenwert. Darüber hinaus gewinnt die Zeit als Wettbewerbsfaktor unter strategischen Aspekten neben der Preis- und Produktdifferenzierung wachsende Bedeutung. Die Durchlaufzeit in den unterschiedlichen Geschäftsprozessen beeinflusst die Kapitalbindung. Die Entwicklungszeit und die Dauer der Markteinführung neuer Produkte werden immer wichtigere Instrumente für die Gewinnung von Marktanteilen. Die kurzfristige Lieferbereitschaft und die Lieferflexibilität sind häufig die entscheidenden Wettbewerbsvorteile. In allen Fällen spielt der Faktor Zeit bei der Bewertung von Geschäftsprozessen eine zentrale Rolle. Die Verkürzung der Durchlaufzeit erhöht die Kapazität eines Geschäftsprozesses, was wiederum zu Kostensenkungen genutzt werden kann (Economies of Speed). Schnellere Reaktionsfähigkeit wird vor allem durch verkürzte Produktentwicklungszeiten ermöglicht (Time to Market).

Durch die Verbesserung der Lieferfähigkeit erlangt das Unternehmen eine hohe mengenmäßige Flexibilität bei Änderungen der Marktsituation. So können in einer Marktaufschwungphase schnell vorhandene Marktpotenziale ausgeschöpft und damit Marktanteile gegenüber Wettbewerbern gewonnen werden. Umgekehrt kann in Marktabschwungphasen sofort auf die sinkende Nachfrage reagiert werden, sodass erst gar keine Bestände aufgebaut werden müssen. Eine verkürzte Durchlaufzeit führt also zu einer verkürzten Reaktionszeit.

Die Durchlaufzeit gibt den Zeitraum an, den ein Objekt für die Zurücklegung eines bestimmten Durchlaufweges beansprucht bzw.

den ein Prozess von dem prozessauslösenden Ereignis bis zur Verfügbarkeit der Prozessleistung für den Kunden benötigt (Gaitanides et al. 1994, S. 14).

Die Durchlaufzeit setzt sich aus drei Komponenten zusammen:

1) der Durchführungszeit (Ausführungs- und Rüstzeit),
2) der Transferzeit und
3) der Liegezeit.

Während die Zeiten für die Ausführung (Be- und Verarbeitung eines materiellen oder immateriellen Objekts) und den Transfer im Wesentlichen vorgegeben sind, können die Rüstzeiten und vor allem die Liegezeiten als nicht wertschöpfende Tätigkeiten durch eine umfassende Abstimmung der einzelnen Teilprozesse verringert werden. In der Literatur werden diese beiden Zeit-Kategorien auch unter dem Begriff „indirekte Bearbeitungszeit" zusammengefasst. Zudem lassen sich die häufig auftretenden Schnittstellenprobleme durch die Integration von Teilprozessen zu einem Gesamtprozess deutlich reduzieren oder sogar vermeiden.

Die Verkürzung der Durchlaufzeit kann durch konkrete Gestaltungsprinzipien umgesetzt werden:

- Neuanordnung der Prozessfolge,
- Parallelisierung und Überlappung von Aktivitäten,
- Eliminierung von Aktivitäten,
- Harmonisierung von Aktivitäten durch Beseitigung von Engpässen (→Engpassplanung),
- Pull-gesteuerter, kontinuierlicher Prozessablauf,
- Reduktion der Losgrößen und
- kurze Rückkopplungsschleifen zwischen Aktivitäten.

Die Durchlaufzeit wird nicht allein von der reinen Bearbeitungszeit eines Vorganges, sondern von dem Abstimmungsaufwand und den damit verbundenen Liegezeiten der Aufträge zwischen den funktionalen Bearbeitungsstationen bestimmt. Hinzu kommen redundante Bearbeitungsschritte an den Schnittstellen (Rüstzeiten). Z.B. muss sich jede Bearbeitungsstation nach Übergabe in den Vorgang einarbeiten und Informationen erheben, die im vorhergehenden Arbeitsvorgang bereits erfasst waren. Beschleunigungen der Durchlaufzeit können in einem ersten Schritt durch crossfunktionale Integration der Bearbeitungsschritte und durch Prozessspezialisierung erreicht werden. Sie gehen auf die Verkürzung der Liegezeiten und Zeiten für die Koordination der Bearbeitungsstationen zurück. Weitere Beschleunigungen lassen sich durch den Einsatz von Prozessteams erzielen, durch die unmittelbare Interaktion und gegenseitige Abstimmung im Bearbeitungsprozess erreicht wird. Die Durchlaufzeit wird dabei durch Parallelisierung im Arbeitsvollzug beschleunigt.

Prozesskosten: Eine erfolgreiche Vermarktung von Produkten oder Dienstleistungen setzt preispolitische Entscheidungen und damit die genaue Kenntnis der Selbstkosten (→Selbstkostenermittlung) voraus (Gaitanides et al. 1994, S. 76 ff.). Entsprechend der Bedeutung der Produktkostenkalkulation (→Kalkulation; →Kostenträgerstückrechnung) wurden für den Fertigungsbereich diverse →Kalkulationsmethoden entwickelt. Die Zielsetzung dieser Kalkulationsverfahren ist einerseits eine Basis für eine Preiskalkulation (→Preisobergrenze; →Preisuntergrenze) zu schaffen und andererseits Kostentransparenz herzustellen, um Ansatzpunkte für Kostenvergleiche alternativer Produktionsverfahren und nicht zuletzt für Kostensenkungsmaßnahmen zu erhalten (→Kostenmanagement; →Kostencontrolling). →Kosten, die nicht unmittelbar in Fertigungsprozessen bei der Erstellung eines Produkts entstehen, wie z.B. Vertriebs- und Verwaltungskosten, werden in diesen Verfahren i.d.R. mithilfe der →Kostenstellenrechnung als Gemeinkostenumlage den Produkten bzw. Dienstleistungen (Kostenträgern) prozentual zugeschlagen. Die dabei gewählten wertmäßigen Bezugsgrößen (→Bezugsgrößenhierarchie) spiegeln allerdings häufig nicht die tatsächliche Inanspruchnahme interner Leistungen (→Kosten- und Leistungsverrechnung, innerbetriebliche) und mithin auch nicht die →Kostenverursachung wieder.

Informationen über Rationalisierungspotenziale lassen sich daher aus der traditionellen Kostenrechnung (→Kosten- und Leistungsrechnung; →Kostenrechnung, Prüfung der) nur eingeschränkt gewinnen.

Neben der Transparenz in Kostenstrukturen, insb. in die des indirekten Leistungsbereiches d.h. der Gemeinkosten (Gemeinkostencontrolling), soll die Kostenrechnung Informationen zur konzeptionellen Unterstützung der Prozessgestaltung liefern. Dazu gehören auch die Entscheidungen über das →Outsourcing von Prozessen, die durch Kostenvergleiche unterstützt werden können.

Ein weiteres Objekt von Kostenanalysen ist die Überwachung und Steuerung der Kapazitätsauslastung (→Kapazitätsplanung; →Kapazitätscontrolling) (Reckenfelderbäumer 2001, S.31). Dabei gilt es aufzuzeigen, welche Aktivitäten und Prozesse welche Ressourcen in welchem Ausmaß beanspruchen. Die Informationen über den Ressourcenbedarf bei der Erstellung von Prozessleistungen dienen vor allem der konzeptionellen Unterstützung der mittel- und langfristigen Unternehmenssteuerung und -planung.

Schließlich bedarf es der Kosteninformationen, um Verrechnungspreise (→Verrechnungspreise, kalkulatorische) bzw. Lenkungspreise an den Schnittstellen organisatorischer Einheiten bzw. Geschäftsprozesse zu ermitteln. Nur dadurch lässt sich der marktähnliche Austausch von Produkten und Leistungen innerhalb der Unternehmung organisieren.

Das Vorgehen der traditionellen →Zuschlagskalkulation geht von der Prämisse aus, dass die Vertriebs- und Verwaltungskosten im Verhältnis zu den →Fertigungskosten vergleichsweise gering, und die administrativen Leistungen unabhängig vom Produkt bzw. der zu erbringenden Dienstleistung sind. Es wird ferner unterstellt, dass ihr Kostenverlauf sich proportional zur einer wertmäßigen Bezugsgröße verhält: Fertigungsgemeinkosten sind proportional zu Fertigungskosten, Materialgemeinkosten zu Materialkosten und Verwaltungs- und Vertriebsgemeinkosten zu Herstellkosten (→Herstellkosten, kalkulatorische).

Diese Prämissen sind jedoch aus drei Gründen in Frage zu stellen. Erstens gewinnen die Vertriebs- und Verwaltungskosten im Verhältnis zu den Produktionskosten zunehmend an Gewicht. Zweitens werden Verwaltungsleistungen nicht von allen Produkten in gleichem Ausmaß in Anspruch genommen. Der administrative Aufwand in der Auftragsabwicklung ist bspw. entsprechend dem Konstruktionsaufwand oder dem Aufwand für die Vertragsgestaltung bei einzelnen Produkten unterschiedlich. Drittens ist der administrative Aufwand nicht oder nur in den seltensten Fällen vom Wert des Materialeinsatzes oder dem Arbeitseinsatz (Lohnkosten) abhängig. Vielmehr ist davon auszugehen, dass die administrativen Kosten eines Produkts (Kostenträgers) allein durch die Vorgangsbearbeitung hervorgerufen werden. Da Geschäftsprozesse nichts anderes darstellen als Bearbeitungsfolgen an einem Objekt, kann der administrative Aufwand auf einzelne Geschäftsprozesse verursachungsgerecht nur als die Kosten erhoben werden, die im Zuge der Prozessabwicklung entstehen (→Prozesskostenrechnung). Prozesskosten sind der bewertete Verzehr an Ressourcen bei der Vorgangsbearbeitung in einem Geschäftsprozess. Prozesskosten umfassen alle dem Verursachungs- und Beanspruchungsprinzip einem Geschäftsprozess zurechenbaren Kosten (→Kostenzurechenbarkeit) (Horváth 2006, S. 553).

Die Performance eines Geschäftsprozesses wird durch dessen Ausprägungen von Zeit, Qualität und Kosten bestimmt. Restrukturierungen eines Prozesses, die sich ausschließlich auf einen der drei Leistungsparameter, z. B. die Durchlaufzeit, konzentrieren, können daher die anderen, d. h. die Prozesskosten oder das Qualitätsniveau, negativ beeinflussen. Erst durch das Zusammenführen der drei Leistungsparameter ist eine i. S. d. Kundenorientierung effektive Prozessstrukturierung zu realisieren. Kundenzufriedenheit ist mithin Ergebnis einer integrierten Bewertung des Geschäftsprozesses hinsichtlich der drei Leistungsparameter. Entsprechend den Kundenanforderungen sind diese daher als Prozessziele zu formulieren und der Modellierung bzw. der kontinuierlichen Verbesserung der Geschäftsprozesse voranzustellen.

Literatur: Gaitanides, M. et al.: Prozessmanagement. München/Wien 1994; Grün, O.: Prozesscontrolling, in: Küpper, H. U./Trossmann, E. (Hrsg): Das Rechnungswesen im Spannungsfeld zwischen strategischem und operativem Management, Berlin 1997, S.285–302; Grünewald, N./Pagenkemper, C.: Qualitätsmanagement mit neuen Arbeitsformen, Renningen 2004; Horváth, P.: Controlling, 10. Aufl., München 2006; Imai, M.: Kaizen – Der Schlüssel zum Erfolg der Japaner im Wettbewerb, München 1994; Kühl, S.: Paradoxe Effekte und ungewollte Nebenfolgen des Qualitätsmanagement in: Wächter, H./Vedder, G. (Hrsg.): Qualitätsmanagement in Organisationen, DIN ISO 9000 und TQM, Wiesbaden 2001, S. 75–114; Reckenfelderbäumer, M.: Entwicklungsstand und Perspektiven der Prozesskostenrechnung, 2.Aufl., Wiesbaden 1998; Vahs, D.: Organisation, Einführung in Organisationstheorie und Praxis, 4.Aufl., Stuttgart 2003; Vedder, G.: Informationsökonomische Analyse der Wirkung von QM-Zertifikaten, in: Wächter, H./Vedder, G. (Hrsg.): Qualitätsmanagement in Organisationen, DIN ISO 9000 und TQM, Wiesbaden 2001, S. 51–74; Zink, K. J.: TQM als integratives Managementkonzept – Das europäische Qualitätsmodell und seine Umsetzung, München 1995.

Michael Gaitanides

Geschäftsrisikoorientierte Prüfung
→ Business Risk Audit

Geschäftswert → Geschäfts- oder Firmenwert

Geschichte des Prüfungswesens

Das Prüfungswesen entstand von →Italien aus als Berufsangelegenheit von *Revisoren*. Diese waren *Experten einer Buchhaltung*, die sich im Kaufmannsbereich als doppelte Buchführung mit Monatsabschluss und zusammenfassendem Jahresabschluss aus Bilanz und Erfolgsrechnung (Luca Pacioli 1494) entwickelte, während im Staatsbereich eine Abwandlung als kassenmäßige Kameralrechnung heimisch wurde. In Italien gab es schon im 11./12. Jahrhundert im Dienst von Kirche, Staat oder Kommunen stehende Berufsrevisoren; in Venedig wurde 1581 mit Staatshilfe ein Berufsverband („*Collegio dei Raxonati*") gegründet, der strenge Anforderungen an die Mitgliederqualifikation stellte. Im Zuge der europäischen Ausbreitung der Kaufmannsrechnung in den Handelszentren entstand von *London* aus der Accountant, der für Buchhaltung und Prüfung gleichermaßen zuständig war. In *Hamburg* kam der Fallitenbuchhalter (1647, 1753) auf, der im Insolvenzfall (→ Insolvenz) für eine ordnungsgemäße Rechnungslegung sorgen musste. In *Leipzig* erblühte das Buchhaltungs- und Revisionswesen. Alles in allem waren die Kaufmannsrevisoren mehr als Ordnungsmäßigkeitshelfer tätig, während im Staatsbereich →Rechnungshöfe ganz anderer Art entstanden.

Mit dem Wirtschaftsaufschwung *im 19. Jahrhundert* wuchs die Revisorenzahl und entstanden neben Revisorenverbänden Treuhandgesellschaften (→Revisions- und Treuhandbetriebe), denen im Bankenauftrag auch →Kreditwürdigkeitsprüfungen oblagen. Das GenG 1889 verpflichtete die eGen zur Prüfung von Jahresabschluss und Geschäftsführung (→Jahresabschlussprüfung; →Geschäftsführungsprüfung) durch einen →Prüfungsverband, der auch helfende Aufgaben hatte. Bei den AG wurde die Abschlussprüfung zu einer *Obliegenheit des Aufsichtsrats* – mit Aufsichtsratsprüfungsausschuss (→Audit Committee; →Aufsichtsratsausschüsse) – der sich häufig externer Revisorenhilfe bediente. Qualifizierten Revisoren wurden Möglichkeiten als Rechtskonsulenten aufgrund der GewO (1883) eröffnet; der entsprechende Status als „Rechtsbeistand" wurde 1935 für die Bücherrevisoren und WP im RBerG verankert. Den größten Impuls bescherte die *Steuerentwicklung* mit der Verschärfung der Pflichten von Buchführung und Jahresabschluss. Dies machte den Revisor verstärkt zum Helfer und führte zur Berufskombination mit dem (1933 gesetzlich begründeten) Status des →Steuerberaters. Auf der Fiskalseite erhielt der „helfende" Buchprüfer ein Gegenstück in der „examinatorischen" Betriebsprüfung (→Außenprüfung), bei der anfangs auch auf freie Bücherrevisoren zurückgegriffen wurde. Der Bücherrevisor wurde mit RFH-Urteil vom 13.6.1928 als *Freiberufler* anerkannt, nachdem er vordem als verlängerter Buchhaltungsarm von Gewerbebetrieben galt. Die akademischen Betriebswirte fanden im Revisorenberuf eine nahrhafte Zukunft, zumal im *akademischen Bereich* das Revisions- und Treuhandwesen (→Treuhandwesen) oberstes betriebswirtschaftliches Lehrgebiet war.

Die *Qualität der Revisorenarbeit* war von Anfang an ein Sorgenkind, das auch unter der Vermischung von Helfer- und Prüferrolle litt. Hinzu kamen Mängel des Rechnungslegungsrechts mit seinem manipulationsreichen (französischen) Zeitwertprinzip, das wegen der sich bei den Aktiengesellschaften mehrenden Zeitwertschwindelein in der 3. Aktienrechtsnovelle von 1884 der Anschaffungswertpflicht weichen musste. Der Qualitätserhöhung diente die verbandsmäßige Mitgliederauswahl und die korrespondierende *Vereidigung*, die sich von der Gerichtsebene aus über Staatsbehörden auf Handelskammern verlagerte. Es kamen *Revisorenexamen* auf nach dem Vorbild des sächsischen Handelskammersystems, das als Examinatoren Praktiker sowie einen Richterbefähigten und einen betriebswirtschaftlichen Hochschullehrer vorsah. Dem hohen Qualitätsausweis der Vereidigung trug § 36 der Gewerbeordnungsnovelle vom 30.1.1900 Rechnung mit der Regelung der Beeidigung und öffentlichen Bestellung von Bücherrevisoren. Am Ende gab es ein Dreiklassensystem mit den Akademikern, den bloß „vereidigten" Bücherrevisoren und den einfachen Revisoren.

Die Ende der 1920er Jahre sich mehrenden Bilanzschwindeleien (*Nordwolle AG* etc.) riefen 1931 für die AG ein Rechnungslegungsrecht mit einer Abschlusspflichtprüfung durch einen „*Wirtschaftsprüfer*" hervor. Dieser neue WP-Beruf gründete auf einer Ländervereinbarung und einer beim *DIHT* anhängigen „*Hauptstelle für die öffentlich bestellten Wirtschaftsprüfer*"; zugleich wurde das 1930 in Berlin (von Treuhandgesellschaften, Verbänden usw.) errichtete „*Institut für das Revisions- und Treuhandwesen*" umbenannt in „*Institut für Wirtschaftsprüfer*". Im →Wirtschaftsprüferexamen wurde eine Niveauverbindung zum Diplomkaufmanns-Examen mit juristischer Vertiefung hergestellt. Dabei war die Betriebswirtschaftslehre das Oberfach, das das Prüfungswesen einschloss und den Betriebswirtschaftsprofessor ins Zentrum stellte. Besonders qualifizierte Praktiker konnten über das Wirtschaftsprüferexamen in die Prüferoberschicht gelangen, jedoch fielen viele (auch hochrangige Treuhanddirektoren) durch, während Betriebswirtschaftsprofessoren wie *Erich Gutenberg* durchgewunken wurden. Die WP zählten bald einige Hundert und strebten nach einigen Jahren der Tausendermarke zu.

Das *Dritte Reich* brachte eine gewisse Gleichschaltung mit dem Revisorenstand in der Einheitsbezeichnung „*Wirtschaftstreuhänder*", wobei der WP als Eliteberuf und der Buchprüfer als Massenberuf galt (die „Buchprüfer"-Bezeichnung wurde 1943 offiziell). Anlässlich der damals von der Ministerialbürokratie befürworteten GmbH-Pflichtprüfung hieß es, viele WP hätten kaum Pflichtprüfungsmandate (→Pflichtprüfungen) und seien nur „Ein-Mann-Betriebe". Anfang 1945 gab es im Reichsgebiet etwa 2.000 →vereidigte Buchprüfer (vBP). Die meisten WP hatten das „braune" System eisern abgelehnt.

Nach 1945 entstand eine länderrechtliche Zersplitterung, zu deren Überwindung 1954 gesonderte Gesetzentwürfe einer →Wirtschaftsprüferordnung (WPO) und einer BPO in den Bundestag eingebracht wurden. Als das Gesetzesergebnis nach 7 Jahren fertig war, hatte sich währenddessen so viel ereignet (die WP-Zahl war auf 1.586 gestiegen und die vBP-Zahl auf 1.152 gesunken), dass am Ende die einheitliche *WPO vom 24.7.1961* herauskam, die den vBP-Zugang beendete (mit großzügigem Übergangsexamen zum WP). Zu jener Zeit waren von den Wirtschaftsprüfern etwa 850 und von den vereidigten Buchprüfern etwa 550 zugleich Steuerberater (Alt-Steuerberater), wobei die Steuerberatergesamtzahl damals knapp 4.600 betrug.

Nach dem AktG von 1965 brachte das *BiRiLiG* vom 19.12.1985 beträchtliche Neuerungen im Gefolge der Vierten RL 78/660/EWG, Siebenten RL 83/349/EWG und der Achten RL 84/253/EWG. Es bescherte die GmbH-Pflichtprüfung und dabei auch die *Wiedereröffnung des vereidigten Buchprüfers*, um Steuerberatern und Rechtsanwälten entgegenzukommen. Es führte auch zu Mehrarbeit bei den →Konzernabschlussprüfungen, was i.V.m. der Globalisierung dem Berufstand am Ende eine beträchtliche *Konzentration* einbrachte. Alsdann wurde die WPO weiter novelliert, auch um das aus der Revisorenzeit ererbte Qualitätsproblem anzugehen (→Qualitätskontrolle in der Wirtschaftsprüfung). Mit dem WPRefG vom 1.12.2003 wurde der *Zugang zum vBP geschlossen* und ein vereinfachtes Übergangsexamen zum WP eröffnet. Beim In-Kraft-Treten dieser Gesetzesneuerung am 1.1.2004 gab es in Deutschland 11.767 WP und 4.004 vBP.

Literatur: Voß, W.: Handbuch für das Revisions- und Treuhandwesen, Stuttgart 1930; Koch, W.: Der Beruf des Wirtschaftsprüfers, Berlin 1957; Strobel, W.: Der neue Weg zur Abschlußprüfung mit der neuen Prüferverordnung zum Bilanzrichtlinien-Gesetz, in: StB 5 (1986), S. 109–136.

Wilhelm Strobel

Geschichtete Zufallsauswahl →Deduktive Auswahl; →Stichprobenprüfung

Gesellschaft mit beschränkter Haftung

Die GmbH ist eine juristische Person des Privatrechts und unterliegt als Formkaufmann (§ 13 Abs. 3 GmbHG) den Rechnungslegungsvorschriften der §§ 238–256 HGB sowie den ergänzenden Vorschriften für KapGes der §§ 264–335b HGB. Die mittelgroße und große GmbH i. S. d. § 267 HGB (→Größenklassen) unterliegt einer handelsrechtlichen Prüfungspflicht des Jahresabschlusses (→Pflichtprüfungen; →Jahresabschlussprüfung). Eine kapitalmarktorientierte GmbH, d. h. eine solche, die einen organisierten Kapitalmarkt in Anspruch nimmt, gilt stets als große (§ 267 Abs. 3 Satz 2 HGB).

Aufgrund der ergänzenden Regelungen für KapGes ist der JA der GmbH um einen →Anhang zu erweitern und um einen →Lagebericht zu ergänzen (außer kleine).

Bei der →Jahresabschlussprüfung einer GmbH sind folgende Aspekte von besonderer Bedeutung:

Die Beauftragung des Abschlussprüfers einer GmbH hat unverzüglich nach der Wahl durch die Gesellschafterversammlung (→Haupt- und Gesellschafterversammlung) durch die Geschäftsführung der Gesellschaft zu erfolgen (§ 318 Abs. 1 Satz 4 HGB) (→Bestellung des Abschlussprüfers). Besteht ein AR, so ist dieser wie bei einer AG (→Aktiengesellschaft, Prüfung einer) zuständig.

Der →Abschlussprüfer (APr) hat in Rahmen seiner →Prüfungsplanung und -durchführung (→Auftragsdurchführung) das rechtliche und →wirtschaftliche Umfeld der Gesellschaft zu analysieren. Wesentliche Dokumente dazu sind neben den Gesellschafterversammlungs- und etwaigen Aufsichtsratsprotokollen (→Versammlungsprotokolle) und solchen seiner Ausschüsse (→Aufsichtsratsausschüsse) auch die Dokumentationen der Geschäftsführung zu wesentlichen geschäftspolitischen Entscheidungen.

Rechtsformspezifische Regelungen zur Aufstellung des Jahresabschlusses resultieren aus § 42 GmbHG. Als →Gezeichnetes Kapital hat die GmbH nach § 42 Abs. 1 GmbHG das im Gesellschaftsvertrag festgelegte und im HR eingetragene Stammkapital als ihre gesellschaftsrechtliche Haftungsbasis auszuweisen. Aufgelder und sonstige Zuzahlungen dürfen nicht im Gezeichneten Kapital, sondern sind in den →Kapitalrücklagen zu erfassen (→Rücklagen). Leistungen, die nach einem Kapitalerhöhungsbeschluss, aber vor dessen Eintragung in das HR erbracht werden, sind im Anschluss an das Gezeichnete Kapital als „Zur Durchführung der beschlossenen Kapitalerhöhung geleistete Einlagen" gesondert zu zeigen.

Nach § 42 Abs. 2 GmbHG sind Nachschusspflichten der Gesellschafter nach den §§ 26–28 GmbHG, sofern sie eingefordert sind, gesondert unter den Forderungen z. B. als „Eingeforderte Nachschüsse" zu aktivieren. Auf der Passivseite sind die Nachschussbeträge unter dem Posten „Kapitalrücklage" gesondert anzugeben.

Aufgrund der großen Nähe der GmbH zu ihren Gesellschaftern sieht das Gesetz in § 42 Abs. 3 GmbHG einen gesonderten Ausweis sämtlicher →Forderungen und →Verbindlichkeiten gegenüber Gesellschaftern vor. Unabhängig davon aus welchem Rechtsgrund die Ansprüche bzw. Verpflichtungen entstanden sind, müssen sie im JA als eigene Bilanzposten, als Davon-Vermerk zu den Regelbilanzposten des § 266 HGB oder als Anhangangabe angegeben werden (→Angabepflichten).

Gesellschafterdarlehen haben in der Unternehmenspraxis eine sehr große Bedeutung erlangt und die Nachschusspflichten nach §§ 26 ff. GmbHG weitgehend verdrängt. Dieses formale →Fremdkapital stellt in Unternehmenskrisen funktional →Eigenkapital dar. Unabhängig von der Qualifizierung als Eigenkapital ersetzend oder nicht, kommt ein Ausweis außerhalb der Verbindlichkeiten im JA nicht in Betracht. Auch →Rangrücktrittsvereinbarungen, die der GmbH im Krisenfalle (→Krisendiagnose) einen finanziellen Spielraum geben sollen, vermögen den Ausweis dieses Darlehens nicht außerhalb der Verbindlichkeiten zu ermöglichen. Aus etwaigen unerlaubten Rückzahlungen derartiger Eigenkapital ersetzender Darlehen erwachsen der Gesellschaft Ersatzansprüche gegen die Gesellschafter oder u. U. gegen die Geschäftsführer, die in der Bilanz zu aktivieren und nach den Vorschriften der §§ 252 ff. HGB (→Bewertungsgrundsätze) zu bewerten wären.

Nach § 30 Abs. 1 GmbHG darf das zur Erhaltung des Stammkapitals erforderliche Vermögen der GmbH nicht an die Gesellschafter ausgezahlt werden. Aufgrund der neueren Rspr. des BGH zu dieser Vorschrift hat der APr in seiner Prüfungsdurchführung zu testen, ob die GmbH – direkt oder indirekt (z. B. durch Teilnahme an einem „Cash-Pooling") – Kreditgewährungen an Gesellschafter vornimmt und diese Kreditgewährungen nicht durch sog. frei verfügbares Eigenkapital gedeckt waren. Zum frei verfügbaren Eigenkapital zählen alle Eigenkapitalbestandteile mit Ausnahme des Gezeichneten Kapitals. Sofern im Zeitpunkt der Kreditgewährung eine Deckung durch frei verfügbares Eigenkapital nicht gegeben war, hat der APr in seinem →Prüfungsbericht (PrB) den Sachverhalt darzustellen, auf die Argumentation der Geschäftsführung hinsichtlich der Zulässigkeit der Kreditgewährung einzugehen und eine Beurteilung zu dieser Argumentation abzugeben. Maßstab für die Beurteilung durch den APr sind ein Eigeninteresse durch die Gesellschaft, Kreditbedingungen, die einem Drittvergleich standhalten, sowie eine Kreditwürdigkeit des Gesellschafters (→Kreditwürdigkeitsprüfung), die selbst bei Anlegung strengster Maßstäbe außerhalb jedes vernünftigen Zweifels steht.

Hinsichtlich der Ergebnisverteilung sieht § 29 GmbHG anders als bei der AG keinen gesetzlichen Reservefonds vor. Die Gesellschafter können grundsätzlich die vollständige Ausschüttung von →Gewinnvortrag und Jahresüberschuss (→Jahresergebnis) beschließen. Sie sind auch frei, →Gewinnrücklagen zu dotieren. Sofern die Bilanz unter teilweiser oder vollständiger →Ergebnisverwendung aufgestellt wurde, ist im Eigenkapital nach § 268 Abs. 1 HGB anstelle der Posten „Gewinnvortrag" und „Jahresüberschuss" der Posten „Bilanzgewinn" als Zusammenfassung der vorgenannten Größen anzugeben. Anders als bei der AG besteht bei der GmbH keine Verpflichtung der Geschäftsführung, der Gesellschafterversammlung einen Gewinnverwendungsvorschlag (→Ergebnisverwendung, Vorschlag für die) zu unterbreiten.

Für die →Gewinn- und Verlustrechnung (GuV) kennt das Gesetz anders als bei den Bilanzposten keine gesonderten Angabepflichten für →Aufwendungen und Erträge, die aus Leistungsbeziehungen mit Gesellschaftern resultieren.

Die Berichterstattung des Abschlussprüfers richtet sich bei der GmbH grundsätzlich an die Geschäftsführung, die ihn mit der Durchführung einer Abschlussprüfung beauftragt hat (→Prüfungsauftrag und -vertrag; →Bestellung des Abschlussprüfers). Die Feststellung des Jahresabschlusses obliegt der Gesellschafterversammlung (§§ 42a, 46 GmbHG) (→Feststellung und Billigung des Abschlusses). Auf Verlangen eines Gesellschafters ist der APr zur Teilnahme an den Verhandlungen über die Feststellung des Jahresabschlusses verpflichtet (§ 42a Abs. 3 GmbHG).

Carsten Meier

Gesellschafter-Fremdfinanzierung
→Kapitalstruktur, Planung und Kontrolle der

Gesellschafterversammlung →Haupt- und Gesellschafterversammlung

Gesellschafterversammlung, Protokollierung der →Versammlungsprotokolle

Gesellschafterwechsel

Ein Wechsel von Gesellschaftern in den unterschiedlichen Rechtsformen (→Unternehmensformen) wirft komplexe Fragestellungen und Beratungsnotwendigkeiten im juristischen (→Rechtsberatung), betriebswirtschaftlichen (→Unternehmensberatung) und steuerrechtlichen (→Steuerberatung) Bereich auf. Auswirkungen ergeben sich zeitgleich sowohl auf der Ebene des Gesellschafters als auch auf Gesellschaftsebene. Die Vielschichtigkeit der Probleme verlangt beratungsseitig nach Fachleuten, die in allen diesen Bereichen geschult sind, also nach Wirtschaftsprüfern, die zumindest die notwendige Sensibilität für bestehende Zusammenhänge haben. Eine Beratung ohne Beachtung der Wechselwirkungen birgt große haftungsrechtliche Gefahren. Eine umfassende Beratung „aus einem Kopf" in allen betreffenden Fachgebieten gelingt aber regelmäßig nur bei der Dreifachqualifikation durch einen RA, WP und →Steuerberater (StB) (→Beratungshaftung des Wirtschaftsprüfers; →Haftung des Steuerberaters).

Die folgenden kurz angerissenen Beratungsfelder erheben in der Breite keinen Anspruch auf Vollständigkeit und werden in der Tiefe keinesfalls ausdiskutiert. Sie können lediglich die Vielschichtigkeit der ökonomischen und rechtlichen Verflechtungen eines Gesellschafterwechsels anreißen.

Rechtliche Fragestellungen:

1) Ein Kommanditist darf sich erst dann auf seine Haftungsbegrenzung berufen, wenn diese ins HR eingetragen wurde (§ 176 Abs. 2 HGB). Bis zu diesem Zeitpunkt haftet er den Gläubigern wie ein Komplementär unbegrenzt. Er sollte auf eine umgehende Eintragung seiner Gesellschafterstellung achten. Noch besser sollte seine Gesellschafterstellung durch entsprechende Formulierungen erst mit der Eintragung ins HR beginnen.

2) Auch ausgeschiedene Gesellschafter einer →Offenen Handelsgesellschaft (OHG) bzw. Komplementäre einer →Kommandit-

gesellschaft (KG) haften für →Verbindlichkeiten der Gesellschaft. Diese Haftung für Altverbindlichkeiten besteht nach § 160 Abs. 1 Nr. 1 HGB allerdings nur insoweit, wie diese vor Ablauf von 5 Jahren nach dem Ausscheiden fällig werden (Schmidt 2002, S. 1497).

3) Eine Haftung des eintretenden Gesellschafters in eine OHG bzw. als Komplementär in eine KG besteht nach § 130 HGB auch für vor dem Eintritt begründete Verbindlichkeiten.

4) Ein Ausschluss eines lästigen Gesellschafters ist gem. § 140 Abs. 1 HGB oder § 34 GmbHG möglich. Gesellschaftsvertragliche Regelungen sind einer Inhaltskontrolle zu unterwerfen.

5) Im Zusammenhang mit einem Squeeze Out i.S.v. §§ 327a–327f AktG sollte überprüft werden, ob die den Ausschluss der Minderheitsaktionäre begründende 95%-Mehrheit nicht nur vorübergehend zur Schaffung der Formalvoraussetzungen Bestand hat.

6) Gesellschaftsrechtliche Abfindungsklauseln (insb. Buchwertklauseln) sind inhaltlich zu überprüfen (s. z.B. Schmidt 2002, S. 1063).

7) In die juristische →Planung ist z.B. die Überprüfung eines Testaments einzubeziehen, damit im Todesfall u.a. keine Betriebsaufspaltung entsteht oder eine bestehende Betriebsaufspaltung nicht wegfällt.

8) Es muss für gesellschaftsvertragliche Formulierungen bedacht werden, ob die individuell verursachten steuerlichen Auswirkungen von Sonder- und Ergänzungsbilanzen (→Sonder- und Ergänzungsbilanzen, steuerrechtliche) auf alle Mitunternehmer wirken oder durch gesellschaftsvertragliche Abreden individualisiert werden sollen.

Betriebswirtschaftliche Fragestellungen:

1) Im Zusammenhang mit der Rechtsformwahlberatung (→Unternehmensformen, Wahl der) ist die Möglichkeit eines späteren Gesellschafterwechsels bereits einzubeziehen. Für einzelne Rechtsformenanteile gibt es Märkte [AG (→Aktiengesellschaft, Prüfung einer) und →Kommanditgesellschaft auf Aktien (KGaA), sofern die Anteile dort notiert sind], für andere nicht, was im Veräußerungsfall zu vollkommen unterschiedlichen Wertrealisationen (z.T. hoher Wertabschlag bei nicht notierten Anteilen) führen kann.

2) Viele Gesellschafterwechsel machen die Bewertung der Anteile nach dem Gesellschaftsvertrag oder gesetzlichen Regelungen (z.B. bei einem Squeeze Out – nach § 327a AktG ist eine „angemessene Barabfindung" zu gewähren) nach Unternehmensbewertungsgrundsätzen (→Unternehmensbewertung) nötig.

3) Der Zeitpunkt eines Gesellschafterwechsels kann für bestimmte Beteiligte negative Schlussfolgerungen aus der Kaufpreisbemessung bedingen. Beteiligt sich eine Venture-Capital-Gesellschaft im zeitlichen Zusammenhang mit einem Business Angel, so kann der (höhere) Kaufpreis des Venture-Kapitalisten Einfluss nehmen auf die Beurteilung des (niedrigeren) Kaufpreises des Business Angels (Leuner/Lindenau/Westphal 2002, S. 705). Die Differenz kann in ein verdecktes Entgelt umqualifiziert werden.

4) Die Gestaltung eines Gesellschafterwechsels, z.B. bei Unternehmensnachfolge (→Nachfolgeberatung), bei Management-Buy-Out oder Management-Buy-In, ist – mit unterschiedlichen rechtlichen und steuerlichen Konsequenzen – in vielfacher Weise möglich.

5) Prinzipiell besteht die Wahlentscheidung, eine Rechtsform zu gründen oder durch den Erwerb aller Anteile in eine bereits bestehende Rechtsform zu gelangen. Hier sind die ökonomischen Vor- und Nachteile gegeneinander abzuwägen (Rose/Glorius-Rose 2001, S. 113).

Steuerliche Konsequenzen:

1) Die Veräußerung eines Anteils an einer Personenhandelsgesellschaft (Mitunternehmeranteil) ist steuerverhaftet. Vergünstigungen werden – auf Antrag – z.T. nur einmal im Leben gewährt. Z.T. sind diese auch abhängig von der Technik der Durchführung eines Gesellschafterwechsels (z.B. Verkauf des gesamten Mitunternehmeranteils).

2) Der Erwerb eines Mitunternehmeranteils führt oftmals zur steuerlichen Ergänzungsbilanz, in der die erworbenen stillen Reserven (→stille Reserven und Lasten) aufgenommen werden. Diese individuell verursachte Ergänzungsbilanz hat (u.U. GewStliche) Auswirkungen auf die gesamte Mitunternehmerschaft.

3) Tritt ein Gesellschafter in eine Mitunternehmerschaft ein, der mit dieser über schuldrechtliche Verträge bereits gebunden ist (als Gläubiger in Darlehensverträgen, als Vermieter, als Arbeitnehmer), so führt die neue Stellung als Mitunternehmer zu einer steuerlichen Umqualifizierung der Entgelte aus den schuldrechtlichen Verträgen gem. § 15 Abs. 1 Nr. 2 EStG letztlich in Gewinnanteile. Die Steuerwirksamkeit der Entgelte im Bereich der GewSt entfällt somit. Dadurch verteuert sich aus Sicht der Mitunternehmerschaft das schuldrechtliche Engagement um die verlorene GewSt-Ersparnis.

4) Das Ausscheiden eines Gesellschafters aus einer Mitunternehmerschaft führt zu einer Verringerung eines Gewerbeverlustes insoweit, wie der bisherige Gesellschafter mit seiner prozentualen Beteiligung an der Erwirtschaftung des Verlustes beteiligt war (Gesellschafteridentität i. S. v. Abschn. 68 GewStR). Dies kann Auswirkungen auf den Zeitpunkt des Ausscheidens nehmen.

5) Die Veräußerung von Anteilen an Überschusspersonengesellschaften kann zu Steuerpflichten nach § 23 EStG führen. Diese sind zeitraumabhängig.

6) Die Veräußerung von Anteilen an KapGes kann steuerlich beachtlich sein in Abhängigkeit davon, in welchem Vermögen die Anteile gehalten wurden. Im Betriebsvermögen besteht stets eine Steuerverhaftung, im Privatvermögen besteht diese in den Grenzen der §§ 23 und 17 EStG. Einbringungsgeborene Anteile i. S. v. § 21 UmwStG sind stets steuerverhaftet. In einbringungsgeborenen Anteilen enthaltenen stillen Reserven können auf Antrag des Steuerpflichtigen aufgelöst werden.

7) Der Erwerb von Anteilen an KapGes (als Alternative zur Neugründung) kann bei Vorliegen der Voraussetzungen nach § 8 Abs. 4 KStG den →Verlustvortrag der KapGes vernichten.

8) Durch den Erwerb von Anteilen an ausländischen KapGes kann die Anteilsschwelle von 50 % zur Zwischengesellschaft nach dem AStG überschritten werden.

9) Die (vorzeitige) Übertragung von Anteilen kann Steuervergünstigungen ex-tunc versagen. So entfallen der Freibetrag und der verminderte Wertansatz nach § 13a ErbStG z. B. bei einer Weiterveräußerung des erworbenen Anteils innerhalb von 5 Jahren nach dem Erwerb (§ 13a Abs. 5 Nr. 1 ErbStG). Ein Auflösungs- oder Veräußerungsgewinn bei einem Einzelunternehmen bzw. einer Mitunternehmerschaft oder einem entsprechenden Anteil unterliegt ausnahmsweise der GewSt, wenn die Personalrechtsform durch eine Umwandlung (→Unternehmensumwandlungen) entstanden ist und innerhalb von 5 Jahren nach dem Vermögensübergang aufgegeben oder veräußert wird (§ 18 Abs. 4 UmwStG).

10) Auf einen Betriebsübernehmer kommt eine steuerliche Haftung nach § 75 AO zu. Der Haftungszeitraum kann durch die Wahl des Übereignungsstichtags eingeschränkt werden (Breithecker 2004, S. 118–121).

Literatur: Breithecker, V.: Steuerliches Verfahrensrecht in der Betriebswirtschaftlichen Steuerlehre, 3. Aufl., Duisburg 2004; Leuner, R./Lindenau, L./Westphal, R.: Steuerliche Rahmenbedingungen in Deutschland für informelle Investoren (Business Angels), in: BB 57 (2002), S. 700–708; Rose, G./Glorius-Rose, C.: Unternehmen, Rechtsformen und Verbindungen, 3. Aufl., Köln 2001; Schmidt, K.: Gesellschaftsrecht, 4. Aufl., Köln et al. 2002.

Volker Breithecker

Gesellschaftsinteresse, unternehmerisches
→ Interessenkonflikte von Vorstand und Aufsichtsrat

Gesetzesverstöße →Unregelmäßigkeiten, Konsequenzen aus

Gesetzliche Prüfungen →Pflichtprüfungen

Gesetzliche Rücklagen

Das →Eigenkapital einer KapGes setzt sich nach § 266 Abs. 3 A. HGB aus dem →Gezeichneten Kapital, der →Kapitalrücklage, den →Gewinnrücklagen, dem →Gewinnvortrag bzw. →Verlustvortrag sowie dem Jahresüberschuss bzw. -fehlbetrag (→Jahresergebnis) zusammen (→Gliederung der Bilanz).

Die Gesetzliche Rücklage ist neben der satzungsmäßigen Rücklage, der Rücklage für →eigene Anteile und den sonstigen Rücklagen Bestandteil der Gewinnrücklagen (§ 266 Abs. 3 HGB) und nach § 150 Abs. 1 AktG ausschließlich bei der AG (→Aktiengesellschaft, Prüfung einer) und der →Kommanditgesell-

Gesetzliche Rücklagen

schaft auf Aktien (KGaA) zu bilden (Chmielewicz 1992, Sp. 1680).

Als Gesetzliche Rücklage sind nach § 272 Abs. 3 HGB Beträge auszuweisen, die aus dem Ergebnis (→ Jahresergebnis) des Geschäftsjahres oder eines früheren Geschäftsjahres gebildet worden sind.

Bei der Prüfung der Gesetzlichen Rücklage im Rahmen der →Jahresabschlussprüfung ist zunächst der Bestand des Geschäftsjahres mit dem Bestand des Vorjahresabschlusses zu vergleichen (Selchert 1996, S. 537).

Anschließend hat sich der →Abschlussprüfer (APr) zu vergewissern, dass die notwendigen Beschlüsse über die Höhe der Einstellungen in die Gesetzliche Rücklage und die Höhe der Entnahmen rechtswirksam gefasst und umgesetzt wurden (Selchert 1996, S. 543 f.). Dabei ist insb. die Vereinbarkeit mit AktG und Satzung zu prüfen (Chmielewicz 1992, Sp. 1682) (→Ordnungsmäßigkeitsprüfung).

Nach § 150 Abs. 2 AktG sind 5% des um einen eventuellen Verlustvortrag des Vorjahres gekürzten Jahresüberschusses in die Gesetzliche Rücklage einzustellen, bis diese gemeinsam mit der Kapitalrücklage 10% oder einen in der Satzung festgelegten höheren Teil des Grundkapitals erreicht. Als maßgebliches Grundkapital gilt das in der Bilanz ausgewiesene Gezeichnete Kapital (Förschle/Hoffmann 2006, Rn. 89, S. 993). Ein Gewinnvortrag aus dem Vorjahr ist nicht zu berücksichtigen, da dieser sonst mehrmals der Pflicht zur Einstellung in die Gewinnrücklage unterliegen würde (ADS 1997, Rn. 24 zu § 150 AktG, S. 234).

Entnahmen aus der Gesetzlichen Rücklage sind nur nach Maßgabe des § 150 Abs. 3 und 4 AktG zulässig. Soweit die Gesetzliche Rücklage und die Kapitalrücklage nicht 10% oder einen in der Satzung festgelegten höheren Teil des Grundkapitals betragen, ist eine Auflösung nach § 150 Abs. 3 AktG nur dann zum Ausgleich eines Jahresfehlbetrages oder eines Verlustvortrages aus dem Vorjahr zulässig, wenn dieser Ausgleich nicht durch Auflösung anderer Gewinnrücklagen möglich ist. Überschreiten Gesetzliche Rücklage und Kapitalrücklage 10% oder einen in der Satzung festgelegten höheren Teil des Grundkapitals, ist zudem die Auflösung der Gesetzlichen Rücklage zur Kapitalerhöhung aus Gesellschaftsmitteln gestattet (§ 150 Abs. 4 AktG).

Vom APr sind außerdem die Bestimmungen der §§ 229 Abs. 2, 231 und 233 AktG bei der vereinfachten Kapitalherabsetzung sowie die Vorschrift des § 300 AktG im Falle von Gewinnabführungs- und Beherrschungsverträgen (→Unternehmensverträge) zu beachten.

Einstellungen in die Gesetzliche Rücklage sowie deren Entnahmen sind gem. § 270 Abs. 2 HGB bereits bei Aufstellung der Bilanz vorzunehmen, sofern diese unter Berücksichtigung der vollständigen oder teilweisen →Ergebnisverwendung erstellt wird.

Ein weiterer Prüfungsaspekt betrifft den Ausweis und die Gliederung dieses Postens (Chmielewicz 1992, Sp. 1682).

Die Gesetzliche Rücklage ist in der Bilanz als Bestandteil des Eigenkapitals gem. § 266 Abs. 3 A. III. Nr. 1 HGB gesondert auszuweisen, sofern es sich um eine mittelgroße oder große KapGes i. S. d. § 267 HGB (→Größenklassen) handelt. In der Bilanz oder im →Anhang (→Angabepflichten) sind gem. § 152 Abs. 3 AktG Beträge auszuweisen, die aus dem Bilanzgewinn des Vorjahres eingestellt wurden, aus dem Jahresüberschuss des Geschäftsjahres eingestellt werden und für das Geschäftsjahr entnommen werden.

Einstellungen in die Gesetzliche Rücklage und deren Auflösung sind im Rahmen der Gewinnverwendung in der →Gewinn- und Verlustrechnung (GuV) oder im Anhang auszuweisen (§ 158 Abs. 1 AktG).

Die Prüfung hat sich außerdem auf hinreichende Erläuterungen im Anhang zu beziehen (Chmielewicz 1992, Sp. 1683). Erläuterungspflichten ergeben sich z. B. nach § 240 AktG. Veränderungen der Gesetzlichen Rücklage und damit der Gewinnrücklagen bilden sich weiterhin im Eigenkapitalspiegel (→Eigenkapitalveränderung) und in der →Kapitalflussrechnung ab (§ 297 Abs. 1 HGB und IAS 1.8).

Rechtswirksame Beschlüsse und Maßnahmen sowie der Ausweis der Gesetzlichen Rücklage werden vom APr nach Prüfung als Kopien bei den Arbeitspapieren (→Arbeitspapiere des Abschlussprüfers) aufbewahrt (Selchert 1996, S. 537 und 545).

Die Prüfung der Gesetzlichen Rücklage erfordert aufgrund der Regelungen zur →Nichtigkeit des Jahresabschlusses besondere Aufmerksamkeit. Nach § 256 Abs. 1 Nr. 4 AktG ist ein JA nichtig, wenn bei seiner Feststellung

(→Feststellung und Billigung des Abschlusses) die Bestimmungen des Gesetzes oder der Satzung über die Einstellungen der Gesetzlichen Rücklage oder deren Auflösung verletzt worden sind.

Literatur: ADS: Rechnungslegung und Prüfung der Unternehmen, Teilband 4, 6. Aufl., Stuttgart 1997; Chmielewicz, K.: Prüfung der Rücklagen, in: Coenenberg, A. G./Wysocki, K. v. (Hrsg.): HWRev, 2. Aufl., Stuttgart 1992, Sp. 1676–1684; Förschle, G./Hoffmann, K.: Kommentierung des § 272 HGB, in: Ellrott, H. et al. (Hrsg.): BeckBilKomm, 6. Aufl., München 2006; Selchert, F. W.: Jahresabschlussprüfung der Kapitalgesellschaften. Grundlagen, Durchführung, Bericht, 2. Aufl., Wiesbaden 1996.

Nina Bernais

Gesetzmäßigkeitsprüfung →Ordnungsmäßigkeitsprüfung

Gewerbeaufsichtsamt

Das Gewerbeaufsichtsamt ist eine Sonderordnungs- bzw. Polizeibehörde, die als Teil der staatlichen Wirtschaftsüberwachung die Einhaltung bestimmter gewerberechtlicher und außerhalb der GewO bestehender Vorschriften allein oder neben weiteren Polizei- und Ordnungsbehörden kontrolliert. Die Überwachung und Durchführung der sonstigen gewerberechtlichen Vorschriften ist im Übrigen den nach Landesrecht zuständigen Ordnungsbehörden aufgetragen (Tettinger 2004, Rn. 1 zu § 139b GewO, S. 863).

Die Einrichtung und Organisation der Gewerbeaufsichtsämter bzw. die Ernennung der besonderen Beamten ist Aufgabe der Landesregierungen (§ 139b Abs. 1 Satz 1 GewO). In Niedersachsen existieren etwa Gewerbeaufsichtsämter in Celle, Cuxhaven, Emden, Göttingen, Hannover, Hildesheim, Lüneburg, Oldenburg und in Osnabrück. In Bayern sind diese Behörden an die jeweiligen Bezirksregierungen angebunden. Die Behörde für Wissenschaft und Gesundheit – Amt für Arbeitsschutz – nimmt die Aufgabe der Gewerbeaufsicht in der Freien und Hansestadt Hamburg wahr (Freie und Hansestadt Hamburg 2005; Freistaat Bayern 2005; Niedersächsische Gewerbeaufsicht 2005).

In der Praxis erstrecken sich die Tätigkeiten der Gewerbeaufsicht je nach landesrechtlicher Ausgestaltung auf den Arbeits- und Umweltschutz sowie auf die Produktsicherheit. Nach dem Aufgabenportfolio des Landes Baden-Württemberg ist z. B. die Gewerbeaufsicht im Bereich Arbeitsschutz zuständig für den Schutz bestimmter Personengruppen, den Gesundheitsschutz am Arbeitsplatz, Sprengstoffe, Gefahrstoffe, überwachungsbedürftige Anlagen, Sicherheit im Straßenverkehr und Strahlenschutz. Auf dem Gebiet des Umweltschutzes ist die Gewerbeaufsicht Überwachungs- und technische Fachbehörde in den Bereichen Luftreinhaltung, Lärmschutz, Anlagensicherheit, Elektrosmog, Abwässer aus Industrie und Gewerbe, Umgang mit wassergefährdenden Stoffen sowie Abfallvermeidung und Entsorgung. Die Überwachung der Produktsicherheit erstreckt sich auf die Aufgabenfelder „Sichere Produkte" und „Sichere Stoffe und Zubereitungen" (Baden Württemberg 2005).

Wendet man sich den Aufgaben der Gewerbeaufsichtsämter im Einzelnen zu, so ist an den Rechtsgrundlagen anzusetzen, die Auskunft über den Umfang der Tätigkeiten geben. Sie sind in der GewO (§ 139b GewO) geregelt. Daneben ist es möglich, ihnen weitere Pflichten zu übertragen, was vielfach durch landesrechtliche Zuständigkeitsbegründung geschehen ist. Nach § 139b Abs. 1 Satz 1 GewO erstreckt sich die Aufsicht zunächst auf die dort genannten Vorschriften, insb. auf die Arbeitsstättenverordnung und auf weitere Arbeitsschutzvorschriften, soweit sie nicht nur zivilrechtliche Fragen regeln. Deshalb handelt es sich bei der Gewerbeaufsicht auch in erster Linie um eine „Arbeitsschutzaufsicht". § 139b GewO ist in diesem Zusammenhang allerdings änderungsbedürftig, weil die Vorschriften § 120e und § 139h GewO, auf die § 139b GewO verweist, zwischenzeitlich aufgehoben und die Arbeitsstättenverordnung nicht mehr auf der Ermächtigung der GewO, sondern auf § 18 Arbeitsschutzgesetz basiert (s. insgesamt Tettinger 2004, Rn. 3 zu § 139b GewO, S. 864).

Weitere Aufgaben der Gewerbeaufsichtsämter ergeben sich – wie bereits ausgeführt wurde – aus den Vorschriften außerhalb der GewO, soweit die Zuständigkeit landesrechtlich begründet wurde. Dazu zählen etwa die Überwachung der Regelungen des Mutterschutzes (§ 20 MuSchG), des Jugendarbeitsschutzes (§ 51 JArbSchG), des Arbeitszeitgesetzes (§§ 13, 15, 17 ArbZG) sowie des Ladenschlussgesetzes (§ 22 LSchlG). Neben den arbeitsschutzbezogenen Tätigkeiten achten die Gewerbeaufsichtsämter auch auf die Befolgung umweltschutzrechtlicher Anforderungen (z. B. § 19 AtG). Sie nehmen auf dem Gebiet der Produktsicherheit insb. Überwachungsaufgaben nach § 18 GPSG wahr (s. näher Peine 2000, S. 5–7; Stober 2004, S. 260 f.; Tettinger 2004, Rn. 3–5 zu § 139b GewO, S. 864 f.).

Über diese Aufgaben in den Bereichen Arbeits- und Umweltschutz sowie Produktsicherheit hinaus sind die Gewerbeaufsichtsämter zur Erstellung von Jahresberichten verpflichtet, die dem Bundesrat und dem Bundestag vorzulegen sind (§ 139b Abs. 3 GewO). Außerdem haben sie bei konkreten Anhaltspunkten für bestimmte Rechtsverstöße eine Meldepflicht gegenüber den zuständigen Stellen. Ausweislich des § 139b Abs. 7 GewO gilt dies bspw. bei einer Beschäftigung oder Tätigkeit von Ausländern ohne die erforderlichen Genehmigungen (Nr. 1), bei Verstößen gegen das SchwArbG (Nr. 3) oder gegen die Steuergesetze (Nr. 7).

Von den Aufgaben sind die Befugnisse der Gewerbeaufsichtsämter zu trennen, die Eingriffe in Grundrechte ermöglichen. Den Ämtern stehen alle amtlichen Befugnisse der Ortspolizeibehörden zu (§ 139b Abs. 1 Satz 2 GewO). Die Gewerbeaufsichtsbehörde kann sich in diesem Zusammenhang auf die allgemeine Befugnisnorm des jeweiligen Landesordnungsrechts beziehen, nach der die Verwaltungsbehörden im Rahmen ihres Geschäftsbereiches nach pflichtgemäßem Ermessen die im Einzelfall zum Schutz der Allgemeinheit oder des Einzelnen erforderlichen Maßnahmen treffen, um bevorstehende Gefahren für die öffentliche Sicherheit oder Ordnung abzuwehren oder Störungen der öffentlichen Sicherheit oder Ordnung zu beseitigen (s. z. B. § 3 des Hamburgischen Gesetzes zum Schutz der öffentlichen Sicherheit und Ordnung). Soweit den Gewerbeaufsichtsämtern durch Landesgesetz weitere Aufgaben übertragen worden sind, bestehen spezielle Rechtsgrundlagen, die teilweise auf § 139b GewO verweisen. Von besonderer Bedeutung sind die in §§ 139 Abs. 1 Satz 2, Abs. 4 und Abs. 6 GewO fixierten Kontrollmöglichkeiten. Nach § 139 Abs. 1 Satz 2, Abs. 4 GewO haben die Arbeitgeber eine Besichtigung und Prüfung von Anlagen – u. U. auch in der Nacht – während des Betriebs zu gestatten. § 139 Abs. 6 GewO erlaubt das Betreten und die Besichtigung von Gemeinschaftsunterkünften, d. h. von Unterkünften der Arbeitnehmer. Diese weitreichenden Befugnisse sind nach wohl h.M. verfassungskonform und verstoßen insb. nicht gegen Art. 13 GG, die Unverletzlichkeit der Wohnung (Peine 2000, S. 8 m.w.N.).

Die in § 139b Abs. 1 Satz 3 GewO geregelte Verschwiegenheitspflicht der Gewerbeaufsichtsämter besteht gegenüber Privaten und Behörden. Diese Pflicht bezieht sich auf die Geschäfts- und Betriebsverhältnisse, d. h. nicht nur auf diesbezügliche Geheimnisse (Tettinger 2004, Rn. 32 zu § 139b GewO, S. 871). Andere Behörden dürfen gem. § 139b Abs. 1 Satz 3 GewO allerdings dann in Kenntnis gesetzt werden, wenn dies der Verfolgung von Gesetzeswidrigkeiten oder zur Erfüllung der gesetzlich geregelten Aufgaben zum Schutz der Umwelt dient. Die Spezialregelungen nach dem UIG gehen im Übrigen vor (§ 139b Abs. 1 Satz 4 GewO).

Literatur: Baden-Württemberg, Überblick über die Gewerbeaufsicht, http://www.Gewerbeaufsicht.baden-wuerttemberg.de (Download: 14. November 2005); Freie und Hansestadt Hamburg, Behörde für Wissenschaft und Gesundheit – Arbeitsschutz –, Aufgabenportfolio, http://www.fhh.hamburg.de (Download: 9. Dezember 2005); Freistaat Bayern, Überblick über die Gewerbeaufsichtsämter, http://www.osha.bayern.de (Download: 9. Dezember 2005); Niedersächsische Gewerbeaufsicht, Zuständigkeitsbereiche der staatlichen Gewerbeaufsichtsämter in Niedersachsen, http://www.gewerbeaufsicht.niedersachsen.de (Download: 12. Dezember 2005); Peine, F.-J.: Gewerbeaufsicht, in: Stober, R. (Hrsg.): Lexikon des Rechts, Neuwied, Stand: März 2000, Nr. 7/350, S. 1–10; Stober, R.: Allgemeines Wirtschaftsverwaltungsrecht, 14. Aufl., Stuttgart 2004; Tettinger, P. J.: Kommentierung der § 139 GewO, in: Tettinger, P. J./Wank, R. (Hrsg.): Kommentar zur Gewerbeordnung, 7. Aufl., München 2004.

Rolf Stober; Sven Eisenmenger

Gewinn- und Verlustrechnung

Die GuV bildet gem. § 242 Abs. 3 HGB gemeinsam mit der Bilanz den JA. Dieser ist bei KapGes und Personenhandelsgesellschaften i.S.d. § 264a HGB [→Personengesellschaften (PersGes)] um einen →Anhang zu erweitern. Der JA für diesen Kreis von Unternehmen hat nach § 264 Abs. 2 HGB unter Beachtung der GoB (→Grundsätze ordnungsmäßiger Buchführung, Prüfung der) ein den tatsächlichen Verhältnissen entsprechendes Bild der →Vermögenslage, →Finanzlage und →Ertragslage (→True and Fair View) zu vermitteln.

Gewinn- und Verlustrechnung

Die GuV, in der die →Aufwendungen und Erträge des Geschäftsjahres gegenübergestellt werden (§ 242 Abs. 2 HGB), bildet das wesentliche Informationsinstrument für den Einblick in die Ertragslage des Unternehmens. Nach § 246 Abs. 1 HGB sind in der GuV sämtliche Aufwendungen und Erträge zu erfassen (Vollständigkeitsgebot) (→Grundsätze ordnungsmäßiger Rechnungslegung). Eine Saldierung von Aufwendungen und Erträgen ist gem. § 246 Abs. 2 HGB nicht zulässig (Verrechnungsverbot). KapGes und Personenhandelsgesellschaften i. S. d. § 264a HGB haben die GuV gem. § 275 Abs. 1 HGB zwingend in Staffelform aufzustellen. Dabei kann wahlweise das GKV oder UKV angewendet werden (→Gliederung der Gewinn- und Verlustrechnung). Vorschriften zu einzelnen Posten der GuV enthält § 277 HGB. Durch die §§ 284, 285 HGB werden ergänzende Erläuterungen zu Aufwendungen und Erträgen im Anhang verlangt, durch die der Informationswert der GuV gesteigert wird.

Während die Bilanz eine zeitpunktbezogene Aufstellung der →Vermögensgegenständen und →Schulden sowie des →Eigenkapitals darstellt, handelt es sich bei der GuV um eine zeitraumbezogene Gegenüberstellung der Aufwendungen und Erträge. Im System der doppelten Buchführung (→Buchführungstechnik und Prüfungsmethoden) sind beide Instrumente rechnungstechnisch verknüpft. Allen in der GuV gebuchten Geschäftsvorfällen, die sich auf das →Jahresergebnis auswirken, stehen →Buchungen auf den Bestandskonten der Bilanz gegenüber, die zu einer betragsgleichen Änderung des Eigenkapitals führen. Aufgrund dieser rechnungstechnischen Verknüpfung werden die Aufwendungen der GuV bereits weitestgehend durch die Prüfung der Bilanzposten mitgeprüft. Insb. Prüfungshandlungen zur Bewertung (→Bewertungsprüfung), aber auch zur periodengerechten Bilanzierung (→periodengerechte Erfolgsermittlung; →Cut-Off) werden sinnvollerweise primär im Rahmen der Bilanzpostenprüfung durchgeführt. Der Prüfung der GuV kommt insoweit eine ergänzende Funktion zu. Bspw. können aussagebezogene →Einzelfallprüfungen (→ergebnisorientierte Prüfungshandlungen) zur gesetzmäßigen Periodenabgrenzung bei den →Forderungen durch →analytische Prüfungshandlungen (→Plausibilitätsprüfungen) zu den →Umsatzerlösen ergänzt werden. Daneben werden im Rahmen der Prüfung der GuV aber auch Prüfungsziele abgedeckt, die bei der Prüfung der Bilanzposten nicht oder nur unzureichend adressiert werden können (z. B. Abgrenzung von Aufwendungen und Entnahmen im JA von Personenhandelsgesellschaften). I. d. R. werden ausgehend von den Posten der GuV auch die Vollständigkeit und Richtigkeit (→Fehlerarten in der Abschlussprüfung) der hierauf bezogenen ergänzenden Erläuterungen in →Anhang und →Lagebericht mitgeprüft.

Der Art nach lassen sich die Prüfungshandlungen zur GuV ebenso wie diejenigen zu den Bilanzposten unterscheiden nach →Systemprüfungen [Aufbauprüfung (→Aufbauorganisation) und →Funktionsprüfung] sowie →ergebnisorientierten Prüfungshandlungen, zu denen die analytischen Prüfungshandlungen sowie die Einzelfallprüfungen gehören.

Die auf das →Interne Kontrollsystem (IKS) des Unternehmens ausgerichteten *Systemprüfungen* werden i. d. R. für eine Gruppe von Posten der Bilanz sowie der GuV durchgeführt, die einem bestimmten Funktionsprozess zuzurechnen sind (→Internes Kontrollsystem, Prüfung des). So wirken sich z. B. die Aktivitäten im Rahmen des Absatzprozesses auf die Forderungen und Umsatzerlöse aus. Eine originäre Systemprüfung für die GuV gibt es daher nicht. Allerdings werden sich die im Rahmen der Systemprüfungen gewonnenen Erkenntnisse ebenso wie die bei der Prüfung der Bilanzposten erzielten Ergebnisse auf die Art und den Umfang von zeitlich nachgelagerten Prüfungshandlungen zur GuV auswirken (→Auswahl von Prüfungshandlungen).

Analytische Prüfungshandlungen kommen demgegenüber bei der Prüfung der GuV sehr häufig zum Einsatz. Bei den analytischen Prüfungshandlungen handelt es sich um →Plausibilitätsprüfungen von Verhältniszahlen (→Kennzahlen und Kennzahlensysteme als Kontrollinstrument) und Trends (→zeitlicher Vergleich), durch die Beziehungen von prüfungsrelevanten Daten eines Unternehmens zu anderen Daten aufgezeigt sowie auffällige Abweichungen festgestellt werden (→Soll-Ist-Vergleich; →Abweichungsanalyse) (IDW PS 312.5). Da die Anwendung analytischer Prüfungshandlungen auf der Erwartung beruht, dass Zusammenhänge zwischen bestimmten Informationen und Daten vorhanden sind und fortbestehen, werden sie allerdings keinen verlässlichen Prüfungsnachweis (→Prüfungsnachweise) für Aufwendungen und Erträge liefern, deren Existenz bzw. Höhe in hohem Maße zufallsabhängig ist. Wie oben dargestellt, werden analytische Prüfungshandlungen häufig zur Absicherung von Ergebnissen im Rahmen der Bilanzpostenprüfungen durchgeführt. Eine Möglichkeit besteht darin, die Plausibilität von Aufwendungen und Erträgen durch einen Vergleich von Erwartungswerten und den tatsächlich in der Rechnungslegung erfassten Beträgen zu prüfen. So kann eine Plausibilisierung der Umsatzerlöse bspw. anhand verkaufter Stückzahlen und der aus der Vergangenheit bekannten Durchschnittserlöse je Produktgruppe erfolgen oder eine Verprobung des Zinsaufwands kann auf der Grundlage der jeweiligen Zinssätze und des durchschnittlichen Saldos der →Verbindlichkeiten durchgeführt werden. Sofern für die Bildung von Erwartungswerten auf Daten aus vorangegangenen Prüfungen zurückgegriffen wird, ist eine Anpassung dieser Daten an inzwischen eingetretene Veränderungen (z. B. Preisanstiege) vorzunehmen.

Bei *Einzelfallprüfungen* handelt es sich um →Soll-Ist-Vergleiche von einzelnen Geschäftsvorfällen, durch die Prüfungsnachweise erlangt werden sollen, die einzelne Aussagen in der Rechnungslegung stützen (IDW PS 300.23). Einzelfallprüfungen stellen eine geeignete Prüfungshandlung für die Fälle dar, in denen analytische Prüfungen zur GuV zu unplausiblen Ergebnissen führten und deren Ursache auf andere Weise nicht geklärt werden kann sowie zur Prüfung von Aufwands- und Ertragsposten, für die keine verlässlichen Erwartungswerte gebildet werden können. Außerdem können Einzelfallprüfungen eine geeignete Methode zur Erlangung von Prüfungssicherheit in identifizierten Risikofeldern darstellen (→risikoorientierter Prüfungsansatz). Im Rahmen einer Funktionsprüfung des Personalwesens aufgedeckten Mängeln des Internen Kontrollsystems, kann z. B. durch eine →Stichprobenprüfung der Lohn- und Gehaltsabrechnungen und ihrer Erfassung in der Finanzbuchhaltung begegnet werden (→Internes Kontrollsystem, Prüfung des).

Neben einer vollständigen, unsaldierten und periodengerechten Erfassung der Aufwendungen und Erträge erstreckt sich das Ziel bei der Prüfung der GuV auch auf einen stetigen Ausweis der Posten, der durch § 265 Abs. 1 HGB gesetzlich vorgeschrieben ist (→Stetigkeit; →Gliederung der Gewinn- und Verlustrechnung; →Fehlerarten in der Abschlussprüfung). Nur bei Einhaltung der Ausweisstetigkeit wird die Vergleichbarkeit im Zeitablauf sichergestellt. Sofern dennoch die Vergleichbarkeit eines Postens der GuV in aufeinander folgenden Jahresabschlüssen nicht gegeben ist, hat gem. § 265 Abs. 2 HGB eine Erläuterung im Anhang zu erfolgen.

Literatur: IDW (Hrsg.): IDW Prüfungsstandard: Prüfungsnachweise im Rahmen der Abschlussprüfung (IDW PS 300, Stand: 2. Juli 2001), in: WPg 54 (2001), S. 898–903; IDW (Hrsg.): IDW Prüfungsstandard: Analytische Prüfungshandlungen (IDW PS 312, Stand: 2. Juli 2001), in: WPg 54 (2001), S. 903–906.

Dirk Hällmayr

Gewinn- und Verlustrechnung, Gliederung der →Gliederung der Gewinn- und Verlustrechnung

Gewinnabführungsvertrag →Konzerne, Unternehmensbewertung von; →Organschaft: →Unternehmensverträge

Gewinnabschöpfung →Wettbewerbsverbot der Unternehmensleitung

Gewinnaufteilungsmethode →Verrechnungspreise, steuerrechtliche

Gewinnausschüttung, verdeckte →Verdeckte Gewinnausschüttung

Gewinnermittlung, bilanzielle →Gewinnermittlungsmethoden, steuerrechtliche

Gewinnermittlungsmethoden, steuerrechtliche

Im EStG sind drei verschiedene Gewinnermittlungsmethoden geregelt. Welche steuerliche Gewinnermittlungsart zur Anwendung kommt, hängt insb. von der handels- und steuerrechtlichen Buchführungspflicht ab:

- Nach § 140 AO gilt für (Handels-) Gewerbetreibende (§ 15 EStG), die nach § 1 und § 2 HGB die Kaufmannseigenschaft innehaben (Kaufleute) und nach den §§ 238 ff. HGB zur Führung von Büchern verpflichtet sind [einschl. der gewerblichen →Personengesellschaften (PersGes) und KapGes], sowie für Gewerbetreibende, die freiwillig nach handelsrechtlichen Vorschriften Bücher führen, eine derivative bzw. abgeleitete Buchführungspflicht (s. dazu im Detail Stobbe 2002, Rn. 28 zu § 5 EStG). Danach ist die handelsrechtliche Buchführungspflicht auch steuerlich verbindlich. Es gilt in derartigen Fällen die *bilanzielle Gewinnmittlung nach § 5 Abs. 1 EStG* (sog. →Maßgeblichkeitsprinzip).

- Existiert keine handelsrechtliche Buchführungspflicht, dann kommt die originäre steuerliche Buchführungspflicht nach § 141 Abs. 1 AO zur Anwendung. Diese ist insb. von der Überschreitung bestimmter Grenzwerte nach § 141 Abs. 1 Nr. 1 bis 5 AO (z. B. Umsätze > 500.000 €; steuerlicher Gewinn > 30.000 €) abhängig. Bei Land- und Forstwirten führt dies zum *Betriebsvermögensvergleich nach § 4 Abs. 1 EStG* [ohne →Gewinn- und Verlustrechnung (GuV)], bei Gewerbetreibenden nach h.M. zur Gewinnermittlung nach § 5 Abs. 1 EStG; aufgrund der fehlenden Handelsbilanz führt dies meiner Auffassung nach auch bei Gewerbetreibenden i. d. R. im Ergebnis auch zu einem Betriebsvermögensvergleich nach § 4 Abs. 1 EStG (Stobbe 2002, Rn. 27 zu § 5 EStG).

- Liegt keine handels- und steuerrechtliche Buchführungspflicht nach den §§ 140, 141 AO vor und führen die Steuerpflichtigen auch nicht freiwillig Bücher, dann kommt die *Einnahmenüberschuss-Rechnung nach § 4 Abs. 3 EStG* zur Anwendung. Diese Gewinnermittlungsart kann insb. von allen Freiberuflern i. S. d. § 18 EStG – also unabhängig von Größenmerkmalen – in Anspruch genommen werden. Bei Land- und Forstwirten sowie bei (handelsrechtlich nicht bilanzierenden) Gewerbetreibenden ist diese Gewinnermittlungsart nur bei Unterschreiten der Größenmerkmale nach § 141 AO zulässig.

Merkmale der bilanziellen Gewinnermittlung: Bei den bilanzierenden Kaufleuten und Gesellschaften knüpft der steuerliche Gewinn nach § 5 Abs. 1 Satz 1 EStG an die handelsrechtlichen GoB (→Grundsätze ordnungsmäßiger Buchführung, Prüfung der) und nach § 5 Abs. 1 Satz 2 EStG bei steuerrechtlichen Wahlrechten (→bilanzpolitische Gestaltungsspielräume nach Steuerrecht) auch an die konkrete Handelsbilanz an (→Maßgeblichkeit, umgekehrte). Nach der Maßgeblichkeit der handelsrechtlichen GoB sind für den Bilanzansatz insb. die §§ 243, 246 bis 250 HGB, für die Bewertung die §§ 252 bis 256 HGB für die steuerliche Gewinnermittlung maßgeblich, wobei die steuerlichen Spezialvorschriften der § 5 Abs. 2 bis 6, § 6 und § 7 EStG vorrangig zu beachten sind. Der steuerliche Gewinn wird häufig auf Basis einer handelsrechtlichen GuV durch eine *Überleitungsrechnung* (sog. →Mehr- und Wenigerrechnung) ermittelt. Dabei kommt es einerseits zu Erhöhungen durch bilanzsteuerrechtliche Differenzen (z. B. Vorverlagerung des handelsrechtlichen Aufwands durch Bildung einer Drohverlustrückstellung), andererseits auch zu Verminderungen durch nachgelagerten steuerlichen Aufwand (z. B. bei Zahlungsabfluss aus schwebenden Geschäften, für die handelsrechtlich nach § 249 Abs. 1 HGB zuvor →Rückstellungen gebildet wurden, die nach § 5 Abs. 4a EStG aber nicht zulässig waren; s. dazu mit weiteren Beispielen Stobbe 2006, S. 113–121). Weitere Besonderheiten und Abweichungen von der Handelsbilanz ergeben sich bei PersGes durch die Erstellung von Sonder- und Ergänzungsbilanzen (→Sonder- und Ergänzungsbilanzen, steuerrechtliche). Sonderbilanzen sind besondere Steuerbilanzen, die die →Wirtschaftsgüter des Sonderbetriebsvermögens und damit zusammenhängende Sonderbetriebseinnahmen und Sonderbetriebsausgaben der einzelnen Gesellschafter erfassen. Im Gegensatz dazu beziehen sich Ergänzungsbilanzen nur auf Wirtschaftsgüter des Gesamthandsvermögens (i. d. R. Bewertungsdifferenzen aus →Gesellschafterwechsel oder Einbringungen; s. detailliert Stobbe 2006, S. 122–130).

Besonderheiten beim Betriebsvermögensvergleich nach § 4 Abs. 1 EStG: Hier werden die Wirtschaftsgüter jeweils zum Ende des Geschäftsjahres aufgenommen und bewertet; auf dieser Basis wird dann das steuerliche →Eigenkapital (= Betriebsvermögen i. S. d. § 4 Abs. 1 Satz 1 EStG) ermittelt und mit dem des Vorjahres – korrigiert um Entnahmen und Einlagen – verglichen. Die Differenz ist dann der steuerliche Gewinn bzw. Verlust. Für den steuerlichen Bilanzansatz (→Ansatzgrundsätze) und die Bewertung der Wirtschaftsgüter (→Bewertungsgrundsätze) wird durch § 141 Abs. 1 Satz 2 AO die analoge Anwendung der wichtigsten handelsrechtlichen Vorschriften

(§ 238, §§ 240 bis 242 Abs. 1 und §§ 243 bis 256 HGB) für die Buchführung angeordnet, wobei steuerliche Spezialvorschriften (insb. § 5 Abs. 2 bis § 7 EStG) vorrangig zu beachten sind. Dadurch gibt es weitgehend keine Unterschiede zur Gewinnermittlung nach § 5 Abs. 1 EStG. Ein wesentlicher Unterschied besteht darin, dass es im Gegensatz zu § 5 Abs. 1 EStG keine Pflicht zur doppelten Buchführung (→Buchführungstechnik und Prüfungsmethoden) gibt, da es an einem Verweis auf § 242 Abs. 2 und 3 HGB fehlt.

Merkmale bei der Einnahmenüberschuss-Rechnung nach § 4 Abs. 3 EStG: Hier wird der steuerliche Gewinn nicht durch Bestandsgrößen, sondern durch Stromgrößen (= Zahlungen) ermittelt. Maßgebend für die Betriebseinnahmen und →Betriebsausgaben ist das Zufluss-/Abflussprinzip nach § 11 EStG. Dadurch ist eine Aufnahme und Bewertung der Forderungen, →Verbindlichkeiten sowie des →Vorratsvermögens und der Rückstellungen nicht erforderlich. Eine Ausnahme vom Zufluss-/Abflussprinzip gilt für das →Anlagevermögen, für das die bilanziellen Grundsätze [Aktivierung mit Abschreibungen (→Abschreibungen, bilanziell; →Abschreibungen, steuerrechtliche)] analog anzuwenden sind (zu Details s. Stobbe 2006, S. 133–138). Der Vorteil dieser Stromgrößenrechnung liegt insb. in der größeren Flexibilität der Steuerpflichtigen, die z. B. durch die Rechnungsstellung und Zahlungszeitpunkte den Gewinn erheblich gestalten und in andere Zeiträume verschieben können.

Literatur: Federmann, R.: Bilanzierung nach Handels- und Steuerrecht, 11. Aufl., Berlin 2000; Stobbe, T.: Kommentierung des § 5 EStG, in: Herrmann, C. et al. (Hrsg.): Herrmann/Heuer/Raupach, Kommentar zum Einkommensteuer- und Körperschaftsteuergesetz, Loseblattausgabe, Band 1, 21. Aufl., Köln, Stand: 208. Erg.-Lfg. Dezember 2002; Stobbe, T.: Steuern Kompakt, 5. Aufl., Sternenfels 2006; Weber-Grellet, H.: Bilanzsteuerrecht, 8. Aufl., Köln 2004.

Thomas Stobbe

Gewinnrücklagen

Die *Prüfung der Gewinnrücklagen* beinhaltet die Prüfung der aus dem Jahresüberschuss (→Jahresergebnis) gebildeten Rücklagen auf Übereinstimmung mit den gesetzlichen und satzungsmäßigen bzw. gesellschaftsvertraglichen Bestimmungen zu ihrer Bildung und Auflösung (→Ordnungsmäßigkeitsprüfung).

Bei der AG (→Aktiengesellschaft, Prüfung einer) und →Kommanditgesellschaft auf Aktien (KGaA) ist zwingend eine →*Gesetzliche Rücklage* zu bilden, in die nach § 150 Abs. 2 AktG 5 % des um einen →Verlustvortrag verminderten Jahresüberschusses einzustellen ist, bis die Gesetzliche Rücklage und die →Kapitalrücklage nach § 272 Abs. 2 Nr. 1–3 HGB (d. h. ohne andere Zuzahlungen der Gesellschafter) zusammen 10 % oder den in der Satzung bestimmten höheren Teil des Grundkapitals erreichen. Für *Organgesellschaften* gilt die Sondervorschrift des § 300 AktG.

Die Satzung kann nach § 150 Abs. 3 AktG eine höhere Grenze als 10 % des Grundkapitals bestimmen, die jedoch stets nur einen Teil des Grundkapitals (also nicht z. B. 100 %) ausmachen darf. Die Regelung zur Dotierung der Gesetzlichen Rücklage ist abschließend und zwingend. Insb. kann der Betrag der Zuführung im Rahmen der *Aufstellung* des Jahresabschlusses weder erhöht noch vermindert werden. Die HV (→Haupt- und Gesellschafterversammlung) kann nach § 58 Abs. 3 AktG mit einfacher Mehrheit Beträge in andere Gewinnrücklagen oder in die Gesetzliche Rücklage einstellen. In diesem Fall gilt die Beschränkung des § 150 Abs. 2 AktG nicht, so dass insoweit eine vorzeitige Rücklagenbildung in Betracht kommt (ADS 1997, Rn. 117 zu § 58 AktG, S. 184–185; Hüffer 2006, Rn. 23 zu § 58 AktG).

Die Gesetzliche Rücklage und die Kapitalrücklage dürfen nicht für Gewinnausschüttungen verwendet werden. Für die zulässige Verwendung ist zwischen dem Mindestbetrag (§ 150 Abs. 3 AktG) und dem übersteigenden Betrag zu unterscheiden. Der *Mindestbetrag* darf nur zum Ausgleich eines Jahresfehlbetrags verwendet werden, der nicht durch einen →Gewinnvortrag aus dem Vorjahr oder durch die Auflösung anderer Rücklagen ausgeglichen werden kann. Gleichfalls zulässig ist der Ausgleich eines Verlustvortrags aus dem Vorjahr, sofern er nicht durch einen Jahresüberschuss oder durch die Auflösung anderer Gewinnrücklagen ausgeglichen werden kann. Der *übersteigende Betrag* kann zum Ausgleich eines Jahresfehlbetrags oder Verlustvortrags verwendet werden, ohne dass zuvor andere Rücklagen aufzulösen wären, sowie zur Kapitalerhöhung aus Gesellschaftsmitteln.

Die *Rücklage für* →*eigene Anteile* oder für Anteile eines herrschenden oder mehrheitlich beteiligten Unternehmens ist nach § 272 Abs. 4 HGB in Höhe des auf der Aktivseite angesetzten Betrags zu bilden. Die Rücklage darf nur aus dem Jahresüberschuss (→Jahresergebnis) oder zu Lasten frei verfügbarer Rücklagen gebildet werden, in diesem Fall auch durch einfache Umbuchung auf der Passivseite ohne Berührung der Gewinnverwendungsrechnung (Förschle/Hoffmann 2006, Rn. 119, S. 999–1000). Die Rücklage ist insoweit aufzulösen, als die Anteile veräußert oder nach § 253 Abs. 3 HGB abgeschrieben werden (→außerplanmäßige Abschreibungen).

Satzungsmäßige Rücklagen sind Gewinnrücklagen, die aufgrund satzungsmäßiger oder gesellschaftsvertraglicher Bestimmungen zwingend zu bilden sind. Nicht dazu zählen damit solche Rücklagen, die aufgrund einer Satzungsermächtigung durch Vorstand und AR gebildet werden können oder die nach § 58 Abs. 1 AktG bei Feststellung des Jahresabschlusses (→Feststellung und Billigung des Abschlusses) durch die HV zu bilden sind, da es sich bei diesen nach dem Gesetzeswortlaut um andere Gewinnrücklagen handelt. Satzungsmäßige Rücklagen sind dementsprechend in der Praxis überwiegend bei der →Gesellschaft mit beschränkter Haftung (GmbH) anzutreffen.

Zu den *anderen Gewinnrücklagen* zählen alle Gewinnrücklagen, die weder gesetzliche, satzungsmäßige oder Rücklagen für eigene Anteile darstellen. Bei der AG können Vorstand und AR bis zur Hälfte des Jahresüberschusses (→Jahresergebnis) in die anderen Gewinnrücklagen einstellen (§ 58 Abs. 2 Satz 1 AktG). Aufgrund satzungsmäßiger Ermächtigung können Vorstand und AR auch höhere Beträge, d. h. max. den vollen Jahresüberschuss, in die anderen Gewinnrücklagen einstellen, jedoch nur bis zur Begrenzung des § 58 Abs. 2 Satz 3 AktG im Verhältnis zum Grundkapital. Weitere Beträge können nach § 58 Abs. 3 AktG durch die HV eingestellt werden.

Für die GmbH gelten nach § 29 GmbHG, falls nicht gesetzliche Vorschriften vorgehen (z. B. § 272 Abs. 4 HGB), die gesellschaftsvertraglichen Bestimmungen oder die Beschlüsse der Gesellschafter. Eine Obergrenze für die Rücklagenbildung ist vom Gesetz nicht ausdrücklich vorgesehen, jedoch findet die Rücklagenbildung ihre Schranken in der allgemeinen Treuepflicht der Gesellschafter (Hueck/Fastrich 2006, Rn. 29 ff.).

Verstöße gegen die gesetzlichen, satzungsmäßigen oder gesellschaftsvertraglichen Vorschriften zur Bildung und Auflösung von Gewinnrücklagen führen bei der AG nach § 256 Abs. 1 Nr. 4 AktG zur →Nichtigkeit des Jahresabschlusses; diese Vorschrift gilt analog auch für die GmbH (Schulze-Osterloh 2006, Rn. 27). Die Verletzung dieser Vorschriften kann nach IDW PS 400.54 f. zu einer Einschränkung des →Bestätigungsvermerks führen; nach IDW PS 450.45 kommt unabhängig hiervon eine Berichterstattung nach § 321 Abs. 1 Satz 3 HGB (→Redepflicht des Abschlussprüfers) im Rahmen des →Prüfungsberichts in Frage.

Literatur: ADS: Rechnungslegung und Prüfung der Unternehmen, Teilband 4, 6. Aufl., Stuttgart 1997; Förschle, G./Hoffmann, K.: Kommentierung des § 272 HGB, in: Ellrott, H. et al. (Hrsg.): BeckBilkomm, 6. Aufl., München 2006; Hueck, A./Fastrich, G.: Kommentierung des § 29 GmbH-Gesetz, in: Baumbach, A./Hueck, A. (Hrsg.): GmbH-Gesetz, 18. Aufl., München 2006; Hüffer, U.: Aktiengesetz, 7. Aufl., München 2006; IDW (Hrsg.): IDW Prüfungsstandard: Grundsätze für die ordnungsmäßige Erteilung von Bestätigungsvermerken bei Abschlussprüfungen (IDW PS 400, Stand: 28. Oktober 2005), in: WPg 58 (2005), S. 1382–1402; IDW (Hrsg.): IDW Prüfungsstandard: Grundsätze ordnungsmäßiger Berichterstattung bei Abschlussprüfungen (IDW PS 450, Stand: 8. Dezember 2005), in: WPg 59 (2006), S. 113–128; Schulze-Osterloh, J.: Kommentierung des § 42a GmbHG, in: Baumbach, A./Hueck, A. (Hrsg.): GmbH-Gesetz, 18. Aufl., München 2006.

Holger Grünewald

Gewinnschwelle →Break Even-Analyse

Gewinnvortrag

Der *Gewinnvortrag* ergibt sich aus dem Bilanzgewinn des Vorjahres unter Berücksichtigung der Gewinnverwendung (→Ergebnisverwendung) durch die Haupt- bzw. Gesellschafterversammlung (→Haupt- und Gesellschafterversammlung). Die Prüfung durch den →Abschlussprüfer (APr) erstreckt sich damit auf die zutreffende Übernahme des Bilanzgewinns aus dem Vorjahr und die richtige Abbildung der diesbezüglichen Gewinnverwendungsbeschlüsse des Geschäftsjahres.

Bei der AG (→Aktiengesellschaft, Prüfung einer) kann die HV nach § 174 Abs. 2, 2. HS AktG den ausgewiesenen Bilanzgewinn zur Ausschüttung an die Aktionäre, zur Einstellung in die →Gewinnrücklagen sowie zum Vortrag auf neue Rechnung verwenden (Hüffer 2006, Rn. 5 zu § 174 AktG). Der APr hat

Gewinnvorweg

sich zu versichern, dass der Gewinnverwendungsbeschluss nicht erfolgreich nach § 254 Abs. 1 AktG wegen übermäßiger Rücklagenbildung und Verfehlens einer Mindestdividende von 4% des Grundkapitals (→ Gezeichnetes Kapital) angefochten worden ist.

Bei der →Gesellschaft mit beschränkter Haftung (GmbH) gilt, dass die Gesellschafter in Ermangelung gesellschaftsvertraglicher Vorschriften aus dem Jahresüberschuss Beträge in die Gewinnrücklagen einstellen oder als Gewinn vortragen können (§ 29 Abs. 2 GmbHG). Eine gesetzliche Beschränkung wie in § 254 Abs. 1 AktG existiert für die GmbH nicht; Schranken der Rücklagenzuführung und der Einstellung in den Gewinnvortrag bestehen lediglich in allgemeinen Grundsätzen des Minderheitenschutzes (Hueck/Fastrich 2006, Rn. 29 ff. zu § 29 GmbHG).

Der Ausweis des Gewinnvortrags in der →Gewinn- und Verlustrechnung (GuV) ist nach § 158 Abs. 1 Nr. 1 AktG nur für die AG vorgeschrieben, für die GmbH erfolgt der Ausweis in der Bilanz; bei Bilanzaufstellung unter vollständiger oder teilweiser Ergebnisverwendung nach § 268 Abs. 1 HGB wie bei der AG ebenfalls in der GuV.

Für Personenhandelsgesellschaften, die unter § 264a HGB fallen [→Personengesellschaften (PersGes)], ist der Ausweis des Gewinnvortrags in § 264c Abs. 2 Satz 1 IV. HGB vorgeschrieben. Da nach dem gesetzlichen Normstatut der →Offenen Handelsgesellschaft (OHG) und →Kommanditgesellschaft (KG) die Gesellschafter jeweils Anspruch auf Entnahme des auf sie entfallenden Gewinnanteils haben (§§ 122 Abs. 1, 161 Abs. 2 HGB), ist der Ausweis eines Gewinnvortrags nur dann denkbar, wenn der Gesellschaftsvertrag den Jahresüberschuss in die Disposition der Gesellschafterversammlung stellt und diese beschlossen hat, Teilbeträge oder den gesamten Jahresüberschuss auf neue Rechnung vorzutragen. In diesem Fall hat der APr bereits im vorangegangenen Geschäftsjahr das Vorliegen der gesellschaftsvertraglichen Voraussetzung für die Bilanzierung des unverteilten Jahresüberschusses geprüft, sodass sich die Prüfung des Gewinnvortrags auf die zutreffende Abbildung des Gewinnverwendungsbeschlusses der Gesellschafterversammlung beschränkt.

Literatur: Hueck, A./Fastrich, L.: Kommentierung des § 35 GmbHG, in: Baumbach, A./Hueck, A. (Hrsg.): GmbHG, 18. Aufl., München 2006; Hüffer, U.: Aktiengesetz, 7. Aufl., München 2006.

Holger Grünewald

Gewinnvorweg →Rücklagen

Gewinnzuschlag →Kalkulation im Warenhandel

Gewisse Sicherheit →Prüferische Durchsicht

Gewissenhaftigkeit des Steuerberaters →Berufsgrundsätze des Steuerberaters

Gewissenhaftigkeit des Wirtschaftsprüfers →Berufspflichten des Wirtschaftsprüfers; →Grundsätze ordnungsmäßiger Abschlussprüfung

Gezeichnetes Kapital

Die Prüfung des *Gezeichneten Kapitals* durch den →Abschlussprüfer (APr) umfasst die Abstimmung des auf der Passivseite der Bilanz nach §§ 266 Abs. 3 A.I, 272 Abs. 1 HGB ausgewiesenen Gezeichneten Kapitals (→Gliederung der Bilanz) mit dem durch Satzung bzw. Gesellschaftsvertrag bestimmten und im HR eingetragenen Betrag (→Abstimmprüfung).

Für die AG und die →Gesellschaft mit beschränkter Haftung (GmbH) ist einheitlich das Grundkapital bzw. das Stammkapital als Gezeichnetes Kapital auszuweisen (§§ 152 Abs. 1 AktG, 42 Abs. 1 GmbHG; →Eigenkapital). Die Legaldefinition in § 272 Abs. 1 Satz 1 HGB, die auf die Haftung der Gesellschafter für →Verbindlichkeiten der KapGes abstellt, gilt als misslungen, da die Aktionäre bzw. Gesellschafter den Gläubigern gegenüber gar nicht haften (§§ 1 Abs. 1 Satz 2 AktG, 13 Abs. 2 GmbH; Hüffer 2006, Rn. 2 zu § 152 AktG; →Haftung des Aufsichtsrats; →Haftung des Vorstands).

Die Bewertung des Gezeichneten Kapitals erfolgt nach § 283 HGB zum Nennbetrag (→Grundsätze ordnungsmäßiger Buchführung, Prüfung der). Hierunter ist grundsätzlich das *am Abschlussstichtag* im HR eingetragene Grund- oder Stammkapital zu verstehen. Daraus folgt, dass →*ausstehende Einlagen* ebenso wie *Zahlungen auf eine beschlossene, aber am Abschlussstichtag noch nicht in das HR eingetragene Kapitalerhöhung* für den Ausweis des Gezeichneten Kapitals unerheblich sind (→Gliederung der Bilanz). Jedoch ist in der Eröffnungsbilanz auch vor Handelsregistereintragung das Gezeichnete Kapital mit dem durch Satzung/Gesellschaftsvertrag festgelegten Betrag auszuweisen, soweit der Anspruch der Gesellschaft auf die Einlageleistung bereits entstanden ist (Schulze-Osterloh 2006, Rn. 202) (zum *Ausweis ausstehender Einlagen* s. § 272 Abs. 1 Satz 2 und 3 HGB).

Die *Bilanzierung von Kapitalveränderungen* bei *Kapitalerhöhungen gegen Einlagen und aus Gesellschaftsmitteln* wird nach §§ 188 Abs. 1, 189 AktG, 54 Abs. 3 GmbHG erst mit Eintragung in das HR wirksam (→Kapitalerhöhungsbilanzen). Das Gezeichnete Kapital ist somit bei am Abschlussstichtag fehlender Handelsregistereintragung noch mit dem nicht erhöhten Betrag auszuweisen, auch wenn die Handelsregistereintragung noch während der Aufstellung des Jahresabschlusses erfolgt. Entsprechendes gilt für Kapitalerhöhungen aus dem *Genehmigten Kapital*. Zahlungen, die bereits auf die Kapitalerhöhung geleistet wurden, sind bis zur Eintragung der Kapitalerhöhung als gesonderter Posten *nach* dem →Eigenkapital auszuweisen; sie dürfen nach dem Gezeichneten Kapital (also innerhalb des Eigenkapitals) ausgewiesen werden, wenn die Kapitalerhöhung bis zur Aufstellung des Jahresabschlusses eingetragen wurde. In diesem Fall ist in der Bilanz das Eintragungsdatum zu vermerken (ADS 1997, Rn. 19 zu § 272 HGB; a.A. Förschle/Hoffmann 2006, Rn. 20, S. 972–973, abweichend zur Vorauflage).

Im Fall der *bedingten Kapitalerhöhung* (§§ 192 ff. AktG) erfolgt nach Beschlussfassung ein Bilanzvermerk in Höhe des Nennbetrags des bedingten Kapitals (§ 152 Abs. 1 Satz 3 AktG). Erst nach Handelsregistereintragung *und* Ausgabe der Bezugsaktien erhöht sich das Gezeichnete Kapital um den Nennbetrag der ausgegebenen Aktien (§ 200 AktG); der Bilanzvermerk ist entsprechend zu kürzen.

Für die AG/→Kommanditgesellschaft auf Aktien (KGaA) gilt, dass die →*ordentliche Kapitalherabsetzung* mit Eintragung in das HR wirksam wird (§ 224 AktG). Der Herabsetzungsbetrag ist in der Gewinnverwendungsrechnung in einem gesonderten Posten auszuweisen. Mit Eintragung der Kapitalherabsetzung ist eine →Verbindlichkeit gegenüber den Aktionären zu bilanzieren, da Zahlungen an die Aktionäre aufgrund der Kapitalherabsetzung erst nach Ablauf von 6 Monaten seit der Eintragung und Gewährung von Befriedigung oder Sicherheit an die Gläubiger geleistet werden dürfen. Bei der GmbH ist nach § 58 GmbHG die Handelsregistereintragung erst nach dreimaliger Bekanntmachung des Herabsetzungsbeschlusses und nach Ablauf des Sperrjahres zum Zweck des Gläubigerschutzes zulässig. Hier können somit Zurückzahlungen an die Gesellschafter bereits im Zeitpunkt der Handelsregistereintragung erfolgen [zum Sonderfall der *Kapitalherabsetzung durch Einziehung von Aktien* (§ 237 AktG) s. § 272 Abs. 1 Satz 4–6 HGB]. Das Grundkapital ist in diesem Fall erst mit Eintragung des Kapitalherabsetzungsbeschlusses oder, wenn die Einziehung nachfolgt, mit Einziehung herabgesetzt.

Anders als bei der ordentlichen Kapitalherabsetzung kann wahlweise die *vereinfachte Kapitalherabsetzung* nach §§ 234 Abs. 1 AktG, 58e Abs. 1 Satz 1 GmbHG auf den letzten JA vor dem Beschluss über die Kapitalherabsetzung zurückbezogen werden. In diesem Fall haben nach §§ 234 Abs. 2 AktG, 58e Abs. 1 Satz 2 GmbH die →Haupt- und Gesellschafterversammlung über die Feststellung des Jahresabschlusses zu entscheiden (→Feststellung und Billigung des Abschlusses). I.V.m. der bilanziell rückwirkenden Kapitalherabsetzung kann eine dann zugleich ebenfalls bilanziell rückwirkende Kapitalerhöhung beschlossen werden (§§ 235 Abs. 1 AktG, 58f Abs. 1 GmbHG). Voraussetzung ist, dass keine Sacheinlagen festgesetzt, die neuen Aktien gezeichnet bzw. die neuen Stammeinlagen übernommen und die erforderlichen Einzahlungen geleistet sind. Die Beschlüsse sind nichtig, wenn sie nicht innerhalb von 3 Monaten nach der Beschlussfassung in das HR eingetragen sind (§§ 235 Abs. 2 AktG, 58f Abs. 2 GmbHG). Der APr hat in diesem Fall den →Bestätigungsvermerk (BestV) unter dem bedingenden Zusatz der Eintragung der Beschlüsse über die vereinfachte Kapitalherabsetzung mit gleichzeitiger Kapitalerhöhung zu erteilen, sofern die Eintragung im Zeitpunkt des Bestätigungsvermerks noch nicht erfolgt war (IDW PS 400.99).

Literatur: ADS: Rechnungslegung und Prüfung der Unternehmen, Teilband 5, 6. Aufl., Stuttgart 1997; Förschle, G./Hoffmann, K.: Kommentierung des § 272 HGB, in: Ellrott, H. et al. (Hrsg.): BeckBilKomm, 6. Aufl., München 2006; Hüffer, U.: Aktiengesetz, 7. Aufl., München 2006; IDW (Hrsg.): IDW Prüfungsstandard: Grundsätze für die ordnungsmäßige Erteilung von Bestätigungsvermerken bei Abschlussprüfungen (IDW PS 400, Stand: 28. Oktober 2005), in: WPg 58 (2005), S. 1382–1402; Schulze-Osterloh, J.: Kommentierung des § 42 GmbHG, in: Baumbach, A./Hueck, A. (Hrsg.): GmbH-Gesetz, 18. Aufl., München 2006.

Holger Grünewald

Giroverbände →Prüfungsverbände

Gläubigerversammlung →Insolvenzverwaltung

Gleichgewicht, finanzielles →Finanzierungsregeln; →Finanzplanung

Gleichordnungskonzern →Konzernarten; →Konzernmanagement

Gleichungssysteme, simultane →Ergebnisabhängige Aufwendungen

Gleichungsverfahren, simultanes
→Kosten- und Leistungsverrechnung, innerbetriebliche

Gliederung der Bilanz

Da die Bilanz Bestandteil des Jahresabschlusses ist, kann dieser nur ordnungsgemäß sein, wenn auch die Gliederung der Bilanz den GoB entspricht (→Ordnungsmäßigkeitsprüfung; →Grundsätze ordnungsmäßiger Buchführung, Prüfung der).

Die Mindestgliederung ist in § 247 Abs. 1 HGB festgelegt. Hiernach haben alle Kaufleute in der Bilanz zumindest das →Anlagevermögen und das →Umlaufvermögen, das →Eigenkapital und die →Schulden sowie die →Rechnungsabgrenzungsposten getrennt auszuweisen und hinreichend aufzugliedern.

Ergänzende Vorschriften sind für KapGes und →Personengesellschaften (PersGes) i. S. d. § 264a HGB zu beachten. Diese Unternehmen haben ihre Bilanzen gem. § 266 Abs. 2 und 3 HGB zu gliedern.

Kleine Gesellschaften i. S. d. § 267 Abs. 1 HGB (→Größenklassen) müssen in ihrer Bilanz nur die mit Buchstaben und römischen Ziffern versehenen Posten gesondert ausweisen.

Für →Finanzdienstleistungsinstitute, →Kreditinstitute, Pensionsfonds, Pflegeeinrichtungen, →Versicherungsunternehmen, Versorgungsunternehmen (→Elektrizitätsversorgungsunternehmen; →Energieversorgungsunternehmen) und →Wohnungsunternehmen gibt es darüber hinaus ergänzende oder gesonderte Gliederungsvorschriften, die in besonderen Gesetzen bzw. Verordnungen festgelegt sind, wie z. B. in der RechKredV sowie der RechVersV.

Die Entwicklung der einzelnen Posten des Anlagevermögens, wie Zugänge, Abgänge, Umbuchungen, Zuschreibungen (→Wertaufholung) und Abschreibungen (→Abschreibungen, bilanzielle) (→Anlagespiegel) sind in der Bilanz oder im →Anhang darzustellen (→Angabepflichten).

Wenn die Bilanz gem. § 268 Abs. 1 HGB unter Berücksichtigung der teilweisen oder vollständigen Verwendung des →Jahresergebnisses aufgestellt wird, tritt an die Stelle der Posten Jahresüberschuss/Jahresfehlbetrag und →Gewinnvortrag/→Verlustvortrag der Posten Bilanzgewinn/Bilanzverlust (→Ergebnisverwendung).

Die Bilanzgliederung ist um Sonderposten zu ergänzen, wenn entsprechende Geschäftsvorfälle im Berichtsjahr oder im vorangegangenen Geschäftsjahr vorliegen. Derartige Sonderposten können sein:

- Ingangsetzungs- und Erweiterungsaufwendungen (§ 269 HGB),
- Rücklage für →eigene Anteile (§ 272 Abs. 4 HGB),
- →Sonderposten mit Rücklageanteil (§ 247 Abs. 3 HGB) und
- Steuerabgrenzungsposten (§ 274 HGB) (→latente Steuern).

→Haftungsverhältnisse aus der Begebung und Übertragung von Wechseln, aus Bürgschaften, aus Gewährleistungsverträgen und aus der Bestellung von Sicherheiten für fremde →Verbindlichkeiten sind gem. § 251 HGB unter der Bilanz oder im Anhang zu vermerken.

Soweit ein →Vermögensgegenstand oder eine →Schuld unter mehrere Posten der Bilanz fällt, ist diese Mitzugehörigkeit in der Bilanz oder im Anhang zu vermerken (§ 265 Abs. 3 HGB).

Zu jedem Posten der Bilanz ist der entsprechende Betrag des Vorjahres anzugeben (→Vergleichsangaben über Vorjahre).

Die einmal gewählte Form der Gliederung der Bilanz ist in den Folgejahren grundsätzlich beizubehalten (→Stetigkeit).

Nach den →International Financial Reporting Standards (IFRS) wird für die Bilanz kein konkretes Gliederungsschema vorgegeben (IDW 2006, Abschn. N, Rn. 47 ff.). Vorgaben enthält IAS 1. Hiernach kann die Bilanz in Konto- oder Staffelform aufgestellt werden. Die Bilanz ist grundsätzlich nach kurz- und langfristigen Vermögenswerten (→Asset) sowie kurz- und langfristigen Schulden (→Liability) zu gliedern. Gem. IAS 1.68 sollten zumindest die folgenden Posten in der Bilanz dargestellt sein:

- →Sachanlagen;
- immaterielle Vermögenswerte (→immaterielle Vermögensgegenstände);
- finanzielle Vermögenswerte (→Finanzanlagen);
- nach der Equity-Methode bilanzierte Finanzinvestitionen;
- biologische Vermögenswerte;
- Vorräte (→Vorratsvermögen);
- →Forderungen aus Lieferungen und Leistungen und sonstige Forderungen;
- Zahlungsmittel und Zahlungsmitteläquivalente;
- →Verbindlichkeiten aus Lieferungen und Leistungen und sonstige Verbindlichkeiten;
- →Rückstellungen;
- finanzielle Schulden;
- laufende Steuerschulden und -erstattungsansprüche;
- latente Steuerschulden und latente Steueransprüche (→latente Steuern);
- Minderheitsanteile am →Eigenkapital;
- →Gezeichnetes Kapital und →Rücklagen, die den Anteilseignern des Mutterunternehmens zuzuordnen sind.

Bei der Darstellung der Bilanz sind zusätzliche Posten auszuweisen, wenn diese für das Verständnis der →Vermögenslage und →Finanzlage des Unternehmens relevant sind.

Gem. IDW PS 300.7 hat der →Abschlussprüfer (APr) Prüfungsfeststellungen zur Vollständigkeit der ausgewiesenen Vermögensgegenstände, deren Vorhandensein (→Nachweisprüfungshandlungen) und deren Bewertung (→Bewertungsprüfung) zu treffen, aber auch zur Ordnungsmäßigkeit der Darstellung und des Ausweises der Vermögensgegenstände, der Schulden, des Eigenkapitals und der Sonderposten (→Ordnungsmäßigkeitsprüfung) (IDW 2006, Abschn. R, Rn. 57).

Zur Prüfung der ordnungsgemäßen Bilanzgliederung und des korrekten Ausweises bestimmter Posten setzt der APr das gesamte Spektrum möglicher Prüfungshandlungen ein (→Auswahl von Prüfungshandlungen). Im Wesentlichen sind dies:

- →Systemprüfungen,
- →Plausibilitätsprüfungen,
- →analytische Prüfungshandlungen und
- →Einzelfallprüfungen.

Üblicherweise erfolgt die Gliederungs- und Ausweisprüfung zusammen mit der Prüfung des korrekten Ansatzes und der ordnungsgemäßen Bewertung der einzelnen Bilanzposten.

Literatur: IDW (Hrsg.): IDW Prüfungsstandard: Prüfungsnachweise im Rahmen der Abschlussprüfung (IDW PS 300, Stand: 2. Juli 2001), in: WPg 54 (2001), S. 898–903; IDW (Hrsg.): WPH 2006, Band I, 13. Aufl., Düsseldorf 2006.

Hans-Jochen Lorenzen

Gliederung der Gewinn- und Verlustrechnung

Die Anforderungen an die Gliederung der →Gewinn- und Verlustrechnung (GuV) sind nach den deutschen Rechnungslegungsvorschriften abhängig von →Unternehmensform, Unternehmensgröße (→Größenklassen) und Branche. Während die für alle Kaufleute einschlägigen §§ 238–263 HGB neben dem in § 243 Abs. 2 HGB normierten Grundsatz der Klarheit und Übersichtlichkeit sowie dem Saldierungsverbot des § 246 Abs. 2 HGB (→Grundsätze ordnungsmäßiger Rechnungslegung) keine Detailregelungen zur Gliederung enthalten, bestehen für KapGes und Personenhandelsgesellschaften i.S.d. § 264a HGB [→Personengesellschaften (PersGes)] ausführliche Gliederungsvorschriften in den §§ 265 ff. HGB. Diese sind vom Grundsatz her gem. § 5 Abs. 1 PublG auch von den unter das PublG fallenden Unternehmen und gem. § 336 Abs. 2 HGB auch von den →Genossenschaften zu befolgen. Durch Spezialvorschriften für Unternehmen bestimmter Branchen, wie →Kreditinstituten,

→Krankenhäusern, →Wohnungsunternehmen und →Versicherungsunternehmen, wird die Anwendung dieser Gliederungsvorschriften allerdings eingeschränkt. § 330 Abs. 1 HGB enthält eine Ermächtigung zum Erlass von Rechtsverordnungen, die für solche Unternehmen geschäftszweigspezifische Formblätter für die Gliederung ihrer Jahresabschlüsse vorgeben. Die auf dieser Grundlage erlassenen Verordnungen enthalten gegenüber den für alle KapGes geltenden Gliederungsvorschriften zur GuV z.T. ergänzende branchenspezifische Posten, weitere Aufgliederungen einzelner Posten oder eine abweichende Reihenfolge in der Darstellung der Posten.

Für Einzelpersonen und Personenhandelsgesellschaften mit natürlichen Personen als Vollhafter, die unter den Regelungsbereich der §§ 238–263 HGB fallen, besteht zwar keine gesetzlich Vorgabe für die Gliederung ihrer GuV, die Grenzen der Darstellungsfreiheit werden aber durch die normierten Grundsätze zur Klarheit, Übersichtlichkeit und dem Saldierungsverbot sowie durch die in § 238 Abs. 1 HGB kodifizierten GoB (→Grundsätze ordnungsmäßiger Buchführung, Prüfung der) gezogen. Die GuV kann wahlweise in Konto- oder Staffelform sowie nach dem UKV oder GKV aufgestellt werden. Ein willkürlicher Wechsel in der Darstellung aufeinander folgender Rechnungslegungsperioden stände jedoch nicht im Einklang mit den GoB, sodass auch ohne ausdrückliche gesetzliche Regelung eine Pflicht zur Darstellungsstetigkeit (→Stetigkeit) besteht (Leffson 1987, S. 433).

KapGes und Personenhandelsgesellschaften i.S.d. § 264a HGB haben gem. § 275 Abs. 1 HGB ihre GuV zwingend in Staffelform aufzustellen. Aber auch für diesen Kreis von Unternehmen besteht das Wahlrecht zur Anwendung des Umsatz- oder Gesamtkostenverfahrens (→bilanzpolitische Gestaltungsspielräume nach HGB). Die im Einzelnen auszuweisenden Posten sowie die Reihenfolge ihres Ausweises werden für das GKV durch § 275 Abs. 2 HGB und für das UKV in § 275 Abs. 3 HGB vorgeschrieben.

Während im internationalen Rechnungslegungsraum [→International Financial Reporting Standards (IFRS); →United States Generally Accepted Accounting Principles (US GAAP)] die Anwendung des Umsatzkostenverfahrens dominiert, stellt die Gliederung nach dem GKV das in Deutschland weitaus gebräuchlichste Verfahren zur Gliederung der GuV dar. Das GKV wird insb. durch die folgenden Merkmale bestimmt:

- periodenbestimmter Ausweis sämtlicher in einer Rechnungslegungsperiode angefallenen Aufwendungen, unabhängig von der Realisierung der mit ihnen im Zusammenhang stehenden →Umsatzerlöse,
- Neutralisierung der erst in Folgeperioden ergebniswirksam werdenden Aufwendungen durch die Posten „Erhöhung oder Verminderung des Bestands an fertigen und unfertigen Erzeugnissen" (→unfertige und fertige Erzeugnisse) sowie „andere aktivierte Eigenleistungen" und
- Ausweis der Periodenaufwendungen nach dem Kostenartenprinzip (→Kosten; →Kostenartenrechnung).

Demgegenüber ist das UKV durch folgende Merkmale bestimmt:

- umsatzbestimmter Ausweis derjenigen Aufwendungen, die im Zusammenhang mit den in der Rechnungslegungsperiode realisierten Umsätzen stehen, unabhängig vom Zeitpunkt ihres Entstehens, sowie Ausweis aller nicht umsatz-, sondern zeitabhängigen Aufwendungen und
- primärer Ausweis der Aufwendungen nach Funktionsbereichen.

Unterschiede zwischen GKV und UKV sind auf Ausweis und Gliederung der GuV beschränkt. Beide Verfahren führen grundsätzlich zum gleichen →Jahresergebnis. Bei Anwendung des Umsatzkostenverfahrens ist zu beachten, dass die →Materialaufwendungen und der →Personalaufwand des Geschäftsjahres, wie sie nach dem GKV in der GuV auszuweisen wären, nach § 285 Nr. 8 HGB im →Anhang anzugeben sind (→Angabepflichten).

Die nach § 275 Abs. 2 und 3 HGB vorgegebenen Posten der GuV können gem. § 265 Abs. 5 HGB ergänzt werden durch Einfügung neuer Posten, wenn deren Inhalt nicht von einem vorgeschriebenen Posten gedeckt wird. In der Praxis stellt eine solche Postenergänzung allerdings einen seltenen Ausnahmefall dar, da sowohl bei Anwendung des Umsatzkostenverfahrens als auch des Gesamtkostenverfahrens die Sammelposten „sonstige betriebliche Erträge" und „sonstige betriebliche Aufwendungen" (→sonstige betriebliche Aufwendungen und Erträge) sicherstellen sollen, dass alle Geschäftsvorfälle inhaltlich unter den gesetzlich vorgegebenen Posten erfasst werden können. Umgekehrt ist unter den in § 265 Abs. 7 HGB genannten Voraussetzungen auch eine Zusammenfassung von Posten in der GuV möglich. Die zusammengefassten Posten müssen dann aber im Anhang gesondert ausgewiesen werden. Als Beispiel für eine zulässige Zusammenfassung von Posten der GuV kommt der zusammengefasste Ausweis anderer aktivierter Leistungen und sonstiger betrieblicher Erträge unter dem Posten „sonstige betriebliche Erträge" für den Fall, dass nur unerheblich andere aktivierte Leistungen, aber erhebliche sonstige betriebliche Erträge vorliegen, in Betracht (IDW 2006, Abschn. E, Rn. 374).

Kleine und mittelgroße Gesellschaften (→Größenklassen) dürfen nach den in § 276 HGB geregelten Erleichterungsvorschriften bei Anwendung des Gesamtkostenverfahrens die Posten „Umsatzerlöse", „Erhöhung oder Verminderung des Bestands an →unfertigen und fertigen Erzeugnissen", „andere aktivierte Eigenleistungen", „sonstige betriebliche Erträge" und „Materialaufwand" zu einem Posten „Rohergebnis" zusammenfassen. Bei Anwendung des Umsatzkostenverfahrens kann eine Zusammenfassung der Posten „Umsatzerlöse", „Herstellungskosten der zur Erzielung der Umsatzerlöse erbrachten Leistungen", „Bruttoergebnis vom Umsatz" und „sonstige betriebliche Erträge" unter dem Ausweis „Rohergebnis" erfolgen.

Auch vor dem Hintergrund der bestehenden Gliederungswahlrechte kommt der Pflicht zur Darstellungsstetigkeit gem. § 265 Abs. 1 HGB eine besondere Bedeutung zu. Nur bei Beibehaltung der Gliederung der GuV in aufeinander folgenden Rechnungslegungsperioden kann eine Vergleichbarkeit sichergestellt und hierdurch eine sinnvolle Analyse der Ergebnisentwicklung durch den Jahresabschlussleser (→Jahresabschlussanalyse) ermöglicht werden.

Die Prüfung auf Einhaltung der vorgenannten Gliederungsvorschriften zur GuV stellt üblicherweise kein eigenständiges →Prüffeld dar, sondern erfolgt im Zusammenhang mit den übrigen Prüfungshandlungen zu den jeweiligen Posten der GuV.

Im Rahmen von Prüfungen zum →Internen Kontrollsystem (→Internes Kontrollsystem, Prüfung des; →Systemprüfung) können vorab Erkenntnisse darüber erlangt werden, ob das planmäßige Verfahren zur buchhalterischen Erfassung von Geschäftsvorfällen einen gesetzeskonformen Ausweis unter den jeweiligen Posten der GuV unterstützt. Ergänzend werden bei der postenweisen Durchführung aussagebezogener Prüfungshandlungen (→ergebnisorientierte Prüfungshandlungen) zur Gewinn- und Verlustrechnung die stichprobenhaft ausgewählten Geschäftsvorfälle (→Stichprobenprüfung) auch im Hinblick auf ihren zutreffenden Ausweis hin gewürdigt.

Literatur: IDW (Hrsg.): WPH 2006, Band I, 13. Aufl., Düsseldorf 2006; Leffson, U.: Die Grundsätze ordnungsmäßiger Buchführung, Düsseldorf 1987.

Dirk Hällmayr

Gliederung des Anhangs

Das HGB enthält keine Vorschriften, die explizit und detailliert die Gliederung des →Anhangs regeln. Der →Abschlussprüfer (APr) hat sich jedoch davon zu überzeugen, dass die in § 243 Abs. 2 HGB statuierten allgemeinen Grundsätze der Klarheit und Übersichtlichkeit beachtet sind (→Grundsätze ordnungsmäßiger Buchführung, Prüfung der). Ein Anhang, in dem die Angaben in der Reihenfolge der gesetzlichen Vorschriften aufgereiht sind, genügt diesen Grundsätzen nicht. Erforderlich ist eine Gliederung nach sachlichen Gesichtspunkten. In der Literatur werden diverse Vorschläge zur Anhangsstruktur gemacht. Eine ordnungsgemäße Gliederung könnte wie folgt aussehen:

1) Allgemeine Angaben;

2) Bilanzierungs- und Bewertungsmethoden, →Währungsumrechnung;

3) Angaben zur Bilanz;

4) Angaben zur →Gewinn- und Verlustrechnung (GuV);

5) Sonstige Angaben:
   - →Haftungsverhältnisse,
   - →Sonstige finanzielle Verpflichtungen,
   - Mitarbeiter,
   - Andere Angaben;

6) Organmitglieder und Organbezüge.

Die Angaben unter 3) und 4) sollten entsprechend der Postenreihenfolge in Bilanz und GuV gegliedert sein.

Globalabstimmung

Es kann sich zur Wahrung der Übersichtlichkeit als zweckmäßig erweisen, bestimmte Angaben in Anlagen zum Anhang darzustellen. So sieht das Gesetz selbst in § 287 HGB vor, dass die Angaben zum Anteilsbesitz nach § 285 Satz 1 Nr. 11 und 11a HGB in einer gesonderten Anteilsbesitzliste gemacht werden können, wobei diese Darstellungsalternative mit Offenlegungserleichterungen (→ Offenlegung des Jahresabschlusses) verbunden ist. In der Praxis wird außerdem regelmäßig die von § 268 Abs. 2 HGB geforderte Darstellung der Entwicklung von → Anlagevermögen sowie → Ingangsetzungs- und Erweiterungsaufwendungen in einem → Anlagespiegel gezeigt, der dem Anhang als Anlage beigefügt wird. Diese Anlagen sind Bestandteil des Anhangs und unterliegen somit der Prüfung durch den APr, der sie in seinen → Prüfungsbericht (PrB) aufzunehmen hat.

Eine einmal gewählte Gliederung ist gem. § 265 Abs. 1 HGB grundsätzlich beizubehalten (→ Stetigkeit). Eine Durchbrechung der Darstellungsstetigkeit ist nur möglich, wenn besondere Umstände dies erfordern.

Literatur: ADS: Rechnungslegung und Prüfung der Unternehmen, Teilband 1, 6. Aufl., Stuttgart 1995; Ellrott, H.: Kommentierung der §§ 284 und 285 HGB, in: Ellrott, H. et al. (Hrsg.): BeckBilKomm, 6. Aufl., München 2006.

Steffen Kindler

Globalabstimmung → Abstimmprüfung; → Verprobung

Globale Seriengrößenabweichung
→ Seriengrößenabweichung

Globale Verbrauchsabweichung
→ Verbrauchsabweichungen

GmbH → Gesellschaft mit beschränkter Haftung

GmbH & Co. KG

Die *Prüfungspflicht* einer GmbH & Co. KG ergibt sich aus § 316 Abs. 1 Satz 1 i.V.m. 264a Abs. 1 HGB (→ Pflichtprüfungen). Danach sind die für KapGes geltenden Vorschriften zum Jahres- und Konzernabschluss einschl. des → Lageberichts, zur Prüfung (→ Jahresabschlussprüfung) und zur Offenlegung (→ Offenlegung des Jahresabschlusses) auch von solchen Kommanditgesellschaften anzuwenden, bei denen nicht wenigstens ein persönlich haftender Gesellschafter eine natürliche Person oder eine → Offene Handelsgesellschaft (OHG), → Kommanditgesellschaft (KG) oder andere → Personengesellschaft (PersGes) mit einer natürlichen Person als persönlich haftendem Gesellschafter ist.

Eine *Befreiung von der Prüfungspflicht* ist nach § 264b HGB im Falle der Einbeziehung der GmbH & Co. KG im Wege der Vollkonsolidierung in einen befreienden Konzernabschluss (→ Konsolidierungskreis) vorgesehen, der auch von der GmbH & Co. KG selbst als Mutterunternehmen aufgestellt werden kann (IDW RS HFA 7.7).

→ *Bestellung des Abschlussprüfers*: Im Fall der Wahl durch die Gesellschafterversammlung (→ Haupt- und Gesellschafterversammlung) hat, sofern der Gesellschaftsvertrag nichts anderes bestimmt, die Beschlussfassung mit Zustimmung aller Gesellschafter zu erfolgen, da die Wahl des → Abschlussprüfers Grundlagengeschäft ist (BGH-Urteil vom 24.3.1980, S. 1689). Die Erteilung des Prüfungsauftrags erfolgt nach § 318 Abs. 1 Satz 4 i.V.m. 264a Abs. 2 HGB durch die Geschäftsführer der Komplementär-GmbH (→ Prüfungsauftrag und -vertrag).

→ *Prüfungsplanung und Durchführung der Prüfung* (→ *Auftragsdurchführung*): Der APr hat die folgenden Besonderheiten der unter § 264a HGB fallenden Gesellschaften zu berücksichtigen (IDW RS HFA 7):

Zuordnung von → *Vermögensgegenständen und* → *Verbindlichkeiten*: Bilanzierbar sind nur diejenigen Vermögensgegenstände, die bei wirtschaftlicher Betrachtung Gesamthandsvermögen der GmbH & Co. KG sind (→ Ansatzgrundsätze). Dazu zählen auch Vermögensgegenstände, die aufgrund einer gesellschaftsrechtlichen Einbringung („Einlage dem Werte nach") überlassen worden sind. Privatvermögen der Gesellschafter darf nach § 264c Abs. 3 HGB nicht bilanziert werden; dies gilt auch dann, wenn es steuerlich als Betriebsvermögen anzusehen ist (→ Sonder- und Ergänzungsbilanzen, steuerrechtliche). Ebenso sind auf der Passivseite nur Gesamthandsverbindlichkeiten auszuweisen.

Gesellschafterforderungen und -verbindlichkeiten: Nach § 264c Abs. 1 HGB sind Ausleihungen, → Forderungen und Verbindlichkeiten gegenüber Gesellschaftern gesondert auszuweisen oder im →Anhang anzugeben. Bei einem Ausweis unter anderen Posten ist diese Eigenschaft zu vermerken (→Angabepflichten).

Bildung von →Bilanzierungshilfen: Nach §§ 269, 274 Abs. 2 i.V.m. 264a HGB kann die GmbH & Co. KG →Ingangsetzungs- und Erweiterungsaufwendungen sowie den Abgrenzungsposten für →latente Steuern als Bilanzierungshilfe aktivieren. Die in §§ 269, 274 Abs. 2 HGB geforderte Ausschüttungssperre wird für die GmbH & Co. KG in der Weise umgesetzt, dass nach § 264c Abs. 4 Satz 3 HGB ein Sonderposten in Höhe der aktivierten Bilanzierungshilfe(n) nach dem →Eigenkapital auszuweisen ist. Die Bildung und Auflösung des Sonderpostens erfolgt ohne Berührung der →Gewinn- und Verlustrechnung (GuV) zu Lasten bzw. zu Gunsten der Kapitalanteile (→Kapitalkonten) der Gesellschafter (Förschle/Hoffmann 2006, Rn. 98 zu § 264c HGB, S. 814).

Sonderposten für aktivierte Anteile an der Komplementär-GmbH: Soweit die GmbH & Co. KG Anteile an der Komplementär-GmbH (→Gesellschaft mit beschränkter Haftung) aktiviert, ist nach § 264c Abs. 4 HGB ein Sonderposten aus dem Jahresüberschuss (→Jahresergebnis) oder aus den →Rücklagen zu bilden. Reichen Jahresüberschuss und Rücklagen hierzu nicht aus, ist der restliche Betrag von den Kapitalanteilen der Gesellschafter abzubuchen.

Ausweis der →Kapitalkonten und des →Jahresergebnisses: Die Kapitalkonten der persönlich haftenden Gesellschafter und der Kommanditisten sind getrennt auszuweisen, können jedoch je Gesellschaftergruppe in einem Posten zusammengefasst werden (§ 264c Abs. 2 HGB). Als Eigenkapital sind nur Kapitalkonten auszuweisen, die nach den gesellschaftsvertraglichen Bestimmungen zur Verrechnung mit zukünftigen Verlusten zur Verfügung stehen und die im Insolvenzfall (→Insolvenz) nicht als Insolvenzforderung bzw. die im Liquidationsfall erst nachrangig gegenüber den Forderungen aller Gläubiger der Gesellschaft geltend gemacht werden können. Aufgrund des Gesellschaftsvertrags oder durch Gesellschafterbeschluss gebildete Rücklagen sind als Teil des Eigenkapitals gesondert auszuweisen.

Gewinnanteile des Komplementärs sind nach dem gesetzlichen Normstatut (§ 120 Abs. 2 HGB) dessen Kapitalanteil zuzuschreiben. Dem Kapitalanteil des Kommanditisten sind Gewinnanteile nur insoweit zuzuschreiben, als dieser den Betrag der bedungenen Einlage nicht erreicht (§ 167 Abs. 2 HGB). Darüber hinausgehende Gewinnanteile sind dem Verrechnungskonto des Kommanditisten, das Fremdkapitalcharakter (→Fremdkapital) hat, gutzuschreiben. In diesem Fall wird kein Jahresüberschuss in der Bilanz ausgewiesen.

Der Gesellschaftsvertrag kann vorsehen, dass der Jahresüberschuss ganz oder teilweise, ggf. auch nach Bildung von →Gewinnrücklagen, in die Disposition der Gesellschafterversammlung gestellt wird. In diesem Fall ist in der Bilanz ein unverteilter Jahresüberschuss bzw. bei gesellschaftsvertraglich vorgesehener oder bei Bilanzaufstellung erfolgter Rücklagenzuführung ein Bilanzgewinn auszuweisen.

Verluste sind vorweg mit gesamthänderisch gebundenen Rücklagen zu verrechnen, sofern dem keine gesellschaftsvertraglichen Bestimmungen entgegenstehen. Danach verbleibende Verlustanteile des Komplementärs und der Kommanditisten sind von deren Kapitalanteilen abzuschreiben (§§ 120 Abs. 2, 167 Abs. 1, 264c Abs. 2 Satz 2 und 3 HGB). Übersteigen die Verluste die Kapitalanteile, sind nach § 264c Abs. 2 Satz 3–6 HGB auf der Aktivseite die Posten „Nicht durch Vermögenseinlagen des persönlich haftenden Gesellschafters/der Kommanditisten gedeckte Verlustanteile" auszuweisen. Der Posten ist unter den Forderungen auszuweisen, soweit nach den gesellschaftsvertraglichen Bestimmungen eine Zahlungsverpflichtung des Gesellschafters gegenüber der Gesamthand besteht.

Entnahmen eines Gesellschafters, die dessen Kapitalanteil übersteigen, führen nur dann zu einer Forderung der Gesellschaft, wenn eine gesellschaftsvertragliche Erstattungspflicht des Gesellschafters besteht. Ansonsten ist ein hierdurch ggf. entstehendes negatives Kapital als „durch Entnahmen entstandenes negatives Kapital des persönlich haftenden Gesellschafters/des Kommanditisten" auszuweisen.

GuV: Sofern das (unverteilte) →Jahresergebnis nicht in der Bilanz ausgewiesen wird, sollte die GuV um eine Gewinnverwendungsrechnung, die die Gutschriften bzw. Belastungen auf den Rücklagen-, Kapital- und Verrechnungskonten darstellt, ergänzt werden.

In Durchbrechung des Grundsatzes, dass auf das Privatvermögen der Gesellschafter entfallende →Aufwendungen und Erträge nicht anzusetzen sind, erlaubt § 264c Abs. 3 Satz 2 HGB den Ansatz eines fiktiven →Steueraufwandes entsprechend dem Steuersatz der Komplementär-GmbH. Wird von dieser Möglichkeit Gebrauch gemacht, ist nach dem Jahresüberschuss ein gesonderter Posten „Verbleibender Jahresüberschuss/-fehlbetrag nach fiktivem Steueraufwand der Gesellschafter" auszuweisen und anzugeben, über welches Gesellschafterkonto der fiktive Steueraufwand verrechnet wurde.

Anhang: Zusätzlich zu den für KapGes vorgesehenen Anhangangaben hat die GmbH & Co. KG folgende Angaben zu machen:

- Organbezüge (§ 285 Nr. 9a HGB): anzugeben sind die Bezüge der Geschäftsführer der Komplementär-GmbH.
- Organe (§ 285 Nr. 10 HGB): die Angabepflicht betrifft die Geschäftsführer der Komplementär-GmbH.
- Übersteigende Hafteinlage nach § 171 Abs. 1 HGB (§ 264c Abs. 2 Satz 9 HGB)
- Name, Sitz und Gezeichnetes Kapital der Komplementär-GmbH (§ 285 Nr. 15 HGB).

→*Bestätigungsvermerk* (*BestV*) *und* →*Prüfungsbericht* (*PrB*): Besonderheiten im Fall der GmbH & Co. KG bestehen grundsätzlich nicht. Die in den IDW PS 400 und 450 dargestellten Grundsätze für die ordnungsmäßige Erteilung von Bestätigungsvermerken bei Abschlussprüfungen sowie die Grundsätze ordnungsmäßiger Berichterstattung gelten entsprechend (IDW 2006, Abschn. Q, Rn. 6, S. 1638).

Literatur: BGH-Urteil vom 24.3.1980, Aktz. II ZR 88/79, NJW 33 (1980), S. 1689–1690; Förschle, G./Hoffmann, K.: Kommentierung des § 264c HGB, in: Ellrott, H. et al. (Hrsg.): BeckBilKomm, 6. Aufl., München 2006; IDW (Hrsg.): IDW Stellungnahme zur Rechnungslegung: Zur Rechnungslegung bei Personenhandelsgesellschaften (IDW RS HFA 7, Stand: 12. Mai 2005), in: WPg 58 (2005a), S. 669–670; IDW (Hrsg.): IDW Prüfungsstandard: Grundsätze für die ordnungsmäßige Erteilung von Bestätigungsvermerken bei Abschlussprüfungen (IDW PS 400, Stand: 28. Oktober 2005), in: WPg 58 (2005b), S. 1382–1402; IDW (Hrsg.): IDW Prüfungsstandard: Grundsätze ordnungsmäßiger Berichterstattung bei Abschlussprüfungen (IDW PS 450, Stand: 8. Dezember 2005), in: WPg 59 (2006a), S. 113–128; IDW (Hrsg.): WPH 2006, Band I, 13. Aufl., Düsseldorf 2006b.

Holger Grünewald

Going Concern-Prinzip

Das Going Concern-Prinzip (→Grundsätze ordnungsmäßiger Rechnungslegung) gehört zu den fundamentalen →Bewertungsgrundsätzen. Nach § 252 Abs. 1 Nr. 2 HGB ist bei der Bewertung der im JA ausgewiesenen →Vermögensgegenstände und →Schulden von der Unternehmensfortführung auszugehen, sofern dem nicht tatsächliche oder rechtliche Gegebenheiten entgegenstehen. Eine Fortführung der Unternehmenstätigkeit kann durch die Aufzehrung des finanziellen Rahmens oder des →Eigenkapitals bedroht sein (→Bestandsgefährdung). Derartige Unternehmenskrisen ziehen eine Reihe von zusätzlichen Handlungspflichten der gesetzlichen Vertreter nach sich, deren Missachtung haftungsrechtlich und strafrechtlich sanktioniert wird (→Haftung des Vorstands; →Haftung des Aufsichtsrats).

Je sicherer das tatsächliche Ende der Unternehmenstätigkeit bzw. je unwahrscheinlicher die Umsetzbarkeit von Maßnahmen zur Beseitigung der Unternehmenskrise ist, in um so größerem Maße ist nur noch von Einzelveräußerungswerten der Vermögensgegenstände auszugehen, wobei die fortgeführten AHK [→Anschaffungskosten (AK); →Herstellungskosten, bilanzielle) die Bewertungsobergrenze für die Vermögensgegenstände darstellen. Daneben sind nur noch Verpflichtungen auszuweisen, die auch bei einer Unternehmensauflösung in Form der Abwicklung oder Liquidation (→Liquidationsbilanz) weiterhin bestehen bleiben oder neu hin entstehen (IDW 2006, Abschn. E, Rn. 223, S. 328).

Da die Aufstellung des Jahresabschlusses den gesetzlichen Vertretern obliegt, fällt es auch in deren Zuständigkeitsbereich, die Einschätzung der Unternehmensfortführung vorzunehmen. Bei dieser Einschätzung wird vom →*Institut der Wirtschaftsprüfer in Deutschland e.V.* (*IDW*) ein dreistufiges Verfahren vorgeschlagen (IDW PS 270.9).

In der *ersten Stufe* kann bei einem Unternehmen eine positive Fortführungsprognose ohne weitere Analyseschritte angenommen werden, wenn das Unternehmen in der Vergangenheit nachhaltige Gewinne erzielt hat, leicht auf finanzielle Mittel zurückgreifen kann und keine bilanzielle Überschuldung droht (→Überschuldungsprüfung). Liegen diese drei Voraussetzungen kumulativ nicht vor, so haben die gesetzlichen Vertreter in der *zweiten Stufe* in einer Detailprüfung zu entscheiden, ob sich das Unternehmen in einer Krise befindet (→ Krisendiagnose) oder trotz der Nichterfüllung der Voraussetzungen der ersten Stufe die Fortführungsannahme bestätigt werden kann. Nachfolgende finanzielle, betriebliche und sonstige Umstände können dabei u. a. zu ernsthaften Zweifel führen (IDW PS 270.11):

- negative zukünftige Zahlungssalden,
- Schulden übersteigen das Vermögen,
- angespannte finanzielle Situation,
- ausgeschöpfte Lieferantenkredite,
- Finanzmittel für Entwicklungen oder Investitionen fehlen,
- Ausscheiden von Führungskräften ohne adäquaten Ersatz,
- Verlust von Hauptabsatzmärkten, -lieferanten oder -kunden,
- gravierende Personalprobleme,
- Engpässe bei der Beschaffung wichtiger Vorräte (→ Vorratsvermögen),
- Verstöße gegen Eigenkapitalvorschriften,
- Verstöße gegen andere gesetzliche Regelungen (→ Unregelmäßigkeiten) und
- anhängige nachteilige Gerichts- oder Aufsichtsverfahren.

Erweckt diese detaillierte Analyse begründete Zweifel an der positiven Lage des Unternehmens, ist in der *dritten Stufe* eine umfangreiche Fortführungsprognose durchzuführen, die auf einem Unternehmenskonzept und einer integrierten → Finanzplanung basiert. Soweit erforderlich sind hierbei auch realisierbare Sanierungsmaßnahmen (→ Sanierungsberatung) zu berücksichtigen.

Da die Beurteilung der Fortführungsaussichten eines Unternehmens einen signifikanten Einfluss auf die Erstellung des Jahresabschlusses und die →Jahresabschlussprüfung hat, ist der Prüfung des Going Concern-Prinzips im Rahmen der → Prüfungsplanung eine hohe Priorität zuzuordnen. Der → Abschlussprüfer (APr) hat frühzeitig abzuschätzen, ob Anhaltspunkte vorliegen oder Verhältnisse bestehen, die erhebliche Zweifel an der Fortführung der Unternehmenstätigkeit aufwerfen können, da bestandsgefährdende Risiken einen wesentlichen Einfluss auf Art, Umfang und zeitlichen Einsatz der Prüfungshandlungen (→ Auswahl von Prüfungshandlungen) haben. In diesen Fällen bietet es sich an, die Prüfung des Going Concern-Prinzips vorzuziehen, um bei fehlenden Einschätzungen der gesetzlichen Vertreter des Unternehmens von diesen noch fehlende Grundlagen und Unterlagen erarbeiten zu lassen.

Der APr hat die Angemessenheit der durch die gesetzlichen Vertreter getroffenen Annahme zur Unternehmensfortführung bei der Durchführung der Prüfungshandlungen und bei der Abwägung der Prüfungsaussage auf ihre Plausibilität zu beurteilen (→ Plausibilitätsprüfungen; → analytische Prüfungshandlungen). Konnte dem APr nicht glaubhaft nachgewiesen werden, dass die gesetzlichen Vertreter aufgrund eindeutiger Indikatoren eine ungefährdete Annahme der Fortführung treffen konnten, so hat er geeignete zusätzliche Maßnahmen zu ergreifen, um bestandsgefährdende Tatsachen feststellen zu können.

Liegen derartige Tatsachen vor, so hat der APr zusätzliche, geeignete Prüfungshandlungen vorzunehmen, um zu überprüfen, ob die Gesellschaft die bestandgefährdenden Risiken beseitigen kann. Hierzu zählen z. B. die Analyse der Ertrags- und Liquiditätsplanung (→ Erfolgsprognose; → Erfolgscontrolling; → Liquiditätscontrolling), die Analyse zukünftiger Maßnahmen zur Beseitigung der Schwachstellen, die Beurteilung der Durchsetzbarkeit dieser Maßnahmen, die Durchsicht der Finanzierungsverträge, die Durchsicht der Protokolle von Organsitzungen (→ Versammlungsprotokolle) sowie die Beurteilung des Markt- und Rechtsumfeldes.

Wurde im Rahmen der Abschlussprüfung festgestellt, dass eine positive Fortführungsprognose angemessen, aber erheblich unsicher ist, so hat der APr zu beurteilen, ob die unsichere positive Fortführungsprognose im → Lagebericht klar dargestellt wurde. In diesem Fall kann ein uneingeschränkter → Bestätigungsvermerk (BestV), ergänzt um einen Hinweis nach § 322 Abs. 2 Satz 2 HGB erteilt werden. Anderenfalls ist der BestV einzuschränken.

Ist die positive Fortführungsprognose nicht angemessen, ist der BestV zu versagen, auch wenn die Situation im Lagebericht zutreffend dargestellt wurde.

Treffen die gesetzlichen Vertreter keine bzw. keine fundierte Einschätzung zur Fortführungsprognose und kommt der APr zu dem Ergebnis, dass ein schwerwiegendes →Prüfungshemmnis vorliegt, hat er ggf. einen Versagungsvermerk zu erteilen, es sei denn, er kann aufgrund offenkundiger Verhältnisse selbst eine Unternehmensfortführung unterstellen.

Literatur: IDW (Hrsg.): IDW Prüfungsstandard: Die Beurteilung der Fortführung der Unternehmenstätigkeit im Rahmen der Abschlussprüfung (IDW PS 270, Stand: 8. Mai 2003), in: WPg 56 (2003), S. 775–780; IDW (Hrsg.): WPH 2006, Band I, 13. Aufl., Düsseldorf 2006.

Jochen Wentzler

Goldene Bilanzregel →Finanzierungsregeln; →Liquiditätskennzahlen

Goldene Finanzierungsregel →Liquiditätskennzahlen

Goodwill →Geschäfts- oder Firmenwert

Governance →Corporate Governance

Governanceethik →Unternehmensethik und Auditing

Greenburyreport →Cadburyreport

Grenzkostenkalkulation →Kalkulation

Grenzplankostenrechnung

Die *Grenzplankostenrechnung* (GPKR) ist eine →Plankostenrechnung auf der Basis variabler →Kosten zur Kontrolle der Wirtschaftlichkeit in den Kostenstellen (→Cost Center) (→Soll-Ist-Vergleich) und zur Unterstützung der operativen erfolgszielorientierten →Planung. Hauptmerkmal der GPKR ist die Trennung der fixen und variablen Kosten, „die in der Kostenstellenrechnung beginnt und über die Bildung von Verrechnungssätzen für innerbetriebliche Leistungen und Kalkulationssätzen der Hauptkostenstellen bis zur Kalkulation und der kurzfristigen Erfolgsrechnung beibehalten wird" (Kilger 1993, S. 57). Von anderen Kostenrechnungssystemen (→Kosten- und Leistungsrechnung) unterscheidet sich die GPKR vor allem durch die Planung und Kontrolle der Gemeinkosten (→Gemeinkostencontrolling) in der →Kostenstellenrechnung und die Plankalkulation (→Kalkulation) in der →Kostenträgerstückrechnung.

Die *Planung der Gemeinkosten* vollzieht sich in folgenden Schritten:

- Auswahl der Bezugsgrößen,
- Festlegung der →Planbeschäftigung,
- Planung des Güterverbrauchs,
- Bewertung des geplanten Güterverbrauchs und
- Kostenauflösung.

In der GPKR wird angenommen, dass die Kosten ausschließlich von der Beschäftigung (→Beschäftigungsgrad) der betrieblichen Teilbereiche abhängen (→Kostenabhängigkeit). Wird in einer Kostenstelle nur ein Produkt hergestellt, kann die Beschäftigung durch die Produktionsmenge eindeutig beschrieben werden. Im Falle der Mehrproduktfertigung treten *Bezugsgrößen* an die Stelle der Produktionsmengen. Das sind Maßgrößen der →Kostenverursachung, mit deren Hilfe die verschiedenen Leistungen einer Kostenstelle gleichnamig gemacht werden. Bei *homogener Kostenverursachung* in den Kostenstellen kann eine Bezugsgröße gefunden werden, zu der sich die Kosten der Kostenstelle proportional verhalten. Im Fall der *heterogenen Kostenverursachung* muss die Beschäftigung über mehrere Bezugsgrößen (→Bezugsgrößenhierarchie) erfasst werden, um bei der Kostenplanung und -kontrolle (→Kostencontrolling) den Einfluss der Programmzusammensetzung und der Prozessbedingungen berücksichtigen zu können.

Die *Planbeschäftigung* ist die Ausprägung der gewählten Bezugsgröße, für die Kosten geplant werden. Sie kann als →Kapazitätsplanung oder →Engpassplanung vollzogen werden. Die Kapazitätsplanung leitet die Planbeschäftigung aus den Kapazitäten der Kostenstelle ab. Bei der Engpassplanung wird als Planbeschäftigung die auf der Grundlage des Gesamtplans erwartete Beschäftigung gewählt.

Der *Güterverbrauch* wird analytisch geplant, d. h. er wird auf der Grundlage technischkostenwirtschaftlicher Analysen des geplanten Produktionsprozesses bestimmt. Ermittelt wird der Güterverbrauch, der unter planmäßigen Bedingungen bei der angestrebten Wirtschaftlichkeit der Leistungserstellung (→Leistungscontrolling) anfällt. Um die Wirtschaftlichkeitskontrolle von Preiseinflüssen freizuhalten, wird der Güterverbrauch *mit Festpreisen bewertet*.

In der GPKR wird zur *Kostenauflösung* in jeder Kostenstelle für jede Kostenart (→Kostenartenrechnung) untersucht, wie sich die Plankosten bei Beschäftigungsänderungen verhalten werden. Als fix werden die Kosten eingestuft, die auch dann anfallen, wenn bei Aufrechterhaltung der Betriebsbereitschaft die Beschäftigung gegen Null tendiert. Als variabel werden Kosten kategorisiert, die sich im gleichen Verhältnis wie die Beschäftigung verändern.

Zweck der *Kostenkontrolle* (→Kostencontrolling) ist die Feststellung der Wirtschaftlichkeit in den Kostenstellen (→Soll-Ist-Vergleich). Hierzu werden die →Verbrauchsabweichungen berechnet (→Abweichungsanalyse). Definiert sind sie in der GPKR als Differenz zwischen den variablen Ist- und den variablen →Sollkosten. Die variablen Sollkosten sind das Produkt aus den variablen Plankosten pro Beschäftigungseinheit und der Istbeschäftigung. Dadurch, dass die Kosten unter Berücksichtigung mehrerer Bezugsgrößen geplant werden, enthalten die Verbrauchsabweichungen – anders als in anderen Systemen der Plankostenrechnung – keine Bestandteile, die auf Abweichungen von dem geplanten Produktionsprogramm oder den geplanten Prozessbedingungen zurückgehen. Sie informieren damit über die Höhe der Kosten, die durch einen Mehrverbrauch oder eine Minderleistung durch Fehlverhalten der Mitarbeiter bei der Leistungserstellung entstanden sind.

Mit der →*Kostenträgerstückrechnung* (→Kalkulation) sollen Informationen für die Programmplanung und die Erfolgskontrolle (→Erfolgsrechnung, kurzfristige; →Erfolgscontrolling) gewonnen werden. Sie ist eine Plankalkulation auf Teilkostenbasis, die als reine Grenzkostenkalkulation oder Parallelkalkulation ausgestaltet sein kann. In einer Plankalkulation werden die Stückkosten eines Produktes zu Beginn der Planungsperiode ermittelt. Die Ergebnisse gelten während der gesamten Planungsperiode und werden nicht an Veränderungen angepasst. In einer Grenzkostenkalkulation werden den Kostenträgern nur die variablen Kosten zugerechnet. Wird sie durch eine Vollkostenkalkulation ergänzt, liegt eine Parallelkalkulation vor. Die Plankosten einer Produkteinheit werden in der GPKR nach den Regeln der Bezugsgrößenkalkulation berechnet, da diese →Kalkulationsmethode alle anderen als Spezialfall enthält.

Aufgaben der →*Kostenträgerzeitrechnung* sind die Bewertung des Periodenplanes sowie die Erfolgskontrolle. Sie wird in der GRPK üblicherweise als →Deckungsbeitragsrechnung ausgestaltet.

Literatur: Kilger, W.: Flexible Plankostenrechnung und Deckungsbeitragsrechnung, 10. Aufl., Wiesbaden 1993; Plaut, H. G.: Grenzplankostenrechnung- und Deckungsbeitragsrechnung als modernes Kostenrechnungssystem, in: Männel, W. (Hrsg.): Handbuch Kostenrechnung, Wiesbaden 1992, S. 203–225; Troßmann, E.: Flexible Plankostenrechnung nach Kilger, in: Männel, W. (Hrsg.): Handbuch Kostenrechnung, Wiesbaden 1992, S. 226–246.

Birgit Friedl

Grenzpreis →Unternehmenswert

Griechenland

Das Berufswesen der amtlich zugelassenen WP wurde 1955 erstmalig in Griechenland durch das Gesetz 3329/1955 etabliert und seinerzeit von einer britischen WPGes eingerichtet, die zu diesem Zweck von der griechischen Regierung beauftragt wurde.

1989 wurde eine bedeutende Reform eingeführt, als die Anpassung der nationalen Situation an die Achte RL 84/253/EWG vom 10.4.1984 die Einführung von Berufsexamina erforderte.

Die grundlegende Reform des Berufs fand 1993 durch das Präsidialdekret 226/10. vom 14.7.1992 gem. der Vorschriften des Artikels 75 des Gesetzes 1969/1991 statt, wodurch der Beruf im Wesentlichen die gegenwärtige Form erhielt. Die genannte Gesetzgebung sah vor, dass WP in Griechenland verpflichtet waren, sich in WPGes zu organisieren, die bis vor kurzem selbst verwaltet waren, d. h. von Berufsangehörigen beaufsichtigt und verwaltet, nämlich von einem AR des *Verbands der Wirtschaftsprüfer* bestehend aus dem Vorsitzenden und sechs Mitgliedern (allesamt WP), die alle 3 Jahre von der HV der WP gewählt wurden. Diese Gesetzgebung sah vor, dass der AR ein Verzeichnis aller Mitglieder führt, die Berufsexamina ausrichtet und über die Beförderung der Mitglieder entscheidet, eine Disziplinarbefugnis innehat, eine Qualitätskontrolle der Arbeit der Mitglieder durchführt, technische Standards und Richtlinien herausgibt und

i. A. die Arbeitsweise des Berufs beaufsichtigt.

Der AR gründete 1997 das Bildungsinstitut des Verbands, welches die Verantwortung für die Ausbildung und die Berufsexamina der Mitglieder des Verbands übernahm. Die Bildung und die Examina behandeln diverse Rechnungslegungs- und Prüfungsthemen, Recht (Gesellschafts-, Handels-, bürgerliches, Arbeits-, Versicherungs- und Insolvenzrecht usw.), die steuerliche Gesetzgebung, sowie verschiedene Wirtschaftswissenschaften und Fremdsprachen.

Seit 2003 verwaltet der Beruf sich nicht mehr selbst und unterliegt der öffentlichen Aufsicht. Insb. aufgrund des Gesetzes 3148/2003 hat die *Aufsichtskommission für das Prüfungswesen und die Rechnungslegung (E.L.T.E.)* des *Ministeriums der Wirtschaft und der Finanzen* die Aufsicht über den Beruf der WP i. A. und über den *Verband der Wirtschaftsprüfer* selbst übernommen. *E.L.T.E.* versieht den Minister mit Gutachten zu allen Problemen der Rechnungslegung und der Prüfung, überwacht die Qualitätskontrolle der durchgeführten Prüfungen, beurteilt die Verwaltung des *Verbands der Wirtschaftsprüfer*, genehmigt die Standesordnung, die das Verhalten der WP reguliert und arbeitet mit den einschlägigen Behörden zusammen, die für die Verhinderung der Legalisierung von durch kriminelle Tätigkeiten generiertem Einkommen (Geldwäsche) verantwortlich sind, soweit WPGes bzw. deren Mitglieder betroffen sind.

Die *E.L.T.E.* wird von einem aus sieben Mitgliedern bestehenden AR geführt, der vom Wirtschafts- und Finanzminister berufen wird und der diesem gegenüber verantwortlich ist. Die Berufung des Vorsitzenden dieses Aufsichtsrats wird vom griechischen Parlament bestätigt. Die Mitglieder des Aufsichtsrats haben eine Amtszeit von 3 Jahren.

Die Tätigkeiten der *E.L.T.E.* schließen u. a. einen *Rechnungslegungsausschuss* mit fünf Mitgliedern, einen aus sieben Mitgliedern bestehenden *Prüfungsqualitätskontrollausschuss*, einen dreiköpfigen *Disziplinarausschuss* sowie einen *Verwaltungsrat* ein.

Seit dem 26.10.2004 müssen WP in Griechenland ihre Prüfungen nach den „griechischen Grundsätzen ordnungsmäßiger Prüfung", die in jeder Hinsicht den →International Standards on Auditing (ISA) entsprechen, durchführen.

In Griechenland unterliegen alle „großen" Unternehmen (dies schließt alle börsennotierten Gesellschaften ein) einer Prüfung durch WP. Derzeit werden als „große" Unternehmen solche definiert, die in 2 aufeinander folgenden Jahren zwei der nachstehenden drei Kriterien überschreiten:

- Umsatzerlöse in Höhe von € 3 Mio.,
- eine Bilanzsumme von €1,5 Mio. oder
- 50 Beschäftigte.

Auf Grund des Gesetzes 3229/2004 müssen alle börsennotierten Gesellschaften sowie ihre Töchter ab 2005 ihre Abschlüsse nach IFRS aufstellen und veröffentlichen. Nichtnotierte Gesellschaften können zwischen der Annahme der IFRS und der Weiterverwendung des Hellenischen Kontenplans nach dem Körperschaftsgesetz 2190/1920 wählen.

Mike Karavas; Roderick Darby

Größenklassen

Weitreichende Rechtsfolgen hinsichtlich Aufstellung, Prüfung und Offenlegung von JA und →Lagebericht bzw. Konzernabschluss und →Konzernlagebericht (→Jahresabschlussprüfung; →Konzernabschlussprüfung; →Offenlegung des Jahresabschlusses, →Publizität) hängen von der Über- bzw. Unterschreitung bestimmter Größenkriterien ab, die im Zuge des KapCoRiLiG neben KapGes auch für den in § 264a HGB umrissenen Kreis von Offenen Handelsgesellschaften (OHG) und Kommanditgesellschaften (KG) gelten. So müssen z. B. kleine Gesellschaften keinen Lagebericht aufstellen; außerdem sind sie nicht prüfungspflichtig. Für mittelgroße Gesellschaften gelten umfangreiche Offenlegungserleichterungen. Der Abschlussprüfer (APr) hat daher zu untersuchen, ob die Entscheidung der zu prüfenden Gesellschaft, in welche Größenklasse sie fällt, richtig war. Die Größenklassen für Einzelgesellschaften werden in § 267 HGB wie folgt definiert:

Tab. 1: Größenklassen gem. § 267 HGB

	Bilanzsumme (€)	Umsatzerlöse (€)	Anzahl Arbeitnehmer
Klein	< 4.015.000	< 8.030.000	< 50
Mittel	4.015.000–16.060.000	8.030.000–32.120.000	50–250
Groß	> 16.060.000	> 32.120.000	> 250

Eine Gesellschaft ist einer Größenklasse zuzuordnen, wenn sie an zwei aufeinander folgenden Bilanzstichtagen mindestens zwei der Größenkriterien über- oder unterschreitet. Im Falle einer Neugründung (Unternehmensgründung) oder Umwandlung (Unternehmensumwandlungen) gelten die Kriterien bereits am ersten Abschlussstichtag. Hat eine Gesellschaft durch von ihr ausgegebene Wertpapiere einen organisierten Markt in Anspruch genommen, gilt sie stets als groß. Die den Kriterien zugrunde gelegten Werte werden regelmäßig überprüft und ggf. (z. B. inflationsbedingt) angepasst.

Bei der Prüfung der Größenklassen ist der tatsächlich aufgestellte JA zugrunde zu legen und sind die einschlägigen Normen des HGB heranzuziehen. Bei der *Bilanzsumme* handelt es sich um die sich nach § 266 HGB ergebende Summe, die gem. § 267 Abs. 1 und 2 HGB um einen etwaigen auf der Aktivseite ausgewiesenen Fehlbetrag bereinigt werden muss. Der APr hat darauf zu achten, dass bei der Ausnutzung von zulässigen Bewertungsspielräumen (bilanzpolitische Gestaltungsspielräume nach HGB) mit der Absicht, eine andere Größenklasse zu erreichen, der Grundsatz der Stetigkeit nicht verletzt wird (bilanzpolitische Gestaltungsspielräume, Prüfung von). Die *Umsatzerlöse* ergeben sich aus der Definition des § 277 Abs. 1 HGB. Dabei wird der APr mit den gleichen Problematiken konfrontiert, die sich bei der Prüfung des Ausweises [z. B. Abgrenzung von sonstigen betrieblichen Erträgen (sonstige betriebliche Aufwendungen und Erträge)] und der zeitlichen Abgrenzung der Umsatzerlöse ergeben. Bei der Ermittlung der *Anzahl der Arbeitnehmer* ist gem. § 267 Abs. 5 HGB auf den Durchschnitt der Zahlen zum jeweiligen Quartalsende abzustellen. Wer Arbeitnehmer i. S. d. Vorschrift ist, lässt das Gesetz offen. Die h.M. orientiert sich am Arbeitsrecht, wonach Arbeitnehmer jeder ist, der aufgrund eines privatrechtlichen Vertrages persönlich zur Leistung von Diensten für den Betrieb und auf Weisung eines anderen verpflichtet ist.

Verstößt eine Gesellschaft gegen Rechtsnormen, die an die Größenklassenkriterien des § 267 HGB anknüpfen (das dürften vor allem Verstöße gegen Offenlegungsvorschriften sein; →Offenlegung des Jahresabschlusses), hat der APr darüber zu berichten (Berichtsgrundsätze und -pflichten des Wirtschaftsprüfers). Eine Auswirkung auf den →Bestätigungsvermerk (BestV) ist i. d. R. nicht anzunehmen.

Auch die Verpflichtung zur Erstellung eines Konzernabschlusses stellt u. a. auf die Überschreitung von Größenkriterien ab (Konzernabschluss, Befreiungsvoraussetzungen). § 293 HGB bestimmt sie wie folgt:

Tab. 2: Größenklassen gem. § 293 HGB

	Bilanzsumme (€)	Umsatzerlöse (€)	Anzahl Arbeitnehmer
Additiv	19.272.000	38.544.000	250
Konsolidiert	16.060.000	32.120.000	250

Um zu vermeiden, dass nur für Zwecke der Beantwortung der Frage, ob der Verpflichtungstatbestand zutrifft oder nicht, eine Konsolidierung erfolgen muss (Konsolidierungsformen; Konsolidierungsprüfung), lässt § 293 Abs. 1 Nr. 1 HGB gleichberechtigt die Methode zu, nach der die Bilanzsummen und Umsatzerlöse der einzubeziehenden Unternehmen jeweils addiert werden. In Grenzfällen kann es dazu kommen, dass ein Konzern (Konzernarten) nach der einen Methode befreit ist, nach der anderen nicht. Es ist nicht zu beanstanden, wenn die Führung des Konzerns die für sie vorteilhafte Methode anwendet. Für die inhaltliche Bestimmung der drei Größenkriterien gelten die gleichen Maßstäbe wie bei Einzelgesellschaften.

Für die Verpflichtung zur (Konzern-) Rechnungslegung für Gesellschaften nach dem PublG gelten gem. § 1 bzw. § 11 PublG die folgenden Grenzwerte:

Tab. 3: Größenklassen gem. §§ 1 bzw. 11 PublG

	Bilanzsumme (€)	Umsatzerlöse (€)	Anzahl Arbeitnehmer
JA/konsolidierter Konzern	> 65.000.000	> 130.000.000	5.000

Für die Überprüfung der Größenklassen gelten die oben beschriebenen Vorgehensweisen mit der Ausnahme, dass die *Konzern*rechnungslegungspflicht nur greift, wenn zwei der Grenzwerte an *drei* aufeinander folgenden Stichtagen überschritten werden. Eine Möglichkeit der additiven Überprüfung der Verpflichtung zur Aufstellung eines Konzernabschlusses gibt es für PublG-Gesellschaften nicht.

Literatur: Förschle, G.: Kommentierung des § 267 HGB, in: Ellrott, H. et al. (Hrsg.): BeckBilKomm, 6. Aufl., München 2006.

Ralf Weskamp

Großbritannien

Die Wirtschaftsprüfung in Großbritannien befindet sich zu Beginn des 21. Jahrhunderts wie auch die Rechnungslegung in einer Phase des Umbruchs. Drei wesentliche Einflussfaktoren treiben diese Entwicklung: Nationales Recht und Regulierung im Vereinigten Königreich, europäisches Recht und Regulierung sowie der Bilanzskandal um *Enron* begleitet vom Zusammenbruch der WPGes *Arthur Andersen* (Fearnley/Hines 2003, S. 215). Im Lichte dieser Ereignisse fand eine umfassende Analyse der Rahmenbedingungen für Rechnungslegung und Wirtschaftsprüfung statt. Bereits in den späten 1980er und frühen 1990er Jahren führten Unternehmenszusammenbrüche zu einer Vertrauenskrise (→Cadburyreport), zu deren Beseitigung ein effektives Aufsichtssystem im Vereinigten Königreich eingeführt wurde (Coordinating Group on Audit and Accounting Issues 2003, S. 4–6). Diese Vorkehrungen wurden zuletzt weiter entwickelt durch den *Companies Act 2004*.

Zielsetzung der gesetzlichen Bestimmungen in Großbritannien ist der Schutz und die Verbesserung von Finanzberichterstattung und Abschlussprüfung durch die wirkungsvolle Regulierung der Wirtschaftsprüfung. An der Spitze dieses Systems steht das *FRC* mit vier Verantwortungsbereichen:

1) Setzen von Rechnungslegungs- und Prüfungsstandards,

2) Durchsetzung und Überwachung dieser Standards,

3) Aufsicht der wesentlichen Wirtschaftsprüfungsvereinigungen und

4) Förderung einer guten →Corporate Governance (→Corporate Governance in der EU).

Das *FRC* wird durch den *Companies Act 2004* in seiner Rolle als unabhängiger Regulierer gestärkt (DTI 2004, S. 2–4).

Abschlussprüfer (Auditors) sind mit umfassenden Rechten beim Zugriff auf Firmeninformationen ausgestattet. Sie sind befugt, Informationen von einer breiten Personengruppe über das Management hinaus zu beziehen, worin neben Angestellten auch externe Dienstleister des Unternehmens eingeschlossen sind. Dieses ist nach Ansicht des britischen Gesetzgebers von besonderer Bedeutung für die Bildung des Prüferurteils hinsichtlich der Richtigkeit eines zu prüfenden Jahresabschlusses. Zusätzlich muss das Management gewährleisten, dass die APr sämtliche relevanten Informationen erhalten haben, um sich ihr Prüfungsurteil zu bilden. Die Geschäftsführung hat sicherzustellen, dass der JA die tatsächlichen Lage des geprüften Unternehmens widerspiegelt (DTI 2004, S. 6).

Zur Stärkung der Unabhängigkeit von Abschlussprüfern ist über Dienstleistungen der WP, die nicht im Zusammenhang mit der Prüfung des Jahresabschlusses stehen, detailliert zu berichten. Eine zusammengefasste Information über die Summe von empfangenen Leistungen des Unternehmens, die außerhalb der Prüfung erbracht wurden, soll aus Gründen höherer Transparenz nicht erfolgen. Damit wird verfolgt, dass Aktionäre/Gesellschafter in die Lage versetzt werden, selber zu beurteilen, ob der APr bei der Bildung seines Prüfungsurteils möglicherweise einem Interessenskonflikt ausgesetzt ist (DTI 2004, S. 47–58).

Das britische Gesellschaftsrecht befindet sich in permanenter Begutachtung und Fortentwicklung durch damit verbundene Schlussfolgerungen. So gibt es zurzeit Bestrebungen, die Haftung britischer WP zu begrenzen. Künftige Reformen sehen drei Schritte vor:

1) Aktionären/Gesellschaftern wird die Möglichkeit gegeben, Haftungsbegrenzungen der WP bei der Abschlussprüfung zu gestatten.

2) Zur Steigerung der Transparenz soll bspw. die Möglichkeit der Aktionäre/Gesellschafter geschaffen werden, den Prüfern Fragen bzgl. ihrer Prüfung zu stellen.

3) Institutionalisierung eines Verbesserungsprozesses durch Schaffung eines Qualitätsforums (DTI 2005, S. 25–28).

Im Jahr 2005 waren bei den drei Instituten *ICAEW*, *ICAS* und *ICAI* ca. 155.000 Mitglieder registriert (→Chartered Accountant).

Literatur: Coordinating Group on Audit and Accounting Issues: Final report to the Secretary of State for Trade and Industry and the Chancellor for the Exchequer, 29. Januar 2003, http://www.dti.gov.uk/cld/cgaai-final.pdf (Download 4. Juli 2005); DTI: Companies (Audit, Investigations and Community Enterprise) Bill. Regulatory Impact Assessments, Juli 2004, http://www.dti.gov.uk/cld/companies_audit_etc_bill/ria_pdf (Download 4. Juli 2005); DTI: Company Law reform. White Paper, London 2005; Fearnley, S./Hines, T.: The regulatory framework for financial reporting and auditing in the United Kingdom: the present position and impending changes, in: The International Journal of Accounting 48 (2003), S. 215–233.

Adrian Crampton

Großkreditgrenze →Finanzdienstleistungsinstitute

Gründung →Unternehmensgründung

Gründungsaufwendungen →Ingangsetzungs- und Erweiterungsaufwendungen

Gründungsprüfung

Der Begriff Gründung bezeichnet allgemein die Errichtung eines arbeitsfähigen, erwerbswirtschaftlichen Betriebs und umfasst alle Aktivitäten von der Unternehmensidee bis hin zur Aufnahme der eigentlichen Betriebstätigkeit (Biberacher 2002, Sp. 1060 ff.).

Die Gründungsprüfung bezeichnet alle gesetzlich vorgesehenen (→Pflichtprüfungen) oder freiwilligen Prüfungen (→freiwillige und vertragliche Prüfungen), die ein Urteil über die Ordnungsmäßigkeit bestimmter Gründungsvorgänge zum Ziel haben (Munkert 1992, Sp. 779). Die gesetzliche Gründungsprüfung lässt sich in die interne und die externe Gründungsprüfung unterteilen (Biberacher 2002, Sp. 1067).

Die interne Gründungsprüfung erfolgt durch die Organe der Gesellschaft selbst und ist lediglich für die AG (→Aktiengesellschaft, Prüfung einer) nach § 33 Abs. 1 AktG gesetzlich vorgeschrieben (Munkert 1992, Sp. 781).

Die externe Gründungsprüfung erfolgt durch unternehmensfremde Personen und/oder Institutionen und umfasst die gerichtliche Gründungsprüfung und die Gründungsprüfung durch einen Gründungsprüfer (Munkert 1992, Sp. 781).

Die gerichtliche Gründungsprüfung ist rechtsformabhängig. Bei der AG hat das Gericht zu prüfen, ob die Gesellschaft ordnungsgemäß errichtet und angemeldet ist (§ 38 Abs. 1 AktG), ob der Gründungsbericht oder der PrB der Mitglieder des Vorstands und des Aufsichtsrats den gesetzlichen Anforderungen entsprechen (§ 38 Abs. 2 Satz 1 AktG) und ob etwaige Sacheinlagen und Sachübernahmen werthaltig sind (§ 38 Abs. 2 Satz 2 AktG).

Bei der →Gesellschaft mit beschränkter Haftung (GmbH) lässt sich die gerichtliche Gründungsprüfung aus § 9c Abs. 1 GmbHG ableiten. Hiernach kann das Gericht die Eintragung der Gesellschaft ablehnen, wenn z. B. Sacheinlagen überbewertet worden sind.

Während bei der AG die interne Gründungsprüfung nach § 33 Abs. 1 AktG sowie die externe gerichtliche Gründungsprüfung gem. § 38 AktG in jedem Fall zu erfolgen haben, ist die Pflicht zur externen Gründungsprüfung i. S. d. § 33 Abs. 2 AktG an bestimmte Tatbestände geknüpft (IDW 1998, S. 158). Die Pflicht zur Gründungsprüfung durch den Gründungsprüfer im Falle einer Neugründung besteht nach § 33 Abs. 1 Nr. 1 AktG, wenn ein Mitglied des Vorstands oder des Aufsichtsrats zu den Gründern gehört, bzw. nach § 33 Abs. 2 Nr. 2 AktG, wenn bei der Gründung auf Rechnung eines Mitglieds dieser beiden Organe Aktien übernommen wurden. Weiterhin ist die AG nach § 33 Abs. 2 Nr. 3 AktG zur externen Gründungsprüfung durch den Gründungsprüfer verpflichtet, wenn sich ein Mitglied des Vorstands oder des Aufsichtsrats aus der Gründung einen Vorteil verschafft hat. Ein weiterer Tatbestand, der zur externen Gründungsprüfung verpflichtet, ist die Gründung mit Sacheinlagen oder Sachübernahmen (§ 33 Abs. 2 Nr. 4 AktG). Eines externen Gründungsprüfers bedarf es zudem gem. § 52 Abs. 4 AktG, wenn innerhalb von 2 Jahren nach Eintragung der AG in das HR →Vermögensgegenstände erworben werden, die 10% des Grundkapitals (→Gezeichnetes Kapital) übersteigen (§ 52 AktG, Nachgründung).

In den Fällen der §§ 33 Abs. 2 Nr. 3 und 4 AktG ist es zulässig, die Gründungsprüfung durch einen beurkundenden Notar durchführen zu lassen (§ 33 Abs. 3 AktG). Anderenfalls erfolgt die Bestellung der Gründungsprüfer im Gegensatz zur gesetzlichen →Jahresabschlussprüfung (→Bestellung des Abschlussprüfers) durch das Gericht (§ 33 Abs. 3 Satz 2 AktG). Auch die Höhe der Auslagen und der Vergütung des Gründungsprüfers setzt das Gericht fest (§ 35 Abs. 3 Satz 2 AktG). Gegen die gerichtliche Entscheidung über die Bestellung des Gründungsprüfers ist die sofortige Beschwerde zulässig (§ 33 Abs. 3 Satz 3 AktG).

Gründungsprüfung

Die Ausschlussgründe für die Auswahl des Gründungsprüfers richten sich nach § 33 Abs. 5 i.V.m. § 143 Abs. 2 AktG.

Zur Durchführung der Gründungsprüfung darf der Gründungsprüfer von den Gründern alle notwendigen Aufklärungen und Nachweise verlangen (§ 35 Abs. 1 AktG). Bestehen zwischen den Gründern und dem Gründungsprüfer Meinungsverschiedenheiten über den Umfang der Aufklärungen und der Nachweise, bedarf es einer gerichtlichen Entscheidung (§ 35 Abs. 2 AktG).

Der Ablauf und der Umfang der Gründungsprüfung sollen derart gestaltet sein, dass sie dem Gründungsprüfer einen umfassenden und vollständigen Überblick über den gesamten Gründungshergang verschaffen (IDW 1998, S. 162). Vom Prüfer sind hierbei die Prüfungsstandards des →*Instituts der Wirtschaftsprüfer in Deutschland e.V.* (*IDW*), insb. IDW PS 200, IDW PS 201, IDW PS 240 und IDW PS 450, zu beachten (IDW 2002, S. 171).

Innerhalb der →Prüfungsplanung ist die Aufteilung des Prüfungsstoffs in verschiedene Prüfungsgebiete (→Prüffelder) zweckmäßig. In Anlehnung an *Dörner* empfiehlt sich folgende Aufteilung (IDW 1998, S. 163):

1) Gründer,
2) Feststellung und Inhalt der Satzung,
3) Bestellung von AR (→Aufsichtsrat, Be- und Abberufung), Vorstand (→Vorstand, Bestellung und Abberufung) und erstem →Abschlussprüfer (APr) (→Bestellung des Abschlussprüfers),
4) Gründungsbericht der Gründer,
5) PrB von Vorstand und AR über die interne Gründungsprüfung,
6) staatliche Genehmigungen,
7) Angaben der Gründer über die Übernahme der Aktien und über die Einlagen auf das Grundkapital,
8) Sondervorteile und Gründungsaufwand sowie
9) Sachgründung.

Der Umfang der Gründungsprüfung ist in § 34 AktG festgelegt. Nach § 34 Abs. 1 Nr. 1 AktG hat sich die Gründungsprüfung zunächst darauf zu erstrecken, ob die Angaben der Gründer über die Übernahme der Aktien, über die Einlagen auf das Grundkapital, über die Sondervorteile und den Gründungsaufwand nach § 26 AktG und über die Sacheinlagen und Sachübernahmen nach § 27 AktG richtig und vollständig sind. Dieser Teil der Gründungsprüfung hat formelle Aspekte zum Gegenstand (Marten et al. 2003, S. 585). Des Weiteren soll die Prüfung nach § 34 Abs. 1 Nr. 2 AktG darüber Aufschluss geben, ob der Wert der Sacheinlagen oder Sachübernahmen den geringsten Wert der dafür zu gewährenden Aktien oder Leistungen erreicht. Der geringste Wert ist bei Nennbetragsaktien der Nennwert und bei Stückaktien der in Geldeinheiten ausgedrückte Anteil am Grundkapital. Dieser Prüfungsteil zielt auf die materielle Ordnungsmäßigkeit der Gründung ab (Marten et al. 2003, S. 585).

Über die Gründungsprüfung ist schriftlich zu berichten (§ 34 Abs. 2 Satz 1 AktG). Der externe Gründungsbericht muss seinem Leser die Möglichkeit geben, sich über alle Fragen, die Gegenstand der Gründungsprüfung sind, ein eigenes Urteil zu bilden (IDW 1998, S. 183).

Die Erteilung eines →Bestätigungsvermerks über das Ergebnis der Gründungsprüfung ist im AktG nicht vorgesehen, da der gesamte PrB nach § 34 Abs. 3 AktG beim Gericht hinterlegt werden muss und durch jedermann eingesehen werden kann (IDW 2006, Abschn. Q, Rn. 985, S. 1868).

Literatur: Biberacher, J.: Gründung, in: Ballwieser, W. et al. (Hrsg.): HWRP, 3. Aufl., Stuttgart 2002, Sp. 1060–1070; IDW (Hrsg.): WPH 1998, Band I, 11. Aufl., Düsseldorf 1998; IDW (Hrsg.): IDW Prüfungsstandard: Ziele und allgemeine Grundsätze der Durchführung von Abschlussprüfungen (IDW PS 200, Stand: 28. Juni 2000), in: WPg 53 (2000a), S. 706–710; IDW (Hrsg.): IDW Prüfungsstandard: Rechnungslegungs- und Prüfungsgrundsätze für die Abschlussprüfung (IDW PS 201, Stand: 17. November 2000), in: WPg 53 (2000b), S. 710–713; IDW (Hrsg.): IDW-Prüfungsstandard: Grundsätze der Planung von Abschlussprüfungen (IDW PS 240, Stand: 28. Juli 2000), in: WPg 53 (2000c), S. 846–849; IDW (Hrsg.): WPH 2002, Band II, 12. Aufl., Düsseldorf 2002; IDW (Hrsg.): WPH 2006, Band I, 13. Aufl., Düsseldorf 2006a; IDW (Hrsg.): IDW Prüfungsstandard: Grundsätze ordnungsmäßiger Berichterstattung bei Abschlussprüfungen (IDW PS 450, Stand: 8. Dezember 2005), in: WPg 59 (2006b), S. 113–128; Marten, K.-U./Quick, R./Ruhnke, K.: Wirtschaftsprüfung. Grundlagen des betriebswirtschaftlichen Prüfungswesen nach nationalen und internationalen Normen, 2. Aufl., Stuttgart 2003; Munkert, M.: Gründungsprüfung, in: Coenenberg, A. G./Wysocki, K. v. (Hrsg.): HWRev, Band 8, 2. Aufl., Stuttgart 1992, Sp. 778–790.

Nina Bernais

Grund- und Hauptbuch

Nach § 238 Abs. 1 HGB ist jeder Kaufmann i. S. d. §§ 1–6 HGB zur Führung von Büchern (→Buchführungstechnik und Prüfungsmethoden) über seine Handelsgeschäfte verpflichtet. Die Erfüllung des *Dokumentationszwecks* der Rechnungslegung setzt voraus, dass sich ein sachverständiger Dritter in angemessener Zeit einen Überblick über die Lage (→Vermögenslage; →Finanzlage; →Ertragslage) des Unternehmens und die Geschäftsvorfälle verschaffen kann. Im Rahmen der →Jahresabschlussprüfung ist die Prüfung der Ordnungsmäßigkeit der Buchführung nach § 317 Abs. 1 Satz 1 HGB (→Ordnungsmäßigkeitsprüfung) zentral: Ihre Erfüllung ist Voraussetzung für alle weiteren, sich auf die Einzelposten des Jahresabschlusses beziehenden Prüfungsschritte.

Bei der Ausgestaltung der Buchführung werden die Geschäftsvorfälle in zwei zentralen *Aufzeichnungswerken* erfasst: Das *Grundbuch* (Journal, Memorial, Primanota) nimmt die Geschäftsvorfälle chronologisch auf, das *Hauptbuch* ordnet sie sachlogisch in Konten (→Kontenrahmen, Wahl des), die in den JA münden. Der Begriff des Buches steht für verschiedene Buchführungsformen, von denen die EDV-Buchführung (→IT-Buchführungen) die heute am weitesten verbreitete ist. Gelegentlich sind noch die Loseblatt- und die →Offene-Posten-Buchhaltung vorzufinden (Eisele 2002, S. 500–508).

Gegenstand der Prüfung von Grund- und Hauptbuch ist grundsätzlich die Einhaltung der *GoB* (→Grundsätze ordnungsmäßiger Buchführung, Prüfung der). *Prüfungskriterien* sind die Grundsätze der Vollständigkeit, Richtigkeit, Zeitgerechtigkeit, Ordnung (§ 239 Abs. 2 HGB, § 146 Abs. 1 AO), Nachvollziehbarkeit (§ 238 Abs. 1 HGB) und Unveränderlichkeit (§ 239 Abs. 3 HGB, § 146 Abs. 4 AO). Die Grundsätze der *Vollständigkeit* und *Richtigkeit* verlangen, dass sämtliche, aber auch nur tatsächliche Geschäftsvorfälle mit ihren korrekten Beträgen auf dem zutreffenden Konto verbucht werden. Anhand von Stichproben (→Stichprobenprüfung) (IDW PS 200.19; HFA 1/1988) hat der →Abschlussprüfer (APr) hierbei sowohl zu untersuchen, ob alle Geschäftsvorfälle inhaltlich zutreffend erfasst wurden (→progressive Prüfung), als auch von vorzufindenden →Buchungen ausgehend die zugrunde liegenden Geschäftsvorfälle zu ermitteln (→retrograde Prüfung). Bei Feststellung falscher Buchungen (→Unregelmäßigkeiten; →Unregelmäßigkeiten, Aufdeckung von) ist eine Rücksprache mit den zuständigen Mitarbeitern des zu prüfenden Unternehmens erforderlich (→Unternehmensleitung, Informationsaustausch des Wirtschaftsprüfers mit). Nicht aufzuklärende Buchungsfehler hat der APr einzeln in den Arbeitspapieren (→Arbeitspapiere des Abschlussprüfers) zu vermerken. Im Zusammenhang mit dem Grundsatz der *Zeitgerechtigkeit*, nach dem die Verbuchung der Geschäftsvorfälle zeitnah zu ihrem Anfall erfolgen und eine zutreffende Zuordnung zur Buchungsperiode bewirken soll, ist zu prüfen, ob das Datum des Geschäftsvorfalls und der Buchungstag angemessen aufeinander folgen (i. d. R. bei Kassenvorgängen täglich, sonst bis zum Ende des Folgemonats) und ob Buchungsrückstände bestehen. Der Grundsatz der *Nachvollziehbarkeit* erzwingt eine lückenlose Dokumentation vom Ursprung des Geschäftsvorfalls bis hin zum JA. Besonders bedeutsam ist hierbei das *Belegprinzip* (§ 257 Abs. 1 Nr. 4 HGB, § 147 Abs. 1 Nr. 4 AO): keine Buchung ohne Beleg. Jeder Beleg muss eine Erläuterung des Vorgangs, den zu buchenden Betrag, den Zeitpunkt des Geschäftsvorfalls und die Autorisierung durch den Buchführungspflichtigen aufweisen. Indem der APr die Belege stichprobenweise (IDW PS 200.19; HFA 1/1988) auf das Vorhandensein von Buchungsvermerken (z. B. Kontierung, Belegnummer, Buchungsdatum) untersucht (→Belegprüfung), kann die Nachvollziehbarkeit der Buchführung geprüft werden. In die Prüfung einzubeziehen sind ferner Einzelnachweise zu Sammelbelegen. Der Grundsatz der *Ordnung* erfordert eine klare, übersichtliche und systematische Dokumentation. Hierfür ist es oftmals erforderlich, das Hauptbuch durch →Nebenbücher zu entlasten. Dabei ist meist durch →Systemprüfungen zu prüfen, ob durch vollständige Übertragung der Salden von zusammengefassten Kontengruppen der Nebenbücher eine lückenlose Verbindung zwischen Haupt- und Nebenbuchführung besteht. Weiterhin ist zu untersuchen, ob sämtliche zu führenden Konten in einem angemessen feingliedrigen und aussagekräftigen Kontenplan erfasst sind. Ebenso hat der APr der Verweissystematik nachzugehen, die die Verbindung zwischen den verschiedenen Buchführungsunterlagen (Belege, Bücher) herstellt. Nach dem Grundsatz der *Unverän-*

derlichkeit dürfen Buchungen nicht überschrieben, unleserlich gemacht oder nachträglich hinzugefügt werden. Die Buchführungsunterlagen sind deshalb stichprobenweise auf Korrekturen, Streichungen oder Radierungen durchzusehen. →Unregelmäßigkeiten sind in den Arbeitspapieren zu vermerken und angemessen in der Gesamtbeurteilung (→Prüfungsurteil) zu berücksichtigen (Selchert 1997, S. 222–233).

Neben den GoB sind auch die aus der Buchführungsform resultierenden Anforderungen Gegenstand der Prüfung von Grund- und Hauptbuch. Besondere Anforderungen ergeben sich aus der EDV-Buchführung, zumal wenn diese partiell außer Haus, bspw. über das *DATEV*-Buchführungssystem, vorgenommen wird (→Outsourcing). Da die Funktionssicherheit des IT-gestützten Abrechnungssystems im Vordergrund steht, findet die Prüfung der EDV-Buchführung überwiegend als Systemprüfung (→IT-Systemprüfung) statt, in deren Rahmen die Funktionsfähigkeit des →Internen Kontrollsystems (→Internes Kontrollsystem, Prüfung des; →Kontrollprüfung; →Aufbauorganisation; →Funktionsprüfung) und die Umsetzung des Prinzips der Funktionstrennung überprüft werden. Vom Ergebnis der Systemprüfung schließt der APr auf die Ordnungsmäßigkeit der Verarbeitung einzelner Geschäftsvorfälle und somit auf den Umfang weiter gehender →Einzelfallprüfungen (→risikoorientierter Prüfungsansatz). *Prüfungsgegenstand* ist die Einhaltung der vom *BMF* anerkannten →*Grundsätze ordnungsmäßiger IT-gestützter Buchführungssysteme (GoBS)* (BMF-Schreiben vom 7.11.1995). Diese legen ein besonderes Augenmerk auf die Sicherheit der Daten und die →IT-Systems (→IT-Sicherheit). *Prüfungskriterien* sind Vertraulichkeit, Integrität, Verfügbarkeit, Autorisierung, Authentizität und Verbindlichkeit (IDW PS 330.8; IDW RS FAIT 1.23; Selchert 1997, S. 245–270).

Literatur: BMF-Schreiben vom 7.11.1995, Aktz. IV A 8 – S 0316 – 52/95, BStBl. I 1995, S. 738–747; Eisele, W.: Technik des betrieblichen Rechnungswesens, 7. Aufl., München 2002; IDW (Hrsg.): Zur Anwendung stichprobengestützter Prüfungsmethoden bei der Jahresabschlussprüfung (HFA 1/1988), in: WPg 41 (1988), S. 240–247; IDW (Hrsg.): IDW Prüfungsstandard: Ziele und allgemeine Grundsätze der Durchführung von Abschlussprüfungen (IDW PS 200, Stand: 28. Juni 2000), in: WPg 53 (2000), S. 706–710; IDW (Hrsg.): IDW Prüfungsstandard: Abschlussprüfung bei Einsatz von Informationstechnologie (IDW PS 330, Stand: 24. September 2002), in: WPg 55 (2002a), S. 1167–1179; IDW (Hrsg.): IDW Stellungnahme zur Rechnungslegung: Grundsätze ordnungsmäßiger Buchführung bei Einsatz von Informationstechnologie (IDW RS FAIT 1, Stand: 24. September 2002), in: WPg 55 (2002b), S. 1157–1167; Selchert, F. W.: Jahresabschlußprüfung der Kapitalgesellschaften. Grundlagen, Durchführung, Bericht, 2. Aufl., Wiesbaden 1997.

Alois Paul Knobloch; Katja Burkhardt

Grundkosten →Kalkulatorische Kosten; →Kostenartenrechnung

Grundleistung →Kostenartenrechnung

Grundrechnung

Mit der →*relativen Einzelkostenrechnung* sollen situationsspezifische Informationen für eine Vielzahl von Entscheidungen bereitgestellt werden. Um diese Informationsversorgungsaufgabe erfüllen zu können, weist dieses Rechnungssystem eine Grundrechnung als Bestandteil auf, die für alle zu treffenden Entscheidungen auswertbar ist (→Entscheidungsinstrumente).

Die relative Einzelkostenrechnung umfasst neben einer Grundrechnung der →Kosten drei weitere Grundrechnungen, die der →Erlöse, der Potenziale und der Mengen. Die *Grundrechnung der Kosten* ist eine kombinierte →Kostenartenrechnung, →Kostenstellenrechnung und Kostenträgerrechnung (→Kostenträgerstückrechnung; →Kostenträgerzeitrechnung), in der alle potenziell relevanten Daten vergangenheits- und zukunftsbezogen für zweckgerichtete Auswertungsrechnungen erfasst werden. In ihr werden die Kosten

- den für die Auswertung bedeutsamen Bezugsobjekten zugerechnet und nach
- den für die Auswertung wichtigen Merkmalen in Kostenkategorien gegliedert

(Riebel 1992, S. 255). Unter *Bezugsobjekten* werden allgemein alle Objekte verstanden, denen Kosten zugerechnet werden (→Kostenzurechenbarkeit). In der Grundrechnung werden alle Gegebenheiten, die im Planungszeitraum (→Planung) Gegenstand erfolgszielorientierter Entscheidungen oder Kontrollen sein sollen, als Bezugsobjekte berücksichtigt. Neben den Kostenstellen (→Cost Center) und Kostenträgern gehen in die Grundrechnung auch Unternehmungsbereiche, Kunden, Absatzwege usw. als Bezugsobjekte ein.

Die Kosten werden den Bezugsobjekten in der Grundrechnung nach dem Identitätsprinzip und dem Einzelkostenprinzip zugerechnet. Das *Identitätsprinzip* besagt, dass sich zwei Größen nur dann eindeutig zurechnen lassen, wenn sie durch dieselbe identische Entscheidung ausgelöst worden sind (Riebel 1992, S. 259). Die Kosten, die einem Bezugsobjekt nach dem Identitätsprinzip zugeordnet werden können, sind in der relativen Einzelkostenrechnung die Einzelkosten des Bezugsobjekts. Zwischen einzelnen Bezugsobjekten einer Grundrechnung können hierarchische Beziehungen (→Bezugsgrößenhierarchie) bestehen. Sie liegen vor, wenn ein Bezugsobjekt ein anderes als Bestandteil aufweist. Beispiele für hierarchisch verbundene Bezugsobjekte sind Auftragsposition und Auftrag bzw. Produkt und Produktgruppe. Bei hierarchisch verbundenen Bezugsobjekten können die Einzelkosten eines Bezugsobjektes nach dem Identitätsprinzip auch bei jedem übergeordneten Bezugsobjekt als Einzelkosten ausgewiesen werden. Das Identitätsprinzip reicht deshalb nicht immer aus, um die Kosten den verschiedenen Bezugsobjekten eindeutig zurechnen zu können. Es wird deshalb durch das *Einzelkostenprinzip* ergänzt, nach dem sämtliche Kosten der Unternehmung als Einzelkosten bei dem jeweils speziellsten Bezugsobjekt ausgewiesen werden. Die Einzelkosten werden danach bei dem Bezugsobjekt ausgewiesen, dem sie nach dem Identitätsprinzip gerade noch als Einzelkosten zugeordnet werden können (→Deckungsbeitragsrechnungen). Für die Bezugsobjekte unterhalb dieses speziellsten Bezugsobjektes sind diese Kosten dagegen Gemeinkosten (→Gemeinkostencontrolling) (Riebel 1992, S. 252).

Die *Kostenkategorien* werden in der Grundrechnung u. a. nach der Abhängigkeit von der Leistung und der Zurechenbarkeit auf die Abrechnungsperioden abgegrenzt. Nach der *Abhängigkeit von der Leistung* werden

- Leistungskosten und
- Bereitschaftskosten

unterschieden. Unter *Leistungskosten* werden die Kosten verstanden, die sich automatisch mit der quantitativen und qualitativen Zusammensetzung des Leistungsprogramms und den Verfahrensbedingungen verändern (→Kostenabhängigkeiten), d. h., ohne dass Anpassungsmaßnahmen ergriffen werden. Beispiele für Leistungskosten sind Provisionen, Werkstoffe und Energie. *Bereitschaftskosten* entstehen für die Vorhaltung einer Betriebsbereitschaft und werden aufgrund von Erwartungen und →Planungen vordisponiert. Zu ihnen zählen z. B. Mieten, Löhne und Ausgaben für den Kauf von Maschinen.

Nach der *Zurechenbarkeit auf Abrechnungsperioden* werden Bereitschaftskosten in Perioden-Einzelkosten und Perioden-Gemeinkosten untergliedert. *Perioden-Einzelkosten* zeichnen sich dadurch aus, dass sie ausschließlich für die Betriebsbereitschaft oder die Leistungen einer Periode anfallen, deren Länge die der Abrechnungsperiode nicht überschreitet. *Perioden-Gemeinkosten* fallen für die Betriebsbereitschaft oder die Leistungen mehrerer Abrechnungsperioden gemeinsam an und können den einzelnen Abrechnungsperioden nicht direkt zugerechnet werden. Ist die Bindungsfrist bekannt/unbekannt, wird von Perioden-Gemeinkosten geschlossener/offener Perioden gesprochen. Perioden-Gemeinkosten offener Perioden folgen aus →Investitionen mit ungewisser →Nutzungsdauer, wie z. B. die Anschaffungsausgaben für eine Maschine. Die Miete für ein Gebäude mit einer gegebenen Kündigungsfrist, die über die Abrechnungsperiode hinausgeht, ist ein Beispiel für Perioden-Gemeinkosten geschlossener Perioden. Durch die Abgrenzung dieser Kostenkategorien können Informationen über die Abbaubarkeit von Kosten gewonnen werden (→Kostenabbaubarkeit).

Literatur: Riebel, P.: Einzelkosten- und Deckungsbeitragsrechnung. Grundfragen einer markt- und entscheidungsorientierten Unternehmensrechnung, 7. Aufl., Wiesbaden 1994; Riebel, P.: Einzelerlös-, Einzelkosten- und Deckungsbeitragsrechnung als Kern einer ganzheitlichen Führungsrechnung, in: Männel, W. (Hrsg.): Handbuch Kostenrechnung, Wiesbaden 1992, S. 247–299.

Birgit Friedl

Grundsätze ordnungsmäßiger Abschlussprüfung

Die GoA sind ein System von Prinzipien und Einzelnormen (→Prüfungsnormen) zur Steuerung des Verhaltens von →Abschlussprüfern. Aus der Definition wird die normative Intention der GoA ersichtlich. Daneben haben die GoA auch eine deskriptive Intention, indem sie die zu prüfende Gesellschaft

Grundsätze ordnungsmäßiger Abschlussprüfung

sowie die Öffentlichkeit über den Inhalt und die Grenzen von Abschlussprüfungen (→Jahresabschlussprüfungen; →Konzernabschlussprüfungen) informieren.

Der Kern des →Prüfungsprozesses ist der *Vergleich eines Soll-Objektes mit einem Ist-Objekt* (→Soll-Ist-Vergleich). Da der APr hierfür das Soll-Objekt unter Anwendung der Rechnungslegungsregeln, zu denen auch die GoB (→Grundsätze ordnungsmäßiger Buchführung, Prüfung der) gehören, zu ermitteln hat, ist die Anwendung der Rechnungslegungsregeln ein Bestandteil der Abschlussprüfung (GoA i.w.S.). Es handelt sich aber um ein eigenständiges System, das von den hier betrachteten GoA i.e.S. zu trennen ist.

Die GoA lassen sich entsprechend der Normenquelle in *gesetzliche, berufsständische und fachliche Regeln* gliedern. Die GoA ergeben sich z.T. aus dem HGB, der →Wirtschaftsprüferordnung (WPO) und der →Berufssatzung der Wirtschaftsprüferkammer (BS). Der Begriff „GoA" selbst ist allerdings nicht im Gesetz genannt. Bei den GoA handelt es sich um einen unbestimmten Rechtsbegriff, der auslegungsbedürftig ist.

Analog zur Ermittlung der GoB unterscheidet man bei der Ermittlung von GoA die Induktion, die Deduktion sowie die Hermeneutik.

Bei der *induktiven Methode* werden GoA durch Rückgriff auf das Verhalten ordentlicher APr gewonnen. Indem ihr Verhalten zum Grundsatz erhoben wird, erhalten die GoA eine deskriptive Funktion.

Die *deduktive Methode* leitet GoA von den Zielen der Abschlussprüfung ab. Die deduktive Methode soll somit eine zweckgerechte Auftragsabwicklung sicherstellen. Aus dem Ziel wird auf die Mittel geschlossen, mit deren Hilfe das Ziel erreicht werden kann.

Die *Hermeneutik* ist eine Methode der Auslegung, die die induktive und deduktive Methode mit einbezieht und daneben weitere Quellen der Auslegung umfasst. Diese sind der Wortlaut und der Wortsinn gesetzlicher Normen, ihr Bedeutungszusammenhang sowie ihre Begründung und Entstehungsgeschichte. Auch die Rspr. stellt grundsätzlich eine Quelle der Auslegung dar, wobei es in Deutschland bislang nur wenig Rspr. zu Prüfungsfragen gibt.

Eine *gesetzliche* Normierung erfahren die Pflichten des Abschlussprüfers in §§ 316–324, 332 und 333 HGB sowie in §§ 43, 44, 49 und 52 WPO, die für gesetzliche Abschlussprüfungen (→Pflichtprüfungen) gelten. Gesetzliche Abschlussprüfungen haben danach nach den deutschen Prüfungsgrundsätzen zu erfolgen. Dies gilt auch für →Einzelabschlüsse gem. § 325 Abs. 2 HGB und Konzernabschlüsse gem. § 315a Abs. 1 HGB, die nach internationalen Rechnungslegungsstandards [→International Financial Reporting Standards (IFRS)] aufgestellt worden sind. Die aus dem Gesetz abgeleiteten Grundsätze gelten aber auch für andere Prüfungen (z.B. →freiwillige und vertragliche Prüfung) sowie für sonstige Aufgaben von Abschlussprüfern (→Berufsbild des Wirtschaftsprüfers). Zu den in der Rechtsordnung verankerten GoA gehören:

- die Gewissenhaftigkeit,
- die Unabhängigkeit, Unparteilichkeit, Vermeidung der Besorgnis der Befangenheit (→Unabhängigkeit und Unbefangenheit des Wirtschaftsprüfers),
- die Verschwiegenheit (→Verschwiegenheitspflicht des Wirtschaftsprüfers),
- die →Eigenverantwortlichkeit des Wirtschaftsprüfers sowie
- das berufswürdige Verhalten (→Berufsethik des Wirtschaftsprüfers).

Gewissenhaftigkeit (§ 323 Abs. 1 Satz 1 HGB, § 43 Abs. 1 WPO) meint Sorgfalt, wie sie schon nach § 276 Abs. 1 Satz 2 BGB im Vertragsrecht gefordert ist. Maßgeblich ist dabei nicht nur, wie sich ein ordentlicher und gewissenhafter Berufsangehöriger üblicherweise verhalten würde, sondern was nach Sinn und Zweck der gesetzlichen Regelungen über die Abschlussprüfung im konkreten Einzelfall erforderlich ist. Nach § 4 der BS ist unter Gewissenhaftigkeit das Gebot zur Fortbildung (→Aus- und Fortbildung des Wirtschaftsprüfers), zur Gesamtplanung aller Aufträge mit der Maßgabe, Aufträge abzulehnen oder im Einzelfall zu beenden (→Auftragsannahme und -fortführung), zur Beachtung von Gesetz, der für die Berufsausübung geltenden Bestimmungen sowie fachlichen Regelungen zu verstehen.

Die *Unabhängigkeit* des Abschlussprüfers (§ 323 Abs. 1 HGB), in § 2 der BS konkretisiert, meint die Freiheit von Bindungen, die die berufliche Entscheidungsfreiheit beeinträchtigen können. Die Regelung wurde um konkrete Vorgaben zur Stärkung der Unabhängigkeit des Abschlussprüfers im Rahmen der Neufassung der §§ 319, 319a HGB durch das BilReG ergänzt. Danach ist die →Bestellung des Abschlussprüfers ausgeschlossen, wenn die dort bestimmten Beziehungen geschäftlicher, finanzieller oder persönlicher Art vorliegen, die Anlass zur Besorgnis der Befangenheit geben.

Die *Verschwiegenheitspflicht* (§ 323 Abs. 1 Satz 1 und 2, Abs. 3 HGB, § 43 Abs. 1 WPO) resultiert aus dem umfassenden Einblicks- und →Auskunftsrecht des Abschlussprüfers nach § 320 HGB. Nach § 9 der BS hat der APr dafür Sorge zu tragen, dass Tatsachen und Umstände, die ihm anvertraut oder bekannt werden, nicht Unbefugten bekannt werden. Da sie dem Individualschutz der geprüften Gesellschaft dient, kann der APr von der Verschwiegenheitspflicht entbunden werden.

Eigenverantwortlichkeit bedeutet, dass der APr sein Handeln in eigener Verantwortung zu bestimmen, sich selbst ein Urteil zu bilden und seine Entscheidungen selbst zu treffen hat. Er darf nicht fachlichen Weisungen unterliegen, die ihn zur Unterzeichnung von →Prüfungsberichten und Gutachten (→Gutachtertätigkeiten) verpflichten, wenn sich der Inhalt nicht mit seiner Überzeugung deckt.

Aufgrund der Pflicht zum *berufswürdigen Verhalten* hat sich der APr auch außerhalb der Berufstätigkeit des Vertrauens und der Achtung würdig zu erweisen, die der Beruf erfordert.

Eine weitere Konkretisierung der Prüfungsgrundsätze erfolgt durch *fachliche* Regeln, zu denen insb. die fachlichen →Verlautbarungen *des Instituts der Wirtschaftsprüfer in Deutschland e.V.* zählen (§ 4 Abs. 1 Satz 1 BS sowie IDW/WPK VO 1/2006.47 f. und 91).

Aufgrund der Mitgliedschaft in der internationalen Berufsorganisation →*International Federation of Accountants* (*IFAC*) haben die →*Wirtschaftsprüferkammer* (*WPK*) und das →*Institut der Wirtschaftsprüfer in Deutschland e.V.* (*IDW*) die Verpflichtung übernommen, die von der *IFAC* herausgegebenen →International Standards on Auditing (ISA) in deutsche Prüfungsgrundsätze umzusetzen. Neben den durch Transformation der ISA entwickelten Prüfungsstandards (IDW PS) erlässt das *IDW* Prüfungshinweise (IDW PH), die die Auffassung der Fachgremien zu einzelnen Prüfungsfragen – meist ergänzend zu den IDW PS – erläutern.

Es ist davon auszugehen, dass die IDW PS und IDW PH nur noch eine begrenzte Lebensdauer haben, da gem. der RL 2006/43/EG vom 17.5.2006 (sog. novellierte APr-RL) gesetzliche Abschlussprüfungen in den Ländern der EU künftig *unter unmittelbarer Anwendung der ISA* durchzuführen sind. Als frühest möglicher Termin für die Umstellung wird der Jahreswechsel 2007/2008 genannt.

Für den APr ergibt sich eine *Bindungswirkung* aus den Normen des HGB, der WPO und der BS. Bei den fachlichen Verlautbarungen des *IDW* handelt es sich um die berufsständische Auffassung bei der Feststellung von GoA. Das *IDW* ist als Verein ein privatrechtlicher Zusammenschluss, dem keine unmittelbare Aufgabe im Rahmen der Berufsaufsicht (→Berufsaufsicht für Wirtschaftsprüfer, national) zukommt. Lediglich für die Mitglieder des *IDW* ist im Innenverhältnis die Beachtung der fachlichen Verlautbarungen als freiwillige Selbstverpflichtung in § 4 Abs. 9 der *IDW*-Satzung geregelt. Allerdings gelten die fachlichen Verlautbarungen des *IDW* faktisch als Richtschnur für die ordnungsmäßige Durchführung einer Abschlussprüfung (→Auftragsdurchführung), sodass sich der APr in Streitfällen (Regress-, Straf- und →Berufsgerichtsbarkeit für Wirtschaftsprüfer) ein Abweichen von einer der Berufsauffassung entsprechenden Abschlussprüfung vorhalten zu lassen hat.

Seit dem 1.1.2006 ergibt sich eine Bindungswirkung aus § 319 Abs. 1 Satz 3 HGB, wonach der APr über eine wirksame Bescheinigung der Teilnahme an der Qualitätskontrolle nach § 57a WPO (→Qualitätskontrolle in der Wirtschaftsprüfung; →Peer Review) verfügen muss, um gesetzliche Abschlussprüfungen (→Pflichtprüfungen) durchführen zu können. Prüfungsgegenstand ist das Qualitätssicherungssystem (→Qualitätssicherung) nach Maßgabe der IDW/WPK VO 1/2006. Danach sind Regelungen, die zur Einhaltung der →Berufspflichten des Wirtschaftsprüfers erforderlich sind, zu schaffen sowie ihre Anwendung zu überwachen und durchzusetzen. Dies schließt die Einhaltung der fachlichen Regeln des *IDW* mit ein.

Literatur: Baetge, J./Fischer, T. R./Siefke, K.: Kommentierung des § 317 HGB, in: Küting, K./Weber, C.-P. (Hrsg.): HdR-E, 5. Aufl., Stuttgart 2005; IDW/WPK (Hrsg.): Gemeinsame Stellungnahme der WPK und des IDW: Anforderungen an die Qualitätssicherung in der Wirtschaftsprüferpraxis (VO 1/2006), in: WPg 59 (2006), S. 629–646; Kuhner, C./Päßler, N.: Kommentierung des § 323 HGB, in: Küting, K./Weber, C.-P. (Hrsg.): HdR-E, 5. Aufl., Stuttgart 2005; Marten, K.-U./Quick, R./Ruhnke, K.: Wirtschaftsprüfung: Grundlagen des betriebswirtschaftlichen Prüfungswesen nach nationalen und internationalen Normen, 2. Aufl., Stuttgart 2003; Rückle, D.: Grundsätze ordnungsmäßiger Abschlussprüfung, in: Ballwieser, W. et al. (Hrsg.): HWRP, 3. Aufl., Stuttgart 2002; Wysocki, K. v.: Zur Objektivierbarkeit von Prüfungsurteilen im Bereich der Abschlussprüfung Anmerkungen zur Neufassung der Grundsätze ordnungsmäßiger Abschlussprüfung, in: DStR 40 (2002), S. 370–376.

Martin Plendl; Cornelia Stanke

Grundsätze ordnungsmäßiger Abschlussprüfung, bankspezifisch

Als →Grundsätze ordnungsmäßiger Abschlussprüfung (GoA) können die Vorgehensweisen bezeichnet werden, deren Einhaltung eine Abschlussprüfung (→Jahresabschlussprüfung; →Konzernabschlussprüfung) entsprechend den gesetzlichen Zielen sicherstellt (Ebke 2001, Rn. 15 zu § 317 HGB).

Für die Praxis sind die vom →*Institut der Wirtschaftsprüfer in Deutschland e.V.* (*IDW*) als GoA festgestellten Vorgehensweisen von entscheidender Bedeutung.

Zu den vom *IDW* festgestellten GoA sind auch die IDW FG und bestimmte andere Stellungnahmen zu rechnen (IDW PS 201.27), z. B. IDW BFA 3/1995 zur Währungsumrechnung und IDW BFA 2/1993 zur Prüfung von Financial Futures und Forward Rate Agreements (→*Verlautbarungen des Instituts der Wirtschaftsprüfer in Deutschland e.V.*).

Eine Abweichung von den IDW PS kann nur in begründeten Einzelfällen erfolgen und ist im →Prüfungsbericht (PrB) zu begründen (IDW PS 201.29). Eine Nichtbeachtung der PS kann sich für den →Abschlussprüfer (APr) in einem Verfahren der Berufsaufsicht oder in einem Strafverfahren nachteilig auswirken (→Berufsaufsicht für Wirtschaftsprüfer, national; →Berufsgerichtsbarkeit für Wirtschaftsprüfer).

Die Bezeichnung „Bank" ist geschützt und darf – von Ausnahmefällen abgesehen – nur von →Kreditinstituten geführt werden (§§ 1 Abs. 1, 39 und 41 KWG).

Kreditinstitute müssen bei der Erstellung des Jahresabschlusses und des →Lageberichts die allgemeinen deutschen Grundsätze der Rechnungslegung (→Grundsätze ordnungsmäßiger Rechnungslegung) beachten, sofern nicht spezielle →Ansatzgrundsätze, →Bewertungsgrundsätze oder Ausweisvorschriften, wie z. B. §§ 340 ff. KWG und die RechKredV, maßgeblich sind.

Für Abschlüsse nach internationalem Recht [→International Financial Reporting Standards (IFRS)] sind insbesondere die VO (EG) Nr. 1606/2002, §§ 315a, 325 Abs. 2a und 2b HGB sowie die Übergangsvorschriften nach dem EGHGB maßgeblich. Sondervorschriften, die nur auf Banken anzuwenden sind, existieren nicht.

Auch für die Prüfung des Jahresabschlusses und des Lageberichts sind zunächst die allgemeinen →Prüfungsnormen und zusätzlich die branchenspezifischen Regelungen des HGB und des KWG (§§ 316 ff., 340k HGB, PrüfbV) zu beachten (→Jahresabschlussprüfung, erweiterte).

Besondere Pflichten für den APr ergeben sich insb. aus § 29 KWG und aus der auf Grundlage des § 29 Abs. 4 KWG erlassenen PrüfbV.

Bankspezifische GoA ergeben sich aus IDW PS 522 zur Prüfung der Adressenausfallrisiken und des Kreditgeschäftes von Kreditinstituten.

Für die →Kreditprüfung wird ein vor dem Bilanzstichtag liegender Prüfungsstichtag sowie eine gesonderte Berichterstattung als sachgerecht angesehen. Neuengagements sowie Änderungen bestehender Engagements bis zum Bilanzstichtag sind jedoch angemessen zu berücksichtigen. Der Umfang der bei Banken aufwendigen →Einzelfallprüfungen von Kreditengagements kann in Abhängigkeit vom Kreditrisikomanagement der Bank [→Risikomanagementsystem (RMS)] reduziert werden. Bei der Bildung von Pauschalwertberichtigungen ist IDW BFA 1/1990 zu beachten.

IDW PH haben nicht den gleichen Stellenwert wie IDW PS, ihre Anwendung wird aber durch das *IDW* empfohlen (IDW PS 201.29).

Die Prüfung der Werthaltigkeit von Immobiliensicherheiten bei der Prüfung der Werthaltigkeit von ausfallgefährdeten →Forderungen bei Kreditinstituten konkretisiert IDW PH 9.522.1. Der APr hat sich bei der Prüfung vom rechtlichen und tatsächlichen Bestand der Immobiliensicherheiten zu überzeugen. Der PH beschreibt weiterhin das Vorgehen bei der Wertermittlung von Immobiliensicherheiten sowie bei der daraus folgenden Ermittlung der Risikovorsorge.

Forderungen und →Verbindlichkeiten sowie der große Umfang an außerbilanziellen Geschäften, besonders in der Form →derivativer Finanzinstrumente, sind bei Banken in aller Regel von großer Bedeutung.

Die für die GoA zu ziehenden Folgerungen verdeutlicht IDW PH 9.302.1 zu →Bestätigungen Dritter bei Kredit- und →Finanzdienstleistungsinstituten.

Der APr hat zu entscheiden, ob und in welchem Umfang er Bestätigungsanfragen durchführt. Die negative Methode, bei der eine Beantwortung nur bei Nichtübereinstimmung erbeten wird (IDW PS 302.17), soll nur im Ausnahmefall zur Anwendung kommen (IDW PH 9.302.1.11). Die Anwendung von Stichprobenverfahren (→Stichprobenprüfung) bei der Einholung von Saldenbestätigungen erscheint sachgerecht. Außerbilanzielle Geschäfte sind in die Abstimmung der Salden (→Abstimmprüfung) einzubeziehen.

Zu berücksichtigen ist, dass die →Interne Revision von Kreditinstituten aufgrund aufsichtsrechtlicher Vorgaben in aller Regel Bestätigungsanfragen durchführt. Der APr kann die Ergebnisse der Internen Revision berücksichtigen, sofern er sich davon überzeugt hat, dass die Bestätigungsanfragen sachgerecht durchgeführt und ausgewertet worden sind (→Interne Revision und Abschlussprüfung).

Gegenwärtig offen ist, ob sich der *BFA* zu dem bedeutsamen Rundschreiben 18/2005 der →*Bundesanstalt für die Finanzdienstleistungsaufsicht* (*BaFin*) zu den →Mindestforderungen an das Risikomanagement (MaRisk) in Form eines PS äußern wird.

Zu den Instituten i. S. d. KWG gehören neben den Kreditinstituten auch die Finanzdienstleistungsinstitute (§ 1 Abs. 2 KWG). In § 1 Abs. 1a KWG sind die von Finanzdienstleistungsinstituten durchgeführten Geschäfte aufgeführt. Für Finanzdienstleistungsinstitute sind ebenfalls branchenspezifische PS verabschiedet worden (IDW PS 520, IDW PS 521).

IDW PS 520 beschreibt Besonderheiten und Problembereiche bei der Abschlussprüfung von Finanzdienstleistungsinstituten. Einige Abschnitte dieses Standards sind nach Meinung des Verfassers auch für den APr eines Kreditinstitutes hilfreich, wenn die Prüfung entsprechend den GoA durchzuführen ist (IDW PS 520.2).

Literatur: Ebke, W. F.: Kommentierung des § 317 HGB, in: Schmidt, K. (Hrsg.): Münchener Kommentar zum Handelsgesetzbuch, München 2001; IDW BFA 1/1990: Zur Bildung von Pauschalwertberichtigungen für das latente Kreditrisiko im Jahresabschluss von Kreditinstituten; IDW BFA 2/1993: Bilanzierung und Prüfung von Financial Futures und Forward Rate Agreements; IDW BFA 2/1995: Währungsumrechnung bei Kreditinstituten, jeweils in: IDW (Hrsg.): IDW Prüfungsstandards (IDW PS), IDW Stellungnahmen zur Rechnungslegung (IDW RS), IDW Standards (IDW S) einschließlich der dazugehörigen Entwürfe, IDW Prüfungs- und Rechnungslegungshinweise (IDW PH und IDW RH), Loseblattausgabe, Band II, Düsseldorf, Stand: 17. Erg.-Lfg. März 2006; IDW (Hrsg.): IDW Prüfungsstandard: Rechnungslegungs- und Prüfungsgrundsätze für die Abschlussprüfung (IDW PS 201, Stand: 17. November 2000), in: WPg 53 (2000), S. 710–713; IDW (Hrsg.): IDW Prüfungsstandard: Besonderheiten und Problembereiche bei der Abschlußprüfung von Finanzdienstleistungsinstituten (IDW PS 520, Stand: 2. Juli 2001), in: WPg 54 (2001a), S. 982–989; IDW (Hrsg.): IDW Prüfungsstandard: Die Prüfung des Wertpapierdienstleistungsgeschäftes nach § 36 WpHG bei Finanzdienstleistungsinstituten (IDW PS 521, Stand: 2. Juli 2001b), in: WPg 54 (2001), S. 989–997; IDW (Hrsg.): IDW Prüfungsstandard: Die Prüfung der Adressenausfallrisiken und des Kreditgeschäftes von Kreditinstituten (IDW PS 522, Stand: 1. Oktober 2002), in: WPg 56 (2002), S. 1254–1259; IDW (Hrsg.): Berücksichtigung von Immobiliensicherheiten bei der Prüfung der Werthaltigkeit von ausfallgefährdeten Forderungen bei Kreditinstituten (IDW PH 9.522.1, Stand: 7. Juli 2005), in: WPg 58 (2005), S. 850–856; IDW (Hrsg.): IDW Prüfungshinweis: Bestätigungen Dritter bei Kredit- und Finanzdienstleistungsinstituten (IDW PH 9.302.1, Stand: 28. Februar 2006), in: WPg 59 (2006), S. 484–487.

Peter Haller

Grundsätze ordnungsmäßiger Abschlussprüfung, versicherungsspezifisch

Das System von →Grundsätzen ordnungsmäßiger Abschlussprüfung (GoA), national fixiert durch IDW PS 201, international abgestimmt durch die Arbeit der →*International Federation of Accountants* (*IFAC*) und mit der RL 2006/43/EG vom 17.5.2006 (sog. novellierte APr-RL) künftig EU-harmonisiert, stellt wie die GoB (→Grundsätze ordnungsmäßiger Buchführung, Prüfung der) primär ab auf allgemeine Anforderungen an Prüferqualifikation, Prüferverhalten, Prüfungsinhalte und Prüfungsverfahren. Es gilt im Prinzip unabhängig von den Besonderheiten einzelner Wirtschaftszweige.

Modifikationen für →Versicherungsunternehmen ergeben sich einerseits aus den inhaltlichen Gegebenheiten, wie sie auch für branchenspezifische GoB maßgebend sind (→Grundsätze ordnungsmäßiger Buchführung, versicherungsspezifisch), andererseits aus den weitgehend bereits im VAG enthaltenen legislative Vorgaben. Diese sind zwar auf das Zusammenwirken der →Abschlussprüfer (APr) mit der Aufsichtsbehörde [→*Bundesanstalt für Finanzdienstleistungsaufsicht (BaFin)*] zugeschnitten, finden ihre Grundlage aber ebenfalls in den Spezifika der Assekuranz.

Grundsätzlich müssen Versicherungsunternehmen den JA und →Lagebericht sowie den Konzernabschluss und →Konzernlagebericht nach § 341k Abs. 1 HGB prüfen lassen, der auf die allgemeinen Bestimmungen der §§ 316–324a HGB zurückverweist (→Jahresabschlussprüfung; →Jahresabschlussprüfung, erweiterte; →Konzernabschlussprüfung). Bestellt wird der APr (abweichend von § 318 Abs. 1 Satz 1 HGB; →Bestellung des Abschlussprüfers) vom AR (§ 341k Abs. 2 HGB). Der APr ist der Aufsichtsbehörde unverzüglich anzuzeigen, die bei Bedenken die Wahl eines anderen Prüfers verlangen kann und bei Fortbestehen der Bedenken – auch gegen einen zweiten benannten Prüfer – ggf. die Bestimmung selbst vorzunehmen hat (§ 58 VAG).

Die →Prüfungsberichte sind der Aufsicht unverzüglich nach Fertigstellung zusammen mit den Bemerkungen des Aufsichtsrats einzureichen und ggf. zu erörtern (§ 59 VAG). Da die Prüfungsberichte also auch Instrument der Beaufsichtigung sind, werden an den Inhalt besondere Anforderungen gestellt. Soweit diese sich auf die Rechnungslegung beziehen, sind sie formuliert in der PrüfV vom 3.6.1998 (Ermächtigung in § 55a Abs. 1 Nr. 3 VAG). Sie stellen im Prinzip versicherungsspezifische GoA dar, sowohl zur Prüfungsmethode (z. B. § 2 PrüfV) als auch zum Prüfungsinhalt (z. B. Rückversicherungsgeschäft, Kostenverteilung bei Unternehmensverbindungen, versicherungstechnische →Rückstellungen). Weitere Prüfungspflichten ergeben sich aus § 57 VAG, der praktisch einen gesetzlichen Prüfungsauftrag formuliert im Hinblick auf Anzeigepflichten des Versicherungsunternehmens zu Vorgängen wie Vorstandspersonalien, Kapitalerhöhung, Erwerb bedeutender Beteiligungen am Unternehmen durch Dritte u. a. sowie auf die Anzeige nach § 14 →Geldwäschegesetz (GwG).

Auch die Berichtspflicht des Abschlussprüfers bei festgestellten →Unregelmäßigkeiten (→Unregelmäßigkeiten, Aufdeckung von) gem. § 321 Abs. 1 Satz 3 HGB (→Redepflicht des Abschlussprüfers; →Unregelmäßigkeiten, Konsequenzen aus) ist als Informationspflicht gegenüber der Aufsichtsbehörde erweitert (§ 341k Abs. 3 HGB).

Als explizit formulierter versicherungsspezifischer GoA existiert derzeit nur der IDW PS 560 zur Prüfung der Schadenrückstellung von Schaden- und Unfallversicherungsunternehmen, der sich hinsichtlich des Prüfungsinhalts an den spezifischen GoB zur Bewertung der Schadenrückstellung (IDW RS VFA 3) anlehnt und auch auf die PrüfV Bezug nimmt. Ausdrücklich nicht mit einbezogen sind die Rückstellungen für noch nicht abgewickelte Versicherungsfälle von Lebens- und Krankenversicherungsunternehmen. Auch für Deckungs- bzw. Alterungsrückstellungen existiert kein spezifischer GoA. Leitfaden für die Prüfung dürften hier die aktuariellen Berechnungsmethoden des Verantwortlichen Aktuars sein, der die Bemessung der Rückstellungen (hinsichtlich Auskömmlichkeit der Beiträge und Berücksichtigung der Risikoannahmen, Anforderungen gem. § 341f HGB und DeckRV bzw. KalV) zu überwachen, unter der Bilanz die sog. versicherungsmathematische Bestätigung für die Deckungsrückstellung bzw. Alterungsrückstellung abzugeben und – nicht bei Krankenversicherungsunternehmen – dem Vorstand per Bericht die Berechnungen und Parameter zu erläutern hat (§ 11a Abs. 3 Nr. 2 VAG; §§ 1, 4–6 AktuarV; §§ 11d, 11e, 12 Abs. 3 VAG).

Hinsichtlich anderer Sachverhalte ist teilweise gleichfalls von der Bezugnahme der Prüfungsanforderungen auf entsprechende versicherungsspezifische GoB auszugehen, z. B. hinsichtlich der Prüfung der Vermögensanlagen und ihrer Bewertung in der Bilanz, der Prüfung von Zeitwerten (→Zeitwerte, Prüfung von) für die Angaben im →Anhang (§§ 54–56 RechVersV) und für die Vermögensanlagen der fondsgebundenen Lebensversicherung (→Grundsätze ordnungsmäßiger Buchführung, versicherungsspezifisch); dabei kann auch der Blick auf andere GoA zweckmäßig sein, wie z. B. den Standard zur Prüfung von Zeitwerten (IDW PS 315).

Versicherungsspezifische →International Standards on Auditing (ISA) sind derzeit offenbar nicht explizit formuliert (IFAC 2006). Die *International Actuarial Association (IAA)* hat einige *IASP* in der Kategorie Practice Guidelines (d. h. ohne bindende Wirkung) verabschiedet, zum einen berufsständische Verhaltensnormen (Actuarial Practice), zum anderen technische Standards, die sich durchweg auf IFRS-Regelungen beziehen (Engeländer 2005, S. 1222 und 1224).

Literatur: Engeländer, S.: Ziel: Mehr Verläßlichkeit bei IFRS-Abschlüssen, in: VW 60 (2005), S. 1222–1225; IDW (Hrsg.): IDW Stellungnahme zur Rechnungslegung: Die Bewertung der Schadenrückstellung von Schaden-/Unfallversicherungsunternehmen (IDW RS VFA 3, Stand: 6. Oktober 2004), in: WPg 58 (2005a), S. 102–104; IDW (Hrsg.): Die Prüfung der Schadenrückstellung im Rahmen der Jahresabschlussprüfung von Schaden-/ Unfallversicherungsunternehmen (IDW PS 560, Stand: 9. Dezember 2005), in: WPg 58 (2005b), S. 104–111; IDW (Hrsg.): IDW Prüfungsstandard: Die Prüfung von Zeitwerten (IDW PS 315, Stand: 8. Dezember 2005), in: WPg 59 (2006a), S. 309–314; IDW (Hrsg.): WPH 2006, Band I, 13. Aufl., Düsseldorf 2006b, Abschn. K; IDW (Hrsg.): IDW Prüfungsstandard: Rechnungslegungs- und Prüfungsgrundsätze für die Abschlussprüfung (IDW PS 201, Stand: 18.5.2006), in: WPg 59 (2006c); IFAC (Hrsg.): Handbook of International Auditing, Assurance and Ethics Pronouncements, 2006, http://www.iaasb.org (Download: 5. Juli 2006); Kölschbach, J.: Kommentierung des Anhangs zu §§ 55–64 VAG, in: Kollhosser, H. (Hrsg.): Prölss, Versicherungsaufsichtsgesetz, 12. Aufl., München 2005; Schlüter, J./Jäger, O.: Der Prüfungsbericht bei Versicherungsunternehmen, in: IDW (Hrsg.): Rechnungslegung und Prüfung der Versicherungsunternehmen, 4. Aufl., Düsseldorf 2003, Abschn. H2; Stöffler, M.: Grundsätze für die Prüfung von Versicherungsunternehmen, in: IDW (Hrsg.): Rechnungslegung und Prüfung der Versicherungsunternehmen, 4. Aufl., Düsseldorf 2003, Abschn. H1.

Dieter Hesberg

Grundsätze ordnungsmäßiger Bilanzierung →Grundsätze ordnungsmäßiger Buchführung, Prüfung der

Grundsätze ordnungsmäßiger Buchführung, bankspezifisch

→Kreditinstitute haben eine herausragende *gesamtwirtschaftliche Bedeutung* für ein Land. Sie stellen den Ausgleich zwischen Geldanlage- und Finanzierungsbedarf her und haben damit wesentlichen Einfluss auf die gesamte Volkswirtschaft. Die Behandlung der Geschäfte von Kreditinstituten ist nicht immer eindeutig aus den allgemeinen GoB (→Grundsätze ordnungsmäßiger Buchführung, Prüfung der) abzuleiten. Der Gesetzgeber hat deswegen für bestimmte Sachverhalte zusätzliche branchenspezifische Vorgaben kodifiziert. Bei folgenden Grundsätzen ergeben sich für Banken Besonderheiten:

- *Klare Gliederung und Übersichtlichkeit* (§ 243 Abs. 2 HGB): Die Gliederung und Übersichtlichkeit wird für Kreditinstitute durch die RechKredV weiter konkretisiert. Hier werden besondere Vorschriften zur Aufstellung der Bilanz und →Gewinn- und Verlustrechnung (GuV) definiert. Diese spiegeln sich zusätzlich in amtlichen Formblättern für die Bankbilanz und die GuV von Kreditinstituten wider (→Gliederung der Bilanz; →Gliederung der Gewinn- und Verlustrechnung).

- *Verrechnungsverbot* (§ 246 Abs. 2 HGB): Für Kreditinstitute bestehen einige gesetzlich vorgeschriebene Durchbrechungen des Verrechnungsverbots in der GuV. Gem. § 340c Abs. 1 HGB sind →Aufwendungen und Erträge aus Handelsbeständen spartenübergreifend vollständig zu saldieren. In § 340f Abs. 3 HGB ist die sog. *Überkreuzkompensation* geregelt, d. h. das Bewertungsergebnis im Kreditgeschäft wird mit dem Ergebnis aus Wertpapieren der Liquiditätsreserve verrechnet. Dies beinhaltet auch das Ergebnis aus der Bildung bzw. Auflösung stiller Reserven (→stille Reserven und Lasten). Ferner schreibt § 340c Abs. 2 HGB die Verrechnung zwischen Aufwendungen und Erträgen aus →Beteiligungen, Anteilen an →verbundenen Unternehmen und wie →Anlagevermögen behandelten Wertpapieren vor.

- →*Going Concern-Prinzip* (§ 252 Abs. 1 Nr. 2 HGB): Die Wertansätze in der Bilanz werden u. a. beeinflusst durch die Annahme der Fortführung der Unternehmenstätigkeit. Auf der Basis des Going Concern-Prinzips kann es sinnvoll sein, vorübergehende Wertminderungen von langfristigen Vermögenswerten (→Vermögensgegenstand) zu vernachlässigen, um unerwünschte Irritationen der Gläubiger zu vermeiden. So ist es für Kreditinstitute gem. § 340e Abs. 1 Satz 2 HGB zulässig, neben Beteiligungen auch →Forderungen und Wertpapiere wie Anlagevermögen zu behandeln und zum *gemilderten Niederstwert* anzusetzen, obwohl Forderungen und Wertpapiere grundsätzlich wie →Umlaufvermögen zu bewerten sind.

- *Einzelbewertungsprinzip* (§ 252 Abs. 1 Nr. 3 HGB): Eine Zweckadäquate Interpretation dieses Prinzips erfolgt für Kreditinstitute in Form von *Mikro-* und *Makro-Hedges* im Bankbuch und in Form von *Portfoliobewertung* für Handelsbuch-Geschäfte. In der Praxis wurden für die interne Performancerechnung Methoden zur Bildung von Bewertungseinheiten entwickelt. Anstelle der Einzelbewertung werden die in einem Sicherungszusammenhang stehenden bzw. wirtschaftlich zusammengehörigen Geschäfte zu Bewertungseinheiten zusammengefasst. In der Rechnungslegung kommt hier das *saldierte Niederstwertprinzip* zur Anwendung, d. h. die Verrechnung der einzelnen Zeitwerte untereinander (auch als *Zero-Line-Approach* bezeichnet). Eine verbleibende Netto-Position wird entsprechend dem *Imparitätsprinzip* (→Grundsätze ordnungsmäßiger Rechnungslegung) behandelt.

- *Vorsichtsprinzip* (§ 252 Abs. 1 Nr. 4 HGB): Aufgrund der volkswirtschaftlichen Bedeutung von Kreditinstituten hat das *Vorsichtsprinzip* besonderes Gewicht. Dem hat der Gesetzgeber durch die Möglichkeit zur Bildung von *Rückstellungen für allgemeine Bankrisiken* gem. § 340g HGB und *stillen Reserven* gem. § 340f HGB Rechnung getragen.

- *Vergleich zu den →International Financial Reporting Standards (IFRS)*: Die allgemeinen Rechnungslegungsvorschriften der IFRS sind im *Framework* geregelt. Es bestehen keine branchenspezifischen Regelungen. Da die IFRS andere Rechnungslegungsziele verfolgen als das HGB, steht nach IFRS anstelle von *Gläubigerschutz* und *Kapitalerhalt* die *Fair Presentation*, d. h. die Vermittlung von relevanten Informationen für Investoren im Vordergrund. Die zwei zugrunde liegenden Annahmen der Rechnungslegung nach IFRS sind das *Going Concern-Prinzip* und die *Periodenabgrenzung* (→periodengerechte Erfolgsermittlung). Die in den Abschlüssen enthaltenen Informationen müssen darüber hinaus die folgenden qualitativen Anforderungen erfüllen: *Verständlichkeit, Relevanz, Verlässlichkeit* und *Vergleichbarkeit*. Das Vorsichtsprinzip ist als Unterpunkt der Verlässlichkeit genannt, die Definition weicht jedoch stark von HGB ab und verbietet die Bildung von *stillen Reserven*. Eine für den Bilanzleser nicht erkennbare Risikovorsorge ist nach IFRS grundsätzlich unzulässig.

Oliver K. Brandt

Grundsätze ordnungsmäßiger Buchführung, Prüfung der

Die GoB stellen ein System von Regeln dar, nach denen der Kaufmann zu verfahren hat, um zu einer den gesetzlichen Zwecken entsprechenden Bilanz zu gelangen (BFH-Urteil vom 31.5.1967, S. 607). Die GoB umfassen damit die gesamte Rechnungslegung und sind nach h.M. deduktiv aus den Zielen der Rechnungslegung abzuleiten.

Entsprechend der herkömmlichen Praxis und der Literatur werden folgende Anwendungsbereiche der GoB unterschieden:

- GoB (i.e.S.),
- Grundsätze ordnungsmäßiger →Inventur und
- Grundsätze ordnungsmäßiger Bilanzierung.

Die *GoB i.e.S.* bilden das Normgerüst für die Erfassung und Dokumentation der Geschäftsvorfälle in der Buchführung (§§ 238, 239 HGB) sowie die Aufbewahrung von Büchern und Belegen (§ 257 HGB) (→Aufbewahrungspflichten). Jegliche von den Unternehmen in diesem Zusammenhang eingesetzten Verfahren werden hinsichtlich ihrer Zulässigkeit durch das HGB ausdrücklich an die Einhaltung der GoB gebunden. Eine Konkretisierung der diesbezüglichen Anforderungen an eine →IT-Buchführung enthalten die von der *AWV* entwickelten →Grundsätze ordnungsmäßiger IT-gestützter Buchführungssysteme (GoBS) sowie die GoB bei Einsatz von IT (IDW RS FAIT 1). Hiernach sind bei der Erfassung, Verarbeitung, Ausgabe und Aufbewahrung der rechnungslegungsrelevanten Daten über Geschäftsvorfälle insb. folgende formale Ordnungsmäßigkeitskriterien sicherzustellen:

- Vollständigkeit (§ 239 Abs. 2 HGB),
- Richtigkeit (§ 239 Abs. 2 HGB),
- Zeitgerechtigkeit (§ 239 Abs. 2 HGB),
- Ordnung (§ 239 Abs. 2 HGB),
- Nachvollziehbarkeit (§ 238 Abs. 1 Satz 2 HGB) und
- Unveränderlichkeit (§ 239 Abs. 3 HGB).

Die *Grundsätze ordnungsmäßiger Inventur* (§§ 240, 241 HGB) sind Ausprägungen der GoB mit der spezifischen Ausrichtung auf die von jedem Kaufmann durchzuführende Inventur seines Vermögens und seiner →Schulden. Inventurvereinfachungsverfahren sind nur in den als GoB anerkannten Ausgestaltungen zulässig (→Inventurvereinfachungsverfahren, Prüfung von).

Die wichtigsten *Grundsätze ordnungsmäßiger Bilanzierung* sind im HGB kodifiziert und unter Verweis auf die entsprechenden Rechtsnormen nachfolgend aufgeführt:

- Stichtagsprinzip (§ 242 Abs. 1 und 2 HGB),
- persönliche Zuordnung (§ 242 Abs. 1 HGB),
- Klarheit und Übersichtlichkeit (§§ 243 Abs. 2, 247 Abs. 1, 265, 266, 175, 277 HGB),
- Vollständigkeit (§ 246 Abs. 1 HGB),
- Verrechnungsverbot (§ 246 Abs. 2 HGB),
- Kontinuität i. S. d.
  - Bilanzidentität (§ 252 Abs. 1 Nr. 1 HGB) und
  - Bewertungsstetigkeit (§ 252 Abs. 1 Nr. 6 HGB) (→Stetigkeit),
- →Going Concern-Prinzip (§ 252 Abs. 1 Nr. 2 HGB),
- Einzelbewertungsgrundsatz (§ 252 Abs. 1 Nr. 3 HGB),
- Vorsichtsprinzip (§§ 279, 280, 282, 283 HGB) mit seinen Ausprägungen
  - Imparitätsprinzip (§ 252 Abs. 1 Nr. 4 1. HS HGB),
  - Niederstwertprinzip (§ 253 Abs. 1–3 HGB) und
  - Realisationsprinzip (§ 252 Abs. 1 Nr. 4 2. HS HGB),
- Anschaffungskostenprinzip (§ 253 Abs. 1 HGB) [→Anschaffungskosten (AK)] und
- periodengerechte Zuordnung von →Aufwendungen und Erträgen (§ 252 Abs. 1 Nr. 5 HGB) (→periodengerechte Erfolgsermittlung).

Für KapGes sowie bestimmte Personenhandelsgesellschaften (→Personengesellschaften) wird durch die Generalnorm des § 264 Abs. 2 HGB (→True and Fair View) die Zielsetzung der Rechnungslegung weiter spezifiziert. Hiernach hat der JA der KapGes unter Beachtung der GoB ein den tatsächlichen Verhältnissen entsprechendes Bild der →Vermögenslage, →Finanzlage und →Ertragslage (→wirtschaftliche Verhältnisse) der KapGes zu vermitteln.

Im Bereich der Konzernrechnungslegung finden die GoB im Rahmen der Generalnorm ebenfalls Anwendung. Die GoB werden durch die unter dem Begriff *Grundsätze ordnungsmäßiger Konzernrechnungslegung* (GoK) zusammengefassten Konsolidierungsgrundsätze ergänzt (→Grundsätze ordnungsmäßiger Rechnungslegung). Die Fortentwicklung der GoK wird auf der Grundlage der Ermächtigung des § 342 HGB durch das →*Deutsche Rechnungslegungs Standards Committee* (*DRSC*) vorangetrieben.

Die Prüfung des Jahresabschlusses und des Konzernabschlusses gem. § 316 HGB (→Jahresabschlussprüfung; →Konzernabschlussprüfung; →Pflichtprüfungen) hat sich unter Einbeziehung der Buchführung nach § 317 Abs. 1 Satz 2 HGB darauf zu erstrecken, ob die gesetzlichen Vorschriften und sie ergänzende Bestimmungen des Gesellschaftsvertrages oder der Satzung beachtet worden sind. Die Prüfung ist so anzulegen, dass Unrichtigkeiten und Verstöße (→Unregelmäßigkeiten), die sich auf die Darstellung des sich nach § 264 Abs. 2 HGB (unter Beachtung der GoB) ergebenden Bildes der Vermögens-, Finanz- und Ertragslage wesentlich (→Wesentlichkeit) auswirken, bei gewissenhafter Berufsausübung (→Berufsgrundsätze des Wirtschaftsprüfers) erkannt werden.

Die GoB als das dem Kaufmann vorgegebene Normgerüst für eine ordnungsmäßige Buchführung und Bilanzierung stehen aufgrund ihrer überragenden Bedeutung für eine den gesetzlichen Zwecken entsprechende Rechnungslegung im Mittelpunkt sämtlicher prüferischer Tätigkeiten.

Die Prüfung der Einhaltung der GoB stellt jedoch kein eigenständiges, isoliertes →Prüffeld dar, sie ist vielmehr prüffeldbezogen in die Betrachtung einzubeziehen. In Anbetracht der umfassenden und grundlegenden Bedeutung der GoB für sämtliche Geschäftsvorfälle eines Unternehmens muss die Prüfung der Einhaltung dieser Grundsätze im Wesentlichen auf →Systemprüfungen der von den zu prüfenden Unternehmen installierten Verfahren zur Umsetzung, Beachtung und Kontrolle der Einhaltung der GoB basieren.

Ausgangspunkt hierbei bildet das ggf. IT-gestützte Buchführungssystem. I.d.R. wird unter Herbeiziehung von IT Spezialisten das →IT-System daraufhin untersucht werden müssen, inwieweit es eine ordnungsmäßige Verarbeitung und Speicherung der rechnungswesenrelevanten Daten unter Berücksichtigung der vorstehend aufgeführten Ordnungsmäßigkeitskriterien sicherzustellen vermag (→Systemprüfung; →IT-Systemprüfung). Die Analyse des Aufbaus (Angemessenheit) und der Wirksamkeit (Funktionsfähigkeit) der von dem Unternehmen installierten Kontrollmechanismen hat eine besondere Bedeutung (→Aufbauorganisation; →Funktionsprüfung). Die Feststellung der Ordnungsmäßigkeit der Buchführung setzt auch eine Beurteilung der Sicherheit der rechnungswesenrelevanten Daten und IT-Systeme (→IT-Sicherheit) voraus (IDW PS 330.112). Hinsichtlich Art und Umfang der in diesem Zusammenhang vorzunehmenden Prüfungen sei auf den IDW PS 330 verwiesen (s. auch IDW PH 9.330.1).

Über die Prüfung der Ordnungsmäßigkeit (→Ordnungsmäßigkeitsprüfung) der rechnungswesenrelevanten IT-Systeme hinaus ist das →Interne Kontrollsystem (IKS) des Unternehmens daraufhin zu untersuchen, inwieweit die installierten Kontrollen die Einhaltung der Grundsätze ordnungsmäßiger Bilanzierung sicherzustellen vermögen (→Internes Kontrollsystem, Prüfung des).

Literatur: BFH-Urteil vom 31.5.1967, Aktz. 208/63, BStBl. III 1967, S. 607–609; IDW (Hrsg.): IDW Prüfungsstandard: Abschlussprüfung bei Einsatz von Informationstechnologie (IDW PS 330, Stand: 24. September 2002a), in: WPg 55 (2002a), S. 1167–1179; IDW (Hrsg.): IDW Stellungnahme zur Rechnungslegung: Grundsätze ordnungsmäßiger Buchführung bei Einsatz von Informationstechnologie (IDW RS FAIT 1, Stand: 24. September 2002), in: WPg 55 (2002b), S. 1157–1167; IDW (Hrsg.): IDW Prüfungshinweis: Checkliste zur Abschlussprüfung beim Einsatz von Informationstechnologie (IDW PH 9.330.1, Stand: 1. Juli 2002), in: IDW (Hrsg.): IDW Prüfungsstandards (IDW PS), IDW Stellungnahmen zur Rechnungslegung (IDW RS), IDW Standards (IDW S) einschließlich der dazugehörigen Entwürfe, IDW Prüfungs- und Rechnungslegungshinweise (IDW PH und IDW RH), Loseblattausgabe, Band II, Düsseldorf, Stand: 16. Erg.-Lfg. Oktober 2005.

Helmuth Schäfer

Grundsätze ordnungsmäßiger Buchführung, versicherungsspezifisch

GoB als Auslegungshilfen für unbestimmte Rechtsnormen: Ursprünglich galten die GoB (→Grundsätze ordnungsmäßiger Buchführung, Prüfung der) als Auslegungshilfen für unbestimmte Rechtsnormen. Sie wurden im deutschsprachigen Raum — insb. gestützt auf die Arbeit von *Leffson* und darauf aufbauende Darstellungen — in Konzept- und Informationsgrundsätze systematisiert (s. z. B. Leffson 1987, S. 179 ff.). Diese orientierten sich stark an den damaligen Rechnungslegungsvorschriften von HGB und AktG und füllten als sog. „offengelassene Gesetzgebung" die zahlreichen Lücken und Ungenauigkeiten der Gesetzesnormen. Mit der Zusammenfassung der Rechnungslegungsvorschriften im Dritten Buch des HGB 1985 wurden viele GoB explizit ins HGB übernommen. Die Funktion der GoB als — gesetzeskonforme — Auslegungshilfe für unklare Bilanzierungssachverhalte scheint durch diese legislative Unterstreichung bestätigt. Durch die überwiegende Einordnung der Grundsätze im HGB in den Ersten Teil des Dritten Buches wird auch erkennbar, dass sie für alle Unternehmen und auch für alle Wirtschaftszweige gelten sollen, soweit nicht Besonderheiten die Anwendung unsinnig machen.

→Versicherungsunternehmen haben eine deutlich andere Geschäftsstruktur als Industrie- und Handelsunternehmen, auf die die allgemeinen Rechnungslegungsvorschriften abstellen. Das hat im HGB zu besonderen Vorschriften für Versicherungsunternehmen im Vierten Teil des Dritten Buches (§§ 341–341p) und zu zusätzlichen Verordnungen (insb. RechVersV) geführt. Gleichwohl sind die tradierten GoB so universell gefasst und auch akzeptiert, dass sie im Prinzip auch für Versicherungsunternehmen gelten. Allerdings ist das Konkretisierungspotenzial in unklaren versicherungsspezifischen Fragen bzw. Streitfällen eher gering. Infolgedessen bedarf es zur Lösung solcher Probleme entweder besonderer Auslegungskünste im Einzelfall oder versicherungsspezifischer GoB. Unter diesem Etikett bzw. mit diesem Rang und Anspruch existieren derzeit solche — deutschsprachigen — GoB eigentlich nicht. Die wenigen, explizit auf Versicherungen zugeschnittenen Standards des →*Deutschen Rechnungslegungs Standards Committee* (*DRSC*) (zur Risikoberichterstattung und →Kapitalflussrechnung), die formal nur die Konzernrechnungslegung betreffen, kann man schwerlich als GoB im ursprünglichen Sinne bezeichnen.

Es gibt indessen eine Reihe anderer Regeln, die der Präzisierung des gewollten Rechnungslegungsinhalts dienen können. Als solche sind vor allem zu nennen einschlägige Verlautbarungen der Aufsichtsbehörde →*Bundesanstalt für Finanzdienstleistungsaufsicht (BaFin)*, soweit sie in die Rechnungslegung eingreifen, Entscheidungen des *BFH*, die auch in die handelsrechtliche Bilanzierung abstrahlen, aktuarielle Stellungnahmen der *Deutschen Aktuarvereinigung (DAV)*, die zwar nicht primär auf die Rechnungslegung fokussiert sind, aber exakt genau so wirken, und nicht zuletzt die Stellungnahmen und →Verlautbarungen des Instituts der Wirtschaftsprüfer in Deutschland e.V. (*IDW*).

Auf internationaler Ebene lassen sich die →International Financial Reporting Standards (IFRS) und die →United States Generally Accepted Accounting Principles (US GAAP) – deren Anwendung nicht auf die →United States of America (USA) beschränkt ist und die aufgrund Ihrer Leitfunktion für viele multinationale Konzernabschlüsse auch als international gelten können – mit den GoB vergleichen. Für die speziellen Fragen der Rechnungslegung von Versicherungsunternehmen nach US GAAP sind die FAS 60 und 115 einschlägig. Im Regime des →*International Accounting Standards Board (IASB)* existiert hingegen (noch) kein spezieller Standard für die Rechnungslegung der Versicherungs*unternehmen*. Im Projektstadium ist gegenwärtig ein Standard für Versicherungs*verträge*, der alle *versicherungsspezifischen* Fragen der Bilanzierung von Versicherungsverhältnissen sowohl beim Versicherer als auch beim Versicherungsnehmer regeln soll – aber eben nur diese, da für alle nicht-versicherungsspezifischen Sachverhalte andere, auf die jeweiligen Geschäftsvorgänge bzw. Bilanzposten ausgerichtete Standards existieren und maßgebend sein sollen. Insb. die vom *IASB* favorisierte umfassende Zeitwertbilanzierung aller Versicherungsverpflichtungen und der Vermögensanlagen ist umstritten (s. z. B. die Aussetzung der *Full Fair Value* Option). Eine fristgerechte Verabschiedung dieses Standards, um ihn gem. VO (EG) Nr. 2157/2001 (sog. IAS-VO) ab 2005 anwenden zu können, schien daher schon relativ früh aussichtslos. Als schnelle Interimslösung ist deshalb der gegenwärtige IFRS 4 für Versicherungsverträge formuliert worden, der – bis auf wenige programmatische Vorgaben – die bisherigen Usancen und Analogien bei der Anpassung der nationalen Abschlüsse an die Konzernrechnungslegung nach IFRS (→Internationale Rechnungslegung, Umstellung auf) sanktioniert. Im Prinzip handelt es sich beim IFRS 4 entgegen den ursprünglichen Intentionen allerdings um einen Branchenstandard.

Ableitung versicherungsspezifischer Standards unter HGB-Regime. Versicherungsspezifische Standards für die Rechnungslegung nach deutschem Recht sind zwar im Wesentlichen im HGB und in der RechVersV kodifiziert. Gleichwohl ist die Frage zulässig, ob die – häufig aktuellem Anlass folgende – Auslegung dieser Normen mit den allgemeinen GoB tatsächlich immer kompatibel ist. Die jeweiligen Antworten hängen u. a. stark von der gewählten Auslegungsmethode ab: Sowohl das deduktive Vorgehen als auch die häufig bemühte Hermeneutik leiden unter der unklaren Zielsetzung bzw. Sinnhaftigkeit der Rechnungslegung; Induktionsschlüsse verdichten letztlich nur die jeweiligen Gepflogenheiten und bergen die Gefahr unkritischer Selbstbestätigung. Gerade in Branchen, deren ausgeprägte Besonderheiten die Neigung zu Abkapselung und „Anspruch" auf Sonderregelungen fördern, besteht dazu hinreichend Potenzial.

Versicherungsspezifische GoB müssten insb. für folgende Fragen Präzisierungen beinhalten:

1) Bewertung von →Rückstellungen für noch nicht abgewickelte Versicherungsfälle (Schadenrückstellungen) und Ausweis der damit verbundenen Aufwendungen für Versicherungsfälle bei Schaden- und Unfallversicherungsunternehmen,

2) Ansatz von Deckungsrückstellungen und Verrechnung mit Abschlusskosten in der Lebensversicherung,

3) Bewertung und Ausweis von Vermögensanlagen,

4) Ermittlung zeitnaher und angemessener Überschussbeteiligung in der Lebensversicherung.

Ad 1): § 341g HGB und § 27 RechVersV stellen auf die Bewertung jedes einzelnen Versicherungsfalles unter Hervorhebung des Vorsichtsgrundsatzes ab; Näherungsverfahren und Gruppenbewertung sind im Wesentlichen nur für homogene Teilbestände zulässig. Dieser Ansatz führt bei sog. Spätschäden (Versicherungsfälle, die zwar im bilanzierten Geschäftsjahr eingetreten, aber bis zum Zeitpunkt der Bilanzerstellung noch nicht gemeldet oder noch nicht offenkundig geworden sind) zu Daten- und Objektivierungsproblemen. Die einschlägige *IDW*-Stellungnahme (IDW RS VFA 3) vom 6.10.2004 weist deshalb auf in der Praxis seit langem angewandte mathematische Verfahren, wie die Chain-Ladder-Methode, hin und „adelt" diese in soweit zu spezifischen GoB.

Anzusetzen sind die Schadenrückstellungen mit dem jeweiligen Erfüllungsbetrag. Eine Abzinsung ist – mit Ausnahme der Renten-Deckungsrückstellung – grundsätzlich unzulässig (§ 253 Abs. 1 Satz 2 2. HS HGB). Die zugrunde liegende handelsrechtliche Argumentation auf Basis des Imparitätsprinzips (→Grundsätze ordnungsmäßiger Rechnungslegung) entspricht zwar den allgemeinen GoB und damit den deutschen Rechnungslegungszwecken. Sowohl international als auch nach deutschem Steuerrecht (§ 6 Abs. 1 Nr. 3a lit. e) EStG) sind hingegen im Wesentlichen die Abzinsung und somit der Ansatz zum Barwert der Verpflichtung vorgeschrieben. Dies zeigt, wie sehr die Entwicklung versicherungsspezifischer GoB vom Rechnungslegungszweck abhängt.

Bei der handelsrechtlich geltenden – vom Steuerrecht (§ 6 Abs. 1 Nr. 3a lit. a) EStG, § 20 Abs. 2 KStG) abweichenden – „vorsichtigen" Bewertung fallen zwangsläufig →Erträge aus der Abwicklung von Schadenrückstellungen der Vorjahre an. Diese werden in der →Gewinn- und Verlustrechnung (GuV) nach Formblatt 2 entsprechend § 2 RechVersV im Ausweis der „Aufwendungen für Versicherungsfälle" (Zusammenfassung von gezahlten Versicherungsleistungen und allen Rückstellungsveränderungen) implizit saldiert mit den periodenbezogenen Aufwendungen für Versicherungsfälle des Geschäftsjahres. Die Volatilität des Schadenverlaufs kann auf diese Weise – zumindest teilweise – verdeckt werden. Im →Anhang sind Abwicklungsergebnisse (nur) „nach Art und Höhe [...] zu erläutern", wenn sie „erheblich" sind (§ 41 Abs. 5 RechVersV). Danach ist es allein in das Belieben des Bilanzierenden gestellt, entsprechende Angaben zu machen. Die Vorschrift ist infolgedessen ineffizient und als lex specialis zu § 277 HGB nicht zu gebrauchen. Sie hätte längst der Präzisierung durch einen versicherungsspezifischen GoB bedurft: Abwicklungsergebnisse als im Nachhinein feststellbare Abweichungen von Auszahlungsprognosen ergeben sich aufgrund der vorsichtigen Bewertung zwangsläufig und sind insoweit *betriebsgewöhnlich*. Sie sind jedoch zugleich *aperiodische* Erfolgskomponenten (→periodenfremde Aufwendungen und Erträge) und daher im Anhang zu erläutern, soweit „die [...] Beträge für die Beurteilung der Ertragslage nicht von untergeordneter Bedeutung sind" (§ 277 Abs. 4 Satz 2 und 3 HGB; gilt auch für Versicherungsunternehmen, da in § 341a Abs. 2 HGB nicht mit aufgeführt). Aufgrund der nach wie vor vorhandenen erheblichen Ermessensspielräume bei der Bewertung der Schadenrückstellungen (→bilanzpolitische Gestaltungsspielräume nach HGB) sind die darauf zurückzuführenden Abwicklungsergebnisse von „erheblicher" Bedeutung sowohl für den Erfolg und die Erkennbarkeit der Erfolgsstruktur als auch für die Beurteilung der Reservierung von Schadenrückstellungen. Ein versicherungsspezifischer GoB i. S. e. Informationsgrundsatzes hätte also die systematische Angabe der Abwicklungsergebnisse und als geeignete Bezugsgröße dazu die Angabe des Umfangs der in der Periode abgewickelten Teile aus der Schadenrückstellung für Versicherungsfälle der Vorjahre (Abwicklungsvolumen) zu fordern. Immerhin waren diese Informationen nach den Rechnungslegungsvorschriften der Jahre 1974 bis 1994 (Externe RechVUVO) für den Selbstbehalt des selbst abgeschlossenen Geschäfts aus der GuV und dem Anhang erkennbar. Es stellt sich die Frage, inwieweit ein spezifischer GoB Unklarheiten oder Versäumnisse des Gesetz- und Verordnungsgebers wettmachen kann, darf oder muss.

Ad 2): Die Deckungsrückstellungen fungieren als Speicher der vor allem bei längeren Laufzeiten von Versicherungsverträgen oder Leistungsverpflichtungen anfallenden Spar- und Entsparprozesse. Sie sind i.d.R. prospektiv zum sog. versicherungsmathematischen Barwert anzusetzen (§ 341f Abs. 1 Satz 1 HGB), d. h. unter Berücksichtigung der Parameter Sterbewahrscheinlichkeit, Rechnungszins und Annahmen für Abschluss- und Verwaltungskosten. Maßgebend ist also ein aktuarieller Ansatz, der insoweit auch als spezifischer GoB gelten könnte.

Als aktuarielles Verfahren gilt auch die sog. *Zillmerung*, bei der die zu Beginn der Vertragslaufzeit anfallenden einmaligen Abschlusskosten – soweit sie als rechnungsmäßige →Kosten (Abschlusskostenzuschlag) in den Versicherungsbeitrag mit eingerechnet sind – als Forderung des Versicherers auf Tilgung durch den Versicherungsnehmer mit der aufzubauenden Deckungsrückstellung saldiert werden. Die Folge des Verfahrens ist, dass die Abschlusskosten vorrangig getilgt werden, bevor Zuführungen zur Deckungsrückstellung erfolgen, und in den ersten Vertragsjahren das Deckungskapital und der daran geknüpfte Rückkaufswert bei Null verharren. Diese für viele Kunden schwer verständliche bzw. nicht erkennbare Wirkung wird seit langem kritisiert und ist aufgrund höchstrichterlicher Urteile (BGH-Urteile vom 12.10.2005) zu ändern. Diskutiert werden derzeit garantierte Rückkaufswerte und eine z. B. auf 5 Jahre verteilte Verrechnung der Abschlusskosten mit dem Deckungskapital, wie es bei vermögensbildenden Lebensversicherungen und der sog. *Riester-Rente* der Fall ist.

Damit zeigt sich, dass eine seit Jahren gehandhabte Bilanzierungspraxis geändert werden muss, weil die zugrunde liegende Produktstruktur und die Information darüber rechtlicher Überprüfung nicht standhalten. Es wird auch offensichtlich, dass der Begriff „versicherungsmathematische Verfahren" nur eine Methode und keine inhaltliche Ausrichtung kennzeichnet. Ein spezifischer GoB, der hierzu bisher nicht existiert, müsste also inhaltlich auf den Rechnungslegungszweck und die Produktstruktur abstellen. Dem HGB-Paradigma folgend wäre eine Aktivierung und Periodenabgrenzung der Abschlusskosten nicht nur formal, sondern auch für implizite Varianten, wie die Forderungsaktivierung, abzulehnen. Im DSOP des *IASB* von 2001 für den Standard für Versicherungsverträge, der dem *Asset and Liability-Measurement-Approach* verpflichtet ist, wird die unmittelbare Aufwandsverrechnung (DSOP, Chapter 4, S. 51) verlangt, also Aktivierung und Abgrenzung ausgeschlossen. Nach US GAAP wiederum wird aufgrund des *Deferral and Matching-Approach* gerade Aktivierung und Periodenabgrenzung über die gesamte Laufzeit vorgeschrieben. Beides ist mit der bisherigen deutschen Praxis nicht zu vereinbaren. Ohne Vorentscheidung über die künftige Rechnungslegungskonzeption wird sich daher ein spezifischer GoB nur – ggf. als Interimslösung – herausbilden können, wenn Gesetzgeber, Aufsichtsbehörde oder berufsständische Institutionen wie *IDW* und *DAV* Vorgaben machen.

Ad 3): Für die Bewertung der Vermögensanlagen gelten die Vorschriften des HGB für große KapGes (§ 341a Abs. 1, Abs. 2 Satz 1 HGB), ergänzt durch spezielle Anweisungen für Versicherungsunternehmen (§§ 341b-d HGB). Ausgangspunkt bleibt die Bewertung nach Anschaffungskosten- und Niederstwertprinzip – mit zwei Ausnahmen: Vermögensanlagen für die fondsgebundene Lebensversicherung sind – unter Berücksichtigung des Vorsichtsprinzips – zwingend zum Zeitwert (am Bilanzstichtag) zu bilanzieren (§ 341d HGB); Namensschuldverschreibungen, Hypothekendarlehen und andere →Forderungen dürfen zum Nennbetrag angesetzt werden (§ 341c Abs. 1 HGB).

Eine weitere, seit 1965 geltende Besonderheit war die grundsätzliche Anwendung des strengen Niederstwertprinzips auf alle Wertpapiere, d. h. Aktien, Investmentanteile sowie sonstige festverzinsliche und nicht festverzinsliche Wertpapiere, mit Ausnahme der zum Nennwert bilanzierten Finanztitel (§ 341b Abs. 2 Satz 1 und 2 HGB a.F., bis 1994 § 56 Abs. 1 VAG). Erstmals für nach dem 9.9.2001 endende Geschäftsjahre (Art. 32 Abs. 4 EGHGB) lässt die im März 2002 geänderte Fassung der Vorschrift zu, dass Vermögensanlagen *wie Finanzanlagevermögen* (→Finanzanlagen) bewertet werden dürfen, wenn die Titel „dazu bestimmt werden, dauernd dem Geschäftsbetrieb zu dienen." (§ 341b Abs. 2 Satz 1 HGB i.d.F. des VersKapAG vom 16.3.2002); die „Bestimmung" ist in das Belieben des Unternehmens gestellt. Die auf der Anwendung des gemilderten Niederstwertprinzips auf die fraglichen Wertpapiere fußenden Bewertungen und unterlassenen Abschreibungen (→Abschreibungen, bilanzielle) sind im Anhang zu nennen bzw. zu begründen (§ 284 Abs. 2 Nr. 3 HGB). Stille Lasten (→stille Reserven und Lasten) sind im Rahmen der Angabe von Zeitwerten für die Kapitalanlagen (§ 54 Ziff. 2 RechVersV) offenzulegen.

Die Änderung von § 341b Abs. 2 HGB ist ein anschauliches Beispiel dafür, dass eine streng am Vorsichtsgrundsatz orientierte, durch

HGB-Norm begründete GoB-Auslegung, wie sie in zahlreichen Stellungnahmen des VFA dokumentiert ist (zuletzt IDW RS VFA 1), durch Tagesopportunität ausgehebelt werden kann: Materiell zielte die Änderung – in Zeiten unsicherer Kapitalmarktverhältnisse (!) – auf einen stabileren Erfolgsausweis, um die daran geknüpfte Überschussbeteiligung in der Lebensversicherung zu stützen; die Neufassung sollte durchaus ausschüttungsrelevant sein. Um gleichwohl dem gewohnten Standard der GoB gerecht zu werden, fordert IDW RS VFA 2 insb. Objektivierungskriterien für die Umwidmung und die vorsichtig zu beurteilende finanzielle Fähigkeit des Versicherers, die fraglichen Papiere bis zur Endfälligkeit bzw. bis zu einer langfristigen Kurserholung durchzuhalten. Zusätzlich werden klare und differenzierte Angaben im Anhang und die Aufnahme entsprechender Ausführungen zum Zins- und Liquiditätsrisiko entsprechend DRS 5–20 verlangt. Offenbar hat der Gesetzgeber selbst nicht an die Seriosität seines Tuns geglaubt, denn er hat zur Sicherstellung der Ansprüche der Versicherten zugleich mit § 66 Abs. 3a VAG eine Ermächtigung für die Aufsichtsbehörde geschaffen, eine sog. Liquiditätsrechnung (Stress-Test) „nach den Grundsätzen ordnungsmäßiger Buchführung" von den Versicherungsunternehmen anzufordern, die genau die Punkte abfragt, die auch Gegenstand von IDW RS VFA 2 sind. Damit ist zwar die Zuständigkeit für die Einhaltung des Vorsichtsgrundsatzes in diesem Punkt vordergründig vom Bilanzrecht in das Aufsichtsrecht verschoben worden. Dies läuft dem ordnungspolitischen Ziel der Deregulierung in der Assekuranz zuwider. Fixpunkt bleibt aber offensichtlich der zuvor im HGB verankerte, nun nicht mehr explizit formulierte versicherungsspezifische GoB der Wertpapierbewertung nach dem strengen Niederstwertprinzip.

Ad 4): Die Überschussbeteiligung in der Lebensversicherung fungiert als Instrument der sog. variablen Prämie, indem Überschüsse aufgrund vorsichtig angesetzter Rechnungsgrundlagen (insb. Garantiezins, Sterblichkeit) und infolgedessen höherer Prämie den Versicherten im Nachhinein in Form von laufenden Überschussanteilen (während der Vertragslaufzeit) und Schlussüberschussanteilen (zum Vertragsablauf) zurückgewährt werden. Das dem Verbraucherschutz verpflichtete populäre Postulat einer zeitnahen und angemessenen Überschussbeteiligung bereitet erhebliche Schwierigkeiten bei der Umsetzung: Was zeitnah und angemessen sein soll, bleibt nicht nur offen. Es besteht auch ein konzeptioneller Widerspruch bzw. Zielkonflikt, da die Angemessenheit unwiderruflich gutzuschreibender Überschussanteile angesichts schwankender Überschüsse und der Langfristigkeit von Lebensversicherungsverträgen fundiert erst mit größerem Zeitabstand und auch dann nur mit subjektivem Ermessen beurteilt werden kann.

In Deutschland hat sich herausgebildet, auf Basis des nach Handelsbilanzrecht ermittelten Rohüberschusses (→ Jahresergebnis zzgl. gesamte Aufwendungen für Überschussbeteiligung) einerseits die laufenden Überschussanteile zu verstetigen und mit der Rückstellung für Beitragsrückgewähr zu puffern, andererseits einen Teil der Überschussbeteiligung im sog. Schlussüberschussanteilfonds zu reservieren und erst bei Vertragsablauf als Schlussüberschussanteil zu gewähren. Diese Verfahrensweise kann sich auf aktuarielle Berechnungen stützen; der Aktuar macht Vorschläge zur Ermittlung der verteilungsfähigen Überschussgröße (§ 11a Abs. 3 Nr. 4 VAG). Ein expliziter versicherungsspezifischer GoB existiert nicht. Maßgebend für die Überschussermittlung und die Bemessung der Ausschüttungsbeträge sind – abgesehen von den aufsichtsrechtlichen Vorschriften (§ 1 ZRQuotenV) – die allgemeinen GoB, die eine Ausschüttung stiller Reserven – also unrealisierter Erträge – ausschließen und damit auch eine Beteiligung der Versicherten daran unmöglich zu machen scheinen.

Das *BVerfG* hat in seinem Urteil zur Überschussbeteiligung (BVerfG-Urteil vom 26.7.2005) befunden, dass für die Berechnung der Schlussüberschussanteile gesetzliche Regelungen fehlen, die eine zu niedrige Bemessung u. a. infolge der Nichtberücksichtigung stiller Reserven verhindern. Es hat dem Gesetzgeber aufgegeben, bis zum 31.12.2007 entsprechende Vorschriften zu erlassen, die das verfassungsrechtlich gebotene Schutzinteresse der Versicherten sicherstellen. Dazu hat das Gericht auch inhaltliche Positionen bezogen: Die Berechnung der Überschussbeteiligung nach geltendem Recht sei für Versicherungsnehmer als Vertragspartei nicht nachvollziehbar. Denkbar seien bessere Informationsmöglichkeiten zwecks Verbesserung der Transparenz und Wettbewerbsordnung. Es sei eine allgemeine Abwägung vorzunehmen zwischen den Interessen des einzelnen Versicherungsnehmers auf Beteiligung an den stillen Reserven, die nach geltendem Bilanzrecht nicht in die Überschussermittlung einzubeziehen sind, und den Interessen des Kollektivs, nicht infolge der erzwungenen Teilrealisation von stillen Reserven spätere Überschusseinbußen zu erleiden. Dazu müsse der Gesetzgeber konkrete, überprüfungsfähige Normen schaffen. Denkbar seien auch „Regelungen über eine versicherungsspezifische Bilanzierung der Vermögenswerte unter detaillierter Offenlegung von Bewertungsreserven, die eine teilweise Berücksichtigung bei der Überschussbeteiligung ermöglichen, ohne dass stille Reserven realisiert werden müssten." (BVerfG-Urteil vom 26.7.2005, Abs. 97). Dazu verweist das Gericht indirekt auch auf (weitere) Veränderungen des Bilanzrechts.

Im Konzernabschluss nach IFRS werden Ansprüche der Versicherten auf künftige Überschussbeteiligung, die aus der Zurechnung unrealisierter Bewertungsdifferenzen infolge der Bewertung von Kapitalanlagen zum Zeitwert resultieren, als sog. Rückstellung für latente Beitragsrückgewähr passiviert. Für einen neu eingeführten Anspruch auf einen Anteil am unrealisierten Überschusspotenzial gäbe es mithin ein geeignetes Passivum in Gestalt einer Rückstellung für latente Überschussbeteiligung. Sie ergibt sich der Höhe nach aus der Bewertung aller relevanten Kapitalanlagen zum Zeitwert. Da die Zeitwerte schwanken, bleibt auch die Rückstellung variabel. Die individuellen Anteile an dieser Rückstellung für latente Überschussbeteiligung könnten zwar nach geeigneten Vertragsmerkmalen, z.B. Deckungskapital und Überschussguthaben, bemessen und wie jahrgangsweise Gewinnverbände geführt werden, um Transparenz herzustellen. Sie dürften aber aufgrund ihrer Volatilität erst bei Vertragsbeendigung – quasi als ein zweiter Schlussüberschussanteil – ausgekehrt werden.

Eine anteilige Ausschüttung von Bewertungsreserven, die nicht auf der direkten Realisierung solcher Reserven beruht, macht materiell modifizierte Anlagestrategien mit einer tendenziell höheren Liquiditätsreserve zu Lasten des Gesamtbestands notwendig. Damit verbundene Rentabilitätseinbußen (→ Rentabilitätsanalyse) wären als Preis für den verlangten Interessenausgleich zu werten. Je nachdem, welche Regelung der Gesetzgeber finden wird, wäre von einem spezifischen GoB zu fordern, dass er die daraus resultierenden Details präzisiert und die Folgewirkungen tatsächlich aufdeckt.

Literatur: BGH-Urteile vom 12.10.2005, Aktz. IV ZR 162/03, IV ZR 177/03 und IV ZR 245/03, http://www.bundesgerichtshof.de (Download: 13. Juli 2006); BVerfG-Urteil vom 26.7.2005, Aktz. 1 BvR 80/95, http://www.bverfg.de/entscheidungen/rs20050726.1bvr008095.html (Download: 13. Juli 2006); IASB (Hrsg.): DSOP Insurance Contracts, http://www.iasb.org (Download: 13. Juli 2006); IDW (Hrsg.): IDW Stellungnahme zur Rechnungslegung: Bewertung und Ausweis von Wertpapieren und Namensschuldverschreibungen im Jahresabschluss der Versicherungsunternehmen (IDW RS VFA 1, Stand: 17. Dezember 2000), in: WPg 53 (2000), S. 380–383; IDW (Hrsg.): IDW Stellungnahme zur Rechnungslegung: Auslegung des § 341b HGB (neu) (IDW RS VFA 2, Stand: 8. April 2002), in: WPg 55 (2002), S. 475–477; IDW (Hrsg.): IDW Stellungnahme zur Rechnungslegung: Die Bewertung der Schadenrückstellung von Schaden-/Unfallversicherungsunternehmen (IDW RS VFA 3, Stand: 6. Oktober 2004), in: WPg 58 (2005), S. 102–104; IDW (Hrsg.): WPH 2006, Band I, 13. Aufl., Düsseldorf 2006, Abschn. K; Kölschbach, J.: Kommentierung des Anhangs zu §§ 55–64 VAG, in: Kollhosser, H. (Hrsg.): Prölss, Versicherungsaufsichtsgesetz, 12. Aufl., München 2005; Leffson, U.: Die Grundsätze ordnungsmäßiger Buchführung, 7. Aufl., Düsseldorf 1987.

Dieter Hesberg

Grundsätze ordnungsmäßiger Inventur
→ Grundsätze ordnungsmäßiger Buchführung, Prüfung der

Grundsätze ordnungsmäßiger IT-gestützter Buchführungssysteme

Die wichtigste rechtliche Grundlage für eine Buchführung, die mittels IT geführt wird (→ IT-Buchführungen), schaffen das HGB und die AO. Nach § 239 Abs. 4 HGB und § 146 Abs. 5 AO können Bücher und die sonst erforderlichen Aufzeichnungen auch auf Datenträgern geführt werden, soweit diese Form der Buchführung einschl. des dabei angewandten Verfahrens den GoB (→ Grundsätze ordnungsmäßiger Buchführung, Prüfung der) entspricht. Neben den handelsrechtlichen Vorschriften und den GoB sind bei IT-gestützten Buchführungssystemen weitere Rechtsvorschriften zu beachten, insb. auch steuerrechtlicher Art wie die EStR.

Im Jahre 1978 wurden Grundsätze ordnungsmäßiger Speicherbuchführung (GoS) erstmalig veröffentlicht. Die Technik hat sich seitdem enorm weiterentwickelt; heutzutage benutzen fast alle Unternehmen für die Buchhaltung Finanzbuchhaltungsprogramme („FiBu-Programme"). FiBu-Software (→Standardsoftware für das Rechnungswesen) nimmt eine besondere Stellung im Bereich der betrieblichen Anwendungssysteme ein, weil die Funktionen der Programme wesentlich durch rechtliche Vorschriften reglementiert sind. Das Zertifikat eines Wirtschaftsprüfers bestätigt die Einhaltung der GoB und der daraus abgeleiteten GoBS durch die Software.

Die GoBS wurden von der *AWV* ausgearbeitet und als BMF-Schreiben am 7.11.1995 verabschiedet. Sie sind den GoB untergeordnet. Nach § 238 Abs. 1 Satz 1 HGB sind alle Kaufleute verpflichtet, Bücher zu führen und in diesen ihre Handelsgeschäfte nach den GoB aufzuzeichnen (→Buchführungstechnik und Prüfungsmethoden). Nach § 239 Abs. 2 HGB müssen die Aufzeichnungen vollständig, richtig, zeitgerecht und geordnet vorgenommen werden (→Grund- und Hauptbuch). Die GoBS präzisieren die GoB im Hinblick auf den Einsatz der IT und sollen sicherstellen, dass die →Buchungen und sonst erforderlichen Aufzeichnungen auch angesichts des fundamentalen Unterschieds zu papierbasierter Buchführung vollständig, richtig und geordnet vorgenommen werden. So bleiben die Anforderungen an die Ordnungsmäßigkeit im Wesentlichen dieselben wie bei einer manuellen Buchführung. Die erforderlichen Aufzeichnungen sollen jederzeit innerhalb einer angemessenen Frist verfügbar und lesbar gemacht werden. Die Nachvollziehbarkeit der einzelnen Geschäftsvorfälle muss ergänzend durch eine aussagekräftige Verfahrensdokumentation sichergestellt werden. Das dient vor allem der Gewährleistung der GoB im Hinblick auf die Beleg-, Journal- und Kontenfunktion. Ein wichtiger Aspekt ist die bildliche Übereinstimmung von Handels- und Geschäftsbriefen sowie Buchungsbelegen mit dem Original. Alle auf der Originalunterlage enthaltenen Angaben müssen auf dem Bild erkennbar sein, damit die Aussage- und Beweiskraft des Geschäftsvorfalls nicht gefährdet wird.

Bei der elektronischen Buchführung spielt die →IT-Sicherheit eine besondere Rolle. Die relevanten Daten sind gegen Verlust zu sichern und vor unberechtigter Veränderung zu schützen. Die handels- und steuerrechtlichen →Aufbewahrungspflichten sind zu beachten. Die Buchführung gilt nicht mehr als ordnungsmäßig, wenn aufbewahrungspflichtige Unterlagen fehlen. Für die Einhaltung der GoB ist auch bei Einsatz der IT-gestützten Buchführungssysteme der Buchführungspflichtige verantwortlich.

Mit der Neufassung von § 147 AO zum 1.1.2002 wurde die digital auswertbare Speicherung für originär digitale und steuerlich relevante Unterlagen vorgeschrieben, die zur Verarbeitung in einem IT-gestützten Buchführungssystem geeignet sind. Im Rahmen von →Außenprüfungen machen die →Betriebsprüfungsstellen der Finanzverwaltung zunehmend davon Gebrauch, sich einen digitalen Zugriff auf DV-gestützte Buchführungssysteme zu verschaffen. Hierzu hat das *BMF* ein Anwendungsschreiben „Grundsätze zum Datenzugriff und zur Prüfbarkeit digitaler Unterlagen" (GDPdU) erlassen (BMF 2001). Dies ist seit Januar 2002 bei der Gestaltung und Anwendung von IT-gestützten Buchführungssystemen zu berücksichtigen.

In den vergangenen Jahren gewann die Durchführung von →IT-Systemprüfungen immer mehr an Bedeutung. In diesem Zusammenhang wurden mehrere →Verlautbarungen des *Instituts der Wirtschaftsprüfer in Deutschland e.V.* bzw. vom *FAIT* herausgegeben: Grundsätze ordnungsmäßiger Buchführung bei Einsatz von Informationstechnologie (IDW RS FAIT 1), Grundsätze ordnungsmäßiger Buchführung bei Einsatz von Electronic Commerce (IDW RS FAIT 2), Grundsätze ordnungsmäßiger Buchführung bei Einsatz elektronischer Archivierungsverfahren (IDW ERS FAIT 3), zurzeit im Entwurfsstadium.

Diese Verlautbarungen sollen eine einheitliche →Prüfungsqualität gewährleisten. Sie ersetzen nicht die GoBS, die vor allem für Buchführungspflichtige und für Softwareentwickler gedacht sind, sondern wurden speziell für die besonderen Aufgaben der WP entwickelt. GoBS und IDW RS FAIT 1 weisen inhaltlich viele Überschneidungen auf. Die Ausführungen von IDW RS FAIT 1 enthalten zusätzlich allgemeine Informationen bzgl. des Einsatzes von →IT-Systemen im Unternehmen und speziell für die Rechnungslegung.

Im September 2003 wurde eine ergänzende Stellungnahme zu den aus E-Commerce-Systemen (→E-Commerce) erwachsenden

Anforderungen herausgegeben (IDW RS FAIT 2).

IDW RS FAIT 3 enthält neben der Auslegung der rechtlichen Vorschriften im Zusammenhang mit den digitalen Unterlagen und deren Archivierung (die wichtigste rechtliche Quelle stellen die GDPdU dar) die Beschreibung des technischen und organisatorischen Umfelds des digitalen Archivierungsverfahrens. Es werden ausführliche Anweisungen im Zusammenhang mit der Einrichtung eines Archivierungssystems gegeben. IDW RS FAIT 3 ist zurzeit als Entwurf zur Diskussion gestellt.

An einer neuen Version von GoBS wird derzeit im Rahmen eines Projekts der *AWV* gearbeitet.

Literatur: BMF-Schreiben vom 16.7.2001, Aktz. IV D 2 – S 0316 – 136/01, BStBl. I 2001, S. 415–417; IDW (Hrsg.): IDW Stellungnahme zur Rechnungslegung: Grundsätze ordnungsmäßiger Buchführung bei Einsatz von Informationstechnologie (IDW RS FAIT 1, Stand: 24. September 2002), in: WPg 55 (2002), S. 1157–1167; IDW (Hrsg.): IDW Stellungnahme zur Rechnungslegung: Grundsätze ordnungsmäßiger Buchführung bei Einsatz von Electronic Commerce (IDW RS FAIT 2, Stand: 29. September 2003), in: WPg 56 (2003), S. 1258–1276; IDW (Hrsg.): Entwurf IDW Stellungnahme zur Rechnungslegung: Grundsätze ordnungsmäßiger Buchführung beim Einsatz elektronischer Archivierungsverfahren (IDW ERS FAIT 3, Stand: 2. Februar 2005), in: WPg 58 (2005), S. 746–754.

Ulrich Hasenkamp

Grundsätze ordnungsmäßiger Konzernrechnungslegung →Grundsätze ordnungsmäßiger Rechnungslegung

Grundsätze ordnungsmäßiger Lageberichterstattung →Grundsätze ordnungsmäßiger Rechnungslegung

Grundsätze ordnungsmäßiger öffentlicher Buchführung

Ausgangssituation: Die GoöB (Berens et al. 2005, S. 887–890) sind wesentlicher Bestandteil eines neuen reformierten öffentlichen Haushalts- und →Rechnungswesens. Sie stehen für die Standardisierung und Ordnungsmäßigkeit der finanziellen Rechnungslegung von Gebietskörperschaften. Die GoöB sind Teil der sich zurzeit entwickelnden Öffentlichen Rechnungslegungsstandards (ÖRS), die sich sowohl auf die finanzielle Rechnungslegung (GoöB) als auch auf die nicht finanzielle bzw. nicht monetäre Rechnungslegung beziehen. Den GoöB liegt als Rechnungssystem die →integrierte Verbundrechnung auf Basis der Doppik (→Buchführungstechnik und Prüfungsmethoden) zugrunde (Budäus 2005, S. 6; Lüder 2001; Lüder 2002; Lüder 2003; Lüder 2006).

Abgrenzung zu den im Handelsrecht für den privaten Unternehmensbereich kodifizierten GoB (Lüder 2006): Die GoöB unterscheiden sich von den im HGB kodifizierten GOB (→Grundsätze ordnungsmäßiger Buchführung, Prüfung der) aufgrund unterschiedlicher Zwecksetzungen der Rechnungslegung von privaten Unternehmen und Gebietskörperschaften. Diesem Sachverhalt wird in der Reformpraxis bisher noch zu wenig Rechnung getragen. Der Rückgriff auf die durch das HGB vorgegebene Kodifizierung einheitlicher Regeln für Ansatz (→Ansatzgrundsätze), Ausweis und Bewertung (→Bewertungsgrundsätze) von →Vermögensgegenständen, →Schulden, →Aufwendungen und Erträgen auch für Gebietskörperschaften durch WP und das →*Institut der Wirtschaftsprüfer in Deutschland e.V.* (*IDW*) ist zwar ein einfaches und kostengünstiges Vorgehen, trägt aber nicht den unterschiedlichen Rechnungszwecken im öffentlichen und privatwirtschaftlichen Bereich Rechnung.

Zwecksetzung öffentlicher Rechnungslegung: Beim HGB zielt die Informations- und Schutzfunktion der Rechnungslegung privater Unternehmen primär auf die Gläubiger (Gläubigerschutzprinzip) und auf die Ausschüttungsbemessung. Hieraus ergeben sich dann entsprechende Schlussfolgerungen für die Bewertung, insb. aufgrund des Imparitätsprinzips.

Die Zwecksetzung der Rechnungslegung von Gebietskörperschaften zielt zum einen auf die Information der zuständigen Entscheidungsträger im öffentlichen Bereich ab (Informationsfunktion), zum anderen auf den Schutz der Bürger als Steuerzahler vor einer überzogenen finanziellen Belastung durch den Staat sowie auf den Schutz zukünftiger Generationen gegenüber einer Ausbeutung durch die gegenwärtige Generation (Schutzfunktion). Letzteres steht im Zusammenhang mit dem Problem der Staatsverschuldung und bezieht sich auf die Gewährleistung einer intergenerativen Gerechtigkeit.

Abgrenzung zu den International Public Accounting Standards (IPSAS): Die IPSAS sind bisher zu wenig konzeptionell aus den Rechnungszwecken der öffentlichen Rechnungslegung abgeleitet. Vielmehr orientieren sie sich vor dem Hintergrund der Internationalisierung der Rechnungslegung an den zunehmend die Regelungen des HGB ergänzenden bzw. substituierenden →International Financial Reporting Standards (IFRS). Hiermit verbunden ist auch die schwerpunktmäßige Ausrichtung der IPSAS auf das Rechnungswesen als Ist-Rechnung, während im öffentlichen Bereich der Planungsrechnung (Haushaltsplanung; →Planung) ein vergleichsweise hoher Stellenwert im Rahmen der Rechnungslegung beigemessen wird. Hinzu kommt, dass die IPSAS bisher nur einen sehr hohen Allgemeinheitsgrad aufweisen und zudem nicht verbindlich sind. Sie haben von daher vorläufig nur eine Orientierungsfunktion, wobei davon auszugehen ist, dass mit der weiteren Er- und Ausarbeitung einzelner Standards deren Bedeutung für die öffentliche Rechnungslegung steigen wird. *GoöB im Einzelnen*:

Formale Grundsätze: Bei den formalen Grundsätzen (§§ 238, 239 HGB) geht es um Richtigkeit, Vergleichbarkeit, Klarheit und Übersichtlichkeit, Vollständigkeit, Stichtags- und Periodisierungsprinzip sowie um Wirtschaftlichkeit der Rechnungslegung. Diese formalen Grundsätze haben generelle Gültigkeit, d. h. es gibt keinen Unterschied zwischen der Rechnungslegung im öffentlichen und privatwirtschaftlichen Bereich.

Basisgrundsätze:

1) *Periodisierungsgrundsatz (Accrual Principle)*: →Erträge und Aufwendungen einer Berichtsperiode sind unabhängig von dem Zeitpunkt der anfallenden Zahlungen als Ressourcenzufluss (Erträge) bzw. Ressourcenverbrauch (Aufwendungen) zu erfassen. Die Periodisierung von Zahlungsvorgängen wird zur Abgrenzung von dem die kamerale Rechnung prägenden Geldverbrauchskonzept als Ressourcenverbrauchskonzept bezeichnet (→Umstellung von Kameralistik auf Doppik).

   Die Periodisierung der Zahlungen regelt im privaten kaufmännischen Rechnungswesen das Realisationsprinzip für die Erträge und das Verlustantizipationsprinzip für die Aufwendungen (als Imparitätsprinzip) i.V.m. dem Abgrenzungsgrundsatz der Sache nach (Matching Principle) und dem Abgrenzungsgrundsatz der Zeit nach. Da die Erträge in Gebietskörperschaften ganz überwiegend nicht auf Austauschbeziehungen basieren, hat der Abgrenzungsgrundsatz der Sache nach einen wesentlich geringeren, der Abgrenzungsgrundsatz der Zeit nach, einen wesentlich höheren Stellenwert. Erträge, die nicht auf Austauschbeziehungen basieren (z. B. Steuern) gelten dann als realisiert, wenn ein rechtswirksamer Anspruch (z. B. per Steuerbescheid) besteht. Mehrungen von Vermögen sind dann als Erträge zu erfassen, wenn diese realisierbar sind, d. h. wenn es sich um veräußerbares Vermögen handelt, wobei es nur um die Veräußerbarkeit geht, nicht um die tatsächliche Veräußerung. Aufwendungen gelten entsprechend dann als realisiert, wenn ein Rechtsanspruch Dritter und/oder eine Zahlungsverpflichtung der Verwaltung unabhängig vom Zahlungszeitpunkt entstanden ist, sowie, wenn eine Wertminderung bei veräußerbarem Vermögen eingetreten ist. Das Imparitätsprinzip, das im privaten Bereich aus dem Gläubigerschutzprinzip resultiert, hat bei der Rechnungslegung von Gebietskörperschaften keine Bedeutung.

2) *Grundsatz des Ergebnisausgleichs*: Hierbei handelt es sich um einen spezifischen Grundsatz für öffentliche Gebietskörperschaften zur Gewährleistung der intergenerativen Gerechtigkeit, der als interperiodische Gerechtigkeit zu operationalisieren ist. Dies bedeutet, dass eine intergenerative Gerechtigkeit dann gegeben ist, wenn in jeder Rechnungsperiode der Ressourcenverbrauch grundsätzlich dem Ressourcenaufkommen entspricht. Dabei ist der Grundsatz des Ergebnisausgleichs nur zu beziehen auf die ordentlichen Erträge und ordentlichen Aufwendungen.

3) *Grundsatz der erweiterten Pagatorik*: Im Gegensatz zu dem aus § 252 Abs. 5 HGB abgeleiteten Grundsatz der Pagatorik (Baetge/Zülch 2004, Rdn. 68) ist im öffentlichen Bereich auch unentgeltlich erworbenes und nicht zur Veräußerung vorgesehenes sich im Eigentum einer Gebietskörperschaft befindendes Vermögen anzusetzen.

4) *Grundsatz der Transparenz des Schuldendeckungspotenzials*: Die Anforderungen an ein den tatsächlichen Verhältnissen entsprechendes Bild über Vermögen, Schulden, Aufwendungen, Erträge und über die finanzielle Lage (→Vermögenslage; →Ertrags-

lage; →Finanzlage) verbunden mit dem Grundsatz der intergenerativen Gerechtigkeit erfordern Informationen und Transparenz des verfügbaren Schuldendeckungspotenzials einer Gebietskörperschaft. Dies erfordert die Unterscheidung zwischen zur Wahrnehmung von Verwaltungsaufgaben gewidmetem Vermögen (Verwaltungsvermögen) und veräußerbarem Vermögen.

5) *Grundsatz der Fortführung der Verwaltungstätigkeit*: Entsprechend den GoB im privaten Bereich ist auch bei der Rechnungslegung im öffentlichen Bereich von der Fortführung der Verwaltungstätigkeit der rechnungslegenden Gebietskörperschaft auszugehen (→Going Concern-Prinzip).

6) *Grundsatz der Einzelbewertung*: Vermögen und Schulden sind – wie im privaten Unternehmensbereich (§ 252 Abs. 1 Nr. 3 HGB) – grundsätzlich einzeln zu bewerten.

Zu aktivieren sind alle selbstständig verwertbaren und bewertbaren Güter, die sich im Eigentum einer Gebietskörperschaft befinden (Aktivierungsgrundsatz). Zu passivieren sind alle rechtlichen oder wirtschaftlichen Verpflichtungen, die quantifizierbar sind (Passivierungsgrundsatz). Dies bedeutet, dass nicht nur die sicheren Schulden, sondern auch die unsicheren Schulden (Verbindlichkeitsrückstellungen) zu passivieren sind. Als zu passivierende unsichere Schulden gelten im öffentlichen Bereich nicht drohende Verluste aus schwebenden Geschäften (Lüder 2006), da das Realisationsprinzip und die Nichtanwendbarkeit des Imparitätsprinzips dieses ausschließen.

→*Bewertungsgrundsätze*: Das der Wahrnehmung von Verwaltungsaufgaben gewidmete Vermögen ist mit AHK (→Anschaffungskosten; →Herstellungskosten, bilanzielle) anzusetzen, ggf. vermindert um Abschreibungen (→Abschreibungen, bilanzielle). Das realisierbare Vermögen ist mit dem Zeitwert (Veräußerungswert) (→Zeitwerte, Prüfung von) am Bilanzstichtag zu bewerten.

Die →Verbindlichkeiten sind mit dem Rückzahlungs- bzw. Auszahlungswert anzusetzen. →Rückstellungen sind mit dem bestmöglichen Schätzwert der zu verrechnenden Aufwendungen zu bewerten.

Die GooB stellen einen Teil der ÖRS dar und beziehen sich überwiegend auf das Rechnungswesen. Die Weiterentwicklung konzentriert sich auf die Ableitung und Erarbeitung von Budgetierungsansätzen (→Budgetierung) des neuen öffentlichen Haushaltswesens (Lüder 2006). Die Organisation und Fortentwicklung von öffentlichen Rechnungslegungsstandards erfordern die Einrichtung eines für alle Ebenen des föderalen Aufbaus der BRD zuständigen Fachbeirats für die öffentliche Rechnungslegung (Standardisierungsbeirat). Anhaltspunkte für dessen Kompetenzen, Zusammensetzung und Organisation ergeben sich aus den Regelungen des § 342a HGB sowie aus vergleichbaren Einrichtungen im Ausland (Lüder 2006).

Literatur: Baetge, J./Zülch, H.: Rechnungslegungsgrundsätze nach HGB und IFRS, in: Wysocki, K. v. et al. (Hrsg.): HDJ, Loseblattausgabe, Band 1, Kapitel I.2, Köln, Stand: 31. Erg.-Lfg. August 2003, S. 1–146; Berens, W. et al.: Eckpunkte für die Grundsätze ordnungsmäßiger Buchführung im öffentlichen Haushalts- und Rechnungswesen auf Basis der Integrierten Verbundrechnung (IVR), in: WPg 58 (2005), S. 887–890; Budäus, D.: Reform des öffentlichen Haushalts- und Rechnungswesens und dafür erforderliche Grundsätze ordnungsmäßiger Buchführung (GooB), in: Müller, S./Jöhnk, T./Bruns, A. (Hrsg.): Beiträge zum Finanz-, Rechnungs- und Bankwesen. Stand und Perspektiven, Wiesbaden 2005, S. 607–623; Lüder, K.: Neues Haushalts- und Rechnungswesen, Berlin 2001; Lüder, K.: Internationale Standards für das öffentliche Rechnungswesen Entwicklung und Anwendungsperspektiven, in: Eibelshäuser, M. (Hrsg.): Finanzpolitik und Finanzkontrolle Partner für Veränderung, Baden-Baden 2002, S. 151–166; Lüder, K.: Zur Outcome-/Output-Steuerung des Finanzgebarens von Gebietskörperschaften, in: Grünenfelder, P. et al. (Hrsg.): Reformen und Bildung – Erneuerung aus Verantwortung, FS für Ernst Buschor, Zürich 2003, S. 291–312; Lüder, K.: Ordnungsmäßigkeits-Grundsätze für das neue öffentliche Haushalts- und Rechnungswesen, in: Jann, W./Röber, M./Wollmann, H. (Hrsg.): Public Management Grundlagen, Wirkung und Kritik, FS für Christoph Reichard, Berlin 2006.

Dietrich Budäus

Grundsätze ordnungsmäßiger Rechnungslegung

Die Grundsätze ordnungsmäßiger Rechnungslegung (GoR) umfassen primär die GoB (→Grundsätze ordnungsmäßiger Buchführung, Prüfung der), aber auch die Grundsätze ordnungsmäßiger Konzernrechnungslegung (GoK) und die Grundsätze ordnungsmäßiger Lageberichterstattung (GoL). Der HGB-Gesetzgeber verwendet ausschließlich den Begriff „Grundsätze ordnungsmäßiger Buchführung" (§§ 238 Abs. 1 Satz 1, 243 Abs. 1, 264

Abs. 2 Satz 1, 297 Abs. 2 Satz 2 HGB). Das System der handelsrechtlichen GoB ist in Abb. 1 dargestellt:

Der (unbestimmte Rechts-) Begriff der GoB bezeichnet sämtliche handelsrechtlichen Buchführungs- und Bilanzierungsgrundsätze. Unter den Begriff der GoB sind dabei sowohl gesetzlich fixierte – z. B. die zu den GoB gehörigen Bewertungsprinzipien des § 252 Abs. 1 HGB – als auch außergesetzliche aus den Zwecken des Jahresabschlusses herzuleitende Normen zu subsumieren. Die Zwecke des Jahresabschlusses, aus denen die nicht kodifizierten GoB zu deduzieren sind, bestehen – basierend auf der Dokumentation als grundlegendem Zweck der Buchführung – aus der Rechenschaft und der Kapitalerhaltung. Die Beachtung der GoB ist Forderung der Generalnormen für die Buchführung (§ 238 Abs. 1 Satz 1 HGB) und für den Jahres- und Konzernabschluss (§§ 243 Abs. 1 und 264 Abs. 2 Satz 1 HGB bzw. § 297 Abs. 2 Satz 2 HGB) (→True and Fair View).

Im Einklang mit den gesetzlichen Vorschriften haben die GoB sowohl als formelle Grundsätze die äußere Ordnungsmäßigkeit des Jahresabschlusses (Dokumentationsgrundsätze) als auch als materielle Grundsätze unmittelbar das Zahlenwerk (Bilanzierungsgrundsätze: →Ansatzgrundsätze, →Bewertungsgrundsätze und Ausweisgrundsätze) zu regeln. Ihre Aufgabe ist es einerseits, bestehende gesetzliche Einzelvorschriften zu konkretisieren und andererseits, die Rechnungslegungsvorschriften im Falle nicht gesetzlich geregelter Sachverhalte zu ergänzen. Unabhängig von Größe und Rechtsform eines Unternehmens (→Größenklassen; →Unternehmensformen) sind die GoB als übergeordnetes Normengefüge für die Buchführung und den JA von allen Kaufleuten zu beachten.

Grundlegende Anforderungen an die Buchführung werden in den Dokumentationsgrundsätzen formuliert. Diese regeln Aufbau und Ablauf der Buchführung und sind z.T. im HGB kodifiziert (vor allem in den §§ 238 f. HGB). Durch die Einhaltung der Dokumentationsgrundsätze wird eine zuverlässige, vollständige, verständliche und systematisch geordnete Aufzeichnung (Buchführung) aller Geschäftsvorfälle als Basis für eine wahrheitsgetreue Abbildung der wirtschaftlichen Lage (→wirtschaftliche Verhältnisse) des Unternehmens im JA intendiert.

In den teilweise im Gesetz (§§ 239 Abs. 2, 243 Abs. 2, 246, 252 Abs. 1 HGB) verankerten Rahmengrundsätzen werden Anforderungen hinsichtlich der im JA vermittelten Informationen formuliert. Der wichtigste Rahmengrundsatz ist die Forderung nach Richtigkeit des Jahresabschlusses. Richtigkeit ist in diesem Kontext nicht als „absolute Wahrheit", sondern als objektive und intersubjektiv nachvollziehbare Abbildung des wirtschaftlichen Geschehens im JA zu verstehen. Die Grundsätze der Objektivität und Willkürfreiheit ergänzen und konkretisieren den Grundsatz der Richtigkeit. Der Grundsatz der Vergleichbarkeit soll die Durchführung von Zeitvergleichen (→zeitlicher Vergleich) und Unternehmensvergleichen (→überbetriebliche Vergleiche) gewährleisten. Hierzu wird formelle und materielle Abschlusskontinuität (Grundsatz der →Stetigkeit) sowie die Erläuterung von ggf. auftretenden Unstetigkeiten gefordert. Während formelle Stetigkeit auf die in § 252 Abs. 1 Nr. 1 HGB verlangte Bilanzidentität (Eröffnungsbilanz = Schlussbilanz des Vorjahres) und die in § 243 Abs. 2 HGB geforderte Bezeichnungs-, Gliederungs- und Ausweisstetigkeit abstellt, wird materielle Stetigkeit durch die Bewertungsstetigkeit (§ 252 Abs. 1 Nr. 6 HGB) erfüllt. Die Grundsätze der Klarheit und Übersichtlichkeit (§ 243 Abs. 2 HGB) bedingen eine eindeutige Bezeichnung, Gliederung und Ordnung der einzelnen Posten in Buchführung und JA. In § 246 Abs. 1 HGB ist der Grundsatz der Vollständigkeit kodifiziert, der den Umfang der in Buchführung und JA abzubildenden Sachverhalte determiniert. In zeitlicher Hinsicht wird das Vollständigkeitsgebot durch das Stichtagsprinzip (§ 252 Abs. 1 Nr. 3 i.V.m. Nr. 4 HGB) und in sachlicher Hinsicht durch das Periodisierungsprinzip ergänzt und konkretisiert. Der Grundsatz der Wirtschaftlichkeit bezieht Kosten-Nutzen-Aspekte (→Kosten-Nutzen-Analyse) bei der Informationsvermittlung durch den JA mit ein. Wirtschaftlich i. S. v. relevant sind demnach diejenigen Jahresabschlussinformationen, die für die Jahresabschlussadressaten bedeutsam sind. Die Jahresabschlussadressaten sind die nach dem Gesetz berechtigten Informations- und Rechenschaftsempfänger.

Die Systemgrundsätze sollen eine systematische Grundlage für ein einheitliches und zweckgerechtes Verständnis des handelsrechtlichen Rechtsinstituts „Jahresabschluss"

Grundsätze ordnungsmäßiger Rechnungslegung

Abb. 1: Das System der handelsrechtlichen GoB

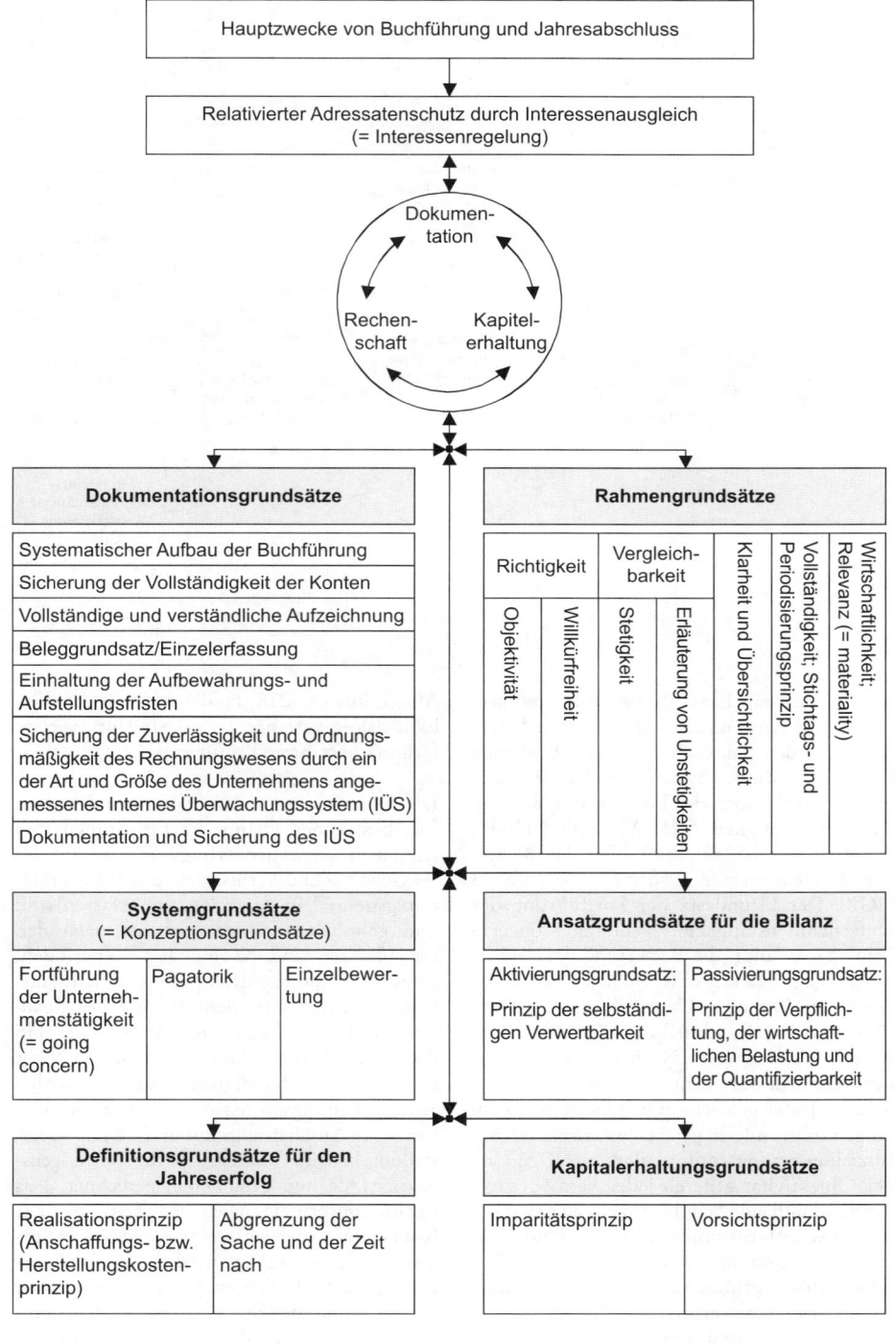

Grundsätze ordnungsmäßiger Rechnungslegung

Abb. 2: Das System der handelsrechtlichen Grundsätze ordnungsmäßiger Rechnungslegung

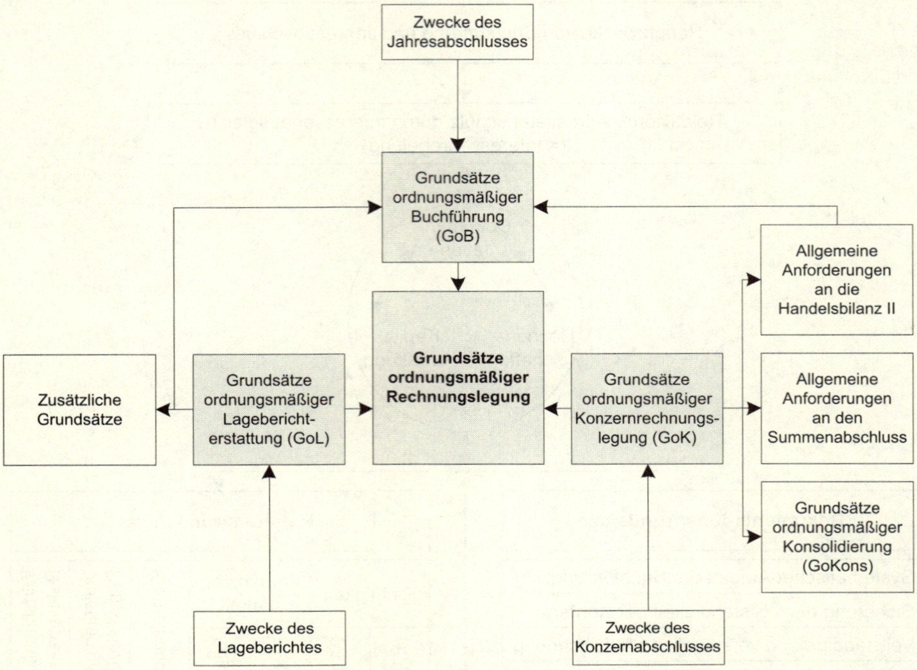

schaffen und eine Bezugsbasis für die Interpretation und Anwendung von auf spezielle(re) Bereiche des Jahresabschlusses abzielende GoB bilden. Zu den Systemgrundsätzen gehören die Grundsätze der Fortführung der Unternehmenstätigkeit (§ 252 Abs. 1 Nr. 2 HGB), der Pagatorik (§ 252 Abs. 1 Nr. 5 HGB) und der Einzelbewertung (§ 252 Abs. 1 Nr. 3 HGB). Der Grundsatz der Fortführung der Unternehmenstätigkeit (→Going Concern-Prinzip) verlangt, die Bewertung der →Vermögensgegenstände und →Schulden im JA des fortzuführenden Unternehmens zu Fortführungswerten und nicht zu Zerschlagungswerten vorzunehmen. Nach dem Grundsatz der Pagatorik dürfen nur diejenigen Sachverhalte im JA berücksichtigt werden, denen Zahlungen zugrunde liegen. Der Grundsatz der Einzelbewertung fordert, dass aus Gründen der Objektivität generell jeder Vermögensgegenstand und jede Schuld einzeln zu bewerten ist und keine Gesamtbewertung des Unternehmens vorgenommen werden darf. Aus Wirtschaftlichkeitsgründen sind indes Ausnahmen von der Einzelbewertung, nämlich die Gruppen-, Sammel- und Festbewertung (§§ 240 Abs. 3 und 4, 256 HGB) zulässig (→Verbrauchsfolgeverfahren; →Inventurvereinfachungsverfahren, Prüfung von).

Die Definitionsgrundsätze für den Jahreserfolg bestimmen, wann die Einnahmen und Ausgaben entweder erfolgswirksam in der →Gewinn- und Verlustrechnung (GuV) oder erfolgsneutral in der Bilanz zu erfassen sind und gewährleisten dadurch eine nach den Grundsätzen und Normungen →periodengerechte Erfolgsermittlung. Einnahmen (Ausgaben) werden vor allem anhand des Realisationsprinzips (§ 252 Abs. 1 Nr. 4 2. HS HGB) als Ertrag (Aufwand) erfasst. Nicht realisierte Einnahmen (und Ausgaben) werden als Anschaffungskosten- / Herstellungskostenwerte →Anschaffungskosten (AK); →Herstellungskosten, bilanzielle) für Vermögensgegenstände und Schulden zugerechnet. Das Realisationsprinzip regelt den Zeitpunkt der Realisation von positiven (und negativen) Erfolgsbeiträgen. Ergänzt wird das Realisationsprinzip durch die Grundsätze der Abgrenzung der Sache und der Zeit nach. Während ersterer Grundsatz fordert, den realisierten →Erträgen die ihnen zurechenbaren Aufwendungen gegenüberzustellen, regelt die „Abgrenzung der Zeit nach" die Periodisierung zeitraumbezogener Ausgaben und Einnahmen entsprechend den Normungen als →Aufwendungen und Erträge.

Die Aufgabe der Ansatzgrundsätze, deren gesetzliche Grundlage § 242 Abs. 1 i.V.m. § 246 Abs. 1 HGB ist, besteht darin, festzulegen, was als Aktivum (Aktivierungsgrundsatz) und was als Passivum (Passivierungsgrundsatz) in der Bilanz anzusetzen ist. Auf der Aktivseite der Bilanz sind grundsätzlich sämtliche Güter anzusetzen, die Vermögensgegenstände darstellen. Ein Vermögensgegenstand zeichnet sich vor allem dadurch aus, dass er selbständig verwertbar ist. Die auf der Passivseite anzusetzenden Schulden müssen allesamt Verpflichtungen des Unternehmens sein, die für das Unternehmen eine wirtschaftliche Belastung darstellen und quantifizierbar sind.

Da neben dem Dokumentations- und Rechenschaftszweck auch der Gläubigerschutz (Kapitalerhaltung) mit dem JA zu beachten/berücksichtigen ist, ergänzen die Kapitalerhaltungsgrundsätze die bisher behandelten Grundsätze; dazu gehören: das Imparitätsprinzip und das Vorsichtsprinzip. Aufgrund beider Prinzipien werden noch nicht realisierte aber erwartete und bereits wirtschaftlich verursachte negative Erfolgsbeiträge antizipiert. Gesetzlich normiert sind die Kapitalerhaltungsgrundsätze in § 252 Abs. 1 Nr. 4 HGB als Imparitäts- und Vorsichtsgrundsatz sowie als Niederstwertvorschriften in § 253 Abs. 2 und 3 HGB.

Für den Konzernabschluss müssen die GoB ergänzt werden. Die den Zwecken des Konzernabschlusses genügenden Grundsätze werden als GoK bezeichnet. Diese enthalten die Grundsätze zur Aufstellung der →Handelsbilanz II (inkl. der GoB), die Grundsätze zur Aufstellung des Summenabschlusses sowie die Grundsätze ordnungsmäßiger Konsolidierung (GoKon) (→Konsolidierungsformen).

KapGes haben gem. § 264 Abs. 1 Satz 1 HGB einen →Lagebericht aufzustellen. Dabei sind die GoL als allgemein gültige Kriterien zu beachten, die als Maßstab für die in den Lagebericht einzubeziehenden Informationen fungieren. Zu den GoL gehören die Grundsätze der Richtigkeit, der Vollständigkeit, der Klarheit und Übersichtlichkeit, der Vergleichbarkeit, der Wirtschaftlichkeit und Wesentlichkeit, der Informationsabstufung nach Art und Größe des Unternehmens sowie einer eingeschränkten Vorsicht, die auch über Chancen zu berichten verlangt.

Abb. 2 stellt das System der Grundsätze ordnungsmäßiger Rechnungslegung grafisch dar.

Literatur: Baetge, J./Hagemeister, C.: Grundsätze ordnungsmäßiger Buchführung, in: Lück, W. (Hrsg.): Lexikon der Betriebswirtschaft, 6. Aufl., München 2004, S. 269 f.; Baetge, J./Kirsch, H.-J./Thiele, S.: Bilanzen, 8. Aufl., Düsseldorf 2005; Baetge, J./Zülch, H.: Rechnungslegungsgrundsätze nach HGB und IFRS, in: Wysocki, K. v. et al. (Hrsg.): HdJ, Loseblattausgabe, Band 1, Kapitel I/2, Köln, Stand: 34. Erg.-Lfg. September 2004, S. 1–146; Ballwieser, W.: § 264 HGB, in: Baetge, J./Kirsch, H.-J./Thiele, S. (Hrsg.): Bilanzrecht, Bonn/Berlin 2002; Leffson, U.: Die Grundsätze ordnungsmäßiger Buchführung, 7. Aufl., Düsseldorf 1987; Moxter, A.: Fundamentalgrundsätze ordnungsmäßiger Rechenschaft, in: Baetge, J. et al. (Hrsg.): Bilanzfragen. FS zum 65. Geburtstag von Ulrich Leffson, Düsseldorf 1976, S. 87–100; Sprenger, R.: Grundsätze gewissenhafter und getreuer Rechenschaft im Geschäftsbericht, Wiesbaden 1976.

Jörg Baetge; Benedikt Wünsche

Grundsätze ordnungsmäßiger Unternehmensführung

GoF stellen ein System überindividueller Prinzipien für die Tätigkeiten der zur Führung berufenen Organe eines Unternehmens dar, welches Vorstellungen über effektive und effiziente Unternehmensführung zum Ausdruck bringen soll. Orientiert an der Aufgabenverteilung in der deutschen AG (→Aktiengesellschaft, Prüfung einer) werden die GoF üblicherweise in die →*Grundsätze ordnungsmäßiger Unternehmensleitung* (GoL), die →*Grundsätze ordnungsmäßiger Unternehmensüberwachung* (GoU) und die →*Grundsätze ordnungsmäßiger Abschlussprüfung* (GoA) untergliedert.

Mit der Formulierung von GoF werden primär zwei Ziele verfolgt (Werder 1996a). Zum einen sind sie als Hilfestellung für die Unternehmensführung gedacht. Sie sollen kommunizieren, was von einer „guten" Unternehmensführung erwartet wird. Zum anderen sollen sie analog zu den seit langem etablierten GoB (→Grundsätze ordnungsmäßiger Buchführung, Prüfung der) dem Gesetz zuarbeiten, indem sie die gesetzlich verankerten Generalklauseln zur Sorgfaltspflicht und Verantwortung der Führungsorgane (z. B. § 93 Abs. 1

Satz 1 AktG oder §§ 320 und 323 HGB) konkretisieren. Damit soll dem Rechtssystem ein Beurteilungskatalog an die Hand gegeben werden, um die (Mitglieder der) Führungsorgane leichter zur Verantwortung ziehen zu können. Umgekehrt soll eine solche Konkretisierung die Führungsorgane aber auch vor überzogenen Erwartungen schützen.

Bei der Entwicklung der GoF wird methodisch sowohl theoretisch-deduktiv wie auch empirisch-induktiv vorgegangen. Zum einen werden einzelne Grundsätze aus den mit den jeweiligen Aufgabengebieten verbundenen Zielen (z. B. Prüfungszielen) theoretisch abgeleitet. Zum anderen werden GoF auch durch Beobachtung bewährter Praxis gewonnen („Best Practice"). Durch Fortschreibung der GoF soll den in der Realität gegebenen Veränderungen wie auch der Weiterentwicklung des Managementwissens Rechnung getragen werden.

Anders als bei den GoB existiert noch kein ausgearbeitetes System von GoF. Nicht einmal die in verschiedenen Texten formulierten einzelnen Grundsätze sind bisher systematisch zusammengetragen worden. So finden sich einzelne Grundsätze u. a. in verschiedenen Gesetzestexten (insb. HGB und AktG), in Verbandsrichtlinien, wie z. B. denen des →Instituts der Wirtschaftsprüfer in Deutschland e.V., oder auch in wissenschaftlichen Veröffentlichungen (z. B. Theisen 1987). In diesem Sinne handelt es sich hierbei noch weitgehend um ein Entwicklungsprogramm (Werder 1996a). In Anlehnung an die GoB hat *Werder* (Werder 1996a) hierzu eine allgemeine Systematik vorgeschlagen, anhand derer die drei Teilbereiche GoL, GoU und GoA ausgearbeitet werden sollten. Diese Systematik geht von drei allgemeinen Grundsätzen aus:

1) dem *Grundsatz der rechtlichen Zulässigkeit*, d. h. die jeweils geltenden Gesetze sollen eingehalten werden,

2) dem *Grundsatz der ökonomischen Zweckmäßigkeit*, d. h. die jeweiligen Aktivitäten sollen betriebswirtschaftlich zielführend sein, und schließlich

3) dem *Grundsatz sozialer und ethischer Zuträglichkeit*, d. h. die moralischen Vorstellungen des gesellschaftlichen Umfelds sollen berücksichtigt werden.

Diese allgemeinen Grundsätze werden durch fünf besondere Grundsätze konkretisiert:

1) die *Aufgabengrundsätze* regeln die jeweiligen Zuständigkeiten der Organe,

2) die *Kooperationsgrundsätze* regeln die Zusammenarbeit zwischen den Organen,

3) die *Handlungsgrundsätze* thematisieren die Modalitäten der Art des Aufgabenerfüllungsprozesses,

4) die *Organisationsgrundsätze* definieren die Aufgabenverteilung innerhalb der einzelnen Organe und

5) die *Personalgrundsätze* befassen sich mit der personellen Besetzung der jeweiligen Führungsorgane.

Die GoA stellen den bisher am weitesten ausgearbeiteten Bereich der GoF dar, wenn auch bisher noch nicht entsprechend der von *Werder* entwickelten Systematik. Die einzelnen Grundsätze beziehen sich dabei in erster Linie auf die externe handelsrechtliche →Jahresabschlussprüfung bzw. →Konzernabschlussprüfung (§ 316 HGB). Die GoA erstrecken sich:

1) auf die Auftragsannahme (→Auftragsannahme und -fortführung) und sämtliche Teilprozesse der Abschlussprüfung (→Prüfungsprozess) sowie

2) auf allgemeine Vorkehrungen zur Erreichung und Sicherung der Qualität des Prüfungsvorgangs (→Prüfungsqualität).

Rückle und *Klatte* (Rückle/Klatte 1994) differenzieren dabei zwischen *oberen GoA*, welche für jedwede Abschlussprüfung gelten und *untere GoA*, welche sich auf die Prüfung bestimmter Ist-Objekte bzw. Prüfungswege beziehen. Die oberen Grundsätze gliedern sich dabei in drei Bereiche:

1) allgemeine *Rahmengrundsätze*, insb.:

- Grundsatz der Berufsbefähigung,

- Grundsätze der Unabhängigkeit, Unbefangenheit (→Unabhängigkeit und Unbefangenheit des Wirtschaftsprüfers), Eigenverantwortlichkeit (→Eigenverantwortlichkeit des Wirtschaftsprüfers), Unparteilichkeit und Sorgfalt,

- Grundsätze des berufswürdigen Verhaltens (→Berufsethik des Wirtschaftsprüfers) und der Verschwiegenheit (→Verschwiegenheitpflicht des Wirtschaftsprüfers) und

- Grundsatz der Wirtschaftlichkeit.

2) *Kerngrundsätze,* insb.:
- Grundsätze der Verfahrenssicherung und
- Grundsätze der Urteilsermittlung (→ Prüfungsurteil).

3) *Spezialgrundsätze,* welche spezielle Bedingungen bestimmter Prüfungen regeln und die Kerngrundsätze ergänzen und modifizieren.

Die Entwicklungen im Bereich der GoU gehen insb. auf die Überlegungen von *Theisen* (Theisen 1987) zurück. Ähnlich wie die von *Werder* vorgeschlagene Systematisierung differenziert *Theisen* die GoU in *Grundprinzipien* und den aus diesen abgeleiteten *allgemeinen Grundsätze*. Die Grundprinzipien sind dabei in folgende sechs Unterpunkte untergliedert (ausführlich Potthoff/Trescher/Theisen 2003, Rn. 890–894):

- Grundprinzip der Ordnungsmäßigkeit,
- Grundprinzip der Rechtmäßigkeit,
- Grundprinzip der Richtigkeit,
- Grundprinzip der Zielgerichtetheit und Zweckmäßigkeit,
- Grundprinzip der Transparenz sowie
- Grundprinzip der Nachprüfbarkeit.

Unter die allgemeinen Grundsätze fallen (ausführlich Theisen 1987, S. 250–269):

- der Grundsatz der Unabhängigkeit,
- der Grundsatz der Eigenverantwortlichkeit und Eigenständigkeit,
- der Grundsatz der Funktionsgerechtigkeit und Sachverständigkeit,
- der Grundsatz der Verschwiegenheit,
- der Grundsatz der Vergütung und Entlastung sowie
- der Grundsatz der →Planung und Koordination.

Zur Ausarbeitung von GoL liegt bisher lediglich ein erster Entwurf von *Werder* (Werder 1996a) vor, welcher sich an der oben dargestellten übergreifenden Systematik orientiert. Dieser konkretisiert zum einen die drei allgemeinen Grundsätze der Zulässigkeit, Zweckmäßigkeit und der Zuträglichkeit im Hinblick auf die Vorstandstätigkeiten. Zum anderen werden die besonderen Grundsätze differenziert (ausführlich Werder 1996a) in:

- *Aufgabengrundsätze,* wie den Zielsetzungsgrundsatz, d.h. der Vorstand soll Ziele für das Unternehmen definieren (daneben noch den Rechtsstrukturgrundsatz, Planungssystemgrundsatz, Einzelentscheidungsgrundsatz, Kongruenzgrundsatz, Strategiegrundsatz, Organisationsstrukturgrundsatz, Kontrollsystemgrundsatz, Repräsentationsgrundsatz, Stichprobengrundsatz),
- *Kooperationsgrundsätze,* wie den Diskursgrundsatz, nach dem der Vorstand mit dem WP einen Diskurs über die wirtschaftliche Lage des Unternehmens (→Vermögenslage; →Finanzlage; →Ertragslage) führen soll (daneben noch den Interaktionsgrundsatz),
- den *Handlungsgrundsatz* der Rationalität, nach dem Entscheidungen durch Problemanalysten systematisch vorzubereiten sind,
- *Organisationsgrundsätze,* wie den Multipersonalitätsgrundsatz, nach dem der Vorstand aus mehreren Personen bestehen soll (→Zusammensetzung von Vorstand und Aufsichtsrat) (daneben noch den Kollegialgrundsatz, den Arbeitsteilungsgrundsatz und den Mehrdimensionalitätsgrundsatz) sowie
- *Personalgrundsätze,* wie den Qualifikationsgrundsatz, nach der nur Personen mit adäquaten Qualifikationen in den Vorstand berufen werden sollen (→Vorstand und Aufsichtsrat, Eignungsprofile von) (daneben noch den Auswahlgrundsatz).

Die vorliegenden Überlegungen zu den GoL wie auch die GoU sind z.T. in den →Deutschen Corporate Governance Kodex (DCGK) eingeflossen.

Die Forderung nach Ausformulierung von GoF ist nicht ohne Kritik geblieben. So wird von verschiedenen Seiten sogar generell die Sinnhaftigkeit von GoF angezweifelt. *Scherer* (Scherer 2000) wie auch *Kieser et al.* (Kieser et al. 2002) führen beispielsweise (gegen die GoL und GoU im Besonderen) an, dass es von wissenschaftlicher Seite keinerlei Belege für die Überlegenheit bestimmter organisatorischer Formen gegenüber anderen gebe (z.B. die Überlegenheit des Mehrpersonenvorstands). Abgesehen von solcher Fundamentalkritik herrscht auch unter Befürwortern der GoF Uneinigkeit über die Legitimationsgrundlage zur Aufstellung solcher Grundsätze – insb. vor dem Hintergrund ihrer eventuellen juristischen Relevanz.

Literatur: Kieser, A./Spindeler, G./Walgenbach, P.: Mehr Rechtssicherheit durch normative Managementkonzepte und Organisationsnormung?, in: ZfbF 54 (2002), S. 395–425; Potthoff, E./Trescher, K./Theisen, M. R.: Das Aufsichtsratsmitglied. Ein Handbuch der Aufgaben, Rechte und Pflichten, 6. Aufl., Stuttgart 2003; Rückle, D.: Grundsätze ordnungsmäßiger Abschlußprüfung (GoA) – Stand und Entwicklungsmöglichkeiten im Rahmen des Gesamtsystems der Unternehmensführung, in: Zfbf 36 (1996), S. 107–148; Rückle, D./Klatte, V.: Grundsätze ordnungsmäßiger Abschlußprüfung – Diskussionsstand und mögliche Fortentwicklung, in: WISU 3 (1994), S. 212–218; Scherer, A.: Können die Grundsätze ordnungsmäßiger Unternehmensleitung (GoU) zu einer Verbesserung der Managementpraxis beitragen? – Kritische Bemerkungen zu den Vorschlägen von Axel von Werder, in: BFuP 52 (2000), S. 84–111; Werder, A. v.: Grundsätze ordnungsmäßiger Unternehmensführung (GoF) – Zusammenhang, Grundlagen und Systemstruktur von Führungsgrundsätzen für die Unternehmensleitung (GoU), Überwachung (GoÜ) und Abschlussprüfung (GoA), in: ZfbF 36 (1996a), S. 1–26; Werder, A. v.: Grundsätze ordnungsmäßiger Unternehmensleitung (GoU) – Bedeutung und erste Konkretisierung von Leitlinien für das Top-Management, in ZfbF 36 (1996b), S. 27–73.

David Seidl

Grundsätze ordnungsmäßiger Unternehmensüberwachung

Die Konkretisierung der Sorgfaltspflicht des Aufsichtsrats erfolgt durch die Praxis und die Rspr. Damit soll vor allem auch den sich wandelnden Verhältnissen und Herausforderungen einer modernen Wirtschaft Rechnung getragen werden. Diese Veränderungen müssen sich auch auf die Aufsichtsratsarbeit auswirken. Im Rahmen der zu beachtenden Sorgfalt ist der AR also mitverantwortlich für die Entwicklung und Berücksichtigung entsprechender GoU.

Ein solches Regelungssystem wird von Vertretern der Betriebswirtschaftslehre seit langem gefordert. Das AktG selbst verweist nicht direkt auf derartige Grundsätze. Unter dem Eindruck der jüngsten Entwicklungen, insb. des →Deutschen Corporate Governance Kodex (DCGK), ist von juristischer Seite Zustimmung zu registrieren: „Die in der Betriebswirtschaftslehre entwickelten ‚Grundsätze ordnungsmäßiger Überwachung' lassen sich entgegen mancher Skepsis heute schon als für Aufsichtsräte im Grundsatz rechtlich verbindlich ansehen" (Kort 2003, Rn. 12 zu Vor § 76 AktG).

Mit DCGK 3.8 Satz 1 wird eine Verknüpfung zwischen der Sorgfaltspflicht von Vorstand und AR und entsprechenden Grundsatzsystemen hergestellt: „Mit der Bindung von Vorstand und Aufsichtsrat an die Regeln ordnungsmäßiger Unternehmensführung will der Kodex eine professionelle Erfüllung der Leitungs- und Überwachungsaufgaben generell sicherstellen" (Werder 2005, Rn. 455).

Offen ist unverändert, wer derartige GoU aufstellt und wie deren Umsetzung im Einzelnen erfolgen soll. Der DGCK verlangt von den Kodex unterworfenen, also allen börsennotierten Gesellschaften (→Unternehmensformen) eine Reaktion. Für diese ist daher von Bedeutung, inwieweit die Empfehlungen des DCGK selbst als potenzielle Haftungsgrundlagen in Anspruch genommen werden können. Derzeit wird die wohl zutreffende Auffassung vertreten, dass die Formulierungen des Kodex als Best Practice zwar wünschenswerte, aber (noch) weitgehend unverbindliche Verhaltensmaßstäbe sind. Einer Abweichung davon kann demnach allenfalls Indizwirkung zukommen (Peltzer 2004, Rn. 392).

Die Sorgfaltspflicht und ihre Ausprägungen sind nicht nur wichtig als Richtschnur für eine ordnungsmäßige und gewissenhafte Aufsichtsratstätigkeit. Sie ist auch für die →Haftung des Aufsichtsrats, soweit durch deren Verletzung die Gesellschaft einen Schaden erleidet, von Bedeutung.

Soweit die als erforderlich erkannte Überwachungsordnung in Form eines Satzsystems konkretisiert werden sollte, lässt sich eine ordnungsmäßige Überwachung unter Berücksichtigung der nachfolgenden Grundprinzipien systematisieren (Theisen 1987). Zunächst sollen sechs Imperative mit diesem Anspruch formuliert werden:

- Grundprinzip der Ordnungsmäßigkeit,
- Grundprinzip der Gesetzmäßigkeit,
- Grundprinzip der Richtigkeit,
- Grundprinzip der Zielgerichtetheit und Zweckmäßigkeit,
- Grundprinzip der Transparenz,
- Grundprinzip der Nachprüfbarkeit.

Das *Grundprinzip der Ordnungsmäßigkeit* verlangt, dass die Überwachung der Unternehmungsleitung durch den AR geordnet und systematisch zu erfolgen hat. Die damit geforderte Strukturierung aller Überwachungsaktivitäten schafft die organisatorische Voraussetzung, die Überwachung als Ausfluss (eingeschränkt) rationalen Handelns überhaupt nachvollziehbar und damit überprüfbar machen zu können. Sie darf nicht mit der übergeordneten Zielsetzung einer ordnungsmäßigen Überwachung gleichgesetzt werden. Mit diesem Prinzip wird vielmehr der zugrunde zu legenden Ordnung des Systems Rechnung getragen.

Dem *Grundprinzip der Gesetzmäßigkeit* zufolge haben alle Aufsichtsratsmitglieder auf der Grundlage des geltenden Rechts unter dem Postulat einer umfassenden Überwachung der Unternehmungsleitung (→Überwachungsaufgaben des Aufsichtsrats) diese zu beobachten, zu sichern und zu entlasten. Die damit verbundene ganzheitliche Betrachtung macht es zwingend erforderlich, Umfang und Ausmaß der Überwachung allein nach den Erfordernissen aus dem Überwachungsauftrag abzuleiten (Theisen 1995, S. 103–124).

Das *Grundprinzip der Richtigkeit* verlangt, dass der AR die Unternehmungsleitung formal und materiell vollständig zu überwachen in der Lage sowie verpflichtet ist; er hat dabei das Überwachungsobjekt, die Unternehmungsleitung, i. S. d. hier dargestellten Ansatzes zu berücksichtigen.

Das *Grundprinzip der Zielgerichtetheit und Zweckmäßigkeit* trägt der Erkenntnis Rechnung, dass jede rationale Überwachungshandlung ziel- und zweckgerichtet sein muss. Als Bezugsrahmen kommt – soweit Vorgaben in der Satzung bzw. in den Geschäftsordnungen (→Geschäftsordnung für Vorstand und Aufsichtsrat) fehlen – dem Sachziel der Unternehmung herausragende Bedeutung zu; insgesamt erfolgt im Fall interessenunterschiedlicher Zielsysteme eine Beschränkung der Überwachungsaktivitäten auf das formale Zielsystem bzw. Zielbündel.

Das *Grundprinzip der Transparenz* fordert, dass für Zwecke der Überwachung die Unternehmungsleitung in allen ihren Ausprägungen für den AR transparent, d. h. nachvollziehbar und erklärbar sein muss; diese – ggf. fehlende (oder eingeschränkte) – Transparenz herzustellen, ist eine permanente Konsequenz dieses Grundprinzips.

Schließlich soll mit dem *Grundprinzip der Nachprüfbarkeit* sichergestellt werden, dass die Überwachungshandlungen selbst in allen ihren wesentlichen Teilelementen so belegt und dokumentiert werden, dass (berechtigte) Dritte die erwogenen bzw. diskutierten Überwachungshandlungen ebenso nachprüfen können wie die durchgeführten und die verworfenen alternativen Aktivitäten. Mit diesem Grundprinzip wird der Tatsache Rechnung getragen, dass auch die Überwachung durch den AR ihrerseits überwachbar sein muss und überwachungspflichtig ist.

Als Ergebnis der sechs Grundprinzipien lässt sich formulieren:

Die Überwachung der Unternehmungsleitung hat geordnet, systematisch und vollständig auf der Grundlage des geltenden Rechts unter dem Postulat einer umfassenden Überwachung zu erfolgen. Der AR hat unter Berücksichtigung der sachlichen und formalen Ziele der Unternehmung mit seinen Aktivitäten ausschließlich Zwecke der Überwachung zu verfolgen; ihm muss hierzu die Unternehmungsleitung in allen ihren wesentlichen Ausprägungen transparent sein. Seine Überwachungsaktivitäten müssen ihrerseits in allen grundsätzlichen Teilen nach Verfahren und Ergebnis für Dritte nachprüfbar ausgestaltet werden.

Mit den Grundprinzipien – bzw. den allgemeinen Grundsätzen – steht eine Basis für die Ableitung und Entwicklung einzelner (allgemeiner) Grundsätze zur Verfügung. Mit den allgemeinen Grundsätzen soll ein Rahmen für konkrete Handlungsanweisungen gegeben werden. Darüber hinaus aber können für den AR aus der Gesamtheit dieses Satzsystems erste besondere Grundsätze erarbeitet werden, die die personen- bzw. organspezifische Überwachung der Unternehmungsleitung als Prozess zu regulieren oder zumindest zu formulieren helfen können.

Als allgemeine Grundsätze sollen folgende Postulate Berücksichtigung finden:

- Grundsatz der Unabhängigkeit,
- Grundsatz der Eigenverantwortlichkeit und Eigenständigkeit,
- Grundsatz der Funktionsgerechtigkeit und Sachverständigkeit,
- Grundsatz der Verschwiegenheit,
- Grundsatz der Vergütung und Entlastung,
- Grundsatz der →Planung und Koordination.

Mit diesen allgemeinen Grundsätzen werden die Anforderungen an die einzelnen Aufsichtsratsmitglieder näher ausformuliert. Sie verknüpfen systematisch die materiellen und personellen Anforderungen an eine ordnungsmäßige Überwachung der Unternehmungsleitung durch den AR.

Gefordert wird mit dem *Grundsatz der Unabhängigkeit*, dass jedes Aufsichtsratsmitglied sowohl hinsichtlich seiner Person als auch der von ihm jeweils ausgeübten Funktionen in- und außerhalb der von ihm überwachten Unternehmung unabhängig sein muss (→Unabhängigkeit des Aufsichtsrats); dieser hohe Anspruch stellt sicher, dass die erforderliche strikte Trennung zwischen der zu überwachenden Unternehmungsleitung einerseits und dem Überwachungsorgan, dem AR, andererseits durchgehalten werden kann.

Jedes Aufsichtsratsmitglied muss, so die Forderung des *Grundsatzes der Eigenverantwortlichkeit*, in seiner Person in der Lage sein, eigenverantwortlich und in den wesentlichen Aktivitäten auch eigenständig seinem Überwachungsauftrag nachzukommen. Mehrere einzelne gesetzliche Forderungen belegen diesen Grundsatz, dennoch erscheint er ihm Rahmen eines allgemeinen Satzsystems in besonderem Maße erforderlich, da er als Beurteilungsmaßstab gleichzeitig allen einzelnen Verpflichtungen im Rahmen des Überwachungsauftrags übergeordnet ist.

Mit dem *Grundsatz der Funktionsgerechtigkeit und Sachverständigkeit* wird eine funktionsgerechte und sachverständige Durchführung des Überwachungsauftrags gefordert: Persönliche Einschränkungen des gebotenen bzw. vom Gesetzgeber geforderten Leistungsprofils sind daher nur im Rahmen der gesetzlichen Auswahlbeschränkungen zulässig. Darüber hinaus aber könnte eine Konsequenz dieses Grundsatzes sein, dass sich eine überwachungsspezifische Mindestqualifikation im Rahmen eines entsprechenden Anforderungsprofils entwickelt (→Vorstand und Aufsichtsrat, Eignungsprofile von).

Alle Aufsichtsratsmitglieder unterliegen eigenverantwortlich einer funktionsbezogenen Verschwiegenheitspflicht (*Grundsatz der Verschwiegenheit*). Diese systemgerechte und -notwendige Forderung ist ungeachtet ihrer gesetzlichen Formulierung explizit in das allgemeine Grundsätzesystem aufzunehmen, um die zwingende Grundordnung auch hinsichtlich komplementärer Ereignisse – wie das der Haftung – deutlich zu machen und mit in den Ordnungsrahmen einzubeziehen.

Alle Aufsichtsratsmitglieder haben nach dem *Grundsatz der Vergütung und Entlastung* Anspruch auf eine leistungs- und aufwandsgerechte Vergütung (→Vorstand und Aufsichtsrat, Vergütung von) sowie die jährliche Entlastung durch den jeweils zuständigen Wahlkörper. Dieser Anspruch des einzelnen Aufsichtsratsmitglieds ist in das gesuchte Grundsatzsystem aufzunehmen, um damit u. a. der elementaren Forderung nach Einheit von Auftrag und Verantwortung Rechnung tragen zu können; darüber hinaus stellt dieser Grundsatz sicher, dass die Leistungsaustauschkomponente, die der Bestellung jedes Aufsichtsratsmitglieds (→Aufsichtsrat, Be- und Abberufung) zugrunde liegt, deutlich und nachvollziehbar gemacht wird. Eine entsprechend angemessene Vergütung müsste ihrerseits jedoch auch das gesamt verfügbare Zeitbudget eines solchen Aufsichtsratsmitglieds in Betracht ziehen.

Eine Überwachung durch den AR, die dem *Grundprinzip der Ordnungsmäßigkeit* folgt, verlangt eine sachliche, zeitliche und personelle Planung aller Überwachungsaktivitäten sowie eine Koordination, die der Interdependenz der einzelnen Teilpläne sowie den weiteren Erfordernissen im Rahmen des entwickelten Grundsatzsystems Rechnung trägt (*Grundsatz der Planung und Koordination*). Diese kollektiv orientierte Forderung verbindet in einem integrativen Ansatz die Anforderungen an die einzelnen Aufsichtsratsmitglieder mit der Gesamtverpflichtung zur Überwachung. Die Rechte und Pflichten der einzelnen Aufsichtsratsmitglieder werden so in einen Gesamtzusammenhang gestellt und gleichzeitig als Akt kollektiven Handelns formuliert.

Literatur: Kort, M.: Kommentierung Vor § 76 AktG, in: Hopt, K. J./Wiedemann, H. (Hrsg.): Großkommentar zum Aktiengesetz, 4. Aufl., Berlin 2003; Peltzer, M.: Deutsche Corporate Governance, 2. Aufl., München 2004; Theisen, M. R.: Grundsätze ordnungsmäßiger Unternehmungsführung, Stuttgart 1987; Theisen, M. R.: Grundsätze ordnungsmäßiger Überwachung für den Aufsichtsrat, in: Scheffler, E. (Hrsg.): Corporate Governance, Wiesbaden 1995, S. 103–124; Werder, A. v.: Kommentierung des DCGK 3.8, in: Ringleb, H.-M. et al. (Hrsg.): Deutscher Corporate Governance Kodex, 2. Aufl., München 2005.

Manuel R. Theisen

Grundsätze zum Datenzugriff und zur Prüfbarkeit digitaler Unterlagen
→ Aufbewahrungspflichten

Grundstücke

Im Rahmen der Abschlussprüfung (→ Jahresabschlussprüfung; → Konzernabschlussprüfung) sind Prüfungshandlungen zu Nachweis (→ Nachweisprüfungshandlungen), Ausweis und Bewertung (→ Bewertungsprüfung) des Grundvermögens durchzuführen (→ Auswahl von Prüfungshandlungen). Zum Grundvermögen gehören Grundstücke, grundstücksgleiche Rechte und Bauten einschl. der Bauten auf fremden Grundstücken.

Im Rahmen der →*Nachweisprüfungshandlungen* kommt der Prüfung des Internen Kontrollsystems (→ Internes Kontrollsystem, Prüfung des; → Systemprüfung) eine besondere Bedeutung zu, da für Grundstücke i. d. R. keine körperliche Bestandsaufnahme durchgeführt wird. Es ist hier zu prüfen, ob sichergestellt ist, dass die → Vermögensgegenstände tatsächlich vorhanden sowie Zu- und Abgänge vollständig und zeitnah erfasst sind (Reiß 2002, Sp. 1055).

Für die Bilanzierung ist in zeitlicher Hinsicht bedeutsam, ab welchem Zeitpunkt ein Grundstück zu aktivieren ist bzw. nicht mehr bilanziert werden darf. Zivilrechtlich erfolgt der Eigentumsübergang mit Eintragung im Grundbuch, während das wirtschaftliche Eigentum (Übergang von Besitz, Gefahr, Nutzungen und Lasten) i. d. R. zu einem früheren Zeitpunkt übergeht. Entscheidend ist, dass zum Abschlussstichtag das wirtschaftliche Eigentum übergegangen ist (IDW 2006, Abschn. R, Rn. 429–431, S. 2073–2074) und der Eigentumsumschreibung zum Zeitpunkt der Bilanzaufstellung keine Hinderungsgründe mehr entgegenstehen. Bei der Prüfung von Zu- und Abgängen sind die zum Grundstücksübergang getroffenen Vereinbarungen auf ihre zutreffende Umsetzung bei der Bilanzierung zu würdigen. Ferner sind Vereinbarungen zur Rückanmietung oder Rückkaufsverpflichtung (z. B. bei Sale and Lease Back-Transaktionen) zu berücksichtigen (→ Leasingverhältnisse).

Die *Ausweisprüfung* zielt auf die Einhaltung der Gliederungsvorschriften des HGB (Reiß 2002, Sp. 1057; → Gliederung der Bilanz) bzw. der von bestimmten Branchen (→ Kreditinstitute; → Versicherungsunternehmen; → Wohnungsunternehmen u. a.) anzuwendenden Formblätter ab. Wegen der z.T. unterschiedlichen Bewertungsvorschriften (→ Bewertungsgrundsätze) zum → Anlagevermögen und → Umlaufvermögen ist zu beurteilen, ob die Grundstücke dazu bestimmt sind, dauerhaft dem Geschäftsbetrieb zu dienen, was gem. § 247 Abs. 2 HGB zu einem Ausweis im Anlagevermögen führt. Im Umkehrschluss sind sie bei einer anderen Verwendungsabsicht dem Umlaufvermögen zuzurechnen.

Die →*Bewertungsprüfung* erstreckt sich bei allen Grundstücken auf die zutreffende Ermittlung der → Anschaffungskosten (AK) und HK (→ Herstellungskosten, bilanzielle) und des den Grundstücken am Bilanzstichtag → beizulegenden Werts sowie ferner beim Anlagevermögen auf die planmäßigen Abschreibungen (→ Abschreibungen, bilanzielle; → Abschreibungen, steuerrechtliche). Bei den AK ist der zutreffende Ansatz des Kaufpreises und der Anschaffungsnebenkosten (z. B. Maklerprovisionen, Grundbuchgebühren, Notarkosten, GrESt) sowie deren Aufteilung auf Grund und Boden sowie Gebäude zu prüfen. In Herstellungsfällen ist zu untersuchen, ob die HK-Ermittlung den gesetzlichen Vorgaben entspricht (§ 255 Abs. 2 HGB); bei zulässiger Einbeziehung von Fremdkapitalzinsen (→ Fremdkapital) gem. § 255 Abs. 3 HGB ist eine Anhangangabe (→ Anhang; → Angabepflichten) über deren Höhe geboten. Bei Grundstücken des Anlagevermögens ist zu prüfen, ob dem nutzungsbedingten Wertverzehr des Gebäudes und der Außenanlagen durch planmäßige Abschreibungen (→ Abschreibungen, bilanzielle) angemessenen Rechnung getragen wurde; Grund und Boden ist nicht planmäßig abzuschreiben. Ist der beizulegende Wert des Gebäudes oder des Grund und Bodens niedriger als der jeweilige Buchwert am Bilanzstichtag, besteht im Umlaufvermögen eine Pflicht zur Vornahme → außerplanmäßiger Abschreibungen. Im Anlagevermögen sind sie nur geboten, sofern die Wertminderung voraussichtlich nachhaltig ist (Reiß 2002, Sp. 1057 f.).

Nach den → International Financial Reporting Standards (IFRS) werden Immobilien nach ihrer Verwendungsart in fünf Kategorien eingeteilt. Im Umlaufvermögen werden Immobilien ausgewiesen, die im Rahmen der gewöhnlichen Geschäftstätigkeit zum Verkauf gehalten werden. Sie werden nach IAS 2 zum niedrigeren Wert aus AHK und Nettoveräußerungswert bilanziert. Dem Sachanlagevermögen (→Sachanlagen) werden die Immobilien zugerechnet, die sich in der Entwicklung befinden oder vom Eigentümer selbst genutzt werden. Die Bewertung erfolgt nach IAS 16 bei der Aufnahme in die Bilanz zu AHK und in der Folge zu fortgeführten AHK oder alternativ zum Zeitwert (bei Grundstücken Marktwert). Immobilien, die als Finanzinvestitionen gehalten werden (sog. Anlageimmobilien), stellen im Vergleich zum HGB eine neue Kategorie dar und werden nach IAS 40 zu AHK eingebucht. In der Folgebewertung werden sie zum Zeitwert bewertet, dessen Veränderungen erfolgswirksam abzubilden sind (→Zeitwerte, Prüfung von; →Fair Value). Bei einer alternativ zulässigen Folgebewertung nach dem AK-Modell sind die Zeitwerte im →Anhang (→Notes) anzugeben. Anlageimmobilien, die außerhalb des normalen Geschäftsbetriebs zur Veräußerung bestimmt sind, werden nach IFRS 5 im Anlagevermögen mit dem niedrigeren Wert aus dem bisherigen Buchwert und dem →Fair Value abzgl. der Veräußerungskosten ausgewiesen (Klinger/Müller 2004, S. 47–50).

Literatur: IDW (Hrsg.): WPH 2006, Band I, 13. Aufl., Düsseldorf 2006; Klinger, F./Müller, M.: IAS/IFRS & Immobilien, Berlin 2004; Reiß, H.: Grundstücke, in: Ballwieser, W. et al. (Hrsg.): HWRP, 3. Aufl., Stuttgart 2002, Sp. 1052–1060.

Jürgen Reker

Gruppenbewertung →Inventurvereinfachungsverfahren, Prüfung von

Gruppenverhalten →Prüfungstheorie, verhaltensorientierter Ansatz

Gutachtertätigkeiten

Gutachten stellen Feststellungen, Analysen und Beurteilungen von abgegrenzten ökonomischen Sachverhalten durch eine neutrale sachkundige Person dar (Grünefeld 1972, S. 13). Die Gutachtertätigkeit ist von der Beratung einerseits und der Prüfung andererseits abzugrenzen, wobei die Grenzen in der Praxis nicht immer eindeutig sind. Während in Gutachten auf Handlungsempfehlungen verzichtet wird, zielt die Beratung auf die Ausarbeitung konkreter Vorschläge für den Auftraggeber. Im Gegensatz zur Prüfung erfordert die Begutachtung keinen Vergleich von Ist-Objekten mit normierten Soll-Objekten (→Soll-Ist-Vergleich), sondern eine analytische Bearbeitung der Aufgabenstellung.

Gutachten werden eingesetzt zur Unterstützung des Auftraggebers bei der Informations- und Urteilsgewinnung bzw. treten an die Stelle der Informations- und Urteilsgewinnung durch den Auftraggeber. Häufig sollen Gutachten ein durch den Auftraggeber bereits getroffenes Urteil gegenüber Dritten dokumentieren und mithilfe der Glaubwürdigkeit des Gutachters legitimieren.

Gutachten lassen sich in vier Grundformen unterteilen. Bei Ermittlungsgutachten steht die Wertermittlung und Darstellung bestimmter Sachverhalte im Vordergrund. Die Analyse vergangener Abläufe, die zu einem bestimmten Sachverhalt geführt haben, ist Aufgabe des Erklärungsgutachtens. Ein Prognosegutachten beschäftigt sich mit der Vorhersage von Entwicklungen und Größen zu einem zukünftigen Zeitpunkt oder über einen bestimmten Zeitraum (→Prognoseinstrumente). Gutachten über Handlungsalternativen zeigen die Konsequenzen verschiedener hypothetischer Entscheidungsalternativen für den Auftraggeber auf (Leffson 1988, S. 125 f.).

Im Rahmen des Begutachtungsprozesses hat der WP die zur Urteilsfindung ziel- und sachgerichteten Beurteilungskriterien aus der Gesamtheit der wirtschaftswissenschaftlichen Kenntnisse auszuwählen und auf die für die Beurteilung relevanten, tatsächlichen Sachverhalte anzuwenden. Das sich ergebende Urteil ist unter Angabe der verwendeten Prämissen, Hypothesen und Normen in einem abschließenden Bericht festzuhalten. Die Gedankengänge müssen dabei von einem sachkundigen Dritten nachvollziehbar sein (→Berichtsgrundsätze und -pflichten des Wirtschaftsprüfers).

Aufgrund ihres Fachwissens und ihrer öffentlichen Bestellung (→Wirtschaftsprüferexamen; →Berufszugang zum Wirtschaftsprüfer) können WP auf gerichtliche Anordnung zur Erstattung von Gutachten verpflichtet werden. Verweigerungsmöglichkeiten ergeben sich u. a. bei drohender Verletzung der Schweigepflicht (→Verschwiegenheitpflicht des Wirtschaftsprüfers, Verletzung der) und bei möglichen Vermögensschäden. Die Rechte und Pflichten des Gerichtssachverständigen ergeben sich ausschließlich aus der prozessualen Ordnung. Der WP erhält für das Gutachten kein Entgelt, sondern eine Entschädigung nach dem ZuSEG.

Mit den →Berufsgrundsätzen des Wirtschaftsprüfers vereinbar ist auch die Tätigkeit als Schiedsgutachter. Der WP spricht dabei nicht Recht, sondern hat nur entscheidungserhebliche Tatsachen festzustellen. Schiedsgutachtenvertrag und Schiedsgutachtervertrag sind nicht gesetzlich geregelt.

Konflikte mit dem Berufsgrundsatz der Unparteilichkeit (§ 43 Abs. 1 →Wirtschaftsprüferordnung) können bei sog. Parteigutachten auftreten, die bei gerichtlichen oder außergerichtlichen Auseinandersetzungen von einer Partei zur Bekräftigung der eigenen Position herangezogen werden. Der WP ist grundsätzlich auch bei diesen Gutachten angehalten, eine objektive Beurteilung des Sachverhalts vorzunehmen. Anderenfalls ist die Verwendung des Begriffs „Gutachten" untersagt (§ 20 Abs. 2 →Berufssatzung der Wirtschaftsprüferkammer). Das Spannungsfeld zwischen Loyalität zum Mandanten und Berufsgrundsätzen lässt sich auflösen, indem der WP

- nicht als Gutachter, sondern als Berater auftritt, wo ihn die Verpflichtung zur Unparteilichkeit nicht trifft,

- das Gutachten vollständig erstattet, wobei der Auftraggeber die Ergebnisse dann als eigene Argumentation verwendet, oder

- das Gutachten im Einverständnis mit dem Auftraggeber erkennbar auf bestimmte Einzelfragen des Sachverhalts beschränkt (Buchner 1997, S. 312).

Auf Gutachten ist das Werkvertragsrecht gem. §§ 631 ff. BGB anzuwenden. Für entstandene Vermögensschäden beim Auftraggeber können sich Schadensersatzansprüche aus § 280 Abs. 1 BGB ergeben (→Haftung des Wirtschaftsprüfers).

Literatur: Buchner, R.: Wirtschaftliches Prüfungswesen, 2. Aufl., München 1997; Grünefeld, K.-P.: Das betriebswirtschaftliche Gutachten, in: Leffson, U. (Hrsg.): Schriftenreihe des Instituts für Revisionswesen der Westfälischen Wilhelms-Universität Münster, Band 7, Düsseldorf 1972; Leffson, U.: Wirtschaftsprüfung, 4. Aufl., Wiesbaden 1995.

Hannes Streim

GuV-Methode →Mehr- und Wenigerrechnung

GuV-Vermerke →Angabepflichten

H

Haftung des Aufsichtsrats

Mit der Amtsannahme übernimmt jedes einzelne Aufsichtsratsmitglied die im AktG niedergelegten aufgabenspezifischen Rechte und Pflichten (§ 111 Abs. 1 AktG). Ungeachtet der Eigenschaft des Aufsichtsrats als Kollegialorgan der Gesellschaft sind daher auch die Sorgfaltspflicht und die Verantwortlichkeit im Gesetz individuell formuliert, wenn es in § 116 Satz 1 AktG heißt: „Für die Sorgfaltspflicht und Verantwortlichkeit der Aufsichtsratsmitglieder gilt § 93 über die Sorgfaltspflicht und Verantwortlichkeit der Vorstandsmitglieder sinngemäß."

Mit diesem technischen Verweis greift der Gesetzgeber auf die für die AG-Vorstandsmitglieder in § 93 AktG umfassend geregelten Sorgfaltspflichten zurück, zu deren Erfüllung jedes einzelne Aufsichtsratsmitglied – sinngemäß – verpflichtet ist. Nach herrschender rechtswissenschaftlicher Auffassung bedeutet dies, dass die Aufsichtsratsmitglieder bei ihrer Überwachung (→Überwachungsaufgaben des Aufsichtsrats) die Sorgfalt eines ordentlichen und gewissenhaften Aufsichtsratsmitglieds anzuwenden haben (Lutter/Krieger 2002, Rn. 822; Potthoff/Trescher/Theisen 2003, Rn. 490 f.).

Wenn und soweit diese ihre Sorgfaltspflicht und Verantwortlichkeit verletzen, sind die Aufsichtsratsmitglieder der Gesellschaft zum Ersatz des daraus entstehenden Schadens als Gesamtschuldner verpflichtet. Die Beweislast trifft im Streitfall grundsätzlich die Aufsichtsratsmitglieder sowohl hinsichtlich des Verschuldens als auch der objektiven Pflichtwidrigkeit (§ 93 Abs. 2 AktG; Theisen 1993; Theisen 2004).

Der AR als Organ schuldet der Gesellschaft – ebenso wie jedes seiner Mitglieder – keinen wie immer gearteten Erfolg seiner Überwachung, für dessen mangelhafte bzw. schlechte Erfüllung er zu haften verpflichtet sein könnte. Diese Rechtsposition begründet aber in der Unternehmenspraxis eine nicht unerhebliche „Erwartungslücke" zwischen dem rechtlichen Ist und dem, aus der Sicht der betroffenen Anteilseigner, Arbeitnehmer oder sonstigen Gläubiger wünschenswerten bzw. erwarteten Soll. Dessen ungeachtet aber ist die Tätigkeit des Aufsichtsrats – ebenso wie die des Vorstands einer AG (→Aktiengesellschaft, Prüfung einer) bzw. die der Geschäftsführer einer →Gesellschaft mit beschränkter Haftung – nur einer Verschuldens-, aber keiner Erfolgshaftung unterworfen.

Im Streitfall hat jedes Aufsichtsratsmitglied zu seiner Entlastung den Beweis dafür zu erbringen, dass es persönlich die notwendige, d. h. vom Gesetz geforderte, Sorgfalt erbracht hat (Vetter 2005, Rn. 57–60). Die Gesellschaft hat ihrerseits zu beweisen, dass das Handeln des Aufsichtsrats als Organ – bzw. eines oder einiger seiner Mitglieder – einen Schaden herbeigeführt hat, und zusätzlich, dass für diesen auch das Handeln oder Unterlassen des Verwaltungsorgans bzw. -mitglieds ursächlich war (Kausalitätsprinzip); eine partielle Verschiebung der Beweislast ist allerdings im Jahr 2005 durch die Einführung der sog. →Business Judgement Rule in § 93 Abs. 2 Satz 2 AktG erreicht worden (Fleischer 2004; Paefgen 2004, S. 256–259): Im Rahmen sog. „unternehmerischer Entscheidungen" steht dem Vorstand – und soweit diesbezüglich einbezogen auch dem AR – ein Haftungsfreiraum eigenen Ermessens zu, der einer gerichtlichen Überprüfung nicht zugänglich sein soll (Schneider 2005).

Haben einige Aufsichtsratsmitglieder ihre – oder der AR als Organ seine – Sorgfaltspflichten verletzt, haften alle Mitglieder gesamtschuldnerisch (§ 93 Abs. 2 AktG), da bis zum Einzelbeweis des Gegenteils vermutet wird, dass sich jedes Aufsichtsratsmitglied pflichtwidrig verhalten hat. Eine interne Aufteilung der einzelnen Aufgaben im Rahmen der gesetzlichen Pflichten des Aufsichtsrats als Organ schützt insoweit grundsätzlich nicht vor der gesamtschuldnerischen Haftung; umgekehrt kommt jedoch regelmäßig ein gesteigerter Haftungsmaßstab für Aufsichtsratsmitglieder mit spezifischen Aufgaben, wie der Ausschussmitgliedschaft, in Betracht (Vetter 2005, Rn. 60). Ein Haftungssplitting bzw. eine automatische Haftungsfreistellung ist nur bzgl. solcher Aufgaben und Funktionen möglich, für die das Gesetz, bspw. hinsichtlich des Aufsichtsratsvorsitzenden bzw. des Ausschusses (§ 27 Abs. 3 MitbestG), gesonderte bzw. zusätzliche Vorschriften vorsieht. Im Fall entscheidender →Aufsichtsratsausschüsse tritt für die Nichtausschussmitglieder an die Stelle der Haftung für die eigene Sorgfalt diejenige für die pflichtgemäße Auswahl der Ausschussmitglieder (Thümmel 2004, S. 90). Bzgl. der wichtigsten Aufsichtsratsfunktion, der weder delegierbaren noch an Externe übertragbaren Überwachung, schützt keine intern getroffene oder statutarisch vorgenommene Aufteilung vor einer potenziellen Inanspruchnahme jedes einzelnen Aufsichtsratsmitglieds für entsprechend verursachte Schädigungen der Gesellschaft. Ein Entlastungsbeweis kann nur mit (nachzuweisendem) eigenem Tun bzw. Unterlassen begründet werden, nicht jedoch auf außenstehende Dritte oder pauschal auf ein „imperatives Mandat" einer Wähler- oder Interessenvertretungsgruppe zurückgeführt werden. Als Gesamtschuldner sind die Aufsichtsratsmitglieder allerdings im Fall der Inanspruchnahme Einzelner untereinander nach § 426 BGB zum Ausgleich geleisteter Zahlungen verpflichtet.

Grundsätzlich haften der AR und seine Mitglieder nur gegenüber der Gesellschaft, in deren Namen auch entsprechende Ansprüche geltend gemacht werden müssen. Nach geltendem Recht aber kann grundsätzlich ein (bestehender) Ersatzanspruch der Gesellschaft nach § 93 Abs. 5 AktG nur dann von einem (anspruchsberechtigten) Gesellschaftsgläubiger geltend gemacht werden, wenn er von der Gesellschaft selbst keine Befriedigung erlangen kann. Unter Berücksichtigung der nur analogen Anwendung dieser Vorschriften auf den AR setzt ein derartiges Vorgehen darüber hinaus voraus, dass die Aufsichtsratsmitglieder bzgl. des Schaden stiftenden Ereignisses ihre Sorgfalt als ordnungsmäßige Überwacher verletzt haben (→Grundsätze ordnungsmäßiger Unternehmensüberwachung).

Im Zusammenhang mit einer effizienten Kontrolle (→Kontrolltheorie) durch den AR wurde in den letzten Jahren verstärkt die Möglichkeit einer verschärften Haftung diskutiert: In dem faktisch mangelnden Haftungsrisiko von Aufsichtsratsmitgliedern wird immer wieder ein Grund für mangelnde Kontrolleffizienz gesehen (Theisen 2004).

Die 1998 und nochmals 2005 umfassend reformierten Klagevoraussetzungen für Aktionäre können zu einer besseren und effektiven Durchsetzung des geltenden Rechts in Fällen grober Pflichtverletzungen führen. Insb. wurde die Geltendmachung von Ersatzansprüchen der Gesellschaft durch Aktionärsminderheiten erweitert: Nunmehr können Aktionäre mit zusammen mindestens Anteilen von 1 % des Grundkapitals bzw. im Nennbetrag von 100.000 € (§ 148 Abs. 1 AktG) im eigenen Namen gegen Mitglieder des Vorstands bzw. Aufsichtsrats klagen. Die Anteilseigner müssen allerdings ihre Aktien bereits vor dem potenziell Schaden stiftenden Ereignis (Unredlichkeit oder grobe Verletzung des Gesetzes bzw. der Satzung) erworben haben und die Gesellschaft zunächst (erfolglos) aufgefordert haben, selbst Klage zu erheben. Zum Ausgleich wurde ein modifiziertes Klagezulassungsverfahren (§ 148 Abs. 2 AktG) eingeführt, das der Überprüfung der Ansprüche dienen soll. Eine Erleichterung auch in diesem Zusammenhang bringt das neu eingerichtete Aktionärsforum, mit dessen Hilfe sich Aktionäre zum Zwecke der Klagerhebung zusammenschließen können (§ 127a AktG; Paschos/Neumann 2005). Insgesamt können die jüngsten Änderungen durchaus zumindest indirekt dazu führen, dass ein AR bereits seinerseits den Vorstand in Anspruch nehmen wird (→Haftung des Vorstands), um nicht selbst haftbar gemacht zu werden.

Literatur: Fleischer, H.: Business Judgement Rule, in: Der Aufsichtsrat 1 (2004), Heft 07–08, S. 16; Lutter, M./Krieger, G.: Rechte und Pflichten des Aufsichtsrats, 4. Aufl., Köln 2002; Paefgen, W. G.: Dogmatische Grundlagen, Anwendungsbereich und Formulierung einer Business Judgement Rule im künftigen UMAG, in: AG 49 (2004), S. 245–261; Paschos, N./Neumann, K.-U.: Die Neuregelungen des UMAG im Bereich der Durchsetzung der Haftungsansprüche der Aktiengesellschaft gegen Organmitglieder, in: DB 58 (2005), S. 1779–1786; Potthoff, E./Trescher, K./Theisen, M. R.: Das Aufsichtsratsmitglied, 6. Aufl., Stuttgart 2003; Schneider, S. H.: Unternehmerische Entscheidungen als Anwendungsvoraussetzung für die Business Judgement Rule, in: DB 58 (2004), S. 707–712; Theisen, M. R.: Haftung und Haftungsrisiko des Aufsichtsrats, in: DBW 53 (1993), S. 295–318; Theisen, M. R.: Haftung und Haftungsrisiko des Aufsichtsrats, in: Freidank, C.-Ch. (Hrsg.): Reform der Rechnungslegung und Corporate Governance in Deutschland und Europa, Wiesbaden 2004, S. 243–268; Thümmel, R. C.: Aufsichtsratshaftung vor neuen Herausforderungen, in: AG 49 (2004), S. 83–91; Vetter, E.: Rechte und Pflichten des Aufsichtsratsmitgliedes, in: Marsch-Barner, R./Schäfer,

F. A. (Hrsg.): Handbuch der börsennotierten AG, Köln 2005.

Manuel R. Theisen

Haftung des Steuerberaters

Vertragliche Haftung kann sich aus einer Verletzung der Vertragspflichten ergeben. Der Steuerberatungsvertrag (→Steuerberatung) ist i.d.R. ein Dienstvertrag (insb. die laufende Geschäftsbesorgung bei einem Dauermandat; §§ 611 ff. BGB). Ausnahmsweise kann bei Einzelaufträgen (z.B. →Gutachtertätigkeiten) auch ein Werkvertrag (§ 631 BGB) vorliegen. Existiert bei einem Werkvertrag ein Mangel, sind die Vorschriften über das Werkmängelrecht (z.B. Nachbesserungsrecht nach § 635 BGB) anwendbar. Bei Dienstverträgen kommt es auf die laufende Beratung (Klärung des Sachverhalts, Rechtsprüfung und Gestaltungen) an. Unterlässt der →Steuerberater (StB) Hinweise (z.B. zu Fristen) oder verwertet er nicht alle Gesetzesmaterialien und Urteile der Rspr. bei der Beratung, so kann die Ausführung des Steuerberatungsvertrags mangelhaft und nicht mehr reparabel sein. In derartigen Fällen hat der StB regelmäßig die im Rechtsverkehr erforderliche Sorgfalt nicht beachtet und somit fahrlässig gehandelt. Daher hat er den Mandanten den entstandenen Schaden zu ersetzen (§ 280 BGB). Der StB hat dabei neben seinem eigenen Verschulden auch das seines gesetzlichen Vertreters sowie seiner Erfüllungsgehilfen (§§ 276, 278 BGB) zu vertreten. Eine Haftung kann sich auch insb. gegenüber Banken ergeben, wenn der StB z.B. einen Abschluss für seinen Mandanten erstellt, der als Grundlage einer Kreditvergabe an diesen dient (→Kreditwürdigkeitsprüfung).

Deliktische Haftung: Gegenüber Dritten – z.B. bei der Erstellung eines Prospekts – können sich nach § 823 Abs. 2 sowie § 826 BGB Haftungstatbestände ergeben, wenn sich Anhaltspunkte für einen Verstoß gegen die guten Sitten sowie eine vorsätzliche Schädigung ergeben (Zugehör 2001, S. 1665–1668).

Haftungsbeschränkung: StB können ihre Haftung für fahrlässig verursachte Schäden im Einzelfall bis zur Höhe der Mindestsicherungssumme von derzeit 250.000 € beschränken; bei vorformulierten Vertragsbedingungen (AGB) kann die Haftung auf den vierfachen Betrag der Mindestversicherungssumme – also auf 1 Mio. € beschränkt werden (§ 67a StBerG). Nach Berufsrecht (→Berufsgrundsätze des Steuerberaters) ist ein Ausschluss der Haftung für fahrlässiges Verhalten nach § 43 Abs. 2 BOStB nicht zulässig; bei Vorsatz ist ein derartiger Ausschluss nach § 276 Abs. 3 BGB nicht möglich. Eine Beschränkung der Haftung bei grober Fahrlässigkeit und Vorsatz ist nach h.M. ebenfalls nicht erlaubt (s. dazu Goez 2001, S. 566). Außerhalb vertraglicher Haftungsvereinbarungen kann eine wirksame Haftungsbegrenzung häufig durch die Rechtsform einer KapGes, insb. →Gesellschaft mit beschränkter Haftung (GmbH), erreicht werden (von der Horst 1996, S. 2030 f.).

Haftpflichtversicherung: Jeder StB ist nach § 67 StBerG verpflichtet eine Berufshaftpflichtversicherung abzuschließen (→Berufshaftpflichtversicherung des Wirtschaftsprüfers und des Steuerberaters). In die Versicherung müssen die Arbeitgeber auch angestellte StB sowie der (auftraggebende) StB die als StB tätigen freien Mitarbeiter einbeziehen (§ 42 BOStB i.V.m. § 51 DVStB). Die Mindestversicherungssumme beträgt nach § 52 DVStB je Versicherungsfall 250.000 € (Abs. 1), wobei die Untergrenze der Jahreshöchstleistung bei einer Mio. € liegt (Abs. 3). Ein Selbstbehalt des Steuerberaters von 1.500 € ist nach § 52 Abs. 2 DVStB zulässig, wobei hier auch in Berufshaftpflichtversicherungen anderer Berufszweige (z.B. WP) andere Selbstbehalte festgeschrieben und somit auch nach § 54 DVStB zulässig sein können. Detaillierte berufsrechtliche Regelungen sind in den Hinweisen der →Bundessteuerberaterkammer zur Berufshaftpflichtversicherung vom 1.6.1992 enthalten.

Haftung nach Abgabenrecht: Nach § 69 AO kommt eine Haftung des Steuerberaters bei Pflichtverletzungen u.U. in Betracht, wobei aber die rein beratende Tätigkeit i.d.R. nicht zu einem Haftungstatbestand führt. Nur in Ausnahmefällen, wenn ein StB zum Notgeschäftsführer (→Notgeschäftsführung), Testamentsvollstrecker, Nachlassverwalter (→Nachlassverwaltung), Liquidator oder Insolvenzverwalter (→Insolvenzverwaltung) bestellt wurde, kommt möglicherweise bei Pflichtverletzung eine Haftung i.S.d. AO in Betracht. Bevor ein Haftungsbescheid von der Finanzverwaltung erlassen wird, ist nach § 191 Abs. 2 AO die zuständige Berufskammer zu hören (Halaczinsky 2004, S. 209 f.).

Literatur: Bundessteuerberaterkammer (Hrsg.): Hinweise zur Berufshaftpflichtversicherung vom 1.6. 1992, abgedruckt in: StBK München: Berufsrechtliches

Handbuch, Abteilung 3.1; Goez, C.: Die Haftung der Steuerberter nach der neueren Rechtsprechung (Teil I), in: INF 55 2001a), S 531–536; Goez, C.: Die Haftung der Steuerberater nach der neueren Rechtsprechung (Teil II), in: INF 55 (2001b), S. 564–569; Halaczinsky, R.: Die Haftung im Steuerrecht, 3. Aufl., Herne/Berlin 2004; von der Horst, U.: Grundlagen und Umfang der Haftung des Steuerberaters und Möglichkeiten der Haftungsbeschränkung, in: DStR 33 (1995), S. 2027–2031; Zugehör, H.: Schwerpunkte der zivilrechtlichen Steuerberaterhaftung (Teil I), in: DStR 39 (2001), S. 1613–1619; Zugehör, H.: Schwerpunkte der zivilrechtlichen Steuerberaterhaftung (Teil II), in: DStR 39 (2001), S. 1663–1668.

Thomas Stobbe

Haftung des Vorstands

Der Vorstand leitet die AG gem. § 76 Abs. 1 AktG unter eigener Verantwortung. Hierbei unterliegt er gleichwohl einer strengen Pflichtenbindung, sodass die Mitglieder des Vorstands gegenüber der Gesellschaft, den Aktionären und Dritten auf Schadensersatz haften können. Von dieser zivilrechtlichen Verantwortlichkeit ist die strafrechtlich relevante →Untreue von Gesellschaftsorganen zu trennen.

Die *Haftung des Vorstands gegenüber der AG* richtet sich im Ausgangspunkt nach § 93 Abs. 2 AktG. Hiernach sind Vorstandsmitglieder, die ihre Pflichten schuldhaft verletzen, der Gesellschaft zum Ersatz des daraus entstehenden Schadens verpflichtet. Zentrale Voraussetzung für eine Haftung ist die *objektive Pflichtverletzung*. Die aus der Organstellung resultierenden Pflichten beschreibt § 93 Abs. 1 Satz 1 AktG als die Sorgfalt eines ordentlichen und gewissenhaften Geschäftsleiters. Die Präzisierung dieser Generalklausel erfolgt zum einen anhand spezial-gesetzlicher Handlungspflichten: z. B. Verschwiegenheit, insb. im Rahmen einer →Due Diligence (§ 93 Abs. 1 Satz 3 AktG); Pflicht zur Buchführung (→Buchführungstechnik und Prüfungsmethoden) und zur Einrichtung eines →Früherkennungssystems [→Risikomanagementsystem (RMS)] (§ 91 AktG); →Berichterstattungspflichten des Vorstands (§ 90 AktG); Insolvenzantragspflicht (§ 92 Abs. 2 AktG); Pflichten gem. § 93 Abs. 3 AktG. Für alle sonstigen Fälle gilt, dass der Vorstand pflichtwidrig handelt, wenn er die in der konkreten Satzung zum Ausdruck kommende Zweckbindung nicht erfüllt. Hiernach muss alles Tun oder Unterlassen der Verwirklichung des Gesellschaftsinteresses, insb. der Gewinnerzielung dienen (Servatius 2004, S. 15–69). Neuere Versuche, die Pflichtenbindung als konturenlose, kaum zu kontrollierende Ermessensausübung anzusehen, sind abzulehnen. Nur bei unternehmerischen Entscheidungen gilt die →*Business Judgement Rule*, um Pflichtverletzungen von unvermeidbaren Fehleinschätzungen künftiger Entwicklungen abzugrenzen. Vorstandshandeln ist hiernach selbst bei unternehmerischen Fehlschlägen nicht pflichtwidrig, wenn es aufgrund einer sorgfältigen Ermittlung der Entscheidungsgrundlage, ohne Überschreitung des unternehmerischen Ermessens und nicht in Verfolgung eines Eigeninteresses erfolgt ist. Der Gesetzgeber hat dies durch das UMAG gem. § 93 Abs. 1 Satz 2 AktG präzisiert (Schütz 2005, S. 5 f.). Die →Grundsätze ordnungsmäßiger Unternehmensführung können lediglich als Anhaltspunkt für die Präzisierung der Geschäftsleiterpflicht herangezogen werden.

Die Ersatzpflicht gegenüber der AG ist eine *Verschuldenshaftung*. Das Vorstandsmitglied muss die objektiv pflichtwidrige Handlung vorsätzlich oder fahrlässig begangen haben. Der Verschuldensmaßstab ist objektiv, so dass die fehlende fachliche Qualifikation des Vorstands (→Vorstand und Aufsichtsrat, Eignungsprofile von) die Haftung nicht entfallen lässt. Voraussetzung für die Ersatzpflicht ist schließlich ein *Vermögensschaden* der AG. Dieser kann daraus resultieren, dass das Vermögen der AG durch das pflichtwidrige Tun oder Unterlassen geschmälert wurde oder dass ein Gewinn entgangen ist. Die Abwälzung des Schadensrisikos auf eine →D & O-Versicherung ist weitgehend zulässig. Die *Beweislast* für das Vorliegen der Pflichtwidrigkeit, des Verschuldens und des Schadens obliegt im Ausgangspunkt der AG als Anspruchsstellerin. Es wird gem. § 93 Abs. 2 Satz 2 AktG jedoch weitgehend auf die Vorstandsmitglieder verlagert. Hiernach muss die AG den Eintritt und die Höhe des Schadens, die Handlung des Vorstands und die Kausalität zwischen Handlung und Schaden beweisen. Das Vorstandsmitglied muss dann beweisen, dass die Handlung nicht pflichtwidrig oder nicht schuldhaft erfolgt ist oder dass der Schaden auch bei rechtmäßigem Verhalten eingetreten wäre.

Ist der Vorstand ein Kollegialorgan, tragen alle Mitglieder die *Gesamtverantwortung* für rechtmäßiges Verhalten. Besteht eine Geschäftsverteilung (→Geschäftsordnung für

Vorstand und Aufsichtsrat), haben die Vorstandsmitglieder sich gegenseitig zu überwachen und pflichtwidriges Verhalten eines Einzelnen zu unterbinden. Die herausgehobene Stellung des →Chief Executive Officers nach US-amerikanischem Vorbild ist daher mit dem deutschen Aktienrecht nicht vereinbar. Die Ersatzpflicht des Vorstands *verjährt* gem. § 93 Abs. 6 AktG in 5 Jahren. Sie entfällt, wenn die Handlung auf einem rechtmäßigen Beschluss der HV (→Haupt- und Gesellschafterversammlung), nicht des Aufsichtsrats, beruht (§ 93 Abs. 4 Satz 1 AktG). Ein nachträglicher *Verzicht* ist nur unter den Voraussetzungen des § 93 Abs. 3 Satz 3 und 4 AktG möglich. Der AR hat in Erfüllung seiner Überwachungspflicht (→Überwachungsaufgaben des Aufsichtsrats) stets sorgfältig zu prüfen, ob sich die Vorstandsmitglieder gegenüber der AG ersatzpflichtig gemacht haben und ist verpflichtet, den Anspruch gerichtlich geltend zu machen. Nach den §§ 147, 148 AktG können auch die HV und eine Aktionärsminderheit die Geltendmachung verlangen (zur Neuregelung durch das UMAG s. Schütz 2005, S. 5–8). Ist die AG in einer finanziellen Krise, steht den Gläubigern der AG ein Verfolgungsrecht zu (§ 93 Abs. 5 AktG). Die Amtsniederlegung eines Vorstandsmitglieds (→Amtsniederlegung von Vorstand und Aufsichtsrat) beseitigt die bereits entstandene Haftung nicht.

Die *Haftung des Vorstands gegenüber den Aktionären* folgt nicht aus § 93 Abs. 2 AktG. Eine Haftung kommt jedoch gem. § 117 Abs. 1 Satz 2 AktG in Betracht, wenn ein Vorstandsmitglied seine Pflichten aus § 93 Abs. 1 Satz 1 AktG durch die rechtswidrige Einflussnahme eines Dritten verletzt hat. Darüber hinaus ist eine Haftung gem. § 823 Abs. 2 BGB i.V.m. einem Schutzgesetz zu Gunsten der Aktionäre denkbar, z. B. § 266 StGB (→Untreue von Gesellschaftsorganen), § 399 AktG (falsche Angaben bei der Gründung), § 400 AktG (unrichtige Darstellung der →Vermögenslage, falsche Angaben gegenüber dem →Abschlussprüfer), § 402 AktG (Verletzung der Verlustanzeige- und der Insolvenzantragspflicht). Bei der Haftung des Vorstands gegenüber den Aktionären ist stets zu beachten, dass nur solche Schäden ersatzfähig sind, die nicht zugleich einen Schaden der AG darstellen. Die bloße Minderung des Anteilswertes ist ein solcher nicht ersatzfähiger *Reflexschaden*. In diesen Fällen ist vorrangig eine Haftung des Vorstands gegenüber der AG geltend zu machen.

Die Haftung des Vorstands gegenüber Dritten betrifft vor allem die Gläubiger der AG. Unabhängig davon, dass diese bei pflichtwidrigem Vorstandshandeln Ansprüche gegen die Gesellschaft haben, kommt stets auch eine persönliche Außenhaftung der Vorstandsmitglieder in Betracht. Wichtigster Fall ist die Ersatzpflicht wegen *Verletzung der Insolvenzantragspflicht* (→Insolvenz) gem. § 823 Abs. 2 BGB i.V.m. § 93 Abs. 2 AktG (Hüffer 2006, Rn. 16–19 zu § 92 AktG). Eine Haftung gegenüber Arbeitnehmern kann sich auch aus § 823 Abs. 2 BGB i.V.m. § 266a StGB wegen der *Nichtabführung von Sozialversicherungsbeiträgen* ergeben.

Literatur: Hüffer, U.: Aktiengesetz, 7. Aufl., München 2006; Schütz, C.: Der Regierungsentwurf eines Gesetzes zur Unternehmensintegrität und Modernisierung des Anfechtungsrechts (UMAG) vom 17.11.2004, in: NZG 8 (2005), S. 5–11; Servatius, W.: Strukturmaßnahmen als Unternehmensleitung, Köln et al. 2004.

Wolfgang Servatius

Haftung des Wirtschaftsprüfers

Die Haftung des Wirtschaftsprüfers umfasst die Verpflichtung des Wirtschaftsprüfers, für einen dem Mandanten oder Dritten aufgrund vertragswidrigen oder deliktischen Handelns entstandenen Schaden aufzukommen.

Rechtsgrundlage für die vertragliche Haftung des Wirtschaftsprüfers gegenüber seinem Mandanten ist grundsätzlich § 280 BGB. Danach haftet der WP für jede fahrlässige oder vorsätzliche Verletzung von Haupt- oder Nebenpflichten aus dem Prüfungs- bzw. Beratungsvertrag (→Beratungshaftung des Wirtschaftsprüfers). Welche Pflichten danach haftungsrelevant sind, ergibt sich aus der rechtlichen Qualifizierung des Prüfungsvertrags (→Prüfungsauftrag und- vertrag) als Dienst-, Geschäftsbesorgungs- oder Werkvertrag (§§ 611 ff., 675 ff., 631 ff. BGB) und den insoweit maßgeblichen vertraglichen Abreden.

Ergänzt und teilweise verdrängt wird § 280 BGB durch § 323 HGB, der als lex specialis eigenständige Regelungen zur Verantwortlichkeit des →Abschlussprüfers bei einer gesetzlichen →Pflichtprüfung aufstellt. So ergibt sich im Rahmen gesetzlicher Pflichtprüfungen die Haftung des Wirtschaftsprüfers allein aus § 323 Abs. 1 und Abs. 4 HGB. § 323 Abs. 2 HGB beschränkt die Höhe der Haftung des Abschlussprüfers bei Pflichtprüfungen auf eine Mio. € bzw. auf 4 Mio. €. Diese gesetzliche Haftungsbegrenzung findet nicht nur für Prüfungen nach § 316 HGB Anwendung, sondern erstreckt sich auf alle gesetzlich angeordneten Prüfungen, auch wenn im Gesetzestext nicht direkt auf § 323 HGB Bezug genommen wird (ADS 2000, Rn. 7 zu § 323 HGB, S. 627, streitig).

§ 54a Abs. 1 →Wirtschaftsprüferordnung (WPO) sieht die Möglichkeit vor, die Haftung für fahrlässiges Handeln einzelvertraglich auf eine Mio. € und, soweit Versicherungsschutz besteht, durch vorformulierte Geschäftsbedingungen auf 4 Mio. € zu begrenzen. Aus dem Vergleich mit der entsprechenden Regelung des § 51a Abs. 1 BRAO ist zu schließen, dass die vertragliche Haftungsbegrenzung i. S. d. § 54a Abs. 1 WPO sämtliche Arten der Fahrlässigkeit umfasst (streitig).

Gegenüber Personen, zu denen kein direktes Mandatsverhältnis besteht, kann z. B. aus Vertrag mit Schutzwirkung zugunsten Dritter oder (stillschweigendem) Auskunftsvertrag gehaftet werden (→Beratungshaftung des Wirtschaftsprüfers).

Ein Vertrag mit Schutzwirkung zugunsten Dritter ist dann anzunehmen, wenn der Dritte nach dem Willen der Vertragsparteien in den Schutzbereich des Vertrages einbezogen wird und der Dritte bestimmungsgemäß mit der Leistung aus dem Vertrag in Berührung kommt. Die einzelnen Voraussetzungen des Vertrages mit Schutzwirkung zugunsten Dritter sind umstritten. Die Rspr. hat einen Vertrag mit Schutzwirkung zugunsten Dritter insb. bei Verträgen angenommen, bei denen der Auftraggeber von einer Person, die über eine besondere, vom Staat anerkannte Sachkunde verfügt [z. B. öffentlich bestellter Sachverständiger, WP, →Steuerberater (StB)], ein Gutachten oder eine gutachtliche Äußerung (→Gutachtertätigkeiten) bestellt, um davon gegenüber einem Dritten Gebrauch zu machen. Zweck des Gutachtens muss es dabei sein, dem Dritten gegenüber Vertrauen zu erwecken und Beweiskraft zu besitzen (BGH-Urteil vom 8.6.2004, S. 3420 ff.). Die Tendenz der Rspr. den Anwendungsbereich des Vertrages mit Schutzwirkung zugunsten Dritter gerade im Bereich der Sachverständigenhaftung weiter auszudehnen, ist zu Recht kritisiert worden (ADS 2000, Rn. 196 ff. zu § 323 HGB, S. 685; Ebke/Scheele 1991, S. 389 ff.). § 334 BGB ist bei einem Vertrag mit Schutzwirkung zugunsten Dritter entsprechend anzuwenden, sodass die gegenüber dem primären Vertragspartner (Mandanten) zustehenden Einwendungen auch gegenüber dem Dritten geltend gemacht werden können. Eine Einwendung i. S. d. § 334 BGB ist z. B. die vertraglich vereinbarte Haftungsbegrenzung (Palandt 2005, Rn. 20 zu § 328 BGB). Wird § 334 BGB stringent angewendet, so begrenzt eine vertraglich vereinbarte Haftungshöchstsumme auch die Haftung gegenüber mehreren Dritten auf einen Gesamthöchstbetrag.

Im Bereich der gesetzlichen Pflichtprüfung ist eine Dritthaftung aufgrund der Sperrwirkung des § 323 Abs. 1 Satz 3 HGB ausgeschlossen (streitig; ADS 2000, Rn. 196 ff. zu § 323 HGB; BGH-Urteil vom 2.4.1998, S. 1073 ff. – Einbeziehung in den Schutzbereich des Prüfungsvertrages bei unrichtiger Ankündigung eines Testates).

Gem. § 311 Abs. 3 BGB kann ein eigenständiges Schuldverhältnis auch gegenüber Personen bestehen, die nicht selbst Vertragspartei werden. § 311 Abs. 3 BGB setzt ein eigenes wirtschaftliches Interesse und die Inanspruchnahme besonderen persönlichen Vertrauens voraus und findet für die Sachverständigenhaftung aus Vertrag mit Schutzwirkung zugunsten Dritter keine Anwendung (streitig; Palandt 2005, Rn. 60 zu § 311 BGB).

Gegenüber Dritten kann auch aus Auskunftsvertrag für die Erteilung eines Rates, einer Empfehlung oder einer Auskunft gehaftet werden (§ 675 Abs. 2 BGB). Ein Auskunftsvertrag mit den entsprechenden Haftungsfolgen kann stillschweigend abgeschlossen werden. Eine Vergütungsabrede ist nicht erforderlich. Es ist dabei im Einzelfall zu beurteilen, ob ein rechtsgeschäftlicher Bindungswille besteht. Indiz dafür kann sein, dass dem Erteilenden erkennbar war, dass die Auskunft für den Anfragenden von erheblicher Bedeutung ist und er auf Grundlage dieser Auskunft eine wesentliche Entscheidung treffen will (Palandt 2005, Rn. 30 zu § 675 BGB). In bestimmten Einzelfällen ist eine direkte Kontaktaufnahme zwischen dem Erteiler der Auskunft und dem Empfänger nicht notwendig (Palandt 2005, Rn. 30 zu § 675 BGB).

Für eine deliktische Haftung des Wirtschaftsprüfers sind insb. die Haftungsbestände des § 823 Abs. 2 BGB und des § 826 BGB relevant.

Nach § 823 Abs. 2 BGB haftet, wer gegen ein den Schutz eines anderen bezweckendes Gesetz verstößt. Schutzgesetze i. S. d. § 823 Abs. 2 BGB sind insb. strafrechtliche Vorschriften (z. B. Betrug gem. § 263 StGB). Die berufsrechtlichen Bestimmungen der WPO, § 323 Abs. 1 Satz 1 HGB und auch § 18 KWG sind keine Schutzgesetze i. S. d. § 823 Abs. 2 BGB (ADS 2000, Rn. 184 ff. zu § 323 HGB).

Gem. § 826 BGB haftet derjenige, der in einer gegen die guten Sitten verstoßenden Weise einem anderen vorsätzlich Schaden zufügt. Bei einer Abschlussprüfung (→ Jahresabschlussprüfung; → Konzernabschlussprüfung) ist eine Haftung aus § 826 BGB dann gegeben, wenn der APr mit dem Vorsatz Dritte zu schädigen, sittenwidrig seine Prüfungs-, Berichts- oder Bestätigungspflichten (→ Berufsgrundsätze des Wirtschaftsprüfers) verletzt (ADS 2000, Rn. 190 ff. zu § 323 HGB).

Literatur: ADS: Rechnungslegung und Prüfung der Unternehmen, Teilband 7, 6. Aufl., Stuttgart 2000; BGH-Urteil vom 8.6.2004, Aktz. X ZR 283/02, NJW 57 (2004), S. 3420–3423; Ebke, W./Scheele, N.: Die Haftung des Wirtschaftsprüfers für fahrlässig verursachte Vermögensschäden Dritter, in: WM 45 (1991), S. 389; Palandt, O.: Bürgerliches Gesetzbuch, 64. Aufl., München 2005.

Beatrix Marquardt

Haftungsbegrenzung, gesetzliche
→ Berufshaftpflichtversicherung des Wirtschaftsprüfers und des Steuerberaters

Haftungsbegrenzung, vertragliche
→ Berufshaftpflichtversicherung des Wirtschaftsprüfers und des Steuerberaters

Haftungsverhältnisse

Gem. § 251 HGB können Haftungsverhältnisse für → Verbindlichkeiten Dritter, Verbindlichkeiten → verbundener Unternehmen oder Verbindlichkeiten aus Gewährleistungszusagen für eigene Leistungen bestehen. Falls diese nicht passiviert werden müssen, sind sie als mögliche zukünftige Verbindlichkeiten unter der Bilanz oder gem. § 268 Abs. 7 HGB unter Verwendung des Davon-Vermerks bei verbundenen Unternehmen und unter Angabe der gewährten Pfandrechte und sonstigen Sicherheiten im → Anhang anzugeben (→ Angabepflichten). Haftungsverhältnisse sind Verbindlichkeiten, mit deren Inanspruchnahme nicht gerechnet wird (→ Eventualverbindlich-

keiten). Mögliche Verpflichtungen, die nicht unter eines der vier Kriterien des § 251 HGB

1) Verbindlichkeiten aus der Begebung und Übertragung von Wechseln,
2) Verbindlichkeiten aus Bürgschaften, Wechsel- und Scheckbürgschaften,
3) Verbindlichkeiten aus Gewährleistungsverträgen sowie
4) Haftungsverhältnisse aus der Bestellung von Sicherheiten für fremde Verbindlichkeiten

subsumiert werden können, sind gem. der Auffangvorschrift des § 285 Nr. 3 HGB als → sonstige finanzielle Verpflichtungen im Anhang anzugeben.

Prüfungstechnisch bestehen kaum nennenswerte Unterschiede gegenüber der Prüfung der → Rückstellungen. Der → Abschlussprüfer (APr) hat daher auch bei Haftungsverhältnissen festzustellen, ob alle vermerkpflichtigen Sachverhalte erfasst sind, die angegebenen Beträge richtig sind, die jeweils gesondert anzugebenden Haftungsverhältnisse entsprechend § 268 Abs. 7 HGB ausgewiesen werden und die vermerkpflichtigen Sachverhalte diesen Posten richtig zugeordnet sind (→ Fehlerarten in der Abschlussprüfung). Den Schwerpunkt der Prüfung bildet die Prüfung der Vollständigkeit (→ Nachweisprüfungshandlungen). Neben der Befragung nach Sachverhalten, die unter die Angabepflicht nach § 251 HGB fallen, sind zusätzlich Erkenntnisse aus anderen Prüfungsgebieten (z. B. aus Einsicht von Verkaufsverträgen oder Rechtsanwaltsbestätigungen) zu verwerten. Z.B. kann eine Umwidmung von Rückstellungen in Haftungsverhältnisse geboten sein, wenn diese in der Vergangenheit nicht in Anspruch genommen wurden und damit wirtschaftlich eine hinreichende Wahrscheinlichkeit der Inanspruchnahme nicht mehr besteht. Als Verpflichtung aus bestehenden Haftungsverhältnissen ist immer der volle unter Zugrundelegung ungünstiger Umstände geschuldete Betrag zu vermerken, falls dieser nicht eindeutig quantifizierbar ist. Haftungsbeträge dürfen also nicht entsprechend der Wahrscheinlichkeit der Inanspruchnahme durch Dritte bewertet werden. Sind Teilbeträge von Haftungsverhältnissen bereits in Rückstellungen oder Verbindlichkeiten berücksichtigt, so ist nur der verbleibende Betrag anzugeben. Soweit Rückgriffsforderungen bestehen, können diese zusätzlich vermerkt werden, ohne den unter den Haftungsverhältnissen auszuweisenden Betrag zu mindern.

Möglicherweise werden Risiken (z. B. Gewährleistungshaftung) unter den Haftungsverhältnissen ausgewiesen, deren Eintrittswahrscheinlichkeit bereits den Ansatz einer Rückstellung rechtfertigt. Insofern bietet die Prüfung der Haftungsverhältnisse auch wichtige Hinweise für andere →Prüffelder.

Im Hinblick auf →Forderungen, für die eine Rangrücktrittserklärung (→Rangrücktrittsvereinbarung) zugunsten eines weiteren Gläubigers des Schuldners abgegeben wurde, besteht keine Vermerkpflicht unter den Haftungsverhältnissen, da durch den Rangrücktritt nicht die Gewährleistung für Verpflichtungen der Tochtergesellschaft bewirkt wird (ADS 1998, Rn. 73 zu § 251 HGB). Im Gegensatz dazu sind abgegebene →Patronatserklärungen, mit der eine beschränkte oder unbeschränkte Gewährleistung vereinbart wird, unter den Haftungsverhältnissen anzugeben. Haftungsverhältnisse ergeben sich weiterhin z. B. aufgrund der Haftung für Forderungsausfall bei unechtem Factoring (→Forderungscontrolling), da in diesem Fall das Ausfallrisiko nicht auf das die Forderungen erwerbende Unternehmen übergeht, oder aufgrund der Erteilung von Garantiezusagen, wenn diese die gesetzliche Gewährleistungspflicht bzw. den branchenüblichen Umfang übersteigen (ADS 1998, Rn. 62 zu 251 HGB) und mit dem Eintritt des Garantiefalls nicht gerechnet wird. Daher hat der APr Garantiezusagen mit den geltenden gesetzlichen Regelungen bzw. den Gepflogenheiten der Branche zu vergleichen und diese im Hinblick auf eine Vermerkpflicht nach § 251 HGB zu überprüfen.

Literatur: ADS: Rechnungslegung und Prüfung der Unternehmen, Teilband 6, 6. Aufl., Stuttgart 1998.

Michael Kritzer

Halbeinkünfteverfahren →Unternehmensformen, Wahl der

Halbjahresabschlüsse
→Zwischenabschlüsse

Hampelreport →Cadburyreport

Handakte des Abschlussprüfers
→Arbeitspapiere des Abschlussprüfers

Handelsbilanz II

Der Konzernabschluss wird nicht aus einer originären Konzernbuchführung generiert, sondern aus den Jahresabschlüssen der in den Konzernabschluss im Wege der Vollkonsolidierung bzw. der Quotenkonsolidierung (→Interessen- und Einheitstheorie) einbezogenen Tochter- bzw. Gemeinschaftsunternehmen (→Konsolidierungskreis) abgeleitet (Marten/Köhler/Neubeck 2004, Rn. 134 zu § 317 HGB, S. 44). Folgerichtig schreibt § 317 Abs. 3 Satz 1 HGB vor, dass der →Abschlussprüfer (APr) des Konzernabschlusses auch die im Konzernabschluss zusammengefassten Jahresabschlüsse und die konsolidierungsbedingten Anpassungen zu prüfen hat (→Konzernabschlussprüfung; →Konsolidierungsprüfung). Der Konzern-APr kann allerdings auf die Prüfung der Jahresabschlüsse der Konzernunternehmen verzichten, wenn diese bereits von einem inländischen APr nach den gesetzlichen Vorschriften des HGB geprüft wurden (→Jahresabschlussprüfung) (§ 317 Abs. 3 HGB) (→Ergebnisse Dritter). Dabei muss es sich nicht unbedingt um eine gesetzliche →Pflichtprüfung handeln, sondern die Prüfung kann unter entsprechender Anwendung der Vorschriften für eine gesetzliche Abschlussprüfung auch freiwillig veranlasst gewesen sein (→freiwillige und vertragliche Prüfung) (Marten/Köhler/Neubeck 2004, Rn. 138 f. zu § 317 HGB, S. 44 f.). Der Konzern-APr kann auch auf die Prüfung der Jahresabschlüsse von im Ausland ansässigen Tochterunternehmen verzichten (§ 317 Abs. 3 Satz 3 HGB). Voraussetzung ist bei in der EU ansässigen Tochterunternehmen, dass der JA von einem in Übereinstimmung mit den Vorschriften der Achten RL 84/253/EWG (sog. APr-RL) zugelassenen Prüfer geprüft wurde. Außerdem muss auch in diesem Fall die Prüfung in entsprechender Anwendung der Prüfungsvorschriften des HGB (→Prüfungsnormen) erfolgt sein. Ist das Tochterunternehmen außerhalb der EU ansässig, so muss der APr eine den Anforderungen der APr-RL gleichwertige Befähigung haben und den JA in einer den Anforderungen des HGB entsprechenden Weise geprüft haben. Grundsätzlich obliegt es dem Konzern-APr zu prüfen, ob die Voraussetzungen für einen Verzicht auf die Prüfung der im Konzernabschluss zusammengefassten Jahresabschlüsse erfüllt sind. Ggf. hat er eigene Prüfungshandlungen durchzuführen

(→Auswahl von Prüfungshandlungen) (ADS 2000, Rn. 215–221 zu § 317 HGB, S. 119–121).

Die skizzierten Vorschriften können sowohl auf die rechtlichen Jahresabschlüsse der Konzernunternehmen angewendet werden als auch auf die an die konzerneinheitlichen Ansatz-, Bewertungs- und Gliederungsvorschriften angepassten sog. Handelsbilanzen II (ADS 2000, Rn. 208 zu § 317 HGB, S. 116). Prüft der Jahresabschlussprüfer nur die rechtlichen Abschlüsse, so hat die Konzern-APr. die Anpassungen dieser Abschlüsse zur Erstellung der Handelsbilanzen II zu prüfen. Prüft der Jahresabschlussprüfer die Handelsbilanzen II, so hat er auch die Anpassungen zu prüfen.

Unabhängig davon, wer die Handelsbilanzen II prüft oder ob die Prüfung in mehreren Stufen durch verschiedene Prüfer erfolgt, hat sich die Prüfung in entsprechender Anwendung von § 317 Abs. 1 Satz 2 HGB darauf zu erstrecken, ob die gesetzlichen Vorschriften und sie ergänzende Bestimmungen des Gesellschaftsvertrags oder der Satzung beachtet worden sind (→Ordnungsmäßigkeitsprüfung) (ADS 2000, Rn. 184 f. zu § 317 HGB, S. 108 f.). Das bedeutet zunächst, dass zu prüfen ist, ob die Stichtagsregelungen beachtet wurden. Sowohl nach HGB (§ 299 Abs. 2 HGB) als auch nach den →International Financial Reporting Standards (IFRS) (IAS 27.26–27) darf der Stichtag eines Tochterunternehmens nicht mehr als 3 Monate vor dem mit dem Jahresabschlussstichtag des Mutterunternehmens übereinstimmenden Konzernabschlussstichtag liegen. Liegt der Jahresabschlussstichtag um mehr als 3 Monate vor dem Konzernabschlussstichtag, so hat sich die Prüfung der Handelsbilanz II auf den aufzustellenden →Zwischenabschluss zu erstrecken. Stimmt der Jahresabschlussstichtag nicht mit dem Konzernabschlussstichtag überein, ohne dass die 3–Monats-Grenze überschritten wird, so sind auch die obligatorischen stichtagsbedingten Anpassungen zu prüfen.

Des Weiteren hat sich die Prüfung der HB II darauf zu erstrecken, ob diese nach den Ansatz-, Bewertungs- und Gliederungsvorschriften aufgestellt wurden, nach denen der Konzernabschluss aufgestellt werden soll und ob diese Vorschriften in Übereinstimmung mit den konzerneinheitlichen Vorgaben angewendet wurden, sodass gewährleistet ist, dass der Konzernabschluss insoweit selbst nach einheitlichen Vorschriften erstellt wurde (ADS 2000, Rn. 185 zu § 317 HGB, S. 109). Bei inländischen Konzernunternehmen bedeutet das, dass zu prüfen ist, ob ggf. bei einem Tochterunternehmen in der Rechtsform (→Unternehmensformen) einer Personenhandelsgesellschaft [→Personengesellschaft (PersGes)] Anpassungen an die Bilanzierungsvorschriften für KapGes vorgenommen wurden, wenn das Mutterunternehmen eine KapGes ist. Entsprechendes gilt im umgekehrten Fall. Aber auch wenn für die Rechtsform eines Tochterunternehmens die gleichen Rechnungslegungsvorschriften gelten wie für das Mutterunternehmen, ist zu prüfen, ob eine Anpassung im Hinblick auf eine konzerneinheitliche Bilanzpolitik erfolgte. Dies gilt auch für das Mutterunternehmen selbst, da der Konzernabschluss nach vom JA des Mutterunternehmens abweichenden bilanzpolitischen Vorgaben (→bilanzpolitische Gestaltungsspielräume nach HGB; →bilanzpolitische Gestaltungsspielräume nach IFRS; →bilanzpolitische Gestaltungsspielräume nach US GAAP; →bilanzpolitische Gestaltungsspielräume, Prüfung von) erstellt werden kann.

Umfangreichere Anpassungen sind bei einem im Ausland ansässigen Tochterunternehmen zu prüfen, da ein solches Tochterunternehmen den rechtlichen JA zwingend nach anderen Vorschriften erstellt als das Mutterunternehmen. Bei einem außerhalb des Euro-Raumes ansässigen Tochterunternehmen ist zunächst zu prüfen, ob die in Fremdwährung aufgestellte HB II den konzerneinheitlichen Vorgaben entspricht. Im Anschluss daran ist die →Währungsumrechnung zu prüfen.

Wird die HB II in der Weise erstellt, dass ausgehend von dem rechtlichen JA Anpassungsbuchungen vorgenommen werden, so hat die Prüfung der Anpassungen zur Voraussetzung, dass auch die rechtlichen Jahresabschlüsse geprüft sind. In diesem Fall unterscheidet sich die Prüfung der HB II von einer gewöhnlichen →Jahresabschlussprüfung zunächst dadurch, dass zusätzlich die Anpassungen zu prüfen sind (so auch Marten/Köhler/Neubeck 2004, Rn. 133 zu § 317 HGB, S. 43 f.). Wichtig ist dabei, dass auch geprüft wird, ob die in der Vergangenheit erfolgswirksam oder erfolgsneutral gebuchten Bewertungsanpassungen kumuliert zugunsten bzw. zu Lasten der →Gewinnrücklagen vorgetragen wurden, damit sichergestellt ist, dass die Eröffnungsbilanz II eines Geschäftsjahre mit der HB II des letzten Geschäftsjahres identisch ist (→Stetigkeit).

Diese Saldenvorträge sind auch dann zu prüfen (→Saldenvortragsprüfung), wenn ein Tochterunternehmen neu erworben wurde, weil auch in diesem Fall eine Eröffnungsbilanz II nach konzerneinheitlichen Vorschriften zu erstellen ist.

Die Prüfung einer HB II unterscheidet sich insb. aber auch dadurch von einer gewöhnlichen Jahresabschlussprüfung, dass Beurteilungsmaßstab nicht die für das Tochterunternehmen relevanten Vorschriften sind, sondern ob bei Einbeziehung der HB II in den Konzernabschluss dieser insoweit vorschriftsgemäß ist. Die HB II ist kein rechtlicher, sondern ein konsolidierungstechnischer Abschluss. In der HB II können deshalb auch solche Vorgaben berücksichtigt werden, die für einen rechtlichen Abschluss unzulässig werden. Bspw. kann in der HB II auf die Bildung konzerninterner →Rückstellungen verzichtet werden, weil diese ohnehin im Rahmen der Schuldenkonsolidierung (→Konsolidierungsformen) zu eliminieren wären. Außerdem ist die →Wesentlichkeit von Fehlern im Hinblick auf den Konzernabschluss zu beurteilen (ADS 2000, Rn. 184 und 186 zu § 317 HGB, S. 109).

Wird ein mehrstufiger Konzern (→Konzernarten) nach der sog. Methode der Sukzessivkonsolidierung konsolidiert, so bezieht sich die Prüfung der Handelsbilanzen II auf →Teilkonzernabschlüsse II. Die beschriebenen Gesichtspunkte gelten in diesem Fall entsprechend, wobei allerdings zusätzlich Konsolidierungsmaßnahmen auf Teilkonzernabschlussebene zu prüfen sind.

Die Prüfung von Handelsbilanzen II betrifft grundsätzlich auch anteilmäßig konsolidierte Gemeinschaftsunternehmen, weil die Vorschriften für die Vollkonsolidierung entsprechend gelten (§ 310 Abs. 2 HGB bzw. IAS 31.33). Werden auch der Equity-Bewertung konzerneinheitliche Ansatz- und Bewertungsvorschriften zugrunde gelegt, was nach HGB eine Soll- (§ 310 Abs. 5 HGB) und nach IFRS eine Mussvorschrift (IAS 28.27) ist, so sind auch Handelsbilanzen II von assoziierten Unternehmen zu prüfen (a.A. ADS 2000, Rn. 196 zu § 317 HGB, S. 112).

Literatur: ADS: Rechnungslegung und Prüfung der Unternehmen, Teilband 7, 6. Aufl., Stuttgart 2000; Marten, K.-U./Köhler, A. G./Neubeck, G.: Bilanzrecht: Handelsrecht mit Steuerrecht und den Regelungen des IASB, Bonn 2004.

Ralf Michael Ebeling

Handelscontrolling

Das Handelscontrolling gehört zu den zentralen Managementaufgaben in Handelsunternehmen und stellt somit ein wichtiges Instrument der Unternehmensführung dar. Es dient neben der Kontrolle der Koordination von Aktivitäten im Managementprozess von Handelsunternehmen. Das Handelscontrolling kann somit als ein ergebnisorientiertes Führungskonzept definiert werden, mit der Aufgabe, die Koordination der betrieblichen Prozesse im Hinblick auf die Unternehmensziele zu gewährleisten. Es stellt zu diesem Zweck dem Management entsprechende Instrumente (→Kontrollinstrumente; →Entscheidungsinstrumente) bereit und koordiniert die Managementtätigkeiten im Handelsunternehmen (→Controllingkonzepte).

Das Handelscontrolling kann in drei wesentliche Teilbereiche eingeteilt werden:

- Handelscontrollingaufgaben,
- Handelscontrollingorganisation und
- Handelscontrollinginstrumente.

Die Aufgaben des Handelscontrollings (→Controlling; →Controlling, Aufgaben des) sind die Entwicklung, Implementierung und laufende Betreuung von →Planung, Kontrolle und Informationsversorgung. Die Kontrolle nimmt hierbei eine besondere Rolle ein, da erst durch sie eine Überprüfung des Erfolgs (→Erfolgscontrolling) der produzierten Handelsleistung durchgeführt werden kann. Zu den typischen Controllingaufgaben im Handel gehören u.a. die ständige Überprüfung der für den Unternehmenserfolg wichtigen Sortimentsgestaltung (→Sortimentscontrolling), die Unterstützung der Beurteilung standortspezifischer Einflussgrößen, die sich durch eine hohe Dynamik auszeichnen, sowie die systematische Aufdeckung von Vernetzungen zwischen den einzelnen Abstimmungsprozessen.

Die Organisation des Handelscontrollings wird durch zahlreiche Einflussfaktoren, so Unternehmensgröße und Führungsstil, bestimmt. Die organisationale Ausgestaltung des Handelscontrollings hängt hierbei von unterschiedlichen Überlegungen, wie bspw. zur Zentralisierung bzw. Dezentralisierung, der Hierarchiestufen und Entscheidungsbeteiligung ab. Bei größeren Handelsunternehmen ist vielfach eine Divisionalisierung der Controllingaktivitäten, bspw. in Vertriebsliniencontrolling, festzustellen, wobei die Divisionscontroller i. d. R. fachlich der Zentralabteilung Controlling, disziplinarisch aber der Divisionsleitung unterstehen.

Als →Controllinginstrumente im Handel können jene Hilfsmittel definiert werden, die im Rahmen der systembildenden und systemkoppelnden Koordination, also zur Beseitigung von Störungen und Informationsversorgung zwischen Teilsystemen, eingesetzt werden. Beim Einsatz von Controllinginstrumenten besteht grundsätzlich die Möglichkeit, die in einem Handelsunternehmen vorhandenen Daten, so Kennzahlen (→Kennzahlen und Kennzahlensysteme als Kontrollinstrument), im →zeitlichen Vergleich gegenüberzustellen (innerbetrieblicher Vergleich), aber auch im →überbetrieblichen Vergleich mehrere Unternehmen in den Vergleichsprozess mit einzubeziehen (→betriebswirtschaftlicher Vergleich). Zu den wichtigsten Instrumenten gehören insb. der zwischenbetriebliche Vergleich, das →Benchmarking, die Erfolgsfaktorenanalyse, die Imageanalyse sowie verschiedene Prognosetechniken (→Prognoseinstrumente).

Neben der Einteilung in Controllingaufgaben, -organisation und -instrumente kann das Handelscontrolling auch nach den wichtigsten Betriebsfaktoren im Handel, d. h. Ware, Fläche/Raum und Personal, untergliedert werden. Hieraus ergeben sich folgende Subsysteme:

- Koordination der Warenwirtschaft,
- Flächenplanung und -kontrolle (Verkaufs-, Filialfläche, Standort) sowie
- →Personalcontrolling.

Diese Subsysteme des Handelscontrollings sind im Besonderen durch die folgenden Herausforderungen gekennzeichnet:

- die Vielfalt und Komplexität der Leistungsprogramme, so der Sortimente,
- die Unterschiedlichkeit parallel betriebener Vertriebsschienen (Betriebstypen) innerhalb eines Unternehmens,
- die Filialstruktur der Unternehmen sowie
- die Marktorientierung der dominierenden Funktionsbereiche Einkauf und Verkauf.

Das Handelscontrolling wird des Weiteren durch Einflussfaktoren bestimmt, die durch eine hohe Dynamik sowie eine z.T. unregelmäßige Entwicklung charakterisiert sind, so dass der Informationsversorgung im Handelscontrolling eine besondere Bedeutung zukommt. Um sich frühzeitig auf diese sich abzeichnenden Umfeldveränderungen einstellen zu können, weist das Handelscontrolling zudem relativ kurze Kontrollzyklen auf.

Die Entwicklung des Handelscontrollings ist insb. durch moderne Informations- und Kommunikationstechnologien geprägt. So ermöglicht der Einsatz neuer Technologien zur Erfassung und Übertragung von Informationen (→Führungsinformationssysteme), so mobile Datenterminals, Systeme des Electronic Data Interchange (EDI) und des Radio Frequency Identification (RFID), die Überwindung von Informationsdefiziten in der Handelspraxis und erleichtert damit insb. das eher operative Handelscontrolling. Auch die Steuerung in Handelsunternehmen, die in der Vergangenheit überwiegend durch buchhalterische Daten gespeist wurde, ist heute durch moderne Technik gekennzeichnet, die es ermöglicht, Daten aus dem Prozess des Warenflusses für die Planung, Steuerung und Kontrolle heranzuziehen. Exemplarisch seien moderne Warenwirtschaftssysteme im Handel genannt oder auch Prognosesoftware, die auf Basis von neuartigen Künstlicher-Intelligenz- und Data-Mining-Technologien Simulations-, Prognose- und Analysefunktionen im Handel ermöglichen.

Literatur: Hertel, J./Zentes, J./Schramm-Klein, H.: Supply-Chain-Management und Warenwirtschaftssysteme im Handel, Berlin et al. 2005; Horváth, P.: Controllinginstrumente, in: Wittmann, W. et al. (Hrsg.): HWB, 5. Aufl., Stuttgart 1993, Sp. 669–680; Liebmann, H.-P./Zentes, J.: Handelsmanagement, München 2001; Zentes, J.: Handelscontrolling, in: Horváth, P./ Reichmann, T. (Hrsg.): Vahlens Großes Controlling Lexikon, 2. Aufl., München 2003, S. 275–276.

Joachim Zentes

Handelsrechtliche Verrechnungspreise
→Verrechnungspreise, handelsrechtliche

Handelsregister →Registeraufsicht;
→Registerauszüge; →Zwangsgeld

Handelsspanne →Kalkulation im Warenhandel; →Sortimentscontrolling

Handelsüberwachungsstellen
→Börsenaufsicht

Handelsunternehmen →Kalkulation im Warenhandel

Hard Close →Continuous Audit

Haupt- und Gesellschafterversammlung

Die Gesellschafterversammlung ist die *Versammlung der Eigentümer einer Gesellschaft*, deren Rechtsform von der AG (→Aktiengesellschaft, Prüfung einer) bis zur BGB-Gesellschaft reicht. Die Versammlungsrechte sind gesetzlich und gesellschaftsvertraglich (satzungsmäßig) bestimmt, wobei die Eigentümer der Gesellschaftsgeschäftsführung direkt (monistisches System) oder indirekt über einen abschirmenden AR (dualistisches System wie bei der AG) gegenüberstehen können (→Dual- und Boardsystem). Erforderlich ist mindestens eine Versammlung im Jahr als „ordentliche Versammlung"; „außerordentliche Versammlungen" können hinzukommen. Die HV ist die Versammlung der Aktionäre einer AG. Im Folgenden geht es primär um den Aktienrechtsfall.

Auskunft über die *Rechte der HV der AG* geben zunächst die §§ 118–120 AktG (1. Unterabschnitt „Rechte der Hauptversammlung" des 4. Abschnitts „Hauptversammlung"). § 118 stellt die HV für den Aktionär in den Mittelpunkt (mit Sollteilnahme von Vorstand und AR). § 119 präsentiert eine Palette von acht Beschlussgegenständen: Bestellung der Aufsichtsratsmitglieder (→Aufsichtsrat, Be- und Abberufung), Bilanzgewinnverwendung (→Ergebnisverwendung; →Ergebnisverwendung, Vorschlag für die), Vorstands- und Aufsichtsratsentlastung, →Bestellung des Abschlussprüfers, Satzungsänderungen, Kapitalbeschaffung und -herabsetzung, Prüferbestellung für eine →Gründungsprüfung oder →Geschäftsführungsprüfung, Gesellschaftsauflösung (→Unternehmensbeendigung). § 120 spezifiziert die Entlastungsbeschlüsse. Hinzu kommen im AktG weitere direkte oder indirekte Bestimmungen. Dies beginnt mit der HV-Einberufung (§§ 121–128 AktG; 5%-Minderheitsrecht in § 122 AktG) und wird arrondiert durch den Anspruch auf gesetz- und satzungsmäßige *Versammlungsbedienungen* durch Vorstand und AR: HV-Recht auf Versammlungsterminierung, Fristgerechtigkeit der Einladung und Vollständigkeit der Tagesordnung samt Unterlagen und Bekanntmachung, ordnungsgemäße Versammlungsführung und Protokollierung, Aufsichtsratsbericht – auch über die Abschlussprüfung (→Jahresabschlussprüfung; →Konzernabschlussprüfung) –, Redegelegenheiten und Auskünfte durch den Vorstand etc.

Die *HV-Beschlussrechte* (§§ 133 ff. AktG) sind nennwert- oder stückzahlmäßig orientiert (fehlen bei stimmrechtsloser Vorzugsaktie). Die Beschlüsse ergehen mit einfacher Stimmenmehrheit, wenn Gesetz oder Satzung nichts anderes regeln. Diese Andersregelungen betreffen insb. existenzielle Fragen, bei denen eine mindestens 75%-Mehrheit gilt oder im Extremfall der Eingliederung (Fusion) eine 95%-Mehrheit erforderlich ist. Gesetzliche und satzungsmäßige Minderheitsregelungen dienen dem Schutz der beim Beschluss unterliegenden Aktionäre (→Stimmrecht).

Davon zu unterscheiden sind die aktienrechtlichen *Versammlungsfolgerechte*, die im Recht der Beschlußanfechtung, (minderheitsbezogenen) Klage etc. bestehen. Hinzu kommt das versammlungsunabhängige Recht auf Aktienverkauf, das gravierende Versammlungsfolgen hat, wenn daraus ein Konzern (→Konzernarten) oder gar eine Fusion folgt. Das Extrem ist der *Übernahmefall*, bei dem ein erfolgreicher Massenanbieter am Ende versammlungsdominant wird. Solcherlei führte schon in den aktienrechtlichen Anfängen zum Instrument der Namensaktie mit (oder ohne) Vinkulation. In Verbindung damit steht die börsliche Nichtnotierung bei geschlossener AG (insb. im Fall der Familien-AG). Die Aktien- und Aktionärsstruktur schlägt auf die *Versammlungsteilnahme* durch, die im Publikumsfall in beachtlichem Umfang vertretungsweise (vor allem durch Bankvertretung) geschieht und oft kaum mehr als 80 % erreicht. Dies relativiert die anwesenheitsbezogenen Mindestgrenzen für die Beschlüsse.

Zu den eine *einfache Mehrheit* erfordernden HV-Beschlußgegenständen gehört die Feststellung des Jahresabschlusses (→Feststellung und Billigung des Abschlusses), wenn diese nicht – wie zu allermeist – vorweg durch Aufsichtsratszustimmung zustande kam (§ 173 AktG). Der bei einer Konzernmutter vielfach im Vordergrund stehende Konzernabschluss ist mangels Feststellungspflicht direkt nur informationsrelevant, kann aber indirekt in Bezug auf die Entlastungsbeschlüsse Bedeutung gewinnen. Die Aufsichtsratswahl kann schon mit einfacher Mehrheit zum (faktischen) Konzern führen, weil über den AR der Vorstand beherrschbar werden kann. Um in diesem Konzernfall zum Schutz der Minderheit die Abhängigkeiten aufzuzeigen und Nachteile auszugleichen, wurde ein prüfungspflichtiger →Abhängigkeitsbericht (§ 312 AktG) zur Pflicht gemacht und besteht eine Nachteilsausgleichspflicht (§ 317 AktG) seitens des herrschenden Unternehmens.

Die für *existenzielle Beschlüsse* (Kapitalerhöhung, Kapitalherabsetzung, Satzungsänderung, Beherrschungsvertrag etc.) geltende 75%-HV-Mehrheit gibt der 25%-Sperrminorität ein besonderes Gewicht. Ein Konzern-Beherrschungsvertrag (§§ 291 ff. AktG) verschafft der Konzernmutter weit gehende Möglichkeiten der Indienstnahme, ohne dass Schadensersatzkonsequenzen eintreten und konzernbedingte Nachteile in einem Abhängigkeitsbericht aufzuzeigen sind. Deshalb gibt es hier das besondere Minderheitsrecht auf laufende Ausgleichszahlung oder Abfindung (§ 304, § 305 AktG). Im 95%-Beherrschungsfall der Eingliederung haben die Minderheitsaktionäre ein weiter gehendes Abfindungsrecht (§ 320b AktG).

Aktienrechtliche *Minderheitsrechte* besonderer Art bestehen in der Nichtigerklärung eines HV-Beschlusses vor Eintragung ins HR (§ 241 ff. AktG) sowie der Beschlußanfechtung (§243 ff. AktG) im Klageweg seitens eines beim HV-Beschluss anwesenden Aktionärs. Zudem bestehen Möglichkeiten der Veranlassung von *Sonderprüfungen* (→Sonderprüfungen, aktienrechtliche) bei den existenziellen Beschlüssen (§§ 142 ff. AktG) sowie den einfachen Fällen des Jahresabschlusses (unzulässige Unterbewertung, §§ 258 ff. AktG) und des Abhängigkeitsberichts (§ 315 AktG). Die Rechtsentwicklung geht dahin, die Minderheitsrechte zu verbessern und praktikabler zu machen.

Bei den *anderen Rechtsformen* (→Unternehmensformen) ist besonders die *Gesellschafterversammlung der GmbH* von Interesse. Ist kein mitbestimmungsbedingter AR Pflicht (monistisches System), hat die Gesellschafterversammlung direkt gegenüber der Geschäftsführung das Recht auf pflichtgemäße Bedienung [Einladung, Tagesordnung, Vorlage des Jahresabschlusses samt →Prüfungsbericht (PrB) etc.]. Auch die Beschlußrechte sind durch die Direktbeziehung zur Geschäftsführung geprägt, weshalb u. a. die Feststellung des Jahresabschlussen ein regelhafter Versammlungsgegenstand ist. Die monistisch modifizierte Analogie zur AG ist um so größer, je mehr deren Rechtsbesonderheiten im GmbH-Gesellschaftsvertrag übernommen sind. Bekanntes Beispiel ist die gesellschaftsvertragliche Berichtpflicht der Geschäftsführung gegenüber der Gesellschafterversammlung analog § 90 AktG (→Berichterstattungspflichten des Vorstands). Die fungibilitätsbedingten Probleme der AG entfallen weitgehend wegen der GmbH-Erschwernisse des Anteilsverkaufs. Im Extremfall der *Ein-Mann-GmbH mit Gesellschaftergeschäftsführung* ist alles auf Formalakte reduziert.

Wilhelm Strobel

Hauptbuch →Grund- und Hauptbuch

Hauptprüfung →Prüfungszeitraum

Hauptversammlung, Einberufungspflicht
→Einberufungspflichten des Vorstands

Hauptversammlung, Protokollierung der
→Versammlungsprotokolle

Hauptversammlungszuständigkeit, ungeschriebene →Einberufungspflichten des Vorstands

Haushaltsführung →Bundes- und Landeshaushaltsordnung

Haushaltsgrundsätzegesetz

Die Prüfung nach HGrG umfasst als Erweiterung zur Jahresabschlussprüfung (→Jahresabschlussprüfung, erweiterte) die Prüfung und Beurteilung der Ordnungsmäßigkeit der Geschäftsführung (→Geschäftsführungsprüfung) und der →wirtschaftlichen Verhältnisse des Unternehmens durch den →Abschlussprüfer (APr) (§ 53 HGrG).

Gehört einer Gebietskörperschaft die Mehrheit der Anteile eines Unternehmens in einer Rechtsform des privaten Rechts oder gehört ihr mindestens der vierte Teil der Anteile und steht ihr zusammen mit anderen Gebietskörperschaften die Mehrheit der Anteile zu (→öffentliche Unternehmen), so hat das zuständige Organ des Unternehmens auf Verlangen der Gebietskörperschaft(en) den APr mit der Prüfung nach HGrG zu beauftragen. Die Pflicht zur Beauftragung ergibt sich regelmäßig aus der Haushaltsordnung (→Bundes- und Landeshaushaltsordnung) oder aus gesellschaftsvertraglichen Bestimmungen. Der APr ist weder verpflichtet noch berechtigt, von sich aus eine Prüfung nach HGrG vorzunehmen, hat jedoch das zuständige Organ ggf. auf eine fehlende Beauftragung hinzuweisen. Für kommunale Unternehmen und Einrichtungen sehen dagegen landesrechtliche Vorschriften die Prüfung nach HGrG als Teil der gesetzlichen Abschlussprüfung vor (→Pflichtprüfungen), sodass keine gesonderte Auftragserteilung (→Prüfungsauftrag und -vertrag) notwendig ist (IDW PS 720.1 f.).

Prüfung und Berichterstattung regelt der vom ÖFA [→*Institut der Wirtschaftsprüfer in Deutschland e.V.* (*IDW*)] verabschiedete, einheitlich bei allen Prüfungen nach HGrG anzuwendende IDW PS 720. Der PS enthält einen allgemein ausgerichteten, vom APr zu beantwortenden Fragenkatalog mit Anwendungshinweisen, in dem die Prüfungsgegenstände „Ordnungsmäßigkeit der Geschäftsführung" und „wirtschaftliche Verhältnisse" in die Teilgebiete „Ordnungsmäßigkeit der Geschäftsführungsorganisation", „Ordnungsmäßigkeit des Geschäftsführungsinstrumentariums", „Ordnungsmäßigkeit der Geschäftsführungstätigkeit", „Vermögens- und Finanzlage" sowie „Ertragslage" gegliedert sind; jedes der fünf Teilgebiete setzt sich wiederum aus mehreren Fragenkreisen mit weiteren Unterfragen zusammen.

Hinsichtlich der *Ordnungsmäßigkeit der Geschäftsführungsorganisation* hat der APr zu beurteilen, ob Zusammensetzung und Tätigkeit von Überwachungsorganen und Geschäftsleitung sowie diesbezügliche Regelungen den rechtlichen Bestimmungen sowie den individuellen Bedürfnissen des Unternehmens entsprechen (IDW PS 720.16).

Die *Ordnungsmäßigkeit des Geschäftsführungsinstrumentariums* ist danach zu beurteilen, ob das Instrumentarium [Aufbau- und →Ablauforganisation, Planungswesen (→Planung; →Planungssysteme), →Rechnungswesen, Informationssystem (→Führungsinformationssysteme) und →Controlling, →Risikomanagementsystem (RMS), Regelungen zum Einsatz von Finanzinstrumenten (→Financial Instruments) und →Interne Revision] eine systematische Datenauswertung sowie eine zeitgerechte Information gewährleistet (IDW PS 720.17). Dabei besteht die Pflicht zur Einrichtung eines →Risikomanagementsystems aufgrund der Ausstrahlungswirkung des § 91 Abs. 2 AktG nicht nur für den Vorstand einer AG (→Aktiengesellschaft, Prüfung einer), sondern auch für Geschäftsführer anderer Gesellschaftsformen. Der APr hat diesbezüglich zu beurteilen, ob die Geschäftsführung ihrer Verpflichtung zur Einrichtung nachgekommen ist und ob das System geeignet ist, seine Aufgabe zu erfüllen (→Risikomanagementsystem, Prüfung des) (IDW 2006, Abschn. L., Rn. 78, S. 1123 f.).

Die Prüfung der *Ordnungsmäßigkeit der Geschäftsführungstätigkeit* beinhaltet die Fragestellung, ob bei Entscheidungen und Maßnahmen Gesetz, Satzung, Geschäftsordnung (→Geschäftsordnung für Vorstand und Aufsichtsrat) sowie Beschlüsse (→Versammlungsprotokolle) und Zustimmungsvorbehalte der Gesellschaftsorgane (→zustimmungspflichtige Geschäfte) beachtet wurden. Ferner ist zu prüfen, ob die Geschäftsführung dem Überwachungsorgan über wesentliche Vorgänge und die wirtschaftliche Lage (→Vermögenslage; →Finanzlage; →Ertragslage) des Unternehmens regelmäßig, zeitnah und sachgerecht Bericht erstattet hat (→Berichterstattungspflichten des Vorstands). In diesem Zusammenhang hat der APr auch auf das Vorliegen von ungewöhnlichen, risikoreichen oder nicht ordnungsgemäß abgewickelten Geschäftsvorfällen, erkennbare Fehldispositionen und Unterlassungen sowie die dazu erfolgte Berichterstattung einzugehen. Weitere Fragenkreise beziehen sich auf die Durchführung von →Investitionen, Auftragsvergabe, Lieferverpflichtungen und Entgeltregelungen. Nicht Gegenstand der Prüfung ist die Zweckmäßigkeit der Maßnahmen der Geschäftsführung (→Wirtschaftlichkeits- und Zweckmäßigkeitsprüfung) (IDW PS 720.18).

Zum Prüfungsgegenstand *wirtschaftliche Verhältnisse* mit Fragenkreisen zur →*Vermögenslage*, →*Finanzlage und* →*Ertragslage* kann sich der APr auf die bei der Prüfung von JA und →Lagebericht (→Jahresabschlussprüfung) gewonnenen Informationen stützen (→wirtschaftliche Verhältnisse). Soweit sich die Beantwortung der Fragen bereits aus dem →Prüfungsbericht (PrB) ergibt, kann hierauf verwiesen werden. Zur *Vermögenslage* ist über ungewöhnliche Bilanzposten und stille Reserven (→stille Reserven und Lasten), zur *Finanzlage* über Fristigkeiten, Deckungsrelationen, Eigenfinanzierungsfähigkeit, →Liquiditätscontrolling, Konzernfinanzbeziehungen (→Konzernarten; →Controlling im Konzern) sowie über die Inanspruchnahme von Fördermitteln zu berichten. Die Beurteilung der *Ertragslage* umfasst eine Aufgliederung des Betriebsergebnisses (→Jahresergebnis) nach Sparten sowie die Darstellung von wesentlichen einmaligen Vorgängen, die den Erfolg des Unternehmens entscheidend beeinflusst haben. Ferner sind die Ursachen für verlustbringende Geschäfte anzugeben und es ist darauf einzugehen, ob die Verluste beeinflussbar waren und inwieweit sie zeitnah durch Maßnahmen begrenzt wurden. Darüber hinaus ist über beabsichtigte bzw. getroffene Maßnahmen zur Verbesserung der Ertragslage zu berichten (IDW PS 720.19 f.).

Der Umfang von Prüfung und *Berichterstattung* hängt von der speziellen Situation des Unternehmens ab, sodass je nach Rechtsform (→Unternehmensformen), Größe, Branche und wirtschaftlicher Situation die Fragen mit unterschiedlicher Intensität zu beantworten sind und ggf. auch über ergänzende, nicht im Fragenkatalog berücksichtigte, Sachverhalte berichtet werden muss. Sind einzelne Fragen oder Fragenkreise im Einzelfall nicht einschlägig, ist dies zu begründen. Ferner ist die Bildung von jährlich wechselnden Prüfungsschwerpunkten (→Rotationsplan), die im PrB anzugeben sind, zulässig (IDW PS 720.5–7).

Die Ergebnisse der Prüfung nach § 53 HGrG werden ausschließlich im PrB dargestellt (IDW PS 400.12), wobei die Einzelbeantwortung der Fragen unter Voranstellung der jeweiligen Frage in einer Anlage zum PrB erfolgen sollte. Als zulässig wird auch die Berichterstattung in einem als solchen gekennzeichneten Teilbericht erachtet auf den im PrB mit einer zusammenfassenden Darstellung der wesentlichen Ergebnisse zu verweisen ist (IDW PS 450.17). Über die Berücksichtigung der Vorjahresbeanstandungen und -empfehlungen sollte zur besseren Information der Adressaten in einem gesonderten Abschnitt vor der Beantwortung der Einzelfragen berichtet werden (IDW PS 720.13–15).

Literatur: IDW (Hrsg.): IDW Prüfungsstandard: Fragenkatalog zur Prüfung der Ordnungsmäßigkeit der Geschäftsführung und der wirtschaftlichen Verhältnisse nach § 53 HGrG (IDW PS 720, Stand: 14. Februar 2000), in: WPg 53 (2000), S. 326–331; IDW (Hrsg.): IDW Prüfungsstandard: Grundsätze für die ordnungsmäßige Erteilung von Bestätigungsvermerken bei Abschlussprüfungen (IDW PS 400, Stand: 28. Oktober 2005), in: WPg 58 (2005), S. 1382–1402; IDW (Hrsg.): IDW Prüfungsstandard: Grundsätze ordnungsmäßiger Berichterstattung bei Abschlussprüfungen (IDW PS 450, Stand: 8. Dezember 2005), in: WPg 59 (2006a), S. 113–128; IDW (Hrsg.): WPH 2006, Band I, 13. Aufl., Düsseldorf 2006b.

Marco Sander

Haushaltsplan →Kämmereien

Haushaltsrechnung →Bundes- und Landeshaushaltsordnung

Hebelwirkung →Leverage-Effekt

Heimsicherungsverordnung

Heimträger, die alte, pflegebedürftige oder behinderte volljährige Menschen nach § 1 Abs. 1 HeimG aufnehmen und denen hierzu nach § 14 Abs. 2 HeimG Gelder oder geldwerte Leistungen zum Bau, zum Erwerb, zur Instandhaltung oder zum Betrieb des Heims überlassen werden, müssen sich nach § 16 HeimsicherungsV einer Prüfung unterziehen (IDW 2006, Abschn. Q, Rn. 951, S. 1859). Den Prüfungsgegenstand bilden die Pflichten der Träger, die in den §§ 5–15 HeimsicherungsV konstituiert sind. Der Träger hat hierzu gem. § 17 HeimsicherungsV detaillierte Aufzeichnungspflichten zu erfüllen. Darüber hinaus hat die Prüfung nach § 16 Abs. 1 HeimsicherungsV bis zum 30. September des folgenden Jahres durch einen Prüfer zu erfolgen, der den Anforderungen in § 18 HeimsicherungsV entspricht.

Das Ergebnis der Prüfung muss nach § 19 Abs. 1 HeimsicherungsV schriftlich in einem →Prüfungsbericht (PrB) wiedergegeben werden. Als Adressat des Berichts wird in § 19 Abs. 3 HeimsicherungsV die zuständige Behörde festgelegt, welcher der Bericht nach seiner Fertigstellung direkt zu übermitteln ist. Der Schwerpunkt der Berichterstattung liegt dabei auf der Darlegung und Bewertung der Sicherheitsleistungen gem. §§ 11–12 HeimsicherungsV, wobei sich die Berichterstattung im Detail an den Bedürfnissen der Behörde orientieren sollte (IDW 2006, Abschn. Q, Rn. 952, S. 1859). Weiterhin wird als Inhalt dieses Berichts nach § 19 Abs. 2 HeimsicherungsV festgelegt, dass bei potenziell auftretenden Meinungsverschiedenheiten zwischen dem Prüfer und dem Träger, diese in den PrB aufzunehmen sind (→ Meinungsverschiedenheiten zwischen Gesellschaft und Abschlussprüfer).

In den PrB ist gem. § 19 Abs. 1 HeimsicherungsV auch ein Vermerk einzufügen, aus dem hervorgeht, ob und gegebenfalls wie der Träger gegen seine Pflichten verstoßen hat. Dieser Prüfungsvermerk ist deshalb bei Missachtung bestimmter Pflichten nach den allgemeinen Grundsätzen [→ Bestätigungsvermerk (BestV)] zu ergänzen oder auch einzuschränken; dabei ist eine Beschreibung der Verstöße gegen die in Rede stehenden Pflichten detailliert mit in die Berichterstattung aufzunehmen (IDW 2006, Abschn. Q, Rn. 954, S. 1860).

Literatur: IDW (Hrsg.): WPH 2006, Band I, 13. Aufl., Düsseldorf 2006.

Eva Griewel

Herkunftslandprinzip → Abschlussprüferaufsichtskommission

Herstellkosten, kalkulatorische

Der Begriff der Herstellkosten entstammt der → Kosten- und Leistungsrechnung und bezeichnet jene → Kosten, die bei der Herstellung eines Produktes bzw. bei der Bereitstellung einer Dienstleistung anfallen. Die Herstellkosten werden für unternehmerische Dispositionsentscheidungen benötigt und für die Erstellung der vollkostenbasierten Ergebnisrechnung; des Weiteren fließen sie – soweit pagatorischer Natur – für die Bestandsbewertung (→ unfertige und fertige Erzeugnisse; → Vorratsvermögen) in die Bilanzierung ein. Die Herstellkosten bestehen aus Material- und → Fertigungskosten (Freidank 2001, S. 160) (s. Abb.).

Die Materialkosten setzen sich aus den Einzelkosten des Fertigungsmaterials und den Materialeinzelkosten zusammen. Zu den *Materialeinzelkosten* (→ Einzelkostencontrolling) zählen insb. die unmittelbar für die erstellten Erzeugnisse verbrauchten → Roh-, Hilfs- und Betriebsstoffe (RHB), Werkteile und Halberzeugnisse. Für die Erfassung der Materialeinzelkosten sind die Verbrauchsmengen zu ermitteln und zu bewerten. Die *Materialgemeinkosten* (→ Gemeinkostencontrolling) umfassen im Wesentlichen die Kosten für die Beschaffung und Lagerung; ihre Höhe ergibt sich als Zuschlag auf die Materialeinzelkosten (→ Kostenstellenrechnung).

Komponenten der Fertigungskosten sind Fertigungseinzelkosten (Fertigungslöhne), Fertigungsgemeinkosten sowie ggf. Sondereinzelkosten der Fertigung. Als *Fertigungseinzelkosten* gelten die bei der Leistungserstellung angefallenen, den Erzeugnissen direkt zurechenbaren Löhne einschl. zugehöriger Lohnnebenkosten, die aus der Finanzbuchhaltung (→ Rechnungswesen) stammen. *Fertigungsgemeinkosten* sind alle im Fertigungsbereich anfallenden Kosten, die nicht unmittelbar einzelnen Leistungen zugerechnet werden können. Hierunter fallen z. B. Energiekosten, Abschreibungen auf Fertigungsanlagen (→ Abschreibungen, kalkulatorische), Reparaturkosten im Fertigungsbereich, Instandhaltungskosten für Fertigungseinrichtungen (→ Instandhaltungscontrolling), Kosten der Werkstattverwaltung (→ Verwaltungscontrolling), Arbeitsvorbereitung sowie Fertigungskontrolle. Ebenso wie die Materialgemeinkosten werden die Fertigungsgemeinkosten als Zuschlag auf die Fertigungseinzelkosten ermittelt (→ Kostenstellenrechnung). *Sondereinzelkosten der Fertigung* sind z. B. Kosten für Spezialwerkzeuge, Lizenzen und F&E (→ Forschungs- und Entwicklungskosten). Kennzeichnend für diese Kosten ist, dass sie lediglich den Produktarten oder ggf. Aufträgen direkt zugerechnet werden können (→ Kostenzurechenbarkeit) (Schweitzer/Küpper 1995, S. 261). *Verwaltungs- und Vertriebsgemeinkosten* hingegen zählen nicht zu den Herstellkosten. Die Herstellkosten bilden die Basis für die Verrechnung von Verwaltungs- und Vertriebsgemeinkosten, die zusammen die Selbstkosten ergeben (→ Selbstkostenermittlung). Die Herstellkosten sind eine Zwischensumme der → Zuschlagskalkulation (→ Kalkulation; → Kalkulationsmethoden).

Der Bewertungsmaßstab der kalkulatorischen Herstellkosten ist aufgrund divergierender Zielsetzung streng zu unterscheiden vom Begriff der bilanziellen HK (→ Herstellungskosten, bilanzielle; → Herstellungskosten, Prüfung der). Die Herstellkosten werden ausschließlich nach kostenrechnerischen Prinzipien ermittelt. Daher fließen – im Gegensatz zu den bilanziellen HK – in die Herstellkosten sowohl Anders- als auch Zusatzkosten (→ Kosten) ein. Demgegenüber bleiben handels- und steuerrechtlich Zusatzkosten unbe-

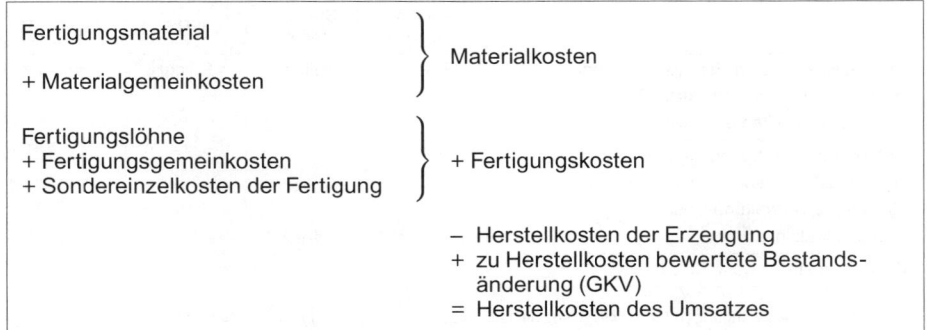

Abb.: Ermittlung der Herstellkosten

rücksichtigt und Anderskosten dürfen nur in der Höhe der entsprechenden aufwandsgleichen Kosten berücksichtigt werden (→kalkulatorische Kosten; →Herstellkosten, bilanzielle). Dagegen können angemessene Verwaltungskosten in die bilanziellen HK einfließen, die jedoch nicht Bestandteil der kalkulatorischen Herstellkosten sind. Der Begriff der kalkulatorischen Herstellkosten unterscheidet sich insofern von dem bilanz- und steuerrechtlich relevanten Begriff der bilanziellen HK, der Verwaltungskosten umfassen kann, bei dem aber keine →kalkulatorischen Kosten berücksichtigt werden dürfen.

Die Unterscheidung zwischen kalkulatorischen Herstellkosten und bilanziellen HK ist im internationalen Kontext unterschiedlich stark ausgeprägt. Maßgeblich hierfür sind die bestehenden Differenzen zwischen der Kostenrechnung (→Kostenrechnung, Prüfung der) auf der einen Seite und der handels- bzw. steuerrechtlichen Rechnungslegung auf der anderen Seite. Bei Verwendung betriebswirtschaftlich orientierter Bilanzierungs- und →Bewertungsgrundsätze nähern sich die beiden Begriffe „Herstellkosten" und „Herstellungskosten (HK)" weitgehend an. Probleme bei der Annäherung bereiten insb. kalkulatorische Zinsen und der kalkulatorische Unternehmerlohn. Eine Annäherung ist bei Bilanzierung nach den →International Financial Reporting Standards (IFRS) und den →United States Generally Accepted Accounting Principles (US GAAP) eher der Fall als bei Bilanzierung nach HGB (Auer 2002, Sp. 667–668).

Literatur: Auer, K. V.: Herstellkosten und Herstellungskosten, in: Küpper, H.-U./Wagenhofer, A. (Hrsg.): HWUC, Stuttgart 2002, Sp. 667–675; Freidank, C.-Chr.: Kostenrechnung, 7. Aufl., München/Wien 2001; Schweitzer, M./Küpper, H.-U.: Systeme der Kosten- und Erlösrechnung, 6. Aufl., München 1995.

Inge Wulf

Herstellungskosten, bilanzielle

Die Herstellung von →Vermögensgegenständen geht mit einer Minderung des Bilanzvermögens und des Erfolgs einher. Bei der Schaffung von Vermögensgegenständen werden daher die damit verbunden HK aktiviert (→Ansatzgrundsätze) und somit die Vermögens- und Erfolgsminderungen neutralisiert. Da Herstellungsvorgänge entsprechend dem Realisationsprinzip (→Grundsätze ordnungsmäßiger Rechnungslegung; →Grundsätze ordnungsmäßiger Buchführung, Prüfung der) erfolgsneutral abzubilden sind, ist der bilanzrechtliche Begriff der HK *pagatorischer Natur*, d. h. er ist auf aufwandsgleiche →Kosten begrenzt, sodass nur die tatsächlich angefallenen Ausgaben aktiviert werden dürfen; nicht-pagatorische Teile, wie kalkulatorische Kostenarten ohne Aufwandsbegleitung (Zusatzkosten), dürfen nicht berücksichtigt werden (→kalkulatorische Kosten; →Herstellkosten, kalkulatorische). Für die Ermittlung der HK wird i.d.R. auf die interne Kostenrechnung (→Kosten- und Leistungsrechnung; →Kostenrechnung, Prüfung der) zurückgegriffen, wobei aber nur pagatorische Aufwendungen berücksichtigt werden dürfen. Konsequenterweise wäre die Bezeichnung Herstellungsaufwendungen/-ausgaben zutreffender (zur Abgrenzung von Erhaltungs- und Herstellungsaufwand Kahle 2002, Rn. 131–143 zu § 255 HGB, S. 31–32).

Insgesamt umfassen die bilanziellen HK alle direkt oder indirekt zurechenbaren Aufwen-

Herstellungskosten, bilanzielle

Abb.: Zusammensetzung der HK

	Handels-recht	Steuer-recht	IFRS	US-GAAP
Materialeinzelkosten/Fertigungsmaterial Fertigungseinzelkosten/Fertigungslöhne Sondereinzelkosten der Fertigung	Pflicht	Pflicht	Pflicht	Pflicht
Material- und Fertigungsgemeinkosten Fertigungsbezogene Verwaltungskosten* Allgemeine Verwaltungskosten*	Wahlrecht	Wahlrecht	Wahlrecht	Wahlrecht
			Verbot	Verbot
Fremdkapitalzinsen	Wahlrecht**	Wahlrecht**	Wahlrecht**	Pflicht***
Vertriebskosten	Verbot			

* Einschließlich Aufwendungen für freiwillige soziale Leistungen sowie Aufwendungen für betriebliche Altersversorgung
** HGB Steuerrecht: beschränkt auf Fremdkapital, das zur Finanzierung des Herstellungsvorganges verwendet wird; IFRS: beschränkt auf Vermögensgegenstände, für deren Herstellung ein beträchtlicher Zeitraum erforderlich ist (sog. qualifying assets)
*** nur bei Vermögensgegenständen, für deren Herstellung ein beträchtlicher Zeitraum erforderlich ist

dungen (→Aufwendungen und Erträge), die durch den Verbrauch von Gütern und die Inanspruchnahme von Diensten für die Herstellung eines Vermögenspostens, seiner Erweiterung oder für eine über seinen ursprünglichen Zustand hinausgehende wesentliche Verbesserung anfallen (IDW 2006, Rn. 268 zu § 255 HGB, S. 343). Sie sind für die Bewertung von →unfertigen und fertigen Erzeugnissen, aber auch von selbst erstellten Vermögenswerten relevant. Der Begriff der HK unterscheidet sich von den in der →Kosten- und Leistungsrechnung verwendeten Begriff (→Herstellkosten, kalkulatorische). Auch sind die bilanziellen HK gem. § 255 Abs. 2 HGB nicht zwangsläufig identisch mit den in der →Gewinn- und Verlustrechnung (GuV) nach dem UKV gem. § 275 Abs. 3 HGB (→Gliederung der Gewinn- und Verlustrechnung) ausgewiesenen HK der zur Erzielung der →Umsatzerlöse erbrachten Leistungen (Umsatzbezug) (Lachnit 2001, Rn. 132 zu § 275 HGB, S. 48).

Sowohl das Handels- als auch das Steuerrecht unterscheiden zwischen aktivierungspflichtigen, aktivierbaren (Wahlrecht) und nicht aktivierbaren (Verbot) Ausgaben, wobei die steuerrechtlichen Einbeziehungspflichten über die des Handelsrechts hinausgehen. Demzufolge sind die jeweiligen Wertuntergrenzen der HK nicht deckungsgleich. Die folgende Übersicht zeigt die Bestandteile der HK und deren Aktivierbarkeit differenziert nach Handels- und Steuerrecht (§ 255 Abs. 1 HGB, § 5 Abs. 1 Satz 1 EStG; Abschn. 6.3 EStR; IAS 2.10 ff.; ARB 43.4.3) (s. Abb.).

In § 255 Abs. 2 und 3 HGB wird eine Definition der HK geboten, die sowohl den Ansatz zu Teilkosten (aktivierungspflichtige Bestandteile) als auch zu Vollkosten (einschl. aktivierbare Bestandteile, ohne Vertriebskosten) zulässt. Es wird jedoch der geforderte Grundsatz der Erfolgsneutralität verletzt, wenn von dem Wahlrecht Gebrauch gemacht wird und die Gemeinkosten (→Gemeinkostencontrolling) nicht in die HK einbezogen werden. Die praktizierte Berechnungsweise ist in jedem Fall im →Anhang anzugeben (§ 284 Abs. 2 Nr. 1 HGB). Die Summe der *aktivierungspflichtigen Bestandteile der HK* bildet die jeweilige Wertuntergrenze. Im Vergleich zum Handelsrecht ist die Wertuntergrenze im Steuerrecht (→Gewinnermittlungsmethoden, steuerrechtliche) höher angesetzt. Hier besteht auch hinsichtlich der Material- und Fertigungsgemeinkosten (→Fertigungskosten) eine Ansatzpflicht (Abschn. 6.3 Abs. 1 bis 3 EStR). Bei Bilanzierung nach den →International Financial Reporting Standards (IFRS) und den →United States Generally Accepted Accounting Principles (US GAAP) ist die Wertuntergrenze noch höher angesetzt als nach Steuerrecht. Beide Rechnungslegungssysteme fordern einen Vollkostenansatz; zusätzlich sind die fertigungsbezogenen Verwaltungskosten einzubeziehen. Eine Besonderheit besteht bei Bilanzierung von langfristigen Fertigungsaufträgen (→langfristige Auftragsfertigung) nach US GAAP, wenn diese nach der Completed-Contract Method bewertet werden. In diesem Fall dürfen allgemeine

Verwaltungskosten und auch Vertriebskosten in die HK einbezogen werden (SOP 81.1.87).

Generell dürfen nur die Teile der Gemeinkosten einem bestimmten Produkt zugerechnet werden, die bei ordnungsgemäßer Kostenverrechnung (→Kosten- und Leistungsverrechnung, innerbetriebliche) auf das Produkt entfallen. Die *Ermittlung der HK* des Umsatzes setzt somit i. d. R. eine *ausgebaute* →*Kostenstellenrechnung* voraus. Die Höhe der einzubeziehenden Material- und Fertigungsgemeinkosten wird wesentlich von dem zugrunde gelegten →Beschäftigungsgrad beeinflusst. Als *Beschäftigungsgrad* kann z. B. die tatsächliche (Ist-), die normale (Normal-) oder die optimale (Plan-) Beschäftigung (→Planbeschäftigung) zugrunde gelegt werden. Werden die HK aufgrund der tatsächlichen Beschäftigung ermittelt, ergeben sich je nach Beschäftigungslage unterschiedlich hohe Gemeinkostenzuschläge pro Leistungseinheit. Um derartige Schwankungen auszuschließen, werden anstelle der Ist-Gemeinkosten je Leistungseinheit z. B. Gemeinkosten auf Basis der Normal- oder Sollbeschäftigung angesetzt; Obergrenze der handelsrechtlichen HK sind die tatsächlichen Aufwendungen. Sowohl nach IFRS als auch nach US GAAP ist für die Kostenermittlung die Normalbeschäftigung vorgeschrieben (Hayn/Waldersee 2004, S. 74–75).

Da die Verrechnung der Kosten auf die betrieblichen Bereiche bei der traditionellen Kostenrechnung mithilfe von Schlüsselungen und Umlagen erfolgt, bestehen erhebliche Ermessensspielräume (→bilanzpolitische Gestaltungsspielräume nach HGB; →bilanzpolitische Gestaltungsspielräume nach Steuerrecht; →bilanzpolitische Gestaltungsspielräume nach IFRS; →bilanzpolitische Gestaltungsspielräume nach US GAAP) und firmenindividuelle Handhabungsunterschiede (Lachnit 2001, Rn. 129 zu § 275 HGB, S. 47). In diesem Zusammenhang bietet die →Prozesskostenrechnung einen Weg, um eine verursachungsgerechtere Zurechnung (→Kostenverursachung; →Kostenzurechenbarkeit) der Gemeinkosten auf die Kostenträger zu erreichen.

Literatur: Hayn, S./Waldersee, G.: IFRS/US-GAAP/HGB im Vergleich, Stuttgart 2004; IDW (Hrsg.): WPH 2006, Band I, 13. Aufl., Düsseldorf 2006; Kahle, H.: Kommentierung des § 255 HGB, in: Baetge, J./Kirsch, H.-J./Thiele, S. (Hrsg.): Bilanzrecht, Bonn 2002; Lachnit, L.: Kommentierung des § 275 HGB, in: Hofbauer, M./Kupsch, P. (Hrsg.): Bonner Handbuch der Rechnungslegung, Loseblattausgabe, Band 2, Fach 4, Bonn, Stand: 21. Erg.-Lfg. September 2001, S. 1–71.

Inge Wulf

Herstellungskosten, Prüfung der

Die HK (→Herstellungskosten, bilanzielle) sind der Maßstab für die Bewertung von →Vermögensgegenständen (handelsrechtlich) bzw. →Wirtschaftsgütern (steuerrechtlich), die in Gänze oder teilweise im eigenen Betrieb erstellt werden. Die Ermittlung der HK kann sowohl auf den Daten der Buchhaltung als auch der Kostenrechnung (→Kosten- und Leistungsrechnung; →Kostenrechnung, Prüfung der) basieren, wobei mit zunehmender Komplexität häufig kostenrechnerischen Verfahren (→Kalkulation; →Kalkulationsmethoden) der Vorzug gegeben wird. Aufgrund unterschiedlicher Zielsetzung des internen und externen →Rechnungswesens sind ggf. Überleitungsrechnungen z. B. für die Eliminierung der →kalkulatorischen Kosten notwendig. Der Umfang der zu berücksichtigenden →Kosten bei der Ermittlung der HK ist von den zugrunde liegenden Rechnungslegungsnormen abhängig:

Handelsrecht: Nach § 255 Abs. 2 HGB sind HK Aufwendungen, die durch den Verbrauch von Gütern und die Inanspruchnahme von Diensten für die Herstellung, Erweiterung oder wesentliche Verbesserung eines →Vermögensgegenstandes entstehen. Die Wertuntergrenze der HK (aktivierungspflichtige Bestandteile) setzt sich aus Materialeinzelkosten, Fertigungseinzelkosten und Sondereinzelkosten der Fertigung (→Fertigungskosten) zusammen. Im HGB wird folglich bei der Bestimmung der Wertuntergrenze auf das Kriterium der →Kostenzurechenbarkeit abgestellt. Zur Ermittlung der Wertobergrenze werden zu den Pflichtbestandteilen angemessene Teile der Materialgemeinkosten, Fertigungsgemeinkosten, der Werteverzehr von →Anlagevermögen, soweit er durch die Fertigung veranlasst ist, Verwaltungskosten und Fremdkapitalzinsen hinzugerechnet. Dies bedeutet, dass bei einer dauerhaften und offenbaren Kapazitätsunterauslastung (→Kapazitätsplanung; →Kapazitätscontrolling) →Leerkosten zu eliminieren sind. Für die Hinzurechnung der Fremdkapitalzinsen muss gewährleistet sein, dass sie auf den Zeitraum der Herstellung entfallen und das Fremdkapital zur

Tab.: Pflicht- und Wahlbestandteile der HK

	HGB	EStR	IAS/IFRS
Materialeinzelkosten	Pflicht	Pflicht	Pflicht
Fertigungseinzelkosten	Pflicht	Pflicht	Pflicht
Sondereinzelkosten der Fertigung	Pflicht	Pflicht	Pflicht
Variable Material- und Fertigungsgemeinkosten	Wahlrecht	Pflicht	Pflicht
Fixe Material- und Fertigungsgemeinkosten	Wahlrecht	Pflicht	Pflicht
Verwaltungskosten (herstellungsbezogen)	Wahlrecht	Wahlrecht	Pflicht
Fremdkapitalzinsen zur Finanzierung der Herstellung	Wahlrecht	Wahlrecht	Wahlrecht
Verwaltungskosten (nicht herstellungsbezogen)	Wahlrecht	Wahlrecht	Verbot
Fremdkapitalzinsen (grundsätzlich)	Verbot	Verbot	Verbot
Vertriebskosten	Verbot	Verbot	Verbot

Finanzierung der Herstellung verwendet wird (z. B. →langfristige Auftragsfertigung). Vertriebskosten dürfen nicht in die HK einbezogen werden. Der Umfang der Wahlrechte bei der Ermittlung der handelsrechtlichen HK eröffnet umfangreiche bilanzpolitische Spielräume (→bilanzpolitische Gestaltungsspielräume nach HGB).

Steuerrecht: Für das Steuerrecht enthält Abschn. 6.3 Abs. 1 EStR eine ähnlich lautende Definition wie das HGB: HK sind die Aufwendungen, die durch den Verbrauch von Gütern und die Inanspruchnahme von Diensten für die Herstellung eines Produktes entstehen. Signifikanter Unterschied ist, dass angemessene Teile der notwendigen Material- und Fertigungsgemeinkosten sowie der Wertverzehr von Anlagevermögen, soweit er durch die Herstellung des Wirtschaftsguts veranlasst ist, als Pflichtbestandteile einzubeziehen sind. Analog zur handelsrechtlichen Definition dürfen Verwaltungs- und Fremdkapitalkosten hinzugerechnet werden (→bilanzpolitische Gestaltungsspielräume nach Steuerrecht). Für Vertriebskosten besteht auch im Steuerrecht ein Aktivierungsverbot.

International Financial Reporting Standards (IFRS): Nach IAS 2.7 ff. und IAS 16.15 ff. sind zu den AHK alle Kosten des Erwerbs und der Herstellung sowie sonstige Kosten einzubeziehen, die angefallen sind, um die Vermögenswerte (→Asset) an ihren derzeitigen Ort und in ihren derzeitigen Zustand zu versetzen. Somit weicht die Definition der HK gem. IAS von der deutschen handelsrechtlichen und steuerlichen Definition ab. Im Unterschied zum Handels-/Steuerrecht müssen nach IAS 2 und IAS 16 produktionsbezogene Vollkosten aktiviert werden. Dies hat zur Folge, dass der steuerliche Mindestwertansatz um die produktionsbezogenen Bestandteile der allgemeinen Verwaltungskosten erhöht werden muss. Ebenso dürfen die fixen Produktionsgemeinkosten nur auf Basis einer normalen Kapazität einbezogen werden. Ein Wahlrecht gem. IFRS besteht lediglich bei der Aktivierung von Fremdkapitalzinsen. Diese dürfen nach IAS 23 jedoch nur bei →langfristiger Auftragsfertigung aktiviert werden (→bilanzpolitische Gestaltungsspielräume nach IFRS).

Die obige Tab. verdeutlicht die Pflicht- und Wahlbestandteile der HK der beschriebenen Rechnungslegungsnormen.

Matthias Grünstäudl

Heterograde Stichprobe

Eine heterograde Stichprobe (→Stichprobenprüfung) dient der Untersuchung *quantitativer* Unterschiede. Im Prüfungswesen ist insb. die Untersuchung des *Fehlerwertes* eines →Prüffeldes aufgrund einer Auswahlerhebung (Gegensatz: → lückenlose Prüfung) relevant. Der heterograden Stichprobe gegenüber ist die →homograde Stichprobe auf *qualitative* Unterschiede gerichtet und dient insb. der Untersuchung von *Fehleranteilen der Prüffelder*, wobei auch Kontrollsystemschwächen [→Kontrollsysteme; →Internes Kontrollsystem (IKS); →Internes Kontrollsystem, Prüfung des; →Systemprüfung; →Funktionsprüfung] als Fehler verstanden werden.

Eine Stichprobenprüfung i.e.S. („*statistical sampling*") basiert auf einer Zufallsauswahl der Stichprobenelemente *und* deren Auswertung auf wahrscheinlichkeitstheoretischer Grundlage; hiervon unterscheidet man in der Wirtschaftsprüfung die „nicht-statistische" Stichprobenprüfung („*non-statistical sampling*"), der eines der Merkmale fehlt oder der beide Merkmale fehlen.

Heterograde Stichproben werden vor allem in der Ergebnisprüfung (→ergebnisorientierte Prüfungshandlungen) angewendet. Aus der Unterscheidung in *Überbewertungsfehler* (im Vergleich zum *Sollwert*, dem vom Prüfer als zutreffend beurteilten Wert, ist der vom Unternehmen vorgelegte *Buchwert* zu hoch) und *Unterbewertungsfehler* (der Buchwert ist kleiner als der Sollwert) sind Analysen speziell auf Überbewertung, speziell auf Unterbewertung oder zugleich auf Über- und auf Unterbewertung entwickelt worden, im letzteren Fall entweder als *Nettofehler*- oder als *Bruttofehler-Untersuchung* (Analyse von saldierten vs. von absoluten Fehlerwerten). Mitunter werden auch bei der Prüfung des unternehmensinternen Kontrollsystems heterograde Stichproben angewandt, wenn der Wert derjenigen Geschäftsvorfälle ermittelt wird, die ohne oder ohne korrekte Beachtung betrieblicher Kontrollregeln vollzogen wurden.

Beim heterograden *Schätzen* wird aufgrund der Stichprobe ein Punktschätzwert für den unbekannten Gesamt-Sollwert oder für den unbekannten Fehlerwert des Prüffeldes, die Abweichung zwischen Gesamt-Sollwert und Gesamt-Buchwert, berechnet, oder es werden für diese Werte Konfidenzintervallgrenzen (Vertrauensintervallgrenzen) ermittelt. Beim statistischen *Test* ist der Fehlerwert des Prüffeldes entweder als „nicht mehr ordnungsmäßig" oder als „ordnungsmäßig" zu klassifizieren. Alternative Bezeichnungen für „ordnungsmäßig" sind z. B. „tolerabel", „nicht wesentlich fehlerhaft" bzw. „nicht materiell fehlerhaft". Gilt der getestete Fehlerwert als noch ordnungsmäßig, so wird der zugehörige, vom Mandanten vorgelegte (Jahresabschluss-) Wert entweder nicht korrigiert oder es werden nur die in der Stichprobe gefundenen Fehler (also nicht die nur hochgerechneten, im *nicht* geprüften Teil mutmaßlich vorhandenen Fehler) korrigiert. Bei einem als materiell fehlerhaft getesteten Prüffeld werden demgegenüber vom Prüfer [→Abschlussprüfer (APr)] weitergehende Maßnahmen eingeleitet, i. d. R. mit dem Ziel, das Prüffeld letztlich dennoch akzeptieren zu können (z. B. Zurückverweisung des Prüffeldes an den Mandanten zur Nachbearbeitung, ggf. zuvor Vergrößerung des Stichprobenumfangs oder Vollerhebung des Prüffeldes in der Erwartung, ein weniger zufallsbehaftetes und deshalb möglicherweise insgesamt akzeptables Ergebnis zu berechnen). Heterogrades Schätzen impliziert dagegen zumeist eine (Weiter-) Verwendung des ermittelten Schätzwertes; insb. führt ein geschätzter Gesamt-Sollwert zur Modifikation des zunächst vom Mandanten vorgelegten Buchwertes.

Zur Ermittlung des Gesamt-Sollwertes und des Gesamt-Fehlerwertes im Prüfungswesen sind zahlreiche einfache oder höhere statistische Methoden denkbar, jedoch haben auf der Mittelwertmethode (*Mittelwertschätzung*) und der Differenzenmethode (*Differenzenschätzung*) beruhende Verfahren sowie Dollar-Unit-Techniken die größte praktische Bedeutung. Die Mittelwertmethode in ihrer einfachsten Form bestimmt ein Gesamt-Sollwert des Prüffeldes, indem der Mittelwert der in der Stichprobe identifizierten einzelnen Sollwerte auf den Gesamt-Sollwert des Prüffeldes hochgerechnet (mit der Zahl der Elemente im Prüffeld multipliziert) wird. Bei der Differenzenschätzung wird analog der an den Stichprobenelementen beobachtete durchschnittliche Fehlerwert mithilfe der Größe des Prüffeldes auf den Gesamt-Fehlerwert hochgerechnet.

Derartige traditionelle heterograde Verfahren erfordern vom Prüfer i. d. R. recht gute mathematische Kenntnisse, z. B. bei der Übertragung des grundlegenden statistischen Konzeptes in eine praxisrelevante Methode (z. B. bei der Überführung der einfachen in die geschichtete, i. d. R. einen deutlich geringeren Prüfumfang ermöglichende Mittelwertschätzung), bei der Ermittlung von Kenngrößen, etwa von Varianzen, oder bei der Berechnung des notwendigen Stichprobenumfangs. Insb. haben die Verfahren die Besonderheit und den Nachteil, dass aufgrund von Eigenheiten der Prüffelder (stark schiefe Verteilungen der Werte; wenige Fehler, deren Größe aber beträchtlich sein kann) in vielen Praxisfällen potenziell hohe Stichprobenumfänge notwendig werden, um eine Hochrechnung des in der Stichprobe beobachteten Fehlerergebnisses auf das Prüffeld auf der Grundlage der Gauß-

Heterograde Stichprobe

schen Normalverteilung vornehmen zu können. Ein denkbarer Verzicht auf hohe Stichprobenumfänge bedeutet indes die Gefahr, materiell fehlerhafte Prüffelder als solche nicht mit der geforderten Wahrscheinlichkeit erkennen zu können.

Deshalb sind sog. Dollar-Unit-Verfahren gebräuchlich, deren Anwendung zudem sehr einfach ist und die ferner durch eine buchwertproportionale Auswahltechnik gekennzeichnet sind. Die grundlegende Methode des Dollar-Unit-Verfahrens, erklärt am Beispiel eines Prüffeldes mit Überbewertungsfehlern, ist folgende: Das Prüffeld wird aus Geldeinheiten der vorliegenden Währung bestehend interpretiert. In den USA oder in Kanada liegen somit Dollar-Einheiten vor; diese gaben dem Verfahren seinen Namen. In Deutschland besteht das Prüffeld aus €-Einheiten. Aufgrund einer Zufallsziehung der Geldeinheiten stellt der Prüfer fest, wie viele der Stichproben-Geldeinheiten fehlerhaft sind und welches die jeweilige *Fehlbewertungsrate* eines beobachteten Fehlers ist. Sodann schließt er aufgrund dieser Ergebnisse auf das gesamte Prüffeld. Die Fehlbewertungsrate, der relative Fehler, ist dabei definiert als |(Sollwert − Buchwert)| pro Buchwert.

Beispiel: Ein Prüffeld mit 200.000 € Gesamt-Buchwert wird gedanklich als ein aus 200.000 einzelnen Buchwert-Geldeinheiten (à 1 €) bestehendes Prüffeld gesehen. Z.B. 100 dieser Geldeinheiten werden zufällig untersucht. Zur Bestimmung, ob diese Geldeinheiten fehlerhaft und welches die Fehlbewertungsraten sind, muss auf die natürlichen Beträge, in die die zufälligen Stichproben-Geldeinheiten fallen, zurückgegriffen werden. Z.B. wird einer Stichproben-Geldeinheit, die in den Buchbetrag in Höhe von 400 € mit einem Sollwert von 100 € gefallen ist, die Fehlbewertungsrate des natürlichen Betrages

$$\frac{|(100 - 400)|}{400} = 0,75$$

zugewiesen.

Sodann wird berechnet, welches der *obere Anteil* fehlerhafter €-Einheiten des Prüffeldes zunächst für eine angenommene Null-Fehler-Stichprobe, dann für eine Ein-Fehler-Stichprobe, dann für eine Zwei-Fehler-Stichprobe etc. ist. Der obere Fehleranteil ist der Anteil, der vom tatsächlichen Fehleranteil des Prüffeldes mit der geforderten Sicherheit (z.B. 95%, also in 95 von 100 derartiger Stichprobenfälle) nicht überschritten wird. Die Berechnung wird fortgesetzt, bis die Zahl der in der Stichprobe gefundenen Fehler (nachfolgend seien zwei Fehler angenommen) erreicht ist. Beim Stichprobenumfang von 100 und einem Sicherheitsniveau von 95% ergibt sich, berechnet mithilfe der Poisson-Verteilung, zunächst ein oberer Fehleranteil von 0,0300 (3%). Insofern sind 3% von 200.000 €-Einheiten, also 6.000 € fehlbewertet. Dieser – auf der Grundlage von null Fehlern berechnete – *Basisfehleranteil* steigt bei Beobachtung eines (des ersten) Fehlers um 0,0174 auf den oberen Fehleranteil von 0,0474 und sodann durch die Beobachtung eines weiteren (des zweiten) Fehlers erneut und zwar um 0,0156 auf insgesamt 0,0630. Entsprechend steigt die Zahl der fehlbewerteten € zunächst um 0,0174 · 200.000 € = 3.480 € und sodann um 0,0156 · 200.000 € = 3.120 €, also auf insgesamt 200.000 € · (0,0300 + 0,0174 + 0,0156) = 12.600 €. Die tatsächlich vorhandenen fehlerhaften Geldeinheiten überschreiten folglich mit einer Wahrscheinlichkeit von 95% nicht diese 12.600 fehlerhaften €-Einheiten.

Da die fehlerhaften Betragseinheiten jedoch i. d. R. nicht „*vollständig*", d. h. zu genau einem € oder zu 100 €-Cent (der Sollwert bei vollständiger Überbewertung ist null) fehlbewertet sind, werden die fehlbewerteten Betragseinheiten mit den – der Höhe nach geordneten – *beobachteten* Fehlbewertungsraten gewichtet (für die beiden Fehler seien Fehlbewertungsraten von 0,75 und 0,60 angenommen). Für den Basisfehleranteil wird bei überbewerteten Buchwerten hilfsweise – mangels eines empirisch gewonnenen Wertes – die bei Überbewertung höchstmögliche Fehlbewertungsrate von 1,00 unterstellt. Aufgrund dieser Gewichtungen ist das Dollar-Unit-Verfahren eine heuristische, nicht i. S. d. mathematisch-statistischen Methodenlehre abgesicherte Vorgehensweise. Als Ergebnis folgt der *obere Fehlerwert* als der Betrag, der vom tatsächlichen Fehlerwert des Prüffeldes mit der unterstellten Sicherheit (95%) nicht überschritten wird.

Der ermittelte obere Fehlerwert, im Beispiel 200.000 € · (0,0300 · 1,00 + 0,0174 · 0,75 + 0,0156 · 0,60) = 10.482 €, wird sodann mit dem *materiellen Fehlerwert* (dem Wert, ab dem das Prüffeld nicht mehr als ordnungsmäßig zu betrachten ist) verglichen. Das Prüffeld ist nur dann als ordnungsmäßig zu klassifizieren, wenn der berechnete obere Fehlerwert den vorgegebenen materiellen Fehlerwert unterschreitet. Wie das Vorgehen zeigt, lassen sich in praktischen Anwendungen statistisches Testen und Schätzen miteinander verbinden.

Durch die Einteilung des Gesamt-Buchwertes in einzelne Geldeinheiten und die nachfolgende Ziehung und Auswertung von Stichproben-Geldeinheiten wird die betragsproportionale (zu den Buchwerten proportionale) Auswahl erreicht; diese Auswahl entspricht dem prüferischen Vorgehen oft mehr als die in Zufallsziehungen ansonsten zumeist praktizierte betragsunabhängige (gleichverteilte) Auswahl von Buchwerten.

Das Dollar-Unit-Verfahren erkennt grundsätzlich materiell fehlerhafte Prüffelder mit der geforderten Wahrscheinlichkeit, jedoch werden, wie u. a. durch Simulationsstudien nachweisbar ist, die in Prüffeldern tatsächlich vorliegenden Fehlerwerte in nicht wenigen Anwendungsfällen deutlich überschätzt. Bei *unterbewerteten* Prüffeldern besteht die Besonderheit, dass die Fehlbewertungsrate für den Basisfehleranteil nicht auf 1,00 begrenzt ist. Ein unterbewerteter Buchbetrag von 400 € mag z. B. den korrekten Wert 8.400 € haben, d. h. die Fehlbewertungsrate 20 aufweisen oder sogar eine noch weit höhere Fehlbewertungsrate besitzen. Die obere Fehlergrenze wird zwar im Prinzip analog berechnet, jedoch für den Basisfehleranteil unter Zuhilfenahme einer *geschätzten* Unterbewertungsrate. Da eine solche im Vergleich zu der tatsächlich im Prüffeld vorhandenen Rate in praxi potenziell zu groß oder zu klein geschätzt werden kann, beeinflusst die Genauigkeit der Schätzung die Aussagekraft der berechneten Dollar-Unit-Ergebnisse. Ungeachtet dieser Eigenarten und Schwächen ist das Dollar-Unit-Verfahren das heute gebräuchlichste heterograde Stichprobenverfahren in der Wirtschaftsprüfung.

Literatur: AICPA: Audit Sampling, NY 2001; Guy, D. M./Carmichael, D. R./Whittington, R.: Audit Sampling. An Introduction, 5. Aufl., NY et al. 2002; Hömberg, R.: Grundlagen der Prüfungstechnik, in: Wysocki, K. v. et al. (Hrsg.): HDJ, Loseblattausgabe, Band 4, Kapitel VI.3, Köln, Stand: 38. Erg.-Lfg. August 2006, S. 1–93.

Reinhold Hömberg

Heterogrades Schätzen →Heterograde Stichprobe

Heuristische Methoden →Prüfungstheorie, verhaltensorientierter Ansatz

HiFo-Methode →Verbrauchsfolgeverfahren

Higgsreport →Cadburyreport

High Level Group of Company Law Experts →Corporate Governance in der EU

Hilfsstoffe →Roh-, Hilfs- und Betriebsstoffe

Hindsight Bias →Business Judgement Rule

Hinreichende Sicherheit →Risikoorientierter Prüfungsansatz

Hochschulen, Akkreditierung von →Hochschulen, Evaluation von

Hochschulen, Evaluation von

Der Begriff der Evaluation wird im Hochschulbereich zusammenfassend verwendet, um eine ganze Reihe von Instrumenten und Verfahren der Qualitätssicherung zu bezeichnen. Gerade die vielfältige Verwendung des Begriffs erfordert eine präzise Beschreibung des eigentlich gemeinten. Evaluationen können sich dabei auf praktisch alle Leistungsprozesse einer Hochschule beziehen. Einerseits geht es um Forschung (→Universitäten, Forschung im Prüfungswesen; →Fachhochschulen, Forschung im Prüfungswesen) und Lehre (→Universitäten, Lehre im Prüfungswesen; →Fachhochschulen, Lehre im Prüfungswesen), andererseits können aber auch die Organisation der Hochschule, ihre Verwaltung und die sog. zentralen Dienste (Bibliothek, Rechenzentrum etc.) der Hochschule evaluiert werden. Die eingesetzten Instrumente der Qualitätsermittlung sollten dabei nur in Relation zu den verfolgten Zielen bewertet werden. Wichtig ist die Benennung von Erfolgskriterien und Leistungsmaßstäben oder anderen Präzisierungen dessen, was unter Qualitätssicherung und Qualitätsverbesserung verstanden werden soll oder woran das Erreichen dieses Ziels zu messen ist.

Eine entscheidende Frage ist zunächst die nach dem Zweck einer Evaluation. Einerseits geht es dabei um eine produktorientierte Evaluation i. S. e. Rechenschaftslegung ex-post, andererseits um die Frage der Fortentwicklung einer Organisation und ihrer Prozesse in der prozessorientierten Evaluation. Diese Unterscheidung erfolgt nicht i. S. e. besser oder schlechter, sondern steht vor dem Hintergrund der Frage nach den Erkenntnisinteressen einer Evaluation. Produktorientierte Verfahren sind z. B. dort erforderlich, wo Qualität auf der Grundlage quantitativer Daten verglichen werden soll. *Prozessorientierte Verfahren* benötigt man hingegen dort, wo die Qualität von Produkten nicht nur ermittelt, sondern bereits im Zuge der Beschäftigung mit der Qualität nachhaltig verbessert werden soll. Der summativen steht formative, gestaltende Evaluation gegenüber, dem Verständnis von Evaluation als klassifizierende Erfassung und Bewertung dasjenige der Organisationsentwicklung.

Zunächst geht es dabei um die Ermittlung der Qualität; diese ist von der Bemühung um eine Verbesserung der Qualität analytisch zu unterscheiden. In Evaluationen, die auf die Fortentwicklung von Leistungen und Organisationen zielen, kommen Schritte hinzu, die diesem Zweck dienen. Dabei ist von besonderer Bedeutung, welche Anhaltspunkte sich für die Qualitätsverbesserung aus deren Erfassung ergeben. Trennscharf ist eine Unterscheidung von Qualitätsermittlung und Qualitätssicherung gleichwohl selten. Hat man Defizite ermittelt, sind Zielvereinbarungen zu Aufgaben, Leistungen und Mittelzuweisungen das Steuerungsinstrument der Wahl zwischen Hochschulleitung und Fakultäten bzw. Instituten, um diesen Defiziten zu begegnen.

Auch bei den primär Interessierten einer Evaluation sind demgemäß verschiedene Gruppen zu unterscheiden. Adressaten von Evaluationen sind Träger von Hochschulen, Organisationen der Forschungsförderung, Akkreditierungsagenturen, die Öffentlichkeit, Hochschulleitungen, Fachbereiche, einzelne Lehrende und Studierende. Je nach Adressatenkreis kommen unterschiedliche Verfahren und Instrumente der Evaluation in Betracht (s. unten). Neben unterschiedlichen Verfahren der Erhebung spielt zudem eine wichtige Rolle, dass die Auskunft über die Qualität einer Leistung von je unterschiedlichen Personenkreisen stammt. Insb. sind hier zu unterscheiden interne Befragte (z. B. Studierende, Lehrende, Mitarbeiter, Absolventen) von externen Befragten (Personalverantwortliche, externe Wissenschaftler, →Unternehmensberater, Wissenschaftsforscher). Gerade bei externen Befragten ist die Auswahl der zu Befragenden eine Frage von hoher Bedeutung, die für die Akzeptanz einer Evaluation wichtige Folgen hat.

Methodisch können Evaluationen ebenfalls vielfältig unterschieden werden. Z.B. sind zu unterscheiden quantitative Verfahren (Rankings, bibliometrische Verfahren, →Benchmarkings) von qualitativen Verfahren. Dabei wiederum können Ex-post- von Ex-ante-Verfahren unterschieden werden, die der Qualitätsermittlung und Qualitätssicherung dienen. Ex-ante-Verfahren sind insb. die Berufung von Wissenschaftlern und die Akkreditierung von Studienangeboten. Dabei sind die Grenzen der Evaluation zur sog. Akkreditierung vielfach fließend. Dies zeigt einerseits der internationale Sprachgebrauch, andererseits enthält auch das Verfahren der Akkreditierung, als einer unabhängigen Bewertung der Qualität von Studiengängen, Elemente von Evaluationen. Als Ex-post-Verfahren kommen in Betracht vor allem Absolventenbefragungen, Hörerbefragungen und Evaluationen mit Peer Reviews, wie Lehr-, Forschungs- und Strukturevaluationen. Auch wenn quantitative und qualitative Aspekte sich oft gegenseitig ergänzen, ist insgesamt zu berücksichtigen, dass ein Mix unterschiedlicher Methoden und Instrumente i.d.R. keineswegs sinnvoll ist. Eine Auswahl i. S. e. Konzentration ist oftmals besser als der Einsatz einer Vielzahl paralleler Instrumente mit ungeklärtem Erkenntnisinteresse.

Literatur: Müller-Böling, D.: Qualitätsmanagement, in: Hanft, A. (Hrsg.): Grundbegriffe des Hochschulmanagements, Neuwied 2001, S. 388–395; Pellert, A.: Hochschule und Qualität, in: Reil, T./Winter, M. (Hrsg.): Qualitätssicherung an Hochschulen: Theorie und Praxis. Forum der Hochschulpolitik, Bielefeld 2002, S. 21–29; Stifter, E. P.: Qualitätssicherung und Rechenschaftslegung an Universitäten. Evaluierung universitärer Leistungen aus rechts- und sozialwissenschaftlicher Sicht. Studien zu Politik und Verwaltung Band 71, Wien 2002.

Detlef Müller-Böling

Hochschulen, Kosten- und Leistungsrechnung →Kosten- und Leistungsrechnung an Hochschulen

Höchstwertprinzip →Fremdkapital; →Schuld

Hoheitliche Prüfung

Hoheitliche Prüfung ist der Oberbegriff für die im Rahmen des kommunalen Haushaltsrechts durchzuführenden Prüfungen. Darunter fallen die Bereiche der *örtlichen* und die *überörtlichen Prüfungen* sowie die →Betätigungsprüfung.

Zur *örtlichen Prüfung* gehören die Jahresrechnung und die Jahresabschlüsse der Eigenbetriebe und der →Krankenhäuser mit kaufmännischem Rechnungswesen sowie die *örtliche Kassenprüfung*. In der Jahresrechnung ist das Ergebnis der Haushaltswirtschaft einschl. des Stands des Vermögens (→Vermögensgegenstände) und der →Verbindlichkeiten einer Kommune zu Beginn und am Ende des Haushaltsjahres nachzuweisen. Der Begriff der örtlichen Prüfung leitet sich von dem Prüfungsorgan ab. Dieses ist der *Gemeinderat* bzw. der *Rechnungsprüfungsausschuss* (auf Landkreisebene immer der *Rechnungsprüfungsausschuss*).

Die *örtliche Rechnungsprüfung* umfasst die örtliche Prüfung der Jahresrechnung und der Jahresabschlüsse innerhalb von 12 Monaten nach Abschluss des Haushaltsjahres. Es ist die Vollständigkeit und Ordnungsmäßigkeit in förmlicher, rechnerischer und sachlicher Hinsicht unter Einbeziehung der Buchführung, der Nachweise über das Vermögen sowie der Bestände und des →Vorratsvermögens zu prüfen. Die Rechnungsprüfung dient der Kontrolle über die gesamte Verwaltung. Sie erstreckt sich auf die Einhaltung der für die Wirtschaftsführung geltenden Vorschriften und Grundsätze, insb. darauf, ob

- die Haushaltssatzung und der Haushaltsplan eingehalten worden sind,
- die Einnahmen und Ausgaben begründet und belegt sind sowie die Jahresrechnung und die Vermögensnachweise ordnungsgemäß aufgestellt sind,
- wirtschaftlich und sparsam verfahren wird und
- die Aufgaben mit geringerem Personal- oder Sachaufwand oder auf andere Weise wirksamer erfüllt werden können (→Ordnungsprüfung).

In die örtlichen Rechnungsprüfungen einbezogen werden die Jahresabschlüsse der Eigenbetriebe und der rechtsfähigen kommunalen Körperschaften (z. B. Kommunalunternehmen in Bayern, Anstalten), die der Abschlussprüfung (→Jahresabschlussprüfung; →Konzernabschlussprüfung) unterliegen. Die Abschlussprüfung geht der örtlichen Rechnungsprüfung voraus. Ziel der Abschlussprüfung ist es vor allem, die Ordnungsmäßigkeit und Gesetzmäßigkeit des Jahresabschlusses festzustellen (→Ordnungsmäßigkeitsprüfung). Der Prüfungsumfang wird in Anlehnung an § 53 →Haushaltsgrundsätzegesetz (HGrG) regelmäßig ausgeweitet. Neben Buchführung, JA und →Lagebericht werden auch die Ordnungsmäßigkeit der Geschäftsführung und die →wirtschaftlichen Verhältnisse von ihr erfasst. Sie ist von ihrer Zielsetzung her eine Wirtschaftlichkeitsprüfung, welche die Kassen- und Rechnungsprüfung mit ihrer umfassenden Aufgabenstellung jedoch nicht ersetzt, auf ihre Ergebnisse ist aber abzustellen (aus dem Gebot der Wirtschaftlichkeit abzuleitendes Verbot der Doppelprüfung).

Der JA eines Krankenhauses, das als Regie- oder als Eigenbetrieb geführt wird, ist der Jahresrechnung der Gemeinde beizufügen und unterliegt daher dem Rechnungslegungsverfahren wie die Jahresrechnung. Er wird von der örtlichen und überörtlichen Rechnungsprüfung miterfasst.

Die *örtlichen Kassenprüfungen* sind vom Kämmerer (→Kämmereien) oder vom →Rechnungsprüfungsamt für den Bürgermeister bzw. den Landrat durchzuführen, wobei er sich des Rechnungsprüfungsamtes bedienen kann. Sie dienen der Kontrolle der ordnungsmäßigen Erledigung der Kassengeschäfte, der ordnungsmäßigen Einrichtung der Kassen und des Zusammenwirkens mit der Verwaltung.

Die *überörtliche Prüfung* wird durch eine nicht zur Kommunalverwaltung zählende Stelle durchgeführt (bspw. in Hessen: vom *Hessischen Rechnungshof* beauftragte Dritte, wie z. B. WPGes (→Revisions- und Treuhandbetriebe); in Bayern: für Gemeinden: *Bayerischer Kommunaler Prüfungsverband* oder *staatliche Rechnungsprüfungsstelle des Landratsamts*, bei den Landkreisen und bei den Bezirken: *Bayerischer Kommunaler Prüfungsverband*). Im Rahmen der überörtlichen Prüfungen erfolgen *Rechnungs- und Kassenprüfungen*. Die überörtliche Rechnungsprüfung setzt die Feststellung der Jahresrechnung voraus. Zumeist wird die überörtliche Rechnungsprüfung mit einer überörtlichen Kassenprüfung verbunden. Die überörtliche Prüfung kontrolliert die Wirtschaftlichkeit, Sachgerechtigkeit und Rechtmäßigkeit kommunalen Handelns (→Ordnungsprüfung) und stellt dies in einen überörtlichen Zusammenhang (z. B. durch vergleichende Prüfungen). Insb. bei der überörtlichen Prüfung wird auch die formelle Seite des Haushaltsrechts erfasst. So ist in deren Rahmen aufzuklären, ob die Haushaltssatzung rechtzeitig erlassen wurde und ob die Verfahrensvorschriften der Gemeinde- bzw. Landkreisordnungen und der kommunalen Haushaltsverordnungen beachtet worden sind.

Eine Abgrenzung von örtlichen und überörtlichen Prüfungen ist nur in Teilbereichen erforderlich. Dabei gilt als Grundsatz, dass bei in angemessenem Umfang durchgeführten örtlichen Prüfungen, von einer Abkürzung überörtlicher Prüfungen ausgegangen werden kann. Ferner besteht bei Kommunen mit eigenem Rechnungsprüfungsamt i. d. R. keine Verpflichtung zu überörtlichen Prüfungen.

Die Einzelheiten und Verfahrensregelungen der örtlichen und überörtlichen Prüfungen sind in den kommunalen Prüfungsordnungen (bspw. in Bayern: Verordnung über das Prüfungswesen zur Wirtschaftsführung der Gemeinden, der Landkreise und der Bezirke) geregelt.

Über die Prüfung ist ein *PrB* zu erstellen. Dieser soll sich auf die Feststellung der Tatbestände und Mängel und der daraus abzuleitenden Erkenntnisse und Vorschläge beschränken. Aus dem Bericht sollen ersichtlich sein:

- die Namen der Prüfer,
- die Dauer der Prüfung,
- die Bezeichnung der geprüften Gebiete,
- die Prüfungsunterlagen,
- die Art und der Umfang der Prüfungshandlungen,
- die wesentlichen Prüfungsfeststellungen,
- die Erledigung von Prüfungsfeststellungen früherer Prüfungsberichte und
- das zusammengefasste Prüfungsergebnis.

Im Bericht über die *Kassenprüfung* sind außerdem etwaige Erklärungen von Kassenbediensteten aufzunehmen und eine Niederschrift über die Kassenbestandsaufnahme, die vom Kassenverwalter bzw. vom Zahlstellenleiter zu unterschreiben ist, beizufügen.

Die Abschlussprüfung eines *Eigenbetriebes* lehnt sich an die handelsrechtlichen Regelungen an. So ist § 321 Abs. 1 und 2 HGB (→Prüfungsbericht) entsprechend anzuwenden. Ferner ist ein sich an § 322 HGB [→Bestätigungsvermerk (BestV)] orientierender, um die wirtschaftlichen Verhältnisse zu ergänzender – in den Prüfungsordnungen vorformulierter – Prüfungsvermerk abzugeben.

Die Betätigungsprüfung wird im Rahmen der Rechnungsprüfung durchgeführt. Sie sichert die kommunale Einflussnahme auf von der Kommune über ausschließlich oder teilweise, mittelbar oder unmittelbar gehaltene →Beteiligungen an Unternehmen in Rechtsformen des privaten Rechts. Insb. wird dabei auf die ordnungsgemäße Verwendung der eingesetzten öffentlichen Mittel und auf eine an den haushaltsrechtlichen Vorgaben orientierte Beteiligungsverwaltung geachtet.

Literatur: Kölz, J./Strauss, I.: Die Betätigungsprüfung in Baden-Württemberg, in: Der Gemeindehaushalt 5 (2005), S. 224–227; Masson et al. (Hrsg.): Bayerische Kommunalgesetze: Gemeindeordnung, Landkreisordnung, Bezirksordnung, Kommentar, Loseblattausgabe, Stuttgart, Stand: 85. Erg.-Lfg. März 2006; Schreml, A./Bauer, S./Westner, A.: Kommunales Haushalts- und Wirtschaftsrecht in Bayern, München 2003.

Thomas Northoff

Holding →Konzernmanagement

Home Based Approach →Konzernsteuerquote

Homograde Entdeckungsstichprobe →Entdeckungsstichproben, homograde

Homograde Stichprobe

Eine homograde Stichprobe (→Stichprobenprüfung) dient der Untersuchung *qualitativer* Unterschiede. Im Prüfungswesen (→Geschichte des Prüfungswesens) ist insb. die Untersuchung des *Fehleranteils* eines →Prüffeldes aufgrund einer Auswahlerhebung der Stichprobenelemente (Gegensatz: →lückenlose Prüfung) relevant. Der homograden Stichprobe gegenüber ist die →heterograde Stichprobe (s. dort auch für die Unterscheidung zwischen *„statistical"* und *„non-statistical sampling"*) auf *quantitative* Unterschiede gerichtet und dient insb. der Untersuchung von *Fehlerwerten* der Prüffelder.

Homograde Stichproben werden vor allem bei der Prüfung des →Internen Kontrollsystems (IKS) (→Internes Kontrollsystem, Prüfung des) angewandt, aber auch in der Ergebnisprüfung (→ergebnisorientierte Prüfungshandlungen). In einer →Systemprüfung (→indirekte Prüfung) werden Kontrollsystemschwächen analysiert, d. h. insb. die Funktionsweisen vorgeschriebener Kontrollen (→Aufbauorganisation) in praxi überprüft (→Funktionsprüfung). Unter „Fehleranteilen" sind dann die vom WP festgestellten Anteile von Vorgängen/Geschäftsvorfällen zu verstehen, die ohne oder ohne korrekte Beachtung betrieblicher Kontrollregeln vollzogen wurden. In der Ergebnisprüfung werden homograde Stichproben dagegen vereinfachend anstelle von heterograden Stichproben angewandt, wenn keine ausdrückliche Fehler*wert*analyse notwendig ist. Statistische Auswertungsmethoden homograder Stichproben beruhen insb. auf der Hypergeometrischen Verteilung, der Binominalverteilung (→binomische Verteilung) oder, falls nur wenige Fehler zu erwarten sind, auch auf der Poisson-Verteilung. Soweit Computerprogramme (→Prüfungssoftware) für die Berechnungen nicht zur Verfügung stehen, wird auf im Prüfungsschrifttum verbreitete, rezeptartig zu benutzende Tabellen zum Ablesen des notwendigen Stichprobenumfangs und zur Auswertung der in der Stichprobe beobachteten Fehlerzahl zurückgegriffen.

Zu unterscheiden ist die homograde *Schätzstichprobe*, bei der der Fehleranteil als Punkt- oder als Intervallschätzwert ermittelt wird, von der *Teststichprobe*. Mithilfe des Tests wird der Stichproben-Fehleranteil (der Kontrollschwächenanteil) vom Prüfer entweder als „noch tolerabel" oder „nicht mehr tolerabel" klassifiziert. Alternative Bezeichnungen für „tolerabel" sind z. B. „ordnungsmäßig", ggf. auch – insb. bei einer Ergebnisprüfung – „nicht wesentlich fehlerhaft" oder „nicht materiell fehlerhaft" (→Wesentlichkeit). Da eine homograde Prüfung des Internen Kontrollsystems der Ergebnisprüfung vorangeht und sie diese, abhängig von den aufgedeckten Kontrollsystemschwächen, nach Art und Umfang leitet, bedeutet die Beurteilung bestimmter betrieblicher Kontrollen als „tolerabel", dass sich für das betrachtete Prüfgebiet die nachfolgende Ergebnisprüfung in der zuvor geplanten Weise anschließt, während ein „nicht tolerables" Kontrollsystemergebnis zu Änderungsmaßnahmen führt, etwa zur Vergrößerung der Kontrollsystem-Stichprobe oder zur Erhöhung des zuvor bei der →Prüfungsplanung angenommenen Kontrollrisikoniveaus mit der Konsequenz einer nachfolgend zu intensivierenden Ergebnisprüfung (→Prüfungsrisiko; →Prüfungsrisikomodelle; →risikoorientierter Prüfungsansatz).

Folgende Spezialfälle homograder Untersuchungen sind für das Prüfungswesen besonders wichtig. Ein homograder Test, bei dem der (gerade) nicht mehr tolerable Fehleranteil (die Alternativhypothese) und ein tolerabler Fehleranteil (die Nullhypothese) numerisch konkretisiert werden, wird *Annahmestichprobe* genannt. Bei dieser werden die beiden Irrtumswahrscheinlichkeiten (ein tatsächlich nicht ordnungsmäßiges Prüffeld *als ordnungsmäßig* zu beurteilen bzw. ein tatsächlich ordnungsmäßiges Prüffeld *als nicht ordnungsmäßig* zu klassifizieren) insb. durch die Bemessung des Stichprobenumfangs ihrer Höhe nach begrenzt. Die Bezeichnung Annahmestichprobe folgt daraus, dass Prüffelder des →Rechnungswesens im Regelfall „angenommen", d. h. als ordnungsmäßig beurteilt werden. Mitunter wird „Annahmestichprobe" in einem engeren oder weiteren Sinne verwendet, etwa nur auf einen homograden Ergebnistest oder auch auf eine heterograde Prüfung mit konkretisierter Null- und Alternativhypothese bezogen. Ein Spezialfall einer homograden Annahmestichprobe ist die *Entdeckungsstichprobe* (→Entdeckungsstichproben, homograde), die *nur* darauf zielt, wesentlich fehlerhafte Prüffelder mit einer vorgegebenen Sicherheit „zu entdecken" und die folglich die Nullhypothese vernachlässigt. Entdeckungsstichproben verzichten somit auf die Begrenzung der (Irrtums-) Wahrscheinlichkeit, ein ordnungsmäßiges Prüffeld als *nicht* ordnungsmäßig zu klassifizieren und nehmen diesbezüglich ein potenziell hohes Irrtumsniveau bewusst in Kauf. Die Bezeichnung Entdeckungsstichprobe wird bisweilen auch auf weitere statistische Fragestellungen der „Fehlerentdeckung" angewandt, so bei der Ermittlung der Wahrscheinlichkeit dafür, dass eine gegebene Stichprobe *sämtliche* Fehler des Prüffeldes enthält.

Ein weiterer Spezialfall, der →*Sequentialtest* oder *Folgetest,* ist ein Test, bei dem der notwendige Gesamt-Prüfumfang nicht *vor* der Stichprobenziehung berechnet wird, sondern bei dem im Verlauf der Ziehung und Auswertung

Honorarangaben

von Stichprobenelementen sukzessive entschieden wird, ob ein Testurteil als entweder „ordnungsmäßig" oder als „nicht ordnungsmäßig" schon möglich oder ob hierzu die Ziehung weiterer Stichprobenelemente notwendig ist. Im Prüfungswesen sind homograde gegenüber heterograden Folgetests dominierend.

Literatur: AICPA: Audit Sampling, NY 2001; Guy, D. M./Carmichael, D. R./Whittington, R.: Audit Sampling. An Introduction, 5. Aufl., NY et al. 2002; Hömberg, R.: Grundlagen der Prüfungstechnik, in: Wysocki, K. v. et al. (Hrsg.): HDJ, Loseblattausgabe, Band 4, Kapitel VI.3, Köln, Stand: 38. Erg.-Lfg. August 2006, S. 1–93.

Reinhold Hömberg

Honorarangaben

Unternehmen, die einen organisierten Markt i. S. d. § 2 Abs. 5 →Wertpapierhandelsgesetz (WpHG) in Anspruch nehmen (kapitalmarktorientierte Unternehmen), sind gem. § 285 Satz 1 Nr. 17 HGB verpflichtet, im →Anhang des Jahresabschlusses das für den →Abschlussprüfer (APr) i. S. d. § 319 Abs. 1 Satz 1 und 2 HGB im Geschäftsjahr als Aufwand erfasste Gesamthonorar anzugeben. Dieser Honoraraufwand ist dabei in gesonderte Beträge aufzuschlüsseln für

1) die Abschlussprüfung (→Prüfungshonorare),

2) sonstige Bestätigungs- und Bewertungsleistungen,

3) Steuerberatungsleistungen (→Steuerberatung) und

4) sonstige Leistungen.

Eine entsprechende →Angabepflicht gilt gem. § 314 Abs. 1 Nr. 9 HGB im →Konzernanhang bei kapitalmarktorientierten Mutterunternehmen. Dabei sind den einzelnen Kategorien jeweils die im Konzernabschluss als Aufwand erfassten Honorare für die entsprechenden Leistungen des Konzernabschlussprüfers an die Muttergesellschaft und die (voll) konsolidierten Tochterunternehmen zuzuordnen. Honorare für Leistungen an nicht konsolidierte Tochtergesellschaften, Gemeinschaftsunternehmen und assoziierte Unternehmen sind nicht anzugeben (IDW RH HFA 1.006.13 ff.).

Mit dieser durch das BilReG im Dezember 2004 eingeführten Angabepflicht folgt der deutsche Gesetzgeber grundsätzlich der entsprechenden Empfehlung 2002/590/EG der KOM zur Unabhängigkeit des Abschlussprüfers in der EU vom 16.5.2002 (Kommissionsempfehlung). Die geforderte Honorartransparenz soll, ohne dass es weiterer gesetzlicher Regelungen bedarf, dem Markt die Entscheidung über die Ausgewogenheit von Prüfungs- und Nichtprüfungsleistungen überlassen (Niehues 2002, S. 1). Für den einzelnen Prüfungsauftrag (→Prüfungsauftrag und -vertrag) aber erfolgt die Beurteilung der →Unabhängigkeit und Unbefangenheit des Wirtschaftsprüfers vor Auftragserteilung im Zusammenhang mit der von diesem gegenüber dem AR abzugebenden →Unabhängigkeitserklärung nach dem →Deutschen Corporate Governance Kodex (DCGK).

In Bezug auf die Aufschlüsselung der Gesamthonorare sind dem Gesetzeswortlaut nach unter der Kategorie 1) nur die Honoraraufwendungen für die gesetzliche Abschlussprüfung zu erfassen. Dem Zweck der Angabepflichten entsprechend sollte unter dieser Kategorie auch der Aufwand für gesetzliche →Pflichtprüfungen erfasst werden, bei denen ein Zusammenhang zur Abschlussprüfung hergestellt werden kann, wie z. B. die Prüfung des Abhängigkeitsberichts gem. § 313 AktG, die Prüfung gem. § 53 →Haushaltsgrundsätzegesetz (HGrG) oder die Prüfung gem. § 29 Abs. 2 KWG (→Kreditinstitute; →Geldwäschegesetz). Gleiches gilt für die Aufwendungen zur Prüfung von Konzernerfassungsbögen („Reporting Packages"), und zwar auch dann, wenn der Konzernabschluss nach ausländischen Vorschriften [z. B. →United States Generally Accepted Accounting Principles (US GAAP)] erstellt und geprüft [z. B. Standards des →*Public Company Accounting Oversight Board* (PCAOB)] wird. Die Aufwendungen für – in Deutschland nicht gesetzlich verpflichtende – →prüferische Durchsichten oder Prüfungen von →Zwischenabschlüssen können hier ebenfalls ausgewiesen werden (Pfitzer/Oser/Orth 2004, S. 2595; a.A. IDW RH HFA 1.006.10), insb. wenn solche Prüfungen für einem Konzernzwischenabschluss nach ausländischem Recht erforderlich sind.

Die Kategorie 2) „sonstige Bestätigungs- und Bewertungsleistungen" wird im englischen Text sowohl der Kommissionsempfehlung als auch der RL 2006/43/EG (sog. novellierte APr-RL) vom 17.5.2006 mit dem Begriff „other assurance services" bezeichnet. Damit wird deutlich, dass hierunter Prüfungsleistungen fallen, die ihrer Art nach die →Unabhängigkeit und Unbefangenheit des Wirtschaftsprüfers erfordern, keinen Anlass zur Besorgnis der Befangenheit liefern und nicht der Kategorie 1) zugerechnet werden können. In diese Kategorie fallen somit die Aufwendungen für sämtliche übrigen Leistungen i. S. d. § 2 Abs. 1 →Wirtschaftsprüferordnung (WPO), für die die Verwendung des Berufssiegels vorgeschrieben oder zulässig ist (IDW RH HFA 1.006.10). Hierzu gehören →Pflichtprüfungen [z. B. →Umwandlungsprüfungen, Prüfungen nach § 36 →Wertpapierhandelsgesetz (WpHG) oder Prüfungen nach § 36 →Makler- und Bauträgerverordnung (MaBV)], gesetzliche Sonderprüfungen (z. B. →Sonderprüfungen, aktienrechtliche) sowie →freiwillige und vertragliche Prüfungen.

Bei den Angaben im Konzernanhang stellt § 314 Abs. 1 Satz 1 Nr. 9 HGB vom Wortlaut nur auf die Aufwendungen für Honorare des Abschlussprüfers ab. Dem Sinn und Zweck der Regelung entsprechend ist es jedoch geboten, hier die Angaben auf die →verbundenen Unternehmen (§ 271 Abs. 2 HGB) des Abschlussprüfers auszudehnen (IDW RH HFA 1.006.6). Weiter gehen die Anforderungen der Kommissionsempfehlung, die – vergleichbar mit den Regelungen der →*Securities and Exchange Commission (SEC)* für in den →United States of America (USA) gelistete Unternehmen – die Angabepflicht der Honorare für den APr und sämtliche Mitgliedsfirmen in dessen Firmennetzwerk bzw. -verbund (→Unternehmensnetzwerke) vorsieht. Die novellierte APr-RL folgt diesem Ansatz jedoch nicht, sodass eine derart weit reichende Offenlegung nur auf freiwilliger Basis erfolgen kann.

Die nicht kapitalmarktorientierten deutschen Unternehmen und deren APr werden sich spätestens 2008 ebenfalls den vorstehend erläuterten Transparenzanforderungen gegenübersehen. Dies folgt aus Art. 50 der spätestens in 2008 in nationales Recht zu transformierenden novellierten APr-RL.

Literatur: IDW (Hrsg.): IDW Rechnungslegungshinweis: Anhangangaben nach § 285 Satz 1 Nr. 17 HGB bzw. § 314 Abs. 1 Nr. 9 HGB über das Abschlussprüferhonorar (IDW RH HFA 1.006, Stand: 18. Oktober 2005), in: WPg 58 (2005), S. 1232–1234; Niehues, M.: Unabhängigkeit der Wirtschaftsprüfer – Regulierungs- oder Vertrauensfrage?!, in: BB 57 (2002), Heft Nr. 23, ERSTE SEITE; Pfitzer, N./Oser, P./Orth, C.: Offene Fragen und Systemwidrigkeiten des Bilanzrechtsreformgesetzes (BilReG), in: DB 43 (2004), S. 2593–2602.

Michael Niehues

Honorarregelungen für den Wirtschaftsprüfer →Vergütungsregelungen für den Wirtschaftsprüfer

Human Resource Management

Die Ansätze zum strategischen Human Resource Management (HRM) gehen von ihrem Anspruch her weit über die Konzeption des traditionellen Personalwesens hinaus, dessen Grundfunktionen die Bereitstellung und der Einsatz von Personal sind. Personalwesen versucht so im Spannungsfeld zwischen dem „effizienten Einsatz des Produktionsfaktors Arbeit" und dem „sozial und ethisch gerichteten Umgang mit einzigartigen, personellen Ressourcen i. S. d. Unternehmensstrategie" zielgerichtet zu fungieren. Man unterscheidet drei Hauptaufgabenbereiche des Personalwesens:

1) Die personelle Leistungsbereitstellung mit den Funktionen Personalbedarfsplanung, Personalbeschaffung, Personaleinsatz, Personalentwicklung und Personalfreisetzung.

2) Dem Aufgabenbereich Leistungserhalt und -förderung sind die Funktionen Personalführung und Personalentlohnung zugeordnet.

3) Unter dem Stichpunkt Personalinformationssysteme subsumieren sich Personalbeurteilung, Personalverwaltung und →Personalcontrolling.

Das HRM ist ein integrierter Bestandteil der Unternehmensstrategie und nicht wie das klassische Personalwesen eine nachgelagerte betriebliche Teilfunktion mit überwiegend administrativen Aufgaben. Das HRM ist interdisziplinär angelegt und vereinigt in sich Aspekte unterschiedlicher wissenschaftlicher Disziplinen: Betriebswirtschaftslehre (Management), Rechtswissenschaften (Arbeitsrecht), Psychologie (Arbeits- und Organisationspsychologie), Soziologie (Organisationssoziologie) sowie auch Volkswirtschaftslehre (Arbeitsmarkt). So werden im Behavioral Economic Ansatz – als ein Beispiel für einen jüngeren wissenschaftstheoretischen Ansatz – verhaltenswissenschaftliche Dimensionen aus der Psychologie und der Soziologie in die frü-

Abb. 1: Rollen des strategischen Human Resource Managements

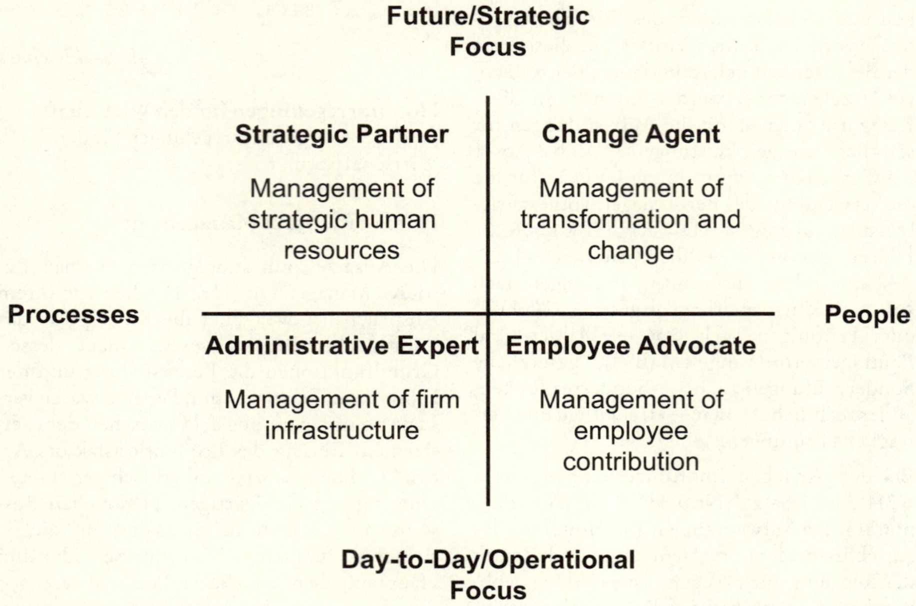

	Future/Strategic Focus	
Processes	**Strategic Partner** Management of strategic human resources	**Change Agent** Management of transformation and change
	Administrative Expert Management of firm infrastructure	**Employee Advocate** Management of employee contribution	People
	Day-to-Day/Operational Focus	

Quelle: Noe et al. 2006, S. 7.

her rein ökonomischen Erklärungsmuster einbezogen.

Im strategischen HRM werden Mitarbeiter als Erfolgsfaktoren gesehen und strategisch proaktiv mit einer Reihe von leistungsfähigen personalwirtschaftlichen Instrumenten begleitet und unterstützt. Verschiedene amerikanische Lehransätze betonen in diesem Kontext unterschiedliche Aspekte. Der Ansatz der *Michigan School* richtet sich z. B. auf die Integration von Unternehmensstrategie, Organisationsstruktur und HRM. Die Personalfunktionen erhalten dadurch sowohl eine strategische als auch jeweils einen operative Ausgestaltung. Für die *Harvard Business School* steht die Gestaltung von Politikfeldern im Vordergrund der Betrachtung, um eine Selbstverpflichtung und -kontrolle aller Beteiligter zu erhalten. Das HRM hat in diesem Zusammenhang vier Rollen innerhalb des Tätigkeitsfeldes zu erfüllen (Noe et al. 2006, S. 7, s. auch Abb. 1).

Als strategischer Partner (Strategic Partner) hat das HRM die Aufgabe, der Unternehmensleitung bei der Ausführung der Unternehmensstrategie zuzuarbeiten, indem es u. a. die eigene Personalstrategie auf die Unternehmensstrategie abstimmt und ausrichtet, aber auch Mitarbeiter rekrutiert, entwickelt und einsetzt, die in der Lage sind, die Unternehmensstrategie zielgerichtet im ganzen Unternehmen umzusetzen.

In der Rolle des Verwaltungsexperten (Administrative Expert) hat das HRM die Aufgabe, effiziente und effektive HRM-Systeme, -prozesse und -tools zu entwickeln und umzusetzen. Dazu gehören u. a. auch moderne Auswahlsysteme (z. B. E-Recruitment), innovative Personalentwicklung (z. B. Blended-Learning), neue Vergütungs- und Entlohnungssysteme (z. B. Skill-based-Pay, Deferred Compensation) etc. Unter Skill-based-Pay oder Potenziallohn wird eine Vergütung verstanden, die auf den Qualifikationsmerkmalen eines Mitarbeiters basiert. Dies stellt einen Bruch mit den traditionellen Entlohnungsgrundsätzen dar. Nicht die individuelle Leistung oder die Anforderungen der Stelle werden entlohnt, sondern die angebotene Qualifikation des Mitarbeiters, unabhängig davon, ob er sie tatsächlich einsetzt oder nicht (Jung 2005, S. 880). Diese Entlohnungsform ist vor dem Hintergrund der zunehmenden Variabilität von Aufgaben und Anforderungen und wach-

Abb. 2: Gegenüberstellung mechanistischer Ansatz vs. ganzheitlich-systemischer Ansatz

Vergleich	
Mechanistischer Ansatz Bisher stand im Vordergrund:	**Ganzheitlich-systemischer Ansatz** In der Zukunft erhalten Bedeutung:
• Hierarchie	• Vernetzungen
• Maschinenweltbild	• lebendige Organismen
• Fixe Planung	• Visionen
• Führungskraft als Macher	• Führungskraft als Entwickler
• Hartes Denken, Logik, Denken in Widerspruchsfreiheit	• Weiches Denken, Psychologik
• Organisation	• Selbstorganisation
• Druck ausüben	• Energie freisetzen
• Männliches Prinzip	• Weibliches Prinzip
• Objektivität	• Subjektivität
• Struktur	• Prozess
• Ursache-Wirkungs-Denken	• Denken in Wechselwirkungen
• Richtig/Falsch-Beurteilungen	• Beurteilungen nach Funktionalität
• Geplanter Wandel	• Balance zwischen Verändern und Bewahren

Quelle: Jung 2005, S. 907.

sender Integration der Leistungen zu sehen. Die Anforderungen werden immer breiter, genaue Leistungs- und Zeitkontrollen sind immer seltener möglich und eine kontinuierliche Pflege der eigenen Employability (Beschäftigungsfähigkeit) wird immer wichtiger. Jede sachdienliche Weiterqualifikation erhöht hier die Vergütung. Deferred Compensation (aufgeschobene Vergütung) bezeichnet die teilweise Umwandlung von Bezügen in Altersvorsorgeleistungen, die erst mit dem Eintritt in den Ruhestand geleistet werden und steuerliche Vorteile für den Mitarbeiter bringen. Das Unternehmen hat die Vorteile, dem Mitarbeiter einen höheren Nettolohn zahlen zu können, ohne tatsächlich höheren Aufwand zu haben (Zinseffekt) und zusätzlich über Pensionsrückstellungen (→Rückstellungen; →Pensionsverpflichtungen) die Innenliquidität zu erhöhen.

Als RA der Mitarbeiter (Employee Advocat) kommt dem HRM die Aufgabe zu, die Leistung und Identifikation der Mitarbeiter zu steigern, denn viele Studien belegen den signifikanten Zusammenhang einer höheren Unternehmensperformance bei motivierten, mitdenkenden Mitarbeitern. Regelmäßig durchgeführte Mitarbeiterbefragungen geben hier „interne Kundenwünsche" wieder und bilden die Basis für eine bedarfsorientierte Angebotsgestaltung der Personalleistungen.

Die letzte Rolle, der Promotor für Veränderungsprozesse (Change Agent), fordert vom HRM professionelle Unterstützung im Transformationsprozess des Unternehmens, das sich kontinuierlich an den Wandel der betrieblichen Rahmenbedingungen anpassen muss (Wettbewerb, Technologien, Arbeitsmärkte etc.), um langfristig wettbewerbs- und überlebensfähig zu bleiben. Im Zuge einer zunehmenden Internationalisierung des Unternehmens muss das Personalwesen z. B. proaktiv mit einer entsprechenden Ausgestaltung von professionellen Expatriation-Programmen initiativ werden.

Die kritischen Probleme unserer Zeit müssen mit einem ganzheitlich-systemischen Ansatz nicht nur im HRM (im Gegensatz zum mechanistischen Ansatz) gelöst werden (s. Abb. 2).

Die Systemtheorie bietet hier den idealen Rahmen, um die vielen isolierten, bruchstückhaften Fachthemen im strategischen HRM zu vereinen.

Literatur: Jung, H.: Personalwirtschaft, 6. Aufl., München 2005; Noe, A. et al.: Human Resource Management, Boston 2006.

Désirée H. Ladwig

Human Resource Accounting → Humanvermögensrechnung

Humankapitaltheorie
→ Humanvermögensrechnung

Humanvermögensrechnung

Bei der Humanvermögensrechnung (Human Resource Accounting) wird versucht, die Beschäftigten als quasi „Investitionsobjekt" rechnerisch zu erfassen und als „wichtigstes Kapital" des Unternehmens zu „bilanzieren". Nach *Marr/Schmidt* (Marr/Schmidt 1992) ist sie eine Art Sammelbegriff für „das gesamte betriebswirtschaftliche Instrumentarium, welches der Erfassung der Kosten und der Bewertung des betrieblichen ‚Humanvermögens' dienen kann."

Die Ursprünge der Humanvermögensrechnung lassen sich bis in die 60er Jahre des 20. Jahrhunderts zurückverfolgen (Haunschild 2004, Sp. 887 f.). Einen spürbaren Bedeutungsschub hat sie durch Bestrebungen im Rahmen neuerer ökonomischer Theorien des Personaleinsatzes bekommen, wonach Personal als Investitionsgut (→ Investition) betrachtet wird, in das – wie in technische Anlagen – „investiert" werden kann („Investition in Humankapital") (Backes-Gellner/Lazear/Wolff 2001, S. 1 ff.; Sadowski 2002, S. 53 ff.). Für → Investitionen ist typisch, dass der Akteur zunächst Nutzeneinbußen erfährt, dies aber angesichts der unsicheren Zukunft bewusst in Kauf nimmt, um zu einem späteren Zeitpunkt eine Rente (in dem Falle des „Humankapitals" eine Kooperationsrente) einzustreichen. Die neuere Personalökonomie betont ausdrücklich, dass zwischen Investitionskosten und laufenden → Kosten des „Faktors Arbeit" zu trennen ist (in der Mikroökonomie blieben Qualifikationsfragen auch hinsichtlich kostenbezogener Implikationen unberücksichtigt). Investitionen in Menschen, insb. in ihre Qualifikation, haben in dieser Perspektive einen Ertragswert, was schon von *Garry S. Becker* (Becker 1976) im Rahmen seiner „Humankapitaltheorie" betont worden ist. Humankapitalinvestitionen können also in längerfristiger Betrachtung die Produktivität steigern; bei den Arbeitnehmern schlägt sich das i. d. R. in höheren Löhnen nieder.

Das Problem ist, dass im Gegensatz zu Anlageinvestitionen (→ Anlagencontrolling) der durch die Mitarbeiter geschaffene Wert im → Rechnungswesen nicht erfasst wird. Formales Ziel der Humankapitaltheorie ist es daher, in der Humanvermögensrechnung Personalaufwendungen (→ Personalaufwand) und -erträge gegenüberzustellen und damit diese Größe genauso wie andere Investitionsobjekte in Rechnungslegung und Bilanzierung zu berücksichtigen (→ Personalcontrolling).

Idealtypischer Weise wird in der sicher einfachsten der denkbaren Ausprägungsformen für jeden Mitarbeiter ein Konto eingerichtet, auf dem personenbezogene Aufwendungen, wie Kosten für Beschaffung und Einarbeitung oder Qualifizierung, aktiviert und abgeschrieben werden.

Die Humanvermögensrechnung kann nach ihrem internen Kernzweck unterteilt werden in eine *Dokumentationsrechnung* zur Ermittlung der jeweiligen Ist-Werte des „Humankapitals, eine *Kontrollrechnung*, mit deren Hilfe Nutzen und Wirkungen von Personalentscheidungen zu evaluieren sind, sowie eine *Planungs-*

Abb.: Idealtypisches Beispiel eines Personalinvestitionskontos eines Abteilungsleiters

Personalinvestitionskonto für Abteilungsleiter G.S. Becker (in €)

Beschaffung	34.000,–	Abschreibung (auf Beschaffung u. Einarbeitung) $1/10$ (10 Jahre prognostizierte Betriebszugehörigkeit)	4.200,–
Einarbeitung	8.000,–	Abschreibung der Fortbildung ($1/3$, da 3 Nutzungsdauer 3 Jahre)	3.000,–
Fortbildung	9.000,–	Schlussbestand Humanvermögenssammel-Konto	43.800,–
	51.000,–		51.000,–

Quelle: Scholz/Stein/Bechtel 2004, S. 81.

und Entscheidungsrechnung, die die Grundlage für entsprechende Entscheidungen im Personalbereich bilden soll.

Zudem können *input- und outputorientierte* Modelle unterschieden werden. Bei den inputorientierten Personalaufwandsrechnungen (Human Cost Accounting) werden die tatsächlichen oder geschätzten Kosten bzw. Aufwendungen für das Personal (→Personalaufwand) ermittelt. Outputorientierte Konzepte (Human Value Accounting) befassen sich mit dem besonders schwierigen Problem der Nutzenbeiträge der Mitarbeiter. Dabei wird versucht, die Leistungsbeiträge zu quantifizieren und/oder Aufwendungen und →Erträge mitarbeiterbezogen zu saldieren. Bei den Modellen wird jeweils mit unterschiedlichen Rechnungsmethoden verfahren (s. im Überblick Haunschild 2004, Sp. 890 ff.; Schmidt 1982; Scholz/Stein/Bechtel 2004, S. 82 f.).

Zu erwähnen ist auch, dass unterschiedliche Adressaten für die Informationen aus der Humanvermögensrechnung in Frage kommen. Neben dem Management des Unternehmens, das die Daten zu internen Informations- und Steuerungszwecken (→Personalcontrolling; →Human Ressource Management) nutzen kann, und den Mitarbeitern selbst – inkl. ihrer Interessenvertretung (→Mitbestimmung) – sind vor allem Anteilseigner sowie externe Kapitalgeber als „Stakeholder" zu nennen. Für sie ist der Wert der Humanressourcen fraglos von hohem Interesse für ihre Anlageentscheidungen. Das gleiche gilt naturgemäß für potenzielle Übernahme- und Fusionsinteressenten.

Die Herleitung der Forderung nach einer fundierten Humanvermögensrechnung ist folgerichtig. Dies darf aber nicht darüber hinwegtäuschen, dass man bei der Umsetzung dieses Ansinnens auf enorme Probleme stößt. *Haunschild* (Haunschild 2004, Sp. 889) weist darauf hin, dass mit Ausnahme des Profisport-Bereichs so gut wie keine praktischen Anwendungen dieses Ansatzes bekannt sind, die dem Anspruch einer systematischen, regelmäßig durchgeführten und in das Gesamt-Rechnungswesen (→Rechnungswesen) des Unternehmens integrierten Bewertung der Humanressourcen gerecht würden.

Tatsächlich hat die Humanvermögensrechnung mit erheblichen konzeptionellen und methodischen Problemen zu kämpfen. Abgesehen von den ebenso auf der Hand liegenden wie immensen Bewertungsproblemen, vor denen man bei einer quantitativen Bemessung der „Ressource Mensch" steht, bedeutet das Vorhandensein von Leistungspotenzialen keineswegs automatisch auch deren Nutzbarkeit im betrieblichen Kontext. Ein direkter Zugriff des Managements i. S. e. Aktivierung der Potenziale der Mitarbeiter ist nämlich aufgrund der „personalen Gebundenheit des Faktors Arbeit" nicht möglich (Breisig 2005, S. 9 ff.). Das Management kann hierfür allenfalls durch extrinsische und intrinsische Anreizkonzepte günstige Rahmenbedingungen schaffen. Kritisiert wird in diesem Kontext, dass der (unvollkommen bleibende) Versuch der „Verrechnung" und „Bepreisung" des arbeitenden Menschen nach Maßgabe von Regeln und Gesetzmäßigkeiten, die im traditionellen Rechnungswesen ihren Platz haben, zu einer Ansammlung von Scheinobjektivitäten in einem Gefüge von Artefakten führe (Kiehn 1996). Wichtige Erfolgsfaktoren, wie Kooperation, Teamfähigkeit, Loyalität, kulturelle Gegebenheiten usw., seien der Humanvermögensrechnung nicht zugänglich (Scholz/Stein/Bechtel 2004, S. 85).

Schließlich werden auch ethische Argumente gegen eine Humanvermögensrechnung geltend gemacht, wonach hinter einer „Verobjektivierung" des Personals insb. das Ansinnen seiner Disziplinierung stehe (Haunschild 2004, Sp. 893). Die buchhalterische Behandlung von Menschen in Analogie zu →Sachanlagen suggeriere, dass sie dem Unternehmen „gehörten" (Scholz/Stein/Bechtel 2004, S. 85).

Literatur: Breisig, T.: Personal. Eine Einführung in arbeitspolitischer Perspektive, Herne/Berlin 2005; Backes-Gellner, U./Lazear, E. P./Wolff, B.: Personalökonomik. Fortgeschrittene Anwendungen für das Management, Stuttgart 2001; Becker, G. S.: The economic approach to human behavior, Chicago 1976; Haunschild, A.: Humanvermögensrechnung, in: Gaugler, E./Oechsler, W. A./Weber, W. (Hrsg.): HWP, 3. Aufl., Stuttgart 2004, Sp. 887 896; Kiehn, A.: Möglichkeiten und Grenzen der ökonomischen Analyse der Wertschöpfung des Personalmanagements, Bamberg 1996; Marr, R./Schmidt, H.: Humanvermögensrechnung, in: Gaugler, E./Weber, W. (Hrsg.): HWP, 2. Aufl., Stuttgart 1992, Sp. 1031 1042; Sadowski, D.: Personalökonomie und Arbeitspolitik, Stuttgart 2002; Schmidt, H. (Hrsg.): Humanvermögensrechnung. Instrumentarium zur Ergänzung der unternehmerischen Rechnungslegung. Konzepte und Erfahrungen, Berlin et al. 1982; Scholz, C./Stein, V./Bechtel, R.: Human Capital Management. Wege aus der Unverbindlichkeit, München/Unterschleißheim 2004.

Thomas Breisig

Hurdle Rate →Wertorientierte Unternehmensführung

Hybrid-Flow-Shop-Probleme
→Maschinenbelegungsplanung und -kontrolle

Hyperbolische Bäume →Berichtssystem

Hypergeometrische Verteilung
→Homograde Stichprobe; →Sequentialtest

Hypothesentest, sequentieller
→Sequentialtest

I

IAASB →International Federation of Accountants

IAS →International Financial Reporting Standards

IASB →International Accounting Standards Board

Identitätsprinzip →Grundrechnung; →Kalkulation; →Relative Einzelkostenrechnung

IDW →Institut der Wirtschaftsprüfer in Deutschland e.V.

IFAC →International Federation of Accountants

IFRS →International Financial Reporting Standards

IIA →Institute of Internal Auditors

IIR →Deutsches Institut für Interne Revision e.V.

Immaterielle Vermögensgegenstände

Die Prüfung immaterieller Vermögensgegenstände umfasst neben der Sicherstellung des Bilanzenzusammenhangs zum Vorjahr (→Stetigkeit) die *Mengen-, Ausweis- und* →*Bewertungsprüfung.*

Die *Mengenprüfung* fokussiert bei der →Erstprüfung auf den Bestand und die Eigentumsrechte an immateriellen Vermögensgegenständen. Ausgehend vom Bestandsverzeichnis der immateriellen Vermögensgegenstände sollte der →Abschlussprüfer (APr) weitere Nachweise (→Prüfungsnachweise) anfordern und einsehen, die das tatsächliche Vorhandensein der Rechte (wie z. B. Eintragungen in öffentliche Register bei Patenten oder privatschriftliche Verträge für den Nachweis von Lizenz- oder Konzessionsverträgen) und die (ausschließliche) Nutzbarkeit des Rechts verlässlich nachweisen (→Nachweisprüfungshandlungen).

Ein Schwerpunkt der Prüfung unter Berücksichtigung handelsrechtlicher Vorschriften liegt in der Feststellung, ob tatsächlich nur entgeltliche erworbene immaterielle Vermögensgegenstände aktiviert worden sind (§ 248 Abs. 2 HGB).

IDW RS HFA 10 gibt dem Prüfer Hinweise, ob und in welcher Höhe Ausgaben im Zusammenhang mit Software im handelsrechtlichen Abschluss zu erfassen sind (z. B. im Falle von Firmware, Systemsoftware, Anwendungssoftware, Bundling, Release-Wechsel).

Sind immaterielle Vermögensgegenstände durch den Erwerb von einzelnen Aktiva oder durch eine Kaufpreismehrwertverteilung (z. B. im Rahmen der Konsolidierung) entstanden, so z. B. →Geschäfts- oder Firmenwerte, so können diese anhand der Kaufverträge oder von der Gesellschaft bzw. externen Gutachtern erstellten Informationen zu Kaufpreismehrwertverteilungen überprüft werden. Diese sog. Purchase Price Allocations (PPA) sind insb. nach vielen internationalen Rechnungslegungsstandards, wie den →International Financial Reporting Standards (IFRS) oder →United States Generally Accepted Accounting Principles (US GAAP) durchzuführen. Der APr hat die PPA dahingehend zu überprüfen, ob die Mehrwertverteilung dem Grundsatz entspricht, dass Mehrwerte zunächst auf materielle und dann auf immaterielle →Vermögensgegenstände verteilt wurden. Bei den immateriellen Vermögensgegenständen hat der APr zu prüfen, ob die Mehrwerte zunächst auf die unter § 266 Abs. 2 A.I.1. HGB aufgeführten Kategorien verteilt worden sind (→Gliederung der Bilanz). Nur ein dann nicht mehr verteilbarer Mehrkaufpreis ist als Geschäfts- oder Firmenwert (Goodwill) auszuweisen. Im Falle der Aktivierung von Aufwendungen für die Ingangsetzung und Erweiterung des Geschäftsbetriebs (→Ingangsetzungs- und Erweiterungsaufwendungen) als →Bilanzierungshilfe (§ 269 HGB) hat der APr anhand geeigneter Detailnachweise zu überprüfen, ob die darin enthaltenen Aufwendungen tatsächlich ansonsten nicht bilanzierungsfähig sind (→Ansatzgrundsätze). Bei →Wiederholungsprüfungen kann der APr seine Prüfungshandlungen (→Auswahl von Prüfungshandlungen) im Regelfall auf den Nachweis der Zu- und Abgänge beschränken.

Der Schwerpunkt der *Ausweisprüfung* liegt in der richtigen Klassifizierung der einzelnen Kategorien der immateriellen Vermögensgegenstände und der Richtigkeit der entsprechenden Angaben im →Anhang (z. B. →Anlagespiegel gem. § 268 Abs. 2 HGB oder Erläuterungen zu den Bilanzierungs- und Bewertungsmethoden und zum Posten Aufwendungen für die Ingangsetzung und Erweiterung des Geschäftsbetriebs).

Die *Bewertungsprüfung* umfasst schwerpunktmäßig den Abschreibungsplan (→Abschreibungen, bilanzielle; →Abschreibungen, steuerrechtliche), der im Regelfall in der Anlagenkartei enthalten ist (§§ 253 und 254 HGB). Der Prüfer muss sich ein Urteil über die Angemessenheit der planmäßigen Anschreibungsdauern bilden (→Schätzwerte, Prüfung von). Eine schwierige Aufgabe stellt die Prüfung dar, ob die zum Bilanzstichtag bilanzierten immateriellen Vermögensgegenstände werthaltig sind. Insb. bei Änderungen in Fertigungsverfahren, der Nachfrage oder Marktbedingungen, die das Unternehmen betreffen, ist es erforderlich, die Werthaltigkeit von ausgewiesenen immateriellen Vermögensgegenständen, wie Kundenstamm, Know-how, Fertigungslizenzen oder Schutzrechten zu überprüfen. Hierbei werden im Regelfall die den immateriellen Vermögensgegenständen zuzurechnenden Erfolgsbeiträge isoliert und mit einem risikoadäquaten Zinssatz auf den Bewertungsstichtag diskontiert. Ein Vergleich mit den durch planmäßige und ggf. bereits verbuchte →außerplanmäßige Abschreibungen verminderten →Anschaffungskosten (AK) und mit dem hierbei berechneten Wert (→Soll-Ist-Vergleich) gibt dem APr wertvolle Hinweise über mögliche notwendige (weitere) außerplanmäßige Abschreibungen.

Die Prüfung der Bewertung (→Bewertungsprüfung) eines ausgewiesenen Geschäfts- oder Firmenwertes nach den handelsrechtlichen Vorschriften zielt auf die Einhaltung der Vorschrift des § 255 Abs. 4 HGB. Aufgrund der §§ 255 Abs. 4 Satz 3 HGB i.V.m. 7 Abs. 1 Satz 3 EStG gehen die Bilanzierenden im Regelfall hier von einer betriebsgewöhnlichen →Nutzungsdauer von 15 Jahren aus. Hier hat der WP zu überprüfen, ob die den Geschäfts- oder Firmenwert determinierenden Erfolgsbeiträge den durch planmäßige Abschreibungen verminderten Geschäfts- oder Firmenwert zumindest decken. Ein gutes Instrument zur Werthaltigkeitsprüfung bilden hier die im Rahmen internationaler Rechnungslegungsvorschriften (IFRS/US GAAP, insb. IAS 36 und FAS 142) durchzuführenden →Impairmenttests. Da hier der Geschäfts- oder Firmenwert keinem planmäßigen Werteverzehr unterliegt, werden i.d.R. jährlich Impairmenttests durch die Gesellschaft durchgeführt. Diese i.d.R. zweistufigen Tests geben Hinweise auf einen möglichen Abwertungsbedarf beim Geschäfts- oder Firmenwert. Hierzu wird auch auf IDW RS HFA 16 verwiesen.

Bei der Prüfung der Bewertung der Aufwendungen für die Ingangsetzung und Erweiterung des Geschäftsbetriebs gem. handelsrechtlicher Vorschriften hat der APr die Einhaltung der Vorschriften des § 282 HGB zu überprüfen. Weiterhin ist die Einhaltung der Ausschüttungssperre nach § 269 Abs. 3 HGB zu überprüfen.

Da die immateriellen Werte meist nur schwer schätzbar sind (→Schätzwerte, Prüfung von; →Prognose- und Schätzprüfung) und teilweise einem schnellen Wertverfall unterliegen, sollten die Abschreibungen in verstärktem Maße dem Vorsichtsprinzip Rechnung tragen (IDW 2006, Abschn. R, Rn 424, S. 2072).

Literatur: IDW (Hrsg.): IDW Stellungnahme zur Rechnungslegung: Bilanzierung von Software beim Anwender (IDW RS HFA 11, Stand: 30. Juni 2004), in: WPg 57 (2004), S. 817–820; IDW (Hrsg.): IDW Stellungnahme zur Rechnungslegung: Anwendung der Grundsätze des IDW S 1 bei der Bewertung von Beteiligungen und sonstigen Unternehmensanteilen für die Zwecke eines handelsrechtlichen Jahresabschlusses (IDW RS HFA 10, Stand: 18. Oktober 2005), in: WPg 58 (2005a), S. 1322–1323; IDW (Hrsg.): IDW Stellungnahme zur Rechnungslegung: Bewertungen bei der Abbildung von Unternehmenserwerben und bei Werthaltigkeitsprüfungen nach IFRS (IDW RS HFA 16, Stand: 18. Oktober 2005), in: WPg 58 (2005b), S. 1415–1426; IDW (Hrsg.): WPH 2006, Band I, 13. Aufl., Düsseldorf 2006.

Rüdiger Birkental

Immobilienvermittlung →Finanzdienstleistungsinstitute

Impairmenttest

Beim Impairmenttest handelt es sich um einen Werthaltigkeitstest, der der Feststellung evtl. Wertminderungen bei nicht zum →Fair Value bewerteten Vermögenswerten (→Vermögensgegenstand; →Asset) dient. Der Begriff des Impairment subsumiert die aus dem deutschen Handelsrecht bekannten Begriffe der Wertminderung und der →außerplanmäßigen Abschreibung. Der Impairmenttest ist die durch die internationalen Standardsetter [→*International Accounting Standards Board (IASB)*; →*Financial Accounting Standards Board (FASB)*] vorgegebene Vorgehensweise der Werthaltigkeitsprüfung und Wertermittlung (IAS 36, IFRS 5, SFAS 142).

Sowohl nach den →International Financial Reporting Standards (IFRS) als auch nach den →United States Generally Accepted Accounting Principles (US GAAP) ist dem eigentlichen quantitativen Impairmenttest eine qualitative Prüfung auf das Vorliegen von Anzeichen einer Wertminderung (unter Heranziehung interner und externer Informationsquellen) vorgelagert. Liegen Anzeichen für eine Wertminderung vor, ist der Impairmenttest durchzuführen.

Dieser ist nach den IFRS einstufig und erfolgt durch den Vergleich des erzielbaren Betrages des Vermögenswerts mit dessen Buchwert. Der erzielbare Betrag ist als der höhere Betrag aus dem Fair Value abzgl. Veräußerungskosten und dem Nutzungswert i. S. d. Barwerts künftiger →Cash Flows aus dem Vermögenswert definiert. Liegt der erzielbare Betrag unter dem Buchwert, ist der Vermögenswert erfolgswirksam auf den erzielbaren Betrag abzuschreiben.

In den Fällen, in denen die Ermittlung des erzielbaren Betrages für einen einzelnen Vermögenswert nicht möglich ist, erfolgt der Impairmenttest auf Ebene der →Cash Generating Unit (CGU), der ein Vermögenswert zugeordnet werden kann. Dies gilt insb. für den →Geschäfts- oder Firmenwert (GFW), der zu diesem Zweck einer oder mehreren CGU zugeordnet werden muss. Liegt auf Ebene der CGU eine Wertminderung vor, ist der resultierende Aufwand zunächst in voller Höhe dem GFW zuzuordnen. Erst wenn der GFW vollständig abgeschrieben ist, wird ein evtl. verbleibender Wertminderungsaufwand auf die anderen Vermögenswerte der CGU im Verhältnis ihrer Buchwerte verteilt. Dabei bleibt zu beachten, dass kein Vermögenswert der CGU unter seinen erzielbaren Betrag abgeschrieben werden darf, sodass ggf. der verbleibende Wertminderungsaufwand nicht strikt proportional verteilt werden kann.

Der Impairmenttest für den GFW bzw. die CGU, der dieser zugeordnet wurde, hat mindestens jährlich, jedoch nicht zwingend zum Bilanzstichtag, zu erfolgen. Für die übrigen Vermögenswerte ist die qualitative Prüfung auf das Vorliegen von Anzeichen einer Wertminderung zu jedem Bilanzstichtag obligatorisch. Der anschließende Impairmenttest erfolgt nur bei Vorliegen entsprechender Anzeichen.

Wertgeminderte Vermögenswerte sind darüber hinaus zu jedem Bilanzstichtag auf eine potenzielle →Wertaufholung hin zu untersuchen. Bei Wegfall der Gründe für eine in früheren Perioden erfasste Wertminderung besteht ein zwingendes Wertaufholungsgebot. Lediglich der GFW darf nicht zugeschrieben werden.

Hinsichtlich der Regelungen des Impairmenttests konnte bislang keine internationale Konvergenz erzielt werden. Dementsprechend weichen die Testverfahren nach IFRS und US GAAP voneinander ab. Nach US GAAP wird im ersten Schritt der Buchwert des Vermögenswerts mit der undiskontierten Summe der künftig aus dem Vermögenswert erwarteten Cash Flows verglichen. Liegt der ermittelte Wert unter dem Buchwert, ist der Vermögenswert auf den Fair Value (ohne Berücksichtigung der Veräußerungskosten) abzuschreiben und der Differenzbetrag erfolgswirksam zu erfassen.

Der Impairmenttest für den GFW erfolgt auf der Ebene von Reporting Units (RU). Es ist ein zweistufiges Test-Verfahren vorgeschrieben. Im ersten Schritt wird der Buchwert der RU mit deren Fair Value verglichen. Ergibt sich hieraus ein Wertminderungsbedarf, wird im zweiten Schritt ein fiktiver Neuerwerb der RU unterstellt, bei dem ihr Fair Value dem zum Testzeitpunkt neu bewerteten Nettovermögen gegenübergestellt wird. Der resultierende Differenzbetrag stellt den impliziten Wert des Geschäfts- oder Firmenwerts dar.

Der Abschreibungsbetrag für den GFW ergibt sich aus der Differenz zwischen Buchwert und implizitem Wert des GFW.

Hinsichtlich des Zeitpunktes und der Regelmäßigkeit des Impairmenttests gelten die IFRS-Regelungen analog. Im Gegensatz zu den IFRS gilt nach US GAAP ein strenges Wertaufholungsverbot für alle Vermögenswerte.

Sowohl nach IFRS als auch nach US GAAP gelten für zur Veräußerung gehaltene Vermögenswerte abweichende Regelungen, wonach der Fair Value abzgl. Veräußerungskosten die Obergrenze des Wertansatzes darstellt und der Nutzungswert aufgrund der Veräußerungsabsicht nicht in die Betrachtung einbezogen wird. Die Wertminderung von Finanzinstrumenten (→Financial Instruments) obliegt ebenfalls anderen, gesondert dargelegten Verfahren.

Die Prüfung des Impairmenttests erstreckt sich auf die Richtigkeit der Verfahrensweise, die Plausibilität der zu erfolgenden Wertermittlungen (insb. der erwarteten Cash Flows und der herangezogenen Diskontierungszinssätze), die Nachvollziehbarkeit und Richtigkeit der Bildung von CGU und Zuordnung des GFW auf diese, sowie die Regelmäßigkeit und den Zeitpunkt des Tests.

Wichtiger Bestandteil der Prüfungstätigkeit ist die Durchsicht der vom Unternehmen vorzulegenden Dokumentation der Impairmenttests, welche Angaben zu den Inputparametern, dem Verfahren sowie den Ergebnissen umfassen sollte. Die Dokumentation hat die Vorgehensweise bei der Bewertung insb. die angewandten Bewertungsverfahren und -methoden, das Vorgehen bei der Prognose und der Diskontierung von Cash Flows (→Erfolgsprognose; →Kalkulationszinssatz), den Umfang von Schätzungen, sowie die wesentlichen Annahmen und Vereinfachungen zu beschreiben. Der Prüfer hat zu beurteilen ob die Dokumentation richtig i. S. v. den Rechnungslegungsgrundsätzen entsprechend ist und ob die dargelegten Ergebnisse im Hinblick auf das beschriebene Verfahren unter Berücksichtigung der Marktverhältnisse plausibel erscheinen (→Prognose- und Schätzprüfung; →Plausibilitätsprüfungen; →analytische Prüfungshandlungen).

Karolina Kaczmarska

Imparitätsprinzip →Grundsätze ordnungsmäßiger Rechnungslegung

Improvisation →Planungssysteme

Incentive-Systeme

Arbeitsverhältnisse sind Austauschbeziehungen, bei denen Arbeitnehmer ihre Arbeitsleistung zur Verfügung stellen und dafür von Arbeitgebern Gegenleistungen erhalten. Dabei ist nicht sichergestellt, dass sich beide Parteien in der vereinbarten Form verhalten. Vielmehr machen unterschiedliche theoretische Überlegungen darauf aufmerksam, dass Mitarbeiter durch Incentives (Anreize) bzw. Incentive- Systeme (Anreiz-Systeme) motiviert werden müssen (→Mitarbeiter-Motivation in der Revision), i. S. d. Unternehmensziele zu handeln (Scherm/Süß 2001, S. 123 f.). *Incentive-Systeme* bilden die Summe aller im Wirkungsverbund bewusst gestalteten, aufeinander abgestimmten Stimuli (Anreize), die bestimmte Verhaltensweisen auslösen oder verstärken sollen; *Anreize* sind Leistungen, die von Seiten des Unternehmens angeboten werden, um Mitarbeiter zu zielgerichtetem Verhalten zu motivieren (Becker 1995, Sp. 35).

Anreize kann man differenzieren

1) nach der Anreizquelle, d. h. bietet die Arbeitstätigkeit selbst den Anreiz (intrinsisch) oder liegen die Anreize außerhalb der Tätigkeit (extrinsisch),
2) nach dem Anreizempfänger (Individual- und Gruppenanreize) oder
3) in materielle und immaterielle Anreize, wobei *materielle Anreize* im Wesentlichen entgeltbezogen sind, während immaterielle Anreize nicht-materielle Motive aktivieren sollen.

Anreizsysteme sollen die Akquisition qualifizierter Mitarbeiter erleichtern, diese an das Unternehmen binden, um dysfunktionale Wirkungen der Personalfluktuation zu vermeiden, sowie Mitarbeiter zur Erbringung vereinbarter Leistungen motivieren. Anreize sanktionieren das Mitarbeiterverhalten positiv oder negativ und vermitteln, welches Verhalten bzw. welche Leistung im Unternehmen erwünscht ist.

Es bestehen grundsätzliche *Anforderungen* an Anreizsysteme: Die Anreizgewährung sollte gerecht erfolgen, da Arbeitnehmer die ihnen gewährten Anreize danach beurteilen, ob eine angemessene Relation zwischen dem Arbeitsinput (z. B. Qualifikation, Erfahrung, Anstrengung) und ihrem Ertrag besteht. Ansonsten können Demotivation, Leistungsreduktion oder Arbeitsplatzwechsel die Folge sein. Jedoch besteht kein objektiver Maßstab für Gerechtigkeit und Mitarbeiter sind in ihrem Gerechtigkeitsempfinden von subjektiven Kriterien geleitet. Daneben müssen Anreize dem Vergleich mit Kollegen standhalten, d. h. für gleiche Anforderungen und/oder gleiche Leistungen sind Anreize auf gleichem Niveau zu gewähren. Transparenz des Anreizsystems ist notwendig, da Anreize nur verhaltenssteuernde Wirkung entfalten können wenn sie wahrgenommen werden. →Kosten der Anreizgewährung entstehen sowohl durch die Anreize selbst als auch durch die mit der Anreizgestaltung verbundenen →Transaktionskosten. Grundsätzlich sollte eine wirtschaftliche Gestaltung der Anreizsysteme angestrebt werden.

Die *Gestaltung eines Anreizsystems* berührt drei Problemkreise (Laux/Liermann 2003, S. 505–506): Erstens ist die *Anreizart* festzulegen. Materielle Anreize bestehen vor allem in der Vergütung eines Mitarbeiters. Sie umfasst feste Vergütungsbestandteile, wie Leistungslohn, Soziallohn und Altersversorgung sowie die Erfolgs- und Vermögensbeteiligung (→Aktienoptionsprogramme) (Scherm/Süß 2003, S. 133–144). Hinzu kommt die Karriereplanung der Mitarbeiter, da mit einem Aufstieg i. d. R. ein materieller Zugewinn verbunden ist. Immaterielle Anreize können in Arbeitsinhalten, Arbeitszeit, Führungsverhalten, Entwicklungsmöglichkeiten oder der Unternehmenskultur gesehen werden. Zweitens ist (sind) die *Bemessungsgrundlage(n)* festzulegen. Dazu gehören die im Rahmen der Arbeitsbewertung zu ermittelnden Anforderungen der Stelle, d. h. die Schwierigkeit der Arbeitsinhalte. Dabei wird von dem jeweiligen Stelleninhaber abstrahiert und von der sog. Normalleistung ausgegangen (Scherm/Süß 2003, S. 126–131). Außerdem ist es üblich, sich nicht nur an den Stellenanforderungen zu orientieren, sondern auch die tatsächlich erbrachte individuelle Arbeitsleistung heranzuziehen. Dazu muss eine Leistungsbeurteilung erfolgen (Scherm/Süß 2003, S. 73–96). Drittens sind Überlegungen dazu erforderlich, unter welchen Bedingungen Mitarbeitern Anreize (ggf. kombiniert) gewährt werden. Damit wird die *funktionale Beziehung zwischen der Ausprägung der Bemessungsgrundlage und der Anreizgewährung* angesprochen. Bspw. kann das Überschreiten der durchschnittlichen Leistung durch den Mitarbeiter oder die Arbeitsgruppe zu einer Prämie führen.

Anreize entfalten nur dann ihre optimale Wirkung, wenn sie auf die jeweilige Motivstruktur des Mitarbeiters abgestimmt sind. Aus diesem Grunde ist eine Individualisierung der Anreizgestaltung erstrebenswert, die aber im Widerspruch zu den Zielen Gleichheit und Gerechtigkeit von Anreizsystemen stehen kann. Begrenzte Wahlmöglichkeit zwischen verschiedenen Entgeltbestandteilen, geldwerten Leistungen und Arbeitszeit wird dem Mitarbeiter – innerhalb eines vorab festgelegten Budgets (→Budgetierung) und festgelegter Tauschverhältnisse – durch sog. *Cafeteria-Systeme* eröffnet. Das erhöht den individuellen Nutzen, da Anreize gem. der jeweiligen Präferenzen gewählt werden können. Schwierigkeiten liegen vor allem darin, Austauschrelationen zwischen den Anreizen zu finden, die den Präferenzordnungen der Mitarbeiter entsprechen, gleichzeitig aber die Wirtschaftlichkeit des Anreizsystems nicht gefährden. In Deutschland sorgt die weit gehende institutionelle Regelung der Vergütung dafür, dass die Verbreitung der Cafeteria-Systeme an enge Grenzen stößt.

Literatur: Becker, F.: Anreizsysteme als Führungsinstrumente, in: Kieser, A./Reber, G./Wunderer, R. (Hrsg.): HWF, Stuttgart 1995, Sp. 34–45; Scherm, E./Süß, S.: Personalmanagement, München 2003; Laux, H./Liermann, F.: Grundlagen der Organisation, 5.Aufl., Berlin et al. 2003.

Ewald Scherm; Stefan Süß

Indirekte Prüfung

Anhand des Kriteriums „Art der Vergleichshandlung" lassen sich die Methoden zur Erlangung von →Prüfungsnachweisen in indirekte und →direkte Prüfungen einteilen. Bei indirekten Prüfungen bedient sich der Prüfer zur Urteilsbildung über den Prüfungsgegenstand (→Prüfungsurteil) bestimmter Ersatztatbestände und zieht aus diesen auf Grundlage bekannter oder unterstellter Zusammenhänge Rückschlüsse auf den Prüfungsgegenstand.

Zu den indirekten Prüfungshandlungen zählen:

- →summarische Abstimmprüfungen,
- →analytische Prüfungshandlungen und
- →Systemprüfungen.

Individualverhalten

Summarische Abstimmungen werden zwischen Gruppen gleichartiger oder miteinander in Beziehung stehender Gruppen von Einzelposten durchgeführt. Beispiel für eine summarische Abstimmprüfung ist die Ermittlung der USt aus den USt-pflichtigen Umsätzen unter Anwendung des jeweiligen USt-Satzes.

Analytische Prüfungshandlungen werden auch als →Verprobungen oder →Plausibilitätsprüfungen bezeichnet. Ihre Durchführung beruht auf der Erwartung, dass Zusammenhänge zwischen bestimmten Informationen und Daten vorhanden sind bzw. fortbestehen. Zu beurteilende Daten können bspw. verglichen werden mit Informationen aus Vorjahren (→zeitlicher Vergleich), branchenspezifischen Kennzahlen (→überbetriebliche Vergleiche; →Kennzahlen und Kennzahlensysteme als Kontrollinstrument) oder Erwartungen des geprüften Unternehmens oder des →Abschlussprüfers. Ferner können sowohl einzelne finanzielle Informationen, die erfahrungsgemäß einem vorhersehbaren Muster entsprechen, verglichen werden (z. B. Bruttogewinnspanne) als auch finanzielle mit nichtfinanziellen Informationen (z. B. →Personalaufwand im Verhältnis zu Arbeitnehmeranzahl). Die Prüfungsmethoden (→Buchführungstechnik und Prüfungsmethoden) reichen von einfachen Vergleichen bis hin zur Anwendung von komplexen mathematisch-statistischen Verfahren.

Auch *Systemprüfungen* zählen zu den indirekten Prüfungshandlungen. Von Aufbauprüfung (→Aufbauorganisation) und →Funktionsprüfung des →internen Kontrollsystems des Unternehmens (→Internes Kontrollsystem, Prüfung des) hängen Art und Umfang aussagebezogener Prüfungshandlungen (→ergebnisorientierte Prüfungshandlungen) ab (→risikoorientierter Prüfungsansatz).

Literatur: Marten, K.-U./Quick, R./Ruhnke, K.: Wirtschaftsprüfung. Grundlagen des betriebswirtschaftlichen Prüfungswesen nach nationalen und internationalen Normen, Stuttgart 2003.

Jörg Tesch

Individualverhalten →Prüfungstheorie, verhaltensorientierter Ansatz

Induktive Auswahl →Deduktive Auswahl; →Stichprobenprüfung

Industriecontrolling

Mit Industriecontrolling wird der Bereich unternehmerischer Aktivitäten bezeichnet, in dem die betriebswirtschaftlichen Controllingfunktionen in der Vergangenheit am weitesten verbreitet und vertieft wurden. Die Entstehung des →Controllings reicht in den USA bis ins 19. Jahrhundert zurück; es nahm in den USA seinen Ausgangspunkt im Finanz- und →Rechnungswesen industrieller Unternehmungen. Sehr bald wurde aber die Frage gestellt, ob und in welcher Form die amerikanischen industriellen Controllingkonzeptionen (→Controllingkonzepte) erfolgversprechend auf deutsche Unternehmen übertragen werden könnten, wobei unter einer „Controllingkonzeption" grundsätzlich die funktionale und organisatorische Gestaltung des führungsunterstützenden Controllings unter bestimmten unternehmensinternen und -externen Rahmenbedingungen zu verstehen ist.

Als Folge der Entwicklung in den USA findet das Controlling in Deutschland seit einigen Jahrzehnten immer stärkere Berücksichtigung in Unternehmen, zuerst in der Industrie und dann in anderen Wirtschaftszweigen, wie Banken bis hin zu öffentlichen Einrichtungen. Mittlerweile verfügen die einzelnen Branchen über eigene Controllingsysteme (→Controlling nach Branchenaspekten), wie z. B. das →Dienstleistungscontrolling, Versicherungs- und →Bankencontrolling, →Handelscontrolling, Baucontrolling, →Controlling in Revisions- und Treuhandbetrieben oder das Controlling im öffentlichen Bereich.

Typische besondere Funktionsbereiche des Industriecontrollings sind das →Beschaffungscontrolling, →Logistikcontrolling, →Produktionscontrolling, →Anlagencontrolling, →Instandhaltungscontrolling, Controlling in Forschung und Entwicklung, →Marketingcontrolling, →Vertriebscontrolling, →Projektcontrolling sowie →Personalcontrolling. Klassisch wurden die meisten Funktionsbereiche des Controllings in den jeweiligen Industriebetrieben entwickelt, erprobt und anschließend auf andere Branchen übertragen.

Industrieunternehmen sind dadurch zu charakterisieren, dass sie die Umsatzerzielung bzw. Leistungserstellung durch originäre Fertigung und Produktion in Form von Materialerstellung, -verarbeitung und -gewinnung zum originären Ziel haben. Industrieunternehmen sind z. B. vom Handwerksbetrieb i. d. R. lediglich durch deutlich größere Personalressourcen, höhere Anlageninvestitionen (→Investition) und Anlageninstandhaltungsaktivitäten, größeres Produktionsvolumen sowie eine mehrstufige Produktions- und Preisabsatzstruktur abzugrenzen. Somit können aus der Sicht des betriebswirtschaftlichen Industriecontrollings für Industriebetriebe erarbeitete Lösungsansätze grundsätzlich in modifizierter Form auf andere Branchen übertragen werden.

In den letzten Jahren ist die gesamte Produktion in Industrieunternehmen weltweit immer kapital- und anlagenintensiver geworden. Der Einsatz der Produktionstechnologie hat sich in Industrieunternehmen zu einer wettbewerbsstrategisch bedeutenden Größe entwickelt. Die neuen Produktionstechnologien können dabei enorme Wettbewerbsvorteile eröffnen, bergen aber auch Risiken in sich. Die Industrieunternehmen sind somit gezwungen, ihre Betriebe langfristig an die laufende Technologieentwicklung anzupassen. Vor dem Hintergrund nimmt die Bedeutung des Industriecontrollings bzw. vor allem des industriellen Anlagencontrollings stark zu.

Innerhalb des Industriecontrollings sind wesentliche Unterschiede hinsichtlich der Fertigung bzw. Produktion in den einzelnen Industrien zu beachten. Es können folgende Unterschiede hinsichtlich der Fertigungsprinzipien sowie der ihnen entsprechenden Teilgebiete des Controllings systematisiert werden:

- Massenfertigung (homogene Produkte in großen Mengen): Produktionscontrolling,
- Einzelfertigung / Individualfertigung (von jeder Produktart nur eine Einheit): Projektcontrolling,
- Serienfertigung (wiederholte Produktion Lose ähnlicher Sorten, Umrüstung der Anlage für technisch unterschiedliche Lose): Produktionscontrolling,
- Sortenfertigung (wiederholte Produktion von Losen einer Sorte): Produktionscontrolling und
- Variantenfertigung (standardisierte Teile oder Prozessfolgen mit jedoch bestimmten kundenindividuellen Komponenten): Produktionscontrolling / Projektcontrolling.

Das Produktionscontrolling ist somit als ein Subsystem des Industriecontrollings aufzufassen, dessen Ziel darin besteht, Produktionsplanung, -steuerung und -kontrolle sowie die dazu erforderliche Informationsversorgung aufeinander abzustimmen und damit die Steuerung und Koordination des gesamten Produktionssystems sicherzustellen. Unter Projektcontrolling sind die beiden Funktionen Überwachung und Steuerung des Projektes auf der Basis einer Projektplanung zu verstehen.

Die genannten Unterscheidungen hinsichtlich der Fertigung und Produktion könnte man noch, wie in der Literatur verschiedentlich geschehen, für bestimmte Sparten der Industrie (Automobil, Gesundheit, Pharma, Chemie, Elektro etc.) spezifizieren.

Die Einrichtung des Controllings erstreckt sich in Industrieunternehmen einmal auf zentrale führungsunterstützende Aufgaben, die meist von der →Planung (→Planungssysteme) und dem Rechnungswesen ausgehen. Zum anderen werden ihm Aufgaben in dezentralen Funktionsbereichen und Sparten übertragen. An diesen Teilbereichen lassen sich die spezifischen Merkmale des Industriecontrollings besonders klar erkennen. Die Entwicklung des Controllings gibt Hinweise dafür, wie eine bessere Führung der industriellen Unternehmen ermöglicht werden kann. Dem entspricht die Bedeutung des Wortes „to control" i. S. v. „steuern, regeln, unterstützen". Als Folge sollten vor einer spezifischen Kennzeichnung des Controllings zunächst die Führungsaufgaben und das Führungssystem des Unternehmens analysiert werden.

Literatur: Horváth, P.: Controlling, 10. Aufl., München 2006; Schweitzer, M.: Industriebetriebslehre. Das Wirtschaften in Industrieunternehmungen, 2. Aufl., München 1994; Vahs, D.: Controlling-Konzeptionen in deutschen Industrieunternehmen. Eine betriebswirtschaftlich historische Untersuchung, Frankfurt a.M. 1990.

Christian W. Kröger

Inflation, Rechnungslegung bei

Inflation und Scheingewinn: In der externen Rechnungslegung wird der Erfolg eines Unternehmens auf der Basis des bilanziellen Vermögens ermittelt. Ein Gewinn (Verlust) liegt vor, wenn – um Einlagen und Entnahmen korrigiert – das bilanzielle →Eigenkapital, also das Netto- bzw. Reinvermögen, am Periodenende gegenüber dem Periodenanfang gestiegen (gesunken) ist.

Zum bilanziellen Vermögen gehören – neben monetären →Forderungen und monetären Verpflichtungen – auch materielle →Vermögensgegenstände und →immaterielle Vermögensgegenstände sowie Sach- und Dienstleistungsverpflichtungen. Damit sie miteinander verglichen werden können, müssen sie in Geldeinheiten (z. B. €) bewertet werden.

In einer dynamischen Wirtschaft verändern sich die Preise von Gütern und Dienstleistungen. Eine Erhöhung des bilanziellen Eigenkapitals kann darauf zurückzuführen sein, dass sich die Kaufkraft einer Geldeinheit während der Rechnungsperiode verändert hat, mithin ein Scheingewinn vorliegt. Ein realer Gewinn liegt erst nach realer Geldkapitalerhaltung vor, wenn also das Periodenendvermögen über dem um die Inflationsrate bereinigten Periodenanfangsvermögen liegt (Moxter 1982, S. 64 f.).

Kapitalerhaltung bei Steuern: Die reale Geldkapitalerhaltung kann daran scheitern, dass Substanzsteuern oder Steuern auf den nominalen Gewinn erhoben werden: So sind bei der Anlage von 100 € zu 6% am Periodenende 106 € vorhanden. Bei einer Inflationsrate von 3% erscheint die reale Geldkapitalerhaltung gelungen, da das Periodenendvermögen 103 € übersteigt. Wird – neben einer Substanzsteuer von 1 € – der nominale Gewinn von 6 € aber zu 50% besteuert, so sind nach Steuerzahlung lediglich 102 € vorhanden. Die reale Geldkapitalerhaltung nach Steuern wurde verfehlt, da in Höhe von 4 € ein Scheingewinn besteht; der Verlust nach Steuern beträgt 1 €.

Reale Geldkapitalerhaltung: Das Konzept der realen Geldkapitalerhaltung („General Price Level Accounting" oder „Constant Purchasing Power Accounting") geht auf *Schmalenbach* und *Mahlberg* zurück. Demnach gilt das Vermögen als erhalten, wenn das Eigenkapital des Periodenanfangs entsprechend dem Preisindex für Konsumgüter wächst. Dadurch wird ein künftig real gleich bleibender Konsumstrom gewährleistet, und zwar unter der Annahme, dass das Unternehmen künftig eine real gleich bleibende Rendite erzielt.

Nach Maßgabe des Preisindexes für Konsumgüter werden alle Aktiva und alle Passiva höher bewertet. Das inflationsbedingte Anwachsen des Eigenkapitals wird als „Geldwertausgleich" – als Unterposition des Eigenkapitals – gesondert ausgewiesen. Zusätzlich zur allgemeinen Inflationskorrektur sind erfolgswirksame Abschreibungen (→Abschreibungen, bilanzielle) von Aktiven geboten, wenn der Zeitwert (→Zeitwerte, Prüfung von) unter dem inflationskorrigierten Wert liegt; bei Passiven sind erfolgswirksame Zuschreibungen erforderlich, wenn der Zeitwert der Belastung über den inflationskorrigierten Wert gestiegen ist. Die reale Geldkapitalerhaltung bewirkt, dass der JA in Geldwerten des Abschlussstichtags erstellt wird.

Substanzerhaltung: Im Gegensatz zum Konzept der realen Geldkapitalerhaltung beruht das auf *Schmidt* zurückgehende Konzept der →Substanzerhaltung („Current Cost Accounting") auf der Idee, dass das Unternehmen seine Vermögensausstattung unabhängig vom Ausmaß der Inflation erhält. Die Substanzerhaltung liegt vor, wenn die am Periodenanfang vorhandenen Aktiva und Passiva am Periodenende noch vorhanden sind oder durch eine äquivalente Kombination von Aktiva und Passiva ersetzt wurden (oder durch einen entsprechend angewachsenen Geldbestand ersetzt werden könnten).

Dem Konzept der Substanzerhaltung entspricht eine Bilanzierung zum Zeitwert bzw. zum →Fair Value. Damit erfolgt keine systematische Inflationskorrektur. Die Geldentwertung wird vielmehr nur insoweit berücksichtigt, als sie sich in den veränderten Zeitwerten der Vermögensgegenstände und →Schulden niederschlägt. Zur Kritik am Konzept der Substanzerhaltung s. *Moxter* (Moxter 1984, S. 69–79) und *Schildbach* (Schildbach 2002, Sp. 416–427).

Das Konzept der Substanzerhaltung kann mit dem Realisationsprinzip verknüpft werden: Als ausschüttungsoffene Gewinne gelten die aus Lieferungen und Leistungen resultierenden Vermögenserhöhungen (z. B. →Umsatzerlöse abzgl. der Wareneinsätze zum Zeitwert). Alle anderen Vermögenssteigerungen wären erfolgsneutral als „Wertänderungen am ruhenden Vermögen" im Eigenkapital auszuweisen.

Nominalkapitalerhaltung: Sowohl der handelsrechtliche JA als auch die Steuerbilanz folgen dem Konzept der nominalen Kapitalerhaltung. Das nominale Kapital gilt als erhalten, wenn der Geldbetrag des Eigenkapitals erhalten wurde; ein sich im Zeitablauf verändernder Geldwert wird vernachlässigt. Das Vermögen wird tendenziell niedrig bewertet, da die aus den AHK (→Anschaffungskosten; →Herstellungskosten, bilanzielle) abgeleiteten Wertansätze (→Ansatzgrundsätze; →Bewertungsgrundsätze) häufig unter dem – die Inflation reflektierenden – Zeitwert liegen.

Der auf der Basis des Nominalwertprinzips ermittelte Gewinn (z. B. →Erträge in Geldeinheiten des Umsatztages abzgl. des Wareneinsatzes in Geldeinheiten des Anschaffungstages) eignet sich zur Ausschüttungsregelung, da inflationsbedingte Werterhöhungen erst dann als ausschüttungsoffen qualifiziert werden, wenn sie infolge einer Markttransaktion gesichert erscheinen.

Ein nominaler Gewinn bildet allerdings eine schlechte Prognosebasis für künftige Ausschüttungen, da →Aufwendungen und Erträge aufeinander bezogen werden, die sich hinsichtlich der Werthaltigkeit einer Geldeinheit unterscheiden. Verbrauchsfolgeannahmen (→Verbrauchsfolgeverfahren), die den Abgang der zuletzt angeschafften Waren unterstellen (LiFo), können die Defizite des nominalen Gewinns zur Ausschüttungsprognose allenfalls mindern, aber nicht beseitigen.

Kapitalerhaltung nach den →International Financial Reportings Standards (IFRS): Bei Hyperinflation – als ein möglicher Indikator gilt eine kumulierte Inflationsrate von nahe oder über 100% in 3 Jahren (IAS 29.3e) – ist ein JA zu „Historical Cost" entsprechend des „General Price Index" anzupassen (IAS 29.11). Bei einem JA zu „Current Cost" erübrigt sich eine weitere Korrektur, da der Zeitwert am Abschlussstichtag die Inflation berücksichtigt (IAS 29.29).

Liegt keine Hyperinflation vor, so wird die Geldentwertung nur unsystematisch erfasst. So werden finanzielle Vermögenswerte (→Financial Instruments) teilweise an den AK orientiert bewertet (z. B. voraussichtlich „bis zur Endfälligkeit gehaltene Finanzinvestitionen"; IAS 39.45, 46) und teilweise zum Zeitwert angesetzt (z. B. „finanzielle Vermögenswerte, die erfolgswirksam zum beizulegenden Zeitwert bewertet werden"; IAS 39.45, 46). Ein Bewertungskonzept, welches in einzelnen Bereichen der nominalen Kapitalerhaltung, in anderen Bereichen der Substanzerhaltung folgt, ist inkonsequent; die Darstellung der →Vermögenslage des Unternehmens ist wenig aussagefähig.

Der Dualismus von nominaler Kapitalerhaltung und Substanzerhaltung schlägt auch auf die Gewinnermittlung durch. Erfolgt die Bewertung an den AK orientiert, so werden inflationsbedingte Wertänderungen erst mit der Veräußerung ausgewiesen (IAS 39.56). Bei einer Bewertung zu Zeitwerten hingegen sind inflationsinduzierte Wertänderungen sofort erfolgswirksam zu erfassen (IAS 39.55a). In einigen Fällen sind Wertänderungen zunächst erfolgsneutral im Eigenkapital zu erfassen und erst beim Abgang erfolgswirksam auszubuchen (IAS 39.55b). Der Gewinn des Unternehmens reflektiert Inflationswirkungen uneinheitlich und ist daher nur bedingt prognosefähig.

Literatur: Mahlberg, W.: Bilanztechnik und Bewertung bei schwankender Währung, Leipzig 1921; Schmalenbach, E.: Geldwertausgleich in der bilanzmäßigen Erfolgsrechnung, in: ZfhF 16 (1921), S. 401–417; Moxter, A.: Betriebswirtschaftliche Gewinnermittlung, Tübingen 1982; Moxter, A.: Bilanzlehre, Band 1: Einführung in die Bilanztheorie, 3. Aufl., Wiesbaden 1984; Schildbach, T.: Bilanzierung bei Geldentwertung, in: Ballwieser, W. et al. (Hrsg.): HWRP, 3. Aufl., Stuttgart 2002, Sp. 416–427; Schmidt, F.: Die organische Tageswertbilanz, 3. Aufl., Wiesbaden 1951.

Roland Euler

Informationsasymmetrien →Principal-Agent-Theorie

Informationsaustausch des Wirtschaftsprüfers mit der Unternehmensleitung →Unternehmensleitung, Informationsaustausch des Wirtschaftsprüfers mit

Informationsverarbeitungshypothese →Fair Value

Informationsversorgung, steuerliche →Steuercontrolling

Ingangsetzungs- und Erweiterungsaufwendungen

Gem. § 269 HGB dürfen Aufwendungen für die Ingangsetzung und Erweiterung des Geschäftsbetriebs, soweit sie sonst nicht bilanzierungsfähig sind (→Ansatzgrundsätze), unter dieser Bezeichnung als →Bilanzierungshilfe gesondert aktiviert werden (Ausweis vor dem →Anlagevermögen und Aufnahme in den →Anlagespiegel) und sind dann im →Anhang (→Angabepflichten) zu erläutern sowie

Ingangsetzungs- und Erweiterungsaufwendungen

in den folgenden Geschäftsjahren abzuschreiben (→ Abschreibungen, bilanzielle).

Ingangsetzungs- und Erweiterungsaufwendungen beziehen sich im Gegensatz zu Gründungsaufwendungen nicht auf die rechtliche Entstehung der Gesellschaft, sondern eher auf Ausgaben zu absatz- und produktionswirtschaftlichen, technischen Zwecken. Dazu zählen z. B. Personalbeschaffung und -schulung, Aufbau von Beschaffungs- und Absatzwegen, Marktanalysen und Einführungswerbung (Veit 2002, S. 93 f.). Der Begriff „Erweiterung des Geschäftsbetriebs" ist jedoch eng auszulegen; so müssen sprunghafte Erweiterungen von ao. Art und wesentlicher Bedeutung vorliegen, die eine Diskontinuität in der Unternehmensentwicklung darstellen und daher ein entsprechendes Aktivierungsbedürfnis begründen (ADS 2001, Rn. 15 zu § 269 HGB).

Gem. § 269 Satz 2 HGB können im Falle einer Aktivierung Gewinne nur ausgeschüttet werden, wenn die nach der Ausschüttung verbleibenden, jederzeit auflösbaren → Gewinnrücklagen unter Berücksichtigung eines Ergebnisvortrags dem angesetzten Betrag mindestens entsprechen, d. h. es darf demnach nur so viel Gewinn ausgeschüttet werden, wie es auch ohne die Bildung der Bilanzierungshilfe möglich gewesen wäre.

Es besteht kein Zwang zur Aktivierung; ebenso ist eine lediglich teilweise Aktivierung der Aufwendungen möglich, nicht jedoch eine Nachholung in früheren Geschäftsjahren nicht aktivierter Beträge (→ bilanzpolitische Gestaltungsspielräume nach HGB; → bilanzpolitische Beratung durch den Wirtschaftsprüfer). Erstreckt sich eine Ingangsetzungs- oder Erweiterungsmaßnahme über mehrere Jahre, so kann gesondert für die in jedem Jahr angefallenen Beträge über eine Aktivierung entschieden werden. Nicht möglich ist es, erst am Ende einer mehrjährigen Maßnahme über die Aktivierung aller bis dahin angefallener Aufwendungen zu entscheiden (ADS 2001, Rn. 11 zu § 269 HGB). Der Zeitraum der Ingangsetzung endet mit der Aufnahme des vollen laufenden Geschäftsbetriebs; der Geschäftsbetrieb kann ggf. für einzelne Produkte oder Produktionsbereiche gesondert festzustellen sein (ADS 2001, Rn. 13 zu § 269 HGB). Z.T. wird in der Literatur als Aktivierungsvoraussetzung ein in der Zukunft wirksam werdendes Ertrags- und Nutzenpotenzial gefordert, das gewährleistet, dass die künftigen → Erträge aus der Maßnahme die Abschreibungen auf den aktivierten Betrag voraussichtlich decken werden. Eine Aktivierung wird aber dann als bedenklich angesehen, wenn von vornherein feststeht, dass die aktivierten Aufwendungen nicht durch künftige Erträge gedeckt sind (ADS 2001, Rn. 16 zu § 269 HGB). Der → Abschlussprüfer (APr) sollte, sofern wesentlich (→ Wesentlichkeit), Einsicht in Planungsunterlagen (→ Planung) und entsprechende Einzelaufstellungen nehmen, die die Zusammensetzung dieses Postens erklären (→ Prüfungsnachweise). Anhand dieser Unterlagen hat sich der APr davon zu überzeugen, ob die Voraussetzungen des § 269 HGB erfüllt sind (→ Nachweisprüfungshandlungen).

Bei Prüfung der Bewertung ist zudem § 282 HGB zu beachten (→ Bewertungsprüfung). Danach sind aktivierte Aufwendungen in jedem folgenden Geschäftsjahr um mindestens ein Viertel durch Abschreibungen zu tilgen, wobei höhere Abschreibungen oder ein früherer Beginn nach § 252 Abs. 1 Nr. 4 HGB zulässig sind. Obwohl der Wortlaut des § 282 HGB nahezulegen scheint, dass bei einer mehrjährigen Maßnahme – unabhängig von deren Beendigung – mit der Abschreibung der im Vorjahr aktivierten Beträge zu beginnen sei, lässt sich auch die Meinung vertreten, erst abzuschreiben, wenn die Maßnahmen im Wesentlichen abgeschlossen sind (ADS 2001, Rn. 6 zu § 282 HGB).

Weiterhin ist bzgl. der erforderlichen Berichterstattungspflichten im Anhang darauf zu achten, ob es im Vergleich zum Vorjahr zu Änderungen in den Aktivierungs- und Abschreibungsmethoden gekommen ist (→ Änderung der Bilanzierungs- und Bewertungsmethoden), über die zu berichten ist. Ferner ist zu überprüfen, ob die bei der Bildung des Postens vorgesehene Ausschüttungssperre nach § 269 Satz 2 HGB bei der Gewinnverteilung von KapGes berücksichtigt wurde (→ Eigenkapital). Hier hat der APr zu prüfen, ob ein ggf. in den Anhang aufgenommener Gewinnverwendungsvorschlag (→ Ergebnisverwendung; → Ergebnisverwendung, Vorschlag für die) die Ausschüttungssperre beachtet. Darüber hinaus hat sich der APr von der korrekten Erfassung von Zuführungs- und/oder Auflösungsbeträgen unter den betreffenden Posten in der → Gewinn- und Verlustrechnung (GuV) zu überzeugen (IDW 2006, Abschn. R, Rn. 528, S. 2094 f.).

Literatur: ADS: Rechnungslegung und Prüfung der Unternehmen, 6. Aufl., Ergänzungsband, Stuttgart 2001; IDW (Hrsg.): WPH 2006, Band I, 13. Aufl., München 2006; Veit, K.-R.: Bilanzpolitik, München 2002.

Heiko Engelhardt

Inhärentes Risiko →Prüfungsrisiko; →Prüfungsrisikomodelle; →Risikoorientierter Prüfungsansatz

Initial Public Offering Method →Unternehmensbewertung, marktorientierte

Inkasso →Forderungscontrolling

Innenfinanzierung →Abschreibungen, kalkulatorische

Innerbetriebliche Kosten- und Leistungsverrechnung →Kosten- und Leistungsverrechnung, innerbetriebliche

Innerbetrieblicher Vergleich →Betriebswirtschaftlicher Vergleich

Innovation Audit

Innovationen werden für Unternehmen immer wichtiger, stellen aber auch besondere Herausforderungen an das Auditing. Produktentwicklung und Erweiterung des Sortiments sind mit steigenden Aufwendungen und Risiken verbunden. Die Erfolgswirksamkeit dieser Maßnahmen muss genau überprüft werden und hierfür sind Methoden der Auditierung und der Bewertung von Kompetenzen für innovative Leistungen unverzichtbar. Der *Innovation Audit* erfasst die wichtigsten Input-, Prozess- und Outputgrößen, die für erfolgreiche Innovationen kritisch sind. Wirksames →Innovationsmanagement setzt die Beherrschung mehrerer Transformationsstufen voraus:

1) Zunächst werden Innovationsinputs zu *Innovations-Kompetenz* transformiert, über die andere Wettbewerber in dieser Form nicht verfügen.
2) Innovations-Kompetenz muss in marktgängige Produkte und Dienstleistungen „umgemünzt" werden; hohe *Innovations-Performance* setzt voraus, dass Neuerungen sich nachhaltig im Markt durchsetzen.
3) Das Zusammenspiel von Innovations-Kompetenz und Innovations-Performance wird erst unter ganz bestimmten Voraussetzungen zu einem *Innovationserfolg* transformiert, z. B. gemessen durch die Steigerung des Marktanteils, den ROI (→ROI-Kennzahlensystem) etc.

Innovationsinputs und Innovationsoutputs sind z.T. quantitativ-numerisch erfassbar und lassen sich dann entsprechend durch finanzwirtschaftliche Kennzahlen abbilden (→Kennzahlen und Kennzahlensysteme als Kontrollinstrument). Allerdings neigen Manager dazu, quantitative Zusammenhänge zwischen Innovationsinput und -erfolg zu stark zu gewichten und schwierig erfassbare Zusammenhänge zwischen qualitativen Variablen zu vernachlässigen. Zur Messung der in Abb. 1 dargestellten Indikatoren zur Bestimmung von Innovations-Kompetenz und -Performance wurden Scoringverfahren (→Scoringmodelle) und Metriken entwickelt (s. hierzu Übersichten bei Braun et al. 2001, S. 346 ff.; Gerybadze 2004, S. 58 ff.; Grimm/Sommerlatte 2001). Indikatoren für die *Innovations-Kompetenz* erfassen Routinen und Ablaufprozesse im F&E-Bereich ebenso wie die Wirksamkeit von F&E-Strategien. Ergänzend dazu gibt es Metriken der *Innovations-Performance*, die überwiegend durch das Innovations-Marketing entwickelt wurden. Vielversprechend sind integrierte Ansätze der Entwicklung einer *Innovation Scorecard*, die alle vier Ebenen der Bewertung aus der Darstellung in Abb. 1 (Input-, Kompetenz-, Performance- und Erfolgsbewertung) miteinander verbinden (Gerybadze/Gaiser 2005).

Bewertung der Innovations-Kompetenz: Zentrales Element der Kompetenzbewertung ist die F&E-Kompetenz und Ressourcenstärke. Für jeden Produktbereich und jede Branche gibt es kritische Mindestgrößen für F&E-Budgets. Allerdings wird die Bedeutung des F&E-Bereichs auch überbewertet. Erfolge im Innovationsprozess erfordern die Absicherung mehrerer komplementärer Faktoren. F&E-Ressourcenstärke muss komplettiert werden durch:

1) ausgeprägte Innovationsmanagement-Kompetenz, um die Pipeline der Neuproduktentwicklung möglichst durchgängig zu gestalten;
2) Fähigkeiten der konsequenten Absicherung von Schutzrechten und Intellectual Property;
3) wichtig sind vor allem strategische Fähigkeiten, die zu einer Bündelung technologischer

Innovation Audit

Abb. 1: Zusammenspiel von Innovations-Kompetenz und Innovations-Performance

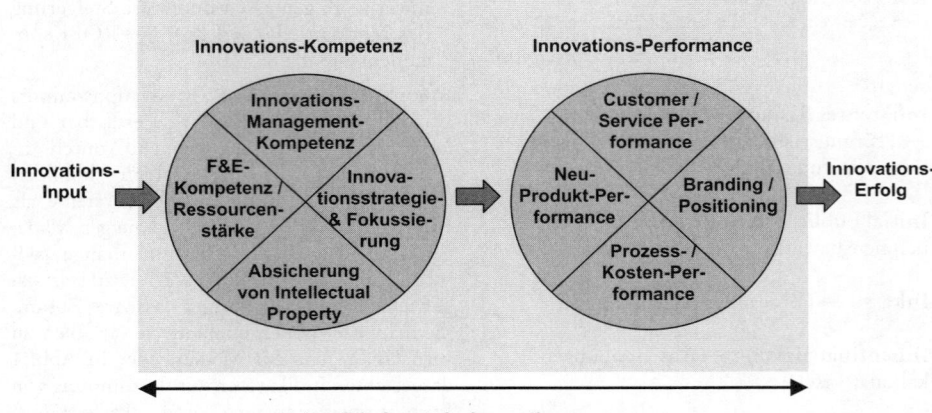

Kompetenzen auf wenige ertragreiche Felder führen.

Erst die gleichzeitige Absicherung dieser Kompetenzebenen, die in Abb. 2 dargestellt sind, schafft die Voraussetzungen für eine gezielte Steigerung der Innovations-Performance.

Metrik der F&E-Kompetenz und Ressourcenstärke: Der F&E-Bereich ist innerhalb der Innovationsliteratur vergleichsweise gut dokumentiert und hierfür gibt es bewährte Instrumente des F&E-Controllings (→Controlling) und des F&E-Benchmarkings (→Benchmarking) (ADL 1991; Bürgel et al. 1996). Ein häufig verwendeter Indikator sind die jährlichen →Forschungs- und Entwicklungsaufwendungen sowie die F&E-Intensität (Anteil der F&E-Ausgaben am Umsatz). Un-

Abb. 2: Kriterien zur Bewertung der Innovations-Kompetenz

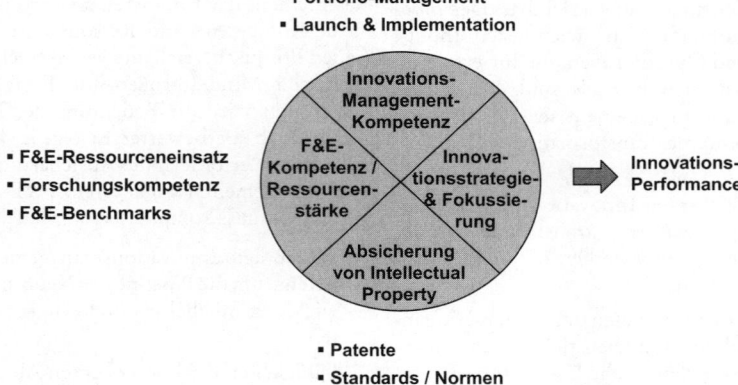

ternehmen müssen einen bestimmten Anteil ihres Umsatzes für F&E aufwenden, um mit ihren Produkten up-to-date zu bleiben und ihren Marktanteil zu halten. Was dabei eine angemessene Größe ist, ist vom jeweiligen Geschäftsfeld abhängig. Maschinenbaufirmen investieren 4–5% ihres Umsatzes in F&E, Elektronikfirmen zwischen 8 und 12% und im Pharmabereich, in der Biotechnologie und in anderen High-Tech-Feldern liegt dieser Anteil mitunter bei 15% und darüber.

Wichtig ist aber vor allem zu prüfen, ob verfügbare finanzielle Mittel sachgerecht und produktiv eingesetzt werden (→Investitionscontrolling). Wie wird das F&E-Budget in einem diversifizierten Unternehmen auf mehrere Produktbereiche verteilt? Welcher Anteil wird für Forschung, welcher eher für marktnahe Entwicklungen investiert? Was dient eher der Produktpflege auf bestehenden Märkten und welcher Anteil des Budgets wird für radikale Innovationen eingesetzt (ADL 1991; Braun et al. 2001; Gerybadze 2004)? Entscheidend für die Leistungsfähigkeit und Performance von F&E ist zudem, ob das Unternehmen über einen hohen Entwicklungsstand seiner Entwicklungs- und Versuchseinrichtungen und der Infrastruktur (IT, apparative Ausstattung, Gebäude etc.) verfügt. Besonders wichtig ist auch der firmeninterne Ressourcen-Allokations- und Budgetierungsprozess für F&E. Durch diesen erst wird sichergestellt, dass die verfügbaren finanziellen Mittel auch tatsächlich für die besten und ertragreichsten Vorhaben eingesetzt werden. Um die F&E-Leistungsfähigkeit zu überprüfen, sind Benchmarks im Vergleich zu den führenden Unternehmen unverzichtbar (→überbetriebliche Vergleiche; →betriebswirtschaftlicher Vergleich). Wichtige Indikatoren sind z. B. der Anteil des Umsatzes aus neuen Produkten sowie die Entwicklungszeit für Neuprodukte. Darüber hinaus ist für die F&E-Kompetenz nicht nur die Beherrschung der internen F&E entscheidend, sondern in zunehmender Weise auch die Frage, ob das Unternehmen auch die Innovationsquellen außerhalb des eigenen Unternehmens angemessen und wirkungsvoll nutzt (s. Abb. 3).

Bewertung der Innovationsmanagement-Kompetenz: Unternehmen, die regelmäßig und mit hoher Kadenz Innovationsprojekte realisieren, haben Routinen der Innovation implementiert. Erfahrungen aus früheren Innovationsprojekten und Projektmanagement-Skills werden nach einem erprobten Schema auf im-

Abb. 3 Metrik zur Bewertung der F&E-Kompetenz und Ressourcenstärke

Determinanten der Bewertung der F & E-Kompetenz und der Ressourcenstärke	Gewichtung	Kompetenzniveau 1 2 3 4 5
• Setzt das Unternehmen angemessene finanzielle Mittel für F&E ein?	g_1	☐ ☐ ☐ ☐ ☐
• Werden die verfügbaren finanziellen Mittel für F&E optimal eingesetzt?	g_2	☐ ☐ ☐ ☐ ☐
• Sind die finanziellen Mittel adäquat auf die F&E-Einheiten/F&E-Prioritäten aufgeteilt?	g_3	☐ ☐ ☐ ☐ ☐
• Ist sichergestellt, dass finanzielle Mittel schnell und flexibel für die besten Projekte und erfolgversprechendsten Vorgaben mobilisiert werden?	g_4	☐ ☐ ☐ ☐ ☐
• Entwicklungsstand der F&E-Kapazitäten im Hinblick auf technisches Niveau, apparative Ausstattung, Gebäudeinfrastruktur etc.	g_5	☐ ☐ ☐ ☐ ☐
• Bewertung im Hinblick auf wichtige Benchmarks (z.B. Umsatzanteil neuer Produkte, Entwicklungszeit für Neuprodukte etc.)	g_6	☐ ☐ ☐ ☐ ☐
• Nutzt das Unternehmen die Innovationsquellen außerhalb der eigenen F&E angemessen?	g_7	☐ ☐ ☐ ☐ ☐
Ermittelter Gesamtscore für die F&E-Kompetenz und Resourcenstärke		☐ ☐ ☐ ☐ ☐

Innovation Audit

Abb. 4: Determinanten der Bewertung der Innovationsmanagement-Kompetenz

Determinanten der Bewertung der Innovationsmanagement-Kompetenz	Gewichtung	Kompetenzniveau 1 2 3 4 5
• Sind die Ziele und Strategien des Unternehmens/der Organisationseinheit konsequent auf Innovationen ausgerichtet?	g_1	☐ ☐ ☐ ☐ ☐
• Gibt es einen systematischen Prozess der Ideengenerierung und -selektion und werden durch diesen fortlaufend neue Projekte angestoßen?	g_2	☐ ☐ ☐ ☐ ☐
• Gibt es einen systematischen und effizient gesteuerten Prozess der Produktentwicklung?	g_3	☐ ☐ ☐ ☐ ☐
• Setzt das Unternehmen konsequent Methoden des Portfolio-Managements ein?	g_4	☐ ☐ ☐ ☐ ☐
• Gibt es einen starken Lenkungskreis, der Innovationsprojekte systematisch unterstützt?	g_5	☐ ☐ ☐ ☐ ☐
• Werden erfolgversprechende Projekte schnell und konsequent zu neuen Business Units ausgebaut?	g_6	☐ ☐ ☐ ☐ ☐
• Gibt es ein innovationsgerechtes Anreiz- und Beförderungssystem für erfolgreiche Projektmanager?	g_7	☐ ☐ ☐ ☐ ☐
Ermittelter Gesamtscore für die Innovationsmanagement-Kompetenz		☐ ☐ ☐ ☐ ☐

mer wieder neue Projekte übertragen und angepasst. Typischerweise werden Prozessmodelle und Phasenkonzepte eingesetzt und durch vorgegebene Reviewprozeduren wird der Innovationsprozess gesteuert (→Prozessmanagement) (Cooper 2001, Abschn. 5; Gerybadze 2004, S. 6 ff.). Prozessmodelle der Innovation sehen typischerweise drei Phasen vor, die jeweils in weitere Teilphasen untergliedert sind:

1) Projekte durchlaufen zunächst den Prozess der Ideengenerierung und -selektion.
2) Anschließend setzt der zeit- und kostenaufwendige Prozess der Entwicklung ein.
3) Die besonders erfolgsträchtigen Projekte werden „hochskaliert" und es werden Organisationseinheiten für die kommerzielle Umsetzung eingerichtet (Gerybadze 2004, S. 12).

Die Innovationsmanagement-Kompetenz eines Unternehmens bzw. einer einzelnen Geschäftseinheit lässt sich durch eine entsprechende Metrik analysieren, die auf die drei genannten Hauptphasen eingeht und zudem überprüft, wie der Gesamtprozess gesteuert wird. In Abb. 4 wird eine entsprechende *Metrik für die Innovationsmanagement-Kompetenz* dargestellt. Zu jedem Item wird innerhalb eines Unternehmens oder einer Geschäftseinheit überprüft, wie hoch das erreichte Kompetenzniveau ist. Der ermittelte Gesamtscore gibt Aufschluss über die Beherrschung und Stringenz des Innovationsprozesses.

Messung der Innovations-Performance: F&E-Ressourceneinsatz und hoch entwickelte Kompetenzen werden sich über kurz oder lang in einer entsprechenden Performance niederschlagen. Gemessen wird die *Innovations-Performance* durch eine Reihe von Leistungs- und Erfolgsindikatoren, die durch reale Markttests unter Wettbewerbsbedingungen überprüft werden. Folgende Kriterien haben Einfluss auf die *Neu-Produkt-Performance:*

1) Das neue Produkt zielt besonders auf Anforderungen in wachstumsträchtigen, wenig preissensitiven Märkten ab.
2) Es bietet dort einzigartige und aus Sicht des Kunden überzeugende Leistungsmerkmale.
3) Es erfüllt Kundenanforderungen deutlich besser als die am Markt vorhandenen Produkte und löst Probleme, die Kunden mit Wettbewerberprodukten haben.

4) Es ermöglicht Kosten- und Zeiteinsparungen bei der Nutzung und Anwendung und ist weltmarktfähig und somit ohne aufwendige Anpassungen international einsetzbar.

Innovationen sind bewusst weiter gefasst als Veränderungen entlang der Produktdimension. Die Innovations-Performance muss gleichermaßen auch Prozess- und Verfahrensinnovationen, Serviceinnovationen, organisatorische Innovationen wie auch innovative Geschäftsmodelle berücksichtigen. Von daher ist der Innovation Audit umfassender angelegt. Ergänzend zur Neu-Produkt-Performance sind als weitere Dimensionen zu berücksichtigen: die Prozess- und Kosten-Performance der Innovation, die Customer- und Service-Performance im Prozess der Anwendung sowie die Segmentierung, Positionierung und das Branding für eine Innovation bzw. ein neuartiges Geschäftsmodell. Viele Erfolg versprechende neue Produktkonzepte scheitern daran, dass nicht frühzeitig genug ergänzend zu den Produktvorteilen die Kosten- und Prozess-Performance überprüft wird (→Kostencontrolling; →Prozessmanagement). Die beiden zuletzt genannten Performance-Indikatoren (Service-Performance, neuartige Geschäftsmodellierung und Segmentierung) sind ergänzend dazu für die Bewertung von Service-Innovationen und für veränderte Konfigurationen von Geschäftsmodellen bedeutsam.

Fazit: Innovationen stehen auf der Prioritätenliste der Unternehmensführung ganz oben. Sie sind mit steigenden →Investitionen und hohen Risiken verbunden (→Risiko- und Chancencontrolling). Insofern ist ein Audit für Innovationen von zentraler Bedeutung. Da die Innovationsfähigkeit und -performance aber vorwiegend durch intangible Werte geprägt ist, die nur schwer messbar sind, hat das Controlling (→Controlling, Aufgaben des) lange Zeit einen Bogen um Innovationen gemacht. Der konsequente Einsatz des Innovation Audit setzt eine engere Zusammenarbeit zwischen →Rechnungswesen und Controlling sowie Innovationsmanagement und F&E voraus. Er zielt auf die konsequentere Bilanzierung von Innovationskapital (→Value Reporting) und zeigt Wege auf für die Integration erprobter Methoden der Innovations-Performancemessung in ein zukunftsgerichtetes Controllingsystem (→Controllingkonzepte). Innovationsberichterstattung und Innovation Auditing sollten künftig genau so wichtig genommen werden wie der JA, die →Gewinn- und Verlustrechnung (GuV) und die Bilanz.

Literatur: ADL: Management der F & E-Strategie, Wiesbaden 1991; Braun, M./Feige, A./Sommerlatte, T.: Business Innovation, Frankfurt a.M. 2001; Bürgel, H. D./Haller, C./Binder, M.: F & E-Management, München 1996; Cooper, R. G.: Winning at New Products, 3. Aufl., Cambridge MA 2001; Gerybadze, A.: Technologie- und Innovationsmanagement, München 2004; Gerybadze, A./Gaiser B.: Controlling von Intangibles und Innovationskapital: Innovation Audit und Innovation Scorecard, in: ZfCM 49 (2005), Sonderheft 3, S. 32–40; Grimm, U./Sommerlatte, T.: Steigerung des Unternehmenswertes durch Innovationsmanagement, Ergebnisse einer Untersuchung durch Arthur D. Little (ADL) und European Business School, Wiesbaden/Oestrich-Winkel 2001.

Alexander Gerybadze

Innovationsfeldanalyse →Technologie-Markt-Portfolio

Innovationsmanagement

Mit dem Begriff *Innovationsmanagement* (i.w.S.) ist das Management der Grundlagenforschung, der Technologieentwicklung, der Vor- bzw. Vorausentwicklung, der Produkt- und Prozessentwicklung, das Anfahren der Produktion und die Einführung neuer Produkte und Prozesse in den Markt gemeint (s. Abb. 1). Das F&E-Management ist Teil des Innovationsmanagements, nämlich die Grundlagenforschung, die Technologieentwicklung, die Vorentwicklung und die Produkt- und Prozessentwicklung. Die Grundlagenforschung ist auf reine Erkenntnis ausgerichtet; sie ist in Unternehmen kaum anzutreffen. Das Technologiemanagement steuert die technologische Kompetenz einer Organisation. Die Vorentwicklung zielt auf Lösungsnachweise und auf die Entwicklung funktionsfähiger Prototypen ab. Die Produkt- und Prozessentwicklung (PPE) entwickelt unmittelbar verkaufsfähige Produkte und/oder realisierbare Prozesse.

Je nach *Typ der Innovation* sind unterschiedliche Ressourcen, Strukturen, Prozesse und Methoden zweckmäßig. Deshalb muss eine Auditierung des Innovationsmanagements Projekttypen beachten, nämlich nach der Hauptzielrichtung Technologie-, Vorentwicklungs- und Produkt- und Prozessentwicklungsprojekte, nach dem Neuheitsgrad radikale und inkrementelle, nach dem Objekt technologische und soziale, nach dem Schwierigkeitsgrad komplexe und simplexe, nach dem Sachbezug

Innovationsmanagement

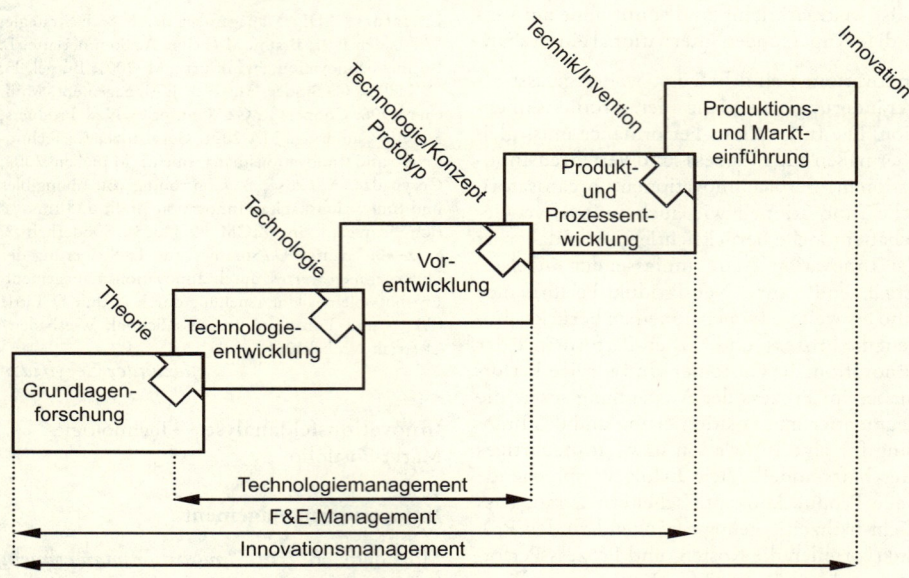

Abb. 1: Komponenten des Innovationsmanagements

Quelle: Specht/Beckmann/Amelingmeyer 2002, S. 16.

materielle oder immaterielle Innovationen und nach den Bezugspunkten Objekt- oder Subjektinnovationen. Generell gilt, dass im Innovationsmanagement Prozess- und Projektmanagementstrukturen eine zentrale Rolle spielen.

Anlässe und Zwecke für die Auditierung des Innovationsmanagements (→Innovation Audit) sind für Inhalt und Prozess der Auditierung essenziell. Es kann um Feststellungen, Prüfungen, Begutachtungen oder Beratungen gehen; es kann ein Audit für interne oder externe Auftraggeber sein. Abb. 2 fasst die Anlässe in einer Übersicht zusammen.

Die *Probleme der Auditierung* des Innovationsmanagements sind immens (Hauschildt 2004, S. 495–543). Wesentliche Problembereiche sind

1) die historische Einzigartigkeit des Unternehmens und seines Innovationsmanagements,
2) die unternehmensinternen und -übergreifenden Interdependenzen,
3) die Unsicherheit und das Risiko sowie
4) die Schwierigkeiten bei der Quantifizierung.

Die *Einzigartigkeit* erschwert es, auf standardisierte Bewertungsabläufe, Erhebungsmethoden, Bewertungs- und Beurteilungsverfahren und Bewertungskriterien zurückzugreifen. Erfolgsfaktoren sind in hohem Maße unternehmens- und branchenspezifisch geprägt. Die *Interdependenzen* betreffen nicht nur die Überschneidungen zwischen den einzelnen Innovationsprojekten und -bereichen im Unternehmen, sondern auch die Interdependenzen mit anderen betrieblichen Funktionsbereichen sowie die unternehmensübergreifenden Interdependenzen in Innovationsnetzwerken. Erfolge oder Misserfolge sind nur begrenzt verursachungsgerecht zurechenbar. Schnittstellenanalysen spielen eine große Rolle. Prognosen (→Prognoseinstrumente) und Bewertungen sind mit relativ hoher *Unsicherheit* und mit *Risiko* behaftet. Relativ sicheren Aufwendungen (→Aufwendungen und Erträge) stehen relativ unsichere →Erträge gegenüber. Der Erfolg des Innovationsmanagements hängt nicht nur von dessen Qualität, sondern auch von Umfeldentwicklungen ab. Ausschlaggebend für die Unsicherheiten sind das technische Risiko, das Zeitrisiko, das Kostenrisiko, das Finanzierungsrisiko, recht-

Abb. 2: Anlässe zur Auditierung im Innovationsmanagement

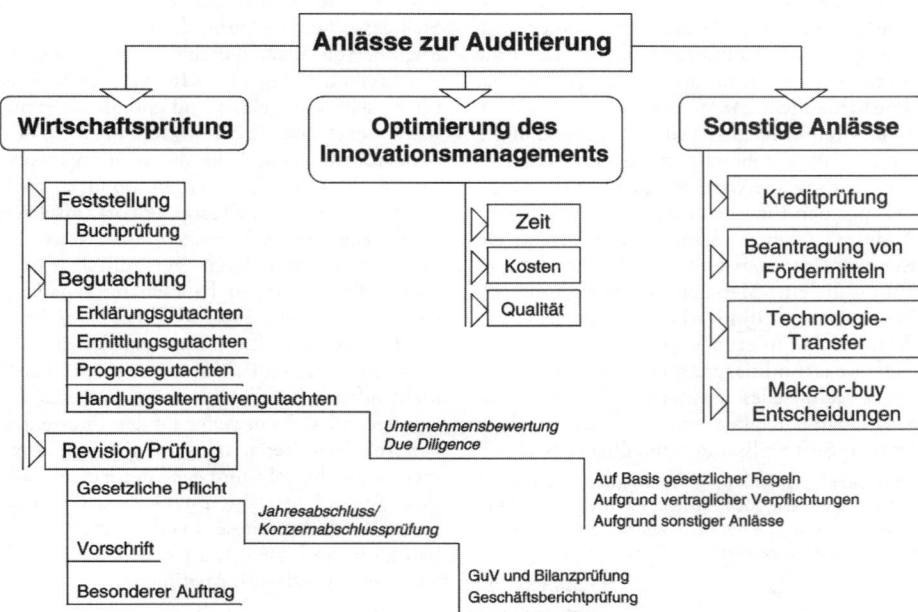

liche Risiken und das Verwertungsrisiko im Markt. Ein →Risikomanagementsystem (RMS) gehört zu den Erfolgsfaktoren. Risiko- und chancenorientierte Prüfwerkzeuge (→Risiko- und Chancencontrolling) spielen deshalb eine wichtige Rolle. Die schlechte *Quantifizierbarkeit* hängt u. a. an der Immaterialität von Wissen, an schlecht strukturierten Innovationsprozessen, an der Vielfalt der Wirkungen von Innovationsaktivitäten und an der oft langen Zeit zwischen Erfindung (Invention) und Markteinführung.

Im Innovationsaudit (→Innovation Audit) spielen quantitative *Informationen* im Vergleich zu qualitativen Informationen eine untergeordnete Rolle. Informationen kommen aus dem internen →Rechnungswesen, aus der Markt- und Technikforschung, der Umfeldforschung (globales und nationales wirtschaftliches, technisches, soziales, rechtliches, natürliches Umfeld) sowie aus der internen Kompetenzforschung. Die Früherkennung von Chancen und Risiken sowie Stärken und Schwächen (SWOT) und die Bestimmung der Innovationsfelder (→Technologie-Markt-Portfolio) sind zentrale Probleme. In diesem Zusammenhang ist z. B. auch an die →Szenariotechnik, an die →Gap-Analyse, an →Benchmarking und →Früherkennungssysteme zu denken.

Controllingsysteme (→Controllingkonzepte), *Kennzahlen und Kennzahlensysteme* (→Kennzahlen und Kennzahlensysteme als Kontrollinstrument) sind im Innovationsmanagement bisher nur unzureichend ausgebaut. Eine Folge schlechter Informationsversorgung ist, dass Auditoren bei der Beurteilung der Informationen zum F&E- und Innovationsmanagement in hohem Maße auf die Befragung von Personen angewiesen sind. Viele vorhandene Informationen sind stark subjektiv gefärbt. Deshalb ist bei Audits mit Vertretern aller Funktionsbereiche und aller hierarchischen Ebenen zu sprechen.

Die Elemente der *Auditierungssituation* beeinflussen die Lösung von Auditierungsproblemen im Innovationsmanagement. Dazu gehören die Objekte, die Subjekte (externe oder interne Auditoren), Art und Zahl verfügbarer Kennzahlen (input-, prozess- und outputorientierte), die genutzten Bewertungsmethoden, eingesetzte Hilfsmittel (z. B. Bewertungsmodelle), Ablauf, Zeitpunkt und Dauer der Auditierung.

Je nach Anlass der Auditierung des Innovationsmanagements sind *Rechtsgrundlagen* und eine Vielzahl von Grundsätzen einer ordnungsgemäßen Auditierung zu beachten. Eine Auditierung des Innovationsmanagements hat unterschiedliche *Anforderungen* zu erfüllen. Strukturanforderungen sind z. B. eine transparente Aufgabenbeschreibung im Auditierungsauftrag, die Wirtschaftlichkeit der Auditierung, der Einsatz eines interdisziplinären Auditteams, ein Dokumentationssystem, ein Kennzahlensystem und eine Unternehmenskultur, die eine Messung und Bewertung von Leistungen des Innovationsmanagements fördert. Die Anforderungen an die Auditoren betreffen das Auditierungsfachwissen, beträchtliches technisches Fachwissen, Branchenwissen, Unabhängigkeit und in beträchtlichem Umfang Soft Skills unterschiedlicher Art.

Literatur: Hauschildt, J.: Innovationsmanagement, 3. Aufl., München 2004; Specht, G./Beckmann, Chr./Amelingmeyer, J.: F&E-Management. Kompetenz im Innovationsmanagement, 2. Aufl., Stuttgart 2002.

Günter Specht

Inside Director →Board of Directors

Insider →Kurs- und Marktpreismanipulationen

Insidergeschäfte

Bis zum In-Kraft-Treten des →Wertpapierhandelsgesetzes (WpHG) am 1.8.1994 war das Insiderrecht in Deutschland nur in unverbindlichen, freiwillig zu befolgenden Richtlinien geregelt. Im Interesse internationaler Wettbewerbsfähigkeit und der Erhaltung der Attraktivität des Finanzplatzes Deutschland wurde es jedoch unausweichlich, verbindliche gesetzliche Standards zu normieren. Diese ergaben sich auch aus der RL 89/592/EWG (sog. Insider-RL), die u. a. durch das WpHG umgesetzt wurde. Eine weitere Novellierung des WpHG fand Ende 2004 statt, weil die Regelungen des AnSVG, die die RL 2003/6/EG (sog. Marktmissbrauchs-RL) umsetzen, Auswirkungen auf das WpHG haben (→Richtlinien und Verordnungen der Europäischen Union, Bedeutung für Rechnungslegung und Unternehmensüberwachung) (Diekmann/Sustmann 2004, S. 929–938). Bezweckt wird mit den Neuregelungen allgemein eine Stärkung des Vertrauens der Anleger in die Kapitalmärkte.

Die wesentlichen Vorschriften zum Insiderhandel finden sich in den §§ 12–16b WpHG. Sie bezwecken die Verhinderung und die Verfolgung von Insidergeschäften. § 12 WpHG beschreibt den Begriff des Insiderpapiers. Dieser ist sehr weit gefasst und enthält nicht nur näher bezeichnete Finanzinstrumente (→Financial Instruments), die an einem organisierten Markt gehandelt werden, sondern auch nicht zu einem Handel an einem organisierten Markt zugelassene Derivate (→derivative Finanzinstrumente), deren Preis mittelbar oder unmittelbar von einem handelbaren Finanzinstrument abhängt. § 13 Abs. 1 WpHG beinhaltet die Legaldefinition einer Insiderinformation. Diese ist eine konkrete Information über nicht öffentlich bekannte Umstände oder Ereignisse, die sich entweder auf den Emittenten von Insiderpapieren oder auf die Insiderpapiere selbst bezieht und geeignet ist, im Falle ihres öffentlichen Bekanntwerdens den Börsen- oder Marktpreis des Insiderpapiers erheblich zu beeinflussen. Ein Gerücht stellt demnach keine Insiderinformation dar.

Im Bereich des Insiderrechts unterscheidet das Gesetz Primär- und Sekundärinsider. Zur ersten Gruppe gehören bspw. die Mitglieder von Leitungsorganen oder Personen mit Zugang zu Insiderinformationen aufgrund einer kapitalmäßigen Beteiligung, genauso →Unternehmensberater, WP, Rechtsanwälte, Journalisten und Finanzanalysten. Sekundärinsider werden negativ definiert, sie besitzen eine Insiderinformation, ohne Primärinsider zu sein. Die Unterscheidung ist bedeutsam im Hinblick auf die Rechtsfolge bei Verstoß gegen einen Verbotstatbestand (§§ 38, 39 WpHG). § 14 WpHG normiert das Verbot von Insidergeschäften. Verboten ist demnach die Verwendung von Insiderwissen für den Wertpapiererwerb bzw. die Wertpapierveräußerung, die unbefugte Mitteilung und Zugänglichmachung von Insiderinformationen sowie die Empfehlung zum Erwerb oder Verkauf von Wertpapieren an Dritte aufgrund von Insiderinformationen. Sowohl einem Primär- wie auch einem Sekundärinsider sind alle Geschäfte aufgrund von Insiderinformationen verboten, gleichgültig, ob sie für eigene oder für fremde Rechnung erfolgen, durch einen Dritten oder durch den Insider selbst vorgenommen werden. Bereicherungsabsicht ist nicht erforderlich, es kommt einzig auf die Verwendung der Insiderinformation an. Insidergeschäfte können mit einer Geldstrafe oder einer Freiheitsstrafe von bis zu 5 Jahren geahndet werden (§ 38 Abs. 1 WpHG), für Sekundärinsider hat die Bußgeldvorschrift des § 39 WpHG Bedeutung.

Als Aufsichtsbehörde wird die →*Bundesanstalt für Finanzdienstleistungsaufsicht (BaFin)* tätig. Um ihre Aufsichtätigkeit zu erleichtern, sind bspw. Emittenten verpflichtet, sog. Insiderverzeichnisse nach § 15b WpHG zu führen. Diese enthalten die Namen derjenigen Personen, die aufgrund ihres Arbeits- oder Anstellungsvertrages bestimmungsgemäß Zugang zu Insiderinformationen haben. Zudem enthält § 10 WpHG eine Anzeigepflicht gegenüber der *BaFin* für Personen, die beruflich am Finanzmarkt tätig sind und den Verdacht eines Insiderhandels hegen.

Um Insidergeschäfte möglichst zu verhindern, sieht § 15a WpHG eine Offenlegungspflicht für Führungskräfte eines Emittenten hinsichtlich deren Geschäfte in Wertpapieren des Unternehmens vor (Directors' Dealings). Die Offenlegungspflicht (→Publizität) betrifft nicht nur die Führungskräfte selbst, sondern auch ihnen nahe stehenden Personen. Die spezielle Offenlegungspflicht wird damit begründet, dass diese Gruppe gegenüber anderen Aktionären über einen Informationsvorsprung verfügt und von ihnen getätigten Geschäften deshalb Indikationswirkung zukommt. Marktmanipulationen (→Kurs- und Marktpreismanipulationen) sollen präventiv verhindert werden (Buttlar 2003, S. 2133). Offenzulegen sind jedoch nicht alle Transaktionen, sondern nur solche, die die Bagatellgrenze von 5.000 € innerhalb eines Kalenderjahres überschreiten.

Literatur: Buttlar, J. v.: Directors' Dealings. Änderungsbedarf aufgrund der Marktmissbrauchsrichtlinie, in: BB 58 (2003), S. 2133–2139; Diekmann, H./Sustmann, M.: Gesetz zur Verbesserung des Anlegerschutzes (Anlegerschutzverbesserungsgesetz AnSVG), in: NZG 7 (2004), S. 929–939.

Anja Hucke

Insiderinformation →Insidergeschäfte

Insiderpapier →Insidergeschäfte

Insiderverzeichnis →Insidergeschäfte; →Kurs- und Marktpreismanipulationen

Insolvenz

Zahlungsunfähigkeit (§ 17 InsO), drohende Zahlungsunfähigkeit (§ 18 InsO) und Überschuldung (§ 19 InsO) bezeichnen jeweils Tatbestände, bei deren Vorliegen die Eröffnung des Insolvenzverfahrens beantragt werden kann (→Zahlungsunfähigkeitsprüfung; →Überschuldungsprüfung). Antragsberechtigte sind sowohl die Gläubiger als auch die Schuldner selbst, im Falle der drohenden Zahlungsunfähigkeit jedoch nur die Schuldner. Der Tatbestand der Überschuldung ist nur bei KapGes und bei kapitalistischen →Personengesellschaften (PersGes) (z. B. →GmbH & Co. KG) ein Eröffnungsgrund.

Eine Prüfung auf Insolvenz ist insofern immer auf das (mögliche künftige) Vorliegen dieser drei Tatbestände ausgerichtet. Sie ist jedoch nach h.M. keine primäre Aufgabe des Prüfers im Rahmen der gesetzlichen Abschlussprüfung (→Pflichtprüfungen; →Jahresabschlussprüfung; →Konzernabschlussprüfung) (Farr 1986, S. 258). Die Abschlussprüfung nach § 317 HGB stellt in erster Linie eine →Ordnungsmäßigkeitsprüfung dar (§ 317 Abs. 1 Satz 2 HGB). Im Rahmen der gesetzlichen Abschlussprüfung erhält der →Abschlussprüfer (APr) durch die einzelnen Prüfungshandlungen (→Auswahl von Prüfungshandlungen) jedoch in besonderem Maße Einblick in die →wirtschaftlichen Verhältnisse des Unternehmens.

Nach § 317 Abs. 1 HGB hat der APr den Jahres- bzw. den Konzernabschluss dahingehend zu prüfen, ob gesetzliche und gesellschaftsvertragliche Vorschriften beachtet worden sind. Darüber hinaus ist gem. § 317 Abs. 2 HGB vom APr zu beurteilen, ob der →Lagebericht bzw. der →Konzernlagebericht in Einklang mit dem JA und ggf. dem →Einzelabschluss bzw. dem Konzernabschluss steht. Gegenstand der Prüfung ist ferner, ob der Lagebericht bzw. Konzernlagebericht eine zutreffende Vorstellung von der Lage des Unternehmens bzw. des Konzerns (→Konzernarten) geben und ob →Chancen und Risiken der künftigen Entwicklung zutreffend dargestellt sind (§ 317 Abs. 2 HGB; IDW PS 200.12). Vom APr ist darüber hinaus eine Gesamtwürdigung über die vom Unternehmen vermittelte Lage des Unternehmens aus eigener Sicht vorzunehmen (IDW PS 350.6).

Der APr hat nach § 321 Abs. 2 HGB die Pflicht, Beanstandungen, die sich im Rahmen der gesetzlichen Abschlussprüfung ergeben haben, aufzuzeigen (→Berichtsgrundsätze und -pflichten des Wirtschaftsprüfers). Eine der Abschlussprüfung implizite Prüfung auf Insolvenz bzw. auf Insolvenzgefährdung ergibt sich aus der Überprüfung der ordnungsgemäßen Anwendung des Grundsatzes der Unternehmensfortführung gem. § 252 Abs. 1 Nr. 2 HGB (→Going Concern-Prinzip) durch den Abschlussersteller. Grundsätzlich erstreckt sich die gesetzliche Abschlussprüfung auch auf die Beachtung des Fortführungsgrundsatzes als Bestandteil der GoB (→Grundsätze ordnungsmäßiger Buchführung, Prüfung der) (IDW PS 200.12). Dieser Grundsatz besagt, dass bei der Bewertung der →Vermögensgegenstände und →Schulden von der Fortführung der Unternehmenstätigkeit auszugehen ist, sofern nicht tatsächliche oder rechtliche Gegebenheiten entgegenstehen (§ 252 Abs. 1 Nr. 2 HGB). Die Insolvenz bzw. die das Verfahren auslösenden Tatbestände stellen u. a. rechtliche Gegebenheiten dar, welche der Unternehmensfortführung entgegenstehen (Groß/Amen 2005, S. 1866). Die Annahme der Unternehmensfortführung ist von besonderer Bedeutung, da sie die Grundlage der allgemeinen →Bewertungsgrundsätze bildet. Wenn nicht weiter von der Fortführung der Unternehmenstätigkeit ausgegangen werden kann, müssen vom APr die Auswirkungen auf die Bewertungsgrundsätze des Unternehmens beachtet werden (→Bewertungsprüfung) (IDW RS HFA 17.4).

Ergänzend ist hierbei auf die erweiterte Berichtspflicht des § 321 Abs. 1 Satz 2 HGB hinzuweisen (Hantschel 1994, S. 105). Zu der Beurteilung der Lage, des Fortbestandes und der künftigen Entwicklung des Unternehmens ist im →Prüfungsbericht (PrB) vorweg Stellung zu nehmen (§ 321 Abs. 1 Satz 2 HGB). Dabei ist insb. auf die im JA und im Lagebericht dargelegte Annahme der Unternehmensfortführung einzugehen (IDW PS 450.28).

Der APr kann nur dann einen uneingeschränkten →Bestätigungsvermerk (BestV) gem. § 322 Abs. 3 HGB erteilen, wenn der JA unter Beachtung gesetzlicher und satzungsmäßiger Vorschriften und der GoB ein den tatsächlichen Verhältnissen entsprechendes Bild der →Vermögenslage, →Finanzlage und →Ertragslage vermittelt (→True and Fair View). Es liegt somit in der Verantwortung des Abschlussprüfers die Plausibilität der Einschätzungen der gesetzlichen Vertreter auch und insb. über die Annahme der Unternehmensfortführung zu beurteilen (→Plausibilitätsprüfungen) (IDW PS 270.13) und einzuschätzen, ob bestandsgefährdende Tatsachen (→Bestandsgefährdung) erhebliche Zweifel an der Fortführung der Unternehmenstätigkeit aufwerfen (IDW PS 270.15). In diesem Zusammenhang sind sämtliche Hinweise auf eine Zahlungsunfähigkeit, eine drohende Zahlungsunfähigkeit oder auf eine Überschuldung, die vom Unternehmen nicht ordnungsgemäß dargelegt wurden, vom APr genau zu beachten und näher zu untersuchen. Liegen Indikationen, wie bilanzielle Überschuldung, Zahlungsstockungen oder alte nicht beglichene Verbindlichkeiten vor, sind die Prüfungshandlungen des Abschlussprüfers dementsprechend auszudehnen.

Literatur: Farr, W.-M.: Insolvenzprophylaxe durch Wirtschaftsprüfung. Untersuchung über die Aufgaben und Stellung des Wirtschaftsprüfers nach dem Bilanzrichtlinie-Gesetz, Frankfurt a.M. 1986; Groß, P. J./Amen, M.: Going-Concern-Prognosen im Insolvenz- und im Bilanzrecht. Grundlagen, Unterschiede und wechselseitige Verflechtungen, in: DB 58 (2005), S. 1861–1868; Hantschel, M.: Insolvenzprophylaxe bei mittelständischen Unternehmen als Aufgabe von Steuerberatern und Wirtschaftsprüfern, Freiburg i.Br. 1992; IDW (Hrsg.): IDW Prüfungsstandard: Prüfung des Lageberichts (IDW PS 350, Stand: 26. Juni 1998), in: WPg 51 (1998), S. 663–666; IDW (Hrsg.): IDW Prüfungsstandard: Ziele und allgemeine Grundsätze der Durchführung von Abschlussprüfungen (IDW PS 200, Stand: 28. Juni 2000), in: WPg 53 (2000), S. 706–710; IDW (Hrsg.): IDW Prüfungsstandard: Die Beurteilung der Fortführung der Unternehmenstätigkeit im Rahmen der Abschlussprüfung (IDW PS 270, Stand: 8. Mai 2003), in: WPg 56 (2003), S. 775–780; IDW (Hrsg.): IDW Stellungnahme zur Rechnungslegung: Auswirkungen einer Abkehr von der Going Concern-Prämisse auf den handelsrechtlichen Jahresabschluss (IDW RS HFA 17, Stand: 8. Dezember 2005), in: WPg 59 (2006a), S. 40–44; IDW (Hrsg.): IDW Prüfungsstandard: Grundsätze ordnungsmäßiger Berichterstattung bei Abschlussprüfungen (IDW PS 450, Stand: 8. Dezember 2005), in: WPg 59 (2006b), S. 113–128.

Frank Loch

Insolvenzbilanzen

Im Rahmen des Insolvenzverfahrens (→Insolvenz) müssen die Beteiligten (Insolvenzverwalter, Schuldner) für zwei verschiedene Zielgruppen in unterschiedlicher Weise (weiterhin) Rechnung legen. Bei der *internen* Rechnungslegung ist der Insolvenzverwalter (→Insolvenzverwaltung) gegenüber den Insolvenzgläubigern, dem Insolvenzschuldner und dem Insolvenzgericht rechnungslegungspflichtig. Während des Insolvenzverfahrens besteht zudem weiterhin die handels- und steuerrechtliche Rechnungslegungspflicht, die sog. *externe* Rechnungslegung. Diese richtet sich an Gesellschafter und externe Gläubiger, wie Lieferanten, Kunden, →Kreditinstitute oder Finanzverwaltung, als Informationsadressaten.

Mit Eröffnung des Insolvenzverfahrens ist der Insolvenzverwalter im Rahmen der *internen Rechnungslegung* verpflichtet, eine geordnete Übersicht der →Vermögensgegenstände und der →Schulden in Form der Insolvenzeröffnungsbilanz aufzustellen. Diese Nettovermögensübersicht, auch als Insolvenzstatus bezeichnet, führt die Gegenstände der Insolvenzmasse und die →Verbindlichkeiten des Schuldners auf und stellt diese einander gegenüber (§ 153 Abs. 1 InsO). Der Zweck der Vermögensübersicht besteht zum einen darin, die voraussichtliche Insolvenzquote zu bestimmen und zum anderen, die Beteiligten des Insolvenzverfahrens über die →Vermögenslage des Schuldners zu informieren. Die im Verzeichnis der Massegegenstände gem. § 151 InsO und im Gläubigerverzeichnis gem. § 152 InsO aufgeführten Positionen werden in der Insolvenzbilanz komprimiert und transparent dargestellt. Die Bewertung der Gegenstände der Insolvenzmasse richtet sich nach § 151 Abs. 2 InsO. Hiernach sind in Abhängigkeit von einer Fortführung oder einer Stilllegung des Unternehmens sowohl die Fortführungs- als auch die →Liquidationswerte zu ermitteln. Sofern die Bewertung einzelner Vermögenswerte eine besondere Qualifikation erfordert (z. B. die Bewertung von →Beteiligungen ohne Vorliegen eines aktiven Marktes), ist durch den Insolvenzverwalter ein Sachverständiger hinzuzuziehen. Wird von der Stilllegung des Unternehmens ausgegangen, wird auf Einzelveräußerungswerte zurückgegriffen, während bei der Unternehmensfortführung (→Going Concern-Prinzip) auf Wiederbeschaffungswerte (→Wiederbeschaffungskosten) abgestellt wird. Die Prüfung der Schlussrechnung, bestehend aus Schlussbilanz, Einnahmen-Ausgaben-Überschussrechnung, Schlussbericht und Schlussverzeichnis, erfolgt gem. § 66 Abs. 2 Satz 1 InsO durch das Insolvenzgericht.

Nach § 155 Abs. 1 InsO bleiben die handels- und steuerrechtlichen Pflichten des Schuldners zur Buchführung und zur *externen Rechnungslegung* von der Eröffnung des Insolvenzverfahrens unberührt. Die allgemeinen Buchführungs- und Rechnungslegungspflichten nach HGB und den Steuergesetzen sind demnach vollständig zu erfüllen (→Buchführungstechnik und Prüfungsmethoden; →Grundsätze ordnungsmäßiger Rechnungslegung). Mit der Eröffnung des Insolvenzverfahrens beginnt jedoch ein neues Geschäftsjahr (§ 155 Abs. 2 Satz 1 InsO), welches durch die Aufstellung einer Insolvenz-Eröffnungsbilanz dokumentiert wird. Das neue Geschäftsjahr bestimmt dann die für Handels- und Steuerrecht maßgebende Rechnungslegungsperiode und umfasst 12 Monate (§ 240 Abs. 2 Satz 2 HGB). Daher ergeben sich regelmäßig Rumpfgeschäftsjahre, und zwar für den Zeitraum vom letzten regulären Bilanzstichtag bis zum Tag der Eröffnung des Insolvenzverfahrens und für die Zeit zwischen den letzten in den Lauf des Insolvenzverfahrens fallenden Bilanzstichtag und dem Zeitpunkt der Beendigung des Verfahrens. Diese Rumpfgeschäftsjahre sind mit einer Schlussbilanz abzuschließen. Dies ergibt sich für das Geschäftsjahr vor der Insolvenzeröffnung aus § 155 Abs. 3 Satz 2 InsO und für das Geschäftsjahr der Beendigung des Insolvenzverfahrens aus §§ 270 Abs. 1 AktG und aus 71 Abs. 1 GmbHG.

Die *Prüfung* der Schlussbilanz des letzten Geschäftsjahres vor Verfahrenseröffnung fällt unverändert in den Verantwortungsbereich des →Abschlussprüfers, der vor dem Insolvenzverfahren bestellt wurde (§ 155 Abs. 3 Satz 2 InsO). Wurde noch kein APr bestellt (→Bestellung des Abschlussprüfers), erfolgt dessen Bestellung durch das Insolvenzgericht auf Antrag des Insolvenzverwalters. Gem. §§ 270 Abs. 3 AktG und 71 Abs. 3 GmbHG kann die Prüfung der Insolvenz-Eröffnungsbilanz bei überschaubaren Verhältnissen auch unterbleiben. Dies gilt auch für die Schlussbilanz. Die Insolvenz-Eröffnungsbilanz für das erste Geschäftsjahr nach Verfahrenseröffnung ist gem. § 155 Abs. 2 Satz 2 InsO bei einem prüfungspflichtigen Unternehmen (→Unternehmensformen) durch einen APr zu prüfen (§ 316 Abs. 1 Satz 1 HGB). Nach § 155 Abs. 3 Satz 1 InsO erfolgt die Bestellung des Prüfers abweichend von § 318 Abs. 1 HGB durch das Registergericht (→Registeraufsicht) auf Antrag des Insolvenzverwalters. Die Möglichkeit der Befreiung von der Prüfungspflicht gem.

Insolvenzstatus

§§ 270 Abs. 3 AktG und 71 Abs. 3 GmbHG bleibt auch im Insolvenzverfahren bestehen. Da Schlussbilanz des letzten regulären (Rumpf-) Geschäftsjahres und Insolvenz-Eröffnungsbilanz nur eine logische Sekunde voneinander getrennt sind und wegen des Grundsatzes der Bilanzidentität (→Stetigkeit; →Grundsätze ordnungsmäßiger Buchführung, Prüfung der) inhaltlich identisch sein müssen, würde die Gefahr einer ineffizienten Doppelprüfung bestehen, wenn das Registergericht nicht denselben Prüfer für beide Prüfungen bestellen würde, was aber i.d.R. der Fall ist.

Hinsichtlich der Prüfungsdurchführung sind die allgemeinen Vorschriften über die Prüfungspflicht des Jahresabschlusses gem. §§ 316 HGB ff. maßgeblich. Im Hinblick auf das prüfungstechnische Vorgehen durch den APr im Hinblick auf die →Prüfungsplanung, die Durchführung (→Auftragsdurchführung) sowie die Berichterstattung (→Berichterstattungsgrundsätze und -pflichten des Wirtschaftsprüfers) gelten die →Verlautbarungen des Instituts der Wirtschaftsprüfer in Deutschland e.V. (insb. IDW/WPK VO 1/2006 und IDW PS) in analoger Weise.

Literatur: Förschle, G./Weisang, A.: Rechnungslegung im Insolvenzverfahren nach der Insolvenzordnung, in: Budde, D./Förschle, G. (Hrsg.): Sonderbilanzen: Von der Gründungsbilanz bis zur Liquidationsbilanz, 3. Aufl., München 2002; IDW/WPK (Hrsg.): Gemeinsame Stellungnahme der WPK und des IDW: Anforderungen an die Qualitätssicherung in der Wirtschaftsprüferpraxis (VO 1/2006), in: WPg 59 (2006), S. 629–646; Winnefeld, R.: Bilanz-Handbuch: Handels- und Steuerbilanz, rechtsformspezifisches Bilanzrecht, bilanzielle Sonderfragen, Sonderbilanzen, IAS/US-GAAP, 2. Aufl., München 2000.

Frank Loch

Insolvenzstatus →Insolvenzbilanzen

Insolvenzverwalter →Insolvenzverwaltung

Insolvenzverwaltung

Ein Insolvenzverfahren (→Insolvenz) dient der Gesamtbereinigung aller bestehenden →Verbindlichkeiten durch gleichmäßige Befriedigung aller Gläubiger aus dem Vermögen des Insolvenzschuldners. Liegt ein Insolvenzgrund nach den §§ 17–19 InsO vor, d. h. Zahlungsunfähigkeit (→Zahlungsunfähigkeitsprüfung), drohende Zahlungsunfähigkeit oder Überschuldung, eröffnet das örtlich zuständige Amtsgericht auf Antrag des Schuldners oder eines Insolvenzgläubigers das Insolvenzverfahren, es sei denn, es fehlt eine die Verfahrenskosten deckende Masse. In einem solchen Fall wird der Antrag abgewiesen. Nach dem Eröffnungsbeschluss bestellt das Gericht einen Insolvenzverwalter, weil der Insolvenzschuldner grundsätzlich nicht mehr verwaltungs- und verfügungsbefugt ist hinsichtlich seines Vermögens. In Literatur und Praxis ist die gerichtliche Auswahlpraxis, für die es keine gesetzlichen Vorgaben gibt, sehr umstritten (Smid 2001, S. 485–497). Das BVerfG hat dem Bewerber um das Amt eines Insolvenzverwalters aus Art. 3 Abs. 1 GG lediglich einen Rechtsanspruch auf fehlerfreie Ausübung des Auswahlermessens gem. § 56 Abs. 1 InsO zugebilligt. Insolvenzverwalter kann nur eine natürliche Person sein, die geeignet, geschäftskundig sowie von Insolvenzgläubigern und Schuldner unabhängig ist. Die Geschäftskundigkeit bezieht sich dabei auf das wirtschaftliche Umfeld, in dem sich der Insolvenzschuldner betätigt. Da die Insolvenzverwaltung hohe fachliche Anforderungen im Bereich des Gesellschafts-, Steuer-, Arbeits- und Insolvenzrechts stellt, stammen die Insolvenzverwalter häufig aus den Berufsfeldern der Rechtsanwälte, →Steuerberater (StB) und WP. Inzwischen ist das Amt des Insolvenzverwalters allgemein als Beruf anerkannt (Smid 2002, § 9, Rn. 2).

Die Aufgaben im Rahmen der Insolvenzverwaltung sind vielfältig (§§ 148 ff. InsO). Nach seiner Bestellung nimmt der Insolvenzverwalter die Masse in Besitz, erstellt ein Verzeichnis der Massegegenstände sowie ein →Inventar und eine Eröffnungsbilanz. In der Gläubigerversammlung legt der Verwalter in einem sog. Berichtstermin einen Bericht über die wirtschaftliche Lage des Schuldners vor (§ 156 InsO). Dieser Bericht ist die Grundlage für die Entscheidung der Gläubigerversammlung über das weitere Verfahren. Erfolgt keine anders lautende Entscheidung, beginnt der Insolvenzverwalter nach dem Berichtstermin mit der Verwertung des Schuldnervermögens gem. § 159 InsO. Dabei tritt der Insolvenzverwalter gegenüber Dritten in eigenem Namen kraft seines privaten Amtes auf (Smid 2002, § 9, Rn. 45). So kann bspw. ein Unternehmen fortgeführt oder zerschlagen und veräußert werden, Barmittel sind gem. den Vorgaben der §§ 187 ff. InsO zu verteilen.

Bei Ausübung seiner Tätigkeit unterliegt der Insolvenzverwalter hinsichtlich der Ordnungsmäßigkeit und wirtschaftlichen Zweckmäßigkeit einer gerichtlichen Aufsicht (Smid 2002, § 9, Rn. 48–54). Bei Pflichtverstößen (z. B. gegen die Berichtspflicht) kann ein Zwangsgeld festgesetzt werden, ebenso kann sich der Insolvenzverwalter schadensersatzpflichtig machen. Als ultima ratio kommt seine Entlassung aus wichtigem Grund durch das Gericht in Betracht. Für seine Tätigkeit steht dem Insolvenzverwalter ein Anspruch auf Vergütung nach der insolvenzrechtlichen Vergütungsverordnung sowie Auslagenersatz zu.

Zulässig nach der InsO ist auch die Eigenverwaltung durch den Schuldner gem. §§ 270 ff. InsO, der die Gläubigerversammlung zustimmen muss. Ihm beigeordnet wird ein Sachwalter, dessen Stellung und Aufgaben denen des Insolvenzverwalters vergleichbar sind. Allerdings verbleibt bei der Eigenverwaltung die Verwaltungs- und Verfügungsbefugnis hinsichtlich seines Vermögens beim Insolvenzschuldner.

Literatur: BVerfG-Beschluss vom 23.5.2006, Aktz. 1 BvR 2530/04, NJW 59 (2006), S. 2613–2618; Smid, S.: Auswahl und Bestellung des Insolvenzverwalters durch das Insolvenzgericht als Rechtsfrage betrachtet, in: DZWiR 11 (2001), S. 485–497; Smid, S.: Grundzüge des Insolvenzrechts, 4. Aufl., München 2002.

Anja Hucke

Instandhaltungscontrolling

Das Instandhaltungscontrolling ist als Subsystem des →Anlagencontrollings und →Investitionscontrollings aufzufassen. Das Instandhaltungscontrolling operationalisiert das Investitionscontrolling und sichert in diesem Sinne die Investitionsrentabilität dadurch ab, dass es sämtliche Instandhaltungsmaßnahmen auf eine optimale Anlageneffektivität ausrichtet. Insb. in der Phase der Nutzung der Produktionsanlagen kommt dem Instandhaltungscontrolling ein großer Stellenwert zu. Die Instandhaltungscontroller müssen sich insb. mit der Identifizierung und Systematisierung anlagenspezifischer Störquellen und -ursachen, mit der Formulierung geeigneter Instandhaltungsstrategien, mit der Steuerung der Instandhaltungsprozesse, mit der Ersatzteillogistik (→Logistikcontrolling) und mit der Optimierung der Instandhaltungsressourcen und in diesem Zusammenhang mit der Optimierung des Verhältnisses von Eigen- und Fremdinstandhaltung (→Outsourcing) befassen.

Das Ziel des Instandhaltungscontrollings als Planungs- (→Planung), Steuerungs- und →Kontrollinstrument (→Controllinginstrumente) besteht darin, dass die Instandhaltung über klar definierte Ziele verfügt, dass notwendige Instandhaltungsmaßnahmen zielgerichtet erbracht werden, bei Zielabweichungen rasch entsprechende Abhilfemaßnahmen eingeleitet und somit Rationalisierungspotenziale in der Instandhaltung ausgeschöpft werden.

Technologisch anspruchsvolle und flexible maschinelle Produktionsanlagen für große Stückzahlen erfordern in industriellen Unternehmen hohe Anlageninvestitionen. Maximale Verfügbarkeit für optimale Auslastungen der Produktionsanlagen (→Kapazitätsplanung; →Kapazitätscontrolling) ist daher zur Sicherstellung der Rentabilität existenziell (→Erfolgsabhängigkeiten). Die Sicherstellung dieser Verfügbarkeit geschieht durch das Instandhaltungscontrolling; hierzu werden alle erforderlichen Maßnahmen geplant, gesteuert und ausgeführt.

In automatisierten technischen Anlagen treten Produktionsverluste durch technische Störungen in den Maschinen selbst und durch Störungen in der Verkettung von Maschinen auf. Durch unzureichende Kenntnis möglicher Störursachen und deren Folgewirkungen bestehen Risiken, dass falsche Maßnahmen zur Störungsbeseitigung gewählt werden, mit der Folge, dass wirksame Instandhaltungsstrategien nicht entwickelt werden können. Dies führt oft über lange Zeiträume zu einem andauernd ineffektivem und ineffizientem Betrieb der Produktionsanlagen. Insoweit ist eine zielgerichtete Stördatenerfassung und Prozessdatenerfassung der maschinellen Anlagen unabdingbar. Damit sollen folgende drei Ziele erreicht werden: Durch eine Optimierung der Transparenz der Instandhaltungsorganisation und des Instandhaltungsablaufs ist erstens sicherzustellen, dass schnelle Entscheidungen zur Störungsbeseitigung herbeigeführt werden. Zweitens sind die Stör- und Prozessdaten statistisch zu erfassen [→Betriebsdatenerfassung (BDE)] und auszuwerten, um eine Schwachstellenanalyse durchzuführen bzw. weitere Instandhaltungsmaßnahmen zu steuern. Zum Schluss sind die erfassten und ausgewerteten Stör- und Prozessdaten in ein →Controllingkonzept (→Controlling) zu integrieren.

Als Stand der Technik hat sich in vielen industriellen Unternehmen eine Strategie für Inspektionsaktivitäten etabliert, die zustandsabhängig und vorbeugend konzipiert werden sollte. Mit dieser Strategie soll folgendes erreicht werden: Zunächst wird der Soll-Zustand der Anlagen definiert. Über eine durchgeführte Inspektionsaufnahme wird der tatsächliche Ist-Zustand der Anlagen festgestellt bzw. dokumentiert, über Wartungsmaßnahmen und Instandhaltungsaktiviäten wird der Soll-Zustand der Maschine, der vorher definiert worden ist, wieder hergestellt.

Diese Strategie zur Inspektion setzt voraus, dass erhebliche Datenmengen über Stamm- bzw. Bewegungsdaten dokumentiert, verarbeitet und verwaltet werden. Die integrierte Stördatenerfassung bzw. die Erfassung der Prozessdaten ist die originäre Datenquelle, aus der das Instandhaltungscontrolling seine relevanten Informationen entnimmt (→Führungsinformationssysteme). Damit soll gewährleistet werden, dass das Instandhaltungscontrolling zur Sicherung der Verfügbarkeit der Produktionsanlagen bei minimalen Instandhaltungskosten beiträgt.

Das Instandhaltungscontrolling muss in diesem Zusammenhang vor allem die Wissensvorräte systematisch erfassen und allen beteiligten Akteuren gut zugänglich machen. Insofern befasst es sich hinsichtlich des Aufbaus einer lernenden Organisation sehr stark mit dem →Wissensmanagement. Darüber hinaus hat das Instandhaltungscontrolling eine schnellstmögliche Klärung störungsbedingter Instandhaltungsbedarfe und eine möglichst schnelle Abwicklung von Instandhaltungsaufträgen sicherzustellen. Ferner muss es die Ersatzteillogistik koordinierend und steuernd begleiten und dabei für eine möglichst geringe Kapitalbildung durch Ersatzteilbestände Sorge tragen. Optimale Verfügbarkeit, gesichert durch schnell wirksame Maßnahmen zur Störungsbehebung, sind Voraussetzung für die Effektivität und Effizienz des Produktionsprozesses und damit zentrale Aufgaben des Instandhaltungscontrollings.

Die Praxis zeigt jedoch häufig, dass in den vielen Industrieunternehmen ein Instandhaltungscontrolling als die Führung unterstützendes Steuerungssystem (→Controlling;

Aufgaben des) noch kaum bzw. noch nicht in vollem Umfang eingerichtet ist. Dies liegt darin begründet, dass in der Instandhaltung – als einen tendenziell eher technischen Bereich – oft eine nur unzureichende Kenntnis über das betriebswirtschaftlich notwendige Know-how dieses Controllingbereiches vorhanden ist.

Literatur: Horvàth, P.: Controlling, 10. Aufl., Stuttgart 2006; Kalaitzis, D.: Instandhaltungscontrolling. Führungs- und Steuerungssystem erfolgreicher Instandhaltung, 3. Aufl., Köln 2004; Klein, W.: Optimale Planung und Steuerung der Instandhaltung. Analyse und Gestaltung des Informationswesens, Köln 1988; Männel, W.: Investitionscontrolling, 3. Aufl., Lauf 2001; Männel, W.: Instandhaltungscontrolling, in: krp 43 (1999), Sonderheft 1, S. 71–81.

Christian W. Kröger

Institut der Wirtschaftsprüfer in Deutschland e.V.

Das *IDW* ist eine seit 1932 bestehende Vereinigung der deutschen WP und WPGes (→Revisions- und Treuhandbetriebe) mit Sitz in Düsseldorf (→Berufsorganisation des Wirtschaftsprüferberufes).

Aufgabe des *IDW* ist es, die Fachgebiete des Wirtschaftsprüfers zu fördern und für die Interessen des Wirtschaftsprüferberufs einzutreten. Insb. hat das *IDW* für die →Aus- und Fortbildung des Wirtschaftsprüfers zu sorgen und entsprechende Maßnahmen durchzuführen. Das *IDW* tritt für einheitliche Grundsätze der unabhängigen, eigenverantwortlichen und gewissenhaften Berufsausübung ein und hat deren Einhaltung durch die Mitglieder sicherzustellen (→Grundsätze ordnungsmäßiger Abschlussprüfung; →Unabhängigkeit und Unbefangenheit des Wirtschaftsprüfers; →Eigenverantwortlichkeit des Wirtschaftsprüfers). Hierbei nimmt das *IDW* zu Fach- und Berufsfragen (→Berufsgrundsätze des Wirtschaftsprüfers; →Berufspflichten des Wirtschaftsprüfers; →Berufsrecht des Wirtschaftsprüfers), die den gesamten WP-Beruf angehen, auch gutachterlich Stellung.

Die Wahrung der Interessen des Berufsstands erfolgt vor allem durch den Kontakt zu nationalen und internationalen Institutionen, die auf das rechtliche Umfeld der Berufsausübung gestaltend einwirken (z. B. deutscher oder europäischer Gesetzgeber). Zudem steht das *IDW* im Meinungsaustausch mit den für das Leistungsangebot des Berufsstands relevanten

Marktteilnehmern und der allgemeinen Öffentlichkeit. Die diesbezüglichen Aktivitäten des *IDW* sind darauf gerichtet, den Berufsstand vor Überregulierung zu schützen und damit den Charakter des Wirtschaftsprüferberufs als freien und selbstverwalteten Beruf zu wahren. Dabei ist jedoch der Grundsatz der Einheitlichkeit des Berufs ebenso zu beachten wie die gerechtfertigten Erwartungen, die dem Berufsstand aufgrund seiner besonderen öffentlichen Vertrauensfunktion entgegengebracht werden.

Die Facharbeit des *IDW* umfasst die Behandlung von Grundsatzfragen im nationalen und internationalen Bereich aus allen Tätigkeitsgebieten des Wirtschaftsprüfers (→Berufsbild des Wirtschaftsprüfers). Im Rahmen der Unterstützung der *IDW*-Mitglieder dient sie der einheitlichen und fachgerechten Berufsausübung. Dabei stehen die Beratung einzelner Mitglieder in fachlichen Zweifelsfragen von grundsätzlicher Bedeutung und die Herausgabe von fachlichen Verlautbarungen (→Verlautbarungen des Instituts der Wirtschaftsprüfer in Deutschland e.V.) im Vordergrund. Die Facharbeit des *IDW* richtet sich aber auch an die interessierte Öffentlichkeit sowie an entsprechende nationale und internationale Institutionen. So wird das *IDW* bspw. vom deutschen Gesetzgeber in Gesetzgebungsverfahren, die für den Berufsstand von Bedeutung sind oder für die im Berufsstand besondere Sachkunde besteht, einbezogen. Im Zusammenhang mit seiner Facharbeit führt das *IDW* auch Fachveranstaltungen durch.

Mitglieder im *IDW* sind: WP und WPGes (ordentliche Mitglieder), ehemalige WP, die ihre Zulassung niedergelegt haben, die Prüfungsstellen der Sparkassen- und Giroverbände (→Prüfungsverbände) sowie Vorstandsmitglieder, Geschäftsführer, persönlich haftende Gesellschafter und (Partnerschaftsgesellschafts-) →Partner von WPGes, die nicht WP sind, und in der *IDW*-Satzung speziell genannte Personen (ao. Mitglieder) sowie Persönlichkeiten, die sich außergewöhnliche Verdienste um den Beruf des Wirtschaftsprüfers erworben haben (Ehrenmitglieder). Die Mitgliedschaft ist freiwillig. Dem IDW gehören über 85% der WP an.

Das *IDW* und seine Mitglieder verstehen sich als Qualitätsgemeinschaft. Daher haben sich die Mitglieder des *IDW* verpflichtet, über die gesetzlichen Mindestanforderungen hinaus

- die vom *IDW* herausgegebenen Grundsätze zur →Qualitätssicherung in der Wirtschaftsprüferpraxis zu beachten (→Qualitätskontrolle in der Wirtschaftsprüfung; →Peer Review);
- im Rahmen ihrer beruflichen Eigenverantwortlichkeit die von den Fachausschüssen des *IDW* abgegebenen *IDW Fachgutachten (IDW FG), IDW Prüfungsstandards (IDW PS), IDW Stellungnahmen zur Rechnungslegung (IDW RS)* und *IDW Standards (IDW S)* zu beachten;
- neben dem notwendigen Literaturstudium an Fortbildungsmaßnahmen teilzunehmen, deren Mindestumfang durchschnittlich 40 Stunden pro Jahr nicht unterschreiten darf.

Das *IDW* bietet ein umfassendes Programm an Aus- und Fortbildungsleistungen für den Berufsstand und den beruflichen Nachwuchs an. Zudem gibt das *IDW* das *WPH*, in halbmonatlicher Folge die Fachzeitschrift *WPg* sowie für seine Mitglieder monatlich die *IDW-FN* heraus. Aktuelle, die Tagesarbeit des *IDW*-Mitglieds betreffende Informationen (Sitzungsprotokolle, aktuelle Rechtsentwicklungen auf dem Gebiet der Rechnungslegung und Abschlussprüfung) können im Mitgliederbereich des *IDW* im Internet (www.idw.de) abgerufen werden. In der Hauptgeschäftsstelle steht allen Mitgliedern ein leistungsfähiges *InfoCenter* mit umfangreicher Fachbibliothek zur Verfügung.

Das *IDW* hat für seine Mitglieder und deren Angehörige Unterstützungseinrichtungen (Hilfskasse, Sterbegeldgruppenversicherung) errichtet.

Organe des *IDW* sind der *Wirtschaftsprüfertag* als Mitgliederversammlung i.S.d. BGB, der *Verwaltungsrat*, der *Vorstand* als Leitungsorgan des *IDW* sowie der *Ehrenrat*. Die Mitglieder des *Verwaltungsrats* sind ehrenamtlich tätig. Dem Vorstand gehören neben ehrenamtlichen Mitgliedern auch drei hauptamtliche, geschäftsführende Mitglieder an. In den Bundesländern bestehen rechtlich unselbstständige Landesgruppen mit Landesgeschäftsstellen in Berlin, Frankfurt a.M., Hamburg, Leipzig, München und Stuttgart. Die Landesgruppen sind zugleich Wahlkörper für den 50-köpfigen Verwaltungsrat.

Literatur: IDW (Hrsg.): WPH 2006, Band I, 13. Aufl., Düsseldorf 2005, Abschn. B.I; IDW (Hrsg.): IDW Tätigkeitsbericht 2004/2005, Düsseldorf 2005.

Klaus-Peter Naumann

Institute of Internal Auditors

Das *IIA* ist die globale Berufsorganisation interner Revisoren. Das *IIA* wurde 1941 gegründet und hat seinen Sitz in Altamonte Springs, Florida/USA. Ihm gehören weltweit ca. 117.000 Mitglieder an. Das →*Deutsche Institut für Interne Revision e.V.* (*IIR*) ist die dem *IIA* angeschlossene deutsche Berufsorganisation. Das *IIA* führt Berufsexamen durch; am bekanntesten und am weitesten verbreitet ist die Zertifizierung als →Certified Internal Auditor (CIA).

Das *IIA* wird geleitet vom Präsidenten. Dem Führungsstab gehören an der Chief Operating Officer mit den Hauptabteilungen Governance, Relationship Management, Educational Materials und Educational Programs, der Chief Adminstrative Officer sowie der Chief Advocacy Officer mit den Hauptabteilungen Knowledge Management, Knowledge Assessment (dies schließt die Zertifizierung ein), Research und Communications & Public Relations.

Das *IIA* hat ein Professional Practices Framework herausgegeben. Es besteht aus einem Kodex der Berufsethik, den International Standards for the Professional Practice of Internal Auditing, nicht verpflichtenden Berufsleitlinien, den sog. Practice Advisories, sowie weiteren Praxishilfen, den sog. Development und Practice Aids. Das *IIA* gibt u. a. auch die Berufszeitschrift *Internal Auditor* heraus.

Jörg Tesch

Institutionsprüfung →Freiwillige und vertragliche Prüfung

Integration, vertikale →Outsourcing; →Wertschöpfungsanalyse

Integrationsverfahren →Postmerger Integration

Integrierte Verbundrechnung

Die integrierte Verbundrechnung (IVR) ist das Rechnungssystem des neuen öffentlichen Haushalts- und Rechnungswesens als Grundlage für die finanzielle Rechnungslegung von Gebietskörperschaften. Sie basiert auf dem Rechnungsstil der Doppik (→Buchführungstechnik und Prüfungsmethoden). Die IVR liefert als Ist-Rechnung Informationen über Vermögen, →Schulden, →Aufwendungen und Erträge, Einzahlungen und Auszahlungen für eine Berichtsperiode. Als Plan-Rechnung (→Planung) liefert sie die entsprechenden Planinformationen. Die Dokumentationsebene (Ist-Rechnung) der IVR wird gebildet durch eine Vermögensrechnung (Vermögen und Schulden), eine Ergebnisrechnung (Erträge und Aufwendungen) und eine Finanzrechnung (Einzahlungen und Auszahlungen) (Berens et al. 2005, S. 607).

Die Planungsebene (Soll-Rechnung) wird gebildet durch die zur Dokumentationsebene äquivalenten Plan-Rechnungen in Form einer Plan-Vermögensrechnung, einer Plan-Ergebnisrechnung (Ergebnishaushalt) und einer Plan-Finanzrechnung (Finanzhaushalt). Die Plan-Vermögensrechnung ist nicht zwingend erforderlich, in einer Reihe von Fällen aber durchaus zweckmäßig. Die genannten Teilrechnungen der Dokumentationsebene und der Planungsebene müssen sich in Ansatz, Ausweis und Bewertungskonzeption entsprechen.

Im klassischen kameralen Haushaltswesen war der Haushaltsplan als Finanzplan mit den Ein- und Auszahlungen für eine Haushaltsperiode das zentrale Rechnungselement (→Umstellung von Kameralistik auf Doppik). In der IVR als Rechnungssystem des neuen Haushalts- und Rechnungswesens ist der Ergebnishaushalt auf der Planungsebene und die entsprechende Ergebnisrechnung auf der Dokumentationsebene das zentrale Element. Die →Kosten- und Leistungsrechnung wird ergänzend an die IVR „angehängt". Der bisherige hohe Stellenwert der Kostenrechnung in der Verwaltungspraxis als eigenständiges Rechnungslegungsmodul wird überschätzt und ist bei einer konsequenten Anwendung der IVR weitgehend überflüssig. Der bisherige hohe Stellenwert der Kostenrechnung resultiert aus der klassischen Trennung von internem und externem →Rechnungswesen aufgrund des im HGB für die finanzielle Rechnungslegung (externes Rechnungswesen) vorgegebenen Gläubigerschutzprinzips (→Grundsätze ordnungsmäßiger Rechnungslegung) und der damit verbundenen von den tatsächlichen Verhältnissen (→True and Fair View) abweichenden Bewertung von Vermögen, Aufwendungen und Erträgen. Sieht man einmal von der Berücksichtigung kalkulatorischer Zinsen (→kalkulatorische Kosten) ab, so können die

Integrierte Verbundrechnung

Abb. 1: integrierte Verbundrechnung (IVR)

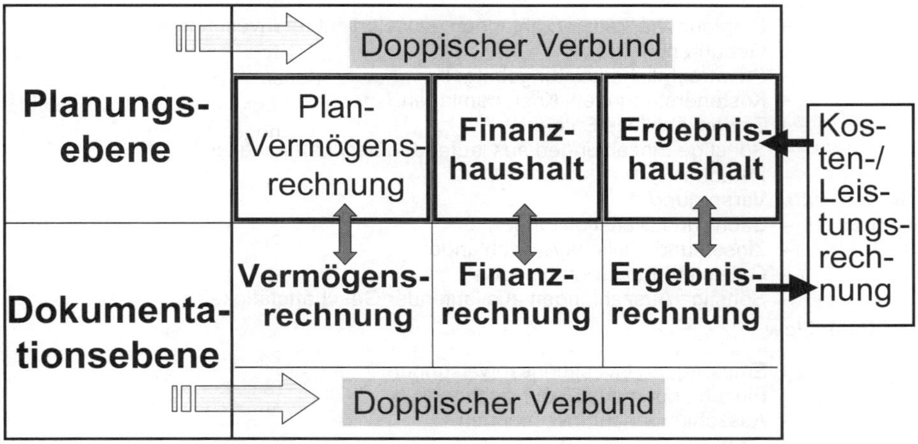

	Doppischer Verbund			
Planungsebene	Plan-Vermögensrechnung	Finanzhaushalt	Ergebnishaushalt	Kosten-/Leistungsrechnung
Dokumentationsebene	Vermögensrechnung	Finanzrechnung	Ergebnisrechnung	
	Doppischer Verbund			

Kostengrößen (→ Kosten) durch die Größen in der Aufwandsrechnung ersetzt werden.

Die Vermögensrechnung als Teil der IVR beinhaltet das Vermögen, unterteilt nach realisierbarem Vermögen und der Verwaltungstätigkeit gewidmetem Vermögen (Verwaltungsvermögen), und die Schulden. Sie weist folgende auf *Klaus Lüder* (Lüder 2001) zurückgehende Grundstruktur auf (s. Abb. 2).

In der Praxis strittig ist die vor allem die Unterscheidung zwischen realisierbarem Vermögen und der Verwaltungstätigkeit gewidmetem Vermögen. Diese Unterscheidung resultiert aus dem Grundsatz der Transparenz des Schuldendeckungspotenzials i.V.m. dem Grundsatz der intergenerativen Gerechtigkeit. Erforderlich ist die Entwicklung von Kriterien, nach denen die einzelnen Vermögensbestandteile

Abb. 2: Grundstruktur der Vermögensrechnung

Aktiva	Passiva

Verwaltungsvermögen
Immaterielles Vermögen
Sachvermögen
  – Gewöhnliches Sachvermögen
  – Sachanlagevermögen im Gemeingebrauch
  – Vorräte
Finanzanlagen
Realisierbares Vermögen
Sachvermögen
Finanzvermögen
  – Finanzanlagen
  – Transferforderungen
  – Forderungen aus Leistungen
  – Sonstige Forderungen
  – Liquide Mittel
  – Sonstiges Finanzvermögen
Aktive Rechnungsabgrenzung
Abgrenzungsposten für geleistete Investitionszuschüsse
	Nettoposition
	Basisreinvermögen
	Rücklagen
	  – Rücklagen aus Überschüssen des o. Ergebnisses
	  – Rücklagen aus Überschüssen des a.o. real. Ergebnisses
	  – Bewertungsrücklage
	  – Sonstige Rücklagen
	Ergebnisvortrag in Folgejahr
	Sonderposten für Investitionszuweisungen
	Schulden
	Geldschulden
	Transferverbindlichkeiten
	Verbindlichkeiten aus Leistungen
	Sonstige Verbindlichkeiten
	Pensionsrückstellungen
	Sonstige Rückstellungen
	Passive Rechnungsabgrenzung

Integrierte Verbundrechnung

Abb. 3: Grundstruktur der Finanzrechnung

+ Empfangene Transferzahlungen (soweit nicht für Investitionen) + Gebühren, Beiträge + Privatrechtliche Leistungsentgelte + Kostenerstattungen, Kostenumlagen + Zinsen, ähnliche Entgelte + Sonstige Einzahlungen aus laufender Geschäftstätigkeit − Personal − Versorgung − Sach- und Dienstleistungen − Zinsen und ähnliche Auszahlungen − Geleistete Transferzahlungen − Sonstige Auszahlungen aus laufender Geschäftstätigkeit
= Cash Flow
+ Empfangene Investitionszuweisungen + Einzahlungen aus Desinvestitionen − Auszahlungen für Investitionen
= Finanzmittelüberschuss/-fehlbedarf
+ Aufnahme von Geldschulden − Tilgung von Geldschulden
= Änderung des Bestandes an liquiden Mitteln
+ Einzahlungen aus Auflösung von Liquiditätsreserven − Auszahlungen aus Zuführung zu Liquiditätsreserven
= Änderung des Bestandes an Zahlungsmitteln

Abb. 4: Grundstruktur der Ergebnisrechnung

+ Ordentliche Erträge
− Ordentliche Aufwendungen
  • Personalaufwendungen
  • Versorgungsaufwendungen
  • Sachaufwendungen
  • Planmäßige Abschreibungen
  • Anteilige Zinsen
  • Transferaufwendungen
  • Sonstige ordentliche Aufwendungen
+ Ergebnisvortrag aus Vorjahr

= Ordentliches Jahresergebnis
+/− Realisierte außerordentliche Erträge und Aufwendungen +/− Bewertungsergebnis
= Jahresergebnis

einer der beiden Vermögenskategorien eindeutig zuzuordnen sind.

Die Finanzrechnung dokumentiert über Einzahlungen und Auszahlungen die Veränderung der liquiden Mittel in der Vermögensrechnung. Sie entspricht im privatwirtschaftlichen Bereich der →Kapitalflussrechnung und ist wie folgt strukturiert (Lüder 2001) (s. Abb. 3).

Die Ergebnisrechnung dokumentiert in Form von Aufwendungen und Erträgen die Veränderung der Nettoposition, die dem →Eigenkapital der einzelnen öffentlichen Verwaltung entspricht. Die Ergebnisrechnung hat folgende Struktur (Lüder 2001) (s. Abb. 4):

Inzwischen hat sich sowohl in der wissenschaftlichen Fachdiskussion als auch in ersten Ansätzen der Praxis die Auffassung durchgesetzt, dass nur die auf die Arbeiten von *Klaus Lüder* zurückgehende IVR auf Basis der Doppik den notwendigen Anforderungen an eine den tatsächlichen Verhältnissen entsprechende Rechnungslegung von Gebietskörperschaften entsprechen dürfte. Ein derartig ausgestattetes Rechnungssystem verbunden mit den →Grundsätzen ordnungsmäßiger öffentlicher Buchführung (GoöB) liefert die notwendigen Informationen über das Ressourcenaufkommen (Ertrag) und den Ressourcenverbrauch (Aufwand) (Ressourcenverbrauchskonzept), ermöglicht die Konsolidierung der Kernverwaltung mit den dezentralen Einheiten einer Gebietskörperschaft und stellt nicht zuletzt die Grundlage für eine notwendige Harmonisierung des öffentlichen Rechnungswesens im internationalen Kontext dar.

Ansatz, Ausweis und Bewertung im Rahmen der IVR ergeben sich aus den GoöB (→Grundsätze ordnungsmäßiger öffentlicher Buchführung).

Literatur: Berens, W. et al.: Eckpunkte für die Grundsätze odnungsmäßiger Buchführung im öffentlichen Haushalts- und Rechnungswesen auf Basis der Integrierten Verbundrechnung (IVR), in: WPg 58 (2005), S. 887–890; Budäus, D.: Reform des öffentlichen Haushalts- und Rechnungswesens und dafür erforderliche Grundsätze ordnungsmäßiger Buchführung (GoöB), in: Müller, S./Jöhnk, T./Bruns, A. (Hrsg.): Beiträge zum Finanz-, Rechnungs- und Bankwesen. Stand und Perspektiven, Wiesbaden 2005, S. 607–623; Lüder, K.: Neues Haushalts- und Rechnungswesen, Berlin 2001; Lüder, K.: Ordnungsmäßigkeits-Grundsätze für das neue öffentliche Haushalts- und Rechnungswesen, in: Jann, W./Röber, M./Wollmann, H. (Hrsg.): Public Management Grundlagen, Wirkung und Kritik, FS für Christoph Reichard, Berlin 2006.

Dietrich Budäus

Intensitätsabweichung

Die Intensitätsabweichung in der Plankostenrechnung gehört zur Gruppe der Spezialabweichungen, die im Rahmen der →Abweichungsanalyse untersucht werden können. Im Rahmen solcher Abweichungsanalysen werden die in einer Kostenstelle (→Cost Center) zu beobachtenden Kostenabweichungen in →Preisabweichungen, →Beschäftigungsabweichungen und →Verbrauchsabweichungen aufgespalten. Die Verbrauchsabweichung wiederum kann noch einmal in die sog. Wirtschaftlichkeits- und Spezialabweichungen unterschieden werden.

Intensitätsabweichungen können in solchen Kostenstellen auftreten, in denen Produktionsprozesse mit unterschiedlichen Intensitäten (Leistungsgraden) gefahren werden können (entsprechend limitationalen Produktionsfunktionen). Hierbei beschreibt die Intensität die Ausbringungsmenge eines Produktionsprozesses pro Zeiteinheit (Corsten 2004, S. 84 ff.). Bei der Errechnung der Intensitätsabweichung wird angenommen, dass die Ausbringungsmenge (M) eine Funktion der Arbeitsintensität (λ), des Effizienzgrades (β) und der eingesetzten Zeit (t) ist. Insofern gilt der Zusammenhang (Haberstock 2004, S. 348):

$$M = t \cdot \lambda \cdot \beta$$

Eine bestimmte Anzahl von Outputeinheiten kann demnach, unter Vernachlässigung der Effizienz, durch unterschiedliche Kombinationen von Zeit und Intensität erreicht werden (zeitliche und intensitätsmäßige Anpassung).

Unterschiedliche Intensitätsgrade des Produktionsprozesses sind mit unterschiedlich hohen →Kosten pro Ausbringungsmenge verbunden. Die optimale Intensität stellt denjenigen Leistungsgrad dar, der zu minimalen Kosten pro Outputeinheit führt. Die Intensitätsabweichung (ΔI) kann entsprechend folgender Formel berechnet werden, indem die (variablen) Kosten (k_v) bei Produktion mit der geplanten Optimalintensität (λ_p) den (variablen) Kosten (k_v) bei Produktion mit Ist-Intensität (λ_i) gegenübergestellt werden:

$$\Delta I = k_v(\lambda_i) \cdot x_i - k_v(\lambda_p) \cdot x_i$$

Unter der Intensitätsabweichung versteht man somit den Teil der →Mengenabweichung (entsprechend dem Mehr- oder Minderverbrauch), der darauf zurückzuführen ist, dass im Produktionsvollzug einer Kostenstelle mit einer anderen als der geplanten, kostenoptimalen Intensität produziert wurde (Haberstock 2004, S. 340 ff.).

Gründe für Intensitätsabweichungen sind in einem erhöhten Verbrauch von Produktionsfaktoren, wie Schmiermittel, Energie, erhöhtem Gebrauchsverschleiß oder erhöhten Wartungskosten, bei suboptimalen Intensitäts- (Leistungs-) Graden zu suchen, die zu einer Erhöhung der Stückkosten führen. Solche Intensitätsabweichungen tauchen insb. in solchen Kostenstellen auf, wo aufgrund fertigungstechnischer Zusammenhänge eine kontinuierliche Produktion erforderlich ist, wie z. B. Hoch- oder Koksöfen (→Kalkulation bei Kuppelproduktion), und somit eine zeitliche Anpassung des Produktionsprozesses ausscheidet. Zum anderen kann dann von der optimalen Intensität abgewichen werden, wenn die Ausbringungsmenge einer Periode höher ist, als es bei optimaler Intensität möglich wäre.

Literatur: Haberstock, L.: Kostenrechnung II, 9. Aufl., Berlin 2004; Käfer, K.: Standardkostenrechnung, Stuttgart 1964; Corsten, H.: Produktionswirtschaft, 10. Aufl., München 2004.

Klaus Deimel

Intensitätskennzahlen →Vermögensstruktur

Interessen- und Einheitstheorie

Im Rahmen der Konzernrechnungslegung sind neben den klassischen →*Bilanztheorien* (statische, dynamische, organische) zusätzlich spezifische *Konzernabschlusstheorien* relevant, die die grundlegende Natur des Konzernabschlusses regeln. Dabei stehen sich zwei divergierende Theorien gegenüber, einerseits die *Interessentheorie* und andererseits die *Einheitstheorie*. Unterschiede zwischen beiden Theorien bestehen vor allem im Hinblick auf Art und Umfang der einzubeziehenden Abschlüsse (→Konsolidierungskreis) sowie den Charakter und die bilanzielle Behandlung der Kapitalanteile von Minderheitsgesellschaftern an Tochterunternehmen.

Nach der Interessentheorie (Proprietary Concept) stehen bei der Erstellung des Konzernabschlusses die Interessen der Anteilseigner des Mutterunternehmens im Vordergrund. Die konsequente Umsetzung der Interessentheorie führt zu einer quotalen Einbeziehung der Abschlüsse der Tochterunternehmen in den Konzernabschluss entsprechend dem Kapitalanteil des Mutterunternehmens. Nach einheitlicher Meinung wird dadurch das Vermögen des Konzerns aber nur unzureichend abgebildet. Eine Weiterentwicklung der Interessentheorie stellt die sog. *Interessentheorie mit Vollkonsolidierung* (Parent Company Concept) dar. Danach wird – abweichend von der reinen Interessentheorie – nicht nur das anteilig auf das Mutterunternehmen entfallende Vermögen in den Konzernabschluss übernommen, sondern das unter ihrem wirtschaftlichen Einfluss stehende gesamte Vermögen. Daher sind die Abschlüsse der Tochtergesellschaften vollständig in den Konzernabschluss einzubeziehen. Ausgenommen hiervon sind aber zum einen die im Rahmen der Erstkonsolidierung aufgedeckten →*stillen Reserven und Lasten* und zum anderen der *erworbene Goodwill* (→Geschäfts- oder Firmenwert). Beide werden nur anteilig in den Konzernabschluss einbezogen. Im Rahmen der *Interessentheorie mit erweiteter Vollkonsolidierung* (Parent Company Extension Concept) werden auch die miterworbenen stillen Reserven und Lasten in voller Höhe in den Konzernabschluss übernommen. Der erworbene Goodwill wird jedoch nur anteilig einbezogen. Da bei der Interessentheorie – einschl. seiner Erweiterungen – der Konzernabschluss aus dem Blickwinkel der Gesellschafter des Mutterunternehmens zu erstellen ist, werden die *Minderheitenanteile* an den Tochterunternehmen nicht als →Eigenkapital betrachtet. Der Bilanzausweis erfolgt entweder innerhalb des →Fremdkapitals oder zwischen dem Fremd- und Eigenkapital. Der anteilige Gewinn der Minderheitsanteilseigner ist als Aufwand zu erfassen, d. h. er stellt keine Gewinnverwendung (→Ergebnisverwendung) dar.

Nach der Einheitstheorie (Entity Concept) steht der Konzern (→Konzernarten) selbst im Mittelpunkt der Betrachtung. Der Konzernabschluss wird zum JA/→Einzelabschluss auf höherer Ebene. Alle am Konzern beteiligten Anteilseigner werden als gleichgestellt angesehen. Demzufolge werden die Tochterunternehmen wie nicht selbstständige Betriebstätten bzw. Niederlassungen betrachtet und ihre Abschlüsse vollständig in den Konzernabschluss einbezogen. Dies gilt grundsätzlich auch für die im Rahmen der Erstkonsolidierung aufgedeckten stillen Reserven und Lasten und den erworbenen Goodwill. Die Minderheitsgesellschafter der Tochtergesellschaften werden wie Eigenkapitalgeber behandelt und ihr Anteil innerhalb des Eigenkapitals gezeigt. Der Gewinn der Minderheitsgesellschafter wird demzufolge nicht als Aufwand, sondern als Gewinnverwendung nach dem Jahresüberschuss ausgewiesen.

Die Einheitstheorie bildet sowohl nach HGB (§ 297 Abs. 3 Satz 1 HGB) als auch nach den International Financial Reporting Standards

(IFRS) (IAS 27.4) den Ausgangspunkt, wenngleich die Einzelregelungen durchaus Elemente der Interessentheorie beinhalten. Dies kommt vor allem bei der *Kapitalkonsolidierung* zum Ausdruck. Nach § 301 Abs. 1 HGB ist sowohl die *Buchwertmethode* als auch die *Neubewertungsmethode* zulässig (→Konsolidierungsformen; →Konsolidierungsprüfung). Im Hinblick auf den Vermögens- und Schuldausweis entsprechen die Buchwertmethode der „Interessentheorie mit Vollkonsolidierung" und die Neubewertungsmethode der „Interessentheorie mit erweiterter Vollkonsolidierung". Im Hinblick auf den Ausweis der Anteile der Minderheitsgesellschafter wird aber der Einheitstheorie gefolgt, da nach § 307 Abs. 1 HGB der Ausweis im Eigenkapital erfolgen muss. Nach IFRS 3.36 ff. und DRS 4.23 ist nur noch die Neubewertungsmethode zulässig, d. h. grundsätzlich sind sämtliche →Vermögensgegenstände und →Schulden im Rahmen der Erstkonsolidierung voll aufzudecken. Ausgenommen hiervon ist aber ein erworbener Goodwill, der nur entsprechend dem Anteil der Muttergesellschaft zu bilanzieren ist. Die Minderheitsanteile sind nach IAS 27.33 innerhalb des Eigenkapitals auszuweisen. Der im Juni 2005 vom →*International Accounting Standards Board (IASB)* vorgelegte Entwurf zur Weiterentwicklung von IAS 27 und IFRS 3 geht einen entscheidenden Schritt weiter in Richtung der Einheitstheorie. Danach muss auch der erworbene Goodwill in voller Höhe bilanziert werden (*Full Goodwill Method*). Die Ermittlung des „vollen" Goodwills setzt voraus, dass auch bei einem Anteilserwerb von weniger als 100% ein „fiktiver" Wert für das erworbene Unternehmen als Ganzes ermittelt wird, da der volle Goodwill sich als Differenzbetrag zwischen dem gesamten →Unternehmenswert und den Zeitwerten (→Zeitwerte, Prüfung von) der einzelnen Vermögensgegenstände und Schulden berechnet (→Geschäfts- oder Firmenwert).

Literatur: Hendler, M.: Abbildung des Erwerbs und der Veräußerung von Anteilen an Tochterunternehmen nach der Interessentheorie und der Einheitstheorie, Köln 2002; Küting, K./Weber, C. P.: Der Konzernabschluss, Lehrbuch zur Praxis der Konzernrechnungslegung, 10. Aufl., Stuttgart 2006; Pawelzik, K. U.: Die Prüfung des Konzerneigenkapitals nach HGB, IAS/IFRS, US-GAAP, Düsseldorf 2003.

Klaus Hahn

Interessenkonflikte von Vorstand und Aufsichtsrat

Vorstand und AR haben ihre Pflichten nach Maßgabe des *„Gesellschaftsinteresses"* (§ 3 Abs. 3 WpÜG) oder, in den Worten des AktG, des „Wohls der Gesellschaft" (§§ 93 Abs. 1 Satz 2, 116, 111 Abs. 3, 121 AktG) zu erfüllen. Das Gesellschaftsinteresse ist ein normativer Begriff, der anhand der für die Gesellschaftsorgane maßgeblichen Vorschriften (Rechtsnormen, Binnenrecht der Gesellschaft, Vertragsbeziehungen) zu konkretisieren ist. Bedeutung erlangt insoweit insb. der unternehmerische Gesellschaftszweck und -gegenstand der Gesellschaft (unternehmerisches Gesellschaftsinteresse, sog. „Unternehmensinteresse", s. z. B. DCGK 4.1.1 und 5.5.1).

Außergesellschaftliche Interessen des Organmitglieds können im *Einzelfall* oder auch *dauerhaft* mit dessen Interesse an einer Förderung des Gesellschaftsinteresses kollidieren und Letzeres als Maßstab für sein Handeln für die Gesellschaft verdrängen (Fremdsteuerung). Zu einem solchen Interessenkonflikt (Befangenheit des Organmitglieds) kommt es immer dann, wenn sich Vorstand oder AR mit einem Sachverhalt befassen, der ein mitentscheidendes Organmitglied persönlich direkt oder indirekt betrifft oder interessiert. Bspw. kann ein Organmitglied persönliche Verbindungen (Beteiligung, Organmitgliedschaft, familiäre Beziehungen) zu einem Unternehmen (Finanzinstitut, Kunde, Lieferant) unterhalten, das gleichzeitig in Geschäftsbeziehungen mit der Gesellschaft oder in Konkurrenz zu ihr steht. Widerstreitende Interessen können sich ferner aus einer Gruppenzugehörigkeit oder politischen Aktivität des Organmitglieds ergeben (Arbeitnehmer, Gewerkschafts- oder Parteimitglied, Minister). Insb. Aufsichtsratsmitglieder, die ihr Mandat nur als Nebenamt ausführen, sind von der Gefahr einer Fremdsteuerung betroffen. Die Mitbestimmungsgesetze haben insofern Interessenkonflikte im AR sogar zu einem gewissen Grad institutionalisiert (→Mitbestimmung).

Soweit sich die von Interessenkonflikten ausgehende Gefahr bereits in einer verbotenen Fremdsteuerung *realisiert* hat, haften die befangenen Organmitglieder nach den allgemeinen Vorschriften (z. B. §§ 93, 116, 117 Abs. 2, 310, 318 AktG) (→Haftung des Vorstands; →Haftung des Aufsichtsrats). Ferner riskieren sie u. U. die Abberufung von ihren Funktionen aus wichtigem Grund (§§ 84 Abs. 3, 103 Abs. 3 AktG) (→Vorstand, Bestellung und Abberufung; →Aufsichtsrat, Be- und Abberufung). Gehört ein Organmitglied zugleich dem Organ einer weiteren Gesellschaft an, kann es sich wegen seiner Fremdsteuerung nicht damit rechtfertigen oder entschuldigen, in Erfüllung seiner Pflichten gegenüber dieser anderen Gesellschaft gehandelt zu haben (BGH-Urteil vom 21.12.1979, S. 1629).

Demgegenüber sind Interessenkonflikte als solche nur in Ausnahmefällen Gegenstand einer präventiven Regelung. Aus dem allgemeinen Zivilrecht ist hier das Selbstkontrahierungsverbot des § 181 BGB zu nennen. Die Gesellschaftssatzung kann von dieser Vorschrift pauschal befreien; zumindest bei börsennotierten Gesellschaften (→Unternehmensformen) ist das aber unüblich. Ferner wird im juristischen Schrifttum z.T. die Meinung vertreten, das Stimmverbot von Vereinsmitgliedern in der Mitgliederversammlung bei Entscheidungen über die Vornahme von Rechtsgeschäften mit dem Mitglied oder über die Führung von Rechtsstreitigkeiten gegen das Mitglied (§ 34 BGB) sei auf die Beschlussfassung der Verwaltungsorgane einer AG (→Aktiengesellschaft, Prüfung einer) entsprechend anwendbar. Wie dem auch sei, führt jedenfalls nicht jede Interessenkollision zum Ausschluss des →Stimmrechts (BGH-Urteil vom 29.3. 1971, S. 47, unter II.2.).

Das AktG kennt verschiedene kasuistische Regelungen zur Prävention von Fremdsteuerung und zur Vermeidung von Interessenkonflikten, die grundsätzlich nicht durch die Satzung abdingbar sind (§ 23 Abs. 5 AktG). Das sind z. B. § 88 AktG (→Wettbewerbsverbot der Unternehmensleitung), §§ 89 und 115 AktG (→Kreditgewährung an Vorstand und Aufsichtsrat), § 100 Abs. 2 Nr. 2 und 3 AktG i.V.m. § 250 Abs. 1 Nr. 4 AktG, § 105 AktG (Verbot von Mehrfachmandaten, Inkompatibilitätsregelung), § 112 AktG (Vertretung gegenüber Vorstandsmitgliedern), § 114 AktG (Verträge mit Aufsichtsratsmitgliedern), § 136 Abs. 2 AktG (Stimmbindungsverträge zugunsten der Verwaltung) sowie die Informationspflichten bzgl. von Organkrediten und Mehrfachmandaten (→Mandatsbegrenzung des Aufsichtsrats) nach § 125 Abs. 1 Satz 3 AktG [gegenüber der HV (Haupt- und Gesellschafterversammlung)] und nach § 285 Nr. 9 lit. c, Nr. 10 AktG (→Anhang).

Darüber hinaus kann es die organschaftliche Treuepflicht dem Vorstands- oder Aufsichtsratsmitglied gebieten, sich bei nicht anders lösbaren Interessenkonflikten im Einzelfall der Stimm(abgab)e zu enthalten oder – bei dauerhafter Befangenheit – sein Amt niederzulegen. Dementsprechend kann ein dauerhafter Interessenkonflikt einen wichtigen Grund zur Abberufung des Organmitglieds darstellen. Diese Situation ist z. B. gegeben, wenn ein Aufsichtsratsmitglied eines sich auf Kernenergie stützenden Stromversorgers sich gleichzeitig als Energieminister eines Bundeslandes für die Abschaffung der Kernenergie einsetzt (Urteil des OLG Hamburg vom 23.1.1990, S. 218). Die Zugehörigkeit eines Aufsichtsratskandidaten zum Vorstand eines im Wettbewerb stehenden Unternehmens steht für sich genommen dessen Bestellung in den AR nicht entgegen, solange die Konkurrenzsituation nicht den wesentlichen Kernbereich des Unternehmens betrifft und zu einer dauerhaften schwerwiegenden Pflichtenkollision führt (Urteil des OLG Schleswig vom 26.4.2004, S. 1307).

Schließlich enthält der →Deutsche Corporate Governance Kodex (DCGK) für Vorstand und AR jeweils eigene Abschnitte zum Thema „Interessenkonflikte" (DCGK 4.3 und 5.5). Sie enthalten neben einigen Selbstverständlichkeiten (Wiedergabe gesetzlicher Regelungen, s. oben) auch verschiedene *unverbindliche* Empfehlungen zum Umgang mit Interessenkonflikten, zu deren Einhaltung sich aber inzwischen die große Mehrheit der börsennotierten Gesellschaft bekannt hat (§ 161 AktG). Diese betreffen die Offenlegung von Interessenkonflikten gegenüber den anderen Organmitgliedern und gegenüber der HV, einen Zustimmungsvorbehalt für Nebentätigkeiten (Vorstand) sowie bestimmte Geschäfte mit der Gesellschaft bzw. sonstigen Konzernunternehmen (Vorstand, AR) (→zustimmungspflichtige Geschäfte). Bei Aufsichtsratsmitgliedern sollen „wesentliche und nicht nur vorübergehende Interessenkonflikte" zur Beendigung des Mandats führen (ebenso bereits auf der Grundlage des geltenden Rechts Hopt 2004, S. 34 f. m.w.N. für Aufsichtsrats- und Vorstandsmitglieder).

Eine →*Redepflicht des Abschlussprüfers* können Interessenkonflikte zunächst dann auslösen, wenn sie in →Unregelmäßigkeiten (Fremdsteuerung) gemündet haben (→Unregelmäßigkeiten, Aufdeckung von), die nach

§ 321 Abs. 1 Satz 3 HGB berichtspflichtig sind (→Unregelmäßigkeiten, Konsequenzen aus), sei es, dass der daraus u. U. entstandene Schadensersatzanspruch (§§ 93, 116 AktG) nicht bilanziert wurde (§ 321 Abs. 1 Satz 3 Fall 1 HGB), sei es, dass sie den Bestand oder die Entwicklung des geprüften Unternehmens oder des Konzerns gefährden oder sei es, dass die Rechtsverstöße der Vorstandsmitglieder (gesetzliche Vertreter, § 78 AktG) als „schwerwiegend" einzustufen sind (§ 321 Abs. 1 Satz 3 Fall 2 HGB). Für Aufsichtsratsmitglieder gilt dies nicht, da sie trotz § 112 AktG keine „gesetzlichen Vertreter" der Gesellschaft sind (vgl. § 318 Abs. 3 HGB). Pflichtverletzungen von Aufsichtsratsmitgliedern, die gleichzeitig Arbeitnehmer der Gesellschaft sind, sind nach § 321 Abs. 1 Satz 3 Fall 2 HGB entsprechend dem Zweck des →Prüfungsberichts (Information des Aufsichtsrats) nur berichtspflichtig, wenn Arbeitnehmerpflichten verletzt wurden, spielen also im vorliegenden Kontext keine Rolle. Aufgedeckte Interessenkonflikte in der Person eines Vorstandsmitglieds sind *als solche* nach § 321 Abs. 1 Satz 3 HGB i. d. R. nur berichtspflichtig, wenn sie bereits für sich genommen einen „schwerwiegenden" Rechtsverstoß des Organmitglieds erkennen lassen oder wenn sie ausnahmsweise sogar den Bestand des geprüften Unternehmens oder Konzerns gefährden (→Unregelmäßigkeiten, Konsequenzen aus). Maßstab für die Schwere des Verstoßes ist dabei u. a. der Grad des Vertrauensbruches, dessen Kenntnis Bedenken gegen die Eignung des Vorstandsmitglieds begründen kann (IDW PS 450.49).

Die Nichtbeachtung der Empfehlungen des DCGK zum Umgang mit Interessenkonflikten begründet keine Berichtspflicht des Abschlussprüfers (→Berichtsgrundsätze und -pflichten des Wirtschaftsprüfers), sofern die Gesellschaft in ihrer →Entsprechenserklärung hierüber wahrheitsgemäß berichtet. Eine fehlerhafte Entsprechenserklärung, also ein Verstoß gegen § 161 AktG, soll demgegenüber nach den Vorstellungen des →*Instituts der Wirtschaftsprüfer in Deutschland e.V.* (*IDW*) unabhängig vom Inhalt der betroffenen Empfehlung grundsätzlich eine Berichtspflicht auslösen (IDW PS 345.33 f.).

Literatur: BGH-Urteil vom 29.3.1971, Aktz. III ZR 255/68, BGHZ, Band 56, S. 47–56; BGH-Urteil vom 21.12.1979, Aktz. II ZR 244/78, NJW 3 (1980), S. 1629–1639; Herkenroth, K.: Bankenvertreter als Aufsichtsratsmitglieder von Zielgesellschaften: Zur beschränkten Leistungsfähigkeit des Rechts bei der Lösung von Interessenkonflikten anläßlich der Finanzierung von Übernahmen, in: AG 46 (2001), S. 33–40; Hopt, K.: Interessenwahrung und Interessenkonflikte im Aktien-, Bank- und Berufsrecht: Zur Dogmatik des modernen Geschäftsbesorgungsrechts, in: ZGR 33 (2004), S. 1–50; IDW (Hrsg.): IDW Prüfungsstandard: Auswirkungen des Deutschen Corporate Governance Kodex auf die Abschlussprüfung (IDW PS 345, Stand: 8. Dezember 2005), in: WPg 59 (2006), S. 314–333; IDW (Hrsg.): IDW Prüfungsstandard: Grundsätze ordnungsmäßiger Berichterstattung bei Abschlussprüfungen (IDW PS 450, Stand: 8. Dezember 2005), in: WPg 59 (2006), S. 113–128; OLG Hamburg-Urteil vom 23.1.1990, Aktz. 11 W 92/89, AG 35 (1990), S. 218–220; OLG Schleswig-Urteil vom 26.4.2004, Aktz. 2 W 46/04, DB 57 (2004), S. 1306–1307; Semler, J./Stengel, A.: Interessenkonflikte bei Aufsichtsratsmitgliedern von Aktiengesellschaften am Beispiel von Konflikten bei Übernahme, in: NZG 6 (2003), S. 1–8.

Günter Reiner

Internal Auditing →Interne Revision

Internal Consulting →Interne Revision; →Revisionseinsatzgebiete

Internal Control

Zurückführend auf angelsächsische Quellen lässt sich der Begriff *Internal Control* wie folgt definieren: Internal Control umfasst sowohl den Organisationsplan als auch sämtliche aufeinander abgestimmte Methoden und Maßnahmen in einem Unternehmen, die dazu dienen, das Vermögen zu sichern, die Genauigkeit und die Zuverlässigkeit der Abrechnungsdaten zu gewährleisten und die Einhaltung der vorgeschriebenen Geschäftspolitik zu unterstützen (American Institute of Accountants 1949, S. 6).

Aus dieser Umschreibung heraus verfolgt Internal Control vier Ziele (Lück 1998, S. 183):

1) Sicherung und Schutz der betrieblichen Vermögenswerte,

2) Gewährleistung der Verlässlichkeit und Genauigkeit des →Rechnungswesens,

3) Förderung der Effizienz betrieblicher Abläufe und

4) Unterstützung der Einhaltung der von der Unternehmensleitung vorgegebenen Leitlinien zur Geschäftspolitik.

Durch die erstmalige Veröffentlichung des →Coso-Reports im Jahr 1992 wurde der Begriff *Internal Control* als ein Prozess definiert, der vom betrieblichen Überwachungsorgan, dem Management oder anderen Führungsverantwortlichen initiiert wird und darauf abzielt, drei Zielkategorien zu erreichen (Coso 1994, S.13):

1) die Wirksamkeit und die Effizienz der betrieblichen Abläufe sollen gewährleistet werden,
2) die Verlässlichkeit der finanziellen Berichterstattung soll sichergestellt werden und
3) die Einhaltung aller für das Unternehmen geltenden einschlägigen Gesetze und Vorschriften soll erreicht werden.

Die dem Coso-Report folgende Definition des Begriffs *Internal Control* ist die bekannteste und gebräuchlichste Form der heutigen Zeit. Auf Basis des Coso-Reports wird in Deutschland für *Internal Control* auch fälschlicher Weise die begriffliche Übersetzung „Internes Kontrollsystem" [→Internes Kontrollsystem (IKS)] verwendet. Eine Gleichsetzung des angelsächsischen *Internal Control*-Begriffs mit dem deutschen Terminus IKS greift zu kurz und schließt nicht annähernd den umfassenden Aussagegehalt des Begriffs „Control" ein. Vielmehr muss im deutschsprachigen Raum von einem Internen Überwachungssystem gesprochen werden, da nur unter diesem Begriff neben organisatorischen Sicherungsmaßnahmen und Kontrollen (→Kontrolltheorie) auch die →Interne Revision berücksichtigt wird (Lück 1996, S. 157).

Der SOA 2002 (→Sarbanes Oxley Act, Einfluss auf das Prüfungswesen) verstärkt aktuell die Bedeutung der *Internal Control* für jedes Unternehmen. Damit wird verdeutlicht, dass eine wirksam ausgestaltete *Internal Control* zum wichtigsten Bestandteil einer modernen →Corporate Governance gehört.

Literatur: American Institute of Accountants: Internal Control. Elements of a coordinated system and its importance to management and the independent public accountant, in: Special report by the Committee of Auditing Procedure, NY 1949; COSO (Hrsg.): Internal Control Integrated Framework, 2. Aufl., Jersey City 1994; Lück, W.: Internes Überwachungssystem (IÜS) Die Pflicht zur Einrichtung und zur Prüfung eines Internen Überwachungssystems durch das Gesetz zur Kontrolle und Transparenz im Unternehmensbereich (KonTraG), in: WPK-Mitt. 37 (1998), S. 182–188; Lück, W./Maowski, A.: Internal Control. COSO-Report Guidance on Criteria of Control, Internal Financial Control, in: WPK-Mitt. 35 (1996), S. 157–160.

Wolfgang Lück; Alexander Schröder

Internal Control System →Internes Kontrollsystem

International Accounting Standards →International Financial Reporting Standards

International Accounting Standards Board

Das *IASB* ist ein unabhängiges, auf privatrechtlicher Basis tätiges Gremium mit Sitz in London, das sich mit der Entwicklung internationaler Rechnungslegungsstandards befasst. Das *IASB* übernahm zum 1.4.2001 die Amtsgeschäfte von seiner Vorgängerorganisation, dem im Juni 1973 gegründeten *IASC*. Das *IASC* wurde am 6.2.2001 in eine gemeinnützige Stiftung mit Sitz im US-amerikanischen Delaware umgewandelt, der *IASC Foundation*. Die Stiftung wird von 22 Treuhändern geführt. Sie bildet das Rechtskleid der Organisation, unter der das *IASB* als Standardisierungsgremium arbeitet. Die Verantwortlichkeiten der *IASC Foundation* und des *IASB* sowie ihre Besetzung sind in einer Satzung niedergelegt.

Die wesentliche Aufgabe des *IASB* besteht in der Ausarbeitung eines Regelwerks qualitativ hochwertiger, allgemein verständlicher und durchsetzbarer globaler Rechnungslegungsstandards. Diese Standards werden als →*International Financial Reporting Standards (IFRS)* bezeichnet und fortlaufend nummeriert. Der zuvor vom *IASC* verwendete Name International Accounting Standards (IAS) wird weiter für jene Standards verwendet, die vom *IASB* (noch) nicht durch einen neuen Standard ersetzt wurden. Des Weiteren soll das Board die Verbreitung und strikte Anwendung dieser Standards fördern und sich um eine Annäherung der nationalen Rechnungslegungsstandards mit den IFRS bemühen. Diese Konvergenzbemühungen gelten vor allem den US-amerikanischen Rechnungslegungsregeln, den →*United States Generally Accepted Accounting Principles (US GAAP)*. Die Einwerbung finanzieller Mittel ist nicht Gegenstand des Aufgabenbereichs der Boardmitglieder, sie obliegt zur Wahrung deren Unabhängigkeit den Treuhändern der *IASC Foundation*.

Dem *IASB* stehen mit dem *IFRIC* und dem *SAC* zwei weitere Organe zur Seite. Das *IFRIC* löste das bis zur Restrukturierung des *IASC* bestehende *SIC* ab. Seinen zwölf Mitgliedern kommt die Aufgabe zu, die Standards zu interpretieren und bestehende Auslegungsfragen letztverbindlich zu regeln. Die Interpretationen werden unter der Bezeichnung „*IFRIC*" in fortlaufender Nummerierung herausgegeben; vom *IASC* übernommene und noch in Kraft befindliche Interpretationen behalten die alte Bezeichnung „*SIC*". Das *SAC* wurde im Zuge der Reorganisation neu geschaffen. Er besteht gegenwärtig aus etwa 40 Mitgliedern verschiedener Nationalität und beruflicher Ausrichtung und soll dem Board bei der Ausarbeitung und Verfolgung dessen Arbeitsprogramms beratend zur Seite stehen. Die Mitglieder des *IFRIC* und *SAC* werden wie jene des *IASB* von den Treuhändern der Stiftung ernannt, bleiben aber im Gegensatz zu jenen in ihren bestehenden Beschäftigungsverhältnissen.

Das *IASB* besteht aus 14 Mitgliedern, die von den Treuhändern der *IASC Foundation* für eine Amtszeit von 5 Jahren ernannt werden. Eine einmalige erneute Ernennung ist möglich. Damit nicht alle Boardmitglieder zur selben Zeit ausscheiden, sind ihre Amtszeiten verschoben. Die Boardmitglieder werden grundsätzlich auf Vollzeitbasis beschäftigt, wobei zwei Mitglieder als Teilzeitkräfte zwar den wesentlichen Teil ihrer Arbeitszeit auf die Mitarbeit im Board verwenden, zugleich aber den Kontakt zur Praxis halten sollen. Die anderen Mitglieder müssen ihre bisherigen Beschäftigungsverhältnisse aufgeben und werden Angestellte der Stiftung.

Die wichtigsten Auswahlkriterien für eine Ernennung als Boardmitglied stellen Fachkenntnis und Erfahrung in der internationalen Rechnungslegung dar. Die Nationalität spielt – im Gegensatz zur Verfahrensweise im *IASC* – lediglich eine untergeordnete Rolle; sie wird bei der Besetzung der 22 Treuhänderposten berücksichtigt (je sechs aus Nordamerika, Europa und Asien/Ozeanien, die übrigen vier dem Grunde nach beliebig). Die Satzung der *IASC Foundation* legt für die Besetzung des Board aber einen Verteilungsschlüssel hinsichtlich des beruflichen Hintergrunds der Mitglieder fest. Danach müssen mindestens fünf Mitglieder dem Berufsstand der WP angehören, je drei Mitglieder Unternehmensvertreter und Analysten gewesen sein und ein Mitglied dem akademischen Bereich entstammen.

Das Board tagt dem Grunde nach einmal monatlich. Um eine möglichst große Transparenz in das Standardsetzungsverfahren (Due Process) des *IASB* zu erreichen, sind seine Sitzungen – von personellen und administrativen Angelegenheiten abgesehen – öffentlich. Die Satzung schreibt vor, dass das Board zu jedem Projekt einen Standardentwurf mit der Bitte

Abb.: Organisationsstruktur des IASB

um Stellungnahme veröffentlichen muss. Die Kommentierungsfrist beträgt im Regelfall 90, in Einzelfällen auch 120 Tage. Für bedeutende Projekte wird dem Board nahe gelegt, zusätzlich vorab ein Diskussionspapier herauszugeben, in welchem die wesentlichen Ansätze der beabsichtigten Regelung zusammengefasst werden, und den *SAC* anzuhören. Auch soll er öffentliche Anhörungen und Feldversuche in Erwägung ziehen und darlegen, wenn er diesen Maßnahmen nicht folgt. Jedes Boardmitglied besitzt eine Stimme, die nicht übertragen werden kann. Zur Verabschiedung von endgültigen Standards, Entwürfen und Interpretationen ist eine qualifizierte Mehrheit von mindestens neun der 14 Stimmen erforderlich. Alle übrigen Entscheidungen werden mit einfacher Mehrheit der anwesenden Mitglieder gefällt.

Auch wenn das Board den Treuhändern gegenüber Rechenschaft über die Auswahl und die Bearbeitung seiner Themengebiete ablegen muss, ist es in seiner Entscheidungsfindung unabhängig. Die Facharbeit vollzieht sich – entgegen der Verfahrensweise im *IASC* – nicht mehr in sich jeweils neu konstituierenden Lenkungsausschüssen (sog. Steering Committees), sondern verbleibt bei einem Stab fachlicher Mitarbeiter, der den Board bei seiner Arbeit unterstützt und bei der *IASC Foundation* angestellt ist. Das Board kann nach eigenem Ermessen Arbeitsgruppen einsetzen, die als Berater fungieren, ansonsten aber keine Mitwirkungs- oder Anhörungsrechte besitzen. Gegenwärtig bestehen vier derartiger Arbeitsgruppen, die sich mit den Themen Rechnungslegung für Versicherungsverträge, Finanzinstrumente (→*Financial Instruments*), Erfolgsberichterstattung sowie Rechnungslegung →kleiner und mittlerer Unternehmen befassen.

Die Struktur der Organisation ist in der Abb. auf S. 681 noch einmal graphisch wiedergegeben.

Andreas Barckow

International Auditing and Assurance Standards Board →International Federation of Accountants

International Federation of Accountants

Die *IFAC* ist der internationale Dachverband der Accountancy-Berufe mit Sitz in NY. Ihr gehören 163 Mitgliedsorganisationen aus 120 Ländern an, darunter für Deutschland das →*Institut der Wirtschaftsprüfer in Deutschland e.V.* (*IDW*) und die →*Wirtschaftsprüferkammer* (*WPK*). Insgesamt sind in der *IFAC* rund 2,5 Mio. Berufsangehörige vertreten, die als WP oder Wissenschaftler tätig sind, oder in der Industrie oder in der öffentlichen Verwaltung als Accountants beschäftigt sind.

Hauptziel der *IFAC* ist die weltweite Stärkung des Berufsstands als Beitrag zur Entwicklung einer stabilen internationalen Wirtschaft. Dazu sollen die laufende Entwicklung und Verbreitung von qualitativ hochwertigen und international anerkannten Grundsätzen zur Berufsausübung und →Berufsethik des Wirtschaftsprüfers sowie zur →Aus- und Fortbildung des Wirtschaftsprüfers (→Prüfungsnormen; →Berufsgrundsätze des Wirtschaftsprüfers) beitragen. Im Zentrum steht dabei die Stärkung des öffentlichen Vertrauens in die Zuverlässigkeit und die Glaubwürdigkeit geprüfter Finanzinformationen und damit in die Abschlussprüfung (→Jahresabschlussprüfung; →Konzernabschlussprüfung). Vor diesem Hintergrund wurden in den letzten Jahren die Organisation und die Aufgaben der *IFAC* kontinuierlich verbessert bzw. erweitert, was u. a. im November 2004 eine grundlegende Überarbeitung der *IFAC*-Verfassung („Constitution") zur Folge hatte.

Die wichtigsten Änderungen der Verfassung betreffen die Verpflichtung aller Mitgliedsorganisationen zur Einhaltung der *IFAC*-Verlautbarungen entsprechend der SMO und die Einrichtung einer berufsunabhängigen Aufsicht, des *Public Interest Oversight Board* (*PIOB*).

Das *PIOB* wurde im Februar 2005 durch die *IOSCO*, das *BCBS*, die *IAIS*, die *Weltbank* und das *FSF* gegründet. Seine Aufgabe besteht in der Aufsicht über die im öffentlichen Interesse stehenden Aktivitäten der *IFAC*. Das *PIOB* beobachtet in diesem Zusammenhang den Nominierungsprozess für Board- und Ausschussmitglieder und die Standardsetzung in den wichtigsten Ausschüssen.

Die Mitgliederversammlung der *IFAC* ist der *Council*, in dem jeweils ein Delegierter jeder Mitgliedsorganisationen vertreten ist. Er tritt einmal im Jahr zur Klärung allgemeiner und konstitutioneller Fragen sowie zur Wahl des *IFAC Board* zusammen. Dem Board gehören neben dem Präsidenten 21 Delegierte aus 18 Ländern an, die jeweils für eine Amtszeit von

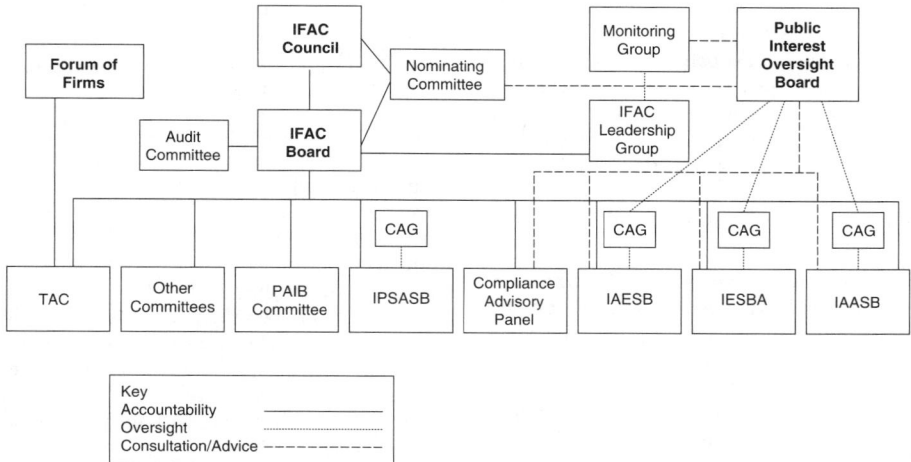

3 Jahren gewählt werden. Das Board ist für die Einleitung notwendiger Maßnahmen zur Erreichung der von der *IFAC* formulierten Ziele und die Überwachung der einzelnen technischen Ausschüsse und Arbeitsgruppen zuständig. Das *Nominating Committee* erarbeitet Vorschläge für die Besetzung des Board, der Ausschüsse und Arbeitsgruppen.

Von den insgesamt 10 Ausschüssen sind von besonderem öffentlichen Interesse das *IAASB*, das *International Ethics Standards Board for Accountants* (*IESBA*), das *International Accounting Education Standards Board* (*IAESB*) und das *Compliance Advisory Panel* (*CAP*). Die Tätigkeiten dieser Ausschüsse unterliegen daher der Aufsicht des *PIOB*. Zudem bestehen zu jedem dieser Ausschüsse, mit Ausnahme zum *CAP*, *Consultative Advisory Groups* (*CAG*), die interessierten Organisationen die Möglichkeit bieten, auf die Standardsetzung einzuwirken. So sind allein im *CAG* des *IAASB* gegenwärtig 25 Organisationen vertreten, neben den Gründerorganisationen des PIOB u. a. die *KOM* und überregionale Berufsorganisationen, wie die →*Fédération de Experts Comptables Européens* (*FEE*).

Dem *IAASB* obliegt die Standardsetzung für die Durchführung von Abschlussprüfungen [→International Standards on Auditing (ISA)] und anderen Prüfungsaufträgen (Assurance Engagements) sowie für die →Qualitätssicherung. Das *IESBA* zeichnet sich für die Aktualisierung und Fortschreibung des IFAC Code of Ethics verantwortlich, in dem die Richtlinien zur Wahrung der →Berufspflichten des Wirtschaftsprüfers einschl. der Regelungen zur →Unabhängigkeit und Unbefangenheit des Wirtschaftsprüfers zusammengefasst sind. In der Verantwortung des *IAESB* liegt die Aufstellung von Richtlinien mit Bezug auf die für eine Zulassung zum Beruf (→Berufszugang zum Wirtschaftsprüfer) erforderlichen theoretischen und praktischen Kenntnisse sowie zu Anforderungen an die berufliche Weiterbildung (→Aus- und Fortbildung des Wirtschaftsprüfers). Die Aufgabe des *CAP* besteht in der Überwachung der Maßnahmen zur Durchführung des *IFAC Member Body Compliance Programm* und der entsprechenden Überprüfung von Bewerbern für eine potenzielle Mitgliedschaft in der *IFAC*.

Ein für die Abschlussprüfung kapitalmarktorientierter bzw. multinational tätiger Unternehmen bedeutender Ausschuss ist das *Transnational Auditors Committee* (*TAC*). Er setzt sich aus Delegierten des *Forum of Firms* (*FOF*) zusammen, einem Zusammenschluss von international tätigen Prüfungsgesellschaften, die sich zur Einhaltung spezieller Qualitätsanforderungen im Rahmen ihrer Berufsausübung verpflichtet haben. Aufgabe von *TAC* ist es u. a. Anpassungsnotwendigkeiten bei Prüfungsstandards zu erkennen und an den zuständigen *IFAC*-Ausschuss zu adressieren sowie als Forum die „Best Practice" in Bezug auf Prüfungs- und Qualitätsstandards, die Unabhängigkeit des Prüfers sowie zu Aus- und Fortbildung zu diskutieren.

Neben den vorstehend genannten Ausschüssen gibt es das *International Public Sector Accounting Standards Board* (*IPSASB*). Dieses widmet sich Fragen zur Finanzberichterstattung der öffentlichen Hand und ihrer Einrichtungen. Außerdem dient das *Professional Accountants in Business* (*PAIB*) Committee den nicht prüferisch tätigen Accountants als Forum zur Wissensvermittlung und Entwicklung von „Best Practices".

Ein *Small and Medium Practices Committee* berücksichtigt die Interessen kleinerer und mittlerer Prüfungsgesellschaften (→ Revisions- und Treuhandbetriebe) im Hinblick auf die Prüfung →kleinerer und mittlerer Unternehmen (→kleine und mittlere Unternehmen, Prüfung von) und nimmt entsprechend zu den Standardsetzungsvorhaben verschiedener *IFAC*-Ausschüsse Stellung. Mit dem Ziel, die Entwicklung des Berufsstands auch in den Entwicklungsländern voranzutreiben, hat das *IFAC Board* 2004 die *Developing Nations Permanent Task Force* eingesetzt, die mittlerweile als *Developing Nations Committee* nicht nur die Interessen der Mitgliedsorganisationen aus den betroffenen Ländern vertritt, sondern auch in deren Auftrag bei der Organisation von Unterstützungsmaßnahmen tätig wird.

Die Bedeutung der *IFAC* und insb. des *IAASB* als internationale Standardsetzer hat jüngst die EU unterstrichen, in dem sie die verpflichtende Anwendung der ISA in den Mitgliedstaaten der EU vorschreibt, nachdem diese Standards ein formales Genehmigungsverfahren durchlaufen haben (Art. 26 RL 2006/43/EG).

Michael Niehues

International Financial Reporting Standards

Unter der Bezeichnung *IFRS* werden die vom →*International Accounting Standards Board* (*IASB*) herausgegebenen Verlautbarungen zur Rechnungslegung geführt. I.e.S. umfassen die IFRS nur jene Standards, die seit dem Jahr 2001 vom *IASB* selbst entwickelt wurden. I.w.S. wird unter der Bezeichnung IFRS der gesamte Kanon der internationalen Rechnungslegungsvorschriften des *IASB* subsumiert; dabei handelt es sich um (IAS 1.11, IAS 8.5):

- die IFRS,
- die noch von der Vorgängerorganisation *IASC* entwickelten und vom *IASB* bei der Übernahme der Geschäfte übernommenen IAS sowie
- die Interpretationen des *IFRIC* bzw. seiner Vorgängerorganisation *SIC*.

Standards und Interpretationen sind kasuistisch und folgen keiner inneren Logik. Die Regelungsinhalte können einzelne Abschlussposten (z. B. immaterielles Vermögen, →Rückstellungen), Querschnittsthemen (z. B. Wertminderungen von →Assets, →Währungsumrechnung) oder ganze Abschlussbestandteile (z. B. die →Kapitalflussrechnung oder die →Segmentberichterstattung) zum Gegenstand haben. Die Tab. 1 und 2 geben den Regelungsgegenstand und Status der bis zum 15.8.2006 veröffentlichten Standards und Interpretationen wieder.

Neben den Standards und Interpretationen stellt das Rahmenkonzept (*Framework*) eine weitere wichtige Verlautbarung dar, auch wenn es nicht offizieller Teil der IFRS i.w.S. ist. Primär dient es dem *IASB* als konzeptionelle Deduktionsbasis für seine Verlautbarungen; bei Bestehen von Regelungslücken haben aber auch die Bilanzierenden die Regelungen des Rahmenkonzepts bei der Festlegung ihrer Bilanzierungsweise zu beachten. Im Einzelnen enthält das Rahmenkonzept Regelungen zu

- der Zielsetzung der Rechnungslegung (Vermittlung entscheidungsnützlicher Informationen über die →Vermögenslage, →Finanzlage und →Ertragslage sowie deren Veränderung im Zeitablauf);
- den Abschlussadressaten (Investoren werden als Adressatengruppe mit dem höchsten Informationsanspruch identifiziert);
- den Grundsätzen der Rechnungslegung [Prinzipien der Periodenabgrenzung (→periodengerechte Erfolgsermittlung) und der Unternehmensfortführung (→Going Concern-Prinzip)];
- den an einen Abschluss gestellten qualitativen Anforderungen (Verständlichkeit, Relevanz, Verlässlichkeit und Vergleichbarkeit);
- den Bestandteilen eines vollständigen Abschlusses [Bilanz, →Gewinn- und Verlustrechnung (GuV), →Kapitalflussrechnung, Eigenkapitalveränderungsrechnung (→Eigenkapitalveränderung) und →Anhang (→Notes); kapitalmarktorientierte Unternehmen haben zusätzlich eine →Segmentberichterstattung zu erstellen];

Tab. 1: Die Verlautbarungen des IASB – Standards

	IFRIC Interpretationen	Gültig für Berichtsperioden ab
IFRIC 1	Änderungen bestehender Rückstellungen für Entsorgungs-, Wiederherstellungs- und ähnliche Verpflichtungen	01. 09. 2004
IFRIC 2	Geschäftsanteile an Genossenschaften und ähnliche Instrumente	01. 01. 2005
IFRIC 3	Emissionsrechte	vorläufig zurückgezogen
IFRIC 4	Beurteilung, ob eine Vereinbarung ein Leasingverhältnis enthält	01. 01. 2006
IFRIC 5	Rechte auf Anteile an Fonds für Entsorgung, Wiederherstellung und Umweltsanierung	01. 01. 2006
IFRIC 6	Rückstellungspflichten aus der Teilnahme an bestimmten Märkten – Elektro- und Elektronik-Altgeräte	01. 12. 2005
IFRIC 7	Anwendung des Restatement-Ansatzes nach IAS 29 Rechnungslegung in Hochinflationsländern	01. 03. 2006
IFRIC 8	Anwendungsbereich von IFRS 2	01. 05. 2006
IFRIC 9	Erneute Beurteilung eingebetteter Derivate	01. 06. 2007
IFRIC 10	Zwischenberichterstattung und Wertminderung	01. 11. 2006

	SIC Interpretationen	Gültig für Berichtsperioden ab
SIC-1	Stetigkeit – Unterschiedliche Verfahren zur Zuordnung der Anschaffungs- oder Herstellungskosten von Vorräten	ersetzt durch und eingebunden in IAS 2
SIC-2	Stetigkeit – Aktivierung von Fremdkapitalkosten	ersetzt durch IAS 8
SIC-3	Eliminierung von nicht realisierten Gewinnen und Verlusten aus Transaktionen mit assoziierten Unternehmen	ersetzt durch IAS 28
SIC-D4	Klassifizierung von Finanzinstrumenten – Emittentenabwicklungswahlrecht	zurückgezogen
SIC-5	Klassifizierung von Finanzinstrumenten – Bedingte Erfüllungsvereinbarungen	ersetzt durch und eingebunden in IAS 32
SIC-6	Kosten der Anpassung vorhandener Software	ersetzt durch und eingebunden in IAS 16
SIC-7	Einführung des Euro	01. 06. 1998
SIC-8	Erstmalige Anwendung der IAS als primäre Grundlage der Rechnungslegung	ersetzt durch IFRS 1
SIC-9	Unternehmenszusammenschlüsse – Klassifizierung als Unternehmenserwerbe oder Interessenzusammenführungen	ersetzt durch und eingebunden in IFRS 3
SIC-10	Beihilfen der öffentlichen Hand – Kein spezifischer Zusammenhang mit betrieblichen Tätigkeiten	01. 08. 1998
SIC-11	Fremdwährung – Aktivierung von Verlusten aus erheblichen Währungsabwertungen	ersetzt durch IAS 21
SIC-12	Konsolidierung – Zweckgesellschaften	01. 07. 1999
SIC-13	Gemeinschaftlich geführte Einheiten – Nicht-monetäre Einlagen durch Partnerunternehmen	01. 01. 1999
SIC-14	Sachanlagen – Entschädigung für die Wertminderung oder den Verlust von Gegenständen	ersetzt durch und eingebunden in IAS 16
SIC-15	Mietleasingverhältnisse – Anreizvereinbarungen	01. 01. 1999
SIC-16	Gezeichnetes Kapital – Zurückgekaufte eigene Eigenkapitalinstrumente (eigene Anteile)	ersetzt durch und eingebunden in IAS 32

	SIC Interpretationen	Gültig für Berichtsperioden ab
SIC-17	Eigenkapital – Kosten einer Eigenkapitaltransaktion	ersetzt durch und eingebunden in IAS 32
SIC-18	Stetigkeit – Alternative Verfahren	ersetzt durch IAS 8
SIC-19	Berichtswährung – Bewertung und Darstellung von Abschlüssen gemäß IAS 21 und IAS 29	ersetzt durch IAS 21
SIC-20	Equity-Methode – Erfassung von Verlusten	ersetzt durch IAS 28
SIC-21	Ertragsteuern – Realisierung von neubewerteten, nicht planmäßig abzuschreibenden Vermögenswerten	15. 07. 2000
SIC-22	Unternehmenszusammenschlüsse – Nachträgliche Anpassung der ursprünglich erfassten beizulegenden Zeitwerte und des Geschäfts- oder Firmenwertes	ersetzt durch und eingebunden in IFRS 3
SIC-23	Sachanlagen – Kosten für die Großinspektion oder Generalüberholungen	ersetzt durch und eingebunden in IAS 16
SIC-24	Ergebnis je Aktie – Finanzinstrumente und sonstige Verträge, die in Aktien erfüllt werden können	ersetzt durch und eingebunden in IAS 33
SIC-25	Ertragsteuern – Änderungen im Steuerstatus eines Unternehmens und seiner Anteilseigner	15. 07. 2000
SIC-D26	Sachanlagen – Ergebnisse aus Nebentätigkeiten	weder fertig gestellt noch zurückgezogen
SIC-27	Beurteilung des wirtschaftlichen Gehalts von Transaktionen in der rechtlichen Form von Leasingverhältnissen	31. 12. 2001
SIC-28	Unternehmenszusammenschlüsse – „Tauschzeitpunkt" und beizulegender Zeitwert von Eigenkapitalinstrumenten	ersetzt durch und eingebunden in IFRS 3
SIC-29	Angaben – Dienstleistungslizenzen	31. 12. 2001
SIC-30	Berichtswährung – Umrechnung von der Bewertungs- in die Darstellungswährung	ersetzt durch IAS 21
SIC-31	Erträge – Tausch von Werbeleistungen	31. 12. 2001
SIC-32	Immaterielle Vermögenswerte – Websitekosten	25. 03. 2002
SIC-33	Vollkonsolidierungs- und Equity-Methode – Potenzielle Stimmrechte und Ermittlung von Beteiligungsquoten	ersetzt durch IAS 27 und 28
SIC-D34	Finanzinstrumente – Instrumente oder Rechte, die eine Rückgabe durch den Halter vorsehen	zurückgezogen

- den Posten des Abschlusses (→Assets, →Liabilities, →Eigenkapital, →Aufwendungen und Erträge);
- grundlegenden Aussagen bzgl. des Ansatzes dem Grunde und der Höhe nach sowie
- Kapital(erhaltungs)konzepten.

Alle Verlautbarungen werden nach einem standardisierten und grundsätzlich offenen Verfahren, dem so genannten *Due Process*, verabschiedet (Preface.18 f.; IASB Due Process Handbook, Rn. 18 ff.). Dabei wird der Stab zunächst gebeten, das zu untersuchende Themengebiet hinsichtlich aller maßgeblichen, im Rahmen eines Projekts zu berücksichtigenden Aspekte abzuklopfen und etwaige Regelungen nationaler Standardsetter zu sondieren. Bei der Entwicklung eines Standards ist der Board gehalten, Rücksprache mit dem *SAC* zu nehmen, bevor der Sachverhalt offiziell in das Arbeitsprogramm aufgenommen wird. Der Board beginnt sodann mit seinen Beratungen, die in einem Standardentwurf münden. Die Veröffentlichung eines Entwurfs setzt eine qualifizierte Mehrheit von neun der 14 Boardmitglieder voraus. Je nach Komplexität oder Bedeutung des Projekts geht dem Entwurf u. U. noch die Veröffentlichung eines Diskussionspapiers voraus, in welchem der Board die grundlegenden Prinzipien darlegt und abwägt. Die Veröffentlichungen erfolgen mit dem Ziel, die Sichtweise der breiten Öffentlichkeit einzuholen. Die Frist zur Abgabe einer Stellungnahme, zu der grundsätzlich jeder berechtigt ist, beträgt für Standardentwürfe i. d. R. 120, für Interpretationsentwürfe zumeist 60

Tab. 2: Die Verlautbarungen des IASB – Interpretationen

	International Financial Reporting Standards	Gültig seit/ab
IFRS 1	Erstmalige Anwendung der International Financial Reporting Standards	2004
IFRS 2	Anteilsbasierte Vergütungen	2005
IFRS 3	Unternehmenszusammenschlüsse	2005
IFRS 4	Versicherungsverträge	2005
IFRS 5	Zur Veräußerung gehaltene langfristige Vermögenswerte und aufgegebene Geschäftsbereiche	2005
IFRS 6	Exploration und Evaluierung von mineralischen Ressourcen	2006
IFRS 7	Finanzinstrumente: Angaben	2007

	International Accounting Standards	Gültig seit/ab
IAS 1	Darstellung des Abschlusses (rev. 2003/2005)	2005/2007
IAS 2	Vorräte	2005
IAS 3	Konzernabschlüssse	nicht mehr in Kraft
IAS 4	Abschreibungen	nicht mehr in Kraft
IAS 5	Angabepflichten im Abschluss	nicht mehr in Kraft
IAS 6	Rechnungslegung bei Preisänderungen	nicht mehr in Kraft
IAS 7	Kapitalflussrechnungen	1994
IAS 8	Bilanzierungs- und Bewertungsmethoden, Änderungen von Schätzungen und Fehler (rev. 2003)	2005
IAS 9	Forschungs- und Entwicklungskosten	nicht mehr in Kraft
IAS 10	Ereignisse nach dem Bilanzstichtag (rev. 2003)	2005
IAS 11	Fertigungsaufträge	1995
IAS 12	Ertragsteuern (rev. 2000)	2001
IAS 13	Darstellung der kurzfristigen Vermögenswerte und Schulden	nicht mehr in Kraft
IAS 14	Segmentberichterstattung	1998
IAS 15	Informationen über die Auswirkungen von Preisänderungen	nicht mehr in Kraft
IAS 16	Sachanlagen (rev. 2003)	2005
IAS 17	Leasingverhältnisse (rev. 2003)	2005
IAS 18	Erträge	1995
IAS 19	Leistungen an Arbeitnehmer (rev. 1998/2000/2002/2004)	1999/2001/2002/2006
IAS 20	Bilanzierung und Darstellung von Zuwendungen der öffentlichen Hand	1984
IAS 21	Auswirkungen von Änderungen der Wechselkurse (rev. 2003/2005)	2005/2006
IAS 22	Unternehmenszusammenschlüsse	nicht mehr in Kraft
IAS 23	Fremdkapitalkosten	1995
IAS 24	Angaben über Beziehungen zu nahestehenden Unternehmen und Personen (rev. 2003)	2005
IAS 25	Bilanzierung von Finanzinvestitionen	nicht mehr in Kraft
IAS 26	Bilanzierung und Berichterstattung von Altersversorgungsplänen	1990
IAS 27	Konzern- und separate Abschlüsse nach IFRS (rev. 2003)	2005
IAS 28	Anteile an assoziierten Unternehmen (rev. 2003)	2005
IAS 29	Rechnungslegung in Hochinflationsländern	1990

	International Accounting Standards	Gültig seit/ab
IAS 30	Angaben im Abschluss von Banken und ähnlichen Finanzinstitutionen	1991; wird ab 2007 durch IFRS 7 ersetzt
IAS 31	Anteile an Joint Ventures (rev. 2003)	2005
IAS 32	Finanzinstrumente: Angaben und Darstellung (rev. 2003/2005)	2005; Angabeteil wird 2007 durch IFRS 2007 ersetzt
IAS 33	Ergebnis je Aktie (rev. 2003)	2005
IAS 34	Zwischenberichterstattung	1999
IAS 35	Aufgabe von Geschäftsbereichen	nicht mehr in Kraft
IAS 36	Wertminderung von Vermögenswerten (rev. 2004)	2004
IAS 37	Rückstellungen, Eventualschulden und Eventualforderungen	1999
IAS 38	Immaterielle Vermögenswerte (rev. 2004)	2004
IAS 39	Finanzinstrumente: Ansatz und Bewertung (rev. 2003/2004/2005)	2005/2005/2006
IAS 40	Als Finanzinvestition gehaltene Immobilien (rev. 2003)	2005
IAS 41	Landwirtschaft	2003

Tage. Die eingehenden Stellungnahmen werden vom Stab ausgewertet, dem Board zur Kenntnis gebracht und von diesem erörtert. Auf der Grundlage der Erörterungen wird dann ein endgültiger Standardtext ausgearbeitet, für dessen Verabschiedung ebenfalls eine qualifizierte Mehrheit von neun Stimmen erforderlich ist. Der Prozess kann vom Board um die Einrichtung einer Beratungsgruppe, Feldversuche sowie öffentliche Anhörungen erweitert werden.

Die vom *IASB* herausgegebenen Standards besitzen eine feste Struktur. Dem Regelungstext geht eine Einleitung voraus, in welcher die wesentlichen Inhalte zusammengefasst werden. Der Standard selbst gliedert sich in die Zielsetzung, den Anwendungsbereich, den eigentlichen Bilanzierungsteil i.e.S. sowie die Übergangsvorschriften und das Datum des Inkrafttretens. Die meisten Standards werden um Anhänge ergänzt, die integraler Bestandteil des Standards und damit verbindlich anzuwenden sind. Jedem Standard liegt eine Grundlage für Schlussfolgerungen (*Basis for Conclusions*) bei, in welcher der Board den Verlauf der Erörterungen nachzeichnet und die getroffenen Entscheidungen begründet. Stimmt ein Boardmitglied gegen die Verabschiedung des Standards, so wird dieser Umstand zusammen mit der Begründung für die abweichende Meinung (*Dissenting Opinion*) ebenfalls abgedruckt. Die Minderheitsvoten haben rein informatorische Wirkung und berechtigen nicht zur Abweichung von den Regelungen des Standards. Manchen Standards fügt der Board Umsetzungshinweise (*Implementation Guidance*) bei, in denen die Anwendung der Regelungen exemplarisch verdeutlicht wird. Wie die Grundlage für Schlussfolgerungen haben die Umsetzungshinweise rein informatorischen Charakter und sind nicht Teil des Standards.

Der Board geht bei seinen Verlautbarungen davon aus, dass deren Anwendung in aller Regel zu der Vermittlung eines den tatsächlichen Verhältnissen entsprechenden Bildes (→ True and Fair View) und damit zur Erreichung der Zielsetzung der Rechnungslegung führt (IAS 1.13). Ein Unternehmen, das erklärt, in Übereinstimmung mit den IFRS zu bilanzieren, hat sämtliche in Kraft befindlichen Standards und Interpretationen anzuwenden (IAS 1.14). Dabei können fehlerhafte Anwendungen von Regelungen einzelner Verlautbarungen nicht durch Anhangangaben oder ergänzende Berichtsbestandteile geheilt werden (IAS 1.16); eine Abkopplungsthese deutscher Prägung existiert in der Rechnungslegung des *IASB* also nicht. Sollte die Befolgung der Verlautbarungen bei einem Unternehmen ausnahmsweise nicht zu der Vermittlung eines den tatsächlichen Verhältnissen entsprechenden Bildes führen, so ist eine Abweichung von der entsprechenden Vorschrift geboten (sog. *True and Fair Override*) und mit zahlreichen Angabepflichten belegt (IAS 1.17 ff.).

Existiert für einen Sachverhalt keine Regelung, so hat der Bilanzierende eine sachgerechte Bilanzierungsweise abzuleiten (IAS 8.11 f.): Danach ist zunächst zu prüfen, ob sich die Bilanzierung durch Analogieschluss zu den Regelungen in anderen Standards oder Interpretationen, die vergleichbare Sachverhalte regeln, ableiten lässt. Ist dies nicht der Fall, ist als nächstes zu sondieren, ob über die im Rahmenkonzept festgeschriebenen Grundsätze eine Verfahrensweise abgeleitet werden kann (Ansatz ja/nein, Aktivierung vs. Aufwandserfassung etc.). Ergänzend können Verlautbarungen anderer Standardsetter, Kommentierungen oder die in einer Branche übliche Bilanzierungspraxis herangezogen werden, vorausgesetzt, diese stehen nicht im Widerspruch zum Geist der Verlautbarungen des *IASB*. Eine einmal gewählte Vorgehensweise ist grundsätzlich beizubehalten (→Stetigkeit), kann aber geändert werden, wenn diese eine Vermittlung eines den tatsächlichen Verhältnissen entsprechenden Bildes besser gewährleistet als die bisher verwendete Methode (IAS 8.13 f.). Methodenänderungen erfolgen grundsätzlich rückwirkend, es sei denn, dass eine Verlautbarung explizit eine andere Handhabung vorsieht (IAS 8.19).

Nach der Satzung der *IASC Foundation*, unter welcher der Board arbeitet, besitzt jener die völlige Hoheit über sein Arbeitsprogramm, d. h. die zu untersuchenden Themengebiete sowie die Arbeitsweise, mit der diese angegangen werden sollen [Constitution, Rn. 31(c)]. Die in das Arbeitsprogramm aufgenommenen Sachverhalte sowie der jeweilige Bearbeitungsstand können auf der Website des *IASB* (http://www.iasb.org) eingesehen werden. Die aktuelle Agenda ist durch eine im Oktober 2002 mit dem US-amerikanischen Standardsetter, dem →*Financial Accounting Standards Board* (*FASB*), getroffene Übereinkunft geprägt (sog. Norwalk Agreement). Darin vereinbarten *IASB* und *FASB* eine weitgehende Konvergenz ihrer Rechnungslegungsvorschriften mit dem Ziel, die sachliche Voraussetzung für eine Abschaffung der →Überleitungsrechnung im Jahr 2009 zu bereiten. Diese Überleitungsrechnung fordert die US-amerikanische Börsenaufsicht, die →*Securities and Exchange Commission* (*SEC*), von allen nicht amerikanischen Emittenten, die ein Listing in den →United States of America (USA) anstreben und ihre Abschlüsse nicht nach den →United States Generally Accepted Accounting Principles (US GAAP) aufgestellt haben. Das Norwalk Agreement wurden von den beiden Standardsettern am 27.2.2006 im Rahmen eines Memorandums of Understanding (MoU) bestätigt und wie folgt konkretisiert. Im Rahmen eines kurzfristigen Konvergenzprogramms bis Ende 2008 sollen zehn vergleichsweise eng abgegrenzte Rechnungslegungsunterschiede aus der Welt geschaffen

Abb. 1: MoU: Kurzfristiges Konvergenzprogramm

	MoU milestone by 2008	2006			2007		2008	Timing yet to be determined
		Q2	Q3	Q4	H1	H2		
Short-term Convergence projects								
Borrowing costs............. (IASB)	Determine whether major differences should be eliminated and substantially complete work	ED			IFRS			
Government grants[2] .... (IASB)						ED	IFRS	
Joint ventures............... (IASB)				ED		IFRS		
Segment reporting........... (IASB)					IFRS			
Impairment.................. (Joint)								Not started
Income tax .... (Joint)			ED			IFRS		
Fair value option ....(FASB)								
Investment properties ....(FASB)								
Research and development ...(FASB)								
Subsequent events ....(FASB)								

Quelle: IASB Insight May 2006, S. 12.

Abb. 2: MoU: Langfristiges Konvergenzprogramm

	MoU milestone by 2008	2006			2007		2008	Timing yet to be determined
		Q2	Q3	Q4	H1	H2		
Business combinations	Converged standards				IFRS			
Consolidations	Work towards converged standards				ED		IFRS	
Fair value measurement guidance	Converged guidance	ED				IFRS		
Financial Statement Presentation³ Phase A					IFRS			
Phase B	One or more due process documents				DP		ED	IFRS
Revenue recognition	One or more due process documents			DP			ED	IFRS

Quelle: IASB Insight May 2006, S.12.

werden. Je vier Sachverhalte erfordern den Eingriff lediglich eines der beiden Standardsetter, um eine Angleichung an das jeweils andere Regelwerk zu gewährleisten; in zwei weiteren Fällen kamen *IASB* und *FASB* überein, sich auf eine dritte, bislang in keinem Regelwerk vorgesehene Verfahrensweise zu verständigen:

Neben den kurzfristig abzuschließenden Konvergenzthemen haben *IASB* und *FASB* weitere elf Themengebiete ausgemacht, bei denen entweder signifikante Unterschiede zwischen den beiden Rechnungslegungssystemen bestehen oder die bestehenden Regelungen in beiden Systeme als unbefriedigend angesehen werden. Da sich diese Themengebiete in der Mehrzahl nicht bis Ende 2008 finalisieren lassen, haben sich die Standardsetter mit der *SEC* zumindest darauf verständigt, dass mit der Arbeit an allen Gebieten begonnen und ein wesentlicher Fortschritt erreicht sein muss. Vier der elf Sachverhalte müssen dazu noch in das aktuelle Arbeitsprogramm der Standardsetter aufgenommen werden. Dabei handelt es sich um die Themen Ausbuchung, →Financial Instruments, immaterielles Vermögen sowie die Abgrenzung von →Eigenkapital und →Fremdkapital. Hier besteht das Ziel in der Veröffentlichung zumindest eines Diskussionspapiers bis Ende 2008.

Die IFRS haben sich mittlerweile als globaler Rechnungslegungsstandard etabliert. In mehr als 100 Ländern stellen die IFRS die primäre Rechtsgrundlage für die Aufstellung von Abschlüssen dar, in weiteren wird ihre Anwendung zugelassen oder empfohlen. Für konzernabschlusspflichtige Unternehmen mit Sitz in der EU besteht mit der VO (EG) Nr. 1606/2002 vom 19.7.2002, der sog. IAS-VO, eine eigenständige Rechtsgrundlage (→Richtlinien und Verordnungen der Europäischen Union, Bedeutung für Rechnungslegung und Unternehmensüberwachung). Nach Art. 4 der VO sind Unternehmen, die Wertpapiere in einem geregelten Markt zum Handel begeben oder deren Börsennotierung beantragt haben, verpflichtet, ihre konsolidierten Abschlüsse unter Anwendung der IFRS aufzustellen. Die Mitgliedstaaten haben das Recht, die Anwendung der IFRS auch auf Einzelabschlussebene sowie für konzernrechnungslegungspflichtige Unternehmen ohne Kapitalmarktnotierung zu gestatten oder vorzuschreiben (Art. 5). Ebenso können sie bestimmen, dass Unternehmen, die ausschließlich schuldrechtliche Instrumente zum Handel begeben oder zum Verabschiedungszeitpunkt der Verordnung für Börsenzwecke nach US GAAP bilanziert haben, den Zeitpunkt der erstmaligen Anwendung um 2 Jahre hinausschieben (Art. 9).

Der deutsche Gesetzgeber hat die Bestimmungen der IAS-VO mit dem BilReG vom 4.12.2004 in nationales Recht umgesetzt. Danach ist eine Anwendung der IFRS

- im →Einzelabschluss nur für Zwecke der Offenlegung statthaft (§ 325 Abs. 2a HGB),
- im Konzernabschluss eines nicht kapitalmarktorientierten Unternehmens mit befreiender Wirkung möglich (§ 315a Abs. 3 HGB) und
- durch konzernrechnungslegungspflichtige Unternehmen, die lediglich schuldrechtliche Instrumente zum Handel begeben oder zum Zeitpunkt der Verabschiedung der Verordnung für Zwecke eines Börsenlistings nach US GAAP bilanziert haben, erst ab 2007 erforderlich (Art. 57 EGHGB).

Damit die IFRS in der EU eine rechtsverbindliche Wirkung entfalten können, bedarf das Regelwerk einer hoheitlichen Legitimation. Diese erhalten die Verlautbarungen über das so genannte Anerkennungsverfahren: Danach entscheidet die *KOM* auf Grundlage der Voten des Fachexpertenausschusses von *EFRAG* sowie des Regelungsausschusses für Rechnungslegung, dem Vertreter aus allen Mitgliedstaaten der EU angehören, ob der jeweilige Regelungsinhalt zur Anwendung durch europäische Unternehmen gelangen soll. Erst nach erfolgter Billigung der Kommissionsentscheidung durch das *EU-Parlament* und Veröffentlichung im Amtsblatt der EU sind die Verlautbarungen verbindlich anzuwenden. Infolge des Anerkennungsprozesses können u.U. Regelungen, die vom *IASB* bereits verabschiedet wurden und deren vorzeitige Anwendung empfohlen wurde, von Unternehmen der EU noch nicht angewendet werden. Auch ist denkbar, dass die EU die Übernahme einer Regelung für Zwecke der Anwendung in Europa ablehnt. In beiden Fällen würden die in Europa anwendbaren Verlautbarungen von den durch den *IASB* veröffentlichten IFRS abweichen.

Literatur: IASB (Hrsg.): Insight May 2006, London 2006; IASB (Hrsg.): International Financial Reporting Standards (IFRSs) 2006, London 2006; International Accounting Standards Committee Foundation (Hrsg.): IASB Due Process Handbook, London 2006; Knorr, L.: International Accounting Standards (IAS), in: Ballwieser, W. et al. (Hrsg.): HWRP, 3. Aufl., Stuttgart 2002, Sp. 1183–1191.

Andreas Barckow

International Organization of Securities Commissions → Berufsaufsicht für Wirtschaftsprüfer, international

International Standards on Auditing

Die ISA werden vom *IAASB*, früher *IAPC*, entworfen und verabschiedet (Dietz 2003, S. 2).

Das *IAASB* ist ein unabhängiger privater Standard Setter auf weltweiter Ebene und steht als unabhängiges Komitee unter der Verwaltung der →*International Federation of Accountants (IFAC)*. Das Ziel des *IAASB* ist es, durch die Herausgabe der ISA die ordnungsmäßige Durchführung von Abschlussprüfungen (→Jahresabschlussprüfung; →Konzernabschlussprüfung) sowie Form und Inhalt von →Prüfungsberichten zu regeln (Goppelt 2002, Sp. 1202). Neben den ISA gibt das *IAASB* die ISRE, ISAE, ISRS, ISQS und die Stellungnahmen zu den ISA, die IAPS, heraus (IFAC 2005a). Die ISRE, die ISAE und ISRS wurden zuvor auch als ISA bezeichnet (IFAC 2005b, S. 114). Auch zu Ihnen sind für die Zukunft ergänzende Practice Statements geplant, die bereits in die Struktur der Verlautbarungen des *IAASB* eingeflossen sind.

Die ISA selbst gliedern sich in die folgenden Themenbereiche:

- 100–199 Introductory Matters (Einführung),
- 200–299 General Principles and Responsibilities (Grundsätze und Verantwortlichkeiten),
- 300–499 Risk Assessment and Response to Assessed Risks (Risikobeurteilung),
- 500–599 Audit Evidence (→Prüfungsnachweise),
- 600–699 Using Work of Others (Verwendung Arbeiten Dritter),
- 700–799 Audit Conclusions and Reporting (Prüfungsfeststellungen und Berichterstattung),
- 800–899 Specialised Areas (Spezielle Bereiche),
- 1000–1100 International Audit Practice Statements,
- 2000–2699 ISRE,
- 3000–3699 Applicable to All Insurance Engagements und
- 4000–4699 ISRS.

Abb.: Struktur der Verlautbarungen des IAASB

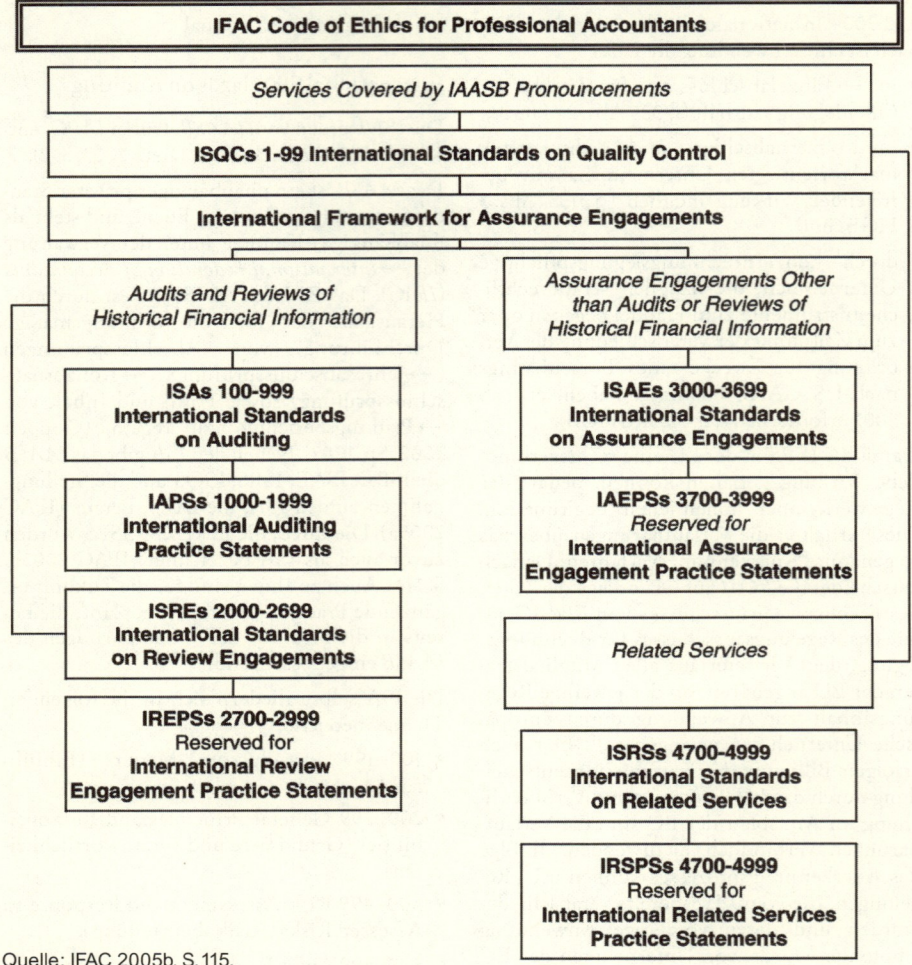

Quelle: IFAC 2005b, S. 115.

Für die Entwicklung und die Verabschiedung der Standards des *IAASB* gelten feste Verfahrensregeln. Die Standards werden in einem sog. Due Process entwickelt, bei dem auch Dritte bzw. die interessierte Öffentlichkeit Gelegenheit erhalten, zu den Entwürfen Stellung zu nehmen. In einer dafür eingerichteten Arbeitsgruppe wird zunächst ein Entwurf des Standards (Draft Standard) entwickelt. Dieser wird in einer öffentlichen Sitzung des *IAASB* debattiert und dann als Diskussionsentwurf (Exposure Draft) veröffentlicht. Es besteht nun die Möglichkeit innerhalb einer Frist von mindestens 120 Tagen zu dem Standard Stellung zu nehmen. Auf Basis der Stellungnahmen wird ein revidierter Entwurf (Revised Draft) erarbeitet. Die Standards werden vom *IAASB* verabschiedet und veröffentlicht (IFAC 2005a).

Von den anderen Verlautbarungen der *IFAC* werden insb. die des *Public Sector Committee* über Besonderheiten der Prüfungen und prüfungsnahen Dienstleistungen im öffentlichen Sektor und die Internationalen Berufsgrundsätze des *Ethic Committee* unmittelbar in die ISA und IAPS aufgenommen (Lanfermann 2002, Sp. 1212).

Um die Akzeptanz der ISA zu erhöhen und eine weitreichende Umsetzung zu erreichen, arbeitet das *IAASB* mit internationalen Institutionen, insb. der *IOSCO*, dem *Committee on Auditing* der *KOM* und der *Weltbank* sowie den nationalen Standardsettern zusammen. Das *IAASB* wird mittlerweile weltweit als Standard Setting Body für internationale Prüfungsgrundsätze anerkannt (Lanfermann 2002, Sp. 1214).

Da die *IFAC* eine private Einrichtung ist, haben die ISA für die einzelnen Berufsangehörigen keine unmittelbare rechtliche Bindungswirkung. Die *IFAC* kann ihre Mitglieder jedoch zu einer Implementierung der ISA verpflichten, soweit dem keine nationalen Gesetze entgegenstehen. Als Mitglied der *IFAC* hat das →*Institut der Wirtschaftsprüfer in Deutschland e.V. (IDW)* bereits durch die IDW FG von 1998 i.V.m. der IDW/WPK VO 1/1995 die in den ISA dargelegten Grundsätze erfüllt. Zusätzlich erläuternde Ausführungen fanden Entsprechung im WPH. Das *IDW* begann im Jahr 1998 die ISA in deutsche Prüfungsgrundsätze zu transformieren (→Prüfungsrichtlinien; →Prüfungsnormen). Im Jahr 2004 wurde dieser Prozess abgeschlossen. Die IDW PS decken nunmehr alle gültigen ISA ab, welche die Abschlussprüfung betreffen. Hierbei wird bei jedem IDW PS aufgezeigt, inwieweit z. B. aufgrund gesetzlicher Vorschriften, Unterschiede zu den ISA bestehen.

Mit der Neufassung der Achten RL 84/253/EWG durch die RL 2006/43/EG vom 17.5.2006 (sog. APr-RL) wird die Anwendung der ISA in der EU für die Durchführung von gesetzlichen Abschlussprüfungen (→Pflichtprüfungen) ab dem 29.6.2006 verbindlich vorgeschrieben. Nach deutschen Berufsgrundsätzen (→Berufsgrundsätze des Wirtschaftsprüfers) werden die ISA auch für freiwillige Abschlussprüfungen (→freiwillige und vertragliche Prüfung) anzuwenden sein, so dass davon auszugehen ist, dass die offizielle Fassung der ISA für den gesamten deutschen Berufsstand maßgeblich sein wird.

Literatur: Dietz, M.: Zur Fortentwicklung der International Standards on Auditing and Assurance, in: WPg 56 (2003), S. 1–9; Goppelt, W.: International Federation of Accountants (IFAC), in: Ballwieser, W. et al. (Hrsg.): HWRP, 3. Aufl., Stuttgart 2002, Sp. 1200–1208; IDW (Hrsg.): German Auditing Standards. Synoptische Darstellung von IDW Verlautbarungen zur ISA-Transformation, Düsseldorf 2004; IFAC 2005a: IAASB Fact Sheet 2005, http://www.ifac.org/IAASB (Download: 10. November 2005); IFAC 2005b: 2005 Handbook of International Auditing, Assurance, and Ethics Pronouncements, http://www.ifac.org (Download: 10. November 2005); Lanfermann, J.: International Standards on Auditing (ISA), in: Ballwieser, W. et al. (Hrsg.): HWRP, 3. Aufl., Stuttgart 2002, Sp. 1208–1216.

Ulrich Schönwald

Internationale Rechnungslegung, Umstellung auf

Die internationale Rechnungslegung nach den →International Financial Reporting Standards (IFRS) ist von kapitalmarktorientierten EU-Unternehmen seit 2005 bzw. 2007 im Konzernabschluss zwingend zu befolgen. Wahlweise ist es deutschen nicht-kapitalmarktorientierten Mutterunternehmen gestattet, einen befreienden IFRS-Konzernabschluss zu erstellen (§ 315 Abs. 3 HGB). Der JA ist weiterhin nach HGB aufzustellen, ausschließlich für Offenlegungszwecke kann jedoch wahlweise der →Einzelabschluss nach IFRS verwendet werden (§ 325 Abs. 2a HGB) (→Offenlegung des Jahresabschlusses). Gründe für eine freiwillige IFRS-Anwendung könnten bspw. in der besseren Vergleichbarkeit mit Wettbewerbern oder in einer Verbesserung des →Ratings und damit der Kreditkonditionen liegen.

Die Umstellung auf IFRS hat nicht nur Auswirkungen auf die →Vermögenslage, →Finanzlage und →Ertragslage (→wirtschaftliche Verhältnisse), sondern auch auf interne Steuerungsgrößen, betriebliche Prozesse und →IT-Systeme. Die Komplexität eines Umstellungsprojekts variiert in Abhängigkeit von der Größe und Struktur des Unternehmens. Sinnvoll erscheint daher die Unterteilung eines Umstellungsprojekts in drei Phasen, in denen der WP unter Beachtung seiner Unabhängigkeitsverpflichtung (→Unabhängigkeit und Unbefangenheit des Wirtschaftsprüfers) beratend eingeschaltet werden kann (Dräger 2004, S. 393–434).

Im Rahmen einer *Vorstudie* sollten die wesentlichen bilanziellen Auswirkungen der Umstellung dargestellt werden. Die Rechnungslegungsumstellung auf IFRS ist nach den Regeln von IFRS 1 grundsätzlich retrospektiv vorzunehmen. Demzufolge ist die IFRS-Eröffnungsbilanz so aufzustellen, als ob schon immer nach den aktuell gültigen IFRS bilanziert wurde. Die retrospektive Vorgehensweise erfordert die rückwirkende Anwendung der IFRS auf sämtliche vergangene und bestehende Geschäftsvorfälle eines Unterneh-

Abb.: Phasen der Rechnungslegungsumstellung

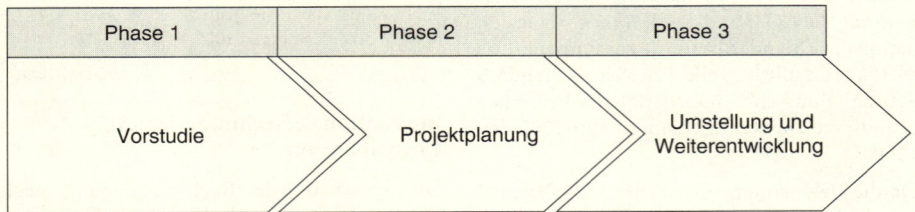

mens. Hieraus resultierende Anpassungen von Vermögenswerten (→Vermögensgegenstand; →Asset) und →Schulden (→Liability) sind in der Eröffnungsbilanz gegen das →Eigenkapital zu verrechnen.

Der WP kann dem Unternehmen in der Vorstudie die wesentlichen Unterschiede zur handelsrechtlichen Rechnungslegung aufzeigen. Hierzu gehören bspw. die Aktivierungspflicht von Entwicklungskosten selbst erstellter immaterieller Vermögenswerte nach IAS 38 (→Forschungs- und Entwicklungskosten; →Forschungs- und Entwicklungsaufwendungen), das Verbot der Übernahme steuerlicher Abschreibungen (→Abschreibungen, steuerrechtliche) und planmäßiger Abschreibungen (→Abschreibungen, bilanzielle) eines →Geschäfts- oder Firmenwertes (GFW), der Ansatz beizulegender Zeitwerte (→Fair Value) bei bestimmten Finanzinstrumenten (→Financial Instruments), die vorzeitige Gewinnrealisierung unter Anwendung der Percentage-of-Completion-Methode bei periodenübergreifenden →Fertigungsaufträgen (→langfristige Auftragsfertigung), das Verbot zum Ansatz einer →Rückstellung für Innenverpflichtungen (z. B. Aufwandsrückstellung) sowie bei Pensionsrückstellungen (→Pensionsverpflichtungen) die Berücksichtigung von Trendannahmen (z. B. Gehalts- und Rententrends) und eines kapitalmarktorientierten Diskontierungszinssatzes (→Kalkulationszinssatz). Zusätzliche Wirkungen auf den Abschluss sind aus den in IFRS 1 enthaltenen Befreiungswahlrechten vom Grundsatz der retrospektiven IFRS-Anwendung zu erwarten (Pellens/Fülbier/Gassen 2006, S. 759–779). Hier kommt der Befreiung zur rückwirkenden Anwendung der IFRS auf bereits bestehende →Unternehmenszusammenschlüsse eine erhöhte Bedeutung zu. Zudem sehen die IFRS erhöhte Transparenzanforderungen in Form von zahlreichen Anhangangaben (→Notes)

vor, deren Anpassungserfordernisse an die bisherige Berichterstattung (→Anhang) schon frühzeitig ermittelt werden sollte.

Die Umstellung hat i. d. R. Auswirkungen auf die Bilanzstruktur, insb. auf die Höhe des Eigenkapitals und auf die Höhe künftiger Periodenergebnisse. Hiervon betroffen sind u. a. externe und interne Steuerungskennzahlen (→Kennzahlen und Kennzahlensysteme als Kontrollinstrument) sowie ggf. erfolgsabhängige Entlohnungssysteme, deren Veränderungen im Rahmen einer Planergebnisrechnung analysiert werden sollten. Durch Nutzung von Wahlrechten und Spielräumen kann die Umstellung zudem bilanzpolitisch genutzt werden (→bilanzpolitische Gestaltungsspielräume nach IFRS). Dabei ist zu beachten, dass eigenkapitalerhöhende Maßnahmen aufgrund des Bilanzzusammenhangs mit ergebnismindernder Wirkung auf künftige Periodenergebnisse verbunden sein können. Analog kann die Nutzung eigenkapitalmindernder Anpassungen zu einer zukünftigen Ergebnissteigerung führen (→bilanzpolitische Entscheidungsmodelle).

Neben der strukturierten Darstellung der bilanziellen Umstellungsfolgen sind im Rahmen der Vorstudie ferner Auswirkungen auf die bestehenden betrieblichen Prozesse und die IT-Systeme zu analysieren. Auch hier kann der WP beratend zur Seite stehen, soweit hieraus nur ein unwesentlicher Einfluss auf den zu prüfenden Abschluss resultiert (Naumann 2005, S. 135). Als Folge der IFRS-Umstellung müssen die unternehmensinternen Berichtsprozesse (→Berichtssystem; →Führungsinformationssysteme) an den gestiegenen Informationsbedarf angepasst werden. Der hieraus resultierende Anpassungsbedarf kann anhand von →Soll-Ist-Vergleichen ermittelt werden. Eine Neustrukturierung betrieblicher Prozesse wäre bspw. für die Abbildung von langfristigen Fertigungsaufträgen nach IFRS erforderlich.

Ferner kann die Umstellung dazu genutzt werden, das interne und externe Berichtswesen zu vereinheitlichen, indem die IFRS auch als Basis für die Steuerung des Unternehmens übernommen werden (→Unternehmenssteuerung, wertorientierte). Mit den veränderten Informationsanforderungen ist regelmäßig eine Anpassung oder Neueinführung von IT-Systemen verbunden. Diese müssen flexibel sein und über eine angemessene Kapazität verfügen. Dabei ist zu beachten, dass die Einzelbilanz als Grundlage für die Kapitalerhaltung und Ausschüttungsbemessung weiterhin nach HGB zu erstellen ist. Demzufolge sind auch HGB-Daten weiterhin erforderlich. Auch ist zu klären, welches Buchhaltungssystem künftig genutzt werden soll. Hier besteht die Option, entweder HGB oder IFRS als die führende Buchhaltung festzulegen und mittels Anpassungsbuchungen auf die nicht originäre Buchhaltung überzuleiten oder eine parallele Buchhaltung einzuführen. Abschließend sollten in der Vorstudie Überlegungen zum Projektmanagement (→Projektcontrolling) erfolgen. Dazu sind auf Grundlage der identifizierten wesentlichen bilanziellen Unterschiede sowie des festgestellten Anpassungsbedarfs der betrieblichen Prozesse und IT-Systeme zunächst die Projektorganisation einschl. der am Projekt zu beteiligenden Personen abzuleiten. Die Wahl der effizientesten Projektorganisation ist abhängig von der bestehenden Betriebsorganisation und der Komplexität des Projekts. Entscheidend für den Projekterfolg sind die Auswahl eines erfahrenen und fachkompetenten Projektleiters und die Bestimmung eines Projektteams, in dem alle betroffenen Bereiche angemessen vertreten sind. Darüber hinaus sollten der Zeitbedarf, der je nach Komplexität und Struktur eines Unternehmens mehr als 1 Jahr betragen kann, und die wahrscheinlich entstehenden →Kosten, unterteilt in einmalige Umstellungskosten und laufende Kosten für die IFRS-Rechnungslegung, geschätzt werden. Die Ergebnisse der Vorstudie dienen als Entscheidungsgrundlage für eine IFRS-Umstellung und bilden die Basis für eine Detailplanung (→Planung).

Die *Projektplanung* umfasst die detaillierte Ausgestaltung der Projektorganisation, die Zusammensetzung des Projektteams, die Anpassung der betrieblichen Prozesse und IT-Systeme sowie die abschließende Feststellung sämtlicher bilanzieller Unterschiede und Auswirkungen auf den Abschluss. Insb. ist in diesem Rahmen die künftige bilanzpolitische Ausrichtung des Unternehmens festzulegen und eine (Konzern-) Bilanzierungsrichtlinie für die konzerneinheitliche Bilanzierung zu erstellen. Zudem ist IFRS-Know-how durch geeignete Schulungsmaßnahmen aufzubauen. Diese dürfen sich nicht allein auf die am Projekt beteiligten Mitarbeiter beschränken, sondern sollten sämtliche mit der Erstellung des Abschlusses befassten Personen umfassen. Der WP kann hier sowohl beratend bei der Entwicklung der (Konzern-) Bilanzierungsrichtlinie mitwirken als auch IFRS-Schulungsmaßnahmen anbieten.

Im Rahmen der eigentlichen *Umstellung* sind die ermittelten Anpassungen der betrieblichen Prozesse und IT-Systeme durchzuführen und anschließend IFRS-Anpassungsbuchungen vorzunehmen. Die Umstellung kann dabei in Abhängigkeit vom gewählten Zeitplan in verschiedenen Zeitabschnitten erfolgen. Nach der Umstellung erfordert die dynamische Veränderung und Fortentwicklung der IFRS eine ständige *Weiterentwicklung* der betrieblichen Prozesse und IT-Systeme. Dazu ist es erforderlich, dass die künftige Entwicklung der IFRS verfolgt, Auswirkungen auf den Abschluss frühzeitig erkannt und Anpassungen der Prozesse und IT-Systeme zeitgemäß umgesetzt werden.

Literatur: Naumann, K.-P.: Die Begleitung der Umstellung des Rechnungswesens mittelständischer Unternehmen auf IFRS durch den Wirtschaftsprüfer, in: Marten, K.-U./Quick, R./Ruhnke, K. (Hrsg.): IFRS für den Mittelstand?, Düsseldorf 2005, S. 113–151; Pellens, B./Fülbier, R. U./Gassen, J.: Internationale Rechnungslegung, 6. Aufl., Stuttgart 2006; Dräger, T.: Die Umstellung der Rechnungslegung auf IFRS – Ein Praxisleitfaden, in: Winkeljohann, N. (Hrsg.): Rechnungslegung nach IFRS. Ein Handbuch für mittelständische Unternehmen, Herne/Berlin 2004, S. 393–434.

Bernhard Pellens; Karsten Detert

International-Vergleich →Betriebswirtschaftlicher Vergleich

Interne Finanzkontrolle →Bundes- und Landeshaushaltsordnung

Interne Nachschau

Mit dem am 1.1.2005 in Kraft getretenen *APAG* wurde § 55b in die →Wirtschaftsprüferordnung (WPO) eingefügt. Danach sind WP und WPGes (→Revisions- und Treuhandbetriebe) verpflichtet, Regelungen zu schaffen, die zur Einhaltung der →Berufspflichten des Wirtschaftsprüfers (→Berufsgrundsätze des Wirtschaftsprüfers) erforderlich sind, sowie deren Anwendung zu überwachen und durchzusetzen. § 55b WPO wird durch neue Regelungen in der →*Berufssatzung der Wirtschaftsprüferkammer* ergänzt, die am 2.3.2005 in Kraft getreten sind.

WP sind aufgrund dieser Vorschriften verpflichtet, eine Nachschau mit dem *Ziel* durchzuführen, die Angemessenheit und Wirksamkeit des Qualitätssicherungssystems (→Qualitätssicherung) in ihrer Praxis zu beurteilen. Die Nachschau ist *definiert* als der Prozess der Überwachung der Angemessenheit und Wirksamkeit der einzelnen Elemente des internen Qualitätssicherungssystems der WP-Praxis, einschl. der Beurteilung der Einhaltung der Regelungen zur Abwicklung einzelner Aufträge (→Auftragsdurchführung).

Die *Verantwortung* für die Nachschau liegt bei der Praxisleitung.

Die mit der Durchführung von Auftragsprüfungen betrauten Mitarbeiter dürfen weder an der →Auftragsdurchführung noch an der auftragsbegleitenden →Qualitätssicherung beteiligt gewesen sein. Sofern dies nicht möglich ist, kann die Auftragsprüfung bei nicht börsennotierten Unternehmen auch i. S. e. Selbstvergewisserung durchgeführt werden.

Die interne Nachschau umfasst:

- die Berücksichtigung neuerer Entwicklungen der gesetzlichen und berufsständischen Anforderungen im Qualitätssicherungssystem,
- die jährliche Unabhängigkeitsabfrage (→Unabhängigkeit und Unbefangenheit des Wirtschaftsprüfers),
- das Aus- und Fortbildungsprogramm und entsprechende Maßnahmen der Praxis (→Aus- und Weiterbildung des Wirtschaftsprüfers),
- die Entscheidungen, die zur Annahme, Fortführung und Beendigung von Mandatsbeziehungen (→Auftragsannahme und -fortführung; →Mandatsniederlegung des Abschlussprüfers) getroffen wurden,
- die Kommunikation von festgestellten Mängeln des Qualitätssicherungssystems an die Praxisleitung und
- die Korrektur von festgestellten Mängeln des Qualitätssicherungssystems.

Die Nachschau der Abwicklung von Aufträgen ist ein Vergleich der Anforderungen an eine gewissenhafte Abwicklung von Aufträgen mit deren tatsächlicher Abwicklung (→Soll-Ist-Vergleich). Sie dient der Feststellung, ob

- die gesetzlichen und berufsständischen Anforderungen eingehalten wurden,
- die Berichterstattung über die Ergebnisse des Auftrags ordnungsgemäß erfolgt ist (→Berichtsgrundsätze und -pflichten des Wirtschaftsprüfers) und
- die Regelungen des internen Qualitätssicherungssystems der WP-Praxis zur Auftragsabwicklung eingehalten wurden.

Art und Umfang der Nachschau müssen in einem angemessenen Verhältnis zu den abgewickelten Prüfungsaufträgen (→Prüfungsauftrag und -vertrag) stehen. Innerhalb eines Nachschauzyklus von max. 3 Jahren sollen alle in der WP-Praxis tätigen WP, die Verantwortung für die Abwicklung von Aufträgen tragen, mindestens mit einem Auftrag in die Nachschau einbezogen werden.

Die bei der Nachschau getroffenen Feststellungen sind Grundlage für die Fortentwicklung des Qualitätssicherungssystems. Die im Rahmen der Nachschau aufgedeckten Verstöße sind daraufhin zu untersuchen, ob sie auf wesentliche Mängel im Qualitätssicherungssystem zurückzuführen sind oder ob es sich um Einzelfehler handelt. Bei Mängeln im Qualitätssicherungssystem, welche die Angemessenheit oder die Einhaltung der Regelungen zur Organisation der WP-Praxis betreffen, sind Verbesserungsvorschläge zu entwickeln. Die festgestellten Schwächen im Qualitätssicherungssystem und die Verbesserungsvorschläge sind der Praxisleitung mitzuteilen, der die Aufgabe zukommt, Maßnahmen zur Beseitigung der Mängel und zur Umsetzung der Verbesserungsvorschläge zu ergreifen.

Die Organisation, die Durchführung und die Ergebnisse der Nachschau des Qualitätssicherungssystems sind in geeigneter Form zu dokumentieren. Aus der *Dokumentation* muss sich ergeben, dass im Rahmen der Nachschau beurteilt wurde, ob die gesetzlichen und berufsständischen Anforderungen eingehalten wurden, die Berichterstattung über die durchgeführten und in der Nachschau überprüften Aufträge ordnungsgemäß war und die Regelungen des Qualitätssicherungssystems eingehalten wurden.

Die Ergebnisse der Nachschau sind mindestens einmal jährlich an die Praxisleitung zu berichten.

Literatur: IDW/WPK (Hrsg.): Gemeinsame Stellungnahme der WPK und des IDW: Anforderungen an die Qualitätssicherung in der Wirtschaftsprüferpraxis (VO 1/2006), in: WPg 59 (2006), S. 629–646.

Klaus J. Müller

Interne Revision

Die Interne Revision ist eine unabhängige Funktion, die innerhalb eines Unternehmens Strukturen und Tätigkeiten prüft und beurteilt. Zugleich ist die Interne Revision eine prozessunabhängige Institution, die innerhalb eines Unternehmens umfassende Prüfungen durchführt und die geprüften Strukturen und Aktivitäten analysiert, bewertet und Empfehlungen und Informationen liefert (Lück 2004, S. 327).

Die Interne Revision ist Bestandteil des Internen Überwachungssystems (IÜS) (→Unternehmensüberwachung) und übernimmt die Funktion eines kritischen Gewissens im Unternehmen.

Die Aufgabenstellung einer Internen Revision hat sich im Laufe der Jahrzehnte verändert. Das amerikanische →*Institute of Internal Auditors (IIA)* hat zuletzt im Jahr 1999 die Aufgaben des Internal Auditing wie folgt definiert (IIR/IIA 1999, Abschn. Definition):

„Internal auditing is an independent, objective assurance and consulting activity designed to add value and improve an organization's operations. It helps an organization accomplish its objectives by bringing a systematic, disciplined approach to evaluate and improve the effectiveness of risk management, control, and governance processes."

Diese Definition hat das →*Deutsche Institut für Interne Revision e.V. (IIR)* in Abstimmung mit dem *IIA Austria* und mit dem *SVIR* wie folgt übersetzt:

„Die Interne Revision erbringt unabhängige und objektive Prüfungs- („assurance"-) und Beratungsdienstleistungen, welche darauf ausgerichtet sind, Mehrwerte zu schaffen und die Geschäftsprozesse zu verbessern. Sie unterstützt die Organisation bei der Erreichung ihrer Ziele, indem sie mit einem systematischen und zielgerichteten Ansatz die Effektivität des Risikomanagements, der Kontrollen und der Führungs- und Überwachungsprozesse bewertet und diese verbessern hilft." (Übersetzung der Definition von „Internal Auditing" des *IIA*, durch das *IIR*, nach neuer Abstimmung mit dem *IIA Austria* und mit dem *SVIR*; s. auch Lück 2003).

Zu den traditionellen Aufgabenbereichen der Internen Revision zählen die (Lück 1999, S. 227)

- Prüfungen im Bereich des Finanz- und →Rechnungswesens (→Financial Auditing),
- Prüfungen im organisatorischen Bereich (→Operational Auditing),
- Prüfungen der Managementleistungen (→Management Auditing) und
- Beratung und Begutachtung sowie Entwicklung von Verbesserungsvorschlägen (Internal Consulting).

Die traditionellen Aufgabengebiete der Internen Revision haben sich durch nationale und internationale Entwicklungen der letzten Jahre verändert. Die Interne Revision berücksichtigt heute bei ihren Prüfungen die folgenden Kriterien, im Regelfall gleichzeitig mehrere der Kriterien (Lück 2003, S. 13–14):

- Risiken [Risikoprüfungen (→Risikomanagementsystem) (RMS)],
- Ordnungsmäßigkeit (→Ordnungsmäßigkeitsprüfung),
- Sicherheit (Sicherheitsprüfungen),
- Wirtschaftlichkeit und Zweckmäßigkeit (→Wirtschaftlichkeits- und Zweckmäßigkeitsprüfung) sowie
- Zukunftssicherung.

Der Bedarf an Beratungsleistungen der Internen Revision nimmt immer mehr zu. Die Professionalisierung des Berufsstandes der Internen Revisoren wird kontinuierlich verbessert, um dem wachsenden Anspruch an die Qualität der Prüfungsleistungen (→Prüfungsqualität) und Beratungsleistungen gerecht zu werden.

Die Zusammenarbeit zwischen der Internen Revision und den Aufsichtsorganen des Unternehmens [AR (→Überwachungsaufgaben des Aufsichtsrats), Verwaltungsrat, Beirat], mit dem →Abschlussprüfer (APr) (→Interne Revision und Abschlussprüfung) und mit dem →Controlling verstärkt sich laufend. Entsprechend hat sich das Image der Internen Revision sowohl unternehmensintern als auch in der Öffentlichkeit verbessert; damit ist gleichzeitig eine hohe Akzeptanz der Internen Revision erreicht worden.

Die Unternehmensgröße, die Branchenzugehörigkeit, die Rechtsform und die Organisationsstruktur beeinflussen die organisatorische Eingliederung der Internen Revision in das Unternehmen. Notwendige Bedingungen für eine wirkungsvolle Aufgabenerfüllung der Internen Revision sind die Unabhängigkeit vom Prozess der betrieblichen Leistungserstellung und Leistungsverwertung, uneingeschränkter Informationszugang, Freizügigkeit der Kritik sowie Objektivierung der Prüfungstätigkeit und Berichterstattung.

Da die Interne Revision selbst nicht weisungsbefugt gegenüber anderen Stellen im Unternehmen ist, wird sie i.d.R. einer bestehenden Instanz als Stabsstelle zugeordnet.

Das *IIR* wurde im Jahr 1958 als gemeinnütziges Institut zur Förderung und Weiterentwicklung der Internen Revision in Deutschland gegründet. Sitz des Instituts ist Frankfurt a.M. Satzungsmäßige Organe sind die Mitgliederversammlung, der Verwaltungsrat, der Vorstand und die Geschäftsführung. Zum Wissenschaftlichen Beirat gehören Hochschullehrer der Fachrichtung Prüfungswesen (→Universitäten, Forschung im Prüfungswesen; →Universitäten, Lehre im Prüfungswesen; →Fachhochschulen, Forschung im Prüfungswesen; →Fachhochschulen, Lehre im Prüfungswesen). Die Facharbeit wird für Grundsatzfragen im *IIR*-Programmausschuss geleistet. Arbeitskreise sind für Branchen und für spezielle Fragenkomplexe eingerichtet. Schwerpunkt der Institutstätigkeit sind außerdem Kongresse und Fachtagungen, die internationale Zusammenarbeit mit ausländischen Institutionen sowie die Veröffentlichung von berufsbezogenen sowie wissenschaftlichen Beiträgen. Publikationsorgane sind die *ZIR*, eine *IIR*-Schriftenreihe und das *IIR*-Forum für wissenschaftliche Beiträge.

Literatur: IIR/IIA (Hrsg.): Grundlagen der Internen Revision, Basics of Internal Auditing, Altamonte Springs et al. 1999; Lück, W.: Prüfung der Rechnungslegung. Jahresabschlußprüfung, München 1999; Lück, W.: Zusammenarbeit von Interner Revision und Abschlußprüfer. Vergangenheit, Gegenwart, Zukunft, Band 3 des IIR-Forum, IIR (Hrsg.), Berlin 2003; Lück, W.: Interne Revision (IR), in: Lück, W. (Hrsg.): Lexikon der Betriebswirtschaft, 6. Aufl., München 2004, S. 327–329.

Wolfgang Lück

Interne Revision und Abschlussprüfung

Sowohl die →Interne Revision als auch der →Abschlussprüfer (APr) nehmen Aufgaben der Überwachung des Geschäftsbetriebes von Unternehmen (→Unternehmensüberwachung) wahr. Während die Aufgaben des Abschlussprüfers gesetzlich vorgegeben sind und sich bei der handelsrechtlichen Abschlussprüfung (→Jahresabschlussprüfung; →Konzernabschlussprüfung) auf die Beurteilung der Ordnungsmäßigkeit der Rechnungslegung beziehen (§ 317 HGB) (→Ordnungsmäßigkeitsprüfung), obliegt die Organisation und die Festlegung der Aufgaben und Ziele der Internen Revision den jeweiligen gesetzlichen Vertretern des Unternehmens, wobei sich hierfür verschiedene Grundsätze, wie etwa die Standards des →*Deutschen Instituts für Interne Revision e.V.* (*IIR*) oder die →Mindestanforderungen an das Risikomanagement der →*Bundesanstalt für Finanzdienstleistungsaufsicht* (*BaFin*), herausgebildet haben.

Obwohl die Aufgaben und Ziele der Internen Revision i.A. wesentlich weiter gefasst sind, ergeben sich in folgenden Bereichen der Beurteilung von Ordnungsmäßigkeit und Verlässlichkeit der Rechnungslegung Überschneidungen mit der Tätigkeit des Abschlussprüfers (IDW PS 321.8 ff.; IIR Revisionsstandard Nr. 1.4):

- das rechnungslegungsbezogene →Interne Kontrollsystem (IKS),
- das →Risikomanagementsystem (RMS) und
- Ordnungsmäßigkeitsbeurteilungen hinsichtlich rechtlicher Vorgaben oder interner Regelungen.

Die Zusammenarbeit der beiden Prüfungsorgane ist im Hinblick auf eine permanente Verbesserung der Überwachung des Unternehmens, der zunehmenden Komplexität in Unternehmen, der wachsenden Bedeutung eines effektiven Risikomanagements (→Risk Management) und einer wirtschaftlichen Prüfungsdurchführung für beide Seiten sinnvoll und vorteilhaft (IDW PS 240.8, 11 ff.; IIR Revisionsstandard Nr. 1.18 f.). Hierbei kann die Interne Revision als unternehmensinterne Einheit ihre umfassende Kenntnis des Unternehmens einbringen, der APr verfügt demgegenüber über umfangreiche Vergleichsmöglichkeiten aus der Prüfung und Beratung bei anderen Unternehmen (→überbetriebliche Vergleiche).

Da der APr im Rahmen seiner Berufsausübung alle die Prüfung betreffenden Beurteilungen eigenverantwortlich (→Eigenverantwortlichkeit des Wirtschaftsprüfers) zu treffen und zu verantworten hat, ist für die risikoorientierte →Prüfungsplanung und →Auftragsdurchführung (→risikoorientierter Prüfungsansatz) die Einschätzung der Wirksamkeit der Internen Revision erforderlich. IDW PS 321.17 und 22 ff. sieht hierfür folgende Beurteilungskriterien vor:

- organisatorische Einordnung, insb. hinsichtlich der Weisungs- und Prozessunabhängigkeit (→Revisionsorganisation),
- Vorgehen, Umfang und Dokumentation der Revisionstätigkeit (→Revisionseinsatzgebiete; →Revisionsberichterstattung),
- fachliche Kompetenz und
- berufliche Sorgfalt (z. B. Beachtung der *IIR*-Standards).

Bei einer positiven Beurteilung dürfen die Ergebnisse der Internen Revision bei der risikoorientierten Planung von Art, Zeitpunkt und Umfang der Prüfungshandlungen (→Auswahl von Prüfungshandlungen) für die Abschlussprüfung (IDW PS 240.15 ff.) oder ggf. als →Ergebnisse Dritter verwertet werden (IDW PS 321.12). Im Rahmen der Prüfungsplanung können die von der Internen Revision zur Verfügung gestellten Informationen dazu dienen, mögliche Problemfelder zu identifizieren, alle Bereiche des Prüfungsgegenstandes angemessen zu berücksichtigen und eine sachgerechte Risikobeurteilung der einzelnen →Prüffelder (→Prüfungsrisiko) vorzunehmen. Dies umfasst die Einschätzung der Unternehmensrisiken und des prüfungsgebietsbezogenen Fehlerrisikos, d. h. die Fehleranfälligkeit des Gebietes (inhärentes Risiko) und die fehlerreduzierende Wirkung des Internen Kontrollsystems (Kontrollrisiko). Im Falle eines zutreffend als gering eingeschätzten Fehlerrisikos darf der Umfang →ergebnisorientierter Prüfungshandlungen reduziert werden (IDW PS 321.11 f., IIR Revisionsstandard Nr. 1.6).

Im Rahmen der Zusammenarbeit von Interner Revision und APr ist eine aus den unterschiedlichen Aufgaben resultierende, klare personelle Trennung sicherzustellen. Nach § 319 Abs. 3 HGB sind die Eingliederung von Personal der Internen Revision in das Prüfungsteam des Abschlussprüfers und die vollständige Übernahme (→Outsourcing) der Aufgaben der Internen Revision durch den APr nicht zulässig (→Unabhängigkeit und Unbefangenheit des Wirtschaftsprüfers); möglich ist jedoch die fallweise Erbringung von Revisionsleistungen durch den APr (IDW PS 321.27 f.) oder die vollständige Übernahme der Revisionsaufgaben durch einen nicht mit der Abschlussprüfung befassten WP.

Literatur: IDW (Hrsg.): IDW-Prüfungsstandard: Grundsätze der Planung von Abschlussprüfungen (IDW PS 240, Stand: 8. Dezember 2005), in: WPg 53 (2000), S. 846–849; IDW (Hrsg.): IDW Prüfungsstandard: Interne Revision und Abschlussprüfung (IDW PS 321, Stand: 6. Mai 2002), in: WPg 55 (2002), S. 686–689; IIR: IIR Revisionsstandard Nr. 1: Zusammenarbeit von Interner Revision und Abschlussprüfer; Lück, W.: Zusammenarbeit von Interner Revision und Abschlussprüfer, Berlin 2003.

Dirk Heinek

Interne Rotation →Prüferrotation

Interne Zinsfußmethode →Wirtschaftlichkeitsberechnungen

Internes Kontrollsystem

Unter dem Begriff IKS ist die Summe aller in einem Unternehmen installierten strategischen und operativen Kontrollen zu verstehen (→operatives Controlling; →strategisches Controlling). Nach h.M. stellt das IKS einen Bestandteil des →Risikomanagementsystems gem. § 91 Abs. 2 AktG dar (Lück 1998, S. 8–14), wobei seine →Aufbauorganisation und →Ablauforganisation sich nach branchen- und unternehmensspezifischen Besonderheiten richtet (→Internes Kontrollsystem bei Kreditinstituten; →Risikomanagementsystem der Revisions- und Treuhandbetriebe). Den gesetzlichen Vertretern des Unternehmens kommt die Aufgabe zu, das IKS einzurichten und fortzuentwickeln (→Überwachungsaufgaben des Vorstands). Vor dem Hintergrund der traditionellen Auffassung, Kontrollen (→Kontrolltheorie) als in die Ablauforganisation integrierte permanente →*Soll-Ist-Vergleiche* zu definieren, besteht ein Unterschied zur angelsächsischen Systematisierung, nach der u. a. auch prozessunabhängige Überwachungsmaßnahmen zum Aufgabenbereich des Internen Kontrollsystems gehören (IDW PS 260.6). Diese Funktionen kommen nach der herkömmlichen Abgrenzung zwischen Kontrolle und Prüfung (Revision) in erster Linie der →Internen Revision, dem →Abschlussprüfer (APr) und dem AR (→Überwachungsaufgaben des Aufsichtsrats) zu.

Lange wurde im Schrifttum die Meinung vertreten, dass das IKS „sowohl den Organisationsplan als auch sämtliche aufeinander abgestimmte Methoden und Maßnahmen in einem Unternehmen, die dazu dienen, sein Vermögen zu sichern, die Genauigkeit und Zuverlässigkeit der Abrechnungsdaten zu gewährleisten und die Einhaltung der vorgeschriebenen Geschäftspolitik zu unterstützen", umfasst (Neubert 1959, S. 9). Aus dieser Begriffsbestimmung können folgende Funktionen des Internen Kontrollsystems abgeleitet werden (IDW 1996, S. 1312; Neubert 1959, S. 9):

- Sicherung und Schutz vor *Vermögensverlusten*,
- Gewinnung exakter, aussagefähiger und aktueller *Informationen*,
- Förderung der Zielerreichung durch *Auswertung* der gewonnenen Informationen und
- Lieferung von *Entscheidungshilfen* zum Zwecke der Einhaltung der festgelegten Unternehmenspolitik.

Obwohl vor allem in der älteren Betriebswirtschaftslehre der Begriff Internes Kontrollsystem im Zusammenhang mit den Systemen des Finanz- und →Rechnungswesens Verwendung gefunden hat, wie z. B. Cash Flow-, Finanzierungs-, Investitions-, Liquiditäts-, Kosten-, Erlös- und Vermögenskontrollen (→Cash Flow; →Erfolgscontrolling; →Finanzcontrolling; →Investitionscontrolling; →Kostencontrolling; →Umsatzplanung und -kontrolle; →Vermögensstruktur), betrifft dieser Terminus im Grundsatz sämtliche Unternehmensbereiche und -abläufe. So schließt das IKS auch etwa Akquisitions-, Fluktuations-, Frühwarn-, Innovations-, Qualitäts-, Schadstoff- und Wachstumskontrollprozesse mit ein (→Beteiligungscontrolling; →Früherkennungssysteme; →Innovation Audit; →Innovationsmanagement; →Qualitätscontrolling; →umweltbezogenes Controlling). In seiner Gesamtheit dokumentiert das IKS die Auffassung des Managements, mit welchem Ausmaß und mit welcher Intensität Entscheidungsprozesse innerhalb des Unternehmens permanent kontrolliert werden sollen. Das hieraus resultierende →Prüfungsurteil über die Qualität des Internen Kontrollsystems (→Systemprüfung; →risikoorientierter Prüfungsansatz; →Business Risk Audit), d. h. über kontrollstarke oder kontrollschwache Unternehmensbereiche und -prozesse, hat dann Einfluss auf sich anschließende weiterführende prozessunabhängige Überwachungsmaßnahmen, die z. B. von der Internen Revision (→Controlling, Prüfung des), vom WP (→Internes Kontrollsystem, Prüfung des) oder vom AR (→Risikomanagementsystem, Prüfung durch den Aufsichtsrat) nach pflichtmäßigem Ermessen durchgeführt werden müssen oder können.

Der in jüngerer Zeit immer mehr in den Mittelpunkt der betriebswirtschaftlichen Überwachungslehre rückende *Control-Ansatz* geht über die traditionelle Begriffsfassung des Internen Kontrollsystems hinaus, wobei die angelsächsische Bezeichnung „Control" dem deutschen Terminus „Controlling" (→Controlling) entspricht. Ziel des US-amerikanischen →Coso-Reports von 1992 war es zum einen, den Begriff →Internal Control einheitlich zu definieren (COSO 1994). Zum anderen beabsichtigte der Report einen Standard für Überwachungssysteme in der unternehmerischen Praxis zu schaffen und Möglichkeiten aufzeigen, diese zu verbessern. Der Coso-Report hat erheblichen Einfluss auf die Konzeptionierung unternehmerischer Überwachungs- und Steuerungssysteme (→Unternehmenssteuerung, wertorientierte) ausgeübt und ist zwischenzeitlich insb. auch in die →*Prüfungstheorie* und -praxis eingegangen (IDW 2000, S. 1706). Da er in seiner deutschsprachigen Interpretation die Felder Überwachung und Controlling in ein geschlossenes Konzept aufnehmen kann, stellt er ein mögliches Erklärungs- und auch Gestaltungsmodell für die Bedeutung des Controllings im Rahmen der →Unternehmensüberwachung dar (Freidank/Paetzmann 2004, S. 15–19). Zudem wurde das Internal Control-Konzept durch den Coso-Report II von 2004 um weitere Zielkategorien, die sich vor allem auf *Strategie-, Chancen-, Risiko-* und *Reportingaspekte* beziehen, erweitert (COSO 2004).

Das im Vergleich zum traditionellen IKS-Ansatz neuere Internal Control-Konzept fußt auf dem angelsächsischen Control-Begriff und prägt ein anderes, weiter gefasstes Verständnis der internen Kontrolle und damit der unternehmerischen Überwachung. In Übereinstimmung mit der deutschen Controllinginterpretation, die ebenfalls aus dem angelsächsischen Control-Begriff hergeleitet ist, charakterisieren zahlreiche mögliche Übersetzungen, wie lenken, steuern, überwachen, planen und kontrollieren, dieses Konzept. Damit ist der Inhalt des Control-Terminus umfassender als der Begriffsinhalt der Kontrolle im überwachungstheoretischen Modell, in dem sich Kontrolle grundsätzlich im Vergleich von Ist-Zuständen mit Soll- oder Norm-Zuständen darstellt.

So zielt das *Internal Control System* nach ISA 315 „Understanding the Entity and Its Environment and Assessing the Risks of Material Misstatement" und ISA 330 „The Auditor's Procedures in Response to Assessed Risks" darauf ab (IDW PS 261, S. 1433–1445; IFAC 2006, S. 439–488 und S. 494–517),

- die ordnungsgemäße und wirtschaftliche Führung des Unternehmens, einschl. der vom Management aufgestellten Grundsätze, sicherzustellen (→Grundsätze ordnungsmäßiger Unternehmensführung),
- die Vernichtung von Vermögenswerten zu verhindern (→Wirtschaftlichkeits- und Zweckmäßigkeitsprüfung),
- betrügerische Handlungen und Fehler aufzudecken (→dolose Handlungen; →Wirtschaftskriminalität) und
- die Richtigkeit, Vollständigkeit der Rechnungslegungsunterlagen und die zeitnahe Erstellung verlässlicher Informationen zu sichern (→Grundsätze ordnungsmäßiger Rechnungslegung; →IT-Controlling).

Aus diesen Funktionen werden nach internationaler Auffassung, an die sich auch in jüngerer Zeit das →*Institut der Wirtschaftsprüfer in Deutschland e.V.* (*IDW*) und die →*Wirtschaftsprüferkammer* (*WPK*) angeschlossen haben, nachstehende notwendige *Bestandteile* des Internal Control Systems abgeleitet (*Internal Control Components*) (IDW PS 261.29; IFAC 2006, S. 451; Lück/Markowski 1996, S. 157–160; WPK 2003, 303):

- Vorhandensein eines angemessenen →*Kontrollumfeldes* (Control Environment),
- Identifikation, Analyse und Steuerung von Risiken und Chancen (→Risiko- und Chancencontrolling), die der Erreichung von Unternehmenszielen potenziell entgegenstehen bzw. die Zielrealisation fördern durch ein *Risikomanagementsystem* (Risk Assessment) (→Früherkennungssysteme; →Risikomanagementsystem),
- Installation von *Kontrollmaßnahmen* zur Einhaltung der Unternehmensziele (Control Activities) (→Kontrollinstrumente; →Kontrollkonzeptionen; →Planungssysteme; →Kontrollsysteme),
- Sicherstellung eines angemessenen *Informations- und Kommunikationssystems* über Geschäftsvorfälle und Bestände (Information and Communication) (Führungsinformationssysteme) und
- Einrichtung eines (internen) *Subsystems*, mit dessen Hilfe die Qualität des Kontrollsystems laufend überwacht werden kann (Monitoring) (→Interne Revision; →Kontrollprüfung; →Überwachungsaufgaben des Aufsichtsrats).

Das Kontrollumfeld spiegelt die Einstellung der Unternehmensleitung im Hinblick auf Überwachungen wieder und setzt sich aus Faktoren, wie etwa *Integrität*, ethisches Bewusstsein (→Unternehmensethik und Auditing), *Mitarbeiterqualifikation* (→Human Resource Management), *Managementphilosophie, Führungsstil* sowie *Unternehmenswachstum* und *Aufmerksamkeit* der betrieblichen Überwachungsorgane zusammen (Lück/Markowski 1996, S. 158). Im Vergleich zum traditionellen IKS-Ansatz bezieht sich das Internal Control-Konzept auf umfassendere Überwachungsstrukturen und auf die Installation *präventiver Maßnahmen*. Das Risikomanagement gem. § 91 Abs. 2 AktG mit seinen Komponenten IKS, Interne Revision, Controlling und Frühwarnsystem entspricht unter zusätzlicher Berücksichtigung des Aufgabenspektrums des Aufsichtsrats aus deutscher Sicht (→Dual- und Boardsystem) vollständig der geforderten Überwachungsstruktur eines Internal Control Systems.

Literatur: COSO (Hrsg.): Internal Control – Integrated Framework, Executive Summary, 2. Aufl., Jersey

City/NJ 1994; COSO (Hrsg.): Enterprise Risk Management – Integrated Framework, Executive Summary, Jersey City/NJ 2004; Freidank, C.-Chr./Paetzmann, K.: Bedeutung des Controlling im Rahmen der Reformbestrebungen zur Verbesserung der Corporate Governance, in: Freidank, C.-Chr. (Hrsg.): Corporate Governance und Controlling, Heidelberg 2004, S. 1–24; Horváth, P.: Anforderungen an ein modernes Internes Kontrollsystem, in: WPg 56 (2003), Sonderheft, S. S211–S218; IDW (Hrsg.): WPH 1996, Band I, 11. Aufl., Düsseldorf 1996; IDW (Hrsg.): WPH 2000, Band I, 12. Aufl., Düsseldorf 2000; IDW (Hrsg.): IDW Prüfungsstandard: Feststellung und Beurteilung von Fehlerrisiken und Reaktionen des Abschlussprüfers auf die beurteilten Fehlerrisiken (IDW PS 261, Stand: 6. September 2006), in: WPg 59 (2006), S. 1433–1445; IFAC (Hrsg.): Handbook of International Auditing, Assurance, and Ethics Pronouncements, NY 2006; Lück, W.: Elemente eines Risiko-Managementsystems. Die Notwendigkeit eines Risiko-Managementsystems durch den Entwurf eines Gesetzes zur Kontrolle und Transparenz im Unternehmensbereich, in: DB 51 (1998), S. 8–14; Lück, W./Markowski, A.: Internal Control. COSO-Report, Guidance on Criteria of Control, Internal Financial Control, in: WPK-Mitt. 35 (1996), S. 157–160; Neubert, H.: Internal Control, Düsseldorf 1959. WPK (Hrsg.) International Standards on Auditing (ISAs). Internationale Prüfungsgrundsätze, Stuttgart 2003.

Carl-Christian Freidank

Internes Kontrollsystem bei Kreditinstituten

Das →Interne Kontrollsystem (IKS) umfasst mit dem internen Steuerungs- und Überwachungssystem alle von der Geschäftsleitung eingeführten Regelungen, die auf die Umsetzung der Entscheidungen hinsichtlich der Sicherung der Wirksamkeit und Wirtschaftlichkeit der Geschäftstätigkeit (einschließlich Vermögenssicherung), der Ordnungsmäßigkeit und Verlässlichkeit der internen und externen Rechnungslegung sowie der Einhaltung der für das →Kreditinstitut maßgeblichen Vorschriften gerichtet sind (IDW PS 260.5). Ausgehend von einem umfassenden Verständnis des internen Überwachungssystems handelt es sich hierbei um prozessintegrierte (fehlerverhindernde, organisatorische Sicherungsmaßnahmen und fehleraufdeckende Kontrollen) sowie prozessunabhängige Überwachungsmaßnahmen (→Interne Revision). Die konkrete Ausgestaltung der Kontrollen (→Kontrolltheorie) im Rahmen der →Aufbauorganisation und →Ablauforganisation hat sich dabei insb. an der Geschäftstätigkeit der Kreditinstitute und den spezifischen aufsichtsrechtlichen Regelungen zu orientieren.

Die gezielte Übernahme und Transformation finanzieller Risiken auf dynamischen Finanzmärkten stellen hohe Anforderungen an die Funktionsfähigkeit des bankbetrieblichen Internen Kontrollsystems, die insb. durch die Größe des Kreditinstituts, die Komplexität der betriebenen Geschäfte sowie die Risikolage bestimmt werden. Daneben soll das IKS die Einhaltung des mit Blick auf die volkswirtschaftliche Bedeutung für die Geschäftstätigkeit der Kreditinstitute gesetzten qualitativen und quantitativen Ordnungsrahmens sicherstellen.

Ausgehend vom *Coso-Report I* (→*Coso-Report*) enthält das IKS nach IDW PS 260 die nachfolgenden Komponenten, die sowohl im Hinblick auf die Gesamtbank als auch in Bezug auf einzelne bankbetriebliche Kern- (z. B. Einlagengeschäft, Kreditgeschäft, Treasury und →Zahlungsverkehr) und Unterstützungsprozesse (z. B. Lohn und Gehalt sowie Immobilien-Management) unterschieden werden können:

- →Kontrollumfeld (Control Environment): Kontrollbewusstsein der Geschäftsleitung und Mitarbeiter,
- Risikobeurteilung (Risk Assessment): Identifikation und Analyse der sich im Rahmen der Geschäftsstrategie und -tätigkeit ergebenden Risiken (Adressenausfall-, Marktpreis-, Liquiditätsrisiken und operative Risiken) auf Basis entsprechender Methoden (z. B. →Value at Risk, Basis-Point-Value oder Schadensfalldatenbanken) sowie (aggregierte) Bewertung vor dem Hintergrund der Risikotragfähigkeit des Kreditinstituts (Gesamtbankrisikomanagement),
- Kontrollaktivitäten (Control Activities): Maßnahmen, die u. a. die Einhaltung der festgelegten Geschäfts- und Risikostrategie (→Geschäftsfeldstrategie und -planung; →Risk Management), der Risikobeurteilungsverfahren sowie der einzelgeschäftlichen Regelungen sicherstellen sollen,
- Information und Kommunikation (Information & Communication): Regelmäßige oder Ad-hoc-Information der Geschäftsleitung sowie der Aufsichtsgremien (z. B. Kreditkomitee oder AR) über die bestehenden Risiken (Risikoreporting),
- Überwachung (Monitoring): Überprüfung durch eine funktional unabhängige Stelle (i. d. R. die →Interne Revision).

Nach § 25a Abs. 1 Satz 3 Nr. 2 KWG sowie den diesen konkretisierenden →Mindestanforderungen an das Risikomanagement (MaRisk) (Regelungsrahmen für die qualitative deutsche Bankenaufsicht innerhalb des Supervisory Review Process) hat ein Kreditinstitut im Rahmen einer ordnungsgemäßen Geschäftsorganisation über angemessene interne Kontrollverfahren zu verfügen, die neben der von der Geschäftsleitung festzulegenden Strategie Bestandteile des Risikomanagements (→Risk Management) des Kreditinstituts sind. Zentrales Prinzip des bankbezogenen Risikomanagements ist die Risikotragfähigkeit, mithin die Forderung, dass das sich auf Basis der von der Geschäftsleitung festgelegten Geschäfts- und Risikostrategie ergebende Gesamtrisikoprofil durch das Risikodeckungspotenzial, auch unter Berücksichtigung von Wechselwirkungen und alternativen Szenarien (→Szenariotechnik), laufend gedeckt ist. Die internen Kontrollverfahren umfassen – abweichend von der in der →Prüfungstheorie und -praxis verwandten Abgrenzung – das IKS i. S.v. geeigneten Regelungen zur Steuerung und Überwachung der Risiken sowie die →Interne Revision. Nach den MaRisk gehören zum IKS insb.

- Regelungen zur Aufbau- und Ablauforganisation sowie
- Risikosteuerungs- und -controllingprozesse.

Im Rahmen der Aufbau- und Ablauforganisation hat das Kreditinstitut allgemein sicherzustellen, dass miteinander unvereinbare Tätigkeiten durch unterschiedliche Mitarbeiter durchgeführt werden (Funktionstrennung) und Prozesse sowie die damit verbundenen Aufgaben, Kompetenzen, Verantwortlichkeiten, Kontrollen und Kommunikationswege klar definiert bzw. aufeinander abgestimmt werden. Angemessene Risikosteuerungs- und -controllingprozesse umfassen die Identifikation, Beurteilung, Steuerung sowie die Überwachung und Kommunikation der wesentlichen Risiken (→Risiko- und Chancencontrolling). Dabei sollten nach Empfehlung der →*Bundesanstalt für Finanzdienstleistungsaufsicht* (BaFin) die Prozesse in ein integriertes System zur Ertrags- und Risikosteuerung (Gesamtbanksteuerung) eingebunden werden. Über die Risikosituation sowie die Ergebnisse der Szenariobetrachtungen ist die Geschäftsleitung in angemessenen Abständen und von dieser der AR quartalsweise zu unterrichten (→Überwachungsaufgaben des Vorstands; →Berichterstattungspflichten des Vorstands; →Überwachungsaufgaben des Aufsichtsrats; →Risikomanagementsystem, Prüfung durch den Aufsichtsrat). Die von jedem Kreditinstitut einzurichtende Interne Revision hat als prozessunabhängige, der Geschäftsleitung unmittelbar unterstellte Stelle die Wirksamkeit und Angemessenheit des →Risikomanagementsystems, des Internen Kontrollsystems sowie alle Aktivitäten und Prozesse zu prüfen und zu beurteilen (→Revisionseinsatzgebiete).

Die allgemeinen, für alle bankbetrieblichen Bereiche geltenden Grundsätze des Internen Kontrollsystems werden durch besondere Anforderungen an die Aufbau- und Ablauforganisation im Kredit- und Handelsgeschäft ergänzt. Dabei werden aufbauorganisatorisch mit Blick auf eine differenziertere Funktionstrennung einzelne Stellen und Bereiche sowie Funktionen festgelegt, für die eine Trennung einzelner kredit- bzw. handelsgeschäftlicher Aktivitäten ggf. sogar bis hin zur Geschäftsleitungsebene vorgesehen ist (z. B. Trennung von Markt und Marktfolge bzw. Risikocontrolling sowie von Handel und Abwicklung bzw. Kontrolle). Daneben werden einzelne Anforderungen an die Stufen im Kreditgeschäftsprozess (Kreditgewährung, Kreditweiterbearbeitung, Kreditbearbeitungskontrolle, Intensivbetreuung, Problemkredite und Risikovorsorge) (→Kreditprüfung; →Kreditwürdigkeitsprüfung) und Handelsgeschäftsprozess (Handel, Abwicklung und Kontrolle sowie Risikocontrolling) gestellt.

Überdies formulieren die MaRisk einzelne qualitative Anforderungen an die Ausgestaltung der Risikosteuerungs- und -controllingprozesse. Sie werden ergänzt durch die in der SolvV (→Basel II) formulierten qualitativen und quantitativen Anforderungen hinsichtlich der Verwendung einzelner Ansätze zur Risikoberechnung.

Die einzelnen Anforderungen an das IKS gelten unabhängig davon, ob die Geschäftsaktivitäten durch das Kreditinstitut selbst durchgeführt werden oder einzelne bankbetriebliche Aktivitäten ausgelagert wurden (→Outsourcing). Bei der Auslagerung von Bereichen, die für die Durchführung der Bankgeschäfte wesentlich sind, hat das Kreditinstitut durch vertragliche Vereinbarungen entsprechende Weisungs- und Kontrollrechte sowie die Einbin-

Internes Kontrollsystem, Prüfung des

dung dieser Bereiche in seine internen Kontrollverfahren sicherzustellen.

Über die Einzelinstitutsebene hinaus haben nach § 25a Abs. 1a KWG auch übergeordnete (Finanzkonglomerats-) Unternehmen einer Instituts- oder Finanzholding-Gruppe bzw. eines Finanzkonglomerats nach § 10a bzw. § 1 Abs. 20 i.V.m. § 51a KWG ein Verfahren einzurichten, mit dem Ziel einer angemessenen Steuerung und Überwachung der wesentlichen Risiken auf Gruppenebene. Dies gilt jedoch nur insoweit, wie dies gesellschaftsrechtlich möglich ist. Die konkrete Ausgestaltung liegt dabei im Ermessen des übergeordneten (Finanzkonglomerats-) Unternehmens und braucht nicht einer einheitlichen Methodik zu folgen.

Neben der Prüfung durch die Interne Revision unterliegt das bankbezogene IKS mit Blick auf § 29 Abs. 1 KWG auch der Prüfung und Berichterstattung durch den →Abschlussprüfer (APr) (→Internes Kontrollsystem, Prüfung des; →Systemprüfung). Die Prüfung geht dabei über die reine Prüfung eines rechnungslegungsbezogenen Internen Kontrollsystems von Industrie- bzw. Dienstleistungsunternehmen (s. die besonderen Anforderungen an die Risikoberichterstattung: DRS 5–10) insoweit hinaus, als auch die bankaufsichtsrechtlichen Anforderungen an das Risikomanagement nach Maßgabe des § 29 KWG i.V.m. der PrüfbV zu berücksichtigen sind. Durch die Erweiterung auf die nicht primär rechnungslegungsbezogenen Bereiche des Internen Kontrollsystems weist sie eine unmittelbare Konnexität zu der nach § 317 Abs. 4 HGB i.V.m. § 91 Abs. 2 AktG bei börsennotierten Aktiengesellschaften vorzunehmenden Prüfung des Risikofrüherkennungs- und Überwachungssystems auf (→Aktiengesellschaft, Prüfung einer; →Risikomanagementsystem, Prüfung des). Aufbau und Funktionsfähigkeit des bankbetrieblichen Internen Kontrollsystems stehen in unmittelbarer Wechselwirkung zur Abschlussprüfung (→Jahresabschlussprüfung; →Jahresabschussprüfung, erweiterte; →Konzernabschlussprüfung), da der APr mit Blick auf die Effizienz sowie die erforderliche Prüfungssicherheit Art und Umfang der Prüfung (→Auswahl von Prüfungshandlungen) an den hinsichtlich des Internen Kontrollsystems gewonnenen Erkenntnissen ausrichtet (→risikoorientierter Prüfungsansatz). Zusätzlich kann das bankbezogene IKS auch Gegenstand einer Prüfung nach § 44 Abs. 1 Satz 2 KWG durch die *BaFin* sein (→Sonderprüfungen nach Kreditwesengesetz).

Literatur: BaFin (Hrsg.): Rundschreiben 18/2005 vom 20.12.2005: Mindestanforderungen an das Risikomanagement, o.O. 2005; Basler Ausschuss für Bankenaufsicht (Hrsg.): Rahmenkonzept für interne Kontrollsysteme in Bankinstituten, Basel 1998; Coso (Hrsg.): Internal Control-Integrated Framework, Executive Summary, Jersey City/NJ 1994; Coso (Hrsg.): Enterprise Risk Integrated Framework, Executive Summary, Jersey City/NJ 2004; Göttgens, M./Wolfgarten, W.: Die Prüfung des internen Kontrollsystems von Kreditinstituten im Rahmen der Abschlussprüfung Teil I und II, in: WPg 58 (2005), S. 1364–1371 und WPg 59 (2006), S. 20–29; Heese, K.: Der risiko-, prozess- und systemorientierte Prüfungsansatz, in: WPg 56 (2003), Sonderheft, S. S223–S230; Horváth, P.: Anforderungen an ein modernes Internes Kontrollsystem, in: WPg 56 (2003), Sonderheft, S. S211–S218; IDW (Hrsg.): IDW Prüfungsstandard: Das interne Kontrollsystem im Rahmen der Abschlussprüfung (IDW PS 260, Stand: 2. Juli 2001), in: WPg 54 (2001), S. 821–830; IDW (Hrsg.): WPH 2006, Band I, 13. Aufl., Düsseldorf 2006; Lück, W.: Internes Überwachungssystem (IÜS), in: WPK-Mitt. 37 (1998), S. 182–188; Lück, W.: COSO-Report, Guidance on Criteria of Control, Internal Financial Control, in: WPK-Mitt. 35 (1996), S. 157–160.

Wilhelm Wolfgarten

Internes Kontrollsystem, Prüfung des

Das →Interne Kontrollsystem (IKS) ist ein von der Unternehmensleitung und anderen Mitarbeitern beeinflusster Prozess, der das Erreichen von Zielen in den folgenden Bereichen mit hinreichender Sicherheit gewährleisten soll:

- Effektivität und Effizienz der betrieblichen Abläufe,
- Verlässlichkeit der Finanzberichterstattung und
- Einhaltung der zu beachtenden Gesetze und Vorschriften.

Hierzu werden in betrieblichen Prozessen und Entscheidungswegen Kontrollen implementiert, deren Zweck es ist, versehentliches oder beabsichtigtes Abweichen von vordefinierten Prozessabläufen oder internen bzw. externen Verfahrensvorschriften zu verhindern oder aufzudecken (→Kontrollprüfung).

In der Gesetzgebung ist ein Trend erkennbar, der bei Prüfung und Überwachung von Unternehmen das IKS stärker hervorhebt. Durch eine Prüfung des Internen Kontrollsystems in buchführungsrelevanten Prozessen des Unternehmens kann die Verlässlichkeit der Finanzberichterstattung untermauert oder in Frage gestellt werden. Eine umfassende Prüfung des Internen Kontrollsystems im Rahmen der →Systemprüfung wird daher immer mehr als notwendiger Bestandteil der →Jahresabschlussprüfung gesehen. In aktuellen Standards zur Jahresabschlussprüfung, wie z. B. IDW PS 260, ISA 315 oder auch SOA 404 (→Sarbanes Oxley Act, Einfluss auf das Prüfungswesen), wird dies bereits seit einigen Jahren umgesetzt.

Wichtig für die Prüfung ist es, das IKS nicht lediglich als eine Ansammlung von in den Unternehmensprozessen integrierten operativen Kontrollen zu verstehen, sondern als zielgerichtete Vorgehensweise zur Verbesserung und Absicherung des Erreichens der Unternehmensziele. Hierzu muss das IKS auf verschiedenen Prozess-, Informations- und Entscheidungsebenen im Unternehmen verankert sein. Als Orientierungshilfe sowohl für den Aufbau als auch für die Prüfung von Internen Kontrollsystemen haben sich in den letzten Jahren sog. Internal Control-Frameworks (→Internal Control), d. h. Rahmenvorgaben für die Gestaltung von internen Kontrollsystemen, etabliert. Der bekannteste Standard ist das *Coso*-Modell, das folgende Ebenen eines Internen Kontrollsystems (→Coso-Report) unterscheidet:

- →*Kontrollumfeld*: Etablieren eines günstigen Kontrollumfeldes im Unternehmen. Wichtige Faktoren sind die Grundhaltung des Managements und die Verfügbarkeit übergreifender Verhaltensgrundsätze für alle Mitarbeiter.
- *Risikobeurteilung*: Identifikation und Bewertung von Risiken zum gezielten Einsatz von Kontrollen an Stellen, an denen sie zur Reduzierung der Risiken beitragen können. Betrachtet werden Risiken auf unterschiedlichen Detaillierungsebenen (Unternehmen, Prozesse).
- *Kontrollaktivitäten*: In Prozessen oder Entscheidungswegen des Unternehmens integrierte Kontrollen, deren Durchführung dokumentiert und nachvollziehbar ist.
- *Information und Kommunikatikon*: Sicherstellen einer schnellen Weitergabe von Befunden aus der Durchführung von Kontrollen oder bezüglich Qualität und Zuverlässigkeit von Kontrollen.
- *Überwachung*: Überwachung der Angemessenheit und Wirksamkeit des Internen Kontrollsystems.

Die Prüfung eines Internen Kontrollsystems hat alle vorgenannten Ebenen zu berücksichtigen; bei Fehlen oder mangelhafter Zuverlässigkeit einer der Ebenen ist das Funktionieren des gesamten Internen Kontrollsystems in Frage zu stellen.

Vor der Durchführung der Prüfung sind in einer →Prüfungsstrategie die Prüfungsziele (z. B. welche Prüfungssicherheit wird angestrebt) und die Vorgehensweise bei der Prüfung [z. B. Einsatz von Tools, Stichprobenumfang (→Stichprobenprüfung)] sowie Bewertungsskalen für Feststellungen und Berichtsstandards und -wege zu bestimmen.

Die Prüfung des Internen Kontrollsystems beruht auf drei wesentlichen Prüfungsbereichen:

- *Dokumentation*: Es ist zu prüfen, ob mittels einer vollständigen, aktuellen und nachvollziehbaren Beschreibung für alle vorgenannten Ebenen die dem IKS zuzurechnenden Vorkehrungen und Maßnahmen dokumentiert sind (z. B. Verhaltensgrundsätze, Durchführung und Ergebnisse von Risk Assessments, in Prozessen integrierte Kontrollschritte etc.).
- *Design der Kontrollen*: Es ist zu prüfen, ob anhand einer Erhebung von Risiken Kontrollziele gebildet wurden, die vorgeben, welche Risiken in welchem Umfang gemindert werden sollen. Es ist weiter zu prüfen, ob diese Kontrollziele durch die vorhandenen Kontrollen erreicht werden können (sog. Aufbauprüfung) (→Aufbauorganisation).
- *Funktionsfähigkeit der Kontrollen*: Es ist durch eine ausreichende Anzahl von Stichproben zu prüfen, ob die vorhandenen Kontrollen konstant und zuverlässig funktionieren (→Funktionsprüfung).

Werden nicht funktionierende Kontrollen festgestellt, ist zu überprüfen, ob Kontrollziele, die durch diese Kontrollen unterstützt werden, noch erreicht werden können. Können Kontrollziele nicht erreicht werden, so sind die betroffenen Bereiche des Internen Kontrollsystems als unzuverlässig einzustufen.

Literatur: IDW (Hrsg.): IDW Prüfungsstandard: Das interne Kontrollsystem im Rahmen der Abschlussprüfung (IDW PS 260, Stand: 2. Juli 2001), in: WPg 54 (2001), S. 821–830.

Andreas Herzig

Internes Überwachungssystem, Prüfung des →Risikomanagementsystem, Prüfung des

Internetnutzung durch den Wirtschaftsprüfer

Das Internet hat sich im Geschäfts- und Privatleben etabliert. Es trägt den Beinamen „Netz der Netze", weil es aus einer unübersehbar großen Anzahl von miteinander verbundenen Einzelnetzen zusammengesetzt ist. Die Einzelnetze sind für den Benutzer nicht sichtbar, er hat den Eindruck eines zusammen gehörenden großen Netzes. Diese Eigenschaft ist sinnvoll und geht auf die Zielsetzung des Vorläufernetzes „Arpanet" zurück. Das Arpanet (*A*dvance *R*esearch *P*roject *A*gency *Net*work) wurde 1969 vor dem Hintergrund des „Kalten Krieges" vom amerikanischen Verteidigungsministerium initiiert und im Wesentlichen von Hochschulen und Forschungseinrichtungen entwickelt. Auf der Basis einfacher technischer Mittel sollte ein gegen Störungen und Angriffe unanfälliges Netz geschaffen werden. Insb. sollte der Ausfall eines oder vieler Knoten die Kommunikation im Netz nicht grundlegend beeinflussen. Diese Eigenschaft hat maßgeblich zum Erfolg des Internets beigetragen.

Vom Begriff Internet ist das Intranet abzugrenzen. Hierunter wird die Technik des Internets für den Aufbau unternehmensinterner Netze, die von außen nicht erreichbar sind, genutzt. Dies macht sich für Endanwender z. B. in der verstärkten Nutzung von Browsern in zahlreichen Anwendungen bemerkbar. Ein Browser ist ein Programm zur Darstellung von Daten, die sich auf einem mit dem Internet verbundenen Rechner befinden. Weit verbreitete Produkte sind z. B. der *Internet Explorer* von *Microsoft* oder das Programm *Netscape* von der gleichnamigen Firma. Der Aufbau eines Intranets bietet sich vor allem für größere Kanzleien an, um die Rechner der Mitarbeiter und ggf. mehrere Standorte miteinander zu vernetzen. Diese Aufgabe erfordert häufig die Einschaltung eines IT-Dienstleisters, der die technische Installation und Wartung des Netzwerkes übernimmt.

Das Internet bietet verschiedene Dienste an. Für WP sind insb. das „World Wide Web" (Informationsabruf mittels eines „Browsers"), „e-Mail" (elektronische Post) sowie der „File Transfer", d. h. der Datenaustausch mit anderen Rechnern, von Bedeutung. Weitere Dienste, wie z. B. die Terminal Emulation (direkter Zugriff auf entfernte Rechner) sind von geringerer Bedeutung. Betriebswirtschaftliche Nutzungsmöglichkeiten sind insb. die allgemeine Informationsbeschaffung aus freien oder geschützten Quellen. Daneben können beliebige Funktionen auf entfernten Rechnern ausgeführt werden. Ein typisches Beispiel sind Transaktionen auf Online-Bankkonten.

Zunehmend wird für WP der Betrieb einer eigenen Webseite interessant. Sie ist die Basis für vielfältige Informationsdienste. Neben der allgemeinen Kanzleidarstellung (Kontaktdaten der Kanzleiinhaber und deren Mitarbeiter, Anfahrtsskizze und Abbildungen der Kanzleiräumlichkeiten, Tätigkeitsschwerpunkte und Leistungsspektrum) findet man auf Webseiten von Wirtschaftsprüfern folgende berufstypische Inhalte:

- aktuelle Nachrichten und Informationen für Klienten,
- Merkblätter für spezielle Fachfragen,
- Mandanten Login (Möglichkeit, gezielt einen geschützten Bereich für Klienten anzubieten, der mit Kennwörtern geschützt werden kann),
- Angebote für Newsletter mit steuerlichen/ gesetzlichen Informationen,
- Stellenausschreibungen der Kanzlei,
- Suchdienst auf der Webseite nach Begriffen.

Wichtige Angaben sind der Disclaimer und die Erklärung gem. § 6 TDG. Im Disclaimer wird auf einen Haftungsausschluss verwiesen und i. d. R. erklärt, dass für die Inhalte externer Seiten, auf die verlinkt wird, ebenfalls keine Haftung übernommen wird. Die Angabe zum TDG enthält wichtige Angaben zum Anbieter der Webseite, also im Regelfall die Wirtschaftsprüferkanzlei. Hierzu gehören u. a. Name und Anschrift, HR-Einträge, Angaben zur →*Wirtschaftsprüferkammer* (*WPK*) und anderen berufsständischen Angaben der Kanzlei, USt-Identifikationsnummer.

Ein nützlicher Nebeneffekt des Betriebes einer Webseite ist die Tatsache, dass Suchmaschinen (z. B. *google*) nach einiger Zeit die Webseite identifizieren. Hieraus ergibt sich ein kostenloser Werbeeffekt (→Werbung des Wirtschaftsprüfers). Sucht bspw. ein potenzieller Klient mit einer Suchmaschine nach dem Begriff „Wirtschaftsprüfer" i.V.m. seinem Wohnort, dann taucht im Idealfall die Webseite der Kanzlei in der Trefferliste der Suchmaschine auf.

Der *Betrieb eigener Webseiten* ist mit handelsüblicher Hardware (PC), Software (Editorprogramm zur Seitengestaltung) und einem Internetanschluss möglich. Allerdings sind gute IT-Kenntnisse nötig. I.d.R. dürfte es nur für mittlere und größere WPGes (→Revisions- und Treuhandbetriebe) interessant sein, eigenes IT-Personal mit dem *Aufbau und dem Betrieb eines Internetangebotes* zu beschäftigen. Daher greifen WP oft auf die Serviceleistungen externer Anbieter zu. Zu den Dienstleistungen zählen insb. die Analyse des Informationsbedarfs, die Ausarbeitung des individuellen Designs, die Gestaltung der Webseite, der technische Betrieb der Webseite und die regelmäßige Aktualisierung der Inhalte (Content). Hier ist darauf zu achten, dass der Anbieter möglichst ein Content-Management-System nutzt, das mit einer bedienerfreundlichen Oberfläche die Aktualisierung von fachlichen Inhalten ohne technische Kenntnisse erlaubt. Nur so kann der WP in eigener Person oder durch Mitarbeiter zeitnahe Aktualisierungen ohne Einbindung dritter Personen erreichen. Weiterhin sollte auf zeitintensive Animationen verzichtet werden oder diese nur optional angeboten werden, um den Seitenaufbau für mögliche Interessenten zu beschleunigen. Oft bieten auch Städte und andere Einrichtungen die Möglichkeit an, auf Ihren Webseiten Inhalte zu hinterlegen. Diese Möglichkeit kann als Einstieg alternativ oder in Ergänzung zu einer eigenen Webseite genutzt werden.

Leider ergeben sich aus der Nutzung von Internetdiensten zunehmend Gefahren, die bei Missachtung den betrieblichen Ablauf stark beeinträchtigen können. In erste Linie handelt es sich um Programme (sog. Viren und Würmer), die ungewollt aus dem Internet geladen werden und schadhafte Funktionen ausführen (Daten löschen, verändern, kopieren u.a.). Vielfach gehen auch Gefahren von Mitarbeitern bzw. ehemaligen Mitarbeitern der Unternehmen aus, die durch spezielle Kenntnisse Sicherungsverfahren (→IT-Sicherheit) umgehen können. Vor der Anbindung von Unternehmensrechnern an das Internet sollte daher die Beratung durch IT-Fachkräfte obligatorisch sein, um einen möglichst hohen Schutz zu erreichen.

Literatur: Stahlknecht, P./Hasenkamp, U.: Einführung in die Wirtschaftsinformatik, 10. Aufl., Berlin et al. 2002.

Andreas Gadatsch

Interobjekt-Vergleich →Betriebswirtschaftlicher Vergleich

Intervallfixe Kosten →Kostenabbaubarkeit

Intranet →Internetnutzung durch den Wirtschaftsprüfer

Inventar

Gem. § 240 Abs. 1 und 2 HGB hat der Kaufmann zu Beginn seines Gewerbes und zum Schluss eines jeden Geschäftsjahres ein Inventar aufzustellen, in dem sämtliche →Vermögensgegenstände und →Schulden genau zu verzeichnen und einzeln zu bewerten sind. Die Dauer des Geschäftsjahres darf 12 Monate nicht überschreiten. Das Inventar wird anhand der →Inventur ermittelt. Die Funktion des Inventars besteht vor allem darin, die Ergebnisse der Inventur zu dokumentieren, um diese dann mit der laufenden Buchführung zu vergleichen (→Soll-Ist-Vergleich) und diese ggf. zu korrigieren.

Gegenstand der Inventur und des Inventars sind die Vermögensgegenstände und Schulden des Unternehmens, die nach den gleichen Kriterien wie für den JA zu qualifizieren sind. Aus diesem Grund sind →Bilanzierungshilfen, Aufwandsrückstellungen (→Rückstellungen), →Rechnungsabgrenzungsposten (RAP), →Sonderposten mit Rücklageanteil und der →Geschäfts- oder Firmenwert (Goodwill) nicht inventur- und inventarpflichtig.

Die Zuordnung von Vermögensgegenständen und Schulden hat nach wirtschaftlichen Gesichtspunkten i. S. d. § 246 HGB zu erfolgen. Als mögliche Gestaltungsformen sind hier insb. Eigentumsvorbehalt, Verpfändung und Sicherungsübereignung, →Treuhandschaften und →Leasingverhältnisse, Kommissions- und Pensionsgeschäfte, Factoring sowie Bauten auf fremden →Grundstücken zu nennen. Für unterwegs befindliche Ware ist wirtschaftliches Eigentum beim Kauf mit der Übernahme der tatsächlichen Verfügungsmacht an dem bestellten Vermögensgegenstand anzunehmen. Beim Verkauf wird das wirtschaftliche Eigentum erst mit Übergang der Preisgefahr an den Kunden übertragen. Auch außerhalb im Eigentum des Unternehmens lagernde Vermögensgegenstände, wie im Fall der Lagerung bei einem Kommissionär, einem Lagerhalter oder im Fall von Materialbereitstellungen im Rahmen eines Werkvertrags, sind in das Inventar aufzunehmen. Vermögensgegenstände in Fremdeigentum sind hingegen auch dann nicht aufzunehmen, wenn sie im Unternehmen gelagert werden.

Das Inventar wird durch eine Bestandsaufnahme (Inventur) ermittelt. Bei der Prüfung von Inventur und Inventar im Rahmen der Abschlussprüfung (→Jahresabschlussprüfung; →Konzernabschlussprüfung) sind die Grundsätze der Vollständigkeit und Richtigkeit, der Einzelerfassung der Bestände sowie der Nachprüfbarkeit zu berücksichtigen. Für die Inventur stehen unterschiedliche Verfahren zur Verfügung, die sich nach Art, Zeitpunkt und Umfang unterscheiden lassen. Durch körperliche Bestandsaufnahme werden die Vermögensgegenstände artmäßig durch Inaugenscheinnahme identifiziert und mengenmäßig durch Zählen, Messen, Wiegen oder Schätzen festgestellt. Der Abgleich mit dem Buchbestand ermöglicht die Überprüfung von Vorhandensein und Zustand der Vermögensgegenstände sowie Rückschlüsse auf die Verlässlichkeit des →Internen Kontrollsystems. Eine körperliche Aufnahme ist nur insoweit erforderlich, als die Erfüllung der Inventarpflicht ohne diese nicht erfüllt werden kann. Dementsprechend hat eine jährliche körperliche Bestandsaufnahme i. d. R. beim →Vorratsvermögen, bei permanenter Inventur sowie beim Sachanlagevermögen (→Sachanlagen) zu erfolgen, sofern Letzteres nicht durch eine zuverlässige Anlagenbuchhaltung (→Nebenbücher) nachgewiesen wird. Ferner ergibt sich die Pflicht zur körperlichen Bestandsaufnahme alle 3 Jahre bei Festbewertung.

Bei der Buchinventur hingegen erfolgt die Feststellung von Art, Menge und Wert anhand der Buchführung. Als Nachweise dienen insb. Belege, Konten, Anlagenkartei, Saldenlisten, Offene-Posten-Listen (→Offene-Posten-Buchhaltung) und sonstige Aufstellungen (→Prüfungsnachweise). Bei →immateriellen Vermögensgegenständen sowie bei →Forderungen und →Verbindlichkeiten ist die Buchinventur i. d. R. die einzige Aufnahmemöglichkeit. Das Inventar umfasst hier die Zusammenstellung sämtlicher Salden der betreffenden Konten oder Kontokorrente. Zur Verifizierung dieser Buchbestände sind als Prüfungsunterlagen grundsätzlich Saldenbestätigungen (Forderungen und Verbindlichkeiten), Tagesauszüge oder Bankbestätigungen, Depotauszüge (Wertpapiere) sowie Verträge (→Pensionsverpflichtungen) anzufordern (→Bestätigungen Dritter; →Nachweisprüfungshandlungen). Beim Sachanlagevermögen kann die Ermittlung des Bestands durch Fortschreibung in der Anlagenbuchhaltung erfolgen, sofern diese zuverlässig ist. Darüber hinaus sollte jedoch in regelmäßigen Abständen (3–5 Jahre) eine Abstimmung der Anlagenbuchhaltung mit dem tatsächlichen Anlagenbestand vorgenommen werden (→Abstimmprüfung).

Hinsichtlich der Inventurverfahren nach Zeitpunkt und Umfang wird auf die Ausführungen zu Inventurvereinfachungsverfahren verwiesen (→Inventurvereinfachungsverfahren, Prüfung von).

Sofern keine laufende Bestandsbuchführung existiert, sind die Ergebnisse der in diesem Fall notwendigen körperlichen Bestandsaufnahme zum Abschlussstichtag in die Bestandskonten zu übernehmen. Bei Vorliegen einer laufenden Bestandsbuchführung dient die körperliche Bestandsaufnahme dem Nachweis der Buchbestände (→Nachweisprüfungshandlungen; →Prüfungsnachweise). Bei vollständiger körperlicher Bestandsaufnahme ist der Buchbestand immer an den festgestellten Istbestand anzupassen. Bei Stichprobeninventur bleibt es beim Buchbestand, sofern die Stichprobe eine Fehlerquote innerhalb eines zulässigen Toleranzintervalls aufweist. Andernfalls ist eine vollständige körperliche Bestandsaufnahme durchzuführen. Bei der Buchinventur erfolgt eine Anpassung, sofern sich aus externen Nachweisen ein abweichender Istbestand ergibt (→Soll-Ist-Vergleich). Materielle Differenzen sind zeitnah zu analysieren (→Abweichungsanalyse), damit eventuelle Mängel im Internen Kontrollsystem identifiziert werden können (→Internes Kontrollsystem, Prüfungs des; →Systemprüfung). Sofern sich Zweifel an der Richtigkeit der Inventur ergeben, ist die Bestandsaufnahme für die betreffenden Bestände zu wiederholen.

In den in § 240 Abs. 3 und 4 HGB genannten Fällen kann von der einzelnen Erfassung und Bewertung der in das Inventar aufzunehmenden Vermögensgegenstände und Schulden abgewichen und stattdessen ein Fest- oder ein Gruppenwert angesetzt werden (→Inventurvereinfachungsverfahren, Prüfung von).

Literatur: ADS: Rechnungslegung und Prüfung der Unternehmen, Kommentierung des § 240 HGB, Teilband 6, 6. Aufl., Stuttgart 2000.

Gerald Reiher

Inventur

Zu Beginn seines Handelsgewerbes sowie jeweils zum Schluss eines jeden Geschäftsjahres besteht für den Kaufmann die Verpflichtung, ein →*Inventar* aufzustellen, in dem alle →Vermögensgegenstände und →Schulden nach Art, Menge und Wert zu verzeichnen sind (§ 240 Abs. 1 und 2 HGB). Im Rahmen der *Inventur* erfolgt die hierzu notwendige Aufnahme aller Vermögensgegenstände und Schulden.

Von besonderer Relevanz für die →Jahresabschlussprüfung (→Konzernabschlussprüfung) ist dabei die Aufnahme des →*Vorratsvermögens*, die in Form einer Stichtagsinventur oder unter Anwendung verschiedener *Inventurvereinfachungsverfahren* (→Inventurvereinfachungsverfahren, Prüfung von) erfolgen kann. Bei der *Stichtagsinventur* werden die Mengen der einzelnen Vorratsgüter durch die aufnehmenden Personen durch Zählen, Messen und Wiegen am Abschlussstichtag ermittelt. Die Prüfung dieser Vorratsinventur durch den →Abschlussprüfer (APr) zielt darauf ab, das Vorhandensein (→Nachweisprüfungshandlungen) und die Vollständigkeit der in den JA übernommenen Vorräte sicherzustellen und ihre Beschaffenheit zu überprüfen (→Fehlerarten in der Abschlussprüfung). Zu diesem Zweck ist der APr bei wesentlichen Vorratsbeständen dazu verpflichtet, an der Inventur beobachtend teilzunehmen. Im Rahmen der Inventurbeobachtung erfolgt durch den APr einerseits eine Prüfung des vorratsbezogenen →*Internen Kontrollsystems* der Unternehmung (→Internes Kontrollsystem, Prüfung des; →Systemprüfung). Andererseits nimmt der APr bei der Inaugenscheinnahme der aufgenommenen Vorräte sog. aussagebezogene Prüfungshandlungen (→ergebnisorientierte Prüfungshandlungen) in Form von →*Einzelfallprüfungen* vor. Durch die vorgenommenen Prüfungshandlungen wird für die im Rahmen der Hauptprüfung durchzuführende Prüfung des Postens Vorräte wichtige Vorarbeit geleistet, insb. die Überprüfung des Mengengerüsts der bilanzierten Vorratsbestände.

Um eine ordnungsgemäße Durchführung der genannten Prüfungsschritte zu gewährleisten, bedarf es bereits im Vorfeld einer detaillierten *Planung der Inventurprüfung* (→Prüfungsplanung). In diese Planung werden u. a. Art, Wert und →Wesentlichkeit der Vorräte, das vorratsbezogene Interne Kontrollsystem, das Inventurverfahren, eine Risikoeinschätzung (→Prüfungsrisiko) und der organisatorische Rahmen der Inventur einbezogen. Unter Berücksichtigung dieser Kriterien werden anschließend Art, Umfang und Zeitraum der während der Inventurprüfung vorzunehmenden Prüfungshandlungen festgelegt (→Auswahl von Prüfungshandlungen). Auf Basis der Planung erfolgt im Anschluss die Durchführung der Inventurprüfung (→Auftragsdurchführung) beim Mandanten vor Ort.

Dabei richtet sich der Fokus zunächst auf die *Prüfung des vorratsbezogenen Internen Kontrollsystems*, das sämtliche Kontroll- und Steuerungsmaßnahmen umfasst, die im Unternehmen die Ordnungsmäßigkeit der Inventur sicherstellen sollen. Hierzu zählen z. B. die Inventurrichtlinien, das Inventursystem und der Aufnahmeplan. Bei der Prüfung dieser Kontrollmaßnahmen kann zwischen der →*Aufbauprüfung* (→Aufbauorganisation) *und der* →*Funktionsprüfung* unterschieden werden (→Kontrollprüfung). Während die Aufbauprüfung darauf abzielt, die Angemessenheit der angewandten Inventurverfahren zu beurteilen, wird ihre Wirksamkeit im Rahmen der Funktionsprüfung geprüft. So untersucht der APr z. B. die in den Inventurrichtlinien enthaltenen Regelungen zur Erfassung stichtagsnaher Vorratsbewegungen zunächst hinsichtlich ihrer Angemessenheit (Aufbauprüfung). Anschließend kann er die tatsächliche Einhaltung der Regelungen anhand von einzelnen Stichproben (→Stichprobenprüfung) aus den stichtagsnahen Warenein- und -ausgängen kontrollieren (Funktionsprüfung). Auf der Grundlage der Ergebnisse der vorgenommenen →Kontrollprüfungen bildet sich der APr ein Urteil über das bei der Inventur vorhandene Fehlerrisiko (→ Prüfungsrisiko). Diese Einschätzung des Prüfers fließt dann in die Bestimmung des erforderlichen Umfangs von Einzelfallprüfungen im Rahmen der aussagebezogenen Prüfungshandlungen ein.

Die *aussagebezogenen Prüfungshandlungen* (→ ergebnisorientierte Prüfungshandlungen) im Rahmen der Inventurprüfung zielen auf die Menge und die Beschaffenheit der Vorräte ab. Die notwendige Prüfungssicherheit lässt sich dabei über die stichprobenartige Nachprüfung der Inventur erlangen (→ Stichprobenprüfung). Hierzu bestimmt der APr zunächst den notwendigen Stichprobenumfang, der durch die beiden folgenden Vorgehensweisen abzudecken ist. Zum einen wählt der APr Stichproben aus den Inventuraufzeichnungen des Mandanten aus. Durch Inaugenscheinnahme und Nachzählen der zugehörigen Vorräte nimmt der Prüfer hierbei einen Abgleich zwischen den Inventuraufzeichnungen und den tatsächlichen Ist-Beständen vor (→ Nachweisprüfungshandlungen; → Soll-Ist-Vergleich). Die Prüfung erfolgt hier somit ausgehend vom Beleg zum Bestand (→ Belegprüfung; → retrograde Prüfung). Zum anderen wählt der Prüfer am Lagerort einige Vorratspositionen zur Nachzählung aus, um diese dann mit den zugehörigen Aufzeichnungen in den Inventurlisten zu vergleichen (→ Abstimmprüfung; → progressive Prüfung). Durch diese vom Bestand zu den Belegen gerichtete Prüfungshandlung ist es dem APr möglich, auch eine Aussage über die Vollständigkeit der Inventuraufnahme zu treffen. Im Rahmen dieser Prüfungshandlungen festgestellte Differenzen sind durch den Mandanten zu klären. Sie führen u. U. zu einer Ausweitung des Stichprobenumfangs. Die Feststellung wesentlicher Differenzen kann zu einer Verwerfung der Inventur führen.

Literatur: IDW (Hrsg.): IDW Prüfungsstandard: Prüfung der Vorratsinventur (IDW PS 301, Stand: 8. Mai 2003), in: WPg 56 (2003), S. 715–718; Quick, R.: Grundsätze ordnungsgemäßer Inventurprüfung – Ein Beitrag zur Bestandsprüfung der Vorräte im Rahmen der handelsrechtlichen Jahresabschussprüfung, Düsseldorf 1991.

Holger Reichmann

Inventur, permanente → Inventurvereinfachungsverfahren, Prüfung von

Inventurbeobachtung → Inventur

Inventurvereinfachungsverfahren, Prüfung von

Neben der vollständigen Stichtagsinventur erlaubt § 241 HGB eine Reihe von Inventurvereinfachungen in Bezug auf den Zeitpunkt (ausgeweitete Stichtagsinventur, vor- und nachverlagerte Stichtagsinventur, permanente Inventur) und den Umfang der Bestandsaufnahme (Stichprobeninventur) bei der → Inventur. Daneben ergeben sich teilweise zwangsläufig Kombinationen aus den Inventurverfahren, wie bei der permanenten Inventur und der vor- und nachverlagerten Inventur, die eine buchmäßige Fortschreibung oder Rückrechnung und eine Buchinventur zum Abschlussstichtag erfordern. Auch im Fall der Stichtagsinventur ergibt sich eine Kombination mit der körperlichen Aufnahme in Stichproben (→ Stichprobenprüfung) mit einer Buchinventur. Ferner kann das Unternehmen für einzelne Läger (→ Lagerwesen) oder Bestände zwischen unterschiedlichen Inventurverfahren frei wählen, wobei verfahrensspezifische Voraussetzungen und Eignungen aufeinander abzustimmen sind. Sonderfälle in Anlehnung an § 241 Abs. 2 HGB stellen die Einlagerungsinventur bei automatisch gesteuerten Lagersystemen und die systemgestützte Werkstattinventur im Zusammenhang mit computergestützten Produktionsplanungs- und Steuerungssystemen (→ Produktionscontrolling) dar.

Im Rahmen der vor- und nachverlagerten Inventur kann das Unternehmen die Bestandsaufnahme wenige Tage vor oder nach dem Inventurstichtag durchführen. Darüber hinaus kann im Rahmen der ausgeweiteten Stichtagsinventur die Aufnahme innerhalb der letzten 3 Monate vor oder der ersten 2 Monate nach dem Abschlussstichtag durchgeführt werden. Bei beiden Inventurverfahren muss ein den GoB entsprechendes Fortschreibungs- oder Rückrechnungsverfahren vorliegen (→ Grundsätze ordnungsmäßiger Buchführung, Prüfung der). Der → Abschlussprüfer (APr) hat die Fortschreibung der Zu- und Abgänge der Bestände zwischen Aufnahmetag und Stichtag bzw. die Rückrechnung auf den Stichtag zu prüfen.

Sofern die permanente Inventur Anwendung findet, hat der APr zunächst die Voraussetzungen ihrer Anwendung zu prüfen. Dabei ist insb. die Ordnungsmäßigkeit der Lager- und

Bestandsbuchführung (→Nebenbücher) sicherzustellen (→Ordnungsmäßigkeitsprüfung). Darüber hinaus sind mindestens einmal im Jahr die Ist-Bestände anhand einer körperlichen Aufnahme zu verifizieren. Der APr hat die unterjährigen Bestandsaufnahmen stichprobenweise (→Stichprobenprüfung) im Rahmen einer Inventurbeobachtung zu prüfen (→Nachweisprüfungshandlungen). Weiterhin ist zu prüfen, ob die Übernahme der Ist-Bestände vollzogen wurde und ob materielle Abweichungen zwischen dem Ist-Bestand und dem Buchinventurwert nachvollziehbar sind.

Bei Anwendung der Einlagerungsinventur hat der APr zunächst die Wirksamkeit der Prozesskontrollen der vollautomatischen Lagersysteme zu prüfen (→Geschäftsprozesse), um die Zulässigkeit ihrer Anwendung sicherzustellen (→Internes Kontrollsystem; → Internes Kontrollsystem, Prüfung des; →Systemprüfung; →Kontrollprüfung). Hierzu zählen bspw. automatisierte Kontrollen, die Ein- und Auslagerungen nur bei gleichzeitiger Erfassung der körperlichen Bewegungen in der Bestandsfortschreibung zulassen sowie der Ausschluss von Zugriffsmöglichkeiten vom Eingang ins Lager bis zum Lagerplatz. Bei Anwendung der systembedingten Werkstattinventur ist vor allem zu prüfen, ob das zugrunde liegende Produktionsplanungs- und Steuerungssystem zuverlässig den Bestand darstellt und die erforderlichen Inventurdaten zur Verfügung stellen kann.

Bei Vorliegen einer Stichprobeninventur hat der APr vor der Inventurdurchführung sicherzustellen, dass ein anerkanntes mathematisches Stichprobenverfahren zu Anwendung kommt (→Stichprobenprüfung). Dabei hat er seine Prüfungshandlungen im Hinblick auf die Methodik des statistischen Verfahrens auszuweiten (→Auswahl von Prüfungshandlungen). Weiterhin ist zu berücksichtigen, dass infolge der statistischen Hochrechnung die Zuverlässigkeit der körperlichen Bestandsaufnahme sichergestellt sein muss. Aus diesem Grunde sollte der APr bei der körperlichen Aufnahme anwesend sein und deren Angemessenheit durch einen erhöhten Stichprobenumfang verifizieren. Die Lagerbuchführung hat gleichen Anforderungen zu entsprechen wie bei der Anwendung einer permanenten Inventur. Sofern die Prüfung der Stichprobenaufnahme eine ungewöhnlich hohe Zahl an Inventurdifferenzen aufdeckt, kann diese ein Hinweis auf mangelnde Zuverlässigkeit von Bestandsbuchführung oder Bestandsaufnahme sein und eine vollständige körperliche Bestandsaufnahme erforderlich machen.

Bei der Anwendung des Festwertverfahrens (→Bewertungsgrundsätze) gem. § 240 Abs. 3 HGB hat der APr die turnusmäßige körperliche Bestandsaufnahme zu prüfen. Bei Vorliegen der Gruppenbewertung gem. § 240 Abs. 4 HGB ist die Voraussetzung der Gleichartigkeit der →Vermögensgegenstände zu prüfen.

Literatur: ADS: Rechnungslegung und Prüfung der Unternehmen, Kommentierung des § 241 HGB, Teilband 6, 6. Aufl., Stuttgart 2000; IDW (Hrsg.): IDW Prüfungsstandard: Prüfung der Vorratsinventur (IDW PS 301, Stand: 8. Mai 2003), in: WPg 56 (2003), S. 715–718.

Gerald Reiher

Investing Cash Flow →Cash Flow

Investition

Eine Investition kann *finanzwirtschaftlich* als Zahlungsstrom charakterisiert werden, der mit einer Auszahlung beginnt und zu späteren Zahlungszeitpunkten weitere Auszahlungen und ggf. – sofern einem Investitionsprojekt zurechenbar – Einzahlungen umfasst. *Vermögenswirtschaftlich* ist eine Investition als Verwendung finanzieller Mittel definiert, die zu einem Zugang im →Anlagevermögen, →Umlaufvermögen und/oder immateriellen Vermögen (→Vermögensgegenstand; →immaterielle Vermögensgegenstände) führt. *Leistungswirtschaftlich* betrachtet sind Investitionen Maßnahmen im Leistungsbereich eines Unternehmens, die die Kapazität (z. B. Produktions-, Absatz- oder Forschungskapazität) erhöhen bzw. sichern (→Leistungscontrolling; →Kapazitätscontrolling; →Kapazitätsplanung). Sie führen zu einem Aufbau von Beständen an Potenzialfaktoren (→Bestandsplanung und -kontrolle), d. h. insb. Eigentums- und ggf. Vertragspotenzialen (Perridon/Steiner 2004, S. 27 f.).

Eine Systematisierung von Investitionen kann nach den Kriterien Investitionsobjekt, Investitionsanlass und Investitionsbereich erfolgen. Dem Objekt nach werden Finanz- und Realinvestitionen unterschieden. *Finanzinvestitionen* können nach ihrer Zugehörigkeit zum Anlagevermögen (z. B. Anteile an verbundenen Unternehmen oder →Beteiligungen) und zum Umlaufvermögen (z. B. sonstige Wertpapiere) differenziert werden. *Realinvestitionen* lassen sich gem. ihrer Materialität in Sachinvestitionen [z. B. →Grundstücke, Gebäude, Maschinen oder →Roh-, Hilfs- und Betriebsstoffe (RHB)] und (immaterielle) Potenzialinvestitionen (z. B. Patente, Lizenzen oder Ausbildung der Mitarbeiter) untergliedern (Kruschwitz 2005, S. 15 f.).

Nach dem Kriterium des Anlasses können neben den Errichtungsinvestitionen – verstanden als Aufnahme unternehmerischer Tätigkeit an einem neuen Standort – vor allem Ersatzinvestitionen, Erweiterungsinvestitionen und Rationalisierungsinvestitionen unterschieden werden. Eine (reine) *Ersatzinvestition* liegt vor, wenn ein vorhandenes Investitionsobjekt durch ein technisch identisches ersetzt wird, die Kapazität somit unverändert bleibt. Eine *Erweiterungsinvestition* erhöht die Kapazität an einem vorhandenen Standort. Eine *Rationalisierungsinvestition* zielt primär auf die Realisierung von Kostensenkungspotenzialen (→Kosten; →Kostencontrolling; →Kostenmanagement) ab, was nicht zwingend mit einer Veränderung der Kapazität verbunden ist. In der Praxis ist eine eindeutige Abgrenzung allerdings schwierig, da der Ersatz eines Investitionsobjektes vielfach mit technischen Verbesserungen und folglich mit Rationalisierungs- und/ oder Kapazitätserweiterungseffekten einhergeht. Es liegen „Mischinvestitionen" vor, welche – dem Kriterium Investitionsbereich entsprechend – insb. den Funktionsbereichen F&E, Beschaffung, Produktion, Logistik oder Absatz zugeordnet werden können (Goetze 2006, S. 7–9).

Der Analyse der erwarteten monetären Zielbeiträge von Investitionen können statische (einperiodige) und dynamische (mehrperiodige) Investitionsrechenverfahren zugrunde gelegt werden. Zu den statischen Investitionsrechenverfahren gehören →Kostenvergleichsrechnungen, Gewinnvergleichsrechnungen, Rentabilitätsrechnungen und statische Amortisationsrechnungen. Die dynamischen Verfahren umfassen die Kapitalwert- und Annuitätenmethode, die Interne-Zinsfuß-Methode, die Endwertmethode und die dynamischen Amortisationsrechnungen (Kruschwitz 2005, S. 31–117). Mit den dynamischen Verfahren sollen sämtliche durch ein Investitionsprojekt zusätzlich verursachten, also zurechenbaren (erwarteten) Einzahlungen, die entsprechenden laufenden Auszahlungen sowie die Anschaffungsauszahlungen erfasst und unter vereinfachenden Annahmen bei Anwendung der Zinseszinsrechnung vergleichbar gemacht werden. Daher sind sie den statischen Verfahren nicht nur aus finanzmathematischen Gesichtspunkten („Time Value of Money"), sondern auch unter dem Aspekt der Entscheidungstransparenz konzeptionell überlegen. Aus Sicht des →Investitionscontrollings liefern sie somit zuverlässigere Entscheidungsgrundlagen als die statischen Verfahren (Lange 2003, S. 337 f.).

Literatur: Goetze, U.: Investitionsrechnung, 5. Aufl., Berlin 2006; Kruschwitz, L.: Investitionsrechnung, 10. Aufl., München/Wien 2005; Lange, C.: Investitionsrechnung, in: Horváth, P./Reichmann, T. (Hrsg.): Vahlens Großes Controlling Lexikon, 2. Aufl., München 2003, S. 337 f.; Perridon, L./Steiner, M.: Finanzwirtschaft der Unternehmung, 13. Aufl., München 2004.

Sigrid Schaefer; Devid Krull

Investitionscontrolling

Das Investitionscontrolling (IC) ist der sowohl strategisch als auch operativ ausgerichtete Teilbereich des Controllings (→strategisches Controlling, →operatives Controlling), der die zieladäquate Erfüllung investitionsbezogener Führungshandlungen eines Unternehmens während des gesamten Investitionsprozesses unterstützt. Dabei ist der Gegenstandsbereich des Investitionscontrollings weiter gefasst als der des →Anlagencontrollings, da er sich nicht nur auf →Sachanlagen bezieht, sondern darüber hinausgehend auch auf →Finanzanlagen, insb. →Beteiligungen (→Beteiligungscontrolling), →Umlaufvermögen und/oder immaterielles Vermögen (→immaterielle Vermögensgegenstände) ausgerichtet ist (→Investition). Er ist aber auch weiter gefasst als der Gegenstandsbereich des →Projektcontrollings, da er nicht nur einzelne abgrenzbare, tendenziell einmalige, besonders bedeutsame und risikobehaftete Investitionsprojekte, sondern die Gesamtheit aller Investitionsmaßnahmen integriert (Lange/Schaefer 2003, S. 327 f.).

Zum Auf- und Ausbau eines IC-Systems ist es notwendig – ausgehend vom Controllingziel der Unterstützung von Führungsentscheidungen – zunächst Controllingaufgaben (→Controlling, Aufgaben des) festzulegen und auf den Investitionsprozess zu beziehen. In Literatur und Praxis werden als *Controllingaufgaben* insb. die Koordination und die

Information diskutiert (→Controllingkonzepte):

Die *Koordinationsaufgabe des Investitionscontrollings* beinhaltet die sachliche und zeitliche Abstimmung der Investitionsplanungs-, -realisierungs- und -kontrollprozesse auf allen Entscheidungsebenen des Unternehmens. Ist dieses in eine Kooperation eingebunden (z. B. in ein strategisches →Unternehmensnetzwerk), erstreckt sich die Koordinationsaufgabe darüber hinausgehend auf die Abstimmung der investitionsbezogenen Führungsprozesse des Unternehmens mit denen der Kooperationspartner (Lange/Schaefer/Daldrup 2001, S. 78 f.). Zur Erfüllung der Koordinationsaufgabe werden vom IC Informations- und Kommunikationsbeziehungen geschaffen sowie Koordinationsinstrumente, insb. Kennzahlen- und Reportingsysteme (→Kennzahlen und Kennzahlensysteme als Kontrollinstrument; →Berichtssystem), bereitgestellt (Prozess gestaltende Koordination). Bei unvorhersehbaren Störungen sind unternehmens- bzw. kooperationsinterne Informations- und Kommunikationsbeziehungen aufrechtzuerhalten bzw. situativ anzupassen (Prozess koppelnde Koordination).

Die *Informationsaufgabe des Investitionscontrollings* dient der Sicherstellung eines mit der Informationsnachfrage abgestimmten Informationsangebotes, inkl. der Bereitstellung von Fach- und Methodenwissen. Durch den Auf- und Ausbau eines informationstechnischen Instrumentariums (→Führungsinformationssysteme) zur problemadäquaten Aufbereitung, entscheidungsebenenbezogenen Verdichtung und empfängerorientierten Kommunikation investitionsbezogener Informationen kann das IC dazu beitragen, in allen Phasen des Investitionsprozesses die Rationalität der Führungshandlungen sicherzustellen und Entscheidungsverhalten zu beeinflussen. Daher liegt es nahe, die Informationsaufgabe des Investitionscontrollings um die – mit der Delegation von Entscheidungsbefugnissen verbundenen – Probleme dezentraler Organisationen zu konkretisieren und auch auf die *Verhaltenssteuerung* auszurichten. Sowohl innerhalb des Unternehmens als auch an den Unternehmensgrenzen unterstützt das IC den Abbau asymmetrischer Informationsverteilungen. Es wird versucht, opportunistisches Verhalten im Investitionsentscheidungsprozess zu vermeiden, indem es Interessenskonflikte analysiert und zusammen mit der Führung motivationsfördernde Anreize zur Überwindung dieser Konflikte schafft (Ewert/Wagenhofer 2005, S. 465–521). Darüber hinausgehend kann das IC untersuchen, inwieweit dezentrale Entscheidungsträger auch durch *Partizipation und Vertrauensbildung* – verstanden als bewusster Verzicht auf Kontrollinformationen – zu einem zielkonformen Verhalten motiviert werden können (Schaefer/Lange 2004, S. 112 f.).

Zur organisatorischen Festlegung und Beschreibung von Gestaltungs- und Steuerungsmaßnahmen in einem IC-System können aus den IC-Aufgaben (mögliche) unternehmens- und/oder kooperationsspezifische *IC-Aktivitäten* abgeleitet werden. Bezogen auf die *Investitionsplanung* reichen diese von der Erstellung einer – mit der Gesamtplanung des Unternehmens bzw. der Kooperation abgestimmten – lang- und mittelfristigen sowie jährlichen Investitionsgesamtplanung über die Ableitung von Investitionsbudgets (→Budgetierung) für einzelne Organisationseinheiten bis zur Bereitstellung von Entscheidungsgrundlagen zur zielorientierten Auswahl von Investitionsprojekten bzw. -programmen. Im Rahmen der →*Investitionskontrolle* bestehen IC-Aktivitäten schwerpunktmäßig in der aufbau- und ablauforganisatorischen Gestaltung und Pflege eines Investitionskontrollsystems (→Kontrollsysteme), das sowohl auf die Kontrolle (→Kontrolltheorie) der monetären und nicht-monetären Zielbeiträge aus der Investitionstätigkeit (Ergebniskontrollen) als auch auf die Kontrolle des Investitionsprozesses selbst – z. B. hinsichtlich Einhaltung der Investitionsrichtlinien, Abstimmung der Investitionspläne oder Plausibilität der Planungsprämissen (→Plausibilitätsprüfungen) – ausgerichtet ist (Verfahrenskontrollen). Das IC beschränkt sich daher nicht – wie die Investitionsprüfung – auf eine in regel- oder unregelmäßigen Zeitabständen durchgeführte, ex-post-orientierte →Abweichungsanalyse in der Kontrollphase des Investitionsprozesses. Es integriert laufende Kontrollen in den gesamten Investitionsprozess. Insb. bei längerfristigen Investitionsplanungsprozessen umfassen diese auch zukunftsorientierte Kontrollen, welche der Ermittlung und Analyse von Abweichungen zwischen ursprünglich geplanten bzw. (bereits) revidierten und künftig erwarteten, veränderten Prämissen (z. B. Absatzmöglichkeiten, Zinsentwicklungen), Einzeldaten und/oder Ergebnissen dienen. Dabei ist die Investitionskontrolle des Investitionscontrollings vor allem darauf fokussiert, Informationen zur (möglichen) Ableitung von Anpassungsentscheidungen bereitzustellen und Lernprozesse, insb. im Hinblick auf sorgfältige Prognosen (→Prognoseinstrumente) und transparente Planungsmethoden, auszulösen. Über ihre psychologische Wirkung kann die Investitionskontrolle aber auch dazu beitragen, das Verhalten dezentraler Entscheidungsträger zu beeinflussen (Schaefer 1993, S. 137–174).

Zur Durchführung der IC-Aktivitäten werden *IC-Instrumente* eingesetzt (→Controllinginstrumente). Dabei erscheint es allerdings nicht möglich, dem IC ein spezifisches Instrumentarium zuzuordnen. Es greift auf ein Instrumentarium zurück, das bereits aus anderen Bereichen der Betriebswirtschaftslehre (z. B. aus der internen Unternehmensrechnung) bekannt ist. Hierzu zählt insb. die *Investitionsrechnung* (→Investition, →Kostenvergleichsrechnung), die als Planungs- und Kontrollrechnung erwartete bzw. bereits realisierte monetäre Zielbeiträge, d. h. zurechenbare Ein- und Auszahlungen, zu Entscheidungskriterien verdichtet. Zur Berücksichtigung unsicherer Erwartungen im Entscheidungskalkül werden Verfahren der *Risiko-Chancen-Beurteilung*, wie z. B. →Sensitivitätsanalysen, →Risikosimulation oder Realoptionsansatz (→Realoptionen), eingesetzt. Zur Analyse nicht oder nur schwer monetär quantifizierbarer Zielbeiträge, wie z. B. ökologische Wirkungen von Projekten (→umweltbezogenes Controlling), kann die Investitionsrechnung etwa um eine *Nutzwertanalyse* ergänzt werden.

Dient das IC der Unterstützung einer →wertorientierten Unternehmensführung (→Shareholder Value-Analysis), werden in der Praxis insb. der interne Zinsfuß und der Kapitalwert als Entscheidungskriterien verwendet. Diese sollen (mögliche) Veränderungen des Shareholder Value – verstanden als Barwert künftig erwarteter Free Cash Flows (→Cash Flow) eines Unternehmens – durch die (geplante) Realisierung einer →Investition messen. Da hierzu i. d. R. eine Abzinsung mit dem gewichteten Gesamtkapitalkostensatz, dem Weighted Average Cost of Capital (WACC), erfolgt (→Weighted Average Cost of Capital-Ansatz), werden auf dieser Basis (unternehmensbereichsbezogene) Zielrenditen festgelegt. Sie dienen als Diskontierungssatz bzw. als Mindestverzinsungsanspruch im Rahmen der →Discounted Cash Flow-Methoden der Investitionsrechnung.

Literatur: Ewert, R./Wagenhofer, A.: Interne Unternehmensrechnung, 6. Aufl., Berlin et al. 2005; Lange, C./Schaefer, S.: Stichwortgruppe Investitionscontrolling, in: Horváth, P./Reichmann, T. (Hrsg.): Vahlens Großes Controlling Lexikon, 2. Aufl., München 2003, S. 327–332; Lange, C./Schaefer, S./Daldrup, H.: Integriertes Controlling in Strategischen Unternehmensnetzwerken, in: Controlling 13 (2001), S. 75–83; Schaefer, S.: Datenverarbeitungsunterstütztes Investitions-Controlling. Investitionsplanung und Investitionskontrolle im Rahmen eines betrieblichen Investitions-Controllingsystems, München 1993; Schaefer, S./Lange, C.: Informationsorientierte Controllingkonzeptionen. Ein Überblick und Ansatzpunkte der Weiterentwicklung, in: Scherm, E./Pietsch, G. (Hrsg.): Controlling. Theorie und Konzeptionen, München 2004, S. 103–123.

Sigrid Schaefer

Investitionskontrolle

Die Investitionskontrolle ist ein wesentliches Element der →Kontrollinstrumente in einer Unternehmung und des →Investitionscontrollings, in dem ein systematischer und in den Investitionsprozess integrierter, beurteilender Vergleich zwischen zwei ergebnisorientierten, monetären oder nicht-monetären Größen der Typen Soll, Wird und Ist einer →Investition sowie eine Auswertung eventueller Abweichungen hinsichtlich ihrer Ursachen erfolgt. Ursprünglich aus den USA stammend, wurde das Konzept im deutschsprachigen Raum hauptsächlich durch *Lüder* (Lüder 1969) bekannt gemacht. Während der Begriff anfangs nur Kontrollen des Erfolgs realisierter Investitionen umfasste (Investitionserfolgskontrolle oder Post-Completion Audit), so erfuhr er im Laufe der 1970er Jahre eine Ausdehnung auf die Kontrolle während der Umsetzung der Investition (Investitionsrealisationskontrolle oder Project Status Report) und der Kontrolle bereits von Investitionsanträgen (Investitionsantragskontrolle bzw. Preapproval Review).

Als *Ziele* von Investitionskontrollen werden in der Literatur insb. die Ermöglichung rechtzeitiger Korrekturmaßnahmen und die Verbesserung zukünftiger Investitionshandlungen auf Basis der Kontrollinformationen angeführt (Borer 1978, S. 112 f.; Küpper 1991,

S. 172 f.; Lüder 1969, S. 54–56; Mills/Kennedy 1993, S. 26 f.). Allerdings variiert die relative Bedeutung, die diesen Zielen in der Literatur zugemessen wird. Ebenfalls häufig erwähnt wird auch die Disziplinierung der mit Investitionshandlungen beauftragten Mitarbeiter (Lüder 1969, S. 54–56; Mills/Kennedy 1993, S. 26 f.). Darüber hinaus werden vereinzelt auch die Beurteilung der Fähigkeiten der Kontrollierten, die Ermittlung eines angemessenen Korrekturfaktors, die Sicherung der Konformität des Investitionsplans (→Planung) mit den Unternehmenszielen, die Befriedigung der Selbstachtungsbedürfnisse des Kontrollierten bei positivem Kontrollergebnis, die Präzisierung der Ziele für den Kontrollierten und die Steigerung des Unternehmenserfolgs genannt.

Für die Erreichung dieser Ziele bzw. der Höhe der Wirkungen einer Investitionskontrolle werden dabei (implizit oder explizit) in der Literatur neun (Gestaltungs-) *Parameter* genannt: die Eigenschaften des Kontrollierten, die Charakteristika des Kontrolleurs, der Partizipationsgrad des Kontrollierten an der Kontrolle, die Kompatibilität von Prüf- und Vergleichsgröße bzw. die Beschaffung entsprechender Größen, die Formalisierung, die Tiefe, der Umfang und die Häufigkeit der Kontrolle sowie das Ausmaß der an das Kontrollergebnis gekoppelten extrinsischen Anreize für den Kontrollierten.

Im Hinblick auf die optimale Ausgestaltung dieser Parameter finden sich jedoch widersprüchliche Aussagen in der Literatur ebenso wie divergierende Ergebnisse empirischer Studien. Als Tendenzaussage lässt sich grob festhalten, dass eine begrenzte Partizipation des Kontrollierten, eine hohe Kompatibilität von Prüf- und Vergleichsgröße, eine gewisse Formalisierung der Kontrolle, eine Einschränkung der kontrollierten Investitionen auf eine begrenzte Auswahl aus der Gesamtzahl der Investitionen, eine Konzentration der Untersuchung auf einen Teil der Merkmale je Investition sowie mehrmalige Kontrollen am häufigsten in der Literatur als Empfehlungen genannt werden (Borer 1978, S. 80; Lüder 1969, S. 25, 60 und 90; Schaefer 1993, S. 146 f.).

Problematisch an diesen Empfehlungen bleibt jedoch ihre vergleichsweise geringe Fundierung, die auf einen Mangel an theoretischer wie empirischer Forschung zu Investitionskontrollen zurückzuführen ist.

Zum einen finden sich nur vereinzelt in der Literatur Hinweise zu funktionalen bzw. dysfunktionalen *Wirkungen* von Investitionskontrollen. Die dabei genannten Wirkungen zeigen zwar auf, dass mit einer Investitionskontrolle eine Vielzahl an funktionalen wie dysfunktionalen Wirkungen verbunden sein kann. Jedoch erscheinen sie wenig systematisiert und kaum durch eingehendere Analysen oder Rückgriff auf Erkenntnisse aus Nachbardisziplinen wie der (Sozial-) Psychologie fundiert (s. exemplarisch Borer 1978, S. 73 f., 233 f. und 256). Daher kann zum gegenwärtigen Forschungsstand weder die Existenz weiterer funktionaler wie dysfunktionaler Wirkungen ausgeschlossen werden, noch mit Sicherheit von der Existenz der bisher nur postulierten Wirkungen ausgegangen werden.

Zum anderen werden die Kausalzusammenhänge zwischen den in der Literatur diskutierten neun Parametern und den Wirkungen einer Investitionskontrolle bisher selten in der Forschung eingehend betrachtet. Dies gilt für die theoretische wie für die empirische Forschung. Gerade Letztere konzentriert sich bisher i. d. R. auf rein deskriptive Analysen, die zudem oft widersprüchliche Ergebnisse liefern. Es besteht daher noch erheblicher Bedarf an theoretischer und empirischer Forschung zur Identifikation und Fundierung der Kausalzusammenhänge.

Literatur: Borer, D.: Innerbetriebliche Investitionskontrolle in Theorie und Praxis, Bern/Stuttgart 1978; Küpper, H.-U.: Gegenstand, theoretische Fundierung und Instrumente des Investitions-Controlling, in: ZfB 61 (1991), Ergänzungsheft 3, S. 167–192; Lüder, K.: Investitionskontrolle. Die Kontrolle der wirtschaftlichen Ergebnisse von Investitionen, Wiesbaden 1969; Mills, R. W./Kennedy, A. J.: Experiences in operating a postaudit system, in: MAc 71 (1993), Heft 11, S. 26–28; Schaefer, S.: Datenverarbeitungsgestütztes Investitions-Controlling: Investitionsplanung und Investitionskontrolle im Rahmen eines betrieblichen Investitions-Controllingsystems, München 1993.

Stefan Linder

Investitionsquote →Vermögensstruktur

Investitionsrechenverfahren, dynamische
→Investition; →Kostenvergleichsrechnung

Investitionsrechnung →Investitionscontrolling; →Wirtschaftlichkeitsberechnungen

Investitionszulage →Zulagen

Investitionszuschüsse →Zuschüsse

Investment Center →Cost Center; →Responsibility Accounting

Investment Value →Unternehmenswert

Investor Relations

Investor Relations (IR) sind ein Teilbereich der *Unternehmenskommunikation* und stehen für die systematische und kontinuierliche *Kommunikation* mit Anlegern und Informationsintermediären. Ursprünglich war IR in den USA eine Nebenaufgabe der *Public Relations Abteilungen*. Eine eigenständige IR-Abteilung richtete 1953 erstmals *General Electric* ein; BASF war 1988 die erste deutsche AG (→Aktiengesellschaft, Prüfung einer). *Notwendig* sind IR, da Unternehmen auf Kapitalmärkten ebenso im Wettbewerb stehen wie auf Produktmärkten. Derzeit konzentriert sich die IR-Arbeit auf die Eigenkapitalmärkte. Gute Gründe sprechen dafür, alle Kapitalmärkte einheitlich anzusprechen. Erstens fordern auch Akteure auf Fremdkapitalmärkten vermehrt Informationen. Zweitens stehen die Kapitalmärkte nicht unabhängig nebeneinander. Aktienkurse etc. reagieren auf →Ratings und Ratingagenturen berücksichtigen die Entwicklung auf den Eigenkapitalmärkten.

Der *Shareholder Value-Gedanke* (→Shareholder Value-Analysis) prägt derzeit den Wettbewerb auf den Kapitalmärkten. Entsprechend *bezwecken IR* nachhaltiges Vertrauen in die Leistungsfähigkeit des Unternehmens auf- und auszubauen, um so eine Wahrnehmungslücke zwischen dem wahrgenommenen Wert des Unternehmens und dessen innerem Wert dauerhaft zu minimieren. Aufgrund der Komplexität der Kapitalmärkte können IR-Maßnahmen verschieden wirken. Eine erhoffte Folge sind *stabile angemessene Kurse auf den Sekundärmärkten*. Davon versprechen sich Unternehmen einen gewissen Schutz vor feindlicher Übernahme und niedrigere →*Kapitalkosten* in Form geringerer Risikoabschläge und/oder höherer Ausgabekurse bei Emissionen. Zudem machen IR Unternehmen bekannt und verbessern ihr Image. Dies zieht qualifizierte Arbeitskräfte an, die mittelbar den →Unternehmenswert steigern. Auch werden vermehrt private Anleger aufmerksam. Sie beleben den Handel, belassen die Kurse wegen des geringen Einflusses des Einzelnen aber relativ stabil. Bei institutionellen Anlegern, die solche liquiden Anlagewerte bevorzugen, können Unternehmen dann leichter große Kapitalvolumen aufnehmen.

Der Schlüssel zu *nachhaltigem Vertrauen* und einer *angemessenen Bewertung* besteht in einer *glaubwürdigen* und *transparenten* Selbstdarstellung. Sie muss *Aufmerksamkeit* wecken und *schlüssig, einfach* und *nachvollziehbar* die *Nachhaltigkeit des Wertschöpfungsmodells* vermitteln. Systematische und kontinuierliche *Kommunikation* verlangt aber auch, auf *Informationswünsche* einzugehen und *regelmäßig* statt *nur sporadisch*, z. B. vor einer Kapitalaufnahme, zu informieren. Auch sind alle *wesentlichen* Ereignisse – günstige wie ungünstige – gleichermaßen *zeitnah* und *offen* anzusprechen, ihr Einfluss zu erläutern und in einer ihrer Bedeutung nach angemessenen Form zu präsentieren. Sonst verspielt das Unternehmen Vertrauen, wenn es Erwartungen weckt, die es auf Dauer nicht erfüllen kann.

Zur zielgenauen Ansprache unterscheiden IR drei Gruppen von Kapitalmarktakteuren: Die zahlenmäßig größte Gruppe stellen die *privaten Anleger*. Sie haben meist geringe Anlagevolumen und bleiben außer bei Namensaktien anonym. So sind sie aus faktischen aber auch aus wirtschaftlichen Gründen nur in der Masse ansprechbar. Dabei entstehen Streuverluste, weil ihre Anlageziele, Informationsinteressen und Fachkenntnisse uneinheitlich sind. Demgegenüber steht die zahlenmäßig kleine, mit großem Anlagevolumen und hoher Fachkompetenz ausgestattete Gruppe *institutioneller Anleger*. Sie sind den Unternehmen meist bekannt und fordern unabhängig vom Anlagemotiv umfassende Informationen über die Finanzberichte hinaus (→Value Reporting). Hierzu suchen sie vielfach Kontakt zu führenden Managern, um mitunter die Geschäftspolitik zu beeinflussen. Weitere Informationen beziehen sie von *Informationsintermediären*, die selbst keine Anlageinteressen verfolgen. Zu dieser dritten Gruppe gehören z. B. Finanzanalysten, Wirtschaftspresse, Anlageberater aber auch Ratingagenturen. Sie arbeiten meist unabhängig von den Unternehmen, über die sie professionell Informationen sammeln, ordnen, bewerten und verdichten. Mit ihren Analysen und ihrem Fachwissen helfen sie Dritten bei deren Anlageentscheidungen. Private Anleger erfahren vielfach nur über sie von kleinen und konsumfernen Unternehmen. So wirken *Informationsintermediäre* gleichsam als Multiplikator für die IR-Arbeit der Unternehmen.

Zur Kommunikation mit den Kapitalmarktakteuren dienen *unpersönliche* und *persönliche IR-Instrumente.* Unpersönliche *IR-Instrumente,* wie Geschäftsbericht (→Geschäftsberichte, Gestaltungsberatung; →Geschäftsberichte, Prüfung von), Quartals- und Zwischenberichte (→Zwischenabschlüsse; →Zwischenberichterstattung), Ad-hoc-Meldungen (→Ad-hoc-Publizität), Aktionärsbriefe etc., richten sich mit kaum individuell gestaltbarem Informationsinhalt und -umfang an ein breites Publikum. Sie können Hintergrundwissen vermitteln (z. B. Factbook) oder nur Aufmerksamkeit wecken (z. B. Imageanzeige, TV-Spot). Ein *Dialog* findet nicht oder nur begrenzt statt (z. B. Call-Center, Chat-Rooms). Besondere Stellung nimmt der *Internetauftritt* ein. Er ermöglicht *interaktiv* aus dem Gesamtangebot gezielt Informationen zu selektieren (z. B. XBRL-Websites) oder andere IR-Instrumente anzufordern (z. B. E-Mail-Alerts). Bei *persönlichen IR-Instrumente*n treten meist führende Manager in einen *Dialog* mit den Kapitalmarktakteuren, um Informationswünsche gezielt und detailliert zu erfüllen und Vorstellungen über die zukünftige Geschäfts- und Kommunikationspolitik auszutauschen. Sie richten sich oft nur an ausgewählte Kreise *institutioneller Anleger* und *Informationsintermediäre.* Beispiele sind Einzel- und Roundtablegespräche, (Bilanz-) Presse-, Investoren- und Analystenkonferenzen, Produkt- und Betriebspräsentationen sowie Roadshows. Privaten Anlegern stehen an *persönlichen IR-Instrumenten* nur die HV (→Haupt- und Gesellschafterversammlung), Aktionärsmessen u.Ä. offen.

Ihre *IR-Arbeit* bündeln Unternehmen zunehmend in eigenen Abteilungen. Dabei ist die Einbindung in die Bereiche *Public Relations* oder *Finanzen/* →*Controlling* ebenso denkbar wie die Einrichtung einer *Stabsstelle beim Vorstand.* Die IR-Arbeit erfordert fundierte Kenntnisse über Kapitalmärkte, Rechnungslegung und Kommunikationsformen sowie vermehrt Rechtskenntnisse, da rechtliche z. B. Wertpapierhandelsgesetz (WpHG) und rechtsähnliche (z. B. BörsO) Vorschriften die IR-Arbeit weitgehend bestimmen. Als betriebliche Funktion basiert IR damit auf kapitalmarktorientierten Aspekten verschiedener Disziplinen.

Literatur: Deutscher Investor Relations Kreis e.V. (Hrsg.): Investor Relations. Professionelle Kapitalmarktkommunikation, Wiesbaden 2000; Drill, M.: Investor Relations-Funktion. Instrumentarium und Management der Beziehungspflege zwischen schweizerischen Publikumsaktiengesellschaften und ihren Investoren, Bern 1995; Kirchhoff, K. R./Piwinger, M. (Hrsg.): Praxishandbuch Investor Relations. Das Standardwerk der Finanzkommunikation, Wiesbaden 2005; Küting, K. et al.: Internet-Investor relations. The Impact of the Internet on Corporate Reporting, in: Scholz, C./Zentes, J. (Hrsg.): Strategic Management. A European Approach, Wiesbaden 2002, S. 47–67.

Frank P. Peffekoven

IOSCO →Berufsaufsicht für Wirtschaftsprüfer, international

Irrelevanztheorem →Kapitalstruktur, Planung und Kontrolle der

ISA →International Standards on Auditing

Istkalkulation →Kalkulation; →Selbstkostenermittlung

Istkosten →Istkostenrechnung

Istkostenrechnung

Unter Istkosten wird allgemein das Produkt aus Istfaktorpreis und Istfaktormenge verstanden (→Kosten). Davon abweichend gibt es jedoch auch „Istkosten der →Plankostenrechnung", die das Produkt aus Istfaktormenge und Planfaktorpreis darstellen. Im Mittelpunkt der Istkostenrechnung steht in beiden Fällen die kostenartenweise Erfassung [→Betriebsdatenerfassung (BDE)] der Istfaktormengen, die für die wichtigsten Kostenarten (→Kostenartenrechnung) im Folgenden dargestellt wird; unterschiedlich ist lediglich deren Bewertung mit Preisen. Grundlage der Darstellung ist eine für die Kostenkontrolle (→Kostencontrolling) im Rahmen einer flexiblen Plankostenrechnung (→Grenzplankostenrechnung) konzipierte Istkostenrechnung.

Die Erfassung der *Istpersonalkosten* erfolgt mithilfe der Lohn- und Gehaltsabrechnung (Lohn- und Gehaltsbuchhaltung). Dabei gibt die Bruttolohn- und Bruttogehaltsverteilung an, welche Bruttobeträge unter welcher Personalkostenart den einzelnen Kostenstellen (→Cost Center; →Kostenstellenrechnung) zugerechnet werden (→Kostenzurechenbarkeit). Die Grundlage dazu bilden Lohnscheine und Gehaltslisten. Zur Ermittlung der *Istsozialkosten* werden die Istpersonalkosten der Periode mit dem geplanten Sozialkostenzuschlag (in %) multipliziert und der entsprechenden Kostenstelle zugerechnet. Die Kontrolle (→Kontrolltheorie) der Sozialkosten erfolgt meist nur jährlich in einer Sonderrechnung, bei der die tatsächlich angefallenen Istsozialkosten des Jahres den über den Sozialkostenzuschlag in den Kostenstellen verrechneten Sozialkosten des Jahres gegenübergestellt werden (→Soll-Ist-Vergleich).

Die Istmengen für *Einzelmaterial* (Rohstoffe und Vorprodukte) werden in der Materialabrechnung (Materialbuchhaltung) mithilfe von Materialentnahmescheinen erfasst und mit den zugehörigen Planpreisen bewertet. Die Materialentnahmescheine müssen die (Material-) Kostenartennummer, die Kostenträger- bzw. Artikelnummer und die Nummer der verbrauchenden Kostenstelle enthalten. Die Kontrolle der Einzelmaterialkosten erfolgt nicht im Kostenstellen-Soll-Ist-Vergleich, sondern in Form einer Sonderrechnung (Einzelkosten-Soll-Ist-Vergleich; →Einzelkostencontrolling).

Die Erfassung der Istmengen für *Hilfs- und Betriebsstoffe* (Gemeinkostenmaterial) erfolgt im Rahmen des Kostenstellen-Soll-Ist-Vergleichs (→Gemeinkostencontrolling) in der gleichen Weise wie bei den Einzelmaterialkosten, wobei auf dem Materialentnahmeschein keine Kostenträger- bzw. Artikelnummer angegeben werden kann, sondern nur die Nummer der verbrauchenden Kostenstelle.

Eine kostenstellenweise Erfassung der *Energiekosten* kann nur dann durchgeführt werden, wenn in den einzelnen Kostenstellen Energie-Messgeräte (Stromzähler) installiert sind. Da dies nur für Kostenstellen mit hohem Energieverbrauch wirtschaftlich vertretbar ist, werden die (primären) Energiekosten eigenen „Energieversorgungskostenstellen" zugeordnet und im Rahmen der planmäßigen innerbetrieblichen Leistungsverrechnung (→Kosten- und Leistungsverrechnung, innerbetriebliche) als sekundäre Energiekosten mithilfe eines innerbetrieblichen Verrechnungssatzes auf die empfangenden Kostenstellen verteilt. Für empfangende Kostenstellen ohne Messgerät können die Energiekosten nur nach dem Prinzip „Istkosten = →Sollkosten" erfasst werden, wobei sich die Energiekostenabweichungen dann auf den (sie nicht verursachenden) Energieversorgungsstellen sammeln.

Die Erfassung der *Werkzeugkosten* entspricht weitgehend der Erfassung der Werkstoffkosten. Für Werkzeugarten, die nicht in das Planpreissystem aufgenommen werden, enthalten die Istwerkzeugkosten die tatsächlichen Istpreise. Weichen diese von den der →Planung zu Grunde gelegten Preisen ab, so wird die →Verbrauchsabweichung durch eine →Preisabweichung verzerrt (→Abweichungsanalyse).

In Unternehmen, die sowohl Fremdleistungen empfangen (→Outsourcing) als auch eigene Reparaturbetriebe besitzen, werden sämtliche *Istreparatur- und Istinstandhaltungskosten* im Rahmen einer Werksauftragsabrechnung erfasst. Nach Abschluss eines Werksauftrages werden dessen →Kosten entweder unmittelbar oder mit zeitlich abgegrenzten Beträgen den empfangenden Kostenstellen als Istreparatur- und -instandhaltungskosten zugerechnet, sofern es sich nicht um aktivierungspflichtige innerbetriebliche Leistungen (z. B. Großreparaturen) handelt.

Die *Istabschreibungskosten* (→Abschreibungen, kalkulatorische) werden grundsätzlich rechnerisch ermittelt, da für sie keine Istmengen erfasst werden können. Die rechnerische Ermittlung erfolgt, indem die Istkosten den Sollkosten gleichgesetzt werden.

Für die Erfassung der Istkosten von *Zinsen* (→Kapitalkosten) auf das →Umlaufvermögen wird der wertmäßige durchschnittliche Istbestand der Abrechnungsperiode mit dem geplanten Zinssatz pro Periode bewertet und den Sollkosten gegenübergestellt. Bei den Zinskosten auf das →Anlagevermögen werden wiederum die Istkosten den Sollkosten gleichgesetzt. Gleiches gilt für Wagniskosten, Eigenmietkosten und Unternehmerlohnkosten (→kalkulatorische Kosten).

Sondereinzelkosten werden außerhalb des Kostenstellen-Soll-Ist-Vergleichs in einer Sonderrechnung, „kalkulatorische Deckungsrechnung" genannt, erfasst und kontrolliert.

In einer reinen flexiblen Plankostenrechnung werden nur die variablen Kosten der Hilfskostenstellen in die innerbetriebliche Leistungsverrechnung einbezogen. Für sämtliche daraus resultierenden *sekundären Kosten* stellt sich die Frage der Messbarkeit der Mengenkomponente, wie dies bei den Energiekosten dargestellt wurde. Wird zusätzlich auch eine Verteilung der fixen Kosten (→Fixkostencontrolling) der Hilfskostenstellen vorgenommen, so entstehen in den empfangenden Kostenstellen zusätzliche fixe Kosten (*tertiäre Kosten*). Diese sind eine reine Verrechnungskostenart, für die keine Istwerte erfasst werden können, sodass auch hier die Istkosten den Sollkosten gleichgesetzt werden.

Literatur: Hoitsch, H.-J./Lingnau, V.: Kosten- und Erlösrechnung. Eine controllingorientierte Einführung, 5. Aufl., Berlin et al. 2004.

Volker Lingnau

Istobjekt →Soll-Ist-Vergleich

Italien

Am 17.1.2003 wurde die Rechtsverordnung Nr. 6 von der italienischen Regierung erlassen, die eine vollständige Reform des italienischen Gesellschaftsrechts darstellt. Sie trat am 1.1.2004 in Kraft.

Diese Reform führte drei verschiedene Unternehmensführungsmodelle ein und legte für jedes Modell die Rolle des externen Prüfers sowie die des internen Kontrollausschusses bzw. Kontrollrats fest. Körperschaften können zwischen den folgenden drei unterschiedlichen Führungsmodellen wählen:

Abb. 1: „Herkömmliches" Modell

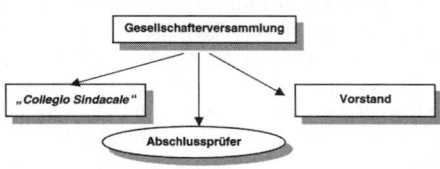

Abb. 2: „Duales" Modell

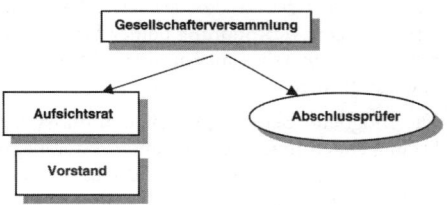

Abb. 3: „Einstufiges" Modell

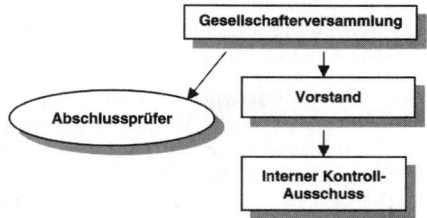

Eine Schlüsselrolle in der Neuregulierung spielt die Trennung zwischen der Kontrolle (→Kontrolltheorie) der Strukturen der Geschäftsführung, Verwaltung und →Rechnungswesen (Geschäftsführungs- und Rechtskontrolle) und Kontrolle über die Rechnungslegung und den JA (Kontrolle des Rechnungswesens).

Die *Geschäftsführungs- und Rechtskontrolle* wird

- nach dem „herkömmlichen Modell" dem *Collegio Sindacale* (APr-Ausschuss),

- nach dem „dualen Modell" dem *AR* (*Consiglio di sorveglianza*) und

- nach dem „einstufigen Modell" dem *Internen Kontrollausschuss* (*Comitato per il controllo interno*)

zugeordnet und schließt Kontrollen ein, um feststellen zu können: „ob die Geschäftstätigkeit des Unternehmens im Einklang mit dem Gesetz und seiner Satzung steht, ob die Gesellschaft gewissenhaft geführt wird und ob die Verwaltungs- und Rechnungslegungsstruktur der Gesellschaft ausreichend ist im Hinblick auf die Geschäftstätigkeit".

Mindestens ein Mitglied des *Collegio Sindacale* muss im Register der WP beim *Justizministerium* eingetragen und die restlichen Mitglieder müssen StB (Dottori Commercialisti) und/oder Rechtsanwälte sein. Darüber hinaus muss jedes Mitglied des *Collegio Sindacale* von den Gesellschaftern bzw. von der Gesellschaft unabhängig sein, d. h. die Mitglieder des *Collegio Sindacale* dürfen nicht mit Gesellschaftern, Beschäftigten oder Beratern der Gesellschaft verwandt sein.

Der AR wird auf der Jahreshauptversammlung von den Anteilseignern gewählt; mindestens ein Mitglied muss ein (eingetragener) WP sein. Der AR benennt die Mitglieder der Geschäftsleitung (*Consiglio di gestione*).

IT-Auditing

Der Interne Kontrollausschuss (*Comitato per il controllo interno*) besteht aus Delegierten des Vorstands, die ausschließlich mit Kontrollfunktionen ausgestattet sind.

Insb. sollen mindestens die Hälfte der Geschäftsleitung sowie alle Mitglieder des Internen Kontrollausschusses den Anforderungen der Ehrenhaftigkeit, des Fachwissens und der Unabhängigkeit von Geschäftsführern genügen, wie vom Gesetz vorgeschrieben. Darüber hinaus sollte ein Mitglied dieses Ausschusses WP sein.

Die *Kontrolle des Rechnungswesens*, d. h.

- Überprüfung der Regelmäßigkeit der Buchführung der Gesellschaft mindestens alle 3 Monate;
- Sicherstellung, dass der JA (sowie ggf. der Konzernabschluss) der zugrunde liegenden Buchführung entspricht und dass er nach den italienischen gesetzlichen Vorschriften aufgestellt wurde;
- Erteilung eines Prüfberichts über den JA (sowie ggf. über den Konzernabschluss),

wurde einem beim *Justizministerium* eingetragenen und von der HV bestellten *externen Prüfer* (WP oder WPGes) übertragen.

Vor den Änderungen im italienischen Körperschaftsrecht wurden sowohl die Geschäftsführungs- und Rechtskontrolle als auch die Kontrolle des Rechnungswesens vom *Collegio Sindacale* ausgeübt. Jetzt nach der Reform wird die *Geschäftsführungs- und Rechtskontrolle* weiterhin vom *Collegio Sindacale* ausgeübt, während die Kontrolle des Rechnungswesens durch eine neue Funktion (externer Prüfer) überwacht wird.

Bei nicht börsennotierten Gesellschaften, die nicht verpflichtet sind, einen Konzernabschluss aufzustellen, kann die *Kontrolle des Rechnungswesens* weiterhin vom *Collegio Sindacale* ausgeübt werden. In diesem Fall müssen alle Mitglieder des *Collegio Sindacale* im Prüferregister des *Justizministeriums* eingetragen sein.

Die Kontrolle des Rechnungswesens bei Gesellschaften, die verpflichtet sind, einen Konzernabschluss aufzustellen, muss von einem externen Prüfer (WP oder WPGes) ausgeübt werden.

Die Kontrolle des Rechnungswesens bei börsennotierten Gesellschaften muss von einer Prüfungsgesellschaft ausgeübt werden, die der Kontrollaufsicht der *CONSOB* (Nationale Kommission für Gesellschaften und für die Börse) unterliegt.

Anna Maria Carletti; Roderick Darby

IT-Auditing →Revisionseinsatzgebiete

IT-Beratung

WP beraten ihre Kunden neben der Prüfungstätigkeit (→Jahresabschlussprüfung; →Konzernabschlussprüfung u. a.) auch in wirtschaftlichen Angelegenheiten (→Berufsbild des Wirtschaftsprüfers). Im Rahmen dieser Tätigkeit sind auch Fragen der IT zu klären. Aus der Sicht eines Wirtschaftsprüfers stellt sich daher die Frage, auf welche IT-Aspekte er sich sinnvollerweise konzentrieren sollte.

Der Beratungsmarkt hat eine lange Tradition. Die Namen der ersten Beratungspioniere (*Arthur D. Little*, *Edwin Booz*, *James O. McKinsey*) stehen heute für weltweit bekannte Unternehmen. In den 1920er Jahren waren in Deutschland erste freiberufliche Beratungsgesellschaften (insb. Ingenieure, Bücherrevisoren) tätig. Mit dem Namen *Gerhard Kienbaum* wird eine schwunghafte Aufwärtsbewegung der Nachkriegszeit verbunden. Die 1960er Jahre waren die Boomzeiten, später traf die Rezession auch die →Unternehmensberater. Eine Ausnahme bildete das Gebiet der IT-Beratung, das in den 1990er Jahren seine „goldenen Jahre" mit hohen Wachstumsraten verzeichnen konnte. Seit 2000 ist der Markt eher stagnierend bis rückläufig.

Die Berufsbezeichnung „IT-Berater" ist im Gegensatz zu der des Wirtschaftsprüfers nicht geschützt. Daher ist die Konkurrenzsituation sehr angespannt. Aus der Sicht des Kunden zeichnet sich ein IT-Berater durch folgende Merkmale aus: Er hat eine neutrale Sicht, ist gut ausgebildet, hat Erfahrung und Spezialkenntnisse. Sein Arbeitsstil ist analytisch, problem- und projektorientiert. Diese Merkmale decken sich mit denen eines Wirtschaftsprüfers (→Berufsgrundsätze des Wirtschaftsprüfers), was eine Verknüpfung beider Tätigkeiten nahe legt, zumal dies aus Kundensicht auch oft gewünscht wird.

Die mögliche Beratungstätigkeit umfasst die Strategieberatung, Prozess- und Systemberatung, Umsetzung und IT-Services sowie →IT-Controlling. Nicht alle Beratungsgebiete sind gleichermaßen für WP von Interesse bzw. Bedeutung.

Im Rahmen der Strategieberatung wird festgelegt, welche Ziele verfolgt werden sollen. Hierzu gehört z. B. eine Marketing- oder Produktstrategie. Bereits hier sind Chancen und Limitationen aufgrund der notwendigen Technologien zu berücksichtigen. Da WP einen sehr tiefen Einblick in die Unternehmensstrukturen erlangen, können bereits hier Ansatzpunkte für eine Beratungstätigkeit entstehen.

Die Prozess- und Systemberatung erarbeitet, wie die Ziele des Unternehmens mithilfe betriebswirtschaftlicher Lösungen i.V.m. der IT erreicht werden sollen. Die Analyse und Gestaltung von →Geschäftsprozessen sind die Kernelemente dieser betriebswirtschaftlich-organisatorisch geprägten Tätigkeit. Die Vielfalt der Spezialgebiete ist groß, mögliche Themen sind z. B. Auswahl von betriebswirtschaftlicher Standardanwendungssoftware (→Standardsoftware für das Rechnungswesen), Konzeption eines Customer-Relationship-Managementsystems. Die gewählten Konzepte hängen meist sehr stark von der zugrunde gelegten IT-Lösung ab. Profundes konzeptionelles IT-Know-how ist in diesem Beratungsgebiet unabdingbar, um ein ganzheitliches Lösungsangebot zu unterbreiten. Aufgrund der tiefen Prozesskenntnis der WP dürfte dieser Beratungsbereich der für WP interessanteste Sektor sein.

Im Bereich Umsetzung (Customizing eines SAP-Systems) und IT-Services (z. B. Betrieb von SAP-Standardsoftware in einem großen Rechenzentrum) sind überwiegend technische Kenntnisse erforderlich, wie sie üblicherweise bei Wirtschaftsprüfern nicht anzutreffen sind. Allerdings wünschen Kunden vielfach die Verknüpfung von Strategie, Prozessgestaltung (→Prozessmanagement) und Umsetzung aus einer Hand. Spätestens an dieser Stelle ist daher die Zusammenarbeit mit spezialisierten IT-Beratungshäusern erforderlich bzw. sinnvoll.

Das IT-Controlling unterstützt den Aufbau eines Managementsystems zur Stärkung der Leistungsfähigkeit des Unternehmens. Hierzu gehört u. a. auch ein leistungsfähiges Berichtswesen (→Berichtssystem; →Führungsinformationssysteme) sowie die Durchführung von Reviews und Audits.

Zusammenfassend lassen sich folgende IT-orientierten Aufgaben identifizieren, die für WP sinnvoll sind: Konzeption und Aufbau von Berichtswesensystemen für das IT-Controlling, Mitwirkung bei der Konzeption und Implementierung betriebswirtschaftlicher Software, insb. für das Finanz-, Rechnungs- und Steuerwesen, Systemsicherheits-Audits (→IT-Sicherheit), Prüfung und Zertifizierung von Informationssystemen, Umsetzung der GDPdU-Richtlinien (→Grundsätze ordnungsmäßiger IT-gestützter Buchführungssysteme; →IT-Buchführungen; →IT-Systeme).

Literatur: Gadatsch, A./Mayer, E.: Masterkurs IT-Controlling, 3. Aufl., Wiesbaden 2006.

Andreas Gadatsch

IT-Buchführungen

Insoweit die Rechnungslegung eines Unternehmens über IT-gestützte DV-Systeme abgewickelt wird (→IT-Systeme), sind diese DV-Systeme im Rahmen der Prüfung von Jahres-, Konzern- und →Zwischenabschlüssen (→Jahresabschlussprüfung; →Konzernabschlussprüfung) auf Einhaltung der GoB zu prüfen (→Grundsätze ordnungsmäßiger Buchführung, Prüfung der). Grundlage hierfür sind die vom Gesetzgeber vorgegebenen Bestimmungen des Handels- und Steuerrechts (insb. §§ 238, 239 und 257 HGB) sowie die davon abgeleiteten Stellungnahmen sowohl staatlicher als auch privatwirtschaftlicher Institutionen. Hierbei sind insb. die Verlautbarungen des Berufsstandes der WP, der IT-Revisoren sowie der →*Bundesanstalt für Finanzdienstleistungsaufsicht* (*BaFin*) zu berücksichtigen.

Die gesetzlichen Voraussetzungen für eine Buchführung, die auf Datenträgern geführt wird, enthalten das HGB und die AO. Nach § 239 Abs. 4 HGB und § 146 Abs. 5 AO können Handelsbücher oder Bücher und die sonst erforderlichen Aufzeichnungen auch in der geordneten Ablage von Belegen bestehen oder auf Datenträgern geführt werden, soweit diese Formen der Buchführung einschl. des dabei angewandten Datenverarbeitungsverfahrens den GoB entsprechen.

Als DV-gestütztes Buchführungssystem wird dabei eine Buchführung bezeichnet, die insgesamt oder in Teilbereichen kurzfristig oder auf Dauer unter Nutzung von Hardware und Software auf DV-Datenträgern geführt wird. Dabei ist sicherzustellen, dass während der Dauer der gesetzlichen Aufbewahrungsfristen Bücher, Belege und sonstige erforderliche Aufzeichnungen jederzeit innerhalb angemessener Frist verfügbar und im ursprünglichen inhaltlichen Zustand lesbar gemacht werden können (→Aufbewahrungspflichten).

Die GoB schreiben kein bestimmtes Buchführungsverfahren vor. Sie lassen jedes Verfahren – auch auf IT-gestützte Systeme – zu, wenn dies die Anforderungen erfüllt, die durch die GoBS (→Grundsätze ordnungsmäßiger IT-gestützter Buchführungssysteme) an das Verfahren gestellt werden (§ 239 Abs. 4 HGB).

Bei der Prüfung einer IT-gestützten Buchführung ist von wesentlicher Bedeutung, dass durch den Einsatz integrierter DV-Systeme Daten aus vorgelagerten DV-Systemen in die Gesamtbetrachtung einzubeziehen sind (→Datenverarbeitungsorganisation). Dabei sind Daten aus DV-Systemen, welche als Nebenbuch einzustufen sind, ebenso rechnungslegungsrelevant, wie die in der Hauptbuchanwendung direkt abgebildeten Daten (→Grund- und Hauptbuch). Derartige Datenverarbeitungsverfahren können Beleg-, Konten- und Journalfunktion erlangen, wodurch sie dann ebenfalls uneingeschränkt den GoB unterliegen.

Der APr hat das IT-gestützte Rechnungslegungssystem daraufhin zu beurteilen, ob es den gesetzlichen Anforderungen und insb. den Ordnungsmäßigkeits- und Sicherheitsanforderungen (→IT-Sicherheit) entspricht, um die nach §§ 322 Abs. 1 Satz 1 i.V.m. 317 Abs. 1 Satz 1 und 321 Abs. 2 Satz 3 HGB geforderten Prüfungsaussagen über die Ordnungsmäßigkeit der Buchführung treffen zu können (→IT-Prüfung).

Die GoBS bei IT-gestützter Rechnungslegung (→Grundsätze ordnungsmäßiger IT-gestützter Buchführungssysteme) sind nur erfüllt, wenn das Rechnungslegungssystem die Einhaltung der folgenden allgemeinen Ordnungsmäßigkeitskriterien bei der Erfassung, Verarbeitung, Ausgabe und Aufbewahrung der rechnungslegungsrelevanten Daten über die Geschäftsvorfälle sicherstellt: Vollständigkeit (§ 239 Abs. 2 HGB), Richtigkeit (§ 239 Abs. 2 HGB), Zeitgerechtheit (§ 239 Abs. 2 HGB), Ordnung (§ 239 Abs. 2 HGB), Nachvollziehbarkeit (§ 238 Abs. 1 Satz 2 HGB) und Unveränderlichkeit (§ 239 Abs. 3 HGB) (IDW RS FAIT 1).

Die Prüfung von →IT-Systemen (→IT-Systemprüfung) im Rahmen von Abschlussprüfungen (→Jahresabschlussprüfung; →Konzernabschlussprüfung) umfasst grundsätzlich die Aufnahme der IT-Systemlandschaft, die Aufnahme der Kontrollen zur Sicherstellung der Ordnungsmäßigkeit der IT-Systeme, die Beurteilung der Wirksamkeit der vorhandenen Kontrollen und die Prüfung der Funktionsfähigkeit der als wirksam beurteilten Kontrollen.

In Abhängigkeit von der →Wesentlichkeit des DV-Systems für die Rechnungslegung sowie der Komplexität der vorhandenen IT-Systemlandschaft kann es erforderlich sein, im Rahmen der Abschlussprüfung, Spezialisten zur Durchführung einer →IT-Systemprüfung hinzuzuziehen.

Ziel einer IT-Abschlussprüfung ist es, die Risiken, welche sich aus den IT-Prozessen hinsichtlich der Einhaltung der Anforderungen an die Ordnungsmäßigkeit der Buchhaltung und der Anforderungen an die →IT-Sicherheit ergeben, zu erfassen und zu beurteilen (→risikoorientierter Prüfungsansatz). Die Prüfungshandlungen richten sich demnach auf die Sicherstellung einer den gesetzlichen Anforderungen entsprechenden ordnungsgemäßen DV in den Systemen mit Haupt- oder Nebenbuchcharakter sowie den sonstigen EDV-Systemen, den Schutz der Systeme und Daten vor Bedrohungen von außen und innen sowie die Sicherheit in der Kommunikation mit Kunden, Geschäftspartnern und der Nutzung von Informationsquellen.

Die im Rahmen einer IT-Abschlussprüfung zu prüfenden Bereiche sind u. a. IT-Strategie und -Umfeld (→IT-Umfeld), IT-Organisation, IT-Infrastruktur, IT-Anwendungen, die Einbindung der IT in die →Geschäftsprozesse des Unternehmens, das implementierte IT-Überwachungssystem, das Verhältnis des Unternehmens zu Outsourcinganbietern (→Outsourcing) sowie die Verfahren bei der Nutzung öffentlicher Netze. Dabei gliedert sich die →IT-Prüfung in die beiden Bereiche Aufbauprüfung (→Aufbauorganisation) und →Funktionsprüfung (→Internes Kontrollsystem, Prüfung des; →Systemprüfung; →Kontrollprüfung). Im Rahmen der Aufbauprüfung erfolgt eine Beurteilung der Angemessenheit der Verfahren, Arbeitsanweisungen und implementierten Kontrollen des →Internen Kontrollsystems, im Rahmen der

Funktionsprüfung eine Beurteilung der Wirksamkeit der vorhandenen Kontrollen und die Prüfung der Funktionsfähigkeit der als wirksam beurteilten Kontrollen. Schwerpunktmäßig erfolgt dabei eine Prüfung in den Bereichen physische Sicherheit, logische Sicherheit, Datensicherung (→IT-Sicherheit), IT-Betrieb und Notfallplanung (IDW PS 330 und PH 9.330.1).

Die Prüfung der IT-Systeme umfasst demnach Hardware, Software, Daten, aber auch organisatorische, bauliche und personelle Fragen, soweit sie in direktem Zusammenhang mit der Sicherheit von IT-Systemen stehen. Entsprechend dem Grundsatz der Nachvollziehbarkeit muss ein sachverständiger Dritter in der Lage sein, sich in angemessener Zeit einen Überblick über die Geschäftsvorfälle und die Lage des Unternehmens zu verschaffen. Die Abwicklung des einzelnen Geschäftsvorfalls sowie des angewandten Buchführungs- bzw. Rechnungslegungsverfahrens muss nachvollziehbar sein.

Literatur: IDW (Hrsg.): IDW Prüfungsstandard: Abschlussprüfung bei Einsatz von Informationstechnologie (IDW PS 330, Stand: 24. September 2002), in: WPg 55 (2002), S. 1167–1179; IDW (Hrsg.): IDW Stellungnahme zur Rechnungslegung: Grundsätze ordnungsmäßiger Buchführung bei Einsatz von Informationstechnologie (IDW RS FAIT 1, Stand: 24. September 2002), in: WPg 55 (2002), S. 1157–1167.

Sven Bretthauer

IT-Controlling

Der Begriff IT-Controlling (→Controlling) wird vielschichtig interpretiert. Häufige Abkürzungen sind DV-Controlling, EDV-Controlling, IV-Controlling (Informationsverarbeitungs-Controlling) oder IS-Controlling (Informationssystem-Controlling). Die Aufgaben eines IT-Controllers variieren in der Praxis sehr stark. Eine enge Auffassung beschreibt IT-Controlling als Kontrolleur der IT-Abteilungen oder als computergestützte Kontrolle von IT-Projekten (→Projektcontrolling). Diese Auffassungen sind irreführend und nicht ausreichend. Definitionen jüngeren Datums betrachten IT-Controlling als Instrument zur Entscheidungsvorbereitung im Rahmen der Nutzung von IT-Ressourcen. IT-Controlling ist die „[...] Beschaffung, Aufbereitung und Analyse von Daten zur Vorbereitung zielsetzungsgerechter Entscheidungen bei Anschaffung, Realisierung und Betrieb von Hardware und Software [...]" (Becker/Winkelmann 2004, S. 214). Durch den gestiegenen Kostendruck (→Kosten) wird IT-Controlling oft mit Reduktion der IT-Kosten verwechselt. Ursache dafür ist die starke IT-Durchdringung vieler →Geschäftsprozesse und der hierdurch angestiegene IT-Kostenanteil. Mangelnde Transparenz dieses Kostenblocks führt oft zu dem Eindruck, dass die IT-Kosten reduziert werden müssen. Der IT-Controller wird zum Kostenkontrolleur (→Kostencontrolling) und Kostensenker degradiert. Eine leistungsorientierte Sichtweise erkennt, dass der IT-Einsatz mit Leistungssteigerung und Effizienzverbesserung vernetzt ist (Gadatsch/Mayer 2006, S. 32). Die IT stellt bei dieser Sichtweise ein Kernelement zur Sicherstellung der Wettbewerbsfähigkeit des Unternehmens dar.

Die *Gestaltungsoptionen* im IT-Controlling-Konzept sind umfassend. Das IT-Prozessmodell (s. Abb.) beschreibt die Prozessschritte „Strategische IT-Planung", „Entwicklung" und „Betrieb" von Software.

Im Rahmen der strategischen IT-Planung (→Planung) wird eine IT-Strategie konzipiert, welche die Umsetzung und Überwachung von IT-orientierten Maßnahmen zur Erreichung der strategischen Unternehmensziele übernimmt. Die wesentlichen Inhalte der IT-Strategie umfassen:

- Formulierung eines zukünftigen *Sollzustandes* (Wohin wollen wir?),
- Aufzeigen des *Handlungsbedarfs* (Was müssen wir tun?),
- Ermittlung von *Handlungsoptionen* (Was haben wir für Alternativen?),
- Setzen von Zielen und definieren von *Maßnahmen* (Was soll konkret gemacht werden? Bis wann sollen die Ziele erreicht werden?),
- Festlegung der *Verantwortung* (Wer führt die Maßnahmen durch?) sowie
- Bestimmung von *Messgrößen* für das Ziel-Monitoring (Wann haben wir die Ziele erreicht?).

Als ein Kernelement der IT-Strategie gilt die Entwicklung eines *IT-Bebauungsplanes*. Er beantwortet z. B. folgende Fragen:

- Welche Informationssysteme (→Führungsinformationssysteme) haben wir derzeit im Einsatz?

IT-Controlling

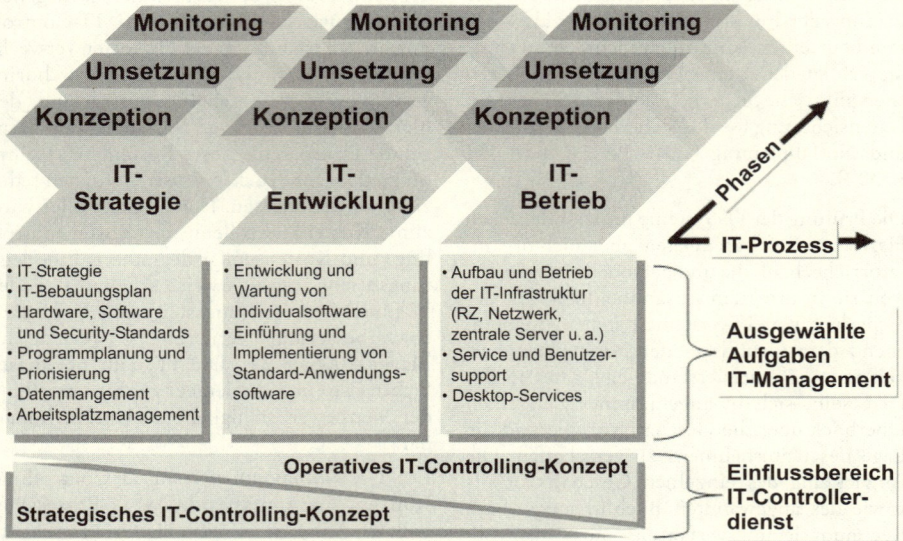

Abb.: IT-Prozessmodell

- Wer hat die Verantwortung für diese Informationssysteme?
- Wann wurde ein Informationssystem eingeführt und welchen aktuellen Releasestand benutzen wir?
- Wann wird das nächste Release produktiv und wann wird es abgelöst?
- Über welche Verbindungsstellen (Schnittstellen) werden welche Informationen ausgetauscht?
- Durch welche Abteilung mit welchem Informationssystem werden unternehmensweite Daten (z. B. Kundendaten) erfasst, geändert und weitergeleitet?
- Wo und wofür setzen wir im Unternehmen Standardsoftware (→Standardsoftware für das Rechnungswesen) welcher Hersteller ein?

Daneben sind Hardwarestandards (z. B. Standard-PC), Softwarestandards (z. B. Bürosoftware) und Sicherheitsstandards (→IT-Sicherheit) (z. B. Virenschutzprogramme) festzulegen und zu verabschieden. Die „IT-Entwicklung" unterstützt die Entwicklung und Wartung von Individualsoftware sowie die Einführung und Implementierung von Standard-Anwendungssoftware. Der „IT-Betrieb" umfasst die →Planung und den Aufbau der IT-Infrastruktur, also dem Rechenzentrum (RZ), dem Unternehmensnetz, zentralen Servern für die Datenhaltung usw. Weiterhin ist die im Einsatz befindliche Software zu betreiben und für einen regelmäßigen Service und Benutzersupport (Hotline etc.) zu sorgen. Alle Aufgaben durchlaufen die Phasen Konzeption, Umsetzung und Monitoring. In allen Phasen wird der IT-Controllerservice gefordert. Der Übergang zwischen dem strategischen und operativen Controlling-Konzept ist vernetzt und fließend.

Das *strategische IT-Controlling* (→strategisches Controlling) orientiert sich ohne Zeithorizont am Gesamtunternehmen. Es dient der Steigerung der Effektivität des Unternehmens. Die Kernfrage lautet: Welche Aufgaben müssen wir für die Zukunft lösen? (to do the right things). Die IT (als Wettbewerbsfaktor) unterstützt die Erreichung der Unternehmensziele als strategischer Baustein im Werkzeugkasten. Das *operative IT-Controlling* (→operatives Controlling) steigert die Effizienz der vom strategischen IT-Controlling vorgegebenen Maßnahmen. Die Kernfrage lautet: Wie lassen sich die Maßnahmen optimal durchführen (to do the things right)? Es arbeitet innerhalb eines definierten Zeithorizontes und betrachtet ausgewählte Geschäftsprozesse, Informationssysteme oder einzelne

Kostenstellen (→Cost Center) und dient der konkreten Prozessunterstützung.

Strategische Werkzeuge unterstützten das Management bei der Formulierung, Umsetzung und laufenden Überwachung (Monitoring) der IT-Strategie des Unternehmens.

- Die *IT-Strategie* arbeitet mit IT-Standards (z. B. bestimmten Office-Produkten), die vom IT-Management erarbeitet und für IT-Verantwortungsträger verbindlich vorgegeben werden. Das IT-Controlling kann das IT-Management wirkungsvoll unterstützen, wenn nur mit standardkonformen Maßnahmen gesteuert wird.
- Die Überwachung eingeleiteter Maßnahmen unterstützt Analysen und Kennzahlen der Balanced Scorecard-Methode (→Balanced Scorecard), die für den IT-Bereich zunehmend eingesetzt wird.
- Im IT-Portfolioausschuss für strategisch wichtige IT-Projekte werden langfristig wirkende Entscheidungen vorbereitet, verabschiedet und IT-Projekte priorisiert (→Portfolioanalyse).
- Der *operative Werkzeugkasten* umfasst zahlreiche Einzelinstrumente. *Die IT-Kosten- und Leistungsrechnung* (→Kosten- und Leistungsrechnung) nutzt Standardverfahren (→Kostenartenrechnung, →Kostenstellenrechnung; →Kostenträgerstückrechnung und →Kostenträgerzeitrechnung) für die Planung, Verrechnung und Analyse der IT-Kosten.
- *Geschäftspartner-Management:* Bei IT-Projekten werden häufig Berater und IT-Dienstleister eingebunden (→IT-Beratung). Das Vertrags- und Beratermanagement dient dem zeitnahen →Benchmarking der Geschäftspartner.
- *Service-Level-Agreements* sichern einen hohen Leistungsgrad der Geschäftspartner und erlauben es dem IT-Controllerservice, bei Vertragsverletzungen rechtzeitig einzugreifen. Hierzu gehört auch der Einsatz spezieller Vertragsmanagementtools, um die IT-Verträge (Kauf, Leasing/Miete, Beratung) zu verwalten. Zahlreiche IT-Verträge werden nach Abschluss nicht systematisch überwacht. Als Folge hieraus werden Kündigungsfristen übersehen oder Gebühren für nicht mehr vorhandene Geräte bezahlt.

- Das *IT-Berichtswesen* basiert auf den Daten des →Rechnungswesens und speziellen Berichten (→Berichtssystem). Darin liefern Kennzahlen (→Kennzahlen und Kennzahlensysteme als Kontrollinstrument) und Projektstatusreports dem IT-Controller ein umfassendes Bild über geplante, laufende und abgeschlossene IT-Projekte.
- →*Projektcontrolling:* Die aktive Mitarbeit des IT-Controllers in IT-Projektteams erlaubt es, frühzeitig IT-Projekte beeinflussen zu können. Die Genehmigung von IT-Projekten wird durch ein formalisiertes Genehmigungsverfahren standardisiert. Es verhindert den Start riskanter und unwirtschaftlicher Projekte. Regelmäßige Reviews kontrollieren laufende Projekte, um frühzeitig Schwachstellen und Fehlentwicklungen zu korrigieren. Das innerbetriebliche Projektbenchmarking garantiert einen Wettbewerb zwischen den IT-Projekten.
- *IT-Prozessmanagement*: In vielen Unternehmen werden Geschäftsprozesse modelliert, um eine Dokumentation und Basis für laufende Prozessverbesserungen zu erhalten (→Prozessmanagement). Kernprozesse des Unternehmens, wie Vertriebsabwicklung, Fertigung usw., werden bevorzugt. Auch IT-Prozesse, wie die Entwicklung von Individualsoftware, die Einführung von Standardsoftware usw., sind einzubeziehen.
- Das *IT-Assetmanagement* übernimmt die Inventarisierung (→Inventar) und Verwaltung der IT-Ressourcen im Unternehmen. Der IT-Controller kann auf die Bestands- und Analysedaten zugreifen um eine Optimierung der IT-Bestände (z. B. Laptops, Drucker, Organizer) zu steuern.
- →*Outsourcing* von IT-Leistungen, also die Verlagerung von IT-Aufgaben zu externen Dienstleistern, wird seit Jahren mit dem Ziel der Vereinfachung der IT-Prozesse und der Reduktion von IT-Kosten praktiziert.

Die *organisatorische Einbindung* des IT-Controllers in die Unternehmenshierarchie ist unterschiedlich geregelt. Folgende Grundvarianten sind in der Praxis anzutreffen: das Partnerschaftsmodell (IT-Controller gleichrangig mit CIO), das CIO-Mitarbeiter-Modell (IT-Controller als CIO-Mitarbeiter) und das Controlling-Modell (Mitarbeiter im Controlling). Beim *Partnerschaftsmodell* ist der Leiter IT-Controlling direkt der Unternehmensleitung unterstellt und damit auf der gleichen Hierarchiestufe wie der CIO und Leiter Unternehmenscontrolling angesiedelt. Dieses Modell ermöglicht eine partnerschaftliche ausgewogene Rollenverteilung zwischen CIO und Leiter IT-Controlling. Im Konfliktfall sind beide Parteien gleichberechtigt. Das *Mitarbeitermodell* ordnet den Leiter IT-Controlling dem CIO unter. Wegen der disziplinarischen Einordnung des IT-Controllers ist bei Meinungsverschiedenheiten (z. B. Muss ein IT-Projekt wegen zu hoher Risiken gestoppt werden?) dieses Modell aus Sicht des IT-Controllers wenig sinnvoll, da seine Unabhängigkeit nicht gewahrt ist. Zudem besteht die Gefahr einer höheren „Techniklastigkeit" der Aufgabenstellung des IT-Controllers. Das *Controlling-Modell* betrachtet IT-Controlling als Teilaufgabe des Unternehmens-Controllings (→Controlling). Der Leiter IT-Controlling berichtet an den Leiter Controlling. Er ist damit gegenüber dem CIO nicht weisungsgebunden. Auch in dieser Variante ist eine ausgewogene Rollenverteilung zwischen CIO und IT-Controller darstellbar. Allerdings prägt dieses Modell in der Praxis eher „finanzorientierte" IT-Controller aus. Dies kann dazu führen, dass wirtschaftliche Aspekte gegenüber unternehmerischen Fragen des IT-Einsatzes Oberhand gewinnen können.

Literatur: Becker, J./Winkelmann, A.: IV-Controlling, in: Wirtschaftsinformatik 46 (2004), S. 213–221; Dobschütz, L. v./Barth, M./Kütz, M./Möller, H.-P. (Hrsg.): IV-Controlling, Wiesbaden 2000; Gadatsch, A.: IT-Controlling realisieren, Praxiswissen für IT-Controller, CIOs und IT-Verantwortliche, Wiesbaden 2005; Gadatsch, A./Mayer, E.: Masterkurs IT-Controlling, Grundlagen und Strategischer Stellenwert – IT-Kosten- und Leistungsrechnung in der Praxis – Mit Deckungsbeitrags- und Prozesskostenrechnung, 3. Aufl., Wiesbaden 2006; Krcmar, H./Buresch, A. (Hrsg.): IV-Controlling auf dem Prüfstand, Wiesbaden 2000; Krcmar, H./Son, S.: IV-Controlling, in: Wirtschaftsinformatik 46 (2004), S. 165–166; Kütz, M. (Hrsg.): Kennzahlen in der IT, Heidelberg 2003.

Andreas Gadatsch

Iteratives Verfahren →Kostenstellenrechnung

IT-Fehlerrisiken →IT-Systemprüfung

IT-gestützte Prüfungsdurchführung

Typische Software zur IT-gestützten Prüfungsdurchführung (→Prüfungssoftware) lässt sich kategorisieren in:

- Tabellenkalkulationsprogramme (z. B. Excel),
- Datenbankprogramme (z. B. Access),
- Visualisierungsprogramme zur Darstellung von Prozessen (z. B. Visio),
- Auswahlprogramme (z. B. DataImport, Monarch).

Darüber hinaus wurde in den letzten Jahren spezielle Software zur Durchführung einzelner Prüfungsschritte entwickelt. Beispiele dafür sind:

- ACL (Audit Command Language),
- ARIS (Architektur Integrierter Informationssysteme),
- IDEA (Interactive Data Extraction & Analysis).

Des Weiteren haben insb. die größeren WPGes (→Revisions- und Treuhandbetriebe) eigene Datenbanken zur Prüfung von Prozessen (→Geschäftsprozesse) entwickelt. Die Datenbanken sind jeweils an die zu prüfenden IT-Umgebungen angepasst. So gibt es spezielle Entwicklungen zur Prüfung von SAP, Navision, Peoplesoft oder Oracle.

Auf dem Markt erhältliche Programme, wie AUDICON oder FAMA PC, verfolgen den Ansatz der Unterstützung der gesamten →Prüfungsplanung und -durchführung (→Auftragsdurchführung). Letztlich haben auch große Softwarehäuser eigene Tools zur Durchführung von Prüfungshandlungen (→Auswahl von Prüfungshandlungen) entwickelt, so z. B. SAP das „Audit Information System". Auch die DATEV stellt spezielle Systeme zur Prüfung der Buchhaltungsunterlagen bereit („Abschlussprüfung comfort").

Die →IT-gestützte Prüfungsdurchführung hat durch die GDPdU an Bedeutung gewonnen. Durch die im Rahmen des Steuersenkungsgesetzes vom 23.10.2000 festgelegten Änderungen der AO hat die Finanzverwaltung ab dem 1.1.2002 im Rahmen von Betriebsprüfungen (→Außenprüfung) weitgehende Zugriffsrechte auf die Datenverarbeitungs-Systeme (→Datenverarbeitungsorganisation) von Unternehmen erhalten. Dabei wird unterschieden zwischen:

- unmittelbarem Zugriff,
- mittelbarem Zugriff,
- Überlassung von Datenträgern.

Beim *unmittelbaren Zugriff* muss das zu prüfende Unternehmen, ggf. auch bei externen Dienstleistern, Hard- und Software zur Verfügung stellen. Darüber hinaus muss eine Einweisung des Prüfers in das EDV-System erfolgen. Das Unternehmen muss eine Zugangsberechtigung zu allen steuerrelevanten Daten (→Steuern als Prüffeldgruppe) einschl. der vorhandenen Auswertungsprogramme schaffen. Dabei ist ein Nur-Lesezugriff wegen des Haftungsausschlusses (→Haftung des Wirtschaftsprüfers) vorzusehen. Aufgrund der Datenschutzbestimmungen und zum Schutz von Betriebsgeheimnissen ist eine Datenabgrenzung erforderlich. Ein Verwertungsverbot besteht nicht. Die erforderlichen Daten müssen entweder im Produktivsystem (über 10 Jahre) oder auf anderen revisionssicheren Datenhaltungssystemen (→IT-System) vorgehalten werden, wenn deren maschinelle Auswertbarkeit durch Nachbildung der Standardauswertungsmöglichkeiten des Anwendungssystems sichergestellt ist.

Beim *mittelbaren Zugriff* muss das Unternehmen die erforderliche Hard- und Software zur Verfügung stellen. Außerdem ist die Unterstützung durch mit dem EDV-System vertraute Personen erforderlich. Dies muss auch bei ausgelagerten Buchhaltungen (→Buchführungstechnik und Prüfungsmethoden) gewährleistet werden. Auswertungen werden nach den Vorgaben der Finanzverwaltung durch Mitarbeiter des zu prüfenden Unternehmens durchgeführt, die mit dem System vertraut sind.

Bei der *Datenträgerüberlassung* erfolgt die Überlassung der Daten auf Kosten des Unternehmens auf Datenträgern in maschinell auswertbarer Form. Die zur Auswertung der Daten erforderlichen Informationen (z. B. Dateistruktur, Dateifelder interne und externe Verknüpfungen) sind offenzulegen. Akzeptiert werden CD-ROM und DVD im ISO Standard, oder aber Disketten, sofern diese das Dateisystem MS-DOS oder FAT enthalten.

Schwerpunkt einer IT-gestützten Prüfungsdurchführung ist i.d.R. die Durchführung von aussagebezogenen Prüfungshandlungen (→ergebnisorientierte Prüfungshandlungen). Dazu sind die folgenden Analysemöglichkeiten nutzbar:

- Vollprüfung des gesamten Buchungsstoffes (→lückenlose Prüfung),
- Auswahl einzelner Elemente des Buchungsstoffes (bewusst oder statistisch) (→Stichprobenprüfung),
- Zusammenführung von Daten aus unterschiedlichen Systemen und Generierung eigener Auswertungen/Analysen (→Verprobung; →analytische Prüfungshandlungen; →Plausibilitätsprüfungen).

Eine *Vollprüfung des gesamten Buchungsstoffes* erfolgt i.d.R. mit Auswertungsprogrammen wie IDEA oder ACL. Dazu werden die Daten aus der Buchhaltung in das Programm eingelesen und dann nach bestimmten Kriterien gefiltert (→lückenlose Prüfung).

Darüber hinaus kann mithilfe einer IT-gestützten Prüfungsdurchführung eine *Stichprobe* nach einem statistisch gesicherten Verfahren ausgewählt werden. Der Vorteil dieser Auswahl ist, dass auf der Basis der Ergebnisse der Stichprobe Aussagen über die Höhe und Qualität des Fehlers in der zu prüfenden Grundgesamtheit gemacht werden können (→Fehlerarten in der Abschlussprüfung).

Ein weiteres Feld der IT-gestützten Prüfungsdurchführung ist die *Zusammenführung von Daten aus unterschiedlichen Systemen des Rechnungswesens*. So kann es z. B. sinnvoll sein, die Vorratsbestände (→Vorratsvermögen) mit den Absatzzahlen (→Umsatzerlöse) aus dem Berichtsjahr zu vergleichen und diese Werte ins Verhältnis zu setzen. Daraus werden ggf. Überbestände und Überbewertungen erkennbar. Ebenfalls denkbar ist die Zusammenführung von Forderungssalden (→Forderungen) mit den Kreditlimits von Kunden (→Kreditwürdigkeitsprüfung). Überschreiten die Forderungssalden die ermittelten Kreditlimits, ist aufgrund des höheren Kreditrisikos ggf. eine Abwertung der Forderung zu erörtern. Die Zusammenführung von Daten ist ein wichtiges Instrument zur Unterstützung der Abschlussprüfung (→Jahresabschlussprüfung; →Konzernabschlussprüfung), da eine solche Zusammenführung und Analyse durch das geprüfte Unternehmen häufig unterbleibt.

Thomas M. Orth

IT-gestützte Prüfungstechniken

Prüfungstechniken, bei denen Hardware und Software (→Prüfungssoftware) für die Unterstützung bei →IT-Systemprüfungen und aussagebezogenen Prüfungshandlungen (→ergebnisorientierte Prüfungshandlungen) verwendet wird, werden als IT-gestützte Prüfungstechniken bezeichnet. Von den IT-gestützten Prüfungstechniken [Computer Assisted Audit Techniques (CAAT)] ist der Einsatz von Hardware und Software zur Prüfungsautomatisierung (Audit Automation) zu unterscheiden; allerdings ist die Abgrenzung nicht immer eindeutig, da sich z. B. Tabellenkalkulationsprogramme sowohl für die Datenselektion und Datenanalyse als auch für die Dokumentation von Prüfungsergebnissen einsetzen lassen (Hanisch/Kempf 1990, S. 435).

Insb. bei komplexen →IT-Systemen bzw. bei der Selektion, Aufbereitung und Analyse umfangreicher rechnungslegungsrelevanter Daten ist der ausschließliche Einsatz von manuellen Prüfungstechniken i. d. R. nicht ausreichend, um verlässliche Prüfungsergebnisse und →Prüfungsnachweise zeitgerecht zu erlangen. Zudem führen IT-Systeme automatisch Transaktionen und Kontrollen durch, ohne dass systemseitig ein sichtbarer Prüfungspfad erstellt wird, mit dessen Hilfe im Nachhinein die Vollständigkeit und Richtigkeit (→Fehlerarten in der Abschlussprüfung) der verarbeiteten Transaktionen nachzuweisen wäre (Ruhnke 2003, S. 463).

Bereits bei der →Prüfungsplanung und der Entwicklung der →Prüfungsstrategie sind die organisatorischen, zeitlichen, personellen und technischen Voraussetzungen für den Einsatz IT-gestützter Prüfungstechniken zu klären. So muss z. B. die Auswahl der prüfungsrelevanten Informationen geplant und im Vorweg geklärt werden, ob die zeitgerechte Bereitstellung dieser Informationen in maschinell lesbarer und auswertbarer Form möglich ist. Ferner muss der →Abschlussprüfer (APr) über ausreichende IT-Fachkompetenz und Erfahrung verfügen.

Bei der Durchführung von IT-Systemprüfungen sind zur Beurteilung der Ausgestaltung und Wirksamkeit des IT-Kontrollsystems Aufbauprüfungen (→Aufbauorganisation) und →Funktionsprüfungen durchzuführen. Bei der Aufbauprüfung können z. B. IT-gestützte →Prüfungschecklisten eingesetzt werden, um die wesentlichen Elemente des IT-Kontrollsystems zu erfassen und zu dokumentieren. Durch Expertensysteme (→Expertensysteme im Prüfungswesen) unterstützte Anwendungen dienen auch der vorläufigen Beurteilung

→Interner Kontrollsysteme (→Internes Kontrollsystem, Prüfung des; →Systemprüfung) und →Geschäftsprozesse (IDW 2002, Rn. 98, S. 1177). Im Rahmen der Funktionsprüfung ist zur Einholung von Prüfungsnachweisen beispielhaft der Einsatz von Programmen für die Analyse und Beurteilung von Zugriffsrechten auf System- und Anwendungssoftware sowie die Verwendung von Programmen zur Auswertung von Netzwerkzugriffen und Programmaufrufen zu nennen.

In Abhängigkeit von dem Ergebnis der IT-Systemprüfung sind weitere aussagebezogene Prüfungshandlungen zu planen und durchzuführen. Mithilfe von Datenbankabfragesprachen, genereller →Prüfungssoftware und Tabellenkalkulationsprogrammen lassen sich rechnungslegungsrelevante Daten selektieren, aufbereiten und analysieren. So könnten z. B. Analysen hinsichtlich der Altersstruktur von Vorräten (→Vorratsvermögen) und →Forderungen aus Lieferungen und Leistungen vorgenommen werden. Ferner könnte Prüfungsgegenstand sein, ob die Vergabe von Belegnummern lückenlos bzw. mehrfach erfolgte. Denkbar sind bspw. auch gezielte Datenanalysen bei vermuteten Verstößen, die zu Vermögensschädigungen geführt haben könnten (→Unregelmäßigkeiten, Aufdeckung von); Voraussetzung für den Erfolg dieser Analysen ist jedoch, dass diese Verstöße Spuren im zur Verfügung gestellten Datenbestand hinterlassen haben.

Der Einsatz von Software bei der Verwendung IT-gestützter Prüfungstechniken ist sowohl auf der Hardware des Prüfers als auch auf der Hardware des Unternehmens denkbar. Z.B. kann ein Prüfungswerkzeug, das bereits in die IT-Anwendung zur Buchführung eingebettet ist und an die unternehmensindividuelle Datenstruktur angepasst wurde, durch den Prüfer genutzt werden.

Literatur: Hanisch, H./Kempf, D.: Revision und Kontrolle von EDV-Anwendungen im Rechnungswesen, München 1990; IDW (Hrsg.): IDW Prüfungsstandard: Abschlussprüfung bei Einsatz von Informationstechnologie (IDW PS 330, Stand: 24. September 2002), in: WPg 55 (2002), S. 1167–1179; Marten, K.-U./Quick, R./Ruhnke, K.: Wirtschaftsprüfung. Grundlagen des betriebswirtschaftlichen Prüfungswesens nach nationalen und internationalen Normen, 2. Aufl., Stuttgart 2003.

Bernhard Klinkhammer

IT-Grundschutzhandbuch →IT-Sicherheit

IT-Infrastruktur →Betriebssystem

IT-Investitionen →Datenverarbeitungsorganisation

IT-Kontrollsystem →IT-gestützte Prüfungstechniken; →IT-Prüfung; →IT-Systemprüfung

IT-Organisation →Datenverarbeitungsorganisation

IT-Prozesse →Control Objectives of Information and Related Technology

IT-Prüfung

Der →Abschlussprüfer (APr) hat zu beurteilen, in welchem Umfang das IT-gestützte Rechnungslegungssystem in die Abschlussprüfung einzubeziehen ist, um die erforderlichen Aussagen über die Ordnungsmäßigkeit der Buchführung gem. § 321 Abs. 2 Satz 1 HGB im →Prüfungsbericht (PrB) sowie gem. § 322 Abs. 3 Satz 1 HGB im →Bestätigungsvermerk (BestV) treffen zu können.

IT-gestützte Rechnungslegungssysteme müssen ebenso wie konventionelle Buchführungssysteme, die nicht oder nur teilweise IT-gestützt sind, hinsichtlich der Eingabe, Verarbeitung, Ausgabe und Aufbewahrung rechnungslegungsrelevanter Daten die in den §§ 238 f. HGB, 257 HGB aufgeführten Ordnungsmäßigkeitskriterien sicherstellen. Voraussetzung für die Ordnungsmäßigkeit der IT-gestützten Rechnungslegung ist neben der Gesetzesentsprechung des Rechnungslegungssystems die Sicherheit der verarbeiteten rechnungslegungsrelevanten Daten (IDW 2002b, Rn. 19, S. 1158).

Insb. bei komplexen →IT-Systemen kann der APr durch eine stichprobenhafte Prüfung der Eingabedaten sowie der Verarbeitungsergebnisse keine hinreichend sichere Beurteilung der ordnungsgemäßen DV (→Grundsätze ordnungsmäßiger IT-gestützter Buchführungssysteme) vornehmen. Das IT-System bildet eine Black Box, Funktionsweisen und IT-Kontrollen sind für den APr nicht ersichtlich (Marten/Quick/Runke 2003, S. 461 f.). Die IT-Prüfung muss daher im Rahmen des →risikoorientierten Prüfungsansatzes als →IT-Systemprüfung auf das IT-Kontrollsystem ausgerichtet werden. Das zu prüfende IT-Kontrollsystem ist Bestandteil des →Internen Kontrollsystems.

Bei der Überlegung, ob der Prüfungsauftrag (→Prüfungsauftrag und -vertrag) angenommen werden kann sowie bei der →Prüfungsplanung muss der APr die erforderliche IT-Fachkompetenz beurteilen. IT-Fachwissen kann z. B. bei der Qualifikation zum →Certified Information Systems Auditor erlangt werden.

Ziel der IT-Systemprüfung ist die Beurteilung der IT-Fehlerrisiken, d. h. des Risikos wesentlicher Fehler (→Fehlerarten in der Abschlussprüfung) im IT-System, soweit diese rechnungslegungsrelevant sind (IDW 2002a, Rn. 9, S. 1168). Das Ergebnis der Beurteilung der IT-Fehlerrisiken berücksichtigt der APr bei der Festlegung der →Prüfungsstrategie sowie der Prüfungsschwerpunkte im →Prüfungsprogramm.

Um das IT-Kontrollsystem prüfen zu können, verschafft sich der APr zunächst einen Überblick über das IT-System. Mittels der Aufbauprüfung beurteilt er die Angemessenheit der wesentlichen Elemente des IT-Kontrollsystems und nimmt eine vorläufige Beurteilung der Wirksamkeit vor. Im Rahmen der sich anschließenden →Funktionsprüfung wird die Wirksamkeit der IT-Kontrollen zur Begrenzung von IT-Fehlerrisiken beurteilt.

Hat der APr wesentliche Schwachstellen im IT-Kontrollsystem festgestellt und deren Auswirkungen auf die Prüfungsstrategie und das Prüfungsprogramm beurteilt, sind auch alternative aussagebezogene Prüfungshandlungen (→ergebnisorientierte Prüfungshandlungen) zu planen und durchzuführen. Bei komplexen IT-Systemen bzw. bei großen Datenbeständen ist der Einsatz →IT-gestützter Prüfungstechniken in Betracht zu ziehen, um ausreichende →Prüfungsnachweise zu erhalten.

Die Kenntnisse aus der IT-Systemprüfung sind angemessen in den Arbeitspapieren (→Arbeitspapiere des Abschlussprüfers) zu dokumentieren. Hat der APr Mängel hinsichtlich der Sicherheit der für die Zwecke der Rechnungslegung verarbeiteten Daten festgestellt, sind diese im PrB darzustellen (IDW 2003, Rn. 64, S. 1132). Eine Einschränkung oder Versagung des Bestätigungsvermerks ist bei Schwächen des IT-Systems, die zu wesentlichen Mängeln (→Wesentlichkeit) bei der Rechnungslegung führen, geboten.

Literatur: IDW (Hrsg.): IDW Prüfungsstandard: Abschlussprüfung bei Einsatz von Informationstechnologie (IDW PS 330, Stand: 24. September 2002), in: WPg 55 (2002), S. 1167–1179; IDW (Hrsg.): IDW Stellungnahme zur Rechnungslegung: Grundsätze ordnungsmäßiger Buchführung bei Einsatz von Informationstechnologie (IDW RS FAIT 1, Stand: 24. September 2002), in: WPg 55 (2002), S. 1157–1167; IDW (Hrsg.): IDW Prüfungsstandard: Grundsätze ordnungsmäßiger Berichterstattung bei Abschlussprüfungen (IDW PS 450, Stand: 8. Dezember 2005), in: WPg 59 (2006), S. 113–128; Marten, K.-U./Quick, R./Ruhnke, K.: Wirtschaftsprüfung. Grundlagen des betriebswirtschaftlichen Prüfungswesens nach nationalen und internationalen Normen, 2. Aufl., Stuttgart 2003.

Bernhard Klinkhammer

IT-Risiken →IT-Umfeld

IT-Sicherheit

Art und Umfang der auf dem Wege der EDV erhobenen Informationen werden durch die *Datenschutzgesetze* geregelt. Kriterien für den sachlichen Anwendungsbereich des *BDSG* (daneben existieren auch Landesdatenschutzgesetze) sind nach Maßgabe von Art. 3 Abs. 1 der RL 95/46/EG (sog. Datenschutz-RL) die Erhebung, Verarbeitung und Nutzung personenbezogener Daten, wenn diese automatisiert erfolgt. § 9 BDSG verpflichtet öffentliche und nicht-öffentliche Stellen, die personenbezogene Daten erheben, verarbeiten oder nutzen, die innerbehördliche oder innerbetriebliche Organisation so zu gestalten, dass sie den besonderen Anforderungen des →Datenschutzes gerecht wird und entsprechende geeignete technische und organisatorische Maßnahmen zu treffen. Die Anforderungen an diese Maßnahmen werden in der Anlage zu § 9 BDSG aufgeführt.

Als grundlegend sind dabei folgende Schutzziele anzusehen:

- *Verfügbarkeit* sowohl des IT-Systems als auch der darin gespeicherten Daten.
- *Integrität* verlangt, dass das System richtige Informationen erzeugen und bewahren kann, d. h. die Unversehrtheit (keine Vernichtung, Verfälschung, Veränderung) von Programmen und zu verarbeitenden Daten ist zu gewährleisten. Dies schließt auch die Absturzsicherheit von Programmen und die unkontrollierte Manipulation von Daten durch die Programme selber ein.
- *Authentizität* beinhaltet, dass die Identität einer Entität bzw. Ressource (z. B. Mensch, Prozess, System, Dokument, Information) die ist, die sie zu sein vorgibt.
- *Vertraulichkeit* fordert von dem IT-System, dass die Daten vor unbefugter Kenntnisnahme, Einsichtnahme, Be- und Verarbeitung gesichert sind. Mit der Einführung neuer Dienstleistungen im Bereich der Informations- und Kommunikationstechnik kamen weitere Sicherheitsziele, wie die Anonymität des Benutzers, der Schutz von Urheberrechten oder die Zurechenbarkeit von Daten sowie Zurechenbarkeit, Unverfälschbarkeit und Verbindlichkeit von Transaktionen, hinzu.

Zur Sicherstellung dieser Eigenschaften existieren zahlreiche Maßnahmenkataloge, von denen das *IT-Grundschutzhandbuch* des *BSI* eine herausragende Stellung einnimmt. Hier sind zahlreiche Empfehlungen für Sicherheitsmaßnahmen aufgeführt. Generische Maßnahmen decken die Bereiche Organisation, Personal, Kommunikation, Notfallvorsorge, Datensicherung und Infrastruktur ab. Gefährdungslagen bilden dabei die Grundlage, um ein spezifisches Maßnahmenbündel aus diesen Bereichen zu generieren. Angesichts der vielfältigen Produkte und Lösungen im IT-Sektor können die produkt- oder technologiespezifischen Maßnahmen jedoch zwangsläufig nur die gängigsten IT-Komponenten abdecken. So beschreibt das IT-Grundschutzhandbuch detailliert Standard-Sicherheitsmaßnahmen, die praktisch für jedes IT-System zu beachten sind:

- Standardsicherheitsmaßnahmen für IT-Systeme mit normalem Schutzbedarf,
- eine Darstellung der pauschal angenommenen Gefährdungslage,
- ausführliche Beschreibungen zur Umsetzung der Maßnahmen,
- eine Beschreibung des Prozesses zum Erreichen und Aufrechterhalten eines angemessenen IT-Sicherheitsniveaus und
- eine einfache Verfahrensweise zur Ermittlung des erreichten IT-Sicherheitsniveaus in Form eines →Soll-Ist-Vergleichs.

Die Einhaltung derartiger Vorgaben zur IT-Sicherheit kann bzw. muss durch *IT-Sicherheitsaudits* (→Datenschutz-Audit) sichergestellt werden:

- Die Akzeptanz elektronischer Abwicklung von Verwaltungstätigkeiten im Bürgerkontakt erfordert einen Vertrauensvorschuss von demjenigen, der das Angebot nutzen soll. Öffentliche Verwaltungen in ganz Deutschland sind deshalb (teilweise per Gesetz) angehalten, IT-Verfahren für die Automatisierung der Verwaltungstätigkeit vor ihrem Einsatz auch unter Sicherheitsaspekten zu prüfen, damit Vertrauen entstehen kann.
- Die Datenschutzgesetze fordern sichere Systeme zum Schutz personenbezogener Daten.
- Die Telekommunikationsgesetze geben IT-Sicherheitsanforderungen für über →E-Business tätige Unternehmen vor.
- Der elektronische Schriftverkehr erfordert Rechtssicherheit. Das SigG verlangt, dass bestimmte, für elektronische Signaturen eingesetzte Produkte nach dem neuesten Stand der Technik hinreichend geprüft sind.
- Das KonTraG fordert, risikobehaftete Geschäfte, Unrichtigkeiten in der Rechnungslegung, Verstöße gegen gesetzliche Vorschriften, die sich auf die →Vermögenslage, →Finanzlage und →Ertragslage wesentlich auswirken, offen zu legen und geeignete Maßnahmen zu ergreifen, um diese zu beseitigen (→Risikomanagementsystem).
- Die Auditierung der Sicherheit eines IT-Systems kann ein Teilaspekt einer gesetzlich vorgeschriebenen Prüfung (→Pflichtprüfung) sein, z. B. die Prüfung des Buchführungssystems (→Grundsätze ordnungsmäßiger IT-gestützter Buchführungssysteme; →IT-Buchführungen) im Rahmen der handelsrechtlichen Abschlussprüfung (→Jahresabschlussprüfung; →Konzernabschlussprüfung).

Eine klare Regelung der Verantwortlichkeiten für die Sicherheit eines IT-Systems im Unternehmen ist notwendige Voraussetzung für einen bestimmungsentsprechenden, sicheren und ordnungsgemäßen Einsatz des Systems.

Verantwortlich für die Einhaltung der gesetzlichen Bestimmungen und der Sicherheit der IT-Systeme sowie der rechnungslegungsrelevanten Daten ist die Geschäftsleitung bzw. die gesetzlichen Vertreter des Unternehmens (→Überwachungsaufgaben des Vorstands). Bei der Einhaltung der damit verbundenen Verpflichtungen delegieren die Geschäftsleitung bzw. die gesetzlichen Vertreter des Unternehmens Unterstützungsaufgaben an organisatorische Einheiten zumeist innerhalb des Unternehmens, z. B. →Interne Revision, IT-Sicherheitsbeauftragter oder Datenschutzbeauftragter). Diesen IT-Verantwortlichen werden u. a. folgende Aufgaben übertragen:

- Erfassung der unterschiedlichen Facetten der IT-Sicherheit im Unternehmen,
- Beurteilung, wie das Unternehmen im Vergleich zu anderen Unternehmen hinsichtlich der IT-Sicherheit steht (→überbetriebliche Vergleiche; →Benchmarking) sowie
- Gewährleistung, dass die IT-Sicherheit im Unternehmen auch zukünftig gegeben ist.

Dazu überwachen die für die IT-Sicherheit im Unternehmen Verantwortlichen den Stand der IT-Sicherheit permanent, vergleichen ihn mit Soll-Vorgaben und leiten Verbesserungsmaßnahmen ein. Das zentrale Hilfsmittel dabei sind von den IT-Verantwortlichen selber durchgeführte oder extern beauftragte IT-Sicherheitsprüfungen. Diese Prüfungen sollen IT-Sicherheitsmaßnahmen bzw. deren Korrekturen empfehlen bzw. anstoßen. Adressat dieser Empfehlungen ist der Auftraggeber der Prüfung, zumeist die Geschäftsleitung. Diese setzt die Empfehlungen wiederum in Zusammenarbeit mit den für die IT-Sicherheit Verantwortlichen um.

Literatur: Collenberg, T./Wolz, M.: Zertifizierung und Auditierung von IT- und IV-Sicherheit, Praxisleitfaden zur Technical Due Diligence, München 2005; Müller, K.-R.: IT-Sicherheit mit System. Strategie – Vorgehensmodell – Prozessorientierung – Sicherheitspyramide, 2. Aufl., Wiesbaden 2005.

Matthias Wolz

IT-Systeme

Die Prüfung von IT-Systemen umschreibt ein Vorgehen, in dessen Ausführung die eingesetzten technischen und organisatorischen Maßnahmen zur Sicherung der IT-Infrastruktur, der IT-Systeme und der IT-Anwendungen überprüft werden (→IT-Prüfung).

Es bestehen in Deutschland keine gesetzlichen Vorschriften, die die *Durchführung von Sicherheitsüberprüfungen* der IT-Systeme vorschreiben. Ein breiter Kanon von Empfehlungen durch öffentliche Organisationen, Verbände und Unternehmen lassen die Prüfung der Sicherheit jedoch quasi zur Unternehmerpflicht werden. Zudem wird im IDW PS 330 die Überprüfung der IT-Systeme durch den →Abschlussprüfer (APr) auch gefordert, wenn die Systeme „Daten über Geschäftsvorfälle oder betriebliche Aktivitäten [...] verarbeiten, die entweder direkt in die IT-gestützte Rechnungslegung einfließen oder als Grundlage für Buchungen im Rechnungslegungssystem in elektronischer Form zur Verfügung gestellt werden" (IDW PS 330.8).

Durch die Anforderungen des Sarbanes Oxley Act, durch den die Prüfung des Internen Kontrollsystems (→Internes Kontrollsystem, Prüfung des; →Systemprüfung) für alle Bereiche des Finanzreportings eine Rolle spielt, liegt die Prüfung der Zuverlässigkeit der IT-Systeme vermehrt im Fokus (→Sarbanes Oxley Act, Einfluss auf das Prüfungswesen). Dies gilt allerdings nur für an der →*Securities and Exchange Commission* (*SEC*) gelistete Unternehmen und deren Tochterunternehmen.

Abhängig von der Zielsetzung in der Berichterstattung werden für die Prüfung *Vorgehensmodelle* mit unterschiedlichen Schwerpunkten angesetzt. Findet die Prüfung im Rahmen einer Abschlussprüfung (→Jahresabschlussprüfung; →Konzernabschlussprüfung) statt, liegt das Augenmerk einzig auf der Integrität der rechnungslegungsrelevanten Systeme. In diesem Zusammenhang werden in erster Linie organisatorische Schwächen im Management der Systeme oder Mängel in der Handhabung der Benutzerverwaltung geprüft (→IT-Systemprüfung).

Der Nachweis von vorhandenen technischen Schwächen wird in den meisten Fällen nicht im gleichen Maße verfolgt, wie dies im Rahmen von Penetrationstests von Infrastrukturen durchaus üblich ist.

Eine andere Form der IT-Sicherheitsprüfung (→IT-Sicherheit) ist der Penetrationstest, in dessen Ablauf über technische Werkzeuge der Nachweis versucht wird, die Zielsysteme zu analysieren und mögliche Schwachstellen in der Konfiguration oder im System auszunutzen. Durch die Schwachstellenausnutzung (Exploitation) wird der Nachweis des potenziellen Risikos erbracht.

Im Wesentlichen durchläuft eine Prüfung die folgenden Phasen, auch wenn die verschiedenen Prüfungsmodelle unterschiedliche Elemente der Prüfung vorsehen. Eine allgemeine Struktur für eine →IT-Systemprüfung kann wie folgt dargestellt werden (BSI-Studie, IDW PS 330):

- Prüfungsvorbereitung,
- Informationsbeschaffung bzw. Systemaufnahme,
- Bewertung der Information und Risikoanalyse,
- Verifikation der Informationen und möglicher Schwachstellen sowie
- Berichterstattung.

Das wesentliche Ergebnis der Prüfung ist die *Berichterstattung*. In allen Fällen der →Systemprüfung liegt zum Abschluss der Prüfung ein Bericht vor, der die folgenden Kapitel darstellt:

- Beschreibung des Prüfungsauftrags mit Ziel, Art und Umfang der durchgeführten Prüfungshandlungen sowie
- Darstellung der Ergebnisse und Prüfungsfeststellungen mit den Unterpunkten, die je nach Prüfungsauftrag ausgearbeitet werden müssen, wie z. B. Empfehlungen zur Behebung der Feststellungen, Risikoeinschätzung der Feststellungen, Nachweise der Prüfungsfeststellungen (Logfiles, Screenshots etc.).

Der Bericht sollte unterschrieben und mit Datum versehen werden (ISACA Standards). Als Berichtsdatum gilt der Tag, an dem die Prüfungshandlungen abgeschlossen wurden.

Die wichtigste *Anforderung an den Prüfer* ist die adäquate fachliche Qualifikation des Prüfers. Dies ist umso wichtiger, da im →IT-Umfeld ein hoher Spezialisierungsgrad und eine besondere Dynamik in der Entwicklung von neuen Systemen und Technologien vorherrschen. Daneben sollten die Integrität des Prüfers und ein Mindestmaß an Unabhängigkeit von Soft- und Hardware-Herstellern gegeben sein.

Literatur: British Standard Institute (Hrsg.): ISO/IEC 17799:2000, www.bsi-global.com (Download: 12. Dezember 2005), Abschn. 4.1.7; BSI (Hrsg.): Studie Durchführungskonzept für Penetrationstests (BSI Studie), Bonn 2003; BSI (Hrsg.): IT-Grundschutzhandbuch (GSHB), Loseblattausgabe, Bonn, Stand: 6. Erg.-Lfg. 2004, S. 24 und 84 f.; IDW (Hrsg.): IDW Prüfungsstandard: Abschlussprüfung bei Einsatz von Informationstechnologie (IDW PS 330, Stand: 24. September 2002), in: WPg 55 (2002), S. 1167–1179; ISACA (Hrsg.): ISACA Standards, Berufsverband der EDV-Revisoren, ISACA German Chapter e.V.

Peter Wirnsperger

IT-Systemprüfung

Die IT-Systemprüfung ist eine Prüfung mit dem Ziel, IT-Fehlerrisiken, d. h. Risiken wesentlicher Fehler im →IT-System, soweit diese rechnungslegungsrelevant sind, zu beurteilen. Im Rahmen einer risikoorientierten Prüfung (→risikoorientierter Prüfungsansatz) wird die IT-Systemprüfung auf das IT-Kontrollsystem als Bestandteil des →Internen Kontrollsystems ausgerichtet.

Die IT-Systemprüfung ist i. d. R. Bestandteil der Abschlussprüfung (→IT-Prüfung, →Jahresabschlussprüfung). Dies gilt auch für Abschlussprüfungen (→kleine und mittlere Unternehmen, Prüfung von) →kleiner und mittlerer Unternehmen (IDW PH 9.100.1.43). Auch die →Interne Revision von Unternehmen führt im Rahmen ihrer Überwachung der Ordnungsmäßigkeit von Aufbau und Funktion des Internen Kontrollsystems IT-Systemprüfungen durch. (→Revisionseinsatzgebiete) IT-Fachwissen kann insb. bei der Qualifikation zum →Certified Internal Auditor (CIA) bzw. →Certified Information Systems Auditor (CISA) erlangt werden.

Für eine sachgerechte →Prüfungsplanung und Entwicklung der →Prüfungsstrategie müssen ausreichende Kenntnisse über das IT-System und die IT-Fehlerrisiken vorhanden sein. Bei E-Commerce-Systemen (→E-Commerce) sind auch die besonderen Risiken, die sich aus der Nutzung des Internets zu Kommunikationszwecken ergeben, zu beachten (IDW RS FAIT 2.20). Risiken des →E-Commerce werden auch bei →Web-Trust-Prüfungen beurteilt.

Eine umfassende IT-Systemprüfung berücksichtigt die Bereiche IT-Strategie, →IT-Umfeld, IT-Organisation (→Datenverarbeitungsorganisation), IT-Infrastruktur, IT-Anwendungen, IT-Geschäftsprozesse (→Geschäftsprozesse) und ggf. auch das IT-Outsourcing (→Outsourcing). In diesen Bereichen erfolgt die Aufbauprüfung (→Aufbauorganisation) sowie die →Funktionsprüfung zur Beurteilung der Wirksamkeit des IT-Kontrollsystems (→Internes Kontrollsystem, Prüfung des; →Systemprüfung). Um das IT-Kontrollsystem bei einem komplexen IT-System vollständig beurteilen zu können, sollte ein geschäftsprozessorientierter und kein an einzelnen betrieblichen Funktionen ausgerichteter Prüfungsansatz gewählt werden, um auch vor- und nachgelagerte IT-Teilsysteme und die Datenkommunikation zwischen diesen Teilsystemen erfassen zu können.

Die Prüfung von IT-Anwendungen hinsichtlich der computergestützten Verfahren zur Einhaltung von Ordnungsmäßigkeitsanforderungen kann bereits beim Software-Hersteller erfolgen und ggf. eine →Software-Bescheinigung (→Bescheinigungen; →Bescheinigungen im Prüfungswesen) durch einen WP erteilt werden. Die Prüfung der beim Anwender eingesetzten und individuell eingerichteten IT-Anwendung wird hierdurch i. d. R. nicht ersetzt, da die Testumgebung des Software-Herstellers und die Systemumgebung des Anwenders erfahrungsgemäß prüfungserhebliche Unterschiede ausweisen. So müssen z. B. die unternehmensspezifischen Parametereinstellungen sowie die Integration der IT-Anwendung in das IKS des Unternehmens in die Beurteilung einbezogen werden.

Zur Unterstützung einer umfassenden und systematischen IT-Systemprüfung können →Prüfungschecklisten eingesetzt werden, wie z. B. IDW PH 9.330.1. →IT-gestützte Prüfungstechniken können die Wirtschaftlichkeit und die Effektivität der Prüfungsdurchführung (→Auftragsdurchführung) erhöhen.

Neben umfassenden IT-Systemprüfungen kommen thematische Prüfungen in Betracht, die aus gegebenem Anlass durchzuführen sind. Anlässe könnten z. B. die Prüfung von vermuteten oder bereits festgestellten Schwächen des IT-Systems im Zusammenhang mit Datenverlusten (→IT-Sicherheit) bei der Übertragung rechnungslegungsrelevanter Daten über Schnittstellen oder Mängel der Protokollierungsfunktion von Belegdaten, Stammdaten und Zugriffsberechtigungen sein (Wähner 2002, S. 396–398).

Literatur: IDW (Hrsg.): IDW Prüfungshinweis: Checkliste zur Abschlussprüfung beim Einsatz von Informationstechnologie (IDW PH 9.330.1, Stand: 1. Juli 2002), in: IDW (Hrsg.): IDW Prüfungsstandards (IDW PS), IDW Stellungnahmen zur Rechnungslegung (IDW RS), IDW Standards (IDW S) einschließlich der dazugehörigen Entwürfe, IDW Prüfungs- und Rechnungslegungshinweise (IDW PH und IDW RH), Loseblattausgabe, Band II, Düsseldorf, Stand: 16. Erg.-Lfg. Oktober 2005; IDW (Hrsg.): IDW Stellungnahme zur Rechnungslegung: Grundsätze ordnungsmäßiger Buchführung bei Einsatz von Electronic Commerce (IDW RS FAIT 2, Stand: 29. September 2003), in: WPg 56 (2003), S. 1258–1276; IDW (Hrsg.): IDW Prüfungshinweis: Besonderheiten der Abschlussprüfung kleiner und mittelgroßer Unternehmen (IDW PH 9.100.1, Stand: 1. Juli 2004), in: WPg 57 (2004), S. 1038–1046; Wähner, G.: DV-Revision. Handbuch für die Unternehmenspraxis, Ludwigshafen 2002.

Bernhard Klinkhammer

IT-Umfeld

I.e.S. versteht man unter dem Begriff „IT-Umfeld" lediglich die Grundeinstellung zum IT-Einsatz im Unternehmen, die IT-Strategie sowie die Regelungen zur Durchführung von Überwachungsmaßnahmen durch die gesetzlichen Vertreter im Unternehmen (sog. High-Level-Controls) (IDW PS 330.50).

Im weiten Begriffssinne – worauf im Folgenden Bezug genommen wird – fasst man unter „IT-Umfeld" sämtliche IT-relevanten Systeme (IT-Infrastruktur und IT-Anwendungen) und →Geschäftsprozesse des prüfungspflichtigen Unternehmens zusammen.

Zum einen können →IT-Systeme zur Realisation von unmittelbar rechnungslegungsbezogenen Geschäftsprozessen genutzt werden. Dazu gehören vor allem IT-gestützte Buchführungssysteme (→IT-Buchführungen), E-Commerce-Systeme (→E-Commerce) und Dokumentenmanagementsysteme (→IT-Prüfung).

Zum anderen werden IT-Systeme zur Unterstützung der originären Geschäftsprozesse eingesetzt (→Prozessmanagement). Darunter fallen bspw. Systeme zur Produktionsplanung und -steuerung (→Produktionscontrolling), zum Kundenbeziehungsmanagement oder Transaktionssysteme im Kreditgewerbe (→Bankencontrolling). Diese IT-Systeme sind bei der Abschlussprüfung (→Jahresabschlussprüfung; →Konzernabschlussprüfung) ebenfalls zu berücksichtigen, da nur so die Informationsfunktion des Jahresabschlusses (→Grundsätze ordnungsmäßiger Rechnungslegung) erfüllt werden kann (→IT-Prüfung; →IT-Systemprüfung). Das Risiko einer Funktionsstörung oder eines Ausfalls derartiger IT-Systeme stellt eine berichterstattungspflichtige Tatsache bei der Aufstellung des →Lageberichtes dar (→Chancen- und Risikobericht). Dem hat der →Abschlussprüfer (APr) durch einen geschäftsrisikoorientierten Prüfungsansatz (→risikoorientierter Prüfungsansatz) in Bezug auf die Prüfung des IT-Umfelds Rechnung zu tragen. Dabei sind folgende Teilaufgaben zu unterscheiden (IDW 2000, Abschn. R, Rn. 160 ff.):

Zunächst ist die *Bedeutung* der IT-Systeme für das Unternehmen zu ermitteln. Dazu ist zu prüfen, für welche Geschäftsprozesse eine besondere Abhängigkeit von der IT besteht. Können die primären Geschäftsprozesse nur bei Einsatz von IT-Sytemen aufrecht erhalten werden, so besteht eine hohe Abhängigkeit, da eine permanente Verfügbarkeit der Systeme erforderlich ist. Ebenso sind auch extern bezogene IT-Dienstleistungen in der Analyse zu berücksichtigen. Durch IT-Outsourcing (→Outsourcing) kann sich eine Abhängigkeit nicht nur in technischer, sondern auch in organisatorischer und ökonomischer Hinsicht ergeben. Um potenzielle Risiken im IT-Bereich erkennen zu können, ist es erforderlich, nicht ausschließlich Bezug auf den „status quo" der IT-Systeme des zu prüfenden Unternehmens zu nehmen. Vielmehr müssen auch die Risiken berücksichtigt werden, die zu Wettbewerbsnachteilen im Vergleich zu anderen Unternehmen der Branche führen können. Derartige Wettbewerbsnachteile können sich ergeben, wenn neue Technologien zu spät oder gar nicht eingeführt werden. Gleiches gilt, wenn sich bestehende IT-Systeme nicht mehr oder nur unter sehr hohem finanziellen Aufwand an aktuelle technische, organisatorische oder funktionale Anforderungen anpassen lassen. In diesem Zusammenhang wird die erhebliche Bedeutung einer strategischen IT-Planung deutlich, die die mittel- und langfristige →Planung des IT-Einsatzes zum Gegenstand hat (→IT-Controlling; →strategisches Controlling).

Als zweiter Schritt hat die Analyse der *potenziellen Folgen* des Eintritts eines Risikos zu erfolgen. Der vollständige oder teilweise Ausfall von IT-Systemen kann bspw. zu Produktionsausfällen, kostspieligen Nacharbeiten oder zur Inanspruchnahme aus der Produkthaftung heraus führen. Eine genaue Quantifizierung des potenziellen Schadens wird nicht immer möglich sein; Ziel muss aber zumindest eine Beurteilung dahingehend sein, ob aufgrund der Schadenshöhe eine →Bestandsgefährdung gegeben sein könnte.

In einem dritten Schritt hat die Bestimmung der *Eintrittswahrscheinlichkeiten* für die dem Grunde nach festgestellten Risiken zu erfolgen. Auf Basis der Risikokomponenten (Bedeutung, Folgen und Wahrscheinlichkeit) kann die Ermittlung des Gesamtrisikos vorgenommen werden.

Die Ermittlung und Prüfung der geschäftsorientierten IT-Risiken nach dem oben beschriebenen Muster erfolgt ausgehend von einer Dokumentation der vorhandenen IT-Strukturen. Aus Sicht der personellen →Prüfungsplanung ist die Einbeziehung von IT-Spezialisten zur Gewährleistung der erforderlich →Prüfungsqualität unbedingt erforderlich. Insb. bei eher technischen Fragen, die sich bspw. auf Aspekte, wie Berechtigungskonzepte, Datensicherung oder die Migration von Anwendungssoftware (→IT-Sicherheit) beziehen, ist Expertenbeteiligung unverzichtbar. Besondere Anforderungen für die Prüfung von IT-Risiken bestehen auch in Abhängigkeit der Branchenzugehörigkeit der zu prüfenden Unternehmen. Dies kann bspw. bei →Kreditinstituten, Logistik- oder E-Business-Unternehmen (→E-Business) der Fall sein.

Prüfungsziel der IT-Umfeldanalyse im Rahmen der →Jahresabschlussprüfung gem. § 317 HGB muss primär zum einen die Entdeckung von Defiziten sein, die sich auf die Ordnungsmäßigkeit der Buchführung (→Grundsätze ordnungsmäßiger IT-gestützter Buchführungssysteme; →Grundsätze ordnungsmäßiger Buchführung, Prüfung der) bzw. der Rechnungslegung (→Grundsätze ordnungsmäßiger Rechnungslegung) auswirken können. Zum anderen hat die Prüfung der IT-Risiken i.S.e. geschäftsrisikoorientierten Prüfungsansatzes zu erfolgen. Die Überprüfung der technischen Funktionsfähigkeit von IT-Systemen ist nicht Gegenstand der Abschlussprüfung und muss – wenn durch das Unternehmen gewollt – gesondert beauftragt werden.

Literatur: IDW (Hrsg.): WPH 2000, Band I, 12. Aufl., Düsseldorf 2000; IDW (Hrsg.): IDW (Hrsg.): IDW Prüfungsstandard: Abschlussprüfung bei Einsatz von Informationstechnologie (IDW PS 330, Stand: 24. September 2002), in: WPg 55 (2002), S. 1167–1179.

Holm Krüger

J

Jahresabschluss →Jahresabschlussprüfung

Jahresabschlussanalyse

Als Jahresabschlussanalyse bzw. Bilanzanalyse gilt die Gesamtheit der Methoden und Maßnahmen, mit deren Hilfe der JA und weitere Informationen mit Rechnungslegungsbezug aufbereitet und ausgewertet werden mit dem Ziel, einen Eindruck von der wirtschaftlichen Lage eines Unternehmens zu erhalten. Das Erfordernis einer Jahresabschlussanalyse ergibt sich daraus, dass das Rechnungslegungs-Berichtswerk der Unternehmen keine unmittelbar entscheidungsbezogenen Antworten gibt, sondern als gesetzgeberisch verordneter, z.T. politisch ausgehandelter Kompromiss zwischen divergierenden Interessengruppen lediglich einen Informationspool darstellt, sozusagen eine Datenbank, die je nach Informationsziel ausgewertet werden muss.

Der Erkenntniswert der Jahresabschlussanalyse hängt im Wesentlichen von Art, Quantität und Qualität des Ausgangsmaterials sowie den benutzten Analysemethoden (→Jahresabschlussanalyse, Methoden der) ab.

Die Analyse dient dazu, die im Berichtswerk enthaltenen latenten Informationen zu heben sowie die entscheidungsbezogene Informationsgewinnung aus dem JA zu bewirken. Die Analyse fällt zunächst unterschiedlich ergiebig aus, je nachdem ob Zugang zu den hinter der Rechnungslegung liegenden Aufschreibungen besteht oder nicht. Im ersten Fall handelt es sich um interne, im zweiten um externe Jahresabschlussanalysen.

Unabhängig von Branche, Rechtsform oder Unternehmensgröße sind Erfolg und Finanzen generell relevante Aspekte der wirtschaftlichen Lage von Unternehmen, sodass die *Analyse der Erfolgslage und der Finanzlage* als zentrale Erkenntnisziele der Jahresabschlussanalyse gelten können. Bei der Betrachtung der Zahlen aus dem JA ist aber zu beachten, dass sie je nach Rechnungslegungs-Normensystem [→International Financial Reporting Standards (IFRS); →United States Generally Accepted Accounting Principles (US GAAP)] und je nach Unternehmenspolitik in erheblichem Umfang durch bilanzpolitische Maßnahmen (→bilanzpolitische Entscheidungsmodelle; →bilanzpolitische Gestaltungsspielräume nach HGB; →bilanzpolitische Gestaltungsspielräume nach Steuerrecht; →bilanzpolitische Gestaltungsspielräume nach IFRS; →bilanzpolitische Gestaltungsspielräume nach US GAAP; →bilanzpolitische Gestaltungsspielräume, Prüfung von) verformt sein können. Daher wird der Analyse der Erfolgs- und Finanzlage als Konzept- und Methodenschritt eine Analyse der Bilanzpolitik vorgeschaltet. Die *Analyse der Bilanzpolitik* umfasst auch die u.U. nicht unbeträchtlichen stillen Reserven und/oder Lasten im JA von Unternehmen (→stille Reserven und Lasten). Diese Verwerfungen zwischen den im Zahlenwerk des Abschlusses ausgewiesenen Werten und den betriebswirtschaftlich tatsächlich als zutreffend anzusehenden Werten müssen im Rahmen der Analyse systematisch herausgearbeitet werden. Des Weiteren muss die Analyse der Erfolgslage und der Finanzlage um Einschätzungen bzgl. der Risikolage des Unternehmens ergänzt werden. Konkret bedeutet dies, dass durch ein dahinter gelegtes tiefer gehendes Risiko-Inventursystem und Risiko-Bewertungssystem die Auswirkungen auf die Erfolgs- und Finanzgrößen des Unternehmens verdeutlicht und in die Analyse eingebracht werden.

Die Abb. auf Seite 738 verdeutlicht die inhaltlichen Erkenntnisziele und Betrachtungsfelder der Jahresabschlussanalyse.

Die *Analyse der Erfolgslage* eines Unternehmens soll Auskunft über dessen Gewinnsituation und wirtschaftliche Ertragskraft geben, sowie über die Fähigkeit, auch in Zukunft Gewinne zu erwirtschaften. Der Erfolg eines Unternehmens lässt sich jedoch nicht allein am ausgewiesenen →Jahresergebnis messen, vielmehr bedarf es einer näheren Analyse. Zentrale Bausteine der klassischen Erfolgsanalyse sind Jahresergebnisbereinigung, →Erfolgsspaltung, →Aufwand- und Ertragsanalyse, Ermittlung von Rentabilitäten (→Rentabilitätsanalyse) und weiterer GuV-Kennzahlen sowie die erfolgsbezogene →Cash Flow-Analyse (→Cash Flow) und wertorientierte Performancerechnungen (→Performance Measurement).

Die *Analyse der Finanzlage* soll Erkenntnisse über die Fähigkeit eines Unternehmens zur finanzwirtschaftlichen Aufgabenerfüllung liefern. Dabei geht es vor allem um die Sicherung der jederzeitigen Zahlungsfähigkeit (→Bonität; →Bonitätsanalyse), um die optimale Gestaltung der finanziellen Rahmenbedingungen sowie um die Aufwands- und Ertragswirkungen finanzieller Entscheidungen. Die beständebezogene Finanzanalyse beschäftigt sich mit der Analyse der Finanzstruktur, die bewegungsbezogene Analyse mit der Analyse des Finanzgeschehens. Die beständebezogene Finanzanalyse stellt primär auf das Stichtagsbild von Vermögen und Kapital, d. h. auf →Vermögensstruktur, Kapitalstruktur (→Kapitalstruktur, optimale) und Deckungsrelationen von Vermögen und Kapital ab und versucht damit, Finanzstrukturen als Indiz für finanzpolitische Ausgewogenheit zu erkennen. Die bewegungsbezogene Finanzanalyse untersucht hingegen, welche Finanzmittel durch die Unternehmenstätigkeit erwirtschaftet und wie diese verwendet worden sind, wobei umfassende Cash Flow-Analysen, Cash Flow-Kennzahlen und Cash Flow-Statements im Mittelpunkt stehen.

Die *Analyse der Ris*ikolage läuft darauf hinaus, die in den realwirtschaftlichen Gegebenheiten des Unternehmens begründeten Risiken zu erkennen, zu bewerten und hinsichtlich ihrer Gesamtwirkung auf Erfolg, Finanzstruktur (Bilanz) und Finanzkraft (Zahlungsströme) auszuloten. Die Analyse der Risikolage wird übergeleitet in eine Einschätzung der bestandsgefährdenden Risiken, was im Rahmen der Jahresabschlussanalyse vor allem darauf abzielt, inwieweit durch Verluste Überschuldung, durch Cash Flow-Probleme Illiquidität oder durch betriebliche Prozesse allgemein derartige Verschlechterungen der Bilanzstrukturen entstehen, dass die Kreditwürdigkeit (→Kreditwürdigkeitsprüfung) in Gefahr gerät.

Literatur: Lachnit, L.: Bilanzanalyse, Wiesbaden 2004; Küting, K./Weber, C.-P.: Bilanzanalyse, 8. Aufl., Stuttgart 2006; Coenenberg, A. G.: Jahresabschluss und Jahresabschlussanalyse, 20. Aufl., Stuttgart 2005.

Laurenz Lachnit

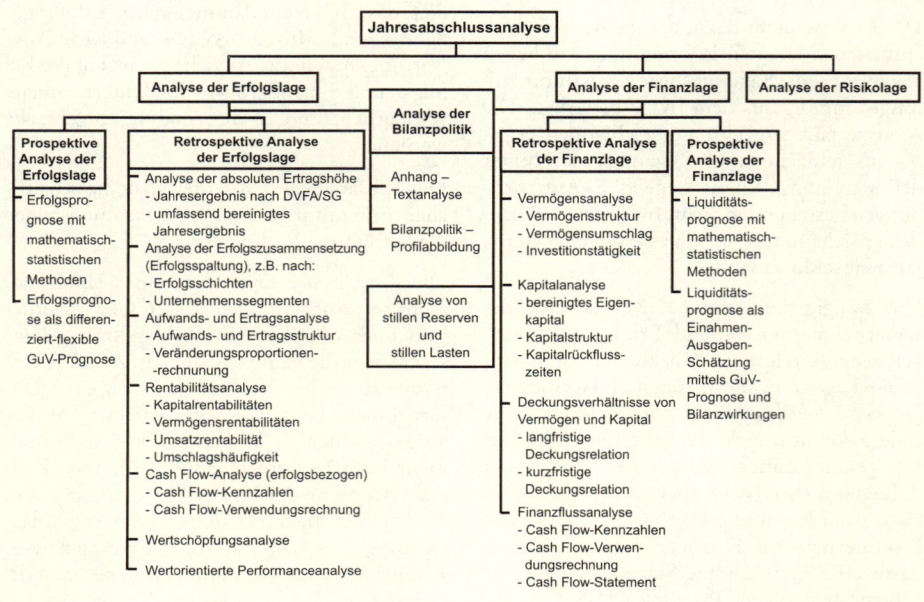

Abb.: Betrachtungsfelder der Jahresabschlussanalyse

Jahresabschlussanalyse, Methoden der

Das Datenmaterial, welches für die →Jahresabschlussanalyse zur Verfügung steht, ist für sich genommen nicht hinreichend aussagefähig, es muss daher mit Analysemethoden bearbeitet werden, um eine inhaltliche betriebswirtschaftliche Auswertung zu ermöglichen. Als Methoden der Jahresabschlussanalyse sind vor allem zu nennen:
- Datenaufbereitung,
- Kennzahlen und Kennzahlensysteme,
- betriebswirtschaftliche Vergleiche sowie
- mathematisch-statistische Methoden und Modelle.

Die *Aufbereitung des Datenmaterials* dient letztlich zur Verbesserung der betriebswirtschaftlichen Erschließung und Fassbarkeit der Daten, liefert jedoch noch keine inhaltlichen Analyseresultate. Betriebswirtschaftliche Analyse-Basisgrößen, wie z. B. →Eigenkapital, langfristiges Kapital, →Fremdkapital, kurzfristiges Fremdkapital, Gesamtvermögen oder →betriebsnotwendiges Vermögen, müssen erst durch Umstrukturierungen aus den JA-Daten hergeleitet werden. Maßnahmen zur strukturierenden Aufbereitung sind
- Zusammenfassung von im Rechenwerk verstreut angebotenen Daten,
- Aufspaltung von heterogen zusammengesetzten Daten sowie
- Saldierung von inhaltlich korrespondierenden Daten gegenläufigen Inhalts.

Im Dienste der Datenaufbereitung leisten außer der Ermittlung von betriebswirtschaftlichen Basisgrößen zudem Grafiken, Prozentstrukturrechnungen und Veränderungsrechnungen gute Dienste. Diese Aufbereitungsmaßnahmen dienen vor allem dazu, einen ersten Überblick zu verschaffen, das Zahlenmaterial zu strukturieren und für vertiefende Analysen Akzente zu setzen.

Ein weiterer Methodenbaustein der Jahresabschlussanalyse sind *Kennzahlen und Kennzahlensysteme* (→Kennzahlen und Kennzahlensysteme als Kontrollinstrument). Charakteristisch für Kennzahlen ist, dass sie in knapper Form über komplexe betriebswirtschaftliche Sachverhalte informieren. Ihr Vorteil liegt in der komprimierten und präzisen Darstellung. Die Gefahr bei der Benutzung von Einzelkennzahlen besteht allerdings in der Einseitigkeit, da bei Betrachtung einer Einzelkennzahl betriebswirtschaftlich wichtige Interdependenzen u. U. abgeschnitten werden und damit ein verzerrtes Bild entstehen kann. Aus diesem Grunde sind für eine ausgewogene Beurteilung auf Kennzahlenbasis Kennzahlensysteme zu benutzen. Kennzahlensysteme sind systematisch zusammengestellte Gesamtheiten von Kennzahlen, die als Ganzes dazu dienen, den betrachteten Sachverhalt aus verschiedener Sicht zu erfassen und so in seiner Komplexität und mit den Interdependenzen ausgewogen als Gesamtschau darzustellen.

Als Kennzahlen kommen sowohl Absolut- wie auch Relativzahlen in Frage. Jahresabschlusskennzahlen in absoluter Form sind z. B. Gesamtvermögen, Eigenkapital, Fremdkapital, Working Capital, Umsatz (→Umsatzerlöse), Jahresüberschuss (→Jahresergebnis), Betriebsergebnis oder →Cash Flow. Die Jahresabschlusskennzahlen in relativer Form lassen sich nach Art der Kennzahlenableitung wie folgt typologisieren:

1. Bilanzkennzahlen
1.1 Kennzahlen zur vertikalen Bilanzstruktur
   a) Kennzahlen zur Vermögensstruktur
      (z. B. Anlagevermögen : Gesamtvermögen)
   b) Kennzahlen zur Kapitalstruktur
      (z. B. Eigenkapital : Gesamtkapital, Langfristkapital : Gesamtkapital)
1.2 Kennzahlen zu horizontalen Bilanzrelationen
   a) Langfristige Deckungsrelationen von Kapital und Vermögen
      (z. B. Anlagendeckung = Langfristkapital : Anlagevermögen)
   b) Kurzfristige Deckungsrelationen von Vermögen und Kapital
      (z. B. Liquiditätskoeffizient = Umlaufvermögen : Kurzfristige Verbindlichkeiten)
2. GuV-Kennzahlen
2.1 Kennzahlen zur vertikalen GuV-Struktur
   a) Kennzahlen zur Ertragsstruktur
      (z. B. Umsatz : Gesamtertrag)
   b) Kennzahlen zur Aufwandsstruktur
      (z. B. Materialaufwand, Personalaufwand etc. : Gesamtaufwand)
   c) Ertragsrentabilitäten
      (z. B. Gewinn : Umsatz, Betriebsergebnis : Gesamtleistung, Finanzergebnis : Finanzertrag)
2.2 Kennzahlen zu horizontalen GuV-Relationen
   (z. B. Wirtschaftlichkeit der Betriebstätigkeit = Betriebsertrag : Betriebsaufwand)
3. Mischkennzahlen
   (Kennzahlen mit Bewegungs- und Bestandskomponenten)
3.1 Kapital- und Vermögensrentabilitäten
   (z. B. ROI = Gewinn : Gesamtkapital; Rentabilität des betriebsnotwendigen Vermögens = Betriebsergebnis : betriebsnotwendiges Vermögen)

3.2 Umschlagskennzahlen
   a) Umschlagshäufigkeiten (Bewegung : Bestand)
      (z.B. Kapitalumschlagshäufigkeit = Umsatz : Gesamtkapital)
   b) Umschlagsdauern (Bestand : Bewegung x 365 Tage)
      (z.B. Erzeugnissebindungsdauer = Erzeugnissebestand : Umsatz x 365)
3.3 Werte- und Mengen-Mischzahlen
   (z.B. Umsatz : Mitarbeiterzahl)
4. Finanzflusskennzahlen
4.1 Cashflow (absolut)
4.2 Cashflow-Relativkennzahlen
   (z.B. Cashflow : Umsatz, kurzfristige Verbindlichkeiten : Cashflow)
4.3 Finanzflussrechnungs-Schichtenkennzahlen
   (z.B. Netto-Zahlungswirkung des Erfolgsgeschehens, des Investitionsgeschehens und des Finanzierungsgeschehens)

Zur umfassenden und ausgewogenen Darstellung komplexer betrieblicher Sachverhalte im Rahmen der Jahresabschlussanalyse sind Kennzahlensysteme erforderlich. Je nach Ausdrucksform für die im System abgebildeten Beziehungen kann zwischen Rechensystemen und Ordnungssystemen unterschieden werden. Darüber hinaus kann man nach Baustruktur und Kennzahlenauswahl bei Erstellung der Systeme als Ausprägungen von Kennzahlensystemen mathematisch, heuristisch sowie empirisch-statistisch strukturierte Kennzahlensysteme unterscheiden.

In einem *mathematisch strukturierten Kennzahlensystem* werden die Zahlen des Systems durch Rechenoperationen aus den über- oder untergeordneten Zahlen abgeleitet. Modellbeispiel eines solchen Kennzahlensystems ist das →ROI-Kennzahlensystem.

Heuristisch strukturierte Kennzahlensysteme entstehen, indem alle diejenigen Zahlen, die aus der Sicht des Analytikers für den zu analysierenden Sachverhalt von Bedeutung sind, zusammengestellt werden. So wird z.B. zur Analyse der Erfolgslage eine Zusammenstellung erfolgsrelevanter Kennzahlen aufgebaut (→Erfolgskennzahlensystem) und zur Analyse der →Finanzlage eine Zusammenstellung finanzrelevanter Zahlen vorgenommen (→Finanzkennzahlensystem). Angesichts der Tatsache, dass die wirtschaftliche Lage eines Unternehmens nicht isoliert entweder aus der Erfolgs- oder aus der Finanzsicht zu verstehen ist, sondern eine Gesamtschau beider Aspekte verlangt, ist das Rentabilitäts-Liquiditäts-Kennzahlensystem (→RL-Kennzahlensystem) geschaffen worden.

Ein weiterer wichtiger Methodenbaustein bei der Jahresabschlussanalyse sind →*betriebswirtschaftliche Vergleiche*. Unternehmensdaten bekommen ihre betriebswirtschaftliche Aussagefähigkeit nicht zuletzt, indem man sie in einem Vergleichszusammenhang interpretiert. In dieser Hinsicht sind betriebswirtschaftliche Vergleiche das Instrument, um diese Daten einer betriebswirtschaftlichen Beurteilung zugänglich zu machen. So besagt z.B. die Angabe, die Eigenkapitalrentabilität eines Unternehmens betrage 20%, recht wenig, die Zahl wird jedoch aussagestark, wenn man sie z.B. im Vergleich zur Kapitalmarktrendite oder zur im Branchendurchschnitt erzielten Eigenkapitalrendite interpretiert.

Als weitere instrumentelle Entwicklung im Bereich der bilanzanalytischen Techniken ist schließlich der umfassende Einsatz von EDV, *mathematischen-statistischen Methoden und Planungsmodellen* (→Planung; →Planungssysteme) zu erwähnen. Der manuellen Jahresabschlussanalyse sind durch die Verarbeitungskapazität des Analytikers enge Grenzen gesetzt. Mithilfe der EDV lassen sich diese Grenzen hinausschieben und neue Dimensionen in der Analyse von Abschlüssen erschließen. Die EDV erlaubt neben dem Aufbau leistungsfähiger Datenbanken weitere Aufbereitungen, z.B. grafischer Art, mit mathematisch-statistischen Methoden oder mithilfe EDV-gestützter Planungs- und →Simulationsmodelle. Durch den Einsatz mathematisch-statistischer Methoden in der Jahresabschlussanalyse gelingt es, Zusammenhänge aufzudecken, die dem unmittelbaren menschlichen Wahrnehmungsvermögen verschlossen sind, die infolge der breiten empirischen Absicherung allgemeine Gültigkeit beanspruchen und zur Erklärung von Zusammenhängen und zur Prognose von betriebswirtschaftlichen Entwicklungen benutzt werden können (→Prognoseinstrumente). Gegenwärtig erscheinen für den Ausbau der Abschlussanalyse als mathematisch-statistische Methoden insb. Korrelations-, Regressions- und Diskriminanzrechnungen (→Diskriminanzanalyse) sowie der Einsatz →neuronaler Netze von Bedeutung.

Literatur: Coenenberg, A. G.: Jahresabschluss und Jahresabschlussanalyse, 20. Aufl., Stuttgart 2005; Küting, K./Weber, C.-P.: Bilanzanalyse, 8. Aufl., Stuttgart 2006; Lachnit, L.: Bilanzanalyse, Wiesbaden 2004.

Laurenz Lachnit

Jahresabschlussprüfung

Gegenstand und *Umfang* der Jahresabschlussprüfung leiten sich aus den gesetzlichen Vorschriften (→ Prüfungsnormen) ab. Der Gegenstand der Jahresabschlussprüfung schließt neben dem aus Bilanz, →Gewinn- und Verlustrechnung (GuV) und ggf. → Anhang bestehenden JA die zugrundliegende Buchführung und ggf. den →Lagebericht mit ein. Bei börsennotierten Aktiengesellschaften ist auch das →Risikomanagementsystem (RMS) zu prüfen (→Aktiengesellschaft, Prüfung einer; →Risikomanagementsystem, Prüfung des). Die Prüfung „hat sich darauf zu erstrecken, ob die gesetzlichen Vorschriften und sie ergänzende Bestimmungen des Gesellschaftsvertrags oder der Satzung beachtet worden sind" (§ 317 Abs. 1 Satz 2 HGB; →Ordnungsmäßigkeitsprüfung).

Zur Einhaltung der gesetzlichen Vorschriften gehört, dass die Buchführung nachvollziehbar, unveränderlich, vollständig, richtig, zeitgerecht und geordnet ist, dass der JA klar, übersichtlich und vollständig in der vorgeschriebenen Form und mit den vorgeschriebenen Angaben aufgestellt ist und dass alle Posten zutreffend ausgewiesen sowie die →Vermögensgegenstände und →Schulden richtig bewertet sind (→Grundsätze ordnungsmäßiger Buchführung, Prüfung der). Bei KapGes und diesen gleich gestellten Gesellschaften hat der JA unter Beachtung der GoB ein den tatsächlichen Verhältnissen entsprechendes Bild der →Vermögenslage, →Finanzlage und →Ertragslage zu vermitteln. Der Lagebericht hat insgesamt eine zutreffende Vorstellung von der Lage des Unternehmens (→True and Fair View) zu vermitteln. Der Lagebericht ist auch darauf zu prüfen, ob er mit dem JA und den bei der Jahresabschlussprüfung gewonnenen Erkenntnissen des →Abschlussprüfers im Einklang steht, ob die →Chancen und Risiken der künftigen Entwicklung zutreffend dargestellt sind (→Chancen- und Risikobericht) und ob die gesetzlich geforderten weiteren Angaben enthalten sind.

Die Jahresabschlussprüfung ist mit einer kritischen Grundhaltung zu planen (→Prüfungsplanung) und durchzuführen (→Auftragsdurchführung). Sie ist so anzulegen, dass Verstöße und Unrichtigkeiten, die sich auf die Darstellung des sich nach § 264 Abs. 2 HGB ergebenden Bildes der Vermögens-, Finanz- und Ertragslage des Unternehmens wesentlich auswirken, bei gewissenhafter Berufsausübung erkannt werden (→Unregelmäßigkeiten; →Unregelmäßigkeiten, Aufdeckung von). Die gezielte Aufdeckung von Vermögensschädigungen erfordert jedoch einen von der Jahresabschlussprüfung abweichenden Prüfungsansatz (→Unterschlagungsprüfung).

→Prüfungsnachweise sind kritisch zu würdigen. Art und Umfang der Prüfungshandlungen bestimmt der APr eigenverantwortlich nach pflichtgemäßem Ermessen (→Auswahl von Prüfungshandlungen; →Eigenverantwortlichkeit des Wirtschaftsprüfers), welches begrenzt wird durch gesetzliche Regelungen und Verordnungen, durch die in den Prüfungsstandards des →*Instituts der Wirtschaftsprüfer in Deutschland e.V.* (IDW) niedergelegte Berufsauffassung (→Verlautbarungen des Instituts der Wirtschaftsprüfer in Deutschland e.V.; →Prüfungsnormen) sowie ggf. durch erweiternde Auftragsbedingungen (→Prüfungsauftrag und -vertrag). Der gesetzliche Prüfungsumfang kann weder durch eigene Initiative des Abschlussprüfers noch durch vertragliche Vereinbarung mit dem geprüften Unternehmen eingeschränkt werden (→Pflichtprüfungen). Die Jahresabschlussprüfung erfolgt mit dem Ziel, Prüfungsaussagen mit hinreichender, nicht jedoch absoluter Sicherheit zu treffen (→Prüfungsrisiko; →risikoorientierter Prüfungsansatz). Die Prüfung erfolgt in Stichproben (→Stichprobenprüfung).

Durch die Prüfung soll die Verlässlichkeit der im JA und Lagebericht enthaltenen Angaben erhöht werden (*Kontrollfunktion*). Die Prüfungsaussagen des Abschlussprüfers (→Prüfungsurteil) werden im →Prüfungsbericht (PrB) und im →Bestätigungsvermerk (BestV) getroffen und ggf. in der Bilanzsitzung des Aufsichtsrats erläutert (→Aufsichtsrat, mündliche Berichterstattung an). Der Jahresabschlussprüfung kommt damit auch eine *Informationsfunktion* gegenüber den gesetzlichen Vertretern (→Unternehmensleitung, Informationsaustausch des Wirtschaftsprüfers mit), den Aufsichtsorganen und Gesellschaftern des Unternehmens zu. Durch die Erteilung eines Bestätigungs- bzw. Versagungsvermerkes übernimmt die Jahresabschlussprüfung eine *Beglaubigungsfunktion* gegenüber den externen Jahresabschlussadressaten. Die Jahresabschlussprüfung bietet jedoch keine Gewähr für die zukünftige Lebensfähigkeit des Unternehmens oder die Effektivität und die Wirtschaftlichkeit der Geschäftsführung (→Erwartungslücke).

Literatur: IDW (Hrsg.): IDW Prüfungsstandard: Ziele und allgemeine Grundsätze der Durchführung von Abschlussprüfungen (IDW PS 200, Stand: 28. Juni 2000), in: WPg 53 (2000), S. 706–710; IDW (Hrsg.): WPH 2006, Band I, 13. Aufl., Düsseldorf 2006.

Jörg Tesch

Jahresabschlussprüfung, erweiterte

Die Erweiterung der →Jahresabschlussprüfung kann sich auf eine *Intensivierung* des in § 317 HGB kodifizierten Prüfungsumfangs oder eine *Ausweitung auf bestimmte Sachverhalte im Rahmen der Rechnungslegung* beziehen. In Betracht kommt z. B. eine vom Auftraggeber auf ein bestimmtes →Prüffeld, wie etwa das →Anlagevermögen, bezogene Ausweitung der Prüfungshandlungen über die zu erzielende hinreichende Sicherheit (→risikoorientierter Prüfungsansatz) hinaus, indem anstelle einer →Stichprobenprüfung eine →lückenlose Prüfung durchgeführt wird. Der Auftrag für derartige Erweiterungen (→Prüfungsauftrag und -vertrag) kann dabei nur durch den Auftraggeber der Jahresabschlussprüfung, d. h. durch den gesetzlichen Vertreter (z. B. § 35 GmbHG) bzw. den AR (§ 111 Abs. 2 Satz 3 AktG), erteilt werden.

Von diesen intensitätsmäßigen oder sachverhaltsspezifischen Erweiterungen der Prüfung sind die sog. *gegenständlich* erweiterten Jahresabschlussprüfungen zu unterscheiden, bei denen der Prüfungsgegenstand über den JA und →Lagebericht und damit über die Rechnungslegung hinausgeht. Gegenständliche Erweiterungen der Jahresabschlussprüfung können in Form von größenabhängigen, rechtsform- und wirtschaftszweigspezifischen Regelungen gesetzlich vorgesehen sein (→Pflichtprüfungen), vom Auftraggeber freiwillig erteilt werden oder auf satzungsmäßiger bzw. gesellschaftsvertraglicher Grundlage basieren (→freiwillige und vertragliche Prüfung). Zu den gesetzlich vorgesehenen Erweiterungen gehören z. B. die Verpflichtung börsennotierter Aktiengesellschaften (→Unternehmensformen) zur Prüfung des →Risikomanagementsystems gem. § 317 Abs. 4 HGB (→Risikomanagementsystem, Prüfung des), zur Prüfung der Geschäftsführung nach § 53 →Haushaltsgrundsätzegesetz (HGrG) oder auch wirtschaftszweigspezifische Regelungen, wie etwa für →Kreditinstitute [→Grundsätze ordnungsmäßiger Abschlussprüfung, bankspezifisch; →Mindestanforderungen an das Risikomanagement (MaRisk); →Wertpapierhandelsgesetz (WpHG)], →Bausparkassen, →Unternehmensbeteiligungsgesellschaften und →Versicherungsunternehmen (→Grundsätze ordnungsmäßiger Abschlussprüfung, versicherungsspezifisch; →Solvenzvorschriften für Versicherungsunternehmen). Als eine Erweiterung der Jahresabschlussprüfung auf freiwilliger Grundlage kommt z. B. die freiwillige Prüfung der Ordnungsmäßigkeit der Geschäftsführung (→Geschäftsführungsprüfung) in Betracht.

Das Ergebnis der erweiterten Jahresabschlussprüfung ist mit den Ergebnissen über die Jahresabschlussprüfung nach § 316 HGB in einem →Prüfungsbericht (PrB) zusammenzufassen. Während dabei die Berichterstattung über das Ergebnis der Prüfung rechnungslegungsbezogener Erweiterungen – dem Gegenstand der Erweiterung folgend – in die jeweils dafür vorgesehenen Berichtsbestandteile integriert wird, ist über Erweiterungen, die sich nicht auf den JA oder Lagebericht beziehen (z. B. Prüfung der Geschäftsführung), in einem gesonderten Abschnitt des Prüfungsberichts zu berichten (→Berichtsgrundsätze und -pflichten des Wirtschaftsprüfers).

Im Rahmen des →Bestätigungsvermerks, der grds. ein ausschließlich auf die Rechnungslegung bezogenes Gesamturteil des →Abschlussprüfers (→Prüfungsurteil) beinhaltet, ist eine Beurteilung weiterer, d. h. nicht rechnungslegungsbezogener, Prüfungsgegenstände der Jahresabschlussprüfung nur dann zulässig, wenn dies eine gesetzliche Regelung, wie etwa § 8 Abs. 3 UBGG, explizit vorsieht. Ist dies, wie bspw. nach § 317 Abs. 4 HGB oder § 29 KWG nicht der Fall, sind die Prüfungsaussagen ausschließlich im PrB darzustellen. Rechnungslegungsbezogene Auftragserweiterungen haben Auswirkungen auf das Ergebnis der Abschlussprüfung, wenn der APr Sachverhalte feststellt, die gleichzeitig die Gesetz-, Satzungs- und Ordnungsmäßigkeit des Jahresabschlusses berühren.

Von einer Erweiterung der Jahresabschlussprüfung sind zusätzliche Prüfungsaufträge (*Zusatzaufträge*), wie z. B. die projektbegleitende Prüfung von →IT-Systemen (→IT-Systemprüfung) oder →Unterschlagungsprüfungen, abzugrenzen. Die Ergebnisse dieser

Zusatzprüfungen sind nicht in den PrB der Jahresabschlussprüfung aufzunehmen, sondern in einem gesonderten Bericht darzustellen. Für die Frage, ob im Einzelfall eine erweiterte Jahresabschlussprüfung oder eine zusätzliche Beauftragung vorliegt, sind allein die Vereinbarungen mit dem Auftraggeber (→Prüfungsauftrag und -vertrag) maßgebend.

Literatur: ADS: Rechnungslegung und Prüfung der Unternehmen, Teilband 7, 6. Aufl., Stuttgart 2000; IDW (Hrsg.): IDW Prüfungsstandard: Grundsätze für die ordnungsmäßige Erteilung von Bestätigungsvermerken bei Abschlussprüfungen (IDW PS 400, Stand: 28. Oktober 2005), in: WPg 58 (2005), S. 1382–1402; IDW (Hrsg.): IDW Prüfungsstandard: Grundsätze ordnungsmäßiger Berichterstattung bei Abschlussprüfungen (IDW PS 450, Stand: 8. Dezember 2005), in: WPg 59 (2006a), S. 113–128; IDW (Hrsg.), WPH 2006, Band I, 13. Aufl., Düsseldorf 2006b, Abschn. Q.

Barbara Echinger; Stefan C. Weber

Jahresabschlussstichtag →Handelsbilanz II

Jahresergebnis

Der Jahresüberschuss bzw. Jahresfehlbetrag ist nach § 275 Abs. 2 Nr. 20, Abs. 3 Nr. 19 HGB der Saldo der →Aufwendungen und Erträge der →Gewinn- und Verlustrechnung (GuV). Ein Jahresüberschuss liegt vor, wenn die →Erträge die Aufwendungen übersteigen; ein Jahresfehlbetrag resultiert aus dem Überschuss der Aufwendungen über die Erträge eines Geschäftsjahres.

Der Jahresüberschuss bzw. Jahresfehlbetrag ist zugleich das Resultat der Ergebnisentstehung als auch Ausgangspunkt der →Ergebnisverwendung (Förschle 2006, Rn. 261 zu § 275 HGB, S. 1113).

Die Prüfung des Jahresergebnisses findet im Rahmen der Prüfung der GuV statt (→Jahresabschlussprüfung; →Konzernabschlussprüfung).

Der →Abschlussprüfer (APr) hat dabei zu prüfen, ob sich der Posten Jahresüberschuss bzw. Jahresfehlbetrag rechnerisch als Residualgröße der zuvor geprüften Ertrags- und Aufwandsposten ergibt.

Ergänzend kann der APr Plausibilitätsbeurteilungen durch →analytische Prüfungshandlungen i.S.d. IDW PS 312 (IDW PS 312.5), wie z.B. Zeitreihen- und Branchenvergleiche (→zeitlicher Vergleich; →überbetriebliche Vergleiche) durchführen (→Verprobung).

Zudem muss sich der APr vergewissern, dass das Jahresergebnis in Bezug auf sonstige Aussagen der gesetzlichen Vertreter des Unternehmens plausibel ist (IDW PS 303.15).

Der Posten Jahresüberschuss bzw. Jahresfehlbetrag ist gem. § 266 Abs. 3 A. V. HGB Bestandteil des →Eigenkapitals in der Bilanz.

Zur Prüfung des Bilanzpostens muss vom APr eine Abstimmung mit dem entsprechenden Posten der GuV vorgenommen werden (→Abstimmprüfung). Eine →Bewertungsprüfung entfällt, da es sich um Nominalbeträge handelt (Selchert 1996, S. 548 f.).

Ein weiterer Prüfungsaspekt bezieht sich auf den Ausweis des Postens Jahresüberschuss bzw. Jahresfehlbetrag.

Der Ausweis in der GuV erfolgt, unabhängig davon, ob die Rechnung nach GKV oder UKV (→Gliederung der Gewinn- und Verlustrechnung) durchgeführt wird, als letzter Posten (§ 275 Abs. 2 Nr. 20, Abs. 3 Nr. 19 HGB).

Für die Prüfung des Ausweises in der Bilanz (→Gliederung der Bilanz) ist zunächst festzustellen, ob die Bilanz ohne, mit teilweiser oder mit vollständiger Ergebnisverwendung aufgestellt wurde (Selchert 1996, S. 547). Nur im Falle der Bilanzaufstellung ohne Ergebnisverwendung ist der Posten Jahresüberschuss bzw. Jahresfehlbetrag gem. § 266 Abs. 3 A. V. HGB unter dem Eigenkapital auszuweisen. Bei teilweiser oder vollständiger Ergebnisverwendung nach § 268 Abs. 1 HGB entfällt der Ausweis des Postens. Wird die Bilanz unter Berücksichtigung teilweiser Ergebnisverwendung aufgestellt, ist anstelle der Posten Jahresüberschuss bzw. Jahresfehlbetrag und →Gewinnvortrag bzw. →Verlustvortrag der Posten Bilanzgewinn bzw. -verlust auszuweisen (§ 268 Abs. 1 Satz 2 HGB).

Literatur: Förschle, G.: Kommentierung des § 275 HGB, in: Ellrott, H. et al. (Hrsg.): BeckBilKomm, 6. Aufl., München 2006; IDW (Hrsg.): IDW Prüfungsstandard: Analytische Prüfungshandlungen (IDW PS 312, Stand: 2. Juli 2001), in: WPg 54 (2001), S. 903–906; IDW (Hrsg.): IDW Prüfungsstandard: Erklärungen der gesetzlichen Vertreter gegenüber dem Abschlussprüfer (IDW PS 303, Stand: 6. Mai 2002), in: WPg 55 (2002), S. 680–682; Selchert, F.W.: Jahresabschlussprüfung der Kapitalgesellschaften. Grundlagen, Durchführung, Bericht, 2. Aufl., Wiesbaden 1996.

Peter Haller

Jahresfehlbetrag →Jahresergebnis

Jahresüberschuss

Jahresüberschuss →Jahresergebnis

Japan

Der *Beruf des Wirtschaftsprüfers* wurde im Juli 1948 nach Erlass des Wirtschaftsprüfergesetzes im Anschluss an das In-Kraft-Treten des Börsengesetzes im April 1948 geschaffen. Im April 2004 wurde das Wirtschaftsprüfergesetz im Rahmen der ersten großen Revision seit In-Kraft-Treten des Gesetzes geändert. Es enthält die Grundprinzipien für WP in Japan, insb.

- den Umfang der Leistungen, die von Wirtschaftsprüfern (CPA) oder WPGes zu erbringen sind,
- Richtlinien für die landesweite Kontrolle der WP,
- Anforderungen im Hinblick auf die WP-Qualifikation,
- Gründung von WPGes, Pflichten und Verantwortlichkeiten von Wirtschaftsprüfern,
- Funktion und Organisation des *JICPA*,
- Funktion der Aufsichtsbehörde und
- disziplinarische und strafrechtliche Sanktionen gegen WP.

Das Wirtschaftsprüfergesetz ermächtigt die *FSA*, WP und das *JICPA* zu überwachen. Die Überprüfung der WP wird vom *CPAAOB* der *FSA* durchgeführt. Gegen WP können disziplinarische Sanktionen bis hin zur Suspendierung von der Berufsausübung oder Aberkennung der Qualifikation verhängt werden. WP werden von der *FSA* überprüft und kontrolliert. Die *FSA* überwacht auch das *JICPA*. Die Gründung des *JICPA* war nach dem Wirtschaftsprüfergesetz vorgeschrieben. Das *JICPA* ist die einzige berufsständische Vereinigung für WP in Japan. Sie wurde ursprünglich 1949 als freiwillige Körperschaft gegründet und 1966 in ihre heutige Form überführt. Jeder praktizierende WP muss Mitglied des Instituts werden. Die wichtigste Aufgabe des *JICPA* ist die Führung eines Wirtschaftsprüferverzeichnisses. Zum 31.12.2004 waren in Japan 15.501 WP und 156 WPGes registriert. Das *JICPA* hat außerdem die Aufgabe, die WP mit dem Ziel zu unterstützen, zu betreuen und zu kontrollieren, die Berufsnormen einzuhalten sowie das Berufsbild zu verbessern und weiterzuentwickeln. Die WP sind gesetzlich zur Einhaltung der *JICPA*-Satzung verpflichtet. Die Satzung enthält Bestimmungen über die Pflicht von Wirtschaftsprüfern, den Verhaltenskodex und die Beschlüsse verschiedener Kommissionen, darunter der Kommissionen für Prüfungsgrundsätze, Interne Revision sowie Prüfungspraxis und -kontrolle zu befolgen. WP, die nach Börsenrecht prüfen, müssen außerdem regelmäßig durch die Innenrevisoren des *JICPA* kontrolliert werden. Bestimmte Prüfungsmandate im Rahmen des Handelsrechts müssen ebenfalls die Interne Revision des *JICPA* durchlaufen.

In Japan werden Prüfungen von Wirtschaftsprüfern durchgeführt. *Gesetzliche Prüfungen* sind hauptsächlich nach Börsenrecht und Handelsrecht vorgeschrieben. Prüfungen von Halbjahresabschlüssen sind nach Börsenrecht vorgeschrieben.

Folgende KapGes müssen von unabhängigen Wirtschaftsprüfern *nach Börsenrecht* geprüft werden:

- KapGes, deren Wertpapiere an einer japanischen Börse notiert werden,
- KapGes, die die Registrierung ihrer Wertpapiere an einer japanischen Börse beantragen und
- KapGes, die ihre Wertpapiere der Öffentlichkeit anbieten oder verkaufen.

Geprüfte Konzernabschlüsse und geprüfte Abschlüsse nicht-konsolidierter Gesellschaften müssen in Registrierungserklärungen und Wertpapierberichten, die der *FSA* vorzulegen sind, aufgeführt werden. Vorgelegte Jahresabschlüsse müssen von unabhängigen Wirtschaftsprüfern nach den japanischen Generally Accepted Auditing Standards (GAAS) geprüft werden. Die Jahresabschlüsse bestehen aus Bilanz, GuV, Kapitalflussrechnung, Vorschlägen zur Gewinnverwendung bzw. Verlustzuweisung sowie Anhängen. Das Börsenrecht schreibt auch Prüfungen von Jahresabschlüssen bestimmter Unternehmen vor, deren Wertpapiere nicht öffentlich gehandelt, sondern an Investoren emittiert werden. Halbjahresabschlüsse müssen ebenfalls nach Börsenrecht geprüft werden. Es soll gewährleistet werden, dass die Abschlüsse zweckdienliche Finanzinformationen enthalten und entsprechend den „Standards for Preparation of Semi-Annual Financial Statements" erstellt wurden. Bei Prüfungen müssen die WP die „Statement of Standards for Limited Procedures Audits of Semi-Annual Financial Statements" befolgen. Darin sind nicht so umfassende Prüfverfahren wie für Jahresabschlussprüfungen vorgesehen. Quartalsbilanzen sowie Gewinn- und Verlustrechnungen für das erste und dritte Quartal, die von registrierten Gesellschaften für bestimmte japanische Börsen erstellt werden, müssen derzeit anhand der Anforderungen dieser Börsen von Wirtschaftsprüfern geprüft werden. Der Bedarf an Quartalsprüfungen wird parallel zum steigenden Bedarf an Quartalsveröffentlichungen voraussichtlich zunehmen. Der BAC (Beratungskommission der FSA) wird Prüfungsgrundsätze für quartalsweise Finanzinformationen erarbeiten.

Nach dem *Handelsrecht* ist eine unabhängige Prüfung für große KapGes mit einem Grundkapital von mindestens 500 Mio. Yen bzw. Gesamtverbindlichkeiten von mindestens 20 Mrd. Yen vorgeschrieben. Diese Prüfungen müssen vor der HV durchgeführt werden. Das Handelsrecht schreibt auch vor, dass der gesetzliche WP bzw. die gesetzliche WPGes der Unternehmen verpflichtet ist, den JA vor der HV zu prüfen. Die zu prüfenden Finanzunterlagen umfassen die Bilanz, die GuV, den Geschäftsführungsbericht (nur die Bilanzkennzahlen), Vorschläge zur Gewinnverwendung bzw. Verlustanweisung sowie Bilanzkennzahlen (→Kennzahlen und Kennzahlensysteme als Kontrollinstrument) in den Anhängen. Diese Finanzunterlagen sind nach dem „Enforcement Regulations of the Commercial Code" zu erstellen. Nach Handelsrecht waren KapGes nicht verpflichtet, Halbjahresabschlüsse für Aktionäre zu erstellen. Die Konzernbilanzen großer KapGes, deren Jahresabschlüsse der FSA vorgelegt werden, müssen seit dem zum 31.3.2004 endenden Geschäftsjahr jedoch ebenfalls geprüft werden.

Durch Überarbeitungen der japanischen *Prüfungsgrundsätze* und maßgeblichen Verordnungen in letzter Zeit wurde das japanische Prüfungssystem an den internationalen Stand angeglichen. Die neuen japanischen Prüfungsgrundsätze und Umsetzungsrichtlinien vom Januar 2002, die den „Fortführungsgrundsatz" festlegen und den „Risikoansatz" für Prüfungen umsetzen, wurden in erheblichem Umfang an die →International Standards on Auditing (ISA) angepasst. Das Wirtschaftsprüfergesetz wurde im Mai 2003 geändert. Die revidierte Fassung ist seit April 2004 in Kraft. Durch diese Änderung wird die Erbringung bestimmter prüfungsferner Leistungen zusammen mit Prüfungsleistungen verboten und die Rotation von Partnern einer WPGes vorgeschrieben, um deren Unabhängigkeit zu stärken. Das revidierte Wirtschaftsprüfergesetz sieht auch die Gründung des *CPAAOB* vor, um die Kontrolle von Wirtschaftsprüfern zu verbessern. Aufgrund dieser Änderungen der Prüfungsgrundsätze und -vorschriften bieten Jahresabschlüsse börsennotierter KapGes, die von Wirtschaftsprüfern nach den japanischen GAAS geprüft werden, vergleichbare Sicherheitsstandards wie nach den ISA geprüfte Jahresabschlüsse. Der *BAC* legt die Prüfungsgrundsätze und den Rahmen für diese fest. Das *JICPA Auditing Standards Committee*, das vor kurzem in *Auditing and Assurance Practice Committee* umbenannt wurde, legt die Umsetzungsverordnung als Richtlinie für die Anwendung der Prüfungsgrundsätze fest. Diese Umsetzungsverordnung ist ein wesentlicher Bestandteil der japanischen GAAS. Das *BAC Second Committee*, das 2005 zum *Auditing Committee* umstrukturiert wurde, setzt sich aus Vertretern von Universitäten, Unternehmen sowie Wirtschaftsprüfern zusammen. Diese Prüfungskommission erarbeitet den Rahmen für Prüfungsgrundsätze durch Konsens der Vertreter. Dieser Rahmen ist die Basis für die Grundprinzipien der Prüfung von Jahresabschlüssen.

Das Handelsrecht, das grundlegende japanische Gesetz für die *Bilanzierung* in Unternehmen, wurde 1890 auf Basis des Entwurfs eines deutschen Gelehrten erlassen. Die „Accounting Standards for Business Enterprises" wurden vom Vorgänger des *BAC* nach In-Kraft-Treten des Börsenrechts im April 1948 herausgegeben. Einige Grundprinzipien der Standards wurden kurz danach in das Handelsrecht aufgenommen. Das Handelsrecht behielt seine zentrale Stellung im japanischen Bilanzierungssystem. Die Grundlagen der Anlagenbewertung sowie der Verbuchung von Aufwand und Ertrag, die zur Vorbereitung von Bilanzierungsinformationen für Investitionsentscheidungen (→Investition) nach Börsenrecht angewandt werden, basieren auf den Vorschriften des Handelsrechts. Es gibt noch weitere wichtige Quellen für Bilanzierungsgrundsätze in Japan. Bis 2001 waren dies Erlasse des *BAC* und des *JICPA Auditing Standards Committee*. Obwohl der *BAC* hauptsächlich die Aufgabe hat, Bilanzierungsgrundsätze für die Vorlage von Finanzinformationen für Investitionsentscheidungen auf Basis des Börsenrechts festzulegen, wurden die meisten Erlasse des *BAC* in die Bilanzierungssysteme nach Handelsrecht aufgenommen und bilden daher den Hauptteil der japanischen GAAP. Das *JICPA* nimmt im Hinblick auf die Bilanzierungspraktiken eine führende Rolle ein und hat verschiedene Erklärungen und Diskussionspapiere veröffentlicht. Diese Grundsätze sind bei der Auslegung und Anwendung der Bilanzierungsanforderungen im Rahmen der Veröffentlichungspflicht nach Börsenrecht und Handelsrecht zu berücksichtigen. Im Jahre 2001 wurde die *FASF* gegründet. Mit Unterstützung der *FASF* wurde das *ASBJ* als unabhängige und privatwirtschaftliche Körperschaft mit dem Ziel aufgebaut, die Bilanzierungsgrundsätze in Japan weiterzuentwickeln. Das *JICPA* übernimmt nicht nur die Finanzierung der *FASF*, sondern ist durch Entsendung von Vorstandsmitgliedern an *FASF* und *ASBJ* auch an der Erarbeitung von Bilanzierungsgrundsätzen beteiligt. Außerdem haben viele WP in verschiedenen Fachausschüssen des *ASBJ* Expertenstatus.

Tomonori Ueda; Christine Holtz-Stosch

Job-Shop-Probleme →Maschinenbelegungsplanung und -kontrolle

Joint Audit →Gemeinschaftsprüfungen

Joint Ventures

Vertragliche Vereinbarungen über gemeinsame wirtschaftliche Aktivitäten zwischen zwei oder mehr Partnern werden als *Joint Ventures* bezeichnet. Joint Ventures werden traditionell in der Form von Arbeitsgemeinschaften, z. B. in der Bauindustrie, eingesetzt. Im Zuge der Globalisierung werden sie u. a. für die länderübergreifende Gewinnung neuer Märkte, die Rohstoffversorgung, Produktentwicklung oder die Nutzung von Synergien genutzt und dabei Risiken und Kosten begrenzt. Auch staatliche Restriktionen können zu Minderheitsbeteiligungen an einheimischen (Staats-)Unternehmen führen, die ggf. die Überwindung von Importbeschränkungen oder einen Imagevorteil des quasi-heimischen Unternehmens im Zielland bieten.

Während für inländische KapGes oder →Personengesellschaften (PersGes) als Joint Ventures die *Rechnungslegungs- und Prüfungsvorschriften* des HGB gelten, besteht für eine nur auf kurze Dauer angelegte BGB-Gesellschaft keine Pflicht, periodisch Abschlüsse zu erstellen. Bei Joint Ventures im Ausland richten sich Rechnungslegungs- und Prüfungspflichten nach dem jeweiligen Landesrecht. Aus dem Informationsinteresse der Partnerunternehmen heraus ist eine Vereinbarung im Gesellschaftsvertrag des Joint Ventures über die Verpflichtung zur Erstellung von Jahresabschlüssen und die Durchführung einer Abschlussprüfung (→Jahresabschlussprüfung) oder einer →*prüferischen Durchsicht* möglich und üblich.

Um Interessenkonflikte bei der Wahl des →Abschlussprüfers des gemeinschaftlich geführten Unternehmens zu vermeiden, einigen sich die Partnerunternehmen häufig auf →*Gemeinschaftsprüfungen* (*Joint Audits*), →Prüferrotation oder die Bestellung eines Prüfers, der keines der Partnerunternehmen prüft (→Bestellung des Abschlussprüfers).

Für die *Bilanzierung eines Joint Ventures im JA der Partnerunternehmen* ist es zunächst von Bedeutung, ob das Joint Venture eigenes Vermögen besitzt. Während *Bruchteileigentum* in der Bilanz der Partnerunternehmen nach den allgemeinen Bilanzierungsregelungen anteilig auszuweisen ist, sind Joint Ventures mit *Gesamthandsvermögen* als Anteil am Joint Venture zu bilanzieren. In diesem Falle ist es notwendig zu prüfen, über welchen Zeitraum hin das Joint Venture bestehen soll. Ist der Zeitraum geringer als 12 Monate, so ist das Joint Venture im →*Umlaufvermögen* auszuweisen. Andernfalls ist die Mitgliedschaft in Abhängigkeit der Bindung zum Partnerunternehmen entweder unter „Anteile an verbundenen Unternehmen" oder unter „Beteiligungen" auszuweisen (→Finanzanlagen; →verbundene Unternehmen; →Beteiligungen).

Die *Bewertung* erfolgt nach dem Anschaffungskostenprinzip. Hier hat der APr insb. zu beurteilen, ob der →beizulegende Wert der Anteile am Abschlussstichtag unter den →Anschaffungskosten (AK) liegt (→Bewertungsprüfung). Abschreibungen (→Abschreibungen, bilanzielle; →Abschreibungen, steuerrechtliche) sind vorzunehmen, sofern die Wertminderung voraussichtlich von Dauer ist. Entstehen beim Joint Venture *ausgleichspflichtige Verluste*, so ist zu prüfen inwieweit bei den Partnerunternehmen →Rückstellungen gebildet werden müssen.

Es ist weiterhin zu prüfen, ob etwaige ausgewiesene *Gewinnansprüche gegenüber dem Joint Venture* durch eine entsprechende Rechnungslegung im Joint Venture belegt sind und keine gesetzlichen oder faktischen Restriktionen gegen die Gewinnansprüche im Sitzland des Joint Ventures bestehen. Ist das Partnerunternehmen mit 20% oder mehr am Joint Venture beteiligt, so ist dieses nach § 285 Nr. 11 HGB im →*Anhang* anzugeben (→Angabepflichten). Es ist weiterhin festzustellen, ob eine unbeschränkte Haftung gegenüber den Gläubigern des Joint Ventures besteht, die ebenfalls im Anhang anzugeben wäre.

Prüferisch ist es von Belang, ob *Lieferungs- und Leistungsbeziehungen* zwischen Joint Venture und Partnerunternehmen auf schuldrechtlicher Grundlage erbracht werden. Die hieraus resultierenden →Forderungen und →Verbindlichkeiten sind auf Angemessenheit der Vergütung zu prüfen und in der Bilanz als eigenständige Vermögens- oder Schuldposten auszuweisen. Gesellschaftsrechtlich begründete Leistungen können hingegen als Einlage in das Joint Venture zu qualifizieren sein.

Bei einheitlicher Leitung durch ein Partnerunternehmen ist das Joint Venture in dessen *Konzernabschluss nach HGB* voll zu konsolidieren (→Konsolidierungskreis). Wird das Unternehmen von den Partnerunternehmen gemeinsam geführt, kann das Joint Venture als sog. *Gemeinschaftsunternehmen* nach DRS 9 bzw. § 310 HGB mittels *Quotenkonsolidierung* in den Konzernabschluss einbezogen werden (→Konsolidierungsformen). Dabei nimmt jedes Partnerunternehmen seinen Anteil an Vermögen (→Vermögensgegenstand) und →Schulden sowie an den →Aufwendungen und Erträgen des Joint Ventures entsprechend der Beteiligungsquote in seinen Konzernabschluss auf.

Alternativ kann ebenso wie bei Bestehen eines maßgeblichen Einflusses auf das Joint Venture (mindestens 20% der →Stimmrechte) mittels der *Equity-Methode* im Konzernabschluss bilanziert werden (→Konsolidierungsformen). Die Anteile am Joint Venture werden dabei zunächst in Höhe der AK im Finanzanlagevermögen (→Finanzanlagen) ausgewiesen. In der Folge erhöht oder verringert sich der Buchwert der Anteile entsprechend dem Anteil des Anteilseigners am Periodenergebnis des Joint Ventures sowie ggf. unter Berücksichtigung eines in einer Nebenrechnung fortentwickelten Goodwills (→Geschäfts- oder Firmenwert).

Für die *Rechnungslegung und Bilanzierung von Joint Ventures nach den* →*International Financial Reporting Standards (IFRS)* ist zu prüfen, ob zwischen den Partnerunternehmen vertragliche Verpflichtungen zur gemeinsamen Führung der wirtschaftlichen Aktivitäten festgeschrieben sind. Fehlt es an einem solchen Vertrag, liegen nach IAS 31 *gemeinschaftlich geführte Tätigkeiten* vor, in denen jeder Partner seine eigenen Vermögenswerte nutzt und ebenfalls eigene Schulden eingeht und diese bei sich mit den zugehörigen Erträgen und Aufwendungen bilanziert. Eine Rechnungslegung im Joint Venture selbst ist daher nicht erforderlich.

Vermögenswerte unter gemeinschaftlicher Führung, aber ohne Unternehmereigenschaft gehören für gewöhnlich allen Partnern gemeinsam. Sowohl auf Einzelabschlussebene als auch im Konzernabschluss eines jeden Partners sind die Vermögenswerte, Schulden, Aufwendungen und Erträge entsprechend seines Anteils auszuweisen.

Gemeinschaftlich geführte Unternehmen sind rechtlich gesehen eigenständige Gesellschaften. In diesem Fall entspricht die Bilanzierung des Joint Ventures mittels Quotenkonsolidierung oder der Equity-Methode weitestgehend den Regelungen des DRS 9.

Literatur: Früh, H.-J./Klar, M.: Joint Ventures – Bilanzielle Behandlung und Berichterstattung, in: WPg 46 (1993), S. 493–503; IDW (Hrsg.): IDW HFA 1/1993: Zur Bilanzierung von Joint Ventures, in: WPg 46 (1993), S. 411 ff.; IDW (Hrsg.): WPH 2006, Band I, 13. Aufl., Düsseldorf 2006, Abschn. N, Rn. 726–731.

Christian Dinter

Joint-Risikomodelle →Prüfungsrisikomodelle

Journal →Grund- und Hauptbuch

Journalfunktion →Buchungen: →Software-Bescheinigung

K

Kämmereien

Das Wort Kämmerei leitet sich aus dem Lateinischen ab (camera = fürstliche Schatztruhe / camerarius = der Aufseher). Die Kämmerei ist für die Finanzen und das Vermögen einer Gemeinde zuständig und damit auch für die Wirtschaftlichkeit. Zu ihren Aufgaben gehört die Aufstellung und die Ausführung des Haushaltsplans, die mittelfristige →Finanzplanung sowie die Vermögens-, Kredit- und Rücklagenwirtschaft. Daneben werden basierend auf den gesetzlichen Vorschriften die Höhe der Steuern und Abgaben veranlagt, deren Eingang von der Kämmerei überwacht wird. Die Haushaltswirtschaft soll von der Kämmerei sparsam und nach wirtschaftlichen Grundsätzen geplant (→Planung) und gesteuert werden, sodass die stetige Erfüllung der Aufgaben gesichert ist. Dabei kommt den Erfordernissen des gesamtwirtschaftlichen Gleichgewichts eine fundamentale Bedeutung zu. Die Kämmerei erstellt jährlich den Entwurf für den Haushaltsplan, der sämtliche in diesem Jahr zu erwartende Ausgaben und Einnahmen auflistet und möglichst ausgleicht. Hierbei klärt die Kämmerei Gründe für die Abweichungen gegenüber dem Vorjahr (→Abweichungsanalyse). Nachdem der Rat den Haushaltsplan beschlossen hat, kontrolliert die Kämmerei die Umsetzung und Einhaltung des Plans im Rahmen des Finanzmanagements und stellt eine Liquiditätsplanung auf (→Liquiditätscontrolling). Die Aufsicht über den Haushaltsvollzug wird durch die Kämmerei wahrgenommen, die zusätzlich eine →Kosten- und Leistungsrechnung erstellen kann. Durch diese wird ein →Controlling (→Verwaltungscontrolling) von Kosten- und Leistungsvorgaben möglich. Für eine Kosten- und Leistungsrechnung auf Basis der Kameralistik sind Ergänzungsrechnungen erforderlich, die bei einer Umstellung auf ein doppisches Rechnungssystem entfallen (→Umstellung von Kameralistik auf Doppik).

Bei Abweichungen vom Haushaltsplan informiert die Kämmerei die Gemeindevertretung. Die Kämmerei steuert die ggf. vorhandenen Eigenbetriebe und sonstige →Beteiligungen (→Beteiligungscontrolling), indem sie an der Aufstellung von Wirtschaftsplänen beteiligt ist. Am Ende des Jahres erarbeitet die Kämmerei den JA, der Grundlage für eine Prüfung durch das →Rechnungsprüfungsamt ist.

Literatur: Dettmer, H./Prophete, W./Wegmeyer, K.: Kommunales Haushalts- und Kassenwesen, 3. Aufl., Bad Homburg vor der Höhe 1995.

Tim Eberhardt

Kaizen →Geschäftsprozesse

Kaizen Costing →Einzelkostencontrolling

Kalkulation

Mit der →*Kostenträgerstückrechnung*, die auch als *Kalkulation* bezeichnet wird, werden die →Kosten berechnet, die auf eine Einheit eines Kostenträgers entfallen. Zur Berechnung dieser Kosten übernimmt die Kalkulation die Kostenträgereinzelkosten aus der →Kostenartenrechnung und die in der →Kostenstellenrechnung bei den Kostenstellen (→Cost Center) ausgewiesenen Kostenträgergemeinkosten und rechnet sie den Kostenträgern zu.

Kostenträger sind die Zwischen- und Endprodukte der Unternehmung, zu denen sowohl die Haupt- als auch die Nebenprodukte zählen, sowie die aktivierten innerbetrieblichen Leistungen (→Kosten- und Leistungsverrechnung, innerbetriebliche). Bei einer Einheit des Kostenträgers kann es sich um eine Produkteinheit oder einen Auftrag handeln.

Zwecke der Kalkulation sind (z. B. Vormbaum/Ornau 1992, S. 533f.):

1) die Bewertung der Bestände an →unfertigen und fertigen Erzeugnissen sowie selbsterstellter Anlagen in
   - der Handels- und Steuerbilanz (→Herstellungskosten, bilanzielle) und
   - der Betriebsergebnisrechnung (→Erfolgsrechnung, kurzfristige; →Kostenträgerzeitrechnung),

2) die Preisbestimmung für
   - öffentliche Aufträge und
   - innerbetriebliche Leistungen,

Kalkulation

3) die Unterstützung von Preisverhandlungen durch die Bereitstellung von Informationen über Preisgrenzen (→Preisobergrenze; →Preisuntergrenze) sowie

4) die Bereitstellung von Informationen über die relevanten Stückkosten zur Unterstützung von Programm- und Produktentscheidungen.

Für die Zwecke der Bewertung selbsterstellter Anlagen und der Bestände an fertigen und unfertigen Erzeugnissen in der Periodenerfolgsrechnung werden Informationen über die *Stückherstellkosten* (→Herstellkosten, kalkulatorische) benötigt. Für andere Zwecke werden die *Stückselbstkosten* kalkuliert (→Selbstkostenermittlung). Herstell- und Selbstkosten setzen sich aus folgenden Kostenarten zusammen:

	Materialkosten
+	Fertigungskosten
+	Sondereinzelkosten der Fertigung
=	Herstellkosten
+	Verwaltungskosten
+	Vertriebskosten
+	Sondereinzelkosten des Vertriebes
=	Selbstkosten Materialkosten

Entsprechend dem verfolgten Rechnungszweck kann die Kalkulation als Vor-, Zwischen- oder Nachkalkulation bzw. als Plan- oder Istkalkulation ausgestaltet werden (Kilger 1987, S. 289–298). Bei *Kundenproduktion* (z. B. Anlagenbau) ist die Auftragserteilung der Produktion vorgelagert. Bei diesem Produktionstyp wird nach dem Zeitpunkt, in dem die Kalkulation durchgeführt wird, zwischen

- der Vorkalkulation,
- der Zwischenkalkulation und
- der Nachkalkulation

unterschieden. Die *Vorkalkulation* ist zeitlich vor der Auftragserteilung und vor dem Beginn der Produktion angesiedelt. Sie bezieht sich stets auf bestimmte Kundenanfragen, für die Angebote erstellt werden. Eine *Zwischenkalkulation* wird bei →langfristiger Auftragsfertigung zu bestimmten Zeitpunkten während des Produktionsprozesses, jedoch vor Abschluss der Produktion erstellt. Sie liefert die Informationen zur Bewertung unfertiger Erzeugnisse sowie zur Kontrolle der Kosten des jeweiligen Auftrages (→Auftragskalkulation; →Kostencontrolling). *Nachkalkulationen* werden nach Abschluss des Produktionsprozesses durchgeführt. Die Informationen fließen in die Betriebsergebnisrechnung (Kostenträgerzeitrechnung) zu Zwecken der Erfolgsanalyse ein (→Erfolgscontrolling) und bilden weiterhin die Grundlage für die Vorkalkulation verwandter Aufträge künftiger Perioden.

Wird bereits vor der Auftragserteilung für den anonymen Markt produziert, liegt *Marktproduktion* vor. Nach dem Zeitpunkt der Kalkulation werden bei diesem Produktionstyp

- die Plankalkulation und
- die Istkalkulation

abgegrenzt. Mit der *Plankalkulation* werden zu Beginn der Planperiode die Kosten eines standardisierten Produktes aus den Daten einer →Plankostenrechnung zum Zwecke der →Planung berechnet. Die berechneten Kosten der Produkte werden während der Periode beibehalten (Kilger 1987, S. 294). Die tatsächlich angefallenen Kosten eines standardisierten Produktes werden in einer *Istkalkulation* nach dem Ende der Abrechnungsperiode aus den Daten der →Istkostenrechnung für die Zwecke der Erfolgskontrolle ermittelt.

Nach dem *Umfang der zugerechneten Kosten* wird zwischen

- der Vollkostenkalkulation und
- der Grenzkostenkalkulation

unterschieden (Kilger 1993, S. 679). In der *Grenzkostenkalkulation* werden den Kostenträgern nur die variablen Kosten zugerechnet, die auf sie entfallen. Ermittelt werden diese Kosteninformationen für die Unterstützung von Programmentscheidungen (→Grenzplankostenrechnung). Für alle anderen Zwecke werden *Vollkostenkalkulationen* durchgeführt, die den Kostenträgern neben den variablen auch Teile der fixen Kosten zurechnen.

Die Zwecke der Kalkulation verlangen, dass den Kostenträgern nur die Kosten zugerechnet werden, die für ihre Erstellung und Verwertung anfallen. Es wird deshalb gefordert, dass die Kosten verursachungsgerecht verrechnet werden (→Kostenverursachung; →Kostenzurechenbarkeit), d. h. nach

- dem Verursachungsprinzip oder
- dem Identitätsprinzip.

Beim *Verursachungsprinzip* werden Kosten einem Kostenträger nur dann zugeordnet, wenn er ohne Einwirkung des den Kosten zugrunde liegenden Güterverbrauchs nicht hervorgebracht worden wäre. Das *Identitätsprinzip* fordert, dass einem Kostenträger Kosten nur dann zugeordnet werden, wenn sowohl die Kosten als auch der Kostenträger durch dieselbe identische Entscheidung ausgelöst worden sind (→relative Einzelkostenrechnung).

Die Produktion von Sachgütern tritt in der Unternehmungspraxis in einer Vielzahl von Erscheinungsformen auf. Um die Kosten der Kostenträger bei jedem Produktionstyp verursachungsgerecht zurechnen zu können, hat sich eine Vielzahl von →Kalkulationsmethoden herausgebildet.

Literatur: Kilger, W.: Einführung in die Kostenrechnung, Wiesbaden 1987; Kilger, W.: Flexible Plankostenrechnung und Deckungsbeitragsrechnung, 10. Aufl., Wiesbaden 1993; Vormbaum, H./Ornau, H.: Kalkulationsverfahren im Überblick, in: Männel, W. (Hrsg.): Handbuch Kostenrechnung, Wiesbaden 1992, S. 533–551.

Birgit Friedl

Kalkulation bei Kuppelproduktion

Kuppelproduktion ist dadurch gekennzeichnet, dass – technologisch bedingt – in einem Produktionsprozess zwangsläufig mehrere unterschiedliche Produkte (Kuppelprodukte) entstehen. So ergibt sich bspw. in Hochofenprozessen nicht nur Roheisen. Gleichzeitig entstehen auch Gichtgase und Schlacke. Kuppelproduktion kommt vor allem in der pharmazeutischen und in der chemischen Industrie vor.

Bei Kuppelproduktion ist ein verursachungsgerechte Aufschlüsselung (→Kostenverursachung; →Kostenzurechenbarkeit) der →Kosten auf die verschiedenen Kuppelprodukte grundsätzlich nicht möglich. Im Rahmen der Kostenträgerrechnung (→Kostenträgerstückrechnung) wird deshalb – gewissermaßen als Näherungslösung – auf das sog. Tragfähigkeitsprinzip zurückgegriffen.

Für die Kalkulation bei Kuppelproduktion sind drei verschiedenartige methodische Ansätze (→Kalkulationsmethoden) entwickelt worden (→Kalkulation, branchenorientiert): die Restwertmethode, die Marktwertmethode und die retrograde Rechenweise.

Für die Anwendung der *Restwertmethode* kommen nur Unternehmen mit einer sehr einfachen Fertigungsstruktur in Betracht. Der Betriebszweck muss auf die Herstellung einer einzigen Erzeugnisart (Hauptprodukt) ausgerichtet sein. Unterstellt wird in diesem Verfahrenskonzept, dass die →Erlöse aus der Veräußerung derjenigen Kuppelprodukte, die nicht dem Betriebszweck entsprechen (Nebenprodukte), gerade deren Herstellkosten (→Herstellkosten, kalkulatorische) decken. Die Verwaltungs- und Vertriebskosten (→Selbstkostenermittlung) müssen infolgedessen vom Hauptprodukt getragen werden.

Abb. 1: Kalkulationsbeispiel zur Restwertmethode

Angefallene Kosten (insgesamt): 95.000,– €
Verwaltungs- und Vertriebskosten: 15.000,– €
Herstellkosten des Hauptprodukts (A): 55.000,– €

Kuppelprodukte	A (Hauptprodukt)	B (Nebenprodukt)	C (Nebenprodukt)
Erlöse €	100.000,–	20.000,–	5.000,–

Charakteristisch für die *Marktwertmethode* ist, dass die angefallenen Kosten entsprechend dem Marktwert der verschiedenen Kuppelprodukte verteilt werden. Der Marktwert ist definiert als das Produkt aus dem Verkaufspreis und dem Produktionsvolumen. Müssen bestimmte Kuppelprodukte vernichtet werden und entstehen dabei Entsorgungskosten, so müssen diese Kosten von den übrigen Kuppelprodukten mitgetragen werden.

Abb. 2: Kalkulationsbeispiel zur Marktwertmethode

Angefallene Kosten (insgesamt): 95.000,– €
Verwaltungs- und Vertriebskosten: 15.000,– €

Kuppelprodukte	A	B	C
Marktwert €	100.000,–	20.000,–	5.000,–
Herstellungskosten €	64.000,–	12.800,–	3.200,–

Die *retrograde Rechenweise* ist eine modifizierte Variante der Marktwertmethode. Nach diesem Ansatz können alle direkt zurechenbaren Kosten auch verursachungsgerecht auf die Endprodukte verteilt werden. Die Anwendung kommt vor allem dann in Betracht, wenn

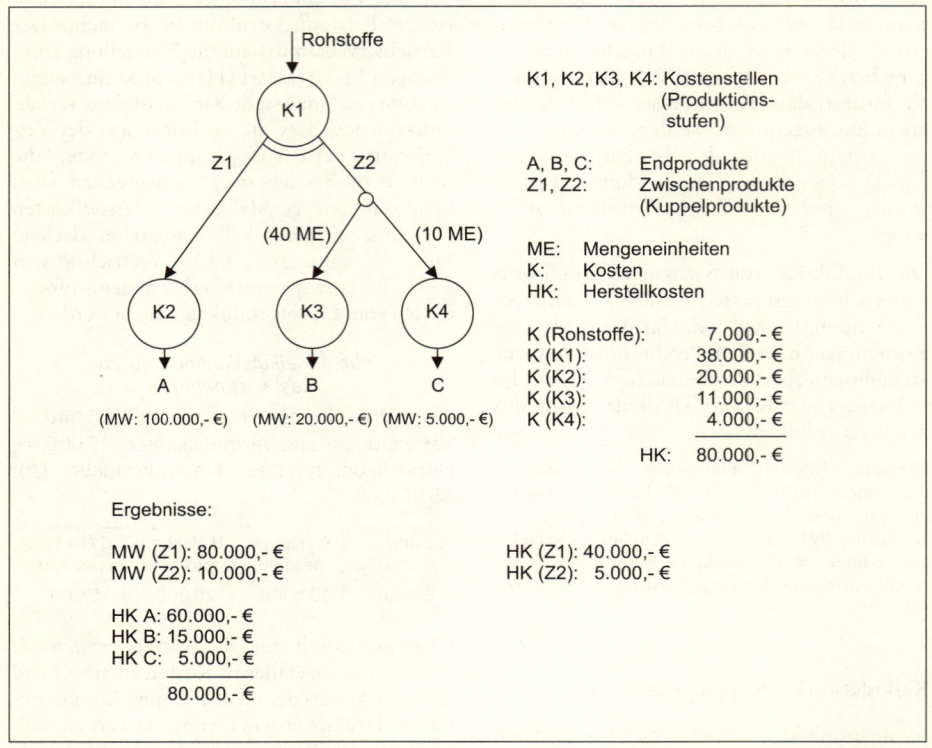

Abb. 3: Kalkulationsbeispiel zur retrograden Rechenweise

Kuppelprodukte weiter verarbeitet oder veredelt werden.

Im Prinzip muss auch bei diesem Verfahren zunächst der Marktwert der Endprodukte, also die geplanten oder tatsächlich erzielten →Umsatzerlöse, ermittelt werden. Von diesen Marktwerten sind dann alle Prozesskosten, die nach dem Entstehen der Kuppelprodukte anfallen, abzuziehen. Die so ermittelten Differenzgrößen entsprechen den abgeleiteten Marktwerten der Kuppelprodukte. Sie bilden die Basis für die Aufschlüsselung der Kosten der Kuppelproduktion. Durch die anschließende Addition der direkt zurechenbaren Produktionskosten (Rückrechnung) ergeben sich dann die gesamten Herstellkosten der Endprodukte.

Grundsätzlich lässt sich dieses methodische Konzept auch bei einer mehrstufigen Kuppelproduktion anwenden. Schwierigkeiten ergeben sich allerdings dann, wenn Kuppelprodukte zusammen mit anderen intern hergestellten Produkten weiter verarbeitet werden (verflochtene Kuppelproduktion). Sie lassen sich nur durch zusätzliche Annahmen über die Kostenspaltung überwinden.

Literatur: Eisele, W.: Technik des betrieblichen Rechnungswesens. Buchführung – Kostenrechnung – Sonderbilanzen, 7. Aufl., München 2002; Heinhold, M.: Kosten- und Erfolgsrechnung in Fallbeispielen, 3. Aufl., Stuttgart 2004; Kloock, J./Sieben, G./Schildbach, T.: Kosten- und Leistungsrechnung, 9. Aufl., Düsseldorf 2005; Schweitzer, M./Küpper, H.-U.: Systeme der Kosten- und Erlösrechnung, 8. Aufl., München 2003.

Hans-Jürgen Wurl

Kalkulation, branchenorientiert

Die →Kalkulation dient der Bereitstellung von Informationen über die →Kosten einer Kostenträgereinheit. Ihre *Zwecke* sind die Preisbestimmung, die Unterstützung von Preisverhandlungen (→Preisobergrenze; →Preisuntergrenze) und Entscheidungen über das Produktionsprogramm, die Analyse des Periodenerfolges (→Erfolgscontrolling) sowie die Bewertung der Bestände an →unfertigen und fertigen Erzeugnissen und der selbsterstellten Anlagen. Da in Dienstleistungsunternehmungen (DLU) (→Dienstleistungscontrolling) keine Vorratsproduktion möglich ist, dient die Kalkulation nur in Sachleistungsunternehmungen (SLU) der Bestandsbewertung, nicht jedoch in DLU.

Unabhängig von der Branche weist eine *Kalkulation* in Unternehmungen mit Mehrproduktfertigung die folgende *Struktur* auf:

    Einzelkosten der Kostenträgereinheit

+ Gemeinkosten der Kostenträgereinheit, differenziert nach

  - Gemeinkosten der Abrechnungseinheiten mit direktem Bezug zum Kostenträger,
  - Gemeinkosten der Abrechnungseinheiten mit indirektem Bezug zum Kostenträger und
  - Gemeinkosten der Abrechnungseinheiten ohne Bezug zum Kostenträger.

Die *Einzelkosten* werden unmittelbar beim Kostenträger erfasst. *Gemeinkosten* werden zunächst den stellen- oder prozessorientiert abgegrenzten Abrechnungsbereichen zugerechnet, die sie verursacht haben (→Kostenstellenrechnung). Die Kosten jedes Abrechnungsbereiches werden anschließend proportional zu einer Bezugsgröße auf die verschiedenen Kostenträger verrechnet (→Kalkulationsmethoden).

In Abrechnungsbereichen *mit direktem Bezug* werden die Kostenträger jeweils einzeln bearbeitet (z. B. Fertigung, Bearbeitung eines Kreditantrages). Zur Verrechnung ihrer Kosten können deshalb als Bezugsgrößen (→Bezugsgrößenhierarchie) Maßgrößen der →Kostenverursachung gefunden werden, durch welche die Leistung der Abrechnungseinheit erfasst [→Betriebsdatenerfassung (BDE)] und damit eine verursachungsgerechte Kostenverrechnung (→Kosten- und Leistungsverrechnung, innerbetriebliche; →Kostenzurechenbarkeit) ermöglicht werden kann. Es werden mengenmäßige, zeitliche und qualitative Bezugsgrößen unterschieden. *Mengenmäßige* bringen die Zahl der Wiederholungen des Leistungserstellungsprozesses zum Ausdruck. Für eine verursachungsgerechte Kostenverrechnung müssen sich die Prozesse identisch wiederholen. Werden verschiedene Kostenträger unterschiedlich lange bearbeitet, eignen sich *zeitliche Bezugsgrößen*, wie z. B. Bearbeitungszeiten. Sie setzen voraus, dass während jeder Zeiteinheit die gleichen Ressourcen im gleichen Umfang beansprucht werden. Ist diese Voraussetzung nicht erfüllt, da bei verschiedenen Kostenträgern jeweils andere Ressourcen beansprucht werden (z. B. unterschiedlich qualifizierte Mitarbeiter), sind *qualitative Bezugsgrößen* zu wählen. Mit diesen werden die Kosten differenziert nach den eingesetzten Ressourcen verrechnet (Friedl 2004, S. 400 f.).

In Abrechnungsbereichen mit *indirektem Bezug* zum Kostenträger werden Leistungen für mehrere Kostenträger gemeinsam erbracht, wie z. B. die Beschaffung eines Rohstoffes, der in verschiedene Kostenträger eingeht. Als Bezugsgrößen werden entweder Maßgrößen für die Leistung (z. B. Anzahl der Bestellungen) oder Merkmale der Kostenträger (z. B. Materialeinzelkosten) herangezogen. Ein Leistungsmaßstab hat den Nachteil, dass die Leistung, die von einem einzelnen Kostenträger beansprucht wird, nicht ermittelbar ist. Merkmale des Kostenträgers eignen sich nicht, da die Kosten des Abrechnungsbereiches von diesen Merkmalen unabhängig sind. Eine verursachungsgerechte Verrechnung der Kosten auf die Kostenträger ist damit nicht möglich.

Auch die Kosten der Abrechnungsbereiche *ohne Bezug* zum Kostenträger (z. B. Unternehmungsführung, →Rechnungswesen) können nicht verursachungsgerecht verrechnet werden. I.d.R. werden monetäre Bezugsgrößen herangezogen, wie z. B. die Herstellkosten (→Herstellkosten, kalkulatorische).

In jeder Unternehmung sind die Abrechnungseinheiten problemspezifisch abzugrenzen und geeignete Bezugsgrößen zur Verrechnung der Gemeinkosten auszuwählen. Es unterscheiden sich deshalb nicht nur die Kalkulationen verschiedener Branchen, sondern auch die verschiedener Unternehmungen der gleichen Branche. Werden die Unternehmungen grob in DLU und SLU gegliedert, können jedoch zwei Unterschiede herausgearbeitet werden, die sich aus den *Besonderheiten der Branchen* ergeben. Sie betreffen

- die Behandlung der Einzelkosten,
- die Abgrenzung der Abrechnungsbereiche und
- die Kostenarten (→Kostenartenrechnung).

Die Leistungen von DLU zeichnen sich durch ein hohes Maß an Immaterialität aus, so dass kaum *Einzelkosten* anfallen. Sie werden deshalb nicht getrennt verrechnet und eignen sich auch nicht als Bezugsgröße für die Verrechnung der Gemeinkosten von Abrechnungsbereichen mit indirektem oder ohne Bezug zum Kostenträger.

In SLU werden folgende *Abrechnungsbereiche* abgegrenzt: die Fertigungsstellen, die Abrechnungsbereiche mit direktem Bezug darstellen, die Materialstellen, die einen indirekten Bezug haben, sowie Verwaltungs- und Vertriebsstellen als Abrechnungsbereiche ohne Bezug zum Kostenträger. In DLU weist die Beschaffung aufgrund der Immaterialität der Produkte keinen Bezug zum Kostenträger auf und kann dem Verwaltungsbereich zugeordnet werden. Da die Kalkulation in DLU nicht der Bewertung der Bestände an fertigen und unfertigen Erzeugnissen dient, ist die Abgrenzung einer Vertriebsstelle nicht erforderlich. Die Abgrenzung von Material- und Vertriebsstellen eignet sich deshalb nicht für DLU (Reckenfelderbäumer 1989, S. 399).

In einzelnen Branchen treten darüber hinaus spezifische *Kostenarten* auf. Hierzu zählen z. B. die Risikokosten bei →Kreditinstituten und →Versicherungsunternehmen.

Literatur: Friedl, B.: Kostenrechnung, München/Wien 2004; Reckenfelderbäumer, M.: Marktorientiertes Kosten-Management von Dienstleistungs-Unternehmen, in: Meyer, A. (Hrsg.): Handbuch Dienstleistungsmarketing, Stuttgart 1998, S. 394–418.

Birgit Friedl

Kalkulation im Warenhandel

Das Sachziel von Handelsunternehmen besteht im Ein- und Verkauf von Waren, die i. d. R. unverändert und mit Gewinn zur Weiterveräußerung gelangen. Die Aufgabe der →Kalkulation (→Kalkulation, branchenorientiert; →Kostenträgerstückrechnung) liegt prinzipiell darin, mithilfe bestimmter Verfahren die *Selbstkosten* (→Selbstkostenermittlung) bzw. den *Verkaufspreis* pro betrieblicher Wareneinheit für Preis- und Kostenentscheidungen zu ermitteln. Zu diesem Zwecke greift die Kalkulation auf die Daten des innerbetrieblichen →Rechnungswesens (→Kosten- und Leistungsrechnung) zurück, das die auf die Kalkulationseinheiten umzulegenden →Kosten zur Verfügung stellt.

In Abhängigkeit von der Marktstruktur (Verkäufer- oder Käufermarkt) ist zu unterscheiden zwischen Kalkulationen der Angebots- und der Nachfragepreise. Im ersten Fall wird der Preis durch *progressive Kalkulation* ermittelt, indem von den Einzelkosten (→Einzelkostencontrolling) über die Gemeinkosten (→Gemeinkostencontrolling) und den Gewinnzuschlag auf den Angebotspreis geschlossen wird. Im zweiten Fall ist der Nachfragepreis für den Unternehmer ein Datum, von dem er retrograd auf die aufzuwendenden Werte und/oder Mengen für die einzelnen Kostenelemente und die Höhe seines gewählten Gewinnzuschlags folgert. Zum einen dient die Kalkulation in Handelsbetrieben der Preisbildung (→Preisobergrenze; →Preisuntergrenze), zum anderen liegt ihre Aufgabe darin, Entscheidungshilfen für die *Kostenbeeinflussung* (→Kostenabbaubarkeit; →Kostencontrolling; →Kostenmanagement) im Hinblick auf die Preisfindung zu liefern und darüber hinaus Grundlagen für die kurzfristige Erfolgsrechnung (→Erfolgsrechnung, kurzfristige; →Kostenträgerzeitrechnung) zur Verfügung zu stellen.

Zu den Komponenten, die im Rahmen einer Handelskalkulation den Einkaufspreis für die bezogenen Waren in den Verkaufspreis überführen, zählen im Wesentlichen

- *die Bezugskosten*,
- *die Geschäftskosten*, d. h. im Rahmen des Handelsunternehmens anfallenden Gemeinkosten, wie z. B. Löhne und Gehälter, Mieten, Zinsen, Abschreibungen (→Abschreibungen, kalkulatorische) und Steuern,
- *der Gewinn*, welchen der Unternehmer durch den Verkauf der Ware erzielen möchte, sowie
- die an den Provisionsverkäufer zu zahlende *Vergütung*.

Ferner können die Beschaffungs- und Absatzpreise durch die Gewährung von *Skonti und Rabatten* Veränderungen erfahren. Die Aufgabe der Handelskalkulation besteht nun darin, den Einkaufspreis unter Einbeziehung von Kosten und Gewinn einerseits und evtl. auftretenden Preisnachlässen andererseits in den Verkaufspreis zu transformieren. Abb. 1 zeigt ohne Berücksichtigung der USt die Verbindung der Kalkulation mit dem System der Finanzbuchhaltung in Handelsunternehmen.

Abb. 1: Schnittstellen von Kalkulation und Finanzbuchhaltung

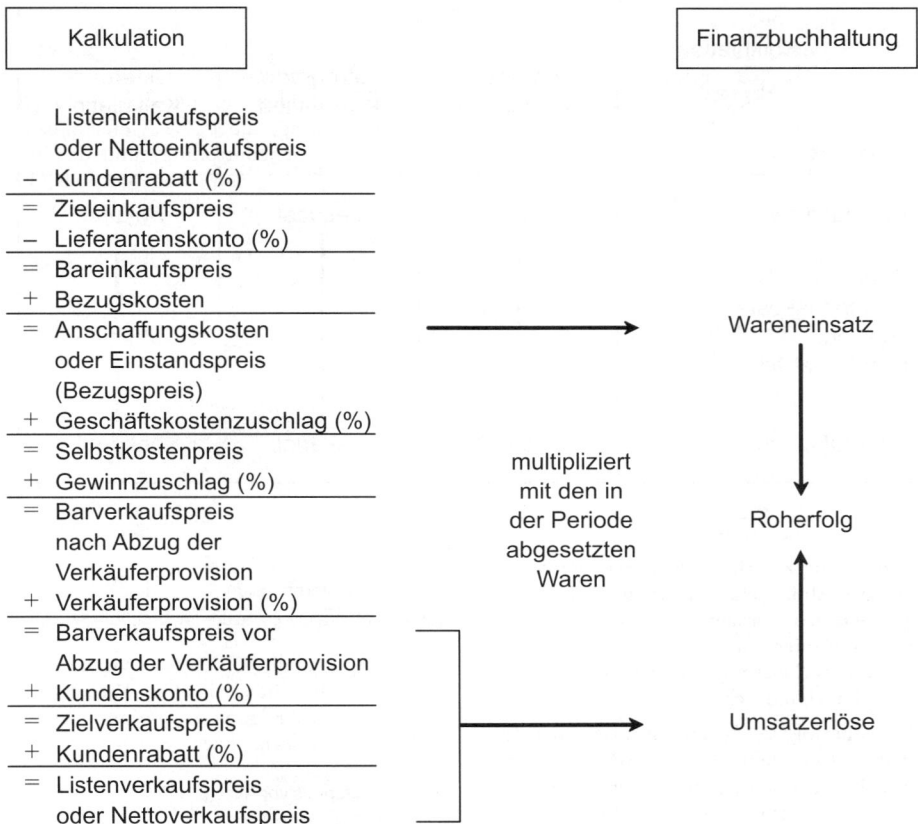

Stellt man auf die Rechenziele ab, so sind drei Arten von Handelskalkulationen zu unterscheiden:

- die progressive Kalkulation,
- die retrograde Kalkulation und
- die Differenzkalkulation.

Alle drei Kalkulationstypen können auf der Basis von Istwerten als *Nachkalkulation* (→Istkostenrechnung) oder unter Zugrundelegung von Plandaten als *Vorkalkulation* (→Plankostenrechnung) zur Anwendung kommen. Darüber hinaus sind *Mischformen* möglich, deren Bestandteile sowohl Ist- als auch Plancharakter tragen. Ausgehend vom *Einkaufspreis* wird bei der progressiven Kalkulation unter Berücksichtigung der in Abb. 1 genannten Komponenten der *Verkaufspreis* ermittelt. Die retrograde Kalkulation schlägt hingegen den umgekehrten Weg ein, d. h. vom Verkaufspreis wird auf den Einkaufspreis geschlossen. Mithilfe der Differenzkalkulation können bei gegebenem Ein- und Verkaufspreis bestimmte Bestandteile des Kalkulationsschemas (z. B. die maximale Höhe des Kundenrabatts oder der bei der Veräußerung der Ware erzielte bzw. erzielbare Erfolg) bestimmt werden (→Handelscontrolling). Abb. 2 verdeutlicht zusammenfassend die Vorgehensweise der drei Kalkulationsarten.

In ähnlicher Weise, wie die dem Kalkulationsschema zu entnehmenden →Anschaffungskosten – multipliziert mit den im Laufe des Geschäftsjahres verkauften Mengen – den *Wareneinsatz* der Finanzbuchhaltung (→Buchführungstechnik und Prüfungsmethoden) ergeben, resultieren aus den im Rahmen der Handelskalkulation errechneten Verkaufspreisen – multipliziert wiederum mit den in der Periode abgesetzten Mengen – die in der

Abb. 2: Typen der Handelskalkulation

Kalkulations- arten Rechenziele	progressive Kalkulation	retrograde Kalkulation	Differenz- Kalkulation
Einkaufspreis	bekannt ↓	gesucht ↑	bekannt ↓
Differenz, z.B. Geschäftskosten, Gewinn, Kundenrabatt	↓	↑	gesucht ↑
Verkaufspreis	gesucht	bekannt	bekannt

Buchhaltung zu erfassenden →*Umsatzerlöse*. Wie auch Abb. 1 zeigt, entspricht die Differenz zwischen dem Verkaufs- und dem Einstandspreis, summiert über alle veräußerten Produkte, dem *Roherfolg* (Rohgewinn bzw. Rohverlust) des Unternehmens.

Der Roherfolg setzt sich mithin aus den Geschäftskosten, dem Gewinnzuschlag und den Verkäuferprovisionen zusammen. In der Kalkulation besteht nun die Möglichkeit, die drei genannten Preisbestandteile zu einem kombinierten Aufschlagsatz zusammenzufassen, durch dessen Anwendung unmittelbar vom Einstandspreis auf den Barverkaufspreis vor Abzug der Verkäuferprovision und umgekehrt geschlossen werden kann. In diesem Zuschlagssatz (→*Zuschlagskalkulation*) spiegelt sich der – ggf. um Skonto und Rabatt zu modifizierende – Artikel-Roherfolg (→*Artikelerfolgsrechnung*) wider. Darüber hinaus lässt sich unter Berücksichtigung der den Kunden zu gewährenden Preisnachlässe ein erweiterter Aufschlagsatz bestimmen, der direkt die Berechnung des Nettoverkaufspreises erlaubt. Wird etwa der Unterschiedsbetrag zwischen dem Verkaufspreis und den AK einer Ware, d.h. der Artikel-Roherfolg (Verkaufspreis = Barverkaufspreis vor Abzug der Verkäuferprovision) zum entsprechenden Verkaufspreis in Beziehung gesetzt, so ergibt sich die *Handelsspanne* wie folgt:

$$\frac{\left[\text{Barverkaufspreis vor Abzug der Verkäuferprovision} - AK\right] \cdot 100}{\text{Barverkaufspreis vor Abzug der Verkäuferprovision}}$$

Wird hingegen die Differenz zwischen Verkaufs- und Einstandspreis einer Ware ins Verhältnis zu den AK gesetzt, so ergibt sich der *Kalkulationsaufschlag* wie folgt:

$$\frac{\left[\text{Barverkaufspreis vor Abzug der Verkäuferprovision} - AK\right] \cdot 100}{AK}$$

In diesem Zusammenhang sei darauf hingewiesen, dass aufgrund produktspezifischer Gewinnzuschläge, Verkäuferprovisionen und Preisnachlässe die Handelsspanne sowie der Kalkulationsaufschlag von Artikel zu Artikel *variieren* können. Indem die Handelsspanne und der Kalkulationsaufschlag die gleichen Bezugsgrößen aufweisen, kann bei Vorliegen eines Zuschlagssatzes der andere berechnet werden. Mithin gilt:

$$\text{Handelsspanne} = \frac{\text{Kalkulationsaufschlag} \cdot 100}{100 + \text{Handelsspanne}}$$

und

$$\text{Kalkulationsaufschlag} = \frac{\text{Handelsspanne} \cdot 100}{100 - \text{Handelsspanne}}$$

Bedeutung erlangt die Handelsspanne u.a. bei der Ermittlung des wertmäßigen Inventurbestands (→*Inventur*) im Einzelhandel

(→Vorratsvermögen). Da die Bestimmung der Einstandspreise der zum Bilanzstichtag sich auf Lager befindlichen Waren anhand von Eingangsrechnungen mit einem erheblichen Arbeitsaufwand verbunden sein kann, andererseits aber der Verkaufspreis (netto) und die Handelspanne eines jeden Produkts bekannt sind, geht man in der Praxis aus Vereinfachungsgründen regelmäßig den Weg, dass der pro Artikel sich ergebende mengenmäßige EB mit dem um die Handelsspanne verminderten Verkaufspreis (netto) multipliziert wird (*Verkaufswertverfahren*). Der hieraus resultierende Betrag entspricht den in das →Inventar, das Schlussbilanzkonto und die Schlussbilanz zu übernehmenden AK.

Analog zu den vorstehenden Darlegungen kann auch der Saldo zwischen Umsatzerlösen und Wareneinsatz, der Roherfolg der Finanzbuchhaltung, in einen Prozentsatz (*Roherfolgsatz* und *Roherfolgaufschlagsatz*) transformiert werden. Während im Roherfolgsatz das Verhältnis zwischen Roherfolg und Umsatzerlösen zum Ausdruck kommt, gibt der Roherfolgsaufschlagsatz die Beziehung zwischen Roherfolg und Wareneinsatz an:

$$\text{Roherfolgsatz} = \frac{\text{Roherfolg} \cdot 100}{\text{Umsatzerlöse}}$$

$$\text{Roherfolgsaufschlagsatz} = \frac{\text{Roherfolg} \cdot 100}{\text{Wareneinsatz}}$$

Roherfolgsatz und Roherfolgaufschlagsatz sind wichtige Kennzahlen zur Beurteilung der →Ertragslage eines Handelsunternehmens (→Kennzahlen und Kennzahlensysteme als Kontrollinstrument; →Kennzahlen im Prüfungsbericht); denn sie geben Aufschluss darüber, mit welcher durchschnittlichen Handelsspanne bzw. mit welchem durchschnittlichen Kalkulationsaufschlag das Unternehmen *kalkuliert*. Ergänzend sei angemerkt, dass beide Sätze aufgrund ihres Aussagegehalts im Rahmen der Prüfungstechnik (→ Plausibilitätsprüfungen; →Prüfungsstrategie; →Richtsatzprüfung) als *Verprobungsmethoden* (→Verprobung) zur Anwendung kommen.

Literatur: Ellrott, H./Ring, St.: Kommentierung des § 253 HGB, in: Ellrott, H. et al. (Hrsg.): BeckBilKomm, 6. Aufl., München 2006, Rn. 550–552, S. 530 f.; Falterbaum, H./Bolk, W./Reiß, W.: Buchführung und Bilanz unter besonderer Berücksichtigung des Bilanzsteuerrechts und der steuerrechtlichen Gewinnermittlung bei Einzelunternehmen und Gesellschaften, 19. Aufl., Achim bei Bremen 2003; Freidank, C.-Chr.: Kalkulation im Warenhandel, in: WiSt 29 (2000), S. 70–71 und S. 117–119; Freidank, C.-Chr.: Kostenrechnung, 7. Aufl., München/Wien 2001; Freidank, C.-Chr./Velte, P.: Rechnungslegung und Rechnungslegungspolitik. Eine Einführung aus handels-, steuerrechtlicher und internationaler Sicht in die Rechnungslegung und Rechnungslegungspolitik von Einzelunternehmen, Personenhandels- und Kapitalgesellschaften, Stuttgart 2007; Schenk, H. O.: Die Handelsspanne als zentrale Leistungs- und Führungskennzahl des Handels, in: WISU 25 (1996), S. 43–49 und S. 133–140; Tietz, B.: Der Handelsbetrieb. Grundlagen der Unternehmenspolitik, 2. Aufl., München 1993; Voßschulte, A./Baumgärtner, J.: Controlling im Handel. Konzeptionen und Erfahrungen bei der Implementierung, in: ZfC 3 (1991), S. 252–261.

Carl-Christian Freidank

Kalkulationsaufschlag →Kalkulation im Warenhandel

Kalkulationsmethoden

Kalkulationsmethoden (→Kalkulation; →Kostenträgerstückrechnung) sind Regeln, nach denen Kostenbeträge auf eine Einheit eines Kostenträgers verrechnet werden (→Selbstkostenermittlung). Es werden zwei Arten der Kostenverrechnung (→Kosten- und Leistungsverrechnung, innerbetriebliche) unterschieden:

- die Kostenzuordnung und
- die Kostenverteilung.

Die *Kostenzuordnung* vollzieht sich über die unmittelbare Erfassung der →Kosten bei einem Bezugsobjekt. Sie gelangt u. a. bei der Verrechnung der Kostenträgereinzelkosten auf die Kostenträger zum Einsatz. Kostenträgergemeinkosten werden dagegen zunächst bei einer Gruppe meist heterogener Kostenträger erfasst, für die sie gemeinsam angefallen sind. Bei dieser Gruppe handelt es sich z. B. um die Kostenträger, die in der Abrechnungsperiode in einer Kostenstelle (→Cost Center) bearbeitet worden sind. Bei der *Kostenverteilung* werden die Kosten der Kostenstelle proportional zu einer Bezugsgröße (→Bezugsgrößenhierarchie) auf die verschiedenen Kostenträger der Gruppe verrechnet.

Die *Zuordnungsprinzipien* regeln, bei welchem Bezugsobjekt (Kostenträger, Kostenstelle) die Kosten zu erfassen sind. Als Zuordnungsprinzip liegt den verschiedenen Kalkulationsmethoden das Verursachungsprinzip (→Kostenverursachung) zugrunde. *Verteilungsprinzipien* bestimmen, über welche Bezugsgröße die

Kalkulationsmethoden

Kosten einer Kostenstelle auf die Kostenträger verteilt werden. Verteilungsprinzipien der Kalkulation sind vor allem

- das Proportionalitätsprinzip,
- das Durchschnittsprinzip und
- das Tragfähigkeitsprinzip.

Das *Proportionalitätsprinzip* verlangt, dass die Kosten der Kostenstelle über direkte Bezugsgrößen verrechnet werden, d. h. über Bezugsgrößen, zu denen sich die Kosten proportional verhalten (→Kostenabhängigkeiten). Eine direkte Bezugsgröße einer Fertigungskostenstelle ist z. B. die Fertigungszeit. Beim *Durchschnittsprinzip* werden die Kosten über indirekte Bezugsgrößen auf die Produkte verrechnet. Indirekte Bezugsgrößen, wie z. B. Materialeinzel- oder Herstellkosten (→Herstellkosten, kalkulatorische), sind keine Einflussgrößen der Kosten einer Kostenstelle. Das Durchschnittsprinzip erlaubt damit keine verursachungsgerechte Kostenverteilung. Beim *Tragfähigkeitsprinzip* gelangt als Bezugsgröße der Absatzpreis oder ein Bruttogewinn des Kostenträgers zur Anwendung. Produkten mit hohen Absatzpreisen bzw. Bruttogewinnen werden damit hohe Kosten zugerechnet. Das Tragfähigkeitsprinzip führt damit ebenfalls zu keiner verursachungsgerechten Kostenverteilung.

Die Forderung nach einer verursachungsgerechten Verrechnung verlangt bei zunehmender *Heterogenität des Produktionsprogramms* eine differenziertere Verrechnung der Kosten auf die Kostenträger. Unterschiedlichen Heterogenitätsgraden des Produktionsprogramms wird durch folgende Kalkulationsmethoden entsprochen:

- Die Methoden der →*Divisionskalkulation* gelangen zum Einsatz bei Einproduktfertigung bzw. bei Mehrproduktfertigung, wenn jedes Produkt isoliert von anderen Produkten in einem unabhängigen Produktionsprozess hergestellt wird. Das Grundprinzip der Methoden der *Divisionskalkulation* fordert, dass zur Ermittlung der Stückkosten die Gesamtkosten einer Abrechnungsperiode durch die Produktionsmenge dividiert werden. Den Methoden der Divisionskalkulation liegt damit das Durchschnittsprinzip zugrunde.
- Anwendungsbereich der →*Äquivalenzziffernkalkulation* ist die Fertigung von Produkten, die nach weitgehend identischen Produktionsverfahren aus den gleichen Ausgangsstoffen auf denselben Produktiveinheiten hergestellt werden, wie z. B. die Herstellung von Blechen unterschiedlicher Stärke in einem Blechwalzwerk (Sortenfertigung). Das Grundprinzip der Methoden der Äquivalenzziffernkalkulation besteht darin, die Produktionsmengen jedes Produktes mithilfe von Äquivalenzziffern in die Menge eines Einheitsproduktes umzurechnen. Äquivalenzziffern bringen zum Ausdruck, in welchem Verhältnis die Kosten eines Produktes zu den Kosten des Einheitsproduktes stehen. Für die ermittelten Mengen werden die Stückkosten des Einheitsproduktes mithilfe der Divisionskalkulation berechnet. Die Äquivalenzziffernkalkulation setzt damit das Proportionalitätsprinzip ein.
- Der Anwendungsbereich von Methoden der →*Zuschlagskalkulation* ist die Serien- und Einzelfertigung. Das Grundprinzip der Zuschlagskalkulation fordert die getrennte Zurechnung der Kostenträgereinzel- und der Kostenträgergemeinkosten auf die Kostenträger. Die Kostenträgergemeinkosten (→Gemeinkostencontrolling) werden zunächst den Kostenstellen zugeordnet. Die Kosten der Kostenstellen werden anschließend proportional zu den Einzelkosten (→Einzelkostencontrolling) auf die Kostenträger verrechnet. Die Methoden der Zuschlagskalkulation sind damit durch die Kombination aus dem Verursachungs- und dem Durchschnittsprinzip gekennzeichnet.
- Die *Bezugsgrößenkalkulation* unterscheidet sich von der Zuschlagskalkulation dadurch, dass die Kosten der Fertigungskostenstellen nicht über Einzelkosten, sondern über direkte Bezugsgrößen verrechnet werden. Dieser Kostenverteilung liegt damit das Proportionalitätsprinzip zugrunde.

Besondere Kalkulationsmethoden sind für Kuppelprodukte (→Kalkulation bei Kuppelproduktion) vorgeschlagen worden. *Kuppelprodukte* gehen aus einem Produktionsprozess mit mindestens einem Arbeitsgang hervor, in dem zwangsläufig mehrere Produktarten entstehen. Die Kosten, die bis zur Trennung der einzelnen Kuppelprodukte anfallen, können den Kuppelprodukten nicht verursachungsgerecht zugerechnet werden. Sie werden deshalb mit dem Durchschnittsprinzip (Verteilungsrechnung) oder dem Tragfähigkeitsprinzip (Restwertverfahren) auf die Kostenträger verrechnet.

Literatur: Friedl, B.: Kostenrechnung. Grundlagen, Teilrechnungen und Systeme der Kostenrechnung, München/Wien 2004; Kilger, W.: Einführung in die Kostenrechnung, 3. Aufl., Wiesbaden 1987.

Birgit Friedl

Kalkulationssatz →Kostenstellenrechnung

Kalkulationszinssatz

Der Kalkulationszinsfuß wird in der Investitionsrechnung verwendet und findet besondere Anwendung im Kapitalwertmodell, das als Beurteilungskriterium für Investitionsentscheidungen verwendet wird (→Investition; →Investitionscontrolling; →Investitionskontrolle). Der Kalkulationszinsfuß entspricht dem Kapitalmarktzinssatz, also dem risikolosen Zinssatz (bspw. der Zinssatz von langfristigen Staatsanleihen), der um einen Risikozuschlag abhängig von Branche, Zukunftsaussichten, Unternehmensgröße u.Ä. erhöht werden kann.

In einem vollkommenen Kapitalmarkt ist der Kapitalwert eines Zahlungsstromes gleich seinem Marktwert. Durch den Kapitalwert wird das Konzept des Marktwertes verallgemeinert, indem auch bei einem unvollkommenen Kapitalmarkt die Existenz eines Kalkulationszinsfußes postuliert wird (s. hierzu auch Franke/Hax 2004). Unter Vollkommenheit versteht man, dass es einheitliche Preise auf dem Markt gibt, zu dem die Marktteilnehmer zukünftige Ansprüche erwerben können. Vollständig ist der Kapitalmarkt genau dann, wenn genau definierte Zahlungsansprüche (unter Berücksichtigung deren Risikos, Betrages und Zeitpunkt des Anspruches) für alle Umweltzustände existieren und gehandelt werden können. Der Kapitalmarkt zeichnet sich dann durch einen einheitlichen Soll- und Haben-Zinssatz aus. Unterstellt man nun sichere Erwartungen, so besteht kein Grund, zwischen verschiedenen Finanzierungsformen zu differenzieren, da es kein Risiko gibt, und der gegebene Zins am Kapitalmarkt kann als Kalkulationszinssatz verwandt werden. *Kruschwitz* (Kruschwitz 2005) schlägt für langfristige →Investitionen vor, das Konzept eines einheitlichen Kalkulationszinsfußes aufzugeben und stattdessen mit laufzeitabhängigen Zinssätzen, die sich an der Zinsstrukturkurve orientieren, zu diskontieren. Für diesen Fall werden finanzwirksame →Kosten und Leistungen periodengerecht abgezinst, um den Kapitalwert zu ermitteln.

Bei Investitionsentscheidungen mit unsicheren Erwartungen geht es um die vergleichende Bewertung unsicherer zukünftiger Zahlungsströme. Sind Marktwerte bekannt, so optimiert stets die Alternative mit maximalem Marktwert auch den persönlichen Nutzen des Investors. In einem vollkommenen Kapitalmarkt entspricht somit die Nutzenmaximierung der Marktwertmaximierung. Der Marktwert eines Projektes lässt sich berechnen, indem man die erwarteten Einzahlungsüberschüsse mit einem risikoangepassten Kalkulationszinsfuß abdiskontiert. Die Risikoprämie ist positiv bei positiver Korrelation zwischen den Zahlungsströmen der betreffenden Investitionen und dem Gesamtergebnis aller Investitionen, bei negativer Korrelation hingegen ist sie negativ. Als Ausdruck für die erwartete Rendite einer Investition $E[r_j]$ erhält man aus dem →Capital Asset Pricing Model (CAPM) folgenden Ausdruck:

$$E[r_j] = r_j + (E[r_m] - r_f)\beta_j \text{ mit } \beta_j = \frac{Cov[r_j, r_m]}{Var[r_m]}$$

$E[r_m]$ ist die erwartete Rendite des Marktportfolios. Das Marktportfolio entspricht in seinen Anteilen der einzelnen unsicheren Wertpapiere dem Gesamtangebot auf dem Markt. Im Marktgleichgewicht stimmt die optimale Kombination unsicherer Wertpapiere für jeden Anleger mit dem Marktportfolio überein.

r_f ist der risikolose Zinssatz, bspw. die Rendite von Staatsanleihen.

$Cov[r_f, r_m]$ ist die Kovarianz der Aktienrendite mit der Marktrendite. Sie gibt an, inwiefern sich die Aktienrendite mit einer Veränderung des Marktes verändert.

$Var[r_m]$ ist die Varianz der Rendite des Gesamtmarktes.

β_j spiegelt das systematische Risiko des Wertpapiers wider. Beta gibt an, wie sich die Rendite eines Wertpapieres im Verhältnis zu Veränderungen des Gesamtmarktes verhält. Die Risikoprämie eines Wertpapiers steigt proportional zu dem durch Kovarianz und Beta gemessen Risiko.

$(E[r_m] - r_f)$ ist die Marktrisikoprämie.

Durch die Wertadditivität (s. hierzu bspw. Franke/Hax 2004) folgt, dass die Bewertungsfunktion des CAPM auch zur Beurteilung von Investitionsprojekten verwandt werden kann. Hierzu ist sowohl die Kenntnis des Erwartungswerts der zukünftigen Zahlungen sowie der Kovarianz notwendige Voraussetzung, um zu ermitteln, ob ein neues Projekt den Marktwert der Gesamtinvestitionen erhöht. Zusätzlich muss angenommen werden, dass die einzelne Investition die Bewertungsfunktion nicht verändert, die einzelne Investition also im Verhältnis zum Investitionsvolumen des gesamten Marktes nur einen geringen Umfang hat, sodass sich das Marktgleichgewicht nicht verändert. Unter der Vorrausetzung der Wertadditivität gilt ebenso, dass der Marktwert eines Unternehmens unabhängig von der gewählten Finanzierung ist. *Modigliani/Miller* (Modigliani/Miller 1958) haben die Irrelevanz der Finanzierung gezeigt, sodass es unter Vernachlässigung von Steuern und Insolvenzkosten bzw. -erträgen (→Insolvenz) unerheblich für den →Unternehmenswert ist, zu welchen Anteilen er sich aus →Fremdkapital oder →Eigenkapital zusammensetzt.

Unter der Berücksichtigung von Steuern, die von der Form der Finanzierung abhängen, ist diejenige Finanzierungsweise zu wählen, die den Marktwert der Belastungen minimiert. Generell geht man davon aus, dass die zu erbringenden Fremdkapitalzinsen von der Gesamtsteuerbelastung abzuziehen sind, man also einen sog. Tax Shield erhält (→Steuern in der Unternehmensbewertung). Unter dieser Prämisse schlagen *Brealey/Myers* (Brealey/Myers 2005) und *Kruschwitz* (Kruschwitz 2004) die Verwendung gewogener durchschnittlicher →Kapitalkosten [→Weighted Average Cost of Capital-Ansatz (WACC)] als Kalkulationszinsfuß für geplante Investitionen vor:

$$WACC_j = r_{j,FK}(1-s)\frac{FK_j}{V_j} + r_{j,EK}\frac{EK_j}{V_j} \text{ mit } V_j = EK_j + FK_j$$

$r_{j,FK}$ sind die erwarteten Fremdkapitalkosten (Fremdkapitalrendite).

$r_{j,EK}$ sind die erwarteten Eigenkapitalkosten (Eigenkapitalrendite) eines teilweise fremdfinanzierten Projektes.

FK_j und EK_j sind die Marktwerte des Fremd- bzw. Eigenkapitals der Firma.

V_j spiegelt den Gesamtwert der Firma bestehend aus Eigen- und Fremdkapital wider.

s ist der Steuersatz mit dem der Gewinn der Unternehmung zu versteuern ist.

Um die durchschnittlichen gewogenen Kapitalkosten zu berechnen, muss man die unversteuerte Renditeerwartung der Eigentümer mit der (geplanten) Eigenkapitalquote und die versteuerte Renditeerwartung der Fremdkapitalgeber mit der (geplanten) Fremdkapitalquote gewichten. Diskontiert man nun den Saldo der erwarteten finanzwirksamen Kosten und Leistungen (→Cash Flow) nach Steuern mit den gewogenen Kapitalkosten ab, so erhält man den Bruttokapitalwert für das zu bewertende Projekt und kann unter Berücksichtigung der Anfangsinvestitionen eine Aussage über die ökonomische Vorteilhaftigkeit eines Projektes machen.

Literatur: Brealey, R./Myers, S.: Principles of Corporate Finance, 7. Aufl., NY 2003; Franke, G./Hax, H.: Finanzwirtschaft des Unternehmens und Kapitalmarkt, 5. Aufl., Heidelberg 2004; Modigliani, F./Miller, M.: The cost of capital, corporation finance, and the theory of investment, in: AER 48 (1958), S. 261–297; Kruschwitz, L.: Investitionsrechnung, 10. Aufl., München 2005; Kruschwitz, L.: Finanzierung und Investition, 4. Aufl., München 2004.

Christian Hopp

Kalkulatorische Abschreibungen
→Abschreibungen, kalkulatorische

Kalkulatorische Herstellkosten →Herstellkosten, kalkulatorische

Kalkulatorische Kosten

Als kalkulatorische Kosten werden jene →Kosten bezeichnet, die im Hinblick auf die Mengen- und/oder Wertkomponente nicht mit dem entsprechenden Aufwand der externen Rechnungslegung [→International Financial Reporting Standards (IFRS); →United States Generally Accepted Accounting Principles (US GAAP)] übereinstimmen. Unterschiedliche Preise entstehen, wenn anstelle von Einstandspreisen mit Verrechnungspreisen oder Marktpreisen kalkuliert wird; unterschiedliche Mengen liegen vor, wenn nicht mit den tatsächlich gezahlten Urlaubs-/Feiertagslöhnen, sondern mit durchschnittlichen Werten gerechnet wird. Zu den kalkulatorischen Kosten zählen aufwandsverschiedene Kosten (Anderskosten) und aufwandsfremde Kosten (Zusatzkosten). Demgegenüber entsprechen die Grundkosten der Höhe nach den Aufwen-

Abb.: Klassifikation der gesamten Kosten

Grundkosten (Kosten = Aufwendungen)	Kosten ›oder‹ als ihnen entsprechende Aufwendungen	Kosten, denen keine Aufwendungen entsprechen
	Anderskosten (wertverschieden)	Zusatzkosten (wesensverschieden)
	Kalkulatorische Kosten	
Gesamte Kosten		

dungen der externen Rechnungslegung. Grundkosten und kalkulatorische Kosten bilden zusammen die Gesamtkosten (Götzelmann 1995, S. 491). Während Grundkosten direkt aus der Finanzbuchhaltung entnommen werden können, z. B. Versicherungsprämien, Vertreterprovision, Verbrauchsteuern oder Stromkosten, müssen kalkulatorische Kosten, die nicht an gesetzliche Vorschriften gebunden sind, unternehmenssachzielbezogen neu festgesetzt werden. Der Ansatz kalkulatorischer Kosten ist notwendig, um den gesamten Güterverzehr der betrieblichen Leistungserstellung vollständig und unabhängig davon zu erfassen, ob er pagatorischer Natur ist oder nicht. Der Wertansatz der kalkulatorischen Kosten richtet sich allein nach den Zielsetzungen der Kostenrechnung (→ Kosten- und Leistungsrechnung; → Kostenrechnung, Prüfung der). Die gesamten Kosten lassen sich wie folgt klassifizieren (Schmalenbach 1963, S. 10) (siehe Abb. oben):

Ein zentrales Merkmal für *Anderskosten* ist es, dass diesen Kosten Aufwendungen in anderer Höhe gegenüberstehen, da der in der Finanzbuchhaltung erfasste Güterverbrauch wegen abweichendem Mengen- oder Preisansatz nicht für Kostenrechnungszwecke geeignet ist; dies gilt z. B. für kalkulatorische Abschreibungen (→ Abschreibungen, kalkulatorische) und kalkulatorische Wagnisse. Dagegen liegen *Zusatzkosten* immer dann vor, wenn der sachzielbezogene Güterverzehr nicht mit Ausgaben verbunden ist und zu keinem Aufwand führt. Als Beispiele sind der kalkulatorische Unternehmerlohn und die kalkulatorischen Zinsen (Basis: → Eigenkapital) zu nennen.

Im Zusammenhang mit kalkulatorischen Kosten wird häufig auch von → Opportunitätskosten gesprochen. Opportunitätskosten sind ein ökonomisches Konstrukt zur Quantifizierung entgangener Alternativen; es sind keine Kosten i. S. d. Kostenrechnung. Konkret bezeichnen Opportunitätskosten den Nutzenentgang, der bei der Wahl zwischen zwei Alternativen durch die Entscheidung für die eine und gegen die andere Möglichkeit (Opportunität) entsteht. Umgangssprachlich kann man auch von Kosten der Reue bzw. Kosten der entgangenen Gewinne sprechen. Der Ansatz „kalkulatorischer" Kostenbestandteile ist, wie auch die begriffliche Unterscheidung zwischen Kosten und Aufwand überhaupt, ein Phänomen der deutschen Kostentheorie und hat in anderen Ländern keine bzw. nur geringe Bedeutung.

Als kalkulatorische Kosten sind die folgenden fünf Gruppen zu unterscheiden (Freidank 2001, S. 110–132; Schubert/Hohenbild 1976, Sp. 2276):

1) Kalkulatorische Abschreibungen: Aufgabe der kalkulatorischen Abschreibungen ist es, den tatsächlichen Wertverzehr der betriebsnotwendigen Anlagen zu erfassen.

2) Kalkulatorische Wagniskosten: Mithilfe der kalkulatorischen Wagniskosten werden ungewöhnliche, regellose und der Höhe und Zeit nach nicht voraussehbare betriebliche Einzelwagnisse (Risiken), die im direkten Zusammenhang mit der betrieblichen Leistungserstellung stehen, in der Kostenrechnung berücksichtigt, sofern sie nicht versicherungstechnisch abgedeckt sind. Das allgemeine Unternehmerwagnis ist nicht Bestandteil der kalkulatorischen Wagniskosten; dieses Wagnis ist über den Gewinn abgegolten. Zu den wichtigsten kalkulatorischen Wagnissen gehören: Beständewagnis (Lagerungs- oder Vorrätewagnis), Entwicklungswagnis, Vertriebs- oder Debitorenwagnis, Anlagenwagnis, Fertigungs- bzw. Ausschusswagnis und Gewährleistungswagnis. Die Erfassung der kalkulatorischen Wagnisse erfolgt nach Wahrscheinlichkeiten des

Kalkulatorische Leistungen

Eintretens der einzelnen Wagnisarten; die Berechnung anhand von Durchschnittsberechnungen.

3) Kalkulatorische Miete: Bei Einzelunternehmungen oder →Personengesellschaften sind immer dann kalkulatorische Mieten zu berücksichtigen, wenn private Räume für Unternehmenszwecke genutzt werden. Der Ansatz kalkulatorischer Mieten kann aus drei Gründen resultieren:

- Zusatzkosten: Räume im Privathaus des Unternehmers werden betrieblich genutzt. Die Raumkosten gehen als Zusatzkosten in die Kostenrechnung ein. Die Bewertung erfolgt in Höhe der ortsüblichen Miete.
- Anderskosten: Eigene Gebäude der Unternehmung werden betrieblich genutzt; anstelle der tatsächlichen Aufwendungen (GrSt, Gebäudeabschreibungen, Instandhaltung usw.) werden kalkulatorische Mieten in Höhe der ortsüblichen Miete angesetzt.
- Raumkosten: Raumkosten entstehen neben den Mietkosten i.e.S.; es handelt sich um verrechnete Aufwendungen für Beheizung, Beleuchtung und Reinigung. Zu beachten ist, dass der Werteverzehr für die eigenen Räume als kalkulatorische Miete nur angesetzt werden darf, sofern dieser nicht bereits anteilig als kalkulatorische Abschreibungen oder kalkulatorische Zinsen Eingang in die Kostenrechnung gefunden hat.

4) Kalkulatorischer Unternehmerlohn: Ein kalkulatorischer Unternehmerlohn wird als Entgelt für die vom Unternehmer erbrachte Arbeitsleistung von Personengesellschaften und Einzelunternehmungen angesetzt. Als Höhe des Unternehmerlohns wird das Gehalt eines leitenden Angestellten mit gleichartiger Tätigkeit herangezogen oder aber das Gehalt, das der Unternehmer bei Aufnahme eines Arbeitsverhältnisses im günstigsten Falle erhalten würde (Opportunitätskosten).

5) Kalkulatorische Zinsen: Die in der Finanzbuchhaltung als Aufwand erfassten Fremdkapitalzinsen beziehen sich nur auf die für das →Fremdkapital gezahlten Zinsen. In der Kostenrechnung sind aber die Zinskosten für das gesamte betriebsnotwendige Kapital unabhängig von der Finanzierungsart, d. h. insb. auch das Eigenkapital, zu beachten. Die Verzinsung auf das Eigenkapital spiegelt den Nutzenentgang für eine alternative Anlagemöglichkeit des Kapitals wider (Opportunitätskosten). Als Zinssatz wird in der Praxis häufig der landesübliche Zinssatz, erhöht um eine angemessene Risikoprämie (→Capital Asset Pricing Modell), festgelegt.

Literatur: Freidank, C.-Chr.: Kostenrechnung, 7. Aufl., München/Wien 2001; Götzelmann, F.: Kosten, in: Corsten, H. (Hrsg.): Lexikon der Betriebswirtschaftslehre, 3. Aufl., München/Wien 1995, S. 490–493; Schmalenbach, E.: Kostenrechnung und Preispolitik, 8. Aufl., Köln/Opladen 1963; Schubert, W./Hohenbild, R.: Kosten, kalkulatorische, in: Grochla, E./Wittmann, W. (Hrsg.): HWB, 4. Aufl., Stuttgart 1976, Sp. 2274–2368.

Inge Wulf

Kalkulatorische Leistungen →Kostenartenrechnung; →Erträge

Kameralistik →Buchführungstechnik und Prüfungsmethoden

Kanada

Die Rechnungslegung und Prüfung unterliegt auch in Kanada zurzeit einem starken Wandel. Die Nähe zu den →United States of America (USA) und der gleichzeitig vorhandene Wille, sich von den USA abzugrenzen, machen auch vor dem Berufsstand der Wirtschaftsprüfer nicht halt. Es ist noch nicht entschieden, ob sich Kanada in Richtung →United States Generally Accepted Accounting Principles (US GAAP)/→United States Generally Accepted Auditing Standards (US GAAS) oder →International Financial Reporting Standards (IFRS)/→International Standards on Auditing (ISA) bewegen wird, wobei die Tendenz deutlich in Richtung IFRS/ISA geht. Klar ist einzig, dass beträchtliche Veränderungen auf den Berufszweig zukommen werden.

In Kanada werden die folgenden drei Arten von Accountants unterschieden: →Chartered Accountant (CA), Certified Management Accountant (CMA) und Certified General Accountant (CGA). Die Durchführung von Abschlussprüfungen und Sonderprüfungen obliegt i.d.R. dem CA, der teilweise auch als Public Accountant gilt und daher am ehesten als WP bezeichnet werden kann. Aufgrund dessen, dass die gesetzgeberische Verankerung des Wirtschaftsprüferberufs aber in den Provinzen liegt, ist die Situation von Provinz zu Provinz unterschiedlich: so darf bspw. in British Columbia auch ein CGA Abschlussprüfungen vornehmen, während in Ontario, der wirtschaftlich stärksten Provinz, ausschließlich der CA als APr zugelassen ist.

Auf nationaler und internationaler Ebene wird der Berufsstand der WP durch das *CICA* vertreten. Alle ca. 70.100 CAs sind Mitglieder des *CICA*. Wesentliche Gremien des *CICA* sind das *AASB* und das *AASOC*, deren Aktivitäten und Aufgaben dem jährlichen Report der beiden Gremien zu entnehmen sind. Das *CICA* berät die Bundes- und Provinzregierungen in Fragen der →Corporate Governance, publiziert Fachliteratur und arbeitet an einer kontinuierlichen Verbesserung der Ausbildung des Berufsstandes. Außerdem setzt das *CICA* die nationalen Rechnungslegungs- und Prüfungsstandards und veröffentlicht diese in einem Handbuch. Durch die Veröffentlichung entstehen sog. GAAP und GAAS, die durch die Aufnahme in den *Canada Business Corporations Act* für alle Prüfer und Unternehmen verbindlich sind. Die Prüfungsstandards regeln insb. Ziele und Qualität der Prüfung und machen Vorgaben bzgl. des Bestätigungsvermerks, wobei Ziele und Gegenstand der Prüfung weitestgehend denen in Deutschland entsprechen, lediglich ein →Prüfungsbericht (PrB) (Long Form Audit Report) ist in Kanada wie auch in den anderen angloamerikanischen Ländern unbekannt. Der BestV richtet sich auf die im JA vermittelte getreue Präsentation der Vermögens-, Finanz- und Ertragslage in Übereinstimmung mit den kanadischen GAAP. Lediglich bei der →*Securities and Exchange Commission (SEC)* registrierte Unternehmen ist es seit dem Jahr 2005 gestattet, anstelle der kanadischen GAAP die US GAAP zu verwenden. Eine Bilanzierung nach IFRS ist zurzeit nicht möglich. Je nach zugrunde liegender Rechnungslegungsnorm hat der Auditor's Report die Übereinstimmung mit Canadian GAAS oder US GAAS zu bestätigen. Bereits vor 2006 hatte das *CICA* verlauten lassen, die Rechnungslegungs- und Prüfungsstandards an die IFRS bzw. ISA anzugleichen. Nunmehr liegt mit dem vom *Canada's Accounting Standards Board (AcSB)* im August 2006 veröffentlichten „Implementation Plan for Incorporating IFRS into Canadian GAAP" ein detaillierter Plan vor, nach dem börsennotierte Unternehmen spätestens ab dem Jahr 2011 ihre Abschlüsse nach IFRS erstellen und veröffentlichen sollen. Eine Option zur Bilanzierung und Veröffentlichung nach US GAAP erscheint wahrscheinlich, auch aufgrund des Einflusses der Securities Commission der jeweiligen Provinz.

Die Durchsetzung der berufsrechtlichen Normen inkl. der Prüfungsstandards obliegt dem *CICA*, sodass der Berufsstand im Gegensatz zu den USA noch als „self regulated" bezeichnet werden kann. Das *CICA* überprüft die Einhaltung der Prüfungsstandards seitens der WPGes in Abstand von 3 Jahren durch eigene Mitarbeiter oder im Rahmen eines Peer Reviews durch andere WPGes. Der Berufsstand unterliegt zusätzlich der Aufsicht durch das unabhängige *CPAB*, welches insb. für die Sicherung der Prüfungsqualität und der Einhaltung der Unabhängigkeitsvorschriften verantwortlich ist und dem →*Public Company Accounting Oversight Board (PCAOB)* in den USA vergleichbar ist. Das *CPAB* überprüft zusätzlich zum *CICA* jedes Jahr alle größeren Prüfungsgesellschaften („Big Four-Gesellschaften"), wobei diese Prüfungen weitaus umfangreicher und intensiver sind als die seitens des *CICA*. Es gelten strenge Standards hinsichtlich der Unabhängigkeit des Abschlussprüfers. Diese Standards werden durch das *CICA* festgesetzt und stimmen weitgehend mit den Vorschriften der *SEC* überein. Die Einhaltung der Unabhängigkeitsvorschriften wird durch das *CICA* und das *CPAB* überwacht. Grundsätzlich bieten CA neben Abschlussprüfungen auch Leistungen aus den Bereichen Steuerberatung, Corporate Finance und →Unternehmensberatung sowie Insolvenzverwaltung an. Bei börsennotierten Unternehmen ist das Leistungsspektrum wie in den USA jedoch eingeschränkt. Regelungen zur Haftung des Wirtschaftsprüfers gegenüber dem zu prüfenden Unternehmen und gegenüber Dritten sind je nach Provinz unterschiedlich. I.d.R. haften die für die Prüfung direkt verantwortlichen Partner einer WPGes mit ihrem Privatvermögen, während nicht direkt involvierte Partner nur mit ihrer Kapitaleinlage haften.

In Kanada sind grundsätzlich alle Unternehmen prüfungspflichtig. Private Companies, d. h. Nicht-Publikumsgesellschaften können sich allerdings von dieser Prüfungspflicht mittels Gesellschafterbeschluss bzw. entsprechender Regelung im Gesellschaftsvertrag be-

Kapazität

freien, so dass letztendlich lediglich Publikumsgesellschaften einer gesetzlichen Abschlussprüfung unterliegen.

Ausbildungs-, berufspraktische und -ethische Standards sind hoch und mit denen der USA zu vergleichen. Alle Prüfer müssen einen Universitätsabschluss mit wirtschaftswissenschaftlicher Ausrichtung und einschlägigen Studienschwerpunkten vorweisen und einen Aufbaustudiengang bei der Berufsstandsorganisation der jeweiligen Provinz absolvieren. Für die Zulassung zum CA-Berufsexamen, welches in allen Provinzen einheitlich ist, muss der Absolvent praktische Erfahrungen bei einem CA nachweisen. CA, die die eigentliche Wirtschaftsprüfung verlassen und in die Privatwirtschaft wechseln, sind berechtigt, den Titel als CA weiterzuführen. Dies trägt stark zur hohen Wertschätzung der CA in Kanada bei.

Telge-Sascha Krantz

Kapazität →Kapazitätsplanung

Kapazitätscontrolling

Im Rahmen des Produktions- und Dienstleistungsmanagements (→Produktionscontrolling; →Dienstleistungscontrolling) kommt der →Kapazitätsplanung eine wichtige Rolle zu. Neben der operativen Ausgestaltung im Rahmen von Produktplanungs- und Steuerungs- (PPS-) Systemen kommt vor allem der strategischen Kapazitätsplanung große Bedeutung zu, wozu das Kapazitätscontrolling entscheidungsunterstützende Informationen bereitstellt.

Eine wesentliche Entscheidungsgröße stellt die technische Kapazität dar, die im Rahmen der Gestaltung des Leistungserstellungssystems installiert wird (Slack/Chambers/Johnston 2004). Bei der Produktion materieller Güter kann grundsätzlich zwischen zwei Strategien unterschieden werden. Ausgangspunkt ist die Frage, wie die Nachfrage und das zu produzierende Angebot miteinander abgeglichen werden (Dyckhoff 2003, S. 332). Als Voraussetzung wird angenommen, dass die Produktion einer Einheit zu sonst gleichen Bedingungen durchgeführt werden kann, so dass z. B. von Schichtzuschlägen für Mitarbeiter abstrahiert wird.

- Bei einer Emanzipationsstrategie erfolgt die Produktion unabhängig von der konkreten Nachfrage. Es wird daher zumeist aufgrund von Prognosen (→Prognoseinstrumente) produziert und die fertigen Erzeugnisse (→unfertige und fertige Erzeugnisse) werden eingelagert. Entstehende Kundennachfrage kann daher direkt aus dem Lager bedient werden. Sind keine entsprechenden Lagermengen vorhanden, kommt es zu Wartezeiten in der Auslieferung der Produkte an die Kunden. Zumeist wird dies im Rahmen einer Push-Steuerung des Produktionssystems eingesetzt.

- Bei einer Synchronisationsstrategie wird die produzierte Menge jeweils an die nachgefragte Menge angepasst, sodass i. d. R. erst nach Eingang eines konkreten Kundenauftrags produziert wird. Das Leistungserstellungssystem wird daher durch einen Pull-Prozess, also von der Nachfrage her, gesteuert. Für die Erstellung personenbezogener Dienstleistungen ist nur die Synchronisation möglich, da die Leistung in dem Moment produziert werden muss, in dem sie auch genutzt oder konsumiert wird, da die Leistung selbst nicht lagerbar ist (Uno-Actu-Prinzip) (Corsten 2001, S. 22).

Das Kapazitätscontrolling unterstützt die Wahl zwischen Emanzipation und Synchronisation auf der Basis von Kostendaten (→Kosten). Hierzu werden vereinfacht zwei wesentliche Kostenpositionen berücksichtigt:

- Die erste Größe stellt die technologische Kapazität dar, die festlegt, welche Menge in einer gegebenen Zeiteinheit max. hergestellt werden kann. Hierfür fallen vor allem die →Kosten für die Bereitstellung und Erhaltung der Kapazität an.

  Bei der Synchronisation muss im Extremfall die vorgehaltene Kapazität der max. Nachfragemenge pro Zeiteinheit entsprechen. Große Teile der vorgehaltenen Kapazität werden daher über weite Zeiträume nicht genutzt.

  Bei der Emanzipation wird dagegen eine erheblich geringere Kapazität installiert, die etwa dem Durchschnitt einer längeren Periode (z. B. einem Jahr) entspricht. Damit fallen hierfür erheblich niedrigere Investitionskosten (→Investition) an als bei einer Synchronisationsstrategie.

- Die zweite Größe bildet die auf Lager vorgehaltene Menge (→Bestandsplanung und -kontrolle). Hierfür fallen vor allem die

Kosten der Lagerhaltung (→Lagerwesen) selbst als auch Kosten für das gebundene Kapital an. Weiterhin besteht ein Lagerrisiko in der Obsoleszenz der Lagerbestände, so dass diese nicht mehr abgesetzt werden können. Diese Kosten sind für die Emanzipationsstrategie von großer Relevanz.

- Bei der Synchronisation besteht das Ziel darin, den Lagerbestand möglichst gering zu halten oder, wie bei einer Just-in-Time Lieferung, ganz zu vermeiden.

Nun können die beiden Kapazitätsstrategien bzgl. der entstehenden Gesamtkosten verglichen werden. Das Kapazitätscontrolling hat sowohl für die Erstentscheidung, z. B. bei der →Investition in neue Anlagen, als auch bei der Überprüfung, ob vorhandene Kapazitäten (noch) genutzt werden, entsprechende Daten aufzubereiten. Dazu zählen die bereits angesprochenen Kosteninformationen. Diese sind um physische Daten der konkreten Technologien, aber auch um Absatzdaten und -anforderungen zu ergänzen. Dadurch stellt das Kapazitätscontrolling der Unternehmensleitung ein komplettes Bild zur Verfügung, welche Kapazitäten notwendig und sinnvoll sind bzw. wie diese i. S. e. dynamischen Betrachtung im Laufe der Zeit auf- oder abzubauen sind. Hier schließt sich häufig eine auf Anlagen bezogene Lebenszykluskostenbetrachtung (→Lebenszykluskostenrechnung) an.

Zuletzt sei darauf verwiesen, dass gerade bei dieser dynamischen Betrachtung auch technologische Veränderungen, wie sie z. B. durch →Technologielebenszyklen beschrieben werden, zu berücksichtigen sind.

Literatur: Corsten, H.: Dienstleistungsmanagement, 4. Aufl., München 2001; Dyckhoff, H.: Grundzüge der Produktionswirtschaft. Einführung in die Theorie betrieblicher Wertschöpfung, 4. Aufl., Berlin 2003; Slack, N./Chambers, S./Johnston, R.: Operations Management, 4. Aufl., Harlow 2004.

Stefan Seuring

Kapazitätsplanung

Die Kapazitätsplanung wird in der Produktionsplanung und -steuerung (PPS) sowie in der →Plankostenrechnung angewendet.

„Kapazität ist das Leistungsvermögen einer wirtschaftlichen oder technischen Einheit – beliebiger Art, Größe und Struktur – in einem Zeitabschnitt" (Kern 1962, S. 27). Die zur Verfügung stehende Kapazität lässt sich dabei in zwei Dimensionen beschreiben (Gutenberg 1983, S. 73–80): Bei der *quantitativen Kapazität* wird das Leistungsvermögen durch Zahlen ausgedrückt (z. B. die Maximalkapazität). Die *qualitative Kapazität* informiert über die Art und Güte des Leistungsvermögens von Betriebsmitteln und Personal. Sie erfasst damit die Fähigkeit von Betriebsmitteln, z. B. bestimmte Produkte oder Dienstleistungen herzustellen, bzw. die Qualifikation des menschlichen Personals.

Zweck der Kapazitätsplanung im Rahmen der PPS ist es, die skizzierten Kapazitäten im betrieblichen Leistungsprozess abzustimmen und zu verteilen. Die Termin- und Kapazitätsplanung besteht aus der Durchlaufterminierung und der Kapazitätsabstimmung.

Bei der *Durchlaufterminierung* wird die Zeitdauer für die einzelnen Abschnitte geplant; somit werden die Termine ohne Berücksichtigung der benötigten Kapazitäten abgestimmt. Bei der Kapazitätsplanung werden die terminierten Aufträge den Kapazitätseinheiten zugerechnet. Der Zeitbedarf wird dabei den verfügbaren Kapazitäten gegenübergestellt. Das Ergebnis ist ein Belastungsprofil für die einzelnen Kapazitätseinheiten, das mit dem gesamten Kapazitätsangebot verglichen wird. Die Belastungsrechnung beschreibt anhand der Durchlaufterminierung die Belastungssituation der Kapazitätseinheiten und zeigt Unter- bzw. Überbelastungen auf.

Die *Kapazitätsplanung* muss Diskrepanzen zwischen Kapazitätsangebot und Kapazitätsnachfrage durch Maßnahmen zur Kapazitätsabstimmung ausgleichen. Zu diesen Maßnahmen gehören die Kapazitätsanpassung sowie der Kapazitätsabgleich. Die *Kapazitätsanpassung* richtet das Kapazitätsangebot auf die existierende Nachfrage durch zeitliche Anpassungen (Überstunden, Zusatzschichten etc.), intensitätsmäßige Anpassungen (Erhöhung der Ausbringungsmenge/Zeiteinheit) oder quantitative Anpassungen aus (Gutenberg 1983, S. 354–356). Der *Kapazitätsabgleich* führt zu Veränderungen beim Kapazitätsbedarf. Es werden Entscheidungen über das →Outsourcing (→Eigenfertigung versus Fremdbezug) oder die interne Verlagerung bestimmter Leistungen getroffen. Beim zeitlichen Kapazitätsabgleich wird darüber entschieden, einzelne Aufträge vorzuziehen oder bei Bestehen eines Puffers nach hinten zu verlagern (Daub 1998, S. 68).

Kapital, betriebsnotwendiges

Die skizzierte operative Kapazitätsplanung wird um die taktische und strategische Kapazitätsplanung ergänzt. In der strategischen Analyse werden die langfristig notwendigen Kapazitäten z. B. mithilfe von Szenarien (→Szenariotechnik) und Simulationen (→Simulationsmodelle) geplant, in der taktischen →Planung wird die gewählte Strategie z. B. mithilfe von Investitionsplänen (→Investition) konkretisiert.

Die Kapazitätsplanung ist eine Methode, um die Beschäftigung (→Beschäftigungsgrad) in der Plankostenrechnung (→Kosten- und Leistungsrechnung) festzulegen (alternative Methode; →Engpassplanung). Sie wird mithilfe der *Planbezugsgröße* ermittelt, die dazu dient, die Leistung in einer Kostenstelle (→Cost Center) zu messen (Kilger 1993, S. 335).

Bei der Kapazitätsplanung wird die Planbezugsgröße aus der Kapazität einer Kostenstelle abgeleitet. Dadurch soll in einer Vollkostenrechnung vermieden werden, dass Beschäftigungsschwankungen sich auf die Kalkulationssätze (→Kalkulation) auswirken. Um Planbezugsgrößen mithilfe der Kapazität zu bestimmen, muss diese differenziert werden nach *technischer Maximalkapazität* (höchstmögliche Leistung ohne Unterbrechung bei 4-Schicht-Betrieb), *kostenoptimaler Kapazität* (Kapazität bei optimaler Intensität und 2-Schicht-Betrieb) sowie *Normalkapazität* (erfahrungsgemäß durchschnittliche Leistungsmenge).

Für die *Kostenkontrolle* (→Kostencontrolling) ergeben sich Unterschiede je nach gewählter Kapazitätsart. Wird die Normalkapazität als Basis gewählt, weist die →Beschäftigungsabweichung (→Abweichungsanalyse) in einer flexiblen Plankostenrechnung auf Vollkostenbasis i.d.R. einen geringeren Wert als beim Ansatz der maximalen Kapazität aus (Vormbaum/Rautenberg 1985, S. 111). Wird sich für die maximale Kapazität entschieden, gehen auch in einer →Grenzplankostenrechnung entstehende Abweichungen vollständig in die →Nutzkostenanalyse und Leerkostenanalyse (→Leerkosten) ein.

Die Bestimmung von Planbezugsgrößen mithilfe der Kapazitätsplanung wird kritisiert, da bei Kostenstellen mit mehreren Bezugsgrößen (→Bezugsgrößenhierarchie) nur eine Bezugsgröße als Basis der Kapazität gebildet werden kann. Bei Kostenstellen mit indirekten Bezugsgrößen lassen sich keine Maßgrößen der Kapazität bestimmen. Dem vermeintlichen Vorteil der Kapazitätsplanung bei einer Vollkostenrechnung wird durch die Einführung einer Grenzplankostenrechnung begegnet: Da Grenzkostensätze nicht abhängig von der Beschäftigung sind (→Kostenabhängigkeiten), hat die Bestimmung von Planbezugsgrößen anhand der Kapazität für die →Kalkulation in einer Grenzplankostenrechnung keine Bedeutung (Kilger 1993, S. 335).

Literatur: Daub, A.: Simultane Ablauf- und Kapazitätsplanung, in: ZP 9 (1998), S. 63–80; Gutenberg, E.: Grundlagen der Betriebswirtschaftslehre. Band 1: Die Produktion, 24. Aufl., Berlin et al. 1983; Kern, W.: Die Messung industrieller Fertigungskapazitäten und ihrer industriellen Ausnutzung, Köln/Opladen 1962; Kilger, W.: Flexible Plankostenrechnung und Deckungsbeitragsrechnung, 9. Aufl., Wiesbaden 1993; Vormbaum, H./Rautenberg, H. G.: Kostenrechnung III für Studium und Praxis: Plankostenrechnung, Bad Homburg 1985.

Rolf Brühl; Nils Horch

Kapital, betriebsnotwendiges →Betriebsnotwendiges Vermögen

Kapital, gebundenes →Betriebsnotwendiges Vermögen

Kapital, ökonomisches →Bankencontrolling

Kapital- und Finanzflussrechnung

Die →Kapitalflussrechnung, auch Cash Flow-Rechnung genannt, jedoch präziser als Finanz- oder Zahlungsflussrechnung zu bezeichnen, ergänzt als liquiditätsorientierte Rechnung die Einkommensrechnung, die auch als Ergebnisrechnung, als Erfolgsrechnung oder als →Gewinn- und Verlustrechnung (GuV) bezeichnet wird. Die Kapitalflussrechnung soll Informationen darüber bereitstellen, wie ein Unternehmen Zahlungsmittel erwirtschaftet und verwendet. Dazu werden verschiedene Zahlungsströme (→Cash Flow) ermittelt und zusammengestellt. Zur Aufstellung einer Kapitalflussrechnung kann man erstens die relevanten unternehmensintern verfügbaren Daten über Zahlungsströme verwenden. Dann ergibt sich das Problem, welche Zahlungsströme man auf höherer Ebene ermitteln und abbilden möchte. Man kann sie aber auch aus den unternehmensextern verfügbaren Daten zu einem Finanzbericht zusammenfügen.

Abb. 1: Bilanzen und Bewegungsbilanz

	Bilanzen		Bewegungsbilanz	
	Eröffnungsbilanz	Schlussbilanz	Mittelverwendung	Mittelherkunft
Anlagevermögen				
zu Anschaffungskosten	400	550	150	
− Kumulierte Abschreibungen	200	250		50
zu Buchwerten	200	300		
Forderungen aus LL	100	120	20	
Zahlungsmittel	20	40	20	
Eigenkapital vor Einkommen*	220	260		40
Einkommen**		110		110
Verbindlichkeiten aus LL	70	50	20	
Verbindlichkeiten ggü. Banken	30	40		10

* Kapitalerhöhung 40, ** Umsatzerlöse 250, Materialaufwendungen 40, Personalaufwendungen 50

Dann begrenzen diese Daten die Zahlungsströme, die man darstellen kann. Im Folgenden wird die zweite Art der Erstellung von Finanzberichten beschrieben.

Die in den Finanzberichten der Unternehmen englischsprachiger Länder weit verbreitete Kapitalflussrechnung wurde erst spät für deutsche Unternehmen eingeführt, wobei sie lediglich bei Anwendung internationaler oder US-amerikanischer Rechnungslegungsregeln [→International Financial Reporting Standards (IFRS); →United States Generally Accepted Accounting Principles (US GAAP)] (IAS 7 bzw. SFAS 95) oder bei Börsennotierung für den Konzern (§ 297 Abs. 1 Satz 2 HGB) verpflichtend ist. Die Kapitalflussrechnung soll Zahlungsströme aus der laufenden Geschäftstätigkeit dokumentieren und die Zahlungen im Zusammenhang mit →Investitionen und Finanzierungen aufzeigen. Dadurch wird zugleich die Veränderung der Liquiditätsposition nachgewiesen. Insb. externe Bilanzleser können mit ihrer Hilfe ein ansprechendes Bild der →Finanzlage eines Unternehmens erhalten, weil mögliche Liquiditätsprobleme wachsender oder sich in starker Veränderung befindender Unternehmen nur schwer aus Bilanz oder anderen nicht zahlungsorientierten Finanzberichten erkennbar sind (→Cash Flow-Analyse; →Jahresabschlussanalyse).

Kapitalflussrechnungen zählt man zu der größeren Gruppe der Fondsveränderungsrechnungen. Bei ihnen handelt es sich um Bewegungsrechnungen, in denen die Entwicklung für einen bestimmten Vermögensteil (Fonds) ausgewiesen wird. Ausgangspunkt der bilanzorientierten Fondsveränderungsrechnungen bilden zwei Bilanzen, die zu einer sog. Veränderungs- oder Bewegungsbilanz umgeformt werden. Gewöhnlicherweise erfolgt eine Darstellung in Kontoform im Hinblick auf Mittelherkunft und -verwendung, wie in Abb. 1 gezeigt.

Die Anlagenzugänge und -abgänge sind dann für einen externen Leser erkennbar, wenn man das →Anlagevermögen zu Anschaffungs- und Buchwerten zeigt. Dies erfordert die gesonderte Erfassung der Abschreibungen (→Abschreibungen, bilanzielle) eines Abrechnungszeitraums bei der Mittelherkunft. Der Aussagegehalt kann verbessert werden, wenn man das Einkommen durch die Ertrags- und Aufwandsposten (→Aufwendungen und Erträge) ersetzt. Zur Erhöhung der Übersichtlichkeit werden zudem oft zusammengehörige Bilanzposten zu einer Mittelgesamtheit (Fonds) zusammengefasst. Dies führt nicht nur zu einer anderen Gliederung, sondern hat auch zur Folge, dass Veränderungen innerhalb dieses Fonds nicht mehr erkannt werden können. Da Fondsveränderungsrechnungen Erklärungen für die Veränderung von Bilanzpositionen liefern sollen, spielt die Festlegung des interessierenden Fonds eine besondere Rolle. Während aus bilanzanalytischer Sicht (→Jahresabschlussanalyse) flüssige Mittel (Zahlungsmittel und ihre Äquivalente), das Geldvermögen oder ein „Working Capital" als Fonds in Frage kommen können, wird die Verwendung des erstgenannten Fonds durch die jeweiligen Rechnungslegungsnormen bevorzugt.

Inzwischen hat sich die Staffelform als Darstellungsform der Kapitalflussrechnung durchgesetzt, weil den Erklärungserfordernissen hier durch eine transaktionsorientierte Darstellung besser entsprochen werden kann als

Kapital- und Finanzflussrechnung

Abb. 2: Kapitalflussrechnung nach direkter und indirekter Methode

Direkte Methode			Indirekte Methode		
Zahlungsstrom aus dem Umsatzbereich			Zahlungsstrom aus dem Umsatzbereich		
Einzahlungen von Kunden			Einkommen	+110	
+ Abnahme d. Forderungen aus LL	+0		+ nicht zahlungswirksamer		
– Zunahme d. Forderungen aus LL	–20		Aufwand (Abschreibungen)	+50	
+ Umsatzerlöse	+250	+230	– nicht zahlungswirksamer Ertrag	–0	
Auszahlungen an Lieferanten			– Zunahme d. Forderungen aus LL	–20	
+ Zunahme d. Verbindlichkeiten aus LL	+0		– Abnahme d. Verbindlichkeiten aus LL	–20	+120
– Abnahme d. Verbindlichkeiten aus LL	–20				
– Materialaufwand	–40	–60			
Auszahlungen an Beschäftigte					
+ Zunahme d. Verbindlichkeiten (Pers.)	+0				
– Abnahme d. Verbindlichkeiten (Pers.)	–0				
– Personalaufwand	–50	–50 +120			
Auszahlungen für Investitionen			Auszahlungen für Investitionen		
			+ Abnahme d. Anlagen	+0	
+ Abgang d. Anlagen	+0		– Zunahme d. Anlagen	–100	
– Zugang d. Anlagen	–150	–150	+ Zuschreibung zu Anlagen	+0	
			– Abschreibungen auf Anlagen	–50	–150
Einzahlungen aus Finanzierungen			Einzahlungen aus Finanzierungen		
+ Zunahme d. Eigenkapitals	+40		+ Zunahme d. Eigenkapitals	+40	
– Abnahme d. Eigenkapitals	–0		– Abnahme des Eigenkapitals	–0	
+ Zunahme d. Verbindlichkeiten ggü. Banken	+10		+ Zunahme d. Verbindlichkeiten ggü. Banken	+10	
– Abnahme d. Verbindlichkeiten ggü. Banken	–0		– Abnahme d. Verbindlichkeiten ggü. Banken	–0	
+ Ertrag aus Finanzierungen	+0		+ Ertrag aus Finanzierungen	+0	
– Aufwand aus Finanzierungen	–0	+50	– Aufwand aus Finanzierungen	–0	+50
Veränderung der Zahlungsmittel		+20	Veränderung der Zahlungsmittel		+20

bei einer Kontoform. Die Zahlungsmittelzu- und Zahlungsmittelabflüsse werden dabei im Hinblick auf die Hauptquellen der laufenden Geschäftätigkeit (Umsatzbereich), der Investitionstätigkeit (Anlagenbereich) und der Finanzierungstätigkeit (Finanzbereich) angegeben.

Bei der Darstellung von Kapitalflussrechnungen unterscheidet man die direkte von der indirekten Methode. Erstgenannte wird in der Literatur empfohlen und zeigt unmittelbar die Zahlungsströme aus den jeweiligen Bereichen. Der Zahlungsstrom aus laufender Geschäftstätigkeit wird direkt als Differenz der Einzahlungen von Kunden und der Auszahlungen an Lieferanten und Beschäftigte aus mehreren Zahlungsströmen ermittelt. Die indirekte Methode betrifft nur den Umsatzbereich. Hier wird nur noch ein einziger Zahlungsstrom in einer Überleitungsrechnung bestimmt, in der das Einkommen um erfolgs-, aber nicht zahlungswirksame Vorgänge bereinigt wird (Beispiele: Ab- und Zuschreibungen oder Veränderungen von →Rückstellungen). Abb. 2 zeigt die aus der Bewegungsbilanz hergeleitete staffelförmige Kapitalflussrechnung nach direkter und indirekter Methode. Da die indirekte Methode für den Umsatzbereich keine Ursachen für die Veränderungen der Zahlungsmittelbestände angibt und damit zu Fehlinterpretationen verleitet, gilt die direkte Methode aus bilanzanalytischer Sicht als überlegen. Dennoch verwenden die meisten deutschen Unternehmen die indirekte Methode bei der Darstellung des Zahlungsstroms aus dem Umsatzbereich.

Besonderheiten ergeben sich bei Konzernen (→Konzernarten), in denen Zahlungsmittel aus unterschiedlichen Währungen zusammengeführt werden müssen. Die sich hieraus ergebenden Effekte sind nach Möglichkeit gesondert auszuweisen. Die Zuordnung von Zahlungen zu den oben genannten drei Bereichen kann mit erheblichen Ermessensspielräumen für den Ersteller einer Kapitalflussrechnung verbunden sein. Zur Vermeidung dieses Ermessens wird nach den US GAAP inkonsequenterweise verlangt, alle Zahlungen, die auch in Posten der Einkommensrechnung erscheinen, dem Umsatzbereich zuzuordnen, selbst wenn sie eindeutig zum Investitions- oder Finanzierungsbereich gehören. Schließlich ist zu erwähnen, dass Kapitalflussrechnungen nur über die Zahlungsströme des Unternehmens informieren. Die Aussagen über Investitionen und Finanzierungen bleiben insofern unvollständig, als Vorgänge unerwähnt bleiben, die keine Zahlungsströme auslösen.

Hans Peter Möller; Jochen Zimmermann

Kapitalanlagegesellschaften

KAGes sind →Kreditinstitute, deren Geschäftsbereich darauf gerichtet ist, Sondervermögen zu verwalten und Dienstleistungen oder Nebendienstleistungen gem. § 7 Abs. 2 InvG zu erbringen (§ 6 Abs. 1 InvG). Als Sondervermögen werden Investmentfonds bezeichnet, die für Rechnung der Anleger nach Maßgabe des InvG und den Vertragsbedingungen verwaltet werden und bei denen die Anleger das Recht zur Rückgabe ihrer Anteile haben (§ 2 Abs. 2 InvG).

Das seit 1.1.2004 gültige InvG vom 15.12.2003 wurde durch das Investmentmodernisierungsgesetz neu geschaffen und reformierte die bis dahin geltenden Regelungen des KAGG von 1957 bzw. 1998 und des AuslInvestmG von 1969. Bezogen auf die Prüfung gab es durch die Gesetzesänderung keine wesentlichen Neuerungen.

Als Spezialkreditinstitute unterliegen KAGes den erweiterten Rechnungslegungs-, Prüfungs- und Berichterstattungsnormen von Kreditinstituten. Zusätzlich zum JA sind bei KAGes nach § 44 Abs. 5 Satz 1 InvG die Rechenschaftsberichte des Sondervermögens prüfungspflichtig. Prüfer ist der →Abschlussprüfer (APr), der den JA des Geschäftsjahres der KAGes prüft (→Jahresabschlussprüfung), in welches das Ende des Geschäftsjahres des Sondervermögens fällt (§ 44 Abs. 5 Satz 1 InvG). Der Prüfungsumfang erstreckt sich dabei neben der Ordnungsmäßigkeit des Rechenschaftsberichts unter Einbeziehung der Fondsbuchführung auch darauf, ob bei der Verwaltung des Sondervermögens die Vorschriften des InvG und die Bestimmungen der Vertragsbedingungen beachtet worden sind (→Ordnungsmäßigkeitsprüfung). Das Ergebnis der Prüfung (→Prüfungsurteil) ist vom APr in einem besonderen Vermerk [→Bestätigungsvermerk (BestV) zum Rechenschaftsbericht] festzustellen (§ 44 Abs. 5 Satz 2 InvG). Einen diesbezüglichen Formulierungsvorschlag gibt IDW PH 9.400.2. Der Vermerk ist zudem in vollem Umfang im Jahresbericht des jeweiligen Sondervermögens wiederzugeben. Der →Prüfungsbericht (PrB) zum Sondervermögen ist nach Beendigung der Prüfung unverzüglich der →*Bundesanstalt für Finanzdienstleistungsaufsicht (BaFin)* und der *Bundesbank* einzureichen (§ 44 Abs. 5 Satz 4 InvG). Darüber hinaus ist vom APr im PrB zum JA der KAGes auf die gesonderte Berichterstattung über das Sondervermögen hinzuweisen.

Literatur: IDW (Hrsg.): IDW Prüfungshinweis: Vermerk des Abschlussprüfers einer Kapitalanlagegesellschaft zum Jahresbericht eines Sondervermögens gemäß § 44 Abs. 5 Investmentgesetz (IDW PH 9.400.2, Stand: 5. Oktober 2005), in: WPg 58 (2005), S. 111; Schödermeier, M./Baltzer, C.: Kommentierung des § 24a KAGG, in: Bringhaus, J./Scherer, P. (Hrsg.): Gesetz über Kapitalanlagegesellschaften, Auslandinvestment-Gesetz, München 2003, S. 465–485.

Thomas Wernicke

Kapitalbedarfsplanung

Eine Kapitalbedarfsplanung ist notwendig, um prospektiv zu erkennen, wann in welcher Höhe Finanzmittel kurz-, mittel- und langfristig bereitgestellt werden müssen, um die funktionalen Teil- und Aktionspläne (→Planung) der Unternehmung durchführen zu können und um Liquiditätsanspannungen zu vermeiden (→Liquiditätscontrolling). Es handelt sich dabei um eine laufende Aufgabe im Rahmen des →Finanzcontrollings; sie kann aber auch durch besondere Anlässe [→Unternehmensgründung, Erweiterung, Umstrukturierung, Sanierung (→Sanierungsberatung)] geboten sein.

Abb.: Komponenten der Kapitalbindungsdauer (Beispiel)

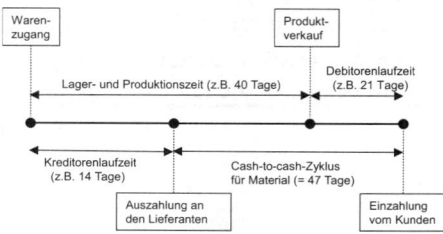

Kapitalbedarf (= Finanzbedarf) entsteht dadurch, dass Kapital bindende und Kapital entziehende Auszahlungen anfallen, die erst später in Form sukzessiver Einzahlungsüberschüsse (→Cash Flows) zurückfließen. Die Zeitstruktur der Aus- und Einzahlungen ist von Unternehmen zu Unternehmen unterschiedlich. Je mehr und je früher in Anlagegüter (→Anlagevermögen), F&E (→For-

Kapitalbedarfsplanung

Tab. 1: Kapitalbedarfsplanung auf der Basis von Zahlungsströmen

Position (Beträge in €)	Zeitabschnitte (z.B. Quartale)			
	1	2	3	4
1. Kapital bindende Auszahlungen für				
- immaterielles Vermögen	30.000	0		
- Sachanlagen	55.000	100.000		
- Material und Vorleistungen	10.000	30.000		
- Arbeits- und Dienstleistungen	60.000	60.000	60.000	60.000
- Finanzanlagen	0	0	10.000	0
- sonstige Kapitalbindungen	5.000	5.000	5.000	5.000
2. Kapital entziehende Auszahlungen für				
- Rückgewährung von Einlagen	0	0	0	0
- Dividenden, Entnahmen	0	0	20.000	0
- Tilgung von Darlehen	0	20.000	20.000	20.000
- Zinsen	20.000	19.000	18.000	17.000
- Steuern	0	10.000	0	10.000
- sonstiger Kapitalentzug	0	0	0	0
3. Su. des Kapitalbedarfs der Periode	180.000	244.000	133.000	112.000
4. Kapitalbedarf kumuliert	**180.000**	**424.000**	**557.000**	**669.000**

Tab. 2: Kapitalbedarfsplanung auf der Basis von Bestandsveränderungen

Position (Beträge in €)	Anfang der Planungsperiode	Ende der Planungsperiode
1. Kapitalbindung im Anlagevermögen	600.000	814.000
2. Kapitalbindung im Umlaufvermögen	2.540.000	2.926.000
3. Summe der Kapitalbindung	3.140.000	3.740.000
4. Veränderung der Kapitalbindung		600.000
5. Kapitalbedarf durch Kapitalentzug (Entnahme, Dividende, Tilgung)		80.000
Summe des Kapitalbedarfs		**680.000**

Tab. 3: Ermittlung der Kapitalbindung im Umlaufvermögen

Position	Bindungsdauer (Tage)	Auszahlung (€/Tag)	Kapitalbindung (€)
Lohn und Gemeinkosten	61	40.000	2.440.000
Material	47	10.000	470.000
Sonstige (z.B. Liquiditätsreserve)			30.000
Summe der Kapitalbindung im Umlaufvermögen			**2.940.000**

schungs- und Entwicklungsaufwendungen), Ausbildung, Marketing usw. investiert werden muss, je länger der Produktionsprozess dauert, je mehr Zeit →Roh-, Hilfs- und Betriebsstoffe sowie →unfertige und fertige Erzeugnisse im Lager verbringen, je mehr Kunden Zahlungsziele ausnutzen und je kürzer die Zahlungsziele der Lieferanten sind, desto größer ist der Kapitalbedarf.

Am besten leitet man den Kapitalbedarf aus den für einen Planungsabschnitt erwarteten und beabsichtigten Einzahlungen und Auszahlungen ab (s. Tab. 1). Dabei ist eine zeitliche Differenzierung und Staffelung der Zahlungen nach Monaten, Quartalen, ggf. Jahren anzustreben. In dieser Form ist der Kapitalbedarfsplan Ausgangspunkt und integrativer Bestandteil des lang-, mittel- und kurzfristigen Finanzplans (→Finanzplanung; →Liquiditätscontrolling).

Vereinfachend kann der Kapitalbedarf durch die Abschätzungen von Bestandsveränderungen ermittelt werden (s. Tab. 2). Dabei werden Veränderungen des →Anlagevermögens aus Investitionsplänen und Veränderungen des →Umlaufvermögens aus der Kapitalbindungsdauer durchschnittlicher Ausgaben pro Tag für Material, Löhne und Gemeinkosten (→Gemeinkostencontrolling) abgeleitet (s. Tab. 3 i.V.m. Abb.).

Der aus den Aktionsplänen abgeleitete Kapitalbedarf ist von der finanziellen Führung nicht passiv hinzunehmen, sondern kritisch zu überprüfen. Möglicherweise lassen sich die Beschaffungs-, Lager-, Produktions- und Absatzprozesse so gestalten (→Beschaffungscontrolling; →Logistikcontrolling; →Produktionscontrolling), dass Finanzierungskosten reduziert oder frei werdende Mittel für strategisch wichtige →Investitionen genutzt werden können. Nicht nur die Höhe der Kapitalbindung gilt es zu überprüfen, sondern auch die zeitliche Verteilung. Manchmal genügen kleine Verschiebungen von Auszahlungen, um den Kapitalbedarf so zu verändern, dass seine Finanzierung leichter fällt oder kostengünstiger gestaltet werden kann.

Soweit der Kapitalbedarf einer Periode nicht durch Innenfinanzierung, d. h. durch angesparte oder laufende Einzahlungen aus der Verwertung betrieblicher Leistungen, gedeckt wird, sind die fehlenden Mittel durch Außenfinanzierung bereitzustellen. Die Entscheidungen über die Finanzierung des Kapitalbedarfs können auf die Höhe des Kapitalbedarfs zurückwirken, z. B. indem die Finanzierung zusätzliche Zins- und Tilgungsleistungen nach sich zieht oder dadurch, dass Finanzierungsengpässe die Aktionspläne einschränken. Da Entscheidungen, die den Kapitalbedarf auslösen, und Entscheidungen, die ihn decken sollen, voneinander abhängig sein können, sind optimierende Abstimmungsprozesse nötig, in deren Verlauf sich der ursprünglich konstatierte Kapitalbedarf ändern kann.

Die Höhe und die zeitliche Verteilung des Kapitalbedarfs unterliegen unsicheren Erwartungen. Die Herleitung der Prognosedaten (→Prognoseinstrumente) sollte nachprüfbar und plausibel sein. Die zugrunde liegenden Annahmen sollten erläutert werden. Aus alternativen Zukunftsszenarien sollte die glaubwürdigste Zukunftslage ausgewählt werden [→Risiko- und Chancencontrolling; →Risikomanagementsystem (RMS)]. Auch Chancen und Risiken, die sich aus Entwicklungen jenseits des Feststellungszeitpunkts der Prognosen ergeben können, sollten dargestellt werden. Dem Risiko der Fehlschätzung sollte man durch Liquiditätsreserven begegnen.

Literatur: Blazek, A./Deyhle, A./Eiselmayer, K.: Finanz-Controlling. Planung und Steuerung von Finanzen und Bilanzen, 7. Aufl., München 2002; Bogner, S.: Kapitalbedarfsrechnung, in: Küpper, H.-U. (Hrsg.): HWUC, 4. Aufl., Stuttgart 2002; Franke, G./Hax, H.: Finanzwirtschaft des Unternehmens und Kapitalmarkt, 5. Aufl., Berlin et al. 2004; IDW (Hrsg.): WPH 2002, Band 2, 12. Aufl., Düsseldorf 2002, Abschn. F und L; Perridon, L./Steiner, M.: Finanzwirtschaft der Unternehmung, 14. Aufl., München 2006; Wöhe, G./Bilstein, J.: Grundzüge der Unternehmensfinanzierung, 9. Aufl., München et al. 2002.

Klaus W. ter Horst

Kapitalbindung →Kapitalbedarfsplanung

Kapitalentzug →Kapitalbedarfsplanung

Kapitalerhaltung →Substanzerhaltung

Kapitalerhaltung, nominelle →Inflation, Rechnungslegung bei

Kapitalerhaltungsgrundsatz →Grundsätze ordnungsmäßiger Rechnungslegung

Kapitalerhöhung →Bezugsrechte

Kapitalerhöhungsbilanzen

Bei der durch Umwandlung von →Rücklagen in Grund- bzw. Stammkapital (→Gezeichnetes Kapital) bewirkten *Kapitalerhöhung aus Gesellschaftsmitteln* ist dem Beschluss (→Versammlungsprotokolle) über die Erhöhung des Grundkapitals einer AG (→Aktiengesellschaft, Prüfung einer) bzw. des Stammkapitals einer →Gesellschaft mit beschränkter Haftung (GmbH) entweder die letzte festgestellte *Jahresbilanz* (§ 209 Abs. 1 AktG, § 57e GmbHG) oder eine nicht auf den Abschlussstichtag aufgestellte *Zwischenbilanz* (§ 209 Abs. 2 AktG, § 57f GmbHG) zugrunde zu legen. Der *Stichtag* der zugrunde gelegten Bilanz darf höchstens 8 Monate vor Anmeldung des Beschlusses zur Eintragung in das HR liegen (→Registeraufsicht).

Durch den Passivtausch von Rücklagen in Grund- bzw. Stammkapital werden dem Unternehmen zwar keine neuen Finanz- oder Sachmittel zugeführt, aufgrund der stärkeren Bindung des Nominalkapitals verbessert sich jedoch die Haftungsbasis. Die der Kapitalerhöhung zugrunde gelegte Bilanz dient zur Dokumentation und Kontrolle der Kapitalaufbringung. Sie ist durch einen →Abschlussprüfer (APr) i. S. d. § 319 HGB zu prüfen. Diese Prüfungspflicht (→Pflichtprüfungen) soll gewährleisten, dass nur tatsächlich vorhandene und durch Aktiva gedeckte Rücklagen zur Kapitalerhöhung aus Gesellschaftsmitteln verwandt werden. Auf die Gesetzmäßigkeit der zugrunde gelegten, geprüften Bilanz kann sich das Registergericht dann ohne eigene Prüfungspflicht stützen.

Für die Heranziehung der *Jahresbilanz* ist Voraussetzung, dass der entsprechende JA mit einem hinsichtlich der Bilanz uneingeschränkten →Bestätigungsvermerk (BestV) eines Abschlussprüfers i. S. d. § 319 HGB versehen ist. Die Prüfung hat daher den §§ 316 ff. HGB (→Jahresabschlussprüfung) und den IDW PS (→Verlautbarungen des Instituts der Wirtschaftsprüfer in Deutschland e.V.) zu entsprechen (→Prüfungsnormen).

Eine *Zwischenbilanz* (→Zwischenabschlüsse) ist nur daraufhin zu prüfen, ob sie den Vorschriften über die Gliederung der Jahresbilanz (→Gliederung der Bilanz) und über die Wertansätze, d. h. →Ansatzgrundsätzen und →Bewertungsgrundsätzen, in der Jahresbilanz entspricht (→Grundsätze ordnungsmäßiger Buchführung, Prüfung der). Aufstellungserleichterungen dürfen in Anspruch genommen werden, nicht aber Offenlegungserleichterungen (→Offenlegung des Jahresabschlusses). Sog. Wahlpflichtangaben, d. h. Angaben, die wahlweise in der Bilanz oder im →Anhang gemacht werden können (→Angabepflichten), müssen aus der Bilanz ersichtlich sein oder nach Art eines Anhangs ergänzt werden.

Die *Prüfung* der Zwischenbilanz ist von einem APr i. S. d. § 319 HGB durchzuführen. Die Prüfung der →Aufwendungen und Erträge kann auf das zur Feststellung der Gesetzmäßigkeit von Wertansätzen und der Gliederung in der Bilanz notwendige Maß beschränkt werden (→Ordnungsmäßigkeitsprüfung). Der →*Prüfungsbericht (PrB)* kann entsprechend eingeschränkt werden. So kann bspw. auf folgende Ausführungen verzichtet werden:

- Stellungnahme zur Lagebeurteilung der gesetzlichen Vertreter,
- Berichterstattung über entwicklungsbeeinträchtigende oder bestandsgefährdende Tatsachen (→Bestandsgefährdung),
- Aufgliederung und Erläuterung von Posten der →Gewinn- und Verlustrechnung (GuV) sowie
- Feststellungen zum →Risikomanagementsystem (RMS) (→Risikomanagementsystem, Prüfung des).

Der BestV zur Zwischenbilanz hat sich nur auf die Bilanz zu erstrecken und ist in entsprechender Anwendung des IDW PS 400 zu fassen. Eine Formulierungsempfehlung findet sich in IDW PH 9.400.6.

Literatur: Förschle, G./Kropp, M.: Sonderbilanz bei Kapitalerhöhung aus Gesellschaftsmitteln, in: Budde, W. D./Förschle, G. (Hrsg.): Sonderbilanzen. Von der Gründungsbilanz bis zur Liquidationsbilanz, München 2002, S. 255 ff.; IDW (Hrsg.): IDW Prüfungshinweis: Prüfung von Jahres- und Zwischenbilanzen bei Kapitalerhöhungen aus Gesellschaftsmitteln (IDW PH 9.400.6, Stand: 4. März 2004), in: WPg 57 (2005), S. 535–536; IDW (Hrsg.): IDW Prüfungsstandard: Grundsätze für die ordnungsmäßige Erteilung von Bestätigungsvermerken bei Abschlussprüfungen (IDW PS 400, Stand: 28. Oktober 2005), in: WPg 58 (2005), S. 1382–1402.

Jörg Tesch

Kapitalflussrechnung

Nach § 297 Abs. 1 HGB ist die Kapitalflussrechnung (KFR) neben der Konzernbilanz,

Konzern-Gewinn- und Verlustrechnung [→Gewinn- und Verlustrechnung (GuV)], →Konzernanhang (→Angabepflichten) sowie Eigenkapitalspiegel (→Eigenkapitalveränderung) ein Pflichtbestandteil des Konzernabschlusses. Als solcher ist sie Gegenstand der →Konzernabschlussprüfung. Der handelsrechtliche JA kann freiwillig um eine KFR ergänzt werden.

Im Rahmen des Konzernabschlusses dient die KFR zur Darstellung eines →True and Fair View der →Finanzlage des Konzerns i. S. d. § 297 Abs. 2 Satz 2 HGB. Sie soll die Veränderung eines Finanzmittelfonds während einer Periode darstellen.

Die Darstellungsweise der KFR ist anders als Bilanz und →Gewinn- und Verlustrechnung (GuV) gesetzlich im HGB nicht geregelt. Gleichwohl gibt es mit dem DRS 2 eine für die Konzernberichterstattung nach § 342 Abs. 2 HGB als Grundsatz ordnungsmäßiger Buchführung für die Konzernrechnungslegung (→Grundsätze ordnungsmäßiger Buchführung, Prüfung der) zu vermutende Regelung zur Darstellung und Abgrenzung der einzelnen Teile der KFR. Für freiwillig aufgestellte KFR im JA strahlen die Regelungen des DRS 2 aus.

Nach DRS 2 gliedert sich die KFR auf in einen →Cash Flow aus laufender Geschäftstätigkeit, einen Cash Flow aus der Investitionstätigkeit sowie einen Cash Flow aus der Finanzierungstätigkeit. Diese Cash Flows ergeben zusammen die zahlungswirksame Veränderung des Finanzmittelfonds. Im Rahmen von Konzernabschlüssen sind diese Veränderungen noch zu bereinigen um wechselkurs-, konsolidierungskreis- und bewertungsbedingte Änderungen dieses Fonds (→Kapital- und Finanzflussrechnung).

Die Prüfung von KFR verlangt zunächst eine Auseinandersetzung mit dem internen Erstellungsprozess der aufstellenden Gesellschaft. Der Prüfer hat sich davon zu überzeugen, dass die Gesellschaft geeignete Instrumente installiert hat, um die notwendigen Informationen zusammenzutragen (→Systemprüfung). Ferner sollte hinreichend qualifiziertes Personal mit der Aufstellung der KFR betraut sein. Auf Basis der Kenntnis dieser internen Bedingungen hat der →Abschlussprüfer (APr) die Risikobeurteilung für die Prüfung der KFR (→Prüfungsrisiko) vorzunehmen.

Im Rahmen der weiteren Prüfung hat der APr auf die Einhaltung folgender Grundsätze zu achten:

- Nachprüfbarkeit der Ableitung der KFR aus Bilanz, GuV und den sonstigen Unterlagen der Gesellschaft,
- →Stetigkeit in der Definition des Finanzmittelfonds sowie der Abgrenzung der unterschiedlichen Bereiche,
- Einhaltung des Brutto-Prinzips,
- Vollständigkeit der Erfassung der Zahlungsströme und
- Richtigkeit der zeitlichen Abgrenzung von Zahlungsströmen.

Aussagebezogen bringt die Prüfung der KFR neben der Kontrolle des Rechenwerks und der Abstimmung mit den zugrunde liegenden Arbeitspapieren und Überleitungsrechnungen auch risikobehaftete Bereiche mit sich.

Nach DRS 2 sind in den Finanzmittelfonds nur Zahlungsmittel und Zahlungsmitteläquivalente aufzunehmen. Jederzeit fällige Bankverbindlichkeiten (→Verbindlichkeiten), die zur Disposition der liquiden Mittel der Gesellschaft zählen, dürfen in den Finanzmittelfonds einbezogen werden. Sofern Teile des Finanzmittelfonds zur Besicherung z. B. von Bankavalen hinterlegt wurden, kann es u. U. geboten sein, die Fondabgrenzung anzupassen. In jedem Fall ist ein Hinweis auf die Verfügungsbeschränkung im →Anhang (→Angabepflichten) erforderlich (DRS 2.53).

Die Abgrenzung von einzelnen Zahlungsvorgängen zu den Tätigkeitsbereichen ist einer kritischen Würdigung zu unterziehen. So können im Einzelfall, wie z. B. bei der Abbildung von Zinsen und Dividenden, von Ergebnisabführungsverträgen (→Unternehmensverträge) sowie von Cash-Pool Vereinbarungen (→Liquiditätscontrolling), unterschiedliche Zuordnungen erwogen werden.

Bei Veränderungen des →Konsolidierungskreises kommt es regelmäßig zu Veränderungen der Finanzmittelfonds, die keinem der drei Bereiche einer KFR zugeordnet werden können. Das Gleiche ergibt sich für die Fälle, in denen sich Fondsänderungen aus der →Währungsumrechnung ergeben. Der APr hat sich davon zu überzeugen, dass derartige Effekte nicht den Tätigkeitsbereichen des Unternehmens zugeordnet werden.

Kapitalkonsolidierung

Bei der Prüfung der KFR sind insb. die notwendigen Anhangangaben nach DRS 2.52 zu beachten, wie Definition und Zusammensetzung des Finanzmittelfonds, Erläuterung von Änderungen der Fondabgrenzung gegenüber dem Vorjahr, bedeutende zahlungsunwirksame Investitions- und Finanzierungsvorgänge sowie Angaben zum Erwerb und zum Verkauf von Unternehmen und sonstigen Geschäftseinheiten.

Carsten Meier

Kapitalkonsolidierung →Konsolidierungsformen

Kapitalkonten

Kapitalkonten weisen den Kapitalanteil der Gesellschafter einer →Personengesellschaft (PersGes) aus und stellen →Eigenkapital dar.

Das Kapitalkonto bildet regelmäßig die Grundlage für die Gewinn- und Verlustverteilung und die →Stimmrechte der Gesellschafter (Sudhoff 2005, S. 75).

Von den Kapitalkonten sind Privat- oder Darlehenskonten abzugrenzen, auf welchen Ansprüche und →Verbindlichkeiten zwischen Gesellschaft und Gesellschafter, wie z. B. Gesellschafterdarlehen oder Gehaltsansprüche, gebucht werden. Diese Konten, mitunter irreführend als Kapitalkonto III bezeichnet, stellen kein Eigenkapital der Gesellschaft dar (Sudhoff 2005, Rn. 22, S. 81).

Eigenkapital der PersGes sind die Mittel, die als Verlustdeckungspotenzial zur Verfügung stehen, d. h. mit künftigen Verlusten verrechnet werden und im Fall der →Insolvenz der Gesellschaft nicht als Insolvenzforderung geltend gemacht werden können oder bei der Liquidation nachrangig ausgeglichen werden (IDW RS HFA 7.14).

In der Praxis untergliedert sich ein Kapitalkonto häufig in ein festes Kapitalkonto I und ein variables Kapitalkonto II. Auf dem festen Kapitalkonto I werden die Pflichteinlagen der Gesellschafter gebucht. Das variable Kapitalkonto II verändert sich z. B. durch Gewinne, Verluste und Entnahmen der Gesellschafter (Sudhoff 2005, S. 75). In der Praxis sind auch andere gesellschaftsvertragliche Regelungen zum Kapitalkonto II üblich.

Zur Prüfung der Kapitalkonten muss der →Abschlussprüfer (APr) prüfen, ob gesetzliche und gesellschaftsvertragliche Vorschriften eingehalten wurden (→Ordnungsmäßigkeitsprüfung).

Hierbei ist zu beachten, dass gesellschaftsvertragliche Vereinbarungen nicht der Schriftform bedürfen und somit nicht zwingend in einem schriftlichen Gesellschaftsvertrag fixiert sind (Gerber 2002, S. 388). Der APr muss sich daher bei den Gesellschaftern über getroffene Absprachen informieren.

Der APr hat zu prüfen, ob die Beträge auf den Kapitalkonten der Gesellschafter zu den Vorjahresbeträgen plausibel sind (→Plausibilitätsprüfungen). Veränderungen der Kapitalkonten ergeben sich durch die Buchung von Gewinnen, Verlusten, Einlagen, Entnahmen und Zinsen (Baumbach/Hopt 2003, Rn. 15, 18 f. zu § 120 HGB).

Bei der Prüfung des Kapitalkontos eines Kommanditisten hat der APr Besonderheiten zu beachten (§§ 167 ff. HGB) [→Kommanditgesellschaft (KG); →GmbH & Co. KG]. Gewinne der PersGes werden gem. § 121 Abs. 1 und 3 HGB oder nach einer abweichenden Bestimmung im Gesellschaftsvertrag ermittelt (Baumbach/Hopt 2003, Rn. 12 zu § 120 HGB) und dem Kapitalanteil der Gesellschafter zugeschrieben (§ 120 Abs. 2 HGB). Beim Kommanditisten geschieht dies jedoch nur so lange, bis der Betrag seine Pflichteinlage erreicht hat (§ 167 Abs. 2 HGB; dispositives Recht; s. § 163 HGB). Ein darüber hinaus zugewiesener Gewinnanteil ist als Verbindlichkeit auszuweisen, da dieser Gewinnanteil jederzeit durch den Gesellschafter eingefordert werden kann.

Die Verlustverteilung der →Offenen Handelsgesellschaft (OHG) ist in § 121 Abs. 3 HGB geregelt (dispositives Recht; s. § 109 HGB).

Die Haftung des Kommanditisten ist auf seine Hafteinlage beschränkt (§ 167 Abs. 3 HGB).

Ein Kapitalkonto kann infolge von Verlusten durchaus einen negativen Betrag ausweisen. Ein positives Kapitalkonto stellt keine →Forderung des Gesellschafters gegen die Gesellschaft dar. Ein negatives Kapitalkonto verpflichtet den Gesellschafter grundsätzlich nicht zur Einzahlung (Müller/Hoffmann 2002, S. 411). Andere Regelungen im Gesellschaftsvertrag sind denkbar.

Entnahmen können von Gesellschaftern der OHG und Komplementären der KG gem.

§ 122 Abs. 1 HGB in Höhe von 4% des zuletzt festgestellten Kapitalanteils beansprucht werden. Das Entnahmerecht erlischt bei Feststellung des nachfolgenden Jahresabschlusses (→Feststellung und Billigung des Abschlusses) (Sudhoff 2002, S. 91). Wenn von den Gesellschaftern keine abweichenden Bestimmungen getroffen wurden, sind über diesen Betrag hinaus auch Entnahmen von anteiligen Gewinnen zulässig, solange der Gesellschaft hierdurch kein Schaden entsteht (§ 122 Abs. 1 HGB).

Die Entnahmeregelung des § 122 HGB findet nach § 169 HGB auf den Kommanditisten keine Anendung. Ist im Gesellschaftsvertrag nichts aneres vereinbart, beschränkt sich sein Entnahmerecht auf seinen anteiligen Gewinn (Förchle/Hoffmann 2006, Rn. 176 zu § 247 HGB, S. 155).

Gesetzliche Regelungen bzgl. der Erbringung von Einlagen durch die Gesellschafter bestehen nicht. Im Gesellschaftsvertrag kann jedoch die Erhöhung der Pflichteinlage ausgeschlossen oder an bestimmte Tatbestände geknüpft werden (Sudhoff 2005, S. 88).

Abschließend hat der APr den Ausweis der Kapitalkonten zu prüfen.

Kapitalanteile der Gesellschafter der OHG können zu einem Posten zusammengefasst werden (IDW RS HFA 7.32). Dabei ist auch die Saldierung positiver und negativer Kapitalanteile zulässig. Die den Kapitalanteil übersteigenden Verluste werden als „nicht durch Vermögenseinlagen gedeckte Verlustanteile" am Schluss der Bilanz auf der Aktivseite ausgewiesen. Bei der KG ist ein getrennter Ausweis der Kapitalanteile von persönlich haftenden Gesellschaftern und Kommanditisten erforderlich. Bei haftungsbeschränkten PersGes ist § 264c HGB zu beachten (IDW RS HFA 7.39).

Literatur: Baumbach, A./Hopt, K. J. (Hrsg.): HGB, 31. Aufl., München 2003; Förchle, G./Hoffmann, K.: Kommentierung des § 247 HGB, in: Ellrott, H. et al. (Hrsg.): BeckBilKomm, 6. Aufl., München 2006; Gerber, O., in: Müller, W. (Hrsg.): Beck'sches Handbuch der Personengesellschaft, 2. Aufl., München 2002; IDW (Hrsg.): IDW Stellungnahme zur Rechnungslegung: Zur Rechnungslegung bei Personenhandelsgesellschaften (IDW RS HFA 7, Stand 1. Oktober 2002), in: WPg 55 (2002), S. 1259–1264; Müller, W./Hoffmann, W.-D., in: Müller, W. (Hrsg.): Beck'sches Handbuch der Personengesellschaft, 2. Aufl., München 2002; Sudhoff, H.: Personengesellschaften, 8. Aufl., München 2005.

Peter Haller

Kapitalkosten

Kapitalkosten entstehen für aufgenommenes →Eigenkapital und →Fremdkapital, das zur Finanzierung von →Investitionen und des laufenden Geschäfts aufgenommen wird. Inhaltlich lässt sich die Zusammensetzung der Kapitalkosten durch drei Einflussfaktoren darstellen (Volkart 2001, S. 17).

Zum ersten wird ein laufzeitabhängiges Entgelt für die Überlassung des Kapitals gefordert. Zur Rechtfertigung dieses Einflussfaktors existieren verschiedene Theorien. Zum einen wird Kapital neben Arbeit und Boden als dritter Produktionsfaktor angesehen, für dessen Nutzung eine entsprechende Kompensation erfolgt. Zum anderen wird argumentiert, die Kapitalkosten sind durch den Verzicht des Gläubigers auf Konsum zu erklären. Des Weiteren zeigt die Annahme, dass Gegenwartsgüter höher geschätzt werden als Zukunftsgüter in gleicher Art und Zahl, eine Rechtfertigung der Kapitalkosten (Perridon/Steiner 2004, S. 504 f.). Zum zweiten enthalten die Kapitalkosten einen Inflationsausgleich, der implizit in den Marktzinssätzen enthalten ist. Zum dritten verlangen die Gläubiger für die Überlassung von Kapital eine situationsgerechte Risikoprämie.

Kapitalkosten können in einmalig und laufend unterschieden werden. Während einmalige Kapitalkosten direkt mit der Aufnahme von Kapital in Zusammenhang stehen (z. B. Provisionen von Banken), fallen laufende Kapitalkosten für die Dauer der Kapitalüberlassung i. S. e. Vergütung an (z. B. Zinsen und Dividenden).

Zur Bestimmung der betriebswirtschaftlichen Kapitalkosten wird zwischen Eigen- und Fremdkapitalkosten unterschieden.

Die *Fremdkapitalkosten* folgen direkt aus den vertraglichen Beziehungen zwischen Gläubiger und Schuldner. Neben den laufend anfallenden Zinszahlungen können sie Abschlusskosten und ein Disagio enthalten.

Für die *Eigenkapitalkosten* besteht allerdings keine vertragliche Bindung. Sie resultieren vielmehr aus den Renditeerwartungen der Anteilseigner. Da für die Anteilseigner eine Anzahl von Anlagealternativen bestehen, wird eine angemessene Rendite für die Kapitalanlage im Unternehmen verlangt. Die Höhe der Rendite, also die Kapitalkosten, wird i.A. durch einen unternehmensabhängigen Risikoaufschlag auf eine als risikolos angenommene, öffentlich verfügbare Alternativanlage bestimmt, wobei von einem risikoaversen Anleger ausgegangen wird (→Capital Asset Pricing Model).

Schließlich können die Eigen- und Fremdkapitalkosten durch die Berechnung der Weighted Average Costs of Capital zu den *Gesamtkapitalkosten* des Unternehmens aggregiert werden (→Weighted Average Cost of Capital-Ansatz).

Die Ermittlung der betriebswirtschaftlichen Kapitalkosten ist eine Grundvoraussetzung zur Anwendung einer Anzahl von Steuerungsinstrumenten (→Unternehmenssteuerung, wertorientierte). Beispielhaft seien an dieser Stelle die Investitionsrechnung, die →Unternehmensbewertung, der Cash Value Added und die →Shareholder Value-Analysis genannt.

Insb. bei der Unternehmensbewertung wird deutlich, dass die theoretisch richtige Anwendung der Kapitalkosten, also die Wahl zwischen Eigenkapitalkosten und Gesamtkapitalkosten, für die Aussagekraft des Ergebnisses von großer Bedeutung ist. Z.B. fließen bei zu niedrigem Ansatz von Kapitalkosten in der Zukunft erwartete →Cash Flows stärker in den Unternehmenswert ein.

Kapitalkosten stellen jedoch nicht nur eine Einflussgröße dar, sondern können vom Unternehmen innerhalb eines gewissen Rahmens selbst beeinflusst werden.

Die Gesamtkapitalkosten können einerseits durch eine Verringerung des →betriebsnotwendigen Vermögens gesenkt werden. Dies ist z.B. durch schnellere Durchlaufzeiten (→Produktionscontrolling), effizientes Forderungsmanagement (→Forderungen; →Forderungscontrolling) oder eine Senkung des →Anlagevermögens (→Anlagencontrolling) durch optimalen Einsatz desselben möglich. Zum anderen wirkt eine Veränderung der Kapitalstruktur (Verhältnis zwischen Eigen- und Fremdkapital) (→Kapitalstruktur, Planung und Kontrolle der; →Kapitalstruktur, optimale) ebenfalls auf die Gesamtkapitalkosten (→Leverage-Effekt).

Die Eigenkapitalkosten werden zum einen durch die Ausrichtung des Unternehmens am Markt beeinflusst. Je volatiler der Markt, in dem ein Unternehmen aktiv ist, desto höher die Eigenkapitalkosten. Zum anderen ist auch die Kommunikation gegenüber den Anteilseignern (→Investor Relations) für die Eigenkapitalkosten von großer Bedeutung. Eine umfassende Kommunikation (→Value Reporting) verringert in diesem Sinne Bewertungsunsicherheiten und damit indirekt auch die Eigenkapitalkosten.

Literatur: Volkart, R.: Kapitalkosten und Risiko, Zürich 2001; Perridon, L./Steiner, M.: Finanzwirtschaft der Unternehmung, 12. Auflage, München 2003.

Thomas Günther; Frank Schiemann

Kapitalmarktlinie, Modell der →Capital Asset Pricing Model

Kapitalmarkttheorie →Fair Value

Kapitalproduktivität →Wertschöpfungsanalyse

Kapitalrückflussrechnung →Wirtschaftlichkeitsberechnungen

Kapitalrücklage

Das →Eigenkapital einer KapGes setzt sich nach § 266 Abs. 3 A. HGB aus dem →Gezeichneten Kapital, der Kapitalrücklage, den →Gewinnrücklagen, dem →Gewinnvortrag bzw. →Verlustvortrag sowie dem Jahresüberschuss bzw. -fehlbetrag (→Jahresergebnis) zusammen.

Die Kapitalrücklage weist Beträge aus, die dem Unternehmen von außen zufließen und unterscheidet sich somit von den Gewinnrücklagen (ADS 1997, Rn. 3 zu § 270 HGB, S. 264).

Bei der Prüfung der Kapitalrücklage ist zunächst der Bestand des Geschäftsjahres mit dem des Vorjahresabschlusses zu vergleichen (Selchert 1996, S. 537) (→Saldenvortragsprüfung). Anschließend hat sich der →Abschlussprüfer (APr) zu vergewissern, dass die notwendigen Beschlüsse über die Höhe der Einstellungen in die Kapitalrücklage und die Höhe der Entnahmen rechtswirksam gefasst und umgesetzt wurden (Selchert 1996, S. 543 f.). Dabei ist insb. die Vereinbarkeit mit Gesetz, Satzung oder Gesellschaftsvertrag und den gesellschaftsrechtlichen Beschlüssen zu prüfen (Chmielewicz 1992, Sp. 1682) (→Ordnungsmäßigkeitsprüfung).

Kapitalrücklage

Nach § 272 Abs. 2 HGB sind als Kapitalrücklage Beträge auszuweisen, die bei der Ausgabe von Anteilen einschl. von Bezugsanteilen i.S.d. § 192 Abs. 2 AktG über den Nennbetrag oder den rechnerischen Wert hinaus erzielt werden, die bei der Ausgabe von Schuldverschreibungen (→Anleihen) für Wandlungsrechte und Optionsrechte zum Erwerb von Anteilen erzielt werden, die Gesellschafter in Form von Zuzahlungen gegen Gewährung eines Vorzugs für ihre Anteile leisten und die Gesellschafter in Form von Zuzahlungen anderweitig leisten.

Zudem können sich Einstellungen im Rahmen einer Kapitalherabsetzung bei der AG (→Aktiengesellschaft, Prüfung einer) nach §§ 229 Abs. 1, 231, 232 und 237 Abs. 5 AktG und bei der →Gesellschaft mit beschränkter Haftung (GmbH) nach den §§ 58b Abs. 2 und 58c GmbHG ergeben.

Von der GmbH sind außerdem Nachschussverpflichtungen gem. §§ 26 und 28 GmbHG unter der Kapitalrücklage gesondert auszuweisen und bei den →Forderungen zu erfassen.

Einstellungen in die Kapitalrücklage werden grundsätzlich erfolgsneutral in der Bilanz erfasst (Baetge 2005, S.496). Eine Ausnahme stellen möglicherweise →Aktienoptionsprogramme dar (s. hierzu Entwurf DRS 11.7).

Die Auflösung der Kapitalrücklage der AG ist – ebenso wie bei der →Gesetzlichen Rücklage – an die Vorschriften der §§ 150 Abs. 3 und 4 AktG gebunden. Solange die Kapitalrücklage und die Gesetzliche Rücklage nicht 10% oder einen in der Satzung festgelegten höheren Teil des Grundkapitals betragen, ist eine Auflösung nach § 150 Abs. 3 AktG nur dann zum Ausgleich eines Jahresfehlbetrages oder eines Verlustvortrages aus dem Vorjahr zulässig, wenn dieser Ausgleich nicht durch Auflösung anderer Gewinnrücklagen möglich ist. Überschreiten Kapitalrücklage und Gesetzliche Rücklage 10% oder einen in der Satzung festgelegten höheren Teil des Grundkapitals, bedarf es nicht der vorherigen Auflösung sonstiger Gewinnrücklagen. Zudem ist in diesem Fall die Auflösung der Kapitalrücklage zur Kapitalerhöhung aus Gesellschaftsmitteln gestattet (§ 150 Abs. 4 AktG).

Derartige Verwendungsbeschränkungen bestehen – mit Ausnahme der Auflösung der Kapitalrücklage aus Nachschusspflicht gem. § 42 Abs. 2 GmbHG – bei der GmbH nicht (Baetge 2005, S. 495).

Der APr hat sich zu vergewissern, dass Einstellungen in die Kapitalrücklage und deren Auflösung gem. § 270 Abs. 1 HGB bereits bei Aufstellung der Bilanz vorgenommen wurden.

Ein weiterer Prüfungsaspekt betrifft den Ausweis und die Gliederung dieses Postens (Chmielewicz 1992, Sp. 1682). Die Kapitalrücklage ist in der Bilanz als Bestandteil des Eigenkapitals gem. § 266 Abs. 3 A. II. HGB gesondert auszuweisen. In der Bilanz oder im →Anhang sind nach § 152 Abs. 2 AktG Beträge anzugeben, die während des Geschäftsjahres eingestellt oder entnommen wurden (→Angabepflichten). Entnahmen aus der Kapitalrücklage sind im Rahmen der →Ergebnisverwendung in der GuV oder im Anhang auszuweisen (§ 158 Abs. 1 AktG).

Ein weiterer Prüfungsaspekt bezieht sich auf hinreichende Erläuterungen im Anhang (Chmielewicz 1992, Sp. 1683). Erläuterungspflichten ergeben sich z.B. nach § 240 AktG.

Veränderungen der Kapitalrücklagen bilden sich weiterhin im Eigenkapitalspiegel (→Eigenkapitalveränderung) und ggf. in der →Kapitalflussrechnung ab (§ 297 Abs. 1 HGB und IAS 1.8).

Rechtswirksame Beschlüsse und Maßnahmen sowie der Ausweis der Kapitalrücklage werden vom APr nach Prüfung als Kopien bei den Arbeitspapieren (→Arbeitspapiere des Abschlussprüfers) aufbewahrt (Selchert 1996, S. 537 und 545).

Die Prüfung der Kapitalrücklage erfordert wegen der Regelungen zur →Nichtigkeit des Jahresabschlusses besondere Aufmerksamkeit. Nach § 256 Abs. 1 Nr. 4 AktG ist ein JA nichtig, wenn bei der Feststellung (→Feststellung und Billigung des Abschlusses) die Bestimmungen des Gesetzes oder der Satzung über die Einstellungen in die Kapitalrücklage oder deren Entnahmen verletzt worden sind.

Literatur: ADS: Rechnungslegung und Prüfung der Unternehmen, Teilband 5, 6. Aufl., Stuttgart 1997; Baetge, J.: Bilanzen, 8. Aufl., Düsseldorf 2005; Chmielewicz, K.: Prüfung der Rücklagen, in: Coenenberg, A. G./Wysocki, K. v. (Hrsg.): HWRev, Band 8, 2. Aufl., Stuttgart 1992, Sp. 1676–1684; Selchert, F. W.: Jahresabschlussprüfung der Kapitalgesellschaften. Grundlagen, Durchführung, Bericht, 2. Aufl., Wiesbaden 1996.

Nina Bernais

Kapitalstruktur, optimale

Die Kapitalstruktur beschäftigt sich mit der Zusammensetzung des Kapitals auf der Passivseite der Bilanz. Im Vordergrund stehen dabei die Auswirkungen des Verhältnisses von →Eigenkapital (EK) und →Fremdkapital (FK) sowie Mischformen auf die Finanzierungskosten eines Unternehmens. Als Zielgröße fungiert die Minimierung der →Kapitalkosten bzw. die Maximierung des Marktwertes der Unternehmung (→Unternehmenswert).

Auf Basis bilanzieller Überlegungen zur deskriptiven Beurteilung der Kapitalstruktur (→Kapitalstruktur, Planung und Kontrolle der) können zum einen vertikale Kennzahlen dienen (→Kennzahlen und Kennzahlensysteme als Kontrollinstrument; →Jahresabschlussanalyse). Hierbei stehen insb. die Finanzkennzahlen *Verschuldungsgrad* (V) als Verhältnis von FK zu EK oder die EK-Quote (Verhältnis von EK zu Gesamtkapital) im Fokus (→Finanzkennzahlensystem). Horizontale Bilanzstrukturregeln geben einen ersten Anhaltspunkt im Hinblick auf die Stabilität der Kapitalstruktur. Dabei lassen sich →Finanzierungsregeln (langfristige Deckungsgrade) bzgl. der Fristenkongruenz zwischen Aktiva und Passiva sowie Liquiditätsregeln (kurzfristige Deckungsgrade; →Liquiditätskennzahlen) zur Einhaltung der strengen Nebenbedingung der fortlaufenden Zahlungsfähigkeit unterscheiden (Perridon/Steiner 2004, S. 556–565).

Den Ausgangspunkt für die Überlegungen einer optimalen Kapitalstruktur bildet der funktionale Zusammenhang zwischen Eigenkapitalrendite r_{EK} und V. Neben der Unterscheidung des investierten Gesamtkapitals in EK und FK setzt er eine Aufteilungsregel voraus: Zunächst erfolgt die Bedienung der FK-Geber aus den Periodenüberschüssen in vertraglich festgelegter Höhe, die EK-Geber erhalten dann die Residualgröße. Hieraus folgt, dass r_{EK} mit steigender Verschuldung (beliebig) erhöht werden kann, der sog. →*Leverage-Effekt*, solange die Investitionsrendite größer als der FK-Zinssatz ist. Dieser positive Effekt wird als Leverage-Chance bezeichnet. Die Leverage-Gefahr, d. h. ein Absinken der Investitionsrendite unter den FK-Zinssatz, zeigt jedoch, dass auch der genau entgegengesetzte Effekt auftreten kann. Es stellt sich die Frage, ob eine richtige Mischung von EK und FK zu einer optimalen Kapitalstruktur führt (Perridon/Steiner 2004, S. 498–504).

Die theoretischen Modelle kommen zu unterschiedlichen Aussagen bzgl. einer optimalen Kapitalstruktur. Dies liegt im Wesentlichen an

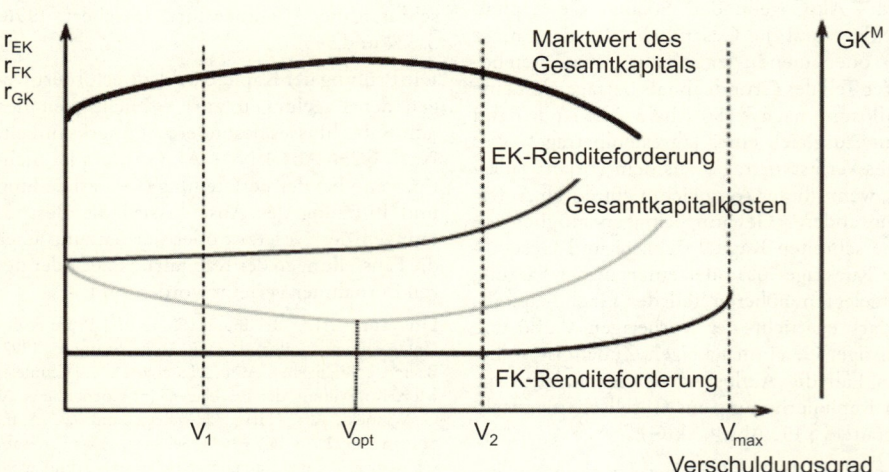

Abb. 1: These vom optimalen Verschuldungsgrad

Quelle: Perridon/Steiner 2004, S. 507.

Abb. 2: Irrelevanz der Kapitalstruktur (Modigliani/Miller)

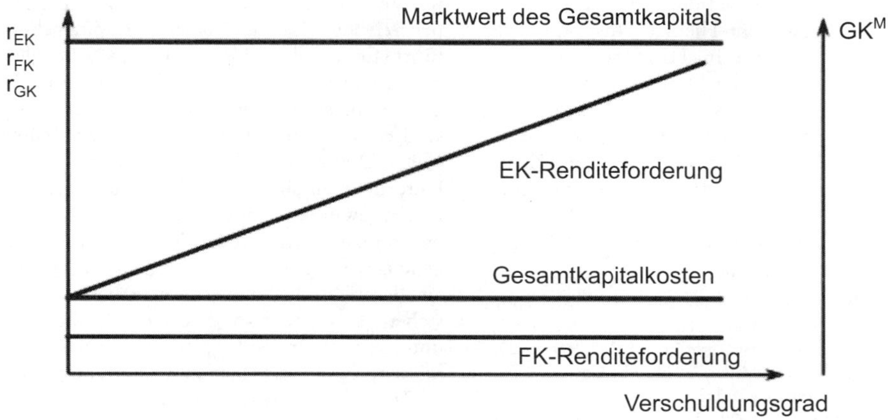

r_{EK}
r_{FK}
r_{GK}

Marktwert des Gesamtkapitals GK^M

EK-Renditeforderung

Gesamtkapitalkosten

FK-Renditeforderung

Verschuldungsgrad

Quelle: Perridon/Steiner 2004, S. 513.

den zugrunde liegenden Annahmen. Klassische Kapitalstrukturmodelle unterstellen einen vollkommenen Kapitalmarkt unter Sicherheit, in diesem Modell hat die Kapitalstruktur keinen Einfluss auf die Kapitalkosten (*Fisher'sche Separationstheorem*).

In den realitätsnäheren, traditionellen Kapitalstrukturtheorien sind Kapitalgeber nicht risikoneutral, es herrschen Unsicherheit sowie gespaltene Kapitalmarktzinsen. Somit lässt sich eine *optimale Kapitalstruktur*, von verhaltenstheoretischen Annahmen ausgehend, ableiten. Es wird unterstellt, dass Renditeanforderungen in Abhängigkeit des Risikos formuliert werden. Abb. 1 zeigt die idealtypischen Kapitalkostenverläufe dieser Theorie.

Bis V_1 besteht kein Kreditrisiko, sowohl r_{EK} als auch die Fremdkapitalrendite (r_{FK}) verlaufen konstant. Im Bereich bis V_2 ergibt sich ein Kreditrisiko, dieses wird aber erst nach V_2 mit erhöhten Renditeforderungen von r_{FK} begleitet. Bei V_{max} sind die Kreditgeber nicht mehr bereit, weiteres FK zur Verfügung zu stellen. r_{EK} steigt bei einer Erhöhung von V im Verlauf weiter an. Die Addition beider Renditeforderungen zu den Gesamtkapitalkosten (r_{GK}) lässt ein Minimum bei den Gesamtkapitalkosten und ein Maximum beim Marktwert erkennen. Dies impliziert die Existenz eines optimalen Verschuldungsgrades V_{opt} (Tebroke/Laurer 2005, S. 144–146).

In neoklassischen Kapitalstrukturmodellen findet sich die scheinbar verblüffende These der *Irrelevanz der Kapitalstruktur*. Dass V keinen Einfluss auf den Marktwert oder die Gesamtkapitalkosten hat, zeigen *Modigliani/Miller* unter gewissen Annahmen über den Kapitalmarkt und das Verhalten der Teilnehmer. So geht das Modell in einem ersten Schritt von einer Welt ohne Steuern und Kreditrisiko aus. Bewiesen wird die These durch Arbitragefreiheitsüberlegungen, in denen auf das leistungswirtschaftliche Risiko abgestellt wird. In Abb. 2 sind die idealtypischen Kapitalkostenverläufe dieser Modellwelt abgetragen (Modigliani/Miller 1958, S. 261–297).

In weiteren Schritten wurden die Prämissen von *Modigliani/Miller* modifiziert, indem etwa Kreditrisiko und Steuern in die Überlegungen mit einfließen. Daraus ergeben sich unterschiedliche Aussagen zur Kapitalstruktur.

Eine neue Perspektive eröffnen *neoinstitutionalistische Modelle*. Ausgangspunkt ist die Kritik an den neoklassischen Ansätzen, welche sich auf die Parameter Rendite und Risiko beschränken. Diese neueren Ansätze versuchen, realitätsnähere Annahmen zu modellieren. So finden bspw. Informationsasymmetrien, unvollständige Verträge oder Insolvenzkosten (→Insolvenz) Berücksichtigung. Zwischen EK- und FK-Gebern liegen Interessensdivergenzen vor, welche sich mit steigendem V verschärfen, wie bspw. das einzugehende Risikoniveau bei Neuinvestitionen. Diese Informationsasymmetrien lassen sich in ex-ante (Qualitätsunsicherheiten), ex-interim (Moral Hazard) und ex-post (Hidden Action) einteilen (→Principal-Agent-Theorie). Insb. durch Signalisierung, etwa in Form von Ausschüttungspolitik, Financial und Operative Covenants oder (Kredit-) Sicherheiten lassen sich Informationsdefizite der Kapitalgeber abbauen. Insgesamt tragen sie dazu bei, Agency-Kosten zu vermindern, und damit die Kapitalkosten zu senken und zu optimieren (Bitz 2001, S. 1334–1339; Harris/Raviv 1991, S. 297–355).

Literatur: Bitz, M.: Theorie der Kapitalstruktur, in: Gerke, W./Steiner, M. (Hrsg.): HWBF, 3. Aufl., Stuttgart 2001, S. 1317–1340; Harris, M./Raviv, A.: The Theory of Capital Structure, in: JoF 46 (1991), S. 297–355; Modigliani, F./Miller, M. H.: The Cost of Capital, Corporation Finance and the Theory of Investment, in: AER 48 (1958), S. 261–297; Perridon, L./Steiner, M.: Finanzwirtschaft der Unternehmung, 13. Aufl., München 2004; Tebroke, H.-J./Laurer, T.: Betriebliches Finanzmanagement, Stuttgart 2005.

Manfred Steiner; Simon Schiffel

Kapitalstruktur, Planung und Kontrolle der

Die Frage nach der optimalen Kapitalstruktur (→Kapitalstruktur, optimale) stellt ein grundlegendes und komplexes betriebswirtschaftliches Planungs- und Entscheidungsproblem dar, für das es bislang keine allgemeine, wissenschaftlich zufrieden stellende Lösung gibt. Nach der traditionellen These kann unter Vernachlässigung von Kapitalmarkteffekten ein *optimaler Verschuldungsgrad* ermittelt werden, der die durchschnittlichen →Kapitalkosten minimiert bzw. den Unternehmensgesamtwert (→Unternehmenswert) maximiert. Steigende Verschuldung führt zur Substitution von teurem →Eigenkapital durch billigeres →Fremdkapital. Bei mäßiger Verschuldung steigen die Eigenkapitalkosten noch nicht an; sie wachsen erst bei stärkerer Substitution durch erhöhte Risikoübernahme. Die optimale Kapitalstruktur ist erreicht, wenn die Steigerung der Eigenkapitalkosten durch zusätzliche Verschuldung den Vorteil des billigeren Fremdkapitals ausgleicht. Die Bedeutung von Marktmechanismen wird in diesem Ansatz aber übersehen (Schmidt/Terberger 1997, S. 453–455).

Das *Irrelevanztheorem* von *Modigliani/Miller* (Modigliani/Miller 1958) bildet die Gegenmeinung, wonach bei gegebenem Investitionsprogramm (→Investition) die Änderung der Finanzierungspolitik weder zu einer Marktwertänderung noch zu einer Veränderung des finanziellen Nutzens eines Kapitalgebers führt (Franke/Hax 2003, S. 339–342). Bei gleichen Erwartungen über die Höhe zukünftiger Einzahlungsüberschüsse und gleichem Geschäftsrisiko müssen danach homogene Güter gleiche Preise haben. Die Gesamtwerte zweier Unternehmen einer Risikoklasse mit gleichen Bruttogewinnen unterscheiden sich nicht bei unterschiedlichen Kapitalstrukturen. Ungleichgewichte lösen Arbitrageprozesse aus, an deren Ende wieder einheitliche Preise stehen. Das Irrelevanztheorem gilt aber nur unter einschränkenden, realitätsfernen Prämissen, etwa dem Fehlen von Steuern und →Transaktionskosten sowie vollkommenem und vollständigem Kapitalmarkt. Es kann aber beachtlich verallgemeinert werden.

In neueren Betrachtungen wird das *Modigliani-Miller*-Modell nur noch als Ausgangspunkt für die Suche nach verfeinerten Determinanten einer guten Kapitalstruktur herangezogen (Harris/Ravis 1991, S. 297–302). Danach liegt ein individuelles Optimierungsproblem vor, das auf einer Vielzahl von Bestimmungsfaktoren, insb. Informationsasymmetrien und Anreizproblemen beruht, die situationsabhängig aus dem Blickwinkel des jeweiligen Informationsinteressenten beurteilt werden müssen. Finanzierungsbeziehungen i.S. unvollständiger Verträge kommen auf Märkten zustande. Diese neo-institutionalistische Sicht (→Principal-Agent-Theorie) führt dazu, dass die Kapitalstruktur für die Kapitalkosten und für den Wert des Unternehmens Bedeutung hat. Obgleich ein enger Zusammenhang zwischen dem Verschuldungsgrad und den von Kapitalgebern zu tragenden Risiken besteht, kann aus theoretischer Sicht keine Obergrenze der Verschuldung ermittelt werden, die die Agency-Kosten minimiert (Schmidt/Terberger 1997, S. 456–460).

Ungeachtet der skizzierten theoretischen Probleme haben Kapitalstrukturfragen große praktische Bedeutung für die unternehmerische Finanzpolitik (s. hierzu auch die Eigenkapitalanforderungen nach →Basel II). Die Kapitalstruktur zeigt Finanzierungsquellen und differenziert nach Art, Fristigkeit, Risikogehalt und Risikotragungsfähigkeit. →Finanzierungsregeln sollen das in der Kapitalstruktur liegende (Solvabilitäts-)Risiko begrenzen.

Die Charakteristika verschiedener Kapitalparten sind hinlänglich bekannt, wobei Rentabilitäts- und Sicherheitsaspekte teilweise in Konflikt zueinander stehen. Das führt zu Überlegungen, den sog. →Leverage-Effekt zu nutzen. →Planung und Kontrolle der Kapitalstruktur sind auch aus steuerlicher Sicht bei der Gesellschafter-Fremdfinanzierung (§ 8a KStG) von Bedeutung. Eine Umqualifizierung der Fremdkapitalvergütungen wird vermieden, wenn sog. „Safe Haven" i.S. angemessener Relationen von Eigenkapital und Gesellschafterdarlehen beachtet werden.

Kennzahlen zur Kapitalstruktur bilden operationale Zielgrößen, deren Zusammenhang mit den getroffenen Dispositionen eindeutig und klar erkennbar ist und deren Erreichung laufend kontrolliert werden kann (→Kennzahlen und Kennzahlensysteme als Kontrollinstrument) (Lachnit 2004, S. 280–284). In statischer Betrachtung werden häufig die Eigenkapitalquote und die Fremdkapitalquote ermittelt, um über die Verlustabsorptionsmöglichkeit zu informieren. Der statische Verschuldungsgrad zeigt das Verhältnis von Eigen- zu Fremdkapital, in einer erweiterten Form wird das Fremdkapital um die →sonstigen finanziellen Verpflichtungen angereichert. Der Selbstfinanzierungsgrad bildet die Thesaurierungsbereitschaft des Unternehmens ab.

$$\text{Eigenkapitalquote} = \frac{\text{Eigenkapital}}{\text{Gesamtkapital}}$$

$$\text{Fremdkapitalquote} = \frac{\text{Fremdkapital}}{\text{Gesamtkapital}}$$

Statischer Verschuldungsgrad I
$$= \frac{\text{Fremdkapital}}{\text{Eigenkapital}}$$

Statischer Verschuldungsgrad II
$$= \frac{\text{Fremdkapital + sonstige finanzielle Verpflichtungen}}{\text{Eigenkapital}}$$

$$\text{Selbstfinanzierungsgrad} = \frac{\text{Gewinnrücklagen}}{\text{bilanzielles Eigenkapital}}$$

Diese Kennzahlen stellen Quotienten aus zwei Bilanzgrößen dar, die bewertungsabhängig sind. Die Bewertung des Eigenkapitals hängt von der Bewertung der gesamten Aktivseite (→Gliederung der Bilanz) ab, wenn man es wie üblich als Residualgröße interpretiert. Abschlüsse nach den →International Financial Reporting Standards (IFRS) und den →United States Generally Accepted Accounting Principles (US GAAP) gestatten unter Berücksichtigung der Eigenkapitalveränderungsrechnung (→Eigenkapitalveränderung) die Ermittlung der Quote des realisierbaren Eigenkapitals. Modifizierte Kapitalstrukturkennzahlen basieren auf Neubewertungen, bei denen die stillen →Rücklagen (→stille Reserven und Lasten) dem Eigenkapital zugerechnet werden. Auch in einer dynamischen Betrachtung kommt der Eigenkapitalquote und dem Verschuldungsgrad nur bedingte Aussagekraft zu, wenn nicht Entwicklungen der →Vermögensstruktur und die Nutzung des bilanzpolitischen Instrumentariums (→Flexibilitätsanalyse des bilanzpolitischen Instrumentariums; →bilanzpolitische Entscheidungsmodelle) näher analysiert werden. Eine tiefer gehende Analyse des Fremdkapitals setzt an der Fristigkeitsstruktur an und differenziert kurz-, mittel- und langfristige Fremdkapitalparten.

Literatur: Franke, G./Hax, H.: Finanzwirtschaft des Unternehmens und Kapitalmarkt, 5. Aufl., Berlin et al. 2003; Harris, M./Ravis, A.: The Theory of Capital Structure, in: JF 46 (1991), S. 297–355; Lachnit, L.: Bilanzanalyse, Wiesbaden 2004; Modigliani, F./Miller, M. H.: The cost of capital, corporation finance, and the theory of investment, in: AER 48 (1958), S. 261–297; Schmidt, R. H./Terberger, E.: Grundzüge der Investitions- und Finanzierungstheorie, 4. Aufl., Wiesbaden 1997.

Franz Jürgen Marx

Kapitalstrukturregeln →Finanzierungsregeln

Kapitalumschlagshäufigkeit →ROI-Kennzahlensystem; → →Rentabilitätsanalyse

Kapitalwert →Kalkulationszinssatz

Kapitalwertkalkül →Unternehmensbewertung

Kapitalwertmethode →Wirtschaftlichkeitsberechnungen

Kapitalzuführung →Kapitalbedarfsplanung

Kartellaufsicht →Kartellbehörden

Kartellbehörden

Die Aufsicht durch Kartellbehörden gibt es im Wesentlichen

- über Vereinbarungen zwischen Unternehmen, die deren wettbewerbliche Handungsfreiheiten beschränken,
- über →Unternehmenszusammenschlüsse (→Fusionskontrolle) und
- über missbräuchliches Unternehmensverhalten, insb. über missbräuchliches Verhalten marktbeherrschender Unternehmen.

Die Aufsicht durch Kartellbehörden über Unternehmen ist im deutschen Recht im GWB geregelt, im europäischen Recht in den Art. 81 ff. EGV und den darauf gestützten Regelungen des EU-Rechts, insb. der VO (EG) Nr. 1/2003 und der VO (EG) Nr. 139/2004 (sog. Fusionskontrollverordnung) (→Richtlinien und Verordnungen der Europäischen Union, Bedeutung für Rechnungslegung und Unternehmensüberwachung). Unternehmen unterliegen grundsätzlich der Kartellaufsicht nach dem Recht der Staaten, in deren Gebiet sich ihr Verhalten oder eine Änderung der Unternehmensstruktur auswirkt; die jeweiligen nationalen Kartellgesetze bestimmen die Schwellen für die kartellbehördliche Aufsicht.

Aufsichtsmittel der Kartellbehörden sind im deutschen Recht Verbotsentscheidungen, in denen ein bestimmtes Verhalten verboten wird, Untersagungsverfügungen bzgl. Unternehmenszusammenschlüsse und Geldbußenentscheidungen wegen der Verletzung kartellrechtlicher Vorschriften, z. B. wegen Abschluss von wettbewerbsbeschränkenden Vereinbarungen, missbräuchlichem Verhalten marktbeherrschender Unternehmen oder Verletzung der Regeln über die Fusionskontrolle. Nach europäischem Kartellrecht bestehen ähnliche Möglichkeiten.

Bilanziell wird die Aufsicht von Kartellbehörden bei der Frage relevant, ob in Jahresabschlüssen →Verbindlichkeiten bzw. →Rückstellungen wegen drohender oder schwebender Verfahren zu bilden sind. Geldbußen wegen wettbewerbsbeschränkender Vereinbarungen oder marktmissbräuchlichem Verhalten haben insb. in den letzten Jahren bedeutende Größenordnungen erreicht. Im Jahr 2004 hat die *KOM* Geldbußen in Höhe von insgesamt rund 390 Mio. € wegen wettbewerbsbeschränkender Vereinbarungen verhängt; wegen Missbrauchs marktbeherrschender Stellung verhängte die *KOM* Anfang 2004 gegen *Microsoft* eine Geldbuße in Höhe von rund 497 Mio. €.

Für die bilanzielle Behandlung einer Geldbußenentscheidung ist die Frage von Bedeutung, welche Auswirkung gegen die Entscheidung eingelegte Rechtsbehelfe haben: Geldbußenentscheidungen der *KOM* sind mit ihrem Erlass wirksam und begründen eine entsprechende Verbindlichkeit gegen das Unternehmen. Die Klage gegen die Geldbußenentscheidungen zum Gericht erster Instanz hat keine aufschiebende Wirkung; es ist lediglich möglich, eine Entscheidung auf Aussetzung der Vollstreckung zu erreichen. Eine Geldbußenentscheidung des Bundeskartellamts begründet hingegen erst eine Verbindlichkeit, wenn die Geldbußenentscheidung bestandskräftig geworden ist, weil kein Einspruch eingelegt wurde oder keine Beschwerdemöglichkeit mehr besteht. Bei Einspruch entscheidet das zuständige OLG, bei Geldbußenentscheidungen des Bundeskartellamts das *OLG Düsseldorf* durch Beschluss oder nach Hauptverhandlung durch Urteil. Gegen das Urteil ist Rechtsbeschwerde möglich. Die Geldbußenentscheidung begründet erst nach Ausschöpfung des Rechtsweges eine Verbindlichkeit.

Ob nach § 249 HGB eine Rückstellung für ungewisse Verbindlichkeiten zu bilden ist, ist am konkreten Einzelfall auszurichten. Bei einem Verfahren der *KOM* (→Europäische Union, öffentlich-rechtliche Prüfungsorgane) ist die Schwelle zur ungewissen Verbindlichkeit jedenfalls beim Erlass sog. Beschwerdepunkte durch die *KOM* überschritten. In den Beschwerdepunkten teilt die *KOM* ihre tatsächlichen und rechtlichen Argumente zum von ihr ermittelten Kartellverstoß mit und gewährt den betroffenen Unternehmen rechtliches Gehör. Ähnlich wird man in einem Verfahren vor dem *BKA* davon ausgehen, dass eine Rückstellung wegen ungewisser Verbindlichkeit zu bilden ist, wenn das *BKA* ein „Beschuldigungsschreiben" mit der letztmaligen Gewährung rechtlichen Gehörs an das beschuldigte Unternehmen verschickt. Eine Verpflichtung zur Rückstellung kann auch dann entstehen, wenn ein Unternehmen im Rahmen einer „Kronzeugenregelung" (s. z. B. Mitteilung der *KOM* über den Erlass und die Ermäßigung von Geldbußen in Kartellsachen, Abl. EG 2002 C 45/3) sich selbst und andere Unternehmen belastet, um in den Genuss einer Geldbußenimmunität oder Geldbußenreduktion zu kommen. In Fällen, in denen für das sich belastende Unternehmen eine Geldbußenimmunität möglich ist (so nach der Mitteilung der *KOM* in den Fällen, in denen ein Unternehmen erstmalig einen Kartellverstoß offenbart), wird eine Rückstellung in Frage zu stellen sein. Anders ist dies zu beurteilen, wenn das Unternehmen durch Selbstbelastung nur eine Geldbußenreduktion erreichen kann. In diesem Fall ist sicher, dass es zur Verhängung einer Geldbuße kommen wird. Die Höhe der Rückstellung ist schwierig abzuschätzen, da bei der Geldbußenbemessung sowohl nach EU- wie auch nach deutschem Kartellrecht erhebliche Ermessensspielräume der Kartellbehörden bestehen. Die Geldbußenhöhe nach EU-Kartellrecht und deutschem Kartellrecht ist auf 10% des Gesamtkonzernumsatzes eines an einer wettbewerbsbeschränkenden Vereinbarung beteiligten Unternehmens beschränkt und wird insb. nach der Schwere des Verstoßes und dem erzielten wirtschaftlichen Vorteil bemessen.

Literatur: Bechtold, R.: Kartellgesetz: Gesetz gegen Wettbewerbsbeschränkungen, Kommentar, 3. Aufl., München 2002; Bechtold, R. et al.: EG-Kartellrecht, Kommentar, München 2005; Immenga, U./Mestmäcker, E.-J.: GWB, Kommentar, 3. Aufl., München 2001.

Wolfgang Bosch; Wolfgang Maennig

Kartelle →Unternehmenszusammenschlüsse

Kasse →Zahlungsverkehr

Kassenprüfung, örtliche →Hoheitliche Prüfung; →Kommunales Rechnungswesen

Kassenprüfung, überörtliche →Hoheitliche Prüfung

Kausalmodelle →Prognoseinstrumente

Kennzahlen im Prüfungsbericht

Betriebswirtschaftliche Kennzahlen informieren in knapper Form über komplexe betriebliche Sachverhalte. Sie verdichten betriebliche Informationen zu einer aussagefähigen Zahl und verdeutlichen gleichzeitig größere Zusammenhänge im Unternehmen. Kennzahlen dienen in der Praxis u. a. der Unternehmensleitung als Hilfsmittel zur →Planung und Steuerung des Unternehmens oder externen Analysten als Instrument für die →Jahresabschlussanalyse.

Die Angabe von Kennzahlen zur →Vermögensstruktur, Kapitalstruktur (→Kapitalstruktur, optimale) und Ergebnisstruktur im →Prüfungsbericht (PrB) des →Abschlussprüfers trägt dazu bei, den Berichtsadressaten die Lage und die Entwicklung des geprüften Unternehmens zu verdeutlichen.

Der Einsatz von Kennzahlen erfolgt im PrB im Rahmen einer *Analyse der* →Vermögenslage, →Finanzlage und →Ertragslage (→wirtschaftliche Verhältnisse) der geprüften Gesellschaft. Dabei handelt es sich um (freiwillige) über die gesetzlich in § 321 Abs. 2 Satz 5 HGB geforderten Aufgliederungen und Erläuterungen hinausgehende Aufgliederungen/Erläuterungen auf der Grundlage ergänzender Beauftragung (→Prüfungsauftrag und -vertrag) oder Erwartungen der Auftraggeber. Werden diese zusätzlichen Aufgliederungen und Erläuterungen gegeben, erfolgen sie nach IDW PS 450 entweder in einem eigenständigen Abschnitt des Prüfungsberichts (Unterabschnitt im Abschnitt zu Feststellungen und Erläuterungen zur Rechnungslegung) oder als Anlage zum PrB. Außerdem kann es sinnvoll sein, Kennzahlen im Rahmen der sog. *vorangestellten Berichterstattung* (Wiedergabe der wesentlichen Angaben der gesetzlichen Vertreter aus JA und →Lagebericht sowie ggf. Ergänzungen des Abschlussprüfers durch analysierende Erläuterungen im Unterabschnitt zur Stellungnahme zur Lagebeurteilung durch die gesetzlichen Vertreter im Abschnitt „Grundsätzliche Feststellungen") zu verwenden.

Die nachfolgend genannten Kennzahlen entsprechen im Wesentlichen einer Empfehlung des →*Instituts der Wirtschaftsprüfer in Deutschland e.V.* (*IDW*) und des *AKEU*. Zur Analyse der *Vermögenslage* bieten sich z. B. Kennzahlen zur (Sach)Anlagenintensität, zur Wertberichtigungsquote der →Sachanlagen, zu Umschlagshäufigkeiten des →Vorratsvermögens und der →Forderungen, zur Eigenkapitalquote und zum Working Capital an (→Vermögensstruktur; →Kapitalstruktur, Planung und Kontrolle der). In die Erläuterungen zur *Finanzlage* können Kennzahlen, wie Innenfinanzierungskraft und dynamischer Verschuldungsgrad (→Kapitalstruktur, optimale) einbezogen werden. Als Kennzahlen zur Analyse der *Erfolgslage* eignen sich z. B. Rentabilitätskennzahlen (Umsatz-, Eigenkapital-, Gesamtkapitalrentabilität), Intensitätskennzahlen (Material-, Personalintensität), Finanzergebnisquote oder Earnings before Interest and Tax (EBIT) und Earnings before Interest, Tax, Depreciation and Amortization (EBITDA) (→ Rentabilitätsanalyse; → Kennzahlen, wertorientierte). Die genannten Kennzahlen kommen ebenfalls für die vorangestellte Berichterstattung in Frage; außerdem können die im JA oder Lagebericht des geprüften Unternehmens angegebenen Kennzahlen verwendet werden. Die Auswahl der im PrB anzugebenden Kennzahlen hat sich an den *unternehmensspezifischen Verhältnissen* der geprüften Gesellschaft zu orientieren.

Bei dem Einsatz von Kennzahlen im PrB sollte man sich immer deren *Probleme und Grenzen* bewusst sein. Es existieren z.T. keine einheitlichen Definitionen der Kennzahlen (z. B. für EBIT, EBITDA); ein Vergleich dieser Kennzahlen mit den entsprechenden Kennzahlen-Werten anderer Unternehmen (→ überbetriebliche Vergleiche) ist insoweit problematisch. Um den Berichtsadressaten das Verständnis für die im PrB verwendeten Kennzahlen zu erleichtern, ist es angebracht, deren Ermittlung anzugeben. Die Angabe von Kennzahlen sollte im Mehrjahresvergleich (→ zeitlicher Vergleich) erfolgen; erst durch Veränderungen der Kennzahlen im Zeitablauf lassen sich Entwicklungstendenzen aufzeigen. Die Aussagefähigkeit der Kennzahlen kann durch bilanzpolitische Maßnahmen (→ bilanzpolitische Entscheidungsmodelle) oder Sondereffekte beeinflusst sein. Ist die Vergleichbarkeit der Kennzahlen mit den Vorjahreswerten eingeschränkt, ist im PrB ein entsprechender Hinweis erforderlich. Die isolierte Betrachtung einzelner Kennzahlen kann zu Fehleinschätzungen führen; die Zusammenhänge der komplexen betrieblichen Sachverhalte sind durch eine Einzel-Kennzahl schwer erkennbar.

Literatur: AKEU: Empfehlungen zur Vereinheitlichung von Kennzahlen in Geschäftsberichten, in: DB 49 (1996), S. 1989–1994; IDW (Hrsg.): IDW Prüfungsstandard: Grundsätze ordnungsmäßiger Berichterstattung bei Abschlussprüfungen (IDW PS 450, Stand: 8. Dezember 2005), in: WPg 59 (2006a), S. 113–128; IDW (Hrsg.): WPH 2006, Band I, 13. Aufl., Düsseldorf 2006b, Abschn. Q; Lachnit, L.: Bilanzanalyse, Wiesbaden 2004.

Bernd Goos

Kennzahlen, personalwirtschaftliche
→ Personalcontrolling

Kennzahlen, umweltbezogene →Umweltbezogenes Controlling

Kennzahlen und Kennzahlensysteme als Kontrollinstrument

Unter dem Begriff Kennzahlen werden jene Zahlen verstanden, die quantitativ erfassbare Sachverhalte in konzentrierter Form wiedergeben. Ihre charakteristischen Eigenschaften sind der Informationscharakter, in dem zum Ausdruck kommt, dass Kennzahlen wichtige Sachverhalte und Zusammenhänge darstellen sollen, die Quantifizierbarkeit, verstanden als Eigenschaft von Variablen, diese Sachverhalte und Zusammenhänge auf einem metrischen Skalenniveau zu messen und somit relativ präzise Aussagen zu ermöglichen sowie ihre spezifische Form, die es ermöglicht, komplizierte Strukturen und Prozesse auf relativ einfache Weise darzustellen. Diese Eigenschaften sind Voraussetzungen, um einen möglichst schnellen und umfassenden Überblick insb. für Führungsverantwortliche zu schaffen.

Kennzahlen können sowohl für interne als auch für externe Zwecke verwendet werden. Im Zusammenhang mit der Bilanzanalyse (→ Jahresabschlussanalyse; → Jahresabschlussanalyse, Methoden der) und Betriebsvergleichen (→ betriebswirtschaftlicher Vergleich), wo Kennzahlen eine lange Tradition haben, besteht ihre Aufgabe darin, anhand des Zahlenmaterials der externen Jahresabschlüsse, Informationen insb. für Anlageentscheidungen, Wertpapiere und Kreditvergabeentscheidungen von Banken (→ Kreditwürdigkeitsprüfung; → Basel II) bereitzustellen, indem jene Daten des Jahresabschlusses ausgewählt werden, die die beste Erklärungskraft besitzen. Die selektierten Größen sind Ausgangsbasis für betriebliche Entscheidungen und können ggf. um zusätzliche nicht quantitative Informationen ergänzt werden. Bei Betriebsvergleichen werden auf der Basis quantitativer Unternehmensdaten und unter Heranziehung vergleichbarer Daten anderer Unternehmen (→ überbetriebliche Vergleiche) Urteile über die ökonomische Situation der zu analysierenden Unternehmung gebildet.

Werden Kennzahlen für interne Entscheidungszwecke gebildet, können sie sich in Abhängigkeit vom jeweiligen Untersuchungsgegenstand (Objektbereich) sowohl auf gesamtunternehmerische Daten als auch auf unternehmerische Teilfunktionen beziehen. Ein gesamtbetrieblicher Objektbereich erfordert Kennzahlen, die gesamtbetriebliche Zusammenhänge abbilden, während teilbetriebliche Untersuchungen auf solche Kennzahlen rekurrieren, die funktionale, divisionale bzw. organisatorische Gegenstandsbereiche erfassen und somit Informationen über die jeweiligen Betrachtungsobjekte liefern. Kennzahlen sind Instrumente der aggregierten Informationsversorgung und bilden einen festen Bestandteil in modernen →Controllingkonzepten; sie finden ihre Umsetzung in →Berichtssystemen und Managementsystemen als sog. →Führungsinformationssysteme.

Die Funktion von Kennzahlen besteht zum einen in der rein deskriptiven Betrachtung von Sachverhalten, die einer weiteren Erklärung oder weiterer Analysen bedürfen. Zum anderen erfüllen sie normative Funktionen, indem sie als Zielgrößen oder Standards Handlungsaufforderungen transportieren, die als Vorgaben an untergeordnete Instanzen übermittelt werden. Eine solche Zielvorgabe ist Voraussetzung erfolgreicher Kontrollaktivitäten. Dabei werden die realisierten Werte mit den Vorgaben im Rahmen des Kontrollprozesses verglichen (→Soll-Ist-Vergleich). Kennzahlen erweisen sich als Maßstäbe quantitativer Begriffe und stellen Instrumente zur Durchführung aussagekräftiger und wirksamer Kontrollen dar (→Kontrollinstrumente). Die Vorgabewerte selbst ergeben sich als normative Größen aus den unternehmerischen Plan- bzw. Sollzahlen, die dann für konkrete Entscheidungsebenen abgeleitet werden müssen. Mit ihrer Hilfe ist eine Analyse der Ursachen von Abweichungen möglich, die wiederum die Voraussetzung für die Einleitung von Korrekturmaßnahmen darstellt.

Als Informationsbasis für Kennzahlen dienen primär Kostenrechnung (→Kosten- und Leistungsrechnung; →Kostenrechnung, Prüfung der), Betriebs- und Finanzbuchhaltung (→Rechnungswesen) inkl. Bilanzen, Planungsrechnung und betriebliche Sonderrechnungen. In zunehmendem Maße treten daneben weitere Datentools, wie z. B. Kunden- bzw. Vertriebsinformationssysteme, Marktforschungsinformationen usw., auf.

Die statistische Form klassifiziert die Kennzahlen in absolute und relative Zahlen, wobei absolute Kennzahlen auf Summen und Differenzen basieren und relative Kennzahlen als Beziehungs-, Gliederungs- und Indexzahlen vorliegen können. Während in einer Gliederungszahl ungleichrangige Größen, wie etwa →Umlaufvermögen pro Gesamtvermögen, stehen, erfasst die Beziehungszahl ungleichartige Größen, wie →Eigenkapital pro →Anlagevermögen.

Die Bildung von Kennzahlen muss zielorientiert erfolgen (Zielorientierung). In der Vergangenheit dominierten – ausgehend von den (unterjährig/operativ) ausgerichteten Formalzielen des Unternehmens – vor allem Erfolgs- und Liquiditätskenngrößen (z. B. →RL-Kennzahlensystem). Ihre Zielgrößen schlagen sich in unterschiedlichen Maßgrößen nieder, wie z. B. in Eigenkapital- oder Gesamtkapital-Rentabilität (→Rentabilitätsanalyse), und in statischen bzw. dynamischen Liquiditätsmaßstäben, wie z. B. dem Working Capital (→Liquiditätskennzahlen). Neben den Erfolgs- und Liquiditätszielen bieten sich weitere quantitative numerische Zielgrößen für die Kennzahlenerfassung an. So werden z. B. in der Logistik Kennzahlen, wie der „Lieferbereitschaftsgrad", oder im Marketing Kennzahlen zu ABC-bezogenen Umsatzanteilen (→ABC-Analyse), Deckungsbeiträge (→Deckungsbeitragsrechnungen), Rabattquoten oder Kundenzufriedenheitswerte vorgeschlagen. In zunehmendem Maße kommen Kennzahlen im Rahmen strategischer Zielsetzungen zum Einsatz, bspw. zur wertorientierten Steuerung des Unternehmens i. S. d. Shareholder Values (→Unternehmenssteuerung, wertorientierte; →Shareholder Value-Analysis; →Performance Measurement; →Balanced Scorecard).

Der Aussagewert von Einzelkennzahlen ist begrenzt, da ihre Qualität vom zugrunde liegenden Informationssystem bzw. den Basisinformationen abhängt. Ein weiterer Gesichtspunkt bezieht sich auf unzureichend aufgestellte Kennzahlen, bei denen der gedankliche Hintergrund fehlerhaft ist. Gefährlich ist eine inadäquate Interpretation von Einzelkennzahlen, die dadurch zustande kommen kann, dass lediglich eine einzelne quantitative Information vorliegt, auf deren Grundlage ein Sachverhalt gewertet werden soll. Dort, wo ergänzend qualitative Informationen zur Erfassung eines Sachverhaltes benötigt werden, empfiehlt sich eine kombinierte Anwendung von qualitativen und quantitativen Informationen.

Vor diesem Hintergrund ergibt sich die Notwendigkeit der integrativen Erfassung von

Kennzahlen in Kennzahlensystemen. Die Kennzahlensysteme beschreiben dann Tatbestände und Sachverhalte und bilden in knapper und konzentrierter Form finanz- und güterwirtschaftliche Vorgänge ab. Sie reduzieren die Unsicherheit des Entscheidungsträgers, indem sie ein zielgerichtetes Verhalten ermöglichen. Kennzahlensysteme haben somit die Aufgabe, einzelne Entscheidungsträger durch Informationsverdichtung und Zusammenfassung für unterschiedliche Entscheidungsebenen mit hinreichender Genauigkeit und Aktualität zu informieren. Ausgehend vom allgemeinen Systemansatz werden Kennzahlensysteme als Zusammenstellung von Systemelementen (Einzelkennzahlen) aufgefasst. Zur Konkretisierung der Beziehungsart, welche unter Systemelementen vorherrschen muss, wird auf die Verknüpfung der Einzelkennzahlen abgestellt. Dies führt einerseits zu mathematischen Kennzahlensystemen, deren Einzelkennzahlen durch Rechenoperationen miteinander verbunden sind. Die Spitzenkennzahl eines solchen Rechensystems ist das Ergebnis mathematischer Verknüpfungsregeln auf den darunter liegenden Hierarchieebenen, wie dies bspw. im Du Pont- oder im ZVEI-Kennzahlensystem dokumentiert ist. Als Spezialfall der logisch verknüpften Kennzahlensysteme können systematische Beziehungen der Kennzahlen zueinander unterstellt werden, bei denen, wie etwa dem RL-Kennzahlensystem, von einem auf ein Oberziel ausgerichtetes System von Kennzahlen ausgegangen wird, das die wesentlichen Entscheidungsbereiche des Unternehmens erfasst und die wechselseitigen Auswirkungen erkennen lässt. Indem das Oberziel in Subziele aufgelöst wird, ergibt sich durch den stufenweisen Aufbau von Zielen eine Zielhierarchie. Das betriebliche Realsystem lässt sich komplett durch ein entsprechendes Zielsystem, →Planungssystem und →Kontrollsystem abbilden. Dabei handelt es sich um ein deduktiv aufgebautes Kennzahlensystem, das, wenn man alle Verknüpfungen in quantifizierenden Relationen aufzeigt, zu einem mathematisch aufgebauten Kennzahlensystem wird. Legt man bei der Kennzahlensystembildung ein Ordnungssystem zugrunde, stehen die Kennzahlen (lediglich) in einem sachlogischen Zusammenhang zueinander. In einem ebenfalls pyramidal aufgebauten Kennzahlensystem erfolgt dann die Verdichtung zu einer Spitzenkennzahl durch Aggregation. Als „Verdichtungsregel" für die Aggregation zu einer Spitzenkennzahl kann z. B. eine →Bezugsgrößenhierarchie, wie sie aus der →Deckungsbeitragsrechnung bekannt ist, (individuell) festgelegt sein. In diesem (empirischen) Kennzahlensystem werden die festgestellten Realitäten (Realsystem) in vereinfachten Zusammenhängen in einem Modell abgebildet. Um den Gegenstandsbereich mit hinreichender Genauigkeit wiedergeben zu können, finden weiterhin alle aus der Sicht des Anwenders wichtigen (entscheidungsrelevanten) Sachverhalte Berücksichtigung. Diese empirisch-induktive Überprüfung aus der Sicht des Systemanwenders stellt die praktische Umsetzbarkeit empirischer Kennzahlensysteme sicher.

Ein empirisch-induktiv aufgebautes Kennzahlensystem ist als offenes System angelegt, da die Einzelkennzahlen durch den Informations- bzw. Analysebedarf des Entscheidungsträgers festgelegt werden. Dabei gilt der Grundsatz, auf jeden planungs- und kontrollrelevanten Sachverhalt *nur eine* Kennzahl zu setzen. Umgekehrt erlaubt dieses Kennzahlensystem bei veränderten Entscheidungsbedingungen, planungs- und kontrollrelevante Sachverhalte neu aufzunehmen, zu modifizieren oder auch nicht mehr entscheidungsrelevante Bereiche zu löschen. Ein besonderes Kennzeichen von Kennzahlensystemen, die auf dem Aggregationsgedanken aufbauen, ist, dass der planungs- und kontrollbezogene Informationsbedarf auf den unteren Entscheidungsebenen stärker auf die Bereitstellung von Einzelinformationen ausgerichtet ist. Die Notwendigkeit, Führungsinformationen entscheidungsebenenbezogen verdichtet bereitzustellen, nimmt mit aufsteigender Hierarchieebene zu. Bei Über- oder Unterschreiten von Schwellenwerten erfolgt zur rechtzeitigen Gegensteuerung ein Drill-down in detailliertere Informationsebenen. Die konkrete Festlegung von Kennzahleninhalten und -werten einerseits sowie der erforderlichen Verdichtungsstufen andererseits orientiert sich an den jeweiligen Analysezielen der Kennzahlenanwender.

Um die Zahl der Planungs- und Kontrollprozesse, aber auch die Zahl der Kennzahlen zu begrenzen und überschaubar zu halten, müssen Selektionskriterien für die Kennzahlenauswahl entwickelt werden. I.d.R. wird schon bei der Zielstrukturierung und →Planung dort abgebrochen, wo eine hinlängliche Verhaltenssteuerung gewährleistet ist. Das

Gleiche gilt für die entsprechenden Pläne und Kontrollprozesse. Kennzahlensystemen, die nur die wesentlichen, das Erfolgsziel beeinflussenden Größen enthalten, kommt nicht nur eine entscheidende Informationsfunktion zu, sie bekommen auch eine wichtige Koordinationsfunktion zwischen den einzelnen Unternehmensbereichen, um frühzeitig auf Abweichungen der geplanten Entwicklung von der Ist-Entwicklung in den einzelnen Teilbereichen aufmerksam und die negativen Auswirkungen dieser Abweichungen für die anderen Bereiche erkennbar zu machen.

Je größer eine Unternehmung ist, je differenzierter die Aufgabenstrukturen sind und je stärker die Unternehmung von den dynamischen Verhältnissen auf den Märkten abhängig ist, desto wichtiger ist es, sachgerechte Informationen über die betriebliche und marktliche Lage zu erfassen. Aufgrund der Vielzahl der in der Unternehmung anfallenden Daten sollen die Kennzahlen in übersichtlicher Weise als Grundlage von Entscheidungen herangezogen werden. Dazu ist es notwendig, dass die für den Entscheidungsträger relevanten Sachverhalte abgebildet werden, damit „Zahlenfriedhöfe" bzw. unwirtschaftliche Informationsgewinnungsprozesse vermieden werden.

Bzgl. der Zeitbezogenheit von Kennzahlensystemen lassen sich retrospektive und prospektive Anwendungen unterscheiden, wobei je nach zugrunde liegender zeitlicher Struktur die Kennzahlenwerte zeitpunkt- oder zeitraumbezogen erfasst werden. Neben der Abbildung von Zielen haben Kennzahlensysteme eine Erklärungsfunktion. Sie finden insb. im Rahmen der Entwicklungs- und Gestaltungsfunktion betriebswirtschaftlicher Modelle Verwendung, indem sie sachliche Beschreibungen modellmäßiger Abbildungen im Unternehmen vornehmen. Intern ausgerichtete Systeme werden vor allem als Führungsinstrumente konzipiert und dienen vor allem als Hilfsmittel in den Planungs- und Kontrollprozessen sowie ansatzweise als Instrumente der Frühwarnung (→ Früherkennungssysteme). Die besondere Bedeutung der Unternehmenssteuerung mithilfe von Kennzahlensystemen liegt darin, auf Basis der vorgegebenen Pläne durch stufenweise Ableitung aller Kennzahlen auf der Grundlage der in der Planungsphase gewonnenen Datenkonstellationen, stellenspezifische Vorgabewerte zu ermitteln. Aufgrund ihrer Klarheit, Kürze und damit verbundenen geringen Störungsanfälligkeit sind sie geeignet, den reibungslosen Informationsfluss als Grundvoraussetzungen eines funktionsfähigen innerbetrieblichen Kommunikationssystems zu bewerkstelligen. Insoweit haben Kennzahlensysteme grundsätzlich eine Doppelfunktion: Sie dienen durch die Transformation prägnanter Zielvorstellungen zum einen der Übermittlung spezifischer Aufgabenstellungen und ihrer Ausführungsanweisungen und zum anderen der unternehmensweiten Koordination der Prozesse über alle Hierarchiestufen.

Die aktuelle Entwicklung von Kennzahlensystemen fokussiert in der deutschen Betriebswirtschaftslehre zunehmend auf die informatorische Unterstützung bei der strategischen Planung und Kontrolle (→ strategisches Controlling) durch Kennzahlen. An die Ausgestaltung strategisch orientierter Kennzahlensysteme wird deshalb die Anforderung eines expliziten Einbezugs von strategischen Messgrößen gestellt, insb. bezogen auf die Umsetzung eines → Customer Relationship Managements (durch Einbezug von Wettbewerbs- und Kundeninformationen) sowie der Integration von Leistungsmaßstäben zur Evaluierung des → Unternehmenswertes im Rahmen der wertorientierten Unternehmensführung. Zudem muss bei der Kennzahlensystemkonzeption darauf geachtet werden, dass die Kenngrößen zumindest langfristig durch das Management beeinflussbar sind (Kausalität) und dass qualitative Sachverhalte durch Operationalisierung verständlich und möglichst einfach messbar werden. Weiterhin ist auf eine Integration von analysierenden (vergangenheitsbezogenen) und prospektiven (zukunftsgerichteten) Kennzahlen zu achten, d. h., neben Endgrößen, z. B. Umsatz, Deckungsbeiträge usw., sind auch Vor- und Zwischengrößen, wie z. B. Kundenzufriedenheitskriterien, Marktentwicklungen oder Performance-Maße etc., einzubeziehen. Da Kennzahlen ihre Aufgaben nur dann erfüllen, wenn sie sowohl dem operativen Ausführungssystem stellenadäquat Informationen zur Verfügung stellen als auch Ziele enthalten, die direkt aus der Unternehmensstrategie abgeleitet werden (→ wertorientierte Strategieplanung), ist auf die Kombination von Induktion und Deduktion Wert zu legen. Zuletzt ist die Einbettung in ein übergeordnetes Controllingsystem vorzusehen. Einerseits ist damit die Integrationsfähigkeit funktions(bereichs-)bezogener Kennzahlensysteme in ein unternehmensbezogenes Führungsinformationssystem, wie z. B. das RL-Controlling-Kennzahlensystem, angesprochen. Andererseits bezieht sich die Forderung auf die durch die im Rahmen des wertorientierten →Controllings geforderten Kennzahlen, damit bspw. im Rahmen der Balanced Scorecard eine effektive Koordination zwischen den Analysebereichen gewährleistet werden kann.

Literatur: Palloks-Kahlen, M.: Kennzahlengestütztes Marketing-Controlling. Gestaltungsempfehlungen zum Aufbau einer Kennzahlenstruktur für das Marketing-Management, in: Freidank, C.-Chr./Mayer, E. (Hrsg.): Controlling-Konzepte. Neue Strategien und Werkzeuge für die Unternehmenspraxis, Wiesbaden 2003, S. 671–702; Reichmann, T.: Controlling mit Kennzahlen und Management-Tools. Grundlagen einer systemgestützten Controlling-Konzeption, 7. Aufl., München 2006.

Monika Palloks-Kahlen

Kennzahlen, wertorientierte

In der betriebswirtschaftlichen Literatur werden die →wertorientierte Unternehmensführung und wertorientierte Kennzahlen seit geraumer Zeit thematisiert, und die Wirtschaftspraxis misst den Nutzen geschäftspolitischer Entscheidungen vermehrt an der Steigerung des Werts des Unternehmens (→Unternehmenswert).

Bzgl. des Begriffs Kennzahl (→Kennzahlen und Kennzahlensysteme als Kontrollinstrument) besteht weitestgehend insoweit Konsens, dass Kennzahlen absolute oder relative Größen sind, die vielfältige, komplexe, aber quantifizierbare Tatbestände praktisch aller Lebens- und Wissenschaftsbereiche in komprimierter Form beschreiben. Ein Anwendungsbereich sind Unternehmen. Unter Tatbeständen sind Sachverhalte, Zustände, Eigenschaften etc. zu subsumieren, welche Aussagen z. B. zur Beschäftigtenzahl, zum Automatisierungsgrad, zur Ausschussquote, zur Kapitalrendite, zum Arbeitsklima, zur Zahlungsmoral, zur Lärmbelästigung, zur Unfallgefährdung, zu Verschmutzungsgraden oder zu Eigenschaften, wie Kreditwürdigkeit (→Kreditwürdigkeitsprüfung), Umweltbelastung (→umweltbezogenes Controlling), Termintreue (→Termincontrolling), Qualität (→Qualitätscontrolling), Innovationsfähigkeit (→Innovationsmanagement) etc. machen.

Solchen Kennzahlen zugrunde liegende Tatbestände werden im Kontext der positiven Beeinflussung des →Unternehmenswerts aufgrund immaterieller, ethischer, sozialer, ökologischer, materieller sowie ökonomischer Wertvorstellungen zu wichtigen und somit erstrebenswerten Zielen erklärt. Folglich lassen sich alle mit solchen Wertschätzungen verknüpften Maßgrößen als *wertorientierte Kennzahlen* bezeichnen. Doch nur wenige wertorientierte Kennzahlen eignen sich zur zuverlässigen Beurteilung der nachhaltigen Erreichung propagierter Ziele und zur ganzheitlich ausbalancierten und insofern widerspruchsfreien Steuerung des Unternehmens zur Verwirklichung dieser Zielvorstellungen. Daher ist bei der Definition, Priorisierung und Hierarchisierung der Ziele und Kennzahlen besonders auf Kompatibilität zu achten. Zur Realisierung der Ziele sind die Ausprägungen dieser Kennzahlen entweder zu optimieren oder aber auf die Erfüllung definierter Anspruchsniveaus zu entwickeln.

Die verbreitete Verwendung wertorientierter Kennzahlen zur Unternehmenssteuerung (→Unternehmenssteuerung, wertorientierte) lässt sich intern damit begründen, dass ausschließlich Messbares gesteuert werden kann und quantifizierbare Zielgrößen deshalb besonders für Zielvereinbarungen, Mitarbeiterführung und -beurteilung geeignet sind. Extern lässt sich die zunehmende Verwendung wertorientierter Kennzahlen auf den steigenden Kapitalbedarf und die damit einhergehende Kapitalmarktorientierung der Unternehmen sowie die Weiter- und Neuentwicklung von Methoden der →Unternehmensbewertung (→Unternehmensbewertung, marktorientierte) und -vergleiche zurückführen.

Als finanzwirtschaftlich wertorientierte Kennzahlen sind vor allem ROI (→ROI-Kennzahlensystem), Return on Capital Employed (RoCE), Return on Sales (RoS), Turnover (TO), Cash Flow Return on Investment (CFROI) (→Cash Flow-Analyse), Shareholder Value (SHV) (→Shareholer Value-Analysis), Discounted Cash Flow (DCF) (→Discounted Cash Flow-Methoden), Cash Value Added (CVA), Economic Value Added (EVA), Earnings before z. B. Interest, Tax, Depreciation, Amortisation sowie Stock Options (EBITDASO, EBITDA, EBDIT, EBIT, EBT), Operating Profit (OP) und Net Operating Profit after Tax (NOPAT), Kurs-Gewinn-Verhältnis (KGV) und Earnings per Share (EPS) geläufig. Weniger bekannt ist die Kennzahl Earnings less Riskfree Interest Charge (ERIC).

Einige der beispielhaft aufgeführten Kennzahlen können nicht auf alle Unternehmen angewendet werden, andere sind zwar auf alle anwendbar, liefern aber keine vergleichbaren Aussagen.

Die Verwendung wertorientierter Kennzahlen, wie das KGV und die Marktkapitalisierung bzw. der Börsenwert, also das Produkt aus Aktienkurs und Anzahl der börsennotierten Aktien einer AG (→Aktiengesellschaft, Prüfung einer), ist börsennotierten Gesellschaften vorbehalten. Die Ausprägungen solcher Kennzahlen unterliegen damit dem konjunkturellen Wechselspiel von Angebot und Nachfrage sowie dem Einfluss von Analysten und Spekulanten und ändern sich ceteris paribus mit dem Börsenklima. Daher verbietet sich ihre Verwendung für die interne Steuerung der wertorientierten Entwicklung selbst für börsennotierte Unternehmen.

Alle anderen wertorientierten Kennzahlen lassen sich praktisch für Unternehmen beliebiger Rechtsform (→Unternehmensformen; →Unternehmensformen; Wahl der) und unabhängig von Börsennotierungen ermitteln. Für den Vergleich finanzieller Wertsteigerungs- und Performancekennzahlen (→Performance Measurement) verschiedener Unternehmen sind sie jedoch, wie z. B. EBITDASO, von rechtsform- und/oder sitzlandspezifischen Unterschieden der Besteuerung, der Rechnungslegungsvorschriften [→International Financial Reporting Standards (IFRS); →United States Generally Accepted Accounting Principles (US GAAP) u. a.] und der Ausübung bilanzpolitischer Gestaltungsspielräume (→bilanzpolitische Gestaltungsspielräume nach IFRS; →bilanzpolitische Gestaltungsspielräume nach US GAAP; →bilanzpolitische Gestaltungsspielräume nach HGB) zu befreien, denen z. B. NOPAT und EPS unterliegen.

Wertorientierte finanzielle Kennzahlen werden vornehmlich aus dem Zahlenmaterial von Haupt- und Nebenbuchhaltungen (→Grund- und Hauptbuch; →Nebenbücher), →Kalkulationen (→Kalkulationsmethoden; →Kosten- und Leistungsrechnung), Bilanz, →Gewinn- und Verlustrechnung (GuV) und Liquiditäts- und Investitionsrechnung (→Liquiditätscontrolling; →Investitionscontrolling) abgeleitet. Basieren sie auf Ist-Zahlen, so beziehen sich Aussagen auf die Vergangenheit und realisierte Werte (Istwerte), wie z. B. der Verschuldungsgrad als Verhältnis von Schulden und Bilanzsumme zu einem Stichtag oder die durchschnittliche Umsatzrendite als Ergebnis im Verhältnis zum Umsatz einer zurückliegenden Periode oder der EVA (→Finanzkennzahlensystem; →Erfolgskennzahlensystem). Andere basieren auf Plan- oder Prognosewerten (→Planung; →Prognoseinstrumente) zukünftiger Perioden, wie z. B. SHV und DCF, und treffen Aussagen über noch zu generierende Werte.

Die unter Bezug auf finanziell bewertete, eingetretene Ereignisse berechneten stichtags- und vergangenheitsbezogen ermittelten Ausprägungen der Kennzahlen sind aufgrund der ihnen zugrunde liegenden, eingetretenen Ereignisse im Prinzip als sicher zu bezeichnen. Dagegen sind die zur Berechnung zukunftsbezogener wertorientierter Kennzahlen erforderlichen Basisinformationen und -daten, wie Mengen-, Preis-, Umsatzentwicklung, die Entwicklung der Vertriebskonditionen, des Volumens und der Beschaffungspreise von Investitionsgütern, der Kapitalmarktkonditionen sowie des eigenen und fremden Zahlungsverhaltens selbst in höchstem Maß risikobehaftet. Die Fragwürdigkeit derart zukunftsbasierter Kennzahlen lässt sich an der Entwicklung dieser Kennzahlen während des vergangenen Jahrzehnts auch bei besonders namhaften Unternehmen nachvollziehen. Untersuchungen belegen darüber hinaus, dass nicht börsennotierte, eigentümergeführte Unternehmen (→kleine und mittlere Unternehmen) in Bezug auf Wertsteigerung Überdurchschnittliches leisten.

Finanzielle wertorientierte Kennzahlen allein werden der Vielschichtigkeit von Wertvorstellungen, wie der Orientierung an wirtschaftlichen, technologischen, ökologischen, sozialen und ethischen Werten, nicht gerecht. Deshalb sind außerdem nicht-finanzielle Wertvorstellungen, wie z. B. Qualität, Liefertreue, Prozesssicherheit, Kundenzufriedenheit, Arbeitsplatzsicherheit, Betriebsklima, Krankenstand, Führungsstil, Umweltverantwortung, Standortsicherung, Kreditwürdigkeit (→Kreditwürdigkeitsprüfung), Unabhängigkeit, Wachstum und soziale Anerkennung zu berücksichtigen. Wechselwirkungen zwischen diesen und den finanziellen Kennzahlen symbolisiert die →Balanced Scorecard mittels Richtungspfeilen, welche die vermuteten Ursache-Wirkungs-Richtungen innerhalb und zwischen den betrachteten Perspektiven aufzeigen.

Dabei wird offenkundig, dass die Umsetzung einzelner Wertvorstellungen durchaus nicht kompatibel sein muss mit der Verwirklichung anderer Wertvorstellungen. Auch berücksichtigt die Balanced Scorecard keinerlei zeitliche Verzögerungen von wertbezogenen Aufwands- und Ertragsgrößen (→Aufwendungen und Erträge). Daher bleibt für die operative, wertorientierte Kennzahlen verwendende Steuerung offen, ob, wann und in welchem Ausmaß die erwünschten Effekte tatsächlich eintreten.

Einen Ausweg aus diesen vielschichtigen Schwierigkeiten weist das Konzept des Balanced Performance Management®. Es zeichnet sich dadurch aus, dass die insgesamt je Periode für das Erreichen des angestrebten wertorientierten Zielmixes aus Größen unterschiedlichster Dimension zulässigen Aufwendungen und Auszahlungen durch Nebenbedingungen eingeschränkt werden, die unter Risikogesichtspunkten [→Risikomanagementsystem (RMS)] so zu definieren sind, dass Bestand, wettbewerbspolitischer Handlungsspielraum und Unabhängigkeit des Unternehmens antizipativ auf der Grundlage rollierender →Planung abgesichert werden.

Literatur: Botta, V./Rimmelspacher, U.: Balanced Performance Management als Konzept zur ganzheitlichen Unternehmensführung mit Kennzahlen, in: ControllerNews 4 (2002), S. 163–166; Botta, V.: Kennzahlensysteme als Führungsinstrumente – Planung, Steuerung und Kontrolle der Rentabilität im Unternehmen, in: Grundlagen und Praxis der Betriebswirtschaftslehre, Band 49, 5. Aufl., Berlin 1997.

Volkmar Botta

Key-Account-Management →Kundendeckungsbeitragsanalyse

KG →Kommanditgesellschaft

KGaA →Kommanditgesellschaft auf Aktien

KiFo-Methode →Verbrauchsfolgeverfahren

Kirchliche Verwaltungen

Die Religionsgesellschaften besitzen wegen des im GG verankerten Selbstbestimmungsrechts die rechtsetzende Autorität und volle Dispositionsfreiheit über die Organisation und Verwendung des Vermögens, d. h. für deren →Planung, Durchführung und Kontrolle (→Kontrolltheorie); sie sind nach § 55 →Haushaltsgrundsätzegesetz (HGrG) ausdrücklich von den für die staatsbezogenen juristischen Personen (→Unternehmensformen) geltenden Regeln des Haushalts- und Rechnungsprüfungswesens, der Körperschaftsaufsicht usw. ausgenommen. Diese Ausnahmeregelungen bestehen dagegen nicht für kirchliche Einrichtungen bei wirtschaftlicher Betätigung und kirchlichen Einrichtungen in einer Rechtsform des privaten Rechts. In diesen Fällen unterliegen auch die kirchlichen Einrichtungen den Rechnungslegungs-, Buchführungs- und Prüfungsvorschriften des Handels- und Steuerrechts (→Grundsätze ordnungsmäßiger Buchführung, Prüfung der; →Grundsätze ordnungsmäßiger Rechnungslegung; →Prüfungsnormen) oder anderer Vorschriften, wie bspw. der KHBV.

In der BRD besteht wegen der unterschiedlichen Verfasstheit der evangelischen und katholischen Kirchen, deren divergierenden Leitungs- und Mitwirkungsprinzipien sowie des Einflusses der staatskirchenrechtlichen Bestimmungen auf die Vermögensverwaltung der Teil- und Landeskirchen kein einheitliches kirchliches Vermögensverwaltungsgesetz. Infolgedessen wird auch die Planung, Durchführung und Beaufsichtigung der kirchlichen Vermögensverwaltung in den deutschen Teil- bzw. Landeskirchen in sehr unterschiedlicher Weise wahrgenommen. Dessen ungeachtet ist angesichts der personellen und sachlichen Trennung der Wahrnehmung der Leitungs- und Überwachungsaufgaben die Prüfung der Rechnungslegung ein wesentlicher Bestandteil und Instrument der Informations- und Kontrollkonzeption jeder kirchlichen Verwaltung (Leimkühler 2004, S. 242). Deshalb sind grundsätzlich alle öffentlichen kirchlichen Rechtspersonen mit einer Prüfungspflicht belegt. Die Prüfung der kirchlichen Einrichtungen erfolgt hauptsächlich durch eigene Aufsichtsorgane, z. B. Vermögensverwaltungsräte, →Rechnungsprüfungsämter oder -ausschüsse. Eine Durchführungsverlagerung auf externe, unabhängige WP oder WPGes (→Revisions- und Treuhandbetriebe) steht nicht im Widerspruch zu den kirchenrechtlichen Bestimmungen.

Der Prüfungszweck, der maßgebend für die Bestimmung des Prüfungsgegenstandes und die Festlegung des Umfangs der Prüfung ist, wird nicht in jedem Fall ausdrücklich durch den kirchlichen Gesetzgeber selbst oder durch Verweis auf gesetzliche Vorschriften geregelt. Die Prüfungszwecke sind deshalb aus der Organisation der Vermögensverwaltung, den Zwecken der Rechnungslegung und dem Sinnzusammenhang der verschiedenen Normen abzuleiten.

Die Kapitalerhaltung ist innerhalb der Finanzierungskonzeption der kirchlichen Verwaltungen das übergeordnete Ziel der Vermögensverwaltung (Leimkühler 2004, S. 92). Die Zielsetzung kann nur bei einer den tatsächlichen Verhältnissen entsprechenden Information der Leitungs- und Aufsichtsorgane über die wirtschaftliche Lage der kirchlichen Rechtsperson erreicht werden. Zweck der Prüfung ist die Feststellung, ob die durch die Rechnungslegung vermittelte wirtschaftliche Lage den tatsächlichen Verhältnissen entspricht; sie dient daneben dem Aufdecken von Risiken (→ Risiko- und Chancencontrolling). Der Prüfer hat dabei nicht nur auf Tatsachen, die den Bestand der kirchlichen Rechtsperson gefährden (→ Bestandsgefährdung) oder ihre Entwicklung wesentlich beeinträchtigen können, hinzuweisen, sondern auch auf nachteilige Veränderungen der → Vermögenslage, → Finanzlage und → Ertragslage (→ wirtschaftliche Verhältnisse).

Die Zuweisung von Leitungs- und Überwachungsaufgaben an unterschiedliche Personen und Organe der kirchlichen Verwaltung bzw. die Delegation von Handlungs- und Entscheidungsbefugnissen sowie Dispositionsrechten über kirchliches Vermögen erfordert die Kontrolle im Hinblick auf die Einhaltung vorgegebener Richtlinien und die Qualität der delegierten Entscheidungen (Leffson 1988, S. 2). Diese Kontrolltätigkeit können die Ordinarien nicht allein vornehmen. Zweck der Prüfung ist es, zu einem Urteil darüber zu gelangen, ob die Rechnungslegung, ggf. auch die Wirtschafts- und Stellenpläne, den kirchenrechtlichen und gesetzlichen Vorschriften entsprechen und die sie ergänzenden Regelungen oder Vergabebedingungen bei Zuwendungen beachtet worden sind. Die Prüfung dient darüber hinaus dem Aufdecken von Verstößen der Verwalter gegen die kirchenrechtlichen und gesetzlichen Bestimmungen (→ Unregelmäßigkeiten; → Unregelmäßigkeiten, Aufdeckung von).

Auch das kirchliche Vermögensrecht unterscheidet zwischen ordentlicher und ao. Verwaltung. Rechtsgeschäfte der ao. Verwaltung, wie bspw. die Aufnahme von Darlehen oder die Annahme von Schenkungen, unterliegen der vorgängigen Aufsicht, d. h. sie setzen eine zusätzliche Bewilligung der entsprechenden Organe voraus. Die Ermächtigung der ausführenden Organe ist somit auf die Geschäfte der ordentlichen Verwaltung begrenzt. Die Planungsrechnung (→ Planung) umschreibt verbindlich diese Grenzen der ordentlichen Verwaltung und bindet die Verwalter. Soweit Vermögen auf Stiftung (→ Stiftungen) beruht, ist die Erfüllung des Stifterwillens im Hinblick auf die zweckentsprechende Verwendung und Verwaltung des gewidmeten Vermögens ein grundlegendes Prinzip kirchlicher Vermögensverwaltung. Zweck der Prüfung ist die Darlegung, dass die Grenzen der ordentlichen Verwaltung bzw. der Planungsrechnung und der Stiftungszweck eingehalten und die Mittel zweckentsprechend verwendet wurden.

Die Prüfung der kirchlichen Verwaltung ist aus diesen Zielsetzungen heraus auf die Gesetz- und Ordnungsmäßigkeit der Rechnungslegung auszurichten (→ Ordnungsmäßigkeitsprüfung) und hat sich auch auf die Ordnungsmäßigkeit der Geschäftsführung (→ Geschäftsführungsprüfung), die → wirtschaftlichen Verhältnisse, insb. die sparsame Wirtschaftsführung und auf die ordnungsgemäße Verwendung der Mittel zu erstrecken (→ Ordnungsprüfung). Die Prüfung unterstützt auf Basis dieser Kontrollfunktion die Leitungs- und Aufsichtsorgane bei der Wahrnehmung ihrer eigenen Überwachungspflicht. Diese Aufgabe übernimmt der → Prüfungsbericht (PrB), welcher als objektive Informationsquelle den mit der Verwaltung beauftragten Personen zur Verbesserung und Sicherung des eigenen Kenntnisstandes dient (Leimkühler 2004, S. 190).

Literatur: Leffson, U.: Wirtschaftsprüfung, 4. Aufl., Wiesbaden 1988; Leimkühler, C.: Unternehmensrechnung und ihre Überwachung in kirchlichen Verwaltungen. Eine Analyse aus Sicht der katholischen Kirche in Deutschland, Frankfurt 2004.

Claudia Leimkühler

Kleine und mittlere Unternehmen

Die Wirtschaft – nicht nur – in Deutschland ist von kleinen und mittleren Unternehmen (KMU) geprägt. 99,6% (ca. 3,2 Mio.) aller USt-pflichtigen Unternehmen in Deutschland gehören zu den KMU. Sie stellen etwa 70% aller Arbeitsplätze, tragen zu ca. 43% zum Bruttoinlandsprodukt bei und generieren 53% der Bruttowertschöpfung. 80% aller Ausbildungsplätze werden von KMU bereitgestellt, etwa 45% aller Bruttoinvestitionen (→Investition) werden von ihnen getätigt.

Jenseits der quantitativen Bedeutung besitzen KMU eine große qualitative Bedeutung und Vorbildfunktion für eine Volkswirtschaft, als Beitrag zum Wettbewerb mit atomistischer Marktstruktur und der Verbesserung der Marktversorgung, aufgrund ihrer Konzentration auf verwertungsorientierte Forschung, aufgrund ihrer hohen Inventions- und Innovationsquote (= Innovation pro Beschäftigten) sowie ihrer großen Flexibilität und dem persönlichen Einsatz des Unternehmers für sein Eigentum.

Der Begriff KMU findet in anderen Sprachen seine Entsprechung, z. B. Small and Medium Sized Enterprises (SME), Petit et Medium Enterprises (PME), aber auch im Deutschen – insb. in Österreich und der Schweiz – wird der Begriff KMU häufig mit Synonymen, wie Gewerbe, gleichgesetzt. Auch wird gemeinhin vereinfacht vom Mittelstand gesprochen. Letztere Bezeichnung wird aber nicht nur als wirtschaftliche Größenkategorie angesehen – was dann mit KMU gleichzusetzen wäre –, sondern auch als gesellschaftliche Kategorie, als der produzierende Mittelstand (Gewerbetreibende und Freiberufler), der verwaltende Mittelstand (z. B. Haus- und Grundbesitzer, Gesellschafter), der Positionsmittelstand (z. B. leitende Angestellte, Politiker) und der Qualifikationsmittelstand (z. B. Lehrer).

Zur Abgrenzung von Mittelstand und KMU gegenüber den Großunternehmen werden qualitative wie quantitative Kriterien herangezogen:

- *Quantitative Abgrenzung:* Quantitative Kriterien der Größenabgrenzung sind zunächst Mitarbeiterzahl, →Umsatzerlöse und Bilanzsumme, aber auch das →Anlagevermögen. In der Literatur gelten Unternehmen aus Industrie und Handwerk als KMU, wenn sie bis max. 500 Mitarbeiter beschäftigen und unter 50 Mio. € Umsatz generieren. § 267 HGB gibt als Maximalwerte einer kleinen KapGes – entsprechend einer Definition von KMU 50 Arbeitnehmer, 4 Mio. € Umsatz oder 2 Mio. € Bilanzsumme. Mittlere KapGes zeigen bis 250 Arbeitnehmer, bis 32 Mio. € Umsatz oder eine Bilanzsumme von nicht mehr als 8 Mio. €. Die *KOM* nimmt folgende Einteilung vor: Kleinstunternehmen (weniger als zehn Beschäftigte), Kleinunternehmen (weniger als 50 Beschäftigte, Umsatz von max. 7 Mio. € oder Bilanzsumme von höchstens 5 Mio. €) und Mittelunternehmen (weniger als 250 Beschäftigte, Umsatz von max. 40 Mio. € oder Bilanzsumme von höchstens 27 Mio. €).
- Bei der quantitativen Abgrenzung von KMU ist stets die Zugehörigkeit zu einer Branche zu beachten, ein Betrieb mit 500 Mitarbeitern ist in der Beratungsbranche ein Großunternehmen, in der Stahlproduktion ein Kleinstbetrieb. So dürften die Beschäftigten- und Umsatzzahlen für KMU und Großunternehmen in der Industrie höher ausfallen als z. B. im Handwerk oder Einzelhandel.
- *Qualitative Abgrenzung:* Die Abgrenzung nach qualitativen Kriterien erfolgt i. d. R. nach funktionalen (z. B. Unternehmensführung, Organisation, Beschaffung, Produktion, Absatz etc.) und sonstigen Unterschieden zwischen KMU und Großunternehmen (Spezialisierung der Mitarbeiteraufgaben, Prägung des Unternehmens durch den Eigentümerunternehmer, intensive persönliche Kontakte zur Unternehmensumwelt, geringe Formalisierung der Organisation, begrenzte Ressourcen etc.).

In den letzten Jahrzehnten hat sich eine eigenständige KMU-Forschung gebildet, die von der Entrepreneur- bzw. Gründungsforschung zu unterscheiden ist. Themen wie Nachfolge (→Nachfolgeberatung), →Rating, Sanierung (→Sanierungsberatung) aber auch Besonderheiten der Betriebswirtschaftslehre der KMU in den klassischen Disziplinen Personal, Marketing, →Controlling, Finanzierung (→Finanzierungsberatung) u. a. stehen auf der Agenda.

Literatur: Bussiek, J.: Anwendungsorientierte Betriebswirtschaftslehre für Klein- und Mittelunternehmen, 2. Aufl., München 1996; Meyer, J.-A. (Hrsg.): Jahrbücher der KMU-Forschung und -Praxis 2000 bis 2005,

München/Lohmar 2000–2005; Mugler, J.: Betriebswirtschaftslehre der Klein- und Mittelbetriebe, Band 1 und 2, 3. Aufl., Wien/NY 1998 und 1999.

Jörn-Axel Meyer

Kleine und mittlere Unternehmen, Prüfung von

Für die Prüfung →kleiner und mittlerer Unternehmen (KMU) gelten unabhängig von ihrer Rechtsform (→Unternehmensformen) dieselben Prüfungsgrundsätze (→Grundsätze ordnungsmäßiger Abschlussprüfung) wie für große Unternehmen. Die Besonderheiten bei der Abschlussprüfung von KMU sind im IDW PH 9.100.1 „Besonderheiten der Abschlussprüfung kleiner und mittelgroßer Unternehmen" hervorgehoben. Dieser orientiert sich am IASP 1005 „The Special Considerations in the Audit of Small Entities", soweit nicht nationale gesetzliche Besonderheiten Abweichungen erfordern (Siebert 2004, S. 973).

Die für die →*Prüfungsplanung* notwendigen Kenntnisse über die Geschäftstätigkeit, das rechtliche und →wirtschaftliche Umfeld des Unternehmens kann der →Abschlussprüfer (APr) häufig nur durch Befragung der Unternehmensführung, unterstützt durch externe Informationen (z. B. Branchenberichte), ermitteln. Aufgrund der geringeren Komplexität reicht es vielfach aus, ein Prüfungsplanungsmemorandum vor Prüfungsbeginn zu erstellen. Obwohl das →Prüfungsprogramm weniger umfangreich sein kann und die Kommunikation zwischen den Mitgliedern des kleineren Prüfungsteams einfacher ist, ist eine angemessene laufend anzupassende Mindestdokumentation notwendig.

Je nach Einstellung der Eigentümer-Unternehmer zum →Internen Kontrollsystem (IKS) und zur persönlichen Durchführung von Kontrollen (→Unternehmensethik und Auditing) können sich risikoerhöhende oder -vermindernde Einschätzungen des Abschlussprüfers für das Prüfungsvorgehen ergeben (→Prüfungsrisiko; →Prüfungsstrategie). Schwach ausgeprägte Kontrollen in KMU können ein Risiko von →*Unregelmäßigkeiten* darstellen, das durch Genehmigungen und Kontrollen (→Kontrolltheorie) der Unternehmensführung ausgeglichen werden kann. Der APr hat sich durch Gespräche (→Unternehmensleitung, Informationsaustausch des Wirtschaftsprüfers mit) und andere Schritte einen Eindruck von dem Kontrollbewusstsein der Eigentümer-Unternehmer zu verschaffen und festzustellen, welche Kontrollen die Unternehmensführung selbst unternommen oder veranlasst hat, und deren Wirksamkeit zu beurteilen (→Systemprüfung; →Internes Kontrollsystem, Prüfung des; →Aufbauorganisation; →Funktionsprüfung; →Kontrollprüfung).

Bei der Prüfung von →*Beziehungen zu nahestehenden Personen* hat der APr zu beurteilen, ob die gesetzlichen Vertreter des KMU das IKS auf eine wirksame Erfassung aller Geschäftsvorfälle mit nahestehenden Personen ausgerichtet haben. Dabei ist zu ermitteln, ob die Eigentümer-Unternehmer ihren starken Einfluss auch bei der Konditionenbestimmung für Verträge mit nahe stehenden Personen geltend machen können und ob eventuelle Rückforderungsansprüche des Unternehmens oder Steuerrisiken im Abschluss zu berücksichtigen sind (→Rückstellungen).

Aufgrund häufig nicht oder unzureichend vorliegender →Wirtschaftlichkeitsberechnungen und Planungsrechnungen (→Planung) hat der APr zur Einschätzung der *Unternehmensfortführung* (→Going Concern-Prinzip) auf Gespräche mit den Eigentümer-Unternehmern, die mittel- und langfristige →Finanzplanung und schriftliche Erklärungen der Unternehmensführung zurückzugreifen und diese auf Plausibilität zu beurteilen (→Plausibilitätsprüfungen). Bei Finanzierungen durch die Eigentümer-Unternehmer und anderen Verpflichtungen hat der APr die entsprechenden Vereinbarungen und deren Kündbarkeit bzw. Erfüllbarkeit zu würdigen.

Das *IKS* von KMU kann aus einfachen organisatorischen Anweisungen bzw. Kontrollen bestehen, wie z. B. die regelmäßige Abstimmung von Bank- und Kassenbeständen, Prüfung des Auftragsbestands, Durchsicht von betriebswirtschaftlichen Auswertungen, offenen Posten- und Mahnlisten (→Offene-Posten-Buchhaltung; →Forderungscontrolling), der Eingangs- und Ausgangspost, Zahlungsfreigaben, Unternehmensplanung und →Soll-Ist-Vergleich. Besonderheiten können sich in folgenden Punkten ergeben: unzureichende oder unterlaufene Funktionstrennung, die Unternehmensführung ist bei wichtigen Dingen häufig die einzige Kontrollinstanz, wegen Zeitbegrenzung erfolgt keine Kontrolle, fehlende oder nur teilweise Dokumentation des Internen Kontrollsystems, Fehlen einer eigenständigen →Internen Revision.

Der APr hat das Kontrollbewusstsein und die Einstellung der gesetzlichen Vertreter und Führungskräfte zu würdigen. Dabei ist zu beachten auf welche Art und Weise sie in das Tagesgeschäft eingebunden sind, um risikoerhöhende Sachverhalte zu berücksichtigen. Bei unzureichend dokumentierten Kontrollen kann der APr anhand von Fragebögen die gesetzlichen Vertreter und Mitarbeiter befragen, Maßnahmen beobachten und Kontrollaktivitäten nachvollziehen, um die Zuverlässigkeit des Internen Kontrollsystems zu bestätigen. Bei einem nicht oder eingeschränkt funktionierenden oder dokumentierten IKS sind in verstärktem Umfang aussagebezogene Prüfungshandlungen (→ergebnisorientierte Prüfungshandlungen) vorzunehmen. Fehlen sämtliche interne Kontrollen, kann das ein →Prüfungshemmnis darstellen, das zu einer Versagung des →Bestätigungsvermerks führen kann.

Bei →IT-Systemen mit geringer Komplexität kann sich die →IT-Systemprüfung auf ausgewählte Funktionen beschränken, wenn durch aussagebezogene Prüfungshandlungen eine hinreichende Prüfungssicherheit erzielt werden kann. Bei komplexen IT-Systemen ist stets eine umfassende IT-Systemprüfung notwendig.

Ein formell betriebenes *Risikofrüherkennungssystem* [→Risikomanagementsystem (RMS); →Früherkennungssysteme] ist bei KMU i. d. R. nur teilweise oder in unsystematisierter Form vorhanden. Die gesetzlichen Vertreter hat der APr über die Einrichtung und Umsetzung des Risikofrüherkennungssystems zu befragen und vorliegende Dokumentationen zu seinen Unterlagen zu nehmen. Die tatsächlich getroffenen Anweisungen hat er festzustellen und zu beurteilen und sein Ergebnis zu dokumentieren (→Risikomanagementsystem, Prüfung des).

Soweit der Einsatz mathematisch-statistischer Zufallsstichproben (→Stichprobenprüfung) nicht möglich oder aussagekräftig ist, braucht dennoch keine →lückenlose Prüfung durchgeführt zu werden. Verfahren bewusster Auswahl (→*Einzelfallprüfungen*) unter Berücksichtigung von Vorinformationen sollten herangezogen werden. Der Einsatz →IT-gestützter Prüfungstechniken (→IT-gestützte Prüfungsdurchführung) zur Stichprobenauswahl und Analyse von Geschäftsvorfällen bietet sich auch bei KMU trotz des geringeren Datenumfangs an. Bei →*analytischen Prüfungshandlungen* ist zu berücksichtigen, dass Kennzahlenanalysen (→Kennzahlen und Kennzahlensysteme als Kontrollinstrument; →Kennzahlen im Prüfungsbericht) und →Abweichungsanalysen von einmaligen Effekten dominiert werden können.

Bei KMU sind die wirtschaftliche Lage und Entwicklung nur eingeschränkt mit der gesamtwirtschaftlichen, branchen- oder regionalen Entwicklung vergleichbar. Für die *Prüfung des* →*Lageberichts* hat der APr geeignete Daten und Rechenwerke, wie z. B. Mehrjahresvergleiche (→zeitlicher Vergleich), Branchenanalysen oder Analysen Dritter, von den gesetzlichen Vertretern anzufordern (→Auskunftsrechte des Abschlussprüfers). Die Angaben im Lagebericht können „selektiv" und von subjektiven persönlichen Einschätzungen der Eigentümer-Unternehmer geprägt sein, sodass sich trotz sachlich zutreffender Angaben insgesamt ein unzutreffender Eindruck ergibt. Der APr hat auf die (Mindest-) Gliederungspunkte zu verweisen, um vollständige und sachgerechte Angaben zu erreichen.

Im Lagebericht enthaltene prognostische Aussagen (→Prognosebericht) aufgrund eines mangelhaften Fundaments hat der APr zu untersuchen, stützende Quellen zu erfragen und auf eine angemessene Dokumentation hinzuwirken. Bei unzureichendem Risikobewusstsein der Unternehmensführung hat der APr wesentliche Risiken zu untersuchen und mit der Unternehmensführung zu erörtern (→Chancen- und Risikobericht).

In den →*Arbeitspapieren des Abschlussprüfers* sind die Ergebnisse von Befragungen und die Auswertung von Quellen festzuhalten und zu würdigen (→Berichtsgrundsätze und -pflichten des Wirtschaftsprüfers). Dabei hat der APr seine Kenntnisse über das wirtschaftliche und rechtliche Umfeld des Unternehmens zu berücksichtigen.

Literatur: IDW (Hrsg.): IDW Prüfungshinweis: Besonderheiten der Abschlussprüfung kleiner und mittelgroßer Unternehmen (IDW PH 9.100.1, Stand: 1. Juli 2004), in: WPg 57 (2004), S. 1038–1046; Niemann, W.: Besonderheiten der Abschlussprüfung kleiner und mittelgroßer Unternehmen – Analyse des IDW PH 9.100.1, in: DStR 43 (2005), S. 663–672; Scherff, S./Willeke, C.: Zur Abschlussprüfung kleiner und mittelgroßer Unternehmen (KMU) – der IDW PH 9.100.1, in: StuB 7 (2005), S. 61–66; Siebert, G. H.: Zur Anwendung der IDW Prüfungsstandards auf die Abschlussprüfung kleiner und mittelgroßer Unternehmen, in: WPg 57 (2004), S. 973–984.

Manfred Bolin; Jürgen Schneider

Klumpenauswahl →Deduktive Auswahl; →Stichprobenprüfung

Knowledge-Management →Controlling in Revisions- und Treuhandbetrieben

Kollegialitätsprinzip →Chief Executive Officer; →Unternehmensüberwachung

Kommanditgesellschaft

Die KG ist eine →Personengesellschaft (Pers Ges), deren Zweck auf den Betrieb eines Handelsgewerbes unter einer gemeinschaftlichen Firma gerichtet ist und bei der zumindest ein Gesellschafter unbeschränkt haftet (Komplementär) und die Haftung mindestens eines Gesellschafters auf die Vermögenseinlage beschränkt ist (Kommanditist) (§ 161 Abs. 1 HGB). Wie für die →Offene Handelsgesellschaft (OHG) besteht auch für die KG eine Eintragungspflicht in das HR (§ 162 HGB). Beginnt die KG mit dem Betrieb des Handelsgewerbes bevor die Eintragung im HR erfolgt, haftet der Kommanditist wie ein Komplementär. Die KG stellt sich damit als Sonderfall der OHG dar.

Nach § 246 HGB hat die KG in ihrem JA alle →Vermögensgegenstände, →Schulden und →Rechnungsabgrenzungsposten sowie →Aufwendungen und Erträge zu erfassen. Bilanzierbar i. S. d. § 246 HGB sind bei der KG alle Vermögensgegenstände und Schulden, die zum Gesellschaftsvermögen (Gesamthandsvermögen) gehören (→Ansatzgrundsätze). Auf eine betriebliche Nutzung der Vermögensgegenstände kommt es dagegen nicht an. Vermögensgegenstände, die zwar zivilrechtlich im Eigentum der Gesellschafter stehen, die aber gesellschaftsrechtlich quoad sortem eingebracht wurden (Überlassung zur Nutzung und dem Werte nach) sind ebenfalls zu bilanzieren. Allerdings sollte ein Hinweis auf die Einbringung vorgenommen werden, z. B. durch einen Davon-Vermerk (→Angabepflichten). Vermögensgegenstände, die im Eigentum einzelner Gesellschafter stehen, und allein betrieblich genutzt werden, sind kein Gesamthandsvermögen und dürfen in der Bilanz der Gesellschaft nicht erfasst werden.

§ 247 Abs. 1 HGB verlangt lediglich den gesonderten Ausweis von →Anlagevermögen und →Umlaufvermögen, →Eigenkapital, Schulden und Rechnungsabgrenzungsposten sowie deren hinreichende Aufgliederung. Für die →Gewinn- und Verlustrechnung (GuV) bestehen keine Darstellungsvorschriften. Es besteht allerdings die Verpflichtung zur Darstellungsstetigkeit im JA (→Stetigkeit; →Grundsätze ordnungsmäßiger Rechnungslegung). Im IDW RS HFA 7 werden als Anhaltspunkte für die Aufgliederung die Gliederungsvorschriften der §§ 264c, 266 und 275 HGB (→Gliederung der Bilanz; →Gliederung der Gewinn- und Verlustrechnung) empfohlen. Die hinreichenden Aufgliederungen sollten sich an den größenabhängigen Gliederungsregelungen für KapGes orientieren.

Gegenüber der OHG ergeben sich bei der Prüfung der KG folgende Besonderheiten:

Wie bei der OHG haben die Gesellschafter der KG rechtlich nur einen einheitlichen Kapitalanteil. Dieser ändert sich durch Entnahmen und Einlagen sowie durch Gewinn- und Verlustanteile (§ 120 Abs. 2 HGB). Dem Kapitalanteil des Kommanditisten werden Gewinne jedoch nach § 167 Abs. 2 HGB nur so lange zugeschrieben, bis der Kapitalanteil den Betrag der bedungenen Einlage erreicht hat.

Für den Ausweis des Eigenkapitals sind die Kapitalanteile der Komplementäre und der Kommanditisten jeweils gesondert auszuweisen (→Kapitalkonten). Die Abbildung des Eigenkapitals des Komplementärs entspricht der eines Gesellschafters einer OHG. Beim Kommanditisten wird der Kapitalanteil nach Maßgabe der sog. Pflichteinlage (bedungene Einlage) gezeigt. Davon abzugrenzen ist die im HR eingetragene Hafteinlage des Kommanditisten, auf die seine Haftung nach § 171 Abs. 1 HGB begrenzt ist. Ausstehende Pflichteinlagen von Kommanditisten sind auf der Aktivseite der Bilanz als solche auszuweisen oder auf der Passivseite offen von den Kapitalanteilen abzusetzen. Innerhalb der Gesellschaftergruppen können die Kapitalanteile in der Bilanz zusammengefasst abgebildet werden.

Werden aufgrund Gesellschaftsvertrag oder Gesellschafterbeschluss →Rücklagen dotiert, so sind diese im Eigenkapital gesondert auszuweisen. Eine Trennung von →Kapitalrücklagen und →Gewinnrücklagen ist nicht vorgesehen. Im Rahmen der Abschlussprüfung (→Jahresabschlussprüfung; →Konzernabschlussprüfung) ist die zutreffende Abgrenzung dieser als zusätzliches Verlustdeckungspotenzial gewidmetem Vermögen von den als →Verbindlichkeiten zu zeigenden Gesellschafterverrechnungskonten zu untersuchen.

Nach dem gesetzlichen Normalstatut kommt es im JA der KG – wie bei der OHG – nicht zum Ausweis eines →Jahresergebnisses in der Bilanz der Gesellschaft, da dieses den Kapitalanteilen der Gesellschafter nach den Regeln der § 168 HGB gutgeschrieben wurde. Sofern gesellschaftsvertraglich davon abweichend die →Ergebnisverwendung ganz oder teilweise in die Zuständigkeit der Gesellschafterversammlung (→Haupt- und Gesellschafterversammlung) verlagert ist, so ist in der Bilanz ein Jahresergebnis bzw. bei teilweiser Ergebnisverwendung ein Bilanzgewinn auszuweisen.

Verlustanteile sind von den Kapitalanteilen der Gesellschafter abzuschreiben. Kommt es dadurch zu negativen Kapitalanteilen, so sind diese als „Nicht durch Vermögensanlagen gedeckte Verlustanteile persönlich haftender Gesellschafter oder Kommanditisten" auf der Aktivseite der Bilanz auszuweisen. In den Gesellschaftsverträgen von Kommanditgesellschaften finden sich heute regelmäßig gesonderte Verlustverrechnungskonten als Unterkonto des Kapitalanteils.

Auch durch Entnahmen kann ein negativer Kapitalanteil entstehen. Resultieren diese aus gesellschaftsvertraglich zulässigen Entnahmen, dann sind diese Kapitalanteile aktivisch als „Nicht durch Vermögenseinlagen gedeckte Entnahmen des persönlich haftenden Gesellschafters bzw. des Kommanditisten" auszuweisen. Eine Zusammenfassung dieser aktivisch abzubildenden Kapitalanteile mit den passivischen ist nicht zulässig. Aus gesellschaftsvertraglich unzulässigen Entnahmen resultiert eine →Forderung der Gesellschaft gegen den Gesellschafter.

Neben dem Kapitalanteil kann aus der rechtlichen Selbständigkeit der KG nach den §§ 161 Abs. 1, 124 HGB auch →Fremdkapital von den Gesellschaftern im Darlehenswege zur Verfügung gestellt werden. Sind diese von wesentlichem Umfang sollten sie durch einen Davon-Vermerk kenntlich gemacht werden. Eine klare kontenmäßige Trennung des Eigenkapitals vom Fremdkapital des Gesellschafters ist daher unerlässlich und vom →Abschlussprüfer (APr) zu verifizieren.

Bei der Abschlussprüfung ist darauf zu achten, dass den aus Leistungsbeziehungen zu den Gesellschaftern resultierenden Aufwendungen oder Erträgen tatsächlich schuldrechtliche Leistungsbeziehungen zugrunde liegen und diese nicht als gesellschaftsvertragliche Beitragspflichten als Teil der Ergebnisverwendung oder Einlagen abzubilden sind.

In der GuV der KG ist im →Steueraufwand allein die GewSt der Gesellschaft auszuweisen und nicht die persönliche ESt der Gesellschafter. Denkbar ist allerdings analog zur Regelung des § 264c Abs. 3 Satz 2 HGB ein gesonderter Ausweis eines fiktiven Steueraufwands der Gesellschafter nach einem Jahresergebnis.

Literatur: IDW (Hrsg.): IDW Stellungnahme zur Rechnungslegung: Zur Rechnungslegung bei Personenhandelsgesellschaften (IDW RS HFA 7, Stand: 12. Mai 2005), in: WPg 58 (2005), S. 669–670.

Carsten Meier

Kommanditgesellschaft auf Aktien

Die KGaA ist eine juristische Person des Privatrechts, die Strukturmerkmale der →Kommanditgesellschaft (KG) und der AG (→Aktiengesellschaft, Prüfung einer) vereint. Nach den im AktG (§§ 278–290) getroffenen Regelungen hat die KGaA im Gegensatz zur AG zwei Arten von Gesellschaftern: Mindestens einen unbeschränkt und persönlich haftenden Komplementär sowie einen oder mehrere Kommanditaktionäre. Weitere Gesellschafter sind nicht vorgesehen. Die KGaA kann also insb. keine Kommanditisten i. S. d. § 161 ff. HGB haben (Hüffer 2004, Rn. 4 f. zu § 278 AktG). Komplementär können auch Körperschaften sein (sog. kapitalistische KGaA), so dass eine unbeschränkte Außenhaftung der Gesellschafter vermieden werden kann.

Das Grundkapital (→Gezeichnetes Kapital) wird von den Kommanditaktionären durch Zeichnung von Aktien aufgebracht, während die Komplementäre davon zu unterscheidende Vermögenseinlagen leisten (§ 281 Abs. 2 AktG). Die Rechtsstellung der Komplementäre – denen eine dem Vorstand bei einer AG vergleichbare Funktion zukommt – bestimmt sich gem. § 278 Abs. 2 AktG nach den Regeln des HGB über die KG. Für die KGaA selbst, wie für die Kommanditaktionäre, sind gem. § 278 Abs. 3 AktG die Vorschriften über die AG sinngemäß anzuwenden. Die nach den Grundsätzen der →Personengesellschaft (PersGes) bestimmte Führungsstruktur der KGaA liegt somit weitgehend in der Dispositionsfreiheit des Satzungsgebers. Hingegen wird die Kapitalstruktur durch zwingende Grundsätze des Aktienrechts bestimmt (Koch 2002, S. 1702).

Die KGaA weist eine hohe Attraktivität für Familiengesellschaften auf, welche den Kapitalmarkt durch Ausgabe von Aktien in Anspruch nehmen wollen, ohne die Leitungsmacht im Unternehmen aufzugeben (Flick/Schulte 2005, S. 25). Der Charakter der Familiengesellschaft kann dabei durch schuldrechtliche Instrumente, wie z. B. Stimmbindungsverträge (→Stimmrecht), weiter betont werden (Müller 2004, S. 8 f.).

Eine KGaA, die nicht klein i. S. d. § 267 HGB ist (→Größenklassen), unterliegt den Regelungen über die →Pflichtprüfungen des Jahres- und Konzernabschlusses nach §§ 316 ff. HGB (→Jahresabschlussprüfung; →Konzernabschlussprüfung). Daneben kann die KGaA Gegenstand der aktienrechtlichen Sonderprüfungen (→Sonderprüfungen, aktienrechtliche) sein.

JA und →Lagebericht sind nach § 283 Nr. 9 AktG, §§ 242, 264 Abs. 1 HGB durch die Komplementäre aufzustellen und von einem durch die HV (→Haupt- und Gesellschafterversammlung) (§ 285 Nr. 6 AktG) zu wählenden →Abschlussprüfer (APr) zu prüfen. Die Beauftragung des Abschlussprüfers erfolgt durch den AR (§§ 278 Abs. 3, 111 Abs. 2 AktG) (→Bestellung des Abschlussprüfers).

Die Prüfung der KGaA ist grundsätzlich vergleichbar mit der Prüfung einer AG (→Aktiengesellschaft, Prüfung einer), jedoch ist bei der Entwicklung einer risikoorientierten →Prüfungsstrategie der besonderen Verfassung der KGaA Rechnung zu tragen. Dazu hat sich der APr umfassende Kenntnisse über die satzungsmäßigen und vertraglichen Grundlagen (→rechtliche Verhältnisse) sowie die Eigentümerstruktur zu verschaffen (IDW PS 230). Bei Analyse der Risikofaktoren ist das besondere Spannungsverhältnis zu berücksichtigen, dass sich aus Kapitalmarktorientierung der (ggf. börsennotierten) KGaA bei gleichzeitiger Beherrschung durch die Komplementäre ergibt (asymmetrische Informationsverteilung).

Aufgrund des Einflusses der Komplementäre sowie der besonderen Struktur der Familien-KGaA, kommt der Prüfung von →Beziehungen zu nahe stehenden Personen i. S. d. IDW PS 255 besondere Bedeutung zu. Der APr hat sich dabei von der Funktionsfähigkeit des →Internen Kontrollsystems zur Erfassung von Beziehungen zu nahe stehenden Personen und deren ordnungsmäßiger Abbildung im JA – ggf. unter Berücksichtigung von DRS 11 bzw. IAS 24 – zu überzeugen (→Internes Kontrollsystem, Prüfung des; →Systemprüfung).

Bei Erstellung des →Prüfungsprogramms und in der Prüfungsdurchführung (→Auftragsdurchführung) sind die sich aus § 286 AktG ergebenden Ergänzungen zu den allgemeinen Gliederungs- und Bewertungsvorschriften für den JA der AG (§§ 150, 152, 158, 160 AktG, §§ 238 ff., 264 ff. HGB) zu berücksichtigen. Soweit die Komplementäre Vermögenseinlagen i. S. d. § 281 Abs. 2 AktG geleistet haben, sind diese als gesonderter Posten nach dem „Gezeichneten Kapital" auszuweisen. Bei Prüfung der Bewertung des Postens (→Bewertungsprüfung) ist zu beachten, dass ggf. durch die Satzung bedungene Einlagen (z. B. versprochene Dienste) nicht bilanzierungsfähig sein können (Sethe 1998, S. 1046 f.) (→Ansatzgrundsätze). Ausstehende Vermögenseinlagen sind nicht nach § 272 Abs. 1 HGB als →ausstehende Einlagen auf das →Gezeichnete Kapital, sondern als gesonderter Posten aktivisch oder offen von den Kapitalanteilen abgesetzt auszuweisen. Eingeforderte Beträge sind kenntlich zu machen.

Verlustanteile sind gem. § 286 Abs. 2 Satz 2 AktG zwingend vom Kapitalanteil des Komplementärs zu kürzen, analog werden Gewinnanteile regelmäßig zugeschrieben. Soweit der kumulierte Verlust den Kapitalanteil eines Komplementärs übersteigt, ist dieser gesondert als „nicht durch Vermögenseinlagen gedeckter Verlustanteil persönlich haftender Gesellschafter" am Schluss der Bilanz aktivisch auszuweisen. Soweit laut Satzung eine Nachschusspflicht besteht, werden „Einzahlungsverpflichtungen persönlich haftender Gesellschafter" gesondert unter den →Forderungen bilanziert.

Komplementären und diesen nahe stehenden Personen gewährte Kredite, die das Volumen eines Monatsgehalts übersteigen (§ 89 AktG), sind bei dem entsprechenden Aktivposten gesondert zu vermerken (§ 286 Abs. 1 Satz 4 AktG).

Nach § 286 Abs. 3 AktG besteht ein Wahlrecht, auf den gesonderten Ausweis der auf die Kapitalanteile persönlich haftender Gesellschafter (Vermögenseinlage i. S. d. § 281 Abs. 2 AktG) entfallenden Ergebnisanteile zu verzichten. Diese Ergebnisanteile sind dann regelmäßig in die →sonstigen betrieblichen Aufwendungen und Erträge einzuordnen. Anderenfalls sollen diese nach dem Jahresüberschuss/-fehlbetrag (→Jahresergebnis) in einem gesonderten Posten in der →Gewinn- und Verlustrechnung (GuV) gezeigt werden (Lütt/Kersting 2004, Rn. 32 ff. zu § 286 AktG). Soweit ein gesonderter Ausweis unterbleibt, müssen die entsprechenden Beträge auch nicht in den Ausweis nach § 285 Satz 1 Nr. 9 HGB im →Anhang einbezogen werden.

Bei Prüfung der Steuern (→Steueraufwand) ist die hybride Struktur der KGaA zu beachten. Während die KGaA als KapGes der KSt und GewSt unterliegt, werden die Komplementäre wie Mitunternehmer besteuert. GewSt-lich erfolgt jedoch eine Hinzurechnung der Gewinnanteile zum Gewerbeertrag der KGaA (§ 8 Nr. 4 GewStG).

Literatur: Flick, H./Schulte, C.: Die KGaA ist ein Maßanzug für Mittelständler, in: FAZ 57 (2005) Nr. 296 vom 20.12.2005, S. 25; Hüffer, U.: Aktiengesetz, 6. Aufl., München 2004; IDW (Hrsg.): IDW Prüfungsstandard: Beziehungen zu nahe stehenden Personen im Rahmen der Abschlussprüfung (IDW PS 255, Stand: 1. Juli 2003), in: WPg 56 (2003), S. 1069–1072; IDW (Hrsg.): Kenntnisse über die Geschäftstätigkeit sowie das wirtschaftliche und rechtliche Umfeld des zu prüfenden Unternehmens im Rahmen der Abschlussprüfung (IDW PS 230, Stand: 8. Dezember 2005), in: WPg 53 (2000), S. 842–846 sowie WPg 59 (2006), S. 218; Koch, S.: Mitwirkungsrechte der Kommanditaktionäre bei der GmbH & Co. KGaA: Grenzen satzungsmäßiger Einschränkung, in: DB 55 (2002), S. 1701–1704; Lütt, H.-J./Kersting, S.: Kommentierung des § 286 AktG, in: Küting, K./Weber, C.-P. (Hrsg.): HdR-E, Loseblattausgabe, 5. Aufl., Stuttgart, Stand: 6. Erg.-Lfg. März 2004; Müller, W., in: Beck'sches Handbuch der AG, München 2004; Sethe, R.: Die Besonderheiten der Rechnungslegung bei der KGaA, in: DB 51 (1998), S. 1044–1048.

Dieter Schlereth; Klaus Tissen

Kommanditist →Kommanditgesellschaft

Kommunales Rechnungswesen

Warum wird geprüft? In der bundesstaatlich verfassten Demokratie der BRD wird den Gemeinden im Rahmen der Selbstverwaltung auch finanzielle Eigenverantwortung gewährleistet (Art. 28 Abs. 2 GG). Aus dieser Verantwortung entspringt zugleich die demokratische Verpflichtung, dass der Hauptverwaltungsbeamte (Bürgermeister, Oberbürgermeister, Gemeindedirektor, Landrat, Oberkreisdirektor etc.) als Leiter der Verwaltung einer Gemeinde oder eines Kreises den Repräsentanten der Einwohner (parlamentarisch organisiert in Gemeinderäten, Stadträten, Stadtverordnetenversammlungen etc.) Nachweis über die ihm übertragene kommunale Haushaltswirtschaft zu erbringen hat. Die Jahresrechnung als Ergebnis dieser Haushaltswirtschaft ist die Grundlage, auf der die parlamentarischen Organe über die Entlastung des Hauptverwaltungsbeamten entscheiden. Die entscheidende Aufgabe der Prüfung des kommunalen Rechnungswesens besteht demnach in der Unterstützung der parlamentarischen Organe im Entlastungsverfahren. Im Vergleich zur Bundes- und Länderebene (→Bundes- und Landeshaushaltsordnung), wo die Prüfungsergebnisse unmittelbar den gesetzgebenden Körperschaften zugeleitet werden, nehmen die Prüfungsergebnisse auf kommunaler Ebene noch immer den Umweg über den Hauptverwaltungsbeamten, bevor dieser dann die Ergebnisse an die Volksvertretung weiterleitet.

Wer prüft? Träger der örtlichen Prüfung ist zuvorderst dasjenige Gemeindeorgan, dem auch das Budgetrecht (→Budgetierung) zusteht, namentlich der Rat. Zur Unterstützung seiner Prüftätigkeit kann dieser einen Rechnungsprüfungsausschuss einrichten, der in einigen Ländern in der GO ausdrücklich erwähnt wird und dessen Bildung in einigen Ländern vorgeschrieben ist (bspw. § 57 Abs. 2 GO Nordrhein-Westfalen und § 48 Abs. 1 KSVG Saarland). Überschreitet die Gemeinde eine bestimmte Einwohnerzahl, so ist des Weiteren gem. den GO der meisten Bundesländer ein →Rechnungsprüfungsamt (RPA) einzurichten. Das RPA besitzt eine herausgehobene Stellung innerhalb der Gemeindeverwaltung, durch die überhaupt erst eine eigenständige und unabhängige Prüfung des gemeindlichen Finanzgebarens i. S. e. Eigenprüfung ermöglicht wird. Der Unabhängigkeit des Rechnungsprüfungsamts von Weisungen Dritter und der eigenständigen Wahrnehmung der sich unmittelbar aus dem Gesetz ergebenden Aufgaben wird in den Gemeindeverfassungen u. a. dadurch Rechnung getragen, dass besondere Verfahren bei der Bestellung und Abberufung der Amtsmitarbeiter vorgesehen sind. Darüber hinaus werden bestimmte (eheliche, verwandtschaftliche etc.) Bindungen zwischen dem Leiter des Rechnungsprüfungsamts und denjenigen, die mit dem Finanz- oder Kassenwesen betraut sind, ausgeschlossen. Ausnahmsweise besteht ein fachliches Weisungsrecht des →Rechnungshofs, sofern noch eine sog. Vorprüfung behördlich durchgeführt wird (→Bundes- und Landeshaushaltsordnung). Die überörtliche Prüfung (→hoheitliche Prüfung) ist bundesweit unterschiedlich organisiert. So wird diese Prüfungstätigkeit bspw. von eigenständigen Prüfungseinrichtungen (Baden-Württemberg: *Gemeindeprüfungsanstalt*, Bayern: *Kommunaler Prüfungsverband*, Niedersachsen: *Kommunalprüfungsamt*, Nordrhein-Westfalen: *Gemeindeprüfungsanstalt*) oder von dem Gemeindeprüfungsamt bei dem *Ministerium des Innern* (Saarland) wahrgenommen. Eine Besonderheit liegt in Hessen und Thüringen vor, wo unmittelbar dem Präsidenten des *Landesrechnungshofs* (→Rechnungshöfe) die überörtliche Prüfung übertragen worden ist. Nach § 5 ÜPKKG kann der Präsident des *Landesrechnungshofs* sodann öffentlich bestellte WP, WPGes (→Revisions- und Treuhandbetriebe) oder andere geeignete Dritte mit der Prüfungstätigkeit beauftragen (→Prüfungsauftrag und -vertrag). In der Mehrheit der Länder (Brandenburg, Mecklenburg-Vorpommern, Rheinland-Pfalz, Sachsen, Sachsen-Anhalt, Schleswig-Holstein) ist hingegen der *Landesrechnungshof* Träger der überörtlichen Prüfung. Diese die überörtliche Prüfung wahrnehmenden Prüfungsinstanzen werden ebenso wie die Rechnungsprüfungsämter unterstaatlich tätig, hingegen ist ihre Prüfungstätigkeit im Unterschied zu der der Rechnungsprüfungsämter keine Eigen-, sondern eine Fremdprüfung.

Was wird geprüft? Im Rahmen der örtlichen Prüfung (→hoheitliche Prüfung) sind den Rechnungsprüfungsämtern aller Länder bestimmte Pflichtprüfungen gesetzlich vorgeschrieben, daneben können ihnen Prüfungsangelegenheiten aufgrund besonderer Einzelentscheidungen der Gemeindevertretung oder des Hauptverwaltungsbeamten übertragen werden. In allen Gemeinden besteht aus dem Gesetz heraus die Pflicht zur Prüfung der Jahresrechnung. Weiterhin besteht in den meisten Ländern ebenfalls die Pflicht, die Gemeindekassen laufend zu prüfen bzw. dauernd zu überwachen. In Rheinland-Pfalz *kann* diese Aufgabe dem RPA übertragen werden (§ 112 Abs. 2 GO Rheinland-Pfalz). Gem. der GO von Bayern und Thüringen besteht bemerkenswerterweise weder die Pflicht zur Prüfung noch ist die örtliche Kassenprüfung als übertragbarer Prüfungsbereich benannt, hier obliegt die örtliche Kassenprüfung dem (ersten) Bürgermeister (Art. 103 Abs. 5 GO Bayern bzw. § 82 Abs. 3 GO Thüringen). In Nordrhein-Westfalen und in Brandenburg besteht die Besonderheit, dass bei Entscheidungen und Verwaltungsvorgängen aus delegierten Sozialhilfeausgaben eine Prüfungspflicht besteht (§ 101 Abs. 1 Nordrhein-Westfalen bzw. 114 Abs. 1 Brandenburg). Teilweise als Pflicht-, teilweise als übertragbare Prüfungsaufgabe werden durch die GO in der Mehrheit der Länder weiter benannt: die Prüfung der Verwaltung, der Programme bei Automation im Bereich der Haushaltswirtschaft, Prüfung von Vergaben, Prüfung von Eigenbetrieben und Sondervermögen, Prüfung der Vorräte und →Vermögensgegenstände. So unterschiedlich die Träger der überörtlichen Prüfung (s. oben), so unterschiedlich sind auch die gesetzlichen Grundlagen (Schleswig-Holstein: Kommunalprüfungsgesetz, Thüringer Prüfungs- und Beratungsgesetz, Gemeindeprüfungsanstaltsgesetz Baden-Württemberg/Nordrhein-Westfalen, Gesetz über den Bayerischen Kommunalen Prüfungsverband, ÜPKKG, NKPG etc.), in denen der Prüfungsgegenstand der überörtlichen Prüfung bestimmt wird. Durchweg aber kann festgestellt werden, dass diese Prüfungsinstanzen ihre Tätigkeit weit über die traditionelle Prüfung der Rechnung hinaus auf die Kontrolle der gesamten Haushalts- und Wirtschaftsführung der Verwaltung einschl. der kommunalen Unternehmen erweitert haben.

Wie wird geprüft? Im Rahmen der örtlichen Prüfung muss in allen Ländern die Rechnung daraufhin überprüft werden, ob der Haushaltsplan (→Kämmereien) eingehalten wurde, die einzelnen Beträge rechnerisch und vorschriftsmäßig begründet und belegt sind und ob bei Einnahmen und Ausgaben nach den geltenden Vorschriften verfahren wurde. Über diese Maßstäbe der Rechtmäßigkeit und Ordnungsmäßigkeit hinaus ist der Maßstab der Wirtschaftlichkeit (→Wirtschaftlichkeits- und Zweckmäßigkeitsprüfung) in den meisten Ländern zumindest als übertragbarer, wenn nicht als pflichtiger Maßstab bei der Prüfung der Verwaltung benannt (→Ordnungsprüfung). Weiterhin werden diese traditionellen Maßstäbe zunehmend um solche ergänzt, die einen Weg weg von der nachgängigen Beanstandung hin zu einer permanenten Beratung der kommunalen Haushalts- und Wirtschaftsführung durch die Rechnungsprüfungsämter ebnen. So wird in Mecklenburg-Vorpommern, Bayern und Thüringen bereits die Zweckmäßigkeit als verpflichtender Prüfungsmaßstab angeführt bzw. hier muss die Verwaltungstätigkeit auf Wirksamkeit geprüft werden. Im Vergleich zur örtlichen entwickelt sich die überörtliche Prüfung seit längerem dahin, solche Effektivitätsmaßstäbe der Prüftätigkeit selbstverständlich zugrunde zu legen, anhand derer neben der Ordnungsmäßigkeit und Wirtschaftlichkeit geprüft wird, ob und in welchem Ausmaß die politisch bestimmten Ziele auch wirksam erfüllt wurden. Diese Prüfungsmaßstäbe sind die Grundlage für eine zunehmende Beratungstätigkeit, die über die klassische Prüfung der Rechnung hinausführt.

Literatur: Dettmar, H./Prophete, W./Wegmeyer, K.: Kommunales Haushalts- und Kassenwesen, 3. Aufl., Bad Homburg vor der Höhe 1995; Fiebig, H.: Kommunale Rechnungsprüfung. Grundlagen – Aufgaben – Organisation, 3.Aufl., Berlin 2003.

Lothar Streitferdt; Anne Müller-Osten

Komplementär →Kommanditgesellschaft

Konfliktmanagement in der Revision

Unter Konflikt [(confligere, (lateinisch) = Zusammenstoß)] versteht man ein Zusammentreffen von gegensätzlichen Interessen, die nicht gleichrangig befriedigt werden können.

In der Revision (etwa →Interne Revision) lassen sich Ziel-, Mittel-Wege-, Verteilungs-, Rollen- und soziale Konflikte unterscheiden. Beim Zielkonflikt stimmen die Ziele der Revisionsprüfung nicht mit den Wertevorstellungen der Beteiligten überein, während beim Mittel-Wege-Konflikt das Revisionsziel zwar klar ist, aber die Wege zur Zielerreichung unterschiedlich bewertet werden. Geht es bei der Revisionsprüfung um einen Streit über die bei der Prüfung zur Verfügung stehenden Mittel, handelt es sich um einen Verteilungskonflikt. Muss ein Mitarbeiter zwei entgegengesetzte Rollenerwartungen erfüllen, spricht man vom Rollenkonflikt. Ein sozialer Konflikt liegt vor, wenn eine Spannungssituation zwischen zwei oder mehr Parteien besteht, die durch das Umfeld voneinander abhängig sind und die jeweils mit Nachdruck versuchen, scheinbar oder tatsächlich unvereinbare Handlungsweisen durchzusetzen und die Gegnerschaft zum anderen erkennen.

Nicht immer sind die Konfliktsignale eindeutig zu erkennen. Während bei einem heißen Konflikt sich die Parteien offensichtlich für ihre eigenen Ziele erhitzen und die Gegenpartei überzeugen wollen, äußern sich die sog. kalten Konflikte durch eine Reihe von Verhaltensweisen, die in der Vorstufe auf Konflikte hinweisen können: Die Parteien haben jeden Glauben an konstruktive Ziele verloren, sie dämpfen gegenseitig die Begeisterung, blockieren, hindern und bremsen. Nachdem eine Entscheidung über die Bewertung einer Revisionsprüfung gefällt wurde, äußert sich der Mitarbeiter in der Besprechung nicht mehr oder fängt an, über Kleinigkeiten zu nörgeln. Dies kann soweit führen, dass Mitarbeiter versuchen, sich abzuschotten und möglichst wenig Kontakte mit bestimmten Personen zu haben.

Dieses Fluchtverhalten ist ein typischer Weg der Konfliktlösung, der für alle Beteiligten unbefriedigend bleibt. Der Konflikt wirkt unterschwellig weiter und bleibt ungelöst. Auch der Versuch, die andere Konfliktpartei zu vernichten oder sich unterzuordnen, ist keine Problemlösung. Weitere Grundmuster der Konfliktbewältigung bestehen in der Delegation der Konfliktentscheidung an eine höhere Instanz, sowie dem Versuch, einen Kompromiss oder einen Konsens zu erreichen.

Wie ein Konflikt angesprochen wird, entscheidet oft darüber, wie ein Konflikt verläuft und welche Folgen er hat. Versuchen Sie eine Verlierer-Verlierer-Strategie zu vermeiden, indem Sie sich nicht auf faule Kompromisse einlassen oder sich auf bestehende Vorschriften berufen, sodass sich keiner mit seinen Vorstellungen auch nur annäherungsweise durchsetzen kann. Das Ausüben von Macht zum Durchsetzen eigener Vorstellungen hingegen und das offene oder versteckte Androhen von negativen Konsequenzen führt zu einer Sieger-Verlierer-Lösung. Vorteilhafter ist ein Vorgehen, bei dem ein offener Austausch von Fakten, Meinungen und Gefühlen gegeben ist und bei dem die gemeinsame Konfliktlösung im Vordergrund steht – die sog. Gewinner-Gewinner-Strategie.

Dazu sollten Sie einen Konflikt immer direkt ansprechen. Sagen Sie klar und deutlich, worüber Sie sprechen wollen und worin Sie die Störung sehen. Verzichten Sie auf Sätze in der Man-Form, wie: „Man sollte …", „Man müsste …" oder „Es geht nicht, dass …". Benutzen Sie eher Sätze in der Ich-Form, z. B.: „Ich meine …", „Mich stört …", „Mir erscheint problematisch".

Beziehen Sie sich auf beobachtbare Verhaltensweisen und geäußerte Meinungen. Verzichten Sie auf Verallgemeinerungen, wie: „Sie liefern nie die richtige Information …", „Sie arbeiten unzuverlässig…", „Ihre Prüfung ist immer die langsamste". Verzichten Sie auf Vorwürfe, Beleidigungen und Demütigungen, wie: „Sie haben ja überhaupt nicht verstanden, worum es bei … geht." „Sie sind eben nicht mehr auf dem neuesten Stand." Ein Gespräch sollte so geführt werden, dass wir zum einen eine Lösung des Problems erreichen und auch im Anschluss an das Gespräch mit dem Konfliktpartner weiter zusammenarbeiten können. Im Unterschied zum Schaffen vorschneller Alternativ-Lösungen, die sich gegenseitig ausschließen, legt die Gewinner-Gewinner-Strategie Wert darauf, dass alle Beteiligten nach einer Lösung streben, die alle akzeptieren können.

Hierfür hat sich in der Praxis die Konfliktlösung nach dem *Harvard*-Konzept bewährt:

- Erkennen und Darstellen der Probleme,
- Diskussion aller Interessen, die hinter dem Problem stecken,
- Erarbeiten von Optionen, die den Interessen entgegenkommen,
- Aufstellen von objektiven Standards,
- Bewerten der Optionen anhand des Standards,
- Entwickeln von Lösungen und Festlegung in schriftlicher Form.

Leitfragen zur Konfliktlösung könnten dabei sein:

1) Welches Problem haben die Beteiligten? – Wie lautet das eigentliche Problem hinter dem Problem?
2) Welche Parteien entscheiden den Konflikt und wer gehört zu diesen Parteien? – Kraftfeldanalyse.
3) Was wurde bisher unternommen, um den Konflikt zu lösen? – Welche Hindernisse gab es und warum wurden diese nicht beseitigt?
4) Welche Alternativen gibt es, die allen Interessen gerecht werden? – Durch was kann schnell eine langfristige Lösung herbeigeführt werden?

Bei festgefahrenen Situationen empfiehlt es sich, einige Unterbrechungsmethoden einzusetzen, wie z. B. Pausen einzulegen, die Situation durch Humor aufzulockern, die Sitzordnung zu wechseln oder einen Spaziergang zu machen. Hilfreich ist auch, das Problem umzuformulieren, sodass das Augenmerk auf die Lösung gerichtet wird und Brainstorming zu nutzen, um Alternativen zu entwickeln.

Christian Zielke

Konkrete Maßgeblichkeit →Maßgeblichkeit bei Umwandlungen; →Maßgeblichkeitsprinzip

Konkurrenzschutzklausel →Wettbewerbsverbot der Unternehmensleitung

Konkurrenzverbot der Unternehmensleitung →Wettbewerbsverbot der Unternehmensleitung

Konsolidierungsformen

Unter Konsolidierung versteht man die Eliminierung innerkonzernlicher Verflechtungen im Rahmen der Konzernabschlusserstellung entsprechend der Einheitstheorie (→Interessen- und Einheitstheorie). Nach dem Grad der Einflussmöglichkeit auf andere rechtlich selbstständige Einheiten unterscheidet man:

- *Tochterunternehmen*: sie werden vollkonsolidiert (IAS 27; §§ 300–309 HGB; DRS 4),
- *Gemeinschaftsunternehmen*: sie werden entsprechend der Beteiligungsquote konsolidiert (Quotenkonsolidierung) oder die Beteiligung wird proportional dem Anteil am →Eigenkapital des Beteiligungsunterneh-

Konsolidierungsformen

mens (at Equity) ausgewiesen (IAS 31; § 310 HGB; DRS 9),

- *assoziierte Unternehmen*: hier wird die Beteiligung at Equity bewertet (IAS 28; §§ 311, 312 HGB; DRS 8).

Nach der Art der innerkonzernlichen Verflechtung, welche durch die Konsolidierung eliminiert werden soll, unterscheidet man:

- *die Kapitalkonsolidierung* durch Aufrechnung des Beteiligungswertes der Muttergesellschaft mit dem anteiligen Eigenkapital des Tochterunternehmens,
- *die Schuldenkonsolidierung* durch Aufrechnung von →Forderungen und Verpflichtungen aus innerkonzernlichen Schuldverhältnissen und
- *die Zwischenerfolgseliminierung* bzw. *Aufwands-/Ertragskonsolidierung* zur Neutralisierung von Ergebniseffekten aus innerkonzernlichen Lieferungen und Leistungen in den Abschlüssen der einbezogenen Unternehmen.

Da es durch Konsolidierungsmaßnahmen zu Unterschieden gegenüber der Steuerbilanz kommen kann, sind regelmäßig latente Steuerabgrenzungen notwendig (→latente Steuern).

Kapitalkonsolidierung: Durch die Aufrechnung des Beteiligungswertes des Mutterunternehmens mit den darauf entfallenden Anteilen am Eigenkapital der einbezogenen Unternehmen wird ermöglicht, im Konzernabschluss die Vermögenswerte (→Vermögensgegenstand), →Schulden und bedingten Verpflichtungen des Tochterunternehmens sowie den →Geschäfts- oder Firmenwert aus dem Unternehmenserwerb auszuweisen. Man unterscheidet die Pooling-of-Interest-Methode und die Erwerbsmethode, wobei Letztere in den Formen der Buchwertmethode und der Neubewertungsmethode denkbar ist.

Die *Pooling-of-Interest-Methode* (§ 302 HGB) geht von einem Zusammenschluss unter Gleichen aus und bezieht in die Aufrechnung lediglich das →Gezeichnete Kapital ein. Es werden weder →stille Reserven und Lasten aufgedeckt noch ein Goodwill bzw. Badwill ausgewiesen; evtl. Unterschiedsbeträge werden gegen das Eigenkapital verrechnet.

Nach der *Erwerbsmethode* (§ 301 HGB; IFRS 3.14) ist bei der Business Combination ein Erwerber und ein Erworbener zu identifizieren. Bei den vom Erworbenen akquirierten Vermögenswerten, Schulden und bedingten Verpflichtungen sind die stillen Reserven und stillen Lasten aufzudecken. Ein evtl. entstehender Goodwill ist als →Asset zu aktivieren.

Die *Buchwertmethode* berechnet zunächst einen vorläufigen Unterschiedsbetrag zwischen dem Buchwert der Beteiligung und dem Buchwert des anteiligen Eigenkapitals. Die stillen Reserven und Lasten werden beteiligungsproportional aufgelöst; der verbleibende Restbetrag stellt den Goodwill bzw. negativen Unterschiedsbetrag aus der Kapitalkonsolidierung dar.

Die *Neubewertungsmethode* löst die stillen Reserven bzw. stillen Lasten zu 100% auf und weist die Differenz zwischen Beteiligungswert und anteiligem Eigenkapital aus dem Fair Value-Status (Neubewertungsbilanz) als Goodwill bzw. negativen Unterschiedsbetrag aus.

Nach IFRS 3.14 ff. ist ausschließlich die Neubewertungsmethode als Ausprägung der Erwerbsmethode zulässig. Hier sind folgende Besonderheiten zu beachten:

- es ist ein Erwerber und ein Erworbener zu identifizieren,
- es ist der Kaufpreis einschl. bedingter Kaufpreisbestandteile zu bestimmen (sie sind zu berücksichtigen, wenn sie gleichermaßen wahrscheinlich und zuverlässig schätzbar sind),
- es sind alle identifizierbaren materiellen und immateriellen Vermögenswerte (→immaterielle Vermögensgegenstände), Schulden und bedingten Verpflichtungen mit ihrem →Fair Value gesondert vom Goodwill anzusetzen,
- der Kaufpreis wird auf die identifizierbaren Vermögenswerte, Schulden und bedingten Verpflichtungen entsprechend deren Fair Values verteilt (Kaufpreisallokation).
- ein Goodwill ist gesondert als immaterieller Asset mit nicht bestimmbarer →Nutzungsdauer anzusetzen, er ist nach dem Impairment Only Approach nicht planmäßig abzuschreiben; ein negativer Unterschiedsbetrag ist nach Überprüfung der Kaufpreishöhe und der Fair Values erfolgswirksam in die →Gewinn- und Verlustrechnung (GuV) umzubuchen.
- Restrukturierungsrückstellungen sind nur ansatzfähig, wenn beim Vorbesitzer bereits eine Liability bestanden hat.

- Der Goodwill ist, ebenso wie alle erworbenen identifizierbaren Vermögenswerte, Schulden und bedingten Verpflichtungen auf →Cash Generating Units zu verteilen und auf dieser Ebene jährlich sowie beim Auftreten von wertbeeinflussenden Ereignissen (Triggering Events) einem →Impairmenttest zu unterziehen.

Beim →*International Accounting Standards Board (IASB)* wird die Überarbeitung der Konsolidierungsvorschriften vorbereitet (Business Combination Phase II), wobei der volle →Unternehmenswert aktiviert und die Anteile der Minderheitengesellschafter am gesamten Goodwill ausgewiesen werden sollen. Ferner sollen Änderungen der Eigentümerstruktur (Beteiligungsquote) erfolgsneutral als Eigenkapitaltransaktionen behandelt werden.

Schuldenkonsolidierung (§ 303 HGB): Durch die Aufrechnung von konzerninternen Schuldverhältnissen werden Forderungen, →Verbindlichkeiten, Ausleihungen, →Rückstellungen, geleistete und erhaltene →Anzahlungen sowie ggf. →Rechnungsabgrenzungsposten (RAP) saldiert:

- Unechte Aufrechnungsdifferenzen entstehen durch Buchungsfehler oder zeitliche Inkongruenzen; sie sind erfolgsneutral zu eliminieren.
- Echte Aufrechnungsdifferenzen entstehen aufgrund von Ansatz- und Bewertungsvorschriften (→Ansatzgrundsätze; →Bewertungsgrundsätze), z. B.:
  - Ansatz von Verbindlichkeiten zum Rückzahlungsbetrag, Ansatz von Forderungen zum Niederstwert,
  - Abwertung von Forderungen auf den wahrscheinlichen Wert, keine Abwertung von Verbindlichkeiten,
  - unterschiedliche Umrechnungskurse bei Valutaforderungen und -verbindlichkeiten,
  - Passivierungspflicht von Gewährleistungsrückstellungen, Aktivierungsverbot schwebender Gewährleistungsansprüche etc.

Sie sind erfolgswirksam zu eliminieren.

Zwischenerfolgseliminierung (§ 304 HGB): Sie korrigiert die Bewertung in der Konzernbilanz gegenüber den Angaben in den Handelsbilanz-II-Abschlüssen (Handelsbilanz II) von Beständen, welche aus konzerninternen Lieferungen und Leistungen stammen, um die darin enthaltenen Erfolge, die aus Konzernsicht noch nicht realisiert sind.

Aufwands- und Ertragskonsolidierung (§ 305 HGB): Durch Aufrechnung konzerninterner →Aufwendungen und Erträge werden im Konzernabschluss nur die Lieferungs- und Leistungsbeziehungen abgebildet, die mit Dritten stattfinden (Konzern-Realisationsprinzip). Hierzu sind

- Bestände, die am Bilanzstichtag beim Empfänger liegen, um den Zwischenerfolg des Lieferers zu korrigieren,
- der Umsatz des Lieferers und der Materialeinsatz des Empfängers aufzurechnen,
- statt eines Umsatzes eine Bestandserhöhung bzw. eine andere aktivierte Eigenleistung zu aktivieren sowie
- bei Lieferungen ins →Anlagevermögen des Empfängers zusätzlich die Abschreibungen (→Abschreibungen, bilanzielle) auf den Betrag zu korrigieren, der sich auf die Konzern-AHK (→Anschaffungskosten; →Herstellungskosten, bilanzielle) bezieht.

Literatur: Baetge, J.: Konzernbilanzen, 7. Aufl., Düsseldorf 2004; Busse von Colbe, W./Ordelheide, D.: Konzernabschlüsse, 7. Aufl., Wiesbaden 2003; Küting, K./Weber, C.: Der Konzernabschluss nach neuem Recht, 9. Aufl., Stuttgart 2005.

Reinhard Heyd

Konsolidierungskreis

Der Konsolidierungskreis umfasst sämtliche – unmittelbaren und mittelbaren – Tochterunternehmen, die in den Konzernabschluss im Wege der Vollkonsolidierung einbezogen werden, soweit bezüglich deren Einbeziehung keine Verbote oder Einbeziehungswahlrechte bestehen (Konsolidierungskreis i.e.S.). Erweitert um Gemeinschaftsunternehmen und assoziierte Unternehmen ergibt sich der Konsolidierungskreis i.w.S. Die Prüfung des Konsolidierungskreises ist Bestandteil der →Konzernabschlussprüfung. Sie umfasst zum einen die Ordnungsmäßigkeit der Abgrenzung des Konsolidierungskreises und zum anderen die ergänzenden Angaben nach den jeweils angewandten Rechnungslegungsgrundsätzen im →Konzernanhang (→Ordnungsmäßigkeitsprüfung). Kenntnisse über den Konsolidierungskreis sowie deren Beurteilung sind in sämtlichen Phasen der Konzernabschlussprüfung notwendig. Die Beurteilung des Konzernabschlussprüfers bezüglich der Ordnungsmäßigkeit der Abgrenzung des Konsolidierungskreises basiert auf den während der →Prüfungsplanung und der Prüfungsdurchführung (→Auftragsdurchführung) gewonnenen Erkenntnissen.

Im Rahmen der Prüfungsplanung hat der Konzern-APr auf der Basis seiner Wesentlichkeits- und Risikoeinschätzungen, seines Verständnisses des rechnungslegungsbezogenen →Internen Kontrollsystems (→Internes Kontrollsystem, Prüfung des; →Systemprüfung) sowie seiner Kenntnisse über die Geschäftstätigkeit sowie das rechtliche und →wirtschaftliche Umfeld des Unternehmens die Konzernabschlussprüfung in sachlicher, zeitlicher und personeller Hinsicht zu planen (→risikoorientierter Prüfungsansatz).

In sachlicher Hinsicht sind im Hinblick auf die Beurteilung der Ordnungsmäßigkeit der Abgrenzung des Konsolidierungskreises insb. die Komplexität des Konzerns (→Konzernarten), die angewandten Rechnungslegungsgrundsätze, sachverhaltsgestaltende Maßnahmen, Abgrenzungsfragen bzgl. bestehender Einbeziehungsverbote und Wahlrechte (→bilanzpolitische Gestaltungsspielräume nach HGB; →bilanzpolitische Gestaltungsspielräume nach IFRS; →bilanzpolitische Gestaltungsspielräume nach US GAAP) sowie die Anzahl und die Häufigkeit von Veränderungen im Konsolidierungskreis zu berücksichtigen. Darüber hinaus sind zur Festlegung einer →Prüfungsstrategie auch das →Kontrollumfeld sowie etwaige Kontrollmaßnahmen und -verfahren zu berücksichtigen.

Wesentliche Informationsquellen, aus denen der Konzern-APr Informationen über den Konsolidierungskreis sowie dessen Veränderungen erlangen kann, sind Kenntnisse aus den Vorjahresprüfungen, Gespräche mit dem Management und den Aufsichtsgremien des zu prüfenden Unternehmens, Presseberichte, Konzernschaubilder, Einsichtnahme in →Zwischenabschlüsse sowie Aufstellungen über →Beziehungen zu nahestehenden Personen.

Bei →Erstprüfungen sind darüber hinaus die speziellen Grundsätze für derartige Prüfungen zu beachten.

Bei Folgeaufträgen richten sich die Prüfungshandlungen (→Auswahl von Prüfungshandlungen) schwerpunktmäßig auf die Veränderungen im Konsolidierungskreis im Vergleich zum Vorjahresabschluss. Deshalb müssen geeignete Maßnahmen getroffen werden, um wesentliche Veränderungen gegenüber der vorhergehenden Konzernabschlussprüfung erkennen zu können. Veränderungen können sich aus dem Erwerb von Anteilen an Gesellschaften, Neugründungen (→Unternehmensgründung), (geplanten) Veräußerungen sowie Restrukturierungen ergeben. Bezüglich der Verwendung von Prüfungsergebnissen anderer →Abschlussprüfer (APr) (→Ergebnisse Dritter) sind jedoch auch Veränderungen im Hinblick auf den Umfang der Geschäftstätigkeit oder hinsichtlich der Risikoeinschätzungen von Relevanz.

Es sind theoretisch automatisierte und standardisierte Verfahren zur Abgrenzung des Konsolidierungskreises beim Mutterunternehmen denkbar, die eine Aufbauprüfung (→Aufbauorganisation) und →Funktionsprüfung der Kontrollen (→Systemprüfung; →Kontrollprüfung) durch den APr ermöglichen würden. In der Praxis werden jedoch durch den Mandanten i.d.R. Einzelfallentscheidungen getroffen. Hieraus ergibt sich, dass die Prüfung der Abgrenzung des Konsolidierungskreises im Wesentlichen durch aussagebezogene →Einzelfallprüfungen (→ergebnisorientierte Prüfungshandlungen) erfolgt.

In zeitlicher Hinsicht ist hauptsächlich zu berücksichtigen, dass der Konzern-APr die gesamte Konzernabschlussprüfung zu koordinieren hat und sich somit bereits in einem frühen Stadium der Prüfung ein (vorläufiges) Urteil über die Ordnungsmäßigkeit der Abgrenzung des Konsolidierungskreises bilden muss. Nur dann kann sichergestellt werden, dass – unter Berücksichtigung von Wesentlichkeitsgesichtspunkten (→Wesentlichkeit) – sämtliche Abschlüsse der einbezogenen Tochterunternehmen, Gemeinschaftsunternehmen und assoziierten Unternehmen nach den Grundsätzen für Konzernabschlussprüfungen (→Grundsätze ordnungsmäßiger Abschlussprüfung) geprüft werden und eine hinreichende Berichterstattung über diese Prüfungen an den Konzernabschlussprüfer erfolgt.

Die Planung der Prüfung der Abgrenzung des Konsolidierungskreises in personeller Hinsicht ist insb. von der Komplexität des Konzerns abhängig. Insbesondere bei Konzernabschlüssen, die nach internationalen Rechnungslegungsgrundsätzen [→ International Financial Reporting Standards (IFRS) oder → United States Generally Accepted Accounting Principles (US GAAP)] aufgestellt werden, kann es notwendig erscheinen, Mitarbeiter mit Spezialkenntnissen einzusetzen. Spezialkenntnisse werden z. B. notwendig sein, falls Grenzfälle der Einbeziehungspflicht von „Special Purpose Entities" in einen IFRS-Konzernabschluss oder von „Variable Interest Entities" in einen US GAAP-Konzernabschluss zu beurteilen sind.

Bezüglich der Angaben im Konzernanhang ist – unter Berücksichtigung der dem Konzernabschluss zugrunde liegenden Rechnungslegungsstandards – insb. die Vollständigkeit sowie die sachliche Richtigkeit der Angaben zu prüfen. Den Schwerpunkt bilden insb. diejenigen Angaben, die es ermöglichen sollen, dass Konzernabschlüsse aufeinander folgender Jahre miteinander vergleichbar werden (z. B. § 294 Abs. 2 HGB) (→ Stetigkeit).

Torsten Schwarz

Konsolidierungsprüfung

Die Prüfung der Konsolidierung ist Bestandteil der → Konzernabschlussprüfung. Sie umfasst die Prüfung der Konsolidierungsgrundsätze und des Vollständigkeitsgebots (→ Grundsätze ordnungsmäßiger Rechnungslegung), der Maßnahmen zur einheitlichen Bewertung (→ Handelsbilanz II), der Umrechnung von Abschlüssen in fremder Währung (→ Währungsumrechnung), der Konsolidierungsmaßnahmen i.e.S. (→ Konsolidierungsformen), sowie die anteilsmäßige Konsolidierung und die Einbeziehung von assoziierten Unternehmen in den Konzernabschluss (→ Konsolidierungskreis).

Die Prüfung ist vorwiegend als Prüfung der Ordnungsmäßigkeit der getroffenen Konsolidierungsmaßnahmen auszulegen, d. h. es ist zu prüfen, ob die angewandten Konsolidierungsmaßnahmen den gesetzlichen Vorschriften entsprechen und somit deren Ordnungsmäßigkeit gegeben ist (→ Ordnungsmäßigkeitsprüfung). Zum Umfang der Prüfung gehört es auch festzustellen, ob die Konsolidierungsbuchungen zutreffend fortgeführt wurden.

Während der → Prüfungsplanung hat der Konzern-APr seine Prüfungshandlungen nach Art und Umfang so festzulegen (→ Auswahl von Prüfungshandlungen), dass er mit hinreichender Sicherheit zu dem Urteil gelangen kann, dass der Konzernabschluss keine wesentlichen falschen Aussagen enthält. Nach den allgemeinen Grundsätzen hat er dazu unter Berücksichtigung seiner Wesentlichkeits- und Risikoeinschätzung in angemessenem Umfang sowohl → Systemprüfungen als auch aussagebezogene Prüfungshandlungen (→ ergebnisorientierte Prüfungshandlungen) zu planen (→ risikoorientierter Prüfungsansatz). In der Praxis wird die Gewichtung zwischen Systemprüfungen und aussagebezogenen Prüfungshandlungen von der Komplexität des Konzerns (→ Konzernarten) abhängen. Bei mittelständischen Konzernen mit einer überschaubaren Anzahl eliminierungspflichtiger, konzerninterner Transaktionen werden eher aussagebezogene Prüfungshandlungen im Vordergrund stehen, während mit zunehmender Komplexität des zu prüfenden Konzerns Systemprüfungen an Bedeutung gewinnen. Daneben ist in diesem Zusammenhang auch der Einfluss der IT auf die Konsolidierung zu berücksichtigen (→ IT-Systemprüfung).

Im Einzelnen sind insb. folgende Prüfungshandlungen zu planen und durchzuführen [ISA 600 (revised).24 f.]:

- Prüfung der Datenübernahme der Tochterunternehmen durch Abstimmung der verwendeten Daten mit den Daten, die der → Abschlussprüfer (APr) des Tochterunternehmens bestätigt hat (→ Abstimmprüfung; → Verprobung),

- Prüfung der Angemessenheit der Maßnahmen zur Einheitlichkeit der Bilanzierung und Bewertung (→ Handelsbilanz II),

- Soweit Tochterunternehmen mit vom Konzernabschlussstichtag abweichenden Stichtagen einbezogen werden, hat der Konzern-APr zu prüfen, ob dies nach den anzuwendenden Rechnungslegungsgrundsätzen zulässig ist. Zudem hat er zu prüfen, ob zwischen dem Stichtag des einbezogenen Unternehmens und dem Konzernabschlussstichtag wesentliche Transaktionen stattgefunden haben, die im Konzernabschluss berücksichtigt werden müssen,

- Prüfung der Angemessenheit und der Vollständigkeit der Konsolidierungsbuchungen sowie der Richtigkeit der Ermittlungen,

- Prüfung, inwieweit die Konsolidierungsbuchungen die zugrunde liegenden Sachverhalte und Transaktionen angemessen widerspiegeln,

- Prüfung, inwieweit die wesentlichen Konsolidierungsbuchungen zutreffend verbucht, ordnungsgemäß durch das Management autorisiert und angemessen dokumentiert wurden und
- Prüfung der Abstimmung sowie der Eliminierung konzerninterner →Aufwendungen und Erträge, unrealisierter Zwischenergebnisse sowie konzerninterner →Schulden und →Erträge (→Konsolidierungsformen).

Die Prüfungshandlungen zur Einheitlichkeit der Bilanzierung und Bewertung sowie zur Einbeziehung von Tochterunternehmen mit vom Konzernabschlussstichtag abweichenden Stichtagen können statt vom Konzern-APr auch durch die Prüfer der Tochterunternehmen durchgeführt werden. In diesem Falle lässt sich der Konzern-APr die Ordnungsmäßigkeit der Anpassungen durch den anderen Prüfer bestätigen (→Bestätigungen Dritter).

Soweit aussagebezogene Prüfungshandlungen durchgeführt werden sollen, können diese auch in der Konzernabschlussprüfung sowohl als →analytische Prüfungshandlungen als auch als →Einzelfallprüfungen oder als Kombination beider Verfahren durchgeführt werden. Analytische Prüfungshandlungen bieten sich immer dann an, falls mit hinreichender Sicherheit Erwartungswerte gebildet werden können. Dies trifft z. B. für die Schuldenkonsolidierung zu, da hier aus den →Arbeitspapieren des Abschlussprüfers zur Prüfung des Jahres- bzw. →Einzelabschlusses des Mutterunternehmens sowie aus den Reporting-Dokumenten der APr der einbezogenen Tochterunternehmen die verbleibenden →Forderungen und →Verbindlichkeiten gegenüber nicht konsolidierten →verbundenen Unternehmen bekannt sein sollten. Aus diesen Werten kann sich der Konzern-APr für diese Positionen Erwartungswerte bilden, prüft er dann zudem die Angemessenheit der Behandlung von aufgetretenen Differenzen im Rahmen der Schuldenkonsolidierung, bringt das zusätzliche Nachvollziehen der Eliminierung einzelner Transaktionen keine weitere Prüfungssicherheit. Vergleichbare Überlegungen können in der Praxis auch hinsichtlich der Prüfung der Kapitalkonsolidierung angestellt werden, indem die Prüfung hauptsächlich durch Erwartungswertbildung hinsichtlich der verbleibenden →Finanzanlagen und des Konzerneigenkapitals – einschließlich des Konzerneigenkapitalspiegels (→Eigenkapitalveränderung) – erfolgt.

Torsten Schwarz

Konsortien →Unternehmenszusammenschlüsse

Kontenplan →Kontenrahmen, Wahl des

Kontenrahmen, Wahl des

Aus *betriebswirtschaftlicher* Sicht stellt ein *Kontenrahmen* ein Ordnungsinstrument für die in einem Unternehmen benötigten Konten dar. Durch einen Kontenrahmen werden einzelne Konten zu logischen bzw. inhaltlichen Gruppen zusammengefasst, sodass sich für alle Konten eine Baumstruktur ergibt, die die Zugehörigkeiten der Konten zu den jeweils übergeordneten Merkmalen aufzeigt.

Kontenrahmen folgen üblicherweise einer dekadischen Nummerierung. Bei einer vierstelligen Kontonummer eines bebuchbaren Kontos wird dieses mit anderen Einzelkonten zu einer dreistelligen Kontenuntergruppe zusammengefasst, welche wiederum mit anderen Kontenuntergruppen zu einer zweistelligen Kontengruppe zusammengeführt wird. Auf der obersten Ebene folgt die einstellige Kontenklasse. Damit ergibt sich das folgte Schema:

X . . . . Kontenklasse

X X . . . . Kontengruppe

X X X . . . . Kontenuntergruppe

X X X X . . . . . . Konto

Gebucht werden kann ausschließlich auf den Konten, alle darüber liegenden Ebenen ergeben sich ausschließlich durch additive (ggf. auch subtraktive) Zusammenfassungen.

Aus dem Kontenrahmen wird der unternehmensindividuelle *Kontenplan* (in der Praxis gelegentlich ebenfalls als „Kontenrahmen" bezeichnet) entwickelt. Obwohl auch in einem Kontenrahmen Vorschläge für einzelne Konten enthalten sein können, ist es trotzdem notwendig, je nach Art und Umfang der getätigten Geschäfte den Kontenrahmen um entsprechende spezifische Konten zu ergänzen. Sofern Konten nicht benötigt werden, bleiben die entsprechenden Konten (-gruppen) frei, um die Übersichtlichkeit zu erhöhen und dadurch Fehlbuchungen zu vermeiden. Der Kontenplan bildet die Grundlage für die tägliche Buchhaltung.

Entwickelt werden Kontenrahmen meistens durch Organisationen der Wirtschaft, selten durch Gesetzgeber oder anderen formale Institutionen. Um die unten genannten Vorteile eines Kontenrahmens zu erreichen, ist es sinnvoll, in der gesamten Wirtschaft mit möglichst wenigen Kontenrahmen zu arbeiten. Derzeit hat sich weitgehend der *IKR* vom *BDI* durchgesetzt. Dieser folgt dem sog. Abschlussgliederungsprinzip, d. h. dass sich die Systematik des Rahmens an der →Gliederung der Bilanz und der →Gliederung der Gewinn- und Verlustrechnung (GuV) orientiert, und trennt durch das Zweikreissystem die eigentliche Finanzbuchhaltung von der Betriebsbuchhaltung:

- Klasse 0: →Immaterielle Vermögensgegenstände und →Sachanlagen
- Klasse 1: →Finanzanlagen
- Klasse 2: →Vorratsvermögen und aktive →Rechnungsabgrenzungsposten (RAP)
- Klasse 3: →Eigenkapital und →Rückstellungen
- Klasse 4: →Verbindlichkeiten und passive RAP
- Klasse 5: →Umsatzerlöse und →Erträge
- Klasse 6: →Materialaufwendungen und →Personalaufwand, Abschreibungen (→Abschreibungen, bilanzielle)
- Klasse 7: Aufwendungen, Zinsen und Steuern
- Klasse 8: Eröffnung und Abschluss, Ergebnisrechnung
- Klasse 9: frei für: →Kosten- und Leistungsrechnung einschl. Abgrenzungsrechnung

Dabei sind die Finanzbuchhaltung (Klassen 0 bis 8) und die Kosten- und Leistungsrechnung (Klasse 9) strikt voneinander getrennt. Eine Unterteilung der Kontenklassen in Kontengruppen hat bspw. für die Klasse 2 das folgende Aussehen:

- Kontengruppe 20 bis 23: Vorratsvermögen
- Kontengruppe 24 bis 28: restliches →Umlaufvermögen (→Forderungen, →sonstige Vermögensgegenstände, flüssige Mittel)
- Kontengruppe 29: Aktive RAP

Weniger bedeutsam und gebräuchlich ist der sog. *GKR*, welcher dem Prozessgliederungsprinzip (Gliederung entsprechend der Folge von Geschäften) folgt und sich des sog. Einkreissystems der Buchhaltung bedient:

- Klasse 0: →Anlagevermögen und langfristiges Kapital
- Klasse 1: Finanz- und Umlaufvermögen, kurzfristige Verbindlichkeiten
- Klasse 2: Neutrale →Aufwendungen und Erträge
- Klasse 3: →Roh-, Hilfs- und Betriebsstoffe (RHB) (Bestände)
- Klasse 4: Kostenarten (→Kostenartenrechnung)
- Klasse 5: Kostenstellen (→Kostenstellenrechnung)
- Klasse 6: Herstellkosten (→Herstellkosten, kalkulatorische) der →unfertigen und fertigen Erzeugnisse
- Klasse 7: Bestände an unfertigen und fertigen Erzeugnissen
- Klasse 8: Betriebserträge
- Klasse 9: Abschlusskonten

Andere Vorschläge für Kontenrahmen bauen regelmäßig auf den vorgenannten Kontenrahmen auf und sind meistens Abwandlungen entweder für bestimmte Branchen (z. B. Einzelhandel, Großhandel, freie Berufe) oder für bestimmte EDV-Systeme (z. B. *DATEV*-Kontenrahmen). Einen Einfluss auf Kontenrahmen und -pläne dürfte zukünftig auch die XBRL-Taxonomie für den jeweils zu erstellenden Abschluss haben.

Die vorgenannten Kontenrahmen stellen jeweils Vorschläge dar, deren Übernahme zwar sinnvoll, jedoch nicht zwingend ist. Auch die EDV-gebundenen Kontenrahmen lassen sich regelmäßig ergänzen oder erweitern. Zwingende Vorgaben sind dagegen selten. Ein Beispiel einer verpflichtenden Vorgabe eines Kontenrahmens besteht für →Krankenhäuser durch die KHBV.

Durch die Ordnung eines Kontenrahmens ergeben sich insb. die folgenden Vorteile:

- schnelle Orientierung bei der täglichen Arbeit, dadurch Vermeidung von Fehlern,
- sicherere buchtechnische Erfassung von Geschäftsvorfällen [→Betriebsdatenerfassung (BDE)],

- leichtere Einarbeitung für sachverständige Dritte (z. B. Prüfer) mit entsprechender Beschleunigung der Prüfung oder Analyse,
- bessere Vergleichbarkeit bei Benchmark-Aufgaben (→Benchmarking) sowie
- schnellere Einarbeitung neuer Mitarbeiter in der Buchhaltung.

In *rechtlicher* Hinsicht stellt die Nutzung eines Kontenrahmens ein Element der Ordnungsmäßigkeit der Buchführung dar, wenngleich der Einsatz eines Kontenrahmens bzw. -plans nicht ausdrücklich gefordert wird (Ausnahme z. B.: § 3 Abs. 2 PBV). Allerdings wird sich die Anforderung des § 238 Abs. 1 Satz 2 HGB ohne Einsatz eines aus einem spezifischen Kontenrahmen abgeleiteten Kontenplans nur schwer erfüllen lassen; eine Ausnahme sind hier bspw. sehr kleine Unternehmen (→kleine und mittlere Unternehmen). Für den Kontenrahmen bzw. -plan gilt die zehnjährige Aufbewahrungsfrist (§ 257 Abs. 1 Nr. 1 HGB), da diese Unterlage regelmäßig zum Verständnis der Buchhaltung notwendig sein wird (→Aufbewahrungspflichten).

Für die Beratung zur *Auswahl* eines Kontenrahmens und die Erstellung eines Kontenplans gilt das Buchführungsprivileg der steuerberatenden Berufe [→Steuerberater (StB)] gem. § 5 Abs. 1 StBerG (BVerfG-Beschluss vom 27.1.1982, S. 281), da es sich hierbei nicht um eine mechanische Tätigkeit handelt (BFH-Urteil vom 12.1.1988, S. 380).

Damit steht auch dem WP grundsätzlich die Beratung hinsichtlich der Auswahl eines geeigneten Kontenrahmens und des Aufbaus eines Kontenplans frei. Diese Tätigkeit fällt grundsätzlich in den Aufgabenbereich von § 3 Abs. 2 und Abs. 3 Nr. 1 →Wirtschaftsprüferordnung (WPO). Soll der hinsichtlich des Kontenrahmens beratende WP jedoch gleichzeitig als →Abschlussprüfer (APr) bestellt werden (Bestellung des Abschlussprüfers), so ist die Frage einer unvereinbaren Tätigkeit (hier § 319 Abs. 3 Nr. 3 lit. a HGB oder § 319a Abs. 1 Nr. 2 und 3 HGB) zu prüfen (→vereinbare und unvereinbare Tätigkeiten des Wirtschaftsprüfers).

Prinzipiell kann die Beratung unter die Ausschlussgründe der genannten unvereinbaren Tätigkeiten subsumiert werden. Jedoch wird diese Tätigkeit von untergeordneter Bedeutung (§ 319 Abs. 3 Nr. 3 HGB, § 319a Abs. 1 Nr. 3 HGB) sein; außerdem wird sie nicht über das Aufzeigen von Gestaltungsalternativen hinausgehen und sich nicht auf die Darstellung der →Vermögenslage, →Finanzlage und →Ertragslage (→wirtschaftliche Verhältnisse) in dem zu prüfenden JA unmittelbar und nicht nur unwesentlich auswirken (§ 319a Abs. 1 Nr. 2 HGB). Insofern greifen hier die Ausschlussgründe nicht. Darüber hinaus ist zu bedenken, dass der APr im Rahmen der Abschlussprüfung (→Jahresabschlussprüfung; →Konzernabschlussprüfung) auch die Buchführung einbeziehen muss (§ 317 Abs. 1 Satz 1 HGB), sodass im Falle eines nicht adäquaten Kontenrahmens oder -plans ohnehin eine Berichtspflicht entsteht (→Berichtsgrundsätze und -pflichten des Wirtschaftsprüfers). Die Beratung über einen Kontenrahmen bzw. -plan dürfte daher als zulässige Entscheidungshilfe für den Buchführungspflichtigen anzusehen sein (BGH-Urteil vom 21.4.1997, S. 1470).

Literatur: BFH-Urteil vom 12.01.1988, Aktz. VII R 60/86, BStBl. II 1988, S. 380; BGH-Urteil vom 21.4.1997, Aktz. II ZR 317/95, BB 52 (1997), S. 1470–1473; BVerfG-Beschluss vom 27.1.1982, Aktz. 1 BvR 807/80, BStBl. II 1982, S. 281; Brixner, H. C./Harms, J./Noe, H. W.: Verwaltungs-Kontenrahmen, München 2002; Heintges, S.: Best Practice bei der Umstellung auf internationale Rechnungslegung, in: DB 56 (2003), S. 621–627; Korth, H.-M.: Kontierungs-Handbuch, München 2003; Steven, M./Letmathe, P./Schwarz, E. J.: Kontenrahmen für Umweltberichte, in: DB 51 (1998), S. 89–93; Weller, H. P./Fischer, H./Peissner, F.: Konzeption eines Kontenrahmens für Theorie und Wirtschaftspraxis, in: DB 45 (1992), S. 1485–1492.

Joachim S. Tanski

Kontoform →Gliederung der Gewinn- und Verlustrechnung

Kontofunktion →Software-Bescheinigung; →Buchungen

Kontokorrentbuch →Nebenbücher

Kontokorrentverkehr

„Der Kontokorrentverkehr stellt das Bindeglied zwischen den realwirtschaftlichen Güter- und Leistungsbeziehungen des Unternehmens und seinen Kunden bzw. Lieferanten und dem gegenläufigen Zahlungsstrom dar" (Fuchs/Popp 2002, Sp. 2712). Bei der Prüfung des Kontokorrentverkehrs handelt es sich im Einzelnen um die Prüfung der Erfassung der Geschäftsvorfälle auf den Personenkonten (→Debitoren und →Kreditoren), um die Abstimmung der aus dem →Nebenbuch resultierenden →Forderungen und →Verbindlichkeiten im Hauptbuch (→Grund- und Hauptbuch) (→Abstimmprüfung) sowie um die →Verprobung dieser Salden mit den Umsatzerlös- bzw. Warenbestandskonten (→Umsatzerlöse).

Vor der Nachweis-, Bewertungs- und Ausweisprüfung (→Fehlerarten in der Abschlussprüfung) hat der →Abschlussprüfer (APr) eine Prüfung des →Internen Kontrollsystems (→Internes Kontrollsystem, Prüfung des; →Systemprüfung) zur Beurteilung der Ordnungsmäßigkeit der Buchhaltung (→Ordnungsmäßigkeitsprüfung) sowie zur →Prüfungsplanung durchzuführen. Ziel ist die Aufnahme und Beurteilung des Systems, welches die Registrierung, Verarbeitung, Dokumentation und Verwaltung der Forderungen und Verbindlichkeiten aus Lieferungen und Leistungen gewährleistet.

Eine Forderung ist zu bilanzieren, wenn die nach einem Vertrag geschuldete Lieferung oder Leistung erfüllt wurde. Eine Verbindlichkeit ist zu passivieren, wenn eine Verpflichtung zur Erbringung einer vermögensmindernden Leistung besteht (→Ansatzgrundsätze). Im Rahmen der →Nachweisprüfungshandlungen hat der APr die Existenz dieser Voraussetzungen mittels einzuholender Saldenbestätigungen (→Bestätigungen Dritter) zu prüfen. Dieses dient der Vermeidung einer Überbewertung der →Debitoren, der Gewährleistung der Vollständigkeit der →Kreditoren sowie einer zeitlich korrekten Erfassung der Forderungen und Verbindlichkeiten (→periodengerechte Erfolgsermittlung; →Cut-Off). Um die Verlässlichkeit dieser Nachweise Dritter zu gewährleisten, sind die Saldenbestätigungen vom APr zu versenden und an ihn direkt wieder zurückzuschicken. Die Auswahl der anzufragenden Salden erfolgt regelmäßig stichprobenhaft (→Stichprobenprüfung); der Umfang ist nach der Beurteilung der Verlässlichkeit des Internen Kontrollsystems festzulegen. Ausgehend von den Saldenlisten erscheint es zweckmäßig, die größten Debitorensalden für eine geschlossene bzw. die Kreditoren mit den höchsten Jahresverkehrszahlen für eine offene Anfrage auszuwählen. Bei Abweichungen der bestätigten Salden mit den gebuchten Zahlen hat eine Klärung zu erfolgen (→Abweichungsanalyse). Werden Salden nicht bestätigt, hat der APr

diese alternativ zu prüfen. Ferner sollten →Buchungen um den Bilanzstichtag beachtet werden. Eine Prüfung über Zahlungsausgänge oder Buchungen auf Wareneingangskonten bzw. das Rechnungseingangsbuch sind zur Evaluierung der periodengerechten Verbuchung der Kreditoren heranzuziehen. Identifiziert der APr Verbindlichkeiten, die in das abgelaufene Geschäftsjahr gehören, hat er die korrekte Erfassung auf dem Kreditorenkonto bzw. eine Erfassung in den →Rückstellungen für ausstehende Rechnungen zu prüfen. Nach einer Verifizierung der Debitoren- und Kreditorensaldenliste sind diese mit den Hauptbuchkonten und korrespondierenden Posten [→Gewinn- und Verlustrechnung (GuV)] abzustimmen.

I.S.d. Bilanzwahrheit hat anschließend eine →Bewertungsprüfung zu erfolgen. Forderungen sind nach § 253 Abs. 3 HGB mit dem Nominalbetrag (inkl. USt) anzusetzen. Zur Beurteilung der Werthaltigkeit der Forderungen kann der APr die Altersstruktur heranziehen, um den potenziellen Einzelwertberichtigungsbedarf aufgrund von Ausfallrisiken anhand der überfälligen Nettoforderungen zu ermitteln. Zur Berücksichtigung allgemeiner Kreditrisiken sind Pauschalwertberichtigungen zu bilden. Als Bemessungsgrundlage gilt der Gesamtbestand der Forderungen abzgl. der einzelwertberichtigten Forderungen. Verbindlichkeiten sind mit ihrem Rückzahlungsbetrag anzusetzen (§ 253 Abs. 1 Satz 2 HGB).

Nach der Sicherstellung der korrekten Abgrenzung der Forderungen und Verbindlichkeiten aus Lieferungen und Leistungen von anderen Bilanzposten in einer vertikalen Ausweisprüfung hat der APr die zusätzlichen Angaben in horizontaler Richtung zu überprüfen. Neben der Angabe der angewandten Bilanzierungs- und Bewertungsmethoden (§ 284 Abs. 2 Nr. 1 HGB) und Änderungen dieser (§ 284 Abs. 2 Nr. 2 HGB) (→Änderung der Bilanzierungs- und Bewertungsmethoden) bezieht sich diese Prüfung auf die →Angabepflicht zu den Forderungen mit einer Restlaufzeit von mehr als einem Jahr sowie zu den Verbindlichkeiten mit einer Restlaufzeit bis zu einem Jahr respektive über 5 Jahren (→Anhang). Schließlich ist zu beachten, dass das Saldierungsverbot aktiver und passiver Posten (§ 246 Abs. 2 HGB) auch für Forderungen und Verbindlichkeiten gilt (→Grundsätze ordnungsmäßiger Buchführung, Prüfung der), es sei denn, es besteht Aufrechnungslage.

Literatur: Fuchs, H./Popp, M.: Zahlungs- und Kontokorrentverkehr, in: Ballwieser, W. et al. (Hrsg.): HWRP, 3. Aufl., Stuttgart 2002, Sp. 2711–2721.

Frank Bertram

Kontrollbeirat →Beirat bei Personengesellschaften

Kontrolle →Kontrollkonzeptionen; →Kontrollprüfung; →Kontrolltheorie

Kontrollinstrumente

Kontrollinstrumente (Kontrolltechniken) werden als Hilfsmittel der externen und internen Kontrolle im Rahmen der eigentlichen Kontrollhandlung in unterschiedlicher Zusammensetzung eingesetzt. Sie haben die Aufgabe, zur Erleichterung und Verbesserung des Kontrollprozesses beizutragen, indem sie „auf Vorrat" Hilfen zur Verfügung stellen, die in den einzelnen Phasen des Kontrollprozesses bzw. in Abhängigkeit vom Kontrollobjekt eingesetzt werden können, um rechtzeitig Abweichungen festzustellen und Gegensteuerungsmaßnahmen einleiten zu können (→Kontrollkonzeptionen). Insoweit sind Kontrollinstrumente systematische Verfahren zur Informationsgewinnung und -verarbeitung, die der Überprüfung informativer bzw. normativer Aussagen (insb. Planungsgrößen) und damit der systematischen Erkenntnisgewinnung dienen (Horváth 2003, S. 211). Um den Einsatz von Kontrollinstrumenten zieladäquat zu gestalten, ist es erforderlich, die für die Problemstellung adäquaten Instrumente zu evaluieren und diese sachgerecht entsprechend den jeweiligen Kontrollaufgaben bzw. -prozessphasen bereitzustellen. Der systematische Einsatz von Kontrollinstrumenten in den unterschiedlichen Kontrollphasen erfordert eine hohe Koordinationsleistung, denn er kann mehrere Kontrollinstrumente gleichzeitig umfassen (→Controlling). Dies erhöht die Transparenz des gesamten Kontrollprozesses und die Möglichkeit, früh- bzw. rechtzeitig auf Störungen zu reagieren.

Zentrales Instrument der Kontrolle ist die →Abweichungsanalyse, die die Verknüpfung von Kontrolle und Informationsversorgung herstellt. Wenn die im Informationsversorgungssystem (→Führungsinformationssysteme) durchgeführten Abweichungsanalysen mit dem Kontrollzweck (→Kontrolltheorie) übereinstimmen, wird gewährleistet, dass die Abweichungsursachen (z. B. →Intensitätsabweichung; →Mengenabweichung; →Preisabweichung) aufgedeckt werden und Gegensteuerungsmaßnahmen eingeleitet werden können. D.h., dass alle Informationsinstrumente zu Kontrollinstrumenten werden, sofern sie der Informationsversorgung im Rahmen eines bestimmten Kontrollzwecks dienen. Welche Instrumente im Rahmen von Abweichungsanalysen eingesetzt werden, hängt vom Informationszweck ab bzw. davon, inwieweit quantitative und qualitative Informationen dazu geeignet sind, die bestehenden Planungs- und Kontrollprobleme zu lösen.

Im Rahmen operativer Kontrollzwecke kommen primär Einzelinstrumente zum Einsatz, deren Informationsgrundlagen aus den Systemen des betrieblichen →Rechnungswesens resultieren. Sie sind stark vergangenheitsorientiert, verarbeiten faktische Informationen (Ist-Werte) und beziehen sich z.T. auch auf normative Informationen aus den entsprechenden →Planungen (→Planungssysteme). In diesem Zusammenhang werden hauptsächlich genannt:

- die Kostenrechnung (→Kosten- und Leistungsrechnung; →Plankostenrechnung; →Istkostenrechnung), inkl. →Kostenvergleichsrechnungen,
- →Deckungsbeitragsrechnungen und Deckungsbeitragsanalysen,
- Erlösabweichungsabweichungsanalysen (→Erlöse),
- die →Budgetierung inkl. der modernen Konzepte des Beyond Budgeting und →Activity Based Budgeting sowie
- Erfolgs- und →Liquiditätskennzahlen (→Erfolgskennzahlensystem) bzw. -Kennzahlensysteme (→Kennzahlen und Kennzahlensysteme als Kontrollinstrument; →RL-Kennzahlensystem; →ROI-Kennzahlensystem).

Einzelinstrumente, deren Einsatz sich auf die Kontrolle strategischer Planungen und Entscheidungen (→strategisches Controlling) bezieht, sind stark zukunftsgerichtet und unterliegen hinsichtlich der Informationsgenerierung erweiterten Anforderungen. Zusätzlich zu den quantitativen rechnungswesenorientierten Informationen treten Informationen aus der Unternehmensumwelt, wie z. B. kunden-, markt- oder konkurrenzbezogene Informationen, die nur z.T. in quantitativer Form vorliegen, z.T. aber auch in Form qualitativer Informationen zur Verfügung stehen (z. B. Kundenzufriedenheit), die es durch Indikatoren zu operationalisieren gilt (z. B. „Beschwerdeverhalten", „Wiederholungskäufe", „Cross-Buying-Absicht" usw.). Die Kontrollinstrumente mit strategischer Ausrichtung sind weiterhin dadurch charakterisiert, dass sie einzelne Zielkomponenten und/oder Prozessschritte nach den Aspekten der Plangenerierung und Planerreichung isoliert betrachten:

- →GAP-Analysen,
- Umweltanalysen (inkl. Branchen-, Markt- und Konkurrentenanalysen),
- Unternehmensanalysen (inkl. Kernkompetenz-, Ressourcenanalysen),
- strategische Früherkennung (→Früherkennungssysteme),
- strategische Durchführungskontrolle (inkl. Meilensteinplanung und -kontrolle; →Lebenszykluskostenrechnung; →Target Costing; →Prozesskostenrechnung),
- Prämissenkontrolle (inkl. →Netzplantechnik),
- →Benchmarking sowie
- Produktlebenszyklusanalysen (→Produktlebenszykluskonzept).

Dem modernen Kontrollverständnis folgend wird in den letzten Jahren eine stärkere Verzahnung von operativen (i. S. v. unterjährigen) und strategischen Kontrollen gefordert. Integrierte Kontrollkonzepte befassen sich bspw. mit der Frage, wie sich Strategien in operative Pläne und Maßnahmen umsetzen und steuern lassen und wie sich die mehrdimensionalen, durch wechselseitige Interdependenzen gekennzeichneten strategischen und operativen Aspekte des Unternehmenserfolgs und seiner Einflussgrößen messen und lenken lassen. Die klassische, vorwiegend bereichsbezogene Sach- und Formalzielplanung und -kontrolle wird erweitert um anspruchsgruppen- und objektgerechte Aspekte sowie eine primär auf Kennzahlen beruhende Operationalisierung von Strategien (→Kennzahlen und Kennzahlensysteme als Kontrollinstrument). Am Ende des Planungsprozesses werden die Ausprägungen der Kennzahlen zeitpunktgenau erfasst, aggregiert und analysiert. Sie geben dann die erforderlichen Impulse, um den Anforderungen der Märkte und den Anspruchsgruppen gleichermaßen gerecht zu werden. Zu den integrativen Instrumenten der Leistungsmessung und -bewertung zählen:

- Konzepte des →Performance Measurement,
- →Balanced Scorecard sowie
- Shareholder Value-Konzepte (z. B. →Discounted Cash Flow-Methoden; Economic Value Added-Konzepte; →Cash Flow-Analyse; →Shareholder Value-Analysis)

Literatur: Baum, H.-G./Coenenberg, A. G./Günther, T.: Strategisches Controlling, 4. Aufl., Stuttgart 2006; Horváth, P.: Controlling, 10. Aufl., München 2006; Küpper, H.-U.: Controlling. Konzepte, Aufgaben, Instrumente, 4. Aufl., Stuttgart 2005.

Monika Palloks-Kahlen

Kontrollkonzeptionen

Mit dem Begriff der Konzeption wird ein Bezugsrahmen bezeichnet, der die Rahmenbedingungen für die konkrete Ausgestaltung in einem System festlegt. Es handelt sich hierbei um einen methodischen Ansatz, der den Untersuchungsgegenstand, den es inhaltlich zu spezifizieren gilt, absteckt.

Kontrollkonzeptionen stützen sich vielfach auf kybernetische Grundlagen, die auf Steuerungsinformationen beruhen. Im kybernetischen Regelkreis wird ein sich selbst steuerndes System unterstellt, das auf der Grundlage von Führungsgrößen mithilfe einer Rückkopplung von gemeldeten Istwerten und deren Vergleich mit vorgegebenen Planwerten (Sollwerten) (→Soll-Ist-Vergleich) Abweichungen dadurch verringert bzw. beseitigt, dass Maßnahmen zu ihrer Beseitigung ausgelöst werden. Dieses Konzept ist vergangenheitsorientiert und entspricht dem Vorgehen einer → Realisationskontrolle bzw. Planfortschrittskontrolle, denn der Eingriff durch eine sog. Stellgröße auf die Störgröße erfolgt erst ex-post als Feed-back-Kopplung. Ein Einwirken bzw. eine Beseitigung der Störung ist dann nur möglich, wenn der Prozess mit entsprechenden Planfortschrittskontrollen noch weiterläuft bzw. bei Realisationskontrollen, wenn ein gleichartiger Prozess erneut durchgeführt wird. Im Rahmen des kybernetischen Steuerungsprinzips wird dieser Regelkreis um eine Vorwärtskopplung (feed-foreward) erweitert.

Kontrollkonzeptionen

Dabei werden mögliche Störgrößen zu erfassen bzw. zu prognostizieren versucht (→ Prognoseinstrumente), um die negative Steuerungswirkung, noch bevor sie auf den Realisationsprozess einwirken kann, abzuwehren. Die dazu erforderlichen Stellgrößen werden ex-ante so festgelegt, dass sie unter Berücksichtigung der zu erwartenden Störungen die Erreichung der Führungsgröße sicherstellen. Diese sog. zukunftsorientierten Kontrollen kommen bei Prämissen- und Planfortschrittskontrollen in Form von Soll-Wird- bzw. Wird-Wird-Kontrollen zum Einsatz und ermöglichen eine frühzeitige Anpassung an veränderte Rahmenbedingungen.

Den Kontrollkonzepten auf Basis kybernetischer Regel- bzw. Steuerungsprinzipien liegen → Abweichungsanalysen zugrunde, in deren Mittelpunkt die Bewertung von Abweichungsursachen und darauf aufbauend die Evaluierung von Maßnahmen zur Verminderung bzw. künftigen Vermeidung von Abweichungen stehen.

Die Anwendungseinschränkung des selbststeuernden Charakters von Kontrollen auf routinisierte bzw. wohl-strukturierte Prozesse ist Grund dafür, Kontrollkonzeptionen stärker am oben genannten Konzeptionsbegriff auszurichten. Danach wird der Untersuchungsgegenstand „Kontrolle" als Prozess, der sich in mehrere Teilprozesse differenzieren lässt, aufgefasst. Kontrollkonzeptionen umfassen die generelle Regelung, Ordnung und Gestaltung der Aufgaben, die in diesen (Teil-)Prozessen wahrgenommen werden sollen. Ergebnis der inhaltlichen Spezifizierung ist dann ein → Kontrollsystem, das die Struktur und die institutionellen Rahmenbedingungen für die Kontrolle liefert. In Analogie zum → Planungssystem umfasst das Kontrollsystem in funktionaler Hinsicht die Gestaltung des/der Kontrollprozesse(s), der Kontrolltechniken bzw. -instrumente, insb. der Kontrollrechnungen sowie die Regelungen zu den Kontrollträgern, den Kontrollbereichen und zur → Ablauforganisation der Kontrolle als institutionelle Gestaltungskomponenten.

In Literatur und Praxis wird die Kontrolle als Pendant der → Planung aufgefasst. Einigkeit besteht auch darin, den Kontrollprozess grundsätzlich in die folgenden Teilprozessphasen zu zerlegen:

1) Vorgabe von Sollwerten,
2) Ermittlung von Istwerten,
3) → Soll-Ist-Vergleich (Ermittlung der Soll-Ist-Abweichung) und
4) → Abweichungsanalyse.

Indem die Rückkopplung der Planungsrealisationen zu den Planungszielen über Kontrollen erfolgt, wird die Zielausrichtung des Unternehmens sichergestellt. Die durch die Planung vorgegebenen Sollgrößen haben als Vergleichsmaßstäbe zentrale Bedeutung und sind durch Istgrößen in Rückkopplungsprozessen so eng miteinander verbunden, dass Planung und Kontrolle zwar verschiedene, aber untrennbar miteinander verbundene Prozessphasen darstellen. Die einzelnen Prozessphasen sind teilweise nicht eindeutig voneinander abgrenzbar und werden z.T. in unterschiedlicher Reihenfolge mehrfach durchlaufen.

Ausgehend von einem differenzierten Planungs- und Kontrollprozess werden in der Planungs- und Kontrollkonzeption von *Töpfer* (Töpfer 1976) bspw. Realisations- und Plankontrollen unterschieden, *Rühli* (Rühli 1993) unterscheidet zwischen ergebnisorientierten Kontrollen (die das Ergebnis betrieblichen Handelns bewerten) und verfahrensorientierten Kontrollen (sie vergleichen tatsächlich angewandte Planungsprozesse mit den vorgegebenen Planungsprozessen). In einer weiteren Differenzierung der Kontrollkonzeption von *Macharzina* (Macharzina 1993) werden Prämissenkontrollen (der in der Planung getroffenen Grundannahmen), Planfortschrittskontrollen (als Soll-Wird-Vergleiche in Bezug auf die Erreichung von definierten Zwischenzielen) und Ergebniskontrollen (nach der Realisierung der Planung) unterschieden. Während die ersten beiden Kontrollkonzeptionen den Planungs- bzw. Kontrollzeitpunkt (ex-post/ex-ante, feedback/ feedforeward) nicht explizit definieren, wird in der Kontrollkonzeption von *Macharzina* auf unterschiedliche Planungs- bzw. Kontrollzeitpunkte (parallel zu Planung und Realisation) abgehoben.

Im modernen Kontrollverständnis verliert die „traditionelle" Kontrolle i.S.e. primär rückschauenden Bewertung der Wirksamkeit von Maßnahmen zunehmend an Bedeutung. Der Blickwinkel wird explizit auf die Kontrolle strategischer Zielsetzungen als Grundlage zur nachhaltigen Existenzsicherung des Unternehmens insb. um Prämissenstabilität und rechtzeitige bzw. frühzeitige Korrekturan-

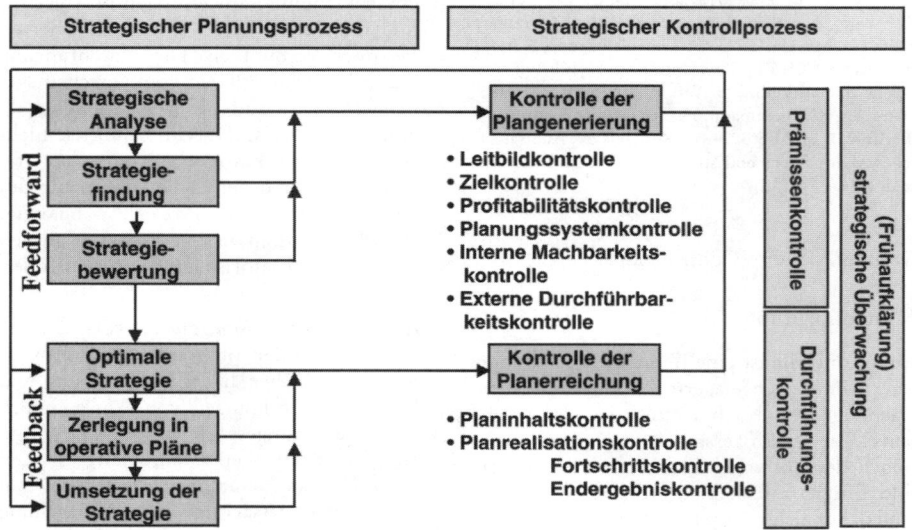

Abb.: Konzeption der strategischen Kontrolle

Quelle: Baum/Coenenberg/Günther 2004, S. 300.

passungen des strategischen Entwicklungspfades erweitert. *Lorange* (Lorange 1984) stellt in seiner Kontrollkonzeption auf die Kontrolle der Lern- und Wandlungsfähigkeit des Unternehmens ab und unterscheidet Strategic Momentum Control (bei kontinuierlichen Umweltentwicklungen) und Strategic Leap Control (bei diskontinuierlicher Umfeldentwicklung). Die Kontrollkonzeption von *Zettelmeyer* (Zettelmeyer 1984), der die strategische Kontrolle als eigenständiges Führungssubsystem auffasst, basiert auf einer Plankontrolle (bestehend aus Planinhalts-, Planrealisations- und Planergebniskontrolle), einer Plansystemkontrolle sowie einer Verhaltenskontrolle. Der Ansatz von *Coenenberg/Baum* (Coenenberg/Baum 1984) unterscheidet zwischen der Kontrolle der Zielgenerierung (diese umfasst die Leitbild-, Profitabilitäts-, interne Machbarkeits- und externe Durchführbarkeitskontrolle) und der Kontrolle der Zielerreichung (konstituiert durch die Planinhalts- und die Planrealisationskontrolle) und unterstreicht damit die Funktion der Kontrolle als planungsbegleitendes und -unterstützendes Pendant der Planung. Ebenfalls als planungsbegleitender Prozess wird die strategische Kontrolle im Konzept von *Schreyögg/Steinmann* (Schreyögg/Steinmann 1985) verstanden, die

neben der strategischen Prämissenkontrolle, die strategische Durchführungskontrolle und die strategische Überwachung als Konzeptionselemente definieren. In ähnlicher Weise unterscheidet das Konzept von *Bea/Haas* (Bea/Haas 2001) Prämissenkontrolle, Plankontrolle und Kontrolle der strategischen Potenziale. Die wohl zurzeit umfassendste Konzeption zur strategischen Kontrolle wurde von *Baum/Coenenberg/Günther* (Baum/Coenenberg/Günther 2004) vorgestellt (s. Abb.).

Sie basiert auf der Zerlegung von Zielgenerierungs- und Zielerreichungskontrolle und versteht die strategische Kontrolle als eigenständigen und gleichberechtigten Gegenpart zum strategischen Planungsprozess. Ausgehend von der Einteilung der strategischen Ziele in Formal- und Sachziele wird die Kontrolle danach gegliedert, ob sie die inhaltliche Konsistenz der strategischen (Sach-) Ziele überprüft (Kontrolle der Plangenerierung) oder das Erreichen der gesetzten strategischen Formalziele beurteilt (Kontrolle der Planerreichung).

Literatur: Baum, H.-G./Coenenberg, A. G./Günther, T.: Strategisches Controlling, 4. Aufl., Stuttgart 2006; Bea, F. X./Haas, J.: Strategisches Management, 4. Aufl., Stuttgart 2005; Hasselberg, F.: Strategische Kontrolle im Rahmen strategischer Unternehmensführung, Frankfurt 1989; Hasselberg F.: Strategische Kontrolle von Gesamtunternehmensstrategien, in: Die Unternehmung 45 (1991), S. 16–31; Küpper, H.-U.: Controlling. Konzepte, Aufgaben, Instrumente, 4. Aufl., Stuttgart 2005; Macharzina, K.: Unternehmensführung, 5. Aufl., Wiesbaden 2005; Rühli, E.: Unternehmensführung und Unternehmenspolitik, 3. Aufl., Bern/Stuttgart 1993; Schreyögg, G./Steinmann, H.: Strategische Kontrollen, in: ZfbF 37 (1985), S. 391–410; Zettelmeyer, B.: Strategisches Management und strategische Kontrolle, Darmstadt 1984.

Monika Palloks-Kahlen

Kontrolllücke →Control-Gap

Kontrollprüfung

Eine Kontrolle ist eine in einen Prozess integrierte oder nachgelagerte Aktivität zur Überwachung bzw. Nachprüfung des Prozessablaufs oder des Prozessresultats. Kontrollen erhöhen den Aufwand und senken Flexibilität und Effizienz im Ablauf von Prozessen. Sie sind daher zielgerichtet nur an den Stellen einzusetzen, an denen der Vorteil, der in der Senkung eines Risikos liegt, höher wiegt, als die vorgenannten Nachteile. Um diese gezielte Ausrichtung von Kontrollen zu erreichen, werden beim Aufbau eines →Internen Kontrollsystems zunächst Risiken erhoben und bewertet. Zur Reduzierung der Eintrittswahrscheinlichkeit von Risiken werden im nächsten Schritt für ausgewählte Risiken Kontrollziele gebildet. Zur Erreichung dieser Kontrollziele werden geeignete Kontrollen identifiziert und implementiert.

Für die Prüfung von Kontrollen sollten zwei generelle Typen von Kontrollen unterschieden werden:

1) *Vorbeugende Kontrollen* sind im Prozessablauf integriert und unterbrechen den Prozessablauf so lange, bis ein bestimmter, vordefinierter Zustand eingetreten ist (z. B. Freigabe einer Bestellung durch einen autorisierten Vorgesetzten).

2) *Aufdeckende Kontrollen* sind dem Prozess nachgelagert und unterbrechen den Prozessablauf nicht. Die Kontrolle erfolgt als Vollerhebung oder in Stichproben anhand eines →Soll-Ist-Vergleichs des Prozessablaufs oder des Prozessresultats.

Zudem ist für die Prüfung von Kontrollen deren Grad an IT-Unterstützung von Bedeutung:

- *Organisatorische Kontrollen* (manuelle Kontrollen) sind in Prozess- bzw. Stellenbeschreibungen, Arbeitsvorschriften oder anderen Handlungsanweisungen beschrieben und für die im Prozessablauf involvierten Personen verbindlich. Die Durchführung dieser Kontrollen hängt vom vorschriftsgemäßen Verhalten aller Prozessbeteiligten ab, eine zwangsweise Durchführung ist nicht gegeben. Organisatorische Kontrollen sind nicht vom Grad der IT-Unterstützung des zugrunde liegenden Prozesses abhängig; auch hoch automatisierte Prozesse können mittels organisatorischer Kontrollen überwacht werden.

- *Automatisierte Kontrollen* (IT-gestützte Kontrollen oder programmierte Kontrollen) werden über die Ablaufsteuerung und Zugriffsberechtigungen von Anwendungssoftware so umgesetzt, dass die Durchführung der Kontrollen zwangsläufig erfolgen muss. Dies kann nur erreicht werden, wenn dass System tatsächlich eine Abweichung vom vorgesehenen Prozessablauf nicht zulässt; hierzu müssen nicht nur in der Anwendungssoftware, sondern auch in darunter liegenden Schichten der IT (Datenbanken, →Betriebssysteme, Netzwerke etc.) eine Reihe von Kontroll-Anforderungen erfüllt sein (General Computer Controls – GCC). Die Dokumentation der automatisierten Kontrollen hat nicht den Charakter einer Handlungsanweisung, sondern den einer Beschreibung bzw. Erläuterung der vorhandenen Kontrollen. Der Einsatz automatisierter Kontrollen setzt eine hohe IT-Durchdringung der zugrunde liegenden Prozesse voraus.

Die oben beschriebenen unterschiedlichen Kontrolltypen bedingen unterschiedliche Vorgehensweisen in der Prüfung von Kontrollen. Um Kontrollen strukturiert zu prüfen, sollten – unabhängig von den Kontrolltypen – folgende Prüfungsschritte durchgeführt werden:

1) Der Prüfer verschafft sich anhand der Prozessdokumentation und durch Gespräche mit Prozessverantwortlichen einen Überblick über den Prozess, dessen identifizierte Risiken und Kontrollziele sowie die vorhandenen Kontrollen (sog. Walkthrough; →Transaction Flow Auditing). Auf dieser Basis bildet sich der Prüfer eine Meinung über die Prozessdokumentation (insb. die nachvollziehbare Beschreibung der Kontrollen) sowie über die Abdeckung der wesent-

lichen Risiken durch Kontrollziele und Kontrollen.

2) Eine für sachverständige Dritte nachvollziehbare Dokumentation von Kontrollen ist Voraussetzung für deren Prüfbarkeit. Daher ist es wichtig, aus der Dokumentation erkennen zu können, an welcher Stelle im Prozess eine Kontrolle platziert ist sowie zur Minderung welchen Risikos bzw. Erreichung welchen Kontrollziels die Kontrolle eingerichtet wurde. Neben einer detaillierten Beschreibung des Kontrollvorgangs an sich sollte der Dokumentation zu entnehmen sein, wer für die Durchführung der Kontrolle verantwortlich ist, wie oft die Kontrolle durchgeführt wird (Frequenz) und ob es sich um eine organisatorische oder eine automatisierte Kontrolle handelt. Von Bedeutung ist auch eine Beschreibung des Nachweises der Kontrolldurchführung (z. B. Unterschrift eines autorisierten Vorgesetzten unter einer auf Papier vorliegenden Bestellung und Archivierung dieses Dokuments als Nachweis der Kontrolldurchführung). Ist eine Dokumentation nicht ausreichend, kann eine Prüfung der Kontrollen und somit auch der betroffenen Kontrollziele nicht durchgeführt werden. Die entsprechenden Teile des Internen Kontrollsystems sind als nicht zuverlässig einzustufen.

3) Anhand der Erkenntnisse aus dem Walkthrough und der vorgelegten Dokumentation werden die erhobenen prozessbezogenen Risiken sowie die Kontrollziele und deren (potenzielle) Erreichung durch die zugeordneten Kontrollen beurteilt (Prüfung des Control Designs, Aufbauprüfung) (→Aufbauorganisation). Kontrollziele können durch eine oder das Zusammenwirken mehrerer Kontrollen erreicht werden. Für das Erreichen des Kontrollziels unabdingbare Kontrollen werden oft als Key Controls (Significant Controls, Primary Controls) bezeichnet. Werden Kontrollziele nicht erreicht, sind die betroffenen Teile des Internen Kontrollsystems nicht funktionsfähig.

4) Um die Wirksamkeit der Kontrollen zu testen (Control Effectiveness), ist deren Funktionsweise zu überprüfen (→Funktionsprüfung). Kontrollen sollten jederzeit zuverlässig funktionieren und keine Ausnahmen zulassen (es sei denn, diese sind im Design der Kontrolle explizit vorgesehen). Die →Funktionsprüfung erfolgt bei organisatorischen Kontrollen durch Stichproben (→Stichprobenprüfung), deren Umfang – abhängig von der Häufigkeit in der die Kontrolle angesprochen wurde – zwischen zwei und 50 Stichproben liegen kann. Für automatisierte Kontrollen kann der Umfang der Stichproben auf eine Stichprobe reduziert werden (existieren mehrere Prozessvarianten, sind diese durch jeweils eine Stichprobe abzudecken). Der Einsatz von automatisierten Kontrollen setzt jedoch voraus, dass die GCC getestet und für wirksam befunden wurden (→IT-Systemprüfung).

Im Rahmen der Funktionsprüfung ist darauf zu achten, dass ein Nachweis für die Durchführung der geprüften Kontrolle stets erbracht werden kann.

Werden Kontrollen als nicht wirksam beurteilt, können alternative oder übergeordnete Kontrollen zur Erfüllung des Kontrollziels (wenn vorhanden) herangezogen werden. Sind Kontrollen nicht wirksam, können Kontrollziele nicht erreicht werden.

Andreas Herzig

Kontrollrechte bei Personengesellschaften

Zur Sicherung des Anspruchs auf ordentliche Geschäftsführung gewährt das Gesetz jedem Gesellschafter von →Personengesellschaften (→Unternehmensformen) Kontrollrechte (Weipert 2004, Rn. 1 zu § 11).

Den Gesellschaftern der GbR, →Offenen Handelsgesellschaft (OHG) sowie den persönlich haftenden Gesellschaftern einer →Kommanditgesellschaft (KG), die von der Geschäftsführung ausgeschlossen sind, steht gem. § 716 BGB bzw. § 118 Abs. 1 HGB ein Kontrollrecht in dem Sinne zu, dass sie sich von den Angelegenheiten der Gesellschaft persönlich unterrichten, die Handelsbücher und Papiere der Gesellschaft einsehen und sich aus ihnen eine Bilanz und einen JA anfertigen können. Das Kontrollrecht bezieht sich auf alle gewöhnlichen und außergewöhnlichen Angelegenheiten der Gesellschaft, z. B. Geschäftsverbindungen, Informationen über die Gewinnsituation, zukünftige Gewinnerwartungen, Art und Höhe der Gesellschafts- und Steuerschulden (→Schuld). Zu den Informationsquellen gehören alle denkbaren Schriftstücke (z. B. →Unternehmensverträge, Korrespondenzen, Aktenvermerke, Jahresabschlüsse, Steuerbilanzen). Weiterhin folgt aus diesem Einsichtsrecht, dass die Geschäftsräume betreten und Anlagen, Waren- und Kassenbestände besichtigt werden dürfen (Müller 2002, Rn. 94 zu § 4). Das Kontrollrecht kann durch Bevollmächtigte nur ausgeübt werden, wenn dies im Gesellschaftsvertrag vorgesehen ist oder alle Gesellschafter einer Bevollmächtigung zustimmen. Die Hinzuziehung von Sachverständigen [z. B. Rechtsanwalt, →Steuerberater (StB), WP] ist auch ohne Zustimmung der Gesellschafter zulässig. Allerdings darf der beauftragende Gesellschafter die Kontrollrechte nicht abgeben.

Das Kontrollrecht ist dispositiv, kann somit durch den Gesellschaftsvertrag erweitert oder beschränkt werden, allerdings ist dies ausgeschlossen, wenn Grund zur Annahme unredlicher Geschäftsführung besteht (§ 118 Abs. 2 HGB).

Kommanditisten und stille Gesellschafter sind gem. § 166 Abs. 1 bzw. 233 Abs. 1 HGB lediglich berechtigt, die abschriftliche Mitteilung des Jahresabschlusses, der Steuerbilanz (→Sonder- und Ergänzungsbilanzen, steuerrechtliche) sowie der Eröffnungs- und Schlussbilanz zu verlangen und deren Richtigkeit unter Einsicht der Bücher und Papiere zu prüfen. Es besteht jedoch nicht das Recht auf fortlaufende Einsicht, diese muss in zeitlichem Zusammenhang mit der Mitteilung des Jahresabschlusses erfolgen. Der Anspruch erlischt, wenn der Kommanditist die Richtigkeit des Jahresabschlusses anerkannt hat, z. B. durch seine Unterschrift (Glahs 1999, Rn. 8 zu Teil F).

Ein ao. Überwachungsrecht, das über die Überprüfung des Jahresabschlusses hinausgeht, steht dem Kommanditisten und dem stillen Gesellschafter zu, wenn ein wichtiger Grund für weiter gehende Informationen besteht. Hiervon ist auszugehen, wenn ein konkreter Verdacht besteht, dass die Interessen der Gesellschafter gefährdet sind, z. B. bei Unterschlagungen (→Unterschlagungsprüfung), nicht ordnungsgemäßer Geschäfts- und Buchführung, Pflichtverletzungen der Gesellschaft. Dieses Recht ist gem. § 166 Abs. 3 HGB bzw. § 233 Abs. 3 HGB i.V.m. § 145 FGG im Finanzrechtsverfahren durchzusetzen, kann jedoch auch vor einem ordentlichen Gericht in Form einer Leistungsklage erhoben werden (Müller 2002, Rn. 104 zu § 4). Das Gericht kann im Auftrag der Gesellschafter in diesem Fall verlangen, dass alle Arten von Bilanzen (z. B. →Zwischenabschlüsse), Bücher und Papiere vorgelegt und konkrete Vorgänge aufgeklärt werden (Glahs 1999, Rn. 9 zu Teil F). Dieses Recht ist somit nicht auf die Prüfung des Jahresabschlusses beschränkt. Das Kontrollrecht nach § 166 Abs. 3 HGB ist zwingendes Recht, es kann nicht durch einen Gesellschaftsvertrag beschränkt oder aufgehoben werden.

Das ordentliche Kontrollrecht des Kommanditisten ist auf den JA und die Prüfung der Richtigkeit in Bezug auf das Geschäftsführerhandeln beschränkt. Der persönlich haftende Gesellschafter kann sich darüber hinaus Gewissheit über die Zweckmäßigkeit der Geschäftsführung verschaffen (→Wirtschaftlichkeits- und Zweckmäßigkeitsprüfung). Dies schließt die Prüfung von Entscheidungsgrundlagen für die Durchführung bestimmter Geschäftsführungsmaßnahmen ein (Weipert 2004, Rn. 23 zu § 11).

Literatur: Glahs, H.: Kommentierung des Kapitel F: Informations- und Kontrollrechte, in: Sudhoff, H. (Hrsg.): Personengesellschaften, 7. Aufl., München 1999; Müller, W.: Kommentierung des § 4: Der Gesellschafter, in: Müller, W. (Hrsg.): Beck'sches Handbuch der Personengesellschaften. Gesellschaftsrecht – Steuerrecht, 2. Aufl., München 2002; Weipert, L.: Kommentierung des § 11: Das Informationsrecht, in: Riegger, B./Weippert, L. (Hrsg.): Münchener Handbuch des Gesellschaftsrechts, Band 2: Kommanditgesellschaft, Stille Gesellschaft, 2. Aufl., München 2004.

Gaby Pottgießer

Kontrollrisiko →Prüfungsrisikomodelle; →Risikoorientierter Prüfungsansatz; →Prüfungsrisiko

Kontrollstichprobe →Diskriminanzanalyse

Kontrollsysteme

Das Kontrollsystem besteht aus der geordneten Gesamtheit von Elementen, die an Kontrollen beteiligt sind. Es umfasst die Kontrollziele, -objekte, -träger und -handlungen (Küpper 1994, S. 937). Bei der Gestaltung des Kontrollsystems sind innerbetriebliche Kontrollelemente von externen zu unterscheiden. Externe Kontrollelemente ergeben sich durch die institutionelle Einbettung des Unternehmens. So verfügen Kapitalmärkte über Kontrollinstitutionen (→Börsenaufsicht, Unternehmensanalysten), die grundsätzlich unternehmensunabhängig sind. Ähnliches gilt für Arbeits- oder Absatzmärkte sowie hoheitliche Institutionen. Solche Kontrollsysteme stellen einen Rahmen für die Gestaltung der innerbetrieblichen Kontrollelemente dar.

Die Einrichtung eines →Internen Kontrollsystems (IKS) kann auf gesetzlichen Vorgaben beruhen [etwa § 91 Abs. 2 AktG; →Risikomanagementsystem (RMS)] auf unternehmensübergreifenden Verpflichtungen [etwa dem →Deutschen Corporate Governance Kodex (DCGK) oder Vereinbarungen in einer Supply Chain (→Supply Chain Management; →Supply Chain Controlling)] oder auf unternehmensspezifischen Festlegungen (durch Satzung oder Gremienbeschluss). Von diesem Anlass hängt die Standardisierung des Kontrollsystems ab. Gesetzliche bzw. unternehmensübergreifende Kontrollsysteme sind typischerweise stärker standardisiert.

Kontrollsysteme legen die Erfassung [→Betriebsdatenerfassung (BDE)] und Dokumentation von Sachverhalten als Grundlage für Vergleiche fest. Dazu gehören die Methoden der Erhebungs- und Speichertechnik (etwa die Zulässigkeit digitaler Archive und Dokumentenmanagementsysteme), der Umfang (etwa lediglich Buchungsunterlagen, auch ergänzenden Schriftwechsel, e-mails und Telefonate; ähnlich die Beschränkung auf eingetretene Sachverhalte gegenüber der Dokumentation von →Planungen, Szenarien und Risiken), die Frage der vollständigen oder stichprobenhaften Dokumentation, die sofortige Überprüfung einer Normeinhaltung gegenüber der Archivierung für eine fallweise spätere Überprüfung sowie die Dauer der Archivierungspflicht. Ebenfalls formalen Charakter haben die Aufbereitung und der Adressatenkreis (→Publizität) der erhobenen Sachverhalte und Kontrollberichte (→Berichtssystem).

Inhaltlich sind im Kontrollsystem die Kontrollobjekte festzulegen. Dies betrifft einerseits die zu kontrollierenden Güter, Prozesse und Personen, andererseits die Art der Vergleichsgrößen und ihren Ursprung in der Planung. In Frage kommen Vorgabe- bzw. Sollgrößen, Prognose- bzw. Wirdgrößen und Istgrößen, durch deren Abgleich sich das Ergebnis (im →Soll-Ist-Vergleich), der Planfortschritt (im Soll-Wird-Vergleich) oder die Prämissen (im Wird-Ist-Vergleich) kontrollieren lassen.

Schließlich ermöglicht die Gegenüberstellung gleichartiger Größen aus unterschiedlichen Quellen eine Konsistenzkontrolle der Ziele (durch Soll-Soll-Vergleich), Prognosen (Wird-Wird-Vergleich) oder Ergebnisse durch →zeitlichen Vergleich oder →überbetrieblichen Vergleich (→betriebswirtschaftlicher Vergleich) bzw. →Benchmarking.

Hinsichtlich der Kontrollträger ist zwischen Eigen- und Fremdkontrollen zu unterscheiden. Eigenkontrollen gelten als effizient und motivierend, doch bieten sie Dritten geringeren Schutz vor Fehlern des Kontrollierten. Fremdkontrolle gehört zu den Kernaufgaben der betrieblichen Führung. Diese kann sie jedoch an Dritte delegieren. Fremdkontrollen können zusätzliches Wissen in den zu kontrollierenden Prozess einbringen. Zwischenformen bestehen etwa durch die Aufgabenübertragung auf Teams, die Zusammenarbeit in Gremien oder gegenseitige Kontrollpflichten. Bei Fremdkontrollen ist die organisatorische Distanz zum Kontrollobjekt festzulegen. Sie ist gering bei dezentraler Zuordnung der Kontrollkompetenz, größer bei zentralen Kontrollinstanzen, insb. solchen ohne Einbindung in die laufenden Prozesse (wie die →Interne Revision). Noch größer ist die organisatorische Distanz bei der Vergabe von Kontrollaufgaben an Unternehmensexterne (Prüfer und →Unternehmensberater) (→Outsourcing). Mit der Zentralisation steigen tendenziell die Kontrollstandards sowie die Möglichkeit, Interdependenzen zwischen Unternehmensbereichen oder Führungsaufgaben (→Planungssysteme und →Führungsinformationssysteme) zu beachten.

Die Gestaltung von Kontrollhandlungen betrifft die Abstimmung persönlicher mit technischen oder formalen Kontrollelementen. Dabei ist die Integration der Kontrollschritte in die laufenden betrieblichen Abläufe zu klären. Vorteil einer engen Integration ist die schnelle, ggf. automatisierte Verfügbarkeit von Kontrollergebnissen. Im Idealfall erlaubt dies den Ersatz zahlreicher →Einzelfallprüfungen durch eine grundsätzliche →Systemprüfung. Dies geht allerdings in dem Maße zulasten einer unabhängigen Überprüfung, in dem die Prozessgestaltung, die Entwicklung der Kontrollkriterien und die Prozessdurchführung aus einer Hand kommen und wegen des Aufbaus von Spezialwissens für Außenstehende (Vorgesetzte oder Dritte) schwer zu überblicken sind. Dies betrifft speziell die prozessunabhängige Durchführung der Internen Revision (Thom 1994, Sp. 1141). Schließlich gehört zur Gestaltung der Kontrollhandlungen die Festlegung der einzelnen Kontrollschritte sowie ihrer Verbindlichkeit, außerdem deren Häufigkeit und Regelmäßigkeit. Dies erfordert Methoden zur Operationalisierung von Sachverhalten und Vergleichsgrößen, zur Identifikation relevanter Abweichungen (z. B. →Preisabweichungen, →Mengenabweichungen), zur Konzeption von →Abweichungsanalysen, vor allem hinsichtlich unsicherer Umwelteinflüsse und planbarer Einflussgrößen, zur Auslösung von Sicherungsmaßnahmen sowie für den Aufbau und Einsatz von Kontrollberichten.

Literatur: Bitz, H.: Risikomanagement nach KonTraG: Einrichtung von Frühwarnsystemen zur Effizienzsteigerung und zur Vermeidung persönlicher Haftung, Stuttgart 2000; Küpper, H.-U.: Industrielles Controlling, in: Schweitzer, M. (Hrsg.): Industriebetriebslehre, 2. Aufl., München 1994, S. 853–962; Menzies, C.: Sarbanes-Oxley Act: professionelles Management interner Kontrollen, Stuttgart 2004; Thom, N.: Kontrolle, in: Chmielewicz, K./Schweitzer, M. (Hrsg.): HWR, 3. Aufl., Stuttgart 1993, Sp. 1140–1145; Treuz, W.: Betriebliche Kontrollsysteme. Berlin 1974.

Clemens Werkmeister

Kontrolltechniken →Kontrollinstrumente

Kontrolltheorie

Kontrolle zählt zu den zentralen Aufgaben der Führung. Sie besteht allgemein im Vergleich unterschiedlicher Größen. Zu ihnen gehören Plangrößen, speziell Vorgabe- und Prognosegrößen (Soll- bzw. Wirdgrößen), sowie empirische Größen (Istwerte), die betriebliche Güter und Prozesse oder menschliches Verhalten erfassen. Der Zweck der Kontrolle liegt zunächst in der Informationsgewinnung durch Feststellung von Abweichungen (→Abweichungsanalyse) im Zuge der Vergleiche (z. B. →Soll-Ist-Vergleich). Ferner soll sie das Verhalten beeinflussen sowie ggf. Korrektur- und Sicherungsmaßnahmen veranlassen. Die Beurteilung der Kontrollwirkungen sowie die zielorientierte Kontrollgestaltung setzen Annahmen über die Kontrollwirkung voraus, deren Formulierung, Analyse und Überprüfung Gegenstand einer Reihe von Kontrolltheorien ist. Diese lassen sich nach den Kontrollzwecken ordnen.

Theorien zur Informationsgewinnung und zur Beurteilung von Abweichungen sind von Bedeutung, da Kontrollen zunächst Informationen erzeugen, indem sie Befunde erheben, in ein Modell einordnen und mit anderen Größen vergleichen. Dabei führen nicht korrekt prognostizierte Umwelteinflüsse, Fehler in der Planumsetzung oder Fehler in der Befunderhebung zu Abweichungen, deren Ausmaß und Relevanz zu beurteilen sind. Sofern nicht – wie etwa bei einer Buchhaltungsprüfung – alle Abweichungen grundsätzlich relevant sind, sind sie zur Steuerung der Managementkapazitäten zu filtern (→Führungsinformationssysteme). Dies gilt insb. für diejenigen Abweichungen, die selbst oder deren Ursachen mit vertretbarem Aufwand zu beseitigen sind (kontrollierbare Abweichungen). Zur Entscheidung über die Abweichungsauswertung dienen statistische Hypothesentests, etwa durch Qualitätskontrollkarten (→Kontrollinstrumente). Daneben gibt es Entscheidungsmodelle mit expliziter Berücksichtigung von →Kosten und Nutzen der Abweichungsauswertung (→Kosten-Nutzen-Analyse) und entsprechende Stichprobentheorien.

Theorien zur Veranlassung von Korrektur- und Sicherungsmaßnahmen bedarf es, wenn im Rahmen des →Planungssystems und des →Kontrollsystems vorab konzipierte bzw. implizit in Betracht gezogene Handlungen in Abhängigkeit des Kontrollergebnisses tatsächlich veranlasst werden. Beispiele mit gut überschaubaren Wirkungszusammenhängen zwischen Anpassungsmaßnahmen und Ergebnis sind Nacharbeiten infolge einer Qualitätskontrolle (→Qualitätscontrolling) oder Korrekturbuchungen bei →Jahresabschlussprüfungen. Auch für viele technische Kontrollobjekte sind Wirkungszusammenhänge zwischen Maßnahmen und Ergebnissen vergleichsweise gut erforscht. Sie sind Gegenstand der Kybernetik oder in stärker wirtschaftlich ausgerichteten Anwendungen der Systemtheorie (Wiener 1948; Ulrich 1970). In der Mathematik bezeichnet Kontrolltheorie einen Zweig der Analysis, der sich der Extremwertbestimmung von Funktionalen bei Nebenbedingungen widmet. Da damit dynamische Steuerungsprobleme auf fruchtbare Weise modelliert werden können, wird diese Form der Kontrolltheorie auch auf betriebliche Probleme angewendet (Feichtinger/Hartl 1986).

Theorien zur Verhaltensbeeinflussung bzw. zu Verhaltenskontrollen sind von Bedeutung, wenn eine bestimmte Verhaltensweise erwünscht ist, diese jedoch über Ergebniskontrollen nicht verlässlich überprüfbar ist. Beispiele sind die sorgfältige Befolgung von Sicherheitsvorschriften, Rechnungslegungspflichten oder die engagierte Geschäftsführung. Eine mangelnde Aussagekraft von Ergebnissen kann daher stammen, dass das Ergebnis einer Handlung selbst nicht hinreichend klar feststellbar ist oder daran, dass Störeffekte die Rückschlüsse auf das Verhalten beeinträchtigen. Gem. der Institutionenökonomie, speziell der →Principal-Agent-Theorie, drohen Moral Hazard oder Shirking aufgrund abweichender Zielvorstellungen der Beteiligten, ggf. auch Trittbrettfahrer (Free Rider). Diesen Verhaltensproblemen kann eine Präferenzangleichung entgegenwirken. Für die Kontrolle wichtiger ist jedoch die Gewinnung aussagekräftiger Informationen (Holmström 1979). Hierzu dienen Kontrollmaßnahmen (Scanning, Monitoring), etwa zur Durchführung von Arbeitsschritten oder ihrer Qualität. Dies erhöht die Wahrscheinlichkeit des Aufdeckens und anschließender Sanktionen und senkt so die Anreize zu Fehlverhalten. Zudem kann die Gestaltung von Anreizen und Sanktionen die präventive Wirksamkeit von Verhaltenskontrollen erhöhen (Schäffer 2001, S. 141 ff., S. 212 ff.). Daneben sind die Erkenntnisse der Motivations- und Verhaltenstheorie von Bedeutung, da in Abhängigkeit der Persönlichkeitsmerkmale der Beteiligten eine Kontrolle extrinsisch motivierend oder demotivierend wirken kann (Thieme 1982).

Kontrolltheorien bewegen sich in Modellrahmen, die die jeweiligen Ziele und Handlungsalternativen sowie die Kontrollkonsequenzen (etwa Anpassungs- und Sicherungsmaßnahmen sowie Belohnung und Strafen als Sanktionen) abbilden. Soweit diese Konsequenzen angesichts der Kontrollergebnisse nicht mehr angemessen erscheinen, regt die Kontrolle einen neuen Planungs- und Kontrollprozess an, indem etwa die Ziele überdacht, weitere Alternativen entwickelt oder die theoretischen Zusammenhänge zwischen Alternativen und Zielwirkungen angepasst werden.

Literatur: Feichtinger, G./Hartl, R. F.: Optimale Kontrolle ökonomischer Prozesse, Berlin/N.Y. 1986; Holmström, B.: Moral Hazard and Observability, in: The Bell Journal of Economics 10 (1979), S. 74–91; Schäffer, U.: Kontrolle als Lernprozess, Wiesbaden 2001; Thieme, H.-R.: Verhaltensbeeinflussung durch Kontrolle, Berlin 1982; Ulrich, H.: Die Unternehmung als produktives soziales System, 2. Aufl., Bern/Stuttgart 1970; Wiener, N.: Cybernetics of Control and Communication in the Animal and Machine, Cambridge (Mass.) 1948.

Clemens Werkmeister

Kontrollumfeld

Das Kontrollumfeld, auch Kontrollumwelt genannt, besteht aus einer Vielzahl von Parametern, die die Wirkung von Kontrollen (→Kontrolltheorie) beim Kontrollierten bestimmen. Die Analyse des Kontrollumfeldes ist erforderlich, um die Akzeptanz bzw. Reaktionen auf Kontrollen abzuschätzen. Mittels bestimmter Einflussgrößen soll genauer beurteilt werden, ob Kontrollen Ablehnung oder Verweigerung hervorrufen oder die Bereitschaft fördern, durch Kontrollen die Erreichung von Zielen abzusichern und Anpassungsmaßnahmen zu ergreifen. Die Akzeptanz von Kontrollen hat maßgeblichen Einfluss auf das Veränderungspotenzial und die Anpassungsfähigkeit von Organisationen an veränderte Rahmenbedingungen.

Ob die mit Kontrollen beabsichtigten Zwecke (→Kontrolltheorie) erreicht werden, hängt in hohem Maße von der Reaktion des Kontrollierten ab. Das Ausüben von Kontrollen bewirkt beim Kontrollierten Reaktionen (z. B. Ablehnung, Veränderung der Selbsteinschätzung und der Beziehung zum Kontrollträger usw.). Um mögliche Verhaltenswirkungen ex ante bestimmen und damit die Akzeptanz von Ergebnis- und insb. Verhaltenskontrollen einschätzen zu können, bedarf es der Evaluation von Bestimmungsfaktoren auf der Grundlage verhaltenswissenschaftlicher Erkenntnisse und Hypothesen. Diese werden in erster Linie durch die Organisation und Personalführung vorgegeben, indem die Aufgabenstellungen des Kontrollierten, seine Arbeitssituation und seine Bezugsgruppen festgelegt werden.

Dementsprechend unterscheidet z. B. *Küpper* (Küpper 2001, S. 256–258) drei Gruppen von Einflussgrößen, die insgesamt die Kontrollumwelt konstituieren:

1) die *betrieblichen Aufgaben* des Kontrollierten werden näher analysiert durch Bestimmungsgrößen wie

- die Strukturiertheit der Aufgabe (wohlstrukturierte, routinemäßige vs. schlechtstrukturierte, innovativ-kreative Aufgabe),

Kontrollumwelt

- die Verfügbarkeit und Zuverlässigkeit von Lösungsverfahren (in Bezug auf das Ergebnis),
- die Unsicherheit der Daten,
- die Beeinflussbarkeit der Lösung durch den Kontrollierten und
- die Bedeutung der Aufgabe für das Unternehmen bzw. den Kontrollträger.

2) Um die *Arbeitssituation* des Kontrollierten näher analysieren zu können, werden folgende Faktoren untersucht:

- die Komplexität der Aufgaben (einheitliche, wiederkehrende Aufgabenstellungen vs. komplizierte, neue Aufgabenstellungen),
- der Grad der Entscheidungsautonomie,
- die sachlichen Situationsbedingungen des Kontrollierten (z. B. kritische Handlungssituation, Krisen-, Wettbewerbsbedingungen usw.) und
- die persönlichen Situationsbedingungen des Kontrollierten (insb. persönliche Anspannung, emotionale Empfindlichkeit, Verletzbarkeit, Sensibilität).

3) Das *Bezugsgruppengefüge* des Kontrollierten umfasst insb.:

- gesellschaftliche, religiöse und landsmännische Zugehörigkeit,
- Mitgliedschaften in Berufsverbänden, Gewerkschaften, →politischen Parteien usw.,
- die Belegschaft, insb. Kollegen sowie
- das Betriebsklima.

Die Ausprägung jeder einzelnen Einflussgröße hat unterschiedliche Auswirkungen auf die Akzeptanz von Kontrollen und die Durchsetzbarkeit von Maßnahmen zur Verminderung bzw. Schließung von Soll-Ist-Abweichungen (→Abweichungsanalyse; →Soll-Ist-Vergleich). Des Weiteren wird damit die Konfliktträchtigkeit von Kontrollen beurteilbar, die von wesentlicher Bedeutung für die Kontrollintensität ist. Sehr häufige Kontrollen erhöhen den Druck auf den Kontrollierten und führen zu einer erhöhten Abwehrhaltung, da sie den Eindruck vermitteln, sie würden der Person willen durchgeführt. Mittlere (regelmäßige) Kontrollintensitäten haben den Vorteil, dass sie den Charakter des Außergewöhnlichen verlieren und Erfahrungen mit Kontrollen aufgebaut werden. Je schneller Kontrollen auf den Handlungsvollzug folgen, desto stärker wirken sie auf das Verhalten. Zum anderen hängt das Gewicht von Kontrollmaßnahmen für den Kontrollierten davon ab, inwieweit diese mit formalen Anreizen (z. B. Prämien, Tantiemen oder Karriereaufstieg) verbunden sind und die Auswertung der Kontrollen zu Verbesserungen führen.

Literatur: Küpper, H.-U.: Controlling. Konzepte, Aufgaben, Instrumente, 4. Aufl., Stuttgart 2005.

Monika Palloks-Kahlen

Kontrollumwelt →Kontrollumfeld

Kontrollwirkungen →Kontrollumfeld; →Kontrolltheorie

Kontrollziel →Control-Gap

Kontrollzwecke →Kontrolltheorie

Konventionsnormen →Überbetriebliche Vergleiche

Konzentrationen →Unternehmenszusammenschlüsse

Konzern →Konzernarten

Konzern, dezentraler →Konzerne, Unternehmensbewertung von

Konzern, diversifizierter →Konzernmanagement

Konzern, faktischer →Abhängigkeitsbericht

Konzern, horizontaler →Konzernmanagement

Konzern, vertikaler →Konzernmanagement

Konzern, zentraler →Konzerne, Unternehmensbewertung von

Konzernabschluss →Konzernabschlussprüfung

Konzernabschluss, Befreiungsvoraussetzungen

Jede KapGes oder Personenhandelsgesellschaft i.S.v. § 264a HGB [→Personengesellschaften (PersGes)] mit Sitz im Inland ist zur (Teil-) Konzernrechnungslegung verpflichtet, wenn diese bestimmte Rechtspositionen gegenüber einem anderen Unternehmen innehat. Eine Befreiung von der Aufstellung eines HGB-Konzernabschlusses kann nur bei Vorliegen folgender Tatbestände erfolgen:

- Einbeziehung in den Konzernabschluss eines übergeordneten Mutterunternehmens (§§ 291 und 292 HGB),
- Befreiung von der Konzernrechnungslegungspflicht durch Unterschreiten bestimmter Größenmerkmale (§ 293 HGB) (→Größenklassen) oder
- Befreiung von der Aufstellungspflicht nach handelsrechtlichen Vorschriften durch Anwendung internationaler Rechnungslegungsstandards (§ 315a HGB).

Gem. § 291 Abs. 1 HGB braucht „ein Mutterunternehmen, das zugleich Tochterunternehmen eines Mutterunternehmens mit Sitz in einem Mitgliedstaat der Europäischen Union oder in einem anderen Vertragsstaat des Abkommens über den Europäischen Wirtschaftsraum ist", unter bestimmten, in § 291 Abs. 2 HGB genannten Bedingungen, keinen Konzernabschluss und keinen →Konzernlagebericht zu erstellen. Der befreiende Konzernabschluss und -lagebericht einschl. des →Bestätigungsvermerks oder Versagungsvermerks müssen im Einklang mit der Siebenten RL 83/349/EWG stehen und nach den für den entfallenden Konzernabschluss und -lagebericht maßgeblichen Vorschriften in deutscher Sprache offengelegt werden (§ 291 Abs. 1 Satz 1 HGB).

Eine Befreiung ist gem. § 291 Abs. 3 HGB trotz Vorliegens der Voraussetzungen dann nicht möglich, wenn von dem zu befreienden Mutterunternehmen ausgegebene Wertpapiere am Abschlussstichtag in einem Mitgliedstaat der EU/EWR zum Handel an einem geregelten Markt zugelassen sind. Eine Befreiungswirkung kann gem. § 291 Abs. 3 Satz 1 Nr. 2 HGB auch im Falle eines Minderheitenvotums verhindert werden. § 292 HGB regelt i.V.m. der KonBefrV die Befreiungsvoraussetzungen bei der Einbeziehung in den Konzernabschluss eines übergeordneten Mutterunternehmens mit Sitz in einem Drittstaat.

Der befreiende Konzernabschluss und -lagebericht muss nach dem von dem übergeordneten Mutterunternehmen anzuwendenden Recht durch einen in Übereinstimmung mit den Vorschriften der Achten RL 84/253/EWG (welche aktuell durch die RL 2006/43/EG vom 17.5.2006 modernisiert wurde) zugelassenen →Abschlussprüfer (APr) geprüft worden sein (zum Prüfungsvorgehen s. IDW PS 320). Der befreiende Konzernabschluss eines inländischen Mutterunternehmens ist daher nach den Grundsätzen der §§ 316–324 HGB und somit von einem WP bzw. einer WPGes (→Revisions- und Treuhandbetriebe) zu prüfen (§ 316 Abs. 2 i.V.m. § 319 Abs. 1 HGB).

Eine größenabhängige Befreiung von der Konzernrechnungslegungspflicht liegt nach § 293 HGB dann vor, wenn an zwei aufeinander folgenden Stichtagen mindestens zwei der drei Größenmerkmale, die auf den Kriterien Bilanzsumme, →Umsatzerlöse und Arbeitnehmerzahl basieren, wie folgt unterschritten werden (s. Abb.).

Ausdrücklich ausgenommen von der größenabhängigen Befreiung des § 293 HGB sind kapitalmarktorientierte Konzerne (→Konzernarten), die einen organisierten Markt i.S.v. § 2 →Wertpapierhandelsgesetz (WpHG) in An-

Abb.: Größenkriterien

	Bilanzsumme (in €)	Umsatzerlöse (in €)	Arbeitnehmer im Jahresdurchschnitt	Methode
§ 293 Abs. 1 Satz 1 HGB Summenabschluss	< 19.272.000	< 38.544.000	< 250	Bruttomethode
§ 293 Abs. 1 Nr. 2 HGB Konzernabschluss	< 16.060.000	< 32.120.000	< 250	Nettomethode
§ 11 Abs. 1 PublG	< 65.000.000	< 130.000.000	< 5.000	

spruch nehmen oder dessen Inanspruchnahme beantragt ist (§ 293 Abs. 5 HGB).

Grundsätzlich hat jedes Mutterunternehmen i.S.v. § 290 Abs. 1 oder 2 HGB einen Konzernabschluss und -lagebericht nach den §§ 290 ff. HGB aufzustellen und nach den §§ 316 ff. HGB durch einen APr prüfen zu lassen (→Konzernabschlussprüfung; →Pflichtprüfungen), wenn die Größenkriterien des § 293 HGB überschritten sind. Ein solches Mutterunternehmen braucht jedoch keinen Konzernabschluss und -lagebericht dann nicht aufzustellen und prüfen zu lassen, wenn ein übergeordnetes Mutterunternehmen mit Sitz innerhalb der EU oder des EWR bzw. außerhalb der EU oder des EWR einen befreienden Konzernabschluss und -lagebericht erstellt. In diesem Fall ist zu prüfen, ob die in § 291 HGB bzw. § 292 HGB i.V.m. §§ 1 und 2 KonBefrV kodifizierten Mindestanforderungen erfüllt sind.

Nach Art. 4 der VO (EG) Nr. 1606/2002 (sog. IAS-VO) werden europäische Unternehmen, deren Wertpapiere zum Handel auf einem geregelten Markt zugelassen sind, dazu verpflichtet, ihre Konzernabschlüsse für ab dem 1.1.2005 beginnende Geschäftsjahre nach den →International Financial Reporting Standards (IFRS) zu erstellen (→Richtlinien und Verordnungen der Europäischen Union, Bedeutung für Rechnungslegung und Unternehmensüberwachung). Eine Übergangsfrist für Geschäftsjahre beginnend am oder nach dem 1.1.2007 wird nach dem HGB für solche Unternehmen gewährt, die bereits im Jahre 2002 andere international anerkannte Standards [→United States Generally Accepted Accounting Principles (US GAAP)] anwenden und deren Wertpapiere in einem Nichtmitgliedstaat zum öffentlichen Handel zugelassen sind sowie solche Unternehmen, von denen lediglich Schuldtitel zum öffentlichen Handel zugelassen sind. Für alle nicht kapitalmarktorientierten Unternehmen besteht gem. § 315a Abs. 3 HGB ein Wahlrecht, ihren Konzernabschluss nach den Regelungen der IFRS zu erstellen. Für diejenigen Unternehmen, die ihren Konzernabschluss gem. der IAS-VO nach den IFRS aufstellen (müssen), sind gleichwohl einige HGB-Vorschriften, insb. zum Konzernlagebericht (§ 315 HGB), zu befolgen (§ 315a Abs. 1 HGB).

Wird ein Konzernabschluss gem. § 315a HGB erstellt, so ist zu prüfen, ob die dort aufgeführten Voraussetzungen eingehalten wurden.

Nach den IFRS sind in den Konzernabschluss grundsätzlich alle in- und ausländischen Tochterunternehmen einzubeziehen (Weltabschlussprinzip), auf die das Unternehmen einen beherrschenden Einfluss ausüben kann (→Konsolidierungskreis). IAS 27.10 regelt die Befreiungsvorschrift zur Erstellung eines Konzernabschlusses eines Tochterunternehmens, das selbst Mutterunternehmen ist. Eine Konzernerstellungspflicht entfällt, wenn das oberste oder ein übergeordnetes Mutterunternehmen einen Konzernabschluss erstellt und offenlegt und dabei im vollständigen oder teilweisen (unter der Bedingung der Zustimmung der anderen Anteilseigner) Besitz der Anteile des Tochterunternehmens ist sowie der Konzernabschluss den IFRS entspricht. Das Mutterunternehmen darf außerdem keine Schuld- oder Eigenkapitalinstrumente an einer Börse handeln bzw. planen diese zu emittieren oder bereits eingereicht haben zur Emission.

Wird ein befreiender Konzernabschluss nach IAS 27.10 aufgestellt, so ist zu prüfen, ob die entsprechenden Befreiungsvoraussetzungen vorliegen und die Vorschriften des IAS 27.37 bis 27.42 beachtet worden sind.

Nach US GAAP bestehen grundsätzlich keine Befreiungsvorschriften; ein (Mutter-) Unternehmen, das auf ein oder mehrere Tochterunternehmen Kontrolle ausüben kann, hat einen konsolidierten Abschluss zu erstellen und diesen durch einen APr prüfen und testieren zu lassen, sofern das Unternehmen den Registrierungs- und Berichtspflichten der →Securities and Exchange Commision (SEC) unterliegt.

Größenabhängige Befreiungen sind nach IFRS bzw. US GAAP unbekannt.

Literatur: IDW (Hrsg.): IDW Prüfungsstandard: Verwendung der Arbeit eines anderen externen Prüfers (IDW PS 320, Stand: 5. Mai 2004), in: WPg 57 (2004), S. 593–597.

Nicole Jöckle

Konzernabschlussprüfung

Gem. § 316 Abs. 2 HGB sind der Konzernabschluss und der →Konzernlagebericht von KapGes durch einen →Abschlussprüfer (APr) zu prüfen. Die Prüfung ist die Voraussetzung für die Billigung des Konzernabschlusses (→Feststellung und Billigung des Abschlusses). Konzern-APr können gem. § 319 Abs. 1 HGB grundsätzlich nur WP oder WPGes (→Revisions- und Treuhandbetriebe) sein, da in dieser Vorschrift keine Prüfung durch →vereidigte Buchprüfer (vBP) vorgesehen ist. Für den Konzern-APr gelten die Vorschriften über die Teilnahme an der →Qualitätskontrolle in der Wirtschaftsprüfung (→Peer Review) nach § 57a →Wirtschaftsprüferordnung (WPO) sowie die Ausschlussgründe gem. § 319 HGB Abs. 2–4 HGB und gem. § 319a HGB entsprechend (§319 Abs. 5 HGB bzw. § 319a Abs. 2 HGB) (→Ausschluss als Abschlussprüfer).

Konzern-APr ist gem. § 318 Abs. 2 HGB der für die Prüfung des Jahresabschlusses des Mutterunternehmens bestellte Prüfer, es sei denn, für die Prüfung des Konzernabschlusses wird ein anderer Prüfer bestellt (→Bestellung des Abschlussprüfers).

Die skizzierten Vorschriften gelten gem. § 264a HGB auch für die →offene Handelsgesellschaft (OHG) und →Kommanditgesellschaft (KG), bei denen nicht direkt oder indirekt mindestens ein persönlich haftender Gesellschafter eine natürliche Person ist. Relevant ist diese Vorschrift deshalb insb. in dem Fall, dass eine KG Muttergesellschaft ihrer eigenen Komplementär-GmbH ist, sowie in dem Fall, dass eine KG einen →Teilkonzernabschluss zu erstellen hat. Ist hingegen die KG nicht Muttergesellschaft ihrer eigenen Komplementär-GmbH und ist sie nicht Muttergesellschaft eines Teilkonzerns oder als solche nicht zur Aufstellung eines Teilkonzernabschlusses verpflichtet, so ist die Komplementär-GmbH selbst zur Aufstellung eines Konzernabschlusses verpflichtet.

→Kreditinstitute und →Versicherungsunternehmen sind unabhängig von ihrer Größe und Rechtsform (→Unternehmensformen) zur Aufstellung eines Konzernabschlusses verpflichtet, wenn sie Mutterunternehmen i. S. v. § 290 Abs. 1 oder Abs. 2 HGB sind und nicht gem. § 291 oder § 292 HGB von der Pflicht zur Aufstellung eines Teilkonzernabschlusses befreit sind (→Konzernabschluss, Befreiungsvoraussetzungen) (§ 340i Abs. 1 und 2 bzw. §§ 341i und 341j HGB). Die von Kreditinstituten und Versicherungsunternehmen aufgestellten Konzernabschlüsse sind grundsätzlich nach den Prüfungsvorschriften für KapGes zu prüfen (§ 340k Abs. 1 bzw. § 341k Abs. 1 HGB). Für Kreditinstitute allgemein gilt die Besonderheit, dass ggf. auch Konzernzwischenabschlüsse (→Zwischenabschlüsse) zu prüfen sind (§ 340i Abs. 4 HGB), und für Kreditinstitute, die →Genossenschaften oder rechtsfähige wirtschaftliche Vereine sind, dass die Prüfung des Konzernabschlusses vom →Prüfungsverband, dem das Kreditinstitut angehört, durchzuführen ist (§ 340k Abs. 2 HGB). Der Konzernabschluss einer Sparkasse ist gem. § 340k Abs. 3 HGB von der Prüfungsstelle eines Sparkassen- und Giroverbands zu prüfen (→Sparkassenprüfung).

Sinngemäß anzuwenden sind die für die Prüfung des Konzernabschlusses relevanten Vorschriften des HGB auch auf die Prüfung des Konzernabschlusses von Unternehmen, die gem. § 13 PublG zur Aufstellung eines Konzernabschlusses verpflichtet sind (§ 14 Abs. 1 PublG). Dies gilt auch für die Prüfung des Konzernabschlusses von eingetragenen Genossenschaften, da Genossenschaften, soweit es sich nicht um Kreditinstitute handelt, zu den Unternehmen gehören, die bei Erfüllung der Größenkriterien gem. § 1 PublG nach diesem Gesetz zur Konzernrechnungslegung verpflichtet sind. Besonderheit ist gem. § 14 Abs. 2 PublG, dass der Konzern-APr der Genossenschaft der genossenschaftliche Prüfungsverband ist, dem die Genossenschaft angehört.

Gegenüber dem Konzern-APr bestehen zunächst die gleichen Vorlage- und Auskunftspflichten gem. § 320 HGB wie gegenüber dem Jahresabschlussprüfer. Hinzu kommt, dass dem Konzernabschlussprüfer gem. § 320 Abs. 3 HGB neben dem JA, →Lagebericht und ggf. →Prüfungsbericht (PrB) des Mutterunternehmens auch die Jahresabschlüsse, Lageberichte und Prüfungsberichte der Tochterunternehmen vorzulegen sind. Außerdem hat der Konzernabschlussprüfer sämtliche Auskunftsrechte (→Auskunftsrechte des Abschlussprüfers) uneingeschränkt auch gegenüber den Tochterunternehmen, deren gesetzlichen Vertretern und Abschlussprüfern.

Der APr hat über die Prüfung gem. § 321 HGB einen schriftlichen PrB zu verfassen und gem. § 322 Abs. 1 HGB das Ergebnis in einem gesonderten →Bestätigungsvermerk (BestV) zusammenzufassen.

Gegenstand und Umfang der Prüfung des Konzernabschlusses sind in § 317 HGB beschrieben. Demnach hat sich die Prüfung des Konzernabschlusses darauf zu erstrecken, ob die gesetzlichen Vorschriften und die sie ergänzenden Bestimmungen des Gesellschaftsvertrags oder der Satzung beachtet worden sind (→Ordnungsmäßigkeitsprüfung).

Zu den gesetzlichen Vorschriften, deren Beachtung zu prüfen ist, gehören als rechtliche Vorfragen die §§ 290–296 HGB. Erstellt ein mögliches Mutterunternehmen keinen Konzernabschluss, so ist das evtl. Bestehen einer Konzernrechnungslegungspflicht vom Jahresabschlussprüfer des potenziellen Mutterunternehmens zu prüfen, wird jedoch ein Konzernabschluss aufgestellt, so ist ebenfalls zu prüfen, ob mindestens ein Mutter-Tochterverhältnis i.S.v. § 290 Abs. 1 oder Abs. 2 HGB besteht, weil nur dann ein Konzernabschluss aufgestellt werden kann (s. auch ADS 2000, Rn. 29 und 125 f. zu § 317 HGB, S. 56 und 86). Dies gilt gem. § 315a Abs. 1 Satz 1 HGB auch, wenn ein Konzernabschluss nach den →International Financial Reporting Standards (IFRS) aufgestellt wird.

Im nächsten Schritt ist die Abgrenzung des →Konsolidierungskreises zu prüfen. Wird der Konzernabschluss nach HGB erstellt, so sind die §§ 294 und 296 HGB einschlägig, bei Erstellung eines IFRS-Konzernabschlusses IAS 27.4 i.V.m. IAS 27.12–21 und insb. auch SIC 12 betreffend die Identifizierung von sog. Zweckgesellschaften.

Über den Konsolidierungskreis i.e.S. hinaus ist auch zu prüfen, welche Gemeinschaftsunternehmen und assoziierten Unternehmen vorhanden sind bzw. ob die als solche im Konzernabschluss behandelten Unternehmen die einschlägigen Kriterien erfüllen. Nach HGB sind dies die §§ 310–311 HGB und nach IFRS IAS 28.6–7 und IAS 31.24–29.

Gem. § 317 Abs. 3 Satz 1 HGB hat der Konzern-APr auch die im Konzernabschluss zusammengefassten Jahresabschlüsse sowie die konsolidierungsbedingten Anpassungen zu prüfen. Ob mit der Prüfung der im Konzernabschluss zusammengefassten Jahresabschlüsse die Prüfung der rechtlichen Jahresabschlüsse der Konzernunternehmen und der anteilmäßig konsolidierten Gemeinschaftsunternehmen oder die Prüfung der sog. →Handelsbilanzen II dieser Unternehmen gemeint ist, ist eine definitorische Frage. Im Ergebnis ist sicherzustellen, dass auch die Anpassungen der rechtlichen Abschlüsse der einzelnen Konzern- und Gemeinschaftsunternehmen an die für den Konzernabschluss relevanten Ansatz-, Bewertungs- und Gliederungsvorschriften geprüft werden (Marten/Köhler/Neubeck 2004, Rn. 131 und 142 zu § 317 HGB, S. 42 f. und 45 f.). Auf die Prüfung der im Konzernabschluss zusammengefassten Jahresabschlüsse, worunter nach hier vertretener Auffassung auch die Handelsbilanzen II gerechnet werden können, kann der Konzern-APr gem. § 317 Abs. 3 Satz 2 und 3 HGB verzichten, wenn bereits eine qualitativ gleichwertige Prüfung stattgefunden hat (→Ergebnisse Dritter) (ebenso ADS 2000, Rn. 208 zu § 317 HGB, S. 116; a.A. Marten/Köhler/Neubeck 2004, Rn. 142 zu § 317 HGB, S. 46).

Zur Prüfung der konsolidierungsbedingten Anpassungen (→Konsolidierungsprüfung) gehört auf jeden Fall die Prüfung der auf den Summenabschluss aufsetzenden Konsolidierungsmaßnahmen, also der Kapitalkonsolidierung, der Schuldenkonsolidierung, der Zwischenerfolgseliminierung und der Aufwands- und Ertragskonsolidierung (→Konsolidierungsformen) sowie der aufgrund der Konsolidierungsmaßnahmen erforderlichen Anpassung der →latenten Steuern (s. auch ADS 2000, Rn. 204 zu § 317 HGB, S. 114 f.). Des Weiteren ist ggf. die Equity-Bewertung von Anteilen an assoziierten Unternehmen zu prüfen, wozu bei einem IFRS-Konzernabschluss anders als bei einem HGB-Konzernabschluss auch die Prüfung der Anpassung der Abschlussstichtage an den Konzernabschlussstichtag (IAS 28.24 f.) und die Prüfung der Anpassungen der Ansatz- und Bewertungsvorschriften an das Regelwerk des →*International Accounting Standards Board* (*IASB*) und an einheitliche Bilanzierungs- und Bewertungsmethoden (IAS 28.27) gehört.

Da der Konzernabschluss nicht aus einer originären Konzernbuchführung generiert, sondern aus den Jahresabschlüssen der in den Konsolidierungskreis einbezogenen Unternehmen abgeleitet wird, hat sich die Prüfung auch darauf zu erstrecken, ob die bereits in der Vergangenheit erfolgswirksam oder erfolgsneutral verrechneten konsolidierungsbedingten Unterschiedsbeträge kumuliert zugunsten bzw. zu Lasten der →Gewinnrücklagen vorgetragen wurden. Dann ist zwar noch nicht sichergestellt, dass die konsolidierungsbedingten Unterschiedsbeträge richtig verrechnet wurden, sichergestellt ist jedoch, dass die Konzern-Eröffnungsbilanz eines Geschäftsjahres mit der Konzernbilanz des letzten Geschäftsjahres identisch ist (→Stetigkeit). In die Prüfung ist deshalb die Dokumentation der Konsolidierungsvorgänge einzubeziehen, was auf eine →Systemprüfung (→indirekte Prüfung) hinausläuft, wenn von dem Unternehmen eine geeignete Konsolidierungssoftware eingesetzt wird (s. ebenso ADS 2000, Rn. 204 zu § 317 HGB, S. 115).

Wie die konsolidierungsbedingten Unterschiede zu verrechnen sind, hängt z.T. davon ab, ob es sich um einen HGB- oder um einen IFRS-Konzernabschluss handelt. Verwiesen sei in diesem Zusammenhang auf unterschiedliche Vorschriften zur Abschreibung (→Abschreibungen, bilanzielle) des →Geschäfts- oder Firmenwertes.

Haben sich in einem Konzern (→Konzernarten) die Beteiligungsverhältnisse geändert, so werden an den Prüfer besondere Anforderungen gestellt, die darauf hinauslaufen, dass Erst-, →Ent- und Übergangskonsolidierungen sowie Hinzuerwerbe und Veräußerungen von Anteilen an Tochterunternehmen einzeln zu prüfen sind. Gleiches gilt für die Abbildung konzerninterner Umstrukturierungen wie Fusionen, Verschmelzungen (→Unternehmensumwandlungen) und konzerninterne Anteilsveräußerungen.

Die Durchführung der einzelnen Konsolidierungsmaßnahmen setzt voraus, dass die erforderlichen Informationen über konzerninterne Beziehungen vorliegen, z. B. über konzerninterne Lieferungen und Leistungen sowie →Forderungen und →Verbindlichkeiten. In der Praxis gestaltet sich die Prüfung deshalb so, dass der Konzern-APr prüft, ob die Konsolidierungsmaßnahmen auf der Grundlage von sog. Informationspackages durchgeführt wurden, die von den Jahresabschlussprüfern der einbezogenen Konzernunternehmen geprüft wurden.

Gem. § 297 Abs. 1 HGB besteht der Konzernabschluss aus der Konzernbilanz, der Konzern-Gewinn- und Verlustrechnung [→Gewinn- und Verlustrechnung (GuV)], dem →Konzernanhang, der →Kapitalflussrechnung und dem Eigenkapitalspiegel. Er kann um eine →Segmentberichterstattung erweitert werden, die bei kapitalmarktorientierten Unternehmen und solchen, die die Ausgabe von börsengehandelten Wertpapieren in die Wege geleitet haben, allerdings gem. IAS 14.3 Pflichtbestandteil eines IFRS-Konzernabschlusses ist. Die Prüfung des Konzernabschlusses hat sich folglich auch auf diese Bestandteile zu erstrecken (s. hierzu Marten/Köhler/Neubeck 2004, Rn. 53 ff. zu § 317 HGB, S. 22 ff.).

Literatur: ADS: Rechnungslegung und Prüfung der Unternehmen, Teilband 7, 6. Aufl., Stuttgart 2000; Marten, K.-U./Köhler, A. G./Neubeck, G.: Bilanzrecht: Handelsrecht mit Steuerrecht und den Regelungen des IASB, Bonn 2004.

Ralf Michael Ebeling

Konzernabschlussstichtag →Handelsbilanz II; →Zwischenabschlüsse

Konzernabschlusstheorien →Interessen- und Einheitstheorie

Konzernanhang

Angesichts der Vielzahl der geforderten Angaben, sollte die Prüfung anhand einer →Prüfungscheckliste erfolgen. Die speziell auf den Konzernanhang bezogenen Vorschriften des HGB stellen folgende Anforderungen, von denen Unternehmen, die einen Konzernabschluss nach PublG aufstellen, z.T. befreit sind (§ 13 Abs. 3 PublG):

→Konsolidierungskreis und →Beteiligungen:

- Angaben zu einbezogenen Unternehmen, nichtkonsolidierten Tochterunternehmen, assoziierten Unternehmen und zum wesentlichen Anteilsbesitz (§ 313 Abs. 2 HGB); ggf. können diese Angaben unterbleiben (§ 313 Abs. 3 HGB);
- Angaben bei wesentlicher Änderung des Konsolidierungskreises, die die Vergleichbarkeit aufeinander folgender Konzernabschlüsse ermöglichen, falls diese Angaben nicht in der Konzernbilanz oder -GuV (→Gewinn- und Verlustrechnung) gemacht werden (§ 294 Abs. 2 HGB);
- Begründung der Nichteinbeziehung von Tochterunternehmen gem. § 296 HGB.

Abschlussstichtag: Erläuterung der Vorgänge von besonderer Bedeutung für die Lage eines einbezogenen Unternehmens mit abweichendem Abschlussstichtag, die zwischen den Stichtagen eingetreten sind, wenn sie nicht in Konzernbilanz oder Konzern-GuV berücksichtigt werden (§ 299 Abs. 3 HGB).

Konzernanhang

Bilanzierungs-, Bewertungs- und Konsolidierungsmethoden:

- angewandte Bilanzierungs- und Bewertungsmethoden (→Ansatzgrundsätze; →Bewertungsgrundsätze) (§ 313 Abs. 1 Satz 2 Nr. 1 HGB);
- Angabe und Begründung der Abweichungen zu den im JA des Mutterunternehmens angewandten Bewertungsmethoden (§ 308 Abs. 1 Satz 3 HGB);
- Hinweis auf Ansätze und Abweichungen von den konzerneinheitlichen Bewertungsmethoden, die aus Vorschriften für →Kreditinstitute und →Versicherungsunternehmen resultieren (§§ 300 Abs. 2 Satz 3, 308 Abs. 2 Satz 2 HGB);
- Angabe und Begründung sonstiger wesentlicher Abweichungen von der Bewertungseinheitlichkeit (§ 308 Abs. 2 Sätze 3 und 4 HGB);
- Angabe der Kapitalkonsolidierungsmethoden (→Konsolidierungsformen) und der Zeitpunkte, auf die die zugrunde liegenden Werte ermittelt wurden; Erläuterung eines aus der Kapitalkonsolidierung resultierenden →Geschäfts- oder Firmenwert (Goodwill) bzw. passiven Unterschiedsbetrags (Badwill; Lucky Buy) und dessen wesentlicher Änderungen; Angabe von verrechneten aktiven und passiven Unterschiedsbeträgen (§§ 301, 310 Abs. 2 HGB);
- Hinweis auf die Anwendung der Interessenzusammenführungs-Methode (→Konsolidierungsformen) und Angabe der daraus resultierenden Rücklagenveränderungen (§ 302 Abs. 3 HGB);
- Angabe, ob bei der Equitybewertung (§ 312 HGB) die Buchwert- oder die Neubewertungsmethode (→Konsolidierungsformen) angewendet wurde; bei erstmaliger Anwendung der Buchwertmethode Nennung des Unterschiedsbetrags zwischen Beteiligungsbuchwert und anteiligem →Eigenkapital des assoziierten Unternehmens; bei erstmaliger Anwendung der Neubewertungsmethode Nennung des Unterschiedsbetrags zwischen dem neubewerteten anteiligen Eigenkapital des assoziierten Unternehmens und dem Buchwert der Beteiligung, falls er nicht in der Konzernbilanz gesondert ausgewiesen wird; Angabe des Zeitpunkts, auf welchen der Wertansatz der Beteiligung und der Unterschiedsbeträge ermittelt wurde; vom assoziierten Unternehmen angewendete Bewertungsmethoden, die vom Konzernabschluss abweichen;
- Grundlagen für die →Währungsumrechnung (§ 313 Abs. 1 Satz 2 Nr. 2 HGB);
- Angabe und Begründung von Abweichungen von Bilanzierungs-, Bewertungs- und Konsolidierungsmethoden vom Vorjahres-Konzernabschluss (→Änderung der Bilanzierungs- und Bewertungsmethoden; →Änderung der Bewertungsannahmen); Darstellung ihres Einflusses auf die Darstellung der wirtschaftlichen Lage des Konzerns (§ 313 Abs. 1 Satz 2 Nr. 3 HGB).

Sonstiges:

- Stand bilanzierter →latenter Steuern aus der Konsolidierung, wenn sie nicht gesondert in der Konzernbilanz ausgewiesen werden (§ 306 Satz 2 HGB);
- Gesamtbetrag der in der Konzernbilanz ausgewiesenen →Verbindlichkeiten mit einer Restlaufzeit von mehr als 5 Jahren; Betrag der gesicherten Verbindlichkeiten samt Art und Form der Sicherheiten (§ 314 Abs. 1 Nr. 1 HGB);
- Betrag der →sonstigen finanziellen Verpflichtungen, die nicht in der Konzernbilanz erscheinen oder als →Haftungsverhältnisse anzugeben sind, sofern er für die Beurteilung der →Finanzlage des Konzerns (→Konzernarten) bedeutend ist; Verpflichtungen und Haftungsverhältnisse gegenüber nichteinbezogenen Tochterunternehmen sind jeweils gesondert anzugeben (§ 314 Abs. 1 Nr. 2 HGB);
- Aufgliederung der →Umsatzerlöse nach Tätigkeitsbereichen sowie geografisch bestimmten Märkten, wenn der Konzernabschluss keine →Segmentberichterstattung enthält und sich Tätigkeitsbereiche und geografisch bestimmte Märkte erheblich unterscheiden (§ 314 Abs. 1 Nr. 3, Abs. 2 HGB);
- Angaben zu Arbeitnehmerzahl und →Personalaufwand, falls dieser nicht in der Konzern-GuV gesondert ausgewiesen wird (§ 314 Abs. 1 Nr. 4 HGB);
- Angaben zu Bezügen von Organmitgliedern des Mutterunternehmens sowie zu →Pensionsverpflichtungen gegenüber ehemaligen Organmitgliedern (→Vorstand und Aufsichtsrat, Vergütung von); diese An-

gaben können ggf. in analoger Anwendung des § 286 Abs. 4 HGB bei nichtbörsennotierten Mutterunternehmen unterbleiben; Ausführungen zu Vorschüssen, Krediten und Haftungsverhältnissen, die Organmitgliedern gewährt wurden bzw. die zu ihren Gunsten eingegangen wurden (→ Kreditgewährung an Vorstand und Aufsichtsrat) (§ 314 Abs. 1 Nr. 6 HGB);

- Angaben zu Bestand an Anteilen am Mutterunternehmen (→ eigene Anteile) (§ 314 Abs. 1 Nr. 7 HGB);
- Angabe für jedes einbezogene börsennotierte Unternehmen, ob die →Entsprechenserklärung nach § 161 AktG abgegeben und zugänglich gemacht worden ist (§ 314 Abs. 1 Nr. 8);
- bei kapitalmarktorientierten Mutterunternehmen: Angabe der Honorare der Konzern-APr (→ Honorarangaben) (§ 314 Abs. 1 Nr. 9 HGB);
- Angaben zu bestimmten Finanzinstrumenten (→ Financial Instruments) (§ 314 Abs. 1 Nr. 10 und 11 HGB);
- ggf. erforderliche Angaben, um den →True and Fair View zu vermitteln (§ 297 Abs. 2 Satz 2 HGB).

Darüber hinaus verweist § 298 Abs. 1 HGB auf die Vorschriften zum →Anhang des Jahresabschlusses, wobei die §§ 284, 285 HGB allerdings ausgenommen sind. Ferner sind die für Rechtsform und Geschäftszweig der einbezogenen Unternehmen geltenden Vorschriften zu beachten, allerdings nur soweit die Eigenart des Konzernabschlusses keine Abweichung bedingt. Daher sind die §§ 152, 158 AktG für den Konzernabschluss nicht maßgeblich (ADS 1996, Rn. 193–198 zu § 298 HGB, S. 313–316). Auch die Relevanz des § 160 AktG für den Konzernabschluss wird bestritten (ADS 1996, Rn. 192 zu § 298 HGB, S. 313; differenzierter: Ellrott 2006a, Rn. 35 zu § 313 HGB, S. 1765 f.). Ist eine →Gesellschaft mit beschränkter Haftung (GmbH) Konzern-Mutterunternehmen, fordert die h.M. die Angabe der →Forderungen und Verbindlichkeiten der einbezogenen Unternehmen gegenüber den Gesellschaftern dieser GmbH, die auch in der Konzernbilanz erfolgen kann (ADS 1996, Rn. 202 zu § 298 HGB, S. 317 f.; Ellrott 2006b, Rn. 45 zu § 298 HGB, S. 1464 f.).

Literatur: ADS: Rechnungslegung und Prüfung der Unternehmen, Teilband 3, 6. Aufl., Stuttgart 1996; Ellrott, H.: Kommentierung des § 313 HGB, in: Ellrott, H. et al. (Hrsg.): BeckBilKomm, 6. Aufl., München 2006a; Ellrott, H.: Kommentierung des § 298 HGB, in: Ellrott, H. et al. (Hrsg.): BeckBilKomm, 6. Aufl., München 2006b.

Steffen Kindler

Konzernarten

Konzerne sind Zusammenschlüsse rechtlich selbständiger Unternehmen, die grundsätzlich auf vertraglichen oder kapitalmäßigen Beziehungen beruhen. Hieraus resultieren wirtschaftliche Abhängigkeiten zwischen den einzelnen Unternehmen. Die genannten Beziehungen ermöglichen sowohl Gewinnverlagerungen zu Lasten von Minderheitsgesellschaftern als auch Vermögensverlagerungen zu Lasten von Gläubigern einzelner Konzernunternehmen. Darüber hinaus kann der Einblick in die wirtschaftliche Lage (→ Vermögenslage; → Finanzlage; → Ertragslage) der einbezogenen Unternehmen erschwert sein. Deshalb unterliegen Konzerne sowohl im Gesellschaftsrecht als auch in der Rechnungslegung besonderen Bestimmungen.

In Deutschland sind Konzerne in erster Linie im AktG und im HGB kodifiziert. Im AktG finden sich Schutzvorschriften für die abhängige Gesellschaft, deren Minderheitsaktionäre und Gläubiger (§§ 300–318 AktG); das HGB regelt die Konzernrechnungslegung und die →Konzernabschlussprüfung (§§ 290–324a HGB), die →International Financial Reporting Standards (IFRS) die Konzernrechnungslegung in IFRS 3 und IAS 27.

Ordnungskriterien zur Abgrenzung unterschiedlicher Konzernarten können zum einen mögliche Hierarchien zwischen den einbezogenen Unternehmen, zum anderen die Art der zugrunde liegenden Beziehungen zwischen den Unternehmen sein.

Bzgl. möglicher Hierarchien zwischen Konzernunternehmen nennt das AktG als Regelfall zunächst den *Unterordnungskonzern* (§ 18 Abs. 1 AktG), in dem ein herrschendes Unternehmen (hier „Mutterunternehmen") und mindestens ein abhängiges Unternehmen (hier „Tochterunternehmen") zusammengefasst werden.

Werden Unternehmen z. B. durch personelle Verflechtungen oder Schaffung von Gemeinschaftsorganen ohne Hierarchien, d. h. ohne Abhängigkeitsverhältnisse zusammengefasst, entsteht ein *Gleichordnungskonzern* (§ 18 Abs. 2 AktG).

Im HGB fehlt eine Definition des Konzerns. Aus der Abgrenzung der in einen Konzernabschluss einzubeziehenden Unternehmen (§§ 290, 294 HGB) – Mutterunternehmen und alle Tochterunternehmen (→ Konsolidierungskreis; → Konzernabschluss, Befreiungsvoraussetzungen) – kann geschlossen werden, dass das HGB nur Unterordnungskonzerne kennt.

In den IFRS findet sich demgegenüber eine Abgrenzung des Konzerns („ein Mutterunternehmen mit allen seinen Tochterunternehmen", IAS 27.4). Da Tochterunternehmen über ihre Beherrschung durch ein Mutterunternehmen abgegrenzt werden, lässt sich auch hier ableiten, dass nur Unterordnungskonzerne betrachtet werden (IAS 27.1, 4 und 13).

Unterordnungskonzerne lassen sich nach der *Art* der zugrunde liegenden *Beziehungen* weiter untergliedern. Gemeinsam ist allen Fällen, dass das Mutterunternehmen auf ein oder mehrere Tochterunternehmen Leitungsmacht tatsächlich ausübt (§ 18 Abs. 1 AktG, § 290 Abs. 1 HGB) oder zumindest ausüben könnte (§ 290 Abs. 2 HGB, IAS 27.4).

In einem *Vertragskonzern* beruht die Leitungsmacht des Mutterunternehmens auf vertraglichen Vereinbarungen, z. B. einem Beherrschungsvertrag (§§ 291 ff. AktG, § 290 Abs. 2 Nr. 3 HGB). Er führt zu einer Weisungsbefugnis des Mutterunternehmens gegenüber dem Tochterunternehmen. Dies gilt auch für nachteilige Weisungen, solange sie im Interesse des Mutterunternehmens oder eines anderen Konzernunternehmens stehen.

Für den aktienrechtlichen Vertragskonzern gelten besondere Schutzvorschriften, insb. hat das Mutterunternehmen eventuelle Verluste des Tochterunternehmens auszugleichen (§ 302 Abs. 1 AktG) und den Minderheitsaktionären einen angemessenen Ausgleich für die entgehende Dividende zu zahlen (§ 304 AktG) bzw. auf Verlangen deren Aktien gegen eine angemessene Abfindung zu erwerben (§ 305 AktG).

Analog zum Konstrukt des Vertragskonzerns werten HGB und IFRS entsprechende Regelungen im Gesellschaftsvertrag (§ 290 Abs. 2 Nr. 3 HGB, IAS 27.13b).

Fehlen vertragliche Vereinbarungen, beruht die Leitungsmacht auf den tatsächlichen (Macht-) Verhältnissen. Es entsteht ein *faktischer Konz*ern. Sein Regelfall ist das Vorliegen einer Stimmrechtsmehrheit (→ Stimmrecht) des Mutterunternehmens bei dem Tochterunternehmen, die durch den Erwerb einer Mehrheitsbeteiligung entstanden ist (Vermutungskette der §§ 16, 17, 18 Abs. 1 AktG, § 290 Abs. 2 Nr. 1 HGB, IAS 27.13).

Liegt ein faktischer Konzern vor, so hat der Vorstand des Tochterunternehmens jährlich über die Beziehungen zu anderen Konzernunternehmen in einem → Abhängigkeitsbericht (§ 312 AktG) zu informieren, der vom → Abschlussprüfer (APr) zu prüfen ist (§ 313 AktG). Eventuelle Nachteile sind auszugleichen (§ 311 AktG).

In Deutschland wurde durch die Rspr. das Konstrukt des *qualifiziert faktischen Konzerns* entwickelt. Auf ihn sind die Vorschriften des Vertragskonzerns analog anzuwenden (§§ 302 ff. AktG). Ein qualifiziert faktischer Konzern liegt vor, wenn das Mutterunternehmen seine Leitungsmacht zum Nachteil des Tochterunternehmens missbraucht, diese Nachteile jedoch nicht isoliert und damit einzeln ausgeglichen werden können.

Die engste Verbindung zweier rechtlich selbstständiger Unternehmen im Rahmen eines Unterordnungskonzerns wird als *Eingliederung* (§§ 319–327 AktG) bezeichnet. Ggf. noch vorhandene Minderheitsaktionäre werden abgefunden (§§ 320a, 320b AktG), dem eingliedernden Mutterunternehmen steht die Leitungsmacht gegenüber dem eingegliederten Tochterunternehmen zu (§ 323 AktG), es hat dessen Verluste auszugleichen (§ 324 AktG) und haftet für seine → Verbindlichkeiten (§ 322 AktG).

Literatur: Theisen, M. R.: Der Konzern, 2. Aufl., Stuttgart 2000; Schneider, B./Schneider W.: Jahresabschluss und Jahresabschlussanalyse, systematische Darstellung in Übersichten, 3. Aufl., Göttingen 2006.

Bettina Schneider; Wilhelm Schneider

Konzernaufsichtsrat → Aufsichtsrat im Konzern

Konzernbetriebsprüfung → Betriebsprüfungsstellen der Finanzverwaltung

Konzerne, Unternehmensbewertung von

Gegenstand von Akquisitionen sind nicht nur Einzelunternehmen, sondern auch Konzerne

(→Konzernarten) oder Unternehmensgruppen. Konzerne bestehen aus rechtlich selbstständigen Gesellschaften, die eine wirtschaftliche Einheit bilden. Nach § 290 Abs. 1 HGB stehen die Konzerngesellschaften unter der einheitlichen Leitung der Muttergesellschaft oder nach § 290 Abs. 2 HGB gilt das Control-Konzept. Auf der Grundlage einer kapitalmäßigen Verbindung finden vielfältige Beziehungen zwischen den Konzerngesellschaften statt, zu denen Lieferungs- und Leistungsbeziehungen gehören. Zum anderen werden z. B. einzelne Funktionsbereiche aus den Konzerngesellschaften herausgelöst und zentral bearbeitet und die Zielsetzungen der einzelnen Gesellschaften abgestimmt. Die organisatorischen Maßnahmen werden z.T. flankiert durch die Integration in ein →Planungssystem, Budgetierungssystem (→Budgetierung) und →Kontrollsystem. Grundsätzlich lassen sich zwei Pole auf einem Kontinuum unterschiedlicher Konzernstrukturen identifizieren:

- zentraler Konzern und
- dezentraler Konzern.

Zentrale Konzerne sind durch einen hohen Integrationsgrad gekennzeichnet, während dezentrale Konzerne einen eher losen Konzernverbund bilden können. Bei einem hohen Integrationsgrad im Konzern ist die der Entscheidungsfindung und -durchführung der dem Konzernunternehmen zugrunde liegenden Prozessstrukturen in starkem oder völligem Maße in den Konzern eingegliedert. Die Betrachtung des Integrationsgrades tritt damit bei der Bewertung von Konzernen in den Vordergrund.

→Unternehmensbewertungen werden entweder nach der →Ertragswertmethode des →Instituts der Wirtschaftsprüfer in Deutschland e.V. (IDW) oder den →Discounted Cash Flow-Methoden (DCF-Verfahren) durchgeführt. Zur Plausibilisierung können Multiplikatoren herangezogen werden. Die Basis der Ertragswertermittlung bzw. der Bewertung nach den DCF-Verfahren sind Unternehmensplanungen (→Planung) für die nächsten Perioden. Neben den Plan-Gewinn- und Verlustrechnungen [→Gewinn- und Verlustrechnung (GuV)] gehören dazu die →Planbilanzen sowie die →Finanzplanung und die Investitionsplanung (→Investitionscontrolling). Diese →Planungen können für jede einzelne Konzerngesellschaft erstellt werden.

Setzt sich der Konzern aus verschiedenen Geschäftsbereichen zusammen, erfolgt auch die Planung für die einzelnen Geschäftsbereiche. Es ist aber auch möglich, eine zentrale Planung für den Gesamtkonzern vorzunehmen. Daraus ergeben sich unterschiedliche Ansätze zur Ermittlung von →Unternehmenswerten von Konzernen (Moser 2000, S. 274):

1) Ermittlung des Unternehmenswertes jeder einzelnen Gesellschaft und Addition der Einzelwerte zum Konzerngesamtwert.

2) Ermittlung des Konzernwertes aus der Planung für die Segmente und Addition der Werte der verschiedenen Segmente.

3) Ermittlung des Konzerngesamtwertes aus der Planung des Konzerns.

Welches Verfahren gewählt wird, ist vom Integrationsgrad abhängig. Ist der Integrationsgrad niedrig, sind nur wenige Leistungsbeziehungen zwischen den Konzerngesellschaften im Rahmen einer Gesamtkonzernbewertung zu berücksichtigen (Meichelbeck 1998, S. 124). In diesem Fall ergibt sich der Konzerngesamtwert aus der Addition der Einzelwerte der Konzerngesellschaften. Treten zwischen den Einzelgesellschaften vereinzelt Leistungsbeziehungen auf, so sind sie in den Einzelplanungen zu korrigieren.

Erfolgt im Konzern eine Ausrichtung nach Segmenten bzw. Geschäftsbereichen, so sind diese Geschäftsbereiche als Basis der Bewertung heranzuziehen. Jeder Geschäftsbereich und die Konzernzentrale werden dann getrennt bewertet. Voraussetzung dafür ist, dass zwischen den Geschäftsbereichen keine Synergien (→Synergieeffekte in der Unternehmensbewertung) oder andere Leistungsbeziehungen auftreten.

Herrscht im Konzern ein hoher Integrationsgrad, d.h. liegen umfangreiche Liefer- und Leistungsbeziehungen vor, ist der Konzerngesamtwert auf Basis der aggregierten Unternehmensplanung zu ermitteln. Voraussetzung dafür ist allerdings, dass alle Gesellschaften berücksichtigt werden, unabhängig von den Konsolidierungswahlrechten des § 296 HGB (→Konsolidierungskreis) (Schmidbauer 2002, S. 1547).

Bei der Unternehmensbewertung sind die Grundsätze ordnungsmäßiger Unternehmensbewertung (GoU) zu beachten. Das *IDW* hat derartige Grundsätze veröffentlicht (IDW

S 1). Diese Grundsätze gelten auch für die Bewertung von Konzernen. Hier sind allerdings die speziellen Ausprägungen von Konzernen zu berücksichtigen:

- *Maßgeblichkeit des Bewertungszwecks*: Aus dem Bewertungszweck ist abzuleiten, ob ein subjektiver Entscheidungswert oder ein objektivierter Unternehmenswert zu ermitteln ist. Für den Kauf und Verkauf von Konzernen oder Unternehmensverbünden ist von einem subjektiven Entscheidungswert auszugehen. Besondere Fragen entstehen bei der Abfindung von Minderheitsgesellschaftern an einer Konzerngesellschaft. In diesem Fall ist ein objektivierter Unternehmenswert der Einzelgesellschaft zu bestimmen. Die Einbeziehung der Gesellschaften erfolgt über vertragliche Gestaltung, wie Gewinnabführungsverträge und/oder Beherrschungsverträge. Für die Unternehmensbewertung bereiten die Gewinnabführungsverträge keine Probleme, da von diesem Ausschüttungsverhalten ausgegangen werden kann. Anders verhält es sich mit den Beherrschungsverträgen. Sie können zu einer vollständigen Umgestaltung der Gesellschaft führen, so dass die gegenwärtigen Überschüsse nicht mehr die Gesellschaft in ihrem ursprünglichen Zustand widerspiegeln. Deshalb muss entweder die Auswirkung der Beherrschung auf die Konzerngesellschaft erfasst werden oder es sind die Ertragsaussichten des Unternehmens zu prognostizieren (→Prognoseinstrumente), bevor der Beherrschungsvertrag geschlossen wurde.

- *Bewertung der wirtschaftlichen Unternehmenseinheit*: Die wirtschaftliche Einheit Konzern ist abzugrenzen. Entscheidend ist dafür die Sichtweise von Käufer und Verkäufer. Während der Verkäufer üblicherweise von einem geschlossenen Verkauf aller Gesellschaften des Konzerns ausgeht, wird vom Käufer u.U. eine strategische Neuausrichtung vorgenommen, so dass einzelne Gesellschaften zur Weiterveräußerung anstehen würden. Daraus können sich weit reichende Konsequenzen hinsichtlich der Auslastung zentraler Einheiten, wie Planung, Revision (→Interne Revision), →Controlling (→Controlling im Konzern), ergeben. Für den Käufer sind deshalb sehr unterschiedliche Wertkomponenten zu berücksichtigen. Für Konzerngesellschaften, die fortgeführt werden, sind deren Ertragswerte zu ermitteln. Konzerngesellschaften, die weiterveräußert werden, sind ebenfalls mit den Ertragswerten, aber abzgl. etwaiger Verkaufskosten (→Kosten), anzusetzen. Für andere Gesellschaften sind ggf. zusätzlich Sozialpläne und Pläne für Restrukturierungen zu berücksichtigen und für Gesellschaften, die nicht fortgeführt werden sollen (→Unternehmensbeendigung), sind die →Liquidationswerte zu ermitteln.

- *Stichtagsprinzip*: Alle Konzerngesellschaften sind auf einen einheitlichen Stichtag zu bewerten. Üblicherweise kann von einem einheitlichen Konzerngeschäftsjahr ausgegangen werden oder es liegen →Zwischenabschlüsse für diesen Termin vor. Auf Zwischenabschlüsse kann allerdings bei assoziierten Unternehmen und bei Abschlüssen von Konzerngesellschaften, die weniger als 3 Monate vor dem Konzerngeschäftsjahr liegen, verzichtet werden. Für diese Fälle muss eine Angleichung an den Konzernbilanzstichtag erfolgen, was die Vergangenheitsanalyse betrifft. Die Prognosen sind für identische Zeiträume zu erstellen.

- *Bewertung des →betriebsnotwendigen Vermögens*: Die zukünftigen finanziellen Überschüsse, die dem Eigentümer zufließen, sind zu ermitteln und auf den Bewertungsstichtag abzuzinsen. Ausschüttungen des Konzerns finden nicht statt. Diese erfolgen nur in den Einzelgesellschaften. Die Basis dafür kann auch die Muttergesellschaft bilden. Dann ist allerdings zu untersuchen, ob die einzelnen →Beteiligungen an den Tochtergesellschaften als betriebsnotwendig anzusehen sind (Meichelbeck 2004, S. 454). Es handelt sich damit um eine Fiktion der Ausschüttungen aus dem Konzern, wobei mögliche Restriktionen der Ausschüttung zu beachten sind. Eine Vollausschüttung ist nicht mehr zu unterstellen. Deshalb sind Ausschüttungsquoten festzulegen. Es handelt sich dabei um Nachsteuergrößen. Es ist zu prüfen, ob von den steuerlichen Verhältnissen des Konzerns weiterhin ausgegangen werden kann (→Steuern in der Unternehmensbewertung). Erfolgt die Unternehmensbewertung auf Basis der Einzelgesellschaften, ist die Marktrisikoprämie (→Kalkulationszinssatz) jeweils individuell zu bestimmen. Erfolgswirksame Konsolidierungsmaßnahmen zwischen den Konzerngesellschaften, die zu Zwischengewinnen geführt haben (→Konsolidierungsformen), sind gesondert zu analysieren. Handelt es sich dabei nur um eine zeitliche Verschiebung der Zurechnung der Gewinne oder sind sie von untergeordneter Bedeutung, kann auf ihre Eliminierung verzichtet werden. Auch die Annahmen hinsichtlich der Kapitalstruktur (→Kapitalstruktur, Planung und Kontrolle der; →Kapitalstruktur, optimale), die im Konzern z.T. vorgegeben wird, sind zu hinterfragen. Dies gilt auch für die Höhe der Fremdkapitalzinssätze, wenn sie sich aus der →Bonität des Gesamtkonzerns ergeben haben. Die Berücksichtigung anderer Gesellschafter erfolgt im Rahmen der DCF-Verfahren durch eine separate Bewertung, da die Gesellschafter als eine weitere Form der Finanzierung angesehen werden (Copeland/Koller/Murrin 2002, S. 140).

- *Bewertung des nicht betriebsnotwendigen Vermögens*: Diese Problematik wurde bereits bei der Abgrenzung der wirtschaftlichen Einheit Konzern angesprochen. Entscheidend für diese Frage ist die Sichtweise des Investors. Ist eine Umstrukturierung des Konzerns mit einem Verkauf von Konzerngesellschaften geplant, ist im Rahmen der Vergangenheitsanalyse auf die Leistungsbeziehungen dieser Konzerngesellschaften besonderes Augenmerk zu richten.

- *Unbeachtlichkeit des bilanziellen Vorsichtsprinzips*: Im Rahmen der Vergangenheitsanalyse sind die Jahresabschlüsse z. B. hinsichtlich der Herstellungskosten (→Herstellungskosten, bilanzielle) und der →Rückstellungen zu korrigieren, wenn sie nicht den „tatsächlichen" Werten entsprechen.

- *Nachvollziehbarkeit der Bewertungsansätze*: Für die Nachvollziehbarkeit der Bewertungsansätze für eine Unternehmensbewertung von Konzernen ist entscheidend, dass die vertraglichen Gestaltungen zwischen den Konzerngesellschaften (→Unternehmensverträge) offengelegt und hinsichtlich ihres Einflusses auf die Bewertung gewürdigt werden.

Konzerne können sowohl auf der Basis einer Gesamtplanung bewertet werden, wie auch auf der Basis der Planung der einzelnen Gesellschaften. Welches Verfahren gewählt wird, ist abhängig von den vorliegenden Unterlagen, der Verwendungsabsicht von Käufer und Verkäufer hinsichtlich der Konzerngesellschaften und dem Vorhandensein von Minderheitsgesellschaftern. Daneben ist aber auch das Gesellschaftsrecht des jeweiligen Landes zu berücksichtigen, in dem die Konzerngesellschaften beheimatet sind (Schmidbauer 2002, S. 1543).

Literatur: Copeland, T./Koller, T./Murrin, J.: Unternehmenswert, 3. Aufl., Frankfurt/NY 2002; IDW (Hrsg.): IDW Standard Grundsätze zur Durchführung von Unternehmensbewertungen (IDW S 1, Stand: 18. Oktober 2005), in: WPg 58 (2005), S. 1303–1321; Meichelbeck, A.: Unternehmensbewertung im Konzern, München 1998; Meichelbeck, A.: Unternehmensbewertung im Konzern, in: Peemöller, V. H. (Hrsg.): Praxishandbuch der Unternehmensbewertung, 3. Aufl., Herne/Berlin 2004, S. 437–457; Moser, U.: Unternehmensbewertung: Die Bewertung von Konzernen auf Basis konsolidierter Planungsrechnungen, in: FB 1 (2000), S. 274; Schmidbauer, R.: Die Bewertung von Konzernen als Problem in der Theorie der Unternehmensbewertung, in: DStR 40 (2002), S. 1542–1548.

Volker H. Peemöller

Konzernführung →Konzernmanagement

Konzernlagebericht

Ein Konzernlagebericht ist von allen Mutterunternehmen zu erstellen, die der Konzernrechnungslegungspflicht nach § 290 ff. HGB unterliegen (→Konzernabschluss, Befreiungsvoraussetzungen). Dies gilt auch dann, wenn dem publizitätspflichtigen Konzern (→Publizität; →Konzernarten) →Personengesellschaften (PersGes) oder Einzelunternehmen zugrunde liegen, die gem. ihrer Rechtsform nicht zur Erstellung eines →Lageberichts verpflichtet wären; ebenso ist ein Konzernlagebericht von nach den →International Financial Reporting Standards (IFRS) bilanzierenden Mutterunternehmen zu erstellen.

Grundsätzlich sind die Erstellungsanforderungen an den Konzernlagebericht i.S.d. § 315 HGB und DRS 15 identisch mit dem Lagebericht i.S.d. § 289 HGB, mit der Ausnahme des →Zweigniederlassungsberichts gem. § 289 Abs. 2 Nr. 4 HGB, der nach § 315 Abs. 2 HGB kein gesetzlich vorgeschriebener Bestandteil des Konzernlageberichts ist.

Der Schwerpunkt der *Prüfung* des Konzernlageberichts ist auf die Lage und Entwicklung des Konzerns im Ganzen zu legen (→Konzernabschlussprüfung). Der Konzernlagebericht ist dabei nicht lediglich als Kumulation der Lageberichte der einzelnen Konzernunternehmen anzusehen.

Sofern die Lage des Konzerns davon wesentlich beeinträchtigt werden könnte, hat der →Abschlussprüfer (APr) darauf zu achten, dass auch Faktoren, Entwicklungen und Risiken, die bei Unternehmen, die infolge der Ausübung eines Konsolidierungswahlrechts nach § 296 HGB nicht in den →Konsolidierungskreis einbezogen wurden, eingetreten oder zu erwarten sind, in den Konzernlagebericht aufgenommen werden (Marten/Köhler/Neubeck 2005, Rn. 222 zu § 317 HGB).

Der APr hat analog zur Vorgehensweise bei der Prüfung des Lageberichts zu beurteilen, ob die im Konzernlagebericht getroffenen Aussagen mit dem JA und den während der Prüfung gewonnenen Erkenntnissen im Einklang stehen und ob nach seiner Ansicht eine zutreffende Vorstellung von der Gesamtlage (→Vermögenslage, →Finanzlage, →Ertragslage) des Konzerns vermittelt wird; eine Prüfung der korrekten Darstellung über die →Chancen und Risiken der zukünftigen Entwicklung (→Chancen- und Risikobericht) ist dabei mit eingeschlossen. Der APr hat sich davon zu überzeugen, dass die gesetzlichen Vorschriften eingehalten werden (§§ 317 Abs. 2 und 321 Abs. 2 Satz 1 HGB; →Ordnungsmäßigkeitsprüfung).

Neben Kenntnissen und Informationen, die zur Prüfung des Lageberichts auf Einzelabschlussebene vorliegen und auch für den Konzernlagebericht angewandt werden können, dienen als zusätzliche Informationen zur Prüfung (IDW EPS 350 n.F. 35) evtl. vorliegende Lageberichte und →Prüfungsberichte der Tochtergesellschaften, unabhängig davon, ob sie in den Konzernabschluss einbezogen werden. Darüber hinaus kann der APr weiter gehende Informationen von der Geschäftsleitung der einbezogenen Unternehmen anfordern (→Unternehmensleitung, Informationsaustausch des Wirtschaftsprüfers mit).

Nach §§ 315 Abs. 3 i.V.m. 289 Abs. 3 HGB besteht die Möglichkeit, den Konzernlagebericht mit dem Lagebericht der Muttergesellschaft zusammenzufassen (entgegen der Empfehlung des DRS 15.21 aus Gründen der Klarheit und Übersichtlichkeit). Hierbei hat der APr besonders darauf zu achten, dass der Konzernlagebericht sämtliche Informationen enthält, die notwendig sind, um sowohl die Lage des Konzerns als auch die des Mutterunternehmens abzubilden. Dafür sind die Anforderungen des § 289 HGB als auch die des § 315 HGB zu erfüllen. Daher ist es erforderlich, dass der Zweigniederlassungsbericht nach § 289 Abs. 2 Nr. 4 HGB, der kein Bestandteil des Konzernlageberichts nach § 315 HGB ist, im zusammengefassten Konzernlagebericht enthalten ist, in dem über Zweigniederlassungen des Mutterunternehmens zu berichten ist. Der APr hat darauf zu achten, dass durch die Zusammenfassung keine Informationsverluste entstehen.

Schwierigkeiten bei der Prüfung des Konzernlageberichts können sich für den APr dann ergeben, wenn er nicht Prüfer sämtlicher Konzernunternehmen ist. In diesem Fall hat sich der APr ein ausreichendes Bild anhand der Lage- und Prüfungsberichte der nicht selbst geprüften Konzernunternehmen zu verschaffen.

Nach § 320 Abs. 1 Satz 2 und Abs. 2 i.V.m. Abs. 3 Satz 2 HGB hat der APr ein Recht auf Auskunftserteilung durch das jeweilige Tochterunternehmen sowie deren APr (→Auskunftsrechte des Abschlussprüfers). Der APr kann sich im Rahmen der allgemeinen Regeln zur Verwendung von Prüfungsergebnissen Dritter (IDW FG 1/1988) auf die Ergebnisse der APr der nicht selbst geprüften Konzernunternehmen stützen (Marten/Köhler/Neubeck 2005, Rn. 125 zu § 317 HGB), wobei er sich eigenverantwortlich ein Urteil zu bilden hat (→Ergebnisse Dritter).

Literatur: IDW (Hrsg.): IDW Fachgutachten: Grundsätze ordnungsmäßiger Durchführung von Abschlussprüfungen (IDW FG 1/1988), in: WPg 42 (1989), S. 9–19; IDW (Hrsg.): Entwurf einer Neufassung des IDW Prüfungsstandards: Prüfung des Lageberichts (IDW EPS 350 n.F., Stand: 18. Oktober 2005), in: WPg 58 (2005), S. 1224; Marten, K.-U./Köhler, A./Neubeck, G.: Kommentierung des § 317 HGB, in: Baetge, J./Kirsch, H.-J./Thiele, S. (Hrsg.): Bilanzrecht – Handelsrecht mit Steuerrecht und den Regelungen des IASB – Kommentar, Bonn/Berlin 2005; Tesch, J./Wißmann, R.: Lageberichterstattung nach HGB, Weinheim 2006.

Heiko Engelhardt

Konzernmanagement

Der Konzern: Betriebswirtschaftlich lässt sich der Konzern als Zusammenfassung zweier oder mehrerer rechtlich selbständiger Unternehmen zu einem wirtschaftlichen Zweck unter einer einheitlichen Unternehmensführung beschreiben. Der Konzern stellt eine wirtschaftliche Planungs- und Entscheidungs- sowie Steuerungs- und Kontrolleinheit dar.

An der Spitze des Konzerns steht entweder eine konzernleitende Holding oder ein Stammhaus, das neben der Konzernleitung eigene produktionswirtschaftliche Ziele verfolgt. Nach Art der Branchenstruktur der Konzernunternehmen unterscheidet man vertikale, horizontale und diversifizierte Konzerne.

In (aktien-) rechtlicher Hinsicht gilt die tatsächlich ausgeübte einheitliche Leitung als unabdingbares Wesensmerkmal des Konzerns. Dabei genügt es, wenn sich die einheitliche Leitung auf die Geschäftspolitik der Konzernunternehmen und auf sonstige grundsätzliche Fragen der Geschäftsführung beschränkt.

In dem üblichen Unterordnungskonzern (§ 18 Abs. 1 AktG) wird die einheitliche Leitung durch das herrschende Unternehmen gegenüber einem oder mehreren abhängigen Konzernunternehmen ausgeübt, und zwar entweder auf vertraglicher Grundlage (Vertragskonzern) oder aufgrund ihrer Mehrheitsbeteiligung und anderer faktischer Verhältnisse (faktischer Konzern). Wird die einheitliche Leitung ohne vertragliche Grundlage ausgeübt (faktischer Konzern), sind die Eigeninteressen des abhängigen Konzernunternehmens besonders geschützt. Die Konzernleitung darf eine abhängige AG nicht veranlassen, für sie nachteilige Rechtsgeschäfte oder sonstige Maßnahmen vorzunehmen oder zu unterlassen, es sei denn, dass die Nachteile ausgeglichen werden (§ 311 AktG) (→Konzernarten).

Bei dem relativ seltenen Gleichordnungskonzern (§ 18 Abs. 2 AktG) fehlt eine einseitige Abhängigkeit eines Konzernunternehmens. Hier erfolgt die einheitliche Leitung auf vertraglicher Basis durch ein Gemeinschaftsorgan oder durch eine personelle Verflechtung der Geschäftsführung der beteiligten Unternehmen.

Das Bilanzrecht hat eine eigene Definition des Konzerns. Hier wird allein auf ein Mutter-Tochterverhältnis abgestellt. Mutterunternehmen sind Unternehmen, die an einem oder mehreren Unternehmen beteiligt sind und diese entweder einheitlich leiten (§ 290 Abs. 1 HGB) oder über die Mehrheit der →Stimmrechte oder ähnliche Kontrollrechte bei diesem Unternehmen verfügen (Beherrschungsmöglichkeit; § 290 Abs. 2 HGB). Für die Pflicht zur Konzern-Rechnungslegung (→Konzernabschluss, Befreiungsvoraussetzungen) genügt die Beherrschungsmöglichkeit.

Zweck der Konzernführung: Der wirtschaftliche Zweck des Konzernverbunds zielt darauf, die wirtschaftlichen Potenziale der einzelnen Konzernunternehmen zu einem optimalen Gesamtnutzen zu kombinieren. Dieser Zweck und die finanzielle Verflechtung der Konzernunternehmen mit den sich daraus ergebenden Abhängigkeiten und Verbundeffekten erfordern und rechtfertigen aus betriebswirtschaftlicher Sicht die Führung des Konzerns als wirtschaftliche Einheit. Im Mittelpunkt stehen dabei die strategische Ausrichtung des Konzerns, die →Planung, Steuerung und Überwachung der geschäftlichen Aktivitäten der Konzernunternehmen (→Controlling im Konzern; →strategisches Controlling), die laufende Verfolgung der geschäftlichen Chancen und Risiken (→Risiko- und Chancencontrolling) sowie eine diesen Zwecken gerecht werdende Infrastruktur.

Die Konzernleitung soll den Gesamtkonzern und die Konzernobergesellschaft erfolgreich und effizient führen. Oberste Zielsetzung ist dabei die nachhaltige Existenzsicherung und Wertsteigerung der Konzernobergesellschaft und daraus abgeleitet ihres Konzerns, indem die betriebswirtschaftlichen Vorteile und Synergien, die der Konzernverbund bietet, risikobewusst und optimal genutzt werden (→Unternehmenssteuerung, wertorientierte). Auf der anderen Seite sind die rechtlichen Grenzen der Einflussnahme zu berücksichtigen, die durch die rechtliche Selbständigkeit der Tochterunternehmen insb. im Hinblick auf den Schutz der Gläubiger und der Minderheitsgesellschafter gesetzt sind.

Das zielorientierte Steuern und Lenken des Konzernverbunds (→Controlling im Konzern) setzt ein konzerneinheitliches Ziel- und Informationssystem (→Führungsinformationssysteme) voraus, aus dem sich für die einzelnen Konzernunternehmen spezifische Teilziele ableiten. Damit sollen die Führung und die Aktivitäten der Konzernunternehmen auf die Zielsetzungen für den Gesamtkonzern ausgerichtet werden.

Konzernmanagement

Konzernmanagement: Die Geschäftsführung des konzernleitenden Unternehmens bildet das Konzernmanagement i.e.S. I.w.S. gehören zum Konzernmanagement auch die übrigen Führungskräfte des Konzerns, also die Geschäftsführer der abhängigen Konzernunternehmen, die Leiter der Zentralabteilungen der konzernleitenden Unternehmung und die übrigen im Konzern tätigen Manager. Die Konzernleitung hat hier für transparente Strukturen, klare Zuständigkeiten und qualifizierte Besetzung zu sorgen. Entsprechend dem Konzernaufbau gibt es eine hierarchische Gliederung des Managements, die sich in abgestuften Kompetenzen der Manager und ebenso gegliederten Entscheidungs-, Durchführungs- und Überwachungsaufgaben niederschlägt.

Angesichts der raschen Veränderungen der Märkte und anderer relevanter Umweltfaktoren wird eine weitgehend dezentrale Konzernführung auf Dauer erfolgreicher sein als eine zentralisierte Konzernleitung, weil sie marktnähere und schnellere Entscheidungen ermöglicht. Hinzu kommt, dass wegen der rechtlichen Selbständigkeit der Konzernunternehmen die Elemente einer dezentralen Führungsstruktur im Konzern stärker hervortreten müssen als bei der Einzelunternehmung.

Die größere Eigenverantwortung der Manager unterhalb der Konzernspitze erhöht deren Motivation und stellt das Konzernmanagement auf eine breitere Wissens- und Erfahrungsgrundlage. Auf der anderen Seite erfordert die Entscheidungsdelegation ein effizientes Konzern-Controlling (→Controlling; →Controlling im Konzern).

Im Zusammenhang mit einer dezentralen Konzernführung ist es unumgänglich, die originären Führungsaufgaben und damit die „echten" Führungsentscheidungen für die Konzernleitung zu definieren. Echte Führungsentscheidungen der Konzernleitung setzen eine Gesamtsicht des Konzerns und die Kenntnis der unternehmensübergreifenden Zusammenhänge des Konzerns voraus.

Dazu gehört insb. das Wissen um die übergeordneten Ziele für den Gesamtkonzern, um deren Zusammensetzung aus den Einzelzielen für die einzelnen Konzernunternehmen, um die Zielerreichung insgesamt und in wesentlichen Teilbereichen und um die verfügbaren Ressourcen des Konzerns. Ferner geht es um die Konzernzusammenhänge, die sich aus dem Konzernzweck, der Konzernstruktur und dem Finanzverbund der Konzernunternehmen sowie ihrer Größe und sonstigen Eigenarten und ihrer wirtschaftlichen Situation und Entwicklung ergeben. Entscheidungen, die diese Kenntnisse voraussetzen, können nicht an Führungsgruppen delegiert werden, die diese Kenntnis nicht oder nur begrenzt haben.

Hinzu kommen originäre Aufgaben der Konzernleitung, die wegen der ausdrücklichen Verantwortung der Konzernleitung (z. B. aufgrund ihrer Organstellung) für den Konzern als Ganzes und für die Konzernobergesellschaft gegenüber Aufsichtsorganen, Kapitalgebern, Mitarbeitern, dem Staat u. a. von ihr selbst wahrgenommen werden müssen.

Wegen der Dynamik der relevanten Umwelt und ihrer zunehmenden Einflüsse auf die Unternehmen ist eine strategische, d. h. die Umwelt einbeziehende Konzernführung unerlässlich (→wertorientierte Unternehmensführung). Sie bestimmt, welche Produkte oder Dienstleistungen auf welchen Märkten die Konzernunternehmen anbieten. Für den dazu notwendigen Mitteleinsatz ist seitens der finanziellen Konzernführung ein finanzieller Rahmen vorzugeben, der eine angemessene Kapitalversorgung und die ständige Zahlungsbereitschaft des Konzerns sowie eine dem unternehmerischen Risiko angemessene Verzinsung des eingesetzten Kapitals sicherstellt.

Aufgabenbereiche: Die originären Führungsaufgaben der Konzernleitung lassen sich in folgende vier Aufgabenbereiche gliedern:

- normative Konzernführung,
- strategische Konzernführung,
- finanzielle Konzernführung und
- personelle Konzernführung.

In Einzelfällen können andere Führungsbereiche hinzukommen, z. B. F&E, für die durch eine Zentralisierung oder verstärkte Koordination wesentliche Synergieeffekte im Konzern erzielt werden können.

Die *normative Konzernführung* findet ihren Niederschlag in der Konzernverfassung. Sie soll u. a. durch eine situations- und sachgerechte Regelung der Kompetenzen und Verantwortlichkeiten im Konzern eine gute →Corporate Governance sicherstellen. Sie gestaltet überschaubare und einheitliche Verfahren und

Abläufe im Konzern, die zielorientierte Steuerung und Koordinierung der konzerninternen Prozesse (→ Prozessmanagement) und die notwendigen Kontrollmechanismen [→ Kontrollsysteme; → Internes Kontrollsystem (IKS)]. Die Konzernverfassung ist Ausfluss der Konzernpolitik und bestimmt wesentlich das Verhalten der Konzernangehörigen. Die Konzernkultur wird wesentlich vom vorbildlichen Verhalten der Konzernspitze bestimmt.

Mit der *strategischen Konzernführung* zielt die Konzernleitung auf die Realisierung einer auf Dauer wirtschaftlich tragfähigen, d. h. rentablen, unter Nutzung von Verbundeffekten optimierten Kombination von strategischen Erfolgspositionen, die in den einzelnen Konzernunternehmen konkretisiert sind. Die Konzernleitung muss, ausgehend vom Zweck des Konzerns und seiner Situation, die strategischen Ziele für den Gesamtkonzern entwickeln, aus denen sich dann die strategischen (Unter- oder Teil-) Ziele für die strategischen Geschäftsfelder (oder Teilkonzerne) und für die einzelnen Konzernunternehmen sowie letztlich auch die operativen Ziele ableiten (→ wertorientierte Strategieplanung).

Eine wichtige Aufgabe des strategischen Konzernmanagements ist die Zuteilung der knappen Ressourcen, zumal sich strategische Erfolgspositionen nur durch einen konzentrierten Ressourceneinsatz entwickeln lassen. Zu den Ressourcen zählen alle Produktionsfaktoren in Form von Human- und Sachkapital wie Know-how, Managementkapazität und Produktionsmittel oder das Finanzpotenzial des Unternehmens bzw. des Konzerns. Dabei ist zu berücksichtigen, dass wegen der rechtlichen Selbständigkeit der Konzernunternehmen insb. im faktischen Konzern nicht ohne weiteres Ressourcen von einem Konzernunternehmen zu einem anderen verlagert werden können. Im Übrigen sind für die Zuordnung der Ressourcen betriebswirtschaftlich vernünftige Auswahlkriterien zu definieren.

Wegen der finanziellen Verflechtungen der Konzernunternehmen, die kapitalmäßig durch Kapitalbeteiligungen und durch konzerninterne Darlehen und Kredite sowie geschäftsmäßig durch den konzerninternen Lieferungs- und Leistungsaustausch begründet sind, gehört die *finanzielle Führung* des Konzerns zu den originären Führungsaufgaben der Konzernleitung. Sie umfassen sowohl finanzwirtschaftliche als auch erfolgswirtschaftliche Managementaufgaben. Die finanzwirtschaftliche Führung betrifft insb. die Auswahl und die Beschaffung des benötigten → Eigenkapitals und → Fremdkapitals, den Kapitaldienst (Verzinsung, Tilgung) und damit die Kapitalausstattung der Konzernunternehmen sowie die Liquiditätssteuerung und -überwachung (→ Liquiditätscontrolling). Die erfolgswirtschaftlichen Führungsaufgaben beziehen sich auf die Planung, Steuerung und Kontrolle der Ergebnisse der Konzernunternehmen (→ Erfolgscontrolling). Schließlich gehört auch die Rechnungslegung der Konzerne zu den finanziellen Führungsaufgaben der Konzernleitung.

Schließlich liegt eine originäre Führungsaufgabe der Konzernleitung in der Auswahl, Motivation und Entwicklung qualifizierter Führungskräfte für den Konzern und seine Unternehmen (→ Personalcontrolling; → Human Resource Management). Sie hat zum Ziel, die wichtigen Führungspositionen im Konzern mit kompetenten und geeigneten Managern zu besetzen und für entsprechenden Nachwuchs zu sorgen.

Operative Führungsaufgaben: Die Geschäftsführung des konzernleitenden Unternehmens hat schließlich eine Reihe operativer Aufgaben wahrzunehmen, die sich aus der Geschäftsführung der Konzernobergesellschaft und den originären Führungsaufgaben der Konzernführung ergeben. Zu den aus originären Führungsaufgaben abgeleiteten operativen Tätigkeiten gehören z. B. das Kredit- und das Cash-Management für den Konzern.

Während in einem Stammhauskonzern die Geschäftsführung der Konzernobergesellschaft neben der Konzernleitung auch alle üblichen Führungsaufgaben einer operativ tätigen Unternehmung (Beschaffung, Produktion, Absatz, Finanzen usw. oder die Führung von Geschäftsbereichen) zu erledigen hat, leiten sich bei einer konzernleitenden Holding deren operativen Aufgaben in erster Linie aus den originären Aufgaben der Konzernleitung und aus der Beteiligungsverwaltung (→ Beteiligungscontrolling) ab.

Die operativen Aktivitäten der Konzernführung betreffen hauptsächlich die Normensetzung für den Konzern und seine Unternehmen, z. B. in Form von Satzungen, Geschäftsordnungen (→ Geschäftsordnung für Vorstand und Aufsichtsrat), Richtlinien und

Informationssystemen, die Vorbereitung, Koordinierung und Durchführung von Aufsichtsratssitzungen (→Aufsichtsrat im Konzern) sowie →Haupt- und Gesellschafterversammlungen. Wichtige Aufgaben beziehen sich auf das Konzern-Controlling, die Finanzwirtschaft für den Konzern (Kapitalbeschaffung, Cash-Management u. a.) und das eigene →Rechnungswesen der Holding und auf die Konzernrechnungslegung. Neben der Personalwirtschaft der Holding und der Führungskräfteplanung und -entwicklung im Konzern sind die Konzernrevision (→Interne Revision; →Konzernabschlussprüfung) und das Konzernrisikomanagement [→Risikomanagementsystem (RMS)] sowie die Behandlung rechtlicher und steuerrechtlicher Angelegenheiten der Holding und des Konzerns typische Tätigkeiten des konzernleitenden Unternehmens.

Literatur: Scheffler, E.: Konzernmanagement, 2. Aufl., München 2005; Theisen, M. R.: Der Konzern, 2. Aufl., Stuttgart 2000.

Eberhard Scheffler

Konzern-Realisationsprinzip →Konsolidierungsformen

Konzernrechnungslegungspflicht →Konzernabschluss, Befreiungsvoraussetzungen

Konzernsteuerquote

Als Konzernsteuerquote (K.) oder *Effective Tax Rate* bezeichnet man das Verhältnis des Ertragsteueraufwands (-ertrags) (→Steueraufwand) der Periode zu dem im gleichen Zeitraum erwirtschafteten Einkommen vor Ertragsteuern auf Konzernebene. Sie wird seit den 1990er Jahren zunehmend als *strategischer Erfolgsfaktor* gesehen und herangezogen, um die Steuerbelastung des Konzerns (→Konzernarten) und die Leistung der Steuerabteilung zu beurteilen. Zu ihren Adressaten zählen vor allem Analysten und Kapitalgeber, die die K. als integralen →Werttreiber der *Earnings per Share* betrachten. Regelmäßig werden daher erfolgsbezogene Gehaltsbestandteile der Steuerabteilung an die Entwicklung der K. gekoppelt. Ein →*Benchmarking* der K. kann dabei mit einer externen Vergleichsgruppe (z. B. Mitbewerber) (→überbetriebliche Vergleiche) oder innerbetrieblich auf Basis von Vergangenheitswerten (→zeitlicher Vergleich) erfolgen (Kuhn/Röthlisberger/Niggli 2003, S. 636 f.; Spengel 2005, S. 89 ff.). Eine steuerpolitische Bedeutung kommt der K. z. B. als Maßstab für die Standortattraktivität zu (→Standortberatung).

Zur Berechnung der K. sind mit dem Ertragsteueraufwand (-ertrag) und dem Einkommen vor Ertragsteuern grds. zwei *Komponenten* erforderlich: Im *Ertragsteueraufwand (-ertrag)* der K. sind tatsächliche und latente Ertragsteuern (→latente Steuern) zu berücksichtigen, während Substanz- oder Verkehrsteuern nicht einbezogen werden. Bei den Ertragsteuern werden aufgrund der Berücksichtigung →latenter Steuern Unterschiede zwischen handelsrechtlicher und steuerlicher Bemessungsgrundlage grds. neutralisiert, weshalb der tarifliche Steuersatz einen großen Einfluss auf die K. hat. Auch das KSt-System ist grds. irrelevant, es sei denn, es handelt sich um ein System mit gespaltenem Satz oder Dividenden mindern als abzugsfähige →Betriebsausgabe die Bemessungsgrundlage. Die Daten werden unverändert aus dem Ertragsteueraufwand (-ertrag) der →Gewinn- und Verlustrechnung (GuV) übernommen. Dies führt zu *Kritik*, da der Ertragsteueraufwand (-ertrag) aufgrund des Diskontierungsverbots latenter Steuern regelmäßig über- bzw. unterschätzt wird. Die dabei entstehende Verzerrung ist von einem Überhang passiver bzw. aktiver latenter Steuern und deren erwartetem Umkehrzeitpunkt abhängig, wobei insb. der Ansatz der gem. DRS 10.5, IAS 12.15 und 12.24 bzw. FAS 109.8b) anzusetzenden quasi-permanenten Differenzen, die häufig einen gegen null gehenden Barwert besitzen, zu einer Verschiebung der K. führt. Die Vergleichbarkeit der K. wird weiterhin durch mögliche bilanzpolitische Spielräume gefährdet (→bilanzpolitische Spielräume nach HGB; →bilanzpolitische Gestaltungsspielräume nach IFRS; →bilanzpolitische Gestaltungsspielräume nach US GAAP). Dazu zählt z. B. die Schätzung der Realisierbarkeit aktiver latenter Steuern gem. DRS 10.8, IAS 12.24 und FAS 109.20 ff., die nach US GAAP zur Dotierung einer *Valuation Allowance* führt. Auch bei der Bildung von →Rückstellungen für Steuerrisiken bestehen Ermessensspielräume, die das Augenmaß des →Abschlussprüfers erfordern (→bilanzpolitische Gestaltungsspielräume, Prüfung von). Einmaleffekte, wie z. B. Änderungen eines Steuersystems oder Steuersatzes, müssen in der Analyse der K. gesondert berücksichtigt werden, da auch sie ein effektives *Benchmarking* beeinflussen können (Herzig 2003, S. S82; Müller 2002, S. 1688). Das *Einkommen vor Ertragsteuern* ist als zweite Komponente der K. ebenfalls der GuV zu entnehmen.

Trotz an der K. geäußerter Kritik ist vor allem die Ableitung der K. aus dem anzuwendenden Steuersatz aufschlussreich. So muss gem. DRS 10.42, IAS 12.81c) und FAS 109.47 unter Offenlegung wesentlicher Einflussgrößen in der *Überleitungsrechnung* des →Konzernanhangs ein Zusammenhang zwischen dem anzuwendenden Steuersatz des Konzerns und der K. hergestellt werden. Dies soll dem Adressaten des Konzernabschlusses gem. IAS 12.84 Aufschluss darüber vermitteln, ob das Verhältnis zwischen Ertragsteueraufwand (-ertrag) ungewöhnlich ist und es wesentliche Faktoren gibt, die dieses Verhältnis in Zukunft beeinflussen werden. Allerdings besteht für die Überleitungsrechnung kein fest vorgegebenes Schema, was die Aussagefähigkeit und Vergleichbarkeit der K. erschwert.

Unter dem *anzuwendenden Steuersatz* des Konzerns ist gem. IAS 12.85 bzw. FAS 109.47 grds. der Steuersatz des Mutterunternehmens zu verstehen (*Home Based Approach*), der gem. IAS 12.81 zu erläutern ist und bei einer deutschen KapGes KSt, SolZ und GewSt umfasst (Kröner/Benzel 2004, Rn. 60).

Einflussgrößen sind gem. IAS 8.12 i.V.m. Regulation S-X, Item 210.4.-08(h) als wesentlich anzusehen, wenn sie zu einer mehr als 5%-igen Abweichung vom anzuwendenden Steuersatz führen. Mögliche Überleitungspositionen stellen z. B. nicht abzugsfähige Betriebsausgaben, steuerfreie →Erträge, Effekte aus Steuersatzänderungen, Steuersatzdifferenzen aufgrund ausländischer Tochterunternehmen (*Foreign Tax Rate Differential*) und Änderungen aktiver latenter Steuern dar (Dahlke/Eitzen 2003, S. 2237). Neben einer Überleitung des anzuwendenden Steuersatzes kann gem. DRS 10.42, IAS 12.81 und FAS 109.47 auch eine Überleitung des zu erwartenden →Steueraufwands auf den realisierten Steueraufwand erfolgen. Erwartet ein Unternehmen, dass statt der Überleitung vom anzuwendenden Steuersatz des Mutterunternehmens eine Aggregation der im Rahmen der einbezogenen Einzelabschlüsse erstellten Überleitungsrechnungen aussagekräftiger ist, ist dies gem. IAS 12.85 zulässig und scheint auch gem. DRS 10

und FAS 109 zulässig. Da die einzubeziehenden Überleitungsrechnungen auf den jeweils national anzuwendenden Steuersätzen beruhen, wird das *Foreign Tax Rate Differential* i.d.R. nur noch eine unwesentliche Größe darstellen.

Vor der Ermittlung der K. muss die *Prüfung der GuV* einschl. des Ertragsteueraufwand (-ertrags) abgeschlossen sein. Dabei ist neben der Plausibilität (→Plausibilitätsprüfungen) des erwarteten Ertragsteueraufwands (-ertrags) z. B. durch Berichte der Betriebsprüfung (→Außenprüfung) ein Prüfungsschwerpunkt auf Erst- und Folgebewertung der aktiven latenten Steuern zu legen. Dieser als *Critical Accounting Area* anzusehende Bereich kann bilanzpolitischen Spielraum bieten und muss hinsichtlich der Kongruenz der allgemeinen Managementerwartungen (z. B. vorsichtige Einschätzung der Zukunftsaussichten) mit den für die aktiven latenten Steuern getroffenen Erwartungen (z. B. Aktivierung und erwartete Nutzung von →Verlustvorträgen zu 100% wegen positiver Zukunftsaussichten) überprüft werden.

Im nächsten Schritt muss die *Prüfung des anzuwendenden Steuersatzes* durchgeführt werden, der sich in Deutschland aus ESt bzw. KSt, der GewSt mit einem landesdurchschnittlichen Hebesatz und dem SolZ zusammensetzt. Er sollte außerhalb der Überleitungsrechnung erläutert werden.

Im Anschluss muss die *Prüfung der Überleitungspositionen* erfolgen. Diese sind z. B. bei einem Steuersatz in Höhe von 40% als wesentlich anzusehen und gesondert auszuweisen, wenn sie eine Abweichung von mehr als 2% (= 5% · 40%) verursachen. Besondere Beachtung sollte dabei die Überleitungsposition „Sonstiges" finden. Es ist anhand von Stichproben (→Stichprobenprüfung) sicherzustellen, dass darin keine wesentlichen Positionen eingeschlossen sind, die getrennt auszuweisen sind. Auch beim *Foreign Tax Rate Differential* ist sicherzustellen, dass innerhalb dieser Überleitungsposition keine Effekte berücksichtigt werden, die nicht auf differierenden ausländischen Steuersätzen, sondern auf Sondereffekten, wie z. B. *Tax Holidays* oder anderen zeitlich befristeten Steuereffekten, beruhen. Diese sollten ebenfalls getrennt ausgewiesen und außerhalb der Überleitungsrechnung erläutert werden.

Grundlage der Prüfung ist stets die testierte Überleitungsrechnung und K. des Vergleichszeitraums. Weichen die aktuellen Anhangangaben davon ab, müssen sich die Änderungen im Geschäftsjahr plausibel erklären lassen.

Literatur: Dahlke, J./Eitzen, B. v.: Steuerliche Überleitungsrechnung im Rahmen der Bilanzierung latenter Steuern nach IAS 12, in: DB 56 (2003), S. 2237–2243; Herzig, N.: Gestaltung der Konzernsteuerquote. Eine neue Herausforderung für die Steuerberatung?, in: WPg 56 (2003), Sonderheft, S. S80–S92; Kröner, M./Benzel, U.: Konzernsteuerquote. Die Ertragsteuerbelastung in der Wahrnehmung durch die Kapitalmärkte, in: Kessler, W./Kröner, M./Köhler, S. (Hrsg.): Konzernsteuerrecht. Organisation – Recht – Steuern, München 2004; Kuhn, S./Röthlisberger R./Niggli, S.: Management der effektiven Konzernsteuerbelastung. Konzernsteuerquote als Value-Driver und Qualitätsmaß, in: ST 77 (2003), S. 636–644; Müller, R.: Die Konzernsteuerquote. Modephänomen oder ernst zu nehmende neue Kennziffer?, in: DStR 40 (2002), S. 1684–1688; Spengel, C.: Konzernsteuerquoten im internationalen Vergleich. Bestimmungsfaktoren und Implikationen für die Steuerpolitik, in: Oestreicher, A. (Hrsg.): Internationale Steuerplanung, Herne/Berlin 2005, S. 89–125.

Christoph Spengel; Wilhelm Schmundt

Konzernverfassung →Konzernmanagement

Kooperationen →Unternehmensnetzwerke; →Unternehmenszusammenschlüsse

Kosten

Kosten können als durch die betriebliche Leistungserstellung verursachter, bewerteter sachzielbezogener Güterverzehr einer Abrechnungsperiode definiert werden. Somit ist der Begriff Kosten durch die drei Merkmale Güterverzehr, Sachzielbezogenheit und Bewertung charakterisiert. Der *Güterverzehr* als Mengenkomponente umfasst den gesamten Verbrauch und Gebrauch von Gütern einer Rechnungsperiode. Die Einschränkung auf die *Sachzielbezogenheit* verdeutlicht, dass nur solcher Güterverzehr zu Kosten führt, der im direkten Zusammenhang mit dem unternehmerischen Sachziel steht. Der Zusammenhang kann sowohl auf dem Verursachungsprinzip (finaler Zusammenhang) als auch auf dem Einwirkungsprinzip (kausaler Zusammenhang) beruhen (Götzelmann 1995, S. 490). Neben der Mengen- ist auch die Wertkomponente relevant, um die Güterverbräuche rechenbar zu machen. Für die *Bewertung* sind schließlich die sachzielbezogenen Güterverzehre mit zugehörigen Kostenwerten zu verknüpfen. Auf diese Weise kann über die Wertkomponente eine Vergleichbarkeit der Güterverzehre erreicht werden. Grundsätzlich lässt der wertmäßige Kostenbegriff große Freiheitsgrade bei der Gewichtung unterschiedlicher Güterverbräuche zu. Neben Wiederbeschaffungspreisen (→Wiederbeschaffungskosten) und innerbetrieblichen Verrechnungspreisen (→Verrechnungspreise, kalkulatorische) können auch →Opportunitätskosten Berücksichtigung finden. Eine derartige flexible Kostenbewertung ist nötig, um den unterschiedlichen Informationsansprüchen und Entscheidungszielen Rechnung zu tragen, für welche die Kostenrechnung (→Kosten- und Leistungsrechnung; →Kostenrechnung, Prüfung der) Hilfestellung bieten soll. Demgegenüber ist der pagatorische Kostenbegriff an Zahlungen, insb. Anschaffungspreisen [→Anschaffungskosten (AK)], orientiert; Opportunitätskosten finden keine Berücksichtigung (Homburg 2002, Sp. 1052).

Der wertmäßige Kostenbegriff ist aufgrund der genannten Unterschiede nicht deckungsgleich mit dem bilanzrechtlichen Begriff Aufwand. Unterschiede entstehen zum einen durch die z.T. unterschiedliche Bewertung, wie z.B. kalkulatorische Abschreibung (→Abschreibungen, kalkulatorische) vs. bilanzielle Abschreibung (→Abschreibungen, bilanzielle). Diese werden als *Anderskosten* bezeichnet, da den Kosten ein Aufwand in anderer Höhe gegenübersteht. Zum anderen werden Kosten angesetzt, die im externen →Rechnungswesen keine Entsprechung haben und daher als *Zusatzkosten* bezeichnet werden; hierzu zählen z. B. kalkulatorische Zinsen oder Unternehmerlohn (→kalkulatorische Kosten). Kosten, denen Aufwendungen in gleicher Höhe gegenüberstehen, werden als *Grundkosten* bzw. aufwandsgleiche Kosten bezeichnet, wie z. B. der Verbrauch von Rohstoffen.

Der Allgemeinbegriff „Kosten" lässt sich in die verschiedensten kostenorientierten Unterbegriffe zerlegen. Als mögliche Systematisierungen sind zu nennen (Freidank 2001, S. 11) (s. Abb.).

Eine entscheidungsrelevante Kostenkategorisierung betrifft die Frage der verursachungsgemäß eindeutigen Zurechenbarkeit von Kosten (→Kostenverursachung; →Kostenzurechenbarkeit) und somit die Unterscheidung in *Ein-*

Abb.: Kostenbegriffe

Kostenunterbegriff	Merkmalsausprägung
Einzelkosten und Gemeinkosten	Zurechenbarkeit auf bestimmte Kalkulationsobjekte (Bezugsgrößen)
variable und fixe Kosten	Abhängigkeit von bestimmten Kosteneinflussgrößen (Beschäftigungsabhängigkeit)
Material-, Personal-, Zinskosten, Abschreibungen, Kostensteuern	Art der Einsatzgüter
Voll- und Teilkosten	Einsatzmenge
Stück-, Bereichs-, Personal- und Periodenkosten	Bezugsgröße
Primäre und sekundäre Kosten	Herkunft der den Kosten zugrunde liegenden Güter bzw. Dienstleistungen
Istkosten, Normalkosten, Plankosten	Zeitbezug der Kostengröße
Beschaffungs-, Produktions-, Vertriebskosten	betriebliche Funktion
Ferigungs-, Herstell-, Selbstkosten	Produktions- bzw. Absatzreife der Ausbringungsgüter
aufwandsgleiche (pagatorische) und kalkulatorische Kosten	Art ihrer Erfassung
beschäftigungsvariable und beschäftigungsfixe Kosten; proportionale oder absolut fixe Kosten; degressive, progressive, regressive oder sprungfixe Kosten	Abhängigkeit von der Beschäftigung (Kapazitätsausnutzung)
relevante und irrelevante Kosten	Die in einem Entscheidungsproblem betroffenen bzw. beeinflussbaren Kosten
einzeln erfasste Einzelkosten oder gemeinsam erfasste Einzelkosten (= unechte Gemeinkosten)	Erfassungsweise von Einzelkosten

zel- und Gemeinkosten (→Einzelkostencontrolling; →Gemeinkostencontrolling). Während Einzelkosten direkt einem Bezugsobjekt zugerechnet werden können, stellt sich bei Gemeinkosten, die gemeinsam für verschiedene Bezugsobjekte (→Bezugsgrößenhierarchie) anfallen (z.B. Verwaltungskosten, Vertriebskosten und Arbeitsvorbereitungskosten), das Problem der verursachungsgemäßen Kostenzurechnung (→Kostenstellenrechnung). Die Differenzierungsmängel der traditionellen Kostenrechnung haben insb. durch den enormen Anstieg der Gemeinkosten zur Etablierung der →Prozesskostenrechnung geführt. Da es ein Kerngedanke dieser Rechnung ist, die Gemeinkosten nicht mehr über wenige undifferenzierte Zuschlagsschlüssel auf die Kalkulationsobjekte zu verteilen (→Kalkulation; →Kostenträgerstückrechnung), sondern gem. der tatsächlichen Inanspruchnahme der Stellen entsprechend den durch die Kalkulationsobjekte abgerufenen Aktivitäten oder Tätigkeiten, ist in diesem Fall eine Unterscheidung der Prozesse in leistungs-

mengeninduziert und leistungsmengenneutral von Bedeutung.

Eine weitere managementrelevante Kostenklassifikation ist die nach der *Beschäftigungsabhängigkeit* in *variable und fixe* Kosten. Diese Einteilung bedeutet eine sachliche Erweiterung der traditionellen Vollkostenrechnung, z.B. als einfaches →Direct Costing oder Fixkostendeckungsrechnung (→Deckungsbeitragsrechnungen), und dient als unternehmerische Entscheidungshilfe im Beschaffungs-, Produktions- und Absatzbereich (→Beschaffungscontrolling; →Produktionscontrolling; →Vertriebscontrolling), vor allem hinsichtlich der Frage nach →Eigenfertigung versus Fremdbezug, der Ermittlung des gewinnmaximalen Produktionsprogramms, der Preisgrenzenbestimmung (→Preisobergrenze; →Preisuntergrenze) sowie der →Break Even-Analyse. Eine konkrete Zuordnung in (beschäftigungs-) variable und (beschäftigungs-) fixe Kosten hängt von dem Betrachtungszeitraum ab, in dem auf die Beschätigungsänderung reagiert werden kann. Wenn der Zeitraum lang genug gewählt wird, sind alle Kosten variabel, da eine Einstellung der Produktion die Kosten langfristig auf null bringen wird. Zu beachten ist, dass als variabel klassifizierte Einzelkosten aufgrund langfristiger Lieferverträge einen fixen Charakter haben können. In manchen Fällen, wo eine Kostenzuordnung nicht eindeutig möglich ist, handelt es sich um quasi-fixe Kosten, wie z. B. Kosten für die Kantine oder für sanitäre Einrichtungen. Generell wird bei der Kosteneinteilung in variabel und fix eine beliebige Teilbarkeit der Kostengüter unterstellt, was in der Realität oft nicht gegeben ist; häufig handelt es sich um sprungfixe Kosten, wie z. B. Überstundenzuschläge.

Der wertmäßige Kostenbegriff setzt sich aus den beiden Komponenten Menge und Preis zusammen. Die zugrunde liegende Kostenfunktion $[K(x)]$ umfasst alle fixen (K_{fix}) und variablen Kosten (K_{var}):

$$K(x) = K_{fix} + k_{var} \cdot x$$

Die daraus ableitbaren Grenzkosten (→Grenzplankostenrechnung) geben an, um wie viel sich die Kosten ändern, wenn die Produktion eines Gutes um eine (i. A. unendlich kleine) Einheit erhöht wird. Mathematisch ist die Grenzkostenfunktion die erste Ableitung der Kostenfunktion.

Literatur: Freidank, C.-Chr.: Kostenrechnung, 7. Aufl., München/Wien 2001; Götzelmann, F.: Kosten, in: Corsten, H. (Hrsg.): Lexikon der Betriebswirtschaftslehre, 3. Aufl., München/Wien 1995, S. 490–493; Homburg, C.: Kostenbegriffe, in: Küpper, H.-U./Wagenhofer, A. (Hrsg.): HWUC, Stuttgart 2002, Sp. 1051–1098.

Inge Wulf

Kosten, bestellfixe →Bestandsplanung und -kontrolle

Kosten, direkte →Einzelkostencontrolling

Kosten, kalkulatorische →Kalkulatorische Kosten

Kosten, leistungsmengeninduzierte →Cost Driver

Kosten, primäre →Kosten- und Leistungsverrechnung, innerbetriebliche; →Fertigungskosten; →Kostenartenrechnung

Kosten, sekundäre →Kosten- und Leistungsverrechnung, innerbetriebliche; →Fertigungskosten; →Kostenartenrechnung

Kosten- und Erlösrechnung →Kosten- und Leistungsrechnung

Kosten- und Leistungsrechnung

Die Kosten- und Leistungsrechnung (Kosten- und Erlösrechnung) ist der wichtigste Bestandteil des *internen* →*Rechnungswesens*. Sie befasst sich mit der →Planung, Kontrolle und Analyse (z. B. →Abweichungsanalyse) des Ressourcenverbrauchs für die typische betriebliche Leistungserstellung und -verwertung.

Im Einzelnen liegen die Aufgaben der Kosten- und Leistungsrechnung in der Erfüllung folgender Informationsversorgungsaufgaben:

- *Bestimmung von Wertansätzen für die Bilanzierung*: Bestände an →unfertigen und fertigen Erzeugnissen sowie zu aktivierende Eigenleistungen müssen in der Bilanz mit *HK* (→Herstellungskosten, bilanzielle; →Herstellungskosten, Prüfung der) bewertet werden. Die Kosten- und Leistungsrechnung transformiert dazu die im Rahmen der →Kalkulation ermittelten Herstellkosten (→Herstellkosten, kalkulatorische) in HK (u. a. müssen →kalkulatorische Kosten durch entsprechende Aufwendungen ersetzt werden).

- *Kurzfristige, differenzierte und sachzielorientierte Ergebnisermittlung*: Erfolgsgröße der Kosten- und Erlösrechnung ist das Betriebsergebnis. Es wird als Differenz aus →Erlösen und →Kosten berechnet und bildet das Ergebnis ab, das mit den typischen Unternehmensleistungen erzielt wird. Das Betriebsergebnis wird i. d. R. monatlich ermittelt und nach den unterschiedlichsten Kriterien (z. B. Produkte, Kunden, Regionen) differenziert.

- *Beurteilung der Angemessenheit der Kostenhöhe (Wirtschaftlichkeitsanalyse)*: eine am Betriebsergebnis orientiere Wirtschaftlichkeitsbeurteilung (→Wirtschaftlichkeitsberechnungen) ist nur möglich, wenn einem Analyseobjekt (Produkt, Organisationseinheit etc.) Erlöse zugeordnet werden können. In anderen Fällen [z. B. für die Analyse einzelner Kostenstellen (→Cost Center)] werden Kostenvergleiche durchgeführt (z. B.

Vergleich von Istkosten mit Vorjahres- oder Planwerten).
- *Unterstützung der Preispolitik*: die kostenorientierte Preisbildung stellt eine wichtige Säule für die Bestimmung von Verkaufspreisen dar. Die Kosten- und Erlösrechnung ermittelt hierzu die vollen Selbstkosten der Erzeugnisse (→Selbstkostenermittlung). Daneben werden die variablen Kosten der Unternehmensleistungen berechnet, die in einer Situation der Unterbeschäftigung die →Preisuntergrenze bilden.
- *Bereitstellung relevanter Kosten und Erlöse für unternehmerische Entscheidungen*: zur Unterstützung von Managemententscheidungen (z. B. Wahl zwischen →Eigenfertigung versus Fremdbezug) steuert die Kosten- und Erlösrechnung die in der betrachteten Entscheidungssituation relevanten Kosten und Erlöse bei.

Nahezu alle in der Praxis eingesetzten Kostenrechnungssysteme lassen sich in drei logische Teilbereiche gliedern, mit denen Antworten auf die folgenden Fragen gegeben werden sollen:
- →Kostenartenrechnung: Welche Arten von Kosten sind entstanden?
- →Kostenstellenrechnung: Wo sind diese Kosten entstanden?
- Kostenträgerrechnung: Wofür sind diese Kosten entstanden?

In der *Kostenartenrechnung* werden die in einer Periode angefallenen Kosten der Höhe nach erfasst, systematisiert und für die weitere Verrechnung im Rahmen der Kostenstellen- und Kostenträgerrechnung aufbereitet.

In der *Kostenstellenrechnung* werden Kosten den betrieblichen Teilbereichen (= Kostenstellen) zugeordnet, in denen sie angefallen sind. Die Verantwortlichen der Kostenstellen müssen die in ihrem Zuständigkeitsbereich angefallenen Kosten vertreten (Kontrollfunktion der Kostenstellenrechnung). Weiterhin werden in der Kostenstellenrechnung Kalkulationssätze ermittelt, die für die Kalkulation der Erzeugnisse benötigt werden (Verrechnungsfunktion der Kostenstellenrechnung).

In der *Kostenträgerrechnung* werden die angefallenen Kosten den im Unternehmen hergestellten Erzeugnissen zugeordnet (→Kostenzurechenbarkeit; →Kostenverursachung). Die Zuordnung entstandener Kosten erfolgt erstens stückbezogen (Fragestellung z. B.: wie viel kostete die Herstellung eines Autos des Typs „Vega" im März des laufenden Jahres?). Das zugehörige Rechensystem wird →*Kostenträgerstückrechnung* (Kalkulation) genannt. Die Zuordnung entstandener Kosten erfolgt zweitens periodenbezogen (Fragestellung z. B.: wie viel kostete die Herstellung aller Autos des Typs „Vega" im März des laufenden Jahres?). Das zugehörige Rechensystem wird →*Kostenträgerzeitrechnung* genannt.

Stellt man den Stückkosten den Verkaufspreis gegenüber, erhält man den Stückgewinn oder -verlust eines Erzeugnisses. Stellt man den Periodenkosten die Periodenerlöse gegenüber, ergibt sich das Betriebsergebnis (Gewinn oder Verlust) der Periode. Die periodenbezogene Rechnung wird auch als *kurzfristige Erfolgsrechnung* (→Erfolgsrechnung, kurzfristige) oder *Betriebsergebnisrechnung* bezeichnet.

Im Unterschied zu den traditionellen Systemen der Kosten- und Leistungsrechnung verwendet die →*relative Einzelkostenrechnung* in ihrem Systemaufbau die sog. Grund- und Auswertungsrechnungen. →*Grundrechnungen* sind zweckneutrale Erfassungsrechnungen, die für alle erdenklichen Entscheidungsprobleme die jeweils relevanten Informationen vorhalten sollen. *Auswertungsrechnungen* sind zweckgebundene Entscheidungsrechnungen, die relevante Kosten- und Erlösinformationen zur Lösung konkreter Entscheidungsaufgaben bereitstellen.

Die Kosten- und Leistungsrechnung ist das vom →operativen Controlling (→Controlling) am häufigsten genutzte Teilgebiet des internen Rechnungswesens. Sie hat ihren Ursprung und ihr Haupteinsatzgebiet im industriellen Bereich. Mit der gestiegenen volkswirtschaftlichen Bedeutung anderer Wirtschaftsbereiche [z. B. Dienstleistungen, öffentlicher Sektor (→Kosten- und Leistungsrechnung an Hochschulen)] nimmt auch die Nutzung der Kosten- und Leistungsrechnung in diesen Bereichen zu. Die dort verwendeten Systeme orientieren sich in ihrem Aufbau stark am Vorbild der Industrie.

Literatur: Coenenberg, A.: Kostenrechnung und Kostenanalyse, 5. Aufl., Stuttgart 2003; Joos-Sachse, T.: Controlling, Kostenrechnung und Kostenmanagement, 4. Aufl., Wiesbaden 2006.

Thomas Joos-Sachse

Kosten- und Leistungsrechnung an Hochschulen

Die →Kosten- und Leistungsrechnung (KLR) ist ein Rechnungssystem an Hochschulen, welches i. d. R. parallel zur kameralistischen Haushaltsrechnung (→Buchführungstechnik und Prüfungsmethoden; →Umstellung von Kameralistik auf Doppik) eingesetzt wird. Die KLR wurde ab Mitte der 1990er Jahre im Zusammenhang mit der Einführung der Finanzautonomie (Globalhaushalte) im Rahmen von Modellversuchen zuerst an Hochschulen in Niedersachsen eingesetzt. Mittlerweile wird die Einführung von Kosten- und Leistungsrechnungen in den meisten Universitätsgesetzen der Länder gefordert. Eine hohe politische Relevanz hat der Ausstattungs-/Kosten- und Leistungsvergleich deutscher Hochschulen, ein Projekt der *Hochschulinformationssystem GmbH* (Jenkner 2003). Somit werden sowohl interne als auch externe Rechnungszwecke mit der KLR an Hochschulen verfolgt.

Die *Rechnungszwecke* Wirtschaftlichkeitskontrolle, Betriebssteuerung (Gewinnung von Unterlagen für Entscheidungsrechnungen; Verhaltenssteuerung), Preiskalkulation (→Kalkulation; →Kalkulationsmethoden; →Preisobergrenze; →Preisuntergrenze) und Preisbeurteilung sowie Erfolgsermittlung und Bestandsbewertung können unter Berücksichtigung der spezifischen Gegebenheiten auch auf Hochschulen übertragen werden (Kirchhoff-Kestel 2002, S. 212–216; Kirchhoff-Kestel 2006, S. 102–134). Als bedeutsamer sonstiger Zweck wird die Kommunikationsfunktion der KLR in Hochschulen herausgestellt (Heise 2001, S. 193 f., S. 235–252).

Die Dominanz der Sachziele, die bisher überwiegend unentgeltliche Bereitstellung von immateriellen Gütern (Dienstleistungen) mit einem hohen Anteil an Kollektivität, das Einwirken des externes Faktors Studierende in die Leistungserstellung bei der Lehre, die Notwendigkeit des Vorhaltens eines hohen Grades an Leistungsbereitschaft sowie nicht zuletzt die verbundene Produktion von Forschung und Lehre erschweren eine sinnvolle Gestaltung der KLR. Neben dem finanzwirtschaftlichen *Erfolgsbegriff* ist in Hochschulen darum der leistungswirtschaftliche Erfolgsbegriff von besonderer Bedeutung, bei dem sowohl Input- und Outputfaktoren (→Kosten/Leistungen oder Kosten/Einnahmen), Plan-Inputs und Ist-Inputs, Plan-Leistungen und Ist-Leistungen sowie Ziele und zielbezogene Wirkungen gegenübergestellt werden (Kirchhoff-Kestel 2006, S. 134, S. 379–414).

Eine KLR in Hochschulen erfordert deshalb eine Systematisierung von *Kosten- und Leistungsarten*. Für die Differenzierung der Kostenarten wird eine Gliederung nach Art der Einsatzfaktoren vorgeschlagen: Personalkosten, Sach- bzw. Materialkosten, Fremdleistungskosten, Bewirtschaftungskosten für →Grundstücke, Gebäude, Maschinen, maschinelle Anlagen und Geräte, →kalkulatorische Kosten (inkl. →Abschreibungen, kalkulatorische), sonstige Kosten und Kosten für innerbetriebliche Leistungen. Da die Einnahmen der Hochschulen bisher nicht den Geldwert der von ihnen erbrachten Leistungen darstellen, werden Leistungen in der Hochschule nicht monetär gemessen, sondern mithilfe von Leistungsindikatoren. Bei der Systematik dieser Indikatoren ist zum einen die Dimension des Leistungsprozesses zu berücksichtigen, die sich durch die Unterteilung in Input-, Prozess-, Output bzw. Outcome-Indikatoren verdeutlicht. Zum anderen kann zwischen quantitativ und qualitativ orientierter Leistungsmessung unterschieden werden (Heise 2001, S. 28 f.; Kirchhoff-Kestel 2006, S. 154–159, S. 340–346; Schencker-Wicki 1996, S. 92–151).

Die ermittelten Kosten- und Leistungen können in Hochschulen *Bezugsobjekten* aus Organisationssicht und aus Leistungssicht zugeordnet werden. Erstere sind auch als Kosten- und Leistungsstellen zu bezeichnen. Als solche können in einer groben Untergliederung Fachbereiche/Fakultäten, zentrale Einrichtungen, hochschulübergreifende Einrichtungen sowie Management unterschieden werden.

Bezugsobjekte aus Leistungssicht (Kostenträger) werden aus funktioneller Sicht übergeordnet in Lehre (z. B. Studiengänge, einzelne Veranstaltungen), Forschung (z. B. Forschungsprojekte), andere Dienstleistungen (interne und an Dritte) sowie Management (z. B. Hochschulleitung, Verwaltungstätigkeiten) gegliedert (Heise 2001, S. 31; Kirchhoff-Kestel 2006, S. 336 f.) Personenbezogene Kostenträger sind dagegen Studierende, Doktoranden, Professoren oder Absolventen. Die Kosten pro Studierendem oder pro Absolvent(in) sind nicht direkt auf eine Person bezogen ermittelbar, da die meisten Kostenarten keinen Zusammenhang zur Anzahl der Studierenden oder Absolventen aufweisen. Hier bleibt nur die Möglichkeit, die Kosten auf die Gesamtzahl der Studierenden oder Absolventen eines Studienganges zu beziehen (Hühne 1979, S. 212–218).

Bei der Zuordnung von Kosten auf leistungsorientierte Bezugsobjekte erschweren zum einen die i. d. R. zahlreich vorliegenden Lehrverflechtungen eine eindeutige Zuordnung von Kosten auf einzelne Kostenträger der Lehre, wie Studiengänge oder Lehrveranstaltungen. Zum anderen ist es aufgrund der verbundenen Produktion nicht möglich, Kosten verursachungsgerecht (→Kostenverursachung; →Kostenzurechenbarkeit) auf Forschung, Lehre oder andere Dienstleistungen zu verteilen (→Kostenträgerstückrechnung). Die Vorschläge zur Lösung dieser Probleme beinhalten neben einem Verzicht auf eine Kostenträgerrechnung verschiedene Methoden zur Kostenverteilung nach dem Kostenanteilsprinzip. Bei Letzterem werden die Kosten mittels weitgehend normierter Koeffizienten oder mittels dezentraler empirischer Erhebungen auf Lehre, Forschung und andere Dienstleistungen aufgeteilt (Heise 2001, S. 134–139 f.; Heise/Ambrosy/Hinsenkamp 2002, S. 235–237; Jenkner 2003, S. 56). Zur Behebung des Problems der Lehrverflechtungen wird auf produktionstheoretische Ansätze oder die Verteilung basierend auf Curricularnormwerten (CNW) aus der KapVO zurückgegriffen (Jenkner 2003, S. 58 f.; Paff 1998, S. 165–204, S. 477–575). Aufgrund umfangreicher Kritik wird mittlerweile die Abschaffung der CNW gefordert. Stattdessen wird die Nutzung empirisch ermittelter und hochschulintern abgesicherter Curricularanteile durch Ermittlung konkreter Teilnehmerzahlen in Lehrveranstaltungen vorgeschlagen (Heise 2001, S. 161–171).

Kostenrechnungssysteme, die den zahlreich auftretenden Schlüsselungsproblemen von Kosten und Leistungen in Hochschulen gerecht werden können, sind eine Teilkostenrechnung, bei der nur direkt zurechenbare Sekundärkosten verteilt werden, eine Rechnung in Anlehnung an eine Einzelkostendeckungsbeitragsrechnung von *Riebel* (→relative Einzelkostenrechnung) oder eine →Prozesskostenrechnung (Bolsenkötter 1976, S. 487 f.; Heise 2001, S. 200–235; Kirchhoff-Kestel 2006, S. 172–175, S. 334 f., S. 339; Seidenschwarz 1992, S. 86–127).

Literatur: Bolsenkötter, H.: Ökonomie der Hochschule. Eine betriebswirtschaftliche Untersuchung, Band 1 und 2, Baden-Baden 1976; Heise, S.: Hochschulkostenrechnung. Forschung durch Entwicklung ausgehend vom Projekt der Fachhochschule Bochum, Köln/Lohmar 2001; Heise, S./Ambrosy, R./Hinsenkamp, M.: Fit for Future: Kommunikationsorientiertes Rechnungswesen für Hochschulen, in: Controlling 14 (2002), S. 233–243; Hühne, H.-J.: Entscheidungsorientierte Hochschulkostenrechnung. Hochschulplanung und -steuerung mit flexibler Plankostenrechnung, Paderborn et al. 1979; Jenkner, P.: Ausstattungs-, Kosten- und Leistungsvergleich (AKL): Auftrag und Methodik, in: Leszczensky, M. (Hrsg.): Internes und externes Hochschulcontrolling. HIS-Tagung vom 30. September–1. Oktober 2003 in Hannover. Band 2, HIS-Kurzinformation A9/2003, Hannover 2003, S. 51–60; Kirchhoff-Kestel, S.: Kosten- und Leistungsmanagement in Hochschulen. Grundlagen und Konzepte für ein zweckorientiertes Rechnungssystem, Lohmar/Köln 2006; Kirchhoff-Kestel, S.: Konzepte zur zweckorientierten Kosten- und Leistungsrechnung in Hochschulen. Impulse aus den USA, in: Verwaltung und Management 8 (2002), S. 212–220; Schenker-Wicki, A.: Evaluation von Hochschulleistungen. Leistungsindikatoren und Performance Measurements, Wiesbaden 1996; Seidenschwarz, B.: Entwicklung eines Controllingkonzeptes für öffentliche Institutionen dargestellt am Beispiel einer Universität, München 1992.

Detlef Müller-Böling; Susanne Kirchhoff-Kestel

Kosten- und Leistungsverrechnung, innerbetriebliche

Innerbetriebliche Leistungen werden in einer Unternehmung erbracht und für die Erstellung und Verwertung von Absatzleistungen ge- oder verbraucht. Unterschieden werden nicht aktivierbare (z. B. Transportleistungen des Fuhrparks für die Vertriebsstellen) sowie aktivierbare innerbetriebliche Leistungen (selbsterstellte Anlagegüter).

Bei der *Verrechnung innerbetrieblicher Leistungen* werden die empfangenden Kostenstellen (→Cost Center) mit den →Kosten dieser Leistungen belastet, die leistenden Kostenstellen von diesen Kosten entlastet. Die zwischen den Kostenstellen verrechneten Kosten werden in Abgrenzung zu den primären Kosten, die aus der →Kostenartenrechnung auf die Kostenstelle verrechnet werden, als sekundäre Kosten bezeichnet. Die innerbetriebliche Leistungsverrechnung ist eine Aufgabe der →Kostenstellenrechnung und dient folgenden Zwecken:

- der verursachungsgerechten Verrechnung der Kosten innerbetrieblicher Leistungen auf Kostenträger (→Kostenverursachung),
- der Unterstützung von Entscheidungen zwischen Eigenerstellung und Fremdbezug innerbetrieblicher Leistungen (→Eigenfertigung versus Fremdbezug) und
- der Kontrolle der Wirtschaftlichkeit in den Kostenstellen (→Soll-Ist-Vergleich).

Es haben sich mehrere *Methoden der innerbetrieblichen Leistungsverrechnung* herausgebildet. Jede Methode eignet sich für spezielle Formen von Leistungsverflechtungen zwischen den Kostenstellen.

Bei *homogenen Leistungsverflechtungen* werden gleichartige Leistungen ausgetauscht. Sie treten z. B. bei Hilfskostenstellen, wie der Stromversorgung, auf. Verfahren zur Verrechnung homogener innerbetrieblicher Leistungen sind:

- die Kostenstellenumlageverfahren,
- das Kostenstellenausgleichsverfahren und
- das Gleichungsverfahren.

Die *Kostenstellenumlageverfahren* verrechnen die gesamten Kosten von Vorkostenstellen auf die empfangenden Endkostenstellen. Verrechnet werden die Kosten proportional zu den Leistungen der liefernden Kostenstelle. Zur Leistungsmessung werden direkte Bezugsgrößen herangezogen, d. h. Maßgrößen, zu denen sich die Kosten proportional verhalten. Sind direkte Bezugsgrößen nicht oder nur schwierig erfassbar, werden Kostenschlüssel verwendet. Es werden zwei Varianten des Kostenstellenumlageverfahrens unterschieden:

- Beim *Anbauverfahren* werden nur einseitige Leistungsbeziehungen zwischen Vor- und Endkostenstellen berücksichtigt. Die Kosten für Lieferungen zwischen Vorkostenstellen werden nicht verrechnet. Eine verursachungsgerechte Verrechnung erlaubt das Anbauverfahren deshalb nur dann, wenn Vor- und Endkostenstellen keine Leistungen für Vorkostenstellen erbringen.
- Anders als das Anbauverfahren berücksichtigt das *Stufenverfahren* auch Leistungsbeziehungen zwischen Vorkostenstellen.

Das *Kostenstellenausgleichsverfahren* ist geeignet, wenn innerbetriebliche Leistungen nicht nur von Vorkostenstellen, sondern auch von Endkostenstellen erbracht werden. Bei Anwendung dieses Verfahrens werden alle einseitigen Leistungsbeziehungen zwischen den Kostenstellen der Unternehmung verrechnet. Treten wechselseitige Lieferbeziehungen auf, wird jeweils nur eine Richtung in die Leistungsverrechnung einbezogen.

Das *Gleichungsverfahren* zeichnet sich durch die simultane Verrechnung wechselseitiger Leistungsbeziehungen aus. Mit ihm können alle homogenen Leistungsverflechtungen zwischen allen Kostenstellen verrechnet werden. Für die simultane Verrechnung wechselseitiger Leistungsbeziehungen wird ein lineares Gleichungssystem formuliert und gelöst, das für jede Kostenstelle die Gesamtkosten als Summe aus den primären und den sekundären Kosten der Kostenstelle angibt:

$$K_1 = PK_1 + a_{11} \cdot K_1 + a_{21} \cdot K_2 + \ldots + a_{J1} \cdot K_J$$
$$K_2 = PK_2 + a_{12} \cdot K_1 + a_{22} \cdot K_2 + \ldots + a_{J2} \cdot K_J$$
$$\vdots$$
$$K_J = PK_J + a_{1J} \cdot K_1 + a_{2J} \cdot K_2 + \ldots + a_{JJ} \cdot K_J$$

K_j : Gesamtkosten der Kostenstelle j

K_{ij} : Kosten der Kostenstelle i, die der Kostenstelle j zugerechnet werden

PK_j : primäre Kosten der Kostenstelle j

a_{ij} : Anteil der an Kostenstelle j gelieferten Leistungen an der Gesamtleistung der Kostenstelle i.

Bei *heterogenen Leistungsverflechtungen* werden individuelle Leistungen erstellt (z. B. Reparaturleistungen). Zur Verrechnung dieser Leistungen werden differenzierte →Kalkulationsmethoden (→Kalkulation) eingesetzt. Methoden zur Verrechnung heterogener Leistungsverflechtungen sind

- das Kostenarten- und
- das Kostenträgerverfahren.

Beim Einsatz des *Kostenartenverfahrens* werden den empfangenden Kostenstellen nur die Einzelkosten (→Einzelkostencontrolling) der innerbetrieblichen Leistung zugerechnet. Die Leistungsgemeinkosten (→Gemeinkostencontrolling) verbleiben bei der liefernden Kostenstelle. Um die daraus resultierenden Verzerrungen möglichst gering zu halten, sollte das Kostenartenverfahren nur dann eingesetzt werden, wenn der Anteil der innerbetrieblichen Leistungen an der Gesamtleistung der liefernden Kostenstelle unbedeutend ist.

Wird ein aktivierbares Anlagegut erstellt, verlangen die Rechnungsziele, dass die leistenden

Kostenstellen von den Kosten für die Erstellung des Anlagegutes entlastet werden. Die Kostenstellen, die das aktivierbare Anlagegut in den Folgeperioden nutzen, dürfen in der laufenden Abrechnungsperiode nicht mit diesen Kosten belastet werden. Diese Kosten sollen vielmehr erst während der →Nutzungsdauer mit Abschreibungen (→Abschreibungen, kalkulatorische; →kalkulatorische Kosten) belastet werden. Das *Kostenträgerverfahren* verhindert die Belastung der empfangenden Kostenstelle in der laufenden Abrechnungsperiode durch die Erweiterung des →Betriebsabrechnungsbogens (→Betriebsabrechnung) um eine Ausgleichsstelle. Ihr werden die Einzelkosten des aktivierbaren Anlagegutes sowie die sekundären Gemeinkosten dieser innerbetrieblichen Leistung zugerechnet.

Literatur: Kloock, J. et al.: Kosten- und Leistungsrechnung, 9. Aufl., Stuttgart 2005; Scherrer, G.: Kostenrechnung, 3. Aufl., Stuttgart 1999.

Birgit Friedl

Kostenabbaubarkeit

Der Kostenabbaubarkeit kommt bei der mittel- bis längerfristigen Preisgrenzenbestimmung (→Preisobergrenze; →Preisuntergrenze) im Falle von veränderlichen Kapazitäten eine zentrale Bedeutung zu. Entscheidungsrelevant sind in diesem Zusammenhang nicht nur alle variablen →Kosten, sondern zusätzlich auch alle abbaufähigen Fixkosten. Grundsätzlich gelten Fixkosten als beschäftigungsunabhängig. Sie haben daher bei kurzfristigen unternehmerischen Entscheidungen keine Priorität, z. B. in Fragen nach →Eigenfertigung versus Fremdbezug oder aber bei der Preisgrenzenbestimmung. Grundsätzlich ist es aber schwierig, eindeutig zwischen (beschäftigungs-) variablen und (beschäftigungs-) fixen Kosten zu unterscheiden, da eine Zuordnung insb. vom Betrachtungszeitraum abhängt. Vor diesem Hintergrund lassen sich je nach Länge des Zeithorizonts fixe Kosten weiter unterteilen in absolut fixe und sprungfixe bzw. intervallfixe Kosten. *Absolut fixe Kosten* entstehen allein durch die Existenz der Unternehmung und fallen somit unabhängig davon an, ob produziert wird oder nicht; sie werden auch als Bereitschaftskosten bezeichnet. Absolut fixe Kosten verhalten sich unelastisch gegenüber Veränderungen des →Beschäftigungsgrades. Dagegen bleiben sprungfixe Kosten nur innerhalb eines bestimmten Intervalls konstant; sie verändern sich jedoch sprunghaft beim Überschreiten der Ober- und Untergrenzen. Anders als absolut fixe Kosten können sprungfixe Kosten daher stufenweise an die entsprechende Beschäftigungslage angepasst werden (Freidank 2001, S. 36). Beispiele für abbaufähige Fixkosten sind z. B. solche Kosten, die aus Beratungs-, Versicherungs-, Wartungs- oder Mietverträgen entstehen. Kostenremanenz liegt demgegenüber vor, wenn Kosten bei rückläufiger Beschäftigung nicht abgebaut werden können.

Eine Unterauslastung von Kapazitäten entsteht bspw. bei schwacher oder rezessiver Konjunkturentwicklung und damit einhergehender rückläufiger Nachfrage. Wenn über verstärkte Absatzbemühungen keine nachhaltige Verbesserung der Auftragslage erreicht werden kann, muss aus Wirtschaftlichkeitsgründen mit einer Kapazitätsanpassung reagiert werden (→Kapazitätsplanung; →Kapazitätscontrolling). Ist der Anpassungszeitraum sehr kurz, ist die Dispositionsfähigkeit der Kapazitäten stark eingeschränkt und somit eine Änderung der Kapazitäten kaum möglich. Eine Beeinflussbarkeit der Kapazitäten ist nur bei mittel- oder langfristigem Betrachtungszeitraum möglich, da in Abhängigkeit vom Betrachtungszeitpunkt bestimmte Fixkostenbestandteile abgebaut werden können. Nach der zeitlichen Strukturierung lassen sich die abbaufähigen Fixkosten danach gliedern, ob diese monatlich oder mit zwei-, drei- oder sechsmonatiger Frist abgebaut werden können.

Um den Handlungsspielraum bzgl. der fixen Kosten bei konjunkturellen Schwankungen überhaupt nutzen zu können, muss ein Unternehmen das →Kostenmanagement so transparent gestalten, dass die Abbaufähigkeit der fixen Kosten in Abhängigkeit von den erwarteten Beschäftigungsschwankungen (→Kostenabhängigkeiten) erkennbar ist (→Fixkostencontrolling). Nur die genaue Kenntnis ihrer Höhe und Abbautermine erlaubt eine Einschätzung über die Elastizität der Fixkosten. Daher ist eine zeitliche Strukturierung der einzelnen Kostenarten in den Kostenstellen (→Cost Center) notwendig. Auf diese Weise können die spezifischen Bindungen in den einzelnen Kostenstellen explizit erfasst und geplant werden (Reichmann 2001, S. 162–164).

Zur besseren Entscheidungsunterstützung können die vorhandenen abbaufähigen Fixkostenarten für einen bestimmten Planungszeitraum (→Planung) in einer Matrix zusammengestellt werden, damit die gesamten von der Betriebsbereitschaft abhängigen abbaufähigen Fixkosten für bestimmte Betrachtungszeitpunkte errechnet werden können. Zukünftige Beschäftigungsänderungen im Produktionsprozess und damit die Wirkung auf die Betriebsbereitschaft lassen sich aus den Absatzprognosen ableiten (→Prognoseinstrumente), wobei eine Differenzierung nach Kostenstellen nötig ist. Wenn gem. den Unternehmensplanungen z. B. eine Produktart aus dem Produktionsprogramm genommen werden soll, bedeutet dies nicht automatisch, dass bei allen Kostenstellen gleiche Veränderungen der Betriebsbereitschaft zu verzeichnen sind. Vielmehr ist die Wirkung aufgrund der kostenstellenspezifischen Struktur und Beeinflussbarkeit von Produktionsfaktoren mit zeitabhängiger →Nutzungsdauer pro Kostenstelle unterschiedlich. Ein Vergleich der geplanten Betriebsbereitschaft (→Planbeschäftigung) und der je Kostenstelle benötigten Betriebsbereitschaft gibt Aufschluss darüber, welche Anpassungsentscheidungen grundsätzlich möglich und notwendig sind. Hilfreich für eine Übersicht der jeweiligen Kostenwirkungen sind kostenstellenbezogene oder unternehmensbezogene Matrizen abbaufähiger Fixkosten (Reichmann 2001, S. 164–166).

In der Kostenrechnung (→Kosten- und Leistungsrechnung; →Kostenrechnung, Prüfung der) führt eine Berücksichtigung abbaufähiger Fixkosten neben der variablen Kosten zu einer Senkung des Break Even-Points (→*Break Even-Analyse*). Eine differenzierte Betrachtung der Fixkosten in abbaufähig und nicht abbaufähig bietet sich auch im Rahmen von →*Deckungsbeitragsrechnungen* an. Grundsätzlich ist aber im Rahmen von Unternehmensentscheidungen zu berücksichtigen, dass der Abbau von sprungfixen Kosten und somit eine Stilllegung einzelner Betriebsanlagen nicht zwangsläufig eine Einsparung der relevanten sprungfixen Kosten in voller Höhe bedeutet. Vielmehr sind ggf. in diesem Zusammenhang andere anfallende Kosten zu berücksichtigen. Hierzu zählen Kosten für Stillstandspflege, Bewachung und spätere Wiederinbetriebnahme der stillgelegten Betriebsanlagen. Daher ist eine Führungsentscheidung nach dem Abwägen zwischen vermeidlich einzusparenden sprungfixen Kosten und ggf. anfallenden anderen Kosten zu treffen. Die Höhe dieser zusätzlichen Kosten wird zum einen von der Stillstandszeit und zum anderen vom Grad der Betriebsbereitschaft bestimmt (Gutenberg 1983, S. 382).

Literatur: Freidank, C.-Chr.: Kostenrechnung, 7. Aufl., München/Wien 2001; Gutenberg, E.: Grundlagen der Betriebswirtschaftslehre, Band 1: Die Produktion, 24. Aufl., Berlin/Heidelberg/NY 1983; Reichmann, T.: Controlling mit Kennzahlen und Managementberichten, 6. Aufl., München 2001.

Inge Wulf

Kostenabhängigkeiten

Die Untersuchung von Kostenabhängigkeiten ist ein zentrales Verfahren zur Kostenanalyse. Gegenstand der Kostenbetrachtung können die Gesamtkosten (→Kosten) eines Betriebes, einer Abteilung, einer Produktart oder auch einzelne Kostenarten sein. Im Rahmen der Kostenabhängigkeiten werden die qualitativ und/oder quantitativ erfassbaren Ursachen für die Kostenhöhe untersucht. Die Kostenabhängigkeitsanalysen bieten somit Informationen darüber, wie →Kosten je nach Veränderungen betrieblicher Entscheidungsparameter beeinflusst und sich voraussichtlich ändern werden (Ursache-Wirkungsbeziehung). Synonym wird in der Literatur auch von Kosteneinflussgrößen, Kostenbestimmungsfaktoren, Kostenantriebskräften oder →Cost Drivern gesprochen. Eine wichtige *Bezugsgröße* für die Kostenentwicklung ist der →Beschäftigungsgrad, wobei neben der Produktmenge auch zeitliche Aspekte (z. B. Arbeits- oder Maschinenstunden) sowie Intensitäten, Losgrößen, Durchsatzgewichte sowie Längen-, Flächen- oder Kubikmaße in Betracht kommen können (Schweitzer/Küpper 2003, S. 412). Speziell bei der →Prozesskostenrechnung sind Kostentreiber als Kosteneinflussgrößen zu bestimmen. Diese können nicht nur auf beschäftigungsabhängige Größen, sondern auch auf variantenzahl- und komplexitätsabhängige Größen bezogen werden (Schweitzer/Küpper 2003, S. 351–353).

Da der Beschäftigungsgrad allein für die Darstellung von Kostenabhängigkeiten unzureichend ist, haben sich verschiedene Vorschläge für weitere Kosteneinflussgrößen entwickelt, die sich in drei Gruppen einteilen lassen: operative, taktische und strategische Kostentreiber. Während sich operative Kostentreiber auf den Produktionsbereich von Industrieunternehmen und auf kurzfristige Kostenabhängigkeiten bei gegebenen Strukturen beziehen, sind taktische Kostentreiber insb. für den Dienstleistungsbereich relevant, wo fixe Gemeinkosten (→Gemeinkostencontrolling) dominieren. Dagegen fokussieren strategische Kostentreiber langfristige Kostenabhängigkeiten, wie z. B. beim Qualitäts- oder Kundenmanagement (Kajüter 2005, S. 345 m.w.N.). Bei der Analyse von Kostenabhängigkeiten ist zu berücksichtigen, dass grundsätzlich zwischen homogener und heterogener →Kostenverursachung unterschieden wird. Homogene Kostenverursachung zeichnet sich dadurch aus, dass für eine Kostenstelle (→Cost Center) nur eine einzige Bezugsgröße existiert, zu der sich alle abhängigen Kostenarten proportional verhalten. Bei heterogener Kostenverursachung existieren mehrere Bezugsgrößen (→Bezugsgrößenhierarchie), wie z. B. wechselnde Seriengrößen bei Serienfertigung mit unterschiedlichen Kosten für Rüstzeiten und Ausführungszeiten (→Seriengrößenabweichung) (Wöhe 2005, S. 1099–1100). Um einen Einblick in die Kostenabhängigkeiten zu erhalten, sind Kosten, die sich nicht in Abhängigkeit von der Bezugsgröße ändern, von den bezugsgrößenabhängigen Kosten zu separieren. Dies betrifft die bezugsgrößenfixen Kosten ebenso wie die leistungsmengenneutralen Kosten bei der Prozesskostenrechnung.

Zur Analyse von Kostenabhängigkeiten können buchtechnische, statistische (mathematische) oder planmäßige (analytische) Verfahren Anwendung finden. Häufig werden als statistische (mathematische) Methode Regressionsrechnungen angewendet, wobei je nach Anzahl der berücksichtigten Einflussgrößen zwischen einfacher und mehrfacher Regression zu unterscheiden ist. Die Regressionsanalyse kann lediglich als nachträgliche Untersuchung der entstandenen Kosten in Abhängigkeit von den Produktmengen eingesetzt werden. Demgegenüber wird bei den planmäßigen Kostenauflösungsverfahren versucht, durch genaue Kostenuntersuchungen festzustellen, wie sich die Kosten in Abhängigkeit von einer Bezugsgröße (z. B. Beschäftigung) verhalten werden. Dabei werden diejenigen Plankosten als proportional betrachtet, bei denen davon ausgegangen wird, dass sie sich in Relation zu der Beschäftigung ändern werden. Plankosten werden als fix eingestuft, sofern sie ganz oder teilweise entstehen, obwohl die Beschäftigung gegen Null tendiert, die geplante Betriebsbereitschaft aber aufrecht erhalten werden soll (Schweitzer/Küpper 2003, S. 398–399). Als System zur planmäßigen Kostenerfassung [→Betriebsdatenerfassung (BDE)] ist z. B. die →Plankostenrechnung zu nennen.

Die Kenntnis der Kostenabhängigkeiten ist im Rahmen des →Kostenmanagements insofern notwendig, als die wichtigsten Kosteneinflussgrößen und die funktionalen Abhängigkeiten bekannt sein müssen, um ein aktives →Kostencontrolling mit →Planung, Steuerung und Kontrolle (→Kontrolltheorie) zu ermöglichen. Daher muss eine Transparenz darüber gegeben sein, welche Kosteneinflussgrößen bzw. Kostentreiber für die einzelnen Bereiche oder Prozesse maßgeblich sind. Basierend auf diesen Kenntnissen kann sich das Kostenmanagement dann darauf konzentrieren, Ansatzpunkte zur Veränderung der Kosten aufzudecken und entsprechende Instrumente zur Kostenveränderung zu entwickeln.

Literatur: Kajüter, P.: Zur Integration von Kostentreibern in Werttreiberhierarchien, in: ZfCM 49 (2005), S. 343–349; Schweitzer, M./Küpper, H.-U.: Systeme der Kostenrechnung, 8. Aufl., München 2003; Wöhe, G.: Einführung in die Allgemeine Betriebswirtschaftslehre, 22. Aufl., München 2005.

Inge Wulf

Kostenanalyse →Kostenmanagement

Kostenartenrechnung

Die Aufgabe der Kostenartenrechnung besteht in der lückenlosen Erfassung und sinnvollen Untergliederung der angefallenen →Kosten. Dies setzt die sachliche und zeitliche Abgrenzung der als Kosten erfassten Ressourcenverbräuche voraus.

Sachliche Abgrenzung: Unter *sachlicher Abgrenzung* wird die Grenzbeziehung zwischen Kosten und Aufwand sowie zwischen Leistung und Ertrag verstanden (s. Abb. 1).

Zunächst werden die Aufwandskonten (z. B. IKR Klasse 6) in die Kostenrechnung (→Kosten- und Leistungsrechnung; →Kostenrechnung, Prüfung der) übertragen, deren →Buchungen den kostenrechnerischen Wertansätzen sachlich und der Höhe nach entsprechen (sog. *Zweckaufwand* bzw. *Grundkosten*). Der größte Teil des Aufwands fällt in diese Kategorie (Löhne, Gehälter, Rohstoffverbräuche etc.).

Kostenartenrechnung

Abb. 1: Sachliche Abgrenzung zwischen Kosten und Aufwand

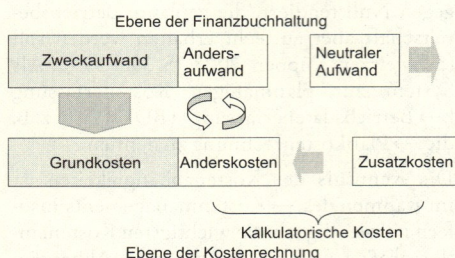

Aufwandskonten, deren Buchungen zwar dem Inhalt, nicht aber der Höhe nach den Ansätzen der Kostenrechnung entsprechen, werden nicht in die Kostenrechnung übertragen, sondern durch eigens berechnete Werte ersetzt (sog. *Anderskosten* oder – weniger gebräuchlich – Andersaufwand, z. B. →Abschreibungen, kalkulatorische).

Aufwandskonten, deren gebuchte Werte weder sachlich noch der Höhe nach als Kosten eingestuft werden können, werden nicht in die Kostenrechnung übernommen (sog. *neutraler Aufwand*). Neutraler Aufwand kann betriebsfremder, periodenfremder und ao. Art sein.

Schließlich werden die sog. *Zusatzkosten* berechnet, denen in der Finanzbuchhaltung kein Ansatz gegenübersteht. Sie werden angesetzt, um den entstandenen Wertverzehr vollständig zu erfassen (z. B. kalkulatorischer Unternehmerlohn eines Einzelunternehmers).

Zusatzkosten und Anderskosten bilden die Gruppe der →*kalkulatorischen Kosten*.

Analog zur Beziehung von Aufwand und Kosten lässt sich das Verhältnis von Leistung und Ertrag darstellen (s. Abb. 2).

Es werden alle Ertragskonten (z. B. IKR Klasse 8) in die Kostenrechnung übertragen, deren

Abb. 2: Sachliche Abgrenzung zwischen Erlös und Ertrag

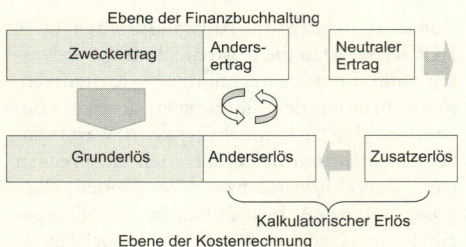

Buchungen den kostenrechnerischen Wertansätzen sachlich und der Höhe nach entsprechen. Man spricht von *Zweckertrag* bzw. *Grundleistung* (vor allem →Umsatzerlöse; →Erlöse).

Ertragskonten, deren Buchungen zwar dem Inhalt, nicht aber der Höhe nach den Ansätzen der Kostenrechnung entsprechen, werden durch eigens berechnete Werte ersetzt (sog. *Andersleistung* oder – weniger gebräuchlich – Andersertrag). Andersleistungen werden vor allem zur Beschleunigung der Betriebsergebnisrechnung (→Kostenträgerzeitrechnung) eingesetzt [z. B. Bewertung auf Lager produzierter Erzeugnisse mit festen Verrechnungspreisen (→Verrechnungspreise, kalkulatorische) anstelle von HK (→Herstellungskosten, bilanzielle)].

Ertragskonten, deren gebuchte Werte weder sachlich noch der Höhe nach als Leistungen eingestuft werden können, werden nicht in die →Kosten- und Leistungsrechnung übernommen. Sie bilden den sog. *neutralen Ertrag*, der betriebsfremder, periodenfremder und ao. Art sein kann.

Als Pendant zu Zusatzkosten können in der Kosten- und Leistungsrechnung *Zusatzleistungen* angesetzt werden, also Leistungen, denen keine →Erträge gegenüberstehen (z. B. Wert selbst entwickelter Patente). In der Praxis erfolgt dies nur in Ausnahmefällen.

Zusatz- und Andersleistungen bilden die Gruppe der *kalkulatorischen Leistungen*.

Zeitliche Abgrenzung: Um aussagefähige unterjährige Ergebniszahlen zu erhalten, werden betragsmäßig bedeutende, unregelmäßig anfallende Zweckaufwendungen auf die einzelnen Monate verteilt. In diese *zeitliche Abgrenzung* werden z. B. Sonderzahlungen an Mitarbeiter (Urlaubs- und Weihnachtsgeld etc.) einbezogen.

Seltener als Aufwendungen werden aperiodisch anfallende Erträge in der Praxis zeitlich abgegrenzt. Die Abgrenzung ist jedoch für Unternehmen empfehlenswert, die in der →langfristigen Auftragsfertigung (z. B. Bauwirtschaft) arbeiten.

Kostenartengliederung und Kostenartenplan: Die systematische Erfassung und Aufbereitung der Gesamtkosten einer Abrechnungsperiode wird durch eine zweckmäßige Untergliederung in Kostenarten erleichtert. Wichtige Gliederungsmerkmale sind:

- Gliederung nach der Herkunft der Kosten: Dies führt zur Unterscheidung in primäre und sekundäre Kosten. Primäre Kosten entstehen durch den Verbrauch extern bezogener Ressourcen (z. B. Gehälter), sekundäre Kosten durch den Verbrauch innerbetrieblicher Leistungen (z. B. selbst erzeugter Strom). In der Kostenartenrechnung werden nur primäre Kosten erfasst. Sekundäre Kosten entstehen erst bei der innerbetrieblichen Leistungsverrechnung (→ Kosten- und Leistungsverrechnung, innerbetriebliche) im Rahmen der → Kostenstellenrechnung.
- Gliederung nach der Art der verbrauchten Produktionsfaktoren: Dies ist das bedeutendste Gliederungsmerkmal in der Praxis und führt zur Einteilung in Materialkosten, Personalkosten, → Abschreibungen, kalkulatorische etc.
- Gliederung nach Einzel- und Gemeinkosten: Hiernach erfolgt eine Differenzierung der Kosten nach den direkt zuordenbaren (Kostenträger-) Einzel- und den nur indirekt zuordenbaren (Kostenträger-) Gemeinkosten (→ Gemeinkostencontrolling).
- Gliederung nach aufwandsgleichen Kosten (Grundkosten) und kalkulatorischen Kosten: Diese greift die im Rahmen der sachlichen Abgrenzung (s. oben) unterschiedenen Kategorien auf.
- Gliederung nach der Beschäftigungsabhängigkeit: Die Einteilung der Kosten nach ihrer Beschäftigungsabhängigkeit in fixe und variable Kosten (→ Fixkostencontrolling) erfolgt an sich erst in der Kostenstellenrechnung. Dennoch werden in der Praxis z.T. „unternehmenstypische" Beschäftigungsabhängigkeiten (→ Kostenabhängigkeiten) bereits für einzelne Kostenarten festgelegt.

Die Kostenartengliederung findet sich im Kostenartenplan, der eine Auflistung der Kostenartenbezeichnungen und der dazugehörigen Kostenartennummern enthält. Die im Einzelnen erfassten Kostenarten werden vor allem von Branche und Betriebsgröße bestimmt.

Literatur: Coenenberg, A. G.: Kostenrechnung und Kostenanalyse, 5. Aufl., Stuttgart 2003; Joos-Sachse, T.: Controlling, Kostenrechnung und Kostenmanagement, 4. Aufl., Wiesbaden 2006.

Thomas Joos-Sachse

Kostenartenverfahren → Kosten- und Leistungsverrechnung, innerbetriebliche

Kostenauflösung → Variatorenrechnung; → Kostenabhängigkeiten

Kostenaufschlagsmethode → Verrechnungspreise, steuerrechtliche

Kostenausgleichsverfahren → Kosten- und Leistungsverrechnung, innerbetriebliche

Kostencontrolling

Das Kostencontrolling ist als Teil des betrieblichen Informationsversorgungssystems (→ Führungsinformationssysteme; → Berichtssystem) ein wichtiges unterstützendes Element für die Wahrnehmung von Planungsaufgaben (→ Planung) sowie Steuerungs- und Kontrollaufgaben der Führung. Es fokussiert sich auf den Ressourcenverbrauch, d. h. auf sämtliche mit dem Unternehmensprozess (→ Geschäftsprozesse) zusammenhängende → Kosten (i. S. d. bewerteten sachzielbezogenen Güterverzehrs). Dem gegenüber konzentriert sich ein Erlöscontrolling auf die Einnahmenseite. Die Herausbildung von eigenen Subsystemen des → Controllings für Kosten und → Erlöse mit Schwerpunkt auf dem Kostencontrolling folgt der Annahme, dass die Inputfaktoren – damit auch die Kostentreiber (→ Cost Driver) und folgend die Kosten – einer zielorientierten Gestaltung eher zugänglich sind als die stärker umfeldabhängigen Erlöse. Das Kostencontrolling nutzt Informationen aus der Kostenrechnung (→ Kosten- und Leistungsrechnung; → Kostenrechnung, Prüfung der) sowie aus dem → Kostenmanagement zur Entscheidungsunterstützung.

Vorausgesetzt wird damit der klassische Systemzusammenhang der Kostenrechnung [→ Kostenartenrechnung, → Kostenstellenrechnung, Kostenträgerrechnung (→ Kostenträgerstückrechnung; → Kalkulation; → Kostenträgerzeitrechnung; → Erfolgsrechnung, kurzfristige)], die operative Informationen liefert (→ operatives Controlling). Daneben werden auch Informationen aus dem eher strategie- und zukunftsorientierten Kostenmanagement einbezogen (→ strategisches Controlling). Der Schwerpunkt liegt hier auf der Unterstützung bei der Schaffung und Behauptung von Wettbewerbsvorteilen durch die gezielte Gestaltung und Beeinflussung von Kostenniveau, -verlauf und -struktur von Produkten, Prozessen und Potenzialen.

Ein durchgängiges Kostencontrolling ist aufgrund der sich ständig verändernden Wettbewerbs- und Unternehmensstrukturen nur schwer realisierbar. Es werden daher verschiedene Instrumente des allgemeinen Controllings (→Controllinginstrumente), der Kostenrechnung und des Kostenmanagements kombiniert. Dazu zählen insb. das →Target Costing, die →Lebenszykluskostenrechnung, die →Prozesskostenrechnung, das Kaizen Costing, die Gemeinkostenwertanalyse (→Gemeinkostencontrolling), das →Zero-Based-Budgeting und das Cost Benchmarking (→Benchmarking). Dazu müssen zusätzlich die spezifischen Aspekte, wie bspw. Funktions- und Querschnittskosten, bei der Ausgestaltung eines Kostencontrollings berücksichtigt werden. Funktionskosten umfassen spezifische Kostenaspekte aus den Funktionsbereichen (F&E, Beschaffung, Produktion, Vertrieb, Marketing, Personal etc.). Ebenso wichtig wie die Analyse und Gestaltung der Funktionskosten ist der Einbezug der Querschnittskosten (Logistikkosten, Informations- und Kommunikationskosten, Ökologiekosten, Komplexitätskosten, Qualitätskosten, Zeitkosten etc.). Jedoch muss auch die Ausgestaltung des Kostencontrollings selbst unter Kosten-Nutzen-Abwägungen (→Kosten-Nutzen-Analyse) durchgeführt werden.

Literatur: Fischer, T. M. (Hrsg.): Kostencontrolling: neue Methoden und Inhalte, Stuttgart 2000; Horváth, P.: Controlling, 10. Aufl., München 2006; Horváth, P./Brokemper, A.: Strategieorientiertes Kostenmanagement – Thesen zum Einsatz von Kosteninformationen im strategischen Planungsprozess, in: ZfB 68 (1998), S.581–604; Schweitzer, M./Küpper, H.-U.: Systeme der Kosten- und Erlösrechnung, 8. Aufl., München 2003.

Péter Horváth; Klaus Möller

Kosteneinflussgrößen →Kostenabhängigkeiten

Kostenflexibilität →Fixkostencontrolling

Kostenmanagement

Kostenmanagement bedeutet die bewusste Beeinflussung der →Kosten von Unternehmen mit dem Ziel, das wirtschaftliche Ergebnis zu verbessern. Es ordnet sich insofern der Erreichung unternehmerischer Oberziele, wie z. B. der Gewinnerzielung oder der Steigerung des →Unternehmenswerts (→Shareholder Value-Analysis), unter. Erfolgssteigernde Kostengestaltung bedeutet zum einen, sämtliche Aktivitäten zu vermeiden, die keinen Kundennutzen stiften (nicht wertschöpfende Aktivitäten), und zum anderen, alle wertschöpfenden Aktivitäten so durchzuführen, dass bei gleicher Leistung die kostengünstigste Alternative gewählt wird.

Eine Beeinflussung der Kosten kann zu deren Senkung oder Erhöhung führen. Eine Senkung der Kosten kann zum einen notwendig werden, weil die Kosten „zu hoch" sind. Aus *operativer* Sicht (→operatives Controlling) ist dies der Fall, wenn die Kosten im →Soll-Ist-Vergleich oder in der Vorschau über dem Soll- bzw. Planwert liegen. Die dann zu ergreifenden kurzfristig wirksamen Maßnahmen sind i. d. R. auf einzelne Kostenarten gerichtet. *Strategisch* sind Kostensenkungen nötig, wenn Wettbewerber eine günstigere Kostenposition aufweisen oder weil aufgrund der Kostensituation die Rendite des Unternehmens nicht die →Kapitalkosten deckt und somit Wert vernichtet wird (→strategisches Controlling). Ein aus diesen Zwängen resultierendes Kostenmanagement soll als problemindiziert bzw. *reaktiv* bezeichnet werden. Reaktives Kostenmanagement verleitet oftmals zu einem undifferenzierten Vorgehen, das sich in pauschalen Budgetkürzungen (→Budgetierung), der Streichung bzw. Verschiebung von Projekten oder einem generellen Einstellungsstopp manifestiert, Maßnahmen, die sich i. d. R. als nicht nachhaltig erfolgssteigernd erweisen.

Ein Unternehmen kann seine Kosten auch ohne äußeren Zwang senken, um einen Vorsprung vor den Wettbewerbern zu erzielen oder auszubauen. Ein Kostenmanagement in diesem Sinne ist *proaktiv*, ebenso wie eines, bei dem Kosten zwecks Verbesserung der Erfolgssituation erhöht werden (→Erfolgscontrolling).

Kostenmanagement umfasst die Kostenplanung, -steuerung und -kontrolle (→Kostencontrolling), wobei die Kostensteuerung mit den beiden Teilgebieten der Kostenanalyse sowie der Formulierung und Umsetzung kostenbeeinflussender Maßnahmen den Kern bildet.

Da ein nachhaltig wirkendes Kostenmanagement nur dann zu gewährleisten ist, wenn die kostenbeeinflussenden Maßnahmen an den Ursachen der Kostenentstehung (→Kostenverursachung) ansetzen, bedarf es insb. einer

Analyse der *Kostentreiber* (→Cost Driver). Operative Kostentreiber erklären kurzfristige →Kostenabhängigkeiten und beziehen sich vor allem auf den Produktionsbereich von Industrieunternehmen, wie z. B. auf die Beschäftigung (→Beschäftigungsgrad) und den Produktionsvollzug. Strategische Kostentreiber (z. B. Produkt- und Prozesskomplexität) wirken eher mittel- bis langfristig auf die Kosten ein.

Auf der Kostenanalyse baut die Formulierung von *Maßnahmen* im Rahmen spezieller Kostenmanagementprojekte und fortlaufend durch kontinuierliche Verbesserungen auf.

Maßnahmen des Kostenmanagements können auf Ressourcen, Prozesse (→Geschäftsprozesse; →Prozesskette) und Produkte gerichtet sein. Sie sind die Grundelemente des Wertschöpfungsprozesses von Unternehmen. Zusammen mit den Lieferanten und den Kunden bilden sie ein generisches Geschäftsmodell, das unabhängig von den Besonderheiten einer Branche drei zentrale Ansatzpunkte für kostenbeeinflussende Maßnahmen aufzeigt (s. Abb.).

Von grundlegender Bedeutung für ein an den *Produkten* anknüpfendes Kostenmanagement ist die Erkenntnis, dass der weit überwiegende Teil der Einzelkosten (→Einzelkostencontrolling) von Produkten sowie der produktinduzierten Gemeinkosten (→Gemeinkostencontrolling) während der Produktentwicklung festgelegt werden. Insofern gilt es, kundengerechte Produkte frühzeitig so zu gestalten, dass in den späteren Phasen der Herstellung, Vermarktung und ggf. Entsorgung möglichst geringe Kosten anfallen.

Prozesse sind miteinander verbundene Aktivitäten in einzelnen Abteilungen bzw. über Kostenstellen (→Cost Center) hinweg, die zu einem bestimmten Arbeitsergebnis führen. Prozessabläufe (z. B. Einholung von Angeboten, Bestellung von Material, Beantragung und Genehmigung von Investitionen) unterliegen im Laufe der Zeit einer bestimmten Entwicklung und können bei veränderten Umwelt- und Unternehmensbedingungen unwirtschaftlich werden. Eine effizientere Gestaltung der Prozesse, z. B. mithilfe neuer Technologien, kann durch die kontinuierliche Verbesserung bestehender Prozesse oder durch ihre Neugestaltung in unregelmäßigen Zeitabständen (Prozess →Reengineering) erfolgen.

Die Höhe der Kosten hängt sowohl vom Preis als auch der Menge der eingesetzten *Ressourcen* ab. Beide Einflussgrößen eröffnen Ansatzpunkte für Maßnahmen des ressourcenorientierten Kostenmanagements; sind die Preise aufgrund gesetzlicher oder vertraglicher Bestimmungen nicht oder nur begrenzt beeinflussbar (z. B. bei Tarifbindung), beschränkt sich der Gestaltungsspielraum auf die Mengenkomponente (z. B. Personalabbau). In Industrieunternehmen stellen die Materialkosten (→Materialaufwendungen) und in Dienstleistungsunternehmen die Personalkosten (→Personalaufwand) die wertmäßig bedeutsamsten Kostenarten dar. Aus diesem Grunde kommt Maßnahmen des Materialmanagements und des Personalmanagements (→Personalcontrolling) jeweils eine zentrale Bedeutung zu.

Kostenmanagement-*Instrumente* dienen dazu, Entscheidungen über kostenbeeinflussende Maßnahmen anzuregen und zu unterstützen. Zudem spielen sie eine wichtige Rolle bei der Steuerung des Verhaltens von Mitarbeitern. Besondere Verbreitung erlangt haben das →*Target Costing*, das →*Benchmarking*, die →*Prozesskostenrechnung* und das *Product Life Cycle Costing* (→Lebenszykluskostenrechnung; →Produktlebenszykluskonzept) (zu den Instrumenten s. ausführlich Franz/Kajüter 2002; zu empirischen Befunden s. Kajüter 2005). Vor allem dem Target Costing wird von Anwendern eine hohe Leistungsfähigkeit insb. zur marktinduzierten Anregung für das Erkennen der Notwendigkeit von Maßnahmen des Kostenmanagements zugesprochen.

Die *Beratung* auf dem Gebiet des Kostenmanagements wird im Regelfall von auf die Beratung (→Unternehmensberatung) speziali-

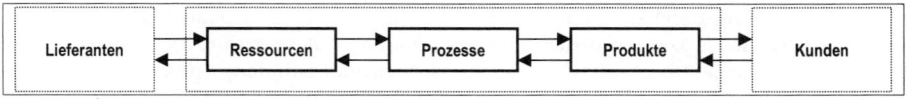

Abb.: Ansatzpunkte zum Kostenmanagement im generischen Geschäftsmodell

sierten Unternehmen (→Unternehmensberater) durchgeführt, wobei Mandate in Großunternehmen eher auch durch große Beratungsunternehmen wahrgenommen werden. →Kleine und mittlere Unternehmen beauftragen häufiger ihrer Größe angemessene mittelständische Berater und holen auch Rat bei ihren →Steuerberatern oder Rechtsberatern ein. Auch WP könnten hier in Betracht gezogen werden, da die *Beratung* von Unternehmen gem. § 43 →Wirtschaftsprüferordnung (WPO) zu den mit dem Beruf des Wirtschaftsprüfers als „vereinbar" angesehenen Tätigkeiten gehört, was die Übernahme *wirtschaftlicher* Beratungsaufträge jeglicher Art erlaubt (→vereinbare und unvereinbare Tätigkeiten des Wirtschaftsprüfers). Um die →Unabhängigkeit und Unbefangenheit des Wirtschaftsprüfers zu wahren und um der *Gefahr der Selbstprüfung* zu entgehen, darf der Prüfer nur so durch Beratung in die Erstellung des Prüfungsobjektes involviert sein, dass seine Funktion nicht über die einer *Entscheidungshilfe* hinausgeht. Die Gefahr eines Übertretens dieser Grenze liegt besonders nah bei Buchführungstätigkeiten, Bewertungsleistungen oder →Steuerberatung. Das Kostenmanagement als Beratungsfeld dürfte hingegen in aller Regel kaum zu einer Gefährdung der Unabhängigkeit führen. Als Betätigungsfeld käme für den WP wohl am ehesten das prozessorientierte Kostenmanagement in Frage.

Literatur: Franz, K.-P./Kajüter, P.: Kostenmanagement – Wettbewerbsvorteile durch systematische Kostensteuerung, 2. Aufl., Stuttgart 2002; Kajüter, P.: Proaktives Kostenmanagement, Wiesbaden 2000; Kajüter, P.: Kostenmanagement in der deutschen Unternehmenspraxis, in: ZfbF 57 (2005), S. 79–100.

Klaus-Peter Franz

Kosten-Nutzen-Analyse

Allgemein geht es bei der Kosten-Nutzen-Analyse darum, positive und negative Wirkungen einer Maßnahme zu vergleichen. Üblicherweise wird die Bezeichnung jedoch bei Maßnahmen der öffentlichen Hand verwendet, für die Kosten-Nutzen-Analysen seit 1968 vorgeschrieben sind. Demgemäß ist zur Vorbereitung der politischen Entscheidung eine ökonomische Bewertung durchzuführen, um diejenige Vorgehensweise zu identifizieren, mit der die angestrebten Ziele am wirtschaftlichsten erreicht werden können. Es kommt damit das ökonomische Rationalitätsprinzip in Form des Minimum-Prinzips zum Einsatz.

Da sämtliche positiven und negativen Effekte addiert und zueinander ins Verhältnis gesetzt werden sollen, müssen die Ergebnisse kardinal skaliert in einer einheitlichen Dimension vorliegen. Dies wird durch eine Bewertung in Geldeinheiten erreicht. Dabei werden nur solche Effekte berücksichtigt, die innerhalb des betrachteten Systems (z. B. Landkreis) auftreten, außerhalb auftretende, externe Effekte dagegen nicht.

Direkten Wirkungen des Projekts und Folgewirkungen werden soweit möglich Zahlungsströme zugeordnet. Bei den Folgewirkungen kommt man nicht umhin, bestehende Wirkungsketten an einer Stelle abzuschneiden und damit die Grenzen des Wirkungssystems zu bestimmen. Nicht monetär bewertbare Effekte werden nur verbal beschrieben.

Aufgrund des unterschiedlichen zeitlichen Anfalls der Zahlungen werden diese auf den Entscheidungszeitpunkt abgezinst, so dass es sich bei den →*Kosten* betriebswirtschaftlich gesehen um Zahlungen handelt. Bei einer →Umstellung von Kameralistik auf Doppik ist demgemäß darauf zu achten, dass bei einer Diskontierung die Verwendung periodisierter Größen (z. B. →Abschreibungen, bilanzielle) nicht zulässig ist.

Bei unsicheren Wirkungen ist der Erwartungswert in die Analyse einzubeziehen, was jedoch insb. wenn es sich nicht um diskrete Werte, sondern um Wahrscheinlichkeitsverteilungen handelt, nicht unproblematisch ist.

Will man auch nicht-monetäre (qualitative) Größen explizit berücksichtigen, muss ein multiattributives Verfahren, wie die Nutzwertanalyse eingesetzt werden. Hierbei wird der Nutzen, den eine Alternative aus Sicht des Entscheiders stiftet, als einheitliche Bewertungsgröße herangezogen. Dabei ist in jedem Fall zu beachten, dass das Ergebnis nur die Präferenzen des Entscheiders bzgl. der Wichtigkeit der Ziele und bzgl. der Teilnutzens, den die einzelnen Alternativen stiften, wiedergibt. Die Rationalität der Entscheidung auf Basis einer Nutzwertanalyse bezieht sich also nicht auf das Ergebnis (substantive Rationalität), sondern, bei Beachtung der Regeln für die Anwendung, auf ein rationales Vorgehen bei der Entscheidungsfindung (prozedurale Rationalität).

Zunächst ist der Entscheidungsträger zu identifizieren, da nur dieser die präferenzrelevanten Teilschritte (Bestimmung von Zielsystem, Teilnutzenfunktion und Zielgewichten) durchführen kann, ohne die prozedurale Rationalität des Verfahrens aufzuheben. Der Entscheidungsträger hat als erstes sein Zielsystem aufzustellen, wobei darauf zu achten ist, dass die Ziele eine ausreichende Präferenzunabhängigkeit aufweisen (d. h. der Nutzen, den die Erreichung eines Ziels stiftet, muss unabhängig von der Erreichung eines anderen Ziels sein) und, dass nicht der Fehler gemacht wird, unwichtige Ziele unberücksichtigt zu lassen, um ein gleichgewichtiges Zielsystem zu erreichen. Anschließend ist die Zielerreichung der einzelnen Alternativen zu ermitteln, wobei darauf zu achten ist, dass die verwendeten Bewertungsskalen nicht die gesamte Bandbreite aller möglichen Ausprägungen umfassen, sondern nur den Bereich, der für die betrachteten Alternativen auch relevant ist. Um die Präferenzen des Entscheidungsträgers abzubilden, müssen nun die Teilnutzenwerte, die aus den erreichten Zielausprägungen resultieren, und die Stärke, mit der diese in die Gesamtbewertung eingehen sollen (Zielgewichte), ermittelt werden. Die Teilnutzenwerte ermöglichen die relative Beurteilung einer Alternative in Bezug auf die anderen Alternativen, stellen jedoch kein absolutes Bewertungsmaß dar. Ein besonderes Fehlerpotenzial liegt in der Bestimmung der Zielgewichte. Insb. darf die Gewichtung nicht unabhängig von der Bandbreite vorgenommen werden. Zielgewichte sind des Weiteren immer nur situationsspezifisch interpretierbare Größen, sie stellen kein absolutes Maß der Wichtigkeit dar und müssen demgemäß bei Änderungen des Zielsystems oder der Bandbreiten angepasst werden. Lässt sich das Ziel nicht ohne weiteres operationalisieren, sodass Ersatzkriterien zum Einsatz kommen müssen, sind auch die Zielgewichte anzupassen, da Ersatzkriterien prinzipiell die Bestimmungsgrößen des eigentlichen Ziels nicht vollständig umfassen und daher auch nicht das gleiche Gewicht haben dürfen. Addiert man die mit den Gewichtungsfaktoren multiplizierten Teilnutzen, erhält man den Gesamtnutzen der einzelnen Alternativen und wählt die Alternative mit dem höchsten Gesamtnutzen. Hierbei ist es aufgrund der Transformierbarkeit der Skalen völlig gleichgültig, wie groß der Abstand zwischen den einzelnen Alternativen ist. Die Differenz zwischen zwei Nutzenwerten liefert keine Information darüber, wie groß der Nutzenunterschied vom Entscheider empfunden wird. Um zu berücksichtigen, dass reale Entscheidungen immer unter Unsicherheit getroffen werden, sollte abschließend eine →Sensitivitätsanalyse durchgeführt werden, um die Robustheit der gefundenen Lösung gegenüber Veränderungen der Parameter zu überprüfen. Auch hier ist es nicht sinnvoll, einen „Sicherheitsabstand" zwischen den Alternativen zu fordern.

Literatur: Weber, M./Krahnen, J./Weber, A.: Scoring-Verfahren – häufige Anwendungsfehler und ihre Vermeidung, in: DB 48 (1995), S. 1621–1626.

Volker Lingnau

Kostenplanung →Grenzplankostenrechnung

Kostenprüfung →Preis- und Kostenprüfung

Kostenrechnung, Prüfung der

Charakterisierung: Die Kostenrechnung (→Kosten- und Leistungsrechnung) ist ein zentrales Teilgebiet des betrieblichen →Rechnungswesens. Als Instrument der innerbetrieblichen Abrechnung hat sie die Aufgabe, den Einsatz der Produktionsfaktoren im betrieblichen Kombinationsprozess zu dokumentieren und den Werteverbrauch und Wertezuwachs zahlenmäßig abzubilden, der durch die betriebliche Leistungserstellung und Leistungsverwertung verursacht wird. Die Kostenrechnung liefert relevantes Datenmaterial für den JA, insb. für die Bestandsbewertung (Berechnung der →Herstellungskosten, bilanzielle) und bedarf somit der Berücksichtigung in der →Jahresabschlussprüfung.

Gestaltungsmerkmale einer Kostenrechnung: Die Abbildung der Unternehmensprozesse in →Kosten und Leistungen kann grundsätzlich frei gestaltet werden, wobei ggf. Mindestanforderungen aus dem Bereich der externen Rechnungslegung zu beachten sind. Eine Kostenrechnung ist im Wesentlichen ein auf sachlogischen Zusammenhängen basierendes System zur Erfüllung bestimmter Rechnungszwecke und zur Erfassung, Speicherung, und Auswertung von Kosten.

Die →Prüfungsplanung und -durchführung der Kostenrechnung wird maßgeblich durch deren unternehmensindividuellen Aufbau be-

einflusst, welcher in erster Linie durch die folgenden Gestaltungsmerkmale festgelegt wird:
- Grundsysteme: Die Kostenrechnung unterscheidet bzgl. Art und Umfang der Kostenverrechnung in die Grundsysteme Vollkosten- und Teilkostenrechnung. Maßgeblicher Unterschied beider Systeme ist der Umfang der verrechneten Kosten auf die Kostenträger (→Selbstkostenermittlung).
- Zeitbezug der Kostengrößen: Die in einem Kostenrechnungssystem verarbeiteten Kosten können nach ihrem Zeitbezug unterschieden werden, je nachdem, ob die Kosten zukunftsorientierten (Plankosten, Standardkosten) oder vergangenheitsorientierten (Istkosten, Normalkosten) Charakter haben (→Plankostenrechnung; →Istkostenrechnung; →Selbstkostenermittlung).
- In der Prozessbetrachtung ist die Kostenrechnung ein dreistufiger Rechengang, in dem die Elemente →Kostenartenrechnung, →Kostenstellenrechnung und Kostenträgerrechnung (→Kostenträgerstückrechnung; →Kostenträgerzeitrechnung) durch die festgelegte Grundsystematik und die verwendeten Kosten beeinflusst werden (→Kosten- und Leistungsrechnung).

Prüfung der Kostenrechnung: Grundsätzlich werden bei der Prüfung einer Kostenrechnung die Grundsätze der Ordnungsmäßigkeit berücksichtigt (→Ordnungsmäßigkeitsprüfung). Diese sind
- Vollständigkeit und Relevanz der Daten für die Empfänger und ihre jeweiligen Aufgabenstellungen,
- Richtigkeit der Abbildung der →Kostenverursachung,
- Verständlichkeit der Daten und die rechtzeitige Verfügbarkeit der Daten.

Unter Berücksichtigung der Ordnungsmäßigkeitskriterien bei der Auswahl der Grundsysteme sowie des Zeitbezugs der verarbeiteten Daten fokussiert die Prüfung einer Kostenrechnung insb. die sachlogischen Inhalte und Zusammenhänge der Kostenrechnungselemente.

Kostenartenrechnung: Aufgabe der Kostenartenrechnung ist die vollständige Erfassung und zweckmäßige Untergliederung der angefallenen Kosten. Im Wesentlichen liegen die Prüfungsschwerpunkte der Kostenartenrechnung neben den organisatorischen Grundlagen auf der Kostenermittlung und -erfassung sowie der Kostenaufbereitung. Neben den Buchhaltungssystemen (→IT-Buchführungen) sollten in die Prüfungshandlungen in Abhängigkeit von den Gestaltungsmerkmalen einer Kostenrechnung alle relevanten Datenlieferanten für ein Kostenrechnungssystem, wie z. B. Stücklisten, Arbeitspläne, Betriebsdatenerfassungssysteme [→Betriebsdatenerfassung (BDE)], einbezogen werden (→Auswahl von Prüfungshandlungen).

Kostenstellenrechnung: Die Kostenstellenrechnung dient der Allokation der Kosten an ihrem Entstehungsort. Die Zurechnung der Kostenarten auf die Kostenstellen (→Cost Center), welche der Betriebsorganisation angelehnt sein sollten, dient der Überwachung und Kontrolle der betrieblichen Tätigkeit (→Kostencontrolling). Neben den organisatorischen Grundlagen, wie z. B. der eindeutigen Abgrenzung der Kostenstellen oder einer zutreffenden Zuordnung von Buchungs- und Kostenrechnungskreisen, sollte die operative Durchführung der Kostenstellenrechnung Bestandteil der Prüfungshandlung sein. Dies beinhaltet insb. die Untersuchung der Belastung und Entlastung der Kostenstellen. Neben den Verfahren zur Belastung der Kostenstellen mit Primär- und Sekundärkosten (→Kosten- und Leistungsrechnung, innerbetriebliche) impliziert dies auch Verfahren zur Verrechnung der Kosten auf Kostenträger.

(c) Kostenträgerrechnung: Die Kostenträgerrechnung unterscheidet zwischen →Kostenträgerstückrechnung (→Kalkulation) und →Kostenträgerzeitrechnung (→Erfolgsrechnung, kurzfristige). Objekt der Kostenträgerstückrechnung sind die Kostenträger, welche nach deren Verwendung in Produkte und eigenerstellte Leistungen unterteilt werden können. Nach dem Zeitpunkt der Durchführung der →Kalkulation kann zwischen Vor-, Zwischen- und Nachkalkulation unterschieden werden (→Selbstkostenermittlung). Die Verteilung der Kosten auf die Kalkulationsobjekte kann nach unterschiedlichen Methoden (→Kalkulationsmethoden) erfolgen (z. B. →Divisionskalkulation; →Zuschlagskalkulation). Die bei der Kalkulation verwendeten Verfahren werden maßgeblich vom Fertigungscharakter der zu erstellenden Leistungen bestimmt. Neben den Ordnungsmäßigkeitskriterien muss die Prüfung der Kostenträgerstückrechnung entsprechend den betriebli-

chen Gegebenheiten sowohl die zeitlichen als auch die methodische Aspekte hinreichend würdigen. Die Kostenträgerzeitrechnung schließt inhaltlich sowohl an die Kostenstellenrechnung als auch an die Kostenträgerstückrechnung an. Das dabei ermittelte Betriebsergebnis ergibt sich als Differenz zwischen dem Wert der erstellten Leistungen und den für die Leistungserstellung angefallenen Kosten.

Bei der Prüfungsplanung und Prüfungsdurchführung (→Auftragsdurchführung) ist darüber hinaus zu beachten, dass der Einsatz von Kostenrechnungssystemen unter Verwendung unterschiedlicher Planungsmethoden (→Planung) und folglich unterschiedlich berechneter Plandaten erfolgen kann. Neben den oben beschriebenen Prüfungen der Elemente sollten somit auch die Prüfungen der Verfahren zur →Kostenplanung und Kostenkontrolle (→Kostencontrolling; →Kostenmanagement) einbezogen werden. Die prozessorientierte und umfassende Prüfung eines Kostenrechnungssystems beinhaltet folglich die permanente Berücksichtigung der Komplexität und Interaktionen zwischen

- dem verwendeten Grundsystem,
- dem Zeitbezug der Daten sowie
- der zu prüfenden Elemente inkl. deren Schnittstellen und Datenlieferanten.

Matthias Grünstäudl

Kostenremanenz →Kostenabbaubarkeit

Kostenspaltung →Grenzplankostenrechnung

Kostenstelle →Cost Center

Kostenstellen-Einzelkosten →Kostenzurechenbarkeit; →Kostenstellenrechnung

Kostenstellen-Gemeinkosten →Kostenzurechenbarkeit; →Kostenstellenrechnung

Kostenstellenrechnung

Die Kostenstellenrechnung stellt das Bindeglied zwischen der →Kostenartenrechnung und der Kostenträgerrechnung (→Kostenträgerstückrechnung; →Kalkulation; →Kostenträgerzeitrechnung; →Erfolgsrechnung, kurzfristige) dar. Im Rahmen ihrer *Verrechnungsaufgabe* bereitet sie die Weiterverrechnung der erfassten Gemeinkosten auf die Kostenträger vor. In ihrer *Kontrollaufgabe* (→Kontrolltheorie) kontrolliert sie →Kosten am Ort ihrer Entstehung.

Kostenstellen (→Cost Center) sind Struktureinheiten im Unternehmen (z. B. Abteilungen), für die Kosten gesammelt werden. Nach *abrechnungstechnischen Gesichtspunkten* werden Endkostenstellen (nahezu synonym: Hauptkostenstellen) und Vorkostenstellen (nahezu synonym: Hilfskostenstellen) unterschieden. *Endkostenstellen* sind Kostenstellen, deren Kosten unmittelbar auf Kostenträger (Erzeugnisse) verrechnet werden. *Vorkostenstellen* sind Kostenstellen, deren Kosten auf andere Kostenstellen verrechnet werden. Sie erbringen Leistungen für andere Kostenstellen, die im Gegenzug die dafür angefallenen Kosten zu tragen haben (z. B. Fuhrpark oder IT-Service). Weiterhin werden Kostenstellen nach *betrieblichen Funktionen* gegliedert (z. B. Kostenstellen der Materialwirtschaft, Fertigungskostenstellen, Verwaltungs- und Vertriebskostenstellen). Die in einem Unternehmen gültigen Kostenstellen werden in einem *Kostenstellenplan* festgehalten.

Durchführung der Kostenstellenrechnung: Wichtigstes Instrument für die Durchführung der Kostenstellenrechnung ist der sog. →Betriebsabrechnungsbogen (BAB) (→Betriebsabrechnung). Er lässt sich als Tabelle beschreiben, in deren Zeilen die Kostenarten und in deren Spalten die Kostenstellen aufgeführt sind (s. Abb. auf S. 856):

Die Durchführung der Kostenstellenrechnung im BAB erfolgt in drei Stufen:

- Primärkostenverrechnung,
- Sekundärkostenverrechnung und
- Ermittlung von Kalkulationssätzen.

Im Rahmen der *Primärkostenverrechnung* werden die Kostenstellen mit den durch sie verursachten Primärkosten (→Kostenverursachung) belastet. Kosten, die eindeutig bestimmten Kostenstellen zugeordnet werden können, nennt man *Kostenstellen-Einzelkosten*. Wenn Kosten nur einer Mehrzahl von Kostenstellen zugeordnet werden können, spricht man von *Kostenstellen-Gemeinkosten* (Bsp.: Mietzahlungen für die Kostenstellen in einem Gebäude).

Die zweite Stufe der Kostenstellenrechnung bildet die *Sekundärkostenverrechnung*, auch

Kostenstellenrechnung

Abb.: Betriebsabrechnungsbogen

CARTOP AG Betriebsabrechnungsbogen (BAB)			Abrechnungsmonat: 10/2005		
Kostenstellen \ Kostenarten	Vorkostenstellen		Endkostenstellen		
	Vorkosten-stellen I	Vorkosten-stellen II	Material-wirtschaft	Fertigung	Verwaltung u. Vertrieb
Primärkosten					
Summe Primäre Gemeinkosten					
Sekundärkosten					
Summe Sekundäre Gemeinkosten					
Summe Gemeinkosten					
Kostenüber- / -unterdeckungen					
Einzelkosten					
Kalkulationssätze					

„innerbetriebliche Leistungsverrechnung" genannt (→Kosten- und Leistungsverrechnung, innerbetriebliche). Dabei geht es im Kern darum, Kosten einer Vorkostenstelle in aggregierter Form auf andere Kostenstellen zu verrechnen und dort unter einer Sekundärkostenart auszuweisen (z. B. Primärkosten der Vorkostenstelle „Instandhaltung" unter der Sekundärkostenart „Instandhaltungskosten").

Bei der *indirekten Sekundärkostenverrechnung* erfolgt die Kostenverrechnung periodisch anhand vordefinierter Parameter (z. B. Mitarbeiter-Schlüssel). Am gebräuchlichsten sind die *Kostenstellenumlagen*. Sie belasten die Kosten anhand primär mengenabhängiger Schlüssel an andere Kostenstellen. Die verwendeten Schlüssel sollen in einer plausiblen Relation zur Leistungsaufnahme durch die jeweiligen Kostenstellen stehen (z. B. Raumkosten nach m^2 oder Kosten der Kantine nach Mitarbeitern).

Bei Kostenstellenumlagen treten abrechnungstechnische Probleme auf, wenn Vorkostenstellen in gegenseitiger Leistungsbeziehung zueinander stehen. In diesem Fall kann keine der betroffenen Vorkostenstellen mit der Verteilung ihrer Kosten beginnen, weil sie noch Belastungen von anderen Vorkostenstellen zu erwarten hat.

Zur Lösung dieser Problematik wurden eine Reihe von Kostenstellenumlageverfahren entwickelt, die sich in Aufwand und Genauigkeit erheblich unterscheiden. Zu nennen sind vor allem:

• Anbauverfahren: Das Anbauverfahren verzichtet vollständig auf die gegenseitige Abrechnung der Vorkostenstellen. Die primären Kosten der Vorkostenstellen werden ausschließlich auf die Endkostenstellen verteilt.

• Stufenleiterverfahren: Beim Stufenleiterverfahren verrechnen die Vorkostenstellen ihre Kosten nicht ausschließlich auf die Endkostenstellen, sondern auch auf andere, ihnen nachfolgende Vorkostenstellen. Es arbeitet damit nach dem „Einbahnstraßen-Prinzip", d. h. alle innerbetrieblichen Leistungen, die Vorkostenstellen von anderen, nachgelagerten Vorkostenstellen erhalten haben, bleiben bei der Verrechnung unberücksichtigt.

- Mathematisches Verfahren: Das *mathematische Verfahren*, auch Gleichungsverfahren genannt, arbeitet mit einem linearen Gleichungssystem, das die innerbetrieblichen Leistungsverflechtungen vollständig abbildet.
- Iteratives Verfahren: Das *iterative Verfahren* ist ein Probierverfahren. Es beginnt mit einer Startlösung, die in sich wiederholenden Rechenschritten sukzessive verbessert wird. In Softwarelösungen zur Kostenrechnung (→Kosten- und Leistungsrechnung; →Kostenrechnung, Prüfung der) wird am häufigsten das iterative Verfahren eingesetzt.

Bei der *direkten Sekundärkostenverrechnung* werden entstandene Kosten vorgangsbezogen an die leistungsempfangende Kostenstelle weiterbelastet. Die Bewertung der Leistungsmengen erfolgt häufig mit einem festen Verrechnungspreis (→Verrechnungspreise, kalkulatorische).

Letzter Arbeitsschritt ist die *Bildung von Kalkulationssätzen* für die Verrechnung der Gemeinkosten auf die Erzeugnisse. Grundlage der Kalkulationssätze können Mengengrößen (z. B. Maschinenstunden) oder Wertgrößen (z. B. →Herstellkosten, kalkulatorische) sein. Die konkrete Ausgestaltung der letzten Stufe der Kostenstellenrechnung hängt vom eingesetzten Kalkulationsverfahren ab.

Literatur: Coenenberg, A. G.: Kostenrechnung und Kostenanalyse, 5. Aufl., Stuttgart 2003; Joos-Sachse, T.: Controlling, Kostenrechnung und Kostenmanagement, 4. Aufl., Wiesbaden 2006.

Thomas Joos-Sachse

Kostenstellenumlageverfahren →Kosten- und Leistungsverrechnung, innerbetriebliche

Kostensteuern →Steuercontrolling

Kostenträger →Kalkulation

Kostenträgererfolgsrechnung, geschlossene →Artikelerfolgsrechnung

Kostenträgerrechnung →Kostenträgerstückrechnung; →Kostenträgerzeitrechnung

Kostenträgerstückrechnung

Die *Kostenträgerstückrechnung* (→Kalkulation) ermittelt die gesamten stückbezogenen →Kosten [Selbstkosten (→Selbstkostenermittlung)] einer Erzeugniseinheit. Man unterscheidet dabei eine Reihe von Verfahren, die sich in Genauigkeit und Aufwand unterscheiden. Als wichtigste klassische Verfahren (→Kalkulationsmethoden) gelten: →Divisionskalkulation, →Äquivalenzziffernkalkulation, →Zuschlagskalkulation, Maschinenstundensatzkalkulation und Kuppelkalkulation (→Kalkulation bei Kuppelproduktion). Weitere Kalkulationsverfahren wurden im Rahmen der →Prozesskostenrechnung entwickelt.

Die *Divisionskalkulation* kann nur bei Massenfertigung (Einproduktbetriebe) sinnvoll eingesetzt werden (z. B. Trinkwasseraufbereitung). Als Varianten gelangen zum Einsatz: die *einstufige Divisionskalkulation*, in der kei-

Abb. 1: Divisionskalkulation und Bestandsveränderung

Bestandsveränderungen bei fertigen Erzeugnissen	Bestandsveränderungen bei unfertigen Erzeugnissen	Anzuwendende Variante der Divisionskalkulation
nein	nein	einstufige Divisionskalkulation
ja	nein	zweistufige Divisionskalkulation
ja	ja	mehrstufige Divisionskalkulation

nerlei Bestandsveränderungen berücksichtigt werden; die *zweistufige Divisionskalkulation*, in der nur Bestandsveränderungen (→Bestandsplanung und -kontrolle) bei Fertigerzeugnissen (→unfertige und fertige Erzeugnisse) und die *mehrstufige Divisionskalkulation*, in die zusätzlich Bestandsveränderungen bei unfertigen Erzeugnissen einbezogen werden können.

Werden in einem Unternehmen mehrere Varianten einer Erzeugnisart hergestellt, kann die *Äquivalenzziffernkalkulation* eingesetzt werden. Typisches Einsatzgebiet der Äquivalenzziffernkalkulation ist die Sortenfertigung (z.B. Brauereien, Zigarettenhersteller etc.) (→Kalkulation, branchenorientiert). Die Äquivalenzziffernkalkulation ist eine Abwandlung der Divisionskalkulation, da sie die Kosten der Erzeugnisvarianten mithilfe von Äquivalenzziffern auf die Kosten eines Basiserzeugnisses umrechnet und damit ein „virtuelles" Einproduktunternehmen schafft. Dem Basiserzeugnis wird die Äquivalenzziffer 1 zugeordnet. Für die übrigen Erzeugnisse werden Äquivalenzziffern vergeben, die die Kostenhöhe der Varianten im Verhältnis zum Basiserzeugnis widerspiegeln. Die Äquivalenzziffer 1,2 bedeutet, dass die betreffende Variante 20% mehr Kosten verursacht (→Kostenverursachung) als das Basiserzeugnis. Die Festlegung der Äquivalenzziffern erfolgt auf der Grundlage technischer Angaben, z.B. zu Materialmengen oder zu Bearbeitungszeiten. Die Äquivalenzziffernkalkulation tritt wie die Divisionskalkulation als einstufige, zweistufige und als mehrstufige Rechnung auf.

Die *Zuschlagskalkulation* wird bei Serien- und Einzelfertigung eingesetzt (z.B. Automobilherstellung, Maschinenbau etc.). Ihr Prinzip besteht darin, die (Kostenträger-) Einzelkosten den Erzeugnissen direkt zuzurechnen und die (Kostenträger-) Gemeinkosten mithilfe prozentualer wertorientierter Zuschlagssätze zu verrechnen. Voraussetzung ist, dass in der →Kostenartenrechnung eine Trennung in (Kostenträger-) Einzelkosten und (Kostenträger-) Gemeinkosten vorgenommen wird.

Nach dem im Kalkulationssystem abgebildeten Detaillierungsgrad kann man die summarische und die differenzierte (synonym: differenzierende) Zuschlagskalkulation unterscheiden. Bei der *summarischen Zuschlagskalkulation* werden die gesamten Gemeinkosten (→Gemeinkostencontrolling) mit einem Zuschlag auf eine Einzelkostenbasis verrechnet. Wird der Gemeinkostenblock aufgespalten und mithilfe mehrerer Zuschlagssätze verrechnet, spricht man von einer *differenzierten Zuschlagskalkulation*. Das Spektrum der Differenzierung reicht von bereichsbezogenen Zuschlagssätzen (z.B. für die Fertigungsgemeinkosten als Ganzes) bis zu kostenstellenspezifischen Zuschlagssätzen.

Die *Maschinenstundensatzkalkulation* weicht vom Kalkulationsschema der Zuschlagskalkulation nur im Bereich der →Fertigungskosten ab; im Übrigen gilt das allgemeine Schema der Zuschlagskalkulation unverändert. Ihr Ein-

Abb. 2: Ermittlung der Selbstkosten

• Fertigungsmaterialkosten (FMK) • Fertigungsmaterialkosten (FMK) (in % der Fertigungsmaterialkosten)	Material- kosten (MK)	Herstell- kosten (HK)	Selbst- kosten (SK)
• Fertigungslohnkosten (FLK) (∑ über alle Fertigungs-Kostenstellen) • Fertigungsgemeinkosten (FGK) (∑ über alle Fertigungs-Kostenstellen in % der Fertigungslohnkosten) • Sondereinzelkosten der Fertigung (SEKF)	Fertigungs- kosten (FK)		
• Verwaltungsgemeinkosten (VWGK) • Vertriebsgemeinkosten (VTGK) • Forschungs- und Entwicklungsgemeinkosten (FEGK) • Sondereinzelkosten des Vertriebs (SEKV)		Verwaltungs-, Vertriebs- und FuE-Kosten (VVGK)	

satzgebiet liegt in hochautomatisierten Fertigungsbereichen.

Bei der Grundform der Maschinenstundensatzkalkulation werden die Fertigungsgemeinkosten in maschinenabhängige und nicht maschinenabhängige Fertigungsgemeinkosten (Rest-Fertigungsgemeinkosten) unterteilt. Maschinenabhängige Fertigungsgemeinkosten sind u. a. kalkulatorische Abschreibungen (→Abschreibungen, kalkulatorische), kalkulatorische Zinsen (→kalkulatorische Kosten) und Instandhaltungskosten. Übrige Fertigungsgemeinkosten sind u. a. Gemeinkostenlöhne und Personalnebenkosten.

Für die Endkostenstellen (→Cost Center; →Kostenstellenrechnung) des Fertigungsbereichs werden Maschinenstundensätze ermittelt, indem die maschinenabhängigen Gemeinkosten durch die Maschinenlaufzeit dividiert werden.

Die für die Herstellung eines Produktes in den verschiedenen Fertigungskostenstellen erforderlichen Maschinenzeiten werden mit den jeweiligen Maschinenstundensätzen multipliziert. Die Rest-Fertigungsgemeinkosten werden – wie bei der Zuschlagskalkulation – mit prozentualen Zuschlägen auf die Fertigungslohnkosten verrechnet.

$$\text{Maschinenstundensatz Kostenstelle}_i = \frac{\text{Maschinenabhängige Fertigungs-GK Kostenstelle}_i}{\text{Maschinenlaufzeit Kostenstelle}_i}$$

Die *Kuppelkalkulation* wird bei Kuppelproduktionsprozessen eingesetzt. Als solche werden Produktionsprozesse bezeichnet, in denen aufgrund technischer Gegebenheiten zwangsläufig mehrere Produkte gleichzeitig entstehen (z. B. bei der Raffination von Rohöl: schweres und leichtes Heizöl, Bitumen, Gase etc.).

Kann man zwischen einem Haupt- und mehreren Nebenprodukten unterscheiden, wird die *Restwertmethode* eingesetzt. In diesem Fall werden von den Gesamtkosten des Prozesses die Nettoerlöse der Nebenerzeugnisse subtrahiert. Die Division der Restkosten durch die Menge des Hauptprodukts ergibt dessen Stückkosten. Sind die Kuppelprodukte annähernd gleichwertig, wird die *Verteilungsmethode* angewandt. Dabei werden die Kosten im Verhältnis zu physikalischen (z. B. Heizwert) oder marktorientierten Schlüsselgrößen (z. B. →Umsatzerlöse) auf die Erzeugnisse verteilt.

Literatur: Coenenberg, A.: Kostenrechnung und Kostenanalyse, 5. Aufl., Stuttgart 2003; Joos-Sachse, T.: Controlling, Kostenrechnung und Kostenmanagement, 4. Aufl., Wiesbaden 2006.

Thomas Joos-Sachse

Kostenträgerverfahren →Kosten- und Leistungsverrechnung, innerbetriebliche

Kostenträgerzeitrechnung

Die Kostenträgerzeitrechnung ermittelt die in einer Periode angefallenen →Kosten eines Unternehmens. Werden den Periodenkosten die im gleichen Zeitraum realisierten →Erlöse gegenübergestellt, ergibt sich der sachzielbezogene Erfolg des Unternehmens, das *Betriebsergebnis*. Die Kostenträgerzeitrechnung wird so zur *Betriebsergebnisrechnung*. Nicht ganz gleichbedeutend, da nur auf die Fristigkeit der Erstellung bezugnehmend, wird in der Praxis auch von *kurzfristiger Erfolgsrechnung* (→Erfolgsrechnung, kurzfristige) gesprochen.

Die Betriebergebnisrechnung unterscheidet sich von der handelsrechtlich vorgeschriebenen →Gewinn- und Verlustrechnung (GuV) vor allem dadurch, dass sie das Ergebnis der betrieblichen Leistungserstellung ermittelt. Das in der GuV enthaltene neutrale Ergebnis wird nicht berücksichtigt. Weiterhin wird der betriebliche Wertverzehr im Unterschied zur GuV durch den Ansatz →kalkulatorischer Kosten vollständig erfasst.

Ein zentrales Problem der Betriebsergebnisrechnung liegt darin, dass sie für einen kurzfristigen Zeitraum von z. B. einem Monat ein periodengerechtes Ergebnis darstellen soll. Dies setzt voraus, dass die in die Rechnung einfließenden Kosten und Erlöse miteinander vergleichbar sind, was z. B. dann nicht gegeben ist, wenn Produktions- und Absatzmengen einer Periode voneinander abweichen. In diesem Fall beziehen sich die Kosten auf die hergestellte Menge, die (Umsatz-) Erlöse auf die abgesetzte Menge.

Um Kosten und Erlöse vergleichbar zu machen, muss der Wert der Bestandsveränderung →unfertiger und fertiger Erzeugnisse berücksichtigt werden. Es hat sich im betrieblichen →Rechnungswesen international durchgesetzt, diesen Wert an den Herstellkosten (→Herstellkosten, kalkulatorische) der Erzeugnisse zu messen.

Zugänge aktivierter Eigenleistungen (z. B. selbst hergestellte Sondermaschinen) werden ebenfalls zu Herstellkosten in die Betriebsergebnisrechnung einbezogen. Anders ist bei Verringerungen im Bestand selbst erstellter Anlagegüter zu verfahren. Wertmäßige Verminderungen werden als kalkulatorische Abschreibungen (→Abschreibungen, kalkulatorische) bzw. Wagnisse berücksichtigt. Mengenmäßige Verminderungen (z. B. durch Verkauf entsprechender Anlagen) werden in der Betriebsergebnisrechnung nicht dargestellt, da die damit verbundenen →Aufwendungen und Erträge nicht zum Sachziel des Unternehmens gehören.

Nach der Art und Weise, wie die angesprochenen Korrekturgrößen (Bestandsveränderungen fertiger und unfertiger Erzeugnisse, Zugänge aktivierter Eigenleistungen) verarbeitet werden, unterscheidet man das GKV und das UKV.

Das GKV geht von den gesamten, in einer Periode angefallenen Kosten aus. Bestandsveränderungen bei fertigen und unfertigen Erzeugnissen und Zugänge aktivierter Eigenleistungen werden als Erlöskorrekturen behandelt.

Aufbau der Betriebsergebnisrechnung nach dem GKV:

Umsatzerlöse
+ Bestandserhöhungen bei fertigen und unfertigen Erzeugnissen
− Bestandsminderungen bei fertigen und unfertigen Erzeugnissen
+ Zugänge aktivierter Eigenleistungen
= Gesamtleistung (Gesamterlöse)
− Gesamtkosten der Periode
= Betriebsergebnis

Die Bestandserhöhungen und -minderungen fertiger und unfertiger Erzeugnisse sowie die Zugänge aktivierter Eigenleistungen sind dabei zu Herstellkosten bewertet.

Die Untergliederung der Gesamtkosten einer Periode erfolgt üblicherweise nach Primärkostenarten (Materialkosten, Personalkosten etc.).

Der Vorteil des Gesamtkostenverfahrens besteht darin, dass der Einfluss externer Datenänderungen (z. B. Lohnsatzänderungen) auf das Betriebsergebnis erkennbar wird. Wesentlicher Nachteil des Gesamtkostenverfahrens ist, dass ein nach Erfolgsquellen (z. B. Erzeugnissen) differenziertes Betriebsergebnis nicht berechnet werden kann.

Das UKV geht von den in einer Periode erzielten →Umsatzerlösen aus. Bestandsveränderungen bei fertigen und unfertigen Erzeugnissen und Zugänge aktivierter Eigenleistungen werden jedoch − anders als im GKV − nicht explizit ausgewiesen, sondern als Kostenkorrekturen behandelt und mit den Gesamtkosten der Periode saldiert.

Aufbau der Betriebsergebnisrechnung nach dem UKV:

Umsatzerlöse
− Selbstkosten der verkauften Erzeugnisse
= Betriebsergebnis

Die Selbstkosten (→Selbstkostenermittlung) der abgesetzten Erzeugnisse können weiter nach den verwendeten Elementen der →Kalkulation (Fertigungsmaterialkosten, Materialgemeinkosten etc.) differenziert werden.

Der große Vorteil des Umsatzkostenverfahrens liegt darin, dass es eine Erfolgsquellenanalyse ermöglicht. So kann z. B. der Ergebnisbeitrag eines Produktes berechnet werden, was wichtige Informationen für die Produktprogrammpolitik eines Unternehmens beinhaltet (→Sortimentscontrolling).

GKV und UKV verwenden im Übrigen die gleiche Erfolgsdefinition:

- selbst erstellte Vermögensgegenstände (Bestandsveränderungen fertiger und unfertiger Erzeugnisse, aktivierte Eigenleistungen) werden mit Herstellkosten bewertet und
- angefallene Verwaltungs-, Vertriebs- und Entwicklungskosten (→Forschungs- und Entwicklungskosten) werden in voller Höhe vom Betriebsergebnis abgezogen.

Beide Verfahren führen deshalb zu einem in der Höhe gleichen Betriebsergebnis. GKV und UKV unterscheiden sich nur in der Ergebnisdarstellung: beim GKV handelt es sich um eine Bruttorechnung, beim UKV um eine Nettorechnung.

Literatur: Coenenberg, A.: Kostenrechnung und Kostenanalyse, 5. Aufl., Stuttgart 2003; Joos-Sachse, T.: Controlling, Kostenrechnung und Kostenmanagement, 4. Aufl., Wiesbaden 2006.

Thomas Joos-Sachse

Kostentreiber →Cost Driver

Kostenvergleichsrechnung

Die Kostenvergleichsrechnung ist ein statisches Investitionsrechenverfahren (→Investition), das die (durchschnittlichen) Gesamtkosten oder (bei unterschiedlichen Produktionsmengen) die Stückkosten von Investitionsprojekten (IP) gegenüberstellt, um die kostenminimale Alternative ermitteln zu können. Hierzu werden alle durch das Projekt zusätzlich verursachten (→Kostenverursachung) und zurechenbaren (→Kostenzurechenbarkeit) („relevanten") (beschäftigungs-) variablen und (beschäftigungs-) fixen →Kosten (→Fixkostencontrolling), einschl. – bei der üblichen Unterstellung des wertmäßigen Kostenbegriffs – der kalkulatorischen Abschreibungen (→Abschreibungen, kalkulatorische) und Zinsen (→kalkulatorische Kosten), erfasst. Die Kostenvergleichsrechnung bildet auch die Grundlage für die Ermittlung einer *kritischen Menge,* bei der die Vorteilhaftigkeit der IP (anhand ihrer Kostenfunktionen) in Abhängigkeit von der Höhe der (prognostizierten) Produktionsmenge beurteilt wird (→Break Even-Analyse).

Aus der Sicht des →Investitionscontrollings sind Kostenvergleiche nur dann zulässig, wenn die folgenden Anwendungsvoraussetzungen gegeben sind:

- Die Leistungen, insb. die →Umsatzerlöse der zu vergleichenden IP, können als gleich hoch unterstellt, oder den in ihrer Funktions-/Leistungserfüllung vergleichbaren IP können keine →Erlöse zugerechnet werden.
- Die →Kosten des Vergleichsjahres sind repräsentativ für die Kosten der gesamten →Nutzungsdauer. Vereinfachende Annahmen dieser Art sollte der Controller allerdings nur für kleinere IP zulassen, die einen bestimmten Prozentsatz des betrieblichen Gesamtvermögens bzw. des gesamten jährlichen Investitionsbudgets (→Budgetierung) nicht übersteigen. Ist eine Veränderung der Kosten in den späteren Nutzungsjahren, z. B. durch unterschiedliche →Beschäftigungsgrade oder geänderte Faktorpreise, zu erwarten, sind grundsätzlich statt der Kosten des ersten Jahres die („echten") *Durchschnittskosten,* bezogen auf die gesamte Projektdauer, anzusetzen.
- Die (durchschnittlichen) Kosten eines Investitionsprojektes können grundsätzlich nicht alleinige Entscheidungsgrundlage sein. Die Entscheidung, dass eine →Investition durchzuführen ist (z. B. Ersatzinvestition, Umweltschutzinvestitionen), muss bereits a priori getroffen worden sein.

Aufgrund der Anwendungsbeschränkungen (Ansatz möglicherweise nicht repräsentativer Durchschnittsgrößen, keine Erfassung der Zinseszinswirkungen) sind Kostenvergleichsrechnungen – wie auch Gewinnvergleichs-, Rentabilitäts- und Amortisationsrechnungen als weitere statische Verfahren – den dynamischen Investitionsrechenverfahren grundsätzlich unterlegen. Daher sollten aus Sicht des Investitionscontrollings die statischen Verfahren allenfalls für kleinere IP angewendet werden.

Literatur: Blohm, H./Lüder, K.: Investition, 8. Aufl., München 1995, S. 157–166; Goetze, U.: Investitionsrechnung, 5. Aufl., Berlin 2006, S. 50–58; Lange, C.: Investitionsrechnung, in: Horváth, P./Reichmann, T. (Hrsg.): Vahlens Großes Controlling Lexikon, 2. Aufl., München 2003, S. 337 f.; Schaefer, S.: Kostenvergleichsrechnung, in: Horváth, P./Reichmann, T. (Hrsg.): Vahlens Großes Controlling Lexikon, 2. Aufl., München 2003, S. 423.

Sigrid Schaefer

Kostenverteilung →Kalkulationsmethoden

Kostenverursachung

Der grundlegende Anspruch an Kostenrechnungsverfahren (→Kosten- und Leistungsrechnung) ist, →Kosten so weit wie möglich nur denjenigen Kalkulationsobjekten zuzurechnen (→Kalkulation; →Kostenträgerstückrechnung), die als ursächlich für ihre Entstehung angesehen werden. I.e.S. handelt es sich um ein Prinzip der Verteilung von Gemeinkosten auf und zwischen Kostenstellen (→Cost Center) durch die Wahl geeigneter Bezugsgrößen.

Die Trennung in Einzel- und Gemeinkosten, die viele Kostenrechnungskonzepte vornehmen, ist ein wichtiger systematischer Schritt, dem Verursachungsprinzip zu folgen. *Einzelkosten* [i.d.R.: Fertigungsmaterial, Fertigungslohn, Sondereinzelkosten (→Fertigungskosten)] sind solche Kosten, die von einem bestimmten einzelnen Kostenträger verursacht und diesem klar zugerechnet werden können. Wegen der direkten Zurechenbarkeit

Kostenverursachung

zu diesem ist auch der Begriff „direkte Kosten" gebräuchlich. Die *Gemeinkosten* dagegen werden von „der Allgemeinheit der Kostenträger" verursacht und sind dementsprechend nicht ohne weitere Rechenschritte einem einzelnen Objekt zuzurechnen. Sie durchlaufen daher die →Kostenstellenrechnung mit dem wesentlichen Zweck, eine geeignete Berechnungsgrundlage zu ermitteln, um sie am Ende den Kostenträgern zurechnen zu können (→Kostenzurechenbarkeit).

Dieser Durchlauf muss dabei unter drei Aspekten der Kostenverursachung betrachtet werden:

1) Die *Verteilung der Gemeinkosten* auf die Kostenstellen ist bei eindeutiger Zurechenbarkeit (Kostenstellen-Einzelkosten) kein Problem. Verteilungsschlüssel müssen aber bestimmt werden, um Stellen-Gemeinkosten den Stellen dergestalt anzulasten, dass ein Verursachungszusammenhang unterstellt (und vom Kostenstellen-Verantwortlichen akzeptiert!) werden kann.

2) In der *innerbetrieblichen Leistungsverrechnung* erfolgen Kostenumwälzungen von Hilfs- auf Hauptkostenstellen – im Wesentlichen mit dem Zweck, die nachfolgende Ermittlung von Gemeinkosten-Verrechnungssätzen auf Hauptkostenstellen zu beschränken und damit übersichtlich zu halten. Für diese Kostenverrechnung (→Kosten- und Leistungsverrechnung, innerbetriebliche) müssen ebenfalls geeignete und akzeptable Bezugsgrößen definiert werden.

3) Die *Zurechnung* der auf den Hauptkostenstellen gesammelten Gemeinkosten *auf die Kostenträger* ihrerseits muss dem Anspruch genügen, dass die Kostenträger möglichst anteilig nach Maßgabe der Beanspruchung der Kostenstellen mit deren Kosten belastet werden.

Die Festlegung von Bezugsgrößen, die für diese drei Aufgaben erfolgen muss, macht deren Differenzierung erforderlich: Soweit über Stückzahlen oder Zeiteinheiten oder andere quantitative Einheiten ein unmittelbarer Bezug zur Kostenstellenleistung hergestellt werden kann, kommen diese als *direkte Bezugsgrößen* infrage. *Indirekte Bezugsgrößen* benutzt man dort, wo ein solcher Zusammenhang nicht gegeben ist [beispielhaft die Herstellkosten (→Herstellkosten, kalkulatorische) als Bezugsgröße der Zurechnung von Verwaltungs- oder Vertriebs-Gemeinkosten auf Kostenträger].

Bezugsgrößen können Mengen- oder Wertschlüssel sein. Als *Mengenschlüssel* kommen infrage: Zeitgrößen wie Arbeits- oder Maschinenstunden, Verbrauchs- oder Nutzungsgrößen wie Quadrat- oder Kubikmeter; *Wertschlüssel* sind z. B. Material- oder Fertigungseinzelkosten, Herstellkosten oder das investierte Kapital.

Eher selten findet man Kostenstellen, in denen nur eine einzige Bezugsgröße dem Anspruch der Abbildung von Kostenverursachung genügt. Daher unterscheidet man Kostenstellen mit *homogener* und *heterogener Kostenverursachung*: Bei homogener Kostenverursachung gibt es in einer Kostenstelle nur eine Bezugsgröße, zu der alle Kostenarten (→Kostenartenrechnung) in einer linearen Beziehung stehen; bei heterogener Kostenverursachung dagegen stehen die Kostenarten in linearen Beziehungen zu mehreren Bezugsgrößen. Diese stehen ihrerseits in keinem festen Verhältnis zueinander (→Bezugsgrößenhierarchie). Die Ursachen können liegen in

- einer Heterogenität der Verfahren, wenn die Eigenschaften der angewendeten *Fertigungsverfahren* so verschieden sind, dass sie die Verwendung mehrerer Bezugsgrößen erforderlich machen (z. B. unterschiedliche Arbeitsteams oder verschiedene Mensch-Maschine-Kombinationen) sowie

- einer Heterogenität der Produkte, wenn also die Eigenschaften der hergestellten *Produkte* so verschieden sind, dass sie die Verwendung mehrerer Bezugsgrößen erforderlich machen.

Die Bestimmung dieser Bezugsgrößen kann (und sollte) das Ergebnis von systematischen Kostenanalysen aus der Vergangenheit sein, die möglichst viele Kostenbeeinflussungsfaktoren identifizieren. Zu überprüfen wäre, wie weit solche Analysen reichen, ob Alternativen geprüft wurden, wie plausibel die Auswahl begründet werden kann – in der Summe: wie weit die gewählten Bezugsgrößen tatsächlich tragfähig sind.

Generell gilt also als Anspruch an die Bezugsgrößen: Ihre Veränderungen sollen sich zu den Veränderungen der zu verteilenden Kosten proportional verhalten – und damit auch möglichst zu allen Größen, die die Höhe der Kosten beeinflussen.

Die nachstehenden, beispielhaft ausgewählten zwei Bezugsgrößen für bestimmte Kostenbereiche sind weit verbreitet, sollten aber dennoch kritisch gesehen werden.

Die *Materialeinzelkosten*, also der bewertete Verbrauch von Fertigungsmaterial, findet i.A. in anderen Kostenstellen als in denen der Materialwirtschaft statt. Wenn mit den Materialeinzelkosten die Gemeinkosten-Verursachung in der Materialwirtschaft begründet werden soll, handelt sich also um eine indirekte Bezugsgröße. Ein Zusammenhang zwischen der Leistung von Materialstellen und den Materialeinzelkosten wird darüber hergestellt, dass die Materialwirtschaft i.A. das Material

- in der richtigen Menge,
- am richtigen Ort,
- zur rechten Zeit,
- in geforderter Qualität und
- zu einem angemessenem Preis

bereitzustellen hat. Und wenn das Material dann in der Fertigung verbraucht wird – also die Materialeinzelkosten entstehen – hat die Materialwirtschaft ihre Leistung erbracht.

Den Verwaltungs- und Vertriebsstellen werden i.A. die *Herstellkosten* als Bezugsgröße zugeordnet. Hierbei wird unterstellt, dass Verwaltung und Vertrieb umso höhere Gemeinkosten haben, je höher die Herstellkosten ausfallen. Auch dieser Zusammenhang kann bezweifelt werden. Dennoch: Gefragt nach der Leistung der Verwaltung, dienen die Herstellkosten deshalb als monetäre Bezugsgröße, weil Aufgabe der Verwaltung u.a. die Koordination der gesamten Leistungserstellung ist und man dafür keine andere sinnvolle globale Bezugsgröße findet. Aufgabe des Vertriebs ist es, das Hergestellte zu verkaufen.

Geprüft werden sollte daher, ob diese herkömmlichen und oft groben Bezugsgrößenbestimmungen ausreichen oder ob nicht insb. die aus der →Prozesskostenrechnung entwickelten verbesserten Sichtweisen auf Kostenentstehungszusammenhänge herangezogen werden können.

Literatur: Wöhe, G.: Einführung in die Allgemeine Betriebswirtschaftslehre, 22. Aufl., München 2005; Schmidt, A.: Kostenrechnung, 4. Aufl., Stuttgart 2005.

Günther Dey

Kostenzuordnung →Kalkulationsmethoden

Kostenzurechenbarkeit

Der Anspruch, →Kosten nach ihrer Verursachung (→Kostenverursachung) bestimmten Kalkulationsobjekten zuzuordnen, kennzeichnet die Geschichte der Kostenrechnung (→Kosten- und Leistungsrechnung; →Kostenrechnung, Prüfung der) seit 100 Jahren. Alle entwickelten Verfahren dienen letztendlich diesem Anspruch.

Betriebe mit nur einem Produkt und ohne Lagerhaltung kennen das Problem nicht. Alle entstandenen Kosten sind den hergestellten und verkauften Produkten zuzurechnen – und zurechenbar. Ein einfaches Verfahren der →Divisionskalkulation (Gesamtkosten pro Stückzahl = Stückkosten) führt damit zum gewünschten Ergebnis. Besteht aber eine Lagerhaltung über Periodengrenzen hinweg oder werden mehrere Produkte hergestellt, hat man das Zurechnungsproblem. Dementsprechend werden die Kostenrechnungsverfahren komplexer.

Die Trennung in Einzel- und Gemeinkosten ist ein wichtiger systematischer Schritt, dem Verursachungsprinzip zu folgen (→Kostenverursachung). *Einzelkosten* [i.d.R.: Fertigungsmaterial, Fertigungslohn, Sondereinzelkosten (→Fertigungskosten)] sind solche Kosten, die von einem bestimmten einzelnen Kostenträger verursacht und diesem klar zugerechnet werden können. Die *Gemeinkosten* dagegen werden von „der Allgemeinheit der Kostenträger" verursacht und sind dementsprechend nicht ohne weitere Rechenschritte einem einzelnen Objekt zuzurechnen. Sie durchlaufen daher weitere Abrechnungsschritte, um sie am Ende den Kostenträgern zurechnen zu können.

Für die Identifikation von Einzelkosten müssen einige Bedingungen erfüllt sein:

- Für die Produkte müssen klar strukturierte *Stücklisten* existieren und den darin aufgezeichneten Produktkomponenten und -teilen müssen (Verrechnungs-) Preise (→Verrechnungspreise, kalkulatorische) zugeordnet sein. Auf diese Weise lassen sich die Materialeinzelkosten bestimmen – bei klarem Zusammenhang zwischen Produktanzahl und Kostenentstehung.

- Es müssen ferner *Arbeitspläne* (→Planung) bestehen, aus denen Zeitbedarfe für die Bearbeitung einzelner Produkteinheiten entnommen werden können. Über sie lassen sich monatsbezogen gleich bleibende – weil tarifvertraglich oder anderweitig vereinbarte – Arbeitsentgelte als Fertigungslöhne je Produkteinheit errechnen und damit einzelnen Stücken zurechnen.

- Auch bei den Sondereinzelkosten in der Fertigung (z. B. Verbrauch von Spezialwerkzeug) oder im Vertrieb (Verpackungskosten) ist ein eindeutiger Zusammenhang zwischen Produkt und Kostenanfall gegeben.

Gemeinkosten durchlaufen i. d. R. die →Kostenstellenrechnung, um sie am Ende den Produkten zurechenbar zu machen. Vom grundsätzlichen Charakter her sind sie dies zunächst nicht. Erst die in der Kostenstellenrechnung gewonnenen Verrechnungs- oder Zuschlagssätze (→Kosten- und Leistungsverrechnung, innerbetriebliche) mit all ihren Problemen ermöglichen die Zurechnung (→Selbstkostenermittlung).

In der Kostenstellenrechnung ergibt sich das Zurechenbarkeitsproblem auf einer neuen Stufe: Die Einteilung des Betriebs in Kostenstellen (→Cost Center) als Abrechnungseinheiten folgt prozessualen oder Verantwortungsgesichtspunkten. Allerdings ist eine Eindeutigkeit der Kostenzurechnung zu Stellen nicht bei allen Kosten gegeben. Daher unterscheidet man Stelleneinzelkosten von Stellengemeinkosten:

- *Stelleneinzelkosten* ermöglichen auf Basis von Belegen eindeutig, einer Stelle Kosten zuzurechnen – wie dies etwa ein Stellenplan bei den Gehältern erlaubt oder eine Anlagendatei bei der Zurechnung von Abschreibungen (→Abschreibungen, kalkulatorische).
- *Stellengemeinkosten* hingegen erfordern Verteilungsschlüssel, um z. B. die Heizungskosten für ein Verwaltungsgebäude den darin angesiedelten Kostenstellen zuzurechnen. Ihre Festlegung erfolgt durch durchsetzungsstarke Controller auf Basis empirischer Kostenuntersuchungen oder durch Verhandlungen. Solche Untersuchungen führen zu mengen- oder wertmäßigen Verteilungsschlüsseln. Damit sie bei den Leitern der von Umlagen belasteten Kostenstellen auf Akzeptanz stoßen, muss ihre Ermittlung nachvollziehbar begründet sein.

Die bisherigen Darstellungen beziehen sich auf Abrechnungsschritte in der Vollkostenrechnung. Fragen der Zurechenbarkeit finden sich aber auch in der →Deckungsbeitragsrechnung, insb. in der mehrstufigen Variante.

In der Deckungsbeitragsrechnung werden von den →Umsatzerlösen die variablen Kosten abgezogen, um den Deckungsbeitrag (je Produktlinie) zu erhalten. Die variablen Kosten beinhalten Einzelkosten und Gemeinkosten. Deren Zurechnung erfolgt mit dem Verrechnungssatz-Instrumentarium, das aus der Vollkostenrechnung bekannt ist.

Fixe (Gemein-) Kosten werden in der Grundform der Deckungsbeitragsrechnung in einem Block vom Deckungsbeitrag abgezogen. Sie werden ohne weitere Differenzierung nur dem Betriebsergebnis in Summe als zurechenbar angesehen.

Weiter führt die mehrstufige Deckungsbeitragsrechnung (Fixkosten-Deckungsrechnung), die diesen Block ausdifferenziert. So sollte geprüft werden, ob nicht durch genauere Analysen bestimmte Teile des Fixkostenblocks einzelnen Produktlinien zugerechnet werden können (nicht: einzelnen Produkteinheiten, sonst wären es Einzelkosten). Weitere Fixkosten sind bestimmten Kostenstellen insgesamt zurechenbar, aber nicht den in ihnen hergestellten Produktlinien. In einer weiteren Ebene sind es Betriebssparten, denen fixe Kosten zurechenbar sind, aber nicht den dieser Sparte zugeordneten Stellen.

Grundsätzlich gilt: Je differenzierter Kosten aufgezeichnet und analysiert werden, umso differenzierter kann ihre Auswertung und Zurechnung erfolgen. Eine Fixkostendifferenzierung nach Zurechenbarkeit zeigt i. d. R. zusätzliche Handlungsmöglichkeiten auf (→Fixkostencontrolling; →Kostenmanagement).

Literatur: Däumler, K. D./Grabe, J.: Kostenrechnung: Deckungsbeitragsrechnung, 8. Aufl., Herne/Berlin 2006; Freidank, C.-Chr.: Kostenrechnung, 7. Aufl., München 2001.

Günther Dey

Krankenhäuser

Nach den Landeskrankenhausgesetzen (LandesKHG) der Bundesländer Hamburg, Hessen, Mecklenburg-Vorpommern, Nordrhein-Westfalen, Saarland, Sachsen und Thüringen besteht für Krankenhäuser, die in den Anwendungsbereich des KHG fallen, eine *rechtsformunabhängige Prüfungspflicht*. Die Abschlussprüfung (→Jahresabschlussprüfung; →Konzernabschlussprüfung) ist grundsätzlich durch einen WP bzw. eine WPGes (→Revisions- und Treuhandbetriebe) durchzuführen; lediglich in Hessen ist auch ein →vereidigter Buchprüfer (vBP) als →Abschlussprüfer (APr) vorgesehen. Die →Bestellung des Abschlussprüfers erfolgt durch den Krankenhausträger. Die krankenhausrechtlichen Prüfungsvorschriften treten dabei neben die rechtsformspezifischen →Prüfungsnormen.

Zur →*Auftragsdurchführung der Abschlussprüfung* verweisen die LandesKHG auf die allgemein geltenden Grundsätze für Abschlussprüfungen [→Grundsätze ordnungsmäßiger Abschlussprüfung (GoA)]. Die aus speziellen Rechnungslegungsvorschriften und dem erweitertem Prüfungsgegenstand resultierenden branchenspezifischen Besonderheiten werden in den Verlautbarungen des *KHFA* des →*Instituts der Wirtschaftsprüfer in Deutschland e.V.* (*IDW*) behandelt (→Verlautbarungen des Instituts der Wirtschaftsprüfer in Deutschland e.V.).

Prüfungsgegenstand ist die Buchführung sowie der nach den Vorschriften der KHBV aufgestellte JA [Bilanz, →Gewinn- und Verlustrechnung (GuV), →Anhang und Anlagennachweis]. Da Krankenhausträger, die noch weitere Geschäftszweige unterhalten, nur mit ihrem Krankenhausbetrieb der KHBV und der Prüfungspflicht nach LandesKHG unterliegen und im JA nach KHBV nur untergeordnete Nebentätigkeiten einbezogen werden dürfen, muss der nach dem LandesKHG zu prüfende JA nicht mit dem nach rechtsformspezifischen Vorschriften aufzustellenden und ggf. zu prüfenden JA übereinstimmen. Hinsichtlich der Rechnungslegung verweist die KHBV in weiten Teilen auf die handelsrechtlichen Vorschriften für große KapGes (→Größenklassen), enthält aber zudem auch Vorschriften für krankenhausspezifische Posten des Jahresabschlusses, die sich insb. aus der Investitionsförderung ergeben. Die Gliederung von Bilanz und GuV erfolgt nach dem Gliederungsschema der Anlagen 1–3 zur KHBV (→Gliederung der Bilanz; →Gliederung der Gewinn- und Verlustrechnung). Für Krankenhäuser in der Rechtsform der KapGes besteht gem. § 1 Abs. 3 KHBV das Wahlrecht, auch im handelsrechtlichen JA die Anlagen 1–3 der KHBV anzuwenden, sodass für Zwecke des Handelsrechts und der KHBV nur ein JA aufgestellt werden muss. Das Wahlrecht kann jedoch nur bei Identität zwischen der wirtschaftlichen Einheit Krankenhaus und der rechtlichen Einheit Krankenhausträger ausgeübt werden, d. h. wenn die Träger-KapGes keine weiteren wesentlichen Aktivitäten ausübt (IDW RS KHFA 1.13).

Durch die LandesKHG ergeben sich in unterschiedlichem Maße *Erweiterungen des Prüfungsgegenstands* (→Jahresabschlussprüfung, erweiterte), sodass sich die Prüfung landesspezifisch ggf. auch auf die Ordnungsmäßigkeit des Rechnungswesens, die Ordnungsmäßigkeit der Geschäftsführung, die →wirtschaftlichen Verhältnisse und die zweckentsprechende, sparsame und wirtschaftliche Verwendung der (pauschalen) Fördermittel zu erstrecken hat (→Ordnungsmäßigkeitsprüfung; →Ordnungsprüfung). Ferner ist nach den LandesKHG Nordrhein-Westfalen und Saarland auch ein ggf. aufgrund rechtsformspezifischer Vorschriften aufzustellender →Lagebericht (→Konzernlagebericht) Gegenstand der Prüfung.

Die Prüfung der *Ordnungsmäßigkeit des* →*Rechnungswesens* umfasst neben der Buchführung (→Grundsätze ordnungsmäßiger Buchführung, Prüfung der) auch die →Kosten- und Leistungsrechnung. Diese ist dahingehend zu beurteilen, ob sie die Mindestanforderungen des § 8 KHBV erfüllt, d. h. durch die geeignete Erfassung und Zuordnung von →Kosten auf Kostenstellen (→Cost Center; →Kostenstellenrechnung) die betriebsinterne Steuerung und die Beurteilung der Wirtschaftlichkeit und Leistungsfähigkeit erlaubt. Ferner sind die Betriebsstatistik und die betriebliche Planungsrechnung hinsichtlich der allgemeinen Ordnungsmäßigkeit der Erfassung und des Nachweises der Daten zu beurteilen (IDW KHFA 2/1990).

Zur Prüfung der *Ordnungsmäßigkeit der Geschäftsführung* ist IDW PS 720 entsprechend anzuwenden [→Haushaltsgrundsätzegesetz (HGrG); →Geschäftsführungsprüfung]. Zu beachten ist, dass neben die wirtschaftlichen Unternehmensziele auch Sachziele, wie die Erfüllung des Versorgungsauftrags, treten (IDW 2006, Abschn. L, Rn. 66–84, S. 1122–1125). Im Rahmen der Beurteilung des Risikofrüherkennungssystems [→Risikomanagementsytem (RMS); →Risikomanagementsystem, Prüfung des] sind insb. Risiken im Erlösbereich (→Umsatzerlöse), die sich aus der Weiterentwicklung des Vergütungssystems ergeben können, zu beachten.

Die in einigen LandesKHG nicht näher bezeichneten zu prüfenden *wirtschaftlichen Verhältnisse* umfassen in Anlehnung an § 53 Abs. 1 Nr. 2 HGrG zum einen die Entwicklung der →Vermögenslage, →Finanzlage und →Ertragslage sowie die Liquidität und Rentabilität (→Liquiditätskennzahlen; →Rentabilitätsanalyse) des Krankenhauses. Diese Bestandteile der wirtschaftlichen Lage sind generell Gegenstand der Abschlussprüfung und nach den allgemeinen Grundsätzen zu prüfen [→Grundsätze ordnungsmäßiger Abschlussprüfung (GoA)]. Zum anderen erstreckt sich die Prüfung der wirtschaftlichen Verhältnisse auch auf wesentliche verlustbringende Geschäfte und die Ursachen der Verluste sowie die Ursachen eines in der GuV ausgewiesenen Jahresfehlbetrags (→Jahresergebnis). Zu prüfen ist, inwieweit Verluste durch die Krankenhausleitung beeinflussbar waren, ob sich die Verlustursachen noch in künftigen Jahresabschlüssen auswirken und ob schwerwiegende Verstöße gegen die gebotene Wirtschaftlichkeit festgestellt wurden. Nicht Gegenstand der →Jahresabschlussprüfung ist dagegen eine darüber hinausgehende detaillierte Wirtschaftlichkeitsbeurteilung (IDW KHFA 2/1990).

Die Prüfung der *zweckentsprechenden, sparsamen und wirtschaftlichen Verwendung der Fördermittel* umfasst die Ausweisprüfung unter Beachtung der Vorschriften der KHBV sowie die inhaltliche Prüfung der zweckentsprechenden Verwendung anhand der Regelungen der AbgrV, der LandesKHG und der Bestimmungen der jeweiligen Förderbescheide. Die Beurteilungskriterien für die sparsame und wirtschaftliche Verwendung ergeben sich dabei aus allgemeinen Beschaffungsgrundsätzen und Wirtschaftlichkeitsüberlegungen (IDW KHFA 2/1990).

Die *Berichterstattung* über Art und Umfang sowie über das Ergebnis der Abschlussprüfung erfolgt im →Prüfungsbericht (PrB) nach allgemeinen Grundsätzen, wobei die Erweiterung des Prüfungsgegenstandes nach dem jeweiligen LandesKHG anzugeben ist und die Prüfungsfeststellungen hierzu in einem gesonderten Abschnitt des Prüfungsberichtes aufzuführen sind (IDW PS 450.108).

Das Ergebnis der Abschlussprüfung wird im →*Bestätigungsvermerk* (BestV) zusammengefasst. Im einleitenden Abschnitt ist darauf hinzuweisen, dass der JA für Zwecke des KHG nach den Vorschriften der KHBV aufgestellt wurde. Soweit der Gegenstand der Jahresabschlussprüfung durch das LandesKHG erweitert wurde, ist im einleitenden Abschnitt über die Erweiterung zu berichten und im beschreibenden Abschnitt auf die Rechtsgrundlage zu verweisen. Das →Prüfungsurteil muss um einen gesonderten Abschnitt, der die Einhaltung der zusätzlichen Anforderungen bestätigt, ergänzt werden. Im Falle einer freiwilligen Erweiterung der Jahresabschlussprüfung ist das Ergebnis dieser erweiterten Prüfung nur in den BestV aufzunehmen, soweit die Erweiterungen parallel zu Vorschriften in anderen Bundesländern zum Gegenstand des Auftrags gemacht wurden (IDW PH 9.400.1 mit entsprechenden Formulierungen für den BestV).

Über die Verwendung der pauschalen Fördermittel wird nach den jeweiligen LandesKHG i.d.R. eine →*Bescheinigung* des Abschlussprüfers zur Vorlage beim *Regierungspräsidenten* oder →Rechnungshof gefordert. Die Bescheinigung ist nach den allgemeinen Grundsätzen zusätzlich zum BestV zu erteilen (→Bescheinigungen im Prüfungswesen). In der Bescheinigung muss die zweckentsprechende Verwendung der Fördermittel bestätigt und der Nachweis der Verwendung der pauschalen Fördermittel aufgenommen werden (IDW PH 9.420.1).

Ferner hat der Krankenhausträger gegenüber den Sozialleistungsträgern als Verhandlungspartner i.S.d. § 18 Abs. 2 KHG für Zwecke der Ermittlung der Mehr- oder Mindererlöse eine vom APr bestätigte Aufstellung der Erlöse vorzulegen (§§ 3 Abs. 6 Satz 10, 4 Abs. 9 Satz 10 KHEntgG). Ebenso ist die zweckentsprechende Verwendung des Ausbildungsbudgets durch den APr zu bestätigen (§ 17a Abs. 7 Satz 2 KHG). Hierbei handelt es sich um ausdrücklich im Prüfungsauftrag zu vereinbarende Erweiterungen des Prüfungsgegenstandes (→Prüfungsauftrag und -vertrag). Gegenüber der Jahresabschlussprüfung können weitere Prüfungshandlungen (→Auswahl von Prüfungshandlungen) insb. im Bereich des →Internen Kontrollsystems des Prozessbereichs Leistungserfassung und -abrechnung erforderlich werden (→Internes Kontrollsystem, Prüfung des; →Systemprüfung). Die Darstellung des Prüfungsergebnisses erfolgt im PrB. Ferner ist über die Prüfung eine mit dem Berufssiegel zu versehende Bescheinigung nach den allgemeinen Grundsätzen unter Beifügung der Erlösaufstellung zu erteilen (IDW KHFA 2004, S. 262–264).

Literatur: IDW (Hrsg.): IDW Stellungnahme: Zum erweiterten Umfang der Jahresabschlussprüfung von Krankenhäusern nach Landeskrankenhausrecht (IDW KHFA 2/1990), in: WPg 43 (1990), S. 207–211; IDW (Hrsg.): IDW Prüfungshinweis: Zur Erteilung des Bestätigungsvermerks bei Krankenhäusern (IDW PH 9.400.1, Stand: 1. März 2006), in: WPg 53 (2000a), S. 383–385; IDW (Hrsg.): IDW Prüfungshinweis: Nachweis der zweckentsprechenden Verwendung pauschaler Fördermittel nach Landeskrankenhausrecht (IDW PH 9.420.1, Stand: 5. Juni 2000), in: WPg 53 (2000b), S. 776–777; IDW (Hrsg.): IDW Prüfungsstandard: Fragenkatalog zur Prüfung der Ordnungsmäßigkeit der Geschäftsführung und der wirtschaftlichen Verhältnisse nach § 53 HGrG (IDW PS 720, Stand: 14. Februar 2000), in: WPg 53 (2000c), S. 326–331; IDW (Hrsg.): IDW Stellungnahme zur Rechnungslegung: Einzelfragen zur Rechnungslegung von Krankenhäusern (IDW RS KHFA 1, Stand: 29. November 2004), in: WPg 58 (2005), S. 524–531; IDW (Hrsg.): WPH 2006, Band I, 13. Aufl., Düsseldorf 2006; KHFA (Hrsg.): Berichterstattung über die 88. Sitzung des Krankenhausfachausschusses, in: IDW-FN o.Jg. (2004), S. 262–264.

Marco Sander

Kreditengagement →Engagementprüfung

Kreditfähigkeitsprüfung →Bonitätsanalyse

Kreditgenossenschaften →Genossenschaften

Kreditgewährung an Vorstand und Aufsichtsrat

Zu den Personalentscheidungen des Aufsichtsrats gehört neben der Bestellung und Anstellung von Vorstandsmitgliedern (→Vorstand, Bestellung und Abberufung) auch die Entscheidung über Kreditgewährungen an Vorstandsmitglieder (§ 89 AktG). Ein Beschluss des Aufsichtsrats ist nach § 89 Abs. 3 AktG auch bei Kreditgewährung der Gesellschaft an Ehegatten, Lebenspartner, an ein minderjähriges Kind eines Vorstandsmitglieds, eines anderen gesetzlichen Vertreters, eines Prokuristen, eines Generalbevollmächtigten oder an Dritte notwendig, die auf Rechnung des genannten Personenkreises handeln. Der Beschluss des Aufsichtsrats kann nur für bestimmte Kreditgeschäfte oder Arten von Kreditgeschäften sowie nicht für länger als 3 Monate im Voraus gefasst werden und muss Verzinsung und Rückzahlung des Kredits regeln. Für Kreditentscheidungen eines herrschenden (abhängigen) Unternehmens an den genannten Personenkreis eines abhängigen (herrschenden) Unternehmens ist jeweils der AR des herrschenden Unternehmens zuständig (§ 89 Abs. 2 und 3 AktG).

Die Gesellschaft darf nach § 115 AktG ihren Aufsichtsratsmitgliedern Kredite nur mit Einwilligung des Aufsichtsrats gewähren. Für Details und Inhalt der Beschlussfassung, der Erweiterung des Personenkreises, für Kreditgewährungen durch herrschende und abhängige Gesellschaften gelten für Organkredite an Vorstands- und Aufsichtsratsmitglieder vergleichbare Regelungen.

Der AR kann bei entsprechender Satzung die Beschlussfassung auf einen seiner Ausschüsse (→Aufsichtsratsausschüsse) delegieren.

Für Kreditgewährungen an Mitglieder des Vorstands und Aufsichtsrats von →Kreditinstituten und →Finanzdienstleistungsinstituten gelten die strengeren Regelungen, die § 15 KWG vorschreibt. Für Organkredite gelten die auf die Großkredite anwendbaren besonderen Genehmigungs- und Beschlussfassungsvorschriften. Es bedarf erstens eines einstimmigen Beschlusses sämtlicher Geschäftsleiter des kreditgewährenden Instituts und zweitens der Zustimmung des Aufsichtsrats (→zustimmungspflichtige Geschäfte) bzw. des Verwaltungsrats mit der satzungsmäßig vorgeschriebenen, meist einfachen Mehrheit.

Aufgrund der offensichtlichen Gefahr von Interessenkonflikten (→Interessenkonflikte von Vorstand und Aufsichtsrat) ist die Kreditgewährung an Vorstand und AR ein sensibles Thema und in der Praxis nicht besonders populär. Der →Deutsche Corporate Governance Kodex (DCGK), auch „Cromme-Kodex" genannt, hat sich daher ebenfalls der Problematik angenommen (DCGK 4.3). Der Kodex wurde von der BdJ *Regierungskommission Corporate Governance Kodex* am 26.2.2002 verabschiedet, um das Vertrauen in die Unternehmensführung deutscher Gesellschaften zu stärken.

In DCGK 4.3.4 wird im Kodex ausgeführt, dass Interessenkonflikte von Vorstandsmitgliedern dem AR und den anderen Vorstandsmitgliedern gegenüber grundsätzlich offen zu legen sind (→Berichterstattungspflichten des Vorstands). Darüber hinaus haben Geschäfte zwischen Unternehmen und Vorstandsmitgliedern sowie ihnen nahe stehenden Personen oder Unternehmen „branchenüblichen Standards" zu entsprechen. Im konkreten Fall der Kreditgewährung an Vorstandsmitglieder ist dies wohl so zu interpretieren, dass diese nur zu marktüblichen Konditionen in Bezug auf Zinssatz und Tilgungsmodalitäten gewährt werden dürfen. Laut dem Kodex bedürfen solche Geschäfte zudem der Zustimmung des Aufsichtsrats (→zustimmungspflichtige Geschäfte). Damit ist die Regelung im Kodex allerdings schwächer als das Gesetz, welches zwingend einen Beschluss des Aufsichtsrats verlangt, und müsste eigentlich zutreffender formuliert werden.

Olaf Ehrhardt; Eric Nowak

Kreditinstitute

Gem. der Definition in § 1 KWG sind *Kreditinstitute* Unternehmen, die Bankgeschäfte gewerbsmäßig oder in einem Umfang betreiben, der einen in kaufmännischer Weise eingerichteten Geschäftsbetrieb erfordert. Der Katalog der Bankgeschäfte umfasst nach § 1 KWG das Einlagengeschäft, Kreditgeschäft, Diskontgeschäft, Finanzkommissionsgeschäft, Depotgeschäft, Investmentgeschäft, Darlehenserwerbsgeschäft, Garantiegeschäft, Girogeschäft, Emissionsgeschäft und das E-Geld-Geschäft. Werden diese Geschäfte von inländischen Zweigstellen von Unternehmen aus Staaten, die nicht Mitglied der EG sind, betrieben, gelten diese Zweigstellen ebenfalls als Kreditinstitut (§ 340 Abs. 1 HGB, §§ 53 ff. KWG).   →Finanzdienstleistungsinstitute nach der Definition des § 1a KWG sind bzgl. der für den JA und dessen Prüfung (→Jahresabschlussprüfung) anzuwendenden Vorschriften den Kreditinstituten gleichgestellt (§ 340 Abs. 4 HGB).

Unabhängig von ihrer Größe (→Größenklassen) oder Rechtsform (→Unternehmensformen) haben Kreditinstitute bei der *Aufstellung* ihres Jahresabschlusses und ihres →Lageberichts die für große KapGes geltenden Vorschriften der §§ 264–289 HGB zu beachten. Darüber hinaus gelten die in den ergänzenden Vorschriften für Kreditinstitute (§§ 340a–340o HGB) kodifizierten Bilanzierungsgrundsätze, Bewertungsvorschriften (→Grundsätze ordnungsmäßiger Buchführung, bankspezifisch), →Prüfungsnormen (→Grundsätze ordnungsmäßiger Abschlussprüfung, bankspezifisch) und Offenlegungsregelungen (→Offenlegung des Jahresabschlusses). In der RechKredV sind die Ausweis- und Gliederungsvorschriften für die Bilanz und die →Gewinn- und Verlustrechnung (GuV) der Institute abweichend von den Vorschriften des HGB (→Gliederung der Bilanz; →Gliederung der Gewinn- und Verlustrechnung) geregelt. Auch ist definiert, welche →Vermögensgegenstände und →Schulden bzw. →Aufwendungen und Erträge in den jeweiligen Posten der für Bilanz und GuV vorgegebenen Formblätter auszuweisen sind. Ergänzend ergeben sich Anforderungen an die Rechnungslegung aus den für die spezifische Rechtsform bestehenden gesetzlichen Regelungen oder Spezialbankgesetzen.

Die Institute haben den JA innerhalb der ersten 3 Monate nach Ablauf des Geschäftsjahres aufzustellen und bei der →*Bundesanstalt für Finanzdienstleistungsaufsicht* (BaFin) und bei der *Deutschen Bundesbank* (*Bundesbank*) unverzüglich einzureichen.

Kreditinstitute haben gem. § 340k Abs. 1 HGB ihren JA und Lagebericht sowie ihren Konzernabschluss und →Konzernlagebericht nach den Prüfungsvorschriften der §§ 316–324 HGB prüfen zu lassen. →Abschlussprüfer (APr) können nur WP oder WPGes (→Revisions- und Treuhandbetriebe) sein. Ein Kreditinstitut in der Rechtsform der →Genossenschaft oder des rechtsfähigen wirtschaftlichen Vereins von dem Verband (→Prüfungsverbände) zu prüfen, in dem es entsprechend der Regelung des § 54 GenG Pflichtmitglied ist. Bei einer Sparkasse darf die Prüfung von der Prüfungsstelle des *Sparkassen- und Giroverbandes*, dem sie angehört, durchgeführt werden (→Sparkassenprüfung). Die Vorschriften zur Unabhängigkeit des Abschlussprüfers sind dabei zu berücksichtigen (→Unabhängigkeit und Unbefangenheit des Wirtschaftsprüfers; →Ausschluss als Abschlussprüfer).

Die in den vom →*Institut der Wirtschaftsprüfer in Deutschland e.V.* (*IDW*) in seinen Prüfungsstandards aufgestellten Anforderungen (→Verlautbarungen des Instituts *der Wirtschaftsprüfer in Deutschland e.V.*) insb. an die Beauftragung des Prüfers, die Ziele und die Durchführung von Prüfungen, die Erteilung von →Bestätigungsvermerken und die Berichterstattung (IDW PS 200, 220, 400, 450) sind vom Prüfer des Kreditinstitutes zu beachten.

Die →Bestellung des Abschlussprüfers richtet sich nach den Vorschriften des § 318 HGB. Kreditinstitute, die nicht durch einen genossenschaftlichen →Prüfungsverband oder die Prüfungsstelle eines Sparkassen- und Giroverbandes geprüft werden, haben den Prüfer nach der Bestellung unverzüglich der *BaFin* und der *Bundesbank* anzuzeigen. Die *BaFin* kann die Bestellung eines anderen Prüfers verlangen, wenn dies zur Erreichung des Prüfungszweckes geboten erscheint, z. B. bei begründeten Zweifeln an der Erfahrung der Person des Prüfers im Kreditwesen oder bei die Unabhängigkeit gefährdenden Interessenkonflikten.

Der *Prüfungsgegenstand* der →Jahresabschlussprüfung umfasst gem. der durch § 340k HGB anzuwendenden Vorschriften über die Prüfung von KapGes den JA unter Einbeziehung der Buchführung und den Lagebericht. Die Prüfung erstreckt sich danach zunächst auf die *Ordnungsmäßigkeit der Rechnungslegung* (→Ordnungsmäßigkeitsprüfung), d. h. die Einhaltung der gesetzlichen Vorschriften und der ergänzenden Regelungen in Satzung oder Gesellschaftsvertrag. Der Lagebericht ist darauf zu prüfen, ob er mit dem JA insgesamt eine zutreffende Vorstellung von der Lage des Kreditinstitutes vermittelt und die →Chancen und Risiken der künftigen Entwicklung zutreffend dargestellt sind.

Aufgrund ihrer besonderen gesamtwirtschaftlichen Bedeutung und der daraus folgenden gesonderten Überwachung der Entwicklung der Kreditinstitute durch die *BaFin* und die *Bundesbank* – insb. auch auf Basis der →Prüfungsberichte – geht die Prüfung eines Institutes jedoch über eine reine →Ordnungsmäßigkeitsprüfung hinaus. Der § 29 Abs. 1 KWG schließt daher in den Prüfungsgegenstand die →*wirtschaftlichen Verhältnisse* und wesentliche Teilaspekte der *Ordnungsmäßigkeit der Geschäftsführung* ein (→Jahresabschlussprüfung, erweiterte).

Die Prüfung der wirtschaftlichen Verhältnisse gem. § 29 Abs. 1 Satz 1 KWG erfordert eine Untersuchung und Einschätzung der →Vermögenslage, →Ertragslage und →Finanzlage insgesamt und wesentlicher Einflussfaktoren der gegenwärtigen und künftigen Entwicklung.

Weiterhin ist gem. § 29 Abs. 1 Satz 2 KWG zu prüfen, ob das Kreditinstitut den ihm obliegenden Anzeigepflichten gegenüber der *BaFin* und der *Bundesbank* nachgekommen ist. Dies betrifft insb. die Verpflichtungen aus den quantitativen Vorgaben zum Kreditgeschäft (Groß- und Millionenkredite), bestimmten Anzeigen im Rahmen der Vorschriften zur Eigenmittelausstattung und die bei personellen, organisatorischen und finanziellen Veränderungen erforderlichen Anzeigen gem. § 24 KWG.

Der APr hat weiter zu beurteilen, ob das Institut die Vorschriften zur angemessenen Eigenmittelausstattung der §§ 10–10b KWG und die in Ergänzung hierzu erlassenen Solvabilitätsverordnungen eingehalten hat. Die Gewährleistung der jederzeitigen Zahlungsbereitschaft (§ 11 KWG) und die Einhaltung der hierzu erlassenen Liquiditätsgrundsätze ist ebenfalls Prüfungsgegenstand.

Die Kreditinstitute sind durch § 18 KWG verpflichtet, sich von Kreditnehmern, denen Kredite von insgesamt mehr als 750 T€ oder 10% des haftenden →Eigenkapitals des Institutes gewährt werden, die wirtschaftlichen Verhältnisse offenlegen zu lassen. Das Verfahren der Offenlegung ist bzgl. der Anforderung geeigneter Unterlagen, deren zeitnaher Auswertung und der Dokumentation der Ergebnisse und Schlussfolgerungen hieraus in angemessener Weise durch die Institute zu regeln (→Kreditwürdigkeitsprüfung). Die Einhaltung dieser Verpflichtung ist vom APr zu prüfen (→Kreditprüfung; →Engagementprüfung).

Bei der geforderten Prüfung der Einhaltung der Anforderungen des § 25a KWG hat der APr zu beurteilen, ob die Geschäftsleiter ihrer Verpflichtung zur Einrichtung einer ordnungsgemäßen Geschäftsorganisation nachgekommen sind. Diese beinhaltet insb.:

- eine angemessene Strategie unter Beachtung der Eigenmittel und Risiken [→Risikomanagementsystem (RMS); →Mindestanforderungen an das Risikomanagement],
- angemessene interne Kontrollverfahren [→Internes Kontrollsystem (IKS) inkl. Regelungen zur Risikosteuerung und -überwachung (→Internes Kontrollsystem bei Kreditinstituten) sowie der →Internen Revision],
- angemessene Regelungen zur jederzeitigen Bestimmung der finanziellen Lage des Institutes.

Die geforderte Beurteilung der Angemessenheit der institutsinternen Regelungen setzt voraus, dass sich der APr intensiv mit Art und Umfang der vom Institut betriebenen Geschäfte und den daraus resultierenden Risiken auseinander gesetzt hat, um hieraus einen Maßstab zur Beurteilung der Angemessenheit abzuleiten.

Ferner hat der Prüfer auch zu prüfen, ob das Institut seinen Verpflichtungen nach dem →Geldwäschegesetz (GwG) nachgekommen ist. Bei Instituten, die das Depotgeschäft betreiben, ist dieses gesondert zu prüfen (→Depotprüfung).

Die →Prüfungsplanung ist durch den APr nach den fachüblichen Grundsätzen vorzunehmen [→Grundsätze ordnungsmäßiger Abschlussprüfung (GoA)]. Ausgangspunkt für die Festlegung der Prüfungsschwerpunkte, des Prüfungsansatzes (→Prüfungsstrategie) und der einzelnen Prüfungshandlungen (→Auswahl von Prüfungshandlungen) ist die Einschätzung der mit den Geschäften des Kreditinstituts verbundenen Risiken und der Wirksamkeit der einzelnen Elemente des →Internen Kontrollsystems (→Internes Kontrollsystem, Prüfung des; →Systemprüfung) im Bezug auf diese identifizierten Risiken (→Prüfungsrisiko). Da der Prüfungsumfang bei einem Kreditinstitut über die Ordnungsmäßigkeit der Rechnungslegung i.e.S. hinausgeht, ist eine Einbeziehung aller wesentlichen →Geschäftsprozesse in die Prüfung erforderlich. Dabei können weniger risikorelevante Prozesse innerhalb einer mehrjährigen Prüfungsplanung in einem nicht jährlichen Turnus geprüft werden (→Rotationsplan).

Zu den wesentlichen Risiken, die bei der Planung und Durchführung der Prüfung (→Auftragsdurchführung) betrachtet werden, gehören die Adressenausfallrisiken, Marktpreisrisiken, operationellen Risiken und Liquiditätsrisiken. Die Einhaltung der zur Bestimmung und Steuerung dieser Risiken von der *BaFin* erlassenen →Mindestanforderungen an das Risikomanagement ist vom APr zu beurteilen (→Risikomanagmentsystem, Prüfung des).

Aufgrund der Vielzahl und Komplexität der →Prüffelder wird in der zeitlichen Prüfungsplanung i.d.R. eine →Vorprüfung eingeplant.

Bei der *Prüfungsdurchführung* (→Auftragsdurchführung) sind die im IDW PS 200 festgeschriebenen Grundsätze auf die oben genannten Prüfungsgegenstände anzuwenden. Im Rahmen der Prüfungsdurchführung bildet die Prüfung der Adressenausfallrisiken aufgrund der hohen Bedeutung des Kreditgeschäftes für die Institute i.d.R. einen wesentlichen Schwerpunkt. Dabei werden die Geschäftsprozesse der Kreditgewährung (→Kreditwürdigkeitsprüfung), Kreditweiterbearbeitung und Kreditkontrolle sowie der Risikoüberwachung im Kreditgeschäft durch eine →Systemprüfung beurteilt. Bei einer →Stichprobenprüfung einzelner Kreditengagements werden die Ordnungsmäßigkeit der Bearbeitung, die Einhaltung der Vorschriften zur Offenlegung der →wirtschaftlichen Verhältnisse und die Angemessenheit der Beurteilung der mit dem Kreditengagement verbundenen Risiken geprüft (→Kreditprüfung; →Engagementprüfung). Aufgrund des damit verbundenen Prüfungsumfangs erfolgt dies häufig im Rahmen der Vorprüfung. Aufgrund der besonderen Bedeutung der →IT-Systeme für die Geschäftsprozesse eines Kreditinstitutes ist eine gesonderte →IT-Systemprüfung durchzuführen.

Während der sog. Hauptprüfung bildet die ordnungsgemäße Abbildung der Geschäftsvorfälle in der Buchführung unter Einhaltung aller gesetzlichen und satzungsmäßigen Ausweis-, Gliederungs- und Bewertungsvorschriften einen wesentlichen Prüfungsschwerpunkt.

Bei der Erstellung des Prüfungsberichts über die Ergebnisse der Prüfung des Jahresabschlusses sind die Regelungen des § 321 HGB, die Grundsätze ordnungsgemäßer Berichterstattung bei Abschlussprüfungen (IDW PS 450), die Bestimmungen des KWG und die Bestimmungen der PrüfBV maßgeblich. Die PrüfBV gibt Vorgaben zur Gliederung und zum Inhalt der Berichte. Der PrB muss so übersichtlich und vollständig sein, dass aus ihm die wirtschaftliche Lage des Instituts mit der gebotenen Klarheit ersichtlich ist (§ 2 Abs. 1 PrüfBV). Es ist u.a. über die rechtlichen, wirtschaftlichen und organisatorischen Grundlagen des Institutes zu berichten, die geschäftliche Entwicklung im Berichtsjahr und die Vermögens- und Ertragslage darzustellen und über das Handels- und Kreditgeschäft und die Risikosteuerungs- und Überwachungssysteme gesondert zu berichten. In einem besonderen Teil des Prüfungsberichtes werden zu einzelnen Posten der Bilanz und GuV spezifische Erläuterungen gefordert.

Im →Bestätigungsvermerk (BestV) fasst der APr das Ergebnis der Prüfung des Jahresabschlusses nach den gesetzlichen Vorgaben des § 322 HGB und unter Beachtung der berufsständischen Grundsätze (IDW PS 400) zusammen.

Kreditinstitute, die Wertpapierdienstleistungen oder Wertpapiernebendienstleistungen erbringen, müssen das Wertpapiergeschäft gesondert nach →Wertpapierhandelsgesetz (WpHG) prüfen lassen. Gem. § 36 WpHG ist die Einhaltung der Meldepflichten über getätigte Wertpapiergeschäfte nach § 9 WpHG und der für bei der Durchführung von Wertpapierdienstleistungen geltenden Verhaltensregeln einmal jährlich durch einen geeigneten Prüfer zu prüfen. Die BaFin kann Bestimmungen über den Inhalt der Prüfung der →Wertpapierdienstleistungsunternehmen treffen und die Prüfungsschwerpunkte festlegen.

Sofern das Kreditinstitut Mitglied der Einlagensicherung des BDB ist, oder die Mitgliedschaft anstrebt, führt der Prüfungsverband des Bundesverbandes Aufnahme- und Überwachungsprüfungen durch.

Zur Wahrnehmung ihrer Aufsichtspflichten über die Kreditinstitute sind der BaFin in § 44 KWG besondere Informations- und Prüfungsrechte eingeräumt. Hiernach sind die Kreditinstitute verpflichtet, Auskünfte über alle Geschäftsangelegenheiten zu erteilen und Unterlagen vorzulegen. Die BaFin wertet die eingereichten Berichte über die Prüfung der Jahresabschlüsse aus. Sie kann darüber hinaus, auch ohne besonderen Anlass, bei den Instituten Prüfungen vornehmen (→Sonderprüfungen nach Kreditwesengesetz). Zur Durchführung dieser Prüfungen kann die BaFin sich der Bundesbank oder anderer geeigneter dritter Prüfer bedienen. Schwerpunkte dieser Prüfungen sind insb. die risikorelevanten Geschäftsbereiche Kreditgeschäft und Handel. Nach den Maßgaben des FinDAG sind die Kosten der Prüfung vom geprüften Institut zu tragen.

Für den Prüfer eines Kreditinstitutes bestehen die Redepflichten (→Redepflicht des Abschlussprüfers) des § 321 Abs. 1 Satz 3 HGB durch die weitgehend gleich lautende Regelung in § 29 Abs. 3 Satz 1 KWG auch gegenüber der BaFin und der Deutschen Bundesbank. Er hat unverzüglich anzuzeigen, wenn ihm bei der Prüfung Tatsachen bekannt werden, welche die Einschränkung und Versagung des Bestätigungsvermerks rechtfertigen, den Bestand des Institutes gefährden oder seine Entwicklung wesentlich beeinträchtigen können (→Bestandsgefährdung; →Going Concern-Prinzip) oder die schwerwiegende Verstöße der Geschäftsleiter gegen Gesetz, Satzung oder Gesellschaftsvertrag erkennen lassen (→Unregelmäßigkeiten; →Unregelmäßigkeiten, Aufdeckung von). Auf Verlangen hat der Prüfer der BaFin und Bundesbank den PrB zu erläutern und sonstige bei der Prüfung bekannt gewordenen Tatsachen mitzuteilen, die gegen eine ordnungsgemäße Durchführung der Geschäfte des Institutes sprechen.

Literatur: IDW (Hrsg.): IDW Prüfungsstandard: Ziele und allgemeine Grundsätze der Durchführung von Abschlussprüfungen (IDW PS 200, Stand: 28. Juni 2000), in: WPg 53 (2000), S. 706–710; IDW (Hrsg.): IDW Prüfungsstandard: Beauftragung des Abschlussprüfers (IDW PS 220, Stand: 2. Juli 2001), in: WPg 54 (2001), S. 895–898; IDW (Hrsg.): IDW Prüfungsstandard: Grundsätze für die ordnungsmäßige Erteilung von Bestätigungsvermerken bei Abschlussprüfungen (IDW PS 400, Stand: 28. Oktober 2005), in: WPg 58 (2005), S. 1382–1402; IDW (Hrsg.): IDW Prüfungsstandard: Grundsätze ordnungsmäßiger Berichterstattung bei Abschlussprüfungen (IDW PS 450, Stand: 8. Dezember 2005), in: WPg 59 (2006), S. 113–128.

Katrin Rohmann

Kreditoren

Die Bezeichnung „Kreditoren" ist auf die →Verbindlichkeiten aus Lieferungen und Leistungen begrenzt. Verbindlichkeiten aus Lieferungen und Leistungen entstehen mit Abschluss von gegenseitigen Verträgen (bspw. Kauf-, Werk-, Dienstleistungs-, Miet- oder Leasingverträgen), werden jedoch erst dann bilanziell erfasst, wenn der Vertragspartner seine vertraglichen Leistungsverpflichtungen im Wesentlichen erfüllt hat. Abzugrenzen sind Verbindlichkeiten aus Lieferungen und Leistungen insb. von →Rückstellungen für ungewisse Verbindlichkeiten, die dem Grunde oder der Höhe nach ungewiss sind.

Ziel der Prüfungshandlungen (→Auswahl von Prüfungshandlungen) ist es, ein Urteil darüber zu erlangen, ob alle in der Bilanz ausgewiesenen Verbindlichkeiten vorhanden sind und ob alle realisierten Verbindlichkeiten in der Bilanz richtig, periodengerecht und vollständig erfasst sind (→Fehlerarten in der Abschlussprüfung). Es handelt sich bei den Verbindlichkeiten aus Lieferungen und Leistungen um das Ergebnis aus Routinetransaktionen, für die eine Prüfung des →Internen Kontrollsystems (→Internes Kontrollsystem, Prüfung des) sinnvoll und wirtschaftlich ist, soweit das geprüfte Unternehmen über eine hohe Anzahl von Geschäftsvorfällen und entsprechende interne Kontrollen verfügt. Die →Systemprüfung umfasst i.d.R. die Bereiche Beschaffung (→Einkaufswesen), Kreditoren, Auszahlung (→Zahlungsverkehr) und Stammdatenpflege. Neben globalen Kontrollmaßnahmen des zu prüfenden Unternehmens, wie dem Abgleich der tatsächlichen Aufwendungen mit dem Budget (das Management analysiert und genehmigt wesentliche Abweichungen) sind Detailkontrollen, wie die Erstellung von Reports über die Konsistenz der Nummerierung von Belegen, und deren Vollständigkeit mittels Interviews, Einsichtnahme in die Dokumentation und Walkthroughs zu prüfen. Das Ergebnis dieser Prüfung bestimmt den Umfang der aussagebezogenen Prüfungshandlungen (→ergebnisorientierte Prüfungshandlungen; →risikoorientierter Prüfungsansatz).

Ausgangspunkt der aussagebezogenen Prüfungshandlungen ist i.d.R. eine Offene-Posten-Liste (→Offene-Posten-Buchhaltung) bzw. eine Saldenliste der Verbindlichkeiten, deren Summe mit der Hauptabschlussübersicht abzustimmen ist (→Abstimmprüfung). Wesentliche Prüfungshandlungen sind insb. das Einholen von Saldenbestätigungen (→Bestätigungen Dritter) und der „Search for Unrecorded Liabilities-Test". Die Auswahl, der Versand und der Rücklauf der Saldenbestätigungen müssen unter der Kontrolle des →Abschlussprüfers (APr) stehen (IDW PS 302.39). Unter Zuhilfenahme der Jahresverkehrszahlen wird eine Auswahl der wesentlichen Kreditoren des Mandanten getroffen. Bei Nichtbeantwortung der Saldenbestätigungsanfrage oder bei sich ergebenden Abweichungen muss der Nachweis mithilfe von alternativen Prüfungshandlungen, z.B. durch →Belegprüfungen (Eingangsrechnungen, Wareneingangs-/Lieferscheine) oder durch die Prüfung von Zahlungsausgängen nach dem Bilanzstichtag (→Zahlungsverkehr), erbracht werden.

Im Rahmen des „Search for Unrecorded Liabilities-Test" werden zum einen Zahlungsausgänge für die Zeit nach dem Stichtag (zumindest eine Zahlungsperiode oder, wenn die Verbindlichkeiten zum Abschlussstichtag geprüft werden, für einen Zeitraum am Ende der Prüfung) aus der Saldenliste ausgewählt und mit den Lieferscheinen, Eingangsrechnungen und/oder anderen Nachweisen (→Prüfungsnachweise) abgestimmt. Ferner ist festzustellen, ob für Zahlungsausgänge nach dem Stichtag für eine am Bilanzstichtag bestehende Verbindlichkeit, diese entsprechend zum Bilanzstichtag ausgewiesen ist. Zum anderen ist eine Auswahl aus den zum Prüfungszeitpunkt unbezahlten Eingangsrechnungen zu treffen und mit den Lieferscheinen abzustimmen. Ferner ist festzustellen, ob bei Lieferung vor dem Bilanzstichtag eine entsprechende Verbindlichkeit passiviert ist.

Bei der Prüfung der →periodengerechten Erfolgsermittlung ist eine Auswahl von Eingangsrechnungen und Lieferscheinen zu treffen, welche unmittelbar vor bzw. nach dem Bilanzstichtag eingegangen sind. Für diese Auswahl ist festzustellen, ob die entsprechenden Verbindlichkeiten im richtigen Buchungsjahr erfasst worden sind. Im Rahmen der Cut-Off-Prüfung (→Cut-Off) sollte auch geprüft werden, ob Rückgaben an Lieferanten innerhalb eines bestimmten Zeitraumes nach dem Bilanzstichtag im richtigen Buchungsjahr erfasst worden sind. Die Gutschriften für Rückgaben innerhalb eines bestimmten Zeitraumes vor dem Bilanzstichtag sollten mit den entsprechenden Versanddokumenten abgestimmt werden, um festzustellen, ob die Gutschriften im richtigen Buchungsjahr erfasst worden sind. Außerdem sollten Sollbuchungen bei Verbindlichkeiten innerhalb eines bestimmten Zeitraumes vor dem Bilanzstichtag mit den entsprechenden Nachweisen abgestimmt werden, um festzustellen, ob die →Buchungen im richtigen Buchungsjahr erfasst worden sind. Dabei sollten insb. Sollbuchungen ohne Geldausgang (mögliche Ursachen: Ausbuchung, Stornierung, Verrechnung, Einbuchung von Forderungen) untersucht werden.

Sind die Verbindlichkeiten vor dem Stichtag geprüft worden (→Vorprüfung), sind weitere Prüfungshandlungen erforderlich. So ist festzustellen, ob seit dem Prüfungstag wesentliche strittige Verbindlichkeiten entstanden sind und welche Ursachen diese haben. Auch sind wesentliche Veränderungen der Verbindlichkeiten zum Bilanzstichtag zu untersuchen (→Abweichungsanalyse). Bei einem unüblich hohen Anstieg der Verbindlichkeiten gegenüber bestimmten Lieferanten ist mittels Prüfung der Zahlungsausgänge nach dem Stichtag festzustellen, ob die Verbindlichkeiten gegenüber diesem Lieferanten zum Bilanzstichtag in richtiger Höhe erfasst sind. Des Weiteren sollte die Höhe der Verbindlichkeiten zum Bilanzstichtag unter Berücksichtigung des Saldos der Verbindlichkeiten vor dem Bilanzstichtag, der Höhe des Wareneinsatzes, der Zahlungsausgänge und der Rücksendungen je Monat durch eine analytische Gegenüberstellung verprobt werden (→ Verprobung; → analytische Prüfungshandlungen; → Plausibilitätsprüfungen).

Es sollte überprüft werden, ob der Ausweis der Verbindlichkeiten wesentliche Sollsalden (debitorische Kreditoren) (→ sonstige Vermögensgegenstände) enthält. Die Verbindlichkeiten dürfen nur ohne die Berücksichtigung möglicher (wahrscheinlicher) Skontobeträge passiviert werden. Wesentliche Sammelkonten, die als „diverse", „verschiedene" oder „sonstige Kreditoren" bezeichnet sind, sollten gesondert geprüft werden.

Wesentliche Besonderheiten der Bilanzierung und Prüfung von Verbindlichkeiten aus Lieferungen und Leistungen bestehen nach → International Financial Reporting Standards (IFRS) nicht; so entsprechen sich Verbindlichkeiten aus Lieferungen und Leistungen (HGB) und Trade Payables (IFRS) weitestgehend.

Literatur: IDW (Hrsg.): IDW Prüfungsstandard: Bestätigungen Dritter (IDW PS 302, Stand: 1. Juli 2003), in: WPg 56 (2003), S. 872–875; IDW (Hrsg.): WPH 2006, Band I, 13. Aufl., Düsseldorf 2006; Raff, I.: Verbindlichkeiten, in: Ballwieser, W. et al. (Hrsg.): HWRP, 3. Aufl., Stuttgart 2002, Sp. 2473–2481.

Telge-Sascha Krantz

Kreditorische Debitoren → Forderungen

Kreditprüfung

Das Kreditgeschäft ist ein wesentlicher Geschäftsbereich der → Kreditinstitute; die daraus resultierenden Adressenausfallrisiken (Kredit-, Kontrahenten-, Länder-, und Anteilseignerrisiko) sind daher von besonderer Bedeutung für die Risikolage des Institutes insgesamt. Kreditrisiken ergeben sich insb. aus dem Umstand, dass der Kreditnehmer seinen vertraglichen Verpflichtungen zur Rückführung der erhaltenen Kredite aufgrund der Verschlechterung seiner → Bonität nicht nachkommt oder aus der Verwertung der gestellten Kreditsicherheiten die ersatzweise Rückführung nicht erfolgen kann. Um dieses Risiko bereits vor der Entscheidung über eine Kreditgewährung zu beurteilen, werden von den Kreditinstituten → Kreditwürdigkeitsprüfungen durchgeführt. Aufgrund der hohen Bedeutung der Adressenausfallrisiken für die Risikolage der Kreditinstitute sind an die Organisation des Kreditgeschäftes und die darin zu implementierenden Elemente des → Internen Kontrollsystems (→ Internes Kontrollsystem bei Kreditinstituten) sowie an die Messung, Überwachung und Steuerung dieser Risiken besondere Anforderungen gestellt. Diese ergeben sich aus der Verpflichtung der Institute gem. § 25a KWG über angemessene Geschäftsorganisation und Verfahren zur Risikosteuerung zu verfügen [→ Risk Management; → Risikomanagementsystem (RMS); → Bankencontrolling]. Die Verpflichtungen wurden u. a. in den Verlautbarungen der → *Bundesanstalt für Finanzdienstleistungsaufsicht (BaFin)* zu den → Mindestanforderungen an das Risikomanagement verbindlich konkretisiert. Im Mittelpunkt der Kreditprüfung als Bestandteil der → Jahresabschlussprüfung von Kreditinstituten steht zum einem die Angemessenheit der Risikovorsorge im JA, insb. bei der Bewertung der Kreditforderungen (→ Bewertungsprüfung) und die Berichterstattung über die aus den Adressenausfallrisiken resultierenden Auswirkungen auf die zukünftige Entwicklung im → Lagebericht (→ Chancen und Risiken der künftigen Entwicklung; → Chancen- und Risikobericht). Zum anderen ist die Ordnungsmäßigkeit der Organisation des Kreditgeschäftes (→ Ordnungsmäßigkeitsprüfung) und die Angemessenheit und Wirksamkeit des Internen Kontrollsystems zu beurteilen (→ Internes Kontrollsystem, Prüfung des).

Für die Kreditprüfung gelten die in den Prüfungsstandards des → *Instituts der Wirtschaftsprüfer in Deutschland e.V.* (IDW) fixierten Grundsätze zur → Prüfungsplanung, → Auftragsdurchführung und Berichterstattung [→ Grundsätze ordnungsmäßiger Abschlussprüfung (GoA)]. Diese Grundsätze wurden im IDW PS 522 konkretisiert. Weitere Prüfungs- und Berichtspflichten ergeben sich aus der PrüfbV (→ Grundsätze ordnungsmäßiger Abschlussprüfung, bankspezifisch).

Die Planung der Kreditprüfung und die Festlegung der → Prüfungsstrategie basieren auf einer vorläufigen Einschätzung der sich nach

Kreditprüfung

Art und Umfang des betriebenen Kreditgeschäftes ergebenden Risiken, der Entwicklung des →wirtschaftlichen Umfeldes (→wirtschaftliche Verhältnisse) sowie auf einer Einschätzung der Wirksamkeit des Internen Kontrollsystems. Die Kreditprüfung umfasst eine →Systemprüfung und eine →Einzelfallprüfung einzelner Kreditgeschäfte (→Engagementprüfung).

Im Rahmen einer Systemprüfung (→Internes Kontrollsystem, Prüfung des; →Aufbauorganisation; →Funktionsprüfung) wird die Organisation des Kreditgeschäftes geprüft. Im Rahmen einer Aufbauprüfung (→Aufbauorganisation) wird das Sollsystem daraufhin untersucht, ob es den gesetzlichen Anforderungen, den Vorgaben der *BaFin* und sonstigen satzungsmäßigen Vorschriften entspricht und nach Umfang und Risiko der betriebenen Geschäfte angemessene Elemente eines Internen Kontrollsystems in die →Geschäftsprozesse integriert sind (→Soll-Ist-Vergleich). Grundlage hierfür sind Rahmenbedingungen der Geschäftsleitung für das Kreditgeschäft und die Vorgaben in den Organisationsunterlagen des Kreditinstitutes. Durch die →Funktionsprüfung werden die tatsächliche Umsetzung in den Prozessen und die Wirksamkeit der integrierten Kontrollen untersucht (→Kontrollprüfung).

Die Prüfung der Organisation geht von der Risikostrategie der Geschäftsleitung aus und erstreckt sich auf die →Aufbauorganisation und →Ablauforganisation des gesamten Kreditgeschäftes von der Kreditgewährung, der laufenden Kreditüberwachung bis hin zur Bearbeitung von Problemkrediten sowie auf alle Prozesse in der Risikoüberwachung und -steuerung von Adressenausfallrisiken. Hierzu zählen auch die Handhabung bei der Verwaltung, Bewertung und Überwachung von Kreditsicherheiten und die Verfahren zur Risikofrüherkennung (→Früherkennungssysteme) und zur Risikoklassifizierung (→Rating).

Im Rahmen der Kreditprüfung ist durch die Prüfung einzelner Kreditengagements (→Engagementprüfung) die Angemessenheit der vom Institut getroffenen Risikoeinschätzung, insb. die Angemessenheit der getroffenen Risikovorsorge, zu überprüfen. Bei der Festlegung des Umfangs der Einzelfallprüfung sind die Ergebnisse aus der Systemprüfung zu berücksichtigen. Bei der Festlegung der in die Stichprobe einzubeziehenden Kreditengagements kann der Prüfer eine Auswahl nach Risikomerkmalen treffen, oder mathematisch-statistische Verfahren anwenden (→Stichprobenprüfung).

Im Ergebnis der Einzelfallprüfung ist die Wahrscheinlichkeit zu ermitteln, mit der ein Kreditnehmer seinen vertraglichen Verpflichtungen in der Zukunft nicht mehr nachkommen kann bzw. welche Zahlungen nach dem Eintritt von Leistungsstörungen (z. B. aus der Verwertung von Sicherheiten) noch erwartet werden können. Die Beurteilung der zukünftigen Kapitaldienstfähigkeit erfolgt primär anhand der wirtschaftlichen Verhältnisse des Kreditnehmers auf Basis der vorgelegten Unterlagen zur →Vermögenslage, →Finanzlage und →Ertragslage und zur Unternehmensplanung (→Planung). Weitere Hinweise ergeben sich aus gesamtwirtschaftlichen und branchenbezogenen Entwicklungen sowie aus dem bisherigen Zahlungsverhalten des Kreditnehmers und der Verwendung des gewährten Kredites (z. B. Objekt- bzw. Projektfinanzierung).

Bei negativer Beurteilung der wirtschaftlichen Verhältnisse kommt der Bewertung der Sicherheiten eine hohe Bedeutung zu. Gegenstand der Prüfung der Sicherheiten ist neben dem rechtlichen Bestand (→Nachweisprüfungshandlungen) insb. die Angemessenheit der Bewertung (→Bewertungsprüfung). Diese richtet sich nach dem Prinzip der verlustfreien Bewertung. Ausgehend von dem erwarteten Verwertungserlös sind die →Kosten der Verwertung zu berücksichtigen. Der erwarteten Verwertungsdauer ist durch eine Abzinsung Rechnung zu tragen.

Ergibt sich im Ergebnis der Beurteilung der Ausfallwahrscheinlichkeit ein drohender Ausfall, so ist für das Kreditengagement eine bilanzielle Risikovorsorge zu bilden. Diese hat die wahrscheinlichen Vermögenseinbußen des Kreditinstituts bezogen auf das jeweilige Kreditengagements voraussichtlich vollständig zu decken. I.d.R. geschieht dies durch die Bildung von Einzelwertberichtigungen auf →Forderungen oder durch die Bildung von →Rückstellungen für gewährte Avalkredite (→Grundsätze ordnungsmäßiger Buchführung, bankspezifisch).

Im →Prüfungsbericht (PrB) hat der →Abschlussprüfer (APr) darzulegen, nach welchen

Grundzügen und Verfahren er die Kreditprüfung vorgenommen hat und welche Ergebnisse und Feststellungen sich im Rahmen der Systemprüfung und der Einzelfallprüfung ergaben. Die Geschäftsprozesse des Kreditgeschäftes mit den darin integrierten Kontrollverfahren und die Maßnahmen zur Überwachung und Steuerung der Adressenausfallrisiken sind im PrB darzustellen und zu beurteilen. Es ist eine Aussage über die Angemessenheit der gebildeten Risikovorsorgen abzugeben. Bemerkenswerte einzelne Kreditengagements sind im PrB ebenfalls darzustellen und zu beurteilen. Die im Rahmen der Prüfungen des Kreditgeschäftes getroffenen Prüfungsfeststellungen fließen in den Bestätigungsvermerk (BestV) ein (→Jahresabschlussprüfung, erweiterte).

Literatur: IDW (Hrsg.): IDW Prüfungsstandard: Die Prüfung der Adressenausfallrisiken und des Kreditgeschäftes von Kreditinstituten (IDW PS 522, Stand: 1. Oktober 2002), in: WPg 56 (2002), S. 1254–1259.

Katrin Rohmann

Kreditwürdigkeitsprüfung

Die Kreditwürdigkeitsprüfung ist ein wesentlicher Bestandteil im Prozess der Kreditgewährung in →Kreditinstituten. Anlässe sind die Bearbeitung von Anträgen zur Gewährung neuer Kredite sowie die laufende Überwachung und Prolongation bestehender Kreditengagements. Die hierfür geltenden Grundsätze und Methoden lassen sich auch auf Kreditbeziehungen außerhalb von Kreditinstituten übertragen.

Ziel der Kreditwürdigkeitsprüfung ist die Einschätzung des mit dem Kreditengagement verbundenen Adressenausfallrisikos. Das Adressenausfallrisiko im Kreditgeschäft ist, neben den Marktpreisrisiken, das wesentliche den Geschäften eines Kreditinstitutes innewohnende Risiko. Daher sind an die Methoden und Prozesse zur Messung der Risiken in einzelnen Kreditengagements und die darauf aufbauende Risikosteuerung sowohl aus betriebswirtschaftlicher als auch aus bankaufsichtsrechtlicher Sicht [→*Bundesanstalt für Finanzdienstleistungsaufsicht (BaFin)*] hohe Anforderungen gestellt.

Der Kreditwürdigkeitsprüfung im eigentlichen Sinne geht eine Prüfung der Kreditfähigkeit aus rechtlicher Sicht voraus. Dabei wird geprüft, ob der Vertragspartner legitimiert ist, gültige Kreditgeschäfte abzuschließen. Dazu gehört die Prüfung von Rechts- und Geschäftsfähigkeit und der Vertretungsmacht, insb. bei Krediten an juristische Personen.

Durch die Kreditwürdigkeitsprüfung wird eingeschätzt, mit welcher Wahrscheinlichkeit der Kreditnehmer in der Lage sein wird, den Kredit vereinbarungsgemäß zu tilgen und zu verzinsen. Dabei werden die zukünftig erwartete →Bonität des Kreditnehmers, die Wirtschaftlichkeit des finanzierten Projektes oder Objektes und die Entwicklung der Werte der Kreditsicherheiten beurteilt. Die Einschätzungen haben risikoorientiert und unter Berücksichtigung der Nachhaltigkeit der zugrunde liegenden Annahmen, insb. zur Ertragskraft des Kreditnehmers, zu erfolgen.

Da eine Einschätzung der zukünftigen Kapitaldienstfähigkeit vorzunehmen ist, müssen auf der Basis der Auswertung von vergangenheitsbezogenen Informationen Prognosen vorgenommen werden. Hierbei sind Szenarien der künftigen Entwicklung zu berücksichtigen (→Prognoseinstrumente; →Szenariotechnik).

Voraussetzung für die Einschätzung der Kreditwürdigkeit ist das Vorliegen entsprechender Informationen. Die Kreditinstitute sind nach den Vorgaben des KWG verpflichtet, sich von Kreditnehmern, denen sie Kredit von mehr als 750.000 €, bzw. 10% des haftenden →Eigenkapitals des Institutes gewähren, die →wirtschaftlichen Verhältnisse offenlegen zu lassen (§ 18 KWG). Darüber hinaus sind sie nach § 25a KWG verpflichtet, über Steuerungssysteme zu verfügen, die Art, Umfang und Risiko der betriebenen Geschäfte entsprechen (→Internes Kontrollsystem bei Kreditinstituten; →Bankencontrolling; →Mindestanforderungen an das Risikomanagement). Dies erfordert grundsätzlich auch die Einholung von Informationen zur Beurteilung der Bonität der Kreditnehmer und zur Werthaltigkeit der gestellten Sicherheiten, unabhängig von der in § 18 KWG vorgegebenen Kredithöhe. Hierzu sind nach einer Risikoanalyse durch die Institute interne Vorgaben zur Anforderung von Unterlagen, deren Auswertung und der Verarbeitung der Ergebnisse hieraus im Prozess der Risikosteuerung zu treffen.

Grundsätzlich verfügt das Kreditinstitut über interne und externe Informationsquellen zur Einschätzung der Kreditwürdigkeit des Kreditnehmers. Die wichtigsten internen Quellen sind das bisherige Zahlungsverhalten des Kunden und die Einschätzung der Person des Kreditnehmers.

Dabei werden Auswertungen aus den →IT-Systemen zu den Kontendaten vorgenommen. Regelmäßig und standardisiert werden z. B. Überziehungen und Rückstände erfasst und ausgewertet. Darüber hinaus werden kreditnehmerbezogen Auswertungen zur Entwicklung der Kontensalden und -umsätze, der Periodizität von Einzahlungen und Auszahlungen und zum Eingang von Pfändungen, der Rückruf von Schecks, Überweisungen oder anderen Risikomerkmalen vorgenommen.

Eine weitere wesentliche Grundlage der Einschätzung der Kreditwürdigkeit ist die Beurteilung der Person des Kreditnehmers aufbauend auf den Erfahrungen in der bisherigen geschäftlichen Beziehung. Dazu zählen die fachliche Qualifikation, einschlägige berufliche Erfahrungen und Zuverlässigkeit. Beurteilt werden das Planungsvermögen und die Einhaltung von vorgelegten →Planungen in der Vergangenheit, die anhand von →Soll-Ist-Vergleichen zwischen Planzahlen und Unterlagen zur wirtschaftlichen Entwicklung ablesbar ist. Aus häufigen Überziehungen oder kurzfristigen ungeplanten Kreditbeantragungen lassen sich Rückschlüsse auf die Qualität der →Finanzplanung beim Kreditnehmer ableiten. Wesentliche Erkenntnisse zur persönlichen Einschätzung des Kreditnehmers werden durch die Kundengespräche gewonnen.

Kern der Einschätzung der Kreditwürdigkeit ist die Bonitätsbeurteilung (Bonitätsprüfung). Diese wird anhand der von den Kreditnehmern bereitgestellten Einkommensunterlagen, bzw. im Falle von kreditnehmenden Unternehmen anhand der Unterlagen zur bisherigen wirtschaftlichen Entwicklung und zur Unternehmensplanung vorgenommen. Die Unterlagen müssen aktuell und aussagekräftig sein. Die bisherige Entwicklung der Ertrags- und Vermögensverhältnisse ist zu analysieren. Dabei sind sowohl Zeitreihenvergleiche (→zeitlicher Vergleich) wesentlicher Kennzahlen (→Kennzahlen und Kennzahlensysteme als Kontrollinstrument) als auch Soll-Ist-Vergleiche vorzunehmen. Die Kennzahlen des Kreditnehmers sind Vergleichswerten innerhalb der Branche gegenüber zu stellen (→Benchmarking; →überbetriebliche Vergleiche; →betriebswirtschaftlicher Vergleich). Diese Analysen werden in den Kreditinstituten mit IT-gestützten Analysetools vorgenommen.

Die Ergebnisse der Bonitätsbeurteilung bilden den Kern moderner Ratingsysteme (→Rating). Entsprechend den Anforderungen an ein Institutsinternes Ratingverfahren zur Steuerung der Adressenausfallrisiken und der Ermittlung der erforderlichen Eigenkapitalunterlegung entsprechend den Kriterien von →Basel II sind die Rating-Einstufungen Ausdruck der nach mathematisch-statistischen Methoden ermittelten Ausfallwahrscheinlichkeit des Kreditnehmers.

Neben den Unterlagen zur →Bonitätsanalyse bilden die Einschätzungen zur Entwicklung der Volkswirtschaft insgesamt und insb. der Branche des Kreditnehmers wichtige externe Informationen, die in die Risikobetrachtung einzubeziehen sind.

Bei Krediten an Privatpersonen liegen der Kreditwürdigkeitsprüfung i. d. R. Einkommensunterlagen und Angaben zur Vermögens- und Schuldensituation zugrunde. Das Urteil wird durch Auskünfte von Wirtschaftsauskunfteien, wie z. B. der *Schufa*, ergänzt.

Zur Einschätzung der Kreditwürdigkeit im Mengengeschäft mit Privatkunden oder gewerblichen Kreditnehmern werden zunehmend Scoringverfahren (→Scoringmodelle) eingesetzt. Diese werten die kundenbezogenen Daten nach mathematisch-statistischen Methoden aus und leiten daraus eine Risikoeinschätzung ab.

Kreditsicherheiten werden von den Banken gefordert, um im Falle der Verschlechterung der Bonität des Kreditnehmers eine Rückführung der gewährten Finanzierung ersatzweise aus der Verwertung der Sicherungsgüter herbeizuführen. Sie werden daher in die Risikobetrachtung bei der Gewährung von Krediten einbezogen. Aussagen zu der Werthaltigkeit der Sicherheiten und zu den bestehenden Möglichkeiten einer potenziellen Veräußerbarkeit sind daher im Rahmen der Kreditwürdigkeitsprüfung ebenfalls von Bedeutung. In umfassenden Ratingmodellen fließen diese Einschätzungen in die Gesamtratingnote ein.

Katrin Rohmann

Kriminalistische Beweisführung
→Forensische Prüfung

Krisendiagnose

Die Krisendiagnose erfolgt bei Berührung von festgelegten Schwellenwerten bestimmter Indikatoren für negative Entwicklungen eines Unternehmens und stellt die Identifikation von Krisensituationen dar. Sie ist neben der Analyse von Krisensituationen, der Entwicklung von Strategien zur Bewältigung einer Krise sowie der Einleitung und Verfolgung von Gegenmaßnahmen Teil des Krisenmanagements, welches den systematischen Umgang mit Krisensituationen bezeichnet. Die Krisendiagnose ist darüber hinaus auch integraler Bestandteil des Risikomanagements [→Risikomanagementsystem (RMS)].

Allgemein bezeichnet Krise eine schwierige Situation, die den Höhe- und Wendepunkt einer gefährlichen Entwicklung darstellt. Problem ist, dass der Wendepunkt erst ex-post als solcher zu erkennen ist. Eine Krise ist dabei per se noch nicht negativ, da das gefährliche Ereignis noch nicht endgültig eingetreten und daher noch abwendbar ist. So gesehen verkörpern Krisen durchaus auch Chancen für eine weitere erfolgreiche Unternehmensentwicklung (→Risiko- und Chancencontrolling). Dabei hat die Definition der Schwellenwerte in Abhängigkeit von der notwendigen Reaktionszeit für die Abwendung einer negativen Beeinträchtigung des Unternehmensziels zu erfolgen. Zu unterscheiden sind Unternehmenskrisen, die den Fortbestand des Unternehmens (→Going Concern-Prinzip) gefährden, sog. „Überlebenskrisen", und Krisen i.w.S., die zwar auch negative Folgen auf die Unternehmensentwicklung haben, aber eine unmittelbare Gefährdung für den Unternehmensfortbestand noch nicht darstellen. Letztere sollen hier nicht weiter verfolgt werden (→Abweichungsanalysen). Von einer Überlebenskrise kann immer dann gesprochen werden, wenn die Gefahr besteht, dass eine Situation

- sich so zuspitzt, dass sie schwer beherrschbar wird,
- den Argwohn der Massenmedien oder der Regierung auf sich zieht,
- die reguläre Geschäftstätigkeit beeinträchtigt (Fink 1986, S. 15).

Für eine Unternehmenskrise charakteristisch ist eine dringende Notwendigkeit von Handlungsentscheidungen, um den Fortbestand des Unternehmens zu sichern, wobei es die Entscheidungsträger oft mit unvollständiger oder verfälschter Information zu tun haben und durch den Anstieg an Unsicherheit, Dringlichkeit und Zeitdruck eine gewisse Bedrohung empfinden. Oft reichen in Krisensituationen die gewohnten Standardverhaltensmuster und Strategien sowie das vorhandene Wissen und die Ressourcen nicht aus, um aus der Krise wieder herauszukommen.

Zusätzliche Brisanz bekommt die Krisendiagnose und das gesamte Krisenmanagement für die Geschäftsführung auch durch gesellschaftsrechtliche Vorschriften und das StGB, wo erhebliche strafrechtliche Konsequenzen und finanzielle Gefahren durch eigene Haftung (→Haftung des Vorstands) drohen. Bereits bei drohender Zahlungsunfähigkeit kann sich der Geschäftsführer als Kaufmann nach § 283 StGB strafbar machen, wenn er in verschiedenen, definierten Fällen den Gepflogenheiten eines ordentlichen Kaufmanns zuwiderhandelt. Auch eine vorsätzliche oder fahrlässige Insolvenzverschleppung (→Insolvenz) führt nach § 84 GmbHG zu persönlichen Sanktionen. Daher hat der Geschäftsführer gerade in der Krise die Beachtung seiner Pflichten genau zu dokumentieren (→Organisationspflichten des Vorstands).

Konzeptionell ist die Krisendiagnose integraler Bestandteil des Frühwarnsystems und kann als deren Ergebnis verstanden werden. Durch Frühwarninformationen sollen die Entscheidungsträger mögliche Gefährdungen (Risiken) mit zeitlichem Vorlauf signalisiert bekommen und damit in die Lage versetzt werden, noch rechtzeitig Gegenmaßnahmen zur Abwehr oder Minderung der signalisierten Gefährdung zu ergreifen. Ausgehend von der Erkenntnis, dass insb. auf sich schnell verändernden Märkten und Umfeldern neben der rechtzeitigen Ortung von Bedrohungen für eine erfolgreiche Unternehmensführung aber auch das Erkennen von Chancen eine herausragende Bedeutung hat, wurden Frühwarnsysteme zu →Früherkennungssystemen weiterentwickelt. Systeme, die über die Früherkennung hinaus auch die Sicherung der →Planung und die Realisation von Reaktionsstrategien oder Gegenmaßnahmen ermöglichen, werden oft auch als *Frühaufklärungssysteme* bezeichnet. Da die verschiedenen Entwicklungsgenerationen als Weiterentwicklungen gesehen werden können, die die Erkenntnisse der jeweils vorherigen Generation nicht verdrängen, sondern lediglich ergänzen, kommen konzeptionell *indikator-, modell-, analyse-, informationsquellen- und netzwerkorientierte Ansätze* nebeneinander für den Einsatz in der Krisendiagnose in Betracht.

Um eine möglichst lange Reaktionszeit auf sich anbahnende Krisen zu sichern, muss die Krisendiagnose bereits im Rahmen der strategischen Unternehmensführung (→ strategisches Controlling) einsetzen, wo etwa die *Lückenanalyse* (→ Gap-Analyse) die Abweichungen zwischen der erwünschten und erwarteten Entwicklung aufzeigt, aber aufgrund der Eindimensionalität und reinen Extrapolationsbasierung nur erste Signale geben kann. Sie ist daher zu ergänzen um weitere strategische Instrumente, wie Potenzialanalysen, →Portfolioanalysen, Wertschöpfungsketten oder PIMS-Modelle. Besondere Schwierigkeiten bestehen bei der Identifizierung und Berücksichtigung von Risiken, die noch keinen offensichtlichen Einfluss auf die Unternehmenslage haben, jedoch bei strategischen Betrachtungen durchaus Relevanz erlangen könnten. Diese sog. *schwachen Signale* (Ansoff 1976, S. 129–152) sind qua Definition höchst unbestimmt und unsicher, müssen aber dennoch beobachtet werden, um bei Verstärkung als Frühwarninformation im Rahmen des Risikomanagementsystems eingesetzt zu werden. Grundproblem bleibt die Identifizierung derartiger Signale, die durch die Chancen-/Anfälligkeitsanalyse als wichtigsten Baustein des strategischen Managements zu unterstützen sind, und ein (gedankliches) Modell des in sein Umfeld eingebetteten Unternehmens voraussetzt. Erst dann können Ereignisse als relevant bzw. als Chancen oder Bedrohungen identifiziert werden.

Instrumentelle Basis der kurzfristigen Krisendiagnose sind einerseits auf Betragsschätzungen abstellende Prognoseverfahren (→ Erfolgsprognose), wobei einerseits Schwellenwerte zu definieren sind, ab denen eine Krise anzunehmen ist, und andererseits Ereignisprognosen. Bei Letzteren wird nur eine Aussage über einen möglichen Zukunftszustand in der Gestalt getroffen, ob eine Krise vorliegt oder nicht. Hierbei werden über *diskriminanzanalytische, regressionsanalytische und Mustererkennungs*-Verfahren (→ Diskriminanzanalyse) bestimmte *Cut-off*-Werte zur möglichst frühzeitigen Klassifikation einer Krise mathematisch oder iterativ über → neuronale Netze bestimmt (→ Prognoseinstrument). Die Prognoseverfahren werden dabei als Erklärungsmodelle verstanden, die Ursache-Wirkungs-Beziehungen zwischen Modellvariablen aufzeigen.

Literatur: Ansoff, H. I.: Managing Surprise and Discontinuity: Strategic Response to Weak Signals, in: ZfbF 28 (1976), S. 129–152; Fink, S.: Crisis Management. Planning for the Inevitable, Boston 1986; Hahn, D.: Frühwarnsysteme, Krisenmanagement und Unternehmensplanung, in: ZfB 49 (1979), Ergänzungsheft 2, S. 25–46; Kirsch, W./Trux, W.: Strategische Frühaufklärung und Portfolio-Analyse in: ZfB 49 (1979), Ergänzungsheft 2, S. 46–69; Krystek, U.: Unternehmungskrisen: Beschreibung, Vermeidung und Bewältigung überlebenskritischer Prozesse in Unternehmungen, Wiesbaden 1987.

Stefan Müller

Krisenmanagement → Krisendiagnose

Kritische Werte, Methode der → Sensitivitätsanalysen

Kritisches Lesen → Zusätzliche Informationen zum Jahresabschluss, Beurteilung von

Kroatien

Theorie und Praxis des Rechnungslegungs- und Wirtschaftsprüfungswesens in der Republik Kroatien unterliegen dem seit 1993 geltenden Rechnungslegungsgesetz sowie dem am 1.1.2006 in Kraft getretenen neuen Gesetz und dem 1993 eingeführten und im Dezember 2005 geänderten Wirtschaftsprüfungsgesetz.

Das Grundprinzip des Wirtschaftsprüfungsgesetzes besteht darin, dass börsennotierte Unternehmen, die konsolidierte Jahresabschlüsse erstellen und als Großunternehmen (angelehnt an die Definition der EU-Richtlinien) klassifiziert sind, die Pflicht zur Vorlage und Offenlegung ihrer nach den internationalen Rechnungslegungsstandards [→ International Financial Reporting Standards (IFRS)] erstellten Abschlüsse. Kleine und mittelgroße Unternehmen müssen ihre Abschlüsse entsprechend den vom *kroatischen Ausschuss für Wirtschaftsprüfungsstandards* herausgegebenen Anweisungen präsentieren und offenlegen.

Zu den Grundelementen des Rechnungslegungsgesetzes gehört, dass die Prüfung der Abschlüsse für alle Aktiengesellschaften und

Gesellschaften mit beschränkter Haftung mit Umsatzerlösen von mehr als 30 Mio. HRK zwingend vorgeschrieben ist. Eine solche Prüfung kann von WPGes durchgeführt werden, die von der kroatischen WPK zugelassen und dazu verpflichtet sind, ihre Prüfungen gem. den internationalen Prüfungsstandards durchzuführen.

Der Berufsstand des Wirtschaftsprüfers unterlag zunächst dem 1993 eingeführten ersten Wirtschaftsprüfungsgesetz. Das seit 2005 geltende neue Gesetz wurde unter Berücksichtigung EU-rechtlicher Bestimmungen angepasst.

Unter dem Wirtschaftsprüfungsgesetz von 1993 war das *Finanzministerium* für die Zulassung von WPGes zuständig, während die Zulassung von Wirtschaftsprüfern vom *Verband der Wirtschaftsprüfer* ausgestellt wurden. Grundlage hierfür waren die Erfüllung der geltenden Bestimmungen und ein bestandenes Wirtschaftsprüfungsexamen.

Als Aufsichtsgremium über die Arbeit der WP hätte der *Verband der Wirtschaftsprüfer* fungieren sollen, der dieser Aufgabe jedoch nicht zufriedenstellend nachkam.

Nach dem neuen Gesetz aus 2005 ist nun die *WPK* für die Zulassung von WPGes und WP sowie für die Berufsaufsicht zuständig.

In Kroatien gibt es derzeit 300 zertifizierte WP und 79 lizenzierte WPGes.

Seit 1993 gelten für Abschlussprüfungen die →International Standards on Auditing (ISA). Die *Pflichten des Wirtschaftsprüfers* bei der Durchführung von Prüfungen sind identisch mit den in den ISA und im Ethikcode verankerten.

Nach dem neuen Gesetz sind alle zugelassenen WP dazu verpflichtet, ihr Wissen durch die Teilnahme an von der *WPK* organisierten Schulungen auf dem neuesten Stand zu halten.

Im Rahmen der ebenfalls von der *WPK* vorgenommenen Überprüfungen festgestellte Unregelmäßigkeiten in der Arbeit von Prüfern (d. h. in Form der Nichteinhaltung der Prüfungsstandards und der Gesetzesvorschriften) können den befristeten oder dauerhaften Entzug der Prüfungslizenz als Strafmaßnahme und darüber hinaus u. U. auch eine strafrechtliche Verfolgung nach sich ziehen.

Santiago Pardo; Gabi Joachim

Kündigung des Abschlussprüfers →Mandatsniederlegung des Abschlussprüfers

Kündigung des Prüfungsvertrages
→Ausscheiden des Abschlussprüfers;
→Prüfungsauftrag und -vertrag

Kundenbeziehungsmanagement
→Customer Relationship Management

Kundendeckungsbeitragsanalyse

Die Kundendeckungsbeitragsanalyse stellt ein wichtiges →Controllinginstrument (→Controlling) im Rahmen von Kundenanalysen zur Optimierung der Vertriebssteuerung sowie insb. des Key-Account-Managements dar, dem die Kundendeckungsbeitragsrechnung (KDBR) mit dem Prinzip der direkten Zurechnung von →Kosten auf deren Verursacher (→Kostenverursachung) zugrunde liegt (→Deckungsbeitragsrechnungen). Basierend auf den Grundsätzen des Rechnens mit relativen Einzelkosten (→relative Einzelkostenrechnung) erfolgt bei der KDBR eine kundenspezifische Zurechnung von →Erlösen und Kosten, die einzig und allein auf die jeweilige Kundenbeziehung zurückzuführen sind, d. h. sie wären ohne diese Kundenbeziehung gar nicht erst entstanden. Abb. 1 zeigt die grundlegende Struktur der KDBR.

Abb. 1: Grundstruktur der KDBR

Kundenbruttoerlöse pro Periode

– Erlösschmälerungen

= **Kundennettoerlöse pro Periode**

– Kosten der vom Kunden bezogenen Produkte (variable Stückkosten laut Produktkalkulation, multipliziert mit den Kaufmengen

= **Kundendeckungsbeitrag I**

– eindeutig kundenbedingte Auftragskosten (z. B. Vorrichtungen, Versandkosten)

= **Kundendeckungsbeitrag II**

– eindeutig kundenbedingte Besuchskosten (z. B. Kosten der Anreise zum Kunden)

– sonstige relative Einzelkosten des Kunden pro Periode (z. B. Gehalt eines speziell zuständigen Key-Account-Managers; Engineering-Hilfen; Mailing-Kosten;

Zinsen auf Forderungsaußenstände; bei Kunden auf der Handelsstufe: Werbekostenzuschüsse, Listungsgebühren und ähnliche Vergütungen)

= **Kundendeckungsbeitrag III**

Quelle: Köhler 1999, S. 338.

Von den sich durch Subtraktion der Erlösschmälerungen (z. B. durch Boni, Rabatte und Skonti) von den Kundenbruttoerlösen ergebenden Kundennettoerlösen des jeweiligen Betrachtungszeitraums werden zunächst die variablen Kosten der vom Kunden bezogenen Produkte abgezogen. Bringt man vom somit erhaltenen Kundendeckungsbeitrag I die auf die Kundenbeziehung zurückzuführenden auftragsspezifischen Kosten zum Abzug, so ergibt sich der Kundendeckungsbeitrag II. Verrechnet man darüber hinaus die kundenbezogenen Besuchskosten sowie die kundenspezifischen Marketingkosten (z. B. Werbekostenzuschüsse, Verbraucherwerbung usw.) und Verwaltungskosten (z. B. Zurechnung nach Anzahl der Rechnungen), die als sonstige relative Einzelkosten subsumiert werden, resultiert der Kundendeckungsbeitrag III.

Die Ermittlung des Deckungsbeitrags eines Kunden pro Periode erfolgt im Handel, insb. im Großhandel, anhand einer speziellen Form der Deckungsbeitragsrechnung. Der kundenbezogene Deckungsbeitrag kann dabei wie folgt definiert werden (→ Direct Costing):

Abb. 2: KDBR im Handel

Umsatz zu Verrechnungspreisen
– Rechnungsrabatte/Skonti/Preisnachlässe

= **Nettoumsatz**
– Wareneinsatz

= **Rohertrag (Deckungsbeitrag I)**
– dem Kunden direkt zurechenbare Kosten, z. B.
  • Werbungskosten
  • Aktionsrabatte
  • Verkaufskosten, d. h. Kosten des Außendiensteinsatzes
  • Logistikkosten
  • Merchandising- und Servicekosten
  • Verwaltungskosten

= **Deckungsbeitrag (Deckungsbeitrag II)**

Die Erstellung der KDBR setzt eine Datenorganisation innerhalb des →Rechnungswesens voraus, welche die kundenspezifische Identifikation von Erlösen und Kosten mithilfe von Kundennummern ermöglicht. Eine derartige relationale Verknüpfung sämtlicher relevanter Kundendaten können moderne Datenbanken – sog. relationale Datenbanken – leisten.

Die Berechnung kundenspezifischer Deckungsbeiträge ermöglicht die Einteilung der Kunden in unterschiedliche Kategorien der Besuchs- und Betreuungswürdigkeit i. S. e. →ABC-Analyse. Die Ergebnisse der KDBR fließen auch in Kundenportfolioanalysen (→Portfolioanalyse) ein. Die kundenbezogene Deckungsbeitragsrechnung wird somit zu einer wesentlichen informatorischen Grundlage des sog. Account-Managements. Sie bildet zugleich ein Hilfsmittel zur Erkennung von Abhängigkeiten bzw. zur gezielteren Betreuung von Schlüsselkunden (Key Accounts) i. S. d. →strategischen Controllings. Für den taktisch-operativen Bereich (→operatives Controlling) sind hingegen i. d. R. traditionelle Statistiken (Umsatzberechnungen usw.) meist ausreichend.

Kritisch anzumerken ist jedoch, dass Umsätze, die aufgrund von Weiterempfehlungen eines Kunden an einen weiteren Kunden zustande kommen, in der KDBR lediglich Letzterem zugerechnet werden. Ebenso unberücksichtigt in der KDBR bleiben sich aus einem bestimmten Kundenauftrag ergebende →Opportunitätskosten. Wenngleich aus der Ermittlung von Kundendeckungsbeiträgen wertvolle Informationen für das Kundenbindungsmanagement hervorgehen, so beziehen sich diese Informationen auf vergangene Kundentransaktionen und sind daher hinsichtlich der zukünftigen Attraktivität der Kunden nur bedingt aussagekräftig.

Literatur: Freiling, J./Reckenfelderbäumer, M.: Kundenerfolgsrechnung für industrielle Dienstleistungen – Probleme und Lösungsansätze, in: Bruhn, M./Stauss, B. (Hrsg.): Dienstleistungsmanagement – Jahrbuch 2000, Wiesbaden 2000, S. 501–524; Köhler, R.: Kundenorientiertes Rechnungswesen als Voraussetzung des Kundenbindungsmanagements, in: Bruhn, M./Homburg, C. (Hrsg.): Handbuch Kundenbindungsmanagement, 5. Aufl., Wiesbaden 2005, S. 401–433; Zentes, J.: Verkaufsmanagement in der Konsumgüterindustrie, in: DBW 46 (1986), S. 21–28; Schröder, E. F.: Modernes Unternehmenscontrolling – Handbuch für die Unternehmenspraxis, 6. Aufl., Ludwigshafen 1996.

Joachim Zentes

Kundendeckungsbeitragsrechnung
→Kundendeckungsbeitragsanalyse

Kundenportfolioanalyse →Kundendeckungsbeitragsanalyse

Kundenschutzklausel →Wettbewerbsverbot der Unternehmensleitung

Kuppelproduktion →Kalkulation bei Kuppelproduktion

Kurs- und Marktpreismanipulationen

Kurs- und Marktmanipulationen, im neueren Sprachgebrauch auch Marktmanipulationen genannt, sind Täuschungshandlungen von Marktteilnehmern (Managern der emittierenden Unternehmungen), um den Börsen- oder Marktpreis eines Vermögenswertes zu beeinflussen. Solche Verhaltensweisen werden an entwickelten Finanzplätzen im Interesse der Stabilität und des Anlegerschutzes verstärkt überwacht und geahndet (→Unternehmensüberwachung). Verboten sind dabei das Unterlassen von Pflichtmitteilungen, das Streuen von Gerüchten sowie Geschäfte, mit denen der Markt- oder Börsenpreis unlauter beeinflusst werden soll.

Spezielle Gesetzesgrundlagen und Maßnahmen sollen eine ökonomisch sinnvolle Allokation von Geldkapital unterstützen, das Vertrauen der Investoren festigen und den Anlegerschutz stärken. Eine informationseffiziente Preisbildung auf Kapitalmärkten verlangt – dies unterstrich noch einmal der Zusammenbruch des Neuen Marktes (N. M.) im Jahre 2000 – eine striktere Kontrolle und Überwachung durch Börsen (→Börsenaufsicht) und Aufsichtsbehörden. Das ehemalige Wachstumssegment der *Frankfurter Wertpapierbörse* war am 10.3.1997 gegründet und zum 5.6.2003 eingestellt worden. Es sollte risikobewusste Investoren und wachstumsstarke sowie innovative Unternehmen zusammenführen. Mit dem Nachlassen des Börsenbooms im Jahr 2000 wurden Qualitätsprobleme mit Unternehmen des N. M. offensichtlich, die mit den bisherigen rechtlichen Regelungen nicht bewältigt werden konnten.

Die *Deutsche Börse AG* beschloss daher in Folge des Vierten FMFG vom 21.6.2002 eine Neusegmentierung ihrer Struktur, begleitet von neuen rechtlichen Rahmenbedingungen.

So wurde der N. M. eingestellt und seine Unternehmen in den General- oder Prime Standard überführt. Nach In-Kraft-Treten des Vierten FMFG zum 1.7.2002 kann die →*Bundesanstalt für Finanzdienstleistungsaufsicht (BaFin)* Kurs- und Preismanipulationen verfolgen. Dies soll im Kontext einer Reihe anderer Maßnahmen der Stärkung des Vertrauens und dem Schutz der Anleger dienen. Im →Wertpapierhandelsgesetz (WpHG) verbietet es der neue § 20a WpHG zu Wertpapieren, welche bei Investoren platziert werden sollen, oder sich im Umlauf befinden, unrichtige Angaben über bewertungsrelevante Umstände der emittierenden Unternehmung (bspw. zu betriebswirtschaftlichen Kennziffern, wie Gewinn, →Umsatzerlösen, →Eigenkapital und →Fremdkapital) zu machen oder diese gesetzeswidrig zu verschweigen. Die Kompetenzen der *BaFin* sind dabei vergleichbar mit denen bei der Insiderverfolgung. Das Strafmaß bei festgestellten Kurs- und Preismanipulationen beträgt ebenso bis zu 5 Jahren Freiheitsstrafe oder durch die *BaFin* selbst verhängte Bußgelder in Höhe von bis zu 1,5 Mio. €. Das AnSVG diente unter Federführung des Bundesfinanzministeriums der Umsetzung der RL 2003/6/EG (sog. Marktmissbrauchsrichtlinie vom 28.1.2003). Hier geht es vor allem um die Präzisierung und Prävention der z.T. schwer abzugrenzenden Verhaltensweisen: →Insidergeschäft und manipulatives Marktverhalten. Insider sind hier Personen mit besonderen kursrelevanten Informationen, welche der Öffentlichkeit nicht bekannt sind. Zum anderen wurde mit dem AnSVG eine Prospektpflicht (→Prospektbeurteilung) für nicht in Wertpapieren verbriefte Anlageformen des sog. Grauen Kapitalmarkts eingeführt. Das AnSVG wird zum einen durch die auf Basis des § 15b Abs. 2 WpHG ergangene WpAIV konkretisiert. Darüber hinaus hat die *BaFin* im Juli 2005 einen sog. Emittentenleitfaden vorgelegt, mit welchem sie den Emittenten ihre künftige Verwaltungspraxis zu Insiderpapieren, Insiderhandelsverboten, →Ad-hoc-Publizität, Directors' Dealing, Marktmanipulation und dem neu einzurichtenden Insiderverzeichnis darlegt. Die sog. Ad-hoc-Publizität gehört dabei zu den wichtigsten Veröffentlichungspflichten für Wertpapieremittenten und ist in § 15 WpHG geregelt. Emittenten sind demnach gesetzlich verpflichtet, kursrelevante Tatsachen unverzüglich öffentlich zu machen. Durch das AnSVG wird auch das Verbot der

Kurspflege

Kurs- und Preismanipulation nach § 20a WpHG neu gefasst. Die neue Überschrift lautet nunmehr „Verbot der Marktmanipulation". Das subjektive Merkmal der „Preiseinwirkungsabsicht" wurde inhaltlich durch die objektive „Einwirkungseignung" einer Handlung oder eines Verhaltens des Marktteilnehmers ersetzt. Zwecks Umsetzung der Marktmissbrauchsrichtlinie sind in der erweiterten Fassung des § 20a WpHG alle Geschäfte oder Kauf- oder Verkaufaufträge verboten, welche geeignet sind, falsche oder irreführende Signale für das Angebot, die Nachfrage oder Börsen- oder Marktpreis von Finanzinstrumenten zu geben oder ein künstliches Preisniveau herbeizuführen. Dieses Verbot wird des Weiteren aber bei legitimen Gründen eingeschränkt, sofern die Vereinbarkeit mit einem von der *BaFin* aufzustellenden Katalog zulässiger Marktpraktiken gewährleistet ist. Gemeint sind hier übliche Aktivitäten von Marktteilnehmern zur sog. Kurspflege (Kursstützung), d. h. planmäßige Käufe von interessierten Stellen, um den Kurs von Wertpapieren (oder einer Währung) vor einem starken Kursrückgang zu schützen. Sog. Kursstabilisierungsprogramme und Aktienrückkaufprogramme werden laut VO (EG) Nr. 2273/2003 vom 22.12.2003 einem sog. Safe Harbour zugeordnet. Damit ist dieser Regelungsbereich dem nationalen Gesetz- und Verordnungsgeber entzogen. Entsprechende Regelungen der KuMaKV konnten daher nicht bestehen bleiben. Das *BMF* ist nach § 20a Abs. 5 WpHG – unter Zustimmung des *Bundesrates* – ermächtigt (s. MaKonV), in einer Rechtsverordnung nähere Bestimmungen zu erlassen über

1) Umstände, die für die Bewertung von Finanzinstrumenten erheblich sind,
2) falsche oder irreführende Signale für das Angebot, die Nachfrage oder Börsen- oder Marktpreis von Finanzinstrumenten oder das Vorliegen eines künstlichen Preisniveaus,
3) das Vorliegen einer sonstigen Täuschungshandlung,
4) Handlungen und Unterlassungen, die in keinem Fall einen Verstoß gegen das Verbot des § 20a Abs. 1 Satz 1 WpHG darstellen und
5) Handlungen, die als zulässige Marktpaxis gelten und das Verfahren zur Anerkennung einer zulässigen Marktpraxis.

Literatur: Bauer, G.: Insider im Rampenlicht – Das neue Wertpapierhandelsrecht, in: Bank o.Jg. (2004), Heft 10, S. 14–17; BaFin: Erweiterte Kompetenzen der BaFin durch das Vierte Finanzmarktförderungsgesetz, Pressemitteilung vom 28.06.2002, http://www.bafin.de/presse/pm02/020628.htm (Download: 14. November 2005); Kutzner, L.: Das Verbot der Kurs- und Marktpreismanipulation nach § 20a WpHG – Modernes Strafrecht?, in: WM 59 (2005), S. 1401–1408; Mülbert, P. O./Steup, S.: Emittentenhaftung für fehlerhafte Kapitalmarktinformation am Beispiel der fehlerhaften Regelpublizität – das System der Kapitalmarktinformationshaftung nach AnSVG und WpHG mit Ausblick auf die Transparenzrichtlinie, in: WM 59 (2005), S. 1633–1635; Pfüller, M./Anders, D.: Die Verordnung zur Konkretisierung des Verbotes der Kurs- und Marktpreismanipulation nach § 20a WpHG, in: WM 57 (2003), S. 2445–2454; Spindler, G.: Elektronische Finanzmärkte und Internet-Börsen – Teil II: Regulierungsvorhaben auf europäischer Ebene, in: WM 57 (2002), S. 1365–1376; Vogel, J.: Kurspflege: Zulässige Kurs- und Marktpreisstabilisierung oder straf- bzw. ahndbare Kurs- und Marktpreismanipulation?, in: WM 57 (2003), S. 2437–2445.

Detlev Hummel

Kurspflege →Kurs- und Marktpreismanipulationen

Kurzfristige Preisobergrenze →Preisobergrenze; →Preisuntergrenze

Kurzprüfung

Die Kurzprüfung ist kein feststehender und normierter Begriff. Lediglich im Bereich der steuerlichen Betriebsprüfung (→Außenprüfung) wird in § 203 Abs. 2 AO eine abgekürzte Prüfung definiert. Demnach ist eine abgekürzte Außenprüfung eine nicht regelmäßige, vom Umfang (i.d.R ein Veranlagungsjahr) und Inhalt auf die wesentlichen Besteuerungsgrundlagen beschränkte steuerliche Betriebsprüfung. Es entfallen die Schlussbesprechung sowie die Vorlagepflicht des Prüfungsberichts vor der Auswertung durch die Finanzbehörde (→Betriebsprüfungsstellen der Finanzverwaltung) bei dem Steuerpflichtigen. Dieser wird lediglich vor Beendigung der Prüfung darüber informiert, inwieweit sich Änderungen ergeben und worauf diese beruhen (Arndt/Jenzen 2005, S. 248–252).

Wird die in § 203 Abs. 2 AO enthaltene Definition für die abgekürzte Außenprüfung auf andere Bereiche des Prüfungswesens angewendet, ist die Bezeichnung Kurzprüfung nur im Falle von →freiwilligen und vertraglichen

Prüfungen oder Prüfungshandlungen, die in einem bestimmten abgegrenzten Bereich durchgeführt werden (z. B. Werthaltigkeitsprüfung der →Forderungen), zulässig, da es bei den gesetzlich vorgeschriebenen Prüfungen (→Pflichtprüfungen), wie →Jahresabschlussprüfungen, aperiodischen Pflichtprüfungen [z. B. →Gründungsprüfungen, Verschmelzungsprüfungen, Spaltungsprüfungen (→Umwandlungsprüfung), Kapitalerhöhungsprüfungen] sowie den aktienrechtlichen Sonderprüfungen (→Sonderprüfungen, aktienrechtliche) nicht durch den Gesetzgeber vorgesehen ist, diese verkürzt durchzuführen.

Gem. der oben durchgeführten Abgrenzung können z. B. „Engagements to Perform Agreed-upon Procedures Regarding Financial Information" gem. des ISRS 4400 der →*International Federation of Accountants* (*IFAC*) als Kurzprüfungen aufgefasst werden. Demnach sind Agreed-upon Procedures die Vornahme von ausgewählten, vereinbarten Prüfungshandlungen/-maßnahmen, auf die sich der Prüfer und die zu prüfende Einheit und eventuelle Dritte verständigt haben. Prüfungsgegenstand können einzelne Bilanzpositionen, ausgewählte Bereiche der →Gewinn- und Verlustrechnung (GuV) aber auch die gesamte Bilanz sein. Das Prüfungsergebnis wird in einem Bericht festgehalten (→Berichtsgrundsätze und -pflichten des Wirtschaftsprüfers). Adressaten des Reports sind die Auftraggeber. Der Standard empfiehlt, den Bericht über die Prüfungsergebnisse auf den genannten Adressatenkreis zu beschränken, da er durch Außenstehende aufgrund mangelnder Kenntnis des Prüfungsgrunds missgedeutet werden kann. Es werden lediglich die Ergebnisse der Prüfung mitgeteilt, die Analyse und Ableitung evtl. Handlungsempfehlungen bleibt den Auftraggebern überlassen. Insofern gibt der Prüfer kein →Prüfungsurteil ab, für das er die Verantwortung übernimmt, sondern konstatiert nur die Prüfungsergebnisse (IFAC ISRS 4400).

Ebenfalls Kurzprüfungen sind vorläufige überblicksartige Prüfungen, die vor der Auftragsannahme von z. B. einer →Due Diligence zur Evaluation des Sachverhalts durchgeführt werden. Die →Vorprüfung bzw. Zwischenprüfung hingegen ist keine Kurzprüfung, da hierbei im Rahmen der Abschlussprüfung (→Jahresabschlussprüfung; →Konzernabschlussprüfung) vorzunehmende Prüfungshandlungen auf einen Zeitpunkt vor dem Bilanzstichtag vorverlegt werden. Die gesetzliche Grundlage hierfür ist § 320 Abs. 2 HGB.

Literatur: Arndt, H.-W./Jenzen, H.: Grundzüge des Allgemeinen Steuer- und Abgabenrechts, 2. Aufl., München 2005.

Stéphan Lechner

Kybernetik →Prüfungstheorie, kybernetischer Ansatz

L

Lagebericht

Die Anforderungen an den Inhalt und die formale Gestaltung des Lageberichts (→Konzernlagebericht) sind mit dem BilReG und dem DRS 15 verschärft worden.

Die *Pflicht zur Prüfung* des Lageberichts ergibt sich aus § 316 Abs. 1 Satz 1 HGB (→Jahresabschlussprüfung; →Konzernabschlussprüfung).

Der *Prüfungsumfang* folgt nicht abschließend aus § 317 Abs. 2 HGB. Vielmehr sind aus den §§ 321, 322 HGB zusätzliche Prüfungspflichten abzuleiten, die durch Prüfungsstandards des →*Instituts der Wirtschaftsprüfer in Deutschland e.V.* (*IDW*) konkretisiert werden (→Verlautbarungen des Instituts der Wirtschaftsprüfer in Deutschland e.V.).

Im Rahmen der Prüfung hat der →Abschlussprüfer (APr) sich davon zu überzeugen, ob der Lagebericht den Grundsätzen der Lageberichterstattung entspricht (Vollständigkeit, Richtigkeit, Vorsicht, Klarheit und Übersichtlichkeit) und der Lagebericht mit dem JA sowie mit den im Rahmen der Prüfung gewonnenen Erkenntnissen im Einklang steht (§ 317 Abs. 2 Satz 1 1. HS HGB) und ob insgesamt eine zutreffende Vorstellung von der Lage des Unternehmens vermittelt wird (§ 317 Abs. 2 Satz 1 2. HS HGB). Weiterhin ist zu untersuchen, inwieweit entscheidungsrelevante und verlässliche Informationen gewährt werden, →Chancen und Risiken der künftigen Entwicklung dargestellt sind (→Chancen- und Risikobericht; →Prognosebericht) und eine Reduzierung von Informationsasymmetrien zwischen Rechnungslegungsadressat und Unternehmensleitung erreicht wird (DRS 15.3).

Hierzu hat der APr eine Analyse des Geschäftsverlaufs und der Lage der Gesellschaft vorzunehmen (→Wirtschaftsbericht), eine Betrachtung der Risiken und Chancen durchzuführen (→Chancen- und Risikobericht; →Prognosebericht) und sich zu diesem Zweck weit reichend mit der Geschäftstätigkeit des Unternehmens sowie dem rechtlichen und →wirtschaftlichen Umfeld (IDW PS 230, IDW EPS 350 n.F.) zu beschäftigen. Weiterhin hat sich die Prüfung im Lagebericht auf Vorgänge von besonderer Bedeutung nach Schluss des Geschäftsjahres (→Ereignisse nach dem Abschlussstichtag; →Nachtragsbericht), die Risikoberichterstattung in Bezug auf die Verwendung von Finanzinstrumenten (→Financial Instruments; →derivative Finanzinstrumente), den Bereich F&E (→Forschungs- und Entwicklungsbericht) sowie auf bestehende Zweigniederlassungen der Gesellschaft (→Zweigniederlassungsbericht) zu erstrecken.

Den Prüfungsumfang ergänzen die im Lagebericht gemachten Ausführungen zu finanziellen (§ 289 Abs. 1 Satz 3 HGB) und ggf. nicht finanziellen Leistungsindikatoren (§ 289 Abs. 3 HGB); diese sind darauf zu überprüfen, inwieweit sie dazu beitragen, ein zutreffendes Bild von der Lage des Unternehmens (→Vermögenslage; →Finanzlage; →Ertragslage) zu vermitteln. Die Verwendung und Darstellung von Kennzahlen und Indikatoren unterliegt dem Stetigkeitsgrundsatz (IDW EPS 350 n.F.9; →Stetigkeit).

Der gesetzlichen Prüfungspflicht des Lageberichts unterliegen grundsätzlich nur die Pflichtangaben nach § 289 HGB. Sofern aber der Lagebericht Angaben enthält, die über die Pflichtangaben hinausgehen, unterliegen auch diese der Prüfung (IDW EPS 350 n.F.11). Lediglich die Nennung der Beachtung des →Deutschen Corporate Governance Kodex (DCGK) im Lagebericht ist nicht zu prüfen; es ist nur im Testat darauf hinzuweisen, dass diese Aussage nicht Prüfungsgegenstand ist.

Sofern dem APr Informationen bekannt werden, die mit JA und Lagebericht veröffentlicht werden, so unterliegen diese zwar nicht der Prüfungspflicht, doch sind sie im Rahmen der Prüfung des Lageberichts kritisch zu beurteilen, um eine Beeinträchtigung der Glaubwürdigkeit durch Unstimmigkeiten zwischen den Informationen im JA und Lagebericht entgegenwirken zu können (IDW PS 202.6 f.) (→zusätzliche Informationen zum Jahresabschluss, Beurteilung von).

Die Struktur des →*Prüfungsprozesses* des Lageberichts folgt unmittelbar aus der Prüfung des Jahresabschlusses: Die dort gewonnenen Informationen (Beurteilung der wirtschaftlichen Lage) bilden die Grundlage für die Prüfung, ob der Lagebericht ein zutreffendes Bild von der Lage des Unternehmens vermittelt. Ebenso findet zu Beginn der Abschlussprüfung eine vorläufige Beurteilung der Lage des Unternehmens statt, um aus dieser Einschätzung →Prüfungsrisiken und Prüfungsschwerpunkte festzusetzen. Die Prüfung von Vorgängen nach dem Bilanzstichtag (→Ereignisse nach dem Bilanzstichtag) korrespondiert mit der Prüfung der Beibehaltung der Annahme des Fortbestands des Unternehmens (→Going Concern-Prinzip).

Die Prüfungshandlungen (→Auswahl von Prüfungshandlungen) des →Abschlussprüfers im Rahmen der vergangenheitsorientierten Prüfung fokussieren sich im Wesentlichen auf folgende Aspekte: Analyse des globalen Umfeldes, Analyse des Unternehmensumfeldes, Analyse der unternehmensinternen Erfolgsfaktoren sowie eine Analyse der internen Organisation und Entscheidungsfindung. In diesem Zusammenhang sind auch die wesentlichen Einflussfaktoren der →Vermögenslage, →Finanzlage und →Ertragslage zu analysieren, die bspw. anhand betriebswirtschaftlicher Kennzahlen (→Kennzahlen und Kennzahlensysteme als Kontrollinstrument) abgebildet werden können und anhand derer eine Beurteilung bestimmter Entwicklungen und deren Ursachen möglich ist (→zeitlicher Vergleich; →Abweichungsanalyse; →Verprobung).

Neben Angaben, die unmittelbar die Vermögens-, Finanz- und Ertragslage betreffen und deren Quellen bereits im Rahmen der Abschlussprüfung erfasst wurden, sind auch Aspekte, die wesentlich für die Gesamtsituation des Unternehmens sind, zu berücksichtigen. Darunter fallen bspw. Beziehungen des Unternehmens zu Abnehmern und Kapitalgebern.

Im Fall von wertenden Aussagen bzgl. des Geschäftsverlaufs hat der APr darüber hinaus zu prüfen, ob durch die gewählte Darstellungsform trotz sachlich korrekter Angaben, ein falscher Eindruck vermittelt wird, bspw. durch eine unzutreffende Gewichtung von wesentlichen und unwesentlichen Informationen (IDW EPS 350 n.F.19).

Im Rahmen der *Berichterstattung* hat der APr die Verpflichtung, im Vorfeld auf der Grundlage der geprüften Unterlagen und des Lageberichts zur Beurteilung der Lage des Unternehmens durch die gesetzlichen Vertreter Stellung zu nehmen [§ 321 Abs. 1 Satz 2 HGB; →Prüfungsbericht (PrB)]. Dabei ist insb. auf die Beurteilung des Fortbestands und der künftigen Entwicklung des Unternehmens durch die gesetzlichen Vertreter einzugehen.

Wurden im Rahmen der Abschlussprüfung bestandsgefährdende Risiken (→Bestandsgefährdung) erkannt, so ist im →*Bestätigungsvermerk* (BestV) gesondert darauf einzugehen (§ 322 Abs. 2 Satz 3 HGB). Darüber hinaus hat der APr im BestV eine Aussage darüber zu treffen, ob der Lagebericht nach seiner Auffassung ein zutreffendes Bild von der Lage des Unternehmens (→True and Fair View) vermittelt (§ 322 Abs. 6 Satz 1 HGB). Gem. §§ 317, 321 und 322 HGB hat der APr sämtliche Angaben im Lagebericht in die Prüfung einzubeziehen. Bei prognostischen Angaben ist eine Prüfung auf Übereinstimmung mit den Angaben im JA zwar nicht möglich, allerdings kann entschieden werden, ob die getroffenen Aussagen mit dem JA in Einklang stehen, d. h. vor dem Hintergrund des Jahresabschlusses plausibel erscheinen und ob die für die Prognoseerstellung grundlegenden Annahmen und Wirkungszusammenhänge etc. ausreichend erläutert wurden (→Prognose- und Schätzprüfung; →Plausibilitätsprüfungen) (IDW EPS 350 n.F.8 f.).

Literatur: IDW (Hrsg.): IDW Prüfungsstandard: Die Beurteilung von zusätzlichen Informationen, die von Unternehmen zusammen mit dem Jahresabschluss veröffentlicht werden (IDW PS 202, Stand: 17. November 2000), in: WPg 54 (2001), S. 121–123; IDW (Hrsg.): Kenntnisse über die Geschäftstätigkeit sowie das wirtschaftliche und rechtliche Umfeld des zu prüfenden Unternehmens im Rahmen der Abschlussprüfung (IDW PS 230, Stand: 8. Dezember 2005), in: WPg 53 (2000), S. 842–846 sowie WPg 59 (2006), S. 218; IDW (Hrsg.): Entwurf einer Neufassung des IDW Prüfungsstandards: Prüfung des Lageberichts (IDW EPS 350 n.F., Stand: 18. Oktober 2005), in: WPg 58 (2005), S. 1224; Tesch, J./ Wißmann, R.: Lageberichterstattung nach HGB, Weinheim 2006.

Heiko Engelhardt

Lagerbuchhaltung →Nebenbücher

Lagerkosten →Bestandsplanung und -kontrolle; →Fertigungsaufträge

Lagerwesen

Im Rahmen eines →risikoorientierten Prüfungsansatzes kann durch die Prüfung des →Internen Kontrollsystems (→Internes Kontrollsystem, Prüfung des; →Systemprüfung) der Umfang aussagebezogener Prüfungshandlungen (→ergebnisorientierte Prüfungshandlungen) reduziert werden. Die internen Kontrollen des Unternehmens können auf unterschiedlichen Hierarchieebenen eingerichtet und entweder präventiv oder detektiv sein. Im Einzelnen können Kontrollen anhand von Reviews, Kontrollen geschäftsführender Gesellschafter, Abstimmungen und Vergleichen sowie anhand von Zugriffskontrollen („Vier-Augen-Prinzip") erfolgen.

Bei einer funktionsorientierten Ausgestaltung des risikoorientierten Prüfungsansatzes werden die →Prüffelder in Anlehnung an die betrieblichen Funktionen des Unternehmens bestimmt. Das Lagerwesen stellt einen Teilbereich der Materialwirtschaft dar und trägt gemeinsam mit dem Einkauf (→Einkaufswesen) dazu bei, dass alle Materialien und Dienstleistungen, die für die Betriebs- und Lieferbereitschaft des Unternehmens erforderlich sind, in der benötigten Menge und Qualität zur Verfügung stehen.

Geschäftsvorfälle innerhalb des Lagerwesens können insb. Auswirkungen auf die Abschlussposten Materialaufwand (→Aufwendungen und Erträge) und Bestandsveränderungen (Fehlermöglichkeit Nachweis und Vollständigkeit) sowie auf das →Vorratsvermögen (Fehlermöglichkeiten insb. Nachweis, Vollständigkeit und Bewertung) haben (→Fehlerarten in der Abschlussprüfung). Zur Vermeidung oder Aufdeckung von Fehlern mit Auswirkungen auf den Abschluss müssen Kontrollziele sowie Kontrollmaßnahmen zur deren Erreichung eingerichtet sein. Bei der Auswahl zu prüfender Kontrollen sollte der →Abschlussprüfer (APr) aus Effizienzgründen Kontrollen der höchsten Hierarchieebene, die zugleich möglichst mehrere Kontrollziele erfüllen, berücksichtigen.

Nach einer Beurteilung der theoretischen Wirksamkeit der Kontrollmaßnahmen (Design & Implementation; →Ablauforganisation), die anhand eines exemplarischen Beschaffungsvorgangs (Walkthrough; →Transaction Flow Auditing) zu verifizieren ist, erfolgt die Prüfung der tatsächlichen Durchführung und Wirksamkeit der Kontrollen (Effectiveness; →Funktionsprüfung). Als Kontrollprüfungshandlungen (→Kontrollprüfung; →Systemprüfung) kommen zunächst ausführliche Befragungen in Betracht, die durch weitere Prüfungshandlungen, wie die Prüfung der Dokumentation der Kontrollmaßnahme, Beobachtung der Mitarbeiter während der Durchführung der Kontrollmaßnahme sowie Wiederholung der Kontrollmaßnahme durch den APr, ergänzt werden. Der Umfang der ergänzenden Überprüfungen hängt dabei vom Grad des Ausmaßes der erwünschten Kontrollsicherheit ab und ist letztlich eine Beurteilung des Einzelfalls. Ferner ist zu berücksichtigen, ob durch die Kontrollmaßnahme ein identifiziertes spezifisches Risiko gemindert werden soll (→Prüfungsrisiko).

Das Lagerwesen kann in die Teilprozesse Vorratsmanagement, Annahme und Lagerung von Rohstoffen, Materialanforderung und Verwaltung von unfertigen und fertigen Erzeugnissen sowie Versand von Fertigerzeugnissen untergliedert werden (→Geschäftsprozesse).

Der Teilprozess des *Vorratsmanagements* muss gewährleisten, dass die Vorräte aufgrund sachgerechter Lagerung und Sicherung verkäuflich oder verwertbar bleiben. Ferner sind Preis- und Mengenanpassungen zeitnah und zutreffend zu verbuchen. Dementsprechend sollte das Management die Verwendbarkeit der Vorräte laufend kontrollieren. In jedem Fall hat ein Review auch während der →Inventuren zu erfolgen. Darüber hinaus sind die Vorräte in geeigneten Lagern aufzubewahren, zu denen der Zugang auf das zuständige Personal beschränkt sein sollte. Alle verbuchten Änderungen von Vorratspreisen oder -mengen sind durch das Management zu reviewen.

Bei der *Annahme von Rohstoffen und Waren* ist insb. darauf zu achten, dass diese nur aufgrund gültiger Bestellungen angenommen werden. Daneben hat eine Eingangskontrolle zu erfolgen, um sicherzustellen, dass die Annahme fehlerhafter Lieferungen unterbleibt. Eine vollständige und zeitnahe Erfassung der angenommenen Rohstoffe und Waren sollte durch Kontrollmaßnahmen, wie dem Abgleich des Wareneingangs mit den Angaben in der Bestellung sowie der Vorratsbestände mit den gebuchten Beständen, durch unabhängiges Personal sichergestellt werden. Fehlerhafte Wareneingänge sind gesondert zu lagern und laufend zu überwachen, damit eine rechtzeitige Rücksendung an den Lieferanten gewährleistet ist.

Auch bei der *Materialanforderung* ist darauf zu achten, dass sämtliche der Produktion zugeführten Rohstoffe (→Roh-, Hilfs- und Betriebsstoffe) zeitnah erfasst werden. Dementsprechend sollten Rohstoffzugänge in der Produktion protokolliert und mit den Daten des →Rechnungswesns abgestimmtwerden (→Abstimmprüfung). Weiteres Kontrollziel ist die vollständige *Erfassung von direkten und indirekten Kosten* in Kostenrechnung (→Kosten- und Leistungsrechnung) und Buchhaltung. Bei Anwendung von Standardkosten sollte das Management die Kostensätze genehmigen und Abweichungen zwischen den aktuellen und den Standardkosten reviewen (→Abweichungsanalyse; →Soll-Ist-Vergleich). Wesentliche Abweichungen sind zu untersuchen und ggf. erforderliche Anpassungen der Vorräte und des Materialaufwands durch das Management zu genehmigen (→Kostenrechnung, Prüfung der). Bei Anwendung aktueller Kosten können diese anhand geeigneter Nachweise, wie Stücklisten oder Lohnstundenerfassungen, durch vom Produktionsprozess unabhängige Personen abgestimmt werden. Auch hinsichtlich der innerbetrieblichen Leistungsverrechnung (→Leistungsverrechnung, innerbetriebliche) sollte ein Abstimmungsprozess durch unabhängige Instanzen („Vier-Augen-Prinzip") installiert sein. Nach Abschluss des Produktionsprozesses ist sicherzustellen, dass sämtliche *Umbuchungen von den unfertigen zu den fertigen Erzeugnissen* zeitnah erfolgen und dass Ausschuss gesondert erfasst wird (→unfertige und fertige Erzeugnisse). Hierzu sollten die Fertigerzeugnisse durch Bestandsaufnahme regelmäßig erfasst werden und unbrauchbare Erzeugnisse von den brauchbaren abgegrenzt werden.

Beim *Versand der Fertigerzeugnisse* ist zu gewährleisten, dass Vorräte nur dann freigegeben werden, wenn genehmigte Kundenaufträge vorliegen. Darüber hinaus ist zu berücksichtigen, dass die Kosten der versendeten Erzeugnisse als Bestandsveränderungen gebucht werden. Rücksendungen dürfen nur in begründeten Fällen angenommen und dann vollständig und korrekt erfasst werden. Mögliche Kontrollmaßnahmen stellen die regelmäßige Aufnahme der Fertigerzeugnisse durch unabhängiges Personal und ein Abgleich mit dem Hauptbuch dar. Ferner können relevante →Umsatzerlöse, →Forderungen, Wareneinsatz und Vorratsbestände durch das Management auf ungewöhnliche Beziehungen analysiert werden. Vom Kunden zurückgeschickte Ware sollte Qualitätskontrollen unterzogen werden, um zu beurteilen, ob diese wieder in die Vorräte aufgenommen, nachbearbeitet oder verschrottet werden soll.

Die *Verwaltung der Stammdaten* stellt die Grundlage für Präventivkontrollen des Lagerwesens gerade von datenbankgestützten Rechnungslegungssystemen dar (→Grundsätze ordnungsmäßiger IT-gestützter Buchführungssysteme). Die Stammdaten des Lagerwesens umfassen bspw. Stücklisten, Preisdaten oder Basisdaten für Indexabschreibungen. Stammdaten sind vor unberechtigtem Zugriff zu schützen. Darüber hinaus sollten Änderungen der Stammdaten nur autorisiert vorgenommen werden und regelmäßig durch das Management kontrolliert werden.

Gerald Reiher

Landesbetrieb →Öffentliche Unternehmen

Landeshaushaltsordnung →Bundes- und Landeshaushaltsordnung

Landesrechnungshöfe →Rechnungshöfe

Langfristige Auftragsfertigung

Der JA eines Anlagenbauers wird durch langfristige →Fertigungsaufträge bestimmt, welche durch Kundenbezogenheit, hohe Auftragsvolumina, Mehrperiodigkeit sowie die Behaftung mit Risiken gekennzeichnet sind (z. B. Errichtung von komplexen Produktionsanlagen mit Funktionsrisiko, Exportgeschäft mit entsprechenden Auslandsrisiken etc.). Aus diesem Grund ist bei Anlagenbauern eine „traditionelle Bilanzprüfung" nicht sachgerecht, sondern ein →*risikoorientierter Prüfungsansatz* notwendig, der sich auf die Prozesse (→Geschäftsprozesse) und Risiken der langfristigen Fertigungsaufträge fokussiert.

Der →Abschlussprüfer (APr) hat sich entsprechend *IDW PS 230* ausreichende *Kenntnisse über die Geschäftstätigkeit* sowie das Umfeld des Unternehmens zu verschaffen, um inhärente Risiken und Kontrollrisiken einzuschätzen (→Prüfungsrisiko) sowie die Prüfung zu planen (→Prüfungsplanung) und durchzuführen (→Auftragsdurchführung).

Ein weiterer Prüfungsschritt ist nach *IDW PS 260* die *Beurteilung und ggf. Prüfung des* →*Internen Kontrollsystems* (→Internes Kontrollsystem, Prüfung des; →Systemprüfung). Das rechnungslegungsbezogene IKS muss der Komplexität der langfristigen Fertigungsaufträge angemessen sein. Von besonderer Bedeutung sind unternehmensinterne Kontrollmaßnahmen zur Zuverlässigkeit und Genauigkeit der Auftragskalkulationen, d. h. Startkalkulation und mitlaufende →Auftragskalkulation, zur korrekten und vollständigen Erfassung der Auftragskosten (→Kosten) sowie zur Gewinn- bzw. Verlustrealisierung [→Gewinn- und Verlustrechnung (GuV)]. Für die Beurteilung der Qualität der mitlaufenden Auftragskalkulation ist wegen der hohen Komplexität langfristiger Fertigungsaufträge zu berücksichtigen, dass je länger ein Auftrag dauert, desto höher ist das Risiko einer Fehlkalkulation; je näher ein Auftrag der Fertigstellung kommt, desto geringer wird das Risiko einer Fehlkalkulation und desto stärker konkretisieren sich Gewährleistungs- und Pönalrisiken.

Ausgangspunkt der *aussagebezogenen Prüfungshandlungen* (→ergebnisorientierte Prüfungshandlungen) ist eine sorgfältige Analyse der vertraglichen Vereinbarungen zu den langfristigen Fertigungsaufträgen, um die Vertragsbedingungen zu Lieferumfang, Auftragswert, Garantien, möglichen Strafzahlungen oder geforderten Fertigstellungsterminen zu identifizieren. Bei der *Prüfung der Auftragskosten* ist festzustellen, ob Auftragskosten vollständig auf den richtigen langfristigen Fertigungsauftrag verrechnet werden und keine Verschiebungen zwischen verschiedenen Projekten stattfinden. Das Management kann in bestimmten Fällen Anreize haben, →Kosten von Verlustaufträgen auf profitable Aufträge umzubuchen, um Verluste zu verschleiern oder Kosten der allgemeinen Verwaltung, allgemeine Entwicklungskosten bzw. →Leerkosten unzulässigerweise auf Aufträgen zu aktivieren. Bei der *Prüfung der Auftragserlöse* (→Erlöse) ist von dem vertraglichen Auftragswert auszugehen, wobei während der Abwicklungsphase eines Fertigungsauftrages erteilte oder angebotene Projektänderungen, sog. Change Orders, zu berücksichtigen sind. Der Prüfer hat diese zu prüfen, insb. ob die Change Orders durch den Auftraggeber genehmigt wurden und wie sie sich auf Auftragskalkulation und Auftragsergebnis auswirken.

Solange Change Orders strittig sind oder noch nicht nach Leistungsumfang und Wert schriftlich vereinbart wurden, sollten sie nicht in der Auftragskalkulation berücksichtigt werden. Bei zahlreichen oder wesentlichen Vertragsänderungen kann der Prüfer vom Auftraggeber eine Bestätigung (→Bestätigungen Dritter) einholen über den ursprünglichen Auftragswert, genehmigte Vertragsänderungen, geleistete Zahlungen oder Zahlungseinbehalte, potenzielle Gegenansprüche (sog. Claims), den geschätzten Fertigstellungsgrad sowie den erwarteten Fertigstellungszeitpunkt. Weiterhin wird der Prüfer die technischen und kaufmännischen Projektleiter über den Projektstand, das erwartete Auftragsergebnis, den voraussichtlichen Fertigstellungstermin sowie drohende Risiken befragen. Für derartige Gespräche können Fragebögen und schriftliche Bestätigungen der mündlichen Auskünfte hilfreich sein. Weiterhin kann der Prüfer die Baustelle besuchen, um sich einen Eindruck über den Auftragsfortschritt zu verschaffen und um Auftragsrisiken sowie das Zusammenspiel mit Sublieferanten besser beurteilen zu können.

Bei der *Prüfung der Gewinnrealisierung* sind die unterschiedlichen Bilanzierungsnormen zu beachten (→periodengerechte Erfolgsermittlung). In der internationalen Rechnungslegung [→International Financial Reporting Standards (IFRS); →United States Generally Accepted Accounting Principles (US GAAP)] hat unter bestimmten Voraussetzungen (SOP 81–1.23–29 der US GAAP sowie IAS 11.22–29) die Gewinnrealisierung entsprechend dem Leistungsfortschritt nach der Percentage of Completion Methode zu erfolgen. Der HFA sieht eine Gewinnrealisierung entsprechend der Percentage of Completion Methode als nicht mit dem HGB vereinbar an (IDW RS HFA 2.24). In der Rechnungslegung nach HGB werden daher langfristige Fertigungsaufträge i. A. erst bei Fertigstellung (sog. Completed Contract Methode) realisiert (zu einer Analyse der unterschiedlichen Regelungen zur Umsatz- und Gewinnrealisierung bei langfristigen Fertigungsaufträgen nach HGB, US GAAP und IFRS s. auch Buhleier 1997).

Bei IFRS und US GAAP sind für die Prüfung der Umsatz- und Gewinnrealisierung die vom Unternehmen vorgelegten Berechnungen des erwarteten Auftragsergebnisses, des Fertigstellungsgrades und des errechneten Teilgewinns der Periode nachzuvollziehen. Es ist sicherzustellen, dass in die Berechnung des Fertigstellungsgrades nach der Cost to Cost Methode nur tatsächlich angefallene Auftragskosten, nicht aber Kosten angelieferter und noch nicht eingebauter Teile eingehen. Daneben sind die noch zu erwartenden Auftragskosten (sog. Cost to Complete) wesentlicher Prüfungsgegenstand. Die Schätzungen des Unternehmens hat der Prüfer entsprechend *IDW PS 314* zu überprüfen. Hierbei werden die wesentlichen Annahmen und ihre Sensitivität kritisch hinterfragt sowie die Schätzungen vor dem Hintergrund vorgelegter →Prüfungsnachweise und vergangener Erfahrungen beurteilt (→Schätzwerte, Prüfung von). Ergänzend können vor dem Bilanzstichtag geschätzte Kosten mit im Werterhellungszeitraum tatsächlich angefallenen Kosten verglichen werden. Bei IFRS und US GAAP ist die Fokussierung auf die Kosten auch deshalb wichtig, da der Prozess der Gewinnrealisierung bei der Cost to Cost Methode durch den zeitlichen Anfall der Kosten und nicht durch Produktauslieferungen beeinflusst wird.

Bei einer HGB-Rechnungslegung ist zu prüfen, ob die Voraussetzungen für die Gewinnrealisierung und Auftragsabrechnung, i. d. R. die Projektfertigstellung, eingetreten sind. Als Prüfungsnachweise können hier Übergabeprotokolle oder Bestätigungen des Auftraggebers über die Auftragsabnahme (→Bestätigungen Dritter) dienen.

Sowohl nach HGB, US GAAP und IFRS sind *Auftragsverluste* unabhängig vom Grad der Fertigstellung sofort in voller Höhe als Aufwand zu erfassen, wenn es wahrscheinlich ist, dass die gesamten Auftragskosten die gesamten Auftragserlöse übersteigen. Die daraus resultierende Abschreibung der unfertigen Leistungen (→unfertige und fertige Erzeugnisse) bzw. eine ggf. notwendig werdende Drohverlustrückstellung (→Rückstellungen) ist für die voraussichtlich noch anfallenden Aufwendungen anhand der Vollkosten zu errechnen. Als Vollkosten sind dabei die Einzel- und Gemeinkosten des Fertigungsbereichs sowie evtl. direkt zurechenbare Sondereinzelkosten des Vertriebs und sonstige, direkt zurechenbare Kosten (z. B. für noch zu beziehende Leistungen, Lagerkosten), nicht jedoch allgemeine Verwaltungs- und Vertriebskosten oder Kosten von Kapazitätsunterauslastungen zu verstehen (→Fertigungskosten). Der Prüfer hat die vorgelegten Berechnungen nachzuvollziehen und kritisch zu prüfen. Sollten Informationen über Auftragsverschlechterungen vorliegen, ist zu prüfen, dass potenzielle Auftragsverluste dem Grunde nach vollständig identifiziert sowie die noch zu erwartenden Auftragskosten der Höhe nach zutreffend geschätzt und bilanziert wurden (→Grundsätze ordnungsmäßiger Buchführung, Prüfung der).

Ferner ist die Angemessenheit der vom Unternehmen angewendeten *Bilanzierungs- und Bewertungsmethoden* (→Ansatzgrundsätze; →Bewertungsgrundsätze) sowie deren Darstellung im →Anhang (→Angabepflichten) zu prüfen. Bei einem IFRS-Anhang (→Notes) ist festzustellen, ob bei Anwendung der Percentage of Completion Methode wesentliche Änderungen von Schätzungen dem Grunde nach und betragsmäßig angeben sind (IAS 11.38 i. V. m. IAS 8.39 f). Bei der *Prüfung des* →*Lageberichts* (→Konzernlagebericht) ist insb. zu prüfen, ob die gem. *DRS 15.55* geforderten Angaben über den Auftragsbestand, die Auftragseingänge sowie die Auftragsreichweite im Lagebericht enthalten sind sowie ob im Rahmen der Risikoberichterstattung (→Chancen- und Risikobericht) existierende Kundenkonzentrationen, leistungswirtschaftliche und finanzielle Risiken sowie Risiken der künftigen Entwicklung (→Chancen und Risiken der künftigen Entwicklung) zutreffend dargestellt werden.

Literatur: AICPA (Hrsg.): AICPA Audit and Accounting Guide: Construction Contractors, NY 2004; Buhleier, C.: Harmonisierung der Rechnungslegung bei langfristiger Auftragsfertigung, Wiesbaden 1997; Falk, M.: Prüfung der generalnormkonformen Rechnungslegung bei langfristiger Auftragsfertigung. Erfüllung der Generalnorm des § 264 Abs. 2 HGB aus Sicht des Abschlussprüfers, Wiesbaden 1996; IDW (Hrsg.): Kenntnisse über die Geschäftstätigkeit sowie das wirtschaftliche und rechtliche Umfeld des zu prüfenden Unternehmens im Rahmen der Abschlussprüfung (IDW PS 230, Stand: 8. Dezember 2000), in: WPg 53 (2000), S. 842–846 sowie WPg 59 (2006), S. 218; IDW (Hrsg.): IDW Prüfungsstandard: Das interne Kontrollsystem im Rahmen der Abschlussprüfung (IDW PS 260, Stand: 2. Juli 2001), in: WPg 54 (2001a), S. 821–830; IDW (Hrsg.): IDW Prüfungsstandard: Die Prüfung von geschätzten Werten in der Rechnungslegung (IDW PS 314, Stand: 2. Juli 2001), in: WPg 54 (2001b), S. 906–909; IDW (Hrsg.): IDW Stellungnahme zur Rechnungslegung: Einzelfragen zur Anwendung von IFRS (IDW RS HFA 2, Stand: 18. Oktober 2005), in: WPg 58 (2005), S. 1402–1415; Pabst, S.: Rechnungslegung und Prüfung bei Auftragsfertigung, Düsseldorf 2006.

Claus Buhleier

Langfristige Preisuntergrenze →Preisuntergrenze

Latente Steuern

Latente Steuern finden ihre Grundlage in Diskrepanzen zwischen den steuerlichen und den handelsrechtlichen Gewinnermittlungsvorschriften (→Gewinnermittlungsvorschriften, steuerrechtliche). Soweit die Ergebnisse dieser beiden Rechenwerke aufgrund einer unterschiedlichen Periodisierung von →Aufwendungen und Erträgen voneinander abweichen, steht der nach den steuerlichen Vorschriften ermittelte, im JA zu berücksichtigende Ertragsteueraufwand (→Steueraufwand) unter dem Aspekt einer periodengerechten handelsrechtlichen Erfolgsermittlung (→periodengerechte Erfolgsermittlung) nicht im Einklang mit dem handelsrechtlichen Ergebnis.

Durch die bilanzielle Berücksichtigung latenter Steuern kann ein entsprechender Gleichklang hergestellt werden. Latente Steuern umfassen zukünftige steuerliche Be- und Entlastungen des →Jahresergebnisses als Folge temporärer Ergebnisunterschiede. Soweit sich Ergebnisunterschiede zeitlich nicht ausgleichen, sondern auf systematische Unterschiede in der Gewinnermittlung zurückzuführen sind, besteht für die Bilanzierung latenter Steuern kein Raum.

Mit § 274 HGB (Steuerabgrenzung) wurde das Konzept der latenten Steuern im deutschen Handelsrecht verankert. Mit DRS 10 wurden für den Konzernabschluss weiterführende Regelungen getroffen.

Gem. § 274 Abs. 1 HGB ist eine *passive latente Steuer* zu bilden und als →Rückstellung nach § 249 Abs. 1 Satz 1 HGB auszuweisen, wenn der nach den steuerrechtlichen Vorschriften ermittelte Gewinn niedriger ist als das handelsrechtliche Ergebnis und sich der insoweit zu niedrige →Steueraufwand in späteren Geschäftsjahren voraussichtlich ausgleicht. Die Rückstellung ist aufzulösen, sobald die höhere Steuerbelastung eintritt oder mit ihr voraussichtlich nicht mehr zu rechnen ist.

Im Gegensatz zu § 247 Abs. 1 HGB normiert Abs. 2 im Falle der *aktiven latenten Steuer* lediglich ein Wahlrecht (→Bilanzierungshilfen; →bilanzpolitische Gestaltungsspielräume nach HGB). Soweit hiervon Gebrauch gemacht wird, ist der Posten gesondert auszuweisen und im →Anhang (→Angabepflichten) zu erläutern. Die Steuerabgrenzung ist aufzulösen, sobald die Steuerentlastung eintritt oder mit ihr nicht mehr gerechnet wird. Nach § 274 Abs. 2 Satz 3 HGB dürfen Gewinne bei Inanspruchnahme des Wahlrechtes zur Bilanzierung aktiver latenter Steuern nur ausgeschüttet werden, wenn die nach der Ausschüttung verbleibenden jederzeit auflösbaren →Gewinnrücklagen zzgl. eines →Gewinnvortrages und abzgl. eines →Verlustvortrages dem angesetzten Betrag mindestens entsprechen (Ausschüttungssperre).

Gem. § 298 Abs. 1 HGB findet § 274 HGB auch auf den Konzernabschluss Anwendung. § 306 HGB normiert darüber hinaus die Verpflichtung zur Bilanzierung latenter Steuern aufgrund erfolgswirksamer Konsolidierungsmaßnahmen (→Konsolidierungsformen).

Eine der Grundvoraussetzungen für die Bildung der Steuerabgrenzung nach § 274 HGB ist, dass sich die Unterschiede zwischen der handelsrechtlichen und der steuerrechtlichen Gewinnermittlung in zukünftigen Jahren voraussichtlich wieder ausgleichen werden. Zeitlich unbegrenzte Differenzen, sog. *permanente Differenzen* (z. B. nicht abzugsfähige →Betriebsausgaben, steuerfreie →Erträge), sowie *quasi permanente Differenzen* [Differenzen, deren Umkehrung nicht absehbar ist – z. B. steuerlich nicht anerkannte Abschreibungen (→Abschreibungen, bilanzielle; →Abschreibungen, steuerrechtliche) auf Grund und Boden, der nicht veräußert werden soll] führen nach dem von § 274 HGB verfolgten *Timing Concept* nicht zur Bilanzierung latenter Steuern. Hier besteht ein bedeutender Unterschied zur internationalen Rechnungslegung. Die →International Financial Reporting Standards (IFRS) und →United States Generally Accepted Accounting Principles (US GAAP) verfolgen das sog. *Temporary Concept*, wonach grundsätzlich alle Bilanzierungsunterschiede zwischen Handels- und Steuerbilanz in die Ermittlung latenter Steuer einzubeziehen sind, soweit sie mit künftigen Be- und Entlastungen verbunden sind. Dies umfasst in vielen Fällen auch die nach § 274 HGB nicht zu berücksichtigenden quasi permanenten Differenzen.

Die latenten Steuern sind im Rahmen einer Gesamtdifferenzenbetrachtung zu ermitteln und entsprechend auszuweisen (IDW SABI 3/ 1988.4). Das Saldierungsverbot des § 246 Abs. 2 HGB steht dem nicht entgegen. Eine

Abzinsung ist nicht vorzunehmen. Die zukünftige Steuerbe- oder -entlastung ist nach der international üblichen sog. *Liability Methode* mit den Steuersätzen zu bewerten, welche bei der Realisierung anzuwenden sind, vorausgesetzt diese sind bekannt.

Die h.M. hält bisher eine Aktivierung des ökonomischen Vorteils aus steuerlichen Verlustvorträgen nach HGB für unzulässig, während nach US GAAP und IFRS der voraussichtlich zu erwartende Nutzen aus der Verrechnung der Verlustvorträge zu erfassen ist. Für den Bereich der Konzernrechnungslegung wurde mit der Veröffentlichung des DRS 10 auch im deutschen Recht die Voraussetzung für die Berücksichtigung der steuerlichen Vorteile aus Verlustvorträgen geschaffen (DRS 10.11 ff.).

Neben aussagebezogenen Prüfungshandlungen (→ergebnisorientierte Prüfungshandlungen) hat die Prüfung der von dem Unternehmen installierten Verfahren zur Sicherstellung einer zutreffenden Bilanzierung, Bewertung und Berichterstattung (→Fehlerarten in der Abschlussprüfung) über die latenten Steuern eine herausragende Bedeutung (→Systemprüfung).

In Anbetracht der Komplexität der Methodik zur Berechnung der latenten Steuern, insb. des erforderlichen Know-hows in Bezug auf steuerliche und handelsrechtliche, ggf. auch internationale, Bilanzierungs- und Bewertungsgrundsätze (→Ansatzgrundsätze; Bewertungsgrundsätze), ist die Herbeiziehung eines Spezialisten zur Prüfung der latenten Steuern in Erwägung zu ziehen.

Wesentliche Risikobereiche bei der Prüfung der latenten Steuern betreffen:

- Verfügbarkeit von ausreichendem Know-how und Erfahrung in der Bilanzierung und Fortentwicklung von latenten Steuerposten innerhalb des zu prüfenden Unternehmens,
- Verfügbarkeit von ausreichendem Know-how über steuerliche Rahmenbedingungen sowie die Situation des Unternehmens bzw. Herbeiziehung desselben durch das Unternehmen im Rahmen der Erstellung des Jahresabschlusses,
- zutreffende Berücksichtigung der Auswirkungen von Änderungen in der Gesetzgebung und Rspr. auf die Bilanzierung latenter Steuern,
- zutreffende Ableitung des zur Anwendung kommenden Steuersatzes, insb. Berücksichtigung der Auswirkung von Steuersatzänderungen,
- zutreffende Einschätzung des Unternehmens über die Einordnung von zu betrachtenden Differenzen in die Bereiche permanent, quasi permanent und timing,
- zutreffende Auflösung von Steuerabgrenzungsposten bei Wegfall der sachlichen Grundlagen,
- Anwendung der Regelungen des DRS 10, soweit verbindlich, sowie
- Beachtung der Ausschüttungssperrvorschriften bei Aktivierung latenter Steuern.

Literatur: IDW (Hrsg.): Stellungnahmen des Sonderausschusses Bilanzrichtlinien-Gesetz SABI: Zur Steuerabgrenzung im Einzelabschluss (IDW SABI 3/1988), in: WPg 41 (1988), S. 683.

Helmuth Schäfer

Layer →Verbrauchsfolgeverfahren

Lean Auditing

Lean Auditing („schlanke Revision") lehnt sich an die Idee der *Lean Production* an, wie in einer vielbeachteten Studie des *Massachusetts Institute of Technology* (*MIT*) in den 1990er Jahren die in Japan vorherrschende Art der Kraftfahrzeugproduktion bezeichnet wurde. Ihre typischen Merkmale sind u. a. der Verzicht auf Reservekapazitäten (→Kapazitätsplanung; →Kapazitätscontrolling), eine Just-in-Time-Logistik, die Einbeziehung von Lieferanten in Entwicklungsprozesse, ein Simultaneous Engineering von Produkten und zugehörigen Werkzeugen sowie die Verlagerung ganzer Teile des Produktionsprozesses auf Zulieferer (→Outsourcing) mit dem Ziel, sich auf Kernkompetenzen zu konzentrieren.

Als *Lean Management* ergeben sich daraus Konsequenzen für den betrieblichen Führungsbereich. Sie liegen neben den generellen strategischen Prinzipien vor allem im Organisatorischen. Es werden verstärkt teilautonome Arbeitsgruppen gebildet, oft unter dem Begriff der *Center-Organisation*. Jene erhalten nach dem Prinzip des Job Enrichment vor allem auch größere Planungs- und Kontrollkompetenzen (→Planung; →Kontrolltheorie). Für die integrative Zusammenarbeit in der Wertschöpfungskette werden überbetriebliche Projektorganisationsteams gebildet; in der Aufbauorganisation können durch die generell stärkere Delegation von Kompetenzen manche Zwischenstufen entfallen. Je nach Ausprägung erübrigen sich auch gewisse zentrale Vorgaben, insb. Durchführungsregeln.

Die Prinzipien des Lean Managements wirken sich naturgemäß auch auf die →Interne Revision aus; das daraus entstehende Konzept wird als *Lean Auditing* bezeichnet. Allerdings lässt es sich auf zwei Arten interpretieren: Zum einen wird in einem weiten Verständnis die Bezeichnung *Lean Auditing* für die Ausgestaltung der Internen Revision verwendet, wenn der (übrige) Betrieb insgesamt „lean" organisiert ist. Zum anderen beschreibt die Bezeichnung *Lean Auditing* eine Form der Internen Revision, die selbst den Prinzipien des Lean Managements folgt.

Im ersten Fall bspw. führt allein schon die Anreicherung delegierter Ausführungsaufgaben um Planungs- und Kontrollkompetenzen zu einem deutlich veränderten Ausgangsszenario für die Revision. So werden dadurch Bearbeitungsschnittstellen beseitigt, die vorher eine prozessbedingte Funktionstrennung ergeben und so ein zwangloses Element im →Internen Kontrollsystem (IKS) ermöglicht haben. Dadurch ist das IKS zumindest zu überdenken. In der Realisation von Lean-Prinzipien gerät es dabei häufig im Vergleich zum vorherigen Zustand in eine besondere Rechtfertigungs- und auch Reduktionssituation. Dadurch kann die Aufgabenbreite der Internen Revision wachsen, da sie in vielen Fällen dort ansetzt, wo das IKS endet. Eine andere Folgewirkung entsteht aus der stärkeren Entscheidungsdelegation in der Unternehmungshierarchie. Sie führt zu einer Verschiebung der Revisionstätigkeit von funktionalen Prozessen auf Management Audit-Prozesse (→Management Auditing). Durch Outsourcing in den Güterfunktionen schließlich fallen auch die entsprechenden Revisionsaufgaben weg. An ihre Stelle treten ggf. funktionsinterne Kontrollen sowie im Bereich der Internen Revision eine Managementprüfung der Kontrakte mit den Sourcing-Partnern. Insgesamt sind also im Zuge einer Reorganisation unter Lean Management-Prinzipien auch Inhalt, Umfang und Ausgestaltung der Internen Revision deutlich betroffen. Keinesfalls kann dabei insgesamt von einer reduzierten Aufgabenfülle ausgegangen werden; ob sich dies indessen auch äußerlich entsprechend zeigt, ist eine führungspolitische Frage.

Beim Lean Auditing nach der zweiten Interpretation werden die genannten Führungsprinzipien unmittelbar im Revisionsbereich umgesetzt. Denkbar und bemerkbar ist dies um so markanter, je größer der Revisionsbereich auch personell ist. Nach diesem Lean Auditing i.e.S. werden teilautonome Revisorgruppen gebildet (→Revisionsorganisation), die selbständig gewisse Revisionsbereiche (→Revisionseinsatzgebiete) abdecken. Vor allem werden dabei auch Aufgaben der Revisionsplanung (→Revisionsauftragsplanung) und -qualitätssicherung innerhalb der Revision an solche Teams mit übertragen. Die Revisionshierarchie kann damit flacher werden. Die in Analogie nahe liegende Frage eines Outsourcings von Revisionstätigkeiten dagegen verlangt i.d.R. Überlegungen, die sich nicht nur an bereichsinternen Zielen, wie Effizienz, Arbeitsqualität und →Mitarbeiter-Motivation in der Revision orientieren. Hier geht es vielmehr um die adäquate Schnittstelle zwischen Interner Revision und externer Prüfung (→Interne Revision und Abschlussprüfung).

Literatur: Biegert, H.: Die Revision im Spannungsfeld zwischen Lean-Management und Auditierung, in: ZIR 30 (1995), S. 289–298; Troßmann, E./Baumeister, A./Werkmeister, C.: Management-Fallstudien im Controlling, München 2003.

Ernst Troßmann

Lean Management →Lean Auditing

Lean Production →Outsourcing; →Lean Auditing

Leasingverhältnisse

Unter Leasingverhältnissen versteht man Vereinbarungen, bei der eine Partei (Leasinggeber) einer anderen (Leasingnehmer) gegen eine Zahlung oder eine Reihe von Zahlungen das Recht auf Nutzung eines Vermögenswertes (→Vermögensgegenstand; →Asset) für einen vereinbarten Zeitraum überträgt. Handelsrechtlich wie auch nach internationalen Rechnungslegungsvorschriften [→International Financial Reporting Standards (IFRS); →United States Generally Accepted Accounting Principles (US GAAP)] wird hierbei in – zumeist kurzfristiges – Mietleasing („Operating Lease") und Finanzierungsleasing („Finance Lease" nach IFRS, „Capital Lease" nach

Leasingverhältnisse

Abb.: Operating und Financial Lease nach IFRS, US GAAP und HGB

Kriterium	IFRS	US-GAAP	HGB
„Harte" Kriterien			
Am Ende der Grundmietzeit geht das Eigentum auf den Leasingnehmer über	Indikator für Finance Lease	Indikator für Capital Lease	Indikator für Finanzierungsleasing
Der Vertrag enthält günstige Kaufoption	Indikator für Finance Lease	Indikator für Capital Lease	Indikator für Finanzierungsleasing
Die Mietzeit umfasst den größten Teil der wirtschaftlichen Nutzungsdauer des Leasingobjekts (Mietzeittest)	Indikator für Finance Lease	Wenn Mietzeit ≥ 75 % der Nutzungsdauer: Indikator für Capital Lease	Wenn Mietzeit ≥ 90 % der Nutzungsdauer: Indikator für Finanzierungsleasing
Der Barwert der Mindestleasingzahlungen entspricht im Wesentlichen dem → Fair Value des Leasingobjekts (Barwerttest)	Indikator für Finance Lease	Wenn Barwert ≥ 90 % des Fair Value: Indikator für Capital Lease	Nicht geregelt
Spezialleasing	Indikator für Finance Lease	Nicht geregelt	Indikator für Finanzierungsleasing
„Weichere" Kriterien			
Leasingnehmer trägt Verluste des Leasinggebers bei Vertragsauflösung	Indikator für Finance Lease	Nicht geregelt	Nicht geregelt
Gewinne oder Verluste aus der Veränderung des Fair Value eines Restwertes sind dem Leasingnehmer zuzurechnen	Indikator für Finance Lease	Nicht geregelt	Nicht geregelt
Der Leasingnehmer kann das Leasingverhältnis nach Ablauf der Grundmietzeit zu weit unter Marktverhältnissen liegender Miete fortsetzen	Indikator für Finance Lease	Nicht geregelt	Indikator für Finanzierungsleasing

US GAAP) unterschieden. Entscheidend für die Kategorisierung von Leasingverhältnissen und damit für die Bilanzierung bei Leasinggeber und Leasingnehmer ist die Verteilung der mit dem Leasingobjekt verbundenen Chancen und Risiken, d. h. die Beantwortung der Frage, welcher Partei diese mehrheitlich zuzurechnen sind. Die handelsrechtliche Bilanzierung ist nicht gesondert im HGB geregelt, sondern orientiert sich an steuerlichen Leasingerlassen der Finanzverwaltung. Diese unterscheiden einerseits in Immobilien- und Mobilienleasing, innerhalb dieser Kategorien in sog. Voll- und Teilamortisationsverträge. Nach internationalen Rechnungslegungsvorschriften sind Leasingverhältnisse primär nach IAS 17 (IFRS) und SFAS 13 (US GAAP) zu beurteilen. Die Trennung in „Operating" oder „Finance" Lease orientiert sich dabei an den oben tabellarisch dargestellten Kriterien.

Während sowohl das Handelsrecht als auch die US GAAP bei einer Reihe von Kriterien quantitative Grenzwerte vorgeben, handelt es sich bei den IFRS eher um qualitative Kriterien, deren Auslegung im Ermessen des Bilanzierenden und des →Abschlussprüfers liegt. In der Praxis werden jedoch bei Barwert- und Mietzeittest unter IFRS vielfach hilfsweise die US GAAP-Schwellenwerte herangezogen. Handelsrechtlich wird bei Vollamortisationsverträgen, d. h. solchen Verträgen, bei denen die Leasingraten während der Grundmietzeit den vom Leasinggeber gezahlten Objektpreis amortisieren, bei einer Mietdauer von ≤ 40% und ≥ 90% i. d. R. vom Vorliegen eines Finanzierungsleasingverhältnisses ausgegangen, bei Mietzeiten zwischen 40% und 90% nur dann, wenn der Leasingnehmer über eine günstige Kauf- oder Anschlussmietoption (bei Gebäuden muss die Anschlussmiete 75% unter Marktniveau liegen) verfügt. Bei Teilamortisationsverträgen, bei denen die Leasingraten während der Grundmietzeit den vom Leasinggeber gezahlten Objektpreis nicht amortisieren, ist nebenbei noch die Verteilung eines eventuellen beim Verkauf des Leasingobjekts erzielten Gewinns zwischen Leasinggeber und -nehmer entscheidend.

Vorliegen eines Finance Lease ist das Leasingobjekt im Abschluss des Leasinggebers auszubuchen, an seine Stelle tritt eine →Forderung in Höhe der Nettoinvestition (→Investition), d. h. des mit dem dem Leasingverhältnis zugrunde liegenden Zinssatz errechneten Barwerts der Mindestleasingzahlungen zzgl. eventueller Restwertgarantien (letztere sind nicht unter US GAAP ansetzbar). Der Leasingnehmer aktiviert das Leasingobjekt zum niedrigeren Betrag aus dem →Fair Value oder dem Barwert der Mindestleasingzahlungen zu Beginn des Leasingverhältnisses und passiviert eine →Verbindlichkeit in gleicher Höhe. Das Leasingobjekt ist über die Dauer des Leasingverhältnisses abzuschreiben. Die Leasingraten sind in einen Zins- und Tilgungsanteil aufzuteilen, der beim Leasingnehmer Zinsaufwand, beim Leasinggeber Zinsertrag darstellt.

Beim Operating Lease bilanziert der Leasinggeber das Leasingobjekt. Die Leasingraten sind sowohl nach handelsrechtlichen Vorschriften als auch nach IFRS und US GAAP i. d. R. linear über die Laufzeit des Leasingvertrages zu verteilen und stellen beim Leasingnehmer Mietaufwand, beim Leasinggeber →Ertrag dar.

Anreize, wie z. B. mietfreie Perioden, sind grundsätzlich als Verringerung des Mietaufwands linear über die Dauer des Leasingverhältnisses zu verteilen.

Besondere Regelungen gelten bei sog. Sale and Lease Back-Verträgen, bei denen eine Partei (Verkäufer-Leasingnehmer) zunächst einen Vermögenswert an eine andere (Käufer-Leasinggeber) veräußert und dann im Rahmen eines Leasingvertrages zurückleast. Hierbei hängt die Realisierung eines bei der Veräußerung entstehenden Gewinnes oder Verlustes von der Einstufung des Leasingverhältnisses ab, die anhand der oben beschriebenen Kriterien vorzunehmen ist. Handelt es sich um einen Finance Lease, so ist der Abgangsgewinn bzw. -verlust unter IFRS abzugrenzen und über die Laufzeit des Leasingverhältnisses zu amortisieren. Beim Operating Lease ist eine sofortige erfolgswirksame Erfassung des Abgangsergebnisses, je nachdem ob der Verkaufspreis über oder unter dem Fair Value des Objekts liegt, u. U. möglich. Unter den US GAAP kommt es darauf an, ob der Verkäufer im Wesentlichen die Gesamte oder nur einen geringen Teil der Nutzung des Vermögenswertes aufgibt. Im ersten Fall ist das Abgangsergebnis sofort erfolgswirksam zu erfassen, im zweiten Fall erfolgt, ähnlich wie bei den IFRS, eine Abgrenzung und Amortisierung über die Laufzeit. Nach handelsrechtlichen Vorschriften ist, wenn es sich bei dem Leasingverhältnis um ein Finanzierungsleasing handelt, ein Abgangsverlust sofort zu erfassen, ein Gewinn ist über die Laufzeit des Leasingverhältnisses zu verteilen. Übersteigt bei einem Operating Lease der Verkaufspreis den Marktwert des Objekts, so ist dieser Überschuss als Darlehen zu passivieren und über die Dauer des Leasingvertrages zu amortisieren.

Die von den verschiedenen Rechnungslegungsstandards genutzten Einstufungskriterien können zu unterschiedlicher Bilanzierung von Leasingverhältnissen im Abschluss von Leasinggeber und -nehmer führen. Allgemein werden Leasingverhältnisse nach internationalen Standards eher als Finance bzw. Capital Lease eingestuft werden als nach den deutschen Leasingerlassen, sodass es unter IFRS und US GAAP verstärkt zum „On Balance"-Ausweis der Leasingobjekte im Abschluss des Leasingnehmers kommt. Werden Leasingverhältnisse mithilfe von Objektgesellschaften (in Deutschland mehrheitlich als →GmbH & Co. KG ausgestaltet) durchgeführt, spielt neben der Klassifizierung des Leasingvertrages auch die Frage der Konsolidierung der Objektgesellschaft im Konzernabschluss der beteiligten Parteien eine Rolle. Während das deutsche Handelsrecht hierbei auf das Control-Prinzip i. S. e. Stimmrechtsmehrheit abstellt, ist nach IFRS (IAS 27 i.V.m. SIC 12) und US GAAP (SFAS 94 i.V.m. FIN 46R) die Zurechnung der mit der Objektgesellschaft bzw. (mit der Refinanzierung) ihrer Vermögenswerte (Operate Lease: Leasingobjekt; Finance Lease: Forderung) verbundenen Chancen und Risiken entscheidend für die Konsolidierung.

Die Prüfung hat dem Grunde (Klassifizierung des Leasingverhältnisses, Ausweis bei Leasingnehmer und Leasinggeber), der Höhe (Ansatz), der Vollständigkeit (Abstimmung des Mengengerüstes und der notwendigen Anhangangaben) und Richtigkeit (Abstimmung des Wertgerüstes) nach zu erfolgen. Zunächst sind die vom Unternehmen eingegangenen Leasingverhältnisse anhand von Vertragsunterlagen auf der Basis der anzuwendenden Bilanzierungsvorschriften (IDW PS 201) zu klassifizieren. Die bei der Diskontierung der Mindestleasingzahlungen [Unter IFRS und US GAAP sowohl beim Barwerttest als auch bei der Berechnung der Leasingforderung (Finance Lease: Leasinggeber) bzw. des Objekts und der korrespondierenden Verbindlichkeit (Finance Lease: Leasingnehmer)] verwendeten Zinssätze sind einer Plausibilitätsbeurteilung zu unterziehen und stichprobenweise mathematisch nachzuvollziehen (→Plausibilitätsprüfungen; →analytische Prüfungshandlungen; →Stichprobenprüfung; →Einzelfallprüfungen). Die Vollständigkeit des Mengengerüstes sowie die Richtigkeit des Wertgerüsts sind durch angemessene Stichproben anhand von Vertragsdokumenten und Berechnungsunterlagen zu überprüfen. Ebenso ist die Vollständigkeit und Richtigkeit der von den jeweiligen Standards geforderten Angaben im →Anhang zu prüfen. Im handelsrechtlichen JA sind hierzu die unter den →sonstigen finanziellen Verpflichtungen nach Fristigkeit ausgewiesenen zukünftigen Belastungen aus „Off Balance" Operating Lease-Verhältnissen anhand der Vertragsunterlagen auf Vollständigkeit und Richtigkeit der Darstellung zu prüfen.

Mithilfe von Objektgesellschaften durchgeführte Leasingtransaktionen sind darüber hinaus dahingehend zu überprüfen, welche Partei die Objektgesellschaft zu konsolidieren hat (→Konsolidierungskreis).

Literatur: IDW (Hrsg.): IDW Prüfungsstandard: Rechnungslegungs- und Prüfungsgrundsätze für die Abschlussprüfung (IDW PS 201, Stand: 17. November 2000), in: WPg 53 (2000), S. 710–713; IDW (Hrsg.): IDW Prüfungsstandard: Prüfungsnachweise im Rahmen der Abschlussprüfung (IDW PS 300, Stand: 2. Juli 2001), in: WPg 54 (2001), S. 898–903.

Robert Walter

Lebenszyklus →Produktlebenszykluskonzept

Lebenszykluskosten →Lebenszykluskostenrechnung

Lebenszykluskostenrechnung

Die Ausgangsüberlegung der Lebenszykluskostenrechnung bzw. des Life Cycle Costing bildet die Erkenntnis, dass ca. 80% der →Kosten eines Produkts oder Systems bereits in der Phase der Produktentwicklung festgelegt werden. Der Gestaltung des Produkts bzw. Systems kommt damit eine besondere Bedeutung zu, zumal in diesen frühen Phasen nur begrenzte Informationen verfügbar sind, sodass Entscheidungen bei einem hohen Maß an Unsicherheit zu treffen sind. Diese Ausgangsüberlegung hat zur Formulierung umfassender Lebenszykluskonzepte (→Produktlebenszykluskonzept) und zur Ausgestaltung von Lebenszykluskostenrechnungen geführt, die zuerst für komplexe Produkte, z. B. große Industrieanlagen oder öffentliche Bauvorhaben, entwickelt wurden.

Lebenszykluskonzepte werden dabei in verschiedene Phasen unterteilt, die den gesamten Lebensweg des Produktes oder Systems charakterisieren. Die entlang diesem Lebensweg anfallenden Kosten stellen dessen Lebenszykluskosten dar. Vereinfacht können diese in Vorlaufkosten, begleitende Kosten und Nachlaufkosten unterteilt werden. Weiterhin wird dabei zwischen Kostenentstehung (→Kostenverursachung) oder -festlegung und Kostenanfall unterschieden (s. Abb.). Höhere Vorlaufkosten können teilweise niedrigere laufende oder Nachlaufkosten bedingen, so dass insgesamt die zeitliche Interdependenz der Kosten zu berücksichtigen ist, wie dies bereits im Ausgangsproblem angesprochen wird.

Für die rechnerische Abbildung der produktbezogenen Lebenszykluskosten wurden verschiedene Modelle entwickelt. Dabei können Ansätze auf folgender Basis unterschieden werden:

- Die Einzelkosten- und Deckungsbeitragsrechnung von *Riebel* (→relative Einzelkostenrechnung) bietet aufgrund ihrer Grundkonzeption einen geeigneten Ansatzpunkt für Lebenszyklusrechnungen, da auf die Zurechnung periodenbezogener Gemeinkosten (→Gemeinkostencontrolling) verzich-

Abb.: Information, Konfiguration und Kosten im Systemlebenszyklus

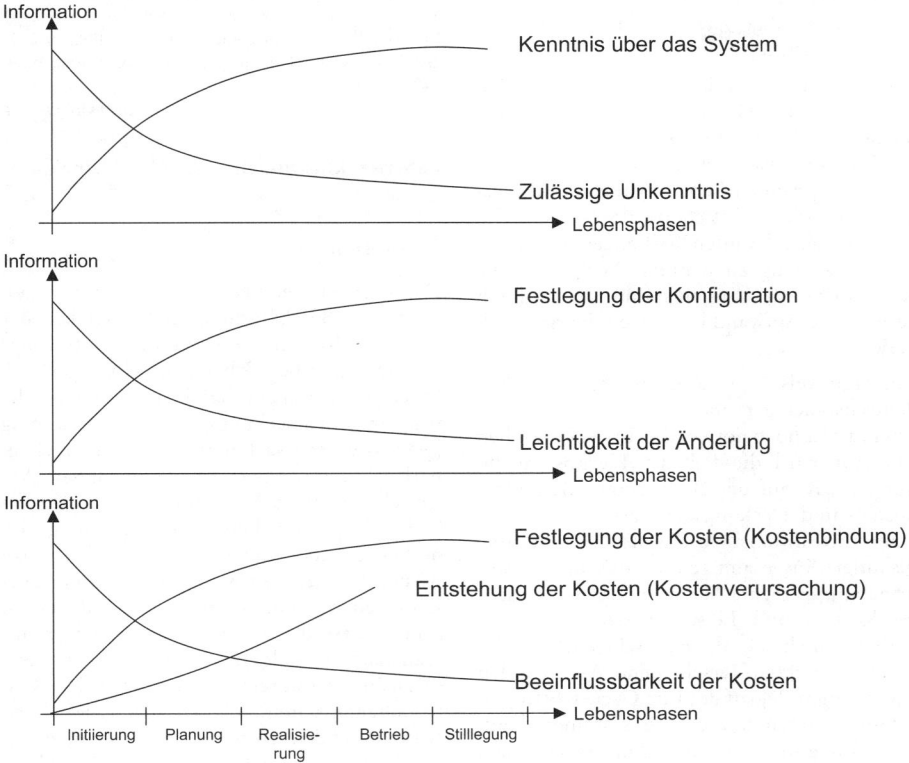

Quelle: Wübbenhorst 1992, S. 252.

tet wird. Dabei wird die Trennung in zweckneutrale →Grundrechnung und Auswertungsrechnung beibehalten. In Ersterer werden die Kosten und →Erlöse der einzelnen Phasen periodenspezifisch erfasst [→Betriebsdatenerfassung (BDE)] und Bezugsobjekten (→Bezugsgrößenhierarchie), insb. Produkten, zugeordnet, so dass damit Auswertungsrechnungen, z. B. Produktdeckungsrechnungen oder →Break Even-Analysen, durchgeführt werden. Insgesamt erweist sich jedoch die statische Modellstruktur und die hohe Komplexität des Konzeptes als Nachteil (Back-Hock 1988).

- Die →Grenzplankostenrechnung und Deckungsbeitragsrechnung wird wesentlich von *Zehbold* (Zehbold 1996) zu einem Konzept erweitert, das die lebenszyklusbezogene Erfassung und Auswertung von Kosten und Erlösen ermöglicht. Dieses System kann mit bestehenden Rechensystemen der Unternehmen verknüpft werden, wobei vor allem zusätzliche periodenübergreifende Rechnungen notwendig sind. Allerdings verbleiben dabei Probleme bei der Zuordnung von Gemeinkosten (→Kostenzurechenbarkeit). Zudem ist das so ausgeprägte System statisch.

- Die dynamische Investitionsrechnung (→Invesition) hat insb. *Riezler* (Riezler 1996) aufgegriffen und zu einem →Controllinginstrument für produktbezogene Lebenszyklusrechnungen entwickelt. Die Betrachtung des Lebenszyklus eines Produktes als Projekt wird genutzt, um jeweils anfallende Zahlungen periodengerecht zuzuordnen. Die daraus resultierenden Rechnungen werden dann jeweils fortgeschrieben. Insgesamt besteht nur eine begrenzte Einbindung in Systeme der Kostenrechnung (→Kosten- und Leistungsrechnung; →Kostenrechnung, Prüfung der), so dass ein aufwendiges, zusätzliches System geschaffen wird.

All diese Ansätze weisen spezifische Vor- und Nachteile auf. Als übergreifendes Problem bleibt die Abhängigkeit von der Prognose (→Prognoseinstrumente) relevanter Daten über den gesamten Lebenszyklus und die damit verbundene Unsicherheit sowie die Zuordnung der relevanten Wirkungen und deren Quantifizierung zu nennen. Auch die hohe Komplexität des Systems und der dadurch verursachte Aufwand begrenzen die Anwendbarkeit.

Ein Hinweis zur Abgrenzung zwischen deutschsprachiger und anglo-amerikanischer Literatur ist noch notwendig. In der deutschen Literatur wird die Lebenszykluskostenrechnung i.d.R. auf der Basis einer Grenzplankosten- und Deckungsbeitragsrechnung bzw. einer investitionstheoretischen Fundierung diskutiert. Insgesamt geht es insb. um die verursachungsgerechte Verrechnung der Kosten (→Kosten- und Leistungsverrechnung, innerbetriebliche). In der englischsprachigen Literatur benutzen verschiedene Autoren den äquivalenten Begriff des Life Cycle Costing in einem weiteren Sinne bereits immer dann, wenn Ereignisse oder Beziehungen zwischen Unternehmen betrachtet werden, die sich über mehrere Perioden erstrecken. Dabei müssen nicht i.S.d. dynamischen Investitionsrechnung mehrere Rechenperioden (z.B. Geschäftsjahre) gemeint sein, vielmehr reicht es aus, wenn mehrfach hintereinander Ware vom gleichen Lieferanten bezogen wird. Das schließt nicht aus, dass auch der zuvor aufgezeigte Sprachgebrauch der investitionstheoretischen Fundierung damit umfasst wird. Insgesamt wird hier stärker der Aspekt des lebenszyklusübergreifenden →Kostenmanagements betont.

Weitere Probleme bestehen in der Anwendung des Konzeptes, da die Datenerhebung entlang des Lebenswegs außerhalb des eigenen Unternehmens schwierig ist, so dass qualitativ und quantitativ wenig Informationen verfügbar sind, für deren Beschaffung hohe Kosten anfallen.

Literatur: Back-Hock, A.: Lebenszyklusorientiertes Produktcontrolling – Ansätze zur computergestützten Realisierung mit einer Rechnungswesen-Daten- und -Methodenbank, Berlin 1988; Riezler, S.: Lebenszykluskostenrechnung – Instrument des Controlling strategischer Projekte, Wiesbaden 1996; Wübbenhorst, K. L.: Lebenszykluskosten, in: Schulte, C. (Hrsg.): Effektives Kostenmanagement, Stuttgart 1992, S. 245–272; Zehbold, C.: Lebenszykluskostenrechnung, Wiesbaden 1996.

Stefan Seuring

Lebenszyklusmodell →Erfolgsabhängigkeiten

Leerkosten

Das Problem der Leerkosten ergibt sich aufgrund der Beschäftigungsunabhängigkeit der fixen →Kosten (→Fixkostencontrolling) und tritt nur bei Vollkostenrechnungen auf. Im Gegensatz zu den variablen Kosten, bei denen eine verursachungsgerechte Zurechnung (→Kostenverursachung; →Kostenzurechenbarkeit) anzustreben ist, kann dieser Anspruch bei einer Verrechnung fixer Kosten (→Kosten- und Leistungsverrechnung, innerbetriebliche) nicht erfüllt werden. Fixe Kosten können den Kostenträgern nur zugeschlüsselt werden. Dabei ist jedoch darauf zu achten, dass die einzelnen Kostenträger mit realistischen Teilbeträgen belastet werden. Dazu ist die indirekte Abhängigkeit (→Kostenabhängigkeiten), die zwischen den fixen Kosten und den Kostenträgern besteht, zu beachten. Sie ergibt sich aufgrund der Zeitabhängigkeit sowohl der fixen Kosten als auch der Produktion (Leistungserstellung). Die den Kostenträgern zuzurechnenden Fixkosten (= sog. Nutzkosten) sind diejenigen, die auf ihre Produktionszeit entfallen. Im Gegensatz dazu bilden die Leerkosten den Teil der fixen Kosten, der auf Zeiten entfällt, in denen trotz grundsätzlich bestehender Produktionsmöglichkeit keine Kostenträger hergestellt werden, z.B. wegen mangelnder Nachfrage, mangelnden Einsatzstoffen oder auch wegen Störungen im Leistungserstellungsprozess. Diese Leerkosten dürfen nicht auf die Kostenträger verteilt werden.

Mit den Begriffen Nutzkosten (K_N) und Leerkosten (K_L) verbindet man somit eine Aufspaltung der fixen Kosten (K_f) entsprechend der Kapazitätsauslastung (s. Abb.).

Diese Betrachtung kann für einzelne Kostenstellen (→Cost Center), Betriebsteile oder die gesamte Unternehmung vorgenommen werden, es können einzelne fixe Kostenarten oder die Summe aller Fixkosten zugrunde gelegt

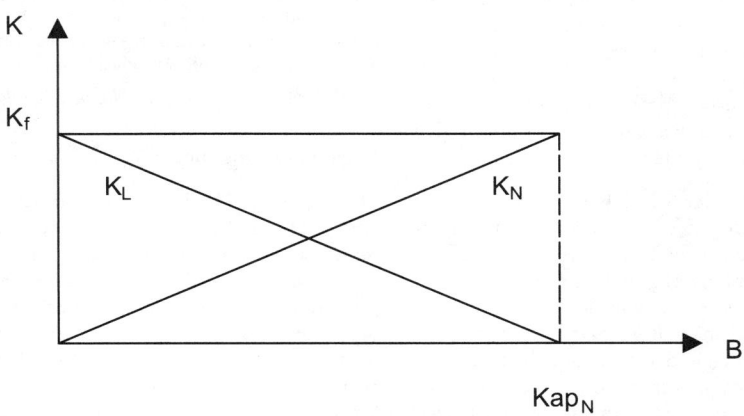

Abb.: Aufspaltung der fixen Kosten

werden. Im Rahmen einer →Zuschlagskalkulation (→Kalkulation; →Kalkulationsmethoden) ist bei der Aufspaltung zweckmäßigerweise von der Summe der fixen Kosten in einer Kostenstelle auszugehen. Bei Verfahren der →Divisionskalkulation ist auf die fixen Kosten der Einheit abzustellen, für die die Division erfolgt (z. B. Produktionsstufe, Teilbetrieb, Unternehmung).

Entscheidend für die Leerkostenermittlung ist die Festlegung der Normalkapazität (Kap_N). Hierbei ist von den normalen Bedingungen der Leistungserstellung auszugehen, vor allem ist die für die Unternehmung normale Betriebszeit zugrunde zu legen. Die Normalkapazität darf bei schlechter Absatzlage nicht nach unten korrigiert werden, weil sonst Leerkosten den Kostenträgern zugerechnet würden. Andererseits ist bei einer überdurchschnittlichen Kapazitätsauslastung die Kapazität nach oben anzupassen, damit es nicht zu einer Verrechnung von Nutzkosten kommt, die über dem Gesamtbetrag der Fixkosten liegen.

Eine Prüfung der Leerkosten ist relevant, wenn im Rahmen der →Kalkulation (→Kostenträgerstückrechnung) fixe Kosten den Kostenträgern zugerechnet werden:

- Ggf. im Rahmen der internen Kostenrechnung (→Kosten- und Leistungsrechnung) der Unternehmung, wobei diese Prüfung i.d.R. durch die Controlling-Abteilung (→Controlling; →Controllership; →Controlling, Aufgaben des) oder die →Interne Revision erfolgen dürfte.

- Bei der Ermittlung der handelsrechtlichen HK (→Herstellungskosten, bilanzielle) gem. § 255 Abs. 2 HGB, wenn nicht aufgrund des Einbeziehungswahlrechts für Gemeinkosten (→Gemeinkostencontrolling) auf die Berücksichtigung fixer Kosten verzichtet wird. Der Ausschluss von Leerkosten wird durch die Beschränkung auf „angemessene Teile der notwendigen" Gemeinkosten in § 255 Abs. 2 Satz 3 HGB ausdrücklich verlangt. Die Prüfung erfolgt im Rahmen der →Jahresabschlussprüfung (→Kostenrechnung, Prüfung der).

- Bei der Ermittlung der steuerlichen HK gem. Abschn. 6.3 EStR. Steuerlich wird die handelsrechtliche Regelung in § 255 Abs. 2 HGB zugrunde gelegt mit dem Unterschied, dass grundsätzlich auch die Einbeziehung fixer Gemeinkosten verlangt wird. In Abschn. 6.3 Abs. 6 EStR wird speziell auf das Verbot des Einbezugs von Leerkosten hingewiesen. Die Prüfung erfolgt durch den Außenprüfer (→Außenprüfung; →Betriebsprüfungsstellen der Finanzverwaltung).

- Bei der Ermittlung der HK nach den →International Financial Reporting Standards (IFRS) (IAS 2). Hier müssen als HK grundsätzlich die produktionsbezogenen Vollkosten angesetzt werden. Die Aufteilung der fixen Kosten basiert gem. IAS 2.13 auf der normalen Kapazität, d. h. dem Produktionsvolumen, das im Durchschnitt unter normalen Umständen zu realisieren ist, wobei Ausfälle aufgrund planmäßiger Instandhaltungen (→Instandhaltungscontrolling) zu berücksichtigen sind. Die Einbeziehung von Leerkosten in die HK wird ausdrücklich ausgeschlossen; sie sind als Aufwand der Periode zu erfassen (→Aufwendungen und Erträge). Die Prüfung erfolgt durch den →Abschlussprüfer (APr).

Die Prüfung der Leerkosten betrifft zuerst die Festlegung der Normalkapazität. Sie ist grundsätzlich nicht von der Absatzseite, sondern von der Leistungserstellungsseite her festzulegen, es ist somit von der technisch max. möglichen Kapazität auszugehen, wobei ein aus Erfahrungen der Vergangenheit abzuleitender Abschlag für normale technisch bedingte Wartungs- oder andere Stillstandszeiten vorzunehmen ist. Die Kostenstellen sind im betrieblichen Zusammenhang zu betrachten, sodass Disproportionierungen, die sich auch in Abhängigkeit von dem jeweiligen Produktionsprogramm verändern können, keine Berücksichtigung finden.

Der Maßstab der Kapazitätsmessung muss der Leistungserstellung in den einzelnen Kostenstellen entsprechen, wobei dieser in Ausbringungsmengen, Zeitgrößen, u.U. auch Einsatzmengen bestehen kann. Ausbringungsmengen sind als Maßstab nur brauchbar, wenn einheitliche oder über Äquivalenzziffern zu vereinheitlichende Erzeugnisse (→Äquivalenzziffernkalkulation) vorliegen, Einsatzmengen, soweit sie einheitlich oder zu vereinheitlichen sind und die Leistung der Stelle/des Betriebs ihrem Verbrauch entspricht. Wegen der i.d.R. erheblichen Uneinheitlichkeit dieser Mengengrößen dürfte i.A. nur eine Kapazitätsmessung über die Produktionszeit möglich sein.

Der auf eine Kapazitätseinheit entfallende Fixkostenbetrag ist durch Division festzustellen. Durch Multiplikation mit den durch einen Kostenträger in Anspruch genommenen Kapazitätseinheiten erfolgt die Zurechnung der Nutzkosten; die Leerkosten bleiben auf diese Weise unberücksichtigt. Der Prüfer hat die Vorgehensweise zu beurteilen, wobei besonders darauf zu achten ist, dass die der Rechnung zugrunde gelegte Kostenstellen- oder Bereichsgliederung auch der Inanspruchnahme durch die Kostenträger entspricht, auf die die Nutzkosten der Kostenstellen bzw. Bereiche verteilt werden.

Literatur: Freidank, C.-Chr.: Bilanzierungsprobleme bei unterausgelasteten Kapazitäten im handels- und steuerrechtlichen Jahresabschluss der Aktiengesellschaft, in: BB 39 (1984), S. 29–36; Freidank, C.-Chr.: Kostenrechnung, 7. Aufl., München/Wien 2001.

Michael Wohlgemuth

Legal Due Diligence

Die Legal Due Diligence ist eine Unterform der →Due Diligence. Dabei handelt es sich um die umfassende Untersuchung des rechtlichen Rahmens sowie aller Rechte und Verpflichtungen des zu beurteilenden Unternehmens, die u. a. im Rahmen eines Unternehmenskaufs durchgeführt wird. Entscheidende Bedeutung kommt dabei der Frage zu, ob die Unternehmenstätigkeit im Hinblick auf die internen und externen Rechtsstrukturen einwandfrei begründet und in Übereinstimmung mit den geltenden Rechtsvorschriften ausgeübt wird.

Ein besonderes Augenmerk ist dabei auf das Bestehen von verdeckten Bestands- oder Haftungsrisiken (→Bestandsgefährdung; →Haftung des Vorstands; →Haftung des Aufsichtsrats) und deren mögliche Auswirkungen auf den Käufer des zu prüfenden Unternehmens zu legen sowie auf die Frage, inwieweit die wettbewerbsrechtliche Situation abgesichert ist.

Ziel der Durchführung der Legal Due Diligence ist die juristische Absicherung der Geschäftstätigkeit des zu erwerbenden Unternehmens und damit die Vermeidung von Risiken, aber auch die genaue Information über die rechtlichen Aspekte, die grundsätzlich einen Rückschluss auf die Rechtskultur des Zielunternehmens zulassen.

Die Durchführung der Legal Due Diligence erfolgt in der Praxis anhand standardisierter Checklisten, die den Bedürfnissen des konkreten Unternehmenskaufs angepasst werden. Die anhand der Checkliste zusammengestellten Unterlagen und Verträge sind im Hinblick auf offene und verborgene Risiken zu analysieren, wobei eine Liste über diejenigen Positionen zu erstellen ist, die im Kaufvertrag gesonderte Erwähnung finden sollten. Dabei sind solche Rechtshandlungen, die alsbald nach dem Abschluss der Transaktion vom Erwerber durchzuführen sind, wie etwa die Einholung der Zustimmung Dritter, Behördenanzeigen, notwendige Registereintragungen oder der

Abschluss von Versicherungen, in einer gesonderten Liste aufzuführen. Wird im Rahmen der Due Diligence ein Due Diligence-Report erstellt, hat der Prüfer die →rechtlichen Verhältnisse, alle wesentlichen Vertrags- und Behördenaufzeichnungen sowie alle Risikopositionen genauestens aufzulisten und erforderlichenfalls zu kommentieren.

Kleinere Unterschiede hinsichtlich des Schwerpunkts des Inhalts der rechtlichen Prüfung ergeben sich im Hinblick auf die Art der Durchführung des Unternehmenskaufs: Wird der Unternehmenskauf im Wege eines sog. Share Deals abgewickelt, ist der Kaufgegenstand regelmäßig die juristische Person als Ganzes. Im Vordergrund stehen hier gesellschaftsrechtliche Aspekte, wie z. B. die Beachtung der Formalien bei der Gründung (→Gründungsprüfung) und Eintragung der Gesellschaft, die Historie der Gesellschaftsanteile und der Gesellschafterbeschlüsse sowie deren Umsetzung. Soweit die Zielgesellschaft über Tochtergesellschaften verfügt, sind z. B. auch vorliegende Ergebnisabführungsverträge (→Unternehmensverträge) zu untersuchen. Ist das Zielunternehmen eine KapGes, deren Kapital bei →Unternehmensgründung und ggf. bei späteren Kapitalerhöhungen (→Kapitalerhöhungsbilanzen) im Barwege aufgebracht worden war, sollten die sonstigen Begleitumstände dieser Kapitalzuführungen mitbetrachtet werden, um den Gefahren möglicher verdeckter Sacheinlagen vorzubeugen bzw. diese zu erkennen. Da auch nach dem Inhaberwechsel (→Gesellschafterwechsel) die Gesellschaft als solches bestehen bleibt, ist ein Hauptaugenmerk insb. auch auf die vorhandenen Rechtsbeziehungen der Gesellschaft zu richten.

Beim sog. Asset Deal, d. h. einer Firmenübernahme durch Erwerb der einzelnen →Wirtschaftsgüter anstelle der Anteile, besteht dagegen ein Schwerpunkt der Prüfung in der rechtlichen Analyse der zu erwerbenden Wirtschaftsgüter. Dabei sind insb. die vom Veräußerer behauptete Rechtsinhaberschaft sowie die Übertragbarkeit der →Vermögensgegenstände zu überprüfen. So ist z. B. bei Urheberrechten oder beschränkt persönlichen Dienstbarkeiten die Übertragbarkeit bereits gesetzlich ausgeschlossen. Ein Ausschluss der Übertragbarkeit einzelner Vermögensgegenstände kann sich jedoch auch aus Abtretungsverboten oder individualrechtlichen Verfügungsbeschränkungen ergeben.

Da die Verifizierung der Eigentumslage hinsichtlich der zum Zielunternehmen gehörenden beweglichen Sachen i. d. R. mangels vorhandener schriftlicher Eigentumsnachweise auf praktische Schwierigkeiten stößt, beschränkt sich die Überprüfung insoweit auf eine Inventarisierung (→Inventar) der wichtigsten Wirtschaftsgüter des Zielunternehmens. Die dabei bestehenden rechtlichen Risiken können nur im Wege der vertraglichen Gestaltung abgesichert werden, indem im Unternehmenskaufvertrag Regelungen für den Fall einer Unmöglichkeit oder des Unvermögens der Übertragung einzelner Gegenstände geschaffen werden sowie ein wirksamer schuldrechtlicher Übereignungsanspruch vereinbart wird. Große Bedeutung im Rahmen eines Asset Deals kommt auch der Überleitung von Vertragsbeziehungen zu, wobei Zustimmungserfordernisse Dritter zu beachten sind.

Sowohl bei Share Deals als auch bei Asset Deals sind Bestandteil der Legal Due Diligence jedoch regelmäßig die Prüfung von bestehenden Vertragsbeziehungen und Rechtsstreitigkeiten, sowie Fragen des Gewerbe-, Umwelt-, Kartell- und Arbeitsrechts.

Bei der Überprüfung der vertraglichen Beziehungen ist insb. auf Vereinbarungen mit Kunden und Lieferanten, Leasingverträge (→Leasingverhältnisse), Kooperations- und Vertriebsvereinbarungen und Handelsvertreterbeziehungen einzugehen. Dabei ist auf das Bestehen von Pfandrechten oder Kreditsicherheiten im Rahmen der überprüften Vertragsbeziehungen ebenso zu achten wie auf →Verbindlichkeiten des Unternehmens, die aus einer öffentlichen Förderung, wie z. B. einer Subvention (→Zuschüsse; →Fördermittelberatung) resultieren.

Auch erledigte sowie insb. noch anhängige Prozesse des Zielunternehmens sind zu analysieren, wobei u. a. die Häufigkeit der Rechtsstreitigkeiten sowie deren Erfolgsquote von Interesse sein können (Branchenüblichkeit oder Krise?).›

Auf dem Gebiet des Umweltrechts kommt es hauptsächlich auf das Vorliegen der erforderlichen umweltrechtlichen Genehmigungen sowie ggf. das Bestehen von Abfallwirtschaftskonzepten und das Einholen von Entsorgungsnachweisen an (→Environmental Due Diligence). Dies deckt sich mit den Anforderungen an die Analyse auf dem Gebiet des Gewerberechts, bei der das Bestehen aller notwendigen Erlaubnisse sowie die Frage der Übertragbarkeit von personen- und sachbezogenen Erlaubnissen maßgeblich ist.

Bei jeder Unternehmensveräußerung kommt insb. auch dem Arbeitsrecht große Bedeutung zu. Dabei ist beim Asset Deal ein möglicher Betriebsübergang nach § 613a BGB zu berücksichtigen, infolge dessen alle zum Zielunternehmen gehörenden Arbeitsverhältnisse auf den Käufer übergehen. Auch ein etwaiger Ausgleichsanspruch nach § 89b HGB bei Bestehen von Handelsvertreterverträgen ist zu berücksichtigen. Im Rahmen der Erfassung der bestehenden Arbeitsverhältnisse sind u. a. die Art des Beschäftigungsverhältnisses, die Qualifikation, die Vergütungsformen, arbeitsvertragliche Nebenleistungen, Lebensalter und Firmenzugehörigkeit sowie ausgesprochene Kündigungen aufzuführen.

Schlussendlich ist die Transaktion stets darauf zu überprüfen, ob sie nationalen oder europäischen Kartellvorschriften unterliegt. Unterliegt der Unternehmenskauf danach der →Fusionskontrolle, sind die notwendigen Maßnahmen zur Einhaltung des Kartellrechts durchzuführen, wie z. B. die Anzeige bzw. Anmeldung der Übernahme bei den zuständigen →Kartellbehörden.

Bei der Beschaffung der notwendigen Informationen für die Prüfung der eben dargestellten Aspekte können jedoch insb. bei KapGes Konflikte zwischen dem Informationsbedürfnis des Käufers des zu prüfenden Unternehmens einerseits und den Verschwiegenheitspflichten der Geschäftsführung des Zielunternehmens andererseits auftreten.

So ist es dem Vorstand einer AG (→Aktiengesellschaft, Prüfung einer) nach § 14 Abs. 1 Nr. 2 →Wertpapierhandelsgesetz (WpHG) grundsätzlich verboten, einem anderen Insidertatsachen unbefugt mitzuteilen oder auch nur zugänglich zu machen (→Insidergeschäfte). Nach § 93 Abs. 1 Satz 2 AktG unterliegen darüber hinaus sämtliche Vorstandsmitglieder einer AG einer Schweigepflicht, die vertrauliche Angaben und Geheimnisse der AG, namentlich Betriebs- und Geschäftsgeheimnisse, umfasst. Da es sich bei der Vorschrift um zwingendes Recht handelt, kann diese auch nicht durch eine entsprechende Bestimmung in der Satzung oder einen Einzelbeschluss der HV (→Haupt- und Gesellschafterversammlung)

umgangen werden. Jedoch ist bei der Festlegung des Umfangs der Schweigeverpflichtung stets zu berücksichtigen, dass es sich bei der Schweigepflicht um eine Ausprägung der organschaftlichen Treue- und Sorgfaltspflicht handelt, sodass stets auch das unternehmerische Interesse der Gesellschaft beachtet werden muss, das im Einzelfall für eine Weitergabe der Informationen sprechen kann. Der Vorstand hat insoweit eine Abwägung vorzunehmen, inwieweit die Vorteile der Informationsweitergabe deren Nachteile überwiegen.

Bei der →Gesellschaft mit beschränkter Haftung (GmbH) bestehen dagegen grundsätzlich weitgehende Informationsrechte der Gesellschafter selbst, die gegenüber der Geschäftsführung nach § 51a Abs. 1 GmbHG über ein umfassendes Auskunfts- und Einsichtsrecht zu allen Angelegenheiten der Gesellschaft verfügen. Ein GmbH-Gesellschafter könnte daher grundsätzlich aufgrund des § 51a Abs. 1 GmbHG alle für die Durchführung einer Due Diligence erforderlichen Informationen anfordern. Die Geschäftsführer dürfen die Auskunft und Einsicht nur verweigern, wenn konkret zu besorgen ist, dass der Gesellschafter sie zu gesellschaftsfremden Zwecken verwenden und dadurch der Gesellschaft einen nicht unerheblichen Nachteil zufügen wird (§ 51a Abs. 2 GmbHG). Daneben setzen allgemeine Schranken, wie die Treuepflicht und das Missbrauchsverbot, den Informationsrechten Schranken. Möglich, und im Fall der Ablehnung der Informationserteilung durch die Geschäftsführung nach § 51a Abs. 2 GmbHG zwingend, ist es auch, einen Gesellschafterbeschluss über die Zulassung der Due Diligence zu fassen.

Um diesen widerstreitenden Interessen Rechnung zu tragen, sollte daher grundsätzlich im Letter of Intent, d. h. der Absichtserklärung des Käufers, bzgl. des angestrebten Unternehmenskaufs oder in einer isolierten Vertraulichkeitserklärung sichergestellt werden, dass die im Rahmen der Anbahnung der Transaktion ausgetauschten Informationen vertraulich behandelt werden.

Literatur: Böttcher, L.: Verpflichtung des Vorstands einer AG zur Durchführung einer Due Diligence, in: NZG 8 (2005), S. 49–54; Hettler, S. et al. (Hrsg.): Beck'sches Mandats Handbuch, Unternehmenskauf, München 2004; Körbers, T.: Geschäftsleitung der Zielgesellschaft und Due Diligence bei Paketerwerb und Unternehmenskauf, in: NZG 5 (2002), S. 263–272; Krüger, D./Kalbfleisch, E.: Due Diligence bei Kauf und Verkauf von Unternehmen – Rechtliche und steuerliche Aspekte der Vorprüfung beim Unternehmenskauf, in: DStR 37 (1999), S. 174–180; Wegmann, J./Koch, W.: Due Diligence – Unternehmensanalyse durch externe Gutachter – Ablauf und Technik, Folge-Due Diligence als neuer Analysestandard, in: DStR 38 (2000), S. 1027–1032.

Matthias Mielke

Leistungen →Leistungscontrolling;
→Kosten- und Leistungsverrechnung, innerbetriebliche

Leistungen, kalkulatorische →Erträge;
→Kostenartenrechnung

Leistungscontrolling

Leistung ergibt sich aus der innerhalb eines bestimmten Zeitraums zielorientiert erbrachten Arbeitsmenge. Die zu erbringende Arbeit besteht dabei aus einer zielführenden Kombination von Ressourcen (Menschen, Maschinen und Materialien), manuellen Fertigkeiten und intellektuellen Fähigkeiten. Diese Kombination erfolgt nicht plötzlich, sondern im Rahmen eines möglichst effektiv und effizient zu organisierenden Prozesses (→Prozessmanagement).

Mittels des *Leistungscontrollings* versucht man, die Effektivität und die Effizienz, also insgesamt die Qualität der Leistungserbringung, koordinierend steuern. Hierzu ist eine projekt-, auftrags- oder mitarbeiterbezogene Erfassung der Leistungen [→Betriebsdatenerfassung (BDE)] erforderlich. Es handelt sich hierbei um das sog. „Mengengerüst" in Abgrenzung zum finanzorientierten „Wertegerüst" des →Erfolgscontrollings. Da die Unternehmensziele zeitlich in der Zukunft liegen, erfordert zielorientiertes Handeln einen systematischen Prozess der →Planung, Steuerung und Kontrolle (→Kontrolltheorie) der Leistungserbringung (Produktion, Erbringung von Dienstleistungen).

Das Unternehmenscontrolling (→Controlling) ist für eine entsprechend hohe Planungsqualität und -detailierung, für den zeitlichen Fortschritt der Planung sowie für die erforderliche Abstimmung der Teilpläne untereinander (Absatz-, Produktions-, Beschaffungsplan etc.) verantwortlich (→Controlling, Aufgaben des). Dies bedarf einer besonderen Kenngrößensystematik, die sich nicht im ausschließlichen Gebrauch finanzieller Maßgrößen erschöpft, sondern viele – zumeist nur schwer quantifizierbare – Leistungsmaße identifizieren und anwenden muss.

Unter *Leistungscontrolling* versteht man daher alle Aktivitäten, die geeignet sind, den Zielerreichungsgrad des Unternehmens zu erhöhen. Hierzu zählen insb. die folgenden, sich regelmäßig wiederholenden Schritte des *Planungs- und Kontrollzyklus*:

1) Festlegung der längerfristigen unternehmerischen *Grundsätze* und *Leistungsziele* durch die Unternehmenseigentümer (regelmäßige Überprüfung und Aktualisierung).

2) Ableitung der bis zu einem bestimmten Zeitpunkt (bspw. Monat, Quartal, Jahr, Jahrfünft, Generation) anzustrebenden *leistungsbezogenen Plan- oder Soll-Werte* aus den Zielvorgaben.

3) Analyse der zu erwartenden *unternehmensexternen Entwicklungen* und Trends am Markt [Beschaffungs-, Personal-, Energie- und Absatzmarkt (→Beschaffungscontrolling; →Personalcontrolling; →Distributionsanalyse)].

4) Analyse der *unternehmensinternen Stärken und Schwächen* (Strengthens & Weaknesses) im Hinblick auf Zielvorgaben der Eigentümer sowie auch bzgl. der zu erwartenden *unternehmensexternen Marktentwicklungen* i.S.v. *Chancen und Risiken* (Opportunities & Threats) (→Risiko- und Chancencontrolling) i.S.e. leistungsbezogenen →*Abweichungsanalyse* (→Soll-Ist-Vergleich).

5) Im Rahmen einer *Leistungsvorschau* (Forecast) wird geprüft, welche Entwicklung das Unternehmen in den nächsten Jahren nehmen würde (Prognose der Unternehmensleistung), wenn sich an der strategischen Ausrichtung nichts ändern würde und keine zusätzlichen Strategien und Maßnahmen getroffen würden.

6) Suche, Bewertung und Auswahl möglicher *Leistungsstrategien* und *-maßnahmen* zur Minderung von Schwächen und zur Weiterentwicklung von Stärken im Hinblick auf die leistungswirtschaftlichen Unternehmenszielsetzungen (→*Planung* i.e.S.). Die aufgrund des vorgesehenen Maßnahmenkatalogs absehbaren leistungswirtschaftlichen Konsequenzen sind im Rahmen der quantitativ orientierten Planung unbedingt zu be-

Leistungskosten

rücksichtigen. Auch hier ist es nötig, im Rahmen von geeigneten prognostischen Einschätzungen (→Prognoseinstrumente) eine Analyse der Wirkungen möglicher Strategien und Maßnahmen vorzunehmen (einschl. Worst- und Best-Case-Analysen i. S. v. Szenarien). Es wird aber nicht gelingen, zufällige Ereignisse in der Zukunft vorherzusagen.

7) Die Wirkungen der beabsichtigten leistungswirtschaftlichen Maßnahmen sind dann im Rahmen der „Qantitativen Leistungsplanung" (*Aktions- oder Maßnahmenplanung*) zu bewerten. Daraufhin sind die planmäßig zu ergreifenden Strategien und Maßnahmen auszuwählen (Entscheidung). Hierbei sind auch die verantwortlichen Personen sowie das Fertigstellungsdatum zu bestimmen.

8) *Umsetzung* der ausgewählten leistungswirtschaftlichen Strategien und Maßnahmen.

9) Messung und Analyse der Leistungswirksamkeit der ausgeführten Strategien und Maßnahmen (*Kontrolle* der Leistung zu einem bestimmten Zeitpunkt, bspw. monatlich, quartalsweise, jährlich). Stellt man im Rahmen der *Leistungskontrolle* ungünstige, d. h. nicht zielkonforme Abweichungen fest, so müssen im Folgemonat, -quartal oder -jahr entsprechende Gegensteuerungsmaßnahmen eingeleitet werden.

10) Abermalige Durchführung der Schritte 1) bis 9).

Zur Erfüllung der entsprechenden Aufgaben bedient man sich folgender →*Controllinginstrumente*: Analyse- und Planungstechniken, Bewertungs- und →Entscheidungsinstrumente, Abweichungsanalysen (Soll-Ist-Vergleiche), →Szenariotechnik, Stärken-Schwächen-Analysen, langfristige Absatz- und Produktplanung (→Sortimentscontrolling), Investitionsplanung und →Investitionskontrolle (→Investitionscontrolling), Kennzahlenvergleiche (→Kennzahlen und Kennzahlensysteme als Kontrollinstrument) sowie →Planbilanz und Plan-GuV (→Gewinn- und Verlustrechnung). Mittels einer sog. →*Balanced Scorecard* sollen vor allem auch die Implementierung, die Koordination, die Kommunikation sowie die Ausführung von Strategien gefördert werden (→wertorientierte Strategieplanung).

Literatur: Horváth & Partners (Hrsg.): Balanced Scorecard umsetzen, 2. Aufl., Stuttgart 2001; Karlowitsch, M.: Leistungscontrolling mit der Balanced Scorecard, Aachen 2002; Kaplan, R. S./Norton D. P.: The Strategy-Focused Organization, Boston 2000; Koch, J.: Betriebswirtschaftliches Kosten- und Leistungscontrolling in Krankenhaus und Pflege. Managementwissen für Studium und Praxis, 2. Aufl., München/Wien 2004; Kosmider, A.: Controlling im Mittelstand, 2. Aufl., Stuttgart 1994; Weber, J.: Intensivierung der wertorientierten Steuerung eigentümergeführter Klein- und Mittelbetriebe. Betriebliches Dokumentationssystem (BDS) als zentraler Ansatzpunkt, in: Horváth, P. (Hrsg.): Werte schaffen – Werte managen: Erfolgreiche Konzepte wertorientierter Unternehmenssteuerung, Bonn 2004, S. 71–89.

Joachim Weber

Leistungskosten →Grundrechnung

Leistungsmengeninduzierte Kosten →Cost Driver

Leistungsrechnung →Kosten- und Leistungsrechnung

Leistungstiefenveränderung →Outsourcing

Lenkpreise →Verrechnungspreise, kalkulatorische

Lernstichprobe →Diskriminanzanalyse

Letter of Intent →Due Diligence; →Legal Due Diligence

Lettland

In Lettland müssen alle Unternehmen, die mindestens zwei der nachstehenden Kriterien erfüllen, ihre Abschlüsse von einem nach den gesetzlichen Vorgaben zertifizierten WP (auch vereidigter WP genannt) prüfen und testieren lassen:

- Jahresumsatz von mehr als 285.000 €,
- Bilanzvermögen von über 140.000 € oder
- 25 Mitarbeiter.

Hat ein Unternehmen darüber hinaus größere Tochtergesellschaften, muss es auch konsolidierte Abschlüsse erstellen, die ebenfalls zu prüfen sind. Wie in den meisten anderen Ländern werden diese Prüfungen auch in Lettland nach den Internationalen Prüfungsstandards [→International Standards on Auditing (ISA)] durchgeführt. Die Prüfungsberichte beziehen sich somit auch auf diese Standards.

In Lettland müssen Finanzabschlüsse nach dem lettischen Recht über Unternehmensjahresberichte und nach den lettischen Rechnungslegungsgrundsätzen erstellt werden. Letztere sind zwar weitaus weniger detailliert als die →International Financial Reporting Standards (IFRS), gleichen diesen jedoch großenteils sehr stark. Im Laufe der Zeit haben die an den lettischen Rechnungslegungsgrundsätzen vorgenommenen Änderungen zu deren allmählicher Konvergenz mit den IFRS geführt. Nach den lettischen Rechnungslegungsgrundsätzen erstellte Abschlüsse haben darüber hinaus auch ein ähnliches Erscheinungsbild wie IFRS-Abschlüsse, gehen jedoch bei den erforderlichen Offenlegungen weniger ins Detail. I.d.R. bestehen diese Berichte aus einer Informationsseite, einem Bericht der Geschäftsleitung, einer GuV, einer Bilanz, einer Kapitalaufstellung, einer Kapitalflussrechnung, den Bilanzierungsgrundsätzen und den Anmerkungen zum Abschluss.

Der lettische *Verband zertifizierter Wirtschaftsprüfer* (*Verband*) ist die einzige Organisation, die in Lettland Berufsexamen durchführen, Personen zu zertifizierten Wirtschaftsprüfern und gewerbliche Unternehmen zu zertifizierten WPGes ernennen darf. Um ein zertifizierter WP zu werden, muss die Person bzw. das Unternehmen in vollem Umfang die Bestimmungen des lettischen Gesetzes über zertifizierte Wirtschaftsprüfer erfüllen.

Um vom *Verband* als vereidigter WP zugelassen zu werden, müssen Personen diesem Gesetz zufolge:

- mindestens 25 Jahre alt sein;
- ein Diplom im Fach Volkswirtschaft, Betriebswirtschaft oder Finanzen oder ein anerkanntes Zeugnis als ausländischer zertifizierter WP vorweisen können (der *Verband* ist für die Anerkennung des Diploms bzw. des ausländischen Zeugnisses zuständig);
- der lettischen Sprache mächtig sein;
- über mindestens 3 Jahre Berufserfahrung in der Prüfung von Geschäftsabschlüssen verfügen;
- gut beleumundet sein.

Bewerber für die Qualifikation zum zertifizierten WP müssen folgende fünf Qualifikationsprüfungen absolvieren:

- Prüfung;
- Rechnungslegung;
- Steuerwesen;
- Recht und
- Management von →Geschäftsprozessen.

Zur Aufrechterhaltung ihrer Qualifikation müssen zertifizierte WP pro Jahr mindestens 40 Schulungsstunden absolvieren. Diese Kurse werden vom *Verband* organisiert. Dieser führt auch alle 5 Jahre Qualitätsüberprüfungen durch, mit denen sichergestellt werden soll, dass die einzelnen WP hohes Qualitätsniveau beibehalten haben.

Der *Verband* ist ein unabhängiges, 1994 nach dem lettischen Gesetz über zertifizierte Wirtschaftsprüfer ins Leben gerufenes Berufsgremium. Derzeit sind im *Verband* 140 zertifizierte WP und 121 gewerbliche zertifizierte WPGes organisiert.

Die Aufgabe des *Verbands* als unabhängiges Fachgremium zertifizierter WP besteht in der Implementierung der professionellen Selbstregulierung zertifizierter WP im Interesse einer verbesserten Berufsqualifikation, der Entwicklung gestalterischen Fachkönnens und der Angleichung der Berufspraxis sowie im Erhalt eines hohen professionellen Standards und in der Gewährleistung eines Rechtsschutzes für die Mitglieder.

Williams Rupert; Christine Holtz-Stosch

Leverage-Effekt

Unter dem Leverage-Effekt versteht man eine *Hebelwirkung* auf die Rendite des bei einer →Investition eingesetzten →Eigenkapitals. Soweit der Fremdkapitalkostensatz (→Kapitalkosten) unter der Rendite des gesamten eingesetzten Kapitals liegt, führt ein zunehmender Verschuldungsgrad zu einer steigenden Eigenkapitalrendite. Die Eigenkapitalrendite r_E ist gegeben durch:

$$r_E = \frac{r_G \cdot GK - r_F \cdot FK}{EK},$$

wobei r_G die Gesamtkapitalrendite, r_F den Fremdkapitalkostensatz und EK das Eigen-, FK das Fremd- und GK das Gesamtkapital bezeichnen. Durch Umformungen erhält man:

$$r_E = \frac{r_G \cdot (EK + FK) - r_F \cdot FK}{EK}$$

$$= \frac{r_G \cdot EK + (r_G - r_F) \cdot FK}{EK}$$

$$= r_G + \frac{FK}{EK}(r_G - r_F).$$

Zur Veranschaulichung diene folgendes Beispiel: Seien $r_G = 10\%$, $r_F = 6\%$ und $EK = 100$ € gegeben. Folgende Tab. zeigt die Veränderung der Eigenkapitalrendite bei unterschiedlich hohem aufgenommenen →Fremdkapital:

FK	100 €	110 €	200 €	500 €	1.000 €
r_E	14,0%	14,4%	18,0%	30,0%	50,0%

Die obige Berechnung bezieht sich nur auf die folgende Periode, bei $t > 1$ Perioden ist eine aufwendigere Betrachtung erforderlich, bei der man die jährlichen Renditen aufzinst (Spremann 2005, S. 193 f.):

$$r_E = \sqrt[t]{(1 + r_G)^t + \frac{FK}{EK}((1 + r_G)^t - (1 + r_F)^t)} - 1$$

Der obige, einperiodige Fall ergibt sich aus dieser allgemeinen Formel für $t=1$. Zur Fortsetzung des Beispiels zeigt die folgende Tab. die jährliche Eigenkapitalrendite zusätzlich für mehrere Perioden und ansonsten gleiche Daten, es wurde auf eine Nachkommastelle gerundet:

FK	100 €	110 €	200 €	500 €	1.000 €
r_E für $t=1$	14,0%	14,4%	18,0%	30,0%	50,0%
r_E für $t=2$	13,9%	14,2%	17,6%	28,1%	44,0%
r_E für $t=3$	13,7%	14,1%	17,2%	26,6%	39,8%

Bei längeren Betrachtungszeiträumen sinkt also neben den jährlichen Renditen auch der Leverage.

Wichtigste Voraussetzung ist, dass der Fremdkapitalkostensatz und die Gesamtkapitalrendite bei zunehmendem Investitionsvolumen konstant bleiben. Diese Annahme ist kritisch zu hinterfragen, denn bei steigendem Kapitaleinsatz wird z. B. nicht zwingend ein proportional steigender Bruttogewinn erzielt (Zantow 2004, S. 397 f.). Es besteht daher das Risiko, die erwartete Gesamtkapitalrendite nicht zu erreichen. Sinkt die Gesamtkapitalrendite sogar unter den Fremdkapitalkostensatz, schmälert ein erhöhter Verschuldungsgrad zunehmend die Eigenkapitalrendite (*Leverage-Risiko*).

Bei Derivaten bezeichnet der *Leverage-Effekt* auch die mögliche Steigerung der Rendite durch eine Verstärkung der Entwicklung des Basiswertes. Bspw. betrachte man den inneren Wert einer Call-Option zum Preis von 10 € auf einen Basiswert zum Ausübungspreis von 90 € in Abhängigkeit vom Kurswert des Basiswertes:

Kurs	90 €	95 €	100 €	105 €	110 €
Rendite	–100%	–50%	0%	50%	100%

Literatur: Spremann, K.: Modern Finance, 2. Aufl., München 2005; Zantow, R.: Finanzierung, München 2004.

Thorsten Poddig; Johannes Hildebrandt

Liability

Eine Normierung des Begriffs *Liability* ist durch das →*Financial Accounting Standards Board* (*FASB*) und das →*International Accounting Standards Board* (*IASB*) in den jeweiligen Rahmenkonzepten [CON 6.35 bzw. F.49(b)] erfolgt, wobei die inhaltliche Ausrichtung identisch ist. *Liabilities* umfassen danach sowohl →Verbindlichkeiten als auch →Rückstellungen und →Rechnungsabgrenzungsposten. Im Vergleich zum Handelsrecht ergeben sich Unterschiede sowohl formal als auch inhaltlich: In formaler Hinsicht besteht ein Unterschied dahingehend, dass der handelsrechtliche Schuldbegriff (→Schuld) keine Rechnungsabgrenzungsposten einbezieht. Inhaltliche Unterschiede ergeben sich, weil nach den →United States Generally Accepted Accounting Principles (US GAAP) und den →International Financial Reporting Standards (IFRS) grundsätzlich weniger Sachverhalte rückstellungsfähig sind, da Rückstellungen erstens nur bei Verpflichtungen gegenüber Dritten, nicht hingegen bei Innenverpflichtungen (z. B. Aufwandsrückstellungen) und zweitens nur bei Überschreiten einer bestimmten Wahrscheinlichkeitsschwelle gebildet werden dürfen.

Das *IASB* und *FASB* definieren eine *Liability* als

- eine gegenwärtige Verpflichtung des Unternehmens rechtlicher oder faktischer Natur,
- die infolge eines Ereignisses der Vergangenheit entstanden ist und
- von deren Erfüllung erwartet wird, dass aus dem Unternehmen Ressourcen mit wirtschaftlichem Nutzen abfließen.

Eine gegenwärtige Verpflichtung besteht bei Vorliegen eines einklagbaren Rechts oder wenn Leistungen ohne rechtliche Verpflichtungen erbracht werden und sich das Unternehmen einer Handlungspflicht faktisch nicht entziehen kann. Eine solche liegt vor, wenn das Unternehmen durch seine Verhaltensweise oder durch öffentliche Erklärungen bei Dritten die gerechtfertigte Erwartung erzeugt hat, dass es die Verpflichtung bspw. aus Kulanz erfüllen wird (IAS 37.10).

Das Erfordernis, dass die Verpflichtung auf einem Ereignis der Vergangenheit beruhen muss, soll sicherstellen, dass keine erwarteten oder geplanten Ereignisse bereits in der Berichtsperiode erfasst werden. So führt bspw. die Entscheidung zu einer Kreditaufnahme noch nicht zu einer Passivierung. Erst die tatsächliche Kreditaufnahme ist als verpflichtendes Ereignis zu betrachten (Pellens 2004, S. 111).

Im Zentrum der Definition steht der Abfluss wirtschaftlichen Nutzens. Dies kann bspw. durch einen Abfluss liquider Mittel, der Übertragung von Vermögenswerten (→Asset), der Erbringung von Dienstleistungen, des Ersatzes dieser Verpflichtung durch eine andere Verpflichtung oder durch Umwandlung der Verpflichtung in →Eigenkapital geschehen (ADS 2002, Abschn. 1, Rn. 163).

Die Schuldefinition des US-amerikanischen Frameworks verlangt darüber hinaus bereits in der Definition, dass der künftige wirtschaftliche Nutzenabfluss wahrscheinlich und verlässlich bestimmbar sein muss. Dies ist in der grundlegenden Definition des *IASB*-Frameworks nicht gefordert, sondern kommt dort erst bei der Evaluierung konkreter Passivierungsfähigkeit zum Tragen. Die verlässliche Bewertbarkeit stellt bei rechtlichen Verpflichtungen kein Problem dar, da die Höhe meist vertraglich oder gesetzlich fixiert ist. Bei allen anderen Verpflichtungen ist die Höhe zu schätzen. Ist dies nicht möglich, sind erläuternde Angaben in den →Notes zu tätigen. Es ist allerdings zu betonen, dass ein Ansatz an diesem Erfordernis nur in extrem seltenen Ausnahmefällen scheitern dürfte. Insb. reicht es, eine Spanne möglicher Beträge zu ermitteln, wenn eine verlässliche einwertige Punktschätzung nicht möglich ist.

Hinsichtlich der erforderlichen Wahrscheinlichkeit des Nutzenabflusses gilt in den IFRS der Grundsatz des „more likely than not", der einer Wahrscheinlichkeitsgrenze von mehr als 50 % entspricht. (ADS 2002, Abschn. 1, Rn. 150) Die →*Securities and Exchange Commission (SEC)* hat für die US GAAP eine Wahrscheinlichkeitsgrenze von 75 bis 80 % festgesetzt. Der Ressourcenabfluss muss allerdings nicht für jede Verpflichtung gesondert als wahrscheinlich einzustufen sein. Bei einer Gruppe gleichartiger Verpflichtungen (z. B. Garantiezusagen) genügt es vielmehr, wenn zur Begleichung der gesamten Klasse von Verpflichtungen ein Ressourcenabfluss wahrscheinlich ist.

Für den Fall, dass die Voraussetzung eines wahrscheinlichen Eintritts nicht erfüllt, der Eintritt aber auch nicht absolut unwahrscheinlich ist, ist die Liability als Eventualschuld (→Eventualverbindlichkeiten) im →Anhang anzugeben.

Eine *Liability* ist auszubuchen, wenn die entsprechende Schuld gelöscht ist (z. B. Bezahlung, Verjährung, Übertragung). Dies kann sich auch ohne Abfluss von Ressourcen ergeben (z. B. bei einem Forderungsverzicht des Gläubigers).

Literatur: ADS: Rechnungslegung nach Internationalen Standards. Kommentar, Loseblattausgabe, Stuttgart, Stand: 1. Erg.-Lfg. 2002; Pellens, B./Fülbier, R./Gassen, J.: Internationale Rechnungslegung, 5. Aufl., Stuttgart 2004.

Simon Brameier

Liability Methode →Latente Steuern

Lieferantenanalyse →Beschaffungscontrolling

Lieferantencontrolling

Lieferantencontrolling stellt einen dem Management der Lieferantenbasis zuzuordnenden Kernprozess dar, dessen Hauptaufgabe darin liegt, kontinuierlich zu überprüfen, ob bestehende Lieferanten die an sie und die von ihnen gelieferten Produkte gestellten Anforderungen erfüllen, um die Versorgungssicherheit des beschaffenden Unternehmens zu gewährleisten (→Beschaffungscontrolling). Diese permanente Überprüfung dient der frühzeitigen Erkennung von eventuellen Minderleistungen und der Einleitung von geeigneten Gegenmaßnahmen. Basierend auf den Ergebnissen des Lieferantencontrollings wird über den Einsatz von Anreiz- und Sanktionsmechanis-

Lieferantencontrolling

men gegenüber den Lieferanten entschieden. Somit hat das Lieferantencontrolling einen großen Einfluss auf die Steuerung der Lieferanten-Abnehmer-Beziehung. Die Einordnung des Lieferantencontrollings in den, in das Management der Lieferantenbasis und die Steuerung der Lieferantenbeziehung gegliederten, Gesamtprozess des Lieferantenmanagements veranschaulicht Abb. 1.

Abb. 1: Die Subprozesse des Lieferantenmanagements

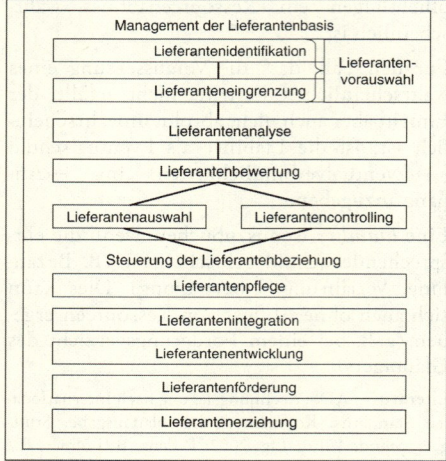

Quelle: Janker 2004, S. 33.

Zur Ermittlung der Intensität, mit der die jeweiligen Lieferanten im Rahmen des Lieferantencontrollings überprüft werden, wird i. d. R. zunächst eine Lieferantenstrukturanalyse durchgeführt, die eine Klassifizierung der Lieferanten nach verschiedenen Kriterien umfasst. Bei einer auf dem Kriterium der Leistungsfähigkeit basierenden Analyse kann z. B. eine Kategorisierung in Hochleistungs-, Problem- und Mangellieferanten sowie unbrauchbare Lieferanten i. S. d. →ABC-Analyse vorgenommen werden. Die Kategorie der Hochleistungslieferanten sollte folgerichtig einer häufigeren Kontrolle (→Kontrolltheorie) unterzogen werden als die der Problem- und Mangellieferanten, während die geschäftlichen Beziehungen zu den (nach mehrmaligen Prüfungen) als unbrauchbar identifizierten Lieferanten abgebrochen werden sollten.

Die an die Lieferanten gestellten Anforderungen beziehen sich insb. auf die Preise, die Qualität sowie die Termin- und die Mengentreue. Die praktische Durchführung der Überprüfung dieser Dimensionen geschieht i. d. R. anhand eines →Soll-Ist-Vergleichs der diese Dimensionen beschreibenden Kennzahlen (→Kennzahlen und Kennzahlensysteme als Kontrollinstrument). Die Kontrolle der Qualität von Leistungen sowie Vorleistungen (→Qualitätscontrolling) kann bspw. durch Stichproben vor Ort ermittelt werden, während Besuche und Befragungen geeignet sind, um die Qualitätsfähigkeit der Lieferanten zu beurteilen. Weitere zu kontrollierende Anforderungen sind die Fähigkeit der Lieferanten, sich auf veränderte Mengen und Termine einzustellen (Lieferflexibilität) sowie die Güte der Zusammenarbeit. Letztere umfasst sowohl die Zusammenarbeit hinsichtlich der Qualitätssicherung (→Total Quality Management) als auch die Zusammenarbeit hinsichtlich logistischer Aspekte, wie Transport, Verpackung usw.

Eine weitere zentrale Funktion des Lieferantencontrollings besteht im Zusammentragen und Vorhalten von relevanten Informationen für das Lieferantenmanagement in einem Lieferanteninformationssystem (→Führungsinformationssysteme). In diesem System werden sämtliche das Lieferantencontrolling tangierende Informationsflüsse aus den Bereichen der Beschaffungsmarktforschung, der Lieferantenanalyse, der Lieferantenbewertung, der Lieferantenauswahl sowie der Steuerung der Lieferantenbeziehungen systematisch erfasst und in Lieferantendateien gespeichert. Abb. 2 stellt die in diesem Zusammenhang möglichen Informationsflüsse vereinfachend dar.

Abb. 2: Informationsflüsse im Kontext des Lieferantencontrollings

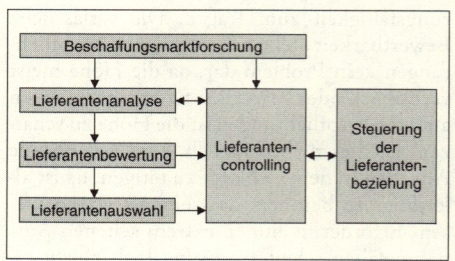

Quelle: Janker 2004, S. 49.

Die Lieferantendateien enthalten zusätzlich zu den die Lieferanten beschreibenden Kerndaten auch Hintergrundinformationen zu konkreten Entscheidungen für oder gegen bestimmte Lieferanten. Das Lieferanteninformationssystem erfüllt eine wichtige unterstützende Funktion für zukünftige lieferantenbezogene Auswahlentscheidungen.

Das pro-aktive Management der Beziehung zwischen Handels-, Dienstleistungs- oder Industrieunternehmen und ihren Lieferanten, das die systematische Steuerung, Pflege und Entwicklung der Lieferantenbeziehungen beinhaltet, wird auch als Supplier-Relationship-Management bezeichnet. Im Rahmen dessen gilt es, insb. zu aktuellen und potenziellen Schlüssellieferanten Beziehungen i. S. e. strategischen, langfristigen „Relationship-Orientierung" aufzubauen, zu pflegen und zu entwickeln.

Literatur: Janker, C. G.: Multivariate Lieferantenbewertung – Empirisch gestützte Konzeption eines anforderungsgerechten Bewertungssystems, Wiesbaden 2004; Zentes, J./Knörr, E.: SRM – Ein innovativer Ansatz zur Evaluierung von Lieferanten, in: Zentes, J./Biesiada, H./Schramm-Klein, H. (Hrsg.): Performance-Leadership im Handel, Frankfurt a.M. 2004, S. 191–225.

Joachim Zentes

Lieferanteninformationssystem
→Lieferantencontrolling

Liegezeit →Geschäftsprozesse

Life Cycle Assessment →Umweltbezogenes Controlling

Life Cycle Costing →Lebenszykluskostenrechnung

LiFo-Methode →Verbrauchsfolgeverfahren

Likelihoods →Entdeckungswahrscheinlichkeiten, bedingte

Lineare Optimierung →Engpassplanung

Linguistische Terme →Prüfungsplanung, Erfassung von Unschärfe und Unsicherheit

Liquidationsbilanz
Liquidation wird allgemein als freiwillige und planmäßige Beendigung eines Unternehmens (→Unternehmensbeendigung) definiert. Durch den Auflösungsbeschluss tritt an die Stelle des bisherigen, regelmäßig auf Gewinnerzielung gerichteten Zwecks der Abwicklungszweck. Der Abwickler/Liquidator ist bis zur Beendigung der Abwicklung zur Buchführung (→Buchführungstechniken und Prüfungsmethoden) und zur gewissenhaften externen Rechnungslegung verpflichtet. Hierbei werden in zeitlicher Reihenfolge unterschieden: Schlussbilanz der werbenden Gesellschaft, Liquidationseröffnungsbilanz, -jahresbilanzen und -schlussbilanz.

Mit der Eröffnung des Liquidationsverfahrens tritt der Grundsatz der periodengerechten Gewinnermittlung (→periodengerechte Erfolgsermittlung) in den Hintergrund. Das primäre Ziel der Rechnungslegung besteht in der Feststellung des zum Bilanzstichtag vorhandenen Reinvermögens unter Berücksichtigung des besonderen Umstands, dass die Beendigung des Geschäftsbetriebs absehbar ist. Demnach ist das im § 252 Abs. 1 Nr. 2 HGB kodifizierte →Going Concern-Prinzip nicht mehr anwendbar.

In der Liquidationsbilanz sind nur noch die bis zur Beendigung des Geschäftsbetriebs verwertbaren →Vermögensgegenstände anzusetzen. Neben den bislang zu passivierenden →Schulden sind solche Verpflichtungen zu berücksichtigen, die durch Abkehr von der Going Concern-Prämisse bzw. durch den Prozess der Liquidation/Abwicklung verursacht wurden.

Der Ansatz von →Ingangsetzungs- und Erweiterungsaufwendungen gem. § 269 HGB ist aufgrund des neuen Bilanzzwecks in den Liquidationsbilanzen nicht mehr möglich. Selbst erstellte →immaterielle Vermögensgegenstände unterliegen trotz möglicher Verwertungschancen dem Aktivierungsverbot des § 248 Abs. 2 HGB. Ein originärer →Geschäfts- oder Firmenwert (Goodwill) ist nicht zulässig. Ein Ansatz von →Rechnungsabgrenzungsposten (RAP) setzt voraus, dass die zugrunde liegenden Verträge trotz beabsichtigter Einstellung des Geschäftsbetriebs erfüllt werden.

Mit der Eröffnung des Liquidationsverfahrens richtet sich die Besteuerung von Körperschaften gem. § 11 KStG nach dem Vergleich von End- und Anfangsvermögens, sodass steuerliche Sonderposten aufzulösen sind. Bei Sonderposten für Zuwendungen (→Sonderposten mit Rücklageanteil) ist ggf. eine Rückzah-

Liquidationsbilanz

lungsverpflichtung anzusetzen. Es sind alle durch den Abwicklungsprozess entstehenden Verpflichtungen auszuweisen. Die Passivierung von Abwicklungskosten (z. B. Kosten des Liquidators) ist umstritten und wird teilweise zugelassen, soweit ihnen nicht ausreichende →Erträge aus den Abwicklungsgeschäften gegenüberstehen. →Rückstellungen für Pensionen, Pensionsanwartschaften und ähnliche Verpflichtungen (→Pensionsverpflichtungen) müssen ohne Rücksicht auf das Passivierungswahlrecht des Art. 28 Abs. 1 EGHGB (→bilanzpolitische Gestaltungsspielräume nach HGB) voll passiviert werden.

Der nach dem Abschlussstichtag erfolgte Beschluss (→Versammlungsprotokolle), die Geschäftstätigkeit einzustellen, stellt kein wertbegründendes Ereignis dar, sondern führt dazu, dass bereits für diesen Abschluss die Abkehr von der Going Concern-Prämisse zu berücksichtigen ist, soweit dies bis zur Aufstellung des Jahresabschlusses bekannt geworden ist.

Die Bewertung der Aktiva hat unter Verwertungsgesichtspunkten zu erfolgen. Im Rahmen einer sachgerechten Ermittlung des Reinvermögens wird das Vorsichtsprinzip weder aufgehoben noch abgeschwächt, d. h. es dürfen auch nach Abkehr vom Going Concern-Prinzips nur realisierte Gewinne berücksichtigt werden (→Grundsätze ordnungsmäßiger Rechnungslegung). Wertansätze über den fortgeführten →Anschaffungskosten (AK) und HK (→Herstellungskosten, bilanzielle) sind nicht zulässig.

Abschreibungen sind vorzunehmen, soweit sie den Verbrauch innerhalb des Liquidationszeitraums oder Anpassungen an den niedrigeren Zeitwert widerspiegeln (→Abschreibungen, bilanzielle; →außerplanmäßige Abschreibungen). Steuerliche Abschreibungen (→Abschreibungen, steuerrechtliche) sind aufgrund des Wegfalls des →Maßgeblichkeitsprinzips rückgängig zu machen.

Gem. § 270 Abs. 2 Satz 3 AktG bzw. § 71 Abs. 2 GmbHG sind Vermögensgegenstände des →Anlagevermögens wie →Umlaufvermögen zu bewerten, soweit die Veräußerung innerhalb eines Jahres beabsichtigt ist oder die Vermögensgegenstände nicht mehr dem Geschäftsbetrieb dienen.

Grundsätzlich gelten auch beim Ausweis die Regelungen der §§ 266, 275 HGB (→Gliederung der Bilanz; →Gliederung der Gewinn- und Verlustrechnung). Teilweise wird für das wie Umlaufvermögen bewertete Anlagevermögen sowie die Eigenkapitalposition (→Eigenkapital) eine Umgliederung in das Umlaufvermögen bzw. eine Subsumierung der einzelnen Eigenkapitalpositionen unter den Begriff „Abwicklungskapital" befürwortet. Innerhalb des →*Instituts der Wirtschaftsprüfer in Deutschland e.V.* (*IDW*) wird für Zwecke der Vergleichbarkeit eine Beibehaltung des Anlagevermögens und der differenzierten Eigenkapitalposition postuliert.

Auch bei Wegfall der Fortführungsannahme umfasst die Rechnungslegung auch den →Anhang (→Angabepflichten) und den →Lagebericht. Um den Abschlussadressaten eine angemessene Einschätzung des Reinvermögens zu ermöglichen, sollten im Anhang Hinweise auf bestehende stille Reserven (→stille Reserven und Lasten) gegeben werden.

Hierbei handelt es sich um eine auf einen bestimmten Zeitpunkt aufzustellende Zwischenbilanz. Trotz unterschiedlicher Bilanzzwecke kommt es zwischen der Schlussbilanz der werbenden Gesellschaft und der Liquidationseröffnungsbilanz nicht zu einer Veränderung des Bilanzinhalts, sodass sich beide Abschlüsse entsprechen müssten (→Stetigkeit). Für die Liquidationsbilanz ist eine →Gewinn- und Verlustrechnung (GuV) nicht aufzustellen. Der erläuternde Bericht nach § 71 Abs. 1 GmbHG ersetzt den Anhang und den Lagebericht.

Die Pflicht zur Aufstellung von Jahresabschlüssen ergibt sich für KapGes und →Genossenschaften direkt aus dem Gesetz (§ 270 Abs. 1 AktG, § 71 Abs. 1 GmbHG, § 89 GenG). Dabei sind die allgemeinen Vorschriften des HGB anzuwenden.

§ 242 HGB fordert für alle Kaufleute die Aufstellung einer Jahresbilanz sowie einer GuV „für den Schluss eines jeden Jahres". Es kann sich dabei auch um ein Rumpfgeschäftsjahr handeln. Der Stichtag für die Liquidationsschlussbilanz ist gesetzlich nicht vorgeschrieben. Der konkrete Aufstellungstag wird von den Liquidatoren festgelegt, wenn sie die Liquidation als beendet betrachten.

Grundsätzlich gilt für KapGes im Hinblick auf sämtliche Liquidationsbilanzen die Prüfungspflicht wie für werbende Gesellschaften (→Unternehmensformen). Gem. § 271 Abs. 3

AktG bzw. § 71 Abs. 3 GmbHG kann das Registergericht (→Registeraufsicht) jedoch von der Prüfungspflicht freistellen. →Personengesellschaften (PersGes) unterliegen mit Ausnahme der KapGes & Co. (→GmbH & Co. KG) nicht der Prüfungspflicht, da die Anwendbarkeit des PublG, das zu einer Prüfungspflicht gem. § 6 PublG führen könnte, gem. § 3 PublG ausgeschlossen ist. Bei der Prüfung der Liquidationsbilanzen finden die allgemeinen →Grundsätze ordnungsmäßiger Abschlussprüfung Anwendung.

Jochen Wentzler

Liquidationswert

Der Liquidationswert ist jener Marktpreis eines →Vermögensgegenstandes, der sich unter der Fiktion der Verwertung desselben auf einem spezifischen Absatzmarkt unter den am Bewertungsstichtag anzunehmenden Marktbedingungen und den bei der Verwertung anfallenden Verwertungskosten (→Kosten) erzielen lässt. Seine Höhe ist vom Bewertungsanlass und von dem dort zu unterstellenden Verwertungskonzept abhängig.

Im Rahmen der *handelsrechtlichen Rechnungslegung* kommt eine Bewertung zum Liquidationswert nur dann in Frage, wenn drei Bedingungen erfüllt sind:

1) der der Bewertung zugrunde zu legenden Annahme der Fortführung der Unternehmenstätigkeit (→Going Concern-Prinzip) stehen tatsächliche oder rechtliche Gegebenheiten entgegen (§ 252 Abs. 1 Nr. 2 HGB),

2) der Eintritt dieser Gegebenheiten führt zu einer Änderung des ursprünglichen Nutzungskonzepts des Vermögensgegenstandes *und*

3) das an dessen Stelle tretende Verwertungskonzept zielt auf eine davon abweichende, zeitlich vorverlegte Verwertung i.S.e. Einzelveräußerung des Vermögensgegenstandes oder einer Veräußerung im Rahmen einer Sachgesamtheitsverwertung ab.

Dies gilt auch für die *Rechnungslegung während der Abwicklung* von Gesellschaften nach den rechtsformspezifischen Abwicklungsregelungen. Sowohl für die dort vorgesehene Liquidationseröffnungsbilanz wie für die periodische Rechnungslegung im Abwicklungszeitraum (→Liquidationsbilanz) gilt der Grundsatz, dass keine Neubewertung, sondern eine Bewertung unter Anwendung der allgemeinen Vorschriften des HGB und damit auch unter dem Regime von § 252 HGB (→Grundsätze ordnungsmäßiger Rechnungslegung; →Grundsätze ordnungsmäßiger Buchführung, Prüfung der) zu erfolgen hat (s. z. B. § 270 Abs. 2 Satz 2 AktG).

Bei der *steuerlichen Rechnungslegung* ist eine Bewertung zu Liquidationswerten explizit nicht vorgeschrieben. Über das →Maßgeblichkeitsprinzip erreicht die dargestellte handelsbilanzielle Bewertung zu Liquidationswerten auch die steuerliche Gewinnermittlung (→Gewinnermittlungsmethoden, steuerrechtliche). Bei der für Kapitalgesellschaften nach § 11 KStG vorgeschriebenen Abwicklungs- oder Liquidationsgewinnermittlung kommt regelmäßig ein Ansatz zu Liquidationswerten nicht in Betracht, da der Abwicklungsgewinn als Differenz zwischen dem Abwicklungs-Endvermögen („das zur Verteilung kommende Vermögen") und dem Abwicklungs-Anfangsvermögen zu berechnen ist und Letzteres das zu Buchwerten angesetzte Vermögen der letzten Steuerbilanz umfasst. Lediglich dann, wenn Sachauskehrungen des Abwicklungs-Endvermögens erfolgen, sind die betreffenden →Wirtschaftsgüter mit ihrem Liquidationswert i. S. e. gemeinen Wertes im Auskehrungszeitpunkt und nicht mit einem ggf. vereinbarten Abgabepreis in das Abwicklungs-Endvermögen einzurechnen.

Im *Insolvenzverfahren* kann ein Ansatz zu Liquidationswerten sowohl bei der Feststellung des Insolvenztatbestandes der Überschuldung als auch bei der insolvenzrechtlichen Rechnungslegung in Frage kommen. Bei der →Überschuldungsprüfung ist, unabhängig vom Ergebnis einer zunächst zu erhebenden Fortführungsprognose, nach § 19 Abs. 2 InsO ein stichtagsbezogener Überschuldungsstatus (Gegenüberstellung von Vermögen und →Schulden) aufzustellen. Bei der dort vorzunehmenden Bewertung der Vermögensgegenstände, die im Falle einer Insolvenzeröffnung zur Insolvenzmasse nach § 35 InsO gehören, sind Liquidationswerte dann anzusetzen, wenn die Fortbestehensprognose negativ ausgefallen ist. Ihre Ermittlung ist von der Liquidationsintensität (Einzelveräußerung oder Veräußerung in Sachgesamtheiten) und der Liquidationsgeschwindigkeit (Fristigkeit der Veräußerungsakte) abhängig. Die Rechnungslegung nach Eröffnung des Insolvenzverfahrens umfasst die Aufstellung des nach § 151 InsO geforderten Masseverzeichnisses, in dem die der Insolvenzmasse zuzurechnenden Vermögensgegenstände sowohl mit Fortführungs- als auch mit vom Verwertungskonzept abhängigen Liquidationswerten auszuweisen sind. Für die auf den Tag des Eröffnungsbeschlusses aufzustellende Eröffnungsbilanz gilt § 252 HGB, sodass dort der Ansatz von Liquidationswerten nur dann erfolgen kann, wenn die oben genannten Voraussetzungen (§ 252 Abs. 1 Nr. 2 HGB) erfüllt sind. Dasselbe gilt für →Zwischenabschlüsse bei mehrjährigen Insolvenzverfahren.

Die Bedeutung von Liquidationswerten im Rahmen der →*Unternehmensbewertung* basiert auf der Annahme, dass ein ausschließlich rational agierender Unternehmer sowohl ein Unternehmen als auch ein nicht betriebsnotwendiges Wirtschaftsgut alsbald veräußern würde, wenn im ersten Fall der Barwert der verwertungskonzeptabhängigen Liquidationserlöse abzgl. der zur Schuldendeckung, zur Verwertungsdurchführung und zur Begleichung ggf. anfallender Veräußerungsgewinnsteuern zu tätigenden Ausgaben den Zukunftserfolgswert des Unternehmens übersteigt. Insofern kann der Liquidationswert der gesamten Unternehmung als Wertuntergrenze des Unternehmenswertes, als „Mindestertragswert" (Moxter 1983, S. 43 f.) der Unternehmung, angesehen werden. Der zweite Fall ist zu unterstellen, wenn der Liquidationswert des nicht betriebsnotwendigen Vermögensgegenstandes, ebenfalls unter Berücksichtigung zurechenbarer Schulden und Veräußerungsgewinnsteuern, den Barwert der finanziellen Überschüsse bei seinem Verbleib im Unternehmen übersteigt. In einen zu berechnenden Zukunftserfolgswert eines Unternehmens gehen die liquidationswertbasierten Barwerte der finanziellen Überschüsse aus der Verwertung des nicht betriebsnotwendigen Vermögens (→betriebsnotwendiges Vermögen) gesondert ein.

Literatur: IDW (Hrsg.): IDW Standard Grundsätze zur Durchführung von Unternehmensbewertungen (IDW S 1, Stand: 18. Oktober 2005), in: WPg 58 (2005), S. 1303–1321; IDW (Hrsg.): WPH 2002, 12. Aufl., Düsseldorf 2002; Moxter, A.: Grundsätze ordnungsmäßiger Unternehmensbewertung, 2. Aufl., Frankfurt a.M. 1983; Peemöller, V. H. (Hrsg.): Praxishandbuch der Unternehmensbewertung, 3. Aufl., Berlin 2005.

Hans-Jochen Kleineidam

Liquiditätscontrolling

Nach § 17 Abs. 1 InsO führt die Zahlungsunfähigkeit (Illiquidität) eines Unternehmens unmittelbar zur Eröffnung eines gerichtlichen Insolvenzverfahrens (→Insolvenz). Ziel des Insolvenzverfahrens ist entweder die Zerschlagung des Unternehmens oder aber der Versuch, durch eine grundlegende Sanierung (→Sanierungsberatung) das Unternehmen fortzuführen. Auf Antrag des Schuldners kann auch bereits bei einer „drohenden" Zahlungsunfähigkeit nach § 18 Abs. 1 InsO das Insolvenzverfahren eröffnet werden (→Zahlungsunfähigkeitsprüfung). Die Sicherung der Zahlungsfähigkeit ist infolgedessen eine unabdingbare Restriktion für alle unternehmenspolitischen Entscheidungen.

Die zentrale Funktion des Liquiditätscontrollings besteht nun darin, möglichst frühzeitig akute oder potenzielle Gefahren für die Liquidität zu identifizieren, sodass durch geeignete Gegenmaßnahmen die Zahlungsfähigkeit gewährleistet werden kann.

Wann – im juristischen Sinne – Zahlungsunfähigkeit angenommen werden kann und unter welchen Voraussetzungen sie als bedroht anzusehen ist, hat der Gesetzgeber nicht eindeutig definiert. Nach § 17 Abs. 2 InsO ist Zahlungsunfähigkeit dadurch gekennzeichnet, dass der Schuldner seinen fälligen Zahlungspflichten nicht nachkommen kann. Sie ist „in der Regel anzunehmen, wenn der Schuldner seine Zahlungen eingestellt hat". Von „drohender" Zahlungsunfähigkeit ist dagegen immer dann auszugehen, wenn der Schuldner „voraussichtlich nicht in der Lage sein wird, die bestehenden Zahlungspflichten im Zeitpunkt der Fälligkeit zu erfüllen" (§ 18 Abs. 2 InsO). Inzwischen hat der *BGH* in einem Grundsatzurteil (BGH-Urteil vom 14.5.2004, S. 811–815) festgestellt, dass von Zahlungsunfähigkeit regelmäßig dann ausgegangen werden kann, wenn die Liquiditätslücke des Schuldners 10 % oder mehr beträgt, sofern nicht mit an Sicherheit grenzender Wahrscheinlichkeit zu erwarten ist, dass die Liquiditätslücke demnächst vollständig oder zumindest weitgehend beseitigt werden wird. Von einer bloßen „Zahlungsstockung" sei dagegen auszugehen, wenn nicht mehr als 3 Wochen benötigt werden, um die erforderlichen Zahlungsmittel zu besorgen. Bleiben dagegen auch nach 3 Wochen 10 % oder mehr der fälligen Zahlungspflichten ungedeckt, dann sei Zahlungsunfähigkeit zu vermuten. Dementsprechend sind geringfügige Liquiditätslücken auch über einen längeren Zeitraum hinzunehmen. Diese rechtlichen Regelungen bilden die Eckpfeiler für das Liquiditätscontrolling.

Für die Früherkennung etwaiger Liquiditätsgefahren kommen unterschiedliche Verfahren in Betracht, wobei zwischen

- unternehmensindividuellen und
- konzernübergreifenden Konzepten

zu differenzieren ist.

Methodische Konzepte zur Liquiditätsüberwachung in *Einzelunternehmen* und *strategischen Geschäftseinheiten*: Traditionell wird die Liquiditätssituation eines Unternehmens anhand von Kennzahlen analysiert ($\rightarrow$Kennzahlen und Kennzahlensysteme als Kontrollinstrument). Dabei wird üblicherweise zwischen folgenden $\rightarrow$Liquiditätskennzahlen unterschieden:

Liquidität 1. Grades

$$= \frac{\text{Zahlungsmittel}}{\text{kurzfristige Verbindlichkeiten}} \cdot 100\%$$

Liquidität 2. Grades

$$= \frac{\text{monetäres Umlaufvermögen}}{\text{kurzfristige Verbindlichkeiten}} \cdot 100\%$$

Liquidität 3. Grades

$$= \frac{\text{kurzfristiges Umlaufvermögen}}{\text{kurzfristige Verbindlichkeiten}} \cdot 100\%$$

Während eine relativ niedrige Liquidität 1. Grades eher als positiv angesehen wird, da ein hoher Bestand an Zahlungsmitteln die Rentabilität ($\rightarrow$Rentabilitätsanalyse) beeinträchtigt, werden für die Liquidität 2. und 3. Grades Werte zwischen 100 % und 200 % gefordert (Perridon/Steiner 2003, S. 553). Mitunter wird für die Beurteilung der Liquidität auch eine absolute Kennzahl, das sog. Working Capital, genutzt. Sie ist definiert als Differenz zwischen dem $\rightarrow$Umlaufvermögen und den kurzfristigen $\rightarrow$Verbindlichkeiten und kennzeichnet das Finanzierungspotenzial zum Ausgleich zukünftiger Liquiditätsrisiken.

Ein gravierender Nachteil derartiger Kennzahlen-Analysen ist, dass sie nur sehr pauschal und außerdem vergangenheitsorientiert die Liquiditätssituation verdeutlichen. Sie vermitteln keine detaillierten Erkenntnisse über ggf. notwendige Gegenmaßnahmen. Zudem bleibt die zukünftige Entwicklung der Einnahmen und Ausgaben bei dieser Form der Liquiditätsüberwachung unberücksichtigt.

Wesentlich effektiver im Hinblick auf die Liquiditätssicherung, aber auch aufwendiger, ist eine regelmäßige (kurzfristige) $\rightarrow$Planung der Einnahmen und Ausgaben in allen betrieblichen Funktionsbereichen. Die Planwerte ermöglichen periodische $\rightarrow$Soll-Ist-Vergleiche. Bei festgestellten Abweichungen, die nicht als unwesentlich eingestuft werden, empfiehlt sich eine fundierte Ursachenanalyse ($\rightarrow$Abweichungsanalyse). Nur wenn genau bekannt ist, warum sich Einnahmen oder Ausgaben anders als geplant entwickelt haben, kann gezielt gegengesteuert werden.

Während sich die Ursachen überhöhter Ausgaben i.A. relativ schnell und einfach ermitteln lassen, stößt die Ursachenanalyse bei Abweichungen auf der Einnahmenseite auf Schwierigkeiten, da eine atypische Entwicklung der Einnahmen ganz unterschiedliche, mitunter sehr komplexe Ursachen haben kann. So kommen als mögliche Ursachen nicht nur Veränderungen im Nachfrageverhalten der Kunden, sondern auch Einnahmenausfälle durch $\rightarrow$Insolvenzen, konkurrenzbedingte Preiskorrekturen oder Verzögerungen in den Einnahmen durch eine veränderte Zahlungsmoral der Schuldner in Betracht.

Unter Wirtschaftlichkeitsaspekten erscheint es sinnvoll, auf der Grundlage von $\rightarrow$ABC-Analysen die Diagnose auf – hinsichtlich möglicher Konsequenzen – besonders relevante Bereiche zu konzentrieren und die Abläufe zu standardisieren.

Deutet sich eine Verschlechterung der Liquiditätssituation an, sollten für die erkannten Ursachen Entwicklungsprognosen erstellt werden ($\rightarrow$Prognoseinstrumente). Dadurch bietet sich die Möglichkeit, Dauer und Ausmaß etwaiger finanzieller Engpässe besser abzuschätzen und notwendige Korrekturmaßnahmen systematisch vorzubereiten.

Da Liquiditätsstörungen grundsätzlich nicht mit Sicherheit vorhersehbar sind, obliegt es dem Liquiditätscontrolling auch, regelmäßig relevante Refinanzierungsmöglichkeiten zu überprüfen, um ggf. schnell und rational reagieren zu können. Kompensationseffekte lassen sich bspw. durch absatzpolitische Maßnahmen, Verzögerungen bei geplante Investitionsvorhaben ($\rightarrow$Investition; $\rightarrow$Investitions-

Liquiditätscontrolling

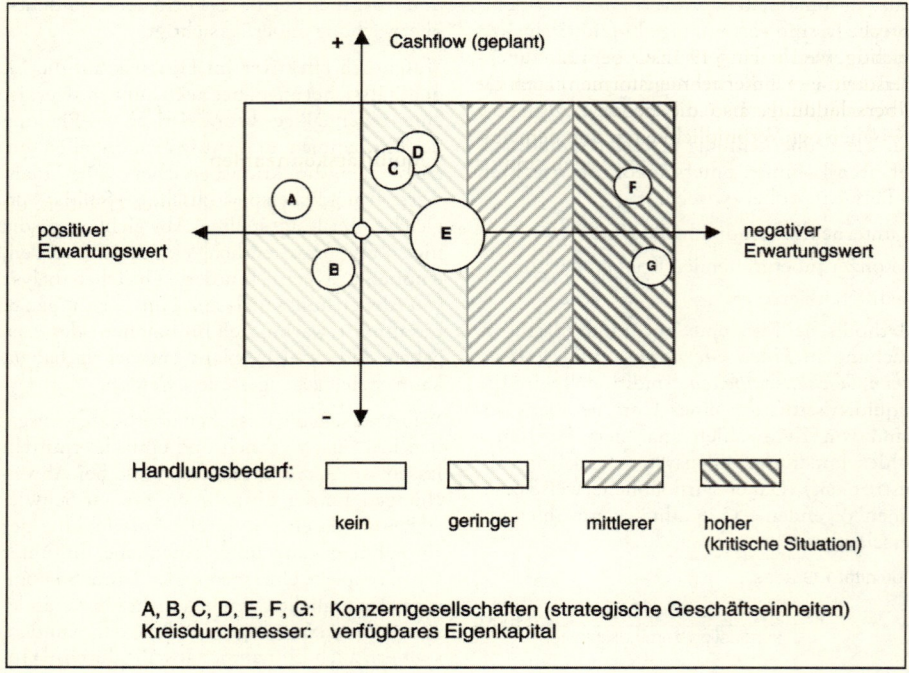

Abb.: Liquiditäts-Risiko-Portfolio (Beispiel)

controlling), beanspruchte Überziehungskredite, zwischenbetriebliche Kooperationen, Erhöhung der Eigenkapitalbasis (→Eigenkapital), Absicherung der Zahlungsforderungen bei Exportgeschäften durch Bankgarantien oder Desinvestitionen erzielen.

Wichtig für die Effizienz des Liquiditätscontrollings ist, dass die gewonnenen Erkenntnisse den Entscheidungsträgern unverfälscht und zeitnah übermittelt werden (→Führungsinformationssysteme).

Methodische Konzepte der Liquiditätsüberwachung im *Konzern*: Ein spezifisches Problem der Liquiditätssicherung im Konzern (→Konzernarten) ist die Aufbereitung und Aggregation der relevanten Risikoinformationen. Abgesehen von Risiken durch Kursschwankungen in den Leitwährungen, die sich zumindest teilweise durch Devisentermingeschäfte und Devisenoptionsgeschäfte kompensieren lassen, werden alle sonstigen Risiken im Wesentlichen vor Ort, also dezentral erfasst werden müssen, da in den Konzernzentralen das erforderliche Know-how i.A. nicht verfügbar ist. Sichergestellt sein muss dann allerdings, dass in den Konzerngesellschaften die benötigten Daten einheitlich und nach einem vorgegebenen Rhythmus erfasst [→Betriebsdatenerfassung (BDE)] und dann auch zeitnah an das Konzerncontrolling unverfälscht weitergeleitet werden (→Controlling im Konzern; →Konzernmanagement). Um den Aggregationsprozess zu vereinfachen, empfiehlt es sich, die Ermittlung und Kommunikation finanziell relevanter Risikoinformationen zu schematisieren. Wichtige Gestaltungsanforderungen sind Angaben zur potenziellen Schadenshöhe, die vermuteten Eintrittswahrscheinlichkeiten sowie zeitliche Aspekte [→Risikomanagementsystem (RMS)].

Für die Aufbereitung der generierten Informationen zu einem komprimierten →Führungsinformationssystem eignen sich insb. Portfoliodarstellungen (→Portfolioanalyse). In der obigen Abb. ist die mögliche Gestaltung eines Risikoinformationssystem dargestellt. Durch unterschiedliche Schattierungen der verschiedenen Segmente kann die Dringlichkeit der notwendigen Korrekturmaßnahmen signalisiert werden.

Die symbolische Angabe des →Eigenkapitals für die verschiedenen Konzerngesellschaften verdeutlicht das verfügbare Deckungspotenzial für etwaige Cash Flow-Defizite (→Cash Flow). Diese Angabe ist insofern nicht unwichtig, weil nach § 19 InsO bei juristischen Personen (→Unternehmensformen) auch die Überschuldung, also die negative Differenz zwischen den Verbindlichkeiten und dem ausgewiesenen Vermögen, ein Insolvenzgrund ist (→Überschuldungsprüfung). Bei dieser Form der Portfoliodarstellung ist zwar der Prognosehorizont vorgegeben, jedoch lässt sich nicht unmittelbar feststellen, ob die vermuteten Liquiditätsrisiken nur vorübergehender Natur sind oder nicht. Dieser Aspekt muss durch gezielte Rückfragen geklärt werden.

Eine prophylaktische Begrenzung potenzieller Liquiditätsgefahren kann durch ein sog. Cash-Pooling erreicht werden. Bei diesem Verfahren werden täglich konzernweit die pagatorischen Salden ermittelt und mit Unterstützung der Banken durch einen Zahlungstransfer innerhalb des Konzerns festgestellte negative Salden in einzelnen Konzerngesellschaften soweit wie möglich kompensiert. Durch ein derartiges Cash-Pooling lassen sich auch die Zinsbelastungen minimieren. So besteht die Möglichkeit, Zahlungsüberschüsse am Geldmarkt anzulegen oder für Kreditrückzahlungen zu verwenden.

Ebenfalls zur Reduktion der Liquiditätsrisiken trägt die als Netting bezeichnete Vorgehensweise bei. Nach diesem Konzept werden konzerninterne →Forderungen und Verbindlichkeiten gegeneinander verrechnet. Dadurch verringern sich einerseits die →Kosten für Transferzahlungen und andererseits verbessern sich tendenziell die Kreditwürdigkeitspositionen der Konzerngesellschaften (→Kreditwürdigkeitsprüfung).

Bedrohungen der Liquidität bei internationalen Aktivitäten, die aus nicht unmittelbar beeinflussbaren Veränderungen in den Rahmenbedingungen resultieren, lassen sich nicht nur durch eigenständige Beobachtungen und Analysen, sondern auch durch die Inanspruchnahme externer Beratungsleistungen, wie etwa von Auslandshandelskammern, Botschaften und Konsulaten, der *bfai* oder durch den kommerziell betriebenen BERI-Informationsdienst, identifizieren.

Literatur: BGH-Urteil vom 24. Mai 2005, Aktz. IX ZR 123/04, NZG 8 (2005), S. 811–815; Burger, A./Ulbrich, P. R.: Beteiligungscontrolling, München/Wien 2005; Perridon, L./Steiner, M.: Finanzwirtschaft der Unternehmung, 12. Aufl., München 2003; Schierenbeck, H./Lister, M.: Value Controlling. Grundlagen Wertorientierter Unternehmensführung, München/Wien 2001; Wurl, H.-J.: Betriebliche Liquiditätskontrolle als Informationssystem, Göttingen 1990.

Hans-Jürgen Wurl

Liquiditätskennzahlen

Liquiditätskennzahlen sollen es erlauben, die finanzielle Situation von Unternehmen griffig und praxisnah zu „charakterisieren". Sie gehören häufig zum Handwerkszeug für Kreditentscheidungen (→Kreditwürdigkeitsprüfung; →Bonitätsanalyse; →Basel II). Ermittelt werden sie, indem jeweils bestimmte bilanzielle Vermögenspositionen zu ausgewählten Kapitalpositionen in Relation gesetzt werden. Es handelt sich also um eine stichtagsbezogene, statische, auf Bestandsgrößen beruhende Betrachtung, die feststellt, ob und in welchem Maße finanzielle Verpflichtungen durch liquide oder liquidierbare Vermögenswerte „gedeckt" sind. Dabei wird zwischen lang- und kurzfristigen Betrachtungen unterschieden.

Im Falle der *langfristigen* Schuldendeckung werden *sämtliche* Vermögens- und Kapitalpositionen in die Ermittlung einbezogen, um Aussagen über die Wahrung des „finanzwirtschaftlichen Gleichgewichts", i. S. d. Fähigkeit den fälligen Zahlungsverpflichtungen zu jedem Zeitpunkt nachkommen zu können, zu machen. Dabei geht es um die Einhaltung der sog. „goldenen Finanzierungs- oder Bilanzregel", die die Wahrung der *Fristenkongruenz* zwischen Kapitalbindungsdauer in den →Vermögensgegenständen und der Verfügbarkeitszeit des Kapitals fordert. Anders ausgedrückt: die Zahlungsfähigkeit gilt als gesichert, wenn die Kapitalbindungsdauer nicht länger ist als der Kapitalüberlassungszeitraum. Daraus folgt, dass Vermögensteile mit einer langen →Nutzungsdauer mit langfristigem Kapital finanziert sein sollen, kurzfristig für den Verbrauch oder Verkauf bestimmte Vermögensgegenstände hingegen kurzfristig finanziert sein können. Bilanzanalytisch (→Jahresabschlussanalyse; →Jahresabschlussanalyse, Methoden der) ist diesbzgl. von *Deckungsgraden* die Rede:

$$\text{Deckungsgrad A} = \frac{\text{Eigenkapital}}{\text{Anlagevermögen}}$$

$$\text{Deckungsgrad B} = \frac{\text{Eigenkapital + langfristiges Fremdkapital}}{\text{Anlagevermögen}}$$

Entsprechend der „goldenen Bilanzregel" ist beim Deckungsgrad B ein Wert > 1 zur Liquiditätssicherung erforderlich. Der Deckungsgrad A ist branchenspezifisch zu bestimmen, da je nach Unternehmensrisiken [→Risikomanagementsystem (RMS)] und Anlageintensität unterschiedliche Ansprüche an die Höhe des →Eigenkapitals i. S. v. Reinvermögen als Haftungssubstanz gestellt werden.

Die *kurzfristigen* Liquiditätskennzahlen oder -koeffizienten hingegen beziehen nur Vermögensgegenstände des →*Umlaufvermögens* auf der einen und *kurzfristige* →*Verbindlichkeiten* auf der anderen Seite in die Betrachtung ein. Auch ihnen liegt die Annahme zugrunde, dass die künftige Zahlungsfähigkeit eines Unternehmens dann als nahezu gesichert angesehen werden kann, wenn den nach Fälligkeitsterminen geordneten finanziellen Verpflichtungen Vermögensgegenstände mit entsprechender Fristigkeit gegenüberstehen, d. h. wenn die Zahlungsverpflichtungen durch einen entsprechend hohen Bestand an flüssigen Mitteln oder kurzfristig liquidierbaren Vermögensgegenständen gedeckt sind.

Unterschieden wird zwischen der „Barliquidität" (Liquidität 1. Grades), der kurzfristigen Liquidität (Liquidität 2. Grades) und der mittelfristigen Liquidität (Liquidität 3. Grades). Sie unterscheiden sich durch die jeweilige Definition des *Zählers*, die durch die unterschiedliche Liquiditätsnähe der einbezogenen Vermögenswerte charakterisiert ist, wobei die Kassenbestände, Guthaben bei Kreditinstituten und liquiditätsnahe Wertpapiere zu den liquiden Mitteln zählen. Im *Nenner* werden jeweils die kurzfristigen Verbindlichkeiten oder das kurzfristige →Fremdkapital (= kurzfristige Verbindlichkeiten + kurzfristige →Rückstellungen) als Bezugsgröße angesetzt:

$$\text{Barliquidität} = \frac{\text{liquide Mittel}}{\text{kurzfristige Verbindlichkeiten}} \cdot 100$$

$$\text{Liquidität 2. Grades} = \frac{\text{liquide Mittel} + \text{kurzfristige Forderungen}}{\text{kurzfristige Verbindlichkeiten}} \cdot 100$$

$$\text{Liquidität 3. Grades} = \frac{\text{liquide Mittel} + \text{kurzfristige Forderungen} + \text{Vorräte}}{\text{kurzfristige Verbindlichkeiten}} \cdot 100$$

wobei die Kassenbestände, Guthaben bei Kreditinstituten und liquiditätsnahe Wertpapiere zu den liquiden Mitteln zählen.

Auch das *Working Capital* (Umlaufvermögen − kurzfristiges Fremdkapital) wird als Liquiditätsmaß herangezogen:

$$\text{Working Capital Ratio} = \frac{\text{Umlaufvermögen}}{\text{kurzfristiges Fremdkapital}} \cdot 100$$

Die Liquiditätssituation wird als umso positiver eingeschätzt, je höher der Prozentwert der Liquiditätsgrade ist. Ebenso wie bei den langfristigen →Finanzierungsregeln haben sich in der Praxis auch für die kurzfristigen Liquiditätskennzahlen branchenabhängig gewisse Ober- und Untergrenzen als Normen entwickelt. Gerade in diesen „Normen" liegt auch die praktische Bedeutung dieser Kennzahlen, indem sie eine Art von Spielregeln zwischen den Kreditsuchenden und den Kreditgebern darstellen. Die Unternehmen bzw. ihre Finanzmanager und Bilanz*gestalter* sind bemüht, die „Regeln" einzuhalten (→Liquiditätscontrolling), weil sie sich nicht dem Verdacht aussetzen möchten, sie nicht einhalten zu können und deswegen sanktioniert zu werden.

Aus *theoretischer Sicht* sind gegen diese Art der Urteilsbildung über die stete Zahlungsfähigkeit anhand von Bestandszahlen − lang- und kurzfristiger Art − erhebliche Einwände vorzubringen. Genannt seien die Stichtagsbezogenheit (Momentaufnahme, es besteht kein kausaler Zusammenhang zwischen der Liquidität am Bilanzstichtag und der zukünftigen Liquidität), die Veränderungen zwischen Bilanzstichtag und Kennzahlenermittlung (veraltetes Zahlenmaterial) und die unzureichende Einbeziehung von liquiditätsbestimmenden Determinanten (Prolongations-, Substitutions- und anderweitige Kapitalbeschaffungsmöglichkeiten). Die jederzeitige Zahlungsfähigkeit von Unternehmen hängt von finanziellen *Strom*größen (→Kapital- und Finanzflussrechnung; →Kapitalflussrechnung), d. h. von der höhen- und terminlichen Ausgeglichenheit von Einnahmen und Ausgaben im Zeitverlauf, ab. Der eigentliche Sinn der Liquiditätskennzahlen liegt somit eher im Aufzeigen von Entwicklungstendenzen im →zeitlichen Vergleich und der relativen Liquiditätslage im Vergleich zu Wettbewerbern und zur Branche (→überbetriebliche Vergleiche; →Benchmarking; →betriebswirtschaftlicher Vergleich).

Literatur: Baetge, J./Kirsch, H.-J./Thiele, S.: Bilanzanalyse, 2. Aufl., Düsseldorf 2004, S. 254−267; Coenenberg, A. G.: Jahresabschluss und Jahresabschlussanalyse, 20. Aufl., Stuttgart 2005, S. 1003–1008; Gräfer, H.: Bilanzanalyse, 9. Aufl., Herne/Berlin 2005, S. 105–108 und 127–131; Lachnit, L.: Bilanzanalyse, Wiesbaden 2004, S. 289–291.

Horst Gräfer

Liquiditätsplanung →Finanzplanung

Liquiditäts-Risiko-Portfolio →Liquiditätscontrolling

Liquiditätssicherung →Finanzplanung; →Finanzierungsregeln

Lizenzspielervereine

Kernpunkt der Prüfung und wesentliche Voraussetzung für die Lizenzerteilung ist der *Nachweis der wirtschaftlichen Leistungsfähigkeit,* um den Liga-Spielbetrieb für die jeweils kommende Spielzeit, wie auch längerfristig, zu sichern. Maßstab dafür sind die Liquiditätsverhältnisse des Bewerbers (→Liquiditätskennzahlen) und die →Vermögenslage. Der Lizenzbewerber hat deshalb zum Nachweis der wirtschaftlichen Leistungsfähigkeit nach § 8 LO und Anhang VII zur LO neben vergangenheitsbezogenen Unterlagen auch Planrechnungen (→Planung) für die nächste Spielzeit einzureichen. Die Prüfung der zu erstellenden Unterlagen und Rechenwerke erfolgt in zwei Stufen. Die erste Stufe ist die Prüfung von in der LO näher bestimmten Unterlagen durch einen WP, in der zweiten Stufe werden diese und weitere Unterlagen durch die Lizenzierungsabteilung des *Ligaverbandes* geprüft. Das Regelwerk ist eingebunden in das Lizenzierungsverfahren der *UEFA.*

Nach Anhang III zum Ligastatut gehört es zu den Aufgaben des Aufsichtsrats „im Einvernehmen mit dem *Ligaverband* einen unabhängigen *Wirtschaftsprüfer* [*zu bestellen*], [...] wobei zu beachten ist, dass die Person des Wirtschaftsprüfers spätestens nach Ablauf des fünften Jahres wechseln muss." Nach § 8 LO beauftragt aber der *Ligaverband* den WP (→Prüfungsauftrag und -vertrag). Er hat das Recht, anstelle des vom Bewerber bevollmächtigten Wirtschaftsprüfers einen anderen WP zu bestellen. Anhang VII zur LO regelt, dass „die Prüfung [...] für die Zwecke des Lizenzierungsverfahrens nach den Vorschriften der [...] §§ 317, 321 bis 323 HGB [erfolgt], sowie den ergänzenden Bestimmungen nach der Satzung, den Ordnungen und den Bestimmungen des *Ligaverbandes*." Größenabhängige Befreiungstatbestände finden keine Anwendung. Nicht geregelt ist die Frage der *Konzernrechnungslegungspflicht.*

Die Prognoseprüfung (→*Prognose- und Schätzprüfung) aufgrund der Erweiterung des Prüfungsauftrages* erstreckt sich darauf, ob

- die für die →Planungen getroffenen Annahmen plausibel sind (→Plausibilitätsprüfungen; →analytische Prüfungshandlungen),
- die Planungen vor dem Hintergrund der Situation des Bewerbers in der Vergangenheit, der bisher getroffenen Maßnahmen und Ressourcendispositionen und der abgeschlossenen Verträge angemessen, realistisch sowie in sich widerspruchsfrei sind,
- in die Planungen alle verfügbaren Informationen zum Zeitpunkt der Aufstellung vollständig eingeflossen sind und
- die inhaltliche Zusammensetzung der ausgewiesenen Posten mit den Vorjahren vergleichbar ist.

Die Annahmen in den Planerfolgsrechnungen für die Herleitung der prognostizierten →Erträge (→Erfolgsprognose), insb. im Bereich Spielbetrieb, Werbung sowie Fernsehen und Aufwendungen, insb. im Bereich Personal (→Personalaufwand), sind darzustellen und vom WP zu kommentieren.

Bei bilanzieller *Überschuldung* ist festzustellen, ob besondere Maßnahmen einzuleiten sind, damit noch laufende Auflagen bis zum Ende der Spielzeit eingehalten werden können. Nach berufsüblichen Grundsätzen (→Berufsgrundsätze des Wirtschaftsprüfers) ist zusätzlich festzustellen, ob der Tatbestand der materiellen Überschuldung vorliegt (→Überschuldungsprüfung). Er schließt die Lizenzerteilung aber nicht automatisch aus. Stille Reserven (→stille Reserven und Lasten) im Spielervermögen sind bei der Aufstellung des Überschuldungsstatus nur in der Höhe zu berücksichtigen, soweit bereits abgeschlossene Transferverträge mit anderen Bewerbern oder Vereinen vorliegen.

Stellt der WP fest, dass der Bewerber *Auflagen* nicht eingehalten hat oder einhalten wird, ist zu beurteilen, wie sich die Nichteinhaltung der Auflagen auf die Vermögenslage, →Finanzlage und →Ertragslage (→wirtschaftliche Verhältnisse) des Bewerbers ausgewirkt hat bzw. auswirken wird und ob der Bewerber die Auflagen einhalten konnte oder ob Umstände zur Nichteinhaltung geführt haben, die der Bewerber selbst nicht beeinflussen konnte.

Gem. Anhang VII zur LO gilt, dass der →Prüfungsbericht (PrB) und der →Bestätigungsvermerk (BestV) nach den Grundsätzen der IDW PS aufzustellen ist. Maßgeblich sind IDW PS 450 für die Berichterstattung und IDW PS 400 für den BestV. Der PrB fordert neben den Standardabschnitten Feststellungen aus der Erweiterung des Prüfungsauftrags, Ausführungen, die der Transparenz dienen sollen, und darüber hinaus zusätzlich Informationen, die sich aus der besonderen Zielsetzung der Berichterstattung – Sicherstellung des Spielbetriebs für die nächste Spielzeit – ergeben. Der BestV ist dem für KapGes nachgebildet, ergänzt um die Erweiterung des Auftrags durch die Planungsrechnung. Nach § 8 Nr. 1 lit. e LO liegt anders als bei KapGes kein geprüfter Abschluss vor, wenn der BestV versagt oder nicht gegeben wird.

Für die *Vorlage* der Unterlagen beim *Ligaverband* gilt der 1. März als *Ausschlussfrist* für Bewerber aus dem Amateurfußball, der 15. März für Bewerber aus dem Lizenzfußball. Werden die Bewerbungsunterlagen bis zu diesen Terminen nicht oder unvollständig vorgelegt, nimmt der Bewerber am Lizenzierungsverfahren nicht teil. Die Entscheidung über die Vollständigkeit der Unterlagen obliegt dem Vorstand des *Ligaverbandes*. Sie ist endgültig.

Während der WP vorrangig die Richtigkeit der beim *Ligaverband* einzureichenden Unterlagen dokumentiert und testiert, prüft der *Ligaverband* in der *zweiten Stufe* die wirtschaftliche Leistungsfähigkeit anhand der Kriterien in Anhang IX zur LO. Zentrales Kriterium ist die Beurteilung der Liquiditätsverhältnisse des Fußballunternehmens. Kennzahlen sind die Liquidität zum 30.06.t+1, der Abschluss der nächsten Saison und die Vermögenslage (Eigenkapital und Eigenkapitalähnliche Posten) zum Zeitpunkt 31.12.t−1, also zum aktuellen Bilanzstichtag. Ob und wie dann eine Lizenz erteilt wird stellt sich schematisch wie folgt dar:

Abb.: Kriterien zur Lizenzerteilung

Liquidität 30.06.t+1	Vermögenslage 31.12.t-1	Lizenzerteilung
positiv	positiv	ja
positiv	negativ	ja, mit Auflage
negativ	positiv	ja, mit Bedingung
negativ	negativ	nein

Literatur: DFL: Ligastatut der DFL (§ 5 Nr. 1a), http://www.dfl.de (Download: 29. August 2006); Klimmer, C.: Prüfung der wirtschaftlichen Leistungsfähigkeit im deutschen Lizenzfußball – eine betriebswirtschaftlich fundierte Analyse? in: Hamman, P. et al. (Hrsg.): Ökonomie des Fußballs. Grundlagen aus volks- und betriebswirtschaftlicher Sicht, Wiesbaden 2004, S. 133–161; Thyll, A.: Jahresabschluss und Prüfung nach der Lizenzierungsordnung: Grundlagen und Gegenüberstellung mit den handelsrechtlichen Vorschriften, in: Hamman, P. et al. (Hrsg.): Ökonomie des Fußballs. Grundlagen aus volks- und betriebswirtschaftlicher Sicht, Wiesbaden 2004, S. 163–192.

Alfred Thyll

Löschung von Unternehmen →Amtslöschung von Unternehmen

LoFo-Methode →Verbrauchsfolgeverfahren

Logistikcontrolling

Logistikcontrolling wird als Managementansatz zur Koordinierung der Führungsaufgaben der Logistik angesehen. Logistik und →Controlling stellen Querschnittsfunktionen im Unternehmen dar. Durch Anwendung von →Controllingkonzepten in der Logistik sollen logistische Teilprozesse, logistische →Prozessketten und Supply Chains oder Supply Networks geplant, gesteuert und kontrolliert werden (→Supply Chain Controlling). Ziel ist die schnittstellenübergreifende Optimierung von logistischen Prozessen durch Schaffung einer geeigneten Informationsbasis; eine besondere Herausforderung besteht in der Verknüpfung von eigenen mit fremden (Kunden- und Lieferanten-) Informationssystemen (→Führungsinformationssysteme).

Im eigenen Unternehmen muss in verschiedenen Bereichen ein Controlling stattfinden (→Bereichecontrolling): Teilprozesse, wie z. B. Bedarfsplanung (→Bedarfsplanung und -kontrolle), Einkauf (→Beschaffungscontrolling; →Einkaufsportfolio), Lagerung, Kommissionierung und Distribution (→Distributionsanalyse), müssen analysiert, verkürzt und beschleunigt werden (Auftragsdurchlaufzeitcontrolling). In einem weiteren Schritt sind diese Prozesse zu verknüpfen und flussorientiert zu gestalten. Es kommt hierbei auf die Effizienz und Effektivität bereichsübergreifender Prozessketten im eigenen Unternehmen an (bereichsübergreifendes Controlling). Weitet man die Prozesskette über die Grenzen des eigenen Unternehmens aus, so entsteht eine Supply Chain oder auch ein Supply Network. Hierbei wird der gesamte Material-, Waren- und Informationsfluss der Lieferanten durch das eigene Unternehmen über alle Handels- und Kundenstufen bis zum Endkunden gesteuert (→Supply Chain Management) (Heß 2003, S. 377 f.).

Ebenso wie beim allgemeinen Controlling kann auch beim Logistikcontrolling zwischen der strategischen und der operativen Ebene unterschieden werden. Lange Zeit wurden →operatives Controlling und →strategisches Controlling nur unter zeitlichen Gesichtspunkten unterschieden: strategisches Controlling wurde als langfristiges, operatives Controlling als kurzfristiges angesehen. Heute wird der fundamentale Unterschied in der Messgröße gesehen; der zeitliche Aspekt wird aber unverändert berücksichtigt (Bliesener 2002, S. 8).

In Abhängigkeit von der Prozessorientierung sind Logistikziele zu entwickeln und zu definieren. Als grundsätzliche Zielsetzungen können nen die Erhöhung der Logistikleistung und die Senkung der Logistikkosten angesehen werden.

Das strategische Logistikcontrolling beschäftigt sich mit dem Aufbau und dem Erhalt von Erfolgspotenzialen: Risiken und Chancen (→Risiko- und Chancencontrolling) müssen erkannt, zukünftige Stärken und Schwächen aufgespürt werden, um zur langfristigen Erhaltung des Unternehmens beizutragen; es muss die Voraussetzungen schaffen, dass auch langfristig in der Logistik erfolgreich und wirtschaftlich gearbeitet werden kann. Als Beispiele können genannt werden: Wettbewerbsvorteile, Image, Kundenzufriedenheit, Positionierung im Markt, Marktanteil und Marktwachstum (Bliesener 2002, S. 8).

Das strategische Logistikcontrolling stellt den Handlungsrahmen für das operative dar. Auf dieser Ebene hat das Logistikcontrolling die Aufgabe, die Ziele der Logistik mess- und steuerbar zu machen. Dazu müssen Kennzahlen festgelegt werden, die in unterschiedlichen, aber regelmäßigen Zeitabständen erfasst werden (→Kennzahlen und Kennzahlensysteme als Kontrollinstrument). Die Festlegung der Kennzahlen erfolgt sowohl auf der Logistikleistungsseite als auch auf der Logistikkostenseite.

Eine Logistikleistung ist das Ergebnis einer logistischen Aktivität; als Spitzenkennzahl für den Output eines logistischen Systems wird oft der Lieferservice betrachtet (Pfohl 2004, S. 34). Logistikleistungen lassen sich generell schlecht erfassen, da sie sich einerseits schwierig abgrenzen lassen und es sich andererseits oft auch um nichtmonetäre Kennzahlen handelt. Neben dem Lieferservice können als Beispiele Produktivitätskennzahlen genannt werden: Anzahl Wareneingänge pro Tag, Anzahl Transporte pro Mitarbeiter, Anzahl Bestellungen pro Mitarbeiter und Tag.

Logistikkosten sind der bewertete, zur logistischen Leistungserstellung notwendige Güter- und Dienstleistungsverzehr. Typische Logistikkosten sind Lagerhaltungskosten, Transportkosten, Auftragsabwicklungskosten, Verpackungs- und Handlingskosten. Logistikkosten lassen sich ebenso schwierig abgrenzen wie Logistikleistungen, da sie im klassischen →Rechnungswesen in unterschiedlichen Kostenarten (→Kostenartenrechnung) enthalten sind und in verschiedenen Kostenstellen (→Cost Center; →Kostenstellenrechnung; →Betriebsabrechnungsbogen) anfallen (Weber 2002, S. 92). I.d.R. sind sie als Gemeinkosten in Kostenstellensummen (→Gemeinkostencontrolling) enthalten und lassen sich nicht separat erfassen: so werden Transporte in der Fertigung meistens unter den Personalkosten der Kostenstelle Produktion erfasst. Um eine höhere Transparenz bei den Logistikkosten zu erreichen, sollte die →Prozesskostenrechnung eingeführt werden: sie ermöglicht eine logistikprozessorientierte Erfassung der →Kosten und weitergehende Untersuchungen, z. B. Kostentreiberanalysen (→Cost Driver).

Literatur: Binner, H. F.: Unternehmensübergreifendes Logistikmanagement, München/Wien 2002; Bliesener, M.-M.: Logistik-Controlling. Von der Produktivität zum Prozess, München 2002; Heß, G.: Logistik-Controlling, in: Koether, R. (Hrsg.): Taschenbuch der

Logistik, Leipzig 2003, S. 375–389; Pfohl, H.-C.: Logistiksysteme: Betriebswirtschaftliche Grundlagen, 7. Aufl., Berlin et al. 2004; Weber, J.: Logistik- und Supply Chain Controlling, 5. Aufl., Stuttgart 2002.

Max-Michael Bliesener

Lohmann-Ruchti-Effekt →Abschreibungen, kalkulatorische

Lohn- und Gehaltsbuchhaltung →Nebenbücher

Lohngruppenabweichung
→Preisabweichung

Lohnsteuerhilfevereine

Lohnsteuerhilfevereine sind gem. § 13 Abs. 1 StBG Selbsthilfeeinrichtungen von Arbeitnehmern zur Hilfeleistung in Steuersachen. Der Verein hat sämtliche Einnahmen und Ausgaben fortlaufend und vollständig aufzuzeichnen (§ 21 StBerG). Am Ende eines jeden Geschäftsjahres sind seine Vermögenswerte und →Schulden anzugeben und in einer Vermögensübersicht zusammenzustellen. Die Vollständigkeit und Richtigkeit der Aufzeichnungen und der Vermögensübersicht sowie die Übereinstimmung der tatsächlichen Geschäftsführung mit den satzungsmäßigen Aufgaben müssen jährlich innerhalb von 6 Monaten nach Beendigung des Geschäftsjahres durch einen Geschäftsprüfer geprüft werden (§ 22 StBerG). Dieser hat das Ergebnis der Prüfung dem Vorstand des Lohnsteuerhilfevereins unverzüglich mitzuteilen. Der Verein muss innerhalb eines Monats nach Erhalt des Prüfungsberichts, spätestens 9 Monate nach Beendigung des Geschäftsjahres, eine Abschrift der zuständigen *OFD* zuleiten, außerdem ist der wesentliche Inhalt der Prüfungsfeststellungen den Mitgliedern schriftlich bekannt zu geben.

Die zuständige *OFD* führt die Aufsicht über die Lohnsteuerhilfevereine durch. Dabei wird sie von den Finanzbehörden unterstützt, die ihr bekannte Tatsachen mitteilen, die den Verdacht begründen, dass ein Verein gegen Vorschriften des StBerG verstoßen hat (§ 27 Abs. 3 StBerG). Die Mitglieder des Vorstands haben auf Verlangen vor der *OFD* Auskünfte zu geben sowie Geschäftsunterlagen vorzulegen (§ 28 Abs. 1 StBerG). Die Amtsträger der Aufsichtsbehörde sind berechtigt, die Geschäftsräume der Vereine zu betreten, um Prüfungen vorzunehmen, die zur Ausübung der Aufsicht für erforderlich gehalten werden (§ 28 Abs. 2 StBerG). Die Aufsichtsbehörde kann die Beratungsstelle eines Vereins schließen, wenn ein Leiter nicht vorhanden oder die Einhaltung der Pflichten nicht gewährleistet ist. Als Pflichten führt § 26 StBerG an: Die Hilfeleistung muss sachgemäß, gewissenhaft, verschwiegen und unter Beachtung der Regelungen zur Werbung (§ 8 StBerG) ausgeübt werden. Die Ausübung einer anderen wirtschaftlichen Tätigkeit i.V.m. der Hilfeleistung ist verboten.

Literatur: IDW (Hrsg.): WPH 2006, Band I, 13. Aufl., Düsseldorf 2006.

Gaby Pottgießer

Losgrößenplanung →Fertigungsaufträge

Low Balling →Prüfungshonorare

Lucky Buy →Geschäfts- oder Firmenwert

Lückenanalyse →Gap-Analyse

Lückenlose Prüfung

Eine lückenlose Prüfung (Vollprüfung) bietet sich an bei:

- →Unterschlagungsprüfungen,
- einer kleinen überschaubaren Grundgesamtheit,
- Nutzung von Datenanalyseprogrammen.

Der Nachteil einer lückenlosen Prüfung gegenüber einer →Stichprobenprüfung liegt in ihrem höheren Zeitaufwand. Darüber hinaus führt auch eine lückenlose Prüfung nicht zu einer objektiv richtigen Aussage zum Prüfungsobjekt, da auch im Rahmen der Prüfung Auswahl- und Beurteilungsfehler (→Fehlerarten in der Abschlussprüfung) vorkommen können.

Bei der *Unterschlagungsprüfung* wird regelmäßig eine lückenlose Prüfung des Zahlungs- oder des Warenverkehrs durchgeführt. Bei der Prüfung des →Zahlungsverkehrs werden alle Bewegungen auf Bankkonten verifiziert. Ziel ist, für jede Bewegung einen Nachweis über die tatsächliche Existenz des auf dem Bankkonto abgebildeten Geschäftsvorfalls zu erhalten. Bei Scheingeschäften lässt sich zwar ein Geldzufluss bzw. -abfluss erkennen, eine wirtschaftliche Begründung für die Zahlung fehlt i. d. R. jedoch. Da bei Unterschlagungsprüfungen das Risiko besteht, dass auch regelmäßig kleinere Geldbeträge unterschlagen werden, ist eine Vollprüfung aller Zahlungsvorgänge anzustreben. Zur Eingrenzung des Arbeitsumfangs kann vor der Auswahl der Prüfungselemente eine kritische Durchsicht der Transaktionen erfolgen. Dadurch werden z. B. automatisierte →Buchungen oder Buchungen, bei denen ein Unterschlagungsrisiko von vornehrein ausgeschlossen ist, aus der weiteren Prüfung ausgeschlossen.

Bei der Prüfung einer *kleinen, überschaubaren Grundgesamtheit* ergeben sich für die Prüfung regelmäßig zwei Möglichkeiten. Zum einen der Ausschluss der Grundgesamtheit von der Prüfung aufgrund ihrer geringen Bedeutung (→Wesentlichkeit) und zum anderen eine Vollprüfung, bei der jeder gebuchte Sachverhalt geprüft wird. Die Vollprüfung bietet sich nur für Konten bzw. Prüfungsobjekte auf der Aktivseite der Bilanz oder für Aufwandsposten an, da hier die Feststellung einer ggf. zu hohen Verbuchung (durch Überbewertung, durch eine zu späte Abgrenzung oder durch Erfassung von Transaktionen ohne wirtschaftlichen Gehalt) vorrangiges Prüfungsziel ist.

Vor dem Hintergrund der Entwicklung von Programmen zur Auswertung großer Datenmengen, ist auch die lückenlose Prüfung großer Grundgesamtheiten möglich. Die Prüfungen erstrecken sich dann regelmäßig auf die gezielte Entdeckung von →Unregelmäßigkeiten (→Unregelmäßigkeiten, Aufdeckung von). Typische Auswertungsroutinen, die bei der Durchführung einer lückenlosen Prüfung verwendet werden, sollten sich mit den folgenden Sachverhalten befassen:

- manuelle Buchungen auf nur maschinell bebuchbaren Konten,
- Buchungen mit einem Betrag der wesentlich über dem durchschnittlichen Buchungsbetrag dieses Kontos liegt,
- Buchungen von Usern mit einer nur geringen Anzahl von Buchungseinträgen in der Periode,
- Buchungen, die von Usern ohne entsprechende Berechtigung oder Blank Usern durchgeführt werden,
- Buchungen kurz vor dem Ende der Buchungsperiode und Stornierungen kurz nach dem Ende der Buchungsperiode,
- Buchungen kurz nach dem Ende der Buchungsperiode mit keinem Buchungstext, einem zu definierenden Buchungstext oder einem Buchungstext mit nur sehr wenigen Buchstaben,
- Buchungen mit Integritätsproblemen (z. B. kein Buchungstext, Duplikate, Buchungsdaten außerhalb des Berichtszeitraums),
- Buchungen zu ungewöhnlichen Zeiten (z. B. nachts, sonntags, an Feiertagen),
- Buchungen mit runden Beträgen (hier ist die Größe individuell festzulegen; z. B. Zahlen, die mit 99,99 oder 100,00 enden),
- Buchungen mit demselben Saldo, die überproportional häufig in der Gesamtpopulation vorkommen, und
- Durchsicht der Ziffern auf ungewöhnliche Häufungen (Benford Test).

Thomas M. Orth

Luxemburg

KapGes i. S. v. Art. 1 der RL 78/660/EWG des Europäischen Rates (societé anonyme, société en commandite par actions, société à responsabilité limité) müssen ihren Jahresabschluss von einem oder mehreren Wirtschaftsprüfern (Réviseur d' Entreprise) prüfen lassen, die von der HV aus den Mitgliedern des *IRE* stellt werden.

Das *IRE* ist ein Berufsverband mit Rechtspersönlichkeit, der gem. dem Gesetz vom 28.6.1984 über die Struktur des Berufsstandes des Wirtschaftsprüfers gegründet wurde. Mit diesem Gesetz wurden die Bestimmungen der Achten RL 84/253/EWG (sog. APr-RL) vom 10.4.1984 in Bezug auf die Zulassung der Verantwortlichen für die Pflichtprüfung der Rechnungslegungsunterlagen umgesetzt.

Die Organe des *IRE* sind der *Conseil des IRE* (der Rat des *IRE*), die *Assemblée Générale des Réviseurs d'Entreprises* (die HV der *RE*) und der *Conseil de discipline* (Disziplinarrat).

Um die ihm durch die Gesetze und Verordnungen gewährten Vollmachten und Befugnisse durchzusetzen, wird der *Conseil des IRE* von einem Sekretariat und verschiedenen beratenden Arbeitsgruppen unterstützt. Diese Arbeitsgruppen beraten den Conseil in Angelegenheiten bzgl. des Berufsstandes. Der *Conseil des IRE* besteht aus sieben Mitgliedern, die die *Assemblée Générale* unter ihren Mitgliedern

wählt. Neben seinen Pflichten hat der er die folgenden Befugnisse:
- „Verteidigung der Rechte und Interessen des Berufsstandes,
- Verleihung von Ehrenmitgliedschaften an Mitglieder, die ihre Tätigkeit nicht mehr aktiv ausüben,
- Durchführung der erforderlichen Maßnahmen, um den guten Ruf und die Unabhängigkeit seiner Mitglieder zu wahren,
- Aufrechterhaltung der Dienstpflichten der Mitglieder insgesamt und Durchsetzung dieser Dienstpflichten mithilfe eines Disziplinarrats und schließlich
- Vermeidung von und Vermittlung in Streitfällen zwischen Mitgliedern und zwischen Mitgliedern und Dritten."

Der *Conseil de discipline* des Instituts besteht aus dem Präsidenten des *Tribunal d'arrondissement de Luxembourg* (Bezirksgericht von Luxemburg) als Präsident sowie vier luxemburgischen Mitgliedern des *Conseil des Instituts*. Er ist berechtigt, seinen Mitgliedern gegenüber die Dienstpflichten in Angelegenheiten wie Verstößen gegen rechtliche und aufsichtsrechtliche Bestimmungen im Rahmen der Ausübung der beruflichen Tätigkeit, berufliche Fahrlässigkeit, Verletzungen der Prinzipien der beruflichen Integrität und Rechtschaffenheit sowie für Mitglieder ungebührliches Verhalten durchzusetzen. Dies geschieht in allen Fällen völlig unbeschadet eventueller rechtlicher Maßnahmen, seien diese zivil- oder strafrechtlicher Natur, die entsprechend der Umstände des Falles anwendbar sind. Die Sanktionen, die der *Conseil de discipline* in diesen Fällen verhängen kann, reichen von einer einfachen Verwarnung bis hin zum Ausschluss aus dem Institut.

Die Arbeitsgruppen (AG) analysieren Verordnungen und Gesetze der EU (Richtlinien und Empfehlungen), des Staates Luxemburg (Gesetze und Verordnungen), anderer Länder [den →United States of America (USA): SOA (→Sarbannes Oxley Act, Einfluss auf das Prüfungswesen); *Verlautbarungen der* →*Securities and Exchange Comission (SEC)*] oder anderer internationaler Berufsverbände [→*Fédération des Expertes Comptables Européens (FEE)*; →*International Federation of Accountants (IFAC)* u. a.], die Luxemburg betreffen. Sie schlagen dem *Conseil des IRE* entweder vor, die vorgeschlagenen neuen Standards anzunehmen, oder bereiten eine Empfehlung vor, wie auf das neue rechtliche Umfeld für den Berufsstand reagiert werden sollte.

Die beiden Empfehlungen der EU bzgl. der Unabhängigkeit von Wirtschaftsprüfern (Empfehlung 2002/590/EG) und der Qualitätssicherung für die Abschlussprüfung (Empfehlung 2001/256/EG) wurden in Luxemburg umgesetzt.

Zudem werden die Vorschriften und Standards [→International Standards on Auditing (ISA)] der *IFAC* übernommen und in Luxemburg umgesetzt. Besondere Empfehlungen wurden für die Mitglieder in Bezug auf Luxemburg spezifische Mandate veröffentlicht (z. B. Domizilierungsaktivitäten, ausführliche Prüfungsberichte für Banken und Fonds, Geldwäschemaßnahmen, brancheninterne Prüfungen etc.). Ein Ethikkodex, der im Wesentlichen dem der *IFAC* entspricht, wurde ebenfalls übernommen. Eine länderspezifische Anpassung dieses Kodex war erforderlich, um die spezifischen Aktivitäten zu erfassen, zu denen der Réviseur d'Entreprises per Gesetz aufgefordert wird.

Eine brancheninterne Prüfung wurde 1999 eingeführt. Die RE wurden über vier Geschäftsjahre überprüft. Die *Arbeitsgruppe für Qualitätskontrolle* ist für das brancheninterne Prüfungsverfahren verantwortlich, indem sie die zu prüfenden RE auswählt. Sie besteht sowohl aus Wirtschaftsprüfern als auch aus branchenfremden Personen, die die Aufsichtsbehörde und ausgewählte Berufsverbände repräsentieren.

Im Gesetz vom 19.12.2002 über das HR und die Rechnungslegung und Jahresabschlüsse von Unternehmen sind Veröffentlichungsvorschriften sowie Grundsätze und Vorschriften zur Rechnungslegung und zur Erstellung von Jahresabschlüssen festgelegt, die für Luxemburger Unternehmen gelten (auch bekannt als Lux GAAP). Diese Vorschriften basieren auf der Vierten RL 78/660/EWG.

Für regulierte Unternehmen, wie Banken, Versicherungen und Organismen für gemeinsame Anlagen, sowie andere Berufsstände des Finanzsektors wurden von deren Aufsichtsbehörden *CSSF* und *CAA* spezielle Regelungen für die Rechnungslegung und die Jahresabschlüsse festgelegt und es existiert für diese Branchen ein besonderer rechtlicher Rahmen.

Eric van de Kerkhove; Robin Bonthrone

M

MaH → Mindestanforderungen an das Risikomanagement

MaIR → Mindestanforderungen an das Risikomanagement

MaK → Mindestanforderungen an das Risikomanagement

Make-or-Buy → Outsourcing

Makler- und Bauträgerverordnung

Die im Jahre 1973 eingeführte Erlaubnispflicht des § 34 GewO soll sicherstellen, dass ungeeigneten Personen die Tätigkeit als Makler, Darlehens- und Anlagenvermittler, Bauträger und Baubetreuer verwehrt wird. Die *Berufsausübungsregelungen* der MaBV gelten gem. § 1 MaBV für alle Gewerbetreibenden, die gem. § 34c GewO erlaubnispflichtig sind. Sie gelten damit auch für einschlägige Gewerbetreibende bei fehlender Erlaubnis.

Bauträger, Baubetreuer und Anlagenvermittler müssen auf ihre Kosten für jedes Kalenderjahr durch einen *geeigneten Prüfer* (§ 16 Abs. 3 MaBV) die Einhaltung der sich für sie ergebenden Verpflichtungen prüfen lassen (→Pflichtprüfungen). *Grundstücksmakler und Darlehensvermittler* wurden mit Gesetz vom 21.6.2005 von der jährlichen Prüfung ausgenommen. Neben diesen ordentlichen Prüfungen ist die zuständige Behörde auch befugt, bei dem erlaubnispflichtigen Personenkreis aus besonderem Anlass eine ao. Prüfung durch einen Prüfer ihrer Wahl durchführen zu lassen. Die Prüfung nach § 16 MaBV ist eine →Ordnungsmäßigkeitsprüfung und *Gesetzmäßigkeitsprüfung*, die auf die Einhaltung der Vorschriften der §§ 2–14 MaBV gerichtet ist. Wurden im Berichtszeitraum keine erlaubnispflichtigen Tätigkeiten ausgeübt, besteht keine Prüfungspflicht.

Das *Regelungswerk der MaBV*, auf das sich die Prüfung erstreckt, lässt sich systematisch wie folgt zusammenfassen (Bergmeister/Reiß 2003, S. 54):

- Sicherungspflichten (§§ 2–8, 12 MaBV),
- Anzeigepflicht (§ 9 MaBV),
- Buchführungs- und Informationspflichten (§§ 10, 11 MaBV) sowie
- Inseratensammlung, →Aufbewahrungspflichten (§ 13, 14 MaBV).

Die prüfungsrelevanten *Sicherungspflichten* umfassen

- die Sicherungsleistung, Versicherung (§ 2 MaBV),
- die besonderen Sicherungspflichten für Bauträger (§ 3 MaBV),
- die Mittelverwendungsregelungen (§ 4 MaBV),
- die Verpflichtung des Hilfspersonals (§ 5 MaBV),
- die getrennte →Vermögensverwaltung (§ 6 MaBV),
- die besondere Sicherung insb. durch Bürgschaften (§ 7 MaBV),
- die Rechnungslegung (§ 8 MaBV) sowie
- die Unzulässigkeit von der MaBV abweichender Vereinbarungen gem. § 12 MaBV.

Die Vorschriften der §§ 3, 4 und 7 MaBV sind das Kernstück der bei Bauträgern durchzuführenden Prüfung, denn diese Vorschriften regeln die Voraussetzungen für die Hereinnahme und Verwendung von Vermögenswerten des Erwerbers. Die MaBV greift in § 3 zurück auf die im Grundstücksverkehr zugunsten des Erwerbers entwickelten Sicherungsmaßnahmen. Die Sonderregelungen für Bauträger umfassen in § 3 Abs. 1 MaBV die *rechtlichen Voraussetzungen* zur Mittelhereinnahme sowie in § 3 Abs. 2 MaBV die vertraglich zu bestimmenden, *am Baufortschritt orientierten Kaufpreisraten*. Ziel der Vorschrift ist der Schutz des Verbrauchers vor Vermögensschäden. § 3 MaBV ist nicht nur die wichtigste Verbraucherschutzbestimmung der MaBV, die Vorschrift hat auch eine besondere wirtschaftliche Bedeutung für Bauträger. Solange ein Bauträger keine Vermögenswerte von Käufern zur Vorbereitung oder Durchführung des Bauvorhabens verwendet, kommt die

MaBV nicht zur Anwendung (Bergmeister/ Reiß 2003, S. 69 m.w.N.). Ein Bauvorhaben ist zutreffenderweise durchgeführt, wenn es bezugsfertig ist. Die Notarliteratur spricht sich dagegen für die endgültige Fertigstellung aus (s. zum Meinungsstand Bergmeister/Reiß 2003, S. 69 m.w.N.). Jedwede Mittelhereinnahme durch den Bauträger setzt – ungeachtet des erreichten Bautenstands – voraus, dass die in § 3 Abs. 1 MaBV formulierten rechtlichen Voraussetzungen erfüllt sind, sofern der Bauträger nicht nach § 7 MaBV verfährt. Sind die vorgegebenen rechtlichen Voraussetzungen erfüllt (lastenfreier Eigentumsübergang ist gesichert), darf der Bauträger die Vermögenswerte des Käufers nach Baufortschritt in höchstens sieben Raten nach einem *Ratenplan* hereinnehmen, der aus den 13 Bauabschnitten des § 3 Abs. 2 MaBV zu bilden ist. Bei dieser Regelung soll der Gewerbetreibende zur Vorleistung gezwungen werden, um zu verhindern, dass er für seine in das Vermögen des Gewerbetreibenden übergehenden Vermögenswerte (Ratenzahlungen) keine entsprechende Gegenleistung erhält.

Bauträger dürfen vertragsgemäß im Rahmen des § 3 MaBV hereingenommene Vermögenswerte nur *bauvorhabenbezogen* verwenden. Hierauf konzentriert sich die Prüfung der Mittelverwendungsregelungen des § 4 MaBV bei diesen Gewerbetreibenden, durch die das sog. Schneeballsystem unterbunden werden soll. Die Prüfung wird erschwert durch die regelmäßig nicht mit der wirtschaftlichen Realität in Einklang zu bringenden Bestimmungen, was unter einem Bauvorhaben zu verstehen ist. Unklar ist auch, welche →Kosten dem Bauvorhaben abschließend zuzurechnen sind und deren wertmäßiger Ansatz.

Bauträger sind von der Einhaltung wesentlicher Regelungen der §§ 3–6 MaBV befreit, sofern sie *Sicherheit* nach § 7 MaBV geleistet haben (Bergmeister/Reiß 2003, S. 148). Die wesentliche Bedeutung des § 7 MaBV liegt darin, Raten von Erwerbern vorzeitig (weil bspw. die rechtlichen Voraussetzungen noch nicht gegeben sind) und/oder in nicht bautenstandsgerechter Höhe abrufen zu können und diese umfassend abzusichern.

Die Prüfung nach der MaBV konzentriert sich auf die →*Systemprüfung* der *Organisation* zur Einhaltung der sich aus der VO ergebenden Verpflichtungen (→Ablauforganisation) und die →*Stichprobenprüfung der Einhaltung der einzelnen Vorschriften* (→Funktionsprüfung). Die Prüfung der Einhaltung der Sicherungspflichten (§§ 3–8, 12 MaBV) stellt besondere Anforderungen an die Kenntnis der Vorschriften und der Branchengepflogenheiten. In der Praxis wurde hierfür ein →Prüfungsprogramm entwickelt (s. den Abdruck bei Bergmeister/Reiß 2003, S. 260–313).

Der *PrB* muss gem. § 16 Abs. 1 MaBV als einzigen Pflichtbestandteil einen Vermerk darüber enthalten, „ob Verstöße des Gewerbetreibenden festgestellt worden sind. Verstöße sind in dem Vermerk aufzuzeigen." Das →*Institut der Wirtschaftsprüfer in Deutschland e.V.* (*IDW*) hat den Inhalt des Prüfungsberichts skizziert (s. Anlage zu IDW EPS 830). Das Beispiel eines Prüfungsberichts über die Prüfung von Bauträgern gem. § 16 MaBV ist in der Literatur abgedruckt (Bergmeister/Reiß 2003, S. 320–331).

Literatur: Bergmeister, K./Reiß, H.: MaBV für Bauträger. Handbuch der Makler- und Bauträgerverordnung für die Gewerbetreibenden und deren Prüfer, 4. Aufl., Düsseldorf 2003; IDW (Hrsg.): Entwurf eines IDW Prüfungsstandard: Zur Prüfung Gewerbetreibender i.S.d. § 34c Abs. 1 GewO gemäß § 16 Makler- und Bauträgerverordnung (MaBV) (IDW EPS 830, Stand: 22. Oktober 2003), in: WpG 55 (2003), S. 1376–1386; Marcks, P.: MaBV Makler- und Bauträgerverordnung, 6. Aufl., München 1998.

Herbert Reiß

Makro-Hedge →Grundsätze ordnungsmäßiger Buchführung, bankspezifisch

Management Approach →Cash Generating Units; →Segmentberichterstattung

Management Auditing

Das Management Auditing ist neben dem →Financial Auditing, →Operational Auditing und Internal Consulting ein Teilgebiet der →Internen Revision. Dieser Einteilung liegt eine traditionelle Betrachtungsweise zugrunde.

Das Management Auditing umfasst die Prüfung, Beurteilung und Bewertung von Führungsinstitutionen und -vorgängen unter betriebswirtschaftlich-strategischen Aspekten, während sich das Operational Auditing auf die organisatorischen Strukturen, Abläufe und Kontrollen (→Kontrolltheorie) der laufenden unternehmerischen Tätigkeiten bezieht.

Prüfungsgegenstand ist insb. das unternehmerische Zielsystem i.V.m. dem Führungssystem.

In diesem Zusammenhang werden u. a. Methoden, Logiken und Vorgehensweisen geprüft, die das mittlere und obere Management bei der Zielbildung und Strategieentwicklung angewandt hat bzw. anwendet. Das Management Auditing ist einerseits vergangenheitsorientiert, um Schwachstellen zu identifizieren und zu analysieren, und andererseits zukunftsorientiert, um potenzielle Risiken anhand geeigneter Frühwarnindikatoren frühzeitig zu erkennen (→Früherkennungssysteme).

Die traditionelle Betrachtungsweise der Aufgabengebiete ist aufgrund geänderter Anforderungen und Vorgehensweisen bei den Tätigkeiten der Internen Revision nicht immer zweckdienlich. Eine aktuellere Systematisierung orientiert sich an den Prüfungsaufgaben und unterscheidet zwischen →Ordnungsmäßigkeitsprüfungen, Risiko- und Chancenprüfungen, Sicherheitsprüfungen, Prüfungen der Zukunftssicherung sowie →Wirtschaftlichkeits- und Zweckmäßigkeitsprüfungen (Lück 2001, S. 212). Das Management Auditing wird sich dabei vornehmlich auf die Prüfung der Wirtschaftlichkeit, Zukunftssicherung und Zweckmäßigkeit beziehen.

Zu den prozessunabhängigen Prüfungsaufgaben im Rahmen des Management Auditing zählen die Beurteilung und Bewertung ausgewählter Aspekte des Management-Prozesses, z. B. Leitung, Koordination, Motivation, Kommunikation und Information sowie Effizienz, hinsichtlich der Steuerung und Leistung bei Management-Funktionen (Hengst 2000, S. 62). Schwierig erscheint bei der Beurteilung und Bewertung die Messbarkeit der Prüfungsergebnisse: Oftmals werden qualitative Faktoren zu berücksichtigen sein, etwa Mitarbeiterzufriedenheit, Kundenzufriedenheit, Reaktionsvermögen und Innovationsvermögen (Hengst 2000, S. 62).

Literatur: Hengst, W.: Management Auditing: Ein bisher noch unentdecktes Revisionsfeld oder Teil von TQM?, in: ZIR 36 (2000), S. 61–62; Lück, W.: Operational Auditing, in: Lück, W. (Hrsg.): Lexikon der Internen Revision, München 2001, S. 212.

Bernhard Klinkhammer

Management Information Systeme
→Management Support Systeme

Management Override
→Unregelmäßigkeiten

Management Support Systeme

Unter der Bezeichnung „Management Support Systeme" (MSS) werden →IT-Systeme zusammengefasst, die der Unterstützung von Fach- und Führungskräften (Management) dienen. In ein MSS fließen unternehmensinterne Daten aus den operativen Anwendungssystemen in verdichteter Form ein, wobei eine Tiefenanalyse bis hin zu den Daten der elementaren Geschäftsvorfälle möglich ist. Unternehmensexterne Daten können über geeignete Schnittstellen ebenfalls integriert werden. Folgende Ausprägungen von MSS sind zu unterscheiden (Gluchowski/Gabriel/Chamoni 1997, S. 149–163, 165–199, 201–230):

- Management Information Systeme (MIS) stellen vornehmlich periodische Standardberichte für alle Managementebenen bereit.
- Decision Support Systeme (DSS) unterstützen den Manager mit Modellen, Methoden und problembezogenen Daten in schlecht strukturierten Entscheidungssituationen.
- Executive Information Systeme (EIS) richten sich an die oberen Führungsebenen und stellen unternehmensinterne und -externe Informationen zur Selektion und Analyse über individuell anpassbare Benutzungsoberflächen bereit.

MSS können in mehrfacher Hinsicht Prüfungsgegenstand sein (→IT-Systemprüfung). So ist „das IT-System des Unternehmens insoweit zu prüfen, als dessen Elemente dazu dienen, Daten über Geschäftsvorfälle oder betriebliche Aktivitäten zu verarbeiten, die entweder direkt in die IT-gestützte Rechnungslegung einfließen oder als Grundlagen für Buchungen im Rechnungslegungssystem in elektronischer Form zur Verfügung gestellt werden" (IDW PS 330.8). Ein MSS mag Informationen über zu erwartende Preisentwicklungen auf Beschaffungs- oder Absatzmärkten liefern, die für die Bestandsbewertung relevant sind (→Vorratsvermögen), oder zur →Bonitätsanalyse (→Bonität) von Kunden(segmenten) dienen und so für die Bewertung von →Forderungen relevant sein können.

MSS können ferner bei der Risikofrüherkennung (→Früherkennungssysteme) nach § 91 Abs. 2 AktG eine wichtige Rolle spielen. Im Rahmen der Prüfung des →Risikomanagementsystems gem. § 317 Abs. 4 HGB ist dann z. B. auch festzustellen (→Risikomanagementsystem, Prüfung des), ob die verwendeten Prognoseverfahren (→Prognoseinstrumente) geeignet sind und korrekt eingesetzt werden, ob Meldegrenzen eingehalten werden und entsprechende Berichte (→Berichtssystem) nach sich ziehen (IDW PS 340.24–31). Diese Beispiele betreffen die Methoden- und Modellbank im Rahmen eines DSS, „Exception Reporting"-Funktionen eines MIS oder EIS oder auch nur die Periodizität der Berichterstellung im Rahmen des MIS (Wall 2003, S. 389 f.).

Literatur: Gluchowski, P./Gabriel, R./Chamoni, P.: Management Support Systeme. Computergestützte Informationssysteme für Führungskräfte und Entscheidungsträger, Berlin et al. 1997; IDW (Hrsg.): IDW Prüfungsstandard: Abschlussprüfung bei Einsatz von Informationstechnologie (IDW PS 330, Stand 24. September 2002), in: WPg 55 (2002), S. 1167–1179; IDW (Hrsg.): IDW Prüfungsstandard: Die Prüfung des Risikofrüherkennungssystems nach § 317 Abs. 4 HGB (IDW PS 340, Stand 25. Juni 1999), in: WPg 52 (1999), S. 658–662; Wall, F.: Management Support Systeme als Komponente der Corporate Governance, in: ZP 14 (2003), S. 379–397.

Friederike Wall

Management's Discussion and Analysis

Der *Abschluss nach den →United States Generally Accepted Accounting Principles (US GAAP)* (Financial Statement) besteht grundsätzlich aus der Bilanz (Balance Sheet), der →Gewinn- und Verlustrechnung (GuV) (Statement of Income), der →Kapitalflussrechnung (Statement of Cash Flows) und der →Eigenkapitalveränderung (Statement of Changes in Stockholders' Equity).

Wird ein Abschluss im Rahmen einer *Registrierung* bei der →*Securities and Exchange Commission (SEC)* verwendet, so sind zusätzliche Informationen erforderlich. Eine der wesentlichen zusätzlichen Informationen stellt die MD&A dar, deren Inhalt in *Regulation S-K, Item 303* näher beschrieben wird.

Für US-amerikanische Unternehmen ist die MD&A als Teil des jährlichen Berichts *10–K* sowie des vierteljährlichen Berichts *10–Q* zu erstellen. Für ausländische *SEC*-notierte Unternehmen (Foreign Private Issuers) ist im Rahmen des jährlichen Berichts *20–F* ein *Operating and Financial Review and Prospects (OFR)* obligatorisch. Die Berichterstattung der OFR und MD&A unterscheiden sich in den wesentlichen Punkten nicht.

Die MD&A soll den Investoren einen Blick auf das Unternehmen aus Sicht des Managements gewähren. Dazu gehört die Analyse und die Erläuterung der vergangenen (indirekte Prognoseorientierung) und der erwarteten (direkte Prognoseorientierung) →Finanzlage und →Ertragslage eines Unternehmens.

Der Inhalt der MD&A ist in der *Regulation S-K Subpart 229.303* geregelt. Danach ist vor allem auf die Liquiditätslage (Liquidity), die Kapitalausstattung (Capital Resources), die Ertragslage (Results of Operations) und nicht bilanzierte Geschäfte (Off-balance Sheet Arrangements) (→außerbuchhalterische Bereiche) einzugehen. Damit ist die MD&A ein dem →Lagebericht nach HGB zumindest ähnliches Instrument.

Form, Inhalt und *Prüfung* der bei der *SEC* einzureichenden Berichte sind in der Regulation S-X geregelt. In Art. 3 „General Instructions as to Financial Statements" wird festgelegt, dass die Bestandteile des Abschlusses geprüft (audited) sein müssen. Dies betrifft jedoch nur den Abschluss und nicht die MD&A. Dies wird auch in der Formulierung des →Bestätigungsvermerks (Auditors' Report) deutlich, der sich explizit nur auf die vier Bestandteile des Abschlusses und nicht auf die MD&A bezieht.

Die *MD&A muss als zusätzliche Information*, die zusammen mit dem Abschluss im Geschäftsbericht (→Geschäftsberichte, Gestaltungsberatung) bei der *SEC* eingereicht wird (Other Information in Documents Containing Audited Financial Statements), grundsätzlich einer *Durchsicht* durch den →Abschlussprüfer (APr) unterzogen werden. Es wird jedoch unterschieden zwischen der laufenden Berichterstattung und der erstmaligen Registrierung.

Die Regelungen für den APr im Zusammenhang mit der *laufenden Berichterstattung* finden sich in SAS 8 und SAS 98 (AICPA 2005, AU Section 550). Dort wird die Anwendbarkeit auf Geschäftsberichte, die bei der *SEC* eingereicht werden sollen (Annual Reports Filed with Regulatory Authorities under the Securities Exchange Act of 1934), festgelegt. Der APr ist demnach nicht verantwortlich für zusätzliche Informationen, die er nicht in seinen BestV einbezogen hat. Es trifft ihn keine Verpflichtung, zusätzliche Prüfungshandlungen in diesem Zusammenhang durchzuführen (→Auswahl von Prüfungshandlungen). Dennoch muss er die zusätzlichen Informationen, also auch die MD&A, durchlesen und beurteilen, ob die Informationen und ihre Darstellung mit den Informationen des von ihm geprüften Abschlusses übereinstimmen (→zusätzliche Informationen zum Jahresabschluss, Beurteilung von). Sollten Widersprüche identifiziert werden, so muss der APr beurteilen, ob der Abschluss oder sein BestV geändert werden müssen. Ist dies nicht der Fall, so muss er den Mandanten auffordern, die MD&A zu überarbeiten, um die Widersprüche zu beseitigen. Werden die Widersprüche nicht beseitigt, so muss er daraus Konsequenzen für seinen BestV ableiten. Abhängig von der →Wesentlichkeit der Widersprüche kann dies einen ergänzenden Hinweis zum BestV oder sogar den Rücktritt vom Auftrag zur Folge haben (→Ausscheiden des Abschlussprüfers).

Weiterhin können Informationen im MD&A enthalten sein, die nicht im Widerspruch zum Abschluss stehen, aber dennoch eine falsche Darstellung beinhalten. Diese müssen mit dem Mandanten diskutiert werden. Das weitere Vorgehen ist vom Einzelfall abhängig.

Zusätzlich zu der Durchsicht der MD&A durch den APr führt die *SEC* ihrerseits zusätzlich →prüferische Durchsichten von MD&A durch.

Bei der *erstmaligen Registrierung*, also Neuemissionen von Wertpapieren (Initial Public Offering), einer Gesellschaft nach dem Securities and Exchange Act 1933 ist die prüferische Durchsicht ausdrücklich nicht ausreichend. Die Form der Bestätigung durch den APr ist der →Comfort Letter. Hier bestätigt der APr der ausgebenden Bank und dem ausgebenden Unternehmen Daten, die nicht durch den BestV abgedeckt werden. Dies betrifft sämtliche Informationen, die in einem Börsenzulassungsprospekt enthalten sind, also auch die MD&A. Bestätigt wird die Plausibilität der Angaben (→Plausibilitätsprüfungen).

Die Einbeziehung der MD&A in die Prüfung hat auch Auswirkungen auf die Rechnungslegung deutscher Unternehmen. Der Umfang der Prüfung bzw. der prüferischen Durchsicht der MD&A wirkt sich auf die *Anwendbarkeit des* § 292 HGB aus. § 292 HGB legt die Anforderungen für die Befreiung eines deutschen Teilkonzerns von der Verpflichtung, einen Konzernabschluss aufzustellen für den Fall fest, in dem der befreiende Konzernabschluss in einem sog. Drittstaat aufgestellt wird (→Teilkonzernabschlüsse; →Konzernabschluss, Befreiungsvoraussetzungen). Die Konzernabschlüsse US-amerikanischer Unternehmen sind bisher als solche einzustufen. § 292 HGB legt fest, dass ein befreiender Konzernabschluss und ein befreiender →Konzernlagebericht aufgestellt und geprüft werden. Fraglich ist deshalb insb., ob die prüferische Durchsicht der MD&A der Anforderung „geprüft" entspricht. Der MD&A wird jedoch i.V.m. dem →Anhang (→Notes) eine befreiende Wirkung zugesprochen (Lotz 2004, S. 2541–2547). Mit Verabschiedung des BilReG steht diese Auffassung erneut zur Diskussion und es bleibt abzuwarten, ob die MD&A auch zukünftig befreiende Wirkung haben wird.

Die MD&A kann *freiwillig einer Prüfung* unterzogen werden (→freiwillige und vertragliche Prüfung). Wie oben ausgeführt unterliegt die MD&A grundsätzlich einer prüferischen Durchsicht und ist somit nicht Gegenstand der Abschlussprüfung (→Jahresabschlussprüfung; →Konzernabschlussprüfung). Der APr kann jedoch damit beauftragt werden (→Prüfungsauftrag und -vertrag), die MD&A einer Prüfung, einer prüferischen Durchsicht (Review) oder vereinbarten Prüfungshandlungen zu unterziehen (Attest Engagement für die MD&A). Gem. SSAE 10 kann der Auftraggeber sowohl ein börsennotiertes als auch ein nicht börsennotiertes Unternehmen sein (AICPA 2005, Section AT 701).

Wird der APr mit der *Prüfung der MD&A* beauftragt, so muss er sich bei der Durchführung der Prüfung (→Auftragsdurchführung) nach den →*United States Generally Accepted Auditing Standards* (*US GAAS*) richten. Sein →Prüfungsurteil ist darauf gerichtet, dass die MD&A den Vorschriften der *SEC* entsprechen, die historischen Daten ordnungsgemäß aus dem Abschluss abgeleitet sind und Prognosen auf Basis von vernünftigen Annahmen getroffen worden sind. Dabei wird auch die Vollständigkeit der Angaben bestätigt. Eine besondere Bedeutung kommt hierbei der Prüfung zukunftsbezogener Informationen zu (→Prognose- und Schätzprüfung).

Literatur: AICPA (Hrsg): AICPA Professional Standards, NY 2005; Lotz, W.: Der befreiende Konzernlagebericht – Eine Problematische Voraussetzung für den befreienden Konzernabschluss einer SEC-berichtspflichtigen US-Muttergesellschaft, in: DB 57 (2004), S. 2541–2547.

Andreas Sievers

Management-Accounting →Rechnungswesen

Management-Buy-In →Nachfolgeberatung

Management-Buy-Out →Nachfolgeberatung

Managementinformationssysteme
→Führungsinformationssysteme

Managementletter

Der ursprünglich im angelsächsischen Raum übliche Managementletter stellt heute in der internationalen und deutschen Berufspraxis ein wesentliches Instrument der Berichterstattung im Rahmen der →Jahresabschlussprüfung (→Konzernabschlussprüfung) dar. So ist es allgemein üblich, dass Vorstand oder Geschäftsführung ergänzend zum →Prüfungsbericht (PrB) des →Abschlussprüfers einen gesonderten Bericht oder eine Präsentation über Feststellungen, mögliche Auswirkungen für das Unternehmen und Verbesserungsvorschläge erhalten. Die Feststellungen betreffen i. d. R. Erkenntnisse, die sich im Verlauf der Jahresabschlussprüfung im Zusammenhang mit der Bilanzierung, dem →Rechnungswesen, dem →Internen Kontrollsystem (→Internes Kontrollsystem, Prüfung des; →Systemprüfung), dem →Controlling, der Finanzierung sowie steuerlichen oder allgemeinen organisatorischen Themen ergeben haben. Die Auswirkungen für das Unternehmen sind unter Risikogesichtspunkten zu bewerten und zu erläutern. Im Zusammenhang mit der Darstellung der Verbesserungsvorschläge ist der Übergang vom Prüfer zum Berater fließend (→Unternehmensberatung). Die Geschäftsleitungen erwarten vom APr Anregungen zur Optimierung von Betriebsabläufen (→Geschäftsprozesse) aufgrund der detaillierten Kenntnisse des Unternehmens.

Die Problematik zur Berichterstattung des Wirtschaftsprüfers, auch im Zusammenhang mit dem Managementletter, ist im § 321 Abs. 1 Satz 1 HGB und neuerdings auch im TransPuG geregelt.

Nach § 321 Abs. 1 Satz 1 HGB ist der PrB schriftlich zu erstatten. Mündliche Äußerungen oder schriftliche Feststellungen in Form eines Vermerks oder eines sog. Managementletters erfüllen nicht die gesetzlichen Berichtspflichten des Abschlussprüfers (→Berichtsgrundsätze und -pflichten des Wirtschaftsprüfers). Im Übrigen sehen die i. d. R. den Aufträgen zugrunde liegenden Allgemeinen Auftragsbedingungen vor, dass mündliche Äußerungen ohne rechtliche Bindung sind (→Prüfungsauftrag und -vertrag; →Auftragsbestätigung).

Mit der Verabschiedung des TransPuG sind auch veränderte Anforderungen an die Berichterstattung des Abschlussprüfers im PrB verbunden. Der Gesetzgeber verfolgt damit die bereits im KonTraG zum Ausdruck gebrachte Absicht einer „problemorientierten Berichterstattung" weiter.

Mit dem TransPuG wird die Berichterstattung über Beanstandungen mit Bedeutung für die Überwachung der Geschäftsführung und des Unternehmens erweitert, indem über Feststellungen zu prüfungsrelevanten Beanstandungen, wie z. B. mangelhafte Funktionstrennung oder unzureichende Überwachung von Off Balance Sheet-Geschäften durch die Geschäftsleitung, berichtet werden muss (→sonstige finanzielle Verpflichtungen), auch wenn mit den Sachverhalten keine unzutreffende Darstellung in JA und →Lagebericht (→Konzernlagebericht) verbunden ist.

Dies trägt der Tatsache Rechnung, dass vor der Einführung des TransPuG über derartige Feststellungen häufig in einem gesonderten Managementletter berichtet wurde. Dieser wurde jedoch nicht zwingend dem AR zur Verfügung gestellt.

Die Überwachung der Geschäftsführung und des Unternehmens war daher für die Kontrollgremien nur eingeschränkt und unzureichend möglich (→Überwachungsaufgaben des Aufsichtsrats).

Die Erkenntnis zur zwingend notwendigen Veränderung und der daraus resultierenden gesetzlichen Regelung hierüber ergab sich jedoch nicht aus der rein wissenschaftlichen Arbeit, sondern vielmehr aus den negativen Folgen von nationalen und internationalen Unternehmenszusammenbrüchen (→Bilanzfälschung; →Wirtschaftskriminalität).

Die Aufgabe des Wirtschaftsprüfers ist es nunmehr, sorgfältig zu prüfen, welche seiner Feststellungen und Beanstandungen im Managementletter aufzunehmen sind und über welche er im PrB zu berichten hat.

Mit dieser neuen Berichterstattung und der zunehmenden Bedeutung des Prüfungsberichtes wird eine stärkere Bindung und Kommunikation des Abschlussprüfers an den und mit dem AR geregelt (→Aufsichtsrat, mündliche Berichterstattung an).

Der Managementletter wird durch diese gesetzlichen Neuregelungen in seiner ursprünglichen Form zunehmend an Bedeutung verlieren.

Jörg Ohlsen

Managing Director →Chief Executive Officer

Mandatsbegrenzung des Aufsichtsrats

Bei der Tätigkeit im AR einer Gesellschaft handelt es sich für den einzelnen Mandatsträger um ein Nebenamt. Die Durchführung einer anderweitigen hauptberuflichen Tätigkeit steht einer Mitgliedschaft im AR nicht entgegen, sondern stellt den Regelfall dar. Eine Beschränkung im Hinblick auf die hauptberufliche Tätigkeit ergibt sich nur aus § 100 Abs. 2 Nr. 2 und 3 AktG zur Vermeidung von Interessenkonflikten (→Interessenkonflikte von Vorstand und Aufsichtsrat).

Zulässig ist die Mitgliedschaft in mehreren Aufsichtsräten. Hierbei sieht der Gesetzgeber aber Mandatsbegrenzungen vor, um eine *effektive Überwachungstätigkeit* zu gewährleisten (→Überwachungsaufgaben des Aufsichtsrats). Die max. zulässige Zahl an Aufsichtsratsmandaten in *gesetzlich* zu bildenden Aufsichtsräten beträgt zehn (§ 100 Abs. 2 Nr. 1 AktG); eine Tätigkeit als Aufsichtsratsvorsitzender zählt dabei als zwei Mandate (§ 100 Abs. 2 Satz 3 AktG). Von der Beschränkung nicht erfasst werden max. fünf weitere Aufsichtsratsmandate innerhalb eines Unterordnungskonzerns (§ 100 Abs. 2 Satz 2 AktG) (→Konzernarten; →Aufsichtsrat im Konzern). Damit kann sich die max. zulässige Zahl der Aufsichtsratsmandate auf 15 erhöhen.

Im Schrifttum wird die gesetzliche Regelung zur Mandatsbegrenzung schon lange als lückenhaft und unzureichend kritisiert. Sie ist *lückenhaft*, weil erstens Sitze in *fakultativ* gebildeten Aufsichtsräten, etwa bei der →Gesellschaft mit beschränkter Haftung (GmbH), die nicht unter das MitbestG fällt (→Mitbestimmung), und zweitens Sitze in vergleichbaren Überwachungsorganen *ausländischer Gesellschaften* nicht erfasst werden. Sie ist *unzureichend*, weil bei einer Zahl von zehn bzw. 15 Aufsichtsratsmandaten eine effiziente und den Anforderungen genügende Überwachungstätigkeit innerhalb eines Nebenamtes kaum noch möglich erscheint. So sieht der →Deutsche Corporate Governance Kodex (DCGK) die Empfehlung vor, dass *Vorstandsmitglieder* von *börsennotierten Gesellschaften* nicht mehr als fünf Aufsichtsratsmandate in *konzernexternen börsennotierten Gesellschaften* (→Unternehmensformen) wahrnehmen sollen (DCGK 5.4.3).

Im JA (nach HGB) und Einzelabschluss [nach →International Financial Reporting Standards (IFRS)] sind bei einer *börsennotierten Gesellschaft* nicht nur jedes Aufsichtsratsmitglied mit Berufsbezeichnung namentlich zu nennen, sondern auch jeweils die Mitgliedschaft in *gesetzlichen* Aufsichtsräten und *anderen vergleichbaren in- und ausländischen Kontrollgremien* (→Publizität). Auf diese Weise sollen die Abschlussadressaten über die Belastungssituation der Aufsichtsräte und mögliche Interessenkonflikte informiert werden. Eine entsprechende Angabepflicht für den (bei börsennotierten Gesellschaften weitaus bedeutsameren) Konzernabschluss fehlt allerdings.

Literatur: Oetker, H.: Aufsichtsrat/Board: Aufgaben, Besetzung, Organisation, Entscheidungsfindung und Willensbildung – Rechtlicher Rahmen, in: Hommelhoff, P./Hopt, K. J./Werder, A. v. (Hrsg.): Handbuch Corporate Governance, Köln/Stuttgart 2003, S. 261–284.

Carsten Theile

Mandatsniederlegung des Abschlussprüfers

Bei einem gesetzlichen Prüfungsauftrag (→Prüfungsauftrag und -vertrag) kann der →Abschlussprüfer (APr) das angenommene Mandat gem. § 318 Abs. 6 HGB nur aus wichtigem Grund niederlegen. Zur Einschätzung, wann ein wichtiger Grund vorliegt, kann eingeschränkt auf § 626 BGB verwiesen werden. Allerdings sind die Kündigungsvoraussetzungen eines Prüfungsmandats aufgrund des öffentlichen Interesses an Abschlussprüfungen (→Jahresabschlussprüfung; →Konzernabschlussprüfung) restriktiver. So werden sie in § 318 Abs. 6 Satz 2 HGB dahingehend konkretisiert, dass sachliche Differenzen zwischen Mandant und APr (→Meinungsverschiedenheiten zwischen Gesellschaft und Abschlussprüfer) keinen wichtigen Grund darstellen; diese sind gem. § 324 HGB auf Antrag im Spruchstellenverfahren am LG zu beseitigen. Ebenso stellen Meinungsverschiedenheiten über das Prüfungsergebnis (→Prüfungsurteil) zwischen Gemeinschaftsprüfern (→Gemeinschaftsprüfungen) gem. IDW PS 208.24 keinen wichtigen Kündigungsgrund dar. Als weitere Restriktion führt die Verletzung der Auskunfts- und Mitwirkungspflicht i.S.d. § 320 HGB durch den Mandanten (→Auskunftsrechte des Abschlussprüfers) entgegen § 643 BGB nicht zu einem Kündigungsgrund, sondern je nachdem, wie gravierend der Fall ist, zu einem Hinweis im →Prüfungsbericht (PrB), einer Einschränkung oder Versagung des →Bestätigungsvermerks. Anderenfalls würde dem Mandanten eine implizite Möglichkeit eröffnet werden, den APr durch Auskunfts- oder Mitwirkungsverweigerung abzulösen (ADS 2000, Rn. 439 zu § 318 HGB, S. 262).

Persönliche Differenzen oder Zweifel an der Vertrauenswürdigkeit des Mandanten führen nur in extremen Ausnahmefällen zu einer Kündigungsberechtigung. Beispiele hierfür sind die Aufdeckung von →Unregelmäßigkeiten (→Unregelmäßigkeiten, Aufdeckung von) während der Abschlussprüfung, die einen wesentlichen Einfluss auf die Ordnungsmäßigkeit des Abschlusses haben und auf Täuschung beruhen oder die Vertrauensgrundlage zerstören (IDW PS 210.65) (→Unregelmäßigkeiten, Konsequenzen aus) sowie unlösbare Interessenskonflikte (IDW/WPK VO 1/2006.63). Diese können bei Veränderungen der Auftragsbedingungen, denen der APr nicht zustimmen kann, vorliegen, wenn die Beibehaltung der ursprünglichen Auftragsbedingungen nicht eingeräumt wird; alternativ kann hierbei gem. IDW PS 220.32 der BestV versagt werden. Zur →Qualitätssicherung in der Wirtschaftsprüferpraxis darf nach berufsständischen Normierungen [→Berufssatzung der Wirtschaftsprüferkammer (BS); →Wirtschaftsprüferordnung (WPO)] ferner ein Auftrag nicht fortgeführt werden (→Auftragsannahme und -fortführung), der in sachlicher, personeller und zeitlicher Hinsicht nicht ordnungsgemäß abgewickelt werden kann (§ 38 Nr. 2 BS i.V.m. § 57 Abs. 4 Nr. 5 WPO).

Eindeutig liegt ein wichtiger Kündigungsgrund vor bzw. muss der Prüfungsauftrag gem. § 49 WPO gekündigt werden, wenn nachträglich die Ausschlussgründe zur Mandatsannahme der §§ 319 Abs. 2–4, 319a HGB eingetreten sind (→Ausschluss als Abschlussprüfer) und diese nicht kurzfristig behoben werden können, etwa durch Abzug des Mitarbeiters vom Mandat, in dessen Person der Ausschlussgrund liegt (ADS 2000, Rn. 442 zu § 318 HGB, S. 262). Dies entspricht sinngemäß dem Ersetzungsverfahren des § 318 Abs. 3 HGB. Wurde dem APr die Abschlussprüferzulassung rechtswirksam entzogen oder liegt ihm weder eine wirksame Bescheinigung über die Teilnahme an der →Qualitätskontrolle in der Wirtschaftsprüfung gem. § 57a WPO noch eine Ausnahmegenehmigung der →Wirtschaftsprüferkammer (WPK) vor, sind die Voraussetzungen für die Durchführung gesetzlicher Abschlussprüfungen i.S.m. § 319 Abs. 1 HGB (→Pflichtprüfungen) nicht mehr erfüllt. Das Prüfungsmandat wird automatisch aufgelöst und somit ist lediglich eine Kündigung des schuldrechtlichen Geschäftsbesorgungsvertrags notwendig (Mattheus 2002, Rn. 217 zu § 318 HGB, S. 52).

Nach IDW PS 400.10 darf bei Kündigung des Auftrags weder ein BestV noch eine →Bescheinigung (→Bescheinigungen im Prüfungswesen) erteilt werden. Vielmehr ist die Kündigung gem. § 318 Abs. 6 HGB schriftlich zu begründen und ein Bericht über das Ergebnis der bisherigen Prüfung unter Anwendung des § 321 HGB zu erstellen (→Berichtsgrundsätze und -pflichten des Wirtschaftsprüfers). Bei den Angaben zum Prüfungsauftrag im PrB muss – möglichst unter Darlegung der Gründe – deutlich werden, dass der Auftrag gekündigt wurde. Zudem ist es erforderlich, auf noch nicht abschließend gewürdigte Sachverhalte hinzuweisen, die eine Auswirkung auf die Ordnungsmäßigkeit der Rechnungslegung haben können (IDW PS 450.151 f.). Darüber hinaus sind dem Mandatsnachfolger entsprechend § 26 Abs. 3 BS auf Verlangen die Kündigungsgründe und der Bericht zu erläutern, es sei denn, dem stehen die →Verschwiegenheitspflicht des Wirtschaftsprüfers, andere gesetzliche Bestimmungen oder eigene berechtigte Interessen entgegen.

Literatur: ADS: Rechnungslegung und Prüfung der Unternehmen, Teilband 7, 6. Aufl., Stuttgart 2000; IDW (Hrsg.): IDW Prüfungsstandard: Zur Durchführung von Gemeinschaftsprüfungen (Joint Audit) (IDW PS 208, Stand: 25. Juni 1999), in: WPg 52 (1999), S. 707–710; IDW (Hrsg.): IDW Prüfungsstandard: Beauftragung des Abschlussprüfers (IDW PS 220, Stand: 2. Juli 2001), in: WPg 54 (2001), S. 895–898; IDW (Hrsg.): IDW Prüfungsstandard: Grundsätze für die ordnungsmäßige Erteilung von Bestätigungsvermerken bei Abschlussprüfungen (IDW PS 400, Stand: 28. Oktober 2005), in: WPg 58 (2005), S. 1382–1402; IDW (Hrsg.): IDW Prüfungsstandard: Grundsätze ordnungsmäßiger Berichterstattung bei Abschlussprüfungen (IDW PS 450, Stand: 8. Dezember 2005), in: WPg 59 (2006), S. 113–128; IDW/WPK (Hrsg.): Gemeinsame Stellungnahme der WPK und des IDW: Anforderungen an die Qualitätssicherung in der Wirtschaftsprüferpraxis (VO 1/2006), in: WPg 59 (2006), S. 629–646; Mattheus, D.: Kommentierung des § 318 HGB, in: Baetge, J./Kirsch, H. J./Thiele, S. (Hrsg.): Bilanzrecht, Bonn/Berlin 2002.

Rainer Heurung; Nadine Antonakopoulos

Manual →Organisationspflichten des Vorstands

Marakon Profitability-Matrix
→Wertorientierte Strategieplanung

Marginalprinzip →Erlöse

MaRisk →Mindestanforderungen an das Risikomanagement

Markenbewertung

Unter dem Markenwert eines Produktes wird der Wert verstanden, der mit dem Namen oder Symbol der Marke verbunden ist. Dieser Wert wird häufig als inkrementaler Wert aufgefasst, der gegenüber einem (technisch-physikalisch) gleichen, jedoch namenlosen Produkt besteht.

Der Begriff „Markenwert" impliziert, dass es sich hierbei um eine monetäre Größe handelt. In der Literatur ist es allerdings üblich, unter diesem Begriff sowohl monetäre als auch nicht monetäre Maße zu subsumieren. Aus monetärer, finanzorientierter Perspektive wird der Markenwert häufig als Kapitalwert abgezinster zukünftiger markenspezifischer Einzahlungsüberschüsse definiert (Sattler 2001, S. 145).

Da sich mit Marken erhebliche Wertschöpfungspotenziale in Unternehmen realisieren lassen, besteht die Notwendigkeit, diese in Form einer Messung des Markenwertes zu quantifizieren und im Rahmen einer →wertorientierten Unternehmensführung zur →Planung, Steuerung und Kontrolle (→Controlling) von Marken einzusetzen.

Die Motivation für eine Markenbewertung ist vielfältig. Eine Umfrage unter 96 deutschen Großunternehmen zeigt, dass Markentransaktionen, Markenschutz- und Markenführungsaspekte die wichtigsten Verwendungszwecke von Markenbewertungen sind. Überraschend ist der relativ niedrige Stellenwert der Markendokumentation und der Markenfinanzierung. Letzteres mag damit zusammenhängen, dass vielen Unternehmen die diesbezüglichen Möglichkeiten noch nicht hinreichend bewusst sind und Banken (→Kreditinstitute) skeptisch gegenüber Markenbewertungsverfahren sind (PwC/GfK/Sattler 2006, S. 13–14).

Aufgrund verschiedener Neuerungen dürfte sich der Stellenwert der Markendokumentation deutlich erhöhen. So hat der →International Accounting Standards Board (IASB) 2004 analog zu den →United States Generally Accepted Accounting Principles (US GAAP) eine Neuregelung der Markenbilanzierung bei →Unternehmenszusammenschlüssen veröffentlicht. Danach sind die einzelnen →Vermögensgegenstände bzw. →Assets (inkl. der Marken) im Rahmen der Kaufpreisverteilung des erworbenen Unternehmens zu identifizieren und mit ihrem Zeitwert (→Fair Value) anzusetzen. Bei unbegrenzter →Nutzungsdauer, wovon bei etablierten Marken auszugehen ist, ist eine Abschreibung (→Abschreibungen, bilanzielle) nur noch über eine zwingend vorgeschriebene, jährlich durchzuführende Werthaltigkeitsprüfung (→Impairmenttest) möglich.

Soll für ein breites Spektrum an Bewertungszwecken eine Markenbewertung vorgenommen werden, so entstehen vier zentrale Markenbewertungsprobleme (Sattler 2005, S. 37–53). Ein erstes Problem besteht in der Identifikation und Quantifizierung von Brand Value Drivern. Sie stellen nicht monetäre Größen dar, die den monetären Wert einer Marke nachhaltig beeinflussen, z. B. Markenbekanntheit, -image oder -loyalität. Die Identifikation und Quantifizierung von Brand Value Drivern ist insb. für Zwecke der Markenführung relevant. Brand Value Driver erlauben eine Ursachenanalyse der Markenwertentstehung und dadurch eine effektive Markenwertsteuerung.

Ein zweites Problem ergibt sich bei der Isolierung von markenspezifischen Einzahlungsüberschüssen. Bei der Ermittlung von Einzahlungsüberschüssen für die zu bewertende

Marke sind nicht die gesamten Einzahlungsüberschüsse aus dem mit der Marke verbundenen Produkt relevant, sondern nur diejenigen, welche spezifisch auf die Marke zurückzuführen sind.

Das dritte Problem besteht darin, dass sich die Wirkungen von Marken über sehr lange Zeiträume erstrecken. Für die Markenbewertung in Form einer Ermittlung diskontierter zukünftiger Einzahlungsüberschüsse bedeutet ein langer Markenlebenszyklus, dass Prognosezeiträume von 5, 10 und mehr Jahren relevant werden können. Aufgrund des Prognoserisikos gilt es, die Risiken zu quantifizieren und bei der Diskontierung der zukünftigen Einzahlungsüberschüsse zu berücksichtigen.

Als viertes Problem muss berücksichtigt werden, dass das Wertschöpfungspotenzial einer Marke wesentlich durch markenstrategische Optionen beeinflusst wird. Hierbei handelt es sich vorrangig um die Möglichkeit, dass die zu bewertende Marke in Form eines Markentransfers auf neue Produktbereiche und Märkte ausgedehnt werden kann. Weitere markenstrategische Optionen bestehen in einer Umpositionierung der Marke oder durch das Eingehen markenbezogener Kooperationen, z. B. in Form von Markenallianzen.

Literatur: Sattler, H.: Markenpolitik, Stuttgart et al. 2001; PwC/GfK/Sattler/Markenverband: Praxis von Markenbewertung und Markenmanagement in deutschen Unternehmen, Frankfurt a.M. 2006; Sattler, H.: Markenbewertung: State-of-the-Art, in: ZfB 75 (2005), Sonderheft 2, S. 37–53.

Mario Farsky ; Henrik Sattler

Markenwert →Markenbewertung

Market for Corporate Control
→Corporate Governance

Market Value →Unternehmenswert

Market Value Added →Wertorientierte Unternehmensführung

Marketingcontrolling

Das Marketingcontrolling ist Teil des gesamtbetrieblichen Controllingsystems (→Controlling) mit dem Ziel, das Marketingmanagement durch Informationsbereitstellung, Koordination der →Planung und Kontrolle (→Kontrolltheorie) zu unterstützen, sowohl unter primär intern-orientierten Gesichtspunkten (Abläufe, →Kosten, Effizienz) als auch unter extern-orientierten (→Erfolgscontrolling, Effektivität) (→Controllingkonzepte). Dabei stellt das Marketingcontrolling eine gezielte Informationsversorgung für alle Funktionsbereiche und organisatorischen Verantwortungsebenen des Marketingmanagements zur Verfügung (→Führungsinformationssysteme) und bietet Schnittstellen zu den übrigen Controllingsubsystemen und zum →Controlling der Gesamtunternehmung.

Ein grundlegendes Charakteristikum des Marketingcontrollings ist die Koordinationsaufgabe, die einerseits in der Entwicklung und der sich daraus ergebenden Implementierung eines Marketingplanungs- und -kontrollsystems (→Planungssysteme; →Kontrollsysteme) sowie eines Informationssystems (→Führungsinformationssysteme) mit absatzwirtschaftlich relevanten Daten, andererseits in der Abstimmung innerhalb des bereits bestehenden Systemzusammenhangs zu sehen ist, was die Abb. auf S. 933 veranschaulicht.

Die zentrale Aufgabe des Marketingcontrollings umfasst rückblickende Erfolgsanalysen, um die damit unmittelbar verbundene Datenbereitstellung so zu verfeinern, dass absatzwirtschaftliche Gewinn- und Verlustquellen möglichst genau erhoben und analysiert werden können. Darüber hinaus besteht eine wichtige periodische Aufgabe des Marketingcontrollings in der Überprüfung der Koordinations- und Kontrollmechanismen sowie der Marketingorganisation auf Angemessenheit, Aktualität und Eignung.

Die Instrumente des Marketingcontrollings lassen sich in strategische und operative Instrumente unterteilen, die Modelle zur aussagefähigen Informationsaufbereitung über die zu untersuchenden Steuerungsgegenstände durch die Verbindung zukunftsgerichteter Marktinformationen und innerbetrieblicher Daten sowie durch geeignete Planungsverfahren liefern (→Controllinginstrumente).

Zur Unterstützung der strategischen Marketingplanung spielen im Rahmen des strategischen Marketingcontrollings neben quantitativen Daten vor allem auch qualitative Schätzangaben, die systematisch ausgewertet werden, eine Rolle, wie z. B. die Einschätzung der Kundenbeziehungen anhand von Kundenportfolios (→Kundendeckungsbeitragsana-

Abb.: Die Koordinationsaufgaben des Marketingcontrollings

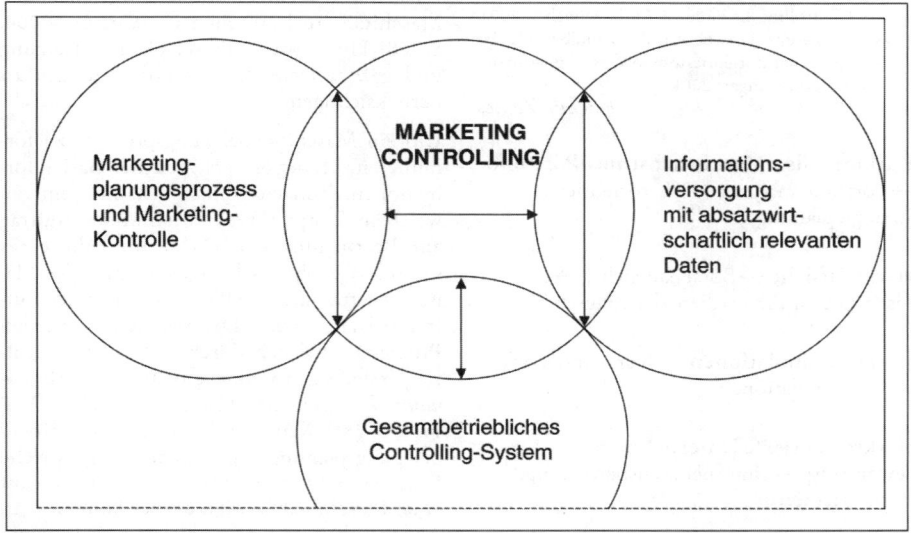

Quelle: Köhler 2001, S. 431.

lyse), die Erstellung von Geschäftsfeld-Portfolios (→Geschäftsfeld-/Ressourcen-Portfolio), Stärken-Schwächen-Analysen (bspw. SWOT-Analysen), Suchfeldanalysen, →Szenariotechniken zur Planung weiterer Geschäftsfelder bzw. Erweiterung bestehender Geschäftsfelder, →Benchmarking zur Verbesserung absatzgerichteter Strukturen sowie die Durchführung von Umfeldanalysen (Environmental-Scanning) und die Gestaltung von Frühwarnsystemen (z. B. BERI-Index zur Einschätzung künftiger Länderrisiken im Auslandsgeschäft) und Kennzahlensysteme (→Kennzahlen und Kennzahlensysteme als Kontrollinstrument) zur Verknüpfung von internen und externen Daten des Unternehmens (→strategisches Controlling). Tendenziell eher quantitativ ausgerichtet ist die Auswertung von Informationen seitens der Marktforschung zum Zwecke der Marktsegmentierung und Festlegung von Zielgruppen, die Nutzung von Einstellungsdaten der Konsumenten zum Zwecke der Produkt- bzw. Unternehmenspositionierung, mehrperiodige Wirtschaftlichkeitsanalysen (→Wirtschaftlichkeitsberechnungen), wie bspw. bei Neuprodukteinführungen, oder die →Budgetierung. Die zunehmend strategische Ausrichtung des betriebswirtschaftlichen Controllings hat in den letzten Jahren zu einer verstärkten Bedeutung der strategischen →Controllinginstrumente geführt.

Auf den strategischen Überlegungen des Marketingcontrollings bauen die operativen Marketingcontrollinginstrumente auf, in deren Mittelpunkt die konkreten produkt-, preis-, kommunikations- und distributionspolitischen Maßnahmen im Rahmen der kurzfristigen Planung stehen (→operatives Controlling). Dabei spielen insb. operative Daten aus dem →Rechnungswesen eine Rolle, aber auch Informationen aus der Marktforschung, Berichte von Außendienstmitarbeitern sowie absatzwirtschaftliche Statistiken. Die operative Marketingplanung stützt sich dabei insb. auf Entscheidungsrechnungen, in die Kosten- und Erlösberechnungen und -schätzungen eingehen. Dabei ist es im Rahmen des operativen Marketingcontrollings bei der Vorbereitung von kurzfristigen Entscheidungen wichtig, nur diejenigen Größen in das Planungsszenario zu integrieren, die sich aufgrund einer geplanten Maßnahme auch ändern werden (Prinzip der Veränderungsrechnung) und sich somit auch im kurzfristigen Marketingbudget niederschlagen.

Literatur: Köhler, R.: Marketingcontrolling, in: Küpper, H.-U./Wagenhofer, A. (Hrsg.): HWUC, 4. Aufl.,

Stuttgart 2002, S. 1243–1254; Köhler, R.: Marketingcontrolling, in: Horváth, P./Reichmann, T. (Hrsg.): Vahlens Großes Controlling Lexikon, 2. Aufl., München 2003, S. 474–475; Zentes, J./Swoboda, B.: Grundbegriffe des Marketing – Marktorientiertes globales Managementwissen, 5. Aufl., Stuttgart 2001.

Joachim Zentes

Marktanteils-/Marktwachstums-Portfolio
→Portfolioanalyse; →Wertorientierte Strategieplanung

Marktaufsicht →Börsenaufsicht; →Bundesanstalt für Finanzdienstleistungsaufsicht

Marktmanipulationen →Kurs- und Marktpreismanipulationen

Marktorientierte Unternehmensbewertung →Unternehmensbewertung, marktorientierte

Markt-Portfolio →Technologie-Markt-Portfolio

Marktpreis →Unternehmenswert

Marktpreisbildungshypothese →Fair Value

Marktpreismanipulation →Kurs- und Marktpreismanipulationen

Marktprioritäten-Technologieprioritäten-Portfolio →Technologie-Markt-Portfolio

Marktrisiko →Capital Asset Pricing Model

Marktwertmethode →Kalkulation bei Kuppelproduktion

Marktzinsmethode →Bankencontrolling

Maschinenbelegungsplanung und -kontrolle

Neben der Projektplanung (→Projektcontrolling) und der Fließbandplanung stellt die Maschinenbelegungsplanung ein Teilgebiet der Ablaufplanung dar. Häufig wird die Maschinenbelegungsplanung synonym auch als klassische Ablaufplanung oder als Ablaufplanung i.e.S. bezeichnet. Die *Aufgabe* der Maschinenbelegungsplanung besteht darin, die Reihenfolge festzulegen, in der eine Gruppe von Einzelaufträgen auf den zum Einsatz gelangenden Maschinen zu bearbeiten ist (Corsten 2004, S. 488). Hierbei sind die verfolgte Zielsetzung und ggf. auftretende Nebenbedingungen zu berücksichtigen.

Um ein Maschinenbelegungsproblem zu formulieren, bedarf es verschiedener Basisinformationen. Zunächst muss bekannt sein, zu welchem Zeitpunkt ein bestimmter Auftrag zur Bearbeitung bereitsteht. Im Falle eines *statischen* Problems liegt zu Beginn des Planungszeitraumes (→Planung) ein fester Auftragsbestand vor. Demgegenüber werden Probleme, die sich durch verschiedene Auftragsfreigabezeitpunkte auszeichnen, als *dynamisch* bezeichnet (Domschke/Scholl/Voß 1997, S. 281). Weiterhin ist für die Maschinenbelegungsplanung von Bedeutung, welche Bearbeitungszeit ein bestimmter Auftrag auf einer Maschine benötigt. Ferner können – in Abhängigkeit von der verfolgten Zielsetzung – auch die gewünschten Fertigstellungstermine der Aufträge von Bedeutung sein (→Termincontrolling). Zumeist wird unterstellt, dass sowohl Bereitstellungs- und Fertigstellungstermine als auch die Auftragsbearbeitungszeiten mit Sicherheit bekannt sind. Mithin handelt es sich um *deterministische* Problemstellungen. Dagegen führt die Berücksichtigung von stochastischen Ankunftszeitpunkten und Bearbeitungszeitpunkten zu *stochastischen* Problemen.

Zur *Klassifikation* von deterministischen Maschinenbelegungsproblemen kann auf die Anzahl der Fertigungsstufen und auf die auf jeder Stufe zur Verfügung stehende Anzahl von Maschinen abgestellt werden (Daub 1994, S. 36 f.). Im einfachsten Fall einer einstufigen Fertigung und einer Maschine gilt es, die Reihenfolge der zur Fertigung bereitstehenden Aufträge zu bestimmen. Stehen mehrere parallele Maschinen zur Verfügung, so ist – unter Berücksichtigung der verfolgten Zielsetzung – eine Entscheidung darüber zu treffen, welcher Auftrag auf welcher Maschine gefertigt werden soll. Übersteigt die Anzahl der Aufträge die Anzahl der Maschinen, so müssen zusätzlich die Auftragsfolgen auf den einzelnen Maschinen bestimmt werden. Bei Planungsproblemen, die sich durch eine mehrstufige Fertigung und einem Aggregat je Stufe auszeichnen, erfolgt typischerweise eine Einteilung nach Maßgabe der vorliegenden Maschinenfolge. Ein *Flow-Shop*-Problem liegt vor, wenn alle Aufträge eine identische vorgegebene Maschinenfolge aufweisen. Im Falle unterschiedlicher fest vorgegebener Maschinenfolgen handelt es sich hingegen um *Job-Shop*-Probleme. Einen sehr hohen Komplexitätsgrad weisen solche Probleme auf, die sich sowohl durch eine Mehrstufigkeit als auch die Möglichkeit einer Parallelbearbeitung auszeichnen (*Hybrid-Flow-Shop-Probleme*). Hierbei geht es vorrangig darum, überhaupt eine zulässige Lösung zu ermitteln.

Grundsätzlich wird im Rahmen der Maschinenbelegungsplanung die Minimierung der entscheidungsrelevanten →Kosten angestrebt. Allerdings erweist es sich häufig als schwierig, die kostenmäßigen Konsequenzen einzelner Reihenfolgeentscheidungen abzuschätzen (Corsten 2004, S. 490). Um das Operationalisierungsproblem zu umgehen, bietet es sich an, die Kosten durch technizitäre *Zielkriterien* zu ersetzen, wobei insb. zeitliche Kriterien eine wichtige Rolle spielen. Bei der Verfolgung technizitärer Ziele lässt sich zwischen maschinenbezogenen und auftragsbezogenen Zielgrößen unterscheiden. Typische *maschinenbezogene Zielgrößen* stellen die Minimierung der mittleren Leerzeit und die Maximierung der mittleren Kapazitätsauslastung (→Kapazitätsplanung; →Kapazitätscontrolling) dar, wobei Letztere das Verhältnis zwischen der Belegungszeit und der gesamten Bereitstellungszeit der Kapazitäten widerspiegelt. Bei den *auftragsbezogenen* Zielgrößen kann weiter zwischen *durchlaufzeitorientierten* und terminorientierten Zielen differenziert werden. Zu der ersten Gruppe von Zielen zählt bspw. die Minimierung der mittleren Durchlaufzeit. Die Durchlaufzeit repräsentiert dabei die Zeitspanne von der Auftragseinsteuerung in die Fertigung bis zur Fertigstellung. Unter bestimmten Voraussetzungen entspricht dieses Ziel zugleich der Minimierung der mittleren Wartezeit. Im Hinblick auf die *terminorientierten Ziele* kann bspw. die Minimierung der mittleren Terminabweichung verfolgt werden, wobei die Terminabweichung die positive oder negative Differenz aus Ist- und Soll-Fertigstellungszeitpunkt bezeichnet (Haupt 1997, S. 12).

Die zur Lösung eines bestimmten Maschinenbelegungsplanungsproblems herangezogene *Lösungsmethode* hat einerseits dem betrachteten Problemtyp und anderseits der verfolgten Zielsetzung Rechnung zu tragen. Obwohl sich eine Vielzahl von Maschinenbelegungsplanungsproblemen gut strukturieren und als lineare Optimierungsprobleme abbilden lassen, ist zu beachten, dass der Problemlösungsaufwand mit zunehmender Komplexität zumeist exponentiell ansteigt (Corsten 2004, S. 495). Aus diesem Grund scheiden für komplexe Problemstellungen häufig optimierende Verfahren aus. Vielmehr wird zumeist auf heuristische Verfahren zurückgegriffen, wobei die *Prioritätsregelverfahren* (bspw. First-Come-First-Serve-Regel und kürzeste Operationszeitregel) zu den bekanntesten Vertretern gehören. Seit geraumer Zeit finden zunehmend *heuristische Metastrategien* Anwendung. Hierbei handelt es sich um Verbesserungsverfahren, die im Gegensatz zu herkömmlichen Methoden zwischenzeitlich auch Verschlechterungen von Lösungen zulassen, um lokale Optima verlassen zu können (Domschke 1997, S. 28). Die Verfahren Simulated Annealing, Tabu Search und genetische Algorithmen zählen dabei zu den bekanntesten heuristischen Metastrategien.

Literatur: Corsten, H.: Produktionswirtschaft, 10. Aufl., München/Wien 2004; Daub, A.: Ablaufplanung, Bergisch Gladbach 1994; Haupt, R.: Zielgrößen der Ablaufplanung, in: Bloech, J./Ihde, G. (Hrsg.): Vahlens Großes Logistiklexikon, München 1997, S. 11–13; Domschke, W.: Logistik: Rundreisen und Touren, 4. Aufl., München/Wien 1997; Domschke, W./Scholl, A./Voß, S.: Produktionsplanung, 2. Aufl., Berlin et al. 1997.

Udo Buscher

Maschinenstundensatzkalkulation
→Kostenträgerstückrechnung

Maßgeblichkeit bei Umwandlungen

Die Bedeutung der direkten (§ 5 Abs. 1 Satz 1 EStG) und umgekehrten (§ 5 Abs. 1 Satz 2 EStG) Maßgeblichkeit (→Maßgeblichkeitsprinzip, →Maßgeblichkeit, umgekehrte) bei Umwandlungsfällen (→Unternehmensumwandlungen) ist umstritten. Die von der Finanzverwaltung (FinVerw.) im Erlass zum UmwStG (UmwE) (BMF-Schreiben vom 25.3.1998, S. 268 ff.) vertretene Auffassung schränkt die meisten Wahlrechte mit einem Hinweis auf das →Maßgeblichkeitsprinzip ein. Im Schrifttum stößt die Ansicht der FinVerw. auf Ablehnung. Höchstrichterliche Rspr. existiert noch nicht zu allen Umwandlungsfällen. Es zeichnet sich aber ab, dass der

BFH sich gegen die im UmwE vertretene Auslegung des Maßgeblichkeitsgrundsatzes stellt. Es sind die folgenden *Umwandlungsfälle* zu unterscheiden.

Bei der Umwandlung mit einer *übertragenden Körperschaft* (§§ 3 ff., §§ 11 ff. UmwStG) kommt es nach richtiger Ansicht zu einer *Durchbrechung der Maßgeblichkeit*. Das UmwStG sieht für die Schlussbilanz der übertragenden Körperschaft ein autonomes steuerliches Wahlrecht vor, das durch den handelsrechtlich vorgeschriebenen Buchwertansatz (§ 17 Abs. 2 Satz 2 UmwG) nicht eingeschränkt wird.

Die FinVerw. vertrat die Auffassung einer *diagonalen Maßgeblichkeit* und will nach dem UmwE eine *konkrete* Maßgeblichkeit und *zeitlich verzögerte* Maßgeblichkeit auf die Umwandlung mit einer übertragenden Körperschaft anwenden. Die Figur der *diagonalen Maßgeblichkeit*, nach der eine Verknüpfung zwischen dem steuerlichen Wahlrecht in der Schlussbilanz der übertragenden Körperschaft (§ 3 Satz 1, § 11 Abs. 1 Satz 2 UmwStG) und dem handelsrechtlichen Wahlrecht (§ 24 UmwG) des übernehmenden Rechtsträgers besteht, wird vom Schrifttum abgelehnt und ist von der FinVerw. inzwischen aufgegeben worden. Der Maßgeblichkeitsgrundsatz wirkt nicht zwischen verschiedenen Rechtssubjekten.

Auf das Verhältnis von handelsrechtlicher (§ 17 Abs. 2 Satz 2 UmwG) und steuerlicher Schlussbilanz wendet die FinVerw. die sog. *konkrete Maßgeblichkeit* (UmwE 03.01 und 11.01) an. Da das steuerliche Wahlrecht keine Entsprechung in der handelsrechtlichen Schlussbilanz findet, soll es nach der Auffassung der FinVerw. nicht ausgeübt werden dürfen (UmwE 03.01 und 11.01). Außerdem hat die FinVerw. für das Verhältnis zwischen der handelsrechtlichen und steuerlichen „Übernahmebilanz" die Figur der phasenverschobenen →Wertaufholung (UmwE 03.02 und 11.02) geschaffen, die auch *zeitlich verzögerte Maßgeblichkeit* genannt wird und ebenfalls abzulehnen ist. Nach ihr soll die handelsrechtliche Neubewertung des übertragenen Vermögens (§ 24 UmwG) in der Steuerbilanz nachgeholt werden, obwohl das Gesetz von einer Wertverknüpfung (§ 4 Abs. 1, § 12 Abs. 1 UmwStG) mit der Schlussbilanz der übertragenden Körperschaft ausgeht.

Die Umwandlung in der Gestalt der *steuerlichen Einbringung in eine KapGes* ist nach noch herrschender Ansicht ein Fall der *umgekehrten Maßgeblichkeit*. Mit § 20 Abs. 2 UmwStG und § 24 UmwG stehen sich korrespondierende handelsrechtliche und steuerbilanzielle Wahlrechte gegenüber (→bilanzpolitische Gestaltungsspielräume nach HGB; →bilanzpolitische Gestaltungsspielräume nach Steuerrecht). Eine Ausnahme bildet § 20 Abs. 2 Satz 2 UmwStG, nach dem eine steuerliche Fortführung der Buchwerte auch in den Fällen zulässig ist, in denen eine handelsrechtliche Aufstockung der Buchwerte zwingend vorgeschrieben ist (UmwE 20.26 ff.).

Überzeugend ist die Gegenansicht, die auch in der steuerlichen Einbringung eine Durchbrechung des Maßgeblichkeitsgrundsatzes sieht. Am offensichtlichsten wird dies durch den Umstand, dass das Handelsbilanzrecht für die Fälle der steuerlichen Einbringung den Ansatz von steuerlich zulässigen Zwischenwerten verbietet.

Der *BFH* (BFH-Urteil vom 30.4.2003, S. 804) hat zu § 20 Abs. 2 UmwStG 1977 entschieden, dass bei der *Einbringung eines Mitunternehmeranteils in eine KapGes* das steuerliche Bewertungswahlrecht des § 20 Abs. 2 UmwStG 1977 nicht durch den handelsrechtlichen Wertansatz eingeschränkt wird. Entgegen dem Wortlaut des § 20 Abs. 2 UmwStG steht das steuerliche Bewertungswahlrecht nicht der übernehmenden Gesellschaft, sondern der einbringenden Mitunternehmerschaft zu.

Unstreitig ist die Ausübung des Wahlrechts bei der *Einbringung in eine* →*Personengesellschaft* (PersGes), unabhängig von Einschränkungen durch den Maßgeblichkeitsgrundsatz (UmwE 24.13 ff.). Nach § 24 Abs. 2 UmwStG kann die aufnehmende Mitunternehmerschaft ihr Wahlrecht in der Gesamthandsbilanz und in den Ergänzungsbilanzen (→Sonder- und Ergänzungsbilanzen, steuerrechtliche) ihrer Gesellschafter ausüben. Da die Ergänzungsbilanzen eine Durchbrechung des Maßgeblichkeitsgrundsatzes darstellen, ist eine von der Handelsbilanz unabhängige Ausübung des steuerlichen Wahlrechts möglich und anerkannt.

Bei einem *Formwechsel* einer PersGes in eine KapGes kann das gesetzliche Wahlrecht aus § 25 i.V.m. § 20 Abs. 2 UmwStG frei ausgeübt werden (Urteil des FG München vom 5.10.2000, S. 32; BFH-Urteil vom 19.10.2005, S. 568). Der *BFH* begründet dies aus dem Wortlaut und der amtlichen Begründung zu § 25

UmwStG. Die FinVerw. hat ihr Festhalten am Maßgeblichkeitsgrundsatz bei formwechselnder Umwandlung (UmwE 20.30) inzwischen aufgegeben (BMF-Schreiben vom 4.7.2006, S. 445). Diese Überlegungen müssten auch für den Formwechsel einer KapGes in eine PersGes gelten.

Entwicklung: Der Entwurf eines SEStEG von 2005 sieht die Aufhebung einer Kopplung der Umwandlungsvorgänge an die Maßgeblichkeit der Handelsbilanz für die Steuerbilanz vor, stattdessen den regelmäßigen Ansatz der gemeinen Werte, bei Wahrung der deutschen Besteuerungsrechte auch der Buchwerte.

Literatur: BFH-Urteil vom 30.4.2003, Aktz. I R 102/01, BStBl. II 2004, S. 804–806; BFH-Urteil vom 19.10.2005, Aktz. I R 38/04, BStBl. II 2005, S. 568–569; BMF-Schreiben vom 25.3.1998, Aktz. IV B 7 – S 1978 – 21/98 IV B 2 – S 1909 – 33/98, BStBl. I 1998, S. 268–344; BMF-Schreiben vom 4.7.2006, Aktz. IV B 2 – S 1909 – 12/06, BStBl. I 2006, S. 445; Djanani, C.: Umwandlungssteuerrecht, 3. Aufl., Wiesbaden 2005; Dötsch, E.: Umwandlungssteuerrecht, 5. Aufl., Stuttgart 2003; FG München, Urteil vom 5.10.2000, Aktz. 7 V 3797/00, EFG 2001, S. 32–33 (rkr.); Madl, R.: Umwandlungssteuerrecht, 3. Aufl., Stuttgart 2005; Weber-Grellet, H.: Die Unmaßgeblichkeit der Maßgeblichkeit im Umwandlungsrecht, BB 52 (1997), S. 653–658.

Rudolf Federmann

Maßgeblichkeit, umgekehrte

Der Grundsatz umgekehrter Maßgeblichkeit (Umkehrmaßgeblichkeit) ist eine Variante des steuerbilanziellen →Maßgeblichkeitsprinzips. Kodifiziert in § 5 Abs. 1 Satz 2 EStG verlangt die Umkehrmaßgeblichkeit, dass „steuerrechtliche Wahlrechte bei der Gewinnermittlung in Übereinstimmung mit der handelsrechtlichen Jahresbilanz auszuüben sind."

Steuerrechtliche Gewinnermittlungswahlrechte betreffen sowohl den Bilanzansatz dem Grunde nach als auch die Bewertung, einschl. Zu- und Abschreibungen sowie Methoden (→bilanzpolitische Gestaltungsspielräume nach Steuerrecht).

Übereinstimmung mit der Handelsbilanz (HBil.) bedeutet in erster Linie, dass korrespondierende Wahlrechte im Handels- und Steuerbilanzrecht vorhanden sein müssen und diese in der Steuerbilanz (StBil.) der konkreten handelsrechtlichen Vorgehensweise entsprechend ausgeübt werden müssen. Teilweise entsprechen den steuerlichen Wahlrechten originäre handelsrechtliche Wahlrechte, wie z. B. beim LiFo-Verfahren (→Verbrauchsfolgeverfahren); teilweise lässt das Handelsrecht aber nur zur Wahrnehmung der steuerlichen Wahlrechte wegen der Forderung nach Umkehrmaßgeblichkeit – in Abweichung von den üblichen handelsrechtlichen Regelungen – über sog. Öffnungsklauseln eine der steuerlichen Wahlrechtsausübung entsprechende handelsrechtliche Vorgehensweise zu (Prinzip der Steuervorteilswahrung), s. §§ 254, 279 Abs. 2 HGB für steuerrechtliche Abschreibungen (→Abschreibungen, steuerrechtliche), §§ 247 Abs. 2, 273 HGB für steuerfreie →Rücklagen, § 280 Abs. 2 HGB für →Wertaufholungen und § 281 HGB für indirekte steuerliche Wertberichtigung. Bei KapGes ist die Verpflichtung zur Umkehrmaßgeblichkeit Voraussetzung für eine Abweichung von der sonst gebotenen handelsrechtlichen Bilanzierungsweise.

Zweck der Umkehrmaßgeblichkeit soll die Verhinderung der Ausschüttung des Steuervorteils sein, den der Steuerpflichtige aus Gründen der Wirtschaftspolitik oder steuerlicher Billigkeit erhält. Der gewinnmindernde Effekt einer aktivischen Abwertung (z. B. durch →Sonderabschreibungen) oder Passivierung (z. B. durch steuerfreie Rücklagen) soll auch handelsbilanziell nachvollzogen werden und über die Verminderung des Jahresüberschusses (→Jahresergebnis) auch das Ausschüttungsvolumen verringern. Steuersubventionen sollen nicht ins Privatvermögen der Anteilseigner fließen. Anteilseigner sollen wie der Fiskus behandelt werden (Teilhaberthese). Da dieser Zweck aber nur bei KapGes erreicht werden kann – Einzelunternehmer und Personengesellschafter sind im Entnahmerecht i.A. nicht auf den Bilanzgewinn beschränkt – sind Zweifel an der generellen Wirksamkeit des Prinzips der umgekehrten Maßgeblichkeit und seiner Beständigkeit gegenüber dem Gleichbehandlungsgrundsatz angebracht. Auch ist bei steuersubventionellen Sonderabschreibungen und steuerfreien Rücklagen fraglich, ob es einer Ausschüttungssperre bedarf, hat sich doch der Steuerpflichtige bereits für die Inanspruchnahme der Begünstigung in der wirtschaftspolitisch gewünschten Weise verhalten; anders mag dies bei Steuerbegünstigungen aus Billigkeitsgründen sein. Ein großer Nachteil der Umkehrmaßgeblichkeit sind die Beeinträchtigungen („Deformierungen") des Informationswertes der HBil. in der Lagedarstellung (→True and Fair View) durch die Übernahme der „Steuerwerte" in die HBil. Der Gesetzgeber nahm dies mit den Öffnungsklauseln offenbar bewusst in Kauf und bietet nur wahlweise eine (indirekte) steuerliche Wertberichtigung (§ 281 HGB) zur Separierung des Steuereinflusses an. Außerdem verursacht die Umkehrmaßgeblichkeit bei den Bilanzierenden Interessenkonflikte zwischen den Ausschüttungswünschen der Anteilseigner und der Inanspruchnahme von Steuervergünstigungen für staatlich gewünschte Verhaltensweisen.

Begrenzungen der Umkehrmaßgeblichkeit ergeben sich nach h.M. weder aus der Generalnorm der lagegetreuen Darstellung (§ 264 Abs. 2 Satz 1 HGB) noch aus dem handelsrechtlichen Stetigkeitsgebot (→Stetigkeit). Eine Nichtanwendung kommt nur in seltenen Fällen eines gesetzlichen Vorbehalts steuerlich autonomer Wahlrechtsausübung in Betracht (z. B. bei Unterstützungskassenzuwendungen gem. § 4d Abs. 2 Satz 4 EStG). Im Ergebnis bezieht sich die Umkehrmaßgeblichkeit jedoch nur auf die Fälle, in denen im Handels- und im Steuerrecht ein inhaltsgleiches Wahlrecht besteht (h.M., auch: BFH-Urteil vom 21.10.1993, S. 176).

Die *internationale Rechnungslegung* [→International Financial Reporting Standards (IFRS)] kennt die Umkehrmaßgeblichkeit nicht, enthält eine reduzierte Zahl offener Wahlrechte (→bilanzpolitische Gestaltungsspielräume nach IFRS) und stellt auch keine Öffnungsklauseln für steuerlich bestimmte Wahlrechtsausübungen bereit. Folglich kommt es in Abschlüssen nach internationalen Standards auch nicht zu steuerbedingten Deformierungen. Eine Auswirkung der von der internationalen Rechnungslegung unterschiedlichen steuerlichen Wahlrechtsausübung kann sich allerdings bei den →latenten Steuern ergeben. Die steuerliche Gewinnermittlung ist international zumeist vom veröffentlichten JA (→Offenlegung des Jahresabschlusses) völlig losgelöst (Two-Book-System). In Deutschland ist allerdings – selbst bei Konzernabschlüssen oder →Einzelabschluss-Offenlegung nach IFRS – weiterhin die Aufstellung eines handelsrechtlichen Jahresabschlusses nach HGB verpflichtend, der für die steuerbilanziell einzuhaltende Umkehrmaßgeblichkeit verbindlich ist.

Die weitere Entwicklung könnte bei zunehmender Internationalisierung der deutschen handelsrechtlichen Rechnungslegung auch die Umkehrmaßgeblichkeit in Frage stellen. Werden die HGB-Vorschriften mittelfristig „modernisiert" in Richtung auf internationale Regelungen dürften auch die „Öffnungsklauseln" für eine steuerlich bedingte Wahlrechtsausübung fallen und damit die Voraussetzung für die umgekehrte Maßgeblichkeit.

Literatur: BFH-Urteil vom 21.10.1993, Aktz. IV R 87/92, BStBl. II 1994, S. 176–179; Federmann, R.: Bilanzierung nach Handelsrecht und Steuerrecht, 12. Aufl., Berlin 2007; Haeger, B.: Der Grundsatz der umgekehrten Maßgeblichkeit in der Praxis: Bilanzierungsprobleme unter besonderer Berücksichtigung des Sonderpostens mit Rücklageanteil, Stuttgart 1989; Sittel, T. C.: Der Grundsatz der umgekehrten Maßgeblichkeit: Beurteilung der Verbindung von Handels- und Steuerbilanz unter besonderer Berücksichtigung einer Internationalisierung der Rechnungslegung, Frankfurt a.M. et al. 2003.

Rudolf Federmann

Maßgeblichkeitsprinzip

Das *Maßgeblichkeitsprinzip (MGP) i.e.S.* und seine *Umkehrung* (→*Maßgeblichkeit, umgekehrte*) gehören zu den fundamentalen und kodifizierten Grundsätzen des Bilanzsteuerrechts, damit wird das wechselseitige Verhältnis von Handels- (HBil.) und Steuerbilanz (StBil.) bestimmt. Ein *Spezialfall* der direkten Maßgeblichkeit der Ergebnisse der handelsrechtlichen Bildung von Bewertungseinheiten bei Absicherungen finanzwirtschaftlicher Risiken wurde mit dem Gesetz zur Eindämmung missbräuchlicher Steuergestaltungen vom 28.4.2006 (BGBl. I 2006 S. 1095) in § 5 Abs. 1a EStG verankert. Die sog. *verlängerte Maßgeblichkeit* betrifft hingegen das Verhältnis von StBil. zur bewertungsrechtlichen Vermögensaufstellung (§ 109 Abs. 1 BewG), die sog. *diagonale Maßgeblichkeit* das Verhältnis der Bilanzen des übertragenden und des übernehmenden Rechtsträgers (→Maßgeblichkeit bei Umwandlungen). Alle Varianten des Maßgeblichkeitsprinzips sind originär steuerrechtlicher Art und gehören nicht zu den GoB (→Grundsätze ordnungsmäßiger Buchführung, Prüfung der).

Das *MGP i.e.S.* (auch: „direkte" Maßgeblichkeit) ist in seiner allgemeinen Fassung formell in § 60 Abs. 1 und 2 EStDV, materiell in § 5 Abs. 1 Satz 1 EStG verankert. Bei Gewinnermittlung durch Betriebsvermögensvergleich gem. § 5 EStG ist der ESt-Erklärung eine Abschrift der Bilanz, die auf dem Zahlenwerk der

Buchführung beruht, beizufügen. Diese HBil. ist u. U. durch Zusätze oder Anmerkungen den steuerlichen Vorschriften anzupassen. Es kann aber auch eine „den steuerlichen Vorschriften entsprechende Vermögensübersicht (StBil.)" der Erklärung beigefügt werden. Den materiellen Kern des Maßgeblichkeitsprinzips kennzeichnet die in § 5 Abs. 1 Satz 1 EStG verankerte Forderung, dass bei Buch führenden Gewerbetreibenden „für den Schluss des Wirtschaftsjahres das Betriebsvermögen anzusetzen ist, das nach den handelsrechtlichen Grundsätzen ordnungsmäßiger Buchführung auszuweisen ist." Die Vorschriften gelten auch für buchführungspflichtige Körperschaften (§ 8 Abs. 1, 2 KStG).

Zwecke des Maßgeblichkeitsprinzips sind Vereinfachung, Deregulierung, Rechtsvereinheitlichung, Fiskalschutzfunktion, Gleichbehandlung des Fiskus mit den Anteilseignern (Teilhaberthese) und Gläubigern und Unternehmenserhaltung (Erhaltung der Steuerquelle, Bestimmung eines „entziehbaren Gewinns").

Die *Kritik* des Maßgeblichkeitsprinzips knüpft an den unterschiedlichen Zwecken von HBil. und StBil. an: handelsrechtliche Dominanz des gläubigerschützenden Vorsichtsprinzips (→Grundsätze ordnungsmäßiger Rechnungslegung); steuerliches Interesse an voller, reservenfreier Gewinnerfassung nach dem Leistungsfähigkeits- und Gleichbehandlungsprinzip; Zukunftsinformationen für Anleger und Gläubiger, Vergangenheitsdokumentation für den Fiskus.

Voraussetzung für die direkte Maßgeblichkeit ist in *persönlicher* Hinsicht, dass es sich um buchführungspflichtige oder freiwillig Buch führende Gewerbetreibende handelt. Allerdings wird auch bei Gewinnermittlern durch Betriebsvermögensvergleich nach § 4 Abs. 1 EStG (→Gewinnermittlungsmethoden, steuerrechtliche) von der Rspr. und einem Teil des Schrifttums mit dem Argument einer von der Gewinnermittlungsmethode unabhängigen Totalgewinngleichheit oder unter Hinweis auf § 141 Abs. 1 Satz 2 AO eine entsprechende Anwendung der handelsrechtlichen GoB gefordert (z. B. Stobbe 2002, Rn. 16 zu § 5 EStG).

Ob das MGP in *sachlicher* Hinsicht eine konkrete HBil. mit ihren im Einzelfall bestimmten Ansätzen dem Grunde und der Höhe nach voraussetzt (sog. „formelle" oder „konkrete" Maßgeblichkeit), oder ob an abstrakte handelsrechtliche Normen – an alle handelsrechtlichen Vorschriften, ggf. auch ohne die Spezialvorschriften für KapGes bzw. branchenspezifische Grundsätze oder auch nur an die allgemeinen GoB – anzuknüpfen ist (sog. „materielle" Maßgeblichkeit), ist umstritten. Der Wortlaut des § 5 Abs. 1 Satz 1 EStG ordnet nur die Verbindlichkeit der „abstrakten" allgemeinen GoB an; die derzeit wohl vorwiegende h.M. hält jedoch die Bilanzierungsweise in der konkreten HBil. des Steuerpflichtigen – sofern sie nur handelsrechtlich zulässig ist – für maßgeblich (z. B. BFH-Urteil vom 25.4.1985, S. 350; a.A.: Weber-Grellet 1996, Rn. 7 zu § 6 EStG). Die Spezialmaßgeblichkeit nach § 5 Abs. 1a EStG und die umgekehrte Maßgeblichkeit nach § 5 Abs. 1 Satz 2 EStG sind allerdings gesetzliche Anwendungsfälle der formellen Maßgeblichkeit.

Begrenzungen des Maßgeblichkeitsprinzips ergeben sich aus übergeordneten Gewinnermittlungsgrundsätzen [Gleichmäßigkeit der Besteuerung, Art. 3 GG; Sicherung des Steueraufkommens, § 160 AO; Privatsphären-Trennungsprinzip; besondere Gewinnermittlungsprinzipien für Mitunternehmer und Komplementäre einer →Kommanditgesellschaft auf Aktien (KGaA), § 15 Abs. 1 Nr. 2, 3 EStG u. a.], Bilanzierungsvorbehalten, d. h. im Steuerrecht speziell geregelte Ansätze dem Grunde nach (wie z. B. § 5 Abs. 2–5 EStG) und Bewertungsvorbehalten, d. h. steuerliche Spezialvorschriften zum Ansatz der Höhe nach (wie z. B. § 5 Abs. 6, insb. §§ 6–7k EStG).

Die Bedeutung des direkten Maßgeblichkeitsprinzips besteht

- bei Bilanzierungs-/Bewertungsgeboten und -verboten darin, dass handelsrechtliche Bilanzierungs-/Bewertungsgebote und -verbote prinzipiell auch steuerlich zu beachten sind, wenn im Steuerrecht keine abweichenden Regelungen vorhanden sind;
- bei handelsrechtlichen Bilanzierungswahlrechten darin, dass nach gefestigter BFH-Rspr. (zuerst: BFH-Urteil vom 3.2.1969, S. 291) übergeordnete Grundsätze der Gewinnermittlung das MGP zurückdrängen:
  - in der StBil. muss aktiviert werden, was handelsrechtlich aktiviert werden darf; d. h. ein handelsrechtliches Aktivierungswahlrecht wandelt sich steuerlich zum Aktivierungsgebot;

- in der StBil. darf nicht passiviert werden, was handelsrechtlich nicht passiviert werden muss; d. h. ein handelsrechtliches Passivierungswahlrecht wandelt sich steuerlich zum Passivierungsverbot.

Dies gilt jedoch nicht bei handelsrechtlichen →Bilanzierungshilfen, wenn diese weder ein →Wirtschaftsgut noch einen steuerlichen Abgrenzungsposten verkörpern und bei Existenz einer steuerbilanziellen Spezialnorm.
- bei handelsrechtlichen Bewertungswahlrechten (Wertumfang, Bewertungsmethode oder Wertansatz) und fehlender steuerrechtlicher Spezialnorm gilt zwar prinzipiell eine direkte Maßgeblichkeit der handelsrechtlichen Bewertung für die StBil., nach der Rspr. (BFH-Urteil vom 21.10.1993, S. 176) aber auch der Vorrang „übergeordneter Grundsätze der Gewinnermittlung" (s. oben). Daraus folgt, dass
  - bei Aktivpositionen
    - ein handelsrechtliches Bewertungswahlrecht, das zu einem niedrigeren Wertansatz führt (z. B. Abwertungswahlrecht), steuerlich nicht ausgeübt werden darf (Abwertungsverbot),
    - ein handelsrechtliches Bewertungswahlrecht, das zu einem höheren Wertansatz führt (z. B. Aufwertungswahlrecht), steuerlich ausgeübt werden muss (Aufwertungsgebot);
  - bei Passivpositionen
    - ein handelsrechtliches Bewertungswahlrecht, das zu einem niedrigeren Wertansatz führt (z. B. Abwertungswahlrecht), steuerlich ausgeübt werden muss (Abwertungsgebot) und
    - ein handelsrechtliches Bewertungswahlrecht, das zu einem höheren Wertansatz führt (z. B. Aufwertungswahlrecht), steuerlich nicht ausgeübt werden darf (Aufwertungsverbot).

Mit dem Gesetz zur Eindämmung missbräuchlicher Steuergestaltungen vom 28.4. 2006 (BGBl. I 2006 S. 1095) wurde durch § 5 Abs. 1a EStG eine *spezielle Maßgeblichkeit* der handelsrechtlichen Rechnungslegung kodifiziert. Danach sind die Ergebnisse der in der handelsrechtlichen Rechnungslegung gebildeten Bewertungseinheiten zur Absicherung finanzwirtschaftlicher Risiken auch für die steuerliche Gewinnermittlung maßgeblich.

Diese Spezialmaßgeblichkeit überträgt die Ergebnisse der handelsrechtlichen kompensatorischen Bewertung bei Sicherungsgeschäften ins Steuerrecht. Es wird nicht auf GoB-Maßgeblichkeit oder -Konformität, sondern auf die konkreten Ergebnisse abgestellt. Zudem ist die handels-rechtliche Zulässigkeit der Bildung von Bewertungseinheiten bei Sicherungsgeschäften noch sehr ungesichert (abgesehen von § 340h HGB für →Kreditinstitute) und eingeschränkt (IDW 2006, Abschn. E, Rn. 54, S. 271 f., insb. für Makro- und Portfoliohedging). Die *internationale Rechnungslegung* [→International Financial Reporting Standards (IFRS)] kennt das MGP nicht. Die Standards gelten für den handelsrechtlichen Jahres- und Konzernabschluss, nicht für die StBil. Die steuerliche Gewinnermittlung ist international zumeist vom veröffentlichten JA (→Offenlegung des Jahresabschlusses) völlig losgelöst (*Two-Book-System*).

Die weitere Entwicklung könnte bei zunehmender Internationalisierung der deutschen handelsrechtlichen Rechnungslegung auch das MGP in Frage stellen. Zwar bleibt nach dem BilReG von 2004 einstweilen die Verpflichtung zur Erstellung von HGB-Jahresabschlüssen, die für die StBil. maßgeblich sind, für alle Unternehmen erhalten und ein IFRS-Abschluss (→Einzelabschluss) darf nur für Zwecke der Offenlegung verwendet werden (§ 325 Abs. 2a HGB). Die HGB-Vorschriften werden jedoch mittelfristig „modernisiert" in Richtung auf internationale Regelungen.

Würde man bei *Weitergeltung* des Maßgeblichkeitsprinzips IFRS-Bilanzen, was langfristig nicht ausgeschlossen ist, steuerlich für maßgeblich erklären, entstünden – bei gleichen Steuersätzen – erhebliche Steuerbelastungen durch den Wegfall des Vorsichtsprinzips und bisheriger Wahlmöglichkeiten sowie vorgezogener Gewinnrealisierungen, evtl. auch Neubewertungen über den AHK (→Anschaffungskosten; →Herstellungskosten, bilanzielle). Andererseits würde ein handelsbilanziell genauerer, insb. reservenfreier (→stille Reserven und Lasten), Vermögensausweis den steuerlichen Zweck der Besteuerung nach der Leistungsfähigkeit fördern. Ob allerdings die beträchtliche „Entobjektivierung" durch Managemententscheidungen bei verdeckten Wahlrechten (→bilanzpolitische Gestaltungsspielräume nach IFRS) mit dem öffentlich-rechtlich geprägten Steuerbilanzrecht vereinbar ist, muss bezweifelt werden. Weiterhin bleibt die Zieldiskrepanz zwischen prognostischen Informationen für Investoren und dokumentierenden Vergangenheitsinformationen für den Fiskus. Daher wird auch eine *Aufgabe* des Maßgeblichkeitsprinzips und Einführung einer separaten steuerlichen Gewinnermittlung auf Bilanz- oder Zahlungsbasis diskutiert – freilich unter Preisgabe des Vereinfachungs- und Deregulierungseffekts, insb. bei „Einheitsbilanzen" →kleiner und mittlerer Unternehmen.

Literatur: BFH-Urteil vom 3.2.1969, Aktz. GrS 2/68, BStBl. II 1969, S. 291–294; BFH-Urteil vom 25.4.1985, Aktz. IV R 83/83, BStBl. II 1986, S. 350–353; BFH-Urteil vom 21.10.1993, Aktz. IV R 87/92, BStBl. II 1994, S. 176–179; Burkhalter, R.: Maßgeblichkeitsgrundsatz: der steuerrechtliche Maßgeblichkeitsgrundsatz im Lichte der Entwicklung des Rechnungslegungsrechts, Bern et al. 2003; Federmann, R.: Bilanzierung nach Handelsrecht und Steuerrecht, 12. Aufl., Berlin 2007; Herzig, N.: IAS/IFRS und steuerliche Gewinnermittlung, Düsseldorf 2004; IDW (Hrsg.): WPH 2006, Band I, 13. Aufl., Düsseldorf 2006; Schön, W.: Steuerliche Maßgeblichkeit in Deutschland und Europa, Köln 2005; Stobbe, T.: Kommentierung des §5 EStG, in: Herrmann, C. et al. (Hrsg.): Herrmann/Heuer/Raupach, Kommentar zum Einkommensteuer- und Körperschaftsteuergesetz, Loseblattausgabe, Band 1, 21. Aufl., Köln, Stand: 208. Erg.-Lfg. Dezember 2002; Weber-Grellet, H.: Steuerbilanzrecht, 5. Aufl., München 1996.

Rudolf Federmann

Maßnahmenkatalog der Bundesregierung
→Zehn-Punkte-Programm der Bundesregierung

Materialaufwand →Materialaufwendungen

Materialaufwandsquote →Aufwands- und Ertragsanalyse

Materialaufwendungen

Die deutschen Rechnungslegungsvorschriften enthalten keine eigenständige Definition des Postens „Materialaufwendungen". Einen Hinweis auf den Inhalt dieses Postens gibt jedoch die Gliederungsvorschrift des § 275 HGB (→Gliederung der Gewinn- und Verlustrechnung). Gem. § 275 Abs. 2 HGB sind die Materialaufwendungen in einer nach dem GKV erstellten →Gewinn- und Verlustrechnung (GuV) gesondert auszuweisen und in die Unterpositionen „Aufwendungen für Roh-, Hilfs- und Betriebsstoffe und bezogene Waren" sowie „Aufwendungen für bezogene Leistungen" aufzugliedern. In der GuV nach dem UKV gem. § 275 Abs. 3 HGB werden demgegenüber Materialaufwendungen nicht gesondert ausgewiesen. Die Materialaufwendungen des Geschäftsjahres sind bei Anwendung des Umsatzkostenverfahrens jedoch gem. § 285 Nr. 8a HGB im →Anhang mit einer dem GKV entsprechenden Aufgliederung anzugeben.

In die Aufwendungen für →Roh-, Hilfs- und Betriebsstoffe (RHB) sind zumindest die für den Fertigungsbereich angefallenen Aufwendungen einzubeziehen. Daneben darf unter dieser Position auch der in den Funktionsbereichen Verwaltung und Vertrieb verursachte Stoffverbrauch ausgewiesen werden (IDW 2006, Abschn. F, Rn. 422). Nach dieser weiten Auffassung fällt der gesamte Materialverbrauch im Fertigungsbereich des Unternehmens, in den Forschungs-, Entwicklungs- und Laborabteilungen, im Verwaltungs- und Vertriebsbereich einschl. Brenn- und Heizungsstoffe, Reinigungsmaterial, Versandmaterial, Büromaterial usw. unter die Aufwendungen für RHB (ADS 1997, Rn. 85 zu § 275 HGB). Bei den Aufwendungen für bezogene Waren handelt es sich um außerhalb des Fertigungsprozesses angefallene Aufwendungen für Handelswaren. Die Aufwendungen für RHB und bezogene Waren werden mit den Nettoanschaffungskosten [→Anschaffungskosten (AK)], also nach Abzug abziehbarer USt sowie etwaiger Preisnachlässe, ausgewiesen. Daneben enthält der Posten auch Aufwendungen aus Inventurdifferenzen (→Inventur) und Abschreibungen nach § 253 Abs. 3 HGB, soweit diese nicht die üblichen Abschreibungen überschreiten, da insoweit ein gesonderter Ausweis gem. § 275 Abs. 2 Nr. 7b HGB erforderlich wäre (→außerplanmäßige Abschreibungen).

Die Abgrenzung der Position Aufwendungen für bezogene Leistungen von anderen Posten der GuV, insb. den sonstigen betrieblichen Aufwendungen (→sonstige betriebliche Aufwendungen und Erträge), kann im Einzelfall Probleme bereiten. Um die Vergleichbarkeit der Materialaufwendungen im Zeitablauf sicherzustellen, darf von einer einmal getroffenen inhaltlichen Abgrenzung des Postens nicht willkürlich abgewichen werden. Dies ergibt sich aus dem in § 265 Abs. 1 HGB kodifizierten Stetigkeitsprinzip (→Stetigkeit).

Während die Materialaufwendungen in einer nach dem UKV erstellten GuV nur insoweit erfasst werden, wie sie auf die realisierten →Umsatzerlöse entfallen, umfassen die Materialaufwendungen bei Anwendung des Gesamtkostenverfahrens den gesamten Werteverzehr der Rechnungslegungsperiode. Als Korrekturposten für Materialaufwendungen, denen keine Periodenumsätze gegenüberstehen, bzw. für Periodenumsätze, für die Materialaufwendungen in Vorjahren angefallen sind, dienen die Posten „Erhöhung oder Verminderung des Bestands an fertigen und unfertigen Erzeugnissen" (→unfertige und fertige Erzeugnisse) bzw. „andere aktivierte Eigenleistungen" gem. § 275 Abs. 2 Nr. 2 bzw. Nr. 3 HGB.

Die Prüfung der Materialaufwendungen, insb. deren periodengerechte Erfassung und Bewertung (→periodengerechte Erfolgsermittlung; →Bewertungsprüfung) erfolgt weitestgehend im Zusammenhang mit der Prüfung des →Vorratsvermögens und der →Verbindlichkeiten. Hierzu werden Prüfungen des →Internen Kontrollsystems (→Internes Kontrollsystem, Prüfung des; →Systemprüfung) der relevanten Prozessbereiche Beschaffung (→Einkaufswesen) und Vorratsverwaltung (→Lagerwesen) sowie →Einzelfallprüfungen einschl. einer Inventurbeobachtung (→Inventur) durchgeführt.

Sinnvollerweise werden diese im Rahmen der Prüfung der Materialaufwendungen ergänzt durch analytische Prüfungshandlungen (→Plausibilitätsprüfungen). Hierzu kann eine Aufgliederung der Materialaufwendungen, z. B. nach Produktlinien, sinnvoll sein. Soweit für Zwecke der analytischen Prüfung Erwartungswerte aus Vergangenheitsdaten abgeleitet werden, sollten vorab mögliche Änderungen, die sich auf den Materialaufwand auswirken (z. B. Änderungen der Einkaufspreise, Produktzusammensetzung, Fertigungsprozesse usw.), untersucht und bei der Berechnung von Erwartungswerten berücksichtigt werden.

Daneben sollte eine Prüfung der inhaltlich zutreffenden Abgrenzung von anderen Aufwandsarten und insb. eines stetigen Ausweises erfolgen.

Bei Anwendung des Umsatzkostenverfahrens ist die Vollständigkeit und Richtigkeit der Anhangangaben zu prüfen.

Literatur: ADS: Rechnungslegung und Prüfung der Unternehmen, Teilband 5, 6. Aufl., Stuttgart 1997; IDW (Hrsg.): WPH 2006, Band I, 13. Aufl., Düsseldorf 2006.

Dirk Hällmayr

Materialbereitstellungsplanung →Bedarfsplanung und -kontrolle

Materiality →Wesentlichkeit

Materielle Prüfung

Im Rahmen des →Prüfungsprozesses untersucht der →Abschlussprüfer (APr), ob und in welchem Umfang der zu prüfende Sachverhalt (*Istobjekt*) bestimmten Anforderungen (*Sollobjekt*) entspricht (→Soll-Ist-Vergleich). Dies erfolgt in zwei Schritten. Zunächst ist im Rahmen der →formellen Prüfung zu untersuchen, ob der JA zutreffend durch die Buchführung (→Buchführungstechnik und Prüfungsmethoden) aus den Belegen abgeleitet wurde; dann durch eine materielle Prüfung, ob alle Geschäftsvorfälle anforderungsgerecht in den Belegen dokumentiert wurden (→Belegprüfung; →Buchungen).

Die Anforderungen an die materielle Prüfung hängen vom relevanten Rechnungslegungssystem ab. Zu nennen sind hier die Generalnormen von HGB und →International Financial Reporting Standards (IFRS) sowie ihre entsprechenden Einzelvorschriften, die ggf. durch den Gesellschaftsvertrag des zu prüfenden Unternehmens konkretisiert werden.

Im Rahmen der materiellen Prüfung hat der APr zunächst durch eine *Nachweisprüfung* (→Nachweisprüfungshandlungen) zu verifizieren, ob die in den Belegen ausgewiesenen Geschäftsvorfälle und damit die aus ihnen resultierenden Posten des Jahresabschlusses tatsächlich existieren (Vorhandensein), also keine „Luftbuchungen" getätigt wurden („*Kein Beleg ohne Geschäftsvorfall*"). Die Prüfung wird hier grundsätzlich retrograd, d. h. vom Beleg zum unterstellten Geschäftsvorfall erfolgen (→retrograde Prüfung).

Im Gegensatz hierzu kann die *Vollständigkeitsprüfung* („*Kein Geschäftsvorfall ohne Beleg*") nur progressiv, d. h. vom Geschäftsvorfall zum (ggf. nicht vorhandenen) Beleg erfolgen (→progressive Prüfung). Der APr hat zu prüfen, ob alle bilanzierungspflichtigen Geschäftsvorfälle ihren Niederschlag in Belegen gefunden haben. Allerdings gestaltet sich die Suche nach Anhaltspunkten für nicht erfasste Geschäftsvorfälle i. d. R. als sehr schwierig, da sich Hinweise hierfür häufig nur außerhalb der Buchführung des geprüften Unternehmens in seinen übrigen Geschäftsunterlagen finden lassen. Aus diesem Grund versichert sich der APr, z. B. durch das Einholen von Saldenbestätigungen bei Dritten (→Bestätigungen Dritter), von der Vollständigkeit der entsprechenden Geschäftsvorfälle.

Mit Nachweis- und Vollständigkeitsprüfung hat der APr gewährleistet, dass ihm alle potenziell buchungsrelevanten Geschäftsvorfälle bekannt sind. Anschließend hat er zu prüfen, ob die Belege *sachlich richtig* sind, d. h. die Geschäftsvorfälle den Anforderungen entsprechend aufgezeichnet und verbucht wurden.

Hierzu hat er zunächst in einer *Ansatzprüfung* zu beurteilen, ob die in den Belegen erfassten Geschäftsvorfälle für das geprüfte Unternehmen in Abhängigkeit vom Rechnungslegungssystem buchungspflichtig oder zumindest buchungsfähig waren (→Ansatzgrundsätze). Dies erfolgt i. d. R. als Teil der Nachweis- und Vollständigkeitsprüfung. Ist dies geschehen, hat er sich mit einer *Abgrenzungsprüfung* davon zu überzeugen, dass sie im richtigen Geschäftsjahr, also periodengerecht verarbeitet wurden (→periodengerechte Erfolgsermittlung).

Anschließend hat er zu überprüfen, ob die Geschäftsvorfälle sachlich richtig gebucht wurden. Im Rahmen dieser *Ausweisprüfung* prüft der APr, ob die Belege über zutreffende Konten der Buchführung geleitet wurden und ob diese Konten über die richtigen Posten des Jahresabschlusses abgeschlossen werden. Abschließend hat er durch eine →*Bewertungsprüfung* sicherzustellen, dass die gebuchten Werte den gesetzlichen Anforderungen (→Bewertungsgrundsätze) entsprechen. Während seiner Prüfung (→Jahresabschlussprüfung; →Konzernabschlussprüfung) hat sich der APr durch eine *Stetigkeitsprüfung* zu versichern, dass Ausweis- und Bewertungswahlrechte (→bilanzpolitische Gestaltungsspielräume nach HGB; bilanzpolitische Gestaltungsspielräume nach IFRS; bilanzpolitische Gestaltungsspielräume nach US GAAP) dem Grundsatz der →Stetigkeit entsprechend ausgeübt werden (→bilanzpolitische Gestaltungsspielräume, Prüfung von).

Der *Umfang* der materiellen Prüfungshandlungen hängt von der Art des Geschäftsvorfalls, insb. von seinem Fehlerrisiko ab. Hierunter werden das inhärente Risiko des Geschäftsvorfalls sowie das Kontrollrisiko des geprüften Unternehmens zusammengefasst. Anschließend leitet der Prüfer aus dem →Prüfungsrisiko, das er bereit ist, zu tragen, ab, welches Entdeckungsrisiko, d. h. die Wahrscheinlichkeit, dass er Mängel nicht findet, er hinnehmen kann. Entsprechend legt er fest, welche Geschäftsvorfälle lückenlos geprüft werden (→lückenlose Prüfung) und bei welchen eine Auswahlprüfung (→Stichprobenprüfung) stattfindet (→risikoorientierter Prüfungsansatz).

Literatur: Baetge, J.: Bilanzen, 4. Aufl., Düsseldorf 1996; Buchner, R.: Rechnungslegung und Prüfung der Kapitalgesellschaft, 3. Aufl., Stuttgart 1996; Lück, W.: Prüfung der Rechnungslegung, München 1999; Seicht, G.: Formelle und Materielle Prüfung, in: Coenenberg, A. G./Wysocki, K. v. (Hrsg.): HWRev, 2. Aufl., Stuttgart 1992, Sp. 562–567.

Bettina Schneider; Wilhelm Schneider

Materielle Überschuldung
→Überschuldungsprüfung

Mathematische Entscheidungsmodelle

Im Rahmen des →Operations Research werden mathematische Entscheidungsmodelle häufig eingesetzt, um betriebswirtschaftliche Probleme zu analysieren und günstige Entscheidungen mithilfe mathematischer Methoden in Organisationen vorzubereiten (→Entscheidungsinstrumente). Ausgehend von einem in der Realität auftretenden Problem bzw. Fragestellung können mathematische Methoden nur dann Anwendung finden, wenn das zu lösende Problem (Realproblem) in ein mathematisches Problem (Formalproblem) überführt worden ist.

Seit dem Beginn der Diskussion über *ein* geschlossenes Modell- und Methodensystem, welches sich zur Lösung jedes Entscheidungsproblems eignet, wurde immer wieder deutlich, dass reale Probleme sich einer allgemeinen und ganzheitlichen mathematischen Beschreibung (Totalmodell) entziehen. Deshalb wird i. d. R. nur ein Ausschnitt der Realität betrachtet (Partialmodell). Im Zuge eines *Abstraktionsschrittes* wird versucht, die wesentlichen und für das Realproblem relevanten Tatbestände zu erfassen (Schneeweiß 1993, Sp.

2944 f.). Am Ende dieses Prozesses steht ein Realmodell, welches das reale System möglichst homomorph abbilden soll (Berens/Delfmann/Schmitting 2004, S. 22 f.). Lassen sich aufgrund der Komplexität des Realmodells keine befriedigenden Entscheidungen finden, so muss das Realmodell relaxiert werden (Müller-Merbach 1992, S. 14). Im Zuge dieses sog. *Relaxationsschrittes* wird das Zielsystem und das Entscheidungsfeld des Realmodells soweit vereinfacht, dass günstige Entscheidungen auffindbar sind. Das nunmehr vereinfachte Modell (Formalmodell) erlaubt zumeist die Anwendung verschiedenster mathematischer Verfahren. Die hierdurch gefundenen Entscheidungen lassen sich schließlich danach beurteilen, inwieweit sie geeignet sind, das ursprüngliche Realproblem zu lösen.

Mathematische Entscheidungsmodelle lassen sich im Rahmen des Operations Research in verschiedene Modelltypen einteilen (Schneeweiß 1993, Sp. 2945 f.):

- bzgl. des Informationsgrades in deterministische (sichere Daten) und stochastische (unsichere Daten) Modelle,
- bzgl. der Gestalt der Zielfunktionen und Nebenbedingungen in lineare (Zielfunktion und Nebenbedingungen sind linear) und nichtlineare (Zielfunktion und/oder Nebenbedingungen sind nicht linear) Modelle,
- bzgl. der Zeit in statische (einperiodische, periodenfixe Betrachtung) und dynamische (mehrperiodische oder zeitstetige Betrachtung) Modelle,
- bzgl. der Anzahl von Zielfunktionen bzw. -kriterien in ein- oder mehrkriterielle Modelle und
- bzgl. des Definitionsbereichs der Modellvariablen in reellwertige und diskrete Modelle.

Neben verschiedenen weiteren Kriterien zur Verfahrensauswahl bestimmt insb. die Struktur des Formalmodells die anwendbaren Lösungsmethoden. Im Hinblick auf die zur Lösung des Formalproblems herangezogenen Werkzeuge kann zwischen optimierenden und heuristischen Verfahren unterschieden werden. Im Gegensatz zu den optimierenden Verfahren gelangen Heuristiken nicht zwangsläufig zu einer optimalen Lösung des Formalproblems. Vielmehr wird zumeist eine zulässige Lösung erzeugt, welche die Konsistenz des Sachsystems (Nebenbedingungen) nicht verletzt.

In den letzten Jahren wurden insb. im Bereich der Heuristiken große Fortschritte erzielt. So finden heute vermehrt lokale Suchstrategien (z. B. Tabu Search, Simulated Annealing, Ant Colony Optimization, Evolutionsstrategien, genetische Algorithmen) Anwendung. Der große Vorteil der zuletzt genannten Verfahren liegt darin, dass sie im Gegensatz zu den optimierenden Verfahren, die z. T. einen enormen Rechenaufwand benötigen, bei vergleichsweise geringer Rechenzeit häufig Lösungen hinreichender Güte liefern. Ebenso finden seit geraumer Zeit alternative Konzepte wie →neuronale Netze, Verfahren der künstlichen Intelligenz, Fuzzy-Set-Theorie (Modellierung unscharfer Systemeigenschaften und Zielkriterien) oder Chaostheorie (nichtlineare Dynamik) zur Berücksichtigung von Unsicherheit und Risiko Eingang in die Modellierung (→Prüfungsplanung, Erfassung von Unschärfe und Unsicherheit). Liegen innerhalb der Lösungsansätze stochastische Problemstellungen vor, so bietet sich häufig das Instrument der Simulation (→Simulationsmodelle; →Risikosimulation) als Analysewerkzeug an. Die Reaktion ermittelter Lösungen gegenüber Veränderungen der Entscheidungsparameter kann in einem weiteren Schritt mithilfe von →Sensitivitätsanalysen überprüft werden.

Mathematischen Entscheidungsmodellen sind trotz ihrer weit reichenden Möglichkeiten Grenzen hinsichtlich ihrer praktischen Anwendbarkeit gesetzt. Bei der Überführung des Real- in das Formalproblem ist zu beachten, dass verzerrte oder unvollständige Realitätswahrnehmungen unzweckmäßige Modellformulierungen zur Folge haben und damit auch zu unbrauchbaren Lösungen für das Realproblem führen können. Aufgrund des hohen Komplexitätsgrades können ähnliche Schwierigkeiten auch bei der Rückübertragung der Erkenntnisse auf die unternehmerische Praxis entstehen. Des Weiteren kann die Anwendbarkeit mathematischer Entscheidungsmodelle durch Informationsdefizite, eine hohe Unschärfe der Informationen oder unterschiedliche Risikopräferenzen erschwert werden.

Literatur: Berens, W./Delfmann, W./Schmitting, W.: Quantitative Planung, 4. Aufl., Stuttgart 2004; Müller-Merbach, H.: Operations Research, 3. Aufl., München

1992; Schneeweiß, C.: Operations Research, in: Wittmann, W. (Hrsg.): HWB, 5. Aufl., Stuttgart 1993, Sp. 2940–2953.

Udo Buscher; Dirk H. Winter

Maximalprinzip →Wirtschaftlichkeits- und Zweckmäßigkeitsprüfung

MD&A → Management's Discussion and Analysis

Mehr- und Wenigerrechnung

→Außenprüfungen der Finanzverwaltung bei buchführenden und bilanzierenden Steuerpflichtigen führen vielfach zu Bilanzberichtigungen und Bilanzänderungen von Bilanzpositionen bzw. zu Berichtigungen und Änderungen von Posten der →Gewinn- und Verlustrechnung (GuV) (→Bilanzfehlerberichtigung). Da die Gewinnermittlung (→Gewinnermittlungsmethoden, steuerrechtliche) durch Bestandsvergleich (Betriebsvermögensvergleich) i.S.v. § 4 Abs.1 Satz 1 EStG zu erfolgen hat, ist es unerlässlich, dass im Rahmen der Erstellung der Betriebsprüfungsberichte Prüferbilanzen aufgestellt werden müssen. Die Mehr- und Wenigerrechnung (MWR), die auch als Plus- und Minusrechnung, Differenzenprobe oder Ergebnisrechnung bezeichnet wird, ist insoweit ein Hilfsmittel und bietet eine kompakte, kurz gefasste Übersicht über die einzelnen und die gesamten Gewinnauswirkungen der Prüfungsfeststellungen der jeweiligen zu prüfenden Wirtschaftsjahre. Als weitere wichtige Aufgabe erfüllt die MWR eine praktische Kontrollfunktion. Während bei der doppelten Buchführung das Ergebnis der Gewinnermittlung durch die GuV kontrolliert wird (→Buchführungstechnik und Prüfungsmethoden), übernimmt diese Kontrollfunktion die MWR hinsichtlich der Prüferbilanzen. Die geänderte Gewinnermittlung durch Bestandsvergleich mittels der aufgestellten Prüferbilanzen wird durch die MWR einer rechnerischen Kontrolle unterzogen. Außer in dem zuvor genannten Gebiet der Außenprüfung, kann die MWR auch bei der Überleitungsrechnung nach § 60 Abs. 2 Satz 1 EStDV zum Einsatz kommen (Beste 2005, S. 314–319). Nach dieser Vorschrift sind die Bilanzansätze in der Handelsbilanz (HB) an die steuerlichen Vorschriften anzupassen, soweit diese von den handelsbilanziellen Ansätzen abweichen und keine separate Steuerbilanz (StBil) (§ 60 Abs. 2 Satz 2 EStDV) erstellt wird. Wenn keine eigenständige Steuerbilanz aufgestellt wird, bietet es sich förmlich an, die Überleitungsrechnung in der Form einer MWR darzustellen, um bei zahlreichen Anpassungen an die einkommensteuerlichen Vorschriften weiterhin den Überblick zu bewahren. Dies gilt umso mehr, als die Abweichungen über mehrere Wirtschaftsjahre hin fortbestehen und weiterentwickelt werden müssen.

Bei der MWR kann die Darstellung der Gewinnberichtigungen nach der *Bilanzmethode* oder der *GuV-Methode* erfolgen.

Die *Bilanzmethode*, die auch Bilanzpostenkontrolle oder Bilanzpostenprobe genannt wird, folgt den Regeln des Bestandsvergleichs (Betriebsvermögensvergleichs). Diese Methode geht davon aus, dass die Änderung oder Berichtigung eines aktiven oder passiven Bilanzpostens des laufenden Wirtschaftsjahres immer zu einer Kapitaländerung und damit zu einer Ergebniskorrektur führt. Dies bedeutet:

- die Erhöhung eines Aktivpostens führt zu einem Mehrkapital und damit zu Mehrgewinn (bzw. Mehrergebnis),
- die Minderung eines Aktivpostens führt zu einem Wenigerkapital und damit zu Wenigergewinn (bzw. Wenigerergebnis),
- die Erhöhung eines Passivpostens führt zu einem Wenigerkapital und damit zu Wenigergewinn (bzw. Wenigerergebnis) und
- die Minderung eines Passivpostens führt zu einem Mehrkapital und damit zu Mehrgewinn (bzw. Mehrergebnis).

Da das Endkapital eines Wirtschaftsjahres zugleich das Anfangskapital des folgenden Wirtschaftsjahres darstellt, kommt dem Bilanzenzusammenhang (→Stetigkeit) und damit der sog. Zweischneidigkeit der Schlussbilanz besondere Bedeutung zu. Änderungen der Schlussbilanz mit einhergehenden Änderungen des Kapitals (Betriebsvermögens) haben Gewinnänderungen des nachfolgenden Wirtschaftsjahres zur Folge. Bei Mehr- und Wenigerrechnungen, die für mehrere aufeinander folgende Wirtschaftsjahre aufgestellt werden (bei Außenprüfungen regelmäßig 3 Jahre) ist zu beachten, dass sich die bereits erfassten Unterschiedsbeträge (Kapitaländerungen aufgrund von Bilanzpostenänderungen) nicht doppelt auswirken. Aus diesem Grund sind die Änderungen in der nachfolgenden MWR

Abb. 1: Entwicklung der Bilanzposten Maschine und Waren

Bilanzposten Maschine	lt. HB/StBil	lt. PB	Differenz
Zugang 1. 7. 2002	80.000	90.000	
./. AfA 12,5 %, richtig 10 % für 6 Monate	5.000	4.500	
Buchwert 31. 12. 2002	75.000	85.500	+ 10.500
./. AfA 12,5 %, richtig 10 %	10.000	9.000	
Buchwert 31. 12. 2003	65.000	76.500	+ 11.500
./. AfA 12,5 %, richtig 10 %	10.000	9.000	
Buchwert 31. 12. 2004	55.000	67.500	+ 12.500

Bilanzposten Waren	lt. HB/StBil	lt. PB	Differenz
Bestand am 31. 12. 2002	62.000	65.000	+ 3.000
Bestand am 31. 12. 2003	74.000	79.000	+ 5.000
Bestand am 31. 12. 2004	71.000	75.000	+ 4.000

mit umgekehrtem Vorzeichen einzubeziehen. Bei der Bilanzpostenmethode müssen Veränderungen des Kapitals im laufenden Geschäftsjahr durch Entnahmen und Einlagen bei der Gewinnermittlung durch Bestandsvergleich (§ 4 Abs. 1 Satz 1 EStG) wieder korrigiert werden, da sie grundsätzlich keinen Einfluss auf die Gewinnhöhe haben dürfen. Insoweit werden Entnahmen und Einlagen, obwohl nur Unterkonten des →Eigenkapitals, in die MWR mit einbezogen (Horschitz 2004, S. 538).

Die *GuV-Methode* folgt den Regeln der betrieblich veranlassten Kapitaländerungen (Erfolgskonten = Aufwands- und Ertragskonten). Anders als bei der Bilanzpostenmethode werden die in der Prüferbilanz (PB) durchgeführten Änderungen auf ihre Auswirkungen auf →Aufwendungen und Erträge und damit als Gewinnerhöhung oder -minderung aufgezeigt. Insoweit werden keine „Prüfer GuV-Rechnungen" aufgestellt. Da sich die Änderungen von Aufwand und Ertrag wirtschaftsjahrbezogen auswirken, entfallen, anders als bei der Bilanzpostenmethode, hier gegenläufige Auswirkungen auf spätere Jahre. Die MWR nach der GuV-Methode zeigt somit sofort das Mehr und Weniger der einzelnen Prüfungsfeststellungen. Dabei bedeutet ein Plus-Posten in der MWR einen Mehr-Ertrag oder Weniger-Aufwand; ein Minus-Posten bedeutet Weniger-Ertrag bzw. Mehr-Aufwand (Wenzig 2004, S. 615–616).

Die Unterschiede der beiden MWR-Methoden lassen sich an folgendem praktischen Beispiel verdeutlichen:

Ein Betriebsprüfer überprüft die Einkünfte aus Gewerbebetrieb eines bilanzierenden Steuerpflichtigen für die Jahre 02 bis 04 (Wirtschaftsjahr entspricht Kalenderjahr). Die Steuerbescheide für die Jahre 02 bis 04 sind unter dem Vorbehalt der Nachprüfung ergangen (§ 164 AO). Es wurden folgende Feststellungen getroffen:

1) Eine Maschine mit AK (→Anschaffungskosten, bilanzielle) in Höhe von 80.000 € wurde am 1.7.02 angeschafft und linear auf 8 Jahre abgeschrieben (→Abschreibungen, bilanzielle; →Abschreibungen, steuerrechtliche). Nach den Prüfungsfeststellungen wurden 10.000 € Anschaffungsnebenkosten bei dem Maschinenkauf sofort als →Betriebsausgaben erfasst und die →Nutzungsdauer wird mit 10 Jahren festgestellt.

2) Die jeweiligen Warenbestände (→Umlaufvermögen; Vorratsvermögen) in der HB/StBil zum 31.12.02 in Höhe von 62.000 € mussten um 3.000 €, zum 31.12.03 in Höhe von 74.000 € um 5.000 € und zum 31.12.04 in Höhe von 71.000 € um 4.000 € in der PB angepasst werden, da sie zu niedrig bewertet wurden.

3) Im Jahr 02 wurde eine Betriebsausgabe in Höhe von 750 € mit privaten Mitteln beglichen und bisher nicht im →Rechnungswesen gebucht.

Abb. 2: MWR nach der Bilanzposten- und GuV-Methode

MWR nach der Bilanzpostenmethode

Posten	02		03		04	
	+	./.	+	./.	+	./.
Maschine	10.500		11.500	10.500	12.500	11.500
Waren	3.000		5.000	3.000	4.000	5.000
Einlagen 2002		750				
Entnahmen 2004						400
Änderungen	13.500	750	16.500	13.500	16.900	16.500
Saldierte Änderung	12.750		3.000		400	

MWR nach der GuV-Methode

Posten	02		03		04	
	+	./.	+	./.	+	./.
Betriebsausgabe (nichtaktivierte Nebenkosten Maschine)	10.000					
AfA Maschine	500		1.000		1.000	
Wareneinsatz	3.000		2.000			1.000
Betriebsausgabe		750			400	
Änderungen	13.500	750	3.000		1.400	1.000
Saldierte Änderung	12.750		3.000		400	

4) Im Jahr 04 wurde eine Privatausgabe in Höhe von 400 € als Betriebsausgabe erfasst.

Sachverhalt 1) und 2) stellen sich gem. Abb. 1 wie folgt dar:

Im Jahr 02 müssen die Einlagen um 750 € erhöht werden und die Betriebsausgaben müssen im gleichen Umfang angehoben werden.

Die Entnahmen im Jahr 04 sind um 400 € zu erhöhen und die Betriebsausgaben in gleicher Höhe zu mindern.

Die aus diesen Sachverhalten resultierende MWR nach der Bilanzposten- und GuV-Methode gestaltet sich wie in Abb. oben.

Sowohl die Bilanzposten- als auch die GuV-Methode haben Vor- und Nachteile. Vorteilhaft bei der Bilanzpostenmethode ist die Tatsache, dass sie unmittelbar an der Gewinnermittlungsformel des § 4 Abs.1 Satz 1 EStG anknüpft und deshalb leicht überschaubar ist. Andererseits besteht bei dieser Methode immer die Gefahr, dass sich bei der Entwicklung der Bilanzposten Rechenfehler einschleichen, die, da keine Kontrolle über die GuV erfolgt, unentdeckt bleiben können (Lohse, Rn. 3470, S. 4–5). Vorteil der GuV-Methode ist die tatsächliche Überprüfbarkeit des PB-Gewinns. Als Nachteil wird die erschwerte Überprüfbarkeit der PB gesehen, wenn mehrere aktive und passive Bilanzposten gleichzeitig durch Änderungen betroffen sind.

Die zu erstellenden Mehr- und Wenigerrechnungen der →Betriebsprüfungsstellen der Finanzverwaltung im Rahmen der Abschlussprüfungsberichte werden mittlerweile durch umfangreiche Computerprogramme unterstützt. Alle durch die Betriebsprüfung anzuweisenden Änderungen werden vorgangsorientiert über ein sog. Modul „Prüfungsfeststellungen" erzeugt und anschließend, je nach gewählter Bearbeitungsart (Bilanzposten- oder GuV-Methode) ausgewertet. Die Software kontrolliert sofort die Stimmigkeit der Bilanz- und der Gewinnauswirkungen. Differenzen können so unmittelbar beseitigt werden. Im Rahmen der Auswertung der betrieblichen Feststellungen können anschließend die ertragsabhängigen Steuerrückstellungen (→Rückstellungen) von dem Programm errechnet werden, um abschließend die endgültigen Prüfungsauswertungen darzustellen. Neben der MWR sind dies insb. PB, Kapitalentwicklung, Betriebsvermögensvergleich sowie Auswertungen zu allen relevanten Steuerarten.

Literatur: Beste, M.-O.: Steuerbilanz und Mehr-/Wenigerrechnung nach § 60 Abs. 2 EStDV, in: SteuStud 6 (2005), S. 314–319; Horschitz, H. et al.: Bilanzsteuerrecht und Buchführung, 10. Aufl., Stuttgart 2004; Lohse, P.: Mehr- und Wenigerrechnung im Rahmen der steuerlichen Betriebsprüfungen, in: Schröder, J./ Muuss, H. (Hrsg.): Handbuch der steuerlichen Betriebsprüfung. Die Außenprüfung, Loseblattausgabe, Band 2, 1. Aufl., Berlin, Stand: Erg.-Lfg. 03/05 Dezember 2005; Wenzig, H.: Außenprüfung/Betriebsprüfung, 9. Aufl., Achim 2004.

Peter Groß

Mehrfachstimmrechte →Stimmrecht

Mehrstufige Divisionskalkulation
→Divisionskalkulation

Meinungsverschiedenheiten zwischen Gesellschaft und Abschlussprüfer

Zu diesem Thema gehören folgende *Problembereiche*: Was ist unter den genannten Meinungsverschiedenheiten zu verstehen? Wie können sie gelöst werden? Zu welchen Meinungsverschiedenheiten und Lösungsmöglichkeiten bestehen spezielle Vorschriften?

Die wichtigste dieser Vorschriften ist *§ 324 HGB*. Er trägt die Überschrift „Meinungsverschiedenheiten zwischen Kapitalgesellschaft und Abschlußprüfer", betrifft Meinungsverschiedenheiten „über die Auslegung und Anwendung der gesetzlichen Vorschriften sowie von Bestimmungen des Gesellschaftsvertrags oder der Satzung über den Jahresabschluß, Lagebericht, Konzernabschluß oder Konzernlagebericht" (Abs. 1) und ordnet an, dass darüber „auf Antrag des Abschlußprüfers oder der gesetzlichen Vertreter der Kapitalgesellschaft ausschließlich das Landgericht" zu entscheiden (Abs. 1) und dabei „das Gesetz über die Angelegenheiten der freiwilligen Gerichtsbarkeit anzuwenden" hat (Abs. 2 Satz 1). Die weiteren neun Sätze des Abs. 2 treffen ergänzende Verfahrensanordnungen; Abs. 3 (neun Sätze) normiert die Verfahrenskosten und enthält abschließend folgende Regelung: „Schuldner der Kosten ist die Kapitalgesellschaft. Die Kosten können jedoch ganz oder zum Teil dem Abschlußprüfer auferlegt werden, wenn dies der Billigkeit entspricht." In →Österreich gilt stattdessen § 276 UGB; er stimmt nicht nur sinngemäß, sondern mit Ausnahme der Gerichts- und der Verfahrensbezeichnung auch fast wörtlich mit § 324 Abs. 1 und Abs. 2 Satz 1 HGB überein, verzichtet also auf spezielle Bestimmungen zu Verfahren und Kosten. Die folgenden Ausführungen gelten mit Ausnahme der Einzelheiten zum Geltungsbereich auch für Österreich.

Der zeitliche *Geltungsbereich des § 324 HGB* beginnt mit der →Bestellung des Abschlussprüfers/der Abschlussprüfer und endet nach h.M. mit der Erteilung (oder Versagung) des →Bestätigungsvermerks (BestV). Der sachliche Geltungsbereich der Vorschrift erstreckt sich nach den §§ 6 Abs. 1 und 14 Abs. 1 (der auch →Genossenschaften erfasst) PublG auch auf den Anwendungsbereich des PublG („Großunternehmen"), nach § 264a Abs. 1 HGB auch auf die dort umschriebenen Offenen Handelsgesellschaften und →Kommanditgesellschaften (vor allem →GmbH & Co. KG) und nach § 324a Abs. 1 HGB auch auf nach →International Financial Reporting Standards (IFRS) erstellte →Einzelabschlüsse i. S. d. § 325 Abs. 2a HGB, im Übrigen aber nicht auf Genossenschaften (vgl. § 53 Abs. 2 GenG), außer es handelt sich um →Kreditinstitute (vgl. § 340k Abs. 1 HGB). Aus der Gesetzessystematik ergibt sich die Nichtgeltung des § 324 HGB für freiwillige Abschlussprüfungen und solche, die lediglich von der Satzung oder vom Gesellschaftsvertrag angeordnet werden (→freiwillige und vertragliche Prüfung) (BGH-Urteil vom 23.9.1991). Die Anwendbarkeit des § 324 HGB auf weitere Prüfungen ist manchmal ausdrücklich geregelt, wie etwa in den §§ 17 Abs. 2 Satz 2 und 125 Satz 1 UmwG zu Verschmelzung und Spaltung (→Umwandlungsprüfung) sowie in § 8h Abs. 1 VerkProspG (→Prospektbeurteilung), im Übrigen häufig umstritten. Nach seinem Wortlaut bezieht sich § 324 HGB nicht auf in Verordnungen enthaltene Rechnungslegungsvorschriften; zumindest für Kreditinstitute und →Versicherungsunternehmen kommt diese Einschränkung jedoch wegen der allgemeinen Formulierungen in den §§ 340k Abs. 1 Satz 1 und 341k Abs. 1 Satz 1 HGB nicht zum Tragen. Zweifelhaft erscheint auch die Anwendbarkeit des § 324 HGB auf die DRS. Sind mehrere →Abschlussprüfer (APr) bestellt (→Gemeinschaftsprüfungen), kann nach h.M. auch nur einer von ihnen den

Antrag an das Gericht stellen, sobald die Meinungsverschiedenheit nicht nur zwischen den Prüfern besteht.

Unzweifelhaft werden *weitere Meinungsverschiedenheiten* nicht von § 324 HGB erfasst, insb. solche über reine Tatsachenfragen, den Prüfungsumfang, die →Auskunftsrechte des Abschlussprüfers, den →Prüfungsbericht (PrB), die Formulierung des Bestätigungsvermerks, das →Prüfungshonorar sowie die Feststellung oder Billigung des Abschlusses (→Feststellung und Billigung des Abschlusses).

Dies ist nur einer der Gründe für die sehr geringe *praktische Bedeutung des § 324 HGB*. Bisher ist nur ein Verfahren nach der Vorläuferbestimmung im AktG 1937 bekannt (BGH-Beschluss vom 31.5.1965), analog eines in Österreich. Als weitere wichtige Gründe sind zu nennen, dass keine Verpflichtung besteht, bei Abschlussprüfungen (→Jahresabschlussprüfung; →Konzernabschlussprüfung) auftretende Meinungsverschiedenheiten gerichtlich klären zu lassen, und dass Beschlüsse über Abschlüsse keinen uneingeschränkten BestV erfordern.

Auch werden *weitere Lösungsmöglichkeiten* häufig als attraktiver empfunden: Stellungnahmen von Fachgremien, vor allem des →*Instituts der Wirtschaftsprüfer in Deutschland e.V. (IDW)* und der →*Wirtschaftsprüferkammer (WPK)*, sowie Gutachten. Nicht (mehr) möglich ist bei →Pflichtprüfungen die „Klärung" von Meinungsverschiedenheiten durch die Abberufung des/der Abschlussprüfer(s) oder die Kündigung des Prüfungsauftrages (vgl. § 318 Abs. 1 Satz 5, Abs. 3 und Abs. 6 Satz 2 HGB) (→Mandatsniederlegung des Abschlussprüfers).

Literatur: ADS: Rechnungslegung und Prüfung der Unternehmen, 6. Aufl., Teilband 7, Stuttgart 2000, § 324 HGB; BGH-Beschluss vom 31.5.1965, Aktz. II ZB 8/65, WPg 18 (1965), S. 429–431 (mit Verweis auf Vorinstanz); BGH-Urteil vom 23.9.1991, Aktz. II ZR 189/90, BB 46 (1991), S. 2342 f. = DB 44 (1991), S. 2429 f.; Loitlsberger, E.: § 276 HGB – Meinungsverschiedenheiten zwischen Gesellschaft und Abschlußprüfer, in: Vodrazka, K., et al. (Hrsg.): Handbuch Bilanz und Abschlußprüfung, 3. Aufl., 3. Lfg., Wien 2000.

Otto A. Altenburger

Meldewesen →Finanzdienstleistungsinstitute

Memorial →Grund- und Hauptbuch

Mengenabweichung

Im Rahmen der →Abweichungsanalyse können mittels Plan-Ist-Vergleichen die Abweichungen zwischen den geplanten Werten [Plankosten (K_p) bzw. →Sollkosten (K_s)] und den realisierten Istwerten [Istkosten (K_i)] analysiert und auf deren unterschiedliche Ursachen hin untersucht werden.

Grundlegend werden dabei →Preisabweichungen und Mengenabweichungen (Abweichungen 1. Grades) sowie →Abweichungen höheren Grades unterschieden.

In der folgenden Abb. wird dieser Zusammenhang graphisch dargestellt. Die Gesamtkosten (K) einer Kostenstelle (→Cost Center) ergeben sich aus der Multiplikation von Faktormengen (x) und Faktorpreisen (p)

$K = x \cdot p.$

Die Gesamtkosten einer Kostenstelle ergeben sich demnach in einem Koordinatensystem als Rechteck. Die Gesamtabweichung zwischen den Ist- und den Planwerten ergibt sich aus einer Abweichung der für einen bestimmten →Beschäftigungsgrad geplanten (x_p bzw. x_s) und den tatsächlich verbrauchten Faktorverbrauchsmengen (x_i) (= Mengenabweichung) sowie einer Abweichung zwischen den geplanten (p_p bzw. p_s) und den tatsächlich entrichteten Faktorpreisen (p_i) (= Preisabweichung).

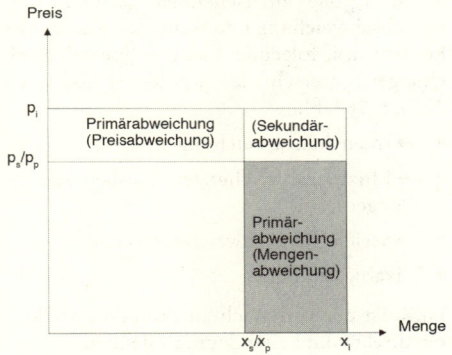

Abb.: Aufspaltung von Primär- und Sekundärabweichungen

Quelle: Coenenberg 2003, S. 363

Die Mengenabweichung (Δx) stellt in dieser Systematik den Anteil der Kostenabweichung dar, der auf die Veränderung der Faktorverbrauchsmengen zurückzuführen ist. Die Mengenabweichung ist also gem. der folgenden Formel definiert als das Produkt aus den geplanten Faktorpreisen und der Verbrauchsdifferenz zwischen Plan- und Ist-Verbrauchsmengen der Produktionsfaktoren:

$\Delta x = p_s \cdot (x_i - x_s)$

oder (→Abweichungsanalyse):

$\Delta x = K_{iIP} - K_s$
mit K_{iIP} = Istkosten bewertet zu Istpreisen.

Die Mengenabweichung spiegelt die Veränderung im mengenmäßigen Verbrauch der eingesetzten Produktionsfaktoren wider und kann als Maßstab der innerbetrieblichen Unwirtschaftlichkeit interpretiert werden. Die Mengenabweichung setzt sich zusammen aus der →Verbrauchsabweichung sowie der →Beschäftigungsabweichung. Im Rahmen der Abweichungsanalyse sind nunmehr die Gründe für solche Mengenabweichungen zu analysieren. Während die Beschäftigungsabweichung den Betrag der unter- oder übergedeckten Fixkosten (→Fixkostencontrolling) in Abhängigkeit von der Beschäftigung der Kostenstelle darstellt, können mögliche Gründe für Verbrauchsabweichungen bspw. in einer nicht optimalen Produktivität, höheren als geplanten Ausschussquoten oder einer zu geringen Kapazitätsanpassung an rückläufige Beschäftigung (→Kapazitätscontrolling) gesucht werden. So können im Rahmen einer vertieften Verbrauchsabweichungsanalyse zwischen verschiedenen Spezialabweichungen und einer als Restgröße anzusehenden „echten" Verbrauchsabweichung unterschieden werden. Es können u. a. folgende wichtige Spezialabweichungen unterschieden werden (Haberstock 2004, S. 264 ff.):

- →Intensitätsabweichungen,
- →Effizienzabweichungen (Ausbeuteabweichungen),
- →Seriengrößenabweichungen und
- Mixabweichungen.

I.d.R. ist der Verbrauch an Produktionsfaktoren direkt vom Leiter der betreffenden Kostenstelle zu beeinflussen und zu verantworten. Daher ist die Mengenabweichung i.d.R. den einzelnen Kostenstellen zuzurechnen.

Im Falle von festgestellten Verbrauchsabweichungen ist zu ermitteln, inwiefern der Kostenstellenverantwortliche diese beeinflussen kann. Bei durch eine Verbrauchsabweichungsanalyse festgestellten Unwirtschaftlichkeiten sind entsprechende operative Gegensteuerungsmaßnahmen zu ergreifen.

Auch auf der Leistungsseite des Unternehmens bietet sich die Analyse der Preis- und Mengenabweichung immer dann an, wenn im Rahmen einer Marketing- oder Vertriebsanalyse Abweichungen der geplanten und realisierten Unternehmenserlöse (→Erlöse) analysiert werden sollen. Für die Durchführung der Erlösabweichungsanalyse ist eine Unterscheidung in exogene (durch unternehmensinterne Marketing- oder Vertriebs-Aktivitäten nicht beeinflussbare) und endogene (durch unternehmensinterne Marketing- oder Vertriebs-Aktivitäten beeinflussbare) Einflussgrößen auf die Abweichung zwischen den geplanten und den tatsächlich erzielten →Erlösen wesentlich. So kann etwa die Frage beantwortet werden, ob die Umsatzsteigerung eines Unternehmens auf eine Preissteigerung im Markt oder exogene Mengenabweichung durch Veränderung des Marktvolumens bzw. eine Erhöhung der Absatzmenge durch Vertriebs-Aktivitäten (endogene Mengenabweichung) zurückzuführen ist. Weitere Detailanalysen lassen vertiefere Einblicke in die Erlös- oder Kostenstruktur eines Unternehmens zu (Coenenberg 2003, S. 385 ff.).

Literatur: Coenenberg, A. G.: Kostenrechnung und Kostenanalyse, 5. Aufl., Stuttgart 2003; Deimel, K./Isemann, R./Müller, S.: Kosten- und Erlösrechnung, München 2006; Haberstock, L.: Kostenrechnung II, 9. Aufl., Berlin 2004; Seicht, G.: Moderne Kosten- und Leistungsrechnung, 11. Aufl., Wien 2001.

Klaus Deimel

Messmethoden →Soll-Ist-Vergleich

Messtheorie →Soll-Ist-Vergleich

Methodenstetigkeit →Änderung der Bilanzierungs- und Bewertungsmethoden

Metrik →Innovation Audit

Mezzanine-Kapital →Genussrechte

Miete, kalkulatorische →Kalkulatorische Kosten

Migrationsverfahren →Datenumsetzung bei Systemänderungen

Mikro-Hedge →Grundsätze ordnungsmäßiger Buchführung, bankspezifisch

Minderheitenrechte, aktienrechtliche →Haupt- und Gesellschafterversammlung

Mindestanforderungen an das Betreiben von Handelsgeschäften →Mindestanforderungen an das Risikomanagement

Mindestanforderungen an das Kreditgeschäft →Mindestanforderungen an das Risikomanagement

Mindestanforderungen an das Risikomanagement

Ziel der „Mindestanforderungen an das Risikomanagement" (MaRisk, BaFin 2005) ist es, die Grundsätze des § 25a Abs. 1 KWG weiter zu konkretisieren und so ein Gesamtwerk der aufsichtsrechtlichen Mindestanforderungen zu schaffen. Die →*Bundesanstalt für Finanzdienstleistungsaufsicht* (*BaFin*) hat mit der Veröffentlichung der MaRisk die MaH, die MaIR sowie die MaK zusammengeführt und um einzelne Teilbereiche ergänzt. Mit den MaRisk wird den →Kreditinstituten auf Grundlage des § 25a Abs. 1 KWG ein flexibler Rahmen für die Ausgestaltung des Risikomanagements [→Risikomanagementsystem (RMS); →Risk Management] vorgegeben. Des Weiteren sind die MaRisk auch Ausgangspunkt zur Umsetzung der zweiten Säule von →Basel II und somit Grundlage des Anspruchs an eine ganzheitliche Risikobetrachtung sowie der Allokation des internen Kapitals zur Deckung der wesentlichen Risiken (Deloitte & Touche 2006, S. 8).

Die MaRisk sind gem. Allgemeiner Teil (AT) 2.1 der MaRisk von allen Kreditinstituten i.S.v. § 1 Abs. 1 KWG bzw. § 53 Abs. 1 KWG zu beachten und gelten auch für die Zweigniederlassungen deutscher Kreditinstitute im Ausland. →Finanzdienstleistungsinstitute und Wertpapierhandelsbanken haben die Vorschriften in Abhängigkeit von Institutsgröße und Geschäftsaktivitäten umzusetzen.

Die MaRisk besitzen nicht den Charakter einer einheitlichen und für alle Kreditinstitute verbindlichen Arbeits- und Organisationsanweisung. Um den Bedürfnissen der Institute gerecht zu werden, besitzen die MaRisk viele Öffnungsklauseln, die je nach Größe, Geschäftsschwerpunkten und dem Risikogehalt der Geschäfte praxisgerecht eingesetzt werden können. Selbstverständlich können die Anforderungen der MaRisk von den Instituten auch in einigen Punkten übertroffen werden. Durch die modulare Struktur der MaRisk können notwendige Anpassungen in einzelnen Regelungsfeldern auf die zeitnahe Überarbeitung einzelner Module beschränkt werden. Die folgende Abb. zeigt den derzeitigen Aufbau.

Im Vergleich zu den bisherigen aufsichtsrechtlichen Anforderungen enthält der Allgemeine Teil (Modul AT) neue Anforderungen an das Gesamtrisikomanagement. Danach hat jedes Kreditinstitut die eigene Risikotragfähigkeit zu beurteilen und ein Risikotragfähigkeitskonzept (AT 4.1) zu erstellen. Dazu sind alle wesentlichen Risiken des Kreditinstituts dem Risikodeckungspotenzial gegenüber zu stellen. Ziel dieser Vorschrift ist es, dass Risiken nur in der Höhe eingegangen werden, in der auch entsprechende Risikodeckungsmassen zur Verfügung stehen. Das Risikodeckungspotenzial wird üblicherweise für unterschied-

Abb.: Inhalte der MaRisk

Allgemeine Anforderungen	Organisation	Kreditrisikomanagement	Auslagerung und Prüfung
• Anwendungsbereich • Verantwortung der Geschäftsleitung • Kreditrisikostrategie • Organisationsrichtlinien • Qualifikation der Mitarbeiter • Neuartige Produkte oder neue Märkte • Dokumentation	• Funktionstrennung • Votierung • Anforderung an die Prozesse	• Risikoklassifizierung • Allgemeine Anforderungen an die Verfahren • Verfahren zur Risikofrüherkennung • Begrenzung der Risiken • Berichtswesen • Rechte und Betriebsrisiken	• Auslagerung • Revision • Abschlussprüfung

liche Risikoszenarien (→Szenariotechnik; →Risikosimulation) in Abhängigkeit von der Eintrittswahrscheinlichkeit der Risiken bestimmt und kann je nach Szenario u. a. den geplanten Gewinn, freie und stille Reserven (→stille Reserven und Lasten), →Rücklagen sowie das →Eigenkapital enthalten. Damit ergibt sich für Kreditinstitute auch die Anforderung, ihre wesentlichen Risiken zu quantifizieren und in einer konsistenten Risikostrategie festzulegen. Werden wesentliche Risiken, z. B. Liquiditätsrisiken oder operationelle Risiken, nicht in das Risikotragfähigkeitskonzept aufgenommen, so ist dieses nachvollziehbar zu begründen. Diese Risiken sind aber in den Risikosteuerungs- und -controllingprozessen (BTR) zu berücksichtigen.

In dem Modul BTO werden die Anforderungen an die Organisation im Kredit- und Handelsgeschäft konkretisiert. Eine vereinfachte Umsetzung ist in Abhängigkeit von Größe der Kreditinstitute, den Geschäftsschwerpunkten und der Risikosituation möglich. Das Modul BTR enthält die Anforderungen an die Ausgestaltung der Risikosteuerungs- und -controllingprozesse (→Risiko- und Chancencontrolling; →Bankencontrolling). Die Ausgestaltung der →Internen Revision wird schließlich im Modul BT 2 geregelt.

Während die bisherigen Mindestanforderungen (MaH, MaIR, MaK) einen ausdrücklichen Hinweis darauf enthielten, dass eine Überprüfung durch den →Abschlussprüfer (APr) zu erfolgen hat, fehlt bei den MaRisk dieser Hinweis. Eine explizite Vorschrift zur Überprüfung der Einhaltung der MaRisk durch den APr liegt somit nicht vor. Bei der Ausgestaltung des →Risikomanagementsystems sind die Kreditinstitute verpflichtet, die MaRisk zu beachten. Insofern ergeben sich Überschneidungen aus der für APr vorgeschriebenen Überprüfung des Risikomanagementsystems. Gem. § 10 Abs. 1 PrüfbV-E (Stand: 23.8.2006) hat der APr die Angemessenheit des Risikomanagements unter Berücksichtigung der Komplexität und des Umfangs der von dem Institut eingegangenen Risiken zu beurteilen. Gem. § 10 Abs. 3 PrüfbV-E umfasst die Beurteilung auch die Aufbau- und Ablauforganisation (→Aufbauorganisation; →Ablauforganisation) sowie die Prozesse zur Identifizierung, Beurteilung, Steuerung, Überwachung und Kommunikation der wesentlichen Risiken. Die Angemessenheit der Internen Revision ist ebenfalls zu beurteilen. Gem. AT 1, Rn. 4 der MaRisk ist die flexible Grundausrichtung des Rundschreibens bei den Prüfungen durch die Anwendung eines →risikoorientierten Prüfungsansatzes zu berücksichtigen, der an den institutsspezifischen Gegebenheiten ansetzt und diese mitberücksichtigt. Ein bloßes „Abhaken" formaler Kriterien soll so vermieden werden. Der Grundsatz der →Wesentlichkeit wird durch die MaRisk insofern betont, als dass nach AT 6, Rn. 2 nur die wesentlichen Handlungen und Feststellungen zu dokumentieren sind.

Die Aufnahme der in dem Kreditinstitut umgesetzten MaRisk (als Sollsystem) wird üblicherweise durch Befragung von Personen bzw. Durchsicht von Dokumenten und Unterlagen im Rahmen einer →Systemprüfung durchgeführt werden. Anhand von Organigrammen, Arbeitsanweisungen und Interviews der zuständigen Mitarbeiter sind die →Aufbauorganisation und →Ablauforganisation der betroffenen Abteilungen aufzunehmen. Die eingeführten Regelungen und Verfahren sind zu beurteilen (Aufbauprüfung). Daran anschließend ist die Funktion der eingeführten Regelungen zu überprüfen (→Funktionsprüfung).

Die Überprüfung der Aufbau- und Ablauforganisation (BTO) des *Kreditgeschäfts* (BTO 1) kann zusammen mit einer bereits im Rahmen der →Kreditprüfung ausgewählten Stichprobe (→Sichprobenprüfung) für die Überprüfung der Werthaltigkeit, d. h. an konkreten Kreditentscheidungen, erfolgen. Die Überprüfung der Ordnungsmäßigkeit der Prozesse im *Handelsbereich* (BTO 2) kann anhand einer Stichprobe einzelner Handelsgeschäfte erfolgen. Der Umfang der Stichprobe sollte sich am Umfang der Handelstätigkeit orientieren, wobei die einzubeziehenden Geschäfte im Hinblick auf die getätigten Geschäftsarten und deren Risiken ausgewählt werden sollten.

Bei der Überprüfung der Anforderungen an die Risikosteuerungs- und -controllingprozesse (BTR) ist darauf abzustellen, ob die Regelungen hinsichtlich der Steuerung und Überwachung der Risiken, wie sie im Rahmen der Systemprüfung aufgenommen worden sind, angemessen sind und auch tatsächlich umgesetzt werden. Bei der Beurteilung der Angemessenheit sind die institutsspezifischen Prozesse mit den gesetzlichen und aufsichtsrechtlichen Vorgaben abzugleichen, wobei die Risikositation des jeweiligen Kreditinstituts zu berücksichtigen ist.

Hinsichtlich der Prüfung der Anforderungen an die Ausgestaltung der *Internen Revision* (BT 2) ist zunächst zu beurteilen, ob die Grundsätze „Unabhängigkeit" und „Funktionstrennung" (→Revisionsorganisation) eingehalten werden. Bei der Beurteilung der Revisionsdurchführung sollte der APr insb. auf den Revisionsplan (→Revisionsauftragsplanung) sowie die →Revisionsberichterstattung abstellen.

Verstöße gegen die MaRisk können als Verstöße gegen § 25a Abs. 1 KWG angesehen werden. Gem. § 321 Abs. 1 HGB [→Prüfungsbericht (PrB)] wäre in der Vorwegberichterstattung auf einen Verstoß gegen eine gesetzliche Vorschrift einzugehen (→Unregelmäßigkeiten, Konsequenzen aus). Auswirkungen auf den →Bestätigungsvermerk (BestV) dürften sich im Regelfall nicht ergeben (IDW PS 400.54 f). Bei im IKS bestehenden erheblichen Mängeln ist allerdings zu prüfen, ob der BestV wegen dieser Mängel eingeschränkt oder versagt werden muss (Göttgens/Wolfgarten 2006, S. 29). § 29 Abs. 3 KWG ist entsprechend zu beachten.

Literatur: BaFin (Hrsg.): Rundschreiben 18/2005 vom 20.12.2005: Mindestanforderungen an das Risikomanagement, o.O. 2005; Deloitte & Touche (Hrsg.): MaRisk. Ein Vergleich mit den MaK, MaH und MaIR, München 2006; Göttgens, M./Wolfgarten, W.: Die Prüfung des internen Kontrollsystems von Kreditinstituten im Rahmen der Abschlussprüfung (Teil 2), in: WPg 59 (2006), S. 20–30; IDW (Hrsg.): IDW Prüfungsstandard: Grundsätze für die ordnungsmäßige Erteilung von Bestätigungsvermerken bei Abschlussprüfungen (IDW PS 400, Stand: 28. Oktober 2005), in: WPg 58 (2005), S. 1382–1402.

Klaus Hammelstein; Ralf Wißmann

Mindestanforderungen an die Interne Revision →Mindestanforderungen an das Risikomanagement

Mindestgarantiefonds →Solvenzvorschriften für Versicherungsunternehmen

Mindestrendite →Wertorientierte Unternehmensführung

Minimalprinzip →Wirtschaftlichkeits- und Zweckmäßigkeitsprüfung

Mitarbeiterleitsätze →Wertpapierhandelsgesetz

Mitarbeiter-Motivation in der Revision

Unter Motivation versteht man die Bereitschaft, in einer konkreten Situation eine bestimmte Handlung mit einer bestimmten Intensität bzw. Dauerhaftigkeit auszuführen. Die Mitarbeitermotivation hat direkte Auswirkungen auf den Erfolg der Führungskraft. Deshalb ist es für den Revisionsleiter wichtig, die Motivationsstrukturen seiner Mitarbeiter zu kennen, um hierauf gezielt einwirken zu können.

Die Motivationsforschung unterscheidet zwischen 16 Basismotivationen, die bei jedem Menschen individuell anders ausgerichtet sind (s. Abb. auf S. 954).

Die zahlreichen Motive lassen sich in zwei Hauptgruppen unterteilen: die intrinsische und die extrinsische Motivation:

Die intrinsische Motivation beruht auf vom Einzelnen selbst bestimmten Faktoren, die jeder für sich selbst als wichtig erachtet. Beispiele für intrinsische Faktoren sind das Streben nach verantwortungsvollen und wichtigen Tätigkeiten, Entscheidungsfreiheiten, persönliche Entwicklungsmöglichkeiten und interessante Arbeitsinhalte.

Extrinsische Motivationsfaktoren werden von Dritten, im betrieblichen Kontext also bspw. vom Revisionsleiter oder der Personalabteilung, mit dem Ziel vorgegeben, die Revisionsmitarbeiter zu einem gewünschten Verhalten zu motivieren. Als typische Beispiele lassen sich hier Gehaltserhöhungen, Belobigungen, Beförderungen, aber auch Bestrafungen, wie Gehaltsreduzierung oder disziplinarische Maßnahmen, nennen.

I.A. haben extrinsische Motivationsfaktoren einen stärkeren, aber kurzfristigeren Effekt, während intrinsische Faktoren eher eine langfristige Wirkung erzielen. Mitarbeiter in der Revision (→Interne Revision; →Jahresabschlussprüfung) sind i.d.R. intrinsisch von dem Arbeitsinhalt her motiviert.

Abrahm Maslow stellte eine Bedürfnispyramide auf, in der er die Bedürfnisse der Menschen in eine hierarchische Reihenfolge brachte. Auf der untersten Ebene stehen hierbei physiologische Bedürfnisse, wie Nahrung, Ruhe und ein humaner Arbeitsplatz.

Motivation	Ziele / Bedeutung
1. Neugier	Abwechslung/Neuheit/Wissbegierde/Horizonterweiterung
2. Leistung	Ehrgeiz/Erfolg/Perfektionismus/Effizienz/Wettbewerb
3. Kontakt	Ausleben bestehender o. Aufbau neuer Beziehungen
4. Macht	Dominanz/Führung/Kontrolle über andere
5. Sicherheit	Risikovorsorge/Vermeiden von Misserfolgen, Schmerz, Krankheit
6. Hilfe (anderen)	Hilfe o. Unterstützung leisten/Schützen/Fürsorge
7. Hilfe (selbst)	unterstützt/angeleitet/beschützt werden
8. Bequemlichkeit	Vermeiden von Anstrengung, Zeitersparnis
9. Ordnung	Einfachheit, Verständlichkeit, Vorhersagbarkeit der Umwelt
10. Spiel	Zerstreuung/Unterhaltung/Ablenkung
11. Gewinn	Geld verdienen o. gewinnbringend anlegen/Sparen/günstige Geschäfte o. Käufe/Besitz mehren
12. Prestige	Bewunderung und Anerkennung durch sich selbst, reale oder nur vorgestellte Dritte
13. Eros	reale oder phantasierte erotische Aktivität
14. Emotion	Gefühlsbetonung/Aufregung, Risiko („sensation seeking")/Vermeiden bzw. Herbeiführen negativer bzw. positiver Emotionen
15. Rückzug	Ruhe/Regeneration/Schlaf
16. Autonomie	Selbstbestimmung/Freiheit/Widerstand gegen Beeinflussung/ Verteidigung der eigenen Werte und Meinungen

Darauf folgen Bedürfnisse nach Sicherheit, wie Mindesteinkommen, Altersversorgung, Unfallversicherung und Sicherheit des Arbeitsplatzes. In der nächsten Stufe stehen soziale Bedürfnisse, wie harmonische Gruppeneinordnung, Kommunikation und Mitarbeitergespräche. In der weiteren Stufe werden die Differenzierungsbedürfnisse wichtig, wie z. B. Anerkennung, Prestige, Macht, Status, hohes soziales Ansehen und Aufstiegsmöglichkeiten. Darauf folgen Bedürfnisse nach kreativer Eigengestaltung im Arbeitsprozess, wie →Mitbestimmung, Delegation, Weiterbildung, Teamarbeit und kooperativer Führung. Erst wenn die materiellen Wünsche (physiologische und Sicherheitsbedürfnisse) befriedigt sind, werden die immateriellen Bedürfnisse (soziale, Ich-Bedürfnisse, Selbstverwirklichung) verhaltensbestimmend. Solange die Sicherheit des Arbeitsplatzes gewährleistet ist, werden Mitarbeiter in der Revision i. d. R. durch die Eigengestaltung des Arbeitsprozesses motiviert.

Nach der 2-Faktoren-Theorie von *Frederick Herzberg* wird zwischen Motivatoren und Hygienefaktoren unterschieden. Zu den Hygienefaktoren zählen z. B. Entgeltbestimmungen, Arbeitsbedingungen, Führung und Führungsverhalten. Sie wirken extrinsisch und ihr Fehlen ruft Unzufriedenheit hervor. Ihr Vorhandensein erhöht aber nicht die Mitarbeitermotivation. Dies geschieht erst durch die Motivatoren, die aus den intrinsischen Faktoren bestehen, wie interessante und anspruchsvolle Tätigkeiten, Verantwortung und berufliche Entwicklung.

In Anlehnung an die hier erwähnten Motivationstheorien lassen sich für die Mitarbeitermotivation in der Revision folgende praktische Schlußfolgerungen ziehen:

1) Verminderung von Kontrollen (→Kontrolltheorie) und Verstärkung der Delegation unter Einhaltung der Führungsverantwortung,

2) Vergrößerung der Verantwortung des Mitarbeiters für seine Tätigkeit (Handlungsverantwortung innerhalb seines Delegationsbereichs) (→Revisionsorganisation),

3) Übertragung eines in sich geschlossenen Aufgabengebietes an den Mitarbeiter unter Überlassung der Art und Weise der Aufgabenerledigung an den Mitarbeiter und

4) regelmäßige Beurteilung der vom Mitarbeiter getätigten Aufgaben durch den Vorge-

setzten und Berichterstattung durch den Vorgesetzten an den Mitarbeiter in Form eines Mitarbeitergesprächs.

Christian Zielke

Mitbestimmung

Die Beteiligung von Arbeitnehmern an Entscheidungen in dem sie beschäftigenden Unternehmen wird als Mitbestimmung bezeichnet. Die entsprechenden Rechte und Pflichten der Beteiligten sind gesetzlich geregelt. Die Mitbestimmung der Arbeitnehmer ist ein charakteristisches Element der Arbeitsbeziehungen in Deutschland (Niedenhoff 2000; Wächter 1983) und – mit teilweise ähnlichen gesetzlichen Regelungen – in Österreich (Schrammel 2000).

Die Mitbestimmung steht in engem Zusammenhang mit dem Konzept der sozialen Marktwirtschaft, das durch Markt bzw. Wettbewerb sowie durch eine Eigentumsordnung gekennzeichnet ist, die dem Privateigentum einen hohen Rang einräumt, jedoch die an das Eigentum gebundenen Rechte durch das Prinzip der Sozialbindung des Eigentums partiell begrenzt. Dieses Prinzip schlägt sich im Arbeitsrecht im Schutzgedanken sowie in der Sicherung der Arbeitnehmer-Mitbestimmung bei personellen und sozialen Folgen wirtschaftlicher Entscheidungen im Betrieb nieder.

Die Mitbestimmungsregelungen werden durch gesetzliche Vorgaben auf zwei Ebenen verankert: auf der Ebene des Betriebes als der arbeitstechnischen Organisationseinheit und auf der Ebene des Unternehmens i. S. e. rechtlich verfassten Wirtschaftseinheit.

Die Mitbestimmung auf Betriebsebene ist durch das BetrVerfG von 1972 geregelt. Vorläufer dieses Gesetzes gab es bereits im 19. Jahrhundert, dann während des 1. Weltkrieges und danach in dem 1920 erlassenen Betriebsrätegesetz, das 1933 außer Kraft gesetzt wurde. Dem jetzt gültigen Gesetz ging das BetrVerfG von 1952 voraus. Im öffentlichen Dienst gilt das Personalvertretungsgesetz.

Organe des BetrVerfG sind Betriebsrat, Betriebsversammlung, Betriebsausschuss sowie Jugend- und Auszubildendenvertretung. Zur Beilegung von Konflikten zwischen Betriebsrat und Arbeitgeber kann in bestimmten Fällen eine Einigungsstelle eingerichtet werden, der die gleiche Anzahl von Beisitzern von Betriebsrats- und von Arbeitgeberseite angehört und der ein unparteiischer Vorsitzender vorsteht.

Zentrales Organ im Rahmen der betrieblichen Mitbestimmung ist der Betriebsrat. Nach dem BetrVerfG können in Betrieben mit mindestens fünf ständigen wahlberechtigten Arbeitnehmern, von denen drei wählbar sein müssen, Betriebsräte gewählt werden. Die Größe des Betriebsrates und ggf. die Anzahl der freigestellten Mitglieder richtet sich nach der Mitarbeiterzahl. In großen Betrieben kann ein Gesamtbetriebsrat, in Konzernen (→Konzernarten) ein Konzernbetriebsrat gebildet werden.

Die Betriebsversammlung, die einmal im Vierteljahr einberufen werden kann, hat ausschließlich Informationsrechte. Die Jugend- und Auszubildendenvertretung hat die Aufgabe, die besonderen Interessen der Jugendlichen insb. in Fragen der Berufsbildung und des Jugendschutzes zu vertreten. In Betrieben mit mindestens zehn leitenden Angestellten ist der Sprecherausschuss die Interessenvertretung dieser Arbeitnehmergruppe. Die Bestimmungen über die Wahlperiode (4 Jahre), die Zusammenarbeit mit dem Arbeitgeber und die inhaltlichen Mitbestimmungsrechte sind weitgehend analog zum BetrVerfG geregelt.

Das BetrVerfG sieht unterschiedlich weitgehende Mitwirkungsrechte vor, die von der Information bis zum Einspruchsrecht reichen. Der Gegenstand der Mitbestimmung umfasst soziale Angelegenheiten, die Gestaltung von Arbeitsplatz, Arbeitsablauf und Arbeitsumgebung, personelle und wirtschaftliche Angelegenheiten. Der Umfang der Mitbestimmung folgt dem Gedanken, die ökonomische Handlungsfähigkeit zu sichern und die personellen sowie die sozialen Folgen wirtschaftlicher Entscheidungen einem besonderen Schutz zu unterstellen. Deshalb gehen die Mitbestimmungsrechte in sozialen Angelegenheiten besonders weit, während in wirtschaftlichen Angelegenheiten hauptsächlich Informations- und Beratungsrechte bestehen. In Betrieben mit mehr als 100 Beschäftigten kann ein Wirtschaftsausschuss als Informations- und Beratungsgremium gebildet werden. Weitergehende Mitbestimmungsrechte bestehen bei Betriebsstilllegungen, Verlagerungen von Betrieben und ähnlichen für die Beschäftigten gravierenden wirtschaftlichen Sachverhalten, wobei sich die Rechte hier auf den Interessenausgleich und die Lösung der damit verbundenen Probleme richtet.

Eine Besonderheit im internationalen Vergleich ist die in Deutschland gesetzlich verankerte Mitbestimmung auf Unternehmensebene. Das Mitbestimmungsrecht sieht vor, dass Arbeitnehmerrepräsentanten in den Unternehmensorganen vertreten sind. Deshalb sind in den Aufsichtsräten neben den Anteilseignern auch die Arbeitnehmer vertreten. Die deutsche Mitbestimmungsgesetzgebung legt außerdem fest, dass in Großunternehmen ein Mitglied der Geschäftsleitung als Arbeitsdirektor die Zuständigkeit für den Arbeits- und Sozialbereich wahrnimmt.

Die Mitbestimmung auf Unternehmensebene wird durch folgende Gesetze geregelt: durch das Montan-MitbestG von 1951, das für Unternehmen im Bereich Kohle und Stahl gilt, das BetrVerfG von 1952, dessen Bestimmungen über die Zusammensetzung des Aufsichtsrats (→Zusammensetzung von Vorstand und Aufsichtsrat) in kleinen Gesellschaften weiterhin gelten und das MitbestG von 1976, das besondere Regelungen für größere Unternehmen mit mehr als 2.000 Beschäftigten vorsieht.

Im Montanbereich gehören dem AR die gleiche Anzahl von Vertretern der Anteilseigner und der Arbeitnehmer an. Ein sog. neutrales Mitglied, das vom Vertrauen beider Seiten getragen sein muss, soll Patt-Situationen verhindern. Dem Vorstand gehört ein Arbeitsdirektor an, der nicht gegen die Stimmen der Mehrheit der Arbeitnehmervertreter im AR bestellt werden darf (→Vorstand, Bestellung und Abberufung).

In kleinen KapGes mit 500 bis 2.000 Beschäftigten stellen die Arbeitnehmer ein Drittel, die Anteilseigner zwei Drittel der Mitglieder des Aufsichtsrats. Die Arbeitnehmervertreter im AR werden von den Arbeitnehmern des jeweiligen Unternehmens gewählt (→Aufsichtsrat, Be- und Abberufung).

Hauptmerkmale der Mitbestimmung in großen KapGes mit mehr als 2.000 Beschäftigten sind: Anteilseigner und Arbeitnehmer stellen im AR die gleiche Anzahl von Mitgliedern, wobei einer der Arbeitnehmervertreter leitender Angestellter ist. Der Vorsitzende des Aufsichtsrats ist aufgrund des Wahlverfahrens im Standardfall Vertreter der Anteilseigner. Bei Stimmengleichheit gibt die Stimme des Vorsitzenden den Ausschlag. Dem Vorstand gehört ein Arbeitsdirektor an, der jedoch nach dem gleichen Modus wie die anderen Vorstandsmitglieder gewählt wird. Die Arbeitnehmervertreter im AR werden nach einem relativ komplizierten Verfahren gewählt.

Die Globalisierung der Wirtschaft wirft die Frage auf, ob ein System der Arbeitsbeziehungen mit charakteristischen Merkmalen überleben kann oder ob es sogar umgekehrt Einfluss auf andere Systeme nehmen kann. Im Zuge der europäischen Entwicklung gilt das Interesse insb. der Gründung europäischer Betriebsräte.

Besondere Aufmerksamkeit gilt den politischen, sozialen und den ökonomischen Wirkungen der Mitbestimmung. Bei der Analyse der wirtschaftlichen Wirkungen der Mitbestimmung (Dilger 2002; Sadowski/Junkes/Lindenthal 2001) stehen die Wirkungen auf die Entscheidungsprozesse im Unternehmen, die Entscheidungsergebnisse und Kosten-Nutzen-Vergleiche (→Kosten-Nutzen-Analyse) des Konflikthandhabungsinstrumentariums der Mitbestimmung im Mittelpunkt. Die →Kosten, die für ein Unternehmen durch die Bestimmungen des BetrVerfG 1972 entstehen, liegen in der Größenordnung zwischen 0,5 und etwa 2 % der Lohn- und Gehaltsumme, wobei mit größerer Beschäftigtenzahl geringere Kostenanteile entstehen. Der größte Teil dieser Kosten sind die Löhne der freigestellten und der in Sitzungen involvierten Betriebsratsmitglieder sowie die Kosten von Betriebsversammlungen. Die wirtschaftliche Bewertung der Mitbestimmung hängt von der Einschätzung der Nutzen ab, die dem Konfliktbearbeitungsinstrumentarium Mitbestimmung zugeordnet werden. Ein solcher Nutzen kann z. B. im Aufbau eines vertrauensvollen Klimas oder der Kanalisierung und Reduktion von Konflikten gesehen werden. Je mehr die Veränderung von Verhaltensweisen in die Analyse und Bewertung einbezogen wird, umso schwieriger wird jedoch die Zurechnung zu dem Einflussfaktor Mitbestimmung.

Literatur: Dilger, A.: Ökonomik betrieblicher Mitbestimmung, München/Mering 2002; Niedenhoff, H. U.: Mitbestimmung in der Bundesrepublik Deutschland, 12. Aufl., Köln 2000; Sadowski, D./Junkes, J./Lindenthal, S.: Gesetzliche Mitbestimmung in Deutschland: Idee, Erfahrungen und Perspektiven aus ökonomischer Sicht, in: ZGR 30 (2001), S. 110–145; Schrammel, W.: Arbeitsrecht, Band 2: Sachprobleme, 4. Aufl., Wien 2000; Wächter, H.: Mitbestimmung, München 1983.

Wolfgang Weber

Mitgliedschaftsrechte → Stimmrecht

Mittelstand → Kleine und mittlere Unternehmen

Mittelwertmethode → Heterograde Stichprobe

Mitunternehmeranteil → Sonder- und Ergänzungsbilanzen, steuerrechtliche

Mitunternehmerschaft → Sonder- und Ergänzungsbilanzen, steuerrechtliche

Modell der Kapitalmarktlinie → Capital Asset Pricing Model

Modell der Wertpapierlinie → Capital Asset Pricing Model

Modigliani-Miller-Modell → Kapitalstruktur, Planung und Kontrolle der

Monetary Unit Sampling → Deduktive Auswahl

Monistisches System → Dual- und Boardsystem

Monitoring → Internes Kontrollsystem

Monte-Carlo-Simulation → Risikosimulation

Motivation → Mitarbeiter-Motivation in der Revision

Mündliche Berichterstattung an den Aufsichtsrat → Aufsichtsrat, mündliche Berichterstattung an

Multiplikatormethoden → Unternehmensbewertung, marktorientierte

Multiprojektcontrolling → Projektcontrolling

Mutterunternehmen → Konzernmanagement: → Konzernarten

MVA → Wertorientierte Unternehmensführung

N

Nachfolgeberatung

Ziel des Unternehmers ist i. d. R. die Erhaltung des Unternehmens, das er mit seinen Führungskräften und Mitarbeitern aufgebaut hat. Zur Sicherung des Lebenswerkes zählt auch eine erfolgreiche Übergabe der Verantwortung an einen Nachfolger. Der Unternehmer hat die Aufgabe, den geeigneten Nachfolger zu finden, der dazu bereit und fähig ist, die Verantwortung für das Unternehmen und seine Mitarbeiter zu übernehmen und das Unternehmen zu führen. Dabei spielt das Fachwissen des Nachfolgers ebenso eine Rolle wie seine sozio-kulturellen Kompetenzen. Eine gründlich geplante und vorbereitete Übergangsphase mit umfangreicher Informationsbeschaffung und fachlicher Beratung ist dazu nötig. Denn allein das juristische Spektrum bei einer Betriebsnachfolge reicht vom Zivilrecht über das Handelsrecht (→Rechtsberatung) bis hin zum Steuerrecht (→Steuerberatung). Zu einer sinnvollen Übergangslösung gehören betriebswirtschaftliche, juristisch/steuerliche und personelle Aspekte. Die Einzigartigkeit jeder Betriebsübergabe macht die Nachfolgeberatung so komplex. Das kausale Netzwerk der Faktoren, die bei der Betriebsübergabe eine Rolle spielen, ist vielschichtig und kompliziert. Es verlangt daher individuelle Lösungen und ein ganzheitliches Konzept. Die Begleitung des Übergangs durch Beiräte hat sich für den Unternehmer und seinen Nachfolger sehr bewährt.

Im Rahmen der →Jahresabschlussprüfung hat der →Abschlussprüfer (APr) die inhärenten Risiken zu prüfen (→risikoorientierter Prüfungsansatz). Ein zentrales Risiko (→Prüfungsrisiko) eines familienorientierten Unternehmens kann die ungeklärte Nachfolgefrage sein. Dabei hat sie nach →Basel II auch wesentliche Auswirkungen auf das →Rating und damit die Finanzierungskonditionen.

Prinzipiell sind für den Unternehmer verschiedene Nachfolgemodelle denkbar: Die Übertragung auf familieninterne Nachfolger mit Eigen- oder Fremdgeschäftsführung, der Verkauf an strategische Investoren oder Manager im Rahmen eines Management-Buy-Out, Management-Buy-In, der Verkauf über die Börse oder an Beteiligungs- oder Private Equity-Gesellschaften oder auch eine Kombination aus Übertragung an Nachfolger und Verkauf an fremde Dritte. Die Übertragung an →Stiftungen ist ebenfalls ein Lösungsansatz, der für besondere Situationen sehr attraktiv für die Unternehmerfamilie und für den Fortbestand des Unternehmens sein kann (Schmeisser/Grothe 2003, S. 6 f.). Wird keine geeignete Lösung gefunden, bleibt meist nur noch die Liquidation des Unternehmens (→Liquidationsbilanz; →Liquidationswert).

Mit der Auswahl eines geeigneten Nachfolgers ist eine wichtige Grundsatzentscheidung gefällt. Zentral für die Umsetzung sind betriebswirtschaftliche, aber auch rechtliche und steuerliche Aspekte. Dabei sind synchronisierte Nachfolgeregelungen zwischen Gesellschaftsverträgen und letztwilligen Verfügungen unter Berücksichtigung von Pflichtteilsrechten zu beachten. Es ist zu bedenken, dass die Unternehmensnachfolge keine ErbSt oder Schenkungsteuern auslöst, die so substanzschmälernd wirken, dass die Existenz des Unternehmens gefährdet wird. Eine lückenlose Bestandsaufnahme des gesamten Unternehmens- und Privatvermögens des Unternehmers ist daher unentbehrlich. Der WP sollte alle relevanten Vermögenswerte erfassen und bewerten: aktive und passive →Beteiligungen, Immobilien und →Grundstücke, liquides Vermögen, Versicherungssituation, sonstiges Vermögen und die generelle Vermögensnachfolge (Sack 2004, S. 179 f.). Hinzu kommt die Bewertung des zu übergebenden Unternehmens (→Unternehmenswert, →Unternehmensbewertung). Wichtig ist eine →Planung des →Cash Flows für unterschiedliche Nachfolgeszenarien und damit eine integrierte →Finanzplanung, die →Erfolgsprognosen, Cash Flow-Planungen sowie Planbilanzen umfasst. Für eine Nachfolgeplanung aus finanzieller Sicht ist die finanzielle Leistungsfähigkeit des Unternehmens entscheidend. Sie ist Basis für künftiges Wachstum und →Investitionen. Der →Unternehmenswert dient als Grundlage für die vermögensmäßige Disposition der Inhaber gegenüber dem Nachfolger. Es muss ein tragfähiges Liquiditätskonzept (→Liquiditätskennzahlen) erarbeitet werden, welches nicht nur die direkten Folgekosten (→Kosten) deckt, sondern im Todesfall des Unternehmers sämtliche Ansprüche bedienen kann (Schließmann 2001, S. 135).

Neben der Finanzplanung ist die Rechtsformberatung (→Unternehmensformen; →Unternehmensfomen, Wahl der) sowie die erb- und güterrechtliche Beratung von Bedeutung. Alle möglichen Gestaltungsmodelle (Erbschaft, Schenkung, Verkauf/Kauf) müssen dabei auf ertrag- und erbschaftssteuerliche Auswirkungen hin analysiert werden (→Steuerplanung, nationale; →Steuerplanung, internationale) (Sudhoff 2004, S. 1093–1230).

Für den Nachfolger gilt es im Rahmen der Übernahme geeignete Strategien zu entwickeln und umzusetzen (→wertorientierte Strategieplanung). Die Basis bilden die wirtschaftlich-rechtliche Ausgangssituation sowie die Motive und Ziele des neuen Unternehmers. Der Nachfolge-Unternehmer muss klären, mit welcher Struktur und welcher Kultur er beabsichtigt, diese Ziele zu realisieren. Aus Sicht des Wirtschaftsprüfers ist in diesem Kontext ein solider und valider →Business-Plan zu erstellen, um die Neuausrichtung zu gewährleisten. Wesentlicher Erfolgsfaktor in der Unternehmensführung (→wertorientierte Unternehmensführung) sind jedoch die Menschen. Ziel muss es sein, motivierte und herausragende Mitarbeiter in einer selbstlernenden Organisation zusammenzuführen. Die Fähigkeit eines Unternehmers bzw. eines Unternehmens, gute und innovative Mitarbeiter auf einem hohen Niveau zu entwickeln und zu führen (→Human Resource Management; →Personalcontrolling), ist für den Erhalt des Unternehmens von großer Bedeutung. Die Wertentwicklung des übernommenen Unternehmens ist wesentlich davon geprägt.

Literatur: Sack, G.: Vorbereitende Maßnahmen des Unternehmers, in: Schlecht & Partner/Taylor Wessing (Hrsg.): Unternehmensnachfolge – Handbuch für die Praxis, Berlin 2004, S. 175–188; Schließmann, C. P.: Unternehmer-Nachfolge – strategische, finanzielle, juristische, steuerliche und persönliche Aktionsfelder vernetzen – die beste Lösung finden, Neuwied 2001; Schmeisser, W./Grothe, J.: Aspekte der Unternehmensnachfolge im Mittelstand: Eine Herausforderung, in: Schmeisser, W./Krimphove, D./Nathusius, K. (Hrsg.): Handbuch Unternehmensnachfolge, Stuttgart 2003, S. 3–7; Stobbe, T./Schulz, P.: Nachfolgeberatung unter betriebswirtschaftlichen, ertrag- und erbschaftsteuerlichen Aspekten, in: Schmeisser, W./Krimphove, D./Nathusius, K. (Hrsg.): Handbuch Unternehmensnachfolge, Stuttgart 2003, S. 85–116; Sudhoff, H.: Unternehmensnachfolge, 4. Aufl., München 2000.

Harald Berninghaus

Nachfolgeklausel →Unternehmensformen, Wahl der

Nachgründung →Gründungsprüfung

Nachhaltigkeitsberichte

Der Prozess der Prüfung von Nachhaltigkeitsberichten wird in den Standards AccountAbility 1000 Assurance Standard und ISAE 3000 beschrieben. Darüber hinaus stellen der GRI-Anhang „Credibility and Assurance" sowie die Anforderungen „In Accordance with GRI" konkrete Prüfanforderungen für die Berichtsprüfung dar. Auch die Validierung der Umwelterklärung nach EMAS [VO (EG) Nr. 1836/93] bezieht sich direkt auf einen den Umweltbericht betreffenden →Prüfungsprozess (→Ökoaudit).

Ein wesentlicher Unterschied zwischen der Prüfung und Testierung von finanziellen und von nicht-finanziellen Berichten besteht darin, dass die kaufmännische Buchhaltung und die Erstellung von Geschäftsberichten (→Geschäftsberichte, Gestaltungsberatung) detailliert im HGB festgeschrieben sind und ein festes Fundament bilden, auf dem die Testierungsnormen sich genau auf diese Teilschritte beschränken können; dahingegen ist das Fundament der gesellschaftsorientierten Berichterstattung viel weicher. Neben der Tatsache, dass hier im Wesentlichen nur auf der Ebene materieller Anforderungen (Umweltrecht) sowie damit verknüpft auf der Ebene der Managementsysteme gesetzliche Grundlagen bestehen (Arbeitssicherheitsrecht, BetrVerfG etc.) gibt es in Deutschland bisher keine detaillierten gesetzlichen Vorschriften für die nicht-finanzielle Berichterstellung.

Die neue GRI-Guideline ermöglicht eine Testierung nach ISAE 3000 unter Bezugnahme auf die Guidelines, auch wenn sie grundsätzlich bzgl. der Testierungsfrage neutral bleibt.

Der seit 1999 vorliegende AccountAbility 1000 Assurance Standard sieht sich als Ergänzung zu den GRI-Guidelines. Er sieht die Verbesserung der Berichterstattung unter Einbezug der Stakeholder vor. Der Standard leitet Unternehmen zu einem systematischen Stakeholder-Einbezug an. Für den AccountAbility 1000 Assurance Standard werden inzwischen branchenspezifische Spezifikationen entwickelt.

Die AccountAbility sieht ein Verifizierungsstatement vor, welches Bezug nimmt auf den AccountAbility 1000 Assurance Standard, die explizit durchgeführten Tätigkeiten beschreibt, den verifizierten Bericht bewertet sowie ggf. zusätzlich kommentiert. Der Inhalt des Statements ist durch den AccountAbility 1000 Assurance Standard vorgeschrieben.

Zum 1.1.2005 ist der neue ISAE 3000 „Assurance Engagements other than Audits or Reviews of historical financial Information" in Kraft getreten. Er definiert übergreifend Basisprinzipien und wesentliche Abläufe für alle Prüfungen, die sich nicht auf vergangenheitsbezogene Finanzinformationen beziehen. Er kann u. a. auch auf die Prüfung von Umwelt- und Nachhaltigkeitsberichten, Informationssystemen, Management- und Corporate Governance-Prozessen (→ Corporate Governance) oder die Prüfung der Übereinstimmung mit externen Anforderungen (Compliance) angewandt werden.

Im Jahr 1999 wurde in Deutschland der IDW PS 820 verabschiedet. Der Prüfungsstandard bezieht sich auf Prüfungen von eigenständigen Umweltberichten oder von Abschnitten zu Umweltschutzfragen im Geschäftsbericht, die sich außerhalb der prüfungspflichtigen Berichtsteile befinden. Der Standard ist nicht auf die Prüfung von Umwelterklärungen anzuwenden. Das →*Institut der Wirtschaftsprüfer in Deutschland e.V.* (*IDW*) hat im Mai 2006 einen Standard zur Prüfung von Nachhaltigkeitsberichten (IDW PS 821) verabschiedet. Dieser spezifiziert den ISAE 3000, der speziell die Vorgehensweise und Anforderungen bei der Prüfung von Nachhaltigkeitsberichten beschreibt.

Literatur: IDW (Hrsg.): IDW Prüfungsstandard: Grundsätze ordnungsmäßiger Durchführung von Umweltberichtsprüfungen (IDW PS 820, Stand: 30. September 1999), in: WPg 52 (1999), S. 884–891; IDW (Hrsg.): IDW Prüfungsstandard: Grundsätze ordnungsmäßiger Prüfung oder prüferischer Durchsicht von Berichten im Bereich der Nachhaltigkeit (IDW PS 821, Stand: 18. Mai 2006), in: WPg 59 (2006), S. 854–863.

Sam Vaseghi

Nachhaltigkeitsorientiertes Controlling
→ Umweltbezogenes Controlling

Nachkalkulation → Auftragskalkulation; → Kalkulation; → Selbstkostenermittlung

Nachlassinsolvenzverfahren → Nachlassverwaltung

Nachlasspflegschaft → Nachlassverwaltung

Nachlassverwalter → Nachlassverwaltung

Nachlassverwaltung

Gesetzliche Regelung: Nach § 1975 BGB (Nachlassverwaltung; Nachlassinsolvenz) beschränkt sich die Haftung des Erben für die Nachlassverbindlichkeiten auf den Nachlass, wenn eine Nachlasspflegschaft zum Zwecke der Befriedigung der Nachlassgläubiger (Nachlassverwaltung) angeordnet oder das Nachlassinsolvenzverfahren (→ Insolvenz) eröffnet wird.

Zweck der Regelung: Nach § 1967 BGB haftet der Erbe grundsätzlich für sämtliche Verbindlichkeiten des Erblasser. Die Erbenhaftung ist unbeschränkt. Das bedeutet, dass Verbindlichkeiten nicht nur mit den vorhandenen Vermögenswerten aus dem Nachlass zu begleichen sind, sondern dass der Erbe sein eigenes Vermögen einsetzen muss. Das Gesetz regelt in den §§ 1975–1992 BGB die Voraussetzungen unter denen der Alleinerbe gegenüber allen Nachlassgläubigern seine Haftung auf den Nachlass beschränken kann (Witteler 2002, S. 266 f.).

Rechtsnatur und Ziel der Nachlassverwaltung: Das Gesetz versteht die Nachlassverwaltung als Nachlasspflegschaft zum Zwecke der Befriedigung der Nachlassgläubiger. Allerdings hat die Nachlassverwaltung mehr mit der Testamentsvollstreckung gemein, da der Nachlassverwalter im Interesse der Nachlassgläubiger den gesamten Nachlass abzuwickeln hat. Nur wenn nach Befriedigung aller Gläubiger noch Vermögenswerte übrig bleiben, kann der Erbe hierüber verfügen. Die Nachlassverwaltung hat ebenso wie die Testamentsvollstreckung zum Ziel, einen hinsichtlich der bestehenden Verbindlichkeiten unübersichtlichen Nachlass ordnungsgemäß abzuwickeln. Das liegt sowohl im Interesse der Gläubiger als auch im Interesse der Erben. Nachlassverwalter und Insolvenzverwalter (→Insolvenzverwaltung) unterscheiden sich in der Zielsetzung ihrer Aufgabe. Die Nachlassverwaltung ist auf Erhaltung des Nachlasses gerichtet, der Insolvenzverwalter zerschlägt die Vermögenswerte, um den Gläubigern eine möglichst hohe Quote zu bieten (Klingelhöffer 2002, S. 101).

Auswahl des Nachlassverwalters: Der Nachlassverwalter wird vom Nachlassgericht entsprechend dessen Qualifikation und der Komplexität des Nachlasses ausgewählt. Die Aufgaben des Nachlassverwalters und seine Verantwortlichkeit gegenüber den Nachlassgläubigern sind in § 1985 BGB geregelt (Norbert 2002, S. 98 ff.).

Rechtsverhältnis zwischen Nachlassverwalter und Erben: Dem Nachlassverwalter kommt eine Mittlerfunktion zu. Er muss sowohl die Interessen des Erben als auch die der Nachlassgläubiger berücksichtigen. Die Rspr. sieht den Nachlassverwalter als Organ der Rechtspflege. Der Nachlassverwalter unterliegt nur der Rechtsaufsicht des Nachlassgerichtes (Klingelhöffer 2002, S. 102).

Wirkung der Anordnung der Nachlassverwaltung: Die Nachlassverwaltung führt grundsätzlich zu einer Trennung des eigenen Vermögens des Erben vom Vermögen des Nachlasses. Über das Vermögen des Nachlasses darf der Erbe nach § 1984 Abs. 1 BGB nicht mehr verfügen. Der Nachlassverwalter muss daher auf eine strikte Trennung der beiden Vermögensmassen achten. Die Nachlassverwaltung umfasst grundsätzlich den gesamten Nachlass. Von der Nachlassverwaltung werden allerdings nicht unpfändbare Gegenstände und höchstpersönliche Rechtspositionen, wie etwa die geerbte Gesellschafterstellung in einer →Offenen Handelsgesellschaft (OHG) erfasst. Die Befugnisse des Nachlassverwalters erstrecken sich daher nur auf die vermögensrechtlichen Bestandteile des Nachlasses. Da in erster Linie die Nachlassverwaltung für Nachlässe angeordnet wird, die zur Befriedigung der Nachlassgläubiger ausreichen, muss ein Gesellschaftsanteil grundsätzlich nicht zur Befriedigung der Nachlassgläubiger verwertet werden. Umstritten ist allerdings, ob der Nachlassverwalter die Gesellschaft kündigen kann, wenn das übrige Nachlassvermögen nicht zur Befriedigung der Nachlassverbindlichkeiten ausreicht. Der Nachlassverwalter hat weiterhin die Berichtigung der Nachlassverbindlichkeiten vorzunehmen. Der Nachlassverwalter haftet gegenüber den Erben nach §§ 1915, 1883 BGB für jedes Verschulden persönlich. Seine Verantwortlichkeit gegenüber den Nachlassgläubigern ergibt sich aus § 1985 Abs. 2 BGB (Norbert 2002, S. 100 ff.).

Ende der Nachlassverwaltung: Die Nachlassverwaltung endet entweder mit der Aufhebung durch das Nachlassgericht oder mit der Eröffnung des Nachlassinsolvenzverfahrens nach § 1988 Abs. 1 BGB. Damit endet das Amt des Nachlassverwalters, sofern er nicht zum Insolvenzverwalter ernannt wird. Wird die Nachlassverwaltung ohne Eröffnung eines Insolvenzverfahrens aufgehoben, hat der Nachlassverwalter den Nachlass an den Erben herauszugeben und eine Schlussrechnung zu erstellen. Dem Nachlassverwalter steht ein Zurückbehaltungsrecht wegen seiner Vergütung und wegen seiner Aufwendungsersatzansprüche zu. Der Vergütungsanspruch ergibt sich aus § 1987 BGB. Die Höhe der Vergütung bestimmt sich nach Billigkeitsgesichtspunkten. Berücksichtigt werden dabei insb. der Wert der Nachlassmasse ohne Abzug der Verbindlichkeiten, der Umfang und die Schwierigkeit der Geschäftsvorfälle sowie die Dauer der Nachlassverwaltung. Die Nachlassvergütung wird durch das Nachlassgericht festgesetzt. Die festgesetzte Vergütung und den Aufwendungsersatz kann der Nachlassverwalter dem Nachlass entnehmen (Norbert 2002 S. 1003 ff.).

Verhältnis zur Nachlassinsolvenz: Das Nachlassinsolvenzverfahren wird häufig infolge einer Nachlassverwaltung eröffnet, wenn sich herausstellt, dass der Nachlass zur Befriedigung der Nachlassgläubiger nicht ausreicht. Bei drohender Zahlungsunfähigkeit (→Zahlungsunfähigkeitsprüfung) oder Überschuldung (→Überschuldungsprüfung) kann der Erbe durch Trennung von Nachlass und Eigenvermögen ein Nachlassinsolvenzverfahren herbeiführen, sofern eine die →Kosten des Verfahrens deckende Nachlassmasse vorhanden ist. Das Nachlassinsolvenzverfahren ist im Einzelnen in den §§ 315 ff. InsO geregelt (Klingelhöffer 2002, S. 103 f.).

Literatur: Klingelhöffer, H.: Vermögensverwaltung in Nachlaßsachen, Heidelberg 2002; Norbert, J.: Die Haftung des Erben für Nachlassverbindlichkeiten, Berlin 2002; Witteler, M.: Handlungshinweise bei unklarem Nachlassvermögen, in: IWW 10 (2002), Erbfolgebesteuerung, S. 266–267.

Helmut Rieker

Nachschau, interne →Interne Nachschau

Nachteilsausgleich →Abhängigkeitsbericht

Nachträgliche Anschaffungskosten
→Anschaffungskosten

Nachträgliche Herstellungskosten
→Wohnungsunternehmen

Nachtragsbericht

Im →Lagebericht ist auch auf Vorgänge von besonderer Bedeutung einzugehen, die nach dem Schluss des Geschäftsjahres eingetreten sind (§ 289 Abs. 2 Nr. 1 HGB). Dieser Teil des Lageberichts wird auch Nachtragsbericht genannt.

Ein Vorgang ist dann von besonderer Bedeutung, wenn er, wäre er bereits vor Schluss des Geschäftsjahres eingetreten, eine andere Darstellung der →Vermögenslage, →Finanzlage oder →Ertragslage erfordert hätte.

Vorgänge von besonderer Bedeutung können bspw. sein (Tesch/Wißmann 2006, S. 79):
- Änderungen in den Rahmenbedingungen für die Geschäftstätigkeit, z. B. Gesetzgebung, Verwaltungsanordnungen, Konjunktur, Wechselkurse;
- Ergebnisveränderungen, z. B. durch gesunkene Verkaufspreise, gestiegene Einstandspreise, Absatzeinbrüche, Beschaffungsengpässe, Produktionsschwierigkeiten;
- wesentliche →Investitionen;
- veränderte Finanzierung, Eigen- oder Fremdkapitalmaßnahmen, wie Kapitalerhöhung oder -herabsetzung, →Anleihen, wesentliche Kredite;
- Beteiligungserwerbe oder -verkäufe;
- Veränderungen im Personalbereich, wie Massenentlassungen von Mitarbeitern, Kurzarbeit, Produktionsausfall durch Streiks, Abschluss oder Kündigung wichtiger Tarifverträge;
- andere besondere Ereignisse, wie Unglücksfälle, z. B. Explosion im Betrieb, Abschluss wichtiger Verträge, Beendigung von für das Unternehmen bedeutsamen Prozessen.

Im Nachtragsbericht ist bei Schilderung solcher Vorgänge besonders darauf hinzuweisen, dass es sich um →Ereignisse nach dem Abschlussstichtag handelt. Es kann sich dabei sowohl um positive als auch um negative Vorgänge handeln. Auswirkungen auf die Ertrags-, Finanz- und Vermögenslage sind zu erläutern. Prospektiv sind auch solche Entwicklungen und Einflüsse zu nennen, die zwar noch nicht abgeschlossen sind, die aber eine abweichende Darstellung der →wirtschaftlichen Verhältnisse nach sich ziehen könnten.

Liegen nach dem Schluss des Geschäftsjahres eingetretene Vorgänge von besonderer Bedeutung nicht vor, so ist nach DRS 15.81 eine Fehlanzeige in den Lagebericht aufzunehmen.

Der →Abschlussprüfer (APr) hat sich ein Urteil darüber zu bilden, ob die gesetzlichen Vertreter ihrer Berichterstattungspflicht zutreffend und in ausreichendem Maße nachgekommen sind. Als geeignete Prüfungshandlungen kommen gem. IDW PS 350.27 in Betracht (→Auswahl von Prüfungshandlungen):
- Durchsicht der →Zwischenberichterstattung;
- Durchsicht von Protokollen über Sitzungen der Verwaltung (→Versammlungsprotokolle);
- Befragung der Geschäftsführung und anderer Auskunftspersonen;
- Durchsicht von Berichten der →Internen Revision;
- Durchsicht der Aufwendungen für →Rechtsberatung und andere Sachverständige zur Erlangung von Hinweisen auf wichtige Verträge, Prozesse oder sonstige Ereignisse;
- Beschaffung von neuen Informationen über den Stand schwebender Geschäfte;
- Beschaffung von Informationen über den Stand steuerlicher Veranlagungen.

Ferner ist darauf zu achten, dass sich die einzuholende →Vollständigkeitserklärung auch auf den Lagebericht bezieht und die erforderlichen Angaben zu Vorgängen von besonderer Bedeutung nach dem Abschlussstichtag einschließt.

Literatur: IDW (Hrsg.): IDW Prüfungsstandard: Prüfung des Lageberichts (IDW PS 350, Stand: 6. September 2006), in: WPg 59 (2006), S. 1293–1297; Tesch, J./ Wißmann, R.: Lageberichterstattung nach HGB, Weinheim 2006.

Jörg Tesch

Nachtragsprüfung

Nicht selten ergeben sich *Änderungen des Jahres- oder Konzernabschlusses*, des →Lageberichts oder des →Konzernlageberichts *nach Aushändigung des →Prüfungsberichts* oder nach Feststellung des Jahresabschlusses (→Feststellung und Billigung des Abschlusses). Gem. § 316 Abs. 3 HGB hat der →Abschlussprüfer (APr) „soweit die Änderungen reichen" erneut eine Prüfung durchzuführen. Über diese sog. Nachtragsprüfung ist im Nachtrags-PrB zu berichten, ein bereits erteilter →Bestätigungsvermerk (BestV) um Ausführungen zu den Änderungen zu ergänzen. Die Nachtragsprüfung ist zur Rechtswirksamkeit der Feststellung des Jahresabschlusses zwingend durchzuführen.

Die Änderung eines festgestellten fehlerfreien Jahresabschlusses ist nur möglich, wenn gewichtige rechtliche, wirtschaftliche oder steuerrechtliche Gründe vorliegen. Die Änderung eines fehlerfreien Jahresabschlusses ist unzulässig, sofern Rechte Dritter ohne deren Einverständnis beeinträchtigt werden. Unentziehbare Gewinnansprüche müssen weiterhin durch den Bilanzgewinn des geänderten Jahresabschlusses gedeckt sein, es sei denn, die Betroffenen haben auf ihren Gewinnanspruch in der erforderlichen Höhe verzichtet.

Verstößt der vorliegende JA gegen die gesetzlichen Bilanzierungsvorschriften (→Ansatzgrundsätze; →Bewertungsgrundsätze), so kann dieser auch ohne das Bestehen der oben genannten Gründe geändert werden (→Bilanzfehlerberichtigung). Eine →*Nichtigkeit des Jahresabschlusses* ist nicht erforderlich. Nach IDW RS HFA 6 ist eine Fehlerbeseitigung allein, sofern der Fehler betrags- oder ausweismäßig von „einigem Gewicht" ist, Grund für eine Änderung des Jahresabschlusses. Erlangt das aufstellende Organ jedoch bei pflichtgemäßer und gewissenhafter Prüfung (→Überwachungsaufgaben des Vorstands) erst nach dem Zeitpunkt der Feststellung Kenntnis von einem Fehler, so lässt dies nicht den JA fehlerhaft werden.

Eine Korrektur des Abschlusses in der laufenden Rechnung ist ausreichend, falls die Feststellung und Offenlegung des aktuellen Abschlusses (→Offenlegung des Jahresabschlusses) kurzfristig erwartet wird und die durch die Änderungen hervorgerufenen neuen Informationen im Vergleich zu einer Rückwärtsänderung nicht wesentlich später bekannt werden. Für materielle Folgewirkungen ist jedoch weiterhin eine Rückwärtsänderung zwingend.

Der APr hat sich die *Vollständigkeit* der die Änderung betreffenden Informationen von den gesetzlichen Vertretern in einer →Vollständigkeitserklärung bestätigen zu lassen.

Über das Ergebnis der Prüfung ist grundsätzlich in einem eigenständigen *Nachtrags-PrB* zu berichten (→Berichtsgrundsätze und -pflichten des Wirtschaftsprüfers). Ausnahmsweise kann der bisherige, um die Angaben zur Nachtragsprüfung erweiterte *PrB* ausgehändigt werden, falls alle Exemplare des ursprünglichen Prüfungsberichts zurückgefordert werden können. In den Nachtragsprüfungsbericht ist ein Hinweis aufzunehmen, dass dieser nur gemeinsam mit dem ursprünglichen PrB verwendet werden darf. In den Bericht sind Ausführungen zum Auftrag (→Prüfungsauftrag und -vertrag) und zu den vorgenommenen Änderungen aufzunehmen. Es ist eine Aussage darüber zu treffen, ob die Änderungen den gesetzlichen Vorschriften bzw. der Satzung entsprechen und der geänderte Abschluss insgesamt unter Berücksichtigung der GoB (→Grundsätze ordnungsmäßiger Buchführung, Prüfung der) ein den tatsächlichen Verhältnissen entsprechendes Bild der →Vermögenslage, →Finanzlage und →Ertragslage (→True and Fair View) vermittelt. Je nach Umfang der Änderung ist auch denkbar, den Nachtragsprüfungsbericht in Briefform zu erstatten. Der geänderte Abschluss oder Lagebericht ist dem Bericht als Anlage beizufügen.

Unabhängig von der Form hat der Nachtragsprüfungsbericht den „entsprechend" ergänzten *BestV* zu enthalten. Form und Inhalt der Ergänzung sind gesetzlich nicht geregelt, grundsätzlich ist aber ein gesonderter Abschnitt aufzunehmen, um deutlich zu machen, dass dieser sich auf einen geänderten Abschluss bezieht. Der BestV ist mit einem Doppeldatum zu versehen.

Literatur: ADS: Rechnungslegung und Prüfung der Unternehmen, Teilband 7, 6. Aufl., Stuttgart 2000, Kommentierung des § 316 HGB, Rn. 64–79; IDW (Hrsg.): IDW Stellungnahme zur Rechnungslegung: Änderung von Jahresabschlüssen und Anpassung der Handelsbilanz an die Steuerbilanz (IDW RS HFA 6, Stand: 4. September 2001), in: WPg 54 (2001), S. 1084–1087; IDW (Hrsg.): IDW Prüfungsstandard: Grundsätze ordnungsmäßiger Berichterstattung bei Abschlussprüfungen, Abschn. 6.1: Nachtragsprüfung (IDW PS 450, Stand:

8. Dezember 2005), in: WPg 59 (2006a), S. 113–128; IDW (Hrsg.): WPH 2006, Band I, 13. Aufl., Düsseldorf 2006b, Abschn. Q, Rn. 295–301 und 675–683.

Christian Dinter

Nachverlagerte Stichtagsinventur
→ Inventurvereinfachungsverfahren, Prüfung von

Nachweisprüfung → Materielle Prüfung

Nachweisprüfungshandlungen

In der Rechnungslegung enthaltene Angaben stellen explizite oder implizite Erklärungen und Einschätzungen der gesetzlichen Vertreter des zu prüfenden Unternehmens dar, die sich auf verschiedene Aussagen in der Rechnungslegung beziehen. Nachweisprüfungshandlungen beziehen sich auf folgende Aussagen der Rechnungslegung:

- das *Vorhandensein* bestimmter → Vermögensgegenstände oder → Schulden zu einem bestimmten Zeitpunkt (*Existenz*),
- die *Zuordnung* des wirtschaftlichen Eigentums an bestimmten Vermögensgegenständen oder der bestehenden Verpflichtungen zum Unternehmen zu einem bestimmten Zeitpunkt und
- den *Eintritt* eines Ereignisses oder Geschäftsvorfalls im Unternehmen im zu prüfenden Geschäftsjahr.

Nachweisprüfungshandlungen beziehen sich hingegen *nicht* auf

- die *Vollständigkeit* der ausgewiesenen Vermögensgegenstände und Schulden, der Geschäftsvorfälle und Ereignisse sowie der geforderten Angaben,
- die *Bewertung* ausgewiesener Vermögensgegenstände und Schulden (→ Bewertungsprüfung),
- die betragsmäßig richtige *Erfassung* von Geschäftsvorfällen und Ereignissen,
- die zutreffende zeitliche *Abgrenzung* von Ein- und Auszahlungen (→ Cut-Off) und
- die *Darstellung und Berichterstattung* entsprechend den anzuwendenden Rechnungslegungsgrundsätzen (*Ausweis*).

Nachweisprüfungshandlungen bestehen i. d. R. aus einer angemessenen Kombination von → Systemprüfungen und aussagebezogenen Prüfungshandlungen (→ ergebnisorientierte Prüfungshandlungen), in einzelnen Fällen auch allein aus aussagebezogenen Prüfungshandlungen. Bei aussagebezogenen Prüfungshandlungen wird unterschieden in → analytische Prüfungshandlungen und → Einzelfallprüfungen.

Literatur: IDW (Hrsg.): IDW Prüfungsstandard: Prüfungsnachweise im Rahmen der Abschlussprüfung (IDW PS 300, Stand: 2. Juli 2001), in: WPg 54 (2001), S. 898–903.

Jörg Tesch

Nahestehende Personen → Beziehungen zu nahestehenden Personen

Nebenbücher

Der Nebenbuchhaltung kommt die Aufgabe zu, die gesetzlich verbindliche Dokumentation der Rechnungslegung in → Grund- und Hauptbuch zu entlasten bzw. vorzubereiten. Um die Übersichtlichkeit insb. im Hauptbuch zu gewährleisten, werden deshalb Einzelvorgänge zunächst in *Nebenbüchern* erfasst, um anschließend verdichtet als Sammelbuchung oder als Summe einer Kontengruppe übertragen zu werden. Die Nebenbücher sind dabei nicht zwingend in das System der doppelten Buchhaltung eingebunden (→ Buchführungstechnik und Prüfungsmethoden). Typische Nebenbuchhaltungen sind die Kassen-, Kontokorrent-, Anlagen-, Lager- sowie die Lohn- und Gehaltsbuchhaltung.

Insoweit als die Nebenbuchhaltung zur lückenlosen Verfolgung eines Geschäftsvorfalls im Rechnungskreis erforderlich ist, wird sie zum Bestandteil des die gesetzliche Buchführungspflicht nach § 238 HGB erfüllenden Buchhaltungssystems. Hierdurch ist sie auch Gegenstand der verpflichtenden → Jahresabschlussprüfung nach § 317 Abs. 1 Satz 1 HGB (→ Pflichtprüfungen). Eine Verpflichtung zur Führung von Nebenbüchern kann sich auch aus Gesetzen außerhalb des Handelsrechts ergeben, z. B. aus dem Steuerrecht (insb. §§ 143 Abs. 1, 144 Abs. 1, 146 Abs. 1 Satz 2 AO, Abschn. 5.2 EStR, § 41 Abs. 1 EStG, § 4 LStDV; Eisele 2002, S. 251) (→ Gewinnermittlungsmethoden, steuerrechtliche).

Die Prüfung der Nebenbücher hat die Erfüllung der GoB *Vollständigkeit*, *Richtigkeit*, *Zeitgerechtigkeit*, *Ordnung*, *Nachvollziehbarkeit* sowie *Unveränderlichkeit* zum *Gegenstand* (→ Grundsätze ordnungsmäßiger Buchführung, Prüfung der). Die Prüfungskriterien entsprechen insofern grundsätzlich denen für das Grund- und Hauptbuch, gerade auch im Bereich der →IT-Buchführung. Weiterer *Prüfungsgegenstand* ist die *Organisation der Buchführung*, insb. die Schnittstelle zwischen dem jeweiligen Nebenbuch und dem Grund- bzw. Hauptbuch: Es ist zu prüfen, ob die Organisation eine vollständige Überleitung der Geschäftsvorfälle, ggf. in Summe, sicherstellt. Zudem ist auf die strikte Befolgung des Belegprinzips (→Belegprüfung) und die Einhaltung der Aufbewahrungsfristen (→Aufbewahrungspflichten) zu achten. Vielfach liegt der Schwerpunkt auf der Prüfung des →Internen Kontrollsystems (→Internes Kontrollsystem, Prüfung des; →Systemprüfung).

Sachgebietsbezogene Prüfungshandlungen beziehen sich im Bereich der *Kassen- und Bankprüfung* vorrangig auf die Funktionstrennung: Zahlungsfreigabe, -ausführung und -verbuchung sollten nicht nur inhaltlich, sondern möglichst auch räumlich getrennt sein. Des Weiteren muss der →Abschlussprüfer (APr) den Kassen-Istbestand mit dem Sollbestand laut Kassenbuch abstimmen (→Abstimmprüfung). Hinsichtlich des Kassenverkehrs sind die korrekte Kontierung, fortlaufende Nummerierung, ordnungsgemäße Aufbewahrung der Belege sowie die Vollständigkeit des Beleginhalts zu überprüfen. Bankbestände (→Bankguthaben) hat der APr anhand von Kontoauszügen oder Saldenbestätigungen der →Kreditinstitute (→Bestätigungen Dritter) abzugleichen (IDW 2006, Abschn. R, Rn. 520–523, S. 2092 f.).

Im *Kontokorrent-/Geschäftsfreundebuch* (→Kontokorrentverkehr; →Offene-Posten-Buchhaltung) werden alle unbaren Geschäftsvorfälle mit Kunden/→Debitoren und Lieferanten/→Kreditoren, aufgegliedert nach Personenkonten, erfasst. Die Summe der Salden der Personenkonten ist mit den Sachkonten →Forderungen und →Verbindlichkeiten abzustimmen. Zu prüfen ist vor allem die *zeitgerechte* und *richtige* Verbuchung im Kontokorrentbuch. Die →Buchungen sollten periodengerecht und i. d. R. nicht länger als 8 Tage nach dem Entstehen der Forderung bzw. Verbindlichkeit erfolgen. Der APr hat insb. die Kreditorenbuchungen mit den Lieferscheinen abzugleichen, um evtl. Vorfakturierungen festzustellen. Die Richtigkeit der Debitoren- und Kreditorenbestände ist über Saldenbestätigungen zu prüfen. Weiterhin ist stichprobenweise zu untersuchen (→Stichprobenprüfung), ob die Belege tatsächliche und durchsetzbare Ansprüche bzw. Verbindlichkeiten begründen. Sammelkonten („pro Diverse" o.Ä.) sind besonders kritisch zu prüfen, da diese nicht eindeutig auf Bilanzpositionen zuordenbare Posten enthalten können. Bei der Prüfung der *Organisation* der Kontokorrentbuchhaltung ist besonders auf die Funktionsfähigkeit der betriebsinternen Rechnungsprüfung zu achten (IDW 2006, Abschn. R, Rn. 495 f., S. 2087 f., Rn. 563, S. 2101; Langenbeck 2002, S. 29, 33–45; Selchert 1997, S. 462 f.).

Im *Anlagenbuch* (Anlagenkartei) wird das gesamte Sachanlagevermögen (→Anlagevermögen) auf Anlagenkonten mengen- und wertmäßig erfasst und fortgeschrieben. Es liefert den Einzelnachweis zu den saldierten Beständen und den Abschreibungen (→Abschreibungen, bilanzielle; →Abschreibungen, steuerrechtliche; →außerplanmäßige Abschreibungen) der Hauptbuchkonten. Gegenstand der Prüfung ist die *Bestandszuverlässigkeit*. Hierbei ist die formelle Bilanzkontinuität zu überprüfen, wofür der APr sachkontenweise den Vortrag mit dem EB der letzten Schlussbilanz abstimmt (→Saldenvortragsprüfung). Des Weiteren ist zu prüfen, ob die Summen der Zu- und Abgänge mit den Verkehrszahlen der Anlagenkonten und ob die Anlagenkonten mit dem →Inventar übereinstimmen. Die im →Prüfungszeitraum vorgenommenen Abschreibungen sind ferner hinsichtlich der angesetzten →Nutzungsdauer und der jeweils gewählten Abschreibungsmethode zu überprüfen (Selchert 1997, S. 301, 318–329).

Die *Lagerbuchhaltung* ist die mengen- und wertmäßige Bestandsführung des →Vorratsvermögens auf Lagerkonten. Sie führt den Einzelnachweis zu den saldierten Beständen, Zu- und Abgängen auf den Sachkonten →Roh-, Hilfs- und Betriebsstoffe, →unfertige und fertige Erzeugnisse sowie Waren. Die *Vollständigkeit*, *Richtigkeit* und *Nachprüfbarkeit* der Bestandsaufnahme sowie die *Einzelerfassung* der Bestände sind Gegenstand der Prüfung. Zunächst sind die Vorträge mit den Endbeständen abzugleichen (formelle Bilanzkontinuität). Des Weiteren müssen die Zugänge anhand von Eingangsbelegen (z. B. Lieferscheine), die Abgänge anhand von Entnahmescheinen überprüft werden. *Vorhandensein* und *Vollständigkeit* der erfassten Vorräte werden durch Abstimmung der Lagerbuchführung mit dem Ergebnis der Inventur nachgewiesen (→Nachweisprüfungshandlungen). Die Prüfung erstreckt sich grundsätzlich auf das Mengen- und das Wertgerüst (IDW 2006, Abschn. R, Rn. 457, 459, S. 2079; Langenbeck 2002, S. 205–209).

Die *Lohn- und Gehaltsbuchhaltung* erfasst alle mit der Entlohnung von Mitarbeitern zusammenhängenden Vorgänge, z. B. die Zahlung der Nettoentgelte, die Meldungen und Überweisungen an Krankenkassen und an das Finanzamt. Letztgenannte Vorgänge müssen nicht nur den allgemeinen Anforderungen der GoB, sondern auch steuerlichen und sozialversicherungsrechtlichen Vorschriften genügen. Bspw. sind monatliche Gehaltszahlungen mit den Angaben auf den Lohnsteuerkarten und in den Arbeitsverträgen abzugleichen.

Literatur: Eisele, W.: Technik des betrieblichen Rechnungswesens, 7. Aufl., München 2002; IDW (Hrsg.): WPH 2006, Band I, Düsseldorf 2006; Langenbeck, J.: Nebenbuchhaltungen. Kontokorrentbuchhaltung, Anlagen- und Lagerbuchhaltung, Lohn- und Gehaltsbuchhaltung, Herne/Berlin 2002; Selchert, F. W.: Jahresabschlussprüfung der Kapitalgesellschaften. Grundlagen, Durchführung, Bericht, 2. Aufl., Wiesbaden 1997.

Alois Paul Knobloch; Katja Burkhardt

Nebentätigkeit von Vorstandsmitgliedern

Nebentätigkeiten von Vorstandsmitgliedern werden rechtlich in mehrfacher Weise beschränkt. § 88 AktG normiert zunächst ein Wettbewerbsverbot (→Wettbewerbsverbot der Unternehmensleitung) für die Vorstandsmitglieder und untersagt diesen die Ausübung jeglichen Handelsgewerbes. Diese Nebentätigkeitsverbote werden in den Anstellungsverträgen der Vorstandsmitglieder i. d. R. noch weiter präzisiert. Nach dem →Deutschen Corporate Governance Kodex (DCGK 4.3.5) sollen Vorstandsmitglieder Nebentätigkeiten, insb. Aufsichtsratsmandate außerhalb des Konzernverbunds, nur mit Zustimmung des Aufsichtsrats übernehmen.

Mit der Einschränkung der Nebentätigkeiten von Vorstandsmitgliedern wird ein doppelter Zweck verfolgt. Zum einen verlangt die verantwortliche Rechtsstellung eines Vorstands, dass dieser seine Arbeitskraft der Gesellschaft ungeschmälert zur Verfügung stellt. Zum anderen gilt es zu verhindern, dass Vorstandsmitglieder in Konkurrenz zur eigenen Gesellschaft agieren. Als Gegenstück zu umfassenden Nebentätigkeitsverboten muss die Vorstandsvergütung (→Vorstand und Aufsichtsrat, Vergütung von) allerdings einen adäquaten Ausgleich gewähren.

Grenzen für Nebentätigkeitsverbote ergeben sich aus dem verfassungsrechtlich geschützten Bereich der freien persönlichen und beruflichen Entfaltung. So ist die private →Vermögensverwaltung, selbst wenn sich diese z. B. auf umfangreichen Grundbesitz bezieht, wegen Art. 14 GG ein verbotsfreier Bereich. Ebenso genießen wissenschaftliche Tätigkeiten den Schutz von Art. 5 GG. Zu beachten bleibt schließlich, dass die in § 88 AktG aufgeführten Nebentätigkeiten nicht schlechthin verboten sind, sondern mit entsprechender *Einwilligung* des Aufsichtsrats durchaus ausgeübt werden können. Einwilligung bedeutet *vorherige* Zustimmung (§ 183 BGB), nicht nachträgliche Genehmigung. Zur Verhinderung von Missbräuchen darf der AR jedoch keine Blankoeinwilligung erteilen (§ 88 Abs. 1 Satz 3 AktG).

Eine Einwilligung des Aufsichtsrats zum Betrieb eines *Handelsgewerbes* wird ein Vorstandsmitglied nur selten erhalten, weil solche Nebentätigkeiten mit der Beanspruchung durch das Vorstandsamt i. d. R. nicht zu vereinbaren sind. Strittig ist, ob mit Blick auf den Normzweck (Sicherung der Managementkapazität) über den Begriff des Handelsgewerbes hinaus auch *freiberufliche Tätigkeiten* der Einwilligung bedürfen (bejahend Urteil des OLG Frankfurt vom 5.11.1999, S. 519; a.A. Hüffer 2004, Rn. 3 zu § 88 AktG). Klarstellende Regelungen in den Anstellungsverträgen der Vorstandsmitglieder können insoweit nützlich sein. Auf die formale Stellung des Vorstandsmitglieds bei seiner unternehmerischen Betätigung kommt es indes nicht an. Insb. werden auch Betätigungen über Tarnfirmen oder Strohleute vom Nebentätigkeitsverbot erfasst.

Bei Verstößen gegen das aktienrechtliche Nebentätigkeitsverbot hat die Gesellschaft ein Wahlrecht zwischen Schadensersatz und einem sog. Eintrittsrecht. Letzteres beinhaltet die Befugnis für die AG, den aus der Nebentätigkeit ihres Vorstands erzielten Gewinn abzuschöpfen (§ 88 Abs. 2 AktG). Abhängig von der Schwere des Falls kann eine unerlaubte Nebentätigkeit, insb. wenn diese zugleich ein Wettbewerbsverbot verletzt, einen wichtigen Grund für die Kündigung des Anstellungsvertrags mit dem Vorstandsmitglied darstellen (→Vorstand, Bestellung und Abberufung).

Negativaussage

Nebentätigkeitseinkünfte mussten bisher *nicht* als Teil der Gesamtbezüge von Vorstandsmitgliedern (→Vorstandsbezüge) publiziert werden (→Publizität), weil nach der Intention von § 285 Nr. 9 bzw. § 314 Abs. 1 Nr. 6 HGB prinzipiell nur Zahlungen für die Wahrnehmung der Aufgaben in der AG bzw. im Konzern berichtspflichtig sind (a.A. Freudenberg 1989, S. 140 f., der schon in der Nebentätigkeitserlaubnis einen geldwerten Vorteil sehen will). Seit Novellierung der §§ 285, 314 HGB durch das VorstOG sind nun aber auch Zahlungen anzugeben, die Vorstandsmitglieder von *Dritten* im Hinblick auf ihre Vorstandstätigkeit erhalten. Insb. bei Aufsichtsratsmandaten oder bei Beratungsverträgen wird dies dazu führen, dass auch Nebentätigkeitseinkünfte von Vorstandsmitgliedern im JA der AG (→Aktiengesellschaft, Prüfung einer) partiell offengelegt werden müssen (Spindler 2005, S. 691). AR und →Abschlussprüfer (APr) müssen deshalb dafür Sorge tragen, dass die Vorstandsmitglieder sich intern verpflichten, solche Drittzahlungen zu melden (BT-Drucks. 15/5860, S. 10).

Literatur: Freudenberg, H.: Das Nebentätigkeitsrecht der Vorstandsmitglieder nach § 88 AktG, Frankfurt a.M. 1989; Hüffer, U.: Aktiengesetz, 7. Aufl., München 2006; OLG Frankfurt, Urteil vom 5.11.1999, Aktz. 10/ U 257/98, AG 45 (2000), S. 518–520; Spindler, G.: Das Gesetz über die Offenlegung von Vorstandsvergütungen – VorstOG, in: NZG 8 (2005), S. 689–692.

Bernhard Heni

Negativaussage →Bescheinigungen im Prüfungswesen

Negativerklärung →Unregelmäßigkeiten, Konsequenzen aus

Nemo-tenetur-Prinzip →Berufsaufsicht für Wirtschaftsprüfer, national

Net Operating Profit After Taxes →Wertorientierte Unternehmensführung

Netting →Liquiditätscontrolling

Netto-Cash Flow →Wertorientierte Unternehmensführung

Nettofehler-Untersuchung →Heterograde Stichprobe

Nettomargenmethode →Verrechnungspreise, steuerrechtliche

Netzplantechnik

Die Netzplantechnik umfasst alle Verfahren zur Analyse, Beschreibung, →Planung, Steuerung und Überwachung von Abläufen auf der Grundlage der Graphentheorie (DIN 69900). Die um 1956 entstandene Netzplantechnik stellt ein wichtiges Instrument (→Controllinginstrumente) zur zuverlässigen und wirtschaftlichen Abwicklung größerer Projekte dar (Projektmanagement; →Projektcontrolling). Unter einem Projekt ist hierbei ein zeitlich, räumlich und sachlich begrenztes Arbeitsvorhaben gemeint, mit dem unter Einsatz verschiedener Ressourcen eine bestimmte Zielsetzung verfolgt wird (Schwarze 1996, Sp. 1276). Die Netzplantechnik hat sich seit geraumer Zeit zu einem nahezu unverzichtbaren Planungsinstrument in vielen Branchen mit Projektorganisation entwickelt. Bspw. wird die Netzplantechnik auf den Anwendungsfeldern der Produktion (Einzelfertigungsprojekte), der Instandhaltung (Durchführung von Großreparaturen), des Marketings (Einführungsplanung neuer Produkte), des →Rechnungswesens (Erstellung von Jahresabschlüssen) und der Verwaltung (Einführung von EDV-Anlagen) eingesetzt (→Produktionscontrolling; →Instandhaltungscontrolling; →Marketingcontrolling; →Verwaltungscontrolling; →IT-Controlling).

Idealtypischerweise lässt sich der Planungsablauf der Netzplantechnik in die Phasen der Strukturplanung, der Zeit- bzw. Terminplanung sowie der Ressourcen- und Kostenplanung gliedern (Matthes 2000, S. 659). Die *Strukturplanung* enthält zunächst eine Projektanalyse, die in einen Projektstrukturplan mündet, der das Projekt in graphischer Form unterteilt nach Teilprojekten, Unterprojekten und Arbeitspaketen darstellt. Zur weiteren Projektstrukturierung werden im Rahmen der Ablaufplanung die Arbeitspakete in Teilaufgaben (Vorgänge) zergliedert sowie deren Ausführungsdauer und ihre zeitliche Reihenfolge erfasst. Die Darstellung der Ergebnisse erfolgt mithilfe eines *Netzplans*, der einen Anfangsknoten (Projektanfang) und einen Endknoten (Projektende) aufweist. Eine Darstellungsmöglichkeit bildet das *Vorgangspfeilnetz* (VPN). Dabei werden die gerichteten Kanten, die Vorgänge darstellen, mit der Prozessdauer bewertet. Die Knoten symbolisieren die variablen Anfangs- und Endtermine (Altrogge 1996, S. 18). Bei einem *Vorgangsknotennetz* (VKN) hingegen wird ein gesamter Vorgang durch einen Knoten eindeutig dargestellt und die gerichteten Kanten bilden die gegebenen Anordnungsbeziehungen bzw. Reihenfolgen zwischen den Prozessen ab. Beide gehören zur Gruppe der vorgangsorientierten Netzpläne. Demgegenüber stehen die ereignisorientierten Netzpläne mit dem bekanntesten Vertreter *Ereignisknotennetz* (EKN). Bei dieser Form werden Ereignisse durch Knoten symbolisiert und gem. ihrer Reihenfolge durch gerichtete Pfeile verknüpft.

Auf Grundlage des erstellten Netzplans findet in einem zweiten Schritt die *Zeit- bzw. Terminplanung* statt. Mit der Methode der *Vorwärtsrechnung* ergeben sich für alle Arbeitsgänge die frühesten Anfangs- (FAZ) und die frühesten Endzeitpunkte (FEZ). Außerdem ergibt sich die Gesamtdauer des Projektes. Mit der *Rückwärtsrechnung* lassen sich, unter Nutzung der Vorwärtsterminierung, die spätest erlaubten Anfangs- und Endzeitpunkte (SAZ und SEZ) ermitteln. Diese sind so gewählt, dass die termingerechte Fertigstellung nicht verschoben wird (→Termincontrolling). Die Differenz aus SAZ und FAZ bzw. SEZ und FEZ wird als die gesamte *Pufferzeit* eines Arbeitsganges bezeichnet. Sie gibt an, um wie viel Zeiteinheiten sich die Bearbeitungsdauer eines Arbeitsganges bei Start in FAZ verlängern kann, ohne dass sich der SAZ des nächsten Arbeitsganges verschiebt (Domschke/Drexl 2005, S. 97 f.). Ein Vorgang mit einer Pufferzeit von Null ist als kritisch zu bezeichnen. Demzufolge ist der *kritische Weg* der längste Weg in einem Netzplan. Kritische Vorgänge sollten einer besonderen Sorgfalt unterliegen, weil eine Überschreitung einer Vorgangsdauer sofort eine Projektverzögerung bewirkt.

Zu den in der Netzplantechnik eingesetzten Planungsmethoden, die davon ausgehen, dass alle Daten zu Beginn der Planung mit Sicherheit bekannt sind (deterministisches Problem), zählt die *Critical Path Method* (CPM). Zur Ermittlung des kritischen Wegs zwischen vorgegebenem Projektanfangs- und Endtermin wird auf ein VPN zurückgegriffen. Eine weitere Methode stellt die *Metra-Potential-Method* (MPM) dar, die auf Basis eines VKN ebenfalls kritische Wege ermittelt und Pufferzeiten analysiert. Im Gegensatz zum CPM besteht die Möglichkeit, dass eine Reihe von Vorgängen bereits beginnen kann, bevor ihre Vorgänger abgeschlossen sind. Bei vorliegender Unsicherheit in den Planungsdaten (stochastisches Problem) kann das Verfahren *Program Evaluation and Review Technique* (PERT) verwendet werden, das auf Basis eines EKN die Dauer von Vorgängen über eine Drei-Punkt-Schätzung (optimistischer Wert, häufigster Wert, pessimistischer Wert) abbildet. Daraus werden Erwartungswerte für die Vorgangsdauer über eine Approximation der Beta-Verteilung bestimmt. Diese bilden dann die Basis für eine Bestimmung von FEZ und SEZ. Treten Unsicherheiten in der Abfolge der Vorgänge auf, so bietet sich die *Graphical Evaluation and Review Technique* (GERT) an. Das hierbei verfolgte Ziel besteht darin, eine Verteilung der Eintrittstermine für alle Projektereignisse für eine Termingrobplanung zu bestimmen.

In einer dritten Phase gilt es, die *Ressourcen* und →*Kosten* mit in die Planung einzubeziehen. Nach erfolgter zeitlicher Planung steht fest, wann ein bestimmter Vorgang welche Ressourcen benötigt. Der gesamte Ressourcenbedarf im Zeitablauf lässt sich mithilfe eines Anforderungsprofils darstellen. Hierbei auftretende Belastungsspitzen lassen sich teilweise durch das Verschieben einzelner Vorgänge glätten. Besteht die Möglichkeit, den einzelnen Vorgängen Kosten zuzuordnen (→Kostenzurechenbarkeit), so lässt sich auch ein Kostenplan ableiten. In der Praxis bereitet aber häufig die verursachungsgerechte Zuordnung (→Kostenverursachung) Schwierigkeiten. Weitere Probleme ergeben sich bei der Prognose (→Prognoseinstrumente) und Erfassung von →Kostenabhängigkeiten und Kostenveränderungen aufgrund der Umsteuerung interdependenter Einflussgrößen, wie Technologien, Beschäftigungen (→Beschäftigungsgrad) und Kapazitäten (→Kapazitätsplanung; →Kapazitätscontrolling) (Matthes 2000, S. 661).

Trotz der z.T. komplexen Steuerungsprobleme hat die Netzplantechnik eine weite Verbreitung in der ökonomischen Praxis gefunden. Der Grund hierfür liegt zu einem nicht unerheblichen Maße auch in den vielfältigen Softwarelösungen, die mithilfe von Simulationen (→Simulationsmodelle) und grafischen Modellierungen inkl. Animationen dafür sorgen, dass betriebliche Entscheidungen fundiert unterstützt werden können (→Entscheidungsinstrumente).

Literatur: Altrogge, G.: Netzplantechnik, 3. Aufl., München/Wien 1996; Domschke, W./Drexl, A.: Einführung in Operations Research, 6. Aufl., Berlin/Heidelberg 2005; Matthes, W.: Netzplantechnik, in: Corsten, H. (Hrsg.): Lexikon der Betriebswirtschaftslehre, 4. Aufl., München/Wien 2000, S. 655–661; Schwarze, J.: Netzplantechnik, Grundlagen der, in: Kern, W./Schröder, H.-H./Weber, J. (Hrsg.): HWProd, 2. Aufl., Stuttgart 1996, Sp. 1275–1290.

Udo Buscher; Andreas Wels

Netzplantechnik, Einsatz bei der Prüfungsplanung

→Netzplantechnik (NPT) ist ein integratives Verfahren zur Struktur-, Zeit-, Kosten- und →Kapazitätsplanung von Projekten (→Projektcontrolling). Formal ist ein Netzplan (NP) ein bewerteter, gerichteter Graph, der aus Knoten und Pfeilen (Kanten) besteht. Sind die Pfeile die Vorgänge und die Knoten die Ereignisse, dann liegt ein Vorgangspfeilnetz vor. Um ein Vorgangsknotennetz handelt es sich, wenn die Knoten die Vorgänge und die Kanten die Anordnungsbeziehungen darstellen.

Ursprünglich wurde die NPT im Rahmen von Großprojekten, wie dem *Appollo*-Programm, dem *Polaris*-Projekt etc. entwickelt und eingesetzt. Mittlerweile ist die NPT in vielen Bereichen ein Standardinstrument der →Planung. Bereits in den 1960er Jahren finden sich dann auch die ersten Überlegungen zur Anwendung der NPT im betriebswirtschaftlichen Prüfungswesen, insb. der →Prüfungsplanung. Grundlage für die Durchführung der Prüfung des Jahresabschlusses (→Jahresabschlussprüfung) sind die →Grundsätze ordnungsmäßiger Abschlussprüfung (GoA), die als allgemeine Grundsätze die Abschlußprüfung regeln, wobei die IDW PS die aus dem Jahre 1988 stammenden IDW FG (→Verlautbarungen des Instituts der Wirtschaftsprüfer in Deutschland e.V.) ersetzen und wie diese standespolitische Verlautbarungen sind. Indem diese bestimmte Handlungen oder Unterlassungen vorschreiben oder verbieten, greifen sie in die Entscheidungsfreiheit des Prüfers ein und versuchen, das Verhalten der →Abschlussprüfer (APr) im Rahmen ihrer Tätigkeiten zu steuern. Unabhängig von diesen GoA handelt der Prüfer stets in eigener Verantwortung (→Eigenverantwortlichkeit des Wirtschaftsprüfers), wobei ihm eine Sorgfaltspflicht obliegt, die auf den Grundsätzen der →Wesentlichkeit und der Wirtschaftlichkeit der Abschlussprüfung basiert (→Berufsgrundsätze des Wirtschaftsprüfers).

Die Prüfungsplanung umfaßt die Formulierung der →Prüfungsstrategie, d. h., die generelle Richtung des bei der Abschlussprüfung (→Jahresabschlussprüfung, →Konzernabschlussprüfung) einzuschlagenden Weges, wobei diese an den gesetzlichen Zielen und Regelungen auszurichten ist. Hierauf aufbauend erfolgt die Erstellung eines →Prüfungsprogramms, das die Prüfungsziele für die →Prüffelder beschreibt, und Art, Umfang und Zeitpunkte der Prüfungshandlungen festlegt (→Auswahl von Prüfungshandlungen), um so ausreichende und angemessene Prüfungsresultate (→Prüfungsurteil) zu erlangen. Das Prüfungsprogramm soll einen ordnungsgemäßen Prüfungsverlauf (→Prüfungsprozess) in sachlicher, personeller und zeitlicher Hinsicht gewährleisten. Hierfür muß sich der APr einen möglichst umfassenden Überblick über die zu prüfende Unternehmung verschaffen. Damit liegt ein integratives Verständnis zugrunde, wie dies bei der NPT der Fall ist.

Wird von der Kostenplanung abstrahiert, dann lassen sich die folgenden Planungsschritte unterscheiden: Struktur-, Reihenfolge-, Zeit-, Kapazitätsplanung sowie die laufende Überwachung des NP.

In der Strukturplanung geht es darum, das Projekt „Prüfung" sachlogisch zu gliedern, zu erfassen und graphisch wiederzugeben (Projektstrukturplan). Sie dient der Komplexitätsbewältigung und wird als „Plan der Pläne" bezeichnet. Er ist das Ergebnis einer Strukturanalyse (Zerlegung des Projektes in eine überschaubare Anzahl von Teilen, die in einem sachlogischen Zusammenhang zueinander stehen). In allgemeiner Form läßt sich der Prüfungsauftrag (→Prüfungsauftrag und -vertrag) in Prüfungsgebiete und diese wiederum in Prüfungsfelder zerlegen, die damit Teilbereiche des Prüfungsgebietes darstellen (ein Prüfungsfeld kann auch ein gesamtes Prüfungsgebiet umfassen). Prüffelder können etwa funktionsorientiert (z. B. Beschaffung, Verkauf, Produktion), objektorientiert [→Gewinn- und Verlustrechnung (GuV); Bilanz; →Anhang; →Lagebericht] oder prozessorientiert (→Geschäftsprozesse) gebildet werden. Die Prüffelder werden dann weiter in einzelne Prüfungshandlungen, d. h. den

Abb. 1: Allgemeiner Strukturplan

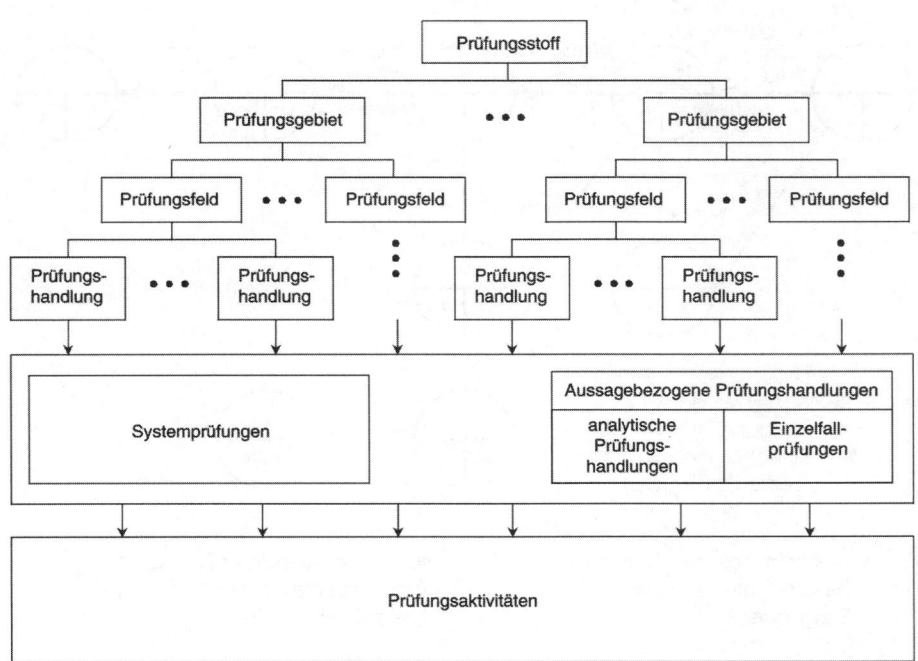

→ Systemprüfungen und aussagebezogenen Prüfungshandlungen (→ ergebnisorientierte Prüfungshandlungen) aufgeteilt, die sich wiederum aus einzelnen Prüfungstätigkeiten oder -aktivitäten zusammensetzen.

Systemprüfungen setzen am → Internen Kontrollsystem (IKS) an, wobei zwischen der Aufbauprüfung (→ Aufbauorganisation) und → Funktionsprüfung zu unterscheiden ist (→ Internes Kontrollsystem, Prüfung des), die jedoch in der Praxis i. d. R. keine separaten, sondern simultane Prüfungsschritte bilden. Hierbei handelt es sich um die in der Unternehmung eingeführten Grundsätze, Verfahren und Regelungen, die darauf gerichtet sind, die organisatorische Umsetzung der Entscheidungen der Unternehmungsleitung zu sichern. Der Prüfer hat die Kontrollaktivitäten der Unternehmung zu beurteilen, um festzustellen, ob diese geeignet sind, wesentliche Fehler in der Rechnungslegung (→ Unregelmäßigkeiten) zu verhindern bzw. aufzudecken und zu korrigieren. Die Systemprüfung erfolgt in drei Stufen: Auf der ersten Stufe wird das IKS erfasst, um so die Soll-Vorstellungen und Soll-Anforderungen der Unternehmung zu ermitteln. Darauf aufbauend wird auf der zweiten Stufe festgestellt, ob diese für die konkreten Situationen angemessen und leistungsfähig sind. Auf der dritten Stufe werden die Funktionstests (Compliance Tests) durchgeführt, die die Wirksamkeit des Internen Kontrollsystems prüfen, d. h., ob dieses den Soll-Vorstellungen und Soll-Anforderungen der Unternehmung entspricht. Bei den aussagebezogenen Prüfungshandlungen kann zwischen → analytischen Prüfungshandlungen [Plausibilitätsbeurteilungen prüfungsrelevanter Daten (→ Plausibilitätsprüfungen), wie etwa innerbetriebliche Vergleiche (→ betriebswirtschaftlicher Vergleich), Kennzahlen (→ Kennzahlen und Kennzahlensysteme als Kontrollinstrument) etc., mit denen Abweichungen aufgezeigt werden] und → Einzelfallprüfungen (Prüfung von Geschäftsvorfällen und Beständen etc.) unterschieden werden.

Die Prüfungsaktivitäten lassen sich in der NPT als Vorgänge abbilden. Hierzu sind sie zunächst in eine entsprechende Abfolge zu bringen, wobei die Reihenfolge von inhaltlichen Erfordernissen und von Zweckmäßigkeitsüberlegungen bestimmt wird. Abb. 2 gibt einen einfachen Vorgangspfeilnetzplan mit beispielhaften Vorgängen wieder.

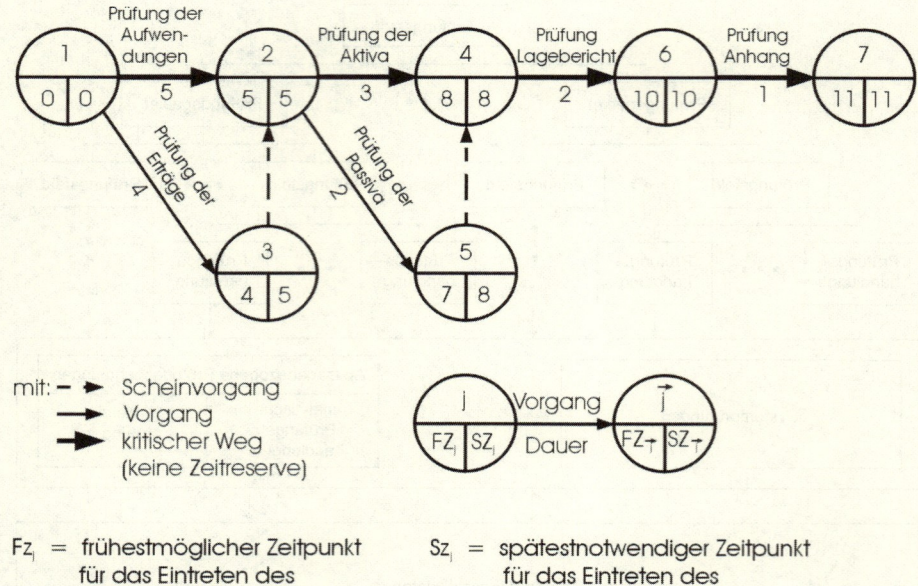

Abb. 2: Vorgangspfeilnetz

Als nächster Schritt ist die Zeitplanung durchzuführen, wobei zwischen Vorwärts- und Rückwärtsrechnung zu unterscheiden ist. Während in der Vorwärtsrechnung die frühestmöglichen Zeitpunkte für die Ereignisse berechnet werden, obliegt der Rückwärtsrechnung die Ermittlung der spätestnotwendigen Zeitpunkte für das Eintreten der Ereignisse. Dabei wird der Weg, auf dem eine Verzögerung der Einzelzeiten die fristgerechte Beendigung der Prüfung verhindert, als kritischer Weg bezeichnet (Verbindung aller Knoten mit der Bedingung: $FZ_j = SZ_j$). Demgegenüber sind auf dem nichtkritischen Weg Zeitreserven vorhanden ($FZ_j < SZ_j$), die als Puffer bezeichnet werden.

Es gelten folgende Regeln für die Zeitberechnung (Beispiele):

- Vorwärtsrechnung: $FZ_2 = FZ_1 + D_{Aufw.} = 0 + 5 = 5$ mit $FZ_1 = 0$ und $D_{Aufw.}$ = Dauer des Vorgangs „Prüfung der Aufwendungen".
- Rückwärtsrechnung: $SZ_6 = SZ_7 - D_{Anh.} = 11 - 1 = 10$ mit $SZ_7 = FZ_7$ und $D_{Anh.}$ = Dauer des Vorgangs „Prüfung Anhang".

Nach der Zeit- ist die Kapazitätsplanung durchzuführen. Hierbei geht es im vorliegenden Kontext insb. um die Festlegung der Anzahl der Prüfer und deren Zuordnung zu den einzelnen Prüfungsaktivitäten. Hierbei reicht es nicht aus, den einzelnen Prüfungsauftrag zu betrachten, sondern es ist, wie auch im Rahmen der Entscheidung über die Auftragsannahme (→Auftragsannahme und -fortführung), eine Gesamtplanung aller Aufträge (→simultane Verfahren der Prüfungsplanung) erforderlich. Dies ist notwendig, weil von einzelnen Aufträgen Auswirkungen auf die Durchführung der übrigen Aufträge ausgehen, da i.d.R. Ressourceninterdependenzen gegeben sind. Dies bedeutet, dass die unterschiedlichen Prüfungsaufträge auf Personalressourcen zugreifen und somit die Personalverfügbarkeit für die Aufträge beeinflussen.

Im Rahmen der Prüfungsdurchführung (→Auftragsdurchführung) geht es um die laufende Überwachung des NP, wobei insb. der Blick auf die Aktivitäten zu richten ist, die keine Zeitreserven (Pufferzeiten) aufweisen, da Verzögerungen dieser Vorgänge c.p. mit Verzögerungen des Prüfungsabschlusses einhergehen. Hierzu ist es notwendig, auftretende unerwartete Ereignisse und zusätzliche Informationen zu verarbeiten und zieladäquate Maßnahmen zu ergreifen. Es erfolgt damit eine permanente Überprüfung und Anpassung des Prüfungsprogramms.

Als entscheidende Vorteile der NPT lassen sich dann nennen:

- Der gesamte Prüfungsablauf wird ex-ante durchdacht, strukturiert und anschaulich erfasst.
- Es lassen sich Reihenfolgeabhängigkeiten und kritische Abläufe bestimmen.
- Erhöhung der Transparenz der Auswirkungen von Abweichungen auf Zwischen- und Endtermine und damit eine Erleichterung der Kontrolle.

Literatur: Albach, H.: Entwicklung und Aufgaben der Unternehmensforschung, in: WPg 18 (1965), S. 113–120; Corsten, H./Corsten, H.: Projektmanagement. Einführung, München/Wien 2000; IDW (Hrsg.): IDW Fachgutachten: Grundsätze ordnungsmäßiger Durchführung von Abschlussprüfungen (IDW FG 1/1988), in: WPg 42 (1989), S. 9–19; IDW (Hrsg.): IDW-Prüfungsstandard: Grundsätze der Planung von Abschlussprüfungen (IDW PS 240, Stand 28. Juli 2000), in: WPg 53 (2000), S. 846–849; IDW (Hrsg.): IDW Prüfungsstandard: Analytische Prüfungshandlungen (IDW PS 312, Stand: 2. Juli 2001), in: WPg 54 (2001), S. 903–906; Münstermann, H.: Netzplantechnik und Jahresabschluss, in: Pougin, E./Wysocki, K. v. (Hrsg.): Wirtschaftsprüfer im Dienst der Wirtschaft, Düsseldorf 1968, S. 111–140; Niemann, W.: Grundsätze ordnungsmäßiger Durchführung von Abschlussprüfungen im Umbruch?, in: DStR 34 (2003), S. 1454–1460.

Hans Corsten; Martina Corsten

Netzwerke →Unternehmensnetzwerke

Netzwerkorganisation →Controlling in Revisions- und Treuhandbetrieben

Neubewertungsmethode →Unternehmensumwandlungen; →Konsolidierungsformen

Neuer Markt →Kurs- und Marktpreismanipulationen

Neugründung →Gründungsprüfung

Neuronale Netze

Mit (künstlichen) neuronalen Netzen (NN) versucht man, die Vorgänge im menschlichen Nervensystem nachzubilden. Zu diesem Zweck werden Zellen („Neuronen") zu einem Netz verbunden. In den Zellen ist das Wissen zur Lösung einer Aufgabe abgelegt. Die Zellen verarbeiten eingehende Impulse und geben ihrerseits Signale an nachgelagerte Zellen ab und aktivieren sich dabei entsprechend festgelegter Aktivierungsfunktionen gegenseitig. Ein NN besteht mindestens aus einer Eingabe- und einer Ausgabeschicht. Vielfach sind jedoch komplexere Strukturen mit einer oder mehreren verdeckten Zellschichten angemessen (s. mit zahlreichen weiteren Verweisen Schwanenberg/Helm 1999, S. 356–359).

NN können bspw. angewendet werden, um Untersuchungsobjekte verschiedenen Klassen zuzuordnen. Im Prüfungswesen wird diese Funktion genutzt zur Bonitätsprüfung im Rahmen der Prüfung von →Forderungen (→Bonität, →Bonitätsanalyse; →Kreditwürdigkeitsprüfung), indem →Debitoren verschiedenen Bonitätsklassen zugeordnet werden. Für das Prüfungswesen ist ferner die Funktion von NN relevant, künftige Entwicklungen zu prognostizieren (→Prognoseinstrumente). Bspw. bieten sie Unterstützung bei der Prüfung des →Going Concern-Prinzips. Ferner bieten NN Potenziale für die Risikoprognose (→Chancen und Risiken der künftigen Entwicklung) und können so bei der Prüfung des →Chancen- und Risikoberichts oder →Funktionsprüfung des →Risikomanagementsystems (→Risikomanagementsystem, Prüfung des) Hilfe leisten. Insgesamt bieten NN vielfältige Unterstützungspotenziale für das Prüfungswesen (s. Koskivaara 2004, S. 202–214 mit einem umfassenden Überblick).

Wesentliche Voraussetzung ist freilich das Training eines NN. Damit ein NN seine Funktion (z. B. zur Bonitätsprüfung) erfüllen kann, muss es „lernen", welche Inputdaten zu welchen Ergebnissen führen. Neben Datensätzen für Trainingszwecke sind Testdaten erforderlich. In praktischen Anwendungen ist der Backpropagation-Lernalgorithmus am weitesten verbreitet und wird auch für typische Anwendungen im Prüfungswesen eingesetzt (Etheridge/Sriram/Hsu 2000, S. 538–540).

Literatur: Etheridge, H. L./Sriram, R. S./Hsu, H. Y. K.: A Comparison of Selected Artificial Neural Networks that Help Auditors Evaluate Client Financial Viability, in: Decision Sciences 31 (2000), S. 531–550; Koskivaara, E.: Artificial Neural Networks in Analytical

Review Procedures, in: Managerial Auditing Journal 19 (2004), S. 191–223; Schwanenberg, S./Helm, R.: Künstliche neuronale Netze als Analyseinstrument der betriebswirtschaftlichen Forschung, in: WiSt 28 (1999), S. 356–362.

Friederike Wall

Neuseeland

In Neuseeland bekam der *Berufsstand des Wirtschaftsprüfers* im Jahr 1908 mit der Verabschiedung des New Zealand Society of Accountants Act eine gesetzliche Befugnis. Dieses Gesetz wurde im Jahr 1958 grundlegend überarbeitet. Der Berufsverband wurde mit dem Institute of Chartered Accountants of New Zealand Act im Jahr 1996 in *ICANZ* umbenannt. Das Institut ist für die Förderung der Qualität, Sachkenntnis und Integrität der WP in Neuseeland, die Förderung, Kontrolle und Regulierung des Berufsstandes der WP in Neuseeland sowie für die Förderung der Aus- und Weiterbildung und die Prüfung von Personen verantwortlich, die den Beruf des Wirtschaftsprüfers in Neuseeland oder in einem anderen Land ausüben oder dies beabsichtigen.

Das Institut besteht zurzeit aus drei „Colleges" (Kollegien), die eine Einteilung der Mitglieder in verschiedene Gruppen darstellen: →Chartered Accountants, Associate Chartered Accountants und Accounting Technicians. Alle Mitglieder des Instituts sind verpflichtet, den Ethikkodex, die Berufsstandards sowie die entsprechenden Standards für Mandate einzuhalten und unterliegen disziplinarischen Verfahren. Mit seinem *Professional Conduct Committee* verfügt das Institut über einen strengen Prozess zur Behandlung von Beschwerden über Mitglieder. Das Committee kann Mitglieder verwarnen, Strafen verhängen oder schwerwiegende Angelegenheiten an das *Disciplinary Tribunal* verweisen. Das berufliche Verhalten wird durch einen Practice Review-Prozess gefördert, bei dem die Arbeit öffentlich tätiger WP regelmäßig überprüft wird, um sicherzustellen, dass die Standards des Instituts aufrechterhalten werden.

Jedes Mitglied des *ICANZ*, das entweder selbstständig, im Rahmen einer Personengesellschaft oder als Direktor einer Gesellschaft Wirtschaftsprüfungsdienstleistungen anbietet, muss ein Chartered Accountant sein und ein *Certificate of Public Practice* (CPP – Urkunde für die öffentliche Ausübung) besitzen. Diese Anforderungen umfassen Dienstleistungen, wie das Erstellen von Finanzinformationen, die Abschlussprüfung, die steuerliche Beratung und die Insolvenz.

Um ein CPP zu erhalten, muss ein Mitglied ein Chartered Accountant sein und eine solche Position bereits seit 2 Jahren innehaben, in Neuseeland ansässig sein, zur Erbringung von öffentlichen Wirtschaftsprüfungsdienstleistungen geeignet sein, die Absicht haben, dies zu tun, und über 2 Jahre akzeptable Berufserfahrung während seiner Zeit als Chartered Accountant verfügen.

Das *PPB* ist das nationale Gremium des Instituts, dessen Aufgabe darin besteht, *ethische und berufliche Standards* festzulegen (und die entsprechenden Leitlinien zu veröffentlichen), zu deren Einhaltung die Mitglieder des Instituts in ihrem beruflichen Verhalten und bei der Erbringung ihrer Dienstleistungen verpflichtet sind.

Das *PPB* entwickelt den Ethikkodex des Instituts sowie das Rahmenwerk der Berufsstandards, einschl. der neuseeländischen *Codified Auditing Standards*, die vom *Rat* des Instituts als Institutsverlautbarungen genehmigt werden. Das *PPB* entwickelt und veröffentlicht darüber hinaus die Audit Guidance Statements und andere Leitlinien, um die Mitglieder des Instituts bei der Anwendung der Berufsstandards in spezifischen Umständen zu unterstützen.

Die aktuellen, vom Institut veröffentlichten neuseeländischen Codified Auditing Standards und Audit Guidance Statements wurden auf Grundlage der internationalen Harmonisierungspolitik entwickelt, die das Institut seit vielen Jahren verfolgt. Die Wirtschaftsprüfungsstandards basieren, wann immer dies angemessen ist, auf den entsprechenden →International Standards on Auditing (ISA).

Die ISA werden nur insoweit angepasst und ergänzt, wie dies zur Erreichung nationaler Zielsetzungen erforderlich ist. Typische Änderungen/Ergänzungen, die vor der Veröffentlichung oder Neuveröffentlichung der entsprechenden neuseeländischen Standards vorgenommen werden, sind Ergänzungen, um rechtliche Anforderungen und andere, für Neuseeland spezifische Regelungen wiederzugeben, sowie Änderungen zur Erweiterung des Geltungsbereichs der Standards über die Prüfung von Abschlüssen hinaus auf erweiterte Wirtschaftsprüfungskontexte.

Das Institut spielt mit seinem *FRSB* eine einzigartige Rolle bei der Entwicklung von *Rechnungslegungsstandards*. Diese Standards erhalten von einem vom Institut unabhängigen Gremium – dem *ASRB* – Gesetzeskraft.

Ende 2002 kündigte das *ASRB* an, dass neuseeländische Unternehmen verpflichtet seien, die →International Financial Reporting Standards (IFRS) für Berichtsperioden anzuwenden, die am oder nach dem 1.1.2007 beginnen. Wahlweise können sie diese Rechnungslegungsstandards bereits für Perioden mit Beginn am oder nach dem 1.1.2005 anwenden. Infolgedessen hat das *FRSB* neuseeländische Entsprechungen der IFRS entwickelt (die NZ-IFRS). Die neuseeländischen Standards und Interpretationen sind keine wörtlichen Wiedergaben der ursprünglichen Standards des →*International Accounting Standards Board (IASB)* und enthalten zusätzliche Materialien.

Kapitalmarktorientierte Unternehmen sind verpflichtet, ihren JA und ggf. Konzernabschluss prüfen zu lassen. Dies gilt auch für nach dem Companies Act von 1993 gegründete Gesellschaften, die keine Befreiungsregelung in Anspruch nehmen. I.A. muss der WP ein Chartered Accountant sein, der über ein CCP verfügt. Öffentliche Unternehmen werden von einem (staatlichen) Auditor General geprüft, der sich eigener Mitarbeiter oder privater WPGes bedient.

Helen Prangnell; Robin Bonthrone

Neutrale Erträge →Kostenartenrechnung; →Erträge

Neutraler Aufwand →Kostenartenrechnung

Nichtigkeit des Jahresabschlusses

Die Nichtigkeit des Jahresabschlusses ist abschließend in § 256 AktG geregelt. Hierbei handelt es sich genau genommen um die Nichtigkeit der Feststellung des Jahresabschlusses (→Feststellung und Billigung des Abschlusses). Die Nichtigkeit des aus Bilanz, →Gewinn- und Verlustrechnung (GuV) sowie →Anhang bestehenden Jahresabschlusses erfasst das gesamte korporationsrechtliche Rechtsgeschäft, das zur Feststellung des Jahresabschlusses führt. Bestandteile dieses Rechtsgeschäfts sind die Vorlage des Jahresabschlusses durch den Vorstand (→Berichterstattungspflichten des Vorstands), der Billigungsbeschluss durch den AR sowie die Schlusserklärung des Aufsichtsrats zum →Prüfungsbericht (PrB). Da eine Feststellung des Konzernabschlusses nicht erfolgt und der Konzernabschluss keine unmittelbaren Rechtsfolgen entfaltet, sind auf ihn die Vorschriften über die Nichtigkeit des Jahresabschlusses weder unmittelbar noch analog anzuwenden (IDW 2006, Abschn. U, Rn. 170–178, S. 2369–2372).

Der festgestellte JA ist insb. nichtig, wenn er durch seinen Inhalt gegen gesetzliche oder vertragliche Bestimmungen verstößt, die dem Gläubigerschutz dienen oder im öffentlichen Interesse liegen (§ 256 Abs. 1 Nr. 1 AktG). Hierunter fallen nach § 256 Abs. 4 und 5 AktG vor allem Verstöße gegen die Gliederung des Jahresabschlusses (→Gliederung der Bilanz; →Gliederung der Gewinn- und Verlustrechnung) und die Über- und Unterbewertung einzelner Posten. Zur Nichtigkeit können ferner Prüfungsmängel (§ 256 Abs. 1 Nr. 2 und 3 AktG), Verstöße bei der Einstellung oder Entnahme von Beträgen in bzw. aus →Kapitalrücklagen und →Gewinnrücklagen (→Eigenkapital) sowie in § 256 Abs. 2 und 3 AktG aufgezählte Mängel beim Zustandekommen des Feststellungsbeschlusses führen (Werner 1998, S. 550).

Mängel, die zur Nichtigkeit führen können, lassen sich in formelle und inhaltliche unterscheiden. Zu den formellen Mängeln zählen

- die Nichterteilung eines uneingeschränkten →Bestätigungsvermerk für einen veränderten JA (§ 256 Abs. 1 1. HS i.V.m. § 173 Abs. 3 AktG),

- die Nichteintragung einer Kapitalherabsetzung mit Rückwirkung binnen 3 Monaten nach der entsprechenden Beschlussfassung (§ 256 Abs. 1 1. HS i.V.m. § 234 Abs. 2 AktG),

- die Nichteintragung einer Kapitalherabsetzung und (gleichzeitigen) Kapitalerhöhung (→Kapitalerhöhungsbilanzen) mit Rückwirkung binnen 3 Monaten nach der entsprechenden Beschlussfassung (§ 256 Abs. 1 1. HS i.V.m § 235 Abs. 2 AktG),

- die Nichteinhaltung gesetzlicher Prüfungsvorschriften (§ 256 Abs. 1 Nr. 2 und 3 AktG) sowie

- die Verletzung der Einberufungs- und Beurkundungsvorschriften wie sie in § 241 Nr. 1

Nichtigkeit des Jahresabschlusses

und 2 AktG bereits aufgeführt sind (§ 256 Abs. 3 Nr. 1 und 2 i.V.m. §§ 121 und 130 AktG).

I.w.S. beruht auch ein festgestellter JA, der nach einer erfolgreichen Anfechtungsklage für nichtig erklärt worden ist, auf einem formellen Mangel, da seine Bestätigung ausgeblieben ist. Die mangelhafte Mitwirkung der berufenen Organe oder eines dieser Organe an einem nicht von der HV (→ Haupt- und Gesellschafterversammlung), sondern vom Vorstand und AR festgestellten Jahresabschlusses fällt ebenso darunter. Eine nicht ordnungsgemäße Mitwirkung von Vorstand und AR bei der Feststellung des Jahresabschlusses (→ Feststellung und Billigung des Abschlusses) liegt bei der Verletzung wesentlicher Bestimmungen für die Festsetzung durch diese Organe vor.

Inhaltliche Mängel i.S.d. Nichtigkeitsausführungen liegen nur vor, wenn der festgestellte JA selbst durch seinen Inhalt Gesetzes- oder Satzungsvorschriften oder allgemein gültige Grundsätze verletzt. Als Mängel solcher Art sind anzuführen: Verstoß gegen Einstellungs-/Entnahmevorschriften (§ 256 Abs. 1 Nr. 4 AktG), Verstoß gegen die Gliederungsvorschriften (§ 256 Abs. 4 AktG) und Verstoß gegen die Bewertungsvorschriften (→ Bewertungsgrundsätze) (Geßler 2005, zu §§ 256 und 257, S. 4).

Die Nichtigkeit des festgestellten Jahresabschlusses hat zwangsweise für alle KapGes auch die Nichtigkeit des Gewinnverwendungsbeschlusses (→ Ergebnisverwendung) zur Folge (§ 253 AktG). Die Nichtigkeit kann durch Klage auf Feststellung der Nichtigkeit geltend gemacht werden (§ 256 Abs. 7 i.V.m. § 249 AktG). Die Geltendmachung der Nichtigkeit kann gem. § 249 Abs. 1 Satz 2 AktG auch durch Einrede oder Erhebung einer Widerklage erfolgen. Möglich ist auch, dass der nichtige JA nicht beachtet wird. Die Nichtbeachtung führt in Zusammenhang mit der gleichzeitigen Nichtigkeit des Gewinnverwendungsbeschlusses dazu, dass die Dividende nicht zur Auszahlung kommt und der Vorstand in einem Prozess gegen die Gesellschaft den Einwand der Nichtigkeit des Jahresabschlusses und damit die Nichtigkeit des Gewinnverwendungsbeschlusses erhebt (Werner 1998, S. 550; IDW 2006, Abschn. U, Rn. 234, S. 2385).

Die Nichtigkeit eines Jahresabschlusses zieht für die AG (→ Aktiengesellschaft, Prüfung einer) weit reichende Konsequenzen nach sich. Um diesem Sachverhalt Rechnung zu tragen und schwerwiegende Folgen abzufedern, hat das Gesetz in § 256 Abs. 6 AktG eine Heilung der Nichtigkeit vorgesehen. Das bedeutet, dass die Feststellung des Jahresabschlusses nachträglich rechtswirksam wird durch Ablauf einer zeitlichen Frist (IDW 2006, Abschn. U, Rn. 237–242, S. 2386–2387).

Von der Heilung ist die Beseitigung der Nichtigkeit zu unterscheiden. Diese wird möglich durch erneute Auf- und Feststellung des Jahresabschlusses unter Vermeidung des Nichtigkeitsgrundes. Grundsätzlich sind die Organe verpflichtet, den zur Nichtigkeit führenden Mangel zu beseitigen (→ Bilanzfehlerberichtigung). Im Ausnahmefall kann es aber auch zulässig sein, die Heilung durch Zeitablauf gem. § 256 Abs. 6 AktG abzuwarten. Dies kann zutreffen insb. bei weniger bedeutenden Gründen sowie formellen Mängeln, die einer Ablauffrist von 6 Monaten unterliegen (IDW 2006, Abschn. U, Rn. 243–244, S. 2387).

Verhindern materielle Bilanzfehler eine Korrektur in laufender Rechnung und machen somit eine Rückwärtsänderung des Jahresabschlusses notwendig, ist zur Beseitigung der Nichtigkeit die Korrektur des vormals aufgestellten JA notwendig (→ Bilanzfehlerberichtigung). Dieser JA ist erneut zu prüfen (→ Jahresabschlussprüfung) und festzustellen. In diesem Fall liegt eine Änderung eines Jahresabschlusses nach Ende der Prüfung vor und es handelt sich bei der Prüfung um eine → Nachtragsprüfung. Damit hat sich die Prüfung grundsätzlich (nur) auf die vorgenommenen Änderungen und etwaige Folgewirkungen zu erstrecken. Bestehen Auswirkungen auf weitere Posten und Bereiche des Jahresabschlusses, ist dies bei der Prüfung zu berücksichtigen (IDW 2006, Abschn. U, Rn. 246, S. 2387–2388).

Literatur: Geßler, J. H./Käpplinger, M.: Kommentierung der §§ 256, 257 AktG, in: Geßler, J. H. (Hrsg.): Kommentar zum Aktiengesetz, Loseblattausgabe, Band 2, München, Stand: 50. Erg.-Lfg. Juni 2006; IDW (Hrsg.): WPH 2006, Band I, 13. Aufl., Düsseldorf 2006; Werner, O.: Nichtigkeit des festgestellten Jahresabschlusses, in: Lück, W. (Hrsg.): Lexikon der Rechnungslegung und Abschlussprüfung, 4. Aufl., München/Wien 1998.

Carsten Friedrich

Niederlande

In den Niederlanden gibt es zwei Kategorien von Wirtschaftsprüfungsexperten: registeraccountants und accountant-administratieconsulenten. Beide Kategorien unterliegen dem Gesetz: die Erstgenannten dem *Registeraccountants Act* (*WRA*) und die Letzteren dem *Accountants-Administratieconsulenten Act* (*WAA*). Jede Kategorie hat ein eigenes Institut: das *Royal NIVRA* und *NOvAA*. *Royal NIVRA* ist Mitglied der →*International Federation of Accountants* (*IFAC*), *NOvAA* hingegen nicht. *NovAA*-Mitglieder erbringen hauptsächlich prüfungsfremde Leistungen.

Die beiden berufsständischen Organisationen vergeben eigene Titel und haben eigene Ausbildungsnormen. Unternehmen, deren Jahresabschlüsse gesetzlich geprüft werden müssen, können die Prüfungen von einem registeraccountant bzw. einem accountant-administratieconsulent unter der Voraussetzung durchführen lassen, dass Letzterer bestimmte zusätzliche Ausbildungsanforderungen erfüllt.

WRA und *WAA* enthalten u. a. Bestimmungen zu *Royal NIVRA* und *NOvAA*, Disziplinarbestimmungen und die Führung des accountantsregister. *Royal NIVRA* und *NOvAA* fassen die Satzungen zur Erfüllung ihrer gesetzlichen Aufgaben ab. Die Satzungen sind für alle WP obligatorisch. *WRA*, *WAA* und die Satzungen sind insgesamt die Grundlage für die Rolle und Aufgabe sowie die Verantwortung des Wirtschaftsprüfers.

Die wichtigste Satzung ist die *Governing the Rules of Professional Conduct and Practice of Registeraccountants and Accountants-Administratieconsulenten* (*GBA*). *Royal NIVRA* und *NOvAA* erlassen voraussichtlich 2006 einen neuen Ethikkodex entsprechend dem *IFAC*-Ethikkodex. Es gibt weitere Satzungen, wie die Satzung über ständige berufliche Weiterbildung und über die Meldung von Betrugsfällen.

Der *Supervision of Auditors' Organisations Act* (*Wet Toezicht Accountantsorganisaties*, *WTA*) tritt voraussichtlich 2006 in Kraft. Die *AFM* wird dann das öffentliche Aufsichtsorgan für WP. *WTA* hat erhebliche Änderungen für die WPGes und die Durchführung gesetzlicher Prüfungen durch WP zur Folge. So müssen WPGes, die gesetzliche Prüfungen durchführen, künftig eine von *AFM* erteilte Lizenz haben. Eine Organisation ohne Lizenz darf keine gesetzlichen Prüfungen (mehr) durchführen.

Die niederländischen Prüfungsgrundsätze (*Richtlijnen voor de Accountantscontrole*, *RAC*) entsprechen den →International Standards on Auditing (ISA), ISQC und ISAE, die vom *IAASB* der *IFAC* erlassen wurden.

Die Ausbildungs- und Eintrittsnormen für den Wirtschaftsprüferstand in den Niederlanden sind sehr hoch. Für die Zulassung als registeraccountant ist eine Universitätsausbildung erforderlich, die durch eine Teilzeitausbildung in Wirtschaftswesen unmittelbar nach der Sekundarstufe bei den Universitäten *Nivra* und *Nyenrode* absolviert werden kann, bzw. ein Universitätsabschluss (hogeschool oder universiteit) und ein Aufbaustudium für Wirtschaftswesen an einer Universität.

Entsprechend der EU-Richtlinien ist eine dreijährige praktische Erfahrung während der Studentenausbildung gesetzlich erforderlich. Die praktische Erfahrung läuft parallel zur letzten Phase des Aufbaustudiums. Gem. den Vorgaben der RL 89/48/EWG vom 12.12.1988 über die gegenseitige Anerkennung von Hochschuldiplomen werden Qualifikationen, die WP in einem EU-Mitgliedsstaat erlangen und mit denen sie zur Durchführung gesetzlicher Prüfungen befugt sind, in den Niederlanden anerkannt. Zusatzprüfungen zu speziellen Kenntnissen des niederländischen Rechts sind jedoch für das niederländische Zivil- und Steuerrecht, die externe Rechnungslegung sowie für Verhaltensregeln und Berufspraktiken erforderlich.

Unternehmen (N.V., B.V. und bestimmte Stiftungen) müssen mit Ausnahme sog. kleiner Unternehmen geprüft werden. Ein Unternehmen gilt als klein, wenn es mindestens zwei der folgenden drei Kriterien erfüllt (Kriterien ab 1.1.2004):

- Summe der Aktiva unter 3,65 Mio. €,
- Nettoumsatzerlöse unter 7,3 Mio. € und
- durchschnittliche Beschäftigtenzahl unter 50.

Ein Unternehmen gilt nicht mehr als klein, wenn diese Kriterien in mehr als zwei aufeinander folgenden Jahren nicht erfüllt wurden.

Die Befugnis zur Ernennung von Wirtschaftsprüfern obliegt der Gesellschafter- oder Aktionärshauptversammlung. Wenn auf der HV keine WP ernannt werden, sollten sie vom AR

Niederstwertprinzip

oder von der Geschäftsleitung ernannt werden, sofern es keinen AR gibt oder dieser keine WP ernennt. Eine Ernennung kann von der HV oder einem anderen Gremium, das die Ernennungen vornahm, jederzeit widerrufen werden. Eine Ernennung durch die Geschäftsleitung kann auch vom AR widerrufen werden.

F.D.J. van Schalk; Christine Holtz-Stosch

Niederstwertprinzip →Beizulegender Wert

Niederstwertprinzip, gemildertes →Grundsätze ordnungsmäßiger Buchführung, bankspezifisch

Niederstwertprinzip, saldiertes →Grundsätze ordnungsmäßiger Buchführung, bankspezifisch

Nominalwertprinzip →Inflation, Rechnungslegung bei

Non-Executive Director →Board of Directors; →Chief Executive Officer

Nonprofit-Organisationen, Rechnungswesen in →Rechnungswesen in Nonprofit-Organisationen

NOPAT →Wertorientierte Unternehmensführung

Normalkalkulation →Selbstkostenermittlung

Normalkapazität →Leerkosten

Normdurchsetzung →Enforcementsysteme

Notes

Die Notes sind neben den vier Rechenwerken [Bilanz, →Gewinn- und Verlustrechnung (GuV), →Kapitalflussrechnung, Eigenkapitalveränderungsrechnung (→Eigenkapitalveränderung)] Pflichtbestandteil eines jeden Abschlusses nach den →International Financial Reporting Standards (IFRS) und den →United States Generally Accepted Accounting Principles (US GAAP). Rechtsform- oder größenabhängige Erleichterungen gibt es in diesem Zusammenhang nicht. In Bezug auf handelsrechtliche Jahresabschlussbestandteile ähneln die Notes am ehesten dem →Anhang (→Angabepflichten), auch wenn sie deutlich detaillierter und umfangreicher sind.

Vorrangige Aufgabe von IFRS- bzw. US GAAP-Abschlüssen ist die Befriedigung des Informationsbedürfnisses von am Kapitalmarkt agierenden Investoren. Der JA soll die Investoren über die wirtschaftliche Entwicklung des Unternehmens informieren und Unsicherheiten reduzieren. Diese Informationsfunktion gilt für den gesamten JA und folglich auch für jeden seiner Bestandteile. Den Notes kommt in diesem Zusammenhang übereinstimmend mit den Aufgaben des handelsrechtlichen Anhangs eine Erläuterungs-, Ergänzungs- und Entlastungsfunktion, nicht aber eine Korrekturfunktion zu: Erläuterung und Ergänzung dahingehend, dass die Möglichkeit besteht, Posten der Bilanz und GuV zu kommentieren und durch zusätzliche, weiter gehende Informationen zu fundieren. Die Entlastung ergibt sich dadurch, die Rechenwerke nicht mit Details zu überlasten, sondern bestimmte Angaben in die Notes zu verlagern. Den Notes kommt aber keine Korrekturfunktion zu, da jedes Rechenwerk für sich gesehen die Informationsfunktion erfüllen und die wirtschaftliche Lage des bilanzierenden Unternehmens bzw. Konzerns richtig darstellen muss.

Da die Notes ein gleichrangiger Bestandteil des Jahresabschlusses sind, gelten im Wesentlichen auch dieselben qualitativen Anforderungen. So müssen Notes klar identifizierbar, systematisch aufgebaut sowie durch Referenzverweise mit den jeweils betroffenen Posten der Rechenwerke verbunden sein. Insb. haben die Informationen den generellen Anforderungen der Relevanz, Wesentlichkeit, Richtigkeit, wirtschaftlichen Betrachtungsweise, Willkürfreiheit, Vorsicht und Vollständigkeit zu entsprechen. Die Berichterstattung hat folglich ähnlichen Anforderungen zu genügen, wie sie auch im HGB für den Anhang gelten.

Im Hinblick auf die Ausgestaltung der Notes existieren sowohl in den IFRS als auch in den US GAAP kaum zwingende Vorgaben.

In der Rechnungslegung nach den IFRS finden sich die konkreten Angabepflichten – mit Ausnahme übergeordneter Sachverhalte, die in IAS 1 geregelt sind – in den einzelnen Standards. Meist besteht ähnlich wie im Handelsrecht ein Wahlrecht, die Angaben entweder direkt in den Rechenwerken oder aber in den Notes vorzunehmen. Kernbestandteil der Notes sind Informationen über die Grundlagen der Aufstellung des Abschlusses und die besonderen Bilanzierungs- und Bewertungsmethoden (→Änderung der Bilanzierungs- und Bewertungsmethoden), die bei bedeutsamen Geschäftsvorfällen und Ereignissen angewendet worden sind. Ergänzt werden diese Informationen durch zusätzliche Angaben, die ansonsten nicht im Abschluss präsentiert werden, durch konkrete IFRS aber vorgeschrieben oder zur Vermittlung eines den tatsächlichen Verhältnissen entsprechenden Bildes der wirtschaftlichen Lage (→Vermögenslage; →Finanzlage; →Ertragslage) notwendig sind. Können freiwillige Angaben weitere entscheidungsrelevante Informationen bieten, sind diese ebenfalls anzugeben, wobei diese die gleichen Gütekriterien wie Pflichtangaben zu erfüllen haben.

Grundsätzlich können die Angabepflichten folgenden Inhaltsgruppen zugeordnet werden (Wagenhofer 2001, S. 410):

- Identifikation des Abschlusses als Einzel- oder Konzernabschluss (Berichtsperiode, Bilanzstichtag, Berichtswährung etc.),
- Unternehmensdaten (Rechtsform, Sitz, Geschäftsaktivitäten etc.),
- allgemeine Angaben zur Bilanz und GuV (Gliederung, Bilanzierungs- und Bewertungsmethoden, →Währungsumrechnung, Änderungen von Schätzungen und Fehler der Vorperioden etc.),
- konkrete Angaben zum Vermögen (→Sachanlagen, →Finanzanlagen, →Vorratsvermögen), →Eigenkapital, →Rückstellungen und →Verbindlichkeiten),
- konkrete Angaben zur GuV, HK (→Herstellungskosten, bilanzielle), →Personalaufwand, Abschreibungen (→Abschreibungen, bilanzielle), Ertragssteuern, Veräußerung von Teilbetrieben etc.),
- Angaben zur →Kapitalflussrechnung,
- Segmentpublizität (→Segmentberichterstattung),
- Angaben zur Eigenkapitalveränderungsrechnung (→Eigenkapitalveränderung),
- Angaben zu Finanzinstrumenten (→derivative Finanzinstrumente),
- Angaben zu Altersversorgungsplänen (→Pensionsverpflichtungen),
- Angaben über →Ereignisse nach dem Abschlussstichtag sowie
- konzernspezifische Angaben (Abgrenzung des →Konsolidierungskreises, →Konsolidierungsformen, Währungsumrechnung etc.).

Sämtliche Angabenpflichten in den Notes gelten mit Ausnahme einiger konzernspezifischer Vorschriften gleichermaßen für Einzel- und Konzernabschluss.

Ähnlich den IFRS finden sich auch bei den US GAAP die Angabepflichten in den einzelnen Standards. Allerdings sind Umfang und Detailgenauigkeit der Notes nicht zuletzt aufgrund der höheren Regulierungsdichte häufig weiter gehend als in den IFRS. Hierbei besteht wie in den IFRS meist ein Wahlrecht, den Angabepflichten innerhalb der eigentlichen Rechenwerke oder den Notes zu entsprechen. Grundsätzlich muss der Anhang sämtliche für die Adressaten entscheidungsrelevante Informationen beinhalten, die aus den Rechenwerken nicht unmittelbar zu entnehmen sind. Hierbei handelt es sich im Wesentlichen um Erläuterungen der angewandten Bilanzierungs- und Bewertungsmethoden (→Änderung der Bilanzierungs- und Bewertungsmethoden) inkl. verwendeter Konsolidierungsmethoden sowie Erläuterungen des sachlichen und wirtschaftlichen Hintergrundes einzelner Bilanzposten. Bei der Offenlegung der angewendeten Bilanzierungs- und Bewertungsmethoden sind insb. die Ausnutzung von Wahlrechten sowie industrie- und branchenspezifische Methoden anzugeben. Darüber hinaus ist über Methodenwechsel (→Änderung der Bilanzierungs- und Bewertungsmethoden) und Veränderungen vorangegangener Schätzungen (→Änderung von Bewertungsannahmen) zu berichten.

In Überschneidung mit den US GAAP-Regelungen finden sich auch in Verlautbarungen der →*Securities and Exchange Commission* (*SEC*) Angabepflichten für die Notes. So sind Angaben u. a. zu angewendeten Konsolidierungsmethoden, Dividenden limitierenden Restriktionen, verpfändeten Vermögensgegenständen, nicht konsolidierten Tochterunternehmen, Unternehmensbesteuerung, Leasing und Transaktionen mit →verbundenen Unternehmen bzw. Personen zu machen (Afterman 2004, S. 317–321).

Ergänzend sei erwähnt, dass sich sowohl in den IFRS- als auch in den US GAAP-Vorschriften zu den Notes Elemente handelsrechtlicher Lageberichterstattung gem. §§ 289, 315 HGB finden (→Lagebericht; →Konzernlagebericht). So wird in IAS 10 und SFAS 5.11 ähnlich einem →Nachtragsbericht verlangt, Informationen über Ereignisse, die nach dem Bilanzstichtag eingetreten sind (→Ereignisse nach dem Abschlussstichtag), in den Notes anzugeben.

Die Notes sind Bestandteil des zu testierenden Jahresabschlusses und vor diesem Hintergrund zu prüfen (→Jahresabschlussprüfung; →Konzernabschlussprüfung). Die Prüfung erfordert vor dem Hintergrund der Vielzahl von Angabepflichten sowie der Möglichkeit, bestimmte Angaben wahlweise in Bilanz bzw. GuV oder im Anhang zu machen, besondere Aufmerksamkeit. Der →Abschlussprüfer (APr) hat sich insb. davon zu überzeugen, dass trotz der bestehenden äußeren Gestaltungsfreiheit für den Anhang die Ausführungen überschaubar, klar und übersichtlich gegliedert sind und ein gewisses Maß an Strukturierung aufweisen. Die Angaben zu einzelnen Posten der Bilanz/GuV, die zahlenmäßig den größten Teil der Anhangangaben ausmachen, sind i. d. R. zusammen mit dem jeweiligen Posten zu prüfen (→Prüffelder). Entsprechend ist für die Prüfung der angewandten Bilanzierungs- und Bewertungsmethoden zu verfahren (→Grundsätze ordnungsmäßiger Buchführung, Prüfung der). Insb. hat der APr darauf zu achten, dass die angewandten Bilanzierungs- und Bewertungsmethoden so vollständig und verständlich zum Ausdruck gebracht worden sind, wie es zur Vermittlung eines den tatsächlichen Verhältnissen entsprechenden Bildes der Vermögens-, Finanz- und Ertragslage erforderlich ist (→True and Fair View). In diesem Zusammenhang muss sich der APr ferner davon überzeugen, dass Abweichungen von Bilanzierungs- und Bewertungsmethoden angegeben und begründet und ihr Einfluss auf die →Vermögenslage, →Finanzlage und →Ertragslage gesondert dargestellt worden sind. Darüber hinaus hat sich der APr nach Beendigung der Prüfung sämtlicher Einzelposten noch einmal einen Gesamtüberblick über die angewandten Methoden und ggf. ihre Veränderung gegenüber dem Vorjahr zu verschaffen (→Abweichungsanalyse).

Literatur: Afterman, A. B.: Handbook of SEC Accounting and Disclosure 2004–2, NY et al. 2004; Wagenhofer, A.: International Accounting Standards, 3. Aufl., Wien et al. 2001.

Simon Brameier

Notgeschäftsführung

Die Handlungsfähigkeit von juristischen Personen (→Unternehmensformen) ist eingeschränkt, wenn der organschaftliche Vertreter fehlt oder wenn dieser aus tatsächlichen oder rechtlichen Gründen seinen gesellschaftsrechtlichen Pflichten nicht mehr nachkommen kann. Die Ursache für eine geschäftsführungslose Gesellschaft kann darin liegen, dass es sich schwierig gestaltet, infolge von Abberufung (→Vorstand, Bestellung und Abberufung), Amtsniederlegung (→Amtsniederlegung von Vorstand und Aufsichtsrat), Amtsablauf, Krankheits- oder Todesfall einen geeigneten organschaftlichen Nachfolger zu finden. Insb. bei KapGes, die sich in einer schlechten wirtschaftlichen Lage befinden oder bei denen sich eine Insolvenzsituation (→Insolvenz) abzeichnet, findet sich oftmals keine Person, welche die unternehmerische Verantwortung und die hieraus resultierenden Haftungsrisiken einer Geschäftsführung (→Haftung des Vorstandes) übernehmen möchte. Eine Vielzahl von Gesellschaften ist infolgedessen nicht eigenständig in der Lage, das gesellschaftsrechtliche Vertretungsdefizit zu beseitigen (Kögel 2001, S. 21). Das Fehlen eines Geschäftsführers kann dazu führen, dass einer Gesellschaft Vermögensschäden oder die Beeinträchtigung von Rechtspositionen drohen. Um ein handlungs- und leistungsfähiges Krisenmanagement zu gewährleisten, ist die Bestellung eines Notgeschäftsführers eines der adäquaten Instrumente zur Beseitigung des vertretungsrechtlichen Dilemmas.

Die Möglichkeit einer Notgeschäftsführung besteht typischerweise nur für KapGes und →Genossenschaften. Während bei der AG und bei der →Kommanditgesellschaft auf Aktien (KGaA) die Sondernorm des § 85 AktG hinsichtlich eines Notvorstands greift, existiert für die →Gesellschaft mit beschränkter Haftung (GmbH) keine vergleichbare Regelung; es finden hierfür die Vorschriften für nichtrechtsfähige Vereine gem. § 29 BGB analog Anwendung. Abgesehen von der

KapGes & Co. KG (→GmbH & Co. KG u. a.) ist bei anderen Personengesellschaftsformen [→Personengesellschaften (PersGes)] die Bestellung eines Notgeschäftsführers nicht möglich.

Die Bestellung eines Notgeschäftsführers erfolgt nicht von Amts wegen. Ein entsprechender Antrag kann beim zuständigen Registergericht von jedem Beteiligten mit berechtigtem Interesse (Gesellschafter, Gläubiger, Betriebsrat, Verwaltungs- und insb. Finanzbehörde) eingereicht werden. Es ist die Dringlichkeit des Anliegens glaubhaft darzulegen. Außerdem ist der Nachweis notwendig, dass der erforderliche Geschäftsführer auch tatsächlich fehlt. Die Beteiligten können einen Notgeschäftsführer vorschlagen; die Entscheidung darüber obliegt allein dem Registergericht. Bei der Auswahl eines Notgeschäftsführers ist das Registergericht allerdings an die statuarischen Bestimmungen (besondere Qualifikationserfordernisse oder Mindestanzahl der Geschäftsführer) gebunden; zudem müssen die gesetzlichen Eignungsvoraussetzungen (bspw. § 6 Abs. 2 GmbHG) erfüllt sein. Die Notgeschäftsführung kann im Rahmen einer treuhänderischen Tätigkeit (→Treuhandschaften) auch durch einen WP unter Erteilung einer Ausnahmegenehmigung gem. § 43a Abs. 3 Nr. 2 →Wirtschaftsprüferordnung (WPO) oder durch einen →Steuerberater (StB) mit gerichtlicher Bestellung gem. § 39 Abs. 3 BOStB ausgeübt werden.

Der vom Registergericht benannte Notgeschäftsführer ist frei, die Bestellung anzunehmen oder abzulehnen. Bei Annahme tritt der Notgeschäftsführer vollständig in die Stellung des Geschäftsführers ein, für den er bestellt wird. Er übernimmt zugleich dessen Aufgabenstellung (→Überwachungsaufgaben des Vorstands) und Haftungsumfang. Der Notgeschäftsführer muss sich in die rechtlichen und wirtschaftlichen Rahmenbedingungen der Gesellschaft einarbeiten und hat für den kontinuierlichen Ablauf der →Geschäftsprozesse zu sorgen. Es kommt zwischen dem Notgeschäftsführer und der Gesellschaft ein Geschäftsführungsvertrag gem. §§ 611, 675 BGB zustande, aus dem ein Vergütungsanspruch gegenüber der Gesellschaft resultiert (Helmschrott 2001, S. 639).

Die Gesellschafter können den Notgeschäftsführer nicht durch einfachen Beschluss (bspw. § 38 GmbHG) abberufen; nur das Registergericht kann nach Antrag aus dem Gesellschafterkreis aus wichtigem Grund die Bestellung widerrufen. Die Notgeschäftsführung endet dann, wenn das Registergericht deren Dauer befristet hat oder wenn der Notstand nicht mehr besteht. Dies ist dann der Fall, wenn die Gesellschafterversammlung (→Haupt- und Gesellschafterversammlung) einen ordentlichen Geschäftsführer formgerecht bestellt; damit scheidet der Notgeschäftsführer automatisch aus dem Amt (Helmschrott 2001, S. 638).

Literatur: Helmschrott, E.: Der Notgeschäftsführer – eine notleidende Regelung, in: ZIP 22 (2001), S. 636–641; Kögel, S.: Die Not mit der Notgeschäftsführung bei der GmbH, in: NZG 4 (2001), S. 20–24.

Rainer Heurung; Marco Klübenspies

Nutzen der Prüfung →Empirische Forschung im Prüfungswesen

Nutzenmatrix →Entscheidungsmatrix

Nutzenwert →Scoringmodelle

Nutzkosten →Leerkosten; →Nutzkostenanalyse

Nutzkostenanalyse

Die Nutzkostenanalyse beinhaltet eine Analyse der fixen Kosten (→Fixkostencontrolling) durch ihre Aufteilung in Nutz- und →Leerkosten.

Entscheidungen zum Auf- und Ausbau von Kapazitäten (→Kapazitätsplanung; →Kapazitätscontrolling) bewirken i. d. R. die Entstehung von fixen →Kosten, welche für einen längeren Zeitraum zu tragen sind. Die Auslastung der Kapazitäten ist dabei von großer wirtschaftlicher Bedeutung. Dies gilt insb. unter dem Aspekt der Fixkostendegression, was bedeutet, dass bei Verteilung der fixen Kosten auf eine wachsende Produktanzahl die Fixkostenbelastung je Einheit sinkt.

Vor allem bei Unterbeschäftigung ist eine genaue Analyse der Fixkosten sinnvoll, insb. unter dem Aspekt, inwieweit sie abgebaut werden können (→Kostenabbaubarkeit).

Der erste Schritt einer Analyse ist der der Zerlegung der fixen Kosten in den genutzten und den ungenutzten Teil. Die nachfolgende Abb. zeigt eine Darstellung der gesamten Fixkos-

Abb.: Nutzkostenanalyse

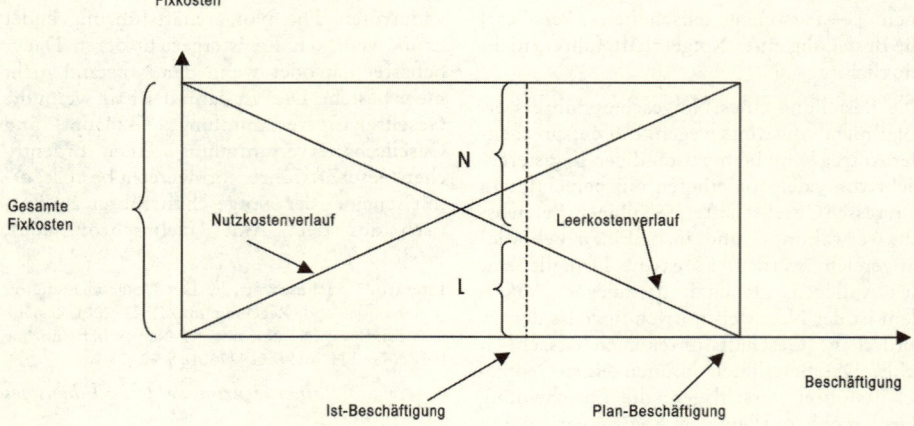

ten, die sich von einer Null- bis zur →Planbeschäftigung nicht ändern. Vom Ursprung bis zu den fixen Kosten bei Planbeschäftigung entwickelt sich der Verlauf der Nutzkosten – je größer die Beschäftigung, umso größer wird der genutzte Teil. Dies bildet in Kostendimensionen die Auslastung der Kapazitäten ab. Umgekehrt sinken die Leerkosten kontinuierlich vom Punkt der Nullbeschäftigung bis zur Planbeschäftigung. Die Analyse für eine bestimmte Istbeschäftigung zeigt dann – im Konkreten je untersuchter Kostenstelle (→Cost Center) und Kostenart – wie hoch die Nutz- (N) bzw. Leerkosten (L) sind. Dabei ist zu beachten, welche Prämisse bei der Festlegung der Planbeschäftigung zugrunde gelegt wurde (z. B. Normalauslastung, max. Auslastung).

Rechnerisch können die Nutzkosten wie folgt ermittelt werden:

Nutzkosten
= Fixkosten · Beschäftigungsgrad

oder (→Plankostenrechnung):

Nutzkosten
= fixer Plankostenverrechnungssatz · Istbeschäftigung

Die Leerkosten errechnen sich demnach:

Leerkosten = Fixkosten – Nutzkosten

oder:

Leerkosten
= Fixkosten – Fixkosten · Beschäftigungsgrad

Die Leerkosten sind damit ein Ausdruck des Werts der ungenutzten Kapazitäten.

Dieses Instrumentarium aus der →Plankostenrechnung kann erweitert werden um eine Analyse der Objekte, die für die Entstehung der Fixkosten verantwortlich gemacht werden können. Aus der mehrstufigen →Deckungsbeitragsrechnung ist die Bildung von Fixkostenschichten bekannt: Manche Fixkosten lassen sich eindeutig einer bestimmten Produktlinie zuordnen. Andere werden auf einer höheren Aggregationsstufe gemeinsam von einer Produktliniengruppe, wieder andere von einem Unternehmensbereich verursacht (→Kostenverursachung).

Wird nun die Auslastungssicht kombiniert mit der Zurechenbarkeit, so können daraus Erkenntnisse abgeleitet werden, auf welcher Betrachtungsebene die zu tragenden Fixkosten ein akzeptables Nutzkostenbild ergeben.

Literatur: Deimel, K./Isemann, R./Müller, S.: Kosten- und Erlösrechnung, München 2006; Freidank, C.-Chr.: Kostenrechnung, 7. Aufl., München 2001; Schmidt, A.: Kostenrechnung, 4. Aufl., Stuttgart 2005.

Günther Dey

Nutzungsdauer

Die Bestimmung der Nutzungsdauer eines →Vermögensgegenstandes ist in der Praxis häufig aufgrund der Notwendigkeit diverser Schätzungen mit erheblichen Schwierigkeiten verbunden. So wird die Nutzungsdauer nach oben durch die *technische Nutzungsfähigkeit* des Vermögensgegenstandes begrenzt. Maßgeblich ist jedoch die voraussichtliche *wirtschaftliche Nutzung* durch das Unternehmen, die durch die unterschiedlichsten Faktoren, wie den Produktlebenszyklus (→Produktlebenszykluskonzept), vertragliche Bindungen, technischen Fortschritt, Intensität der Nutzung der Anlage etc., determiniert wird. Die Schätzung der Nutzungsdauer bietet damit einen erheblichen Beurteilungsspielraum (→bilanzpolitische Gestaltungsspielräume nach HGB; →bilanzpolitische Gestaltungsspielräume nach IFRS; →bilanzpolitische Gestaltungsspielräume nach US GAAP), der jedoch nicht willkürlich ausgenutzt werden darf. Die bilanzielle Nutzungsdauer ist eine der Pflichtinformationen, die von der Gesellschaft im →Nebenbuch „Anlagevermögen" zu hinterlegen sind.

Die Prüfung der vom Unternehmen angesetzten Nutzungsdauer ist eine der wesentlichen Prüfungshandlungen im Rahmen der →Bewertungsprüfung des →Anlagevermögens (→Auswahl von Prüfungshandlungen). Eine zu lange Schätzung der Nutzungsdauer der Vermögensgegenstände führt zur Überbewertung, eine zu geringe Schätzung zur unzulässigen Legung stiller Reserven (→stille Reserven und Lasten). In einem ersten Schritt ist die korrekte Übernahme des Nutzungsbeginns sicherzustellen. Insb. bei komplexeren Fertigungsanlagen fehlt es in der Praxis häufig an zeitnahen Informationsflüssen von der betrieblichen Technik zur Anlagenbuchhaltung, z. B. in Form von Inbetriebnahmeprotokollen oder Mitteilung des Produktionsbeginns. Die verspätete oder fehlende Festlegung des Nutzungsbeginns führt zu Ausweis- und Bewertungsfehlern (→Fehlerarten in der Abschlussprüfung).

Die Überprüfung der vom Mandanten ins Nebenbuch „Anlagenbuchhaltung" eingestellten Nutzungsdauer eines Vermögensgegenstandes muss – wie bereits erläutert – neben den technischen und verbrauchsbedingten Faktoren (Einbindung in den Schichtbetrieb, technischer und natürlicher Verschleiß, Substanzverringerung durch Abbau etc.) auch wirtschaftliche (technischer Fortschritt, Produktlebenszyklus, Laufzeit von Abnahmeverträgen etc.) und rechtliche Faktoren (Laufzeit vertraglicher bzw. gesetzlicher Nutzungsrechte) berücksichtigen.

Einen wichtigen ersten Anhaltspunkt geben die von der *Finanzverwaltung* herausgegebenen amtlichen *Abschreibungstabellen* (→Abschreibungen, steuerrechtliche), die auch Branchenspezifika und Nutzung im Mehrschichtbetrieb berücksichtigen. Aufgrund des steuerrechtlichen Hintergrunds dieser Tabellen bilden die angegeben Werte häufig Obergrenzen der handelsrechtlich anzusetzenden Nutzungsdauer. Zu einer ersten Überprüfung dieser Werte können die in den Investitionsanträgen (→Investition) hinterlegten Nutzungsdauern oder die vom →Controlling für die Kostenrechnung (→Kosten- und Leistungsrechnung; →Kostenrechnung, Prüfung der) hinterlegten Nutzungsdauern herangezogen werden, da diese Werte i. d. R. versuchen, alle relevanten Faktoren in die Schätzung einzubeziehen.

Insb. bei speziell *auf einzelne Produkte zugeschnittenen Fertigungsanlagen* sind die Vertriebsverträge als wesentlicher Faktor beim →Prüfungsurteil zu berücksichtigen. Wird die Nutzungsdauer durch vertragliche Festlegungen determiniert, so sind diese Vertragswerke wesentlicher Prüfungsbestandteil. Lediglich allgemeine, nicht hinreichend konkretisierte Risiken (z. B. allgemeines Konjunkturrisiko) sind bei der Schätzung außer Acht zu lassen.

Sofern der zu beurteilende Vermögensgegenstand bei *einheitlichem Nutzungs- und Funktionszusammenhang* aus Komponenten mit unterschiedlicher Lebensdauer besteht, bestimmt sich die Nutzungsdauer nach dem Teil, der der gesamten Anlage nach der Verkehrsauffassung das Gepräge gibt. Zur Beurteilung dieser Fragestellung sind häufig Gespräche mit dem verantwortlichen Techniker und die Inaugenscheinnahme der Gesamtanlage (→Nachweisprüfungshandlungen) hilfreich.

Bei *nachträglichen* →*Anschaffungskosten (AK)* bzw. HK (→*Herstellungskosten, bilanzielle*) ist für die Überprüfung der Schätzung der Nutzungsdauer (→Schätzwerte, Prüfung von; →Prognose- und Schätzprüfung) davon auszugehen, dass die nachträglichen AHK ab dem Jahr ihres Anfalls zusammen mit den fortgeführten ursprünglichen AHK über die Restnutzungsdauer zu verteilen sind.

Stellt der →Abschlussprüfer (APr) in Folgejahren eine wesentliche Abweichung zur ursprünglich festgelegten Nutzungsdauer fest (→Abweichungsanalyse), so muss eine *Kor-*

Nutzungswert

rektur erfolgen. Wurde die Nutzungsdauer ursprünglich zu lang geschätzt, so wird i.d.R. eine →außerplanmäßige Abschreibung und eine Verkürzung der Nutzungsdauer vorzunehmen sein. Ist die ursprüngliche Nutzungsdauer zu kurz eingeschätzt worden, ist der Restbuchwert auf die ermittelte (längere) Nutzungsdauer zu verteilen und die planmäßig durchzuführenden Abschreibungen (→Abschreibungen, bilanzielle) sind entsprechend anzupassen.

Literatur: ADS: Rechnungslegung und Prüfung der Unternehmen, Teilband 1, 6. Aufl., Stuttgart 2000; IDW (Hrsg.): WPH 2006, Band I, 13. Aufl., Düsseldorf 2006; Nordmeyer, A.: Sachanlagen, in: Castan, E. et al. (Hrsg.): Beck'sches Handbuch der Rechnungslegung, München 2004.

Holger Reichmann

Nutzungswert →Cash Generating Units

Nutzwertanalyse
→Kosten-Nutzen-Analyse

O

Obligationen →Anleihen

Öffentliche Rechnungslegung →Grundsätze ordnungsmäßiger öffentlicher Buchführung

Öffentliche Unternehmen

Öffentliche Unternehmen sind Unternehmen, deren →Eigenkapital sich mehrheitlich unmittelbar oder mittelbar im Eigentum von Gebietskörperschaften (Bund, Länder, Kreise, Gemeinden) befindet. Sie werden in *privatrechtlicher* Rechtsform [z. B. AG (→Aktiengesellschaft, Prüfung einer), →Gesellschaft mit beschränkter Haftung (GmbH)] betrieben oder in *öffentlich rechtlicher* Rechtsform rechtlich selbständig als Körperschaft (z. B. Zweckverband) bzw. als Anstalt [z. B. Sparkasse (→Sparkassenprüfung)] oder rechtlich unselbstständig (z. B. Eigenbetrieb, Landesbetrieb). Sie sind in einer *Vielzahl von Branchen* anzutreffen (insb. Ver- und Entsorgung, Verkehr, →Wohnungsunternehmen, →Krankenhäuser und Pflegeeinrichtungen).

Die Vorschriften über die *Prüfung von öffentlichen Unternehmen* entsprechen im Wesentlichen denen des Handels- und Gesellschaftsrechts. Für Bundes- und Landesunternehmen ergeben sich Besonderheiten aus der →Bundes- und Landeshaushaltsordnung, für kommunale Unternehmen und Einrichtungen aus den Gemeindeordnungen (GO) und eigenbetriebsrechtlichen Vorschriften der Länder sowie kommunalrechtlichen Prüfungsvorschriften (IDW 2006, Abschn. L, Rn. 3 f., S. 1106 f.). Die länderspezifischen Regelungen weisen zwar im Grundsatz Gemeinsamkeiten auf, weichen jedoch in Einzelfragen voneinander ab. JA und →Lagebericht öffentlicher Unternehmen werden im Ergebnis der genannten Vorschriften im Regelfall gem. oder in entsprechender Anwendung der Vorschriften des HGB für große KapGes durch einen WP oder eine WPGes (→Revisions- und Treuhandbetriebe) geprüft (für Sparkassen gilt die Sonderregelung gem. § 340k Abs. 3 HGB; →Sparkassenprüfung). In einigen Bundesländern bestehen Sonderregelungen, nach denen Träger der Prüfung von Eigenbetrieben und Anstalten des öffentlichen Rechts (Kommunalunternehmen) öffentlich-rechtliche Prüfungseinrichtungen sein können, z. B. →Prüfungsverbände oder →Rechnungsprüfungsämter. Die Rechnungsprüfungsämter sind im Übrigen wie auch überörtliche Prüfungseinrichtungen unabhängig von der →Jahresabschlussprüfung im Rahmen der *örtlichen und überörtlichen Prüfung* (→hoheitliche Prüfung) tätig (zum Verhältnis der Jahresabschlussprüfung zur örtlichen und überörtlichen Prüfung bei kommunalen Wirtschaftsbetrieben ohne eigene Rechtspersönlichkeit s. auch IDW KFA 1/1981). Die genannten Prüfungseinrichtungen bedienen sich i. d. R. aber eines Wirtschaftsprüfers oder einer WPGes. Der *Prüfungsauftrag* (→Prüfungsauftrag und -vertrag) wird für die genannten Unternehmen durch die Träger oder entsprechende Prüfungseinrichtungen erteilt. Die Prüfungsvorschriften einzelner Bundesländer sehen in Ausnahmefällen dauerhafte, zeitlich befristete oder aufschiebende *Befreiungen von der Prüfungspflicht* vor, z. B. bei Unterschreitung bestimmter Grenzen hinsichtlich Bilanzsumme und →Umsatzerlösen (Bolsenkötter et al. 2004, W 738 f.).

Nach der →Bestellung des Abschlussprüfers besteht seine *Aufgabe* gem. oder in entsprechender Anwendung von § 317 Abs. 1 HGB sowie ggf. ergänzender Ländervorschriften unter Beachtung der vom →*Institut der Wirtschaftsprüfer in Deutschland e.V.* (IDW) festgestellten deutschen →Grundsätze ordnungsmäßiger Abschlussprüfung (GoA) darin, unter Anwendung des →*risikoorientierten Prüfungsansatzes* den JA unter Einbeziehung der Buchführung darauf zu prüfen, ob die gesetzlichen Vorschriften und sie ergänzende Bestimmungen der Satzung und ggf. landesrechtliche Vorschriften beachtet worden sind (→Ordnungsmäßigkeitsprüfung). Die *Prüfung des* →*Lageberichts* erstreckt sich darauf, ob dieser mit dem JA in Einklang steht und ob er ein zutreffendes Bild von der Lage (→Vermögenslage; →Finanzlage; →Ertragslage) des Unternehmens vermittelt (§ 317 Abs. 2 HGB).

Öffentliche Unternehmen

Dabei ist auch zu prüfen, ob die →Chancen und Risiken der künftigen Entwicklung zutreffend dargestellt sind. Zu beachten sind die sich aus länderspezifischen Regelungen über den Umfang nach § 289 HGB hinaus ergebenden Pflichtangaben für nicht in privatrechtlicher Rechtsform betriebene Unternehmen.

Der →Abschlussprüfer (APr) hat bei der →Auftragsdurchführung neben den grundsätzlichen →Verlautbarungen des Instituts der Wirtschaftsprüfer in Deutschland e.V. zu Prüfungsgegenstand, -ansatz, -durchführung und -bericht zahlreiche branchenbezogene oder aus der öffentlichen Trägerschaft des Unternehmens resultierende Verlautbarungen, insb. die Stellungnahmen des ÖFA (vormals KFA) (z. B. zur Jahresverbrauchsabgrenzung bei rollierender Jahresverbrauchsablesung bei Versorgungsunternehmen oder zur Rechnungslegung von →Energieversorgungsunternehmen nach dem EnWG), des KHFA (z. B. zur Rechnungslegung von Krankenhäusern oder zum erweiterten Umfang der Jahresabschlussprüfung von Krankenhäusern nach Landeskrankenhausrecht) sowie des WFA (z. B. zur Abgrenzung von Erhaltungs- und Herstellungsaufwand bei Gebäuden, zur Bilanzierung und Prüfung bei Inanspruchnahme von Altschuldenhilfen, zur Berücksichtigung von strukturellem Leerstand bei zur Vermietung vorgesehenen Wohngebäuden) zu beachten.

Der APr muss die notwendige Sachkunde auf dem Gebiet der Prüfung von öffentlichen Unternehmen, der jeweiligen branchenspezifischen Besonderheiten und speziellen gesetzlichen Vorschriften aufweisen (s. hierzu Übersicht in IDW 2006, Abschn. L, Rn. 34–49, S. 1115–1118). Dies gilt auch für neben der Jahresabschlussprüfung aufgrund spezieller gesetzlicher Vorschriften durchzuführende Prüfungen zur Erteilung von →Bescheinigungen, z. B. Prüfungen nach dem KWK-G und dem EEG (IDW PH 9.420.3).

Für die Erteilung des →Bestätigungsvermerks sind grundsätzlich die Vorschriften des § 322 HGB sowie ggf. landesrechtliche Regelungen (z. B. abweichender Wortlaut, Aussage über das Ergebnis der Prüfung der wirtschaftlichen Verhältnisse des Eigenbetriebs), aber auch spezialgesetzliche Vorschriften (z. B. § 10 Abs. 4 Satz 3 EnWG) maßgeblich. Zu beachten sind IDW PS 400, bei kommunalen Wirtschaftsbetrieben ergänzend IDW PH 9.400.3, bei Krankenhäusern IDW PH 9.400.1. Zur Problematik von landesrechtlichen Bestimmungen zu bestimmten Formulierungen im BestV von Eigenbetrieben, die einen unzutreffenden Rückschluss auf den Prüfungsumfang zulassen könnten, hat sich der ÖFA auch in einem Schreiben zu § 28 EigVO Nds. n.F. positioniert. Sind Einwendungen zu erheben, hat der APr den BestV einzuschränken oder in einem Vermerk zum Jahresabschluss zu versagen und die Versagung in geeigneter Form zu begründen. Gem. § 322 Abs. 2 Satz 3 HGB ist auf Risiken, die den Fortbestand des öffentlichen Unternehmens, z. B. aufgrund der möglichen Verpflichtung zur Rückzahlung von unrechtmäßig erworbenen Beihilfen im Bereich ÖPNV, gefährden (→Bestandsgefährdung), gesondert einzugehen. Der BestV oder der Vermerk über die Versagung ist vom APr zu unterzeichnen und in den →Prüfungsbericht (PrB) aufzunehmen.

Bei öffentlichen Unternehmen ist im Rahmen der Abschlussprüfung im Regelfall auch die Prüfung nach § 53 →Haushaltsgrundsätzegesetz (HGrG) durchzuführen (Prüfung der Ordnungsmäßigkeit der Geschäftsführung und der wirtschaftlichen Verhältnisse). Zu beachten ist hierbei IDW PS 720. Der APr ist im Falle der Nichterteilung eines entsprechenden Prüfungsauftrages verpflichtet, das zuständige Organ mit gesondertem Schreiben auf diese Verpflichtung hinzuweisen. Das Prüfungsergebnis (→Prüfungsurteil) ist in einem gesonderten Abschnitt des Prüfungsberichts in einer Schlussbemerkung zusammenzufassen. Dabei ist darauf einzugehen, ob und wieweit Vorjahresbeanstandungen und -empfehlungen Rechnung getragen wurde. Die Schlussbemerkung ist nicht mit dem BestV zu verbinden.

Der APr hat über Art und Umfang sowie über das Ergebnis der Prüfung schriftlich zu berichten (§ 321 HGB). Auch hier sind ggf. landesrechtliche Regelungen (z. B. Richtlinien für Gliederung und Inhalt des Prüfungsberichts) relevant. Zu beachten sind IDW PS 450 sowie ergänzend IDW PH 9.450.1. Auch für den PrB können aus Spezialgesetzen folgende Regelungen einschlägig sein (z. B. Ergebnis aus der Erweiterung des Prüfungsgegenstandes um die Prüfung der Entflechtung der Rechnungslegung nach § 10 Abs. 3 EnWG in einem gesonderten Berichtsabschnitt). Vor Fertigstellung des Prüfungsberichts sollte das Ergebnis der Prüfung in einer →Schlussbesprechung diskutiert werden (bei Eigenbetrieben unter Teilnahme der örtlichen oder überörtlichen Prüfungseinrichtung in einigen Bundesländern zwingend).

Neben der schriftlichen Berichterstattung im PrB erfolgt bei öffentlichen Unternehmen im Regelfall in der sog. Bilanzsitzung eine *mündliche Berichterstattung* des Abschlussprüfers an den AR, Betriebsausschuss oder entsprechende Aufsichtsgremien (→Aufsichtsrat, mündliche Berichterstattung an). Zu beachten ist IDW PS 470.

Hinsichtlich der →*Prüfungshonorare* sind im Bereich der Prüfung gemeindlicher Betriebe Erlasse der Länder zu beachten, in denen im Regelfall bestimmte Gebührensätze vorgeschrieben werden (s. auch WPK 2006, S. 29).

Literatur: Bolsenkötter, H. et al.: Gemeindliche Eigenbetriebe und Anstalten, 5. Aufl., Stuttgart 2004; IDW KFA 1/1981: Die Jahresabschlussprüfung im Verhältnis zur örtlichen und überörtlichen Prüfung bei kommunalen Wirtschaftsbetrieben ohne eigene Rechtspersönlichkeit; IDW (Hrsg.): IDW Prüfungsstandard: Fragenkatalog zur Prüfung der Ordnungsmäßigkeit der Geschäftsführung und der wirtschaftlichen Verhältnisse nach § 53 HGrG (IDW PS 720, Stand: 14. Februar 2000), in: WPg 53 (2000a), S. 326–331; IDW (Hrsg.): IDW Prüfungshinweis: Zur Erteilung des Bestätigungsvermerks bei Krankenhäusern (IDW PH 9.400.1, Stand: 1. März 2006), in: WPg 53 (2000b), S. 383–385; IDW (Hrsg.): IDW Prüfungshinweis: Zur Erteilung des Bestätigungsvermerks bei kommunalen Wirtschaftsbetrieben (IDW PH 9.400.3, Stand: 1. März 2006), in: WPg 53 (2000c), S. 526–527; IDW (Hrsg.): IDW Prüfungshinweis: Berichterstattung über die Prüfung öffentlicher Unternehmen (IDW PH 9.450.1, Stand: 10. April 2000), in: WPg 53 (2000d), S. 525–526; IDW (Hrsg.): IDW Prüfungsstandard: Grundsätze für die mündliche Berichterstattung des Abschlussprüfers an den Aufsichtsrat (IDW PS 470, Stand: 8. Mai 2003), in: WPg 56 (2003), S. 608–610; IDW (Hrsg.): IDW Prüfungshinweis: Beurteilung der Angemessenheit der Eigenkapitalausstattung öffentlicher Unternehmen (IDW PH 9.720.1, Stand: 5. Mai 2004), in: WPg 57 (2004), S. 649–650; IDW (Hrsg.): IDW Prüfungsstandard: Grundsätze für die ordnungsmäßige Erteilung von Bestätigungsvermerken bei Abschlussprüfungen (IDW PS 400, Stand: 28. Oktober 2005), in: WPg 58 (2005a), S. 1382–1402; IDW (Hrsg.): IDW Prüfungshinweis: Prüfungen nach dem Kraft-Wärme-Kopplungsgesetz und dem Erneuerbare-Energien-Gesetz (IDW PH 9.420.3, Stand: 7. Juni 2005), in: WPg 58 (2005), S. 732–745; IDW (Hrsg.): IDW Prüfungsstandard: Grundsätze ordnungsmäßiger Berichterstattung bei Abschlussprüfungen (IDW PS 450, Stand: 8. Dezember 2005), in: WPg 59 (2006a), S. 113–128; IDW (Hrsg.): IDW Prüfungsstandard: Prüfung von Energieversorgungsunternehmen (IDW PS 610, Stand: 1. März 2006), in: WPg 59 (2006b), S. 533–536; IDW (Hrsg.): WPH 2006, Band I, 13. Aufl., Düsseldorf 2006c; WPK 2006: Gebühren für die Pflichtprüfung kommunaler Eigenbetriebe, in: WPK-Mag. o.Jg. (2006), Heft 1, S. 29.

Thomas Drüppel

Öffentliches Controlling →Verwaltungscontrolling

Ökoaudit

Ökoaudits befassen sich mit der Prüfung des gesamten Betriebs im Hinblick auf seine Umwelteinwirkungen, wie z. B. Feststellung der Jahresverbräuche an Frischwasser, Strom, Gas, Heizöl, Treibstoffen (Input) sowie Jahresabgabe an Abwasser, Restmüll, Bioabfällen, Wertstoffen (Output). Der Begriff „Audit" weist darauf hin, dass es sich um eine systematische umwelttechnische und umweltrechtliche Betriebsprüfung handelt. Die erfolgreiche Teilnahme am Ökoaudit wird zertifiziert. Anhand einer jährlichen Auditierung werden Betriebsbilanzen erstellt. Durch den Vergleich der Ergebnisse mit den Vorjahren (→zeitlicher Vergleich) können Zielvorgaben überprüft und neu vereinbart werden.

Mithilfe des Ökoaudits haben Unternehmen die Möglichkeit, sich an dem EU-weiten System für Umweltmanagement und Umweltbetriebsprüfung (EMAS) zu beteiligen. Die Vorgehensweise ist seit 1993 auf europäischer Ebene per VO (EG) Nr. 1836/93 (sog. EMAS-VO) geregelt. EMAS steht wörtlich für die englische Bezeichnung des europäischen Umwelt-Audit-Systems *„Eco-Management and Audit Scheme"*. Es ist ein Managementsystem, das Unternehmen dabei hilft, ihren betrieblichen Umweltschutz eigenverantwortlich und kontinuierlich zu verbessern. Als modernes umweltpolitisches Instrument setzt EMAS auf die freiwillige Teilnahme von Unternehmen und geht über die gesetzlichen Regelungen hinaus.

Die VO (EG) Nr. 1836/93 beschreibt die Richtlinien für die freiwillige Beteiligung von gewerblichen Unternehmen am Gemeinschaftssystem der EU zur Einführung von Umweltmanagementsystemen. Als weiter reichende Variante von ISO 14001 kann sie mit bestehenden Managementsystemen verbunden werden, verlangt aber bspw. die Veröffentlichung einer regelmäßigen Umwelterklärung. Die EMAS-VO wurde am 24.4.2001 im Zuge der VO (EG) Nr. 761/2001 novelliert. Die neue EMAS, die am 27.4.2001 in Kraft getreten ist, erlaubt den Teilnehmern, die EMAS-registriert sind, das „EMAS-Logo" zu verwenden.

De Durchführung des Ökoaudits kann regelmäßig zu osteneinspaungen beitragen. Ferner kann Störfällen vorgebeugt werden. Häufig hat das Auswirkungen auf die Umwelthaftpflichtversicherung. Bei der Vergabe öffentlicher Aufträge kann das Ökoaudit berücksichtigt werden. Durchaus denkbar ist es ferner, dass das Ökoaudit durch geeignete Maßnahmen weiter gefördert wird, wenn die Einhaltung aller rechtlichen Umweltbestimmungen wirksam gesichert ist. Außerdem kann die Umwelterklärung zur Werbung für den validierten Produktionsstandort eingesetzt werden. Das Unternehmen bekommt dadurch ein positives, innovationsfreundliches Image.

Am Ökoaudit können in Deutschland alle gewerblichen Unternehmen, alle Handwerksbetriebe und alle privaten und öffentlichen Dienstleistungsunternehmen teilnehmen, also seit 1998 z. B. auch Handel, →Versicherungsunternehmen, →Kreditinstitute, öffentliche Einrichtungen, Hochschulen, Kommunen.

Zweck des Ökoaudits ist ein einheitliches System zur Bewertung und Verbesserung des betrieblichen Umweltschutzes. Unternehmen sollen einen Anreiz bekommen, sich an diesem System freiwillig zu beteiligen. Die Namen aller in Europa registrierten Organisationen werden regelmäßig im Abl. EG veröffentlicht.

Als Kontrollinstanz dient zunächst die Öffentlichkeit, die über die Umwelterklärung Einblick in die betriebliche Umweltsituation bekommt. Der Verbraucher kann seine Produktentscheidung von der Umweltverträglichkeit des Unternehmens abhängig machen. Eine Überwachung erfolgt zudem durch einen zugelassenen, unabhängigen Umweltgutachter. Dieser überprüft die zuvor aufgezeigten Schritte des Unternehmens stichprobenartig.

Literatur: Grothe-Senf, A. et al. (Hrsg.): Ökoaudit auch für Dienstleister Erfahrungen, Lösungen und Perspektiven aus dem öffentlichen und privaten Dienstleistungsbereich, Berlin 1997; Haenlein, L. et al. (Hrsg.): Kommunales Ökoaudit – Umweltmanagement für Verwaltungen, Schulen und Hochschulen, Berlin 1999; Hoffmann, E./Jürgens, G./Rubelt, J. (Hrsg.): Ökoaudit: Reform überfällig? Erfahrungen, Veränderungsvorschläge, Perspektiven, Berlin 1997; Leittretter, S.: Was bringt's dem Umweltschutz? Umweltgesetzgebung, Umweltbeauftragte, Ökoaudit, ISO 14001, Deregulierung, Revision – Eine kritische Auseinandersetzung zur Revision der EG-Ökoaudit-Verordnung (EMAS), Düsseldorf 1998; Rubelt, J./Wayß, E. (Hrsg.): Ökoaudit auch für kleine und mittelständische Unternehmen? Chancen, Probleme, Lösungen, Berlin 1998.

Sam Vaseghi

Örtliche Kassenprüfung →Hoheitliche Prüfung; →Kommunales Rechnungswesen

Örtliche Prüfung →Kommunales Rechnungswesen

Örtliche Rechnungsprüfung →Hoheitliche Prüfung

Österreich

Eine Prüfungspflicht besteht in Österreich für alle Jahres- und Konzernabschlüsse von Aktiengesellschaften, von (mittel-) großen Gesellschaften mit beschränkter Haftung i.S.d. Vierten RL 78/660/EWG, von kleinen Gesellschaften mit beschränkter Haftung mit gesetzlich vorgesehener Aufsichtsratspflicht, von bestimmten PersGes des Handelsrechts ohne einen persönlich haftenden gesetzlichen Vertreter sowie aufgrund einzelner branchen- oder rechtsformspezifischer Vorschriften (z. B. Kreditinstitute, Versicherungsunternehmen).

WP sind Angehörige der freien Berufe und unterliegen dem WTBG, wo folgende Voraussetzungen für die öffentliche Bestellung festgelegt sind: volle Handlungsfähigkeit, besondere Vertrauenswürdigkeit, geordnete wirtschaftliche Verhältnisse, eine gültige Vermögensschadenhaftpflichtversicherung, Berufssitz in einem EU- oder EWR-Mitgliedsstaat sowie erfolgreiche Ablegung der Fachprüfung für WP. Die Fachprüfung besteht aus drei bzw. fünf schriftlichen (je nachdem, ob bereits die StB-Prüfung abgelegt wurde oder nicht) und einer mündlichen Prüfung. Voraussetzung für die Zulassung zur Fachprüfung sind ein facheinschlägiges (Fach-)Hochschulstudium sowie eine dreijährige Berufsanwärterzeit.

Wirtschaftsprüfern sind bestimmte Tätigkeiten gesetzlich vorbehalten, wie z. B. die Erteilung von förmlichen Bestätigungsvermerken sowie bestimmte Beratungsleistungen, aber auch jene Befugnisse, die den Steuerberatern zukommen. Bis September 2005 konnte die Berufsbefugnis des Wirtschaftsprüfers nur nach Erlangung jener des Steuerberaters erworben werden. Nunmehr wird die WP-Prüfung ohne vorherige Ablegung der StB-Prüfung um deren Prüfungsinhalte erweitert.

Die *KWT* als berufsständische Organisation ist in Form einer KdöR mit Sitz in Wien organisiert und stellt die Interessensvertretung der Wirtschaftstreuhandberufe dar, nämlich WP, StB und Buchhalter. Buchprüfer gelten seit Herbst 2005 als WP und müssen zur vollständigen Berufsausübung ausreichende Weiterbildungen nachweisen.

Das *IWP* mit Sitz in Wien ist ein e.V., der die Tätigkeit der WP und WPGes fördert und unterstützt, Richtlinien und Stellungnahmen zu Fragen der Rechnungslegung und Prüfung entwickelt sowie die Berufsausübung überwacht, um im öffentlichen Interesse Dienstleistungen höchster Qualität zu ermöglichen. Die Mitgliedschaft für WP ist freiwillig. Rund zwei Drittel der in Österreich zugelassenen WP sind (unmittelbar oder mittelbar über WPGes) im *IWP* vertreten (Stand: Herbst 2006). Als österreichischer Vertreter arbeitet das *IWP* mit anerkannten internationalen Organisationen z. B. →*International Federation of Accountants* (*IFAC*), →*International Accounting Standards Board* (*IASB*), →*Fédération des Experts Comptables Européens* (*FEE*) sowie der EU zusammen.

Vor dem Hintergrund der zunehmenden Internationalisierung und als Reaktion auf einige Unternehmenszusammenbrüche, insb. am US-Markt, haben die letzten Jahre einschneidende Veränderungen für den Berufsstand gebracht.

Der APr als Institution sollte durch Maßnahmen des Gesetzgebers und der Berufsorganisationen gestärkt und die Abschlussprüfung qualitativ verbessert werden. Der in diesem Zusammenhang 2004 gegründete Verein *Österreichisches Rechnungslegungskomitee* fungiert als Träger für den Beirat für Rechnungslegung und Abschlussprüfung, der der Fortentwicklung der nationalen und internationalen Rechnungslegung dienen soll. Mit Wirkung ab 2006 ist das Prinzip einer (internen) Prüferrotation vorgesehen. Es handelt sich dabei um eine personenbezogene Rotation, die einen Wechsel des Abschlussprüfers nach 5 Jahren vorsieht.

Das Abschlussprüfungs-Qualitätssicherungsgesetz aus dem Jahre 2005 sieht eine gesetzliche Weiterentwicklung des bisher bei einzelnen WPGes durch das *IWP* durchgeführten Peer Review vor. Nunmehr sind verpflichtende externe Qualitätsprüfungen durch eigens bestellte Qualitätsprüfer (Monitored Peer Review) für alle WP, die Pflichtprüfungen nach österreichischem Recht durchführen, gesetzlich vorgeschrieben. APr von Unternehmen des öffentlichen Interesses (börsenotierte Unternehmen, Kreditinstitute, Versicherungen, Pensionskassen) sind alle 3 Jahre, Prüfer anderer Unternehmen alle 6 Jahre zu einer derartigen Qualitätskontrolle verpflichtet. Über die Qualitätsprüfung ist ein Bericht zu verfassen, der eine abschließende Beurteilung der Qualitätssicherungsmaßnahmen des überprüften Betriebes beinhaltet.

Anfang 2007 wird das auf EU-Vorgaben beruhende Enforcementstellen-Gesetz in Kraft treten, das für jene kapitalmarktorientierten Unternehmen zur Anwendung kommen soll, deren Geschäftsjahre nach dem 30.12.2006 enden. Die darin vorgesehene, als Verein organisierte Prüfstelle wird künftig bei konkreten Anhaltspunkten für einen Verstoß, auf Anforderung durch den Börseberufungssenat (als Enforcement-Behörde) oder stichprobenartig die Finanzberichterstattung des geprüften Unternehmens auf Übereinstimmung mit den nationalen und internationalen Rechnungslegungsvorschriften überprüfen.

Erich Kandler

Offene Handelsgesellschaft

Die OHG ist eine →Personengesellschaft (PersGes), deren Zweck auf den Betrieb eines Handelsgewerbes unter einer gemeinschaftlichen Firma gerichtet ist und deren Gesellschafter unbeschränkt und unmittelbar für die →Schulden der Gesellschaft gegenüber deren Gläubigern haften (§ 105 Abs. 1 HGB). Wird ein Handelsgewerbe i. S. d. § 1 Abs. 2 HGB betrieben, entsteht die OHG kraft Gesetz und die HR-Eintragung ist deklaratorisch. Wird kein Handelsgewerbe betrieben oder erfolgt allein die Verwaltung eigenen Vermögens (§ 105 Abs. 2 HGB), entsteht die OHG erst mit der HR-Eintragung. Über § 6 Abs. 1 i.V.m. § 242 HGB ergibt sich die Pflicht für die OHG einen JA, bestehend aus Bilanz und →Gewinn- und Verlustrechnung (GuV), aufzustellen.

Für die gesetzliche Normalform der OHG, bei der alle Gesellschafter natürliche Personen

Offene Handelsgesellschaft

sind, besteht grundsätzlich keine Prüfungspflicht nach den Vorschriften der §§ 316 ff. HGB. Sofern nicht mindestens ein Gesellschafter der OHG eine natürliche Person ist, ergibt sich nach § 264a i.V.m. § 316 HGB eine handelsrechtliche Pflicht zur →Jahresabschlussprüfung sowie zur Ergänzung des Jahresabschlusses um einen →Anhang sowie einen →Lagebericht (→GmbH & Co. KG). Daneben kann eine OHG nach dem PublG prüfungspflichtig werden, wenn bestimmte Größenkriterien gem. § 1 i.V.m. § 6 PublG überschritten werden (→Pflichtprüfungen).

Aufgrund der rechtlichen Selbständigkeit der OHG nach § 124 HGB kann der Gesellschafter nach gesellschaftsvertraglichen oder auch schuldrechtlichen Vereinbarungen zu Leistungsbeiträgen verpflichtet sein. Während gesellschaftsvertragliche Regelungen regelmäßig erst auf Ebene der Ergebnisverteilung ihren Niederschlag im JA finden, führen schuldrechtliche Verträge zu zusätzlichen Aufwendungen bzw. Erträgen, die bei der Ermittlung des Jahresüberschusses (→Jahresergebnis) zu berücksichtigen sind.

Bei der Jahresabschlussprüfung ergeben sich aus der Rechtsform folgende Besonderheiten:

Nach § 246 HGB hat die OHG in ihrem JA alle →Vermögensgegenstände, →Schulden und →Rechnungsabgrenzungsposten sowie →Aufwendungen und Erträge zu erfassen. Bilanzierbar i.S.d. § 246 HGB sind bei der OHG alle Vermögensgegenstände und Schulden, die zum Gesellschaftsvermögen (Gesamthandsvermögen) gehören (→Ansatzgrundsätze). Auf eine betriebliche Nutzung der Vermögensgegenstände kommt es dagegen nicht an. Vermögensgegenstände, die zwar zivilrechtlich im Eigentum der Gesellschafter stehen, die aber gesellschaftsrechtlich quoad sortem eingebracht wurden (Überlassung zur Nutzung und dem Werte nach) sind ebenfalls zu bilanzieren. Allerdings sollte ein Hinweis auf die Einbringung vorgenommen werden, z. B. durch einen Davon-Vermerk (→Angabepflichten). Vermögensgegenstände, die im Eigentum einzelner Gesellschafter stehen, und allein betrieblich genutzt werden, sind kein Gesamthandsvermögen und dürfen in der Bilanz der Gesellschaft nicht erfasst werden.

Der erste Abschnitt des Dritten Buchs des HGB enthält keine detaillierten Gliederungsvorschriften für Jahresabschlüsse. § 247 Abs. 1 HGB verlangt lediglich den gesonderten Ausweis von →Anlagevermögen und →Umlaufvermögen, →Eigenkapital, Schulden und Rechnungsabgrenzungsposten sowie deren hinreichende Aufgliederung. Für die GuV bestehen keine Darstellungsvorschriften. Es besteht allerdings die Verpflichtung zur Darstellungsstetigkeit im JA (→Stetigkeit; →Grundsätze ordnungsmäßiger Rechnungslegung). Im IDW RS HFA 7 werden als Anhaltspunkte für die Aufgliederung die Gliederungsvorschriften der §§ 264c, 266 und 275 HGB (→Gliederung der Bilanz; →Gliederung der Gewinn- und Verlustrechnung) empfohlen. Die hinreichenden Aufgliederungen sollten sich an den größenabhängigen Gliederungsregelungen für KapGes orientieren (→Größenklassen).

Das Eigenkapital der OHG in der Bilanz resultiert als Unterschiedsbetrag der Vermögensgegenständen und Rechnungsabgrenzungsposten sowie der Schulden. Um einen Ausweis als Eigenkapital zu erreichen, müssen die überlassenen Mittel zur Verlustdeckung der Gesellschaft zur Verfügung stehen. Zudem darf im Insolvenzfall (→Insolvenz) der Gesellschafter aus diesen Mitteln keine Insolvenzforderung geltend machen können. Nach Auffassung des Berufsstands sollte sich die OHG bei der Bilanzierung des Eigenkapitals an der Regelung des § 264c HGB orientieren, ohne dass diese für die Gesellschaft als zwingendes Recht anzusehen ist.

Aufgrund der unbegrenzten Haftung der Gesellschafter der OHG existieren anders als bei KapGes keine festen Kapitalgrößen, die als Haftungspool gesondert in der Bilanz der Gesellschaft auszuweisen wären. Jeder Gesellschafter der OHG besitzt einen variablen Kapitalanteil, der sich aus den Einlagen und Entnahmen sowie Gewinnen und Verlusten zusammensetzt (§ 120 Abs. 2 HGB) (→Kapitalkonten). Positive und negative Kapitalanteile können in der Bilanz saldiert in einem Posten abgebildet werden. Wird keine Saldierung durchgeführt bzw. sind die Verluste höher als das Kapital, müssen sie auf der Aktivseite ausgewiesen werden.

Nach § 121 Abs. 1 HGB gebührt jedem Gesellschafter vom Jahresgewinn zunächst ein Anteil von 4% seines Kapitalanteils. Ist der Gewinn dazu nicht ausreichend, bestimmt sich der Gewinnanteil nach einem geringeren Prozentsatz. § 121 Abs. 3 HGB regelt, dass der übersteigende Betrag und ein möglicher Verlust nach Köpfen unter den Gesellschaftern verteilt wird. Diese gesetzliche Regelung ist dispositiv und kann gesellschaftsvertraglich abweichend geregelt werden.

Dem Gesellschafter steht nach § 122 HGB ein Entnahmerecht zu. Es ist gestattet 4% des für das letzte Jahr festgestellten Kapitalanteils zu entnehmen und den darüber hinausgehenden Anteil am Gewinn zu verlangen. Weitere Verringerungen des Kapitalanteils bedürfen der Zustimmung der anderen Gesellschafter.

Neben dem Kapitalanteil kann aus der rechtlichen Selbständigkeit der OHG nach § 124 HGB auch →Fremdkapital von den Gesellschaftern im Darlehenswege zur Verfügung gestellt werden. Sind diese von wesentlichem Umfang sollten sie durch einen Davon-Vermerk kenntlich gemacht werden.

Bei der Abschlussprüfung ist darauf zu achten, dass den aus Leistungsbeziehungen zu den Gesellschaftern resultierenden Aufwendungen oder Erträgen tatsächlich schuldrechtliche Leistungsbeziehungen zugrunde liegen und diese nicht als gesellschaftsvertragliche Beitragspflichten als Teil der →Ergebnisverwendung oder Einlagen abzubilden sind.

In der GuV der OHG ist im →Steueraufwand allein die GewSt der Gesellschaft auszuweisen und nicht die persönliche ESt der Gesellschafter. Denkbar ist allerdings analog zur Regelung des § 264c Abs. 3 Satz 2 HGB ein gesonderter Ausweis eines fiktiven Steueraufwands der Gesellschafter nach einem →Jahresergebnis.

Literatur: IDW (Hrsg.): IDW Stellungnahme zur Rechnungslegung: Zur Rechnungslegung bei Personenhandelsgesellschaften (IDW RS HFA 7, Stand: 12. Mai 2005), in: WPg 58 (2005), S. 669–670.

Carsten Meier

Offene-Posten-Buchhaltung

Die Offene-Posten-Buchhaltung ist eine Sonderform der Kontokorrentbuchführung (→Kontokorrentverkehr), d.h. der Debitoren- und Kreditorenbuchführung (→Debitoren; →Kreditoren); sie kommt aber auch für andere Nebenbuchführungen (→Nebenbücher), wie z.B. der Wechselbuchführung, in Betracht. Die Aufgabe des Kontokorrentbuches wird nicht durch Personenkonten, sondern durch eine systematische Belegablage i.V.m. dem Rechnungseingangsbuch und -ausgangsbuch erreicht: Die Belege sind die Buchungsträger. Diese werden bis zur Bezahlung in der Offene-Posten-Kartei der unbezahlten Rechnungen geführt. Nach Rechnungsbegleichung werden sie der Rubrik der erledigten Posten (Ausgeglichene-Posten-Kartei) zugeordnet. Häufig wird die Offene-Posten-Buchführung auch mit anderen Buchführungsformen, vor allem der →IT-Buchführung organisatorisch verbunden.

Im Rahmen einer Prüfung des →Internen Kontrollsystems hat sich der →Abschlussprüfer (APr) unter Berücksichtigung der Größe und Komplexität des Unternehmens einen Überblick über das bestehende IKS zu verschaffen (→Internes Kontrollsystem, Prüfung des; →Systemprüfung). D.h. es muss geprüft werden, welche organisatorische Sicherungsmaßnahmen das Unternehmen eingerichtet hat und ob Kontrollen (→Kontrolltheorie) durchgeführt werden (→Kontrollprüfung; →Aufbauorganisation; →Funktionsprüfung). Das Rechnungslegungssystem ist daraufhin zu beurteilen, ob es den gesetzlichen Anforderungen entspricht, um die nach § 322 Abs. 1 Satz 1 HGB i.V.m. § 317 Abs. 1 Satz 1 HGB und § 321 Abs. 2 Satz 3 HGB geforderten Prüfungsaussagen (→Prüfungsurteil) über die Ordnungsmäßigkeit der Buchführung treffen zu können (→Grundsätze ordnungsmäßiger Buchführung, Prüfung der; →Ordnungsmäßigkeitsprüfung).

Eine Abschlussprüfung (→Jahresabschlussprüfung; →Konzernabschlussprüfung) ist darauf auszurichten (→Prüfungsstrategie), dass die Prüfungsaussagen mit hinreichender Sicherheit getroffen werden können (IDW PS 200.24). Daher muss das Risiko der Abgabe eines positiven →Prüfungsurteils trotz vorhandener Fehler in der Rechnungslegung (→Prüfungsrisiko) auf ein akzeptables Maß reduziert werden. Das Prüfungsrisiko setzt sich aus den Fehlerrisiken (inhärenten Risiken und Kontrollrisiken) und dem Entdeckungsrisiko zusammen (→risikoorientierter Prüfungsansatz). Das inhärente Risiko wird bei der Offene-Posten-Buchhaltung z.B. dadurch beeinflusst, dass Belege und damit Buchungszeilen verloren gehen oder in der falschen Kartei abgelegt werden und dass die Ausgeglichene-Posten-Kartei nicht nach Ausgleichsdatum geführt wird.

Der APr hat festzustellen, welche Kontrollen im Unternehmen bestehen, um dieses inhärente Risiko zu minimieren. Folgende Fragen sind dabei u. a. von Bedeutung:

- Werden die Geschäftsvorfälle zeitnah gebucht?
- Wird kontrolliert, dass alle Belege erfasst werden?
- Werden zum Bilanzstichtag regelmäßig Saldenbestätigungen (→Bestätigungen Dritter) eingeholt?
- Sind die Rechnungen durchnummeriert?
- Ist der Orginalbeleg Grundlage der Buchung?

Mit →Funktionsprüfungen hat der APr anschließend festzustellen, ob die eingerichteten organisatorischen Regelungen geeignet sind, wesentliche (→Wesentlichkeit) Verstöße gegen die GoB zu verhindern oder aufzudecken und zu korrigieren.

Die Beurteilung der sich aus inhärenten Risiken und den Kontrollrisiken zusammensetzenden Fehlerrisiken hat eine unmittelbare Auswirkung auf die Bestimmung des von Art, Umfang und zeitlichem Ablauf der aussagebezogenen Prüfungshandlungen (→ergebnisorientierte Prüfungshandlungen) abhängigen Entdeckungsrisikos. So hat der APr hinsichtlich der Art der aussagebezogenen Prüfungshandlungen z. B. zu entscheiden, ob in Ergänzung zu den →analytischen Prüfungshandlungen →Einzelfallprüfungen (u. a. Durchsicht von Kontoauszügen; →Cut-off) vorzunehmen sind.

Führen die festgestellten Schwächen des Internen Kontrollsystems zu wesentlichen Fehlern in der Rechnungslegung (→Unregelmäßigkeiten), ist der →Bestätigungsvermerk (BestV) einzuschränken oder zu versagen (→Unregelmäßigkeiten, Konsequenzen aus).

Aus steuerlicher Sicht hat das Buchführungssystem bei Kaufleuten den GoB zu entsprechen (§ 242 Abs. 3 HGB). Einem sachverständigen Dritten muss es möglich sein, sich innerhalb einer angemessenen Zeit einen Überblick über die Geschäftsvorfälle sowie ihrer Entstehung und Abwicklung zu verschaffen (BFH-Urteil vom 18.2.1966, S. 496; BFH-Urteil vom 23.9.1966, S. 23). Die Anforderungen an eine geordnete und übersichtliche Belegablage (BFH-Urteil vom 16.9.1964, S. 654; BFH-Urteil vom 23.9.1966, S. 23) gelten sowohl für eine manuelle als auch für eine IT-gestützte (BMF-Schreiben vom 7.11.1995, S. 738) Offene-Posten-Buchführung.

Literatur: BFH-Urteil vom 16.9.1964, Aktz. IV 42/61 U, BStBl. III 1964, S. 654–657; BFH-Urteil vom 18.2.1966, Aktz. VI 326/65, BStBl. III 1966, S. 496–498; BFH-Urteil vom 23.9.1966, Aktz. VI 117/65, BStBl. III 1967, S. 23–25; BMF-Schreiben vom 7.11.1995, Aktz. IV A 8 – S 0316 – 52/95, BStBl. I 1995, S. 738–747; IDW (Hrsg.): IDW Prüfungsstandard: Das interne Kontrollsystem im Rahmen der Abschlussprüfung (IDW PS 200, Stand: 28. Juni 2000), in: WPg 53 (2000), S. 706–710; IDW (Hrsg.): WPH 2006, Band I, 13. Aufl., Düsseldorf 2006.

Barbara Echinger

Offenlegung des Jahresabschlusses

Das HGB verstand bisher unter dem Begriff *Offenlegung* die Einreichung zu einem Register und die Bekanntmachung im BAnz. (§§ 325–329 HGB). Durch das *EHUG* wird die Offenlegung von Jahres- und Konzernabschlüssen neu geregelt. Zukünftig haben die gesetzlichen Vertreter von KapGes und →Personengesellschaften (PersGes) i. S. d. § 264a HGB die offen zu legenden Unterlagen beim Betreiber des elektronischen Bundesanzeigers *elektronisch* einzureichen und unverzüglich nach der Einreichung im elektronischen BAnz. bekannt machen zu lassen (§ 325 Abs. 1 und 2 HGB i.d.F. des EHUG). Die bisherigen Regelungen – BAnz.-Publizität mit anschließender Registerpublizität (§ 267 Abs. 3 HGB; →Größenklassen) sowie HR-Publizität und Hinterlegungsbekanntmachung im BAnz. für kleine und mittelgroße Gesellschaften (§ 267 Abs. 1 und 2 HGB) – entfallen. Unter bestimmten Voraussetzungen besteht für Gesellschaften, die als Tochterunternehmen in den Konzernabschluss ihres Mutterunternehmens einbezogen werden (→Konsolidierungskreis), die Möglichkeit, auf die Offenlegung zu verzichten (§§ 264 Abs. 3 und 4, 264b HGB).

Die offen zu legenden Unterlagen sind gem. § 325 Abs. 1 HGB u. a. der JA, der →Lagebericht und der →Bestätigungsvermerk (BestV) oder Versagungsvermerk des →Abschlussprüfers bei prüfungspflichtigen Gesellschaften. Die gesetzlichen Vertreter *kleiner Gesellschaften* haben abweichend davon nur die Bilanz und den →Anhang – ohne die die →Gewinn- und Verlustrechnung (GuV) betreffenden Angaben – einzureichen (§ 326 HGB); bei *mittelgroßen Gesellschaften* können Erleichterungen bei der Offenlegung von Bilanz und Anhang in Anspruch genommen werden (§ 327 HGB). Die im HGB für kleine und mittelgroße Gesellschaften eingeräumten *Aufstellungserleichterungen für den JA* können – soweit bisher nicht in Anspruch genommen – auch nachträglich für die Offenlegung ausgenutzt werden.

Die Offenlegung der Unterlagen hat *spätestens vor Ablauf des 12. Monats* des dem Abschlussstichtag folgenden Geschäftsjahres zu erfolgen (§ 325 Abs. 1 Satz 1 HGB), für *kapitalmarktorientierte Unternehmen* beträgt die Offenlegungsfrist längstens 4 Monate (§ 325 Abs. 4 HGB i.d.F. des EHUG). Das EHUG tritt zum 1.1.2007 in Kraft. Die Regelungen des Gesetzes zur Offenlegung sind erstmals auf Jahresabschlüsse und Lageberichte für das nach dem 31.12.2005 beginnende Geschäftsjahr anzuwenden; eine Übergangsregelung bis zum 31.12.2009, innerhalb der das Einreichen der Unterlagen beim Betreiber des elektronischen Bundesanzeigers auch in Papierform möglich ist, kann das *BMJ* durch Rechtsverordnung zulassen (Art. 61 Abs. 2 und 5 EGHGB i.d.F. des EHUG).

Der Betreiber des elektronischen Bundesanzeigers prüft zukünftig, ob die offen zu legenden Unterlagen fristgemäß und vollzählig eingereicht worden sind (§ 329 Abs. 1 HGB i.d.F. des EHUG). Bei einem *Verstoß gegen die Offenlegungspflichten* (pflichtwidriges Unterlassen der rechtzeitigen Offenlegung) ist das *BMJ* zu unterrichten (§ 329 Abs. 4 HGB i.d.F. des EHUG), das ein Ordnungsgeldverfahren (→*Ordnungsgeld*) durchführt (§ 335 HGB i.d.F. des EHUG). *Verstöße gegen Form und Inhalt der Unterlagen* bei der Offenlegung (§ 328 HGB) werden bei vorsätzlichem Handeln als Ordnungswidrigkeit mit einem *Bußgeld* geahndet (§ 334 Abs. 1 Nr. 5 HGB; →Straf- und Bußgeldvorschriften).

Der APr ist grundsätzlich *nicht verpflichtet, zu prüfen*, ob der von ihm geprüfte JA und Lagebericht sowie der erteilte BestV gem. den §§ 325 ff. HGB offen gelegt worden sind. Wird ihm im Rahmen der →Jahresabschlussprüfung jedoch bekannt, dass die Gesellschaft ihre *Offenlegungspflichten für das Vorjahr nicht erfüllt* hat, hat er im →Prüfungsbericht (PrB) darauf hinzuweisen (Berichterstattung über →Unregelmäßigkeiten außerhalb der Rechnungslegung; →Redepflicht des Abschlussprüfers gem. § 321 Abs. 1 Satz 3 HGB). Erfährt der APr von einer *unvollständigen oder abweichenden Offenlegung* unter Verwendung seines Bestätigungsvermerks, die nicht den §§ 325 ff. HGB entspricht, hat er einen zivilrechtlichen Anspruch auf Unterlassung (§ 823 BGB) der Verwendung seines Bestätigungsvermerks oder auf Richtigstellung der unzutreffenden Veröffentlichung. Der APr sollte dazu die gesetzlichen Vertreter der Gesellschaft auffordern, eine Richtigstellung zu veranlassen.

Wird der APr zusätzlich beauftragt (→Prüfungsauftrag und -vertrag), die *Inanspruchnahme der Offenlegungserleichterungen für kleine und mittelgroße Gesellschaften zu prüfen*, hat er dies getrennt vom BestV in einer gesonderten →Bescheinigung (→Bescheinigungen im Prüfungswesen) zu bestätigen.

Nimmt ein Tochterunternehmen die §§ 264 Abs. 3 und 4, 264b HGB für die *Befreiung von den Offenlegungspflichten* in Anspruch, hat der APr des Tochterunternehmens die Erfüllung der dort genannten Voraussetzungen zu prüfen. Da er nicht alle Voraussetzungen abschließend beurteilen kann (einige Voraussetzungen sind erst nach Beendigung der Prüfung erfüllbar), hat er den BestV um einen entsprechenden Hinweis zu ergänzen, sofern keine Anhaltspunkte vorliegen, dass die bisher nicht erfüllbaren Voraussetzungen voraussichtlich nicht erfüllt werden. Der APr hat sich die spätere Erfüllung der ausstehenden Voraussetzungen nachweisen zu lassen. Erkennt er bereits während der Prüfung, dass die Voraussetzungen nicht erfüllt sind oder zukünftig nicht erfüllt werden, sind die gesetzlichen Vertreter des Tochterunternehmens darauf hinzuweisen.

Literatur: Ellrott, H./Aicher, H. P.: Kommentierung des § 325 HGB, in: Ellrott, H. et al. (Hrsg.): BeckBilKomm., 6. Aufl., München 2006; Farr, W.-M.: Checkliste für die Aufstellung und Offenlegung von Jahresabschluss und Lagebericht der GmbH, Düsseldorf 2002; IDW (Hrsg.): IDW Prüfungshinweis: Pflichten des Abschlussprüfers des Tochterunternehmens und des Konzernabschlussprüfers im Zusammenhang mit § 264 Abs. 3 HGB (IDW PH 9.200.1, Stand: 22. November 1999), in: WPg 53 (2000), S. 283–285; IDW (Hrsg.): IDW Prüfungsstandard: Grundsätze für die ordnungsmäßige Erteilung von Bestätigungsvermerken bei Abschlussprüfungen (IDW PS 400, Stand: 28. Oktober 2005), in: WPg 58 (2005), S. 1382–1402.

Bernd Goos

OHG →Offene Handelsgesellschaft

One-Tier-System →Dual- und Boardsystem

Online-Analytical-Processing-Konzepte
→Einzelkostencontrolling

Operating and Financial Review and Prospects →Management's Discussion and Analysis

Operating Cash Flow →Cash Flow

Operating Lease →Leasingverhältnisse

Operating Profit →Wertorientierte Unternehmenführung

Operational Auditing

Das Operational Auditing ist neben dem →Financial Auditing, →Management Auditing und Internal Consulting ein Teilgebiet der →Internen Revision. Dieser Einteilung liegt eine traditionelle Betrachtungsweise zugrunde.

Das Operational Auditing umfasst gegenwarts- und zukunftsorientierte Prüfungen der Aufbau- und der Ablauforganisation von Unternehmen. Ziel der Prüfungen ist die Verbesserung der Zweckmäßigkeit und Wirtschaftlichkeit organisatorischer Strukturen, Abläufe und Kontrollen (→Wirtschaftlichkeits- und Zweckmäßigkeitsprüfung). Das Operational Auditing schließt neben der Prüfung auch eine beratende Funktion durch die Interne Revision mit ein, eine Abgrenzung zum Internal Consulting scheint somit nicht eindeutig möglich zu sein.

Als Prüfungsbereiche kommen z. B. die allgemeine Verwaltung einschl. des Informations- und Berichtswesens (→Führungsinformationssysteme; →Berichtssystem) sowie →Kontrollsysteme, Personal- und Sozialwesen, Materialwirtschaft, IT, Produktion und Technik sowie Absatzwirtschaft in Betracht (Lück 2001, S. 212).

Die traditionelle Betrachtungsweise der Aufgabengebiete ist aufgrund geänderter Anforderungen und Vorgehensweisen bei den Tätigkeiten der Internen Revision nicht immer zweckdienlich. Eine aktuellere Systematisierung orientiert sich an den Prüfungsaufgaben und unterscheidet →Ordnungsmäßigkeitsprüfungen, Risiko- und Chancenprüfungen, Sicherheitsprüfungen, Prüfungen der Zukunftssicherung sowie →Wirtschaftlichkeits- und Zweckmäßigkeitsprüfungen (Lück 2001, S. 212). Das Operational Auditing wird sich dabei vornehmlich auf die Prüfung der Wirtschaftlichkeit, Zukunftssicherung und Zweckmäßigkeit beziehen.

Zu den prozessunabhängigen Prüfungsaufgaben im Rahmen des Operational Auditing zählen z. B. die Lieferantenanalyse und die Analyse der Bestellvorgänge im Rahmen der Materialwirtschaft, die Wirtschaftlichkeit der Fertigungsstrukturen und des Materialeinsatzes im Rahmen des Produktionsablaufs sowie die Angemessenheit der physischen Sicherungsmaßnahmen, der logischen Zugriffskontrollen und der Datensicherungs- und Auslagerungsverfahren beim Betrieb des IT-Rechenzentrums (→IT-Sicherheit; →Outsourcing). Auch Themen des Umweltschutzes gewinnen beim Operational Auditing zunehmend an Bedeutung (→Ökoaudit).

Literatur: Lück, W.: Operational Auditing, in: Lück, W. (Hrsg.): Lexikon der Internen Revision, München 2001, S. 212.

Bernhard Klinkhammer

Operations Research

Operations Research (OR) dient zur Unterstützung von Entscheidungsprozessen im Unternehmen unter Verwendung mathematischer Methoden. Das OR wird synonym zu anderen Begriffen, wie z. B. Unternehmensforschung, Operationsforschung oder Optimalplanung verwendet und findet sowohl in den Ingenieurwissenschaften als auch in den Wirtschaftswissenschaften (vor allem der Wirtschaftsinformatik) Anwendung.

OR wird vornehmlich i. S. v. modellgestützter →Planung im Unternehmen verstanden und angewendet. Ein realer Sachverhalt wird hierbei in einem →mathematischen Entscheidungsmodell nachgebildet und anschließend mithilfe mathematischer Verfahren gelöst, unter der Maßgabe, dem Entscheidungsproblem eine optimale oder zumindest – vor gegebenem Hintergrund – eine gute Lösung zuzuführen.

Typische Merkmale des OR sind das Optimalitätsstreben, die modellanalytische Vorgehensweise, die Quantifizierung und die Vorbereitung optimaler Entscheidungen (→Entscheidungsinstrumente).

Das Optimalitätsstreben zielt darauf ab, bestimmte Zielgrößen zu minimieren bzw. zu maximieren (z. B. →Kosten, Gewinne etc.). Dabei wird versucht, reale Entscheidungssituationen im Modell darzustellen, um mit dessen Hilfe Vorgänge der Realität zu erklären, zu prognostizieren (→ Prognoseinstrumente) und Entscheidungen vorzubereiten. Die Entscheidungsprobleme werden hierzu quantifiziert, um das Modell und die Lösung mit numerischen Daten zu beschreiben, wodurch oftmals eine Überführung von qualitativen Aussagen in quantitative und umgekehrt vonnöten ist.

Um der Anforderung nach (guten) Entscheidungen nachzukommen, benötigt der Entscheidungsträger naturgem. eine entsprechende Basis, die zur Findung einer guten oder optimalen Lösung beiträgt. Dieses Ansinnen kann das OR mit seinen Methoden und dem Aufstellen von formalen Modellen unterstützen. Da sich allerdings reale Entscheidungsprobleme i. d. R. nicht vollständig in einem formalen Modell darstellen lassen, sind Verzerrungen der Ergebnisse möglich, so dass die Modellergebnisse grundsätzlich auf deren Plausibilität hin zu überprüfen sind (Biethahn et al. 2004, S. 11).

Durch diese praktische Anwendung mathematischer Methoden können betriebliche und wirtschaftliche Vorgänge untersucht und vorbereitende Aussagen für risikoreiche Entscheidungen (→ Risiko- und Chancencontrolling) in der Unternehmenspolitik gebildet werden (Zimmermann 1999, S. 3).

Der Prozess zur Anwendung der Methoden des OR kann durch folgende Phasen operationalisiert werden (Domschke/Drexl 1991, S. 1 f.):

1) Analyse und Formulierung des Problems,

2) Bestimmen von Zielen und Handlungsmöglichkeiten,

3) Entwicklung eines mathematischen Modells und dessen Validierung,

4) Datenbeschaffung und -aufbereitung,

5) Konzipieren einer Lösungsmethode und

6) Kontrolle der Ergebnisse und Bewertung der Lösung.

Typische betriebswirtschaftliche Fragestellungen, die mit Methoden aus dem betriebswirtschaftlichen Bereich des OR behandelt werden, sind Mischungsprobleme, Kuppelproduktion (→ Kalkulation bei Kuppelproduktion), Ablaufplanung (→ Maschinenbelegungsplanung und -kontrolle), Transportprobleme (→ Logistikcontrolling), Produktionsprogrammplanung oder Portfolio-Optimierung (→ Portfolioanalyse; → Technologie-Markt-Portfolio; → Einkaufsportfolio).

OR bedient sich zur Unterstützung von Entscheidungsprozessen verschiedener Methoden und Optimierungsverfahren: Während bei der statischen Optimierung die Daten und Zusammenhänge während des gesamten Betrachtungszeitraumes konstant bleiben, wird bei der dynamischen Optimierung ein Problem zuerst in mehrere Teilprobleme zerlegt, um daraufhin eine Gesamtentscheidung auf Grundlage der Einzelentscheidungen zu treffen. Somit sind beim sukzessiven Aufbau der Entscheidung Teilergebnisse abhängig von Entscheidungen auf vorgelagerten Stufen.

Neben der Anwendung der linearen Optimierung, welche Maximierungs- und Minimierungsaufgaben mit linearer Zielfunktion unter Berücksichtigung linearer Neben- und Nichtnegativitätsbedingungen löst, findet auch die nichtlineare Optimierung mit nichtlinearen Zusammenhängen sowie die ganzzahlige Optimierung Beachtung, die für Lösungen Ganzzahligkeit verlangt.

Das Entscheidungsbaumverfahren oder Rucksack-Problem sucht nach Lösungen für eine Problemstellung, bei der bei gegebener Maximalkapazität (→ Kapazitätsplanung; → Kapazitätscontrolling) ein möglichst großer Nutzen von Variablen erzeugt werden soll, welche bestimmte Nutzen- und Ressourcenwerte besitzen.

Zur Vorbereitung von Entscheidungen, die Projekte betreffen, bedient man sich der → Netzplantechnik, die alle erforderlichen Tätigkeiten mit den zugehörigen Zeit- und Ressourcenvorgaben sowie deren Abhängigkeiten untereinander in einem Netzplan darstellt. Ziel ist die Identifikation kritischer Aktivitäten, d. h. von Tätigkeiten, deren Verzögerung die Gesamtdauer des Projektes beeinflusst.

Die Spieltheorie leitet aus einem System mit gegebenen Regeln optimale Handlungsstrategien her, ohne bei Konflikt- oder Konkurrenzsituationen das Verhalten der Gegenspieler zu kennen. Als Beispiel sei an dieser Stelle das Gefangenendilemma angeführt (Rapoport/Chammah 1970, S. 13).

Sollten Probleme nicht mithilfe von Formallösungen darstellbar sein, lassen sich Lösungen auch unter Zuhilfenahme der Simulation (zielgerichtetes Optimieren) finden, die komplexe Sachverhalte in Modellen abbildet, um daraufhin Untersuchungen an dem Modell vorzunehmen und ggf. in die Realität zurück zu übertragen (→Simulationsmodelle) (Biethahn/Lackner/Range 2004, S. 5). Die restriktiven Voraussetzungen einer Anwendung von Formeln der Warteschlangentheorie, mit deren Hilfe Engpässe (→Engpassplanung) in Systemen und Wartezeiten identifiziert werden, verhindern diese oftmals, sodass auch in diesem Problembereich die Simulation als Universalmethode häufig zum Einsatz kommt.

Literatur: Biethahn, J./Lackner, A./Range, M.: Optimierung und Simulation, München 2004; Domschke, W./Drexl, A.: Einführung in Operations Research, 2. Aufl., Berlin et al. 1991; Rapoport, A./Chammah, A. M.: Prisoner's Dilemma. A study in conflict and cooperation, 2. Aufl., Michigan 1970; Zimmermann, W.: Operations Research. Quantitive Methoden zur Entscheidungsvorbereitung, 9. Aufl., München 1999.

Jörg Biethahn; Ole Brodersen

Operationsforschung →Operations Research

Operative Lücke →Gap-Analyse

Operative Planung →Planung

Operatives Controlling

Operatives Controlling und →strategisches Controlling bilden zusammen das Führungsunterstützungs- und Dienstleistungsangebot der Controllingakteure bzw. Controllingeinheiten (→Controllership) für Führungskräfte bzw. die Unternehmungsspitze. Beide Teilbereiche konstituieren sich wechselseitig und sind sorgfältig aufeinander abzustimmen: Die im strategischen Bereich geplanten Wertgrößen, Kompetenzen und Potenziale sind im operativen Bereich zu detaillieren und zu budgetieren (→Budgetierung) über →Soll-Ist-Vergleiche und Erfolgskontrollen (→Erfolgscontrolling) zu verfolgen und über die strategische Kontrolle (→Kontrolltheorie) für mögliche Veränderungen der Strategie wirksam werden zu lassen. Dabei kommt dem operativen Controlling die Grundaufgabe (→Controlling, Aufgaben des) einer qualitätsvollen Erbringung von Unterstützungsleistungen, primär von Informationen/*Entscheidungsvorbereitungen*, in Bezug auf die wertorientierte/ *monetäre* Ergebnisoptimierung (→Unternehmenssteuerung, wertorientierte) zu. Gleichfalls sind allerdings Anforderungen aus sowie Wirkungen auf alle(n) übrigen unternehmungspolitischen Ziele(n) mit zu berücksichtigen. Die Führungsunterstützung verlangt vom →Controlling auch die operative Ausgestaltung und koordinierte Nutzung der Managementteilsysteme, insb. des →Planungssystems, →Kontrollsystems und Informationssystems (→Führungsinformationssysteme). Schließlich sind entsprechende operative →Controllinginstrumente, sowie Controllingsysteme und -methoden (→Controllingkonzepte) zu konzipieren und zu nutzen. Die nachfolgende Abb. vermittelt einen Eindruck von den Gegenständen und Prozessen des operativen Controllings.

Im Bereich der *operativen* →*Planung* sind als Aktivitätsfelder beispielhaft zu nennen (Steinle 2005, S. 420 f.):

- Auswahl und Bereitstellung von *Planungsinstrumenten*,
- Generierung und Vermittlung erfolgszielbezogener *Informationen*,
- Mitwirkung bei der Erstellung der *funktionalen* (oder auf Einheiten bezogenen) *Teilpläne*, der *Ergebnis-/Finanzpläne*, der *Informationssystempläne* und der *Projektpläne* sowie
- Abstimmung/Konsolidierung und *Koordination* der Teilpläne vor dem Hintergrund strategischer Ziel-, Planungs- und Kontrollvorgaben.

Dabei dürfte der Mitwirkung und Unterstützung im Rahmen der →Budgetierung eine besondere Bedeutung zukommen. Weitere Aufgaben liegen in der Detaillierung von Meilensteinen in Form kritischer Kenngrößen, um damit eine Basis für die operative Kontrolle zu erhalten (→Kennzahlen und Kennzahlensysteme als Kontrollinstrument).

Unterstützung und Mitwirkung bei der *operativen Kontrolle* beziehen sich insb. auf die Diagnose und Behandlung von Soll-Ist-Abweichungen (→Abweichungsanalyse) im Rahmen der *Budgetkontrolle*, schwergewichtig dann im Bereich der *Realgüterpläne*, wo die Produktionsprogramm-, Marketing-, Produktions- und Personalpläne im Vordergrund stehen. Sie sind bspw. hinsichtlich Mengen, Preisen, →Kosten, Umsätzen, Deckungsbeiträ-

Abb. Einbettung des operativen Controllings

```
┌─────────────┐     ┌─────────────┐     ┌─────────────┐
│Strategisches│◄───►│ Strategische│◄───►│ Strategische│
│ Controlling │     │   Planung   │     │  Kontrolle  │
└─────────────┘     └─────────────┘     └─────────────┘
```

Operatives Controlling	Operative Planung	Operative Kontrolle
• Koordination • Führungsunterstützung - Information - Entscheidungsvorbereitung	• Programme • Maßnahmen • Projekte • Informationssystem	Diagnose und Behandlung von Soll-Ist-Abweichungen aller Planbereiche

Quelle: Steinle 2005, S. 420.

gen (→Deckungsbeitragsrechnungen; →Direct Costing) oder einer Einhaltung von Kostenplafonds zu überwachen.

Weiter sind die entsprechenden *Ergebnis-/Finanzpläne* (→Finanzplanung) in Bezug auf Plan- und Ist-Werte, die *Informationssystempläne* hinsichtlich Integrationsgrad, Prozessunterstützung und Kosten sowie die *Projektpläne* in Bezug auf Zeit-, Kosten- und Qualitätskenngrößen zu überwachen. Dabei gilt es, die entsprechenden Informationen aufzubereiten und führungsunterstützend über ein entsprechend konzipiertes und genutztes →Berichtssystem entscheidungsrelevant weiter zu vermitteln.

Diese Verdeutlichungen zum operativen Controlling gingen zunächst von den für jede Unternehmung sachlich-notwendigen Aufgabenfeldern aus. Für die Anwendungsgruppe großer Unternehmungen, insb. von Konzernen, ist jedoch eine stärkere Spezialisierung, Durchstrukturierung, Detaillierung und Institutionalisierung des operativen Controllings anzunehmen (→Controlling im Konzern).

Die vorgenannten Ausformungen lassen sich dabei in entsprechende Systeme, Aufgaben und Instrumente auf der Konzern-, Konzernbereichs- und →Profitcenter-/Funktionsebene beziehen (s. für den *Continental*-Konzern Fischer 2003, S. 403–406).

Literatur: Fischer, A.: Operatives Controlling in einem Industrieunternehmen (am Beispiel des CONTINENTAL-Konzerns), in: Steinle, C./Bruch, H. (Hrsg.): Controlling. Kompendium für Ausbildung und Praxis, 3. Aufl., Stuttgart 2003, S. 401–436; Steinle, C.: Ganzheitliches Management: Eine mehrdimensionale Sichtweise integrierter Unternehmungsführung, Wiesbaden 2005.

Claus Steinle

Operatoren bei unscharfen Mengen
→Prüfungsplanung, Erfassung von Unschärfe und Unsicherheit

Opportunitätskosten

Unter Opportunitätskosten versteht man entgangene →Erträge aus einer anderweitigen Verwendung von finanziellen Mitteln bzw.

Ressourcen, oder anders formuliert: Opportunitätskosten sind der entgangene Grenznutzen der alternativen Handlungsmöglichkeit bei einem Entscheidungsproblem, auf den zugunsten der durchgeführten Alternative verzichtet wird.

Als „→Kosten" finden sie Eingang in unterschiedliche Rechnungen (z. B. →Kosten- und Leistungsrechnung), um die möglichen Erträge der Nutzungsalternativen („Gelegenheiten") in eine Gesamtbetrachtung einbeziehen zu können.

Anwendungsfelder einer Opportunitätskostenbetrachtung sind z. B.:

- Investitionsentscheidungen generell oder
- Programmentscheidungen bei Engpässen in der Produktion.

Bei ausschließlicher Fremdfinanzierung einer →Investition sind die Finanzierungskosten klar bestimmt durch den Zinssatz des Fremdkapitals (→Kapitalkosten), dessen Höhe die Investitionssumme erfordert. Bei ausschließlicher Finanzierung durch →Eigenkapital hingegen stellt sich die Frage, was der Investor anstatt dieser Investition an Anlagemöglichkeiten hätte. Deren Erträge – oft überschlägig durch den Zinssatz für langfristige Kapitalmarktanleihen beziffert – entgehen durch die Entscheidung für die Investition und werden ihr zur besseren Beurteilung der Erfolgswirkung der Investition als „Kosten" zugerechnet.

Aber auch für operative Entscheidungen werden Opportunitätskosten angesetzt, wie man sie von den →kalkulatorischen Kosten kennt: Die kalkulatorische Miete für selbst genutzte Räume entspricht der Miete, die der Betrieb erhalten könnte, würde er statt Selbstnutzung eine Vermietung bevorzugen.

Ein zweites Anwendungsfeld stellen Optimierungen der Nutzung betrieblicher Ressourcen dar. Die →Deckungsbeitragsrechnung mit Blick auf Engpässe (→Engpassplanung) rechnet bei der Programmoptimierung mit Opportunitätskosten: Können Produkte wegen mangelnder Produktionskapazität (→Kapazitätsplanung; →Kapazitätscontrolling) nicht in genügender Anzahl hergestellt werden, sind die bei Mehrproduktion von einem Produkt A entstehenden Verluste bei einem Produkt B (entgangene Deckungsbeiträge von B) die Opportunitätskosten für die Bevorzugung von Produkt A.

Zur Ermittlung werden die (Stück-) Deckungsbeiträge dabei auf die Größe bezogen, die die Inanspruchnahme des Engpasses ausdrückt. Dies ergibt den sog. relativen (engpassbezogenen) Deckungsbeitrag. Damit die Opportunitätskosten möglichst niedrig gehalten werden, werden bei Programmentscheidungen immer zuerst diejenigen Produkte ausgewählt, den höchsten relativen Deckungsbeitrag bieten – bzw. umgekehrt werden die Produkte mit dem niedrigsten relativen Deckungsbeitrag als erste in der Menge reduziert bis eliminiert, sofern dem keine Restriktionen entgegenstehen. Die entgangenen Deckungsbeiträge der nicht mehr hergestellten Produkte stellen Opportunitätskosten für die weiter hergestellten Produkte dar.

Literatur: Ewert, R./Wagenhofer, A.: Interne Unternehmensrechnung, 6. Aufl., Berlin et al. 2005.

Günther Dey

Opportunities & Threats →Erfolgscontrolling

Optimalplanung →Operations Research

Optionspreistheorie →Realoptionen

Ordnungsgeld

Das HGB enthält Ordnungsgeldvorschriften im Wesentlichen in den §§ 335a, 340o, 341o HGB. Geregelt werden bestimmte Verstöße gegen Pflichten nach HGB bei *KapGes und haftungsbeschränkten* →*Personengesellschaften* (PersGes) (§ 335b HGB), →*Kreditinstituten* sowie →*Versicherungsunternehmen und Pensionsfonds* (auch als Nicht-KapGes). Korrespondierende spezialgesetzliche Vorschriften enthalten etwa § 21 Satz 1 Nr. 8 PublG, § 55 VAG und § 160 Abs. 2 GenG.

Ordnungs- und Zwangsgelder sind *Beugemittel*. Sie richten sich gegen das Versäumnis einer gesetzlichen Pflicht. Ein festgesetztes Ordnungsgeld kann anders als ein →Zwangsgeld bei verspäteter Erfüllung nicht zurückgenommen werden.

Im Gegensatz zu →Straf- und Bußgeldvorschriften nach HGB setzt die Androhung/Festsetzung von Beugemitteln *kein Verschulden* an dem gesetzwidrigen Verhalten voraus. Es ist vorstellbar, dass Beugemittel zusätzlich zu einer Geldbuße oder Strafe festgesetzt werden. Praktisch dürften solche Fälle wegen der

Verschiedenartigkeit der geschützten Rechtsgüter (Erfüllung bestimmter materieller Einzelpflichten bei Bußgeld und Strafe vs. *Erfüllung bestimmter formeller Einzelpflichten* bei Ordnungsgeld und Zwangsgeld) selten sein.

§ 335a HGB sanktioniert die *Verletzung der Pflicht zur →Offenlegung* des Jahresabschlusses/Konzernabschlusses, des →Lageberichts/→Konzernlageberichts und anderer Rechnungslegungsunterlagen sowie der Rechnungslegungsunterlagen einer inländischen Hauptniederlassung durch Androhung/Festsetzung eines Ordnungsgelds in Höhe von 2.500 € bis 25.000 €. Das Registergericht darf allerdings nur auf Antrag tätig werden (→Registeraufsicht). Das Antragsrecht steht jedermann zu (sog. *Jedermann-Verfahren;* →Zwangsgeld).

Das Ordnungsgeld wird vom Registergericht gem. § 140a Abs. 2 FGG zunächst *angedroht.* Gleichzeitig wird die Gesellschaft aufgefordert, der vernachlässigten gesetzlichen Verpflichtung innerhalb einer *Frist von 6 Wochen* nachzukommen oder durch *Einspruch* gegen die Ordnungsgeldverfügung die Nichtoffenlegung zu rechtfertigen. Beispiele für Rechtfertigungsgründe sind:

1) die Umqualifizierung von einer atypischen PersGes nach § 264a Abs. 1 HGB (fehlende natürliche Person als Vollhafter) in eine typische PersGes oder das Vorliegen der Befreiungsmöglichkeit bei einer atypischen PersGes und

2) Befreiungsvorschriften aufgrund der Unternehmensgrößenklasse (→Größenklasse) oder aufgrund von § 264 Abs. 3 HGB, die insb. Verlustübernahme durch ein Mutterunternehmen, das die Gesellschaft als Tochterunternehmen in den Konzernabschluss einbezieht, voraussetzt.

Gegen einen abgewiesenen Einspruch ist nur eine *sofortige Beschwerde* nach § 139 Abs. 1 FGG gegeben. Unberechtigt ist z. B. ein Einspruch des für die Offenlegung verantwortlichen Mitglieds eines vertretungsberechtigten Organs wegen Unmöglichkeit der Offenlegung aufgrund der Nichtaufstellung des Jahresabschlusses. Stattdessen ist parallel ein Zwangsgeldverfahren nach § 335 HGB gegen das für die Aufstellung verantwortliche Mitglied zu betreiben.

Nach Ablauf der Frist ohne Offenlegung wird das Ordnungsgeld *unverzüglich festgesetzt* und zugleich die *Aufforderung* zur Offenlegung unter Androhung eines erneuten Ordnungsgelds *wiederholt.* Das Ordnungsgeldverfahren endet erst mit der vollständigen Veröffentlichung der in § 335a HGB genannten Abschlüsse, Berichte und Unterlagen. Bspw. ist für große KapGes nicht auf die Einreichung beim HR abzustellen, sondern auf den Zeitpunkt der Veröffentlichung von JA und Lagebericht im BAnz.

Das Verfahren richtet sich gegen die Mitglieder des vertretungsberechtigten Organs eines Unternehmens (§ 335a Nr. 1 HGB) bzw. an diejenigen Personen einer Zweigniederlassung, die als vertretungsberechtigt durch Eintragung beim HR angemeldet sind. Die Vorschrift sanktioniert die Nichteinhaltung der Offenlegung der Rechnungsunterlagen der Hauptniederlassung im EWG/EWR-Raum gem. § 325a HGB durch Einreichung beim HR am Sitz der inländischen Zweigniederlassung.

Das EHUG wird das beschriebene Ordnungsgeldverfahren zusammen mit dem Zwangsgeldverfahren mit Wirkung zum 1.1.2007 abschaffen. Zugleich werden Verstöße gegen die (fristgemäße) Einreichung und Offenlegung bei Registern und BAnz., die dann elektronisch geführt werden, als Ordnungswidrigkeit geahndet (→Zwangsgeld). Altverfahren sind jedoch auch dann noch nach der jetzigen Rechtslage zu führen.

Literatur: Hoyos, M./Huber, H.-P.: Kommentierung des §§ 335a HGB, in: Ellrott, H. et al. (Hrsg.): BeckBilKomm, 6. Aufl., München 2006; Keidel, T./Kuntze, J./Budde, L.: Freiwillige Gerichtsbarkeit: Kommentar zum Gesetz über die Angelegenheiten der freiwilligen Gerichtsbarkeit, 15. Aufl., München 2003; Pfennig, G.: Kommentierung des § 335a HGB, in: Küting, K./Weber, C.-P. (Hrsg.): HdR-E, Loseblattausgabe, 5. Aufl., Stuttgart, Stand: 1. Erg.-Lfg. September 2005.

Peter Lorson

Ordnungsmäßigkeitsprüfung

Nach § 317 Abs. 1 Satz 2 HGB hat sich die →Jahresabschlussprüfung und die →Konzernabschlussprüfung darauf zu erstrecken, ob die gesetzlichen Vorschriften und sie ergänzende Regelungen des Gesellschaftsvertrags oder der Satzung beachtet worden sind. Danach ist die Abschlussprüfung eine Ordnungsmäßigkeitsprüfung (Gesetzmäßigkeitsprüfung). Diese soll feststellen, ob der Prüfungsgegenstand (bei der Jahresabschlussprüfung:

Buchführung, JA und →Lagebericht) den gesetzlichen Vorschriften entspricht.

Der →Abschlussprüfer (APr) hat seine Prüfung so anzulegen, dass er Verstöße und Unrichtigkeiten gegen die gesetzlichen Vorschriften (→Unregelmäßigkeiten), die sich auf die Darstellung des sich nach § 264 Abs. 2 HGB ergebenden Bildes der →Vermögenslage, →Finanzlage und →Ertragslage (→wirtschaftliche Verhältnisse) des Unternehmens wesentlich auswirken, bei gewissenhafter Berufsausübung (→Berufsgrundsätze des Wirtschaftsprüfers) erkennen kann.

Zu unterscheiden ist im Einzelnen zwischen den Vorschriften des HGB zur Buchführung und zum →Inventar (§§ 238–241 HGB) sowie den Vorschriften zum JA, zu Ansatz, Bewertung und Gliederung (§§ 242–283 HGB) [→Ansatzgrundsätze; →Bewertungsgrundsätze; →Gliederung der Bilanz; →Gliederung der Gewinn- und Verlustrechnung (GuV)]. Über die Vorschrift des § 243 Abs. 1 HGB zählt zur Gesetzmäßigkeit auch die Einhaltung der GoB (→Grundsätze ordnungsmäßiger Buchführung, Prüfung der), auch wenn diese selbst im Wesentlichen nicht kodifiziert sind. Ferner sind die Vorgaben der §§ 284–289 HGB zum →Anhang und zum →Lagebericht zu beachten. Die gesetzlichen Vorschriften ergeben sich neben dem HGB insb. rechtsformspezifisch aus dem AktG, dem GmbHG oder dem GenG sowie aus dem PublG. Daneben können branchenbezogene Gesetzesregelungen (§§ 340 ff., 341 ff. HGB) oder solche für bestimmte Gesellschafterstrukturen bestehen (GmbHG).

Die Prüfung der Einhaltung anderer gesetzlicher Vorschriften gehört nur insoweit zu den Aufgaben des Abschlussprüfers, als sich aus diesen anderen Vorschriften üblicherweise Rückwirkungen auf den geprüften JA ergeben oder die Nichtbeachtung solcher Gesetze erfahrungsgemäß Risiken zur Folge haben kann, denen im Lagebericht Rechnung zu tragen ist. Die Abschlussprüfung erstreckt sich damit nicht auf eine allumfassende Prüfung der Gesetzkonformität.

Nach § 322 Abs. 1 HGB hat der APr in seinem →Bestätigungsvermerk (BestV) das Ergebnis der Prüfung (→Prüfungsurteil) zusammenzufassen. Bei einem uneingeschränkten BestV hat er dazu u. a. festzustellen, dass die Prüfung zu keinen Beanstandungen geführt hat und dass der von den gesetzlichen Vertretern der Gesellschaft aufgestellte Jahres- oder Konzernabschluss aufgrund der bei der Prüfung gewonnenen Erkenntnisse nach seiner Beurteilung den gesetzlichen Vorschriften entspricht.

Mit der Erklärung der Einwendungsfreiheit bringt der APr hier zum Ausdruck, dass die für das geprüfte Unternehmen wesentlichen Rechnungslegungsgrundsätze beachtet worden sind. Die Erklärung bezieht sich nicht allein auf den JA, sondern auch auf den Lagebericht. Hier beschränkt sie sich zunächst auf die Aussage, dass er alle durch Gesetz vorgeschriebenen Bestandteile enthält. Erweitert wird die Aussage durch die zusätzlichen Feststellungen nach § 322 Abs. 6 HGB zum Einklang mit dem JA, zur Vermittlung eines den tatsächlichen Verhältnissen entsprechenden Bildes der Lage des Unternehmens und zur zutreffenden Darstellung der →Chancen und Risiken der künftigen Entwicklung (→Chancen- und Risikobericht). Einwendungen gegen diese Feststellungen nach § 322 Abs. 6 HGB führen jedoch gleichwohl zu Einwendungen gegen die Gesetzmäßigkeit des Prüfungsobjekts.

Damit kann die Jahresabschlussprüfung als Gesetzmäßigkeitsprüfung jedoch allein zu einer Bestätigung einer Gesetzesentsprechung führen. Sie ist kein allgemeines Gütesiegel für die Zukunftfähigkeit oder die Qualität der Geschäftsführung des geprüften Unternehmens.

In der Wahrnehmung der Öffentlichkeit hat sich hinsichtlich der Aussagefähigkeit des Bestätigungsvermerks des APr eine sog. →Erwartungslücke herausgebildet, die darin besteht, dass die Erwartung an die Aussagefähigkeit des Bestätigungsvermerks und deren tatsächliche Aussagemöglichkeiten auf der Grundlage der durchgeführten Gesetzmäßigkeitsprüfung auseinander fallen. Diese Erwartungslücke konnte zwar durch gesetzgeberische Maßnahmen im Zuge des KonTraG und nachfolgender Änderungen der Prüfungsvorschriften (→Prüfungsnormen; →Prüfungsrichtlinien) reduziert werden, sie besteht aber dem Grunde nach unverändert fort.

Carsten Meier

Ordnungsprüfung

Der Begriff der Ordnungsmäßigkeitsprüfung (Ordnungsprüfung) ist mit drei unterschiedlichen Inhalten gebräuchlich:

1) zur Beschreibung der Prüfungsaufgaben der öffentlichen Hand und kirchlicher Einrichtungen (→ kirchliche Verwaltungen),
2) zur Abgrenzung formeller Prüfungshandlungen von materiellen Prüfungshandlungen und
3) als technische Ordnungsprüfung bei der Zulassungsprüfung technischer Anlagen.

Ad 1): *Die Ordnungsprüfung als Prüfungsaufgabe der öffentlichen Hand und kirchlicher Einrichtungen*: Die Ordnungsprüfung ist als externe Prüfung eine der grundlegenden Aufgaben der örtlichen und überörtlichen kommunalen Prüfungsorgane. Gegenstand der Ordnungsprüfung sind alle Bereiche und Sachgebiete des Haushalts-, Kassen- und →Rechnungswesen (→kommunales Rechnungswesen) der öffentlichen Verwaltungen von Gebietskörperschaften, kommunalen Anstalten, Zweckverbänden und kommunalen Unternehmen in privatrechtlicher Rechtsform (→ öffentliche Unternehmen), soweit die Satzungen dieser Unternehmen der öffentlichen Hand ein entsprechendes Prüfungsrecht zuweisen. Die Ordnungsprüfung umfasst die *Prüfung auf Rechtmäßigkeit*, *Zweckmäßigkeit* und *Wirtschaftlichkeit* des Verwaltungshandelns. Die Ordnungsprüfung beginnt mit der Prüfungsanordnung des zuständigen Amtes, der zuständigen Behörde oder Anstalt, z. B. Niedersachsen. Die Prüfungsanordnung legt den Prüfungsgegenstand, die Art und den Umfang der Prüfung, den →Prüfungszeitraum und die für den Prüfungsablauf wesentlichen Termine fest. Üblicherweise werden Ordnungsprüfungen als vergleichende Prüfungen angelegt, indem mehrere zu prüfende Verwaltungen verschiedener Gebietskörperschaften in enger zeitlicher Abfolge nach den gleichen Vorgaben geprüft werden, um die *Prüfungsergebnisse* vergleichend nebeneinander stellen zu können. Die Ordnungsprüfung ist keine →Unterschlagungsprüfung.

Die *Prüfung auf Rechtmäßigkeit* des Verwaltungshandelns umfasst die zutreffende Anwendung aller einschlägigen Rechtsgrundlagen und Verordnungen, wie auch die Angemessenheit von Entscheidungen bei der Ausübung etwaiger Ermessensspielräume.

Bei der *Prüfung auf Zweckmäßigkeit* ist die Frage zu beantworten, ob die organisatorischen Regelungen der Verwaltung geeignet sind, das gewünschte Ergebnis mit dem Handeln der Verwaltung zu erreichen. I.S.e. risikoorientiert angelegten Ordnungsprüfung wird hier auch die →Ablauforganisation, Organisationsrichtlinien, interne Verantwortlichkeit, Kompetenzzuweisung und fachliche Qualifikation im Hinblick auf die Sachgerechtigkeit des Workflows zu prüfen sein.

Als Ergebnis der *Prüfung auf Wirtschaftlichkeit* (Verhältnismäßigkeit von Mitteleinsatz und Zielerreichung) ist festzustellen, ob/inwieweit das Ziel des Verwaltungshandelns auf andere Weise mit geringerem Ressourcenverbrauch erreicht werden könnte (Angemessenheit der Verwaltung, Effizienz der Organisation).

Bei der Prüfung auf Wirtschaftlichkeit können ebenso alle Aspekte zur Vermögenssicherung zu berücksichtigen sein [ordnungsmäßige Verwaltung, Funktion von Kontrollen (→Kontrolltheorie) und Maßnahmen zur Vermögenssicherung, wirkungsvoller Schutz vor Verlusten, Risikomanagement].

Über jede durchgeführte Prüfung ist ein PrB zu erstellen, aus dem der Prüfungsgegenstand, der Prüfungszeitraum sowie die Art und der Umfang der durchgeführten Prüfung für jeden sachkundigen Dritten ersichtlich ist. Im PrB werden die Rahmenbedingungen, die zu den berichtenswerten Prüfungsergebnissen geführt haben, kurz dargestellt und die Prüfungsergebnisse qualifiziert und wo möglich auch quantifiziert. Der PrB enthält Hinweise und Empfehlungen zur Abhilfe festgestellter Mängel. Die geprüfte Einrichtung nimmt Stellung zu den Prüfungsfeststellungen, indem sie auf die (eingeleiteten) Maßnahmen eingeht, die zur Beseitigung festgestellter Mängel führen. Im Anschluss daran wird der PrB den anderen Berichtsempfängern (die Spitze der Verwaltung, Aufsichts- und Kontrollorgane, politische Gremien) bekannt gegeben. Das Landesrecht bestimmt die dabei einzuhaltenden Fristen. Der Bericht wird auf Wunsch mündlich vom verantwortlichen Prüfer erläutert. In den meisten Bundesländern wird der PrB – sofern nicht schutzwürdige Interessen zu wahren sind – öffentlich ausgelegt; wesentliche Prüfungsergebnisse werden in den zuständigen politischen Gremien öffentlich diskutiert.

Aus dem Gebot der Wirtschaftlichkeit und Sparsamkeit öffentlicher Haushaltsführung lässt sich ein Verbot der Doppelprüfung ableiten: derselbe Sachverhalt darf nicht von einer oder mehreren Prüfungsinstanzen mehrfach

Organgesellschaft

geprüft werden (z. B. externe Abschlussprüfung und Ordnungsprüfung durch →Rechnungsprüfungsämter). Vielmehr hat die zeitlich letzte Prüfung alle zuvor bereits gewonnenen Prüfungsfeststellungen nach eigener Würdigung zu übernehmen; ggf. sind vertiefende Erläuterungen von dem vorigen Prüfer einzuholen.

Die Ausführen zu Einrichtungen der öffentlichen Hand sind auf kirchliche Institutionen in Übereinstimmung mit den einschlägigen kirchlichen Rechtsvorschriften grundsätzlich entsprechend anzuwenden.

Ad 2): Ordnungsprüfung zur Abgrenzung von materiellen Prüfungshandlungen: Gegenstand der →formellen Prüfung, die ebenfalls in der Literatur als Ordnungsprüfung bezeichnet wird, ist die formale Ordnungsmäßigkeit. Wesentlicher Inhalt ist die Einhaltung der GoB (→Grundsätze ordnungsmäßiger Buchführung, Prüfung der) z. B. auf vollständige Erfassung sämtlicher Geschäftsvorfälle, auf Kontenwahrheit und -klarheit und auch auf zeitnahe Verarbeitung des Buchungsstoffes. Gegenstand der →materiellen Prüfung ist hingegen die inhaltliche Richtigkeit und Wirtschaftlichkeit von Vorgängen.

Ad 3): Bei der *technischen Ordnungsprüfung* steht die Vollständigkeit und Übereinstimmung der *genehmigungsrechtlich erforderlichen, anlagentechnischen Dokumentation* im Vordergrund. Werden unvollständige Angaben festgestellt, so hat der Sachverständige den Betreiber darauf hinzuweisen und zu entscheiden, ob es sich um einen Ordnungsmangel handelt, der im PrB zu vermerken ist.

Michael Wollert

Organgesellschaft →Organschaft

Organisationsberatung

Unter Beratung versteht man die individuelle Aufarbeitung betriebswirtschaftlicher Problemstellungen durch Interaktion zwischen externen, unabhängigen Personen oder Beratungsorganisationen (→Unternehmensberatung) und einem um Rat suchenden Klienten. Beratung ist in diesem Sinne die Unterstützung bei der Problemlösung und Entscheidungsfindung, ohne dass der Berater für den Klienten die Entscheidung trifft. Organisationsberatung ist der Teilbereich der Beratung, der speziell auf die Gestaltung und Steuerung von Organisationen abstellt.

Formen der Organisationsberatung können zunächst danach unterschieden werden, wer im Fokus des Beratungsprozesses steht. Bei der *subjektorientierten* Beratung werden einzelne Personen im Hinblick auf berufliche Themen beraten bzw. gecoacht. Der inhaltliche Fokus der Beratung liegt hier häufig auf der Stellung des Klienten in der Hierarchie, der Machtpolitik in der Organisation sowie Fragen der Kommunikation und Selbststeuerung des Klienten. Daneben können auch ganze *Gruppen* von Personen, z. B. Abteilungen oder Projektteams bis hin zur Gesamtorganisation, beraten werden. Die traditionelle Organisationsberatung zielt dabei häufig auf die Gestaltung der Struktur einer Organisation(seinheit) oder die Gestaltung der Abläufe innerhalb einer Organisation(seinheit) durch Steuer- und Regelmechanismen.

Zudem können Formen der Organisationsberatung auch danach unterschieden werden, welche *Rolle der Berater* einnimmt. Bei der *gutachterlichen Beratung* (→Gutachtertätigkeiten) gibt der Berater eine Handlungsempfehlung für die Organisation ab, ohne in einen intensiven Dialog mit dem Klienten zu treten. Sie kann angewendet werden in einer mehr oder weniger geschlossenen Entscheidungssituation, in der es z. B. um die Bewertung von Handlungsalternativen hinsichtlich ihrer Eignung zur Erreichung vorher festgelegter Ziele geht. *Expertenberatungen* eignen sich für offenere Entscheidungssituationen. Hier entwickelt der Berater Handlungsalternativen oder schlägt ihm bekannte Alternativen, ggf. auch in Form von Standardprodukten, erst vor. Die *Organisationsentwicklung* dagegen zielt auf die Lern- und Lösungsfähigkeit einer Organisation. Sie stellt den Menschen in den Mittelpunkt des Beratungsprozesses und strebt an, Lösungen gemeinsam mit den Beteiligten zu erarbeiten. Der Berater übernimmt hier nicht die Rolle eines Experten für bestimmte fachliche Inhaltsgebiete, sondern die eines Experten für (aktive) Prozessbegleitung. In der *systemischen Beratung*, die auf der Basis der Systemtheorie der Organisation entwickelt wurde, hat der Berater dagegen die Aufgabe, Anstöße zu geben, die als Irritationen die selbstreflexiven Kommunikations- und Selbstbeschreibungsprozesse von Organisationen als Systemen beeinflussen und dazu beitragen, dass neue Sichtweisen und damit auch veränderte Handlungsweisen entwickelt werden können.

Idealtypisch wird bei jedem Beratungsauftrag – unabhängig vom konkreten Problem und der Form der Beratung – ein *Prozess* durchlaufen, der zunächst mit der Phase der Orientierung, Entscheidung und Zielbildung des Klienten beginnt. In dieser Phase wird die Grundsatzentscheidung für oder gegen den Einsatz von Beratern getroffen und das Beratungsziel bzw. das zu lösende Problem formuliert. Im Anschluss daran wird ein Berater ausgewählt und der Vertrag geschlossen. In der Hauptphase der Beratung plant der Berater (je nach Form der Beratung evtl. in Zusammenarbeit mit seinem Klienten) die Durchführung der Beratung, beschafft alle notwendigen Informationen, analysiert die Daten und erarbeitet und bewertet verschiedene Lösungsmöglichkeiten, aus denen dann eine Alternative zur Lösung des Problems ausgewählt wird. Im Bereich der Beratung zur Aufbauorganisation stellen dabei die Aufgabenanalyse und Aufgabensynthese mit der Bildung von Organisationseinheiten sowie die Lösung der zugehörigen Aufgaben von Koordination und Integration wichtige Teilphasen dar. Anschließend wird durch den Klienten die gewählte Alternative implementiert und ggf. der Beratungsprozess bewertet. Dieser idealtypische Ablauf wird in der Praxis vielfach durch Veränderungen in der Rangfolge der Phasen, Zuweisung anderer Zuständigkeiten, Überlappung oder Auslassungen einzelner Phasen sowie mögliche Feedback-Wirkungen überlagert.

Immer wieder *kontrovers diskutiert* wird, ob und gegebenenfalls wie komplexe Organisationen einer gezielten Gestaltung von innen oder außen zugänglich sind. Während klassische Beratungsansätze von der gezielten Gestaltbarkeit von Organisationen ausgehen, wird in der Systemtheorie der Organisation die grundsätzliche Differenz zwischen Innen- und Außenperspektive und die autopoietische, selbstreflexive Entwicklung von Organisationen betont, die dazu führen, dass Eingriffe von außen in aller Regel nicht direkt zielführend sein können, sondern vom System auf eigenwillige Art und Weise verarbeitet werden. Auch wenn man die Gestaltbarkeit von Organisationen durch Eingriffe von außen bejaht, stellen sich verschiedene Probleme aufgrund von zahlreichen Interdependenzen: So lassen sich einerseits die Aufbau- und die Ablauforganisation nicht klar trennen, so dass bei der Beratung stets die Schnittstellen und Zusammenhänge zwischen beiden Bereichen beachtet werden müssen. Zudem schafft jede Arbeitsteilung, die etwa in einer speziellen Aufbauorganisation festgelegt wird, neue Notwendigkeiten der Koordination und Integration arbeitsteiliger Organisationseinheiten und damit neue Aufgaben, die in der Aufbauorganisation berücksichtigt werden müssen. Schließlich wurde die Frage, ob die Struktur der Strategie der Organisation folgen oder umgekehrt die Strategie in Abhängigkeit von der Struktur der Organisation festgelegt werden sollte, intensiv diskutiert. Gleiches gilt hinsichtlich des Problems, ob und inwieweit Organisationen Rat von außen überhaupt annehmen bzw. ggf. die Organisationsberater und ihre Tätigkeit für eigene, verborgene Zwecke instrumentalisieren, und welche Macht-, Einfluss- und Abhängigkeitsverhältnisse zwischen Berater und Klient bestehen.

Literatur: Armbrüster, T./Kieser, A.: Unternehmensberatung – Analysen einer Wachstumsbranche (Sammelrezension), in: DBW 61 (2001), S. 688–709; Hafner, K./Reineke, R.-D.: Beratung und Führung von Organisationen, in: Wagner, H./Reineke, R.-D (Hrsg.): Beratung von Organisationen, St. Gallen/Wiesbaden 1992, S. 29–75; Zirkler, M.: State of the Art der Forschung zur Organisationsberatung: Zusammenfassung und Analyse der Forschungsergebnisse der letzten Jahre, WWZ Forschungsbericht Nr. 10/05, Universität Basel 2005.

Dorothea Alewell; Kirsten Thommes

Organisationspflichten des Vorstands

Der Vorstand ist das Führungsgremium einer rechtlich selbständigen Organisation [AG (→Aktiengesellschaft, Prüfung einer), eGen (→Genossenschaften), e.V., KdöR], das der Gesellschafter-/Mitgliederversammlung (monistisches System) bzw. einem zwischengeschalteten AR (dualistisches System) untergeordnet ist (→Dual- und Boardsystem). Paradefall ist der im folgenden behandelte *Vorstand der AG* (§§ 76 ff. AktG, dualistisches System). Dieser hat aufgrund gesetzlicher, satzungsmäßiger und anstellungsvertraglicher Vorgaben den AR samt HV (→Haupt- und Gesellschafterversammlung) zu bedienen und die AG eigenverantwortlich zu leiten (rechtsgeschäftlich zu vertreten). Daraus folgen für ihn umfangreiche Pflichten der Organisation der eigenen Arbeit (*Vorstandsorganisation*) und der Übertragung seiner Vorstellungen auf die Belegschaft über ein *Organisationssystem* mit

Ressortorganisation und Manual [→Grundsätze ordnungsmäßiger Unternehmensführung (GoF)].

Die *Vorstandsorganisation* ist beeinflußt vom AR und gründet in einer *Grundsatzklärung*, aus der sich die Ressorts und die Organisationsphilosophie (flache, steile Organisation etc.) ergeben.

Sie wird konkretisiert in der Geschäftsordnung (→Geschäftsordnung für Vorstand und Aufsichtsrat) und den Anstellungsverträgen der Vorstandsmitglieder. Die Geschäftsordnung enthält u. a. die Sitzungsregelungen samt Tagesordnung, Beschlußregularien und Berichtsvorlagen. Die deutsche →*Mitbestimmung* drückt dem Ganzen einen zusätzlichen Stempel auf, der die Verbindung zum AR beeinflusst und auch im Personalvorstand zum Ausdruck kommt.

Das vorstandsseitig bestimmte *Organisationssystem* überträgt den Vorstandswillen in einem Liniensystem (mit Stabsstellen) auf die Belegschaft. Die Ausprägung des Liniensystems ist bedingt durch die Ressortaufteilung i.V.m. der Branchenausrichtung (Diversifizierung), der Unternehmungsgröße, den Standortgegebenheiten etc. Die Ressortdetaillierung wird weitgehend verantwortet vom Ressortvorstandsmitglied. Im zusammenfassenden *Manual* (Organisationshandbuch) kommen weitere Detaillierungen für die Tagesarbeit der Belegschaft und die Zuarbeit der Stabsstellen hinzu.

Diese „offizielle" Organisation lebt in einer *informellen Organisation*, die das Ganze (verbessernd oder verschlimmernd) korrigiert – von den obersten Etagen bis zur Belegschaftsbasis. Deshalb gehören zu den Organisationspflichten des Vorstands auch Pflichten der *Überwachung und Verbesserung* von Organisationssystem und Manual. Damit verbindet sich zudem die Personalauslese und -qualifizierung sowie u.U. das →Rechnungswesen in Form eines effizienten →Controllings mit oder ohne pretialer Lenkung bzw. →Profitcenter.

Während früher dem Vorstand mehr die Effizienzsteigerung (und dem AR mehr die Existenzsicherung) oblag, wurde mit dem KonTraG vom 27.4.1998 auch die *Existenzsicherung* zu einer besonderen Vorstandsaufgabe [→Risikomanagementsystem (RMS)]. Darauf hat der Vorstand die Organisationsvorgaben einzustellen und deren Erfüllung zu kontrollieren (→Überwachungsaufgaben des Vorstands) durch ein System geeigneter Berichte (→Berichtssystem; →Führungsinformationssysteme), deren Substrat in die Berichte nach § 90 AktG an den AR eingeht (→Berichterstattungspflichten des Vorstands). Bei besonders krisenhafter Entwicklung wird die Organisationspflicht zur sanierungsmäßigen Reorganisationspflicht.

Im Konzernfall (→Konzernarten) kommen *Konzernbedingtheiten* hinzu. Die Konzernmutter regiert über eine Konzernorganisation (mit Konzernvorstand), wobei im Fall der Auslandsverflechtung ausländische Gesellschaftsregelungen mehr oder weniger durchschlagen. Bei der Konzerntochter ist die Vorstandsgeschäftsordnung ein Konzernderivat mit Folgen für die Vorstandsverträge. Konsequenzen für das Organisationssystem und das Manual schließen sich an.

Besonderheiten hat die *kleine AG* (Familien-AG, bis 500 Beschäftigte), wo AR und Vorstand eng verbunden sein können. Besonderheiten anderer Art ergeben sich bei einer *Europa-AG* (→Aktiengesellschaft, europäische), die durch das SEEG vom 22.12.2004 ermöglicht wurde. Der auf dieser Grundlage erreichbare Verbund mit ausländischen Gesellschaften kann den monistischen Vorstand (ohne AR) ins Blickfeld rücken. Entscheidend ist hier, welchem Vorstandsteil die Geschäftsführung obliegt: Diesem kommen primäre Organisationspflichten zu, während der übrige Vorstandsteil (ähnlich wie beim e. V.) sekundäre Kontrollaufgaben hat.

Seine Organisationspflichten hat der Vorstand (wie all seine Pflichten) zu erfüllen mit der Sorgfalt eines ordentlichen Kaufmanns in Beziehung zum Anstellungsvertrag. Bei Pflichtverletzung drohen Entlassung und Schadensersatz (→Vorstand, Bestellung und Abberufung; →Haftung des Vorstands). Dies gibt dem AR eine entsprechende Überwachungsaufgabe (→Überwachungsaufgaben des Aufsichtsrats), die sich mit der Vorstandsberichtspflicht nach § 90 AktG verbinden lässt.

Wilhelm Strobel

Organkredite →Kreditgewährung an Vorstand und Aufsichtsrat

Organschaft

Die steuerrechtliche Organschaft knüpft an die gesellschaftsrechtlich geregelten Unternehmens(träger)-Verbindungen an, weist aber eigenständige steuerliche Merkmale auf. Die ursprüngliche Bedeutung des Wortes Organ als „Werkzeug" kennzeichnet diese Art der Verbindung recht gut. Das Organ (die Organgesellschaft) ist eine rechtlich selbstständige KapGes, die wirtschaftlich unselbständig ist, wobei die Finanz-Rspr. dies mit dem Bild umschreibt, es handele sich um eine Art „unselbstständige Betriebsabteilung". Der Organträger hat die Verfügungsmacht über die Organgesellschaft; diese ist in das andere Unternehmen (den Organträger) eingegliedert. Dieser Grundgedanke wird in unterschiedlicher Weise im KStG, GewSt und im UStG konkretisiert. Wegen der immer wieder veränderten Abgrenzungsmerkmale sind die jetzt geltenden Regelungen vorangestellt; bei den einzelnen Konkretisierungen wird kurz auf diese Veränderungen hingewiesen. Die Voraussetzungen für das Vorliegen einer KSt-lichen Organschaft sind zunächst stichwortartig aufgelistet, wobei der Gewinnabführungsvertrag (GAV) eine besondere Rolle spielt (§§ 14 und 17 KStG). Die Regeln über die Organschaft sind bei Lebens- und Krankenversicherungsunternehmen (→Versicherungsunternehmen) nicht anwendbar (§ 14 Abs. 2 KStG).

Voraussetzungen bei der *Organgesellschaft*:
1) sie muss eine KapGes [AG (→Aktiengesellschaft, Prüfung einer); →Kommanditgesellschaft auf Aktien (KGaA); →Gesellschaft mit beschränkter Haftung (GmbH)] mit Sitz und Geschäftsleitung im Inland sein und
2) sie muss in den Organträger finanziell eingegliedert sein.

Voraussetzungen beim *Organträger*:
1) Es muss sich handeln entweder um
   - eine unbeschränkt steuerpflichtige natürliche Person oder um
   - eine nicht steuerbefreite Körperschaft, Personenvereinigung oder Vermögensmasse mit Geschäftsleitung im Inland oder um
   - eine →Personengesellschaft (PersGes) (Mitunternehmerschaft) mit Geschäftsleitung im Inland, wenn sie eine (originäre) gewerbliche Tätigkeit i.S.d. § 15 Abs. 1 EStG ausübt und wenn die finanzielle Eingliederung zur PersGes selbst besteht oder um
   - ein ausländisches gewerbliches Unternehmen mit einer im Inland im HR eingetragenen Zweigniederlassung, wenn die weiteren Voraussetzungen des § 18 KStG erfüllt sind,
2) der Organträger muss ein einziges anderes gewerbliches Unternehmen sein und
3) er muss vom Beginn des Wirtschaftsjahres des Organs an mit der Mehrheit der →Stimmrechte (= finanzielle Eingliederung) beteiligt sein. Mittelbare und unmittelbare →Beteiligungen sind zusammen zu rechnen; bei jeder Organschaft vermittelnden Beteiligung muss sich eine Mehrheit der Stimmrechte ergeben. Ist der Organträger ein ausländisches gewerbliches Unternehmen, muss die erforderliche Beteiligung zum Betriebsvermögen der inländischen Zweigniederlassung gehören.

Voraussetzungen beim handelsrechtlichen GAV sind:
1) das Organ muss sich verpflichten, seinen ganzen (handelsrechtlichen) Gewinn (s. dazu §§ 300 ff. AktG bzw. § 17 KStG) an den Organträger abzuführen (zum Verlust s. unten). Ist der Organträger ein ausländisches gewerbliches Unternehmen, muss der GAV unter der Firma der inländischen Zweigniederlassung abgeschlossen werden,
2) es darf Beträge aus dem Jahresüberschuss (→Jahresergebnis) nur unter bestimmten Voraussetzungen in die Gewinnrücklage nach § 272 Abs. 2 HGB einstellen (→Rücklagen; →Ergebnisverwendung),
3) der Organträger muss sich verpflichten, Jahresfehlbeträge (Verluste) des Organs auszugleichen,
4) der GAV muss auf mindestens 5 Jahre abgeschlossen werden,
5) er muss während der gesamten Geltungsdauer tatsächlich durchgeführt werden, wobei eine vorzeitige Beendigung dann unschädlich ist, wenn hierfür ein wichtiger Grund vorliegt und
6) die Kündigung oder Aufhebung während des Wirtschaftsjahres des Organs wirkt auf dessen Beginn zurück.

Begrifflich sollte zwischen den Voraussetzungen bei der Organgesellschaft und dem Organträger einerseits und denjenigen beim handelsrechtlichen GAV andererseits getrennt werden. Sind die Voraussetzungen bei der Organgesellschaft und dem Organträger erfüllt, so liegt Organschaft vor; kommen die Voraussetzungen beim handelsrechtlichen GAV hinzu, so ist von Organschaft mit GAV zu sprechen. Sind alle diese Voraussetzungen erfüllt, so ist deren Rechtsfolge nach KStG die *Zurechnung des (positiven wie negativen) Einkommens des Organs zum Einkommen des Organträgers*. Da dieser die wirtschaftliche Verfügungsmacht hat, hat er auch das (steuerliche) Einkommen seines „Werkzeuges" seiner eigenen Besteuerung zu unterwerfen, wobei allerdings die Ausgleichszahlungen nach § 16 KStG vom Organ selbst zu versteuern sind. Zu beachten ist der Unterschied zwischen der gesellschaftsrechtlichen Gewinnabführung, die als Voraussetzung vorliegen muss, um die Rechtsfolge der Einkommenszurechnung zu bewirken. Ist Organträger eine natürliche Person, so unterliegt auch das in der (wirtschaftlich unselbständigen) Organ-KapGes erwirtschaftete Einkommen nicht der KSt, sondern der ESt; ggf. kommt es zum Verlustausgleich.

Gegenüber früherem Recht ist auf folgende wesentliche Änderungen hinzuweisen: Es reicht die finanzielle Eingliederung; früher wurden noch die wirtschaftliche und organisatorische Eingliederung verlangt. Als Organträger konnten früher auch Zusammenschlüsse mehrerer Unternehmen (→Unternehmenszusammenschlüsse) anerkannt werden; diese „Mehrmütterorganschaft" ist jetzt durch die Forderung nach dem „einzigen" gewerblichen Unternehmen und der Betonung der gewerblichen Tätigkeit i.S.d. § 15 Abs. 1 EStG eingeschränkt. Daher wurden die Regelungen über Verluste u. a. aus stillen Beteiligungen in § 15 Abs. 4 Satz 6–8 EStG geändert. Auch bei PersGes als Organträger sind die Voraussetzungen verschärft worden. So genügte früher die Zugehörigkeit der Beteiligung zum Sonderbetriebsvermögen.

Die Einkommenszurechnung bewirkt, dass bei Leistungen innerhalb des Organkreises (des Konzerns) noch nicht realisierte Gewinne der Besteuerung unterworfen werden, da keine Konsolidierung (→Konsolidierungsformen) erfolgt: Verkauft das Organ einen Gegenstand mit Gewinn an den Organträger, so wird dieser Gewinn beim Organträger über die Einkommenszurechnung als dessen Einkommen qualifiziert.

Das *GewStG* knüpft direkt an die Regelungen des KStG an. § 2 Abs. 2 Satz 2 GewSt bestimmt: „Ist eine Kapitalgesellschaft Organgesellschaft im Sinne der §§ 14, 17 oder 18 des Körperschaftsteuergesetzes, so gilt sie als Betriebsstätte des Organträgers." Damit verlangt jetzt auch das GewStG einen GAV. Die Betriebsstättenfiktion führt nicht zur gemeinsamen Ermittlung des Gewerbeertrags, vielmehr bleibt es bei der getrennten Ermittlung bei Organ und Organträger. Jedoch ist darauf zu achten, dass keine doppelte Belastung bei Hinzurechnungen erfolgt (Abschn. R 41 Abs. 1 Satz 5–7 GewStR). Der Betrag der Gewinnabführung gilt als Bestandteil des Gewerbeertrags des Organs; die Zusammenrechnung der getrennt ermittelten Gewerbeerträge erfolgt danach. Dieser Gewerbeertrag ist ggf. nach den Regeln über die Zerlegung (§§ 28 ff. GewStG) aufzuteilen, wodurch sich je nach Verhältnis der Hebesätze gegenüber dem Verhältnis der Arbeitslöhne als Zerlegungsmaßstab Vorteile oder Nachteile gegenüber dem Fall der nicht bestehenden Organschaft ergeben können.

Das *UStG* weicht nunmehr stärker als früher von KStG und GewStG ab. Es fordert in § 2 Abs. 2 Nr. 2 UStG nach wie vor die finanzielle, wirtschaftliche und organisatorische Eingliederung, die nach dem Gesamtbild der tatsächlichen Verhältnisse zu beurteilen sind. Dadurch sind die Voraussetzungen weniger streng als bei KStG und GewStG, denn diese verlangen unbedingt die finanzielle Eingliederung, während diese mit den anderen USt-lichen Voraussetzungen nur als Teil des „Gesamtbildes" fungiert. Organisatorische Eingliederung bedeutet die Möglichkeit der Willensdurchsetzung durch den Organträger; in der früheren Rspr. wird von Eingliederung „nach Art einer Geschäftsabteilung" gesprochen. Die wirtschaftliche Eingliederung wurde schon früher nur in Ausnahmefällen verneint; es genügt, wenn das Organ die unternehmerische Tätigkeit des Organträgers fördert oder ergänzt.

Die Rechtsfolgen der USt-lichen Organschaft sind im UStG neu umschrieben. Früher wurde lediglich bestimmt, dass das Organ unselbstständig sei und daher vom Unternehmen des Unternehmers „Organträger" mit umfasst war. Jetzt wird wie folgt in § 2 Abs. 2 Nr. 2 Satz 2–4 UStG formuliert: „Die Wirkungen [...] sind auf Innenleistungen zwischen den im Inland gelegenen Unternehmensteilen beschränkt. Diese Unternehmensteile sind als ein Unternehmen zu behandeln. Hat der Organträger seine Geschäftsleitung im Ausland, gilt der wirtschaftlich bedeutendste Unternehmensteil im Inland als der Unternehmer."

Da im Unternehmersektor grundsätzlich der Vorsteuerabzug nach § 15 UStG gewährt wird, ergeben sich im Inland durch die Organschaft keine wesentlichen Unterschiede gegenüber dem Fall ohne Organschaft: Leistet das Organ an den Organträger, so gilt dies bei Erfüllung der Voraussetzungen des § 2 Abs. 2 Nr. 2 UStG nicht als Umsatz; es ist lediglich eine nicht steuerbare „Innenleistung". Handelt es sich um getrennte Unternehmer, so muss zwar das leistende Unternehmen USt berechnen und abführen, das empfangende Unternehmen kann diese jedoch regelmäßig als Vorsteuer geltend machen.

Die *Kritik* an den deutschen Regelungen bezieht sich vor allem auf folgende Punkte:
1) Das Verlangen nach einem GAV schließt faktische Konzerne (→Konzernarten) aus.
2) Die Übereinstimmung mit Europarecht (Niederlassungsfreiheit) wird bezweifelt. Daher ist z. B. Österreich zur sog. Gruppenbesteuerung mit Verrechnungsmöglichkeiten über die Grenze übergegangen.

Es wird erwartet, dass die Entscheidung des *EuGH* in der Rechtssache „*Marks & Spencer*" (EUGH-Urteil vom 13.12.2005) zu einer Anpassung der deutschen Regelungen führen wird.

Literatur: Brönner, H.: Die Besteuerung der Gesellschaften, 18. Aufl., Stuttgart 2006; EUGH-Urteil vom 13.12.2005, Aktz. C-446/03, Abl. EG Nr. C 36 vom 11.2.2006, S. 5 f.; Herzig, N. (Hrsg.): Organschaft, (FS Thiel), Stuttgart 2003; Schmidt, L./Müller, T./Stöcker E. E.: Die Organschaft im Körperschaftsteuer-, Gewerbesteuer- und Umsatzsteuerrecht, 6. Aufl., Herne/Berlin 2003; Schuhmann, H.: Die Organschaft. Körperschaftsteuer, Umsatzsteuer, Gewerbesteuer, 3. Aufl., Bielefeld 2001.

Peter Bareis

Organschaftlicher Beirat →Beirat bei Personengesellschaften

Organträger →Organschaft

Originator →ABS-Transaktionen

Other Comprehensive Income
→Comprehensive Income

Outside Director →Board of Directors

Outsourcing

Outsourcing ist ein Kunstwort aus den Worten *Outside Resource Using*. Direkt übersetzt bedeutet Outsourcing „die Nutzung externer Ressourcen". Der Begriff ist inzwischen fester Bestandteil der deutschen Sprache geworden und wird auch in der Verbform „outsourcen" verwendet.

Beim Outsourcing handelt es sich um den Prozess der Auslagerung von bislang im Unternehmen erbrachten Leistungen an einen externen Dritten, dem dabei die dauerhafte unternehmerische Verantwortung für eine sachgerechte Leistungserstellung übertragen wird. Die Zielsetzung ist, bestimmte Produkte oder Dienstleistungen nicht mehr selbst herzustellen, sondern auf ein Dienstleistungsunternehmen zu übertragen, das die geforderten Leistungen wirtschaftlicher und effizienter erbringt, als das outsourcende Unternehmen. Das Outsourcing hat seinen Ursprung in der Auslagerung der computergestützten Informationsverarbeitung an Fremdfirmen und steht grundsätzlich für eine langfristig ausgerichtete Entscheidung zugunsten des Fremdbezuges von Gütern oder Dienstleistungen. Durch diese langfristige, strategische Fremdbezugsentscheidung ist eine Abgrenzung zur Fragestellung „→Eigenfertigung versus Fremdbezug" (Make-or-Buy) möglich, die alle Möglichkeiten eines Fremdbezuges beinhaltet. In der Praxis findet eine solche Differenzierung der Begrifflichkeiten oft nicht statt und synonym für den Begriff Outsourcing werden die Begriffe Fertigungstiefenentscheidung, vertikale Integration/Aggregation, Veränderung der Leistungstiefe, Down-/Upsizing oder auch Make-or-Buy verwendet. Die Quantifizierung eines Indikators für einen „Outsourcing-Grad" ist nicht unproblematisch, entscheidend ist die Abgrenzung des „Fremdbezuges". Damit ergibt sich auch die Frage nach der „Grenze" des Unternehmens. Gerade durch das aktuell verstärkte Verschwimmen von Außen- und Innengrenzen (bei strategischen Allianzen nach außen hin bzw. bei →Profitcenter innerhalb des eigenen Unternehmens) und der Entwicklung zur verstärkt kooperativen Leistungserbringung ergeben sich damit oftmals erhebliche Messbarkeitsprobleme. Eine Möglichkeit stellt die Messung der Fertigungstiefe als Indikator der Outsourcing-Intensität dar: Fertigungstiefe = Wertschöpfung pro Umsatz = (Umsatz – Kosten aller beschafften Leistungen) pro Umsatz. Die Fertigungstiefe als Maßstab für die Wichtigkeit und Aktualität des Outsourcings ging in der Unternehmenspraxis in der Vergangenheit permanent zurück und schwankt branchenabhängig. Die Automobilindustrie weist besonders niedrige Werte für die Fertigungstiefe auf. Als Extrembeispiel wird die Produktion des Kompaktwagens *smart* genannt, bei der der Hersteller nur noch 15% Wertschöpfung (→Wertschöpfungsrechnung; →Wertschöpfungsanalyse) selbst erbringt und 85% an Zulieferer outgesourct sind.

Die Diskussion über das Outsourcing war in der Anfangszeit stark produktionskostenorientiert, kurzfristig und operativ ausgerichtet (daher der Begriff des Make-or-Buy). Durch den Trend zur „Lean Production" gewannen Outsourcingentscheidungen seit den 1980er Jahren zunehmend an Bedeutung. Ausgangspunkt waren nun zusätzliche Überlegungen zur Konzentration der Ressourcen eines Unternehmens auf seine Stärken bzw. Kernkompetenzen. Durch die Auslagerung von nicht geschäftsprozesskritischen Aktivitäten soll dies besser gelingen. Darüber hinaus können so →Kosten eingespart werden (→Kostenmanagement; →Kostencontrolling), da spezialisierte Zulieferer die Leistungen kostengünstiger erbringen können (Erfahrungskurveneffekte, Economies of Scale etc.). Grundsätzlich lässt sich eine Verlagerung bei der Struktur der Zulieferleistungen von einfachen Leistungen zu qualitativ höherwertigen Systemleistungen diagnostizieren. Ein Fremdbezug verbessert damit nicht nur die Kostenposition, sondern erhöht gleichzeitig auch die strategische Flexibilität eines Unternehmens. Hintergrund dieser Entwicklung ist auch das verstärkte Interesse der Unternehmen, über eine Externalisierung (und die damit einhergehenden intensiven Beziehungen zu Lieferanten oder Partnerunternehmen) besondere strategische Wettbewerbspotenziale aufzubauen (→Supply Chain Management). Auch Marketing- bzw. Image-Überlegungen finden in jüngster Zeit verstärkte Berücksichtigung. So kann die Auslagerung an einen bekannten und renommierten Lieferanten sogar positive Effekte auf den Absatz eines Produktes haben (sog. „Ingredient Branding", Bsp.: „*Intel* inside").

Eine Outsourcing-Entscheidung vollzieht sich in einem Kontinuum zahlreicher Einbindungs- und Integrationsmöglichkeiten von Leistungen. Eine Auslagerung ist für Produkte (Teile, Komponenten, Module, Systeme) oder Funktionen (Prozesse, Aktivitäten) denkbar. I.d.R. wird für ein erfolgreiches Outourcing vorausgesetzt, dass das auslagernde Unternehmen die Produkt- oder Dienstleistungserstellung beherrscht oder sich gar ein Marktstandard etabliert hat. Inzwischen wird Outsourcing daher vielfach auch für Dienstleistungsprozesse durchgeführt (Business Process Outsourcing). Dabei übernimmt der Outsourcing-Partner die Durchführung eines kompletten →Geschäftsprozesses (Bsp.: telefonische Kundenbetreuung durch ein Call-Center).

Literatur: Bühner, R./Tuschke, A.: Outsourcing, in: DBW 57 (1997), S. 20–30; Köhler-Frost, W.: Outsourcing: Schlüsselfaktoren der Kundenzufriedenheit, Berlin 2005; Koppelmann, U. (Hrsg.): Outsourcing, Stuttgart 1996; Wullenkord, A. (Hrsg.): Praxishandbuch Outsourcing: strategisches Potenzial, aktuelle Entwicklungen, effiziente Umsetzung, München 2005.

Klaus Möller

Overdue Rate →Forderungscontrolling

Overriding Principle →True and Fair View

P

Pagatorik →Grundsätze ordnungsmäßiger Rechnungslegung

Partner

Partner i.e.S. ist der Gesellschafter einer PartGes, einer der →Offenen Handelsgesellschaft (OHG) vergleichbaren Rechtsform, die der Gesetzgeber ausschließlich Angehörigen freier Berufe zur Organisation ihrer beruflichen Zusammenarbeit zur Verfügung stellt. Eine PartGes kann – anders als eine i.d.R. in Form einer BGB-Gesellschaft betriebene Sozietät von Wirtschaftsprüfern – als WPGes (→Revisions- und Treuhandbetriebe) anerkannt werden (→Errichtung und Erlöschen einer Wirtschaftsprüfungsgesellschaft). Der nähere rechtliche Rahmen ist u.a. im PartGG und in den berufsrechtlichen Regelungswerken, insb. der →Wirtschaftsprüferordnung (WPO), enthalten.

Partner i.w.S. ist jeder aktive Berufsträger, der Teilhaber an einer Berufsgesellschaft ist, z.B. Aktionäre einer Berufs-AG, Gesellschafter einer Berufs-GmbH (→Gesellschaft mit beschränkter Haftung), Komplementäre oder Kommanditisten einer Berufs-KG (→Kommanditgesellschaft), aber auch stille Gesellschafter. Teilhabe am wirtschaftlichen Ergebnis der Berufsgesellschaft kann auch durch →Genussrechte oder partiarische Darlehen vermittelt werden. Konstruktionen einer zweistufigen Partnerschaft, z.B. GmbH & Still, werden englisch als *Two-Tier-Partnerships* bezeichnet.

In der Mandatsarbeit ist i.d.R. ein Partner der verantwortliche Mandatsführer, der im Falle von Abschlussprüfungen (→Jahresabschlussprüfung; →Konzernabschlussprüfung) den →Bestätigungsvermerk (BestV) links unterzeichnet. Unbeschadet einer womöglich intern vereinbarten Mitzeichnungspflicht eines Berufskollegen (Rechtsunterzeichner) und weiteren internen Konsultationspflichten, z.B. mit einem Special Review Partner oder einer Fachabteilung, liegt beim mandatsführenden Partner im Grundsatz die Letztverantwortung. Die Rechtsstellung von Partnern ist i.d.R. Vorstand, Geschäftsführer, Generalbevollmächtigter oder Prokurist.

Jörg Tesch; Heiko Reinders

Partnerschaftsgesellschaft →Revisions- und Treuhandbetriebe

Partnerschaftsregister →Zwangsgeld

Passiva →Bilanztheorie

Passivierungsfähigkeit, abstrakte →Schuld

Passivierungsfähigkeit, konkrete →Schuld

Passivierungsgrundsätze →Ansatzgrundsätze

Patronatserklärung

Die Patronatserklärung ist gesetzlich nicht geregelt und findet in der Praxis unterschiedlichste Ausgestaltungen. Regelmäßig handelt es sich um die Erklärung einer Muttergesellschaft gegenüber dem Kreditgeber eines Tochterunternehmens (konzernexterne Patronatserklärung) oder gegenüber der Tochtergesellschaft selbst (konzerninterne Patronatserklärung). Während Erstere der Erhöhung der Kreditfähigkeit des Tochterunternehmens dient, soll durch Letztere i.d.R. deren insolvenzrechtliche Überschuldung (→Überschuldungsprüfung; →Insolvenz) abgewendet werden.

Man unterscheidet zwei Grundtypen: Mit der harten Patronatserklärung übernimmt der Patron die Verpflichtung, den Schuldner mit ausreichender Liquidität (→Liquiditätskennzahlen) auszustatten, damit dieser seine →Verbindlichkeiten gegenüber den begünstigten Gläubigern erfüllen kann. Dabei steht es dem Patron frei, auf welche Weise er dieser Pflicht nachkommt. Eine Zahlungsverpflichtung gegenüber den Gläubigern besteht bei der Patronatserklärung im Gegensatz zur Bürgschaft oder Garantie nicht; lediglich im Falle der →Insolvenz des Schuldners wandelt sich bei der konzernexternen Patronatserklärung die Pflicht zur Liquiditätsausstattung in eine direkte Zahlungsverpflichtung gegenüber dem begünstigten Gläubiger. Bilanziell ist die Verpflichtung aus der harten Patronatserklärung als Gewährleistungsvertrag gem. § 251 Satz 1 HGB unter der Bilanz oder gem. § 268 Abs. 7 HGB im →Anhang (→Angabepflichten) zu erfassen (→Haftungsverhältnisse). Besonderheiten bestehen insoweit für an die Allgemeinheit gerichtete Patronatserklärungen, wie z. B. in Geschäftsberichten (→Geschäftsberichte, Gestaltungsberatung), da diese ein nicht quantifizierbares Haftungsrisiko begründen.

Weiche Patronatserklärungen haben dagegen keinen rechtsverbindlichen Charakter und begründen demzufolge keine einklagbare Liquiditätsausstattungspflicht des Patrons. Sie stellen eine bloße Absichtsbekundung dar oder enthalten z. B. generelle Aussagen zur Geschäftspolitik des Patrons oder dessen Beziehung zum Schuldner. In der Bilanz ist eine weiche Patronatserklärung nicht auszuweisen.

Für die entsprechende Einordnung einer Patronatserklärung sind in erster Linie der Wortlaut der Erklärung sowie die Auslegung des Parteiwillens entscheidend. Daneben kann der bilanziellen Behandlung durch den Patron Indizwirkung für deren Qualifizierung zukommen.

Literatur: Fleischer, H.: Gegenwartsprobleme der Patronatserklärung im deutschen und europäischen Privatrecht, in: WM 53 (1999), S. 666–676; Küffner, T.: Patronatserklärungen im Bilanzrecht, in: DStR 34 (1996), S. 146–151; Loitz, J./Schulze, J.-C.: Jahresabschlussprüfung bei Vorliegen von Patronats-/Rangrücktrittserklärungen, in: DB 57 (2004), S. 769–774; Rosenberg, O. v./Kruse, T. W.: Patronatserklärungen in der M&A-Praxis und in der Unternehmenskrise, in: BB 58 (2003), S. 641–650.

Andreas C. Peters

Pauschalhonorare für den Wirtschaftsprüfer →Vergütungsregelungen für den Wirtschaftsprüfer

Pauschalwertberichtigung →Forderungen

PCAOB →Public Company Accounting Oversight Board

Peer Control
   →Unternehmensüberwachung

Peer Review

Ziel der Durchführung eines Peer Review ist die Festestellung, ob das System der →Qualitätssicherung eines Wirtschaftsprüfers oder einer WPGes (→Revisions- und Treuhandbetriebe) nach Maßgabe der gesetzlichen Vorschriften angemessen ist [§ 57a Abs. 2 Satz 1 →Wirtschaftsprüferordnung (WPO)]. Die Verpflichtung zur Aufrechterhaltung und angemessenen Dokumentation des Qualitätssicherungssystems ergibt sich für WP, WPGes, →vereidigte Buchprüfer (vBP) und BPGes aus § 55b WPO. Die Prüfung umfasst die Organisation der Praxis, die Durchführung einzelner Aufträge (→Auftragsdurchführung) und die →Interne Nachschau. Der Begriff Peer Review stammt aus dem angelsächsischen Bereich und besagt, dass eine Prüfung (Review) „unter Gleichen" (Peers) durchgeführt wird. Dadurch sollte sichergestellt werden, dass die Prüfung fachlich angemessen durch sachkundige Dritte durchgeführt wird. Durch zunehmende Kritik an diesem Vorgehen durch die Öffentlichkeit wurde in Deutschland ein reines „Peer Review Verfahren" nicht umgesetzt. Vielmehr unterliegt die in Deutschland seit dem 31.12.2005 zwingend von WP, WPGes, vBP und BPGes durchzuführende „Prüfung für Qualitätskontrolle" der Kontrolle durch die Öffentlichkeit in Form der →Abschlussprüferaufsichtskommission (*APAK*) (→Berufsaufsicht für Wirtschaftsprüfer, national; →Qualitätskontrolle in der Wirtschaftsprüfung). Diese hat gem. § 66a WPO die Aufgabe, die Durchführung der „Prüfung für Qualitätskontrolle" zu überwachen und ggf. Verbesserungsvorschläge zu entwickeln. Die *APAK* erstellt jährlich einen öffentlichen Bericht über die Ergebnisse ihrer Tätigkeit.

Das Verfahren der Prüfung für Qualitätskontrolle wird beschrieben in den §§ 57a ff. WPO. WP, WPGes, vBP und BPGes sind demnach dazu verpflichtet, sich in einem Abstand von 3 Jahren einer Prüfung für Qualitätskontrolle zu unterziehen, wenn sie gesetzlich vorgeschriebene Abschlussprüfungen (→Pflichtprüfungen; →Jahresabschlussprüfung; →Konzernabschlussprüfung) durchführen. Prüfungsgegenstand sind dann alle Prüfungsaufträge (→Prüfungsauftrag und -vertrag) i. S. d. § 2 WPO, bei denen das Siegel geführt wird.

Abb.: Prüfung für Qualitätskontrolle

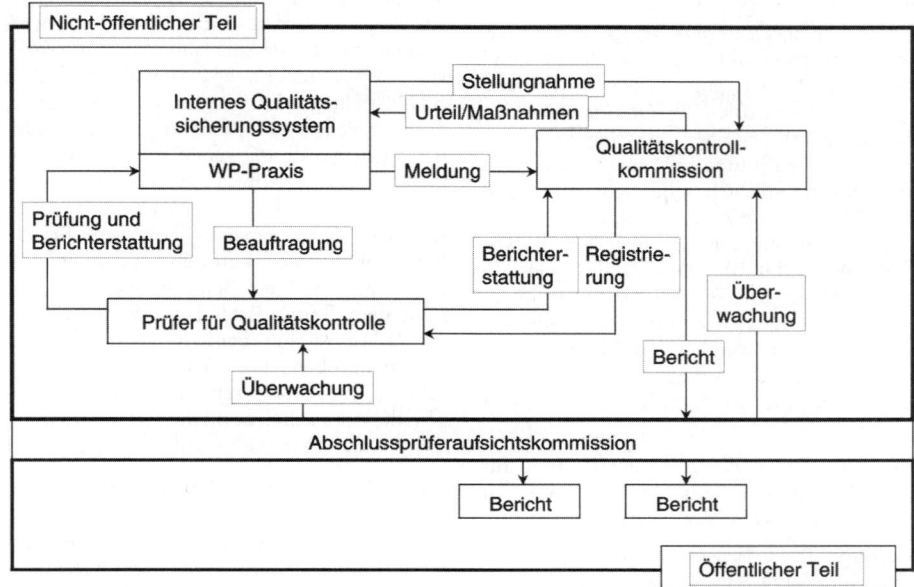

Die Prüfung hat durch einen registrierten „Prüfer für Qualitätskontrolle" zu erfolgen, der die folgenden Voraussetzungen erfüllen muss:

- mindestens dreijährige Tätigkeit im Bereich der Abschlussprüfung,
- Nachweis von Kenntnissen auf dem Gebiet der Qualitätssicherung,
- keine berufsgerichtliche Verurteilung innerhalb der letzten 5 Jahre (→Berufsgerichtsbarkeit für Wirtschaftsprüfer) und
- regelmäßige Fortbildung (→Aus- und Fortbildung des Wirtschaftsprüfers).

Die Registrierung des Prüfers für Qualitätskontrolle erfolgt auf Antrag durch die *Kommission für Qualitätskontrolle*.

Die Durchführung einer Prüfung für Qualitätskontrolle ist der *Kommission für Qualitätskontrolle* anzuzeigen. Dabei ist sicher zu stellen, dass der Prüfer für Qualitätskontrolle unabhängig von seinem Auftraggeber ist (→Unabhängigkeit und Unbefangenheit des Wirtschaftsprüfers). Nähere Einzelheiten zur Unabhängigkeit regelt § 6 Satzung für Qualitätskontrolle. Zur Unterstützung der Durchführung der Prüfung für Qualitätskontrolle ist die zu prüfende Praxis insoweit von ihrer Verschwiegenheitspflicht (→Verschwiegenheitspflicht des Wirtschaftsprüfers) befreit.

Bei der Beauftragung des Prüfers für Qualitätskontrolle durch eine Sozietät ist der Auftrag durch jeden Sozius zu erteilen. Im Gegenzug ist auch für jeden Sozius ein eigenständiger PrB zu erstellen.

Während der Durchführung der Prüfung orientiert dich der Prüfer für Qualitätskontrolle an den gesetzlichen und berufsständischen Vorgaben, insb. der IDW/WPK VO 1/2006, die Vorgaben zur Qualitätssicherung in der WP-Praxis macht. Darüber hinaus gibt auch die →Berufssatzung der Wirtschaftsprüferkammer (BS) Hinweise zum Sollobjekt der Prüfung für Qualitätskontrolle. Die Umsetzung der Prüfungsanforderungen wird im IDW PS 140 bzw. im IDW PH 9.140 näher beschrieben. Da die Prüfung für Qualitätskontrolle eine →Systemprüfung ist, sind auch die Vorgaben des IDW PS 260 analog anzuwenden.

Nach der Durchführung der Prüfung für Qualitätskontrolle reicht der Prüfer seinen Bericht bei der *Kommission für Qualitätskontrolle* ein. Dieser ist ggf. durch eine Stellungnahme der zu prüfenden Praxis ergänzt. Der Bericht endet entweder mit einem vollständigen BestV, einem ergänzenden Hinweis, einer Einschränkung oder einer Versagung.

Die →*Wirtschaftsprüferkammer* (*WPK*) erstellt zunächst beim Eingang des Berichts und abschließend nach einer erfolgten Prüfung durch die *Kommission für Qualitätskontrolle* eine Bescheinigung über die erfolgreiche Teilnahme an der Prüfung für Qualitätskontrolle aus. Liegt eine solche Bescheinigung nicht vor, ist der WP oder die WPGes von der Durchführung von Abschlussprüfungen ausgeschlossen (§ 319 Abs. 1 HGB) (→Ausschluss als Abschlussprüfer). Die *Kommission* kann zur Sicherstellung eines angemessenen Qualitätssicherungssystems von der zu prüfenden Praxis die Erfüllung von Auflagen verlangen. Ggf. kann auch eine Sonderprüfung angeordnet werden.

Die wesentlichen Elemente der Prüfung für Qualitätskontrolle werden in der Abb. auf S. 1011 nochmals zusammengefasst.

Literatur: IDW (Hrsg.): IDW Prüfungsstandard: Das interne Kontrollsystem im Rahmen der Abschlussprüfung (IDW PS 260, Stand: 2. Juli 2001), in: WPg 54 (2001), S. 821–830; IDW (Hrsg.): IDW Prüfungshinweis: Checklisten zur Durchführung der Qualitätskontrolle (IDW PH 9.140, Stand: 4. September 2001), in: WPg 55 (2002), S. 124–146; IDW (Hrsg.): IDW Prüfungsstandard: Die Durchführung von Qualitätskontrollen in der Wirtschaftsprüferpraxis (IDW PS 140, Stand: 2. März 2005), in: WPg 58 (2005), S. 361–374; IDW/WPK (Hrsg.): Gemeinsame Stellungnahme der WPK und des IDW: Anforderungen an die Qualitätssicherung in der Wirtschaftsprüferpraxis (VO 1/2006), in: WPg 59 (2006), S. 629–646.

Thomas M. Orth

Pensionsverpflichtungen

Die Prüfung der Pensionsverpflichtungen erstreckt sich auf

- die vollständige Erfassung der Pensionsverpflichtungen dem Grunde nach,
- die zutreffende Beschreibung des Umfangs der Verpflichtungen,
- die korrekte versicherungsmathematische Bewertung der Verpflichtungen (→Bewertungsprüfung) und
- die sachgerechte Verwendung der Bewertungsergebnisse im JA.

Dazu sind versicherungsmathematische Gutachten sowie die zugehörigen Einzelaufstellungen aller Pensionsberechtigten erforderlich. Zu prüfen ist, ob alle Pensionsberechtigten des Unternehmens bei der Bewertung erfasst wurden (Mengengerüstprüfung). Nach Abschn. 6a Abs. 18 EStR ist ein Inventurstichtag für die Personalaufnahme innerhalb von 3 Monaten vor oder 2 Monaten nach dem Bilanzstichtag zulässig, wenn sichergestellt ist, dass die Pensionsverpflichtungen für den Bilanzstichtag ordnungsgemäß bewertet werden (→Inventur; →Inventurvereinfachungsverfahren). Die relevanten personenbezogenen Daten für jeden Einzelfall sowie die für die Beschreibung des künftigen Verpflichtungsumfangs benötigten Bemessungsgrößen sind nach dem Kenntnisstand am Bilanzstichtag zumindest stichprobenhaft zu verifizieren (→Stichprobenprüfung). Dabei ist darauf zu achten, ob beschlossene Leistungserhöhungen, die erst nach dem Bilanzstichtag wirksam werden, berücksichtigt wurden.

Zu prüfen sind die Aktualität der Rechtsgrundlage (gültige Fassung der Versorgungszusage) sowie sich darauf evtl. beziehende externe Einflüsse durch Rspr. und Gesetzgebung. Dabei verdienen die durch anders lautende Benennung oder fehlende schriftliche Grundlage versteckten Pensionsverpflichtungen besonderes Augenmerk.

Das Handelsrecht fordert die periodengerechte Erfassung der Belastungen insb. auch aus Pensionsverpflichtungen (→periodengerechte Erfolgsermittlung). Diesem Anspruch genügt das Teilwertverfahren gem. Definition des § 6a Abs. 3 EStG, das über die gesamte aktive Dienstzeit des Berechtigten eine gleichmäßige (fiktive) Prämienbelastung unterstellt. Der *HFA* des →*Instituts der Wirtschaftsprüfer in Deutschland e.V.* sieht dieses Verfahren mit einem Rechnungszins von 6 % als Untergrenze für die Bewertung in der Handelsbilanz an. Abweichende Bewertungsmethoden (→Bewertungsgrundsätze) sind zulässig. Nach § 284 Abs. 2 HGB ist die Bewertungsmethode im →Anhang anzugeben.

Anhaltspunkte für die Größenordnung einer Pensionsrückstellung (→Rückstellungen) können aus der Fortentwicklung der Vorjahresrückstellung gewonnen werden. Eine Näherung für die Entwicklung des Teilwerts einer Anwartschaft auf Invaliden- und Altersrente (mit oder ohne Einschluss von Hinterbliebenenrenten) ergibt sich bei unveränderten Leistungen aus der Formel (Engbroks 2003, S. 536):

Rückstellung am Jahresende
$= \frac{(m+1)}{m} \cdot 1{,}03 \cdot$ Rückstellung am Jahresbeginn

Dabei bezeichnet m die am Beginn des Wirtschaftsjahres abgeleistete Dienstzeit seit Finanzierungsbeginn (frühestens Alter 30 bzw. 28).

Eine Schätzung der künftigen →Rückstellung eines Bestandes von Pensionsverpflichtungen bei unveränderten Leistungen erhält man durch den pauschalen Ansatz von 108,0 % der Vorjahresrückstellung für Aktive zzgl. 105,5 % der Vorjahresrückstellung für Ausgeschiedene mit unverfallbarer Anwartschaft zzgl. 98,0 % der Vorjahresrückstellung für laufende Leistungen.

Das Resultat ist zu erhöhen um Anpassungsfaktoren bei veränderten Leistungen, z. B. Gehaltsdynamik bei Aktiven oder Anpassung der laufenden Leistungen. Die beschriebenen Verfahren berücksichtigen keine besonderen Bestandsbewegungen (Neurentenfälle, Wegfall von Verpflichtungen etc.). Diese sind gesondert zu erfassen.

Pensionsverpflichtungen gehören zu den ungewissen →Verbindlichkeiten und sind grundsätzlich passivierungspflichtig (§ 249 Abs. 1 Satz 1 HGB) (→Ansatzgrundsätze). Durch Art. 28 EGHGB gilt für sog. Altzusagen und mittelbare Pensionsverpflichtungen ein Passivierungswahlrecht (→bilanzpolitische Gestaltungsspielräume nach HGB). Altzusagen sind Direktzusagen eines Unternehmens, die vor dem 1.1.1987 erteilt wurden (einschl. späterer Erhöhungen). Bei mittelbaren Pensionsverpflichtungen wird ein selbstständiger Versorgungsträger eingeschaltet, z. B. eine Unterstützungskasse, für die das Trägerunternehmen einstandspflichtig ist. KapGes müssen nicht passivierte Beträge im Anhang angeben (§ 285 Nr. 3 HGB).

Kapitalmarktorientierte Unternehmen müssen für Geschäftsjahre, die nach dem 31.12.2004 beginnen, ihren Konzernabschluss nach den →International Financial Reporting Standards (IFRS) erstellen (→Internationale Rechnungslegung, Umstellung auf). Pensionsverpflichtungen sind gem. IAS 19 zu bilanzieren. Dabei bestehen Unterschiede im Vergleich mit dem HGB.

Nach IAS 19 erfolgt keine Unterteilung in unmittelbare und mittelbare Pensionsverpflichtungen. Entscheidend ist, ob ein Pensionsplan beitragsorientiert (Defined Contribution Plan) oder leistungsorientiert (Defined Benefit Plan) ist. Ein beitragsorientierter Plan liegt vor, wenn ein Unternehmen feste Beiträge an eine eigenständige Einheit (einen Fonds) zahlt und nicht zur Zahlung weiterer Beiträge verpflichtet ist, falls der Fonds nicht über genügend Vermögenswerte (→Assets) verfügt, um die Leistungen zu erbringen. Ein Passivierungswahlrecht für mittelbare Pensionsverpflichtungen und Altzusagen besteht nicht.

Bei beitragsorientierten Plänen sind i. d. R. nur die jährlichen Beiträge in der →Gewinn- und Verlustrechnung (GuV) zu erfassen. Bei leistungsorientierten Plänen wird der Pensionsaufwand (Current Service Cost, Interest Cost, Amortisation) zu Beginn eines Wirtschaftsjahres auf der Basis der dann maßgeblichen Daten ermittelt. Allein zulässige Berechnungsmethode ist ein Anwartschaftsbarwertverfahren, die sog. Projected Unit Credit Method. Dabei ist neben Trendannahmen (Fluktuation, Gehalts- und Rentendynamik) ein Rechnungszins zu berücksichtigen, der sich an den Renditen orientieren soll, die am Bilanzstichtag für erstrangige, festverzinsliche Industrieanleihen (Euro-Zone) erzielt werden. Der ermittelte Pensionsaufwand bleibt i. d. R. unverändert. Gewinne oder Verluste aufgrund außergewöhnlicher Ereignisse, wie Plankürzungen (Curtailment), Abfindungen oder Übertragungen (Settlement), sind jedoch sofort zu erfassen.

Die nach IFRS zum Ende des Wirtschaftsjahres zu bilanzierende Pensionsrückstellung ergibt sich i. d. R. aus der Rückstellung zum Ende des vorigen Wirtschaftsjahres zzgl. des zu Beginn des Wirtschaftsjahres ermittelten Pensionsaufwandes abzgl. der liquiden Auszahlungen im Wirtschaftsjahr, wie Rentenleistungen oder Zuwendungen an eine externe Versorgungseinrichtung.

Im Anhang zur Bilanz sind umfangreiche Angaben zu machen, z. B. die vom Unternehmen angewandte Methode zur Erfassung versicherungsmathematischer Gewinne und Verluste, eine allgemeine Beschreibung der Art des Pensionsplanes etc.

Literatur: Engbroks, H.: Faustformeln für den Alltag der Pensionsversicherungsmathematik, in: BetrAV 6 (2003), S. 535–536; Heubeck, K.: Die Prüfung von Pensionsrückstellungen, Düsseldorf 1987.

Wilhelm Meyer

Percentage of Completion-Methode
→ Langfristige Auftragsfertigung

Performance Measurement

Performance Measurement bezeichnet im betriebswirtschaftlichen Sprachgebrauch mehr als die wörtliche Übersetzung „Leistungsmessung". Schon der Leistungsbegriff kann unterschiedlich weit gefasst werden. Als Gegenbegriff zu den →Kosten versteht man darunter die bewertete, sachzielbezogene Güterentstehung eines Betriebs, also die →Erlöse sowie ggf. die mit Verrechnungspreisen (→Verrechnungspreise, kalkulatorische) bewerteten innerbetrieblichen Wiedereinsatzgüter oder Lagerbestandszugänge. In weiterer Fassung sind Leistungen die Sachergebnisse der Produktion, also Mengen einzelner Produkte in bestimmter Qualität, aber auch die Arbeitsergebnisse in konkreten Stellen der betrieblichen Hierarchie. Im letztgenannten Anwendungsfall wird die Arbeitsleistung ausdrücklich der Arbeitsschwierigkeit gegenübergestellt, um bspw. speziell den mengenmäßigen Unterschied in der Arbeitserbringung verschiedener Personen zu erfassen.

Als *Performance* (oder Leistung in einem weiteren Sinn) kann das Ausmaß der Zielerreichung der betrachteten Einheit definiert werden. Damit ist die Präzisierung, insb. die Messung der Performance, abhängig vom betrachteten Betrieb und ggf. seinen Untereinheiten; sie kann so vielfältig sein wie die dort jeweils verfolgten Ziele. Im Regelfall dürften im betrieblichen Zielsystem auch in den oberen Ebenen neben formalen (vor allem finanziellen) Zielen auch sachliche (produkt- oder produktionsbezogene) und soziale (personen- oder personengruppenbezogene) Ziele vorhanden sein. Schon deshalb verlangt die entsprechende Zielerreichungsmessung, das *Performance Measurement*, ein mehrdimensionales Vorgehen. In jedem Fall geht es darum, zur Performance-Messung die jeweils passenden *Kennzahlen* zu finden (→Kennzahlen und Kennzahlensysteme als Kontrollinstrument). Dies erfordert sorgfältige Konkretisierungsüberlegungen, und zwar bereits dann, wenn durch eindeutige Konzentration auf das finanzielle Ergebnis ein scheinbar einfacher Fall vorliegt. Die zahlreichen Kennzahlen zur wertorientierten Unternehmungssteuerung (→Kennzahlen, wertorientierte; →Unternehmenssteuerung, wertorientierte), wie Rentabilitäten, Periodenüberschussgrößen verschiedener Art (→Rentabilitätsanalyse; →Erfogskennzahlensystem) oder Shareholder Value-Spezifikationen (→Shareholder Value-Analysis), zeigen, auf welch unterschiedliche Weise dies präzisiert werden kann. Bei ungeeigneter oder auch nur ungünstiger Kennzahlendefinition besteht die Gefahr, dass die zielverantwortlich Handelnden zwar eine gute Kennzahlenausprägung erreichen, das damit zu erfassende eigentliche Ziel aber verfehlen. Dies gilt erst recht dort, wo sich die Ziele von einem quantitativen Merkmal deutlich entfernen, wie es zumindest auf unteren Ebenen die Regel ist. Kundenzufriedenheit, Produktqualität, Betriebsklima oder Entwicklungspotenzial sind typische Beispiele dafür. Deshalb ist die Analyse der zu erwartenden Wirkung eines Zielmaßstabes eine der wichtigsten Aufgaben bei der Konzeption eines Performance Measurement-Systems.

Zur Analyse und Steuerung innerhalb der betrieblichen Aufbauorganisation (→Organisationsberatung) ist für jede organisatorische Einheit (Stelle, Abteilung, Division) ein adäquates Performance Measurement zu definieren. Die logisch stringenteste Form dabei wäre, jedwede Maßnahme mit ihren Ergebnissen danach zu messen, inwieweit sie zur betrieblichen Gesamtzielerreichung beitragen. Dies scheidet freilich oft wegen des mehrstufigen Zusammenhangs und der dabei zu berücksichtigenden Interdependenzwirkungen anderer Bereiche aus. Eindeutige und isoliert zuordenbare Performance-Maße müssen dann auf *Sekundärzielgrößen* zurückgreifen. Solche sind stellenbezogen gut messbar; ihr Zusammenhang zu einer Oberzielgröße ist dagegen nur hypothetischen, prinzipiellen oder mehrdeutigen Charakters. Als Sekundärzielgrößen können alle operativen Vorgabegrößen einzelner Stellen gelten, so die in der Kostenrechnung (→Kosten- und Leistungsrechnung; →Kostenrechnung, Prüfung der) verwendeten Kosteneinflussgrößen und →Cost Driver, die in der Ablauforganisation eingesetzten dezentralen Reihenfolgemerkmale sowie alle Größen aus der klassischen REFA-Leistungsmessung.

Inhaltlich ist das Performance Measurement somit ziel- und situationsbezogen. Formal kann es jedoch durch einheitliche Rahmenvorgaben unterstützt werden. Hierzu gibt es eine ganze Reihe von Vorschlägen. Sie reichen von vorgegebenen Kennzahlensystemen mit einzelnen Definitionsvorschlägen bis hin zur Regelung periodischer Performance-Berichte (→Berichtssystem; →Führungsinformationssysteme). Beispiele sind das traditionelle DuPont-, das ZVEI- und das →RL-Kennzahlensystem, das Tableau de Bord, die Performance Pyramid sowie die inhaltlich breiter angelegte →Balanced Scorecard.

Literatur: Gleich, R.: Das System des Performance Measurement, München 2001; Riedl, J. B.: Unternehmungswertorientiertes Performance Measurement, Wiesbaden 2000.

Ernst Troßmann

Periodenabgrenzung →Periodengerechte Erfolgsermittlung

Perioden-Einzelkosten →Grundrechnung

Periodenfremde Aufwendungen und Erträge

Das Gliederungsschema des § 275 HGB (→Gliederung der Gewinn- und Verlustrechnung), das von KapGes und Personenhandelsgesellschaften i. S. d. § 264a HGB [→Personengesellschaften (PersGes)] zu beachten ist, sieht keinen gesonderten Ausweis von periodenfremden Erträgen und Aufwendungen in der →Gewinn- und Verlustrechnung (GuV) vor. Derartige Erträge und Aufwendungen sind jedoch gem. § 277 Abs. 4 Satz 2 und 3 HGB im →Anhang hinsichtlich ihres Betrags und ihrer Art zu erläutern. Für kleine KapGes besteht gem. § 276 HGB (→Größenklassen) ein Wahlrecht für diese Anhangangabe (→bilanzpolitische Gestaltungsspielräume nach HGB).

Auch wenn kein gesonderter Ausweis periodenfremder Erträge und Aufwendung in der GuV vorgesehen ist, so sind diese darauf hin zu prüfen, ob sie als ao. i. S. d. § 277 Abs. 4 HGB zu beurteilen sind, was gem. § 275 HGB einen gesonderten Ausweis unter den Posten „außerordentliche Erträge" bzw. „außerordentliche Aufwendungen" (→außerordentliche Aufwendungen und Erträge) zur Folge hätte. Die Zugehörigkeit zu einem anderen Geschäftsjahr kann als Hinweis auf das Vorliegen eines ao. Postens dienen, stellt für sich allein genommen aber kein hinreichendes Merkmal für ihre Einordnung als ao. dar. Nach der Definition des § 277 Abs. 4 HGB handelt es sich bei ao. Aufwendungen und Erträgen um solche, die außerhalb der gewöhnlichen Geschäftstätigkeit der KapGes angefallen sind. Nach herrschender Auffassung in der Literatur ist das, was im Rahmen der gewöhnlichen Geschäftstätigkeit anzusehen ist, sehr weit auszulegen, mithin stellt die Existenz ao. Aufwendungen und Erträge einen seltenen Ausnahmefall dar. So sind bspw. periodenfremde Erträge aus der Auflösung nicht mehr benötigter →Rückstellungen grundsätzlich unter den sonstigen betrieblichen Erträgen (→sonstige betriebliche Aufwendungen und Erträge) und nicht als ao. Erträge auszuweisen, da sie im Rahmen der gewöhnlichen Geschäftstätigkeit anfallen. Als Beispiel für ao. Aufwendungen, die zugleich auch als periodenfremd zu beurteilen sind, können Aufwendungen, die aus einem Wegfall des →Going Concern-Prinzips (§ 252 Abs. 1 Nr. 1 HGB) resultieren, angesehen werden.

Soweit periodenfremde Aufwendungen und Erträge nicht als ao. zu qualifizieren sind, können sie Bestandteil jeder anderen Ertrags- bzw. Aufwandsposition der GuV sein (→Aufwendungen und Erträge). In der Praxis werden sie am häufigsten in den Posten →sonstige betriebliche Aufwendungen und Erträge sowie →Steueraufwand anzufinden sein. Als Beispiele für periodenfremde Aufwendungen und Erträge nennt das WPH u. a.(IDW 2006, Abschn. F, Rn. 734):

- Buchgewinne und Verluste aus der Veräußerung von →Vermögensgegenständen der →Sachanlagen,

- Erträge aus der Auflösung von Rückstellungen,

- Steuererstattungen aufgrund eines →Verlustrücktrags (§ 10d EStG) oder aus anderen Gründen sowie

- →außerplanmäßige Abschreibungen, mit denen in früheren Jahren eingetretenen, aber nicht erkannten Verlusten und Risiken Rechnung getragen wird.

Der nach § 277 Abs. 4 HGB geforderte gesonderte Ausweis der periodenfremden Aufwendungen und Erträge im Anhang soll verhindern, dass die für die Analyse der →Ertragslage bedeutende Information über deren Existenz und Höhe in den Einzelposten der GuV untergeht. Aufgrund dieser Zielsetzung wird aber auch nur der Ausweis derjenigen periodenfremden Posten verlangt, die für die Beurteilung der Ertragslage nicht von untergeordneter Bedeutung sind. Für unwesentliche periodenfremde Posten (→Wesentlichkeit) besteht danach kein Informationsbedürfnis. Die im Anhang aufzunehmenden periodenfremden Erträge und Aufwendungen sind der Art und Höhe nach zu erläutern.

Da periodenfremde Aufwendungen und Erträge in allen Posten der GuV enthalten sein können, stellen sie i. d. R. auch kein eigenständiges →Prüffeld dar. Ihre Prüfung erfolgt vielmehr im Zusammenhang mit der Prüfung der einzelnen Posten der GuV. Im Zentrum der Prüfung periodenfremder Aufwendungen und Erträge steht die Frage, ob ggf. erforderliche Anhangangaben nach Maßgabe des § 277 Abs. 4 HGB gemacht worden sind.

Aus der Prüfung des →Internen Kontrollsystems (→Internes Kontrollsystem, Prüfung des; →Systemprüfung) können zunächst einmal Erkenntnisse darüber gewonnen werden, ob die im →Rechnungswesen implementierten Kontrollen (→Kontrolltheorie) die hierzu erforderliche Identifizierung periodenfremder Posten unterstützen (→Kontrollprüfung). Außerdem sollte für den Fall, dass in der laufenden Buchhaltung periodenfremde Aufwendungen und Erträge enthalten sind, die bei frühzeitiger Erkennung bereits in Vorjahren buchhalterisch zu erfassen gewesen wären, auch geprüft werden, ob dieser Mangel auf systematische Schwächen im IKS zurückzuführen ist (→Systemprüfung).

Zur Aufdeckung periodenfremder Aufwendungen und Erträge, die entgegen der Vorschrift des § 277 Abs. 4 HGB im Anhang nicht gesondert ausgewiesen worden sind, sind →analytische Prüfungshandlungen (→Plausibilitätsprüfungen) zu den Posten der GuV besonders geeignet. Periodenfremde Posten erhöhen i. d. R. die Wahrscheinlichkeit, dass die gebuchten Salden vom Erwartungswert abweichen und weiterführende Prüfungshandlungen dann deren Existenz offen legen.

Schließlich sind die im Anhang bereits erfolgten Ausweise zu periodenfremden Aufwendungen und Erträgen auf Vollständigkeit und Richtigkeit (→Fehlerarten in der Abschlussprüfung) zu prüfen.

Literatur: IDW (Hrsg.): WPH 2006, Band I, 13. Aufl., Düsseldorf 2006.

Dirk Hällmayr

Perioden-Gemeinkosten
→Grundrechnung

Periodengerechte Erfolgsermittlung

Der Erfolg unternehmerischer Tätigkeit wird in der Rechnungslegung primär durch Gegenüberstellung von →Aufwendungen und Erträgen in der →Gewinn- und Verlustrechnung (GuV) abgebildet (→Gliederung der Gewinn- und Verlustrechnung). Als Zeitraum, für den die Erfolgsermittlung durchzuführen ist, schreibt § 242 Abs. 2 HGB das Geschäftsjahr vor. Dieses darf gem. § 240 Abs. 2 HGB 12 Monate nicht überschreiten. In der Praxis entspricht das Geschäftsjahr überwiegend dem Kalenderjahr.

Eine periodengerechte Erfolgsermittlung wird demzufolge durch die gesetzeskonforme Zuordnung von Erträgen und Aufwendungen auf die jeweiligen Geschäftsjahre erreicht. Eine umfassende Definition der Begriffe „Erträge" und „Aufwendungen" enthalten die deutschen Rechnungslegungsvorschriften nicht. Zur Bestimmung des Zeitpunktes ihrer Erfassung sind jedoch die in den allgemeinen →Bewertungsgrundsätzen normierten Prinzipien der Periodenabgrenzung (§ 252 Abs. 1 Nr. 5 HGB) sowie das Realisations- bzw. Imparitätsprinzip (§ 252 Abs. 1 Nr. 4 HGB) (→Grundsätze ordnungsmäßiger Rechnungslegung) zu beachten. Der Grundsatz der Periodenabgrenzung stellt klar, dass Aufwendungen und Erträge des Geschäftsjahres unabhängig von den Zeitpunkten der entsprechenden Zahlungen im JA zu berücksichtigen sind. Das Realisationsprinzip legt fest, wann ein →Ertrag entstanden ist; aus dem Imparitätsprinzip ergibt sich, dass negative Erfolgsbeiträge zu antizipieren sind. Die vorgenannten Prinzipien stellen kodifizierte GoB dar (→Grundsätze ordnungsmäßiger Buchführung, Prüfung der), die z.T. weitere Konkretisierungen durch gesetzliche Vorschriften, wie dem in § 253 Abs. 1 HGB geregelten Höchstwertprinzip, erfahren und daneben in Rspr. und Schrifttum inhaltlich ausgelegt werden (Leffson 1987, S. 26 f.).

Durch die materielle Verknüpfung der Bilanz mit der GuV im System der doppelten Buchführung (→Buchführungstechnik und Prüfungsmethoden) führen Aufwands- bzw. Ertragsbuchungen in der GuV i. d. R. zu einer entsprechenden Veränderung von →Vermögensgegenständen und →Schulden in der Bilanz. Die Einhaltung der periodengerechten Erfolgsermittlung ist daher ein Prüfungsziel (→Fehlerarten in der Abschlussprüfung), das sich auf alle Posten des Jahresabschlusses erstreckt. Besondere Bedeutung für eine periodengerechte Erfolgsermittlung im JA haben aber üblicherweise die mit dem Umsatzakt verbundenen Geschäftsvorfälle, da sie in den meisten operativ tätigen Unternehmen das Massengeschäft abbilden. Die betroffenen Posten im Jahresabschluss sind insb. →Forderungen, →Verbindlichkeiten, Vorräte (→Vorratsvermögen) sowie die →Umsatzerlöse und →Materialaufwendungen bzw. die HK (→Herstellungskosten, bilanzielle) der zur Erzielung der Umsatzerlöse erbrachten Leistungen. Daneben stellt aber auch die Bilanzierung →sonstiger betrieblicher Aufwendungen und Erträge, die aus unregelmäßig eintretenden Geschäftsvorfällen resultieren, häufig ein Problem im Hinblick auf eine periodengerechte Erfassung dar (→periodenfremde Aufwendungen und Erträge; →außerordentliche Aufwendungen und Erträge).

Die Prüfung einer periodengerechten Erfassung der dem Absatz von Waren und Dienstleistungen zuzurechnenden Geschäftsvorfälle erstreckt sich insb. auf die Frage, ob Forderungen und Umsatzerlöse in Übereinstimmung mit dem Realisationsprinzip erfasst worden sind und ob die korrespondierenden Aufwendungen über eine entsprechende Ausbuchung aus den Vorräten bzw. über eine Erfassung der Verbindlichkeit im JA berücksichtigt worden sind.

Eine Lieferung oder Leistung wird, von Ausnahmen abgesehen, als realisiert angesehen, wenn unter Berücksichtigung der bürgerlich-rechtlichen Vorschriften die geschuldete Leistung an den Gläubiger bewirkt wurde, der Anspruch auf die Gegenleistung damit entstanden ist und die Gefahr auf den Käufer übergegangen ist. Im Falle eines Kaufvertrags werden diese Bedingungen i. d. R. im Zeitpunkt der Lieferung vorliegen, bei Leistungen aufgrund eines Dienstvertrages im Zeitpunkt, in dem die Leistung erbracht worden ist und bei Werkverträgen im Zeitpunkt, in dem das Werk an den Auftraggeber abgeliefert und abgenommen ist (§ 640 BGB).

Im Rahmen der Prüfung des →Internen Kontrollsystems (→Internes Kontrollsystem, Prüfung des; →Systemprüfung) zum Absatz und Beschaffungsprozess (→Geschäftsprozesse; →Einkaufswesen) ist zunächst einmal zu beurteilen, wie effektiv die implementierten Kontrollmaßnahmen des Unternehmens sicherstellen, dass Umsätze nur als realisiert ausgewiesen werden, wenn die oben genannten Bedingungen vorliegen und dass die mit den Umsätzen korrespondierenden Aufwendungen zutreffend im JA erfasst werden. Das Ergebnis dieser Prüfung wird sich auf den Umfang der durchzuführenden aussagebezogenen →Einzelfallprüfungen (→ergebnisorientierte Prüfungshandlungen) zur Periodenabgrenzung, oft auch als Cut-Off-Prüfungen (→Cut-Off) bezeichnet, auswirken. Bei der Cut-Off-Prüfung werden durch Abstimmung der letzten Rechnungen und Lieferscheine vor sowie nach dem Bilanzstichtag die Einhaltung des Realisationsprinzips und die periodengleiche Erfassung von Forderung und Vorratsausbuchung geprüft. Die Cut-Off-Prüfungen werden i. d. R. durch aussagebezogene →analytische Prüfungshandlungen zur Entwicklung der Umsatzerlöse und des Materialaufwands ergänzt.

Literatur: Leffson, U.: Die Grundsätze ordnungsmäßiger Buchführung, 7. Aufl., Düsseldorf 1987.

Dirk Hällmayr

Permanente Inventur →Inventurvereinfachungsverfahren, Prüfung von

Permanente Prüfung →Continuous Audit

Personalaufwand

Der Posten Personalaufwand in der →Gewinn- und Verlustrechnung (GuV) umfasst Löhne, Gehälter, soziale Abgaben und Aufwendungen für Altersversorgung und Unterstützung. Die Löhne und Gehälter umfassen sämtliche Personalaufwendungen (Geld- und Sachleistungen). Am Jahresende noch nicht ausbezahlte Löhne und Gehälter werden unter den →Verbindlichkeiten, Tantiemen oft als →Rückstellungen erfasst. Der Posten Löhne und Gehälter (→Gliederung der Gewinn- und Verlustrechnung) umfasst Arbeitsentgelt, das aufgrund vertraglicher Vereinbarung (Einzel-/Tarifvertrag) oder freiwillig gewährt wird, nicht jedoch die Gewinnverwendung (→Eigenkapital). Die sozialen Abgaben enthalten Arbeitgeberanteile zu den gesetzlich vorgeschriebenen Sozialabgaben. Die Aufwendungen für Altersversorgung sind zwangsläufig nicht nur auf Arbeitnehmer beschränkt, sondern umfassen auch Aufwendungen für Rentner und Hinterbliebene ehemaliger Arbeitnehmer.

Personalaufwandsquote

Im Rahmen des Lohn- und Gehaltsverkehrs besteht eine vergleichsweise hohe Beeinflussungsmöglichkeit durch die bearbeitenden Stellen. Der Prüfung des →Internen Kontrollsystems (→Internes Kontrollsystem, Prüfung des; →Systemprüfung) ist daher ein hoher Stellenwert beizumessen.

Der Prüfer sollte sich zunächst Kenntnisse von der Personal- und Entgeltstruktur (→Personalcontrolling) verschaffen, ein Risikoprofil sowie eine erste Wesentlichkeitseinschätzung (→Wesentlichkeit) vornehmen. Zu prüfende interne Kontrollen können z. B. sein: Sicherstellung der vollständigen Erfassung der personalbezogenen Aufwendungen durch die Unternehmensleitung, erforderliche Abgrenzungen durch Arbeitsanweisungen routinemäßig am Jahresende (→periodengerechte Erfolgsermittlung), Prüfung der Verbindlichkeiten und Rückstellungen durch die Verantwortlichen, Überprüfung der Mitarbeiteranzahl anhand der aktuellen Lohn- und Gehaltsliste, Auswertung der Zeiterfassung durch die Personalabteilung unter Beachtung des Vier-Augen-Prinzips, Abstimmung der Lohnabrechnungen mit den Sachkonten, Durchführung eines monatlichen →Soll-Ist-Vergleichs der Löhne und Gehälter sowie Analyse der Abweichungen durch die Geschäftsleitung, →Verprobung von Verkaufsprovisionen mit den Umsätzen, schriftliche Dokumentation von Kündigungen und Neueinstellungen zur Vermeidung von Zahlungen aufgrund fiktiver oder zwischenzeitlich beendeter Arbeitsverhältnisse, Überprüfung der Aktualität der bei der Lohn- und Gehaltsbuchhaltung angewandten Software (→IT-Prüfung), Beachtung von Datenschutzvorschriften (→Datenschutz-Audit) etc.

Prüfungshandlungen im Bereich der substanziellen →analytischen Prüfungshandlungen könnten sein: Analyse der Veränderungen des Personalaufwands bezogen auf Abteilungen und Zeiträume, der Veränderung der Mitarbeiteranzahl nach Abteilungen, Produkten etc., Entwicklung des Verhältnisses von Personalaufwendungen zu →Umsatzerlösen, Abgleich der abgeführten LSt und Sozialabgaben mit den personalbezogenen Aufwendungen, Analyse des Verhältnisses von Gehältern und Löhnen im Zeitvergleich sowie der Analyse des durchschnittlichen Lohnaufwands und der durchschnittlichen Erhöhung des Personalaufwands je Mitarbeiter.

Der Umfang der sonstigen substanziellen Prüfungshandlungen bestimmt sich anhand der Erkenntnisse zu der Verlässlichkeit des Internen Kontrollsystems. Prüfungshandlungen können sein: Stichprobenhafte Prüfung der Lohn- und Gehaltsaufwendungen durch Belege (z. B. Lohn- und Gehaltsvereinbarungen, Zeiterfassungsnachweise etc.) (→Belegprüfung), rechnerische Abstimmung ausgewählter Lohn- und Gehaltslisten (→Abstimmprüfung) und Untersuchung auf große oder ungewöhnliche Einzelpositionen, Untersuchung, ob die aufgeführten Personen auch Mitarbeiter sind, Abstimmung der Nettolöhne und -gehälter mit Auszahlungen, Überprüfung der zutreffenden Kontierung und Verbuchung, Abstimmung der Zahlungen an Finanzamt und Krankenkassen mit den Auswertungen der Lohn- und Gehaltslisten und den Sachkonten, stichprobenweise Überprüfung von Sondervergütungen im Hinblick auf die zugrunde liegenden Vereinbarungen und Überprüfung der Zuführung zu den Pensionsrückstellungen (→Pensionsverpflichtungen) anhand des versicherungsmathematischen Gutachtens. Geschäftsführer- und →Vorstandsbezüge sind einzeln zu prüfen. Weiterhin sollte der Bericht der letzten Lohnsteueraußenprüfung eingesehen sowie Beanstandungen aus der Prüfung der Sozialversicherungsträger nachgegangen werden.

Literatur: Ballwieser, W. et al. (Hrsg.): HWRP, 3. Aufl., Stuttgart 2002; Coenenberg, A. G./Wysocki, K. v. (Hrsg.): HWRev, Stuttgart 1983; Ellrott, H. et al.: BeckBilKomm, 6. Aufl., München 2006; Lück, W. (Hrsg.): Lexikon der Rechnungslegung und Abschlussprüfung, 4. Aufl., München et al. 1998.

Maike Riecken

Personalaufwandsquote →Aufwands- und Ertragsanalyse

Personalcontrolling

Personalcontrolling ist ein wichtiges →Controllinginstrument, um den Einsatz der Personalressourcen sowie die Anwendung personalwirtschaftlicher Maßnahmen und Institutionen zielgerichtet planen (→Planung), steuern und kontrollieren zu können.

Beim Personalcontrolling handelt es sich um ein oft vernachlässigtes Element des allgemeinen Controllingprozesses, bei dem es im Wesentlichen um die Installierung und Praktizierung eines unternehmensumfassenden Systems der Vorgabe von Zielen und Planwerten und der Überprüfung ihrer Einhaltung bzw. Erreichung (→Soll-Ist-Vergleich) geht (→Controlling, Aufgaben des). Die Vernachlässigung wird damit zusammenhängen, dass man bei der quantitativen Integration des „Faktors Arbeit" (*Gutenberg*) in das →Controlling auf beträchtliche Schwierigkeiten stößt.

Personalcontrolling zielt darauf ab, das Personalmanagement (→Human Resource Management) systematisch in die Unternehmensstrategie zu integrieren (→wertorientierte Strategieplanung) und – zumindest ein Stück weit – messbar zu machen. Es soll vor allem Auskunft geben können über →Kosten, Leistungsprozessgrößen und Wertschöpfungsbeiträge (→Wertschöpfungsanalyse) des Personalbereichs. Damit soll der strategie- und zielgerechte Einsatz der teuren, „sensiblen" und zumindest in bestimmten Marktsegmenten schwer zu beschaffenden Ressource Personal verbessert werden (Berthel 2004; Wunderer 2000). Wichtige Ziele können – je nach Schwerpunktsetzung – sein: die Schaffung einer Übersicht über Strukturen und Entwicklungen von Personalkosten (→Kostenmanagement; →Kostencontrolling), die Aufdeckung und Entschärfung von Engpässen (→Engpassplanung) im Personalbereich, die Entwicklung einer transparenten Datengrundlage für personalwirtschaftliche Entscheidungen, die Reduktion von Fluktuation und Absentismus, die Steigerung der Leistungsabgabe der Mitarbeiter und andere.

Die Gegenstandsbereiche des Personalcontrollings können im Einzelnen sein: Personen bzw. Personal, Aktivitäten der Personalfunktion sowie die Organisation der Personalarbeit.

Personen bzw. Personal: Ein theoretisch wie praktisch interessanter Unterschied ist, ob sich das Personalcontrolling objektbezogen auf „das Personal" (Mitglieder des Personalkörpers) oder subjektbezogen auf die arbeitenden Menschen bezieht. Aufgrund der ursprünglichen Verortung der Controllingfunktion im Bereich →Rechnungswesen wird eine starke Neigung zu einer „entpersonalisierten" objektbezogenen Betrachtungsweise bestehen. Das Personalwesen weist aber einen kategorialen Unterschied zu den anderen betriebswirtschaftlichen Teilfunktionen aufgrund der *„personalen Gebundenheit des Faktors Arbeit"* auf. Menschliche Arbeit ist grundsätzlich Ausdruck der Individualität und Subjektivität der Person, die sie leistet. Sie ist nicht auf maschinenhafte Reaktionen der Träger der objektbezogenen Arbeit i.S. *Gutenbergs* zu reduzieren. Es gibt, um bei *Gutenbergs* Produktionsfaktoren-Ansatz zu bleiben, Betriebsmittel und auch Werkstoffe (Gutenberg 1963), nicht aber die „Arbeit an sich", sondern nur Menschen, die ihre Arbeitskraft zur Verfügung stellen (Breisig 2005, S. 10 ff.). Damit ist der „Faktor Arbeit" untrennbar mit dem Menschen verbunden, der – z. B. über Arbeitsverträge – in den Betrieb eingebunden wird. Dies macht ihn schwierig, sperrig und schwer berechenbar, zugleich aber bei hoher Unsicherheit besonders attraktiv, weil er zu flexiblen Zuarbeiten und kreativen Leistungsbeiträgen in der Lage ist. Diese schwer zu erfassende subjektive Seite des Einsatzes menschlicher Arbeit bleibt im Personalcontrolling oft unterbelichtet.

Aktivitäten der Personalfunktion: Das zweite Objektfeld des Personalcontrollings ist der „Output" der Träger der Personalarbeit im Betrieb. Als solche werden zumeist die Geschäftsleitung, die Führungskräfte (in ihrer konkreten Personalführungsfunktion gegenüber den Mitarbeitern) sowie – falls vorhanden – das für zentrale Fragen zuständige Personalressort betrachtet. Zum Output rechnet man zum einen die konkreten Instrumente, Programme, Pläne, Projekte usw. (z. B. ein eingeführtes Verfahren der Personalbeurteilung oder ein spezielles Weiterbildungsprogramm), zum anderen aber auch die „alltäglichen" Aktivitäten der Träger der Personalarbeit (z. B. die Durchführung von Mitarbeitergesprächen oder das Vornehmen einer Auswahlentscheidung zur Stellenbesetzung).

Organisation der Personalarbeit: Zumindest in größeren Unternehmen mit institutionalisierter Personalfunktion (z. B. in Form einer Personalabteilung) bezieht sich das Personalcontrolling auch auf die Frage, ob die geschaffenen Einheiten sinnvoll gestaltet sind und ob sie effizient und effektiv arbeiten.

Im Rahmen eines kurzen Überblicksartikels können die potenziellen Analyse- und Steuerungsinstrumente des Personalcontrollings nicht erschöpfend dargestellt werden. Besonders wichtig und aktuell erscheinen personalwirtschaftliche Kennzahlensysteme (→Kennzahlen und Kennzahlensysteme als Kontrollinstrument), Zielvereinbarungsverfahren sowie die →Balanced Scorecard.

Personalwirtschaftliche Kennzahlensysteme: Mittels personalwirtschaftlicher Kennzahlensysteme sollen die für das Personalcontrolling relevanten Sachverhalte quantitativ erfasst und einer steuernden Analyse zugänglich gemacht werden (Schulte 1989). „Gute" Kennzahlen helfen, Ziele und Aufgaben des Personalwesens zu operationalisieren und den Bereich einer systematischen Steuerung zuzuführen. Sie erlauben ferner die Identifikation von Problemen sowie die Ableitung von Prognosen (→Prognoseinstrumente) und Erfolgswahrscheinlichkeiten. Beispiele für solche Kennzahlen sind nach Bereichen und/oder Mitarbeitergruppen aufgeschlüsselte Fluktuationsraten, Potenzialdaten (über Mitarbeiter oder Gruppen), Leistungsdaten, Daten über die Nutzung und die Effizienz betrieblicher Qualifizierungsmaßnahmen („Bildungscontrolling") usw.

Zielvereinbarungsverfahren: Bei Zielvereinbarungen treffen Vorgesetzte mit ihren Mitarbeitern oder ganzen Teams Abmachungen über (von den einzelnen Beschäftigten bzw. Gruppen) anzustrebende Ziele. Unternehmen aller Größen und Branchen wie auch neuerdings Behörden und andere Organisationen aus dem öffentlichen Sektor versprechen sich davon einen ebenso effizienten wie flexiblen Steuerungsmechanismus der Unternehmensaktivitäten, der noch dazu partizipative Komponenten enthält (Breisig 2001). Miteinander verzahnte und vernetzte Zielvereinbarungen bis „hinunter" zur Basis der Hierarchie versprechen eine stringente Umsetzung der Unternehmensplanung i. S. d. Controlling-Ansatzes.

Balanced Scorecard: Zielvereinbarungen stehen oft in engem Zusammenhang mit der Einführung von „Balanced Scorecards" (Kaplan/Norton 1996). Diese Scorecards sollen eine konkrete Übersetzung der strategischen Ziele von Unternehmen oder Organisationseinheiten nach unten hin gewährleisten. Das Besondere ist, dass dabei eine ausgewogene („balanced") Mischung von Ergebnis-Kennzahlen (→Erfolgskennzahlsystem), die sich in der Vergangenheit bewährt haben, und zukunftsorientierten Leistungsfaktoren [Innovations- (→Innovationsmanagement), Entwicklungs- sowie Wachstumsziele] entwickelt werden soll. Mittels Zielvereinbarungen werden diese Steuerungsgrößen auf den einzelnen Hierarchieebenen bereichsspezifisch festgelegt. Außerdem ist dieser Ansatz für das Personalcontrolling von besonderem Interesse, weil ausdrücklich auch auf das Personal bezogene Perspektiven (z. B. mit der Bezeichnung „Lernen und Entwicklung") einbezogen werden sollen.

Obwohl das Personalcontrolling durch „moderne" Instrumente, wie Zielvereinbarungen und Balanced Scorecards, in der letzten Zeit einen Bedeutungsschub erreicht hat, steht es unverändert vor gravierenden Anwendungsproblemen und Grenzen.

Der Gegenstandsbereich Personal und insb. Menschen (Personen) ist als „weiche Größe" einer Quantifizierung nur begrenzt zugänglich. Dies zeigt sich etwa zur Zeit bei vielen Unternehmen, die versuchen, quantitative und mit einem leistungsbezogenen Vergütungselement (z. B. →Aktienoptionsprogramme) verkoppelte Zielvereinbarungssysteme in weiten Bereichen einzuführen.

Auch →Abweichungsanalysen oder Schwachstellenanalysen sind wegen der schwierigen Zuordnung von Ursachen und Wirkungen oft mit hoher Unsicherheit behaftet.

Schließlich ist zu erwähnen, dass ein elaboriertes Personalcontrolling ohne systematische Erfassung personenbezogener Daten (z. B. Leistungsdaten, Beurteilungen oder Kompetenzeinschätzungen) kaum auskommt. An diesem Punkt führen aber Akzeptanzprobleme (Stichwort: „gläserner Mitarbeiter") zu erheblichen Restriktionen, die in diversen gesetzlichen Regelungen ihren Niederschlag gefunden haben. Zu nennen ist in diesem Zusammenhang etwa die →Mitbestimmung des Betriebsrats bei der Erfassung von Daten zur Leistungs- und Verhaltenskontrolle oder auch das BDSG (→Datenschutz; →Datenschutz-Audit).

Literatur: Berthel, J.: Personalcontrolling, in: Gaugler, E./Oechsler, W. A./Weber, W. (Hrsg.): HWP, 3. Aufl., Stuttgart 2004, Sp. 1441–1455; Breisig, T.: Entlohnen und Führen mit Zielvereinbarungen, 2. Aufl., Frankfurt a.M. 2001; Breisig, T.: Personal. Eine Einführung in arbeitspolitischer Perspektive, Herne/Berlin 2005; Gutenberg, E.: Grundlagen der Betriebswirtschaftslehre. Erster Band: Die Produktion, 8./9. Aufl., Berlin et al. 1963; Kaplan, R. S./ Norton, D. P.: The Balanced Scorecard: Translating strategy into action, Boston 1996; Scherm, E.: Personal-Controlling. Eine kritische Bestandsaufnahme, in: DBW 52 (1990), S. 309–323; Schulte, C.: Personal-Controlling mit Kennzahlen, München 1989; Wunderer, R.: Entwicklungstendenzen im Personal-Controlling und der Wertschöpfungsmessung, in: Personal 52 (2000), S. 298–304.

Thomas Breisig

Personalwesen →Human Resource Management

Personengesellschaften

PersGes lassen sich systematisieren in Innen- und Außengesellschaften (→Unternehmensformen; →Unternehmensformen, Wahl der). Innengesellschaften, z.B. die Stille Gesellschaft, treten als solche nach außen nicht in Erscheinung. Bei den Personenaußengesellschaften bilden die Personenhandelsgesellschaften, insb. die →Offene Handelsgesellschaft (OHG) und die →Kommanditgesellschaft (KG) eine besondere Gruppe neben der GbR und der PartGes. Das Vermögen von Personenhandelsgesellschaften stellt Gesamthandsvermögen der Gesellschafter dar (Rose/Glorius-Rose 2001, S. 2–9). Von den genannten PersGes sind die Personenhandelsgesellschaften gem. § 242 HGB zur handelsrechtlichen Rechnungslegung verpflichtet. Die Beachtung der besonderen Vorschriften der §§ 265 ff. HGB wird gefordert von i.S.v. § 1 Abs. 1 PublG i.V.m. §§ 3 Abs. 1 Nr. 1 und 5 Abs. 1 PublG großen sowie von haftungsbeschränkten Personenhandelsgesellschaften i.S.v. § 264a Abs. 1 HGB. Neben gesetzlichen →Pflichtprüfungen von Personenhandelsgesellschaften, die nur durch entsprechende Berufsangehörige durchgeführt werden können, sind in der Praxis gesellschaftsvertraglich verankerte oder fallweise freiwillige Prüfungsverpflichtungen (→freiwillige und vertragliche Prüfung) zu finden. Letztere sind auch durch andere als durch Vorbehaltsprüfer leistbar.

Die unterschiedlichen Prüfungsanlässe von PersGes können der folgenden Abb. entnommen werden:

Z.T. sind Prüfungsmodalitäten (z. B. „Übernahme der Rechnungslegungsregelungen für große KapGes") im Gesellschaftsvertrag festgeschrieben, der entsprechend genau zu studieren ist. Besteht kein schriftlicher Gesellschaftsvertrag soll sich der Prüfer [→Abschlussprüfer (APr)] schriftlich bestätigen lassen, dass keine von den gesetzlichen Regelungen abweichenden mündlichen Vereinbarungen zwischen den Gesellschaftern getroffen wurden.

Die besonderen Bilanzierungs- und Bewertungsvorschriften für freiwillig oder aufgrund gesetzlicher Vorgaben bilanzierungs- und prüfungspflichtige PersGes sind – im Vergleich zu bilanzierungspflichtigen KapGes – der Tab. auf S. 1022 zu entnehmen (s. zu Details auch IDW 2005):

Neben den Unterschieden in der Anwendung einzelner Regelungen des HGB ist die steuerliche Beurteilung von (gewinneinkunftsartenerzielenden) PersGes (sog. Mitunternehmerschaften) – und damit der →Steueraufwand im handelsrechtlichen JA – deutlich unterschiedlich zu KapGes. KapGes sind als eigene Rechtspersönlichkeit GewSt- und KSt-pflichtig. Mitunternehmerschaften sind lediglich GewSt-pflichtig, sofern ein Gewerbe i.S.v. § 15 EStG betrieben wird. Ansonsten zerfällt

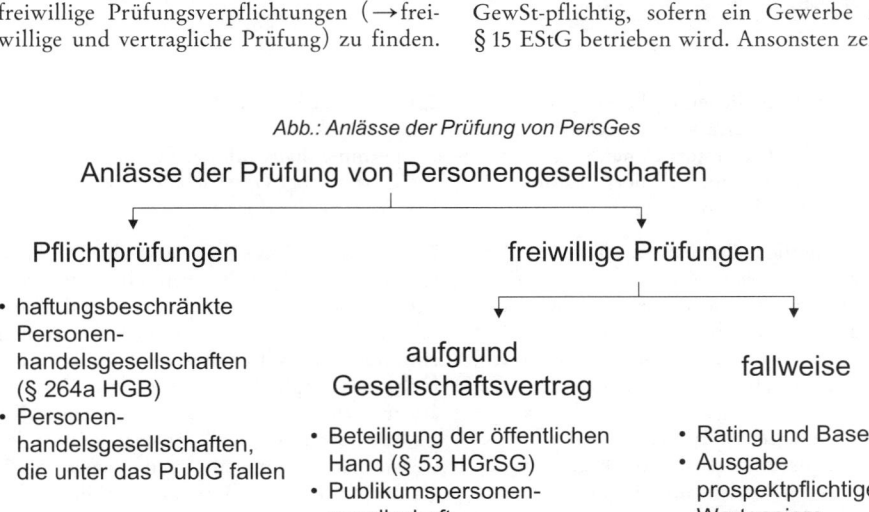

Abb.: Anlässe der Prüfung von PersGes

Personengesellschaften

Tab.: Besondere Vorschriften für bilanzierungspflichtige/freiwillig bilanzierende PersGes (im Vergleich zu KapGes)

Haftungsbeschränkte Personengesellschaft	Unter das Publizitätsgesetz fallende Personengesellschaften	Freiwillige Bilanzierung/Prüfung ohne Vorgaben
Eigenkapital besondere Gliederung gem. § 264c Abs. II HGB; negatives Kapitalkonto des Vollhafters/Kommanditisten als Forderung nur bei bestehender Nachschussverpflichtung; Rücklagenausweis nur bei gesellschaftsvertraglicher Verpflichtung; überschießende Außenhaftung ist im Anhang erläutert	Keine Anwendung der §§ 279, 280 HGB	Keine Anwendung der §§ 264–330 HGB
Anteile an Komplementärin Ausweis unter A III. 1 oder A III 3. mit korrespondierenden Sonderposten gem. § 272 Abs. 4 HGB (gebildet aus Rücklagen oder Jahresüberschuss)		
Sonderposten In Höhe aktivierter Ingangsetzungsaufwendungen/latenter Steuern sind passive Sonderposten nach dem Eigenkapital zu bilden		
Fiktiver Steueraufwand Zur Vergleichbarkeit mit Kapitalgesellschaften darf ein fiktiver Steueraufwand für die Einkommensteuer der Gesellschafter angesetzt werden (§ 264c Abs. III HGB)		

das in der einheitlichen und gesonderten Gewinnfeststellung ermittelte Ergebnis auf die Gesellschafter/Mitunternehmer. Folgende Besonderheiten sind bei der Prüfung des GewSt-Aufwands zu beachten:

1) Das steuerliche Betriebsvermögen, das dem Betriebsvermögensvergleich zur Ermittlung der Ausgangsgröße der ertragsteuerlichen Bemessungsgrundlagen zugrunde gelegt wird (→Gewinnermittlungsmethoden, steuerrechtliche), umfasst neben dem Gesamthandsvermögen – der Höhe nach – auch steuerliche Wertkorrekturen zum Gesamthandsvermögen in sog. Ergänzungsbilanzen (→Sonder- und Ergänzungsbilanzen, steuerrechtliche) sowie – dem Grunde nach – →Wirtschaftsgüter im Sonderbetriebsvermögen einzelner Gesellschafter.

2) Bezieht die PersGes Dividenden, ist die Abzugsfähigkeit der →Betriebsausgaben im Zusammenhang mit der Beteiligung abhängig von der Gesellschafterzusammensetzung in der PersGes.

Zu 1) Insb. →Gesellschafterwechsel in PersGes werden zu Entgelten vereinbart, die oberhalb des steuerlichen Kapitalkontos des ausscheidenden Gesellschafters liegen. Der neu eintretende Gesellschafter zeigt die über die Höhe des Kapitalkontos bezahlten Entgelte als zusätzliche →Anschaffungskosten (AK), als Wertkorrekturen zu Wirtschaftsgütern des Gesamthandsvermögens, in einer eigenständigen (nur steuerlichen) Ergänzungsbilanz. Die Ergänzungsbilanz ist – kongruent zur Wertentwicklung der die stillen Reserven (→stille Reserven und Lasten) enthaltenden Wirtschaftsgüter im Gesamthandsvermögen – jährlich fortzuschreiben. Die aus der Ergänzungs-GuV (→Gewinn- und Verlustrechnung) stammenden Ergebnisse sind dem Gesellschafter individuell innerhalb der einheitlichen und gesonderten Gewinnfeststellung zuzurechnen.

Stellt ein Gesellschafter einer Mitunternehmerschaft Wirtschaftsgüter, die sich in seinem wirtschaftlichen Eigentum befinden, zur entgeltlichen Nutzung zur Verfügung, so gelangen diese Wirtschaftsgüter über ein von der Rspr. des *BFH* geschaffenes Rechtsinstitut in das sog. Sonderbetriebsvermögen (I) des Gesellschafters. Diese werden folglich zu Betriebsvermögen der Mitunternehmerschaft. Rechtsgrundlage ist § 15 Abs. 1 Nr. 2 EStG. Auch Wirtschaftsgüter und insb. →Schulden, die der Beteiligung des Mitunternehmers an der Mitunternehmerschaft dienen, werden dem Sonderbetriebsvermögen – hier Sonderbetriebsvermögen II – zugeordnet. Auch das Sonderbetriebsvermögen ist nach den bilanzsteuerrechtlichen Vorschriften des EStG weiter zu entwickeln. Die Ergebnisse (Sonderbetriebseinnahmen abzgl. Sonderbetriebsausgaben) aus den Sonderbilanzen sind individuell den Mitunternehmern in der einheitlichen und gesonderten Gewinnfeststellung zuzuordnen, die Verursacher der Sonderbilanzen sind.

Der Prüfer hat sich zur Prüfung des GewSt-Aufwands über die Existenz von Ergänzungs- und Sonderbilanzen zu vergewissern. Er sollte sich zudem im Rahmen der → Vollständigkeitserklärung bestätigen lassen, dass alle Sonderbetriebsausgaben im Zusammenhang mit Sonderbetriebseinnahmen in der einheitlichen und gesonderten Gewinnfeststellung enthalten sind. In der Praxis ist feststellbar, dass die (GewSt-erhöhend wirkenden) Sonderbetriebseinnahmen auf Ebene der Mitunternehmerschaft (nachweisbar und) erfasst sind, dass allerdings die (GewSt-mindernd wirkenden) Sonderbetriebsausgaben, die regelmäßig nur durch konkrete Benennung durch den Mitunternehmer in Erfahrung zu bringen sind, oftmals im →Rechnungswesen des Mitunternehmers verbleiben.

Zu 2) Seit der Änderung des deutschen KSt-Systems zum 1.1.2001 werden Dividenden, die von KapGes vereinnahmt werden, KSt-frei gestellt, und solche, die an natürliche Personen fließen, dem Halbeinkünfteverfahren unterworfen. Betriebsausgaben im Zusammenhang mit steuerfreien Dividenden sind abzugsfähig; allerdings werden 5 % der Dividenden gem. § 8 Nr. 5 KStG in nichtabzugsfähige Betriebsausgaben umqualifiziert. Betriebsausgaben im Zusammenhang mit Dividenden, die dem Halbeinkünfteverfahren unterliegen, sind gem. § 3c Abs. 2 i.V.m. § 3 Nr. 40 EStG hälftig zum Abzug zugelassen. Beziehen PersGes Dividenden, folgt die steuerliche Behandlung der Dividenden – wegen des steuerlichen Transparenzprinzips bei der Behandlung von PersGes – insoweit der Behandlung bei KapGes, wie KapGes an der PersGes beteiligt sind. Insoweit, wie natürliche Personen an der PersGes beteiligt sind, greift das Halbeinkünfteverfahren.

Literatur: IDW (Hrsg.): IDW Stellungnahme zur Rechnungslegung: Zur Rechnungslegung bei Personenhandelsgesellschaften (IDW RS HFA 7, Stand: 12. Mai 2005), in: WPg 58 (2005), S. 669–670; Rose, G./Glorius-Rose, C.: Unternehmen, Rechtsformen und Verbindungen, 3. Aufl., Köln 2001.

Volker Breithecker

Personengesellschaften, Beirat bei →Beirat bei Personengesellschaften

Personenhandelsgesellschaft, kapitalistische →Unternehmensformen

Pflegschaft →Vermögensverwaltung

Pflichtprüfungen

Aufgrund gesetzlicher Vorschriften durchzuführende Prüfungen werden als Pflichtprüfungen bezeichnet. →Freiwillige oder vertragliche Prüfungen finden ihre Begründung hingegen in freien Willensentscheidungen oder basieren auf schuld- und gesellschaftsrechtlichen Vereinbarungen, wie z. B. Satzungen, Statuten und Kreditverträgen.

Hinsichtlich ihres zeitlichen Bezuges können Pflichtprüfungen in periodische, an regelmäßig wiederkehrende Ereignisse anknüpfende und gleichermaßen durchzuführende Prüfungen sowie aperiodische, nicht regelmäßig wiederkehrende Sachverhalte erfassende Prüfungen differenziert werden. Die bedeutendsten periodisch wiederkehrenden Pflichtprüfungen sind die →Jahresabschlussprüfung und die →Konzernabschlussprüfung. Wesentliche aperiodische Prüfungen sind die →Gründungsprüfung, die Prüfungen im Rahmen von

Pflichtprüfungen

Abb.: Pflichtprüfungen – Übersicht

Periodische Prüfungen	betroffene Unternehmen	Rechtsnorm
Prüfung des Jahresabschlusses und des Lageberichts	mittelgroße und große (§ 267 Abs. 2 und 3 HGB) Kapitalgesellschaften und Personenhandelsgesellschaften i.S.d. § 264a Abs.1 HGB	§ 316 Abs.1 HGB
	Unternehmen, welche nach §§ 1, 5 PublG zur Rechnungslegung und zur Aufstellung eines Jahresabschlusses und Jahresberichtes verpflichtet sind	§ 6 PublG
Prüfung des Konzernabschlusses und des Konzernlageberichtes	mittelgroße und große (§ 267 Abs. 2 und 3 HGB) Kapitalgesellschaften und Personenhandelsgesellschaften i.S.d. § 264a Abs.1 HGB, die Mutterunternehmen und zur Aufstellung eines Konzernabschlusses verpflichtet sind	§ 316 Abs. 2 HGB
	Unternehmen, welche nach § 11 PublG zur Rechnungslegung und zur Aufstellung eines Konzernabschlusses und -lageberichtes verpflichtet sind	§ 14 PublG
Prüfung des Abhängigkeitsberichtes	Abhängige Aktiengesellschaften, deren Jahresabschluss durch einen Abschlussprüfer zu prüfen ist	§ 313 Abs.1 AktG
Prüfung der Maßnahmen nach § 91 Abs. 2 AktG	Börsennotierte Aktiengesellschaften	§ 317 Abs. 4 HGB

Aperiodische Prüfungen	betroffene Unternehmen	Rechtsnorm
Gründungsprüfung	Aktiengesellschaften, KGaA, eG	§§ 33, 52 AktG, § 11 GenG
Prüfung von Kapitalerhöhungen	Aktiengesellschaften, KGaA, GmbH (GmbH: nur bei Kapitalerhöhungen aus Gesellschaftsmitteln)	§§ 183, 194, 205, 209 AktG; § 57 GmbHG
Verschmelzungen, Spaltungen, Formwechsel	Aktiengesellschaften, KGaA, GmbH, eG	§§ 9, 81, div. UmwG

Umstrukturierungen, wie etwa die Verschmelzungsprüfung und Spaltungsprüfung, (→Umwandlungsprüfung) sowie die Prüfung im Rahmen von Kapitalerhöhungen (→Kapitalerhöhungsbilanzen).

Den gesetzlichen Prüfungsvorschriften ist gemein, dass sie dezidierte Regelungen und Abgrenzungen zu den von den jeweiligen Prüfungen betroffenen Unternehmen, dem Prüfungsgegenstand, der in Frage kommenden Prüfer sowie der Zuordnung der Kompetenz zur Prüferbestellung beinhalten.

Die obige Aufstellung gibt einen Überblick über die wesentlichen rechtsform- und größenabhängigen Pflichtprüfungen:

Neben den rechtsform- und größenabhängigen Pflichtprüfungen bestehen eine Vielzahl von Vorschriften, welche geschäftszweigabhängige Pflichtprüfungen (→Jahresabschlussprüfung, erweiterte) normieren, z.B. für →Kreditinstitute (§ 340k HGB), →Versicherungsunternehmen (§ 341k HGB), →Bausparkassen (§ 13 BausparkG), →Kapitalanlagegesellschaften (§ 24a KAGG), →Wertpapierdienstleistungsunternehmen (§ 36 WpHG) sowie →Unternehmensbeteiligungsgesellschaften (§ 8 UBBG).

Hinsichtlich der überwiegenden Mehrzahl der Pflichtprüfungen normieren die gesetzlichen Vorschriften einen Prüfungsvorbehalt für unternehmensexterne unabhängige Prüfer, d.h. WP, →vereidigte Buchprüfer (vBP) und →Prüfungsverbände. So dürfen Jahres- und Konzernabschlüsse von großen (§ 267 Abs. 3 HGB; →Größenklassen) KapGes und Personenhandelsgesellschaften i.S.d. § 264a HGB [→Personengesellschaften (PersGes)] gem. § 319 HGB nur von Wirtschaftsprüfern oder WPGes (→Revisions- und Treuhandbetriebe) als →Abschlussprüfer (APr) geprüft werden. Nur in Einzelfällen sind unternehmensinterne Prüfungsorgane für Pflichtprüfungen zuständig, z. B. der AR und die Mitglieder des Vorstands für die Prüfung des Hergangs der Gründung (§ 33 Abs. 1 AktG), sog. interne Gründungsprüfung.

Helmuth Schäfer

PIMS-Programm →Erfolgsabhängigkeiten

Planbeschäftigung

Planbeschäftigung ist ein Begriff aus der →Plankostenrechnung und Grundlage für Kostenplanungen. Die →Planbeschäftigung wird i. d. R. für Kostenstellen (→Cost Center) festgesetzt und drückt entweder den geplanten mengenmäßigen Ausstoß der Kostenstelle oder die geplanten Zeiteinheiten für die Kapazitätsnutzung aus. Für die Kostenstellen müssen jeweils geeignete Bezugsgrößen definiert werden (→Bezugsgrößenhierarchie), die als Maßstab für die Beschäftigung der Stelle dienen. Für diese Festlegung sollten vor allem die verschiedenen Bestimmungsfaktoren für die →Kostenverursachung analysiert werden.

Ausgangspunkt zur Festlegung der Planbeschäftigung ist das Absatzprogramm, aus dem sich unter Berücksichtigung von Lagerbeständen und Lagerhaltungspolitik (→Lagerwesen; →Bestandsplanung und -kontrolle) die generelle →Planung des Produktionsprogramms ergibt. Der Beitrag jeder Kostenstelle zu diesem Produktionsprogramm erfordert die mengenmäßige Festlegung der hier zu erbringenden Leistungen.

Zwei Ansätze sind dazu möglich:
- In der sog. →*Kapazitätsplanung* wird ausgehend von den Potenzialfaktorkapazitäten der Kostenstelle unter Abzug von Reparatur-, Instandhaltungs- oder anderen Stillstandszeiten die Normalbeschäftigung als Planwert festgelegt. Diese Festlegung erfolgt damit isoliert nur für die betrachtete Kostenstelle; eine Verzahnung zu weiteren Planungen ist nicht gegeben. Diese Vorgehensweise ist daher nur für Zwecke der Kostenkontrolle (→Kostencontrolling) geeignet.
- In der sog. →*Engpassplanung* wird die Planbeschäftigung der Kostenstelle unter Berücksichtigung nicht nur ihrer eigenen, sondern auch der Kapazitäten anderer Kostenstellen festgelegt. Die Kapazität der Kostenstelle mit dem mengenmäßig niedrigsten Beitrag zum Produkt bestimmt die Planbeschäftigung aller am Produktionsprogramm beteiligten Kostenstellen. Die Engpassplanung ordnet damit die Kostenplanung auch der Fertigung in die gesamte Unternehmensplanung ein.

In beiden Ansätzen kann die Planbeschäftigung durch Mengeneinheiten bestimmt sein, aber auch durch Zeiteinheiten.

Mengeneinheiten werden festgesetzt
- bei Endprodukten aus dem Absatzprogramm heraus unter Berücksichtigung von Lagerbestandsveränderungen sowie
- bei Vorprodukten aus den Stücklisten der Endprodukte, die den Bedarf an Baugruppen oder anderen Teilen benennen.

Als Bezugsgröße für die Planbeschäftigung können hier also bestimmt werden: Anzahl der Fertigprodukte oder Anzahl der Teile. Aber auch andere Mengengrößen, wie Meter, Liter, Kubikmeter oder Kilogramm, können geeignet sein. Sie müssen jeweils als Maßstab für die Kostenverursachung in der Kostenstelle geeignet erscheinen.

Zeiteinheiten als Planbeschäftigungsdimension ergeben sich i. d. R. aus den Arbeitsplänen. Sie benennen je Kostenstelle die Zeitbedarfe an maschinellen und personellen Ressourcen, welche zur Herstellung von Vor- bzw. Endprodukten erforderlich sind. So können sich Stunden oder Minuten als geeignete Bezugsgrößen ergeben: Rüststunden, Fertigungsstunden, Arbeitsstunden, Maschinenstunden.

Die Wahl der richtigen Bezugsgröße ist von großer Bedeutung, folgen aus ihr doch eine ganze Anzahl von Festlegungen für die weitere Kostenplanung und für die Kostenkontrolle.

Oft reicht die Bestimmung einer einzigen Bezugsgröße nicht aus, um das Geschehen in einer Kostenstelle richtig abzubilden. Insb. wenn sich die variablen →Kosten nicht eindeutig proportional zur Veränderung einer Bezugsgröße verhalten, müssen mehrere Bezugsgrößen bestimmt werden (→Bezugsgrößenhierarchie).

Ein weiterer Einflussfaktor ist die Eigenart der Kostenstellenleistung: Für Kostenstellen, die Leistungen zu Vor- oder Endprodukten erbringen, können leicht die genannten Mengen- oder Zeitgrößen bestimmt werden. Aber auch Hilfskostenstellen, die lediglich innerbetriebliche Leistungen erbringen (→Kosten-

und Leistungsverrechnung, innerbetriebliche), sollten der Kostenplanung unterliegen. Hier können Tonnenkilometer (innerbetrieblicher Transport), Kubikmeter (Wasserversorgung) oder Kilowattstunden (Stromversorgung) geeignete Bezugsgrößen und damit Maßeinheiten für die Planbeschäftigung sein.

Zusammengefasst ergibt sich die Festlegung der Planbeschäftigung somit aus folgenden Schritten:

- Programmebene:
  - Absatzprogramm,
  - Überprüfung Lager Fertigprodukte,
  - Produktionsprogramm Fertigprodukte,
  - Überprüfung Lager Vorprodukte und
  - Produktionsprogramm Vorprodukte (= Festlegung Mengenbedarfe an Vor- und Endprodukten).
- Kostenstellenebene:
  - Aufteilung des Produktionsprogramms auf Kostenstellen,
  - Prüfung der programmrelevanten Kapazitäten pro Kostenstellen und
  - Festlegung der Planbeschäftigung pro Kostenstellen auf Basis der jeweiligen programmrelevanten Kostenstellenkapazität oder auf Basis des Engpasses in dieser oder einer anderen Kostenstelle.

Einfaches Beispiel:

Absatzmenge P geplant:	10.000
Entnahme P aus Lager	– 400
geforderte Produktionsmenge P	9.600

Anzahl Teile Typ A je Stück P	5
Anzahl Teile Typ B je Stück P	10
Bedarf Typ A aus Kostenstelle 301	48.000
Bedarf Typ B aus Kostenstelle 302	96.000

Zeitbedarf je Stück Typ A und B (Min.)	0,5
Zeitbedarf KSt 301 (Min.)	24.000
Std.	400
Zeitbedarf KSt 302 (Min.)	48.000
Std.	800

Kapazität KSt 301 (Vollauslastung!) in Std.	400
Kapazität KSt 302 in Std.	850

Planbeschäftigung KSt 301 in Std.	400
Planbeschäftigung KSt 302 in Std.	800

Würde Kostenstelle 301 weniger als 400 Stunden Kapazität bieten, entstünde hier ein Engpass, der sich auf die Planbeschäftigungen der weiteren beteiligten Kostenstellen auswirken würde.

Diese Kostenstellen wären somit nicht ausgelastet, was ein Problem der Nutzkosten (→Nutzkostenanalyse) nach sich ziehen würde. Die Auslastungsplanung der Kapazitäten in den Kostenstellen erweist sich somit als häufig komplexe Problemstellung, die erst unter Berücksichtigung der Kapazitätsbedarfe verschiedener Vor- oder Endprodukte optimal gelöst werden kann (→Kapazitätscontrolling).

Literatur: Freidank, C.-Chr.: Kostenrechnung, 7. Aufl., München 2001; Horngren, C./Foster, G./Datar, S.: Kostenrechnung, 9. Aufl., München 2001; Schmidt, A.: Kostenrechnung, 4. Aufl., Stuttgart et al. 2005.

Günther Dey

Planbilanz

Die Planbilanz ist eine Gegenüberstellung der Aktiva und Passiva am Ende eines Planungsabschnitts, ergänzt um den für diesen Planungsabschnitt ermittelten Saldo aus geplanten →Aufwendungen und Erträgen (→Erfolgsprognose). Aus zwei aufeinander folgenden Bilanzen kann eine Planbewegungsbilanz abgeleitet werden. Unter Einbeziehung der Planerfolgsrechnung sind eine prospektive →Kapital- und Finanzflussrechnung und eine →Cash Flow-Analyse möglich. Werden Planbilanz und Planerfolgsrechnung durch eine Planfinanzrechnung (→Finanzplanung) auf Basis der für den Planungsabschnitt erwarteten Einzahlungen und Auszahlungen ergänzt, entstehen drei Ergebnispläne, die gem. der nachfolgenden Abb. miteinander verknüpft sind und eine simultane Steuerung des Gewinns, der Vermögens- und Kapitalstrukturen und der Liquidität zulassen (→Erfolgscontrolling; →Finanzcontrolling; →Liquiditätscontrolling).

In einem ausgereiften →Planungssystem beziehen die Ergebnispläne die notwendigen Daten aus den einzelnen Funktionsbereichen (s. Abb.). Dabei kann nachvollzogen werden, wie sich alternative Aktionspläne auf die Erfolgs-, Liquiditäts- und Strukturziele auswirken. Entsprechen die Ergebnisse nicht den gewünschten Anspruchsniveaus, sind Rückkoppelungsprozesse zu den Funktionsplänen notwendig,

Abb.: Die Planbilanz im Zusammenhang der Teilpläne

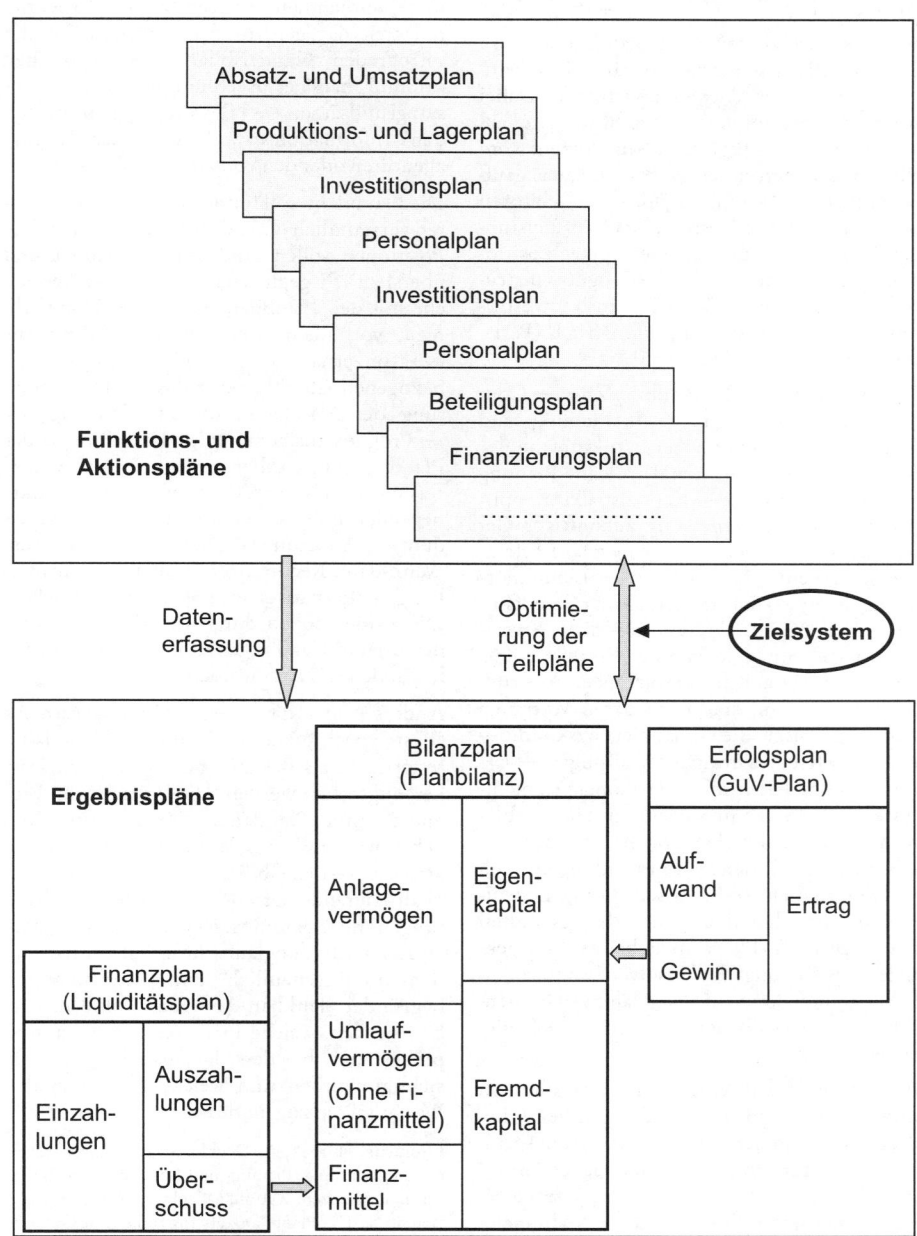

bis sich ein Optimum abzeichnet. Werden die Teilpläne schließlich verabschiedet, bilden sie die Orientierungsbasis für die laufenden Entscheidungen und können im Budgetsystem (→Budgetierung) auch Vorgabecharakter bekommen. Die Planzahlen sollten zu festgelegten Zeitpunkten mit den Istwerten verglichen werden (→Soll-Ist-Vergleich), sodass aus →Abweichungsanalysen gegensteuernde Maßnahmen und Lerneffekte abgeleitet werden können (→Controlling; →Controlling, Aufgaben des).

Bei nicht ausgereiften Planungssystemen kann zur Aufstellung der Ergebnispläne ein vereinfachtes Verfahren Anwendung finden. Dabei werden Planpositionen, die erfahrungsgemäß vom Umsatz abhängig sind, in Prozent vom Planumsatz berechnet (z. B. →Materialaufwendungen, Warenbestand, →Debitoren oder Einzahlungen aus verkauften Leistungen). Für die nicht umsatzabhängigen Positionen sind Schätzungen (→Prognoseinstrumente) oder separate Teilpläne, insb. Investitionspläne (→Investition), erforderlich (Perridon/Steiner 2004, S. 651–653).

Die Hauptaufgabe der Planbilanz als →Controllinginstrument ist die →Planung und Steuerung der →Vermögensstruktur und der Kapitalstruktur (→Kapitalstruktur, Planung und Kontrolle der; →Kapitalstruktur, optimale) sowie die Bemessung zukünftiger Gewinnausschüttungen (→Leverage-Effekt; →Finanzkennzahlensystem; →Liquiditätskennzahlen; →Substanzerhaltung). Sie kann außerdem eine Basis sein für die →wertorientierte Strategieplanung (Tyrell 2000). Stellt man sie auf die Erwartungen externer Koalitionäre ein, stärkt sie deren Vertrauen und begünstigt die Finanzierungskonditionen (→Kreditwürdigkeitsprüfung; →Rating; →Basel II). Im →Risikomanagementsystem (RMS) kann sie ein nützliches Element sein, „damit den Fortbestand der Gesellschaft gefährdende Entwicklungen früh erkannt werden" (§ 91 Abs. 2 AktG). Bedeutsam ist die Planbilanz auch als Bestandteil des →Business-Plans sowie bei der prospektiven Feststellung der Insolvenzwahrscheinlichkeit und der Sanierungsfähigkeit (→Insolvenz; →Insolvenzbilanzen; →Sanierungsbilanzen).

Aufbau und Inhalt einer Planbilanz sind von ihrem Zweck bestimmt und folgen den Gliederungs-, Bilanzierung- und Bewertungsprinzipien, die für die jeweils entsprechenden retrograden Abschlüsse gelten. Eine interne Bilanz kann bspw. selbst geschaffene →immaterielle Vermögensgegenstände enthalten, Halbfabrikate (→unfertige und fertige Erzeugnisse) an ihrem Marktwert (→Fair Value) orientieren, Abschreibungen (→Abschreibungen, kalkulatorische) auf die Wiederbeschaffungswerte (→Wiederbeschaffungskosten) des →Anlagevermögens ausrichten und Leasingverpflichtungen (→Leasingverhältnisse) aufnehmen. Externe Bilanzen orientieren sich dagegen an den Grundsätzen der retrograden Handelsbilanz (→Grundsätze ordnungsmäßiger Rechnungslegung; →Ansatzgrundsätze; →Bewertungsgrundsätze), den Informationserwartungen der Ratingagenturen oder den Vorgaben der InsO.

Die Planbilanz soll für den jeweiligen Adressaten verständlich und nachvollziehbar sein. Die Positionen sollen eindeutig bezeichnet und übersichtlich gegliedert werden und Vergleiche mit den Planbilanzen anderer Unternehmen, vor allem innerhalb eines Konzerns (→Konzernarten), und mit vergangenheitsbezogenen Abschlüssen zulassen. Die Herleitung der Plandaten, die Handhabung der →Prognoseinstrumente und der Prozess der Planerstellung sollen nachprüfbar, widerspruchsfrei und plausibel sein. Die zugrunde liegenden Prämissen (Erwartungen, Entscheidungen, Annahmen) sollen erläutert werden. Wenn-dann-Rechnungen sollen die Auswirkungen alternativer Prognosen verdeutlichen. Die Zahlen sollen durch verbale Informationen erläutert und ergänzt, Chancen und Risiken sollen erläutert werden.

Anders als der →Bestätigungsvermerk (BestV) nach § 322 HGB kann ein Planbilanztestat nicht als Bestätigung der Gesetzmäßigkeit angesehen werden. Die Prüfung von Prognose- und Plandaten (→Prognose- und Schätzprüfung) kann letztlich nicht mehr sein als eine →Plausibilitätsprüfung. Dabei sind qualifizierende Urteile und ordinale Abstufungen im Spannungsfeld der Begriffspaare „glaubwürdig/unglaubwürdig", „wahrscheinlich/unwahrscheinlich" und „begründet/unbegründet" denkbar. Außerdem sollte angegeben werden, welche Prinzipien im Planungsprozess und bei der Planaufstellung berücksichtigt wurden und welche Prämissen den Wertansätzen zugrunde liegen.

Literatur: Blazek, A./Deyhle, A./Eiselmayer, K.: Finanz-Controlling. Planung und Steuerung von Finanzen und Bilanzen, 7. Aufl., Offenburg/Wörthsee 2002; Braun, N.: Die Planbilanz als Instrument der Beurteilung der Sanierungsfähigkeit insolventer Unternehmen. Planbilanzierungs- und Planbilanzprüfungspflicht als betriebswirtschaftlicher Vorschlag zur Insolvenzrechtsreform, Berlin 1983; Hahn, D./Hungenberg, H.: PuK, 6. Aufl., Wiesbaden 2001; Horváth, P.: Controlling, 8. Aufl., München 2004; Perridon, L./ Steiner, M.: Finanzwirtschaft der Unternehmung, 13. Aufl., München 2004; Tyrell, B.: Die Planbilanz als Bestandteil eines unternehmenswertorientierten Rechnungswesens, Lohmar/Köln 2000; IDW (Hrsg.): WPH 2002, Band 2, 12. Aufl., Düsseldorf 2002, Kapitel F und L.

Klaus W. ter Horst

Planbilanztestat →Planbilanz

Planerfolgsrechnung →Planbilanz

Planfinanzrechnung →Planbilanz

Plan-Gewinn- und Verlustrechnung →Planbilanz

Plankalkulation →Kalkulation; →Selbstkostenermittlung

Plankosten →Plankostenrechnung

Plankostenrechnung

Die Plankostenrechnung ist ein Instrument der Kostenplanung zur Steuerung des Unternehmens und zur Kontrolle der Wirtschaftlichkeit.

Unter Plankostenrechnung ist grundsätzlich jedes Kostenrechnungssystem zu verstehen, das mit dem Ansatz geplanter →Kosten arbeitet und diese dann im →Soll-Ist-Vergleich den Istkosten gegenüberstellt.

Plankosten sind Kosten, die sich für eine bestimmte geplante Ausbringungsmenge (= →Planbeschäftigung) bei normalem Ressourcenverzehr als Produkt aus Planverbrauchsmenge und Planpreis ergeben. Aus den Plankosten werden je nach Kostenrechnungssystem die →Sollkosten abgeleitet, die für verschiedene Ausbringungsmengen Vorgabecharakter besitzen.

Die Plankostenrechnung dient zur Kontrolle der Wirtschaftlichkeit (insb. durch Soll-Ist-Vergleiche auf der Ebene der Kostenstellen) und zur Steuerung des Betriebes. Die →Kalkulation der Selbstkosten (→Selbstkostenermittlung) und die Angebotspreisermittlung sollten ebenfalls unter Ansatz von Plankosten erfolgen.

Unter Audit-Gesichtspunkten ist vor allem auf klare Definitionen und Abgrenzungen der Kostenstellen (→Cost Center) zu achten, insb. auf Regelungen zu den Verantwortlichkeiten (→Kostenstellenrechnung). Weiterhin ist es wichtig, dass der Aufbau der Plankostenrechnung sich in den verwendeten Kostenarten (→Kostenartenrechnung) und Kostenstellen eng an die →Istkostenrechnung anlehnt, grundsätzlich sollte hier Identität gegeben sein.

I.d.R. beziehen sich die Plankosten auf 1 Jahr. Die Werte können hier meist noch zu einem akzeptablen Exaktheitsgrad festgelegt werden. Die Monatswerte werden top-down aus den Jahreswerten abgeleitet, ggf. unter Berücksichtigung von Beschäftigungsschwankungen. Denkbar ist aber auch eine Bottom-up-Planung, aus der sich die Jahresplanung aus Monatsplanungen ergibt (→Planung). Die Kontrollrechnung erfolgt demgegenüber i.d.R. auf den Monat bezogen. Soll-Ist-Vergleiche werden somit monatlich oder bei Bedarf noch kurzfristiger angestellt.

Die Plankostenrechnungssysteme unterscheiden sich

- in der Betrachtung der Kosten nach der Ausdifferenzierung der Kosten in veränderliche und unveränderliche Bestandteile (→Kostenabhängigkeiten),
- im Umfang der Verrechnung von Kosten auf Kostenträger in der Kalkulation (→Kostenträgerstückrechnung) und
- in der primären Ausrichtung auf operative oder strategische Fragestellungen.

Im klassischen Sinn werden die Plankostensysteme unterschieden in

1) starre Plankostenrechnung,
2) flexible Plankostenrechnung auf Vollkostenbasis und
3) flexible Plankostenrechnung auf Teilkostenbasis (→Grenzplankostenrechnung).

Auch die →Deckungsbeitragsrechnung und die modernen Ansätze der →Prozesskostenrechnung und der Zielkostenrechnung (→Target Costing) arbeiten mit Plankosten.

Zu 1): Die starre Plankostenrechnung verzichtet auf die Trennung in fixe und variable Kosten (→Kosten; →Fixkostencontrolling), wodurch die Ermittlung von Sollkosten bei unterschiedlichen Beschäftigungen (→Beschäftigungsgrad) nicht ermöglicht wird. Für jede Kostenstelle wird eine Planbeschäftigung festgesetzt und unter Verwendung der nachstehenden Formel wird der Plankostenverrechnungssatz (PKVS) bestimmt, mit dem die

Plankostenrechnung

Plankosten auf die Kostenträger verrechnet werden:

$$\text{PKVS} = \frac{\text{Plankosten}}{\text{Planbeschäftigung}} \quad (1)$$

Mit diesem Verrechnungssatz werden unter Ansatz der tatsächlichen Beschäftigung die Plankosten auf die Kostenträger verrechnet:

Verrechnete Plankosten
= PKVS · Istbeschäftigung   (2)

Das Verfahren hat den Nachteil, unterschiedliche Beschäftigungen nicht adäquat berücksichtigen zu können. So können Abweichungen von Plankosten zu Istkosten nicht auf ihre Ursachen hin untersucht werden (→Abweichungsanalyse), da es lediglich eine, die sog. Gesamtabweichung als Differenz von Istkosten und verrechneten Plankosten bei einer bestimmten Istbeschäftigung gibt (s. Abb. 1). Im Extremfall einer Null-Beschäftigung würden zudem keinerlei Kosten auf Kostenträger verrechnet.

Zu 2): Die flexible Plankostenrechnung auf Vollkostenbasis trennt systematisch in fixe und variable Kosten. Diese Kostenspaltung muss zumindest für die wichtigsten Kostenarten je (!) Kostenstelle vorgenommen werden. Durch den Ansatz verschiedener →Beschäftigungsgrade können mittels der nachstehenden Formeln die Sollkosten berechnet werden, die den Kostenstellenverantwortlichen klare Kostenansätze für verschiedene Beschäftigungen in ihrer Kostenstelle vorgeben.

variabler PKVS

$$= \frac{\text{variable Plankosten}}{\text{Planbeschäftigung}} \quad (3)$$

Sollkosten
= Fixe Plankosten + variabler PKVS ·
Istbeschäftigung   (4)

Mit dieser Aufspaltung lässt sich eine Kostenabweichung genauer analysieren. Die Gesamtabweichung kann in eine →Beschäftigungsabweichung und eine →Verbrauchsabweichung aufgespalten werden (bei genaueren Analysen auch noch in eine →Preisabweichung) (s. Abb. 2):

Gesamtabweichung
= Beschäftigungsabweichung
+ Verbrauchsabweichung   (5)

Beschäftigungsabweichung
= Sollkosten − verrechnete Plankosten   (6)

Verbrauchsabweichung
= Istkosten − Sollkosten   (7)

Für die Kostenträgerrechnung erfolgt wie bei der starren Plankostenrechnung eine propor-

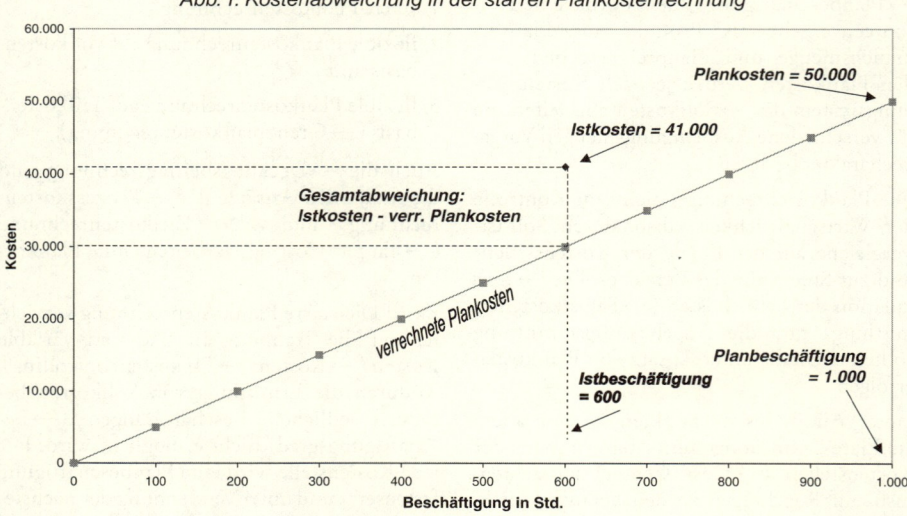

Abb. 1: Kostenabweichung in der starren Plankostenrechnung

Abb. 2: Kostenabweichung in der flexiblen Plankostenrechnung

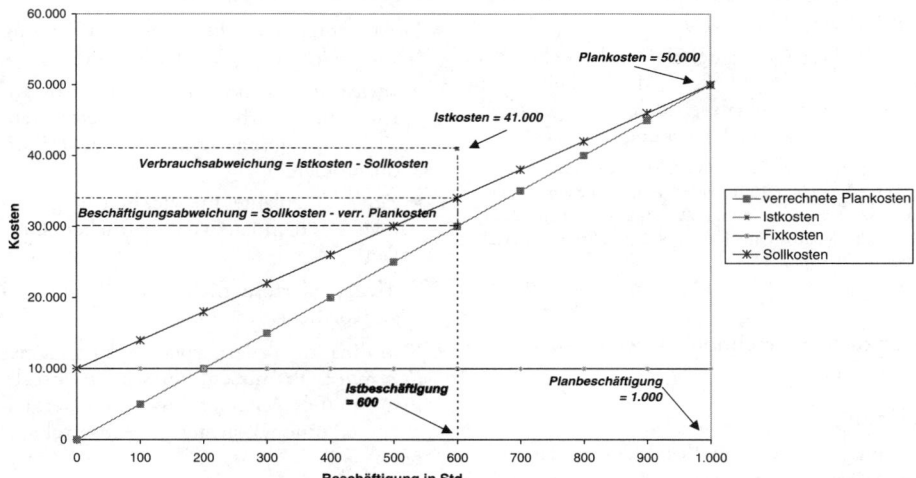

tionalisierte Verrechnung der fixen Kosten entsprechend den Formeln (1) und (2).

Zu 3): Die →Grenzplankostenrechnung trennt ebenfalls systematisch in fixe und variable Kosten. Fixe Kosten werden aber weder in der →Kostenstellenrechnung noch in der Kostenträgerrechnung (→Kostenträgerstückrechnung; →Kostenträgerzeitrechnung) verrechnet, sie werden in Gänze dem Betriebsergebnis angelastet. Den einzelnen Kostenstellen werden nur variable Kosten zugerechnet, dementsprechend beinhalten die Sollkosten unter Verwendung von Formel (3) nur variable Kosten:

Sollkosten
= variabler PKVS · Istbeschäftigung   (8)

Beschäftigungsabweichungen werden in den Kostenstellen nicht ermittelt, Abweichungen

Abb. 3: Kostenabweichung in der Grenzplankostenrechnung

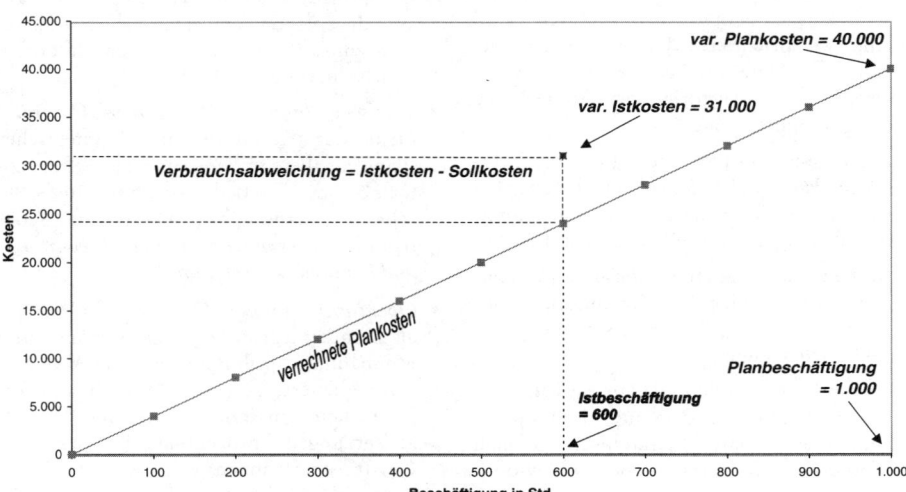

zwischen (lediglich variablen) Soll- und Istkosten sind daher ausschließlich Verbrauchsabweichungen (s. Abb. 3).

Aus der Feststellung der Kostenabweichungen ergeben sich anschließend Möglichkeiten der →Abweichungsanalyse, d. h. der gezielten Untersuchung der Abweichungsursachen.

Literatur: Freidank, C.-Chr.: Kostenrechnung, 7. Aufl., München 2001; Horngren, C./Foster, G./Datar, S.: Kostenrechnung, 9. Aufl., München 2001; Schmidt, A.: Kostenrechnung, 4. Aufl., Stuttgart et al. 2005.

Günther Dey

Plankostenverrechnungssatz →Plankostenrechnung

Planung

Planung ist ein zentrales Element der zielorientierten *Erfolgssteuerung* von Unternehmen mittels *Planung und Kontrolle* (→*Erfolgscontrolling*). Planung dient der regelmäßigen, institutionalisierten und systematischen Prüfung und Auswahl unternehmerischer Handlungsmöglichkeiten.

Durch das →*Controlling* sind entsprechende Planungs- und Kontrollstrukturen auszugestalten sowie die erforderlichen Prozesse institutional und instrumental zu koordinieren (*Planungsorganisation*):

- Integration des →Planungssystems und →Kontrollsystems in ein hinsichtlich mehrerer Perspektiven (Finanzen, Prozesse, Kunden, Mitarbeiter etc.) ausgewogenes Gesamtkonzept (bspw. Verwendung von →Balanced Scorecards. Dadurch wird eine wertorientierte Unternehmenssteuerung (→Unternehmenssteuerung, wertorientierte; →wertorientierte Strategieplanung) möglich.
- Aufstellung und Dokumentation von Richtlinien (*Planungshandbuch*) für Planung und Kontrolle (inkl. Einführung und Schulung) in Abhängigkeit von Führungsgrundsätzen.
- Aufbau und Pflege eines *Informationsversorgungssystems* oder →Führungsinformationssystems (→Rechnungswesen und →Berichtssystem).
- Laufende terminliche (*Planungskalender*) sowie inhaltliche Abstimmung der Teilpläne zum Gesamtplan (hierarchisch gesehen „Top-down", „Bottom-up" oder iterativ-optimierend im „Gegenstromverfahren").
- Dokumentation des (jährlichen) Planungsprozesses (*Planungsbericht*).
- Dokumentation der Ergebnisse der Planung (*Planinhalt*) mit folgenden Elementen:
  - *Texte* (Unternehmenslage bzgl. Finanzen, Kunden, Mitarbeitern und Lieferanten, Ziele, strategische Probleme, Organisationsprobleme),
  - *Zahlen* (geplante Entwicklung bzgl. erfolgs- und finanzwirtschaftlicher Größen),
  - *Aktionen* (erforderliche Maßnahmen, Verantwortliche, Termine).
- Koordination der planungsbezogenen *Kontrollen* (Prämissen, Fortschritte, Ergebnisse) mittels Analysen (→Soll-Ist-Vergleiche etc.) und Berichten (→Kontrollsysteme).

Grundlage der *Durchführung der Planung* ist das jeweilige *Unternehmensleitbild* (eigene Motivation, grundlegende Zielsetzungen, Erwartungen der Umwelt, weltanschauliche Grundsätze etc.). Darauf aufbauend wird die Planung durchgeführt. Es können mehrere *Planungsstufen* unterschieden werden:

- *Strategische Planung* („*Strategic Control*"): Nach einer Situationsanalyse [Stärken, Schwächen, Chancen, Risiken (→Risiko- und Chancencontrolling)] sind Prämissen und Ziele [z. B. Umsatz, Marktanteil, Gewinn und Kapitalstruktur (→Kapitalstruktur, Planung und Kontrolle der; →Kapitalstruktur, optimale)] in möglichst mess- und nachprüfbarer Form festzulegen. Daraus sind die entsprechend erforderlichen Strategien zur langfristig orientierten Unternehmenssteuerung abzuleiten.
- *Taktische Planung* („*Management Control*") dient der Konkretisierung strategischer Pläne vor allem für längerfristige →Kapazitätsplanung, →Bedarfsplanung und Beschaffungsplanung (→Beschaffungscontrolling) (*Ressourcenplanung, Investitions- und Finanzierungsplanung*).
- *Operative Planung* („*Operational Control*") als Planung legt kurzfristige Aktionen und Maßnahmen, nach Bereichen und Abteilungen gegliedert, fest (Produktionsablauf, Vorgabezeiten, Umsätze etc.). Aus den Gesamtzielsetzungen (prozentuale Umsatz- und Gewinnsteigerungen etc.) werden Abteilungsziele abgeleitet, für die dann – zumeist

jahresbezogene – *operative Teilpläne* aufgestellt werden (*Absatzplan*, *Produktions-, Kapazitäts- und Materialbedarfspläne*). Im kurzfristigen *Investitionsplan* (→Investition) wird die vorgesehene Veränderung der Kapazitäten (→Kapazitätscontrolling) zur Leistungserbringung dargestellt (Ersatz-, Rationalisierungs- und Erweiterungsinvestition). Die →*Finanzplanung* erfasst die Zahlungsströme sowie deren Konsequenzen (→Cash Flow etc.). Zuletzt werden alle Einzelpläne in einer *Planerfolgsrechnung* (→Erfolgsrechnung, kurzfristige) (Voll- oder Teilkostenbasis) sowie in einer →*Planbilanz* zusammengeführt.

- Im Mittelpunkt der →*Budgetierung* steht die monetäre *Erfolgssteuerung* komplexer Organisationen: Strategische, taktische und operative *Budgets* bilden die Konsequenzen der Planung in wertmäßigen Größen ab (→Umsatzerlöse, →Kosten etc.). Sie werden den organisatorischen Einheiten eines Unternehmens mit einer gewissen Verbindlichkeit (zeitlich, sachlich, betragsmäßig) vorgegeben.

Im Rahmen der Planung sind die i. d. R. auftretenden Unsicherheiten der Kontexterwartungen [→Risikomanagementsystem (RMS)] über eine *flexible Plangestaltung* einzubeziehen (bspw. rollende Planung, Planreserven, →Szenarien, Alternativplanung oder Planrevisionen).

Aus instrumentaler Sicht steht eine Vielzahl an *Planungs- und* →*Prognoseinstrumenten* zur Verfügung: von der Faustformel bis hin zu komplexen mathematisch-statistischen Ansätzen. Dabei nimmt die Prognosequalität nicht zwangsläufig mit der Kompliziertheit des *Prognoseverfahrens* zu. Beispielhaft seien einige dieser Verfahren angeführt:

- *Mathematisch-statistische Verfahren* (Methode der kleinsten Quadrate, Methode der gleitenden Durchschnittswerte, Methode der exponentiellen Glättung, →Simulationsmodelle etc.).

- *Pragmatisch-heuristische Verfahren* [Fortschreibungen, Befragungen von Kunden, Lieferanten, Führungskräften und Mitarbeitern, →Szenariotechnik, technische Analysen und Verwendung von Frühindikatoren (→Früherkennungssysteme)].

Als *Ergebnis der Planung* ergibt sich eine Dokumentation mit folgenden Inhalten je Teil- oder Gesamtplan (→Business-Plan): Ziele, Prämissen, Problemstellung, geplante Maßnahmen, erforderliche Ressourcen, vorgesehene Termine, verantwortliche Personen, geplante Ergebnisse und Wirkungen.

Literatur: Hahn, D./Hungenberg, H.: PuK, 6. Aufl., Wiesbaden 2001; Horváth, P.: Controlling, 10. Aufl., München 2006; Horváth & Partners: Das Controllingkonzept, 6. Aufl., München 2006; Kaplan, R. S./Norton, D. P.: Balanced Scorecard, Stuttgart 1997; Kreikebaum, H.: Strategische Unternehmensplanung, 6. Aufl., Stuttgart et al. 1997; Michel, R.: Know-how der Unternehmensplanung: Budgetierung, Controlling, Taktische Planung und Strategie, 2. Aufl., Heidelberg 1991.

Joachim Weber

Planungs- und Kontrollzyklus →Erfolgscontrolling; →Leistungscontrolling

Planungsorganisation →Planung

Planungsprozesse →Planungssysteme

Planungsrechnung →Sensitivitätsanalysen

Planungssysteme

Durch →Planung wird zielkonform festgelegt, wie in Zukunft betriebliche Abläufe gestaltet werden sollen. Sie können unternehmensübergreifend ausgerichtet sein oder sich auf bestimmte betriebliche Teilbereiche beziehen. Charakteristisch für Planungsprozesse ist, dass auf der Grundlage möglichst zuverlässiger Prognosen der Umweltentwicklung (→Prognoseinstrumente) zunächst – unter Berücksichtigung der internen Rahmenbedingungen – alternative Reaktionsvarianten entwickelt werden und dann geprüft wird, welche dieser Varianten dem relevanten Zielsystem am besten entspricht. Die letztlich ausgewählte Variante ist für die betroffenen Mitarbeiter eine zumeist zeitlich begrenzte verbindliche Gestaltungsrichtlinie.

Im Gegensatz zur Planung ist die Improvisation durch spontane Reaktionen auf unvorhergesehene Ereignisse oder Störeinflüsse gekennzeichnet (Ad-hoc-Entscheidung). Durch den Mangel an systematischer Vorbereitung unterliegen improvisierte Entscheidungen der Gefahr nicht zielkonformer Ergebnisse. Diese generelle Gefahr lässt sich nur dadurch reduzieren, dass für denkbare Notfälle und kritische Situationen bestimmte Verhaltensregeln verbindlich festgelegt und kommuniziert werden. Ein improvisiertes Vorgehen ist immer dann notwendig, wenn sich unerwartete, abrupte Veränderungen ergeben, wie etwa der Ausfall einer Produktionsanlage, ein Wasserrohrbruch oder die →Insolvenz eines wichtigen Kunden, und nur durch ein schnelles Eingreifen größere Schäden verhindert werden können.

Obwohl derartige Veränderungen in den unternehmenspolitisch relevanten Rahmenbedingungen grundsätzlich nicht auszuschließen sind, sprechen vor allem folgende Argumente dafür, effiziente Planungssysteme zu entwickeln und zu implementieren:

- Durch systematische Planungen kann erreicht werden, dass die Aktivitäten in den unterschiedlichen betrieblichen Funktionsbereichen zielkonform aufeinander abgestimmt werden.
- Dadurch dass im Rahmen der Planung versucht wird, die zukünftigen internen und externen Entwicklungstendenzen zu erfassen, besteht die Möglichkeit, erkennbare Risiken, aber auch Chancen in der Entscheidungsfindung über notwendige Maßnahmen und die Strukturierung der Handlungsabläufe explizit zu berücksichtigen [→Risiko- und Chancencontrolling; →Risikomanagementsystem (RMS)].
- Da Planungsprozesse nicht unter extremem Zeitdruck gestaltet werden müssen, lassen sich im Hinblick auf bestimmte Probleme mehrere, auch innovative Handlungsalternativen entwickeln und systematisch bewerten. Die Planungsergebnisse können deshalb als weitgehend rational eingestuft werden. Zwar ist nicht auszuschließen, dass sich die Planungsprämissen im Nachhinein als teilweise unzutreffend erweisen, gleichwohl dienen Planungen der Unsicherheitsreduktion.
- Sie ermöglichen außerdem effiziente Kontrollprozesse (→Kontrollsysteme) und erleichtern insofern die Schadensbegrenzung bei unerwarteten Störeinflüssen.
- Dadurch dass in den Planungsprozessen eindeutig festgelegt wird, was konkret erreicht werden soll, sorgen diese Prozesse nicht nur für die notwendige (innerbetriebliche) Transparenz; sie ermöglichen auch, für die verantwortlichen Mitarbeiter Anreizsysteme (→Aktienoptionsprogramme) zu entwickeln.

Üblicherweise wird zwischen strategischer und operativer Planung unterschieden. In strategischen Planungsprozessen wird zumindest umrissartig festgelegt, welche Maßnahmen in den folgenden Jahren wann und wie durchgeführt werden sollen, um die unternehmenspolitischen Zielvorstellungen möglichst weitgehend zu verwirklichen. Nicht immer, aber häufig, sind sie an Visionen über die zukünftige Entwicklung des Unternehmens ausgerichtet. Die zeitliche Dimension ist infolgedessen tendenziell langfristig. Dagegen beziehen sich operative Planungen auf die verschiedenen Funktionsbereiche. Sie konkretisieren mit einem relativ hohen Detaillierungsgrad Maßnahmen, die in diesen Bereichen erforderlich sind, um die strategischen Vorgaben effizient umzusetzen. Charakteristisch für die operative Planung ist eine tendenziell kurzfristige Ausrichtung. Teilweise werden operative Pläne mit einem zeitlichen Horizont von einem Jahr als „Budgets" (→Budgetierung) bezeichnet. Der Sprachgebrauch ist jedoch nicht einheitlich. Mitunter werden Budgets auch als finanzielle Zielvorgaben interpretiert.

Die Gestaltung betrieblicher Planungssysteme ist ein vielschichtiger, komplexer Prozess. Relevante Gestaltungsparameter sind:

- die Generierung der benötigten prognostischen Basisinformationen,
- die Aufbereitungsmodalitäten,
- Ausmaß und Form der EDV-Unterstützung (→IT-Systeme),
- die Terminierung der Planungsprozesse (Planungskalender),
- die Verschachtelung der Planungsprozesse im Zeitablauf,
- der Planungsrhythmus für die unterschiedenen Planungskategorien,
- die Abstimmungs- und Kommunikationsverfahren (→Berichtssystem; →Führungsinformationssysteme) sowie
- die personellen Zuständigkeiten, insb. für die inhaltliche Koordination der verschiedenen Planungsprozesse.

Da sich die Rahmenbedingungen für die Gestaltung betrieblicher Planungssysteme im Laufe der Zeit immer wieder verändern, empfiehlt es sich, die Funktionsfähigkeit derartiger Systeme regelmäßig unter Wirtschaftlichkeitsaspekten kritisch zu überprüfen. Wie empirische Untersuchungen belegen, ergeben sich nicht unerhebliche Rationalisierungspotenziale durch eine Verkürzung der Planungsprozesse. U.U. lässt sich auch die Qualität der Planungsergebnisse durch die Einführung neuer Optimierungsmethoden und innovativer EDV-Technologien verbessern. Fraglich erscheint, ob der vor allem im Rahmen der operativen Planung häufig bevorzugte hohe Detaillierungsgrad in Anbetracht der tendenziell zunehmenden strukturellen und vor allem auch diskontinuierlichen Umweltveränderungen noch vertretbar ist. Hinzu kommt, dass eine zu starke Reglementierung der betrieblichen Abläufe die Motivation der Mitarbeiter beeinträchtigen kann. Erwägenswert ist zudem, ob nicht wichtige Kunden und Lieferanten verstärkt in die betrieblichen Planungsprozesse integriert werden sollten.

Literatur: Pfohl, H.-C./Stölzle, W.: Planung und Kontrolle. Konzeption, Gestaltung, Implementierung, 2. Aufl., München 1997; The Hackett Group: Planning on the Move! The Hackett Group Study of Budgeting and Mid-term Planning Practices and Trends in Europe, Eschborn/London 2005; Wall, F.: Planungs- und Kontrollsysteme. Informationstechnische Perspektiven für das Controlling. Grundlagen – Instrumente – Konzepte, Wiesbaden 1999; Weber, J./Linder, S.: Budgeting, Better Budgeting oder Beyond Budgeting? Konzeptionelle Eignung und Implementierbarkeit, Vallendar 2003; Wild, J.: Grundlagen der Unternehmungsplanung, Hamburg 1974; Wurl, H.-J.: Controlling für technische Führungskräfte. Verstehen – kommunizieren – anwenden, Weinheim 2005.

Hans-Jürgen Wurl

Plausibilitätsbeurteilungen
→Plausibilitätsprüfungen

Plausibilitätsprüfungen

Unter Plausibilitätsprüfung versteht man den Einsatz →analytischer Prüfungshandlungen mit dem Ziel, die Ergebnisse der →Jahresabschlussprüfung effektiver und effizienter zu gestalten und somit Fehler im JA kostengünstiger aufzudecken (IDW PS 312.10; Marten et al. 2003, S. 273).

Analytische Prüfungshandlungen sind Plausibilitätsbeurteilungen von Verhältniszahlen und Trends, durch die Beziehungen von prüfungsrelevanten Daten eines Unternehmens zu anderen Daten aufgezeigt sowie auffällige Abweichungen festgestellt werden (IDW PS 300.22). Demzufolge handelt es sich nicht um einen direkten →Soll-Ist-Vergleich (→direkte Prüfung), sondern um eine sachlogische Verifizierung von bestehenden oder unterstellten Zusammenhängen und Entwicklungen (→indirekte Prüfung). Von diesen Zusammenhängen kann ausgegangen werden, solange dem →Abschlussprüfer (APr) nichts Gegenteiliges bekannt wird (IDW PS 312.6).

Werden diese Prüfungsmethoden angewandt, dann werden als Prüfungsgrundlage nur Daten in aggregierter Form verwendet. Damit wird geprüft, ob die Gesamtheit der vorliegenden Geschäftsvorfälle plausibel ist. Dadurch können auf kostengünstige und weniger zeitintensive Weise deutliche, auffällige oder außergewöhnliche Abweichungen ermittelt werden (Marten et al. 2003, S. 274). Plausibilitätsprüfungen können z. B. in Form von innerbetrieblichen Vergleichen mit dem Vorjahr (→zeitlicher Vergleich), vom Unternehmen prognostizierten Ergebniserwartungen oder in Form eines Vergleichs mit branchenspezifischen Kennzahlen (→überbetriebliche Vergleiche) durchgeführt werden (IDW PS 312.7).

Analytische Prüfungshandlungen sind dadurch geprägt, dass im Einzelfall verschiedenartige Einflussfaktoren in die Bildung des Erwartungswertes eingehen. Somit lassen sie sich wie folgt gruppieren:

- einfache Plausibilitätstests,
- Trendanalysen,
- Kennzahlenanalysen,
- einfache (funktionale) Rechenmodelle,
- Regressionsanalysen.

Plausibilitätsprüfungen finden unter dem Gesichtspunkt Anwendung, dass der APr umfassende und detaillierte Kenntnisse über die Betriebs- und Geschäftstätigkeit sowie das rechtliche und →wirtschaftliche Umfeld verfügt.

Zeigen Plausibilitätsprüfungen nicht erklärbare Veränderungen auf, z. B. von Verhältniszahlen, lässt dies auf ein Risiko in einzelnen →Prüffeldern schließen, die dann wiederum einer weiter gehenden (Einzelfall-) Prüfung (→Einzelfallprüfungen) unterzogen werden müssen.

Der Anwendungsbereich analytischer Prüfungshandlungen (Plausibilitätsprüfungen) erstreckt sich über die →Prüfungsplanung, die

Prüfungsdurchführung (→Prüfungsprozess; →Auftragsdurchführung) bis zur Beendigung der Prüfung (IDW PS 312.16). Es ist jedoch darauf hinzuweisen, dass die Prüfung wesentlicher (→Wesentlichkeit) Positionen des Jahresabschlusses nicht ausschließlich mittels analytischer Prüfungshandlungen erfolgen darf (IDW PS 312.12). Ziel ist es, im Rahmen der Prüfungsplanung die Prüfungsmethoden (→Buchführungstechnik und Prüfungsmethoden) so zu kombinieren, dass mit einem Minimum an Zeitaufwand die gewünschte Prüfungssicherheit erreicht wird (→risikoorientierter Prüfungsansatz).

Literatur: IDW (Hrsg.): IDW Prüfungsstandard: Analytische Prüfungshandlungen (IDW PS 312, Stand: 2. Juli 2001), in: WPg 54 (2001), S. 903–906; IDW (Hrsg.): IDW Prüfungsstandard: Verwendung der Arbeit eines anderen externen Prüfers (IDW PS 320, Stand: 5. Mai 2004), in: WPg 57 (2004), S. 593–597; Marten, K.-U. et al.: Wirtschaftsprüfung: Grundlagen des betriebswirtschaftlichen Rechnungswesens nach nationalen und internationalen Normen, 2. Aufl., Stuttgart 2003.

Ralph Höll

Plus- und Minusrechnung →Mehr- und Wenigerrechnung

Poisson-Verteilung →Homograde Stichprobe; →Binomische Verteilung

Polen

In Polen ist die Jahresabschlussprüfung einer Gesellschaft durch einen hierzu zugelassenen WP (BiegBy rewident) durchzuführen. Dieser muss Mitglied der nationalen *WPK* sein. Die Durchführung der Prüfung erfolgt auf der Grundlage der Prüfungsstandards, die von der nationalen *WPK* veröffentlicht werden. Es ist dabei festzuhalten, dass diese Prüfungsstandards auf den →International Standards on Auditing (ISA) basieren und auch einen Passus enthalten, nach dem die ISA zur Anwendung gelangen, wenn die polnischen Prüfungsstandards einen Fall nicht behandeln.

Die Verpflichtung zur Prüfung ergibt sich aus dem Rechnungslegungsgesetz vom 20.9.1994, welches in 2002 grundsätzlich überarbeitet wurde und seitdem mehr an den →International Financial Reporting Standards (IFRS) orientiert ist. Dieses Gesetz regelt, dass bei allen Holding-Gesellschaften, Aktiengesellschaften, Banken, Versicherungen, Investmentfonds sowie Gesellschaften, die auf der Grundlage des Gesetzes über öffentlichen Wertpapierverkehr und Treuhandfonds tätig werden, eine Jahresabschlussprüfung erfolgen muss. Darüber hinaus unterliegen alle übrigen Teilnehmer am Wirtschaftsverkehr (KapGes, PersGes, Einzelunternehmen, Niederlassungen ausländischer Unternehmen etc.) der Prüfungspflicht, wenn sie zum vorausgegangenen Bilanzstichtag zwei der folgenden drei Größenkriterien überschritten hatten:

- Anzahl der Mitarbeiter: 50,
- Bilanzsumme: € 2,5 Mio.,
- Umsatzerlöse: € 5 Mio.

Dies bedeutet, dass z. B. bei einem Unternehmen, dessen Geschäftsjahr dem Kalenderjahr entspricht, zur Beurteilung, ob eine Prüfungspflicht zum 31. Dezember 2005 gegeben ist, die oben genannten Kriterien zum 31. Dezember 2004 beurteilt werden und mindestens zwei überschritten wurden. Diese Methode bedeutet zugleich, dass sich, unabhängig von der Größe der Gesellschaft, nie eine Prüfungspflicht für das erste Geschäftsjahr ergibt.

Bei prüfungspflichtigen Gesellschaften umfasst der JA die Bilanz, die GuV, eine Kapitalflussrechnung, die Eigenkapitalveränderungsrechnung und ergänzende Aufgliederungen und Angaben, die in etwa einem deutschen →Anhang entsprechen. Für die Bestandteile des Jahresabschlusses sind im Rechnungslegungsgesetz offizielle Formate vorgegeben, die die Mindestanforderungen darstellen. Daneben gibt es für spezielle Branchen, wie z. B. Banken und Versicherungen, weiter gehende Spezialvorschriften. Kleine Unternehmen (d. h. Unternehmen, die nicht die Größenkriterien für die Prüfungspflicht überschreiten) dürfen einen vereinfachten JA aufstellen, der keine Kapitalflussrechnung und keinen Eigenkapitalveränderungsspiegel enthalten muss. Außerdem müssen alle Gesellschaften (Handelsgesellschaften, Kommanditgesellschaften, Gesellschaften mit beschränkter Haftung, Aktiengesellschaften etc.) einen Lagebericht erstellen.

Unternehmen mit Sitz der Gesellschaft in Polen bzw. in Polen tätige Unternehmen müssen bei der Aufstellung des Jahresabschlusses die polnischen Rechnungslegungsgrundsätze beachten. Bei der Festlegung seines Kontenrahmens ist jedes Unternehmen frei, wobei es Ausnahmen für staatliche Organisationen gibt. Allerdings müssen grundsätzliche Anforderungen an die Buchführung und den Kontenrahmen erfüllt sein, wie z. B. dass die Rechnungslegung auf dem System der doppelten Buchführung (→Buchführungstechnik und Prüfungsmethoden) basiert, die Buchführung einen Überblick über die Aktiva des Unternehmens vermittelt und mithilfe der Buchführung die Ermittlung der Produktionskosten (→Kosten) und der Profitabilität gewährleistet wird. Die Buchführung und die Jahresabschlüsse sind in polnischer Sprache und polnischer Währung aufzustellen (das Konzept der funktionalen Währung wird nicht angewandt). Die Buchführung und die Buchungsunterlagen und Belege müssen den Grundsätzen der Klarheit und Wahrheit genügen. Darin bestehen keine wesentlichen Unterschiede zu den GoB in Deutschland (→Grundsätze ordnungsmäßiger Buchführung, Prüfung der). Die Aufbewahrungsfrist für Buchführungsunterlagen (Belege, Saldenlisten, Jahresabschlüsse etc.) beträgt 5 Jahre.

Grundsätzlich kann festgehalten werden, dass die polnischen Rechnungslegungsgrundsätze mehr dem Prinzip des →True and Fair View folgen und weniger dem Gläubigerschutz wie in Deutschland. Auch dies ist eine Folge der schon erwähnten Ausrichtung an den IFRS. Damit ist das polnische Rechnungslegungsgesetz zur Zeit eines der modernsten in Europa.

Eine Verpflichtung zur Offenlegung der Jahresabschlüsse ergibt sich zum einen gegenüber den Finanzbehörden. Hier ist der JA innerhalb von 90 Tagen nach Schließen der Bücher einzureichen. Der PrB ist ebenfalls beim für das Unternehmen zuständigen Finanzamt einzureichen. Darüber hinaus wird er öffentlich zugänglich beim Registergericht hinterlegt.

Alle Unternehmen, die die oben genannten Größenkriterien für eine Pflichtprüfung überschreiten, müssen ihren JA, allerdings ohne die ergänzenden Aufgliederungen, darüber hinaus zusammen mit dem BestV des Abschlussprüfers in einem öffentlichen Mitteilungsblatt, dem *Monitor Polski B* veröffentlichen. Dies muss innerhalb einer verhältnismäßig kurzen Frist von 15 Tagen nach der Feststellung des Jahresabschlusses durch die Gesellschafter erfolgen.

Künftige Herausforderungen für die Erstellung der Jahresabschlüsse, und damit auch mit Auswirkungen auf die Prüfung, werden sich durch die Einführung des Euro in Polen und auch durch weitere Anpassungen an die IFRS ergeben.

Alfons Hölscher; Jacek Mateja

Politische Parteien

Bei einer politischen Partei (nachfolgend kurz „Partei" genannt) handelt es sich gem. § 2 ParteiG um eine Vereinigung von Bürgern, die dauernd oder auf längere Zeit auf die politische Willensbildung im Bund oder in den Ländern Einfluss nehmen und an der Vertretung des Volkes mitwirken will. Der Vorstand einer Partei ist gem. § 23 Abs. 1 ParteiG verpflichtet, über die Herkunft und die Verwendung der Mittel sowie über das Vermögen der Partei zum Ende des Kalenderjahres (Rechnungsjahr) in einem Rechenschaftsbericht wahrheitsgemäß und nach bestem Wissen und Gewissen öffentlich Rechenschaft abzugeben (Deutscher Bundestag 2005). Als Prüfer des Rechenschaftsberichts der Gesamtpartei nach den §§ 29–31 ParteiG (§ 23 Abs. 2 ParteiG) sind WP oder →vereidigte Buchprüfer (vBP) bzw. WPGes oder BPGes (→Revisions- und Treuhandbetriebe) zugelassen. Das →*Institut der Wirtschaftsprüfer in Deutschland e.V.* (IDW) hat im Mai 2005 hierzu den Prüfungsstandard IDW PS 710 verabschiedet. Die in den IDW PS niedergelegten Grundsätze ordnungsmäßiger Durchführung von Abschlussprüfungen nach HGB sind entsprechend anzuwenden, soweit der IDW PS 710 nicht ausdrücklich Abweichendes regelt (IDW PS 710.4). Abweichend von den §§ 319, 319a HGB (→Ausschluss als Abschlussprüfer) sind gem. § 31 ParteiG neben dem Selbstprüfungsverbot (§ 31 Abs. 1 Nr. 2 ParteiG) vor allem Prüfer ausgeschlossen, die ein Amt oder eine Funktion in oder für die Partei ausüben (§ 31 Abs. 1 Nr. 1 ParteiG).

Die Prüfer sind zu gewissenhafter und unparteiischer Wahrnehmung ihrer Aufgaben und zur Verschwiegenheit verpflichtet; § 323 HGB (→Verschwiegenheitspflicht des Wirtschaftsprüfers) gilt entsprechend.

Die Prüfung erstreckt sich auf die Rechenschaftsberichte der Bundespartei, ihrer Landesverbände sowie nach Wahl des →Abschlussprüfers (→Bestellung des Abschlussprüfers) auf mindestens zehn nachgeordnete Gebietsverbände. Sie schließt neben dem aus Ergebnisrechnung, Vermögensbilanz und Erläuterungsteil bestehenden Rechenschaftsbericht die zugrunde liegende Buchführung mit ein und erstreckt sich darauf, ob die rechnungslegungsbezogenen gesetzlichen Vorschriften einschl. der GoB (→Grundsätze ordnungsmäßiger Buchführung, Prüfung der) beachtet worden sind (→Ordnungsmäßigkeitsprüfung). Die Prüfung ist zudem so anzulegen, dass Unrichtigkeiten und Verstöße gegen die gesetzlichen Vorschriften (→Unregelmäßigkeiten) bei gewissenhafter Berufsausübung erkannt werden (§ 29 Abs. 1 ParteiG). Aufgrund der gesetzlichen Begrenzung der Anzahl zu prüfender nachgeordneter Gebietsverbände ist dieser Grundsatz nicht auf der Ebene des Rechenschaftsberichts der Gesamtpartei, sondern lediglich für die jeweilige Prüfung der einzelnen Rechenschaftsberichte der Gebietsverbände anzuwenden. Der Prüfer führt hierzu unter Beachtung der beruflichen und fachlichen Grundsätze (IDW PS 201) im Rahmen eines →risikoorientierten Prüfungsansatzes →Systemprüfungen, →Plausibilitätsprüfungen und weitere stichprobengestützte Prüfungshandlungen (→Stichprobenprüfung) durch (→Auswahl von Prüfungshandlungen) (IDW PS 710.15 ff.). Der Prüfer kann von den Vorständen und den von ihnen dazu ermächtigten Personen alle Aufklärungen und Nachweise verlangen, welche die sorgfältige Erfüllung seiner Prüfungspflicht erfordert. Insoweit ist es ihm auch zu gestatten, die Unterlagen für die Zusammenstellung des Rechenschaftsberichts, die Bücher und Schriftstücke sowie die Kassen- und Vermögensbestände zu prüfen (§ 29 Abs. 2 ParteiG). Die Zusammenfügung der Rechenschaftsberichte des Bundesverbands, der Landesverbände sowie der nachgeordneten Gebietsverbände zu dem Rechenschaftsbericht der Gesamtpartei ist vom Prüfer lediglich auf formale und rechnerische Richtigkeit zu prüfen (IDW PS 710.19). Der Vorstand des zu prüfenden Gebietsverbandes hat dem Prüfer schriftlich zu versichern, dass der Rechenschaftsbericht alle rechenschaftspflichtigen Einnahmen, Ausgaben und Vermögenswerte enthält, wobei auf die Versicherung der Vorstände nachgeordneter Gebietsverbände Bezug genommen werden kann. Letztlich ist die Versicherung des für die Finanzangelegenheiten zuständigen Vorstandsmitgliedes ausreichend (§ 29 Abs. 3 ParteiG).

Das Ergebnis der Prüfung ist in einem schriftlichen →Prüfungsbericht (PrB) (IDW PS 450) niederzulegen; dieser ist dem Vorstand der Partei und dem Vorstand des geprüften Gebietsverbandes zu übergeben (§ 30 Abs. 1 ParteiG). Soweit nach dem abschließenden Ergebnis der Prüfung keine Einwendungen zu erheben sind, hat der Prüfer durch einen Vermerk [IDW PS 400; →Bestätigungsvermerk (BestV)] zu bestätigen, dass nach pflichtgemäßer Prüfung aufgrund der Bücher und Schriften der Partei sowie der von den Vorständen erteilten Aufklärung und Nachweise der Rechenschaftsbericht in dem sich aus § 29 Abs. 1 ParteiG ergebenden Prüfungsumfang den Vorschriften des ParteiG entspricht. Sind Einwendungen zu erheben, so hat der Prüfer in seinem Prüfungsvermerk die Bestätigung zu versagen oder einzuschränken. Die geprüften Gebietsverbände sind im Prüfungsvermerk namhaft zu machen (§ 30 Abs. 2 ParteiG).

Der erteilte Prüfungsvermerk muss auf dem einzureichenden Rechenschaftsbericht angebracht sein und ist in vollem Wortlaut nach § 23 Abs. 2 Satz 3 ParteiG mit zu veröffentlichen (§ 30 Abs. 3 ParteiG). Die im Anhang zu IDW PS 710 vorgeschlagenen Prüfungsvermerke tragen dem eingeschränkten Prüfungsumfang sowie dem aufgrund der organisatorischen und rechtlichen Gegebenheiten für Parteien i. d. R. fehlenden einheitlichen →Internen Kontrollsystem (IKS) sowie der fehlenden Gesamtverantwortung Rechnung.

Literatur: Deutscher Bundestag (Hrsg.): Begleitschreiben zur Rechnungslegung nach den durch das Gesetz zur Änderung des Parteiengesetzes vom 2. Dezember 2004 geänderten Bestimmungen des Parteiengesetzes, Az. PD 2–1300–12, Berlin 2005; IDW (Hrsg.): IDW Prüfungsstandard: Rechnungslegungs- und Prüfungsgrundsätze für die Abschlussprüfung (IDW PS 201, Stand: 17. November 2000), in: WPg 53 (2000), S. 710–713; IDW (Hrsg.): IDW Prüfungsstandard: Grundsätze für die ordnungsmäßige Erteilung von Bestätigungsvermerken bei Abschlussprüfungen (IDW PS 400, Stand: 28. Oktober 2005), in: WPg 58 (2005a), S. 1382–1402; IDW (Hrsg.): Prüfung des Rechenschaftsberichts einer politischen Partei (IDW PS 710, Stand: 12. Mai 2005), in: WPg 58 (2005b), S. 724–732; IDW (Hrsg.): IDW Prüfungsstandard: Grundsätze ordnungsmäßiger Berichterstattung bei Abschlussprüfungen (IDW PS 450, Stand: 8. Dezember 2005), in: WPg 59 (2006), S. 113–128.

Josef Marquard; Oskar Walter

Politisches Controlling →Verwaltungscontrolling

Pooling-of-Interest-Methode
→Konsolidierungsformen

Portfolioanalyse

Portfolioanalysen sind ein wichtiges Hilfsmittel im Rahmen der strategischen →Planung. Die Anfänge der Portfolioanalyse stammen aus dem Bereich der Finanzwirtschaft mit der Zusammenstellung eines unter Risiko- und Rendite-Gesichtspunkten optimierten „Wertpapier-Portefeuille". Dieser Ansatz wurde auf einzelne Geschäftsbereiche eines Unternehmens übertragen, um strategische Alternativen von Geschäftseinheiten zu charakterisieren und zielorientiert zusammenzustellen, und ist ein wesentliches Instrument zur Entwicklung einer Strategie (→wertorientierte Strategieplanung). Damit dient die Portfolioanalyse

- zur Identifikation, Diagnose und Prognose (→Prognoseinstrumente) unternehmensbezogener Marktschwächen und -stärken sowie umweltbezogener Chancen und Risiken (→Risiken- und Chancencontrolling),
- dem Entwurf alternativer Strategien zur zielorientierten Handhabung von Chancen und Risiken sowie zur Ausnutzung der Marktmacht und
- der Bewertung und Auswahl von Einzelstrategien und Strategiebündeln.

Bei der Portfolioanalyse kommen (i. d. R. zweidimensionale) Beurteilungsmatrizen zur Anwendung, die einen Zusammenhang verschiedener Größen darstellen. Oft werden vom Unternehmen beinflussbare (unternehmensbezogene) und unbeeinflussbare (umweltbezogene) Größen als Schlüsselfaktoren in einem Koordinatensystem gegenübergestellt. Ausgehend von der Darstellung des Ist-Zustands werden die erwarteten, zukünftigen Entwicklungen schematisch aufgezeigt. Für jedes Szenario (→Szenariotechnik) zukünftiger Entwicklungen kann ein eigenes Portfolio erstellt und im Hinblick auf die Ausrichtung künftiger Aktivitäten interpretiert werden. Mithilfe von Portfolios lassen sich somit „Norm"-Handlungsstrategien für einzelne Geschäftseinheiten oder für das gesamte Unternehmen ableiten.

Die bekannteste Portfoliodarstellung ist die Marktanteils-/Marktwachstums-Matrix, die erstmals von der *Boston Consulting Group* verbreitet wurde. Auf der Abszisse wird der relative Marktanteil, auf der Ordinate das Marktwachstum dargestellt. Durch die Klassifizierung in hoch und niedrig können folgende Matrixfelder unterschieden werden:

- Nachwuchsprodukte („Question Marks") haben (zunächst) einen kleinen Marktanteil, versprechen aber ein hohes Wachstum. →Investitionen in Nachwuchsprodukte lassen auf längere Sicht hohe Renditen erwarten.
- Starprodukte („Stars") weisen eine führende Marktposition in einem Wachstumsmarkt auf. Sie können jedoch einen Großteil ihrer →Erträge selbst verbrauchen, um in einem wachsenden Markt ihre Position zu halten oder sogar noch zu verbessern.
- Cashprodukte („Cash Cows") haben eine starke Marktposition und erwirtschaften aufgrund des geringen Finanzbedarfs hohe Erträge. Allerdings ist nicht mit weiterem Marktwachstum zu rechnen, diese Produkte befinden sich i. d. R. am Ende ihres Lebenszyklus (→Produktlebenszykluskonzept).
- Problemprodukte („Poor Dogs") operieren in schrumpfenden oder stagnierenden Märkten und erwirtschaften aufgrund der schwachen Marktposition nur unbedeutende Erträge oder sogar Verluste.

Die eigenen Geschäftseinheiten bzw. Produktgruppen werden innerhalb der Matrix durch Kreise dargestellt, wobei die Größe der Kreise das jeweilige Umsatzvolumen widerspiegelt. Ziel der Portfolioanalyse ist es nun, neben dem Ist-Zustand auch den angestrebten Soll-Zustand (Stoßrichtung) qualitativ darzustellen, um hieraus konkrete Maßnahmen ableiten zu können.

Die Portfolioanalyse lässt sich neben der beschriebenen Marktanteils-/Marktwachstumsdarstellung auch auf eine Reihe von anderen Fragestellungen anwenden. Beispiele hierfür sind:

- →Technologie-Markt-Portfolios,
- Produktlebenszyklus-/Wettbewerbspositions-Portfolios,
- Produkt-/Länder-Portfolios,
- Branchenattraktivitäts-/Geschäftsfeldstärken-Portfolios,
- →Geschäftsfeld-/Ressourcen-Portfolios und
- prozessorientierte Portfolios.

Der Vorteil der Portfolioanalyse liegt in der einfachen Darstellungs- und Interpretationsmöglichkeit gegenwärtiger und zukünftiger Situationen anhand verschiedener Beurteilungskriterien. Nachteile bestehen darin, dass sie eine Situation rein aus der „Vogelperspektive" betrachtet. Durch ihren globalen Charakter muss sie sich auf eine geringe Anzahl von Einflussfaktoren beschränken. Daneben besteht bei der Auswahl und Gewichtung der Kriterien die Gefahr der Subjektivität. Aus beiden Faktoren folgt eine grobe und schematische Herangehensweise. Auch handelt es sich um statische Modelle, die eine Nachführung der Größen und damit eine Kontrolle (→ Kontrolltheorie) im Zeitverlauf nicht ermöglichen.

Literatur: Coenenberg, A. G./Baum, H.-G./Günther, T.: Strategisches Controlling, 2. Aufl., Stuttgart 1999; Hahn, D./Hungenberg, H.: PuK Wertorientierte Controllingkonzepte, 6. Aufl., Wiesbaden 2001; Hedley, B.: Strategy and the Business Portfolio, in: Long Range Planning 10 (1976), Heft 1, S. 3–18; Horváth, P.: Controlling, 10. Aufl., München 2006.

Klaus Möller

Portfoliobewertung → Grundsätze ordnungsmäßiger Buchführung, bankspezifisch

Post-Completion Audit → Investitionskontrolle

Postmerger Integration

Akquisitions- und Fusionsmanagement beschäftigen die Führungskräfte verstärkt. Häufig wird unterschätzt, was Postmerger Management von den Führungskräften abverlangt: Die strategische und organisatorische Integration der beteiligten Organisation steht dabei im Mittelpunkt. Studien zufolge sind nur ca. 50 % aller Firmenübernahmen des deutschen Mittelstands ein Erfolg für den Käufer. Eine Übernahme wird dabei als erfolgreich eingestuft, wenn die zugekauften Firmen schon 1 bis 2 Jahre nach dem Kauf messbar zur Gewinnsteigerung des Unternehmens beitragen konnten und wenn die Käufer die Auffassung vertreten, das erworbene Unternehmen seinerzeit richtig bewertet zu haben (→ Unternehmensbewertung). Fast ein Drittel der Befragten sagt im Nachhinein, sie hätten bei Firmenkäufen zu viel bezahlt (Sydow 2005). Die Erfahrung zeigt, dass gerade am Anfang des Integrationsprozesses mit notwendigen Entscheidungen der Grundstein für Erfolg oder Misserfolg gelegt wird.

Die stärksten Motive für → Unternehmenszusammenschlüsse sind die Kostenreduzierung (→ Kosten; → Kostenmanagement) bzw. die Realisierung von Verbundeffekten durch Konzentration sowie die Realisierung von Wachstumschancen bei verbreitertem Kunden- und Produktportfolio.

Zur optimalen Zielerreichung sollte schon früh mit den konzeptionellen Arbeiten zur Integration begonnen werden.

Es kann sinnvoll sein, ein Grobkonzept der Zusammenführung vor dem endgültigen Beschluss und dem rechtlichen Vollzug zu entwickeln. Es können Synergiepotenziale, Strukturen/Prozesse (→ Geschäftsprozesse) und Kulturen im Vorwege so analysiert und aufbereitet werden, dass die Zielerreichung wahrscheinlicher wird. Dies hat den Vorteil, dass bei Unterschrift unter die Verträge bereits das neue Unternehmen mit seinen strategischen Zielsetzungen, einer Aufbau- und Ablauforganisation (→ Organisationsberatung) konzipiert ist, die positiven und negativen Synergieeffekte realistisch quantifiziert sind und jedem Mitarbeiter genannt werden kann, ob er im zukünftigen Unternehmen eine Funktion hat – und wenn ja, welche Position mit welchen Vorgesetzten. Der Nachteil besteht darin, dass dieses sehr stark auf „Harmonie" basierende Konzept die Arbeit mit Führungskräften erschwert, die von ihren langjährigen Erfahrungen und Vorstellungen – ob berechtigt oder unberechtigt – nicht bereit sind abzuweichen bzw. sich nicht aktiv an der Schaffung von etwas „Neuem" beteiligen. Die Verhandlungen können in diesem Fall mit „politischen" Wünschen belastet werden. Daneben führt es zu gegenseitiger Offenheit über „Betriebsgeheimnisse", wie z. B. → Kalkulation von Preisen zu einem Zeitpunkt, an dem eben die Verhandlungen noch scheitern können. Daher wird in der Mehrzahl der Fälle mit der Integrationsarbeit erst begonnen, wenn die „Tinte trocken" ist. Welche Alternative vorzuziehen ist, hängt von den jeweiligen Gegebenheiten sowie den politischen Rahmenbedingungen ab.

Prominentes Ziel sollte es sein, die Verantwortlichkeiten auf der ersten Führungsebene frühzeitig zu klären. Dies fördert den Willen zur Integration und die notwendige Kompromissbereitschaft sowie das Streben nach effizienten Strukturen und Prozessen. Die Praxis zeigt, dass die zu schnelle Fokussierung auf

Effizienz dazu führen kann, dass Know-how-Träger das neue Unternehmen während des Integrationsprozesses verlassen oder verlassen müssen. Dadurch wird die Gestaltung von etwas „Neuem" aufgrund des Know-how- und Erfahrungsabgangs erschwert. In diesen Fällen setzt sich eher das „übernehmende" Unternehmen bzw. der einzelne „übernehmende" Fachbereich durch und bei den „Verlierern" muss mit aktiven und passiven Widerstandskreisläufen gerechnet werden. Sofern es sich nicht um eine Sanierung (→ Sanierungsberatung) handelt, empfiehlt es sich oft zunächst den Integrationsgedanken in den Vordergrund zu stellen und nach ca. einem Jahr einen Review durchzuführen, bei dem dann der Effizienzgedanke dominiert.

Die Verantwortung für den Integrationsprozess sollte beim Vorstand bzw. bei der Geschäftsführung und innerhalb des Führungsorgans beim Vorsitzenden liegen (Unternehmensleitung). Die Einbindung eines externen „Chief Integration Officer" für die Integrationsphase kann hilfreich sein, reduziert jedoch nicht die Notwendigkeit, die erste Führungsebene in allen übergeordneten Themen einzubinden. Der Gesamtvorstand sollte alle wichtigen operativen Entscheidungsräume vorgeben, um einerseits einen effizienten Entscheidungsprozess zu garantieren und trotzdem der operativen Ebene die Möglichkeit einzuräumen, ihr tägliches operatives Umfeld maßgeblich selbst zu gestalten. Sog. Leitplanken sind förderlich, um die Führungskräfte im Rahmen der Delegation von Verantwortung zu motivieren ein neues effizientes Unternehmen zu gestalten.

Die Auswahl des für die Unternehmenssituation richtigen Integrationsverfahrens ist von besonderer Bedeutung. Es wird zwischen zwei gegensätzlichen Positionen und einer Mischform unterschieden: Die „schnelle" Integration hat den Vorteil, dass die schnell ausgewählten „Gewinner" unter den Führungskräften mit hoher Motivation positive Verbundefekte kurzfristig realisieren. Bei der „konzeptionell-ausgewogenen" Alternative wird eine Übergangsorganisation von ca. 6–12 Monaten geschaffen, mit der die Führungskräfte im Rahmen der Neuausrichtung des Unternehmens die Chance haben, gemeinsam etwas „Neues" zu schaffen, mit dem sich das Management und die Mitarbeiter beider Organisationen rational und emotional identifizieren und wiederfinden.

In der jüngeren Vergangenheit haben sich eher Mischformen bewährt, bei denen man versucht, die Vorteile der beiden eher extremen Verfahren zu nutzen und die Nachteile zu minimieren.

Oft wird die Umsetzungsgeschwindigkeit der notwendigen Maßnahmen nur begrenzt realistisch eingeschätzt und der Integrationsaufwand, der neben dem Tagesgeschäft erledigt werden muss, unterschätzt. Notwendig ist eine gemeinsame Zielrichtung der ersten und zweiten Führungsebene, eine möglichst weit gehende Partizipation der Mitarbeiter und des Betriebsrats/Personalrats (→ Mitbestimmung) sowie eine möglichst offene Kommunikation mit der Belegschaft. Umso besser die Vertreter der Belegschaft sich selbst für den Integrationsprozess organisieren und je klarer sie Position beziehen, desto besser für den Verlauf und die Wahrung der Interessen aller Beteiligten.

Als häufiger Grund für das Scheitern von Postmerger Projekten wird bei Fach- und Führungskräften die „kulturelle" Integration genannt. Kulturunterschiede werden auch in vielen wissenschaftlichen Arbeiten als Misserfolgsfaktor gewertet (Rohloff 1994, S. 157 ff.). Pauschal gesehen gilt: Je größer der Kulturunterschied, desto größer das Risiko des Misserfolgs. Forscher vertreten auch die Meinung, dass gerade unterschiedliche Kulturen zu Entscheidungen mit höherer Qualität führen. Kulturelle Unterschiede können zur Synergieerzielung Chance und Risiko zugleich sein. Die Analyse der eigenen und der fremden Kultur, die Schaffung von Transparenz und die Diskussion über die Unterschiede wird dringend empfohlen. I.d.R. prägt in einem Unternehmen die Kultur ganz wesentlich die Struktur und Prozesse. Eine neue Kultur kann für das neue Unternehmen nicht verordnet werden, sondern sie muss wachsen während der Entwicklung und Realisierung neuer Strukturen und Prozesse.

Professionelle Begleitung der Integration (einschl. eines Integrations-Monitorings) durch Dritte oder „alte" Interne, die eher unabhängig sind von natürlichen Individualinteressen, haben sich bewährt.

Literatur: Berninghaus, H.: Post Merger Management, in: Haarmann Hemmelrath (Hrsg.): Mergers & Acquisitions, Frankfurt a.M. 2003, S. 331–341; Jansen, S. A.: Mergers & Acquisitions, 4. Aufl., Wiesbaden 2001; Lechner, H./Meyer, A.: Vom Potenzial zum Effekt – Integriertes und strukturiertes Synergiemanagement, in: M & A 15 (2005), S. 5–11; Rohloff, S.: Die Unternehmenskultur im Rahmen von Unternehmenszusammenschlüssen, Bergisch Gladbach/Köln 1994; Sydow, A.: Nur jeder zweite Firmenkauf wird für den Mittelstand ein Erfolg. Neue Studie: Übernahmen im Ausland sind mit hohem Risiko verbunden, aber inzwischen unerlässlich, in: Die Welt vom 2. Mai 2005.

Harald Berninghaus

Potenzialinvestition →Investition

Potenziallohn →Human Resource Management

PPS-Systeme →Fertigungsaufträge

Präferenzniveau für das Einschränken des Bestätigungsvermerks →Prüfungsplanung, Erfassung von Unschärfe und Unsicherheit

Präferenzniveau für das Erteilen des Bestätigungsvermerks →Prüfungsplanung, Erfassung von Unschärfe und Unsicherheit

Prämien →Zuschüsse

Prävention →Dolose Handlungen

Preapproval Review →Investitionskontrolle

Pre-Clearance →Enforcementsysteme

Preis- und Kostenprüfung

Gegenstand der Preisprüfung durch Preisbehörden können alle für öffentliche Aufträge vereinbarten Preistypen sein. Grundsätzlich haben auch bei öffentlichen Aufträgen Marktpreise Vorrang vor Preisen, die aus →Kosten abgeleitet werden. Sofern Marktpreise auf Listenpreisen basieren, werden diese nicht auf der Grundlage von Kosten geprüft. Vielmehr soll durch eine Kurzpreisprüfung festgestellt werden, ob der vom Anbieter der Leistung geforderte Preis allgemein und nachhaltig am Markt gebildet wird und ob dem öffentlichen Auftraggeber Preisvorteile, die private Auftraggeber bei gleichen Geschäften üblicherweise erhalten, ebenfalls gewährt werden. Kosten werden beim Vorliegen von Listenpreisen lediglich dann geprüft, wenn Abweichungen von der marktüblichen Leistung durch Zuoder Abschläge oder besondere Umstände des Auftrags, wie z. B. eine außergewöhnliche Auftragsgröße, dies notwendig werden lassen.

Existieren keine Marktpreise, sind mit dem Anbieter Selbstkostenpreise zu vereinbaren. Dies sollten gem. § 6 Abs. 1 PöV möglichst Selbstkosten*fest*preise sein. Diese werden mittels Vorkalkulationen (→Kalkulation; →Kalkulationsmethoden) entsprechend den Vorschriften der LSP berechnet und sind bei oder direkt nach Abschluss des Kaufvertrags festzulegen. Sofern ein Selbstkostenfestpreis nicht feststellbar ist, ist bei Vertragsabschluss ein Selbstkosten*richt*preis als vorläufiger Selbstkostenpreis zwischen den Vertragsparteien zu vereinbaren. Dieser ist gem. § 6 Abs. 3 PöV vor Beendigung der Leistungserstellung möglichst zu einem Selbstkostenfestpreis zu verändern. Die dritte Form von Selbstkostenpreisen, die Selbstkosten*erstattungs*preise, dürfen nur vereinbart werden, wenn eine andere Form der Preisermittlung nicht möglich ist. Kostenerstattungen basieren auf Nachkalkulationen, deren Ergebnisse durch Vereinbarungen begrenzt werden können (§ 7 Abs. 1 PöV).

Selbstkostenpreise sind aus Vollkostenkalkulationen auf Istkostenbasis (→Istkostenrechnung) abzuleiten. Dabei werden nur die angemessenen Kosten des Anbieters bei wirtschaftlicher Betriebsführung (Nr. 4 Abs. 2 LSP) berücksichtigt. Die Grundlage bilden die Selbstkosten (→Selbstkostenermittlung), die um einen kalkulatorischen Gewinn erhöht werden. Als Kalkulationsform (→Kalkulationsmethoden) sollte die →Zuschlagskalkulation zur Anwendung kommen, da Einzel- und Gemeinkosten (→Einzelkostencontrolling; →Gemeinkostencontrolling) möglichst getrennt auszuweisen sind. Die Zurechnung der Gemeinkosten (→Kostenzurechenbarkeit) sollte so detailliert und nachvollziehbar wie möglich erfolgen, was die Anwendung einer →Prozesskostenrechnung aus Sicht des öffentlichen Auftraggebers angeraten erscheinen lässt.

Die Beachtung der Vorschriften der PöV wird von den für die Preisbildung und -überwachung zuständigen Behörden überprüft. Die Prüfung erstreckt sich auf das →Rechnungswesen des Anbieters, das in einer geordneten Form zu führen ist, um die Ermittlung der Kosten und die Ableitung der Preise aus den Kosten jederzeit nachvollziehen zu können.

Insofern erstreckt sich die Prüfung der Preise auf die Kostenrechnung (→Kosten- und Leistungsrechnung; →Kostenrechnung, Prüfung der) (Grundsatzprüfung) und die Kostenträgerrechnung (→Kostenträgerstückrechnung; →Kostenträgerzeitrechnung) des Anbieters.

Der erste Schritt der Grundsatzprüfung ist die Abstimmung der Kostenarten der →Betriebsabrechnung mit den Aufwendungen der →Gewinn- und Verlustrechnung (GuV). Dabei ist zu klären, ob die Abzüge der neutralen Aufwendungen und die Hinzurechnungen der →kalkulatorischen Kosten sachgerecht erfolgt sind. Bei der Prüfung des Ansatzes der Kostenarten (→Kostenartenrechnung) ist neben der Durchsicht der externen und internen Belege auf die klare Definition der Kosten, die Überschneidungsfreiheit zwischen den Kostenarten sowie auf die Befolgung der Vorschriften der LSP zu achten. Besondere Aufmerksamkeit ist den kalkulatorischen Kosten zu schenken, da diese, anders als die Daten der Finanzbuchhaltung, nicht auf objektivierten Zahlen basieren.

Die Prüfung der Kostenstellen (→Cost Center; →Kostenstellenrechnung) hat sich insb. auf die Kalkulationsadäquanz bei der Abgrenzung der Kostenstellen und die Wahl sinnvoller Größen für die Verrechnung innerbetrieblicher Leistungen (→Kosten- und Leistungsverrechnung, innerbetriebliche) zu konzentrieren.

Die Prüfung der Kosten eines einzelnen Auftrags umfasst die Prüfung der Faktoreinsatzmengen und der für ihre Bewertung herangezogenen Wertansätze. Dabei ist entsprechend den unterschiedlichen Zeitpunkten der Ermittlung der Selbstkostenpreise zwischen der Prüfung der Vor- und der Nachkalkulation zu unterscheiden. Bei der Vorkalkulation hat die Prüfung – auch wenn diese erst im Anschluss an die Erbringung der Leistung des Anbieters erfolgt – von den Informationen auszugehen, die für den Anbieter bei seiner Kostenplanung bekannt bzw. vorhersehbar waren. Beim Ansatz der Einzelkosten sind dies die voraussichtlich einzusetzenden Faktormengen und die zum Zeitpunkt der Abgabe des Angebots geltenden Tagespreise. Die Grundlagen für die Zurechnung der Gemeinkosten entstammen der der Grundsatzprüfung unterzogenen Kostenrechnung; sie müssen im Hinblick auf ihre Aktualisierung auf den Zeitraum der Leistungserstellung überprüft werden. Die Prüfung der Nachkalkulation basiert auf sichereren Grundlagen, indem die verbrauchten Faktoreinsatzmengen, die angesetzten Anschaffungspreise und die Gemeinkostenzuschläge und Kostensätze der Kostenrechnung der betreffenden Periode betrachtet werden. Sowohl bei der Vor- wie auch bei der Nachkalkulationsprüfung ist besonders darauf zu achten, ob den Forderungen nach Angemessenheit der Kosten und ihrem Ansatz bei der Annahme wirtschaftlicher Betriebsführung Rechnung getragen wurde.

Klaus-Peter Franz

Preisabweichung

Im Rahmen der →Abweichungsanalyse können mittels Plan-Ist-Vergleichen die Abweichungen zwischen den geplanten Werten [(Plankosten (K_p) bzw. →Sollkosten (K_s)] und den realisierten Istwerten [Istkosten (K_i)] analysiert und auf deren unterschiedliche Ursachen hin untersucht werden.

Grundlegend werden im Rahmen der Abweichungsanalyse zunächst Preis- und →Mengenabweichungen (Abweichungen 1. Grades) sowie →Abweichungen höheren Grades unterschieden.

In der folgenden Abb. wird dieser Zusammenhang graphisch dargestellt. Die Gesamtkosten (K) einer Kostenstelle (→Cost Center) sind hier als Rechteck aus einer multiplikativen Verknüpfung von Menge (x) und Preis (p) der Produktionsfaktoren

$$K = x \cdot p$$

dargestellt. Die Gesamtabweichung zwischen den Istwerten und den Planwerten dieser Kostenstelle ergibt sich aus einer Abweichung der für einen bestimmten →Beschäftigungsgrad geplanten (x_p bzw. x_s) und den tatsächlich verbrauchten Faktorverbrauchsmengen (x_i) (= Mengenabweichung) sowie einer Abweichung zwischen den geplanten (p_p bzw. p_s) und den tatsächlich entrichteten Faktorpreisen (p_i) (= Preisabweichung).

Die Preisabweichung stellt dabei den Anteil der Kostenabweichung dar, der auf die Veränderung der Faktoreinsatzpreise zurückzuführen ist. Die Preisabweichung ist also definiert als das Produkt aus dem geplanten mengenmäßigen Verbrauch und der Differenz zwischen Plan- und Istpreisen:

Preisabweichung

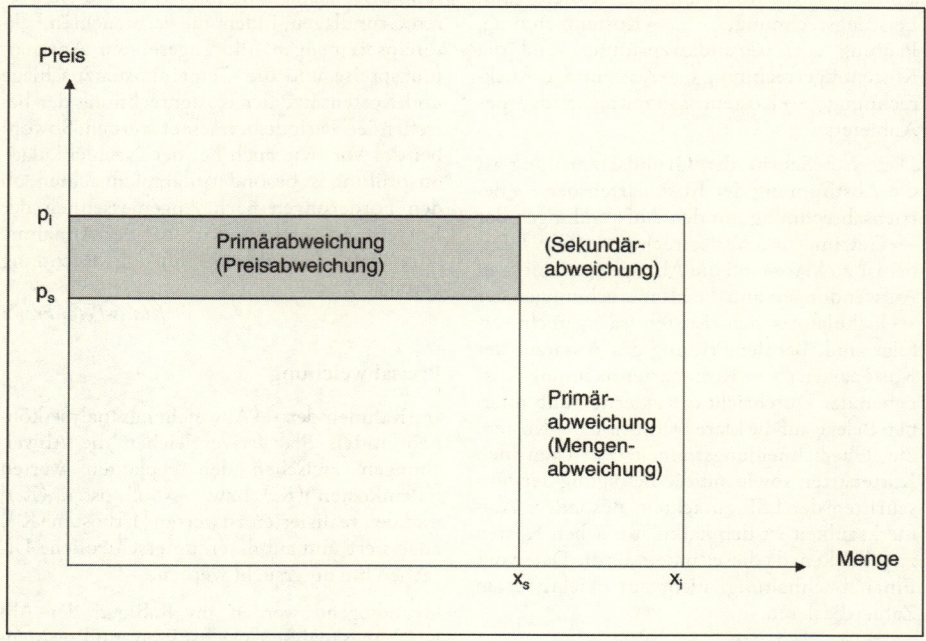

Abb.: Aufspaltung von Primär- und Sekundärabweichungen

Quelle: Coenenberg 2003, S. 363.

$\Delta p = x_p \cdot (p_p - p_i)$

oder (→Abweichungsanalyse):

$\Delta p = K_{iIP} - K_{iPP}$

mit:

K_{iIP} = Istkosten bewertet zu Istpreisen

K_{iPP} = Istkosten bewertet zu Planpreisen.

Die Preisabweichung spiegelt jede Veränderung der Istpreise der eingesetzten Produktionsfaktoren gegenüber den geplanten Faktoreinsatzpreisen wider. Hierbei kann es sich einerseits um Preisabweichungen bei den eingesetzten Materialien bzw. Dienstleistungen handeln, andererseits können Preisabweichungen bei den eingesetzten Arbeitsleistungen, sog. Tarif- oder Lohnsatzabweichungen, unterschieden werden (Haberstock 2004, S. 273 ff.).

Im Rahmen der Abweichungsanalyse sind nunmehr die Gründe für solche Preisabweichungen zu analysieren. Da der Einkauf der Produktionsfaktoren zumeist zentral durch die Einkaufsabteilung (→Einkaufswesen) erfolgt, ist diese Preisabweichung i.d.R. nicht vom Leiter der betreffenden Kostenstelle zu verantworten und daher eine Zurechnung der Preisabweichungen zu einzelnen Kostenstellen nicht sinnvoll. Preisabweichungen ergeben sich zumeist durch eine marktseitige Veränderung des Preisniveaus auf dem Beschaffungsmarkt für die bezogenen Faktoreinsatzmengen. Andererseits können solche Abweichungen zwischen geplanten und realisierten Faktorpreisen aber auch auf Probleme im Faktoreinkauf zurückzuführen sein. In diesem Falle sollten Preisabweichungen zentral für die Einkaufsabteilung ausgewiesen werden. Nur im Falle des Einsatzes höherwertiger und damit teurerer Einsatzstoffe als geplant kann u.U. der Kostenstellenverantwortliche zur Rechenschaft gezogen werden.

Preisabweichungen bei den Löhnen können zum einen auf allgemeine Tarifänderung (Tarifabweichungen) oder auf den Einsatz höher qualifizierten Personals als geplant (Lohngruppenabweichung) zurückzuführen sein. Während Tarifänderungen nicht vom Kostenstellenleiter zu verantworten sind, ist die Planung des Arbeitskräfteeinsatzes eine zentrale

Aufgabe des Kostenstellenleiters und damit von ihm zu vertreten.

Im Falle von festgestellten Preisabweichungen sind Gegensteuerungsmaßnahmen zu ergreifen. Hier kommen sowohl operative Maßnahmen, wie Verbesserung der Einkaufseffizienz, als auch strategische Maßnahmen, z. B. bzgl. der gewählten Technologie, des Standorts oder der Kapazitäten in Frage. Allerdings sind bei der Analyse der Preisabweichungen in der Praxis qualitative Unterschiede in den Faktoreinsatzmengen, positive Verbund- und Nebeneffekte (z. B. geringere Ausschussquoten oder geringere Nacharbeiten) sowie die Gesamtkosten (→Kosten) über den Lebenszyklus von Produkten (→Lebenszykluskostenrechnung; →Produktlebenszykluskonzept) in die Betrachtungen einzubeziehen (Seicht 2001, S. 452 ff.).

Auch auf der Leistungsseite des Unternehmens bietet sich die Analyse der Preis- und Mengenabweichung immer dann an, wenn im Rahmen einer Marketing- oder Vertriebsanalyse Abweichungen der geplanten und realisierten Unternehmenserlöse (→Erlöse) analysiert werden sollen. Für die Durchführung der Erlösabweichungsanalyse ist eine Unterscheidung in exogene (durch unternehmensinterne Marketing- oder Vertriebs-Aktivitäten nicht beeinflussbare) und endogene (durch unternehmensinterne Marketing- oder Vertriebs-Aktivitäten beeinflussbare) Einflussgrößen auf die Abweichung zwischen den geplanten und den tatsächlich erzielten →Erlösen wesentlich. So kann etwa die Frage beantwortet werden, ob die Umsatzsteigerung eines Unternehmens auf eine allgemeine Preissteigerung im Markt (exogen verursachte Preisabweichung), eine verbesserte Preisdurchsetzung (endogen verursachte Preisabweichung) oder eine Erhöhung der Absatzmenge durch Vertriebs-Aktivitäten (endogene Mengenabweichung) zurückzuführen ist. Weitere Detailanalysen lassen vertieftere Einblicke in die Erlös- oder Kostenstruktur eines Unternehmens zu (Coenenberg 2003, S. 385 ff.).

Literatur: Coenenberg, A. G.: Kostenrechnung und Kostenanalyse, 5. Aufl., Stuttgart 2003; Deimel, K./Isemann, R./Müller, S.: Kosten- und Erlösrechnung, München 2006; Haberstock, L.: Kostenrechnung II, 9. Aufl., Berlin 2004; Seicht, G.: Moderne Kosten- und Leistungsrechnung, 11. Aufl., Wien 2001.

Klaus Deimel

Preisbeurteilung →Preisuntergrenze

Preise →Preisuntergrenze

Preis-minus-Kalkulation →Target Costing

Preisobergrenze

Die Preisobergrenze (POG) im Beschaffungsbereich ist das Pendant zur →Preisuntergrenze im Absatzbereich von Unternehmen. Beide Preisgrenzen sind *kritische Werte*, bei denen die Gewinnhöhe des Unternehmens null ist. Während die Preisuntergrenze nicht unterschritten werden darf, sollte die Preisobergrenze nicht überschritten werden, da das Unternehmen sonst Gewinneinbußen hinnehmen muss (Männel 1990, S. 9 f.). Die POG stellt aus Sicht des Unternehmens den max. Preis dar, den es bereit ist, für ein Beschaffungsgut zu zahlen. Als Beschaffungsgüter werden insb. →Roh-, Hilfs- und Betriebsstoffe (RHB) sowie fremd bezogene Fertigteile (→Eigenfertigung versus Fremdbezug) betrachtet.

Die konkrete Bestimmung der POG hängt von der Entscheidungssituation ab, die Auskunft darüber gibt, welche Möglichkeiten das Unternehmen hat. Die folgenden Situationen beziehen sich auf die Bestimmung von *kurzfristigen* POG, wobei kurzfristig orientierte →Planung bedeutet, dass Kapazitätsveränderungen nicht explizit berücksichtigt werden: Die Entscheidungen über die POG fallen auf Basis *gegebener Kapazitäten* (→Kapazitätsplanung). Für diese Entscheidungstypen bedient man sich i. d. R. der kurzfristig orientierten Kosten- und Erfolgsrechnung (→Kosten- und Leistungsrechnung; →Kostenrechnung, Prüfung der), wie z. B. einer →Grenzplankostenrechnung. Im Folgenden werden einige typische Situationen vorgestellt (Reichmann 1973, S. 109–128; Schaefer 1996, S. 170–177):

1) Für das Beschaffungsgut existiert ein *Substitutionsgut* auf dem Markt: In diesem Fall bestimmt der Preis für das Substitutionsgut die POG.

2) Wenn das Unternehmen das Produkt *selbst fertigen* kann, sind die durch die Produktion zusätzlich ausgelösten →Kosten die POG; in einer Grenzkostenrechnung sind das die variablen Kosten. Verdrängen die selbst zu fertigenden Produkte andere Produkte aus dem Fertigungsprogramm, sind die dadurch verdrängten Deckungsbeiträge (→Deckungsbeitragsrechnungen) anzusetzen.

Preisprüfung

3) Wenn weder eine Substitution noch die eigene Herstellung des Gutes in Frage kommt, dann ist das Unternehmen auf die *Beschaffung* des Gutes angewiesen. Stellt das Unternehmen nur ein Produkt her, dann berechnet sich die POG wie folgt (Reichmann 1973, S. 111):

$$POG_1 = \frac{E - K_{v,mod}}{R} \quad (1)$$

Es handelt sich um den leicht modifizierten Deckungsbeitrag des Produktes: Von den →Erlösen (E) werden die variablen Kosten abgezogen, wobei in den variablen Kosten ($K_{v,mod}$) die Kosten für das zu beschaffende Gut nicht enthalten sind. Diese Bruttogewinngröße ist durch die Menge der benötigten Beschaffungsgüter (R) zu teilen. Steigt der Preis für das Beschaffungsgut über diese kurzfristige POG_1, dann ist das Gewinnziel gefährdet. Es ist daher auf Basis einer solchen Konstellation für das Unternehmen besser das Produkt nicht zu fertigen.

4) Wenn der Beschaffungspreis über die POG_1 steigt und eine *vorübergehende Stilllegung* der Produktion möglich ist, dann sind zusätzlich zur Formel (1) abbaufähige fixe Kosten (K_f) und eventuelle Stilllegungs- und Wiederanlaufkosten (K_{sw}) zu berücksichtigen:

$$POG_2 = \frac{E - K_{v,mod} - K_f + K_{sw}}{R} \quad (2)$$

Sind Fixkosten für die Zeit der Stilllegung abbaufähig (→Kostenabbaubarkeit; →Fixkostencontrolling; →Kostencontrolling; →Kostenmanagement), so senken sie die POG; die Stilllegungs- und Wiederanlaufkosten heben die POG jedoch an. Typische Beispiele für abbaufähige Fixkosten sind kündbare Miet- und Leasingverträge. Die Formel (2) kann als Grundformel angesehen werden, auf deren Basis sich Preisobergrenzen für verschiedene Perioden aufstellen lassen, die die unterschiedlichen zeitlichen Möglichkeiten des Abbaus von Fixkosten berücksichtigen (Reichmann 2006, S. 351 f.).

5) Für den Fall, dass das zu beschaffende Gut *in mehrere Produkte* eingeht, ist die Berechnung der POG davon abhängig, ob in jedes Produkt die gleiche Anzahl an Beschaffungsgütern eingeht. Werden für jedes Produkt unterschiedlich viele Beschaffungsgüter benötigt, dann muss für jedes dieser Produkte eine POG nach der Formel (1) berechnet werden. Es können sich unterschiedlich hohe POG ergeben. Die höchste POG kann als *absolute* POG bezeichnet werden: Wenn sie überschritten wird, ist es für das Unternehmen sinnvoll, nichts mehr zu produzieren (Ewert/Wagenhofer 2005, S. 157).

6) Unter 5) wurde angenommen, dass das Unternehmen von konstanten Absatzmengen und -preisen ausgeht. Wenn das Unternehmen als *Mengenanpasser* auftritt, dann lässt sich das Problem der POG nur mithilfe der linearen Programmierung analysieren. Wobei sich bei Untersuchungen über unsichere Daten, wie z. B. einer unsicheren Entwicklung der Beschaffungspreise, →Sensitivitätsanalysen anbieten.

Literatur: Ewert, R./Wagenhofer, A.: Interne Unternehmensrechnung, 6. Aufl., Berlin et al. 2005; Männel, W.: Preisobergrenzen im Einkauf, Lauf an der Pegnitz 1990; Reichmann, T.: Kosten und Preisgrenzen. Die Bestimmung von Preisuntergrenzen und Preisobergrenzen im Industriebetrieb, Wiesbaden 1973; Reichmann, T.: Controlling mit Kennzahlen und Management-Tools. Grundlagen einer systemgestützten Controlling-Konzeption, 7. Aufl., München 2006; Schaefer, S.: Die Planung kurzfristiger Preisgrenzen im Absatz- und Beschaffungsbereich von Industrieunternehmen, in: ZP 7 (1996), S. 151–180.

Rolf Brühl

Preisprüfung →Preis- und Kostenprüfung

Preisuntergrenze

Preise sind ein zentrales Element des absatzpolitischen Instrumentariums. Aus Sicht des Unternehmens stellen sie die Entgeltforderung gegenüber den Marktteilnehmern dar, für die eine Leistung angeboten wird. Preisuntergrenzen werden im Rahmen einer kostenorientierten Preispolitik (→Kosten- und Leistungsrechnung) diskutiert, die neben eine markt- bzw. konkurrenzorientierte Preispolitik tritt. Da sich Preise am Markt bilden, dienen sie in erster Linie der internen Preisbeurteilung von Marktpreisen durch das Management.

Preisuntergrenzen (PUG) sind kritische Werte für absatzpolitische Preisentscheidungen, die aufzeigen sollen, ab wann die zu bewertende Alternative keinen Gewinn mehr erwirtschaftet (Raffée 1961, S. 14). Wird diese Grenze unterschritten, dann treten Gewinneinbußen ein. Neben diese erfolgswirtschaftliche Betrachtung (→Erfolgscontrolling) kann auch eine finanzwirtschaftliche Betrachtung treten, in der eine liquiditätsorientierte PUG gebildet wird (→Liquiditätscontrolling). In erfolgsorientierte PUG fließen allerdings neben den →Kosten in Abhängigkeit von der Entscheidungssituation weitere Größen ein. Im Folgenden sollen kurz- und langfristige PUG unterschieden werden, und es wird gezeigt, mit welchen Informationen sie zu berechnen sind:

Kurzfristige PUG: Für PUG gilt das Veränderungsprinzip, es werden nur die Größen berücksichtigt, die durch die Entscheidung zusätzlich ausgelöst werden (→Kostenabhängigkeiten). In einer kurzfristigen Betrachtung sind dies die variablen Kosten des Objekts (z. B. eines Zusatzauftrags). Vorausgesetzt wird dabei erstens, dass das Unternehmen über freie Kapazitäten verfügt. Liegt ein Engpass (→Engpassplanung) vor und ist es nicht möglich, ihn kurzfristig zu beseitigen, dann verdrängt ein Zusatzauftrag bereits im Produktionsprogramm geplante Aufträge. Er muss dann neben seinen variablen Kosten auch die verdrängten Deckungsbeiträge (→Deckungsbeitragsrechnungen) verdienen. Ebenso sind Kosten anzusetzen, die auftreten, um die Kapazität zu erhöhen, wie z. B. die zusätzlichen Kosten von Überstunden. Auch können weitere Kosten entstehen, weil kostenungünstige Kapazität genutzt wird, wie z. B. der Einsatz von älteren nicht so effizienten Maschinen. Eine zweite Voraussetzung ist es, dass durch den Zusatzauftrag keine Erlöswirkungen bei anderen Aufträgen zu verzeichnen sind (Kilger 1993, S. 850): Bei Mengen bzw. Preiseinbußen der anderen Aufträge müssen sie zusätzlich in der PUG angesetzt werden.

Als *langfristige* PUG werden häufig die vollen Kosten angesehen, da langfristig alle Kosten durch die →Erlöse der Produkte bzw. Aufträge gedeckt werden müssen. Dies ist i. d. R. jedoch nicht sachgerecht, denn auch die langfristige PUG ist auf Basis des Veränderungsprinzips zu bilden. Es muss die konkrete Entscheidungssituation beachtet werden, auf deren Grundlage die relevanten Größen abzuschätzen sind. Bei der Betrachtung von langfristigen PUG werden insb. kapazitätsverändernde Maßnahmen (→Kapazitätsplanung; →Kapazitätscontrolling) berücksichtigt. An dieser Stelle sollen kurz zwei Sichtweisen von langfristigen PUG vorgestellt werden: 1) eine Variante, bei der die zeitliche Abbaufähigkeit von fixen Kosten (→Kostenabbaubarkeit; →Fixkostencontrolling; →Kostenmanagement) berücksichtigt wird; 2) eine zweite Variante, bei der die PUG auf Basis der finanzmathematischen Methoden der Investitionsrechnung (→Investition; →Investitionscontrolling) zu berechnen sind.

1) Liegt der Marktpreis unter der PUG, dann steht das Unternehmen vor der Entscheidung einer vorübergehenden Stilllegung einer Produktart oder -gruppe (→Sortimentscontrolling). Die PUG drückt dann die eingesparten Kosten der Produktion aus: Neben den automatisch wegfallenden variablen Kosten sind die fixen Kosten, die abgebaut werden können, zu berücksichtigen, wie z. B. kündbare Miet- oder Leasingverträge. Es lassen sich für mehrere Perioden PUG in Abhängigkeit von den variablen und den abbaufähigen Fixkosten bilden (Reichmann 1973, S. 44–50).

2) Wenn in der PUG die Investitions- und Desinvestitionsentscheidungen (→Investitionscontrolling) explizit berücksichtigt werden, sind die sich daraus ergebenden zusätzlichen Auszahlungen anzusetzen, wie sie bspw. in einer Produktlebenszyklusrechnung (→Produktlebenszykluskonzept) abgebildet sind. Es ist dann ein Barwert der Auszahlungen zu ermitteln, auf dessen Basis die PUG ermittelt wird. Die *langfristige* PUG ist der Barwert der Zahlungsreihe dividiert durch die mit dem Diskontfaktor gewichteten Periodenmengen (Seicht 1979, S. 203 f.). Setzt man die langfristige PUG als Stückerlös an (= Einzahlungen), so ergibt die Differenz der Barwerte der Einzahlungs- und Auszahlungsreihen den Wert null. Es ist jedoch zu beachten, dass bei dieser Berechnung mithilfe des Diskontsatzes ein Verzinsungsanspruch berücksichtigt wird: Die langfristige PUG auf Basis finanzmathematischer Methoden ist daher keine reine Kosten- (Auszahlungs-) betrachtung mehr. Es wird vielmehr der kritische Preis ermittelt, bei dem die Kosten und der Mindestgewinn erwirtschaftet werden (Brühl 2004, S. 218).

Die vorgestellten PUG richten sich auf das Erfolgsziel. Sie verlieren auch dann nicht ihre Relevanz, wenn andere Ziele, wie z. B. Wettbewerbsziele, vorübergehend dominieren; auch für diese Fälle dienen sie der Preisbeurteilung solcher Maßnahmen.

Pretiale Lenkung

Literatur: Brühl, R.: Controlling. Grundlagen des Erfolgscontrollings, München/Wien 2004; Kilger, W.: Flexible Plankostenrechnung und Deckungsbeitragsrechnung, 10. Aufl., Wiesbaden 1993; Raffée, H.: Kurzfristige Preisuntergrenzen als betriebswirtschaftliches Problem, Köln/Opladen 1961; Reichmann, T.: Kosten und Preisgrenzen. Die Bestimmung von Preisuntergrenzen und Preisobergrenzen im Industriebetrieb, Wiesbaden 1973; Seicht, G.: Die dynamische Stückkostenrechnung, in: krp 23 (1979), S. 201–212.

Rolf Brühl

Pretiale Lenkung →Verrechnungspreise, kalkulatorische

Primäre Kosten →Kostenartenrechnung

Primärkostenverrechnung →Kostenstellenrechnung

Primanota →Grund- und Hauptbuch

Principal-Agent-Theorie

Der *Fokus der Principal-Agent-Theorie* liegt auf der Analyse von Problemen, die aus der Übertragung von Entscheidungsbefugnissen resultieren können. Die wesentlichen Merkmale solcher Delegationsbeziehungen zwischen einem „Auftraggeber" (Principal, z. B. Eigner, Gläubiger) und einem „Auftragnehmer" (Agent, z. B. Manager) sind Informationsasymmetrien sowie Interessenkonflikte zwischen den Beteiligten. Sofern die Unternehmenspublizität (→Publizität) – etwa aufgrund der Prüfung durch eine fachkompetente, unabhängige dritte Partei – einen intersubjektiv nachprüfbaren Informationswert aufweist, kann sie zur Milderung derartiger Probleme beitragen. Ihre Funktionen werden dann in der Bereitstellung von Bemessungsgrundlagen zur Managementvergütung (→Vorstand und Aufsichtsrat, Vergütung von), in der Rechenschaft des Managements den Eignern gegenüber, in der Kompetenzabgrenzung zwischen Eignern und Gläubigern sowie in der Information von Investoren gesehen.

Die Nachfrage nach (qualitätsdifferenzierten) Prüfungsleistungen, die Eigenschaften potenziell wertvoller Prüfungen (insb. →Jahresabschlussprüfungen; →Konzernabschlussprüfungen), ihr Nutzen, aber auch die durch den Prüfungseinsatz erst entstehenden Probleme lassen sich mithilfe der Principal-Agent-Theorie untersuchen.

Im Rahmen der vorwiegend nicht formalen, deskriptiv-empirisch orientierten *positiven Principal-Agent-Theorie* (Ewert/Stefani 2001, S. 151–155) kann die Nachfrage nach Prüfungsleistungen unter Bezugnahme auf die aus der Kapitalstruktur (→Kapitalstruktur, optimale; →Kapitalstruktur, Planung und Kontrolle der) eines Unternehmens resultierenden Anreize (finanzielle Principal-Agent-Theorie, s. Wagenhofer/Ewert 2003, S. 151–190) als „Bonding-Mechanismus" zur Reduzierung von Agency Costs interpretiert werden. Bspw. könnten die Manager die erhaltenen Mittel nach Kreditgewährung in eine riskantere, unvorteilhafte Alternative investieren, da sie bei vorteilhaftem Projektverlauf von den realisierten Überschüssen profitieren, während eine ungünstige Entwicklung zu Lasten der Gläubiger geht. Sofern sich das Management ex-ante glaubwürdig bindet, seine Handlungen ex-post durch eine unabhängige Instanz prüfen zu lassen, werden günstigere Finanzierungskonditionen möglich.

Der starke Einfluss der positiven Principal-Agent-Theorie auf die →empirische Forschung im Prüfungswesen (Ruhnke 2003) wird insb. anhand der Studien zur Nachfrage nach Prüfungsleistungen (→freiwillige und vertragliche Prüfung), zur Prüferwahl und zu den Ursachen des Prüferwechsels deutlich.

Die Arbeiten im Prüfungskontext aus dem Bereich der formal orientierten *normativen Principal-Agent-Theorie* (Ewert/Stefani 2001, S. 156–172; Wagenhofer/Ewert 2003, S. 387–399) hingegen bauen auf dem Grundmodell der ökonomischen Principal-Agent-Theorie auf. Hierbei steht die optimale Ausgestaltung von Verträgen zwischen Eignern und Management sowie zwischen Eignern und Prüfer im Vordergrund, wobei jeweils sowohl Aspekte der Motivation als auch der Risikoallokation zu berücksichtigen sind. Der Vorteil von Prüfungen besteht hier weniger in der Sicherstellung des Wahrheitsgehalts der externen Rechnungslegung als vielmehr in der Verbesserung der Kontraktmöglichkeiten zwischen den Investoren eines Unternehmens und dessen Management. Da neben der Rechnungslegung auch der Bericht des Prüfers [Prüfungsbericht (PrB)] für die Vertragsgestaltung zur Verfügung steht, wird eine bessere Risikoteilung herbeigeführt als ohne Prüfung.

Die modelltheoretische Abbildung derartiger hierarchischer Delegationsbeziehungen erfordert allerdings häufig recht restriktive Annahmen. Darüber hinaus beinhaltet der optimale Kontrakt zwischen Eignern und Prüfer regelmäßig ein erfolgsabhängiges →Prüfungshonorar, welches den →Berufsgrundsätzen des Wirtschaftsprüfers entgegensteht. Der wesentliche Beitrag der normativen Principal-Agent-Theorie besteht daher vor allem in der Entwicklung von Erklärungsmodellen, mit deren Hilfe strukturelle Wirkungsmechanismen zu Tage treten. Ihre Einsatzmöglichkeiten als Entscheidungsmodell für die Praxis sind demgegenüber begrenzt.

Literatur: Ewert, R./Stefani, U.: Wirtschaftsprüfung, in: Jost, P.-J. (Hrsg.): Die Prinzipal-Agenten-Theorie in der Betriebswirtschaftslehre, Stuttgart 2001, S. 147–182; Ruhnke, K.: Nutzen von Abschlussprüfungen: Bezugsrahmen und Einordnung empirischer Studien, in: ZfbF 55 (2003), S. 250–280; Wagenhofer, A./Ewert, R.: Externe Unternehmensrechnung, Berlin 2003.

Dieter Pfaff; Ulrike Stefani

Privatkonten →Kapitalkonten

Procurement Performance Tracking
→Beschaffungscontrolling

Produktaufsicht →Bundesanstalt für Finanzdienstleistungsaufsicht

Produktionscontrolling

Das Produktionscontrolling stellt den funktionsbezogenen Teil eines gesamtbetrieblichen Controllingsystems (→Controlling; →Controllingkonzepte) dar, der sich auf den Produktionsbereich bezieht (Horváth 1996, Sp. 1484). Es ist darauf ausgerichtet, das Produktionsmanagement bei der Produktionsplanung, -steuerung und -kontrolle zu unterstützen sowie die hierfür notwendigen Informationen bereitzustellen.

Bei einer etwas detaillierteren Betrachtung der *Aufgaben* des Produktionscontrollings (→Controlling, Aufgaben des) können idealtypischerweise die drei Aufgabenbereiche Koordination, Systemgestaltung und Systemnutzung unterschieden werden (Hoitsch 1992, S. 55 f.). Im Rahmen der *Koordination* gilt es, einerseits die vielfältigen Führungsaufgaben innerhalb des Produktionsbereiches aufeinander abzustimmen und andererseits die Aktivitäten des Produktionsbereiches mit denjenigen der anderen Unternehmensbereiche zu verzahnen. Damit das Produktionscontrolling seine Aufgaben sachgerecht wahrnehmen kann, bedarf es zunächst der *Systemgestaltung*, die durch den Aufbau und die Anpassung eines produktionswirtschaftlichen →Planungssystems, Steuerungs- und →Kontrollsystems (PuK-Systems) gekennzeichnet ist. Eine umfassende Informationsversorgung ist eine notwendige Voraussetzung für das Funktionieren eines PuK-Systems. Mithin erweist es sich als zweckdienlich, parallel zum Aufbau des PuK-Systems auch ein Informationsversorgungssystem aufzubauen, das in der Lage ist, alle relevanten Informationen mit dem geforderten Genauigkeits- und Verdichtungsgrad zum richtigen Zeitpunkt am richtigen Ort bereitzustellen (→Führungsinformationssysteme) (Horváth 1996, Sp. 1486). Während das PuK-System das Produktionsmanagement bei der Aufstellung, der Abstimmung, der Durchsetzung und der Kontrolle der Teilpläne im Produktionsbereich unterstützt, dient das Informationsversorgungssystem dazu, die notwendigen Informationen zu beschaffen und weiterzuleiten sowie die Aufbereitung der relevanten Daten in Form von Produktionsberichten (→Berichtssystem) zu erleichtern *(Systemnutzung)*.

Nach der überblicksartigen Darstellung der Aufgaben des Produktionscontrollings soll im Folgenden auf die betriebswirtschaftlichen *Instrumente* des Produktionscontrollings eingegangen werden. Hierbei erfolgt eine Unterteilung zum einen in *Modelle und Methoden, die originärer Bestandteil des PuK-Systems* sind, und zum anderen in Methoden, die primär der Informationsversorgung desselben dienen (Hoitsch 1992, S. 59 f.). Innerhalb der ersten Gruppe steht ein umfangreicher betriebswirtschaftlicher Methodenpool zur Verfügung, der sowohl Instrumente der →strategischen Planung, wie bspw. Erfahrungskurven, Lebenszykluskonzepte (z. B. →Produktlebenszykluskonzept), →Portfolioanalysen, Szenarioanalysen (→Szenariotechnik) oder auch Investitionsrechnungen (→Investition; →Investitionscontrolling), umfasst (s. bspw. Schneider/Braßler 2004, S. 267–278) als auch Instrumente aufweist, die primär auf operative Produktionscontrollingaufgaben (→operatives Controlling) ausgerichtet sind. Zu letzteren zählen die insb. im Produktionsbereich geeignet einzusetzenden Methoden des →Operations Research, wie bspw. lineare und dynamische Programmierung, Lagerhaltungsmodelle, →Netzplantechniken, →Simulationsmodelle und moderne heuristische Lösungsverfahren (→mathematische Entscheidungsmodelle) (Horváth 1996, Sp. 1486 f.). Während früher der Methodeneinsatz ausschließlich auf die Produktionsplanung und -steuerung eines einzelnen Unternehmens fokussierte, wird heute – dem Gedanken des →Supply Chain Managements folgend – zunehmend auch die unternehmensübergreifende Produktionsplanung beachtet. Diesbezügliche Planungsaufgaben (→Planung) werden softwaretechnisch durch sog. Advanced-Planning-Systeme unterstützt, denen z.T. bekannte und z.T. innovative Verfahren des Operations Research zugrunde liegen und die auf den traditionellen Enterprise-Resource-Planning-Systemen aufbauen.

Die zweite Gruppe von *Methoden und Modellen* widmet sich *der ergebnisorientierten Produktionsinformationsversorgung*. Exemplarisch seien hier Produktionskennzahlensysteme (→Kennzahlen- und Kennzahlensysteme als Kontrollinstrument), die Planerlös- und →Plankostenrechnung, Prognosemethoden (→Prognoseinstrumente) sowie die Investitionsrechnung und die Nutzwertanalyse genannt (Horváth 1996, Sp. 1488). Ein wichtiges Instrument zur integrativen Erfassung von betriebswirtschaftlichen und technischen Daten stellt die →Betriebsdatenerfassung (BDE) dar (Hoitsch 1993a, S. 502). Erst mit ihrer Hilfe wird es möglich, die relevanten Basisdaten für die produktionswirtschaftlichen Plankosten- und Kontrollrechnungen (→Kontrollinstrumente) sowie für die Kennzahlenrechnungen bereitzustellen. Grundsätzlich ist dafür Sorge zu tragen, dass die Produktionscontrollinginstrumente in das unternehmensweite und ggf. in das unternehmensübergreifende Controllinginstrumentarium (→Controllinginstrumente) integriert werden, um eine konsistente Verfolgung der angestrebten Erfolgsziele zu gewährleisten (→Erfolgscontrolling).

Im Hinblick auf die *organisatorische Ausgestaltung des Produktionscontrollings* gilt es einerseits, die für den Produktionsbereich relevanten Kontextfaktoren zu berücksichtigen. Als in diesem Zusammenhang zu beachtende Einflussgrößen zählen bspw. die Breite und Tiefe des Produktionsprogramms, der Organisationstyp der Fertigung, die Produktionstechnologie, die Produktionsbereichsgröße im Verhältnis zur Unternehmensgröße sowie das Produktionskostenvolumen im Verhältnis zum Gesamtkostenvolumen (Hoitsch 1993b, S. 502). Während in kleineren Unternehmen das Produktionscontrolling häufig dem Produktionsbereichsleiter selbst obliegt, bietet sich bereits für mittelständische Unternehmen eine eigenständige Instanz für das Produktionscontrolling an. Andererseits nimmt auch die vorherrschende Gesamtunternehmensorganisation Einfluss auf die Ausgestaltung des Produktionscontrollings. Ein dezentrales Produktionscontrolling kommt immer dann in Frage, wenn das Unternehmen funktional organisiert ist. Liegt hingegen ein Unternehmen mit Matrix-Organisation vor, so erscheint die Einrichtung einer für das Gesamtunternehmen zuständigen Produktionscontrollinginstanz sinnvoll, die die Produktionsaktivitäten aller Geschäftsbereiche koordiniert (Hoitsch 1993b, S. 502).

Literatur: Hoitsch, H.-J.: Produktions-Controlling: Konzepte – Inhalte – Methoden, in: Huch, B./Behme, W./Schimmelpfeng, K. (Hrsg.): EDV-gestützte Controlling-Praxis, Frankfurt a.M. 1992, S. 53–62; Hoitsch, H.-J.: Produktionscontrollinginstrumente, in: Horváth, P./Reichmann, T. (Hrsg.): Vahlens Großes Controllinglexikon, 1. Aufl., München 1993a, S. 502; Hoitsch, H.-J.: Produktionscontrollingorganisation, in: Horváth, P./Reichmann, T. (Hrsg.): Vahlens Großes Controllinglexikon, 1. Aufl., München 1993b, S. 502–503; Horváth, P.: Produktionscontrolling, in: Kern, W./Schröder, H.-H./Weber, J. (Hrsg.): HWProd, 2. Aufl., Stuttgart 1996, Sp. 1483–1494; Schneider, H./Braßler, A.: Produktionscontrolling, in: Grob, L./Brocke, J. v./Lahme, N./Wahn, M. (Hrsg.): Controlling, München 2004, S. 253–348.

Udo Buscher

Produktionsplanungs-/Produktionssteuerungs-Systeme →Fertigungsaufträge

Produktivitätsparadoxon
→Dienstleistungscontrolling

Produktlebenszykluskonzept

Das Produktebenszykluskonzept basiert auf der Annahme, dass in Anlehnung an das Leben natürlicher Organismen jedes Produkt bestimmte Phasen vom Werden bis zum Vergehen durchläuft. Die Literatur verzeichnet unterschiedliche Ansätze der Phasen- und Verlaufsschemata, die versuchen die Abläufe innerhalb eines Lebenszyklus transparenter und einer Gestaltung zugänglich zu machen. Die klassische Vier-Phasen-Darstellung berücksichtigt lediglich den Marktzyklus, d. h. die Phasen von der Markteinführung über eine Wachstums-, Reife- und Sättigungsphase bis zum Ausscheiden aus dem Markt. Neuere Lebenszyklusmodelle beziehen die kostenintensiven vorlaufenden Beobachtungs-, Entstehungs- und den nachlaufenden Nachsorgezyklus in die Betrachtung mit ein. Dies wird als integrierter Lebenszyklus bezeichnet. Theoretisch basiert das Lebenszykluskonzept auf Überlegungen der Adoptions- und Diffusionsforschung, die von einer bestimmten Ausbreitung neuer Produkte ausgeht. Sie unterscheidet verschiedene Nachfragersegmente, die in einzelnen Marktphasen ein Produkt bevorzugt übernehmen, woraus sich eine Sättigungs- oder Diffusionskurve ergibt, die Grundlage für den Lebenszyklus ist. Angenommen wird ein normalverteilter, glockenförmiger Verlauf der Kurve von →Umsatzerlösen bzw. Absatzmenge auf der Ordinate und der Zeit (linear in Form aufeinander folgender Phasen) auf der Abszisse.

Das Lebenszykluskonzept beinhaltet eine Abbildungs- und Erklärungsfunktion und verfolgt darauf aufbauend handlungsorientierte Prognose- und Gestaltungsziele:

- Prognose von zukünftigen Absatz-, Umsatz- und Kostenverläufen; Analyse der Einflussfaktoren auf den Verlauf, Erfolg (→Erfolgsprognose) etc. zu deren gezielten Beeinflussung bzw. Entscheidungsunterstützung (so können z. B. →Investitionen in der Vorlaufphase zur Qualitätssteigerung später anfallende →Kosten für Reparaturen in der Marktphase senken; damit kann in einer Gesamtbetrachtung die Wirtschaftlichkeit des Produktes gesteigert werden);
- Unterstützung der Entscheidungen über Produktprogramm und Faktorausstattung (Unternehmens-, Produkt-, Absatz-, Preis-, und Fertigungsstrategie; →Früherkennungssysteme); Beurteilung der Produktprofitabilität/ →Wirtschaftlichkeitsberechnung; Altersstruktur des Produktprogramms; Frühwarnsystem durch Hinweise auf Verläufe;
- Bewertung von alternativen Produktkonzeptionen, Kunden, Projekten etc.; Aufzeigen von Trade-offs zwischen den Kosten verschiedener Alternativen in den verschiedenen Phasen (→Lebenszykluskostenrechnung) sowie
- Nachverfolgung/Überprüfung der Zieleinhaltung.

Bei Lebenszykluskonzepten findet sich auf der Abszisse immer die Zeit, während die Bezeichnung der Ordinate unterschiedlich ist. Als Bezeichnung finden sich neben Produktions- oder Absatzmenge insb. Umsatz, Kosten, Deckungsbeitrag (→Deckungsbeitragsrechnungen), Gewinn oder →Cash Flow. Bei einigen Modellvarianten wird auch die Zahlungsmittelebene (Ein- und Auszahlungen) betrachtet. Die Zeit wird mithilfe von bestimmten Aktivitäten oder Meilensteinen in verschiedene Abschnitte zerlegt. Die der sachlichen Strukturierung dienende Untergliederung ist zwar sachlich, nicht aber zeitlich als sequenziell zu betrachten. Teilphasen können sich durchaus zeitlich überlappen. I.d.R. haben die aus dem Ersatzteil- und Kundengeschäft resultierenden Einzahlungen in der Nachlaufphase ein geringeres Niveau und unterliegen geringeren Veränderungen. Möglich sind auch →Erlöse in der Vorlaufphase, wie z. B. dem Unternehmen global oder projektbezogen gewährte Subventionen, Steuervergünstigungen oder verbilligte Kredite.

Eine ex-ante-Bestimmung der Verlaufsmuster innerhalb eines Lebenszyklus erfordert das Treffen von zahlreichen Annahmen hinsichtlich des Nachfrager-, Wettbewerber- und Kostenverhaltens sowie konjunktureller, politischer und rechtlicher Einflussfaktoren. Ebenso ist davon auszugehen, dass eigene absatzpolitische Entscheidungen den Verlauf beeinflussen. So können lediglich grobe Prognosen erfolgen.

Die zielorientierte →Planung und Kontrolle (→Kontrolltheorie) sämtlicher für die Entwicklung, Vermarktung und Entsorgung eines Objektes erfolgsbeeinflussenden Faktoren (→Erfolgsabhängigkeiten) – und nachfolgend der Ein-/Auszahlungen und Kosten/Leistungen – ist Gegenstand der Lebenszyklusrechnung (bspw. →Lebenszykluskostenrechnung), die auf dem Lebenszykluskonzept basiert.

Literatur: Götze, U.: Lebenszykluskosten, in: Fischer, T. M. (Hrsg.): Kostencontrolling – Neue Methoden und Inhalte, Stuttgart 2000, S. 265–289; Horváth, P.: Controlling, 10. Aufl., München 2006; Pfohl, M.: Prototypgestützte Lebenszyklusrechnung, München 2002; Riezler, S.: Lebenszyklusrechnung: Instrument des Controlling strategischer Projekte, Wiesbaden 1996; Rogers, E. M., Diffusion of Innovations, 3. Aufl., London 1983.

Péter Horváth; Klaus Möller

Profitcenter

Die Transformation von funktional hierarchischen Strukturen zu flexiblen, modularen Strukturen führt zu einer stärkeren Delegation von Aufgaben und einer stärkeren Partizipation von Verantwortung an untergeordnete Managementebenen. Eine Möglichkeit einer solchen organisatorischen Ausgestaltung ist die Centerorganisation (zur Abgrenzung verschiedener Arten s. Abb.). Diese ist durch eine Aufteilung des Unternehmens in mehrere teilautonome Einheiten gekennzeichnet, deren Aufgaben sich vor allem aus Leistungsbeschreibungen bzw. -vereinbarungen ergeben. Die Steuerung erfolgt dabei durch Einräumen von Handlungsspielräumen (Verantwortlichkeiten) und die Vorgabe von Zielgrößen, wie etwa Kennzahlen (→Kennzahlen und Kennzahlensysteme als Kontrollinstrument) oder Verrechnungspreise (→Verrechnungspreise, kalkulatorische). Damit werden sowohl organisatorische Aspekte als auch Aspekte des Rechnungswesens angesprochen. Die Einrichtung einer Centerorganisation stellt jedoch primär eher ein organisatorisches Problem dar.

Der Leitung eines Profitcenters werden Verantwortlichkeiten für den Erfolg übertragen, wobei als zu verantwortende Zielgrößen z.B. der Jahresüberschuss (→Gliederung der Gewinn- und Verlustrechnung), das Betriebsergebnis (→Erfolgsrechnung, kurzfristige; →Kostenträgerzeitrechnung) oder ähnliche Erfolgsgrößen verwendet werden (→Erfolgskennzahlensystem). Als konstituierendes Merkmal muss somit ein Zugang zu einem externen Markt, zumindest aber eine fiktive unternehmensinterne Marktbeziehung bestehen. Bei fiktiven internen Beziehungen kommen insb. Verrechnungspreise zur Anwendung. Ein weiteres konstituierendes Merkmal eines Profitcenters sind Entscheidungsspielräume, bspw. in den Funktionsbereichen Einkauf, Fertigung, Absatz und Personal. Um die mit dem Konzept des Profitcenters verbundenen positiven Auswirkungen eines internen Unternehmertums auch nutzen zu können, müssen neben einer Verantwortungsübereignung auch Gestaltungsbefugnisse hinsichtlich erfolgsbeeinflussender Größen, wie →Kosten, Mengen, Qualität, Zeit etc., für den Verantwortungsbereich bestehen. Die Leistungsmessung eines Profitcenters erfolgt einerseits hinsichtlich der ökonomischen Leistung sowohl über den Input (Ressourcenverbrauch gemessen in Kosten) als auch über den Output (→Erlöse) der Einheit. Andererseits wird aber auch die Managementleistung hinsichtlich der →Planung, Steuerung und Kontrolle

Abb.: Center-Arten und deren Verantwortungsbereiche

Center-Art	Umfang der Befugnisse	Erfolgsbeurteilungsgröße
Discretionary Expense Center	Entscheidung über den Verbrauch von Gütern und Dienstleistungen innerhalb der bestehenden Kapazitäten, der zu keiner eindeutig messbaren Leistung führt	Einhaltung der Kosten des vorgegebenen Budgets
Standard Cost Center	Entscheidung über den Verbrauch von Gütern und Dienstleistungen innerhalb der bestehenden Kapazitäten, die in eindeutigem Zusammenhang mit einer mengenmäßig messbaren Leistung stehen	Kosten in Relation zu einer mengenmäßig messbaren Leistung
Revenue Center (Umsatzsteuer)	Entscheidung über Maßnahmen, welche die Höhe der Erlöse innerhalb feststehender Kosten-Erlös-Relationen beeinflussen	Umsatz
Praxis Center	Entscheidung über Erlöse und den Verbrauch von Güter- und Dienstleistungen innerhalb der bestehenden Kapazitäten	Gewinn oder Deckungsbeitrag
Investment Center	Entscheidung über sämtliche betrieblich bedingten Ein- und Auszahlungen einschließlich Investitionen	ROI, Residual Income (EVA^{TM}) oder Wertsteigerung

Quelle: Herter 1994, S. 5.

(→Kontrolltheorie) beurteilt. Einzig Investitions- und Finanzierungsentscheidungen (→Investition; →Finanzierungsregeln) liegen nicht in der Entscheidungsbefugnis eines Profitcenter-Leiters.

Mit einer Profitcenter-Organisation werden folgende positive Erwartungen assoziiert:

- die schnelle und verbesserte Qualität von Entscheidungen (da „vor Ort" entschieden wird),
- die verbesserte Konzentration der Unternehmensleitung auf strategische Aufgaben (→strategisches Controlling),
- die Erweiterung des Spielraums von Managern hinsichtlich Einfallsreichtum und Initiative,
- die Möglichkeit der Ausbildung potenzieller Führungskräfte in einem Profitcenter sowie
- das verstärkte Gewinnbewusstsein durch die Verantwortungsübertragung.

Allerdings können auch negative Effekte auftreten: Die für die Leistungsmessung von Profitcentern verwendeten Zielgrößen sind meist rein monetär und eher kurzfristig ausgerichtet. Zudem stehen die einzelnen Profitcenter-Verantwortlichen in einem gewissen Wettbewerb zueinander. Dadurch ist eine Fokussierung auf das eigene Profitcenter zu erwarten, was zu dysfunktionalen Wirkungen auf Kosten einer unternehmensorientierten und strategischen bzw. langfristigen Ausrichtung führen kann. Werden andererseits von der zentralen Unternehmensleitung zu viele Vorgaben gemacht, fördert dies unerwünschte Effekte, wie die Demotivation durch die Einschränkung unternehmerischen Handelns. In diesem Kontext muss sich die Unternehmensleitung mehr auf Berichte (→Berichtssystem) als auf persönliches Wissen der Vorgänge verlassen, wodurch auch die Qualität von Entscheidungen der überordneten Einheiten hinsichtlich der Profitcenter beeinflusst wird. Aus Sicht der →Principal-Agent-Theorie besteht je nach Anzahl und Auswahl der Zielgrößen oder der Möglichkeit zur Manipulation von Information ein „Hidden Information"-Problem. Ebenso besteht grundsätzlich die Gefahr von „Hidden Action" hinsichtlich des Verhaltens von Profitcenter-Verantwortlichen.

Literatur: Anthony, R. N./Govindarajan, V.: Management Control Systems, 11. Aufl., NY 2003; Coenenberg, A. G.: Kostenrechnung und Kostenanalyse, 5. Aufl., Stuttgart 2003; Frese, E.: Profit Center und Verrechnungspreis – Organisationstheoretische Analyse eines aktuellen Problems, in: ZfbF 47 (1995), S. 942–954; Herter, R.: Unternehmenswertorientiertes Management: Strategische Erfolgsbeurteilung von dezentralen Organisationseinheiten auf Basis der Wertsteigerungsanalyse, München 1994; Horváth, P.: Controlling, 10. Aufl., München 2006; Küpper, H.-U.: Controlling: Konzeptionen, Aufgaben, Instrumente, 4. Aufl., Stuttgart 2005.

Péter Horváth; Klaus Möller

Prognose- und Schätzprüfung

Im Rahmen der internen und externen Rechnungslegung sind für verschiedene Zwecke Prognosen und Schätzungen (→Schätzwerte, Prüfung von) zu erstellen und teilweise durch WP und Revisoren (→Interne Revision) auf Glaubwürdigkeit zu prüfen. Begrifflich unterscheidet man *Prognosen* als Aussagen über zukünftige Sachverhalte, die in der Gegenwart noch nicht beobachtbar sind, und *Schätzungen* als Aussagen über gegenwärtige Sachverhalte, deren direkte Messung aus technischen oder wirtschaftlichen Gründen nicht durchführbar ist.

Beispiele für Schätzungen in der prüfungspflichtigen externen Rechnungslegung sind u. a. die Schätzungen der Inventurbestände bei der Stichprobeninventur (→Inventur; →Inventurvereinfachungsverfahren, Prüfung von; →Stichprobenprüfung) oder die Schätzung der Werthaltigkeit von →Forderungen mit der Folge von Einzel- und Pauschalwertberichtigungen. Als Beispiele für Prognosen innerhalb der prüfungspflichtigen Rechnungslegung sind u. a. der →Prognosebericht des →Lageberichts nach § 289 HGB, der die voraussichtliche Entwicklung der Gesellschaft wiederzugeben hat, die Überprüfung des →Going Concern-Prinzips nach § 252 Abs. 1 Nr. 2 HGB und die Prüfung des Risikomanagementsystems nach § 317 Abs. 4 HGB (→Risikomanagementsystem, Prüfung des) zu nennen. Im Rahmen der Postenprüfung des Jahresabschlusses finden sich ebenfalls Prognosen, wie bspw. die Prognose von zukünftigen wirtschaftlichen Belastungen bei der Bemessung von →Rückstellungen, die Prognose von Restlaufzeiten (→Nutzungsdauer) bei der Abschreibung (→Abschreibungen, bilanzielle) von →Sachanlagen oder die Prognose von Zahlungen im Rahmen der Ermittlung von Zeitwerten (→Zeitwerte, Prüfung von) bzw. von →Fair Values nach den →International Financial Reporting Standards (IFRS) (IAS 32.5 bzw. IAS 40.66).

Prognosen und Schätzungen sind dann von reiner Intuition abzugrenzen, wenn es sich um deduktive Aussagen handelt, die auf gesetzmäßigen Annahmen und Erfahrungswissen basieren. Das Formalschema einer Schätzung bzw. einer Prognose besteht nach *Hempel/Oppenheim* (Hempel/Oppenheim 1953) aus einer *Gesetzesaussage* (generelle Aussage), also einer „Wenn-Dann-Beziehung" und einer oder mehreren *Randbedingungen* (singuläre Aussage). Eine Prognose- oder Schätzprüfung weicht insofern von einer Prüfung i. S. e. →Soll-Ist-Vergleiches (→direkte Prüfung) ab, als dass die Realisierung ex ante für den Prüfer noch nicht bekannt ist. Aus diesem Grunde kann eine Prognose- oder Schätzprüfung nur prozessorientiert durchgeführt werden. Dabei ist zu überprüfen, ob die zugrunde liegende Gesetzesaussage allgemein anerkannt oder zumindest plausibel ist und ob diese auch über den Schätzzeitraum Gültigkeit behalten wird (→Plausibilitätsprüfungen; →indirekte Prüfung). Des Weiteren sind die in die Schätzung bzw. Prognose eingehenden Randbedingungen zu überprüfen. Diese können als korrekt gelten, wenn sie aus ausreichend validen Quellen stammen, korrekt abgeleitet wurden und in sich keinen Widerspruch bilden. Sollten Annahmen hinsichtlich der Gesetzesaussage oder der Randbedingungen getroffen werden, sind diese ebenfalls auf Plausibilität zu überprüfen. Nach Prüfung der rechnerischen Richtigkeit bzw. der Ableitung der Prognose muss des Weiteren sichergestellt sein, dass das Schätz- oder Prognoseverfahren und die einfließenden Daten und Annahmen hinreichend dokumentiert sind und die Darstellung der Schätz- bzw. Prognosewerte ein den tatsächlichen Verhältnissen entsprechendes Bild (→True and Fair View) zu vermitteln in der Lage ist. Zur Validierung von Schätzverfahren können Simulationsdurchläufe mit Testdaten durchgeführt werden; es können Vergleiche von Schätzungen des Mandanten mit denen unabhängiger Dritter durchgeführt werden; es können Überprüfungen der Schätzwerte anhand von Ereignissen nach dem Bilanzstichtag und Back-Testings der Schätzverfahren anhand von Ergebnisausprägungen der Vorjahre vorgenommen werden.

Die Prognose- und Schätzprüfung findet in verschiedenen Prüfungsstandards [→International Standards on Auditing (ISA); →Verlautbarungen des *Instituts der Wirtschaftsprüfer in Deutschland e.V.* (*IDW*)] ihren Niederschlag: ISA 540: Audit of Accounting Estimates, ISA 810: The Examination of Prospective Financial Information, IDW PS 270: Die Beurteilung der Fortführung der Unternehmenstätigkeit im Rahmen der Abschlussprüfung, IDW PS 314: Die Prüfung von geschätzten Werten in der Rechnungslegung, IDW EPS 315: Die Prüfung von Zeitwerten, IDW PS 340: Die Prüfung des Risikofrüherkennungssystems nach § 317 Abs. 4 HGB, IDW PS 350: Prüfung des Lageberichts, IDW PS 800: Empfehlungen zur Prüfung eintretender oder drohender Zahlungsunfähigkeit, IDW S 4: Grundsätze ordnungsmäßiger Beurteilung von Prospekten über öffentlich angebotene Kapitalanlagen. In diesem Zusammenhang ist auch auf die Prüfungsstandards hinsichtlich der freiwilligen Berichterstattung hinzuweisen, die häufig prospektiven Erläuterungen der Geschäftsleitung dient: ISA 720: Other Information in Documents Containing Audited Financial Statements, IDW PS 202: Die Beurteilung von zusätzlichen Informationen, die von Unternehmen zusammen mit dem Jahresabschluss veröffentlicht werden.

Literatur: Fey, G.: Accounting Estimates, in: Ballwieser, W. et al. (Hrsg.): HWRP, 3. Aufl., Stuttgart 2002, Sp. 26–35; Hagest, J./Kellinghusen, G.: Zur Problematik der Prognoseprüfung und der Entwicklung von Grundsätzen ordnungsmäßiger Prognoseprüfung, in: WPg 30 (1977), S. 405–415; Hempel, C. G./Oppenheim, P.: Studies in the Logic of Explanation, in: Feigl, H. et al. (Hrsg.): Readings in the Philosophy of Science, NY 1953; IDW (Hrsg.): IDW Prüfungsstandard: Prüfung des Lageberichts (IDW PS 350, Stand: 26. Juni 1998), in: WPg 51 (1998), S. 663–666; IDW (Hrsg.): IDW Prüfungsstandard: Empfehlung zur Prüfung eingetretener oder drohender Zahlungsunfähigkeit bei Unternehmen (IDW PS 800, Stand: 22. Januar 1999), in: WPg 52 (1999a), S. 250–253; IDW (Hrsg.): IDW Prüfungsstandard: Die Prüfung des Risikofrüherkennungssystems nach § 317 Abs. 4 HGB (IDW PS 340, Stand: 11. September 2000), in: WPg 52 (1999b), S. 658–662; IDW (Hrsg.): IDW Prüfungsstandard: Die Prüfung von geschätzten Werten in der Rechnungslegung (IDW PS 314, Stand: 2. Juli 2001), in: WPg 54 (2001a), S. 906–909; IDW (Hrsg.): IDW Prüfungsstandard: Die Beurteilung von zusätzlichen Informationen, die von Unternehmen zusammen mit dem Jahresabschluss veröffentlicht werden (IDW PS 202, Stand: 17. November 2000), in: WPg

54 (2001b), S. 121–123; IDW (Hrsg.): Entwurf IDW Standard: Grundsätze ordnungsmäßiger Beurteilung von Verkaufsprospekten über öffentlich angebotene Vermögensanlagen (IDW ES 4 n.F., Stand: 7. Juli 2005), in: WPg 58 (2005), S. 903–908; IDW (Hrsg.): IDW Prüfungsstandard: Die Prüfung von Zeitwerten (IDW PS 315, Stand: 8. Dezember 2005), in: WPg 59 (2006), S. 309–314; Mandl, G./Jung, M.: Prognose- und Schätzprüfung, in: Ballwieser, W. et al. (Hrsg.): HWRP, 3. Aufl., Stuttgart 2002, Sp. 1698–1706; Rückle, D.: Externe Prognosen und Prognoseprüfung, in: DB 37 (1984), S. 57–69.

Jochen Zimmermann; Jan-Hendrik Meier

Prognosebericht

Eine Trennung von Risiko- und Prognosebericht hält DRS 15 aus Gründen der Klarheit für angezeigt, obwohl der Wortlaut des § 289 Abs. 1 Satz 4 HGB (→Chancen und Risiken der künftigen Entwicklung) eine Zusammenfassung nahelegt. Im Prognosebericht haben die gesetzlichen Vertreter der Gesellschaft ihre Erwartungen zu einer Gesamtaussage zu verdichten. Positive und negative Trends sowie Einflussfaktoren sind anzugeben. Der Prognosecharakter ist in der Darstellung kenntlich zu machen. Als Prognosezeitraum sollten nach DRS 15 min. 2 Jahre ab dem Abschlussstichtag zugrunde gelegt werden.

Die Schwierigkeit in der Prüfung von wertenden und prognostischen Aussagen (→Prognose- und Schätzprüfung), d. h. Aussagen über eine noch nicht existierende Realität liegt darin, dass sie sich grundsätzlich nur schwer dahingehend beurteilen lassen, ob sie richtig oder falsch sind, da eine objektive Wahrheit nicht festgestellt werden kann (Marten/Quick/Ruhnke 2003, S. 541 f.). Der →Abschlussprüfer (APr) muss sich jedoch ein eigenständiges Urteil über die Darstellung durch die gesetzlichen Vertreter bilden. Hierbei nimmt er maßgeblich →Plausibilitätsprüfungen vor und stützt sich auf die bei der Abschlussprüfung (→Jahresabschlussprüfung) gewonnenen Erkenntnisse, die geführten Gespräche und sein eigenes Branchen-Know-how.

Bei der Feststellung der Art, des zeitlichen Ablaufs sowie dem angemessenen Prüfungsumfang seiner Prüfungshandlungen (→Auswahl von Prüfungshandlungen) hat der APr die folgenden Punkte in seine Überlegungen einzubeziehen: Die Wahrscheinlichkeit wesentlich falscher Aussagen (→Prüfungsrisiko), die bei früheren Prüfungen und sonstigen Aufträgen erlangten Kenntnisse, die Kompetenz der Unternehmensleitung im Hinblick auf die Erstellung von zukunftsorientierten Aussagen sowie die Angemessenheit und die Verlässlichkeit der zugrunde liegenden Daten (ISA 810. 17).

Wesentliche *Prüfungsgegenstände* des Prognoseberichts werden im IDW PS 350 genannt. Der APr hat die getroffenen prognostischen und wertenden Aussagen im →Lagebericht auf Glaubwürdigkeit und Plausibilität mit seinen während der Prüfung gewonnenen Erkenntnissen zu überprüfen und im Weiteren die Willkürfreiheit und weitgehende Objektivität der getroffenen Prognosen zu beurteilen, da sich die Prognosen durch subjektive Einschätzungen der gesetzlichen Vertreter an die unternehmenspolitischen Ziele der Gesellschaft anpassen lassen. Im Lagebericht aufgenommene Prognosen dürfen nicht von den internen Erwartungen des Unternehmens (→Planung) abweichen.

Bei wirtschaftlichen Schwierigkeiten des Unternehmens ist der Prognosebericht besonders kritisch zu prüfen. Ein besonderes Augenmerk ist dabei auf die kurz- und mittelfristige Erfolgsplanung (→Erfolgsprognose) und →Finanzplanung des Unternehmens zu richten, da diese die Grundlage für das →Going Concern-Prinzip bildet. Sofern diese Prämisse für einzelne Teilbereiche, wie bspw. einzelne Unternehmensteile oder Geschäftsfelder, nicht aufrecht zu erhalten ist, hat der APr zu prüfen, ob die Lage der Gesellschaft im Lagebericht zutreffend dargestellt wird und ob Ansatz und Bewertung (→Ansatzgrundsätze; →Bewertungsgrundsätze) im JA dem entsprechen.

Beruhen die Aussagen über die zukünftige Entwicklung auf einem unternehmensinternen →Planungssystem, so hat sich der APr von der Zuverlässigkeit und Funktionsfähigkeit des Systems, aus dem die Angaben im Lagebericht abgeleitet wurden, zu überzeugen (→Systemprüfung). Er hat zu prüfen, ob die →Planung auf realistischen Daten basiert, tragbare Annahmen verwendet und plausible Schlussfolgerungen gezogen werden sowie die dargestellten Prognosen den internen Erwartungen laut Planung entsprechen.

Darüber hinaus hat eine Prüfung zu erfolgen, ob die Prognosen und Wertungen im Lagebericht wirklichkeitsnah und als solche gekennzeichnet sind. Dabei empfiehlt sich bei im Zeitablauf konstanten Planungssystemen ein Vergleich von Vorjahreslageberichten (→Vergleichsangaben über Vorjahre) mit den tatsächlich eingetretenen Entwicklungen (ex-post Prüfung) sowie eine →Abweichungsanalyse (→Verprobung). Das verwendete Prognosemodell muss geeignet und sachgerecht gehandhabt worden sein.

Neben der Realitätsnähe der Prognosen im Lagebericht ist bei wertenden Aussagen durch den APr zu prüfen, ob nicht durch Darstellungsform und Wortwahl ein irreführendes Bild der tatsächlichen Verhältnisse (→True and Fair View) vermittelt wird (IDW PS 350.26).

Literatur: IDW (Hrsg.): IDW Prüfungsstandard: Prüfung des Lageberichts (IDW PS 350, Stand: 6. September 2006), in: WPg 59 (2006), S. 1293–1297; Marten, K.-U./Quick, R./Ruhnke, K.: Wirtschaftsprüfung, 2. Aufl., Stuttgart 2003; Tesch, J./Wißmann, R.: Lageberichterstattung nach HGB, Weinheim 2006.

Heiko Engelhardt

Prognoseinstrumente

Prognosen sind begründete Aussagen über den zukünftigen Eintritt oder Nicht-Eintritt von Ereignissen (Hansmann 1983, S. 11). Sie werden im Rahmen des →*Controllings* als Teil der Informationsversorgung begriffen (→Controllingkonzepte; →Controlling, Aufgaben des). Die Trennung zwischen Planungsprozess (→Planung) und Informationsversorgung ist hier allerdings besonders schwer: Die Bestimmungen der Prognosebedingungen, die Beurteilung der Erwartungen und die Bewertung der prognostizierten Größen sollen kooperativ zwischen →Planung und Informationsversorgung erfolgen. Eine adäquate Koordination durch den Controller ist daher wesentlich.

Eine enge Abstimmung zwischen beiden Bereichen ist auch deshalb geboten, da Prognosen die zentralen und problematischen Aussagen bzw. Informationsarten eines Plans sind. Problematisch deshalb, da sich Prognosen nicht ohne Weiteres aus bekannten Gesetzen ableiten lassen. Für eine Prognose ist die zusätzliche Hypothese notwendig, dass das Gesetz auch in der Zukunftssituation gelten wird. Die Hypothesengenese basiert auf vergangenheits- und/oder gegenwartsbezogenen Informationen des Prognoseobjekts. Je nach dem Homogenitätsgrad der vorliegenden Daten kann man auf konstante Abhängigkeiten des Prognoseobjekts schließen. Bei hoher Homogenität der Daten, d. h. geringer Datenvolatilität, inhärenter Zeitstabilität, Datenkonsistenz und Verteilungslogik, liegt eine gut strukturierte Planungssituation vor, die mit quantitativen Prognoseinstrumenten bewältigt werden kann. Sind die Kriterien nicht erfüllt, d. h. handelt es sich um eine schlecht-strukturierte Planungssituation, so sind qualitative Prognosemethoden geeigneter (Horvàth 2006, S. 377–378).

Quantitative Prognosemethoden können grundsätzlich in Zeitreihenanalysen und Kausalmodelle unterschieden werden. *Zeitreihenanalysen* werden im Rahmen der kurz- und mittelfristigen Planung primär in der Vorhersage von Saisonschwankungen, zyklischen Änderungen, Trends und Wachstumsentwicklungen eingesetzt. *Kausalmodelle* finden dagegen vorwiegend bei der langfristigen Planung, der Ursachenanalyse und Wirkungsanalyse Verwendung, sofern Kausalbeziehungen vermutet werden oder bekannt sind. Da Zeitreihenanalysen ausschließlich auf den Vergangenheitsdaten als unabhängige Variable rekurrieren, handelt es sich hierbei um *univariate Modelle*. Zu den Prognosemethoden, die auf univariaten Modellen basieren, zählen die Methode der gleitenden Durchschnitte, die Methode der exponentiellen Glättung, die Methoden der Prognose bei Saisonzyklen, die Methode der Trendextrapolation, die autoregressiven Verfahren sowie die Methoden, die Wachstums- oder Sättigungsmodelle verwenden.

Wird die Vorhersage der zu prognostizierenden Variablen nicht monokausal aus einer unabhängigen Variable, etwa Zeitreihe, abgeleitet, sondern aus mehreren Variablen, die mit den prognostizierten Variablen kausal verbunden sind, so handelt es sich um *multivariate Verfahren*. Kausalbeziehungen zwischen unabhängigen und abhängigen Variablen werden grundsätzlich mittels theoretischer Konstrukte identifiziert. Sind die Kausalrichtungen identifiziert, so kann man mittels statistischer Methoden die Stärke des Einflusses der unabhängigen auf die abhängigen Variablen beziffern und statistisch überprüfen. Zu den wichtigsten kausalen Prognoseverfahren zählen die Indikator-Methode, die multiple Regressionsanalyse sowie die Lebenszyklusanalyse (→Produktlebenszykluskonzept; →Lebenszykluskostenrechnung; →Technologielebenszyklus).

Folgt bei den quantitativen Prognosemethoden die gedankliche Transformation von der Vergangenheit in die Zukunft strikt nach formallogischen und mathematischen Regeln, so werden unter *qualitativen Prognosemethoden* alle Vorhersageverfahren subsummiert, bei denen die Subjektivität des Prognoseerstellers zentral ist. Wenn überhaupt, so ist daher eine intersubjektive Nachprüfbarkeit nur sehr eingeschränkt möglich. Qualitative Prognosemethoden sind grundsätzlich nach den Arbeitsschritten der Prognose differenzierbar. Gliederungskriterien sind die Erfassung der Vergangenheitsdaten, die Schließmethode in die Zukunft und die Präsentation der Zukunftsaussage selbst (Standop 2002, S. 1551–1562).

Die qualitative Datenerfassung [→Betriebsdatenerfassung (BDE)] sieht eine Vielzahl unterschiedlicher Erhebungstechniken und -verfahren vor. Zu nennen sind hier bspw. explorative Befragungen, projektive und assoziative Erhebungsverfahren oder qualitative Beobachtung. Eine Grenzfall qualitativer Datenerfassung stellt hierbei die Expertenbefragung dar. An die Stelle einer bis ins Letzte explizierten Prognosebasis treten hierbei die unhinterfragten Zukunftsaussagen eines Fachmanns.

Der Zukunftsschluss erfolgt nicht über algorithmisch fixierte Vorschriften. Die präsentierte Zukunftsaussage wird vielmehr in verbal-argumentativer Form auf ihre Plausibilität hin überprüft. Lässt die Nachvollziehbarkeit auch eine lineare Kausalität vermissen, so lässt sich dies als adäquater Preis für phantasievolle und ggf. überraschende Folgerungen betrachten, deren Treffsicherheit den quantitativen Prognosen nicht zwangsläufig nachstehen muss.

Schließlich lassen sich die qualitativen Prognosemethoden gem. der Art und Weise, in der Zukunftsaussagen formuliert werden, unterteilen. Zu denken ist hier etwa an die Kennzeichnung eines Zustands (z. B. Absatzsituation, Konsum- oder Investitionsklima), der sich verbessert, verschlechtert oder aber stagniert. Die Fälle lassen sich sowohl in Form von Erfolgskennziffern als auch in verbaler Form darstellen (Standop 2002, S. 1551–1562).

Stehen sich quantitative und qualitative Verfahren aufgrund der unterschiedlichen Prämissen und Vorgehensweisen auf den ersten Blick diametral gegenüber, so führt auch und gerade die Kombination qualitativer und quantitativer Prognosemethoden zu einer erhöhten Treffsicherheit der Vorhersagen. So weisen etwa Zeitreihendaten mitunter Diskontinuitäten auf, die mit den quantitativen Verfahren nicht erklärbar sind. Qualitative Verfahren eignen sich dann für eine tiefer gehende Ursachenanalyse, die schlussendlich in eine Revision der quantitativen Prognose mündet. Insb. bei ausgedehnten Prognose-Horizonten führt das kombinierte Vorgehen zu einer erhöhten Prognosegenauigkeit.

Bestimmen aus einer wissenschaftlichen Perspektive primär die Zuverlässigkeit (Reliabilität), Gültigkeit (Validität) und Treffsicherheit die Auswahl der Prognosemethode, so kommen aus Sicht des Controllers, der Wirtschaftlichkeits- und Akzeptanzgesichtspunkte besonders im Blick haben muss, noch weitere *Auswahlkriterien* hinzu. So ist insb. bei computergestützten Prognosen der Rationalisierungseffekt häufig bedeutender als die realisierte Genauigkeitssteigerung. Einfachere Verfahren, die auch ohne statistische Vorbildung verstehbar sind, treffen eher auf breite Akzeptanz. Da normalerweise Massenprognosen vorgenommen werden, ist der Aufwand für komplizierte und somit zeitaufwendigere Prognoseverfahren meist nicht zu rechtfertigen. Überdies fehlt häufig eine länger zurückreichende Datenbasis, die für die Durchführung anspruchsvoller Verfahren konstitutiv ist. Die Auswahl der adäquaten Prognosemethode ist mithin ein komplexer Abwägungsprozess, bei dem neben der notwendigen Treffsicherheit immer auch ökonomische und soziale Kriterien eine wichtige Rolle spielen (Horváth 2006, S. 380–381).

Literatur: Hansmann, K.-W.: Kurzlehrbuch Prognoseverfahren, Wiesbaden 1983; Horváth, P.: Controlling, 10. Aufl., München 2006; Streitferdt, L./Schaefer, C.: Prognosemethode, quantitative, in: Küpper, H.-U./Wagenhofer, A. (Hrsg.): HWUC, 4. Aufl., Stuttgart 2002, S. 1563–1572; Standop, D.: Prognosemethode, qualitative, in: Küpper, H.-U./Wagenhofer, A. (Hrsg.): HWUC, 4. Aufl., Stuttgart 2002, S. 1551–1562.

Markus Göbel

Programmprüfung

Die Programmprüfung (→Softwareprüfung) beurteilt die Einhaltung der GoB, der in rechnungslegungsrelevanten Bereichen eingesetzten Software nach handels- sowie steuerrechtlichen Vorschriften (→Grundsätze ordnungsmäßiger IT-gestützter Buchführungssysteme). Da über die Ordnungsmäßigkeit der Software nur im Einzelfall entschieden werden kann, ist nach IDW PS 880.2 i.V.m. IDW RS FAIT 1 neben der Prüfung beim Softwarehersteller auch eine Prüfung notwendig, die sich auf die Einbettung der Software in die Organisation des Unternehmens (→IT-Umfeld) und die individuellen Ausgestaltungen der IT-relevanten →Geschäftsprozesse bezieht (→IT-Prüfung; →IT-Systemprüfung; →IT-Buchführungen).

Die Programmprüfung beim Softwarehersteller ist eine Verfahrensprüfung (→Systemprüfung) und vollzieht sich nach IDW PS 880 in folgenden Teilschritten:

- Prüfung der Verarbeitungsfunktionen,
  - Prüfung der notwendigen Verarbeitungsfunktionen,
  - Prüfung der programmierten Verarbeitungsregeln;
- Prüfung der Softwaresicherheit (→IT-Sicherheit),
  - Prüfung der Zugriffsberechtigung,
  - Prüfung der Datensicherheit und Wiederanlaufverfahren,
  - Beurteilung der Programmentwicklung, -wartung und -freigabe;
- Prüfung der Dokumentation.

Bei den für die Einhaltung der GoB wesentlichen Verarbeitungsfunktionen handelt es sich um die Belegfunktion, die Journalfunktion und die Kontenfunktion. Die Belegfunktion wird durch die Software erfüllt, sofern im Buchungsbeleg mindestens der Buchungsbetrag, der Buchungstext, die Kontierung, die Belegnummer sowie das Beleg- und Buchungsdatum angegeben sind. Darüber hinaus ist durch die Software sicherzustellen, dass die Journalfunktion, die eine chronologische Ausgabe der Buchungsbelege ermöglicht, sowie die Kontenfunktion, die die einzelnen Geschäftsvorfälle in sachlicher Ordnung den jeweiligen Konten zugeordnet, gewährleistet werden. Da die Buchungsbelege oftmals auf Systemtabellen referenzieren (z. B. auf die Tabelle mit USt-Schlüsseln oder Abschreibungssätzen), muss die Speicherung der relevanten Tabelleninhalte zur Gewährleistung der Vollständigkeit sowie der Nachvollziehbarkeit gewährleistet sein (IDW PS 880.7).

Die Verfahrensprüfung beinhaltet darüber hinaus die Prüfung der Programmabläufe und der programmierten Verarbeitungsregeln auf Richtigkeit sowie die Prüfung der maschineninternen Kontrollen auf Vorhandensein und Wirksamkeit. Verarbeitungsregeln können u. a. Plausibilitätskontrollen, USt-Ermittlung, Summierung/Saldierungen, Kontierung, Buchung sowie Konten- und Periodenzurechnungen sein (IDW PS 880.16).

Unter maschineninternen Eingabe- und Verarbeitungskontrollen sind u. a. folgende Kontrollen zu verstehen (IDW PS 880.18):

- Prüfung auf vollständige Eingabe aller Mussfelder,
- Plausibilitätsprüfung bei Datums-, Betragseingaben,
- Plausibilitätsprüfung bei der Kontierung (u. a. auf Existenz von Konten),
- Prüfung auf Soll- und Haben-Identität und
- automatische Berechnung von USt, Abschreibungen (→Abschreibungen, bilanzielle) unter Bezugnahme auf Systemtabellen.

Die Prüfung erfolgt auf der Grundlage von →Testfällen, anhand derer die Verarbeitungsregeln sowie die integrierten Kontrollen überprüft werden. Die Testfälle müssen alle wesentlichen Programmfunktionen abdecken und insb. auch komplexere Transaktionen abbilden. Zur Prüfung der Wirksamkeit der maschineninternen Kontrollen sind auch Testbuchungssätze mit fehlerhaften Datenkombinationen zu integrieren (IDW PS 880.19 f.).

Die Prüfung der Softwaresicherheit deckt die Bereiche des Zugriffsschutzes, der Datensicherungs- und Wiederanlaufverfahren sowie der Verfahren zu Programmentwicklung, -wartung und -freigabe ab (IDW PS 880.23).

Wesentlicher Punkt des Zugriffsschutzes ist die Vergabe von individuellen Benutzerberechtigungen. Hierdurch wird über eine allgemeine Zugriffsbeschränkung hinaus die Einhaltung der Funktionstrennung durch Einrichtung spezieller Benutzerprofile gewährleistet. Prüfungsschwerpunkte sind u. a. die Durchsicht von Zugriffsprotokollen auf Zugriffsverletzungen, die Reaktion des →IT-Systems bei Zugriffsverletzungen (z. B. Sperrung des Accounts, Benachrichtigung des Systemadministrators), die Ausgestaltung sowie Handhabung der Passwortvergabe (z. B. regelmäßige Änderung des Passworts, Mindestanforderung an die Wahl von Passwörtern, Abweisung des Systems bei unzulässigen Passwörtern) sowie der Abgleich zwischen dem eingerichteten Benutzerprofil im IT-System und den tatsächlichen Befugnissen des Benutzers im Unternehmen (IDW PS 880.24 f.).

Die Datensicherheit und die Implementation von Wiederanlaufverfahren gewährleistet eine ordnungsgemäße Datenrekonstruktion im Falle eines Systemabsturzes mit partiellem oder vollständigem Datenverlust. Neben der physikalischen Datensicherheit (z. B. Daten- und Programmsicherung auf Datenträgern, Datenspiegelung) müssen Verfahren vorgesehen sein, die eine zeitnahe und vollständige Datenrekonstruktion aus den gesicherten Daten ermöglichen. Die Durchführung regelmäßiger Datensicherungen entsprechend den vorgesehenen Verfahren sowie der Datenrekonstruktion (u. a. durch Simulation eines vollständigen Datenverlustes mit anschließender Wiederherstellung) sind Prüfungsgegenstand dieses Teilschrittes (IDW PS 880.26 f.).

Zur Beurteilung der Möglichkeiten einer künftigen Programmpflege sind die technischen Werkzeuge sowie organisatorischen Maßnahmen bei der Programmentwicklung zu untersuchen. Freigabeverfahren und Wartungsmethoden sind im Hinblick auf mögliche Prüfungen späterer Programmversionen von Bedeutung (IDW PS 880.28).

Die Prüfung der Dokumentation erstreckt sich auf die Prüfung der Verfahrensdokumentation, insb. im Hinblick auf Vollständigkeit, Verständlichkeit, Übersichtlichkeit und Aktualität der Dokumentation. Hierbei ist zwischen der Systemdokumentation und der Anwenderdokumentation zu unterscheiden. Die Systemdokumentation enthält die technische Darstellung des Programms. Hierzu zählt u. a. die Beschreibung der Datenorganisation, der Datenstrukturen, der programmierten Verarbeitungsregeln und -kontrollen inkl. der Fehlerbehandlungsroutinen sowie die Darstellung der Eingabe- und Ausgabeschnittstellen. Die Anwenderdokumentation muss dem Nutzer eine sachgerechte Bedienung der Software ermöglichen. Neben der allgemeinen Beschreibung des Aufgabenbereiches sind die Eingabefelder, die systeminternen Verarbeitungsregeln und -kontrollen sowie die Systemausgaben zu beschreiben. Die Anwenderdokumentation hat zu gewährleisten, dass Anwendungsfehler, die zu einer Gefährdung der GoB führen, weitestgehend ausgeschlossen werden.

Über die Prüfungsergebnisse einer Softwareprüfung gem. IDW PS 880 ist grundsätzlich Bericht zu erstatten (→ Berichtsgrundsätze und -pflichten des Wirtschaftsprüfers). Neben allgemeinen Angaben (z. B. Auftraggeber, Prüfungsgegenstand, Beschreibung der Hardwareumgebung, Grundlagen der Prüfung) enthält der Bericht die Darstellung der Ergebnisse zu den Verarbeitungsfunktionen, Verarbeitungsregeln, der Softwaresicherheit sowie der Dokumentation im Hinblick auf festgestellte Fehler.

Sind keine oder nur Fehler von untergeordneter Bedeutung festgestellt worden, so darf die Ordnungsmäßigkeit der Software gem. IDW PS 880 in Form eines Software-Testats bescheinigt werden (→ Bescheinigungen; → Bescheinigungen im Prüfungswesen).

Literatur: IDW (Hrsg.): IDW Prüfungsstandard: Erteilung und Verwendung von Softwarebescheinigungen (IDW PS 880, Stand: 25. Juni 1999), in: WPg 52 (1999), S. 1066–1071.

Bernd v. Eitzen

Progressionseffekt → Steuerbarwertminimierung

Progressive Prüfung

Die Geschäftsvorfälle müssen sich nach § 238 Abs. 1 Satz 3 HGB und § 145 Abs. 1 Satz 2 AO in ihrer Entstehung und Abwicklung verfolgen lassen (→ Grundsätze ordnungsmäßiger Buchführung, Prüfung der). Die progressive *Prüfungsrichtung* beginnt beim Beleg zu einem Geschäftsvorfall (bspw. Bankauszug, Lieferschein, Rechnung, Eigenbeleg) und geht über die Eintragung im → Grund- und Hauptbuch zum Abschluss. Die Geschäftsvorfälle werden also – im Gegensatz zur → retrograden Prüfung – von einem wirtschaftlichen Tatbestand ausgehend in der tatsächlichen, chronologischen Reihenfolge fortschreitend (progressiv) geprüft.

Progressive Prüfungshandlungen werden häufig im Rahmen der Prozessaufnahme des rechnungslegungsbezogenen → Internen Kontrollsystems (→ Internes Kontrollsystem, Prüfung des) als Nachverfolgung von Geschäftsvorfällen (sog. Walkthroughs) durchgeführt (→Transaction Flow Auditing). Als →Einzelfallprüfungen (→ergebnisorientierte Prüfungshandlungen) eignen sie sich wegen ihrer Prüfungsrichtung besonders zur Prüfung der Vollständigkeit.

Literatur: BMF-Schreiben vom 7.11.1995, Aktz. IV A 8 – S 0316 – 52/95, BStBl. I 1995, S. 738–747; Lück, W.: Wirtschaftsprüfung und Treuhandwesen, Stuttgart 1991.

Jörg Tesch

Project Status Report →Investitionskontrolle

Projektcontrolling

Dem Projektcontrolling obliegt die →Planung, Steuerung und Kontrolle (→Kontrolltheorie) eines einzelnen Projektes über die gesamte Projektlebensdauer. Unter einem Projekt wird hierbei ein zeitlich, räumlich und sachlich begrenztes Arbeitsvorhaben verstanden, mit dem unter Einsatz verschiedener Ressourcen eine bestimmte Zielsetzung verfolgt wird (Schwarze 1996, Sp. 1276). In einem umfassenderen Verständnis wird das Einzelprojektcontrolling zu einem Multiprojektcontrolling erweitert, in dessen Blickwinkel die Gesamtheit aller im Unternehmen abzuwickelnden Projekte steht.

Aufgrund seiner Stellung zwischen Einzelprojekt und Gesamtunternehmen liegt ein Arbeitsschwerpunkt des *Multiprojektcontrollings* in der Koordination der Einzelprojekte. Bei der parallelen Abwicklung mehrerer Projekte konkurrieren die einzelnen Projekte untereinander insb. um knappe Ressourcen (bspw. Personal und technische Ausstattung). Entsprechend der unternehmerischen Gesamtziele besteht die Aufgabe darin, in nachvollziehbarer Art und Weise eine möglichst optimale Ressourcenzuordnung vorzunehmen (Berens/Siemes/Schulenberg 2001, S. 624). Aufgrund seiner Schnittstellenfunktion zum Gesamtunternehmen stellt die Einbindung der einzelnen Projekte in das Gesamtunternehmen einen weiteren Schwerpunkt des Multiprojektcontrollings dar. Im Hinblick auf die Erfolgs- und Finanzlenkung (→Erfolgscontrolling; →Finanzcontrolling) ergibt sich bspw. das Problem, dass die einzelnen Projekte auf die Projektlaufzeit und nicht auf das Kalenderjahr ausgerichtet sind. Mithin hat das Multiprojektcontrolling für eine Überleitung der projektbezogenen Erfolgs- und Finanzgrößen in eine kalenderjahrbezogene Darstellung zu sorgen (Lachnit/Ammann/Becker 1993, S. 20).

Ab einer bestimmten Projektkomplexität, bspw. gemessen an der geplanten Projektlänge und dem geschätzten Ressourcenbedarf, sollte auf ein *Einzelprojektcontrolling* nicht verzichtet werden. Grundsätzlich ist davon auszugehen, dass das Projektcontrolling neben Kontroll- und Dokumentationsaufgaben zusätzlich auch den Projektplanungsprozess umfasst. An dieser Stelle wird jedoch auf eine Beschreibung des Planungsprozesses verzichtet, weil er häufig zu einem nicht unerheblichen Teil auf das Instrumentarium der →Netzplantechnik zurückgreift und dort näher erläutert wird.

Das Ergebnis der Projektplanung mit einer abgeschlossenen Planung hinsichtlich Terminen, Ressourcen und →Kosten determiniert den idealtypischen Projektablauf. Damit liegen die Daten für den geplanten Soll-Zustand vor. Im Rahmen des *Kontrollprozesses* werden die erhobenen tatsächlichen Größen (Ist-Zustand) und die geplanten Größen (Soll-Zustand) abgeglichen. Als →Controllinginstrumente kommen hierbei insb. →Soll-Ist-Vergleiche und Trendanalysen zur Anwendung, die sich auf die Steuerungsgrößen Kosten, Termine, Meilensteine und Budget (→Budgetierung) beziehen. Die oftmals im Vordergrund stehenden Zeit- und Kostenabweichungsanalysen (→Termincontrolling; →Kostencontrolling) müssen aber durch eine flankierende Leistungs- bzw. Qualitätsüberprüfung (→Leistungscontrolling; →Qualitätscontrolling) ergänzt werden. Das Ziel dieser rückblickenden →Abweichungsanalysen besteht einerseits darin, bei unerwünschten Entwicklungen Steuerungsimpulse abzuleiten und andererseits sich abzeichnende Entwicklungen zu antizipieren. Idealerweise wurde bereits im Projektplanungsstadium potenziellen Projektrisiken Rechnung getragen und Regelungen zur Risikohandhabung aufgestellt (→Risiko- und Chancencontrolling) (Reiß 1996, Sp. 1663).

Die Ergebnisse der Abweichungsanalysen sind im Rahmen der *Dokumentation* festzuhalten, in der der Projektberichterstattung (→Berichtssystem) eine hervorragende Stellung zukommt. Die Projektberichterstattung umfasst Standard- und Individualberichte (Berens/Siemes/Schulenberg 2001, S. 628 f.). Die nach zuvor definierten Kriterien zu erstellenden

Standardberichte weisen den Vorteil auf, dass sie für eine einheitliche Informationsweitergabe sorgen und damit auch eine schnelle Auswertung ermöglichen. Durch die Standardisierung der Berichterstattung wird insb. auch die Vergleichbarkeit von Projekten erleichtert. Einerseits können laufende Projekte einfach mit ähnlichen bereits abgeschlossenen Projekten verglichen werden und andererseits besteht auch die Möglichkeit, verschiedenartige Projekte im Rahmen des Multiprojektcontrollings gegenüberzustellen.

Individualberichte bieten sich immer dann an, wenn aufgrund der Abweichungsanalysen in Bezug auf bestimmte Kriterien eine erhebliche Abweichung vom Soll-Zustand zu konstatieren ist. Das Ausmaß der Abweichung, das einen Individualreport auslöst, ist oft durch die Vorgabe von Schwellenwerten bestimmt. Die Erstellung eines individuellen Berichts kann aber auch dann notwendig werden, wenn der Berichtsempfänger diesen in einer bestimmten Entscheidungssituation benötigt.

Eine fruchtbare Unterstützung kann das Informationsverarbeitungs-Controlling (→IT-Controlling) für das Projektcontrolling leisten, indem es die Dokumentation durch den entsprechenden Einsatz von Software hinsichtlich des Aufbaus von *Erfahrungs- und Projektdatenbanken* unterstützt. Bei adäquater Informationsauswertung lässt sich insb. ein Lernprozess initiieren, der sich positiv auf nachfolgende Projekte auswirken kann. Ein Überblick über die aktuell angebotene Software zum Projektmanagement und -controlling kann der Internetadresse www.managementsoftware.de entnommen werden.

Literatur: Berens, W./Siemes, A./Schulenberg, A.: Projektcontrolling in der Westdeutschen Genossenschafts-Zentralbank eG (WGZ-Bank), in: Controlling 13 (2001), S. 623–629; Lachnit, L./Ammann, H./Becker, B.: Erfolgs- und Finanzlenkung mittelständischer Betriebe, Köln 1993; Reiß, M.: Projektmanagement, in: Kern, W./Schröder, H.-H./Weber, J. (Hrsg.): HWProd, 2. Aufl., Stuttgart 1996, Sp. 1656–1668; Schwarze, J.: Netzplantechnik, Grundlagen der, in: Kern, W./Schröder, H.-H./Weber, J. (Hrsg.): HWProd, 2. Aufl., Stuttgart 1996, Sp. 1275–1290.

Udo Buscher

Proportionalitätsprinzip →Kalkulationsmethoden

Proprietary Concept →Interessen- und Einheitstheorie

Prospektbeurteilung

Das Ziel einer Prospektbeurteilung durch einen WP ist es sicherzustellen, dass ein Verkaufsprospekt für Vermögensanlagen i. S. d. § 8f Abs. 1 VerkProspG die für eine Anlageentscheidung erheblichen Angaben vollständig und richtig enthält und diese Angaben klar – d. h. gedanklich geordnet, eindeutig und verständlich – gemacht werden (IDW ES 4 n.F. 7).

Der Verkaufsprospekt wendet sich insb. an interessierte Kapitalanleger. Diese sollen durch den Prospekt über die angebotene Kapitalanlage (z. B. →Beteiligungen an Film-, Immobilien-, Leasing-, Schiff-, Solar- und Windkraftfonds) informiert, aber möglichst auch überzeugt werden, das Beteiligungsangebot anzunehmen.

Der notwendige Inhalt von Verkaufprospekten für Vermögensanlagen ist daher im VerkProspG und der VermVerkProspV gesetzlich geregelt. Über diese gesetzlichen Regelungen hinaus enthält der IDW ES 4 n.F. weitere Angaben, die bei der Prospekterstellung von dem Herausgeber beachtet werden müssen, um ein beanstandungsfreies Prospektgutachten von einem WP (→Gutachtertätigkeiten) zu erhalten. Die Prüfung des Prospekts durch einen WP nach IDW ES 4 n.F. ist freiwillig.

Nach den vorgenannten Vorschriften hat der Prospekt Angaben zu enthalten über die Art der Vermögensanlage und die mit ihr verbundenen wesentlichen Risiken, die Firma, den Sitz, das Kapital und die Gründungsgesellschafter des Emittenten sowie dessen Anlageziele, Anlagepolitik und die →Vermögenslage, →Finanzlage und →Ertragslage. Des Weiteren hat der Prospekt über die Mitglieder der Geschäftsführung oder des Vorstands zu informieren sowie über Aufsichtsgremien, Beiräte und Treuhänder (→Treuhandwesen) des Emittenten. Insb. der IDW ES 4 n.F. verlangt weitere Angaben über bisher durchgeführte vergleichbare Vermögensanlagen des Prospektherausgebers und des Initiators, Angaben zu den →Kosten der Investitionsphase (→Investition) und zur Nutzung der Vermögensanlage sowie die Darstellung einer →Sensitivitätsanalyse. Schließlich hat der Prospekt über abgeschlossene Verträge, die Gesellschaftsstruktur und die steuerlichen Verhältnisse zu informieren.

Bei Auftragsannahme (→Auftragsannahme und -fortführung) und Durchführung des

Prospektbeurteilung

Auftrags muss der WP über ausreichende Kenntnisse der Vermögensanlage sowie des rechtlichen und →wirtschaftlichen Umfelds verfügen. Darüber hinaus hat er Informationen über den Herausgeber/Initiator einzuholen, anhand derer er dessen Erfahrung und Leistungsfähigkeit beurteilen kann. Der WP hat insb. festzustellen, in welchem Maße bei bereits durchgeführten Projekten vorhergesagte liquiditätsmäßige, ertragsmäßige und steuerliche Ergebnisse tatsächlich eingehalten wurden. Es ist auch sicherzustellen, dass keine Anhaltspunkte für eine →Bestandsgefährdung des Anbieters bestehen. Soweit noch keine vergleichbaren Vermögensanlagen des Anbieters aus der jüngeren Vergangenheit vorliegen, hat sich der WP ein Bild über die Erfahrungen und Kenntnisse der Projektverantwortlichen zu machen.

Wie jeder Prüfungsauftrag (→Prüfungsauftrag und -vertrag) ist auch die Durchführung einer Prospektbeurteilung so zu planen, dass die Beurteilung zielgerichtet, zeitgerecht und wirtschaftlich durchgeführt werden kann (→Prüfungsplanung).

Art und Umfang der Beurteilung richtet sich nach der jeweils zu prüfenden Vermögensanlage. Hierbei sind im Prospekt angegebene Tatsachen und Berechnungen i.d.R. vollständig auf ihre Richtigkeit zu prüfen. Technische Angaben müssen mit den maßgebenden →Planungen, Angeboten und Verträgen übereinstimmen. Rechtliche Angaben müssen den vorgelegten Verträgen, Vertragsentwürfen, Genehmigungen und – soweit zutreffend – öffentlich rechtlichen Vorschriften entsprechen. Annahmen und Schätzungen müssen plausibel sein und dürfen nicht im Widerspruch zu vorgelegten Unterlagen, erteilten Auskünften, sonstigen Angaben im Verkaufsprospekt oder anderer dem WP bekannten wirtschaftlichen Tatsachen stehen (→Prognose- und Schätzprüfung). Folgerungen sind im Hinblick auf deren korrekte sachliche und rechnerische Entwicklung zu beurteilen. Prognosen sind ebenfalls darauf hin zu prüfen, ob sie plausibel sind. Des Weiteren hat der WP sicherzustellen, dass die Prognosen deutlich als solche gekennzeichnet sind und dass sie die mit ihnen verbundenen Unsicherheiten und Risiken klar erkennen lassen. Die dargestellten steuerlichen Verhältnisse müssen mit den Gesetzen, der veröffentlichten Rspr. und der Verwaltungsauffassung übereinstimmen. Auf steuerliche Risiken ist im Prospekt deutlich hinzuweisen. Bei wertenden Aussagen im Prospekt hat der WP Nachweise für Fakten einzuholen (→Prüfungsnachweise), auf die sich diese Aussagen stützen.

Soweit der WP im Prospekt angegebene wesentliche Sachverhalte oder sonstige Angaben (z. B. technische Angaben, Marktprognosen, Verkehrswerte von →Vermögensgegenständen) nicht hinreichend sicher selbst beurteilen kann, hat er zur Beurteilung fremde Sachverständige hinzuzuziehen. Bei der Verwertung dieser Gutachten Dritter (→Ergebnisse Dritter) hat der WP deren berufliche Qualifikation und Erfahrung zu berücksichtigen sowie deren Unabhängigkeit und Unparteilichkeit im Verhältnis zum Anbieter.

Über die Ergebnisse der Prüfung hat der WP vollständig, richtig und klar in seinem Gutachten über die Beurteilung des Verkaufsprospekts zu berichten (→Berichtsgrundsätze und -pflichten des Wirtschaftsprüfers). Der IDW ES 4 n.F. empfiehlt, das Gutachten in sechs Abschnitte zu gliedern:

1) Auftrag und Auftragsdurchführung,
2) zur Verfügung gestellte Unterlagen,
3) Darstellung der Vermögenslage,
4) Einzelfeststellungen zum Verkaufsprospekt,
5) zusammenfassende Schlussbemerkung und
6) Datum und Unterschrift.

Im Abschnitt Auftrag und Auftragsdurchführung werden u. a. der Auftraggeber, der Auftragsumfang und die getroffenen Haftungsregelungen (→Haftung des Wirtschaftsprüfers) beschrieben. Üblicherweise wird der Auftrag mit dem Prospektherausgeber, dem Anbieter und dem Initiator gemeinsam geschlossen. Darüber hinaus erläutert der WP an dieser Stelle, dass im Verkaufsprospekt nicht auf die Prospektbeurteilung hingewiesen werden darf. Des Weiteren darf das Gutachten nicht ohne seine Zustimmung an Anlageinteressenten weitergegeben werden. Er kann darauf hinweisen, dass diese Zustimmung nur dann erteilt wird, wenn der Anlageinteressent eine sog. Auskunftsvereinbarung unterzeichnet. Die dem WP von seinen Auftraggebern vorgelegten Unterlagen werden im zweiten Abschnitt aufgelistet. Es wird darauf hingewiesen, ob es sich bei den Unterlagen um Originale oder Kopien handelt und ob endgültige Verträge oder nur Angebote bzw. Vertragsentwürfe der Prüfung zugrunde lagen. Im dritten Abschnitt werden die Eckdaten der angebotenen Vermögensanlage beschrieben und eine Gesamtaussage darüber getroffen, ob im Verkaufsprospekt die für die Entscheidung des Anlegers wesentlichen Merkmale der Vermögensanlage enthalten sind. Im vierten Abschnitt werden die Feststellungen des Wirtschaftsprüfers zu den Einzelangaben des Verkaufsprospekts dargestellt und begründet. In der zusammenfassenden Schlussbemerkung im fünften Abschnitt werden nochmals alle wesentlichen Feststellungen der Prospektbeurteilung wiedergegeben. Darüber hinaus wird darauf hingewiesen, dass die Aufstellung und der Inhalt des Verkaufsprospekts ausschließlich in der Verantwortung der Geschäftsführung der den Prospekt herausgebenden Gesellschaft liegt und dass der WP diesen Verkaufsprospekt „nur" auf Vollständigkeit, Richtigkeit und Klarheit der enthaltenen Angaben zu beurteilen hat, einschl. der Plausibilität der enthaltenen Werturteile (→Plausibilitätsprüfungen), Folgerungen und dargestellten Risiken. Der WP hat sein Gutachten unter Angabe von Ort und Datum der Beendigung des Auftrags zu unterzeichnen.

Wenn sich nach Herausgabe des Verkaufsprospekts bei der Vermögensanlage Veränderungen i. S. v. § 11 VerkProspG ergeben, hat der Prospektherausgeber einen Nachtrag zum Verkaufsprospekt zu erstellen. In diesem Fall darf er das Gutachten des Wirtschaftsprüfers zum bisherigen Prospekt nicht weiter verwenden.

Literatur: IDW (Hrsg.): Entwurf IDW Standard: Grundsätze ordnungsmäßiger Beurteilung von Verkaufsprospekten über öffentlich angebotene Vermögensanlagen (IDW ES 4 n.F., Stand: 7. Juli 2005), in: WPg 58 (2005), S. 903–908.

Hans-Jochen Lorenzen

Prospekthaftung des Wirtschaftsprüfers
→Beratungshaftung des Wirtschaftsprüfers

Proxy-Voting →Stimmrecht

Prozessgliederungsprinzip
→Kontenrahmen, Wahl des

Prozess-Index-Verfahren →Controlling in Revisions- und Treuhandbetrieben

Prozesskette

Prozesskette ist eine Bezeichnung für die zeitlich, organisatorisch und personell gestufte Abfolge mehrerer Prozesse zu einem übergeordneten größeren Prozess und findet bei prozessorientierten Betrachtungen des Unternehmens, wie etwa bei der Geschäftsprozessoptimierung (→Geschäftsprozesse), dem Business Process →Reengineering, der →Prozesskostenrechnung, dem →Activity Based Costing und dem Activity Based Management, Verwendung. Ein Prozess kann als eine Kette von Aktivitäten verstanden werden, die auf die Erbringung eines Leistungsoutputs zielt. Dieser lässt sich dabei beschreiben als:

- eine Tätigkeit zur Umwandlung von Einsatzgütern in Ausbringungsgüter (Transformationsaspekt),
- die in mehrere miteinander verbundene Teilprozesse zerlegt werden kann (Verkettungsaspekt),
- die als Zweck sachliche, formale, soziale und ökologische Ziele zu verwirklichen hat (Zielaspekt) und
- die von Personen durchgeführt, kontrolliert und verantwortet wird, deren Verhalten über die Organisationsstruktur beeinflussbar ist (Organisationsaspekt).

In einem Unternehmen können i. d. R. Prozesse auf verschiedenen hierarchischen Ebenen beobachtet werden, sodass die Begriffe Prozesse und Prozessketten auch auf verschiedenen Abstraktionsstufen verwendet werden. Es kann von einem gestuften Prozessmodell ausgegangen werden, welches von →Geschäftsprozessen über Haupt- und Teilprozesse bis zur Betrachtung der Aktivitäten reicht (Mayer 1998, S. 136–139).

Der Geschäftsprozess beschreibt ablauforientiert ein umfassendes Aufgabenfeld eines Unternehmens, wie z. B. Beschaffung, Entwicklung oder Auftragsabwicklung.

Der Geschäftsprozess setzt sich zusammen aus mehreren Hauptprozessen, die als Glieder mit ihrerseits einer Kette von in Struktur, Ablauf, Arbeitsaufwand und damit einhergehenden Ressourceninanspruchnahme ähnelnden Aktivitäten zu verstehen sind. Letztere unterliegen jeweils einem bestimmten Kosteneinflussfaktor (→Kosten). Für die Hauptprozesse können die Prozesskosten ermittelt werden, wobei eine Betrachtung in vertikaler und horizontaler Struktur möglich ist. Eine horizontale Differenzierung ermöglicht die kostenseitige Betrachtung unterschiedlich aufwendiger Abwicklungsformen eines Prozesses. So könnte bei der Beschaffung etwa zwischen der Beschaffung von Gefahrgütern und von sonstigen Gütern unterschieden werden, um die aus den begleitenden umfangreicheren Dokumentations-, Genehmigungs- und Vorsichtsnotwendigkeiten bei dem Transport von Gefahrgütern resultierenden höheren Aufwendungen kostenrechnerisch genauer zu ermitteln. Auf die einzelnen Glieder der Prozesskette der Geschäftsprozesse zielt dagegen die vertikale Differenzierung. Hier kann der Beschaffungsprozess bspw. unterteilt werden in die Hauptprozesse allgemeine Lieferantenbetreuung mit dem →Cost Driver „Anzahl der Lieferanten", verwaltungsseitige Abwicklung mit dem Cost Driver „Anzahl der Aufträge" sowie logistische Abwicklung mit dem Cost Driver „Anzahl der Paletten". Die Hauptprozesse sind bei der in Deutschland üblichen detaillierten →Kostenstellenrechnung i. d. R. kostenstellenübergreifend, sodass eine weitere Betrachtungsebene im Unternehmen notwendig wird. Bei dem Activity Based Costing wird bereits auf dieser Ebene von Activities gesprochen und es findet keine weitere begriffliche Unterteilung statt (Cooper/Kaplan 1991, S. 85).

Um die Hauptprozesse auf der Ebene der Kostenstellen (→Cost Center) beobachten zu können, ist eine weitere Unterteilung in Teilprozesse notwendig. Diese stellen als Teil der Hauptprozesse wiederum eine Kette von homogenen Aktivitäten dar, die in einer Kostenstelle angesiedelt sind. Diese Teilprozesse stellen das Bindeglied zwischen den Kostenstellenkosten und den kostenstellenübergreifenden Hauptprozessen dar. Zunächst ist es notwendig, →Kosten individuell innerhalb der Kostenstellen auf die Teilprozesse zuzurechnen (→Kostenzurechenbarkeit). Darauf aufbauend werden über eine kostenmäßig bestimmten Teilprozesse, die als Glieder der Prozesskette der Hauptprozesse zu verstehen sind, die Kosten der Hauptprozesse bestimmt.

Zur weiteren Detaillierung und zur Erleichterung der Bestimmung der Cost Driver für die Teilprozesse ist es oft notwendig, mit den Aktivitäten noch eine weitere Ebene vorzuschalten. Die Aktivitäten bilden die Elemente des Teilprozesses und können über Arbeitsplatzbeschreibungen oder Beobachtungen identifiziert werden. Aus dem Wirtschaftlichkeitspostulat heraus erfolgt auf dieser Ebene jedoch häufig keine Zurechnung von Kosten und auch eine noch weitere Zerlegung in Teilaktivitäten und einzelne Arbeitsgänge ist für die Zwecke der Kostenrechnung (→Kosten- und Leistungsrechnung; →Kostenrechnung, Prüfung der) wenig sinnvoll. Gleichwohl versprechen bei diesem Detaillierungsniveau inner- und →überbetriebliche Vergleiche (→betriebswirtschaftlicher Vergleich) zum Zwecke der Optimierung der Prozessdurchführung (→Prozessmanagement) ein hohes Verbesserungspotenzial. Diese Betrachtungen stellen dann die Grundlage des Business Process Reengineering dar (Hammer/Champy 1994).

Literatur: Cooper, R./Kaplan, R. S.: Activity-Based Costing: Ressourcenmanagement at its best, in: Harvard Manager 13 (1991), Heft 4, S. 82–90; Hammer, M./Champy, J.: Business Reengineering, 4. Aufl., Frankfurt et al. 1994; Horngren, C. T./Datar, S. M./Foster, G.: Cost Accounting, 12. Aufl., Upper Saddle River (NJ) 2005, S. 144–145; Horváth, P./Mayer, R.: Prozesskostenrechnung – Konzeption und Entwicklung, in: krp 37 (1993), Sonderheft 2, S. 15–28; Mayer, R.: Kapazitätskostenrechnung: Neukonzeption einer kapazitäts- und prozessorientierten Kostenrechnung, München 1998, S. 136–139.

Stefan Müller

Prozesskosten →Geschäftsprozesse

Prozesskostenrechnung

Die Prozesskostenrechnung ist in ihrem Wesen eine kombinierte →Istkostenrechnung und →Plankostenrechnung auf Vollkostenbasis. Sie ist im Gegensatz zum →Activity Based Costing insb. auf die →Kostenstellenrechnung der indirekten Leistungsbereiche fokussiert und stellt insoweit kein neues Kostenrechnungssystem dar, da sie sich in ihrem Aufbau wie die traditionelle Vollkostenrechnung der →Kostenartenrechnung, Kostenstellen- und Kostenträgerrechnung (→Kostenträgerstückrechnung; →Kostenträgerzeitrechnung) bedient. Gleichwohl ist die Entwicklung der Prozesskostenrechnung eng mit dem in den USA um 1985 entwickelten Activity Based Costing verbunden und in der Praxis findet sich etwa bei Anwendungen in der Dienstleistungsbranche oft eine Vermengung dieser beiden Ansätze.

Der Kerngedanke der Prozesskostenrechnung ist, die Gemeinkosten (→Kosten; →Gemeinkostencontrolling) der indirekten Leistungsbereiche nicht mehr über undifferenzierte Zuschlagsschlüssel auf die Kalkulationsobjekte zu verteilen, sondern entsprechend der tatsächlichen Inanspruchnahme der betrieblichen Aktivitäten oder Tätigkeiten durch die Kalkulationsobjekte. Die Prozesskostenrechnung kann somit definiert werden als ein System der Kostenrechnung (→Kostenrechnung, Prüfung der), in welchem Gemeinkosten durch Auflösung in dahinter liegende Vorgänge (Aktivitäten/Prozesse) über quantitative Bezugsgrößen (→Cost Driver) verrechnet werden, die wiederum Maßausdrücke für die Vorgangs-(Aktivitäten/Prozess-) Mengen darstellen.

Im Unterschied zu anderen Verfahren stehen bei der Prozesskostenrechnung die betrieblichen Prozesse im Vordergrund, wobei die Gemeinkostenbereiche in sachlich zusammengehörige, kostenstellenübergreifende →Prozessketten strukturiert werden. Als Bezugsgrundlage dienen dann die in den Kostenstellen (→Cost Center) oder von Kostenträgern ausgelösten Prozesse. Die Zielsetzungen der Prozesskostenrechnung liegen in (Horváth/Kieninger 1993, S. 612):

- der Erhöhung der Transparenz in den indirekten Gemeinkostenbereichen hinsichtlich der bestehenden Aktivitäten und ihrer Ressourceninanspruchnahme,
- der Optimierung der Prozesse hinsichtlich Qualität, Zeit und Effizienz,
- dem permanenten Gemeinkostenmanagement zur gezielten Kostenbeeinflussung der Gemeinkostenbereiche (→Kostenmanagement),
- der prozessorientierten →Kalkulation und
- der „strategischen Kalkulation" in der Frühphase von Produktentwicklungen.

Für das Durchleuchten der Gemeinkosten (→Gemeinkostencontrolling) der indirekten Leistungsbereiche mit der Absicht, die eigentlich als fix klassifizierten Gemeinkosten doch genauer zurechnen zu können, findet eine Fokussierung auf die →Geschäftsprozesse als Ursache und Begründung des Kostenanfalls (→Kostenverursachung) statt.

Die Prozesse werden dabei nach leistungsmengeninduziert (lmi) und leistungsmengenneutral (lmn) mit der Begründung differenziert, dass der Aufwand der lmi-Prozesse von der Anzahl der Prozessdurchführungen abhängt, während lmn-Prozesse Kosten darstellen, die unabhängig vom Leistungsvolumen anfallen. Die →Kosten können als Bereitschafts- oder Strukturkosten interpretiert werden. Kennzeichen der lmi-Prozesse ist die Repetivität und der geringe Entscheidungsspielraum, sodass sie durch Prozessgrößen quantifizierbar sind. Die lmn-Prozesse hingegen sind durch nicht-repetitive und nur mittelbar prozessabhängige Tätigkeiten gekennzeichnet. Diese Prozesse verhalten sich vom Leistungsvolumen der Kostenstelle mengenfix und lassen sich daher nicht durch Prozessgrößen quantifizieren. Die Kosten der lmi- und lmn-Prozesse dürfen aber nicht mit variablen und fixen Kosten (→Fixkostenmanagement) verwechselt werden, denn die Kostenspaltung in fix und variabel wird im Gegensatz zur Trennung in lmi und lmn nur anhand einer einzigen Bezugsgröße, der Beschäftigung, vollzogen. Die Ausbringungsmenge ist in der Terminologie der Prozesskostenrechnung nur eine mögliche Prozessgröße.

Durch die Prozesskostenrechnung können Prozessketten kostenmäßig erfasst werden. Auf Basis der Prozessmengen werden für jede Teilprozesskette die einzelnen Kostenarten bestimmt, die zur wirtschaftlichen Erbringung der Leistungsmenge angefallen sind. Bei Kenntnis der Prozessmengen und der Prozesskosten für die Haupt- und Teilprozessketten lassen sich im nächsten Schritt die Prozesskostensätze ermitteln. Die Prozesskostensätze ergeben sich aus der Division der Prozesskosten durch die Prozessmengen. Der Prozesskostensatz beschreibt die durchschnittlichen Kosten für die einmalige Durchführung einer Prozesskette und ist damit Grundlage für die Verrechnung der Kosten auf die Endkostenstellen oder Kostenträger (→Kosten- und Leistungsverrechnung, innerbetriebliche). Weitere Bedeutung erlangt die Prozesskostenrechnung dadurch, dass die bei der Prozessbetrachtung generierten Informationen als Grundlage für inner- und →überbetriebliche Vergleiche (→betriebswirtschaftlicher Vergleich) herangezogen werden können und somit Optimierungsmöglichkeiten aufzeigen.

Die Prozesskostenrechnung bringt durch die Unterteilung der Gemeinkosten in leistungsmengeninduzierte und leistungsmengenneutrale Teile neben der üblichen – und weiterhin notwendigen – kostenrechnerischen Betrachtung von variablen und fixen Kosten deutlich mehr Transparenz in die Prozesse und Kostenstrukturen (→Kostencontrolling). Dieser Ansatz der Kostenzurechnung eignet sich insb. für Unternehmen, bei denen Fixkosten dominieren und variable Kosten nur eine nebensächliche Rolle spielen, wie insb. Dienstleistungs-, Handels- und Finanzunternehmen. Inzwischen ist ihr Gedankengut auch in andere Systeme der Kosten- und Erlösrechnung (→Kosten- und Leistungsrechnung) sowie des Kosten- und Erlösmanagements (→Kostenmanagement) übernommen worden.

Literatur: Cooper, R./Kaplan, R. S.: Measure Costs right: Make the right decisions, in: HBR 66 (1988), S. 96–103; Fischer, H.: Prozesskostenrechnung und Prozessoptimierung für Dienstleistungen: das Beispiel eines Versicherungsunternehmens, in: Controlling 8 (1996), S. 90–101; Freidank, C.-C.: Die Prozesskostenrechnung als Instrument des strategischen Kostenmanagements, in: Die Unternehmung 47 (1993), S. 387–405; Horváth, P./Kieninger, M. et al.: Prozesskostenrechnung, in: DBW 53 (1993), S. 612; Horváth, P./Mayer, R.: Prozesskostenrechnung: der neue Weg zu mehr Kostentransparenz und wirkungsvolleren Unternehmensstrategien, in: Controlling 1 (1989), S. 214–219; Lachnit, L.: Prozessorientiert erweiterte Kosten- und Leistungsrechnung für die öffentliche Verwaltung, in: krp 43 (1999), S. 44–51; Schäffer, G.: Einführung der prozessorientierten Kostenrechnung bei einem Markenartikler, in: Controlling 8 (1996), S. 110–115.

Stefan Müller

Prozessmanagement

In Unternehmen läuft regelmäßig eine Vielzahl von *Prozessen* ab, d. h. von wiederholbaren Abfolgen logisch miteinander verbundener Aktivitäten, die jeweils eindeutige Start- sowie Endpunkte aufweisen und damit inhaltlich abgeschlossen und abgrenzbar sind. Gekennzeichnet werden diese Prozesse durch den materiellen und/oder immateriellen Input, dessen Transformation sowie den materiellen und/oder immateriellen Output, aber auch durch die zu bewältigenden Aufgaben (Mikus 2003, S. 145 f.).

Der Struktur und Ausführung der Prozesse kommt kurz- wie langfristig eine hohe Bedeutung für den Unternehmenserfolg zu, da sie die entstehenden Prozess- und Gemeinkosten (→Kosten), die Möglichkeiten der Erlöserzielung (→Erlöse), die Umsetzung von Strategien sowie die Bildung und Nutzung von Kompetenzen maßgeblich beeinflussen. Daher ist es angebracht, ein *Prozessmanagement* zu etablieren, um mittels Planungs-, Organisations-, Kontroll- und Controllingaktivitäten (→Planung; →Controlling) unternehmensinterne, aber auch unternehmensübergreifende Prozesse gezielt zu gestalten.

Für das Prozessmanagement existieren verschiedene *Konzepte*, zu denen das Business Process Reengineering (→Reengineering) und die kontinuierliche Prozessverbesserung zählen (Bogaschewsky/Rollberg 1998, S. 239–273; Mikus 2003, S. 146). Beim Business Process Reengineering werden Strukturen und Abläufe von Prozessen einmalig und grundlegend neu gestaltet. Während dabei der gesamte Prozessablauf in Frage zu stellen ist, wird bei der kontinuierlichen Prozessverbesserung die grobe Prozessstruktur beibehalten und lediglich die Notwendigkeit, Anordnung und Ausführung einzelner Teilprozesse überdacht. Eine populäre Variante der kontinuierlichen Prozessverbesserung stellt das japanische Kaizen dar.

Eine Wahl zwischen diesen Konzepten sollte von den prozessbezogenen Zielen, dem damit verbundenen Ausmaß der als notwendig erachteten Verbesserungen sowie dem nutzbaren Zeitrahmen und Budget abhängig gemacht werden. So kann bei dauerhaften erheblichen Abweichungen der Prozessergebnisse von den angestrebten Werten ein →Reengineering erforderlich, bei geringeren Ergebnisdivergenzen hingegen eine kontinuierliche Prozessverbesserung ausreichend sein. Aber auch ein integrativer Einsatz der Konzepte bietet sich gerade angesichts der unterschiedlichen Häufigkeit und Reichweite von Veränderungen an.

Von den *Aktivitäten des Prozessmanagements* weist vor allem die Prozessplanung (→Planung) einige Besonderheiten auf. Sie lässt sich ebenfalls als Prozess interpretieren, zu dessen Phasen dann die Festlegung von Prozesszielen zählt. Diese können sich auf die verursachten Prozesskosten sowie nicht-monetäre Größen, wie die Zufriedenheit interner oder externer Kunden, die Prozessqualität, die Fehlerhäufigkeit, die Prozessdauer und deren Schwankung, die Termineinhaltung sowie die Prozessrisiken, beziehen. Die Zielgrößen sollten möglichst vollständig, operational bzw. messbar, realisierbar, überschneidungsfrei und aufeinander abgestimmt sein, wobei Letzteres ggf. die Lösung von Zielkonflikten, z. B. zwischen Kosten- und Zeitzielen, erfordert.

Des Weiteren beinhaltet die Prozessplanung Analyseaktivitäten, in deren Rahmen die betrieblichen Prozesse – Top Down oder Bottom Up – identifiziert, inhaltlich und zeitlich strukturiert sowie untergliedert werden. Zur Strukturierung der Prozesse ist ein Rückgriff auf existierende Systematisierungen möglich, die diese z. B. nach

- der hierarchischen Stellung bzw. dem Auflösungsgrad in Unternehmens-/ →Geschäftsprozesse, Hauptprozesse, Teilprozesse und Aktivitäten,
- der Art der Verrichtung bzw. der Leistungsbeziehung zum Endprodukt in Führungsprozesse, Unterstützungsprozesse (wie Personalbeschaffung, Materialdisposition) und operative Prozesse (laufende ausführende Erstellungs- und Vermarktungsaktivitäten),
- dem Beitrag zur Wertschöpfung in unmittelbar, mittelbar und nicht wertschöpfende Prozesse (→Wertschöpfungsanalyse),
- der Relevanz für den nachhaltigen Unternehmenserfolg in erfolgs- und nicht erfolgskritische Prozesse (→Erfolgsabhängigkeiten) sowie
- dem Übergang von prognose- zu auftragsbasierten Tätigkeiten in antizipative und reaktive Prozesse

untergliedern (Schuderer 1996, S. 64 f.). Damit sollen eine transparente Abbildung der Prozessstruktur erreicht, bedeutende, weniger bedeutende und irrelevante Prozesse identifiziert, Abhängigkeiten zwischen Prozessen einschl. der zeitlichen Bearbeitungsreihenfolge aufgezeigt (→Prozesskette), Messpunkte festgelegt sowie Engpassstellen (→Engpassplanung) und Einflussfaktoren auf die Erfüllung von Prozesszielen aufgedeckt werden.

Darauf basierend kann einerseits Mitarbeitern die Verantwortung für erfolgskritische Prozesse übertragen werden. Andererseits erfolgt eine Bewertung der derzeitigen Prozessabläufe, die Anhaltspunkte für die gezielte Entwicklung und Auswahl von Strategien und Maßnahmen zur Prozessverbesserung als nächsten Schritt der Prozessplanung geben kann. Typische, darauf abzielende Handlungen sind

- die Eliminierung nicht wertschöpfender Prozesse,
- die Auslagerung von Prozessen (→Outsourcing),
- die Zusammenfassung und die Standardisierung von Prozessen,
- die zeitlich parallele oder überlappende Ausführung von Aktivitäten,
- die Automatisierung und/oder die Beschleunigung der Prozessausführung sowie
- eine Reorganisation der Prozessabläufe an kritischen Stellen, z. B. durch die Vermeidung von Prozessschleifen, die Reihenfolgeänderung oder die Verringerung oder Optimierung von Schnittstellen (Feldmayer/Seidenschwarz 2005, S. 58–63).

Im Rahmen der Aktivitäten des Prozessmanagements lässt sich eine Reihe von *Instrumenten* nutzen, um insb. Informationen zu beschaffen und auszuwerten (→Controllinginstrumente). Dazu zählen:

- die →Prozesskostenrechnung als System der Kostenrechnung (→Kosten- und Leistungsrechnung; →Kostenrechnung, Prüfung der), in dem Prozesse strukturiert, Bezugsgrößen (→Bezugsgrößenhierarchie) für diese definiert, Prozessmengen geplant und Prozesskosten sowie Prozesskostensätze für die Prozesse ermittelt werden,
- das Prozessbenchmarking (→Benchmarking) als kennzahlengestützter Vergleich der eigenen Prozesse mit denen anderer Unternehmen(-sbereiche) (→betriebswirtschaftlicher Vergleich; →überbetriebliche Vergleiche), um Hinweise auf Verbesserungsmöglichkeiten zu gewinnen (Lamla 1995, S. 71–192),
- prozessbezogene Kennzahlen(-systeme) als Mittel der Zielvorgabe, Analyse und Kontrolle (→Kennzahlen und Kennzahlensysteme als Kontrollinstrument; →Performance Measurement),
- Referenzmodelle für Prozesssysteme, wie das Supply Chain Operations Reference (SCOR)-Modell, die eine strukturierte Erfassung, Analyse und Bewertung von Prozessen erleichtern, sowie
- Petri-Netze und informatikorientierte Ansätze zur Prozessabbildung wie das ARIS-Toolset (Volck 1997, S. 65–97), die die effiziente Prozessstrukturierung und -analyse ermöglichen.

Gem. § 2 Abs. 3 →Wirtschaftsprüferordnung (WPO) sind WP befugt, „in wirtschaftlichen Angelegenheiten zu beraten." Dass sie auch *Be-*

Prozessorganisation

ratungsaufgaben wahrnehmen (→ Berufsbild des Wirtschaftsprüfers), liegt angesichts des bei ihnen verfügbaren unternehmensbezogenen Wissens nahe, es darf jedoch nicht dazu führen, dass die Unabhängigkeit vom zu Prüfenden verletzt und damit Beratung und Prüfung zu unvereinbaren Tätigkeiten werden (→ Unabhängigkeit und Unbefangenheit des Wirtschaftsprüfers; → vereinbare und unvereinbare Tätigkeiten des Wirtschaftsprüfers).

Von seinem unternehmensbezogenen Wissen ausgehend kann der WP einerseits Hilfestellung bei der Identifikation und Lösung akuter prozessbezogener Probleme leisten, indem er auffällige Ergebnisentwicklungen auf Prozessdefizite zurückführt oder Prozessrisiken aufdeckt. Andererseits ist eine eher mittel- und langfristig ausgerichtete Beratung hinsichtlich der Einrichtung und Ausgestaltung eines Prozessmanagements möglich und zwar u. a. zur

- Stärkung und Erweiterung der Prozessorientierung und des Prozessmanagements eines Unternehmens,
- Ausrichtung des Prozessmanagements auf besonders geeignete Prozesse (erfolgskritische Prozesse und/oder solche, die aufgrund häufiger Wiederholung, Gleichförmigkeit und geringer Entscheidungsspielräume in ihrem Ablauf besonders gut steuerbar sind),
- Einführung und Anpassung von Instrumenten des Prozessmanagements sowie
- Abstimmung mit verwandten bzw. überlappenden Managementsystemen, wie → Kostenmanagement, Qualitäts-, Zeit-, Risikomanagement (→ Total Quality Management; → Qualitätscontrolling; → Termincontrolling; → Risiko- und Chancencontrolling) und → Supply Chain Management.

Literatur: Bogaschewsky, R./Rollberg, R.: Prozessorientiertes Management, Berlin/Heidelberg 1998; Feldmayer, J./Seidenschwarz, W.: Marktorientiertes Prozessmanagement, München 2005; Lamla, J.: Prozessbenchmarking, München 1995; Mikus, B.: Strategisches Logistikmanagement. Ein markt-, prozess- und ressourcenorientiertes Konzept, Wiesbaden 2003; Schuderer, P.: Prozessorientierte Analyse und Rekonstruktion logistischer Systeme, Wiesbaden 1996; Volck, S.: Die Wertkette im prozessorientierten Controlling, Wiesbaden 1997.

Uwe Götze

Prozessorganisation → Geschäftsprozesse

Prozessorientierung → Logistikcontrolling

Prozessqualität → Geschäftsprozesse

Prozesssicherheit → Geschäftsprozesse

Prozesszeit → Geschäftsprozesse

Prüfer für Qualitätskontrolle → Qualitätskontrolle in der Wirtschaftsprüfung

Prüferbilanz → Mehr- und Wenigerrechnung

Prüferische Durchsicht

Bei der prüferischen Durchsicht handelt es sich um eine betriebswirtschaftliche Prüfung, die i. d. R. durch einen WP mit dem Ziel vorgenommen wird, mit einer gewissen Sicherheit ausschließen zu können, dass der einer prüferischen Durchsicht unterzogene Prüfungsgegenstand in wesentlichen Belangen (→ Wesentlichkeit) nicht in Übereinstimmung mit den angewandten Rechnungslegungsgrundsätzen erstellt worden ist (negativ formulierte Aussage). Synonym zum Begriff prüferische Durchsicht ist der international gebräuchliche Begriff des Reviews (IDW 2002, S. 1115 f.).

Gegenstand der prüferischen Durchsicht können – auch nach internationalen Rechnungslegungsgrundsätzen aufgestellte – Jahres-, Konzern- und → Zwischenabschlüsse, die → Zwischenberichterstattung sowie sonstige Abschlüsse sein. Daneben können auch einzelne Bestandteile von Abschlüssen, einzelne Daten und Angaben, wie z. B. Pro-Forma-Abschlüsse und -Angaben, Systeme und Verfahren, wie das rechnungslegungsbezogene → Interne Kontrollsystem (IKS) sowie Angaben in → Nachhaltigkeitsberichten einer prüferischen Durchsicht unterzogen werden (IDW PS 900.3 f.).

Der Zweck einer prüferischen Durchsicht liegt in einer Erhöhung der Glaubhaftigkeit der im Prüfungsgegenstand enthaltenen Aussagen. Die prüferische Durchsicht erfolgt im Gegensatz zur → Jahresabschlussprüfung bzw. → Konzernabschlussprüfung jedoch nicht mit dem Ziel, eine positive Gesamtaussage (→ Prüfungsurteil) treffen zu können, sondern ermöglicht lediglich die Abgabe einer negativ formulierten Aussage. Diese negativ formulierte Aussage wird mit einer gewissen Sicherheit abgegeben. Gewisse Sicherheit liegt vor, wenn der WP auf Grundlage der erhaltenen Nachweise (→Prüfungsnachweise) zu dem Ergebnis gelangt, dass der Gegenstand der prüferischen Durchsicht unter Würdigung der Umstände des Einzelfalls plausibel ist. Aufgrund dieses von dem Konzept der hinreichenden Sicherheit im Rahmen der Abschlussprüfung abweichenden Konzeptes der gewissen Sicherheit bei einer prüferischen Durchsicht besteht ein gegenüber der Abschlussprüfung höheres Risiko (→Prüfungsrisiko), dass →dolose Handlungen und Fehler sowie sonstige →Unregelmäßigkeiten nicht aufgedeckt werden (IDW PS 900.7 ff.) (→Unregelmäßigkeiten, Aufdeckung von).

Bei der Durchführung einer prüferischen Durchsicht hat der WP basierend auf der Kenntnis des geprüften Unternehmens und dessen rechtlichen und →wirtschaftlichen Umfeldes ausreichende und angemessene →Prüfungsnachweise zur Stützung seines Urteils einzuholen. Die erforderlichen Nachweise werden im Rahmen der prüferischen Durchsicht insb. durch Befragungen von Mitarbeitern der Gesellschaft sowie durch analytische Beurteilungen (→analytische Prüfungshandlungen), d. h. vor allem durch die Plausibilitätsbeurteilung (→Plausibilitätsprüfungen) von Verhältniszahlen (→Kennzahlen und Kennzahlensysteme als Kontrollinstrument) und Trends (→zeitlicher Vergleich), erlangt. Eine über diese Maßnahmen hinausgehende Überprüfung der erhaltenen Nachweise erfolgt lediglich dann, wenn Grund zu der Annahme besteht, dass die erhaltenen Informationen wesentliche falsche Aussagen (→Wesentlichkeit) enthalten oder Hinweise auf falsche Auskünfte vorliegen (IDW PS 900.18). Die Beurteilung dessen, was als wesentlich gilt, hat der WP im pflichtgemäßen Ermessen auszuüben. Bzgl. der →Wesentlichkeit gelten die gleichen Grenzen wie bei der Abschlussprüfung (IDW PS 900.19).

Die im Rahmen der prüferischen Durchsicht durchzuführenden Maßnahmen umfassen neben Befragungen zu den angewandten Rechnungslegungsgrundsätzen, zu internen Unternehmensabläufen (→Geschäftsprozesse) u. a. auch die Befragung der Unternehmensleitung im Hinblick auf das interne →Kontrollumfeld (→Internes Kontrollsystem, Prüfung des), Kenntnis über Unregelmäßigkeiten im Unternehmen (→Unregelmäßigkeiten, Aufdeckung von), beschlossene Maßnahmen der Gesellschafter und/oder des Aufsichtsgremiums mit Auswirkung auf den Prüfungsgegenstand sowie die Einsichtnahme von Sitzungsprotokollen (→Versammlungsprotokolle) und erforderlichenfalls die Einholung von →Bestätigungen Dritter. Daneben wird der WP basierend auf der Erlangung eines Verständnisses für die Geschäftätigkeit des Unternehmens eine kritische Durchsicht des Prüfungsgegenstandes vornehmen sowie die berufsübliche →Vollständigkeitserklärung einholen und Befragungen zu →Ereignissen nach dem Abschlussstichtag durchführen (IDW PS 900.20 ff.).

Bei der Durchführung sämtlicher Maßnahmen im Rahmen der prüferischen Durchsicht sind, sofern ein WP mit dieser beauftragt ist, die →Berufspflichten des Wirtschaftsprüfers zu beachten und die für die Abschlussprüfung geltenden beruflichen Grundsätze (→Berufsgrundsätze des Wirtschaftsprüfers) einzuhalten (IDW PS 900.9). Insb. ist eine kritische Grundhaltung zu wahren. Tatsachen, die eine →Bestandsgefährdung das der prüferischen Durchsicht unterzogenen Unternehmens darstellen oder dessen Entwicklung wesentlich beeinträchtigen können (→Chancen und Risiken der künftigen Entwicklung), sind dem Unternehmen schriftlich mitzuteilen (IDW 2002, S. 1120, 1124).

Über das Ergebnis der prüferischen Durchsicht wird i. d. R. eine schriftliche →Bescheinigung erteilt (→Bescheinigungen im Prüfungswesen). Die Bescheinigung soll die negativ formulierte Aussage des Wirtschaftsprüfers enthalten, dass ihm aufgrund der prüferischen Durchsicht keine Sachverhalte bekannt geworden sind, die zu der Annahme veranlassen, dass der Prüfungsgegenstand in wesentlichen Belangen nicht in Übereinstimmung mit den angewandten Rechnungslegungsgrundsätzen aufgestellt wurde. Bei Beanstandungen gegen abgrenzbare Teile des Prüfungsgegenstandes sind diese Sachverhalte in der Bescheinigung darzustellen und die Auswirkungen zu quantifizieren sowie die negativ formulierte Aussage einzuschränken. Sind die Auswirkungen so wesentlich (→Wesentlichkeit), dass eine Einschränkung nicht ausreicht, ist eine Aussage zu treffen, dass der Prüfungsgegenstand nicht den angewandten Rechnungslegungsgrundsätzen entspricht. Bei Vorliegen eines →Prüfungshemmnisses ist die Bescheinigung einzuschränken und das Prüfungshemmnis zu beschreiben (IDW PS 900. 26 ff.).

Die Erstellung eines Berichts über die prüferische Durchsicht wird empfohlen. Dies gilt auch für die Fälle, in denen keine gesetzlichen oder auftragsgemäßen Vorgaben bestehen (IDW PS 900. 33).

Literatur: IDW (Hrsg.): WPH 2002, Band II, 12. Aufl., Düsseldorf 2002; IDW (Hrsg.): IDW Prüfungsstandard: Grundsätze für die prüferische Durchsicht von Abschlüssen (IDW PS 900, Stand: 1. Oktober 2002), in: WPg 55 (2002), S. 1078–1084.

Ralf Berger; Michael Thelen

Prüferrotation

Die Prüferrotation wird als Instrument zur Sicherung der →Unabhängigkeit und Unbefangenheit des Wirtschaftsprüfers und der Erhöhung der →Prüfungsqualität diskutiert. In Abhängigkeit von zeitlichen Fristen bzw. der Anzahl bereits durchgeführter Prüfungen (→Jahresabschlussprüfung; →Konzernabschlussprüfung) ist ein Wechsel des verantwortlichen →Abschlussprüfers unter Beibehaltung der betreuenden Prüfungsgesellschaft (→Revisions- und Treuhandbetriebe) (interne Rotation) oder unter Auswechslung der gesamten Prüfungsgesellschaft (externe Rotation) vorgesehen. Eine Wiederbestellung (→Bestellung des Abschlussprüfers) ist jeweils erst nach Ablauf einer Sperrfrist zulässig (Kleekämper et al. 2003, S. 902–904).

Dementsprechend wurde die interne Prüferrotation durch das KonTraG in § 319 Abs. 3 Nr. 6 HGB a.F. eingeführt und durch das BilReG in § 319a Abs. 1 Nr. 4 HGB aktualisiert. Gem. der internen Prüferrotation ist ein WP „von der Abschlussprüfung eines Unternehmens, das einen organisierten Markt [i.S.d. § 2 Abs. 5 →Wertpapierhandelsgesetzes (WpHG)] in Anspruch nimmt, ausgeschlossen, wenn er … einen Bestätigungsvermerk nach § 322 [HGB] über die Prüfung … bereits in sieben oder mehr Fällen gezeichnet hat …". Der zweite HS des § 319a Abs. 1 Nr. 4 HGB, der eine dreijährige Sperrfrist fordert, dürfte implizieren, dass vor der Sperrzeit liegende Prüfungen nicht zu berücksichtigen sind.

Eine Alternative zur internen ist die externe Prüferrotation. Diese zielt auf eine Stärkung der faktischen und der wahrgenommenen Unabhängigkeit ab, während die interne Prüferrotation primär Letzterer dient. Ein Argument, das für die externe Prüferrotation vorgebracht wird, lautet, bei langjähriger Mandatsdauer wirke diese einer die Urteilsfähigkeit (→Prüfungsurteil) beeinträchtigenden Vertrautheit des Prüfers mit dem Mandanten entgegen und vermindere die Gefahr der Betriebsblindheit. Unterstützende empirische Befunde finden sich z. B. bei *Vanstraelen* (Vanstraelen 2000, S. 435–437), die einen negativen Zusammenhang zwischen der Mandatsdauer und der Einschränkung des →Bestätigungsvermerks ermittelt; insgesamt zeichnet die empirische Literatur keinen einheitlichen Befund zur oben angesprochenen Thematik (Ghosh/Moon 2005, S. 588 f.). Aufgrund kontinuierlicher Wechsel der Prüfungsgesellschaften ist weiterhin zu erwarten, dass die Variabilität der Prüfungsmethoden (→Buchführungstechnik und Prüfungsmethoden; →Auswahl von Prüfungshandlungen) zu- und deren Antizipierbarkeit für den Mandanten abnimmt. Außerdem ist mit einer größeren Sorgfalt des amtierenden Prüfers zu rechnen, weil das Rotationsprinzip eine Kontrolle durch nachfolgende Prüfer induziert (Quick 2004, S. 491 f.). Gegen eine externe Rotation wird angeführt, dass sich insb. in den ersten beiden Jahren einer Mandatsbeziehung die Fehleranfälligkeit der Prüfung (→Fehlerarten in der Abschlussprüfung) erhöhe. Außerdem ist zu bemängeln, dass häufiger Wechsel- und Einarbeitungskosten i.S.d. Transaktionskostenansatzes (→Transaktionskosten) entstehen (Arrunada/Paz-Ares 1997, S. 32–40) und die Auswirkungen einer Rotationspflicht auf die am →Prüfungsmarkt beobachtbaren Konzentrationstendenzen nicht vorhersehbar sind. Schließlich wird befürchtet, verkürzte Mandatsdauern implizierten eine geringere Bereitschaft des Prüfers, durch ein hohes Maß an Sorgfalt Reputation aufzubauen.

Hinsichtlich der internen Prüferrotation wird argumentiert, sie halte die Vorteile der externen Rotation zur wahrgenommenen Unabhängigkeit aufrecht, während die befürchteten Effizienzverluste durch institutionalisierte Erfahrungstransfers innerhalb der Prüfungsgesellschaft abgemildert würden. Dies erklärt, warum große Prüfungsgesellschaften bereits vor der Einführung des § 319a HGB einen regelmäßigen Wechsel des verantwortlichen Prüfers durchgeführt haben. Für kleinere Prüfungsgesellschaften ergeben sich aufgrund einer geringen Anzahl WP jedoch auch bei einer internen Prüferrotation Probleme, die von Kritikern als Zugangsbarriere zum Prüfungsmarkt für börsennotierte Gesellschaften (→Unternehmensformen) interpretiert werden. Eine empirische Bestätigung dieser Vermutung liegt derzeit nicht vor.

Auch im internationalen Kontext wird die externe Rotation zurückhaltend bewertet. So empfiehlt eine im Rahmen des SOA 207 in Auftrag gegebene und vom *GAO* vorgelegte Studie derzeit keine Einführung der externen Rotation (→Sarbanes Oxley Act, Einfluss auf das Prüfungswesen). Und auf EU-Ebene sieht die RL 2006/43/EG in Art. 42 Abs. 3 eine interne Rotation nach 7 Jahren vor. Eine externe Rotation wird nicht mehr thematisiert.

Literatur: Arrunada, B./Paz-Ares, C.: Mandatory Rotation of Company Auditors: A Critical Examination, in: International Review of Law and Economics 17 (1997), S. 31–61; Ghosh, A./Moon, D.: Auditor Tenure and Perceptions of Audit Quality, in: Acc. Rev. 80 (2005), S. 585–612; Kleekämper, H./Goth, J./Schmitz, U.: Interne Rotation, in: Dörner, D. et al. (Hrsg.): Reform des Aktienrechts, der Rechnungslegung und der Prüfung, 2. Aufl., Stuttgart 2003, S. 899–922; Quick, R.: Externe Pflichtrotation, in: DBW 64 (2004), S. 487–508; Vanstraelen, A.: Impact of renewable long-term audit mandates on audit quality, in: EAR 9 (2000), S. 419–442.

Dirk Simons; Nicole Zein

Prüffelder

Die Bildung von Prüffeldern dient der ziel- und zeitgerechten sowie wirtschaftlichen Durchführung der Abschlussprüfung (→Jahresabschlussprüfung; →Konzernabschlussprüfung) (→Auftragsdurchführung); sie ist Teil der Erstellung eines →Prüfungsprogramms als Element der →Prüfungsplanung.

Prüffelder sind Teilbereiche von Prüfungsgebieten, die wiederum in ihrer Gesamtheit das Prüfungsobjekt darstellen. Dabei werden solche Teilbereiche des Prüfungsobjekts zu Prüffeldern zusammengefasst, für die im Rahmen der Prüfungsplanung eine einheitliche Prüfung vorgesehen ist (IDW PS 240.7–9).

Das Prüfungsobjekt muss dabei vollständig in Prüffelder aufgeteilt werden, um sicher zu stellen, dass alle wesentlichen Bestandteile des Prüfungsobjekts der Prüfung unterzogen werden.

Prüffelder werden auch als Prüfungsfelder oder auch als Posten (zu trennen von Posten des Jahresabschlusses) bezeichnet. Für Zusammenfassungen von Prüffeldern wird auch die Bezeichnung Prüffeldgruppen verwendet.

Durch die Zusammenfassung von sinnvollerweise zusammen zu prüfenden Teilgebieten der Prüfung und die Einrichtung abgegrenzter Aufgabengebiete für die einzelnen Mitglieder des Prüfungsteams wird die wirtschaftliche Durchführung der Abschlussprüfung unterstützt. Die unnötige sowie doppelte Ausführung von Prüfungshandlungen (→Auswahl von Prüfungshandlungen) soll damit vermieden werden.

Darüber hinaus dient die Aufteilung in Prüffelder auch der leichteren Nachweisführung und Dokumentation der Prüfungshandlungen (→Arbeitspapiere des Abschlussprüfers), indem die Vollständigkeit der Dokumentation in kleineren Teilen strukturiert wird.

Die Zusammenfassung erfolgt aufgrund der sachlogischen Verknüpfung der Teilbereiche; Erkenntnisse, die in einem Teilbereich gewonnen werden, sind oftmals Voraussetzung für die Prüfung eines anderen Teilbereichs, so dass eine Zusammenfassung dieser beiden Teilbereiche zu einem Prüffeld sinnvoll ist. I.d.R. erfolgt die Bildung der Prüffelder anhand der Jahresabschlussposten (→Balance Sheet Auditig), ergänzt um weitere Prüffelder, die sich nicht im JA finden lassen, wie z. B. →wirtschaftliche Verhältnisse und →rechtliche Verhältnisse oder →Ereignisse nach dem Abschlussstichtag. Seltener werden dagegen Prüffelder anhand der Abläufe im Unternehmen, wie z. B. Einkauf, Absatz u. a., gebildet (→Transaction Flow Auditing).

Je Prüffeld ist eine Wesentlichkeitsgrenze (→Wesentlichkeit) zu definieren sowie die Vornahme von →Systemprüfungen (→Ablauforganisation; →Funktionsprüfung; →Kontrollprüfung) sowie →analytischen Prüfungshandlungen und/oder →Einzelfallprüfungen (→ergebnisorientierte Prüfungshandlungen) zu planen (IDW PS 250.17). Die Zerlegung des Prüfobjekts in Prüffelder dient daher auch dem Zweck, je Teilbereich ein Teilurteil abgeben zu können, was wiederum unter Zuhilfenahme der Teilurteile der übrigen Prüffelder die Bildung eines Gesamturteils über das gesamte Prüfobjekt (→Prüfungsurteil) ermöglicht.

Der zeitgerechten Durchführung der Abschlussprüfung dient die Bildung von Prüffeldern dadurch, dass solche Prüffelder abgrenzbar sind, die auf den Ergebnissen anderer Prüffelder aufbauen und somit in sinnvoller zeitlicher Reihenfolge geprüft werden können, um so zeitliche Verzögerungen zu vermeiden (→Netzplantechnik, Einsatz in der Prüfungsplanung). Darüber hinaus existieren i.d.R. Beziehungen zwischen Prüffeldern in der Gestalt, dass zwangsläufig eine feste Bearbeitungsreihenfolge eingehalten werden muss; so kann der →Anhang erst einer abschließenden Prüfung unterzogen werden, wenn die darin enthaltenen Zahlen im Rahmen der jeweiligen Posten der Bilanz und →Gewinn und Verlustrechnung (GuV) geprüft wurden.

Die Bildung von Prüffeldern und die Zuordnung von Prüfungszielen und -handlungen betrifft in erster Linie die sachliche und zeitliche Prüfungsplanung. Dennoch bestehen Anknüpfungspunkte zur personellen Planung, da die Prüffelder den einzelnen Mitgliedern des Prüfungsteams zugeordnet werden müssen und dies wiederum eine Rückwirkung auf die Bildung der Prüffelder, vor allem auf deren Umfang hat und umgekehrt. Dabei ist zu beachten, dass die Prüffelder bzgl. der Qualifikation der Mitarbeiter angemessen sein müssen. Einfache Prüffelder sind i.d.R. weniger fehleranfällig und fordern eine geringere Qualifikation des Prüfers, während komplexe Prüffelder entsprechend höhere Anforderungen an den Prüfer stellen, dem sie zugeordnet werden.

Nach ihrer Wechselwirkung mit anderen Prüffeldern können Prüffelder bspw. wie folgt kategorisiert werden. Beispiele für eine geringe Wechselwirkung mit anderen Prüffeldern sind:

- →Immaterielle Vermögensgegenstände, →Sachanlagen und Abschreibungen (→Abschreibungen, bilanzielle),
- →Finanzanlagen, Schuldverhältnisse mit Beteiligungsunternehmen und →Finanzergebnis,
- →Umsatzerlöse und →Forderungen,
- →Materialaufwendungen und →Vorratsvermögen,
- →Personalaufwand und
- Bankverbindlichkeiten (→Verbindlichkeiten) und Zinsaufwendungen.

Beispiele für eine hohe Wechselwirkung mit anderen Prüffeldern sind:

- →Rückstellungen,
- Anhang,
- →Lagebericht,
- wirtschaftliche und rechtliche Verhältnisse,
- Überblick über die Unternehmensprozesse und das →Rechnungswesen und
- Ereignisse nach dem Bilanzstichtag.

Größere WPGes (→Revisions- und Treuhandbetriebe) setzen zur Durchführung der Prüfung i.d.R. eine die Prüfungsplanung, -durchführung und -dokumentation unterstützende →Prüfungssoftware (→IT-gestützte Prüfungsdurchführung) ein. In dieser Software sind die Prüffelder gewöhnlich vorstrukturiert oder es besteht eine Auswahlliste, aus der der WP die im konkreten Fall anwendbaren Prüffelder auswählen und an das Prüfobjekt anpassen kann.

Da die Prüfungsplanung als ständiger Prozess nicht nur vor der Prüfungsdurchführung erfolgt, sondern auch aufbauend auf den aus der Durchführung gewonnenen Erkenntnisse angepasst wird, können die Prüffelder während der Prüfungsdurchführung auch in ihrem Umfang modifiziert werden. So kann sich durch die während der Durchführung der geplanten Prüfungshandlungen in einem Teilbereich eines Prüffelds erlangten Erkenntnisse ergeben, dass die geplanten Prüfungshandlungen nicht ausreichen, sondern in einem Teilaspekt des Prüffelds um zusätzliche Prüfungshandlungen ergänzt werden müssen. Somit entsteht durch die Anpassung des Prüfungsprogramms ein modifiziertes Prüffeld.

Literatur: IDW (Hrsg.): IDW Prüfungsstandard: Grundsätze der Planung von Abschlussprüfungen (IDW PS 240, Stand: 28. Juli 2000), in: WPg 53 (2000), S. 846–849; IDW (Hrsg.): IDW Prüfungsstandard: Wesentlichkeit im Rahmen der Jahresabschlussprüfung (IDW PS 250, Stand: 8. Mai 2003), in: WPg 56 (2003), S. 944–946.

Thorsten Schwibinger

Prüfprogramme

Der Einsatz von Prüfprogrammen (Beneficial Electronic Audit Support Tools – BEAST) kann die Wirksamkeit und Wirtschaftlichkeit einer Abschlussprüfung (→Jahresabschlussprüfung; →Konzernabschlussprüfung) wesentlich erhöhen (→IT-gestützte Prüfungsdurchführung). BEAST einzusetzen empfiehlt sich insb. für Prüfungen von Unternehmen, bei denen in den →Geschäftsprozessen Belege in elektronischer Form erstellt, weitergeleitet und gespeichert werden oder eine sehr große Zahl von jeweils gleichen Geschäftstransaktionen vorliegt.

Neben wirtschaftlichen Erwägungen, wie z. B. dass konventionelle Prüfungshandlungen nur mit unverhältnismäßig hohem Aufwand durchzuführen wären (→Auswahl von Prüfungshandlungen), sind eine Reihe von technischen Erwägungen zu berücksichtigen:

- entsprechende Prüfprogramme müssen zur Verfügung stehen,
- die zur prüfenden Daten müssen in einem verwertbaren Format zur Verfügung stehen, ggf. Zugriff auf entsprechende Systeme (→IT-Systeme) beim zu prüfenden Unternehmen und
- die Prüfer müssen mit der entsprechenden Anwendung umgehen können und Erfahrung mit Prüfprogrammen und Prüfungstechniken [Computer Assisted Audit Tools and Techniques (CAATT)] haben.

Die *Einsatzgebiete* für IT-gestützte Prüfprogramme (→IT-gestützte Prüfungstechniken) können den gesamten →Prüfungsprozess beinhalten:

- *Unterstützung des Prüfungsmanagements* (→Prüfungsplanung): In dieser Kategorie kommen vor allem Programme zum Einsatz, die dem Management der →Jahresabschlussprüfung (→Konzernabschlussprüfung) als Projekt dienen. Im Vordergrund stehen Programme für die der Budget- und Ressourcenplanung, Zeiterfassung, Rechnungsschreibung.
- *Unterstützung der Prüfungsdurchführung und Dokumentation*: In dieser Kategorie stehen Programme im Vordergrund zur Unterstützung der →Prüfungsplanung und Durchführung (→Auftragsdurchführung), Anwendungen zur automatischen Verwaltung und Archivierung von elektronischen Arbeitspapieren (→Arbeitspapiere des Abschlussprüfers).
- *Unterstützung der* →*Systemprüfung (inkl.* →*IT-Systemprüfung)*: In dieser Kategorie stehen Programme im Vordergrund, die der Informationserhebung für die Aufbauprüfung (→Aufbauorganisation) und →Funktionsprüfung (→Internes Kontrollsystem, Prüfung des; →Kontrollprüfung) aber in unterschiedlicher Ausprägung auch der Informationsbeurteilung dienen.
- *Unterstützung der* →*ergebnisorientierten Prüfungshandlungen*: In dieser Kategorie stehen Programme im Vordergrund, die sowohl →Einzelfallprüfungen als auch →analytische Prüfungshandlungen unterstützen.

Software zur *Unterstützung des Prüfungsmanagements* (→Prüfungssoftware) können neben den allgemeinen Office-Anwendungen, wie Tabellenkalkulationsprogramme, Datenbankanwendungen oder Textverarbeitungsprogramme, auch spezielle Programme zum Projektmanagement (→Projektcontrolling) oder zur →Planung der Prüfungsressourcen sein (→Prüfungsplanung). IT kann dabei helfen die Zuordnung von Prüfern zu Prüfungen effizienter zu gestalten. Die Überwachung der Prüfungsbudgets, die Erfassung der Prüfungszeiten, die Darstellung der abrechenbaren Stunden oder die Rechnungserstellung kann mithilfe von Individual- oder Standardsoftware effizient unterstützt werden.

Vielfältige Programme stehen auch zur *Unterstützung der Prüfungsdurchführung und Dokumentation* zur Verfügung. Auch in dieser Kategorie können neben Standard Office Anwendungen auch spezialisierte Programme zur Anwendung kommen, die die Prüfungsdurchführung von der strategischen Prüfungsplanung bis hin zur Ablage und Archivierung der Arbeitspapiere unterstützen. Bei der strategischen Prüfungsplanung werden die Prüfungsgebiete (→Prüffelder) festgelegt, die in einem bestimmten →Prüfungszeitraum zu prüfen sind (z. B. über Festlegung eines →Rotationsplans). Bei der taktischen oder Detailplanung werden dann (auf Basis der im Rahmen einer Systemprüfung zu erhebenden Informationen) die einzelnen Prüfungsschritte für ein Prüfungsgebiet (→Prüffelder) festgelegt. Für die Dokumentation der Prüfungsergebnisse können Dokumentenmanagementsysteme verwendet werden, die in eine allgemeine →Prüfungssoftware integriert sein können. Sie dienen der Versionsführung und Archivierung der Arbeitsergebnisse und können durch Zusatzfunktionalitäten zum Abzeichnen und zur Freigabe von Dokumenten wichtige Beiträge zu einer nachvollziehbaren →Qualitätssicherung der Prüfung (→Prüfungsqualität) beitragen.

Zur *Unterstützung der Systemprüfung* kommen insb. elektronische Checklisten und Fragebögen (→Prüfungschecklisten) zum Einsatz.

Diese bilden die Grundlage für *Aufbauprüfungen* (→Aufbauorganisation). Sie reichen dabei von einer einfachen Checkliste (auf der Basis von Standard Office-Anwendungen), die der Prüfer ausfüllen und anschließend die erhobenen Informationen beurteilen muss, bis hin zu komplexen Anwendungen, die Textverarbeitungselemente mit Wissensdatenbanken (→Wissensmanagement) verknüpfen. Sie können so eine automatische Beurteilung des →Internen Kontrollsystems oder von Sicherheitseinstellungen (von →Betriebssystemen, im Rahmen der →IT-Systemprüfung) von den erhobenen Informationen gegenüber in der Anwendung hinterlegten Standards ermöglichen (→Internes Kontrollsystem, Prüfung des). Ein wesentlicher Vorteil solcher elektronischer Fragebögen und Checklisten ist die Umsetzung eines Prüfungsansatzes (→Prüfungsstrategie; →risikoorientierter Prüfungsansatz) über eine standardisierte Herangehensweise aber auch eine standardisierte Darstellung der Prüfungsergebnisse. Eine solche Herangehensweise bietet wesentliche Vorteile für die Nachvollziehbarkeit und Qualitätssicherung. Sind durch den →Abschlussprüfer (APr) auch Geschäftsprozesse oder IT-Prozesse (→IT-Systeme) aufzunehmen, so stehen hierzu entsprechende IT-Programme (→Prüfungssoftware) zur Verfügung. Bei der Erhebung von Informationen über IT-Systeme können auch Inventarisierungs- und Überwachungsprogramme des zu prüfenden Unternehmens helfen, die solche Informationen wiedergeben können. Zu den Anwendungen zur Durchführung von *Funktionsprüfungen* zur Beurteilung der Wirksamkeit von in Geschäftsprozessen integrierten Kontrollen zählen z. B. die IT-gestützte Überprüfung von Berechtigungen und Funktionstrennungen sowie automatisch durchgeführte Testsequenzen zur Überprüfung von Eingabe-, Verarbeitungs- und Ausgabekontrollen (→IT-Systemprüfung).

Wichtige Unterstützung bei *Einzelfallprüfungen* im Rahmen der *aussagebezogenen Prüfungshandlungen* (→ergebnisorientierte Prüfungshandlungen) bieten Programme zur automatischen Berechnung des Stichprobenumfangs und zur Auswahl der entsprechenden Stichprobenelemente (→Stichprobenprüfung). Prüfprogramme können auch dazu dienen, Ausweise die auf komplexen Berechnungen beruhen, wie z. B. Zinsergebnis und Bewertungsergebnisse von Vorräten (→Vorratsvermögen), auf Vollerhebungsbasis nachzurechnen. In beiden Fällen ist Voraussetzung dafür, dass die Datensätze der Grundgesamtheit der zu überprüfenden Geschäftsvorfälle in elektronischer Form vorliegen und in die entsprechende Prüfungssoftware eingelesen werden können. Im Bereich der *analytischen Prüfungshandlungen* können Prüfprogramme bei der Ermittlung und Analyse von Verhältniszahlen und Trends unterstützen und die auf Basis von Ist-Werten ermittelten Kennzahlen (→Kennzahlen und Kennzahlensysteme als Kontrollinstrument) mit Sollwerten des Unternehmens, mit entsprechenden externen Bezugswerten oder mit durch den Prüfer ermittelten Erwartungswerten vergleichen (→Soll-Ist-Vergleich; →Abweichungsanalyse).

Bei dem Einsatz von Prüfprogrammen sind einige *grundlegende Anforderungen* zu beachten:

- die technischen Anforderungen und Einsatzvoraussetzungen müssen erfüllt werden, um die Funktionsfähigkeit der Prüfprogramme zu gewährleisten;
- die einzusetzenden Prüfprogramme müssen sicher und ordnungsgemäß funktionieren;
- wenn Daten von dem zu prüfenden Unternehmen bezogen werden, muss sichergestellt werden, dass die richtigen Daten geliefert werden und diese auch vollständig sind;
- für den Fall, dass Prüfprogramme auf den Systemen des zu prüfenden Unternehmens installiert werden, muss sichergestellt werden, dass dessen Unternehmensdaten und Programme nicht durch die Prüfprogramme verändert werden können und
- falls Testdaten in den Anwendungssystemen des Unternehmens verarbeitet werden sollen, muss sichergestellt werden, dass dieses nur in einem Testsystem erfolgt und nicht in einem Produktivsystem. Dabei ist zu beachten, dass das Testsystem dem Produktivsystem entspricht (z. B. gleiche Version). Werden die Testdaten durch Mitarbeiter des Unternehmens eingespielt, ist sicherzustellen, dass diese nicht verändert werden.

Dieter Fabritius

Prüfung →Wirtschaftlichkeits- und Zweckmäßigkeitsprüfung

Prüfung, abschlusspostenorientierte
→ Balance Sheet Auditing

Prüfung, direkte → Direkte Prüfung

Prüfung, geschäftsrisikoorientierte
→ Business Risk Audit

Prüfung, indirekte → Indirekte Prüfung

Prüfung, lückenlose → Lückenlose Prüfung

Prüfung, materielle → Materielle Prüfung

Prüfung, Nutzen von → Empirische Forschung im Prüfungswesen

Prüfung, örtliche → Kommunales Rechnungswesen

Prüfung, progressive → Progressive Prüfung

Prüfung, retrograde → Retrograde Prüfung

Prüfung, überörtliche → Kommunales Rechnungswesen

Prüfungen, gesetzliche → Pflichtprüfungen

Prüfungen nach § 44 KWG → Sonderprüfungen nach Kreditwesengesetz

Prüfungen, periodische → Unternehmensformen

Prüfungsansatz, risikoorientierter
→ Risikoorientierter Prüfungsansatz

Prüfungsanweisungen

Der für den Prüfungsauftrag (→ Prüfungsauftrag und -vertrag) verantwortliche WP hat von Auftragsannahme (→ Auftragsannahme und -fortführung) an durch sachgerechte → Prüfungsplanung (→ Netzplantechnik, Einsatz in der Prüfungsplanung; → Prüfungsplanung, Erfassung von Unschärfe und Unsicherheit) dafür zu sorgen, dass ein der allgemeinen und speziellen Risikolage des zu prüfenden Unternehmens angemessener und ordnungsgemäßer Ablauf der Abschlussprüfung (→ Jahresabschlussprüfung; → Konzernabschlussprü-

fung) in sachlicher, personeller und zeitlicher Hinsicht gewährleistet ist. Zur Prüfungsplanung in sachlicher Hinsicht gehört vor allem die Vorgabe einer ordnungsgemäßen Prüfungsanweisung, die den jeweiligen Erkenntnisstand der Prüfungsplanung berücksichtigt und umsetzt.

Durch angemessen strukturierte und klar verständliche Prüfungsanweisungen sollen die Mitarbeiter mit ihren Aufgaben vertraut gemacht und gleichzeitig die Verantwortungsbereiche im Prüfungsteam festgelegt werden. Die Anleitung für das Auftragsteam sollte u. a. Informationen über den Auftrag, die → Auftragsdurchführung und die Berichterstattung (→ Berichtsgrundsätze und -pflichten des Wirtschaftsprüfers), das Geschäft des Mandanten, mögliche Auftragsrisiken, besondere Problembereiche sowie die Verantwortlichkeiten der einzelnen Teammitglieder enthalten. Die besonders wichtigen Vorgaben zur i. d. R. über einzelne → Prüffelder abgegrenzten Auftragsdurchführung können z. B. als Fragebögen oder → Prüfungschecklisten ausgestaltet werden und entweder als Standardformular benutzt werden oder mandantenspezifisch angepasst werden. Je stärker die Fragebögen an die Mandantenspezifika angepasst werden, desto wirtschaftlicher kann die Prüfung abgewickelt werden. Zugleich erhöht sich dadurch jedoch die Gefahr, neue Sachverhalte nicht hinreichend sicher aufzudecken. Die Prüfungsanweisungen sollen gewährleisten, dass die Prüfungshandlungen sachgerecht vorgenommen und in den Arbeitspapieren (→ Arbeitspapiere des Abschlussprüfers) ausreichend dokumentiert werden. Dadurch sollen die Prüfungsanweisungen eine ordnungsgemäße Berichterstattung [→ Prüfungsbericht (PrB); → Bestätigungsvermerk (BestV)] ermöglichen.

Durch das Update des ISA 240 sind diese Prüfungsanweisungen im Rahmen einer zu dokumentierenden „Team Discussion" zu erläutern und zu besprechen. Durch diese Vorgehensweise soll möglichst weitgehend sichergestellt werden, dass die Mitglieder des Auftragsteams Sinn und Zweck der ihnen übertragenen Arbeiten verstehen.

Abgeleitet werden die Prüfungsanweisungen aus der Analyse der bei der Prüfung zu berücksichtigenden Auswirkungen der Rahmenbedingungen und allgemeinen Risikofaktoren sowie der individuellen Risikofaktoren des zu prüfenden Unternehmens, die bis auf einzelne Prüfgebiete herunterzubrechen sind. All diese Informationen fließen in die Prüfanweisungen unter Beachtung des inhärenten Risikos und des vorhandenen internen Kontrollrisikos (→Prüfungsrisiko) je Prüfungsgebiet in die (risikoorientierte) →Prüfungsstrategie (→risikoorientierter Prüfungsansatz) für jedes wesentliche Prüfungsgebiet und damit in ein detailliertes →Prüfungsprogramm ein. Das Prüfungsprogramm umfasst die einzelnen Prüfungshandlungen (→Auswahl von Prüfungshandlungen), die entsprechenden Durchführungstermine und Prüfungszeiten für die einzelnen Prüfposten, den Stichprobenumfang bzw. die für die Ermittlung des Stichprobenumfangs notwendigen Parameter (→Stichprobenprüfung) usw. Die Umsetzung dieser Vorgaben ist durch den verantwortlichen WP im Rahmen seiner Kontrollpflichten sicherzustellen. Die Prüfungsanweisungen sind vom zuständigen →Abschlussprüfer (APr) einer laufenden Überwachung zu unterziehen und an die im Verlauf der Prüfung gewonnenen Erkenntnisse ständig anzupassen. Die Prüfungsanweisungen gehören als Teil der →Planung der einzelnen Prüfungsaufträge zu den wesentlichen →Arbeitspapieren des Abschlussprüfers.

Neben der lokalen Abschlussprüfung spielen Prüfungsanweisungen bei der Planung und Durchführung häufig weltweiter →Konzernabschlussprüfungen eine wesentliche Rolle. In diesem Zusammenhang wird auch häufig von den Audit Instructions des Konzernabschlussprüfers gesprochen.

Diese speziell auf die Konzernabschlussprüfung zugeschnittenen Prüfungsanweisungen ermöglichen dem Konzern-APr, Vorgaben u. a. hinsichtlich der Prüfungsdurchführung und der auf seine Bedürfnisse zugeschnittenen Berichtserfordernisse zu machen.

Häufig gliedern sich diese Anweisungen in die Bereiche allgemeine Informationen, Prüfungsanforderungen, Berichtsanforderungen und Sonstiges. Unter den allgemeinen Informationen finden sich bspw. häufig Darstellungen der Branchenentwicklung und die Zusammensetzung des Prüfungsteams. Die Prüfungsanforderungen beinhalten u. a. Überlegungen zur Bestimmung des Betrags der →Wesentlichkeit für den JA insgesamt und für einzelne Jahresabschlussposten sowie zur →Unabhängigkeit und Unbefangenheit des Wirtschaftsprüfers. Die Berichtsanforderungen beziehen sich z. B. auf die →Vollständigkeitserklärung, zeitliche Angaben im Bericht sowie Regelungen zur Kommunikation zwischen der WPGes (→Revisions- und Treuhandbetriebe) und dem Mandanten.

Literatur: IDW (Hrsg.): IDW Prüfungsstandard: Grundsätze der Planung von Abschlussprüfungen (IDW PS 240, Stand: 28. Juli 2000), in: WPg 53 (2000), S. 846–849; IDW (Hrsg.): WPH 2006, Band I, 13. Aufl., Düsseldorf 2006; IDW/WPK (Hrsg.): Gemeinsame Stellungnahme der WPK und des IDW: Anforderungen an die Qualitätssicherung in der Wirtschaftsprüferpraxis (VO 1/2006), in: WPg 59 (2006), S. 629–646.

Holger Reichmann

Prüfungsauftrag und -vertrag

§ 318 Abs. 1 Satz 4 HGB bestimmt, dass die gesetzlichen Vertreter (→Organisationspflichten des Vorstands; →Überwachungsaufgaben des Vorstands) bzw. bei *Zuständigkeit* der AR (§ 111 Abs. 2 Satz 3 AktG) (→Beratungsaufgaben des Aufsichtsrats; →Überwachungsaufgaben des Aufsichtsrats) unverzüglich dem →Abschlussprüfer (APr) (→Revisions- und Treuhandbetriebe) nach der Wahl, die grundsätzlich durch die Haupt- oder Gesellschafterversammlung (→Haupt- und Gesellschafterversammlung) erfolgt, den Auftrag für die →Jahresabschlussprüfung, die →Konzernabschlussprüfung und die Prüfung des →Einzelabschlusses gem. § 325 Abs. 2a HGB zu erteilen haben. Etwas anderes gilt, wenn der APr im Rahmen des *Ersetzungs-* oder des *Bestellungsverfahrens* nach § 318 Abs. 3 bzw. Abs. 4 HGB durch das *Gericht* bestellt wird (→Bestellung des Abschlussprüfers). In diesen Fällen erteilt das Gericht dem APr den Prüfungsauftrag, wobei es den Vorschlägen der Antragsteller (gesetzliche Vertreter, AR oder Gesellschafter) folgen kann.

Sofern die vertretungsberechtigten Organe einer KapGes dem APr nicht unverzüglich den Prüfungsauftrag erteilen oder den Antrag auf gerichtliche Bestellung des Abschlussprüfers stellen, können sie hierzu vom Registergericht (→Registeraufsicht) durch Festsetzung eines →Zwangsgeldes, das 5.000 € nicht übersteigen darf, angehalten werden (§ 335 HGB). Diese Regelung gilt sinngemäß auch für Unternehmen, die unter das PublG fallen (§ 21 PublG) und für „kapitalistische" Personenhandelsgesellschaften i.S.v. § 264a Abs. 1 HGB (§ 335b HGB). Allerdings wird das EHUG das Zwangsgeldverfahren mit Wirkung zum 1.1.2007 abschaffen.

Der Prüfungsvertrag, der grundsätzlich in *mündlicher* oder *schriftlicher Form* abgeschlossen werden kann und in dem vor allem der *Prüfungsanlass* (→ Pflichtprüfungen), der *Prüfungsgegenstand* (z. B. Jahresabschlussprüfung; Prüfung des →Lageberichts), die *Prüfungszeit* (→ Prüfungszeitraum) und die *Prüfhonorierung* (→ Prüfungshonorare) geregelt sind, ist rechtskräftig, sobald der Auftrag angenommen wird (→Auftragsannahme und -fortführung), wobei der APr die Annahme oder die Ablehnung des Auftrags den gesetzlichen Vertretern oder dem AR *kundzutun* hat [§ 51 Satz 1 →Wirtschaftsprüferordnung (WPO); →Auftragsbestätigung]. Darüber hinaus hat der APr den *Schaden* zu ersetzen, der im Falle einer *schuldhaften Verzögerung* dieser Erklärung entsteht (§ 51 Satz 2 WPO). Bei gerichtlicher Bestellung ist die Auftragsannahme oder -ablehnung dem Gericht zu erklären. Allerdings kann der Prüfungsauftrag von den gesetzlichen Vertretern oder vom AR nur dann *widerrufen* werden, wenn nach § 318 Abs. 3 HGB im Rahmen des Ersetzungsverfahrens ein anderer Prüfer bestellt worden ist (→Ausscheiden des Abschlussprüfers).

Durch die folgende Abb. kommt zum Ausdruck, dass der Gesetzgeber in drei Fällen die →Bestellung des Abschlussprüfers durch das Gericht (Amtsgericht am Sitz des Unternehmens) vorsieht:

- Der APr wurde nicht bis zum Ablauf des Geschäftsjahres gewählt, auf das sich seine Prüfungstätigkeit erstreckt (§ 318 Abs. 4 Satz 1 HGB).
- Es liegen Probleme in der Person des durch die HV (→Haupt- und Gesellschafterversammlung) gewählten Prüfers, insb. wenn Besorgnis der Befangenheit (z. B. nach § 319 Abs. 2–5 und § 319a HGB) besteht (§ 318 Abs. 3 Satz 1 HGB) (→Ausschluss als Abschlussprüfer; →Unabhängigkeit und Unbefangenheit des Wirtschaftsprüfers). In diesem Fall wird der bisherige (gewählte) APr abberufen und ein neuer bestellt (§ 318 Abs. 1 Satz 5 HGB).
- Sofern der gewählte oder bestellte APr den Auftrag nicht annimmt, aus anderen Gründen (nachträglich) wegfällt (z. B. durch Tod, Geschäftsunfähigkeit oder *Kündigung* gem. § 318 Abs. 6 HGB) oder am rechtzeitigen Abschluss der Prüfung verhindert ist (z. B. durch Krankheit) und ein anderer Prüfer nicht gewählt wurde, bestellt das Gericht einen anderen APr. Diese von § 318 Abs. 4 Satz 2 HGB genannten Tatbestände werden auch als sonstige Antragsgründe bezeichnet, die zu einer gerichtlichen Bestellung eines anderen APr führen (Winkeljohann/ Hellwege 2006, Rn. 29–31 zu § 318 HGB, S. 1898). Sofern der durch die HV gewählte APr den Auftrag unverzüglich nicht annimmt, verbleibt in aller Regel genügend Zeit für die Wahl eines anderen Prüfers, so dass die gerichtliche Bestellung *umgangen* werden kann.

Der Pflichtvertrag der zu prüfenden Gesellschaft mit dem gewählten oder bestellten APr stützt sich auf § 675 BGB, wobei jedoch umstritten ist, ob er den Charakter eines Werk- oder Dienstvertrags trägt. Während die Berichterstattung [→Prüfungsbericht (PrB); →Bestätigungsvermerk (BestV); →Prüfungsnachweise] des Abschlussprüfers grundsätzlich durch die Bestimmungen über den Werkvertrag geregelt werden, unterliegt die Prüfungstätigkeit (→Prüfungsplanung; →Prüfungsprogramm; →Prüfungsprozess; →Prüfungssoftware; →Prüfungsstrategie) den Vorschriften über den Dienstvertrag. § 318 Abs. 5 Satz 1 HGB bringt zum Ausdruck, dass der vom Gericht bestellte APr Anspruch auf Ersatz angemessener Auslagen und Vergütung für seine Tätigkeit hat. Allerdings können sowohl der gerichtlich bestellte Prüfer als auch der gewählte APr individuelle Vereinbarungen über Auslagenersatz und Vergütung mit den gesetzlichen Vertretern oder dem AR der zu prüfenden Unternehmen treffen. Die in § 318 Abs. 5 Satz 2 HGB vorgesehene gerichtliche Festsetzung (angemessener) Auslagen und Vergütung erfolgt nur auf Antrag der Vertragspartner und soll dem gerichtlich bestellten APr ein vereinfachtes Verfahren zur Erlangung eines Vollstreckungstitels gegen die Gesellschaft bieten (ADS 2000, Rn. 429 zu § 318 HGB, S. 258).

Schließlich sieht § 318 Abs. 6 Satz 1 HGB die Möglichkeit vor, dass ein vom APr angenommener Prüfungsauftrag aus *wichtigem Grund* gekündigt werden kann, wobei →Meinungsverschiedenheiten zwischen Gesellschaft und Abschlussprüfer über den Inhalt des Bestätigungsvermerks, seine Einschränkung oder Versagung nicht als wichtiger Grund anzusehen sind (§ 318 Abs. 6 Satz 2 HGB). Allerdings

Prüfungsauftrag und -vertrag

Abb.: Wahl und Bestellung des Abschlussprüfers bei einer AG

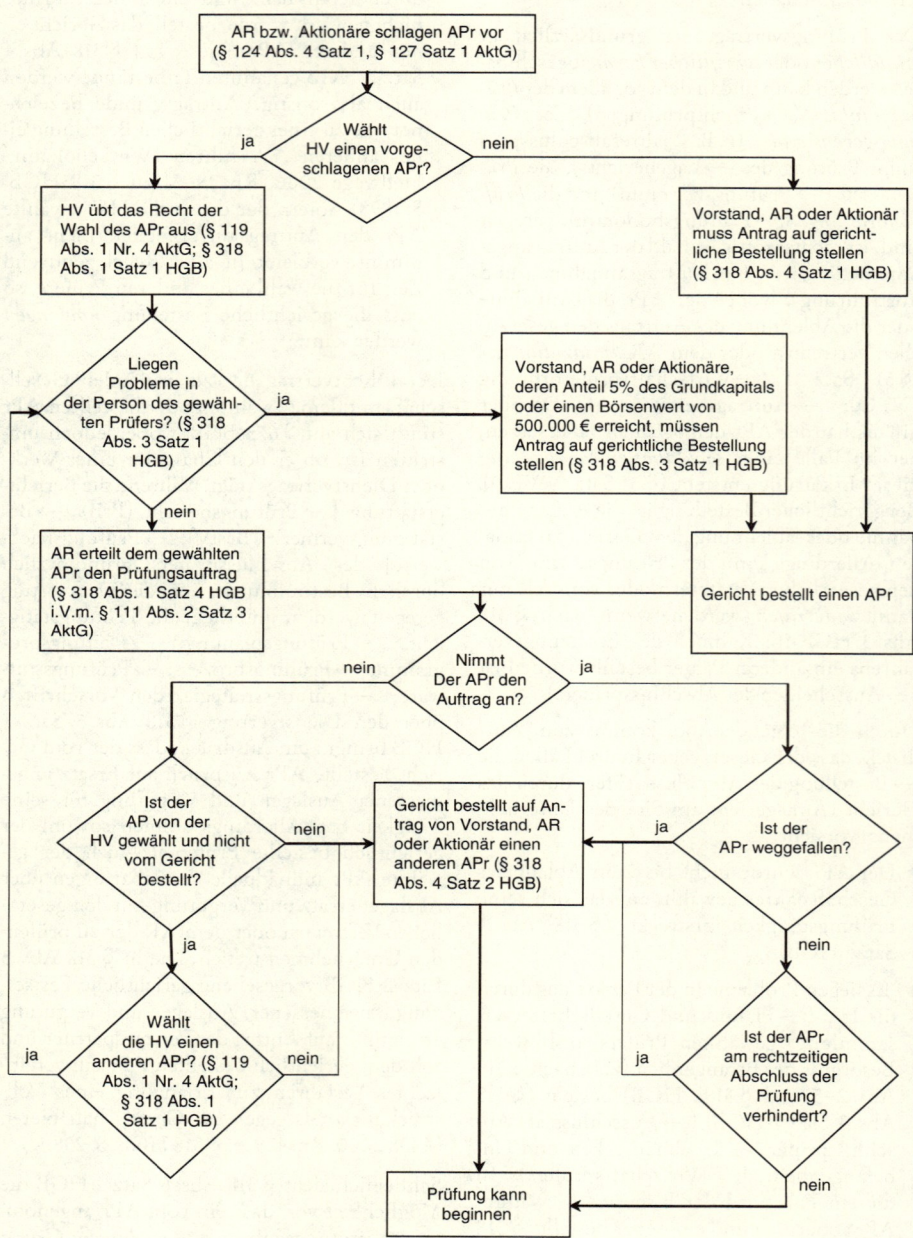

ergibt sich wegen der öffentlich-rechtlichen Aufgabe der Abschlussprüfung (→Jahresabschlussprüfung; →Konzernabschlussprüfung) faktisch kaum ein Kündigungsgrund für den Prüfer (Winkeljohann/Hellwege 2006, Rn. 34 zu § 318 HGB, S. 1899 f.). Ausnahmefälle, die eine Kündigung des Prüfungsauftrages rechtfertigen, liegen z. B. dann vor, wenn *kriminelle Betätigungen* (→Unregelmäßigkeiten; →Bilanzfälschung) der Gesellschaft oder ihrer Organe im Rahmen der Abschlussprüfung aufgedeckt werden (→Unregelmäßigkeiten, Aufdeckung von; →Unregelmäßigkeiten, Konsequenzen aus) (ADS 2000, Rn. 440 f. zu § 318 HGB, S. 262).

Literatur: ADS: Rechnungslegung und Prüfung der Unternehmen, Teilband 7, 6. Aufl., Stuttgart 2000; Baetge, J./Thiele, S.: Kommentierung des § 318 HGB, in: Küting, K./Weber, C.-P. (Hrsg.), HdR-E, Loseblattausgabe, 5. Aufl., Stuttgart, Stand: 6. Erg.-Lfg. März 2004; Hüffer, U.: Aktiengesetz, 7. Aufl., München 2006; IDW (Hrsg.): WPH 2006, Band I, 13. Aufl., Düsseldorf 2006; Winkeljohann, N./Hellwege, H.: Kommentierung des § 318 HGB, in: Ellrott, H. et al. (Hrsg.): BeckBilKomm, 6. Aufl., München 2006.

Carl-Christian Freidank

Prüfungsaussagen →Prüfungsnachweise; →Prüfungsurteil

Prüfungsausschuss →Audit Committee

Prüfungsbereitschaft

Der Begriff Prüfungsbereitschaft wird üblicherweise auf das zu prüfende Unternehmen bezogen. Prüfungsbereitschaft ist gegeben, wenn die sachlichen, personellen und zeitlichen Voraussetzungen für eine Prüfung (insb. →Jahresabschlussprüfung; →Konzernabschlussprüfung) gegeben sind, wodurch zum einen ein rechtzeitiger Beginn der Prüfung gewährleistet wird. Zum anderen bedeutet Prüfungsbereitschaft aber auch, dass das Unternehmen während der Prüfung alle Maßnahmen für eine reibungslose →Auftragsdurchführung trifft. Die Prüfungsbereitschaft ist vom Unternehmen in enger Abstimmung mit dem Prüfer herzustellen. Diese Mitwirkungspflicht ergibt sich aus § 320 HGB und aus Nr. 3, Abs. 1 der Allgemeinen Auftragsbedingungen für WP und WPGes (→Revisions- und Treuhandbetriebe) (Stand: 1. Januar 2002) und ist zwingend; eine Befreiung durch Vertrag mit dem Prüfer, durch Satzung oder Gesellschaftsvertrag ist nicht möglich (ADS 2000, Rn. 3 zu § 320 HGB).

Zur sachlichen Vorbereitung gehört es, dass sich die Prüfungsobjekte in einem prüffähigen Zustand befinden und dass die im Einzelnen für die Prüfungshandlungen (→Auswahl von Prüfungshandlungen) erforderlichen schriftlichen Unterlagen (z. B. Konten, Belege, Verträge, →Versammlungsprotokolle, Gutachten etc.), technischen Hilfsmittel und Arbeitsräume für die Prüfer rechtzeitig in einer für die Prüfung zweckdienlichen Form bereitstehen. Hinsichtlich der schriftlichen Unterlagen ist anzumerken, dass zeitintensive Arbeiten, wie z. B. die Anfertigung von Aufstellungen, soweit wie möglich vom Unternehmen erstellt werden sollten, sodass sich der Prüfer auf die Nachprüfung beschränken kann, wobei diese Unterstützungsleistungen ihre Grenze in der →Eigenverantwortlichkeit des Wirtschaftsprüfers findet. Zur Prüfungsbereitschaft gehört im Hinblick auf die verwendeten →IT-Systeme außerdem, dass dem Prüfer ausreichende, zur Datenmachung erforderliche Hardware (einschl. u. U. erforderlicher Zugangssoftware) und alle Dokumente, die eine Verfahrensprüfung (→IT-Systemprüfung) ermöglichen, bereitgestellt werden. Das Unternehmen muss in der Lage sein, die erforderlichen Unterlagen in angemessener Zeit lesbar zu machen und bei Bedarf ausdrucken zu können (ADS 2000, Rn. 23 zu § 320 HGB).

Im Rahmen der personellen Vorbereitung haben neben den offiziell benannten Auskunftspersonen auch alle anderen Mitarbeiter, die über Detailkenntnisse verfügen, zu Auskünften zur Verfügung zu stehen. Weiterhin müssen die Mitarbeiter, die an Prüfungshandlungen teilnehmen sollen [z. B. bei der Inventurbeobachtung (→Inventur) oder einer Betriebsbesichtigung] zu den vereinbarten Terminen anwesend sein.

Der Prüfer hat zur zeitlichen Vorbereitung dem Unternehmen für eine termingerechte Vorlage der Prüfungsunterlagen rechtzeitig eine Aufstellung mit den erforderlichen Unterlagen zu übergeben, aus der u. a. auch die Termine für die Vorlage einzelner Unterlagen (z. B. im Rahmen einer →Vorprüfung, zu Beginn der Hauptprüfung und auch während der Prüfung) hervorgehen.

Neben der sachlichen, personellen und zeitlichen Vorbereitung wird in der Literatur auch noch die psychologische Vorbereitung genannt, die auf die innere Vorbereitung der Mitarbeiter des Unternehmens zur konstruktiven

Zusammenarbeit mit dem Prüfer abzielt (Richter 2002, S. 1774).

Das Ziel der Prüfungsbereitschaft ist ein planmäßiger und wirtschaftlicher Prüfungsablauf. Mangelnde Prüfungsbereitschaft ist wesentliche Ursache für Mängel in der Prüfungsdurchführung (→Auftragsdurchführung) und unzutreffende Prüfungsergebnisse (→Prüfungsurteil). Weiterhin können höhere Prüfungskosten aufgrund nicht sachlogischer Prüfungsreihenfolge, Unterbrechungen oder des Fehlens erforderlicher Unterlagen entstehen. Aufgrund des entstehenden Zeitdrucks ist weiterhin eine verminderte Prüfungsintensität zu befürchten, da Termine und auch die Prüfungskosten eingehalten werden müssen. Empirische Untersuchungen haben gezeigt, dass unangemessener Zeitdruck sich wesentlich auf die →Prüfungsqualität auswirkt und auch in unzutreffenden →Prüfungsurteilen resultieren kann (Ballwieser 2002, S. 1774) (→empirische Forschung im Prüfungswesen). Weiterhin ist ein negativer Einfluss auf das Prüfungsklima zu befürchten.

Die Herstellung der Prüfungsbereitschaft ist ein laufender Abstimmungsprozess zwischen Unternehmen und Prüfer, wobei die Initiative i. d. R. vom Prüfer ausgeht. Aufgrund der →Prüfungsplanung spezifiziert der Prüfer seine Anforderungen an die Vorbereitung des Unternehmens einschl. der Termine, zu denen die Informationen vorliegen sollten (→Netzplantechnik, Einsatz in der Prüfungsplanung). Der nächste Schritt besteht in einer Abstimmung des Prüfers mit dem Unternehmen, insb. bei begründeten Einwendungen z. B. gegen den Umfang und die Form von Zusammenstellungen oder den Zeitplan. An dieser Stelle sollte ein Konsens dahingehend gefunden werden, inwieweit die Zeitplanung des Prüfers die personelle Prüfungsbereitschaft in Frage stellt. Die vom Prüfer erwartete Prüfungsbereitschaft hat direkten Einfluss auf die Prüfungsplanung (IDW PS 240.20). Der Prüfer ist daher verpflichtet, diese Abstimmungshandlungen vorzunehmen. Eine bloße Zusendung einer Anforderungsliste wird daher als nicht ausreichend zu betrachten sein. Durch die Abstimmung wird ein gemeinsam akzeptierter Bereitstellungsplan gesichert, welcher zur Fortschrittskontrolle schriftlich fixiert werden sollte. Die Abstimmung über diesen Bereitstellungsplan sollte noch rechtzeitig vor Prüfungsbeginn erfolgen. Da die Prüfungsbereitschaft auch zu jedem Zeitpunkt während der Prüfung gewährleistet sein muss, sollten sich Prüfer und Unternehmen auch während der Prüfung laufend und möglichst frühzeitig verständigen, z. B. um mögliche Verzögerungen seitens des Unternehmens rechtzeitig erkennen und Verständigung über mögliche Verzögerungen erreichen zu können. Daneben sollte der Prüfer sich einige Zeit vor Beginn eines neuen →Prüffeldes davon vergewissern, ob diesbezüglich Prüfungsbereitschaft gegeben sein wird. Nach Beendigung der Prüfung empfiehlt sich ein Erfahrungsaustausch, um die gewonnenen Erkenntnisse und evtl. Besonderheiten für Folgeaufträge (→Folgeprüfung) nutzbar zu machen. U.U. kann auch ein Hinweis in der →Schlussbesprechung oder im →Managementletter angebracht sein.

Der Herstellung der Prüfungsbereitschaft ist insb. bei →Erstprüfungen und bei Prüfungen, bei denen aus Zeitgründen parallel zur Erstellung des Abschlusses durch das Unternehmen geprüft werden muss, besondere Aufmerksamkeit zu widmen.

Literatur: ADS: Rechnungslegung und Prüfung der Unternehmen, Teilband 7, 6. Aufl., Stuttgart 2000; IDW (Hrsg.): IDW Prüfungsstandard: Grundsätze der Planung von Abschlussprüfungen (IDW PS 240, Stand: 28. Juli 2000), in: WPg 53 (2000), S. 846–849; Lück, W. (Hrsg.): Lexikon der Rechnungslegung und Abschlußprüfung, 4. Aufl., München/Wien 1998; Richter, M.: Prüfungsbereitschaft, in: Ballwieser, W. et al. (Hrsg.): HWRP, 3. Aufl., Stuttgart 2002, Sp. 1771–1777.

Maike Riecken

Prüfungsbericht

Die *Berichterstattung des* →*Abschlussprüfers* über die Prüfung der Rechnungslegung von Unternehmen erfolgt im →Prüfungsbericht (PrB) und im →Bestätigungsvermerk (BestV). Der APr fasst im PrB Gegenstand, Art und Umfang sowie Feststellungen und Ergebnisse der von ihm durchgeführten Prüfung zusammen; der BestV enthält das zusammengefasste Prüfungsergebnis (→Prüfungsurteil). Der in Deutschland gesetzlich vorgeschriebene ausführliche PrB (§ 321 HGB) ist international [→International Standards on Auditing (ISA)] nicht üblich.

Eine *Verpflichtung zur schriftlichen Berichterstattung* besteht bei gesetzlich vorgeschriebenen Prüfungen (→Pflichtprüfungen), z. B. bei →Jahresabschlussprüfungen und →Konzernabschlussprüfungen von KapGes und Pers

Ges i. S. d. § 264a HGB (→Jahresabschlussprüfung, erweiterte) (§§ 316 Abs. 1, 2 i.V.m. 321 HGB), von publizitätspflichtigen Unternehmen (§§ 6 Abs. 1, 14 Abs. 1 PublG), von →Kreditinstituten und →Versicherungsunternehmen (§§ 340k Abs. 1, 341k Abs. 1 i.V.m. 321 HGB), und bei der Prüfung des →Abhängigkeitsberichts (§ 313 Abs. 1, 2 AktG). Liegt keine gesetzliche Verpflichtung zur schriftlichen Berichterstattung vor, ergibt sich diese Verpflichtung aus dem dem APr vom Auftraggeber erteilten Prüfungsauftrag (→Prüfungsauftrag und -vertrag). Der APr hat im Rahmen seiner Berichterstattung die vom *Institut der Wirtschaftsprüfer in Deutschland e.V.* (*IDW*) im IDW PS 450 dargelegten *Grundsätze zur ordnungsmäßigen Berichterstattung* bei Abschlussprüfungen zu beachten, die einen schriftlichen PrB erfordern.

Der PrB besitzt vertraulichen Charakter, der *Adressatenkreis* ist deshalb gesetzlich eng eingegrenzt. Zu den Empfängern des Prüfungsberichts gehören die Organe der geprüften Gesellschaft (gesetzliche Vertreter, Aufsichtsorgane gem. § 321 Abs. 5 HGB) und die Gesellschafter der →Gesellschaft mit beschränkter Haftung (GmbH) (§ 42a Abs. 1 Satz 2 GmbHG). Gesetzliche Regelungen können zusätzlich eine Weitergabe an Aufsichtsämter [→*Bundesanstalt für Finanzdienstleistungsaufsicht (BaFin)*] (§ 26 Abs. 1 Satz 3 KWG, § 59 VAG) und an die Finanzbehörden (§ 150 Abs. 4 AO i.V.m. § 60 Abs. 3 EStDV) vorsehen.

Die *Aufgaben des Prüfungsberichts* bestehen im Wesentlichen in einer Informations- und Unterstützungsfunktion sowie in einer Nachweisfunktion. Der PrB hat die Aufgabe, die Aufsichtsorgane bzw. die Gesellschafter der GmbH und der PersGes i. S. d. § 264a HGB durch unabhängige und sachverständige Informationen über die Prüfung bei der Überwachung der gesetzlichen Vertreter (→Überwachungsaufgaben des Aufsichtsrats) zu unterstützen (*Informations- und Unterstützungsfunktion*). Inhalt und Umfang des Prüfungsberichts sind deshalb adressatenorientiert auszurichten. Der PrB dient weiterhin den gesetzlichen Vertretern der geprüften Gesellschaft als Nachweis, dass sie ihren Buchführungs- und Rechnungslegungspflichten nachgekommen sind, und dokumentiert – zusammen mit den →Arbeitspapieren des Abschlussprüfers –, dass der APr seine Pflichten erfüllt hat (*Nachweisfunktion*).

Damit der PrB seinen Aufgaben gerecht werden kann, hat er einigen *allgemeinen Berichtsgrundsätzen* zu entsprechen. Im PrB hat der APr gem. IDW PS 450 über Art und Umfang sowie das Ergebnis der Prüfung unparteiisch, vollständig, wahrheitsgetreu und mit der gebotenen Klarheit schriftlich zu berichten (→Berichtsgrundsätze und -pflichten des Wirtschaftsprüfers).

§ 321 HGB regelt für gesetzliche Pflichtprüfungen von KapGes und diesen gleichgestellten Gesellschaften *Inhalt und Aufbau* des Prüfungsberichts. Dieser muss folgende Bestandteile beinhalten (*Mindestbestandteile*):

- Stellungnahme des Abschlussprüfers zur Beurteilung der Lage durch die gesetzlichen Vertreter, insb. hinsichtlich des Fortbestands (→Going Concern-Prinzip) und der künftigen Entwicklung des Unternehmens (→Chancen und Risiken der künftigen Entwicklung) unter Berücksichtigung des →Lageberichts, soweit die geprüften Unterlagen und der Lagebericht eine solche Beurteilung erlauben (§ 321 Abs. 1 Satz 2 HGB),

- Berichterstattung über bei der Durchführung der Prüfung festgestellte Tatsachen, die die Entwicklung des geprüften Unternehmens wesentlich beeinträchtigen oder seinen Bestand gefährden können (→Bestandsgefährdung), die Unrichtigkeiten oder Verstöße gegen gesetzliche Vorschriften oder die schwerwiegende Verstöße der gesetzlichen Vertreter oder von Arbeitnehmern gegen Gesetz und Gesellschaftsvertrag/Satzung (→Unregelmäßigkeiten) erkennen lassen (§ 321 Abs. 1 Satz 3 HGB) (→Redepflicht des Abschlussprüfers),

- Erläuterung von Gegenstand, Art und Umfang der Prüfung unter Angabe der angewandten Rechnungslegungs- und Prüfungsgrundsätze (§ 321 Abs. 3 HGB),

- Stellungnahme, ob die gesetzlichen Vertreter die verlangten Aufklärungen und Nachweise (§ 320 HGB) erbracht haben (§ 321 Abs. 2 Satz 6 HGB) (→Auskunftsrecht des Abschlussprüfers),

- Feststellungen zur Rechnungslegung, ob die Buchführung und die weiteren geprüften Unterlagen, der JA und der Lagebericht den gesetzlichen Vorschriften und den ergänzenden Regelungen von Gesellschafts-

Prüfungsbericht

vertrag/Satzung entsprechen (§ 321 Abs. 2 Satz 1 und 2 HGB),
- Feststellung zur Gesamtaussage, ob der JA insgesamt unter Beachtung der GoB (→Grundsätze ordnungsmäßiger Buchführung, Prüfung der) oder sonstiger maßgeblicher Rechnungslegungsgrundsätze ein den tatsächlichen Verhältnissen entsprechendes Bild der →Vermögenslage, →Finanzlage und →Ertragslage (→True and Fair View) vermittelt (§ 321 Abs. 2 Satz 3 HGB),
- Erläuterungen zur Gesamtaussage des Jahresabschlusses unter Angabe von wesentlichen Bewertungsgrundlagen (→Bewertungsgrundsätze), Änderungen in den Bewertungsgrundlagen (→Änderung der Bewertungsannahmen; →Änderung der Bilanzierungs- und Bewertungsmethoden) einschl. der Ausübung von Bilanzierungs- und Bewertungswahlrechten und der Ausnutzung von Ermessensspielräumen sowie von sachverhaltsgestaltenden Maßnahmen (→bilanzpolitische Gestaltungsspielräume, Prüfung von) und deren Einfluss auf die Vermögens-, Finanz- und Ertragslage (§ 321 Abs. 2 Satz 4 und 5 HGB),
- Feststellungen zur Prüfung des →Risikomanagementsystems (→Risikomanagementsystem, Prüfung des) bei börsennotierten AG (§ 321 Abs. 4 HGB) (→Aktiengesellschaft, Prüfung einer),
- Wiedergabe des an anderer Stelle erteilten Bestätigungsvermerks oder des Vermerks über seine Versagung (§ 322 Abs. 7 Satz 2 HGB) und
- eigenhändige Unterzeichnung (§ 321 Abs. 5 Satz 1 HGB) und Siegelung [§ 48 Abs. 1 Satz 1 →Wirtschaftsprüferordnung (WPO)] des Prüfungsberichts durch den APr.

Aufbau und *Gliederung* des Prüfungsberichts sind gesetzlich nicht abschließend geregelt. IDW PS 450 empfiehlt unter Berücksichtigung der gesetzlichen Regelungen, den PrB folgendermaßen zu gliedern:
- Prüfungsauftrag,
- grundsätzliche Feststellungen (Lage des Unternehmens, →Unregelmäßigkeiten),
- Gegenstand, Art und Umfang der Prüfung,
- Feststellungen und Erläuterungen zur Rechnungslegung (Ordnungsmäßigkeit der Rechnungslegung, Gesamtaussage des Jahresabschlusses, ggf. Analyse der Vermögens-, Finanz- und Ertragslage),
- Feststellungen zum RMS,
- Feststellungen aus Erweiterungen des Prüfungsauftrags,
- BestV und
- Anlagen (JA, Lagebericht, Auftragsbedingungen, fakultativ: Darstellung der →rechtlichen Verhältnisse und →wirtschaftlichen Verhältnisse).

Für den PrB über die *Konzernabschlussprüfung* gelten ebenfalls § 321 HGB und die Grundsätze des IDW PS 450. Besonderheiten der Konzernabschlussprüfung sind zu berücksichtigen (z. B. Feststellungen zum →Konsolidierungskreis und Konzernabschlussstichtag, zur Ordnungsmäßigkeit der in den Konzernabschluss einbezogenen Abschlüsse). Bei *Kreditinstituten* und *Versicherungsunternehmen* ergibt sich für den APr aus Spezialgesetzen eine erweiterte Berichterstattungspflicht, bzgl. Inhalt und Gliederung des Prüfungsberichts ist die jeweils einschlägige PrüfbV zu beachten.

Die Berichterstattung bei *freiwilligen Abschlussprüfungen* (→freiwillige und vertragliche Prüfung) ist abhängig davon, ob die Prüfung nach Art und Umfang entsprechend einer Pflichtprüfung nach §§ 316 ff. HGB durchgeführt wird und ein BestV erteilt werden soll oder keine derartige Prüfung erfolgt und deshalb nur eine →Bescheinigung (→Bescheinigungen im Prüfungswesen) erteilt werden kann. Wird ein BestV erteilt, muss der PrB den gesetzlich vorgesehenen Mindestumfang enthalten und den Grundsätzen des IDW PS 450 genügen. Wird eine Bescheinigung erteilt, ist die Erstellung eines Prüfungsberichts nicht erforderlich. Sollte trotzdem eine Berichterstattung erfolgen, hat der Bericht die im IDW PS 400 genannten Mindestangaben für die Bescheinigung zu enthalten.

Wird bei Durchführung einer gesetzlichen Pflichtprüfung *kein PrB erstellt* und den Berichtsadressaten vorgelegt, ist die Abschlussprüfung nicht beendet. Der JA der geprüften Gesellschaft kann nicht festgestellt werden (§ 316 Abs. 1 Satz 2 HGB) (→Feststellung und Billigung des Abschlusses). Ein trotzdem festgestellter JA ist nach § 256 Abs. 1 Nr. 2 AktG nichtig (→Nichtigkeit des Jahresabschlusses) (gilt analog für die GmbH). Wird der PrB vorgelegt, enthält er aber nicht die gesetzlichen Mindestbestandteile, kann der JA ebenfalls nicht festgestellt werden.

Literatur: IDW (Hrsg.): IDW Prüfungsstandard: Grundsätze für die ordnungsmäßige Erteilung von Bestätigungsvermerken bei Abschlussprüfungen (IDW PS 400, Stand: 28. Oktober 2005), in: WPg 58 (2005), S. 1382–1402; IDW (Hrsg.): IDW Prüfungsstandard: Grundsätze ordnungsmäßiger Berichterstattung bei Abschlussprüfungen (IDW PS 450, Stand: 8. Dezember 2005), in: WPg 59 (2006a), S. 113–128; IDW (Hrsg.): WPH 2006, Band I, 13. Aufl., Düsseldorf 2006b, Abschn. Q, Rn. 1–314; Plendl, M.: Prüfungsbericht, in: Ballwieser, W. et al. (Hrsg.): HWRP, 3. Aufl., Stuttgart 2002, Sp. 1777–1790; Winkeljohann, N./Poulli, M.: Kommentierung des § 321 HGB, in: Ellrott, H. et al. (Hrsg.): BeckBilKomm, 6. Aufl., München 2006.

Bernd Goos

Prüfungscheckliste

Prüfungschecklisten finden sowohl im Rahmen der →Systemprüfung als auch im Bereich →ergebnisorientierter Prüfungshandlungen (→analytische Prüfungshandlungen und →Einzelfallprüfungen) Anwendung und dienen als Leitfaden oder →Prüfungsanweisung zur Erlangung von →Prüfungsnachweisen. Während Prüfungschecklisten in Form von standardisierten Prüfungsfragebögen aufgebaut sind, enthalten →Prüfungsprogramme beispielhafte Prüfungshandlungen, wobei die Grenzen teilweise fließend sind.

In der internationalen Prüfungspraxis ist der Einsatz von Prüfungschecklisten seit Jahrzehnten üblich oder sogar nach den jeweiligen Standards vorgesehen, während ihr Einsatz in Deutschland lange Zeit kontrovers diskutiert wurde. Einerseits wurde zwar akzeptiert, dass Prüfungschecklisten insbesondere jüngeren Prüfern die Prüfungsarbeit erleichtern und eine gewisse Einheitlichkeit bei der Prüfungsdurchführung gewährleisten. Andererseits wurde die Gefahr gesehen, dass der Prüfer nur noch am Fragebogen orientiert prüft, ohne die Besonderheiten des jeweiligen Prüfungsauftrags (→Prüfungsauftrag und -vertrag) zu berücksichtigen. Schließlich wurde sogar bestritten, dass sich die Komplexität einer →Jahresabschlussprüfung überhaupt in standardisierten Checklisten erfassen lässt.

Inzwischen gehört auch in Deutschland der sachgerechte Einsatz von Prüfungschecklisten zu den →Grundsätzen ordnungsmäßiger Abschlussprüfung (GoA).

Wichtige Prüfungschecklisten finden sich in den IDW PH zur Durchführung der Qualitätskontrolle (IDW PH 9.140) (→Qualitätskontrolle in der Wirtschaftsprüfung) und zur Abschlussprüfung bei Einsatz von IT (IDW PH 9.330.1) (→IT-gestützte Prüfungsdurchführung) sowie in den Arbeitshilfen zur →Qualitätssicherung, die ebenfalls vom →*Institut der Wirtschaftsprüfer in Deutschland e.V. (IDW)* herausgegeben werden.

Der sinnvolle und effiziente Einsatz von Prüfungschecklisten bedingt, dass die standardisierten Listen durch Ergänzungen und/oder Streichungen der jeweiligen Prüfungssituation angepasst und laufend aktualisiert werden müssen.

Die Vielzahl der vorstehend genannten Fragebögen zeigt, dass heute auch im deutschen Berufsstand der WP mehrheitlich die Ansicht vertreten wird, dass Prüfungschecklisten die →Prüfungsqualität und Wirtschaftlichkeit insb. von Jahresabschlussprüfungen erhöhen.

Literatur: IDW (Hrsg.): IDW Prüfungshinweis: Checklisten zur Durchführung der Qualitätskontrolle (IDW PH 9.140, Stand: 4. September 2001), in: WPg 55 (2002), S. 124–146; IDW (Hrsg.): IDW Prüfungshinweis: Checkliste zur Abschlussprüfung beim Einsatz von Informationstechnologie (IDW PH 9.330.1, Stand: 1. Juli 2002, in: IDW (Hrsg.): IDW Prüfungsstandards (IDW PS), IDW Stellungnahmen zur Rechnungslegung (IDW RS), IDW Standards (IDW S) einschließlich der dazugehörigen Entwürfe, IDW Prüfungs- und Rechnungslegungshinweise (IDW PH und IDW RH), Loseblattausgabe, Band II, Düsseldorf, Stand: 16. Erg.-Lfg. Oktober 2005; IDW: IDW Arbeitshilfen zur Qualitätssicherung, Düsseldorf 2005; Lück, W.: Prüfungsfragebogen, in: Lück, W. (Hrsg.): Lexikon der Rechnungslegung und Abschlussprüfung, München/ Wien, S. 630.

Hans-Jochen Lorenzen

Prüfungsdurchführung →Auftragsdurchführung

Prüfungsdurchführung, IT-gestützte
→IT-gestützte Prüfungsdurchführung

Prüfungsergebnis →Prüfungsurteil

Prüfungsfelder →Prüffelder

Prüfungsfeststellungen →Prüfungsplanung, Erfassung von Unschärfe und Unsicherheit; →Prüfungsnachweise

Prüfungsforschung, empirische →Prüfungstheorie, verhaltensorientierter Ansatz

Prüfungsforschung, verhaltenswissenschaftliche →Prüfungstheorie, verhaltensorientierter Ansatz

Prüfungsfragebogen →Prüfungscheckliste

Prüfungsfristen →Prüfungszeitraum

Prüfungsgehilfen →Berichtpflicht des Abschlussprüfers, Verletzung der

Prüfungshandlungen, Auswahl von →Auswahl von Prüfungshandlungen

Prüfungshemmnisse

Prüfungshemmnisse liegen vor, wenn der →Abschlussprüfer (APr) aufgrund unzulänglicher oder fehlender Auskünfte, Nachweise oder sonstiger Hindernisse, die für die abschließende Urteilsbildung wesentlich sind, nicht in der Lage ist, ein hinreichend sicheres positives →Prüfungsurteil abzugeben. Voraussetzung ist, dass er zuvor alle Möglichkeiten angemessener alternativer Prüfungshandlungen (→Auswahl von Prüfungshandlungen) genutzt hat, ohne sich die erforderliche Urteilssicherheit verschaffen zu können.

Die Ursachen von Prüfungshemmnissen können vielfältig sein und ergeben sich im Rahmen der Abschlussprüfung (→Jahresabschlussprüfung; →Konzernabschlussprüfung) häufig dadurch, dass *wesentliche Auskunfts- oder Nachweispflichten* gem. § 320 HGB durch die gesetzlichen Vertreter des zu prüfenden Unternehmens oder von Mutter- oder Tochterunternehmen *verweigert* werden (→Auskunftsrechte des Abschlussprüfers). Auch bei anderen Prüfungen können Prüfungshemmnisse auftreten, z.B. im Rahmen der Qualitätskontrolle gem. § 57a Abs. 5 →Wirtschaftsprüferordnung (WPO) (→Qualitätskontrolle in der Wirtschaftsprüfung).

Als Beispiele für Prüfungshemmnisse sind zu nennen (IDW 2006, Abschn. Q, Rn. 520 f., S. 1766 f.; s. ferner IDW PS 400.56 und 68a):

- die Unmöglichkeit einer Inventurteilnahme (→Inventur) des Abschlussprüfers infolge verspäteter Auftragserteilung (→Prüfungsauftrag und -vertrag),

- Beschränkungen bei der Einholung von Saldenbestätigungen (→Bestätigungen Dritter),

- die Untersagung einer direkten Kontaktaufnahme mit dem Anwalt des Unternehmens zur Klärung von Prozessrisiken (→Rückstellungen),

- Behinderungen bei der Aufdeckung wesentlicher Unrichtigkeiten oder Verstöße in der Rechnungslegung (→Unregelmäßigkeiten; →Unregelmäßigkeiten, Aufdeckung von),

- unzulängliche Informationen über die Ermittlung von Zeitwerten (→Zeitwerte, Prüfung von) oder Schätzwerten (→Prognose- und Schätzprüfung),

- unzureichende Nachweise wegen nicht behebbarer Mängel der Buchführung,

- fehlende oder unvollständige Auskünfte zu →Beziehungen zu nahe stehenden Personen,

- der Verlust oder die Vernichtung wesentlicher Teile der Buchführung,

- unzureichende Nachweise wegen gravierender Schwachstellen des →Internen Kontrollsystems (→Internes Kontrollsystem, Prüfung des; →Systemprüfung),

- die unzulängliche Bereitschaft der gesetzlichen Vertreter, dem APr eine Einschätzung hinsichtlich der Fortführung der Unternehmenstätigkeit (→Going-Concern-Prinzip) zu geben sowie

- das Fehlen ausreichender →Prüfungsnachweise zu den Eröffnungsbilanzwerten bei →Erstprüfungen.

Prüfungshemmnisse können auch auf Umständen beruhen, die vom Auftraggeber nicht zu verantworten sind, z.B. infolge mangelnder Nachprüfbarkeit von Geschäftsvorfällen im Ausland durch Krieg oder politische Restriktionen, wegen fehlender Mitwirkung ausländischer Geschäftspartner oder wegen unzureichender Verwertbarkeit der Ergebnisse anderer Prüfer (IDW 2006, Abschn. Q, Rn. 520, S. 1766 f.).

Falls der APr durch Prüfungshemmnisse an der ordnungsmäßigen Durchführung der Prüfung (→Grundsätze ordnungsmäßiger Abschlussprüfung) gehindert ist, sind die Gründe der Prüfungshemmnisse unabhängig von deren Folgen für das Testat im →Prüfungsbericht (PrB) darzulegen (§ 321 Abs. 2

und 3 HGB). Dabei ist auch darauf einzugehen, ob und inwieweit die gesetzlichen Vertreter die verlangten Aufklärungen und Nachweise nicht, nur teilweise oder mit Verzögerungen erbracht haben und ob ernstliche Zweifel an deren Richtigkeit bestehen. Außerdem sind die Auswirkungen auf Prüfungsdurchführung (→Auftragsdurchführung) und Urteilssicherheit näher zu erläutern, um den AR bzw. die Gesellschafter einer →Gesellschaft mit beschränkter Haftung (GmbH) bei ihrer Überwachungstätigkeit (→Überwachungsaufgaben des Aufsichtsrats) zu unterstützen (ADS 2000, Rn. 106 zu § 321 HGB, S. 430, ferner IDW PS 450.58 f.).

Bei Prüfungshemmnissen von untergeordneter Bedeutung kann ein uneingeschränkter →Bestätigungsvermerk (BestV) erteilt werden, ggf. mit einer Ergänzung nach § 322 Abs. 3 Satz 2 HGB zur Erläuterung der Prüfungshemmnisse. Eine Einschränkung oder Versagung des Testats aufgrund von Prüfungshemmnissen gem. § 322 Abs. 4 und 5 HGB setzt voraus, dass die Prüfungshemmnisse zum Zeitpunkt der Urteilsabgabe noch bestehen und für die Gesamtaussage als wesentlich anzusehen sind. In diesen Fällen hängt es von der Bedeutung und Tragweite der Unsicherheiten ab, welche Form des Testats geboten ist (IDW PS 400.50 und 68a).

Wenn wesentliche, aber abgrenzbare Teile der Rechnungslegung aufgrund von Prüfungshemmnissen nicht mit hinreichender Sicherheit beurteilt werden können, dem APr im Übrigen aber eine positive Gesamtaussage möglich erscheint, ist ein Positivbefund in Form eines eingeschränkten Testats zu erteilen. In der Begründung muss jeweils der von der Einschränkung betroffene Bereich definiert und seine relative Bedeutung sowie der Grund für das Prüfungshemmnis dargelegt werden (IDW PS 400.58).

Dagegen ist ein Versagungsvermerk zu erteilen, wenn die Auswirkungen von Prüfungshemmnissen nicht auf einzelne Prüfungsgebiete (→Prüffelder) begrenzt sind, sondern insgesamt so weit reichend oder wesentlich für die Gesamtaussage erscheinen, dass der APr „nach Ausschöpfung aller angemessenen Möglichkeiten zur Klärung des Sachverhalts nicht in der Lage ist, ein Prüfungsurteil abzugeben" (§ 322 Abs. 5 HGB). Für diesen Fall schwerwiegender Prüfungshemmnisse wurde die Versagung erstmals durch das BilReG in § 322 Abs. 5 HGB gesetzlich verankert. Nach der Gesetzesbegründung handelt es sich dabei *nicht um ein negatives Prüfungsurteil* (BT-Drucks. 15/3419 vom 24.6.2004, S. 45).

Diese Auffassung entspricht der Regelung gem. ISA 700.38 (→International Standards on Auditing), die bei Vorliegen wesentlicher Prüfungshemmnisse („Limitation on Scope") einen Vermerk über die Nichterteilung eines Prüfungsurteils („Disclaimer of Opinion") vorsieht. Nach der Berufsauffassung (IDW PS 400.68a) sowie nach § 322 Abs. 5 HGB wird dieser Nichterteilungsvermerk jedoch als zweiter Tatbestand der Versagung behandelt, da der APr nach herrschender Meinung verpflichtet ist, auch im Falle von gravierenden Prüfungshemmnissen zu einem endgültigen Urteil zu gelangen, um die zeitnahe →Feststellung und Billigung des Abschlusses zu ermöglichen (ADS 2000, Rn. 216–219 zu § 322 HGB, S. 556 f.; ferner Rn. 85 zu § 320 HGB, S. 386; IDW 2006, Abschn. Q, Rn. 549–552, S. 1773 f.; a.A. Elkart/Naumann 1995, S. 357–362).

Die Versagung aufgrund von Prüfungshemmnissen ist gem. § 322 Abs. 5 Satz 2 i.V.m. Abs. 4 Satz 3 HGB zu begründen und näher zu erläutern. Dabei soll die Tatsache, dass der APr sich zu einem abschließenden positiven Gesamturteil nicht in der Lage sieht, nach § 322 Abs. 2 Nr. 4 HGB in der *Beurteilung des Prüfungsergebnisses zweifelsfrei zum Ausdruck kommen* (IDW PS 400.67, 68a und 69).

Literatur: ADS: Rechnungslegung und Prüfung der Unternehmen, Teilband 7, 6. Aufl., Stuttgart 2000; Elkart, W./Naumann, K.-P.: Zur Fortentwicklung der Grundsätze für die Erteilung von Bestätigungsvermerken bei Abschlussprüfungen nach § 322 HGB, in: WPg 48 (1995), S. 357–365 und 403–411; IDW (Hrsg.): WPH 2006, Band I, 13. Aufl., Düsseldorf 2006; IDW (Hrsg.): IDW Prüfungsstandard: Grundsätze für die ordnungsmäßige Erteilung von Bestätigungsvermerken bei Abschlussprüfungen (IDW PS 400, Stand: 28. Oktober 2005), in: WPg 58 (2005), S. 1382–1402; IDW (Hrsg.): IDW Prüfungsstandard: Grundsätze ordnungsmäßiger Berichterstattung bei Abschlussprüfungen (IDW PS 450, Stand: 8. Dezember 2005), in: WPg 59 (2006), S. 113–128.

Heidemarie Hofmeister

Prüfungshonorare

WP erbringen ihre berufliche Leistung gegen Entgelt. Dessen Höhe ist – im Gegensatz zu anderen freien Berufen – nicht durch eine Gebührenordnung o.Ä. geregelt. Zwar sieht § 55

→Wirtschaftsprüferordnung (WPO) vor, dass das BMWA durch Rechtsverordnung im Einvernehmen mit dem *BMJ* eine Gebührenordnung für gesetzlich vorgeschriebene Prüfungen (→Pflichtprüfungen) erlassen kann, die nicht der Zustimmung des Bundesrates bedarf. Eine solche Verordnung wurde jedoch bis dato nicht erlassen. Unabhängig davon dürfen die vom WP erhobenen Gebühren den Rahmen des Angemessenen nicht übersteigen und müssen sich am

- Zeitaufwand,
- Wert des Objektes und
- der Art der Aufgabe

orientieren (§ 55 Abs. 1 WPO) (→Vergütungsregelungen für den Wirtschaftsprüfer). An die Abtretung von Gebührenforderungen eines Wirtschaftsprüfers werden von §§ 55 Abs. 2 und 55a Abs. 3 WPO hohe Anforderungen gestellt. Darüber hinaus ist die Vereinbarung von Erfolgshonoraren strikt untersagt, d. h.

- der WP darf keine Vereinbarung schließen, durch welche die Höhe der Vergütung vom Ergebnis seiner Tätigkeit als WP abhängig gemacht wird (§ 55a Abs. 1 WPO) und
- die Abgabe und Entgegennahme eines Teils der Vergütung oder sonstiger Vorteile für die Vermittlung von Aufträgen, sei es im Verhältnis zu einem WP oder Dritten, ist prinzipiell unzulässig (§ 55 Abs. 2 WPO).

Damit wird die vom WP veranschlagte Dauer des Mandates in Mannstunden – gestaffelt nach der notwendigen Qualifikation der einzusetzenden Prüfer – i.V.m. einer Art Wertgebühr (Honorarbestandteil, der in Abhängigkeit von der Bilanzsumme des Mandanten ermittelt wird) zur Grundlage der Ermittlung des Honorars herangezogen, wobei auf Letztere oftmals auch verzichtet wird (IDW 2006, Abschn. A, Rn. 510 ff.). Bei der Vereinbarung und Abrechnung der Vergütung der beruflichen Tätigkeit hat der WP dafür zu sorgen, dass durch eine angemessene Vergütung des jeweiligen Auftrags die Qualität der beruflichen Tätigkeit (→Prüfungsqualität) sichergestellt wird. Ein Pauschalhonorar darf für einen Prüfungsauftrag (→Prüfungsauftrag und -vertrag) grundsätzlich nur vereinbart werden, wenn es angemessen ist und wenn festgelegt wird, dass bei Eintritt für den Prüfer nicht vorhersehbarer Umstände im Bereich des Auftraggebers, die zu einer erheblichen Erhöhung des Prüfungsaufwands führen, das Honorar entsprechend zu erhöhen ist [§ 27 →Berufssatzung der Wirtschaftsprüferkammer (BS)].

Bei der Ermittlung eines auskömmlichen Prüfungshonorars ist zu beachten, dass eine →Erstprüfung im Vergleich zu →Folgeprüfungen kostspieliger ist, da der Prüfer das neue Unternehmen zunächst detaillierter – z. B. hinsichtlich seiner Geschäftstätigkeit, dem Geschäftsumfeld (→wirtschaftliches Umfeld) sowie dem →Rechnungswesen und dem →Internen Kontrollsystem (IKS) (→Internes Kontrollsystem, Prüfung des; →Systemprüfung) – untersuchen muss als ein solches, in dem er bereits mehrere Jahre tätig ist. Somit verfügt ein etablierter Prüfer über einen Informationsvorsprung und kann seine Prüfungsleistung daher tendenziell günstiger anbieten als ein Kollege, der das Mandat neu übernimmt. Ein Prüferwechsel (→Prüferrotation) ist daher mit →Transaktionskosten verbunden. Der bisherige Prüfer ist somit in der Lage, künftig Honorare zu verlangen, die über seinen Prüfungskosten liegen, d. h. sog. *Quasi-Renten* zu beziehen. Beide Parteien besitzen so Anreize, ihre Geschäftsbeziehung fortzusetzen, da jede Partei die Gegenpartei durch die Beendigung der vertraglichen Beziehung schädigen kann: beim Mandanten würde dies Transaktionskosten auslösen, während der Prüfer zukünftige Quasi-Renten verloren gingen. Damit kann auch jede Partei mit der Beendigung des Vertragsverhältnisses drohen, der Prüfer, um höhere Honorare zu verlangen, der Mandant, um dem Prüfer Konzessionen hinsichtlich seines →Prüfungsurteils abzuringen. Die Festlegung des Prüfungshonorars besitzt damit aufgrund der Existenz mandantenspezifischer Quasi-Renten möglicherweise nachteilige Auswirkungen auf die Unabhängigkeit des →Abschlussprüfers (→Unabhängigkeit und Unbefangenheit des Wirtschaftsprüfers) (Marten/Quick/Ruhnke 2003, S. 152).

Diese nachteiligen Auswirkungen werden dadurch zumindest teilweise kompensiert, dass ein Prüfer auch von anderen Mandanten Honorare und damit Quasi-Renten bezieht. Verhält er sich normwidrig (→Prüfungsnormen), z. B. indem ihm Abhängigkeit nachgewiesen wird, droht dem Prüfer ein Reputationsverlust, der auch zum Verlust von Prüfungsmandaten oder zumindest nur noch geringeren durchsetzbaren Prüfungshonoraren führt. Je höher die Anzahl der betreuten Mandate ist, desto effektiver sind derartige Sanktionsmechanismen und damit die Anreize für einen Prüfer, sich normkonform (insb. unabhängig) zu verhalten, d. h. die →Prüfungsqualität ist bei einer größeren Anzahl von Mandanten eher als größer zu vermuten, als bei einer lediglich geringen Anzahl von Mandanten.

Dadurch, dass der WP in zukünftigen Perioden regelmäßig in der Lage ist, Prüfungshonorare über die Prüfungskosten zu realisieren, könnte er versucht sein, eine Erstprüfung aus Wettbewerbsgründen unter den dazu tatsächlich anfallenden →Kosten anzubieten. Die Verluste der Erstprüfung würden dann durch die zukünftigen Quasi-Renten alimentiert. Dieser Effekt wird auch als Low Balling bezeichnet. Problematisch wäre hieran, dass sich der Prüfer stärker in die Abhängigkeit seines Mandanten begeben würde, da er die Verluste der ersten Periode in den Folgeperioden erst wieder verdienen müsste – was wiederum eine Beeinträchtigung der prüferischen Unabhängigkeit bedeuten würde (Simon/Francis 1988, S. 266 f.).

Der Effekt des Low Balling kann jedoch leicht dadurch vermieden werden, dass die Prüfungshonorare und damit auch Quasi-Renten von den Adressaten des Prüfungsergebnisses beobachtbar gemacht werden und die Adressaten in die Lage versetzt werden, die Höhe von Prüfungshonoraren zu beurteilen; so sind mögliche Probleme hinsichtlich einer eingeschränkten Unabhängigkeit des Prüfers erkennbar. Die →*Publizität des Prüfungshonorars* verhindert somit Quasi-Renten, Low Balling und die hierdurch induzierten Unabhängigkeitsbeeinträchtigungen (s. etwa Craswell/Francis 1999) zumindest weitgehend.

Nicht zuletzt aus den angeführten Gründen wurde der Anteil des Prüfungshonorars, das ein APr von einem Mandanten beziehen darf, auf durchschnittlich (über die jeweils letzten 5 Jahre) 30 % begrenzt (§ 319 Abs. 3 Nr. 5 HGB). Darüber hinaus ist das Prüfungshonorar einer Gesellschaft, die einen organisierten Markt i. S. v. § 2 Abs. 5 →Wertpapierhandelsgesetz (WpHG) in Anspruch nimmt, gem. § 285 Nr. 17 HGB im →Anhang offenzulegen. Zusätzlich ist das Prüfungshonorar des Abschlussprüfers auf 15 % der Gesamteinnahmen aus seiner beruflichen Tätigkeit begrenzt (§ 319a Abs. 1 Nr. 1 HGB).

Literatur: Craswell, A. T./Francis, J. R.: Pricing initial audit engagements: A test of competing theories, in: Acc. Rev. 74 (1999), S. 201–216; IDW (Hrsg.): WPH 2006, Band I, 13. Aufl., Düsseldorf 2006; Marten, K.-U./Quick, R./Ruhnke, K.: Wirtschaftsprüfung, 2. Aufl., Stuttgart 2003; Simon, D. T./Francis, J. R.: The effects of auditor change on audit fees: Tests of price cutting and price recovery, in: Acc. Rev. 63 (1988), S. 255–269.

Matthias Wolz

Prüfungskosten →Empirische Forschung im Prüfungswesen

Prüfungskritik →Berichtskritik

Prüfungsmarkt

Unter *Prüfungsmarkt* wird hier der Markt für Prüfungsleistungen verstanden, die von der Berufsgruppe der WP und →vereidigten Buchprüfer (vBP) angeboten werden. Hierzu zählen insb. die durch Gesetz vorgeschriebene (→Pflichtprüfungen) sowie →freiwillige und vertragliche Prüfung des Jahres- und Konzernabschlusses (→Jahresabschlussprüfung; →Konzernabschlussprüfung) bestimmter Unternehmen sowie sonstige, den WP/vBP vorbehaltene Bestätigungs- und Bewertungsleistungen (z. B. →Umwandlungsprüfung; →Gründungsprüfung; →Sonderprüfungen, aktienrechtliche sowie →Bewertungsprüfung). Ziel dieser Prüfungen ist die Erhöhung der Glaubwürdigkeit von Informationen über einen Prüfungsgegenstand (insb. Rechnungslegung). Nachgefragt werden diese Prüfungsleistungen direkt von den zu prüfenden Unternehmen oder indirekt von Personengruppen (Stakeholder), die Informationen über das (öffentlich verfügbare) Prüfungsergebnis im Rahmen ihrer Entscheidungsfindung verwerten.

Prüfungsleistungen werden überwiegend in einem „Drei-Personen-Kontext" (Hachmeister 2002, S. 7) erbracht, d. h. dass neben den unmittelbaren Kontraktpartnern i. d. R. auch Interessen Dritter (z. B. Kapitalmarktteilnehmer) bestehen.

Nicht Gegenstand eines so verstandenen Prüfungsmarkts sind technisch-organisatorische Zertifizierungen, wie etwa ISO 9000-Zertifizierungen oder sog. →Ökoaudits, weil es sich hierbei regelmäßig nicht um betriebswirtschaftliche Prüfungen handelt. Ausgeschlossen sind außerdem Prüfungsleistungen, die nicht unter marktmäßigen Bedingungen er-

Prüfungsmarkt

bracht werden (z. B. Prüfungen durch die →Interne Revision) oder durch öffentlich-rechtliche Institutionen (z. B. →Rechnungshöfe oder kommunale →Rechnungsprüfungsämter) sowie auch Prüfungen durch die →Prüfungsverbände von genossenschaftlichen Einrichtungen.

Auf dem so definierten Prüfungsmarkt haben sich in den letzten Jahren gravierende Entwicklungen vollzogen, die zum einen mit der Entwicklung der zu prüfenden Unternehmen korrespondieren und zum anderen Folge der starken Zunahme der (Kapitalmarkt-) Regulierung sind.

Die zunehmende *Internationalisierung* der Unternehmen hat dazu geführt, dass die WP mit der Forderung nach weltweiter Präsenz und international ausgerichteter Qualifikation konfrontiert wurden. Dies führte zu der Gründung und dem Ausbau internationaler Netzwerke, innerhalb derer Bedingungen für eine grenzüberschreitende Zusammenarbeit von Prüfern in unterschiedlichen Jurisdiktionen geschaffen wurden. Die sog. Big 4-Gesellschaften (*PricewaterhouseCoopers*, *KPMG*, *Ernst & Young*, *Deloitte*) haben diese Netzwerke am weitesten entwickelt und verdanken insb. dieser Tatsache ihre derzeitige Marktstellung.

Die *branchenbezogene Spezialisierung* der Unternehmen hat zur Nachfrage von branchenbezogenem Know-how am Prüfungsmarkt geführt. Dies betrifft zum einen Erfahrungen mit speziellen Regulierungsanforderungen (z. B. besondere Prüfungsanforderungen im Bereich der →Kreditinstitute und →Versicherungsunternehmen) und zum anderen Know-how bzgl. prozessualer und/oder methodischer Benchmarks (z. B. beim Unbundling in der Energiewirtschaft) (→Benchmarking). Bei den WPGes (→Revisions- und Treuhandbetriebe) lassen sich dementsprechend Strategien zur Bündelung von Branchen-Know-how erkennen (Grothe 2005, S. 116 ff. und 278 ff.) und insb. in stark regulierten Branchen schlagen sich diese Strategien in der Marktstruktur auf der Anbieterseite nieder (→empirische Forschung im Prüfungswesen).

Die insb. *kapitalmarktinduzierte Regulierung* der Unternehmen wie auch des Berufsstands der WP hat in den letzten Jahren ein hohes Maß erreicht, das sowohl die Nachfrage seitens der Unternehmen verändert [z. B. Prüfungen gem. SOA 404 (→Sarbanes Oxley Act, Einfluss auf das Prüfungswesen)] als auch die Geschäftsmodelle der WP tangiert (z. B. durch weitere Einschränkung anderer Tätigkeiten bei gleichzeitiger Prüfung). Im Ergebnis führt diese Regulierung dazu, dass der Prüfungsmarkt sowohl auf der Nachfrager- als auch auf der Anbieterseite in mindestens drei verschiedene Segmente unterteilt werden muss:

1) Unternehmen, die der *Aufsicht der →Securities and Exchange Commission* (*SEC*) unterstehen, d. h. Foreign Private Issuer ebenso wie Tochterunternehmen („Affiliates") von Unternehmen, die unter *SEC*-Aufsicht fallen. Die →Abschlussprüfer (APr) dieser Unternehmen unterliegen neben der deutschen Berufsaufsicht (→Berufsaufsicht für Wirtschaftsprüfer, national) auch der Berufsaufsicht durch das →*Public Company Accounting Oversight Board* (*PCAOB*) (→Berufsaufsicht für Wirtschaftsprüfer, international). Ohne eine Registrierung bei dem *PCAOB* können APr weder den relevanten *SEC*-Abschluss prüfen noch wesentliche Teilleistungen im Rahmen einer solchen Prüfung erbringen. In Deutschland haben sich bisher nur relativ wenige WPGes (23) einer dortigen Registrierung unterzogen. Dieses Marktsegment wird außerdem geprägt von den speziellen Anforderungen an Prüfungen des rechnungslegungsbezogenen →Internen Kontrollsystems gem. SOA 404 (→Internes Kontrollsystem, Prüfung des; →Systemprüfung).

2) Im deutschen Recht werden die *Unternehmen von öffentlichem Interesse* als besonderes Segment hervorgehoben. Dies sind im Kern börsennotierte Unternehmen und solche, die einen geregelten Fremdkapitalmarkt (z. B. für Schuldverschreibungen) in Anspruch nehmen (nach der RL 2006/43/EG zählen ferner Kreditinstitute und Versicherungsunternehmen dazu). Für die APr solcher Unternehmen gelten schärfere Anforderungen an Unabhängigkeit und Transparenz (z. B. eingeschränkte →Rechtsberatung und →Steuerberatung, →Prüferrotation, Aufgliederung der →Prüfungshonorare im →Anhang der geprüften Unternehmen) als für die Prüfer der übrigen Unternehmen (→Unabhängigkeit und Unbefangenheit des Wirtschaftsprüfers; →Ausschluss des Abschlussprüfers). Im

Übrigen ist für sie ab 2005 die Aufstellung des Konzernabschlusses nach →International Financial Reporting Standards (IFRS) Pflicht (→internationale Rechnungslegung, Umstellung auf). Darüber hinaus unterliegen diese Unternehmen überwiegend dem Rechnungslegungs-Enforcement (→Enforcementsystem in Deutschland) durch die →*Deutsche Prüfstelle für Rechnungslegung* (*DPR*) bzw. die →*Bundesanstalt für Finanzdienstleistungsaufsicht* (*BaFin*). Außerdem gilt für börsennotierte Gesellschaften der →Deutsche Corporate Governance Kodex (DCGK).

3) Das dritte Segment bilden Unternehmen, die nicht unter die beiden vorgenannten Kategorien fallen, also insb. *Unternehmen des Mittelstands* (→kleine und mittlere Unternehmen), aber auch Großunternehmen, die keinen organisierten Markt i. S. d. § 2 Abs. 5 →Wertpapierhandelsgesetz (WpHG) in Anspruch nehmen. In diesen Fällen ist der Regulierungsrahmen weniger eng gesteckt, d. h. diese Unternehmen unterfallen keinem gesonderten Rechnungslegungs-Enforcement, sind nicht zur Anwendung von IFRS verpflichtet und für die APr gelten keine zusätzlichen Anforderungen hinsichtlich Unabhängigkeit und Transparenz (→kleine und mittlere Unternehmen, Prüfung von).

Die *Struktur des Prüfungsmarkts* ist national wie international seit Jahren durch eine zunehmende Anbieterkonzentration charakterisiert, während sich auf der Nachfragerseite eine weit gehende Vielfalt und Heterogenität erhalten hat. Die Anbieterkonzentration bestimmt sich nach den Marktanteilen der betrachteten Marktteilnehmer am gesamten Marktvolumen, gemessen an Honorar oder an der Mandantenzahl in bestimmten Marktsegmenten. Empirische Befunde zu untersuchten Prüfungsmärkten sind zwar aufgrund unterschiedlicher Rahmenbedingungen nur schwer vergleichbar, gleichwohl belegen sie nahezu durchweg eine oligopolistische Marktstruktur mit hoher bis sehr hoher Konzentration (Grothe 2005, S. 268; Marten/Schultze 1998, S. 383). In einzelnen Marktsegmenten (Banken und Versicherungen, DAX-Unternehmen) etwa weist der deutsche Markt darüber hinaus duopolistische Züge auf. Im Ergebnis liegt eine klare Dominanz der Big 4-Gesellschaften vor (→empirische Forschung in Prüfungswesen; Lünendonk-Trendstudie 2006).

Nach dem *International Accounting Bulletin* beträgt ihr Marktanteil auf dem europäischen Prüfungsmarkt gemessen an den Gesamthonoraren – allerdings für das gesamte Dienstleistungsangebot (Auditing and Accounting, Tax Services, Management Consulting, Corporate Finance und Sonstiges) – im Jahre 2005 ca. 69%. Eine vergleichbare Relation ergibt sich auch für den deutschen Prüfungsmarkt. Es ist darauf hinzuweisen, dass in den Angaben nur WPGes bzw. sog. Netzwerke einbezogen sind, die eine „substantial international presence" aufweisen, womit ein „global fee income" von über 100 Mio. US$ gemeint ist.

Tab. 1: Marktanteile Gesamthonorare

	Europa 2005 (in %)	Deutschland 2004 (in %)
Pricewaterhouse Coopers	19	22
KPMG	18	21
Deloitte	16	10
Ernst & Young	16	17
Mid-tier	31	30

Quelle: International Accounting Bulletin 2005a, S. 1 und 2005b, S. 1.

Nahezu die Hälfte der Gesamthonorare des europäischen wie auch des deutschen Prüfungsmarkts entfällt auf Honorare aus dem Prüfungs- und Rechnungslegungsbereich (ca. 49% bzw. 53%).

Tab. 2: Anteile Dienstleistungen

	Europa 2005 (in %)	Deutschland 2004 (in %)
Audit & Accounting	49	53
Tax Services	23	25
Management Consulting	8	6
Other	20	16

Quelle: International Accounting Bulletin 2005a, S. 10 und 2005b, S. 12.

Literatur: Grothe, J.: Branchenspezialisierungen von Wirtschaftsprüfungsgesellschaften im Rahmen der Jahresabschlussprüfung, Düsseldorf 2005; Hachmeister, D.: Wirtschaftsprüfungsgesellschaften im Prüfungsmarkt, Stuttgart 2001; International Accounting Bulletin, Issue 369 und 375 (2005); Lenz, H.: Die Struktur des Marktes für Abschlussprüfungsmandate bei deutschen Aktiengesellschaften, in: WPg 49 (1996), S. 269–279 und S. 313–318; Lenz, H./Ostrowski, M.: Der Markt für Abschlussprüfungen bei börsennotierten Aktiengesellschaften, in: DBW 59 (1999), S. 397–411; London Economics/Ewert, R.: Study on the Economic Impact of Auditor's Liability Regime (MARKT/2005/24/F): Final Report To EC-DG Internal Market and Services, o.O. September 2006; Lorenz, H.: Entscheidungsverhalten prüfungspflichtiger Kapitalgesellschaften bei der Auswahl ihres Abschlussprüfers, München 1997; Lünendonk-Trendstudie 2006 Führende Wirtschaftsprüfungs-Gesellschaften in Deutschland, o.O. 2006; Marten, K.-U.: Der Markt für Prüfungsleistungen – Ausgewählte Forschungsbeiträge, theoretische Grundlagen, nationale und internationale Einflüsse –, in: Richter, M. (Hrsg.): Theorie und Praxis der Wirtschaftsprüfung II, Berlin 1999, S. 101–169; Marten, K.-U./Schultze, W.: Konzentrationsentwicklungen auf dem deutschen und europäischen Prüfungsmarkt, in: ZfbF 50 (1998), S. 360–386; Quick, R./Wolz, M./Seelbach, M.: Die Struktur des Prüfungsmarktes für deutsche Aktiengesellschaften, in: ZfB 68 (1998), S. 779–802; Ruhnke, K.: Entwicklungen in der internationalen Wirtschaftsprüfung – der Paradigmawechsel auf dem Markt für Prüfungsleistungen –, in: Lachnit, L./Freidank, C.-Chr. (Hrsg.): Investororientierte Unternehmenspublizität: Neue Entwicklungen von Rechnungslegung, Prüfung und Jahresabschlussanalyse, Wiesbaden 2000, S. 329–361; WPK: Anbieterstruktur und Mandatsverteilung im Wirtschaftsprüfungsmarkt, in: WPK-Mag. o.Jg. (2006), Heft 1, S. 16–19.

Georg Kämpfer

Prüfungsmethoden →Buchführungstechnik und Prüfungsmethoden

Prüfungsnachweise

Prüfungsnachweise sind Informationen, die der Prüfer zur Beurteilung der Prüfungsgegenstände als Grundlage seines Gesamturteils heranzieht.
Bei der Abschlussprüfung (→Jahresabschlussprüfung; →Konzernabschlussprüfung) führen die Prüfungsnachweise zu den Prüfungsfeststellungen, auf die sich die Prüfungsaussagen in →Prüfungsbericht (PrB) und →Bestätigungsvermerk (BestV) stützen. Die Prüfungsfeststellungen werden aus der Gegenüberstellung der Aussagen in der Rechnungslegung mit den Prüfungsnachweisen gewonnen. Diese können sich auf das Vorhandensein von →Vermögensgegenständen und →Schulden (→Nachweisprüfungshandlungen), deren Vollständigkeit (→Vollständigkeitserklärung) und Bewertung (→Bewertungsprüfung), die zutreffende zeitliche Abgrenzung von Ein- und Auszahlungen (→periodengerechte Erfolgsermittlung) sowie die Darstellung und Berichterstattung beziehen (IDW PS 300.7). Als Hauptquellen für Prüfungsnachweise dienen Originalunterlagen, Handelsbücher und sonstige nach § 239 HGB erforderliche Aufzeichnungen. Für die Einholung von Prüfungsnachweisen sind diverse →*Verlautbarungen des Instituts der Wirtschaftsprüfer in Deutschland e.V.* (*IDW*) und →International Standards on Auditing (ISA) einschlägig, insb. IDW PS 300 und ISA 500.

Qualität und Quantität der einzuholenden Prüfungsnachweise müssen sich an der geforderten Prüfungssicherheit (→Prüfungsrisiko) orientieren. Entsprechend dem →risikoorientierten Prüfungsansatz dienen als Anhaltspunkte das inhärente Risiko und das Kontrollrisiko, die →Wesentlichkeit der Prüfungsobjekte, die Erfahrungen aus →Vorprüfungen sowie Ergebnisse aus der laufenden Prüfung (Dörner 2002, Sp. 1756 f.). Für die Qualität der Prüfungsnachweise ist neben der Relevanz der Informationen für das →Prüfungsurteil auch deren Verlässlichkeit ausschlaggebend. Letztere hängt von der Art und Quelle der Prüfungsnachweise ab. So sind externe Belege i.d.R. verlässlicher als interne. Überdies sind intern erstellte Prüfungsnachweise umso verlässlicher, je wirksamer das →Interne Kontrollsystem (IKS) ist. Qualität und Quantität sind in gewissen Grenzen austauschbar. So kann eine geringe Verlässlichkeit von Prüfungsnachweisen ggf. durch einen großen Prüfungsumfang kompensiert werden (IDW PS 300.8).

Zur Gewinnung von Prüfungsnachweisen hat der →Abschlussprüfer (APr) sowohl →Systemprüfungen als auch aussagebezogene Prüfungshandlungen (→ergebnisorientierte Prüfungshandlungen) durchzuführen. Bei Systemprüfungen sind Prüfungsnachweise über die angemessene Ausgestaltung und Wirksamkeit von rechnungslegungsbezogenen internen Kontrollen einzuholen (→Internes Kontrollsystem, Prüfung des; →Aufbauorganisation; →Funktionsprüfung). In die Prüfung ist die Buchführung als Teil des Internen Kontrollsystems einzubeziehen (→Buchungen). Vom Ergebnis der Systemprüfungen hängen Art und Umfang der aussagebezogenen Prüfungshandlungen ab (IDW PS 260.35). Mit diesen hat sich der Prüfer eine hinreichende Prüfungssicherheit darüber zu verschaffen, ob die Rechnungslegung nicht wesentliche falsche Aussagen enthält. Aussagebezogene Prüfungshandlungen umfassen →analytische Prüfungshandlungen und →Einzelfallprüfungen. Entsprechend der Zielsetzung der Abschlussprüfung werden Letztere regelmäßig als →Stichprobenprüfungen durchgeführt. Hierbei kann der Prüfer Einzelfälle bewusst oder zufällig auswählen.

Für bestimmte Abschlussposten gelten besondere Anforderungen an die Prüfungsnachweise (Marten/Quick/Ruhnke 2003, S. 110). Dies betrifft u. a. die Anwesenheit des Prüfers bei der →Inventur (→Inventurvereinfachungsverfahren, Prüfung von), das Einholen von →Bestätigungen Dritter, Nachforschungen bei Rechtsstreitigkeiten, die Beurteilung von Schätzwerten (→Schätzwerte, Prüfung von; →Prognose- und Schätzprüfung) sowie Nachweis und Bewertung von Finanzderivaten (→derivative Finanzinstrumente).

Literatur: Dörner, D.: Prüfungsansatz, risikoorientierter, in: Ballwieser, W. et al. (Hrsg.): HWRP, 3. Aufl., Stuttgart 2002, Sp. 1744–1762; IDW (Hrsg.): IDW Prüfungsstandard: Das interne Kontrollsystem im Rahmen der Abschlussprüfung (IDW PS 260, Stand: 2. Juli 2001), in: WPg 54 (2001a), S. 821–831; IDW (Hrsg.): IDW Prüfungsstandard: Prüfungsnachweise im Rahmen der Abschlussprüfung (IDW PS 300, Stand: 2. Juli 2001), in: WPg 54 (2001b), S. 898–903; Marten, K.-U./Quick, R./Ruhnke, K.: Wirtschaftsprüfung. Grundlagen des betriebswirtschaftlichen Prüfungswesens nach nationalen und internationalen Normen, 2. Aufl., Stuttgart 2003.

Stefan Rammert

Prüfungsnormen

Eine *Prüfungsnorm* ist eine Regel, die das Verhalten des →Abschlussprüfers steuert, in dem sie bestimmte Handlungen vorschreibt oder verbietet (präskriptive Funktion). Auch informieren Prüfungsnormen über Art und Umfang der durchzuführenden Prüfungshandlungen (deskriptive Funktion). Sind beide Funktionen erfüllt, tragen Prüfungsnormen dazu bei, dass die geprüften Abschlussinformationen in Bezug auf ihre Glaubwürdigkeit/Verlässlichkeit vergleichbar sind (IDW PS 200.8). Ferner führt die Existenz von Prüfungsnormen dazu, dass Fehler in der Rechnungslegung (→Fehlerarten in der Abschlussprüfung) von vornherein vermieden werden können (prophylaktische Funktion) (Ruhnke 2002, Sp. 1841 f.).

Abzugrenzen sind Prüfungsnormen von den *Rechnungslegungsnormen*. Letztere sind Maßstäbe, wie bspw. das HGB und die →International Financial Reporting Standards (IFRS), auf Basis derer der jeweilige Abschluss zu erstellen ist. Hingegen umfassen Prüfungsnormen Maßstäbe hinsichtlich Art und Umfang der vorzunehmenden Prüfungshandlungen (→Auswahl von Prüfungshandlungen), um mit hinreichender Sicherheit festzustellen zu können (→risikoorientierter Prüfungsansatz), ob der Abschluss in allen wesentlichen Punkten den relevanten Rechnungslegungsnormen entspricht.

Prüfungsnormen lassen sich nach der *Quelle ihrer Herausgabe* in Rechtsnormen, berufsständische Normen und betrieblichen Normen unterscheiden. Rechtsnormen sind insb. die Vorschriften der §§ 316–324 und 332 f. HGB zur Prüfung (→Jahresabschlussprüfung; →Konzernabschlussprüfung) sowie die in den §§ 43–56 →Wirtschaftsprüferordnung (WPO) kodifizierten allgemeinen und besonderen →Berufsgrundsätze des Wirtschaftsprüfers bzw. →Berufspflichten des Wirtschaftsprüfers. Die Rechtsnormen werden durch die berufsständischen Normen des →*Instituts der Wirtschaftsprüfer in Deutschland e.V.* (*IDW*) und der →*Wirtschaftsprüferkammer* (*WPK*) konkretisiert. Zu diesen berufsständischen Normen zählen insb. die →Berufssatzung der Wirtschaftsprüferkammer (BS) sowie die IDW PS und IDW PH (→Verlautbarungen des Instituts der Wirtschaftsprüfer in Deutschland e.V.). Betriebliche Normen (z. B. Prüfungshandbuch) gelten auf Ebene der einzelnen Prüfungsorganisationen (→Revisions- und Treuhandbetriebe; →Prüfungsverbände). Sie haben Anweisungs- und Leitliniencharakter und dienen der Konkretisierung der gesetzlichen und berufsständischen Normen (Ruhnke 2002, Sp. 1843–1845).

Die Prüfungsnormen lassen sich anstatt nach Normenquellen auch nach *Normenarten* unterscheiden, indem die Normen hinsichtlich der Natur ihres Regelungsbereiches systematisiert werden. Fachtechnische Normen regeln Art und Umfang der Prüfung, während Ausbildungsnormen →Aus- und Fortbildung des Wirtschaftsprüfers steuern. Die Gewährleistung der Glaubwürdigkeit von Prüfungsaussagen (→Prüfungsurteil) erfolgt durch ethische Normen, wie z. B. →Unabhängigkeit und Unbefangenheit des Wirtschaftsprüfers (→Berufsethik des Wirtschaftsprüfers), und Qualitätsnormen i.S.v. qualitativen Mindestansprüchen (→Qualitätssicherung; →Prüfungsqualität). Durchsetzungsnormen sorgen durch Anreize bzw. Sanktionen für die Erfüllung der präskriptiven Funktion der anderen Normenarten (Ruhnke 2002, Sp. 1845–1852).

Die *allgemeinen Gründsätze zur Durchführung von Abschlussprüfungen* (berufliche und fachliche Prüfungsgrundsätze) werden in IDW PS 201 dargestellt (IDW PS 200.16). Die Abschlussprüfung ist mit einer kritischen Grundhaltung zu planen (→Prüfungsplanung) und durchzuführen (→Auftragsdurchführung) (IDW PS 200.17). Die Durchführung von Abschlussprüfungen hat nach den deutschen Prüfungsgrundsätzen zu erfolgen. Das gilt auch dann, wenn der betreffende Abschluss nicht nach deutschen Rechnungslegungsgrundsätzen erstellt worden ist. Die Prüfungsgrundsätze umfassen alle unmittelbar und mittelbar für die Abschlussprüfung geltenden gesetzlichen Vorschriften und sonstigen Prüfungsgrundsätze, wie insb. die IDW PS und IDW PH sowie die IDW/WPK VO 1/2006 zur Qualitätssicherung in der Wirtschaftsprüferpraxis (IDW PS 201.20–22).

Berufliche Prüfungsgrundsätze bestehen aus den in §§ 43, 44 und 49 WPO und in der BS geregelten Berufsgrundsätzen und aus den Vorschriften der §§ 318, 319, 323 und 324 HGB. Zu den Berufsgrundsätzen zählen Unabhängigkeit, Unparteilichkeit, Vermeidung der Besorgnis der Befangenheit, Gewissenhaftigkeit (einschl. der beruflichen Kompetenz, der berufsüblichen Sorgfalt sowie der Beachtung fachlicher Rechnungslegungs- und Prüfungsgrundsätze), Verschwiegenheit (→Verschwiegenheitspflicht des Wirtschaftsprüfers), Eigenverantwortlichkeit (→Eigenverantwortlichkeit des Wirtschaftsprüfers), berufswürdiges Verhalten einschl. Verantwortung gegenüber dem Berufsstand.

Zu den *fachlichen Prüfungsgrundsätzen* zählen die Vorschriften der §§ 316, 317, 320–322 HGB zur Prüfung (→Pflichtprüfungen), einschlägige Normen der Satzung oder des Gesellschaftsvertrags, entsprechende Gesellschafterbeschlüsse und wirtschaftszweigspezifische sowie rechtsformbezogene Vorschriften. Die im HGB enthaltenden Regelungen zur Prüfung des Jahresabschlusses (→Jahresabschlussprüfung) und des →Lageberichts enthalten jedoch keine Bestimmungen über die Durchführung der Prüfung. Nur in wenigen Fällen sind die HGB-Normen so gestaltet, dass sie direkt auf die durchzuführende →Jahresabschlussprüfung anzuwenden sind, überwiegend sind sie von unbestimmten Rechtsbegriffen geprägt. Somit liegt es regelmäßig im pflichtgemäßen Ermessen des Abschlussprüfers, im Einzelfall Art und Umfang der Prüfungsdurchführung zu bestimmen. Das Ermessen wird durch gesetzliche Regelungen und Verordnungen, IDW PS sowie ggf. durch weitere Prüfungsgrundsätze begrenzt. Die IDW PS enthalten die vom IDW festgelegten deutschen →Grundsätze ordnungsmäßiger Abschlussprüfung (GoA). Dabei handelt es sich um die Grundsätze zur Durchführung von Abschlussprüfungen sowie Festlegungen zu den dabei vorzunehmenden Prüfungshandlungen. Von den IDW PS kann im Rahmen der →Eigenverantwortlichkeit des Wirtschaftsprüfers nur in begründeten Einzelfällen abgewichen werden. Beachtet der APr die IDW PS nicht und liegen keine gewichtigen Gründe dafür vor, muss er damit rechnen, dass ihm dies in Regressfällen, in einem Verfahren der Berufsaufsicht oder in einem Strafverfahren zum Nachteil ausgelegt werden kann (→Berufsaufsicht für Wirtschaftsprüfer, national; →Berufsgerichtsbarkeit für Wirtschaftsprüfer). Die IDW PH erläutern ergänzend einzelne Prüfungsfragen und haben nicht den gleichen Verbindlichkeitsgrad wie die IDW PS. Sie geben eine Orientierung für den APr. Ihre Anwendung wird empfohlen. Auch in der Literatur, Kommentierungen und in sonstigen Verlautbarungen des *IDW* werden Prüfungsgrundsätze erörtert, über die sich der APr zu informieren hat (IDW PS 201.24–30).

Im Falle freiwilliger Abschlussprüfungen (→freiwillige und vertragliche Prüfung) kann aufgrund besonderer Beauftragung (→Prüfungsauftrag und -vertrag) eine Abschlussprüfung auch unter ausschließlicher Anwendung von international *anerkannten Prüfungsgrundsätzen* durchgeführt und bestätigt werden. Das *IDW* hat sich als Mitgliedsorganisation der →*International Federation of Accountants* (*IFAC*) verpflichtet, deren →International Standards on Auditing (ISA) in nationale Prüfungsgrundsätze zu transformieren, soweit dies unter den nationalen Gegebenheiten möglich ist. Die ISA verpflichten den APr nicht unmittelbar. Sie haben keine (auch keine ergänzende Bedeutung) für die deutschen Prüfungsgrundsätze (IDW PS 200.32). IDW PS 200 und IDW PS 201 entsprechen zusammen dem ISA 200 „Objective and General Principles Governing an Audit of Financial Statements". Sofern nationale gesetzliche Besonderheiten dies erfordern, weichen sie von ISA 200 ab (IDW PS 201.2).

Literatur: IDW (Hrsg.): IDW Prüfungsstandard: Ziele und allgemeine Grundsätze der Durchführung von Abschlussprüfungen (IDW PS 200, Stand: 28. Juni 2000), in: WPg 53 (2000a), S. 706–710; IDW (Hrsg.): IDW Prüfungsstandard: Rechnungslegungs- und Prüfungsgrundsätze für die Abschlussprüfung (IDW PS 201, Stand: 17. November 2000b), in: WPg 53 (2000), S. 710–713; IDW/WPK (Hrsg.): Gemeinsame Stellungnahme der WPK und des IDW: Anforderungen an die Qualitätssicherung in der Wirtschaftsprüferpraxis (VO 1/2006), in: WPg 59 (2006), S. 629–646; Ruhnke, K.: Prüfungsnormen, in: Ballwieser, W. et al. (Hrsg.): HWRP, 3. Aufl., Stuttgart 2002, S. 1841–1852.

Telge-Sascha Krantz

Prüfungsobjekt →Prüffelder

Prüfungspflicht →Unternehmensformen

Prüfungspflicht, erweiterte
→Unregelmäßigkeiten, Konsequenzen aus

Prüfungsplanung

Die Prüfungsplanung dient der Sicherung der →Prüfungsqualität unter Beachtung des Grundsatzes der Wirtschaftlichkeit.

Die →Planung einer Abschlussprüfung (→Jahresabschlussprüfung; →Konzernabschlussprüfung) als kontinuierlicher und dynamischer Prozess soll sicherstellen, dass alle Bereiche des Prüfungsgegenstandes eine aus den Prüfungszielen abgeleitete Berücksichtigung finden, mögliche Problemfelder erkannt werden und der Prüfungsauftrag (→Prüfungsauftrag und -vertrag) mit entsprechender Qualität zeitgerecht bearbeitet wird.

Bei der Prüfungsplanung sind ergänzende Vorstellungen des zu prüfenden Unternehmens über die Bildung von Prüfungsschwerpunkten, den zeitlichen Ablauf der Prüfung oder besondere Prüfungshandlungen (→Auswahl von Prüfungshandlungen) zu beachten. Vereinbarungen oder Abreden mit dem Mandanten, die einer ordnungsgemäßen Durchführung der Abschlussprüfung (→Auftragsdurchführung) entgegenstehen, sind unzulässig.

Die verantwortlichen Berufsträger einer WPGes (→Revisions- und Treuhandbetriebe) müssen durch eine sachgerechte *Gesamtplanung* aller Aufträge die Voraussetzungen dafür schaffen, dass die übernommenen und erwarteten Aufträge ordnungsgemäß und zeitgerecht abgewickelt werden können [§ 4 Abs. 3 →Berufssatzung der Wirtschaftsprüferkammer (BS)] (→simultane Verfahren der Prüfungsplanung; →Netzplantechnik in der Prüfungsplanung; →Prüfungsplanung, Erfassung von Unschärfe und Unsicherheit). Die Gesamtplanung ist abhängig von den Gegebenheiten der WPGes sowie der Anzahl, dem Volumen, den Besonderheiten und dem Schwierigkeitsgrad der durchzuführenden Aufträge. Die Einzelplanungen aller in der WPGes abzuwickelnden Aufträge bilden die Grundlage für die Gesamtplanung. Diese ist fortzuschreiben und laufend mit den Einzelplanungen abzustimmen. Für die Gesamtplanung ist es wichtig, Beginn und Dauer der durchzuführenden Aufträge sowie qualitative und quantitative Anforderungen an das jeweilige Prüfungsteam zu berücksichtigen und zu koordinieren. Insb. sind hierzu allgemeine Entwicklungstendenzen einer WPGes einzubeziehen, wie z. B. Auftragslage oder Mitarbeiterfluktuation. Es ist zweckmäßig, Zeitvorgaben für die einzelnen Aufträge zu setzen und zeitliche Reserven einzuplanen, um gesetzliche und andere Anforderungen sowie Fristen und Termine einhalten zu können. Ebenso sind persönliche und sonstige Voraussetzungen für die Annahme neuer und die Fortführung bestehender Aufträge zu beachten (→Auftragsannahme und -fortführung).

Für die *Einzelplanung* ist der für den jeweiligen Prüfungsauftrag verantwortliche WP zuständig. Er hat von der Auftragsannahme an durch sachgerechte Prüfungsplanung dafür Sorge zu tragen, dass ein der allgemeinen und speziellen Risikolage des zu prüfenden Unternehmens angemessener und ordnungsgemäßer Prüfungsablauf in sachlicher, personeller und zeitlicher Hinsicht gewährleistet ist.

Der Umfang der Prüfungsplanung richtet sich nach der Größe und Komplexität des zu prüfenden Unternehmens, dem Schwierigkeitsgrad der Prüfung, den Erfahrungen des →Abschlussprüfers mit dem Unternehmen, insb. mit dessen rechnungslegungsbezogenem →Internen Kontrollsystem (IKS), den Kenntnissen über die Geschäftstätigkeit und das rechtliche und →wirtschaftliche Umfeld des Unternehmens sowie den Erwartungen über mögliche Fehler (→Fehlerarten in der Abschlussprüfung). Dabei soll der APr auf gewonnene Kenntnisse und Erfahrungen der Vergangenheit zurückgreifen.

Zur Prüfungsplanung gehört die Entwicklung einer →Prüfungsstrategie und darauf basierend die Erstellung eines entsprechenden →Prüfungsprogramms, in dem Art, Umfang und Zeitpunkt der Prüfungshandlungen (→Auswahl von Prüfungshandlungen) im Einzelnen festgelegt werden. Die Entwicklung der Prüfungsstrategie setzt eine umfassende Kenntnis des Unternehmens sowie des Unternehmensumfeldes voraus, um die vorhandenen Risikofaktoren (Unternehmensrisiken; →Prüfungsrisiken) zu identifizieren und zu analysieren.

Zur Umsetzung der Prüfungsstrategie hat der APr ein Prüfungsprogramm zu entwickeln, das einen ordnungsgemäßen Prüfungsablauf in sachlicher, zeitlicher und personeller Hinsicht gewährleisten soll. Das Prüfungsprogramm umfasst die →Prüfungsanweisungen an die Mitarbeiter des Abschlussprüfers. Des Weiteren werden im Prüfungsprogramm Anweisungen zur Überwachung und Dokumentation definiert. Ebenso sind die Einflussfaktoren zur Entwicklung der Prüfungsstrategie im Prüfungsprogramm festzuhalten.

Mithilfe des Prüfungsprogramms wird der gesamte Prüfungsgegenstand in →Prüffelder aufgeteilt. Pro Prüffeld sind zunächst die Prüfungsziele zu definieren und die entsprechende Prüfungsstrategie zu entwickeln. Zur Umsetzung der Prüfungsstrategie sind Art und Umfang der erforderlichen Prüfungshandlungen sowie ihr zeitlicher Ablauf festzulegen. Zur praktischen Umsetzung von Prüfungsprogrammen werden häufig Fragebögen, →Prüfungschecklisten oder IT-gestützte Prüfungsprogramme (→IT-gestützte Prüfungsdurchführung; →IT-gestützte Prüfungstechniken) eingesetzt, die an die jeweiligen Verhältnisse des zu prüfenden Unternehmens anzupassen sind.

Art und Umfang der Prüfungshandlungen sind Bestandteile der *sachlichen Planung*. In die sachliche Planung sind die wesentlichen Prüfungsziele unter Berücksichtigung des erwarteten Fehlerrisikos (inhärentes und Kontrollrisiko) und des zulässigerweise verbleibenden Entdeckungsrisikos einzubeziehen (→risikoorientierter Prüfungsansatz; →Prüfungsrisiko). Ebenfalls sind Vorgaben bzgl. →Systemprüfung (→Internes Kontrollsystem, Prüfung des) und aussagebezogenen Prüfungshandlungen (→ergebnisorientierte Prüfungshandlungen) zu entwickeln. Eine Abstimmung mit dem Unternehmen über →Prüfungsbereitschaft und die von dem Unternehmen zu erwartende Unterstützung bei der Prüfungsdurchführung sollte rechtzeitig vorgenommen werden. Der Prüfungsplan muss auch die laufende Überwachung des Prüfungsablaufes und die Durchsicht der durch das Prüfungsteam dargestellten Ergebnisse nach Beendigung der Prüfungshandlungen in den einzelnen Prüffeldern und des gesamten Prüfungsauftrags beinhalten.

Die *zeitliche Planung* regelt die Terminierung der einzelnen Prüfungstätigkeiten unter Berücksichtigung der Prüfungsbereitschaft des Mandanten und der Verfügbarkeit von Mitarbeitern. Ebenso fällt hierunter die Vorgabe von Bearbeitungszeiten für die einzelnen Prüffelder einschl. evtl. benötigter Zeitreserven.

Im Rahmen der *personellen Planung* werden Prüfungsteams mit Mitarbeitern entsprechend ihrer Qualifikation, ihrer Kenntnisse über das zu prüfende Unternehmen, der zeitlichen Verfügbarkeit sowie der Unabhängigkeit gegenüber dem Mandanten (→Unabhängigkeit und Unbefangenheit des Wirtschaftsprüfers) besetzt.

Ggf. sind für die gesamte Planung besondere Umstände einer →Erstprüfung zu beachten.

Die ordnungsgemäße Prüfungsplanung unter Beachtung der dargestellten Anforderungen ist eine notwendige Grundlage für die Bildung eines hinreichend sicheren →Prüfungsurteils in Form des →Bestätigungsvermerks.

Literatur: IDW (Hrsg.): IDW Prüfungsstandard: Grundsätze der Planung von Abschlussprüfungen (IDW PS 240, Stand: 8. Dezember 2005), in: WPg 53 (2000), S. 846–849; IDW (Hrsg.): WPH 2006, Band I, 13. Aufl., Düsseldorf 2006.

Jens Thiergard

Prüfungsplanung, Erfassung von Unschärfe und Unsicherheit

Die Entscheidung über Erteilen, Einschränken oder Versagen des →Bestätigungsvermerks entspricht methodisch der Urteilsbildung (→Prüfungsurteil) auf Basis mehrerer Kriterien (→Balanced Scorecard; →Scoringmodelle), da sie ja auf der Grundlage vieler Prüfungsfeststellungen getroffen werden muss. Die Planung der Prüfung (→Arbeitspapiere des Abschlussprüfers; →Prüfungsplanung; →Prüfungstheorien; →simultane Verfahren der Prüfungsplanung) ist grundsätzlich hierauf abzustellen. Zusätzlich sind die Unternehmungsziele des Prüfenden in die Planung mit einzubeziehen (→Risikomanagementsystem der Revisions- und Treuhandbetriebe; →risikoorientierter Prüfungsansatz; →Vergütungsregelungen für den Wirtschaftsprüfer). Bei der →Prüfungsplanung treten Unschärfe und Unsicherheit in vielfältiger Weise auf (→Prüfungstheorie, messtheoretischer Ansatz).

Unter *Unschärfe* wird dabei verstanden, dass die Menge der Elemente, auf die ein Kennzeichen zutrifft, nicht eindeutig von der Menge der Elemente zu trennen ist, auf die das Kennzeichen nicht zutrifft (Zimmermann 1992, S. 49 f.). Bei *Unsicherheit* kann nicht angegeben werden, welche von mehreren potenziellen Ausprägungen eines Umweltzustands bei Realisierung einer Aktion tatsächlich eintreten wird (Gäfgen 1974, S. 130).

Viele *Aktionen*, die durch die Prüfungsplanung festzulegen sind (→Auswahl von Prüfungshandlungen; →lückenlose Prüfung; →Screening; →Stichprobenprüfung), können im Zeitpunkt der Planung jedoch noch nicht vollständig angegeben werden. Das sind z. B. die →Prüffelder, Details bei Prüfungshandlungen, wenn mehrere Prüfmethoden zur Verfügung stehen, die Verteilung der Aufgaben auf die Mitglieder des Prüfungsteams usw. Die Abwicklung der Prüfung (→Prüfungsprozess; →Auftragsdurchführung) kann daher bei Beginn nur unscharf angegeben werden. Darüber hinaus sind die Prüfungshandlungen so zu differenzieren (→analytische Prüfungshandlungen; →Entdeckungsstichproben, homograde; →ergebnisorientierte Prüfungshandlungen), dass die auf der untersten Ebene der Hierarchie angesiedelten Prüfungshandlungen es erlauben, ohne Lücken und ohne Überschneidungen (→Fehlerarten in der Abschlussprüfung) in den Prüfungsfeststellungen das Urteil über den abschließenden Vermerk zu bilden (→Prüfungsqualität; →Prüfungsrisiko; →Qualitätskontrolle in der Wirtschaftsprüfung; →Qualitätssicherung). Bei der Bestimmung der Aktionen kommt zudem den Unternehmenszielen des Prüfenden großes Gewicht zu.

Der *Umweltzustand*, der bei den einzelnen Prüfungshandlungen angetroffen wird, ist i. d. R. durch die spezifische Ausprägung vieler Zustandsparameter charakterisiert. Je nach der Differenzierung und Identifikation von Zustandsparametern kann u. U. ein Zustandsparameter nur unscharf bestimmt werden. Das gilt z. B. für die von Seiten des Bilanzierenden vorzulegenden Vertragsunterlagen (→außerbuchhalterische Bereiche; →Haftungsverhältnisse). Die Ausprägung eines Parameters ist u. U. gleichfalls nur unscharf zu beschreiben, wie z. B. die Vollständigkeit der Vertragsunterlagen. Die Messung der Ausprägung eines Zustandsparameters ist zudem i. d. R. mit Unsicherheit behaftet (Krankheit von Prüfpersonal).

Die *Konsequenzen* des Aufeinandertreffens von Aktion und Ausprägung eines Zustandsparameters können bei unscharfen Aktionen und unscharfen Zuständen ebenfalls nur unscharf angegeben werden. So kann aus sehr vielen einzelnen Prüfungsfeststellungen isoliert nicht eindeutig auf die Akzeptanz oder Ablehnung der Ordnungsmäßigkeit (→Ordnungsmäßigkeitsprüfung) geschlossen werden. U.U. können zusätzliche Aktionen notwendig werden. In Bezug auf die Unternehmensziele des Prüfenden sind relevante Konsequenzen nur Veränderungen in der Bereitstellung von Personalkapazität.

Das *Gesamtergebnis* ist die Aggregation der Prüfungsfeststellungen, wobei ggf. Unschärfe und Unsicherheit in den relevanten Konsequenzen aus Aktionen und Umweltzuständen erhalten bleiben müssen. In Bezug auf die Unternehmensziele des Prüfenden erfolgt die Aggregation durch die Angabe der Ausgaben (und Einnahmen) aus der Bereitstellung von Ressourcen.

Das *Mindestpräferenzniveau*, um den BestV erteilen zu können bzw. einschränken oder versagen zu müssen (→Entscheidungsinstrumente), muss mit dem Gesamtergebnis vergleichbar sein.

Prüfungsgrundsätze bzw. *Prüfungsstandards* [→Berufsgrundsätze des Wirtschaftsprüfers; →Grundsätze ordnungsmäßiger Abschlussprüfung; →Verlautbarungen des Instituts der Wirtschaftsprüfer in Deutschland e.V. (*IDW*)] erfassen Unschärfe und Unsicherheit methodisch in nicht intersubjektiv nachvollziehbarer Weise (s. IDW PS 240.17).

Prüfungsplanung, Partialmodell der

Die *Fuzzy-Mathematik* bietet theoretisch Lösungsmöglichkeiten für die *Erfassung und Beibehaltung* von Unschärfe und Unsicherheit *bis zur* abschließenden *Urteilsbildung* (Ott 2002, S. 188). Instrumente der Fuzzy-Mathematik können konzeptionell bei der Prüfungsplanung wie folgt eingesetzt werden.

Die *Festlegung der notwendigen Prüfungshandlungen* (→Auswahl von Prüfungshandlungen) verfolgt das Ziel, anschließend aus den Ergebnissen der Handlungen methodisch nachvollziehbar zum Gesamtergebnis der Prüfung zu kommen. Auch wenn die Prüfungsfeststellung ein linguistischer Term, z. B. „Zählen, Messen, Wiegen des Bestands von Material xyz ist vom Aufnahmeteam abgezeichnet" ist, so kann im Zusammenwirken mit anderen Prüfungsergebnissen und Regeln für das Schlussfolgern (s. z. B. Keuper 1999, S. 111–116 und S. 232–237) schrittweise das Gesamtergebnis abgeleitet werden. Die Regeln für das Schlussfolgern bilden hierbei das vorhandene Expertenwissen ab (→Expertensysteme im Prüfungswesen). Aus der *gedanklichen Umkehrung des Schlussfolgerungsprozesses* lassen sich unter Ausnutzung des Expertenwissens methodisch nachvollziehbar schrittweise die notwendigen Prüfungshandlungen auf der untersten Ebene der Hierarchie von Prüfungshandlungen bestimmen und so eine verlässliche Basis für die Gesamtbeurteilung gewinnen.

Wenn eine Prüfungsfeststellung über das Ergebnis „Ja" oder „Nein" hinausgeht, so ist u. U. die *Zuordnung einer Prüfungsfeststellung* zu Kategorien, z. B. „ordnungsmäßig" bzw. „nicht ordnungsmäßig", nicht mehr eindeutig. Die Verwendung unscharfer Mengen mit den Zugehörigkeitsfunktionen, die zu Fuzzy-Zahlen bzw. Fuzzy-Intervallen führt, erlaubt einen gleitenden Übergang zwischen den jeweiligen Kategorien, wodurch die Zuordnung besser dem Urteilsvermögen des Entscheidenden anpassbar ist (→Schätzwerte, Prüfung von). In der Gestalt von Fuzzy-Zahlen bzw. Fuzzy-Intervallen kann die „unscharfe Sicht" des Entscheidenden abgebildet werden. Die Zugehörigkeit zu einer Kategorie wird dann durch ein Fuzzy-Maß ausgedrückt.

Bei der *Aggregation der Prüfungsfeststellungen* können mithilfe von Fuzzy-Operatoren Subadditivität und Superadditivität erfasst werden, womit die Wirkung von Kompensationen bzw. Verstärkungen einzelner Prüfungsfeststellungen auf das Gesamtprüfungsergebnis in methodisch nachvollziehbarer Weise intersubjektiv nachprüfbar wird. Durch die Anwendung der oben genannten Regeln für das Schlussfolgern wird das Expertenwissen ausgenutzt.

Das *Erreichen eines Präferenzniveaus* für Versagen, Einschränken oder Erteilen eines Bestätigungsvermerks wird durch ein Fuzzy-Maß ausgedrückt, bei dem sich u. U. Überlappungen einstellen können; Maßnahmen der →Sensitivitätsanalyse lassen die Urteilsbildung des Prüfenden intersubjektiv nachprüfbar werden.

Durch den Einsatz von Instrumenten der Fuzzy-Mathematik werden hiernach konzeptionell Unschärfe und Unsicherheit informationserhaltend bis zur Urteilsbildung erfasst.

Literatur: Gäfgen, G.: Theorie der wirtschaftlichen Entscheidung, 3. Aufl., Tübingen 1974; IDW (Hrsg.): IDW-Prüfungsstandard: Grundsätze der Planung von Abschlussprüfungen (IDW PS 240, Stand 28. Juli 2000), in: WPg 53 (2000), S. 846–849; IDW (Hrsg.): IDW Prüfungsstandards (IDW PS), IDW Stellungnahmen zur Rechnungslegung (IDW RS), IDW Standards (IDW S) einschließlich der dazugehörigen Entwürfe, IDW Prüfungs- und Rechnungslegungshinweise (IDW PH und IDW RH), Loseblattausgabe, Band I, Düsseldorf, Stand: 16. Erg.-Lfg. Oktober 2005; Keuper, F.: Fuzzy-PPS-Systeme, Wiesbaden 1999; Ott, N.: Unsicherheit, Unschärfe und rationales Entscheiden. Die Anwendung von Fuzzy-Methoden in der Entscheidungstheorie, Heidelberg et al. 2002; Zimmermann, H.-J.: Methoden und Modelle des Operations Research, 2. Aufl., Braunschweig/Wiesbaden 1992.

Manfred Layer

Prüfungsplanung, Partialmodell der
→Simultane Verfahren der Prüfungsplanung

Prüfungsplanung, simultane Verfahren der
→Simultane Verfahren der Prüfungsplanung

Prüfungsplanung, spieltheoretische Ansätze
→Simultane Verfahren der Prüfungsplanung

Prüfungsplanung, Totalmodell der
→Simultane Verfahren der Prüfungsplanung

Prüfungsplanungsmemorandum
→Kleine und mittlere Unternehmen, Prüfung von

Prüfungsprogramm

Die Nutzung von Prüfungsprogrammen dient dazu, die systematische →Planung, Durchführung und Kontrolle einer Abschlussprüfung (→Jahresabschlussprüfung; →Konzernabschlussprüfung) (→Auftragsdurchführung) sicherzustellen und zu dokumentieren. Prüfungsprogramme sind →Arbeitspapiere des Abschlussprüfers i. S. d. IDW PS 460 und können in elektronischer Form oder in Papierform genutzt werden. Durch Nutzung elektronischer Prüfungsprogramme kann ggf. eine Reduktion der Dokumentation bei gleich bleibender Qualität erreicht werden. Im Folgenden werden die Inhalte der üblichen Prüfungsprogramme erläutert. Eine Unterscheidung in IT-gestützte Prüfungsprogramme (→IT-gestützte Prüfungsdurchführung) und reine ausgedruckte →Prüfungschecklisten erfolgt nicht.

Prüfungsprogramme kommen in den folgenden Bereichen zum Einsatz:

- Auftragsannahme (→Auftragsannahme und -fortführung),
- →Prüfungsplanung,
- Durchführung der Abschlussprüfung,
- Berichterstattung,
- Überwachung der Prüfungstätigkeit und
- Sicherung der →Prüfungsqualität.

I.d.R. sind Prüfungsprogramme Checklisten, die dazu dienen, einen Sachverhalt mit gleich bleibender Qualität systematisch zu prüfen. Der Einsatz von (aktuellen) Checklisten hat den Vorteil, dass das Risiko von Arbeitsfehlern weitgehend reduziert wird. Allerdings kann ein vermehrter Einsatz von Checklisten dazu verleiten, die Besonderheiten und das geschäftliche Umfeld des zu prüfenden Unternehmens zu vernachlässigen. Hier sind entsprechende Steuerungsmechanismen bei der Überwachung der Prüfungstätigkeit vorzusehen, die eine solche Vernachlässigung verhindern können. Darüber hinaus können Prüfungsprogramme auch in Form von Tabellenkalkulationen oder Buchungssoftware (→Standardsoftware für das Rechnungswesen) erstellt werden. Prüfungsprogramme gehören zu den Handakten des Wirtschaftsprüfers i. S. v. § 51b Abs. 1 →Wirtschaftsprüferordnung (WPO).

Die durch den WP verwendeten Prüfungsprogramme sind auf Richtigkeit zu überprüfen und regelmäßig zu aktualisieren. I.d.R. erfolgt die Aktualisierung jährlich, eine schnellere Aktualisierung kann jedoch geboten sein.

Ein Prüfungsprogramm muss zumindest die folgenden Angaben enthalten:

- Grund für die Nutzung des Programms (Einbindung in den →Prüfungsprozess),
- Ersteller (mit Datum),
- Reviewer (mit Datum),
- Art der Prüfungshandlung,
- Ergebnis der Prüfungshandlung,
- weitere Querverweise auf die durchgeführten Arbeiten und
- Schlussfolgerungen aus den eingeholten →Prüfungsnachweisen.

Prüfungsprogramme können unterschiedlich ausgestaltet sein. Gängige Inhalte sind:

- offene Fragen an die Unternehmensvertreter (wer, was, wie, warum etc.) zur Erlangung eines ersten Überblicks,
- geschlossene Fragen an die Unternehmensvertreter (ja/nein) zur abschließenden Feststellung eines Sachverhaltes,
- Hilfestellungen zur Aufnahme eines →Internen Kontrollsystems,
- Hinweise zum Umgang mit den Systemen des Auftraggebers und Hinweise zur gezielten Abfrage von Daten und Protokollen sowie
- →Prüfungsanweisungen für den WP zur systematischen Durchführung von Prüfungshandlungen.

Im Folgenden werden typische Beispiele für die oben genannten Inhalte dargestellt:

Offene Fragen:

- Was wissen Sie ggf. über frühere Verstöße (→Unregelmäßigkeiten; Fraud) in dieser Gesellschaft?
- In welcher Form sind Sie am Verfahren zur Erfassung der →Umsatzerlöse beteiligt?
- Wie wird sichergestellt, dass alle Aufwendungen in der richtigen Periode erfasst werden? (→periodengerechte Erfolgsermittlung)

Geschlossene Fragen:

- Sind Ihnen unangemessene Beziehungen zwischen Mitgliedern des Aufsichtsrats bzw. leitenden Angestellten und Kunden bzw. Lieferanten bekannt?

Prüfungsprogramm

Abb.: Transaktionen und Objekte im Rahmen einer Systemprüfung

Chart I	Transactions
Description	Value
Define credit limit check by sales document type	OVAK
Credit control per delivery type	OVAD
Define credit limit check by item category	OVA7
Define automatic credit control	OVA8

Chart II	Possible Credit Processing Types
Description	Value
No Credit limit check	blank
Credit limit check: generate a warning	A
Credit limit check: generate an error	B
Credit limit check: set a delivery block	C
Automatic Credit Control Active	D

Chart III	Reports
Description	Value
Customers with missing credit data	RFDKLI10

- Gibt es ao. Zwänge zur Einhaltung der Analysten- oder Markterwartungen?
- Haben Sie eine Dokumentation der letzten Änderungen des →IT-Systems?

Hilfestellungen zur Aufnahme eines IT-Systems:
- Beschreiben Sie den Informationsfluss für jeden wesentlichen →Geschäftsprozess vom Ursprung der Transaktion bis zum Übergang zum nächsten Prozess oder zur Finanzbuchhaltung.
- Die Prozessbeschreibung sollte u. a. enthalten:
  - die Art der Erzeugung einer Transaktion,
  - ob der Prozess manuell, computergestützt oder automatisch abläuft,
  - welche Mitarbeiter oder ggf. welcher Dritte den Prozess durchführt,
  - die wesentlichen Anwendungssysteme, die zur Durchführung der Transaktion genutzt werden,
  - Schnittstellen mit anderen Anwendungssystemen.

Hinweise zum Umgang mit den Systemen des Auftraggebers: SAP R/3 ermöglicht bspw. systemseitige (Warn-) Hinweise in unterschiedlicher Abstufung bis hin zur Sperrung eines Kundenauftrags, wenn bei einem Kunden das (einzustellende) Kreditlimit überschritten wurde. Auf diese Weise kann eine der Risikoneigung des Unternehmens entsprechende Steuerung der Kreditrisiken im Debitorenbereich (→Debitoren) erfolgen. Auf diese systemseitigen Möglichkeiten wird der WP durch geeignete Checklisten hingewiesen.

Nachfolgend werden die typischen Transaktionen und Objekte aufgelistet, die entweder bei der Aufbauprüfung (→Ablauforganisation) oder der →Funktionsprüfung (→Systemprüfung; →Internes Kontrollystem, Prüfung des) genutzt werden. Hinweis: die Namen können sich je nach verwendeter Version unterscheiden, Unternehmen können zusätzliche Transaktionen, Tabellen, Objekte etc. zur Steuerung ihrer Systeme verwenden.

Prüfungsanweisungen für den WP zur systematischen Durchführung von Prüfungshandlungen (beispielhaft):
- Lassen Sie sich eine Offene-Posten-Liste geben (mit Altersstruktur) (→Offene-Posten-Buchhaltung). Stimmen Sie die Summe mit der Hauptabschlussübersicht ab.
- Treffen Sie eine Auswahl der →Forderungen anhand der Salden oder anhand der

noch offenen Rechnungen und führen Sie folgende Prüfungshandlungen durch:
- Lassen Sie durch den Mandanten Saldenbestätigungen für die ausgewählten Forderungen erstellen. Versenden Sie die Saldenbestätigungen.
- Versenden Sie Zweitanfragen bei Nichtbeantwortung.
- Stimmen Sie die Antworten mit den ausgewählten Salden ab. Erstellen Sie oder lassen Sie durch den Mandanten Analysen der Abweichungen (→Abweichungsanalyse) erstellen. Überprüfen Sie die Nachweise.
- Stellen Sie bei Nichtbeantwortung den Zahlungseingang fest. Überprüfen Sie bei noch nicht bezahlten Rechnungen die Lieferscheine, Rechnungen oder die Kundenkorrespondenz.

Literatur: IDW (Hrsg.): IDW Prüfungsstandard: Arbeitspapiere des Abschlussprüfers (IDW PS 460, Stand: 28. Juni 2000), in: WPg 54 (2000), S. 916–918.

Thomas M. Orth

Prüfungsprozess

Der Prozess der Abschlussprüfung (→Jahresabschlussprüfung; →Konzernabschlussprüfung) lässt sich in einzelne Phasen unterteilen. Unterschieden werden die folgenden wesentlichen Phasen:
1) Aktivitäten vor Annahme des Auftrages (→Auftragsannahme und -fortführung),
2) Aktivitäten zur Vorbereitung der →Prüfungsplanung,
3) Prüfungsplanung pro Posten,
4) Durchführung der Prüfung,
5) Schlussphase und Berichterstattung sowie
6) →Qualitätssicherung.

Innerhalb der Phasen des Prüfungsprozesses sind einzelne Tätigkeiten durchzuführen. Diese sind jedoch nicht immer sequenziell abzuarbeiten, da auch bei Risiken, die z. B. im Rahmen der Durchführung der Prüfung erkannt werden, eine erneute Prüfungsplanung (zumindest für diesen Teilbereich) durchzuführen ist. Dadurch enthält die Prüfungsplanung ein dynamisches Element (IDW PS 240).

Zur den einzelnen Phasen des Prüfungsprozesses haben das →*Institut der Wirtschaftsprüfer in Deutschland e.V.* (*IDW*) und das *IAASB* der →*International Federation of Accountants* (*IFAC*) →Prüfungsrichtlinien (→Prüfungsnormen) entwickelt. Die folgende Übersicht untergliedert die Phasen der Abschlussprüfung in weitere typische Tätigkeiten. Ergänzend dazu sind die IDW PS wiedergegeben, die Richtlinien zur Durchführung und Dokumentation der Tätigkeit enthalten.

- Aktivitäten vor Annahme des Auftrages:
  - Beurteilung des Auftragsrisikos (IDW EPS 240, IDW PS 210),
  - Auswahl des Prüfungsteams (IDW PS 240) und
  - Auftragsbedingungen (IDW PS 220).
- Aktivitäten zur Vorbereitung der Prüfungsplanung:
  - Überblick über die Geschäftstätigkeit (IDW PS 230),
  - Beurteilung des →Kontrollumfeldes (IDW PS 210),
  - Überblick über →Beziehungen zu nahestehenden Personen (IDW PS 255),
  - Überblick über die rechnungslegungsrelevanten Prozesse (IDW PS 330),
  - Überblick über die ausgelagerten Prozesse (→Outsourcing) (IDW PS 331),
  - Prüfung des Aufbaus der internen Kontrollen (→Internes Kontrollsystem, Prüfung des; →Aufbauorganisation) (IDW PS 260),
  - vorläufige analytische Durchsicht (IDW PS 240) und
  - Festlegung der Wesentlichkeitsgrenze (→Wesentlichkeit) (IDW PS 250).
- Prüfungsplanung pro Posten:
  - (dynamische) risikoorientierte Prüfungsplanung (→risikoorientierter Prüfungsansatz) (IDW PS 240) und
  - prozessorientierte Prüfungsplanung (IDW PS 330).
- Durchführung der Prüfung:
  - Nutzung von Sachverständigen (→Ergebnisse Dritter) (IDW PS 322),
  - Prüfung der internen Kontrollen (→Internes Kontrollsystem, Prüfung des; →Funktionsprüfung) (IDW PS 260),
  - Prüfung des →Risikomanagementsystems (→Risikomanagementsystem, Prüfung des) (IDW PS 340),

Prüfungsprozess

- → ergebnisorientierte Prüfungshandlungen in Form → analytischer Prüfungshandlungen (IDW PS 312) und → Einzelfallprüfungen (IDW PS 300 ff.),
- Prüfung des → Lageberichts (IDW PS 350) und
- abschließende Durchsicht des Jahresabschlusses.
- Schlussphase und Berichterstattung:
  - → Ereignisse nach dem Abschlussstichtag (IDW PS 203),
  - Prüfung der Unternehmensfortführung (→ Going Concern-Prinzip) (IDW PS 270),
  - Durchsicht der Arbeitspapiere (→ Arbeitspapiere des Abschlussprüfers) (IDW PS 460),
  - → Vollständigkeitserklärung (IDW PS 303),
  - schriftliche Berichterstattung [→ Prüfungsbericht (PrB); → Bestätigungsvermerk (BestV)] (IDW PS 400, IDW PS 450) und
  - mündliche Berichterstattung an den AR (→ Aufsichtsrat, mündliche Berichterstattung an) (IDW PS 470).
- Qualitätssicherung (IDW/WPK VO 1/2006).

Die *Aktivitäten vor Annahme eines Auftrages* dienen dazu, das Auftragsrisiko bereits im Vorfeld zu analysieren. Dazu wird die Geschäftsleitung befragt, eine erste Branchenanalyse erstellt und Hintergrundinformationen beschafft. Darüber hinaus ist das Prüfungsteam so auszuwählen, dass ggf. erforderliche Spezialkenntnisse (z. B. zur Prüfung von → Kreditinstituten oder → Versicherungsunternehmen) im Prüfungsteam vorhanden sind. Nach der Einschätzung des Auftragsrisikos sind bei erhöhtem Auftragsrisiko ggf. weitere Maßnahmen zur Erhöhung der berufsüblichen Sorgfalt durchzuführen. Die Auftragsbedingungen sollten regelmäßig schriftlich mit dem Mandanten vereinbart werden (→ Auftragsbestätigung).

Die *Aktivitäten zur Vorbereitung der Prüfungsplanung* werden durchgeführt, um die endgültige Prüfungsplanung pro Posten und möglichem Fehler (→ Fehlerarten in der Abschlussprüfung) auf der Basis erster Erkenntnisse über den Auftrag durchzuführen. Diese Phase wird durch den verantwortlichen WP/ → vereidigten Buchprüfer (vBP) geleitet (strategische Prüfungsplanung), da in dieser Phase dessen Einsatz und besondere Fachkenntnis unabdingbar zur Erreichung einer hohen → Prüfungsqualität sind. Wesentlicher Bestandteil dieser Phase ist die Erlangung eines Überblicks über die Geschäftstätigkeit des Unternehmens. Dabei sind sowohl externe Faktoren (z. B. Branche, Wettbewerber, Konjunktur) als auch interne Faktoren (z. B. Standort, Belegschaft, Organisationsstruktur) zu berücksichtigen. Darüber hinaus ist das Kontrollumfeld zu beurteilen. Hier werden z. B. Fragen zur Integrität des Managements und zur Einstellung des Managements zu einem funktionsfähigen Kontrollsystem gestellt (→ Unternehmensethik und Auditing). Auch eine erste Analyse von Risikofaktoren zur Begünstigung von → Unregelmäßigkeiten (Fraud) ist durchzuführen. Zusätzlich muss sich der WP/vBP einen Überblick zu den nahe stehenden Personen verschaffen, damit Transaktionen mit dieser Personengruppe im Hinblick auf deren wirtschaftliche Substanz besonders geprüft werden können. Weiterer Bestandteil dieser Phase der Abschlussprüfung ist die Erlangung eines Überblicks zu den Prozessen innerhalb des Unternehmens und die Durchführung einer Aufbauprüfung. Ziel dieser Prüfung ist die Feststellung, ob die internen Kontrollen in der durch das Management geschilderten Form sinnvoll sind und funktionieren können (→ Aufbauorganisation; → Kontrollprüfung). Die Durchführung einer vorläufigen analytischen Durchsicht auf der Ebene der Posten der Bilanz und Gewinn- und Verlustrechnung (GuV) ist ebenfalls Teil dieser Phase des Prüfungsprozesses. Dabei wird durch Herstellung von Verhältniszahlen oder durch Vergleich mit externen Daten versucht festzustellen, ob der vorgelegte JA plausibel ist (→ zeitlicher Vergleich; → überbetriebliche Vergleiche; → Plausibilitätsprüfung). Die Aktivitäten zur Vorbereitung der Prüfungsplanung werden abgeschlossen durch die Festlegung einer Wesentlichkeitsgrenze.

Die dritte Phase des Prüfungsprozesses ist die *abschließende Prüfungsplanung pro Posten des Jahresabschlusses*. Die Planung erfolgt auf der Basis der in der zweiten Phase erkannten Risiken (Risikoorientierung) und auf Basis der in der zweiten Phase aufgenommenen Prozesse im → Rechnungswesen (Prozessorientierung). Bei der prozessorientierten Prüfungsplanung kann die Prüfung ausgewählter Prozesse im Rahmen eines →Rotationsplans erfolgen. Dadurch besteht die Möglichkeit, bei einem funktionsfähigen Kontrollumfeld und bei einer erfolgreichen Aufbauprüfung, die Funktionsfähigkeit ausgewählter Prozessbereiche nicht für das aktuellen Berichtsjahr, sondern im Laufe nachfolgender Jahre zu prüfen (i. d. R. wird ein Rotationsplan über 3 Jahre angelegt).

Die vierte Phase der Prüfung besteht im Wesentlichen aus der *Durchführung der Prüfung*. Bestandteile dieser Phase sind die Durchführung einer →Funktionsprüfung (ggf. bei ausgewählten Prozessbereichen), die Prüfung des Risikofrüherkennungssystems (bei bestimmten Rechtsformen) und die Durchführung aussagebezogener Prüfungshandlungen (→ergebnisorientierte Prüfungshandlungen). Bei deutschen Gesellschaften ist auch die Prüfung des Lageberichtes Gegenstand dieser Prüfungsphase (§ 315a HGB). Die vierte Phase wird beendet durch eine erneute abschließende Durchsicht des Jahresabschlusses, nach Erfassung aller Korrekturbuchungen.

Die vorletzte Phase des Prüfungsprozesses (*Schlussphase und Berichterstattung*) enthält die Überprüfung von Ereignissen nach dem Abschlussstichtag sowie eine erneute Prüfung der Prämisse der Unternehmensfortführung. Ggf. sind die Erkenntnisse aus dieser Prüfungsphase noch im JA zu erfassen. Die Durchsicht der →Arbeitspapiere des Abschlussprüfers ist ein Bestandteil zur *Sicherung der Prüfungsqualität*. Diese Durchsicht muss zwingend vor der Berichterstattung und der Abgabe des →Prüfungsurteils erfolgen. Darüber hinaus wird in dieser Phase durch die Geschäftsleitung eine Vollständigkeitserklärung gegenüber dem →Abschlussprüfer (APr) abgegeben.

Die letzte Phase der Prüfung dient nochmals der Sicherung der Prüfungsqualität. In dieser Phase werden durch den Unterzeichner des →Prüfungsberichtes erneut die wesentlichen Prüfungsgebiete und die Prüfungsgebiete mit besonderen Risiken durchgesehen. Bei erkannten Risiken ist ggf. auch ein prüfungsbegleitender Review durch einen zweiten WP/vBP vorzusehen.

Thomas M. Orth

Prüfungsqualität

Die Durchführung einer Abschlussprüfung (→Jahresabschlussprüfung; →Konzernabschlussprüfung) (→Auftragsdurchführung) hat unter Einsatz der gegebenen Ressourcen in der durch das Gesetz und die →Berufssatzung der Wirtschaftsprüferkammer (BS) geforderten Qualität zu erfolgen. Des Weiteren hat der Berufsstand durch die in den IDW PS dargelegte Auffassung zur Durchführung von Abschlussprüfungen ein Regelwerk zur Sicherung der Prüfungsqualität (→Qualitätssicherung) herausgegeben.

Wichtige gesetzliche Rahmenbedingungen zur Sicherstellung der Prüfungsqualität sind:

- der WP hat seinen Beruf *unabhängig* auszuüben und sich unparteiisch zu verhalten [§ 43 Abs. 1 Satz 1 →Wirtschaftsprüferordnung (WPO)] (→Unabhängigkeit und Unbefangenheit des Wirtschaftsprüfers; →Berufspflichten des Wirtschaftsprüfers),
- der WP hat seine Tätigkeit zu versagen, wenn die *Besorgnis der Befangenheit* bei der Durchführung eines Auftrages besteht (§ 49 Satz 2 WPO) (→Ausschluss als Wirtschaftsprüfer),
- Verbot der Vereinbarung von *Erfolgshonoraren* (§ 55a Abs. 1 WPO) (→Vergütungsregelungen für den Wirtschaftsprüfer),
- Verbot der Annahme und Zahlung von *Vermittlungsprovisionen* (§ 55a Abs. 2 WPO),
- *Abtretung von Honorarforderungen* nur unter den Voraussetzungen des § 55a Abs. 3 WPO und
- Beachtung der →Berufspflichten des Wirtschaftsprüfers auch von *Vorständen und persönlich haftenden Gesellschaftern, die nicht WP sind* (§ 56 Abs. 1 WPO).

Im Gesetz und in der BS sind eine Reihe von Vorschriften verankert, die die Unabhängigkeit des →Abschlussprüfers sicherstellen sollen. Gesetzlich geregelt sind die Vorschriften zur Unabhängigkeit in den §§ 319 und 319a HGB. In § 319 HGB sind wesentliche Tatbestände aufgelistet, bei denen der APr einen Auftrag nicht annehmen darf (→Auftragsannahme und -fortführung). Für kapitalmarktorientierte Unternehmen werden diese Ausschlusstatbestände in § 319a HGB noch weiter verschärft.

Auch die BS enthält Regelungen zur Sicherstellung der Unabhängigkeit und damit zur Er-

Prüfungsqualität

haltung einer hohen Prüfungsqualität. Dies sind exemplarisch:

- Vermeidung von *Bindungen, die die Entscheidungsfreiheit beeinträchtigen könnten*; Wahrung der persönlichen und wirtschaftlichen Unabhängigkeit gegenüber jedermann (§ 2 Abs. 1 BS);
- Insb. ist verboten (§ 2 Abs. 2 BS):
  - Vereinbarung von *Erfolgshonoraren,*
  - Zahlung von *Provisionen,*
  - Übernahme von *Mandantenrisiken,*
  - Annahme von *Versorgungszusagen* von Auftraggebern;
- Verbot der *Vertretung widerstreitender Interessen* (§ 3 BS);
- Vermeidung der Besorgnis der Befangenheit wegen *naher Beziehungen zu einem Beteiligten oder zum Beurteilungsgegenstand* (Angehörige i. S. d. § 15 AO; finanzielle oder kapitalmäßige Bindungen; Interessenkollisionen) nach § 21 BS. Dies gilt auch für Sozien, mit der →Auftragsdurchführung befasste Arbeitnehmer und Angehörige des Wirtschaftsprüfers;
- *Selbstprüfungsverbot* nach § 23 BS;
- Ausschluss als Prüfer bei Vorliegen eines *Ausschlussgrundes nach* § 319 HGB (§ 24 BS);
- →Ausschluss als Abschlussprüfer bei Beauftragung mit der Wahrnehmung von *Treuhandtätigkeiten* (→Treuhandschaften; →Treuhandwesen) in der zu prüfenden Gesellschaft durch Gesellschafter (Ausnahme: reine Kontrolltätigkeiten und Zustimmung aller übrigen Gesellschafter) nach § 24 BS und
- Verbot der Vereinbarung von *Pauschalhonoraren* (§ 27 BS).

Darüber hinaus sind in der seit dem 2.3.2005 in Kraft getretenen BS weitere Regelungen zur Sicherung der Prüfungsqualität eingeführt worden. So regelt § 24a BS, dass WP/→vereidigte Buchprüfer (vBP) von der Auftragsannahme an durch sachgerechte →Prüfungsplanung dafür Sorge zu tragen haben, dass ein den tatsächlichen Verhältnissen des zu prüfenden Unternehmens angemessener und ordnungsgemäßer Prüfungsablauf in sachlicher, personeller und zeitlicher Hinsicht gewährleistet ist. Darüber hinaus sind WP/vBP verpflichtet, die Verantwortlichkeit für die Auftragsdurchführung festzulegen und zu dokumentieren. Art und Weise sowie Detaillierung der Prüfungsplanung hängen ab von der Größe und Komplexität des zu prüfenden Unternehmens, dem Schwierigkeitsgrad der Prüfung, den Erfahrungen des Prüfers mit dem Unternehmen und den Kenntnissen über die Geschäftstätigkeit sowie das →wirtschaftliche Umfeld und rechtliche Umfeld des Unternehmens (→Netzplantechnik, Einsatz in der Prüfungsplanung; →Prüfungsplanung, Erfassung von Unschärfe und Unsicherheit).

Bei der Auswahl der Mitglieder des Prüfungsteams ist darauf zu achten, dass ausreichende praktische Erfahrungen, Verständnis der fachlichen Regeln, die notwendigen Branchenkenntnisse sowie Verständnis für das Qualitätssicherungssystem der Praxis (→Qualitätssicherung) vorhanden sind. Durch eine sachgerechte Auswahl der Mitglieder des Prüfungsteams kann eine hohe Prüfungsqualität bereits „von Anfang an" und nicht erst durch die Einfügung zahlreicher Reviewstufen erreicht werden.

Eine auftragsbezogene →Qualitätssicherung durch prozessunabhängige Personen ist bei jeder Durchführung von Prüfungen vorzusehen. Vor Auslieferung des →Prüfungsberichts ist in jedem Fall eine →Berichtskritik durchzuführen. In den Fällen von § 319a HGB beginnt die auftragsbezogene Qualitätssicherung mit der Auftragsplanung und endet mit der Berichtskritik. Die Berichtskritik soll eine zusätzliche Sicherheit verschaffen, dass auch die Arbeit des verantwortlichen WP/vBP dem Vier-Augen-Prinzip unterliegt. Dies dient der persönlichen Qualitätssicherung der Arbeit des verantwortlichen Wirtschaftsprüfers/vereidigten Buchprüfers.

Die auftragsbegleitende Qualitätssicherung erfolgt während der gesamten Durchführung der Abschlussprüfung, also von der Auftragsplanung bis zur Berichterstattung. Sie schließt die Berichtskritik ein. Der verantwortliche WP hat dafür zu sorgen, dass die auftragsbegleitende Qualitätssicherung nach den in der Praxis geltenden Regelungen durchgeführt wird. Die auftragsbegleitende Qualitätssicherung hat festzustellen, ob Anhaltspunkte vorliegen, dass bei der Abwicklung des Auftrages gesetzliche und fachliche Regeln (→Prüfungsnormen; →Prüfungsrichtlinien) nicht beachtet worden sind und die Behandlung wesentlicher Sachverhalte (→Wesentlichkeit) angemessen ist. Der für die Auftragsabwicklung verantwortliche WP hat sich unter Einbeziehung der Feststellungen des Qualitätssicherers ein eigenverantwortliches Urteil zu bilden. Dabei sind WP/vBP verpflichtet, Beschwerden oder Vorwürfen von Mitarbeitern, Mandanten oder Dritten nachzugehen, wenn sich aus ihnen Anhaltspunkte für Verstöße gegen gesetzliche oder fachliche Regeln ergeben (§ 24c BS).

§ 24b BS regelt, wie im Rahmen der Prüfungsdurchführung die Prüfungsqualität zu sichern ist. So haben WP/vBP ihre Mitarbeiter durch →Prüfungsanweisungen mit ihren Aufgaben vertraut zu machen. Die Prüfungsanweisungen sollen gewährleisten, dass die Prüfungshandlungen sachgerecht vorgenommen, in den Arbeitspapieren (→Arbeitspapiere des Abschlussprüfers) ausreichend und ordnungsgemäß dokumentiert werden sowie ordnungsgemäß Bericht erstattet werden kann. Die Einhaltung der Prüfungsanweisungen ist zu überwachen. Darüber hinaus sind WP/vBP verpflichtet, bei für das Prüfungsergebnis bedeutsamen Zweifelsfragen internen oder externen fachlichen Rat einzuholen, soweit dies bei pflichtgemäßer Beurteilung nach den Umständen des Einzelfalls erforderlich ist. Die Ergebnisse der Beratung und die daraus gezogenen Folgerungen sind zu dokumentieren. WP/vBP haben sich auf der Grundlage der Arbeitsergebnisse der an der Prüfung beteiligten Personen und ihrer eigenen bei der Prüfung erworbenen Kenntnisse eigenverantwortlich ein Urteil über die Einhaltung der gesetzlichen und fachlichen Regeln zu bilden. Dies umfasst auch die Ergebnisse der auftragsbezogenen Qualitätssicherung.

Die auftragsbegleitende Qualitätssicherung ist ein bedeutendes Element der Qualitätssicherung in WPGes/BPGes (→Revisions- und Treuhandbetriebe). Daher sollen WPGes/BPGes auch bei „Nicht-Abschlussprüfungen" festlegen, ob sie eine auftragsbegleitende Qualitätssicherung für die Abwicklung dieser Aufträge vorsehen. Kriterien können sich u. a. aus besonderen Risiken einer Branche oder eines Auftrages ergeben. Der auftragsbezogene Qualitätssicherer muss den erforderlichen Abstand zur Auftragsabwicklung haben, um seiner Aufgabe gerecht werden zu können. Er darf daher dem Auftragsteam nicht angehören. Die Objektivität darf auch nicht durch andere Faktoren (z. B. Einfluss des für den Auftrag verantwortlichen Wirtschaftsprüfers auf die Bestellung des auftragsbezogenen Qualitätssicherers) beeinträchtigt werden. Ist die Objektivität des auftragsbezogenen Qualitätssicherers gefährdet, ist ein neuer Qualitätssicherer zu benennen. Die auftragsbezogene Qualitätssicherung darf nur von fachlich geeigneten Personen, die ggf. über spezielle Kenntnisse verfügen, wahrgenommen werden. Steht in der WPGes/BPGes keine geeignete Person für die auftragsbegleitende Qualitätssicherung zur Verfügung, so kann wegen des Grundsatzes der verschwiegenen Berufsausübung (→Verschwiegenheitpflicht des Wirtschaftsprüfers) mit dieser nur ein externer WP beauftragt werden, der sich qualifizierter Mitarbeiter zur Wahrnehmung dieser Aufgabe bedienen kann.

Ein weiteres wesentliches Element zur Sicherung der Prüfungsqualität ist die Dokumentation der Ergebnisse in den →Arbeitspapieren des Abschlussprüfers. Die Arbeitspapiere sollen über die Planung und Durchführung der Abschlussprüfung Auskunft geben. Die zur Sicherstellung einer hohen Prüfungsqualität erforderlichen Tätigkeiten sind in den Arbeitspapieren zu dokumentieren.

Thomas M. Orth

Prüfungsrichtlinien

Prüfungsrichtlinien dienen dazu, dem WP/→vereidigten Buchprüfer (vBP) aufzuzeigen, nach welchen allgemein anerkannten Grundsätzen (→Berufsgrundsätze des Wirtschaftsprüfers) die Prüfungstätigkeit durchzuführen ist. Ziel dieser Richtlinien ist die Sicherstellung einer größtmöglichen Qualität (→Prüfungsqualität) und Nachvollziehbarkeit der Abschlussprüfung (→Jahresabschlussprüfung; →Konzernabschlussprüfung). Als Prüfungsrichtlinien können externe Vorgaben durch staatliche Stellen oder die Berufsorganisationen (→Berufsorganisation des Wirtschaftsprüfers) sowie interne Vorgaben durch die WP-Praxis (→Revisions- und Treuhandbetriebe) Verwendung finden.

Für deutsche WP/vBP ist es gängige Praxis, dass sich die Ausübung der beruflichen Tätigkeit an den durch das →*Institut der Wirtschaftsprüfer in Deutschland e.V. (IDW)* herausgegebenen IDW PS und IDW PH orientiert. Obwohl die IDW PS keine gesetzliche Vorgabe darstellen, sind sie dennoch als „Best

Practice" anerkannt und bei gewissenhafter Berufsausübung [§ 43 →Wirtschaftsprüferordnung (WPO)] anzuwenden. Bis 2005 wurden die IDW PS und IDW PH in Anlehnung an die →International Standards on Auditing (ISA) für die deutschen WP/vBP entwickelt und um deutsche Besonderheiten erweitert. Diese Erweiterungen betreffen u. a. die Pflicht zur Prüfung des →Lageberichts und des →Risikomanagementsystems (→Risikomanagementsystem, Prüfung des).

Mit der Modifizierung der Achten RL 84/253/EWG durch die RL 2006/43/EG vom 17.5.2006 (sog. APr-RL) gelten in Europa ab dem 29.6.2008 einheitliche →Prüfungsnormen (→Richtlinien und Verordnungen der Europäischen Union, Bedeutung für Rechnungslegung und Unternehmensüberwachung). Basis für die Normen, die durch die Mitgliedsstaaten der EU umzusetzen sind, bilden die ISA. Das *IDW* hat bereits mit der Übersetzung und ggf. Ergänzung der ISA begonnen. Weiterhin besteht die Möglichkeit, nationale Ergänzungen dieser Prüfungsstandards vorzunehmen. Diese werden durch das *IDW* als IPS gekennzeichnet. Zu erwarten ist, dass das *IDW* sich an der Nummerierung der ISA orientieren wird.

Die externen Prüfungsrichtlinien werden in der Praxis häufig durch interne Richtlinien und →Prüfungsanweisungen ergänzt. Typische Ergänzungen betreffen die Abläufe in der Praxisorganisation sowie die Berücksichtigung branchentypischer Besonderheiten oder verschiedener Mandatsgrößen. Aufgrund der ständigen Weiterentwicklung der externen Prüfungsstandards sollten die internen Richtlinien zur →Prüfungsplanung und Durchführung der Abschlussprüfung (→Auftragsdurchführung) in regelmäßigen Abständen von der Praxisleitung durchgesehen und ggf. ergänzt werden.

Thomas M. Orth

Prüfungsrichtung →Retrograde Prüfung; →Progressive Prüfung

Prüfungsrisiko

Ziel einer Abschlussprüfung (→Jahresabschlussprüfung; →Konzernabschlussprüfung) ist es, die Aussage treffen zu können, dass der Abschluss mit einer vorgegebenen Wahrscheinlichkeit von wesentlichen Fehlern frei ist. I.d.R. wird die angestrebte Wahrscheinlichkeit bei 95% liegen. Die Festlegung der Wesentlichkeitsgrenze (→Wesentlichkeit) ist Gegenstand der fachlichen Beurteilung durch den WP und orientiert sich an den Besonderheiten des zu prüfenden Unternehmens. Als Prüfungsrisiko wird das Risiko bezeichnet, dass der →Abschlussprüfer (APr) versehentlich den →Bestätigungsvermerk (BestV) nicht ergänzt, einschränkt oder versagt, obwohl der geprüfte JA einen für den Adressaten wesentlichen Fehler enthält. Das Prüfungsrisiko setzt sich aus den folgenden Teilrisiken zusammen (IDW PS 260.24):

- inhärentes Risiko (Anfälligkeit eines →Prüffeldes für das Auftreten von Fehlern, die für sich oder zusammen mit Fehlern in anderen Prüffeldern wesentlich sind ohne Berücksichtigung des →Internen Kontrollsystems),
- Kontrollrisiko (Gefahr, dass Fehler, die in Bezug auf ein Prüffeld oder zusammen mit Fehlern aus anderen Prüffeldern wesentlich sind, durch das IKS des Unternehmens nicht verhindert oder aufgedeckt und korrigiert werden) und
- Entdeckungsrisiko (Risiko, dass der APr durch seine Prüfungshandlungen Fehler in der Rechnungslegung nicht entdeckt, die für sich oder zusammen mit anderen Fehlern wesentlich sind).

Die Kombination aus inhärentem Risiko und Kontrollrisiko wird auch als Fehlerrisiko bezeichnet. Das gängige Modell der Prüfungssicherheit leitet das Prüfungsrisiko aus der Kombination von Fehlerrisiko und Entdeckungsrisiko ab (→Prüfungsrisikomodelle). Die entsprechende Formel lautet:

$PR = I \cdot K \cdot E$

PR, I, K und E sind in Prozent ausgedrückt, wobei gilt:

PR = Prüfungsrisiko,
I = inhärentes Risiko,
K = Kontrollrisiko und
E = Entdeckungsrisiko.

Ziel einer Abschlussprüfung ist es, das Prüfungsrisiko durch sinnvolle Kombination von Fehler- und Entdeckungsrisiko auf max. 5% zu reduzieren. Dies geschieht i.d.R. durch eine gezielte Analyse der Prüfungsgebiete und die schrittweise Erlangung der angestrebten Prüfungssicherheit von 95% (= 1 − PR).

Eine inhärente Sicherheit (= 1 − I) liegt vor, wenn trotz der Tätigkeiten des Abschlussprüfers im Rahmen der →Prüfungsplanung keine zusätzlichen Risiken für einzelne Posten des Jahresabschlusses erkannt worden sind. Typische Risikofaktoren, die in dieser Planungsphase untersucht werden, können sein:

- Branchenzugehörigkeit,
- Unternehmensgröße,
- →Kontrollumfeld,
- Veränderungen in den Aufsichtsgremien (→Zusammensetzung von Vorstand und Aufsichtsrat),
- Einstellung der Geschäftsleitung zum IKS und
- unübliche Relationen im JA (→Kennzahlen und Kennzahlensysteme als Kontrollinstrument).

Eine Kontrollsicherheit ist gegeben, wenn der APr feststellt, dass das IKS im Berichtszeitraum wirksam war (→Internes Kontrollsystem, Prüfung des; →Systemprüfung). Die Erlangung einer Kontrollsicherheit erfordert die Durchführung von Aufbauprüfungen (→Aufbauorganisation) und →Funktionsprüfungen (→Kontrollprüfung) (IDW PS 260). Die falsche Einschätzung der Kontrollsicherheit kann dazu führen, dass der WP sich zu Unrecht auf die internen Kontrollen des zu prüfenden Unternehmens verlässt oder dessen Funktionsfähigkeit irrtümlich verneint.

In Abhängigkeit vom Fehlerrisiko sind aussagebezogene Prüfungshandlungen (→ergebnisorientierte Prüfungshandlungen) zu planen und durchzuführen.

Aussagebezogene Prüfungshandlungen können analytisch (→analytische Prüfungshandlungen; IDW PS 312) oder durch die Prüfung einzelner Sachverhalte (→Einzelfallprüfungen) durchgeführt werden. Durch aussagebezogene Prüfungshandlungen ist das Entdeckungsrisiko auf ein akzeptables Maß (in Abhängigkeit von der angestrebten Sicherheit und der Wesentlichkeitsgrenze) zu reduzieren. Kann das Entdeckungsrisiko für einen wesentlichen Posten nach Einschätzung des Wirtschaftsprüfers nicht angemessen durch aussagebezogene Prüfungshandlungen reduziert werden, ist der BestV einzuschränken oder zu versagen (IDW PS 260.78).

In Anlehnung an die Begriffe aus der Statistik wird häufig zwischen einem Alpha-Risiko und einem Beta-Risiko unterschieden. Das Alpha-Risiko besagt, dass der tatsächliche Zustand des Prüffeldes ordnungsgemäß ist, der WP jedoch irrtümlich das Prüffeld ablehnt. Das Beta-Risiko besagt, dass das Prüffeld tatsächlich fehlerbehaftet ist, dies jedoch vom WP dennoch als richtig akzeptiert wird (→Fehlerarten in der Abschlussprüfung). Für den WP schwerwiegender ist das Beta-Risiko, da hier das Risiko besteht, dass ein solches Risiko unentdeckt bleibt und weitere Prüfungshandlungen damit nicht durchgeführt werden.

Das beschriebene Modell der Prüfungssicherheit ist Basis der heute vielfach verwendeten risiko- und prozessorientierten Prüfungsansätze. Grundlage dieser Prüfungsansätze ist eine empirische Fehlerstudie, die besagt, dass mit der Auswahl bestimmter Prüfungshandlungen (→Auswahl von Prüfungshandlungen) die erforderliche Prüfungssicherheit nur in begrenztem Umfang erreicht werden kann. So ist es z. B. nicht möglich, durch die zur Erlangung einer inhärenten Sicherheit verwendeten Verfahren mehr als ca. 60% der Prüfungssicherheit zu erzielen. Daher wird es als effizient angesehen, die Funktionsfähigkeit des Internen Kontrollsystems zur Erlangung einer angemessen Prüfungssicherheit ebenfalls zu berücksichtigen. Jedoch kann auch die Einbeziehung des Internen Kontrollsystems des zu prüfenden Unternehmens nicht zu der durch den WP angestrebten Prüfungssicherheit führen. Darüber hinaus ist in manchen Unternehmen das IKS nicht in angemessener Form funktionsfähig bzw. dokumentiert, so dass eine Kontrollsicherheit in diesen Fällen nicht erzielt werden kann. Die noch fehlenden Sicherheitsgrade sind daher zwingend durch aussagebezogene Prüfungshandlungen zu erlangen.

Nur bei der Durchführung von aussagebezogenen Prüfungshandlungen können statistisch abgesicherte Verfahren verwendet werden, die die Analyse der Stichprobe (→Stichprobenprüfung) ermöglichen. In diesen abgegrenzten Fällen kann durch Hochrechnung eine statistisch gesicherte Aussage über den Fehler in der Grundgesamtheit erfolgen. Gängiges Auswahlverfahren ist das sog. Dollar-Unit-Sampling Verfahren, bei der die Wahrscheinlichkeit, dass ein Sachverhalt in die Stichprobe kommt mit dessen betragsmäßiger Größe zunimmt.

In allen anderen Fällen muss der WP durch seine fachliche Beurteilung festlegen, ob die angestrebte Prüfungssicherheit erreicht worden ist.

Literatur: IDW (Hrsg.): IDW Prüfungsstandard: Das interne Kontrollsystem im Rahmen der Abschlussprüfung (IDW PS 260, Stand: 2. Juli 2001), in: WPg 54 (2001), S. 821–830; IDW (Hrsg.): IDW Prüfungsstandard: Analytische Prüfungshandlungen (IDW PS 312, Stand: 2. Juli 2001), in: WPg 54 (2001), S. 903–906.

Thomas M. Orth

Prüfungsrisikomodelle

Zweck der Prüfungsrisikomodelle ist eine über wahrscheinlichkeitstheoretische Zusammenhänge definierte Verdichtung von Fehler- und Entdeckungsrisiko zum →Prüfungsrisiko. Prüfungsrisikomodelle sind im Rahmen der →Prüfungsplanung als wesentliches Bindeglied im Prozess der Verknüpfung subjektiver Schätzungen mit vorgegebenen Parametern im Hinblick auf die Ableitung operationaler Planungsgrößen für die Phase der Prüfungsdurchführung (→Prüfungsprozess; →Auftragsdurchführung) zu interpretieren. Ziel ist es, dem →Abschlussprüfer (APr) mögliche Konsequenzen für die Bestimmung von Art und Umfang der Prüfungshandlungen (→Auswahl von Prüfungshandlungen) aufzuzeigen und auf diese Weise die Prüfungsplanung (→Prüfungsplanung, Erfassung von Unschärfe und Unsicherheit) nachhaltig zu verbessern (IDW 2000, S. 1709). Dabei werden Modelle auf der Basis des *Bayes-Theorems* im Folgenden als *a-posteriori*, andere als *a-priori*, oder, wie in der US-amerikanischen Literatur, als *Joint-Risikomodelle* bezeichnet.

Die A-priori-Modelle gehen auf die Veröffentlichungen des amerikanischen Berufsstandes →*American Institute of Certified Public Accountants* (*AICPA*) SAS 39 bzw. SAS 47 aus dem Jahre 1983 zurück. Sie sind wie folgt definiert (s. auch IDW 2000, S. 1709):

$AR = ER \cdot DR$

$AR = IR \cdot CR \cdot DR$

$AR = IR \cdot CR \cdot ARR \cdot TR$

$TR = \dfrac{AR}{(IR \cdot CR \cdot ARR)}$

In den Gleichungen gilt:

AR = Audit Risk (Prüfungsrisiko),

ER = Error Risk (Fehlerrisiko),

DR = Risiko, dass auftretende Fehler nicht durch materielle Prüfungshandlungen entdeckt werden (Detection Risk oder Entdeckungsrisiko),

IR = Risiko des Auftretens von Fehlern in einem Prüffeld (Inhärentes Risiko),

CR = Risiko, dass auftretende Fehler nicht durch das IKS entdeckt werden (Control Risk oder Kontrollrisiko),

ARR = Risiko, dass verbleibende Fehler, die nicht durch das IKS entdeckt wurden, nicht mithilfe analytischer Prüfungshandlungen aufgedeckt werden (Analytical Review Risk),

TR = Stichprobenrisiko im Zusammenhang mit der Zufallsauswahl bei der Anwendung von statistischen Testverfahren (Test-Risk).

Die Aufteilung des inhärenten Risikos in seine Bedingungen und Charakteristika (IR_b; IR_c) ist auch vor dem Hintergrund der teilweise nicht gegebenen Unabhängigkeit des inhärenten Risikos vom Kontrollrisiko eine Möglichkeit zur exakteren Erfassung der Risikosituation des Abschlussprüfers. Das beschriebene Modell wird mithin durch die Einführung einer im mathematisch-statistischen Sinne sog. „oder-Verknüpfung" modifiziert (s. auch Zaeh 1998, S. 299).

$AR = (g_1 \cdot IR_b + g_2 \cdot IR_c \cdot CR) \cdot ARR \cdot TR$

$TR = \dfrac{AR}{[(g_1 \cdot IR_b + g_2 \cdot IR_c \cdot CR) \cdot ARR]} = \beta$

mit $g_1 + g_2 = 1$

Die Einstufung des Kontroll- und des inhärenten Risikos in die ordinalskalierten Kategorien hoch (metrisch, z. B. 100%), mittel (metrisch, z. B. 75%) und gering (metrisch, z. B. 50%) erlaubt auf diesem Wege eine Aussage über die Höhe des akzeptablen Entdeckungsrisikos, das ebenso qualitativ wie auch quantitativ beurteilt werden kann. Ein Entdeckungsrisiko in Höhe von 20% deutet hier auf die mögliche Einschränkung materieller Prüfungshandlungen (→materielle Prüfung) als zentrale Zielsetzung des →risikoorientierten Prüfungsansatzes hin. Auf der Basis dieser Einschätzung obliegt es mithin dem Prüfer, nach subjektivem Ermessen (→Eigenverantwortlichkeit des Wirtschaftsprüfers) über Art und Intensität der anzuwendenden Prüfungsmethoden und -handlungen (→analytische

Prüfungshandlungen; → ergebnisorientierte Prüfungshandlungen; → Nachweisprüfungshandlungen) zu entscheiden. Das Prüfungsrisikomodell dient i. S. e. Erklärungsmodells lediglich als Anhaltspunkt für die weitere Vorgehensweise im → Prüfungsprozess. Bei → Prüffeldern hingegen, die auf der Basis der mathematisch-statistischen Zufallsauswahl bzw. der bewussten Auswahl geprüft werden, besteht grundsätzlich die Möglichkeit, das im Modell berechnete Stichprobenrisiko (TR) direkt in die Bestimmungsgleichung des Stichprobenumfangs zu integrieren (→ Stichprobenprüfung). Auf diese Weise ist eine in sich geschlossene, prozessorientierte und aus Anwendersicht überzeugende Verknüpfung der Risikoeinschätzung des Abschlussprüfers mit der Planung des Prüfungsumfangs (→ Prüfungsprogramm) i. S. e. Entscheidungsmodells gegeben.

Um die Prüfungssituation exakter abzubilden, insb. um einen eindeutigen theoretischen Zusammenhang zwischen subjektiven Schätzungen von Fehlerwahrscheinlichkeiten und objektiven Stichprobenrisiken herzustellen, wird in der Literatur vorgeschlagen, das *Bayes-Theorem* als Basis für die Entwicklung eines Prüfungsrisikomodells heranzuziehen (s. zu den Grundlagen des Bayesschen Theorems Zaeh 1998, S. 303). Hier gilt: AR = Wahrscheinlichkeit, dass ein nicht ordnungsgemäßes Prüffeld trotz der Prüfungshandlungen angenommen wird.

Im Prüfungsprozess treten, unabhängig von der Entscheidung des Abschlussprüfers über die Annahme bzw. Ablehnung des entsprechenden Prüffeldes, grundsätzlich folgende Ereignisse mit den zugehörigen Wahrscheinlichkeiten (W) auf:

1) Ein Fehler tritt nicht auf; W = (1−IR);
2) Ein Fehler tritt auf und wird durch das → Interne Kontrollsystem (IKS) aufgedeckt; W = IR · (1−CR);
3) Ein Fehler tritt auf und wird nicht durch das IKS, jedoch durch den Prüfer aufgedeckt; W = IR · CR · (1−DR);
4) Ein Fehler tritt auf und wird weder durch das IKS, noch durch den Prüfer aufgedeckt; W = IR · CR · DR.

Bzgl. der aufgeführten Fälle kann die oben definierte bedingte Wahrscheinlichkeit des A-posteriori-Prüfungsrisikos formal wie folgt ausgedrückt werden (das Zeichen „/" ist als „unter der Bedingung, dass" zu interpretieren):

AR = W (inkorrekte Annahme des Prüffeldes)/W (Annahme des Prüffeldes)

AR = W (inkorrekte Annahme des Prüffeldes)/[W (inkorrekte Annahme des Prüffeldes) + W (korrekte Annahme des Prüffeldes)]

AR = [IR · CR · DR]/[IR · CR · DR+(1−α) · (1−IR · CR)]

Dabei bezeichnet der α-Fehler die Wahrscheinlichkeit, dass der Prüfer ein fehlerfreies Prüffeld irrtümlich ablehnt.

Diese Interpretation des A-posteriori-Prüfungsrisikos beruht auf der Prämisse, dass die durch das IKS aufgedeckten Fehler im Vorfeld der Prüfung korrigiert werden. Daher ist in diesem Fall das Prüffeld grundsätzlich als fehlerfrei zu beurteilen. Geht man im Gegensatz dazu davon aus, dass der Prüfer ein derartiges Prüffeld grundsätzlich ablehnt, und ist ferner der α-Fehler gleich null, d. h. ein fehlerfreies Prüffeld wird stets korrekt angenommen und nicht irrtümlich abgelehnt, so gilt:

AR = [IR · CR · DR]/[IR · CR · DR+(1−IR)]

Auch hier besteht wiederum die Möglichkeit der Aufspaltung des inhärenten Risikos in seine Bedingungen und Charakteristika (s. oben).

In einer vergleichenden Analyse des A-priori- und des A-posteriori-Prüfungsrisikomodells wird der wesentliche Unterschied deutlich. Im Kern geht es um die im Zusammenhang mit dem *Bayes-Theorem* erläuterte Differenzierung der bedingten Wahrscheinlichkeiten zur Ableitung von a-posteriori Informationen:

- A-priori-Irrtumswahrscheinlichkeit: Wahrscheinlichkeit der Annahme eines Prüffeldes unter der Bedingung der Gültigkeit der Gegenhypothese [W(Ann./H_1)] und

- A-posteriori-Irrtumswahrscheinlichkeit: Wahrscheinlichkeit der Gültigkeit der Gegenhypothese unter der Bedingung der Annahme eines Prüffeldes [W(H_1/Ann.)].

Hierdurch kommt die in den unterschiedlichen Phasen der Abschlussprüfung (→ Jahresabschlussprüfung; → Konzernabschlussprüfung) ermittelte subjektive Einschätzung des Prüfers bzw. der daraus abgeleitete Sicherheitsgrad des Urteils zum Ausdruck. Beim A-posteriori-Modell wird die Wahrscheinlichkeit berechnet, dass nach dem Vorliegen der Stichprobenergebnisse (ex-post) ein Prüffeld nicht ordnungsgemäß ist, obwohl es tatsächlich angenommen wurde [Wahrscheinlichkeit der irrtümlichen Annahme dividiert durch Wahrscheinlichkeit der Annahme (irrtümliche Annahme zzgl. korrekte Annahme)]. Die Ermittlung der Wahrscheinlichkeit der irrtümlichen Annahme ist mithin auf die Menge der (korrekt bzw. inkorrekt) angenommenen Prüffelder bezogen. Diese Wahrscheinlichkeit ist die Komplementärgröße einer sog. Ex-post-Urteilssicherheit und bezieht sich exakt auf das für den APr kritische Prüfungsrisiko (Quick 1991, S. 78). Die Tatsache, dass das in Rede stehende Modell auf eine Ex-post-Betrachtung abstellt, schließt jedoch nicht aus, dass unter der Vorgabe einer a-posteriori einzuhaltenden Urteilssicherheit die Bestimmungsgrößen des ex-ante erforderlichen Prüfungsumfangs mittels des Modells berechnet werden können.

Die A-priori-Wahrscheinlichkeit hingegen drückt die im Vorfeld der Prüfungsdurchführung geschätzte „kombinierte" Wahrscheinlichkeit aus, wesentliche Fehler in einem Prüffeld nicht aufzudecken (ex-ante irrtümliche Annahme) (Buchner 1997, S. 164). In diesem Fall wird die Menge möglicher Ereignisse auf die beiden Teilmengen *Aufdeckung* (korrektes Urteil) bzw. *Nichterkennung* (inkorrektes Urteil) eines Fehlers beschränkt (→Fehlerarten in der Abschlussprüfung). Die zu letzterer Menge korrespondierende Wahrscheinlichkeit ist mithin lediglich Ausdruck eines undifferenzierten Prüfungsrisikos, da die Bedingung der Annahme eines Prüffeldes nicht explizit Eingang in das Modell findet (Quick 1991, S. 77). Hierdurch ist u. a. die Berücksichtigung des Alpha-Risikos als Bestandteil des (wahren) Prüfungsrisikos ausgeschlossen, was erhebliche Auswirkungen auf die Sicherheit des Urteils mit sich bringt. Aus den genannten Gründen muss das A-posteriori-Modell als dasjenige betrachtet werden, das die Risikosituation des Abschlussprüfers im Prüfungsprozess exakter widerspiegelt (Stibi 1995, S. 233). Interessant ist in diesem Zusammenhang vor allem die trotz identischer Parameter ausgeprägte Abweichung des Stichprobenrisikos beim A-priori- im Vergleich zum A-posteriori-Prüfungsrisikomodell. Dieser Unterschied ist umso größer, je höher das Fehlerrisiko ist (Quick 1991, S. 78). Der daraus resultierende Prüfungsumfang differiert mithin erheblich. Hieraus lässt sich folgern, dass das A-posteriori-Modell „strengere" Maßstäbe für die Einhaltung einer vorzugebenden Urteilssicherheit anlegt (Buchner 1997, S. 164). Eine vertiefende vergleichende Analyse der in Rede stehenden Modelle findet sich bei *Quick* (Quick 1996, S. 169 – 177).

Die Ableitung quantitativer Aussagen über die Höhe des Beta-Fehlers mittels der Prüfungsrisikomodelle ist in der Literatur nicht unumstritten. Insb. ist zu konstatieren, dass aufgrund der ihnen zugrunde liegenden *Schätzproblematik* eine quantitative Interpretation des Entdeckungsrisikos i.V.m. der gewonnenen objektiven Urteilssicherheit aus dem statistischen Test unmöglich zu sein scheint (IDW 2000, S. 1709).

Die Ermittlung der den Prüfungsrisikomodellen zugrunde liegenden Teilrisiken richtet sich nach empirisch erzielbaren Kriterien. Die Beurteilung von deren Ausprägung (z. B. schwach, mittel, stark) unterliegt im Wesentlichen der subjektiven Einschätzung des mit der Planung und Durchführung eines Mandats beauftragten Prüfers. Fraglich ist mithin, ob die Verwendung subjektiver Wahrscheinlichkeiten in den Modellen zur Berechnung des Prüfungsrisikos grundsätzlich zulässig ist, denn diese Vorgehensweise birgt die Gefahr in sich, die Ergebnisse des Beurteilungsprozesses fälschlicherweise als objektiv richtig zu interpretieren (Buchner 1997, S. 163 f.). Insb. im Falle der erwähnten *Nachschau* bzw. des →Peer Review (→Qualitätskontrolle in der Wirtschaftsprüfung) ist damit zu rechnen, dass unterschiedliche Prüfer bei gleicher Sachlage zu anderen Einschätzungen gelangen, wodurch die Objektivität des Urteils (→Prüfungsurteil) faktisch verwässert wird.

Ferner wird die Tatsache, dass die Teilrisiken als Komponenten des Prüfungsrisikomodells nicht wechselseitig voneinander *unabhängig* zu sein scheinen, was im übrigen eine elementare Voraussetzung für die aus mathematisch-statistischer Sicht vorgenommene multiplikative Verknüpfung der Wahrscheinlichkeiten verkörpert, in der Literatur als zentrale methodische Schwäche der Prüfungsrisikomodelle angeführt (Buchner 1997, S. 163 f.). Die Erreichung des Prüfungsziels ist ein in hohem Maße unscharfer und schwer standardisierbarer Prozess, da sich die Prüfung u. a. auf sog. nicht-routinemäßige Verarbeitungsprozesse sowie

Beurteilungs- und Schätzvorgänge bezieht, deren Bewertung von den spezifischen Konstellationen des zu prüfenden Unternehmens abhängt. Das Ziel des risikoorientierten Prüfungsansatzes in diesem Sinne ist es nicht, ein unternehmensübergreifendes, standardisiertes →Prüfungsprogramm vorzugeben, sondern vielmehr eine grundlegende Struktur des Beurteilungsprozesses mittels anerkannter bzw. empirisch fundierter Kriterien aufzuzeigen. Die Orientierung des Prüfungsvorgehens am Prüfungsrisiko muß daher so flexibel und dennoch systematisch strukturiert gestaltet werden, dass zum einen aktuelle Entwicklungen und zum anderen die Stärken und Schwächen des Prüfers im Prozess der Prüfungsplanung und -durchführung explizit berücksichtigt werden können (Peemöller 1993, S. 701).

Im Ergebnis ist festzuhalten, dass die Notwendigkeit der Verwendung subjektiver Wahrscheinlichkeiten und Vorinformationen im Prüfungsprozess im Charakter der Abschlussprüfung selbst zu suchen und daher durchaus sinnvoll und sogar wünschenswert ist, jedoch darf die im (risikoorientierten) Prüfungsprozess gewonnene Urteilssicherheit nicht als objektiv richtig und intersubjektiv verifizierbar fehlinterpretiert werden. Sie muß hingegen als subjektive Größe Charakteristikum prüferischen Ermessens bleiben (Buchner 1997, S. 163 f.). Die Entscheidungen des Revisors sind mithin aufgrund des Wesens der Abschlussprüfung grundsätzlich nicht objektivierbar. Der primäre Nutzen der vorgestellten Modelle ist vielmehr darin zu sehen, die im Prüfungsprozess gewonnenen Informationen in einen sachlich begründbaren, funktionalen Zusammenhang zu stellen.

Literatur: Buchner, R.: Wirtschaftliches Prüfungswesen, 2. Aufl., München 1997; IDW (Hrsg.): WPH 2000, Band I, 12. Aufl., Düsseldorf 2000; Peemöller, V. H.: Entwicklung von Prüfungsstrategien, in: WISU 22 (1993), S. 701–709; Quick, R.: Grundsätze ordnungsmäßiger Inventurprüfung. Ein Beitrag zur Bestandsprüfung der Vorräte im Rahmen der handelsrechtlichen Jahresabschlußprüfung, Düsseldorf 1991; Quick, R.: Die Risiken der Jahresabschlußprüfung, Düsseldorf 1996; Stibi, E.: Prüfungsrisikomodell und Risikoorientierte Abschlußprüfung, Düsseldorf 1995; Zaeh, P. E.: Entscheidungsunterstützung in der Risikoorientierten Abschlußprüfung. Prozessorientierte Modelle zur EDV-technischen Quantifizierung der Komponenten des Prüfungsrisikos unter besonderer Würdigung der Fuzzy-Logic, Landsberg am Lech 1998.

Philipp E. Zaeh

Prüfungsschwerpunkte →Rotationsplan

Prüfungssicherheit →Stichprobenprüfung; →Risikoorientierter Prüfungsansatz; →Prüfungsrisiko

Prüfungssoftware

Die systematische und leicht nachvollziehbare Dokumentation und Durchführung des →Prüfungsprozesses erfolgt i. d. R. nicht mehr über eine Dokumentation in Papierform, sondern mit Unterstützung von Prüfungssoftware. Wesentliche Ursache dafür sind immer komplexer werdende Prozesse im Unternehmen, die Zunahme des Datenvolumens und nicht zuletzt aufsichtsrechtliche Anforderungen an den WP/→vereidigten Buchprüfer (vBP) bzgl. der Nachvollziehbarkeit einzelner Prüfungsschritte (→Berufsaufsicht für Wirtschaftsprüfer, national; →Berufsaufsicht für Wirtschaftsprüfer, international).

Zwei Formen der Prüfungssoftware können unterschieden werden. Zum einen Software, die den gesamten Prozess der →Prüfungsplanung und -durchführung (→Auftragsdurchführung) unterstützt und zum anderen Software, die zur Durchführung einzelner Prüfungsschritte eingesetzt wird. Durch den Einsatz von Prüfungssoftware können einzelne Prüfungsschritte effizienter bearbeitet werden. Darüber hinaus ist, insb. bei der Prüfung von Verstößen (→Unregelmäßigkeiten; →Unregelmäßigkeiten, Aufdeckung von), eine →lückenlose Prüfung möglich. Ein weiteres Ergebnis des Einsatzes von Prüfungssoftware ist die Sicherstellung einer stringenten Einhaltung der jeweils aktuellen Prüfungsstandards sowie die Verbesserung der Qualität der Prüfung (→Prüfungsqualität).

Typische Software zur Unterstützung der Prüfungsdurchführung (→IT-gestützte Prüfungsdurchführung) lässt sich kategorisieren in:

- Tabellenkalkulationsprogramme (z. B. *Excel*),
- Datenbankprogramme (z. B. *Access*),
- Visualisierungsprogramme zur Darstellung von Prozessen (z. B. *Visio*) und
- Auswahlprogramme (z. B. *DataImport, Monarch*).

Darüber hinaus wurde in den letzten Jahren spezielle Software zur Durchführung einzel-

Prüfungssoftware

ner Prüfungsschritte entwickelt. Beispiele dafür sind:

- *ACL* (Adit Command Language),
- *ARIS* (Architektur Integrierter Informationssysteme),
- *IDEA* (Interactive Data Extraction & Analysis).

Des Weiteren haben insb. die größeren WPGes (→Revisions- und Treuhandbetriebe) eigene Datenbanken zur Prüfung von Prozessen (→Geschäftsprozesse) entwickelt. Die Datenbanken sind jeweils an die zu prüfenden IT-Umgebungen (→IT-Umfeld) angepasst. So gibt es spezielle Entwicklungen zur Prüfung von *SAP*, *Navision*, *Peoplesoft* oder *Oracle*.

Auf dem Markt erhältliche Programme wie *AUDICON* oder *FAMA PC* verfolgen den Ansatz der Unterstützung der gesamten Prüfungsplanung und -durchführung. Letztlich haben auch große Softwarehäuser eigene Tools zur Durchführung von Prüfungshandlungen entwickelt, so z. B. *SAP* das „Audit Information System". Auch die *DATEV* stellt spezielle Systeme zur Prüfung der Buchhaltungsunterlagen bereit („Abschlussprüfung comfort").

Im Folgenden soll das Konzept der Prüfungssoftware zur Unterstützung der gesamten Prüfungsplanung und -durchführung dargestellt werden (→IT-gestützte Prüfungsdurchführung).

Die Aktivitäten vor der Auftragsannahme (→Auftragsannahme und -fortführung) und die Planung der Abschlussprüfung (→Prüfungsplanung; →Jahresabschlussprüfung; →Konzernabschlussprüfung) erfordern die systematische Zusammenstellung von Informationen über das Unternehmen. Erkannte Risiken müssen dokumentiert werden und der WP/vBP muss eine geeignete Reaktion auf erkannte Risiken entwickeln (→risikoorientierter Prüfungsansatz). Die Prüfungssoftware unterstützt die Abschlussprüfung, indem erkannte Risiken systematisch erfasst sowie gewichtet und aufbereitet werden. Moderne Prüfungssoftware unterstützt auch den Prozess der Aufteilung von Prüfungsgebieten (→Prüffelder) auf einzelne Prüfer, indem Möglichkeiten zum Datenaustausch angeboten werden. Letztlich werden „Views" oder Auswertungen angeboten, die es dem verantwortlichen WP/vBP ermöglichen, in kurzer Zeit einen Überblick über den Stand der Pla-

nungsaktivitäten zu erlangen. Tools zur quantitativen Ermittlung der Wesentlichkeitsgrenze (→Wesentlichkeit) und zur Durchführung einer substanziellen analytischen Durchsicht (→analytische Prüfungshandlungen) sind weitere wichtige Bestandteile moderner →Prüfungsprogramme.

Die Durchführung von Abschlussprüfungen (→Auftragsdurchführung) wird unterstützt, indem Datenbanken zur Prüfung des →Internen Kontrollsystems (→Internes Kontrollsystem, Prüfung des; →Systemprüfung) bereitgestellt werden. Mithilfe dieser Datenbanken ist es möglich, einen →Soll-Ist-Vergleich durchzuführen, Schwachstellen im IKS aufzuzeigen und ggf. Verbesserungsvorschläge zu entwickeln. Auch hier eignet sich die Prüfungssoftware zur Erstellung einer Übersicht über den aktuellen Bearbeitungsstand.

Des Weiteren werden in dieser Prüfungsphase →Prüfungschecklisten zur Durchführung der aussagebezogenen Prüfungshandlungen (→ergebnisorientierte Prüfungshandlungen) eingesetzt. Moderne Prüfungssoftware kann den Aufwand der Aktualisierung der Checklisten auf ein Minimum reduzieren. Dadurch wird gewährleistet, dass die Prüfung nach einheitlichen Qualitätsstandards (→Prüfungsqualität) und nach den aktuell gültigen Prüfungsstandards (→Verlautbarungen des Instituts der Wirtschaftsprüfer in Deutschland e.V.) durchgeführt wird. Die Checklisten können häufig an die Größe des zu prüfenden Unternehmens angepasst werden, sodass überflüssige Arbeiten entfallen können bzw. die Checklisten bei Spezialfragen ausgeweitet werden können.

Prüfungssoftware stellt darüber hinaus häufig die Möglichkeit zur Aufbereitung des Buchungsstoffes auf dem PC zur Verfügung. Dies können komplexe Tools zur Erstellung von Jahres- oder Konzernabschlüssen oder einfache Tools zur Erfassung von Nachbuchungslisten sein.

Auch die lückenlose Prüfung des Buchungsstoffes auf dem PC kann durch Prüfungssoftware erfolgen. Durch die Integration der Software in das Prüfungsprogramm ist eine nochmalige Erhöhung der Transparenz aller Prüfungsschritte gegeben.

Prüfungssoftware unterstützt in der Schlussphase der Prüfung den Reviewprozess. Gerade jetzt kommt es darauf an, erkannte Risiken systematisch zu verfolgen und ggf. prüferische Konsequenzen aus den Risiken zu ziehen (→risikoorientierter Prüfungsansatz). Durch geeignete Zusammenfassungen kann der verantwortliche WP den aktuellen Stand der Bearbeitung erkennen und ggf. korrigierend eingreifen. Auch die systematische Zusammenfassung von Prüfungsfeststellungen durch die Prüfungssoftware wird häufig genutzt und erhöht die Transparenz und Qualität der Abschlussprüfung. Durch den Einsatz der Prüfungssoftware wird gewährleistet, dass die Kriterien zur Auswahl einzelner Stichprobenelemente (→Stichprobenprüfung) in Abhängigkeit von der erforderlichen Sicherheit und der Wesentlichkeitsgrenze (→Wesentlichkeit) jederzeit erkennbar sind.

Eine integrierte Software zur Berichterstattung [→Prüfungsbericht (PrB)] rundet das Angebot des Prüfungsprogramms ab. Dadurch wird gewährleistet, dass die Zahlen des Berichts unmittelbar aus der Dokumentation der Abschlussprüfung (→Arbeitspapiere des Abschlussprüfers) abgeleitet werden.

Der Einsatz einer Prüfungssoftware zur →Qualitätssicherung ermöglicht eine schnelle und zeitnahe Durchsicht der Prüfungsergebnisse und letztlich eine zügige Freigabe des →Prüfungsberichts mit dem →Bestätigungsvermerk (BestV). Auch in dieser Phase macht sich der Einsatz einer Prüfungssoftware während der gesamten Prüfung bezahlt, da jetzt die einzelnen Prüfungsschritte und deren Zustandekommen nochmals in kurzer Zeit nachvollzogen werden können. Dadurch kann durch einen sachverständigen Dritten leicht festgestellt werden, ob die Abschlussprüfung nach den Prüfungs- und Qualitätsstandards (→Prüfungsqualität) des Berufsstandes geplant und durchgeführt worden ist.

Thomas M. Orth

Prüfungsstrategie

Die Prüfungsstrategie ist ein integraler Bestandteil der →Prüfungsplanung, welche aus der Entwicklung einer Prüfungsstrategie und der auf ihr aufbauenden Erstellung eines →Prüfungsprogramms besteht.

Die Prüfungsstrategie umfasst die Grundsatzentscheidungen des →Abschlussprüfers über die prinzipielle Vorgehensweise bei einer Abschlussprüfung (→Jahresabschlussprüfung; →Konzernabschlussprüfung). Hierbei lassen sich zwei *Formen der Prüfungsstrategie* unterscheiden:

1) die ergebnisorientierte Prüfungsstrategie (→Balance Sheet Auditing) und

2) die systemorientierte Prüfungsstrategie (→Transaction Flow Auditing und Value Auditing).

Die historisch ältere Form, die ergebnisorientierte Prüfungsstrategie, orientiert sich ausschließlich an dem zu prüfenden JA. Dabei stehen die Prüfung des Ansatzes (→Ansatzgrundsätze), der Bewertung (→Bewertungsgrundsätze; →Bewertungsprüfung) und des Ausweises einzelner Bilanzpositionen im Mittelpunkt. Die Prüfungshandlungen bestehen in der unmittelbaren Beurteilung der Ordnungsmäßigkeit (→Ordnungsmäßigkeitsprüfung) der in den Einzelkonten bzw. Jahresabschlusspositionen ausgewiesenen →Vermögensgegenstände und →Schulden sowie →Aufwendungen und Erträge. Aufgrund der Zunahme des Umfangs und der Komplexität der Abschlussprüfung erfolgte ein Wandel zur systemorientierten Prüfungsstrategie (→Systemprüfung). Diese Form der Prüfung konzentriert sich bei der Beurteilung der Ordnungsmäßigkeit des Jahresabschlusses auf das für die Verarbeitungsergebnisse verantwortliche Verarbeitungs- und →Kontrollsystem des zu prüfenden Unternehmens. Dieser Prüfungsstrategie liegt u. a. die Erkenntnis zugrunde, dass der Umfang von →ergebnisorientierten Prüfungshandlungen (→analytische Prüfungshandlungen und →Einzelfallprüfungen) erheblich reduziert werden kann, sofern ein →Internes Kontrollsystem (IKS) besteht, dessen Wirksamkeit in Funktionstests (→Funktionsprüfung; →Kontrollprüfung) überprüft worden ist (→Internes Kontrollsystem, Prüfung des). Bei der systemorientierten Prüfungsstrategie kommt eine Entwicklung zur Risikoorientierung zum Ausdruck, welche sich im →risikoorientierten Prüfungsansatz widerspiegelt.

Insb. im Rahmen des risikoorientierten Prüfungsansatzes hat die Erarbeitung und Umsetzung einer Prüfungsstrategie eine zentrale Bedeutung. Bei der Entwicklung der Prüfungsstrategie muss der APr eine detaillierte Einschätzung des →Prüfungsrisikos vornehmen, Wesentlichkeitsgrenzen (→Wesentlichkeit) festlegen sowie erste Plausibilitätsbeurteilun-

Prüfungsstrategie

gen (→Plausibilitätsprüfungen), z. B. anhand eines →Zwischenabschlusses und dem Vergleich mit den entsprechenden Vorjahresdaten (→zeitlicher Vergleich), durchführen (→Verprobung). Aus der Prüfungsstrategie ergeben sich die jeweiligen Prüfungshandlungen (→Auswahl von Prüfungshandlungen). Kriterium für die Bestimmung von Art und Umfang der vorzunehmenden Prüfungshandlungen ist das Risiko von wesentlichen Fehlern oder Verstößen (→Unregelmäßigkeiten) innerhalb der Rechnungslegung in den einzelnen →Prüffeldern (→Prüfungsrisiko). Das Prüfungsrisiko (AR) setzt sich aus drei Teilrisiken zusammen:

1) dem inhärenten Risiko (IR),
2) dem Kontrollrisiko (CR) und
3) dem Entdeckungsrisiko (DR).

Es gilt hierbei folgender Zusammenhang:

$AR = IR \cdot CR \cdot DR$.

Unter dem Begriff *inhärentes Risiko* wird das Risiko verstanden, dass gewollt oder ungewollt aus dem Unternehmen selbst oder aus seiner Umgebung wesentliche Fehler im JA auftreten können. Bei der Beurteilung des inhärenten Risikos bleibt die Wirksamkeit interner Kontrollen, die Fehler verhindern, entdecken oder korrigieren, außer Betracht. Als *Kontrollrisiko* wird das Risiko bezeichnet, dass wesentliche Fehler oder Mängel sowie Verstöße bei Geschäftsvorfällen oder Beständen nicht durch das IKS des Unternehmens verhindert oder entdeckt werden. *Entdeckungsrisiko* ist das Risiko, dass die durchgeführten aussagebezogenen Prüfungshandlungen (→ergebnisorientierte Prüfungshandlungen) nicht zur Aufdeckung eines wesentlichen Fehlers im jeweiligen Prüffeld führen. Der APr hat im Rahmen seiner Prüfung eine fundierte Einschätzung des inhärenten Risikos und des Kontrollrisikos vorzunehmen. In Abhängigkeit dieser Einschätzung ist der Umfang der aussagebezogenen Prüfungshandlungen zu bestimmen. Während also das inhärente Risiko und das Kontrollrisiko vom APr zwar einschätz- bzw. prüfbar, aber nicht beeinflussbar sind, hängt das Entdeckungsrisiko vom Umfang der Prüfungshandlungen des Abschlussprüfers ab und kann von diesem maßgeblich beeinflusst werden. Je höher das inhärente Risiko und das Kontrollrisiko eingeschätzt werden, desto umfangreicher müssen aussagebezogene Prüfungshandlungen geplant und durchgeführt werden, um das Prüfungsrisiko zu minimieren und umgekehrt. Die Einschätzung des Entdeckungsrisikos ist als dynamischer Prozess anzusehen, da der APr bei der Durchführung von Funktionstests und aussagebezogenen Prüfungshandlungen neue Erkenntnisse erlangen kann, die zu einer Änderung der Einschätzung der Risiken führen.

Die *Festlegung von Wesentlichkeitsgrenzen* muss gewährleisten, dass durch Art und Umfang der vorzunehmenden Prüfungshandlungen Fehler in der Rechnungslegung, die allein oder zusammen mit anderen Fehlern wesentlich sind, entdeckt werden. Ein Fehler ist dann als wesentlich einzustufen, wenn er, aufgrund seiner Art oder Bedeutung alleine oder zusammen mit anderen Fehlern, das Urteil eines Dritten, der sich auf die Informationen aus diesem JA verlässt, erheblich beeinflusst und ggf. zu Entscheidungen führt, die er auf Basis eines ordnungsgemäßen Jahresabschlusses nicht getroffen hätte.

Bei der Durchführung einer ersten *Plausibilitätsbeurteilung* versucht der APr u. a. durch Vorjahresvergleiche (→zeitlicher Vergleich) oder Kennzahlenanalysen (→Kennzahlen und Kennzahlensysteme als Kontrollinstrument) Hinweise auf Prüffelder zu erhalten, die erhöhte Risiken aufweisen, die zu wesentlichen Fehlern im JA führen können. Hat der APr hierbei auffällige Abweichungen festgestellt (→Soll-Ist-Vergleich; →Abweichungsanalyse), müssen im Rahmen der Prüfungsplanung für die betroffenen Prüffelder Prüfungshandlungen festgelegt werden, die nach Art und Umfang geeignet sind, das identifizierte Risiko zu minimieren.

Die im Rahmen der Prüfungsplanung gewonnenen Erkenntnisse stellen die Grundlage für die Entwicklung einer Prüfungsstrategie dar. Diese ist dynamisch und muss ggf. während der Prüfungsdurchführung (→Auftragsdurchführung) aufgrund neuer Informationen angepasst werden, sodass bei Beendigung der Prüfung mit hinreichender Sicherheit (→risikoorientierter Prüfungsansatz) ein →Prüfungsurteil dahingehend getroffen werden kann, dass der JA und →Lagebericht frei von wesentlichen Fehlern sind.

Literatur: IDW (Hrsg.): IDW Prüfungsstandard: Grundsätze der Planung von Abschlussprüfungen (IDW PS 240, Stand: 8. Dezember 2005), in: WPg 53 (2000), S. 846–849; IDW (Hrsg.): WPH 2006, Band I, 13. Aufl., Düsseldorf 2006; Wysocki, K. v.: Wirtschaftliches Prüfungswesen, Band III, Prüfungsgrundsätze und Prüfungsverfahren nach den nationalen und internationalen Prüfungsstandards, München/Wien 2003.

Jens Thiergard

Prüfungstechniken, IT-gestützte
→ IT-gestützte Prüfungstechniken

Prüfungstheorie, kybernetischer Ansatz

Betriebliche Prozesse (→Geschäftsprozesse) lassen sich grundsätzlich in die drei Phasen →Planung, Bearbeitung und Überwachung gliedern. Entsprechend werden die Mitarbeiter als Planer, Bearbeiter und Überwacher bezeichnet. Die Phase der Überwachung dient dabei i. A. dem Ziel, durch einen Vergleich von Soll und Ist (→Soll-Ist-Vergleich) Abweichungen bzw. Übereinstimmungen zwischen den Objekten festzustellen und die aus dem Vergleich gewonnenen Informationen (→Abweichungsanalyse) für entsprechende Konsequenzen zu nutzen. Die mithilfe der Überwachung gewonnenen Informationen sollen die Zuverlässigkeit sowohl der Planung als auch der Bearbeitung feststellen und verbessern und bilden die Basis für neue Pläne und Bearbeitungsschritte. Zu den Maßnahmen der Überwachung gehören Kontrollen (→Kontrolltheorie) und Prüfungen (=Revision). Das Kernstück jeder Überwachung ist der Vergleich eines Ist-Objektes mit einem Soll-Objekt. Kontrollen liegen vor, wenn die Überwachung fester Bestandteil der geplanten betrieblichen Abläufe ist, und der Überwacher für die Ergebnisse des überwachten Prozesses verantwortlich ist. Prüfungen hingegen sind sämtliche Überwachungsvorgänge, die nicht fest in den betrieblichen Ablauf eingebaut sind und bei denen der Überwacher nicht für die Ergebnisse des überwachten Prozesses, sondern nur für das Überwachungsergebnis selbst verantwortlich ist, wie der →Abschlussprüfer (APr) für sein Testat [→Bestätigungsvermerk (BestV)] und seinen →Prüfungsbericht (PrB), nicht indes für den JA.

Die Phasen Planung, Bearbeitung und Überwachung mit der Entscheidung über Freigabe oder Rückgabe des Überwachungsobjektes lassen sich sehr anschaulich mithilfe von beim kybernetischen Ansatz verwendeten Blockschaltbildern veranschaulichen.

Die sog. Blockschaltbilder setzen sich aus drei möglichen verschiedenen Arten von Kopplungen zusammen: Reihenkopplung (Abb. 1a), Parallelkopplung (Abb. 1b) oder Rückkopplung (Abb. 1c). Eine Reihenkopplung beschreibt eine Aufgabe, die in zwei aufeinander folgende Tätigkeitsschritte gegliedert ist. Wird eine gleiche Aufgabenart von verschiedenen Mitarbeitern gleichzeitig ausgeführt, kann dies durch eine Parallelkopplung dargestellt werden. Eine Rückkopplung beschreibt den Fall, dass ein bei der Überwachung als falsch erkanntes Objekt an den jeweiligen Mitarbeiter zur Korrektur zurückgegeben wird. Die Beziehungen zwischen den Arbeitsschritten sowie zwischen dem Überwachungsprozess und der Umwelt werden in den Blockschaltbildern durch die Pfeile abgebildet. Diese können z. B. die Weitergabe von Gütern, Geld oder Informationsträgern bedeuten. Dabei wird deutlich, dass die wichtigsten Kennzeichen jeder Überwachung der Vergleich von Objekten ist sowie die Entscheidung über entweder eine Rückgabe zur erneuten Bearbeitung, zur Korrektur bzw. zur Aussonderung oder der Frei- bzw. Weitergabe.

Für jede Kopplungsart gibt es eine bestimmte Rechenregel, um aus den Teilzuverlässigkeiten für Bearbeitung, Überwachung und Korrektur die Zuverlässigkeit des Ergebnisses zu ermitteln. Für rückgekoppelte (überwachte) Prozesse lässt sich die Zuverlässigkeit abhängig von der Zahl der Feedback-Loops ermitteln, z. B. mit dem Graphen (Abb. 2).

Durch Überwachung können verschiedene Wirkungen erzielt werden. Werden bei der Überwachung festgestellte Abweichungen eines Ist-Objektes vom Soll-Objekt beseitigt, liegt eine Korrekturwirkung der Überwachung vor. Zusätzlich ergibt sich eine Lernwirkung beim Bearbeiter (ggf. auch beim Planer, wenn er diese Fehlerursachen erkennt und abstellt). Erledigen Mitarbeiter ihre Aufgaben mit einer größeren Sorgfalt und vermeiden unbewusste Fehler oder unterlassen bewusste Fehler, da sie sich der Tatsache der Überwachung bewusst sind, spricht man von einer Präventivwirkung der Überwachung. Eine zu intensive Überwachung kann Mitarbeiter indes demotivieren und führt zu einem Anstieg der Fehlerhäufigkeit (dysfunktionale Überwachungswirkung). Die aus den Überwachungsergebnissen resultierenden Informationen führen darüber hinaus zu einer Sicherheitswirkung bei den Beteiligten, da sowohl der Überwacher als auch der Überwachte die bei

Prüfungstheorie, kybernetischer Ansatz

Abb. 1a: Reihenkopplung

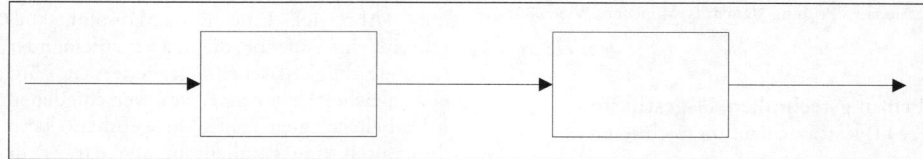

Abb. 1b: Parallelkopplung

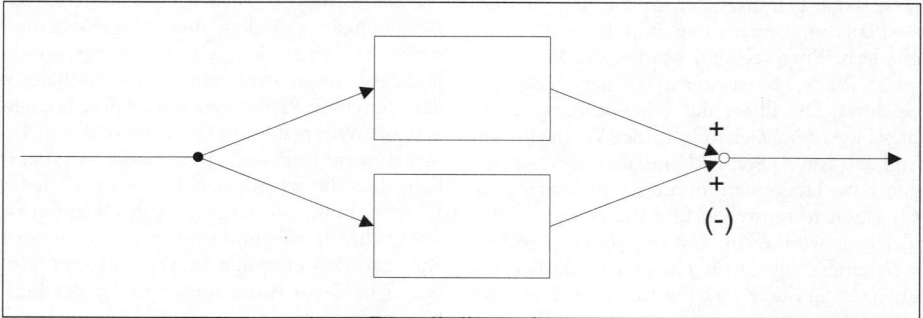

Abb. 1c: Rückkopplung

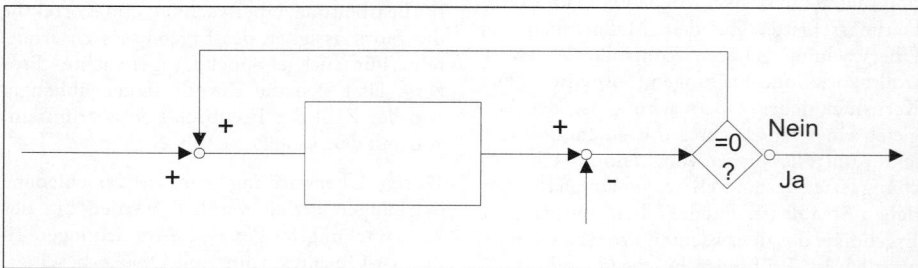

der Überwachung festgestellte Zuverlässigkeit der Bearbeitung erfahren.

Bei der →Jahresabschlussprüfung umfasst der →Prüfungsprozess die folgenden Schritte:

1) Auswahl, Feststellung und Ermittlung der zu überwachenden Ist-Objekte,

2) Feststellung oder Ermittlung der Vergleichsobjekte,

3) Vergleich der Objekt-Paare,

4) Beurteilung der festgestellten Abweichungen:
   - Freigabe bei Fehlerfreiheit bzw. Akzeptanz des Ist-Objektes bei tolerablen Fehlern oder
   - Rückgabe der Ist-Objekte zur evtl. Korrektur bzw. auch zur Aussonderung bei nicht akzeptabler und nicht reparabler Abweichung,

5) Zusammenfassung aller Teilurteile zu einem Gesamturteil (→Prüfungsurteil) sowie

6) Urteilsmitteilung an die Adressaten der Überwachung [→Bestätigungsvermerk (BestV); →Prüfungsbericht (PrB)].

Die in der Systemtheorie (Kybernetik) entwickelten regelungstheoretischen Verfahren bieten sich zur Analyse empirisch-kognitiver und normativer Fragestellungen der Prüfungstheorie (→Prüfungstheorien) an. Der systemtheoretische (kybernetische) Ansatz ist dadurch gekennzeichnet, dass Unternehmen,

Abb. 2: Übergangsgraph für ein Überwachungssystem-Element (ÜSE)

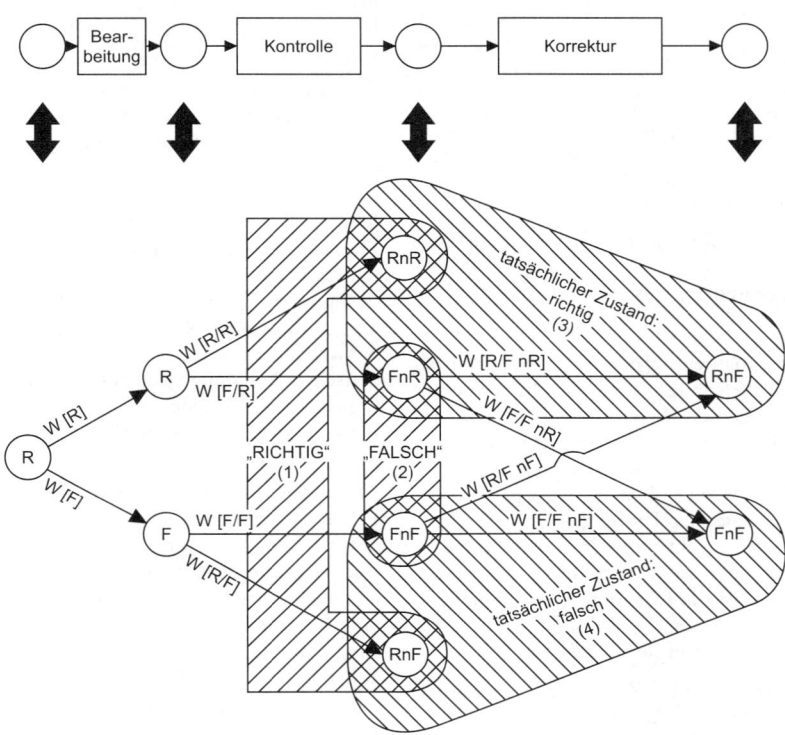

Unternehmensbereiche oder betriebliche Arbeitsabläufe als gekoppelte Subsysteme bzw. Elemente ökonomischer Prozesse mit systemtheoretischen Modellen und Methoden beschrieben, erklärt, analysiert, prognostiziert und gestaltet werden. Mit der Systemtheorie wird die Überwachung als dynamischer Prozess abgebildet. Die Theorie dynamischer Systeme wird als Kybernetik bezeichnet, welche im Wesentlichen die Informations- und Regelungstheorie umfasst. Als Teildisziplin der Systemtheorie erforscht die Kybernetik die Eigenschaften, Gesetzmäßigkeiten und Strukturen dynamischer Systeme sowie die Instrumente, die den gewünschten Zustand von Systemen herbeiführen (sollen), indem bei Störungen des Systems zielkonforme Reaktionen ausgelöst werden. Die kybernetische Vorgehensweise besteht im ersten Schritt aus einer detaillierten System- und Verhaltensanalyse. Danach folgt eine empirische und theoretische Modellbildung sowie die Optimierung und Simulation mit exakten oder heuristischen Verfahren. Dem Entscheider sollen damit akzeptable Lösungsvorschläge vorgelegt werden, aus denen er die ihm „optimal" erscheinende System-Alternative auswählen kann.

Durch eine genaue Kenntnis der zur Gestaltung des Prüfungsprozesses herangezogenen Kopplungsbedingungen und der dafür gültigen Rechenregeln lässt sich die Zuverlässigkeit eines gesamten Arbeitsprozesses ermitteln. Dadurch lassen sich Prüfungssysteme, aber auch andere Überwachungssysteme, wie → Interne Kontrollsysteme, hinsichtlich ihrer Zuverlässigkeit berechnen und beurteilen. Der regelungstheoretische Ansatz bietet dem APr damit die Möglichkeit, die Zuverlässigkeit eines Internen Kontrollsystems zu ermitteln (→ Internes Kontrollsystem, Prüfung des; → Systemprüfung) und entsprechend die Anforderungen an die Sicherheit (Zuverlässigkeit) und die Genauigkeit seiner Ergebnisprüfung (→ ergebnisorientierte Prüfungshandlungen) zu bestimmen.

Literatur: Baetge, J./Mochty, L.: Die Zuverlässigkeit und Wirtschaftlichkeit Interner Kontrollsysteme, in: Hauptmann, H./Schenk, K.-E. (Hrsg.): Anwendungen der Systemtheorie und Kybernetik in Wirtschaft und Verwaltung, Berlin 1980, S. 1–63; Baetge, J./Schuppert, A.: Zur Wirtschaftlichkeit der Überwachung von Routinetätigkeiten (Teil I und II), in: ZfB 61 (1991), S. 1045–1061 und S. 1131–1148; Göbel, R.: Interne Überwachung mit Hilfe von Auswahlverfahren, Berlin 1990; Schuppert, A.: Die Überwachung betrieblicher Routinetätigkeiten, Frankfurt a.M. 1985.

Jörg Baetge; Tatjana Oberdörster

Prüfungstheorie, messtheoretischer Ansatz

Jeder Prüfung liegt mindestens ein →Soll-Ist-Vergleich zugrunde. Es werden die Merkmalsausprägungen des Prüfungsgegenstandes, des Ist-Objekts, mit den aus →Prüfungsnormen abgeleiteten gesollten Merkmalsausprägungen des Soll-Objekts verglichen. Der sog. *messtheoretische Ansatz* der Prüfungstheorie (→Prüfungstheorien) geht von der Überlegung aus, dass die Ergebnisse der Soll-Ist-Vergleiche die Grundlage für die Erfassung von Möglichkeiten und Grenzen der Urteilsbildung durch den Prüfer sind (→Prüfungsurteil).

Als *Messung* kann die Zuordnung von Zahlen oder Symbolen (*Messwerten*) zu Objekten (*Maßgrößen*) nach bestimmten Regeln verstanden werden. Entsprechend setzt die Messung der Abweichungen zwischen Soll- und Ist-Objekten voraus, dass die zu prüfende Merkmalsausprägung des Ist-Objekts auf der gleichen Skala abgebildet wird wie die Merkmalsausprägung des dazugehörigen Soll-Objekts. Durch die Art des verwendbaren bzw. verwendeten Messverfahrens wird der Informationsgehalt der Vergleichsmessung (der Fehlermessung) bestimmt (zu den *Messvorschriften* s. Adam 1959, S. 19 ff.; Szyperski 1962, S. 69 ff.; v. Wysocki 1988, S. 128 ff.):

Kann der Prüfer für den Soll-Ist-Vergleich nur eine *Diversitäts-(Nominal-) Skala* verwenden, so kann sein Urteil nur auf „richtig" oder „falsch" lauten; über die Richtung und über die Intensität der Abweichung sind dagegen keine Aussagen möglich.

Kann der Prüfer für den Vergleich eine *Rang-(Ordinal-) Skala* verwenden, so kann in seinem Urteil darüber hinaus auch die Richtung der Abweichung berücksichtigt werden („schlechter/besser als die Norm" bzw. „normgemäß"), nicht aber deren Intensität.

Kann der Prüfer eine *Abstandsskala* verwenden, so kann er darüber hinaus auch den absoluten Umfang der Abweichung des Ist-Objekts vom Soll-Objekt angeben.

Bei einer Vielzahl von abstandsskalierbaren Sachverhalten ist auf experimentellen oder deduktivem Wege die Bestimmung eines *absoluten Nullpunktes auf der Skala* möglich. Es handelt sich um Merkmale wie Menge, Wert, Länge, Fläche, Raum, Gewinn, Aufwand, Leistung, →Kosten, Geld usw. In diesen Fällen spricht man von *Kardinalskalen* als einer besonderen Klasse der Abstandsskalen. Die Verwendung von Kardinalskalen gestattet es zusätzlich, Aussagen über die Relationen zwischen den Maßgrößen des Soll- und des Ist-Objekts zu treffen. Sie bietet zugleich die Möglichkeit, sämtliche *Grundrechenarten* auf das Messergebnis anzuwenden.

Eine *Grenze* findet die Feststellbarkeit von Fehlern lediglich in Unvollkommenheiten der angewandten Messverfahren. Wenn die Messwerte für das Soll-Objekt oder für das Ist-Objekt nicht zweifelsfrei ermittelt werden können, so entstehen bei der Abweichungsmessung *Unschärfebereiche*, innerhalb derer eine Fehlerfeststellung nur bedingt möglich ist (→Abweichungsanalyse).

Mithilfe des messtheoretischen Ansatzes gelingt es, eine Vielzahl *von Zusammenhängen bei der prüferischen Urteilsbildung zu analysieren und zu erklären*. Beispielhaft sind zu nennen:

- Die Zusammenfassung von Einzelurteilen zu *Gesamturteilen über komplexe Prüfungsgebiete* durch die (qualitative oder quantitative) Bestimmung von

  - Anteilen fehlerhafter/fehlerfreier Elemente (→Einzelfallprüfungen),
  - Rangtests bei der Zusammenfassung von Abweichungen mit unterschiedlichen Vorzeichen,
  - Streuungsmaßen der Soll-Ist-Abweichungen,
  - Gewichtungen von Fehlerkategorien im Zuge der Bildung von Gesamturteilen über mehrdimensionale Prüfungskomplexe (→Fehlerarten in der Abschlussprüfung) und von
  - Urteilen über Prüfungsketten (→progressive Prüfung, →retrograde Prüfung);

- die Anwendung *indirekter Messverfahren* im Zusammenhang mit der →indirekten Prüfung, u. a. für
  - Prüfungen unter Benutzung des →Internen Kontrollsystems und
  - die Verwendung →analytischer Prüfungshandlungen (→Abstimmprüfung, →Plausibilitätsprüfungen, →Verprobung);
- die *Auswertung von Auswahlprüfungen* (→Stichprobenprüfung);
- zur Bildung von Gesamturteilen im sog. homograden Fall (→homograde Stichprobe);
- zur Bildung von Gesamturteilen im sog. heterograden Fall der Differenzen-, Verhältnis- und Regressionsschätzung (→heterograde Stichprobe) und
- zur Bildung von Gesamturteilen mithilfe von (Sequential-) Testverfahren (→Sequentialtest).

Kritisch ist zum messtheoretischen Ansatz angemerkt worden, dass mit seiner Hilfe keinerlei Aussagen über die bei Prüfungen anzuwendenden Normen gewonnen werden können und dass er keine Aussagen über die tatsächlichen Verhaltensweisen von Prüfern (→Prüfungstheorie, verhaltensorientierter Ansatz) bringe (Fischer-Winkelmann 1975, S. 10 ff. und 123 f.).

Literatur: Adam, A.: Messen und Regeln in der Betriebswirtschaft, Würzburg 1959; Fischer-Winkelmann, W. F.: Entscheidungsorientierte Prüfungslehre, Berlin 1975; Szyperski, N.: Zur Problematik der quantitativen Terminologie in der Betriebswirtschaftslehre, Berlin 1962; Wysocki, K. v.: Grundlagen des betriebswirtschaftlichen Prüfungswesens, 3. Aufl., München 1988.

Klaus v. Wysocki

Prüfungstheorie, spieltheoretischer Ansatz

Der spieltheoretische Ansatz der Prüfungstheorie (→Prüfungstheorien) analysiert zahlreiche Prüfungsprobleme unter dem Blickwinkel *strategischer Entscheidungssituationen*, die den zentralen Untersuchungsgegenstand der Spieltheorie ausmachen. Solche Situationen sind dadurch gekennzeichnet, dass das Ergebnis der Handlungen eines Akteurs von den Entscheidungen anderer Akteure abhängt, dass diese Interdependenz den Handelnden bewusst ist und sie diese Zusammenhänge bei ihren Entscheidungen berücksichtigen (Jost 2001, S. 9 f.).

Am Beispiel der →Jahresabschlussprüfung lässt sich das Vorliegen einer strategischen Situation leicht demonstrieren. Der →Abschlussprüfer (APr) hat die Ordnungsmäßigkeit des Jahresabschlusses festzustellen (→Ordnungsmäßigkeitsprüfung). Dazu muss er geeignete Prüfungsverfahren einsetzen (→Prüfungsplanung) und eine entsprechende Berichterstattung über das Prüfungsergebnis [→Prüfungsbericht (PrB); →Prüfungsurteil; →Berichtsgrundsätze und Pflichten des Wirtschaftsprüfers] vorlegen. Sein Prüfungsumfang wird abhängen von seinen Erwartungen, wo welche Fehler im Abschluss vorliegen könnten. Dies hängt allerdings von den vorgelagerten Entscheidungen des Managements bei der Bilanzaufstellung ab. Der Manager hat seinerseits Anreize, die Rechnungslegung zu verzerren, um etwa höhere Boni, günstigere →Kapitalkosten etc. zu erhalten. Der Erfolg dieser Maßnahmen hängt davon ab, ob sie durch den Prüfer entdeckt werden. Rechnet der Manager mit einer hohen Entdeckungswahrscheinlichkeit, wird er von einer Verzerrung der Bilanz absehen und eine zulässige Rechnungslegung vorlegen. Würde auch der Prüfer davon ausgehen, ergäbe sich für ihn aber kaum ein Anreiz, umfangreich zu prüfen, was wiederum die Wahrscheinlichkeit der Entdeckung von Mängeln im Abschluss (→Unregelmäßigkeiten; →Unregelmäßigkeiten, Aufdeckung von) reduziert. Selbst wenn der Prüfer aber Mängel entdeckt hat, stellt sich die Frage, ob er sie auch bei seiner Berichterstattung berücksichtigt. Dies wiederum wird davon abhängen, ob er mit einer Aufdeckung von Rechnungslegungs- und Prüfungsmängeln (die auch in einer falschen Berichterstattung liegen können) und damit verbundenen Einbußen rechnen muss, und ob er möglicherweise Nachteile erleidet, weil er vom Management nicht mehr zur Wiederwahl vorgeschlagen wird (→Bestellung des Abschlussprüfers).

Die Einbußen bei einem Bekanntwerden von Mängeln in der Rechnungslegung können einerseits in Reputationsverlusten und damit verbundenen potenziellen künftigen Mandatsverlusten bestehen, andererseits können sie sich aus der →Haftung des Wirtschaftsprüfers ergeben. Solche Schadensersatzfolgen hängen einerseits vom geltenden Haftungssystem, andererseits aber auch von der Wahrscheinlichkeit ab, mit der etwa Anleger überhaupt eine Klage einreichen. Diese Klageentscheidungen werden wiederum determiniert durch die Frage, ob ein bekannt gewordener Mangel im JA auch impliziert, dass der Prüfer nicht ordnungsgemäß geprüft hat [denn eine gewisse Fehlertoleranz wird selbst nach den →Grundsätzen ordnungsmäßiger Abschlussprüfung (GoA) zugestanden]. Die Prüfungshandlungen (→Auswahl von Prüfungshandlungen) selbst sind typischerweise unbeobachtbar, sodass Anleger darüber nur Erwartungen bilden können. Zu einer Klage kommt es nur, wenn sich die Anleger erwartete Erfolge ausrechnen, und dafür ist eine Mindestwahrscheinlichkeit für eine nicht ordnungsgemäße Prüfung erforderlich. Würden die Anleger davon ausgehen, dass der Prüfer stets ordnungsgemäß prüft (und der offen gelegte Mangel im JA daher im Bereich des gesetzlich tolerablen Fehlerbereichs liegt), wäre eine Klage im Rahmen einer Verschuldenshaftung aussichtslos. Dann aber ginge zumindest vom Klagesystem kein Anreiz für den Prüfer zur ordnungsgemäßen Prüfung aus, was ihn wiederum veranlassen könnte, sein Verhalten zu adaptieren und damit gerade die Erwartung der Anleger über die Qualität der Prüfung (→Prüfungsqualität) zu zerstören. Umgekehrt erfordert eine wirksame Schadensersatzdrohung offenbar die begründete Erwartung, dass die Prüfung auch fehlerhaft sein kann (→Fehlerarten in der Abschlussprüfung). Sollte diese Haftungsdrohung tatsächlich effektiv in dem Sinne sein, dass sie den Prüfer ex-ante dazu anreizt, ordnungsgemäß zu prüfen, würde sie aber möglicherweise ihre eigene Grundlage zerstören − eine Klage wäre dann ja aussichtslos und es wäre nur schwer vorstellbar, warum sich daraus eine Drohung für den Prüfer ergeben sollte.

Diese Beschreibung zeigt deutlich das Geflecht interdependenter Handlungen vieler Parteien, durch die wiederum die Zielerreichung einer jeden Partei determiniert wird. Die Frage ist, welche Voraussagen über das strukturelle Ergebnis eines solchen Systems gemacht werden können. Dieses Wissen ist zentral, wenn etwa ein Gesetzgeber oder Standardsetzer Regeln im Bereich Rechnungslegung, Prüfung, Haftung etc. erlassen will, um die Qualität der Unternehmenspublizität (→Publizität) zu verbessern. Dazu ist es erforderlich, die optimalen Anpassungsreaktionen der involvierten Akteure unter Berücksichtigung der strategischen Interdependenzen abzuschätzen, und genau dies versucht der spieltheoretische Ansatz zu leisten.

In der aktuellen Ausprägung ist der spieltheoretische Ansatz stark mit der Anwendung von Ansätzen der ökonomischen Theorie auf Prüfungsprobleme verbunden, wobei insb. Methoden der *Informationsökonomie* und der *neueren Mikroökonomie* zur Anwendung kommen. Die Arbeiten sind überwiegend formaler Natur, nicht nur auf externe Prüfungen (→Jahresabschlussprüfung; →Konzernabschlussprüfung) beschränkt und widmen sich schwerpunktmäßig folgenden Themenbereichen (s. zu dieser Klassifizierung Ewert 2002 sowie zu Übersichten über diese Ansätze und deren wesentlichen Ergebnisse etwa Ewert 1999; Ewert/Stefani 2001 und Wagenhofer/Ewert 2003, S. 375−510):

- *Kontrakttheoretische Ansätze* basieren auf Agency-theoretischen Argumentationen und behandeln optimale Vertragsgestaltungen zwischen Eignern, Managern und Prüfern (→Principal-Agent-Theorie).
- *Interdependenzorientierte Ansätze* beschäftigen sich grundsätzlich mit der Bedeutung strategischer Handlungsinterdependenzen bei internen (insb. →Interne Revision) und externen Prüfungen.
- *Haftungsorientierte Ansätze* widmen sich Fragestellungen der Prüferhaftung (etwa die Rolle des Haftungssystems, die Schadensaufteilung zwischen Managern und Prüfern, das Klageverhalten der Anleger etc.).
- *Quasi-Renten-Ansätze* analysieren die Quelle von Vorteilen eines Prüfers aus einem bestehenden Prüfungsmandat und die finanziellen Nachteile bei einem potenziellen Mandatsentzug.
- *Disclosure-Ansätze* betreffen den Prüfungseinsatz bei Problemen der freiwilligen Unternehmenspublizität.

Literatur: Ewert, R.: Wirtschaftsprüfung und ökonomische Theorie − Ein selektiver Überblick, in: Richter, M. (Hrsg.): Theorie und Praxis der Wirtschaftsprüfung II, Berlin 1999, S. 35−99; Ewert, R.: Prüfungstheorie, spieltheoretischer Ansatz, in: Ballwieser, W. et al. (Hrsg.): HWRP, 3. Aufl., Stuttgart 2002, Sp. 1908−1923; Ewert, R./Stefani, U.: Wirtschaftsprüfung, in: Jost, P. J. (Hrsg.): Die Spieltheorie in der Betriebswirtschaftslehre, Stuttgart 2001, S. 175−217; Jost, P. J.: Die Spieltheorie im Unternehmenskontext, in: Jost, P. J. (Hrsg.):

Die Spieltheorie in der Betriebswirtschaftslehre, Stuttgart 2001, S. 9–41; Wagenhofer, A./Ewert, R.: Externe Unternehmensrechnung, Berlin et al. 2003.

Ralf Ewert

Prüfungstheorie, verhaltensorientierter Ansatz

Dieser ältere Zweig der betriebswirtschaftlichen Prüfungstheorie (→Prüfungstheorien; →Prüfungstheorie, kybernetischer Ansatz; →Prüfungstheorie, messtheoretischer Ansatz; →Prüfungstheorie, spieltheoretischer Ansatz) wird durch psychologische, soziologische und anthropologische Aspekte geprägt, mit deren Hilfe das *Individual- und Gruppenverhalten* von Prüfern [→Abschlussprüfer (APr); →Interne Revision; →Revisions- und Treuhandbetriebe; →vereidigter Buchprüfer (vBP)] und geprüften Personen (z. B. Unternehmensleitung und ausführende Mitarbeiter) unter Einbeziehung ihres *sozialen Umfeldes* beschrieben, erklärt, prognostiziert und gestaltet werden soll. Der gesamte →Prüfungsprozess [→Berichtsgrundsätze und -pflichten des Wirtschaftsprüfers; →Bestätigungsvermerk (BestV); →Prüfungsbericht (PrB); →Prüfungsplanung; →Prüfungsurteil] wird bei diesem Konzept sowohl unter Berücksichtigung *prüfungsexterner* (z. B. Prüferteam, Prüfungsunternehmen, Berufsstand der Prüfer) als auch *prüfungsinterner* Einflussgrößen (z. B. Informationswahrnehmung und -verarbeitung) analysiert. Im Kern zielt der Ansatz darauf ab, durch *empirisch bewährte verhaltenswissenschaftliche Hypothesen* (→Rechnungswesenforschung, empirische; →Prüfungsmarkt) Vorschläge zu einer *Verbesserung bestehender Prüfungssysteme* und -prozesse zu unterbreiten.

Weiterhin kann die verhaltensorientierte Theorie auch in Form des *Syllogismus* als *logistisches Modell für heuristische Methoden* bei der Entwicklung von →Expertensystemen im Prüfungswesen dienen, bei denen das (permanent zu aktualisierende) Erfahrungswissen von (Revisions-) Experten in der Heuristikenbank abgelegt wird.

Beispiel:

Majorprämisse: Durch repräsentative empirische Erhebungen wurde festgestellt, das das unternehmerische Insolvenzrisiko (→Insolvenz) nach einem Wechsel der Prüfungsgesellschaft (→Prüferrotation) besonders hoch ist.

Minorprämisse: Nach dem letzten Wechsel der Prüfungsgesellschaft vor 5 Jahren wurden von dem prüfungspflichtigen Unternehmen grobe Mängel bei der →Jahresabschlussprüfung (→Fehlerarten in der Abschlussprüfung) festgestellt, die auf das Informationsdefizit der neuen Prüfer zurückzuführen waren.

Konklusion: Die HV (→Haupt- und Gesellschafterversammlung) des prüfungspflichtigen Unternehmens entscheidet sich gegen einen nochmaligen Wechsel der Prüfungsgesellschaft, um das →Prüfungsrisiko, das durch die erforderliche Einarbeitung der neuen Prüfer besteht, einzuschränken.

Literatur: Egner, H.: Betriebswirtschaftliche Prüfungslehre. Eine Einführung, Berlin/NY 1980; Freidank, C.-Chr.: Anforderungen an bilanzpolitische Expertensysteme als Instrumente der Unternehmensführung, in: WPg 46 (1993), S. 312–323; Lenz, H.: Prüfungstheorie, verhaltensorientierter Ansatz, in: Ballwieser, W. et al. (Hrsg.): HWRP, 3. Aufl., Stuttgart 2002, Sp. 1924–1938; Ludewig, R.: Revisions- und Treuhandwesen, in: Wittmann, W. et al. (Hrsg.): HWB, Teilband 3, 5. Aufl., Stuttgart 1993, Sp. 3786–3798; Schanz, G.: Verhaltenswissenschaften und Betriebswirtschaftslehre, in: Wittmann, W. et al. (Hrsg.): HWB, Teilband 3, 5. Aufl., Stuttgart 1993, Sp. 4521–4532; Winkler, H.: Prüfungsbericht von Kredit- und Finanzdienstleistungsinstituten. Eine betriebswirtschaftliche Analyse deutscher und internationaler Prüfungskonventionen, Wiesbaden 2004.

Carl-Christian Freidank

Prüfungstheorien

Die Prüfungstheorie beschäftigt sich mit der Beschreibung und konzeptionellen Analyse von Prüfungsproblemen mit dem Ziel, Wirkungszusammenhänge im Prüfungsbereich aufzudecken. Die Kenntnis solcher Wirkungszusammenhänge ist eine wichtige Grundlage für gestalterische und prüfungspolitische Fragestellungen. Will etwa ein Gesetzgeber oder Standardsetzer die Qualität der Abschlussprüfung (→Prüfungsqualität) durch regulative Eingriffe verbessern, bedarf es des Wissens um die Wirkungen beabsichtigter Maßnahmen, um eine zweckentsprechende Verabschiedung von Prüfungsstandards zu gewährleisten.

Die Prüfungstheorie ist kein einheitliches Gebilde, sondern besteht aus mehreren Ansätzen, die jeweils verschiedene Dimensionen des →Prüfungsprozesses thematisieren.

So behandelt der *kybernetische Ansatz der Prüfungstheorie* (→Prüfungstheorie, kybernetischer Ansatz) den Prüfungsprozess aus einer regelungstheoretischen Perspektive (Baetge/ Thiele 2002). Prüfung wird hier zunächst als eine spezifische Ausprägung von Überwachungsprozessen aufgefasst und kann als System von Regelkreisen interpretiert und analysiert werden. Dadurch wird es auch möglich, quantitative Aussagen über die Qualität von Prüfungssystemen zu machen, indem etwa Wahrscheinlichkeiten für die Fehleraufdeckung unter Berücksichtigung der Eigenschaften der einzelnen Elemente des Prüfungssystems berechnet werden.

Der *messtheoretische Ansatz* (→Prüfungstheorie, messtheoretischer Ansatz) fokussiert dagegen die Urteilsbildung bei Prüfungsprozessen (Wysocki 2002). Ein →Prüfungsurteil setzt sich letztlich aus einer Fülle von Ergebnissen einzelner →Soll-Ist-Vergleiche zusammen, und das Ergebnis jedes Vergleichsprozesses kann sich auf ganz unterschiedlichen Skalen befinden (Nominal-, Ordinal-, Kardinalskala etc.). Insofern liegen zunächst also nur die Einzelurteile vor, die zu einem Gesamturteil über den Zustand eines komplexen Prüfungsobjekts (wie bspw. der Jahres- oder Konzernabschluss) aggregiert werden müssen. Die dabei auftretenden Probleme sind Gegenstand des messtheoretischen Ansatzes.

Prüfungen haben aber nicht nur diese eher „technischen" Aspekte. Ihre konkrete Ausprägung und ihre Ergebnisse hängen maßgeblich von den Handlungen und Entscheidungen der Akteure im Prüfungsprozess ab. Insofern weisen Prüfungsprobleme auch eine ausgeprägte Verhaltensdimension auf, die sich in der Prüfungstheorie in zwei weiteren Varianten niederschlägt. Der Erkenntnisgegenstand des *verhaltensorientierten Ansatzes* (→Prüfungstheorie, verhaltensorientierter Ansatz) liegt in der Analyse des Prüferverhaltens und der Urteilsbildung bei Prüfungsprozessen unter Anwendung verhaltenstheoretischer und sozialpsychologischer Argumentationsmuster (Lenz 2002). Hier wird bewusst von der Annahme streng rationaler Akteure abgegangen und das Verhalten eines Prüfers unter motivationalen, kognitiven und situativen Einflussfaktoren analysiert. Typische Fragen sind etwa, in welchem Maße der Prüfer welche Informationen gewichtet, um weitere Prüfungshandlungen vorzunehmen (→Auswahl von Prüfungshandlungen) und/oder ein Urteil über das Prüfungsobjekt (→Prüfungsurteil) zu bilden.

Ein teilweise gänzlich anderer Zugang zur Verhaltensdimension findet sich im *spieltheoretischen Ansatz* (→Prüfungstheorie, spieltheoretischer Ansatz). Die hier vorgelegten Untersuchungen sind überwiegend in die neuere ökonomische Theorie integriert und wenden zumeist informationsökonomische Modellstrukturen auf Fragestellungen im Prüfungsbereich an (Ewert 2002). Die Akteure im Prüfungsprozess werden vornehmlich als streng rationale Nutzenmaximierer modelliert, die unter Berücksichtigung asymmetrischer Informationsverteilungen ihre jeweils optimalen Handlungen wählen. Die spieltheoretische Dimension kommt durch die strategischen Interdependenzen der Aktivitäten herein, denn die Zielerreichung des Prüfers hängt bspw. auch vom bilanzpolitischen Verhalten des Managements (→bilanzpolitische Entscheidungsmodelle) und dem Klageverhalten der Anleger ab et vice versa.

Während der kybernetische und der messtheoretische Ansatz einen eher technischen Charakter haben, betonen der verhaltensorientierte und der spieltheoretische Ansatz die Handlungen von Personen im Prüfungsprozess und führen daher grundsätzlich zu empirisch testbaren Hypothesen (wenngleich aus sehr unterschiedlichen Zugängen). Solche empirischen Untersuchungen werden in den letzten Jahren auch vermehrt durchgeführt und befruchten die theoretischen Konzepte. Die verschiedenen Ansätze der Prüfungstheorie stehen momentan eher unverbunden nebeneinander, obwohl sich gerade aus der Integration von verhaltensorientierten Aspekten in ökonomische Modelle interessante Einsichten gewinnen lassen könnten. Außerdem finden sich prüfungstheoretische Ansätze nur vereinzelt in der Lehrbuchliteratur, die ganz überwiegend auf die Beschreibung und Interpretation der nationalen und internationalen Normen (Prüfungsnormen) und Institutionen im Prüfungsbereich [*Institut der Wirtschaftsprüfer in Deutschland e.V.* (*IDW*); *Wirtschaftsprüferkammer* (*WPK*); *International Federation of Accountants* (*IFAC*); *Fédération des Experts Comptables Européens* (*FEE*); *American Institute of Certified Public Accountants* (*AICPA*)] ausgerichtet ist. Dadurch entsteht nicht selten der Eindruck, die Prüfungslehre sei verglichen mit anderen betriebswirtschaftlichen Teildisziplinen eher theoriefern, was jedoch dem tatsächlichen Sachstand in keiner Weise entspricht. Die Prüfungslehre ist aber vornehmlich auf in der Prüfungspraxis umsetzbare Ergebnisse ausgerichtet, und in diesem Zusammenhang muss konstatiert werden, dass die Ergebnisse der prüfungstheoretischen Ansätze einen vorwiegend *konzeptionell-qualitativen* Charakter aufweisen.

Literatur: Baetge, J./Thiele, S.: Prüfungstheorie, regelungstheoretischer Ansatz, in: Ballwieser, W. et al. (Hrsg.): HWRP, 3. Aufl., Stuttgart 2002, Sp. 1899–1908; Ewert, R.: Prüfungstheorie, spieltheoretischer Ansatz, in: Ballwieser, W. et al. (Hrsg.): HWRP, 3. Aufl., Stuttgart 2002, Sp. 1908–1923; Lenz, H.: Prüfungstheorie, verhaltensorientierter Ansatz, in: Ballwieser, W. et al. (Hrsg.): HWRP, 3. Aufl., Stuttgart 2002, Sp. 1924–1938; Wysocki, Klaus v.: Prüfungstheorie, messtheoretischer Ansatz, in: Ballwieser, W. et al. (Hrsg.): HWRP, 3. Aufl., Stuttgart 2002, Sp. 1886–1899.

Ralf Ewert

Prüfungsunternehmen → Revisions- und Treuhandbetriebe

Prüfungsurteil

Das Prüfungsurteil wird in § 322 HGB als „Beurteilung des Prüfungsergebnisses" bezeichnet. Prüfungsergebnisse (Prüfungsaussagen) sind Feststellungen, die der →Abschlussprüfer (APr) hinsichtlich des Prüfungsgegenstands getroffen hat. Durch den Vergleich dieser Feststellungen (Ist-Objekt) mit den anzuwenden Normen (Soll-Objekt) (→Soll-Ist-Vergleich) bildet sich der APr sein Urteil (→Prüfungsansatz, messtheoretischer Ansatz).

Bei der Durchführung der Abschlussprüfung (→Auftragsdurchführung; →Jahresabschlussprüfung; →Konzernabschlussprüfung) beurteilt der APr, ob das geprüfte Unternehmen die maßgeblichen Rechnungslegungsgrundsätze beachtet hat (→Ordnungsmäßigkeitsprüfung; →Grundsätze ordnungsmäßiger Buchführung, Prüfung der). Deren Anwendung und Auslegung unterliegt regelmäßig Ermessensspielräumen, die der APr unter Berücksichtigung objektiver Befunde in persönlicher Wertung pflichtgemäß auszuüben hat (→bilanzpolitische Gestaltungsspielräume, Prüfung von).

Das Prüfungsurteil wird kurz gefasst, problemorientiert und allgemein verständlich im →Bestätigungsvermerk (BestV) zum Ausdruck gebracht. Dabei sind sachverhaltsabhängig vier Formen zu unterscheiden:

- uneingeschränkt positive Gesamtaussage (uneingeschränkter Bestätigungsvermerk),
- eingeschränkt positive Gesamtaussage (eingeschränkter Bestätigungsvermerk),
- nicht positive Gesamtaussage (Versagungsvermerk aufgrund von Einwendungen) und
- keine Urteilsabgabe (Versagungsvermerk aufgrund von →Prüfungshemmnissen).

Literatur: IDW (Hrsg.): WPH 2006, Band I, 13. Aufl., Düsseldorf 2006, Abschn. Q, Rn. 459–463.

Jörg Tesch

Prüfungsverbände

Prüfungsverbände haben die Aufgabe, Prüfungen bei den ihnen angeschlossenen Mitgliedern vorzunehmen. Träger der Abschlussprüfung (→Jahresabschlussprüfung; →Konzernabschlussprüfung) ist insoweit der jeweilige Prüfungsverband. Zu den Prüfungsverbänden gehören im Wesentlichen die genossenschaftlichen Prüfungsverbände sowie die Sparkassen- und Giroverbände. Bei Letzteren handelt es sich allerdings nicht um Prüfungsverbände i.e.S., da nur die Prüfungsstellen als unabhängiger Teil der jeweiligen regionalen Sparkassen- und Giroverbände mit der Prüfung der Sparkassen betraut sind. Prüfungsverbände stehen aufgrund des gesetzlich fixierten Prüfungsauftrags (→Prüfungsauftrag und -vertrag) nicht im Wettbewerb. Aufgrund der i.d.R. homogenen Mandantenstruktur kann eine weitgehende Spezialisierung erfolgen, die zusammen mit den in den Verbänden vorliegenden umfangreichen Vergleichsdaten über die Mitglieder (→überbetriebliche Vergleiche) zu einer effizienten und effektiven Prüfungsdurchführung (→Auftragsdurchführung) führt. Die genossenschaftliche →Pflichtprüfung ist in den §§ 53 ff. GenG geregelt. Nach § 54 GenG muss jede →Genossenschaft einem Verband angehören, dem nach § 55 Abs. 1 GenG auch die genossenschaftliche Pflichtprüfung obliegt. Die Verleihung des Prüfungsrechtes erfolgt bei Vorliegen der gesetzlichen Voraussetzungen durch die oberste Landesbehörde (*Landesministerium für Wirtschaft*). Bei der Auswahl des Prüfungsverbandes ist die einzelne Genossenschaft grundsätzlich frei. In der Praxis ist diese Freiheit durch die unterschiedlichen fachlichen und regionalen Tätigkeitsschwerpunkte der Prüfungsverbände jedoch stark eingeschränkt.

Bei den genossenschaftlichen Prüfungsverbänden werden selbständige Regionalprüfungs-

Prüfungsverbände

sowie bundesweit agierende Fachprüfungsverbände unterschieden. Sie haben die Aufgabe, die genossenschaftliche Pflichtprüfung durchzuführen sowie die angeschlossenen Genossenschaften in rechtlichen, steuerlichen und betriebswirtschaftlichen Fragen zu beraten und zu betreuen. Die genossenschaftliche Pflichtprüfung geht dabei über den Prüfungsgegenstand der handelsrechtlichen →Jahresabschlussprüfung hinaus (→Jahresabschlussprüfung, erweiterte). Neben den Pflichtprüfungen nach § 53 GenG kann ein Prüfungsverband auch ao. Prüfungen aufgrund seiner Satzung, Prüfungen im Auftrag einzelner Mitglieder sowie bestimmte weitere Prüfungen durchführen (→freiwillige und vertragliche Prüfung). Nach Art. 25 Abs. 1 Satz 1 EGHGB können Prüfungsverbände darüber hinaus Unternehmen, bei denen die Mehrheit der Anteile und der →Stimmrechte Genossenschaften oder Prüfungsverbänden zustehen, sowie ehemals gemeinnützige →Wohnungsunternehmen prüfen, auch wenn diese von der Genossenschaft abweichende Rechtsformen aufweisen.

In Deutschland gibt es zwei Genossenschaftsorganisationen, die auf dem Gebiet der genossenschaftlichen Pflichtprüfung tätig sind. An erster Stelle sind die kreditwirtschaftlichen, gewerblichen und ländlichen Genossenschaften mit dem *DGRV* als Spitzenverband zu nennen. Der *DGRV* berät die Organisation u. a. in Fragen der Rechnungslegung und Prüfung. Der Prüfungsabteilung obliegt die Durchführung von Prüfungen auf Basis der *DGRV*-Satzung. Vom *DGRV* werden in Abstimmung mit den regionalen Prüfungs- und den Fachprüfungsverbänden vor allem die gesetzlichen Prüfungen bei Zentralgenossenschaften, aber auch freiwillige Prüfungen bei seinen Mitgliedern aufgrund besonderen Auftrags durchgeführt. Daneben gibt es die Gruppe der Konsumgenossenschaften mit den *ZdK* und die Gruppe der Wohnungsgenossenschaften mit dem *Bundesverband deutscher Wohnungsunternehmen e.V.* als jeweilige Spitzenverbände.

Die Zuständigkeit der Prüfungsstellen der Sparkassen- und Giroverbände für die →Sparkassenprüfung ergibt sich regelmäßig aus den SpkG der Bundesländer. Die landesrechtlichen SpkG bestimmen generell, dass die Sparkassen und ihre Träger zur gemeinsamen Förderung des Sparkassenwesens einen Verband bilden. Die Verbände sind i.d.R. KdöR. Zu den ihnen durch die SpkG zugewiesenen Aufgaben gehören insb. die Beratung der Verbandsmitglieder und ihrer Aufsichtsbehörden sowie die Prüfung der angeschlossenen Sparkassen. Die Prüfungsstellen sind fachlich unabhängige Einrichtungen der regionalen Sparkassen- und Giroverbände. Die Vornahme der gesetzlichen Jahresabschlussprüfung (→Pflichtprüfungen) ist die Kernaufgabe der Prüfungsstellen. Die Prüfungsstellen sind insoweit auch für die Sparkassenaufsicht der Länder tätig und nehmen hoheitliche Aufgaben wahr.

Darüber hinaus führen die Prüfungsstellen unterschiedliche betriebswirtschaftliche Prüfungen sowie Sonderprüfungen durch. Zu den Sonderprüfungen gehören neben Prüfungen nach § 44 KWG (→Sonderprüfungen nach Kreditwesengesetz) im Auftrag der →*Bundesanstalt für Finanzdienstleistungsaufsicht (BaFin)* auch die in den Prüfungserlassen der Sparkassenaufsichtsbehörden näher umschriebenen sog. unvermuteten Prüfungen. Ziel dieser unvermuteten Prüfungen ist die Überwachung der Organisation des Geschäftsbetriebes sowie der Ordnungsmäßigkeit der Geschäftsführung (→Ordnungsmäßigkeitsprüfung; →Geschäftsführungsprüfung). Eher selten sind Sonderprüfungen im Auftrag der Sparkassenaufsichtsbehörde sowie Prüfungen im Auftrag des Aufsichtsorgans der Sparkasse (Verwaltungsrat bzw. AR). Für die Prüfungsstellen der regionalen Sparkassen- und Giroverbände ist für ausgewählte Themen der *DSGV*, dem alle regionalen Sparkassen- und Giroverbände als Mitglieder angehören, als Koordinator tätig. Ein eigenes Prüfungsrecht besitzt der *DSGV* hingegen nicht.

Hinsichtlich der Prüfung von →Kreditinstituten durch Prüfungsverbände gelten Sonderregelungen. Bei genossenschaftlichen Prüfungsverbänden wird § 63b Abs. 5 GenG, demzufolge dem Vorstand des Verbandes mindestens ein WP angehören soll, durch § 340k Abs. 2 HGB verschärft. Bei den Prüfungsstellen der Sparkassen- und Giroverbände regeln die SpkG der Länder, dass der Leiter oder die Leiterin der Prüfungsstelle WP sein muss. § 340k Abs. 2 (für Prüfungen von Kreditgenossenschaften durch genossenschaftliche Prüfungsverbände) bzw. Abs. 3 HGB (für Prüfungen von Sparkassen durch Prüfungsstellen) enthalten darüber hinaus verschiedene Verweise auf §§ 319, 319a HGB, da diese Vorschriften nur auf WP und WPGes (→Revisions- und Treuhandbetriebe) anzuwenden sind.

Weder die genossenschaftlichen Prüfungsverbände noch die Sparkassen- und Giroverbände (für ihre Prüfungsstellen) sind WPGes i. S. d. →Wirtschaftsprüferordnung (WPO). Nach § 58 Abs. 2 WPO können sie jedoch die Mitgliedschaft bei der →*Wirtschaftsprüferkammer* (*WPK*) erwerben. In diesen Fällen sind die Vorschriften des § 57 Abs. 1 und 2 WPO hinsichtlich der Aufgaben der *WPK* nicht anzuwenden. Die Regelungen zur Qualitätskontrolle für genossenschaftliche Prüfungsverbände ergeben sich aus den §§ 56 Abs. 1, 63e ff. GenG, für die Prüfungsstellen der Sparkassen- und Giroverbände enthält § 57h WPO die entsprechende Verpflichtung (→Qualitätskontrolle in der Wirtschaftsprüfung; →Peer Review).

Dirk Franzenburg

Prüfungsvertrag →Prüfungsauftrag und -vertrag

Prüfungsvertrag, Kündigung des
→Prüfungsauftrag und -vertrag

Prüfungswesen →Fachhochschulen, Forschung im Prüfungswesen

Prüfungswesen, empirische Forschung
→Empirische Forschung im Prüfungswesen

Prüfungszeitraum

Da der →Abschlussprüfer (APr) jeweils vor Ablauf des Geschäftsjahres, auf das sich seine Prüfungstätigkeit erstreckt, gewählt werden soll (§ 318 Abs. 1 Satz 3 HGB) und der Prüfungsauftrag (→Prüfungsauftrag und -vertrag) unverzüglich nach seiner Wahl zu erteilen ist (§ 318 Abs. 1 Satz 4 HGB) (→Bestellung des Abschlussprüfers), kann schon vor Ende des zu prüfenden Geschäftsjahres mit der →Vorprüfung begonnen werden. Die gesetzlichen Vertreter großer sowie mittelgroßer KapGes und ihnen gesetzlich gleichgestellte Unternehmen (→Unternehmensformen) haben für die Aufstellung des zu prüfenden Jahresabschlusses und des →Lageberichts *3 Monate* des folgenden Geschäftsjahres Zeit (§ 264 Abs. 1 Satz 2 HGB). Nach Aufstellung von JA und Lagebericht sind diese unverzüglich dem APr vorzulegen (§ 320 Abs. 1 Satz 1 HGB)

(→Berichterstattungspflichten des Vorstands). Bei Ausschöpfung der Aufstellungsfrist durch die gesetzlichen Vertreter besteht aber bis zu dem in Rede stehenden Zeitpunkt, d. h. bei Identität von Kalender- und Geschäftsjahr bis zum 31. März, für den APr die Möglichkeit, vorbereitende Schritte zu unternehmen (→Prüfungsplanung), die durch § 320 Abs. 2 Satz 2 HGB legalisiert sind. Die eigentliche Abschlussprüfung (Hauptprüfung) kann dann spätestens am 1. April des neuen Geschäftsjahres beginnen.

Unter Berücksichtigung der aktienrechtlichen Regelungen, dass die HV (→Haupt- und Gesellschafterversammlung), die den vom Vorstand und AR festgestellten (Regelfall) (→Feststellung und Billigung des Abschlusses) und vom APr geprüften JA und Lagebericht entgegennimmt sowie über die Verwendung des Bilanzgewinns (→Ergebnisverwendung, Vorschlag für die) Beschluss fasst (§ 175 Abs. 1 Satz 1 AktG), in den *ersten 8 Monaten* des (neuen) Geschäftsjahres stattzufinden hat (§ 175 Abs. 1 Satz 2 AktG) und mindestens *30 Tage* vor dem Tage der Versammlung einzuberufen ist (§ 123 Abs. 1 AktG) (→Einberufungspflichten des Vorstands), müssen bei Identität von Kalender- und Geschäftsjahr spätestens bis zum 31. Juli des Geschäftsjahres sämtliche Prüfungs- und →Berichterstattungspflichten des Aufsichtsrats (→Überwachungsaufgaben des Aufsichtsrats) gem. § 171 AktG abgeschlossen sein. Laut § 171 Abs. 3 Satz 1 f. AktG beträgt der Prüfungszeitraum für den AR *max. 2 Monate*, sofern letztendlich der JA vom AR gebilligt wird (§ 171 Abs. 3 Satz 4 AktG). Aus diesen Daten ergibt sich für den APr im *günstigsten Falle* ein Prüfungszeitraum von *2 Monaten* (vom 1. April bis 31. Mai) für die Hauptprüfung, wenn Vorstand und AR die gesetzlichen Fristen vollständig ausnutzen. Eine zeitlich parallele Prüfung von JA und Lagebericht durch APr und AR ist nicht möglich, da der AR auch zu dem Ergebnis der Prüfung des Abschlussprüfers (→Prüfungsurteil) Stellung zu nehmen hat (§ 171 Abs. 2 Satz 3 AktG). Dies kann er aber nur nach abgeschlossener Prüfung durch den APr (→Jahresabschlussprüfung) und nach eigener Prüfung tun.

Müssen sich jedoch laut *Gesellschaftssatzung* die Aktionäre vor der HV *anmelden*, so verlängert sich die Einberufungsfrist der HV um 7 Tage, sofern die Satzung keine kürzere Frist

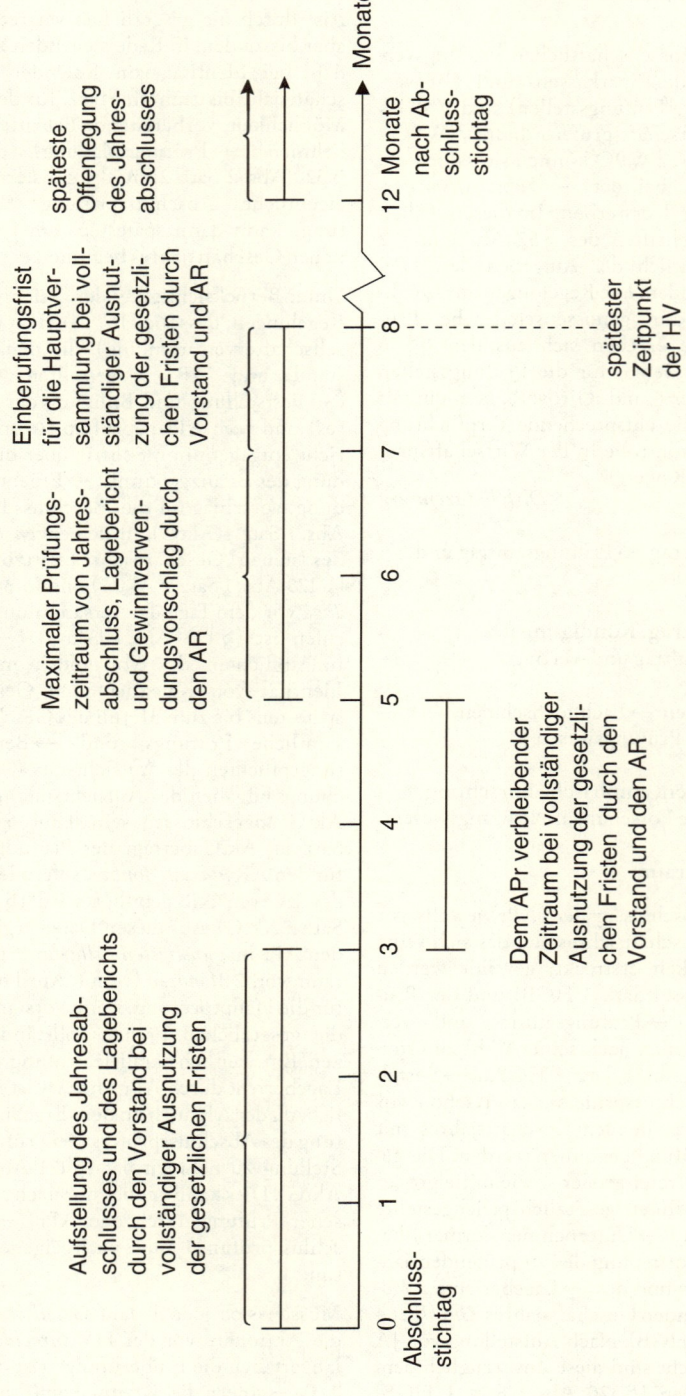

Abb.: Aufstellungs-, Prüfungs-, Einberufungs- und Offenlegungszeiträume bei der AG

Quelle: Baetge/Fröhlich 1990, Rn. 52–57 zu § 318 HGB.

vorsieht (§ 123 Abs. 2 bis Abs. 4 AktG). In diesem *ungünstigen Falle* beträgt der Prüfungszeitraum des Abschlussprüfers lediglich *ca. einen Monat und 3 Wochen*, wenn Vorstand und AR die gesetzlichen Fristen vollständig ausnutzen. Die folgende Abb. zeigt eine Zusammenstellung der vorstehend angesprochenen Zeiträume, die für *prüfungspflichtige Aktiengesellschaften* (→Pflichtprüfungen; →Aktiengesellschaft, Prüfung einer) typisch sind, wobei die Möglichkeiten zur Verlängerung der Einberufsfrist für die HV unberücksichtigt geblieben ist.

Aufgrund dieses relativ knappen Prüfungszeitraums wird der APr versuchen, möglichst viel Arbeit in die Vorprüfung während des noch laufenden (zu prüfenden) Geschäftsjahres bis hin zum Zeitpunkt der Fertigstellung von JA und Lagebericht des neuen Geschäftsjahres zu verlagern. Ferner bringt die Abb. zum Ausdruck, dass die →Offenlegung des Jahresabschlusses (→Publizität) mit dem →Bestätigungsvermerk (BestV) oder dem Vermerk über dessen Versagung *spätestens* vor Ablauf des 12., bzw. bei Börsennotierung vor Ablauf des 4. Monats des dem Abschlussstichtag folgenden Jahres vorzunehmen ist (§ 325 Abs. 1 Satz 2, Abs. 4 Satz 1 HGB). Ähnliches gilt für den Lagebericht, den Bericht des Aufsichtsrats, in Ausnahmefällen für den Vorschlag und den Beschluss der →Ergebnisverwendung, sowie die nach § 161 AktG vorgeschriebene →Entsprechenserklärung (§ 325 Abs. 1 Satz 3 HGB).

Allerdings ist zu berücksichtigen, dass die vorstehend dargelegte Begrenzung des Prüfungszeitraumes für den APr nicht für prüfungspflichtige →Gesellschaften mit beschränkter Haftung, Unternehmen nach dem PublG und „kapitalistische" Personenhandelsgesellschaften (→Personengesellschaften) gem. § 264a Abs. 1 HGB gilt, die aufgrund anderer Vorschriften i.d.R. abweichende Prüfungszeiträume aufweisen (s. zu den Gründen § 42a Abs. 2 Satz 1, § 51 Abs. 1 Satz 2 GmbHG; § 7 f. PublG). Ähnliches gilt für die →Pflichtprüfung des Konzernabschlusses (→Konzernabschlussprüfung) und des →Konzernlageberichts, die in den *ersten 5 Monaten* des Konzerngeschäftsjahres von den gesetzlichen Vertretern des Mutterunternehmens aufzustellen (§ 290 Abs. 1 Satz 1 2. HS HGB) und dem APr mit den Jahresabschlüssen, Lageberichten des Mutterunternehmens und der Tochterunternehmen, und, sofern eine Prüfung stattgefunden hat, auch mit den →Prüfungsberichten, vorzulegen sind (§ 320 Abs. 3 Satz 1 HGB). Wie auch den →Einzelabschluss nach § 325 Abs. 2a HGB, hat der Vorstand den Konzernabschluss und den Konzernlagebericht unverzüglich dem AR zur Prüfung vorzulegen (§ 170 Abs. 1, § 171 Abs. 1 Satz 1 2. HS, § 171 Abs. 4 AktG). Da hinsichtlich dieser Medien die gleichen Prüfungszeiträume für den AR der Muttergesellschaft gelten (§ 171 Abs. 3 AktG), kann die Prüfungszeit des Einzel- und des Konzernabschlusses bzw. des Konzernlageberichts durch den APr im Extremfall bis auf *Null* sinken, wenn Jahres-, Einzel- und Konzernabschluss der Muttergesellschaft den gleichen Stichtag aufweisen, die gesetzlichen Vertreter und der AR der Muttergesellschaft die Aufstellungs- und Prüfungsfristen vollständig ausnutzen und nicht nur JA, Lagebericht und Gewinnverwendungsvorschlag bis zur HV der Muttergesellschaft vorliegen müssen (z. B. § 173 Abs. 1 Satz 2 AktG) oder sollen. Darüber hinaus existieren Sonderregelungen für →Kreditinstitute, bei denen die Prüfung von (Konzern-) Jahresabschluss und (Konzern-) Lagebericht spätestens vor Ablauf des *5. Monats* des dem Abschlussstichtag nachfolgenden Geschäftsjahres vorzunehmen ist (§ 340k Abs. 1 Satz 2 HGB).

Abweichungen von den gesetzlichen Fristen können sich aber bei *börsennotierten Unternehmen* ergeben, die aufgrund privatrechtlicher Vereinbarungen kürzere Zeiträume für die Durchführung der HV und die Offenlegung beachten müssen (Förschle/Küster 2003, Rn. 6 zu § 316 HGB, S. 1807). Hieraus resultiert die Notwendigkeit zur *Verkürzung* der Aufstellungsfristen *(Fast Close)* des Vorstands und/oder der Prüfungsfristen des Abschlussprüfers und des Aufsichtsrats.

Literatur: Baetge, J./Fröhlich, M.: Kommentierung des § 318 HGB, in: Küting, K./Weber, C.-P. (Hrsg.): Handbuch der Rechnungslegung, 3. Aufl., Stuttgart 1990; Hüffer, U.: Aktiengesetz, 7. Aufl., München 2006; IDW (Hrsg.): WPH 2006, Band I, 13. Aufl., Düsseldorf 2006; Küting, K./Weber, C.-P./Boecker, C.: Fast Close-Beschleunigung der Jahresabschlusserstellung: (zu) schnell am Ziel?!, in: StuB 6 (2004), S. 1–10; Potthoff, E./Trescher, K.: Das Aufsichtsratsmitglied. Ein Handbuch der Aufgaben, Rechte und Pflichten, 6. Aufl., Stuttgart 2003; Winkeljohann, N./Hellwege, H.: Kommentierung des § 318 HGB, in: Ellrott, H. et al. (Hrsg.): BeckBilKomm, 6. Aufl., München 2006.

Carl-Christian Freidank

Public Company Accounting Oversight Board

Das *PCAOB*, das im Zuge der Umsetzung des SOA eingerichtet wurde, ist eine privatrechtliche Organisation unter Aufsicht der →*Securities and Exchange Commission* (*SEC*). Es soll die Prüfung der Abschlüsse US-börsennotierter Unternehmen überwachen, um das Interesse von Kapitalgebern und der Öffentlichkeit an informativen, präzisen und unabhängigen →Prüfungsberichten zu schützen [SOA 101(a)]. Dabei erstrecken sich seine Kompetenzen nur auf Abschlüsse von Unternehmen, die Wertpapieremittenten i. S. d. *Securities Exchange Act* sind.

Dem Board steht ein hauptamtliches, fünfköpfiges Gremium vor, dessen Mitglieder einer verantwortungsvollen Unternehmenspublizität (→Publizität) verpflichtet sein müssen, wobei lediglich zwei Boardmitglieder dem Prüferberufsstand [→Certified Public Accountant (CPA)] angehören dürfen [SOA 101(e) (2)], um eine berufsexterne Aufsicht (→Berufsaufsicht für Wirtschaftsprüfer, international) zu garantieren. Aus diesem Grund ist es den Boardmitgliedern auch untersagt, variable Vergütungen von Prüfungsgesellschaften zu beziehen oder an deren Erfolg beteiligt zu sein [SOA 101(e) (3)]. In analoger Weise ist die Finanzierung des *PCAOB* ebenfalls auf eine Emanzipation von den Prüfungsgesellschaften ausgerichtet. Das Kostenbudget (→Kosten; →Budgetierung) ist gem. SOA 109(b) von der *SEC* zu bewilligen, die sich daraus ergebenden Gebühren sind nach SOA 109(c) und (d) von den zu prüfenden Gesellschaften zu tragen.

Die Aufgaben des *PCAOB* werden in SOA 101(c) (1)-(7) aufgezählt und ggf. in den SOA 102–105 oder den *PCAOB*-Rules präzisiert:

1) SOA 102 begründet die Registrierungspflicht von Prüfungsgesellschaften beim *PCAOB* durch Prüfungen bei börsennotierten Unternehmen (→Unternehmensformen) oder der Mitwirkung daran. Derzeit sind 1.693 (Stand: 6.9.2006) Prüfungsgesellschaften registriert. Bedingt durch finanzielle und verfahrenstechnische Mehrbelastungen ist der Anteil mittlerer und kleiner Prüfungsgesellschaften im Marktsegment der Prüfung *SEC*-registrierter Unternehmen spürbar zurückgegangen (Read et al. 2004, S. 247–253).

2) Nach SOA 103 sind u. a. Grundsätze zur Prüfungsdurchführung, zur Qualitätsüberwachung (→Qualitätskontrolle in der Wirtschaftsprüfung) und zur Unabhängigkeit (→Unabhängigkeit und Unbefangenheit des Wirtschaftsprüfers) vom *PCAOB* selbst zu entwickeln oder von anderen Organisationen zu übernehmen. Damit wird z. B. die Fortentwicklung der Rechnungslegungsnormen, die bisher beim →*American Institute of Certified Public Accountants* (*AICPA*) lag, formal der Profession entzogen. Dies kann als vorläufiger Abschluss der bei Zeff (Zeff 2003) beschriebenen Erosion gewertet werden, der die Selbstverwaltung der Profession in den →United States of America (USA) ausgesetzt ist.

3) Nach SOA 104(b) (1) sollen Prüfungsgesellschaften mit mehr als 100 *SEC*-registrierten Mandanten jährlich, alle anderen mindestens im dreijährigen Turnus überprüft werden. Ein Kontrollbericht ist der *SEC* zuzuleiten, ferner ist die Öffentlichkeit zu informieren [SOA 104(g)]. Die Anerkennung von Überprüfungen nicht-amerikanischer Prüfungsgesellschaften durch ausländische Institutionen wird in Bylaws and Rules *PCAOB* 4011 und 4012 geregelt.

4) Weit reichende disziplinarische Kompetenzen des *PCAOB* werden in SOA 105 aufgeführt.

Zusammenfassend soll das *PCAOB* durch Anleitung und Aufsicht die →Prüfungsqualität verbessern und letztlich die Publikationsqualität steigern. Einerseits entfaltet eine verbesserte Abschlussprüfung (→Jahresabschlussprüfung; →Konzernabschlussprüfung) eine ex-ante disziplinierende Wirkung und veranlasst den Bilanzerstellenden zu größerer Sorgfalt. Andererseits werden ex-post mehr Fehler herausgefiltert (→Unregelmäßigkeiten; →Unregelmäßigkeiten, Aufdeckung von). Aus anreiztheoretischer Sicht ist jedoch zweifelhaft, ob beide intendierten Effekte simultan auftreten können (Wagenhofer/Ewert 2003, S. 421). In Deutschland ergeben sich durch das *PCAOB* zum einen mittelbare Auswirkungen auf die Rahmenbedingungen des Prüfungswesens (→Sarbanes Oxley Act, Einfluss auf das Prüfungswesen). Die Einführung des →Peer Review [§ 319 Abs. 1 Satz 3 HGB i.V.m. §§ 57a-57h →Wirtschaftsprüferordnung (WPO)], die Gründung der →Deutschen Prüfstelle für Rechnungslegung (§ 342b

HGB) (→Enforcementsysteme; →Enforcementsystem in Deutschland) sowie die Einrichtung der berufsexternen →*Abschlussprüferaufsichtskommission (APAK)* (→Berufsaufsicht für Wirtschaftsprüfer, national) werden vor diesem Hintergrund nachvollziehbar (Marten/Köhler 2005, S. 145–148). Zum anderen ergeben sich unmittelbare materielle Konsequenzen. Erfüllt z. B. eine deutsche Prüfungsgesellschaft die zu SOA 102(a) analogen Kriterien der SOA 106(a), so unterliegt sie ebenfalls der Aufsicht durch das *PCAOB* (→Berufsaufsicht für Wirtschaftsprüfer, international). Ob potenzielle, legislative Konflikte zwischen SOA und deutschem Recht durch die Befreiungsmöglichkeit der SOA 106(c) tatsächlich beseitigt werden, ist zweifelhaft (Emmrich/Schaum 2003, S. 678).

Literatur: Emmrich, G./Schaum, W.: Auswirkungen des Sarbanes-Oxley Act auf deutsche Abschlussprüfer – Berufsaufsicht, Registrierung, Unabhängigkeit –, in: WPg 56 (2003), S. 677–691; Marten, K.-U./Köhler, A.: Vertrauen durch öffentliche Aufsicht – Die Abschlussprüferaufsichtskommission als Kernelement der WPO-Novellierung, in: WPg 58 (2005), S. 145–152; Read, W. J./Rama, D. V./Raghunandan, K.: Local and Regional Audit Firms and the Markets for SEC Audits, in: Accounting Horizons 18 (2004), S. 241–254; Wagenhofer, A./Ewert, R.: Externe Unternehmensrechnung, Berlin et al. 2003; Zeff, S. A.: How the U.S. Accounting Profession got where it is today: Part I & II, in: Accounting Horizons 17 (2003), S. 189–205 und 267–286.

Dirk Simons; Martina Corsten

Public Private Partnership

Public Private Partnership (PPP) ist eine spezielle Form der Kooperation zwischen privatem und öffentlichem Sektor. Als wesentliche Charakteristika dieser Art der Zusammenarbeit und somit als Abgrenzungsmerkmale zu herkömmlichen Kooperationen zwischen den beiden Sektoren sind zu nennen (Budäus 2004, S. 314 f.):

- längerfristige Zusammenarbeit,
- komplementäre bzw. miteinander vereinbare Ziele der Beteiligten,
- Synergiepotenziale bei der Zusammenarbeit,
- Identität und Verantwortung der Partner bleiben intakt,
- die Zusammenarbeit basiert auf einem umfangreichen Vertragswerk und auf Vertrauen zwischen den Partnern.

Existierende Definitionen, die PPP lediglich als Oberbegriff für jegliche Form der Zusammenarbeit zwischen staatlichem und privatem Sektor bezeichnen, werden dem Charakter des hinter dem Begriff PPP stehenden Konzepts nicht gerecht.

Obwohl in Großbritannien schon seit Anfang der 1990er Jahre erfolgreich bei der Erstellung öffentlicher Infrastruktur angewendet, kommen PPP in Deutschland erst seit wenigen Jahren zum Einsatz. Bedingt durch die kritische Haushaltssituation der deutschen Gebietskörperschaften und des daraus resultierenden Investitionsstaus (→Investition) bei den öffentlichen Investitionsvorhaben, finden PPP nunmehr zunehmend Beachtung. Dies zeigt auch die Verabschiedung des ÖPP-Beschleunigungsgesetzes vom 1.9.2005.

Die Anwendungsgebiete von PPP sind vielfältig, so kommen sie bei der Errichtung und dem Betrieb öffentlicher Infrastruktur zum Einsatz, aber auch in den Sektoren Wirtschaftsförderung, F&E, Gesundheit, Bildung, Verteidigung, Kultur u. a. sind PPP-Modelle zu finden. Auf EU-Ebene sind diese öffentlich-privaten Partnerschaften zu einem wesentlichen Element bei der Realisierung der geplanten transeuropäischen Netze avanciert.

Die Vorteile, die seitens des öffentlichen Sektors mit dem Einsatz von PPP angestrebt werden, sind die Entlastung der öffentlichen Haushalte durch die Akquisition privaten Kapitals, die Möglichkeit, dringende öffentliche →Investitionen mithilfe dieses Kapitals früher bzw. überhaupt tätigen zu können sowie eine Effizienzsteigerung in der Leistungserstellung. Die Steigerung der Effizienz soll durch die Nutzung privaten Know-hows, durch eine effiziente Allokation der mit der Leistungserstellung verbundenen Risiken zwischen beiden Sektoren und durch die Anwendung des Life Cycle-Konzepts (Berücksichtigung der →Kosten über den gesamten Lebenszyklus des Projekts; →Lebenszykluskostenrechnung) realisiert werden. Die Vorteilhaftigkeit von PPP für die öffentliche Hand darf jedoch nicht per se angenommen werden, sondern ist für jedes geplante Vorhaben individuell zu prüfen. So verlangt § 7 BHO (→Bundes- und Landeshaushaltsordnung), dass für jedes anstehende PPP-Projekt der Nachweis des wirtschaftlichen Vorteils gegenüber der konventionellen Bereitstellung zu erbringen ist. Ein mögliches und gängiges Verfahren für diesen Wirtschaftlichkeitsvergleich (→Wirtschaftlichkeitsrechnungen) ist der *Public Sector Comparator* (Jacob/Kochendörfer 2000, S. 47 ff.). Die Vorteile der privaten Partner liegen in der Erschließung ihnen bislang nicht zugänglicher Geschäftsfelder.

Unter dem Begriff PPP sind verschiedene Modellausprägungen zu subsumieren, die wichtigsten sind die Betreiber-, Kooperations- und Konzessionsmodelle. Die in Deutschland im Bereich der Infrastruktur, dem wichtigsten Anwendungsgebiet von PPP, am häufigsten angewandten Modelle sind die *Betreibermodelle* (BM). Im Rahmen eines Betreibermodells schließt der öffentliche Partner mit der vom privaten Akteur zu gründenden Betreibergesellschaft einen Betreibervertrag für die →Planung, die Finanzierung (→Finanzierungsregeln), den Bau und den Betrieb einer zur Erfüllung öffentlicher Aufgaben notwendigen Anlage oder Einrichtung für einen vertraglich vereinbarten Zeitraum ab. Die Auftragsvergabe an den Privaten erfolgt i.d.R. über eine öffentliche Ausschreibung. Die Refinanzierung erfolgt aus dem →Cash Flow des Projektbetriebes direkt über Nutzungsentgelte oder aus einem vertraglich vereinbarten, vom öffentlichen Partner zu zahlenden Entgelt. Wesentliches Merkmal der BM und Unterschied zur konventionellen öffentlichen Leistungserstellung ist die privatwirtschaftliche Gesamtoptimierung über alle Phasen der Lebensdauer des Projekts. Wichtig in diesem Zusammenhang ist jedoch, dass trotz der privatwirtschaftlichen Leistungserstellung die Gewährleistungsverantwortung beim öffentlichen Sektor verbleibt.

Literatur: Budäus, D.: Public Private Partnership. Strukturierung eines nicht ganz neuen Problemfeldes, in: zfo 73 (2004), S. 312–318; Groß, M.: Einsatzmöglichkeiten von Public Private Partnership in die Bereitstellung der Bundesfernstraßen, Arbeitspapier Nr. 34 des Instituts für Öffentliche Wirtschaft der Universität Hamburg, Hamburg 2004; Jacob, D./Kochendörfer, B.: Private Finanzierung öffentlicher Bauinvestitionen. Ein EU-Vergleich, Berlin 2000; Streitferdt, L./Höftmann, B.: Das Kooperationsmodell als Public-Private-Partnership-Konzeption im Abfallbereich, in: Keuper, F./Schäfer, C. (Hrsg.): Führung und Steuerung öffentlicher Unternehmen, Berlin 2005, S. 151–193.

Lothar Streitferdt; Mirco Gross

Public Relations →Investor Relations

Public-Interest-Element
→Abschlussprüferaufsichtskommission

Publizität

(*Unternehmens-*) *Publizität* beruht auf jedermann zugänglichen Quellen, aus denen er sich *jederzeit* und *ohne Begründung* über *bestimmte Verhältnisse eines Unternehmens* informieren kann. Ein Mindestmaß an Publizität ist ordnungspolitisch *notwendig*, da ein auf Informationen gegründeter *Selbstschutz* oft wirksamer den Geschäftsverkehr sichert als *materiellrechtliche Schutzregelungen* und sie sogar vielfach überflüssig macht (Noack 2003, Rn. 116, S. 43). Entsprechend sind *rechtliche Institutionen* zu verankern, damit *verlässliche* Informationen jedem *offen liegen*.

Ein Minimum an *Publizität* sichern die *Registerbekanntmachungen*. Weitere *handels- und gesellschaftsrechtliche Publizitätspflichten* bestehen in den *Unternehmensbekanntmachungen* und der *Offenlegung der Rechnungslegung*, denen nur bestimmte Unternehmen unterliegen. Zusätzlich unterliegen Emittenten von Wertpapieren *kapitalmarktrechtlichen Publizitätspflichten*.

Für *Registerbekanntmachungen* führen die Amtsgerichte rechtsformspezifische *Register* (Handels-, Genossenschafts- Partnerschafts- und Vereinsregister), aus denen das Entstehen, Ändern und Auflösen bzw. Erlöschen bestimmter rechtserheblicher Tatsachen zu ersehen ist (→Registerauszüge). Bedeutende Angaben sind ins Register *einzutragen* (→Registeraufsicht). Weitere Angaben enthalten zur *Einsicht hinterlegte* Schriftstücke (Verträge, Satzungen, Urkunden etc.). Bei allen Rechtsformen weist das Register die Firma, deren Sitz und den Gegenstand des Unternehmens aus. Je nach Rechtsform (→Unternehmensformen) und Umständen sind u. a. zusätzlich einzutragen:

1) personenbezogene Daten und Vertretungsbefugnisse der Gesellschafter, Geschäftsführer oder Vorstandsmitglieder,
2) Höhe des Grund-, Stamm-, Mindestkapitals (→Eigenkapital) oder Gründungsfonds,
3) Datum des Gesellschaftsvertrags, der Satzung oder des Statuts und
4) evtl. Zeitdauer des Unternehmens.

Weiterhin weist das Register aus:

1) Erteilung und Entzug der Prokura,

2) Haftungsbeschränkungen eintretender Gesellschafter sowie

3) Eröffnung, Einstellung und Aufhebung des Insolvenzverfahrens (→Insolvenz).

Von Amts wegen haben die Gerichte i.d.R. Registereintragungen in vollem Umfang im BAnz. und außer bei →Genossenschaften in mindestens einem weiteren Blatt *bekannt zu machen.*

Unternehmensbekanntmachungen haben die Unternehmen selbst in den *Gesellschaftsblättern* zu veranlassen. Die meisten Pflichten bestehen hier für Aktiengesellschaften (→Aktiengesellschaft, Prüfung einer). Das GmbHG und das GenG schreiben vergleichsweise wenige Unternehmensbekanntmachungen vor. Entsprechende Pflichten bestehen für PartGes und Personenhandelsgesellschaften [→Personengesellschaften (PersGes)] bisher nicht (Noack 2002, Rn. 28, S. 16). Verpflichtendes *Gesellschaftsblatt* ist mittlerweile der elektronische BAnz. Nur das GenG schreibt noch die gedruckte Fassung vor. Darüber hinaus kann die Satzung weitere Gesellschaftsblätter bestimmen. Zulässiges Gesellschaftsblatt ist nach der Begründung zum TransPuG nun auch die Website der Unternehmen (TransPuG RegE, Begr., Besonderer Teil, S. 11 und 20).

Die *Offenlegung der Rechnungslegung* (→Offenlegung des Jahresabschlusses) ist eine *periodische* handels- und gesellschaftsrechtliche Publizitätspflicht. Sie trifft Unternehmen ab einer bestimmten Größe (§§ 9 und 15 PublG), alle KapGes und ihnen nach § 264a HGB gleichgestellte Personenhandelsgesellschaften (§§ 325–329 HGB), Genossenschaften (§ 339 HGB), →Kreditinstitute (§ 340l HGB) und →Versicherungsunternehmen (§ 341l HGB). Die *Grundform der Offenlegung* besteht noch in der *Registerpublizität.* Danach sind die Rechnungslegungsunterlagen zum jeweiligen Register einzureichen. Bis auf Genossenschaften müssen alle die Hinterlegung unter Angabe des Handelsregisters sowie der Registernummer im BAnz. bekannt machen. Große Unternehmen i.S.d. § 267 Abs. 3 HGB (→Größenklassen) sowie Kreditinstitute ab einer Bilanzsumme von 200 Mio. € und Versicherungen obliegen der *Bundesanzeigerpublizität.* Danach sind die Rechnungslegungsunterlagen zumindest im BAnz. bekannt zu machen und anschließend nebst Bekanntmachung beim zuständigen Register einzureichen. *Zukünftig* entfällt die Unterscheidung in Register- und Bundesanzeigerpublizität. Alle offenlegungspflichtigen Unternehmen müssen dann ihre Rechnungslegungsunterlagen in *elektronischer Form* beim Betreiber des *elektronischen Bundesanzeigers* einreichen und dort bekannt machen.

Die zusätzliche *kapitalmarktrechtliche Publizität* soll durch verlässliche Informationen die *Anleger schützen und die Markteffizienz sichern.* Rechtsgrundlage bilden die *kapitalmarktrechtlichen Vorschriften* (BörsG, BörsZulV, WpPG, WpHG, WpÜG) sowie die *Regeln der Börse(n),* an denen die Wertpapiere gehandelt werden. Zunächst trifft jeden Emittenten die *Primärmarktpublizität.* Danach sind der *Antrag auf Zulassung* und die *Zulassung* von Wertpapieren zum Handel sowie ein von der →*Bundesanstalt für Finanzdienstleistungsaufsicht* (*BaFin*) gebilligter und bei ihr zu hinterlegender *Wertpapierprospekt* (→Prospektbeurteilung) zu veröffentlichen (§ 14 WpPG). Auf *Sekundärmärkten* sind entsprechend *Angebote zum Erwerb von Anteilen* publizitätspflichtig (§ 10 WpÜG). Dies gilt vor allem, wenn eine *Übernahme* durch Überschreiten der Kontrollschwelle von 30% der →Stimmrechte angestrebt wird (§ 34 WpÜG) oder bereits erreicht wurde (§ 35 WpÜG). Bedeutende *laufende* kapitalmarktrechtliche Publizitätspflichten regeln:

1) das →Wertpapierhandelsgesetz mit →*Ad-hoc-Publizität* (§ 15 WpHG), *Directors' Dealings* (→Insidergeschäfte) (§ 15a WpHG) und *Stimmrechtstransparenz* (§§ 25 und 26 WpHG),

2) das BörsG i.V.m. der BörsZulV mit *Unternehmens-* und *Zwischenberichten* (→Zwischenberichterstattung) (§ 39 Abs. 1 Nr. 3 und Abs. 2 BörsG i.V.m. §§ 53–70 BörsZulV) und

3) z. B. das BörsG i.V.m. der BörsO mit *Quartalsberichten* (→Zwischenabschlüssen) und *Unternehmenskalendern* (§§ 63, 64, 78, 79 BörsO i.V.m. § 42 BörsG).

Wegen ihrer Bedeutung sind sie einmal jährlich mit inhaltlich weiter gehenden Handelsregistereintragungen und -hinterlegungen in einem Dokument zu veröffentlichen. Nach Offenlegung des Jahresabschlusses ist das Dokument bei der *BaFin* zu hinterlegen (§ 10 WpPG).

Publizität, adverse

Kapitalmarktrechtliche Informationen erscheinen je nach Rechtsgrundlage im BAnz., in Börsenpflichtblättern, auf Websites, durch Börsenbekanntmachung und/oder in einem elektronischen Informationssystem. Zusammen mit den Organen für *handels- und gesellschaftsrechtliche Bekanntmachungen* müssen Interessierte so eine Vielzahl an Quellen auswerten. Dem Publizitätszweck ist dies abträglich, da Transparenz von der Güte des Informationszugangs abhängt. Europarechtliche Vorgaben zwingen den Gesetzgeber zum Handeln. Zukünftig werden *handels- und gesellschaftsrechtliche* sowie *kapitalmarktrechtliche Bekanntmachungen* in elektronischer Form zentral gebündelt (§ 8b HGB i.d.F. des EHUG-RegE) und über ein elektronisches Unternehmensregister (https://unternehmensregister.de) für jedermann online abrufbar sein (§ 9 Abs. 7 HGB i.d.F. des EHUG-RegE). Die (*Unternehmens-*) *Publizität* wird so eine neue Qualität erreichen.

Literatur: Noack, U.: Unternehmenspublizität. Recht und Medien der Offenlegung von Unternehmensdaten, Köln 2002; Noack, U.: Infobase für Unternehmensdaten. Gegenwart und Zukunft der Medien für Unternehmenspublizität. Handbuch für offenlegungspflichtige Unternehmen, Köln 2003.

Frank P. Peffekoven

Publizität, adverse →Enforcementsysteme

Purchase Price Allocations →Immaterielle Vermögensgegenstände

Q

Qualifikation des Wirtschaftsprüfers
→ Aus- und Fortbildung des Wirtschaftsprüfers

Qualifiziert faktischer Konzern → Konzernarten

Qualitätscontrolling

Der *Begriff* Qualitätscontrolling umfasst die Analyse, →Planung, Durchführung und Kontrolle (→Kontrolltheorie) qualitätsbezogener Aktivitäten im Hinblick auf eine zielgerichtete Ausrichtung des Qualitätsmanagements. *Hauptziel* des Qualitätscontrollings ist die Steigerung von Effektivität und Effizienz des Qualitätsmanagements. Hierbei werden interne (z. B. Prozessverbesserung, Fehlervermeidung, Mitarbeiterbindung) und externe Ziele (z. B. Kundenbindung, Kommunikationsvorteil) unterschieden. *Funktionen* des Qualitätscontrollings beinhalten die Koordination, Informationsversorgung, Planung und Kontrolle. Die *Koordinationsfunktion* umfasst die Abstimmung der verschiedenen qualitätsbezogenen Aktivitäten eines Unternehmens. Die *Informationsversorgungsfunktion* beinhaltet die Bereitstellung sämtlicher im Rahmen der Planung und Kontrolle notwendigen Informationen. Die *Planungsfunktion* entspricht der systematischen Unterstützung einer zielgerichteten Planung der Aktivitäten des Qualitätsmanagements, wobei sich die Tätigkeiten an den Phasen des Qualitätsmanagements orientieren. Die *Kontrollfunktion* betrifft die permanente Überprüfung der Qualitätsstrategie und der Maßnahmen des Qualitätsmanagements. Auf der Basis dieser Funktionen lassen sich als grundlegende *Phasen des Qualitätsmanagements* die Qualitätsplanung, -lenkung, -prüfung und -managementdarlegung unterscheiden.

Die *Bereiche* des Qualitätscontrollings sind in eine strategische und operative Ebene zu unterteilen. Das *strategische* Qualitätscontrolling (→strategisches Controlling) dient der langfristigen Sicherung des Unternehmens am Markt. Hierbei sind strategische Qualitätsziele und Aktionsprogramme bzw. Stoßrichtungen zur Erreichung dieser Ziele festzulegen sowie ein Kenngrößensystem (→Kennzahlen und Kennzahlensysteme als Kontrollinstrument) zur Steuerung der Ergebnisse und eine Auswahlmethode zur Ableitung unternehmensspezifisch geeigneter Qualitätsziele zu entwickeln.

Das *operative* Qualitätscontrolling (→operatives Controlling) umfasst die Umsetzung der Qualitätsstrategien mittels taktischer und operativer Planung sowie die qualitätsbezogene Wirtschaftlichkeitsanalyse des Qualitätsmanagements. Das Qualitätscontrolling orientiert sich hierbei an den Maßnahmen in den vier Phasen des Qualitätsmanagements (s. Abb.).

Im Zentrum steht hierbei die Wirtschaftlichkeitsanalyse des Qualitätsmanagements, d. h. die Bewertung des Verhältnisses zwischen →Kosten und Nutzen des Qualitätsmanagements (→Kosten-Nutzen-Analyse). Die *Kosten* des Qualitätsmanagements entsprechen dem bewerteten Güterverzehr, der aufgrund von Aktivitäten zur Gewährleistung einer Leistungserstellung gem. spezifischen Quali-

Abb.: Phasenbezogene Einteilung von Verfahren des Qualitätscontrollings

Phase im Managementprozess	Instrumente
Analyse	M7-Managementwerkzeuge Wertanalyse Quality Function Deployment (QFD) Failure Mode and Effects Analysis (FMEA)
Planung	Qualitätszirkel Design of Experiments (DoE) Poka-Yoke Kaizen
Umsetzung	Qualitätsaudits Q7-Qualitätswerkzeuge Just-in-Time-Konzept
Kontrolle	Statistical Process Control (SPC) Kosten-Nutzen-Analyse EFQM-Modell Balanced Score Card (BSC) TQM-Scorecard

tätsanforderungen entsteht. In der Tätigkeitsanalyse werden auf Basis der Qualitätsaktivitäten in den einzelnen Unternehmensbereichen qualitätsbezogene Teilprozesse bestimmt. In klassischer Weise werden Kosten nach Fehler-, Fehlerverhütungs- und Prüfkosten untergliedert. In der wirkungsorientierten Analyse qualitätsbezogener Kosten werden die Qualitätsprozesse in Nutz-, Stütz-, Blind- und Fehlleistungen unterteilt. Der *Nutzen* des Qualitätsmanagements stellt das Maß der Zielerreichung durch qualitätsbezogene Aktivitäten dar und umfasst einen internen und externen Nutzen. Der interne Nutzen entspricht einer Verbesserung der Leistungserstellung und setzt an den unternehmensinternen, primär kostensenkenden Wirkungen an, wie Prozessverbesserungen (z. B. Verringerung von Leerlaufzeiten; →Prozessmanagement) und Fehlervermeidungen (z. B. Reduzierung des Ausschusses). Der externe Nutzen des Qualitätsmanagements stellt die Realisierung externer Ziele dar, die das Verhalten externer Anspruchsgruppen – z. B. Kunden oder Händler – betreffen, wie z. B. die Steuerung der Zufriedenheit als zentrale Determinante deren Verhaltens. Der externe Nutzen des Qualitätsmanagements wird damit in einen Nutzen der Bindung (z. B. von Kunden oder Händler) und in einen Kommunikationsnutzen durch Mund-zu-Mund-Kommunikation differenziert.

Verfahren des Qualitätscontrollings stellen Qualitätstechniken und Methoden des Qualitätsmanagements dar, die zum Lösen spezifischer Probleme auf unterschiedlichen Ebenen im Unternehmen eingesetzt werden. Die Verfahren des Qualitätscontrollings lassen sich gem. ihrem primären Einsatz nach den Phasen der Analyse, Planung, Umsetzung und Kontrolle unterteilen (s. auch Abb.).

Das Ziel in der *Analysephase* ist die Problemerkennung sowie die Gliederung und Identifizierung relevanter Qualitätsdimensionen und -informationen. Hierbei sind die sieben Managementwerkzeuge [M7: Affinitäts- und Relationendiagramm, →Portfolioanalyse, Baum- und Matrixdiagramm, Netzplan (→Netzplantechnik) und Problemscheidungs-Plan], die Wertanalyse, die Qualitätsfunktionen-Darstellung mittels House of Quality (Quality Function Deployment) sowie die Fehlermöglichkeits- und -einflussanalyse (FMEA) zu nennen.

In der *Phase der Planung* stehen dem Qualitätscontrolling Verfahren wie Qualitätszirkel, Statistische Versuchsplanung (DoE: Designs of Experiments), aber auch präventive Verfahren, wie das Poka-Yoke-Verfahren oder organisatorische Führungsinstrumente, wie Kaizen (→Geschäftsprozesse), zur Verfügung.

Die *Phase der Umsetzung* prägen im Qualitätscontrolling Verfahren wie Qualitätsaudits, die sieben Qualitätswerkzeuge (Q7: Qualitätsregelkarte, Fehlersammelliste, Histogramm, Pareto- und Korrelationsdiagramm, Brainstorming und Ursache-Wirkungs-Diagramm) sowie auch Organisations- und Steuerungskonzepte, wie Just-in-Time.

In der *Kontrollphase* werden im Qualitätscontrolling Verfahren zum →Soll-Ist-Vergleich verwendet, wie die Statistical Process Control (SPC) sowie zur Gegenüberstellung von Kosten und Nutzen des Qualitätsmanagements die →Kosten-Nutzen-Analyse. Diese erlaubt in übergeordneter, aggregierter Weise die Steuerung eines Unternehmens, wie z. B. auch das EFQM-Modell, die →Balanced Scorecard oder die Total Quality Management-Scorecard (→Total Quality Management).

Die *Organisation* des Qualitätscontrollings wird oft als Teil des Gesamtcontrollingsystems (→Controlling) definiert. Daneben wird das Qualitätscontrolling – insb. in Großbetrieben – teilweise der Produktion zugeordnet. Häufig wird das Qualitätscontrolling auch durch die Schaffung einer Stabsstelle „Qualitätscontrolling", die der Geschäftsleitung direkt unterstellt ist, eingegliedert.

Literatur: Bruhn, M.: Wirtschaftlichkeit des Qualitätsmanagements, Heidelberg 1998; Bruhn, M./Georgi, D.: Kosten und Nutzen des Qualitätsmanagements. Grundlagen, Methoden, Fallbeispiele, München 1999; Kamiske, G. F./Brauer, J.-P.: Qualitätsmanagement von A–Z. Erläuterung moderner Begriffe des Qualitätsmanagements, 5. Aufl., München/Wien 2005.

Manfred Bruhn

Qualitätskontrolle in der Wirtschaftsprüfung

WP und →vereidigte Buchprüfer (vBP) in eigener Praxis und WPGes/BPGes (→Revisions- und Treuhandbetriebe) sind verpflichtet, sich einer Qualitätskontrolle (→Peer Review) zu unterziehen, wenn sie gesetzliche →Jahresabschlussprüfungen durchführen. Die Pflicht zur Durchführung einer Qualitätskontrolle ist eine Berufspflicht (→Berufspflichten des Wirtschaftsprüfers). Sie wird nur durch die Durchführung von gesetzlichen Abschlussprüfungen (→Jahresabschlussprüfung; →Konzernabschlussprüfung) i. S. v. § 57a Abs. 1 Satz 1 →Wirtschaftsprüferordnung (WPO) begründet. Dabei handelt es sich im Wesentlichen um →Pflichtprüfungen i. S. v. § 316 Abs. 1 Satz 1 HGB. Andere Pflichtprüfungen begründen die Pflicht zur Durchführung einer Qualitätskontrolle nur, wenn sie einer Prüfung i. S. v. § 316 Abs. 1 Satz 1 HGB entsprechen und WP/vBP vorbehalten sind. Andere →Pflichtprüfungen, wie z. B. eine →Gründungsprüfung oder →Umwandlungsprüfung, begründen keine Pflicht zur Durchführung einer Qualitätskontrolle. Von der Pflicht zur Durchführung einer Qualitätskontrolle können WP/vBP durch eine Ausnahmegenehmigung befreit werden, wenn eine Härte vorliegt.

Gegenstand der Qualitätskontrolle ist das Qualitätssicherungssystem (→Qualitätssicherung) einer WP/vBP-Praxis. Es wird geprüft, ob das Qualitätssicherungssystem in der WP/vBP-Praxis angemessen und wirksam ist. Es ist angemessen, wenn es sicherstellt, dass die Berufspflichten eingehalten werden und wirksam, wenn die Regelungen des Qualitätssicherungssystems auch beachtet werden. Welche Regelungen in den WP/vBP-Praxen zur Einhaltung der Berufspflichten einzuführen sind, richtet sich nach den Gegebenheiten der einzelnen WP/vBP-Praxis.

Eine Qualitätskontrolle kann nur durch registrierte Prüfer für Qualitätskontrolle durchgeführt werden. Prüfer für Qualitätskontrolle können sowohl WP/vBP als auch WPGes/BPGes sein. WP/vBP müssen wenigstens 3 Jahre als WP oder vBP bestellt sein, im Bereich der Abschlussprüfung tätig gewesen sein und über Kenntnisse in der →Qualitätssicherung verfügen. Eine Teilnahmebescheinigung über die erfolgreiche Durchführung einer Qualitätskontrolle der eigenen Praxis ist ebenfalls erforderlich, wenn der WP/vBP in eigener Praxis Qualitätskontrollen durchführen will. Darüber hinaus müssen sie nach ihrer Registrierung eine spezielle Fortbildungsverpflichtung erfüllen (→Aus- und Fortbildung des Wirtschaftsprüfers).

Beabsichtigt eine Praxis, eine Qualitätskontrolle zu beauftragen, muss sie der →*Wirtschaftsprüferkammer* (*WPK*) vor Beauftragung einen Prüfer für Qualitätskontrolle vorschlagen. Sie kann bis zu drei Vorschläge zugleich unterbreiten. Die *WPK* hat einem Vorschlag zu widersprechen, wenn der Prüfer für Qualitätskontrolle bei der Durchführung der Qualitätskontrolle nicht unabhängig, unparteilich ist oder die Besorgnis der Befangenheit besteht (→Unabhängigkeit und Unbefangenheit des Wirtschaftsprüfers). Die *WPK* kann einen Vorschlag darüber hinaus zurückweisen, wenn eine ordnungsgemäße Durchführung der Qualitätskontrolle, einschl. einer ordnungsgemäßen Berichterstattung (→Berichtsgrundsätze und -pflichten des Wirtschaftsprüfers), durch den Prüfer für Qualitätskontrolle nicht gewährleistet ist.

Eine Qualitätskontrolle ist eine betriebswirtschaftliche Prüfung i. S. v. § 2 Abs. 1 WPO. Der Prüfer für Qualitätskontrolle hat das Qualitätssicherungssystem der WP/vBP-Praxis zu prüfen. Die Prüfung ist eine →Systemprüfung. Der Prüfer für Qualitätskontrolle hat eine Aufbauprüfung (→Aufbauorganisation) und →Funktionsprüfung durchzuführen.

Nach Durchführung der Qualitätskontrolle ist vom Prüfer für Qualitätskontrolle ein Qualitätskontrollbericht zu verfassen. Empfänger des Qualitätskontrollberichts sind die geprüfte Praxis und die *Kommission für Qualitätskontrolle*. In diesem ist das Qualitätssicherungssystem der geprüften Praxis zu beschreiben, festgestellte Mängel der Angemessenheit oder Wirksamkeit des Qualitätssicherungssystems darzulegen und ggf. Empfehlungen zur Beseitigung dieser Mängel zu geben. Der Qualitätskontrollbericht schließt mit einem →Prüfungsurteil. Der Prüfer für Qualitätskontrolle hat den Qualitätskontrollbericht der *WPK* zeitnah zuzusenden.

In der *WPK* ist die *Kommission für Qualitätskontrolle* für alle Angelegenheiten, die die Qualitätskontrolle betreffen, zuständig. Sie nimmt die Registrierung von Prüfern für Qualitätskontrolle vor, entscheidet über die Erteilung von Ausnahmegenehmigungen, wertet die Qualitätskontrollberichte aus und erteilt oder widerruft Teilnahmebescheinigungen.

Hat die Qualitätskontrolle Mängel des Qualitätssicherungssystems in der Angemessenheit oder Wirksamkeit aufgedeckt, kann sie Maßnahmen zur Beseitigung der Mängel beschließen und im Extremfall die Erteilung einer Teilnahmebescheinigung versagen oder eine einmal erteilte Teilnahmebescheinigung widerrufen. Bei der Wahl der Maßnahmen ist die *Kommission für Qualitätskontrolle* nur insoweit gebunden, als diese geeignet sein müssen, die Mängel zu beseitigen. Werden Mängel in der Angemessenheit des Qualitätssicherungssystems festgestellt, wird die Schaffung von einschlägigen Regelungen angeordnet. Betreffen die Mängel die Wirksamkeit des Qualitätssicherungssystems (bestehende Regelungen werden nicht angewandt), wird die WP/vBP-Praxis zu deren Anwendung verpflichtet. Der Nachweis der Beseitigung eines Mangels kann durch eine Mitteilung der WP/vBP-Praxis erfolgen, die *Kommission für Qualitätskontrolle* kann aber auch eine Sonderprüfung beschließen. Die Sonderprüfung kann aber nicht nur zur Führung des Nachweises der Beseitigung eines Mangels beschlossen werden, sondern auch zur Sachverhaltsaufklärung.

Nach erfolgreicher Durchführung der Qualitätskontrolle erhält die geprüfte Praxis eine Bescheinigung über die Teilnahme an dem System der Qualitätskontrolle. Diese ist, wie die Ausnahmegenehmigung nach § 57a Abs. 1 Satz 2 WPO, Voraussetzung, um wirksam als →Abschlussprüfer (APr) bestellt zu werden (§ 316 Abs. 1 Satz 3 HGB) (→Bestellung des Abschlussprüfers). Sie wird für 3 Jahre erteilt. Nach Inkrafttreten des BARefG wird die Teilnahmebescheinigung für WP/vBP-Praxen, die nicht gesetzliche APr von Unternehmen von öffentlichem Interesse sind (§ 319a Abs. 1 Satz 1 HGB), für 6 Jahre erteilt.

Das System der Qualitätskontrolle wird von der →*Abschlussprüferaufsichtskommission* (APAK), der Nachfolgerin des *Qualitätskontrollbeirates*, bzgl. der Angemessenheit und Funktionsfähigkeit überwacht (→Berufsaufsicht für Wirtschaftsprüfer, national). Im Rahmen ihrer Aufsichtsfunktion hat sie darüber hinaus eine Zurückweisungs- bzw. Letztentscheidungsbefugnis. Dies bedeutet, dass sie Entscheidungen der *WPK* vor deren Bekanntgabe an die Betroffenen in ihrem Sinne abändern kann. Die *APAK* ist vor der Nichterteilung oder dem Widerruf einer Teilnahmebescheinigung zu hören.

Freiwillig können an dem System der Qualitätskontrolle alle nicht zur Teilnahme verpflichteten WP/vBP und WPGes/BPGes sowie genossenschaftliche Prüfungsstellen bzw. Sparkassen- und Giroverbände (→Prüfungsverbände) teilnehmen. Die freiwillige Teilnahme unterliegt den gleichen Anforderungen, wie die gesetzliche Teilnahme am System der Qualitätskontrolle.

Literatur: Sahner, F./Clauß, C./Sahner, M. A.: Qualitätskontrolle in der Wirtschaftsprüfung, Köln 2002.

Carsten Clauß

Qualitätsmanagementsystem
→Total Quality Management

Qualitätssicherung

Die Maßnahmen zur Qualitätssicherung und deren Einhaltung sind Gegenstand einer kontinuierlichen Überprüfung durch die WP-Praxis (→Revisions- und Treuhandbetriebe) und durch die →*Abschlussprüferaufsichtskommission* (APAK).

Qualitätssicherung enthält die Gesamtheit aller der Qualitätssicherung dienenden Vorkehrungen und Maßnahmen und nicht nur die auftragsbegleitenden Einzelmaßnahmen der formellen und materiellen →Berichtskritik sowie die Durchsicht der Arbeitspapiere (→Arbeitspapiere des Abschlussprüfers). Die Qualitätssicherung dient auch dazu, das Haftungsrisiko (→Haftung des Wirtschaftsprüfers) zu mindern. Das Erfordernis von Maßnahmen zur Qualitätssicherung ergibt sich aus den →Berufsgrundsätzen des Wirtschaftsprüfers (insb. der →Unabhängigkeit und Unbefangenheit des Wirtschaftsprüfers, der Gewissenhaftigkeit und →Eigenverantwortlichkeit des Wirtschaftsprüfers sowie der →Verschwiegenheitspflicht des Wirtschaftsprüfers) gem. den §§ 43 Abs. 1, 55b →Wirtschaftsprüferordnung (WPO) und den hierzu ergangenen Regelungen der →Berufssatzung der Wirtschaftsprüferkammer (BS) sowie der IDW/WPK VO 1/2006 und der IDW VO 1/1993. Bei Steuerberatungsaufträgen (→Steuerberatung) sind zusätzlich § 57 Abs. 1 StBerG, die hierzu ergangenen Regelungen der BOStB und die Verlautbarung der *Bundessteuerberaterkammer* „Verlautbarung zur Qualitätssicherung in der Steuerberaterpraxis" zu beachten (→Berufsgrundsätze des Steuerberaters).

Neben den nationalen Regelungen sollten die Qualitätssicherungsmaßnahmen auch die international entwickelten Grundsätze der Berufsausübung und Prinzipien der Durchführung von Aufträgen, die im ISQC 1 „Quality Control for Audit, Assurance and Related Services Practices" niedergelegt sind, berücksichtigen. Dies gilt insb., wenn die WP-Praxis die Durchführung internationaler Prüfungsaufträge betreut.

Die Regelungen zur Qualitätssicherung haben sich regelmäßig mit den folgenden Aspekten zu befassen:

- Unabhängigkeit, Unparteilichkeit und Vermeidung der Besorgnis der Befangenheit,
- →Auftragsannahme und -fortführung sowie -beendigung (→Mandatsniederlegung des Abschlussprüfers),
- Qualifikation und Information,
- Gesamtplanung aller Aufträge (→Prüfungsplanung),
- fachliche und organisatorische Anweisungen und Hilfsmittel,
- Umgang mit Beschwerden und Vorwürfen,
- Grundsätze zur Abwicklung von Prüfungsaufträgen (→Auftragsdurchführung) und
- Grundsätze zur Durchführung der →internen Nachschau.

Unabhängigkeit, Unparteilichkeit und Vermeidung der Besorgnis der Befangenheit: Die Einhaltung der Grundsätze zur Unabhängigkeit, Unparteilichkeit und Vermeidung der Besorgnis der Befangenheit ist wesentlicher Baustein einer Qualitätssicherung. Hier ist sicher zu stellen, dass der WP und seine Mitarbeiter vom zu prüfenden Mandat nach den Vorgaben der §§ 319 und 319a HGB unabhängig sind. Dabei ist auch auf den äußeren Anschein zu achten (Independence in Appearance). Die Einhaltung der Regelungen zur Unabhängigkeit ist durch den verantwortlichen WP zu überwachen.

Auftragsannahme, -fortführung und -beendigung: Die Entscheidung über Auftragsannahme und -fortführung (→Folgeprüfung) sowie deren vorzeitige Beendigung fällt in den Zuständigkeits- und Verantwortungsbereich des verantwortlichen Wirtschaftsprüfers. Neben der Würdigung etwaiger (berufs)üblicher Ausschließungsgründe (→Ausschluss als Abschlussprüfer) ist vor der Annahme oder Fortführung jedes Auftrags zu prüfen, ob der WP über die notwendige Fachkompetenz zur sachgerechten →Auftragsdurchführung verfügt (IDW/WPK VO 1/2006.50). Ferner ist zu prüfen, ob das Mandat nicht aus Gründen, die beim potenziellen Auftraggeber liegen, untragbar erscheinende Risiken mit sich bringen könnte. Weiterhin ist vor jeder Auftragsannahme und bei der Auftragsdurchführung das GWG zu beachten (→Geldwäschegesetz, Beachtung bei Auftragsannahme und -durchführung).

Der Auftragsannahme sollte eine schriftliche Auftragserteilung durch den Mandanten vorangehen. Die Entscheidung zur Mandatsübernahme oder -fortführung ist zu dokumentieren (→Auftragsbestätigung). Wird ein Auftrag trotz eines erhöhten Risikos angenommen, sind die Risikofaktoren, die Entscheidungsgründe und die Konsequenzen für die Auftragsdurchführung im Falle von Prüfungsaufträgen zu dokumentieren; die Planung ist entsprechend anzupassen.

Ein einmal angenommener Prüfungsauftrag kann nur aus wichtigem Grunde gekündigt werden (§ 318 Abs. 6 HGB) (→Prüfungsauftrag und -vertrag). Ein vorzeitig durch Niederlegung oder Abberufung beendetes Prüfungsmandat soll nur nach Erkundigung über den Grund des Prüferwechsels beim Mandatsvorgänger übernommen werden. Stimmt der Mandant einer Unterrichtung durch den Vorprüfer nicht zu, so ist i. d. R. das Mandat abzulehnen (§ 26 BS; IDW/WPK VO 1/2006.52).

Qualifikation und Information: Die Qualität der Arbeit des Wirtschaftsprüfers hängt entscheidend von der Qualifikation seiner Mitarbeiter ab. Daher ist es erforderlich, eine hohe Qualifikation sowie eine umfassende Information sicherzustellen. Der Auswahl geeigneten Personals und einer geordneten längerfristigen Personalentwicklung kommt daher eine große Bedeutung zu (→Aus- und Fortbildung des Wirtschaftsprüfers) (§§ 5 Abs. 1, 6 BS; IDW/WPK VO 1/2006.61 f.).

Gesamtplanung aller Aufträge: Die Aufgabe einer Gesamtplanung aller Aufträge besteht darin, durch personelle und zeitliche Zuordnung von Mitarbeitern mit jeweils ausreichender Kenntnis und Erfahrung die fach- und termingerechte Abwicklung der Aufträge zu gewährleisten und zugleich die jüngeren Mitarbeiter systematisch schrittweise an anspruchsvollere Aufgaben heranzuführen (IDW/WPK VO 1/2006.73). Dazu ist i. d. R. ein Verantwortlicher zu benennen, der die Führung der Disposition für alle (in diesem Bereich) tätigen Mitarbeiter und alle im Bereich betreuten Aufträge übernimmt. Er ist auch zuständig für die laufende Aktualisierung der Gesamtplanung. In der Zeitplanung der einzelnen Aufträge sind Reserven für unvorhersehbare Ereignisse zu berücksichtigen. Daneben sollte der erforderliche Einsatz von fachlich besonders qualifizierten Mitarbeitern, z. B. Steuerspezialisten, Versicherungsmathematiker, IT-Spezialisten, Branchenspezialisten, geplant werden.

Fachliche und organisatorische Anweisungen und Hilfsmittel: Die fachlichen und organisatorischen Hilfsmittel müssen sicherstellen, dass die Organisation der WP-Praxis leicht nachvollziehbar ist und die qualitativ hochwertige Abwicklung von Prüfungs- und Beratungsaufträgen gewährleistet ist. Darüber hinaus können diese Anweisungen und Hilfsmittel auch die Organisation der Praxis betreffen.

Umgang mit Beschwerden und Vorwürfen: Der WP ist verpflichtet, Beschwerden oder Vorwürfen von Mitarbeitern, Mandanten oder Dritten nachzugehen, wenn sich aus ihnen Anhaltspunkte für Verstöße gegen gesetzliche oder fachliche Regeln ergeben (§ 24c BS). In der WP-Praxis sind Regelungen zu treffen, wie mit diesen Beschwerden verfahren wird.

Grundsätze zur Abwicklung von Prüfungsaufträgen: Die Grundsätze zur Abwicklung von Prüfungsaufträgen umfassen i. d. R.:

- Dokumentation der Prüfung,
- →Prüfungsplanung und →Prüfungsanweisungen,
- Beaufsichtigung der Prüfungsdurchführung,
- Zusammenfassung und Auswertung der Prüfungsergebnisse,
- Kontrolle der Prüfungsdurchführung,
- Durchsicht der Prüfungsergebnisse sowie
- Lösung fachlicher Meinungsverschiedenheiten.

Diese Grundsätze sind geprägt vom Vier-Augen-Prinzip und sollen sicherstellen, dass die Prüfungsaufträge unter Einhaltung der gesetzlichen Anforderungen und der Qualitätsstandards des Berufsstandes abgewickelt werden.

Grundsätze zur Durchführung der internen Nachschau: Die Verpflichtung zur Durchführung einer internen Nachschau sowohl der Praxisorganisation als auch der Abwicklung von Prüfungsaufträgen besteht nach den §§ 7, 39 BS für alle Berufspraxen unabhängig von ihrer Größe. Konkretisiert wird diese Verpflichtung durch die IDW/WPK VO 1/2006. Auch ein Einzel-WP muss demnach eine interne Nachschau durchführen. Ziel der internen Nachschau ist die Beurteilung der Angemessenheit und Wirksamkeit des Qualitätssicherungssystems.

Je nach der Größe der Berufspraxis sowie der Anzahl und Qualifikation der Mitarbeiter stehen dem Berufsangehörigen drei unterschiedliche Wege offen, seiner Verpflichtung zur Durchführung der internen Nachschau nachzukommen:

- es können dafür qualifizierte Mitarbeiter eingesetzt werden, die nicht zwingend selbst Berufsträger sein müssen,
- es besteht die Möglichkeit, eine Selbstvergewisserung vorzunehmen und
- der Berufsangehörige kann einem Berufskollegen den Auftrag erteilen, für ihn eine interne Nachschau nach den §§ 7, 39 BS durchzuführen.

Zusätzlich zu den beschriebenen Maßnahmen zur Qualitätssicherung durch die WP-Praxis ist die *APAK* als vom Berufsstand unabhängiges Kontrollgremium eingerichtet worden (→Berufsaufsicht für Wirtschaftsprüfer, national). Die *APAK* hat im Bereich der Qualitätskontrolle folgende Aufgaben (§ 66a WPO):

- Überwachung der Angemessenheit und Funktionsfähigkeit des Systems für Qualitätskontrolle (→Qualitätskontrolle in der Wirtschaftsprüfung; →Peer Review) im Interesse der Öffentlichkeit,
- Empfehlungen zur Fortentwicklung und Verbesserung des Systems zu geben und
- einen jährlichen öffentlichen Bericht zu erstellen.

Literatur: IDW (Hrsg.): Stellungnahme des IDW zur beruflichen Fortbildung der Wirtschaftsprüfer im IDW (VO 1/1993), in: WPg 47 (1994), S. 361–362; IDW/WPK (Hrsg.): Gemeinsame Stellungnahme der WPK und des IDW: Anforderungen an die Qualitätssicherung in der Wirtschaftsprüferpraxis (VO 1/2006), in: WPg 59 (2006), S. 629–646.

Thomas M. Orth

Quartalsabschlüsse →Zwischenabschlüsse

Quasi-fixe Kosten →Kosten

Querschnittskosten →Kostencontrolling

Quotenkonsolidierung →Konsolidierungsformen

R

Radio Frequency Identification →Betriebsdatenerfassung

Rangrücktrittsvereinbarung

Gerät eine KapGes in eine wirtschaftliche Krise (→Krisendiagnose), so ist durch Aufstellung einer Überschuldungsbilanz festzustellen, ob eine Überschuldung i. S. d. § 19 InsO (→Insolvenz) vorliegt (→Überschuldungsprüfung). Um die Passivierung einer Forderung (eines Gesellschafters oder eines Dritten) in der Überschuldungsbilanz zu vermeiden, kann eine *Rangrücktrittsvereinbarung* zwischen dem Gläubiger und der Gesellschaft geschlossen werden. Es handelt sich dabei um einen Vertrag i. S. d. § 311 BGB, durch den die Erfüllungsmodalitäten der Forderung geändert werden. Allerdings genügt nicht die Formulierung, dass der Gläubiger mit seiner Forderung hinter alle anderen Gläubiger zurücktritt (*einfacher Rangrücktritt*). Vielmehr muss der Gläubiger weiter erklären, die Forderung solle – bis zur Abwendung der Krise – erst nach der Befriedigung sämtlicher Gesellschaftsgläubiger und auch dann nur zugleich mit den Einlagerückgewähransprüchen der (Mit-) Gesellschafter erfüllt und damit so behandelt werden, als handele es sich bei der Forderung um statuarisches Kapital (BGH-Urteil vom 8.1.2001, S. 190–195). Der Gläubiger muss also mit der Gesellschaft vereinbaren, dass seine →Forderung hinter die Forderungen der übrigen Gläubiger zurücktritt und dass die Erfüllung seiner Forderung nur aus zukünftigen Gewinnen, aus einem Liquidationsüberschuss (→Liquidationsbilanz) oder aus anderem freien Vermögen erfolgen soll (*qualifizierter Rangrücktritt*).

In der Literatur bestehen unterschiedliche Auffassungen zu der Frage, ob die zurückgetretene Forderung – soweit dies nicht von den Parteien geregelt wurde – den Rang des § 39 Abs. 1 Nr. 5 InsO, des § 39 Abs. 2 InsO oder des § 199 Satz 2 InsO hat. Der Streit hat aber keine praktische Bedeutung, weil die Insolvenzgerichte so gut wie nie zur Anmeldung nachrangiger Forderungen nach § 174 Abs. 3 Satz 1 InsO auffordern.

Durch ein BMF-Schreiben (BMF-Schreiben vom 18.8.2004, S. 850–851) war unklar geworden, ob im Falle eines qualifizierten Rangrücktritts in der Handels- bzw. Steuerbilanz die Forderung ergebniswirksam als weggefallen zu behandeln ist. Der *BFH* hat nun aber in dem Sinne entschieden, dass auch bei einem qualifizierten Rangrücktritt die Forderung in der Handelsbilanz und in der Steuerbilanz ausgewiesen werden muss (BFH-Urteil vom 20.10.2004, S. 581–585).

Literatur: BFH-Urteil vom 20.10.2004, Aktz. I R 11/03, BStBl. II 2005, S. 581–585; BGH-Urteil vom 8.1.2001, Aktz. II ZR 88/99, GmbHR 92 (2001), S. 190–195; BMF-Schreiben vom 18.8.2004, Aktz. IV A 6 – S 2133 – 2/04, BStBl. I 2004, S. 850–851.

Martin Kittlitz

Rating

Unter einem Rating wird im finanzwirtschaftlichen Zusammenhang ein *Klassifikationsverfahren* verstanden, das die Fähigkeit von Unternehmen bewertet, ihren Zahlungsverpflichtungen zeitgerecht sowie in voller Höhe nachzukommen und sie dann in eine von mehreren *Bonitätsstufen* (→Bonität; →Bonitätsanalyse) einordnet. Traditionell geschieht dies durch große, international tätige Agenturen (*Standard & Poor's*, *Moody's*, *Fitch*); zunehmend gründen sich auch in Deutschland mittelständische Ratinganbieter.

Bedeutung gewinnt das Rating vor allem im Rahmen der neuen Aufsichtsnormen für →Kreditinstitute („→*Basel II*"), deren Ziel es ist, die an Banken gestellten Eigenkapitalanforderungen für (Kredit-) Ausfallgefahren risikogerechter zu bemessen. Kreditinstitute haben dabei die Wahl zwischen dem sog. Standard- und dem internen Ratingansatz, wobei sich Letzterer noch einmal in einen Basis- und einen fortgeschrittenen Ansatz unterteilt.

Im einfacheren *Standardansatz* wird auf (bank-) *externe* Ratings von darauf spezialisierten Agenturen zurückgegriffen, die von der jeweiligen nationalen Bankaufsichtsbehörde [in Deutschland: →*Bundesanstalt für Finanzdienstleistungsaufsicht (BaFin)*] zugelassen werden müssen. Statt wie nach Basel I Kredite unabhängig von der Schuldnerbonität pauschal mit 8% →Eigenkapital unterlegen zu müssen, gelten künftig z. B. für Unternehmenskredite die folgenden Sätze in Abhängigkeit von Rating-Einstufungen:

- AAA bis AA −: 0%,
- A + bis A −: 4%,
- BBB + bis BB −: 8%,
- B + und schlechter: 12%.

Dabei sind die Kriterien der Anerkennung der Agenturen durch die nationalen Aufsichtsbehörden vage, wenn Basel etwa fordert, die Agentur müsse objektiv und unabhängig handeln, ihre Bewertungen hätten öffentlich verfügbar und glaubwürdig zu sein und ihre Ressourcen müssten ausreichen, dauerhaft die ihr gestellten Aufgaben zu erfüllen.

Für die Kreditinstitute in der BRD war die gleichwertige Anerkennung externer und (bank-) *interner* Ratings von großer Bedeutung, da hier zulande weniger als 150 Unternehmen von einer Ratingagentur bewertet sind. Bei den dafür vorgesehenen *Internal Ratings-Based (IRB)-Ansätzen* schätzen Banken (für ihr Gesamtportfolio oder Teile davon) in der Basisvariante (Foundation Approach) lediglich die mit einer Ratingklasse verbundene Ausfallwahrscheinlichkeit, bei der anspruchsvolleren Methodik (Advanced Approach) auch die weiteren den möglichen Verlust bestimmenden Parameter selbst. Während der IRB-Basisansatz zum 1.1.2007 in Kraft tritt (ein Jahr nach dem Standardansatz), dürfen die Eigenkapitalanforderungen erst ab 1.1.2008 nach dem fortgeschrittenen Ansatz berechnet werden.

Im internen Ratingansatz muss ein Kreditinstitut bis zu fünf Parameter berücksichtigen:

1) Wahrscheinlichkeit, dass es zu einem Ausfall kommt (PD, Probability of Default). Dabei werden verschiedene Indikatoren für die Ausfallgefahr vorgeschlagen (z. B. Zahlungsverzug von mehr als 90 Tagen).
2) Ausstehender Betrag, wenn es zum Ausfall kommt (EAD, Exposure at Default).
3) Prozentsatz des Exposures, der nach Berücksichtigung etwaiger Sicherheiten bei einem Ausfall des Schuldners gefährdet wäre (LGD, Loss Given Default).
4) Restlaufzeit des Kredits (M, Maturity).
5) →Umsatzerlöse (S, Sales).

Hat die Bank den IRB-Basisansatz gewählt, dann hat sie lediglich die PD zu ermitteln und bei den anderen Parametern auf die Vorgaben der Bankenaufsicht zurückzugreifen. In diesem Zusammenhang muss sie jeden Kreditnehmer einzeln bewerten und in eine von mindestens sieben Risikoklassen einordnen (→*Kreditwürdigkeitsprüfung*). Darüber hinaus sind weitere Anforderungen an die Ausgestaltung des Ratingsystems zu erfüllen, deren Einhaltung regelmäßig von der Bankenaufsicht überprüft wird; auch müssen die den IRB-Ansatz anwendenden Banken bestimmten Publikationsvorgaben nachkommen.

Die konkrete Eigenkapitalunterlegung ergibt sich dann unter Zuhilfenahme der (je nach Ansatz eben vorgegebenen oder selbst ermittelten) weiteren Parameter, die in eine komplexe Risikogewichtungsfunktion Eingang finden. Haftkapital ist danach zur Abdeckung unerwarteter Verluste vorgesehen. *Erwartete Verluste* (Expected Losses, EL), also die durchschnittlich z. B. in einem Kundensegment in der Vergangenheit angefallenen, ausfallbedingten Wertberichtigungen und Abschreibungen (→außerplanmäßige Abschreibungen), sollen durch die (verdienten!) Standard-Risikokosten kompensiert werden. *Unerwartete Verluste* (Unexpected Losses, UL) sind die in einzelnen Perioden über den Durchschnitt hinausgehenden Ausfälle; für die Abdeckung derartiger, nicht antizipierter Verluste i. S. v. Ex-post-Überraschungen dient regulatorisches Eigenkapital („UL Only-Ansatz").

Lediglich im fortgeschrittenen Ansatz und dort auch nur für Kreditnehmer mit einer Bilanzsumme und einem Jahresumsatz ab 500 Mio. € schreibt Basel zwingend sog. Laufzeitzuschläge vor, die dem (vermuteten) Anstieg des Bonitätsrisikos mit zunehmender Laufzeit des Kredits Rechnung tragen sollen. Die Begrenzung dieser auf größere Unternehmen berücksichtigt nicht zuletzt die Bedenken der deutschen Seite, da hier zu Lande eine ausgeprägte Langfristkultur in der Unternehmensfinanzierung besteht. Die langfristige Bankenfinanzierung fungiert quasi als Eigenkapitalersatz: 2/3 der an Unternehmen und wirtschaftlich Selbstständige ausgereichten Mittel weisen eine vereinbarte Laufzeit von über 5 Jahren auf.

Kreditinstitute, die den IRB-Ansatz nutzen, sollen in einem überschaubaren Zeitraum alle bedeutenden Forderungsklassen in diesen Ansatz überführt haben. Eine dauerhaft freie Wahl zwischen Standard- und IRB-Ansatz würde nach Basler Auffassung potenziell zum „Rosinenpicken" verführen: Banken könnten versucht sein, jeweils das Verfahren zu wählen, mit dem sich die geringere Kapitalanforderung verbindet. Es ist daher das zeitlich unbegrenzte Verbleiben im Standardansatz prinzipiell nur für Portfolios mit nicht materiellem Volumen und Risikogehalt gestattet.

Vor allem in den großen Verbundorganisationen der Sparkassen und Genossenschaftsbanken sind daher die Anstrengungen zum Aufbau *gruppeneinheitlicher Ratingsysteme* (die dann auch den Handel von Krediten untereinander und damit die Risikodiversifikation erleichtern) in den letzten Jahren stark forciert worden. Dabei zeichnet sich zwar noch kein einheitlicher „Ratingstandard" ab, nach dem stets die gleichen Kriterien in gleicher Gewichtung zur Bonitätseinstufung herangezogen würden. Allerdings enthalten die bislang publizierten Ratingverfahren stets eine Mischung aus (im Gewicht dominierenden) *quantitativen Kriterien* – basiert auf Kennzahlen aus Bilanz, →Gewinn- und Verlustrechnung (GuV) und ggf. →Kapitalflussrechnung des zu bewertenden Unternehmens (→Kennzahlen und Kennzahlensysteme als Kontrollinstrument) – sowie *qualitativen Einschätzungen* (z. B. zur Güte des Managements, der Marktpositionierung usw.).

Mit der Verbreitung und Akzeptanz der Ratings ist zu erwarten, dass Banken künftig versuchen werden, eine stärkere Risikoorientierung der Kreditpreise am Markt durchzusetzen. Gerade mittelständische Unternehmen (→kleine und mittlere Unternehmen), die sich traditionell bei der Kommunikation von (Finanz-) Informationen sehr zurückgehalten haben, werden daher offensiver auf die Kreditinstitute zugehen müssen, wollen sie sich nicht in ihren *Finanzierungskonditionen* verschlechtern.

Literatur: BCBS: International Convergence of Capital Measurement and Capital Standards – A Revised Framework, Basel 2004; Everling, O./Goedeckemeyer, K.-H. (Hrsg.): Bankenrating, Wiesbaden 2004; Gordy, M.: A Risk-Factor Model Foundation for Ratings-Based Bank Capital Rules, Working Paper, Federal Reserve Board, Washington D.C. 2002; Hofmann, G. (Hrsg.): Basel II und MaRisk, Frankfurt a.M. 2006; Krahnen, J.P./Weber, M.: Generally Accepted Rating Principles, in: Journal of Banking and Finance 25 (2001), S. 3–23; Paul, S.: Basel II im Überblick, in: Hofmann, G.(Hrsg.): Basel II und MaRisk, Frankfurt a.M. 2006, S. 5–58; Paul, S./Stein, S.: Rating, Basel II und die Unternehmensfinanzierung, Köln 2002.

Stephan Paul

Rationalisierungsinvestitionen
→Investition

Realinvestitionen →Investition

Realisationskontrolle

Die Realisationskontrolle (Ergebniskontrolle) beinhaltet eine Gegenüberstellung von realisierten Ergebnissen und Planzielen (→Planung), die insb. im operativen Bereich von Bedeutung ist. Bei der Ergebniskontrolle wird die Zielerreichung überprüft. Je nachdem, ob es sich um ein Teilziel oder das Gesamtziel handelt, lässt sie sich in Teilergebnis- (Fortschrittskontrollen) und Endergebniskontrollen differenzieren.

Fortschrittskontrollen basieren auf zu bestimmten Zeitpunkten durchgeführten (Prozess begleitenden) →Soll-Ist-Vergleichen (→Kontrollinstrumente) und zeigen nach Umsetzung einzelner (aufeinander folgender) Planabschnitte die Zwischenzielerreichung bzw. den Umsetzungsstand bestimmter Planbestandteile (Milestones) an. Sie ermöglichen es, voraussehbare oder eingetretene Fehlwicklungen zu erkennen und einzugreifen, bevor endgültige Realisationsergebnisse vorliegen. Im Vordergrund der Teilergebnis- bzw. Fortschrittskontrollen steht somit die Möglichkeit des Eingriffs in das laufende Geschehen einer Unternehmung.

Endergebniskontrollen liefern ex-post Informationen über die jeweiligen Realisationen (Feedback-Kontrolle). Da sie erst nach Abschluss der Durchführung erfolgen, können am Realisationsprozess keine Korrekturen mehr durchgeführt werden. Ihr Hauptanwendungsgebiet liegt daher in der operativen →Planung, wo die Planungs- bzw. Realisationszeiträume relativ kurz und die Durchführungsprozesse wiederkehrend oder routinisiert sind. Die erkannten Abweichungen bzw. Mängel haben insb. bei der Gewinnung von Erfahrungswerten und Informationen über Anpassungsnotwendigkeiten für das zukünftige Aktivitätenspektrum eine besondere Bedeutung. Sie dienen primär einer nachträglichen Plananpassung und liefern durch differenzierte →Abweichungsanalysen Ansatzpunkte für zukünftige, verbesserte Steuerungshandlungen im Realisationssystem.

Realisationskontrollen sind sowohl objektbezogen (bezogen auf Ergebnisse, Verhalten oder Verfahren) als auch inhaltlich (bezogen auf Planungsinhalte) ausgerichtet. Sie setzen bereits im Rahmen der Zielplanung im Unternehmen ein und ermitteln im Anschluss an die Plankontrolle durch einen Soll-Ist-Vergleich den jeweiligen Zielerreichungsgrad von Ausführungshandlungen. Bei den sich an die Ausführung der Maßnahmen anschließenden Realistionskontrollen werden nur bei einer vollständigen Übereinstimmung der prognostizierten (→Prognoseinstrumente) und realisierten Maßnahmenwirkungen und damit bei vollständiger Zielerreichung keine Soll-Ist-Differenzen auftreten. Im Rahmen der Ressourcenkontrolle werden die mehrstufigen inhaltlichen Realisationskontrollen i. d. R. als periodische Kosten- bzw. Aufwandskontrollen (→Kostencontrolling) durchgeführt.

Im Rahmen strategischer Planungen dienen insb. *Planrealisierungskontrollen* dazu, festzustellen, ob die Maßnahmen der Strategieimplementierung und -umsetzung zur Erreichung der strategischen Ziele beitragen können. Sie sind damit ein Element zur Kontrolle der Planerreichung (Durchführungskontrolle) im Rahmen integrierter →Kontrollkonzeptionen.

Literatur: Baum, H.-G./Coenenberg, A. G./Günther, T.: Strategisches Controlling, 3. Aufl., Stuttgart 2004; Küpper, H.-U.: Controlling. Konzepte, Aufgaben, Instrumente, 4. Aufl., Stuttgart 2005.

Monika Palloks-Kahlen

Realisationsprinzip →Periodengerechte Erfolgsermittlung; →Erträge; →Grundsätze ordnungsmäßiger Rechnungslegung

Realoptionen

Unter Realoptionen versteht man unterschiedlichste Formen der Handlungsflexibilität im Hinblick auf das Management realwirtschaftlicher Investitionsportfolios (→Investition). Es handelt sich hierbei um Verfügungsrechte der unternehmerischen Entscheidungsträger, Investitionsstrategien an sich verändernde wirtschaftliche Rahmenbedingungen anzupassen. Durch die explizite Einbeziehung der Realoptionen in die Projekt- bzw. →Unternehmensbewertung wird folglich der zusätzliche Wertbeitrag des *pro-aktiven* Investitionsmanagements (→Investitionscontrolling) quantitativ erfasst und damit eine wesentliche methodische Schwäche der klassischen →Discounted Cash Flow-Methode geheilt.

Die Bewertung der Realoptionsrechte erfolgt unter Anwendung eines Analogieschlusses zu den an den Finanzmärkten gehandelten Optionskontrakten und rechtfertigt daher den Einsatz der finanzwirtschaftlichen Optionspreistheorie. In der Realoptionsliteratur unterscheidet man zwischen acht Basisoptionstypen (Trigeorgis 1996, S. 1 f.):

- *Warteoption* (Option auf Durchführung einer →Investition): Call auf die Brutto-Cash Flows eines Projekts gegen Zahlung der Investitionskosten,

- *Option der stufenweisen Investition* (Option auf Projektabbruch bei Nichterreichung eines Milestone): Compound Call auf den →Cash Flow des Projekts bei vollständiger Implementierung,

- *Erweiterungsoption* (Option auf Erhöhung der Produktionskapazität): Call auf den Barwert der zusätzlichen Brutto-Cash Flows gegen Zahlung der Investitionssumme,

- *Einschränkungsoption* (Option auf Reduzierung der Produktionskapazität): Put auf den →Liquidationswert der anteiligen Produktionskapazität gegen Aufgabe der zu verdienenden zukünftigen Cash Flows,

- *Stilllegungsoption* (Option auf temporäre Stilllegung einer Produktionsanlage): Call auf die operativen Cash Flows der Rechnungsperiode gegen Zahlung der variablen →Kosten,

- *Schließungsoption* (Option auf Beendigung einer Wertschöpfungsaktivität): Put auf den Liquidationswert eines Projekts gegen Aufgabe der zu verdienenden zukünftigen Cash Flows,

- *Wechseloption* (Option auf Verlagerung der Wertschöpfungsaktivitäten, z. B. zwischen verschiedenen Produktionsstandorten): Wechseloption auf den Barwert zukünftig erwarteter Cash Flows der einen Aktivität gegen Aufgabe des Barwerts der zukünftig erwarteten Cash Flows einer anderen Aktivität und

- *Wachstumsoption* (Option auf die Durchführung von Folgeinvestitionen): Compound Call auf zusätzliche, aus einem Vorläuferprojekt abgeleitete Investitionen.

Die Bewertung realwirtschaftlicher Optionsrechte macht sich den Analogieschluss zunutze und ersetzt in den jeweiligen Optionsmodellen die finanzwirtschaftlichen Input-Parameter durch äquivalente realwirtschaftliche Größen. Der ökonomische Wert eines Investitionsprojekts entspricht der Summe aus dem klassischen Kapitalwert und dem Wert der projektinhärenten Realoptionen.

Ein wesentliches Unterscheidungsmerkmal zwischen dem Realoptionsansatz und der Kapital- bzw. →Ertragswertmethode ist die Risikobetrachtung. Während sich im letzteren Fall Risiko generell mindernd auf den Projektwert auswirkt und lediglich das systematische Risiko einbezogen wird, betrachtet der Realoptionsansatz das gesamte Risiko eines Projekts, das sich aufgrund der impliziten Haftungsbeschränkung positiv auf den Projektwert auswirkt. Der Realoptionsansatz bildet daher explizit den Charakter des Risikos als Chance i.V.m. Handlungsflexibilität ab.

Trotz ihrer methodischen Überlegenheit ist der Einsatz der Realoptionsmethode in der Bewertungspraxis mit erheblichen Problemen behaftet (Baecker/Hommel 2004, S. 26 f.). Für rohstoffbasierte Investitionen stehen zwar im Regelfall entwickelte Derivatemärkte zur Schätzung der Input-Parameter zur Verfügung; in allen anderen Fällen muss aber auf eine kapitalwertbasierte Bewertung des Basisinstruments zurückgegriffen und die Volatilität mithilfe einer Monte-Carlo-Simulation geschätzt werden (Mun 2002, S. 99 f.). Folglich wird der Anwender indirekt trotzdem mit den methodischen Mängeln der Kapitalwertmethode konfrontiert. Wenn zudem aufgrund der Einzigartigkeit des Investitionsprojekts nicht davon ausgegangen werden kann, dass das Projektrisiko bereits am Kapitalmarkt gehandelt und bepreist wird, dann sind die klassischen Optionspreisverfahren ungeeignet. In diesem Fall muss auf den in der Praxis nur schwer operationalisierbaren Gleichgewichtsansatz zurückgegriffen werden. Zusätzliche Hemmnisse für den praktischen Einsatz sind die grundsätzliche Vielfalt der potenziell relevanten Optionspreisverfahren (Baecker/Hommel/Lehmann 2003, S. 16 f.) und die Tatsache, dass Investitionsprojekte i.d.R. mehrere, interdependente Realoptionen enthalten.

Literatur: Baecker, P. N./Hommel, U.: 25 Years Real Options Approach to Investment Valuation: Review and Assessment, in: ZfB 74 (2004), Ergänzungsheft 3, S. 1–53; Baecker, P. N./Hommel, U./Lehmann, H.: Marktorientierte Investitionsrechnung bei Unsicherheit, Flexibilität und Irreversibilität, in: Hommel, U. et al. (Hrsg.): Reale Optionen – Konzepte, Praxis und Perspektiven strategischer Unternehmensführung, Berlin 2003, S. 15–35; Mun, J.: Real Options Analysis, Hoboken 2002; Trigeorgis, L.: Real Options, Cambridge 1996.

Ulrich Hommel

Recent Acquisition Method →Unternehmensbewertung, marktorientierte

Rechenschaftsbericht →Politische Parteien

Rechenschaftsbericht des Sondervermögens →Kapitalanlagegesellschaften

Rechnerische Prüfung

Die rechnerische Prüfung zählt zu den →Einzelfallprüfungen, die neben den →analytischen Prüfungshandlungen Bestandteil der aussagebezogenen Prüfungshandlungen (→ergebnisorientierte Prüfungshandlungen) sind. Bei der Einzelfallprüfung wird in der Literatur üblicherweise zwischen formellen und materiellen Prüfungshandlungen (→formelle Prüfung; →materielle Prüfung) unterschieden, auch wenn sie sich bei der Durchführung der →Jahresabschlussprüfung nicht immer exakt voneinander abgrenzen lassen (s. z. B. Lück 1993, S. 39 m.w.N.).

Zu den formellen Prüfungshandlungen, die auf die äußere Ordnungsmäßigkeit der Rechnungslegung abstellen, gehört neben der →Abstimmprüfung, →Belegprüfung, Übertragungs- und →Systemprüfung auch die rechnerische Prüfung. Sie ist Basis für andere materielle Prüfungshandlungen, da nur rechnerisch richtige Belege sinnvolle Grundlage für die weitere Prüfung sein können.

Ziel der rechnerischen Prüfung ist die Feststellung der rechnerischen Richtigkeit von Zahlenmaterial, Originalbelegen und Buchhaltungsunterlagen mithilfe von unabhängigen Berechnungen, die der →Abschlussprüfer (APr) i.d.R. in Stichproben (→Stichprobenprüfung) durchführen wird. In der eigenen Berechnung ermittelt der APr sein Sollobjekt, das er mit dem ihm vorgelegten Istobjekt vergleicht (→Soll-Ist-Vergleich). Insb. bei größeren Datenmengen bietet sich dabei die Übernahme in die EDV des Abschlussprüfers an, um dort die eigenen Berechnungen durchzuführen (→ IT-gestützte Prüfungsdurchführung; → IT-gestützte Prüfungstechniken).

Stimmen Soll- und Istobjekt nicht überein und hat sich der APr davon überzeugt, dass seine Berechnung sachlich und formell korrekt ist, ist festzustellen, ob es sich um einen einmaligen oder einen systematischen Fehler handelt. Wird der Fehler nicht behoben und ist dadurch die Aussagekraft von JA und/oder → Lagebericht beeinträchtigt, muss der APr eine Einschränkung oder die Versagung des → Bestätigungsvermerks in Betracht ziehen.

Literatur: IDW (Hrsg.): IDW Prüfungsstandard: Prüfungsnachweise im Rahmen der Abschlussprüfung (IDW PS 300, Stand: 2. Juli 2001), in: WPg 54 (2001), S. 898–903; Lück, W.: Jahresabschlussprüfung. Grundsätze für eine umfassende Prüfung der Rechnungslegung, Stuttgart 1993.

Ralf Weskamp

Rechnungsabgrenzungsposten

Eine Rechnungsabgrenzung ist nach § 250 Abs. 1 Satz 1 und Abs. 2 HGB immer dann erforderlich, wenn ein zeitraumbezogener Aufwand oder → Ertrag (→ Aufwendungen und Erträge) und die jeweils zugehörigen Ausgaben oder Einnahmen in unterschiedliche Rechnungsperioden fallen. Damit dienen RAP der → periodengerechten Erfolgsermittlung. Durch Bildung von RAP werden Aufwands- und Ertragsbuchungen (→ Buchungen) vermieden, die wirtschaftlich erst zukünftige Rechnungsperioden betreffen. Aktive RAP dürfen darüber hinaus gebildet werden für als Aufwand berücksichtigte Zölle und Verbrauchsteuern, soweit sie auf bilanzierte → Vermögensgegenstände des → Umlaufvermögens entfallen und für als Aufwand berücksichtigte USt auf bilanzierte oder von den Vorräten (→ Vorratsvermögen) offen abgesetzte → Anzahlungen. Passive RAP dürfen gebildet werden, wenn der Rückzahlungsbetrag einer → Verbindlichkeit höher als der Ausgabebetrag ist. Nicht unter RAP fallen transitorische Posten i.w.S., z. B. → Forschungs- und Entwicklungskosten oder Werbekosten, da sie künftigen Geschäften dienen. Im Gegensatz zum HGB ist nach den → International Financial Reporting Standards (IFRS) kein separater Posten für RAP vorgesehen, die Periodisierung der → Aufwendungen und Erträge ist dennoch Pflicht und leitet sich aus dem allgemeinen Periodisierungsprinzip (Accrual Principle) und dem dazugehörigen Prinzip der sachlichen Abgrenzung (Matching Principle) ab.

Die Prüfung der RAP im Rahmen der → Jahresabschlussprüfung (→ Konzernabschlussprüfung) gliedert sich in Ansatz-, Bewertungs- und Ausweisprüfung (→ Fehlerarten in der Abschlussprüfung) sowie in die Prüfung von ggf. erforderlichen Anhangangaben (→ Anhang; → Angabepflichten). Zunächst ist die Zulässigkeit des Ansatzes von RAP zu prüfen (→ Ansatzgrundsätze). Der → Abschlussprüfer (APr) sollte anhand des Kontos „Rechnungsabgrenzung" sowie den entsprechenden Gegenkonten den Vortrag und die Abwicklung der Abgrenzungsposten des Vorjahres prüfen (→ Saldenvortragsprüfung). Dabei ergeben sich gleichzeitig Hinweise auf die RAP des laufenden Jahres. Anschließend sollte sich der APr eine Aufstellung über die zum Bilanzstichtag gebildeten RAP geben lassen. Die Summe dieser Aufstellung muss mit dem Saldo des Abgrenzungspostenkontos in der Bilanz übereinstimmen (→ Abstimmprüfung). Die Prüfung des Ansatzes stellt daneben darauf ab, dass als RAP nur transitorische und nicht antizipative Posten erfasst werden, also Ausgaben bzw. Einnahmen vor dem Abschlussstichtag, denen Aufwand bzw. Ertrag für einen bestimmten Zeitraum nach dem Abschlussstichtag gegenübersteht (IDW 2006, Abschn. R, Rn. 524, S. 2094). Als Ausgaben und Einnahmen gelten nicht nur Zahlungsvorgänge (→ Zahlungsverkehr). Auch Nicht-Zahlungsvorgänge, wie etwa Tauschgeschäfte oder Forderungs- und Verbindlichkeitszugänge (→ Forderungen; → Verbindlichkeiten), können zur Bildung von RAP führen. Im Hinblick auf den Zeitraum kann dieser sich auch über mehrere Rechnungsperioden erstrecken. Umstritten ist, ob sich der Zeitraum der Gegenleistung exakt bestimmen lassen muss, oder auch durch Schätzung festgelegt werden kann (z. B. statistische Lebenserwartung, voraussichtliche Bauzeit eines Gebäudes). Bei aktiven RAP wird gem. Wortlaut des § 250 Abs. 1 Satz 1 HGB eine Schätzung mit der Begründung abgelehnt, dass damit die Rechtssicherheit beeinträchtigt wäre (ADS 1998, Rn. 36 zu § 250 HGB). Soweit ein Vermögensgegenstand vorliegt, ist zu prüfen, ob eine Bilanzierung unter „sonstige Vermögensgegenstände" zulässig oder geboten ist. Aufgrund des Vorsichtsprinzips (→ Grundsätze ordnungsmäßiger Rechnungslegung) erscheint aber der Ansatz passiver RAP auch bei geschätzten Zeiträumen der Ertragsverteilung zulässig (ADS 1998, Rn. 115 zu § 250 HGB). Daneben hat der APr die Vollständigkeit des Ansatzes von RAP zu prüfen. Dies kann anhand der Durchsicht von Konten der →Gewinn- und Verlustrechnung (GuV) auf abgrenzungsrelevante Sachverhalte erreicht werden. Zudem kann der APr einen regelmäßigen und stichtagsübergreifenden Anfall von Zahlungen (Mieten, Prämien, Beiträge, Pachten) als Indiz für das Vorliegen transitorischer RAP werten. Allerdings kann auf den Ansatz von RAP bei regelmäßig wiederkehrenden, geringfügigen Abgrenzungsbeträgen, wie z. B. Kfz-Steuern und -Versicherungen für einen kleinen Fuhrpark, verzichtet werden (→Wesentlichkeit). Dies gilt, solange eine Beeinträchtigung des Einblicks in die →Vermögenslage und →Ertragslage nicht gegeben ist (→True and Fair View).

Im Hinblick auf die Bewertung der RAP hat sich der APr davon zu überzeugen, dass die unter den RAP ausgewiesenen Einnahmen bzw. Ausgaben der Höhe nach richtig berechnet sind (→Bewertungsprüfung). Zweckmäßigerweise konzentriert er sich bei der Prüfung der rechnerischen Richtigkeit (→rechnerische Prüfung) auf wesentliche Beträge (→Wesentlichkeit). Dazu greift er auf Zahlungsbelege und Vereinbarungen zurück (→Belegprüfung). Eine →rechnerische Prüfung hat insb. bei mehrperiodigen Abgrenzungen zu erfolgen; so darf die Verteilungsmethode nicht willkürlich gewählt werden, da RAP dann aufzulösen sind, wenn der Werteverzehr/-zuwachs eintritt. Schwierigkeiten bei der Berechnung der sachgerechten Auflösungsbeträge zeigen sich häufig bei der Abgrenzung von Tilgungs- und Annuitätendarlehen, deren Rückzahlungsbeträge über den Ausgabebeträgen liegen. Der Unterschiedsbetrag darf in diesem Fall nicht in konstanten Beträgen über die Laufzeit des zugrunde liegenden Darlehens aufgelöst werden, sondern entsprechend der Verteilung des Zinsaufwands. Die fehlende Notwendigkeit zur Bewertung von RAP wird nach h.M. unter rein begrifflichen Gesichtspunkten damit begründet, dass RAP keine Vermögensgegenstände bzw. Schulden sind. Die Höhe bestimmt sich allein aus den (schuld-)rechtlichen Verhältnissen zwischen Leistung und Gegenleistung, d. h. es ist auf eine nach dem Vertrag geschuldete Gegenleistung abzustellen und nicht darauf, welche →Kosten aufzuwenden sind, um die Leistung zu bewirken. Hat die künftige Gegenleistung für den Vorleistenden keinen oder nur einen geminderten Wert, ist diesem Umstand nach h.M. in der Handelsbilanz nicht durch Auflösung des RAP zu begegnen, sondern ggf. in Höhe der Differenz zwischen Vorleistung und Wert der Gegenleistung eine →Rückstellung für drohende Verluste aus schwebenden Geschäften zu bilden. Diese Argumentation vermag nicht zu überzeugen. Aus Gründen der Bilanzklarheit sollte einer Abschreibung des Rechnungsabgrenzungspostens der Vorzug gegenüber einer Rückstellungsbildung gegeben werden (ADS 1998, Rn. 45 ff. zu § 250 HGB).

Die Prüfung des Ausweises und der erforderlichen Anhangangaben beschränkt sich im Wesentlichen auf die →Angabepflicht im →Anhang nach § 284 Abs. 2 Nr. 3 HGB bei einer →Änderung der Bilanzierungs- und Bewertungsmethode und auf den gesonderten Ausweis oder eine entsprechende Anhangangabe im Falle eines aktivierten Disagios (§ 268 Abs. 6 HGB). Schließlich ist zu beachten, dass das Saldierungsverbot aktiver und passiver Posten auch für RAP gilt (→Grundsätze ordnungsmäßiger Buchführung, Prüfung der).

Literatur: ADS: Rechnungslegung und Prüfung der Unternehmen, Teilband 6, 6. Aufl., Stuttgart 1998; IDW (Hrsg.): WPH 2006, Band I, 13. Aufl., Düsseldorf 2006.

Michael Kritzer

Rechnungsausgangsbuch →Offene-Posten-Buchhaltung

Rechnungseingangsbuch →Offene-Posten-Buchhaltung

Rechnungshöfe

Die Überprüfung der öffentlichen Finanzen durch Außenstehende (externe Finanzkontrolle) ist „die eigentliche Wiege der modernen Revisionstätigkeit" (Loitlsberger 1966). Rechnungshöfe und Kontrollämter haben in den einzelnen Staaten eine unterschiedliche Rechtsstellung (z. B. sind sie Organ des Parlaments oder eigenständig), und dementsprechend sind sie mit unterschiedlichen Aufgaben und Befugnissen ausgestattet.

Im Folgenden wird die Ausgestaltung in Deutschland und in der EU besprochen. In Deutschland haben Rechnungshöfe vor allem die gesamte Haushalts- und Wirtschaftsführung des Bundes und der Länder einschl. ihrer Sondervermögen und Betriebe zu prüfen. Auf Bundesebene ist der *BRH* tätig, der als unabhängiges Organ der staatlichen Finanzkontrolle weder der Legislative noch der Exekutive oder der Judikative zugerechnet werden kann.

Die Stellung des *BRH*, die richterliche Unabhängigkeit seiner Mitglieder sowie seine zentralen Aufgaben sind in Art. 114 Abs. 2 GG verankert, siehe ferner das BRHG, die BHO (→Bundes- und Landeshaushaltsordnung) (insb. §§ 88 ff. BHO) sowie das →Haushaltsgrundsätzegesetz (insb. §§ 53 ff. HGrG). Präsident und Vizepräsident des *Bundesrechnungshofs* werden vom *Bundestag* und *Bundesrat* gewählt. Der *BRH* und die *LRH* sind einander weder über- noch untergeordnet. Da allerdings das Haushaltsrecht von Bund und Ländern in großen Teilen übereinstimmen und ihre Finanzsysteme eng miteinander verbunden sind, kommt es zu einer regelmäßigen Zusammenarbeit. Im Gegensatz zu den Rechnungshöfen ist die →Interne Revision, soweit in der öffentlichen Verwaltung vorhanden, in die jeweilige Behörde integriert.

Im Rahmen der Prüfung hat der *BRH* die Wirtschaftlichkeit und Ordnungsmäßigkeit der Haushalts- und Wirtschaftsführung zu begutachten (→Ordnungsprüfung). Nach § 90 BHO ist insb. zu prüfen, „ob 1. das Haushaltsgesetz und der Haushaltsplan eingehalten worden sind, 2. die Einnahmen und Ausgaben begründet und belegt sind und die Haushaltsrechnung und die Vermögensrechnung ordnungsgemäß aufgestellt sind, 3. wirtschaftlich und sparsam verfahren wird, 4. die Aufgabe mit geringerem Personal- oder Sachaufwand oder auf andere Weise wirksamer erfüllt werden kann." Das Personal des *Bundesrechnungshofs* ist teils juristisch, teils wirtschaftswissenschaftlich oder technisch vorgebildet.

Die Ergebnisse der Prüfungen werden der jeweils geprüften Dienststelle zur Äußerung mitgeteilt, aber nicht veröffentlicht. Gem. § 97 BHO berichtet der *BRH* – in den sog. Bemerkungen, die auch der Öffentlichkeit zugänglich gemacht werden –, dem *Bundestag* und dem *Bundesrat* jährlich über solche Prüfungsergebnisse und die sich daraus ergebenden Empfehlungen, die „für die Entlastung der *Bundesregierung* wegen der Haushaltsrechnung und der Vermögensrechnung von Bedeutung" sein können. Dabei können auch Feststellungen zu späteren oder früheren Haushaltsjahren aufgenommen werden (§ 97 Abs. 3 BHO). Zudem kann der *BRH* nach § 99 BHO den *Bundestag*, den *Bundesrat* sowie die *Bundesregierung* jederzeit über *Angelegenheiten von besonderer Bedeutung" unterrichten.

Der *BRH* hat weder Weisungsbefugnisse noch Sanktionsmöglichkeiten zur Durchsetzung seiner Empfehlungen. Seine Rechte umfassen eine Auskunfts- (§ 95 BHO) und Unterrichtungspflicht (§ 102 BHO), nach denen sämtliche angeforderten Unterlagen vorzulegen sowie allgemeine Verwaltungsvorschriften mit finanziellen Auswirkungen unverzüglich mitzuteilen sind. Der *BRH* kann von keinem anderen Staatsorgan mit einer Prüfung beauftragt werden und entscheidet über Zeit und Art der von ihm für nötig erachteten Prüfungen selbst.

Das oberste Entscheidungsorgan des *Bundesrechnungshofs* ist der *Große Senat* (§ 13 BRHG), dessen *Ständiger Ausschuss* bei der Verteilung der Geschäfte beteiligt werden muss. In sog. *Kollegien*, die pro Prüfungsgebiet gebildet werden, wird einstimmig entschieden (§ 9 BRHG).

Die *LRH* sind ähnlich wie der *BRH* organisiert. Dem *BRH* und mehreren *LRH* sind Prüfungsämter (→Rechnungsprüfungsämter) nachgeordnet.

Auf Ebene der *EU* ist der *ERH* das externe Kontrollorgan, dem die Prüfung der Rechnung über die Gemeinschaftsmittel obliegt. Den Status eines unabhängigen Organs hat der *ERH* seit dem Vertrag von Maastricht (7.2.1992). Durch den Vertrag von Amsterdam (2.10.1997) wurde der Prüfungsauftrag des *Europäischen Rechnungshofs* auf die Außen- und Sicherheitspolitik sowie die Bereiche Justiz und Inneres ausgedehnt, zudem erhielt der *ERH* gegenüber anderen EU-Institutionen das Klagerecht vor dem *EuGH*. Im Folgenden wird der EGV i.d.F. des Vertrags von Amsterdam zugrunde gelegt.

Im Wesentlichen prüft der *ERH* die Rechnung der Einnahmen und Ausgaben der EU und der von ihr geschaffenen Einrichtungen, die Recht- und Ordnungsmäßigkeit der Finanzströme sowie die Wirtschaftlichkeit der Haushaltsführung. Er erstellt

1) einen Jahresbericht über die Ausführung des Haushaltsplans der EU,
2) besondere Jahresberichte über den JA der EU-Einrichtungen,
3) Sonderberichte zu Themen von besonderem Interesse sowie
4) Stellungnahmen zu Vorschlägen für EU-Regelungen mit finanziellem Charakter.

Der Jahresbericht ist Bestandteil des EU-Entlastungsverfahrens (Art. 276 EGV und Art. 143 der Haushaltsordnung), nach dem die Entlastung der *KOM* auf Empfehlung des *Rates* durch Beschluss des *Europäischen Parlamentes* erfolgt und somit das jährliche EU-Haushaltsverfahren abgeschlossen wird. Zentraler Bestandteil des Jahresberichtes ist die seit dem Haushaltsjahr 1994 abzugebende Zuverlässigkeitserklärung (déclaration d'assurance – DAS), einem Bestätigungsvermerk.

Der *ERH* prüft erstens die Rechnungsführung der *KOM* und dabei Zuverlässigkeit (Sind die Jahresabschlüsse zum Gesamthaushaltsplan der *EU*, der *Europäischen Entwicklungsfonds* und jeder von der *EU* geschaffenen Einrichtung vollständig und richtig?) sowie Rechtmäßigkeit und Ordnungsmäßigkeit der Vorgänge zur Finanzierung und Ausführung des EU-Haushaltsplans (Wurden die Einnahmen- und Ausgabenvorgänge gem. den geltenden Regeln und Verordnungen vorgenommen?). Zweitens wird die Wirtschaftlichkeit der Haushaltsführung geprüft: Wurde ein bestmögliches Input-Output-Verhältnis erreicht? Wurde bei gegebenem Output sparsam gewirtschaftet? Wurden die Zielvorgaben der Unionspolitik erreicht (Wirksamkeit)?

Über das Prüfungsergebnis werden informiert:

1) bei geteilter Mittelbewirtschaftung die für die Verwaltung der EU-Mittel zuständigen Behörden der Mitgliedsstaaten,
2) bei direkter Mittelbewirtschaftung die *KOM* sowie
3) bei Prüfung der eigenen Ausgaben die anderen EU-Institutionen.

Die auf diesen Mitteilungen basierenden Berichte beinhalten Prüfungsbemerkungen und -feststellungen, Schlussfolgerungen bezogen auf die Prüfungsziele sowie Verbesserungsempfehlungen. Die →Prüfungsberichte werden veröffentlicht. Die Berichte respektive Stellungnahmen des *Europäischen Rechnungshofs* haben keine unmittelbaren Rechtswirkungen.

Der *ERH* besteht aus einem Mitglied je Mitgliedstaat. Er verabschiedet die Prüfungsberichte durch Mehrheitsbeschluss. Der *ERH* unterrichtet die nationalen Rechnungshöfe von seinen Prüfungen, sodass sich diese beteiligen können (Art. 248 EGV).

Literatur: BRH (Hrsg.): Der Bundesrechnungshof und die Prüfungsämter des Bundes, Bonn 2005; ERH (Hrsg.): Der Europäische Rechnungshof: Optimierung des Finanzmanagements in der Europäischen Union, Luxemburg 2004; Loitlsberger, E.: Treuhand- und Revisionswesen, 2. Aufl., Stuttgart 1966.

Dieter Rückle; Tobias Schmalzhaf

Rechnungslegung, gesellschaftsbezogene → Wertschöpfungsanalyse

Rechnungslegung, öffentliche → Grundsätze ordnungsmäßiger öffentlicher Buchführung

Rechnungslegung, Überwachung der → Enforcementsysteme

Rechnungslegung von Gebietskörperschaften → Grundsätze ordnungsmäßiger öffentlicher Buchführung

Rechnungslegungsnormen → Prüfungsnormen

Rechnungslegungspolitik → Bilanzpolitische Beratung durch den Wirtschaftsprüfer

Rechnungsprüfung → Rechnungsprüfungsämter

Rechnungsprüfung, örtliche → Hoheitliche Prüfung

Rechnungsprüfung, überörtliche → Hoheitliche Prüfung

Rechnungsprüfungsämter

Rechnungsprüfungsämter und deren Aufgaben sind in den Gemeindeverfassungen der Bundesländer verankert. Sie sollen die Jahresrechnung der Gemeinden (→Grundsätze ordnungsmäßiger öffentlicher Buchführung; →integrierte Verbundrechnung) prüfen, indem sie das gesamte Haushaltsgeschehen der Gemeinde durchleuchten und analysieren. Zu prüfen ist, ob der Haushaltsplan (→Kämmereien) eingehalten wurde und ob die einzelnen Rechnungsbeträge sachlich und rechnerisch vorschriftsmäßig begründet und belegt sind (→Ordnungsprüfung). Die Einnahmen und Ausgaben der Gemeinde müssen vorschriftsgemäß nachgewiesen werden. Die Rechnungsprüfungsämter kontrollieren, ob das Vermögen (→Vermögensgegenstand) und die →Schulden nach geltenden Vorschriften ausgewiesen werden [→Haushaltsgrundsätzegesetz (HGrG)].

Weitere Aufgaben können durch die jeweiligen Landesvorschriften zugewiesen werden. So umfasst der Prüfungsauftrag in einigen Bundesländern auch die Prüfung der Kassenvorgänge inkl. der Belege oder die dauerhafte Überwachung der Kassen (→hoheitliche Prüfung).

Die *Durchführung der Rechnungsprüfung* durch die Rechnungsprüfungsämter ist nicht festgelegt und erfolgt in der Praxis i. d. R. nach drei Vorgehensweisen:

1) *Prüfung der Rechnungsunterlagen und Kassenbelege:* Durch eine Prüfung der Rechnungsunterlagen und der Unterlagen der Kasse kann die formale, die rechnerische und die sachliche Richtigkeit der Zahlungsvorgänge festgestellt werden. Eine Anordnung ist formal nach § 7 GemKVO richtig erfolgt, wenn sie von einem Anordnungsbefugten unterzeichnet wurde, einen Feststellungsvermerk und die Bestätigung enthält, dass ausreichend Haushaltsmittel vorhanden sind. Der Betrag, der Zahlungspflichtige bzw. Empfänger sowie die Haushaltsstelle müssen eindeutig bezeichnet sein. Anschließend ist die Dokumenten-Echtheit der Anordnung zu prüfen. Die rechnerische Richtigkeit wird gem. § 11 GemKVO durch Überprüfung der Teil- und Endsummen unter Berücksichtigung von Skonten und Rabatten festgestellt. Die Prüfung hinsichtlich der sachlichen Richtigkeit durch die Rechnungsprüfungsämter ist der wichtigste Prüfungsbereich. Geprüft wird, ob die Zahlungen oder Annahmen den zugrunde gelegten Vorgängen entsprechen. Neben den Kassenbelegen müssen hierzu Informationen der Fachämter ausgewertet werden, ob bei der jeweiligen Maßnahme alle Rechts- und Verwaltungsvorschriften sowie ergänzende Verträge und Dienstanweisungen der Gemeinde beachtet wurden. Die Rechtmäßigkeit der Verträge ist zusätzlich zu prüfen. Verträge müssen ferner den nationalen und internationalen Vorgaben bspw. hinsichtlich des Vergaberechts von Leistungen entsprechen. Über die sachliche Prüfung hinaus kann das gesamte Verwaltungshandeln geprüft werden, welches in der Jahresrechnung seinen Niederschlag findet.

2) *Fortlaufende Rechnungsprüfung:* Die Rechnungsprüfung kann fortlaufend erfolgen, indem das Rechnungsprüfungsamt selbstständig Grenzwerte festsetzt, bei deren Überschreitung die Kassenanordnungen dem Rechnungsprüfungsamt zur Prüfung (Visakontrolle) vorzulegen sind. Diese Grenzwerte können für Teilbereiche des Haushalts oder der Verwaltung unterschiedlich hoch sein. Das Rechnungsprüfungsamt kann auch für einzelne Sachgebiete volle Visakontrolle anordnen. Das Ergebnis dieser fortlaufenden Prüfung wird im Bericht des Rechnungsprüfungsamts widergegeben.

3) Bei einer Beschränkung der *Rechnungsprüfung auf das finanzwirtschaftliche Ergebnis* der Kommune werden nur diejenigen Prüfungsergebnisse in den Bericht aufgenommen, die von grundsätzlicher Bedeutung sind und bei denen festgestellte Mängel im Berichtsjahr nicht behoben wurden. Diese Vorgehensweise setzt eine umfangreiche Kassenprüfung der Sachgebiete voraus.

Die Verfahren der Rechnungsprüfung sollen regelmäßig wechseln, damit sich die zu prüfenden Einheiten nicht auf die Vorgehensweise des Rechnungsprüfungsamts einstellen können. Schon im Verlauf des Prüfungsverfahrens hat das Rechnungsprüfungsamt die Pflicht, aufgrund der konkreten Erkenntnisse umfassend zu beraten, wie vorgefundene Missstände behoben werden können. Der Bericht des Rechnungsprüfungsamts über die Jahresprüfung fasst die Ergebnisse zusammen und soll dem Hauptverwaltungsbeamten einen Überblick über die Leistungsfähigkeit und die Fehlerhäufigkeit in seinem Verwaltungsbereich geben. Beigeordnete und Amts- bzw. Fachbereichsleiter sowie Politiker und die Öffentlichkeit werden durch den Bericht fachbereichsübergreifend über Beanstandungen informiert.

Literatur: Fiebig, H.: Kommunale Rechnungsprüfung, 3. Aufl., Berlin 2003.

Tim Eberhardt

Rechnungswesen

Das *Rechnungswesen* hat im betrieblichen Kontext die primäre Aufgabe, das sozioökonomische System „Unternehmung" mit all seinen von Mitarbeitereinbringungen über →Vermögensgegenstände und Nutzungsrechte bis hin zu den unterschiedlichsten Verpflichtungen (→Schulden; →Rückstellungen u. a.) reichenden Komponenten in Wertgrößen für Zwecke der Dokumentation und der Disposition abzubilden. Damit dient das Rechnungswesen der *Reduktion von Informationsasymmetrien*, die sowohl innerhalb des Unternehmens auf verschiedenen Hierarchiestufen als auch im Verhältnis zwischen Umsystem und Unternehmen auftreten.

Im angloamerikanischen Raum wird für das Rechnungswesen der Begriff des *Accounting* verwandt, der in Abhängigkeit von dem primär zu informierenden Adressatenkreis i. d. R. in *Management-* oder *Cost-Accounting* für die interne Nutzung und *Financial-Accounting* für die externe Rechnungslegung unterteilt wird. Dies entspricht der im deutschen Sprachraum üblichen Trennung von *internem* und *externem Rechnungswesen*. Insb. in der angloamerikanischen Literatur ist die Abgrenzung jedoch nicht sehr trennscharf, da bspw. dem Management-Accounting auch der umfassendere Gesamtinhalt der Unternehmensrechnung, die die Unternehmensführung entscheidungs- (Decision-Facilitating) oder verhaltensorientiert (Decision-Influencing) nutzen kann, zugeordnet wird (Sweeny 1983, S. 467–468). In jüngster Zeit wird diese Trennung auch in Deutschland unter dem Schlagwort integriertes oder konvergentes Management-Rechnungswesen diskutiert und Vorschläge zu der Überwindung in Richtung einer ergebnis- und finanzzielorientierten Zusammenführung der beiden Rechnungswesenteilbereiche im Hinblick auf die Informationsunterstützung des Managements, der Shareholder (→Shareholder Value-Analysis) und übrigen Stakeholder unterbreitet (Müller 2003). Dafür ist das betriebliche Rechnungswesen über die Dokumentationsfunktion hinaus um Planungs-, Kontroll- und Koordinationsaufgaben zu erweitern. Damit wird es ein zur Lösung von Dokumentations-, Entscheidungs- und Kontrollaufgaben institutionalisiertes, auf zahlungs- oder allgemein auf nutzenorientierte Informationen ausgerichtetes →Führungsinformationssystem, welches im Idealfall ein schnell und universell auswertbares System darstellt, in dem einzelne Teilgebiete zusammengefasst und je nach Bedarf ausgewertet werden können.

Unter dem Rechnungswesen sind somit Konzepte und Verfahren zu verstehen, die eine zielgerichtete, quantitative Erfassung, Dokumentation, Aufbereitung und Auswertung innerbetrieblicher ökonomischer Prozesse und wirtschaftlich relevanter Beziehungen des Unternehmens zu seiner Umwelt ermöglichen (s. z. B. Eisele 1990, S. 1). Dabei ist nicht nur auf die mengen- und wertmäßige Erfassung und Überwachung aller im Betrieb auftretenden Geld- und Leistungsströme abzustellen, sondern eine wichtige zusätzliche Aufgabe des Rechnungswesens besteht darin, nicht-monetäre und qualitative Daten in entsprechende Wertgrößen zu transformieren, um eine ergebnis- und finanzzielorientierte Beurteilung überhaupt zu ermöglichen. Des Weiteren kann der Betrachtungsgegenstand des Rechnungswesens angesichts der zunehmenden Konzernverflechtung (→Konzernarten) mit den daraus erwachsenden Dokumentations- und Lenkungserfordernissen nicht nur auf einen Einzelbetrieb beschränkt bleiben, sondern muss auch komplexe Unternehmensverbunde abdecken.

Um seine Aufgabe als informatorische Basis der unternehmerischen Entscheidungs-, Planungs-, Steuerungs- und Kontrollfunktion voll erfüllen zu können, müssen die im folgenden Kontext sich stellenden Anforderungen bei der Ausgestaltung des Rechnungswesens gelöst werden:

- Integration in die Unternehmensorganisation (→Organisationsberatung),
- Integration in ein übergeordnetes, alle Teilbereiche umfassendes →Planungssystem und →Kontrollsystem,
- Anreizverträglichkeit des im Rechnungswesen ermittelten Ergebnisses im Hinblick auf die Unternehmensziele,
- zeitliche und sachliche Entscheidungsverbundenheit zwischen den Informationen des Rechnungswesens und den Handlungen der Entscheidungsträger,

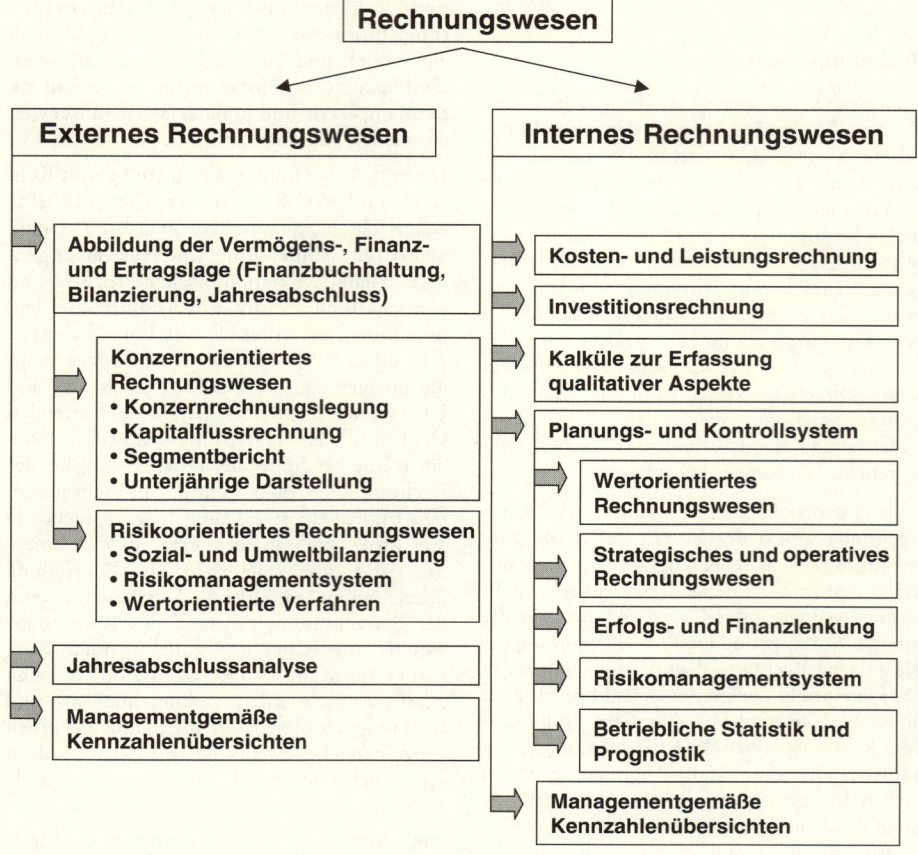

Abb.: Einteilungsmöglichkeiten des Management-Rechnungswesens

- Standardisierung für eine geordnete Dokumentation einerseits und Elastizität und Flexibilität für Ad-hoc-Informationen in Bezug auf die jeweiligen Bedürfnisse der Unternehmensführung andererseits,
- Unempfindlichkeit gegenüber Manipulation (→Unregelmäßigkeiten; →Bilanzfälschung) und Fehleinschätzungen,
- Verständlichkeit der Steuerungsrechnung für das Management sowie
- Wirtschaftlichkeit des Rechnungswesens, was eine Begrenzung der Datenerhebung [→Betriebsdatenerfassung (BDE)], -aufbereitung, -analyse und -weiterleitung bedingt.

Zur Abgrenzung des Rechnungsweseninstrumentariums von weiteren führungsunterstützenden Instrumenten (→Controllinginstrumente) wird verallgemeinernd oft von „Unternehmensrechnung" gesprochen, wobei dann neben Erfolgs- und Finanzrechnungen auch sozial- und umweltzielbezogene Rechnungen sowie Investitions- und Statistikrechnungen einbezogen werden. Die Abb. oben zeigt die *Instrumente des Management-Rechnungswesens* unterteilt in den externen und internen Bereich.

Basis des externen Rechnungswesens ist die *Finanzbuchhaltung*, die durch die monetäre Erfassung von Geschäftsvorfällen die Abbildung einer →Vermögenslage, →Finanzlage und →Ertragslage (→wirtschaftliche Verhältnisse) im Rahmen der Bilanzierung nach den Regelungen eines Rechnungslegungssystems [HGB; →International Financial Reporting

Standards (IFRS); →United States Generally Accepted Accounting Principles (US GAAP)] ermöglicht. Für die Erstellung des kompletten Geschäftsabschlusses mit JA und →Lagebericht sind jedoch u.U. weitere Rechnungsweseninstrumente notwendig. Zum einen muss im Konzernfall ggf. eine Erweiterung um die *Konzernrechnungslegung* (→Konsolidierungskreis; →Konsolidierungsformen) erfolgen. Zum anderen ist der Umgang mit und die Abbildung von Risiken im Rahmen des KonTraG dahingehend gesetzlich präzisiert worden, dass ein →Risikomanagementsystem (RMS) einzusetzen und darüber extern zu berichten ist (→Chancen- und Risikobericht). Der so erstellte Abschluss unterliegt aber dem Einfluss der Unternehmensführung, die weitere freiwillige Informationen gewähren sowie durch den Einsatz einer zielorientierten Abschlusspolitik (→bilanzpolitische Beratung durch den Wirtschaftsprüfer; →bilanzpolitische Entscheidungsmodelle; →bilanzpolitische Gestaltungsspielräume nach HGB; →bilanzpolitische Gestaltungsspielräume nach IFRS; →bilanzpolitische Gestaltungsspielräume nach US GAAP) eine gewünschte Abbildung anstreben kann. Um diese Verzerrungen wieder zu eliminieren, muss im Rahmen der *Abschlussanalyse* (→Jahresabschlussanalyse; →Jahresabschlussanalyse, Methoden der) diese von externen Interessenten im Rahmen ihrer Einschätzung der wirtschaftlichen Lage korrigierend berücksichtigt werden.

Bei allen Informationen, die aus den externen Rechnungsweseninstrumenten generierbar sind, ist es wichtig, die Datenfülle managementgemäß zu komprimieren. Hierzu dienen z.B. *Kennzahlen* und *Kennzahlensysteme* (→Kennzahlen und Kennzahlensysteme als Kontrollinstrument), mit denen hochverdichtet über die Unternehmensziele Erfolg und Liquidität Aufschluss gegeben werden kann (→Erfolgskennzahlensystem; →Liquiditätskennzahlen; →RL-Kennzahlsystem).

Unter Konvergenzaspekten muss die führungsgemäß ausgestaltete, konvergente externe Rechnungswesenkonzeption Ausgangsbasis für eine umfassende, aktuelle Informationsunterstützung der Unternehmensführung sein (→Führungsinformationssysteme; →Management Support Systeme), wobei aber eine Erweiterung um interne Rechnungsweseninstrumente, insb. für Zwecke der zukunftsorientierten und detaillierteren Betrachtungen, vorzunehmen ist. Die Funktion des Rechnungswesens wandelt sich bei der Erweiterung der externen Rechnungswesenkonzeption durch interne Instrumente dabei von der Rechnungslegung zu Rechenschaftszwecken hin zur Informationsbereitstellung zu Lenkungszwecken, ohne dass dadurch eine zweite Datenbasis geschaffen werden würde. Vielmehr wird das vorhandene Zahlenmaterial erweitert, um zum einen die zielorientierte →Planung und Kontrolle (→Controlling) zu ermöglichen und zum anderen informative Kennzahlen bereitzustellen. Dazu bedarf es vor allem auch einer entscheidungs- und verhaltensorientierten →*Kosten- und Leistungsrechnung*. Insb. zur Entscheidungsunterstützung ist das Rechnungswesen zu erweitern um die Instrumente der dynamischen und statischen *Investitionsrechnung* (→Investition; →Investitionscontrolling). Um eine umfassendere Abbildung des Innen- und Umsystems des Unternehmens zu erhalten, ist die monetäre Darstellung zu ergänzen um qualitative, zunächst nicht wertmäßig zu erfassende Informationen. Dafür sind *Kalküle zur Abbildung qualitativer Aspekte* notwendig.

Diese umfassende und ausdifferenzierte Abbildungskonzeption ist zu erweitern um die zeitliche Perspektive. Dies geschieht im *Planungs- und Kontrollsystem,* welches auf systematischer Basis die primär vergangenheitsorientierte Betrachtung in zukunftsgerichtete Abbildungen wandelt. Um die Planung zu einer sachlich, zeitlich und hierarchisch abgestimmten Gesamtplanung zu integrieren und die angestrebte Konvergenz zu betonen, bietet sich die *Erfolgs- und Finanzlenkung* an, die dies anhand der Betrachtung der zentralen Steuerungskalküle erreicht. Aufgrund der Ungewissheit über die zukünftige Entwicklung ist das Planungs- und Kontrollsystem zu verbinden mit dem *RMS*. Hinsichtlich der instrumentellen Unterstützung kommen *betriebliche Statistik*, *Prognoseverfahren* (→Prognoseinstrumente) und weitere Planungs- und Kontrolltechniken in Betracht.

Um mit den Planungsinformationen das unternehmerische Handeln auf den unterschiedlichen Hierarchiestufen zu beeinflussen und damit die verhaltensorientierte Ausprägung des Rechnungswesens zu betonen, müssen in Abhängigkeit von der Zurechnungsmöglichkeit von Erfolgen und Vermögen, Vorgaben sowie Kontrollen der Bereiche und Stellen auf rentabilitäts- bzw. wertorientierter Basis (→Unternehmenssteuerung, wertorientierte) oder über die →Budgetierung erfolgen. Die interne Ausprägung des Rechnungswesens ist zu integrieren in ein konvergentes *managementgemäßes Kennzahlensystem*.

Literatur: Eisele, W.: Technik des betrieblichen Rechnungswesen, 4. Aufl., München 1990; Müller, S.: Management-Rechnungswesen, Wiesbaden 2003; Schneider, D.: Betriebswirtschaftslehre, Band 2: Rechnungswesen, 2. Aufl., München 1997; Sweeny, R. B.: MAP Committee Promulgates Definition of Management Accounting, in: Thomas, W. E. (Hrsg.): Readings in Cost Accounting Budgeting and Control, 6. Aufl., Cincinnati 1983, S. 466–469.

Stefan Müller

Rechnungswesen in Nonprofit-Organisationen

Das Rechnungswesen in Nonprofit-Organisationen (NPO) ist sinnvoll als →integrierte Verbundrechnung (Finanz-, Bestands- und Ergebnisrechnung; FBE-System) zu entwickeln (s. Abb.). Alle drei Teilsysteme sind zukunftsgerichtet als *Planungsrechnungen* (→Planung) und gegenwarts- bzw. vergangenheitsorientiert als *dokumentierende Rechnungen* aufzubauen und ermöglichen auf diese Weise den für die Managementprozesse notwendigen →Soll-Ist-Vergleich (→Controlling in Nonprofit-Organisationen).

Die zeitraumbezogene *Finanzrechnung* bezieht sich allein auf die Zahlungsströme der NPO. Sie ist zukunftsbezogen als Finanzplan (*Finanzbudget*) und vergangenheitsbezogen als Einnahmen-Ausgabenrechnung (Finanzrechnung i.e.S.) zu entwickeln. Die Finanzrechnung dient der Sicherung der Liquidität (→Liquiditätscontrolling) und sollte in jedem Fall eine Trennung zwischen Laufender Rechnung und Vermögensrechnung (Investitionsrechnung) vorsehen. Die Ausgaben der Laufenden Rechnung (etwa Personal- und Verwaltungsausgaben) haben konsumtiven Charakter und sind sinnvoll nur aus laufenden Einnahmen (→Erlöse aus der Abgabe marktfähiger Leistungen, Mitgliederbeiträge, Spenden oder Subventionen) zu finanzieren. Im Normalfall ist ein Überschuss der laufenden Einnahmen über die laufenden Ausgaben (→Cash Flow; Deckungserfolg) zu erwarten, aus dem bei langfristiger Betrachtung die notwendigen →Investitionen zu finanzieren sind. Kurz- und mittelfristig können hierzu Kreditaufnahmen erfolgen.

Die *Ergebnisrechnung* (Erfolgsrechnung, Betriebsrechnung) stellt für jede Rechnungsperiode den Ressourcenverbrauch (Mitteleinsatz) dem Ressourcenaufkommen (Mittelzugang) aus den erbrachten Leistungen bzw. dem Beitrags-, Spenden- oder Subventionsaufkommen gegenüber. Mitteleinsatz und Mittelzugang sind zunächst mengenmäßig zu erfassen und dann zum Zweck der gesamthaften Darstellung in Geldgrößen zu veranschlagen (*Bewertung*). Erfolgt die Bewertung auf der Grundlage von *Nominalgüterströmen* (Zahlungen), wird der Mitteleinsatz als Aufwand und der Mittelzugang als Ertrag ausgewiesen. Deren Saldo ist als Substanzmehrung (Überschuss) bzw. -minderung (Abgang) anzusehen. Hier ergibt sich eine große Ähnlichkeit zur kaufmännischen →Gewinn- und Verlustrechnung (GuV). Anders als bei erwerbswirtschaftlichen Unternehmungen besteht jedoch im Bereich der Kollektivgütererstellung (z. B. Interessenvertretung) zwischen Mitteleinsatz und Mittelzugang kein sachlicher Zusammenhang, da der Mittelzugang aus Zuflüssen ohne direkten Leistungsbezug von Mitgliedern, Spendern oder Subventionsgebern stammt. Da NPO i.d.R. kein Rentabilitätsziel vorgegeben ist, sollte die Bezeichnung „Gewinn" oder „Verlust" für den Ergebnissaldo vermieden werden. Dieser geht zum Ende der Rechnungsperiode in die Bestandsrechnung ein und erhöht bzw. vermindert dort den Ausweis des Organisationskapitals (Gesamtvermögen abzgl. der →Verbindlichkeiten).

Die Finanzrechnung und die Ergebnisrechnung werden mit der stichtagsbezogenen *Bestandsrechnung (Bilanz)* verbunden. Sie stellt eine Gegenüberstellung von Vermögen (den Aktiven) sowie der Verbindlichkeiten und des von den Trägern (Mitgliedern, Spendern) der NPO gewidmeten Organisationskapitals (der Passiven) dar. Die Wahrnehmung der Aufgaben von NPO bedingt teilweise sehr bedeutende Bestände an Sachmitteln (z. B. Gebäude, Schulungsheime, Werkstätten) und an immateriellen Vermögenswerten (z. B. Rechte, Finanzanlagen) sowie von Fremdmitteln (→Schulden), die zur Vermögensfinanzierung notwendig wurden. Der geordnete Nachweis dieser Bestände und deren Veränderungen im Zeitablauf im Wege der Bestandsrechnung entspricht einem wichtigen Informationsbedürfnis. Mittel mit Zweckbindung sind als Fondsvermögen bzw. Fondskapital auszu-

Abb.: Integrierte Verbundrechnung in NPO (FBE-System)

Zeitbezug	Finanzrechnung (F)		Bestandsrechnung (B)		Ergebnisrechnung (E)	
Zukunft (PLAN)	Einnahmen + Anfangsbestand an finanziellen Mitteln	Ausgaben	Vermögen (ohne finanzielle Mittel)	Schulden + „Eigenkapital" (Organisationskapital)	Aufwand/ Kosten (Mitteleinsatz)	Ertrag/ Leistung (Leistungsabgabe)
Vergangenheit (IST)		Liquiditätssaldo (Endbestand an finanziellen Mitteln)		Ergebnissaldo (Substanzmehrung bzw. –minderung)		
	zeitraumbezogen		zeitpunktbezogen		zeitraumbezogen	
	Liquiditätsziel ⇨				⇦ Sachziel	

E/A-Rechnung, Haushaltsrechnung ⟵————⟶ Finanzbuchhaltung (Kaufmännische Buchführung: Bilanz, GuV)
Geldfluss- (Mittelfluss-)rechnung, Budget ⟵————⟶ Kosten- und Leistungsrechnung (Betriebsbuchhaltung)

Finanzielle Steuerung zur Sicherung der LIQUIDITÄT	Steuerung der NPO-Leistungen ⇨ ressourcenverbrauchsorientiert UND ⇨ ergebnisorientiert zur Sicherung von PRODUKTIVITÄT, WIRKSAMKEIT, WIRTSCHAFTLICHKEIT der NPO-Aufgabenerfüllung

weisen. Ggf. sind für diese Zweckbindungen eigenständige Verbundrechnungen zu führen (*Fund Accounting*).

Erfolgt in der Ergebnisrechnung die *Bewertung* auf der Grundlage der *Realgüterströme* (Einsatz der Produktionsfaktoren und erbrachte Leistungen), wird der Mitteleinsatz als →Kosten dem Wert der abgegebenen Leistungen gegenübergestellt. Die bedarfswirtschaftliche Ausrichtung von NPO führt zu besonderen Leistungserwartungen, die – in Zahlen festgelegt – gemeinsam mit dem hierzu erforderlichen Mitteleinsatz als *Leistungsbudget* (→Budgetierung) anzusehen sind und die (kalkulatorische) Ergebnisrechnung (→*Kosten- und Leistungsrechnung*) bilden. Die Trennung von Mengengerüst und Preisfaktoren beim Ressourcenverbrauch ist für NPO deshalb von Bedeutung, weil nur ein Teil der erbrachten Leistungen, nämlich die als *Individualgüter* gegen Entgelt abgegebenen marktfähigen Leistungen (z.B. Kurse, Beratungen, Drucksachen, Literatur), marktwirtschaftlichen Erfolgsüberlegungen (Deckung der Kosten durch →Erträge, angemessene Überschusszielung) zugänglich ist. Dies gilt sinngemäß auch für die meritorischen Güter (z.B. Verzicht auf kostendeckende Leistungsent- gelte aus sozialpolitischen Erwägungen). Der Bereich der von NPO erbrachten *Kollektivgüter* unterliegt haushaltswirtschaftlichen Deckungskriterien, die Einsatz-Ergebnis-Relationen auf monetärer Ebene ausschließen (→Value Reporting). Für jeden Aufgabenbereich ist eine *Wirkungsrechnung* zu entwickeln, die eine Gegenüberstellung von Kosten und erreichten Leistungs-Wirkungen i. S. e. Produktivitätsanalyse zum Inhalt hat. Die Wirkungsmessung ist oft nur unvollkommen über die laufende Beobachtung von *Indikatoren* möglich, die zumeist auf Ergebnissen der empirischen Sozialforschung beruhen.

Im deutschen Sprachraum werden verschiedene Wege beschritten, um dem öffentlichen Interesse an einer *externen Rechnungslegung von NPO* zu entsprechen: Spendengütesiegel, Fachempfehlungen zur Rechnungslegung (z.B. FER 21 in der Schweiz) oder überwiegend am HGB orientierte Rechnungslegungsnormen (Vereinsgesetz 2002 in Österreich). Sie sehen bei großen NPO die Prüfung des Jahresabschlusses durch WP vor. Bilanz, Ergebnisrechnung, Geldflussrechnung, Rechnung über die Veränderung des Kapitals, →Anhang und Leistungsbericht werden zunehmend als Elemente einer *Jahresrechnung* (JA wie konsolidierter Abschluss unter einheitlicher Leitung stehender NPO) empfohlen.

Den im FBE-System ermittelten primären Informationen stehen die aufbereiteten (sekundären) Informationen gegenüber: Als Kennzahlen sollen sie in konzentrierter Form quantifizierbare Sachverhalte einer Organisation anschaulich zum Ausdruck bringen (→Kennzahlen und Kennzahlensysteme als Kontrollinstrument). Wegen der fehlenden Rentabilitätsorientierung sind *NPO-spezifische Kennzahlensysteme* vonnöten, die sich an den Leistungspotenzialen, -prozessen und -ergebnissen orientieren.

Literatur: Schauer, R.: Rechnungswesen für Nonprofit-Organisationen, 2. Aufl., Bern 2003; Swiss GAAP FER, Fachempfehlungen zur Rechnungslegung, Zürich 2002.

Reinbert Schauer

Rechnungswesen, kommunales →Kommunales Rechnungswesen

Rechnungswesenforschung, empirische

Das betriebswirtschaftliche →Rechnungswesen stellt darauf ab, den Einkommensaspekt von Ereignissen und Entscheidungen des Managements abzubilden. Das Management erstellt dazu in regelmäßigen Abständen Finanzberichte, hauptsächlich über das Einkommen – auch oft als Ergebnisrechnung, als Erfolgsrechnung oder als →Gewinn- und Verlustrechnung (GuV) bezeichnet – und über das in der Bilanz bezeichnete →Eigenkapital des Unternehmens. Soweit diese Berichte für Personengruppen außerhalb des Unternehmens gedacht sind, haben sie gewisse Anforderungen an ihren Informationsgehalt zu erfüllen. Früher ging es im Wesentlichen darum, das Einkommen eines vergangenen Zeitraums und das Eigenkapital zu Beginn und zu Endes dieses Zeitraums aus der gemeinsamen Sicht unterschiedlicher Gruppen darzustellen; heute steht dagegen fast nur die Information der Personengruppe externer Anleger mit ihren Anlageentscheidungen im Vordergrund.

Der Inhalt von Finanzberichten hängt in einem Land davon ab (Beaver 1998, S. 1–17),

1) was die Investoren und was deren Informationsintermediäre wissen möchten,

2) was die Regulatoren in ihren Vorschriften vorsehen und durchsetzen,

3) was die Geschäftsleitung an Informationen über die Pflichtangaben hinaus liefern möchte und

4) was die →Abschlussprüfer (APr) an Angaben verlangen.

Die konkrete Ausgestaltung des Inhalts von Finanzberichten ist von Land zu Land verschieden. Seit einiger Zeit bemüht sich das *IASC* bzw. dessen Nachfolger das →*International Accounting Standards Board* (*IASB*) um länderübergreifend einheitliche, wenn auch US-amerikanisch gefärbte Regelungen [→International Financial Reporting Standards (IFRS)]. Die Art der Regelungen hängt davon ab, in was für einer Situation sich die oben genannten Gruppen jeweils befinden und welche subjektiven Vorstellungen sie über die Wirkung einzelner inhaltlicher oder formaler Gestaltungen besitzen. Besonders wichtig erscheinen solche Regelungen für Unternehmen, bei denen sich das Management von den Eigenkapitalgebern unterscheidet. Ohne geeignete Regeln ist dann nicht sicher gestellt, dass die Eigenkapitalgeber vom Management über alles für sie Relevante ausreichend informiert werden. Die empirische Rechnungslegungsforschung geht der Wirkung inhaltlicher und formaler Gestaltungsmaßnahmen nach. Sie versucht, die Wirkungen zu ermitteln, die bei Analyse vieler Finanzberichte (aus vergangenen Zeiträumen) nicht zu widerlegen sind.

Bei Sicherheit über die Zukunft funktioniert das System des ökonomischen Einkommens, speziell des ökonomischen Gewinns, das auf Zahlungen basiert. Eine darüber hinausgehende Rechnungslegung ist nicht nötig. Unter der Annahme der Unsicherheit über die Zukunft kommt der Rechnungslegung dagegen Bedeutung zu, wenn die Märkte unvollkommen oder unvollständig sind (Beaver 1998, S. 38–89). Für solche Situationen, für die es kein zahlungsbasiertes Bewertungsmodell gibt, können Finanzberichtszahlen hilfreich sein für Anleger. Allerdings ist die Wirkung unterschiedlicher Zahlen auf die Marktpreise bisher nur ansatzweise bekannt. Während in den USA seit gut 40 Jahren empirisch insb. nach der Wirkung unterschiedlicher Bilanzierungsregeln auf Einkommens- und Eigenkapitalgrößen geforscht wird, befindet sich dieses Gebiet in anderen Ländern noch im Aufbau. In Deutschland ist seit einigen Jahren diesbezüglich eine zunehmende Forschungsaktivität zu verzeichnen.

Wertpapiere, z. B. Aktien, besitzen einen Wert, weil sie Eigenschaften besitzen, die von den Investoren als werthaltig erachtet werden, z. B. Forderungen der Aktionäre auf zukünftige Eigenkapitaltransfers, also hauptsächlich Dividenden. Allgemein hängen die Wertpapierpreise von den Erwartungen der Investoren über die künftigen finanziellen Vorteilsströme aus dem Wertpapier ab, also von den Gewinn- und Ausschüttungserwartungen. Informationen können diese Erwartungen beeinflussen. So können Gewinne des Unternehmens bspw. etwas über die künftige Dividendenzahlungsfähigkeit dieses Unternehmens aussagen. Ein entsprechender konzeptioneller Zusammenhang zwischen aktuellen Gewinnen und aktuellen Preisen von Aktien lässt sich bspw. herstellen, wenn man

1) aktuelle Wertpapierpreise mit zukünftigen Dividenden,

2) zukünftige Dividenden mit zukünftigen Gewinnen und

3) zukünftige Gewinne mit aktuellen Gewinnen verknüpft.

Eine dementsprechende Klassifikation empirischer Forschung zeigt viele Arbeiten, die dem erstgenannten und dem letztgenannten Zusammenhang zuzurechnen sind, aber kaum welche, die den unter 2) aufgeführten Rahmen betreffen (Beaver 1998, S. 69 und S. 89–124).

Eine andere Art, den Zusammenhang darzustellen, besteht darin, den sog. Clean-Surplus-Zusammenhang explizit zu berücksichtigen (Ohlson 1995). Wenn t einen Zeitpunkt und t-1,t den Zeitraum zwischen t-1 und t bezeichnen und Einkommen$_{t-1,t}$ + Eigenkapitaltransfers$_{t-1,t}$ = Eigenkapital$_t$ – Eigenkapital$_{t-1}$ gilt, kann man die Eigenkapitaltransferzahlungen in den Modellen auch durch die anderen Variablen ausdrücken. Dadurch entwickelt man einen Zusammenhang, in dem die ermessensabhängigen Eigenkapitaltransfers nicht mehr explizit vorkommen. Die Schätzprobleme werden bei *Ohlson* ferner dadurch reduziert, dass er das Einkommen in einen normalen und in einen abnormalen Teil zerlegt. Der normale Teil entspricht der Verzinsung des zu Beginn des Rechnungszeitraums eingesetzten Kapitals. Der abnormale Teil ergibt sich aus der Differenz zwischen dem tatsächlich erzielten Einkommen und dem Einkommen, das man normalerweise erzielt hätte.

Der Modellansatz von *Ohlson* hat dazu geführt, dass die theoretische Untermauerung für einen linearen Zusammenhang zwischen aktuellen Marktpreisen von Wertpapieren und den aktuellen Eigenkapitalposten sowie zwischen den aktuellen Renditen und den aktuellen Gewinnen gegeben war. Der Einsatz der linearen Regression war die Folge.

Weil Finanzberichte nur zu bestimmten Zeitpunkten des Jahres veröffentlicht werden (→Publizität), ökonomische relevante Informationen dagegen während des gesamten Jahres bekannt werden, ist zu vermuten, dass die Finanzberichte die Realität nur mit einer zeitlichen Verzögerung abbilden. Neben dieser in der englischsprachigen Literatur als „delayed recognition" bekannten Beobachtung bewirkt die Beachtung einer vorsichtigen Bilanzierung zudem eine Verzerrung der Einkommensermittlung, die im Englischen als „biased recognition" bezeichnet wird. Darüber hinaus ist die Wirkung expliziter Ermessensspielräume (→bilanzpolitische Entscheidungsmodelle) nicht unvoreingenommen bestimmbar.

Empirische Rechnungslegungsforschung betrifft überwiegend die Ermittlung der Wirkung von Einkommen und Eigenkapital mit vielen seiner Unterposten. Für die USA haben sich durch die Forschungsergebnisse einige Vermutungen in Erkenntnisse umgewandelt (Beaver 1998, S. 89–124). Bereits relativ früh wurde festgestellt, dass Preisveränderungen von Wertpapieren mit den Einkommensveränderungen der Unternehmen zusammenhängen. Dabei spielen transitorische Komponenten und die Wachstumsrate des Einkommens eine entscheidende Rolle für das Ausmaß der Wirkungen. Es konnte ferner nachgewiesen werden, dass die Wertpapierpreise von der Wahl der Rechnungslegungsmethode unabhängig sind. Gezeigt wurde auch, dass nicht nur das Einkommen, sondern auch gewisse „→Cash Flows" einen – wenn auch niedrigeren – Informationsgehalt besitzen (→Cash Flow-Analyse). Generell lässt sich sagen, dass Preisveränderungen den Finanzberichtszahlen vorausgehen. Sie lassen sich sogar zur Vorhersage von Einkommensgrößen verwenden. Selbst Informationen, die nur in sog. Footnotes" stehen und keinen Eingang in die Einkommensrechnung gefunden haben, konnten Wertpapierpreise teilweise erklären. Ermessensabhängige Posten werden allerdings anders bewertet als solche, die keinem Ermessen unterliegen. In diesem Zusammenhang wurde auch die verzögerte und die verzerrte Erfassung in der Rechnungslegung nachgewiesen.

Ein scheinbar vernachlässigter Zweig der empirischen Rechnungslegungsforschung befasst sich mit der Frage, ob man aus Finanzberichten auf die mit dem Aktienerwerb verbundenen Risiken schließen kann.

Die Ergebnisse wurden teilweise auch in Studien aus anderen Ländern erzielt, so auch in vielen deutschen Dissertationen. Beurteilt man die Erkenntnisse der empirischen Rechnungslegungsforschung zusammen gesehen, so lassen sich viele Argumente für die Informationseffizienz der Aktienmärkte erkennen. Zur Beantwortung dieser Frage stößt die empirische Rechnungslegungsforschung aber derzeit noch an ihre Grenzen.

Literatur: Beaver, W. H.: Financial Reporting. An Accounting Revolution, Upper Saddle River, NY 1998; Ohlson, J.: Earnings, Book Values, and Dividends in Equity Valuation, in: Contemporary Accounting Research 11 (1995), S. 661–687.

Hans Peter Möller

Rechnungswesensoftware →Standardsoftware für das Rechnungswesen

Rechtliche Due Diligence →Legal Due Diligence

Rechtliche Verhältnisse

Die rechtlichen Verhältnisse eines Unternehmens stellen im Gegensatz zu den →wirtschaftlichen Verhältnissen die Gesamtheit der rechtlichen Beziehungen, in die das Unternehmen eingebunden ist, dar (Häuselmann 1997, Rn. 1). Die gewählte rechtliche Struktur definiert ein Unternehmen neben dem funktionalen Charakter als wirtschaftliche Organisationseinheit. Es lässt sich dabei einerseits zwischen *Rechtsgrundlagen*, die als rechtserhebliche Umstände die rechtliche Struktur bedingen, und andererseits *rechtlichen Außenbeziehungen* unterscheiden. Die rechtliche Struktur wird im Wesentlichen durch Rechtsform (→Unternehmensformen), Gegenstand und übrige Regelungen von Satzung oder Gesellschaftsvertrag eines Unternehmens determiniert. Weiterhin sind Mitarbeiteranzahl und Unternehmensverbindungen bestimmend (Häuselmann 1997, Rn. 2). Die Außenbeziehungen werden in der Hauptsache durch privatrechtliche Verträge und ferner durch gesetzliche Schuldverhältnisse bestimmt (Häuselmann 1997, Rn. 3).

Die rechtlichen Verhältnisse werden regelmäßig im Rahmen der jährlichen Prüfung von JA und →Lagebericht bzw. Konzernabschluss und →Konzernlagebericht nach §§ 316 ff. HGB geprüft (→Jahresabschlussprüfung; →Konzernabschlussprüfung). § 317 Abs. 1 Satz 2 HGB schreibt vor, dass die Prüfung darauf zu erstrecken ist, ob gesetzliche Vorschriften und sie ergänzende Bestimmungen des Gesellschaftsvertrags oder der Satzung beachtet wurden (→Ordnungsmäßigkeitsprüfung). Weiterhin ist die Prüfung rechtlicher Verhältnisse mit jeder pflichtigen Sonderprüfung verbunden (→Sonderprüfungen, aktienrechtliche u. a.). Durch Erteilung eines eigenständigen Prüfungsauftrags kann die Prüfung der rechtlichen Verhältnisse auch außerhalb oder neben der Abschlussprüfung vorgenommen werden. Im Mittelpunkt dieser Aufträge stehen dann regelmäßig weniger die rechtlichen Strukturen eines Unternehmens als vielmehr dessen rechtliche Außenbeziehungen (Häuselmann 1997, Rn. 4–6).

Das HGB verlangt keine umfassende Rechtmäßigkeitsprüfung, demzufolge ist das →Prüffeld funktional zu bestimmen. Zu prüfen sind die Verhältnisse, die Rückwirkungen auf die Gegenstände der pflichtigen Abschlussprüfung (→Pflichtprüfungen) selbst haben. Die Bestimmung des Prüfungsgegenstandes sowie Umfang und Intensität der Prüfung werden eigenverantwortlich (→Eigenverantwortlichkeit des Wirtschaftsprüfers) durch den →Abschlussprüfer (APr) festgelegt (Häuselmann 1997, Rn. 26). Aus den gesetzlich vorgegebenen Prüfungsaufgaben ist im Einzelnen abzuleiten, welche rechtlichen Verhältnisse der APr in seine Prüfung einzubeziehen hat (Schulze-Osterloh 2002, Sp. 1995).

Im Rahmen der Prüfung von Rechtsgrundlagen und rechtlichen Verhältnissen sind insb. die Satzung und Protokolle (→Versammlungsprotokolle) der →Haupt- und Gesellschafterversammlung bzw. des Aufsichtsrats sowie Verträge mit Dritten Gegenstand der Untersuchung. Es besteht keine Verpflichtung des Abschlussprüfers, im Rahmen der Abschlussprüfung gesetzeswidrige Bestimmungen der Satzung bzw. des Gesellschaftsvertrages aufzuspüren. Werden jedoch Verstöße festgestellt, so folgen daraus in bestimmten Fällen

Konsequenzen im →Prüfungsbericht (PrB) und →Bestätigungsvermerk (BestV). Enthalten Satzung bzw. Gesellschaftsvertrag fehlerhafte Bestimmungen, die den JA nicht beeinflussen, besteht keine Rede- und Mitteilungspflicht des Abschlussprüfers (→Redepflicht des Abschlussprüfers), er wird aber die Unternehmensleitung in geeigneter Form darauf aufmerksam machen (→Unternehmensleitung, Informationsaustausch des Wirtschaftsprüfers mit; →Aufsichtsrat, mündliche Berichterstattung an). Die Vielzahl möglicher Rechtsbeziehungen zieht zahlreiche, möglicherweise sehr weit reichende Auswirkungen auf Buchführung und JA nach sich. Besonders für den →außerbuchhalterischen Bereich empfiehlt sich für den APr immer die Einholung einer ausführlich gehaltenen →Vollständigkeitserklärung (IDW 2006, Abschn. R, Rn. 176–185, S. 1985–1988).

Die rechtlichen Verhältnisse als solche sind nicht Gegenstand des Testats. Die Verletzung von Rechtsnormen, speziell von Vorschriften, die sich nicht auf die Rechnungslegung beziehen, führt nicht zwingend zu einer Einschränkung oder Versagung des Bestätigungsvermerks (→Unregelmäßigkeiten; →Unregelmäßigkeiten, Aufdeckung von). Entscheidend für Einwendungen ist, dass i.V.m. dem Verstoß notwendige →Rückstellungen nicht gebildet wurden oder eine daraus resultierende Berichterstattung im Lagebericht unterbleibt (Förschle/Küster 2006, Rn. 43 zu § 322 HGB, S. 2015).

Literatur: Förschle, G./Küster, T.: Kommentierung des § 322, in: Ellrott, H. et al. (Hrsg.): BeckBilKomm, 6. Aufl., München 2006; Häuselmann, H.: Die Prüfung der rechtlichen Verhältnisse; in: Wysocki, K.v. et al. (Hrsg.): HDJ, Loseblattausgabe, Band 4, Kapitel VI.6, Köln, Stand: 31. Erg.-Lfg. August 2003, S. 1–82; IDW (Hrsg.): WPH 2006, Band I, 13. Aufl., Düsseldorf 2006; Schulze-Osterloh, J.: Rechtliche Verhältnisse, in: Ballwieser, W. et al. (Hrsg.): HWRP, 3. Aufl., Stuttgart 2002, Sp. 1993–2006.

Carsten Friedrich

Rechtsaufsicht →Börsenaufsicht

Rechtsberatung

Internationale Bilanzierungsskandale (→Bilanzfälschung) haben dem Ansehen des Berufsstands der WP erheblichen Schaden zugefügt. Insb. das sog. Full-Service-Konzept, das Angebot einer Vielzahl von Prüfungs- und Beratungsleistungen aus einer Hand, lässt Zweifel an der Unabhängigkeit des Prüfers vom Mandanten aufkommen (→Unabhängigkeit und Unbefangenheit des Wirtschaftsprüfers). Angesichts der Tatsache, dass Unternehmen der Abschlussprüfung (→Jahresabschlussprüfung; →Konzernabschlussprüfung) meist nur geringe Relevanz zumessen und daher nicht bereit sind, hohe →Prüfungshonorare zu zahlen, muss das Honoraraufkommen einer WPGes (→Revisions- und Treuhandbetriebe) durch andere prüfungsnahe Dienstleistungen, wie →Steuerberatung, →Unternehmensberatung und →IT-Beratung, aber auch Rechtsberatung sichergestellt werden. Da das Full-Service-Konzept die Unabhängigkeit des →Abschlussprüfers gefährden kann, haben in den letzten Jahren weltweit Gesetzgeber reagiert und den Berufsstand z.T. umfassend reguliert. Eine Vorreiterrolle nimmt dabei aufgrund der Dominanz des Kapitalmarktes der US-amerikanische Gesetzgeber ein. Dieser hat als Reaktion auf →Bilanzfälschungen im Jahre 2002 den SOA erlassen, welcher den Schutz der Anleger sowie die Verlässlichkeit der Publizitätspflichten (→Publizität) verbessern soll.

Im Hinblick auf die WP (AKEIÜ 2004, S. 2403–2405) wird zum einen eine neu gestaltete Berufsaufsicht (→Berufsaufsicht für Wirtschaftsprüfer, international) durch das →*Public Company Accounting Oversight Board* (*PCAOB*), das mit weit reichenden Auskunfts- und Eingriffsrechten ausgestattet ist (SOA 101–109), eingerichtet, zum anderen ein Katalog von Dienstleistungen aufgelistet, die zu einer Unvereinbarkeit mit gleichzeitigen Abschlussprüfungsleistungen (→vereinbare und unvereinbare Tätigkeiten des Wirtschaftsprüfers) führen (SOA 201–206; Emmerich/Schaum 2003, S. 684–691). Dieser Katalog wird durch die Ausführungsbestimmungen der amerikanischen Börsen- und Wertpapieraufsichtsbehörde →*Securities and Exchange Commission* (*SEC*) vom 23.1.2003 konkretisiert. Hinter den Regelungen stehen das Selbstprüfungsverbot, d.h. ein Prüfer darf nicht die Richtigkeit seiner Beratungsleistungen beurteilen, das Verbot, dass der Prüfer als Interessenvertreter seines Mandanten auftritt sowie das Verbot, Managementleistungen zu übernehmen (Schmidt 2003, S. 780). Dementsprechend verboten sind z.B. die Unterstützung bei Buchführung und Rechnungslegung, Mitwirkung an der →Internen Revision oder

→Gutachtertätigkeiten im Hinblick auf die Vertretung des Mandanten in Gerichts-, Verwaltungs- und Regulierungsverfahren. Die Ausführungsbestimmungen verbieten Rechtsberatungsleistungen, die nur durch autorisierte, qualifizierte oder registrierte Personen erbracht werden dürfen, da davon auszugehen ist, dass mit der Rechtsberatung eine Vertretung der Interessen des Mandanten verknüpft ist. Ausdrücklich ausgenommen aus dem Verbotskatalog ist hingegen die Steuerberatung, insb. weil es aufgrund des fehlenden →Maßgeblichkeitsprinzips im amerikanischen Steuerrecht nicht die Gefahr der Selbstprüfung gibt. Zudem verlangt die SEC eine Vorabgenehmigung zulässiger Prüfungs- wie Nichtprüfungsleistungen durch das →Audit Committee (→Aufsichtsratsausschüsse). Die Vorschriften des SOA sowie der SEC gelten ebenfalls für deutsche APr, die Prüfungsleistungen für SEC-registrierte Gesellschaften oder deren wesentliche Tochtergesellschaften erbringen.

Anlässlich der Bilanzfälschungsskandale hat auch die KOM Maßnahmen zur Stärkung der Unabhängigkeit europäischer WP ergriffen. Dazu gehört die Überarbeitung der Achten RL 84/253/EWG (sog. APr-RL) von 1984, mit der neben der Stärkung von Unabhängigkeit und →Berufsethik des Wirtschaftsprüfers sowie der Pflicht zu einer externen →Qualitätskontrolle in der Wirtschaftsprüfung (→Peer Review) eine wirksame Berufsaufsicht erzielt werden soll. Art. 23 des Richtlinienentwurfs beinhaltet das Grundprinzip der Unabhängigkeit eines Abschlussprüfers. Diese Unabhängigkeit ist insb. gefährdet bei Bestehen einer finanziellen oder geschäftlichen Beziehung zwischen APr und Prüfungsgesellschaft oder bei einem Beschäftigungsverhältnis oder einer sonstigen Verbindung – womit auch die Erbringung zusätzlicher Leistungen gemeint sein kann. Zudem fordert Art. 23 die Mitgliedstaaten auf, dafür zu sorgen, dass Prüfungsgesellschaft und APr die Risiken für ihre Unabhängigkeit dokumentieren sowie Schutzmaßnahmen aufführen, die zur Eindämmung der Risiken ergriffen wurden. Außerdem hat die KOM am 16.5.2002 die Empfehlung 2002/590/EG (sog. Unabhängigkeits-Empfehlung) herausgegeben. Darin enthalten ist ein Rahmenkonzept, das die Mitgliedstaaten bei Erlass von Vorschriften und Standards zur Sicherung der Unabhängigkeit ihrer APr zu beachten haben. Generell sollte eine →Pflichtprüfung dann nicht durchgeführt werden, wenn zwischen dem Mandanten und dem APr eine finanzielle, geschäftliche oder sonstige Beziehung oder ein Beschäftigungsverhältnis besteht, welches einen sachverständigen und informierten Dritten veranlassen könnte, die Unabhängigkeit des Abschlussprüfers in Frage zu stellen. Als besondere Risiken, die die Unabhängigkeit des Abschlussprüfers gefährden können, nennt die Empfehlung Eigeninteresse, Selbstprüfung, Interessenvertretung, Vertrautheit sowie Einschüchterung. Gleichzeitig werden Schutzmaßnahmen genannt, die die Risiken abschwächen oder ausräumen können. Dazu gehört bspw. die Einrichtung eines internen Qualitätssicherungssystems (→Qualitätssicherung) oder die engere Anbindung des Abschlussprüfers an das Kontrollorgan des Unternehmens. Die Empfehlung zählt sodann Nicht-Prüfungsleistungen auf, deren Erbringung die Unabhängigkeit des APr gefährden kann. Dazu gehört zwar eine Interessenvertretung, wenn der APr an der Beilegung einer Streitsache oder Rechtsstreitigkeit für den Mandanten eintritt. Das gilt insb., wenn sich die Rechtsstreitigkeit auf Sachverhalte bezieht, die wesentliche Auswirkungen auf den JA des Mandanten haben. Ein allgemeines Rechtsberatungsverbot ist jedoch nicht genannt.

An den Vorgaben des SOA sowie der KOM hat sich auch der deutsche Gesetzgeber orientiert (→Sarbanes Oxley Act, Einfluss auf das Prüfungswesen; →Richtlinien und Verordnungen der Europäischen Union, Bedeutung für Rechnungslegung und Unternehmensüberwachung). Da es eine wesentliche Aufgabe des Abschlussprüfers ist, die Tätigkeit des Aufsichtsrats (→Überwachungsaufgaben des Aufsichtsrats) wirksam zu unterstützen, ist eine unabhängige Berufsausübung unabdingbar, was in § 43 Abs. 1 Satz 1 →Wirtschaftsprüferordnung (WPO) verankert ist. Im Jahr 2003 hat die Bundesregierung einen Zehn-Punkte-Katalog zur Stärkung der Unternehmensintegrität und des Anlegerschutzes veröffentlicht (→Zehn-Punkte-Programm der Bundesregierung) (Seibert 2003, S. 693–698), mit dem auf den Vertrauensverlust der Anleger reagiert werden soll. Die Umsetzung des Maßnahmenkatalogs erfolgte u.a. durch das BilKoG, das ein zweistufiges →Enforcementsystem zur Überwachung und Prüfung von Unternehmensabschlüssen in Deutschland einführt (→Enforcementsystem in Deutschland), und das BilReG, das mit der Neufassung der §§ 319, 319a HGB die Unabhängigkeit der APr zu stärken sucht. § 319 Abs. 2 HGB ist als Generalklausel ausgestaltet. Demnach ist der APr wegen Besorgnis der Befangenheit von der Abschlussprüfung ausgeschlossen (→Ausschluss als Abschlussprüfer). Diese besteht insb. bei Beziehungen geschäftlicher, finanzieller oder persönlicher Art zum Mandanten. Die Ausschlusstatbestände sind nicht abschließend, sodass auch andere Tätigkeiten zu einem Ausschluss des Abschlussprüfers führen können, wenn die Tätigkeit aus Sicht eines verständigen Dritten und bei Berücksichtigung risikoreduzierender Maßnahmen die Unabhängigkeit gefährdet. Auf eine tatsächliche Befangenheit kommt es nicht an. Daneben sehen § 319 Abs. 3 und § 319a HGB konkretere Ausschlussgründe in Form einer unwiderleglichen gesetzlichen Vermutung vor.

Auf Rechts- und Steuerberatungsleistungen bezieht sich § 319a Abs. 1 Nr. 2 HGB. Sollte es sich um ein Unternehmen von öffentlichem Interesse handeln, also um eine Gesellschaft, die einen organisierten Kapitalmarkt i. S. v. § 2 Abs. 5 →Wertpapierhandelsgesetz (WpHG) in Anspruch nimmt, so legt diese Norm fest, dass neben Prüfungsleistungen im gleichen Geschäftsjahr keine Rechts- und Steuerberatungsleistungen erbracht werden dürfen, die über das Aufzeigen von Gestaltungsalternativen hinausgehen und sich unmittelbar und nicht nur unwesentlich auf die Darstellung der →Vermögenslage, →Finanzlage und →Ertragslage (→wirtschaftliche Verhältnisse) im zu prüfenden JA auswirken. In einem solchen Fall bestehen das Risiko einer Selbstprüfung sowie ein möglicher Interessenkonflikt. Diese Regelung, die in der Praxis wegen der Bedeutung der Rechts- und Steuerberatungsleistungen für WPGes erheblich kritisiert wurde, lässt jedoch aufgrund ihrer engen Voraussetzungen nach wie vor Rechts- und Steuerberatungsleistungen in erheblichem Umfang zu.

Zusammenfassend ist festzuhalten, dass sowohl nach dem SOA wie nach der Empfehlung der *KOM* wie nach den §§ 319, 319a HGB eine Rechtsberatung durch den WP neben der Abschlussprüfung grundsätzlich zulässig ist, solange nicht die Gefahr der Selbstprüfung oder Interessenkollision besteht.

Literatur: AKEIÜ: Auswirkungen des Sarbanes Oxley Act auf die Interne und Externe Unternehmensüberwachung, in: BB 59 (2004), S. 2399–2407; Bormann, M.: Unabhängigkeit des Abschlussprüfers. Aufgabe und Chance für den Berufsstand, in: BB 57 (2002), S. 190–197; Emmerich, G./Schaum, W.: Auswirkungen des Sarbanes-Oxley Act auf deutsche Abschlussprüfer. Berufsaufsicht, Registrierung, Unabhängigkeit, in: WPg 56 (2003), S. 677–691; Schmidt, S.: Neue Anforderungen an die Unabhängigkeit des Abschlussprüfers. SEC-Verordnung im Vergleich mit den Empfehlungen der EU-Kommission und den Plänen der Bundesregierung, in: BB 58 (2003), S. 779–786; Seibert, U.: Das 10-Punkte-Programm Unternehmensintegrität und Anlegerschutz, in: BB 58 (2003), S. 693–698.

Anja Hucke

Rechtsformen →Unternehmensformen

Rechtsformen, Wahl der →Unternehmensformen, Wahl der

Red Flags →Dolose Handlungen

Redepflicht des Abschlussprüfers

Die Redepflicht des →Abschlussprüfers nach § 321 Abs. 1 Satz 3 HGB beinhaltet die Anforderung an den APr, Vorstand und AR zu informieren, wenn er bei Durchführung seiner Prüfung (→Jahresabschlussprüfung; →Konzernabschlussprüfung) Tatsachen feststellt, die

- die *Entwicklung* des geprüften Unternehmens oder des Konzerns (→Konzernarten) *wesentlich beeinträchtigen* können,
- seinen *Bestand gefährden* können (→Bestandsgefährdung),
- Unrichtigkeiten oder *Verstöße gegen gesetzliche Vorschriften* (→Unregelmäßigkeiten) oder
- schwerwiegende *Verstöße der gesetzlichen Vertreter oder von Arbeitnehmern* gegen Gesetz, Gesellschaftsvertrag oder Satzung

darstellen.

Die Darstellung der bestandsgefährdenden und entwicklungsbeeinträchtigenden Sachverhalte im Rahmen der sog. *Vorweg-Berichterstattung* im →Prüfungsbericht (PrB) bezweckt, die Berichtempfänger über eine schwerwiegend negative Unternehmensentwicklung möglichst frühzeitig aufmerksam zu machen. Die Berichtempfänger sollen so über den APr in die Lage versetzt werden, rechtzeitig Anpassungsmaßnahmen zur Abwendung einer

Unternehmenskrise einzuleiten. Andererseits bezieht sich die Redepflicht auf Gesetzesverstöße darstellende Sachverhalte, die keine unmittelbare Wirkung auf die →wirtschaftlichen Verhältnisse des Unternehmens bzw. des Konzerns in dem geprüften Geschäftsjahr haben.

Der Redepflicht ist nach den gesetzlichen Vorstellungen in einem *gesonderten Unterabschnitt* an exponierter Stelle im PrB nachzukommen, um die Aufmerksamkeit der *Berichtsadressaten* (z. B. →*Audit Committee*) auf diese wichtigen Sachverhalte zu lenken. Hat der APr keine Redepflichttatbestände festgestellt, so ist im Gegensatz zur bisherigen Rechtslage eine *Negativerklärung* im PrB nicht erforderlich.

Eine →*Bestandsgefährdung* liegt vor, wenn erhebliche Zweifel an der Fortführung der Unternehmenstätigkeit (→Going Concern-Prinzip) bestehen, es also zum Insolvenzfall (→Insolvenz) oder zur Liquidation kommen *kann*. Indikatoren für berichtspflichtige bestandsgefährdende Tatsachen können z. B. (IDW PS 270) sein:

- negative Zahlungssalden aus der laufenden Geschäftstätigkeit,
- Zahlungsstockungen (→Zahlungsunfähigkeitsprüfung),
- erhebliche Betriebsverluste oder erhebliche Wertminderungen bei →betriebsnotwendigem Vermögen (→Überschuldungsprüfung),
- betriebliche Umstände, wie das Ausscheiden von Führungskräften in Schlüsselpositionen ohne adäquaten Ersatz,
- Verlust von Hauptabsatzmärkten oder -lieferanten,
- Verstöße gegen Eigenkapitalvorschriften (→Eigenkapital) oder andere gesetzliche Regelungen und
- anhängige Gerichts- oder Aufsichtsverfahren, die zu nicht erfüllbaren Ansprüchen führen können.

Eine Berichterstattungspflicht von Tatsachen, die die *Entwicklung des Unternehmens wesentlich beeinträchtigen* können, basiert grundsätzlich auf den gleichen Tatbeständen wie die Bestandsgefährdung. Es genügen hier schon weniger folgenreiche Auswirkungen, die z. B. einen bisher positiven Trend unterbrechen oder ungünstig beeinflussen, jedoch zu mehr als einer nur angespannten Lage des Unternehmens führen.

Die Berichtspflicht über *Unrichtigkeiten oder Verstöße gegen gesetzliche Vorschriften* ist rechnungslegungsbezogen. *Verstöße der gesetzlichen Vertreter oder der Arbeitnehmer* gegen Gesetz, Gesellschaftsvertrag oder Satzung umfassen Verstöße gegen solche gesetzlichen Vorschriften, die sich nicht unmittelbar auf die Rechnungslegung beziehen, aber einen Bezug auf das Unternehmen darstellen, z. B. Vermögensschädigungen, Regelungen des Steuer-, Straf- oder des Umweltrechts, aber auch wesentliche Verletzungen von Aufstellungs- und Publizitätspflichten (→Offenlegung des Jahresabschlusses u. a.) sowie die Nichteinrichtung eines →Risikomanagementsystems nach § 91 Abs. 2 AktG (→Unregelmäßigkeiten; →Unregelmäßigkeiten, Konsequenzen aus).

In Übereinstimmung mit den →International Standards on Auditing (ISA) hat der APr nach § 322 Abs. 2 Satz 2 HGB im →*Bestätigungsvermerk* (BestV) auf Risiken, die den Fortbestand des Unternehmens gefährden, gesondert einzugehen. Von der Hervorhebung der Bestandsgefährdung, die keine Einschränkung des Bestätigungsvermerks darstellt, erwartet der Gesetzgeber einen maßgeblichen Beitrag zur Schließung der →Erwartungslücke. Es ist vom APr zu beurteilen, ob die Risiken im →Lagebericht zutreffend dargestellt sind (→Chancen und Risiken der künftigen Entwicklung; →Chancen- und Risikobericht). Auf Entwicklungsbeeinträchtigungen und Gesetzesverstöße ist im BestV nicht einzugehen.

Literatur: IDW (Hrsg.): IDW Prüfungsstandard: Grundsätze ordnungsmäßiger Berichterstattung bei Abschlussprüfungen (IDW PS 450, Stand: 8. Dezember 2005), in: WPg 59 (2006a), S. 113–128; IDW (Hrsg.): WPH 2006, Band I, 13. Aufl., Düsseldorf 2006b, Abschn. Q, Rn. 83–143.

Christian Dinter

Reengineering

Der Begriff des Reengineering wird meist als eine Kurzfassung des Business Process Reengineering verwendet. „Reengineering is the fundamental rethinking and radical redesign of business processes to achieve dramatic improvements in critical, contemporary measures of performance such as cost, quality, service, and speed" (Hammer/Champy 1993).

Grundlegend ist damit der Begriff des →Geschäftsprozesses gemeint, der sich laut *Bea* und *Schnaitmann* (Bea/Schnaitmann 1995, S. 280) durch vier Aspekte definieren lässt:

- Ein Prozess ist eine Tätigkeit zur Umwandlung von Einsatzgütern in Ausbringungsgüter (Transformationsaspekt).
- Er lässt sich in mehrere miteinander verbundene Teilprozesse zerlegen (Verkettungsaspekt).
- Zweck des Prozesses ist die Verwirklichung von sachlichen, formalen, sozialen und ökologischen Zielen (Zielaspekt).
- Prozesse werden von Personen durchgeführt, kontrolliert und verantwortet. Ihr Verhalten lässt sich über die Organisationsstruktur beeinflussen (Organisationsaspekt).

Unter →Prozessmanagement sollen alle planerischen, organisatorischen und kontrollierenden Maßnahmen verstanden werden, die zur zielorientierten Steuerung der Wertschöpfungskette (→Wertschöpfungsanalyse; →Wertschöpfungsrechnung; →Prozesskette) in der Unternehmung dienen. Das Reengineering besteht dabei in einer radikalen Neuorganisation aller Geschäftsprozesse, die wie auf einem weißen Blatt Papier (Cleansheet of Paper Approach) ganz neu geplant werden. Die bisherigen Lösungen werden dazu radikal in Frage gestellt. Anwendung findet das Reengineering vor allem in Problemsituationen, bei denen schrittweise, inkrementelle Verbesserungen nicht angemessen sind, wie dies z. B. strukturelle Unternehmenskrisen (→Krisendiagnose) darstellen.

Für die Gestaltung des Reengineering-Prozesses unterscheidet *Gaitanides* (Gaitanides 1998) drei Phasen:

- In der Prozessidentifikation werden die Hauptprozesse erfasst und gegeneinander abgegrenzt. Weiterhin wird der Verbesserungsbedarf analysiert.
- Das Prozessdesign dient vor allem der Entwicklung von Soll-Prozessen, die z. B. auf der Basis von Qualitäts-, Kosten- und Zeitzielen gesteuert werden (→Qualitätscontrolling; →Kostencontrolling; →Termincontrolling).
- Bei der Prozessimplementierung wird zwischen einer institutionellen und einer prozessualen Implementierungskomponente unterschieden.

Die wesentlichen Grundprinzipien des Business Process Reengineering werden wie folgt zusammengefasst (Hammer 1990):

- Die Geschäftsprozesse sollen unabhängig von der bisher bestehenden funktionalen Zuordnung neu gestaltet werden. Dabei steht der natürliche Fluss von Informationen, aber auch Material und Kunden im Vordergrund. Damit wird der Schwerpunkt auf die Erreichung eines bestimmten Ziels gelegt, woran sich der dafür zu gestaltende Prozess zu orientieren hat.
- Das Ziel soll eine dramatische Verbesserung der Leistungsfähigkeit sein, indem die Prozesse radikal neu organisiert werden. Daher soll man sich nicht mit kleinen, inkrementellen Verbesserungen zufrieden geben.
- Mitarbeiter, die das Ergebnis eines Prozesses nutzen, sollen diesen auch ausführen. Daher ist zu prüfen, in welchem Umfang interne Kunden einen Geschäftsprozess selbst ausführen können, statt sich auf eine Vorstufe verlassen zu müssen. So werden unnötige Systembrüche vermieden.
- Entscheidungen sollen dort getroffen werden, wo auch die Arbeitsschritte ausgeführt werden. Daher soll das Management und die Kontrolle der Leistung (→Leistungscontrolling) mit ihrer Erstellung zusammenfallen. Ausführung und Kontrolle sind daher nur eine weitere Art der Lieferanten-Kunden-Beziehung, die miteinander vereinigt werden können.

Als operative Ausgestaltung des Business Process Reengineering werden sieben Ansatzpunkte unterschieden (in Anlehnung an Hammer 1990):

1) Eliminierung redundanter oder nicht notwendiger Teilprozesse,
2) Änderung von Prozessreihenfolgen,
3) Hinzufügen wettbewerbsorientierter Teilprozesse,
4) Zusammenfassung von Prozessschritten,
5) Beschleunigung von Teilprozessen,
6) Parallelisieren von Teilprozessen und
7) Automatisieren von Teilprozessen.

Kritisch stellt *Gaitanides* (Gaitanides 1998) heraus, dass es sich angesichts der Forderung nach Wandel und Veränderung, die mit dem Reengineering einhergehen, um „unpräzise

Verfahrensempfehlungen" handelt, die in Form von Imperativen postuliert werden. Die bedeutende Frage, wie die in einem Reengineering-Projekt erarbeiteten Geschäftsprozesse umgesetzt werden können, wird dagegen kaum thematisiert.

Damit wird die organisatorische Komponente des Business Process Reengineering oft unterschätzt, sodass dem notwendigen Veränderungsmanagement nicht die gebührende Aufmerksamkeit zukommt. Hier ist die Unternehmens- oder Abteilungsleitung gefordert, die Mitarbeiter umfassend in den Prozess einzubinden, wie dies im Rahmen solcher Projekte üblich sein sollte.

Literatur: Bea, F. X./Schnaitmann, H.: Begriff und Struktur betriebswirtschaftlicher Prozesse, in: WiSt 24 (1995), S. 278–282; Gaitanides, M.: Business Reengineering/Prozessmanagement von der Managementtechnik zur Theorie der Unternehmung?, in: DBW 58 (1998), S. 369–381; Hammer, M.: Reengineering Work: Don't Automate, Obliberate, in: HBR 68 (1990), Heft 7/8, S. 104–112; Hammer, M./Champy, J.: Reengineering the Corporation. A Manifesto for Business Revolution, Harper Business, NY.

Stefan Seuring

Registeraufsicht

Als Registeraufsicht bezeichnet man insb. die Ausübung des materiellen und formellen Prüfungsrechts durch die Registergerichte.

Die *Registerführung* erfolgt durch die Registergerichte. In Deutschland werden das Handels-, das Genossenschafts-, das Vereins- sowie das Partnerschaftsregister geführt. Sachlich zuständig für die Führung des Handelsregisters (auf welches sich die folgenden Ausführungen wegen der Bedeutung dieses Registers beschränken) ist gem. § 125 Abs. 1 und 2 FGG das Amtsgericht. Die örtliche Zuständigkeit regelt sich nach den Einzelgesetzen, in denen die eintragungspflichtigen Sachverhalte bestimmt werden, wie bspw. § 106 HGB für die →Offene Handelsgesellschaft (OHG), § 14 AktG für die Aktiengesellschaft (→Aktiengesellschaft, Prüfung einer) und § 7 GmbHG für die Eintragung der →Gesellschaft mit beschränkter Haftung (GmbH). I.d.R. erfolgt eine Eintragung nur auf Anmeldung (Roth 2005, Rn. 21 zu § 8 HGB). Das Registergericht kann die Anmeldung einer eintragungspflichtigen Tatsache durch die Festsetzung eines →Zwangsgeldes auf Basis von § 14 HGB i.V.m. §§ 132 ff. FGG erzwingen.

Die materielle Bedeutung der Registeraufsicht ergibt sich nur aus der Analyse einiger wichtiger Rechtsnormen, aus denen sich *eintragungspflichtige Tatsachen* bestimmen:

- Anmeldung von Firma und Ort der Handelsniederlassung bei Kaufleuten gem. § 29 HGB,
- Erteilung der Prokura gem. § 52 HGB,
- Eröffnung des Insolvenzverfahrens gem. § 32 HGB (→Insolvenz),
- Errichtung von Gesellschaften gem. § 106 HGB (OHG), § 162 HGB [→Kommanditgesellschaft (KG)], § 7 GmbHG (GmbH), § 36 AktG (AG),
- Anmeldung von Umwandlungen (→Unternehmensumwandlungen) gem. §§ 16, 129, 198 UmwG sowie
- →Offenlegung des Jahresabschlusses gem. § 325 HGB.

Das Registergericht hat hinsichtlich der zur Eintragung angemeldeten Tatsachen ein *Prüfungsrecht* in *formeller* und *materieller* Hinsicht. Aus formeller Sicht ist zu prüfen, ob

1) die Zuständigkeit des Gerichts gegeben ist,
2) der Antragsteller subjektiv zur Anmeldung berechtigt ist,
3) es sich um eine eintragungsfähige Tatsache handelt und
4) die zur Anmeldung erforderlichen Unterlagen in der erforderlichen Form und vollständig eingereicht wurden.

Das materielle Prüfungsrecht der Registerrichte basiert auf §12 FGG. Hinsichtlich der Intensität der Prüfungshandlungen des Registergerichts ist zwischen der Prüfung der Anmeldung von deklaratorischen (die Rechtsfolge feststellenden) und konstitutiven (die Rechtsfolge begründenden) Eintragungen zu unterscheiden. Bei deklaratorischen Eintragungen besteht eine Prüfungspflicht nur, soweit begründete Zweifel bestehen. Ein Beispiel für diese eingeschränkte Prüfungspflicht ist die Eintragung der Löschung einer Prokura. Hier hat das Registergericht nicht zu prüfen, ob der AR entsprechend den satzungsmäßigen Bestimmungen an der Abberufung eines Prokuristen ordnungsmäßig beteiligt wurde (Urteil des OLG Düsseldorf vom 25.2.1998, S. 107 f.).

Weitgehende Prüfungspflichten für das Registergericht bestehen aber bei der Prüfung der

Gesetzmäßigkeit der Errichtung einer Gesellschaft. Bei dieser für KapGes konstitutiv wirkenden Eintragung ist u. a. zu prüfen, ob die Errichtung formal wirksam ist und die Unterzeichnung des Gesellschaftsvertrages erfolgte (s. bspw. § 2 GmbHG oder § 23 AktG), ob die Vorschriften (§ 3 Abs. 1 GmbHG bzw. § 23 Abs. 3 AktG) zum Mindestinhalt beachtet wurden, ob ein zulässiger Gesellschaftszweck verfolgt wird, ob die Firma zulässig ist und die Übernahme des Kapitals entsprechend § 5 Abs. 2 und 3 GmbHG bzw. § 29 AktG erfolgte (Schaub 2005, Rn. 154 zu § 8 HGB).

Die Verwendbarkeit der prüferischen Feststellungen des Registergerichtes für die Wirtschaftsprüfung ist differenziert zu beurteilen. Von deklaratorisch wirkenden Eintragungen geht lediglich eine Indizwirkung für selbst zu treffende Prüfungsfeststellungen aus. Im Gegensatz dazu haben konstitutiv wirkende Eintragungen eine erhebliche Bedeutung. Die Prüfung der →rechtlichen Verhältnisse einer Gesellschaft im Rahmen der →Jahresabschlussprüfung ist ohne Berücksichtigung der Handelsregistereintragungen undenkbar. Die maßgebliche Bedeutung für die Jahresabschlussprüfung ergibt sich in einem derartigen Fall aber nur mittelbar aus der formellen und materiellen Prüfung durch das Registergericht, sondern vielmehr aus der konstitutiven Rechtswirkung der vom Registergericht vorgenommenen oder verweigerten Eintragungen.

Literatur: OLG Düsseldorf, Urteil vom 25.2.1998, Aktz. 3 Wx 27/98, NJW-RR 14 (1999), S. 107–108; Roth, W.-H.: Kommentierung des § 8 HGB, in: Koller, I. et al. (Hrsg.): Handelsgesetzbuch: Kommentar, 5. Aufl., München 2005; Schaub, G.: Kommentierung des § 8 HGB, in: Ebenroth, C. T. (Hrsg.): Handelsgesetzbuch: Kommentar, Band 1, München 2005.

Holm Krüger

Registerauszüge

Registerauszüge sind ausgewählte Stellen aus amtlich geführten Verzeichnissen rechtlicher Vorgänge. Als Beispiele seien Grundbuch und Handels-, Genossenschafts-, Vereins-, Luftfahrzeug-, Schiffs-, Muster-, Marken- sowie Patentregister genannt.

Die Prüfung von Registerauszügen ist i. d. R. kein eigenständiger, sondern untergeordneter Prüfungsgegenstand, bspw. im Rahmen einer Abschlussprüfung (→Jahresabschlussprüfung; →Konzernabschlussprüfung). Insb. zur Prüfung der →*rechtlichen Verhältnisse* sind neben anderen Prüfungsunterlagen auch die Registerauszüge einzuholen. Darüber hinaus dienen Auszüge bei der *Prüfung bestimmter Posten* als →Prüfungsnachweise (→Nachweisprüfungshandlungen).

Die *Grundbücher* werden von den Grundbuchämtern der Amtsgerichte geführt. Das Grundbuch gibt die an einem Grundstück bestehenden dinglichen Rechte und deren Inhalt wider. In Abteilung I des Grundbuchs werden die Eigentumsverhältnisse eingetragen, in Abteilung II sämtliche Lasten und Beschränkungen mit Ausnahme der Grundpfandrechte und in der Abteilung III die Grundpfandrechte, nämlich Hypotheken, Grundschulden und Rentenschulden. Änderungen an den Grundstücksrechten aufgrund von Rechtsgeschäften sind grundsätzlich gem. §§ 873 ff. BGB in das Grundbuch einzutragen, damit sie rechtswirksam werden. Für die Abschlußprüfung sind Grundbuchauszüge erforderlich, um das Vorhandensein der →Grundstücke im Bilanzvermögen und bestehende Lasten und Beschränkungen feststellen zu können. Ergänzend sollte der →Abschlußprüfer (APr) die notariellen Verträge einsehen, da sich hieraus der bilanziell maßgebliche Zeitpunkt des wirtschaftlichen Eigentumsübergangs ergibt (→periodengerechte Erfolgsermittlung). Darüber hinaus sind die beim Grundbuchamt geführten Grundakten hinzuzuziehen, um unwiderrufliche, jedoch noch nicht eingetragene Rechtsänderungen zu ermitteln (s. eingehend zum Grundbuch Grziwotz 1999).

Für die Führung des *Handelsregisters* sind ebenfalls die Amtsgerichte zuständig. Aus dem Handelsregister ergeben sich bestimmte, im Handelsverkehr rechtserhebliche Tatsachen. Das Handelsregister unterteilt sich in das Register A, das auch die Eintragungen zu den Personenhandelsgesellschaften [→Personengesellschaften (PersGes)] enthält und das Register B für die KapGes. Für die →Gesellschaft mit beschränkter Haftung (GmbH) bspw. sind gem. § 10 Abs. 1 GmbHG die Firma, der Gesellschaftssitz, der Unternehmensgegenstand, der Stammkapitalbetrag und Angaben zum Gesellschaftsvertrag und den Geschäftsführern einzutragen. Der Registeranmeldung sind gem. § 8 Abs. 1 GmbHG verschiedene Anlagen beizufügen, u. a. der Gesellschaftsvertrag. Dem Handelsregister können auch die erteilten Prokuren (§ 53 HGB), die bestehenden Zweigniederlassungen (§§ 13–13h HGB) (→Zweigniederlassungsbericht) und →Unternehmensverträge sowie die satzungsändernden Kapitalmaßnahmen (→Eigenkapital) entnommen werden (s. eingehend zum Handelsregister Müther 2003).

Literatur: Grziwotz, H.: Praxis-Handbuch Grundbuch- und Grundstücksrecht, Köln 1999; Müther, P.-H.: Das Handelsregister in der Praxis, Bonn 2003.

Werner Hillebrand

Registerbekanntmachungen →Publizität

Registergericht →Registeraufsicht

Registerpublizität →Publizität

Reinvermögensvergleich →Bilanztheorie

Relative Einzelkostenrechnung

Die Entwicklung der relativen Einzelkosten- und Deckungsbeitragsrechnung (REKR) geht auf die Arbeiten von *Paul Riebel* zurück (Riebel 1994). Sie fußt auf *Riebels* Überlegungen zur Kalkulation von Kuppelprodukten (→Kalkulation; →Kalkulation bei Kuppelproduktion) und der daraus folgenden Erkenntnis der Unmöglichkeit, →Kosten des Prozesses einzelnen Produkten entscheidungslogisch eindeutig zuordnen zu können. *Riebel* rückte damit als einer der Ersten Entscheidungen in den Mittelpunkt der Überlegungen zur Gestaltung der Kostenrechnung (→Kosten- und Leistungsrechnung; →Kostenrechnung, Prüfung der). Kosten sind danach immer das Ergebnis (unternehmerischer) Entscheidungen, die (zumindest) durch drei Dimensionen beschrieben werden können: Leistungsbezug, zeitliche Bindung und räumlich-organisatorischer Bereich. Die aus einer Entscheidung resultierenden Faktoreinsätze können damit entscheidungslogisch sinnvoll nur den mit der Entscheidung korrespondierenden Ausprägungen der jeweiligen Entscheidungsdimension (Bezugsobjekt) zugerechnet werden. Das daraus resultierende entscheidungsorientierte Kostenzurechnungsprinzip (→Kostenzurechenbarkeit) wird von *Riebel* als *Identitätsprinzip* bezeichnet. Für jede Dimension lassen sich Bezugsobjekthierarchien (→Bezugsgrößenhierarchie) bilden, wobei die einem Bezugsobjekt nach dem Identitätsprinzip zugerechneten Kosten als relative Einzelkosten bezeichnet werden, die für alle hierarchisch tieferen Bezugsobjekte Gemeinkosten (→Gemeinkostencontrolling) darstellen, deren Schlüsselung nicht zulässig ist.

Neben dem Identitätsprinzip ist die Ablehnung des wertmäßigen Kostenbegriffes charakteristisch für die REKR. Während der Faktoreinsatz auf einzelne Entscheidungen zurückgeführt werden kann, ist die *Bewertung* der Faktormenge mit Preisen eine hiervon unabhängige Entscheidung, sodass das Produkt von Faktormenge und Faktorpreis (wertmäßiger Kostenbegriff) nicht mehr eindeutig *einer* Entscheidung zugerechnet werden kann. *Riebel* hat daher einen *entscheidungsorientierten Kostenbegriff* geprägt: Kosten sind die mit der Entscheidung über das betrachtete Objekt ausgelösten *Ausgaben* (Riebel 1994, S. 76 f.). Dadurch wird die REKR zu einem universell einsetzbaren Rechnungssystem, das zur Informationsversorgung aller auf der Basis monetärer Zielgrößen arbeitenden Planungsbereiche (→Planung), also auch der Investitionsplanung (→Investition; →Investitionscontrolling), herangezogen werden kann.

Diese kostentheoretischen Überlegungen haben auch Konsequenzen für die Systemarchitektur der REKR, die aus Grund- und Auswertungsrechnungen besteht. Bei den *Grundrechnungen* handelt es sich konzeptionell um Datenspeicher, die für alle denkbaren Auswertungen die relevanten Kosten und →Erlöse bereitstellen sollen und dementsprechend als „zweckneutral" (besser wäre: „zweckplural") bezeichnet werden. *Auswertungsrechnungen* sind zweckbezogen und dienen der Informationsversorgung einer konkreten Entscheidung. Die Differenz aus den relativen Einzelerlösen und Einzelkosten ergibt den *Deckungsbeitrag* der betrachteten Maßnahme.

Zusätzlich zu den Grundrechnungen der Kosten und Erlöse sind im System der REKR Grundrechnungen der Potenziale und der Mengen vorgesehen. Die *Grundrechnung der Potenziale* erfasst alle verfügbaren personellen, sachlichen und finanziellen Nutzungsalternativen, die in der Dispositionsmöglichkeit der Unternehmung liegen. Die *Grundrechnungen der Mengen* (Zugangs-, Einsatz-, Ausbringungs- und Abgangsmengen bzw. produzierte und abgesetzte Leistungsmengen) enthalten reine Mengendaten für alle in Betracht gezogenen Auswertungen (Riebel 1994, S. 436 ff.).

Die konsequente Anwendung des Identitätsprinzips stößt in der praktischen Anwendung (bislang) auf nahezu unlösbare Schwierigkeiten. Dies betrifft zum einen die kurzfristige Erfolgsrechnung (→ Erfolgsrechnung, kurzfristige). Durch die Zuordnung von Kosten und Erlösen zu zeitraumbezogenen Bezugsobjekten entstehen bei einer auf eine bestimmte Periode bezogenen kurzfristigen Erfolgsrechnung Periodengemeinkosten und Periodengemeinerlöse, die Periodeneinzelkosten bzw. Periodeneinzelerlöse einer übergeordneten (längeren) Periode sind und deshalb in einer periodischen → Deckungsbeitragsrechnung gar nicht berücksichtigt werden dürfen. Ein Betriebsergebnis wäre somit nur für die Gesamtlebensdauer der Unternehmung (Totalperiode) ermittelbar. Zum anderen ist es bereits ex-post kein leichtes Unterfangen, für bereits getroffene und realisierte Entscheidungen alle mit ihnen zusammenhängenden Bezugsobjekte zu finden und nachträglich Isteinzelerlöse und Isteinzelkosten gem. dem Identitätsprinzip zu erfassen [→ Betriebsdatenerfassung (BDE)]. Ex-ante scheint dies erst recht kaum realisierbar. Man müsste für jede zu treffende Entscheidung eine ganze Kette von zwischengeschalteten (Vor-) Entscheidungen mit ihren sämtlichen unmittelbaren und mittelbaren Beziehungen durchleuchten, um die mit einer unternehmerischen Maßnahme verbundenen (Einzel-) Kosten und Erlöse präzise planen zu können. Dieses Geflecht interdependenter Beziehungen kann zumeist nur willkürlich in Entscheidungsgruppen oder gar Einzelentscheidungen aufgeteilt werden.

Unabhängig von diesen praktischen Problemen hat die Entwicklung der REKR jedoch in Theorie und Praxis das Bewusstsein für unsachgemäße (künstliche) Proportionalisierungen und Schlüsselungen von Kosten und Erlösen geschärft. Zudem ist zu erwarten, dass Fortschritte in der IT (→ IT-Systeme), z. B. durch die Entwicklung objektorientierter Datenbanken, eine praxistaugliche Weiterentwicklung der REKR ermöglichen werden.

Literatur: Riebel, P.: Relative Einzelkosten- und Deckungsbeitragsrechnung. Grundfragen einer markt- und entscheidungsorientierten Unternehmensrechnung, 7. Aufl., Wiesbaden 1994.

Volker Lingnau

Relative Umsatzbewertung → Distributionsanalyse

Rendite → Kapitalkosten

Rentabilität des Gesamtvermögens → ROI-Kennzahlensystem

Rentabilitätsanalyse

Die Rentabilitätsanalyse ist ein wichtiger Bestandteil der → Jahresabschlussanalyse (→ Jahresabschlussanalyse, Methoden der), und hier insb. der Analyse der Erfolgslage. Der im Jahresüberschuss ausgedrückte Periodenerfolg eines Unternehmens wird dadurch aussagefähiger als die reine absolute Gewinngröße, indem auf sinnvolle andere Größen bezogen wird. Die daraus ermittelten Verhältnis-Kennzahlen (→ Kennzahlen und Kennzahlensysteme als Kontrollinstrument) sind an erster Stelle die Umsatzrentabilität und verschiedene Kapitalrentabilitäten.

Die Rentabilitäten zeigen jeweils die Effizienz des Vermögens- bzw. Kapitaleinsatzes. Sie eignen sich damit zur Unternehmensbeurteilung sowohl im → zeitlichen Vergleich auf ein Unternehmen bezogen als auch im zwischenbetrieblichen Vergleich innerhalb einer Branche und bei entsprechender Vorsicht sogar auch zu Vergleichen über Branchengrenzen hinweg (→ überbetriebliche Vergleiche; → betriebswirtschaftlicher Vergleich).

Als übliche und für Analysen häufig ermittelte Relativzahlen gelten dabei

- die Umsatzrentabilität,
- die Eigenkapitalrentabilität,
- die Gesamtkapitalrentabilität und
- der Return on Investment (ROI).

Diese in eine Rentabilitätsanalyse einzubeziehenden Größen galten lange Zeit insoweit geklärt, als über die Schritte zu ihrer Berechnung in Literatur und Praxis weitgehende Einheitlichkeit herrschte, bei allerdings noch einigen Unterschieden in Details. Erst in den letzten Jahren sind weitere Rentabilitätsgrößen, wie der Return On Capital Employed (ROCE), der Return On Net Assets (RONA) oder der Cash Flow Return On Investment (CFROI) (→ wertorientierte Unternehmensführung), in die praktische Berichterstattung gekommen, aber wegen teils prekärer Inhaltsabgrenzung auch kritisch in die Diskussion geraten.

Die *Eigenkapitalrentabilität* ist stark auf die Investoren ausgerichtet; sie bringt die „Verzinsung" des investierten → Eigenkapitals zum

Rentabilitätsanalyse

Ausdruck – i. S. d. Zuwachses zum Eigenkapital, nicht mit Blick auf die Gewinnausschüttung.

Als Ergebnisgröße dient i. d. R. der Jahresüberschuss nach Steuern. Für die Bezugsgröße im Nenner finden sich verschiedene Möglichkeiten, und zwar von einfachen, aber problematischen Größen, wie dem aus der Bilanz entnommenen Eigenkapital des Vorjahres, bis hin zu Eigenkapitalwerten, die in ausdifferenzierten Aufbereitungsschritten ermittelt werden (Lachnit 2004, S. 22).

$$\text{Eigenkapitalrentabilität} = \frac{\text{Jahresüberschuss}}{\text{Eigenkapital}} \cdot 100$$

Die *Gesamtkapitalrentabilität* – fälschlicherweise in der Literatur oft mit dem ROI (→ROI-Kennzahlensystem) gleich gesetzt – errechnet sich aus folgender Formel:

$$\text{Gesamtkapitalrentabilität} = \frac{\text{Gesamtertrag}}{\text{Gesamtkapital}} \cdot 100$$

oder in anderer Form

$$\text{Gesamtkapitalrentabilität} = \frac{\text{Jahresüberschuss} + \text{Zinsaufwand}}{\text{EK} + \text{FK}} \cdot 100$$

Diese auch als *Unternehmensrentabilität* bezeichnete Kennzahl zeigt auf, wie erfolgreich das Unternehmen insgesamt gearbeitet hat, ohne besondere Sicht auf die Art der Finanzierung. Im Zähler finden sich die den beiden Kapitalgebergruppen zuzurechnenden Ertragsarten. Die Kennzahl ist damit ein Ausdruck auf die durchschnittliche Rendite des insgesamt eingesetzten Kapitals. Sie ist für Zwecke der Jahresabschlussanalyse weniger wichtig als etwa der ROI, aber vor allem im Zusammenhang mit dem →Leverage-Effekt von Bedeutung.

Als managementorientierte Kennzahl gilt der *ROI*. In seiner allgemeinen Form wird er berechnet aus

$$\text{ROI} = \frac{\text{Jahresüberschuss}}{\text{Gesamtkapital (EK + FK)}} \cdot 100$$

und ist in seiner Abstraktheit für generelle Unternehmensvergleiche geeignet. Er zeigt die Gewinnkraft des insgesamt zur Verfügung stehenden Kapitals auf.

Üblich ist die Aufspaltung des ROI in zwei Hauptkomponenten. Durch Erweiterung von Zähler und Nenner um den Umsatz und Neugruppierung der Formelbestandteile entstehen zwei weitere Kennzahlen:

$$\text{Umsatzrentabilität} = \frac{\text{Jahresüberschuss}}{\text{Umsatz}} \cdot 100$$

$$\text{Kapitalumschlagshäufigkeit} = \frac{\text{Umsatz}}{\text{Gesamtkapital (EK) + FK)}}$$

Die *Umsatzrentabilität* zeigt, wie viel von jeder am Markt realisierten Geldeinheit an Gewinn erwirtschaftet wurde, sie ist damit ein Ausdruck für die Erfolgskraft von Leistungsentstehung und Leistungsverwertung.

Die *Kapitalumschlagshäufigkeit* ist ein Ausdruck für die Prozessgeschwindigkeit; sie zeigt, wie oft (x mal) im Jahr das eingesetzte Kapital durch den Umsatzprozess wieder verflüssigt worden ist.

Bei beiden Komponenten des ROI ist darauf zu achten, dass sie nur im Vergleich von *Unternehmen gleicher Branchen* zur Anwendung kommen sollten. Denn die Eigenarten der Leistungserstellung – z. B. langfristige Einzelfertigung gegenüber Massenfertigung mit kurzen Durchlaufzeiten – führen zu je eigenen Ausprägungen der Kennzahl, die eine sinnvolle Aussage und Unternehmensvergleiche unmöglich machen können.

Bei beiden Kennzahlen handelt es sich immer noch um hoch aggregierte Größen, die noch wenige Rückschlüsse auf konkrete Ursachen von Veränderungen oder Abweichungen (→Abweichungsanalyse) von Orientierungsmaßstäben erlauben. Für solche Zwecke verweist der Zähler der Umsatzrentabilität (Jahresüberschuss) auf die →Gewinn- und Verlustrechnung (GuV), die daraufhin im Einzelnen hinsichtlich der Struktur und der Veränderungen von →Aufwendungen und Erträgen zu analysieren ist. Der Nenner der Kapitalumschlagshäufigkeit (Gesamtkapital) ist der Einstieg in eine genauere Analyse der Bilanz mit Kennzahlen zu bestimmten horizontalen und vertikalen Bilanzrelationen. Eine solch vertiefte Analyse mit Kennzahlen – insb. zur →Erfolgsspaltung – findet sich bei *Lachnit* (Lachnit 2004, S. 223).

Für eine Überprüfung der von einem Unternehmen selbst vorgelegten Rentabilitätszahlen ist daher so weit möglich die jeweilige Berechnungsbasis zu klären, vor allem hinsichtlich der Bereinigung (durch Hinzu- oder Abziehen bestimmter Größen). Dies gilt auch für die „neuen" Rentabilitätszahlen Return on Total Assets (ROTA), ROCE und RONA, die im

Umfeld der wertorientierten Unternehmensanalyse (→Shareholder Value-Analysis) verstärkt ermittelt werden. Solange hier noch keine vereinheitlichten Berechnungsschemata existieren, können ihre Aussagekraft und Aussage nur in Kenntnis der Rechenschritte richtig beurteilt werden.

Literatur: Baetge, J./Kirsch, H. J./Thiele, S.: Bilanzanalyse, Düsseldorf 2004; Coenenberg, A.: Jahresabschlussanalyse, 20. Aufl., Stuttgart 2005; Lachnit, L.: Bilanzanalyse, Wiesbaden 2004.

Günther Dey

Rentabilitätskennzahlen →ROI-Kennzahlensystem; →Erfolgskennzahlensystem

Repräsentative Auswahl →Auswahl von Prüfungshandlungen

Residualgewinn →Finanzielle Ergebnisse, Prognose von

Responsibility Accounting

Responsibility Accounting ist ein →Controllinginstrument (→Controlling) zur Ermittlung der von innerbetrieblichen Verantwortungsbereichen (Responsibility Center) selbst zu verantwortenden Erfolgsgrößen. Zweck ist die Beurteilung der Bereichsführung sowie die Steuerung der Bereiche durch dezentrale →Planung und Kontrolle (→Bereichecontrolling).

Struktur und Rechnungsinhalte eines Responsibility Accounting hängen ab

1) von Art und Leistungsumfang der jeweils abgrenzbaren Verantwortungsbereiche,
2) von deren Entscheidungsautonomie sowie
3) von deren Zielgrößen als Grundlage ihrer wirtschaftlichen Beurteilung und ggf. auch leistungsorientierter Entlohnung von Verantwortlichen.

Das Spektrum eines Responsibility Accounting erstreckt sich von 1) einer „bloßen" →Kostenstellenrechnung (ggf. nach dem System der flexiblen →Plankostenrechnung, auch als →Grenzplankostenrechnung) für eine „bloße" Kostenstelle (als →Cost Center) zur Steuerung von →Kosten auf Basis flexibler Kostenbudgets (→Kostencontrolling) über 2) eine um Ertragskomponenten erweiterte gewinn- oder deckungsbeitragsorientierte Spartenrechnung (→Vertriebscontrolling) eines produktorientierten Geschäftsbereichs (als →Profitcenter) zur Steuerung von gewinnorientierten Erfolgsgrößen bis hin zu 3) einer am →Unternehmenswert ausgerichteten erfolgs- und kapitalorientierten Rechnungslegung für komplexere Unternehmenssegmente (als Investment Center).

Entscheidend ist die Strukturierung des Unternehmens in wirtschaftlich entscheidungsfähige Subeinheiten (Business Units). Je umfassender deren Leistungsgefüge ist und je näher diese am Absatzmarkt operieren, um so eher lassen sich diese als Investment Center oder als Profitcenter führen. Innerbetriebliche Servicebereiche, ggf. mit innerbetrieblicher Kosten- und Leistungsverrechnung (→Kosten- und Leistungsverrechnung, innerbetriebliche), bilden i.d.R. Cost Center. Gleiches gilt für Produktionsbereiche (→Produktionscontrolling). In großen Unternehmen ergeben sich auf oberster Ebene verschiedene Investment Center, deren Untereinheiten als Profitcenter und/oder Cost Center geführt werden können.

Hauptproblem ist die →Erfolgsspaltung mit verursachungsgerechter und entscheidungsabhängiger Zuordnung auf dezentrale Responsibility Center. Pauschalverrechnungen sind zu vermeiden. Verrechnungen sollten über eindeutig quantifizierte innerbetriebliche Leistungen und deren nachvollziehbare Bewertung über Verrechnungspreise (→Verrechnungspreise, kalkulatorische) erfolgen. Entscheidend für den Nutzen eines Responsibility Accounting ist, dass die hier erfassten Daten und deren Auswertung vom Management akzeptiert und beeinflusst werden.

Grundregel für die Wahl der Ziel- und Führungsgrößen sowie für die Zuordnung und Verrechnung von Rechnungsgrößen ist das Controllability Principle; danach kann ein Manager nur für Parameter verantwortlich gemacht werden, über die er auch selbst autonom entscheiden kann. Von dritter Seite getroffene Entscheidungen dürfen mit ihren wirtschaftlichen Auswirkungen diesen Managern nicht angelastet werden. Doch ist eine solche Forderung relativ realitätsfern, da auch Responsibility Center als Teile des Gesamtunternehmens zu führen sind und aus Sicht des Gesamtunternehmens zu treffende strategische Entscheidungen das Entscheidungsspektrum dezentral agierender Verantwortungsbereiche einengen müssen.

Responsibility Center

Im Hinblick auf das Controllability Principle und die Notwendigkeit, auch strategisch übergeordnete Erfolgsgrößen dezentral zuordnen zu müssen, kann im Erfolgsausweis unterschieden werden zwischen

- einem direkt beeinflussbaren und
- einem indirekten, nur übergeordnet zurechenbaren Erfolg (→Kostenverursachung, →Kostenzurechenbarkeit).

Eine dezentrale Unternehmensorganisation mit vertikal und horizontal angeordneten Responsibility Centern verfügt über vielfältige Principal-Agent-Beziehungen (→Principal-Agent-Theorie). Bei dezentraler Unternehmensführung nach dem Konzept mehrstufig vermaschter Regelkreise übertragen übergeordnete Instanzen als Principal auf untergeordnete Responsibility Center als Agent die Aufgabe, jeweils ihren Bereich selbstständig zu führen. Zielvorgaben als Führungsgrößen, weit gehende Autonomie und Ergebnisausweis mit Erfolgsverantwortung (im Responsibility Accounting) sowie möglichst erfolgsorientierte Entlohnung sind systemimmanente Voraussetzungen dezentraler Unternehmensführung. Der Agent wird in seiner Autonomie eingeschränkt, wenn bei Verfolgung eigener Ziele Konflikte mit übergeordneten Zielen entstehen. Sodann wird es notwendig, individuelle Ziele und Verhaltensweisen der Agenten zu berücksichtigen. Die Problematik zwischen Responsibility Accounting und menschlichem Verhalten wird in einem Behavioral Accounting berücksichtigt.

Literatur: Drury, C.: Management Accounting for Business Decisions, 2. Aufl., London 2001; Horngreen, C. T. et al.: Management and Cost Accounting, 3. Aufl., Harlow 2005; Reichelstein, S.: Responsibility Accounting, in: Küpper, H.-U./Wagenhofer, A. (Hrsg.): HWUC, 4. Aufl., Stuttgart 2002, Sp. 1703–1713; Siegel, G./Ramanauskas-Marconi, H.: Behavioral Accounting, Cincinnati 1989.

Burkhard Huch

Responsibility Center →Responsibility Accounting

Ressourcenkontrolle →Realisationskontrolle

Ressourcenplanung →Planung

Ressourcen-Portfolio →Geschäftsfeld-/Ressourcen-Portfolio

Ressourcenverbrauchskonzept
→Grundsätze ordnungsmäßiger öffentlicher Buchführung

Restabweichung →Seriengrößenabweichung; →Verbrauchsabweichungen

Restwertmethode →Kalkulation bei Kuppelproduktion

Retrograde Prüfung

Die Geschäftsvorfälle müssen sich nach § 238 Abs. 1 Satz 3 HGB und § 145 Abs. 1 Satz 2 AO in ihrer Entstehung und Abwicklung verfolgen lassen (→Grundsätze ordnungsmäßiger Buchführung, Prüfung der). Die retrograde *Prüfungsrichtung* beginnt beim JA, geht über →Haupt- und Grundbuch zur einzelnen →Buchung und schließlich zum Beleg. Ein wirtschaftlicher Vorgang wird in der entgegengesetzten Reihenfolge seines chronologischen Ablaufs (→progressive Prüfung) geprüft, also rückwärtsschreitend (retrograd) von der Abbildung im JA über die Erfassung im →Rechnungswesen bis zum Geschäftsvorfall. Die sog. *Wurzelstichprobe* ist der retrograden Prüfungsrichtung zuzurechnen, weil mit ihr eine Buchung bis zu ihrer Entstehungsursache, der „Wurzel", zurückverfolgt wird.

Retrograde Prüfungshandlungen werden häufig im Rahmen der Prozessaufnahme des rechnungslegungsbezogenen →Internen Kontrollsystems (→Internes Kontrollsystem, Prüfung des) als Nachverfolgung von Geschäftsvorfällen (sog. Walkthroughs) durchgeführt (→Transaction Flow Auditing). Als →Einzelfallprüfungen (→ergebnisorientierte Prüfungshandlungen) richten sie sich in ihrer Prüfungsrichtung auf das Vorhandensein, nicht auf die Vollständigkeit, von Geschäftsvorfällen und Beständen.

Literatur: BMF-Schreiben vom 7.11.1995, Aktz. IV A 8 – S 0316 – 52/95, BStBl. I 1995, S. 738–747; Lück, W.: Wirtschaftsprüfung und Treuhandwesen, Stuttgart 1991.

Jörg Tesch

Retrograde Rechenweise →Kalkulation bei Kuppelproduktion

Return on Capital Employed
→Wertorientierte Unternehmensführung

Return on Investment →Erfolgskennzahlensystem; →ROI-Kennzahlensystem; →Rentabilitätsanalyse

Return on Risk Adjusted Capital
→Bankencontrolling

Return on Total Assets →Erfolgskennzahlensystem

Revenue Center →Cost Center

Review →Berichtskritik; →Prüferische Durchsicht

Revisions- und Treuhandbetriebe

Revisions- und Treuhandbetriebe (RuT-Betriebe) stellen *erwerbswirtschaftliche* ausgerichtete (Dienstleistungs-) Betriebe dar, denen im Folgenden *Prüfungsunternehmen* (WPGes und BPGes) subsumiert werden. Diese Unternehmen können in Form von Einzelpraxen, Bürogemeinschaften und Sozietäten, aber auch in der Rechtsform der AG (→Aktiengesellschaft, Prüfung einer), der →Kommanditgesellschaft auf Aktien (KGaA), der →Gesellschaft mit beschränkter Haftung (GmbH), der →Offenen Handelsgesellschaft (OHG), der →Kommanditgesellschaft (KG) und ebenfalls in der PartGes geführt werden [§ 27 Abs. 1 →Wirtschaftsprüferordnung (WPO)]. Während in einer Einzelpraxis der WP oder der →vereidigte Buchprüfer (vBP) als Selbstständiger allein arbeitet, schließen sich bei einer Bürogemeinschaft mehrere Freiberufler, die zwar ein gemeinsames Büro unterhalten, im Übrigen aber eigenständig, d. h. im eigenen Namen und für eigene Rechnung arbeiten, zusammen. Im Rahmen einer Sozietät erfolgt die Kooperation von Berufsangehörigen in Form einer nicht rechtsfähigen GbR. Folglich sind nur die Gesellschafter selbst und nicht die Gesellschaft Träger von Rechten und Pflichten. Prüfungsgesellschaften unterliegen der *Berufsaufsicht* durch die →*Wirtschaftsprüferkammer* (WPK) (§ 57 Abs. 1 WPO) (→Berufsaufsicht für Wirtschaftsprüfer, national) sowie der *Qualitätskontrolle* (§ 57a Abs. 1 Satz 1 WPO) (→Qualitätskontrolle in der Wirtschaftsprüfung; →Peer Review).

Zu den *Unternehmensfunktionen* von RuT-Betrieben gehören neben der →Steuerberatung, der →Sachverständigentätigkeit auf dem Gebiet der wirtschaftlichen Betriebsführung und der Übernahme treuhänderischer Aufgaben (→Treuhandschaften; →Treuhandwesen; →Vermögensverwaltung) vor allem die Durchführung von gesetzlich vorgeschriebenen (→Pflichtprüfungen) und freiwilligen Prüfungen (→freiwillige und vertragliche Prüfung) sowie die Erteilung von Bestätigungsvermerken über die Vornahme und das Ergebnis solcher Prüfungen (§ 2 WPO; →Berufsbild des Wirtschaftsprüfers). Ferner gewinnt die Wahrnehmung von Begutachtungsmandaten (→Gutachtertätigkeiten) und Beratungsmandaten (→bilanzpolitische Beratung durch den Wirtschaftsprüfer; →Customer Relationship Management; →Finanzierungsberatung; →Geschäftsberichte, Gestaltungsberatung; →Gesellschafterwechsel; →Human Resource Management; →internationale Rechnungslegung, Umstellung auf; →Kontenrahmen, Wahl des; →Kostenmanagement; →Organisationsberatung; →Prozessmanagement; →Rechnungswesen; →Rechtsberatung; →Sanierungsberatung; →Standortberatung; →Supply Chain Management; →Umstellung von Kameralistik und Doppik; →Unternehmensberatung; →Unternehmensformen, Wahl der) in allen betriebswirtschaftlichen Bereichen zunehmend an Bedeutung.

Die auch häufig als sog. *Vorbehaltsaufgaben* bezeichneten Hauptaktivitäten von Prüfungsunternehmen beziehen sich primär auf die handelsrechtliche →*Pflichtprüfung des Jahresabschlusses* (→Jahresabschlussprüfung) und des →*Lageberichts* von nicht kleinen KapGes i. S. v. § 267 HGB (→Größenklassen) (§ 316 Abs. 1 Satz 1 HGB), publizitätspflichtigen Unternehmen (§ 6 Abs. 1 PublG) und „kapitalistischen" Personenhandelsgesellschaften (§ 264a Abs. 1 HGB) [→Personengesellschaften (PersGes)] bzw. des *Konzernabschlusses* (→Konzernabschlussprüfung) bzw. des →*Konzernlageberichts* von KapGes (§ 316 Abs. 2 HGB) und publizitätspflichtigen Unternehmen (§ 14 Abs. 1 PublG). Ferner ist der gem. § 325 Abs. 2a HGB nach *internationalen Rechnungslegungsstandards* [→International Financial Reporting Standards (IFRS)] für *Offenlegungszwecke* (→Offenlegung des Jahresabschlusses) erstellte →*Einzelabschluss* zu prüfen (§ 324a Abs. 1 Satz 1 HGB). Allerdings ist zu berücksichtigen, dass BPGes lediglich die Jahresabschlüsse und Lageberichte *mittelgroßer Gesellschaften mit beschränkter Haftung* oder *mittelgroßer Personenhandelsgesellschaften* i. S. v. § 267 Abs. 2 HGB bzw. § 264a Abs. 1 HGB prüfen dürfen. Darüber hinaus gelten alle im Folgenden für WPGes dargestellten

Regelungen für BPGes sinngemäß (§ 130 Abs. 2 WPO).

Der Gesetzgeber knüpft die Anerkennung als Prüfungsgesellschaft an bestimmte *Voraussetzungen*, die in § 28 WPO im Einzelnen verankert sind (→Errichtung und Erlöschen einer Wirtschaftsprüfungsgesellschaft). Von besonderer Bedeutung ist in diesem Zusammenhang § 28 Abs. 1 Satz 1 WPO, der i.V.m. § 1 Abs. 3 Satz 2 WPO grundsätzlich fordert, dass die Mitglieder des Vorstandes, die Geschäftsführer, die persönlich haftenden Gesellschafter oder →Partner WP sein müssen. Allerdings können durch die *WPK Ausnahmen* genehmigt werden, die in § 28 Abs. 2 und Abs. 3 WPO geregelt sind. Sofern die Prüfungsgesellschaft nur zwei Vorstandsmitglieder, Geschäftsführer, persönlich haftende Gesellschafter oder Partner aufweist, muss einer von ihnen WP sein (§ 28 Abs. 2 Satz 3 2. HS und Abs. 3 Satz 2 2. HS WPO).

Ferner bestimmt § 28 Abs. 4 Satz 1 Nr. 1 und Nr. 1a WPO, dass die Voraussetzung zur Anerkennung als Prüfungsgesellschaft grundsätzlich nur dann erfüllt ist, wenn die Gesellschafter ausschließlich WP, WPGes oder in der Gesellschaft tätige vBP, →Steuerberater (StB), StBv, Rechtsanwälte oder Personen sind, deren Tätigkeit als Vorstandsmitglied, Geschäftsführer, Partner oder persönlich haftender Gesellschafter nach § 28 Abs. 2 oder Abs. 3 WPO genehmigt worden ist. Darüber hinaus enthält § 28 Abs. 4 Satz 1 Nr. 2–6 WPO verschiedene Einzelvorschriften, die sich primär auf bestimmte Beschränkungen hinsichtlich der *Kapitalbindung* sowie der *Ausübung* und *Übertragung von Gesellschaftsrechten* beziehen. Schließlich verlangt § 28 Abs. 1 Satz 2 WPO, dass mindestens ein WP, der Mitglied des Vorstandes, Geschäftsführer, persönlich haftender Gesellschafter oder Partner der Prüfungsgesellschaft ist, seine berufliche Niederlassung am Sitz der Gesellschaft haben muss.

Die als Eigner oder Angestellte in RuT-Betrieben tätigen WP haben ihren Beruf gem. § 43 Abs. 1 WPO unabhängig (→Unabhängigkeit und Unbefangenheit des Wirtschaftsprüfers), gewissenhaft, verschwiegen (→Verschwiegenheitspflicht des Wirtschaftsprüfers) und eigenverantwortlich (→Eigenverantwortlichkeit des Wirtschaftsprüfers) auszuüben (→Berufsgrundsätze des Wirtschaftsprüfers). Darüber hinaus sind sie verpflichtet, sich insb. bei der Erstattung von →Prüfungsberichten und Gutachten *unparteilich* zu verhalten. Weitere allgemeine Vorschriften zu den →Berufspflichten des Wirtschaftsprüfers finden sich in § 43 Abs. 2 WPO. Spezialfragen, die im Zusammenhang mit der →*Eigenverantwortlichkeit des Wirtschaftsprüfers*, der *Besorgnis der Befangenheit* sowie der *Kundmachung* und →*Werbung* des *Wirtschaftsprüfers* auftreten können, werden von §§ 43a, 44, 44a, 44b, 49 und 52 WPO geregelt. Zu beachten ist, dass die allgemeinen Berufspflichten (§§ 43, 43a WPO), die Vorschriften zur Versagung der Tätigkeit bei Befangenheit (§ 49 WPO) sowie zur Kundmachung und berufswidrige Werbung (§ 52 WPO) gem. § 56 Abs. 1 WPO auch für Prüfungsgesellschaften sowie Vorstandsmitglieder, Geschäftsführer und persönlich haftende Gesellschafter eines RuT-Betriebes sinngemäß gelten, die nicht WP sind.

Grundsätzlich muss die Festlegung der für Prüfungsunternehmen relevanten berufsspezifischen Organisationsanforderungen vor dem Hintergrund der allgemeinen Organisationskonzeptionen für *Dienstleistungsbetriebe* erfolgen. Bei diesen Betriebstypen, die i.d.R. durch *hohe Personalintensität* und *Auftragsbezogenheit* gekennzeichnet sind, besteht ein enger Zusammenhang zwischen *Organisation und Personalführung*. Organisatorische Gestaltungen nach den Konzeptionen des Team- und Spezialistenprinzips stellen Ausprägungen dieser Verbindung dar. Besondere Bedeutung kommt im Kontext der für alle RuT-Betriebe maßgebenden organisationsrelevanten Bedingungen den berufsrechtlichen Vorschriften und Restriktionen zu. So ergibt sich etwa aus dem Grundsatz der *Gewissenhaftigkeit*, dass *Prüfungsaufträge* (→Prüfungsauftrag und -vertrag) erst nach einer genauen Analyse des Mandantenrisikos (→Prüfungsrisiko) und fachliche Stellungnahmen nur nach einer weiteren Kontrolle (→Kontrolltheorie) an den Mandanten weitergegeben werden sollten. Das Postulat der Verschwiegenheit verpflichtet zudem Prüfungsunternehmen, spezifische organisatorische Vorkehrungen für die Aufbewahrung von Akten, Berichten, Arbeitspapieren (→Arbeitspapiere des Abschlussprüfers) usw. zu treffen. Darüber hinaus verlangen die Prinzipien der Unabhängigkeit und der Eigenverantwortlichkeit, dass WP sowohl bei der einzelnen Prüfung als auch bei der Berichterstattung (→Berichtsgrundsätze und -pflichten des Wirtschaftsprüfers) nicht den Weisungen von Vorgesetzten unterliegen sollen. Hieraus resultiert die Forderung nach einem relativ dezentralen Leitungsaufbau.

Neben den genannten Kriterien ergeben sich spezifische organisatorische Anforderungen aber auch aus der Auftragsstruktur eines RuT-Betriebes. Die jeweilige Organisation wird z. B. durch das Volumen und die Verteilung der Aufträge auf bestimmte Dienstleistungsarten (z. B. Prüfungs-, Beratungs- und Treuhandleistungen), Wirtschaftszweige (z. B. Industrie/ →Kreditinstitute/ →Versicherungsunternehmen) und Regionen [z. B. Inland, Europa, →United States of America (USA)] determiniert. Wichtige Anhaltspunkte für die Aufbau- und Ablauforganisation sowie die Installierung eines →Risikomanagementsystems nach § 91 Abs. 2 AktG in einem RuT-Betrieb (→Rikomanagementsystem der Revisions- und Treuhandbetriebe) bietet zudem die gemeinsame Stellungnahme des →Instituts der Wirtschaftsprüfer in Deutschland e.V. (IDW) und der WPK zur →Qualitätssicherung in der WP-Praxis (IDW/WPK VO 1/2006). Unter Berücksichtigung des ISA 220 „Quality Control for Audits of Historical Financial Information" (IFAC 2006, S. 337–349) umfasst die Stellungnahme Grundsätze und Maßnahmen zur Qualitätssicherung bei der Organisation aller beruflichen Tätigkeiten des Wirtschaftsprüfers in der WP-Praxis.

Analysiert man statistische Erhebungen zur Kostenstruktur von RuT-Betrieben, dann fällt sofort der hohe Anteil der Personalkosten an den Gesamtkosten ins Auge. Ferner wird deutlich, dass nur ein verhältnismäßig geringer Teil der →Kosten variablen Charakter trägt, so dass eine kurzfristige Anpassung an sich ändernde Auftragslagen kaum möglich sein dürfte. Aufgrund der periodisch vorzunehmenden handelsrechtlichen Pflichtprüfungen, die i. d. R. in den ersten Monaten des Jahres vorgenommen werden (→Prüfungszeitraum), unterliegen RuT-Betriebe in starkem Maße Beschäftigungsschwankungen (→Beschäftigungsgrad). Für das Management von Prüfungsunternehmen ergibt sich aus dieser Konstellation die Aufgabe, kontinuierliche Auslastungen vor allem der Personalkapazitäten mit dem Ziel einer Leerkostenminimierung herbeizuführen (→Leerkosten; →Fixkostencontrolling). Dies kann z. B. durch steuerberatende Tätigkeiten (→Steuerberatung) in den prüfungsschwachen Monaten oder auch durch den Mitarbeitereinsatz bei der betriebswirtschaftlichen Beratung erfolgen. Voraussetzung für eine derartige Vorgehensweise ist allerdings eine hinreichende *Flexibilität* des Personals, die im Rahmen der Mitarbeiterauswahl und/oder -fortbildung gesichert werden muss (→Personalcontrolling). Sieht man von der Problematik saisonaler Beschäftigungsschwankungen ab, so sind die Aufgaben eines *zielorientierten* →*Kostenmanagements* in RuT-Betrieben grundsätzlich vergleichbar mit denen in anderen Dienstleistungsunternehmen. Besonderheiten ergeben sich jedoch auf der Leistungsseite, da der Spielraum für eigene preispolitische Gestaltungen durch das Werbe- und Abwerbeverbot eingeengt wird und bei Pflichtprüfungen die freie Honorargestaltung grundsätzlich nicht zum Zuge kommen sollte, weil bei diesen Prüfungen für den Auftraggeber ein *Kontrahierungszwang* mit Angehörigen des zur Vornahme dieser Prüfungen allein berechtigten Personenkreises vorliegt (→Prüfungshonorare; →Vergütungsregelungen für den Wirtschaftsprüfer).

Während für industrielle Dienstleistungen und typische Dienstleistungsunternehmen (z. B. Banken, Versicherungen, Transportbetriebe) sowie die öffentliche Verwaltung →*Controllingkonzepte* (→Controlling in Nonprofit-Organisationen; →Controlling nach Branchenaspekten) und →*Controllinginstrumente* zum Zwecke einer zielorientierten strategischen und operativen Unternehmenssteuerung (→Unternehmenssteuerung, wertorientierte) vorliegen, hat sich die Betriebswirtschaftslehre mit derartigen Fragestellungen aus Sicht von RuT-Betrieben (Freidank/Wiemers 1998, S. 173–204; Freidank/Zaeh 1995, S. 391–411; Wiemers 2001; Wiemers 2002, S. 1074–1081) erst in jüngerer Zeit auseinander gesetzt. Insb. zwingt der immer stärker werdende *Konkurrenzkampf* der RuT-Betriebe untereinander (→Prüfungsmarkt) zu einer Optimierung der Prüfungs-, Beratungs- und Begutachtungsprozesse unter Berücksichtigung von *Qualität* und *Kosten*. Zwangsläufig ist deshalb die Forderung nach umfassenden, branchenbezogenen Entwicklungen konzeptioneller und theoretischer Controllingansätze für RuT-Betriebe zu erheben (→Controlling in Revisions- und Treuhandbetrieben).

Bedingt durch die elementaren nationalen und internationalen Umbrüche in der Rechnungslegung und Wirtschaftsprüfung ist die Zahl der als WP in der BRD zugelassenen Personen in einem Zeitraum von 20 Jahren um ca. 160% gestiegen. Während zum 1.1.1986 4.836 WP bestellt waren, beliefen sich die entsprechenden Zahlen am 1.1.2006 auf 12.578 natürliche Personen. Vergleicht man die Zahlen der WPGes am 1.1.1986 und am 1.1.2006, so ergibt sich eine ca. 134%ige Zunahme von 991 auf 2.318 Unternehmen (WPK 2005, S. 88; WPK 2006, S. 37). Die Mehrzahl der WPGes wird in der Rechtsform einer *KapGes*, insb. der GmbH, geführt während die Rechtsform der *PartGes* nur langsam an Bedeutung gewinnt.

Insb. vor dem Hintergrund neuer Anforderungen, die sich vor allem aus der Dualität von Prüfung und Beratung ergeben, lässt sich vermuten, dass die Einzelpraxis zunehmend an Bedeutung verlieren wird. Inwieweit Bürogemeinschaften oder Sozietäten den gewachsenen Ansprüchen der Unternehmen entsprechen können, muss angesichts der zunehmenden *Globalisierung* und *Internationalisierung* bezweifelt werden, zumal die Entwicklung der letzten Jahre eindeutig einen Trend in Richtung großer und umfassender Prüfungsunternehmen zeigt. Auch im Hinblick auf die steuerliche und betriebswirtschaftliche Beratung bieten große internationale Unternehmenseinheiten Vorteile. Neben einer Beratung vor Ort sind in diesem Zusammenhang insb. der Umfang und der Detaillierungsgrad von Beratungsleistungen zu nennen. Der Ausweitung der Aktivitäten von RuT-Betrieben auf weitere Länder stehen auch die Regelungen zur beruflichen Niederlassung nicht entgegen, da § 3 Abs. 1 WPO zulässt, dass WP und Prüfungsgesellschaften das Recht haben, an jedem Ort des Bundesgebietes ihre Praxis zu begründen und von diesem Platz aus ohne räumliche Beschränkung – auch im Ausland – tätig zu werden.

Probleme, die sich im Rahmen internationaler Expansionen für Prüfungsgesellschaften ergeben können, hängen vielfach vom Entwicklungsstand der Länder ab, die in den Prüfungs- und Beratungskreis einbezogen werden sollen. Schwierigkeiten und Koordinationsnotwendigkeiten resultieren vor allem aus unterschiedlichen *Rechnungslegungs-* [→United States Generally Accepted Accounting Principles (US GAAP)] *und Prüfungsgrundsätzen* [→United States Generally Accepted Auditing Standards (US GAAS)] sowie Prüferqualifikationen [→Certified Public Accountant (CPA); →Chartered Accountant] und verschiedenartiger Sprache und Kultur. Derartige Probleme werden sich weitgehend durch →*Unternehmenszusammenschlüsse* in Form von *Kooperationen, Konzentrationen* und *Fusionen* (→Fusionskontrolle) mit anderen Prüfungsgesellschaften und eine zielgerichtete *Mitarbeiterauswahl und -fortbildung* (→Aus- und Fortbildung des Wirtschaftsprüfers) lösen lassen, um die Erbringung eines einheitlichen hohen Niveaus internationaler Prüfungs- und Beratungsleistungen (→Prüfungsqualität) sicherstellen zu können. Allerdings ergeben sich aus der internationalen Tätigkeit von Prüfungsgesellschaften auch zusätzliche *Haftungsrisiken* (→Haftung des Wirtschaftsprüfers), die aus spezifischen nationalen Gesetzen anderer Länder resultieren (→Sarbanes Oxley Act, Einfluss auf das Prüfungswesen).

Literatur: Förschle, G./Peemöller, V. H. (Hrsg.): Wirtschaftsprüfung und Interne Revision, Heidelberg 2004; Freidank, C.-Chr.: Revisions- und Treuhandbetriebe, in: Wittmann, W. et al. (Hrsg.): HWB, Teilband 3, Stuttgart 1993, Sp. 3774–3786; Freidank, C.-Chr.: Das deutsche Prüfungswesen unter risikoorientierten und internationalen Reformeinflüssen, in: Freidank, C.-Chr. (Hrsg.): Die deutsche Rechnungslegung und Wirtschaftsprüfung im Umbruch, FS für W. T. Strobel zum 70. Geburtstag, München 2001, S. 245–268; Freidank, C.-Chr./Wiemers, B.: Zum Aufbau und Einsatz der Prozesskostenrechnung in Revisionsunternehmen, in: Lachnit, L. et al. (Hrsg.): Zukunftsfähiges Controlling. Konzeptionen, Umsetzungen, Praxiserfahrungen, Th. Reichmann zum 60. Geburtstag, München 1998, S. 173–204; Freidank, C.-Chr./Zaeh, Ph. E.: Prozessmanagement in Revisionsunternehmen, in: Reichmann, T. (Hrsg.): Handbuch Kosten & Erfolgscontrolling, München 1995, S. 391–411; IDW (Hrsg.), WPH 2006, Band I, 13. Aufl., Düsseldorf 2006; IDW/WPK (Hrsg.): Gemeinsame Stellungnahme der WPK und des IDW: Anforderungen an die Qualitätssicherung in der Wirtschaftsprüferpraxis (VO 1/2006), in: WPg 59 (2006), S. 629–646; IFAC (Hrsg.): Handbook of International Auditing, Assurance and Ethics Pronouncements, NY 2006; Marten, K.-U./Köhler, A. G.: Controlling von Wirtschaftsprüferpraxen als Gegenstand externer Qualitätskontrolle, in: Freidank, C.-Chr. (Hrsg.): Corporate Governance und Controlling, Heidelberg 2004, S. 287–305; Pfitzer, N./Füser, K./Mareis, K./Wulfkühler, S.: Risikomanagement in der WP-Gesellschaft, in: DB 55 (2002), S. 2005–2009; Schmidt, A./Pfitzer, N./Lindgens, U.: Qualitätssicherung in der Wirtschaftsprüferpraxis, in: WPg 58 (2005), S. 321–343; Wiemers, B.: Strategisches Controlling in Professional-Service-Betrieben. Ein mehrdimensionaler und prozessorientierter Ansatz dargestellt am Beispiel von Revisionsunternehmen, Landsberg am Lech 2001; Wiemers, B.: Das Konzept der Balanced Scorecard in Wirtschaftsprüfungsgesellschaften, in: WPg 55 (2002), S. 1074–1081; WPK

(Hrsg.): Bericht des Vorstandes der WPK, in: WPK (Hrsg.): Die WPK 2002–2005, Berlin 2005, S. 5–89; WPK: Berichte und Meldungen, in: WPK-Mag. o.Jg. (2006), Heft 2, S. 37; Zaeh, P. E.: Prozessorientierte Modelle zur EDV-technischen Quantifizierung der Komponenten des Prüfungsrisikos unter besonderer Berücksichtigung der Fuzzy-Logic, Landsberg am Lech 1998; Zaeh, P. E.: Operationalisierung einer geschäftsprozess- und risikoorientierten Abschlussprüfung, in: Freidank, C.-Chr./Tanski, J. S. (Hrsg.): ACF, München 2003 (Loseblattausgabe, Stand: Januar 2006), IV. 5, S. 1–36.

Carl-Christian Freidank

Revisions- und Treuhandbetriebe, Controlling in →Controlling in Revisions- und Treuhandbetrieben

Revisionsauftragsplanung

Die Revisionsauftragsplanung steht am Ende einer Kette von Planungserfordernissen der →Internen Revision, von der mehrjährigen Revisionsplanung bis zur detaillierten →Planung einzelner Revisionsaufträge. Durch eine vorausschauende Planung der Internen Revision ist sicherzustellen, dass allen Revisionserfordernissen sowie dem daraus resultierenden Ressourcenbedarf Rechnung getragen werden kann. Hierzu wird seitens der Internen Revision eine mehrjährige (i. d. R. mit 3 bis 5 Jahren Vorlauf) rollierende Revisionsplanung erstellt, die für das jeweils kommende Jahr in konkrete Revisionsaufträge eingeteilt wird. Einige Wochen vor dem Beginn der Durchführung eines spezifischen Revisionsauftrags wird dieser dann zeitlich und inhaltlich im Detail geplant.

Die mehrjährige Revisionsplanung erfolgt auf Basis einer Risikobeurteilung, die mindestens jährlich durchzuführen ist. Spezifische Revisionsanforderungen der Unternehmensleitung, des Überwachungsorgans sowie Vorschläge von innerhalb und außerhalb der Internen Revision werden dabei berücksichtigt. Der Leiter der Internen Revision berichtet der Unternehmensleitung und dem Überwachungsorgan über die Planung der Internen Revision sowie über den daraus resultierenden Ressourcenbedarf und holt dafür die entsprechende Genehmigung ein. Bei etwaigen Ressourcenbeschränkungen berichtet der Leiter der Internen Revision über die möglichen Folgen für die Umsetzung des Revisionsplans und daraus resultierender Risiken.

Für die Planung einzelner Revisionsaufträge ist zu unterscheiden, ob sie im Rahmen der oben beschriebenen Revisionsplanung oder auf Basis aktueller Ereignisse (z. B. Verdacht auf Unterschlagung, Deliktprüfungen) durchgeführt werden.

Im letztgenannten Fall ergibt sich eine nur sehr kurze Zeit für die Auftragsplanung. Eine Vorabinformation des zu prüfenden Bereichs findet entweder gar nicht oder nur kurzfristig und hinsichtlich des Informationsgehalts sehr selektiv statt. Die Auftragsplanung in diesem Fall beschränkt sich auf die fokussierte Festlegung von Revisionsinhalten und -zielen sowie die Auswahl der geeigneten Prüfer und ggf. Revisionswerkzeuge. Jede Revisionsplanung sollte hinsichtlich der zu beachtenden Zeit- und Ressourcenrestriktionen über die Flexibilität verfügen, Revisionen auf Basis aktueller Ereignisse sehr kurzfristig anzusetzen und durchzuführen.

Die Durchführung eines regulären Revisionsauftrags kann langfristiger und umfassender geplant werden; es sind folgende Sachverhalte zu berücksichtigen:

- Beginn und Dauer der Revision,
- benötigte Revisoren (Erfahrung, Spezialisierung),
- ggf. benötigte externe Kapazität oder externes Expertenwissen,
- benötigte Ansprechpartner in den zu prüfenden Fachbereichen,
- benötigte Unterlagen, Dokumentationen und Kennzahlen (→Kennzahlen und Kennzahlensysteme als Kontrollinstrument) aus den zu prüfenden Fachbereichen,
- einzusetzende Revisionswerkzeuge (Checklisten, IT-gestützte Tools), bspw. Software zur IT-gestützten Analyse von Systemeinstellungen oder Buchungsvorgängen,
- benötigte Zugriffsberechtigungen in →IT-Systemen,
- Unterlagen, Arbeitspapiere aus vorangegangenen Revisionen,
- Revisionsprogramm bzw. Arbeitsprogramm für die Revision mit einer detaillierten Beschreibung der abzuarbeitenden Fragestellungen/Revisionspunkte sowie
- Aufstellung der über die Prüfung Revisionsergebnisse zu informierenden Fach- und Führungskräfte.

Die Planung wird schrittweise verfeinert. Zunächst wird aus der Revisionsplanung für das aktuelle Jahr der Revisionsauftrag abgeleitet und in der Kapazitäts- und Ressourcenplanung der Internen Revision eingelastet. Mit einem Vorlauf von wenigen Wochen wird der zu prüfende Fachbereich über die Revision informiert. Dabei wird ein Überblick über die Revisionsinhalte, die benötigten Ansprechpartner und die bereitzustellenden Unterlagen sowie andere Revisionsvoraussetzungen (z. B. Zugriff zum IT-System) gegeben. Um die Verfügbarkeit der benötigten Ansprechpartner sicherzustellen, sollten bereits zu diesem Zeitpunkt wichtige Termine, wie Schlussbesprechung, Auslieferung des Berichtsentwurfs an den geprüften Bereich (→Revisionsberichterstattung) und Rücklauf der Stellungnahme des Managements vereinbart werden.

Nachdem der zu prüfende Bereich die zeitliche Einplanung der Revision bestätigt hat, ist die Planungsphase abgeschlossen.

Generell sind für die Planung der Revisionsaufträge folgende Rahmenvorgaben von Bedeutung und zu beachten:

- Eine unnötige zeitliche Belastung der geprüften Bereiche sollte vermieden werden. Daher sollte die Revision mit klar abgegrenzten Themen, gut vorbereitet und mit erfahrenen Mitarbeitern durchgeführt werden. Dies erhöht zudem die Akzeptanz der Revision und deren Ergebnisse beim geprüften Bereich.
- Die Vorbereitungszeit sollte so ausreichend bemessen sein, dass eine umfassende Einarbeitung in die vorab vom geprüften Bereich angeforderten Dokumentationen möglich ist. Anhand der Dokumentation können Fragestellungen des Revisionsprogramms bereits beantwortet und im späteren Gespräch verifiziert werden. Fehlende Angaben in der Dokumentation können gezielt angesprochen werden. Durch diese Vorbereitung entstehen spezifische Fragenkataloge, die der Situation des geprüften Bereichs Rechnung tragen. Die Effizienz der Durchführung des Revisionsauftrags wird dadurch erhöht.
- Durch die Abfrage von Kennzahlen des zu prüfenden Bereichs (z. B. Lagerumschlag verschiedener Produkte, Durchlaufzeiten, Liefertreue, Fluktuation etc.) vorab kann sich ein Revisionsteam bereits ein Bild von der Situation des zu prüfenden Bereichs machen und Revisionsschwerpunkte ggf. an

die aktuelle Situation anpassen. Idealerweise liegen für die abzufragenden Zahlen Zeitreihen und Branchen-Vergleichswerte vor, die die Entwicklung und Bedeutung der absoluten Zahlen transparent machen (→zeitlicher Vergleich; →überbetriebliche Vergleiche).

Literatur: IIR (Hrsg.): Grundlagen der Internen Revision, Frankfurt a.M. 2005.

Andreas Herzig

Revisionsberichterstattung

Die Revisionsberichterstattung dient der schriftlichen Darstellung von Ergebnissen aus Revisionsaufträgen. Ein Bericht enthält Ziele und Umfang des Revisionsauftrags sowie Feststellungen, Schlussfolgerungen, Empfehlungen und Aktionspläne. Er bietet Informationen für die Unternehmensleitung, für die geprüfte Stelle und ggf. für weitere Stellen im Unternehmen, wie z. B. das Risikomanagement (→Risk Management). Weiterhin bildet er die Grundlage für Entscheidungen, dokumentiert einen Katalog von Verbesserungsmaßnahmen und ist Nachweis der pflichtgemäßen Auftragserfüllung der →Internen Revision gem. des von der Unternehmensleitung verabschiedeten Revisionsplans (→Revisionsauftragsplanung). Es muss ein handschriftlich unterschriebener Bericht (bei elektronischer Verteilung mindestens ein Exemplar für die Akten der Internen Revision) über jede Revisionsprüfung erstellt werden.

Sprache und Form der Berichte sind neben der inhaltlich richtigen und klaren Darstellung von Sachverhalten die wichtigsten Qualitätskriterien für das Berichtswesen der Internen Revision. Die Berichterstattung muss objektiv sein und Transparenz hinsichtlich der durchgeführten Revisionshandlungen und des Zustandekommens der Revisionsergebnisse schaffen.

Berichte einer Internen Revision sollten einem standardisierten Aufbau und einem einheitlichen Format folgen, um Auswertungen seitens der Berichtsempfänger und übergreifende Vergleiche zu erleichtern. Berichtsinhalte und -struktur sollten sich an den Berichtsempfängern orientieren. Die Berichte sollten Hintergrundinformationen über den geprüften Bereich, die Revisionsziele und Revisionshandlungen darlegen, um für Außenstehende ein rasches Verständnis der Revision zu ermöglichen. Eine Zusammenfassung für das Management zur raschen Erfassung der wichtigsten Ergebnisse und Feststellungen aus denen sich dringender Handlungsbedarf ergibt, sollte sich im Vorspann des Berichts finden. Im Hauptteil des Berichts werden einzelne Sachverhalte und deren mögliche Auswirkungen ausführlich beschrieben. Dabei ist folgende Untergliederung empfehlenswert:

- *Feststellungen*: Feststellungen basieren auf Abweichungen von den Grundsätzen, die bei einer Bewertung bzw. Überprüfung angelegt werden und der beweisbaren Tatsache, die der Interne Revisor im Laufe der Untersuchung ermittelt hat. Zu ermitteln ist zudem die Ursache für den Unterschied zwischen den erwarteten und den tatsächlichen Verhältnissen (→Soll-Ist-Vergleich; →Abweichungsanalyse).

- *Risiken*: Das Risiko, dem das Unternehmen bzw. Management oder Mitarbeiter des Unternehmens ausgesetzt sind, wenn der Grund für die Feststellung nicht beseitigt wird. Es sollte zwischen Risiken für die Wirtschaftlichkeit und Risiken für die Ordnungsmäßigkeit unterschieden werden. Da die Risikoeinschätzung Basis für die Eskalation der Feststellung und die Priorisierung der empfohlenen Verbesserungsmaßnahmen ist, sollten Kriterien für die Einordnung der Bedeutung des Risikos gebildet werden. Dabei kommt oft eine Unterteilung in drei Kategorien zur Anwendung:
    - höchste Risikokategorie: z. B. Unterschlagungsfälle (→Unterschlagungsprüfung) bzw. Verstoß gegen andere Gesetze oder regulatorische Vorschriften (→dolose Handlungen), hohe Eintrittswahrscheinlichkeit eines wirtschaftlichen Risikos oder eines Verlustes in signifikanter Höhe (die Höhe ist unternehmensindividuell festzulegen), aus der sich unmittelbarer Handlungsbedarf ergibt. Für diese Risikokategorie sollten Regelungen bestehen, die es der Internen Revision gestatten, neben dem normalen Berichtswesen einen unmittelbaren mündlichen oder schriftlichen Bericht an das Management oder die Aufsichtsgremien zu richten, der die unverzügliche Einleitung von Gegenmaßnahmen ermöglicht.
    - mittlere Risikokategorie: z. B. potenzielle Risiken hinsichtlich Unterschlagung oder Verstöße gegen Gesetze/regulatorische Vorschriften (bspw. durch mangelhaft überwachte Prozesse bedingt), mittlere Eintrittswahrscheinlichkeit bedeutender wirtschaftlicher Risiken oder eines Verlustes.
    - niedere Risikokategorie: z. B. geringe Eintrittswahrscheinlichkeit oder geringe Höhe eines wirtschaftlicher Risikos oder eines Verlustes.

- *Empfehlungen:* Empfehlungen stellen Ansätze für die Korrektur oder Verbesserung der Leistungen oder Prozesse (→Geschäftsprozesse) dar. Aus Ihnen ergibt sich ein Leitfaden für das Management zur Realisierung der gewünschten Ergebnisse.

- *Management-Stellungnahmen*: In der Schlussbesprechung bekommt das Management die Möglichkeit, sich zu den einzelnen Revisionsfeststellungen zu äußern. Anhand eines Berichtsentwurfs erfolgt die schriftliche Stellungnahme. Die Management-Antwort sollte mindestens darlegen, ob die geprüfte Einheit den Feststellungen und Empfehlungen im Revisionsbericht zustimmt oder nicht. Zudem sollte beschrieben werden, welche Verbesserungsmaßnahmen bis wann eingeleitet und umgesetzt werden sowie wer hierfür die Verantwortung trägt. Eine abweichende Einschätzung des Managements sollte begründet werden.

Bestimmte Informationen sind nicht für alle Empfänger des Berichts bestimmt, da sie ggf. vertraulich, geschützt oder mit unlauteren oder illegalen Handlungen in Verbindung zu bringen sind. Solche Informationen können in einem separaten Bericht an die entsprechenden Adressaten vermittelt werden.

Neben den schriftlichen Berichten über einzelne Revisionsprüfungen umfasst die Revisionsberichterstattung auch eine periodische Berichtstätigkeit, in der über die Tätigkeit der Internen Revision, über Entwicklungen und wesentliche Risiken an die Geschäftsleitung berichtet wird. In diesem Zusammenhang werden auch der Stand der Abarbeitung des Revisionsplans und eine Bewertung der Revisionsergebnisse als Übersicht dargelegt. Eventuelle Abweichungen vom Revisionsplan sind mit geplanten Gegenmaßnahmen darzulegen.

Literatur: IIR (Hrsg.): IIR-Revisionsstandards, Frankfurt a.M. 2005.

Andreas Herzig

Revisionseinsatzgebiete

Revisionsprüfungen sind ein unverzichtbares Führungsinstrument, um der Überwachungsverpflichtung der Unternehmensführung (→Überwachungsaufgaben des Vorstands) gerecht zu werden. So vielfältig wie die Verpflichtungen der Unternehmensführung zur Überwachung der betrieblichen Abläufe, der Finanzberichterstattung und der Einhaltung von Gesetzen sind auch die Aufgaben der →Internen Revision. Diese Aufgaben können dabei auf das Überwachungssystem an sich, z. B. →Internes Kontrollsystem (IKS), auf die Untersuchung bestimmter Ereignisse bzw. Verdachtsmomente oder auf die begleitende Überprüfung von Projekten ausgerichtet sein.

Vor der Festlegung von Revisionseinsatzgebieten in der →Revisionsauftragsplanung ist es wichtig, eine Risikobeurteilung aller Einsatzgebiete im Unternehmen durchzuführen und diese als Grundlage für die auszuwählenden Revisionseinsatzgebiete zu verwenden. Die Risiken können einen wirtschaftlichen oder gesetzlichen Hintergrund haben, können sich auf die Ordnungsmäßigkeit des Finanzberichtswesens oder mögliche Unterschlagungsfälle beziehen. Eine Zusammenarbeit mit dem Risikomanagement (→Risk Management) des Unternehmens sowie den Fachbereichen ist für die Risikobeurteilung zu empfehlen. Die Risikobeurteilung ist zu dokumentieren, mindestens jährlich zu aktualisieren und der für die Revision zuständigen Unternehmensleitung zur Freigabe vorzulegen.

Die folgenden Revisionseinsatzgebiete kommen in Betracht:

- *Financial Auditing*: Revision im Finanz-/ →Rechnungswesen sowie im →Controlling. Prüfungsgegenstand sind im Wesentlichen die Buchführung, die Kostenrechnung (→Kosten- und Leistungsrechnung) und das Rechenwerk des Jahresabschlusses sowie die zugehörigen Strukturen, Prozesse und Systeme. Revisionsthemen können die Entstehung, die Zuverlässigkeit und die Verwendung von Informationen in den Haupt- und Nebenbüchern (→Grund- und Hauptbuch; →Nebenbücher) sowie in den Bereichen Kostenrechnung, →Kalkulation, →Liquiditätscontrolling und →Finanzanlagen sein. Hierbei nimmt die Revision des in den Prozessen des Finanzberichtswesens implementierten Internen Kontrollsystems einen nicht unerheblichen Teil der möglichen Revisionshandlungen ein. Ein weiterer Teilbereich des Financial Auditing ist die Revision von →Investitionen. Hierbei werden bspw. die Bereiche Anlageninvestitionen, Werbekampagnen, →Outsourcing, →Unternehmensgründungen oder →Beteiligungen geprüft.

- *Operational Auditing*: Revision mit Fokus auf die Wertschöpfungsbereiche des Unternehmens und weiterer Unterstützungsprozesse, die nicht Bestandteil des Financial Auditing sind. Revisionsthemen können die Qualität, Sicherheit, Ordnungsmäßigkeit, Wirtschaftlichkeit und Funktionalität der Strukturen, Prozesse und Systeme – je nach Branche – bspw. in den Bereichen Beschaffung, Logistik und Materialwirtschaft, Auftragsplanung und -steuerung, Personalmanagement (→Human Resource Management) sowie Vertrieb und Marketing sein. Weitere Revisionsthemen können die Produktion, F&E oder das Management von Infrastrukturen und Gebäuden darstellen. Diese auf Industrieunternehmen ausgerichtete Aufzählung ist für Unternehmen anderer Branchen spezifisch anzupassen. Wichtige Bereiche des Operational Auditing für →Kreditinstitute sind bspw. die Prozesse der Darlehensvergabe und deren Besicherung (→Kreditprüfung; →Kreditwürdigkeitsprüfung), die Aktiv-/Passiv-Steuerung sowie der Geld- und Wertpapierhandel.

- *IT-Auditing*: Revision der eingesetzten →IT-Systeme mit Fokus auf das IT-Management und die IT-Infrastruktur. IT-Anwendungssysteme sind Bestandteil jeder Revision, sofern die geprüften Prozesse von der IT unterstützt werden. Neben den anwendungsbezogenen Komponenten der IT-Systeme im Unternehmen sind jedoch weitere IT-Komponenten von Bedeutung, deren ordnungsgemäßes, sicheres und zuverlässiges Funktionieren Voraussetzung für die Ordnungsmäßigkeit, Sicherheit und Zuverlässigkeit der Anwendungssysteme ist. Revisionsthemen sind bspw. Ausfallsicherheit, Zugriffs-/Manipulationsschutz, Virenschutz, Backup- und Notfallplanung sowie Datensicherung für die Bereiche Anwendungssysteme, Datenbanken, Netzwerke, Rechenzentren sowie die Kommunikationsinfrastruktur. Wahrung der Programmidentität, Versionsführung, Programmeinsatzverfahren, Test- und Abnahmeverfahren sowie Programm- und Verfahrensdokumentation sind Themen der Anwendungsentwicklung und -wartung.

- →*Management Auditing*: Revision der Managementleistungen im Hinblick auf Strategie und Ziele des Unternehmens, die durch das Management bestimmt werden. Revisionsthemen sind die Ordnungsmäßigkeit, Qualität und Zielkonformität von Steuerungs- und Entscheidungsvorgängen sowie der Umsetzung geschäftspolitischer Vorgaben durch das Management. Des Weiteren kann es Aufgabe des Management Auditing sein, das Führungsverhalten des Managements zu beurteilen.
- *Internal Consulting*: Begutachtung von Projekten, Strukturen und Prozessen (→Geschäftsprozesse) durch die Interne Revision. Insb. die Projektbegleitung durch die Interne Revision, bspw. bei großen IT- und Organisationsprojekten, gewinnt zunehmend an Bedeutung. Die Rolle der Internen Revision ist die eines Ratgebers hinsichtlich des Aufbaus effizienter und kontrollierbarer Strukturen (bspw. Verankerung des Internen Kontrollsystems in neuen bzw. geänderten Prozessen und dessen effektive Unterstützung durch die eingesetzten IT-Anwendungen).
- *Forensic Auditing*: Revision konkreter Sachverhalte bei denen ein Verdacht auf →dolose Handlungen vorliegt (→forensische Prüfung; →Unterschlagungsprüfung).
- *Sonderaufgaben*: Sonderaufgaben können unterschiedlichster Natur sein und werden direkt von der Unternehmensleitung beauftragt.

Literatur: IIR (Hrsg.): Muster-Revisionshandbuch. Ein Leitfaden für die Prüfungspraxis, Berlin 1994; IIR (Hrsg.): IT-Revision. Ergänzender Leitfaden zur Durchführung der Informationsverarbeitung, Berlin 2000; IIR Akademie (Hrsg.): Einführung in die Interne Revision. Grundlagen, Methoden, Arbeitstechniken, o.O. o.J.

Andreas Herzig

Revisionsorganisation

Die →Interne Revision führt unabhängige und objektive Revisionsprüfungen durch, deren Zielsetzung es ist, Abläufe zu verbessern, Risiken zu mindern und die Einhaltung von Gesetzen zu überwachen. Sie unterstützt das Unternehmen bei der Erreichung seiner Ziele, indem sie systematisch und zielgerichtet das Risikomanagement [→Risk Management; →Risikomanagementsystem (RMS)] sowie die Führungs- und Überwachungsprozesse überprüft, bewertet und Vorschläge zu deren Verbesserung unterbreitet. Die Umsetzung der Empfehlungen wird von der Revision überwacht (→Revisionseinsatzgebiete).

Unabhängigkeit und Objektivität sind wichtige Grundsätze der Internen Revision, die durch ihre organisatorische Einbindung im Unternehmen unterstützt werden müssen. Dabei sind folgende Punkte zu beachten:

- um den Grundsatz der Unabhängigkeit umzusetzen, ist die Interne Revision unmittelbar der Geschäftsleitung zu unterstellen,
- Mitarbeiter der Internen Revision dürfen in den Bereichen in denen sie Prüfungen durchführen (→Revisionseinsatzgebiete), keine Entscheidungskompetenzen oder Zuständigkeiten haben,
- die Interne Revision muss über ein nicht limitiertes aktives und passives Informationsrecht im Unternehmen verfügen und
- die Aufgaben, Pflichten und Rechte der Internen Revision sind in der Geschäftsordnung zu dokumentieren und im Unternehmen zu kommunizieren.

Die Art und Größe des Unternehmens, für das die Interne Revision tätig ist, geben auch einen Rahmen für deren organisatorische Ausgestaltung vor. Wichtige Kriterien für die Organisation der Internen Revision sind u. a.

- die Branche, in der ein Unternehmen tätig ist (spezielle gesetzliche oder regulatorische Anforderungen, erhöhter Sicherheits-/Geheimhaltungsbedarf etc.),
- die nationale und internationale Struktur des Unternehmens (spezielle Ländervorschriften, Revisionsanforderungen aus der wirtschaftlichen oder politischen Situation in bestimmten Ländern etc.) sowie
- die Komplexität der Führungs- und Überwachungsstruktur [angemessenes →Internes Kontrollsystem (IKS), zentralisierte Führung vs. große dezentrale Entscheidungsbefugnisse etc.].

Es ist grundsätzlich zu entscheiden, ob alle Revisionsaufgaben intern durch eigene Kräfte oder mit einem festzulegenden Unterstützungsgrad durch externe Spezialisten wahrgenommen werden. Dies reicht bis hin zum →Outsourcing der kompletten Revisionsfunktion (gesetzliche Vorgaben, z.B. für →Kreditinstitute, lassen dies teilweise jedoch nicht zu). Der Bedarf an eigenen und externen Spezialisten lässt sich anhand der Revisionsplanung ermitteln, aus der die zur Umsetzung der →Planung benötigte Anzahl von Revisoren mit bestimmtem Fachwissen abgeleitet und mit den verfügbaren internen Kapazitäten abgeglichen werden kann.

Die Organisation der Internen Revision sollte den Aufbau einer umfassenden Kenntnis der fachlichen und organisatorischen Aspekte der zu prüfenden Unternehmensbereiche ermöglichen.

Die Organisation der Internen Revision ist zu dokumentieren. Eine geeignete Organisationsform ist eine an die Organisation von Beratungsunternehmen (→Unternehmensberatung) angelehnte Form der Projektorganisation, in der eine organisatorische Einordnung von Mitarbeitern über Ihren Grad an Revisionserfahrung und an übernommener Verantwortung nach zu definierenden Positionsbezeichnungen (z.B. in Prüfer, Prüfungsleiter etc.) erfolgt. Die Erwartungen, Fähigkeiten und Verantwortungen, die mit einer Tätigkeit in der jeweiligen Position verbunden sind, sollten in Funktionsbeschreibungen oder Anforderungsprofilen dokumentiert sein. Neben der Zuordnung zu einer Position können Revisionsmitarbeiter regionalen Revisionsteams und/oder bestimmten Expertenteams (z.B. IT-Spezialisten) innerhalb der Revisionsorganisation zugeordnet sein. Der tatsächliche Einsatzplan eines Revisionsmitarbeiters ergibt sich jedoch nicht zwingend aus seiner regionalen oder fachlichen Zuordnung, sondern aus der vom Revisionsleiter verabschiedeten →Revisionsauftragsplanung.

Revisionstätigkeiten sollten anhand einer dokumentierten Vorgehensweise strukturiert durchgeführt werden. Die auf einen mehrstufigen Planungsprozess (→Revisionsauftragsplanung) basierende Revision ist untergliedert in

- *Revisionsvorbereitung*: Auf Basis des Revisionsprogramms werden einzelne Revisionsobjekte, zugehörige Fragestellungen und Revisionsziele festgelegt. Prüfungsmethoden, wie z.B. manuelle oder automatisierte Stichproben (→Stichprobenprüfung), Prozessprüfung etc., werden bestimmt und die Prüfung wird im betroffenen Unternehmensbereich angekündigt (eine Ankündigung findet bei Prüfungen, die durch einen Verdacht auf Unterschlagung oder andere →dolose Handlungen ausgelöst wurden, i.d.R. nicht statt).

- *Revisionsdurchführung*: Die Revision wird gem. dem Revisionsprogramm durchgeführt. Neben der Einhaltung von gesetzlichen oder betrieblichen Regelungen sind die Zuverlässigkeit des Finanzberichtswesens sowie Wirtschaftlichkeit und Effizienz von Abläufen übergeordnete Prüfungsziele. Die Revisionsergebnisse werden mit dem geprüften Bereich abgestimmt und erforderliche Verbesserungsmaßnahmen vereinbart, deren Umsetzung in Nachschau-Revisionen überwacht wird. Die Revision ist in Arbeitspapieren zu dokumentieren.

- →*Revisionsberichterstattung*: Revisionsberichte sollten klar strukturiert sein und einem standardisierten Aufbau folgen. Inhalte sind Prüfungsziel und -objekt, Auftragsdurchführung, Revisionsergebnis, priorisierte Maßnahmen mit Realisierungsterminen sowie verantwortliche Personen. Dem detaillierten Bericht sollte stets eine Management-Zusammenfassung vorgeschaltet sein.

- *Revisionsnacharbeit*: Die Dokumentation der Revision wird archiviert und die auch für künftige Revisionen interessanten Erkenntnisse werden zur weiteren Verwendung in Revisionsprogramme/Checklisten eingearbeitet. Auf Basis von →Soll-Ist-Vergleichen (z.B. hinsichtlich des Kapazitätsbedarfs) und Feedbackgesprächen mit den geprüften Bereichen werden Verbesserungspotenziale für künftige Revisionen bzw. die Revisionsprogramme ermittelt.

Literatur: IIR (Hrsg.): IIR-Revisionsstandards, Frankfurt a.M. 2005.

Andreas Herzig

Richtlinien und Verordnungen der Europäischen Union, Bedeutung für Rechnungslegung und Unternehmensüberwachung

Rechtsgrundlage der Richtlinien und Verordnungen auf dem Gebiet der Rechnungslegung und →Unternehmensüberwachung ist der sog. Rom-Vertrag vom 25.3.1957 (Art. 54

Abs. 3 lit. g), welcher u. a. eine Angleichung der einzelstaatlichen Rechtsvorschriften im Bereich des Gesellschaftsrechts vorsieht. Die Harmonisierung des Gesellschaftsrechts einschl. der Rechnungslegung und Abschlussprüfung wird als wichtig angesehen, um Aktionären und anderen Interessengruppen innerhalb von Unternehmen gleichwertigen Schutz zu sichern, die Niederlassungsfreiheit für Unternehmen in der ganzen EU zu gewährleisten, die Leistungs- und Wettbewerbsfähigkeit der Unternehmen zu steigern und um die grenzüberschreitende Zusammenarbeit zwischen Unternehmen in verschiedenen Mitgliedsstaaten zu fördern.

Als Mittel zur Rechtsangleichung sind insb. Rechtsakte in der Form von Richtlinien und Verordnungen zu nennen. Richtlinien sind an die Mitgliedsstaaten der EU gerichtet, denen die Aufgabe zukommt, die Richtlinie innerhalb einer in der Richtlinie festgelegten Frist in nationales Recht zu transformieren. EU-Verordnungen stellen demgegenüber unmittelbar geltendes europäisches Recht dar. In den einzelnen Mitgliedsstaaten finden sie ohne weitere nationale gesetzgeberische Maßnahmen direkte Anwendung und haben Vorrang vor nationalem Recht. Neben den Richtlinien und Verordnungen als förmlichem Recht veröffentlicht die *KOM* zu einzelnen Themen Empfehlungen, die sich rechtlich unverbindlich an die Mitgliedsstaaten richten.

Aufbauend auf dem Rom-Vertrag und einzelnen Initiativen der *KOM* wurden im Laufe der Jahre zahlreiche EU-Richtlinien zur Rechnungslegung und Unternehmensüberwachung (dort insb. auch zur Abschlussprüfung) verabschiedet. Die wichtigsten sind:

- die Erste RL 68/151/EWG vom 14.3.1968 mit Änderungen vom 15.7.2003 (RL 2003/58/EG) – sog. *Publizitäts-RL* – zur Harmonisierung der Vorschriften zur Offenlegungsverpflichtung von KapGes;

- die Zweite RL 77/91/EWG vom 13.12.1976 mit Änderung vom 23.11.1992 (RL 92/101/EWG) – sog. *Kapital-RL* – zur Harmonisierung der Vorschriften zur Gründung, Erhaltung des Gesellschaftskapitals, Kapitalerhöhung und Kapitalherabsetzung von Aktiengesellschaften;

- die Vierte RL 78/660/EWG und Siebente RL 83/349/EWG vom 25.7.1978 bzw. 13.6.1983 – sog. *Bilanzrichtlinien* – zur Harmonisierung der Vorschriften zur Rechnungslegung und Prüfung von KapGes sowie die verschiedenen Richtlinien zur Erweiterung des Anwendungsbereichs bzw. zur Änderung des Inhalts der Bilanz-Richtlinien, wie z. B. die RL 90/605/EWG vom 8.11.1990 – sog. *GmbH&Co-RL* –, die RL 2001/65/EG vom 27.9.2001 – sog. *Fair-Value-RL* –, die RL 2003/51/EG vom 18.6.2003 – sog. *Modernisierungs-RL* – oder die RL 2006/46/EG vom 14.6.2006 zur Verantwortlichkeit der Direktoren und zur Verbesserung der Information;

- die RL 2006/43/EG vom 17.5.2006 – sog. *modernisierte APr-RL* – zur Harmonisierung der Regelungen zur gesetzlichen Abschlussprüfung, die die Achte RL 84/253/EWG vom 10.4.1984 ersetzt;

- die RL 2004/109/EG vom 15.12.2004 – sog. *Transparenz-RL* – zur Harmonisierung der Offenlegungspflichten von kapitalmarktnotierten Unternehmen.

Als wichtigste EU-Verordnung ist die VO (EG) Nr. 1606/2002 vom 19.7.2002 – sog. *IFRS-VO* – zu nennen, die vorschreibt, dass Unternehmen, die am europäischen organisierten Kapitalmarkt notiert sind, ihren Konzernabschluss ab 2005 nach den von der *KOM* anerkannten →International Financial Reporting Standards (IFRS) aufstellen müssen.

Es ist erklärtes Ziel der *KOM*, die Bilanz-Richtlinien so zu gestalten, dass diese die Entwicklung der internationalen Rechnungslegung widerspiegeln. Dementsprechend wurden die Regelungen der Vierten RL 78/660/EWG und Siebenten RL 83/349/EWG vor allem durch die Fair-Value-RL und die Modernisierungs-RL an die IFRS angepasst. Um den Mitgliedsstaaten eine sukzessive Annäherung an die IFRS zu ermöglichen, wurden zahlreiche Mitgliedsstaatenwahlrechte eingeführt, die die Unvereinbarkeit zwischen Bilanz-Richtlinien und den IFRS möglichst langfristig beseitigen sollen. Durch die Richtlinie zur Verantwortlichkeit von Direktoren und zur Informationsverbesserung wurden neue Angaben im →Anhang zu bilanzwirksamen Geschäften und Transaktionen mit nahestehenden Personen (→Beziehungen zu nahestehenden Personen), die Pflicht börsennotierter Unternehmen zur Abgabe einer Corporate Governance-Erklärung (→Corporate Governance; →Corporate Governance in der EU) und die gemeinsame Verantwortung der Organmitglieder für die Aufstellung und Offenlegung des Abschlusses (→Offenlegung des Jahresabschlusses; →Haftung des Vorstands; →Haftung des Aufsichtsrats) in den Bilanz-Richtlinien verankert. Noch aus steht eine Anpassung des in der Zweiten RL 77/91/EWG verankerten institutionellen Kapitalerhaltungssystems mit seiner Verbindung zur Vierten RL 78/660/EWG an die Internationalisierung der Rechnungslegung. Die KOM hat Mitte 2006 eine Studie vergeben, in der die Auswirkungen der IFRS-Rechnungslegung auf das traditionelle Kapitalerhaltungskonzept und alternative Konzepte untersucht werden sollen.

Auch die APr-RL wurde mit ihrer Neufassung vom 17.5.2006 an aktuelle Entwicklungen angepasst und in eine umfassende prinzipienorientierte Richtlinie fortentwickelt. Im Gegensatz zur bisherigen Richtlinie vom 12.5.1984, die vor allem die Zulassung der mit der Pflichtprüfung beauftragten Personen regelt, enthält die Neufassung erstmals auch Regelungen zur Durchführung der Prüfung, zur Kommunikation des →Abschlussprüfers mit dem zu prüfenden Unternehmen (→Unternehmensleitung, Informationsaustausch des Wirtschaftsprüfers mit) und zu den Strukturen, die nach Auffassung der KOM erforderlich sind, um die →Prüfungsqualität und das Vertrauen in die Abschlussprüfung (→Jahresabschlussprüfung; →Konzernabschlussprüfung) zu gewährleisten. Hierzu gehören z.B. Prinzipien zur Unabhängigkeit des Abschlussprüfers (→Unabhängigkeit und Unbefangenheit des Wirtschaftsprüfers), zur Ausgestaltung des Systems der externen →Qualitätskontrolle in der Wirtschafsprüfung und zur öffentlichen Aufsicht über den Berufsstand der APr (Public Oversight) (→Berufsaufsicht für Wirtschaftsprüfer, national; →Berufsaufsicht für Wirtschaftsprüfer, international). Daneben enthält die Richtlinie Regelungen zur Zusammenarbeit der Berufsaufsichtsstellen sowohl innerhalb der EU als auch mit Berufsaufsichtsstellen in Drittstaaten, wie z.B. dem US-amerikanischen →Public Company Accounting Oversight Board (PCAOB).

Die zahlreichen europäischen Vorgaben zur Rechnungslegung und Abschlussprüfung führen dazu, dass der Handlungsspielraum des deutschen Gesetzgebers zur Ausgestaltung der nationalen Vorschriften zur Rechnungslegung und Abschlussprüfung begrenzt ist. In den Bereichen, die durch EU-Verordnungen geregelt sind, wie z. B. die Konzernrechnungslegung kapitalmarktorientierter Unternehmen, verbleibt dem nationalen Gesetzgeber letztlich keine materielle Rechtsetzungsbefugnis.

Tendenziell größere Freiheitsgrade bei der Ausgestaltung des nationalen Rechts bestehen derzeit (noch) im Bereich der übrigen Elemente der Unternehmensüberwachung. Verantwortlich hierfür ist insb. das Scheitern der von 1972 bis 2001 andauernden Verhandlungen zur Fünften EU-RL (sog. Struktur-RL) mit Regelungen zur Harmonisierung der Organisationsstruktur der AG (Vorstand und Aufsichtsrat vs Verwaltungsrat bzw. →Board of Directors) und der Rechten und Pflichten ihrer Organe (→Dual- und Boardsystem). Allerdings hat der ECOFIN-Rat nicht zuletzt infolge des Enron-Skandals die KOM beauftragt, weitere Überlegungen zur Modernisierung des Gesellschaftsrechts und zur Verbesserung der →Corporate Governance anzustellen. Aufgrund dieses Auftrags und der Arbeiten, die im November 2002 von der Hochrangigen Expertengruppe auf dem Gebiet des Gesellschaftsrechts unter der Leitung von Jaap Winter durchgeführt wurden, hat die KOM am 21.5.2003 einen Aktionsplan zur Modernisierung des Gesellschaftsrechts und zur Verbesserung der Corporate Governance in der EU vorgelegt. Ziel der in dem Aktionsplan vorgesehenen Maßnahmen, die bereits Eingang in verschiedene Richtlinien, Verordnungen und Empfehlungen gefunden haben bzw. noch finden sollen, ist die Förderung der Effizienz und Wettbewerbsfähigkeit der Unternehmen sowie die Stärkung der Aktionärsrechte.

Klaus-Peter Naumann

Richtsatzprüfung

Die Richtsatzprüfung dient der Finanzverwaltung zur Ermittlung der Richtsätze. Diese sind ein Hilfsmittel für die Finanzverwaltung, Umsätze (→Umsatzerlöse) und Gewinne der Gewerbetreibenden zu verproben (→Verprobung) und ggf. bei Fehlen anderer geeigneter Unterlagen zu schätzen (§ 162 AO). Von →Steuerberatern/Wirtschaftsprüfern können die Richtsätze zur überschlägigen Kontrolle der Einnahme-Aufzeichnungen der Mandanten genutzt werden.

Die Richtsätze werden durch die →Betriebsprüfungsstellen der Finanzverwaltung im Rahmen der nach § 194 Abs. 1 AO durchgeführten Betriebsprüfungen (→Außenprüfung) festgestellt. Spezielle Richtsatzprüfungen sind nicht zulässig, da eine Ermächtigung hierfür in der AO fehlt. Die Richtsätze gelten nur für Kleinst-, Klein- und Mittelbetriebe und sind nicht auf Großbetriebe anwendbar. Die Richtsatzsammlung wird vom *BMF* im BStBl. veröffentlicht (zuletzt Richtsatzsammlung für das Kalenderjahr 2005) (BMF 2006, S. 374–391).

Richtsätze werden in v.H.-Sätzen des wirtschaftlichen Umsatzes für den Rohgewinn, für den Halbreingewinn und den Reingewinn ermittelt. Die Richtsätze bestehen aus einem oberen und einem unteren Rahmensatz sowie einem Mittelsatz. Die Rahmensätze tragen den unterschiedlichen Verhältnissen Rechnung. Der Mittelsatz ist das gewogene Mittel aus den Einzelergebnissen der geprüften Betriebe einer Gewerbeklasse.

Die Richtsätze dienen der Finanzverwaltung zunächst zur Auswahl der prüfungswürdigen Betriebe. Betriebe, deren Richtsätze am oberen Rahmensatz liegen, sind naturgemäß weniger prüfungswürdig als solche am unteren Rahmensatz. Auch bei der Prüfungsvorbereitung wird der Betriebsprüfer auf die Richtsätze zurückgreifen. Für das Ergebnis der Prüfung können die Richtsätze nur herangezogen werden, wenn die Voraussetzungen des § 162 AO vorliegen. Das Unterschreiten des untersten Rohgewinnsatzes der Richtsatzsammlung rechtfertigt bei formell ordnungsgemäßer Buchführung (→Grundsätze ordnungsmäßiger Buchführung, Prüfung der) eine Schätzung nur dann, wenn der Prüfer zusätzlich konkrete Hinweise auf die sachliche Unrichtigkeit des Buchführungsergebnisses hat, etwa ungeklärten Privatverbrauch, oder der Steuerpflichtige selbst Unredlichkeiten zugesteht (BFH-Urteil vom 18.10.1983, S. 88).

Literatur: BFH-Urteil vom 18.10.1983, Aktz. VIII R 190/85, BStBl. II 1984, S. 88–91; BMF 2006 (Hrsg.): Richtsatzsammlung für das Kalenderjahr 2005, BStBl. I 2006, S. 374–391.

Jürgen Werner

Richtsatzsammlung →Richtsatzprüfung

Risiken der künftigen Entwicklung
→Chancen und Risiken der künftigen Entwicklung

Risiken und Chancen, steuerliche
→Steuercontrolling

Risiko- und Chancencontrolling

Das Risiko- und Chancencontrolling ist integrativer Bestandteil des Controllingsystems (→Controllingkonzepte) und ist sowohl gesamtunternehmensbezogen (→Controlling; →Controlling im Konzern) als auch unternehmensteilbezogen (→Bereichecontrolling) auszugestalten. Zentrale Aufgabe des Risiko- und Chancencontrollings (→Controlling, Aufgaben des) ist die Unterstützung der unternehmerischen Entscheidungsträger (→Entscheidungsinstrumente) mit Informationen über die aktuelle Risikolage bzw. die zukünftig zu erwartenden Risikolagen (→Risikosimulation), um damit die unternehmenszielorientierte Steuerung der Risiken zu ermöglichen. Bei Risiken handelt es sich dabei zunächst allgemein um Zielverfehlungen als „Streuung des Zukunftserfolgs wirtschaftlicher Aktivitäten" (Kromschröder/Lück 1998, S. 1573), d. h. sowohl positive, i. d. R. als Chancen bezeichnete, als auch negative, als Risiken i.e.S. bezeichnete, Abweichungen können auftreten. Aufgrund der menschlichen Unzulänglichkeiten bei der Antizipation der Zukunft sind Risiken integrativer Bestandteil jeder Unternehmensabbildung und unternehmerischen Entscheidung, wobei Risiken häufig nur unbewusst bzw. ungenau über die Verwendung bestimmter Prämissen berücksichtigt werden. Eine bewusste Berücksichtigung zumindest von bestandsgefährdenden Risiken (→Bestandsgefährdung) ist gesetzlich über die Verpflichtung zur Einrichtung eines →Risikomanagementsystems gem. § 91 Abs. 2 AktG gefordert (→Risikomanagementsystem, Prüfung des; →Risikomanagementsystem, Prüfung durch den Aufsichtsrat).

Die bewusste Berücksichtigung von Risiken führt i. d. R. zu mehrwertigen Abbildungen (→Risikosimulation), was die Interpretation des als Spannungsbreite angegebenen Ergebnisses u.U. stark einschränkt, oder zu einer einwertigen Abbildung, die mit einer bestimmten Eintrittswahrscheinlichkeit versehen ist, wie etwa der Value at Risk. Außerdem wandelt sich durch die bewusste Integration des Risikos die Abbildungskonzeption weg vom (primären) Vergangenheitsbezug hin zur Zukunftsorientierung, weil die abzubildende Risikolage untrennbar mit der zukünftigen

Entwicklung verbunden ist (→Chancen und Risiken der künftigen Entwicklung). Da im Unternehmen vielfältige Risiken bestehen, kommt neben der Identifikation, Erfassung und Einzelbewertung der Streuung des Zukunftserfolges für eine bestimmte Risikoart bzw. einen bestimmten Gegenstand auch der Aggregation und Risikogesamtbewertung große Bedeutung zu, die dann die Grundlage für die Risikosteuerung darstellt.

Im Prinzip kann auf erkannte Risiken i.e.S. mit Maßnahmen zur Risikovermeidung, Risikoverminderung, Risikoüberwälzung oder Risikokompensation geantwortet werden. Risikovermeidung bedeutet, dass das Unternehmen auf risikobehaftete Geschäfte verzichtet. Dies ist z. B. der Fall, wenn das Unternehmen die Herstellung eines Produktes mit einem hohen Haftungsrisiko unterlässt. Die Risikoverminderung soll die Wahrscheinlichkeit und/oder Höhe eines Vermögensverlustes verringern. Wichtige Maßnahmen zur Risikoverminderung sind Richtlinien und Limitierungen, durch die festgelegt wird, welche Risiken vertretbar sind, wie Risiken zu behandeln sind und bis zu welcher Höhe Risiken eingegangen werden dürfen. Weitere Maßnahmen zur Risikoverminderung sind Schutzmaßnahmen, Sicherungsmaßnahmen und juristisch geschicktes Verhalten, z. B. über klare Abgrenzung von Rechten und Pflichten. Die Risikoüberwälzung gelingt zunächst durch Versichern des Risikos (bspw. →D & O-Versicherung). Nicht versicherbare Risiken können u.U. durch allgemeine oder spezielle Vertragsbindungen auf andere Vertragspartner übertragen werden. Risikokompensation bedeutet, dass das Unternehmen das Risiko selbst übernimmt, zum Risiko jedoch ein gegenläufiges Geschäft abschließt. Das Unternehmen kann das Risiko aber auch selbst tragen, indem es trotz Risikokenntnis keine Absicherung vornimmt. Das Risiko sollte in diesem Fall aber dadurch kompensiert sein, dass dem Risiko anderweitige Chancen im Unternehmen gegenüberstehen. Es ist davon auszugehen, dass diejenigen Risiken, die eng mit den Kernprozessen des Unternehmens (→Geschäftsprozesse) verbunden sind, am ehesten vom Unternehmen selber getragen werden sollten, da es auf dem Markt kaum adäquate Risikonehmer geben dürfte.

Das Instrumentarium des Risiko- und Chancencontrollings (→Controllinginstrumente) entspricht letztlich dem des Risikomanagementsystems, wobei jedoch auch die nicht bestandsgefährdenden Risiken und die Chancen in die Betrachtungen einzubeziehen sind. Neben dieser instrumentellen Ausgestaltung hat das Risiko- und Chancencontrolling auch die notwendigen Prozesse zu unterstützen und die Risiken und Chancen sowie deren Veränderungen im Informationssystem (→Führungsinformationssysteme) zu erfassen. Dafür sind die Risiko- und Chancenverläufe kontinuierlich auszuwerten und zu kommunizieren (→Berichtssystem) sowie entsprechende Steuerungsmaßnahmen auszulösen. Die permanente Kontrolle (→Kontrolltheorie) muss die Reaktionsgeschwindigkeit des Unternehmens auf riskante Entwicklungen bzw. sich eröffnende Chancen erhöhen und damit zur Optimierung der Erfolgslage beitragen. Dazu ist zu gewährleisten, dass die gewollte Risikolage des Unternehmens mit der tatsächlichen abgeglichen wird. Der Abgleich erfolgt durch einen →Soll-Ist-Vergleich, z. B. hinsichtlich der Einhaltung von Meldepflichten, Wertlimits und Terminvorgaben. Die Kontrolle der Zielerreichung durch diese →Abweichungsanalysen soll den reibungslosen Ablauf und die Funktionstüchtigkeit des Risikomanagements und des Unternehmensprozesses gewährleisten. Auf der Stufe der Risikoüberwachung werden die Elemente der Diagnose (Risikoerkennung und -identifikation, Risikoanalyse und -bewertung) in zeitlicher und sachlicher Hinsicht koordiniert, um eine umfassende permanente Überwachung der Risiko- und Chancensituation des Unternehmens zu gewährleisten. Die zeitliche Koordination betrifft die Ausgestaltung der Risikodiagnose (→Krisendiagnose) zu einem konsistenten, dauerhaften Überwachungsprozess. Die sachliche Koordination dient der systematischen Zusammenfassung der erkannten und erfassten Einzelrisiken.

Literatur: Dowd, K.: Beyond Value at Risk, Chichester 1998; Freidank, C.-Chr.: Risikomanagement und Risikocontrolling, in: Freidank, C.-Chr./Mayer, E. (Hrsg.): Controlling-Konzepte. Neue Strategien und Werkzeuge für die Unternehmenspraxis, 5. Aufl., Wiesbaden 2001, S. 595–631; Kromschröder, B./Lück, W.: Grundsätze risikoorientierter Unternehmensüberwachung, in: DB 51 (1998), S. 1573–1585; Müller, S.: Management-Rechnungswesen, Wiesbaden 2003.

Stefan Müller

Risikoaufschlag →Kapitalkosten

Risikobericht →Chancen- und Risikobericht

Risikocontrolling →Risiko- und Chancencontrolling

Risikolage, Analyse der →Jahresabschlussanalyse

Risikomanagement →Risk Management

Risikomanagement bei Kreditinstituten →Mindestanforderungen an das Risikomanagement

Risikomanagementsystem

Das RMS stellt die Gesamtheit aller Maßnahmen zur Erkennung, Analyse, Bewertung, Kommunikation, Überwachung und Steuerung von Risiken dar. Dabei werden Risiken, unter denen allgemein die durch Ungewissheit bedingten möglichen negativen oder positiven Abweichungen zwischen Handlungsergebnissen und gesetzten Zielen verstanden werden, in diesem Zusammenhang i. d. R. auf die negativen Abweichungen, d. h. die Verlustgefahr, beschränkt. Das RMS ist Teil des gesamten Managementsystems, wobei dieses sozioökonomische System weniger als ein greifbares Gebilde, sondern eher als Gesamtheit von formalen Strukturen und konkreten Durchführungsausgestaltungen zu verstehen ist und den Controllingsystemen (→Controlling; →Controllinginstrumente) zuzurechnen ist. Ein formalisiertes Ablaufschema stellt somit lediglich eine notwendige, nicht aber hinreichende Voraussetzung für ein RMS dar. Daher müssen die Unternehmensführung und die Mitarbeiter für das Risiko ihres Handelns sensibilisiert werden, sodass sie dieses erkennen und bewerten sowie die unternehmenszielkonforme Risikobehandlung beherrschen.

Das RMS erfordert ein Risikofrühwarnsystem (→Früherkennungssysteme), welches Risikoidentifikation, Einzelrisikobewertung, Risikokommunikation, Risikoaggregation und Risikobericht umfasst, sowie ein Risikoüberwachungssystem und ein Risikobewältigungssystem. Explizit gesetzlich verpflichtend sind nach § 91 Abs. 2 AktG zunächst nur die ersten beiden Bestandteile, die auch Gegenstand der Abschlussprüfung (→Jahresabschlussprüfung; →Konzernabschlussprüfung) sind (→Risikomanagementsystem, Prüfung des). Die Notwendigkeit zur Einrichtung eines Risikobewältigungssystems kann aber aus der allgemeinen Sorgfaltspflicht des Vorstands nach § 93 Abs. 1 AktG abgeleitet werden (→Überwachungsaufgaben des Vorstands). Risikomanagement (→Risk Management) ist mithin ein kontinuierlicher Risikoerkennungs- und Risikobewertungsprozess, der stets mit entsprechenden Risikobewältigungsentscheidungen verbunden werden muss. Es stellt einen permanenten Prozess dar, der ausschnittweise und situativ im Risikobericht abzubilden ist. In Wissenschaft und Praxis sind zahlreiche Ansätze und Instrumente für die einzelnen Teilkomponenten des Risikomanagementsystems entwickelt worden, die zusammenfassend als Bestandteil des Risikocontrollings (→Risiko- und Chancencontrolling) bezeichnet werden können.

Das Risikofrühwarnsystem soll die bestandsgefährdenden Risiken für ein Unternehmen (→Bestandsgefährdung) so rechtzeitig aufzeigen, dass Reaktionen durch das Management den Fortbestand des Unternehmens noch sichern können. Ausgangspunkt für die Risikoidentifikation ist eine artliche Erfassung der Risiken. Diese Risikoinventur bedingt die Untersuchung sämtlicher betrieblicher Prozesse und Funktionsbereiche auf allen Hierarchiestufen des Unternehmens. Dazu ist eine vorherige Festlegung der risikorelevanten Bereiche in einem Unternehmen und somit eine gewisse Systematik denkbarer Risikoerscheinungsformen erforderlich. Ergänzend zu einer solchen Darstellung der Risiken nach Unternehmensbereichen und Prozessen (→Geschäftsprozesse) ist eine Systematisierung nach Art der Bedrohung sowie nach Beeinflussbarkeit der Risiken erforderlich. Als Methoden zur Risikoerkennung kommen bspw. Prüflisten (Checklisten), Risikomanagement-Fragebögen, Dokumenten- und Organisationsanalysen, Besichtigungen, Befragungen, Beobachtungen, Schadensstatistiken oder Risiko-Workshops in Betracht. Die methodischen Hauptprobleme der Risikoidentifikation liegen in der Vollständigkeit und Frühzeitigkeit der Erfassung der Risiken.

Zur Bewertung der Einzelrisiken sind Kriterien für eine sachliche Risikoklassifikation nach Gefahrenpotenzial sowie Methoden zur Quantifizierung der Risiken nötig. Dazu ist festzulegen, welche Risiken als Schwerpunkt-

Abb.: Risikomanagementsystem

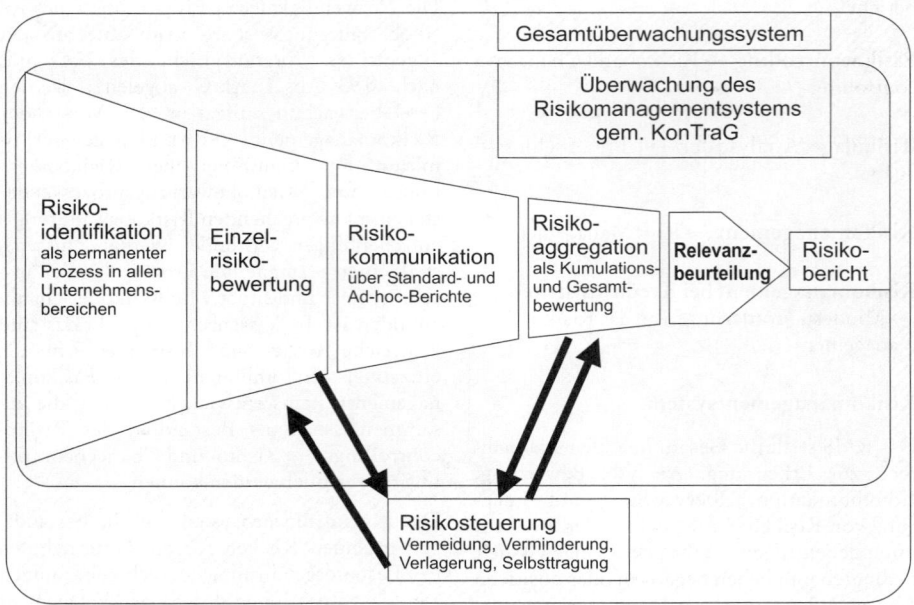

risiken einzustufen sind und welche Risiken in der Sache vernachlässigt werden können, um auf dieser Grundlage das Risikoportfolio des Unternehmens abzubilden. Zur endgültigen Beurteilung, ob ein Risiko bestandsgefährdend werden kann oder nicht, ist eine Quantifizierung des Gefahrenausmaßes nötig. Zur Bewertung des Risikos wird zunächst der Schadenserwartungswert (bewertetes Risiko) ermittelt. Dieser wird als Produkt aus der Höhe des drohenden Vermögensverlustes (Qualitätsdimension) und der Wahrscheinlichkeit des Verlustes (Intensitätsdimension) ermittelt. Da existenzbedrohende Risiken trotz geringer Eintrittswahrscheinlichkeit eine andere Behandlung erfahren müssen als geringe Risiken mit höherer Eintrittswahrscheinlichkeit, müssen je Risiko auch der Höchstschadenswert und die Bandbreite der Eintrittswahrscheinlichkeiten betrachtet und in Abhängigkeit von der übergeordneten Risikostrategie des Unternehmens behandelt werden.

Nach der Identifikation und Einzelbewertung der Risiken ist die Kommunikation zwischen den Risikoverantwortlichen entscheidend für die Funktionsfähigkeit eines Risikomanagementsystems. Es muss sichergestellt sein, dass die bewerteten Risiken in nachweisbarer Form an die zuständigen Entscheidungsträger weitergeleitet werden.

Da Einzelrisiken sich gegenseitig verstärken können, es zwischen ihnen zu Kompensationseffekten kommen kann oder ein Risiko durchaus Ursache eines anderen Risikos sein kann, sind derartige Abhängigkeiten zu klären und bei der Risikoerfassung und -verarbeitung zu berücksichtigen. Die Notwendigkeit, eine aggregierte Risikenbewertung vornehmen zu müssen, bedeutet für Mutterunternehmen, das RMS auf den Gesamtkonzern (→Konzernarten) auszuweiten (→Konzernmanagement).

Die Ergebnisse der Risikoanalyse sind abschließend durch eine Auswertung in einer „Risk Map" zu erfassen und zu beschreiben. In die Risk Map, in der das Risiko als Wertepaar (Höchstschadenssumme/Schadenserwartungswert) in einem Koordinatensystem abgetragen wird, sollten ergänzend auch Vorschläge für Risikoabwehrmaßnahmen (→Risk Management), die bereits eingeleiteten Maßnahmen sowie die jeweiligen Zuständigkeiten aufgenommen werden, um einen umfassenden Überblick über die bestehenden und potenziellen Risiken zu bekommen. Dieser Informationspool muss zum einen ständig aktualisiert, überwacht und analysiert werden. Zum anderen sollten die Schadenserwartungswerte für Erfolg und Liquidität in den integrierten Unternehmensplanungsprozess einbezogen werden (→Erfolgscontrolling; →Liquiditätscontrolling; →Planung; →Planungssysteme). Des Weiteren sind relevante Risiken im Risikobericht dem AR mitzuteilen (→Risikomanagementsystem, Prüfung durch den Aufsichtsrat) und als Bestandteil der externen Kommunikation des Unternehmens (→Publizität) zu benennen (→Chancen- und Risikobericht).

Mithilfe des Risikobewältigungssystems sind die Risiken im Hinblick auf die anzustrebenden Unternehmensziele zu steuern (→Risiko- und Chancencontrolling). Im Prinzip kann auf erkannte Risiken mit Maßnahmen zur Risikovermeidung, Risikoverminderung, Risikoüberwälzung oder Risikokompensation geantwortet werden.

Die Funktionsfähigkeit des Risikofrühwarnsystems sowie des Risikobewältigungssystems ist durch ein Überwachungssystem sicherzustellen. Voraussetzung für die Risikoüberwachung ist ein →*Internes Kontrollsystem* (IKS) und die →*Interne Revision*, in welche die Risikoüberwachung zu integrieren ist.

Literatur: Hölscher, R.: Herausforderung Risikomanagement, Wiesbaden 2002; Lachnit, L./Müller, S.: Risikomanagementsystem nach KonTraG und Prüfung des Systems durch den Wirtschaftsprüfer, in: Freidank, C.-C. (Hrsg.): Die deutsche Rechnungslegung und Wirtschaftsprüfung im Umbruch, FS für Prof. Dr. Wilhelm Strobel, München 2001, S. 363–394; Lück, W.: Risikomanagement und Überwachungssystem. KonTraG: Anforderungen und Umsetzungen in der betrieblichen Praxis, Karlsruhe 1998.

Stefan Müller

Risikomanagementsystem der Revisions- und Treuhandbetriebe

→Revisions- und Treuhandbetriebe (RuT-Betriebe) werden i. d. R. von öffentlich bestellten Wirtschaftsprüfern geführt oder sind als WPGes öffentlich anerkannt (→Errichtung und Erlöschen einer Wirtschaftsprüfungsgesellschaft). Ungeachtet des hohen Regulierungsgrades sind auch RuT-Betriebe als im Wettbewerb stehende, für die Ergebnisse ihrer Tätigkeit verantwortliche private Dienstleister wirtschaftlichen Risiken ausgesetzt.

Die Verpflichtung, ein Risikofrüherkennungssystem als Bestandteil eines umfassender zu verstehenden →Risikomanagementsystems zu unterhalten (§ 91 Abs. 2 AktG), trifft nicht nur RuT-Betriebe in der Rechtsform der AG (→Unternehmensformen), sondern strahlt nach h.M. als einer der →Grundsätze ordnungsmäßiger Unternehmensführung auch auf die Geschäftsführungen von Unternehmen anderer Rechtsform aus.

Die wesentlichen Ursachen für die Risiken, denen RuT-Betriebe ausgesetzt sind, liegen in

- dem Schwierigkeitsgrad und damit der Fehleranfälligkeit ihrer Dienstleistungen,
- der Komplexität der inneren Organisation größerer Unternehmen der Branche,
- dem Umfang einer Haftung für Schäden aufgrund von Fehlleistungen (→Haftung des Wirtschaftsprüfers; →Beratungshaftung des Wirtschaftsprüfers),
- der Begrenzung der Möglichkeit, eine Haftung vertraglich zu limitieren oder zu versichern sowie
- der Empfindlichkeit des Geschäftserfolgs gegenüber Rufschäden infolge negativer Publizität.

Das Risiko, für (tatsächliche oder vermeintliche) fachliche Fehler (→Fehlerarten in der Abschlussprüfung) von Mandanten oder Dritten in Anspruch genommen zu werden und dadurch an Reputation und Vertrauen zu verlieren, steht bei RuT-Betrieben im Vordergrund; im Rahmen von Netzwerken (→Unternehmensnetzwerke) können diese Folgen von dem verursachenden auf andere Mitglieder übergreifen. Diese Gefahren wiegen schwer, weil ihre finanziellen Dimensionen die Existenz des Unternehmens unmittelbar in Frage stellen und ihre Folgewirkungen von der Unternehmensleitung oft kaum mehr beherrscht werden können. Demgegenüber sind RuT-Betriebe anderen Risikoarten, wie strategischen, marktbezogenen, politischen, rechtlichen sowie leistungswirtschaftlichen Risiken, nicht systematisch stärker ausgesetzt als andere privatwirtschaftlich geführte Unternehmen.

Die Elemente und die Funktionen des Risikomanagements (→Risk Management) eines RuT-Betriebs müssen daher im Kern darauf ausgerichtet sein,

- nur solche Dienstleistungen anzubieten, für die qualitativ und quantitativ ausreichende Ressourcen bereitstehen,
- die Annahme oder Fortführung von Aufträgen (→Auftragsannahme und -fortführung) zu verhindern, die eine unvertretbare Gefahr fachlicher Fehler und/oder einer Rufschädigung mit sich bringen,
- über die angenommenen Aufträge eindeutige Vereinbarungen möglichst einschl. einer Haftungsbegrenzung zu treffen (→Auftragsbestätigung),
- soweit möglich, dem Auftragsportfolio adäquaten Versicherungsschutz herzustellen (→Berufshaftpflichtversicherung für Wirtschaftsprüfer und Steuerberater),
- im Rahmen der Personalpolitik dafür zu sorgen, dass qualifizierte Fachmitarbeiter eingestellt und laufend fortgebildet werden (→Human Resource Management; →Aus- und Fortbildung des Wirtschaftsprüfers),
- die Leistungserbringung personell und zeitlich so zu planen und durchzuführen (→Auftragsdurchführung), dass das Fehlerrisiko (→Prüfungsrisiko) begrenzt bleibt und
- durch ein Vier- oder Sechs-Augen-Prinzip die Wahrscheinlichkeit zu erhöhen, dass aufgetretene Fehler vor Auftragsende entdeckt und abgestellt werden.

Die Anforderungen an die →Qualitätssicherung in der Wirtschaftsprüferpraxis (IDW/WPK VO 1/2006) decken sich weitenteils mit den Maßnahmen, die ein angemessenes Risikomanagementsystem eines RuT-Betriebs treffen muss. Allgemeinen marktbezogenen oder leistungswirtschaftlichen Risiken hingegen – etwa der Gefahr unzureichender →Erlöse im Wettbewerb oder der Unterauslastung bei plötzlichem Auftragsverlust – vermögen Risikomanagementsysteme erfahrungsgemäß nur beschränkt entgegenzuwirken.

Literatur: Gersdorf, M.: Risikomanagement in der kleinen WP/vBp-Unternehmung, in: WPK-Mitt. 40 (2001), S. 182–187; Havermann, H.: Risiko und Risikomanagement in einer internationalen Wirtschaftsprüfungsgesellschaft, in: Baetge, J. et al. (Hrsg.): Rechnungslegung, Prüfung und Beratung, FS zum 70. Geburtstag von Rainer Ludewig, Düsseldorf 1996, S. 386–411; Lindgens, U.: Das Risikomanagement innerhalb der WP/vBp-Unternehmung aus Sicht der Praxis – mit Hinweisen speziell für größere WP/vBp-Unternehmungen, in: WPK-Mitt. 40 (2001), S. 101–111; Pfitzer, N. et al.: Risikomanagement in der WP-Gesellschaft, DB 55 (2002), S. 2005–2009; Swart, C.: Das Risikomanagement innerhalb der WP/vBp-Unternehmung aus Sicht der Praxis mit Hinweisen speziell für mittelständische WP/vBp-Unternehmungen, in: WPK-Mitt. 40 (2001), S. 263–272.

Martin Künnemann

Risikomanagementsystem, Prüfung des

§ 317 Abs. 4 HGB verankert die Pflicht des →Abschlussprüfers, bei börsennotierten Aktiengesellschaften die Maßnahmen des Vorstands zum →Risikomanagementsystem (RMS) i. S. d. § 91 Abs. 2 AktG im Rahmen der Abschlussprüfung (→Jahresabschlussprüfung; →Konzernabschlussprüfung) zu beurteilen (→Aktiengesellschaft, Prüfung einer).

Der Vorstand jeder AG hat gem. § 91 Abs. 2 AktG Maßnahmen zu treffen, insb. ein Überwachungssystem einzurichten, damit den Fortbestand der Gesellschaft gefährdende Entwicklungen (→Bestandsgefährdung) früh erkannt werden (sog. *Risikofrüherkennungssystem*) (→Früherkennungssysteme; →Überwachungsaufgaben des Vorstands). Das Risikofrüherkennungssystem und das diesbezügliche, in § 91 Abs. 2 AktG genannte Interne Überwachungssystem sind wichtige Bestandteile des gesamten *Risikomanagementsystems*, welches als die Gesamtheit aller organisatorischen Regelungen und Maßnahmen zur Risikoidentifikation und zum Umgang mit den Risiken unternehmerischer Betätigung definiert werden kann (IDW PS 340.4 f.). Das gesamte Risikomanagementsystem eines Unternehmens schließt im Unterschied zur Risikofrüherkennung auch Maßnahmen zur Risikobewältigung ein und bezieht sich auch auf diejenigen Risiken, die den Fortbestand des Unternehmens nicht tangieren. Für die sich aus § 91 Abs. 2 AktG ergebenden Pflichten (Früherkennungssystem und Internes Überwachungssystem) wird im Folgenden der Begriff Risikomanagementsystem verwendet.

Die *Prüfung* des Risikomanagementsystems zielt darauf ab, festzustellen, ob das System der Risikoidentifizierung, -analyse und -kommunikation sowie die entsprechenden Überwachungsmaßnahmen zweckentsprechend sind und während des gesamten zu prüfenden Zeitraums eingehalten wurden. Die Reaktion des Vorstands auf erkannte Risiken (Risikosteuerung) ist indes formal nicht Gegenstand der Prüfung; demnach handelt es sich hier nicht um eine →Geschäftsführungsprüfung.

Die Prüfung selbst lässt sich in die Phasen →Prüfungsplanung, -durchführung und Berichterstattung einteilen (→Auftragsdurchführung). Die Prüfungsplanung folgt wiederum dem →risikoorientierten Prüfungsansatz, d. h., es sind z. B. anhand einer ersten Einschätzung der wirtschaftlichen Lage des Unternehmens (→Vermögenslage; →Finanzlage; →Ertragslage) und seines Umfelds (u. a. →wirtschaftliches Umfeld) die inhärenten Risiken des Unternehmens und anhand einer ersten Beurteilung des Internen Überwachungssystems die internen Kontrollrisiken vorläufig einzuschätzen. Für die Prüfungsplanung ist auch bedeutsam, ob und inwieweit im Unternehmen ein Risiko- und Kontrollbewusstsein vorhanden ist. Kernproblem der Prüfungsdurchführung ist das Fehlen eines klar definierten Soll-Objektes. Die als Eignungsprüfung bzw. Wirksamkeitsprüfung angelegte Prüfung setzt vor allem an der Funktionsweise des Systems sowie seiner Effizienz hinsichtlich des Aufspürens bestandsgefährdender Risiken an. Insofern muss der Prüfer zunächst eine *Bestandsaufnahme* des vorhandenen Risikomanagementsystems vollziehen, um auf dieser Basis die *Eignung* dieses Systems sowie die Einhaltung der vorgesehenen Maßnahmen (*Wirksamkeit* des Systems) zu prüfen. Die Bestandsaufnahme des Ist-Systems kann sich u. a. auf eine vom Unternehmen erstellte Dokumentation (z. B. Risikomanagement-Handbuch) stützen. Die Beurteilung der Eignung des Systems muss sich an den einzelnen zuvor genannten Elementen des Risikomanagementprozesses orientieren. Dabei geht es u. a. darum, ob geeignete Beobachtungsbereiche festgelegt wurden, ob Frühwarnsignale bestimmt wurden und inwieweit diese als Frühwarnindikatoren geeignet sind. Es muss ein Gesamtsystem vorliegen, welches die Signale vollständig und rechtzeitig bereitstellt sowie eine zusammenfassende Gesamtbeurteilung von Einzelrisiken erlaubt (Kumulation sowie Wechselwirkungen). Das gewählte Vorgehen muss vom Prüfer intersubjektiv nachvollziehbar sein. Stößt der Prüfer auf Probleme oder Indizien für eine unzureichende Eignung, muss er i. S. d. risikoorientierten Prüfungsansatzes den Umfang der →Einzelfallprüfungen ausweiten. Dies kann bedeuten, dass er einzelne vermutlich als wesentlich einzustufende Risiken im Hinblick auf ihr Bedrohungspotenzial näher untersuchen muss. Gelingt dem Prüfer keine abschließende Beurteilung, kommt ggf. auch eine Verwendung von Urteilen anderer Sachverständiger (→Ergebnisse Dritter) in Betracht (z. B. im Bereich der Umweltrisiken). In ähnlicher Weise ist der Umfang der Einzelfallprüfungen mit abnehmender Güte des Internen Überwachungssystems auszuweiten. Um die für die Beurteilung des Risikomanagementsystems erforderliche Prüfungssicherheit zu erlangen, sind auch →Plausibilitätsprüfungen (→analytische Prüfungshandlungen) einsetzbar. In diesem Fall kann der Prüfer auf bereits vorhandene mandantenspezifische Vorkenntnisse und die →Prüfungsnachweise, die er im Zuge der laufenden Abschlussprüfung erlangen wird, zurückgreifen. Der Prüfer muss die vom Unternehmen vollzogene Risikobewertung nachvollziehen und auf Plausibilität sowie Widerspruchsfreiheit prüfen. Dabei ist insb. festzustellen, ob sich auf Basis der vom Unternehmen zugrunde gelegten Prämissen auf das prognostizierte Gefährdungspotenzial schließen lässt. Die seitens der Unternehmensleitung getroffenen Maßnahmen sind in Stichproben auf ihre Wirksamkeit und kontinuierliche Anwendung im →Prüfungszeitraum zu prüfen (→Stichprobenprüfung).

Das Ergebnis der Prüfung ist in einem besonderen Teil des intern ausgerichteten →Prüfungsberichts darzustellen. Mängel bei den vom Vorstand nach § 91 Abs. 2 AktG getroffenen Maßnahmen haben als solche keine Auswirkung auf den an den externen Adressaten gerichteten →Bestätigungsvermerk (BestV). Ein nicht uneingeschränkt erteiltes Testat kommt nur dann in Betracht, wenn die unzureichende Erfüllung der Maßnahmen dazu führt, dass der Nachweis über die Unternehmensfortführung (→Going Concern-Prinzip) nicht erbracht werden kann. Gleiches gilt, wenn die unzureichende Erfüllung zugleich die Ordnungsmäßigkeit der Buchführung in Frage stellt (→Grundsätze ordnungsmäßiger Buchführung, Prüfung der) oder sich aus diesem Grunde die →Chancen und Risiken der künftigen Entwicklung im →Lagebericht (→Chancen- und Risikobericht) nicht zutreffend oder nur unzureichend darstellen lassen.

Die Maßnahmen zum Risikomanagement sind *konzernweit* anzulegen, sofern von Tochterunternehmen den Fortbestand des Mutterunternehmens gefährdende Entwicklungen ausgehen können (→Konzernmanagement). Dies bedeutet, dass eine Risikoanalyse auch bei Tochterunternehmen vorzunehmen ist, die Risiken entsprechend zu kontrollieren sind und eine entsprechende Berichterstattung (Reporting) zur Konzernspitze erfolgen muss. Risikoerfassung und -kommunikation können durch konzerneinheitliche Risikorichtlinien und ein funktionsfähiges →Beteiligungscontrolling unterstützt werden (Neubeck 2003, S. 178).

Literatur: IDW (Hrsg.): Die Prüfung des Risikofrüherkennungssystems nach § 317 Abs. 4 HGB (IDW PS 340, Stand: 11. September 2000), in: WPg 52 (1999), S. 658–662; Neubeck, G.: Prüfung von Risikomanagementsystemen, Düsseldorf 2003.

Guido Neubeck

Risikomanagementsystem, Prüfung durch den Aufsichtsrat

Gem. § 91 Abs. 2 AktG ist der Vorstand einer AG (→Aktiengesellschaft, Prüfung einer) zur Einrichtung eines Überwachungssystems verpflichtet, „damit den Fortbestand der Gesellschaft gefährdende Entwicklungen früh erkannt werden" (§ 91 Abs. 2 AktG; s. auch DCGK 4.1.4). Mit dieser Konkretisierung der Sorgfaltspflichten des Vorstands geht eine Aufgabenerweiterung des Aufsichtsrats einher, der im Rahmen des ihm nach § 111 Abs. 1 AktG obliegenden Geschäftsführungsüberwachung (→Überwachungsaufgaben des Aufsichtsrats) auch dieses →Risikomanagementsystem (RMS) auf Gesetzmäßigkeit, Satzungsmäßigkeit, Wirtschaftlichkeit und Zweckmäßigkeit (→Wirtschaftlichkeits- und Zweckmäßigkeitsprüfung) zu überprüfen hat.

Rechtmäßigkeit liegt vor, wenn der Vorstand seiner Sorgfaltspflicht zur Implementierung aller das RMS konstituierenden Elemente nachgekommen ist. Neben den Elementen des Internen Überwachungssystems, bestehend aus →Internem Kontrollsystem (IKS) und →Interner Revision, und des →Controllings (→Controlling, Aufgaben des) wird sich der AR aufgrund seiner Bedeutung für die strategische Geschäftsführung und ihrer Überwachung insb. auf das Risikofrüherkennungssystem (→Früherkennungssysteme) konzentrieren. Zur Prüfung der Zweckmäßigkeit hat sich der AR primär der Funktionsfähigkeit zu widmen, um so die frühzeitige Aufdeckung bestandsgefährdender Risiken gewährleisten zu können. Hierzu wird er sich von der Angemessenheit der risikopolitischen Grundsätze und der Eignung der implementierten Maßnahmen überzeugen müssen. Neben einer überschneidungsfreien Abgrenzung der Verantwortlichkeitsbereiche für die Risiken sind insb. das Informationssystem (→Führungsinformationssysteme) auf die Gewährleistung einer zügigen und zuverlässigen Kommunikation der identifizierten Risiken sowie die Zweckmäßigkeit der zur Steuerung vorgesehenen Gegenmaßnahmen zu überprüfen. Die Überwachung des Risikofrüherkennungssystems umfasst aber auch die Maßnahmen zu seiner Überwachung. Es ist zu prüfen, ob das IKS über den Bereich des →Rechnungswesens hinaus auf alle Unternehmensbereiche ausgeweitet worden ist, in denen potenziell inhärente Risiken bestehen, und ob die Prüfung durch die Interne Revision die Einhaltung der Risikorichtlinien gewährleistet.

Die begleitende Überwachung des Risikomanagementsystems erfordert eine gute und umfangreiche Informationsversorgung durch den Vorstand (→Berichterstattungspflichten des Vorstands). Eine regelmäßige den § 91 Abs. 2 AktG flankierende Verpflichtung des Vorstands zur Berichterstattung hat der Gesetzgeber jedoch nicht kodifiziert. Die Berichterstattung über die Geschäftspolitik und die Unternehmensplanung (→Planung) (§ 90 Abs. 1 Satz 1 Nr. 1 AktG) beinhaltet lediglich Angaben zu Chancen und Risiken, jedoch nicht über den Zustand des Risikomanagementsystems selbst. Allein der →Prüfungsbericht (PrB) des →Abschlussprüfers wirkt unterstützend, in dem er in einem gesonderten Teil (§ 321 Abs. 4 HGB) über das Ergebnis seiner Prüfung des Risikomanagementsystems (§ 317 Abs. 4 AktG) zu berichten hat. Um der besonderen Bedeutung des Risikomanagementsystems für die strategische Unternehmensführung gerecht zu werden, ist der AR daher faktisch verpflichtet, im Rahmen einer Informationsordnung (DCGK 3.4) eine Berichtspflicht bzgl. des Risikomanagementsystems zu definieren. Nach der Durcharbeitung dieser Berichte ist der Zustand des Risikomanagementsystems regelmäßig mit dem Vorstand in den Aufsichtsratssitzungen zu diskutieren. Stellt der AR Defizite des Risikomanagementsystems oder der diesbezüglichen Informationsversorgung fest, so kann er von seinen Prüfungs- und Einsichtsrechten (§ 111 Abs. 2 AktG) sowie der Möglichkeit der Hinzuziehung von Sachverständigen (→Sachverständigentätigkeit) und Auskunftspersonen Gebrauch machen (§ 109 Abs. 1 Satz 2 AktG).

Neben der beabsichtigten Geschäftspolitik und grundsätzlichen Fragen der Unternehmensplanung scheint insb. das Risikomanagement Gegenstand einer prospektiv ausgerichteten →Unternehmensüberwachung zu sein, sodass der AR i. S. e. zukunftsorientierten Überwachung frühzeitig in die Ausgestaltung des Risikomanagementsystems eingebunden werden muss. Neben der Ausgestaltung des Risikomanagementsystems i.A. sollte der AR insb. auf die Festlegung der risikopolitischen Grundsätze Einfluss nehmen (→Beratungsaufgaben des Aufsichtsrats). Diese stellen die Grundlage des gesamten Risikofrüherkennungssystems dar und prägen hierüber hinaus die Einstellung aller Mitarbeiter gegenüber Risiken und Chancen. Damit im Folgenden eine konstruktive Zusammenarbeit der beiden Verwaltungsorgane auf dem Gebiet des Risikomanagementsystems erfolgen kann, muss die Basis hierfür gemeinsam erarbeitet werden.

Eine derart intensive und präventive Überwachung konkretisiert sich in der Definition eines entsprechenden Zustimmungsvorbehalts durch den Satzungsgeber oder subsidiär durch den AR selbst. Hierdurch erhält der AR ein unternehmerisches Mitentscheidungsrecht, da der Vorstand in der Folge Änderungen hinsichtlich der RMS-Organisation nur vornehmen darf, wenn der AR diesen zuvor zugestimmt hat (→zustimmungspflichtige Geschäfte).

Im Interesse der Gewährleistung eines ordnungsgemäßen und zweckmäßigen sowie wirtschaftlichen Risikomanagementsystems kann der AR auch seine Personalkompetenz (§ 84 AktG) einsetzen. Bereits bei der Berufung der Vorstands-Mitglieder (§ 84 Abs. 1 Satz 1 AktG) ist auf eine entsprechende Qualifikation der Kandidaten zu achten (→Vorstand und Aufsichtsrat, Eignungsprofile von). Soweit möglich, soll der AR bei der Wahl jeglichen Vorstandsmitglieds darauf achten, dass sich die risikopolitische Einstellung mit der des Aufsichtsrats deckt und der Kandidat bereit ist, sich den risikopolitischen Grundsätzen unterzuordnen. Alle Vorstandsmitglieder müssen zumindest grundlegende Kenntnisse und einige hierüber hinaus Spezialkenntnisse hinsichtlich des Risikomanagementsystems vorweisen können. Im Falle einer eklatanten Missachtung der Sorgfaltspflichten kann der AR den Vorstand oder einzelne seiner Mitglieder abberufen (§ 84 Abs. 3 AktG) (→Vorstand, Bestellung und Abberufung). Die Wahl zwischen den Möglichkeiten sowohl der Informationsbeschaffung als auch der Einflussnahme hat stets unter Berücksichtigung der jeweiligen Situation des Unternehmens i.A. und des Risikomanagementsystems im Besonderen zu erfolgen.

Mit der verpflichtenden Implementierung eines Risikomanagementsystems geht nicht nur eine Aufgabenerweiterung des Aufsichtsrats einher, sondern er profitiert vielmehr auch hiervon: Zum einen partizipiert er im Falle einer entsprechenden Verpflichtung in der Informationsordnung an der verbesserten Informationslage, zum anderen stellt das RMS ein ideales Hilfsmittel des Aufsichtsrats zur Überwachung der Geschäftsführung dar, da dieses für den Vorstand bei der Erfüllung eines Großteils seiner originären Geschäftsführungsaufgaben (→Planung, Koordination und Steuerung, Überwachung) Unterstützungsfunktion besitzt.

Literatur: Gernoth, J. P.: Die Überwachungspflichten des Aufsichtsrats im Hinblick auf das Risiko-Management und die daraus resultierenden Haftungsfolgen für den Aufsichtsrat, in: DStR 39 (2001), S. 299–309; Lentfer, T.: Die Überwachung des Risikomanagementsystems gemäß § 91 Abs. 2 AktG durch den Aufsichtsrat, Hamburg 2003; Lentfer, T.: Überwachung des Risikomanagementsystems durch den Aufsichtsrat, in: Freidank, C.-C. (Hrsg.): Corporate Governance und Controlling, Heidelberg 2004, S. 113–140; Pahlke, A.-K.: Risikomanagement nach KonTraG – Überwachungspflichten und Haftungsrisiken für den Aufsichtsrat, in: NJW 55 (2002), S. 1680–1688; Salzberger, W.: Die Überwachung des Risikomanagements durch den Aufsichtsrat. Überwachungspflichten und haftungsrechtliche Konsequenzen, in: DBW 60 (2000), S. 756–773.

Thies Lentfer

Risikoorientierter Prüfungsansatz

Ergebnis der →Jahresabschlussprüfung ist das →Prüfungsurteil in Form des →Bestätigungsvermerks, in dem der →Abschlussprüfer (APr) bestätigt, dass der JA und der →Lagebericht mit einer hinreichenden Sicherheit frei von wesentlichen Unrichtigkeiten und Verstößen (→Unregelmäßigkeiten) sind. Gleichzeitig gilt für die Abschlussprüfung der Grundsatz der Wirtschaftlichkeit (→Grund-

Risikoorientierter Prüfungsansatz

sätze ordnungsmäßiger Abschlussprüfung). Der APr muss also sein Prüfungsurteil, unter Beachtung der Wirtschaftlichkeit, mit hinreichender Sicherheit und unter Berücksichtigung des bestehenden →Prüfungsrisikos abgeben. Dabei führt die notwendige Beachtung des Prüfungsrisikos tendenziell zur Konzentration (Effektivität) und der Wirtschaftlichkeit tendenziell zur Reduktion (Effizienz) der Prüfung auf die risikobehafteten Positionen eines Jahresabschlusses. Der risikoorientierte Prüfungsansatz vereint diese beiden Anforderungen an eine Jahresabschlussprüfung.

Hinreichende Sicherheit bei der Abgabe des Prüfungsurteils bedeutet zum einen, dass durch die Abschlussprüfung keine absolute Sicherheit erreicht werden muss und zum anderen den annähernden Ausschluss der Erstattung eines Fehlurteils (→Prüfungsrisiko). Fehlurteile können in der Erteilung eines eingeschränkten Bestätigungs- bzw. Versagungsvermerks bei einem ordnungsmäßigen JA (Alpha-Risiko) oder in der Vergabe eines uneingeschränkten Bestätigungsvermerks bei einem mit wesentlichen Unrichtigkeiten behafteten JA (Beta-Risiko) bestehen (→Fehlerarten in der Abschlussprüfung). Das Prüfungsrisiko setzt sich hierbei aus folgenden Risiken zusammen:

Die einzelnen Risiken sind durch Multiplikation miteinander verknüpft. Geht man z. B. davon aus, dass das Prüfungsrisiko max. 5 % sein darf, so ergibt sich folgende Formel:

$$AR = IR \cdot CR \cdot ARR \cdot TDR \leq 5\%.$$

Der risikoorientierte Prüfungsansatz verlangt, dass der APr bereits im Rahmen der →Prüfungsplanung vorläufige Risikoeinschätzungen durchführt. Diese fließen in die →Prüfungsstrategie ein und werden in der Prüfungsdurchführung (→Prüfungsprozess) umgesetzt.

In einem ersten Schritt der *Prüfungsplanung* sind die inhärenten Risiken in der Rechnungslegung zu beurteilen. Diese ergeben sich zum einen aus dem Unternehmen selbst, dem unmittelbaren Unternehmensumfeld (→wirtschaftliches Umfeld), der Branche sowie aus der darüber hinaus gehenden Umwelt, und zum anderen können sie auch aus der Beschaffenheit einzelner →Prüffelder (z. B. wesentliche →Forderungen in fremder Währung bei gestiegenem €) entstehen. Aus diesem Grund hat sich der APr während der Planungsphase mit dem Unternehmen, dessen Tätigkeit sowie dessen Prozessabläufen (→Ablauforganisation) ausführlich zu beschäftigen. Hierzu sind Gespräche, insb., aber nicht nur mit dem Management zu führen (→Unternehmensleitung, Informationsaustausch des Wirtschaftsprüfers mit). Protokolle (→Versammlungsprotokolle) von Gesellschafterversammlungen (→Haupt- und Gesellschafterversammlung) und Aufsichtsrats- bzw. Beiratssitzungen sowie Schriftwechsel der Gesellschaft sind auszuwerten. Auch externe Quellen, wie Zeitungsartikel, Veröffentlichungen im Internet oder auch HR sowie Grundbuch, sind in diese Analyse einzubeziehen. In einem weiteren Schritt sind die vorläufigen Zahlen des laufenden Jahres durch Vorjahresvergleich (→zeitlicher Vergleich) oder Kennzahlenbildung (→Kennzahlen und Kennzahlensysteme als Kontrollinstrument) einer Untersuchung zu unterziehen (→Verprobung). Darüber hinaus hat sich der APr für seine Risikoeinschätzungen bereits während der →Planung mit dem →Internen Kontrollsystem (IKS) der Gesell-

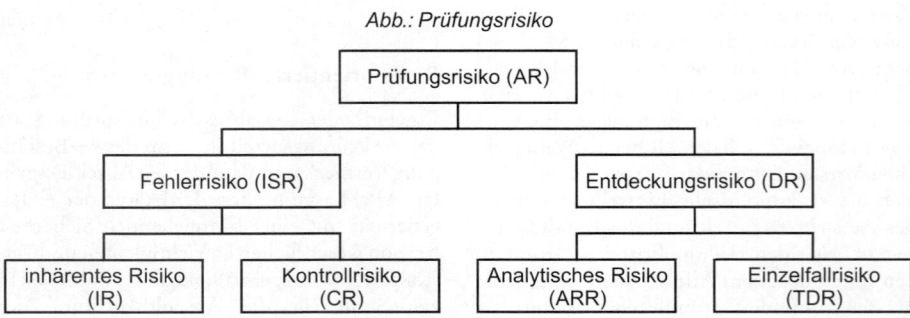

Abb.: Prüfungsrisiko

schaft sowie der Einstellung des Managements bzgl. Kontrollen zu beschäftigen (→Internes Kontrollsystem, Prüfung des; →Systemprüfung; →Unternehmensethik und Auditing). Für den Umfang dieser Analysen gibt es weder im Gesetz noch in einem PS des →*Instituts der Wirtschaftsprüfer in Deutschland e.V.* eine eindeutige Regelung, sodass dieser im Ermessen des jeweiligen Abschlussprüfers liegt. Der APr muss entscheiden, ob der Umfang seiner Analysetätigkeit eine ausreichende Grundlage für ein hinreichend sicheres Urteil über die Risikosituation des Unternehmens bildet. Ebenfalls Teil der risikoorientierten Prüfungsplanung sind Überlegungen zur →Wesentlichkeit und die Festlegung der Wesentlichkeitsgrenze. Im letzten Schritt der Prüfungsplanung ist dann die Prüfungsstrategie unter Berücksichtigung der Ergebnisse der oben genannten Tätigkeiten zu entwickeln. Es wird hierbei insb. festgelegt, ob und wie weit kontrollorientierte Prüfungen (→Kontrollprüfung) durchgeführt werden können, und für die einzelnen Prüffelder werden die aussagebezogenen Prüfungshandlungen (→ergebnisorientierte Prüfungshandlungen) geplant. Führen spätere Ergebnisse aus den →Kontrollprüfungen bzw. aus den aussagebezogenen Prüfungshandlungen zu neuen Erkenntnissen bzgl. der Risikoeinschätzungen, ist die ursprüngliche Prüfungsplanung zu überdenken und ggf. die Prüfungsstrategie und die Prüfungsdurchführung entsprechend anzupassen.

Im Rahmen der *Prüfungsdurchführung* hat der APr zur Minderung des Kontrollrisikos die Kontrollprüfung durchzuführen. Im ersten Schritt wird die Prüfung des Aufbaus des Internen Kontrollsystems (Aufbauprüfung; →Aufbauorganisation) durchgeführt; unter Berücksichtigung der Ergebnisse hieraus folgt die →Funktionsprüfung. Da der APr für sein Prüfungsurteil insgesamt hinreichende Sicherheit aus seinen Prüfungshandlungen erhalten muss, fließen die Ergebnisse seiner Tätigkeiten bzgl. des Fehlerrisikos in die auf das Entdeckungsrisiko gerichteten aussagebezogenen Prüfungshandlungen ein. Somit führen wenige entdeckte inhärente Risiken und ein gleichzeitig aufgrund wirksamer Kontrollen gemindertes Kontrollrisiko zu einer Reduzierung der aussagebezogenen Prüfungshandlungen, da bei unverändertem Prüfungsrisiko ein höheres Entdeckungsrisiko akzeptabel ist und umgekehrt. Zur Abdeckung des verbleibenden Entdeckungsrisikos stehen dem APr im Rahmen der aussagebezogenen Prüfungen →analytische Prüfungshandlungen und →Einzelfallprüfungen zur Verfügung (→Auswahl von Prüfungshandlungen).

Der risikoorientierte Prüfungsansatz berücksichtigt in allen Phasen der Prüfung die entsprechenden Teilbereiche des Prüfungsrisikos und unterstützt so den APr bei der Findung eines mit hinreichender Sicherheit gefällten *Prüfungsurteils*.

Literatur: Ballwieser, W.: Was leistet der risikoorientierte Prüfungsansatz, in: Matschke, M. J./Schildbach, T. (Hrsg.): Unternehmensberatung und Wirtschaftsprüfung. FS für Günter Sieben, Stuttgart 1998, S. 359–374; IDW (Hrsg.): IDW Prüfungsstandard: Ziele und allgemeine Grundsätze der Durchführung von Abschlussprüfungen (IDW PS 200, Stand: 28. Juni 2000), in: WPg 53 (2000), S. 706–710; IDW (Hrsg.): IDW Prüfungsstandard: Grundsätze der Planung von Abschlussprüfungen (IDW PS 240, Stand: 8. Dezember 2005), in: WPg 53 (2000), S. 846–849; IDW (Hrsg.): IDW Prüfungsstandard: Feststellung und Beurteilung von Fehlerrisiken und Reaktionen des Abschlussprüfers auf die beurteilten Fehlerrisiken (IDW PS 261, Stand: 6. September 2006), in: WPg 59 (2006), S. 1433–1445; Wiedmann, H.: Der risikoorientierte Prüfungsansatz, in: WPg 46 (1993), S. 13–25.

Jens Thiergard

Risikopolitik →Risk Management

Risikopolitisches Instrumentarium →Risk Management

Risikoprämie →Capital Asset Pricing Model

Risikosimulation

Seit Anfang der 1990er Jahre findet unter dem Begriff →*Corporate Governance* eine intensive Diskussion über Unternehmensführung und -kontrolle, Transparenz und Wettbewerbsfähigkeit statt. Sie hat zu verschiedenen gesetzgeberischen Maßnahmen geführt:

- Das KonTraG aus dem Jahr 1998, welches sich aus den im allgemeinen Geschäftsverkehr üblichen Sorgfaltspflichten ableitet, verpflichtet die Vorstandsmitglieder einer AG (→Aktiengesellschaft, Prüfung einer), ein angemessenes Risikomanagement (→Risk Management) durchzuführen und ein Internes Überwachungssystem einzurichten (§§ 91 Abs. 2, 93 Abs. 1 Satz 1 AktG)

[→Risikomanagementsystem (RMS); →Überwachungsaufgaben des Vorstands].

- Wenngleich der Gesetzgeber für die →Gesellschaft mit beschränkter Haftung (GmbH) und →Personengesellschaften (PersGes) keine expliziten Regelungen formuliert, leiten sich aus § 43 Abs. 1 GmbHG und § 289 Abs. 2 HGB entsprechende Pflichten ab: Die Geschäftsführer einer GmbH oder eines sonstigen unter das PublG fallenden Unternehmens müssen im →Lagebericht die Risiken darstellen, denen die Gesellschaft ausgesetzt ist (→Chancen und Risiken der künftigen Entwicklung; →Chancen- und Risikobericht).

- Als Folge des *TransPuG* wurde 2002 mit § 161 AktG eine „Erklärung zum Corporate Governance Kodex" in das AktG eingeführt. Mit dieser →Entsprechenserklärung erfährt der →Deutsche Corporate Governance Kodex (DCGK), der im amtlichen Teil des elektronischen Bundesanzeigers bekannt gegeben wird, seine gesetzliche Grundlage.

- →*Basel II* liefert den Banken und →Kreditinstituten Vorgaben zur Ermittlung ihres Risikoprofils aus Kreditrisiko und operationellem Risiko sowie zur Ableitung einer risikoadäquaten Eigenkapitalausstattung und geeigneter Überprüfungsprozesse (→Mindestanforderungen an das Risikomanagement).

- Eine zum Finanzmarkt parallele Entwicklung ist in der Versicherungswirtschaft zu beobachten. *Solvency II* definiert die Anforderungen der Finanzaufsicht an die Versicherungswirtschaft (→Solvenzvorschriften für Versicherungsunternehmen). Gegenüber Solvency I sieht es eine stärkere Ausrichtung der Mindestkapitalausstattung von Versicherungsunternehmen an den übernommenen Risiken vor. Weitere Ziele sind die Erhöhung der Risikotransparenz gegenüber der →*Bundesanstalt für Finanzdienstleistungsaufsicht (BaFin)* und der interessierten Öffentlichkeit.

Der DCGK empfiehlt den Einsatz moderner Informations- und Kommunikationstechnologie (IKT). Wenngleich sich seine Empfehlung hauptsächlich auf die Vorbereitung und Durchführung der HV (→Haupt- und Gesellschafterversammlung) bezieht, gilt sie sinngemäß auch für die Unternehmensführung und das *Chancen- und Risikomanagement* (→Risiko- und Chancencontrolling). Ein Risikomanagement erfordert, dass Risiken nicht bloß empfunden, sondern analysiert und quantifiziert werden. Eine darauf abzielende *Risikoanalyse* sollte modellbasiert erfolgen. Für sie wurden verschiedene Verfahren entwickelt:

Tab. 1: Phasen des Risikomanagements

Phase	Beschreibung	Aktivitäten
(1)	**Risikoidentifikation** Die systematische Identifikation der Risiken bildet den Ausgangspunkt des Risikomanagements.	• Festlegung der Unternehmensziele • Entwicklung einer Risikostrategie • Erkennen der Risiken • Aufstellung einer Risikoübersicht
(2)	**Risikoanalyse** Sie schafft Transparenz über die gegebenen Risiken und dient ihrer Gewichtung und Bewertung.	• Risikostrukturanalyse • Bildung von Risikogruppen • Quantifizierung der Eintrittswahrscheinlichkeiten und Auswirkungen • Qualitative Beschreibung von Szenarien
(3)	**Risikooptimierung** Gemäß der definierten Risikopolitik ist ein optimales Risikoportfolio abzuleiten und umzusetzen.	• Analyse von Risiko-Szenarien • Auswahl und Umsetzung der Maßnahmen • Darstellung und Bewertung des Risikoportfolios
(4)	**Risiko-Monitoring** Das Risiko-Monitoring überwacht das Eintreten von Risiken.	• Exception Reports • Risikobericht • Ursachenanalysen

Tab. 2: Business Intelligence-Technologien für das Risikomanagement

Business Intelligence (BI)-Technologie	Anwendungsschwerpunkt
Managementinformationssystem (MIS), Query & Reporting	Erstellung des Lageberichts
Executive Informationssystem (→ Führungsinformationssysteme)	Exception Reporting
→ Balanced Scorecard/Dashboard	Risiko-Monitoring
Online Analytical Processing (OLAP)	Ursachenanalyse
Data Mining	Aufspüren von Chancen/Risiken
Decision Support-Systeme (→ Management Support Systeme), Risikosimulation	Risikoanalyse und -bewertung

1) Korrekturverfahren,
2) →Sensitivitätsanalysen,
3) →Szenariotechnik und
4) Risikosimulation.

Die Risikosimulation ist das anspruchsvollste unter den genannten Verfahren. Sie bietet die Möglichkeit, Entscheidungen durch Risikoprofile und deren Kenngrößen zu beurteilen. Ihr Einsatz wurde erstmals von *Hertz* (Hertz 1964) zur Risikoanalyse von Investitionsvorhaben vorgeschlagen. Sie ist seitdem zu einem Standardwerkzeug für die Beurteilung von →Investitionen geworden (Hertz/Thomas 1984). Sie wird, insb. wenn es schwer fällt, Risiken zu quantifizieren, mit der Szenariotechnik kombiniert.

Aus § 289 HGB (Lagebericht) und § 315 HGB (→Konzernlagebericht) leiten sich die *Aufgaben des Risikomanagements* ab. Bei ihm sind 4 Phasen zu unterscheiden (s. Tab. 1).

Ein →Risikomanagementsystem (RMS) muss gewährleisten, dass bestands- und entwicklungsgefährdende Risiken (→Bestandsgefährdung) frühzeitig erkannt werden (→Früherkennungssysteme), um rechtzeitig Gegenmaßnahmen ergreifen zu können, die Basis für die Risiko-Berichterstattung im Lagebericht bieten und die Kommunikation mit den Stakeholdern über Unternehmenspolitik und -entwicklung unterstützen. Es sollte ferner eine erfolgreiche Weiterentwicklung des Unternehmens im Hinblick auf dessen Zielsetzungen sowie die Erhaltung und Steigerung des →Unternehmenswertes (→Shareholder Value-Analysis) gewährleisten.

Das Risikomanagement wird durch unterschiedliche →IT-Systeme unterstützt. Sie lassen sich unter dem Begriff *Business Intelligence (BI)-Systeme* zusammenfassen. Tab. 2 ordnet ausgewählte BI-Technologien Anwendungsschwerpunkten im Risikomanagement zu. Die datentechnische Integration und Basis bilden Data Warehouse/Data Marts.

Simulation bezeichnet die Abbildung eines realen oder fiktiven Systems in einem Modell und das systematische Ausführen von Experimenten am Modell (→Simulationsmodelle). Treten im Modell stochastische Größen mit Häufigkeitsverteilungen $f(x)$ auf, spricht man von stochastischer Simulation. Die *Risikosimulation* ist ein Spezialfall der stochastischen Simulation; sie dient der Risikobeurteilung und -bewältigung. Die Risikosimulation läuft in folgenden Schritten ab (Vose 2000):

1) Modellbildung [vollständiger Finanzplan (→Finanzplanung), Kassenhaltung, →Deckungsbeitragsrechnungen etc.],

2) Definition der quantitativ beschreibbaren deterministischen und stochastischen sowie der lediglich qualitativ beschreibbaren Input-Größen,

3) Datenbeschaffung, Schätzung der Häufigkeitsverteilungen $f(x)$ der stochastischen Input-Größen,

4) Monte-Carlo-Simulation (ggf. mit Szenarioanalysen) und

5) Analyse/Interpretation der Risikoprofile der stochastischen Output-Größen $f(y)$.

Risikosimulation

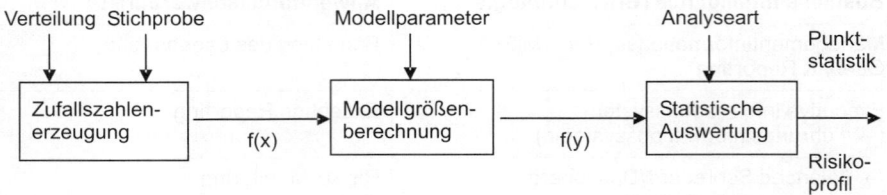

Abb. 1: Phasen der Monte-Carlo-Simulation

Unter Schritt 4) werden für die risikobehafteten Größen Zufallszahlen x_k, $k = 1(1)n$, erzeugt, deren Häufigkeiten der definierten Verteilung f(x) der Zufallsvariablen x genügen. Die stochastische Simulation wird deshalb auch als *Monte-Carlo-Simulation* bezeichnet. Den Kern der Risikosimulation bildet das betriebswirtschaftliche Modell. Es transformiert die (stochastischen) Input-Größen x in im Hinblick auf den Untersuchungszweck definierte (stochastische) Output-Größen y. Diese können auf unterschiedliche Weise statistisch aufbereitet und ausgewertet werden (s. Abb. 1). Insgesamt ergibt sich folgender dreiphasiger Ablauf der Monte-Carlo-Simulation.

Die Häufigkeitsverteilungen f(x) der risikobehafteten Einflussgrößen x basieren häufig auf *subjektiven Schätzungen*. Oft fällt es schwer, Verteilungstyp sowie Mittelwert m und Standardabweichung σ anzugeben. Das Risiko lässt sich eher durch wahrscheinlichste, pessimistische und optimistische Werte ausdrücken. Aber auch dann sind die Auswirkungen unterschiedlicher Verteilungsannahmen zuweilen schwer zu erfassen. Im günstigsten Fall lässt sich das Risikoempfinden durch eine Verteilungsfunktion

$$F(x) = \int_{-\infty}^{x} f(\xi) d\xi = \text{Prob}\{\xi \leq x\},$$

deren Komplement $\overline{F}(x) = (1 - F(x)) = \text{Prob}\{\xi \geq x\}$ oder durch α-Quantilen x_α mit $\text{Prob}\{x \leq x_\alpha\} = \alpha$ bzw. $x_\alpha = F^{-1}(\alpha)$, $0 \leq \alpha \leq 1$, quantifizieren.

Wegen des subjektiven Charakters der Schätzungen empfiehlt es sich, im Rahmen der Risikosimulation unterschiedliche Verteilungsformen zu evaluieren: Gleichverteilung, Dreiecksverteilung, abgeschnittene Normalverteilung(en) N(m,σ), zusammengesetzte Dichtefunktionen etc. Tab. 3 gibt für ausgewählte zwischen Minimalwert a und Maximalwert b symmetrische Verteilungen die Standardabweichung an (Hummeltenberg 2005; Hummeltenberg 2006c):

Abschnittsweise definierte Häufigkeitsverteilungen f(x) lassen sich als *zusammengesetzte Dichtefunktionen* deuten. Hierbei wird f(x) als Konvexkombination von den Abschnitten j zuordbaren Dichtefunktionen $f_j(x)$, $j = 1(1)\bar{j}$, dargestellt (Law/Kelton 1982, S. 247 f.):

$$f^c(x) = \sum_{j=1}^{\bar{j}} p_j \cdot f_j(x), \sum_{j=1}^{\bar{j}} p_j = 1, p_j > 0.$$

Auf der Basis weniger Verteilungstypen $f_j(x)$ lassen sich so praktisch beliebig komplexe Häufigkeitsverteilungen f(x) „kombinieren". Die Konvexfaktoren p_j genügen einer diskreten Dichtefunktion. Die Zufallszahlengenerierung für die Identifikation der Realisation der Abschnitte von $f^C(x)$ lässt sich somit auf eine Zufallszahlengenerierung für die diskrete Dichtefunktion p(j) und die Dichtefunktionen $f_j(x)$ zurückführen.

Analytische Häufigkeitsverteilungen f(x) werden durch Verteilungstyp und -parameter spezifiziert. Auf dem Digitalrechner werden Zufallszahlen mittels Zufallszahlengeneratoren einheitsgleichverteilter Zufallszahlen r ∼ U(0,1) erzeugt, um diese dann in Zufallszahlen x_k der spezifizierten Häufigkeitsverteilungen zu transformieren (s. z. B. Law/Kelton 1982; Vose 2000).

Ein einfaches, effizientes Verfahren, um einheitsgleichverteilte Zufallszahlen zu generieren, liefert die multiplikative Kongruenzmethode (Linear Congruental Generator – LCG). Zufallszahlenfolgen (x(k)) für beliebige kontinuierliche Dichtefunktionen f(x) oder diskrete Häufigkeitsverteilungen p(x) erhält man durch Transformation einheitsgleichverteilter Zufallszahlen r(k) ∼ U(0,1) an der

Tab. 3: Einfluss des Verteilungstyps auf die Standardabweichung

Verteilungstyp	Standardabweichung
Gleichverteilung	$\frac{1}{\sqrt{12}}(b-a) \approx 0{,}29^*(b-a)$
Symmetrische Dreiecksverteilung	$\frac{b-a}{\sqrt{24}} \approx 0{,}20 \cdot (b-a)$
Normalverteilung, abgeschnitten bei $\mu \pm \sigma$	$0{,}54\,\sigma \approx 0{,}27^*(b-a)$
Normalverteilung, abgeschnitten bei $\mu \pm 2\sigma$	$0{,}88\,\sigma \approx 0{,}22^*(b-a)$
Normalverteilung, abgeschnitten bei $\mu \pm 3\sigma$	$0{,}99\,\sigma \approx 0{,}17^*(b-a)$

inversen Verteilungsfunktion $F^{-1}(r(k))$ (Law/Kelton 1982; Vose 2000).

Die im Rahmen einer Simulation generierten Merkmalsausprägungen einer Zufallsvariablen x lassen sich auf verschiedene Weise darstellen und statistisch auswerten (Hummeltenberg 2006c):

1) *Ur-Liste* der Ausprägungen in der beobachteten Reihenfolge.

2) *Sortierte Liste* (S-Liste), bei der die Ausprägungen aufsteigend sortiert, identische Ausprägungen zusammengefasst und die sich daraus ergebenden Beobachtungszahlen (absoluten Häufigkeiten) ausgewiesen werden.

3) *Granulare Liste* (G-Liste), bei der Ausprägungen innerhalb einer Granularität G (z. B. gegebener Dezimalstellenzahl) zusammengefasst, die resultierenden Beobachtungszahlen ausgewiesen und die Ausprägungen aufsteigend sortiert werden.

4) *Häufigkeitstabelle* mit Klassenbreite D, wobei zu den Intervallen die Beobachtungszahlen oder relativen Häufigkeiten ausgewiesen werden.

Ur-, S- und G-Liste sowie Häufigkeitstabelle erlauben u. a. folgende statistische Auswertungen (Hummeltenberg 2006c):

- Häufigkeitsverteilungen, Verteilungsfunktionen, komplementäre Verteilungsfunktionen sowie

- statistische Kenngrößen: Mittelwert, Standardabweichung, Minimalwert, Maximalwert, Median, Quantile.

Die Aussagekraft der Risikosimulation wird neben der Qualität von Daten und Modell von der Simulationsstrategie und der *Visualisierung der Ergebnisse* bestimmt. Letztere wiederum hängt vom Modell und seinen Output-Größen ab. Abb. 3 visualisiert am Beispiel der Finanzsimulation den Korridor, in dem sich der Vermögenswert einer komplexen öffentlichen Investition in die Erschließung eines Gewerbegebiets während ihrer 4 Phasen entwickelt (Siemes 2003).

Aufwand und Nutzen der IT-gestützten Risikosimulation bestimmen die unternehmensspezifische Angemessenheit ihres Einsatzes. Beim Aufwand ist zu differenzieren zwischen →Kosten für Hardware, Software sowie Systemeinsatz und -wartung. Nicht zu ver-

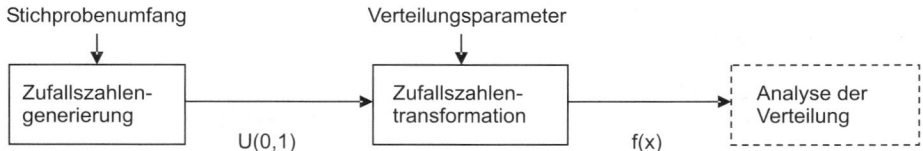

Abb. 2: Zufallszahlenerzeugung bei der Monte-Carlo-Simulation

Risikovorsorge

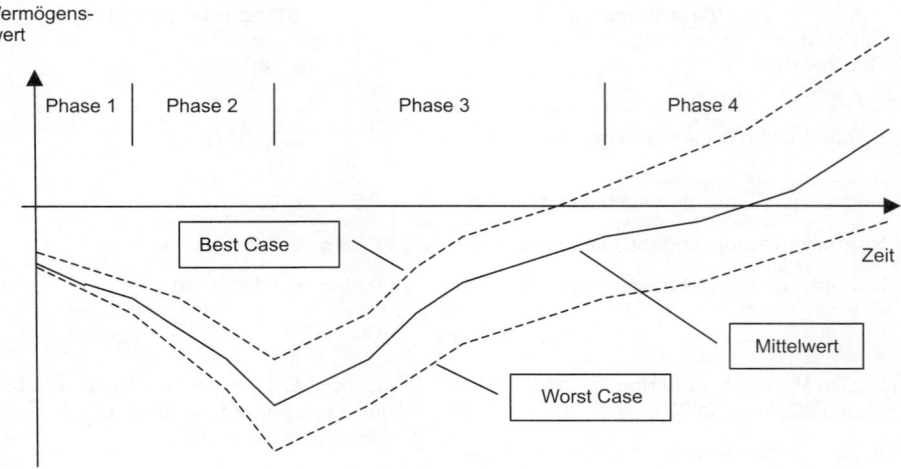

Abb. 3: Mittelwert und Konfidenzintervall eines Vermögenswertes bei der Finanzsimulation

nachlässigen ist ferner die Dauer der Systemerstellung. In beiden Punkten sind entscheidende Fortschritte zu erwarten: Internet, Web Services und Grid Computing eröffnen die Möglichkeit, *Risikosimulationen im Internet* abzurufen. So bietet *Sun Microsystems* unter dem Utility-Computing-Konzept im Sun Grid Banken und anderen Geldinstituten komplexe Finanzsimulationen zur Risikobeurteilung von „Collateralized Debt Obligations/CDO" (Schuldverschreibungen) an. Per Browser abrufbar, führt das Anwendungssystem CDOSheet auf einem Sun Grid mit 256 Prozessoren in einer Stunde Finanzsimulationen aus, für die andere leistungsfähige Systeme Tage benötigen würden. *Hummeltenberg* (Hummeltenberg 2005; Hummeltenberg 2006b) beschreibt die Leistungsfähigkeit von „Enhanced SQL"-Servern, sodass künftig *Risikosimulationen auf „Federated Databases"* im World Wide Web durchführbar sind.

Der Nutzen des Einsatzes der IT-gestützten Risikosimulation steigt in dem Maße, wie das Risikomanagement nicht nur der Erstellung des Lageberichts dient, sondern zugleich als Risiko- und Chancenmanagement begriffen und in die betrieblichen Planungs-, Steuerungs- und Kontrollprozesse (→Planung; →Planungssysteme; →Kontrollsysteme) integriert wird. Mit der Data Warehouse-Technologie und einer *SQL/XML-basierten* Datenhaltung gehören Probleme der *Informationsintegration* der Vergangenheit an. Im Übrigen ist zu erwarten, dass mit fortschreitender IT die Ansprüche des Kapitalmarktes (Shareholder, Rating-Agenturen etc.) an die Informationsinhalte der Berichterstattung steigen.

Literatur: Hertz, D. B.: Risk Analysis in Capital Investment, in: HBR 42 (1964), Heft 1, S. 95–106; Hertz, D. B./Thomas, H.: Practical Risk Analysis, NY 1984; Hummeltenberg, W.: Risiko-Simulation in der Betriebswirtschaftslehre mit Transact-SQL, in: Beyer, J./Mönch, L. (Hrsg.): Aspekte der Wirtschaftsinformatik: Methoden, Werkzeuge, Anwendungen, Erlangen/San Diego 2005; Hummeltenberg, W.: Monte-Carlo-Simulation zur Risikoanalyse mit MS Excel, in: Biethahn, J. (Hrsg.): Proceedings um 10. Symposium: Simulation als betriebliche Entscheidungshilfe: Neuere Werkzeuge und Anwendungen aus der Praxis, 13.–15. März 2006 in Braunlage, Braunlage 2006a, S. 103–117; Hummeltenberg, W.: Monte-Carlo-Simulation zur Risikoanalyse mit Enhanced SQL, in: Biethahn, J. (Hrsg.): Proceedings um 10. Symposium: Simulation als betriebliche Entscheidungshilfe: Neuere Werkzeuge und Anwendungen aus der Praxis, 13.–15. März 2006 in Braunlage, Braunlage 2006b, S. 119–132; Hummeltenberg, W.: Risikosimulation mit MS Excel, in: WISU 35 (2006c), S. 504–523; Law, A. M./Kelton, W. D.: Simulation Modeling and Analysis, NY 1982; Siemes, A.: Vollständige Finanzsimulation für komplexe öffentliche Investitionen – Am Beispiel der Ansiedlung von Unternehmen, in: Verwaltung und Management 9 (2003), S. 127–133; Vose, D.: Risk Analysis – A Quantitative Guide, 2. Aufl., NY 2000.

Wilhelm Hummeltenberg

Risikovorsorge →Engagementprüfung; →Kreditprüfung

Risikozuschlag →Kalkulationszinssatz

Risikozuschlag in der Unternehmensbewertung →Unternehmensbewertung

Risk Adjusted Performance Measurement →Bankencontrolling

Risk Adjusted Return on Capital →Bankencontrolling

Risk and Reward Approach →Segmentberichterstattung

Risk Assessment →Internes Kontrollsystem

Risk Management

Risk Management ist ein ursprünglich aus den USA stammendes Konzept, das einen ganzheitlichen Ansatz zur Analyse und Bewertung der Risiken eines Unternehmens beschreibt. Das Konzept des Risk Managements (Risikomanagement, Risikopolitik) geht davon aus, dass für den langfristigen Fortbestand eines Unternehmens seine Gesamtrisikosituation von zentraler Bedeutung ist. Die Gesamtrisikosituation ist das Ergebnis aller (sich möglicherweise gegenseitig beeinflussenden) Einzelrisiken des Unternehmens. Die dauerhafte Sicherung der Unternehmensexistenz verlangt daher ein auf die Gesamtrisikolage des Unternehmens abgestimmtes Risk Management und eine in diesem Sinne risikobewusste Unternehmensführung.

I.A. versteht man unter Risk Management einen Prozess, der sich in die beiden Teilprozesse der Risikoanalyse als vorgeschaltete Phase der Informationsgewinnung und den Einsatz der risikopolitischen Instrumente als anschließende Phase der Risikobewältigung unterteilen lässt (s. Abb.).

Diese beiden Teilprozesse lassen sich weiter untergliedern: Gegenstand der Risikoanalyse ist die systematische Informationsbeschaffung bzgl. der Art und Höhe der Risiken des Unternehmens mit dem Ziel, diese derart zu quantifizieren, dass nachfolgende Entscheidungen auf einer möglichst realitätsnahen Wahrscheinlichkeitsverteilung basieren können. Daher beinhaltet die Phase der Risikoanalyse neben der Erkennung der Risiken (Risikoidentifikation) auch deren Bewertung. Die Risikoanalyse schließt neben der Analyse der Ausgangssituation auch die Überprüfung der Wirkungen der einzelnen Handlungsalternativen mit ein. Der nachfolgende eigentliche Einsatz der risikopolitischen Instrumente ist somit nur auf der Basis einer systematischen und möglichst vollständigen Risikoanalyse sinnvoll planbar und durchführbar.

Die zweite Phase, der Einsatz des risikopolitischen Instrumentariums, beinhaltet die Suche und Auswahl von Handlungsalternativen zur Minderung bzw. Ausschaltung der unternehmerischen Risiken sowie die Durchführung

Abb.: Der Risk Management-Prozess

```
                    Der Risk Management Prozess
                    ┌──────────────┴──────────────┐
              Risikoanalyse          Einsatz risikopolitischer Instrumente
              ├ Risikoidentifikation  ├ Risikomeidung
              └ Risikobewertung       ├ Risikobegrenzung
                                      ├ Finanzielle Vorsorge durch Rücklagenbildung
                                      ├ Risikotragung
                                      ├ Schadenverhütung
                                      └ Versicherung
```

und Kontrolle (→Kontrolltheorie) dieser Maßnahmen. Das unternehmerische Risiko wird durch die Wahrscheinlichkeitsverteilung der Ergebnisse wirtschaftlichen Handelns vollständig quantifiziert. Es umfasst daher sowohl positive als auch negative Abweichungen vom erwarteten Ergebnis. Das Ziel des Risk Managements besteht darin, die aus Sicht des Unternehmens beste erzielbare Wahrscheinlichkeitsverteilung der Ergebnisse zu erreichen. Durch den Einsatz der risikopolitischen Instrumente ist genau dann eine optimale Situation i. S. d. Risk Managements erreicht, wenn die →Kosten zusätzlicher Sicherheitsmaßnahmen dem Nutzen der dadurch erreichten Risikominderung entsprechen.

Es gibt eine große Zahl risikopolitischer Maßnahmen. In der Literatur werden unterschiedliche Systematisierungen vorgeschlagen, von denen sich keine durchgesetzt hat. Eine verbreitete Systematisierung untergliedert Risk Management in die Instrumente der Risikomeidung, Risikobegrenzung, finanziellen Vorsorge durch Rücklagenbildung, Risikotragung, Schadenverhütung und Versicherung (Karten 1978, S. 317). Die Risikomeidung ist der vollständige oder teilweise Verzicht auf eine risikobehaftete Aktivität. Das Instrument der Risikobegrenzung lässt sich in Risikoabwälzung, Risikoteilung, -steuerung, -ausgleich und Risikokompensation aufspalten. Unter Risikoabwälzung versteht man die Überwälzung von Risiken auf Vertragspartner (z. B. Lieferanten). Die Risikoteilung betrifft die Verteilung größerer Risiken auf mehrere Risikoträger. Beim Risikoausgleich geht es um den Ausgleichseffekt, der bei einer Zusammenfassung mehrerer möglichst unabhängiger Risiken zu einem Kollektiv auftritt. Die Risikokompensation bezieht sich auf den Ausgleichseffekt bei Zusammenfassung gegenläufiger Risiken, so dass ein Risiko das andere im Idealfall genau ausgleicht. Durch Maßnahmen zur finanziellen Vorsorge wird das Risiko nicht direkt beeinflusst. Es wird aber die Fähigkeit des Unternehmens erhöht, auch ungünstige Ergebnisse tragen zu können. Daher ist die finanzielle Vorsorge eine Voraussetzung für das Instrument der Risikotragung. Das Instrument der Risikotragung, bei der Risiken ganz oder teilweise vom Unternehmen selbst getragen werden, kann sinnvoll sein, wenn eine →Kosten-Nutzen-Analyse ergibt, dass eine anderweitige Absicherung des Risikos zu kostenintensiv ist. Als Schadenverhütungsmaßnahmen werden solche Maßnahmen bezeichnet, die Eintrittswahrscheinlichkeit und/oder finanzielle Folgen von Schadenereignissen reduzieren können (Doherty 1975, S. 447). Das wohl wirkungsvollste risikopolitische Instrument des Risk Managements ist aber die Versicherung. Sie ermöglicht die vollständige oder teilweise Abwälzung des versicherten Risikos auf ein →Versicherungsunternehmen gegen Zahlung einer entsprechenden Versicherungsprämie. Bei Schadeneintritt stellt der Versicherer die für den Schadenausgleich erforderlichen Mittel in Form von Versicherungsleistungen zur Verfügung. Aus Sicht einer WPGes (→Revisions- und Treuhandbetriebe) wird dadurch der Zustand der Unsicherheit über möglicherweise in der Zukunft zu zahlende Schadensersatzleistungen in einen Zustand der Sicherheit über zukünftig zu zahlende Versicherungsprämien überführt. Seit 1961 ist der Abschluss einer →Berufshaftpflichtversicherung des Wirtschaftsprüfers und des Steuerberaters als Instrument zur Bewältigung des Haftungsrisikos in wirtschaftsprüfenden und steuerberatenden Unternehmen durch § 54 →Wirtschaftsprüferordnung (WPO) und § 67 StBerG gesetzlich vorgeschrieben (→Risikomanagementsystem der Revisions- und Treuhandbetriebe).

Die Ergebnisse der zweiten Phase des Risk Management-Prozesses, die Suche und Auswahl von Handlungsalternativen und deren Einsatz im Unternehmen sowie ggf. die Kontrollergebnisse des Einsatzes risikopolitischer Instrumente in vorherigen Geschäftsperioden, fließen wieder in die neue Risikoanalyse einer Geschäftsperiode ein, sodass der Risk Management-Prozess von Neuem ablaufen kann. Der Risk Management Prozess lässt sich somit auch als allgemeiner Managementprozess mit den einzelnen Phasen →Planung, Entscheidung, Durchführung und Kontrolle interpretieren.

Literatur: Doherty, N. A.: Some Fundamental Theorems of Risk Management, in: Journal of Risk and Insurance 42 (1975), S. 447–460; Doherty, N. A.: Integrated Risk Management. Techniques and Strategies for Managing Corporate Risk, NY 2000; Harrington, S. E./Niehaus, G. R.: Risk Management and Insurance, Boston 1999; Hinterhuber, H./Sauerwein, E./Fohler-Norek, C.: Betriebliches Risikomanagement, Wien 1998; Karten, W.: Aspekte des Risk Managements, in: BFuP 30 (1978), S. 308–340.

Martin Nell; Annette Hofmann

RL-Kennzahlensystem

Das von *Reichmann* und *Lachnit* entwickelte RL-Kennzahlensystem ist ein multifunktionales Kennzahlensystem, welches sowohl für Zwecke der (externen) Unternehmensanalyse (bspw. →Jahresabschlussanalyse; →Rentabilitätsanalyse; →Bonitätsanalyse) und Prüfung (→Jahresabschlussprüfung; →Konzernabschlussprüfung) als auch (intern) als Instrument der Unternehmensführung für →Planung, Steuerung und Kontrolle (→Kennzahlen und Kennzahlensysteme als Kontrollinstrument; →Kontrollinstrumente; →Controllinginstrumente) zu verwenden ist. In der Detailausgestaltung wird daher zwischen einem RL-Jahresabschluss-Kennzahlensystem und einem RL-Controlling-Kennzahlensystem unterschieden (Reichmann 2003, S. 689).

Das Grundkonzept des RL-Kennzahlensystems entspricht der Tatsache, dass die wirtschaftliche Lage von Unternehmen, sei es als Gegenstand von Analyse wie auch von Führung, nicht nur die Erfolgs- oder die Finanzseite des Unternehmens umfasst, sondern eine integrierte Gesamtschau beider Aspekte verlangt. Dementsprechend werden im RL-Kennzahlensystem ein Rentabilitäts- und ein Liquiditäts-Kennzahlensystem (→Erfolgskennzahlensystem; →Liquiditätskennzahlen) kombiniert eingesetzt. Die Abb. 1 zeigt die Grundstruktur des RL-Kennzahlensystems.

Das System enthält in einem allgemeinen Teil zunächst Rentabilitäts- und Liquiditätskomponenten auf Ebene des Gesamtunternehmens, die sodann in Sonderteilen auf die teilbetriebliche Ebene heruntergebrochen werden, z. B. aufgespalten nach Produktsegmenten, →Profitcenter oder Funktionalbereichen.

Die zentralen, die Rentabilität und Liquidität bestimmenden Größen werden auf Ebene des Gesamtunternehmens in einem systematischen Zusammenhang erfasst, wodurch eine Struktur für die Analyse wie auch für die Lenkung von Erfolg und Finanzen (→Erfolgscontrolling; →Finanzcontrolling; →Liquiditätscontrolling) entsteht. Abb. 2 und 3 verdeutlichen die Teilsysteme der gesamtunternehmensbezogenen Erfolgs- bzw. Liquiditätsabbildung im RL-Kennzahlensystem.

Diese allgemein gültigen gesamtunternehmensbezogenen Daten werden in Sonderteilen mit branchen- und firmenspezifischer Prägung (→Controlling nach Branchenaspekten) aufgelöst, z. B. nach Produkten, Profitcentern, Segmenten oder Produktionsstätten. Abb. 4 verdeutlicht die Struktur des Sonderteils für eine produktbezogene Kennzahlen-Ausdifferenzierung.

Literatur: Lachnit, L.: Das Rentabilitäts-Liquiditäts-(RL)Kennzahlensystem als Basis controllinggestützter Managementkonzepte in: Lachnit, L./Lange, C./Palloks, M. (Hrsg.): Zukunftsfähiges Controlling, Mün-

Abb. 1: Grundstruktur des RL-Kennzahlensystems

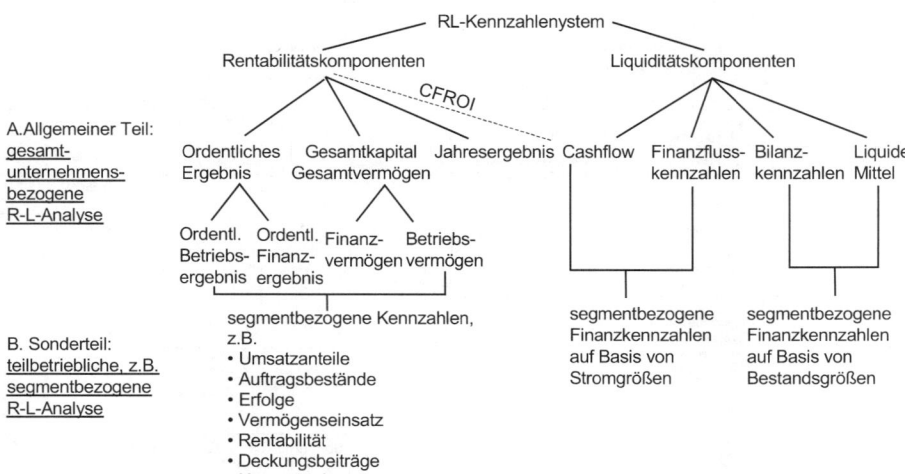

Abb. 2: RL-Kennzahlensystem: Gesamtunternehmensbezogene Erfolgskennzahlen

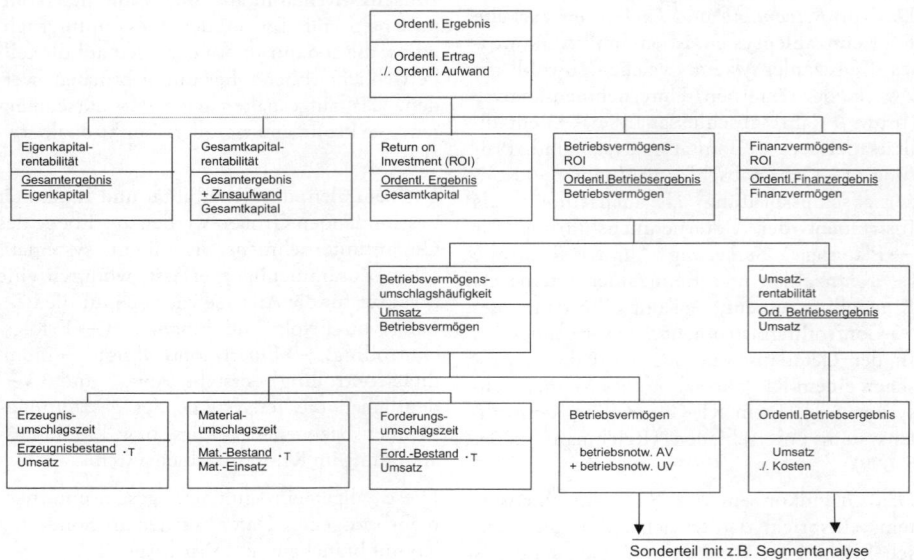

Abb. 3: RL-Kennzahlensystem: Gesamtunternehmensbezogene Liquiditätskennzahlen

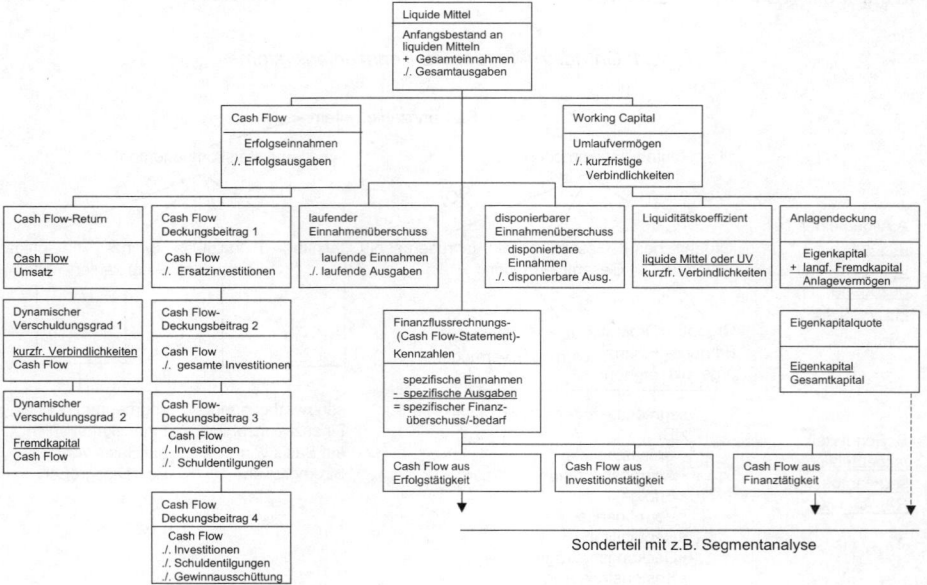

Abb. 4: Sonderteil – Produktbezogene Kennzahlen

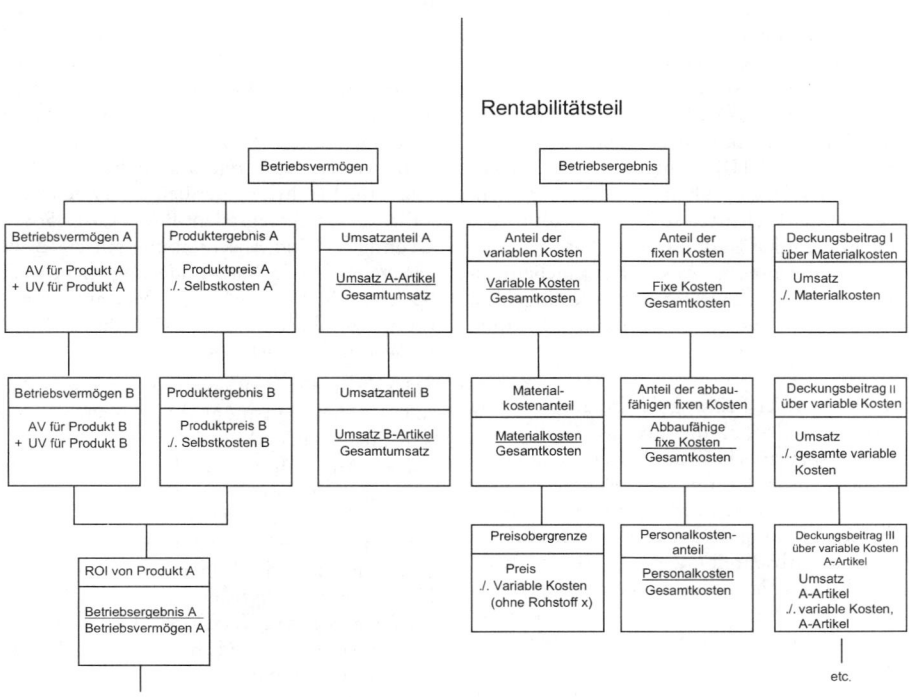

chen 1998, S. 19–44; Lachnit, L.: Bilanzanalyse, Wiesbaden 2004; Reichmann, T.: RL-Kennzahlensystem in: Horváth, P./Reichmann, T. (Hrsg.): Vahlens Großes Controlling Lexikon, 2. Aufl., München 2003, S. 689–691.

Laurenz Lachnit

ROCE →Wertorientierte Unternehmensführung

Roh-, Hilfs- und Betriebsstoffe

Während Rohstoffe als Hauptbestandteile und Hilfsstoffe (z. B. Schrauben) als Nebenbestandteile unmittelbar in die Fertigung eingehen, dienen Betriebsstoffe (z. B. Brennstoffe) als Verbrauchsmaterial der Fertigung. RHB unterscheiden sich von den →unfertigen und fertigen Erzeugnissen dadurch, dass sie am Abschlussstichtag noch keiner Be- oder Verarbeitung unterlegen haben. Anders als Handelswaren sollen sie auch nicht ohne weitere Be- oder Verarbeitung veräußert werden.

Bei der Prüfung des Mengengerüsts gelten die allgemeinen Grundsätze der Prüfung des →Vorratsvermögens. Zur Prüfung von Nachweis und Vollständigkeit (→Nachweisprüfungshandlungen; →Fehlerarten in der Abschlussprüfung) hat der →Abschlussprüfer (APr) die Ordnungsmäßigkeit der →Inventur zu prüfen und dabei die Grundsätze der Bilanzierung des wirtschaftlichen Eigentums zu berücksichtigen (→Grundsätze ordnungsmäßiger Buchführung, Prüfung der).

Bei der Prüfung der ordnungsmäßigen Periodenabgrenzung (→Cut-Off; →periodengerechte Erfolgsermittlung) sollte der APr einen ausreichend großen Zeitraum vor und nach dem Inventurstichtag wählen und in Stichproben (→Stichprobenprüfung) die Warenzugänge anhand von Eingangsrechnungen und Lieferscheine prüfen (→Prüfungsnachweise; →Belegprüfung). Es gilt sicherzustellen, dass für einen Lagerzugang eine entsprechende →Verbindlichkeit bzw. →Rückstellung gebucht wurde bzw. einer gebuchten Verbindlichkeit ein entsprechender Wareneingang gegenübersteht. Weiterhin sind Rücksendungen an Lieferanten zu identifizieren und festzustellen, ob entsprechende Gutschriften in der richtigen Periode erfasst worden sind.

Roh-, Hilfs- und Betriebsstoffe

Bei der →Bewertungsprüfung hat sich der APr zunächst mit den Bewertungsrichtlinien des Unternehmens vertraut zu machen und diese auf Ordnungsmäßigkeit zu prüfen (→Ordnungsmäßigkeitsprüfung). Ferner hat er sich von der tatsächlichen Anwendung der Richtlinien zu überzeugen. Die Zugangsbewertung von RHB erfolgt zu →Anschaffungskosten (AK). Anhand von Eingangsrechnungen oder Preislisten sowie der Prüfung besonderer Einkaufskonditionen hat der APr Anschaffungspreise, Anschaffungsnebenkosten und Anschaffungskostenminderungen zu prüfen (→Anschaffungskosten, Prüfung der).

Im Rahmen der Prüfung der Folgebewertung ist zu beurteilen, ob die Grundsätze des Niederstwertprinzips bzw. des Wertaufholungsgebots (→Wertaufholung) eingehalten worden sind (→Grundsätze ordnungsmäßiger Buchführung, Prüfung der). Dabei ist zunächst zu prüfen, ob Abschreibungen (→Abschreibungen, bilanzielle; →außerplanmäßige Abschreibungen) auf einen niedrigeren Börsen- oder Marktpreise oder einen niedrigeren →beizulegenden Wert erforderlich sind (§ 253 Abs. 3 HGB). Bei der Ermittlung von Wertberichtigungen ist beschaffungsmarktorientiert vorzugehen. Entsprechend ergibt sich ein beizulegender Wert aus dem Wiederbeschaffungszeitwert zum Abschlussstichtag (→Wiederbeschaffungskosten). Dieser ist anhand von Preislisten oder Eingangsrechnungen in zeitlicher Nähe zum Abschlussstichtag zu prüfen. Fiktive Wiederbeschaffungsnebenkosten und Wiederbeschaffungspreisminderungen sind zu berücksichtigen. Weiterhin ergibt sich aus dem Stichtagsprinzip, dass Preisänderungen nach dem Abschlussstichtag wertbegründenden Charakter haben und bei der Ermittlung des beizulegenden Werts außer Betracht bleiben (→Ereignisse nach dem Abschlussstichtag). Sie können jedoch im Rahmen des Abschreibungswahlrechts nach § 253 Abs. 3 Satz 3 HGB für künftige Wertschwankungen berücksichtigt werden (→bilanzpolitische Gestaltungsspielräume nach HGB). Neben Preisänderungen auf dem Beschaffungsmarkt können auch andere Faktoren, wie bspw. Alter oder Qualitätsmängel, die Werthaltigkeit der RHB beeinträchtigen. Der APr hat sich durch geeignete Prüfungshandlungen (→Auswahl von Prüfungshandlungen) von der Ordnungsmäßigkeit und der Vollständigkeit gebildeter Wertabschläge zu überzeugen. Bspw. können hier Analysen der Lagerbestände (→zeitlicher Vergleich, Reichweiten) erste Anhaltspunkte liefern (→Lagerwesen). Weiterhin können Qualitätsmängel durch Lagerrundgänge identifiziert werden. Für Überbestände an Roh-, Hilfs- und Betriebsstoffen ist der Absatzmarkt relevant. In diesem Fall erfolgt eine Ermittlung des beizulegenden Werts anhand der retrograden Bewertung. Sofern Gründe für eine Abschreibung auf RHB wegen Wegfalls der Wertminderung nicht mehr bestehen, ist für KapGes das Wertaufholungsgebot zu beachten (§ 280 Abs. 2 HGB; →Wertaufholung).

Sofern von Bewertungsvereinfachungsverfahren (→Umlaufvermögen) Gebrauch gemacht wird, hat sich der APr von deren ordnungsgemäßer Anwendung zu überzeugen. Häufig trifft man bei der Ermittlung von AK die Durchschnittsmethode an, nach der aus dem EB und den Zugängen des Geschäftsjahres ein gewogenes Mittel gebildet wird (§ 240 Abs. 4 HGB). Ferner existieren eine Reihe von →Verbrauchsfolgeverfahren (§ 256 HGB). Für unwesentliche RHB, die regelmäßig ersetzt werden und die geringen Veränderungen unterliegen, kann ein Festwert gem. § 240 Abs. 3 HGB angesetzt werden. Dabei ist zu berücksichtigen, dass alle 3 Jahre eine körperliche Bestandsaufnahme zu erfolgen hat. Ferner kann bei der Bewertung gleichartiger Vermögensgegenstände des Vorratsvermögens die Gruppenbewertung angewendet werden. Danach erfolgt eine Bewertung dieser Gruppe zum gewogenen Durchschnitt (§ 240 Abs. 4 HGB) (→Inventurvereinfachungsverfahren, Prüfung von).

Bei der Prüfung von Abschlüssen nach →International Financial Reporting Standards (IFRS) (→Einzelabschluss) ist zu berücksichtigen, dass Bewertungsvereinfachungsverfahren nur eingeschränkt anwendbar sind. Für gleichartige Vermögenswerte des Vorratsvermögens sind, sofern diese nicht projektbezogen angeschafft wurden, die Durchschnittsmethode sowie die FiFo-Methode zulässig (→Verbrauchsfolgeverfahren).

Bei Prüfung des Ausweises ist darauf zu achten, dass die Zuordnung der Bestände zu den Posten des § 266 Abs. 2 HGB (→Gliederung der Bilanz) zutreffend ist. Ein Übergang von den Roh-, Hilfs- und Betriebsstoffen zu den unfertigen Erzeugnissen erfolgt mit der ersten

Verarbeitungsstufe. Weiterhin sind im Zusammenhang mit der Prüfung der RHB notwendige Anhangangaben zu prüfen (→Anhang; →Angabepflichten).

Zu Möglichkeiten der Reduzierung von aussagebezogenen Prüfungshandlungen (→ergebnisorientierte Prüfungshandlungen) durch die Prüfung des →Internen Kontrollsystems (→Internes Kontrollsystem, Prüfung des; →Systemprüfung) kann auf die Ausführungen zur Prüfung des Vorratsvermögens verwiesen werden (→Vorratsvermögen).

Literatur: IDW (Hrsg.): WPH 2006, Band I, 13. Aufl., Düsseldorf 2006.

Gerald Reiher

Roherfolg →Kalkulation im Warenhandel

Roherfolgsatz →Kalkulation im Warenhandel

Roherfolgsaufschlagsatz →Kalkulation im Warenhandel

Rohergebnis →Gliederung der Gewinn- und Verlustrechnung

Rohstoffe →Roh-, Hilfs- und Betriebsstoffe

ROI →Erfolgskennzahlensystem; →Rentabilitätsanalyse; →ROI-Kennzahlensystem

ROI-Kennzahlensystem

Zur Analyse der Ertragskraft sind neben absoluten Ergebnisgrößen auch relative Erfolgsmaße notwendig, die die *Effizienz der Vermögens- und Kapitalverwendung* zum Ausdruck bringen. Diese Informationen liefern Rentabilitätskennzahlen (→Kennzahlen und Kennzahlensysteme als Kontrollinstrument), bei denen eine Ergebnisgröße zu einer dieses Ergebnis bestimmenden Einflussgröße in Relation gesetzt wird. Rentabilitätskennzahlen ermöglichen, die Erfolgslage von Unternehmen überbetrieblich zwischen verschiedenen Unternehmen oder mit Branchendurchschnittswerten (→überbetriebliche Vergleiche), im Zeitablauf bei variierender Vermögenshöhe (→zeitlicher Vergleich) sowie unmittelbar mit dem Kapitalmarktzins vergleichen zu können. Zugleich können Rentabilitätskennzahlen zur unternehmensinternen Steuerung des Gesamtunternehmens oder einzelner Teilbereiche (Segmente) des Unternehmens dienen.

Grundsätzlich können verschiedene Kapitalrentabilitäten, wie z. B. Eigenkapital- oder Gesamtkapitalrentabilität, oder Vermögensrentabilitäten, wie z. B. ROI oder Rentabilität des Betriebsvermögens, verwendet werden. In der *Gesamtkapitalrentabilität* wird die durchschnittliche Rendite für die Gesamtheit der Kapitalgeber ausgedrückt, die *Eigenkapitalrentabilität* spiegelt die Rendite des →Eigenkapitals wider, der ROI verdeutlicht schließlich die Investitionsrendite des Unternehmens, d. h. die Gewinnkraft des insgesamt im Unternehmen investierten Vermögens bzw. Kapitals. Üblicherweise wird die Kennzahl ROI durch Erweiterung mit dem Umsatz aufgespalten in die beiden Bestandteile

$$\text{Umsatzrentabilität} = \frac{\text{Ergebnis}}{\text{Umsatz}} \cdot 100$$

und

$$\text{Kapital(Vermögen-)umschlagshäufigkeit} = \frac{\text{Umsatz}}{\text{Gesamtkapital (Gesamtvermögen)}}.$$

Durch diese Aufspaltung werden grundlegende Rentabilitätsabhängigkeiten (→Erfolgsabhängigkeiten) verdeutlicht. Die Umsatzrentabilität soll die markt- und kostenseitige Erfolgskraft des Unternehmens zeigen, durch die Kapital- bzw. Vermögensumschlagshäufigkeit soll die organisatorische und logistische Effizienz des Einsatzes von Vermögen und Kapital zum Ausdruck gebracht werden. Die Umsatzrentabilität wird zur weiteren Klärung durch eine vertiefte →Aufwands- und Ertragsanalyse hinterlegt, während die nähere Betrachtung der Umschlagshäufigkeit durch systematische Analyse von →Vermögensstrukturen und Kapitalstrukturen (→Kapitalstruktur, Planung und Kontrolle der; →Kapitalstruktur optimale), Deckungsrelationen von Vermögen und Kapital sowie differenzierte Betrachtung von Umschlags- und Bindungsgegebenheiten erfolgt. Als Gesamtheit ergibt sich ein *ROI-Kennzahlensystem* in Abb. 1 wiedergegebener Grundstruktur.

Der Erkenntniswert eines ROI-Kennzahlensystems hängt entscheidend von der sachgemäßen Berechnung und Auswahl der zueinander in Beziehung gesetzten Erfolgs-, Vermögens- und Kapitalgrößen ab. Es sind z. B. Datenverzerrungen durch Rechnungslegungsvorschrif-

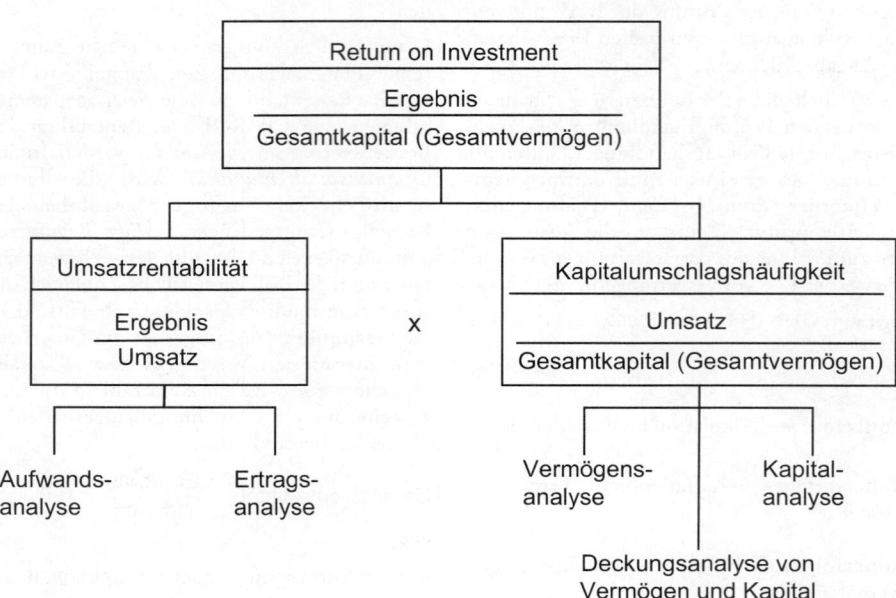

Abb. 1: Grundstruktur eines ROI-Kennzahlensystems

ten [→International Financial Reporting Standards (IFRS); →United States Generally Accepted Accounting Principles (US GAAP)], bilanzpolitische Möglichkeiten (→bilanzpolitische Gestaltungsspielräume nach HGB; →bilanzpolitische Gestaltungsspielräume nach Steuerrecht; →bilanzpolitische Gestaltungsspielräume nach IFRS; →bilanzpolitische Gestaltungsspielräume nach US GAAP) und betriebliche Ermittlungsbesonderheiten zu bedenken. So können die Daten verformt sein durch rein steuerliche →Buchungen, wie z. B. aktivisch vorgenommene →Sonderabschreibungen, oder durch eine unmittelbare Verrechnung des derivativen →Geschäfts- oder Firmenwertes mit den →Rücklagen. Generell ist bei der Rentabilitätsbetrachtung auch zu prüfen, ob wesentliche stille Reserven und/oder Lasten (→stille Reserven und Lasten) in den benutzten Vermögens- und Kapitalbeträgen vorliegen.

Die vorstehend beschriebene, relativ undifferenzierte Grundstruktur des ROI-Kennzahlensystems enthält grundsätzliche Probleme, zum einen in Bezug auf die Zählergröße *Erfolg* und zum anderen in Bezug auf die Nennergrößen *Vermögen bzw. Kapital*. Zu denken ist hierbei an folgende Punkte:

- Als Erfolg ist zweckmäßigerweise nicht das Ergebnis nach Gewinnsteuern (→Steueraufwand) heranzuziehen, da diese Größe durch →Verlustvorträge und/oder durch vielfältige steuerliche Sonderfaktoren beeinflusst sein kann und somit im →zeitlichen Vergleich und im →überbetrieblichen Vergleich nicht zutreffend die wirtschaftliche Effizienz des Vermögens- bzw. Kapitaleinsatzes im Unternehmen zeigt. Anzusetzen ist vielmehr das Ergebnis vor Gewinnsteuern.

- Das →Jahresergebnis vor Gewinnsteuern ist in seiner Eignung für eine →Rentabilitätsanalyse und Rentabilitätslenkung ebenfalls zu hinterfragen, da es das außerordentliche Ergebnis und das unregelmäßige Ergebnis mit allen Sondereinflüssen, bilanzpolitischen Verzerrungen sowie →periodenfremden Aufwendungen und Erträgen enthält. Die Rentabilität als Ausdruck für die wirtschaftliche Effizienz des Vermögens- bzw. Kapitaleinsatzes im Unternehmen kommt zutreffend erst auf Basis des ordentlichen, tatsächlich erwirtschafteten Jahresergebnisses zum Ausdruck (→Erfolgsspaltung).

- Die Größe Umsatzrentabilität, ermittelt als Relation von ordentlichem Jahresergebnis

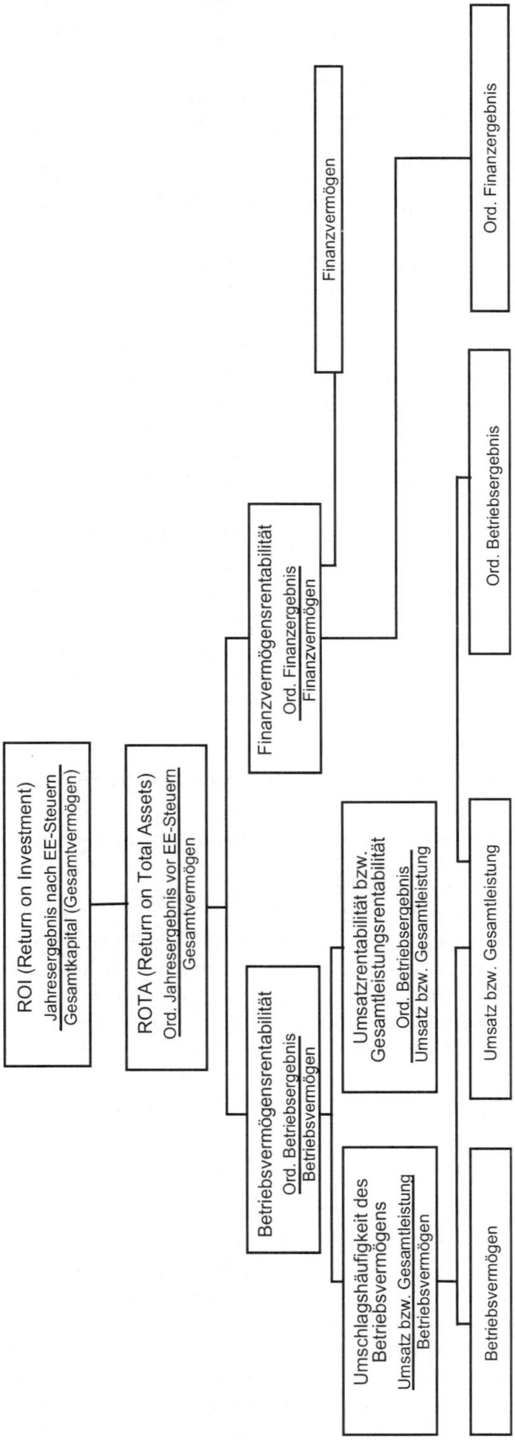

Abb. 2: Struktur eines ausdifferenzierten ROI-Kennzahlensystems

und Umsatz, ist zur Beurteilung der Gewinnkraft des Umsatzes ebenfalls problematisch, da im ordentlichen Jahresergebnis neben dem ordentlichen Betriebsergebnis auch das ordentliche →Finanzergebnis enthalten ist, welches nicht aus dem Umsatzprozess stammt. Zur Beurteilung von Markterfolg und Kosteneffizienz (→Kostenmanagement; →Kostencontrolling) des Unternehmens mithilfe der Umsatzrentabilität ist als Erfolgsgröße im Zähler der Umsatzrenditeberechnung das ordentliche Betriebsergebnis erforderlich.

- Die Berechnung der Kapital- bzw. Vermögensumschlagshäufigkeit wirft ebenfalls Fragen auf. Im Gesamtvermögen ist auch das Finanzvermögen enthalten, welches sich nicht im Leistungsprozess durch →Umsatzerlöse oder Gesamtleistung umschlägt. Eine zutreffende Wiedergabe der Nutzungsintensität von Vermögen und Kapital mithilfe von Umschlagszahlen erfordert eine Bezugnahme auf das Betriebsvermögen, denn nur dieses wird durch Umsatz oder Gesamtleistung im Leistungsprozess umgeschlagen.

Als Konsequenz der vorstehenden Ausgestaltungserfordernisse erhält man eine auf die *Rentabilität des Betriebsvermögens* eingegrenzte Rentabilitätsanalyse; es fehlt nun die *Rentabilität des Finanzvermögens*. Dieses zweite Teilmodul einer umfassenden Rentabilitätsanalyse muss neben das Modul mit der Rentabilität des Betriebsvermögens treten, erst dann ist eine vollständige Analyse der Rentabilität des Gesamtunternehmens gewährleistet. Die Strukturen für ein derartiges *ausdifferenziertes ROI-Kennzahlensystem* werden nachfolgend dargestellt. Kernstück ist die ordentliche Rentabilität des Gesamtvermögens nach folgender Formel:

Rentabilität des Gesamtvermögens
$$= \frac{\text{ordentliches Jahresergebnis vor Gewinnsteuern}}{\text{Gesamtvermögen}} \cdot 100$$

Die Rentabilität des Gesamtvermögens verdeutlicht die aus ordentlichem Ergebnis stammende Rendite des im Unternehmen insgesamt investierten Vermögens. Da Unternehmen i.d.R. in ganz verschiedenem Umfang und mit ganz verschiedenem Erfolg im betrieblichen Leistungsprozess und in finanziellen Engagements tätig sind, wird die Gesamtvermögensrentabilität in die Betriebs- und die Vermögensrentabilität aufgespalten:

Betriebsvermögensrentabilität
$$= \frac{\text{ordentliches Betriebsergebnis}}{\text{Betriebsvermögen}} \cdot 100$$

Finanzvermögensrentabilität
$$= \frac{\text{ordentliches Finanzergebnis}}{\text{Finanzvermögen}} \cdot 100$$

Die Betriebsvermögensrentabilität lässt sich anschließend in die Umschlagshäufigkeit des Betriebsvermögens und die betriebliche Umsatzrentabilität aufspalten, wobei dahinter vertieft Detailanalysen, z. B. hinsichtlich der Umschlagsgegebenheiten einzelner Bilanzposten oder hinsichtlich Aufwands- und Ertragseinzelheiten, angeschlossen werden. Analog wird auch die Finanzvermögensrentabilität in Bezug auf Finanzergebnis- und Finanzvermögenskomponenten vertieft analysiert.

Abb. 2 auf S. 1203 verdeutlicht die Struktur einer entsprechend gestalteten Rentabilitätsbetrachtung:

Literatur: Lachnit, L.: Bilanzanalyse, Wiesbaden 2004; Küting, K./Weber, C.-P.: Bilanzanalyse, 7. Aufl., Stuttgart 2004.

Laurenz Lachnit

Rotation, externe →Prüferrotation

Rotation, interne →Prüferrotation

Rotationsplan

Der Rotationsplan ist ein prüfungstechnisches Hilfsmittel, das im Rahmen einer mehrjährigen →Prüfungsplanung eingesetzt wird und die vollständige Abdeckung des Prüfungsobjekts über mehrere Jahre durch periodische Wechsel der in einem Jahr zur Prüfung ausgewählten Prüfungsschwerpunkte bezweckt (→Prüfungsstrategie), um auf diese Weise Prüfungen bei hinreichender Prüfungssicherheit wirtschaftlicher durchführen zu können (→risikoorientierter Prüfungsansatz).

Ein Rotationsplan wird vor allem in dem Bereich der →Kontrollprüfung (→Systemprüfung) von betriebswirtschaftlichen Prozessabläufen (→Geschäftsprozesse) und den sie unterstützenden Computersystemen (→IT-Systeme) sowie in die Prüfung einzubeziehende Betriebsstätten und Niederlassungen des geprüften Unternehmens eingesetzt. Letzteres findet Anwendung bei solchen Unternehmen, die über eine Vielzahl von Filialen verfügen, wie z. B. →Kreditinstitute und Hotelketten.

Formale Grundlage des Rotationsplans ist, dass der →Abschlussprüfer (APr) aus Wirtschaftlichkeitsgründen auf Ergebnisse von Vorjahresprüfungen zurückgreifen darf, wobei er stets seine Erkenntnisse durch aktuelle →Prüfungsnachweise ergänzen muss (IDW PS 260.70).

Die theoretische Grundlage für die Anwendbarkeit von Rotationsplänen liegt darin begründet, dass Rückschlüsse über eine Grundgesamtheit auch durch eine Prüfung, die sich planmäßig über mehrere Jahre erstreckt und dabei in jedem Jahr unterschiedliche Teilbereiche der Grundgesamtheit betrifft, zu ziehen sind (→risikoorientierter Prüfungsansatz). Darüber hinaus lässt diese Art der Prüfung auch Rückschlüsse auf die die Grundgesamtheit beeinflussenden Faktoren zu (Gbur 1988, S. 194 f.)

Ob die Verwendung eines Rotationsplans wirtschaftlich sinnvoll ist, hängt im Wesentlichen von der Größe und Komplexität des Prüfungsobjekts sowie seinem →Internen Kontrollsystem (IKS) ab. So kann es bei der Prüfung kleinerer Unternehmen (→kleine und mittlere Unternehmen, Prüfung von) sinnvoller sein, die jeweiligen Prüfbereiche nicht in einen Rotationsplan aufzunehmen, sondern vollständig zu prüfen, da bei einem Rückgriff auf die im Rotationsplan enthaltenen, aber im Berichtsjahr nicht geprüften Prüfungsgebiete die Zuverlässigkeit niedriger und damit die Anforderung an ergänzende Prüfungshandlungen (→Auswahl von Prüfungshandlungen) höher sein kann.

Im Bereich der →Kontrollprüfungen werden Rotationspläne verwendet, um aus allen für den JA relevanten Prozessen ein möglichst hohes Maß an Kontrollsicherheit zu gewinnen; dabei ist es häufig nicht wirtschaftlich sinnvoll, sämtliche Prozesse in einem Jahr zu prüfen. Durch den Einsatz eines Rotationsplans lässt sich Kontrollsicherheit auch aus den Prozessen ziehen, die in Vorjahren im Rahmen des Rotationsplans geprüft wurden.

Dabei sind zwei wesentliche Anforderungen zu berücksichtigen: Die Prüfung der Kontrollen, die sich seit ihrer letzten Prüfung verändert haben, vermittelt keine Kontrollsicherheit mehr, sondern muss, damit der Prüfer sich auf die Wirksamkeit der modifizierten Kontrolle verlassen kann, im Berichtsjahr wiederholt werden (→Internes Kontrollsystem, Prüfung des; →Systemprüfung). Unabhängig davon, ob sich der Aufbau der Kontrollen ändert (→Aufbauorganisation), darf das Ergebnis von Funktionstests (→Funktionsprüfung) lediglich für die zwei nachfolgenden Prüfungen verwendet werden, so dass, soweit die Prüfungssicherheit aus Kontrollprüfungen erlangt werden soll, alle im Rotationsplan enthaltenen Prozessbereiche mindestens alle 3 Jahre geprüft werden müssen (ISA 330.40 f.).

Die in den Prüfungsumfang einzubeziehenden Niederlassungen und Betriebsstätten können ebenfalls in einen Rotationsplan aufgenommen werden, sodass im einzelnen Berichtsjahr lediglich eine Auswahl geprüft, im mehrjährigen Zeitablauf aber eine vollständige Prüfung vorgenommen wird. Niederlassungen, die Gegenstand eines eigenen →Prüfungsberichts sind, werden nicht im Rahmen eines Rotationsplans berücksichtigt, sondern müssen jährlich geprüft werden.

Die Prüfungssicherheit für die im Berichtsjahr nicht geprüften Niederlassungen stammt aus einer Kombination der im Rahmen der Prüfung der Unternehmenszentrale gewonnenen Erkenntnisse und der in den Vorjahren vorgenommenen Prüfungen auf Niederlassungsebene; daher können nur solche Niederlassungen in einen Rotationsplan aufgenommen werden, die Kontrollen auf der Ebene der Unternehmenszentrale unterliegen.

Die Kontrollsicherheit für Niederlassungen, die im Rotationsplan enthalten sind, aber im Berichtsjahr nicht geprüft werden, kann möglicherweise niedriger sein als für solche Niederlassungen, die im Berichtsjahr geprüft werden. Die ergänzenden Prüfungshandlungen, die in diesem Fall auf der Ebene der Unternehmenszentrale durchgeführt werden, sind dann möglicherweise in größerem Umfang vorzunehmen.

Bei →Erstprüfungen kann keine Prüfungssicherheit aus einem Rotationsplan erzielt werden, da es noch keine Prüfungsergebnisse (→Prüfungsurteil) aus Vorperioden gibt, auf die sich der Prüfer stützen kann.

Literatur: Gbur, E. E.: Rotation Sampling, in: Kotz, S./Johnson, N. L. (Hrsg.): Encyclopaedia of Statistical

Sciences, Band 8, NY 1988; IDW (Hrsg.): IDW Prüfungsstandard: Das interne Kontrollsystem im Rahmen der Abschlussprüfung (IDW PS 260, Stand: 2. Juli 2001), in: WPg 54 (2001), S. 821–830.

Thorsten Schwibinger

Rücklage für eigene Anteile →Eigene Anteile

Rücklage, steuerfreie →Sonderposten mit Rücklageanteil

Rücklagen

Wie die Prüfung der →Gewinnrücklagen umfasst die Prüfung der Rücklagen die Beurteilung der Übereinstimmung der ausgewiesenen Rücklagen mit Gesetz und Gesellschaftsvertrag bzw. Satzung (→Ordnungsmäßigkeitsprüfung), erstreckt sich jedoch nur auf solche Rücklagen, die nicht aus dem →Jahresergebnis zu bilden sind. Für KapGes ist dies die →Kapitalrücklage nach § 272 Abs. 2 Nr. 1–4 HGB. Bei nicht § 264a HGB unterfallenden →Personengesellschaften (PersGes) können aufgrund gesellschaftsvertraglicher Bestimmungen Rücklagen zu bilden sein, die mangels gesetzlicher Regelungen andere Bezeichnungen tragen können.

Nach § 272 Abs. 2 HGB umfasst die Kapitalrücklage die folgenden Bestandteile:

Emissionsagio (§ 272 Abs. 2 Nr. 1 HGB): Unter der Kapitalrücklage auszuweisen sind vereinbarte Agiobeträge in Form von Bar- und/oder Sacheinlagen bei der Ausgabe von Aktien bzw. der Übernahme von Stammeinlagen bei →Unternehmensgründung und/oder Kapitalerhöhung (→Kapitalerhöhungsbilanzen). Die Prüfung durch den →Abschlussprüfer (APr) (→Jahresabschlussprüfung; →Konzernabschlussprüfung) erstreckt sich auf die zutreffende Bewertung mit dem vereinbarten Betrag ohne die Absetzung der →Kosten der Ausgabe der Anteile, die als Aufwand zu verbuchen sind (→Bewertungsprüfung). Im Sonderfall des Agios bei Sacheinlagen ist zu prüfen, ob der Nachweis der Werthaltigkeit der Sacheinlage mindestens in Höhe des Nennbetrags der Anteile zzgl. des Agios erbracht ist (→Nachweisprüfungshandlungen). Vor der HR-Eintragung einer Kapitalerhöhung geleistete Agiobeträge dürfen noch nicht unter der Kapitalrücklage ausgewiesen werden, sondern sind als „Zur Durchführung der beschlossenen Kapitalerhöhung geleistete Einlagen" auszuweisen (→ausstehende Einlagen). Der Ausweis dieses Sonderpostens innerhalb des →Eigenkapitals bemisst sich danach, ob die HR-Eintragung der Kapitalerhöhung bis zur Bilanzaufstellung erfolgt ist (ADS 1997, Rn. 19 zu § 272 HGB; a.A. Förschle/Hoffmann 2006, Rn. 20, 61, S. 972–973, 985, abweichend zur Vorauflage). Nach Eintragung der Kapitalerhöhung noch ausstehende Agiobeträge sind als →Forderung zu aktivieren.

Wandlungs-/Optionsrechte (§ 272 Abs. 2 Nr. 2 HGB): Hierbei handelt es sich um die Differenz zwischen dem Ausgabebetrag der Schuldverschreibung *mit* Wandlungs-/Optionsrecht (Wandelschuldverschreibung) und dem geschätzten Ausgabepreis einer ansonsten identischen „reinen" →Anleihe *ohne* Wandlungs-/Optionsrecht. Die Prüfung durch den APr erstreckt sich insoweit insb. auf die zutreffende Bewertung des Agios (→Bewertungsprüfung). Dieses ergibt sich aus dem Vergleich zwischen dem Ausgabebetrag der im Hinblick auf die dem Inhaber der Anleihe gewährten Wandlungs-/Optionsrechte niedriger verzinslichen Wandelschuldverschreibung mit dem rechnerischen Ausgabebetrag einer „reinen" Anleihe mit marktüblicher Verzinsung. Sowohl für den Bewertungszeitpunkt (Entscheidung über die Konditionen der Anleihe, Veröffentlichung des Angebots) als auch für die Berechnung des rechnerischen Ausgabebetrags der „reinen" Anleihe (Abzinsung der Zins- und Tilgungszahlungen, effektiver Marktpreis eines Vergleichsobjekts) sind verschiedene Ansätze zulässig. Im Gegensatz zur Kapitalrücklage nach § 272 Abs. 2 Nr. 1 HGB ist die Kapitalrücklage nach Nr. 2 erst bei Zufluss zu passivieren. Im Fall der Platzierung der Anleihe über eine Bank ist jedoch bereits eine Konkretisierung durch die im Übernahmevertrag festgesetzten Konditionen ausreichend (Förschle/Hoffmann 2006, Rn. 62, S. 985–987).

In die *Kapitalrücklage aus Zuzahlungen für Vorzüge* (§ 272 Abs. 2 Nr. 3 HGB) sind Zuzahlungen der Gesellschafter in Form von Bar- oder Sacheinlagen für Vorzüge auf ihre Anteile einzustellen. Hierunter fallen neben mitgliedschaftlichen Vorzügen i. S. v. §§ 11 Satz 1 AktG (Vorzugsaktien), 29 Abs. 3 Satz 2 GmbHG (Gewinnvorweg) sämtliche gesellschaftsrechtlichen Vorteile, z. B. Mehrstimmrechte (→Stimmrecht). Der APr hat in diesem Fall die satzungsmäßigen oder gesellschaftsvertraglichen Bestimmungen sowie im Fall der Sacheinlage deren Bewertung zu prüfen (→Bewertungsprüfung). Wie im Fall der Kapitalrücklage aus Agio ist die Rücklage bereits bei deren Vereinbarung zu bilden.

In die *Kapitalrücklage aus anderen Zuzahlungen* (§ 272 Abs. 2 Nr. 4 HGB) sind alle sonstigen Zahlungen der Gesellschafter in das Eigenkapital einzustellen, die nicht unter einen der in Nr. 1–3 bezeichneten Posten fallen. Entscheidend ist hierbei der Wille des Gesellschafters, mit der Bar- oder Sachleistung eine Einlage in das Eigenkapital zu leisten. Zuschüsse eines Gesellschafters ohne ausdrückliche Erklärung der Zuweisung in das Eigenkapital sind nach IDW HFA 2/1996 als ao. Ertrag (→außerordentliche Aufwendungen und Erträge) mit entsprechender Erläuterung nach § 277 Abs. 4 HGB zu vereinnahmen (Förschle/Hoffmann 2006, Rn. 67, S. 988; hiernach im Zweifel Einstellung in die Kapitalrücklage). Der APr hat demgemäß die Erklärung des Gesellschafters zu würdigen und im Hinblick auf die unterschiedlichen Vorschriften zur Auflösung der verschiedenen Bestandteile der Kapitalrücklage die zutreffende Behandlung als „andere Zuzahlung" zu prüfen.

Ebenfalls als Kapitalrücklage nach § 272 Abs. 2 Nr. 4 HGB zu erfassen ist die Verpflichtung eines Gesellschafters, künftig eine Zuzahlung in das Eigenkapital zu leisten. In diesem Fall ist bereits bei Einräumung der Forderung als Einstellung in die Kapitalrücklage zu erfassen, dies jedoch nur in Höhe des unter Berücksichtigung der →Bonität des Gesellschafters werthaltigen Teils der Forderung (Förschle/Hoffmann 2006, Rn. 67, S. 988).

Hinsichtlich der (Teil-) Auflösung der Kapitalrücklage sei auf die →Gewinnrücklagen verwiesen. Die dort aufgeführten Sperrvorschriften betreffen die Kapitalrücklage nach § 272 Abs. 2 Nr. 1–3 HGB, während die Kapitalrücklage nach Nr. 4 jederzeit durch das gesetzlich oder gesellschaftsvertraglich zuständige Organ aufgelöst werden kann.

Literatur: ADS: Rechnungslegung und Prüfung der Unternehmen, Teilband 5, 6. Aufl., Stuttgart 1997; Förschle, G./Hoffmann, K.: Kommentierung des § 272 HGB, in: Ellrott et al. (Hrsg.): BeckBilKomm, 6. Aufl., München 2006; IDW (Hrsg.): IDW Stellungnahme: Zur Bilanzierung privater Zuschüsse (IDW HFA 2/1996), in: WPg 49 (1996), S. 709–713.

Holger Grünewald

Rücklagenspiegel

Die AG (→Aktiengesellschaft, Prüfung einer) und die →Kommanditgesellschaft auf Aktien (KGaA) haben nach § 152 Abs. 2 und 3 AktG im JA die Entwicklung der →Kapitalrücklage und der einzelnen Posten der →Gewinnrücklagen in der Bilanz oder im →Anhang gesondert darzustellen (→Angabepflichten). Anzugeben sind für die *Kapitalrücklage* die Einstellungen während des Geschäftsjahres und die Entnahmen für das Geschäftsjahr; für die *Gewinnrücklagen* die Beträge, die die HV (→Haupt- und Gesellschafterversammlung) aus dem Bilanzgewinn des Vorjahres in sie eingestellt hat, die aus dem Jahresüberschuss des laufenden Jahres in die Gewinnrücklagen eingestellt und die für das Geschäftsjahr aus ihnen entnommen wurden (→Ergebnisverwendung). Die Überschneidung der Angabepflicht mit der Gewinnverwendungsrechnung nach § 158 Abs. 1 AktG (→Eigenkapital) ist vom Gesetzgeber gewollt (Hüffer 2006, Rn. 6 zu § 152 AktG).

Um die Angaben klar und übersichtlich zu halten, erfolgt die Darstellung in der Praxis zumeist im Rücklagenspiegel als tabellarischer Darstellung, die z. B. zeilenweise die Gliederung der auch in der Bilanz ausgewiesenen Kapital- und Gewinnrücklagen (→Gliederung der Bilanz) sowie spaltenweise die Einstellungen und Entnahmen während des Geschäftsjahres zeigt.

Die *Prüfung* des Rücklagenspiegels umfasst – aufbauend auf der →materiellen Prüfung der →Rücklagen (→Kapitalrücklage; →Gesetzliche Rücklage; →Gewinnrücklagen) – lediglich noch die Abstimmung der Anfangs- mit den Endbeständen des vorangegangenen Geschäftsjahres sowie die vollständige Erfassung der bei der Prüfung der Gewinn- und anderen Rücklagen festgestellten Veränderungen, deren rechnerische Richtigkeit und die Übereinstimmung mit dem Ausweis in der Bilanz und der Gewinnverwendungsrechnung nach § 158 Abs. 1 AktG (→Verprobung; →Abstimmprüfung; →rechnerische Prüfung; →formelle Prüfung).

Für den *Konzernabschluss* (→Konzernabschlussprüfung) gelten folgende Besonderheiten: Pflichtbestandteil des Konzernabschlusses ist nach § 297 Abs. 1 HGB i.V.m. Art. 58 Abs. 3 EG-HGB mit Wirkung für Geschäftsjahre, die nach dem 31.12.2004 beginnen, ein

Rückstellungen

Eigenkapitalspiegel (→Eigenkapitalveränderung). Dieser nimmt die Bestandteile des für den JA bzw. →Einzelabschluss zu erstellenden Rücklagenspiegels auf. Mit dieser Neuregelung durch das BilReG ist die Diskussion darüber, ob im Konzernabschluss auf den Rücklagenspiegel verzichtet werden kann (Hense/Lust 2003, Rn. 44 zu § 298 HGB), hinfällig geworden.

Literatur: Hense, B./Lust, P.: Kommentierung des § 298 HGB, in: Ellrott, H. et al. (Hrsg.): BeckBilKomm, 5. Aufl., München 2003; Hüffer, U.: Aktiengesetz, 7. Aufl., München 2006.

Holger Grünewald

Rückstellungen

Rückstellungen dienen zur Erfassung von Verpflichtungen unterschiedlichster Art, insb. von →Verbindlichkeiten, die dem Grunde, dem Zeitpunkt und/oder der Höhe nach ungewiss sind sowie darüber hinaus sonstige Verpflichtungen, wie z. B. drohende Verluste aus schwebenden Geschäften. Die Verpflichtungen müssen am Bilanzstichtag zumindest wirtschaftlich verursacht sein. Je nach anzuwendender Rechtsnorm bestehen daneben Erweiterungen oder Beschränkungen des Rückstellungsbegriffs, wie z. B.

- Rückstellungen für künftige Aufwendungen nach dem HGB,
- von der Bilanzierung ausgeschlossene Sachverhalte [z. B. minder wahrscheinliche Verpflichtungen unter den →International Financial Reporting Standards (IFRS)] oder
- zu berücksichtigende Nebenbedingungen (z. B. Gebot oder Verbot von Abzinsungen, Ausweis als Verbindlichkeit).

Der Zweck der Bildung von Rückstellungen liegt in erster Linie in einer zutreffenden periodengerechten Zuordnung (→periodengerechte Erfolgsermittlung) von Verpflichtungen und einem wirtschaftlich zutreffenden Vermögensausweis unabhängig von einer rechtlichen Fälligkeit von Verpflichtungen oder vom Zahlungszeitpunkt (→Gliederung der Bilanz). Unsicherheiten über die zutreffende Höhe wird durch bestmögliche Schätzung Rechnung getragen. Unterschiedliche Rechnungslegungsnormen [HGB; →International Financial Reporting Standards (IFRS); →United States Generally Accepted Accounting Principles (US GAAP)] sehen für den Ansatz von Rückstellungen in Kernbereichen Übereinstimmung vor, weisen jedoch gewisse Unterschiede in Details auf (→bilanzpolitische Gestaltungsspielräume nach HGB; →bilanzpolitische Gestaltungsspielräume nach IFRS; →bilanzpolitische Gestaltungsspielräume nach US GAAP; →bilanzpolitische Beratung durch den Wirtschaftsprüfer).

Aus prüferischer Sicht stellt sich Frage noch einer zutreffenden Rückstellungsbildung *dem Grunde nach* und *der Höhe nach* (→Jahresabschlussprüfung; →Konzernabschlussprüfung; →Grundsätze ordnungsmäßiger Buchführung, Prüfung der).

Die prüferische Herausforderung bei der Prüfung *dem Grunde nach* liegt darin, dass bilanzierungspflichtige Vorgänge sich oftmals nicht direkt aus laufenden Aufzeichnungen in Hauptbüchern (→Grund- und Hauptbuch) oder →Nebenbüchern des →Rechnungswesens ableiten lassen. Darüber hinaus werden Sachverhalte, die rückstellungspflichtig sind, im Regelfall nicht unterjährig, sondern nur anlässlich eines Abschlusses gebucht. Insofern ist dem Bilanzposten Rückstellungen aus prüferischer Sicht ein erhebliches *Erfassungs- und Vollständigkeitsrisiko* inhärent (→Fehlerarten in der Abschlussprüfung).

Dieses →Prüfungsrisiko ist bei wiederkehrenden Rückstellungen oder bei Sachverhalten, die eine Rückstellung üblicherweise erwarten lassen (z. B. Personalrückstellungen aller Art, Steuerlatenzen, laufende Gewährleistungen), leicht zu begrenzen. Hier bedarf es i. d. R. lediglich einer Prüfung gängiger Rückstellungssachverhalte, deren Bemessungsgrundlagen und deren wertbestimmender Komponenten.

Bedeutsamer ist jedoch das Erfassungs- und Vollständigkeitsrisiko von rückstellungspflichtigen Sachverhalten außerhalb einer geschäftsgemäßen oder bilanziellen Regelmäßigkeit, typischerweise aus vertraglichen Risiken von Verpflichtungsgeschäften aller Art, insb. aus einseitig oder zweiseitig unerfüllten Geschäften, wie z. B. Kontraktverpflichtungen oder Finanzierungsinstrumenten. Hier wird der Prüfer regelmäßig die vertragliche Verpflichtungsstruktur eines Unternehmens zu analysieren haben, ob der Ansatz einer Rückstellung dem Grunde nach geboten ist. Prüfungsgrundlage werden dabei die vom geprüften Unternehmen abgeschlossenen Verträge sein; ein ausgebautes Vertragscontrolling

(→Controlling) des Unternehmens unterstützt die Prüfung. Erkenntnisse der Vergangenheit sind dabei nur eingeschränkt für die Prüfung verwendbar, da bedeutende Verträge i.d.R. nicht standardisiert abgeschlossen werden und somit stets Quelle neuer rückstellungspflichtiger Sachverhalte sein können. Erschwerend kommt für den Prüfer hinzu, dass die Notwendigkeit einer Bildung von Rückstellungen i.d.R. nicht hinreichend zuverlässig durch andere →Buchungen (z.B. über Geldkonten) oder durch externe Bestätigungen (→Bestätigungen Dritter) erkannt werden kann.

Ist ein rückstellungspflichtiger Sachverhalt dem Grunde nach identifiziert, stellt sich die Frage der Bilanzierung *der Höhe nach*.

Die bilanzielle Handhabung der Unsicherheit und des Ermessensspielraums ist je nach Rechnungslegungssystem differenziert zu betrachten. So stellt z.B. das HGB als begrenzende Elemente einerseits das Vorsichtsprinzip (→Bewertungsgrundsätze; →Grundsätze ordnungsmäßiger Buchführung, Prüfung der) auf, erlaubt aber auch nur *notwendige Beträge nach vernünftiger kaufmännischer Beurteilung*. Nach den IFRS gilt das Prinzip des →True and Fair View; eine bilanzierungspflichtige Rückstellung muss *überwiegend* wahrscheinlich sein („more likely than not"). Vergleichend bietet das HGB eine größere Möglichkeit versteckter Reservenbildung. Weitere Unterschiede bestehen im Detail (z.B. Abzinsung) und sind zu beachten.

Bei der Berechnung des Rückstellungsbetrags sind aus dem zugrunde liegenden Rechtssachverhalt Schätzungen über Verpflichtungsbeträge und dessen zeitlichen Verlauf abzuleiten, die typischer Weise von Annahmen und/oder Unsicherheit geprägt sind, wobei unterschiedliche Annahmen zu unterschiedlichen Verpflichtungsbeträgen führen (→Änderung von Bewertungsannahmen). Im Ergebnis können verschiedene Verpflichtungsbeträge mit unterschiedlichen Eintrittswahrscheinlichkeiten belegt sein, mithin entsteht eine Erwartungswertmatrix. Gleichwohl ist der Rückstellungsbetrag für Zwecke der Bilanzerstellung der Sachverhalt auf einen einzigen Wert zu verdichten. Für die Einschätzung und Festlegung auf einen bestimmten Wert ist dem Bilanzierenden ein Ermessensspielraum gegeben.

Die Prüfung der Rückstellungshöhe kann sich daher nur darauf beziehen, ob der Bilanzierende den vorliegenden Sachverhalt im Rahmen der jeweils anzuwendenden Rechnungslegungsnormen unter Anwendung nachvollziehbarer und angemessener Prämissen widerspruchsfrei und rechnerisch zutreffend gewürdigt hat (→Grundsätze ordnungsmäßiger Rechnungslegung; →Bewertungsgrundsätze). Da im Rahmen einer gewissen Bewertungsspanne eine Vielzahl von zutreffenden Bewertungsansätzen (→Bewertungsprüfung) möglich ist, wird insofern nur eine zutreffende Ermessensausübung des Bilanzierenden geprüft und nicht die Ermessensausübung des Bilanzierenden durch das eigene Ermessen des Prüfers ersetzt (→bilanzpolitische Gestaltungsspielräume, Prüfung von).

Besonders kritisch sind regelmäßig Rückstellungssachverhalte, deren Eintrittswahrscheinlichkeiten stark diskontinuierlich einzuschätzen sind, z.B. wenn Verpflichtungen in voller Höhe oder gar nicht anzunehmen sind (z.B. Optionsverträge). Da die Eintrittswahrscheinlichkeiten oftmals nicht wissenschaftlich exakt quantifizierbar sind, wird man der Einschätzung des Managements großes Gewicht beizumessen haben, was zu unvermeidbaren hohen Bewertungsspielräumen führen kann (→bilanzpolitische Gestaltungsspielräume nach HGB; →bilanzpolitische Gestaltungsspielräume nach IFRS; →bilanzpolitische Gestaltungsspielräume nach US GAAP). So könnte z.B. ein existenzbedrohender Sachverhalt, dem jedoch eine minder wahrscheinliche Inanspruchnahme beizumessen ist, zutreffend nicht zu einer Rückstellungsbildung führen. Falls durch den rückstellungsbegründenden Sachverhalt oder die gewählte Ermessensausübung jedoch keine hinreichende Klarheit über die →Vermögenslage, →Finanzlage oder →Ertragslage im JA vermittelt werden kann, ist ggf. eine Erläuterung im →Anhang (→Angabepflichten) geboten.

Peter Dietterle

Rückstellungen für allgemeine Bankrisiken
→Grundsätze ordnungsmäßiger Buchführung, bankspezifisch

Rückversicherungsaufsicht

Die staatliche Beaufsichtigung von →Versicherungsunternehmen dient dem Zweck der Wahrung der Belange der Versicherten, insb. der dauernden Erfüllbarkeit der Versicherungsverträge. Die Rechtsgrundlage hierfür ist das VAG, das durch die →*Bundesanstalt für Finanzdienstleistungsaufsicht* (*BaFin*) umgesetzt wird.

Vor dem Hintergrund aktueller Ereignisse (Finanzmarktkrise, Katastrophenrisiken) wurde die bisher weitgehend nur mittelbare Rückversicherungsaufsicht, bei welcher die Angemessenheit des Rückversicherungsschutzes der Erstversicherungsunternehmen durch die Aufsicht kontrolliert wird, zu einer dem Vorbild der Präventivaufsicht über Erstversicherungsunternehmen folgenden Aufsicht mit Erlaubniszwang und laufender Überwachung erweitert.

Dies geschah zunächst durch das Vierte FMFG, das im Jahr 2002 mit Einführung des § 1a VAG eine Einschränkung der zulässigen Rechtsformen (VVaG, Anstalten öffentlichen Rechts, AG) sowie einer qualitativen Rechts- und Finanzaufsicht gem. § 54 Abs. 1 Satz 1 VAG vorsah. Im Dezember 2004 wurde schließlich eine Novellierung des VAG verabschiedet, welche die eben genannte qualitative Rückversicherungsaufsicht in § 1a VAG im Abschnitt VIIa unter den §§ 119 ff. VAG spezifiziert bzw. ersetzt. Im Wesentlichen orientieren sich die Regelungen an den Maßgaben der Erstversicherungsaufsicht, den Kernpunkten der Erlaubnis zum Geschäftsbetrieb sowie der laufenden Rechts- und Finanzaufsicht, die jedoch weniger umfangreich ausgestaltet sind als bei Erstversicherungsunternehmen.

§ 119 VAG umfasst das Erlaubnisverfahren für die Aufnahme bzw. Erweiterung des Geschäftsbetriebs für reine Rückversicherungsunternehmen oder Captives, deren satzungsmäßiger Sitz oder Hauptverwaltung sich im Inland befindet. Diese Regelung bezieht sich des Weiteren auf Unternehmen ausländischen Rechts, deren Hauptverwaltung sich im Inland befindet, die aber aufgrund ihres statutarischen Sitzes nicht im deutschen öffentlichen Register (→Registeraufsicht) eingetragen sind. Grundsätzlich jedoch unterliegen Rückversicherungsunternehmen aus dem EU-/EWR-Raum, gem. dem durch die RL 2005/68/EG (sog. Rückversicherungs-RL) (s. unten) eingeführten Prinzip der Sitzlandaufsicht, der Regulierung des jeweiligen Herkunftsstaates. Die Unternehmen aus Drittstaaten betreffend, ist zunächst die jeweilige ausländische Aufsicht zuständig. Verletzt das Rückversicherungsunternehmen trotz Maßnahmen des Herkunftsstaates die inländischen Vorschriften, so kann auch die inländische Aufsicht geeignete Maßnahmen einleiten.

Um die Erlaubnis zum Geschäftsbetrieb zu erhalten, ist nach § 119 Abs. 2 und 3 VAG ein Tätigkeitsplan vorzulegen, der über Ziele und Zwecke des Unternehmens bzw. Geschäfts sowie insb. über die finanzielle →Planung und den organisatorischen Aufbau, die Geschäftspolitik, die Geschäftsleiter und, falls vorhanden, über Inhaber bedeutender Beteiligungen informieren soll.

Grundsätzlich kann die Erlaubnis zur Aufnahme des Geschäftsbetriebs gem. § 120 Abs. 2 und 3 VAG entweder ohne Beschränkung, nur für das Leben- bzw. Nichtlebenrückversicherungsgeschäft und/oder mit Auflagen erteilt werden. Aufgrund der Bestandsschutzregelungen des § 121j VAG ist eine Genehmigung zum Geschäftsbetrieb für bereits vor der VAG-Novelle tätige reine Rückversicherungsunternehmen nicht notwendig. Für die im Rahmen der Rechts- und Finanzaufsicht (s. unten) einzuhaltenden Regelungen gilt für eben diese eine Übergangsfrist.

Die Gründe für eine Versagung des Geschäftsbetriebs sind in § 121 VAG geregelt. Sie beziehen sich zum Großteil auf die in § 119 Abs. 2 VAG im Rahmen des Tätigkeitsplans zu erbringenden Informationen bzw. Qualifikationen der Geschäftsleiter bzw. Inhaber bedeutender Beteiligungen sowie auf mögliche Umstände, die eine wirksame Aufsicht beeinträchtigen könnten. In diesem Zusammenhang ist zwischen zwingender Versagung und im Ermessen der Aufsichtsbehörde liegender Versagung zu differenzieren. Der Widerruf der Erlaubnis zum Geschäftsbetrieb wird dagegen in § 121c VAG aufgegriffen. Im Wesentlichen entsprechen die hier genannten Gründe den Regelungen für Erstversicherungsunternehmen.

Im Rahmen der laufenden Rechts- und Finanzaufsicht ist die Einführung eines Solvabilitätssystems (→Solvenzvorschriften für Versicherungsunternehmen) für Rückversicherungsunternehmen hervorzuheben. Durch § 121a Abs. 1 VAG finden die Regelungen des § 53c Abs. 1, 3 und 4 sowie des § 81b VAG auch für Rückversicherungsunternehmen Anwendung. Während in § 53c VAG auf die geforderte Soll-Solvabilität Bezug genommen wird, greift § 81b VAG die Maßnahmen auf, die bei Unterschreitung der Solvabilitätsspanne eingeleitet werden.

Auf europäischer Ebene ist im Jahr 2000 ein Prozess zur Hamonisierung der Rückversicherungsaufsicht angestoßen worden. Dazu wurde am 9.12.2005 die RL 2005/68/EG (sog. Rückversicherungs-RL) veröffentlicht. In der VAG-Novelle wurden wesentliche in der Rückversicherungs-Richtlinie enthaltene Bestimmungen bereits aufgegriffen (→Richtlinien und Verordnungen der Europäischen Union, Bedeutung für die Rechnungslegung und Unternehmensüberwachung). Der ursprünglich identifizierte Anpassungsbedarf bei der Umsetzung der Richtlinie in deutsches Recht wird durch das Achte Gesetz zur Änderung des VAG [BT-Drucks. 16/1937 (2006)] adressiert. Durch die Beschränkung des Unternehmenszwecks auf die Rückversicherungstätigkeit und damit verbundene Geschäfte (§ 120 Abs. 1 VAG), die Einführung des Instituts der Bestandsübertragung (§ 121f VAG), die Beaufsichtigung von Rückversicherern im Rahmen einer Versicherungsgruppe, die Einführung von Vorschriften über die Finanzrückversicherung (§ 121e VAG), die Beaufsichtigung von Versicherungszweckgesellschaften (§ 121g VAG) und die Einführung der Beaufsichtigung der Niederlassungen von Rückversicherern aus Drittstaaten (§ 121h VAG) wird das deutsche Aufsichtssystem vervollständigt und steht im Einklang mit den internationalen Entwicklungen.

Literatur: Deckers, S.: VAG-Novelle 2004: Neue Ära für die Rückversicherungsaufsicht, in: VW 60 (2005), S. 66–168; Pörschmann, S./Sauer, R./Hartung, T.: Die zukünftige Rückversicherungsaufsicht in der Europäischen Union, in: ZfV 55 (2004), S. 106–110; Pörschmann, S./Sauer, R./Hartung, T.: Die zukünftige Rückversicherungsaufsicht in der Europäischen Union II, in: ZfV 55 (2004), S. 131–135.

Elmar Helten; Silke Friederichs-Schmidt

Rüge →Berufsaufsicht für Wirtschaftsprüfer, national

Rüstkosten →Fertigungsaufträge; →Seriengrößenabweichung

Rüstkostenabweichung →Seriengrößenabweichung

Rüstzeit →Geschäftsprozesse

Rundfunkanstalten

Die öffentlich-rechtlichen Rundfunkanstalten sind in ein komplexes und heterogenes Geflecht rundfunkrechtlicher Regelungen eingebunden. Art. 5 GG gewährleistet die Freiheit der Berichterstattung, aus der der Grundsatz der Staatsfreiheit des Rundfunks abgeleitet wird. Dieser Verfassungsauftrag wird durch den Rundfunkstaatsvertrag der Bundesländer und durch Rundfunkgesetze und -staatsverträge einzelner oder mehrerer Bundesländer umgesetzt.

Die Rundfunkanstalten sind organisiert als rechtsfähige Anstalten des öffentlichen Rechts (→öffentliche Unternehmen). Sie besitzen Finanzautonomie innerhalb der Grenzen der zur Verfügung stehenden Mittel. Die Staatsaufsicht ist zur Wahrung der Meinungsfreiheit keine Fachaufsicht, sondern erstreckt sich primär auf eine Prüfung der Ordnungsmäßigkeit der Rechenschaftslegung, der Einhaltung der Haushaltsansätze und fallweise der wirtschaftlichen und sparsamen Mittelverwendung (→Ordnungsprüfung). Letzteres tangiert schon den von der Rundfunkfreiheit geschützten inhaltlichen Bereich, wird aber mit dem Interesse der Allgemeinheit, Gebühren effizient zu verwenden, begründet. Ausfluss dieser „beschränkten Rechtsaufsicht" (BVerfG-Urteil vom 22.2.1961, S. 261) ist die in allen Anstaltsgesetzen bzw. -staatsverträgen vorgesehene Kontrolle und Prüfung durch die (Landes-) Rechnungshöfe (→Rechnungshöfe), fallweise auch durch WP.

Basis für die Prüfung sind die in den Gremien unterschiedlich ausgeprägten jährlichen Rechenschaftspflichten der Rundfunkanstalten. Verlangt werden i. d. R.: Vermögens-, Ertrags- und Aufwandsrechnung, Investitions- oder Finanzhaushalt, Geschäfts- oder →Lagebericht. Die handelsrechtlichen Bestimmungen gelten z.T. mittelbar durch entsprechende Verweise (§ 41 WDR-G).

Für die Prüfung der Rundfunkanstalten durch den zuständigen Rechnungshof bestehen unterschiedliche gesetzliche Vorgaben: Einige Rundfunkgesetze sehen eine Rechnungsprüfung (Art. 13 Abs. 2 BayRG), andere eine Prüfung des Jahresabschlusses (→Jahresabschlussprüfung) (§ 42 Abs. 1 WDR-G) vor. Schließlich soll auch die Haushalts- und Wirtschaftsführung kontrolliert werden (§ 19 HR-G).

Die →Rechnungshöfe prüfen nach vier Kriterien. In der *förmlichen Prüfung* werden die Belege auf Vollständigkeit und Aufstellung in der vorgeschriebenen Form geprüft, in der *rechnerischen Prüfung* wird die korrekte Ermittlung der Zahlen kontrolliert. Die *haushaltsrechtliche oder Rechtmäßigkeitsprüfung* dient der Feststellung, ob Einnahmen oder Ausgaben den richtigen Titeln zugeordnet wurden. Schließlich kontrollieren die Rechnungshöfe in der *sachlichen Prüfung* die Einhaltung der Grundsätze der Wirtschaftlichkeit und Sparsamkeit (Seidel 1993, S. 210).

Die Tätigkeit der Rechnungshöfe als Kontrollinstanz der Rundfunkanstalten umfasst i. d. R. eine Kombination aus zwei oder drei der folgenden Prüfungsformen (Karpen 1989, S. 4):

1) Kontrolle im anstaltsautonomen Zusammenhang, anstelle einer Selbstkontrolle,

2) externe Prüfung im Rahmen der Rechtsaufsicht (Rechnungshof als Hilfsorgan der Landesregierung, um dieser die Ausübung der ihr übertragenen Rechtsaufsicht über die Landesrundfunkanstalt zu erleichtern) und

3) gutachterliche Hilfe für die Gremien bei der Gebührenfestsetzung.

Während mehrere Rundfunkgesetze zumindest einen Teil der Prüfungsaufgaben den Rechnungshöfen übertragen (s. z. B. § 43 Abs. 2 WDR-G), sehen verschiedene Rundfunkgesetze eine Jahresabschlussprüfung ausschließlich durch einen WP vor (s. z. B. § 27 Abs. 2 RBB-StV). Häufig verweisen die gesetzlichen Vorgaben dabei auf die handelsrechtliche →Jahresabschlussprüfung. Fallweise ist eine erweiterte Prüfung nach § 53 →Haushaltsgrundsätzegesetz (HGrG) vorgesehen (→Jahresabschlussprüfung, erweiterte) (s. z. B. § 33 Abs. 2 MDR-StV).

Die Prüfungsfeststellungen (→Prüfungsurteil) werden sowohl den Organen der Anstalt als auch der (den) zuständigen Landesregierung(en) sowie ggf. den Rechnungshöfen übermittelt. In einzelnen Fällen erfolgt darüber hinaus eine Information der Landtage (s. z. B. Art. 13 Abs. 4 BayRG; § 19 HR-G).

Literatur: BVerfG-Urteil vom 22.2.1961, Aktz. 2 BvG 1, 2/60, BVerfGE Band 12, S. 205–264; Karpen, U.: Rechnungsprüfung bei den Rundfunkanstalten und Datenschutz, München 1989; Seidel, N.: Rundfunkökonomie: Organisation, Finanzierung und Management von Rundfunkunternehmen, Wiesbaden 1993.

Kurt-Dieter Koschmieder

Russische Föderation

Der gesetzliche Rahmen für den Beruf des Wirtschaftsprüfers in Russland befindet sich derzeit in einem Entwicklungsstadium. Die Aufsichtsfunktion wird im Wesentlichen vom *Finanzministerium der Russischen Föderation* auf Grundlage des Bundesgesetzes über Wirtschaftsprüfung sowie sonstigen geltenden Rechts wahrgenommen, einschl. dem Zivilgesetzbuch der Russischen Föderation, dem Bundesgesetz über Rechnungslegung sowie Regierungsbeschlüssen usw.

Das geltende Recht definiert vor allem die Abschlussprüfung und damit verbundene Dienstleistungen und legt Grundsätze für die Unabhängigkeit von Wirtschaftsprüfern sowie Rechte und Pflichten von Wirtschaftsprüfern und deren Mandanten, Zulassungsregeln für Wirtschaftsprüfer, gesetzliche Vorschriften für Abschlussprüfungen usw. fest.

Grundsätzlich sind alle mittleren und großen Unternehmen sowie Aktiengesellschaften, Finanzinstitute, Versicherungsgesellschaften und staatliche Organisationen verpflichtet, ihre Jahresabschlüsse prüfen zu lassen. Das Gesetz schreibt darüber hinaus die Mitgliedschaft von Wirtschaftsprüfern in unabhängigen Berufsverbänden vor, die allerdings ihre Geschäfte noch nicht vollständig aufgenommen haben.

Die russischen Prüfungsstandards werden auf Grundlage der →International Standards on Auditing (ISA) entwickelt und decken derzeit die wesentlichen Abschlussprüfungsbereiche ab.

Derzeit sind alle russischen Unternehmen gesetzlich verpflichtet, die russischen Rechnungslegungsstandards anzuwenden. Finanzinstitute müssen darüber hinaus auch nach den →International Financial Reporting Standards (IFRS) bilanzieren. Die meisten kapitalmarktorientierten Unternehmen Russlands erstellen Abschlüsse sowohl nach IFRS oder →United States Generally Accepted Accounting Principles (US GAAP) als auch nach den russischen Rechnungslegungsstandards.

Das *Finanzministerium der Russischen Föderation* hat ein Programm entwickelt, um die russischen Rechnungslegungsstandards an die IFRS anzupassen. Derzeit werden neue russische Standards entwickelt, der Unterschied zu den IFRS bleibt allerdings signifikant.

Svetlana Polovinkina; Robin Bonthrone

S

Sachanlagen

Sachanlagen sind neben den →immateriellen Vermögensgegenständen und den →Finanzanlagen Bestandteil des →Anlagevermögens. Sie zeichnen sich in Abgrenzung zum →Umlaufvermögen dadurch aus, dass sie dazu bestimmt sind, dauernd dem Geschäftsbetrieb (§ 247 Abs. 2 HGB) zu dienen. Der Gliederung des § 266 Abs. 2 HGB (→Gliederung der Bilanz) folgend wird zwischen →Grundstücken, grundstücksgleichen Rechten und Bauten, einschl. der Bauten auf fremden Grundstücken, technischen Anlagen und Maschinen, anderen Anlagen und Betriebs- und Geschäftsausstattung sowie geleisteten →Anzahlungen und Anlagen im Bau unterschieden. Neben dem Ausweis ist der Nachweis (→Nachweisprüfungshandlungen), die Vollständigkeit, die korrekte Periodenabgrenzung (→periodengerechte Erfolgsermittlung; →Cut-Off) und die Bewertung der Sachanlagen (→Bewertungsprüfung) zu prüfen (→Fehlerarten in der Abschlussprüfung). Prüfungsgrundlage ist die Anlagenkartei, in der als →Nebenbuch zur Finanzbuchhaltung alle Bewegungen im Sachanlagevermögen aufgezeichnet werden. Sie ist vom →Abschlussprüfer (APr) mit dem Hauptbuch (→Grund- und Hauptbuch) abzustimmen (→Abstimmprüfung).

Im Rahmen der Prüfung der *Zugänge* muss sich der APr (ggf. in Stichproben; →Stichprobenprüfung) davon überzeugen, dass bei Anschaffungen die Gegenstände tatsächlich angeliefert worden sind, wie z. B. durch Inaugenscheinnahme oder Einblick in Lieferscheine (→Nachweisprüfungshandlungen). Außerdem sollte der APr gleichzeitig das Eingangsdatum überprüfen, da dadurch der Abschreibungsbeginn festgelegt und damit die Höhe der Abschreibungen im Anschaffungsjahr beeinflusst wird (→Abschreibungen, bilanzielle; →Bewertungsprüfung). Insbesondere bei der Prüfung von Grundstücken sind dabei Besonderheiten zu beachten (→Grundstücke). Bei Herstellungsvorgängen muss der APr feststellen, ob und wann der Gegenstand fertig gestellt wurde, z. B. mithilfe von Montageprotokollen. Ist der Gegenstand noch nicht fertig gestellt, hat ein Ausweis unter Anlagen im Bau zu erfolgen. Im Mittelpunkt der Prüfung der geleisteten Anzahlungen auf Sachanlagen steht die Abgrenzung zu den geleisteten Anzahlungen auf immaterielle Vermögensgegenstände und zu den geleisteten Anzahlungen auf Vorräte (→Vorratsvermögen). Der APr muss außerdem untersuchen, ob zwischenzeitlich eine Lieferung erfolgte und insoweit eine Umbuchung in einen der anderen Posten des Sachanlagevermögens notwendig ist. Als Unterlagen für die →Bewertungsprüfung sind die Eingangsrechnungen [→Anschaffungskosten (AK); →Anschaffungskosten, Prüfung der] bzw. die →Kalkulationen (→Herstellungskosten, bilanzielle; →Herstellungskosten, Prüfung der) heranzuziehen (→Prüfungsnachweise). Auf die Einbeziehung von Anschaffungsnebenkosten, z. B. Frachten oder Montagekosten, und nachträglichen Anschaffungskosten sowie die Berücksichtigung von Anschaffungskostenminderungen, z. B. Skonti, ist zu achten.

Der *Abgang* von Gegenständen des Sachanlagevermögens wird i. d. R. durch Verkaufsrechnungen oder Verschrottungsmeldungen nachgewiesen (→Prüfungsnachweise). Der APr sollte durch einen Vergleich der Restbuchwerte mit etwaigen Verkaufserlösen überprüfen, ob die in der →Gewinn- und Verlustrechnung (GuV) auszuweisenden Buchgewinne bzw. -verluste korrekt erfasst wurden (→Abstimmprüfung).

Schließlich hat sich der APr davon zu überzeugen, dass sich der Werteverzehr des Sachanlagevermögens in den *Abschreibungen* (→Abschreibungen, bilanzielle; →Abschreibungen, steuerrechtliche) des Geschäftsjahres im Rahmen eines festgelegten Abschreibungsplanes widerspiegelt (→Bewertungsprüfung). Im Rahmen einer Betriebsbesichtigung sollte er sich einen Eindruck verschaffen, ob diese Gegenstände aufgrund technischer Mängel, wirtschaftlicher Überholung oder Änderungen in der Fertigungstechnik zum Zeitpunkt der Prüfung oder in nächster Zukunft nicht mehr (voll) verwendet werden (können) und daher außerplanmäßig abgeschrieben werden müssen (→außerplanmäßige Abschreibungen). Im Rahmen der Prüfung der *Zuschreibungen* muss der APr sicherstellen, dass Unternehmen, die zur Rechnungslegung nach dem Zweiten Abschnitt des Dritten Buches des HGB verpflichtet sind, bei Wegfall der Gründe für eine außerplanmäßige Abschreibung, Zuschreibungen bis zu den um planmäßige Abschreibungen geminderten AHK vorgenommen haben (→Wertaufholung).

Der Verpflichtung nach § 268 Abs. 2 HGB, die gesamten AHK, Zugänge, Abgänge, Umbuchungen (→Buchungen), Zuschreibungen, Abschreibungen des Geschäftsjahres und die Abschreibungen in ihrer gesamten Höhe für jeden einzelnen Posten des Anlagevermögens entweder in der Bilanz oder im →Anhang (→Angabepflichten) anzugeben, kommen die Unternehmen üblicherweise mit der Erstellung eines →Anlagespiegels nach, den der APr ebenfalls prüfen muss.

Literatur: IDW (Hrsg.): WPH 2006, Band I, 13. Aufl., Düsseldorf 2006.

Ralf Weskamp

Sachinvestitionen →Investition

Sachverhaltsabbildung →Bilanzpolitische Gestaltungsspielräume nach IFRS

Sachverhaltsgestaltung →Bilanzpolitische Gestaltungsspielräume nach US GAAP; →Bilanzpolitische Gestaltungsspielräume nach IFRS

Sachverständigentätigkeit

WP sind befugt, unter Berufung auf ihren Berufseid auf den Gebieten der wirtschaftlichen Betriebsführung als Sachverständige aufzutreten [§ 2 Abs. 3 Nr. 2 →Wirtschaftsprüferordnung (WPO)]. →Vereidigte Buchprüfer (vBP) sind befugt, unter Berufung auf ihren Berufseid auf den Gebieten des betrieblichen →Rechnungswesens als Sachverständige aufzutreten (§ 129 Abs. 3 Nr. 1 WPO). Die Sachverständigentätigkeit gehört damit zum unmittelbaren →Berufsbild des Wirtschaftsprüfers bzw. vereidigten Buchprüfers. Die wirtschaftliche Betriebsführung ist ein sehr umfassender Bereich, in den z. B. auch die →Unternehmensbewertung fällt. Der WP erfüllt im Bereich der →Unternehmensberatung (→Unternehmensberater) alle Anforderungen, die Industrie- und Handelskammern für die Anerkennung als Sachverständiger auf diesem Gebiet verlangen, ohne weiteres aufgrund seiner im Berufsexamen (→Wirtschaftsprüfungsexamen) nachgewiesenen Kenntnisse.

Die Tätigkeit als Sachverständiger für ein Gericht, die Staatsanwaltschaft oder Verwaltungsbehörden wird durch das ZuSEG geregelt. Der WP gilt nicht als Berufssachverständiger i. S. v. § 3 Abs. 3b Alternative 2 ZuSEG. Das Tätigwerden für Gerichte etc. wird als Erfüllung einer staatsbürgerlichen Pflicht angesehen. Das Gesetz sieht daher nur eine Entschädigung, nicht aber eine leistungsgerechte Honorierung vor.

Zu den freiberuflichen Tätigkeiten des Wirtschaftsprüfers kann auch die Tätigkeit als öffentlich bestellter Sachverständiger z. B. auf den Gebieten der Technik oder des Rechtswesens zählen. Berufsrechtlich bestehen gegen den Hinweis auf die öffentliche Bestellung keine Bedenken (§ 35 Satz 2 →Berufssatzung der Wirtschaftsprüferkammer).

Literatur: IDW (Hrsg.): WPH 2006, Band I, 13. Aufl., Düsseldorf 2006, Abschn. A, Rn. 28, 42, 646–647, S. 7, 11, 194–195.

Jörg Tesch

Safe Harbor Privacy Principles →Datenschutz

Safe Haven →Kapitalstruktur, Planung und Kontrolle der

Saldenbestätigung →Forderungen; →Bestätigungen Dritter

Saldenvortragsprüfung

§ 252 Abs. 1 Nr. 1 HGB kodifiziert den Grundsatz der Bilanzidentität als Grundsatz ordnungsmäßiger Buchführung (→Grundsätze ordnungsmäßiger Buchführung, Prüfung der; →Stetigkeit): Wertansätze in der Eröffnungsbilanz eines Geschäftsjahres müssen mit den Wertansätzen in der Schlussbilanz des vorangegangenen Geschäftsjahres übereinstimmen (formelle Bilanzkontinuität). Die Identität der Wertansätze bedingt auch, dass die Zuordnung einzelner →Vermögensgegenstände und →Schulden zu den jeweiligen Bilanzposten in Schlussbilanz und Eröffnungsbilanz des Folgejahres unverändert beibehalten werden muss. Auch das Hinzufügen oder Weglassen ist nicht gestattet. Die Einhaltung dieses Grundsatzes ordnungsmäßiger Buchführung ist vom →Abschlussprüfer (APr) im Rahmen der →Jahresabschlussprüfung mithilfe der Saldovortragsprüfung festzustellen. Dabei vergleicht der APr den geprüften Schlussbilanzsaldo mit dem Eröffnungsbilanzsaldo des folgenden Geschäftsjahres auf jedem Bestandskonto (→Verprobung; →Abstimmprüfung; →formelle Prüfung). Wurde der Vorjahresabschluss nicht geprüft, hat der APr vor der Saldovortragsprüfung seine Prüfungshandlungen auf die vorhergehenden Jahresabschlüsse auszudehnen (→Erstprüfung; IDW PS 205.14). Hat ein anderer APr den Vorjahresabschluss geprüft, stellt der →Prüfungsbericht (PrB) des Vorjahresprüfers grundsätzlich eine ausreichende Prüfungsgrundlage zur Beurteilung der Eröffnungsbilanz dar. Es wird nicht zu beanstanden sein, wenn der APr unter Berücksichtigung des allgemeinen Auftragsrisikos und etwaiger den Saldovorträgen innewohnenden spezifischen Risiken (z. B. aufgrund einer Fehlergeschichte) die Prüfung auf Ebene von Bilanzpositionen und/oder in Stichproben (→Stichprobenprüfung) durchführt. Stellt der APr wesentliche Differenzen fest und können diese Fehler nicht beseitigt werden, ist eine ordnungsgemäße Buchführung nicht gewährleistet; der →Bestätigungsvermerk (BestV) muss eingeschränkt oder versagt werden. In seiner Berichterstattung nach § 321 HGB hat der APr die Durchführung und das Ergebnis der Saldovortragsprüfung darzustellen. Die Dokumentation erfolgt in seinen Arbeitspapieren (→Arbeitspapiere des Abschlussprüfers).

Literatur: IDW (Hrsg.): IDW Prüfungsstandard: Prüfung von Eröffnungsbilanzwerten im Rahmen von Erstprüfungen (IDW PS 205, Stand: 17. November 2000), in: WPg 54 (2001), S. 150–152; Winkeljohann, N./Geißler, H.: Kommentierung des § 252 HGB, in: Ellrott, H. et al. (Hrsg.): BeckBilKomm, 6. Aufl., München 2006, Rn. 3–8, S. 402 f.

Ralf Weskamp

Saldierungsverbot →Umsatzerlöse

Sale and Lease Back →Leasingverhältnisse

Sanierungsberatung

Genereller Auslöser für Sanierungsberatungen im weitesten Sinne ist die Unternehmenskrise. Dabei bezeichnet *Unternehmenskrise* einen Zeitabschnitt in der Unternehmensentwicklung, in dessen Verlauf die Existenz des Unternehmens akut bedroht ist, d. h. der Eintritt eines Insolvenzgrundes (→Insolvenz) nicht abgewendet werden kann, wenn nicht entsprechende einschneidende Maßnahmen ergriffen werden, die in ihrer Kombination zu einer Neuausrichtung des Unternehmensleitbilds führen. Eine Unternehmenskrise erfasst i. d. R. anfangs die Entwicklung der Erfolgspotenziale (Strategiekrise) und verschlechtert sodann die Entwicklung des Reinvermögens (Erfolgskrise) und/oder der Liquidität des Unternehmens (Liquiditätskrise). Problematisch an der →Krisendiagnose ist die Tatsache, dass sich Unternehmenskrisen erst zeitverzögert im →Rechnungswesen manifestieren, so dass sie in frühen Stadien nur anhand strategisch ausgerichteter, überwiegend qualitativer Analysen erkannt werden können. Wenn es sich um ein prüfungspflichtiges Unternehmen handelt (→Pflichtprüfungen), ist davon auszugehen, dass der →Abschlussprüfer (APr) im Zuge der Going Concern-Beurteilung (→Going Concern-Prinzip) (Groß/Amen 2005, S. 1865–1867) auf Sachverhalte stößt, die auf eine krisenhafte Unternehmensentwicklung hindeuten. Anlass zur sorgfältigen Erstellung einer Fortbestehensprognose besteht immer dann, wenn sich für die Fortführung des Unternehmens mit eigenen Mitteln Zweifel ergeben und der Eintritt eines Insolvenzgrundes (Zahlungsunfähigkeit gem. § 17 InsO, drohende Zahlungsunfähigkeit gem. § 18 InsO, Überschuldung gem. § 19 InsO) zu befürchten ist. Davon unabhängig werden WP von der Geschäftsleitung – ggf. veranlasst von den Aufsichts- und Kontrollorganen des Unternehmens oder von →Kreditinstituten – mit einer Sanierungsberatung beauftragt.

Sanierung ist der Sammelbegriff für alle Maßnahmen, die Unternehmenskrisen beseitigen und die Existenz des Unternehmens durch Neuausrichtung des Leitbilds nachhaltig sichern. Diese Maßnahmen können unternehmenspolitischer, führungstechnischer, organisatorischer, finanz- und leistungswirtschaftlicher Natur sein. Je nach Auftrag kann das Feld der möglichen Beratungsaufgaben in der Praxis ein breites Spektrum umfassen und von der Erstellung eines Sanierungskonzepts bis zum Interimsmanagement für die Dauer der Krise reichen. Ohne die erforderliche Erlaubnis führt die Sanierungsberatung zu einem Verstoß gegen das RBerG. Aufgrund des Art. 1 § 5 Nr. 2 RBerG ist es u. a. öffentlich bestellten Wirtschaftsprüfern nunmehr gestattet, auch die rechtliche Bearbeitung zu übernehmen, soweit diese mit den Aufgaben des Wirtschaftsprüfers in unmittelbarem Zusammenhang steht und diese Aufgaben ohne die →Rechtsberatung nicht sachgemäß erledigt werden können (Uhlenbruck 2003, Rn. 1907).

Im Vorfeld der →Insolvenz wird eine Sanierungsprüfung im Rahmen der →Jahresabschlussprüfung, bei der Beschaffung von →Eigenkapital, bei der Vergabe von Sanierungskrediten (§ 18 KWG) sowie im Rahmen der (zweistufigen) →Überschuldungsprüfung durchgeführt. *Im Insolvenzverfahren* kann das Insolvenzgericht einen Prüfungsauftrag (→Prüfungsauftrag und -vertrag) an den vorläufigen Insolvenzverwalter (→Insolvenzverwaltung) erteilen. Auch ohne besonderen gerichtlichen Prüfungsauftrag kann der Insolvenzverwalter nach Eröffnung des Insolvenzverfahrens eine Sanierungsprüfung zur Vorbereitung des Berichtstermins in Auftrag geben. Im Berichtstermin hat der Insolvenzverwalter gem. § 156 InsO über die wirtschaftliche Lage des Schuldners und ihre Ursachen zu berichten. Er hat darzulegen, ob Aussichten bestehen, das Unternehmen des Schuldners im Ganzen oder in Teilen zu erhalten, welche Möglichkeiten für einen Insolvenzplan bestehen und welche Auswirkungen jeweils für die Befriedigung der Gläubiger eintreten würden. Stimmt die Gläubigerversammlung einem Insolvenzplanverfahren zu, kann das Gericht eine Sanierungsprüfung beauftragen, um den Insolvenzplan gem. § 248 InsO betriebswirtschaftlich fundiert bestätigen zu können. Gem. § 212 InsO ist ein bereits eröffnetes Insolvenzverfahren auf Antrag des Schuldners einzustellen, wenn gewährleistet ist, dass keiner der Insolvenzgründe mehr vorliegt. Zur Glaubhaftmachung bedarf es regelmäßig einer unabhängigen Sanierungsprüfung.

Im Unterschied zu anderen Unternehmensprüfungen (z. B. →Jahresabschlussprüfung) bestehen bei Sanierungsprüfungen besondere Erschwernisse (Pfitzer/Groß/Amen 2002, S. 329):

- der Prüfungsgegenstand ist vielschichtiger,
- die Prüfungsunterlagen sind vielfach unvollständig und unzuverlässig,
- die Prüfung steht unter besonderem Zeitdruck und
- die Betroffenen sind erfahrungsgemäß in erhöhtem Maße befangen.

In der Praxis haben sich zwei typische Formen von Sanierungsprüfungen herausgebildet: Die *Sanierungsprüfung i.w.S.* hat die Erarbeitung eines Sanierungskonzepts zum Gegenstand. Bei der *Sanierungsprüfung i.e.S.* handelt es sich um die Beurteilung eines fremd erstellten Sanierungskonzepts. Sie ist identisch mit einer Fortbestehensprognose, für die der Prüfer eigenständig Soll-Objekte entwickeln muss. Die in IDW FAR 1/1991 festgelegten Mindestanforderungen an Sanierungskonzepte werden von Wirtschaftsprüfern sowohl bei der Erstellung als auch bei der Beurteilung fremder Sanierungskonzepte zugrunde gelegt. Die Ziele der Sanierungsprüfung i.e.S. sind u. a. begründete Aussagen über:

- die Chancen der Sanierungsfähigkeit des Krisenunternehmens auf der Basis des vorgelegten Sanierungskonzepts;
- die Risiken der Fortführung und die entsprechenden kritischen Prämissen;
- die Qualifikation des Umsetzungsmanagements;
- die Konformität des Sanierungskonzepts mit Gesetz und Recht sowie
- den Sanierungsmehrwert und das Sanierungspotenzial.

Ein Unternehmen ist sanierungsfähig, wenn die Sanierungsmaßnahmen, zu denen sich die Geschäftsleitung verpflichtet, geeignet sind, die Insolvenzgründe im laufenden und im folgenden Geschäftsjahr (Prognosezeitraum) mit überwiegender Wahrscheinlichkeit zu beseitigen. Das Gesamturteil einer Sanierungsprüfung wird in Form einer →Bescheinigung (→Bescheinigungen im Prüfungswesen) abgefasst und durch einen Prognoseerstellungsbericht (→Berichtsgrundsätze und -pflichten des Wirtschaftsprüfers) ergänzt.

Literatur: Groß, P. J./Amen, M.: Going-Concern-Prognosen im Insolvenz- und im Bilanzrecht, in: DB 58 (2005), S. 1861–1868; IDW (Hrsg.): IDW Stellungnahme: Anforderungen an Sanierungskonzepte (IDW FAR 1/1991), in: IDW-FN o.Jg. (1991), S. 319–324; IDW (Hrsg.): WPH 2002, Band II, 12. Aufl., Düsseldorf 2002, Abschnitt F, S. 325–517; Uhlenbruck, W.: Strafbarkeitsrisiken des Sanierungsberaters, in: Schmidt, K./Uhlenbruck, W. (Hrsg.): Die GmbH in der Krise, Sanierung und Insolvenz, 3. Aufl., Köln 2003, S. 914–931.

Ludwig Mochty

Sanierungsbilanzen

Unter dem Begriff der Sanierung werden Maßnahmen verstanden, die geeignet erscheinen, den Fortbestand eines sich in der Krise befindlichen Unternehmens zu sichern (Förschle/Heinz 2002, S. 601). Während leistungswirtschaftliche Sanierungsmaßnahmen i. d. R. erst langfristig wirken, schlagen sich finanzwirtschaftliche Maßnahmen sofort im →Rechnungswesen nieder. Letztere dienen der sofortigen Beseitigung von Zahlungsunfähigkeit (→Zahlungsunfähigkeitsprüfung), Überschuldung (→Überschuldungsprüfung) und →Unterbilanz (→Sanierungsberatung).

Die Pflicht zur Dokumentation der Ausgangssituation der Sanierungsmaßnahmen und deren Einflüsse auf die interne und externe Rechnungslegung lässt sich grundsätzlich nicht direkt aus *gesetzlichen Vorschriften* ableiten. Allerdings wird in der Literatur (Förschle/Heinz 2002, S. 603 f.) die Erstellung einer internen Sanierungsbilanz (i.e.S.) für zweckmäßig erachtet.

Die freiwillig aufgestellten Sanierungsbilanzen werden i. d. R. aus dem vorliegenden JA abgeleitet und entsprechend gegliedert (Olfert 1990, S. 158). Eine zu einem abweichenden Stichtag gesondert aufzustellende →Sonderbilanz kann mangels gesetzlicher Vorschriften zwar nicht gefordert werden (IDW 2006, Abschn. F., Rn. 259, S. 502), ist aber in Form eines Finanzstatus häufig Ausgangspunkt der in der Sanierungspraxis notwendigen Planungsrechnungen (→Planung).

In der Literatur (Förschle/Heinz 2002, S. 603 f.) wird unterschieden in

- *Sanierungseröffnungsbilanz*: Sie wird vor Beginn der Sanierung zum Zwecke einer Sanierung erstellt und ist Grundlage für die Ableitung der Sanierungsmaßnahmen.

- *Sanierungszwischenbilanz*: Sie wird erstellt, wenn die finanzielle Sanierung einen längeren Zeitraum in Anspruch nimmt bzw. in trennbaren Schritten abläuft.

- *Sanierungsschlussbilanz*: Sie stellt die →Vermögenslage des Unternehmens nach Abschluss der Sanierung dar und dient zum Nachweis einer erfolgreichen finanziellen Sanierung.

Im Rahmen einer Sanierung bedarf es nicht allein einer Darstellung und Prüfung der finanziellen Restrukturierungsmaßnahmen im Rahmen einer Sanierungsbilanz. Vielmehr ist eine umfassende Betrachtung von Bilanz (→Planbilanz), →Gewinn- und Verlustrechnung (GuV) (→Erfolgsprognose) und →Cash Flow (→Liquiditätscontrolling; →Cash Flow-Analyse) notwendig, da nur in einer integrierten Darstellung die Wirkungszusammenhänge der Maßnahmen analysiert und Zielkonflikte erkannt werden können. Entsprechend kam es zu einer *Weiterentwicklung* von der „Prüfung der Sanierungsbilanz" hin zu einer „Prüfung des Sanierungskonzeptes". Dieser Entwicklung Rechnung tragend hat das →*Institut der Wirtschaftsprüfer in Deutschland e.V.* (IDW) in der Verlautbarung IDW FAR 1/1991 Richtlinien für Inhalte von Sanierungskonzepten aufgestellt.

Für die zu internen Zwecken erstellten Sanierungsbilanzen besteht weder eine *Prüfungspflicht* nach §§ 316 ff. HGB (→Pflichtprüfungen) noch eine *Offenlegungspflicht* nach §§ 325 ff. HGB (→Offenlegung des Jahresabschlusses) oder eine →*Aufbewahrungspflicht*, da es sich bei derartigen Sonderbilanzen nicht um Jahresabschlüsse i.S.d. § 257 Abs. 1 Nr. 1 HGB handelt. Werden jedoch reguläre Jahresabschlüsse als Sanierungsbilanzen herangezogen, gelten für diese die allgemeinen Prüfungs-, Offenlegungs- und Aufbewahrungsgrundsätze (Förschle/Heinz 2002, S. 604).

Werden für interne Zwecke erstellte Sanierungsbilanzen (i.e.S.) Gegenstand einer *freiwilligen Prüfung* (→freiwillige und vertragliche Prüfung), sind bei der Durchführung der Sanierungsbilanzprüfung insb. folgende von der →Jahresabschlussprüfung abgeleiteten Grundsätze zu beachten:

- *Grundsatz der Vollständigkeit*: Es ist zu gewährleisten, dass alle für eine Sanierung relevanten Sachverhalte berücksichtigt werden.

- *Grundsatz der Richtigkeit*: Es ist zu prüfen, ob alle in der Sanierungsbilanz enthaltenen Angaben richtig, glaubhaft oder schlüssig sind.

- *Grundsatz der Klarheit und Übersichtlichkeit*: Dieser Grundsatz impliziert den Verzicht auf mehrdeutige und insofern irreführende Informationsvermittlung, die beim Urteilsempfänger einen falschen Eindruck erwecken könnte.

Nach erfolgter Aufstellung des Sanierungskonzeptes verlangen die beteiligten Stake-

Sanierungsprüfung

oder Shareholder des in der Krise befindlichen Unternehmens häufig auch eine *Prüfung des Sanierungskonzeptes* sowie eine laufende Prüfung des Umsetzungsstandes (Sanierungsstatus). Ist die Sanierungsbilanz Bestandteil eines zu prüfenden Sanierungskonzeptes (i.w.S.), sind zusätzlich zu den folgenden Themen begründete Aussagen zu treffen:

- Chancen der Sanierungsfähigkeit des Krisenunternehmens auf Basis des vorgelegten Sanierungskonzeptes,
- Prämissen und Risiken einer Fortführung,
- Qualifikation des Umsetzungs-Managements,
- Konformität des Sanierungskonzeptes mit Gesetz und Recht sowie
- Sanierungsmehrwert und Sanierungspotenzial.

In der Sanierungsbilanz sind die *bilanziellen Auswirkungen der Sanierungsmaßnahmen* klar und übersichtlich abzubilden:

- *Rangrücktritt*: Die Erklärung eines Rangrücktritts (→ Rangrücktrittsvereinbarung), bei dem der Gläubiger u. a. erklärt, dass er Zahlungen nur verlangen wird, soweit die Erfüllung aus dem Jahresüberschuss (→ Jahresergebnis) möglich ist und er für bestimmte Zwecke hinter alle anderen Gläubiger zurücktritt, führt dazu, dass die → Verbindlichkeiten nur im Überschuldungsstatus der Gesellschaft nicht mehr zu passivieren sind; in der Sanierungsbilanz sind Verbindlichkeiten mit Rangrücktritt weiterhin passivierungspflichtig.
- *Kapitalersetzende Darlehen*: Sie sind weiterhin als Verbindlichkeit auszuweisen.
- → *Erträge aus dem Schulderlass von Gläubigern*: Sie sind ergebniswirksam zu vereinnahmen, entweder als sonstige betriebliche oder als ao. Erträge (→ sonstige betriebliche Aufwendungen und Erträge; → außerordentliche Aufwendungen und Erträge). Nach dem Wegfall des § 3 Nr. 66 EStG sind derartige Sanierungsgewinne grundsätzlich steuerpflichtig. Allerdings können die Steuern bei Anwendung des BMF-Schreibens vom 27.3.2003 gestundet bzw. erlassen werden.
- *Erträge aus der Herabsetzung des* → *Gezeichneten Kapitals*: Unterstellt man vor dem Hintergrund des § 275 Abs. 4 HGB eine analoge Anwendung des § 240 AktG für die → Gesellschaft mit beschränkter Haftung (GmbH), wäre nach dem Posten „Jahresüberschuss/Jahresfehlbetrag" ein zusätzlicher Posten „Ertrag aus der Kapitalherabsetzung" auszuweisen und in den Bilanzverlust bzw. Bilanzgewinn überzuleiten.

Wesentliche Grundlage der *Bewertung* ist wie bei dem JA die Beurteilung der Fortführungsaussichten. In Abhängigkeit der Beurteilung der Going Concern-Prämisse (→ Going Concern-Prinzip) sind die → Vermögensgegenstände und → Verbindlichkeiten mit Fortführungs- oder → Liquidationswerten zu bewerten. Zur Ableitung von Sanierungsmaßnahmen empfiehlt sich auch die ergänzende Ermittlung der Zeitwerte (→ Zeitwerte, Prüfung von) und die damit einhergehende Offenlegung → stiller Reserven und Lasten (Olfert 1990, S. 159 f.).

Literatur: BMF-Schreiben vom 27.3.2003, Aktz. IV A 6 – S 2140 – 8/03, BStBl. I 2003, S.240–243; Förschle, G./Heinz, S.: Sanierungsmaßnahmen und ihre Bilanzierung, in: Budde, W. D./Förschle, G. (Hrsg.): Sonderbilanzen, 3. Aufl., München 2002, S. 524–525; IDW (Hrsg.): IDW Stellungnahme: Anforderungen an Sanierungskonzepte (IDW FAR 1/1991), in: IDW-FN o.Jg. (1991), S. 319–324; IDW (Hrsg.): WPH 2006, Band I, 13. Aufl., Düsseldorf 2006; Olfert, K./Körner, W./Langenbeck, J.: Sanierungsbilanzen, in: Olfert, K. (Hrsg.): Sonderbilanzen, 3. Aufl., Ludwigshafen 1990, S. 147–164.

Jochen Wentzler

Sanierungsprüfung → Sanierungsberatung

Sarbanes Oxley Act → Corporate Governance in den USA

Sarbanes Oxley Act, Einfluss auf das Prüfungswesen

Der SOA wurde vom US-Kongress im Juli 2002 als Reaktion auf diverse Bilanzdelikte (→ Bilanzfälschung) verabschiedet. Ziel ist es, das Vertrauen der Investoren in den Kapitalmarkt wiederherzustellen und die → Corporate Governance (→ Corporate Governance in den USA) zu stärken. Neben Inhalten, die direkt die Leitungsorgane von Unternehmen betreffen (→ *Sarbanes Oxley Act, Einfluss auf Vorstand und Aufsichtsrat*), enthält der SOA zahlreiche Vorschriften für Prüfer bzw. die Prüfung von Unternehmen (→ Jahresabschlussprüfung; → Konzernabschlussprüfung) und bezieht gem. SOA 106 explizit ausländische und somit auch deutsche Prüfungsgesellschaften (→Revisions- und Treuhandbetriebe) ein, die in den →United States of America (USA) börsennotierte Unternehmen (→Unternehmensformen) oder deren Tochtergesellschaften prüfen.

Mit Gründung des →*Public Company Accounting Oversight Board* (*PCAOB*) wurde die bis dahin bestehende Selbstverwaltung des Berufsstands der Prüfer in den USA stark eingeschränkt. Jede Prüfungsgesellschaft, die Prüfungsleistungen für in den USA gelistete Unternehmen erbringt, ist verpflichtet, sich bei dieser Aufsichtsbehörde registrieren zu lassen. Somit haben auch die vom SOA erfassten deutschen Prüfungsgesellschaften gem. SOA 102 u. a. Angaben zu Mandanten und Höhe der →Prüfungshonorare eines Jahres zu machen (→Berufsaufsicht für Wirtschaftsprüfer, international).

Aufgabe des *PCAOB* ist die Überwachung der registrierten Prüfungsgesellschaften zur Sicherstellung der →Prüfungsqualität (→Qualitätsabsicherung) (SOA 104). Dabei wurde das bis dahin praktizierte Konzept des →*Peer Review* abgelöst. Betroffene deutsche Prüfungsgesellschaften werden mindestens alle 3 Jahre vom *PCAOB* geprüft (→Qualitätskontrolle in der Wirtschaftsprüfung). Zudem müssen bei begründeten Verdachtsmomenten Sonderuntersuchungen geduldet werden. Auch kann die Herausgabe von →Arbeitspapieren des Abschlussprüfers verlangt werden [SOA 106(b)], was aufgrund der bestehenden →Verschwiegenheitspflicht des Wirtschaftsprüfers zu möglichen Kollisionen mit deutschen Rechtsnormen führt. Wird die Zusammenarbeit mit dem *PCAOB* verweigert, können Sanktionen verhängt werden, die bis zum Entzug der Prüfungslizenz reichen (SOA 105). Durch die bloße Registrierung beim *PCAOB* unterstehen deutsche Prüfungsgesellschaften jedoch nicht zwangsläufig der US-Gerichtsbarkeit.

SOA 103 ermächtigt das *PCAOB*, einheitliche Standards für die Prüfung von börsennotierten Unternehmen zu erlassen (→*Prüfungsnormen*). Neben der Möglichkeit, auf bestehende Standards des →*American Institute of Certified Public Accountants* (*AICPA*) zu verweisen, hat das *PCAOB* Standards zur Gestaltung des →*Prüfungsberichts*, zur Prüfung des →Internen Kontrollsystems (→Internal Control; →Internes Kontrollsystem, Prüfung des; →Systemprüfung) und zu Dokumentationspflichten bzw. Aufbewahrungsfristen von Prüfungsunterlagen verabschiedet, deren Anwendungsverpflichtung unmittelbaren Einfluss auf die dem SOA unterstehenden deutschen Prüfer hat.

Weitreichende Auswirkungen für betroffene deutsche Prüfungsgesellschaften hat auch die Erfordernis, bei der Abschlussprüfung Aussagen zur Prüfung des Internen Kontrollsystems im PrB zu treffen (SOA 103). Zudem muss der →Abschlussprüfer (APr) nach SOA 404(b) beurteilen, ob die Einschätzung des Managements bzgl. der Funktionsweise des Internen Kontrollsystems korrekt ist. Hierin ist eine deutliche Ausweitung des kodifizierten Prüfungsgegenstands zu sehen, da die Prüfung des Internen Kontrollsystems über die Finanzberichterstattung bspw. weit über die Anforderungen des § 317 Abs. 4 i.V.m. § 91 Abs. 2 HGB [→Risikomanagementsystem (RMS)] im deutschen Recht hinausgeht, die sich lediglich auf die Prüfung bestandgefährdender Risiken beziehen (→Risikomanagementsystem, Prüfung des).

Herausragende Bedeutung für Prüfer erlangt der zweite Abschnitt des SOA, in dem es um die Sicherstellung der →Unabhängigkeit und Unbefangenheit des Wirtschaftsprüfers geht, die als wesentliche Determinanten zur Beurteilung der Vertrauenswürdigkeit des Prüfers gelten. SOA 201 führt prüfungsfremde, unabhängigkeitsgefährdende Dienstleistungen auf, die von einem APr grundsätzlich nicht erbracht werden dürfen, wobei das *PCAOB* jederzeit weitere Dienstleistungen in den Ausschlusskatalog aufnehmen kann (→vereinbare und unvereinbare Tätigkeiten des Wirtschaftsprüfers). Bei den unzulässigen Nichtprüfungsleistungen handelt es sich um die Mitwirkung an der Buchführung, die Entwicklung und Implementierung von Finanzinformationssystemen, die Erbringung von Bewertungsleistungen, Fairness Opinions, Sacheinlagenprüfungen oder versicherungsmathematischer Dienstleistungen sowie die Übernahme von Aufgaben der →Internen Revision oder Managementaufgaben. Des Weiteren ist dem APr die Tätigkeit als Broker oder Investmentbanker für den Mandanten untersagt.

SOA 202 legt fest, dass alle in Anspruch genommenen Prüfungs- und Nichtprüfungsleistungen zuvor vom →Audit Committee (→Aufsichtsratsausschüsse) genehmigt werden müssen. Auch die Pflicht zur Weitergabe von Informationen an das Audit Committee wurde ausgeweitet (SOA 204). Die Sicherstellung der Unabhängigkeit erfolgt zudem durch eine Verschärfung der internen →Prüferrotation. Die verantwortlichen APr müssen spätestens alle 5 Jahre wechseln (SOA 203). Beim Wechsel eines Mitglieds des Prüfungsteams in eine Schlüsselposition des Mandantenunternehmens fordert SOA 206, dass zwischen dem Eintrittsdatum des ehemaligen Prüfungsteammitglieds und der Annahme eines Abschlussprüfungsmandats (→Auftragsannahme und -fortführung) eine Cooling-Off-Periode von mindestens einem Jahr zu liegen hat.

Zur Konkretisierung der Anforderungen des SOA hat die →Securities and Exchange Commission (SEC) Final Rules erlassen. So konkretisiert eine Final Rule bspw., dass die Sperrfrist für einen verantwortlichen APr nach erfolgter interner Rotation 5 Jahre beträgt. Zudem wurde die Rotationspflicht dahingehend erweitert, als dass auch sonstige Prüfungspartner, die maßgeblich am JA mitwirken, nach 7 Jahren für mindestens 2 Jahre von der Prüfung des Mandanten ausgeschlossen werden. Die Final Rule enthält zudem Aussagen zu mit der Abschlussprüfung vereinbaren prüfungsfremden Dienstleistungen (→vereinbare und unvereinbare Tätigkeiten des Wirtschaftsprüfers). So wird die Zulässigkeit der parallelen →Rechtsberatung eingeschränkt, während die Erbringung von Steuerberatungsleistungen (→Steuerberatung) grundsätzlich erlaubt bleibt.

Ausstrahlungswirkungen auf das Prüfungswesen in Deutschland durch den SOA ergeben sich nicht zuletzt dadurch, dass die Gesetzeslage in den USA bei Verabschiedung von Maßnahmen auf europäischer (z. B. Modernisierung der Achten RL 84/253/EWG durch die RL 2006/43/EG vom 17.5.2006) und deutscher Ebene (z. B. BilReG) berücksichtigt wird.

Literatur: AKEIÜ: Auswirkungen des Sarbanes-Oxley Act auf die Interne und Externe Unternehmensüberwachung, in: BB 59 (2004), S. 2399–2407; Hilber, M./Hartung, J.: Auswirkungen des Sarbanes-Oxley Act auf deutsche WP-Gesellschaften: Konflikte mit der Verschwiegenheitspflicht der Wirtschaftsprüfer und dem Datenschutzrecht, in: BB 58 (2003), S. 1054–1060; Menzies, C. (Hrsg.): Sarbanes-Oxley Act. Professionelles Management interner Kontrollen, Stuttgart 2004.

Frank M. Hülsberg

Sarbanes Oxley Act, Einfluss auf Vorstand und Aufsichtsrat

Die Regelungen des SOA und die Ausführungsbestimmungen (Final Rules) der →*Securities and Exchange Commission (SEC)* zur Konkretisierung von SOA-Bestimmungen sind von allen Unternehmen zu beachten, die bei der SEC registrierungspflichtig sind und an einer US-amerikanischen Börse gehandelt werden. Tochtergesellschaften von Unternehmen, deren Anteile an einer US-Börse gehandelt werden, sind ebenfalls betroffen. Somit werden auch deutsche Unternehmen vom Regelungsbereich des SOA erfasst, der neben Vorschriften für WP (→Sarbanes Oxley Act, Einfluss auf das Prüfungswesen) zahlreiche Regelungen enthält, die direkt die Leitungsorgane von Unternehmen betreffen und somit Einfluss auf die Tätigkeit von Vorstand und AR haben. Die Vorschriften des SOA beziehen sich auf das monistische Boardsystem (→Dual- und Boardsystem) in den USA, so dass die Regelungen sinngemäß auf das deutsche dualistische System von Vorstand und AR anzuwenden sind.

SOA 302 fordert von geschäftsführenden Direktoren bzw. vom Vorstand die Einrichtung von Kontrollen (→Kontrolltheorie) und Verfahren zur Offenlegung (Disclosure Controls and Procedures). Zudem sind →Chief Executive Officer (CEO) bzw. Vorstandsvorsitzender und CFO bzw. Finanzvorstand verpflichtet, quartalsweise und zum JA eine eidesstattliche, zivil- und strafrechtlich relevante Erklärung abzugeben, wonach die Rechnungslegung und Berichterstattung von ihnen geprüft wurden und keine Anhaltspunkte für falsche Behauptungen oder irreführenden Darstellungen vorhanden sind (→Überwachungsaufgaben des Vorstands). Für ausländische Emittenten besteht jedoch lediglich eine Pflicht zur jährlichen Abgabe dieser Erklärung. Die vorsätzliche Falschabgabe von Erklärungen kann gem. SOA 906 nunmehr Freiheitsstrafen von bis zu 20 Jahren und/oder Geldbußen von bis zu 5 Mio. US-Dollar nach sich ziehen.

SOA 303 stellt klar, dass es verboten ist, →Abschlussprüfer (APr) dahingehend zu beeinflussen, einen fehlerhaften Abschluss anzuerkennen, während SOA 304 CEO und CFO verpflichtet, bspw. Bonuszahlungen oder realisierte Gewinne aus →Aktienoptionsprogrammen zurückzuzahlen, die auf Basis eines fehlerhaften Jahresabschlusses (→Unregelmäßigkeiten) ausgezahlt wurden. Des Weiteren sind gem. SOA 306 →Insidergeschäfte während einer Pension Blackout-Periode untersagt. D.h. solange Mitarbeiter während dieser Zeitspanne nicht auf die Pensionskasse zugreifen können, ist es dem Vorstand und AR untersagt, Wertpapiere des Unternehmens zu handeln.

Der vierte Abschnitt des SOA enthält Vorschriften zur Ausweitung der Offenlegungspflichten von Finanzinformationen (→Berichterstattungspflichten des Vorstands; →Publizität). SOA 401 verlangt vom Vorstand, über Off-Balance Sheet Transaktionen (→außerbuchhalterische Bereiche), also wesentliche, bilanzunwirksame Geschäfte zu berichten. Zudem wurde die SEC durch SOA 401 verpflichtet, eine Final Rule zu erlassen, die sicherstellt, dass Pro-forma Finanzdaten nur veröffentlicht werden dürfen, wenn sie auf den →United States Generally Accepted Accounting Principles (US GAAP) basieren und nicht irreführend sind. Zur Sicherstellung der Unabhängigkeit der Unternehmensleitung verbietet SOA 402 die Gewährung von Darlehen an Mitglieder des →Board of Directors. Für dem SOA unterstehende deutsche Unternehmen bedeutet das ein Verbot der Darlehensgewährung an Vorstands- und auch Aufsichtsratsmitglieder (→Interessenkonflikte von Vorstand und Aufsichtsrat; →Kreditgewährung an Vorstand und Aufsichtsrat). SOA 403 verkürzt Meldefristen für Transaktionen, an denen Manager des Unternehmens oder Aktionäre, die mehr als 10% der Aktien halten, beteiligt sind, während SOA 406 die Einführung von Wohlverhaltensregeln (Code of Ethics) für leitende Angestellte im Finanzbereich fordert. Das Vorhandensein eines Code of Ethics muss der SEC gegenüber regelmäßig kommuniziert werden oder das Fehlen eines solchen muss begründet werden.

Einen wesentlichen Bestandteil des SOA zur Verbesserung der →Corporate Governance (→Corporate Governance in den USA) stellt SOA 404, Management Assessment of →Internal Controls, dar. SOA 404(a) fordert die Errichtung eines →Internen Kontrollsystems über die Finanzberichterstattung, was weitreichende Konsequenzen für die Unternehmensleitung und andere Bereiche, wie bspw. die →Interne Revision, nach sich zieht. Nach Einrichtung muss der Vorstand das IKS bewerten und in einem gesonderten Teil des Jahresabschlusses die Verantwortung für Einrichtung und Pflege des Internen Kontrollsystems übernehmen. In dem Bericht müssen neben Angaben zu Durchführung und Ergebnissen der IKS-Beurteilung auch identifizierte wesentliche Schwächen veröffentlicht werden. Die Beurteilung des Internen Kontrollsystems erfolgt auf Basis eines von der SEC anerkannten Rahmenwerks, wie dem →Coso-Report. Gem. SOA 404(b) muss zudem der APr beurteilen, ob die Einschätzungen des Managements bzgl. der Funktionsweise des Internen Kontrollsystems zutreffend sind (→Internes Kontrollsystem, Prüfung des; →Systemprüfung). Für Unternehmen, die Ihren Sitz in Deutschland haben, betrifft die Verpflichtung Geschäftsjahre, die am oder nach dem 15.7.2007 enden.

SOA 301 enthält Vorschriften zur Einrichtung und Ausgestaltung von →Audit Committees, denen die Verantwortung für Auswahl, Vergütung (→Prüfungshonorare) und Überwachung des Abschlussprüfers obliegt. Dieser Ausschuss besteht ausschließlich aus unabhängigen Mitgliedern des Board of Directors. Für deutsche Unternehmen bedeutet das, dass das Audit Committee mit Mitgliedern des Aufsichtsrats zu besetzen ist. Problematisch erscheint, dass Aufsichtsratsmitglieder aufgrund der deutschen Mitbestimmungsgesetze (→Mitbestimmung) regelmäßig nicht als unabhängig anzusehen sind, da sie vom Unternehmen eine Vergütung für ihre eigentliche Tätigkeit als Arbeitnehmer erhalten. Hier hat die SEC in einer Final Rule jedoch klargestellt, dass nicht in Führungspositionen tätige Arbeitnehmervertreter ausländischer und somit auch deutscher Unternehmen als unabhängig anzusehen sind und somit als Audit Committee-Mitglieder tätig sein dürfen. Wird kein solcher →Aufsichtsratsausschuss eingerichtet, sind die entsprechenden Pflichten vom gesamten AR zu erfüllen (SOA 205). Eine Pflicht des Audit Committees bzw. des Aufsichtsrats besteht bspw. auch darin, als zentrale Anlaufstelle für Hinweise und Beschwerden bzgl. der Buchführung und Rechnungslegung aufzutreten. Zudem ist namentlich ein Finanzexperte zu bestimmen, der u. a. über Rechnungslegungskenntnisse und Erfahrungen bei der Erstellung und Prüfung von Jahresabschlüssen (→Jahresabschlussprüfung) verfügen muss.

Schadenrückstellung

Literatur: AKEIÜ: Auswirkungen des Sarbanes-Oxley Act auf die Interne und Externe Unternehmensüberwachung, in: BB 59 (2004), S. 2399–2407; Lanfermann, G./Maul, S.: SEC-Ausführungsregeln zum Sarbanes-Oxley Act. Auswirkungen auf Rechnungslegung und Abschlussprüfung europäischer Unternehmen, in: DB 56 (2003), S. 349–355; Menzies, C. (Hrsg.): Sarbanes-Oxley Act. Professionelles Management interner Kontrollen, Stuttgart 2004.

Frank M. Hülsberg

Schadenrückstellung →Grundsätze ordnungsmäßiger Buchführung, versicherungsspezifisch

Schätzen, heterogrades →Heterograde Stichprobe

Schätzprüfung →Prognose- und Schätzprüfung

Schätzreserven →Stille Reserven und Lasten

Schätzstichprobe, homograde →Homograde Stichprobe

Schätzstichproben →Entdeckungsstichproben, homograde

Schätzwerte, Prüfung von

Schätzwerte werden in der externen Rechnungslegung verwendet, sofern die Ermittlung exakter Werte unwirtschaftlich oder aus anderen Gründen nicht durchführbar ist. Die Verantwortung für die Ermittlung von Schätzwerten liegt dabei stets in den Händen der Geschäftsführung. Aufgrund der gesetzlichen Prüfungspflicht hat der WP die Aufgabe, die Ordnungsmäßigkeit der Buchführung und damit auch der Schätzwerte zu prüfen (→Grundsätze ordnungsmäßiger Buchführung, Prüfung der; →Ordnungsmäßigkeitsprüfung; →Prognose- und Schätzprüfung).

Typische Beispiele für Schätzwerte der externen Rechnungslegung sind die Bemessung von Abschreibungen (→Abschreibungen, bilanzielle; →außerplanmäßige Abschreibungen) auf →Sachanlagen, →Vorratsvermögen oder →Forderungen, die Bemessung von Zeitwerten (→Zeitwerte, Prüfung von), die Bemessung von →Rückstellungen, die Bemessung von Gewinnen und Verlusten aus langfristigen Fertigungsverträgen (→langfristige Auftragsfertigung).

Das Risiko einer wesentlichen Falschaussage (→Fehlerarten in der Abschlussprüfung) steigt mit der zunehmenden Verwendung von Schätzwerten. Dies ist unabhängig von den jeweiligen Schätzverfahren, die von einfachen Berechnungen bis hin zu komplexen Modellen reichen können. Für die Schätzung komplexer Sachverhalte ist i. d. R. spezielles Fachwissen notwendig. Nationale wie auch internationale Prüfungsstandards [→International Standards on Auditing (ISA); →*Verlautbarungen des Instituts der Wirtschaftsprüfer in Deutschland e.V. (IDW)*] fordern daher, auch bei der Prüfung entsprechende Spezialisten heranzuziehen (ISA 540, IDW PS 314). Zu unterscheiden sind routinemäßige Schätzungen, die üblicherweise durch das Unternehmen im Erstellungsprozess des Jahresabschlusses verfahrenstechnisch abgebildet werden, und nichtroutinemäßige Schätzungen, die gesondert durchzuführen sind.

Zentrale Grundsätze bei der Verwendung von Schätzwerten in der externen Rechnungslegung sind *Zuverlässigkeit*, *Wesentlichkeit* und *Vorsicht* (→Grundsätze ordnungsmäßiger Rechnungslegung). Die Zuverlässigkeit einer Schätzung hängt hauptsächlich von der Qualität der verwendeten Informationen und der Angemessenheit des Informationsverarbeitungsprozesses ab. Die Wesentlichkeit und damit die erforderliche Genauigkeit einer Schätzung ergeben sich aus der wertmäßigen Bedeutung des jeweiligen Jahresabschlusspostens. Es bleibt jedoch zu beachten, dass fehlerhafte Schätzverfahren angewandt auf eine große Zahl unwesentlicher Posten durchaus eine wesentliche Beeinträchtigung oder gar eine einseitige Beeinflussung der Informationen eines Jahresabschlusses mit sich bringen können. Der Grundsatz der Vorsicht rechtfertigt keinen generell konservativen Ausweis von Bilanzpositionen. Grundsätzlich sind Best Estimates zu ermitteln, die im Rahmen des Gläubigerschutzes (HGB-Rechnungslegung) um einen Sicherheitszuschlag erhöht oder vermindert werden können.

Laut IDW PS 314: Die Prüfung von geschätzten Werten in der Rechnungslegung hat der →Abschlussprüfer (APr) ausreichende und angemessene →Prüfungsnachweise über die geschätzten Werte einzuholen und dabei zu beurteilen, ob die Schätzungen plausibel sind

(→Plausibilitätsprüfungen; →indirekte Prüfung). Hierzu stehen dem Prüfer folgende Prüfungshandlungen zur Verfügung (→Auswahl von Prüfungshandlungen): →Prüferische Durchsicht und Testen (→Testfälle) der angewandten Verfahren, Vergleich der Schätzungen mit denen unabhängiger Dritter, prüferische Durchsicht von →Ereignissen nach dem Abschlussstichtag und Vergleich der Schätzungen aus vorhergehenden Jahren mit den eingetretenen Ereignissen dieser Geschäftsjahre. Im letzten Fall ist u.U. eine →Abweichungsanalyse durchzuführen, um den Grund für Abweichungen von Schätzwerten und Realisationen aufzuzeigen. Bei diesen Prüfungshandlungen sind vor allem die verwendeten Daten und Annahmen zu beurteilen, die Berechnungen zu kontrollieren und die kompetenzgerechte Durchführung, Dokumentation und Genehmigung zu überprüfen. Abschließend ist dann festzustellen, ob die vorgenommenen Schätzungen angemessen sind und ob die Schätzungen mit anderen während der Prüfung erlangten Prüfungsnachweisen in Einklang stehen. Sollte der Prüfer zu der Auffassung gelangen, dass die Schätzwerte außerhalb einer Bandbreite akzeptabler Werte liegen, ist die Unternehmensleitung anzuhalten, diese Werte zu korrigieren. Unter bestimmten Umständen kann es aber auch notwendig sein, ein →Prüfungshemmnis festzustellen, wenn die Unsicherheiten eine angemessene Schätzung unmöglich machen. In diesem Fall kann es notwendig sein, den →Bestätigungsvermerk (BestV) einzuschränken oder zu versagen.

Literatur: Fey, G.: Accounting Estimates, in: Ballwieser, W. et al. (Hrsg.): HWRP, 3. Aufl., Stuttgart 2002, Sp. 26–35; IDW (Hrsg.): IDW Prüfungsstandard: Die Prüfung von geschätzten Werten in der Rechnungslegung (IDW PS 314, Stand: 2. Juli 2001), in: WPg 54 (2001), S. 906–909; Mandl, G./Jung, M.: Prognose- und Schätzprüfung, in: Ballwieser, W. et al. (Hrsg.): HWRP, 3. Aufl., Stuttgart 2002, Sp. 1698–1706.

Jochen Zimmermann; Jan-Hendrik Meier

Schecks →Zahlungsverkehr

Scheingewinn →Inflation, Rechnungslegung bei

Schlussbesprechung

In der WP-Praxis ist es allgemein üblich, eine Schlussbesprechung mit dem Vorstand, der Geschäftsführung oder den sonst zuständigen Personen durchzuführen (IDW 2006, Abschn. R, Rn. 795, S. 2158). Grundsätzlich gibt es, mit Ausnahme von § 57 Abs. 4 GenG, keine gesetzliche Vorschrift, die zur Durchführung einer Schlussbesprechung zum Abschluss einer Prüfung (→Jahresabschlussprüfung; →Konzernabschlussprüfung) verpflichtet.

Auf die Einberufung einer Schlussbesprechung kann u.U. verzichtet werden, wenn der zuständige Personenkreis parallel zur eigentlichen Prüfung über relevante Geschehnisse bzw. bedeutende Prüfungsergebnisse (→Prüfungsurteil) ständig unterrichtet wird. Gegen ein Entfallen einer Schlussbesprechung spricht, wenn Prüfungsfeststellungen so gravierend sind, dass sie zu Einschränkungen oder sogar zur Versagung des →Bestätigungsvermerks führen. In diesem Fall muss den Vertretungsorganen in jedem Fall die Möglichkeit eingeräumt werden, Stellung zu den Ergebnissen zu beziehen. Die Stellungnahme der gesetzlichen Vertreter zu den ermittelten und vorgetragenen Prüfungsfeststellungen kann der →Abschlussprüfer (APr) in seine Abschlussbeurteilung mit einbeziehen (Glade 1995, Teil I, Rn. 898).

Ziel einer Schlussbesprechung ist die während der Prüfung aufgetretenen, bedeutendsten Prüfungsfeststellungen zusammengefasst den verantwortlichen Organen darzulegen und zu erläutern. Des Weiteren wird zur Ordnungsmäßigkeit des →Rechnungswesens Stellung genommen (→Ordnungsmäßigkeitsprüfung). Die in der Schlussbesprechung ausgeführten Beanstandungen erfordern eine Erörterung, werden aber i.d.R. nicht Inhalt oder Bestandteil des →Prüfungsberichts sein bzw. bedürfen auch keiner schriftlichen Stellungnahme der verpflichteten Vertretungsorgane. Ferner besteht in diesem Besprechungstermin die Möglichkeit, fehlende Auskünfte, Informationen und Dokumente (→Prüfungsnachweise) einzuholen, die noch erforderlich sind. In der Praxis werden häufig anhand des Berichtsentwurfs die Prüfungsfeststellungen und der Entwurf durchgesprochen sowie unterschiedliche Ansichten zwischen dem Prüfer und Vertretungsorganen der Gesellschaft diskutiert und geklärt. Eine solche Verfahrensweise ist für die Stärkung des Vertrauensverhältnisses zwischen APr und gesetzlichen Vertretern förderlich (IDW 2006, Abschn. R, Rn. 795, S. 2158).

Empfohlen wird, je nach Bedeutung und Umfang einer Schlussbesprechung, über das Gespräch ein Protokoll anzufertigen, welches alle besprochenen Fakten und deren Ergebnisse dokumentiert. Das Protokoll kann dem Vorstand/der Geschäftsführung zur Gegenzeichnung übersandt werden (IDW 2006, Abschn. R, Rn. 797, S. 2158).

Im Rahmen der Neuregelung gem. § 111 Abs. 2 Satz 3 AktG hat sich in der Vorgehensweise für die Schlussbesprechung nichts geändert, d. h. der AR erteilt zwar den Prüfungsauftrag (→ Prüfungsauftrag und -vertrag), aber der Vorstand hat in jedem Fall zuvor Gelegenheit, zu den vorgelegten Ergebnissen Stellung zu beziehen (IDW 2006, Abschn. R, Rn. 796, S. 2158; → Bestellung des Abschlussprüfers).

Literatur: Glade, A.: Praxishandbuch der Rechnungslegung und Prüfung: Systematische Darstellung und Kommentar zum Bilanzrecht, 2. Aufl., Herne 1995; IDW (Hrsg.): WPH 2006, Band I, 13. Aufl., Düsseldorf 2006; Marten, K.-U./Quick, R./Ruhnke, K.: Wirtschaftsprüfung. Grundlagen des betriebswirtschaftlichen Rechnungswesens nach nationalen und internationalen Normen, 2. Aufl., Stuttgart 2003.

Ralph Höll

Schuld

Schuld bildet i. S. d. Bilanzrechts den Oberbegriff für → Verbindlichkeiten, → Rückstellungen für ungewisse Verbindlichkeiten sowie für Rückstellungen für drohende Verluste aus schwebenden Geschäften. Aufwandsrückstellungen i. S. d. § 249 Abs. 2 HGB, → Sonderposten mit Rücklageanteil sowie → Eventualverbindlichkeiten i. S. d. § 251 HGB sind hingegen nicht als Schulden im handelsrechtlichen Sinne anzusehen.

Sämtliche Schulden müssen gem. § 246 Abs. 1 HGB im JA passiviert werden, soweit gesetzlich nicht etwas anderes bestimmt ist. Zur Erreichung abstrakter Passivierungsfähigkeit muss eine Schuld

- auf einer rechtlichen oder faktischen Verpflichtung im Innen- oder Außenverhältnis des bilanzierenden Unternehmens beruhen,
- bilanziell greifbar und mit einer quantifizierbaren wirtschaftlichen Belastung für das bilanzierende Unternehmen verbunden sein.

Zur Erreichung konkreter Passivierungsfähigkeit ist zu überprüfen, ob eine abstrakt passivierungsfähige Schuld aufgrund handelsrechtlicher Vorschriften nicht angesetzt werden darf oder muss (z. B. Aufwandsrückstellungen) bzw. ob ein abstrakt nicht passivierungsfähiger Sachverhalt aufgrund abweichender rechtlicher Passivierungsvorschriften doch passiviert werden muss oder darf (z. B. Sonderposten mit Rücklageanteil). Rückstellungen sind nur für die in § 249 Abs. 1 und Abs. 2 HGB bezeichneten Zwecke zu bilden. Einzelkaufleute dürfen nur betriebliche Schulden, Personenhandelsgesellschaften [→ Personengesellschaften (PersGes)] nur Gesamthandsverbindlichkeiten ausweisen. Private Schulden sind gem. § 264c Abs. 3 HGB und § 5 Abs. 4 PublG ausnahmslos nicht zu berücksichtigen.

Eine Passivierung von Verbindlichkeiten entfällt, wenn sie erloschen sind (§ 362 BGB). Eine Passivierung von Rückstellungen ist beendet, wenn deren Grund zur Bildung entfallen ist (§ 249 Abs. 3 Satz 2 HGB).

Schulden sind nach § 253 Abs. 1 Satz 2 HGB grundsätzlich zum Rückzahlungsbetrag anzusetzen. Bei Geldleistungsverpflichtungen ist dies der Nennwert, bei Sach- oder Dienstleistungsverpflichtungen der Geldwert der Aufwendungen, die zur Begleichung der geschuldeten Leistung erforderlich sind. Fremdwährungsverbindlichkeiten sind mit dem Briefkurs im Entstehungszeitpunkt (→ Währungsumrechnung), Wechselverbindlichkeiten sind mit der Wechselsumme anzusetzen. Die Bewertung von Rückstellungen hat bei Zugang und an jedem Bilanzstichtag nach vernünftiger kaufmännischer Beurteilung zu erfolgen. Grundsätzlich gilt, dass Schulden in der Folgebewertung nach dem Höchstwertprinzip gem. § 252 Abs. 1 Nr. 4 HGB zu bilanzieren sind. Streitig ist, ob für Schulden das Wertaufholungsgebot gem. § 280 Abs. 1 HGB (→ Wertaufholung) analog gilt, wobei die → Anschaffungskosten (AK) der Schulden nicht unterschritten werden dürfen (ADS 2000). Schulden sind mit Ausnahme von bspw. der Bildung von Bewertungseinheiten für Fremdwährungsverbindlichkeiten, denen währungs-, betrags- und fristenidentische → Forderungen gegenüberstehen, gem. § 252 Abs. 1 Nr. 3 HGB grundsätzlich einzeln zu bewerten (→ Grundsätze ordnungsmäßiger Rechnungslegung).

§ 247 Abs. 1 HGB verpflichtet jeden Kaufmann, seine Schulden in der Bilanz gesondert auszuweisen. Für Einzelkaufleute und Personenhandelsgesellschaften (nicht solche i. S. v. § 264a HGB) bedeutet dies einen gesonderten Ausweis der beiden Posten Rückstellungen und Verbindlichkeiten. KapGes und Personenhandelsgesellschaften i. S. v. § 264a HGB müssen zur Gliederung ihrer Schulden das Bilanzgliederungsschema des § 266 HGB (→Gliederung der Bilanz) beachten. Kleine KapGes und Personenhandelsgesellschaften i. S. v. § 264a HGB (→Größenklassen) können nach § 266 Abs. 1 Satz 3 HGB in einer verkürzten Bilanz nur die Posten Rückstellungen und Verbindlichkeiten ohne weitere Aufgliederung ausweisen. Gem. § 268 Abs. 5 Satz 1 HGB ist zur Vermittlung eines den tatsächlichen Verhältnissen entsprechenden Bildes der →Vermögenslage, →Finanzlage und →Ertragslage der Gesellschaft (→True and Fair View), der Betrag der Verbindlichkeiten mit einer Restlaufzeit bis zu einem Jahr bei jedem gesondert ausgewiesenen Posten zu vermerken (→Angabepflichten). Ergänzt wird dieser Vermerk durch Angaben im →Anhang bzgl. der Verbindlichkeiten mit einer Restlaufzeit von mehr als 5 Jahren. Die Restlaufzeitenvermerke können in einem →Verbindlichkeitenspiegel zusammengefasst werden.

Literatur: ADS: Rechnungslegung und Prüfung der Unternehmen, Teilband 6, 6. Aufl., Stuttgart 1998; Baetge, J./Kirsch, H.-J./Thiele, S.: Bilanzen, 7. Aufl., Düsseldorf 2003; IDW (Hrsg.): IDW Stellungnahme zur Rechnungslegung: Zweifelsfragen zum Ansatz und zur Bewertung von Drohverlustrückstellungen (IDW RS HFA 4, Stand: 17. November 2000), in: WPg 54 (2000), S. 716–721.

Simon Brameier

Schuldenkonsolidierung →Konsolidierungsformen

Schuldrechtlicher Beirat →Beirat bei Personengesellschaften

Schuldverschreibungen →Anleihen

Schwache Signale →Früherkennungssysteme; →Krisendiagnose

Schwebende Geschäfte →Sonstige finanzielle Verpflichtungen; →Anzahlungen

Schwebeposten →Abstimmprüfung

Schweiz

Die Gesetzesbestimmungen im Aktienrecht über die Abschlussprüfung sind 1992 letztmals revidiert worden. Voraussichtlich auf den *1.1.2007* werden wesentliche Neuerungen in Kraft treten. *Zuerst einige Hinweise zum bis Ende 2006 geltenden Revisionsrecht.*

Geltendes Recht: Jede AG muss als Organ eine Revisionsstelle wählen, die im HR eingetragen wird und die befähigt sein muss, ihre Aufgabe zu erfüllen. Die Revisoren müssen besondere fachliche Voraussetzungen erfüllen, wenn die Gesellschaft Anleihensobligationen (→Anleihen) ausstehend hat, oder die Aktien der Gesellschaft an der Börse kotiert sind, oder zwei der nachstehenden Größen überschritten werden: Bilanzsumme > 20 Mio. CHF, →Umsatzerlöse > 40 Mio. CHF, 200 Arbeitnehmer. Davon betroffen sind etwa 4.000 der 175.000 Aktiengesellschaften. Konzerne (→Konzernarten) haben zudem einen Konzernprüfer zu wählen. Die Revisoren müssen vom Verwaltungsrat und von einem Aktionär, der über die Stimmenmehrheit verfügt, unabhängig sein. Insb. dürfen sie weder Arbeitnehmer der zu prüfenden Gesellschaft sein noch Arbeiten für diese ausführen, die mit dem Prüfungsauftrag unvereinbar sind.

Die Revisionsstelle hat *nach dem geltenden Aktienrecht zu prüfen*, ob die Buchführung und die Jahresrechnung sowie der Antrag über die Verwendung des Bilanzgewinns Gesetz und Statuten entsprechen. Die Revisionsstelle berichtet der Generalversammlung schriftlich über das Ergebnis ihrer Prüfung. Sie empfiehlt Abnahme, mit oder ohne Einschränkung, oder Rückweisung der Jahresrechnung. Der Bericht nennt die Personen, welche die Revision geleitet haben, und bestätigt, dass die Anforderungen an Befähigung und Unabhängigkeit erfüllt sind. Bei Gesellschaften, die von besonders befähigten Revisoren geprüft werden müssen, erstellt die Revisionsstelle zuhanden des Verwaltungsrats einen Bericht, worin sie die Durchführung und das Ergebnis ihrer Prüfung erläutert. Stellt die Revisionsstelle bei der Durchführung ihrer Prüfung Verstöße gegen Gesetz oder Statuten fest, so müssen sie dies schriftlich dem Verwaltungsrat, in wichtigen Fällen auch der Generalversammlung melden. Bei offensichtlicher Überschuldung benachrichtigt die Revisionsstelle den Richter, wenn der Verwaltungsrat die Anzeige unter-

Schweiz

lässt. Hat die Gesellschaft eine Konzernrechnung zu erstellen, so prüft ein besonders befähigter Revisor, ob die Rechnung mit dem Gesetz und den Konsolidierungsregeln übereinstimmt. Für den Konzernprüfer gelten die Bestimmungen über die Unabhängigkeit und die Aufgaben der Revisionsstelle sinngemäß.

Neben der ordentlichen Abschlussprüfung gibt es eine Reihe von *Pflichtprüfungen bei besonderen Anlässen*. Es sind dies die *Gründungsprüfung*, die *Kapitalerhöhungsprüfung*, die *Aufwertungsprüfung*, die *Konzernprüfung*, die *Kapitalherabsetzungsprüfung*, die *Prüfung der vorzeitigen Verteilung des Vermögens bei Liquidation* und die *Sonderprüfung*.

Reform ab 2007: Voraussichtlich ab Mitte 2007 wird die Abschlussprüfung in der Schweiz gesetzlich neu geregelt. Die wichtigste vom Parlament beschlossene Änderung, welche die künftige gesetzliche Regelung bringen wird, ist eine *Dreiteilung* der revisionspflichtigen Gesellschaften:

- Es werden nur noch jene Unternehmen voll revisionspflichtig sein und damit der *ordentlichen Revision* unterliegen, die den *Kapitalmarkt* beanspruchen oder zwei der folgenden drei *Kriterien* überschreiten: Bilanzsumme 10 Mio. CHF, Umsatz 20 Mio. CHF, Vollzeitstellen 50. Dies werden etwa 8.000 der insgesamt rund 175.000 Aktiengesellschaften sein. In vielen Fällen werden sich Tochtergesellschaften von Konzernen freiwillig der ordentlichen Revision unterstellen.

- Für kleinere Firmen ist eine *eingeschränkte Revision*, d. h. eine Durchsicht (Review) anstelle einer ordentlichen Prüfung, vorgesehen. Wie sich dies in der Praxis auswirkt, ist juristisches Neuland.

- Bei kleinen Gesellschaften mit weniger als 10 Vollzeitstellen – dies dürften 80% der 175.000 Aktiengesellschaften sein – kann auf eine *Revision verzichtet werden, falls alle Aktionäre damit einverstanden sind (Opting Out)*.

Die neue „*ordentliche Revision*" wird nur noch für Publikumsgesellschaften und für große Gesellschaften verlangt. Diese Gesellschaften müssen von „*staatlich beaufsichtigten Revisionsunternehmen*" geprüft werden. Die Prüfung hat unter der Leitung eines „*zugelassenen Revisionsexperten*" zu erfolgen. Die Anforderungen – Diplom-WP und gleichgestellte Personen mit langjähriger Praxis – sind im neuen *RAG* festgelegt. Die Revisionsaufsicht wird durch die noch zu schaffende *Eidgenössische Revisionsaufsichtsbehörde* ausgeübt (→Berufsaufsicht für Wirtschaftsprüfer, international). Bei der ordentlichen Revision sind die leitenden Revisoren bzw. Revisorinnen wie in der EU alle 5 Jahre auszuwechseln, evtl. alle 7 Jahre wie in den →United States of America (USA) (zurzeit noch offen).

Die Revisionsstelle hat künftig im Rahmen *der ordentlichen Revision zu prüfen*, ob die Jahresrechnung und ggf. die Konzernrechnung den gesetzlichen Vorschriften, den Statuten und dem gewählten Regelwerk entsprechen, der Antrag des Verwaltungsrats an die Generalversammlung über die Verwendung des Bilanzgewinns den gesetzlichen Vorschriften und den Statuten entspricht und ob ein →Internes Kontrollsystem (IKS) existiert. Die Geschäftsführung des Verwaltungsrats ist nicht Gegenstand der Prüfung durch die Revisionsstelle. Die Revisionsstelle erstellt für den Verwaltungsrat einen *umfassenden Bericht* mit Feststellungen über die Rechnungslegung, das IKS sowie die Durchführung und das Ergebnis der Revision. Der zusammenfassende Bericht an die Generalversammlung enthält eine Stellungnahme zum Ergebnis der Prüfung, Angaben zur Unabhängigkeit, Angaben zu den Personen, welche die Revision geleitet haben, und zu deren fachlichen Befähigung sowie eine Empfehlung, ob die Jahresrechnung und die Konzernrechnung mit oder ohne Einschränkung zu genehmigen oder zurückzuweisen ist.

Für kleinere Gesellschaften ist künftig eine „*eingeschränkte Revision*" vorgeschrieben. Diese Revision ist in Form einer *Review* durchzuführen und wird von einem „*zugelassenen Revisor*" geleitet. Dieser hat sich über eine genügende theoretische Ausbildung und ein Jahr Fachpraxis auszuweisen; er braucht nicht Diplom-WP zu sein. Über die Prüfung hat der Revisor einen zusammenfassenden Bericht an die Generalversammlung abzugeben. Die Prüfungshandlungen bei der eingeschränkten Revision reduzieren sich auf „Befragungen, analytische Prüfungshandlungen und angemessene Detailprüfungen". Die Berichterstattung erfolgt in Form einer negativen Zusicherung. Darin ist keine Empfehlung zur Abnahme der Jahresrechnung zu stellen (im Gegensatz zur ordentlichen Revision).

Neu unterliegen denselben Revisionsbestimmungen *wie die AG die GmbH, die Genossenschaft sowie Vereine und Stiftungen.* Ausgenommen von der Revisionspflicht werden weiterhin Personengesellschaften, wie die einfache Gesellschaft und die Kollektivgesellschaft, sein. Die Anforderungen an die *Unabhängigkeit* und *Qualifikation* der Revisionsstelle werden erheblich strenger gefasst als bisher. So werden eine staatliche *Zulassungsstelle* und eine *Revisionsaufsicht* sowie eine *Registrierungsaufsicht* für Revisionsstellen, welche große Gesellschaften prüfen, geschaffen. Das neue *RAG* wird die Zulassung und die staatliche Aufsicht sowie umfassende Sanktionsmöglichkeiten regeln.

Berufsorganisation: Der *Berufsstand der WP* ist in der *Treuhand-Kammer* zusammengefasst. Die 1925 gegründete *Treuhand-Kammer* ist ein privatrechtlicher Verein, also wie das →*Institut der Wirtschaftsprüfer in Deutschland e.V.* (IDW) und nicht wie die →*Wirtschaftsprüferkammer* (WPK). Sie unterhält in Zürich (mit einer Zweigstelle in Lausanne) eine *ständige Geschäftsstelle.* Die *Treuhand-Kammer* hat eine für alle Mitglieder verbindliche Berufsordnung erlassen. Verstöße werden von der *Standeskommission* (Ehrengericht) geahndet. Die *Treuhand-Kammer* umfasste 2005 rund *4.700 natürliche Personen* und *920 Unternehmen* (mit über 13.000 Mitarbeitern) als Mitglieder. Die *Treuhand-Kammer* verfolgt als Aufgaben die Vertretung der Belange der Berufsangehörigen in der Öffentlichkeit, die Entwicklung von Grundsätzen der Berufsausübung, Veröffentlichung des Schweizer Handbuches der Wirtschaftsprüfung und weiterer Arbeitsbehelfe, Mitwirkung bei der Durchführung der eidgenössischen Fachprüfungen für WP, Steuerexperten und Treuhandexperten, Aus- und Weiterbildung der Berufsangehörigen, Herausgabe der Fachzeitschrift „Der Schweizer Treuhänder".

Die *Treuhand-Kammer* verlangt von ihren Mitgliedern seit 2005 bei großen Revisionen die Anwendung der →*International Standards on Auditing* (ISA). Dafür wurden die *Schweizer Prüfungsstandards (PS)* und *Anleitungen zur Prüfung (PA)* sowie *Empfehlungen zur Prüfung (PE)* geschaffen. Die Erstausgabe der PS ist eine Umsetzung aller ISA, die am 30.6.2003 publiziert waren.

Literatur: Behr, G.: Rechnungslegung, Zürich 2005; Helbling, C.: Revisions- und Bilanzierungspraxis, 3. Aufl., Bern 1992; Helbling, C.: Abschlussberatung (mit aktuellen Gesetzestexten zur Wirtschaftsprüfung in der Schweiz), Bern 2003; Treuhand-Kammer (Hrsg.): Schweizer Handbuch der Wirtschaftsprüfer (HWP), Zürich 1998; Zünd, A.: Revisionslehre, Zürich 1982.

Carl Helbling

Schwerpunktplanung in der Unternehmensbewertung →Unternehmensbewertung

Scoringmodelle

Die betriebliche Zukunft ist unsicher (Risiko) und zeichnet sich durch Komplexität und Vernetzung aus. Scoringmodelle bieten sich an, um die Entscheidungsfindung in Unternehmen zu erleichtern (→Entscheidungsinstrumente). Der Entscheidungsträger gelangt mit diesem einfachen und transparenten Verfahren zu einem begründbaren und für Dritte nachvollziehbaren Entscheidungsergebnis. Der Vorteil des Verfahrens liegt zudem darin, dass eine Vielzahl an Kriterien in den Entscheidungsprozess einbezogen werden kann. Durch die Zuordnung von Nutzenwerten erlangen alle – sowohl qualitative als auch quantitative – Kriterien dieselbe Dimension für ihre Beurteilung. Die Entscheidungsfindung mit Unterstützung durch Scoringmodelle zeichnet sich durch einen rationalen Entscheidungsprozess einerseits und die Aggregation von Teilinformationen aus den einzelnen Kriterien andererseits aus.

Scoringmodelle finden in der Praxis vor allem in der →Unternehmensbewertung Anwendung, wobei auch der Einsatz für andere unternehmerische Entscheidungen sinnvoll ist, bspw. Standortplanung (→Standortberatung) oder Make-or-Buy-Entscheidungen (→Eigenfertigung versus Fremdbezug). Besonders anschaulich ist die Anwendung im Zusammenhang mit der →Kreditwürdigkeitsprüfung durch →Kreditinstitute im Rahmen des sog. Kredit-Scoring-Verfahrens (Hartmann-Wendels/Pfingsten/Weber 2000, S. 152–156). Dieses Beispiel dient im Folgenden der Darstellung des Verfahrensablaufs (Weber/Krahnen 1995):

1) *Entscheidernutzen:* Neben der Definition des Entscheidungsproblems (der Feststellung der Kreditwürdigkeit) steht zu Beginn des Verfahrens die Festlegung des Entscheidungsträgers an (Firmenkundenbetreuer, Kreditsachbearbeiter). Hierbei gilt zu be-

denken, dass trotz des für Dritte (Vorgesetzte, Kreditnehmer) nachvollziehbaren und transparenten Verfahrens die Bewertung einzelner Entscheidungskriterien von den Nutzenvorstellungen und Präferenzen des Entscheiders geprägt wird.

2) *Entscheidungsziele*: Mit dem formulierten Entscheidungsproblem wird jeweils ein bestimmtes unternehmerisches Ziel verfolgt (Gewährleistung von Zins- und Tilgungszahlungen während der Kreditlaufzeit). Dies gilt es eindeutig zu formulieren sowie Teilziele daraus abzuleiten (z. B. Liquidität, Rentabilität).

3) *Zielbeitrag der Entscheidungskriterien*: In der Folge müssen entscheidungsrelevante und möglichst unabhängige Kriterien identifiziert und definiert werden. Bei der Kreditwürdigkeitsprüfung sind neben quantitativen Größen [Eigenkapitalquote (→Finanzierungsregeln), ROI (→ROI-Kennzahlensystem; →Kennzahlen, wertorientierte) etc.] auch qualitative Größen von Interesse [Qualifikation des Managements (→Vorstand und Aufsichtsrat, Eignungsprofile von), Innovationsfreude, Zahlungsmoral etc.]. Hierin liegt ein entscheidender Vorteil des Verfahrens.

4) *Zielgewichte*: Den einzelnen Entscheidungskriterien ist zunächst jeweils eine Gewichtungsbandbreite zuzuordnen (bspw. Schulnoten 1 bis 6 für die Zahlungsmoral, 1 bis 5 für die Eigenkapitalquote etc.). Danach steht die Festlegung der Gewichtung der einzelnen Entscheidungskriterien nach Maßgabe des jeweiligen Zielbeitrags an (bspw. die vierfache Gewichtung des ROI, die einfache Gewichtung der Innovationsfreude etc.).

5) *Gesamtnutzen der Alternativen*: Schließlich werden die Teilnutzenwerte der einzelnen Entscheidungswerte zu einem Wert für den Gesamtnutzen jeder Alternative aggregiert. Im Rahmen der Kreditwürdigkeitsprüfung ergibt sich ein Wert je beurteiltes Unternehmen. Soll aus einer Vielzahl an Alternativen eine ausgewählt werden, so gelangt man zu einer abschließenden Entscheidungsfindung, indem die Alternative mit dem höchsten Punktwert gewählt wird. Kreditinstitute ordnen die bewerteten Kreditnachfrager verschiedenen Bonitätsklassen zu (→Bonität; →Bonitätsanalyse).

6) →*Sensitivitätsanalyse*: Die Unsicherheit der die Zukunft betreffenden Entscheidungen kann im Scoring-Verfahren durch die Überprüfung der Robustheit des ermittelten Ergebnisses berücksichtigt werden. Hierzu bietet sich die Sensitivitätsanalyse an. Dabei erfolgt für einzelne Kriterien eine Variation von Zielgewichten einerseits und Gewichtungsbandbreiten andererseits. Der sich nun ändernde Nutzenwert zeigt an, wie sensibel das Ergebnis auf die Änderung einzelner Kriterien reagiert (bspw. das drastische Absinken des Nutzwertes bei einer Verringerung der Eigenkapitalquote gegenüber einer geringen Reduktion durch das Fehlen von Forschungstätigkeiten). Besonders empfindliche und die Entscheidung prägende Entscheidungskriterien lassen sich so aufdecken und im betrieblichen Entscheidungsprozess besonders berücksichtigen.

Die Einfachheit der Anwendung von Scoringmodellen darf jedoch nicht darüber hinwegtäuschen, dass bei ihrer Anwendung in der Praxis eine Vielzahl an Fehlern gemacht wird. *Weber* und *Krahnen* (Weber/Krahnen 1995) ordnen diesen elf Fehlerquellen zu, die einerseits in den vorstehenden Anforderungen der einzelnen Modellschritte begründet liegen, andererseits eng mit der mangelnden Berücksichtigung der Unsicherheit von in die Zukunft gerichteten Entscheidungen verbunden sind.

Literatur: Eisenführ, F./Weber, M.: Rationales Entscheiden, 4. Aufl., Berlin 2003; Hartmann-Wendels, T./Pfingsten, A./Weber, M.: Bankbetriebslehre, 2. Aufl., Berlin 2000; Weber, M./Krahnen, J.: Scoring-Verfahren – häufige Anwendungsfehler und ihre Vermeidung, in: DB 48 (1995), S. 1621–1626.

Matija Denise Mayer-Fiedrich

Screening

Unter dem Begriff Screening (englisch für: Aussieben, Durchsiebung, Rasterung, Selektion) versteht man ein Verfahren, das zur Identifizierung bestimmter Sachverhalte in einer großen Menge von Informationen eingesetzt wird. Screening kann auch als auf bestimmte Kriterien ausgerichteter Siebtest bezeichnet werden.

Traditionell werden Screeningverfahren in den Naturwissenschaften und der Medizin eingesetzt. Typische Anwendungen sind z. B. die Untersuchung von einer großen Anzahl von Menschen auf das Vorliegen bestimmter Krankheiten oder Risikofaktoren (z. B. das Neugeborenen-Screening) oder die Untersuchung von in bestimmten Abständen entnommenen Wasserproben auf Schadstoffe. Bei einem positiven Test wird i. d. R. das nähere Umfeld der positiven Probe genauer untersucht.

Bei der Anwendung von Methoden des Screenings auf große Datenmengen in der Betriebswirtschaft unterscheidet man zwischen zwei verschiedenen Ansätzen: präventives und repressives Screening. Dabei werden Muster angewendet, die vor dem Screeningprozess definiert wurden und den zu analysierenden Sachverhalt bestmöglich abbilden.

Unter einem präventiven Screening versteht man das Erkennen von Mustern bei der Entstehung bzw. Erhebung von Daten. Typische Anwendungen hierfür sind z. B. Kreditkarten-Transaktionsdaten, welche vor der eigentlichen Zahlungsbestätigung auf bestimmte Betrugskriterien überprüft werden. Treffen die angewendeten Kriterien auf eine Transaktion zu, wird diese abgelehnt bzw. die Karte für weitere Transaktionen gesperrt.

Bei repressivem Screening ist ein Grundsachverhalt (Modus Operandi) bereits bekannt. Eine Großzahl von Daten wird auf mögliche Muster untersucht und auf die mit dem Sachverhalt zusammenhängenden festgestellten Eigenschaften hin analysiert. Anwendungsbeispiel hierfür ist – bezogen auf das Kreditkartenbeispiel – die Suche nach ähnlichen Geldtransaktionen mit einem bekannten Betrugsmuster.

Ansätze zum Screening von großen Datenmengen sind vielfältig, speziell unter dem Gesichtspunkt digitaler Daten. Die Vielfalt der Techniken reicht von einfachem Textsuchen in Beschreibungstexten mit Schlüsselworten bis hin zu komplexen statistischen Methoden, wie z. B. das *Benford'sche* Gesetz zur Gesetzmäßigkeit der Verteilung von Zahlen.

Entsprechen Datensätze den vorgegebenen Mustern, dann wird ein Prüfer jene Datensätze, die den Kriterien entsprechen, einer weiteren Analyse unterziehen, um die Ursache(n) für diese Abweichungen zu finden. Dieses Verfahren führt entweder zu weiteren Erkenntnissen über Besonderheiten der untersuchten Datensätze oder zur Aufdeckung von Manipulationen bei der Datenerstellung.

Screeningmethoden eignen sich zur Aufdeckung von Betrug bei der Bilanzerstellung (→Bilanzfälschung), der Fälschung in Abrechnungen, generell zum raschen Auffinden eklatanter →Unregelmäßigkeiten im →Rechnungswesen (→Unregelmäßigkeiten, Aufdeckung von), Aufdeckung von Steuer- und Investorenbetrug und allgemeinem Datenbetrug (→dolose Handlungen). WP und Steuerfahnder (→Steuerfahndung) benutzen diese Hilfsmittel, die auf etablierten Verfahren beruhen und als Standardtools verfügbar sind.

Dietmar Mauersberger

SE →Aktiengesellschaft, europäische

SEC →Securities and Exchange Commission

Securities and Exchange Commission

Die *SEC* ist die US-Wertpapier- und Börsenaufsichtsbehörde mit Sitz in Washington, D.C. In der Folge des Börsenzusammenbruchs von 1929 wurde die *SEC* mit dem Ziel des Anlegerschutzes aufgrund des Securities Act (SA) von 1933 und des Securities and Exchange Act (SEA) von 1934 eingesetzt und mit der Aufsicht über die Einhaltung der dort enthaltenen Bestimmungen beauftragt.

Der *SEC* obliegen folgende Aufgaben:

- Entscheidung über die Registrierung von Unternehmen zum Wertpapierhandel (Neuzulassung von Wertpapieren zum Börsenhandel);
- Schutz der Anleger vor unlauteren Handlungen im Zusammenhang mit dem Wertpapierhandel durch Sicherstellung eines transparenten Austausches von Unternehmensinformationen und damit die Überwachung der Einhaltung der Berichts- und Veröffentlichungsvorschriften (→Publizität) von den Unternehmen, deren Wertpapiere zur Börse zugelassen werden bzw. sind; mit den oben genannten Regelwerken wurde auch die konkrete Ausgestaltung der enthaltenen Publizitätspflichten an die *SEC* delegiert;
- Überwachung des Börsenhandels im Hinblick auf →Insidergeschäfte sowie →Kurs- und Marktpreismanipulationen;
- Normsetzung.

Die ihr im Rahmen der Normensetzung (→Prüfungsnormen) eingeräumte Berechtigung, Grundsätze und Richtlinien für die

Segmentberichterstattung

Rechnungslegung zu erlassen, nimmt die *SEC* selbst lediglich im Hinblick auf die formelle Ausgestaltung der bei ihr einzureichenden Abschlüsse wahr. Gleichwohl unterstützt die *SEC* die Erarbeitung neuer Standards bzw. Prüfungsstandards durch informelle Hinweise und gibt Anregungen für neue Standards. Selbst erlässt die *SEC* lediglich dann Verlautbarungen, wenn zu einer bilanzierungsrechtlichen Fragestellung (noch) kein Standard existiert bzw. ein solcher weiterer Interpretation oder Änderung bedarf. Insofern nimmt die *SEC* eine überwachende Funktion bei der Entwicklung von Bilanzierungsvorschriften wahr.

Darüber hinaus veröffentlicht die *SEC* Vorschriften über Form, Inhalt, Prüfung (→Jahresabschlussprüfung; →Konzernabschlussprüfung) und Offenlegung der bei ihr einzureichenden Abschlüsse (Regulation S-X) sowie über die Veröffentlichung weiterer, nicht im Zahlenwerk enthaltener qualitativer Informationen (Regulation S-K). Außerdem gibt sie – neben weiteren Veröffentlichungen – Kommentierungen, Änderungen und Ergänzungen zu diesen Vorschriften unter dem Titel *Financial Reporting Releases (FRR)* heraus. Die Verlautbarungen der *SEC* werden nach h.M. selbst nicht zum Kreis der →United States Generally Accepted Accounting Principles (US GAAP) gezählt.

Die Zuständigkeit der *SEC* als Bundesbehörde ist auf den US-amerikanischen Interstate and Foreign Commerce begrenzt; allerdings unterliegen ausländische Unternehmen, deren Wertpapiere in den USA gehandelt werden, dem Regelwerk der *SEC*. Der Aufsicht der *SEC* unterliegen alle Unternehmen, die unter den SA und SEA fallen.

Durch den SOA 2002 wurde eine neue Aufsichtsbehörde – das →*Public Company Accounting Oversight Board (PCAOB)* – geschaffen, deren Aufgabe die Überwachung der WP [→Certified Public Accountant (CPA)] und die Kontrolle der Prüfungen von börsennotierten Unternehmen ist (→Berufsaufsicht für Wirtschaftsprüfer, international). Der SOA findet auf alle Unternehmen Anwendung, deren Wertpapiere bei der *SEC* registriert sind (→Sarbanes Oxley Act, Einfluss auf das Prüfungswesen).

Das Regelwerk des *PCAOB* wird von der *SEC* geprüft und abgenommen.

Volker Weilep

Segmentberichterstattung

Die Segmentberichterstattung ist eine Ergänzung des →Konzernanhangs und stellt desaggregierte Informationen (→Publizität) zu den im Konzernabschluss in konsolidierter Form enthaltenen Segmenten dar. Dadurch sollen Chancen und Risiken (→Chancen und Risiken der künftigen Entwicklung) eines diversifizierten Unternehmens und damit zusammenhängend die zukünftigen Zahlungsmittelzuflüsse (→Cash Flow) in betrags- und zeitmäßiger Hinsicht sowie bzgl. ihrer Eintrittswahrscheinlichkeit besser eingeschätzt werden können als dies durch die alleinige Bereitstellung von konsolidierten (also aggregierten) Daten möglich wäre. Aufgrund von § 315a HGB i.V.m. IAS 14.3 ff. [→International Financial Reporting Standards (IFRS)] ist die Segmentberichterstattung Pflichtbestandteil des IFRS-Konzernabschlusses börsennotierter Unternehmen. Bei Konzernabschlüssen nach HGB und nach den →United States Generally Accepted Accounting Principles (US GAAP) ist die Segmentberichterstattung Wahl-(Pflicht-)bestandteil (§ 297 Abs. 1 Satz 3 HGB; SFAS 131.9).

Die Prüfung setzt auf den Kenntnissen über die Geschäftstätigkeit des Unternehmens (IDW PS 230) sowie der Prüfung des →Internen Kontrollsystems (→Internes Kontrollsystem, Prüfung des) auf (IDW PS 260).

Die eigentliche Prüfung der Segmentberichterstattung erfolgt in zwei Schritten: Im ersten Schritt ist die *Segmentbildung* zu analysieren, im zweiten Schritt sind die angabepflichtigen *Segmentinformationen* auf Vollständigkeit und Richtigkeit zu prüfen (→Fehlerarten in der Abschlussprüfung).

Die Prüfung der *Segmentbildung* umfasst die Identifikation und die Auswahl der berichtspflichtigen Segmente.

Bei der *Segmentidentifikation* greifen HGB, IFRS und US GAAP in unterschiedlicher Weise auf die beiden Konzepte des Management Approach (d. h. die für die interne Berichterstattung gewählte Segmentierung) und des Risk and Reward Approach (d. h. die Segmentierung nach Chancen- und Risikomerkmalen) zurück. Der DRS 3 folgt dem Management Approach, wobei davon ausgegangen wird, dass die unterschiedlichen Chancen und Risiken bei der Segmentierung berücksichtigt sind. Sofern mehrere interne Berichtsstrukturen existieren, ist von derjenigen auszugehen, die der tatsächlichen Chancen- und Risikostruktur am nächsten kommt. IAS 14 verwendet einen „Management Approach mit Risk and Reward Safety Net" und unterscheidet zwischen primären und sekundären Segmenten. Dabei ist die Segmentierung zwingend nach Geschäftsbereichen und nach geografischen Regionen vorzunehmen. Das Kriterium, das den Chancen und Risiken am nächsten kommt, führt zu den primären Segmenten, das andere Kriterium zu den sekundären Segmenten. Lässt sich diese Frage nicht eindeutig beantworten, sind die Geschäftsbereiche die primären Segmente. Die US GAAP verfolgen die konsequente Umsetzung des Management Approach. Bei der Abgrenzung der Segmente ist keinem spezifischen Segmentierungskriterium zu folgen. Für alle Rechnungslegungssysteme umfasst die Prüfung der Segmentidentifikation die Analyse der internen Organisations- und Berichtsstruktur (→ Systemprüfung). Sofern Risk and Reward Aspekte zu beachten sind (also nach DRS und nach IFRS) kommt die Analyse der Chancen- und Risikostruktur hinzu, die auf einem umfassenden Verständnis der Geschäftstätigkeit sowie des rechtlichen und →wirtschaftlichen Umfeldes des Unternehmens basiert (IDW PS 230). Auf dieser Basis ist zu beurteilen, ob die Segmente in sich homogen sind, ob die interne Organisations- und Berichtsstruktur der Chancen- und Risikostruktur folgt und welche Segmentierung als primäres bzw. sekundäres Berichtsformat zu qualifizieren ist.

Bei der *Segmentauswahl* ist zwischen der Zusammenfassung von Segmenten und der Erfüllung von Größenkriterien zu differenzieren. Nach DRS und IFRS dürfen Segmente, die hinsichtlich Chancen und Risiken homogen zueinander sind, zu einem Berichtssegment zusammengefasst werden. Nach US GAAP ist dies möglich, wenn ähnliche wirtschaftliche Merkmale existieren. Grenzen findet die Zusammenfassung von Segmenten insb. dann, wenn eine Zusammenfassung den Zielen des jeweiligen Rechnungslegungsstandards widerspricht. Im Rahmen der Prüfung ist die Zusammenfassung von Segmenten auf Basis der bereits bei der Segmentabgrenzung gewonnenen Erkenntnisse zu analysieren. Die Größenkriterien werden mit dem „10 %-Wesentlichkeitstest" und dem „75 %-Umsatztest" geprüft. Über ein Segment ist separat zu berichten, wenn Umsatz, Ergebnis oder Vermögen des Segments mindestens 10 % der jeweiligen Gesamtunternehmenskennzahl erreicht. Außerdem muss die Summe der berichteten Segmentumsätze mit externen Dritten mindestens 75 % der konsolidierten Gesamtunternehmensumsätze betragen.

Die berichtspflichtigen quantitativen und qualitativen *Segmentinformationen* sind im Rahmen von aussagebezogenen Prüfungshandlungen (→ergebnisorientierte Prüfungshandlungen) auf Vollständigkeit und auf Richtigkeit (→ Fehlerarten in der Abschlussprüfung) zu prüfen. Die Vollständigkeit der *quantitativen Angaben* zu Segmentergebnis und Segmentvermögen/-schulden und anderen Segmentinformationen lässt sich anhand der Kataloge der publizitätspflichtigen Angaben in DRS 3.31 ff., IAS 14.50 ff. sowie SFAS 131.27 f. und 94 prüfen. Bei der Prüfung der Richtigkeit ist zu beachten, dass nach DRS und IFRS die gleichen Bilanzierungs- und Bewertungsmethoden (→Ansatzgrundsätze; →Bewertungsgrundsätze) zu verwenden sind, die für den jeweiligen (Konzern-)Abschluss verwendet wurden. Nach US GAAP sind dagegen die für die interne Berichterstattung verwendeten Bilanzierungs- und Bewertungsmethoden maßgeblich, wobei diese Angaben dann auf die im (Konzern-)Abschluss ausgewiesenen Größen überzuleiten sind. Die Prüfung der quantitativen Angaben hat durch analytische Verprobungen (→analytische Prüfungshandlungen; →Plausibilitätsprüfungen; →Verprobung), Abstimmung mit entsprechenden Nachweisen oder anderen geprüften Unterlagen (→Prüfungsnachweise) zu erfolgen. So müssen bspw. die Summen der Segmentumsatzerlöse und der sonstigen zusammengefassten →Umsatzerlöse abzgl. der innersegmentären Umsatzerlöse den geprüften Umsatzerlösen des Gesamtunternehmens entsprechen. Außerdem sind die nach US GAAP erforderlichen Überleitungsrechnungen nachzuvollziehen.

Die Prüfung der *qualitativen Angaben* – wie die Erläuterung der Segmentabgrenzung, die Definition des Segmentergebnisses, interne Verrechnungspreise (→Verrechnungspreise, handelsrechtliche; →Verrechnungspreise, steuerrechtliche) oder wesentliche Überleitungsposten – erstreckt sich ebenfalls auf deren Vollständigkeit und Richtigkeit der von den jeweiligen Standards geforderten verbalen Angaben. Neben der Abstimmung mit ent-

Sekundäre Kosten

sprechenden Nachweisen wird der Prüfer sich hierbei auch auf seine im Rahmen der Abschlussprüfung gewonnenen Kenntnisse der Geschäftstätigkeit und des Rechnungslegungssystems stützen (→risikoorientierter Prüfungsansatz).

Literatur: Geiger, T.: Ansatzpunkte zur Prüfung der Segmentberichterstattung nach SFAS 131, IAS 14 und DRS 3, in: BB 57 (2002), S. 1903–1909; IDW (Hrsg.): Kenntnisse über die Geschäftstätigkeit sowie das wirtschaftliche und rechtliche Umfeld des zu prüfenden Unternehmens im Rahmen der Abschlussprüfung (IDW PS 230, Stand: 8. Dezember 2005), in: WPg 53 (2000), S. 842–846 sowie WPg 59 (2006), S. 218; IDW (Hrsg.): IDW Prüfungsstandard: Das interne Kontrollsystem im Rahmen der Abschlussprüfung (IDW PS 260, Stand: 2. Juli 2001), in: WPg 54 (2001), S. 821–830; IDW (Hrsg.): WPH 2006, Band I, 13. Aufl., Düsseldorf 2006; Lenz, H./Focken, E.: Die Prüfung der Segmentberichterstattung, in: WPg 55 (2002), S. 853–863.

Claus Buhleier; Marcus Scholz

Sekundäre Kosten →Kostenartenrechnung

Sekundärkostenverrechnung
→Kostenstellenrechnung

Selbstbehalt →D & O-Versicherung

Selbstcontrolling →Dienstleistungscontrolling

Selbstfinanzierungsgrad →Kapitalstruktur, Planung und Kontrolle der

Selbstkontrolle →Self-Audit

Selbstkostenermittlung

Bei der Selbstkostenermittlung handelt es sich um eine i. d. R. stückbezogene Ermittlung der →Kosten eines Produktes (= Kostenträgers, daher: →Kostenträgerstückrechnung). Mit Blick auf eine Abrechnungsperiode werden die Selbstkosten aber auch über alle Produkte hinweg als die Kostensumme ermittelt, die für einen Betrieb in einer Periode angefallen ist (→Kostenträgerzeitrechnung).

Der Begriff Selbstkosten ist auf die Vollkostenrechnung bezogen, in der alle Kosten auf die Kostenträger verrechnet werden. Die Teilkostenrechnung verwendet diesen Begriff nicht, da zumindest ein Teil der fixen Kosten (→Fixkostencontrolling) nicht auf die Produkte verrechnet wird.

In der Vollkostensicht können den Selbstkosten die →Erlöse gegenübergestellt werden, sodass man als Ergebnisgrößen erhält: das Betriebsergebnis in der →Kostenträgerzeitrechnung (→Erfolgsrechnung, kurzfristige) sowie das Stückergebnis in der →Kostenträgerstückrechnung.

Die schwierige Frage bei der Selbstkostenermittlung ist die der Zurechenbarkeit der Kosten (→Kostenzurechenbarkeit). Dem Anspruch der Verursachungsgerechtigkeit folgend sollen die Kostenträger nur mit denjenigen Kosten belastet werden, deren Entstehung mit ihrer Herstellung und ihrem Vertrieb ursächlich verknüpft ist (→Kostenverursachung).

In Abwägung zwischen wirtschaftlichem Aufwand zur Informationsgewinnung und Exaktheit der Kosteninformation stehen verschiedene Verfahren der Selbstkostenermittlung zur Verfügung. Die nachstehend genannten Kalkulationsverfahren (→Kalkulation; →Kalkulationsmethoden) sind dabei klassisch zu nennen, weil sie im Grundsatz schon Jahrzehnte Anwendung finden. Im Rahmen der →Prozesskostenrechnung hat sich Ende des letzten Jahrhunderts ein konzeptionell neuer Ansatz verbreitet.

Die Kalkulationsverfahren lassen sich unterschiedlich klassifizieren. Gebräuchlich ist die Einteilung nach Art der Berücksichtigung von Gemeinkosten (→Gemeinkostencontrolling). Aber auch eine Differenzierung nach der Eigenart des Produktes und des Produktionsprozesses und der dafür am besten geeignet erscheinenden Methode ist sinnvoll (Hungenberg/Kaufmann 2001, S. 166).

1) Ohne Trennung von Einzel- und Gemeinkosten arbeiten die →Divisionskalkulation und die →Äquivalenzziffernkalkulation;

2) mit Trennung von Einzel- und Gemeinkosten arbeiten Verfahren der →Zuschlagskalkulation.

Die *Divisionskalkulation* dividiert in ihrer *einfachen Form* die entstandenen gesamten Kosten durch die Leistungsmenge. Dies führt im Grunde nur bei Einproduktunternehmen mit Massenfertigung homogener Produkte und ohne Lagerbestandsveränderungen zu richtig ermittelten Selbstkosten pro Stück. Aber auch in Betrieben, in denen in bestimmten Kostenstellen (→Cost Center) nur eine Produktart hergestellt wird, ist das Verfahren anwendbar.

Typische Beispiele sind Elektrizität, Steinbruch oder Wasserwerk.

Die *mehrfache Divisionskalkulation* berücksichtigt unterschiedliche Produktionslinien in einem Betrieb, ist also eine Art Parallelanwendung der einfachen Form. Sie berücksichtigt Lagerbestandsveränderungen und trennt zumindest die Herstellkosten (→Herstellkosten, kalkulatorische) von den Verwaltungs- und Vertriebskosten. Voraussetzung ihrer Anwendung ist daher eine Kostenstellenrechnung.

Die *Äquivalenzziffernrechnung* findet hauptsächlich in Betrieben Anwendung, die parallel mehrere einander verwandte Güter (Sorten) herstellen, die den gleichen Grund-Rohstoff besitzen. Typische Produktbeispiele sind Getränke und Papier. Die Unterschiede in der →Kostenverursachung der einzelnen Produkte werden durch die Gewichtung mit Äquivalenzziffern zum Ausdruck gebracht. Z.B. ist ein Produkt mit der Äquivalenzziffer 1,3 um 30% teurer als ein Produkt mit der Äquivalenzziffer 1. Die Äquivalenzziffern werden auf Basis vergangener Produktionsdaten ermittelt.

Wegen ihrer differenzierten Ausbaufähigkeit und breiten Anwendbarkeit sind die Verfahren der *Zuschlags- oder Verrechnungssatzkalkulation* stark verbreitet. Für Betriebe mit heterogenen Produkten und ausdifferenzierter mehrstufiger Fertigung stellen sie die Standardverfahren dar. Sie sind zunächst durch eine systematische Trennung von Einzel- und Gemeinkosten gekennzeichnet. Einzelkosten sind im Gegensatz zu Gemeinkosten durch Stücklisten, Rezepturen oder Arbeitspläne einzelnen Produkteinheiten direkt zurechenbar. Die Kosten für verbrauchtes Material zählen hierzu.

In der *einstufigen Zuschlagskalkulation* werden die Gemeinkosten den Kostenträgern auf Basis einer einheitlichen undifferenzierten Zuschlagsbasis über Zuschlagssätze zugerechnet. Eine deutlich längere Zeit als in Europa waren solche Verfahren in den USA verbreitet – weshalb der Sprung zum →Activity Based Costing dort ein deutlich größerer war als bspw. in Deutschland zur Prozesskostenrechnung. Die *differenzierte Zuschlagskalkulation* berücksichtigt die Besonderheiten mehrstufiger Prozesse der Leistungserstellung und -verwertung.

Die Gemeinkosten werden zunächst in der Kostenstellenrechnung gesammelt und einzelnen Kostenstellen direkt oder über Verteilungsschlüssel zugerechnet. Um die spätere Selbstkostenermittlung zu vereinfachen, erfolgen anschließend in der innerbetrieblichen Leistungsverrechnung (→Kosten- und Leistungsverrechnung, innerbetriebliche) Kostenumlagen. Von den nicht unmittelbar an den Hauptprozessen beteiligten Kostenstellen, den Hilfskostenstellen, werden die Kosten nach unterschiedlichen Verfahren auf die Hauptkostenstellen umgelegt. Für diese werden anschließend Zuschlagssätze ermittelt, die der Zurechnung von Gemeinkosten auf Kostenträger dienen [→Betriebsabrechnung; →Betriebsabrechnungsbogen (BAB)].

An die Zuschlagsgrößen wird die Anforderung gestellt, dass sie sich möglichst proportional zur Veränderung der Kostenstellenleistung verhalten. Häufig reicht dafür nicht eine einzige Bezugsgröße aus, dann müssen mehrere Zuschlagsgrundlagen bestimmt werden (→Bezugsgrößenhierarchie).

Diese in der Kostenstellenrechnung berechneten Zuschlagssätze geben das Verhältnis von Gemeinkosten zu Einzelkosten bzw. zu Herstellkosten für das Gesamtunternehmen an. Für die Bestimmung der Selbstkosten eines einzelnen Produkts werden die Zuschlagssätze auf Stückbasis der verschiedenen Produkte angewendet, d.h. ein Produkt erhält entsprechend seiner Einzelkosten bzw. Herstellkosten den berechneten Prozentsatz an Gemeinkosten zugerechnet.

Weitere Merkmale einer Unterscheidung der Verfahren zur Selbstkostenermittlung sind:

- Nach dem Zeitpunkt der Rechnung:
  - *Vorkalkulation*: vor Produktionsbeginn mit dem Zweck der Preisfindung;
  - *Zwischenkalkulation*: während des Produktionszeitraums (insb. bei Einzelfertigung oder Dienstleistungen erforderlich, deren Produktion über einen längeren Zeitraum läuft) mit dem Zweck der laufenden Steuerung und
  - *Nachkalkulation*: nach Beendigung der Produktion zur Überprüfung der Preisauskömmlichkeit und i.S.d. Verbesserung künftiger →Planungen.
- Nach der Art des Kostenansatzes:
  - *Istkalkulation*: Rechnung mit tatsächlich eingetretenen Werten;

- *Normalkalkulation*: Rechnung mit Durchschnittswerten und
- *Plankalkulation*: Rechnung mit Plandaten.

Literatur: Hungenberg, H./Kaufmann, L.: Kostenmanagement, 2. Aufl., München 2001; Schmidt, A.: Kostenrechnung, 4. Aufl., Stuttgart 2005.

Günther Dey

Selbstkostenpreise →Preis- und Kostenprüfung

Selbstprüfungsverbot →Vereinbare und unvereinbare Tätigkeiten des Wirtschaftsprüfers; →Bilanzpolitische Beratung durch den Wirtschaftsprüfer

Self-Audit

Unter „Self-Auditing", auch „Self-Audit", als eine spezielle Form des Control Self Assessment (CSA), versteht man die (idealerweise periodisch) durchgeführte Selbstkontrolle von Organisationseinheiten (z. B. Fachabteilungen, Projekte) eines Unternehmens mit (elektronischen) Fragebögen, mit dem Ziel, die Angemessenheit und Effektivität von Kontrollprozessen und die verbleibenden Risiken zu beurteilen.

Im Zuge der steigenden Risikosensibilität bei Führungskräften operativer Einheiten und Informationsbedarf in großer Breite über die Risikoeinschätzung und Kontrollprozesse bei der Unternehmensleitung (z. B. durch das KonTraG, →Basel II begründet), kann die →Interne Revision mit ihren begrenzten Ressourcen in der erwarteten Zeit aus eigener Kraft nicht die geforderte Einschätzung mittels Eigenerhebung liefern. Die Risikoverantwortlichen in den operativen Einheiten werden mittels Self-Audit bei der Erhebung und Bewertung der Risiken und →Kontrollsysteme aktiv miteingebunden.

Der Prozess des Self-Audits wird häufig von der Internen Revision des Unternehmens initiiert und etabliert, operativ durchgeführt hingegen durch die Organisationseinheiten selbst (→Revisionseinsatzgebiete). Die Ergebnisauswertung und -verdichtung über mehrere Organisationseinheiten hinweg übernimmt wieder die Interne Revision, die auch das Reporting an die Unternehmensleitung (→Revisionsberichterstattung) vornimmt.

Grundsätzlich soll mit dem Self-Audit eine Effizienzsteigerung der Revisionstätigkeit erreicht werden, wobei die Aufgabenverlagerung in die operativen Organisationseinheiten stattfindet, in der die Verantwortung für das Erkennen von Risiken und ihre Behandlung (→Risiko- und Chancencontrolling) liegt.

Der Prozess des Self-Audit beginnt in der Internen Revision, nach der grundsätzlichen Entscheidung für diese Vorgehensweise, mit der Identifizierung geeigneter Organisationseinheiten und Prozesse. Im ersten Schritt sollte der Schwerpunkt auf die sensiblen Prozesse, z. B. mit hohen Geldflüssen, gelegt werden. Dabei erleichtert ein rudimentäres Risikoverständnis in den einzubindenden Bereichen die Akzeptanzerlangung. Im Endstadium sind idealerweise alle Unternehmensbereiche erfasst.

Bei der Ausgestaltung der Fragebögen durch die Interne Revision ist auf die Berücksichtigung aller wesentlichen Risiko- und Kontrollaspekte für den vorgesehenen Bereich zu achten. Bereits in diesem Schritt kann dieser aktiv bei der Fragebogenerstellung eingebunden werden. Zum einen führt dies zu einer Verringerung von Interpretationsdifferenzen bei den Fragen, zum anderen erhöht es die Akzeptanz bei den Befragten.

Über die Leitung des zu prüfenden Bereiches erfolgt die Terminabstimmung und Kommunikation des Fragebogens zu den operativen Prozessbeteiligten. Die Rolle der Internen Revision liegt hier verstärkt in der Moderation und Beratung zur selbstkritischen Reflektion von Fragen zu Risiken und Kontrollgefügen in den Bereichen. Die Antworten des Fragebogens sollen den Verantwortlichen in den Fachbereichen bisher unbekannte oder nicht ausreichend berücksichtigte Risiken aufzeigen und Maßnahmen für ein angemessenes und effektives Kontrollsystem [→Internes Kontrollsystem (IKS)] skizzieren.

Die Interne Revision plausibilisiert und wertet die Ergebnisse der rücklaufenden Fragebögen aus. Mittels eines →Scoringmodells werden entsprechend Punktzahlen zur Risikobewertung vergeben. Vom geprüften Bereich vorgeschlagene Maßnahmen werden bzgl. ihrer Eignung und risikosenkenden Wirkung ebenfalls bepunktet.

Die Ergebnisse werden in verdichteter Form der Unternehmensleitung übergeben und bei

Abb.: Self-Audit-Prozess

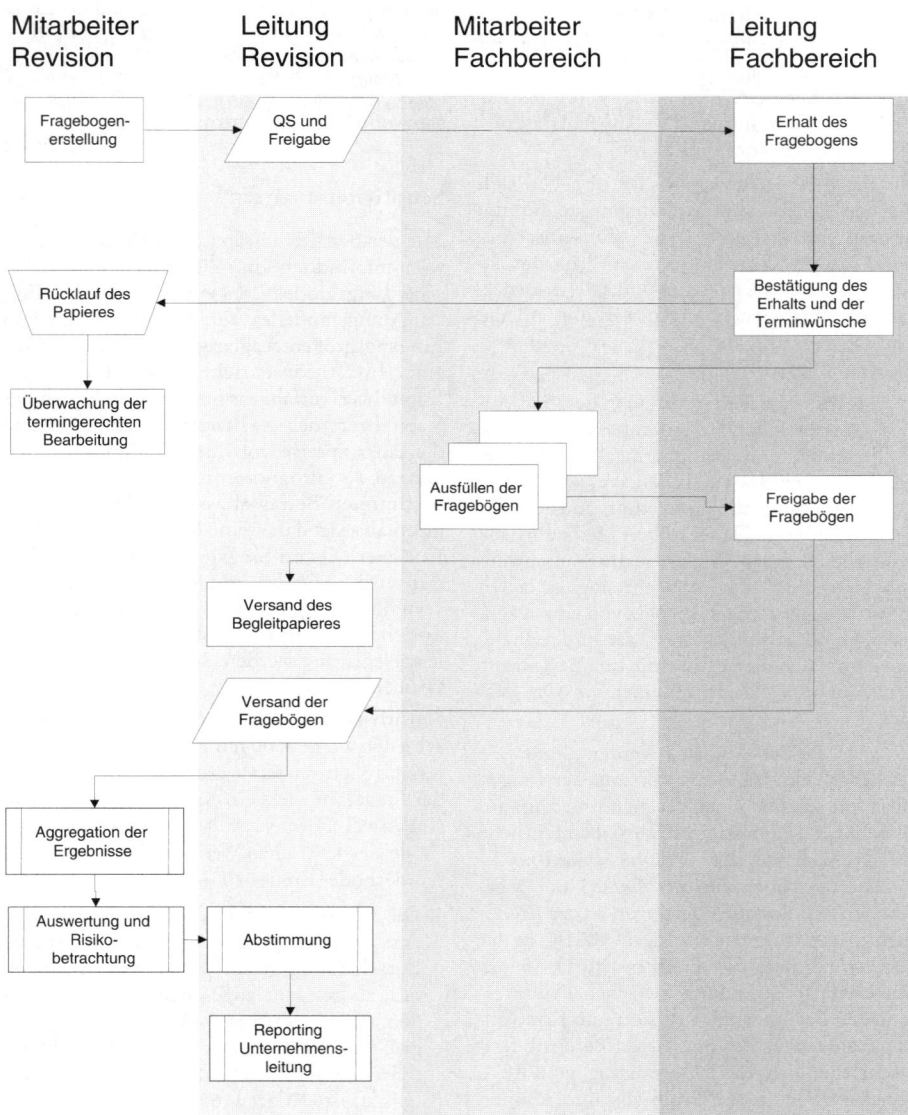

Quelle: agens Consulting GmbH 2005.

Bedarf erläutert. Sie kann sich auf diesem Weg ergänzend zum Risikomanagement [→Risikomanagementsystem (RMS)] einen Überblick über das vorhandene Kontrollgefüge und seine Wirksamkeit verschaffen und ggf. an die erforderlichen Gremien, wie z. B. an das →Audit Committee (→Aufsichtsratsausschüsse), weiter kommunizieren.

Für die Interne Revision selbst ergeben sich aus den Ergebnissen Anhaltspunkte für die eigenen Tätigkeiten (→Revisionseinsatzgebiete). Die risikoorientierte →Prüfungsplanung lässt sich verifizieren und falls erforderlich mit entsprechender Auswirkung auf die Prüfungseinsätze anpassen (→Revisionsauftragsplanung).

Eine technische Unterstützung des Self-Audit-Prozesses sollte den gesamten Prozess von der Erstellung und Verfügbarmachung der Fragebögen, über das Ausfüllen, Verwalten und Rücksenden bis zur Auswertung und Reporting unterstützen. Dabei sollten Medienbrüche vermieden werden. Moderne Intranetanwendungen mit Webbrowsertechnologien lassen sogar einen weltweiten Einsatz von einem zentralen Standort effizient gestalten und reduzieren damit den Reiseaufwand für die Interne Revision im Vergleich zu einer Vor-Ort-Prüfung.

Grenzen des Self-Auditing werden zum einen bei der objektiven Beantwortung der Fragen durch die Fachbereiche gesehen und zum anderen schließen bestimmte aufsichtsrechtliche Aspekte, z. B. von der →Bundesanstalt für Finanzdienstleistungsaufsicht (BaFin) herausgegebenen Mindestanforderungen an die Ausgestaltung der Internen Revision (MAIR) in der Kreditwirtschaft (→Kreditinstitute), in der eine Funktionstrennung zwischen Prüfungsaufgaben der Internen Revision und Kontrollaufgaben seitens der operativen Bereiche festgeschrieben ist, die Übertragung von Revisionsaufgaben in die Linie aus und können daher Revisionsaufgaben nicht ersetzen, sehr wohl aber ergänzen.

Das →Institute of Internal Auditors (IIA) bietet als Zertifikat das „Certification in Control Self-Assessment" (CCSA) als Fortbildungsmaßnahme an.

Literatur: agens Consulting GmbH: Interne Unterlagen, Ellerau 2005; IIA: Practise Advisory 2120. A1–2 Using Control Self-assessment for assessing the Adequacy of Control Processes, in: IIA (Hrsg.): International Standards for the Professional Practice of Internal Auditing, Altamonte Springs, Florida 2004; IIA (Hrsg.): Certification in Control Self-Assessment, http://www.theiia.org/?doc_id=31 (Download 23. Januar 2006); o.V.: Revisionswelt, Begriffe und Ziele – Selfaudit, http://www.selfaudit.de (Download 30. Januar 2006); Schroff, M.: Self-Auditing: Moderne Revisionspraxis in Kreditinstituten, in: ZIR 39 (2004), S. 214–221.

Sven Grelck

Sensitivitätsanalysen

Mit der Sensitivitätsanalyse wird untersucht, wie empfindlich die Zielgrößen eines Entscheidungsmodells (→mathematische Entscheidungsmodelle) auf Veränderungen von Eingangsgrößen reagieren. So wird bspw. bei einer Investitionsentscheidung auf Basis des Kapitalwertverfahrens analysiert, wie sich der Kapitalwert der →Investition ändert, wenn die Absatzpreise von ihren prognostizierten Werten (→Prognoseinstrumente) um einen bestimmten Betrag abweichen. Die Sensitivitätsanalyse ist daher eine Methode, mit der die Unsicherheit von Eingangsgrößen berücksichtigt wird, ohne dass mit Wahrscheinlichkeitsverteilungen gearbeitet wird. Die eigentlich unsicheren Eingangsgrößen werden vorher festgelegt, sie werden so zu quasi-sicheren Größen.

Sensitivitätsanalysen können danach unterschieden werden, ob nur eine Größe oder mehrere Größen variiert werden. Unabhängig von der Frage, wie viele Größen verändert werden, sind zwei Formen weit verbreitet: die Methode der kritischen Werte und die Bandbreitenmethode (Breuer 2001, S. 8).

1) Die *Methode der kritischen Werte* ist besonders geeignet, um zu zeigen, wie robust eine Entscheidung gegen die Änderung einzelner, als relevant angesehener Eingangsgrößen ist. Ein *kritischer Wert* der Eingangsgröße ist ein Grenzwert, bei dessen Überschreiten die Entscheidung nicht mehr vorteilhaft ist (Kilger 1965, S. 340 f.). Bei einem Investitionsprojekt erhöht man z. B. den Zinssatz so, dass der Kapitalwert den Wert null annimmt oder die Kapitalwerte zweier Investitionen den gleichen Wert annehmen. Im ersten Fall erkennt man, ab welchem Zinssatz die Investition nicht durchgeführt werden sollte, im zweiten Fall wechselt ab dem kritischen Wert die Entscheidung für die jeweilige andere Investitionsalternative. Als kritische Werte bei Entscheidungen über Investitionen werden bspw. Absatzmengen,

-preise, Investitionsauszahlungen, variable Betriebsauszahlungen und Amortisationsdauern betrachtet. Werden mehrere Eingangsgrößen verändert, lassen sich nur noch Kombinationen von kritischen Werten bestimmen. Bei mehr als zwei Größen, die variiert werden, werden die Wertkombinationen zunehmend unanschaulich. Die Methode der kritischen Werte beantwortet die Frage, wie sehr die Eingangsgrößen variieren dürfen, ohne dass sich die Entscheidung für eine optimale Alternative verändert, mithin ein bestimmter Zielwert angestrebt wird. Mit der Bandbreitenmethode wird hingegen untersucht, wie sich die Zielgrößen verändern, wenn sich die Eingangsgrößen (in einer Bandbreite) ändern (Franke/Hax 2004, S. 252 f.).

2) Die *Bandbreitenmethode*: Wird für eine Eingangsgröße eine optimistische und eine pessimistische Schätzung vorgenommen und beide Schätzungen als Grundlage einer Sensitivitätsanalyse verwendet, so handelt es sich um die Bandbreitenmethode. Sie zeigt dem Entscheider, in welchem Ergebnisintervall sich die Zielgröße bewegen wird. Sind z. B. bei einer Investitionsentscheidung für beide Schätzungen die Kapitalwerte positiv, kann die Investition durchgeführt werden (und im negativen Fall ist sie abzulehnen). Wenn bei der optimistischen Schätzung ein positiver Kapitalwert und bei der pessimistischen Schätzung ein negativer Kapitalwert berechnet wird, dann ist keine eindeutige Entscheidung möglich. Letztlich hängt die Entscheidung dann von der Risikoeinstellung des Investors ab. Auch die Bandbreitenmethode kann mit mehr als einer Eingangsgröße variiert werden, es treten allerdings ähnliche Schwierigkeiten wie bei der Methode der kritischen Werte auf.

Mithilfe der vorgestellten Varianten der Sensitivitätsanalyse ist es möglich, unsichere Eingangsgrößen für die Entscheidung zu verwenden, ohne Wahrscheinlichkeitsverteilungen der Eingangsgrößen festzulegen. Allerdings hat sich auch gezeigt, dass nicht immer eindeutige Entscheidungen getroffen werden können. Letztlich erkennt der Entscheider nicht das gesamte Risiko der Situation, er sieht nur einzelne Abweichungen aufgrund bestimmter Veränderungen der Eingangsgrößen (Hax 1974, S. 37). Es ist zwar prinzipiell möglich, die Auswirkungen von einigen oder sogar allen Eingangsgrößen zu berücksichtigen. Der Entscheider sieht sich allerdings vor einem prinzipiellen Dilemma: Entweder listet er nur die Auswirkungen der einzelnen untersuchten Eingangsgrößen auf, was den Nachteil hat, dass er kombinierte Wirkungen von Eingangsgrößen nicht erkennt, oder er versucht, auch die kombinierten Wirkungen zu erfassen, was für ihn sehr unübersichtlich ist. Für eine umfassende Beurteilung der Entscheidungssituation ist es jedoch notwendig, dass die unterschiedlichen Eintrittswahrscheinlichkeiten der Eingangsgrößen bekannt sind und dass die Risikoeinstellung des Entscheiders in die Entscheidung explizit einfließt.

Gegenstand von Sensitivitätsanalysen kann auch die optimale Lösung einer linearen Programmierung sein (postoptimale Rechnung). In der speziellen Form der parametrischen Programmierung wird untersucht, wie sich Variationen eines Parameters auf die optimale Lösung auswirken (s. zu beidem grundlegend Dinkelbach 1969).

Literatur: Breuer, W.: Investition II. Entscheidungen bei Risiko, Wiesbaden 2001; Dinkelbach, W.: Sensitivitätsanalysen und parametrische Programmierung, Berlin et al. 1969; Franke, G./Hax, H.: Finanzwirtschaft des Unternehmens und Kapitalmarkt, 5. Aufl., Berlin et al. 2004; Hax, H.: Entscheidungsmodelle in der Unternehmung. Einführung in Operations Research, Hamburg 1974; Kilger, W.: Kritische Werte in der Investitions- und Wirtschaftlichkeitsrechnung, in: ZfB 35 (1965), S. 338–353.

Rolf Brühl

Sequentialtest

Der Sequentialtest ist ein statistisches Testverfahren, das im Rahmen von Prüfungshandlungen (→Auswahl von Prüfungshandlungen) verwendet wird, um die Toleranz des *Fehleranteils* (→homograde Stichprobe) in einem →Prüffeld zu beurteilen. Zudem existieren modifizierte Formen des Sequentialtests für die Überprüfung der Fehlerhöhe (→heterograde Stichprobe). Ein praxisrelevantes Anwendungsgebiet dieses Testverfahrens ist auch die Stichprobeninventur (→Stichprobenprüfung; →Inventur).

Beim Sequentialtestverfahren ist der *Stichprobenumfang* nicht von vornherein festgelegt. Er ist vielmehr in Abhängigkeit von den Informationen, die man aus der Ermittlung und den Veränderungen des Testparameters während der Entnahme der Stichprobenelemente gewinnen kann, variabel. Die Stichprobenele-

Sequentialtest

mente werden der Grundgesamtheit nicht in einem Durchgang, sondern einzeln, jeweils nacheinander, entnommen. Nach jeder Entnahme einer Untersuchungseinheit wird eine der drei nachstehenden Entscheidungen getroffen:

1) Das Prüffeld ist abzulehnen.
2) Das Prüffeld ist anzunehmen.
3) Der Stichprobenumfang ist für ein hinreichend sicheres Urteil noch nicht ausreichend, sodass eine weitere Untersuchungseinheit zu entnehmen ist.

Der Sequentialtest beruht auf einem *Wahrscheinlichkeitsvergleich*, d. h. ist die Wahrscheinlichkeit dafür, dass die beobachtete Stichprobe bei Gültigkeit einer Hypothese H_0 (der Fehleranteil P im Prüffeld ist tolerabel, z. B. $H_0: P_0=0{,}02$) vorliegt, im Vergleich zu der Wahrscheinlichkeit, die sich bei Gültigkeit einer Hypothese H_1 (der Fehleranteil P im Prüffeld ist nicht mehr tolerabel, z. B. $H_1: P_1=0{,}05$) ergibt, ausreichend groß, so entscheidet man sich für die Hypothese H_0, während bei einem umgekehrten Verhältnis die Hypothese H_1 zu wählen ist. Sind die beiden Wahrscheinlichkeiten dagegen in etwa gleich, so ist die Entnahme weiterer Stichprobenelemente erforderlich. Dazu erfolgt die Stichprobenentnahme nach dem Modell „Ziehen ohne Zurücklegen" einzeln und nacheinander. Nach jeder Ziehung eines Stichprobenelementes wird überprüft, ob eine Aussage über die Grundgesamtheit bzw. das →Prüfungsurteil mit der gewünschten Sicherheit abgegeben werden kann oder ob eine weitere Stichprobenziehung erforderlich ist. Die Vorgehensweise des Sequentialtests veranschaulicht die Abb. unten.

Auf der Ordinate ist die Anzahl der festgestellten Fehler x, auf der Abszisse die Anzahl der geprüften Elemente n abgetragen. Die Rückweisungs- und die Annahmegrenze ermitteln sich wie folgt:

$$x_{rn} = \frac{\ln\left[\dfrac{1-\beta}{\alpha}\right]}{\ln\left[\dfrac{P_1(1-P_0)}{P_0(1-P_1)}\right]} + n\frac{\ln\left[\dfrac{1-P_0}{1-P_1}\right]}{\ln\left[\dfrac{P_1(1-P_0)}{P_0(1-P_1)}\right]}$$

$$x_{an} = \frac{\ln\left[\dfrac{\beta}{1-\alpha}\right]}{\ln\left[\dfrac{P_1(1-P_0)}{P_0(1-P_1)}\right]} + n\frac{\ln\left[\dfrac{1-P_0}{1-P_1}\right]}{\ln\left[\dfrac{P_1(1-P_0)}{P_0(1-P_1)}\right]}$$

Determinanten der beiden Grenzen sind H_0, H_1, der vorgegebene Alpha-Fehler, d. h. die

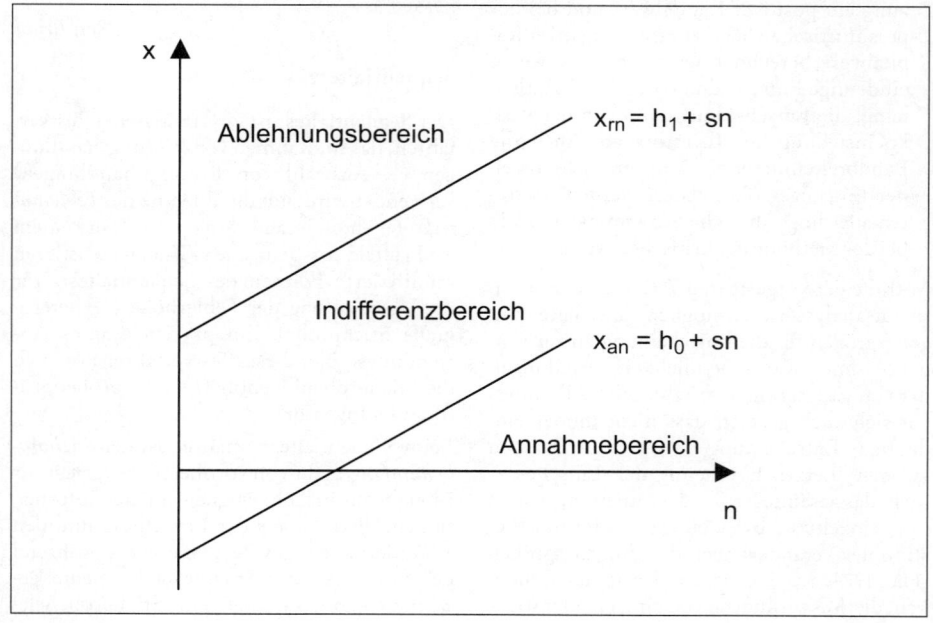

Abb.: Vorgehensweise des Sequentialtests

Wahrscheinlichkeit, ein normenkonformes Prüffeld abzulehnen, und der vorgegebene Beta-Fehler, d. h. die Wahrscheinlichkeit, ein fehlerhaftes Prüffeld anzunehmen. Solange die Anzahl der bislang festgestellten Fehler innerhalb des durch die Annahme- und Rückweisungsgrenze begrenzten Bereichs verläuft, sind weitere Stichprobenziehungen erforderlich. Unterschreitet die Fehleranzahl die *Annahmegrenze*, wird das Prüffeld angenommen, überschreitet sie die *Rückweisungsgrenze*, ist das Prüffeld inakzeptabel fehlerhaft und es wird abgelehnt.

Der Vorteil des Sequentialtestverfahrens besteht darin, dass der durchschnittliche Stichprobenumfang wesentlich geringer ist als bei einstufigen Testverfahren. Die mathematisch zu beweisende Überlegung, dass bestimmte stochastische Konstellationen mit hoher Wahrscheinlichkeit im Verlaufe einer Beobachtungsserie mehrmals auftreten, wird zur Herabsetzung des Stichprobenumfangs ausgenutzt, indem man die Beobachtungen schrittweise hintereinander schaltet. Dieser Vorteil wird dabei umso größer, je kleiner der tatsächliche Fehleranteil in einem Prüffeld im Vergleich zum tolerablen Fehleranteil oder je größer der tatsächliche Fehleranteil im Prüffeld im Vergleich zum nicht mehr tolerablen Fehleranteil ist. Der Vorteil ist am geringsten, wenn der tatsächliche Fehleranteil zwischen dem tolerablen und dem nicht tolerablen Fehleranteil liegt. In diesem Fall kann der Stichprobenumfang sogar größer sein als beim einstufigen Verfahren, wobei im Extremfall der Indifferenzbereich selbst bei vollständiger Prüfung des Prüffeldes (→lückenlose Prüfung) nicht verlassen wird. Ein weiterer Nachteil ist darin zu sehen, dass der Stichprobenumfang eine Zufallsvariable darstellt, d. h. die Anzahl der Beobachtungen, die bis zu einer Entscheidung erforderlich ist, ist beim Sequentialtest vor der Prüfungsdurchführung (→Prüfungsprozess) unbekannt. Dies beeinträchtigt die →Prüfungsplanung. Schließlich basiert der Sequentialtest auf der Binomialverteilung (→binomische Verteilung), der das Modell „Ziehen mit Zurücklegen" zugrunde liegt. Dem prüferischen Vorgehen entspricht jedoch das Modell „Ziehen ohne Zurücklegen" und damit der *hypergeometrischen Verteilung*. Eine Approximation der hypergeometrischen Verteilung durch die Binomialverteilung ist nur zulässig, sofern der Auswahlsatz 10% nicht überschreitet. Der Auswahlsatz ist aber vor der Durchführung des Tests unbekannt, sodass sich im Laufe des Sequentialtests ergeben kann, dass gegen die Approximationsbedingung verstoßen wurde und die Ergebnisse damit hinfällig sind.

Literatur: Eichler, B.: Heterograde Sequentialtests für die Buchprüfung. Darstellung, Verwendungsmöglichkeiten und Anwendungsbedingungen, Frankfurt a.M. 1985; Gans, C./Quick, R.: Inventurvereinfachungen: Die Stichprobeninventur, insbesondere das Sequentialtestverfahren, in: DStR 33 (1995), S. 1162–1168; Holzinger, E.: Die Eignung des Sequentialstichprobenverfahrens für die Buchprüfung, Wien 1966; Wald, A.: Sequential Analysis, NY et al. 1947.

Reiner Quick

Seriengrößenabweichung

Die Seriengrößenabweichung ist eine Spezialabweichung der globalen →Verbrauchsabweichungen im Rahmen der →Abweichungsanalyse. Seriengrößenabweichungen können in Kostenstellen (→Cost Center) auftreten, in denen die Seriengröße für einzelne Produktarten variabel ist. Analysiert werden die sich daraus ergebenden Veränderungen der Rüstkosten.

Aus den herzustellenden Planmengen x_i^{Plan} und den Seriengrößen s_i^{Plan} ergibt sich je Produktart i die Anzahl der Rüstvorgänge (r) als $r_i^{Plan} = x_i^{Plan}$ pro s_i^{Plan}. Kennzeichnet tr_i^{Plan} die geplante Rüstzeit je Rüstvorgang der Produktart i und kr^{Plan} den geplanten Rüstkostensatz je Zeiteinheit, so folgen die geplanten Rüstkosten KR^{Plan} als:

$$KR^{Plan} = kr^{Plan} \cdot \sum_i r_i^{Plan} \cdot tr_i^{Plan} \qquad (1)$$

Abweichungen der tatsächlich realisierten von den geplanten Rüstkosten können folgende Ursachen haben:

1) Der *Rüstkostensatz* je Zeiteinheit weicht im Ist vom geplanten Wert ab. Hierhinter steht u. a. eine Veränderung der Preise für die Inputgüter, die in den Rüstvorgang eingehen. Die Inputgüter können am Markt (externe Marktpreise) oder z. B. von anderen Kostenstellen (→Verrechnungspreise, kalkulatorische) bezogen werden. Bei der Seriengrößenabweichung interessiert diese auf eine (interne oder externe) Preisänderung zurückzuführende Abweichung nicht. Wie alle →Preisabweichungen wird sie deshalb vorher abgespalten; im Rahmen der Seriengrößenabweichung wird nur mit

dem geplanten Rüstkostensatz kr^{Plan} gerechnet.

2) Die in die Berechnung eingehenden *Rüstzeiten* je Rüstvorgang je Produktart i können im Ist vom Plan abweichen. Bei der Ermittlung der Seriengrößenabweichung wird Konstanz in Bezug auf diese Faktoren unterstellt; sie sind nicht Gegenstand der Analyse. Gerechnet wird deshalb mit den Planwerten tr$_i^{Plan}$.

3) Die *Beschäftigung* B^{Ist} der Kostenstelle – gemessen in der Ausführungszeit für die herzustellenden Mengen – hat sich in Relation zum Ianwert B^{Plan} geändert. Auch die auf eine Veränderung der Beschäftigung (→ Beschäftigungsgrad) zurückzuführende Abweichung (→ Beschäftigungsabweichung) ist nicht Gegenstand dieser Analyse, deshalb wird – wie bei allen Verbrauchsabweichungen – bei der Berechnung der Seriengrößenabweichung mit der Istgröße B^{Ist} gerechnet.

4) Die *Auftragszusammensetzung* aus den einzelnen Produktarten hat sich geändert. Eine solche Entwicklung würde selbst bei Konstanz der Seriengrößen zu einer Änderung der Rüstzeiten und damit auch der Rüstkosten führen. Diese Veränderung wird im Rahmen der Seriengrößenabweichung als Abweichung infolge veränderter Auftragszusammensetzung ΔA – auch Restabweichung genannt – erfasst.

5) Die eigentliche Seriengrößenabweichung ΔS^E – auch echte Seriengrößenabweichung genannt – ist auf eine Veränderung der *Seriengrößen* je Produktart und damit abweichende Rüstzeiten und -kosten zurückzuführen.

Die *globale Seriengrößenabweichung* ΔS^G – auch Rüstkostenabweichung genannt – setzt sich aus den unter 4) und 5) genannten Punkten zusammen. Im Ist-Soll-Vergleich (→ Soll-Ist-Vergleich) (Ewert/Wagenhofer 2005, S. 330) ergibt sich:

$$\Delta S^G = \underbrace{kr^{Plan} \cdot \sum_i r_i^{Ist} \cdot tr_i^{Plan}}_{\text{Kontrollgröße}} \quad (2)$$

$$- \underbrace{kr^{Plan} \cdot \sum_i r_i^{Plan} \cdot \frac{B^{Ist}}{B^{Plan}} \cdot tr_i^{Plan}}_{\text{Vergleichsgröße}}$$

Kontrollgröße sind die Rüstkosten, die sich aus den tatsächlich realisierten Rüstvorgängen r$_i^{Ist}$ sowie – gem. den obigen Ausführungen – den Planwerten für den Rüstkostensatz kr^{Plan} und die Rüstzeiten tr$_i^{Plan}$ ergeben. Die → Sollkosten als Vergleichsgröße leiten sich aus den geplanten Rüstkosten gem. Formel (1) ab, diese werden über den Term B^{Ist} pro B^{Plan} an die Istbeschäftigung angepasst. ΔS^G ist folglich auf die Differenz zwischen den tatsächlichen sowie den an die Istbeschäftigung angeglichenen (geplanten) Rüstvorgängen zurückzuführen. Die dabei vorgenommene Anpassung unterstellt, dass sich die Rüstvorgänge linear zur Beschäftigungsänderung verhalten. Diese Annahme gilt jedoch i.d.R. nicht. Deshalb wird die globale Seriengrößenabweichung weiter aufgespalten. Dazu werden die Sollrüstvorgänge direkt aus den Istmengen sowie den geplanten Seriengrößen als r$_i^{Soll}$ = x$_i^{Ist}$ pro s$_i^{Plan}$ ermittelt. Es ergibt sich dann (Kilger/Pampel/Vikas 2002, S. 207):

$$\Delta S^G = \underbrace{kr^{Plan} \cdot \sum_i (r_i^{Ist} - r_i^{Soll}) \cdot tr_i^{Plan}}_{\Delta S^E} \quad (3)$$

$$+ \underbrace{kr^{Plan} \cdot \sum_i \left(r_i^{Soll} - r_i^{Ist} \cdot \frac{B^{Ist}}{B^{Plan}}\right) \cdot tr_i^{Plan}}_{\Delta A}$$

Für die *weitere Auswertung* ist ΔA von geringerer Bedeutung. Die Abweichung ist letztlich auf eine außerplanmäßige Auftragszusammensetzung zurückzuführen. Ursächlich hierfür wird i.d.R. die Marktseite sein. Die Verantwortung liegt also nicht bei der betrachteten Kostenstelle. Dagegen ist ΔS^E für die weitere Analyse von Interesse. Diese Größe resultiert aus Abweichungen von den geplanten (optimalen) Seriengrößen. Zu hinterfragen ist, warum es zu diesen Abweichungen gekommen ist (Scherrer 1999, S. 514). Veränderte Seriengrößen können absatzpolitisch bedingt und z.B. auf Kundenanforderungen zurückzuführen sein (Verantwortung im Absatzbereich). Weiterhin sind beschaffungs- bzw. fertigungstechnische Gründe denkbar, die zu einer Seriengrößenveränderung geführt haben. In diesem Fall liegt die Verantwortung für ΔS^E bei der Beschaffung, der Fertigungsplanung (→ Planung) oder der betrachteten Kostenstelle.

Die Seriengrößenabweichung findet sich in der Praxis häufig als Differenz zwischen Kostenträger- (→ Kostenträgerstückrechnung; → Kostenträgerzeitrechnung) und →Kostenstellenrechnung wieder. Dann gehen nur die Sollrüstkosten in die Kostenträgerrechnung ein. Dieses Vorgehen vereinfacht bei häufig wechselnden Seriengrößen die →Kalkulation. In der Kostenstelle hingegen werden die tatsächlich anfallenden Rüstkosten erfasst [→Betriebsdatenerfassung (BDE)] (Haberstock 2004, S. 322).

Literatur: Ewert, R./Wagenhofer, A.: Interne Unternehmensrechnung, 6. Aufl., Berlin et al. 2005; Haberstock, L.: Kostenrechnung II. (Grenz-)Plankostenrechnung, 9. Aufl., Berlin 2004; Kilger, W./Pampel, J./Vikas, K.: Flexible Plankostenrechnung und Deckungsbeitragsrechnung, 11. Aufl., Wiesbaden 2002; Scherrer, G.: Kostenrechnung, 3. Aufl., Stuttgart 1999.

Dominik Kramer

Servicelevelmanagement →Datenverarbeitungsorganisation

Share Deal →Legal Due Diligence; →Due Diligence

Shareholder Value →Shareholder Value-Analysis

Shareholder Value-Analysis

Die Shareholder Value-Analysis, die synonym auch als *Wertsteigerungsanalyse* bezeichnet wird, ist ein Instrument zur unternehmenswertorientierten Erfolgsbeurteilung eines Bewertungsobjektes. Typische Bewertungsobjekte sind hierbei Unternehmen, Geschäftseinheiten oder Strategien. Die zentrale Zielgröße dieses Ansatzes, der Unternehmens- bzw. Eigentümerwert (Shareholder Value), stellt die monetären Interessen der Investoren ins Zentrum der Betrachtung, indem geplante bzw. realisierte Erfolge an der investorenseitigen Renditeforderung (→Kapitalkosten) gemessen werden. Im Vordergrund steht dabei eine Quantifizierung der Wertveränderung, die sich aus möglichen Handlungsalternativen ergibt (→Value Based Management; →wertorientierte Unternehmensführung).

Dabei kann die Shareholder Value-Analysis aus unternehmensexterner Sicht durchgeführt werden, um z. B. die Unternehmensentwicklung zu beurteilen oder Entscheidungswerte im Rahmen von Unternehmensübernahmen zu ermitteln (→Entscheidungsinstrumente). Von besonders hoher Bedeutung ist die Shareholder Value-Analysis jedoch vor allem mit einem internen Fokus, indem sie im Rahmen eines wertorientierten Controllingansatzes (→Controlling; →Controllingkonzepte) Planungs-, Steuerungs- und Kontrollprozesse unterstützt sowie wichtige Grundlagen für die Ausgestaltung wertorientierter Anreizsysteme (z. B. →Aktienoptionsprogramme) liefert.

Die konkreten Möglichkeiten für eine Ermittlung des Wertsteigerungserfolges im Rahmen der genannten Anwendungsfelder sind sehr vielfältig. Der i. S. d. Shareholder Value-Gedankens grundlegende Ansatz ermittelt den →Unternehmenswert auf Basis zukünftig erwarteter Freier →Cash Flows, die mit entsprechenden Kapitalkosten diskontiert werden (→Discounted Cash Flow-Methoden). Relativ verbreitet ist auch die Verwendung sog. Residual- bzw. Übergewinngrößen, wie z. B. der Economic Value Added oder der Cash Value Added. Hierbei wird ein periodischer Wertbeitrag ermittelt, indem von einer spezifischen Erfolgsgröße die sich aus der Verzinsung des eingesetzten Kapitals ergebenden Kapitalkosten abgezogen werden. Einfachere Ansätze beschränken sich auf einen Vergleich geplanter bzw. erreichter Kapitalrentabilitäten mit den entsprechenden Kapitalkostensätzen. Bei den angesprochenen und allen übrigen Ansätzen zur Ermittlung wertorientierter Erfolgsgrößen ist darauf zu achten, dass die Abgrenzung von Erfolgsgrößen sowie Kapitalkostensätzen und Kapitaleinsatz in konsistenter Weise erfolgt. Methodische Unsauberkeiten können im praktischen Einsatz dieser Konzepte leicht zu Fehlentscheidungen führen.

Wie die Hervorhebung des Analyse-Charakters dieses Instrumentes verdeutlicht, geht es neben der reinen Ermittlung unternehmenswertorientierter Erfolgsgrößen insb. um die Identifikation der wertbestimmenden Einflussfaktoren (→Werttreiber). Die systematische Zerlegung der unternehmenswertorientierten Erfolgsmaße in ihre Eingangsparameter, wie z. B. Umsatzrentabilität (→Rentabilitätsanalyse), Umsatzwachstum (→Umsatzerlöse), →Investitionen in das →Anlagevermögen und →Umlaufvermögen sowie Kapitalkosten, ermöglicht eine Verknüpfung mit denjenigen Größen, die traditioneller Gegenstand der Unternehmensplanung und -kontrolle sind (→Planung; →Kontrollsysteme). Dieses Vorgehen bildet daher auch die Grundlage für die Entwicklung wertorientierter Kennzahlensysteme (→Kennzahlen, wertorientierte; →Kennzahlen und Kennzahlensysteme als Kontrollinstrument).

Die durch die Shareholder Value-Analysis bereitgestellten Informationen erlauben eine quantitative Bewertung von Handlungsmöglichkeiten in Hinblick auf das grundlegende Ziel der Unternehmenswertsteigerung. Dadurch leistet sie einen wesentlichen Beitrag zur Verbesserung der strategischen und operativen →Planung sowie diesbezüglicher Kontrollprozesse, in dem durch die Quantifizierung Planungsmängel bzw. -widersprüche leichter erkennbar werden und das Verständnis für Kausalitäten und Interdependenzen gefördert wird (→wertorientierte Strategieplanung). Gleiches gilt hinsichtlich einer verbesserten Überprüfbarkeit der Einhaltung vereinbarter Ziele, was eine wesentliche Grundlage für die Nutzung entsprechender →Incentive-Systeme darstellt. Damit bildet die Shareholder Value-Analysis die instrumentelle Basis für die wertorientierte Unternehmenssteuerung (→Unternehmenssteuerung, wertorientierte).

Literatur: Rappaport, A.: Creating shareholder value. A guide for managers and investors, 2. Aufl., NY 1998; Copeland, T./Koller, T./Murrin, J.: Valuation. Measuring and managing the value of companies, 3. Aufl., NY 2000; Günther, T.: Unternehmenswertorientiertes Controlling, München 1997.

Thomas Günther; Dirk Beyer

Short-Term Incentive →Tantiemen für Gesellschaftsorgane

Sicherheit, gewisse →Prüferische Durchsicht

Sicherheit, hinreichende →Risikoorientierter Prüfungsansatz

Sicherungstreuhand →Treuhandwesen; →Treuhandschaften

Siebtest →Screening

Signalling Theory →Bilanzpolitische Beratung durch den Wirtschaftsprüfer

Similar Public Company Method →Unternehmensbewertung, marktorientierte

Simplex-Verfahren →Engpassplanung

Simulation, stochastische →Risikosimulation

Simulationsmodelle

Mithilfe von Simulationsmodellen wird das Verhalten komplexer Systeme unter kontrollierten Bedingungen studiert, um daraus Rückschlüsse auf die Realität zu ziehen (Banks 1998, S. 3 f.). Ein Modell stellt dabei eine vereinfachte Abbildung eines Realsystems dar. Es verkürzt die Realität um die Eigenschaften, die für den Untersuchungszweck nicht von Relevanz sind. Der Einsatz von Simulationsmodellen ist ratsam, wenn das reale System noch nicht existiert, die Arbeit am realen System zu gefährlich, ethisch bedenklich oder zu teuer ist.

(Simulations-) Modelle lassen sich in unterschiedlicher Weise realisieren. Neben den *physischen Modellen,* wie z. B. bei Windkanalsimulationen im Automobilbau, sind besonders die *mathematischen Modelle* (→mathematische Entscheidungsmodelle) hervorzuheben. Sie verwenden für die Modellierung quantitative Größen sowie funktionale Beziehungen und lassen sich daher für viele betriebswirtschaftliche Probleme einsetzen. Mathematische Simulationsmodelle werden mittels folgender Kriterien klassifiziert (Law 1991, S. 6 f.):

- *Diskrete* bzw. *kontinuierliche* Simulationsmodelle verarbeiten entweder diskrete Größen (z. B. Geldbeträge) oder kontinuierliche Größen (z. B. Zeitangaben).

- Bei *deterministischen* Modellen erzeugen die Eingangsvariablen des Modells auch bei mehreren Simulationsläufen den gleichen Output. In *stochastischen* Modellen können hingegen Zufallsvariablen zu unterschiedlichen Ergebnissen führen.

- Ein *statisches* Modell ist die Abbildung eines Systems über einen bestimmten Zeitraum, bei dem der Zeitfortschritt keine Rolle spielt. *Dynamische* Modelle hingegen entwickeln sich und verändern ihren Zustand im Zeitverlauf.

Simulationsmodelle lassen sich für verschiedene Aufgaben in Unternehmen nutzen, wobei neben Problemen der Produktionswirtschaft, wie z. B. der →Kapazitätsplanung oder der Auftragssteuerung, weitere Anwendungsfelder z. B. Wirtschaftlichkeitsanalysen (→Wirtschaftlichkeitsberechnungen) und

Risikobeurteilungen (→Risikosimulation) im Finanzbereich sind.

Für die →Planung, Realisation und Kontrolle von Simulationsmodellen sind im Wesentlichen folgende Schritte relevant (Sauerbier 1999, S. 35–50):

1) Planung: Definition und Formulierung des Problems (Ist-Analyse) sowie Abgrenzung des Systems von der Umwelt, Formulierung des Simulationsmodells, Festlegung der relevanten Größen (Eingangs-, Ausgangsgrößen und Parameter);
2) Realisation: Erhebung und Generierung der erforderlichen Informationen, Durchführung von Simulationsläufen, Analyse und Interpretation der Ergebnisse und
3) Kontrolle: Dokumentation des Modells und Änderungsvorschläge.

Ausgangspunkt jeder Modellbildung ist die Analyse der gegebenen Situation, die zu einer präzisen Problemformulierung führen soll. Grundlage dafür ist die Abgrenzung des untersuchten Systems gegenüber anderen Systemen bzw. der Umwelt, wobei auch die für die Simulation relevanten Elemente und ihre Beziehungen geplant werden. Die Formulierung des Simulationsmodells baut auf dieser Systembeschreibung auf, indem sie die wesentlichen Elemente des Modells und ihre funktionalen Beziehungen aufstellt. Mit der Modellformulierung einher geht die Festlegung der relevanten Größen für die Simulation, wie z. B. für die Simulation eines Lagerhaltungsmodells der Lagerbestand als Eingangs- und Ausgangsgröße des Modells. Für den Ablauf der Simulation werden für die Größen und Parameter konkrete Informationen des Systems erfasst und für stochastische Größen Verteilungen erhoben. Für die Simulationsläufe muss bestimmt werden, wie oft und wie lang sie durchgeführt werden sollen. Insb. für Zufallsgrößen müssen die statistischen Kenngrößen mit ausreichender Sicherheit geschätzt werden können. Ähnliches gilt für die Auswertung der Ergebnisse: Stochastische Modelle liefern unterschiedliche Ergebnisse, die hinsichtlich ihrer Güte untersucht werden müssen. Zur Kontrolle der gesamten Simulation ist eine Dokumentation in der Planung und Realisation notwendig, da mit deren Hilfe eine Analyse des Vorgehens und die Entwicklung von Änderungsvorschlägen erleichtert wird.

Mögliche *Vorteile* aus der Nutzung von Simulationsmodellen stellen folgende Punkte dar (Biethahn 2004, S. 14–16): Die Anwender verstehen die komplexe Realität besser, da sie im Modell auf ihre relevanten Elemente und Beziehungen reduziert wird. Es ist aufgrund dieser Kenntnisse möglich, verschiedene Alternativen am Modell und nicht am realen System zu testen.

Nachteile von Simulationsmodellen: Die Tatsache, dass keine allgemeine Modellstruktur und kein zugehöriger Lösungsalgorithmus existiert, bedingt viele Simulationsläufe, die trotzdem nur Näherungslösungen generieren. Verbunden mit dem aufwendigen Prozess der Modellbildung führt dies häufig zu hohen →Kosten. Die Realitätsnähe der Ergebnisse und die Frage, ob die Ergebnisse wirklich das Verhalten in realen Situationen widerspiegeln, ist einer der häufigsten Kritikpunkte bei Simulationsmodellen (Sauerbier 1999, S. 5 f.). Trotz dieser Kritik ist die Simulation häufig die einzige Möglichkeit, das Verhalten komplexer Systeme zu studieren, da mathematisch-analytische Lösungen bei komplexen Systemen nur eingeschränkt anwendbar sind.

Literatur: Banks, J.: Principles of Simulation, in: Banks, J. (Hrsg.): Handbook of Simulation. Principles, Methodology, Advances, Applications, and Practice, NY 1998, S. 1–31; Biethahn, J./Lackner, A./Range, M.: Optimierung und Simulation, München/Wien 2004; Law, A. M./Kelton, D. W.: Simulation Modeling and Analysis, 2. Aufl., NY 1991; Sauerbier, T.: Theorie und Praxis von Simulationssystemen. Eine Einführung für Ingenieure und Informatiker, Braunschweig/Wiesbaden 1999.

Rolf Brühl; Nils Horch

Simultane Verfahren der Prüfungsplanung

Simultane Verfahren der →Prüfungsplanung in WPGes (→Revisions- und Treuhandbetriebe) berücksichtigen die Abhängigkeiten

- zwischen den Teilplänen der Programm-, Zeit- und Personalplanung und/oder
- zwischen Programm-, Zeit-, Personalplanung und den möglichen Alternativen angebotener Abschlusserstellungen

explizit und gleichzeitig, somit also simultan. Die Anwendung solcher Verfahren setzt die Modellierung der Aufgaben externer Prüfungen voraus und knüpft somit an deren Ziel- und Strukturplanung in WPGes (→Prüfungsplanung) an. Um festzulegen, wer, was und wann bei Abschlussprüfungen (→Jahresab-

Simultane Verfahren der Prüfungsplanung

schlussprüfung; →Konzernabschlussprüfung) zu prüfen hat, ist der Prüfstoff systematisch und vollständig zu erfassen sowie in einzelne Prüfgebiete mit →Prüffeldern aufzuteilen; weiterhin sind die Termine sowie das einsetzbare Personal mit seinen Qualifikationen für die Durchführung von Prüfaufträgen (→Auftragsdurchführung; →Prüfungsauftrag und -vertrag) heranzuziehen. Der Umfang und Detaillierungsgrad einer Strukturplanung hängt letztlich von den aufzustellenden Planungsmodellen für externe Prüfungen ab, von denen im Folgenden nur noch die Simultanmodelle der Prüfungsplanung zur Diskussion stehen; denn *Totalmodelle* sind wegen ihres umfassenden Anspruchs, alle sachlichen, zeitlichen, personellen und angebotsbezogenen Alternativen bis zu einem mehrjährigen Planhorizont vollständig und explizit abzubilden, praktisch weder aufstellbar noch hinreichend lösbar. Dagegen sind *Partialmodelle* wegen der expliziten Ausklammerung aller sachlichen, zeitlichen, personellen und angebotsbezogenen Abhängigkeiten einer Prüfungsplanung für die Aufstellung eines vollständigen Prüfplans nicht zu empfehlen.

Simultane Verfahren der Prüfungsplanung lassen sich anhand der unterschiedlichen *Simultanmodelle* wie folgt gliedern:

- auftragsbezogene, einstufige Simultanmodelle, wie Prüferzuordnungsmodelle und spieltheoretische Modelle,
- mehrauftragsbezogene, einstufige Simultanmodelle der Zeit- und →Kapazitätsplanung mit Reihefolgerestriktionen,
- mehrauftragsbezogene, einstufige Simultanmodelle der Prüfereinsatzplanung mit Kapazitäts-, Reihefolge- und Terminrestriktionen,
- quartals-/jahres- und mehrauftragsbezogene, mehrstufige bzw. hierarchische Simultanmodelle mit revidierender →Planung und
- mehrjährige (strategische) Simultanmodelle der Programm-, Absatz- und Kapazitätsplanung.

Die Lösungsmethoden dieser Simultanmodelle knüpfen einerseits an bekannte, auch in der Praxis schon erprobte, klassische, exakte Methoden des →Operations Research an, erfordern jedoch andererseits aufgrund ihrer modellspezifischen Ausrichtung den Einsatz heuristischer Methoden.

Das klassische, auftragsbezogene Modell der Prüferzuordnung zu den einzelnen Prüffeldern kann als einfaches Transportmodell aufgestellt und gelöst werden. Seine Erweiterungen um beschränkte Bearbeitungszeiten der Prüffelder, um die erfolgswahrscheinlichkeitsmaximale Prüferzuordnung, um zeitminimale und zeitbeschränkte Prüfertätigkeiten stellen dann Ansätze auftragsbezogener, einstufiger Simultanmodelle der Prüferzuordnung dar. Je allgemeiner solche Prüferzuordnungsmodelle formuliert werden, desto weniger sind die klassischen Lösungsmethoden des Simplexalgorithmus, der Binäroptimierung oder der Transportalgorithmen, wie der Ungarischen Methode, anwendbar; für ihre Lösungen ist dann auf spezifische Methoden verallgemeinerter Zuordnungsprobleme zurückzugreifen (Drexl 1990, S. 64 ff.).

Spieltheoretische Ansätze der Prüfungsplanung versuchen verhaltensorientierte Aspekte zu modellieren. Mit unterschiedlichen Prüfintensitäten als →Prüfungsstrategien kann ein Prüferteam auf mögliche Manipulationsalternativen des Jahresabschlusses reagieren. Nicht reine, nur mit einem Intensitätsgrad arbeitende, sondern gemischte Prüfungsstrategien erweisen sich hierbei als optimale Lösungen solcher nicht kooperativen Spiele. Steigende Haftungssummen und Erweiterungen um Dritthaftungen, z. B. gegenüber Aktionären, der Prüfer (→Haftung der Wirtschaftsprüfers) erfordern dann extensivere Prüfungsstrategien als Lösungen (Ewert 2002, Sp. 1915 ff.; Nguyen 2005, S. 11 ff.).

Ausgangspunkt der mehrauftragsbezogenen, einstufigen Simultanmodelle der Zeit- und Kapazitätsplanung mit Reihefolgerestriktionen ist die →Netzplantechnik (→Netzplantechnik, Einsatz bei der Prüfungsplanung). Die mit ihrer Hilfe durchführbare Zeitplanung dient hierbei als Basis für ein auftragsbezogenes Kapazitätsplanungsmodell unter expliziter Berücksichtigung des Stufengesetzes der Prüfung. Bei einer Erweiterungen des Modells um intensitätsmäßige Anpassungen, um Typisierungen der Anordnungsbeziehungen zwischen den Prüfertätigkeiten und auf alle Aufträge einer WPGes kommen Standardmethoden der Binäroptimierung bei einer größeren Zahl von Variablen und Nebenbedingungen für die Lösung nicht mehr in Frage; stattdessen muss dann nach *Drexl* (Drexl 1990, S. 98 ff.) auf spezifisch entwickelte exakte Lösungsmethoden im auftragsbezogenem Fall oder auf heuristische im mehrauftragsbezogenem Fall zurückgegriffen werden.

Da in den bisherigen Simultanmodellen einzelne Prüffelder nicht alternativ von verschiedenen Prüfern bearbeitet werden können, wurden mehrauftragsbezogene, einstufige Simultanmodelle der Prüfereinsatzplanung mit Kapazitäts-, Reihenfolge- und Terminrestriktionen unter der Zielsetzung „Minimierung der Prüferkosten" als binäre Optimierungsmodelle aufgestellt. Ihre möglichen Lösungsansätze werden von *Drexl* (Drexl 1990, S. 126 ff.) eingehend diskutiert und über Ansätze heuristischer Lösungsmethoden weiter verbessert; sie basieren entweder auf Prioritätsregeln als Vorgaben zur Auswahl von Prüffeldern mit ihren jeweiligen Prüfern, oder auf der Bestimmung von Regrets als Prüferkostendifferenzen oder auf Schadenswerten (modifizierte →Opportunitätskosten) mit zufallsgesteuerten Zuordnungsprozessen.

Das quartals-/jahres-, mehrauftragsbezogene und hierarchische Simultanmodell ist ein dreistufiges Modell der taktischen, taktisch-operativen und operativen Prüfungsplanung. Das taktische Simultanmodell legt die Rahmenbedingungen für die beiden anschließenden wochenbezogenen taktisch-operativen und operativen Planungsebenen fest. Für die taktische bzw. taktisch-operative Planungsebene bietet sich weiterhin eine revidierende Planungsmodellierung an, um auf veränderte Modellbedingungen des quartals-/jahresbezogenen Planungsansatzes reagieren zu können (Salewski/Nissen 1995, S. 1115 ff.). Aufgrund der Modellformulierungen dieser drei Stufen einer simultanen Prüfungsplanung handelt es sich bei allen um NP-harte (Non-deterministic Polynomial-time hard) Optimierungsmodelle. Somit kommen für ihre Lösungen nur heuristische, randomisierte Methoden in Frage, die auf die Verwendung spezifisch entwickelter Prioritätsregeln zurückgreifen (s. etwa Salewski/Bartsch/Pesch 1996, S. 329 ff.).

Mehrjährige (strategische) Ansätze der Prüfungsplanung erstrecken sich einerseits auf die Planung schon erhaltener und andererseits auf die Planung neuer Prüfungsaufträge. Während im ersten Fall die Fortführung mit Festlegung der Prüfungsschwerpunkte p.a. zu planen ist, sind es im zweiten Fall Markterschließungen mit Kapazitäts- (Investitions-) und Programmplänen. Solche mehrjährigen (grundsätzlich simultanen) Ansätze der Prüfungsplanung legen die wichtigen, jahresübergreifenden Rahmenbedingungen für die jahres-/quartals- und auftragsbezogenen Simultanmodelle fest und integrieren somit die kurzfristigen Simultanmodelle in den zeitlichen Ablauf der →Prüfungsprozesse von WPGes. Solche mehrjährigen Modellvarianten der Prüfungsplanung basieren im ersten Fall auf den Ansätzen betrieblicher →Planungssysteme unter Rückgriff auf die Prüffelder der bisherigen Strukturplanung zur Bestimmung der Prüfschwerpunkte p.a. von vorliegenden Prüfungsaufträgen (Kupsch 2002, Sp. 1553 ff.); im zweiten Fall bietet es sich an, Modellierungen und Planansätze des →Investitionscontrollings für die mehrjährige Prüfungsplanung von WPGes einzusetzen. Als Lösungsmethoden für solche, nicht durchgehend quantitativ modellierten mehrjährigen Prüfungsplanungen dienen die sog. „*Common Sense-Heuristiken*", das sind heuristische Lösungsmethoden, denen das Verständnis, die Nutzung und Typisierung wissenschaftlicher Planungserkenntnisse zugrunde liegen.

Literatur: Drexl, A.: Planung des Ablaufs von Unternehmensprüfungen, Stuttgart 1990; Ewert, R.: Prüfungstheorie, spieltheoretischer Ansatz, in: Ballwieser, W. et al. (Hrsg.): HWRP, 3. Aufl., Stuttgart 2002, Sp. 1908–1923; Kupsch, P.: Mehrjähriger Prüfungsplan, in: Ballwieser, W. et al. (Hrsg.): HWRP, 3. Aufl., Stuttgart 2002, Sp. 1552–1560; Nguyen, T.: Jahresabschlussprüfung aus spieltheoretischer Sicht, in: WPg 58 (2005), S. 11–19; Salewski, F./Bartsch, T./Pesch, E.: Auftragsterminierung für die taktisch-operative Personaleinsatzplanung in Wirtschaftsprüfungsunternehmen, in: ZfB 66 (1996), S. 327–351; Salewski, F./Nissen, R.: Revidierende hierarchische Einsatzplanung von Wirtschaftsprüfern, in: ZfB 65 (1995), S. 1109–1133.

Josef Kloock

Simultanes Gleichungsverfahren →Kosten- und Leistungsverrechnung, innerbetriebliche

Simultanplanung →Ergebnisabhängige Aufwendungen

Situationsanalyse →Geschäftsfeldstrategie und -planung

Situationsprüfung →Freiwillige und vertragliche Prüfung

S-Kurven-Konzept →Technologielebenszyklus

Slowakei

Den Beruf des Wirtschaftsprüfers gibt es in der Slowakei erst seit relativ kurzer Zeit. Mit ein Hauptgrund für seine Entstehung ist die neue Marktwirtschaft, die sich erst seit der Samtenen Revolution im November 1989 und mit der Gründung der Slowakischen Republik am 1.1.2003 langsam entwickelt hat. In der früheren Tschecheslowakischen Sozialistischen Republik gab es nur staatliche Unternehmen, WP unterstanden dem sog. *Obersten Wirtschaftsprüfungsbüro*. Im Zuge der „Perestrojka" jedoch wurden Firmen unter Beteiligung ausländischer Investoren gegründet und so entstand auf der Grundlage des Gesetzes 173/1988 Col. über Firmen mit ausländischen Co-Investoren auch der Berufsstand des Wirtschaftsprüfers.

Die slowakische *WPK SKAU* (www.skau.sk) wurde im Jahr 1992 durch das vom slowakischen *Nationalrat* am 29.1.1992 verabschiedete Gesetz 73/1992 Col. über WP und die slowakische *WPK* eingerichtet. Im Laufe der Jahre wurde die diesbezügliche Gesetzgebung weiter entwickelt. So regeln derzeit das Gesetz 466/2002 Col. über WP und die slowakische *WPK* die Tätigkeit von Wirtschaftsprüfern.

Die Kriterien, nach denen Unternehmen die gesetzlich vorgeschriebenen Prüfungen durchführen müssen, sind im Rechnungslegungsgesetz verankert. Eine Abschlussprüfung ist demnach für alle Aktiengesellschaften, Banken und Niederlassungen ausländischer Banken, Stiftungen, Rechtsorganisationen mit Spendeneinnahmen von mehr als einer Mio. SKK pro Jahr gem. den Verordnungen des EStG und ferner für alle im Handelsgesetz (Gesetz 513/1991 Col.) aufgeführten Unternehmen (Gesellschaften mit beschränkter Haftung, Partnerschaften mit unbeschränkter Haftung und Unternehmen mit kombinierten Eigentumsverhältnissen aus beschränkter und unbeschränkter Haftung) sowie Kooperativen vorgesehen, die im vorangehenden Rechnungslegungszeitraum mindestens zwei der drei nachstehenden Kriterien erfüllen:

- Bruttovermögen (ohne Abschreibung oder Rückstellungen) von mehr als 20 Mio. SKK,
- Umsatzerlöse aus dem Verkauf von Waren und Dienstleistungen in Höhe von mehr als 40 Mio. SKK,
- mehr als 20 Mitarbeiter im Durchschnitt.

Neben diesen Kriterien wird der Markt für Wirtschaftsprüfungsleistungen auch durch die Vorgabe gesteuert, dass Konzern-WP zu Konsolidierungszwecken in der Slowakei angesiedelte Tochtergesellschaften geprüft haben müssen, und ferner durch die Prüfungsvorgaben für diejenigen Stellen, die Kredite (lokale oder internationale Kredite, Anleihen oder ähnliche Instrumente) für slowakische Unternehmen bieten.

Die slowakischen Rechnungslegungsgrundsätze sind durch das Rechnungslegungsgesetz 431/2002 Col. und anhängige Bestimmungen geregelt, die vom *Finanzministerium* herausgeben werden, das derzeit als die Stelle fungiert, welche die Standards maßgeblich prägt. Für das Geschäftsjahr 2005 müssen die Unternehmen und selbstständigen Unternehmer Abschlüsse nach den slowakischen Rechnungslegungsgrundsätzen erstellen. Selbstständige mit geringem Geschäftsvolumen können das Zu- und Abflussprinzip anwenden, Unternehmen müssen nach dem Periodisierungsprinzip vorgehen. Im Laufe der letzten Jahre wurden die Standards im Interesse einer Annäherung an die →International Financial Reporting Standards (IFRS) mehrmals geändert. Einige Großkonzerne, die bestimmte Größenkriterien überschreiten, müssen ihre Konzernabschlüsse für 2005 nach den IFRS erstellen.

Ab 2006 müssen viele Organisationen, darunter auch Aktiengesellschaften, Banken, Versicherungen, Vermögensverwaltungsunternehmen, Wertpapier-Broker und andere Großunternehmen, die bestimmte Größenkriterien überschreiten, auch ihre Jahresabschlüsse nach den IFRS erstellen.

Für die Bilanzierung nach den IFRS ab 2006 gelten folgende Größenkriterien (zwei von drei müssen in den beiden vorangehenden Rechnungslegungszeiträumen erfüllt sein):

- Bruttovermögen (ohne Abschreibung oder Rückstellungen) von mehr als 5 Mrd. SKK,
- Umsatzerlöse aus dem Verkauf von Waren und Dienstleistungen in Höhe von mehr als 5 Mrd. SKK,
- mehr als 2.000 Mitarbeiter im Durchschnitt.

Die Prüfungsgrundsätze werden gem. den Bestimmungen des Gesetzes 466/2002 Col. von der *SKAU* festgelegt. Seit 2004 müssen alle gesetzlichen Abschlussprüfungen nach den →International Standards on Auditing (ISA) vorgenommen werden, die im Jahr 2003 mit Wirkung zum 1.1.2004 als gesetzliche Prüfungsstandards verabschiedet wurden. Vor 2004 galten die slowakischen Prüfungsgrundsätze. Diese basierten zwar ebenfalls auf den ISA, spiegelten jedoch nicht den vollen Umfang der zu dieser Zeit gültigen ISA wider.

Ivan Paule; Gabi Joachim

Slowenien

Der Berufsstand der WP wird in Slowenien vom Slowenischen Wirtschaftsprüferinstitut *SIA* auf der Grundlage des Wirtschaftsprüfungsgesetzes („das Gesetz") reguliert. Das Gesetz harmonisiert die gesetzlich vorgeschriebene Wirtschaftsprüfung mit der Achten RL 84/253/EWG. Es legt fest, wer Abschlussprüfungen vornehmen darf und welche Mindestvorgaben für den Lizenzerwerb zu erfüllen sind. Das Gesetz implementiert strenge Bestimmungen hinsichtlich der Berufsaufsicht für Wirtschaftsprüfer (→Berufsaufsicht für Wirtschaftsprüfer, international) und gibt vor, welche Strafen bei Nichteinhaltung dieser Anforderungen erhoben werden. Darüber hinaus legt das Gesetz die Funktions- und Kompetenzregeln für das *SIA* fest. Bei den in Slowenien eingesetzten Prüfungsstandards handelt es sich direkt um die →International Standards on Auditing (IAS). Eine bedeutende Aufgabe des *SIA* ist darüber hinaus die Aus- und Weiterbildung. Alle Wirtschaftsprüfer müssen für den Erhalt ihrer Lizenz jährlich eine bestimmte Anzahl von Schulungen absolvieren.

Nach dem Gesetz über Handelsgesellschaften LCC müssen alle mittelständischen und großen Unternehmen sowie börsennotierten kleinen Gesellschaften in ihren Jahresberichten geprüfte Abschlüsse vorlegen. Der Termin hierfür bei der zuständigen Behörde liegt 8 Monate nach dem Ende des jeweiligen Geschäftsjahres. Die Abschlüsse selbst (die nicht geprüft sein müssen) sind jedoch bereits 3 Monate nach Geschäftsjahresende bei der zuständigen Stelle vorzulegen. Banken müssen zusätzlich dazu ihre Jahresberichte einschließlich der geprüften Abschlüsse jeweils bis zum 31. Mai bei der *Bank von Slowenien* einreichen.

Nach dem LCC müssen alle börsennotierten Unternehmen, welche konsolidierte Finanzberichte erstellen, sowie Versicherungsgesellschaften (erstmals 2007) und Banken (erstmals 2006) diese Berichte nach den Bestimmungen der →International Financial Reporting Standards (IFRS) erstellen. Andere Unternehmen haben diesbezüglich die Wahl zwischen den Slowenischen Rechnungslegungsstandards und den IFRS. Nachdem sie sich für das eine oder das andere entschieden haben, sollten sie für die Dauer von mindestens 5 Jahren dabei bleiben.

Die seit dem 1.1.2006 geltenden neuen Slowenischen Bilanzierungsstandards, den Slovene Accounting Standards (SAS), sind größtenteils mit den IFRS harmonisiert.

Eine Rotation der WPGes ist nur für Versicherungsgesellschaften (gem. dem Gesetz über Versicherungsgesellschaften) erforderlich. Dieses Gesetz schreibt einen Rotationsrhythmus von 5 Jahren vor.

Santiago Pardo; Gabi Joachim

Societas Europaea →Aktiengesellschaft, europäische

Software-Bescheinigung

Software-Bescheinigungen oder auch Software-Testate werden im Anschluss an Softwareprüfungen erteilt, deren Gegenstand die Beurteilung auf Einhaltung der GoB der durch die Software vorgegeben Verfahren ist (→Bescheinigungen). Bei Softwareprüfungen handelt es sich um sog. Laborprüfungen, die beim Softwarehersteller oder beim Softwareanwender vor der Implementierung der Software durchgeführt werden und nicht die Einbettung der Software in eine individuelle Unternehmensorganisation (→Kontrollumfeld) berücksichtigt. Software-Bescheinigungen können dem Softwarehersteller Wettbewerbsvorteile verschaffen oder auch vom →Abschlussprüfer (APr) im Rahmen von →Jahresabschlussprüfungen (→Konzernabschlussprüfung) verwendet werden (IDW PS 320; IDW PS 322).

Im Rahmen von Softwareprüfungen zur Erteilung einer Software-Bescheinigung werden die Verarbeitungsfunktionen, die Softwaresicherheit und die Dokumentation geprüft.

Durch die *Prüfung der Verarbeitungsfunktionen* wird festgestellt, ob die notwendigen Funktionen zur Einhaltung der GoB, die sich aus den §§ 238, 239 und 257 HGB ergeben, vorhanden sind. So müssen von der zu bescheinigenden Software die Beleg-, Journal- und Kontofunktion erfüllt werden. Die Belegfunktion ist erfüllt, wenn für →Buchungen die Angabe des Buchungsbetrags, der Kontierung, des Buchungstextes, der Belegnummer (oder eines anderen Ordnungskriteriums), des Beleg- und Buchungsdatums sowie der Buchungsperiode sichergestellt ist. Gem. der Journalfunktion müssen die Buchungen in ihrer zeitlichen Reihenfolge ausgegeben werden können. Die Erfüllung der Kontofunktion verlangt eine lückenlose Darstellung der Buchungen in sachlicher Reihenfolge unter Angabe der Kontobezeichnung, der Einzelbeträge, der Summen und Salden getrennt nach Soll und Haben, des Buchungsdatums, des Gegenkontos, eines Belegverweises sowie des Buchungstextes. Durch geeignete Kontrollen und Verfahren muss die vollständige, richtige, zeitgerechte, geordnete, unveränderliche und nachvollziehbare Erfassung, Verarbeitung und Ausgabe der rechnungsrelevanten Geschäftsvorfälle sichergestellt werden. Eine ordnungsmäßige Buchung ist insb. dann erfüllt, wenn auf die gespeicherten Geschäftsvorfälle gezielt zugegriffen werden kann und die Verarbeitungsfähigkeit der Buchungen über die verschiedenen Verarbeitungsstufen hinweg sichergestellt ist. Dies setzt voraus, dass sowohl die rechnungslegungsrelevanten Daten zum Geschäftsvorfall einschl. der Tabellen- und Stammdaten als auch die erforderlichen Bewegungsdaten zeitnah zur Verfügung stehen. Eingabekontrollen bzgl. Mussfelder, Eingabeformat oder Datenkonsistenz sollen die Vollständigkeit und Richtigkeit der Erfassung von Buchungen sicherstellen. Ferner muss durch Funktionalitäten der IT-Anwendung gewährleistet werden, dass Änderungen an den gespeicherten Daten nicht in einer Weise vorgenommen werden können, die die Tatsache einer Änderung am Buchungsstoff bzw. den ursprünglichen Inhalt nicht mehr erkennen lassen (→Grundsätze ordnungsmäßiger IT-gestützter Buchführungssysteme). Darüber hinaus soll festgestellt werden, ob die rechnungslegungsrelevanten Informationen (z. B. Tabellen-, Stamm- und Bewegungsdaten) für die Dauer der gesetzlichen Aufbewahrungsfristen in angemessener Zeit zur Verfügung stehen und vor unberechtigten Veränderungen geschützt sind (→Aufbewahrungspflichten). Häufig umfassen Softwareprodukte weitere Verarbeitungsfunktionen, wie Mandantenfähigkeit, Abbildung von Fremdwährungen, Import- und Exportschnittstellen oder spezielle Auswertungsfunktionen. Sofern diese zusätzlichen Verarbeitungsfunktionen die Rechnungslegung tangieren, ist im Rahmen der Softwareprüfung festzustellen, inwieweit die Anforderungen an die GoB eingehalten werden. Die Vollständigkeit der notwendigen Verarbeitungsfunktionen wird zweckmäßigerweise anhand der Verfahrensdokumentation (z. B. Grob- und Feinkonzept bzw. Pflichtenheft) geprüft.

Neben der Feststellung, ob die notwendigen Verarbeitungsfunktionen zur Erfüllung der GoB-Anforderungen vorhanden sind, wird auch eine Prüfung der programmierten Verarbeitungsregeln durchgeführt. Dabei wird die sachlogische Richtigkeit der in der IT-Anwendung implementierten Verarbeitungsschritte (→IT-Umfeld), z. B. USt-Ermittlungen, Zinsberechnungen, Berechnungen von Skonti und Fälligkeiten oder →Währungsumrechnungen, beurteilt. Ferner wird die Wirksamkeit der programmierten Kontrollen untersucht (→Internes Kontrollsystem, Prüfung des). Beispiele für computergestützte Kontrollen sind die Prüfung auf Soll-/Haben-Gleichheit bei Buchungen oder die Prüfung des Formats (numerisch oder alphanumerisch) und der Gültigkeit (z. B. Kontonummer) von Eingabedaten. Für die Feststellung der notwendigen Verarbeitungsfunktionen und die Prüfung der Wirksamkeit der programmierten Kontrollen eignen sich →Testfälle in besonderem Maße. Es ist jedoch darauf zu achten, dass die Testfälle repräsentativ sind und auch fehlerhafte Datenkombinationen enthalten, die von der Software erkannt und abgewiesen werden müssen. Nur in Ausnahmefällen wird der Quellcode zur Prüfung der Verarbeitungs- und Kontrollfunktionen herangezogen werden.

Im Rahmen der Erteilung einer Software-Bescheinigung wird auch die *Softwaresicherheit* geprüft (→IT-Sicherheit). Insb. soll festgestellt werden, ob die Software durch eine angemessene Differenzierung der Zugriffsberechtigungen die Einhaltung der Funktionstrennung unterstützt. Anforderungen, die sich hieraus ergeben, sind z. B. die systemseitige Protokollierung der Zugriffe durch die Benutzer, das periodische Erzwingen von Passwortänderungen, die Ablehnung trivialer Passworte oder die Abweisung und Protokollierung nicht autorisierter Zugriffsversuche. Durch geeignete Datensicherungs- und Wiederanlaufverfahren soll die Software sicherstellen, dass bei Systemabstürzen bzw. Verlust von Daten eine ordnungsmäßige Datenrekonstruktion durchgeführt werden kann. Ferner ist Rahmen der Softwareprüfung auch die Programmentwicklung, -wartung und -freigabe zu beurteilen. Gegenstand dieser Beurteilung sind u. a. die eingesetzten Entwicklungswerkzeuge, die Versionsführung sowie das Test-, Freigabe- und Wartungsverfahren, da diese Rückschlüsse auf die Qualität der Software zulassen.

Die *Dokumentation* ist Voraussetzung für die Nachvollziehbarkeit des Verfahrens und wird im Regelfall in eine Systemdokumentation und eine Anwenderdokumentation untergliedert. Der Mindestinhalt der Dokumentation umfasst eine Beschreibung der sachlogischen Lösung (z. B. Aufgabenstellung, Datenstruktur, Schnittstellen und Verarbeitungsregeln), der programmtechnischen Lösung, der Wahrung der Programmidentität und Datenintegrität sowie Anweisungen für den Anwender.

Über die Ergebnisse der Softwareprüfung wird ein Bericht erstellt, der mindestens die Punkte Auftrag und Prüfungsdurchführung, Darstellung der Prüfungsergebnisse sowie Zusammenfassung der Prüfungsergebnisse und →Bescheinigung enthalten muss. Im Bericht sind auch die während der Softwareprüfung festgestellten Mängel und Fehler darzustellen. Die Software-Bescheinigung wird erteilt, sofern sich nach dem abschließenden Ergebnis der Prüfung keine Einwendungen gegen die Einhaltung der GoB ergeben.

Literatur: IDW (Hrsg.): IDW Prüfungsstandard: Erteilung und Verwendung von Softwarebescheinigungen (IDW PS 880, Stand: 25. Juni 1999), in: WPg 51 (1998), S. 1066–1071; IDW (Hrsg.): IDW Prüfungsstandard: Verwertung der Arbeit von Sachverständigen (IDW PS 322, Stand: 6. Mai 2002), in: WPg 55 (2002), S. 689–692; IDW (Hrsg.): IDW Prüfungsstandard: Verwertung der Arbeit eines anderen externen Prüfers (IDW PS 320, Stand: 5. Mai 2004), in: WPg 57 (2004), S. 593–597.

Franz Voit

Softwareprüfung →Software-Bescheinigung; →Programmprüfung

Soll-Ist-Vergleich

Der Soll-Ist-Vergleich stellt eine Unterform des ein- bzw. innerbetrieblichen Vergleichs (→betriebswirtschaftlicher Vergleich) dar. Davon zu unterscheiden ist der Vergleich mit Normgrößen als Variante des →überbetrieblichen Vergleichs, denn in diesem Fall stammt die Vergleichsgröße von außerhalb des Unternehmens. Bei dieser Begriffsabgrenzung ist der Vergleich mit betrieblichen Zielgrößen [Plangrößen (→Planung), Vorgaben, Budgetwerten (→Budgetierung) etc.] Gegenstand des Soll-Ist-Vergleichs, wohingegen der Vergleich von Sachverhalten mit den rechtlich normgemäß fälligen Ausprägungen als Normvergleich Teil des überbetrieblichen Vergleichs ist.

Beim Soll-Ist-Vergleich werden die Merkmalsausprägungen eines Istobjektes mit den entsprechenden Ausprägungen eines Sollobjektes verglichen. Durch Feststellung von Identität bzw. von Abweichung zwischen Ist- und Sollobjekt geschieht die erste Auswertung des Soll-Ist-Vergleichs, durch systematische Analyse der Abweichungen (→Abweichungsanalyse) in Bezug auf die Abweichungsursachen (z. B. →Preisabweichung oder →Seriengrößenabweichung) wird die zweite, oft sehr tief gehende Auswertung des Soll-Ist-Vergleichs vorgenommen. Der Soll-Ist-Vergleich stellt eine wesentliche Hilfe für →Planung und Kontrolle (→Kontrollinstrumente; →Kontrollkonzeptionen) dar.

Da eine Abweichung des Ist vom Soll als Zielverfehlung angesehen wird und insb. bei negativer Abweichung ggf. mit weitreichenden Konsequenzen verbunden sein kann, muss die Aussagefähigkeit des Soll-Ist-Vergleichs sorgfältig abgesichert werden. Die Gründe für Soll-Ist-Abweichungen können in den Sollgrößen, den Istgrößen und im Erfassungssystem liegen. Als Sollgrößen kommen z. B. (mehr oder minder herausfordernde) Planwerte, Normal- oder Standardwerte oder zu erwartende Werte in Betracht, wobei hinter den Größen im Einzelnen i. d. R. nicht unbeträchtliche Prämissen stehen.

Die Istgrößen hängen wiederum von vielfältigen Realisierungseinflüssen ab, die unternehmensexterner und -interner Natur sein können und von den für die Zielerreichung (Sollerreichung) verantwortlichen Entscheidungsträgern meist nur z.T. beeinflusst werden können.

Für die Feststellung der Entsprechung bzw. Abweichung von Ist und Soll sind Messtechniken erforderlich. Die messtheoretischen Möglichkeiten reichen von semantischer Differenzierung über Rangskalierung bis zu Kardinalskalen, wobei jede dieser Abstufungen mit zunehmender Aussagepräzision verbunden ist (→Prüfungstheorie, messtheoretischer Ansatz). Die Beurteilung kann zudem als direkte Messung (→direkte Prüfung) oder als indirekte Messung (→indirekte Prüfung), z. B. mittels →Verprobung, geschehen.

Bei der betriebswirtschaftlichen Beurteilung der Zielerreichung mittels Soll-Ist-Vergleich und bei Entscheidung über die Konsequenzen aus der Abweichungsanalyse muss man die Sinnhaftigkeit der Sollgrößen, die Gültigkeit der Prämissen, die Realisierungsverläufe sowie die Exaktheit der Abweichungsmessmethoden beachten.

Literatur: Lachnit, L.: Bilanzanalyse, Wiesbaden 2004; Wysocki, K. v.: Soll-Ist-Vergleich bei der Revision, in: Coenenberg, A. G./Wysocki, K. v. (Hrsg.): HWRev, 2. Aufl., Stuttgart 1992, Sp. 1763–1772.

Laurenz Lachnit

Sollkosten

Sollkosten ist ein Begriff aus der →Plankostenrechnung und hier insb. der Kostenkontrolle (→Kostencontrolling): Geplante →Kosten bei Istbeschäftigung.

In den verschiedenen Ausprägungen der Plankostenrechnung wird je Kostenstelle (→Cost Center) eine →Planbeschäftigung festgesetzt. Sie drückt in Mengen- oder Zeiteinheiten den geplanten Ausstoß der Kostenstelle aus.

Die Kosten, die aufgrund dieses Ausstoßes in der Kostenstelle entstehen, verhalten sich zu dessen Veränderungen unterschiedlich. Fixe Kosten verändern sich bei Beschäftigungsänderungen nicht, variable ändern sich je nach ihrem Charakter als proportionale, progressive oder degressive Kosten (→Kostenabhängigkeiten).

Sollkosten setzen sich i. d. R. zusammen aus einem fixen Kostensockel, der aufgrund der Betriebsbereitschaft der Kostenstelle auch ohne erbrachte Leistungen entsteht, und darauf aufsetzenden variablen Kosten. Dies zeigt Abb. 1.

Die Daten in der Abb. zeigen, dass für die Kostenstelle eine Planbeschäftigung von 1.000 Stunden festgesetzt wurde. Für diese Planbeschäftigung wurden 50.000 € an Kosten geplant. Die Gesamtkosten setzen sich zusammen aus 10.000 € Fixkosten und 40.000 € variablen Kosten; für Letztere ist hier ein linearer Kostenverlauf unterstellt.

Wird in der Kostenstelle die Planbeschäftigung auch realisiert, d. h. werden 1.000 Stunden erreicht, dann sind die Sollkosten gleich den geplanten Kosten. Von Bedeutung sind hingegen eher die Sollkosten, die sich bei Unterauslastungen der Kostenstelle ergeben, also bei Beschäftigungen von in diesem Fall weniger als 1.000 Stunden.

Deren Bedeutung ergibt sich aus dem Vorgabecharakter der Sollkosten. Für eine Unterauslastung der Kostenstelle trägt der Kostenstellenleiter i. d. R. nicht die Verantwortung; die Unterauslastung entsteht aus Entscheidungen über Produktionsanpassungen, bspw. an eine verringerte Nachfrage oder an einen mangelnden Materialzufluss. Für solche Fälle kann der Vorgabewert der Kosten nicht in dem ursprünglichen Plankostenansatz von 50.000 € liegen (bei Vollbeschäftigung), er muss an die tatsächliche Beschäftigung (→Beschäftigungsgrad) angepasst werden.

Diese Anpassung ist mit der Methodik einer flexiblen Plankostenrechnung möglich. Die Sollkostenfunktion ergibt sich aus folgender Rechnung, nachdem man die Fixkosten von den Plankosten (bei Planbeschäftigung) abgezogen hat:

Sollkosten
= Fixe Plankosten + variabler Plankostenverrechnungssatz · Istbeschäftigung

mit:

$$\text{var. Plankostenverrechnungssatz} = \frac{\text{variable Plankosten}}{\text{Planbeschäftigung}}$$

oder:

Sollkosten
= Fixe Plankosten + variable Plankosten · Beschäftigungsgrad.

Die Sollkosten geben damit abhängig von der jeweiligen Istbeschäftigung die Kostenvorgabe wieder – als Orientierungsgröße für den Kostenstellenverantwortlichen. Sollkosten werden für die wichtigsten Kostenarten (→Kostenartenrechnung) jeder Kostenstelle festgelegt, sie können schon in der Planung für verschiedene mögliche →Beschäftigungs-

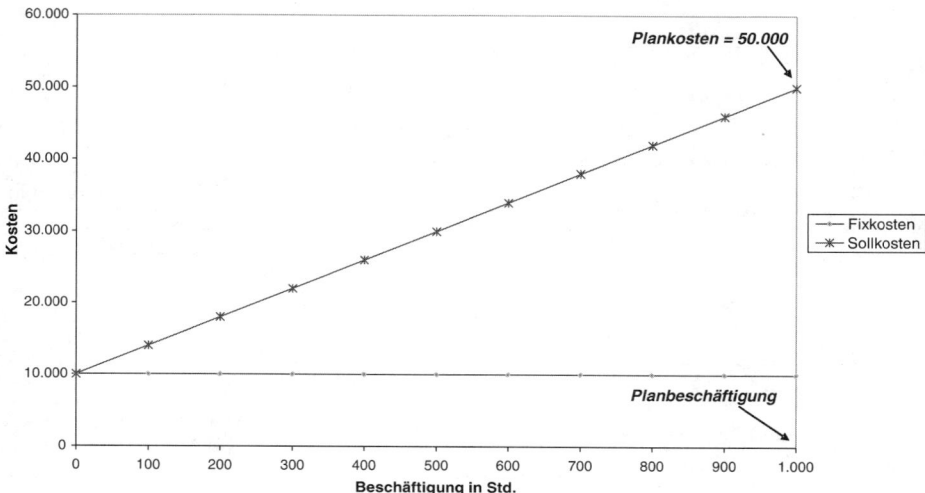

Abb. 1: Sollkostenfunktion in der flexiblen Plankostenrechnung

grade der Kostenstelle ermittelt und vorgegeben werden.

Während bei der Plankostenrechnung *auf Vollkostenbasis* somit die fixen Kosten in den Sollkosten Berücksichtigung finden, werden sie in der →*Grenzplankostenrechnung* nicht in die Vorgaben einbezogen. In dieser Rechnung werden fixe Kosten dem Betriebsergebnis angelastet (→Kostenträgerzeitrechnung), auf der Kostenstellenebene erfolgt die Ermittlung der Sollkosten nach den Formeln:

Sollkosten
= variabler Plankostenverrechnungssatz · Istbeschäftigung

oder:

Sollkosten
= variable Plankosten · Beschäftigungsgrad.

Der Planung folgt die *Kontrolle* (→Kontrolltheorie). Hier bietet die Ermittlung von Sollkosten die Möglichkeit, *Abweichungen* von den Istkosten *auf unterschiedliche Ursachen hin zu analysieren* (→Abweichungsanalyse).

Wie das Zahlenbeispiel in der Abb. zeigt, sind für die Planbeschäftigung von 1.000 Stunden 50.000 € an Plankosten kalkuliert worden, wovon 10.000 € als fix gelten. Aus den variablen Plankosten von 40.000 € lässt sich der variable Plankosten-Verrechnungssatz ermitteln:

$$\frac{40.000\,€}{1.000\,\text{Std.}} = 40\,\frac{€}{\text{Std.}}.$$

Nun sind bei einer Istbeschäftigung von 600 Stunden 41.000 € an Istkosten angefallen.

Aus dem Sockel von 10.000 € Fixkosten und dem variablen Plankosten-Verrechnungssatz von 40 € pro Stunde ergeben sich für diese Istbeschäftigung Sollkosten von

$$10.000\,€ + 40\,\frac{€}{\text{Std.}} \cdot 600\,\text{Std.} = 34.000\,€.$$

Die Differenz von Istkosten zu Sollkosten stellt mit 7.000 € die →*Verbrauchsabweichung* dar, sie hat i. d. R. der Kostenstellenleiter zu verantworten. Die Verbrauchsabweichung kann in eine →Preisabweichung und eine →Mengenabweichung aufgespalten werden, um aus dieser Verantwortung beschaffungsmarktbezogene Einflüsse möglichst zu eliminieren.

Abb. 2 zeigt im Weiteren die sog. *verrechneten Plankosten.* Diese Kostenfunktion verdeutlicht die Verrechnung der entstandenen Kosten auf die Kostenträger. Die *fixen Kosten* werden hierbei *proportionalisiert* (also in der Verrechnung wie variable Kosten behandelt), eine zentrale Schwäche der Vollkostenrechnung (→Selbstkostenermittlung). Der Verrechnungssatz entsteht durch Division der Plankosten bei Planbeschäftigung durch die Planbeschäftigung:

Sollobjekt

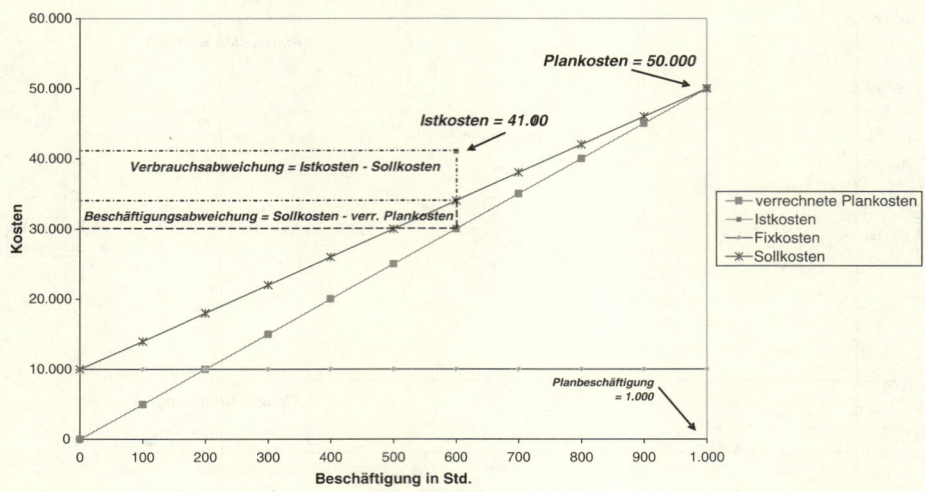

Abb. 2: Kostenabweichung in der flexiblen Plankostenrechnung

$$\frac{50.000\ \text{€}}{1.000\ \text{Std.}} = 50\ \frac{\text{€}}{\text{Std.}}.$$

Hieraus lässt sich als Differenz von Sollkosten und verrechneten Plankosten bei der jeweiligen Istbeschäftigung die →*Beschäftigungsabweichung* errechnen. Sie entsteht durch Unterauslastung der Kostenstelle, welche i. d. R. von den Kostenstellenleitern nicht zu verantworten ist.

Im Beispiel fallen bei einer Istbeschäftigung von 600 Stunden verrechnete Plankosten an in Höhe von:

$$50\ \frac{\text{€}}{\text{Std.}} \cdot 600\ \text{Std.} = 30.000\ \text{€}.$$

Bei Sollkosten von 34.000 € liegt also eine Beschäftigungsabweichung von 4.000 € vor. Dies bedeutet, dass auf die Kostenträger 4.000 € zu wenig an Kosten verrechnet worden sind.

Bei Anwendung der Grenzplankostenrechnung kann sich wegen des fehlenden Einbezugs der fixen Kosten eine Beschäftigungsabweichung nicht ergeben.

Literatur: Freidank, C.-C.: Kostenrechnung, 7. Aufl., München 2001; Horngren, C./Foster, G./Datar, S.: Kostenrechnung, 9. Aufl., München 2001; Schmidt, A.: Kostenrechnung, 4. Aufl., Stuttgart et al. 2005.

Günther Dey

Sollobjekt →Soll-Ist-Vergleich

Soll-Soll-Vergleich →Kontrollsysteme

Soll-Wird-Vergleich →Kontrollsysteme

Solvabilität von Versicherungsunternehmen →Solvenzvorschriften für Versicherungsunternehmen

Solvenzaufsicht →Bundesanstalt für Finanzdienstleistungsaufsicht

Solvenzvorschriften für Versicherungsunternehmen

Solvenz- (Solvabilitäts-) vorschriften regulieren die Eigenkapitalausstattung (→Eigenkapital) von →Versicherungsunternehmen (VU). Das haftende Kapital eines Versicherers soll als Puffer dienen, falls die Prämieneinnahmen und die versicherungstechnischen Reserven nicht ausreichen, um die Ansprüche aus Versicherungsverträgen zu erfüllen. Solvabilität ist gegeben, wenn „freie, unbelastete Eigenmittel" in ausreichender Höhe zur Verfügung stehen, sodass für die folgende(n) Periode(n) eine →Insolvenz als hinreichend unwahrscheinlich gilt. Die Einhaltung der Solvenzvorschriften wird (im Rahmen der Finanzaufsicht) durch die nationalen Versicherungsaufsichtsbehörden, in Deutschland durch die →*Bundesanstalt für Finanzdienstleistungsaufsicht* (*BaFin*), überwacht.

Innerhalb der EU sind die Solvenzvorschriften weitestgehend harmonisiert. Die derzeit geltenden Regelungen wurden ursprünglich 1973 für Schadenversicherer begründet und 1979 für Lebensversicherer ergänzt. Anpassungen (Solvency I) erfolgten zuletzt durch die RL 2002/12/EG für Lebensversicherer und RL 2002/13/EG für Schadenversicherer. In Deutschland sind die Solvenzvorschriften für Versicherungsunternehmen im § 53c VAG und der Kapitalausstattungsverordnung verankert. In dieser Verordnung wird der erforderliche Betrag an freien, unbelasteten Eigenmitteln in Abhängigkeit von Kennzahlen (→ Kennzahlen und Kennzahlensysteme als Kontrollinstrument) der Bilanz und der → Gewinn- und Verlustrechnung (GuV) definiert. Ein Versicherungsunternehmen erfüllt die Solvabilitätsanforderung i. S. d. Gesetzes, wenn die vorhandenen Eigenmittel mindestens einer „Solvabilitätsspanne" bzw. der Soll-Solvabilität als Ausdruck der Risikolage des Versicherers entsprechen (Farny 2006, S. 778–794). Ein Drittel der Solvabilitätsspanne wird als Garantiefonds bezeichnet. Ergänzend wird eine absolute Mindestausstattung mit → Eigenkapital gefordert (sog. Mindestgarantiefonds), deren Höhe von der Art des betriebenen Versicherungsgeschäfts abhängt. Für Schadenversicherer gilt je nach Einschätzung des versicherungszweigspezifischen Risikopotenzials ein Betrag von 2 Mio. € oder 3 Mio. €, Lebensversicherungsunternehmen haben mindestens 3 Mio. € nachzuweisen.

Die Berechnungsvorschriften für die Soll-Solvabilität unterscheiden sich für Schadenversicherer und Lebensversicherer. Für Schaden-/Unfall- und Krankenversicherer sind als Maßgröße der Solvabilitätsanforderung zwei Kennzahlen, Beitragsindex und Schadenindex, zu vergleichen und der größere von beiden als Soll-Solvabilität anzusetzen. Der *Beitragsindex* basiert dabei im Wesentlichen auf einem prozentualen Anteil der Bruttoprämien des direkten und indirekten Versicherungsgeschäfts eines Geschäftsjahres. Bis zur Höhe von 50 Mio. € sind die Bruttoprämien mit 18 % zu multiplizieren, die Bruttoprämien, die 50 Mio. € übersteigen, mit 16 %. Ferner werden die resultierenden Beträge mit einer Selbstbehaltsquote multipliziert. Diese Selbstbehaltsquote entspricht dem durchschnittlichen Eigenanteil an den Schäden der letzten 3 Geschäftsjahre nach Rückversicherung. Die Anrechenbarkeit von Rückversicherungen (→ Rückversicherungsaufsicht) ist allerdings auf max. 50 % begrenzt. Der *Schadenindex* einer Periode errechnet sich aus den durchschnittlichen Schadenaufwendungen der letzten 3 Geschäftsjahre. Diese ergeben sich aus den Bruttozahlungen für Versicherungsfälle und der Veränderung der Bruttoschadenrückstellungen (→ Rückstellungen) für noch nicht abgewickelte Versicherungsfälle innerhalb eines Geschäftsjahres. Analog zum Beitragsindex wird auch hier die Kapitalanforderung in Abhängigkeit vom Gesamtvolumen der Schadenaufwendungen differenziert. Bis zur Höhe von 35 Mio. € sind die durchschnittlichen Schadenaufwendungen mit 26 % zu multiplizieren, für die Schadenaufwendungen, die 35 Mio. € übersteigen, gelten 23 %. Die Selbstbehaltsquote geht entsprechend in die Rechnung ein. Seit 2004 ist eine Indexierung des Mindestgarantiefonds und der Schwellenwerte von Beitrags- bzw. Schadenindex vorgesehen. Diese werden erhöht, wenn ein Anstieg des EU-weiten Verbraucherpreis-Indexes um mindestens 5 % nachgewiesen werden kann.

Der Modus zur Berechnung der Soll-Solvabilität von Lebensversicherungsunternehmen weicht vom oben beschriebenen Ansatz bei Schadenversicherern ab. Prinzipiell wird unterstellt, dass die Risikolage eines Lebensversicherers neben dem versicherungstechnischen Risiko auch durch das Kapitalanlagerisiko erheblich beeinflusst wird. Die Berücksichtigung der beiden Komponenten erfolgt durch die Größen „riskiertes Kapital" (= Differenz der Versicherungssummen des Bestands abzgl. des dafür bislang angesparten Kapitals) und „mathematische Reserven" (= Deckungsrückstellung zzgl. um Kostenanteile verminderte Beitragsüberträge). Die Solvabilitätsspanne eines Lebensversicherers berechnet sich insgesamt aus der Addition mehrerer Einzelpositionen, wobei als wesentlichste Komponenten 4 % der mathematischen Reserven und bis zu 3‰ des riskierten Kapitals gelten. Rückversicherungsnahme wird bei den mathematischen Reserven ebenfalls über die Selbstbehaltsquote angerechnet, die allerdings mindestens mit 85 % anzusetzen ist.

Die Ist-Solvabilität bestimmt sich durch die an einem Stichtag vorhandene Menge „freier, unbelasteter Eigenmittel". Als wesentliche Bestandteile zählen hierzu die Summe des in der Bilanz ausgewiesenen Eigenkapitals und funktionsgleichen →Fremdkapitals [Genussrechtskapital (→Genussrechte), nachrangige →Verbindlichkeiten], Bewertungsreserven und freie Teile der →Rückstellung für Beitragsrückerstattung. Grundsätzlich gilt, dass hinsichtlich der Eigenmittel eine fortlaufende Verfügbarkeit gefordert wird. Unterschreitet die Ist-Solvabilität die Soll-Solvabilität treten je nach Höhe der Unterdeckung unterschiedliche aufsichtsrechtliche Folgen ein (§ 81b VAG).

Angestoßen durch die Modifikation der Eigenkapitalvorschriften im Kreditwesenbereich (→Basel II) wird derzeit auch im Versicherungsbereich eine Diskussion geführt, die auf eine risikoadäquatere Eigenkapitalunterlegung der versicherungsbetrieblichen Risiken abzielt. Auf europäischer Ebene wurde hierzu das Projekt *Solvency II* initiiert, um ein System zeitgemäßer Solvenzregelungen zu entwickeln (Linder/Ronkainen 2004; Schradin 2004). Als wesentlicher Eckpfeiler ist bereits die Anlehnung an die Basel II-Struktur zu erkennen. Neben rein quantitativen Vorschriften sollen zukünftig verstärkt qualitative Regelungen und Transparenzvorschriften (→Publizität) Gegenstand der Solvenzüberwachung sein. Das kapitalunterlegungspflichtige Risikospektrum soll erweitert werden, sodass neben versicherungstechnischen Risiken zukünftig u. a. auch Kapitalmarktrisiken, Kreditrisiken und operationelle Risiken Gegenstand der Solvenzvorschriften sein werden. Versicherungsunternehmen soll es zudem freigestellt werden, ob sie zur Ermittlung ihrer Risikolage auf ein vorgegebenes Standardmodell oder auf ein eigenentwickeltes und von den Aufsichtsbehörden zu genehmigendes internes Risikomodell zurückgreifen.

Literatur: Farny, D.: Versicherungsbetriebslehre, 4. Aufl., Karlsruhe 2006; Linder, U./Ronkainen, V.: Solvency II – Towards a New Insurance Supervisory System in the EU, in: Scandinavian Actuarial Journal 104 (2004), S. 462–474; Schradin, H. R.: Versicherungsmanagement unter dem Einfluß von Solvency II und internationaler Rechnungslegung, in: Österreichisches Bank-Archiv 52 (2004), S. 906–916.

Elmar Helten; Thomas Hartung

Sonder- und Ergänzungsbilanzen, steuerrechtliche

Die bilanzielle Gewinnermittlung einer Mitunternehmerschaft, i. d. R. eine →Personengesellschaft (PersGes), vollzieht sich in *zwei*

Stufen: Aus der Handelsbilanz der PersGes wird zunächst unter Beachtung der einkommensteuerrechtlichen Bilanzierungs- und Bewertungsvorschriften die Steuerbilanz der Gesellschaft (Gesamthandsbilanz) abgeleitet. Für einzelne Mitunternehmer werden Ergänzungsbilanzen aufgestellt, sofern für diese Mitunternehmer andere steuerrechtliche Wertansätze für die →Wirtschaftsgüter des *Gesamthandsvermögens* der PersGes maßgebend sind, als sie in der Steuerbilanz der Gesellschaft enthalten sind (Gewinnermittlung *erster Stufe* gem. § 15 Abs. 1 Satz 1 Nr. 2 Satz 1 erster Satzteil EStG). Darüber hinaus werden für einzelne Mitunternehmer Sonderbilanzen aufgestellt, wenn sie der Mitunternehmerschaft Wirtschaftsgüter zur betrieblichen Nutzung überlassen haben und die Wirtschaftsgüter *nicht zum Gesamthandsvermögen* der PersGes gehören (Gewinnermittlung *zweiter Stufe* gem. § 15 Abs. 1 Satz 1 Nr. 2 letzter Satzteil EStG). Die aus der Handelsbilanz der PersGes abgeleitete (Gesamthands-) Steuerbilanz sowie ggf. die Ergänzungs- und Sonderbilanzen der Mitunternehmer bilden zusammen die Steuerbilanz der Mitunternehmerschaft, die der steuerrechtlichen Gewinnermittlung zugrunde gelegt wird („*additive Gewinnermittlung*"; Schmidt 2004, Rn. 403 zu § 15 EStG).

In der *Sonderbilanz* eines einzelnen Mitunternehmers einer PersGes sind folgende Posten und Vorgänge zu erfassen:

- aktive und passive Wirtschaftsgüter des Sonderbetriebsvermögens,
- Sondervergütungen i. S. v. § 15 Abs. 1 Satz 1 Nr. 2 Satz 1 letzter Satzteil EStG,
- Sonderbetriebseinnahmen sowie Sonderbetriebsausgaben dieses Mitunternehmers.

Für die Sonderbilanz gilt der Betriebsvermögensvergleich und nicht die Einnahmen-Überschussrechnung gem. § 4 Abs. 3 EStG (→Gewinnermittlungsmethoden, steuerrechtliche), wobei es die Maßgeblichkeit eines Handelsbilanzansatzes (→Maßgeblichkeitsprinzip) i. d. R. nicht gibt (Ausnahme: Mitunternehmer überlässt der PersGes miet- oder pachtweise Wirtschaftsgüter aus seinem Einzelunternehmen, s. unten).

Aus der Sicht eines →Abschlussprüfers (Wirtschaftsprüfers) ist zu verifizieren, dass die *Handelsbilanz* einer zu prüfenden Gesellschaft, z. B. freiwillige Abschlussprüfung einer PersGes auf der Grundlage einer satzungsmäßigen Vereinbarung (→freiwillige und vertragliche Prüfung), *keine* →Vermögensgegenstände enthält, die *nicht zum Gesamthandsvermögen* der Gesellschaft gehören, sondern sich im bürgerlich-rechtlichen Eigentum eines Gesellschafters (= steuerrechtliches Sonderbetriebsvermögen) befinden. Die Handelsbilanz darf nur Vermögensgegenstände aufnehmen, die den Gesellschaftern zur gesamten Hand (= Gesamthandsvermögen) gehören. Darüber hinaus ist zu prüfen, ob die in Ergänzungsbilanzen enthaltenen Wertkorrekturen zur Steuerbilanz der Gesellschaft sich nicht in der Handelsbilanz niedergeschlagen haben.

Aus der Sicht der steuerlichen →Außenprüfung sind die Prüfungsfelder im Zusammenhang mit steuerrechtlichen Sonder- und Ergänzungsbilanzen wesentlich umfassender:

Liegen Wirtschaftsgüter vor, die bürgerlich-rechtlich einem Mitunternehmer gehören, die jedoch überwiegend unmittelbar dem Betrieb der PersGes dienen (*notwendiges Sonderbetriebsvermögen I*), so sind diese *zwingend* in einer *Sonderbilanz* für den betreffenden Mitunternehmer auszuweisen. Dies ist im Rahmen der steuerlichen Außenprüfung stets zu verifizieren (*Vollständigkeitsprüfung*), da die Steuerbilanz der PersGes andernfalls nicht gesetzeskonform wäre. Die Steuerverstrickung der betreffenden Wirtschaftsgüter im notwendigen Sonderbetriebsvermögen hat für die steuerwirksame *Erfassung von Wertveränderungen* (z. B. Erzielung von Gewinnen bei einer Veräußerung, Entnahmegewinn, Möglichkeit der Teilwertabschreibung) erhebliche Konsequenzen, zumal auch *GewSt-liche Effekte* zu berücksichtigen sind.

Betreibt ein Mitunternehmer einer PersGes *gleichzeitig ein Einzelunternehmen* und überlässt er Wirtschaftsgüter des Einzelunternehmens miet- oder pachtweise an die PersGes, so stellt sich die Frage, ob diese Wirtschaftsgüter zum Betriebsvermögen des Einzelunternehmens oder zum Sonderbetriebsvermögen des Mitunternehmers bei der PersGes gehören. Diese *Prüfungsfrage* hat z. B. Bedeutung für die Höhe der GewSt, wenn die Hebesätze in den jeweiligen Betriebsstättengemeinden unterschiedlich sind. Bei einer derartigen Bilanzierungskonkurrenz hat nach neuerer Rechtsauffassung die *Mitunternehmerschaft Vorrang* (Zuordnungsvorrang) vor der Erfassung der Wirtschaftsgüter im Einzelunternehmen

(BFH-Urteil vom 28.10.1999, S. 391; BMF-Schreiben vom 28.4.1998, S. 583, Nr. 6).

Bei einer Mitunternehmerschaft gehören im Grundsatz alle Wirtschaftsgüter des Gesamthandsvermögens zum *notwendigen* Betriebsvermögen. Die Möglichkeit der Bildung von *gewillkürtem* Betriebsvermögen besteht *nicht* (BFH-Urteil vom 23.5.1991, S. 800). Nutzt ein Mitunternehmer ein zum Gesamthandsvermögen der PersGes gehörendes Wirtschaftsgut (z. B. Gebäude) *ausschließlich oder fast ausschließlich zur privaten Lebensführung* (z. B. für eigene Wohnzwecke), gehört das Wirtschaftsgut *nicht* zum steuerlichen Betriebsvermögen der PersGes, sondern es handelt sich um notwendiges Privatvermögen des Gesellschafters, sodass diesbezüglich eine *Entnahme des Wirtschaftsgutes* aus dem Betriebsvermögen zu erfassen ist (BFH-Urteil vom 16.3.1983, S. 461). Entsprechendes gilt für andere Wirtschaftsgüter im Gesamthandsvermögen der PersGes (z. B. PKW), die z. B. von Familienangehörigen des Mitunternehmers ausschließlich oder fast ausschließlich für private Zwecke genutzt werden. Die Entnahmen sind jeweils mit dem Teilwert zu bewerten, so dass sich die in diesen Wirtschaftsgütern gebildeten stillen Reserven (→stille Reserven und Lasten) steuerwirksam auflösen und damit der ESt und GewSt unterliegen.

Gehört ein betrieblich genutztes Wirtschaftsgut bürgerlich-rechtlich *nicht* dem Mitunternehmer, sondern einem Familienangehörigen (z. B. Ehegatte), oder gehört es nur teilweise dem Mitunternehmer (*Miteigentum*), so kann das Wirtschaftsgut (z. B. Gebäude) nur insoweit als Sonderbetriebsvermögen in der Sonderbilanz erfasst werden, als es dem Mitunternehmer bürgerlich-rechtlich gehört (BFH-Urteil vom 23.11.1995, S. 193). Insofern sind bei der Prüfung der Sonderbilanzen der Mitunternehmer stets die bürgerlich-rechtlichen Eigentumsverhältnisse festzustellen, vor allem bei verlustträchtigen Wirtschaftsgütern, da es in diesem Fall ein steuerlich begründetes Motiv für die Aufnahme in das Sonderbetriebsvermögen gibt.

Das in der Sonderbilanz ausgewiesene Sonderbetriebsvermögen verliert diese Eigenschaft, wenn die *Mitunternehmerstellung des betreffenden Gesellschafters endet*. Soweit es dann nicht in einen eigenen Betrieb nach § 6 Abs. 5 Satz 2 EStG zum Buchwert überführt wird, liegt wegen der notwendigen Überführung in das Privatvermögen sachlich ebenfalls eine Entnahme aus dem Betriebsvermögen vor (Falterbaum/Bolk/Reiß 2003, S. 1108). Scheidet der Gesellschafter aus der Gesellschaft aus oder veräußert er seinen Mitunternehmeranteil, ohne das bisherige Sonderbetriebsvermögen zu veräußern, so ist in Höhe der Differenz zwischen dem Buchwert und dem gemeinen Wert ein nach den §§ 16 und 34 EStG begünstigter Gewinn zu erfassen. Dieser ist Teil des Veräußerungsgewinns, der sich nach § 16 Abs. 1 Satz 1 Nr. 2 EStG für die Veräußerung oder Aufgabe des Mitunternehmeranteils gem. § 16 Abs. 3 EStG ergibt (s. auch BFH-Beschluss vom 31.8.1995, S. 892).

Ein Wirtschaftsgut verliert auch dann seine Eigenschaft als Sonderbetriebsvermögen und ist deshalb als aus dem Betriebsvermögen entnommen zu behandeln, wenn die *Nutzungsüberlassung* des Wirtschaftsgutes an die PersGes *endet* und das Wirtschaftsgut anschließend privat genutzt wird oder die Nutzungsüberlassung fortgesetzt wird, aber das Wirtschaftsgut an einen *Nicht-Mitunternehmer* der PersGes *veräußert* wird. In diesen Fällen ist die steuerpflichtige Entnahme mit dem Teilwert des Wirtschaftsgutes zu bewerten. Der Entnahmegewinn unterliegt der Besteuerung als laufender Gewinn aus dem Gewerbebetrieb. Die entgeltliche Veräußerung eines Wirtschaftsgutes aus dem Sonderbetriebsvermögen eines Gesellschafters in das Sonderbetriebsvermögen eines anderen Gesellschafters führt ebenfalls zur Realisierung der in dem Wirtschaftsgut enthaltenen stillen Reserven nach den allgemeinen Grundsätzen.

Bei bestimmten Rechtsbeziehungen zwischen dem Mitunternehmer und der PersGes, die den Bereich der Sondervergütungen betreffen (z. B. Überlassung eines Fremdwährungsdarlehens an die PersGes; Bildung einer →Rückstellung für eine Sondervergütungsschuld), kann es handelsrechtlich als Folge des Imparitätsprinzips (→Grundsätze ordnungsmäßiger Rechnungslegung) zu einem abweichenden Bilanzansatz in der Handelsbilanz des Mitunternehmers (wenn dieser z. B. gleichzeitig Einzelunternehmer ist) und in der Handelsbilanz der PersGes kommen. Diese Abweichung in den Bilanzansätzen darf entsprechend der neueren BFH-Rspr. (s. z. B. BFH-Urteil vom 28.3.2000, S. 612) jedoch steuerrechtlich nicht mehr nachvollzogen werden. Vielmehr ist in der Steuerbilanz der Gesellschaft und in der Sonderbilanz des Mitunternehmers korrespondierend zu bilanzieren, d. h. das Imparitätsprinzip wird hier insoweit außer Kraft gesetzt („*Prinzip der korrespondierenden Bilanzierung*"). Sachlich korrespondierende Bilanzposten müssen somit im Verhältnis Mitunternehmer und PersGes steuerrechtlich betragsmäßig übereinstimmen (Schmidt 2004, Rn. 404 zu § 15 EStG; Preißer 2002, S. 331), was im Rahmen einer steuerlichen Außenprüfung sicherzustellen ist. Auch im Falle einer Pensionszusage der PersGes gegenüber einem Gesellschafter ist in der Gesellschaftsbilanz (Handels- als auch Steuerbilanz) eine Pensionsrückstellung gewinnmindernd zu bilden (→Pensionsverpflichtungen). In der steuerrechtlichen Sonderbilanz des betreffenden Gesellschafters ist die Pensionszusage auf der Aktivseite gewinnerhöhend zu erfassen. Durch diese korrespondierende Bilanzierung wird auch hier gewährleistet, dass die Zuführungen zur Rückstellung entsprechend § 15 Abs. 1 Satz 1 Nr. 2 EStG den steuerrechtlichen Gewinn nicht mindern, der Gewinn aber zutreffend verteilt wird (BFH-Urteil vom 12.12.1995, S. 225; BFH-Urteil vom 2.12.1997, S. 482; BFH-Beschluss vom 28.10.1999, S. 469; Berger/Ring 2003, Rn. 822 zu § 247 HGB; Falterbaum/Bolk/Reiß 2003, S. 1121).

Nicht von dem Prinzip der korrespondierenden Bilanzierung sind Vorgänge erfasst, die *nicht zu einer Sondervergütung führen*. Überlässt bspw. ein Mitunternehmer der PersGes pachtweise ein unbebautes Grundstück und errichtet die Gesellschaft hierauf ein Gebäude, welches nach Ablauf des Pachtvertrages wieder zu beseitigen ist, so hat die Gesellschaft hierfür eine Rückstellung für die Abbruchverpflichtung zu bilden (§ 249 Abs. 1 HGB). Da die Abbruchverpflichtung keine Gegenleistung für die pachtweise Nutzungsüberlassung darstellt, hat der Mitunternehmer auch keinen Abbruchanspruch als Aktivposten in seiner Sonderbilanz zu bilanzieren (BFH-Urteil vom 28.3.2000, S. 612).

Erzielt ein Mitunternehmer aus seiner hauptberuflichen Tätigkeit *Einkünfte aus selbständiger Arbeit gem.* § 18 EStG (z. B. als beratender Volks- oder Betriebswirt) und wird er für seine Mitunternehmerschaft beratend tätig, so werden die Aufwendungen dafür bei der PersGes i.d.R. als →Betriebsausgaben berücksichtigt. Ein *Prüfungsfeld* auf diesem Gebiet besteht deshalb darin, zu verifizieren, ob diese von der PersGes getätigten Zahlungen in der Steuererklärung des Mitunternehmers als *Einkünfte aus Gewerbebetrieb* gem. § 15 Abs. 1 Satz 1 Nr. 2 EStG behandelt wurden und damit auch der *GewSt* unterlagen. Eine zum Abschlussstichtag noch nicht beglichene Honorarrechnung wäre als sonstige →Forderung in der Sonderbilanz des betreffenden Mitunternehmers zu erfassen.

Ergänzungsbilanzen enthalten Korrekturbeträge zu den Wertansätzen der bilanzierten (und ggf. auch nicht bilanzierten) Wirtschaftsgüter des Gesamthandsvermögens in der Steuerbilanz (nicht Handelsbilanz) der PersGes, die nicht alle Mitunternehmer gleichermaßen betreffen, sondern i. d. R. nur einzelne Gesellschafter (BFH-Urteil vom 28.9.1995, S. 69).

Wesentliche Anwendungsgebiete für die Aufstellung von Ergänzungsbilanzen sind:

- ein →Gesellschafterwechsel bei der Mitunternehmerschaft, wenn der Erwerber das buchmäßige Kapitalkonto fortführt und stille Reserven im Anschaffungspreis für den Mitunternehmeranteil mitbezahlt,
- die Einbringung eines Betriebs, Teilbetriebs oder Mitunternehmeranteils in eine PersGes gegen Gewährung eines Mitunternehmeranteils (§ 24 UmwStG),
- die Einbringung einzelner Wirtschaftsgüter in eine PersGes (§ 6 Abs. 5 Satz 4 EStG) und
- eine anteilige Inanspruchnahme von personenbezogenen Steuervergünstigungen nur durch einzelne Gesellschafter einer PersGes.

Die Wertansätze in den Ergänzungsbilanzen sind in den folgenden Wirtschaftsjahren der PersGes fortzuführen, bis die Mehr- oder Minderwerte entfallen, die Wirtschaftsgüter aus dem Gesamthandsvermögen ausscheiden oder der betreffende Mitunternehmer aus der PersGes ausscheidet. Dabei gelten im Grundsatz die gleichen Bilanzierungs- und Bewertungsmethoden wie in der Steuerbilanz der PersGes, sofern in der Ergänzungsbilanz nicht Wertansätze ausgewiesen werden, die in der Steuerbilanz der PersGes keine Entsprechung haben (z. B. dort nicht als Wirtschaftsgut ausgewiesen sind).

Wird ein *Einzelunternehmen* in eine (z. B. neu gegründete) *PersGes eingebracht* und weist das Einzelunternehmen stille Reserven auf, so kann eine Veräußerungsgewinnbesteuerung bei dem einbringenden Einzelunternehmer dadurch vermieden werden, dass die PersGes das eingebrachte Betriebsvermögen in ihrer Gesamthandsbilanz einschl. der Ergänzungsbilanzen für ihre Gesellschafter mit seinem (bisherigen) Buchwert ansetzt (§ 24 Abs. 2 Satz 1 UmwStG). Leistet ein anderer Gesellschafter der PersGes als Ausgleich für die eingebrachten stillen Reserven eine Bareinlage, so kann er die mitbezahlten stillen Reserven in einer positiven Ergänzungsbilanz als →Anschaffungskosten (AK) für den Mitunternehmeranteil ausweisen und diese in den folgenden Wirtschaftsjahren als Aufwandspotenzial steuerwirksam geltend machen. Der einbringende Einzelunternehmer kann eine sofortige Veräußerungsgewinnbesteuerung für die (vom anderen Mitunternehmer mitbezahlten) stillen Reserven vermeiden, indem er in einer negativen Ergänzungsbilanz ein entsprechend hohes Minderkapital ausweist (§ 24 Abs. 3 UmwStG; s. auch das Beispiel im BMF-Schreiben vom 25.3.1998, S. 268, Rn. 24.14). Im Rahmen einer steuerlichen Außenprüfung wäre somit zu verifizieren, inwieweit bei Einbringungsvorgängen in eine PersGes von dem Instrument einer negativen Ergänzungsbilanz Gebrauch gemacht worden ist, um eine sofortige Besteuerung des Veräußerungsgewinns zu vermeiden.

Nach § 6 Abs. 5 Satz 3 EStG ist ein einzelnes Wirtschaftsgut aus einem (Sonder-) Betriebsvermögen eines Mitunternehmers in das Gesamthandsvermögen der Mitunternehmerschaft zum steuerlichen Buchwert und damit steuerneutral zu übertragen. Die in dem übertragenen Wirtschaftsgut enthaltenen *stillen Reserven gehen* in diesem Fall aufgrund der Übertragung zum Buchwert zumindest teilweise auf die *übrigen Mitunternehmer über*, sofern die stillen Reserven nicht im Rahmen einer Ergänzungsbilanz dem übertragenden Gesellschafter zugewiesen werden. Der Gesetzgeber macht damit die richtige personelle Zuordnung der vor der Übertragung entstandenen stillen Reserven *nicht* zur Bedingung für die Steuerneutralität des Übertragungsvorgangs. Andererseits soll die steuerneutrale Übertragung von Einzelwirtschaftsgütern *nicht der Vorbereitung* ihrer Veräußerung oder Entnahme dienen. Bei einer alsbaldigen Veräußerung oder Entnahme würden die realisierten stillen Reserven den Gesellschaftern der

PersGes nach dem Gewinnverteilungsschlüssel zugeordnet, was sich steuermindernd auswirken könnte. In § 6 Abs. 5 Satz 4 EStG ist deshalb zur Verhinderung von steuerlichen Missbräuchen geregelt, dass im Fall einer Veräußerung oder Entnahme des übertragenen Wirtschaftsgutes innerhalb einer *Sperrfrist von 3 Jahren* eine rückwirkende Besteuerung der in dem übertragenen Wirtschaftsgut enthaltenen stillen Reserven nur dann vermieden werden kann, wenn die (gesamten) stillen Reserven dem übertragenden Mitunternehmer im Rahmen einer (negativen) Ergänzungsbilanz zugewiesen wurden (Kusterer/Götz 2002, S. 111). Die dreijährige Sperrfrist beginnt mit Abgabe der Steuererklärung des Übertragenden für den Veranlagungszeitraum, in dem die Übertragung des einzelnen Wirtschaftsgutes erfolgt ist. Veräußerungen oder Entnahmen nach Ablauf der dreijährigen Sperrfrist lassen den ursprünglichen Buchwertansatz unberührt. Wird auf die Aufstellung einer Ergänzungsbilanz für den Einbringenden verzichtet, soll die Behaltefrist (Sperrfrist) von 3 Jahren einer Nutzbarmachung des § 6 Abs. 5 Satz 3 EStG zur steuerlichen Gestaltung entgegen wirken (Niehus 2002, S. 118). Die Problematik der vollständigen Zuordnung der stillen Reserven auf den übertragenden Mitunternehmer im Rahmen einer Ergänzungsbilanz besteht darin, dass die stillen Reserven über die *Gewährung von Gesellschaftsrechten* sich auch im Kapitalkonto des betreffenden Mitunternehmers widerspiegeln, sodass es zu einer Veränderung des Gewinnverteilungsschlüssels (Quotenänderung) kommt. Die bislang im Gesamthandsvermögen der PersGes gebundenen stillen Reserven würden dann künftig anders auf die Gesellschafter der PersGes verteilt, was zu einem unerwünschten Effekt führt. Die Einhaltung der Voraussetzungen des § 6 Abs. 5 Satz 4 EStG und damit die Nichtbeachtung der dreijährigen Behaltefrist (Sperrfrist) ist damit in der Praxis kompliziert und deshalb ein wichtiges Prüfungsfeld im Rahmen der steuerlichen Außenprüfung.

Bestimmte *Steuervergünstigungen* (z. B. AfA gem. § 7 Abs. 5 EStG; erhöhte →Abschreibungen, steuerrechtliche; →Sonderabschreibungen) dürfen nur *personenbezogen in Anspruch genommen* werden. Kommt es während der Inanspruchnahme der Steuervergünstigungen zu einem *Gesellschafterwechsel* bei der PersGes, so sind die Anwendungsvoraussetzungen für die Steuervergünstigung nicht bei dem neu hinzugetretenen Mitunternehmer erfüllt. Im Rahmen einer steuerlichen Außenprüfung ist deshalb festzustellen, ob für den neuen Mitunternehmer durch die Bildung einer negativen Ergänzungsbilanz eine Neutralisierung der überhöhten AfA und durch die Bildung einer positiven Ergänzungsbilanz eine Berücksichtigung der steuerrechtlich zulässigen AfA erfolgt ist (Preißer 2002, S. 324 f.; Schmidt 2004, Rn. 411 und 413 zu § 15 EStG; Falterbaum/Bolk/Reiß 2003, S. 1133–1135). Ähnlich verhält es sich bei der Reservenübertragung bzw. Reinvestitionsrücklage gem. § 6b EStG (→Sonderposten mit Rücklageanteil), bei der es sich nach der Rspr. des *Bundesfinanzhofs* um eine *personen-* und damit auch *gesellschafterbezogene Steuervergünstigung* handelt. Bei der gem. § 6b Abs. 4 Satz 1 Nr. 2 EStG geforderten *sechsjährigen Vorbesitzzeit* ist somit nicht nur die Besitzzeit der PersGes, sondern bei einem *Gesellschafterwechsel* auch die Besitzzeit bei dem einzelnen Gesellschafter maßgebend. Wird ein Wirtschaftsgut aus dem Gesamthandsvermögen veräußert, ist demgemäß die Sechsjahresfrist *für jeden einzelnen Mitunternehmer zu prüfen*. Hat innerhalb der Sechsjahresfrist ein *entgeltlicher* Gesellschafterwechsel stattgefunden, ist insoweit für den neu hinzugetretenen Mitunternehmer die Sechsjahresfrist nicht erfüllt (Schmidt 2004, Rn. 416 und 474 zu § 15 EStG). Hat z. B. ein Gesellschafter einer PersGes seinen Mitunternehmeranteil vor 4 Jahren entgeltlich erworben, so kann er die Vergünstigungen des § 6b EStG bei der Veräußerung eines begünstigten Wirtschaftsgutes, welches mehr als 6 Jahre zum Betriebsvermögen der PersGes gehörte, nicht anteilig in Anspruch nehmen. Für diese Mitunternehmer, die die Sechsjahresfrist nicht erfüllen, ist eine Neutralisierung der Steuervergünstigung durch die Bildung einer (positiven) Ergänzungsbilanz vorzunehmen, wenn in der Handels- und Steuerbilanz der volle Rücklagenbetrag eingestellt wird (s. ausführlich hierzu Zimmermann et al. 2003, S. 234–238 sowie ergänzend Berger/Ring 2003, Rn. 784 zu § 247 HGB).

Sofern für bestimmte Vorgänge zulässigerweise eine Ergänzungsbilanz gebildet worden ist, muss in den Folgejahren auch die zutreffende Fortführung der Wertkorrekturen zur Steuerbilanz der PersGes geprüft werden. *Scheidet* das betreffende *Wirtschaftsgut*, für das in der Ergänzungsbilanz eine Wertkorrektur angesetzt worden ist, *aus dem Gesamthandsvermögen aus*, so müssen für das betreffende Wirtschaftsjahr auch die steuerrechtlichen Konsequenzen für den tangierten Mitunternehmer in der Ergänzungsbilanz gezogen werden. *Scheidet der Gesellschafter*, für den die Ergänzungsbilanz gebildet worden ist, *aus der PersGes aus* (z. B. durch Veräußerung seines Mitunternehmeranteils), so ist die Ergänzungsbilanz in vollem Umfang steuerwirksam aufzulösen.

Der *Erwerb eines Mitunternehmeranteils* (z. B. im Zuge eines Gesellschafterwechsels) stellt steuerrechtlich einen Erwerb der (ideellen) Anteile an den einzelnen zum Gesamthandsvermögen gehörenden Wirtschaftsgütern dar (s. z. B. BFH-Urteil vom 12.12.1996, S. 182). Übersteigen die AK des Erwerbers für den Mitunternehmeranteil den Betrag des in der Steuerbilanz ausgewiesenen und fortzuführenden Kapitalkontos, so hat der Erwerber die im Kaufpreis mitbezahlten stillen Reserven in den Wirtschaftsgütern des Gesamthandsvermögens als zusätzliche AK in einer (positiven) Ergänzungsbilanz auszuweisen. Als *erstes Prüfungsfeld* erweist sich hier das Problem der *Aufteilung* der *mitbezahlten stillen Reserven* auf die *einzelnen Wirtschaftsgüter* der PersGes, da das steuerliche Interesse des Erwerbers dahin gehen dürfte, diese auf abnutzbare Wirtschaftsgüter zu verteilen, deren Abschreibungsdauer (→Nutzungsdauer) möglichst kurz ist (= *gegenwartsnahes Aufwandspotenzial*). Die mitbezahlten stillen Reserven sind dabei nach h.M. verhältnismäßig auf die Wirtschaftsgüter zu verteilen, in denen sie vorhanden sind. Hierbei dürfte in Übereinstimmung mit der Auffassung der Finanzverwaltung davon auszugehen sein, dass die bilanzierten materiellen und immateriellen Wirtschaftsgüter und die bislang nicht bilanzierten Wirtschaftsgüter (→immaterielle Vermögensgegenstände), z. B. selbsterstellte immaterielle Wirtschaftsgüter des →Anlagevermögens, ohne Vorrangverhältnis zu bedienen sind (s. z. B. die Vorgehensweise im BMF-Schreiben vom 25.3.1998, S. 268, Rn. 22.08 und 24.13). Anschließend sind die noch nicht zugeordneten mitbezahlten stillen Reserven dem (originären) →Geschäfts- oder Firmenwert zuzurechnen, der infolge des Veräußerungsvorgangs insoweit als entgeltlich erworben anzusehen ist (Schmidt 2004, Rn. 462 zu § 15 EStG

sowie Rn. 490 zu § 16 EStG; gl.A. Ley 2001, S. 12986; Ellrott/Schmidt-Wendt 2003, Rn. 514 zu § 255 HGB, die ebenfalls davon ausgehen, dass es keinen Vorrang des Ansatzes der bisher bilanzierten Wirtschaftsgüter vor den selbst geschaffenen immateriellen Einzelwirtschaftsgütern gibt, mit Verweis auf BFH-Urteil vom 18.2.1993, S. 226 und BFH-Urteil vom 6.7.1995, S. 832). Eine hiervon abweichende Zuordnung der stillen Reserven wird einer substantiellen Begründung durch den Erwerber bedürfen, vor allem dann, wenn sie für ihn mit einem steuerlich günstigeren Ergebnis verbunden ist. Als *zweites Prüfungsfeld* ist in diesem Zusammenhang die Fortentwicklung der stillen Reserven in der Ergänzungsbilanz zu nennen. Diese stillen Reserven sind in den folgenden Wirtschaftsjahren für den tangierten Mitunternehmer i.d.R. aufwandswirksam aufzulösen, wobei grundsätzlich die für die steuerrechtliche Gewinnermittlung der PersGes angewandten Bewertungsmethoden entsprechend anzuwenden sind (BFH-Urteil vom 28.9.1995, S. 68). Soweit stille Reserven jedoch auf bereits abgeschriebene Wirtschaftsgüter entfallen, ist der Betrag über die neu zu schätzende Restnutzungsdauer (→Nutzungsdauer) abzuschreiben. Für bislang nicht bilanzierte (selbsterstellte) immaterielle Wirtschaftsgüter gilt Entsprechendes. Ein auf einen Geschäfts- oder Firmenwert entfallender Betrag ist über 15 Jahre abzuschreiben (§ 7 Abs. 1 Satz 3 EStG). Entfallen die stillen Reserven auf geringwertige Wirtschaftsgüter, dürfte der Erwerber § 6 Abs. 2 EStG erneut in Anspruch nehmen und den betreffenden Betrag sofort als Aufwand berücksichtigen können (Schmidt 2004, Rn. 465–468 zu § 15 EStG).

Im Rahmen der *Verlustverrechnung bei beschränkter Haftung* gem. § 15a EStG ist das Kapitalkonto nach der Steuerbilanz der →Kommanditgesellschaft (KG) unter Berücksichtigung einer etwaigen Ergänzungsbilanz des beschränkt haftenden Mitunternehmers maßgeblich (BMF-Schreiben vom 30.5.1997, S. 627). Ein Mehrkapital in der Ergänzungsbilanz erhöht somit den verrechenbaren Verlust eines beschränkt haftenden Mitunternehmers.

Literatur: Berger, A./Ring, S.: Kommentierung des § 247 HGB, in: Ellrott, H. et al. (Hrsg.): BeckBilKomm, 5. Aufl., München 2003; BFH-Urteil vom 16.3.1983, Aktz. IV R 36/79, BStBl. II 1983, S. 459–463; BFH-Urteil vom 23.5.1991, Aktz. IV R 94/90, BStBl. II 1991, S. 800–801; BFH-Urteil vom 18.2.1993, Aktz. IV R 40/

92, BStBl. II 1994, S. 224–226; BFH-Urteil vom 6.7.1995, Aktz. IV R 30/93, BStBl. II 1995, S. 831–833; BFH-Beschluss vom 31.8.1995, Aktz. VIII B 21/93, BStBl. II 1995, S. 890–893; BFH-Urteil vom 28.9.1995, Aktz. IV R 57/94, BStBl. II 1996, S. 68–70; BFH-Urteil vom 23.11.1995, Aktz. IV R 50/94, BStBl. II 1996, S. 193–194; BFH-Urteil vom 12.12.1995, Aktz. VIII R 59/92, BStBl. II 1996, S. 219–226; BFH-Urteil vom 12.12.1996, Aktz. IV R 77/93, BStBl. II 1998, S. 180–183; BFH-Urteil vom 2.12.1997, Aktz. VIII R 15/96, DStR 36 (1998), S. 482–484; BFH-Urteil vom 28.10.1999, Aktz. VIII B 20/99, BFH/NV 2000, S. 469; BFH-Urteil vom 28.10.1999, Aktz. VIII R 42/98, BStBl. II 2000, S. 390–392; BFH-Urteil vom 28.3.2000, Aktz. VIII R 13/99, BStBl. II 2000, S. 612–614; BMF-Schreiben vom 28.4.1998, Aktz. IV B 2 – S 2241 – 42/98, BStBl. I 1998, S. 583–586; Campenhausen, O. v.: Steuersubjekt- und -objektgebundene stille Reserven bei Ergänzungsbilanzen nach § 6 Abs. 5 Satz 3 EStG und § 24 UmwStG, in: DB 57 (2004), S. 1282–1285; Cremer, U.: Sonder- und Ergänzungsbilanzen bei Personengesellschaften, in: SteuStud 23 (2002), S. 671–677; Ellrott, H./Schmidt-Wendt, D.: Kommentierung des § 255 HGB, in: Ellrott, H. et al. (Hrsg.): BeckBilKomm, 5. Aufl., München 2003; Falterbaum, H. et al.: Buchführung und Bilanz, 19. Aufl., Achim 2003; Freidank, C.-C./Eigenstetter, H.: Handels- und steuerrechtliche Rechnungslegung von Personenhandelsgesellschaften, in: Freidank, C.-C. (Hrsg.): Die deutsche Rechnungslegung und Wirtschaftsprüfung im Umbruch. FS für Wilhelm Theodor Strobel zum 70. Geburtstag, München 2001, S. 29–89; Kusterer, S./Götz, T.: Ergänzungsbilanzen, in: EStB 4 (2002), S. 109–112; Ley, U.: Ergänzungsbilanzen beim Erwerb von Personengesellschaftsanteilen, bei Einbringungen nach § 24 UmwStG und bei Übertragungen nach § 6 Abs. 5 Satz 3 EStG, in: KöSDI 34 (2001), S. 12982–12996; Marx, F. J.: Steuerliche Ergänzungsbilanzen, in: StuW 71 (1994), S. 191–203; Müller, W. (Hrsg.): Beck'sches Handbuch der Personengesellschaft, 1. Aufl., München 1999; Niehus, U.: Fortführung von Ergänzungsbilanzen, in: StuW 72 (2002), S. 116–125; Paus, B.: Die neuen Ergänzungsbilanzen bei Übertragung einzelner Wirtschaftsgüter zwischen Personengesellschaft und Gesellschafter, in: FR 58 (2003), S. 59–70; Preißer, M. (Hrsg.): Unternehmenssteuerrecht und Steuerbilanzrecht. Die Steuerberaterprüfung, Band 2, Stuttgart 2002; Schmidt, L. (Hrsg.): Einkommensteuergesetz. Kommentar, 23. Aufl., München 2004; Wenzig, H.: Außenprüfung. Betriebsprüfung, 9. Aufl., Achim 2004; Zimmermann, R. et al.: Die Personengesellschaft im Steuerrecht, 8. Aufl., Achim 2003.

Siegfried Grotherr

Sonderabschreibungen

Dem Werteverzehr des Vermögens des Kaufmanns ist im JA durch planmäßige (§ 253 Abs. 2 Satz 1 HGB) und →außerplanmäßige Abschreibungen (§ 253 Abs. 2 Satz 3 und § 253 Abs. 3 Satz 2 HGB) Rechnung zu tragen (→Abschreibungen, bilanzielle).

Neben diesen handelsrechtlich gebotenen Abschreibungen dürfen gem. § 254 Satz 1 HGB auch Abschreibungen vorgenommen werden, um →Vermögensgegenstände des →Anlagevermögens oder →Umlaufvermögens mit einem niedrigeren Wert anzusetzen, der allein aufgrund einer steuerrechtlichen Vorschrift zulässig ist (→Abschreibungen, steuerrechtliche). Niedrigere Werte in diesem Sinne können sich u. a. aus steuerlich zulässigen Sonderabschreibungen sowie aus erhöhten Absetzungen ergeben. Sonderabschreibungen, welche neben den planmäßigen handelsrechtlichen Abschreibungen verrechnet werden, haben nicht eine sachgerechte Abbildung des Werteverzehrs des Vermögens zum Ziel, sondern stellen Normen mit Subventionscharakter dar.

Für die nach den ergänzenden Vorschriften für KapGes sowie bestimmte →Personengesellschaften (PersGes) (§§ 264 ff. HGB) zur Rechnungslegung Verpflichteten wird der Anwendungsbereich der Norm durch § 279 Abs. 2 HGB dergestalt eingeschränkt, dass die Sonderabschreibungen nur insoweit vorgenommen werden dürfen, als das Steuerrecht ihre Anerkennung bei der steuerrechtlichen Gewinnermittlung (→Gewinnermittlungsmethoden, steuerrechtliche) von einer gleichlautenden Berücksichtigung im JA abhängig macht (→Maßgeblichkeit, umgekehrte).

Der insofern durch den Gesetzgeber geduldeten Beeinflussung des handelsrechtlichen Jahresabschlusses durch ausschließlich steuerliche, nicht unmittelbar mit der Generalnorm des § 264 Abs. 2 HGB (→True and Fair View) vereinbare, ergebniswirksame Wahlrechte (→bilanzpolitische Gestaltungsspielräume nach HGB), ist durch entsprechende Erläuterungspflichten im →Anhang (→Angabepflichten) Rechnung getragen worden. Nach § 281 HGB ist der Betrag der allein nach steuerrechtlichen Vorschriften vorgenommenen Abschreibungen, getrennt nach Anlage- und Umlaufvermögen anzugeben, soweit er sich nicht aus der Bilanz oder der →Gewinn- und Verlustrechnung (GuV) ergibt, und hinreichend zu begründen. Darüber hinaus ist nach § 285 Nr. 5 HGB im Anhang anzugeben, in welchem Umfang das →Jahresergebnis dadurch beeinflusst wurde, dass bei Vermögensgegenständen im Geschäftsjahr oder in früheren Geschäftsjahren Abschreibungen nach §§ 254, 280 Abs. 2 HGB aufgrund steuerrechtlicher Vorschriften vorgenommen wurden; ferner ist das Ausmaß erheblicher künftiger Belastungen, die sich aus solchen Bewertungen ergeben, anzugeben.

Wesentliche Sonderabschreibungen betreffen:

- Sonderabschreibungen und Ansparabschreibungen zur Förderung kleiner und mittlerer Betriebe (§ 7g EStG) sowie
- Sonderabschreibungen bei →Investitionen in den neuen Bundesländern (§ 4 FördGG).

Die Inanspruchnahme von Sonderabschreibungen ist i. d. R. an die Erfüllung bestimmter, in der Person des Steuerpflichtigen liegender Voraussetzungen sowie an die Erfüllung weiterer, insb. Verbleibensvoraussetzungen, für die begünstigten Investitionsgüter geknüpft.

Soweit Sonderabschreibungen vorgenommen worden sind, ist die Abschreibung nach Ablauf des Begünstigungszeitraums i. d. R. nach Maßgabe des Restbuchwertes und der verbleibenden →Nutzungsdauer des Vermögensgegenstandes zu bemessen (§ 7a Abs. 5 EStG).

Die Prüfung der Sonderabschreibungen im Rahmen der Abschlussprüfung (→Jahresabschlussprüfung; →Konzernabschlussprüfung) hat sich schwerpunktmäßig an der mit der Norm verfolgten Zielsetzung, d. h. der Vermittlung von Informationen über die Beeinflussung der →Vermögenslage, →Finanzlage und →Ertragslage (→wirtschaftliche Verhältnisse) durch die Inanspruchnahme rein steuerlicher Vorschriften, zu orientieren. Neben der Prüfung der Erfüllung der handels- und steuerrechtlichen Voraussetzungen für die Vornahme der Sonderabschreibung dem Grunde und der Höhe nach stehen die →Angabepflichten im Anhang im Mittelpunkt der Betrachtung.

Neben aussagebezogenen Prüfungshandlungen (→ergebnisorientierte Prüfungshandlungen) hat die Prüfung der von dem Unternehmen installierten Verfahren zur Sicherstellung einer zutreffenden Bilanzierung, Bewertung und Berichterstattung über die Sonderabschreibungen eine herausragende Bedeutung.

Wesentliche Risikobereiche bei der Prüfung (→Prüfungsrisiko) der Sonderabschreibungen betreffen:

- Erfüllung der steuerrechtlichen Voraussetzungen für die Inanspruchnahme der Sonderabschreibung dem Grunde nach sowie richtige Bewertung der Sonderabschreibungen,
- Erfüllung der Verbleibens- und Nutzungsvoraussetzungen der jeweiligen Begünstigungsnorm,
- Fortentwicklung der Abschreibungen nach Ablauf des Begünstigungszeitraums sowie
- Erfüllung der umfangreichen Angabepflichten im Anhang.

Helmuth Schäfer

Sonderbetriebsvermögen →Personengesellschaften; →Sonder- und Ergänzungsbilanzen, steuerrechtliche

Sonderbilanzen

Sonderbilanzen werden neben den üblichen handelsrechtlichen Jahresbilanzen aufgestellt. Im Gegensatz zu diesen Bilanzen, die als Bestandteil des handelsrechtlichen Jahresabschlusses jährlich zum Ende des jeweiligen Geschäftsjahres über die Vermögenssituation (→Vermögenslage) des Erstellers berichten, sind Sonderbilanzen durch die Unregelmäßigkeit ihrer Erstellung aufgrund besonderer Ereignisse gekennzeichnet. Neben *wirtschaftlichen Ereignissen,* wie der Neueinführung oder Umstellung einer Währung, sind es vor allem *unternehmensbezogene Ereignisse,* wie Gründung (→Unternehmensgründung), Kapitalerhöhung (→Kapitalerhöhungsbilanzen), Verschmelzung, Spaltung, Überschuldung (→Überschuldungsprüfung), Auflösung oder →Insolvenz, die Anlass für die Erstellung von Sonderbilanzen sind.

Anhand der unternehmensbezogenen Ereignisse können folgende Arten von Sonderbilanzen unterschieden werden:

- Geschäftsaufnahme oder Gründung (Eröffnungsbilanz),
- Kapitalerhöhung aus Gesellschaftsmitteln (Kapitalerhöhungsbilanz),
- Verschmelzung, Spaltung (Schlussbilanzen übertragender Rechtsträger),
- Verlustanzeige (Verlustanzeigebilanz),
- Überschuldung (Überschuldungsstatus),
- Auflösung (Abwicklungs-/Liquidations-Eröffnungsbilanz),
- Auseinandersetzung bei einer →Personengesellschaft (PersGes),
- Auseinandersetzungsbilanz sowie
- Insolvenz (Insolvenz-Eröffnungsbilanz).

Sonderbilanzen

Je nach Zweck der Sonderbilanzen ergeben sich bei der Aufstellung unterschiedliche Ansatz-, Bewertungs- und Gliederungsgrundsätze (→Änderung der Bilanzierungs- und Bewertungsmethoden).

Grundsätzlich ist zwischen Vermögens- und Erfolgsbilanzen zu unterscheiden. *Vermögensbilanzen* sind auf die Ermittlung des Gläubigerzugriffsvermögens ausgerichtet. Sie orientieren sich nicht vollständig an den handelsrechtlichen Bilanzierungs- und Bewertungsvorschriften (→Grundsätze ordnungsmäßiger Buchführung, Prüfung der). So gilt weder die Bewertungsobergrenze gem. § 253 Abs. 1 HGB noch das Aktivierungsverbot für selbst erstellte →immaterielle Vermögensgegenstände des →Anlagevermögens gem. § 248 Abs. 2 HGB. Über den Ansatz und die Bewertung von Vermögen und →Schulden wird jeweils neu entschieden. Hierzu gehören u. a. der Überschuldungsstatus oder die Eröffnungsbilanz bei Geschäftsaufnahme oder Gründung. *Erfolgsbilanzen* sind auf die Sicherung und den Nachweis des Gesellschaftsvermögens ausgerichtet. Anders als bei der Vermögensbilanz gelten hier die handelsrechtlichen Ansatz-, Bewertungs- und Gliederungsvorschriften(→Grundsätze ordnungsmäßiger Buchführung, Prüfung der). Zu den Erfolgsbilanzen zählen u. a. die Abwicklungs-/Liquidations-Eröffnungsbilanz oder die Verschmelzungsschlussbilanz.

Weiterhin kann zwischen externen und internen Sonderbilanzen unterschieden werden. *Externe Sonderbilanzen* werden nach allgemeinen Grundsätzen offen gelegt (§§ 325 ff. HGB), sind einem großen Adressatenkreis zugänglich und unterliegen häufig der Verpflichtung zur Prüfung durch einen →Abschlussprüfer (APr) oder →vereidigten Buchprüfer (vBP). Beispiele hierfür sind die Kapitalerhöhungsbilanz und die Abwicklungs-/Liquidations-Eröffnungsbilanz. *Interne Sonderbilanzen* richten sich an einen ausgewählten Adressatenkreis und dienen der Rechenschaftslegung der Geschäftsführung gegenüber den Gesellschaftern (→Haupt- und Gesellschafterversammlung) oder u. a. den Gläubigern im Insolvenzverfahren. Eine Prüfung dieser Bilanz wird nur auf Verlangen der Adressaten durchgeführt (Budde/Förschle 2002, S. 1–3).

Die Prüfung von Sonderbilanzen wird auch als Sonderprüfung bezeichnet. Diese umfasst alle Prüfungen durch externe Prüfungsträger, die aufgrund besonderer Ereignisse angeordnet werden, denen aber keine besondere Periodizität zugrunde liegt (Schedlbauer 1984, S. 11). Gekennzeichnet sind Sonderprüfungen durch die *zeitliche Unregelmäßigkeit* der Wiederkehr der Ereignisse sowie durch die *Einmaligkeit der Prüfung*.

Sonderprüfungen lassen sich in *gesetzlich vorgeschriebene Prüfungen* (aperiodische Pflichtprüfung), *gesetzlich vorgesehene* sowie *vertraglich vereinbarte Prüfungen* unterteilen.

Zu den *gesetzlich vorgeschriebenen Prüfungen* gehören u. a.:

- Gründungsprüfung (§ 33 AktG),
- Nachgründungsprüfung (§ 52 AktG),
- Verschmelzungs-/→Umwandlungsprüfung (§ 9 UmwG),
- Liquidationsprüfung (§ 270 AktG, § 71 GmbHG),
- Prüfung von Kapitalerhöhungen (§§ 183, 194, 205, 209 AktG, § 57 d-f GmbHG) sowie
- Squeeze-Out-Prüfung (§ 327c AktG).

Zu den *gesetzlich vorgesehenen Prüfungen* gehören u. a.:

- Prüfung besonderer Vorgänge bei der Geschäftsführung, der Gründung sowie der Kapitalbeschaffung und -herabsetzung (§ 142 AktG),
- Prüfung der Unterbewertung von Bilanzposten/Unvollständigkeit des →Anhangs (§ 258 AktG) sowie
- Prüfung der Beziehung zu →verbundenen Unternehmen in besonderen Fällen (§ 315 AktG).

Diese drei Prüfungen werden auch als aktienrechtliche Sonderprüfungen bezeichnet (IDW 2006, Abschn. Q, Rn. 1030–1066, S. 1876–1883) (→Sonderprüfungen, aktienrechtliche).

Die *vertraglich vereinbarten Prüfungen* sind aufgrund der Vertragsfreiheit der Parteien individuell gestaltbar und beziehen sich auf die unterschiedlichsten Sachverhalte, wie Kreditsicherungsprüfung, →Unterschlagungsprüfung und Insolvenzprüfung.

Auch bei der Durchführung der Sonderprüfung haben WP die IDW/WPK VO 1/2006 im Hinblick auf ordnungsgemäße Planung (→Prüfungsplanung) in sachlicher, personeller und zeitlicher Hinsicht und Durchführung der Prüfung (→Auftragsdurchführung) zu beachten, um die Qualität der Abwicklung des Prüfungsauftrages sicherzustellen (→Prüfungsqualität). Die Durchführung ist in entsprechender Anwendung der einschlägigen Prüfungsstandards des →*Instituts der Wirtschaftsprüfer in Deutschland (IDW)* auszurichten (→Verlautbarungen des Instituts der Wirtschaftsprüfer in Deutschland e.V.). Das Ergebnis der Sonderprüfung ist in einem Bericht zu verdichten, der den allgemeinen Grundsätzen des IDW PS 450 entspricht (→Prüfungsbericht).

Durch die Einführung der Sonderprüfung sollen vor allem die Anteilseigner, Gläubiger und Arbeitnehmer eines Unternehmens über ein Instrument verfügen, dass u. a. die Ordnungsmäßigkeit der Geschäftsführung feststellt. Die regelmäßigen →Jahresabschlussprüfungen können nur als Gesetzmäßigkeits-, Satzungsmäßigkeits- und →Ordnungsmäßigkeitsprüfungen aufgefasst werden. Sie haben jedoch nicht zum Zweck, eine Unterschlagungsprüfung durchzuführen oder die Ordnungsmäßigkeit einer Kapitalerhöhung zu bestätigen. In diesen Fällen werden Sonderprüfungen eingesetzt (Schedlbauer 1984, S. 13).

Literatur: Förschle, G.: Sonderprüfung, in: Förschle, G./Peemöller, V. H. (Hrsg.): Wirtschaftsprüfung und Interne Revision, Heidelberg 2004; Förschle, G./Deubert, M.: Systematik der Sonderbilanzen, in: Budde, D./Förschle, G. (Hrsg.): Sonderbilanzen: Von der Gründungsbilanz bis zur Liquidationsbilanz, 3. Aufl., München 2002; IDW (Hrsg.): IDW Prüfungsstandard: Grundsätze ordnungsmäßiger Berichterstattung bei Abschlussprüfungen (IDW PS 450, Stand: 8. Dezember 2005), in: WPg 59 (2006), S. 113–128; IDW (Hrsg.): WPH 2006, Band I, 13. Aufl., Düsseldorf 2006; IDW/WPK (Hrsg.): Gemeinsame Stellungnahme der WPK und des IDW: Anforderungen an die Qualitätssicherung in der Wirtschaftsprüferpraxis (VO 1/2006), in: WPg 59 (2006), S. 629–646; Schedlbauer, H.: Sonderprüfungen. Ein Handbuch der gesetzlichen und freiwilligen aperiodischen Prüfungen, Stuttgart 1984.

Frank Loch

Sonderbilanzen, steuerrechtliche →Sonder- und Ergänzungsbilanzen, steuerrechtliche

Sondereinzelkosten der Fertigung
→Fertigungskosten

Sonderposten mit Rücklageanteil

Gem. §§ 247 Abs. 3, 273 HGB dürfen Passivposten, die für Zwecke der Steuern vom Einkommen und vom Ertrag zulässig sind, auch in der Handelsbilanz der Kaufleute gebildet werden. Sie sind als Sonderposten mit Rücklageanteil gesondert vor den →Rückstellungen auszuweisen und nach Maßgabe des Steuerrechts aufzulösen. Die Vorschriften, nach denen der Sonderposten gebildet wurde, sind in Bilanz oder →Anhang anzugeben (→Angabepflichten).

→Erträge aus der Auflösung des Sonderpostens sind unter den *sonstigen betrieblichen Erträgen*, Einstellungen in den Sonderposten unter den *sonstigen betrieblichen Aufwendungen* gesondert auszuweisen oder im Anhang anzugeben (→sonstige betriebliche Aufwendungen und Erträge).

Neben steuerfreien Rücklagen bildet das Wahlrecht des § 281 Abs. 1 HGB den Hauptanwendungsfall des Sonderpostens mit Rücklageanteil (→bilanzpolitische Gestaltungsspielräume nach HGB; →bilanzpolitische Gestaltungsspielräume nach Steuerrecht). Hiernach darf der Unterschiedsbetrag zwischen der handelsrechtlich nach §§ 253 i.V.m. 279 HGB gebotenen und der nach § 254 HGB zulässigen steuerrechtlichen Abschreibung (→Abschreibungen, steuerrechtliche) auch in den Sonderposten eingestellt werden.

Durch die Vorschrift der §§ 247 Abs. 3, 273, 281 Abs. 1 HGB finden originär steuerliche Vorschriften mit Subventionscharakter Eingang in den JA. Der insofern durch den Gesetzgeber geduldeten Beeinflussung des Jahresabschlusses durch ausschließlich steuerliche, nicht unmittelbar mit der Generalnorm des § 264 Abs. 2 HGB (→True and Fair View) vereinbare, ergebniswirksame Wahlrechte, ist durch entsprechende Erläuterungspflichten in Bilanz und Anhang Rechnung getragen worden (§§ 273 HGB, 281 HGB, 285 Nr. 5 HGB).

Im Sonderposten mit Rücklageanteil können insb. folgende steuerfreie Rücklagen ausgewiesen werden:

- Rücklage für Ersatzbeschaffung nach Abschn. 6.6 Abs. 4 EStR,
- Rücklage für Reinvestitionen nach § 6b EStG,
- Rücklage für →Zuschüsse aus öffentlichen oder privaten Mitteln nach Abschn. 6.5 EStR sowie
- Rücklage gem. § 7g EStG (Ansparabschreibung).

Die Prüfung des Sonderpostens mit Rücklageanteil im Rahmen der Abschlussprüfung (→Jahresabschlussprüfung; →Konzernabschlussprüfung) hat sich schwerpunktmäßig an der mit der Norm verfolgten Zielsetzung, d. h. der Vermittlung von Informationen über die Beeinflussung der →Vermögenslage, →Finanzlage und →Ertragslage (→wirtschaftliche Verhältnisse) durch die Inanspruchnahme rein steuerlicher Vorschriften zu orientieren. Neben der Prüfung der Erfüllung der handels- und steuerrechtlichen Voraussetzungen für den Ausweis des Sonderpostens sowie dessen Bewertung (→Bewertungsgrundsätze) stehen die zutreffende Erfassung der Veränderungen des Sonderpostens in den entsprechenden Posten der →Gewinn- und Verlustrechnung (GuV) und die vorstehend dargestellten umfassenden →Angabpflichten im Mittelpunkt der Betrachtung.

Neben aussagebezogenen Prüfungshandlungen (→ergebnisorientierte Prüfungshandlungen) hat die Prüfung der von dem Unternehmen installierten Verfahren zur Sicherstellung einer zutreffenden Bilanzierung, Bewertung und Berichterstattung über den Sonderposten eine herausragende Bedeutung (→Systemprüfung).

Ein besonderes Augenmerk ist hierbei auf die Frage zu legen, inwieweit die von dem Unternehmen installierten Verfahren eine zutreffende Fortentwicklung des Passivpostens sicherzustellen vermögen. Aufgrund des besonderen Charakters des Bilanzpostens bestehen sehr enge Verbindungen zu anderen Prüfgebieten (→Prüffelder), wie insb. →Anlagevermögen und Abschreibungen (→Abschreibungen, bilanzielle; →Abschreibungen, steuerrechtliche) sowie Rückstellungen.

Wesentliche Risikobereiche bei der Prüfung (→risikoorientierter Prüfungsansatz; →Prüfungsrisiko) des Sonderpostens mit Rücklageanteil betreffen:

- Erfüllung der steuerrechtlichen Voraussetzungen für die Inanspruchnahme der Subvention und richtige Bemessung der Subventionshöhe im Zeitablauf (insb. Beachtung zeitraumbezogener Nebenbedingungen),
- zutreffende Fortentwicklung des Sonderpostens im Zeitablauf, insb. in den Fällen, in denen sich die Subvention auf Anlageinvestitionen, Zuschüsse, →Sonderabschreibungen, erhöhte Absetzungen, beziehen.
- Erfassung der Folgewirkungen von Anlageabgängen, Abschreibungsunterschieden,
- Beachtung der zeitlichen Restriktionen für die Bildung, Auflösung und Übertragung steuerfreier Rücklagen,
- zutreffende Erfassung des nach § 281 Abs. 1 HGB im Sonderposten auszuweisenden Unterschiedsbetrages zwischen den handelsrechtlich gebotenen und den nach § 254 HGB zulässigen steuerlichen Abschreibungen,
- Erfüllung der Voraussetzungen für die Übertragung von steuerfreien Rücklagen sowie
- Erfüllung der umfangreichen Angabepflichten im Anhang, insb. sachgerechte Ermittlung der nach § 285 Nr. 5 HGB anzugebenden Beeinflussung des →Jahresergebnisses durch die Inanspruchnahme steuerlicher Begünstigungen sowie des Ausmaßes erheblicher künftiger Belastungen.

Helmuth Schäfer

Sonderprüfungen, aktienrechtliche

Die aktienrechtlichen Sonderprüfungen sind gesetzlich vorgesehene Prüfungen (→Pflichtprüfungen) und umfassen die *allgemeine Sonderprüfung* nach §§ 142–146 AktG, die *Sonderprüfung wegen unzulässiger Unterbewertung* nach §§ 258–261 AktG sowie die *Prüfung der Beziehung zu verbundenen Unternehmen in besonderen Fällen* nach § 315 AktG.

Die *allgemeine Sonderprüfung* nach §§ 142–146 AktG soll Unregelmäßigkeiten im Zusammenhang mit der Gründung (→Unternehmensgründung) oder der Geschäftsführung aufdecken und die Kontrollmöglichkeiten der Aktionäre stärken (Küting/Weber 2003, Rn. 1 zu § 142 AktG). Sie bezieht sich auf klar abgrenzbare Vorgänge (Jänig 2005, S. 761). Der Sonderprüfer kann gem. § 142 Abs. 1 AktG durch Beschluss der HV (→Haupt- und Gesellschafterversammlung) mit einfacher Mehrheit bestellt werden. Bei Ablehnung durch die HV kann ggf. auch eine gerichtliche Bestellung auf Antrag von Minderheitsaktionären erfolgen (§ 142 Abs. 2 Satz 1 AktG). Bei Bedenken von Minderheitsaktionären gegen die Zuverlässigkeit des Sonderprüfers muss das Gericht einen anderen Sonderprüfer bestellen (§ 142 Abs. 4 AktG). Als Sonderprüfer kommen im Regelfall WP, →vereidigte Buchprüfer (vBP), →Steuerberater (StB) und in Gesellschaften organisierte Berufsangehörige (→Revisions- und Treuhandbetriebe) in Frage (§ 143 Abs. 1 AktG). Sonderprüfer darf jedoch nicht sein, wer nach § 319 Abs. 2 und Abs. 3 HGB nicht →Abschlussprüfer (APr) sein darf oder zum Zeitpunkt des zu prüfenden Vorgangs nicht sein durfte (§ 143 Abs. 2 AktG).

Der Sonderprüfer hat gem. § 145 Abs. 1 AktG das Recht, die Bücher, Schriften und die →Vermögensgegenstände zu prüfen. Er kann von den Mitgliedern des Vorstands und des Aufsichtsrats alle Aufklärungen und Nachweise verlangen, die für die Prüfung notwendig sind (§ 145 Abs. 2 AktG). Der Sonderprüfungsauftrag (→Prüfungsauftrag und -vertrag) ist von dem Prüfer eigenverantwortlich auszulegen (→Eigenverantwortlichkeit des Wirtschaftsprüfers). Prüfungshandlungen und Feststellungen sind gewissenhaft und sorgfältig vorzunehmen, zu treffen und zu dokumentieren (→Berufsgrundsätze des Wirtschaftsprüfers; →Berufsgrundsätze des Steuerberaters). Der PrB bedarf der Schriftform (§ 145 Abs. 4 Satz 2 AktG). Die Anforderungen an Umfang und Inhalt unterliegen grundsätzlich keinen Vorschriften durch das AktG (Küting/Weber 2003, Rn. 5 zu § 145 AktG). Auch Tatsachen, deren Bekanntwerden der Gesellschaft nicht unerhebliche Nachteile bereiten kann, sind jedoch gem. § 145 Abs. 6 Satz 2 AktG zwingend in den Bericht aufzunehmen, wenn die HV für eine angemessene Beurteilung des Prüfungsobjektes davon Kenntnis haben muss. Der Bericht ist durch den Sonderprüfer zu unterzeichnen, dem Vorstand vorzulegen und beim HR des Gesellschaftssitzes einzureichen (§ 145 Abs. 6 Satz 3 AktG). Der Vorstand hat den Bericht dem AR vorzulegen (→Berichtspflichten des Vorstandes) und bei der nächsten HV als Gegenstand der Tagesordnung bekannt zu machen (§ 145 Abs. 6 Satz 5 AktG).

Eine *Sonderprüfung wegen unzulässiger Unterbewertung nach* §§ 258–261 AktG kann beantragt werden, wenn Anlass zu der Annahme besteht, dass im JA bestimmte Posten nicht unwesentlich unterbewertet wurden oder der →Anhang die vorgeschriebenen Angaben nicht oder nicht vollständig enthält und der Vorstand auf der HV die geforderten Angaben trotz Nachfrage nicht gemacht hat (IDW 2002, Abschn. B, Rn. 23, S. 156). Die Bestellung des Sonderprüfers durch das Gericht erfolgt auf Antrag einer qualifizierten Minderheit gem. § 142 Abs. 2 AktG. Der Antragsteller muss konkrete Verdachtsmomente für den Grund der Sonderprüfung vortragen. Bei dem Verdacht auf nicht unwesentliche Unterbewertung sind bestimmte Aktiv- oder Passivpositionen zu benennen. Das Gericht hat vor Bestellung des Sonderprüfers den Vorstand, den AR und den APr zu hören (§ 258 Abs. 3 Satz 1 AktG). Als Prüfer können gem. § 258 Abs. 4 AktG nur WP und WPGes (→Revisions- und Treuhandbetriebe) bestellt werden. Es sind § 319 Abs. 2 und 3 HGB zu beachten (→Unabhängigkeit und Unbefangenheit des Wirtschaftsprüfers). Der APr der Gesellschaft und Personen, die in den letzten 3 Jahren APr der Gesellschaft waren, können aber nicht Sonderprüfer sein (§ 258 Abs. 4 AktG). Für die Rechte und die Verantwortlichkeit des Sonderprüfers gilt § 145 AktG analog (§ 258 Abs. 5 AktG). Der Umfang der Sonderprüfung nach § 258 AktG richtet sich nach dessen Gegenstand. Da die Antragsteller nicht detailliert den Anlass für die Sonderprüfung darlegen müssen, hat der Prüfer eine umfassende Bewertung der Positionen vorzunehmen (→Bewertungsprüfung). Für die Beurteilung sind die Verhältnisse am Stichtag zugrunde zu legen (IDW 2002, Abschn. B, Rn. 36, S. 159). Für den PrB gelten die Vorschriften zur Allgemeinen Sonderprüfung gem. § 142 AktG sinngemäß (§ 259 Abs. 1 Satz 3 AktG). In dem Bericht ist eine abschließende Feststellung darüber zu treffen, mit welchen Werten die einzelnen Aktivposten mindestens und die Passivposten höchstens anzusetzen waren und wie sich dies auf den Jahresüberschuss bzw. den -fehlbetrag (→Jahresergebnis) auswirkt (§ 259 Abs. 2 AktG). Weiterhin ist gem. § 259 Abs. 4 AktG über fehlende oder nicht vollständige Anhangangaben zu berichten.

Die Gesellschaft und auch Minderheitsaktionäre können gegen die Feststellung der Sonderprüfer binnen eines Monats einen Antrag auf gerichtliche Entscheidung stellen (§ 260 Abs. 1 AktG). Ergibt die Sonderprüfung, dass eine unzulässige Unterbewertung stattgefunden hat und liegt gegen diese Feststellung kein Antrag auf eine gerichtliche Entscheidung vor, hat die Korrektur der Posten im ersten JA, der nach Ablauf der Frist aufzustellen ist, zu erfolgen (§ 261 Abs. 1 AktG).

Das Prüfungsobjekt der *Sonderprüfung der Beziehung zu* →*verbundenen Unternehmen in besonderen Fällen nach* § 315 AktG ist der →Abhängigkeitsbericht, der vom Vorstand einer i. S. v. § 17 Abs. 1 AktG abhängigen Gesellschaft mangels Beherrschungsvertrag i. S. v. § 291 AktG (→Unternehmensverträge) nach § 312 AktG aufzustellen ist. Sofern der JA dieser Gesellschaft nach § 316 HGB prüfungspflichtig ist (→Pflichtprüfungen; →Jahresabschlussprüfung), unterliegt auch der Abhängigkeitsbericht der normalen Prüfung durch den APr. Dieser hat zu prüfen, ob die Berichtsangaben richtig sind, die genannten Rechtsgeschäfte zu angemessen, letztlich nicht nachteiligen Konditionen ausgeführt wurden und denen im Bericht genannten Maßnahmen keine Umstände entgegenstehen, welche für eine wesentlich andere Beurteilung als die durch den Vorstand sprechen. Über das Ergebnis hat der APr schriftlich an den AR zu berichten (§ 313 Abs. 2 Satz 3 AktG) (→Berichtsgrundsätze und -pflichten des Wirtschaftsprüfers). Auf Antrag *eines* Aktionärs bestellt das Gericht einen Sonderprüfer für den Abhängigkeitsbericht, wenn der APr keinen uneingeschränkten BestV i. S. d. § 313 Abs. 3 Satz 2 AktG zum Abhängigkeitsbericht erteilt hat, der AR Einwendungen gegen die Erklärungen des Vorstands am Schluss des Berichts erklärt oder der Vorstand selbst erklärt, dass die aufgeführten Rechtsgeschäfte zu letztlich für die AG (→Aktiengesellschaft, Prüfung einer) nachteiligen Konditionen ausgeführt wurden (§ 315 Satz 1 AktG). Diese Sonderprüfung des Abhängigkeitsberichts entspricht inhaltlich der durch den APr durchgeführten normalen Prüfung.

Literatur: Fleischer, H.: Kommentierung der §§ 142 und 146 AktG, in: Küting, K./Weber, C.-P. (Hrsg.): HdR-E, Loseblattausgabe, 5. Aufl., Stuttgart, Stand: 6. Erg.-Lfg. März 2004; IDW (Hrsg.): WPH 2002, Band II, 12. Aufl., Düsseldorf 2002; Jänig, R.: Der Gegenstand der Sonderprüfung nach § 142 AktG, in: WPg 58 (2005), S. 761–772; Rodewald, J.: Kommentierung der §§ 258–261 AktG, in: Küting, K./Weber, C.-P. (Hrsg.): HdR-E, Loseblattausgabe, 5. Aufl., Stuttgart, Stand: 6. Erg.-Lfg. März 2004.

Frank Loch

Sonderprüfungen nach Kreditwesengesetz

Den Aufsichtsbehörden – →*Bundesanstalt für Finanzdienstleistungsaufsicht* (*BaFin*) und *Deutsche Bundesbank* – stehen zur Erfüllung ihrer Verpflichtung zur Beaufsichtigung (§§ 6 und 7 KWG) von Instituten (→Kreditinstitute und →Finanzdienstleistungsinstitute) (§ 1 Abs. 1b KWG) gem. §§ 44–44c KWG Sachverhaltsermittlungsrechte zu, die sie je nach Bedarf einsetzen können. Die Aufsichtsbehörden können im Rahmen ihrer *Sachverhaltsermittlungskompetenz* Auskünfte verlangen, sich Unterlagen vorlegen lassen, *Prüfungen* durchführen bzw. diese durchführen lassen. Dabei haben die Aufsichtsbehörden auf die Verhältnismäßigkeit der eingesetzten Mittel zu achten.

Die *BaFin* kann gem. § 44 Abs. 1 Satz 2 KWG *ohne* besonderen Anlass (Sonder-) Prüfungen bei Instituten vornehmen. Es soll dadurch vermieden werden, dass eine angeordnete Prüfung zu einem Vertrauensverlust des betreffenden Instituts führt. Dieses Prüfungsrecht steht im Gegensatz zu den laufenden Informationsrechten und den sonstigen zusätzlichen Sachverhaltsermittlungsrechten allein der *BaFin* zur Verfügung.

Die (Sonder-) Prüfungen finden unabhängig von anderen Prüfungen (→Jahresabschlussprüfung, Prüfungen der Sicherungseinrichtung) statt. Jedoch können bereits festgestellte Mängel Auslöser einer Prüfung nach § 44 Abs. 1 Satz 2 KWG sein. Die *BaFin* kann sich aber durch (Sonder-) Prüfungen auch allgemein über bestimmte Sachverhalte, Vorgänge oder Geschäfte mit aufsichtsrechtlicher Relevanz – insb. über die Einhaltung neuer Vorschriften – informieren. Daher haben diese (Sonder-) Prüfungen nicht den Charakter einer Abschlussprüfung (→Jahresabschlussprüfung; →Konzernabschlussprüfung), sondern haben einen konkret definierten Prüfungsauftrag, in dem die zu prüfenden Geschäftsbereiche, Einzelgeschäfte, Vorgänge, Tatsachen oder Verhältnisse vorgegeben werden.

Die (Sonder-) Prüfung kann durch Mitarbeiter der *BaFin* durchgeführt werden. Im Regelfall beauftragt die *BaFin* jedoch WP bzw. WPGes (→Revisions- und Treuhandbetriebe), genossenschaftliche →Prüfungsverbände oder die Prüfungsstellen der Sparkassen- und Giroverbände. Daneben bedient sich die *BaFin* aber auch der *Deutschen Bundesbank* sowie sonstiger Personen oder Einrichtungen. Die Auswahl der Personen und Einrichtungen liegt grundsätzlich in ihrem Ermessen.

Die *BaFin* hat die Prüfung gegenüber dem betroffenen Institut inhaltlich in Form einer *Prüfungsanordnung* zu konkretisieren, gegen die innerhalb eines Monats nach Bekanntgabe Widerspruch erhoben werden kann. Bedient sich die *BaFin* anderer Personen oder Einrichtungen, so werden diese in der Prüfungsanordnung benannt. Gleichzeitig wird den Personen oder Einrichtungen ein separater Prüfungsauftrag (→Prüfungsauftrag und -vertrag) mit Bezug auf die ergangene Prüfungsanordnung zugestellt. Er enthält den Hinweis, dass Feststellungen i. S. d. § 29 Abs. 3 KWG der *BaFin* sowie Feststellungen, die eine Ausweitung des Prüfungsgegenstandes nahe legen, unverzüglich mitzuteilen sind.

Die beauftragten Personen haben keine eigenen Rechte gegenüber den Instituten, sondern leiten ihre Rechte aus den Rechten der *BaFin* ab, welche der *BaFin* aufgrund ihrer gesetzlichen Verpflichtung und im Rahmen ihrer Aufgabe zustehen (abgeleitete Kompetenz). Im Rahmen der Prüfung haben die von der *BaFin* beauftragten Personen somit ein umfassendes Auskunfts- und Unterlagenvorlagerecht (Boos/Fischer/Schulte-Mattler 2000, Rn. 30, S. 898). Prüfungsbehinderungen sind der *BaFin* mitzuteilen.

Neuerdings werden (Sonder-) Prüfungen der *BaFin* überwiegend durch ein anonymisiertes Ausschreibungsverfahren vergeben, in dem mehrere bereits ausgewählte Personen (üblicherweise WPGes bzw. Prüfungsverbände) ein Angebot abgeben können.

Die *Prüfungshandlungen* sind abhängig von dem in der Prüfungsanordnung definierten Prüfungsgegenstand. →Systemprüfungen und →Einzelfallprüfungen sind – auch als Kombination – möglich. Wenn nicht Stichprobenumfänge konkret mitgeteilt werden, ist eine angemessene berufsübliche Auswahl zu treffen (→Stichprobenprüfung). Zumeist ist die Einhaltung von konkreten Gesetzen, Verordnungen, Mindestanforderungen (bzw. →Mindestanforderungen an das Risikomanagement) bzw. sonstigen Verlautbarungen zu bestätigen (→Ordnungsmäßigkeitsprüfung) bzw. die Werthaltigkeit von Kreditengagements zu überprüfen (→Engagementprüfung). Aber auch andere Prüfungsinhalte sind denkbar.

Über das Ergebnis der Prüfung ist ein *Bericht* zu erstellen. Bei der Berichterstattung ist eine analoge Anwendung der allgemeinen Grundsätze ordnungsmäßiger Berichterstattung [IDW PS 450; →Prüfungsbericht (PrB); →Berichtsgrundsätze und -pflichten des Wirtschaftsprüfers] zu beachten. Der Aufbau ist abhängig vom Prüfungsauftrag. Der Bericht ist üblicherweise direkt an die *BaFin* zu senden. Die Anzahl der Ausfertigungen ist dem Prüfungsauftrag zu entnehmen. Eine →Schlussbesprechung soll nicht durchgeführt werden. Den beauftragten Personen bleibt jedoch die Möglichkeit des Sachverhaltsabgleichs. Die Berichte werden üblicherweise mit einem Siegel [§ 48 →Wirtschaftsprüferordnung (WPO)] nach der Schlussbemerkung versehen (IDW 2006, Abschn. Q, Rn. 1166, S. 1905) (→Bescheinigungen; →Bescheinigungen im Prüfungswesen).

Im Regelfall holt der Prüfer von der Geschäftsleitung eine →Vollständigkeitserklärung zu den erteilten Auskünften und vorgelegten Unterlagen sowie den beauftragten Mitarbeitern des Instituts ein.

Eine Begrenzung der Haftung auf die in Nr. 8 Abs. 1 Satz 3 und Nr. 9 der „Allgemeinen Auftragsbedingungen für Wirtschaftsprüfer und Wirtschaftsprüfungsgesellschaften" genannten Sachverhalte und Haftungssummen findet keine Anwendung (→Haftung des Wirtschaftsprüfers).

Die →Kosten, die der *BaFin* oder der beauftragten Person durch die Durchführung der Prüfung nach § 44 Abs. 1 KWG entstehen, sind vom geprüften Unternehmen gem. § 51 Abs. 3 KWG zu erstatten, ggf. auch vorzuschießen. Zur Vereinfachung kann die *BaFin* das geprüfte Unternehmen auch anweisen, den Rechnungsbetrag direkt an die beauftragte Person zu überweisen.

Hat das Institut Bereiche, die für die Durchführung der Bankgeschäfte oder Finanzdienstleistungen wesentlich sind, gem. § 25 Abs. 2 Satz 1 KWG auf ein anderes Unternehmen (Auslagerungsunternehmen) ausgelagert (→Outsourcing), so dürfen dadurch Prüfungsrechte und Kontrollmöglichkeiten der *BaFin* nicht beeinträchtigt werden. Das Auslagerungsunternehmen hat sich gegenüber dem Institut in einer entsprechend der nach § 20 Satz 3 Nr. 2 AnzV abzugebenden Duldungserklärung vertraglich zu verpflichten, der *BaFin* bzw. den von ihr beauftragten Stellen sämtliche für die Aufsicht notwendigen Auskünfte zu erteilen und Unterlagen auszuhändigen. Dieses erweiterte Prüfungsrecht der *BaFin* wurde zuletzt im § 44 Abs. 1 Satz 2 2. HS KWG ausdrücklich normiert.

Literatur: Boos, K.-H./Fischer, R./Schulte-Mattler, H. (Hrsg.): Kreditwesengesetz – Kommentar zu KWG und Ausführungsvorschriften, München 2000, S. 889–928; IDW (Hrsg.): WPH 2006, Band I, 13. Aufl., Düsseldorf 2006a; IDW (Hrsg.): IDW Prüfungsstandard: Grundsätze ordnungsmäßiger Berichterstattung bei Abschlussprüfungen (IDW PS 450, Stand: 8. Dezember 2005), in: WPg 59 (2006b), S. 113–128.

Klaus Hammelstein

Sonstige betriebliche Aufwendungen und Erträge

Eine Prüfung der sonstigen betrieblichen Aufwendungen und Erträge wird dem Grundsatz der Wirtschaftlichkeit folgend zunächst damit beginnen, zu klären, welche Sachverhalte im Rahmen der Prüfung anderer Bilanzposten bereits mitgeprüft wurden. Typische Sachverhalte in diesem Zusammenhang sind bspw. Verluste/Gewinne aus dem Abgang von →Sachanlagen beim →Prüffeld Sachanlagen oder Zuführung zu bzw. Auflösung von sonstigen →Rückstellungen beim Prüffeld Rückstellungen.

Die beiden Posten der →Gewinn- und Verlustrechnung (GuV) umfassen alle übrigen →Aufwendungen und Erträge, die aus der gewöhnlichen Geschäftstätigkeit stammen und nicht in einem anderen Posten ausgewiesen werden. Wird die GuV nach dem GKV aufgestellt (→Gliederung der Gewinn- und Verlustrechnung), so werden unter dem sonstigen betrieblichen Aufwand typischerweise folgende Sachverhalte gezeigt: Abschreibungen (→Abschreibungen, bilanzielle) auf →Forderungen, Buchverluste aus dem Abgang von Gegenständen des →Anlagevermögens und des →Umlaufvermögens, Reklameaufwendungen, Ausgangsfrachten, Reisespesen, Provisionen, Büromaterial, Reparatur- und Versandmaterial, Mieten und Pachten, Verluste aus Schadensfällen etc.

Der Posten sonstige betriebliche Erträge umfasst z. B. →Erlöse aus nicht betriebstypischen Nebenumsätzen, Erträge aus der Auflösung von Rückstellungen, periodenfremde Erträge (→periodenfremde Aufwendungen und Erträge) etc. Handelt es sich hingegen um ao. Sachverhalte, d. h. um Aufwendungen/Erträge, die außerhalb der gewöhnlichen Geschäftstätigkeit der Gesellschaft anfallen, müssen diese auch unter selbigen ausgewiesen werden (→außerordentliche Aufwendungen und Erträge).

Wird die GuV hingegen nach dem UKV aufgestellt, wird insb. der auszuweisende Aufwand regelmäßig wesentlich niedriger ausfallen als der nach dem GKV zu zeigende sonstige betriebliche Aufwand, da der überwiegende Teil der sonstigen betrieblichen Aufwendungen bei den HK (→Herstellungskosten, bilanzielle) des Umsatzes, den Vertriebskosten und den allgemeinen Verwaltungskosten auszuweisen ist (→Gliederung der Gewinn- und Verlustrechnung).

Schwer aufzuteilende Aufwendungen beim UKV, die mehreren Aufwandsarten des Gliederungsschemas gem. § 275 HGB zuzurechnen wären, können im sonstigen betrieblichen Aufwand ausgewiesen werden. Ferner sind Einstellungen in den →Sonderposten mit Rücklageanteil bei beiden Verfahren in den sonstigen betrieblichen Aufwendungen auszuweisen. Handelt es sich bei den periodenfremden Aufwendungen (→periodenfremde Aufwendungen und Erträge) um wesentliche Beträge, so werden Erläuterungen im →Anhang nach § 277 Abs. 4 Satz 3 HGB erforderlich. Beim UKV sind die periodenfremden Aufwendungen den einzelnen Funktionsbereichen zuzuordnen (IDW 2006, Rn. 448–450, S. 560 f.).

Die weiteren Schritte zur Prüfung der sonstigen betrieblichen Aufwendungen und Erträge setzen sich vorzugsweise aus den →analytischen Prüfungshandlungen sowie ggf. den →Einzelfallprüfungen oder einer Kombination beider Prüfungstechniken (→ergebnisorientierte Prüfungshandlungen) zusammen. Ist die Durchführung analytischer Prüfungshandlungen nicht möglich oder sinnvoll (bspw. wenn sich Erwartungswerte nicht verlässlich ableiten lassen) oder erbringen die durchgeführten analytischen Prüfungshandlungen keine ausreichende Prüfungssicherheit (z. B. bei nicht erklärbaren Abweichungen zwischen dem Erwartungswert und dem gebuchten Betrag), sind Einzelfallprüfungen erforderlich (→risikoorientierter Prüfungsansatz). Die Einzelfallprüfungen können insb. durch Einsichtnahme in Unterlagen, Inaugenscheinnahme von →Vermögensgegenständen, Beobachtung von Verfahren oder Maßnahmen, Befragung und Einholung von Bestätigungen (→Bestätigungen Dritter) sowie Berechnungen durchgeführt werden. Weiterhin sollten auffällige Stornierungen und Buchungstexte, aus dem üblichen Rahmen fallende Beträge oder →Buchungen sowie nicht plausibel erscheinende Gegenkonten und USt-Schlüssel betrachtet werden (→Unregelmäßigkeiten; →Unregelmäßigkeiten, Aufdeckung von).

Die in Abhängigkeit von identifizierten spezifischen Risiken durchzuführenden Prüfungshandlungen (→Auswahl von Prüfungshandlungen) sollen insb. die Überprüfung der vollständigen und periodengerechten Abgrenzung (→periodengerechte Erfolgsermittlung; →Cut-Off) sowie des richtigen Ausweises der Aufwendungen sicherstellen (→Fehlerarten in der Abschlussprüfung). Weiterhin erfolgt die Überprüfung der Angaben im Anhang auf Richtigkeit und Vollständigkeit, z. B. Grundlagen der →Währungsumrechnung (§ 284 Abs. 2 Nr. 2 HGB), Angaben zu →außerordentlichen Aufwendungen und Erträgen (§ 277 Abs. 4 Satz 2 HGB) sowie zu →periodenfremden Aufwendungen und Erträgen (§ 277 Abs. 4 Satz 3 HGB).

Literatur: IDW (Hrsg.): WPH 2006, Band I, 13. Aufl., Düsseldorf 2006.

Andreas Otter

Sonstige finanzielle Verpflichtungen

Eine Normierung des Begriffs der sonstigen finanziellen Verpflichtungen ist im Gesetz nicht erfolgt. Im Wesentlichen versteht man hierunter rechtlich verfestigte Verpflichtungen, die weder als →Verbindlichkeit noch als →Rückstellung zu passivieren sind, denen sich die KapGes vor dem Hintergrund rechtlicher oder wirtschaftlicher Gründe nicht entziehen kann und die dem JA an anderer Stelle nicht zu entnehmen sind. Es handelt sich folglich um eine Art Auffangvorschrift (ADS 2002, Rn. 36 zu § 285 HGB). Ob die Verpflichtung auf Grundlage vertraglicher, gesetzlicher oder faktischer Begebenheiten basiert, ist unerheblich.

Grundsätzlich sind nur Verpflichtungen finanzieller Art zu erfassen; Sachwertschulden sind hiervon ausgenommen. Auch fallen kurzfristige Verpflichtungen i.d.R. nicht hierunter, um zu verhindern, dass die Erläuterung durch Verpflichtungen überlagert wird, die sich mehr oder weniger regelmäßig aus der Fortführung des Betriebes ergeben.

Beispiele sonstiger finanzieller Verpflichtungen sind neben nicht bilanzierten schwebenden Geschäften und Dauerschuldverhältnissen, welche noch keinen anderweitigen Einzug in die Bilanz gefunden haben, auch Verpflichtungen aus bereits begonnenen Investitionsvorhaben (→Investition) oder künftigen Großvorhaben sowie Verpflichtungen aus notwendig werdenden Umweltschutzmaßnahmen.

Eine →Angabepflicht ergibt sich aus § 285 Nr. 3 HGB (→Anhang). Sie gilt ausschließlich für mittelgroße und große KapGes (→Größenklassen). Kleine KapGes sind hiervon ausgenommen, für →Versicherungsunternehmen ist die Spezialregelung gem. § 341a Abs. 2 Satz 5 HGB zu beachten. Die Angabepflicht soll den Abschlussadressaten bei der Beurteilung der →Finanzlage helfen. Sie soll Informationsnachteile ausgleichen, die bspw. dadurch entstehen, dass schwebende Geschäfte nicht bilanziert werden dürfen, soweit nicht ein Verpflichtungsüberhang besteht.

Grundsätzlich wird nur die Angabe des Gesamtbetrags der sonstigen finanziellen Verpflichtungen im →Anhang verlangt, die nicht in der Bilanz erscheinen und auch nicht aufgrund von § 251 HGB (→Haftungsverhältnisse) bereits anzugeben sind. Es ist daher grundsätzlich nicht nur zu prüfen, ob eine Verpflichtung vorliegt, sondern auch zunächst, ob nicht eine Einbeziehung in den Bilanzvermerk nach § 251 HGB erfolgen sollte. Lediglich für die danach noch übrig bleibenden Verpflichtungen besteht die Angabepflicht nach § 285 Nr. 3 HGB.

Der Gesamtbetrag der sonstigen finanziellen Verpflichtungen ist nur dann verpflichtend anzugeben, wenn diese Angabe für die Beurteilung der Finanzlage der betroffenen KapGes von Bedeutung ist. Auswirkungen auf die →Vermögenslage und →Ertragslage sind nicht relevant. Hierbei muss der Gesamtbetrag von Bedeutung sein, nicht jede einzelne Verpflichtung. So kann sich eine Angabepflicht für von für sich genommen unbedeutenden Einzelverpflichtungen ergeben, wenn diese in Summe eine wesentliche Bedeutung für die Finanzlage des Unternehmens haben (Ott/Sehmsdorf 1998, Abschn. B 431, Rn. 40).

Die finanziellen Verpflichtungen sind grundsätzlich als Summe der Erfüllungsbeträge zu bewerten, ohne dass eine Abzinsung vorzunehmen ist (Ott/Sehmsdorf 1998, Abschn. B 431, Rn. 40). Wegen des gesetzlichen Verrechnungsverbots nach § 246 Abs. 2 HGB ist der ermittelte Gesamtbetrag für wesentliche Verpflichtungen in voller Höhe anzugeben, ohne dass bestehende Ansprüche aus Rückgriffsrechten oder Ähnlichem saldiert werden dürfen (→Grundsätze ordnungsmäßiger Buchführung, Prüfung der). Die Angabepflicht verlangt regelmäßig eine Zahlenangabe. Eine verbale Angabe ist nur in seltenen Ausnahmefällen zulässig.

Die handelsrechtliche Regelung steht im Gegensatz zur Verfahrensweise internationaler Bilanzierungsstandards [→International Financial Reporting Standards (IFRS); →United States Generally Accepted Accounting Principles (US GAAP)]. Hier sind finanzielle Verpflichtungen, wie Avale, Bürgschaften, →Leasingverhältnisse und →Patronatserklärungen, grundsätzlich direkt in der Bilanz und nicht im Anhang (→Notes) zu zeigen.

Die Prüfung der sonstigen finanziellen Verpflichtungen ist Bestandteil der Prüfung des Anhangs. Besonderes Augenmerk ist hierbei auf die Frage, ob finanzielle Verpflichtungen für die Beurteilung der Finanzlage von →Wesentlichkeit sind, zu legen.

Literatur: ADS 2002: Rechnungslegung nach Internationalen Standards. Kommentar, Loseblattausgabe, Stuttgart, Stand: 1. Erg.-Lfg. 2002; Ott, J./Sehmsdorf, M.: Kommentierung des § 285 HGB, in: Castan, E. (Hrsg.): Beck'sches Handbuch der Rechnungslegung, München 1998.

Simon Brameier

Sonstige Gesetzesverstöße
→Unregelmäßigkeiten; Konsequenzen aus

Sonstige Vermögensgegenstände

Unter den sonstigen Vermögensgegenständen werden die Posten des →Umlaufvermögens zusammengefasst, die nicht gesondert auszuweisen sind. Dazu zählen bspw. Ansprüche auf Steuererstattungen, Investitionszulagen und Schadenersatz, debitorische Kreditoren, Gehalts- und Reisekostenvorschüsse an Arbeitnehmer, Kredite an Organmitglieder (→Kreditgewährung an Vorstand und Aufsichtsrat) und Arbeitnehmer, sonstige kurzfristige Darlehen, z. B. an Kunden, Ansprüche auf Bonus und Warenrückvergütung, zur Veräußerung stehende GmbH-Anteile sowie Forderungen aus dem Verkauf von Gegenständen des →Anlagevermögens. Es handelt sich somit um einen sehr heterogenen Posten, der mehrere →Prüffelder und keine Routinetransaktionen umfasst. I.d.R. kommen daher aussagebezogene Prüfungshandlungen (→ergebnisorientierte Prüfungshandlungen) zur Anwendung.

Ausgangspunkt der Nachweisprüfung (→Nachweisprüfungshandlungen) ist eine Zusammenstellung des Unternehmens über den Inhalt des Postens. Das Vorgehen entspricht weitestgehend der Prüfung der →Forderungen (→Jahresabschlussprüfung; →Konzernabschlussprüfung). Für wesentliche Einzelposten sind Nachweise zu verlangen, wie bspw. Saldenbestätigungen (→Bestätigungen Dritter), Verträge, Rechnungen, Steuerbescheide und sonstiger Schriftverkehr sowie unternehmensinterne Berechnungen. Grundsätzlich hat eine Aktivierung der Forderung zu erfolgen, wenn sie entstanden und dem Grunde und der Höhe nach hinreichend konkretisiert ist (→Grundsätze ordnungsmäßiger Buchführung, Prüfung der; →Grundsätze ordnungsmäßiger Rechnungslegung). Ertragsteuererstattungsansprüche sollten zusammen mit Steuern und Steuerrückstellungen (→Rückstellungen) geprüft werden. Bei Zulagen ist insb. die Einhaltung der Auflagen zu prüfen.

Für die Bewertung der sonstigen Vermögensgegenstände gelten die allgemeinen Bewertungsvorschriften (§§ 252–256 HGB) (→Bewertungsgrundsätze) sowie die besonderen Vorschriften für KapGes und bestimmte PersGes (§§ 279–281 HGB). Die Bewertung erfolgt höchstens mit den →Anschaffungskosten (AK), d. h. grundsätzlich mit dem Nennwert (§ 253 Abs. 1 HGB). Gem. § 253 Abs. 3 Satz 2 HGB sind zweifelhafte Forderungen auf den wahrscheinlich zu realisierenden Betrag und uneinbringliche Forderungen voll abzuschreiben. Der →Abschlussprüfer (APr) sollte vom Unternehmen eine Aufstellung über die Wertberichtigungen und Abschreibungen verlangen und prüfen, ob diese entsprechend autorisiert worden sind und ob diese angemessen sind (→Bewertungsprüfung). Anhand der Salden oder der noch offenen Rechnungen ist eine Auswahl der sonstigen Vermögensgegenstände zu treffen und für diese der Zahlungseingang (→Zahlungsverkehr) nach dem Bilanzstichtag zu prüfen (→Nachweisprüfungshandlungen).

Im Rahmen der Ausweisprüfung ist insb. sicherzustellen, dass unter den sonstigen Vermögensgegenständen keine Posten ausgewiesen werden, die unter andere Bilanzposten gehören (→Gliederung der Bilanz). Es ist festzustellen, ob der Ausweis der sonstigen Vermögensgegenstände mit einer Restlaufzeit von mehr als einem Jahr richtig ermittelt wurde. Außerdem ist festzustellen, ob abgetretene, verpfändete oder veräußerte sonstige Vermögensgegenstände und Forderungen gegenüber Mitgliedern des Vorstandes/Aufsichtsrats und Gesellschaftern richtig gebucht, zugeordnet und/oder ausgewiesen sind.

Folgende Angaben im Anhang sind auf Richtigkeit und Vollständigkeit zu prüfen (→Fehlerarten in der Abschlussprüfung): Mitzugehörigkeitsvermerk (§ 265 Abs. 3 Satz 1 HGB); Restlaufzeiten von mehr als einem Jahr, sofern nicht in der Bilanz gesondert ausgewiesen (§ 265 Abs. 3 Satz 1 HGB); Erläuterung größerer antizipativer Posten (§ 268 Abs. 4 Satz 2 HGB); gewährte Vorschüsse und Kredite an Geschäftsführungsorgane, AR (→Kreditgewährung an Vorstand und Aufsichtsrat) oder eine ähnliche Einrichtung (§ 285 Nr. 9c HGB). Sofern die Gesellschaft kurzfristige Forderungen gem. §§ 89 bzw. 115 AktG gegenüber Vorstandsmitgliedern bzw. Mitgliedern des Aufsichtsrats besitzt, sind diese unter den sonstigen Vermögensgegenständen auszuweisen. Es ist zu prüfen, welche Personen in den Anwendungsbereich der §§ 89, 115 AktG fallen und ob ein gewährtes Darlehen die Höhe eines Monatsgehalts zzgl. eines Zwölftels der garantierten Tantieme übersteigt. Zudem ist festzustellen, ob eine entsprechende Bewilligung des Aufsichtsrats vorliegt. Die Einhaltung der Kreditbedingungen ist durch den APr zu prüfen.

Im Rahmen der Rechnungslegung nach →International Financial Reporting Standards (IFRS) findet IAS 39 auf die kurzfristigen finanziellen Vermögenswerte Anwendung. Als Ausweis bietet sich der Posten Other Receivables oder Other Financial Assets an.

Literatur: IDW (Hrsg.): WPH 2006, Band 1, 13. Aufl., Düsseldorf 2006; Krag, J.: Sonstige Vermögensgegenstände, in: Ballwieser, W. et al. (Hrsg.): HWRP, 3. Aufl., Stuttgart 2002, Sp. 2233–2237; Raff, I.: Forderungen, in: Ballwieser, W. et al. (Hrsg.): HWRP, 3. Aufl., Stuttgart 2002, Sp. 2233–2237.

Telge-Sascha Krantz

Sonstige Zinsen und ähnliche Erträge
→Finanzergebnis

Sorgfaltspflicht des Aufsichtsrats
→Haftung des Aufsichtsrats

Sortenfertigung →Äquivalenzziffernkalkulation

Sortimentscontrolling

Das Sortimentscontrolling ist dem bereichsspezifischen →Handelscontrolling zuzuordnen und gehört damit zu den klassischen Instrumenten des Controllings (→Controllinginstrumente). Ziel des Sortimentscontrollings ist die aktive und rentabilitätsorientierte Steuerung und Überwachung von Sortimenten zur Sicherung und Verbesserung der eigenen Wettbewerbssituation. Zur Zielerreichung werden im Wesentlichen die folgenden Instrumente angewendet (→Marketingcontrolling):

- Sortimentskennzahlen,
- Space-Management sowie
- Analyse der Verbundeffekte im Sortiment.

Handelssortimente sind durch eine hohe Komplexität charakterisiert. Um die im Sortimentscontrolling notwendige Transparenz zu erreichen, wird eine Vielzahl an Leistungsziffern herangezogen. Hierbei werden insb. folgende Sortimentskennzahlen eingesetzt:

- Umsatz (→Umsatzerlöse) und Deckungsbeitrag (→Deckungsbeitragsrechnungen),
- Handelsspanne,
- Umschlagshäufigkeit,
- Bruttorentabilität (→Rentabilitätsanalyse) sowie
- Fehl- und Nichtverkauf.

Die Umsatzanalyse wird meist zu Beginn der Sortimentsanalyse durchgeführt und zeigt die „Renner" bzw. „Penner" in einem Sortiment auf. Parallel dazu wird im Handel häufig eine Absatzmengenanalyse vollzogen, um zu erkennen, ob Umsatzveränderungen auf eine Preisveränderung oder auf eine Absatzmengenveränderung zurückzuführen sind. Die Ergebnisse beider Analyseverfahren werden üblicherweise in einer Ex-post-Betrachtung mit den Daten aus Vorperioden sowie den Kennzahlen der Mitbewerber verglichen (→Kennzahlen und Kennzahlensysteme als Kontrollinstrument; →zeitlicher Vergleich; →überbetriebliche Vergleiche; →betriebswirtschaftlicher Vergleich). Der Deckungsbeitrag definiert sich i. d. R. durch die Differenz zwischen dem Umsatz und den variablen →Kosten. Die Differenz zwischen Verkaufspreis und Einstandspreis wird als Handelsspanne bezeichnet und ist eine der wichtigsten Profitabilitätskennzahlen (→ Erfolgskennzahlensystem) im Handel. Die Deckungsbeitragsanalyse wird meist um eine →ABC-Analyse ergänzt. Die Umschlagshäufigkeit oder auch Lagerumschlagsgeschwindigkeit ist eine Kennzahl zur Steuerung der Bestandshöhe (→Bestandsplanung und -kontrolle). Sie gibt an, wie oft eine Ware in einem bestimmten Zeitraum umgeschlagen bzw. „gedreht" wurde. Die Bruttorentabilität (Bruttonutzenziffer) weist die Verzinsung des durchschnittlich im Warenlager eingesetzten Kapitals auf. Bei der Fehl- und Nichtverkaufsanalyse wird erhoben, welche Umsatzverluste durch etwaige Out-of-Stock-Situationen (Fehlverkauf) bzw. Nicht-Listung der nachgefragten Artikel (Nichtverkauf) entstehen.

Die Kennzahl Direkte Produktrentabilität (DPR) versucht, alle entstandenen Kosten vom Einkauf bis zum Verkauf des Artikels in die Rentabilitätskennzahl einzurechnen (→Deckungsbeitragsrechnungen; →Direct Costing). Berechnet wird die DPR als Bruttospanne (Handelsspanne) eines Artikels zzgl. sämtlicher Rabatte und Werbekostenzuschüsse, abzgl. der direkten Produktkosten, die im Zentrallager und/oder im Einzelhandelsgeschäft entstehen. Ziel ist es, den Gewinnbeitrag jedes einzelnen Artikels zu ermitteln. Hierbei wird ein möglichst großer Teil der Gemeinkosten (→Gemeinkostencontrolling) auf den jeweiligen Artikel verursachungsgerecht umgelegt (→Kostenverursachung; →Kostenstellenrechnung; →Kostenträgerstückrechnung). Diese Kennzahl bzw. diese Vorgehensweise steht häufig in der Kritik, da u. a. der Erhebungsaufwand bei umfangreichen Sortimenten beträchtlich ist. Allerdings zeigt sich in der Handelspraxis, dass eine Betrachtung der Ergebnisse der DPR sinnvoll ist, da Artikel mit hoher Handelsspanne und hoher Umschlagshäufigkeit auch hohe Logistikkosten verursachen können (→Logistikcontrolling), so dass diese Artikel u.U. eine niedrigere DPR aufweisen als Artikel mit geringerem Lagerumschlag.

Unter Space-Management wird eine meist computergestützte Form der Regaloptimierung verstanden, die eine bestmögliche Ausnutzung der vorhandenen Verkaufsfläche durch eine renditeorientierte Warenplatzierung in den Regalen anstrebt. Grundgedanke ist, dass jeder Ware der Platz zugeordnet wird, der ihrem Umsatz- und Ertragsbeitrag und den Kaufgewohnheiten am besten entspricht. Zur Durchführung der Optimierung benötigen die sog. Space-Management-Programme eine Reihe von weiteren Daten, so Scannerdaten (Abverkaufsdaten), verfügbare Regalfläche sowie Verkaufs- und Einstandspreise. Die Komplexität der notwendigen Informationen bedingt eine oftmals nicht ausreichende Informations- und Anwendungseffizienz der Space-Management-Programme.

Die Verbundeffekte – auch Cross-Selling-Effekte genannt – im Sortiment können als Ausstrahlungseffekte zwischen einzelnen Artikeln oder Warengruppen definiert werden. Diese Verbundeffekte können den Erfolg eines Sortiments sowohl positiv als auch negativ beeinflussen, je nachdem, ob Artikel sich gegenseitig umsatzmäßig fördern oder substituieren. Die Verbundeffekte lassen sich in drei Typen untergliedern:

- Bedarfsverbund,
- Nachfrageverbund sowie
- Kaufverbund.

Bedarfsverbund bedeutet, dass aufseiten des Kunden ein Bedarf an mehreren komplementären Gütern besteht, die er für seine Problemlösung benötigt. Der Nachfrageverbund entsteht aus dem Bestreben vieler Kunden, einen möglichst großen Teil ihrer gesamten Nachfrage in nur einer Einkaufsstätte zu erledigen. Sowohl der Bedarfs- als auch der Nachfrageverbund können auch in mehreren zeitlich nacheinander liegenden Kaufakten auftreten. Der Kaufverbund ist der gleichzeitige Kauf mehrerer Produkte im Rahmen eines einzigen Kaufakts.

Literatur: Liebmann, H.-P./Zentes, J.: Handelsmanagement, München 2001; Möhlenbruch, D.: Sortimentspolitik, in: Tietz, B./Köhler, R./Zentes, J. (Hrsg.): HWM, 2. Aufl., Stuttgart 1995, Sp. 2316–2329; Zentes, J.: Regalflächenoptimierung, in: Diller, H. (Hrsg.): Vahlens Großes Marketing Lexikon, 2. Aufl., Band 2, München 2001, S. 1001.

Joachim Zentes

Sortimentskennzahlen →Sortimentscontrolling

Sortimentsplanung →Bedarfsplanung und -kontrolle

Sozietät →Revisions- und Treuhandbetriebe

Sozietätsklausel →Ausschluss als Abschlussprüfer

Space-Management →Sortimentscontrolling

Spaltung →Unternehmensumwandlungen

Sparkassenprüfung

Sparkassen sind Anstalten des öffentlichen Rechts. Träger sind Gebietskörperschaften, wie Städte oder Landkreise. Betreiben mehrere dieser Gebietskörperschaften eine Sparkasse gemeinsam, bilden sie einen Zweckverband. Sparkassen, die nicht als Anstalt des öffentlichen Rechts organisiert sind, werden als „Freie Sparkassen" bezeichnet. Sparkassen unterliegen dem Regionalprinzip. Das Geschäftsgebiet der Sparkassen bezieht sich auf das Gebiet ihres kommunalen Trägers. Die Bezeichnung „Sparkasse" ist gem. § 40 KWG mit wenigen Ausnahmen nur von öffentlich-rechtlichen Sparkassen zu führen.

Die Aufgabe der Sparkassen ist es, die angemessene und ausreichende Versorgung aller Bevölkerungskreise und insb. der mittelständischen Wirtschaft (→kleine und mittlere Unternehmen) mit geld- und kreditwirtschaftlichen Leistungen sicherzustellen. Die Sparkassen sind in den Sparkassen-Finanzverbund integriert. Sie bieten neben den üblichen Bankdienstleistungen eines Universalkreditinstitutes insb. auch die Produkte der Verbundunternehmen, wie z. B. Bausparen (→Bausparkassen), Versicherungen (→Versicherungsunternehmen) oder Fondsgeschäfte, an.

Sparkassen unterliegen wie alle →Kreditinstitute der Aufsicht der →*Bundesanstalt für Finanzdienstleistungsaufsicht* (*BaFin*). Die Rechtsaufsicht über die Sparkassen liegt bei den *Innenministerien der Länder*. Daneben besitzt das *Innenministerium* landesrechtliche Anordnungsbefugnisse, wie z. B. zum Erlass von Beleihungsgrundsätzen. Den Aufsichtsbehörden stehen gesetzliche Prüfungsrechte zu.

Die Sparkassen und ihre Träger sind Mitglieder in den regionalen Sparkassen- und Giroverbänden. Der Gesamtverband aller Sparkassen ist der *DSGV*.

Die Sicherung der eingelegten Kundengelder und der Fortbestand der Sparkassen im Krisenfall (→Krisendiagnose) war bislang durch die Verpflichtung der kommunalen Träger, das Institut bei Bedarf mit den erforderlichen Mitteln auszustatten („Anstaltslast") und durch die unmittelbare Verpflichtung gegenüber dem Kunden („Gewährträgerhaftung") gewährleistet. Zur Sicherstellung der Wettbewerbsgleichheit mit der privaten Bankwirtschaft wurde die Gewährträgerhaftung in 2005 abgeschafft und die Anstaltslast insoweit modifiziert, dass ein Träger der Sparkasse nur noch dann Mittel zur Verfügung stellen darf, wenn es aus seiner Sicht wirtschaftlich sinnvoll ist. Die Sicherung der Sparkassen erfolgt nunmehr durch die regionalen Stützungsfonds in den Sparkassen- und Giroverbänden, die in das Stützungssystem der *Sparkassen-Finanzgruppe* eingebunden sind.

Sparkassen sind Kreditinstitute gem. § 1 KWG. Sie haben daher unabhängig von ihrer Größe und ihrer öffentlich-rechtlichen Rechtsform bei der Aufstellung ihres Jahresabschlusses und ihres →Lageberichts die für große KapGes geltenden Vorschriften der §§ 264–289 HGB (→Größenklassen) und die ergänzenden Vorschriften für Kreditinstitute §§ 340a–340o HGB anzuwenden. Der JA ist innerhalb der ersten 3 Monate des Geschäftsjahres aufzustellen (→Feststellung und Billigung des Abschlusses).

Daneben sind von den Sparkassen die Regelungen der Sparkassengesetze und Sparkassenverordnungen der Länder zu beachten.

Die Prüfung des Jahresabschlusses einer Sparkasse (→Jahresabschlussprüfung; →Jahresabschlussprüfung, erweiterte) darf gem. § 340k Abs. 3 HGB von der Prüfungsstelle eines Sparkassen- und Giroverbandes (→Prüfungsverbände) durchgeführt werden. Die Rechtsaufsichtsbehörden der Länder bedienen sich bei den gesetzlich vorgeschriebenen Prüfungen (→Pflichtprüfungen) bislang grundsätzlich der *Prüfungsstellen* der Verbände. Die Sparkassengesetze einiger Länder sehen jedoch vor, dass die Sparkassenaufsichtsbehörde die Prüfung in Einzelfällen auch durch andere öffentlich bestellte WP vornehmen lassen kann.

Die Prüfungsstelle darf die Prüfung nur durchführen, wenn der Leiter der Prüfungsstelle WP ist. Alle beim jeweiligen Sparkassen- und Giroverband beschäftigten Personen, die das Ergebnis der Prüfung beeinflussen können, haben die Unabhängigkeitsregelungen (→Un-

Sparkassenverbände

abhängigkeit und Unbefangenheit des Wirtschaftsprüfers) des § 319 Abs. 2 und Abs. 3 sowie 319a HGB zu beachten (§ 340k Abs. 3 HGB).

In den Organen der Verbände sind Vertreter der Mitgliedssparkassen bzw. deren Träger vertreten. Daher fordert § 340k Abs. 3 Satz 3 HGB, dass die Prüfungsstelle eines Verbandes so organisiert ist, dass sie die Prüfung unabhängig von den Weisungen der Organe durchführen kann. In den Sparkassengesetzen der Länder ist geregelt, dass die Prüfungsstelle in ihrer Prüfungstätigkeit und Berichterstattung unabhängig und nicht an die Weisung der Organe gebunden ist.

Die *Prüfungsstellen* können gem. § 58 Abs. 2 →Wirtschaftsprüferordnung (WPO) die Mitgliedschaft in der →*Wirtschaftsprüferkammer* (*WPK*) erwerben. Die Teilnahme am Verfahren der →Qualitätskontrolle in der Wirtschaftsprüfung richtet sich dann nach § 57h WPO.

Die *Prüfungsstellen* sind durch die ausschließliche Prüfung bei Sparkassen stark spezialisiert. Durch die Prüfung aller Sparkassen des Verbandes nach gleichen Prüfungsgrundsätzen und -methoden wird eine hohe Vergleichbarkeit der Prüfungsergebnisse erzielt.

Neben den →Jahresabschlussprüfungen führen die *Prüfungsstellen* ebenfalls die →Depotprüfungen gem. § 30 DepG durch.

Die Prüfungen müssen gem. § 27 Abs. 1 KWG bis zum 31. Mai des Folgejahres vorgenommen werden (→Prüfungszeitraum). Da die Prüfungsstellen diese Maßgabe für alle durch sie zu prüfenden Institute zu erfüllen haben, werden i.d.R. →Vorprüfungen durchgeführt. Gegenstand ist insb. die Prüfung des Kreditgeschäftes (→Kreditprüfung; →Engagementprüfung) auf einen vorgezogenen Prüfungsstichtag.

Die landesrechtlichen Prüfungserlasse sehen alle 2–3 Jahre unvermutete Prüfungen neben dem JA vor. Der Schwerpunkt dieser Prüfungen liegt auf den Regelungen zur Steuerung und Kontrolle bankgeschäftlicher Risiken sowie der Ordnungsmäßigkeit der Geschäftsorganisation (→Risiko- und Chancencontrolling; →Bankencontrolling; →Internes Kontrollsystem bei Kreditinstituten; →Mindestanforderungen an das Risikomanagement) und angemessener Sicherheitsvorkehrungen für die IT (→IT-Sicherheit) sowie der Einhaltung sparkassenrechtlicher Vorschriften.

Eine weitere Aufgabe der Prüfungsstellen ist die durch die Satzungen der regionalen Sparkassenstützungsfonds vorgegebene Aufgabe, die wirtschaftliche Situation der einzelnen Sparkassen anhand eines Kennzahlensystems (→Kennzahlen und Kennzahlensysteme als Kontrollinstrument) zur Risikofrüherkennung [→Risikomanagementsystem (RMS); →Früherkennungssysteme] zu prüfen (→Risikomanagementsystem, Prüfung des). Ziel der Auswertungen dieser Daten durch die Stützungsfonds ist es, Schieflagen in den Instituten möglichst frühzeitig zu erkennen und gemeinsam mit den Organen der Sparkasse Gegensteuerungsmaßnahmen einzuleiten, um eine Belastung des Stützungsfonds zu vermeiden.

Die *BaFin* führt auch bei Sparkassen Sonderprüfungen gem. § 44 KWG (→Sonderprüfungen nach Kreditwesengesetz) durch. Mit diesen Prüfungen werden neben Wirtschaftsprüfern und WPGes (→Revisions- und Treuhandbetriebe) auch die Prüfungsstellen anderer Verbände beauftragt.

Katrin Rohmann

Sparkassenverbände →Prüfungsverbände

Sparsamkeitsprinzip →Bundes- und Landeshaushaltsordnung

Spezialabweichungen →Verbrauchsabweichungen

Sprungfixe Kosten →Kostenabbaubarkeit; →Kosten

Staffelform →Gliederung der Gewinn- und Verlustrechnung; →Gewinn- und Verlustrechnung

Stammhaus →Konzernmanagement

Standards of Performance →Dienstleistungscontrolling

Standardsoftware für das Rechnungswesen

Alle EDV-Anwendungsprogramme, die unmittelbar zur Unterstützung der Aufgaben des internen wie externen →Rechnungswesens und →Controllings (→Controlling, Aufgaben des) in Unternehmen dienen, werden als Rechnungswesensoftware (RWS) bezeichnet.

Moderne RWS zeichnet sich aus durch die Verwendung

1) flexibler Standardsoftwarelösungen,
2) moderner Datenbankkonzepte,
3) integrierter Lösungen und modularem Aufbau auf der Basis von Client-Server-Architekturen und
4) umfangreicher betriebswirtschaftlicher Funktionen.

Wirtschaftliche Gründe sprechen für den Einsatz von markterprobten und anerkannten Standardsoftwareprodukten im Rechnungswesen. Unverzichtbare individuelle Spezifika sollten durch Programmanpassungen berücksichtigt werden.

Für das externe Rechnungswesen ist die Verwendung von Standardsoftware nahe liegend und weitest gehend realisiert. Dort steht die Dokumentationsaufgabe mit der Forderung nach lückenloser, nachvollziehbarer und den gesetzlichen Vorschriften zur Rechnungslegung genügender Erfassung, Bewertung und Zurechnung der Geschäftsvorfälle im Vordergrund. Allgemein gültige Standards und gesetzliche Vorgaben, wie →International Financial Reporting Standards (IFRS), KonTraG oder →Basel II, engen die Gestaltungsspielräume weitgehend ein und erleichtern so die Implementierung einer universell einsetzbaren Standardlösung. Die anwenderspezifische Anpassung besteht fast ausschließlich aus der Einstellung der für das Unternehmen relevanten Konten (→Kontenrahmen, Wahl des). Die Abläufe zur Belegerfassung und Kontierung sind vorgegeben und bedürfen meist keiner größeren Anpassung. Lediglich im Auswertungsbereich verbleiben betriebsindividuelle Anforderungen und Zielvorstellungen, die durch anpassbare Berichte (→Berichtssystem) berücksichtigt werden können.

Das interne Rechnungswesen soll nicht nur die kostenrechnerisch relevanten Kosten- und Leistungsdaten in differenzierter Form dokumentieren, sondern auch entscheidungsrelevante Daten für die betriebliche Disposition (z. B. für das Produktions- und Absatzprogramm) bereitstellen (→Führungsinformationssysteme) und Kontrollfunktionen [z. B. zur Kostenwirtschaftlichkeit und zum kurzfristigen Unternehmenserfolg (→Kostencontrolling; →Erfolgscontrolling)] sowie spezielle Reportingaufgaben [z. B. zur Deckungsbeitragsentwicklung (→Deckungsbeitragsrechnungen)] übernehmen. Dieses zusätzliche Aufgabenspektrum erfordert eigene Funktionen, Datenobjekte und Benutzertransaktionen. Die betriebsindividuellen Spezifika hinsichtlich der Unternehmensziele und der internen →Geschäftsprozesse verlangen sehr flexibel anpassbare und auf den Anwender abgestimmte Softwarekomponenten.

Die verfügbare Standardsoftware zur →Kosten- und Leistungsrechnung kann als eine Art Programmgenerator betrachtet werden. Aufgrund von Parametereinstellungen und Eingabedaten durch den Anwender wird ein individualisiertes Programm instantiiert. Die Instantiierung betrifft in erster Linie

- die Auswahl von Methoden (z. B. zur →Kosten- und Leistungsverrechnung, innerbetriebliche),
- die Anbindung externer Methoden über eine vordefinierte Schnittstelle [z. B. für die Produktkalkulation (→Kalkulation) oder spezielle Auswertungen],
- die Auswahl von Daten (z. B. die für erforderlich gehaltenen Attribute eines Kostenträgers),
- die Erfassung individueller Datensätze [z. B. die konkreten Kostenstellen (→Cost Center) und Kostenarten eines Unternehmens],
- die Gestaltung der Benutzerschnittstelle (z. B. Aussehen von Belegen oder Berichten) und
- die Existenz und Benennung von Attributen zu einem Objekt.

Das Ausmaß der individuellen Anpassungsmöglichkeiten und der hierfür erforderliche Aufwand stellen eine wesentliche Qualitätsdeterminante einer Standardsoftware dar.

RWS besteht aus

- Programmen zur Steuerung des Ablaufs der Verbuchungs-, Zuordnungs-, Verrechnungs- und Auswertungsfunktionen inkl. der entsprechenden Bildschirmmasken und -menüs,
- Programmen zur algorithmischen Umsetzung von betriebswirtschaftlichen Methoden innerhalb des Rechnungswesens,

Standardsoftware für das Rechnungswesen

- Zugriffsprozeduren auf ein abstraktes Datenmodell, dessen „Bauplan" in Form eines Datenschemas bei den Standardsoftwareprodukten mitgeliefert wird (→IT-Sicherheit) und

- vorgefertigten Schematabellen, z. B. für Kontenpläne (→Kontenrahmen, Wahl des), Währungen etc.

Zusätzlich wird noch ein Datenbankmanagementsystem benötigt, um die Rechnungswesen-Datenbank gem. dem Datenschema zu instantiieren und die Voreinstellungen in die generierten Tabellen zu übernehmen.

Für das Rechnungswesen müssen große Datenvolumina verwaltet werden. Ein großer Teil hiervon besteht allerdings aus programmintern berechneten Daten (z. B. ein Kostenstellensatz), die über Verrechnungsroutinen aus den erfassten Grunddaten (z. B. Verbrauchsbelegen) zu bestimmen sind.

Der Integrationsgedanke bei der RWS betrifft zum einen die Integration in ein gesamtbetriebliches Informationssystem [Enterprise Resource Planning (ERP)-System] auf Basis des Client-Server-Konzeptes und zum anderen die Integration in die ablaufenden Geschäftsprozesse.

Das Rechnungswesen weist eine intensive Abhängigkeit von vorgelagerten operativen Systemen [z. B. Produktionsplanungs-/Produktionssteuerungs- (PPS) oder Einkaufsinformationssysteme] auf. Die →Planung und Erfassung der Geschäftsprozesse ist somit integrativ durchzuführen, sodass die Belegerfassung jeweils nur einmal durchgeführt wird und die dokumentierten Belegdaten nach unterschiedlichen Kriterien in die betrieblichen Teilsysteme weiterverrechnet werden. Vielfältige Zusammenhänge zwischen internen und externen Geschäftsprozessen lassen es ebenfalls geraten erscheinen, internes und externes Rechnungswesen integrativ zu betrachten.

Eine moderne RWS sollte folgenden Anforderungen genügen:

- Unterstützung flexibler Organisationsstrukturen,

- Differenzierung in Haupt- und Nebenbuchhaltung (→Grund- und Hauptbuch; →Nebenbücher) mit systematischer Abstimmung zwischen beiden Bereichen im externen Rechnungswesen,

- Realisierung unterschiedlicher Systeme der Kosten- und Leistungsrechnung,

- umfassende Konsolidierungsmöglichkeiten und

- flexible Auswertungen.

Um die Zurechnungs- und Auswertungsmöglichkeiten von Sachverhalten und Wertdaten nicht einzuschränken, sollte die RWS nahezu beliebige Organisationsstrukturen zulassen. Die Verwendung standardisierter Schnittstellen zum elektronischen Datenaustausch mit Geschäftspartnern erleichtert die Kommunikation und tragen zur Verbesserung der Prozesse bei.

Für das interne Rechnungswesen sollten die verschiedenen Systeme der Kosten- und Leistungsrechnung realisierbar sein. Im Detail sollten beliebige Zurechnungsobjekte für →Kosten und Leistungen (→Kostenzurechenbarkeit) definiert und spezielle, betriebsindividuelle Verrechnungsschemata integriert werden können.

Eine flexible Strukturierung des Kontenplans auf den verschiedenen Organisationsebenen ermöglicht differenzierte (z. B. länderspezifische) Sichten auf die finanzbuchhalterischen Sachverhalte. Die Bilanzen sollten nach unterschiedlichen Typen (Saldenbilanz, Bewegungsbilanz) oder Zwecken (Tages-/Stichtagsbilanz, JA) erstellt werden können. Der Aufbau beliebiger alternativer Varianten der Bilanz sowie →Gewinn- und Verlustrechnung (GuV) ermöglicht es, den gleichen Kontenbestand unternehmensspezifisch, z. B. nach Handels-/Steuerrecht, konzernbezogen oder nach betriebswirtschaftlichen Kriterien aufzubauen und auszuwerten. →Zeitliche Vergleiche, →Soll-Ist-Vergleiche sowie Kennzahlenauswertungen (→Kennzahlen und Kennzahlensysteme als Kontrollinstrument) sollen die betriebswirtschaftliche Analyse des Datenbestands erlauben. Die Einbindung von Reportgeneratoren und modernen Präsentations- und Analysetechniken, wie bspw. Online Analytical Processing (OLAP) Tools und Data Mining-Algorithmen, sorgen dafür, dass eine moderne RWS die Basis für intelligente Managementinformations- und Entscheidungsunterstützungssysteme (→Führungsinformationssysteme; →Management Support Systeme) bildet.

Richard Lackes

Standortberatung

Der Standort Deutschland steht aufgrund der Osterweiterung der EU, dem Wirtschaftswachstum in China und Indien vor großen Herausforderungen. Die Internationalisierung und Globalisierung zwingen die Unternehmen zu neuen Standortüberlegungen. Der Trend zur Verlagerung von Wertschöpfungen ins Ausland ist vor dem Hintergrund hoher Lohnkosten, festgefahrener Positionen der Tarifpartner, der Ost-Öffnung Europas, dem chinesischen und indischen Markt, Entwicklungen der Informations-, Kommunikations- und Transporttechnik sowie dem freien Fluss von Finanzmitteln und der weltweiten Verfügbarkeit von Produktionsfaktoren ungebremst.

Ziel der Standortberatung ist es, das Währungsrisiko zu minimieren, lokale Lohnkostenvorteile zu nutzen, internationale volkswirtschaftliche Unterschiede bzgl. Besteuerung, Infrastruktur, Sozialsystem und Bildungssystem zu erschließen, sowie eine optimale Aufteilung der Wertschöpfungsfaktoren zur Versorgung der eigenen Kunden sicherzustellen. Standortüberlegungen sind langfristige, strategische unternehmerische Entscheidungen, die nicht nur bei →Unternehmensgründungen oder Verlagerungen eines Unternehmens, sondern auch bei der Errichtung von Niederlassungen oder Produktionsstätten im Ausland getroffen werden müssen (Harre/Wegehaupt 2005). Bei der Standortberatung sind deshalb die steuerlichen und rechtlichen Standortaspekte, Aspekte der Verlagerung betrieblicher Funktionen und sonstige Standortaspekte zu beachten.

Steuerliche Standortaspekte: Eine allgemeingültige Aussage des Einflusses der Besteuerung auf die nationale und internationale Standortwahl lässt sich wegen der starken Differenzierung der standortabhängigen steuerlichen/subventionellen Be- und Entlastungen nicht treffen. Folgende steuerbedingten Unterschiede lassen sich differenzieren (Schult 1996, S. 287):

- Steuersystembedingte Unterschiede verursachen eine Standortabhängigkeit von Steuerarten und/oder Steuersätzen. Im nationalen Bereich existieren steuersystembedingte Unterschiede aufgrund gemeindeabhängiger Hebesätze bei den Realsteuern. Im internationalen Bereich konkurrieren unterschiedliche Steuersysteme.

- Steuerverwaltungsbedingte Unterschiede führen zwar zu keinen Steuerabsetzungen, aber häufig zu Steuerverschiebungen. Dies resultiert aus einer Vielzahl der in den Steuergesetzen enthaltenen Ermessensentscheidungen, den Steuerzahlungszeitpunkt standortabhängig zu beeinflussen.

- Steuerstrukturpolitikbedingte Unterschiede lassen sich aus wirtschaftspolitischen Aktionen des Steuergesetzgebers herleiten. Dazu gehören insb. die Subventionen oder die Teil- und/oder Nichterhebung von Steuern. Besondere Bedeutung kommt den nationalen und internationalen Förderprogrammen für →Investitionen, Forschungsprojekten und anderen Vorhaben zu.

Die Ausnutzung der nationalen und internationalen steuersytembedingten, -verwaltungsbedingten und -strukturbedingten Unterschiede in der Besteuerung sind im Rahmen der Standortwahl zu optimieren. Das aufgrund der unterschiedlichen nationalen Steuersysteme sich ergebende Steuergefälle ist im Rahmen einer nationalen und internationalen Steuerplanung (→Steuerplanung, nationale; →Steuerplanung, internationale) zu berücksichtigen. Dabei sind bestehende DBA zu beachten. Allerdings kann die Möglichkeit zur Nutzung der zwischenstaatlichen Steuergefälle durch das AStG eingeschränkt werden (Nieland 1997, S. 85 ff.).

Zum Vergleich der steuerlichen Belastung von Unternehmen in verschiedenen Standorten/Ländern müssen die Steuertarife und ihre Bemessungsgrundlagen berücksichtigt werden. Die gesamtwirtschaftliche Steuerquote ist für internationale Belastungsvergleiche ungeeignet, weil die volkswirtschaftliche Steuerquote nicht berücksichtigt, welche Steuerarten sich auf welche Bemessungsgrundlage beziehen. Bei der Beurteilung der steuerlichen Unternehmensbelastung müssen daher die Grenzsteuersätze der jeweiligen Standorte berücksichtigt werden (Schuh/Klotzbach/Sauer 2005, S. 287).

Rechtliche Standortaspekte sind die Rechtsformwahl, das Arbeitsrecht und das Gewerberecht. Die Wahl der Rechtsform (→Unternehmensformen; →Unternehmensformen, Wahl der) ist eng mit den nationalen und internationaln Steuersystemen, den DBA und dem AStG verknüpft. Es kann zwischen der Gründung einer rechtlich selbständigen Tochtergesellschaft und der Gründung einer rechtlich unselbstständigen Betriebsstätte unterschieden werden. Beide Formen können gemeinsam mit einem oder mehreren Mitgesellschaftern am jeweiligen Standort gegründet werden. Die Gründung von Tochtergesellschaften erfolgt meist in der Rechtsform der KapGes (Thömmes/Lang/Schuch 2005, S. 113 ff.).

Wichtige arbeitsrechtliche Aspekte sind vor allem der Abschluss von Arbeitsverträgen unter Berücksichtigung nationaler Arbeitsrechtsvorschriften oder mögliche individuelle Betriebsvereinbarungen. Bei der Ausübung einer unternehmerischen Tätigkeit sind darüber hinaus die gewerberechtlichen Vorschriften zu berücksichtigen. Dabei kann es aufgrund fehlender nationaler Gewerbeordnungen zu Verzögerungen beim behördlichen Genehmigungsverfahren kommen.

Verlagerung betrieblicher Funktionen: Die Verlagerung von Produktion bzw. Produktionsteilen ins Ausland (Offshoring) verfolgt das Ziel, die Lohnkosten zu senken und die Steuerbelastung zu minimieren. Allerdings entstehen Nachteile durch hohe →Kosten, Zeitaufwand und organisatorische Umwälzungen. Weiterhin können bestimmte betriebliche Funktionen ins Ausland verlagert werden (→Outsourcing) durch Gründung von Einkaufs-, Vertriebs-, Forschungs- und Entwicklungs- und Dienstleistungsgesellschaften. Das →Outsourcing bietet die Möglichkeit, Teile des inländischen Gewinns im Ausland entstehen zu lassen. Dies führt zu einem Liquiditätsvorteil durch im Ausland nicht gezahlte Steuern. Die in den ausländischen Gesellschaften zunächst thesaurierten Gewinne können der Inlandsgesellschaft im Rahmen eines „Cash Managements" als Darlehen zur Verfügung gestellt werden. Für Länder, in deren DBA mit Deutschland der Abzug einer fiktiven Quellensteuer in Deutschland vorgesehen ist, bietet sich aufgrund der geringen Belastung der Dividende die Ausschüttung der Gewinne an (Seiler 2005, S. 290 f.). In diesem Zusammenhang gewinnen Holdinggesellschaften immer mehr an Bedeutung. Deren betrieblicher Hauptzweck ist es, sich auf Dauer an einem oder mehreren rechtlich selbständigen Unternehmen zu beteiligen. Dabei kann die Holding neben der Übernahme der Verwaltungs- und Finanzierungsfunktion auch Führungsfunktionen wahrnehmen (Schaumburg/Piltz 2002, S. 3 ff.).

Sonstige Standortaspekte: Neben den genannten Aspekten können folgende Faktoren (Ernst/Fischer/Richter 1995, S. 118–119) entscheidenden Einfluss auf die Wahl des optimalen Standorts ausüben:

- die Höhe der Arbeitskosten,
- die Qualität der Arbeitskräfte,
- die klimatischen und geologischen Voraussetzungen,
- das Zinsniveau,
- die Infrastruktur (Kommunikations-/Transportkosten),
- die Absatzkonkurrenz,
- die Energievorkommen und -preise,
- die Höhe der Materialkosten,
- die Umweltschutzbestimmungen,
- die Devisen- und Handelsbestimmungen,
- die Zugehörigkeit zu internationalen Wirtschaftszonen (EU, EFTA) und
- die Grundrechte in den verschiedenen Staaten.

Bei der Standortberatung müssen die möglichen Standortalternativen hinsichtlich der standortrelevanten Aspekte untersucht, analysiert und beurteilt werden. Dabei sind die unternehmensspezifischen Standortanforderungen mit den entsprechenden nationalen und/oder internationalen Standortaspekten abzugleichen.

Literatur: Ernst, P./Fischer, G./Richter, T.: Standortwahl und Standortverlagerung in der Europäischen Union – insbesondere Darstellung der steuerlichen Rahmenbedingungen, in: Peemöller, V. H./Uecker, P. (Hrsg.): Standort Deutschland, FS zum 65. Geburtstag von Anton Heigl, Berlin 1995, S. 111–147; Harre, J./Wegehaupt, P.: Globale Produktion – Unternehmenserfolg durch differenzierte Standortstrategien, in: Tool – Informationen der Aachener Produktionstechniker 11 (2005); Nieland, M.: Betriebliche Steuergestaltung, Herne/Berlin 1997; Schaumburg, H./Piltz, D. (Hrsg.): Holdinggesellschaften im internationalen Steuerrecht, Köln 2002; Schuh, G./Klotzbach, C./Sauer, A.: Standortverantwortung, in: DSWR 34 (2005), Heft 10, S. 287–289; Schult, E.: Betriebswirtschaftliche Steuerlehre, München 1996; Seiler, A.: Internationalisierung seriös und risikolos, in: DSWR 34 (2005), Heft 10, S. 290–292; Thomas, O./Lang, M./Schuch, J. (Hrsg.): Investitions- und Steuerstandort Österreich, München/Wien 2005.

Helmut Rieker

Starre Plankostenrechnung →Plankostenrechnung

Statements on Auditing Standards

Die SAS werden als Interpretationen der zehn →United States Generally Accepted Auditing Standards (US GAAS) angesehen. Aufgrund der in den US GAAS enthaltenen grundsätzlichen Aussagen hat das →*American Institute of Certified Public Accountants* (*AICPA*) die Aufgabe, für die Durchführung von →Jahresabschlussprüfungen und die damit verbundene Berichterstattung detaillierte Standards (→Prüfungsnormen) auszuarbeiten und zu veröffentlichen. Die US GAAS als Basis und die SAS als weiter gehende Interpretationen gelten als Mindestanforderung bzgl. Umfang und Qualität der Tätigkeiten des Wirtschaftsprüfers in den →United States of America (USA) (Messier 2000, S. 29).

Die *Auditing Standards Division* des *AICPA* verantwortet Leitlinien hinsichtlich der Berufsausübung für den gesamten Berufsstand der WP auszuarbeiten. Innerhalb dieser *Division* wurde bislang das *ASB* als leitender Fachausschuss des *AICPA* dazu bestimmt, die SAS zu entwickeln, die den Rahmen für die Prüfung der Jahresabschlüsse aller prüfungspflichtigen Unternehmen vorgaben. Die 15 Personen des *ASB* sind Mitglieder des *AICPA*.

Der SOA 2002 etablierte ein weiteres Gremium (→Sarbanes Oxley Act, Einfluss auf das Prüfungswesen). Standards, die sich auf die Prüfung von Jahresabschlüssen und damit im Zusammenhang stehende Arbeiten von börsennotierten Unternehmen beziehen und der dazugehörigen Berichterstattung zugrunde liegen, müssen nunmehr vom →*Public Company Accounting Oversight Board* (*PCAOB*) erarbeitet und eingeführt werden. Diese Unternehmen müssen den SOA und die damit in Zusammenhang stehenden Normierungen der US-amerikanischen Börsenaufsichtsbehörde →*Securities and Exchange Commission* (*SEC*) beachten. Dementsprechend untersteht das *PCAOB* auch der Aufsicht der *SEC*. Erst die Genehmigung der *SEC* gewährleistet, dass geänderte oder neue Standards den Anforderungen des SOA entsprechen und in Kraft treten können (AICPA 2004, S. 7 ff.).

Die bis zum 16.4.2003 veröffentlichten SAS wurden vom *PCAOB* als Interim Auditing Standards unverändert übernommen. Ihre Anwendbarkeit bei börsennotierten Unternehmen wird seitdem untersucht. Diese Standards bleiben in Kraft bis sie teilweise oder ganz geändert, ersetzt, abgeschafft oder endgültig akzeptiert werden. Bzgl. neuer Standards des *ASB/PCAOB* erfolgt die Entwicklung seitdem nur für den jeweiligen Zuständigkeitsbereich.

Bis ein Standard in Kraft tritt, muss ein vorgegebenes Verfahren durchlaufen werden, das der Entwicklung eines Entwurfs zum berufsständischen Standard dient. Das *ASB/PCAOB* schlägt einen solchen Entwurf vor, der dann Wirtschaftsprüfern, WPGes, Behörden, Hochschullehrern und anderen interessierten Betroffenen zugänglich gemacht wird. Die Adressaten sind aufgefordert eine Stellungnahme, ggf. eine kritische Kommentierung, abzugeben. Der Entwurf und die bis zum vorgegebenen Stichtag eingegangenen Stellungnahmen werden in öffentlichen Sitzungen bis zur Verabschiedung des endgültigen Standards beraten. Damit es tatsächlich zur Veröffentlichung kommt, müssen zwei Drittel der Mitglieder des jeweiligen Gremiums den Standard befürworten (AICPA 2004, AU 150.03).

Die Standards dienen der Erklärung von Art und Umfang der Verantwortlichkeiten der WP und als Anleitung wie eine JA-Prüfung im Einklang mit den grundsätzlichen Selbstverständnis des Berufsstands durchzuführen ist. Sie müssen von den Mitgliedern des *AICPA* zwingend bei jeder JA-Prüfung beachtet werden (Boynton/Kell 1996, S. 44).

Weicht ein WP von den Vorgaben eines Standards ab, wird das zunächst als eine Verletzung der Rule 201: General Standards, und/oder der Rule 202: Compliance With Standards des *AICPA* Code of Professional Conduct angesehen. Die Nicht-Einhaltung der berufsständischen Normen muss der Prüfer begründen. So kann z. B. bei einer JA-Prüfung eine Prüfungshandlung zur Anwendung kommen, die den Standards zwar nicht entspricht, aber aufgrund von besonderen Sachverhalten im geprüften Unternehmen erforderlich ist (→Auswahl von Prüfungshandlungen). Der jeweilige WP hat die gewählte Vorgehensweise zu rechtfertigen und die Abweichung von den Standards sowie die zugrunde liegenden Gründe in seinen Arbeitspapieren (→Arbeitspapiere des Abschlussprüfers) zu dokumentieren (AICPA 2004, AU 150.04). Diese Regelungen gelten für alle WP bzgl. der Anwendung der vom *ASB/PCAOB* veröffentlichten Standards. Gegen die beim *PCAOB* registrierten Prüfer werden darüber hinaus bei Nichtbeachtung der anzuwendenden Standards Disziplinarverfahren gem. SOA 105 eingeleitet (→ Berufsaufsicht für Wirtschaftsprüfer, international).

Im Gegensatz zu den →United States Generally Accepted Accounting Principles (US GAAP), die z.T. sehr spezielle und genaue Regelungen bzgl. einzelner abzubildender Sachverhalte vorgeben, sind die SAS allgemein gehalten. Sie geben dem →Abschlussprüfer (APr) für seine Arbeit einen grundsätzlichen Rahmen vor, ohne auf Detailprobleme einzugehen. Schon gar nicht lassen sie sich in Form eines vorgefertigten Problemlösungskatalogs bei Detailfragen im konkreten Einzelfall heranziehen (Messier 2000, S. 29). Die SAS beziehen sich auf Prüfungstechniken und -methoden (→Buchführungstechnik und Prüfungsmethoden); →IT-gestützte Prüfungstechniken), ohne Vorschläge bzw. Vorgaben für konkrete Prüfungshandlungen zu enthalten. Dennoch werden die Standards als Maßstab für die Qualität der vom APr erbrachten Leistung (→Prüfungsqualität) angesehen.

Die detaillierte →Planung der JA-Prüfung (→Prüfungsplanung; →Prüfungsplanung, Erfassung von Unschärfe und Unsicherheit; →simultane Verfahren der Prüfungsplanung) und die bezogen auf die konkrete Unternehmenssituation notwendigen Prüfungshandlungen hat der Prüfer mithilfe seines einwandfreien fachlichen Urteilsvermögens vorzunehmen (→Auswahl von Prüfungshandlungen). Der APr kann nicht in dem Maße ausreichende Beweise (→Prüfungsnachweise) vorliegen haben, um zu garantieren, dass der geprüfte JA keinen wesentlichen Fehler enthält (→Wesentlichkeit; →Unregelmäßigkeiten; →Fehlerarten in der Abschlussprüfung). Vielmehr legt der Prüfer seinem Urteil (→Prüfungsurteil) über die anforderungsgerechte Darstellung der →Vermögenslage, →Finanzlage und →Ertragslage (→True and Fair View) neben seinen Prüfungsergebnissen auch sein Wissen über das Unternehmen und die Branche des Mandanten sowie die Qualität und Integrität der Geschäftsleitung zugrunde.

Bis November 1972 erfolgte die Veröffentlichung von berufsständischen Vorgaben in der Form von SAP. Bis zu diesem Zeitpunkt waren 54 SAP veröffentlicht. Die dann noch gültigen SAP wurden im SAS 1 zusammengefasst. Die SAS werden in zwei Indices parallel geführt. So besteht eine Klassifizierung nach der Reihenfolge ihrer Veröffentlichung (SAS 1, SAS 2 etc.) und eine Klassifizierung nach dem fachlichen Inhalt des Standards. Letztere wird als *U.S. Auditing-Schema* bezeichnet und unterscheidet Abteilungen (Sections), wie z. B. AU § 200: The General Standards oder AU § 300: The Standards of Field Work.

Literatur: AICPA (Hrsg.): AICPA Professional Standards, NY 2004; Boynton, W. C./Kell, W. G.: Modern Auditing, 6. Aufl., NY et al. 1996; Messier, W. F.: Auditing & Assurance Services: a systematic approach, 2. Aufl., Boston 2000.

Martin Erhardt

Statische Bilanztheorie →Bilanztheorie

Statische Investitionsrechenverfahren
→Investition; →Kostenvergleichsrechnung

Stetigkeit

Der *Grundsatz der Stetigkeit* (→Grundsätze ordnungsmäßiger Rechnungslegung) dient dem Ziel, die Vergleichbarkeit von Jahresabschlüssen eines Unternehmens aufeinander folgender Jahre zu ermöglichen. Unter dem Stetigkeitsgrundsatz werden die gesetzlich kodifizierten *Bilanzierungsgrundsätze* der Bilanzidentität (§ 252 Abs. 1 Nr. 1 HGB), der Darstellungsstetigkeit (§ 265 Abs. 1 HGB) und der Bewertungsstetigkeit (§ 252 Abs. 1 Nr. 6 HGB) zusammengefasst. DRS 13 bezieht zusätzlich die Ansatzstetigkeit ein. Unter Stetigkeit versteht DRS 13 die grundsätzliche Beibehaltung der Bilanzierungsgrundsätze in sachlicher (Beibehaltung in Bezug auf gleichartige Sachverhalte) und zeitlicher (Beibehaltung der in der vorhergehenden Periode angewandten Grundsätze) Hinsicht. Der Stetigkeitsgrundsatz gilt auch für den *Konzernabschluss* (§§ 298, 308 HGB) (→Konzernabschlussprüfung); zusätzlich ist der Grundsatz der Stetigkeit für die Konsolidierungsmethoden (§ 297 Abs. 3 HGB) zu berücksichtigen (→Konsolidierungsprüfung).

Der *Grundsatz der Bilanzidentität* besagt, dass die Wertansätze der Eröffnungsbilanz und der Schlussbilanz des vorhergehenden Geschäftsjahres übereinstimmen müssen. Der *Grundsatz der Darstellungsstetigkeit* verlangt, die gewählte Form der Darstellung für den JA, d. h. die Gliederung und inhaltliche Abgrenzung der Posten von Bilanz und →Gewinn- und

Stetigkeit

Verlustrechnung (GuV) (→Gliederung der Bilanz; →Gliederung der Gewinn- und Verlustrechnung), Aufbau und Struktur des →Anhangs, beizubehalten. Die auf den vorhergehenden JA angewandten →Bewertungsgrundsätze sind gem. dem *Grundsatz der Bewertungsstetigkeit* beizubehalten. Die *Ansatzstetigkeit* umfasst die Beibehaltung der Ausübung bestehender Ansatzwahlrechte (→Ansatzgrundsätze).

Die Grundsätze der Bilanzidentität und der Bewertungsstetigkeit sind rechtsformunabhängig zu befolgen, der Grundsatz der Darstellungsstetigkeit ist nur von KapGes und Personenhandelsgesellschaften (PersGes) i. S. d. § 264a HGB zu beachten. Die in DRS 13 geregelte Ansatzstetigkeit gilt für Konzernabschlüsse, eine entsprechende Anwendung für den JA wird empfohlen.

Eine *Durchbrechung des Stetigkeitsgrundsatzes* ist nur in begründeten Ausnahmefällen möglich (§§ 252 Abs. 2, 265 Abs. 1 Satz 1 HGB), z. B. bei Änderungen der rechtlichen Gegebenheiten (Gesetze, Rspr.), zur Verbesserung der Darstellung der →Vermögenslage, →Finanzlage und →Ertragslage (VFE-Lage) (→True and Fair View) bei strukturellen Veränderungen der Gesellschaft oder zur Anpassung des Jahresabschlusses an konzerneinheitliche Bilanzierungsgrundsätze im Fall der erstmaligen Einbeziehung in einen Konzernabschluss (→Konsolidierungskreis). KapGes und PersGes i. S. d. § 264a HGB haben im Anhang die auf die Bilanz und die GuV angewandten Bilanzierungs- und Bewertungsmethoden anzugeben (§ 284 Abs. 2 Nr. 1 HGB). Abweichungen von den Stetigkeitsgrundsätzen sind im Anhang anzugeben und zu begründen; der aus den Abweichungen von Bilanzierungs- und Bewertungsmethoden resultierende Einfluss auf die VFE-Lage ist gesondert darzustellen (§§ 265 Abs. 1 Satz 2, 284 Abs. 2 Nr. 3 HGB) (→Änderung der Bilanzierungs- und Bewertungsmethoden). Der Grundsatz der Bilanzidentität kann nicht durchbrochen werden.

Die →*Jahresabschlussprüfung* erstreckt sich auch darauf, ob die für die Rechnungslegung geltenden gesetzlichen Vorschriften einschl. GoB beachtet worden sind (§ 317 Abs. 1 HGB) (→Ordnungsmäßigkeitsprüfung; →Grundsätze ordnungsmäßiger Buchführung, Prüfung der). Dazu gehört u. a., dass der JA vollständig mit den vorgeschriebenen Angaben aufgestellt, alle Posten zutreffend ausgewiesen und die →Vermögensgegenstände und →Schulden richtig bewertet worden sind. Damit hat der →Abschlussprüfer (APr) die Einhaltung des Stetigkeitsgrundsatzes im Rahmen der Jahresabschlussprüfung festzustellen.

Der APr hat zu prüfen, ob die *Bilanzidentität* gewahrt worden ist (→Saldenvortragsprüfung). Außerdem hat er entsprechende Prüfungshandlungen durchzuführen (→Auswahl von Prüfungshandlungen), um feststellen zu können, ob *zulässige Ausweis-, Bilanzierungs- und Bewertungsmethoden* im zu prüfenden JA *stetig* angewandt worden sind (→bilanzpolitische Gestaltungsspielräume, Prüfung von). Bei *Durchbrechungen der Stetigkeit* ist festzustellen, ob diese im zulässigen Rahmen erfolgt sind und der Anhang diesbezügliche Angaben, Erläuterungen und Begründungen enthält. Die Beachtung des Stetigkeitsgebots wird i. d. R. bei der Prüfung der einzelnen im JA ausgewiesenen Vermögensgegenstände und Schulden mitgeprüft; Anhaltspunkte für die Einhaltung oder Durchbrechung des Stetigkeitsgrundsatzes können sich aus einer vorläufigen Durchsicht von Bilanz, GuV und Anhang ergeben.

Der →Bestätigungsvermerk (BestV) des Abschlussprüfers enthält keine direkte Aussage zur Prüfung der Stetigkeit. Ein Verstoß gegen den Stetigkeitsgrundsatz ist vom APr zu beanstanden; ist der Verstoß wesentlich (→Wesentlichkeit), muss der BestV eingeschränkt oder versagt werden. Im →Prüfungsbericht (PrB) ist ebenfalls nicht gesondert über die Einhaltung des Stetigkeitsgrundsatzes zu berichten; eine entsprechende Aussage wird implizit mit der Feststellung getroffen, dass die gesetzlichen Vorschriften zur Gliederung, Bilanzierung und Bewertung sowie zum Anhang eingehalten worden sind. *Unzulässige Abweichungen vom Grundsatz der Stetigkeit*, die zu wesentlichen Mängeln des Jahresabschlusses führen, sowie deren Auswirkungen auf das Prüfungsergebnis und den BestV sind darzustellen. Über die *wirtschaftlichen Auswirkungen von Durchbrechungen der Stetigkeit* (zulässig oder unzulässig) ist in jedem Fall – sofern wesentlich – im Rahmen der Berichterstattung über die Gesamtaussage des Jahresabschlusses zu berichten (→Berichtsgrundsätze und -pflichten des Wirtschaftsprüfers).

Literatur: Gross, G.: Stetigkeit, in: Ballwieser, W. et al. (Hrsg.): HWRP, 3. Aufl., Stuttgart 2002, Sp. 2259–2272; IDW (Hrsg.): IDW Prüfungsstandard: Prüfung von Eröffnungsbilanzwerten im Rahmen von Erstprüfungen (IDW PS 205, Stand: 17. November 2000), in: WPg 54 (2001), S. 150–152; IDW (Hrsg.): IDW Prüfungsstandard: Grundsätze ordnungsmäßiger Berichterstattung bei Abschlussprüfungen (IDW PS 450, Stand: 8. Dezember 2005), in: WPg 59 (2006), S. 113–128.

Bernd Goos

Steueraufwand

Die Aufwendungen für Steuern sind gem. § 275 HGB in der →Gewinn- und Verlustrechnung (GuV) gesondert unter den Posten *Steuern vom Einkommen und vom Ertrag* und *sonstige Steuern* auszuweisen (→Gliederung der Gewinn- und Verlustrechnung).

Unter den *Steuern vom Einkommen und vom Ertrag* wird die Belastung des Unternehmens mit KSt, SolZ, GewSt und solchen ausländischen Steuern erfasst, die materiell-inhaltlich Steuern vom Einkommen und vom Ertrag darstellen. Die auf den Gewinnanteil des Gesellschafters entfallende Steuer ist nicht Bestandteil des →Jahresergebnisses der Gesellschaft (IDW RS HFA 7.25). Für die Erfassung der →Aufwendungen und Erträge aus eventuellen Steuerumlagen bei →Organschaften hat die Kommentarliteratur mangels einer gesetzlichen Regelung eine Reihe von Vorschlägen entwickelt (ADS 2000, Rn. 191 ff. zu § 275 HGB). Steuerliche Nebenleistungen, wie Zinsen (→Finanzergebnis), Säumnis- und Verspätungszuschläge, werden unter den Zinsen und ähnlichen Aufwendungen, Steuerstrafen unter den sonstigen betrieblichen Aufwendungen (→sonstige betriebliche Aufwendungen und Erträge) erfasst.

Der Ausweis der Steuern vom Einkommen und vom Ertrag stellt eine Saldogröße dar, in welche neben dem laufenden Steueraufwand des Geschäftsjahres auch Aufwendungen und Erträge aus Steuernachzahlungen, aus Anpassungen von Steuerrückstellungen (→Rückstellungen) sowie Steuererstattungen (→periodenfremde Aufwendungen und Erträge) eingehen. Darüber hinaus werden unter diesem Posten auch Aufwendungen und Erträge aus der Bilanzierung von →latenten Steuern gem. § 274 HGB erfasst. Das Saldierungsverbot des § 246 Abs. 2 HGB findet auf den Steuerausweis somit keine Anwendung. Wesentliche →periodenfremde Aufwendungen und Erträge sind gem. § 277 Abs. 4 Satz 3 HGB im →Anhang (→Angabepflichten) zu erläutern. Nach § 285 Nr. 6 HGB ist zudem anzugeben, in welchem Umfang die Steuern vom Einkommen und vom Ertrag das Ergebnis der gewöhnlichen Geschäftstätigkeit und das ao. Ergebnis belasten.

Unter den *sonstigen Steuern* werden weitere, von der Gesellschaft zu tragende Steuern ausgewiesen, die Aufwendungen darstellen. Hierzu zählen insb. Verbrauchsteuern, Verkehrsteuern, Vermögenssteuern sowie entsprechende im Ausland gezahlte Steuern. Die auf →Umsatzerlöse des Unternehmens entfallende USt ist nach § 277 Abs. 1 HGB direkt von den Umsatzerlösen abzusetzen.

Die *Prüfung des Steueraufwandes* hat dem Charakter des Postens als Saldogröße und den vielfältigen Interdependenzen zu einer Reihe weiterer Posten des Jahresabschlusses, welche in der Prüffeldergruppe Steuern (→Steuern als Prüffeldergruppe) zusammengefasst werden können, Rechnung zu tragen. Eine erhebliche Anzahl der in den Steueraufwendungen in der GuV erfassten Transaktionen ist prüferisch im Rahmen anderer Posten der Prüffeldergruppe Steuern zu beurteilen, wie z. B. in den Steuerrückstellungen, Steuerabgrenzungen, sonstigen Verbindlichkeiten (→Verbindlichkeiten) und →sonstigen Vermögensgegenständen, deren Ursprung in steuerlichen Angelegenheiten zu finden ist.

Neben aussagebezogenen Prüfungshandlungen (→ergebnisorientierte Prüfungshandlungen) hat die Prüfung der von dem Unternehmen installierten Verfahren zur Sicherstellung einer zutreffenden Erfassung des Steueraufwandes unter den Posten 18 und 19 (→Gliederung der Gewinn- und Verlustrechnung), einer sachgerechten Bewertung der Aufwendungen und der Erfüllung der vom Gesetzgeber kodifizierten Anhangangaben, insb. zu den periodenfremden Posten, eine herausragende Bedeutung (→Systemprüfung).

Wesentliche Risikobereiche (→Prüfungsrisiko) bei der Prüfung des Steueraufwandes betreffen:

- Verfügbarkeit von ausreichendem steuerlichen Fachwissen oder Herbeiziehung desselben durch das Unternehmen im Rahmen der Erstellung des Jahresabschlusses,
- zutreffende Berücksichtigung von Unterschieden zwischen der steuerlichen und

handelsrechtlichen Gewinnermittlung (→latente Steuern),
- zutreffende Behandlung von ausländischen Einkünften bei der Ermittlung des Steueraufwandes,
- zutreffende Berücksichtigung der Auswirkungen von Änderungen in der Gesetzgebung und Rspr. auf die Beurteilung von in der Vergangenheit und im laufenden Geschäftsjahr verwirklichter Sachverhalte,
- Einhaltung von Ermessensspielräumen bei der steuerrechtlichen Beurteilung von Sachverhalten vor dem Hintergrund von Bestrebungen zur Steueroptimierung (→bilanzpolitische Gestaltungsspielräume nach Steuerrecht; →Steuercontrolling; →Steuerplanung, nationale; →Steuerplanung, internationale),
- zutreffende Abgrenzung von privat und betrieblich veranlassten Aufwendungen (→Betriebsausgaben) sowie
- zutreffende Berücksichtigung der Folgewirkungen von Ausschüttungen.

Literatur: ADS: Rechnungslegung und Prüfung der Unternehmen, Teilband 5, 6. Aufl., Stuttgart 2000; IDW (Hrsg.): IDW Stellungnahme zur Rechnungslegung: Zur Rechnungslegung bei Personenhandelsgesellschaften (IDW RS HFA 7, Stand: 12. Mai 2005), in: WPg 58 (2005), S. 669–670.

Helmuth Schäfer

Steuerbarwertminimierung

Eine Steuerzahlung ist für den Steuerpflichtigen um so weniger belastend, je später sie geleistet werden muss. Daher sollte der Steuerpflichtige danach streben, nicht nur möglichst wenig Steuern zu zahlen, sondern auch möglichst spät (→Steuercontrolling; →Steuerplanung, nationale; →Steuerplanung, internationale): Er sollte den Barwert der Steuerzahlungen minimieren. Der *Steuerbarwert* (*BWS*) ist die Summe der mit dem Kalkulationszinsfuß (→Kalkulationszinssatz) i abgezinsten Steuerzahlungen S_t des Planungszeitraums $(0, ..., T)$:

$$BWS = \sum_{t=0}^{T} \frac{S_t}{(1+i)^t}$$

Bei proportionalen und zeitkonstanten Tarifen bewirkt die Verschiebung einer Bemessungsgrundlage in die Zukunft einen positiven *Zinseffekt*. Hier lautet die Handlungsempfehlung, die Bemessungsgrundlage so weit wie möglich in die Zukunft zu verschieben. Ist der Tarif progressiv, dann kann eine Verschiebung von Bemessungsgrundlagen wegen unterschiedlicher Grenzsteuersätze der betroffenen Perioden auch die Höhe der insgesamt zu zahlenden Steuern ändern (*Progressionseffekt*). Gleiches gilt, wenn sich der Tarif im Zeitablauf ändert (*Tarifänderungseffekt*). Dann kann es nachteilig sein, Bemessungsgrundlagen so spät wie möglich auszuweisen.

Das Ziel der Steuerbarwertminimierung berücksichtigt sowohl den positiven Zinseffekt einer Bemessungsgrundlagenverschiebung als auch mögliche Progressions- und Tarifänderungseffekte. Wenn die Grenzsteuerfunktionen der Perioden des Planungszeitraums stetig sind und monoton steigen, dann kann – unter Vernachlässigung steuerlicher Rundungsvorschriften – das Minimum des Steuerbarwerts durch Nullsetzen der Ableitung der Steuerbarwertfunktion nach den Bemessungsgrundlagen ermittelt werden (Bedingung des *Ausgleichs der abgezinsten Grenzsteuersätze*, Siegel 1982, S. 178 f.):

$$MSS_0 = \frac{MSS_1}{(1+i)} = \frac{MSS_2}{(1+i)^2} \ldots \frac{MSS_T}{(1+i)^T}$$

mit: MSS_t = Grenzsteuersatz der Periode t

Eine einfache Umstellung erleichtert die ökonomische Interpretation:

$$MSS_0 = \frac{MSS_1}{(1+i)}$$

$$<=> MSS_0 \cdot i = MSS_1 - MSS_0$$

Ist der Zinsvorteil (linke Seite) einer marginalen Bemessungsgrundlagenverschiebung so hoch wie der Progressions- und Tarifänderungsnachteil (rechte Seite), dann ist ein inneres Optimum erreicht.

Zur Ermittlung des Steuerbarwertminimums wurden Methoden sowohl auf Grundlage des Ausgleichs der abgezinsten Grenzsteuersätze als auch unter Nutzung von Ansätzen des →Operations-Research vorgeschlagen (Freidank 1998, S. 91–137). Auch wurden z. B. die Ausschüttungsplanung personenbezogener KapGes oder die handelsbilanzielle Gewinnausweispolitik (→Maßgeblichkeitsprinzip) integriert (→Steuercontrolling).

Da Zinsen regelmäßig steuerpflichtig sind, ist der Kalkulationszinsfuß i ein *Zins nach Steuern*. Unterliegen planungsabhängige Zinsen aber der gleichen progressiven Steuer wie die verschobene Bemessungsgrundlage, dann kann sich der Kalkulationszinsfuß durch eine Bemessungsgrundlagenverschiebung ändern. Die Anwendungsvoraussetzungen der Kapitalwertmethode sind dann nicht mehr gegeben; die Minimierung des Steuerbarwerts gewährleistet nicht mehr die Maximierung des intertemporalen Konsumnutzens des Steuerpflichtigen.

Die Vorteile aus einer exakten Steuerbarwertminimierung im Vergleich zu einfachen Faustformeln (z. B. max. mögliche Gewinnverschiebung in die Zukunft) haben sich in vielen Fällen als relativ gering herausgestellt. Auch hat der Gesetzgeber die Möglichkeiten zur Bemessungsgrundlagenverschiebung in den letzten Jahren eingeschränkt (→Steuerreform, deutsche), und Besonderheiten deutscher Ertragsteuertarife haben die Steuerbarwertminimierung verkompliziert. Werden noch Planungskosten (→Kosten), Unteilbarkeiten in der Bemessungsgrundlagenverschiebung sowie die Unsicherheit über künftige Gewinne und Tarife berücksichtigt, dann wird eine exakte Minimierung des Steuerbarwerts fragwürdig (Scheffler 1998, S. 428–443). Die *Funktion des Steuerbarwertminimierungsansatzes* liegt eher darin, allgemein auf die Bedeutung der zeitlichen Struktur von Steuerzahlungen hinzuweisen.

Für *Sachverhaltsgestaltungen*, die nicht nur die zeitliche Verteilung der Steuerzahlungen, sondern auch die Höhe der insgesamt auszuweisenden Bemessungsgrundlage (vor planungsabhängigen Zinsen) beeinflussen, *ist die Steuerbarwertminimierung kein sinnvolles Ziel*, denn sie kann eine Selbstschädigung des Steuerpflichtigen beinhalten: Der Verzicht auf (nach Steuern) lohnende Projekte kann den Steuerbarwert senken. Plant der Steuerpflichtige jedoch im zweiten Schritt einer Sukzessivplanung (→Planung) nur noch den Ausweis steuerlicher Bemessungsgrundlagen [*Abbildungsgestaltungen,* z. B. Wahl der Abschreibungsmethode nach § 7 EStG (→Abschreibungen, steuerrechtliche)], dann ist die Steuerbarwertminimierung anwendbar (Breithecker/Schmiel 2003, S. 239–265).

Literatur: Breithecker, V./Schmiel, U.: Steuerbilanz und Vermögensaufstellung in der Betriebswirtschaftlichen Steuerlehre, Bielefeld 2003; Freidank, C.-C.: Zielformulierungen und Modellbildungen im Rahmen der Rechnungslegungspolitik, in: Freidank, C.-C. (Hrsg.): Rechnungslegungspolitik – Eine Bestandsaufnahme aus handels- und steuerrechtlicher Sicht, Berlin et al. 1998, S. 85–153; Scheffler, W.: Entwicklungsstand der Modelldiskussion im Bereich der Steuerbilanzpolitik, in: Freidank, C.-C. (Hrsg.): Rechnungslegungspolitik – Eine Bestandsaufnahme aus handels- und steuerrechtlicher Sicht, Berlin et al. 1998, S. 407–448; Siegel, T.: Steuerwirkungen und Steuerpolitik in der Unternehmung, Würzburg/Wien 1982.

Jochen Hundsdoerfer

Steuerberater

Der StB ist ein staatlich zugelassener Berater und Vertreter in sämtlichen Steuerangelegenheiten. Der im StBerG normierte Tätigkeitsbereich des Steuerberaters umfasst in erster Linie die geschäftsmäßige Hilfeleistung in Steuersachen (§ 32 StBerG), hierunter fallen die Steuerdeklarations-, die Steuerrechtsdurchsetzungs- sowie die Steuergestaltungsberatung (→Steuerberatung).

Unter *Steuerdeklarationsberatung* sind originäre Aufgaben, wie die Einrichtung und Überwachung der Lohn- und Finanzbuchführung, das Erstellen von nationalen sowie internationalen Abschlüssen (insb. durch →Sonder- und Ergänzungsbilanzen, steuerrechtliche), die Anfertigung von Steuererklärungen für sämtliche Steuerarten sowie die Vertretung im Besteuerungsverfahren und die Beratung in den damit in Zusammenhang stehenden Fragen zu subsumieren. Die *Steuerrechtsdurchsetzungsberatung* beinhaltet vorrangig die Vertretung des Steuerpflichtigen im Verhältnis zur Finanzverwaltung und vor den Finanzgerichten. Für den anspruchsvollsten Teil der Steuerberatertätigkeit, die *Steuergestaltungsberatung*, ist charakteristisch, dass der Berater sein theoretisch fundiertes Wissen der betriebswirtschaftlichen Steuerlehre sowie seine juristischen Fachkenntnisse auf den Praxisfall anwendet und steuerplanerisch tätig wird (→Steuerplanung, nationale; →Steuerplanung, internationale). Hierbei betreibt er im Rahmen der gesetzlichen Vorgaben Sachverhaltsgestaltung und erarbeitet zukunftsorientierte Steueroptimierungsstrategien.

Neben diesen Hauptaufgaben sind mit dem Berufsbild des Steuerberaters weitere Tätigkeiten vereinbar, wie etwa die betriebswirtschaftliche Beratung, Prüfungsaufgaben, Treuhandtätigkeiten (→Treuhandwesen; →Treuhandschaften) und →Sachverständigentätigkeiten (§ 57 Abs. 3 StBerG).

In Deutschland werden heute über 70.000 StB zu allen betrieblichen Entscheidungen hinzugezogen. Dabei üben rund 75% der Berater ihren Beruf selbstständig und 25% im Angestelltenverhältnis bei einem anderen Berufsangehörigen bzw. im Rahmen einer StBGes aus. Das Berufsrecht des Steuerberaters ist durch hohe Marktzugangsbarrieren geprägt. Zum einen sind nur dem StB bestimmte Tätigkeiten vorbehalten (Vorbehaltsaufgaben), zum anderen ist der Zugang zum Beruf des Steuerberaters in hohem Maße reguliert. Die Berechtigung zur Berufsausübung ist an strenge Voraussetzungen geknüpft, die im StBerG und der DVStB geregelt sind. Die Möglichkeit der Berufsausübung erfordert grundsätzlich das Bestehen der Steuerberaterprüfung sowie die Bestellung zum StB durch die zuständige StBK (→*Bundessteuerberaterkammer*). Die Zulassung zur Steuerberaterprüfung ist wiederum lediglich bei Erfüllung gewisser Vorbildungsvoraussetzungen möglich, im Einzelnen ein wirtschafts- bzw. rechtswissenschaftliches Studium oder eine angemessene praktische Berufsausübung in einem kaufmännisch erlernten Beruf bzw. in der Finanzverwaltung (§ 36 StBerG). Für bestimmte Berufsgruppen besteht die Möglichkeit der Befreiung von der Steuerberaterprüfung.

Der StB ist qua Gesetz an die Allgemeinen Berufspflichten (→Berufsgrundsätze des Steuerberaters) gebunden. „Steuerberater haben ihren Beruf unabhängig, eigenverantwortlich, gewissenhaft, verschwiegen und unter Verzicht auf berufswidrige Werbung auszuüben. Sie haben sich jeder Tätigkeit zu enthalten, die mit ihrem Beruf oder mit dem Ansehen des Berufs nicht vereinbar ist. Auch außerhalb der Berufstätigkeit haben sich Steuerberater und Steuerbevollmächtigte der Achtung würdig zu erweisen, die ihr Beruf erfordert" (§ 57 Abs. 1 und 2 StBerG).

Nicht nur der stetige Wandel steuerlicher Normen, sondern auch die Notwendigkeit einer internationalen Ausrichtung der Beratung stellt den StB ständig vor neue Herausforderungen. Die Beratung grenzüberschreitender Sachverhalte unter Kenntnis des deutschen internationalen Steuerrechts sowie ausländischer Einzelsteuergesetze macht den Beruf interessant für hoch qualifizierte Berater, die im Zuge des europäischen Integrationsprozesses bereits heute von der Möglichkeit einer europaweiten freien Berufsausübung profitieren.

Die europäischen Deregulierungsbestrebungen werfen die Frage nach der Vereinbarkeit des deutschen Berufsrechts mit den europäischen Grundfreiheiten, insb. mit der Dienstleistungs- und Niederlassungsfreiheit, auf. Ob die gesetzlichen Markteintrittsbarrieren für den Beruf des Steuerberaters einer Liberalisierung des Steuerberatungsmarktes, ähnlich der Entwicklungen im Bereich der →Rechtsberatung, zum Opfer fallen werden, ist derzeit noch offen. Langfristig erscheint eine Öffnung des deutschen Marktes nicht unwahrscheinlich.

Aktuelle Liberalisierungsbestrebungen des Berufsrechts kommen im Referentenentwurf eines Achten Gesetzes zur Änderung des Steuerberatungsgesetzes vom 13.7.2006 zum Ausdruck.

Literatur: Dann, W.: Der Steuerberaterberuf im Wandel, in: Küting, K. (Hrsg.): Saarbrücker Handbuch der Betriebswirtschaftlichen Beratung, Berlin 1998, S. 1–12; IDW (Hrsg.): WPH 2000, Band I, 12. Aufl., Düsseldorf 2000, S. 163–175; Niederer, T.: Die freie Berufsausübung als Steuerberater, Hamburg 2000; Rose, G.: Einführung in den Beruf des Steuerberaters, 2. Aufl., Köln 1995; Schmitz, E.: Der Steuerberatungsmarkt in Deutschland: Wettbewerbsfeindliche Aspekte des Steuerberatungsmarktes und deren Konsequenzen für kleine und mittelgroße Mandate unter besonderer Berücksichtigung des Berufsrechts für den Steuerberater, Berlin 2003.

Holger Kahle; Andreas Dahlke

Steuerberater, Haftung des →Haftung des Steuerberaters

Steuerberatung

Nach § 2 Abs. 2 →Wirtschaftsprüferordnung (WPO) ist der WP befugt, seinen Auftraggeber in steuerlichen Angelegenheiten nach Maßgabe der bestehenden Vorschriften zu beraten und zu vertreten (→Berufsbild des Wirtschaftsprüfers). Zu diesen bestehenden Vorschriften gehört insb. § 3 Nr. 1 StBerG. Hiernach ist der hier im Vordergrund stehende WP – wie der →Steuerberater (StB) oder RA – als „Katalogberuf" in unbeschränktem Umfang zur geschäftsmäßigen Hilfeleistung in Steuersachen befugt. Die Steuerberatung gehört damit zum „Kerngeschäft" des Wirtschaftsprüfers. Allerdings ist als Folge von Bilanzskandalen (→Bilanzfälschung) international wie national in den letzten Jahren eine Tendenz erkennbar, die Erbringung von zusätzlichen (z. B. steuerlichen) Beratungsleistungen des Wirtschaftsprüfers an das zu prüfende Unternehmen stärker zu reglementieren bzw. einzuschränken (s. unten).

In § 33 StBerG werden die Tätigkeitsfelder der geschäftsmäßigen Hilfe in Steuersachen näher spezifiziert. Allerdings ist die dortige Auflistung weder erschöpfend noch überschneidungsfrei. In der Literatur wurde deshalb vor allem von *Gerd Rose* bereits früh der Versuch unternommen, die Tätigkeitsfelder der Steuerberatung einer überzeugenderen Systematisierung zu unterziehen (s. z. B. Rose 1976, Sp. 3755). Werden die Ausführungen in § 33 StBerG mit der von *Gerd Rose* vorgenommenen Systematisierung zusammengeführt, ergeben sich typischerweise die folgenden groben Tätigkeitsfelder in der Steuerberatung:

- *Steuerdeklarationsberatung*:
  - Hilfeleistung bei der Bearbeitung der Steuerangelegenheiten der Auftraggeber und bei der Erfüllung ihrer steuerlichen Pflichten (z. B. Erstellung von Steuererklärungen).
  - Hilfeleistung bei der Erfüllung von steuerrechtlichen Buchführungspflichten (→Gewinnermittlungsmethoden, steuerrechtliche), insb. bei der Aufstellung von Steuerbilanzen (u. a. →Sonder- und Ergänzungsbilanzen, steuerrechtliche).
- *Steuergestaltungsberatung*:
  - Hilfestellung bei der steuerrechtlichen Beurteilung der aufgestellten Steuerbilanzen („Ex-post-Beratung" bei der Ausübung von Bilanzierungs- und Bewertungswahlrechten sowie Ermessensspielräumen) (→bilanzpolitische Gestaltungsspielräume nach Steuerrecht).
  - Beratung des Auftraggebers in Steuersachen [„Ex-ante-Beratung" in Bezug auf künftige Rechts- und Sachverhaltsgestaltungen, z. B. Rechtsformwahl (→Unternehmensformen; →Unternehmensformen, Wahl der) und Rechtsformwechsel sowie Investitions- und Finanzierungsentscheidungen (→Investition; →Finanzierungsberatung)] unter steuerlichen Optimierungsgesichtspunkten (→Steuerplanung, nationale; →Steuerplanung, internationale).
- *Steuerrechtsdurchsetzungsberatung*: Vertretung des Auftraggebers in Steuersachen, insb. in außergerichtlichen Rechtsbehelfs-

verfahren vor den Finanzbehörden, in Finanzgerichtsverfahren sowie Hilfeleistung in Steuerstrafsachen und Bußgeldsachen wegen einer Steuerordnungswidrigkeit.

Da das →Wirtschaftsprüferexamen auch zwei Aufsichtsarbeiten auf dem Gebiet des Steuerrechts umfasst (§ 14 WPO i.V.m § 8 WiPrPrüfV, wird für die Befähigung zur Hilfeleistung in Steuersachen auch im Rahmen des WP-Examens das erforderliche Absolvieren einer schriftlichen und mündlichen Prüfung vorausgesetzt. Hat ein Bewerber für das WP-Examen bereits die Prüfung als StB bestanden, so entfällt in diesem Fall die schriftliche und mündliche Prüfung im Steuerrecht (Prüfung in verkürzter Form gem. § 13 WPO). Ob der Schwierigkeitsgrad des Steuerrechtsteils im WP-Examen dem des StB-Examens entspricht, erscheint jedoch fraglich. Die schriftliche Steuerberaterprüfung umfasst traditionell drei sechsstündige Aufsichtsarbeiten, was einer Prüfungsdauer von 18 Zeitstunden entspricht. Im WP-Examen reduziert sich die Zahl der Aufsichtsarbeiten im Steuerrecht auf zwei, wobei hier die zeitliche Vorgabe bis auf vier Stunden reduziert werden kann. Gegenwärtig beträgt die Zeitdauer der steuerrechtlichen Aufsichtsklausuren 5 Zeitstunden, so dass sich die schriftliche steuerrechtliche Prüfungsdauer im WP-Examen auf 10 Zeitstunden vermindert.

Nach § 13b WPO können Prüfungsleistungen, die im Rahmen einer Hochschulausbildung erbracht werden, auf das WP-Examen angerechnet werden, wenn ihre Gleichwertigkeit in Inhalt, Form und Umfang festgestellt wird. Diese Anrechenbarkeit von Prüfungsleistungen im Rahmen einer Hochschulausbildung gilt jedoch gegenwärtig *nicht* für den Bereich des *Steuerrechts*, sondern nur für die Prüfungsgebiete Angewandte Betriebswirtschaftslehre, Volkswirtschaftslehre oder Wirtschaftsrecht. Die Prüfungsleistungen auf dem Gebiet des Steuerrechts im Rahmen des WP-Examens können somit gegenwärtig *nicht* durch Prüfungsleistungen im Rahmen einer Hochschulausbildung ersetzt werden (s. auch § 6 Abs. 3 WPAnrV).

Berät ein WP ein Unternehmen *in steuerlichen Angelegenheiten* und wirkt er in diesem Zusammenhang als Folge des →Maßgeblichkeitsprinzips (§ 5 Abs. 1 Satz 1 EStG) bzw. der umgekehrten Maßgeblichkeit (§ 5 Abs. 1 Satz 2 EStG) (→Maßgeblichkeit, umgekehrte) an der Aufstellung des zu prüfenden Jahresabschlusses mit (→Abschlusserstellung durch den Wirtschaftsprüfer), so kann er gem. § 319 Abs. 3 Nr. 3 Buchst. a HGB unter bestimmten Voraussetzungen *nicht gleichzeitig der →Abschlussprüfer* (APr) dieses Unternehmens sein (unwiderlegbare gesetzliche Vermutung). Der Ausschluss von der Abschlussprüfung (→Ausschluss als Abschlussprüfer) ist Ausfluss des generellen Selbstprüfungsverbots, d. h. der WP soll als Berater des zu prüfenden Unternehmens nicht in die Interessenkollision geraten, seine eigene Beratungsleistung anschließend im Rahmen der Abschlussprüfung (→Jahresabschlussprüfung; →Konzernabschlussprüfung) noch einmal würdigen zu müssen. Dieser Ausschlussgrund ist grundlegend auch in § 22 der →Berufssatzung der Wirtschaftprüferkammer (BS) verankert der sich auf § 57 Abs. 4 Nr. 2 Buchst. a) WPO stützt, wonach die Beratung eines Auftraggebers mit einer Prüfungstätigkeit durch denselben WP nur dann vereinbar ist, wenn nicht die Besorgnis der Befangenheit bei der Durchführung des Prüfungsauftrags (→Prüfungsauftrag und -vertrag) besteht (→vereinbare und unvereinbare Tätigkeiten des Wirtschaftsprüfers; →Unabhängigkeit und Unbefangenheit des Wirtschaftsprüfers). Nach der Kommentierung der →*Wirtschaftsprüferkammer* (*WPK*) zur BS ist eine gleichzeitige oder nachfolgende Prüfung durch den Berater dann bedenklich, wenn die Beratungstätigkeit über eine fachliche und wissenschaftliche Sachaufklärung oder über eine gutachtliche Darstellung von Alternativen (Entscheidungshilfe) hinausgegangen ist und deswegen die Besorgnis besteht, dass die Funktion des außenstehenden objektiven unparteiischen Wirtschaftsprüfers nicht mehr gegeben ist.

Voraussetzungen für den →Ausschluss als Abschlussprüfer gem. § 319 Abs. 3 Nr. 3 lit. a HGB sind, dass es sich erstens um eine zu prüfende *KapGes* handelt. Die über die Prüfungstätigkeit hinausgehende Steuerberatung muss sich zweitens auf das zu prüfende *Geschäftsjahr* beziehen und drittens darf die steuerberatende Tätigkeit *nicht* von *untergeordneter* Bedeutung sein. Damit bedingt nicht jede Mitwirkungshandlung des Wirtschaftsprüfers an der Aufstellung des Jahresabschlusses den Ausschluss als APr wegen Unvereinbarkeit von steuerlicher Beratung und Abschlussprüfung, sondern nur die nach Art und Umfang *unzu-*

lässige Mitwirkung. Der BGH [BGH-Urteil vom 21.4.1997, S. 566 („Allweiler")] hat hierzu ausgeführt, dass es zu einer unzulässigen Mitwirkung des steuerlichen Beraters und damit zu einem Ausschluss als APr erst dann kommt, wenn die *Beratung über die Darstellung von Alternativen* i. S. e. Entscheidungshilfe *hinausgeht*, d. h. der Berater anstelle des beratenen Mandanten ganz oder teilweise die unternehmerische Entscheidung selbst trifft. Die Neutralität des steuerlichen Beraters bleibt demgemäß dann gewahrt, wenn lediglich die Handlungsmöglichkeiten und die Konsequenzen aufgezeigt werden und die Entscheidung dem Beratenen selbst vorbehalten bleibt (gl. A. z. B. Moxter 1996, S. 683; s. auch Hense/Veltins 2003, Rn. 26 zu § 319 HGB, S. 1901). Die fortlaufende steuerliche Beratung eines Unternehmens ist damit mit der gleichzeitigen Abschlussprüfung vereinbar (s. auch Urteil des BayObLG vom 17.9.1987, S. 2400), wenn die steuerberatende Tätigkeit von untergeordneter Bedeutung ist und der WP (APr) selbst an der *Gestaltung* des Jahresabschlusses *nicht mitgewirkt* hat.

Bei Unternehmen von öffentlichem Interesse, d. h. deren Anteile an einem organisierten Markt i. S. v. § 2 Abs. 5 →Wertpapierhandelsgesetz (WpHG) gehandelt werden (m.a.W.: börsennotierte Unternehmen), hat der Gesetzgeber die Vereinbarkeit von Abschlussprüfung und (steuerlicher) Beratung bei Wirtschaftsprüfern über die Ausschlussgründe des § 319 HGB hinaus näher konkretisiert. In § 319a Abs. 1 Satz 1 Nr. 1 HGB normiert der Gesetzgeber eine *Umsatzabhängigkeitsgrenze* in Höhe von 15%. Der WP darf bei den oben genannten Unternehmen nicht APr sein, wenn in den letzten 5 Jahren und auch im laufenden Geschäftsjahr zu erwarten ist, dass mehr als 15% der Gesamteinnahmen aus seiner beruflichen Tätigkeit (→Prüfungshonorare und z. B. Vergütungen für beratende Tätigkeiten) (→Vergütungsregelungen für den Wirtschaftsprüfer) von der zu prüfenden KapGes oder nachgeordneten Beteiligungsgesellschaften bezogen wurden bzw. werden. Dies kann in Einzelfällen dazu führen, dass der WP ggf. auf die Annahme von steuerlichen Beratungsaufträgen von dem zu prüfenden Unternehmen verzichten muss, sofern er weiterhin als APr fungieren möchte. § 319a Abs. 1 Satz 1 Nr. 1 HGB ist gem. § 58 Abs. 4 Satz 4 EGHGB erstmals auf Abschlussprüfungen für das nach dem 31.12.2006 beginnende Geschäftsjahr anzuwenden.

In § 319a Abs. 1 Satz 1 Nr. 2 HGB ist der WP bei den oben genannten Unternehmen dann von der Abschlussprüfung ausgeschlossen, wenn in dem zu prüfenden Geschäftsjahr auch *Rechts- oder Steuerberatungsleistungen* erbracht werden, die *über das Aufzeigen von Gestaltungsalternativen hinausgehen* und die sich auf die Darstellung der →Vermögenslage, →Finanzlage und →Ertragslage in dem zu prüfenden JA *unmittelbar* und nicht nur *unwesentlich* (→Wesentlichkeit) auswirken. Die bloße Steuerdeklarationsberatung und auch in weiten Teilen die Steuergestaltungsberatung dürften damit weiterhin neben der Abschlussprüfung zulässig sein, sofern der WP die Aufstellung des Jahresabschlusses nicht selbst gestaltend und maßgebend beeinflusst. Allerdings fehlt dem Begriff „unwesentlich" die operationale Trennschärfe für eine rechtssichere Handhabung in der Praxis. Die Empfehlung von bestimmten Sachverhaltsgestaltungen durch den WP (→bilanzpolitische Beratung durch den Wirtschaftsprüfer), wie z. B. Auslagerung bestimmter Risiken auf andere Beteiligungsgesellschaften, die nicht in den Konzernabschluss einzubeziehen sind (BT-Drucks. 15/3419 vom 24.6.2004, S. 42), kann damit zu einem Ausschluss als APr führen. Der APr darf dem Unternehmen keine konkreten Vorschläge oder Empfehlungen im Hinblick auf Steuerrechtsgestaltungen machen. Hinweise auf eine bestehende Steuerrechtslage in bestimmten Situationen (z. B. steuerfreie oder steuerbegünstigte Veräußerung von bestimmten →Vermögensgegenständen nur bis zu einem bestimmten Termin) sind demgegenüber für das Abschlussprüfungsmandat unschädlich. Die gleichzeitige Steuerberatung durch den APr kann sich insoweit sogar als vorteilhaft für das zu prüfende Unternehmen erweisen, als hierdurch i. d. R. das Risiko einer späteren →Bilanzfehlerberichtigung gemindert werden kann im Vergleich zu der Situation, in der der APr nicht die steuerliche Beratungsleistung erbracht hat. Im letztgenannten Fall sind Abstimmungs- und Kommunikationsschwierigkeiten mit der Gefahr einer späteren Bilanzberichtigung i. d. R. vorprogrammiert. Die in § 319a Abs. 1 Satz 1 Nr. 2 HGB genannten Ausschlussgründe sind gem. § 58 Abs. 4 Satz 6 EGHGB auf Abschlussprüfungen für vor dem 1.1.2006 beginnende Geschäftsjahre nicht anzuwenden, wenn der Auftrag zur Erbringung der dort genannten Leistungen vor dem 29.10.2004 erteilt worden ist und die Tätigkeit nach der bis zum 9.12.2004 geltenden Fassung des HGB zulässig war.

Nach § 285 Nr. 17 HGB haben kapitalmarktorientierte Unternehmen im →Anhang die im Geschäftsjahr als Aufwand (→Aufwendungen und Erträge) erfasste Vergütung für die Abschlussprüfung sowie die Vergütung für Steuerberatungsleistungen aufzuführen, damit dem Bilanzleser die Vereinbarkeit bzw. Unvereinbarkeit von bestimmten Beratungsdienstleistungen mit der Tätigkeit als APr transparent gemacht wird (→Publizität). Diese Regelung orientiert sich auch an der Empfehlung 2002/590/EG der *KOM* zur „Unabhängigkeit des Abschlussprüfers in der EU" vom 19.7.2002.

Bei den in § 319a HGB normierten Ausschlusstatbeständen für die Tätigkeit als APr ist zu beachten, dass sich diese nur auf die *Unternehmen von öffentlichem Interesse* beziehen, worunter nur kapitalmarktorientierte Unternehmen fallen. In der Gesetzesbegründung zum BilReG (BT-Drucks. 15/3419 vom 24.6.2004, S. 41) heißt es dazu, dass bei kapitalmarktorientierten Unternehmen auch unter dem Gesichtspunkt der Verhältnismäßigkeit höhere Anforderungen an die Unabhängigkeit des Abschlussprüfers gestellt werden können als bei einem mittelständischen Unternehmen (→kleine und mittlere Unternehmen). Die Prüfung der Unabhängigkeit des Abschlussprüfers setze bei dem geprüften Unternehmen und nicht bei der Größe der Praxis des Wirtschaftsprüfers (→Revisions- und Treuhandbetriebe) an, so dass keine „Zweiteilung des Berufsstands" der WP eintrete. Die in § 319a HGB geregelten Ausschlussgründe für die Abschlussprüfung strahlen damit *nicht* auf die →Rechtsberatung und auf Steuerberatungsleistungen aus, die *an andere zu prüfende Unternehmen* erbracht werden (Ring 2005, S. 198 und 201). Darüber hinaus ist im Anwendungsbereich des § 319a HGB auch nicht jegliche Art von Steuerberatungsleistungen für das Abschlussprüfungsmandat schädlich. Dies kann in der praktischen Anwendung jedoch zu nicht unerheblichen Auslegungsproblemen führen.

Die Bestimmungen des US-amerikanischen *SOA* (→Sarbanes Oxley Act, Einfluss auf das Prüfungswesen) zu den Unabhängigkeitsgrundsätzen von Abschlussprüfern aus dem

Jahre 2002 sind auch auf deutsche WP anzuwenden, soweit diese unmittelbar oder mittelbar an Prüfungsmandaten in Bezug auf bei der →*Securities and Exchange Commission* (*SEC*) registrierte Emittenten mitwirken (SOA 106). Hierbei kann es sich um die Abschlussprüfung von deutschen *SEC*-registrierten Emittenten oder um die Prüfung von deutschen Tochtergesellschaften von *SEC*-registrierten Emittenten in den →United States of America (USA) handeln. Die tangierten deutschen WP müssen sich beim →*Public Company Accounting Oversight Board* (*PCAOB*) registrieren lassen und unterstehen anschließend dessen Aufsicht und Kontrolle (→Berufsaufsicht für Wirtschaftsprüfer, international). Nach den am 23.1.2003 von der *SEC* verabschiedeten Ausführungsbestimmungen zum SOA besteht ein nahezu lückenloses Verbot für die Erbringung von Nichtprüfungsleistungen durch den APr an die zu prüfenden Unternehmen. Nach dem SOA ist die Steuerberatung durch den APr zwar nicht generell verboten. Allerdings sind Steuerberatungsleistungen nur unter bestimmten Voraussetzungen mit einem Prüfungsmandat vereinbar. Hierfür ist die vorherige Einwilligung und Genehmigung des →Audit Committee des zu prüfenden Unternehmens erforderlich. Nach den vom *PCAOB* entwickelten Unabhängigkeitsregeln sollen künftig auch bestimmte Steuerberatungsleistungen (z. B. bestimmte steuergestaltende Beratungen, die sich auf Transaktionen zur Steuervermeidung beziehen, steuergestaltende Beratung unter „aggressiver Interpretation" des einschlägigen Steuerrechts, Erbringung von Steuerberatungsleistungen an leitende Angestellte des zu prüfenden Unternehmens; s. o.V. 2005, S. 29) nicht mit der Abschlussprüfung vereinbar sein. Im Falle der steuerlichen Beratung eines *SEC*-registrierten Unternehmens kommen für den deutschen WP auch die Regeln zur US-amerikanischen Berufsaufsicht und Qualitätskontrolle (→Qualitätskontrolle in der Wirtschaftsprüfung) zur Anwendung, was eine unverhältnismäßige Belastung darstellen würde. Die US-amerikanischen Bestimmungen des SOA lassen jedoch zu, dass ausländische Berufspraxen von den Anforderungen des SOA befreit werden können. Inwieweit dies künftig für deutsche WP zum Tragen kommt, bleibt jedoch vorerst abzuwarten.

Literatur: BayObLG-Urteil vom 17.9.1987, Aktz. BReg. 3 Z 76/87, DB 40 (1987), S. 2400–2403; BGH-Urteil vom 21.4.1997, Aktz. II ZR 317/95, WPg 50 (1997), S. 566–568; Ferlings, J./Lanfermann, G.: Unabhängigkeit von deutschen Abschlußprüfern nach Verabschiedung des Sarbanes-Oxley Acts, in: DB 55 (2002), S. 2117–2122; Harder, N.: Die Steuerberatung durch den Abschlußprüfer, in: DB 49 (1996), S. 717–720; Hense, B./Veltins, M. H.: Kommentierung des § 319 HGB, in: Ellrott, H. et al. (Hrsg.): BeckBilKomm, 5. Aufl., München 2003; Hülsmann, C.: Stärkung der Abschlussprüfung durch das Bilanzrechtsreformgesetz, in: DStR 43 (2005), S. 166–172; Moxter, A.: Zur Abgrenzung von unzulässiger Mitwirkung und gebotener Einwirkung des Abschlußprüfers bei der Abschlußerstellung, in: BB 51 (1996), S. 683–686; o.V.: PCAOB will Steuerberatung durch Prüfer einschränken, in: WPK-Mag. 2005, Heft 1, S. 29; Ring, H.: Trennung von gleichzeitiger Prüfung und Beratung – Ein geeigneter Weg zur Überwindung der aktuellen Vertrauenskrise? – , in: WPg 55 (2002), S. 1345–1354; Ring, H.: Gesetzliche Neuregelung der Unabhängigkeit des Abschlussprüfers, in: WPg 58 (2005), S. 197–202; Rose, G.: Steuerberatung und Steuerberatungswesen, in: HWB, 4.Aufl., Stuttgart 1976, Sp. 3754–3760; Vogt, F.: Die Regulierung der wirtschaftsprüfenden Berufe durch europäisches und internationales Recht, in: Stbg 48 (2005), S. 139–143.

Siegfried Grotherr

Steuerbilanz →Wirtschaftsgut; →Sonder- und Ergänzungsbilanzen, steuerrechtliche

Steuerbilanzplanung →Steuercontrolling

Steuerbilanzpolitik →Bilanzpolitische Gestaltungsspielräume nach Steuerrecht

Steuercontrolling

Die Einbeziehung steuerlicher Wirkungen in *betriebswirtschaftliche Entscheidungskalküle* (→Entscheidungsinstrumente) wird aus deutscher Sicht sowohl im Schrifttum als auch in der Praxis nur vereinzelt als Teil der Controllingfunktion (→Controlling) angesehen. So finden sich vor allem in den Bereichen des →Finanzcontrollings und des →Investitionscontrollings sowie bei bestimmten →Controllinginstrumenten Ansätze für eine Steuerberücksichtigung. Obwohl in jüngerer Zeit die Bestrebungen zugenommen haben, Konzeptionen für eine *theoretische Fundierung des Controllings* (→Controlling, Aufgaben des; →Controllingkonzepte) zu schaffen, fehlen bisher Konzeptionen für die Entwicklung eines geschlossenen Steuercontrollings aus definitorischer, organisatorischer, funktions-, objekt- und instrumentalbezogener Sicht. Es ist zu vermuten, dass die eher zurückhaltende

Steuercontrolling

Auseinandersetzung der deutschsprachigen Betriebswirtschaftslehre mit derartigen Fragen des Controllings (Freidank 1996a, S. 148–155; Herzig/Zimmermann 1998, S. 1141–1150; Schlager 2005, S. 613–659) zum einen in der *Übertragung steuerlicher Aufgaben* auf externe StBGes, BPGes oder WPGes [→ Steuerberater (StB); → Steuerberatung; → Revisions- und Treuhandbetriebe] und zum anderen in der *Fehleinschätzung* der Wirkung von Ertrag-, Substanz-, Verkehr- und Verbrauchsteuern (Scheffler 2003) auf betriebswirtschaftliche Entscheidungen durch das Management begründet ist. Dieses Ergebnis überrascht insb. deshalb, weil nach dem anglo-amerikanischen Controllingverständnis die Erfüllung steuerlicher Aufgaben schon lange zu den Funktionen des Controllings zählt (Horváth 2006, S. 262–272).

Die elementaren Steuer(management)aufgaben lassen sich in die Bereiche *Steuerplanung* (→Steuerplanung, internationale; → Steuerplanung, nationale) *Steuerkontrolle* und *Steuerverwaltung* (einschl. steuerlicher Informationsbereitstellung) unterteilen. Unter dem Begriff Steuerplanung wird im Grundsatz die vorausschauende Bestimmung und Beeinflussung der Höhe der Steuerbelastung sowie des Zeitpunktes der Steuerzahlungen verstanden (Horváth 2006, S. 266). Allerdings besitzt die steuerliche Planung keinen Selbstzweck, sondern sie ist immer in das *Gesamtsystem der unternehmerischen →Planung* zu integrieren. Folglich sind die mit einer Steuerplanung verfolgten Ziele aus den Oberzielen *des Unternehmens* bzw. *des Konzerns* (→Konzernarten; →Konzernmanagement; →Konzernsteuerquote) abzuleiten und mit den Unterzielen *anderer Unternehmensbereiche* abzustimmen (→Unternehmenssteuerung, wertorientierte). Bei *international tätigen Unternehmen* reicht die Einbeziehung der Steuerwirkungen in betriebliche Entscheidungen nach Maßgabe der nationalen Steuergesetze aber nicht aus. Insb. im Falle grenzüberschreitender Aktivitäten (Verlagerung von Betriebsstätten in das Ausland) müssen die entsprechenden ausländischen Steuergesetze bzw. die zwischen der BRD und den betreffenden Staaten ausgehandelten Doppelbesteuerungsabkommen zusätzlich beachtet werden (Jacobs/Spengel 2002; Schreiber 2005).

Zur Quantifizierung der Steuerbelastung im Rahmen der Unternehmensplanung bietet sich die Teilsteuerrechnung (Kußmaul 2006, S. 455–460) an. Mithilfe dieses Systems lassen sich für bestimmte ökonomische Entscheidungssituationen partielle Steuerbelastungen (z. B. Teilsteuer auf Ausschüttungen, das Betriebsvermögen oder für bestimmte Steuerarten) ermitteln, die dann *zur zeit- und situationsorientierten* steuerlichen *Gesamtbelastung* unter Berücksichtigung steuerlicher Interdependenzen aggregiert werden können. Da im Rahmen der Steuerplanung primär Finanzziele verfolgt werden, steht bei den von der Betriebswirtschaftlichen Steuerlehre entwickelten mehrperiodigen Konzepten, die ebenfalls auf der Teilsteuerrechnung basieren, die *Beeinflussung der Steuerzahlungen* unter Zeit-, Bemessungsgrundlagen- und Steuertarifeffekten im Vordergrund der Betrachtung (Wagner/Dirrigl 1980). Allerdings ist die Anwendbarkeit dieser investitionstheoretischen Konzepte (→Investition) aufgrund *ihrer Vereinfachungen und restriktiven Prämissen* sowie der *Unsicherheit* der Planungsvariablen beschränkt. Die Praxis greift deshalb auf die sog. *kasuistische Veranlagungssimulation* (Scheffler 1991, S. 69–75) zurück, die als fallbezogene Modellrechnung zu verstehen ist und mit der Annahme arbeitet, dass beschriebene Sachverhalte, die den Charakter von Planungsalternativen tragen können, tatsächlich realisiert worden seien und nun den Veranlagungen in den einzelnen relevanten Steuerarten zu unterwerfen wären (→Simulationsmodelle).

Im Rahmen strategischer Entscheidungen (→strategisches Controlling), die konstitutiven Charakter tragen, wie etwa der *Standortwahl* (→Standortberatung), der *Rechtsformwahl* (→Unternehmensformen, Wahl der) sowie bei *Unternehmensakquisitionen* (→Beteiligungscontrolling; →Due Diligence; →Tax Due Diligence; →Unternehmensbewertung) kommt – neben anderen betriebswirtschaftlichen und gesellschaftsrechtlichen Kriterien – auch der Steuerbelastung maßgebliche Bedeutung zu (Schreiber 2005). Dem Bereich der mittel- bis langfristigen Planung sind insb. *Investitions-, Finanzierungsentscheidungen* sowie die *Steuerbilanzplanung* zu subsumieren. Bei der Investitionsplanung (→Investitionscontrolling) geht es um die absolute und relative Vorteilhaftigkeit eines Investitionsobjektes unter Einbeziehung (ertrag-)steuerlicher Wirkungen (→Steuern in der Unternehmensbewertung). Vor dem Hintergrund der steuerlichen Ungleichbehandlung von →Eigenkapital und →Fremdkapital steht im Rahmen der Finanzierungsplanung (→Finanzplanung; →Finanzcontrolling) die Frage nach der günstigsten Finanzierungsalternative (nach Steuern) im Mittelpunkt (Schreiber 2005).

Bei der Steuerbilanzplanung (→bilanzpolitische Beratung durch den Wirtschaftsprüfer; →bilanzpolitische Entscheidungsmodelle) ist zwischen der *firmen-* und der *anteilseignerbezogenen Planung* zu unterscheiden (Wagner/Dirrigl 1980, S. 277–311). Während im Falle der firmenbezogenen Steuerbilanzplanung das Steuercontrolling bei konstanten Ertragsteuersätze auf eine maximale Aufwandsvorverrechnung hinzuwirken hat (→Steuerbarwertminimierung), ist bei anteilseignerbezogener Steuerbilanzplanung die Gewinnsumme eines mehrperiodigen Betrachtungszeitraums mithilfe der *steuerlichen Manövriermasse* (→bilanzpolitische Gestaltungsspielräume nach Steuerrecht) so auf die einzelnen Perioden des Planungsintervalls zu verteilen, dass das Endvermögen der/des Eigner(s) maximiert wird (Vermögensmaximierung unter Durchgriff auf den Gebildeträger). Sofern allerdings Steuer- und Handelsbilanzpolitik (→bilanzpolitische Gestaltungsspielräume nach HGB) unterschiedliche Ziele verfolgen, kann es aufgrund des →*Maßgeblichkeitsprinzips* (→Maßgeblichkeit, umgekehrte) zu *Konfliktsituationen* kommen. In einem solchen Fall hat das Steuercontrolling die handelsbilanziell vorgegebenen Restriktionen zu beachten.

Im Wesentlichen geht es bei der operativen Planung (→operatives Controlling) um die Berücksichtigung von Steuern in der →Kosten- und Leistungsrechnung und damit um die Beantwortung folgender Fragen (Freidank 2000a, Sp. 516–521; Freidank 2000b, Sp. 521–529):

- Welche Steuern tragen *Kostencharakter* (→Kosten) und sind somit in der →*Kostenartenrechnung* als Einzelkosten (→Einzelkostencontrolling) (z. B. Bier-, Tabak- und Mineralölsteuer) oder Gemeinkosten (→Gemeinkostencontrolling) (z. B. GewSt, ESt bzw. KSt und KraftSt) zu erfassen?
- Anhand welcher Größen sind Steuern, die sowohl durch sachzielorientierte als auch sachzielfremde Aktivitäten ausgelöst werden, in *Kostensteuern* und *Nicht-Kostensteuern* aufzuteilen (→kalkulatorische Kosten; →Kosten)?
- Wie sind Gemeinkostensteuern über die →*Kostenstellenrechnung* auf die einzelnen Leistungseinheiten (Kostenträger) (→Kostenträgerstückrechnung; →Kalkulation) zu verrechnen?
- Wie sind im Rahmen des Steuercontrollings die Einzel- und Gemeinkosten auf der Basis der →Planbeschäftigung, der Planpreise und der (steuerlichen) Bemessungsgrundlagen in die *Systeme der* →*Plankostenrechnung* (→Prozesskostenrechnung) zu integrieren?
- In welchem Umfang sind die als *entscheidungsrelevant* klassifizierten Steuerarten den zur Auswahl stehenden (kurzfristigen) Handlungsalternativen zuzurechnen (→Eigenfertigung versus Fremdbezug; →Preisobergrenze; →Preisuntergrenze; →Produktionscontrolling)?

Die im Rahmen der Steuerplanung getroffenen Entscheidungen müssen hinsichtlich der erfolgten steuerlichen Wirkungen einer strategischen und operativen Kontrolle unterworfen werden (→Kontrolltheorie; →Kontrollinstrumente; →Kontrollkonzeptionen), um nach einem →Soll-Ist-Vergleich (→Abweichungsanalyse) ggf. Ansatzpunkte für Steuerungsmaßnahmen und Plankorrekturen auf sämtlichen Unternehmensebenen zu erhalten. Von besonderer Bedeutung ist neben einer kostenstellen-, prozess- oder projektorientierten Steuerkontrolle (→Bereichecontrolling; →Prozessmanagement; →Projektcontrolling) nach Maßgabe von *Verantwortlichkeiten* (→Responsibility Accounting) die Überwachung der laufenden *Steuerbescheide* (§§ 155 ff. AO) und erstellten Berichte über das Ergebnis von →*Außenprüfungen* (§ 202 AO), die dem Unternehmen von der *staatlichen Steuerverwaltung* (→Betriebsprüfungsstellen der Finanzverwaltung) zugesandt werden. Im Falle abweichender Auffassungen zwischen Unternehmen und Finanzbehörde über das Ergebnis der Steuerfestsetzung besteht für das Unternehmen durch den Rückgriff auf die im allgemeinen Steuerrecht vorgesehenen *außergerichtlichen* (§§ 347 ff. AO) und *gerichtlichen Einwirkungsalternativen* der FGO die Möglichkeit, auf die Höhe der endgültigen Steuerbelastung Einfluss zu nehmen.

Der Steuerverwaltung kommt innerhalb der *Steuerabteilung* (Herzig/Vera 2001, S. 441–

447) des Unternehmens die Aufgabe zu, die laufende Besteuerung abzuwickeln, wobei auch diverse *Mitwirkungspflichten* im Besteuerungsverfahren wahrzunehmen sind (§§ 140 ff. AO). Neben diesem externen Aspekt hat die Steuerverwaltung die *steuerliche Informationsversorgung* für die internen Planungs- und Kontrollaufgaben (→Planungssysteme; →Kontrollsysteme) in allen Unternehmensbereichen sicherzustellen, um die Beurteilung steuerlicher Handlungsalternativen zu ermöglichen. Wesentliche Informationen stellen steuerliche Vorschriften, Auslegungsmöglichkeiten, Urteile, Anweisungen und Erlasse für die staatlichen Steuerverwaltungen sowie auch intern zu ermittelnde Bemessungsgrundlagen oder Steuersätze der Gesellschafter zum Zwecke einer *personenbezogenen Steuerpolitik* dar. Da das Steuerrecht schnellen Änderungen unterworfen ist, die erhebliche Auswirkungen auf das unternehmerische Zielsystem nach sich ziehen können, sollte die Einrichtung eines *steuerlichen* →*Früherkennungssystems* [→Risikomanagementsystem (RMS)] in Betracht gezogen werden. Ein solches System muss in der Lage sein, zukünftige Steuerrechtsänderungen [anstehende Reformen des Unternehmenssteuerrechts (→Steuerreform, deutsche; →Steuerreform, europäische)], Stellungnahmen, Verlautbarungen, Meinungen und Literatur von ausgewählten Schlüsselpersonen, Institutionen und Organisationen mit hoher Autorität zu erfassen und die Informationsquellen im Hinblick auf ein *steuerliches Risiko- und Chancenmanagements* (→Risiko- und Chancencontrolling) auszuwerten. Darüber hinaus sind diese Informationen für das von § 289, 315 HGB geforderte externe Reporting *steuerlicher Risiken und Chancen* im Rahmen der *Lageberichtserstattung* (→Lagebericht; →Konzernlagebericht; →Chancen und Risiken der künftigen Entwicklung) zu nutzen (Freidank/Steinmeyer 2005, S. 2512–2517).

Literatur: Freidank, C.-Chr.: Ansatzpunkte für die Entwicklung eines Steuer-Controlling, in: ZfC 8 (1996a), S. 148–155; Freidank, C.-Chr.: Steuern und Controlling, in: Schulte, C. (Hrsg.): Lexikon des Controlling, München/Wien 1996b, Sp. 702–707; Freidank, C.-Chr.: Kostensteuern: Grundlagen, in: Corsten, H. (Hrsg.): Lexikon der Betriebswirtschaftslehre, 4. Aufl., München/Wien 2000a, Sp. 516–521; Freidank, C.-Chr.: Kostensteuern: Integration in das innerbetriebliche Rechnungswesen, in: Corsten, H. (Hrsg.): Lexikon der Betriebswirtschaftslehre, 4. Aufl., München/Wien 2000b, Sp. 521–529; Freidank, C.-Chr./Steinmeyer, V.: Fortentwicklung der Lageberichtserstattung nach dem BilReG aus betriebswirtschaftlicher Sicht, in: BB 60 (2005), S. 2512–2517; Herzig, N./Vera, A.: Die Stellung der Steuerabteilung in der Unternehmensorganisation, in: DB 54 (2001), S. 441–447; Herzig, N./Zimmermann, M.: Steuercontrolling – Überflüssige Begriffsverbindung oder sinnvolle Innovation?, in: DB 51 (1998), S. 1141–1150; Horváth, P.: Controlling, 10. Aufl., München 2006; Jacobs, O. H./Spengel, C.: Effective Tax Burden in Europe, Heidelberg 2002; Kußmaul, H.: Betriebswirtschaftliche Steuerlehre, 4. Aufl., München/Wien 2006; Reibis, C.: Computergestützte Optimierungsmodelle als Instrumente einer unternehmenswertorientierten Rechnungslegungspolitik. Eine Analyse vor dem Hintergrund des Bilanzrechtsreformgesetzes, Hamburg 2005; Scheffler, W.: Veranlagungssimulation versus Teilsteuerrechnung, in: WiSt 20 (1991), S. 69–75; Scheffler, W.: Besteuerung von Unternehmen I. Ertrag-, Substanz- und Verkehrsteuern, 6. Aufl., Heidelberg 2003; Schlager, J.: Aspekte des Steuercontrolling, in: Feldbauer-Durstmüller, B. et al. (Hrsg.): Handbuch Controlling und Consulting. FS für H. Stiegler zum 65. Geburtstag, Wien 2005, S. 613–659; Schreiber, U.: Besteuerung der Unternehmen, Berlin et al. 2005; Spengel, C./Malke, C.: Die Besteuerung von Unternehmen in der Europäischen Union, in: DSWR 35 (2006), Heft 1/2, S. 19–24; Wagner, F. W./Dirrigl, H.: Die Steuerplanung der Unternehmung, Stuttgart/NY 1980; Zimmermann, M.: Steuercontrolling. Beziehungen zwischen Steuern und Controlling, Wiesbaden 1997.

Carl-Christian Freidank

Steuerfahndung

Die Steuerfahndung hat nach § 208 AO eine Doppelfunktion. Sie wird im Interesse der Verfolgung von Straftaten und Ordnungswidrigkeiten tätig und sie dient der Ermittlung von Besteuerungsgrundlagen im Interesse der Steuerfestsetzung. In beiden Funktionen ist die Steuerfahndung keine →Außenprüfung, sodass die diesbezüglichen Einschränkungen (z. B. § 30a Abs. 3 AO) keine Anwendung finden (BFH-Beschluss vom 4.9.2000, S. 648–652).

Nach § 208 Abs. 1 Nr. 1 AO hat die Steuerfahndung die Aufgabe, *Steuerstraftaten* (§§ 369–374 AO) und *Steuerordnungswidrigkeiten* (§ 377–383a AO) zu erforschen. Insoweit wird die Steuerfahndung (nur) im Interesse der Verfolgung von Straftaten oder Ordnungswidrigkeiten tätig. In dieser Funktion sind die mit der Steuerfahndung betrauten Beamten Ermittlungspersonen der Staatsanwaltschaft nach § 152 GVG (§ 404 Satz 2 HS 2 AO) und sind den Weisungen der Staatsanwaltschaft unterworfen. Maßnahmen der

Steuerfahndung stellen nach § 397 Abs. 1 AO die Einleitung des Strafverfahrens dar. Die Einleitung des Strafverfahrens ist dem Beschuldigten spätestens mitzuteilen, wenn er zur Auskunft über die Sachverhalte, deretwegen der Tatverdacht besteht, herangezogen wird (§ 397 Abs. 3 AO).

Die Steuerfahndung führt die Ermittlungen grundsätzlich selbständig (§ 386 Abs. 2 AO). Sie hat dabei die Rechte und Pflichten der Staatsanwaltschaft im Ermittlungsverfahren (§ 399 Abs. 1 AO). Sie kann also den Beschuldigten (§§ 133 ff. StPO) und Zeugen (§§ 48 ff. StPO) vernehmen, Beschlagnahmen (§§ 94, 111c StPO), Notveräußerungen der beschlagnahmten Gegenstände (§ 111l StPO), Durchsuchungen (§ 102 StPO), Untersuchungen und sonstige Maßnahmen (z. B. Fahndungsmaßnahmen, §§ 131 ff. StPO) nach den für die Staatsanwaltschaft geltenden Regeln anordnen (§ 399 Abs. 2 Satz 2 AO), dabei die vorgefundenen Papiere des Beschuldigten durchsehen (§ 404 Satz 2 AO, § 110 StPO) sowie einen Strafbefehl beantragen (§ 400 AO). Darüber hinaus hat die Steuerfahndung die allgemeinen steuerlichen Ermittlungsbefugnisse der Finanzbehörden nach §§ 90, 92 ff. AO (§ 208 Abs. 1 Satz 2 AO).

Die Steuerfahndung kann die Sache jederzeit an die Staatsanwaltschaft abgeben, die Staatsanwaltschaft kann die Sache jederzeit an sich ziehen (§ 386 Abs. 4 AO). Die Steuerfahndung muss die Sache an die Staatsanwaltschaft abgeben, wenn gegen den Beschuldigten ein Haftbefehl (§ 112 StPO) oder ein Unterbringungsbefehl bei Schuldunfähigkeit oder verminderter Schuldfähigkeit (§ 126a StPO) zu erlassen ist (§ 386 Abs. 3 AO).

Rechtsschutz gegen diese Maßnahmen wird nach der StPO von den Strafgerichten (Amtsgericht, LG aufgrund der Beschwerde nach § 304 StPO) gewährt; der Finanzrechtsweg ist nicht eröffnet (BFH-Beschluss vom 29.1.2002, S. 749–755).

Der Beschuldigte hat im Strafverfahren das Recht, die Aussage zu verweigern (§ 136 Abs. 1 Satz 2 StPO); im Besteuerungsverfahren steht ihm aber wegen des gleichen Sachverhalts kein Auskunftsverweigerungsrecht zu (§ 103 AO, wonach das Auskunftsverweigerungsrecht für Beteiligte nicht gilt). Stattdessen bestimmt § 393 Abs. 1 Satz 2 AO, dass im Besteuerungsverfahren keine Zwangsmittel zur Erzwingung der Auskunft angewendet werden dürfen.

In ihrer zweiten Funktion wird die Steuerfahndung im allgemeinen *Besteuerungsverfahren* tätig. Sie hat dabei die Aufgabe, die Besteuerungsgrundlagen für die Steuerfestsetzung bei Steuerstraftaten und Steuerordnungswidrigkeiten zu ermitteln (§ 208 Abs. 1 Nr. 2 AO) und unbekannte Steuerfälle aufzudecken und zu ermitteln (§ 208 Abs. 1 Nr. 3 AO). Außerdem kann sie auf Ersuchen der zuständigen Finanzbehörde Außenprüfungen durchführen (§ 208 Abs. 2 Nr. 1 AO) und sonstige Aufgaben der Finanzbehörden übernehmen (§ 208 Abs. 2 Nr. 2 AO). In dieser Funktion richten sich ihre Rechte und Pflichten allein nach den allgemeinen steuerrechtlichen Vorschriften, insb. also nach §§ 90, 92 ff., 200 Abs. 1 Satz 1, 2, Abs. 2, 3 Satz 1, 2 AO, wobei jedoch die Einschränkungen des § 93 Abs. 1 Satz 3, Abs. 2 Satz 2 AO und des § 97 Abs. 2, 3 AO nicht gelten (§ 208 Abs. 1 Satz 2, 3 AO).

In *organisatorischer* Hinsicht ist für die Steuerfahndung zu unterscheiden zwischen den Steuerfahndungsstellen der Finanzämter, die für die Besitz- und Verkehrssteuern zuständig sind, und den Hauptzollämtern bzw. Zollfahndungsämtern (→Zollfahndung) (§ 12 FVG), deren Zuständigkeit sich auf Zölle und Verbrauchsteuern erstreckt (§ 386 Abs. 1 AO).

Besondere Fragen entstehen im Verhältnis des Rechts der Steuerfahndung zum *Bankgeheimnis* (§ 30a AO). Die Steuerfahndung hat die allgemeinen Regeln des § 30a Abs. 1, 2 AO zu beachten. Dagegen gilt die Einschränkung des § 30a Abs. 3 AO, wonach das Ausschreiben von Kontrollmitteilungen bei Prüfung eines →Kreditinstituts unterbleiben soll, nur für die Außenprüfung, nicht für die Steuerfahndung (BFH-Beschluss vom 4.9.2000, S. 648–652; a.A. jedoch BFH-Beschluss vom 27.7.2000, S. 643–648). Für die Steuerfahndung gilt jedoch § 208 Abs. 5 AO, wonach das Kreditinstitut in einem Steuerfahndungsverfahren gegen den Bankkunden nur um Auskunft ersucht werden soll, wenn der Steuerpflichtige nicht bekannt ist, wenn ein Auskunftsersuchen an ihn nicht zum Erfolg führt oder wenn es keinen Erfolg verspricht.

Die Steuerfahndung darf keine Prüfung bei Kreditinstituten ohne begründeten Anlass (einem steuerstrafrechtlichen Anfangsverdacht) lediglich in der Absicht zur Erzielung von „Zufallsfunden" durchführen, da dies einer unzulässigen „Rasterfahndung" gleich käme (BFH-Beschluss vom 27.7.2000, S. 643–648; BFH-Beschluss vom 21.3.2002, S. 495–501). Es genügt aber, wenn aufgrund konkreter Sachverhaltsmomente oder allgemeiner Erfahrungen die Möglichkeit einer objektiven Steuerverkürzung besteht (BFH-Urteil vom 4.9.2000, S. 648–652; BFH-Beschluss vom 21.3.2002, S. 495–501). Dies ist bei in nicht banküblicher Weise, z. B. durch Barzahlung oder -abhebung, auch anonym oder pseudonym abgewickelten Geschäften der Fall (BFH-Beschluss vom 15.6.2001, S. 624–629). Liegen diese Voraussetzungen vor, liegt auch dann keine „Rasterfahndung" vor, wenn ein sehr großer Personenkreis betroffen ist (BFH-Beschluss vom 15.6.2001, S. 624–629).

Rechtsschutz gegen eine unzulässige Feststellung von Bankkunden und ihrer Guthaben wird dem Kreditinstitut durch die Unterlassungsklage (§ 41 Abs. 1 FGO), vorläufiger Rechtsschutz durch die einstweilige Anordnung (§ 114 FGO), gewährt (BFH-Beschluss vom 27.7.2000, S. 643–648; BFH-Beschluss vom 4.9.2000, S. 648–652).

Literatur: BFH-Beschluss vom 27.7.2000, Aktz. VII B 28/99, BStBl. II 2000, S. 643–648; BFH-Beschluss vom 4.9.2000, Aktz. I B 17/00, BStBl. II 2000, S. 648–652; BFH-Beschluss vom 15.6.2001, Aktz. VII B 11/00, BStBl. II 2001, S. 624–629; BFH-Beschluss vom 29.1.2002, Aktz. VIII B 91/01, BFH/NV 2002, S. 749–755; BFH-Beschluss vom 21.3.2002, Aktz. VII B 152/01, BStBl. II 2002, S. 495–501; Dumke, W.: Kommentierung des § 208 AO, in: Schwarz, B. (Hrsg.): Kommentar zur Abgabenordnung, Loseblattausgabe, Band 3, 11. Aufl., Freiburg, Stand: 116. Erg.-Lfg. Dezember 2005; Seer, R.: Kommentierung des § 208 AO, in: Tipke, K. et al. (Hrsg.): Tipke/Kruse, Kommentar zur Abgabenordnung und Finanzgerichtsordnung, Loseblattausgabe, Köln, Stand: 103. Erg.-Lfg. März 2004.

Gerrit Frotscher

Steuerfreie Rücklage →Sonderposten mit Rücklageanteil

Steuergeheimnis →Betriebsprüfungsstellen der Finanzverwaltung

Steuerkontrolle →Steuercontrolling

Steuerliche Due Diligence →Tax Due Diligence

Steuermanagement →Steuercontrolling

Steuern →Steuern als Prüffeldergruppe; →Steueraufwand

Steuern als Prüffeldergruppe

An die Existenz von Unternehmen und deren wirtschaftliche Betätigung knüpfen eine Vielzahl von steuerlichen Vorschriften an, welche Auswirkungen auf den zu prüfenden JA haben können. Die steuerlichen Vorschriften finden ihren Niederschlag in einer Vielzahl von Posten der Bilanz, der →Gewinn- und Verlustrechnung (GuV) und des →Anhangs (→Angabepflichten). Ohne eine sachgerechte Berücksichtigung der insoweit bestehenden Interdependenzen ist eine zielgerichtete Prüfung der betroffenen Posten des Jahresabschlusses nicht möglich (→Prüfungsstrategie). Die hohe Änderungsgeschwindigkeit der nationalen und internationalen Steuergesetzgebung (→Steuerreform, deutsche; →Steuerreform, europäische), die in Teilen auslegungsbedürftigen Rechtsvorschriften sowie der umfangreiche Subventionscharakter der steuerrechtlichen Normen gehen zudem mit einer sehr hohen Komplexität und Risikoeinschätzung dieses Prüfungsgebietes (→Prüffelder) einher, welches bei der →Prüfungsplanung zu berücksichtigen ist.

Die Prüfung des Jahresabschlusses (→Jahresabschlussprüfung) erstreckt sich grundsätzlich nicht auf die Frage, ob die Vorschriften des Steuerrechts i.A. beachtet worden sind. Diese sind nur dann in die Prüfung einzubeziehen, wenn sich aus der Nichteinhaltung dieser Vorschriften Auswirkungen auf den JA oder den Anhang ergeben könnten (IDW PS 201.9). Die ausdrückliche Prüfung der Einhaltung steuerlicher Vorschriften ist Aufgabe der steuerlichen →Außenprüfung.

Im Rahmen der →Jahresabschlussprüfung (→Konzernabschlussprüfung) erfolgt die Prüfung unter dem Gebot, dass der JA ein den tatsächlichen Verhältnissen entsprechendes Bild der →Vermögenslage, →Finanzlage und →Ertragslage (→True and Fair View) des Unternehmens vermitteln soll (→Ordnungsmäßigkeitsprüfung). Zur Beurteilung der Auswirkungen steuerlicher Vorschriften auf den JA bedarf es einer intensiven Beschäftigung mit der Rechtsmaterie und Anwendung der spezifischen Rechtsvorschriften auf den jeweils zu beurteilenden Sachverhalt. Es ist zu prüfen, inwieweit Steuerrechtsspezialisten bei der Prüfung hinzugezogen werden sollten.

Unter der *Prüffeldergruppe Steuern* werden im Wesentlichen folgende Posten des Jahresabschlusses erfasst:

- →Steueraufwand (§ 275 Abs. 2 Nr. 18 und 19, Abs. 3 Nr. 17 und 18 HGB; § 278 HGB),
- Steuerrückstellungen (§ 266 Abs. 3 B. 2 HGB; →Rückstellungen),
- Steuerabgrenzung (§ 274 HGB; →latente Steuern),
- →Sonderposten mit Rücklageanteil (§§ 273 HGB, 281 HGB),
- →Abschreibungen, steuerrechtliche (§§ 254, 279 Abs. 2 HGB; § 281 HGB),
- Sonstige Verbindlichkeiten, aus Steuern (§ 266 Abs. 3 C. 8 HGB) sowie
- →Sonstige Vermögensgegenstände, aus Steuern (§ 266 Abs. 2 B. II.4 HGB).

Die jeweiligen Vorschriften normieren eine Vielzahl von ergänzenden Erläuterungen in Bilanz, GuV oder Anhang, welche zusätzlich zu den Angaben nach § 285 Nr. 5 und 6 HGB zu tätigen sind. Dem Adressaten des Jahresabschlusses soll durch diese Angaben ermöglicht werden, die Belastung des →Jahresergebnisses durch Steuern (→Steueraufwand) analysieren und insb. erkennen zu können, in welchem Maße das Jahresergebnis durch die Inanspruchnahme steuerlicher Vergünstigungsnormen beeinflusst wurde (→Jahresabschlussanalyse).

Neben aussagebezogenen Prüfungshandlungen (→ergebnisorientierte Prüfungshandlungen) hat die Prüfung der von dem Unternehmen installierten Verfahren zur Sicherstellung einer zutreffenden Bilanzierung und Bewertung der Steuern im JA sowie der Erfüllung der vom Gesetzgeber kodifizierten ergänzenden Erläuterungen in Bilanz, GuV sowie Anhang eine herausragende Bedeutung (→Systemprüfung).

Wesentliche Risikobereiche (→Prüfungsrisiko) der Prüffeldergruppe Steuern betreffen:

- Verfügbarkeit von ausreichendem steuerlichen Fachwissen oder Herbeiziehung desselben durch das Unternehmen im Rahmen der Erstellung des Jahresabschlusses,
- zutreffende Berücksichtigung der Auswirkungen von Änderungen in der Gesetzgebung und Rspr. auf die Beurteilung von in der Vergangenheit und im laufenden Geschäftsjahr verwirklichten Sachverhalten,
- Erfüllung der steuerrechtlichen Voraussetzungen für die Inanspruchnahme von Subventionen (→Zuschüsse) und richtige Bemessung der Subventionshöhe im Zeitablauf (insb. Beachtung zeitraumbezogener Nebenbedingungen),
- Einhaltung von Ermessensspielräumen bei der steuerrechtlichen Beurteilung von Sachverhalten vor dem Hintergrund von Bestrebungen zur Steueroptimierung (→bilanzpolitische Gestaltungsspielräume nach Steuerrecht; →Steuercontrolling; →Steuerplanung, nationale; →Steuerplanung, internationale),
- zutreffende Berücksichtigung steuerlich spezialgesetzlicher Normen bei der Ableitung der Steuerbelastung des Unternehmens sowie
- Erfüllung der →Angabepflichten im Anhang.

Literatur: IDW (Hrsg.): IDW Prüfungsstandard: Rechnungslegungs- und Prüfungsgrundsätze für die Abschlussprüfung (IDW PS 201, Stand: 17. November 2000), in: WPg 53 (2000), S. 710–713.

Helmuth Schäfer

Steuern in der Unternehmensbewertung

Steuern sind neben →Cash Flows und →*Kapitalkosten* ein dritter wichtiger Einflussfaktor auf den Marktwert eines Unternehmens. Eine Vernachlässigung der Steuern in der →Unternehmensbewertung kann zu schwer wiegenden Bewertungsfehlern führen. Steuern wirken in folgender Weise auf den →Unternehmenswert:

1) Steuern beeinflussen die Auszahlungsüberschüsse,

2) Steuern beeinflussen das Bewertungsverfahren und

3) Steuern beeinflussen die Kapitalkosten.

Ad 1): Der Einfluss der Steuern auf die *Auszahlungsüberschüsse* kann häufig direkt aus den gesetzlichen Regelungen abgelesen werden. Dabei wird in der Unternehmensbewertung immer wieder mit Vereinfachungen gearbeitet, um den Kalkül übersichtlich zu halten. Typischerweise werden ein linearer Tarif, keine Freibeträge, ein vollständiger und sofortiger

Verlustausgleich und ein auch in der Zukunft sicherer Steuersatz unterstellt. Bei der Ermittlung objektivierter Unternehmenswerte empfiehlt das →*Institut der Wirtschaftsprüfer in Deutschland e.V.* (*IDW*), ggf. einen ESt-Satz von 35% zu unterstellen. Obgleich keine der Annahmen vollkommen realistisch ist, bilden sie dennoch die Wirklichkeit in guter Näherung ab.

Ad 2): Steuern haben Einfluss auf das *Bewertungsverfahren*. Unter dem Begriff der →Discounted Cash Flow-Methoden (DCF) werden die Bewertungsmethoden zusammengefasst, mit denen die Auswirkungen steuerlicher Belastungen auf den Marktwert des Unternehmens abgebildet werden. Vernachlässigt man den Einfluss jeglicher steuerlicher Belastung, so führen alle diese DCF-Verfahren auf ein und denselben Unternehmenswert. Diese Identität der Marktwerte gilt jedoch nicht mehr, wenn eine Steuer auf Unternehmensebene (bspw. eine KSt) oder eine Steuer auf Anteilseignerebene (bspw. eine ESt) erhoben wird, da die nationalen Steuersysteme nicht finanzierungs- bzw. investitionsneutral sind. Die Auswahl eines geeigneten Bewertungsverfahrens und seine Spezifika sind Gegenstand der „*DCF-Theorie*" (eine systematische Darstellung des Themas findet man in der Monografie Kruschwitz/Löffler 2006).

- Berücksichtigt man bspw. nur eine Steuerbelastung des Unternehmens, so stellt sich heraus, dass die *Finanzierungspolitik* im Unternehmen einen großen Einfluss auf den Marktwert hat. So erhöht etwa eine anteilige Fremdfinanzierung den Marktwert des Unternehmens. In der Literatur werden nun voneinander verschiedene Finanzierungspolitiken unterschieden (bspw. eine autonome, marktwertorientierte, buchwertorientierte usw. Finanzierung), die dann konsequenterweise verschiedene Rechenverfahren des Discounted Cash Flow, wie etwa Adjusted Present Value-Ansatz (APV), →Weighted Average Cost of Capital-Ansatz (WACC), buchwertorientierte Verfahren usw., zur Folge haben. Aufgrund der Verschiedenheit der Finanzierungspolitiken kann es dabei je nach Rechenverfahren auch zu verschiedenen Unternehmenswerten kommen. Die Diskussion zu diesen DCF-Verfahren ist in der akademischen Welt weit fortgeschritten (Kruschwitz/Löffler 2003; Wallmeier 1999).

- Seit dem Jahr 1997 empfiehlt das *IDW*, auch die *Steuerbelastung der Anteilseigner* bei der Unternehmensbewertung in Betracht zu ziehen. In diesem Fall hat dann die *Thesaurierungs- bzw. Einbehaltungspolitik* des Unternehmens großen Einfluss auf den Unternehmenswert. So erhöht eine teilweise Einbehaltung den Marktwert des Unternehmens (Laitenberger/Tschöpel 2003). Wieder können verschiedene Thesaurierungspolitiken unterschieden werden, die dann analog auf unterschiedliche Unternehmenswerte führen. Im Gegensatz zu den oben genannten DCF-Verfahren bei Berücksichtigung einer Unternehmenssteuer ist die wissenschaftliche Diskussion dieser Verfahren erst noch am Anfang.

Ad 3): Steuern haben auch einen Einfluss auf die *Kapitalkosten* eines Unternehmens. Allerdings muss hier nach der Art der Steuern genauer differenziert werden: Da Steuern auf Unternehmensebene nicht unmittelbar die Anlagemöglichkeiten privater Kapitalanleger beeinflussen, geht man üblicherweise davon aus, dass Unternehmenssteuern die Kapitalkosten auch nicht unmittelbar beeinflussen. Im Fall einer Steuer auf Anteilseignerebene gilt dies jedoch nicht mehr: Einkommensteuern wirken direkt auf die Kapitalkosten eines Unternehmens. Dabei werden zwei Fragestellungen diskutiert:

- Zum einen kann man nach dem funktionalen Zusammenhang zwischen der Höhe von Kapitalkosten einerseits und dem ESt-Satz andererseits fragen: Fallen Kapitalkosten mit steigendem ESt-Satz und wenn ja, wie stark? Diese Frage wird häufig mit einem Verweis auf eine Arbeit von *Johansson* aus dem Jahr 1969 dahingehend beantwortet, dass Kapitalkosten und ESt in einem linearen Zusammenhang stehen (Johansson 1969): Wenn s den Steuersatz bezeichnet, dann ermitteln sich die Kapitalkosten nach Steuern anhand der Beziehung $k = k^*(1-s)$, wobei k^* die Kapitalkosten vor Steuern darstellen sollen. Auf den ersten Blick scheint ein solcher Zusammenhang auch ökonomisch sehr plausibel. Die wissenschaftliche Diskussion hat jedoch gezeigt, dass dieser lineare Zusammenhang zwischen Kapitalkosten und ESt-Sätzen zu sehr schwer wiegenden theoretischen Problemen führt und daher abgelehnt werden muss (s. dazu Kruschwitz/Löffler 2004). Diese Einschätzung erstreckt sich auch auf den bspw. bei *Laitenberger* (Laitenberger 2000) und *Schwetzler/Piehler* (Schwetzler/Piehler 2002) diskutierten Vorschlag, bei dem zwischen Kursgewinnen und Dividenden differenziert und die Steuerwirkung nur auf die Dividenden konzentriert wird. Wie überhaupt der funktionale Zusammenhang zwischen ESt-Satz und Kapitalkosten gestaltet ist, muss derzeit als offene oder zumindest nicht ausreichend diskutierte theoretische Frage gelten.

- Um dem im vorigen Abschnitt genannten Dilemma zu entgehen, schlägt man in Teilen der Literatur ein spezifisches DCF-Verfahren (Nettomethode oder Flow-To-Equity) vor und ermittelt von vornherein nur Kapitalkosten nach ESt für einen festgelegten Steuersatz. Dazu bedient man sich eines Kapitalmarktmodells, des →*Capital Asset Pricing Models* (CAPM) (Jonas/Löffler/Wiese 2004). Dieses Modell benötigt eine Vielzahl von Voraussetzungen, die teilweise im Gegensatz zu den Annahmen der Unternehmensbewertung stehen – derzeit existiert jedoch keine ernst zu nehmende Alternative zum CAPM. Weder ist die zeitweise ins Feld geführte Arbitrage-Preistheorie (APT) keine wirklich allgemeinere Theorie (Kruschwitz/Löffler 1996), noch haben sich Ansätze mit individuellen Nutzenfunktionen und Sicherheitsäquivalenten als theoretisch ausreichend fundiert erwiesen (s. dazu Kürsten 1999).

Beim *Post-Tax-CAPM* ermitteln sich die Kapitalkosten aus zwei Komponenten: dem risikolosen Zinssatz und einer Risikoprämie. Die Risikoprämie wiederum bestimmt sich aus dem Produkt aus einem systematischen Risiko (auch das Beta genannt) und der Risikoprämie für ein markttypisches Portfolio (auch Marktportfolio genannt). Bei dem in Deutschland im Jahre 2005 geltenden Steuerregime lautet die Bestimmungsgleichung des Post-Tax-CAPM wie folgt:

$$k = i(1-s^Z) + \left(m(1-s^D) - i(1-s^Z)\right)\beta$$

wobei der risikolose Zinssatz mit i, die erwartete Rendite des Marktportfolios mit m, die ESt-Sätze auf Zinseinkünfte bzw. Dividendeneinkünfte mit s^Z sowie s^D und die Kapitalkosten nach Steuern mit k bezeichnet werden. Beta ist ein Maß für das systematische Risiko des zu bewertenden Unternehmens und hängt ab von der Kovarianz der Marktrendite zur Unternehmensrendite. Für börsennotierte Unternehmen existiert häufig eine ausreichende Menge an Datensätzen, die eine empirische Bestimmung dieses Betas ermöglichen.

Die vorstehende Gleichung wurde für das *Halbeinkünfteverfahren* entwickelt. Ist das zugrunde liegende Steuersystem anders gestaltet, so verlangt dies eine entsprechende Anpassung der Bestimmungsgleichung für die Kapitalkosten, die nicht immer leicht vorzunehmen ist.

Literatur: Johansson, S. E.: Income taxes and investment decisions, in: Swedish Journal of Economics 71 (1969), S. 103–110; Jonas, M./Löffler, A./Wiese, J.: Das CAPM mit deutscher Einkommensteuer, in: WPg 57 (2004), S. 898–906; Kruschwitz, L./Löffler, A.: DCF = APV + (FTE & TCF & WACC)?, in: Richter, F./Schüler, A./Schwetzler, B. (Hrsg.): Kapitalgeberansprüche, Marktorientierung und Unternehmenswert, München 2003, S. 235–254; Kruschwitz, L./Löffler, A.: Unternehmensbewertung und Einkommensteuer aus der Sicht von Theoretikern und Praktikern, in: WPg 58 (2005), S. 73–79; Kruschwitz, L./Löffler, A.: Discounted Cash Flow – A Theory of Firm Valuation, Chichester et al. 2006; Kürsten, W.: Unternehmensbewertung unter Unsicherheit oder: Theoriedefizite einer künstlichen Diskussion über Sicherheitsäquivalent- und Risikozuschlagmethode, in: ZfB 54 (1984), S. 128–144; Laitenberger, J.: Die Berücksichtigung von Kursgewinnen bei der Unternehmensbewertung, in: FB 1 (2000), S. 546–550; Laitenberger, J./Tschöpel, A.: Vollausschüttung und Halbeinkünfteverfahren, in: WPg 56 (2003), S. 1357–1367; Schwetzler, B./Piehler, A.: Unternehmensbewertung bei Wachstum, Risiko und Besteuerung – Anmerkungen zum Steuerparadoxon, Arbeitspapier Nr. 56, Handelshochschule Leipzig, Leipzig 2002; Wallmeier, M.: Kapitalkosten und Finanzierungsprämissen, in: ZfB 69 (1999), 1473–1490.

Andreas Löffler

Steuerordnungswidrigkeiten →Steuerfahndung

Steuerplanung, internationale

Die internationale Steuerplanung zielt auf Steigerung des Unternehmenserfolgs durch Optimierung des Barwerts der Steuerzahlungen durch Gestaltung der grenzüberschreitenden Beziehungen. Das Ergebnis der internationalen Steuerplanung – zusammen mit dem der nationalen Steuerplanung (→Steuerplanung, nationale) – drückt sich in der (optimalen) →Konzernsteuerquote aus (→Steuercontrolling).

Die Optimierung der Steuerbelastung durch Steuerplanung ist ein legitimes Ziel unternehmerischen Handelns (BFH-Urteil vom 20.10. 1965, S. 697). Die Grenze zum unzulässigen Missbrauch von Gestaltungsmöglichkeiten des Rechts (§ 42 AO), ist erst überschritten, wenn die rechtliche Gestaltung unangemessen ist, der Steuerminderung dienen soll und durch wirtschaftliche und sonst beachtliche außersteuerliche Gründe nicht zu rechtfertigen ist (BFH-Urteil vom 31.5.2005, S. 1902–1905).

Die Steuerplanung internationaler Sachverhalte muss die steuerliche Belastung durch alle Steuerarten in allen betroffenen Staaten berücksichtigen (einschl. Stempelsteuern). Ist der Unternehmer eine natürliche Person, ist auch die ErbSt in die Betrachtung einzubeziehen.

Gestaltungen zur Optimierung der Steuern sind dem Risiko der Beanstandung durch in- oder ausländische Finanzbehörden ausgesetzt (→Außenprüfung; →Betriebsprüfungsstellen der Finanzverwaltung). Die Finanzverwaltung hat Instrumente entwickelt, um exzessiven Steuergestaltungen begegnen zu können (z. B. § 1 AStG, Zwischengesellschaften, §§ 7–14 AStG).

Steuerplanungsprojekte müssen flexibel genug gestaltet sein, um sich Änderungen wirtschaftlicher und steuerlicher Parameter anpassen zu können. Dazu gehört auch die Möglichkeit, die Planungsmaßnahmen rückgängig zu machen.

Die steuerliche Konzeption darf den gewöhnlichen betrieblichen Ablauf nicht behindern. Sie muss auf Dauer ohne wesentliche →Kosten administriert werden können. Zu komplizierte Konstruktionen werden häufig tatsächlich nicht so durchgeführt werden, wie sie geplant waren (→Planung), was ungeplante Steuerbelastungen zur Folge haben kann.

Für die internationale Steuerplanung stehen eine Vielzahl von Gestaltungsinstrumenten zur Verfügung. Die wichtigsten sind:

Rechtsformwahl: Aktivitäten in einem ausländischen Staat können im Wege des Direktgeschäfts, einer ausländischen Betriebsstätte oder einer KapGes organisiert werden. Beim Direktgeschäft, evtl. unter Einschaltung selbstständiger Handelsvertreter, erfolgt die Ertragsbesteuerung ausschließlich in dem Ansässigkeitsstaat des Unternehmens. Betriebsstätten führen zu einer steuerlichen Präsenz in dem jeweils anderen Staat, die von diesem steuerlich erfasst wird. Eine aufgrund des Welteinkommensprinzips drohende Doppelbesteuerung im Ansässigkeits- und im Betriebsstättenstaat wird bei Fehlen eines Doppelbesteuerungsabkommens durch Anrechnung der ausländischen Steuer, bei Bestehen eines Doppelbesteuerungsabkommens durch Freistellung der Gewinne der Betriebsstätte im Ansässigkeitsstaat erreicht. Bei einer ausländischen KapGes erzielt die inländische Muttergesellschaft Dividendeneinnahmen, die nach § 8b Abs. 1 und 5 KStG in Höhe von 95 % steuerfrei sind bzw. bei einer natürlichen Person nach dem Halbeinkünfteverfahren (§ 3 Nr. 40 EStG) besteuert werden.

Grenzüberschreitende Umwandlung: Grenzüberschreitende Umwandlungen (→Unternehmensumwandlungen) können gegenwärtig nur begrenzt steuerneutral durchgeführt werden. Nur innerhalb der EU ermöglicht § 23 UmwStG in gewissem Umfang steuerneutrale grenzüberschreitende Einbringungen von Betrieben, Teilbetrieben oder →Beteiligungen. Eine steuerneutrale grenzüberschreitende Verschmelzung ist nur möglich bei der Gründung einer SE durch Aktiengesellschaften (→Unternehmensgründung; →Aktiengesellschaft, europäische). Darüber hinaus ist geplant, weitere grenzüberschreitende Umwandlungsmöglichkeiten einzuführen.

Konzernaufbau: Zwischen den Staaten, in denen Mutter- und Tochtergesellschaft ansässig sind, sollte ein DBA bestehen, das die Quellensteuer auf die Dividende reduziert oder beseitigt. Erforderlichenfalls kann dieses Ergebnis durch eine Zwischenholding in einem anderen Staat erreicht werden, der sowohl mit dem Staat der Tochter- als auch mit dem der Muttergesellschaft ein DBA abgeschlossen hat. Fehlen für die Einschaltung der Zwischenholding jedoch wirtschaftliche oder sonst beachtliche Gründe und entfaltet sie keine eigene Wirtschaftstätigkeit, liegt ein Fall des „Treaty Shopping" vor, der nach § 50d Abs. 3 EStG nicht zur Freistellung von der Quellensteuer führt. Beachtliche wirtschaftliche Gründe liegen jedoch vor, wenn sich die Zwischenholding in ein strategisches Holdingkonzept der Unternehmensgruppe einfügt (BFH-Urteil vom 31.5.2005, S. 1902–1905). Dann schadet es auch nicht, wenn die Zwischenholding mangels eigenen Personals, Büros etc. keine eigene wirtschaftliche Tätigkeit entfaltet. Bei dem Konzernaufbau (→Konzernarten; →Konzernmanagement) sind auch mögliche Divestments zu berücksichtigen, indem Unternehmensteile, bei denen eine spätere Veräußerung nicht ausgeschlossen erscheint, so in Tochter- oder Enkelgesellschaften ausgegliedert werden, dass die Beteiligungen nach § 8b Abs. 2 KStG steuerfrei veräußert werden können. Dabei ist die Missbrauchsfrist von 7 Jahren nach § 8b Abs. 4 KStG zu beachten.

Verrechnungspreise: Über die Gestaltung der Lieferungs- und Leistungsbeziehungen zwischen konzernangehörigen Unternehmen lassen sich Teile des Gewinne in Staaten mit niedrigem Besteuerungsniveau verlagern. Eine internationale Steuerplanung mithilfe der Verrechnungspreise (→Verrechnungspreise, steuerrechtliche) birgt jedoch die Gefahr, dass die betriebswirtschaftliche Ergebnisverantwortung verwischt wird und daher unternehmerische Fehlentscheidungen vorbereitet werden. Die Verrechnungspreise unterliegen regelmäßig einer besonders intensiven Kontrolle durch die Finanzbehörden (→Außenprüfung), die durch die weit gehenden Dokumentationspflichten des Unternehmens ermöglicht wird (§ 90 Abs. 3 AO, Gewinnabgrenzungsaufzeichnungs-VO).

Funktionsverlagerung: Die Übertragung betrieblicher Funktionen, mit denen ein Gewinnpotenzial verbunden ist, auf ein Unternehmen in einem anderen Staat ist regelmäßig nur unter Gewinnrealisierung möglich. Bei Neuaufbau einer Organisation kann jedoch eine Gestaltung gewählt werden, bei der ein Großteil der integrierten Marge aus der betrieblichen Tätigkeit in einen Staat mit niedriger Besteuerung anfällt. Eine solche Gesellschaft kann das Risiko der wirtschaftlichen Tätigkeit übernehmen, indem mit Produktionsgesellschaften Verarbeitungsverträge abgeschlossen werden und der Vertrieb über Handelsvertreter oder Kommissionäre in anderen Staaten abgewickelt wird. Forschungsaktivitäten können in Form von Auftragsforschungen strukturiert werden. Die Anwendung der Regeln über Zwischengesellschaften (§§ 7 ff. AStG) kann vermieden werden, wenn in dem Niedrigsteuerland ein für die Geschäfte ausreichend eingerichteter Geschäftsbetrieb einschl. des erforderlichen eigenen Personals unterhalten wird. Wird andererseits die Produktionsfunktion in ein Billiglohn- und Niedrigsteuerland verlagert, wendet die Finanzverwaltung die Theorie der „verlängerten Werkbank" an, wonach die Lieferung der Produkte nach der Kostenaufschlagsmethode mit einem begrenzten Gewinnaufschlag abzurechnen ist, wenn die Produktionsstätte wirtschaftlich auf diesen Abnehmer ausgerichtet ist.

Finanzierung: Durch die Ersetzung von →Eigenkapital durch →Fremdkapital der Gesellschafter („Debt Push-Down") kann der steuerliche Gewinn einer Tochtergesellschaft reduziert werden. Eine übermäßige Gesellschafter-Fremdfinanzierung deutscher Tochtergesellschaften verhindert § 8a KStG, wonach Gesellschafter-Darlehen nur als fest verzinsliche Darlehen und nur in Höhe des 1,5-fachen des Eigenkapitals gegeben werden können. Erfasst werden auch Umwegfinanzierungen, wie Back-to-Back-Finanzierungen. Für die Finanzierung von Betriebsstätten durch das Stammhaus gelten die Regeln über das Dotationskapital; danach muss die Betriebsstätte über eine marktübliche Eigenkapitalausstattung verfügen. Der Einrichtung von Finanzierungszentren in niedrig besteuernden Gebieten wirken die Regeln über Zwischengesellschaften entgegen, da nach § 8 Abs. 1 Nr. 7 AStG die Aufnahme und Vergabe von Kapital zur Finanzierung inländischer Gesellschaften eine „passive" Tätigkeit darstellt. Erhebliche Steuervorteile lassen sich aber angesichts der hohen deutschen Steuerbelastung von 38 bis 40 % dadurch erzielen, dass die Finanzierungsgesellschaft in einem Staat mit niedrigerer Besteuerung als in Deutschland, aber oberhalb der Schwelle der „Niedrigbesteuerung" (25 %) angesiedelt wird.

Verlustverrechnung: Bei Auslandsaktivitäten, bei denen Verlustperioden möglich sind, ist eine zeitnahe Verlustverrechnung sicherzustellen. Besteht mit dem ausländischen Staat kein DBA, bietet sich die Gründung einer Betriebsstätte an, die die Übertragung der Verluste in das Inland ermöglicht. Besteht ein DBA, oder soll die Auslandsaktivität durch eine KapGes durchgeführt werden, besteht eine entsprechende Möglichkeit gegenwärtig nicht. Möglich ist dann nur, Gewinnpotenzial (z. B. durch hohes Kapital zur Erzielung von Zinseinnahmen) in diese Gesellschaft zu verlagern.

Vermeidung nicht abzugsfähiger Kosten: Soweit Einkünfte aufgrund eines Doppelbesteuerungsabkommens im Inland steuerfrei sind, können damit zusammenhängende Aufwendungen (→Betriebsausgaben) steuerlich nicht abgezogen werden. Diese Aufwendungen sind daher, soweit möglich, den jeweiligen wirtschaftlichen Aktivitäten zuzuordnen. Dies kann durch Kostenumlageverfahren geschehen, wenn bei der Muttergesellschaft Aufwendungen im Interesse der Tochtergesellschaften anfallen.

Sitzverlegung: Hierdurch können wirtschaftliche Aktivitäten in ein steuerlich günstigeres Umfeld verlagert werden. Die Sitzverlegung führt jedoch grundsätzlich zur Aufdeckung und Versteuerung der stillen Reserven (→ stille Reserven und Lasten) mit einer prohibitiven Steuerbelastung. Eine steuerneutrale Sitzverlegung ist aufgrund eines geplanten Gesetzes nur innerhalb der EU möglich, allerdings nur insoweit, als die → Wirtschaftsgüter in dem Staat, aus dem der Sitz verlegt wird, steuerlich erfasst bleiben.

Literatur: BFH-Urteil vom 20.10.1965, Aktz. II 119/62 U, BStBl. III 1965, S. 697–699; BFH-Urteil vom 31.5.2005, Aktz. I R 74, 88/04, BFH/NV 2005, S. 1902–1905; Fischer, L./Kleineidam, H.-J./Warneke, P.: Internationale Betriebswirtschaftliche Steuerlehre, 5. Aufl., Berlin 2005; Frotscher, G.: Internationales Steuerrecht, 2. Aufl., München 2005; Jacobs, O.: Internationale Unternehmensbesteuerung, 5. Aufl., München 2002; Kluge, V.: Das Internationale Steuerrecht, 4. Aufl., München 2000.

Gerrit Frotscher

Steuerplanung, nationale

Die *Steuerplanung* (i.w.S.) beinhaltet zwei Aspekte: Unter *Steuerplanung i.e.S.* wollen wir die Auseinandersetzung mit der Frage verstehen, *welche* Steuern *wie* in ein vorgegebenes Entscheidungskriterium einzubetten sind. Ausgangspunkt ist also ein Entscheidungsproblem, bei dem aus einer Menge gegebener Handlungsalternativen auf der Basis eines sinnvoll erscheinenden Entscheidungskriteriums eine zieloptimale Alternative ausgewählt werden soll. Die *Steuergestaltung* setzt sich dagegen mit der Frage auseinander, wie bei gegebener Handlungsalternative steuerliche Gestaltungsspielräume ausgenutzt werden können, damit die aus der Alternative resultierende Steuerbelastung minimiert wird (→ Steuercontrolling).

Im Folgenden ist zunächst zu fragen, welche unternehmerischen Entscheidungen im Rahmen der Steuerplanung zu betrachten sind. Grundsätzlich kann hier kein Entscheidungsbereich ausgenommen werden. Zunächst seien die *konstitutiven Entscheidungen* betrachtet. Bei der (nationalen) *Standortwahl* (→ Standortberatung) sind die Realsteuern (GewSt, GrSt) in die Entscheidungsfindung einzubeziehen. Darüber hinaus können regional beschränkte steuerliche Fördermaßnahmen eine Rolle spielen. Es sei an dieser Stelle darauf hingewiesen, dass der Standortwahl im internationalen Kontext größere Bedeutung zukommt. Diese ist dem Bereich der *internationalen Steuerplanung* (→ Steuerplanung, internationale) zuzuordnen.

Wesentlich komplexer stellt sich die Situation bei der *Rechtsformwahl* (→ Unternehmensformen, Wahl der) dar. Hier sind alle Steuern im Rahmen der Unternehmensbesteuerung einzubeziehen, sofern sie rechtsformspezifische Regelungen beinhalten. Dies sind insb. die Ertragsteuerarten ESt, KSt und GewSt. Ggf. müssen aber auch solche Steuerarten einbezogen werden, die keine solchen rechtsformspezifischen Besonderheiten aufweisen, so z.B. die GrSt, die als Realsteuer bei den Personensteuern (ESt, KSt) als → Betriebsausgabe abzugsfähig ist. Ähnliches gilt für die Entscheidung über → Unternehmenszusammenschlüsse. Zusätzlich müssen hier spezielle steuerliche Konstrukte einbezogen werden, die nur bei zusammengeschlossenen Unternehmen greifen, wie z.B. die (ertragsteuerliche) → Organschaft.

Von den laufenden Entscheidungen in Unternehmen sind nicht alle im gleichen Ausmaß von der Besteuerung betroffen. Im *Produktionsbereich* ist ggf. auf die unterschiedliche steuerliche Belastung verschiedener Produktionsfaktoren zu achten. Im *Absatzbereich* können die Verkehrsteuern, insb. also die USt eine Rolle spielen, dies allerdings eher bei grenzüberschreitenden Geschäftsvorfällen. Im *Personalbereich* sind die Steuern insb. im Zusammenhang mit Anreizsystemen zu beachten (betriebliche Altersversorgung, → Aktienoptionsprogramme). Der Bereich, der am stärksten steuerlich beeinflusst wird, ist der *Investitions- und Finanzierungsbereich*. Entscheidungen in diesem Bereich lösen i.d.R. eine ganze Reihe steuerlicher Konsequenzen aus, die in ihrer Gesamtheit ein hohes Maß an Komplexität aufweisen. Da solche Entscheidungen in aller Regel über mehrere Perioden wirksam sind, entsteht zusätzlich das Problem einer intertemporalen Beurteilung dieser steuerlichen Konsequenzen. Der Umfang der einzubeziehenden Steuerarten hängt neben dem zugrunde liegenden Entscheidungskriterium (s. oben) auch vom konkreten Investitionsobjekt ab. So erfordert etwa die Entscheidung über die Durchführung einer →Investition in Grund und Boden die Berücksichtigung nicht nur der ertragsteuerlichen, sondern auch der GrESt-lichen und GrSt-lichen Folgen (→Investitionscontrolling).

Die Steuerplanung steht in einem engen Zusammenhang mit der externen Rechnungslegung. Über das →*Maßgeblichkeitsprinzip* wirkt sich der handelsbilanzielle Gewinn auf das steuerliche Ergebnis aus. Durch die *umgekehrte Maßgeblichkeit* (→Maßgeblichkeit, umgekehrte) hat insb. die Ausnutzung steuerlicher Wahlrechte einen Einfluss auf die handelsrechtliche Bilanzierung dem Grunde und insb. der Höhe (Bewertung) nach. Im Rahmen der Steuerbilanzpolitik (→bilanzpolitische Gestaltungsspielräume nach Steuerrecht) werden Strategien zur Minimierung der Steuerbelastung gesucht, wobei auf die intertemporalen Effekte zu reflektieren ist (→Steuercontrolling). Als rationales Ziel kann dabei die Minimierung des Barwertes der Steuerbelastung angesehen werden:

$$\sum_{t=0}^{n} s_t \cdot G_t \cdot q_t \rightarrow \min!,$$

wobei s_t den Steuersatz, G_t den Steuerbilanzgewinn und q_t einen geeigneten Abdiskontierungsfaktor, jeweils bezogen auf die Periode t, bezeichnen.

Schließlich müssen insb. in KapGes die steuerlichen Auswirkungen der *Gewinnverwendungsentscheidung* (→Ergebnisverwendung) berücksichtigt werden, da thesaurierte und ausgeschüttete Gewinne zu unterschiedlichen (Gesamt-) Steuerbelastungen führen. Bei großen KapGes, deren Anteile sich im Streubesitz befinden, sind dem i. d. R. aber wegen der Anonymität der Anteilseigner Grenzen gesetzt.

Die beiden Komplexe der Steuerplanung i.e.S. und der Steuergestaltung sind nicht unabhängig voneinander zu betreiben, sondern müssen häufig simultan betrachtet werden. Dies sei am Beispiel einer Investitionsentscheidung erläutert: Ist über die Durchführung eines isoliert betrachteten Investitionsobjekts zu entscheiden und entscheidet der Investor anhand des Kapitalwertkriteriums, so ist i. S. d. Steuerplanung i.e.S. zu hinterfragen, wie die im Ertragsteuerrecht geregelte AfA in diesen Rechnungskalkül einzubetten sind. Die Steuergestaltung versucht dagegen darauf aufbauend zu klären, welches der steuerlich zulässigen Abschreibungsverfahren i. S. d. Entscheidungskriteriums „Kapitalwert" optimal ist.

Die im Rahmen der Steuerplanung i.e.S. gestellte Frage ist nicht unabhängig von dem vorgegebenen Entscheidungskriterium zu behandeln. Dies sei wieder am Beispiel einer Investitionsentscheidung erläutert: Wird als Kriterium für die Durchführung einer isoliert betrachteten Investition nicht der Kapitalwert, sondern die *Amortisation* herangezogen, d. h. wird die Investition als lohnend angesehen, wenn sich die Investitionsausgabe innerhalb eines vorgegebenen Planungshorizonts amortisiert, so stimmen die Entscheidungsregeln vor und nach Steuern überein, sofern die betriebsgewöhnliche →Nutzungsdauer den Planungshorizont (→Planung) nicht übersteigt und der relevante Ertragsteuersatz über diesen Zeitraum konstant ist. Die Ertragsbesteuerung braucht in diesem Fall – anders als im Kapitalwertkriterium – nicht berücksichtigt zu werden. Hier erübrigt sich natürlich auch jegliche Überlegung hinsichtlich des „optimalen" Abschreibungsverfahrens.

Rolf Jürgen König

Steuerpolitik, personenbezogene →Steuercontrolling

Steuerrechtliche Abschreibungen
→Abschreibungen, steuerrechtliche

Steuerrechtliche Gewinnermittlungsmethoden →Gewinnermittlungsmethoden, steuerrechtliche

Steuerrechtliche Unternehmensbewertung
→Unternehmensbewertung, steuerrechtliche

Steuerrechtliche Verrechnungspreise
→Verrechnungspreise, steuerrechtliche

Steuerreform, deutsche

Insb. durch sich rasant verändernde wirtschaftliche Rahmenbedingungen in Deutschland sowie weltweit wird es in immer größer werdendem Umfang nötig, das aktuelle Steuerrecht hinsichtlich eines Reformbedarfs zu untersuchen. Hierbei ist auch zu berücksichtigen, ob der Wirtschaftsstandort Deutschland durch zu hohe Unternehmenssteuern und/oder Steuern auf Arbeitseinkünfte an Attraktivität gegenüber anderen Staaten verloren hat. Während in der Vergangenheit das Hauptaugenmerk jeder Steuerreformbemühung die Schaffung zusätzlicher Entlastungen war, ist seit einigen Jahren nur noch von einer aufkommensneutralen Steuerreform die Rede, die insb. eine Verlagerung der Steuerbelastung von den direkten Steuern auf die indirekten Steuern und von den Unternehmenssteuern auf die Steuern der Privatpersonen vorsieht. Ebenfalls weit verbreitet sind Vorschläge dergestalt, die Steuersätze zu reduzieren, aber gleichzeitig die Bemessungsgrundlage zu erhöhen. Die Wirkung solcher, in der Vergangenheit bereits durchgeführter Maßnahmen sind auf keinen Fall zu unterschätzen und haben Einfluss auf die wirtschaftliche Entwicklung in der BRD. Während niedrige Steuersätze und die weit gehende Befreiung von Beteiligungserträgen Holding- und Dienstleistungsunternehmen begünstigt, führt die gleichzeitige Verbreiterung der Bemessungsgrundlage durch Einschränkung von Rückstellungsmöglichkeiten (→Rückstellungen) und Beschränkungen der Abschreibungen (→Abschreibungen, steuerrechtliche) zu einer Erhöhung der Steuerbelastung für das produzierende Gewerbe, die zumeist höher ist als die erlangte Entlastung beim Steuersatz. Solche Grundsatzentscheidungen bedeuten auch einen Abschied Deutschlands als Produktionsstandort.

Die Güte und der Reformbedarf eines Steuersystems ist jedoch nicht ausschließlich von der Höhe der Steuerbelastung abhängig, sondern auch von den Belastungen, die für den Steuerpflichtigen im Zusammenhang mit der Erfüllung seiner Erklärungs- und Zahlungspflichten verbunden sind. Insb. in diesem Bereich hat Deutschland erheblichen Handlungsbedarf, da vor allem erweiterte Dokumentationspflichten bei Auslandsbeziehungen sowie umfassende Arbeiten im Zusammenhang mit einer →Außenprüfung (→Umsatzsteuersonderprüfung) die tatsächliche Belastung für die Steuerpflichtigen erhöhen. Aber auch die oftmals zu Recht beklagte Rechts- und Planungsunsicherheit in Deutschland lässt die Attraktivität des Standortes Deutschland schwinden. Es ist zu beklagen, dass diese eher verfahrensrechtlichen Fragen eines Steuersystems nicht im Fokus der Betrachtung stehen, sondern die Steuersätze und Bemessungsgrundlagenermittlung (→Gewinnermittlungsmethoden, steuerrechtliche) im Vordergrund stehen.

Während sich im Vorfeld der Bundestagswahl 2005 zahlreiche Verbände für eine radikale Vereinfachung des Steuerrechts i. S. d. Vorschläge von *Paul Kirchhoff* mit Abschaffung weit gehend aller Steuersubventionstatbestände ausgesprochen haben, wird seit 2006 der Vorschlag der Stiftung Marktwirtschaft von Verbänden, Unternehmen und politischen Parteien positiv beurteilt.

Während *Paul Kirchhoff* in seinem Vorschlag von der Einführung einer Flat Tax ausgeht und *Wolfgang Wiegard* das System einer dualen ESt empfiehlt, ist das Anliegen der *Stiftung Marktwirtschaft* die Grundlage für Vertrauen und Rechtssicherheit und damit für mehr Investitionen, Wachstum und Beschäftigung in Deutschland durch ein international wettbewerbsfähiges Steuersystem zu schaffen. Eckpunkte des Vorschlages sind:

- die Unternehmenssteuer soll unabhängig von der Rechtsform des Unternehmensträgers (→Unternehmensformen) erhoben werden und ca. 25 bis 30% betragen;
- die GewSt soll abgeschafft werden;
- ausgeschüttete oder entnommene Gewinne sollen auf der Ebene des Unternehmers nachbelastet werden;
- der Unternehmer bezahlt die ESt und die persönliche Kommunalsteuer, wie dies jeder andere Steuerpflichtige auch tun wird;
- auch bei Personenunternehmen werden Leistungsvergütungen an die Gesellschafter zukünftig abzugsfähig sein;
- Verluste sind ausschließlich auf Unternehmensebene zu berücksichtigen; der bisher bekannte Durchgriff bei →Personengesellschaften auf Gesellschafterebene wird aufgehoben;
- die Gruppenbesteuerung wird eingeführt;
- das →Maßgeblichkeitsprinzip wird aufgegeben und eine eigenständige steuerliche Gewinnermittlung eingeführt, wobei eine Anpassung an die →International Financial Reporting Standards (IFRS) wegen der zu erreichenden EU-Kompatibilität angestrebt wird.

Wenngleich es noch keineswegs als gesichert anzusehen ist, dass diese Reformvorschläge umgesetzt werden, da es weiterhin einen erheblichen Widerstand der Kommunen gegen die Abschaffung der GewSt gibt, sind die vorgeschlagenen Änderungen dazu geeignet, das Steuerrecht in Deutschland zu vereinfachen und insoweit zu reformieren.

Noch größere, nicht vollständig gelöste Probleme ergeben sich jedoch hinsichtlich der internationalen Einbindung solcher Reformvorschläge in das bestehende Netz von Doppelbesteuerungsabkommen. Hierbei ist insb. die Frage zu beantworten, wie die ausgeschütteten Gewinne aus einer PersGes für abkommensrechtliche Zwecke behandelt werden und es zu Doppelbesteuerungen oder Keinmalbesteuerungen kommen kann. Hieran zeigt sich beispielhaft, dass eine Steuerreform im Einklang mit internationalen Standards zu erfolgen hat (→Steuerreform, europäische) und keineswegs isoliert durchgeführt werden kann. Der Gesetzgeber eines Staates mit zahlreichen internationalen Wirtschaftsverflechtungen hat damit größere Schwierigkeiten Reformüberlegungen umzusetzen als typische binnenmarktorientierte Volkswirtschaften.

Günther Strunk

Steuerreform, europäische

Unternehmen aller →Größenklassen und Branchen werden in fast allen europäischen Ländern immer internationaler. Gleichzeitig passen sich die Arbeits- und Wirtschaftsbedingungen der Staaten innerhalb Europas immer stärker an. Diese Entwicklung führt dazu, dass Unternehmen hinsichtlich des Standortes ihrer Tätigkeit oder Teile ihrer Tätigkeiten auch – zwar nicht nur – nach den steuerlichen Rahmenbedingungen schauen, unter denen sie in dem jeweiligen Staat unterliegen (→Standortberatung). Die deutschen Unternehmen wie die Regierungen sind hierbei bemüht, steuerliche Wettbewerbsverzerrungen zu vermeiden und haben insb. für den Bereich der EG Maßnahmen ergriffen, die den freien Waren-, Kapital- und Dienstleistungsverkehr innerhalb der Gemeinschaft sicherstellen sollen.

Während für den Bereich der indirekten Steuern durch die *Sechste RL 77/388/EWG* die Staaten der EG die Gesetzgebungskompetenz bzw. die Entscheidungshoheit von den nationalen Gesetzgebungsorganen auf die Organe der EG übertragen haben und hierdurch eine einheitliche Besteuerung hinsichtlich der Besteuerung des „wie" erzielt werden konnte, gilt dies für die Höhe des Steuersatzes noch immer nicht. Die Steuersätze innerhalb der EG schwanken zwischen 15% und 23%, wobei Wettbewerbsverzerrungen weitgehend vermieden werden konnten, da nahezu einheitlich das Bestimmungslandprinzip gilt. Wenngleich man somit für den Bereich der indirekten Steuern eine weitgehende Harmonisierung feststellen kann, ist dies bei den direkten Steuern noch nicht gegeben. Außerdem erscheint es fraglich, ob alle Staaten bereit sein werden, die Souveränität über wesentliche Entscheidungen ihrer Staatseinnahmen einer supranationalen Organisation zu überlassen.

Hinsichtlich des Standes der *Harmonisierungsbemühungen* im Bereich des Steuerrechts innerhalb der EG lässt sich für die indirekten Steuern festhalten, dass laut EGV eine Angleichung erfolgen soll und zu diesem Zweck auch Richtlinien erlassen werden dürfen. Die EG hat dies durch die Schaffung der Sechsten RL im Jahre 1973 sowie deren Weiterentwicklung in einem Umfang getan, dass, mit Ausnahme der Steuersätze, die einzelnen Mitgliedstaaten ihre Rechtssetzungskompetenz weitgehend aufgegeben und auf die Europäische Gemeinschaft übertragen haben.

Der Bereich der direkten Steuern hat in den letzten Jahren eine immer größere Bedeutung erlangt, weil die bisher regelmäßig ausschließlich auf nationale Sachverhalte ausgerichteten Regelungen sich immer weniger als geeignet erwiesen, um bei grenzüberschreitend Tätigen zu sachgerechten Besteuerungsfolgen zu gelangen. Die nachfolgend genannten Richtlinien haben die höchste praktische Relevanz für das internationale Steuerrecht:

- *RL 2003/123/EG* (sog. *Mutter-Tochter-RL*): Mit der Mutter-Tochter-Richtlinie wurden im Wesentlichen zwei Ziele verfolgt: Einerseits sollen Gewinnausschüttungen, die eine KapGes, an eine andere KapGes innerhalb der Gemeinschaft vornimmt, nicht mehr zu einer Doppelbesteuerung führen. Andererseits sollen bei solchen Ausschüttungen keine Quellensteuern einbehalten werden. Im Ergebnis wird also die grundsätzlich vollständige Beseitigung der Doppelbesteuerung auf solche Ausschüttungen vorgesehen. Die Richtlinie enthält detaillierte Vorgaben, wie diese Ziele erreicht werden sollen: Die Beseitigung der Doppelbesteuerung hat entweder dadurch zu erfolgen, dass der Staat, in dem die die Dividenden empfangende Gesellschaft ansässig ist, die Dividenden von seiner Besteuerung freistellt (Freistellungsmethode) oder eine Anrechnung der im Ausland gezahlten Steuer auf die Steuern der Muttergesellschaft vorsieht (Anrechnungsmethode). Die Mitgliedstaaten der Gemeinschaft haben sich damals überwiegend für die Anwendung der Freistellungsmethode entschieden. Sind die persönlichen Anwendungsvoraussetzungen erfüllt, soll keine Quellensteuer auf Dividenden einbehalten werden. Die Richtlinie lässt außerdem eine nationale Regelung zu, nach der die →Kosten im Zusammenhang mit der →Beteiligung vom Abzug als →Betriebsausgaben ausgeschlossen werden. Ferner kann auch eine Pauschalierung erfolgen, die max. 5 % betragen darf.

- *RL 2005/19/EG* (sog. *Fusions-RL*): Die Fusions-RL hat das Ziel, grenzüberschreitende Umstrukturierungen nicht durch steuerliche Regelungen zu behindern oder gar zu verhindern. Hintergrund ist, dass bei solchen Umstrukturierungen dem Unternehmen regelmäßig keine liquiden Mittel zufließen, aus denen die entstehende Steuerbelastung bezahlt werden könnte. Folglich käme es zu einer erhebliche wirtschaftlichen Belastung. Ergänzend ist zu berücksichtigen, dass bei rein nationalen Umwandlungen (→Unternehmensumwandlungen) im Rahmen des UmwStG eine Umstrukturierung ohne eine vergleichbare Steuerbelastung erfolgen kann. Leitidee der Richtlinie ist die aufgeschobene Gewinnrealisierung. Folglich kommt es nicht zum Zeitpunkt der Umwandlung zu einer Besteuerung der stillen Reserven (→stille Reserven und Lasten), sondern erst bei einer späteren Veräußerung. Insoweit handelt es sich nicht um eine endgültige Steuerbefreiung, sondern um einen Aufschub der Besteuerung. Die Mitgliedstaaten können den Unternehmen auch die Möglichkeit eröffnen, eine sofortige Gewinnrealisierung vorzunehmen. Von dieser Möglichkeit will offensichtlich der deutsche Gesetzgeber Gebrauch machen (→Steuerreform, nationale).

- *RL 2003/49/EG* (*über Zinsen und Lizenzen innerhalb von verbundenen Unternehmen*): Durch diese Richtlinie über eine gemeinsame Steuerregelung für Zahlungen von Zinsen und Lizenzgebühren zwischen →verbundenen Unternehmen in verschiedenen Mitgliedstaaten soll gewährleistet werden, dass Einkünfte in Form von Zinsen und Lizenzgebühren (nur) einmal in einem Mitgliedstaat besteuert werden. Dadurch soll eine Doppelbesteuerung, insb. bei Zahlungen zwischen verbundenen Unternehmen verschiedener Mitgliedstaaten sowie zwischen Betriebsstätten derartiger Unternehmen, verhindert werden. Die Richtlinie sieht vor, dass für Zinsen und Lizenzgebühren keine Quellensteuer mehr erhoben werden darf und zwar unabhängig von der Form der Erhebung. Das alleinige Besteuerungsrecht liegt im Staat des ausländischen, die Zahlungen empfangenden Unternehmens. Voraussetzung hierfür ist allerdings, dass eine unmittelbare Beteiligung von mindestens 25 % besteht.

- *RL 2003/48/EG* (sog. *Zins-RL*): Zweck der Zins-RL ist die Sicherstellung eines Mindestmaßes an Effektivität der Besteuerung von Zinszahlungen an natürliche Personen. Hierbei werden nur grenzüberschreitende Zahlungen erfasst, sodass rein innerstaatliche Zahlungen nicht in den Regelungsbereich der Richtlinie fallen. Berücksichtigt werden nur solche Zinsen, die von einer Zahlstelle in einem anderen Mitgliedstaat an Privatpersonen ausbezahlt werden. Zinszahlungen an Unternehmen und an andere juristische Personen sind aus dem Anwendungsbereich der Richtlinie ausgenommen.

- *Schiedsübereinkommen 90/436/EWG*: Der Zweck des Schiedsübereinkommens besteht darin, bei grenzüberschreitenden Gewinnberichtigungen von Entgelten zwischen verbundenen Unternehmen eine Doppelbesteuerung zu vermeiden. Hintergrund ist, dass eine Verrechnungspreisberichtigung (→Verrechnungspreise, steuerrechtliche) in einem Staat nicht zwingend eine entsprechende Gegenberichtigung im anderen Staat nach sich zieht. Folglich droht eine Doppelbesteuerung. Dem will das Schiedsübereinkommen beggenen, indem für diesen Fall ein Modus vorgeschrieben wird, der zu einer Beseitigung der Doppelbesteuerung führt. Erfasst werden alle gewinnabhängigen Steuern von rechtlich selbstständigen Unternehmen und von Betriebsstätten.

Darüber hinaus besitzt die EG keine Regelungskompetenz für die direkten Steuern. Allerdings besteht nach ständiger Rechtsprechung des *EuGH* die Verpflichtung für die Mitgliedsstaaten, ihr Besteuerungsrecht so auszuüben, dass Diskriminierungen und Verstöße gegen die Grundfreiheiten möglichst verhindert werden. Dort wo dies nicht der Fall ist, kann eine Unvereinbarkeit dieser Regelung mit dem höherrangigen EG-Recht nur in den Fällen verhindert werden, in denen es besondere Gründe für eine solche Ungleichbehandlung gibt. Insoweit wird der *EuGH* auch zukünftig der Motor einer zunehmenden Harmonisierung des Steuerrechts innerhalb der EU sein, wobei weitere Reform- und Harmonisierungsbemühungen im Bereich der Vereinheitlichung der steuerlichen Gewinnermittlungsvorschriften (→ Gewinnermittlungsmethoden, steuerrechtliche) liegen und weniger in der Anpassung der nominalen Steuersätze.

Günther Strunk

Steuerstraftaten → Steuerfahndung

Steuerungssysteme → Value Based Management

Stichprobe, heterograde → Heterograde Stichprobe

Stichprobe, homograde → Homograde Stichprobe

Stichprobeninventur → Inventurvereinfachungsverfahren, Prüfung von

Stichprobenprüfung

Grundsätzlich lassen sich → Prüfungsurteile auf der Grundlage einer → lückenlosen Prüfung (Vollprüfung) oder einer stichprobenweisen Prüfung (Auswahlprüfung) gewinnen. Zeit- und Kostengründe (→ Kosten) sprechen für die Stichprobenprüfung, bei der nur ein Teil der Elemente eines → Prüffeldes (Grundgesamtheit) zum Zweck der Urteilsbildung über das Prüffeld einer Prüfung unterzogen wird. Auch die Zielsetzung der Abschlussprüfung (→ Jahresabschlussprüfung; → Konzernabschlussprüfung) erfordert i.A. keine Vollprüfung, da das Prüfungsurteil nicht mit absoluter, sondern mit hinreichender Sicherheit ermittelt werden soll. Der → Abschlussprüfer (APr) kann sich demnach dann auf eine Stichprobenprüfung beschränken, wenn lediglich ein mit hinreichender Prüfungssicherheit versehenes Urteil über die Ordnungsmäßigkeit des zu beurteilenden Prüffeldes angestrebt wird (→ risikoorientierter Prüfungsansatz; → Ordnungsmäßigkeitsprüfung). Ein hinreichend sicheres Prüfungsurteil bedeutet aber zugleich, dass das Risiko eines Fehlurteils – das Risiko, ein ordnungsgemäßes Prüffeld als nicht ordnungsgemäß abzulehnen (Alpha-Risiko) bzw. das Risiko, ein nicht ordnungsgemäßes Prüffeld als ordnungsgemäß zu beurteilen (Beta-Risiko) – (→ Fehlerarten in der Abschlussprüfung) nicht ausgeschlossen ist. Maßgebliche Determinanten der bei einer Stichprobenprüfung angestrebten Urteilsqualität und damit des Risikos eines Fehlurteils sind das bei einer Stichprobenprüfung verwendete Auswahlverfahren und der dabei verwendete Stichprobenumfang. Bzgl. der Auswahlverfahren kann grundsätzlich zwischen der bewussten Auswahl (→ deduktive Auswahl) und der Zufallsauswahl (→ induktive Auswahl) differenziert werden.

Bei der *bewussten Auswahl* werden die in die Stichprobe einzubeziehenden Elemente vom APr subjektiv aufgrund seiner persönlichen Kenntnisse und Erfahrungen nach pflichtgemäßem Ermessen ausgewählt. Hierdurch können für die Urteilsbildung wichtige Vorinformationen über das Prüffeld unmittelbar in den Auswahlprozess einfließen. Als problematisch an der bewussten Auswahl erweist sich, dass im Gegensatz zur Zufallsauswahl die Repräsentanz der Stichprobe für die zugrunde liegende Grundgesamtheit nicht beweisbar ist. Hieraus resultiert als weiterer Nachteil, dass die durch bewusste Auswahl zustande gekommenen Stichproben im Vergleich zu Zufallsstichproben i.d.R. umfangreicher ausfallen und sich daraus evtl. unwirtschaftliche Festlegungen des Prüfungsumfangs ergeben.

Als Auswahltechniken bei der bewussten Auswahl stehen die Auswahl typischer Fälle, die Auswahl nach dem Konzentrationsprinzip und die Auswahl nach dem Fehlerrisiko (detektivische Auswahl) zur Verfügung. Bei der *Auswahl typischer Fälle* werden solche Sachverhalte aus dem Prüffeld ausgewählt, die der APr aufgrund seiner Erfahrung als für die Geschäftstätigkeit des Mandanten als charakteristisch und für die Beurteilung der Ordnungsmäßigkeit des Prüffeldes als typisch ansieht. Bei der *Auswahl nach dem Konzentrationsprinzip* wählt der APr nur solche Fälle aus, denen er eine absolute oder relative Bedeutung für die Urteilsbildung beimisst. Es werden folglich nur solche Geschäftsvorfälle geprüft, deren Beträge einen bestimmten Schwellenwert übersteigen. Einen Schluss auf die Fehlerhaftigkeit oder Fehlerfreiheit des nicht geprüften Teils des Prüffeldes lässt diese Auswahltechnik nicht zu. Dies kann insb. dann das Beta-Risiko des Abschlussprüfers erhöhen, wenn dem Mandanten die von ihm angewandte Auswahltechnik, z. B. aus vorangegangenen Prüfungen, bekannt ist. Bei der *Auswahl nach dem Fehlerrisiko* (detektivische Auswahl) werden solche Geschäftsvorfälle ausgewählt, bei denen der APr eine überdurchschnittliche Fehleranfälligkeit und -häufung vermutet. Als Ereignisse, die eine Fehlervermutung des Abschlussprüfers nach sich ziehen können, kommen personenbezogene, organisatorische und kalendarisch auftretende Ereignisse sowie Abweichungen von bestimmten statistischen Gesetzmäßigkeiten in Betracht. So ist nach dem *Benford's Law* bei den ersten Ziffern von Zahlen bestimmter Reihen keine Gleichverteilung der ersten Ziffern zu beobachten; vielmehr nimmt mit aufsteigender erster Ziffer die relative Häufigkeit ihres Auftretens ab. Weicht die Ziffernhäufigkeit eines Prüffeldes signifikant von der *Benford*-Verteilung ab, kann – sofern die Datenbestände dem *Benford's Law* entsprechen – daraus geschlossen werden, dass das Prüffeld fehlerbehaftet ist. Die Auswahl der zu prüfenden Stichprobenelemente kann dann anhand der bewussten Auswahl oder anhand der Zufallsauswahl erfolgen.

Wesentliches Merkmal der *Zufallsauswahl* (mathematisch-statistische Stichprobe) ist, dass jedes Element der Grundgesamtheit (Prüffeld) die gleiche bzw. eine bestimmte, berechenbare, von Null verschiedene Wahrscheinlichkeit besitzt, in die Stichprobe einbezogen zu werden. Die konkrete Auswahl der Stichprobenelemente ist somit frei von subjektiven Einflüssen des Abschlussprüfers. Im Gegensatz zu den Verfahren der bewussten Auswahl ermöglichen die Verfahren der Zufallsauswahl, dass mittels mathematisch-statistischer Auswertungsmethoden mit quantifizierbarer Sicherheit und Genauigkeit von der geprüften Stichprobe entweder auf die statistische Beschaffenheit der Grundgesamtheit geschlossen werden kann (*Schätzverfahren*) oder Hypothesen bzgl. der Grundgesamtheit verifiziert werden können (*Testverfahren*). Werden der Sicherheits- und Genauigkeitsgrad vorgegeben, erlaubt die Zufallsauswahl die Quantifizierung des erforderlichen Stichprobenumfangs.

Um die Zufälligkeit der konkreten Auswahl der Stichprobenelemente zu gewährleisten, ist am ehesten die *echte Zufallsauswahl* geeignet. Da eine echte Zufallsauswahl oft organisatorisch und zeitlich zu aufwendig ist, wird in der Praxis häufig die kostengünstigere sog. *systematische Auswahl* (unechte Zufallsauswahl) angewendet. Gebräuchliche systematische Auswahlverfahren sind:

- Auswahl nach Anfangsbuchstaben, nach Schlussziffern, nach Datum oder Geburtstag sowie
- Auswahl mit Zufallsstart, bei der aus einer in einer Folge geordneten Grundgesamtheit (N) bei n gewünschten Stichprobenelementen jedes N/n-te Element, beginnend mit einen zufällig ermittelten Startwert, als Stichprobenelement ausgewählt wird.

Anstelle der *einfachen Zufallsauswahl*, bei der jedes Element der Grundgesamtheit die gleiche, angebbare Chance hat, in die Stichprobe aufgenommen zu werden, treten in der Praxis oft Verfahren der komplexen Zufallsauswahl, bei denen die Elemente einer Grundgesamtheit nicht mehr die gleiche, wohl aber eine berechenbare Wahrscheinlichkeit haben, in die Stichprobe einbezogen zu werden. Gebräuchlich sind die sog. *geschichtete Zufallsauswahl*, bei der eine Grundgesamtheit in mehrere sich gegenseitig ausschließende Teilgesamtheiten (Schichten) gegliedert und aus jeder Schicht eine einfache Zufallsstichprobe gezogen wird, und die *Klumpenauswahl*, bei der nur ein Teil der gebildeten Teilgesamtheiten (Klumpen) Berücksichtigung findet, dann aber sämtliche Elemente der zufällig ausgewählten Klumpen geprüft werden. Gebräuchlich sind auch *größenproportionale Zufallsauswahlverfahren*, die dadurch gekennzeichnet sind, dass den höherwertigen Elementen einer Grundgesamtheit eine höhere Auswahlwahrscheinlichkeit zugeordnet wird als den geringwertigen Elementen. Besondere Bedeutung kommt dem auf einer betragsproportionalen Zufallsauswahl beruhenden *Dollar-Unit-Verfahren* zu, das die Schätzung der Fehlerhöhe mit der Schätzung des Fehleranteils vereint. Kernpunkt des Verfahrens ist dabei der Schluss von der Anzahl der beobachteten Fehler in der Stichprobe auf die Fehlerwahrscheinlichkeit im Prüffeld.

Die Verfahren der bewussten Auswahl sind insgesamt methodisch weniger zwangsläufig als die Verfahren der Zufallsauswahl und weisen hinsichtlich der Belegbarkeit der Zwangsläufigkeit des Zustandekommens eines Prüfungsurteils bzw. der Repräsentanz des auf der Grundlage der Stichprobe ermittelten Prüfungsergebnisses für die zu beurteilende Grundgesamtheit aufgrund fehlender intersubjektiver Nachprüfbarkeit eine geringere Beweiskraft auf als Zufallsstichproben (→Haftung des Wirtschaftsprüfers). Sie sind aber universeller einsetzbar, da sie nicht den restriktiven Anwendungsvoraussetzungen der Zufallsauswahlverfahren (Homogenität der Grundgesamtheit, statistische Massenerscheinungen) unterliegen.

Literatur: Buchner, R.: Wirtschaftliches Prüfungswesen, 2. Aufl., München 1997; Hömberg, R.: Stichprobenprüfung mit Zufallsauswahl, in: Ballwieser, W. et al. (Hrsg.): HWRP, 3. Aufl., Stuttgart 2002, Sp. 2287–2304; IDW (Hrsg.): IDW Prüfungsstandards, IDW Stellungnahmen zur Rechnungslegung einschließlich der zugehörigen Entwürfe und Hinweise, Düsseldorf 2005; Mochty, L.: Die Aufdeckung von Manipulationen im Rechnungswesen – Was leistet das Benford's Law?, in: WPg 55 (2002), S. 725–736; Schmidt, G.: Stichprobenprüfung mit bewusster Auswahl, in: Ballwieser, W. et al. (Hrsg.): HWRP, 3. Aufl., Stuttgart 2002, Sp. 2279–2287.

Michael Hinz

Stichprobenrisiko →Prüfungsrisikomodelle

Stichtag des Jahresabschlusses →Handelsbilanz II

Stichtag des Konzernabschlusses →Handelsbilanz II; →Zwischenabschlüsse

Stichtagsinventur →Inventurvereinfachungsverfahren, Prüfung von; →Inventur

Stiftungen

Der Begriff der Stiftung ist in den §§ 80–88 BGB kodifiziert (Walter/Nazari Golpayegani 2005, S. 700–708). Eine Stiftung i. S. d. BGB ist eine rechtsfähige, nicht verbandsmäßig organisierte Einrichtung, die einen vom Stifter definierten Stiftungszweck verfolgt. Eine Stiftung kann zu jedem legalen Zweck gegründet werden, sofern es gem. § 80 Abs. 2 BGB das Gemeinwohl nicht gefährdet. Für Stiftungen bestehen keine bundeseinheitlichen Vorschriften. Ergänzende Rechtsvorschriften haben die einzelnen Bundesländer in ihren Stiftungsgesetzen geregelt. Steuerrechtlich stellen Stiftungen eigene Steuersubjekte dar, die u. a. der KSt unterliegen, es sei denn, die Stiftung ist gemeinnützig und von der Steuer mittels einer Gemeinnützigkeitsbescheinigung befreit. Vorschriften zur Gemeinnützigkeit sind in den §§ 52 ff. AO geregelt.

Eine Prüfungspflicht für eine Stiftung besteht, wenn sie unter eine der nachfolgenden Vorschriften fällt (→Unternehmensformen). Sie ist gegeben nach dem Stiftungsrecht, satzungsgemäßer Verpflichtungen, im Auftrag der Stiftungsbehörde, beim Betreiben eines Gewerbes i.V.m. der Erfüllung der Vorschriften des PublG oder mit dem Unterliegen der Vorschriften des § 10 des StiftG NRW. Erfüllt eine Stiftung die Prüfungsvoraussetzungen, so ist, soweit in den Vorschriften nicht definiert, der Prüfungsumfang zwischen dem Prüfer und dem Auftraggeber zu vereinbaren (→Prüfungsauftrag und -vertrag). Soll im Ergebnis der handelsrechtliche →Bestätigungsvermerk (BestV) i. S. d. § 321 Abs. 1 HGB erteilt werden, dann hat die Prüfung die Buchführung, den JA sowie den →Anhang (→Angabepflichten) und ggf. den →Lagebericht zu umfassen. Besonderes Augenmerk sollte während der →Jahresabschlussprüfung auf die Umsetzung des Stifterwillens gelegt werden, d. h. ob das gestiftete Kapital und die daraus gewonnenen/gezogenen →Erträge zweckentsprechend verwendet wurden (IDW 1997, S. 304).

Der zuvor genannte Prüfungsumfang, kann z. B. zusätzlich erweitert werden um die Prüfung der Erhaltung des Stiftungsvermögens, ob die Satzungszwecke beachtet wurden, die Geschäftsführung ordnungsgemäß tätig war (→Geschäftsführungsprüfung) oder die steuerlichen Vorschriften der AO eingehalten wurden (Heinemann 1997, S. 128–132). Werden im Rahmen der durchzuführenden Prüfung (→Auftragsdurchführung) etwaige Verstöße oder konkrete Anhaltspunkte aufgedeckt (→Unregelmäßigkeiten; →Unregelmäßigkeiten, Aufdeckung von), obwohl dieses nicht der eigentliche Prüfungsauftrag (→Prüfungsauftrag und -vertrag) beinhaltete, so sind diese Tatsachen aufzuzeigen und dem Stiftungsvorstand als verantwortliches Vertretungsorgan mitzuteilen (IDW PS 450.38–50). Des Weiteren ist in diesem Zusammenhang auf In-sich-Geschäfte zu achten.

Der Prüfer hat auch ohne konkreten Prüfungsauftrag während der Prüfung sich ein Bild über das vorliegende →Interne Kontrollsystem (IKS) zu machen, um das Kontrollrisiko (→Prüfungsrisiko) einschätzen zu können und daraus Erkenntnisse über seine weiteren einzusetzenden Prüfungshandlungen (→Auswahl von Prüfungshandlungen) zu gewinnen (→Internes Konstrollsystem, Prüfung des). Stellt der Prüfer ein erhöhtes Kontrollrisiko fest, dann wird sich der Umfang der →Einzelfallprüfungen (→ergebnisorientierte Prüfungshandlungen) ausweiten (→risikoorientierter Prüfungsansatz). Ein erhöhtes Kontrollrisiko besteht bspw. bei häufiger Vermögensumschichtung, schwer nachvollziehbarer Auswahl und ungenügender Überwachung von Zuwendungsempfängern oder wenig geregelten Fördermaßnahmen gemeinnütziger Stiftungen. Zur Prüfung des Internen Kontrollsystems ist eine →Systemprüfung (→indirekte Prüfung) durchzuführen. In elementaren Fällen ist die Durchführung einer Systemprüfung im Rahmen eines mehrjährigen Prüfungsplans (→Rotationsplan) ausreichend. Handelt es sich dagegen um einen komplexen Fall, wie z. B. bei gewerblichen Aktivitäten, dann ist das System jährlich zu prüfen (IDW PS 740.24-25). Um weitere Informationen über interne Abläufe zu erhalten ist die Einsichtnahme von Protokollen über Sitzungen der Stiftungsorgane (→Versammlungsprotokolle), Dokumentationen von Zuwendungsempfängern, Projektanträgen etc. (→Prüfungsnachweise) empfehlenswert (IDW 1997, S. 327–330).

Im Rahmen der Eigenkapital- und Kapitalerhaltungsprüfung (→Eigenkapital) ist darauf zu achten, dass das Grundstockvermögen der Stiftung nicht geschmälert wird. Vereinnahmte Zustiftungen sind dem Grundstockvermögen zuzuführen. Auf einen korrekten Ausweis und die benötigten Nachweise ist ebenfalls zu achten (IDW 1997, S. 327–330).

Satzungsgemäße Leistungen sind sowohl in der Bilanz als auch in der →Gewinn- und Verlustrechnung (GuV) zu erfassen. Dabei sind dem Grunde und der Höhe nach feststehende, zugesagte Leistungen als →Verbindlichkeit zu passivieren. Handelt es sich um eine Leistungszusage, deren Höhe noch ungewiss ist, so ist eine →Rückstellung gem. § 249 HGB einzustellen. Erteilte die Stiftung eine Zusage unter Vorbehalt bzw., dass eine bestimmte Bedingung erfüllt sein muss, dann handelt es sich hierbei um eine bedingte Verbindlichkeit, die erst mit Erfüllung der Bedingung passiviert wird. →Pensionsverpflichtungen gegenüber Destinatären und deren nahen Angehörigen zählen zu den satzungsgemäßen Leistungen und sind dort hinreichend zu berücksichtigen. Ergänzend zu den oben genannten Positionen ist auf die Ordnungsmäßigkeit der gebildeten bzw. zu bildenden →Rücklagen zu achten (→Ordnungsmäßigkeitsprüfung).

Zum Abschluss der Prüfung ist ein →Prüfungsbericht (PrB) nach den allgemeinen Berichtsgrundsätzen zu erstellen. Wurde der Prüfungsauftrag gem. §§ 316 ff. HGB erteilt (→Prüfungsauftrag und -vertrag), dann hat die Berichtsgliederung genauso wie für KapGes zu erfolgen. Beinhaltete der Prüfungsauftrag noch Zusatzprüfungsaufträge, dann ist der Bericht um die entsprechenden Prüfungsergebnisse zu erweitern (Heinemann 1997, S. 135 m.w.N.; IDW PS 450 Abschn. B).

Literatur: Heinemann, M.: Die Prüfung der Stiftung, in: IDW (Hrsg.): Stiftungen: Rechnungslegung, Kapitalerhaltung, Prüfung und Besteuerung, Düsseldorf 1997, S. 127 ff.; IDW (Hrsg.): IDW Diskussionsentwurf: Zur Rechnungslegung und Prüfung von Stiftungen, in: IDW (Hrsg.): Stiftungen: Rechnungslegung, Kapitalerhaltung, Prüfung und Besteuerung, Düsseldorf 1997, S. 301 ff.; IDW (Hrsg.): IDW Prüfungsstandard: Prüfung von Stiftungen (IDW PS 740, Stand: 25. Februar 2000), in: WPg 53 (2000), S. 385–388; IDW (Hrsg.): IDW Prüfungsstandard: Grundsätze ordnungsmäßiger Berichterstattung bei Abschlussprüfungen (IDW PS 450, Stand: 8. Dezember 2005), in: WPg 59 (2006), S. 113–128; IDW (Hrsg.): IDW Stellungnahme zur Rechnungslegung: Rechnungslegung von Stiftungen (IDW RS HFA 5, Stand: 25. Februar 2000), in: IDW-FN o.Jg. (2000), S. 129–142; Walter, O./Nazari Golpayegani, I.: Die kaufmännische Rechnungslegung bei rechtsfähigen Stiftungen des bürgerlichen Rechts, in: DStR 38 (2000), S. 701–708.

Ralph Höll

Stille Beteiligungen →Eigenkapital

Stille Reserven und Lasten

Stille Reserven und Lasten sind definiert als bilanziell noch nicht ausgewiesene Erfolgsbestandteile, indem der bilanzielle Wert und der Zeitwert des Reinvermögens auseinander fallen.

Stille Reserven können entstehen, wenn Vermögenswerte (→Vermögensgegenstand; →Asset) auf der Aktivseite der Bilanz nicht ausgewiesen oder unterbewertet werden. Auf der Passivseite sind der Ausweis fiktiver →Schulden (→Liability) und die Überbewertung von Schulden denkbar. Stille Lasten liegen vor, wenn auf der Aktivseite fiktive Vermögenswerte angesetzt oder Vermögenswerte überbewertet werden. Auf der Passivseite führen der Nichtausweis von Schulden sowie die Unterbewertung von Schulden zu stillen Lasten.

Werden stille Reserven/stille Lasten unter Verstoß gegen die Bilanzierungsvorschriften (→Ansatzgrundsätze; Bewertungsgrundsätze) gebildet (Willkürreserven), so ordnet § 256 Abs. 5 AktG die →Nichtigkeit des Jahresabschlusses an, wenn der Bilanzposten über- oder unterbewertet ist und die →Vermögenslage, →Finanzlage und →Ertragslage nicht richtig wiedergegeben wird. § 258 AktG ermöglicht bei nicht unerheblichen Unterbewertungen die Bestellung eines Sonderprüfers (→Sonderprüfungen, aktienrechtliche).

Stille Reserven sind ihrer Ursache nach in Zwangs-, Schätz- und Wahlrechtsreserven zu untergliedern. Zwangsreserven entstehen, wenn die Bilanzierungsregeln einen Ansatz von →Vermögensgegenständen untersagen (z. B. selbsterstellte →immaterielle Vermögensgegenstände) oder eine Bewertung mit dem Tageswert nicht möglich ist, z. B. Wertobergrenze = AHK [→Anschaffungskosten (AK); →Herstellungskosten, bilanzielle] (§ 253 Abs. 1 HGB). Schätzreserven treten auf, wenn der Wert von Vermögensgegenständen und Schulden geschätzt werden muß. Aufgrund des Vorsichtsprinzips gem. § 252 Abs. 1 Nr. 4 HGB (→Grundsätze ordnungsmäßiger Rechnungslegung) ergeben sich häufig stille Reserven. Freie Wahlrechtsreserven haben ihre Ursache im kodifizierten Bilanzrecht, indem der Bilanzersteller das Wahlrecht zwischen mehreren Bilanzierungsmethoden hat und eine Wahlrechtsalternative zu stillen Reserven führt, wie z. B. Ansatzwahlrecht für den →Geschäfts- oder Firmenwert (§ 255 Abs. 4 HGB) (→bilanzpolitische Gestaltungsspielräume nach HGB).

Stille Lasten sind durch das Vorsichtsprinzip weitgehend ausgeschlossen, doch ermöglicht Art. 28 EGHGB durch Wahlrechtsausübung die Bildung stiller Lasten, die allerdings im →Anhang anzugeben sind. Stille Lasten aufgrund (vorsätzlicher) Schätzfehler sind ferner nicht auszuschließen. In der Steuerbilanz (→Sonder- und Ergänzungsbilanzen, steuerrechtliche) sind stille Lasten demgegenüber seit der Einschränkung der Rückstellungsbildung (→Rückstellungen), wie z. B. das Verbot von Drohverlustrückstellungen gem. § 5 Abs. 4a EStG, häufig (→bilanzpolitische Gestaltungsspielräume nach Steuerrecht).

Probleme bereitet die Bemessung der stillen Reserven/Lasten, da die Tageswerte der Vermögensgegenstände und Schulden häufig nur fiktiv zu ermitteln sind. Die →International Financial Reporting Standards (IFRS) behelfen sich bisweilen bei der Ermittlung des →Fair Value mit Modellen, doch kann es sich dabei nur um Schätzwerte (→Schätzwerte, Prüfung von) handeln, die entweder stille Reserven oder auch stille Lasten ermöglichen. Auch andere Hilfswerte (Reproduktionskosten, →Wiederbeschaffungskosten etc.) stimmen allenfalls zufällig mit dem Zeitwert (→Zeitwerte, Prüfung von) überein.

Die Beurteilung stiller Reserven erfolgt äußerst konträr. Als sinnvoll werden stille Reserven insb. dann erachtet, wenn aus der Aufdeckung der Information über das Vorhandensein stiller Reserven Nachteile erwartet werden. Die *Deutsche Bundesbank* sieht deshalb für die Stabilität der Banken eine Gefahr, wenn durch den Übergang auf IFRS (→internationale Rechnungslegung, Umstellung auf) die Möglichkeit der Bildung stiller Reserven eingeschränkt wird (→bilanzpolitische Gestaltungsspielräume nach HGB) und sich somit der Erfolgsausweis im Zeitablauf volatiler darstellt. Implizit wird dabei unterstellt, dass bei einer Bilanzierung nach HGB die Möglichkeiten der Gewinnglättung durch Bildung und Auflösung stiller Reserven genutzt werden. Auch das *BVerfG* sieht ein berechtiges Interesse der Gesellschaft an stillen Reserven, um sich „gegen allgemeine wirtschaftliche Risiken, für die sonst bilanziell keine Vorsorge getroffen werden kann" (BverfG-Beschluss vom 20.9.1999, S. 1803) abzusichern. Aus ökonomischer Sicht sind beide Begründungsversuche für stille Reserven abzulehnen, da den Gesellschaftern Informationen über ihre Gesellschaft vorenthalten werden und ihre Gewinnverwendungsautonomie (→Ergebnisverwendung) eingeschränkt wird. Auch aus Sicht des Gläubigerschutzes (→Grundsätze ordnungsmäßiger Rechnungslegung) ist der Aufbau stiller Reserven nicht zu rechtfertigen, da durch die „stille" Auflösung stiller Reserven auch die Gläubiger über die nachhaltige wirtschaftliche Leistungsfähigkeit des Schuldners getäuscht werden (Sigloch 2005, S. 289).

Die bilanzpolitische Bedeutung stiller Reserven liegt in der Möglichkeit, durch das Bilden und Auflösen stiller Reserven eine Gewinnglättung zu erreichen. Insb. in Krisenzeiten (→Krisendiagnose) können stille Reserven aufgelöst und somit den Bilanzadressaten Informationen über den Stand des Unternehmens vorenthalten werden. Durch die Vermeidung erfolgsabhängiger Zahlungen (Ertragsteuer, Ausschüttung) haben stille Reserven Finanzierungswirkungen und stärken die Substanz des Unternehmens. Dies gilt insb. für →Personengesellschaften (PersGes), für die nach § 253 Abs. 4 HGB eine Bewertung nach vernünftiger kaufmännischer Beurteilung Bewertungsspielräume eröffnet. § 279 Abs. 1 HGB unterbindet diese Möglichkeit für KapGes. Dieser Effekt ist aber zumindest partiell nur temporärer Natur, da bei abschreibbaren Vermögensgegenständen nachfolgend Abschreibungspotenzial (→Abschreibungen, bilanzielle) fehlt (= stille Auflösung). Für die Unternehmensleitung liegt die besondere Bedeutung des Instruments auch in den überwiegend fehlenden Berichtspflichten im Anhang zur Bildung und Auflösung stiller Reserven. Werden stille Reserven im Rahmen der erfolgswirtschaftlichen Bilanzanalyse (→Jahresabschlussanalyse) abzuschätzen versucht, sind die latenten Steuerlasten (→latente Steuern) gewinnmindernd zu beachten.

Durch die Bildung stiller Reserven werden auch Bilanzkennzahlen verfälscht, da z. B. überbewertete →Rückstellungen den Verschuldungsgrad erhöhen oder unterbewertete Aktiva die Anlageintensität des Unternehmens niedriger erscheinen lassen; betroffen sind sowohl horizontale als auch vertikale Kennzahlen (→Kennzahlen und Kennzahlensysteme als Kontrollinstrument; →Finanzkennzahlensystem; →Kapitalstruktur, Planung und Kontrolle der).

Stille Reserven wirken zudem entscheidungsverzerrend, da sie aufgrund der latenten Steuerlast einen Lock-in-Effekt hervorrufen. Das Fortführen einer vor Steuern unrentablen →Investition kann deshalb nach Steuern durchaus sinnvoll sein.

Lösungsansätze zur Vermeidung stiller Reserven und Lasten sind Zeitwertbilanzen, bei denen unrealisierte stille Reserven in eine Neubewertungsrücklage eingestellt werden, um den Zugriff erfolgsabhängig Beteiligter zu vermeiden.

Literatur: BverfG-Beschluss vom 20.9.1999, Aktz. 1 BvR 168/93, ZIP 20 (1999), S. 1801–1804; Coenenberg, A. G.: Jahresabschluss und Jahresabschlussanalyse, 20. Aufl., Stuttgart 2005; Deutsche Bundesbank: Rechnungslegungsstandards für Kreditinstitute im Wandel, in: Monatsberichte Juni 2002, S. 41–57; Siegel, T./ Bareis, P. et al.: Stille Reserven und aktienrechtliche Informationspflichten, in: ZIP 20 (1999), S. 2077–2085; Sigloch, J.: Rechnungslegung, 3. Aufl., Bayreuth 2005.

Thomas Egner

Stimmbindungsvertrag →Stimmrecht

Stimmrecht

Das Stimmrecht gehört zu den Mitgliedschafts- und Verwaltungsrechten in einem Verband und enthält die Befugnis des Mitglieds zur Teilnahme an der Willensbildung durch Beschlüsse (Schmidt 2002, S. 604). Ausgeübt wird das Stimmrecht durch die Stimmabgabe, die eine Willenserklärung darstellt. Das Stimmrecht ist untrennbar mit der Mitgliedschaft verknüpft, eine Abspaltung ist unzulässig. Die Beschlussfassung im Verband erfolgt auf Grundlage gesetzlicher Vorschriften, des Gesellschaftsvertrages oder der Satzung. Grundsätzlich besitzt jedes Mitglied das Stimmrecht, es sei denn, das Stimmrecht wurde ausgeschlossen, was insb. bei →Personengesellschaften und →Gesellschaften mit beschränkter Haftung aufgrund vertraglicher Regelungen verbreitet ist. In der AG (→Aktiengesellschaft, Prüfung einer) dürfen stimmrechtslose Aktien nur in Form von Vorzugsaktien ausgegeben werden (§§ 12 Abs. 1 Satz 2, 139 ff. AktG). Sie erleichtern die Eigenfinanzierung der Gesellschaft und gewähren dem Aktionär anstelle des Stimmrechts eine besondere Rendite. In der →Genossenschaft ist ein Stimmrechtsausschluss nicht möglich. Vom Stimmrechtsausschluss ist das Stimmverbot abzugrenzen, das generell dann eingreift, wenn das Mitglied bei der Beschlussfassung befangen ist. Eine Vertretung bei der Stimmabgabe ist zulässig; so beauftragen Kleinaktionäre häufig ihr →Kreditinstitut, für sie das Stimmrecht in der HV (→Haupt- und Gesellschafterversammlung) auszuüben (Depotstimmrecht gem. § 135 AktG). Möglich ist nach § 134 Abs. 3 Satz 3 AktG ein Proxy-Voting, d. h. die Vollmachtserteilung zur Stimmrechtsausübung erfolgt an einen von der Gesellschaft bestimmten Stimmrechtsvertreter. Zulässig sind grundsätzlich auch Stimmbindungsverträge, die die Stimmrechtsausübung schuldrechtlich einschränken, solange die Stimmabgabe nicht rechtswidrig ist (Schmidt 2002, S. 616–621). Durch den Stimmbindungsvertrag verpflichten sich die Beteiligten, die ihnen zustehenden Stimmrechte in der vertraglich fixierten Weise auszuüben. Meist dient eine solche Regelung der Einflusssicherung in der Gesellschaft.

In der AG wird das Stimmrecht bei Stückaktien nach deren Zahl, bei Nennbetragsaktien nach deren Nennbetrag ausgeübt (§ 134 Abs. 1 Satz 1 AktG). Durch das KonTraG wurden Mehrfachstimmrechte gem. § 12 Abs. 2 AktG abgeschafft, sodass der Grundsatz „One Share – One Vote" gilt. Damit soll ein Gleichlauf von Kapitaleinsatz und Stimmrechtseinfluss erzielt werden. Bei der GmbH richtet sich die Anzahl der Stimmen eines Gesellschafters nach der Höhe seiner Kapitalbeteiligung (§ 47 Abs. 2 GmbHG); abweichende Vereinbarungen sind zulässig. Ein Ausschluss des Stimmrechts ist im Fall des § 47 Abs. 4 GmbHG möglich, also z. B. bei einer Beschlussfassung über die Entlastung des Gesellschafters. Im Genossenschaftsstatut dürfen Mehrfachstimmrechte vorgesehen werden (§ 43 Abs. 3 Satz 2 GenG); die Höchstgrenze liegt grds. bei drei Stimmen (§ 43 Abs. 3 Nr. 1 Satz 2 GenG).

Literatur: Schmidt, K.: Gesellschaftsrecht, 4. Aufl., Köln 2004.

Anja Hucke

Stimmrechtsausschluss →Stimmrecht

Stimmverbot →Stimmrecht

Stock and Debt-Methode →Unternehmensbewertung, marktorientierte

Stock Appreciation Rights →Aktienoptionsprogramme

Stoff- und Energieflussrechnung →Umweltbezogenes Controlling

Straf- und Bußgeldvorschriften

Das HGB enthält Strafvorschriften sowie Vorschriften zum Bußgeld, →Ordnungsgeld und →Zwangsgeld im Wesentlichen in den §§ 331–335b, 340m–340o, 341m–341p HGB. Das sind keine Vorschriften des Privatrechts, sondern des Straf- und Verwaltungsstrafrechts sowie des besonderen öffentlichen Rechts. Geregelt werden bestimmte Verstöße gegen Bilanzierungsvorschriften des HGB bei *KapGes und haftungsbeschränkten* →*Personengesellschaften (PersGes)* (§ 335b HGB), →*Kreditinstituten* sowie →*Versicherungsunternehmen und Pensionsfonds* (auch als Nicht-KapGes).

Treten *Gesetzeskonkurrenzen* mit anderen gesellschaftsrechtlichen Regelungen (z. B. im AktG, GmbHG) auf, gehen die spezielleren Vorschriften des HGB regelmäßig vor. Das HGB enthält nicht alle Folgen von Verstößen gegen Bilanzierungsregeln (→Unregelmäßigkeiten). Solche können gesetzlich oder anderweitig normiert (z. B. im Handels-, Steuer-, Börsenrecht oder in Rechnungslegungsstandards) oder als unbestimmte Rechtsbegriffe, wie den GoB (→Grundsätze ordnungsmäßiger Buchführung, Prüfung der), vorgegeben sein.

Auf *andere Gesellschaften* sind die Vorschriften des HGB nur ausnahmsweise anzuwenden; z. B. auf Anstalten des öffentlichen Rechts, wenn das Errichtungsgesetz hierauf verweist (z. B. *KfW*), oder auf Kreditinstitute und Versicherungsunternehmen, die durch Bundesgesetz (KWG, VAG) diesen HGB-Normen unterworfen sind, auf PersGes aufgrund besonderer Vorschriften (z. B. §§ 17 ff. PublG) oder bei besonderen Umständen, wie Bankrott.

Straftaten und Ordnungswidrigkeiten werden durch aktives Tun oder Unterlassen begangen. Sie setzen grundsätzlich zumindest bedingten Vorsatz voraus. Straftaten sind als schwerere Rechtsverletzungen von einem Gericht durch Freiheits- oder Geldstrafe (wie §§ 331–333 HGB), Ordnungswidrigkeiten von Verwaltungsbehörden nur durch Bußgeld zu ahnden (wie § 334 HGB). Nicht zum Strafrecht zählen *Zwangs- und Ordnungsgeldvorschriften* (wie §§ 335–335a HGB; →Zwangsgeld; →Ordnungsgeld).

§ 331 HGB stellt eine *unrichtige Darstellung* durch Mitglieder des vertretungsberechtigten Organs einer Gesellschaft (oder deren Tochterunternehmen) unter Freiheitsstrafe (bis zu 3 Jahren) oder Geldstrafe. Zusätzlich kommt ein Berufsverbot nach § 70 StGB in Betracht.

Die Verjährungsfrist beträgt 5 Jahre. Inhaltlich bezieht sich die Norm auf die HGB-Eröffnungsbilanz sowie den handelsrechtlichen JA und Konzernabschluss, →Lagebericht/ →Konzernlagebericht, →Zwischenabschluss bzw. Konzernzwischenabschluss (§§ 340a Abs. 3, 340i Abs. 4 HGB), die Aufklärungs- und Nachweispflichten gegenüber dem →Abschlussprüfer (APr) (→Auskunftsrechte des Abschlussprüfers) sowie einen zum Zwecke der Befreiung offen gelegten →Einzelabschluss [nach →International Financial Reporting Standards (IFRS)]/Konzernabschluss. Im Fall der befreienden Abschlüsse muss – abweichend von den übrigen Sachverhalten – kein bedingter Vorsatz vorliegen. Hier reicht bereits leichtfertiges Handeln i.S.v. erhöhter Fahrlässigkeit (entspricht grober Fahrlässigkeit im Zivilrecht) aus. Wird Auskunft ohne Verschleierung verweigert, ist dies keine unrichtige Darstellung i.S.v. § 331 HGB. Zur Tatvollendung müssen noch keine negativen Folgen eingetreten sein. Anstiftung und Beihilfe sind nach §§ 26, 27, 28 Abs. 1 StGB ebenfalls strafbar.

§ 332 HGB stellt die *Verletzung der Berichtspflicht* durch (Zwischen-) APr (→Berichtsgrundsätze und -pflichten des Wirtschaftsprüfers) und deren Gehilfen unter Freiheitsstrafe (von bis zu 3 Jahren bzw. bis zu 5 Jahren bei Handlung gegen Entgelt, in Bereicherungs- oder Schädigungsabsicht) oder Geldstrafe. Weiterhin kommt nach § 70 StGB ein Berufsverbot in Betracht. Die Verjährungsfrist beträgt 5 Jahre. Inhaltlich bezieht sich die Norm auf einen unrichtigen →Prüfungsbericht (PrB) oder →Bestätigungsvermerk (BestV). Unrichtigkeit liegt auch bei Verschweigen erheblicher Umstände vor. Vollendet wird die Tat mit Eingang der Unterlagen bei der zu prüfenden Gesellschaft.

§ 333 HGB stellt die *Verletzung der Geheimhaltungspflicht* durch (Zwischen-) APr und deren Gehilfen sowie Beschäftigte bei der →*Deutschen Prüfstelle für Rechnungslegung* (DPR) i.S.v. § 342a HGB unter Freiheitsstrafe (von bis zu einem Jahr) oder Geldstrafe (Abs. 1). Die Freiheitsstrafe kann bei Handlung gegen Entgelt, in Bereicherungs- oder Schädigungsabsicht oder unbefugter Verwertung bis zu 2 Jahre betragen (Abs. 2). Die Verjährungsfrist beträgt 3 (Abs. 1) bzw. 5 Jahre (Abs. 2). Inhaltlich bezieht sich die Norm auf unbefugte Offenbarung oder unbefugte Verwertung von Geschäfts- oder Betriebsgeheimnissen, sofern diese nicht offenkundig sind, ein Geheimhaltungsinteresse und -wille bestehen sowie die Gesellschaft binnen einer 3– Monatsfrist nach Kenntniserlangung einen Strafantrag gestellt hat (→Verschwiegenheitspflicht des Wirtschaftsprüfers; →Verschwiegenheitspflicht des Wirtschaftsprüfers, Verletzung der).

§ 334 HGB stellt die *Verstöße gegen Aufstellungs-, Feststellungs-, Offenlegungs-, Veröffentlichungs- oder Vervielfältigungsvorschriften* durch Mitglieder des vertretungsberechtigten Organs einer Gesellschaft sowie *Verstöße gegen das Prüfungsverbot* durch (Zwischen-) APr und deren Gehilfen unter Geldstrafe (bis zu 25.000 € bzw. bei Abschlüssen für nach dem 31.12.2005 beginnende Geschäftsjahre 50.000 €) je bedingt vorsätzlich begangener Tat. Das gesetzliche Höchstmaß darf bei höherem wirtschaftlichen Vorteil überschritten werden. Die Verjährungsfrist beträgt 3 Jahre. Inhaltlich bezieht sich die Norm auch auf den (Konzern-) Abschluss und (Konzern-) Lagebericht, die Inanspruchnahme von Erleichterungen im Rahmen der Offenlegung (→Offenlegung des Jahresabschlusses) bzw. den Gebrauch von Formblättern (§ 330 Abs. 1 Satz 1 HGB). Der Katalog in § 334 Abs. 1 HGB ist umfangreich und abschließend. Werden gleichzeitig eine Ordnungswidrigkeit und eine Straftat begangen, ist allein die Strafrechtsnorm anzuwenden.

Verletzungen der Vorlage- und Auskunftspflichten gegenüber der *DPR* gem. § 342b HGB sind von der →*Bundesanstalt für Finanzdienstleistungsaufsicht* (BaFin) mit Geldbußen bis zu 50.000 € zu ahnden.

Das EHUG wird das Zwangsgeld- sowie das Ordnungsgeldverfahren mit Wirkung zum 1.1.2007 abschaffen. Zugleich werden Verstöße gegen die (fristgemäße) Einreichung und Offenlegung bei Registern und BAnz., die dann elektronisch geführt werden, als Ordnungswidrigkeit geahndet (→Zwangsgeld). Nach dem am 28.9.2006 in zweiter und dritter Lesung vom *Deutschen Bundestag* verabschiedeten Gesetzentwurf der Bundesregierung zum EHUG vom 15.3.2006 wird in § 334 HGB hierzu ein neuer Absatz 1a eingefügt und in Absatz 4 das *Bundesamt für Justiz* zur Verwaltungsbehörde i. S. d. Gesetzes über Ordnungswidrigkeiten bestimmt. Altverfahren sind jedoch auch dann noch nach der jetzigen Rechtslage zu führen.

Literatur: Federmann, R.: Bilanzierungsverstöße, in: Gnam, A./Federmann, R. (Hrsg.): Handbuch der Bilanzierung, Stichwort 27, Freiburg i.Br. 1960/1996; Hoyos, M./Huber, H.-P.: Kommentierungen der §§ 331, 332, 333, 334 HGB, in: Ellrott, H. et al. (Hrsg.): BeckBilKomm, 6. Aufl., München 2006; Pfennig, G.: Kommentierungen der §§ 331, 332, 333, 334 HGB sowie der Einführung zu §§ 331–335b HGB, in: Küting, K./Weber, C.-P. (Hrsg.): HdR-E, Loseblattausgabe, 5. Aufl., Stuttgart, Stand: 1. Erg.-Lfg. September 2005.

Peter Lorson

Strafvorschriften → Straf- und Bußgeldvorschriften

Strategic-Profit-Model-Analyse
→ Distributionsanalyse

Strategieplanung, wertorientierte
→ Wertorientierte Strategieplanung

Strategische Lücke → Gap-Analyse

Strategische Planung → Planung

Strategisches Controlling

Wird als Kern des Controllings das Erbringen von Unterstützungsleistungen zur besseren Erreichung der Unternehmungsziele angenommen (→ Controlling, Aufgaben des; → Controllingkonzepte), dann entsteht bzgl. der grundlegenden Strategie-/Steuerungsziele ein strategisches Controlling. Dieses umfasst Dienstleistungen, die unter längerfristigem Zeithorizont und das Unternehmungsganze betreffend Führungsinformationen (→ Führungsinformationssysteme) mit den Schwerpunkten Steuerung und Gesamtkoordination, → Prozessmanagement sowie Potenzial- und Funktionsoptimierung im Rahmen der strategischen → Planung, der Strategieumsetzung und der strategischen Kontrolle (→ Kontrolltheorie) beinhalten.

Vor der *Vielfalt dieser Ausrichtungen* fällt es schwer, ein klar abgrenzbares Aufgabenfeld zu bestimmen. Dennoch soll mit fünf Aufgabenkomplexen ein Katalog führungsunterstützender Aktivitätsfelder umrissen werden, die ein entlastungsorientiertes, aber auch Novellierungsaktivitäten umfassendes, strategisches Controlling inhaltlich beschreiben (Steinle 2005, S. 339–341):

Mitwirkung bei der Schaffung/Weiterentwicklung des → *Planungssystems und* → *Kontrollsystems (,,Metaplanung"):* Diese Unterstützungsfunktion äußert sich in der Erarbeitung und Weitergabe entsprechenden Wissens zur „Planung" des Planungs- und Kontrollsystems sowie durch autorisierte Anweisungen zur Wahrnehmung der Planungs- und Kontrollaufgaben. Eine zentrale Rolle nimmt hierbei das Planungshandbuch ein, das die Ergebnisse der Metaplanung fixiert und damit eine Dokumentation des Planungs- und Kontrollsystems darstellt (Horváth 2003, S. 227–229). Die Metaplanung liefert auch die organisatorische Bedingungsstruktur für das Zusammenwirken von Strategieentwicklung und strategischem Controlling.

Aufgaben des Planungsmanagements: Im Rahmen der Planungsmanagementfunktion beeinflusst das Controlling auf der Basis des verabschiedeten Planungshandbuchs die Prozessabläufe der Strategieentwicklung sowie die entsprechenden Handlungen der beteiligten Akteure. Wichtige Teilaufgaben liegen dabei in der Vorbereitung, Organisation, Einberufung und Leitung von Planungsrunden. Zeitliche Problemfelder sind über die Festlegung des Zeitbedarfs einzelner Planungsschritte und über die Sicherstellung der Zeitplaneinhaltung anzugehen (Ziegenbein 2004, S. 69 f.). Weiter ist die notwendige Flexibilität des Planungsprozesses über Vor- und Rückkopplungen zu gewährleisten. Basis dieser Veränderungsschlaufen sind abweichungsbedingte Informationslagen. Dies wiederum erfordert die Aufrechterhaltung einer permanenten Betriebsbereitschaft des → Früherkennungssystems durch das Controlling.

Serviceaufgaben zur inhaltlichen Planung: Sie umfassen insb. Unterstützungsfunktionen i. S. e. Entscheidungsvorbereitung für diejenigen Bereiche, in denen das Controlling keine inhaltlichen Mitentscheidungsrechte hat. Diese Planungstechnikerfunktion (Horváth 2006, S. 193) umfasst die Aufbereitung und Vorlage von Planungsunterlagen und Planentwürfen in allen Prozessstufen. Dazu gehört auch die zur Verfügung Stellung von Informationen aus dem Früherkennungsbereich sowie aufbereiteter Daten aus dem Berichtswesen (→ Berichtssystem) mit deren Hilfe Früherkennungsinformationen bewertet werden können. Hinzu treten Informationen aus dem Bereich der strategischen Kontrolle sowie das Aufgabenfeld der methodentechnischen Hilfestellung.

Inhaltliche, materielle Planungsaufgaben: Die Mitwirkung des Controllings an der eigentlichen Planer- und Strategieentwicklungstätigkeit ist zwar in Bezug auf die Kontrollfunktion des Controllings nicht unproblematisch. Dennoch lassen sich durch eine Mitbeteiligung im Rahmen der strategischen Analyse und Prognose (→Prognoseinstrumente) und der Strategiegenerierung Synergiepotenziale ausschöpfen, wenn über das Wissen der Planer hinaus das breite Wissensspektrum des Controllings mit genutzt wird. In diesem Zusammenwirken liegt die Hauptaufgabe des Controllings in der Sicherstellung von Zielorientierung und Realistik aller zu treffenden Entscheidungen (Rationalitätssicherung; →Controllingkonzepte).

Einbezug operativer Controllingelemente: Der Strategieentwicklungsprozess ist neben strategischen Informationen in allen seinen Phasen auf Informationen aus dem operativen Bereich (→operatives Controlling) angewiesen. Dies zeigt sich bei der Bestimmung interner Stärken und Schwächen (in der strategischen Analyse) ebenso wie bei der Strategieauswahl. Besonders augenfällig wird dies, wenn aus extern gewonnenen Früherkennungsinformationen prognostizierte Trends durch intern erfasste Zahlen des →Rechnungswesens bestätigt oder verworfen werden. Die stellen- bzw. trägerbezogene Zusammenfassung der strategischen und operativen Controllingbereiche zu einem Stab bzw. einer Abteilung gewährleistet die schnelle Überprüfung operativer Informationen auf ihren strategischen Gehalt (und umgekehrt).

Diese fünf Aufgabenfelder vermitteln einen ersten Eindruck von der Breite strategischer Aufgabenfelder des Controllings unter Akzentuierung des Planungsbereichs.

Wichtige *Erfolgsfaktoren* für ein gutes Funktionieren des strategischen Controllings nach seiner Einführung liegen im Vorhandensein eines *kooperativen Führungsstils*, der Schaffung einer strategischen *Anreiz- und Belohnungsstruktur* (z. B. →Aktienoptionsprogramme) sowie in der *Günstigkeit* interner und externer *Kontextfaktoren* (z. B. bisherige Planungs- und Kontrollorganisation; Zugang zu Informationsquellen; Erwünschtheit der Unterstützungsleistungen).

Literatur: Horváth, P.: Controlling, 10. Aufl., München 2006; Steinle, C.: Ganzheitliches Management: Eine mehrdimensionale Sichtweise integrierter Unternehmungsführung, Wiesbaden 2005; Ziegenbein, K.: Controlling, 8. Aufl., Ludwigshafen 2004.

Claus Steinle

Struktur- und Änderungs-GuV
→Aufwands- und Ertragsanalyse

Stuttgarter Verfahren →Unternehmensbewertung, steuerrechtliche

Subjektiver Wert →Unternehmenswert

Substanzerhaltung

Die Substanzerhaltung ist ein Unternehmenserhaltungskonzept, dessen Ziel erreicht ist, wenn die Substanz des Unternehmens, d. h. die Gütermenge, welche die ursprüngliche Produktionskapazität repräsentiert, erhalten bleibt. Die Frage nach der Substanzerhaltung stellt ein zentrales Problem des betrieblichen →Rechnungswesens in der Diskussion um den Gewinnbegriff dar. Jede Definition des Gewinns als Maßeinheit für den Unternehmenserfolg bedarf als Bezugspunkt eines Konzeptes für die Unternehmenserhaltung. Hierbei haben das Geldkapital- und das Substanzerhaltungskonzept größere Bedeutung erreicht (Coenenberg 2005, S. 1183 ff.).

Ziel des Konzeptes der *Geldkapitalerhaltung* ist die Erhaltung des von den Unternehmenseignern zur Verfügung gestellten Geldes. Ein Gewinn entsteht, wenn die →Erträge die zur Erhaltung des ursprünglichen Einlagekapitals notwendigen Aufwendungen (→Aufwendungen und Erträge) übersteigen. Die Bewertung des Güterverbrauchs erfolgt zu historischen →Anschaffungskosten (AK). Es wird zwischen nominaler und realer Geldkapitalerhaltung unterschieden:

- Das Erhaltungsziel der *nominalen Geldkapitalerhaltung* stellt das ursprüngliche →Eigenkapital in Einheiten der effektiven Währung dar. Eine mögliche Geldentwertung wird dabei nicht berücksichtigt. So kann es bei steigenden Preisen zu einer Substanzverringerung kommen, da ein Unternehmen, das keinen nominellen Gewinn erwirtschaftet, die verbrauchten Güter nicht ersetzen kann.

- Das Konzept der *realen Geldkapitalerhaltung*, das vor allem bei Inflation Bedeutung hat, versucht, diese Kaufkraftschwankungen zu berücksichtigen. Durch die Anwendung von Preisindizes soll die Entwicklung von den Tauschwerten der Maßeinheiten abgebildet werden. Das Kapitalerhaltungsziel ist erreicht, wenn das Eigenkapital proportional zur allgemeinen Preisänderung gewachsen ist (Busse von Colbe 1960, Sp. 5311).

Während das Geldkapitalerhaltungskonzept als Maßeinheit auf der Passivseite der Bilanz an das von den Eignern bereitgestellte Geldkapital anknüpft, bemisst sich das *Konzept der Substanzerhaltung* auf der Aktivseite anhand des Bestandes und der Veränderung der →Vermögensgegenstände abzgl. der →Schulden. Das Substanzerhaltungsziel ist erreicht, wenn die erwirtschafteten →Erlöse ausreichen, um den Güterverzehr unter Berücksichtigung des technischen Fortschritts wiederzubeschaffen (leistungswirtschaftliche Kapitalerhaltung). Somit wird bei der Gewinnermittlung der Güterverzehr mit →Wiederbeschaffungskosten bewertet.

Eine Substanzerhaltungsrechnung kann nur unter der Voraussetzung angewandt werden, dass das Unternehmen in gleicher oder zumindest ähnlicher Weise fortgeführt wird. Das Prinzip der Substanzerhaltung stammt aus der *organischen* →*Bilanztheorie* (Schmidt 1953, S. 30 ff.). Nach *Schmidt* entsteht ein Erfolg erst, wenn das Unternehmen mindestens in der Lage ist, seine „relative Stellung in der Produktion der Gesamtwirtschaft zu behaupten" und auch „bei Verschiebungen des Preisniveaus in gleichem Umfang wie bisher produktionsfähig" (Schmidt 1953, S. 139) ist. Während hier der gesamte Verbrauch unabhängig von der Finanzierungsform betrachtet wird (Brutto-Substanzerhaltung), fokussieren die neueren Vorschläge nur auf den durch Eigenkapital finanzierten Güterverzehr (Netto-Substanzerhaltung) (Schildbach 1993, Sp. 1896).

In Deutschland basiert die durch das handelsrechtliche Anschaffungskostenprinzip gekennzeichnete Bilanzierung auf der Nominalkapitalerhaltung (→Bewertungsgrundsätze). Problematisch für die Umsetzung des Substanzerhaltungskonzeptes ist, dass eine Bewertung zu Tages- oder Wiederbeschaffungswerten, die insb. bei Einzel- oder Spezialanfertigungen häufig schwer zu bestimmen sind, nur unter einem starken Verlust der Objektivierbarkeit und Nachprüfbarkeit möglich ist. Eine Berücksichtigung von Wiederbeschaffungspreisen kann bzw. muss imparitätisch erfolgen, wenn diese unterhalb der fortgeführten AHK (→Anschaffungskosten; →Herstellungskosten, bilanzielle) liegen [→außerplanmäßige Abschreibung auf den beizulegenden Zeitwert (→Zeitwerte, Prüfung von) gem. § 253 Abs. 2 und 3 HGB]. Ebenfalls greifen durch die umgekehrte Maßgeblichkeit (→Maßgeblichkeitsprinzip; →Maßgeblichkeit, umgekehrte) vereinzelte steuerrechtliche Substanzerhaltungsmaßnahmen (z. B. § 6b EStG) auf die Handelsbilanz durch. Zusätzlich kann durch offene Rücklagenbildung oder Nutzung von Bilanzierungswahlrechten eine auf Substanzerhaltung ausgerichtete Bilanzpolitik (→bilanzpolitische Gestaltungsspielräume nach HGB; →bilanzpolitische Gestaltungsspielräume nach Steuerrecht) betrieben werden (Schildbach 1993, Sp. 1898 f.).

Auf EU-Ebene hielt die Substanzerhaltung 1978 Eingang in die Rechnungslegung, indem in Art. 33 der vierten RL 78/660/EWG den Mitgliedstaaten das Recht eingeräumt wurde, im JA vom Anschaffungskostenprinzip abzuweichen und eine der Inflation Rechnung tragende Bewertung (→Inflation, Rechnungslegung bei) zuzulassen oder vorzuschreiben. Der deutsche Gesetzgeber hat von diesem Wahlrecht aufgrund von befürchteten negativen Folgen für die Stabilitätspolitik explizit Abstand genommen.

Auf internationaler Ebene ist die Berücksichtigung des Substanzerhaltungskonzeptes uneinheitlich. Nach den →United States Generally Accepted Accounting Principles (US GAAP) ist die Substanzerhaltung auf Nebenrechnungen beschränkt (FAS 33). Innerhalb der →International Financial Reporting Standards (IFRS) finden sich Wahlrechte (→bilanzpolitische Gestaltungsspielräume nach IFRS) oder Vorschriften, die der Erhaltung der Substanz dienen. Auch wenn im Rahmenkonzept (F.110) kein bestimmtes Erhaltungskonzept festgelegt wird, orientieren sich die IFRS überwiegend an der nominalen Kapitalerhaltung. Ausnahmen ergeben sich aber durch die Bewertung zum →Fair Value, die entweder obligatorisch erfolgt (bspw. bei zu Handelszwecken gehaltenen Wertpapieren nach IAS 39) oder als Wahlrecht anwendbar ist (bspw. bei →Sachanlagen nach IAS 16 und als →Finanzanlagen gehaltene Immobilien nach IAS 40). Darüber hinaus wird das Konzept der Substanzerhaltung durch die vom →*International Accounting Standards Board* (IASB) angestrebte Full Fair Value-Bilanzierung weitere Bedeutung erlangen (Wagenhofer 2005, S. 128).

Literatur: Coenenberg, A. G.: Jahresabschluss und Jahresabschlussanalyse, 20. Aufl., Stuttgart 2005; Busse von Colbe, W.: Substanzerhaltung, in: Seischab, H./ Schwantag, K. (Hrsg.): HWB, Band III, 3. Aufl., Stuttgart 1960, Sp. 5310–5321; Schildbach, T.: Substanz- und Kapitalerhaltung, in: Chmielewicz, K./Schweitzer, M. (Hrsg.): HWR, 3. Aufl., Stuttgart 1993, Sp. 1888–1901; Schmidt, F.: Die organische Tageswertbilanz, 3. Aufl., Wiesbaden 1951; Wagenhofer, A.: Internationale Rechnungslegungsstandards – IAS/IFRS. Grundkonzepte, Bilanzierung, Bewertung, Angaben, Umstellung und Analyse, 5. Aufl., Frankfurt a.M. 2005.

Thomas M. Fischer; Elisabeth Klöpfer

Substanzielle Prüfungshandlungen
→Ergebnisorientierte Prüfungshandlungen

Substanzwert

Der Substanzwert der Unternehmung ist in Abhängigkeit von der zugrunde liegenden Bewertungskonzeption unterschiedlich zu interpretieren. Die Vorstellung einer identischen Rekonstruktion des Unternehmens führt zur Summe der zu →Wiederbeschaffungskosten bzw. Wiederherstellungskosten einzelbewerteten materiellen und →immateriellen Vermögensgegenstände (*Substanzwert als Rekonstruktionswert*). Ein auf dem Ertragswert (→Ertragswertmethode) basierendes subjektives und zukunftsbezogenes Entscheidungskalkül über Verkauf oder Kauf einer Unternehmung interpretiert den Substanzwert als vorgeleistete Ausgaben, deren Ertragswerteinfluss auf dem vom individuellen Fortführungskonzept abhängigen Umfang entsprechend zeitlich nachverlagerter Reinvestitionsausgaben und veränderter laufender Ausgaben abhängt (*Substanzwert als Ertragswertbestandteil*). Als Spezialfall eines Zukunftserfolgswertes kann der Substanzwert dann angesehen werden, wenn unter Aufgabe des →Going Concern-Prinzips eine Verwertung (Zerschlagung) des Unternehmens in Ansehung einer bestimmten Verwertungskonzeption beabsichtigt ist und von daher Liquidationserlöse der einzelnen →Vermögensgegenstände zum Ansatz kommen (*Substanzwert als →Liquidationswert*).

Der *Substanzwert als Rekonstruktionswert* wird regelmäßig nur als Teil-, nicht als Vollrekonstruktionswert ermittelt werden können, da erhebliche praktische Schwierigkeiten bei der Ermittlung des rekonstruktiven Wertes nicht bilanzierungsfähiger (→Ansatzgrundsätze), insb. immaterieller Werte, bestehen (IDW S 1.180). Unter Einbeziehung auch der →Schulden errechnet sich ein Nettoteilrekonstruktionswert und unter Berücksichtigung des Erhaltungszustandes der Vermögenswerte ein Nettoteilrekonstruktionsaltwert. In allen Fällen erfolgt ein Ansatz des nicht →betriebsnotwendigen Vermögens zu stichtagsbezogenen Veräußerungserlösen, ggf. nach Veräußerungsgewinnsteuern. Die Differenz zwischen dem Ertragswert der Unternehmung und dem Nettorekonstruktionsaltwert wird gemeinhin als →Geschäfts- oder Firmenwert (Goodwill) angesehen, obwohl in einem ertragswertbasierten Investitionskalkül eines potenziellen Unternehmenskäufers die Höhe der Kapitalbindung nicht durch einen Nettorekonstruktionsaltwert, sondern durch den Kaufpreis zum Ausdruck kommt, folglich nur dessen Differenz zum Ertragswert über die Vorteilhaftigkeit der →Investition Auskunft gibt (Sieben/Maltry, S. 382). Damit wird auch deutlich, dass in einem investitionstheoretischen Entscheidungskalkül kein Raum für einen Rekonstruktionswert, gleich welcher Ausprägung, ist. Praktische Bedeutung kommt ihm noch in der Form des (steuerlich modifizierten) Vermögenswertes bei der für erbschaft- und schenkungsteuerliche Zwecke erforderlichen Bewertung nicht notierter Anteile an KapGes nach § 11 BewG im Rahmen des nur unter Objektivierungs- – nicht aber unter investitionstheoretischen Gesichtspunkten – zu rechtfertigenden sog. Stuttgarter Verfahrens (→Unternehmensbewertung, steuerrechtliche), als einzelwirtschaftsgutbezogener (→Wirtschaftsgut) Wiederbeschaffungswert im Rahmen der Teilwertvermutungen für Teilwertabschreibungen bei abnutzbaren Anlagegütern und bei Umlaufgütern (§ 6 Abs. 1 Nr. 1 EStG), als Nettorekonstruktionsaltwert bei der steuerlichen Ermittlung von Abschreibungsbedarf (→Abschreibungen, steuerrechtliche), beim Geschäftswert nach der sog. indirekten und der Mittelwertmethode, als Wertmaßstab für die Höhe des Abfindungsguthabens in gesellschaftsvertraglichen Abfindungsklauseln bei →Personengesellschaften sowie als Nettorekonstruktionsaltwert gelegentlich bei der Ermittlung von Beleihungsgrenzen zu. Letzteres wohl fälschlicherweise, da der Substanzwert letztlich das in das Unternehmen „Hineingesteckte" und nicht das „Herausholbare" verkörpert. Als „Sachzeitwert" i.S.e. Bruttoreproduktionskostenaltwerts findet der Substanzwert Anwendung bei der Übertragung von Stromversorgungsanlagen (streitig, s. BGH-Urteil vom 16.11.1999, S. 128).

Der *Substanzwert als Ertragswertbestandteil* basiert auf der Annahme, dass ein potenzieller Unternehmenskäufer das Vorhandensein von Unternehmenssubstanz in einem Bewertungsobjekt in seinem ertragswertorientierten Investitionskalkül i.s. vorgeleisteter Ausgaben als Ausgabenersparnis im Vergleich zur Neuerrichtung eines Vergleichsobjektes interpretiert. Daher kann der Substanzwert (unter Berücksichtigung der Fortführungskonzeption und der daraus ebenfalls resultierenden Annahme über die Verwendung nicht betriebsnotwendigen Vermögens) als Barwertdifferenz der entsprechenden Auszahlungsreihen berechnet werden (Sieben/Maltry, S. 386 ff.). Er ist umso höher, je größer die betriebsnotwendige Substanz, je länger die Restnutzungsdauer (→Nutzungsdauer) der vorhandenen Vermögenswerte und je geringer die laufenden substanzbezogenen Auszahlungen sind.

Der *Substanzwert als Liquidationswert* ist, da regelmäßig je nach Verwertungskonzeption und Verwertungsdauer eines zu zerschlagenden Unternehmens nicht von einer sofortigen und vollständigen Zerschlagung zu einem Bewertungsstichtag ausgegangen werden kann, als Spezialfall eines Ertragswertes der Unternehmung i.S.d. Differenz zwischen dem Barwert der Einzahlungen aus der verwertungskonzeptabhängigen Veräußerung der Vermögensgegenstände und dem Barwert der Auszahlungen zur Schuldenbegleichung, zur Deckung der Zerschlagungskosten und zum Ausgleich allfälliger Veräußerungsgewinnsteuern anzusehen. Er stellt einen Mindestertragswert dar, dessen Bedeutung allerdings auf den Extremfall einer Zerschlagung beschränkt ist.

Literatur: BGH-Urteil vom 16.11.1999, Aktz. KZR 12/97, BGHZ Band 143, S. 128; IDW (Hrsg.): IDW Standard: Grundsätze zur Durchführung von Unternehmensbewertungen (IDW S 1, Stand: 18. Oktober 2005), in: WPg 58 (2005), S. 1303–1321; Sieben, G./Maltry, H.: Bewertungsverfahren, Teil D: Der Substanzwert der Unternehmung, in: Peemöller, V. H. (Hrsg.): Praxishandbuch der Unternehmensbewertung, 3. Aufl., Herne/Berlin 2005, S. 377–402.

Hans-Jochen Kleineidam

Subventionen →Zuschüsse

Südafrika

In Südafrika gibt es zwei Berufsverbände, den *PAAB* [vergleichbar der →*Bundessteuerberaterkammer* und →*Wirtschaftsprüferkammer* (*WPK*)] und das *SAICA* [vergleichbar dem →*Institut der Wirtschaftsprüfer in Deutschland e.V.* (*IDW*)], die für den Beruf der StB und WP die Standards festlegen und die Interessenvertretung übernehmen.

In den letzten 10 Jahren hat Südafrika ein Projekt zur Harmonisierung der Südafrikanischen Verlautbarungen über Allgemein Anerkannte Grundsätze der Rechnungslegungspraxis (GAAP) mit den vom →*International Accounting Standards Board* (*IASB*) herausgegebenen →International Financial Reporting Standards (IFRS) erfolgreich durchgeführt.

Nach dem Harmonisierungsprozess bestanden sehr wenige Unterschiede zwischen den GAAP und den IFRS. Die noch vorhandenen Unterschiede betrafen u. a. redaktionelle Unterschiede, Umsetzungszeitpunkte sowie zusätzliche Offenlegungserfordernisse.

Die *Johannesburger Wertpapierbörse* hat ihre Zulassungsvorschriften überarbeitet und verlangt von allen börsennotierten Gesellschaften die Einhaltung der IFRS für Geschäftsjahre, die ab dem 1.1.2005 beginnen. Folglich fasste der *Accounting Practices Board* den Beschluss, den Wortlaut der IFRS in Südafrika ohne Änderungen zu veröffentlichen. Mit Wirkung vom 1.1.2005 stellen zukünftige GAAP daher exakte Nachbildungen der einschlägigen IFRS dar. Als Hinweis hierauf verfügen alle GAAP über eine Doppelnummerierung, um sowohl auf die IFRS-Nummern als auch auf die Nummern der GAAP Bezug zu nehmen.

Nichtnotierte Gesellschaften sowie andere Unternehmen, die ihren JA nach südafrikanischen GAAP erstellen, werden ermuntert, IFRS anzuwenden. Sie dürfen sich jedoch weiterhin nach den südafrikanischen GAAP richten.

Am 1.1.2005 hat der *AASB* des *PAAB* die Gesamtheit der von der →*International Federation of Accountants* (*IFAC*) herausgegebenen Prüfungsverlautbarungen [→International Standards on Auditing (ISA)] zur Verwendung in Südafrika übernommen. Zusätzliche, über die ISA hinausgehenden Regelungen, werden in Zukunft als SAAPS herausgegeben.

Ingrid Kiblboeck; Roderick Darby

Sukzessivkonsolidierung →Handelsbilanz II

Sunk Costs →Gemeinkostencontrolling

Supplier-Relationship-Management
→Lieferantencontrolling

Supply Chain Controlling

Das →Supply Chain Management umfasst das Management von Material und Informationsflüssen, zunehmend auch die Finanzflüsse, sowie von Kooperationsbeziehungen zwischen den Unternehmen einer Wertschöpfungskette. Supply Chain Controlling (SCC) stellt eine Unterstützungsfunktion für das unternehmensübergreifende Management von Wertschöpfungsketten bzw. Netzwerken (→Unternehmensnetzwerke) dar. In enger Anlehnung an *Stölzle* (Stölzle 2002) wird dieses wie folgt definiert: „Supply Chain Controlling stellt eine auf die Führungsunterstützung in der Supply Chain ausgerichtete Ausprägung des Controllings dar. Die Führungsunterstützung erstreckt sich auf die im Vorfeld zu treffenden Integrationsentscheidungen (Auswahl von Partnern, Prozessen und Managementkomponenten) sowie auf die konzeptionelle Gestaltung und Koordination des Informations- sowie Planungs- und Kontrollsystems für die Zwecke des Supply Chain Managements." (s. ausführlich Westhaus/Seuring 2005).

Die Definition impliziert, dass das SCC sowohl eine strategische als auch operative Unterstützungsfunktion für die unternehmensübergreifende Gestaltung und Steuerung von Wertschöpfungsketten wahrnimmt.

Das SCC geht damit über das →Beschaffungscontrolling hinaus, so wie auch das Supply Management als ein Teil des Supply Chain Managements gesehen wird. Der Schwerpunkt liegt dort vor allem auf der Gestaltung und Steuerung der Beschaffungsprozesse und entsprechender Zielgrößen (→Prozessmanagement). Dies gilt in ähnlicher Weise auch für das →Logistikcontrolling, das ebenfalls als eine Teilfunktion des Supply Chain Controllings verstanden werden kann. Wiederum liegt der Schwerpunkt vor allem auf den funktionalen Aspekten, die durch die Logistik abgedeckt werden. Ohne den Anspruch einer Meta-Führungskonzeption zu erheben, greift das SCC hingegen weiter.

Die konzeptionelle Fassung und Ausgestaltung des Supply Chain Controllings kann dabei in unterschiedlicher Form erfolgen. Zumeist werden dabei bestehende →Controllingkonzepte aufgegriffen, um dann auch für das Supply Chain Management nutzbar gemacht zu werden. *Stölzle* (Stölzle 2002) diskutiert dafür drei Entwicklungslinien (s. auch Arnold et al. 2005):

1) Informationsversorgung durch das SCC: Die Informationsversorgung wird oft als der Kern und die in allen Controllingkonzepten beinhaltete Basisfunktion angesehen. Zentral ist die Ausrichtung der Supply Chain am Erfolgsziel, wofür sowohl auf der Ebene des einzelnen Akteurs als auch auf der Ebene der Supply Chain entscheidungsrelevante Informationen zur Verfügung gestellt werden müssen (→Führungsinformationssysteme).

2) Koordination durch das SCC: Um in Wertschöpfungsketten Führungsentscheidungen treffen zu können, ist die Koordination dieser Entscheidungen über die gesamte Supply Chain hinweg erforderlich. Dies erfordert, dass Systembildung und Systemkopplung im SCC unternehmensübergreifend ausgestaltet werden. Hier wird die Struktur der Wertschöpfungskette mit entscheidend sein. Falls die Supply Chain von einem lokalen Unternehmen geführt wird, obliegen wesentliche Ausgestaltungen diesem Unternehmen.

3) Rationalitätssicherung durch das SCC: Auch das Controllingkonzept, das die Rationalitätssicherung in den Mittelpunkt stellt, wird für das SCC aufgegriffen. So sollen Verhaltensunsicherheiten der Akteure in einer Wertschöpfungskette reduziert werden. Insb. gilt es, opportunistisches Verhalten einzelner Akteure durch Reflexion unternehmensübergreifender Entscheidungen zu begrenzen. Dazu sind die Ziele der Akteure mit der übergreifenden Supply Chain Ebene abzustimmen.

Weitere, wesentliche Entwicklungen des Supply Chain Controllings sind in Arbeiten vorgelegt worden, die bestehende →Controllinginstrumente für eine Nutzung in der Wertschöpfungskette erweitern (Bacher 2004). Hier erfolgt die Operationalisierung der zuvor angesprochenen konzeptionellen Grundlagen. Ein Beispiel bildet das Supply Chain Costing (Seuring 2001), bei dem betont wird, dass für eine Gestaltung und Steuerung von →Kosten (→Kostenmanagement; →Kostencontrolling) in der gesamten Wertschöpfungskette Einzel-, Prozess- und →Transaktionskosten gemeinsam betrachtet werden müssen. Daher sind z. B. ein →Target Costing oder eine →Prozesskostenrechnung entsprechend zu erweitern, um auch Transaktionskosten berücksichtigen zu können. Weiterhin ist die Gestaltung und Einführung unternehmensübergreifender Kennzahlensysteme (→Kennzahlen und Kennzahlensysteme als Kontrollinstrument) zu nennen, wozu insb. die →Balanced Scorecard fruchtbar gemacht werden kann (Zimmermann 2003). Dabei kommt der partnerschaftlichen Zusammenarbeit der Unternehmen in der Entwicklung und Implementierung der Instrumente des →Kostenmanagements oder Performance Managements (→Performance Measurement) eine zentrale Rolle zu. So sind unternehmensübergreifende Kennzahlen gemeinsam festzulegen, um deren anschließende Nutzung für alle beteiligten Unternehmen sicher zu stellen, aber vor allem auch den damit verbundenen Erfassungs- und Reportingaufwand zu begrenzen.

Literatur: Arnold, U. et al.: Supply (Chain) Controlling zwischen Rückstand und Fortschritt – Thesen zum Entwicklungsstand einer dynamischen Disziplin, in: Controlling 17 (2005), S. 41–48; Bacher, A.: Instrumente des Supply Chain Controlling – Theoretische Herleitung und Überprüfung der Anwendbarkeit in der Unternehmenspraxis, Wiesbaden 2004; Seuring, S.: Supply Chain Costing – Kostenmanagement in der Wertschöpfungskette mit Target Costing und Prozesskostenrechnung, München 2001; Stölzle, W.: Supply Chain Controlling – eine Plattform für die Controlling- und die Logistikforschung, in: Weber, J./Hirsch, B. (Hrsg.): Controlling als akademische Disziplin – Eine Bestandsaufnahme, Wiesbaden 2002, S. 283–309; Westhaus, M./Seuring, S.: Zum Begriff des Supply Chain Controlling – Ergebnisse einer Delphi-Studie, in: Logistikmanagement 7 (2005), Heft 2, S. 43–54; Zimmermann, K.: Supply Chain Balanced Scorecard – Unternehmensübergreifendes Management von Wertschöpfungsketten, Wiesbaden 2003.

Stefan Seuring

Supply Chain Costing →Supply Chain Controlling

Supply Chain Management

Merkmale des Supply Chain Managements (SCM) als ganzheitliche unternehmensübergreifende Gestaltung von Wertschöpfungsketten sind durchgängige Kunden- und Geschäftsprozessorientierung sowie kooperative Zusammenarbeit. Eine Supply Chain (SC) ist durch mehrere Wertschöpfungsstufen gekennzeichnet, die durch den Materialfluss, der von einem Informationsfluss überlagert wird, miteinander verbunden sind (Corsten/Gössinger 2001, S. 81–98). Aufgrund der übergreifenden Koordination sind die Unternehmen stärker voneinander abhängig als bei rein marktlichen Beziehungen. Supply Chains sind folglich durch eine engere Verschränkung des Material- und Informationsflusses zwischen den Partnern gekennzeichnet, was sich in kooperativen Lagerhaltungskonzepten (z. B. Vendor Managed Inventory) und unternehmensübergreifenden Informations- und Kommunikationssystemen (IuKS) (z. B. Advanced Planning Systems) und -standards [z. B. Electronic Data Interchange (EDI)] zeigt. Mit dem Begriff der Financial-SC werden finanzwirtschaftliche Aspekte der Geschäftsanbahnung und -abwicklung in Supply Chains betont und auf IuKS (z. B. Electronic Bill Presentment and Payment, Open-Book Accounting) und Standards (z. B. Extensible Business Reporting Language) verwiesen.

Neben positiven Abstimmungseffekten ist auch ein Risikopotenzial der SC zu konstatieren, da „[...] negative Entwicklungen und Ereignisse bei einem Unternehmen erhebliche Schäden bei den in der Supply Chain vor- oder nachgelagerten Partnern bewirken können" (Kajüter 2003, S. 109). Damit kommt dem Risikomanagement [→Risikomanagementsystem (RMS); →Risiko- und Chancencontrolling] eine zentrale Bedeutung zu.

Der Rahmenthematik des vorliegenden Werkes entsprechend, seien im Folgenden die Aspekte der Beratung des Supply Chain Managements durch den WP einer näheren Betrachtung unterzogen. Die Beratung in steuerlichen und wirtschaftlichen Fragen ist eine das →Berufsbild des Wirtschaftsprüfers prägende Tätigkeit. „Unter *Beratung* wird die Abgabe und Erörterung von Handlungsempfehlungen erfasst, die durch sachverständige Personen [...] gegenüber den Entscheidungsträgern [...] in Kenntnis derer Zielsetzung sowie der zu Grunde liegenden Entscheidungssituation dargelegt werden" (Böcking/Orth 2002, Sp. 257). Die Übernahme von Prüfungs- und Beratungsaufgaben durch WP wird in einem rechtlichen Rahmen, der insb. durch die Berufsgrundsätze der →Unabhängigkeit und Unbefangenheit des Wirtschaftsprüfers sowie Unparteilichkeit und handelsrechtliche Ausschlussgründe (§ 319 Abs. 2 HGB) gegeben ist, für miteinander vereinbar gehalten (→Berufsgrundsätze des Wirtschaftsprüfers; →Ausschluss des Abschlussprüfers; →vereinbare und unvereinbare Tätigkeiten des Wirtschaftsprüfers). Zusätzlich können bzgl. des Supply Chain Managements die Grundsätze der Gewissenhaftigkeit und →Verschwiegenheit des Wirtschaftsprüfers als einschränkend angesehen werden:

- Es können nur Beratungsaufträge angenommen werden, für die die erforderliche Fachkenntnis besteht (Zitzelsberger 2004, S. 16) und die nicht eine Abweichung von für den WP verbindlichen Regeln implizieren (→Auftragsannahme und -fortführung).
- Wird ein WP von mehreren SC-Partnern bestellt, ist es ihm nicht möglich, Informationen, die ihm von einem Partner offen gelegt wurden, deren Kenntnis aber Dritten vorenthalten bleiben soll, in die Beratung eines anderen Partners oder des Supply Chain Managements einfließen zu lassen, auch wenn dies i. S. d. SC wäre.

SCM-Beratung durch den WP kann also dann ausgeschlossen sein, wenn der Grundsatz der Verschwiegenheit eine sorgfältige Beratung i. S. d. Grundsatzes der Gewissenhaftigkeit beeinträchtigt.

Als beratungsrelevant erscheinen insb. Problembereiche mit finanzwirtschaftlichem Bezug (Zitzelsberger 2004, S. 18–25). Im Kontext des Supply Chain Managements sind dies:

- Externe Rechnungslegung:
  - Rechnungslegung nach internationalen Standards [→International Financial Reporting Standards (IFRS)] aufgrund internationaler SC-Beziehungen (→internationale Rechnungslegung, Umstellung auf) sowie
  - Angaben zur Beteiligung an einer SC im →Lagebericht (Geschäftsverlauf und Lage, →Chancen- und Risikobericht).
- Organisation des →Rechnungswesens:
  - Lager- und Inventurorganisation (→Inventur) bei kooperativer Lagerhaltung: Eigentumsübergang, Inventurrichtlinien, Erfassung und Bewertung des →Vorratsvermögens, Haftung für Fehlbestände,

- →Internes Kontrollsystem (IKS) der SC: Abstimmung der unternehmensbezogenen →Kontrollsysteme, Überwachung an Schnittstellen zwischen SC-Partnern (z. B. Reduzierung redundanter Maßnahmen),
- SC-bezogenes →Risikomanagementsystem (RMS): Identifikation (z. B. Risikochecklisten, SC-spezifische Indikatoren in →Früherkennungssystemen), Bewertung (z. B. SC-Risikoportfolio, →Risikosimulation) und Überwachung (z. B. risikoorientierte →Balanced Scorecard der SC) von SC-Risiken; gemeinsame Risikosteuerung (z. B. Notfallplan, Risikoverteilung) und -kommunikation (z. B. Auslösung von Risikomeldungen, Addressaten) (Kajüter 2003, S. 118–127) sowie
- Open-book Accounting: Begleitung von Einführungsprojekten, Einschätzung der Auswirkungen auf die Systeme des Rechnungswesens der Partner.
- IT (→IT-Beratung durch den WP):
- IuKS der SC: →Datenschutz und -sicherheit (→IT-Sicherheit), Geschäftsverkehr über EDI und Internet (→Web-Trust-Prüfung) sowie
- SC-Softwaresysteme: Auswahl, Customizing, Funktionsfähigkeits- und Sicherheitstests von Software mit Schnittstellen zum Rechnungswesen (z. B. Software zur →Planung und Steuerung sowie zur Integration von Enterprise-Resource-Planning-Systemen).

Literatur: Böcking, H.-J./Orth, C.: Beratung und Prüfung, Vereinbarkeit von, in: Ballwieser, W. et al. (Hrsg.): HWRP, 3. Aufl., Stuttgart 2002, Sp. 257–267; Corsten, H./Gössinger, R.: Einführung in das Supply Chain Management, München/Wien 2001; Kajüter, P.: Instrumente zum Risikomanagement in der Supply Chain, in: Stölzle, W./Otto, A. (Hrsg.): Supply Chain Controlling in Theorie und Praxis. Aktuelle Konzepte und Unternehmensbeispiele, Wiesbaden 2003, S. 107–135; Zitzelsberger, S.: Beratungsaufgaben – Gegenwärtige Schwerpunkte und Zukunftstrends. Teil B: Beratungsaufgaben der Wirtschaftsprüfer, in: Küting, K. (Hrsg.): Saarbrücker Handbuch der Betriebswirtschaftlichen Beratung, 3. Aufl., Herne/Berlin 2004, S. 13–25.

Ralf Gössinger

Suspendierung des Vorstands →Vorstand, Bestellung und Abberufung

SWOT-Analyse →Geschäftsfeldstrategie und -planung

Syllogismus →Prüfungstheorie, verhaltensorientierter Ansatz

Synchronisationsstrategie →Kapazitätscontrolling

Synergieeffekte in der Unternehmensbewertung

Bei einem →*Unternehmenszusammenschluss* stellt der erwartete zukünftige Nutzenzufluss für den Akquisiteur das Hauptmotiv dar. Nur wenn das Erwerberunternehmen durch den Kauf der Zielgesellschaft einen zusätzlichen wirtschaftlichen Nutzen gegenüber dem Ist-Zustand erreichen kann – wenn also bspw. der Kaufpreis der Anteile unter dem erhaltenen Gegenwert liegt – ist eine solche Übernahme als betriebswirtschaftlich sinnvoll zu bezeichnen (Küting/Weber/Keßler 2003, S. 629).

Dieser *Nutzenzufluss* basiert nicht nur auf dem Barwert der zukünftigen Dividendenzahlungen seitens der Zielgesellschaft bzw. auf dem Wert des bilanzierten Nettovermögens, sondern auch auf strategischen Effekten, den sog. *Verbund- oder Synergieeffekten* (Küting 1981, S. 175 ff.), die sich regelmäßig aus den verschiedensten Teilkomponenten (s. Tab.) zusammensetzen, die mehr oder weniger schwer zu quantifizieren sind. Als Synergieeffekte (griechisch für Effekte aus dem Zusammenwirken) bezeichnet man in der →Unternehmensbewertung demnach die aus dem Kauf resultierende (positive oder negative) Differenz aus dem (gemeinsamen) →Unternehmenswert der beiden Gesellschaften nach dem Unternehmenszusammenschluss im Vergleich zum Wert der Zielentität und des kaufenden Unternehmens aus Stand-alone-Sicht. Damit im Einklang definiert der IDW S 1 Synergieeffekte als „Veränderung der finanziellen Überschüsse, die durch den wirtschaftlichen Verbund zweier oder mehrerer Unternehmen entstehen und von der Summe der isoliert entstehenden Überschüsse abweichen".

Synergieeffekte entstehen (erst) durch die Einbeziehung einer Wirtschaftseinheit in eine andere Wirtschaftseinheit und ergeben mit dem Wert des Zielunternehmens aus Stand-alone-Sicht den (subjektiven) Unternehmenswert aus Käufersicht. Dieser subjektive Unternehmenswert, der von Erwerber zu Erwerber differiert, „quantifiziert die vom Erwerber konzipierten strategischen und operativen Maßnahmenbündel, die in der Folge der Akquisition umgesetzt werden sollen" (Coenenberg/Sautter 1988, S. 693).

Eine *engere Definition* grenzt die Synergieeffekte von dem Begriff der Synergiepotenziale ab. Beide Varianten unterscheiden sich hinsichtlich ihres Realisationsgrades. Während Synergiepotenziale „das latente Vorhandensein von möglichen Synergien" beschreiben, also noch realisiert werden müssen und (latent) vorhanden sind, stellen Synergieeffekte „das bereits realisierte Ergebnis aus möglichen Synergien" dar (Weber 1991, S. 104).

Eine mögliche *Typisierung dieser Verbundeffekte* wird in der Tab. auf S. 1322 vorgenommen.

Übersteigt bei einem Unternehmenskauf der Kaufpreis den Zeitwert des erworbenen bilanzierungsfähigen Nettovermögens (→Zeitwerte, Prüfung von; →Ansatzgrundsätze), so wird diese Residualgröße als →Geschäfts- oder Firmenwert bzw. als Goodwill ausgewiesen. Da die Verbundeffekte bei einem Unternehmenskauf keinen eigenständig bilanzierungsfähigen Vermögenswert darstellen, gehen sie – zumindest z.T. – in den ausgewiesenen Geschäfts- oder Firmenwert als „Synergien-Goodwill" (Sellhorn 2000, S. 889) ein.

Im Normalfall übersteigt der Wert des Zielunternehmens (inkl. den Synergieeffekten) aus Käufersicht den gezahlten Kaufpreis. Dieser den Kaufpreis übersteigende Teil der Synergieeffekte darf nicht bilanziert werden. Im Rahmen der internationalen Rechnungslegung [→International Financial Reporting Standards (IFRS); →United States Generally Accepted Accounting Principles (US GAAP)] und den dort installierten Werthaltigkeitstests (IAS 36 und SFAS 141/142) kann dieser – den Kaufpreis übersteigende Teil der Synergieeffekte – dazu dienen, in den Folgejahren die Werthaltigkeit des Goodwills im Rahmen des →Impairmenttests zu stützen (Wirth 2005, S. 189 f. und S. 211 ff.). Infolgedessen kann aus betriebswirtschaftlicher Sicht der in den Folgejahren ausgewiesene Goodwill auch Synergieeffekte beinhalten, die zum Zeitpunkt des Unternehmenskaufs kein Bestandteil desselben waren.

Literatur: Coenenberg, A. G./Sautter, M. T.: Strategische und finanzielle Bewertung von Unternehmensakquisitionen, in: DBW 48 (1988), S. 691–710; Küting, K.:

Syllogismus

Tab.: Typologie von Verbundeffekten

	Einteilungskriterien	Ausprägungsformen		
(1)	Zeitbezug Zeitpunkt der Realisation	realisierte Synergieeffekte	Synergiepotenziale	
(2)	Auswirkungen auf den Unternehmenswert	Verbundvorteil (positive)	Verbundnachteil (negative)	
(3)	Erschließung von Synergiepotenzialen	güterwirtschaftliche Synergien	finanzwirtschaftliche Synergien	
(4)	Funktionsbereiche	Verkaufssynergien	Produktionssynergien	Investitions- und Managementsynergien
(5)	Dimension der Häufigkeit	einmalige Synergien	mehrmalige Synergien	
(6)	Stetigkeit des Auftretens	unregelmäßige Synergien	permanente Synergien	
(7)	Dauer der Nutzung	kurzfristige Nutzung (zeitlich begrenzt)	langfristige Nutzung (fortdauernd)	
(8)	Ort des Auftretens	Muttergesellschaft	Untergesellschaft(en)	
(9)	Auswirkungen auf die Erfolgssituation	Aufwandseffekte	Ertragseffekte	kein GuV-Effekt
(10)	Veranlassung durch Kooperationspartner	unechte	echte	
(11)	Eintrittswahrscheinlichkeit	sicher	unsicher	
(12)	Messbarkeit	exakt messbar	nicht exakt messbar	
(13)	Aufteilung auf die Vertragsparteien	einseitige Zuordnung	anteilige Zuordnung	
(14)	Art der Quantifizierung	monetäre Synergien (quantitativ)	nicht monetäre Synergien (qualitativ)	
(15)	Wertschöpfungskettenansatz	Economics-of-Scope (Auflagendegression)	Economics-of-Scale (Größendegression)	
(16)	Zeitpunkt des Auftretens	sofort realisierbar	später realisierbar	
(17)	Phasenbezogene Unterscheidung	Start-up-Synergy (Gründungssynergien)	Operating Synergy (Betriebssynergien)	
(18)	Ursache	Restrukturierungssynergien	reine Synergieeffekte	
(19)	Eintrittshöhe	Synergien kleiner als prognostiziert	Synergien entsprechen Prognose	Synergien größer als prognostiziert
(20)	Diversifikationsrichtung	horizontal	vertikal	heterogen
(21)	Grund des Auftretens	marktorientiert	kostenorientiert	steuerlich orientiert
(22)	Nutznießer	Käufer	Verkäufer	
(23)	Nutzbarkeit	universell	endemisch	spezifisch

Zur Bedeutung und Analyse von Verbundeffekten im Rahmen der Unternehmensbewertung, in: BFuP 33 (1981), S. 175–189; Küting, K./Weber, C.-P./Keßler, M.: Betriebswirtschaftliche Grundlagen und bilanzielle Auswirkungen des (freiwilligen) Übernahmeangebots, in: FB 5 (2003), S. 625–641; Sellhorn, T.: Ansätze zur bilanziellen Behandlung des Goodwill im Rahmen einer kapitalmarktorientierten Rechnungslegung, in: DB 53 (2000), S. 885–892; Weber, E.: Berücksichtigung von Synergieeffekten bei der Unternehmensbewertung, in: Baetge, J. (Hrsg.): Akquisition und Unternehmensbewertung, Düsseldorf 1991, S. 97–115; Wirth, J.: Firmenwertbilanzierung nach IFRS, Stuttgart 2005.

Karlheinz Küting

Systematisches Risiko → Capital Asset Pricing Model

Systemorientierte Prüfung → Systemprüfung

Systemprüfung

Die *Systemprüfung (systemorientierte Prüfung)* ist eine Form der →indirekten Prüfung und dient der Einholung von →Prüfungsnachweisen über die angemessene Ausgestaltung und Wirksamkeit des rechnungslegungsrelevanten Teils des →Internen Kontrollsystems (→Internes Kontrollsystem, Prüfung des) (IDW PS 300.15).

Wesentliche Inhalte der Systemprüfung sind (IDW 2006, Abschn. R, Rn. 208, S. 1999):

- die Prüfung der angemessenen Ausgestaltung des Internen Kontrollsystems, um wesentliche falsche Angaben in den zu prüfenden Geschäftstransaktionen, Kontensalden sowie in Positionen des Jahresabschlusses sowie sonstiger Angaben des Jahresabschlusses und damit zusammenhängender Aussagen (→Wesentlichkeit; →Fehlerarten in der Abschlussprüfung) zu verhindern bzw. zu entdecken und anschließend behebende Maßnahmen einzuleiten,
- die Prüfung des durchgängigen und wirksamen Vorhandensein eines Internen Kontrollsystems im zu prüfenden Geschäftsjahr sowie
- die Prüfung der Einhaltung von gesetzlichen Anforderungen, denen die Buchführung auch als Teil des Internen Kontrollsystems entsprechen muss.

Die Systemprüfung beinhaltet:

1) eine *Aufbauprüfung* (→Aufbauorganisation) mit

- einer Aufnahme der relevanten Unternehmensprozesse unter Einbezug der Beurteilung des Aufbaus von Kontrollmaßnahmen (Design von Kontrollen) in diesen Prozessen und

- einer Überprüfung, ob die Kontrollen in den entsprechenden Prozessen implementiert sind, sowie

2) eine →*Funktionsprüfung*, bei der sich der →Abschlussprüfer (APr) von einem durchgängigen und wirksamen Vorhandensein der Kontrollen im gesamten zu prüfenden Geschäftsjahr überzeugen muss.

Ad 1) Aufbauprüfung: Um den Aufbau des Internen Kontrollsystems beurteilen zu können und sich von dessen Implementation zu überzeugen, muss man über Prüfungshandlungen entsprechende Prüfungsnachweise erlangen. Dazu zählen (IDW PS 260. 61; IDW PS 300; IDW 2006, Abschn. R, Rn. 211, S. 2000):

- Mitarbeiterbefragungen im zu prüfenden Unternehmen,

- Durchsicht von Unternehmensunterlagen, wie Prozessbeschreibungen (z. B. Ablaufdiagramme), Organisationshandbüchern, Arbeitsplatzbeschreibungen, Richtlinien und Anweisungen,

- Einsicht in Dokumente als Durchführungsbelege durch das IKS, insb. auch in solche, die im Rechnungslegungssystem generiert werden,

- Beobachtung der Durchführung von Kontrollaktivitäten sowie

- Nachverfolgung von Geschäftsvorfällen in rechnungslegungsbezogenen Informationssystemen (Walkthrough; →Transaction Flow Auditing).

Dabei ist zu beachten, dass Befragungen alleine nicht ausreichende Prüfungsnachweise liefern können, um Aufbau und Implementierung des Internen Kontrollsystems beurteilen zu können. Prüfungsnachweise müssen auch durch weitere der oben aufgeführten Prüfungshandlungen geliefert werden, um eine angemessene Beurteilung des Internen Kontrollsystems zu ermöglichen.

Die *Systemaufnahme* dient der Ermittlung der Soll-Vorstellungen und Soll-Anforderungen des Unternehmens bzgl. der im Unternehmen vorhandenen Prozesse und Kontrollmaßnahmen.

Systemprüfung

Bevor mit der eigentlichen Aufnahme begonnen wird, ist zu empfehlen, sich von ausgewählten Mitarbeitern des zu prüfenden Unternehmens einen Überblick über die relevanten Unternehmensprozesse und das IKS und ggf. auch schon über spezifische Unternehmensbereiche geben zu lassen (IDW 2006, Abschn. R, Rn. 253, S. 2008).

Für die Aufnahme der Prozesse und Kontrollen bieten sich grundsätzlich mehrere Techniken an, die i.d.R. in Kombination miteinander angewandt werden:

- Auswerten von Unternehmensunterlagen,
- Befragungen/Interviews mithilfe von Fragebögen und →Prüfungschecklisten und
- Prozessaufnahme mithilfe von Ablaufdiagrammen oder Ablaufbeschreibungen.

Auf der Basis der erhobenen Informationen hat der APr einen Überblick über die Vorgaben für die Ausgestaltung der Prozesse und des Internen Kontrollsystems (Soll-System) erhalten, das in der Folge hinsichtlich der Angemessenheit für das Unternehmen und seine Geschäftstätigkeit beurteilt werden muss.

Bei der *Beurteilung der Angemessenheit* des Sollsystems sind einige Grundsätze unbedingt zu beachten (IDW 2006, Abschn. R, Rn. 225–230, S. 2004):

- Unternehmensprozesse müssen organisiert ablaufen, was insb. Organisationsvorgaben für manuelle Prozesse über Richtlinien und Arbeitsanweisungen sowie eine programmierte Ablauffolge der Prozessschritte bei IT-gestützten Prozessen erfordert.
- Vorsehen von Funktionstrennungen, so dass Funktionen die i.S.e. funktionierenden Internen Kontrollsystems unvereinbar zu sein haben, nicht von einer Position oder innerhalb einer Abteilung wahrgenommen werden dürfen.
- Sicherstellen, dass ein Abweichen von der vorgegeben Schrittfolge erkannt wird und ggf. Korrekturmaßnahmen eingeleitet werden. Hierzu sind Kontrollverfahren notwendig. Hierzu zählen (→Kontrollprüfung)
  - fehlervermeidende Kontrollen bzw. fehlererkennende Kontrollen sowie
  - manuelle bzw. programmierte Kontrollen, wobei die Wirksamkeit programmierter Kontrollen im Rahmen von →IT-Systemprüfungen untersucht wird.

Zur Beurteilung der Ordnungsmäßigkeit der Rechnungslegungssysteme (→Ordnungsmäßigkeitsprüfung) ist es nicht ausreichend zu prüfen, ob die Unternehmensprozesse und das IKS angemessen konzipiert wurden, sondern man muss sich davon überzeugen, dass die im Sollsystem konzipierten Prozessschritte und Kontrollen tatsächlich in die tägliche Arbeit eingeführt wurden.

Um zu *überprüfen*, ob die *vorgegebenen Prozessschritte und Kontrollmaßnahmen tatsächlich eingeführt wurden*, wird man i.d.R. eine sog. Walkthrough-Prüfung (→Transaction Flow Auditing) durchführen. Bei einer solchen Prüfung wird ein einzelner Geschäftsvorfall über die einzelnen Schritte eines →Geschäftsprozesses nachvollzogen und man überzeugt sich davon, dass die vorgegebenen Prozessschritte und Kontrollmaßnahmen eingehalten bzw. durchlaufen werden.

Auf der Basis der Beurteilung des Soll-Systems und der Überprüfung der Implementierung kann ein vorläufiges Urteil über die Angemessenheit der Prozesse und des Internen Kontrollsystems im Hinblick auf die Ordnungsmäßigkeit der Rechnungslegungssysteme getroffen werden. Kommt man zu dem Schluss, dass die Prozesse und das IKS nicht angemessen konzipiert wurden bzw. in die tägliche Arbeit des Unternehmens nicht implementiert wurden, so ist von Risiken für die Buchführung und Rechnungslegung auszugehen und weitere →ergebnisorientierte Prüfungshandlungen sind zu planen (→risikoorientierter Prüfungsansatz).

In Unternehmensbereichen oder Teilbereichen, wo der APr aufgrund seiner bisherigen Prüfungshandlungen von funktionieren Prozessen inkl. IKS ausgeht, muss er sich davon überzeugen, dass diese über das gesamte zu prüfende Geschäftsjahr hinweg zuverlässig funktioniert haben.

Ad 2) Funktionsprüfung: Bei Funktionsprüfungen muss der gesamte Zeitraum des zu prüfenden Geschäftsjahres betrachtet werden. Dieses erfolgt über entsprechend ausgestaltete →Stichprobenprüfungen in Form von Funktionstests (→Testfälle). Die zugrunde liegenden einzelnen Prüfungshandlungen sind grundsätzlich die gleichen, wie bei der Aufbauprüfung. Aber auch hierbei ist zu beachten, dass Befragungen alleine nicht ausreichende Prüfungsnachweise liefern können.

Die *Ergebnisse der Systemprüfung* ermöglichen ein Urteil, inwieweit das zu prüfende Unternehmen Risiken, die die Einhaltung der GoB (→Grundsätze ordnungsmäßiger Buchführung, Prüfung der) gefährden, durch entsprechende organisatorische und Kontrollmaßnahmen eindämmt, um so wesentliche Fehler für die Rechnungslegung zu vermeiden bzw. zu erkennen und entsprechend zu beheben. Ausgehend von den Ergebnissen einer Systemprüfung kann dann der Umfang der weitergehenden, ergebnisorientierten Prüfungshandlungen bestimmt werden.

Literatur: IDW (Hrsg.): IDW Prüfungsstandard: Das interne Kontrollsystem im Rahmen der Abschlussprüfung (IDW PS 260, Stand: 2. Juli 2001), in: WPg 54 (2001a), S. 821–830; IDW (Hrsg.): IDW Prüfungsstandard: Prüfungsnachweise im Rahmen der Abschlussprüfung (IDW PS 300, Stand: 2. Juli 2001), in: WPg 54 (2001b), S. 898–903; IDW (Hrsg.): WPH 2006, Band I, 13. Aufl., Düsseldorf 2006.

Dieter Fabritius

Systemtheorie →Prüfungstheorie, kybernetischer Ansatz

Systemtheorie der Organisation →Organisationsberatung

Szenariotechnik

Die betriebliche Zukunft ist unsicher (Risiko) und zeichnet sich durch Komplexität und Vernetzung aus. Dennoch ist es für eine Vielzahl betrieblicher Entscheidungen unerlässlich, ein hypothetisches Zukunftsbild zu zeichnen. Szenarien, die betriebliche Entscheidungsbereiche betreffen, sollten dabei dem Anspruch genügen, plausibel und in sich widerspruchsfrei zu sein. Im Rahmen der Szenariotechnik steht die Ermittlung unternehmensinterner und -externer Einflussfaktoren im Vordergrund, wobei auch Störgrößen Berücksichtigung finden. Dabei begrenzt man sich i. d. R. neben der Entwicklung eines mit der höchsten Wahrscheinlichkeit anzunehmenden Szenarios (Most Likely Case) auf zwei Extremszenarien, den besten und den schlechtesten anzunehmenden Fall (Best bzw. Worst Case). Der sich daraus abbildende Entscheidungstrichter hilft dem Entscheidungsträger, Verständnis für ein Gesamtbild zu entwickeln. Innerbetriebliche Zusammenhänge lassen sich in ihrer Dynamik betrachten; ebenso werden Aussagen über Korrelationen und Ausprägungen ermöglicht.

In Anlehnung an *Reibnitz* (Reibnitz 1991, S. 30–70) stellt sich der Ablauf in acht Stufen dar:

1) *Aufgabenanalyse*: Eingangs ist das anstehende Entscheidungsproblem als Aufgabenstellung zu formulieren. Dies kann das gesamte Unternehmen oder auch nur strategische Einheiten betreffen. Zur Ermittlung von Stärken und Schwächen stehen eine Sammlung und Analyse von Hintergrundinformationen an, d. h. neben der Ausgangssituation findet auch die bisherige Entwicklung im Unternehmen Berücksichtigung. Kenngrößen werden als Deskriptoren des Entscheidungsproblems formuliert, Gestaltungs- und Handlungsparameter beschreiben die strategischen Variablen.

2) *Einflussanalyse*: Nach der Analyse des Entscheidungsproblems stehen die Ermittlung und Bewertung externer Einflussfaktoren an. Die Darstellung in einer Matrix veranschaulicht das Ausmaß des Einflusses einzelner Faktoren auf den zu untersuchenden Bereich.

3) *Projektionen*: Basierend auf den Erkenntnissen der Einflussanalyse lassen sich Deskriptoren definieren. Der Ausgangszustand der ermittelten Deskriptoren bildet die Grundlage für die Ableitung von Aussagen über deren zukünftigen Zustand. Da die Zukunft ungewiss ist, gilt es nun alternative Wege zu erarbeiten und diese zu begründen, d. h. auch Alternativdeskriptoren zu entwickeln.

4) *Alternativenbündelung*: Die skizzierten Alternativen gilt es nun auf ihre Konsistenz hin zu überprüfen. Sie müssen miteinander verträglich sein und dürfen sich nicht gegenseitig ausschließen. Es sind logisch stimmige und plausible Alternativen auszuwählen, die das Szenario-Grundgerüst bilden. Ziel ist, die Anzahl der zuvor identifizierten Einflussfaktoren über die abgeleiteten Deskriptoren weiter zu reduzieren, um die Übersichtlichkeit zu wahren.

5) *Szenario-Interpretation*: Sind alle informativen und analytischen Vorarbeiten geleistet, müssen die Umweltszenarien ausgestaltet und interpretiert werden. Nun lassen sich je ein optimistisches (Best Case), ein realistisches (Most Likely Case) und ein pessimistisches (Worst Case) Szenario entwickeln. Hierbei ist zu beachten, dass aufgrund der

Szenariotechnik

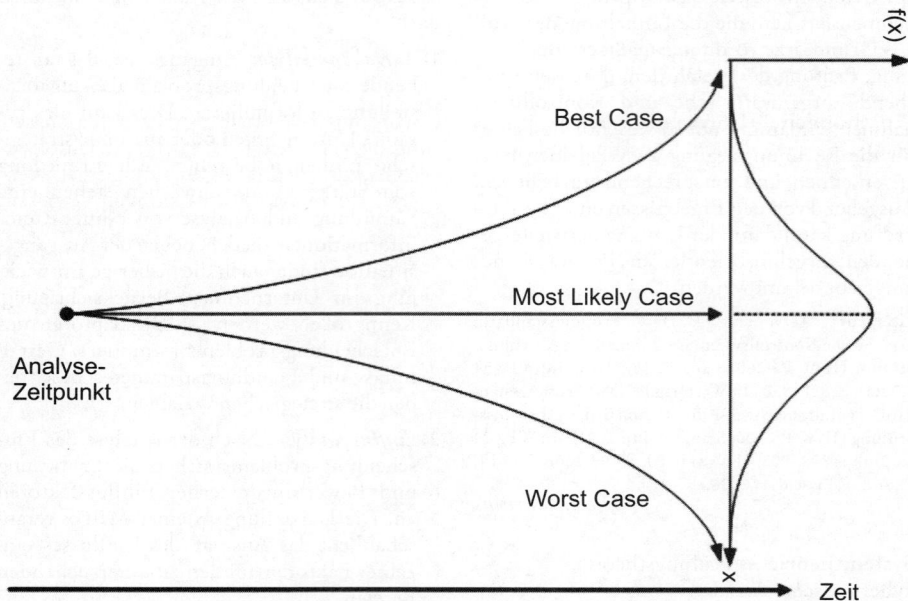

Abb.: Worst, Most Likely und Best Case-Szenarien

strategischen Bedeutung der Szenariotechnik die Möglichkeit zur Dynamik im Modell gewahrt bleibt.

6) *Konsequenzanalyse*: Basierend auf den Ergebnissen der entwickelten Szenarien erfolgt die Ableitung von Chancen und Gefahren künftig anzunehmender Entwicklungen. Diese sind nun zu bewerten und potenzielle Maßnahmen zu skizzieren. Das Auseinandersetzen mit den Extremszenarien bildet die Grundlage für die zu entwickelnde Unternehmensstrategie. Dieser und der siebte Schritt bilden den wichtigsten Teil der unternehmerischen →Planung und stellt den eigentlichen Zweck der Szenariotechnik dar.

7) *Störereignisanalyse*: Das mögliche Eintreten einflussreicher unternehmensinterner und -externer Störereignisse, die unerwartet und nicht trendmäßig eintreten können, wird anschließend berücksichtigt. Das Auseinandersetzen mit sowohl präventiven als auch reaktiven Maßnahmen zeigt auf, inwiefern sich ein Unternehmen für solche Ereignisse rüsten muss bzw. welche bereits heute tragbar sind.

8) *Szenario-Transfer*: Basierend auf den gewonnenen Erkenntnissen lassen sich schließlich eine Leitstrategie und Alternativstrategien entwickeln. Weiterhin sollte zur Gewährleistung der verfolgten, auf den Szenarien basierten robusten Strategie ein Umweltbeobachtungssystem aufgebaut und auf die Plausibilität im Kontext hin überprüft werden.

Der Einsatz der Szenariotechnik unterstützt die Entscheidungsfindung in komplexen betrieblichen Situationen (→Entscheidungsinstrumente) und hilft, Gefahren frühzeitig zu antizipieren (→Früherkennungssysteme), sie ggf. in Chancen zu wandeln, um diese schließlich nutzen zu können (→Risiko- und Chancencontrolling).

Literatur: Reibnitz, U. v.: Szenario-Technik. Instrumente für die unternehmerische und persönliche Erfolgsplanung, Wiesbaden 1991.

Matija Denise Mayer-Fiedrich

T

Täuschungen →Unregelmäßigkeiten; →Unregelmäßigkeiten, Konsequenzen aus

Taktische Planung →Planung

Tantiemen für Gesellschaftsorgane

Die Tantieme, synonym werden die Begriffe „Short-Term Incentive" (Ellig 2002), jährlicher Bonus oder einfach nur variable Vergütung verwendet, ist ein wesentliches, i. d. R. das dominierende Instrument im Rahmen der Gesamtvergütungsstruktur eines Gesellschaftsorgans (→Vorstand und Aufsichtsrat, Vergütung von).

Die Bedeutung der Tantieme spiegelt sich im relativen Anteil an der Gesamtvergütung wider. So lag in der Berichtsperiode 2004 der Tantiemeanteil an der Gesamtbarvergütung im DAX 30 für die Ebene Vorstand bei durchschnittlich 59% (im Median bei 60%), dies korrespondiert mit einer durchschnittlichen Tantiemehöhe von 1.038 Mio. € p.a. Die Spanne der Tantieme reicht von 84% der Gesamtbarvergütung im Maximum, über 74% im neunten Percentil und 67% im dritten Quartil, bis zu 51% im ersten Quartil, 47% im ersten Percentil und 18% im Minimum.

Typische Zielsetzung bei der Ausgestaltung von Tantiemesystemen ist die Unterstützung der geplanten Unternehmensentwicklung und Unternehmenswertsteigerung (→Unternehmenswert) sowie die Förderung des Interesseneinklangs der Gesellschaftsorgane mit den Kapitalgebern und wesentlichen Stakeholdern. Damit soll mittels der Tantieme im Ergebnis ein Gesamtvergütungspaket für Gesellschaftsorgane konzipiert werden, welches die beabsichtigte, langfristige Unternehmensentwicklung unterstützt sowie die Attraktivität am Markt sichert und eine hohe Motivationswirkung erzeugt. Hierbei wird regelmäßig die Forderung erhoben, dass die Tantieme so konzipiert wird, dass sie markt-, leistungs- und wettbewerbsgerecht, nachvollziehbar, transparent, methodisch einheitlich ist sowie einfach zu administrieren ist (→Incentive-Systeme; →ergebnisabhängige Aufwendungen).

Um die mit der Tantieme verbundenen Zielsetzungen zu erfüllen, haben sich die nachfolgenden Grundsätze für die Gestaltung eines effektiven Tantiemesystems als sinnvoll erwiesen. Hierbei sollte die Anbindung der Tantieme an die Performance auf kontrollierbaren Faktoren basieren, gleichzeitig sollte die Tantieme mit dem Wertesystem der Gesellschaftsorgane wie des Unternehmens im Einklang stehen. Zudem sollte die mit der Tantieme verbundene Belohnung groß genug sein, um Relevanz zu haben. Hinsichtlich der Kongruenz der Messung mit der verbundenen Incentivierung sollte die Messperiode der Performance-Periode entsprechen, damit die Erfüllung der jährlichen Tantiemeziele auch mit hinreichender Genauigkeit erfasst werden kann.

Eine für die Tantieme verwendete, geeignete Bemessungsgrundlage sollte mehrere Anforderungen gleichzeitig erfüllen. Die Bemessungsgrundlage sollte zum einen vorhanden sein, d. h. ohne großen Aufwand aus dem bestehenden Rechenwerk ermittelt werden können. Zum anderen sollte die Bemessungsgrundlage synchron zum jeweiligen Entscheidungsrahmen verstanden sein und im Entscheidungsrahmen des Gesellschaftsorgans kontrollierbar und beeinflussbar sein. Zudem ist die eindeutige Messbarkeit, Manipulationssicherheit, Einfachheit der Zielgröße, Zielgenauigkeit, wie die externe Vergleichbarkeit und die Integrierbarkeit in andere Messgrößen sowie die Anknüpfbarkeit an geschäftsspezifische →Werttreiber von großer Bedeutung. Gleichzeitig ist festzulegen wie viele Bemessungsgrundlagen und damit wie viele Ziele vereinbart werden sollen. Weniger Ziele gehen mit einer deutlichen Fokussierung einher. Mit steigender Bedeutung der Tantieme im Rahmen der Gesamtvergütung sollte auch die Frage geklärt werden, welche Mischung quantitativer und qualitativer Ziele (Korrekturfaktoren) vereinbart werden sollte.

Zur Verankerung der Zielhöhe der Bemessungsgrundlage bieten sich mehrere Vorgehensweisen an. Zuerst ist der Vergleich mit historischen Daten (→zeitlicher Vergleich) zu nennen, welche in die Zukunft fortgeschrieben werden. Zweitens können interne wie externe Benchmarkdaten (→Benchmarking) oder drittens strategisch bedingte interne Erwartungen verwendet werden, um die Zielhöhe zu bestimmen.

Mit der Verankerung der Zielhöhe der Bemessungsgrundlage ist die korrespondierende Zieltantieme festzulegen. Zur Festlegung der Zieltantieme bietet sich der Vergleich mit Marktdaten inkl. dem externen Marktwert der betroffenen Gesellschaftsorgane unter Berücksichtigung der unternehmensspezifischen Lage an. Gleichzeitig ist der Tantiemeverlauf bei positiver wie negativer Abweichung von der Zielhöhe zu definieren. Hierbei ist die Frage zu klären, ob der Tantiemeverlauf unterproportional, linear oder überproportional erfolgen soll und ob eine Kappung der Tantieme festgelegt wird. Zudem ist zu klären, wie mit außergewöhnlichen Ereignissen verfahren werden soll, die einen bedeutsamen Einfluss auf die Tantieme haben können. Wenn anstelle einer Zielvergütung ein festgelegter prozentualer Anteil, etwa am Ergebnis der Gesellschaft, vereinbart wird, dann ist der Vergütungsverlauf vorgegeben, allerdings muss die Frage nach einer möglichen Maximalvergütung wie eines Mindestergebnisses zur Auslösung der Tantieme beantwortet werden.

Literatur: Ellig, B. R.: Executive Compensation, McGraw-Hill, NY 2002.

Jens Massmann

Target Costing

Das Target Costing (Zielkostenmanagement) basiert auf dem Prinzip, den Produktpreis, die Produktstruktur und die Produktkosten (→Kosten) aus den Marktbedingungen und -anforderungen abzuleiten. Im Gegensatz zur klassischen progressiven „Cost-plus-Kalkulation" (→Kalkulation; →Kalkulationsmethoden), die den Verkaufspreis über die Selbstkosten (→Selbstkostenermittlung) und einen Gewinnzuschlag ermittelt, geht die retrograde „Preis-minus-Kalkulation" vom Zielumsatz aus, subtrahiert davon den Zielgewinn und erhält dadurch die „vom Markt erlaubten Kosten". Damit steht die Frage „Was darf ein Produkt kosten?" und damit die Marktorientierung im Vordergrund.

In Anlehnung an die Definition von *CAM-I* kann das Target Costing durch sechs Grundprinzipien als kunden- und kostenfokussierter Planungs- und Steuerungsprozess der Produktentwicklung beschrieben werden:

1) „Price led Costing": Der Ausgangspunkt einer retrograden →Kalkulation für die Produkt- und Kostenplanung (→Planung) sollte der Marktpreis sein.

2) „Focus on Customers": Das gesamte Produkt und seine Teilfunktionen werden im Vorfeld kundenorientiert mit dem Ziel gestaltet, durch jedes Leistungsangebot einen Erfolgsbeitrag zu leisten. Daher sind die →Kosten am erzielbaren Preis auszurichten.

3) „Focus on Design": Das Attribut „konstruktionsbegleitend" impliziert sowohl eine Konzentration auf den Prozess der Produktentwicklung als auch die Möglichkeit, hier gestaltend tätig sein zu können. Eine Konzentration auf die kostendeterminierenden frühen Phasen ist vor dem Hintergrund des steigenden Wettbewerbsdrucks unabdingbar.

4) „Cross-Functional Involvement": Die abteilungsübergreifende Zusammenarbeit stellt die Berücksichtigung sämtlicher Aspekte bei der Produktentwicklung sicher und trägt zur Marktorientierung aller Unternehmensbereiche bei. Dies bedeutet eine Abkehr von einer rein ingenieurgetriebenen Produktentwicklung hin zu einer multidisziplinären Teamstruktur.

5) „Life Cycle Orientation": Unter Annahme der wachsenden Bedeutung von Wartungs-, Reparatur-, Garantie- sowie anderer Dienst- und Serviceleistungen muss die Produkt- und Kostengestaltung lebenszyklusbezogen arbeiten (→Produktlebenszykluskonzept; →Lebenszykluskostenrechnung).

6) „Value Chain Involvement": Zur effizienten Anwendung des Target Costing ist die enge Zusammenarbeit mit Kunden und Lieferanten notwendig, um Produkt und Prozesse im Interesse der gesamten Wertschöpfungskette zu optimieren (→Supply Chain Management).

Grundsätzlich wird der Ablauf des Target Costing in drei Phasen zerlegt: Zielkostenfindung, Zielkostenspaltung und Zielkostenerreichung. Die Ausgangsbasis der Zielkostenfindung ist die Sammlung aller relevanten Marktdaten (sog. Marktvorbau). In der Literatur werden mehrere Methoden zur Bestimmung der Gesamtproduktzielkosten disku-

Abb.: Prozess des Target Costing

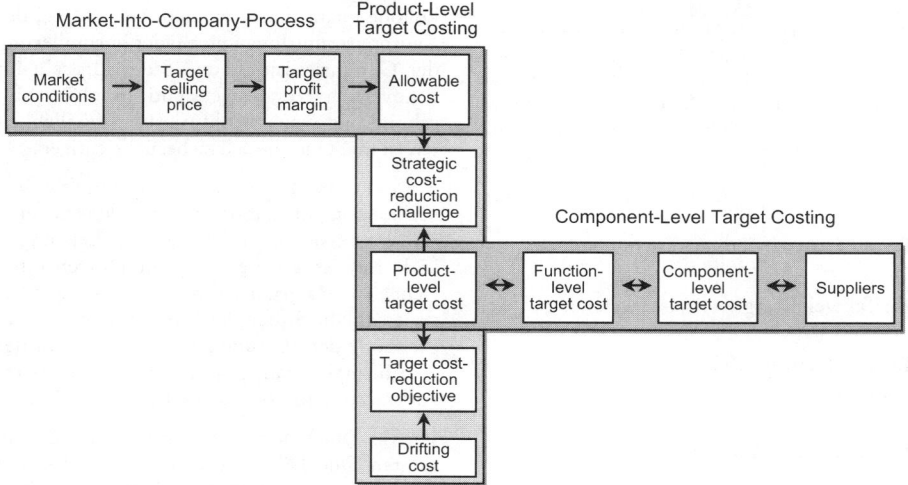

Quelle: Cooper/Slagmulder 1997, S. 11.

tiert, wobei die Findungsmethodik „Market into Company" als die adäquateste erachtet wird. Ausgangspunkt des „Market-into-Company-Process" ist der mithilfe der Marktforschung ermittelte „am Markt erzielbare Preis" für ein Produkt. Durch Subtraktion der angestrebten Gewinnspanne erhält man die „vom Markt erlaubten Kosten" (Allowable Costs). Diese werden den sog. „Drifting Costs" gegenübergestellt. Als „Drifting Costs" werden die Kosten bezeichnet, die das Produkt bei Aufrechterhaltung vorhandener Technologie- und Verfahrensstandards im Unternehmen verursachen würde (→Kostenverursachung). Zwischen den Drifting Costs und den Allowable Costs werden die Zielkosten (Target Costs) festgelegt.

Um diese Bewertung nun weiter zu detaillieren und spezielle Maßnahmen zur Kostensenkung einleiten zu können (→Kostenmanagement; →Kostencontrolling), bedarf es der weiteren Aufspaltung der Zielkosten auf einzelne Komponenten, Baugruppen und Prozesse. Im Rahmen der Zielkostenspaltung erfolgt eine „Übersetzung" der vom Kunden gewünschten Eigenschaften (sog. Funktionen) in Komponenten und Prozesse aus der „Unternehmenssprache". Dafür haben sich zwei Ansätze etabliert:

- Die Komponentenmethode geht von der Annahme aus, dass genau eine Komponente eine Funktion erfüllt. Als Anhaltspunkt für die Zielkostenspaltung dienen die Kostenstrukturen von Vorgängermodellen, ähnlichen Produkten oder Konkurrenzprodukten.

- Die Funktionsmethode orientiert sich direkt an den Wünschen des Kunden. Ein Produkt wird dazu als eine Kombination von Funktionen definiert, die ggf. durch mehrere technische Komponenten (und ggf. dazugehörige Dienstleistungen) erfüllt werden. Die Verbindung erfolgt anschließend über eine Funktionen-Komponenten-Matrix, in der eine komponentenbezogene Zuordnung zur Funktionserfüllung erfolgt.

Am Ende der Zielkostenspaltung liegen für alle spezifizierten Bestandteile/Teilleistungen des Gesamtprodukts eigene Zielkosten vor, die Einzelkostencharakter aufweisen und daher separat hinsichtlich der drei Dimensionen Kostenstruktur, -verlauf und -niveau beeinflussbar sind (→Einzelkostencontrolling). Mit den (Kunden- bzw. Funktions-) Anforderungen im Hintergrund kann dann die konkrete Ausgestaltung der Leistungsbestandteile erfolgen. Nach der Festlegung der Zielkosten beginnt die Umsetzungsphase, in der die angestrebten Zielkosten durch Kostensenkungsmaßnahmen realisiert werden müssen.

Literatur: Ansari, S./Bell, J.: CAM-I Target Cost Core Group: Target Costing: The Next Frontier in Strategic Cost Management, Bedford 1997; Arnaout, A.: Target Costing in der deutschen Unternehmenspraxis: eine empirische Untersuchung, München 2001; Cooper, R./Slagmulder, R.: Target Costing and Value Engineering, Portland 1997; Horváth, P. (Hrsg.), Target Costing – marktorientierte Zielkosten in der deutschen Praxis, Stuttgart 1993; Horváth, P.: Controlling, 10. Aufl., München 2006; Seidenschwarz, W.: Target Costing: Marktorientiertes Zielkostenmanagement, Stuttgart 1993.

Péter Horváth; Klaus Möller

Target Costs →Target Costing

Tarifabweichung →Preisabweichung

Tarifänderungseffekt →Steuerbarwertminimierung

Tauschwert →Unternehmenswert

Tax Due Diligence

Dem Wortsinn nach bedeutet Tax Due Diligence die Überprüfung, ob die steuerlichen Angelegenheiten der Gesellschaft mit der erforderlichen Sorgfalt behandelt worden sind, d. h. Belege und Nachweise vorhanden und geordnet abgelegt worden sind, bei den Erklärungen Gesetze und Rspr. beachtet und die Steuererklärungen fristgerecht abgegeben wurden. Im Rahmen des Unternehmenskaufs sind die Anforderung an die Tax Due Diligence umfangreicher: Datenaufnahme, Feststellung der von der Betriebsprüfung (→Außenprüfung) abschließend überprüften Jahre und des Veranlagungsstandes der noch nicht festsetzungsverjährten Jahre, Erläuterung der Steuerposten in Bilanz und →Gewinn- und Verlustrechnung (GuV) (→latente Steuern; →Steueraufwand u. a.), und vor allem Risikoanalyse. Die erhobenen Daten dienen auch als Grundlage für die steuerliche Strukturierung und die Formulierung der Steuerklauseln im Kaufvertrag.

Eine Tax Due Diligence kann einem potenziellen Käufer als eine Entscheidungsgrundlage für den Unternehmenskauf dienen; sie kann auch für den Verkäufer (Vendor Due Diligence) zur Vereinfachung und Beschleunigung des Verkaufsprozesses durchgeführt werden (→Due Diligence).

Aufgabe der Tax Due Diligence ist es, steuerliche Risiken, Strukturierungsmöglichkeiten und deren Einschränkungen festzustellen. Die festgestellten Risiken müssen nach Aufgriffswahrscheinlichkeit klassifiziert und nach Risikohöhe quantifiziert werden; sie sind bei der Kaufpreisermittlung und bei der Formulierung der Gewährleistungs- und Steuerklauseln im Kaufvertrag zu berücksichtigen. Die Einschränkung von Strukturierungsmöglichkeiten ist im Steuermodell zu berücksichtigen.

Mit dem Mandanten sind der gewünschte *Arbeitsumfang*, die auf den verschiedenen Stufen des Prozesses zu erbringenden Leistungen (z. B. Key Issue Paper, Tax Due Diligence Bericht), die Materiality-Grenze, das Budget bezogen auf die Stufen des Prozesses und die Begrenzung der Haftung zu vereinbaren. In der →Auftragsbestätigung ist der vereinbarte Auftragsumfang zu beschreiben.

Die Tax Due Diligence ist ein Teilgebiet des gesamten Due Diligence Prozesses, sodass die Abgrenzung der Felder, in denen eine Überschneidung mit anderen Due Diligence Teams zu erwarten ist, geklärt werden muss. Das ist insb. dann erforderlich, wenn die einzelnen Teilbereiche der →Due Diligence auf verschiedene Dienstleister aufgeteilt werden. Das gilt insb. bei bestehenden Überschneidungen etwa mit der →Legal Due Diligence [z. B. hinsichtlich der Beurteilung von Investitionszulagen und -zuschüssen (→Zulagen; →Zuschüsse)]. Der zeitnahe Austausch der Prüfungsfeststellungen der Teams ist vor allem in der Datenraumphase sicherzustellen (Debriefing).

Angesichts der zur Verfügung stehenden begrenzten Zeit und der bereitgestellten Informationen wird der Arbeitsumfang regelmäßig örtlich, zeitlich und sachlich eingeschränkt. Im Unterschied zur Betriebsprüfung der Finanzverwaltung müssen auch aktuelle Risiken erkannt werden. Eine vollständige Erfassung wird zwar nicht gelingen, weil die zur Verfügung gestellten Informationen und auch der zeitliche Umfang der Prüfung hierzu nicht ausreichen, möglichst sollten aber alle Risiken erkannt werden.

Auswahl der zu prüfenden Gesellschaften und *örtliche Begrenzung*: Es ist zu entscheiden, ob alle oder nur ausgewählte Gesellschaften überprüft werden. Bei einem internationalen Unternehmenskauf sind die zu prüfenden Länder abzugrenzen. Die Abgrenzung der Gesellschaften, die eine materielle Bedeutung haben, kann anhand des Earnings Before Interest and Taxes (EBIT) (→Kennzahlen, wertorientierte) oder des Umsatzes (→Umsatzerlöse) vorgenommen werden.

Zeitliche Begrenzung: Der Prüfungszeitraum beginnt i.d.R. mit den Steuererklärungen für die Jahre, die von der Betriebsprüfung noch nicht abschließend geprüft und damit auch noch nicht endgültig veranlagt wurden. Es ist zu überprüfen, ob der Vorbehalt der Nachprüfung für die von der Betriebsprüfung geprüften Jahre aufgehoben wurde bzw. die als Ergebnis der Betriebsprüfung erlassenen Bescheide keinen Vorbehaltsvermerk tragen.

Sachliche Einschränkungen: Datenräume enthalten i.d.R. keine Informationen über z.B. USt und LSt. Gleichwohl ist zu bedenken, ob in diesen Bereichen besondere Risiken liegen könnten (z.B. Vorsteuerabzug bei Erbringung steuerfreier Leistungen, Unternehmereigenschaft einer Holding, Scheinselbstständige). Im Rahmen einer Tax Due Diligence wird i.d.R. keine Verrechnungspreisstudie erstellt. Es sind aber die Verrechnungspreispolitik und ihre Dokumentation zu überprüfen (→Verrechnungspreise, handelsrechtliche; →Verrechnungspreise, steuerrechtliche).

Tax Due Diligence ist →Steuerberatung mit den Methoden der Wirtschaftsprüfung: Auftragsannahme (Conflict Check), Setzen von Prüfungsschwerpunkten, Prüfungsmemorandum (Hintergrund der Transaktion, Deadlines und Deliverables, Prüfungsschwerpunkte, Personaleinsatzplanung, Hinzuziehen von Spezialisten, Organisation internationaler Teams, Budgetüberwachung). Dem Veräußerer wird i.d.R. ein Anforderungskatalog über vorzulegende Informationen und benötigte Auskünfte vorgelegt. Nach Eröffnung des Datenraums werden zusätzliche Informationen i.d.R. nur im Rahmen einer festgelegten Prozedur erteilt (z.B. Begrenzung der pro Tag insgesamt zugelassenen Fragen).

Die Durchführung der Tax Due Diligence umfasst die Datenaufnahme, die Analyse des Veranlagungsstands, die Ermittlung und den Vergleich des nominalen und des effektiven Steuersatzes, die Untersuchung von Betriebsprüfungen, Einsprüchen und Klagen sowie die Analyse von Steuerrisiken.

Datenaufnahme: Erfolgt die Tax Due Diligence in klassischen Datenräumen, ist nach Beendigung des Datenraumbesuchs kein Rückgriff auf die Daten mehr möglich. Deshalb sind die für die Risikobeurteilung und Strukturierung relevanten Daten, z.B. Konzernaufbau (→Konzernarten), EBIT Split by Country, und weitere Schlüsseldaten für jede Gesellschaft, wie Wirtschaftsjahr, Aufgliederung des Kapitals, Kapitalentwicklung, →Verbindlichkeiten und deren Besicherung, insb. Verbindlichkeiten gegenüber nahestehenden Personen (→Beziehungen zu nahe stehenden Personen), steuerliche Eigenkapital-Gliederung, →Verlustvorträge nach Steuerarten, Entstehung und Verbrauch, Bilanz- und GuV-Daten mit ergänzenden steuerlichen Informationen, Abweichungen der Handelsbilanz von der Steuerbilanz (→latente Steuern), aus Steuererklärungen aufzunehmen.

Veranlagungsstand: Festzustellen sind die von der Betriebsprüfung abschließend geprüften Veranlagungszeiträume, ggf. Festsetzungsverjährung und fehlende Prüfungsvorbehalte. Darzustellen ist, für welche Steuerarten und Jahre Bescheide vorliegen, wie weit Steuererklärungen eingereicht worden sind, Bescheide aber noch nicht vorliegen und in wieweit Steuererklärungen grundsätzlich hätten abgegeben werden müssen, die noch nicht eingereicht worden sind, etwa weil Verlängerungsanträge gestellt worden sind.

Ermittlung und Vergleich des nominalen und des effektiven Steuersatzes: Abweichungen sind zu erläutern (z.B. Nutzung von Verlustvorträgen, Dividendenbezug).

Darstellung von *Steuerforderungen, -verbindlichkeiten und -rückstellungen* (→Rückstellungen) und deren geschätzte Liquiditätsauswirkungen.

Betriebsprüfungen, Einsprüche und Klagen: Bei bedeutenden Feststellungen der letzten Betriebsprüfung ist zu klären, ob die festgestellten Risiken anhalten. Zu prüfen ist, ob Steuernachzahlungen aufgrund der Betriebsprüfung bereits gebucht und gezahlt worden sind. Darzustellen sind auch Existenz und Reichweite verbindlicher Zusagen und Anrufungsauskünfte.

Zur Analyse der *Steuerrisiken* werden zweckmäßigerweise →Prüffelder gebildet (→Steuern als Prüffeldgruppe):

- Umfang und Begrenzung steuerlicher Risiken: Grundlage für Steuerschuldnerschaft und Haftung; sie hängen wesentlich von der Struktur der geplanten Transaktion ab (Asset Deal, Share Deal, Erwerb einer Organ-

gesellschaft). Zu prüfen sind: zeitliche und sachliche Begrenzung, Auswirkungen auf den Prüfungsumfang;
- Risiken aus der derzeitigen Struktur: Substanz und Gründe für Zwischenschaltung von Auslandsgesellschaften, Ort der Geschäftsleitung, →Organschaft, Schachtelprivilegien, Existenz und Nutzbarkeit von Verlustvorträgen, Eigenkapital-Zusammensetzung, Voraussetzung der erweiterten GewSt-lichen Kürzung, GrESt-liche Organschaft;
- Risiken aus früheren Umstrukturierungen: Umstrukturierung unter Nutzung des Umwandlungssteuerrechts: Anmeldung im HR (→Registerauszüge), Teilbetriebsvoraussetzungen, Missbrauchsvorschriften: § 18 Abs. 4 UmwStG, § 20 Abs. 4 Satz 4 UmwStG, Verkauf einer Gesellschaft (§ 8b Abs. 4 KStG); Anteile im →Umlaufvermögen, frühere Teilwertabschreibungen mit Steuereffekt, Restriktionen, Anteile zu bewegen, GrESt; Umstrukturierungen außerhalb des UmwStG: Einbringung nach § 6 Abs. 5 EStG (Risiken: § 6 Abs. 5 Satz 4–6 EStG);
- Beziehungen zu Organen der Gesellschaft und zwischen →verbundenen Unternehmen: Liefer- und Leistungsbeziehungen innerhalb der Gruppe, Gesellschafterfremdfinanzierung, Verrechnungspreispolitik;
- Überprüfung des Jahresabschlusses unter steuerlichen Gesichtspunkten: Frühere Teilwertabschreibungen, Wertaufholungsgebot (→Wertaufholung), →Rückstellungen für Drohverluste, Abzinsung für zinslose Verbindlichkeiten und Rückstellungen, Ausbuchung von Verbindlichkeiten, die nur aus zukünftigen Gewinnen zu tilgen sind;
- LSt/Sozialversicherung, USt, Zölle.

Literatur: Holzapfel, H.-J./Pöllath, R.: Unternehmenskauf in Recht und Praxis, Köln 2005; Kneip, C./Jänisch, C.: Tax Due Diligence, München 2005; Löffler, C.: Tax Due Diligence beim Unternehmenskauf, Düsseldorf 2002; Picot, G.: Handbuch Mergers & Acquisitions. Planung, Durchführung, Integration, Stuttgart 2005.

Theodor Stuth

Technologiefeldanalyse →Technologie-Markt-Portfolio

Technologielebenszyklus

Technologie bezeichnet die Gesamtheit der Verfahren zur Erstellung von Gütern und Dienstleistungen. I.w.S. wird damit das „Wissen um naturwissenschaftliche/technische Wirkungszusammenhänge umfasst, die zur Lösung technischer Probleme genutzt werden können. Technik wird dann als die konkrete Anwendung der Technologie in materieller Form mit dem Ziel der Problemlösung bzw. Leistungserstellung angesehen (Wolfrum 1994, S. 4).

Technologielebenszyklen stellen an Produktlebenszyklusmodelle (→Produktlebenszykluskonzept) angelehnte Paradigmen zur Beschreibung eines idealtypischen Entwicklungsverlaufs von Technologien dar.

Ford und *Ryan* (Ford/Ryan 1981) unterscheiden sechs Phasen des Technologielebenszyklus:

1) Technologieentwicklung: In dieser Phase wird die Technologie entwickelt, wofür oft umfangreiche F&E-Leistungen erforderlich sind, sodass erhebliche →Forschungs- und Entwicklungskosten anfallen. Oft fällt es schwer, den zukünftigen Nutzen einer Technologie zu beurteilen, sodass hier vielfach qualitative Kriterien zur Anwendung kommen.

2) Technologieanwendung: Nachdem die Grundlagen der Technologie erforscht wurden, geht es im nächsten Schritt darum, vermarktbare Produkte (Güter und/oder Dienstleistungen) zu gestalten. Die hier zu tätigenden →Investitionen sind oft erheblich größer als noch in der Forschungsphase. Daher sind gleichermaßen große Chancen aber auch erhebliche Risiken mit der Entscheidung verbunden, eine Technologie hin zur Marktreife zu entwickeln (→Risiko- und Chancencontrolling).

3) Entstehung/Markteinführung der Technologie: Bei der Einführung einer Technologie bestehen erhebliche Unsicherheiten sowohl bzgl. möglicher Einsatzgebiete als auch bzgl. des Markterfolges. Hier handelt es sich um Schrittmachertechnologien, deren technische Leistungsfähigkeit erst noch erprobt werden muss.

4) Wachstum der Technologie: Schlüsseltechnologien befinden sich in einer Phase großen Wachstums. Die ersten Anwendungen sind

Tab.: Beschreibung der Phasen des Technologielebenszyklus

Indikatoren	Entstehung	Wachstum	Reife	Alter
Verbreitung	Schrittmachertechnologie	Schlüsseltechnologie	Basistechnologie	Verdrängte Technologie
Unsicherheit über technische Leistungsfähigkeit	Hoch	Mittel	Niedrig	Sehr niedrig
Investitionen in Technologieentwicklung	Niedrig	Maximal	Niedrig	Vernachlässigbar
Breite der potenziellen Einsatzgebiete	Unbekannt	Groß	Etabliert	Abnehmend
Typ der Entwicklungsanforderungen	Wissenschaftlich	Anwendungsorientiert	Anwendungsorientiert	Kostenorientiert
Auswirkung auf Kosten-Leistungs-Verhältnis der Produkte	Sekundär	Maximal	Marginal	Marginal
Zugangsbarrieren	Wissenschaftliche Fähigkeit	Personal	Lizenzen	Know-how
Verfügbarkeit	Sehr beschränkt	Restrukturierung	Marktorientiert	Hoch

Quelle: Michel 1987, S. 67.

erfolgreich realisiert, sodass jetzt die Chance besteht, ganze Wettbewerbsfelder neu zu gestalten. Sie bieten darüber hinaus ein großes Potenzial für innovative Entwicklungen sowohl im Prozess- als auch im Produktbereich. Schlüsseltechnologien entwickeln sich aus Schrittmachertechnologien, wenn diese das Stadium von konkreten Produkt- und Prozessinnovationen erreicht haben.

5) Reifephase der Technologie: In dieser Phase wird von einer Basistechnologie gesprochen. Sie haben die Wachstumsphase überschritten, sodass sie keine Differenzierung gegenüber Konkurrenten mehr zulassen. Die Technologien werden breit eingesetzt, sodass auch Wettbewerber die Technologie beherrschen.

6) Verdrängung der Technologie: Schließlich kommt die Technologie ans Ende des Lebenszyklus, bei der sie von neuen Entwicklungen verdrängt wird.

Die obige Tab. fasst die wesentlichen Punkte für die vier Hauptphasen des Technologieeinsatzes am Markt zusammen. Darin sind auch Hinweise auf den Anfall von →Kosten entlang des Technologielebenszyklus (→Lebenszykluskostenrechnung) enthalten.

Insb. für den Übergang von einer Technologie auf ihren Nachfolger wurde das S-Kurven-Konzept von *McKinsey* entwickelt (Foster 1986).

Das S-Kurven-Konzept beschreibt die Leistungsfähigkeit einer Technologie im Zeitablauf in Abhängigkeit von den kumulierten Investitionen in F&E (Wolfrum 1994, S. 117). In Anlehnung an Wachstumsverläufe, die auch in der Natur beobachtbar sind, sind erst erhebliche Investitionen notwendig, um die Entwicklung einer Technologie voranzutreiben. Anschließend folgt eine Phase raschen Wachstums, in der die Produktivität der eingesetzten Forschungsmittel am größten ist, da bereits ein umfassendes Grundwissen geschaffen wurde. Schließlich nähert sich die Technologie ihrer Leistungsgrenze, sodass zunehmend höhere Investitionen notwendig sind, mit denen lediglich marginale Verbesserungen erreicht werden. Hat eine Technologie einmal ihre Grenzen erreicht, wird sie von einer neuen Technologie mit höheren Leistungsgrenzen abgelöst, sodass es zum sog. S-Kurven-Sprung kommt.

Als Kritik am S-Kurven-Modell ist anzuführen, dass es sich kaum ex-ante prognostizieren lässt. Dies trifft vor allem auf das Ende des Kurvenverlaufs zu, da auch inkrementale Verbesserungen innerhalb einer Technologie den Lebenszyklus erheblich verlängern können.

Literatur: Ford, D./Ryan, C.: Taking technology to market. The technology life cycle can help when, how, and whether to sell their know-how, in: HBR 59 (1981), Heft 2, S. 85–95; Foster, R. N.: Innovation. Die technologische Offensive, Wiesbaden 1986; Michel, K.: Technologie im strategischen Management. Ein Portfolio-Ansatz zur integrierten Technologie- und Marktplanung, Berlin 1987; Wolfrum, B.: Strategisches Technologiemanagement, 2. Aufl., Wiesbaden 1994.

Stefan Seuring

Technologie-Markt-Portfolio

Während dem Technologie-Portfolio die Gefahr immanent ist, aufgrund einer technologiedominanten Sicht die Marktposition zu vernachlässigen, geht das Markt-Portfolio mit der Gefahr einer, die Technologieseite unbeachtet zu lassen. Ausgangspunkt des Technologie-Markt-Portfolios ist es demgegenüber, sowohl die Technologie- als auch die Marktsicht zu betrachten, da zwischen diesen Sichtweisen letztlich komplementäre Beziehungen bestehen. Es handelt sich somit um ein integratives Portfolio.

Eine erste Möglichkeit der *Zusammenführung von Markt- und Technologie-Portfolio* ist in Abb. 1 wiedergegeben (Benkenstein 1989, S. 508 f.).

Im Technologie-Portfolio mit den Dimensionen „Attraktivität" und „Ressourcenstärke" werden die Technologien eingetragen, die in den im Markt-Portfolio mit den Dimensionen „Marktattraktivität" und „Wettbewerbsposition" positionierten strategischen Geschäftseinheiten von Bedeutung sind. Das dargestellte Beispiel zeigt, dass die strategische Geschäftseinheit SGE_3 aus drei Technologien gespeist wird. Im Einzelnen werden aus der Abb. 1 die folgenden Aspekte deutlich:

- Eine Weiterentwicklung der Technologie T_1 trägt maßgeblich zur Stärkung der Technologieposition in der strategischen Geschäftseinheit SGE_3 bei.
- Die bislang etablierte Technologie T_{3a} weist eine niedrige Attraktivität auf und wird durch die attraktive Technologie T_{3b} bedroht und evtl. verdrängt.

Ein weiterer integrativer Ansatz ist das *Marktprioritäten-Technologieprioritäten-Portfolio* (Krubasik 1982, S. 28 ff.), dessen Basis ein Markt- und ein Technologie-Portfolio bilden,

Abb. 1: Zusammenführung von Markt- und Technologie-Portfolio

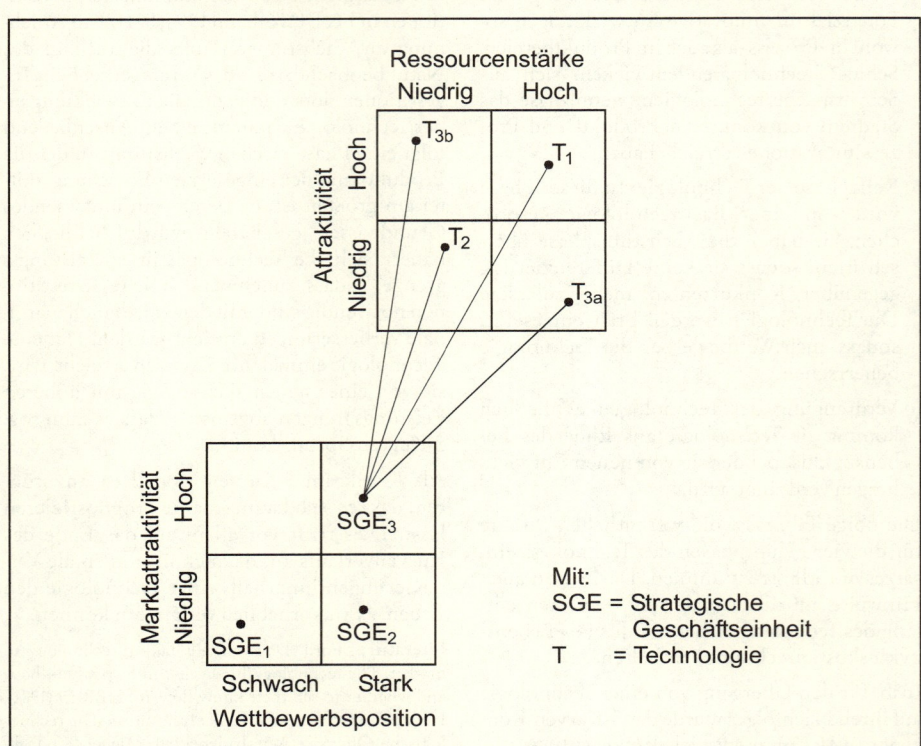

Abb. 2: Marktprioritäten-Technologieprioritäten-Portfolio

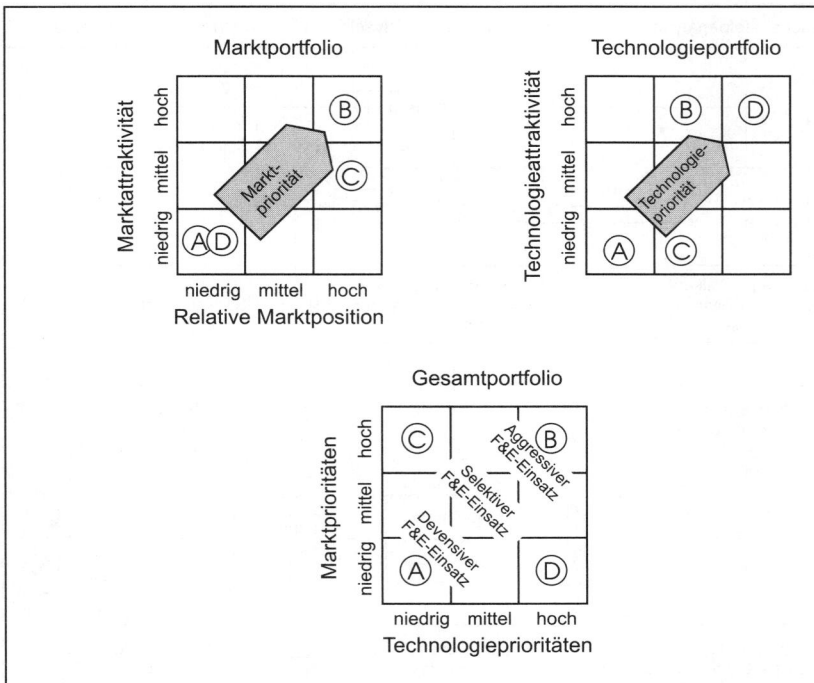

in denen Produktgebiete positioniert werden (s. Abb. 2).

Zunächst werden die Produktgebiete A, B, C, D separat in das Markt- und Technologie-Portfolio eingeordnet, wobei die Hauptdiagonale als Prioritätsachse zu interpretieren ist. Im vorliegenden Beispiel zeigt sich, dass die Positionierung im Marktportfolio die attraktive Technologie D nicht beachtet und diese erst im Technologie-Portfolio deutlich wird. Das Technologie-Portfolio identifiziert somit erfolgversprechende und ebenfalls weitgehend „ausgereizte" Technologien. Auf dieser Basis lassen sich dann das Gesamtportfolio aufstellen und Normstrategien formulieren, die auf die Art und Weise des F&E-Einsatzes ausgerichtet sind, wobei das folgende Grundmuster gilt:

- Stärken ausbauen, d. h. bei hoher Marktbedeutung einer Technologie ist umso stärker in F&E zu investieren (→ Investition), je stärker die eigene Position ist.
- Schwächen führen zu einem Rückzug, d. h. bei niedriger Marktbedeutung ist der F&E-Einsatz um so eher zu reduzieren, je schwächer die eigene Position ist.

Als differenzierteres Modell ist der *Darmstädter Portfolioansatz* zu nennen (Specht/Beckmann/Amelingmeyer 2002, S. 98 ff.), dessen zentrales Anliegen die Integration der traditionellen strategischen Geschäftsfeldanalyse mit der Innovations- und Technologiefeldanalyse ist, wobei die Innovationsfeldanalyse das Scharnier zwischen Geschäftsfeld- und Technologiefeldanalyse bildet:

- In der *Technologiefeldanalyse* werden die strategischen Technologiefelder abgegrenzt, denen unternehmungsinterne strategische Technologieeinheiten zugeordnet werden. Eine Chancen/Risiken- und Stärken/Schwächen-Analyse (→ Risiko- und Chancencontrolling) dient als Basis für die Positionierung der Technologiefelder im Technologiefeld-Portfolio.
- In der *Geschäftsfeldanalyse* werden die aktuellen und potenziellen strategischen Geschäftsfelder den strategischen Geschäftseinheiten zugeordnet. Eine Chancen/Risi-

Abb. 3: Struktur des Darmstädter Portfolioansatzes

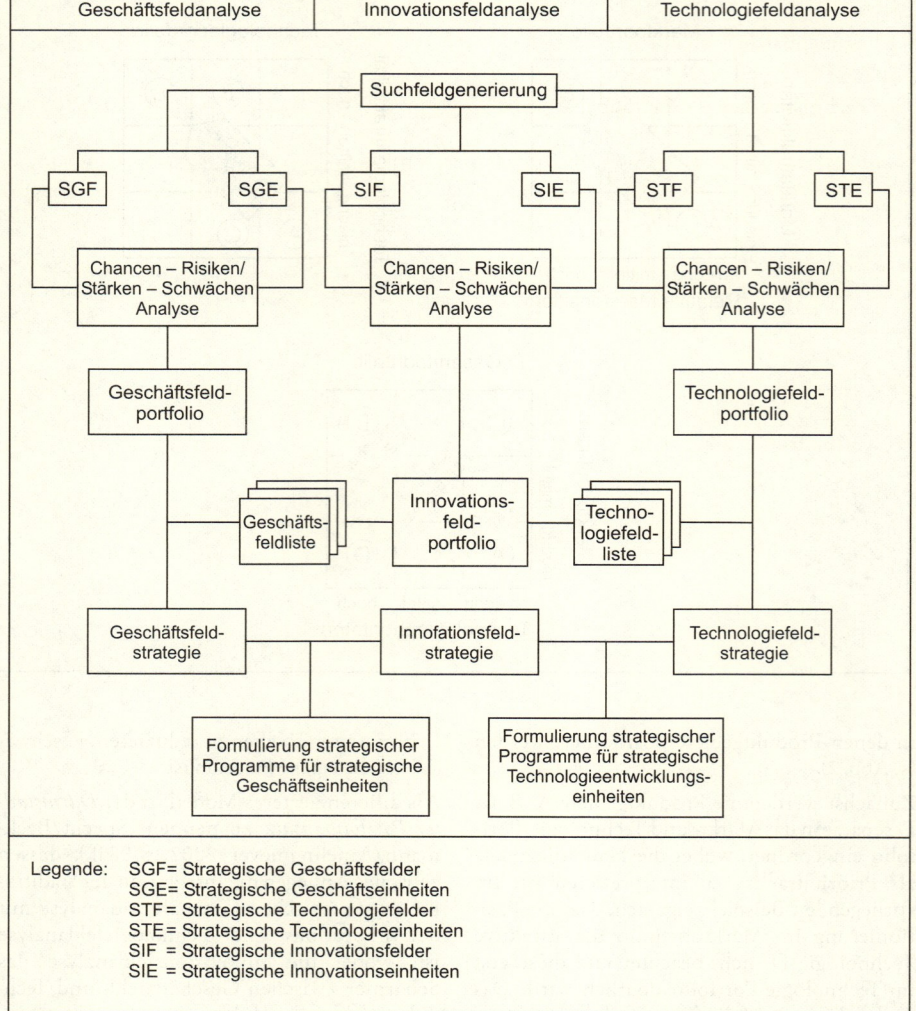

ken- und Stärken/Schwächen-Analyse bildet die Grundlage für das Geschäftsfeld-Portfolio.

- In der *Innovationsfeldanalyse* (→Innovationsmanagement) werden die strategischen Innovationsfelder abgegrenzt und im Innovations-Portfolio positioniert. Grundlage bildet wiederum eine Chancen/Risiken- und Stärken/Schwächen-Analyse.

Das Zusammenspiel dieser Elemente wird in Abb. 3 wiedergegeben.

Ein zentrales Problem dieses Ansatzes ist in den unterschiedlichen Bewertungen zu sehen, die mit der Gefahr von Unübersichtlichkeiten und Interpretationsproblemen einhergehen.

Grundsätzlich gehen diese integrativen Vorgehensweisen mit den Problemen einher, die auch im Rahmen von „Einzel-"Portfolios von Bedeutung sind. Beispielhaft seien genannt (Brockhoff 1999, S. 235):

- Die Einflussgrößen sind nicht immer unabhängig untereinander.

- Es gibt methodische Probleme bei der Operationalisierung, Gewichtung und Aggregation.
- Es ist nicht sicher, ob alle relevanten Kriterien erfasst werden.

Die Ergebnisse einer →Portfolioanalyse hängen entscheidend von den Bewertungen und Gewichtungen der einfließenden Faktoren ab, d. h. es existiert ein Manipulationspotenzial. Gerade bei Multifaktoransätzen werden bei der Indexberechnung Durchschnitte über viele Faktoren gebildet, die mit kompensatorischen Effekten verbunden sein können.

Literatur: Benkenstein, M.: Modelle technologischer Entwicklungen als Grundlage für das Technologiemanagement, in: DBW 49 (1989), S. 497–512; Brockhoff, K.: Forschung und Entwicklung. Planung und Kontrolle, 5. Aufl., München/Wien 1999; Krubasik, E. G.: Strategische Waffe, in: Wirtschaftswoche 36 (1982), Nr. 25, S. 28–33; Specht, G./Beckmann, C./Amelingmeyer, J.: F & E-Management. Kompetenz im Innovationsmanagement, 2. Aufl., Stuttgart 2002.

Hans Corsten

Technologie-Portfolio →Technologie-Markt-Portfolio

Teilbetrieb, steuerrechtlicher
→Unternehmensumwandlungen

Teilkonzernabschlüsse

Nach der Einheitstheorie (→Interessen- und Einheitstheorie) sind alle →verbundenen Unternehmen in den Konzernabschluss einzubeziehen, d. h. Mutterunternehmen und alle Tochterunternehmen, soweit nicht Wahlrechte bei der Abgrenzung des →Konsolidierungskreises ausgeübt werden. Der gesamte Konzern (→Konzernarten) ist im Konzernabschluss so abzubilden, als ob es sich dabei nur um ein einziges Unternehmen handeln würde. Daher werden Tochterunternehmen, die selbst wiederum Mutterunternehmen nachgelagerter Tochterunternehmen sind (Zwischen-Mutterunternehmen), durch die §§ 291, 292 HGB von der Aufstellungspflicht befreit, wenn bestimmte Voraussetzungen, insb. die Einbeziehung des Zwischen-Mutterunternehmens mit seinen Tochterunternehmen in den Konzernabschluss des obersten Mutterunternehmens, erfüllt sind (→Konzernabschluss, Befreiungsvoraussetzungen).

Sind die Voraussetzungen für eine Befreiung des Zwischen-Mutterunternehmens nicht gegeben, so hat es einen Teilkonzernabschluss aufzustellen, in den es alle seine Tochterunternehmen einzubeziehen hat. Dies kann dann der Fall sein, wenn entweder der Konzernabschluss des obersten Mutterunternehmens nicht den Anforderungen des § 291 Abs. 1, 2 HGB entspricht oder wenn auf Ebene des Zwischen-Mutterunternehmens schutzwürdige Interessen von Anlegern in Aktien oder Schuldtiteln des Zwischen-Mutterunternehmens oder von Minderheitsgesellschaftern die Aufstellung eines Zwischenabschlusses erforderlich machen [s. zu den Einzelheiten § 291 Abs. 3 Nr. 1 bzw. Nr. 2 HGB, § 11 Abs. 6 PublG; zu den →International Financial Reporting Standards (IFRS) IAS 27.10].

Des Weiteren kann die Aufstellung eines Teilkonzernabschlusses auch freiwillig erfolgen, um z. B. Konzernsparten gesondert gegenüber Kunden oder Mitbewerbern darzustellen.

Bei der Annahme des Prüfungsauftrages und Formulierung der Auftragsbedingungen (→Prüfungsauftrag und -vertrag; →Auftragsannahme und -fortführung) hat der →Abschlussprüfer (APr) demnach zu prüfen, ob es sich um eine →Pflichtprüfung oder eine freiwillige Prüfung (→freiwillige und vertragliche Prüfung) handelt, wobei zu unterscheiden ist, ob diese auftragsgemäß in Art und Umfang den Anforderungen der §§ 316 ff. HGB entspricht oder demgegenüber nur eingeschränkt erfolgen soll (→Auftragsbestätigung).

Die Prüfung des Teilkonzernabschlusses läuft grundsätzlich gleich ab wie die Prüfung des Konzernabschlusses (→Konzernabschlussprüfung), dabei sind jedoch einige Besonderheiten zu beachten.

Der Konsolidierungskreis ist daraufhin zu prüfen (→Konsolidierungsprüfung), ob sich gegenüber dem Konsolidierungskreis des obersten Mutterunternehmens Änderungen ergeben. Insb. Tochterunternehmen, die das oberste Mutterunternehmen wegen untergeordneter Bedeutung nicht konsolidiert (§ 296 Abs. 2 HGB), erfüllen für den Teilkonzernabschluss des Zwischen-Mutterunternehmens das Kriterium der untergeordneten Bedeutung u. U. nicht und sind in den Konsolidierungskreis einzubeziehen. Des Weiteren können sich Änderungen bei Tochterunternehmen ergeben, deren Anteile teils von Unternehmen des Teilkonzerns und teils von Unternehmen des übrigen Konzerns gehalten werden. Hier kann es sich ergeben, dass Tochterunternehmen entweder gar nicht in den Teilkonzernabschluss einbezogen werden, weil der Teilkonzern nicht die Mehrheit der →Stimmrechte hält [§ 290 Abs. 2 Nr. 1 HGB bzw. IAS 27.13 (a)], oder die Konsolidierung zwar im Teilkonzern erfolgt, aber mit einer geringeren Beteiligungsquote als im Gesamtkonzern (damit höherer Ausweis von Anteilen anderer Gesellschafter). Schließlich kann sich unabhängig von Stimmrechtsmehrheiten eine Einbeziehung bzw. Nichteinbeziehung in den Teilkonzernabschluss über das Kriterium der faktischen einheitlichen Leitung (§ 290 Abs. 1 HGB) bzw. aufgrund von vertraglich geregelten Einflussrechten [§ 290 Abs. 2 Nr. 2, 3 HGB bzw. IAS 27.13 (b)-(d)] ergeben.

Bei der Prüfung der Kapitalkonsolidierung (→Konsolidierungsformen) ist insb. darauf zu achten, dass stille Reserven (→stille Reserven und Lasten) und ein →Geschäfts- oder Firmenwert (Goodwill), die im Konzernabschluss des obersten Mutterunternehmens im Rahmen der Erstkonsolidierung des Zwischen-Mutterunternehmens bzw. seines Teilkonzerns aufgedeckt werden, im Teilkonzernabschluss des Zwischen-Mutterunternehmens selbst so nicht entstehen können.

Soweit Anteile an dem Zwischen-Mutterunternehmen von konzernfremden Gesellschaftern gehalten werden, gehört nicht nur deren Anteil am →Eigenkapital des Zwischen-Mutterunternehmens zum Konzerneigenkapital i.e.S. (während es sich im Konzernabschluss des obersten Mutterunternehmens um Anteile anderer Gesellschafter handelt), sondern es verändern sich auch die sog. mittelbaren Fremdanteile an Tochterunternehmen im Teilkonzern, an denen ebenfalls (weitere) Minderheitsgesellschafter beteiligt sind. Dementsprechend ist die Berechnung der Anteile anderer Gesellschafter von Grund auf neu zu prüfen.

Anteile an verbundenen Unternehmen außerhalb des Teilkonzerns, →Ausleihungen, →Forderungen und →Verbindlichkeiten sowie →Aufwendungen und Erträge mit solchen Unternehmen werden nicht eliminiert und sind ggf. in Bilanz und →Gewinn- und Verlustrechnung (GuV) als gesonderte Posten oder als Davon-Vermerk auszuweisen und im →Anhang zu erläutern (→Angabepflich-

ten). Die Berichterstattung über die →Beziehungen zu nahe stehenden Personen (Related Parties gem. DRS 11 bzw. IAS 24) gewinnt hier an besonderer Bedeutung.

Ein wesentlicher Schwerpunkt der Prüfung sollte auf die korrekte Darstellung von Vorgängen und Sachverhalten gelegt werden, die vom obersten Mutterunternehmen gesteuert bzw. veranlasst worden sind, und die u.U. nicht (nur) dem Interesse des betreffenden Teilkonzerns, sondern den Interessen des Gesamtkonzerns dienen.

Aus dem →Bestätigungsvermerk (BestV) sollte deutlich hervorgehen, dass sich die Prüfung und das Prüfungsergebnis (→Prüfungsurteil) nur auf einen Teilkonzernabschluss beziehen.

Peter Häussermann

Teilkostenrechnung →Selbstkostenermittlung

Teilsteuerrechnung →Steuercontrolling

Teilwert →Fair Value; →Unternehmensbewertung, steuerrechtliche

Temporary Concept →Latente Steuern

Termincontrolling

Das Termincontrolling kann auf unterschiedliche Aspekte abzielen. Hier werden vier Ansatzpunkte vorgestellt, wobei die Perspektive schrittweise von eher speziellen Aspekten hin zu generellen Fragen des Zeitmanagements im Unternehmen erweitert wird:

1) Termincontrolling im Projektmanagement,

2) Termincontrolling in der Produktionsplanung und -steuerung (PPS-Systeme),

3) Termincontrolling im Rahmen strategischer Leistungsziele sowie

4) Termincontrolling im strategischen Zeitmanagement.

Ad 1): Im Rahmen des Projektmanagements und →Projektcontrollings spielt die →Planung, Steuerung und Kontrolle (→Kontrolltheorie) von Terminen eine zentrale Rolle. Hier sind alle Termine zu überwachen, um den Erfolg des Projektes sicherzustellen, wofür häufig die →Netzplantechnik eingesetzt wird. Vieles schließt in der Logik an die im nächsten Punkt behandelten PPS-Systeme an.

Ad 2): Produktionsplanungs- und -steuerungssysteme umfassen fünf Schritte: Hauptproduktionsprogrammplanung, Mengenplanung, Termin- und →Kapazitätsplanung sowie Auftragsveranlassung und Auftragsüberwachung (Zäpfel 2001, S. 57). Die Termin- und Kapazitätsplanung legt dabei die Start- und Endtermine der →Fertigungsaufträge fest. Gleichzeitig müssen die Kapazitätsbedarfe ermittelt werden, sodass ein Abgleich zwischen Kapazitätsbedarf und -angebot vorgenommen werden kann (Kapazitätsplanung).

Dem Termincontrolling kommt i.V.m. dem →Kapazitätscontrolling hierbei die Aufgabe zu, die mittel- und langfristige Realisierbarkeit der Planungen sicherzustellen. Daher geht es nicht um die operative Kontrolle eines Fertigungsauftrags. Vielmehr richtet sich das Termincontrolling darauf aus, ob aufgrund der vorhandenen Kapazitäten und Technologien die im Wettbewerb notwendigen zeitlichen Rahmenbedingungen überhaupt erfüllt werden können.

Ad 3): Damit wird das Termincontrolling in das strategische Produktionsmanagement (→Produktionscontrolling) eingebunden, das darauf abzielt, fünf wesentliche Leistungsziele zu erfüllen (→Leistungscontrolling) (White 1996):

- Qualität (Quality) bezeichnet die Erfüllung vorgegebener Spezifikationen.
- Geschwindigkeit (Speed) steht für kurze Durchlaufzeiten in der Produktion sowie kurze Lieferzeiten an den Kunden.
- Zuverlässigkeit (Dependability) repräsentiert die korrekte Lieferung an den Kunden, also das richtige Produkt in der richtigen Menge am richtigen Ort zur richtigen Zeit.
- Flexibilität (Flexibility) in der Menge und in den Produktionsprozessen ist notwendig, um den Kunden noch späte Änderungen ihrer Aufträge zu ermöglichen.
- →Kosten (Cost) fallen dann niedrig aus, wenn aufgrund gegebener Leistungsfähigkeit der Produktions- und Supply Chain Prozesse (→Supply Chain Controlling; →Supply Chain Management) die anderen Zielgrößen erreicht werden können.

Geschwindigkeit, Zuverlässigkeit und Flexibilität stehen alle unmittelbar im Zusammenhang mit der Einhaltung von Terminen. Das Termincontrolling stellt daher Informationen zur Verfügung, ob und wie diese strategischen Leistungsziele erreicht werden. Instrumente hierfür sind detaillierte Analysen, z. B. über die Anzahl pünktlich erfüllter Aufträge, aber auch Vergleiche mit Wettbewerbern (→überbetriebliche Vergleiche).

Ad 4): Der Rahmen wird erneut erweitert, indem nun das strategische Zeitmanagement angesprochen wird, wobei manchmal sogar der Begriff des Zeitwettbewerbs (Stalk/Hout 1990) verwendet wird. Zwei wesentliche Phänomene werden in der Zeitfalle und in der Zeitschere identifiziert, die insb. auf die Entwicklung und Einführung neuer Produkte (→Produktlebenszykluskonzept) und Technologien (→Technologielebenszyklus) fokussieren.

Einerseits verlängern sich die Entstehungszyklen, wobei höhere →Forschungs- und Entwicklungskosten entstehen. Dies wird als Zeitfalle bezeichnet. Gleichzeitig verkürzen sich die Umsatzzyklen, was auch zu einer Umsatzreduktion führt. Hier besteht die Gefahr in die sog. Zeitschere zu geraten, da längere Entwicklungszeiten und kürzere Vermarktungszyklen gleichermaßen eine Schere schließen. Die zur Verfügung stehende Reaktionszeit der Unternehmen wird dadurch dramatisch verkürzt (Bitzer 1991, S. 41).

Das Termincontrolling umfasst in dieser weiten Ausprägung alle auf „Zeit" bezogenen Aspekte der Unternehmensführung, die der Unterstützung durch das →Controlling (→Controllingkonzepte; →Controlling, Aufgaben des) bedürfen. Entsprechend kann auch eine breite Basis an Instrumenten eingesetzt werden.

Literatur: Bitzer, M. R.: Zeitbasierte Wettbewerbsstrategien. Die Beschleunigung von Wertschöpfungsprozessen in der Unternehmung, Giessen 1991; Stalk, G./Hout, T. M.: Zeitwettbewerb. Schnelligkeit entscheidet auf den Märkten der Zukunft, Frankfurt a.M. 1990; White, G. P.: A Survey and Taxonomy of Strategy-related Performance Measures for Manufacturing, in: International Journal of Operations & Production Management 16 (1996), Heft 3, S. 42–61; Zäpfel, G.: Grundzüge des Produktions- und Logistikmanagement, 2. Aufl., München 2001.

Stefan Seuring

Testamentsvollstrecker →Vermögensverwaltung

Testamentsvollstreckung →Nachlassverwaltung

Testat →Bestätigungsvermerk

Testfälle

Entsprechend den generellen Anforderungen an Transparenz, Kontrollierbarkeit und Verlässlichkeit des eingesetzten maschinellen Verarbeitungssystems muss gewährleistet sein, dass jedes produktiv eingesetzte Programm bestimmungsgemäß und autorisiert eingesetzt wird. Dabei muss die jeweils aktuelle Programmversion feststellbar sein und dokumentiert werden.

Der Buchführungspflichtige hat nachzuweisen, dass die sachlogischen Forderungen durch die eingesetzten Programme erbracht werden bzw. erbracht worden sind. Dies wird über Testfälle des Unternehmens nachgewiesen. Hierzu gehören die präzise Beschreibung des Freigabeverfahrens mit Regelungen über Freigabekompetenzen der durchzuführenden Testläufe und die dabei zu verwendenden Daten sowie Anweisungen für Programmeinsatzkontrollen (Sicherstellung der Programmidentität).

Zum Nachweis der Programmidentität gehört im Wesentlichen neben der Einhaltung der Programmeinsatzkontrollen die Freigabeerklärung in Verbindung mit vorhandenen Testdatenbeständen. Aus der Freigabeerklärung muss sich ergeben, welche Programmversion ab welchem Zeitpunkt für den produktiven Einsatz vorgesehen ist.

Wesentlich für den Nachweis der sachgerechten Umsetzung des Abrechnungsverfahrens ist, dass Anwendungen, die eine fehlerhafte Datenverarbeitung hervorrufen könnten, über das Test- und Freigabeverfahren im Vorfeld einer Produktivsetzung erkannt und bereinigt wurden.

Die Prüfbarkeit muss über die Dauer der Aufbewahrungsfrist gegeben sein (→Aufbewahrungspflichten). Dies gilt auch für die zum Verständnis der Buchführung erforderliche Dokumentation. Die Verfahrensdokumentation zur →IT-Buchführung gehört zu den Arbeitsanweisungen und sonstigen Organisationsunterlagen i.S.d. § 257 Abs. 1 HGB bzw. § 147 Abs. 1 AO und ist damit grundsätzlich 10 Jahre aufzubewahren. Die Aufbewahrungsfristen für die Verfahrensdokumentation beginnen mit dem Schluss des Kalenderjahres, in dem buchhaltungsrelevante Daten in Anwendung des jeweiligen Verfahrens erfasst wurden, entstanden sind oder bearbeitet wurden.

Neben den Testdatenbeständen und der Programmversion sind auch letztendlich die Testergebnisse und deren Validierung mit anschließender Freigabe Bestandteil der Verfahrensdokumentation. Die erforderlichen Funktions- und Integrationstests sollten in einer separaten Testumgebung durchgeführt werden. Testgegenstand, Art und Umfang der Testfälle und die Dokumentation und Archivierung der Testergebnisse sind festzulegen. Die Freigabe der IT-Anwendung für den produktiven Einsatz (laufender Geschäftsbetrieb) hat durch einen formalen Vorgang der Akzeptierung der Testergebnisse und der Systemgestaltung durch die Unternehmensleitung bzw. – soweit die Verantwortung delegiert wurde – durch die verantwortliche Projektleitung zu erfolgen.

Voraussetzung für die Freigabe sind sowohl die erfolgreich getesteten Verarbeitungsfunktionen und -regeln der IT-Anwendung als auch das Vorliegen angemessener aktueller Anwender- und Verfahrensdokumentation sowie die Funktionsfähigkeit von Schnittstellenprozessen zu vor- und nachgelagerten Anwendungen.

Unter Testergebnis werden die mithilfe des Anwendungssystems verarbeiteten Testfälle verstanden. Der formale Vorgang der Akzeptierung der Testergebnisse wird häufig in der Praxis als Ergebnis- bzw. Freigabeprotokoll oder Freigabeerklärung bezeichnet.

Damit kann der Buchführungspflichtige lediglich über eine strukturierte Vorgehensweise bei Testplanung, Testdurchführung, Dokumentation und Archivierung der Testergebnisse, Validierung der Testergebnisse sowie formale Freigabe die Erfüllung der Sicherheits- und Ordnungsmäßigkeitsanforderungen nachweisen.

Bei →IT-Systemprüfungen kann der →Abschlussprüfer (APr) entweder auf die durch den Buchführungspflichtigen archivierten Testergebnisse zurückgreifen oder eigenständig in einer Testumgebung, die der Produktionsumgebung entspricht, Testfälle erfassen und deren sachgerechte Verarbeitung untersuchen. Greift der APr auf die Testfälle des Buchführungspflichtigen zurück, ist das formale Test- und Feigabeverfahren zu untersuchen und darüber hinaus in →Einzelfallprüfungen die Wirksamkeit der Einhaltung des Testverfahrens mit den integrierten internen Kontrollen zu prüfen [→Internes Kontrollsystem (IKS); →Internes Kontrollsystem, Prüfung des; →Systemprüfung].

Literatur: BMF-Schreiben vom 7.11.1995, Aktz. IV A 8 – S 0316 – 52/95, BStBl. I 1995, S. 738–747; IDW (Hrsg.): IDW Stellungnahme zur Rechnungslegung: Grundsätze ordnungsmäßiger Buchführung bei Einsatz von Informationstechnologie (IDW RS FAIT 1, Stand: 24. September 2002), in: WPg 55 (2002), S. 1157–1167.

Michael Sebacher

Teststichprobe →Homograde Stichprobe

Theorie des Jahresabschlusses →Bilanztheorie

Theory of Contracts →Corporate Governance

Tilgungsdauer-Kennzahlen →Cash Flow-Analyse

Time Sheet →Controlling in Revisions- und Treuhandbetrieben

Timing Concept →Latente Steuern

Tochterunternehmen →Konzernarten; →Beteiligungscontrolling

Top-Management-Fraud →Unregelmäßigkeiten

Total Cash Flow-Ansatz →Discounted Cash Flow-Methoden; →Unternehmensbewertung

Total Cost of Ownership →Beschaffungscontrolling

Total Quality Management

Total Quality Management (TQM) ist ein organisationsweit *integratives Managementkonzept*, welches das Qualitätsziel in den Mittelpunkt der Unternehmensführung stellt und alle Einheiten sowie alle Mitarbeiter eines Unternehmens, aber auch die Kunden und Lieferanten einbezieht. Durch die stringente Ausrichtung der Produkte sowie der organisatorischen Prozesse und Strukturen auf die Qualitätsvorstellungen der Kunden soll ein nachhaltiger wirtschaftlicher Erfolg erzielt und darüber hinaus gesamtgesellschaftlicher Nutzen generiert werden.

Dem TQM liegt ein *mehrdimensionaler Qualitätsbegriff* zugrunde, der nicht nur die Eigenschaften der Produkte und Dienstleistungen, sondern auch die Qualität der Prozesse, der Arbeit(sbedingungen) sowie der Außenbeziehungen beinhaltet. Die aus dieser vielschichtigen Qualitätsinterpretation abgeleiteten Erfolgskriterien (→Erfolgskennzahlensystem) sollen die strategische Unternehmenspolitik grundlegend prägen und dabei Priorität vor anderen Erwägungen erhalten. Erwartet wird von der obersten Unternehmensführung ein missionarisches Qualitätsstreben i.V.m. einem Top-Down-Transfer der Qualitätserfordernisse an nachfolgende Hierarchieebenen. Dabei ist die Partizipation der Mitarbeiter im Rahmen grob vorgegebener Qualitätsziele erwünscht. Das TQM beruht auf einigen grundlegenden Gestaltungsprinzipien (Rothlauf 2004):

- Das Prinzip der *Kundenorientierung* fordert die konsequente Ausrichtung aller organisatorischen Aktivitäten auf die Bedürfnisse der Kunden. Dabei hat nicht nur der externe Kunde, sondern auch jeder organisationsinterne Abnehmer das Recht, wunschgemäße und fehlerfreie Leistungen zu erhalten („Prinzip des internen Kunden"). Zudem erfordert die Kundenorientierung durch die stärkere Integration der externen Kunden und Lieferanten eine Modifikation der Außenbeziehungen der Unternehmen.

- Das Prinzip der *Prozessorientierung* fokussiert auf die Qualität der zentralen Wertschöpfungsprozesse. Das weite Qualitätsverständnis des Total Quality Managements integriert dabei auch Erwartungen der Kunden hinsichtlich einer zügigen Leistungsbereitstellung.

- Im Dienste der qualitätsorientierten Gesamtausrichtung des Unternehmens plädiert das Prinzip der *Mitarbeiterorientierung* für die Einbeziehung aller Mitarbeiter, um ihre Problemlösungsfähigkeiten und Kenntnisse für Qualitätsverbesserungen zu nutzen. Qualität wird dabei nicht als Funktion einer spezialisierten Abteilung, son-

Total Quality Management

dern als unternehmensweite Aufgabe angesehen.

- Das Ziel der *kontinuierlichen Verbesserung* („*Kaizen*") gilt in japanischen Unternehmen vielfach als die wichtigste Handlungsmaxime. Im Rahmen des Total Quality Managements bezieht es sich auf das Bemühen um ständige Verbesserungen sämtlicher kundenrelevanter Vorgänge und Aktivitäten im Unternehmen, woraus sich quasi zwangsläufig kontinuierliche Qualitätssteigerungen ergeben sollen.
- Das Prinzip der *Prävention* fordert die Abkehr von traditionellen Systemen der Qualitätskontrolle, die vor allem auf nachträglichen – meist technischen – Mess- und Prüfverfahren sowie ggf. daran anknüpfenden Nacharbeiten basieren. Beim TQM soll die klassische Qualitätskontrolle durch eine unternehmensweite sowie laufend prozessbegleitende Überwachung und vorausschauende Fehlervermeidung ersetzt bzw. ergänzt werden.

Maßnahmen des Total Quality Managements richten sich insb. auf (s. z. B. Malorny 1996):

- die Anwendung empirischer Methoden der Marktforschung zur Erfassung sowie Analyse der Kundenzufriedenheit,
- den Aufbau externer Kommunikationskanäle und eines Netzwerkes partnerschaftlicher Kunden-Lieferanten-Beziehungen (→Supply Chain Management),
- die qualitätsorientierte Gestaltung der Arbeitsbedingungen und Nutzung von Teamarbeit,
- die Etablierung eines Beschwerdemanagements,
- den Ausbau (bzw. Abbau) der (nicht) kundenrelevanten Tätigkeiten in der Wertschöpfungskette,
- die Unterstützung von Lieferanten bei der Etablierung von Qualitätsmanagementsystemen,
- die prozessorientierte Organisationsgestaltung, z. B. mit Methoden des Business Process Reengineering (→Reengineering; Prozessmanagement),
- ein Vorschlagswesen auf der Basis des Kaizen-Ansatzes und das →Benchmarking zur Identifikation qualitätsbezogener Bestleistungen sowie
- die Anwendung von Qualitätstechniken [z. B. Quality Function Deployment (QFD), Failure Mode and Effect Analysis (FMEA), Statistical Process Control (SPC); s. Zollondz 2001] sowie ergänzender Techniken der Kreativitätsförderung oder Gruppenmoderation (z. B. Brainstorming, Synektik, Metaplan).

Das TQM weist viele Überschneidungen, aber auch Unterschiede zu dem Modell des Qualitätsmanagementsystems der *internationalen Normenreihe DIN EN ISO 9000–9004* auf. Die Normenreihe 9000–9004 wurde erstmals im Jahre 1987 von der *ISO* veröffentlicht und unverändert von dem *DIN* sowie der EU [Europäische Norm (EN)] übernommen. Mit der Revision der Normengruppe DIN EN ISO 9000–9004 im Jahre 2001 erfolgte die Berücksichtigung vieler (weiterer) TQM-Elemente aus den Bereichen der Kunden-, Mitarbeiter- und Prozessorientierung (Pfitzinger 2001, S. 44–45; Seghezzi 2003, S. 225–241). Nicht zuletzt aufgrund von EU-Richtlinien zur Produkthaftung oder marktpolitischem Druck der Kunden wünschen Unternehmen einen Nachweis, alles „richtig" gemacht zu haben. Der Aufbau eines nach DIN EN ISO zertifizierten Qualitätsmanagementsystems oder Qualitätsauszeichnungen (z. B. der *Deming Application Prize* in Japan, der *Malcolm Baldrige National Quality Award* in den USA und der *European Quality Award*) stoßen daher in der Unternehmenspraxis auf großes Interesse. Jedoch kann der unternehmensweit integrative Charakter des Total Quality Managements die strikte Priorisierung des Qualitätsgedankens und die dabei immer notwendige einzelfallabhängige Ausgestaltung nur sehr begrenzt durch eine internationale Standardisierung aufgegriffen werden. TQM und die Inhalte der 9000er-Reihe sind deshalb voneinander zu unterscheiden, schließen sich aber durchaus nicht gegenseitig aus (Malorny 1996, S. 283).

Literatur: Malorny, C.: TQM umsetzen. Der Weg zur Business Excellence, Stuttgart 1996; Pfitzinger, E.: Die Weiterentwicklung zur DIN EN ISO 9000: 2000, Berlin et al. 2001; Rothlauf, J.: Total Quality Management in Theorie und Praxis, 2. Aufl., München/Wien 2004; Seghezzi, H. D.: Integriertes Qualitätsmanagement. Das St. Galler Konzept, 2. Aufl., München/Wien 2003; Zink, K. J.: TQM als integratives Managementkonzept. Das Europäische Qualitätsmodell und seine Umsetzung, 2. Aufl., München/Wien 2004; Zollondz, H.-D.: Lexikon Qualitätsmanagement, München/Wien 2001.

Gotthard Pietsch

Tragfähigkeitsprinzip →Kalkulation bei Kuppelproduktion; →Kalkulationsmethoden

Transaction Flow Auditing

Werden die →Prüffelder streng anhand von Bilanzposten abgegrenzt (→Balance Sheet Auditing), besteht der Nachteil, inhaltlich zusammenhängende Sachverhalte isoliert voneinander zu prüfen. So werden etwa die →Forderungen aus Lieferungen und Leistungen und die →Umsatzerlöse weitestgehend von denselben wirtschaftlichen Prozessen generiert. Daher besteht eine effiziente Vorgehensweise darin, *Tätigkeitskreise* (Transaktionskreise, Transaction Cycles) abzugrenzen, denen sich logisch zusammengehörige Geschäftsvorfälle sowie die damit verbundenen Verarbeitungs- und →Kontrollsysteme zuordnen lassen (Buchner 1997, S. 168 f.). Für ein solches Vorgehen spricht auch, dass die internen Kontrollen und Kontrollrisiken in Bezug auf die einzelnen Transaktionskreise zumeist relativ homogen sind. Ein an diesen Transaktionskreisen orientiertes Prüfungsvorgehen wird als *Transaction Flow Auditing* bezeichnet. Auf diese Weise können aussagebezogene Prüfungshandlungen (→ergebnisorientierte Prüfungshandlungen) verringert werden, ohne die Qualität der Abschlussprüfungen (→Jahresabschlussprüfung; Konzernabschlussprüfung) zu beeinträchtigen (IDW 2006, Abschn. R, Rn. 32, S. 1946).

Die erste Aufgabe des →Abschlussprüfers besteht bei dieser Vorgehensweise in der Abgrenzung der *Transaktionskreise*. Üblicherweise werden dabei die folgenden unterschieden (Arens/Elder/Beasley 2003, S. 141 ff.):

- Beschaffung,
- Löhne, Gehälter und Personal,
- Produktion und Lagerhaltung,
- Absatz,
- Kapitalaufnahme und Rückzahlung.

Der Zusammenhang zwischen verschiedenen Transaktionskreisen sei beispielhaft anhand des Leistungserstellungsprozesses eines Industrieunternehmens dargestellt. Dabei wird zusätzlich der Bereich „Zahlungsmittel und Zahlungsmitteläquivalente" betrachtet, da die Leistungserstellung mit der Bereitstellung finanzieller Ressourcen beginnt. Die akquirierten Mittel werden dann zur Beschaffung von Produktionsfaktoren, wie etwa →Roh-, Hilfs- und Betriebsstoffe (RHB) oder Löhne und Gehälter, verwendet. Die erbrachten Leistungen werden zunächst im Rahmen der Lagerhaltung erfasst. Der Verkauf dieser Produkte generiert Einnahmen, aus denen →Kapitalkosten gedeckt und weitere Produktionszyklen initiiert werden (s. Abb.).

Jeder Geschäftsvorfall betrifft einen oder mehrere der genannten Tätigkeitskreise und löst entsprechende Kontenbewegungen aus. So betrifft etwa der Geschäftsvorfall „Kauf von Rohstoffen" aus dem Tätigkeitskreis „Beschaffung" die Konten „Bank" und „Vorräte". Das Konto „Bank" wird wiederum u. a. bei der Buchung von Geschäftsvorfällen aus den Tätig-

Abb.: Tätigkeitskreise im Industrieunternehmen

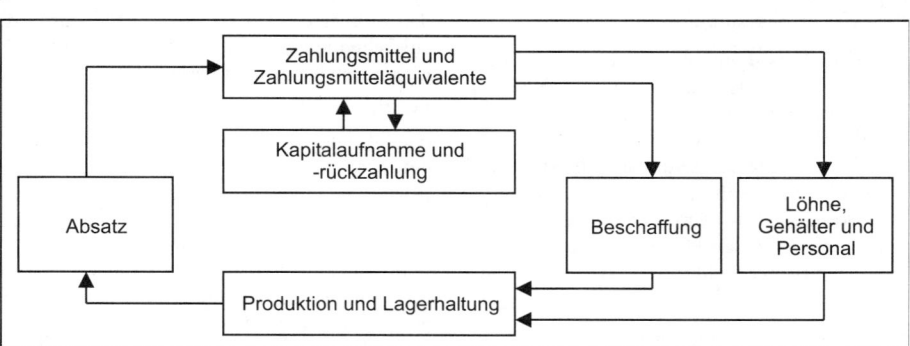

Quelle: Arens/Elder/Beasley 2003, S. 145.

keitskreisen „Beschaffung" und „Absatz" angesprochen.

Das *prüferische Vorgehen* im Rahmen eines Transaction Flow Audits lässt sich in fünf Teilschritte unterscheiden (Marten/Quick/Ruhnke 2003, S. 330 f.):

- Analyse des Tätigkeitskreises: Feststellung, welche typischen Funktionen dem Tätigkeitskreis zuzuordnen sind, welche Geschäftsvorfälle und Abschlussposten inkl. zugehörigen Verarbeitungs- und Kontrollsystemen betroffen sind, welche Funktionen von welchen Personen ausgeführt werden und in welchen Belegen Verarbeitungsnachweise zu finden sind. Weiterhin muss sich der Prüfer einen Überblick über die Verbindungen zwischen den einzelnen Tätigkeitskreisen verschaffen.
- Festlegung des *inhärenten Risikos* [= Wahrscheinlichkeit für das Auftreten wesentlicher Fehler (→Wesentlichkeit; →Fehlerarten in der Abschlussprüfung), wobei vom Vorhandensein eines →Internen Kontrollsystems abstrahiert wird] (→Prüfungsrisiko): Der Prüfer legt das inhärente Risiko für jeden Tätigkeitskreis in Abhängigkeit von den darin enthaltenen →Geschäftsprozessen und den betroffenen Konten fest.
- Beurteilung des *Kontrollrisikos* (= Wahrscheinlichkeit, dass vorhandene wesentliche Fehler nicht von den internen Kontrollen entdeckt und korrigiert werden) (→Prüfungsrisiko): Feststellung und Beurteilung der mit dem Transaktionskreis verbundenen Prozesse innerhalb des Internen Kontrollsystems (→Systemprüfung; →Aufbauorganisation; →Funktionsprüfung; →Internes Kontrollsystem, Prüfung des).
- →Ergebnisorientierte Prüfungshandlungen: Tätigkeitskreisbezogene →analytische Prüfungshandlungen sowie →Einzelfallprüfungen in Abhängigkeit des festgestellten inhärenten und Kontrollrisikos und des daraus resultierenden zulässigen Aufdeckungsrisikos i.V.m. dem als adäquat angesehenen Wesentlichkeitsniveau (→risikoorientierter Prüfungsansatz, →Wesentlichkeit).
- Evaluation und Aggregation der erlangten →Prüfungsnachweise zur Urteilsbildung über die geprüften Tätigkeitskreise.

Für System- und →Funktionsprüfungen werden vor allem die Befragung, Beobachtung und Einsichtnahme in Unterlagen angewandt (IDW PS 260.61; ISA 400.17).

Die Ergebnisse aller Prüfungshandlungen sind zu dokumentieren (→Arbeitspapiere des Abschlussprüfers), da der Prüfer sein Urteil (→Prüfungsurteil) über die Normenkonformität des Jahresabschlusses (→Ordnungsmäßigkeitsprüfung) anhand dieser Prüfungsnachweise fällt, und dieses auch zu einem späteren Zeitpunkt und/oder für nicht mit der Prüfung betraute Personen nachvollziehbar sein soll (IDW PS 460.7, 9–10, 12 und 18; ISA 230.5–6).

Neben der Evaluation der Verlässlichkeit der Prüfungsnachweise sind diese Nachweise zu einem Urteil über den untersuchten Tätigkeitskreis zu aggregieren. Ziel des Transaction Flow Audits ist es, eine Aussage über die Normenkonformität der Buchungs- und Verarbeitungsvorgänge innerhalb der Tätigkeitskreise zu treffen. Dabei konzentrieren sich die Prüfungshandlungen auf →Systemprüfungen. Der Prüfer bildet zunächst eine Urteilshypothese (z. B. „Die Geschäftsvorfälle im Tätigkeitskreis Produktion und Lagerhaltung werden in Übereinstimmung mit den Normen korrekt gebucht und verarbeitet."). Daraufhin wählt er die Prüfungshandlungen derart (→Auswahl von Prüfungshandlungen), dass sie geeignet sind, seine Urteilshypothese zu stützen oder zu verwerfen. Der Prüfer bricht die Suche nach Prüfungsnachweisen ab, sobald der Überzeugungsgrad der Urteilshypothese einen Schwellenwert erreicht hat (Abbruchkriterium), der es erlaubt, die Hypothese entweder anzunehmen oder zu verwerfen. Der erforderliche Schwellenwert gilt auch dann als erreicht, wenn das Urteil durch die ausstehenden Prüfungsnachweise nicht mehr wesentlich beeinflusst werden kann.

Das Transaction Flow Auditing findet sich in den aktuellen Prüfungsansätzen auch unter der Bezeichnung *Walkthrough*.

Literatur: Arens, A. A./Elder, R. J./Beasley, M. S.: Auditing and Assurance Services – An Integrated Approach, 9. Aufl., Upper Saddle River 2003; Buchner, R.: Wirtschaftliches Prüfungswesen, 2. Aufl., München 1997; IDW (Hrsg.): IDW Prüfungsstandard: Arbeitspapiere des Abschlussprüfers (IDW PS 460, Stand: 28. Juni 2000), in: WPg 54 (2000), S. 916–918; IDW (Hrsg.): IDW Prüfungsstandard: Das interne Kontrollsystem im Rahmen der Abschlussprüfung (IDW PS 260, Stand:

2. Juli 2001), in: WPg 54 (2001), S. 821–830; IDW (Hrsg.): WPH 2006, Band I, 13. Aufl., Düsseldorf 2006; Marten, K.-U./Quick, R./Ruhnke, K.: Wirtschaftsprüfung, 2. Aufl., Stuttgart 2003.

Matthias Wolz

Transaktionskosten

Der Transaktionskostenansatz bildet zusammen mit dem Agency- und dem Property-Rights-Ansatz den Kern der Neuen Institutionenökonomie. Im Mittelpunkt steht dabei die Frage, warum in einer arbeitsteiligen Wirtschaft Unternehmen entstehen. Insb. *Williamson* (Williamson 1996) hat diese Arbeiten seit den 1970er Jahren weitergeführt, wobei er auf Wurzeln in der Rechtswissenschaft, Wirtschafts- und Organisationstheorie verweist und „die Analyse der effizienten Koordinationsform für eine gegebene Aufgabe" in den Mittelpunkt der Betrachtungen stellt.

Der Gegenstand des Transaktionskostenansatzes lässt sich mit *Williamsons* Aussage charakterisieren: „Die Transaktionskostenökonomik verwendet einen kontrakttheoretischen Ansatz zur Analyse ökonomischer Organisationsformen. In diesem Zusammenhang sind Fragestellungen folgender Art relevant: Wie ist die existierende Organisationsvielfalt zu erklären? Welchem Hauptzweck dienen unterschiedliche Formen ökonomischer Organisation?" (Williamson 1996, S. 1). Seither hat der Transaktionskostenansatz in der Betriebswirtschaftslehre vielfältige Anwendungen gefunden.

Im hier zugrunde gelegten Begriffsverständnis werden Transaktionskosten als Informations- und Koordinationskosten verstanden, die bei der Anbahnung, Vereinbarung, Kontrolle (→Kontrolltheorie) und Anpassung wechselseitiger Leistungsbeziehungen auftreten. Dies stellt deutlich auf die Beeinflussbarkeit der →Kosten ab, die nicht mehr im Bereich des einzelnen Unternehmens liegen, sondern durch den Austausch von Material- und Informationsflüssen maßgeblich bedingt werden, sodass sie auch als „Betriebskosten des Wirtschaftssystems" bezeichnet werden.

Als Extrempositionen möglicher Koordinationsformen von Unternehmen, die aus diesen Informations- und Koordinationskosten entstehen, werden der „Markt" und die „Hierarchie" gesehen. Markt steht dabei für eine Koordination rein über marktliche Beziehungen, die häufig mit dem Begriff „at Arm's Length" gekennzeichnet werden, bei denen keinerlei Form der Kooperation zwischen den Unternehmen besteht und alle Transaktionen lediglich als Tausch von Geld und Gütern auf einem offenen Markt abgewickelt werden. Den Gegensatz dazu bildet die hierarchische Unterordnung von Unternehmen, bei der der Tochtergesellschaft keinerlei eigene Entscheidungsspielräume bleiben.

Das Geschehen auf realen Märkten liegt häufig zwischen diesen beiden Extremformen, sodass die „Kooperation" als Zwischenform eingeführt werden kann, ohne dass damit eine konkrete Definition gegeben werden muss. Die Einbeziehung der Kooperationen erweitert den Gestaltungsspielraum wesentlich, was gleichzeitig darauf hinweist, dass die Art der Zusammenarbeit in der Kette keiner der beiden Extremausprägungen „Markt" oder „Hierarchie" entspricht.

Die optimale Wahl der Koordinationsform bildet den eigentlichen Entscheidungsgegenstand, wobei die Höhe der Transaktionskosten selbst auf eine begrenzte Anzahl von Bestimmungsfaktoren zurückgeführt wird.

Ausgangspunkt der Überlegungen bilden dabei vier Teilbereiche, die nachfolgend kurz erläutert werden:

- Transaktionen als Analysegegenstand des Ansatzes,
- Kostenarten der Transaktion,
- Verhaltensannahmen bzgl. der Transaktionspartner und
- die Verschiedenartigkeit möglicher institutioneller Arrangements zur Bewältigung der Transaktionen: klassisches Vertragsrecht, neoklassisches Vertragsrecht sowie relationales Vertragsrecht.

Unter Rückgriff auf ältere Arbeiten betont *Williamson* (Williamson 1996), dass die einzelne Transaktion die Basiseinheit der Analyse bildet. Dabei bestimmen drei Parameter die Wahl der geeigneten Koordinationsform:

- Faktorspezifität (transaktionsspezifische Investitionen),
- Unsicherheit und
- Häufigkeit der Transaktionen.

Faktorspezifität oder transaktionsspezifische Investitionen schließen an den klassischen Investitionsbegriff (→Investition) an, der auf die Schaffung von Produktionsfaktoren abzielt. Faktorspezifität liegt dann vor, wenn die Investition nicht beliebig für verschiedene Austauschbeziehungen eingesetzt werden kann und bezeichnet damit den Grad, mit dem ein Faktor ohne Einschränkung des Produktionswertes wiederverwendet werden kann. Durch spezifische Investitionen können daher „Sunk Costs" entstehen, die nur für genau eine oder eine eng begrenzte Gruppe an Austauschbeziehungen genutzt werden können. Dazu können z. B. Investitionen in speziell angefertigte Betriebsmittel, Humankapital (→Humanvermögensrechnung; →Human Ressource Management) oder auch in die Markenbildung gehören.

Bzgl. der Unsicherheit werden drei Arten unterschieden. Die primäre Unsicherheit, die sich aus der Unvorhersehbarkeit der Zukunft ergibt, führt dazu, dass nicht alle zukünftigen Umweltzustände ex-ante geplant werden können (→Planung), so dass Ereignisse, die außerhalb der Transaktion liegen, diese selbst, ihr Ziel oder einen Transaktionspartner gefährden können. Die sekundäre Unsicherheit resultiert aus mangelnder Kommunikation zwischen den Transaktionspartnern. Aktive, bewusste Verschleierungen oder Verzerrungen von Informationen bilden schließlich die dritte Form der Unsicherheit, die aus dem Verhalten der Transaktionspartner resultiert und insb. auf die Faktorspezifität und unvollständige Verträge zurückgeführt werden kann.

Schließlich wird noch die Häufigkeit der Transaktionen zur Erklärung benutzt, da sich bei der Abwicklung einer Transaktion mit zunehmender Häufigkeit Skalen- und Synergieeffekte realisieren lassen.

Literatur: Picot, A./Dietl, H.: Transaktionskostentheorie, in: WiSt 19 (1990), S. 178–184; Williamson, O. E.: Transaktionskostenökonomik, 2. Aufl., Hamburg 1996.

Stefan Seuring

Transaktionskostenansatz →Transaktionskosten

Transferpreise →Verrechnungspreise, handelsrechtliche; →Verrechnungspreise, kalkulatorische

Transferzeit →Geschäftsprozesse

Transitorien →Bilanztheorie

Transitorische Posten →Rechnungsabgrenzungsposten

Treasuryship →Controllership

Treaty Shopping →Steuerplanung, internationale

Trennungsmodell →Dual- und Boardsystem

Treuepflicht, organschaftliche →Wettbewerbsverbot der Unternehmensleitung

Treuhänderische Verwaltung →Treuhandwesen

Treuhandbetriebe →Revisions- und Treuhandbetriebe

Treuhandschaften

Im Hinblick auf Entstehung und rechtliche Ausgestaltung wird zwischen gesetzlicher und rechtsgeschäftlicher Treuhandschaft unterschieden. Die *gesetzliche Treuhandschaft* beruht auf staatlichem Hoheitsakt und deren Ausgestaltung auf dem Gesetz. Aufgabe des gesetzlichen Treuhänders ist regelmäßig die Sicherung und Verwaltung des ihm anvertrauten Vermögens. Eine Übertragung des Treuguts auf ihn findet nicht statt. Teilweise besteht Befugnis, im eigenen oder fremden Namen über die ihm anvertrauten →Vermögensgegenstände zu verfügen. Sie endet i. d. R. mit Entlassung oder Widerruf durch die bestellende Behörde. Zur gesetzlichen Treuhandschaft rechnen u. a. die Tätigkeit des Vormunds, des Betreuers, des Nachlasspflegers (→Nachlassverwaltung), des Insolvenzverwalters (→Insolvenzverwaltung), des Zwangsverwalters. Die *rechtsgeschäftliche Treuhandschaft* entsteht durch Vertrag. Einen gesetzlichen Typus „Treuhandvertrag" gibt es nicht. Demnach erfolgt die rechtliche Einordnung vorrangig nach den Vertragsvereinbarungen, ergänzend nach Auftrags- und Geschäftsbesorgungsrecht (§§ 662 ff., 675 BGB). Allen rechtsgeschäftlichen Treuhandschaften ist gemein, dass der Treugeber dem Treuhänder Rechte überträgt oder Rechtsmacht einräumt, von denen der Treuhänder nur im Rahmen einer vertraglichen Treuhandabrede Gebrauch machen darf. Wesentliche Vertragsinhalte des Treuhandvertrages sind:

- Bestimmung des Zwecks der Treuhandschaft, des Treuguts und der Art und Weise seiner Verwaltung bzw. seines Erwerbs,
- Festlegung des Umfangs der Verfügungsbefugnis des Treuhänders sowie der Weisungsbefugnisse des Treugebers,
- Vereinbarungen zur Vergütung, zu Aufwendungsersatz- und Freistellungsansprüchen des Treuhänders sowie
- Bestimmungen zur Rechenschaftslegung, zur Dauer des Treuhandverhältnisses und zur Art und Weise der Rückübertragung des Treugutes.

Im Hinblick auf den Inhalt der dem Treuhänder eingeräumten Rechtsstellung wird zwischen *Vollrechtstreuhand (sog. echte Treuhand* oder *fiduziarische Treuhand), Ermächtigungs- und Vollmachtstreuhand (sog. unechte Treuhand)* unterschieden. Bei der *Vollrechtstreuhand* überträgt der Treugeber mit dinglicher Wirkung das Treugut dem Treuhänder zu vollem Recht (also mit ungeschmälerter Außenrechtszuständigkeit) und verpflichtet gleichzeitig den Treuhänder im Innenverhältnis von seiner nach außen unbeschränkten Rechtsmacht nur in den Grenzen der Treuhandabrede (schuldrechtliche Bindung im Innenverhältnis) Gebrauch zu machen. Bei der *Ermächtigungstreuhand* bleibt der Treugeber Rechtsinhaber; dem Treuhänder ist jedoch die Befugnis erteilt, neben dem weiter rechtszuständigen Treugeber als Nichtberechtigter über das Treugut zu verfügen (§ 185 BGB). Der Treuhänder handelt bei Rechtsausübung im eigenen Namen, aber mit Wirkung für den Rechtsinhaber. Die Ermächtigungstreuhand erlischt mit dem Ende der Rechtszuständigkeit des Treugebers bzw. mit dem Ende des Treuhandvertrages. Bei der *Vollmachtstreuhand* ist der Treuhänder ebenfalls nicht Rechtsinhaber, sondern er ist vom Treugeber lediglich bevollmächtigt (§§ 164 ff. BGB) im Namen des Treugebers zu handeln.

Je nach Zielrichtung des wirtschaftlichen Zweckes des Treuhandvertrages werden folgende Arten von Treuhandschaften unterschieden: Bei der *eigennützigen Treuhandschaft (= Sicherungstreuhand)* erhält der Treuhänder (= Gläubiger, Sicherungsnehmer) zur Sicherung einer Rechtsposition unmittelbar aus dem Vermögen des Treugebers ein Rechtsgut (= Schuldner, Sicherungsgeber) übereignet bzw. abgetreten. Formen der Sicherungstreuhand sind der Eigentumsvorbehalt, die Sicherungsübereignung und die Sicherungszession. Bei der *doppelseitigen oder mehrseitigen Treuhandschaft* verfolgen verschiedene Beteiligte eines Treuhandverhältnisses gegenläufige Interessen, wobei der Treuhänder als neutraler Dritter eingeschaltet ist, z. B. Anderkontoverwahrung durch Treuhänder für mehrere Beteiligte. Bei der *uneigennützigen oder fremdnützigen Treuhand (= Verwaltungstreuhand)* verwaltet der Treuhänder das Treugut im Interesse des Treugebers bzw. eines Dritten. Die *Verwaltungstreuhand* kann verschiedene Funktionen haben:

- Vereinfachungsfunktion (z. B. Treuhandkommanditist hält die Beteiligung für eine Vielzahl von Kommanditisten),
- Verbergungsfunktion (*verdeckte Treuhandschaft*) (z. B. Treuhänder als Strohmann für Gesellschaftsgründung) sowie
- Umgehungsfunktion (z. B. treuhänderischer Erwerb eines Grundstückes oder einer Gesellschaftsbeteiligung).

Literatur: Gernhuber, J.: Die fiduziarische Treuhand, in: JuS 29 (1988), S. 355–363; Schramm, K.-H.: Kommentierung Vor § 164, Rn. 28–41, in: Rebmann, K./Säcker, F. J./Rixecker, R. (Hrsg.): Münchener Kommentar zum Bürgerliches Gesetzbuch, Band 1, 4. Auflage 2001.

Robert Bechstein

Treuhandwesen

Im Treuhandwesen unterscheidet man die juristische und die wirtschaftliche Treuhand (→Treuhandschaften). Die juristische Treuhand ist gesetzlich nicht geregelt, sondern hat sich durch die Rspr. entwickelt.

Treuhand im juristischen Sinne liegt vor, wenn der Treugeber einen Gegenstand seines Vermögens auf den Treuhänder überträgt und im Innenverhältnis mit dem Treuhänder die Rechte und Pflichten bzgl. des Eigentums vereinbart. Verfügungen des Treuhänders sind Dritten gegenüber uneingeschränkt wirksam. Bei Missachtung dieser Beschränkungen macht sich der Treuhänder u. U. schadensersatzpflichtig.

Eine Definition der wirtschaftlichen Treuhand existiert nicht. Hierbei tritt der Treuhänder oftmals als Bevollmächtigter auf, indem bspw. dem Treuhänder eine bestimmte Aufgabe zugewiesen wird. I.d.R. ist die →Treuhandschaft offen, d. h., sie ist im Rechtsverkehr bekannt. Wird das Treuhandverhältnis im Außenverhältnis nicht aufgedeckt, handelt der Treuhänder oft als Strohmann.

Das Treuhandverhältnis entsteht durch staatlichen Hoheitsakt oder durch Rechtsgeschäft. Entsteht die Treuhandschaft durch staatlichen Hoheitsakt, handelt es sich um eine gesetzliche Treuhandschaft. Hierzu zählt die Tätigkeit als Insolvenzverwalter (→ Insolvenzverwaltung), Zwangsverwalter, Nachlasspfleger bzw. -verwalter (→ Nachlassverwaltung) sowie des Vormunds und des Pflegers. Hierbei wird das Eigentum nicht auf den Treuhänder übertragen. Er hat die Aufgabe, das Vermögen zu sichern und zu verwalten.

Entsteht die Treuhandschaft durch eine vertragliche Regelung zwischen Treugeber und Treuhänder liegt eine rechtsgeschäftliche Treuhand vor. Der Treuhandvertrag ist gesetzlich nicht gesondert geregelt. Es kann eine Sonderform des Geschäftsbesorgungsvertrages, ein Auftrag, eine zusätzliche Erteilung einer rechtsgeschäftlichen Vollmacht und eine fiduziarische Verwaltungstreuhand vorliegen. Sie dient i. d. R. der Vereinfachung des Rechtsverkehrs und der sinnvollen Arbeitsteilung.

Häufig anzutreffen ist die rechtsgeschäftliche Treuhand bei Publikumsgesellschaften, bei der mehrere Treugeber einen Treuhänder beauftragen, als Gesellschafter (Treuhandkommanditist) die Gesellschaftsrechte wahrzunehmen. Im Treuhandvertrag muss eindeutig geregelt sein, welche Entscheidungsbefugnisse der Treuhänder hat und wer Genehmigungen bzw. Weisungen erteilen kann.

Bei der rechtsgeschäftlichen Treuhandschaft unterscheidet man in die Verwaltungstreuhandschaft, die Sicherungstreuhandschaft und die doppelseitige Treuhandschaft.

Die Verwaltungstreuhandschaft ist uneigennützig, da sie im Interesse des Treugebers begründet ist. Der Treuhänder verwaltet das Eigentum des Treugebers nach dessen Weisungen.

Die Sicherungstreuhandschaft ist im Interesse des Treuhänders. Hierbei wird zur Sicherung einer Forderung das Eigentum des Treugebers auf den Treuhänder übertragen. Bei dieser eigennützigen Treuhandschaft wird vereinbart, dass die Übertragung zur Sicherung der Forderung erfolgt.

Bei der doppelseitigen Treuhand besteht eine Verwaltungstreuhand zwischen Gläubiger und Treuhänder sowie eine Sicherungstreuhandschaft zwischen Schuldner und Treuhänder. Der Treuhänder verwaltet das Vermögen im Interesse aller Beteiligten.

Die steuerliche Zurechnung des Treuguts richtet sich nach § 39 Abs. 2 Nr. 1 Satz 2 AO. Demnach ist das Treugut dem Treugeber zuzurechnen, wenn er das wirtschaftliche Eigentum unabhängig vom rechtlichen Eigentum hat. Wirtschaftliches Eigentum liegt vor, wenn der Treuhänder weisungsgebunden ist oder der Treugeber wirtschaftlich die mit der Verwaltung verbundenen Rechte und Pflichten trägt. Der Treuhänder verwaltet das Treugut zum wirtschaftlichen Vorteil des Treugebers. Damit das Treuhandverhältnis steuerlich anerkannt wird, muss sich aus dem Treuhandsverhältnis ergeben, dass die mit der rechtlichen Eigentümerstellung verbundene Verfügungsmacht im Innenverhältnis so eingeschränkt ist, dass das rechtliche Eigentum von untergeordneter Stellung ist. Gem. § 159 AO hat der Treuhänder auf Verlangen nachzuweisen, wem die Rechte oder Sachen gehören, andernfalls sind sie ihm regelmäßig zuzurechnen. Das Treuhandverhältnis muss von ernst gemeinten und klar nachweisbaren Vereinbarungen zwischen Treugeber und Treuhänder beruhen und tatsächlich durchgeführt werden.

Diese Zurechnung wird allerdings nur in den Fällen vorgenommen, bei denen die wirtschaftliche Betrachtungsweise zur Anwendung kommt. I. d. R. ist dies bei den Steuern vom Ertrag der Fall und nicht bei den Verkehrssteuern, wie z. B. der GrESt.

Bei der ESt, KSt und GewSt erfolgt die Zurechnung der Einkünfte bei demjenigen, der sie erzielt. Bei Treuhandverhältnissen übt der Treugeber die rechtliche und tatsächliche Herrschaft aus, da er gegenüber dem Treuhänder eine beherrschende Position ausübt. Er kann Weisungen erteilen und das Treugut rückübertragen lassen. Somit sind dem Treugeber die Einkünfte zuzurechnen.

Bei der GrESt unterliegt der Kaufvertrag, also das schuldrechtliche Verpflichtungsgeschäft, der Besteuerung. Findet kein Verpflichtungsgeschäft statt, wird die Auflassung besteuert. Gibt es kein Verpflichtungsgeschäft und keine Auflassung, wird der Übergang des Eigentums besteuert. Sowohl der Wechsel des Treugebers als auch der Wechsel des Treuhänders führen zur Besteuerung.

Auch die Bilanzierung des Treuguts richtet sich nach dem wirtschaftlichen Eigentum. Somit muss das Treugut beim Treugeber bilanziert werden. Der Treuhänder kann das Treugut entweder unterhalb der Bilanz, getrennt vom Vermögen, von →Schulden oder von Vermerken oder in einem gesonderten Posten in der Bilanz des Treuhänders als jeweils letzter Posten der Aktiv- und Passivseite mit der Kennzeichnung als „Treuhandvermögen" bzw. „Treuhandverpflichtung" ausweisen. Der bilanziellen Behandlung des Treuguts kommt im Hinblick auf den Grundsatz der Bilanzwahrheit (→Grundsätze ordnungsmäßiger Rechnungslegung) eine wesentliche Bedeutung zu. Deshalb ist einem Treuhandverhältnis die steuerliche Anerkennung grundsätzlich zu versagen, wenn das Treuhandvermögen in der Bilanz des Treuhänders nicht als solches dargestellt wird. Für →Kreditinstitute gilt die Besonderheit, dass gem. § 6 RechKredV das Treugut stets in der Bilanz des Treuhänders auszuweisen ist (→Vermögensgegenstände unter Treuhandvermögen und Schulden unter Treuhandverbindlichkeiten). Demnach kommt es für den Fall, dass ein Kreditinstitut als Treuhänder eingesetzt ist, zum Ausweis des Treuguts sowohl in der Bilanz des Treugebers als auch in der Bilanz des Treuhänders.

Hat der Treuhänder eine Verpflichtung Dritten gegenüber im eigenen Namen übernommen, so muss er die →Verbindlichkeit, zweckmäßigerweise unter Kenntlichmachung, in der Bilanz ausweisen. Im Gegenzug ist der Anspruch aus dem Treuhandvertrag, unter Beachtung der Bewertungsvorschriften (→Bewertungsgrundsätze), gegenüber dem Treugeber zu aktivieren (→Ansatzgrundsätze). Der Treugeber hat aufgrund des Freistellungsanspruches des Treuhänders eine Verbindlichkeit zu passivieren. Ergibt sich bei einer KapGes aus einer Treuhandschaft eine finanzielle Leistungspflicht, die nicht zu passivieren ist, so ist diese nach § 285 Nr. 3 HGB im →Anhang anzugeben.

Als →Abschlussprüfer (APr) i.S.v. §§ 316 ff. HGB hat der WP in seinem →Prüfungsbericht (PrB) über sonstige rechtserhebliche Tatbestände von wesentlicher Bedeutung (→Wesentlichkeit) zu berichten (→Berichtsgrundsätze und -pflichten des Wirtschaftsprüfers). Hierzu gehören auch bestehende Treuhandverhältnisse. Nach § 321 Abs. 2 Satz 3 HGB hat der APr darauf einzugehen, ob der JA insgesamt unter Beachtung der GoB (→Grundsätze ordnungsmäßiger Buchführung; Prüfung der) ein den tatsächlichen Verhältnissen entsprechendes Bild der →Vermögenslage, →Finanzlage und →Ertragslage der KapGes vermittelt (→True and Fair View).

Die treuhänderische Verwaltung gehört gem. § 2 Abs. 3 Nr. 3 →Wirtschaftsprüferordnung (WPO) zu den Berufsaufgaben der Wirtschaftsprüfer (→Berufsbild des Wirtschaftsprüfers; →Revisions- und Treuhandbetriebe).

Literatur: BFH-Urteil vom 28.2.2001, Aktz. I R 12/00, BStBl. II 2001, S. 468–471; Fischer, P.: Kommentierung des § 39 AO, in: Söhn, H. et al. (Hrsg.): Hübschmann/Hepp/Spitaler, Kommentar zur Abgabenordnung und Finanzgerichtsordnung, Loseblattausgabe, Band 2, 10. Aufl., Köln, Stand: 187. Erg.-Lfg. Dezember 2005; IDW (Hrsg.): WPH 2006, Band I, 13. Aufl., Düsseldorf 2006; IDW (Hrsg.): IDW Prüfungsstandard: Grundsätze ordnungsmäßiger Berichterstattung bei Abschlussprüfungen (IDW PS 450, Stand: 8. Dezember 2005), in: WPg 59 (2006), S. 113–128; Kruse, H. W.: Kommentierung des § 39 AO, in: Tipke, K. et al. (Hrsg.): Tipke/Kruse, Kommentar zur Abgabenordnung und Finanzgerichtsordnung, Loseblattausgabe, Band 1, Köln, Stand: 108. Erg.-Lfg. November 2005.

Hans-Joachim Oettinger

True and Fair Override →International Financial Reporting Standards

True and Fair View

Sowohl in der deutschen als auch in der internationalen Rechnungslegung [→International Financial Reporting Standards (IFRS); →United States Generally Accepted Accounting Principles (US GAAP)] findet sich das Gebot des True and Fair View wieder. Danach hat der Abschluss eines Unternehmens ein realistisches und ein den tatsächlichen Verhältnissen entsprechendes Bild der wirtschaftlichen Lage, d. h. der →Vermögenslage, →Finanzlage und →Ertragslage des Rechnung legenden Unternehmens widerzuspiegeln. Allerdings wird dieser Begriff hinsichtlich seines Stellenwertes in den Rechnungslegungssystemen unterschiedlich ausgelegt bzw. behandelt:

Das Gebot des True and Fair View stellt im Handelsrecht die Generalnorm für KapGes dar und ist in den §§ 264 Abs. 2 und 297 Abs. 2 HGB geregelt, wonach der JA/Konzernabschluss „ein den tatsächlichen Verhält-

True and Fair View

nissen entsprechendes Bild der Vermögens-, Finanz- und Ertragslage […] zu vermitteln" hat. Eingeschränkt wird dieser Grundsatz durch den Zusatz „unter Beachtung der Grundsätze ordnungsmäßiger Buchführung" (→Grundsätze ordnungsmäßiger Buchführung, Prüfung der). Entstehungsgeschichtlich hat der Begriff des True and Fair View über die Transformation der Vierten RL 78/660/EWG und Siebenten RL 83/348/EWG (sog. *Bilanzrichtlinien*) Eingang in das deutsche HGB gefunden. Die Transformation erfolgte aber nicht vollumfänglich, sodass der deutsche Gesetzgeber dem True and Fair View keine *Overriding Function* in dem Sinne beimisst, dass die Generalnorm grundsätzlich Vorrang vor den Bestimmungen der Einzelnormen hat. Der Bilanzierende kann sich nur im Rahmen der allgemein anerkannten GoB bewegen. Ein Abweichen oder Verdrängen von für den JA geltenden Einzelvorschriften ist insofern nicht möglich. Daher ist ggf. eine Informationsvermittlung über Anhangangaben (→Anhang; →Angabepflichten) erforderlich, falls der JA ein den tatsächlichen Verhältnissen entsprechendes Bild der Vermögens-, Finanz- und Ertragslage nicht vermittelt. Die Generalnorm stellt insofern eine Auffangfunktion in all denjenigen Fällen dar, in denen auf Einzelnormbasis bestehende Lücken oder die Ausübung von Ermessensspielräumen (→bilanzpolitische Gestaltungsspielräume nach HGB; →bilanzpolitische Beratung durch den Wirtschaftsprüfer) gefüllt werden sollen.

Das Gebot des True and Fair View hat bis zur Verabschiedung von IAS 1 im Jahre 1997 lediglich im Rahmenkonzept des →*International Accounting Standards Board* (*IASB*) Eingang gefunden, welches hierzu angibt, dass durch die sachgerechte Anwendung der IFRS ein den tatsächlichen Verhältnissen entsprechendes Bild der Vermögens-, Finanz- und Ertragslage des Unternehmens gewährleistet werden soll (F.46). Eine explizite Festlegung eines Grundsatzes i. S. e. True and Fair View ist im Rahmenkonzept nicht erfolgt. Nach IAS 1.13 müssen die nach IFRS erstellten Abschlüsse die Vermögens-, Finanz- und Ertragslage sowie die →Cash Flows eines Unternehmens den tatsächlichen Verhältnissen entsprechend abbilden. Abweichungen können nur in Ausnahmefällen in Betracht kommen (IAS 1.17). Die Abweichungen sind anzugeben, zu begründen und ihre Auswirkungen sind zu quantifizieren (IAS 1.18). Ein Ausnahmefall liegt dann vor, wenn durch die Anwendung eines Standards bzw. einer Interpretation eine wirklichkeitsgetreue Darstellung des Abschlusses nicht möglich ist. Erfüllt ein Sachverhalt diese Kriterien, wie z. B. spezielle Leasingkonstruktionen oder Verbundgeschäfte (Baetge et al. 2005, Teil A, Kapitel III, Rn. 4), muss die Geschäftsleitung von dem Standard bzw. der Interpretation abweichen und hat umfangreiche Anhangangaben (→Notes) zu machen. Das Prinzip des True and Fair View stellt insofern ein *Overriding Principle* dar, da von den Einzelregelungen abgewichen werden muss, sofern deren Anwendung nicht dazu führt, dass der JA ein den tatsächlichen Verhältnissen entsprechendes Bild vermittelt.

Nach US GAAP ist der Grundsatz der *Fair Presentation* kein Grundsatz der Rechnungslegung, sondern ein Grundsatz der Abschlussprüfung (SAS 69 sowie AICPA, Rule 203 of the Code of Professional Conduct). Demzufolge hat der →Certified Public Accountant (CPA) zu bestätigen, dass die Rechnungslegung einer *Fair Presentation* der wirtschaftlichen Lage des Unternehmens entspricht (AICPA, Sec. 508.08 h). Die Voraussetzung zur Bestätigung der *Fair Presentation* bildet die Erfüllung der Grundsätze der Relevanz und Verlässlichkeit (Hayn/Waldersee 2004, S. 58).

Bei der Prüfung des Jahresabschlusses (→Jahresabschlussprüfung; →Konzernabschlussprüfung) hat der →Abschlussprüfer (APr) zu prüfen, ob die sich aus dem Gesetz ergebenden Einzelvorschriften angewandt wurden. Nur in den Fällen, in denen Zweifel bei der Auslegung oder Anwendung einzelner Vorschriften bestehen, ist die Generalklausel heranzuziehen (IDW 2006, Abschn. R, Rn. 407, S. 2068).

Die Vermittlung eines den tatsächlichen Verhältnissen entsprechenden Bildes der Vermögens-, Finanz- und Ertragslage ist von einem APr zu bestätigen (§ 322 Abs. 1 HGB, IDW PS 400). Weiterhin hat der APr im allgemeinen Teil des →Prüfungsberichts gem. § 321 Abs. 2 Satz 3 HGB zu beurteilen, ob die durch den JA vermittelte Gesamtaussage den Anforderungen des § 264 Abs. 2 HGB entspricht (IDW PS 450). Über das Ergebnis dieser Prüfung ist im PrB gesondert zu berichten, auch wenn sich keine Besonderheiten ergeben haben.

Wenn ein JA nicht unter Anwendung der bestehenden Einzelvorschriften erstellt wurde und sich damit kein True and Fair View ergibt, kann dies zu einer Ergänzung, Einschränkung oder auch zu einer Versagung des →Bestätigungsvermerks führen. Dies gilt hinsichtlich eines nicht dem True and Fair View vermittelten Bildes der wirtschaftlichen Lage auch bei Anwendung internationaler Rechnungslegungsvorschriften.

Literatur: Baetge, J. et al.: Rechnungslegung nach International Accounting Standards (IAS), Teilband 1, 2. Aufl., Stuttgart 2005; Hayn, S./Waldersee, G.: IFRS/US-GAAP/HGB im Vergleich. Synoptische Darstellung für den Einzel- und Konzernabschluss, 5. Aufl., Stuttgart 2004; IDW (Hrsg.): IDW Prüfungsstandard: Grundsätze für die ordnungsmäßige Erteilung von Bestätigungsvermerken bei Abschlussprüfungen (IDW PS 400, Stand: 28. Oktober 2005), in: WPg 58 (2005), S. 1382–1402; IDW (Hrsg.): IDW Prüfungsstandard: Grundsätze ordnungsmäßiger Berichterstattung bei Abschlussprüfungen (IDW PS 450, Stand: 8. Dezember 2005), in: WPg 59 (2006a), S. 113–128; IDW (Hrsg.): WPH 2006, Band I, 13. Aufl., Düsseldorf 2006b.

Nicole Jöckle

Tschechien

Das Gesetz Nr. 254/2000 Gb. über die WP stellt die Grundnorm dar, mit der die Wirtschaftsprüfungsprofession in der Tschechischen Republik geregelt wird. Dieses Gesetz regelt die Stellung und die Tätigkeit der WP/WPGes und die Bedingungen zur Erbringung der Wirtschaftsprüfungsdienstleistungen, sowie die Stellung und den Wirkungsbereich der WPK der *Tschechischen Republik* (*WPK*).

Unter den Wirtschaftsprüfungsdienstleistungen versteht man gem. dem Wortlaut des Gesetzes vor allem die Prüfungen der (Konzern-) Abschlüsse, der (Konzern-) Geschäftsberichte und die Prüfungen von Informationen, deren Umfang die Vertragsparteien vertraglich vereinbaren.

WP/WPGes sind berechtigt, im Einklang mit dem Gesetz, die Wirtschaftsprüfungsleistungen anzubieten. Sie müssen in dem WPK geführten Verzeichnis der WP und WPGes eingetragen, bei der Gewährung der Wirtschaftsprüfungsleistungen unabhängig sein und sich verpflichten, die Wirtschaftsprüfungsrichtlinien und Fachvorschriften der WPK einzuhalten.

Die WPK ist mit der Leitung der Wirtschafsprüfungsprofession und mit der Berufsaufsicht beauftragt. Sie gibt Fachvorschriften heraus, wobei die →International Standards on Auditing (ISA) seit dem 1.1.2005 Anwendung finden.

Überschreitet eine KapGes die durch das Gesetz über die Buchführung (Nr. 563/1991 Gb.) festgelegten folgenden drei Größenmerkmale, ist sie verpflichtet, ihren JA und den Geschäftsbericht prüfen zu lassen.

- Bilanzsumme: 40 Mio. CZK,
- Umsatzerlöse: 80 Mio. CZK,
- durchschnittliche Mitarbeiteranzahl: 50.

Haben Aktiengesellschaften zum Bilanzstichtag für das laufende Jahr und zum Bilanzstichtag der vorherigen Rechnungslegungsperiode jeweils eine von den oben angegebenen drei Kriterien überschritten, sind sie verpflichtet, ihren JA prüfen zu lassen. Im Falle der anderen KapGes (wie z.B. GmbH, KG etc.) und der Genossenschaften entsteht die Verpflichtung bei der Überschreitung jeweils von zwei aus den oben angeführten drei Kriterien während der letzten zwei Rechnungslegungsperioden. Die Pflicht zur Prüfung des Jahresabschlusses kann auch durch andere Rechtsnormen festgesetzt sein (HGB etc.). Es können auch andere Personen als KapGes der Pflicht der Prüfung unterliegen, falls es andere Rechtsnormen fordern.

KapGes sind verpflichtet, auch ihren Konzernabschluss prüfen zu lassen, sofern ein solcher zu erstellen ist. Eine solche Verpflichtung entfällt, wenn zwei der drei folgenden Größenmerkmale nicht überschritten werden:

- Bilanzsumme: 350 Mio. CZK,
- Umsatzerlöse: 700 Mio. CZK,
- durchschnittliche Mitarbeiteranzahl: 250.

Im Falle von Banken, Versicherungsgesellschaften und bei Buchhaltungseinheiten, die Emittenten von Wertpapieren auf dem regulierten Markt sind, gilt diese Befreiungsmöglichkeit nicht. Bei Einbeziehung in einen Konzernabschluss auf höherer Ebene greifen unter bestimmten Bedingungen weitere Befreiungsregelungen.

Der (Konzern-) Abschluss wird im Einklang mit dem in der Tschechischen Republik gültigen Gesetz über die Buchführung und mit den zusammenhängenden Rechnungslegungsvorschriften aufgestellt. Eine Ausnahme gilt für Buchhaltungseinheiten, die KapGes und

Emittenten von Wertpapieren auf dem regulierten Markt im Mitgliedsstaat der EG sind. Diese müssen bei der Buchführung und Aufstellung des (Konzern-) Abschlusses die →International Financial Reporting Standards (IFRS) anwenden.

Michal Vanek

Türkei

Alle an der *Börse Istanbul* notierten Unternehmen sowie alle Banken, Versicherungsgesellschaften, sonstigen Finanzinstitute und Energieunternehmen müssen ihre Abschlüsse von einer unabhängigen Stelle prüfen lassen. Abgesehen von diesen Anforderungen gibt es in der Türkei für nicht börsennotierte KapGes keine gesetzlichen Prüfungsvorschriften. Unternehmen mit einem hohen Fremdkapitalanteil sind jedoch ebenfalls verpflichtet, ihren Abschluss jährlich prüfen zu lassen.

In der Türkei wird die Prüfung von Abschlüssen durch mehr als ein Gremium reguliert. Dazu gehören:

- das *CMB* für nationale börsennotierte Unternehmen,
- die *BRSA* für alle Finanzdienstleistungsinstitute,
- das *EMRB* für Energieunternehmen und
- das Treasury Undersecretariat für Versicherungsgesellschaften.

Internationale Prüfungsstandards, wie die →International Standards on Auditing (ISA) der →*International Federation of Accountants* (*IFAC*), werden in der Türkei ebenfalls verbreitet angewandt. Da sich die Prüfungs- und Rechnungslegungsstandards in der Türkei noch im Entwicklungsstadium befinden, spiegeln die nationalen Prüfungsstandards dieser verschiedenen Gremien normalerweise die ISA wider.

I.A. ist die Prüfung aller Bestandteile des Jahresabschlusses erforderlich. Neben den jährlichen umfassenden Prüfungen sind für Finanzinstitute auch vierteljährliche prüferische Durchsichten und für börsennotierte Unternehmen auch halbjährliche prüferische Durchsichten vorgeschrieben. Da sich die Prüfungs- und Rechnungslegungsstandards in der Türkei noch im Entwicklungsstadium befinden, wird auf die Dauer eine Harmonisierung mit den →International Financial Reporting Standards (IFRS) erwartet.

Die Rotation der WPGes wird von der *BRSA* und dem *CMB* verlangt. Finanzinstitute, die bei der *BRSA* registriert sind, müssen ihre APr alle 4 Jahre wechseln. Eine Rotation im Abstand von 5 Jahren gilt für alle an der *Börse Istanbul* notierten und beim *CMB* registrierten Unternehmen. Der vorhergehende APr kann nach einem Zeitraum von 2 Jahren dasselbe Unternehmen erneut prüfen.

Für börsennotierte Unternehmen verlangt das *CMB* die Vorlage der Abschlüsse und der entsprechenden Berichte der APr bis zur 10. Woche nach Ende des Geschäftsjahres. Für Unternehmen, die Konzernabschlüsse und die entsprechenden Prüfungsberichte einreichen, werden weitere 4 Wochen gewährt, so dass die Vorlagefrist auf 14 Wochen nach Ende des Geschäftsjahres verlängert wird.

Banken müssen ihre Quartalsabschlüsse und die prüferische Durchsicht 45 Tage nach Ende des Quartals einreichen. Für die Jahresabschlüsse und die dazugehörigen Prüfungsberichte gibt es keine spezifischen Abgabefristen, die Abgabe richtet sich hier nach dem Zeitpunkt der HV der Banken.

Energieunternehmen müssen lediglich ihre Abschlüsse innerhalb von 10 Wochen nach Ende des Geschäftsjahres einreichen. Versicherungsgesellschaften auf der anderen Seite sind verpflichtet, ihre Halbjahresabschlüsse und die prüferische Durchsicht innerhalb von 45 Tagen nach Ende Juni zu veröffentlichen. Die Abschlüsse zum 31.12. müssen innerhalb von 10 Wochen nach Jahresende geprüft und veröffentlicht werden.

Bei einer verspäteten Vorlage der Abschlüsse werden Strafen verhängt und der Handel an der Börse wird für die Anzahl der Tage ausgesetzt, die der Verspätung entspricht.

Omer Tanriover; Robin Bonthrone

Turnbullreport →Cadburyreport

Two-Tier-System →Dual- und Boardsystem

U

Überbetriebliche Vergleiche

Bei überbetrieblichen Vergleichen wird ein Sachverhalt aus einem Unternehmen mit einer Ausprägung dieses Sachverhaltes verglichen, die von außerhalb des Unternehmens stammt. Damit entsteht die Möglichkeit, je nach Normcharakter der von außen stammenden Ausprägung des Sachverhaltes auf Stärken, Schwächen oder Fehler im betrachteten Unternehmen zu schließen. Im Einzelnen lassen sich als Varianten von überbetrieblichen Vergleichen zwischenbetriebliche Vergleiche, Vergleiche mit Durchschnitten sowie Vergleiche mit Normen unterscheiden.

Beim *zwischenbetrieblichen Vergleich* werden Sachverhalte, z. B. Werte, Objekte oder Strukturen (aus dem betrachteten Unternehmen) mit den entsprechenden Sachverhalten eines anderen Unternehmens verglichen. Man erkennt daraus, inwieweit das Unternehmen relativ zu dem Vergleichsunternehmen in Bezug auf diesen Sachverhalt positioniert ist. Betrachtungsgegenstand können dabei Werte aus dem →Rechnungswesen, aber auch Leistungsdimensionen, Methoden, Prozesse oder Strukturen sein. Dabei können zwischenbetriebliche Vergleiche bis zu einem systematischen →Benchmarking ausgebaut werden, um die Suche nach optimalen Lösungen gezielt zu unterstützen. Der Aussagewert des zwischenbetrieblichen Vergleichs steht und fällt mit der sinnvollen Auswahl bzw. Vergleichbarkeit des Vergleichsbetriebes. Sofern im Vergleichsbetrieb z. B. extrem schlechte ökonomische Daten vorliegen, fällt es nicht schwer, die Werte des damit verglichenen Unternehmens als überdurchschnittlich erscheinen zu lassen. Bei sachgerechter Wahl des Vergleichsbetriebes sind allerdings Aussagen dahingehend möglich, wo Stärken und Schwächen im Vergleich zu dem anderen Betrieb liegen.

Sind die Störungen der Vergleichbarkeit zu groß, scheiden zwischenbetriebliche Vergleiche aus und es muss auf *Vergleiche mit Durchschnittsgrößen*, z. B. auf Branchen- oder Gruppendurchschnitte, zurückgegriffen werden. Der Vergleich mit Durchschnittswerten oder mit üblicherweise anzutreffenden (durchschnittlichen) Ausprägungen erlaubt eine Absoluteinordnung des betrachteten Unternehmens in Bezug auf diesen Sachverhalt dahingehend, inwieweit die Dinge im betrachteten Unternehmen normal respektive über- oder unterdurchschnittlich gelagert sind. Damit werden Stärken-Schwächen-Diagnosen möglich, die u. U. weitreichende betriebswirtschaftliche Konsequenzen zur Folge haben.

Eine letzte Variante des überbetrieblichen Vergleichs ist der *Vergleich mit exogen vorgegebenen Normen*. Diese Normen haben einen unterschiedlichen Entstehungshintergrund. Im Rahmen der Unternehmensanalyse auf bilanzanalytischer Basis (→Jahresabschlussanalyse; →Jahresabschlussanalyse, Methoden der) kommen bspw. Kennzahlen-Normwerte zum Einsatz, die der Theorie entstammen, auf Konventionen beruhen oder mit empirisch-statistischen Methoden begründet worden sind. Die von der Theorie erarbeiteten Normwerte, z. B. über Bilanz- und Finanzstrukturen, sind jedoch nur in sehr begrenztem Umfang in ihrer Relevanz gesichert. Demgegenüber sind Normvorstellungen, die i. S. v. Konventionen, z. B. bei der →Kreditwürdigkeitsprüfung, zur Anwendung kommen, durchaus relevant. Letztlich leiten diese als Konvention formulierten Normen der Kreditgeber in aller Regel ihre Begründung aus Vorstellungen über übliche Branchenverhältnisse her und laufen somit auf einen Vergleich mit Durchschnittswerten hinaus. Ebenso relevant sind empirisch-statistisch abgeleitete Normen, wie sie sich z. B. als kritische Kennzahlen-Schwellenwerte (→Kennzahlen und Kennzahlensysteme als Kontrollinstrument) bei der Insolvenzgefährdungsdiagnose (→Insolvenz; →Krisendiagnose) mithilfe von →Diskriminanzanalysen ergeben. Die Relevanz dieser Normen für die Beurteilung der wirtschaftlichen Lage von Unternehmen ist beachtlich.

Eine weitere Grundlage für überbetriebliche Normen bilden schließlich Rechtsvorschriften. Diese Normvorgaben ergeben sich entweder aus den allgemeinen Rechtsvorschriften, z. B. hinsichtlich der Rechnungslegung [→International Financial Reporting Standards (IFRS); →United States Generally Accepted Accounting Principles (US GAAP)], oder aus vertraglichen Vereinbarungen, bspw. im Zuge von Emissionsbedingungen für die Ausgabe von Schuldverschreibungen. Der überbetriebliche Vergleich konzentriert sich hier auf die Frage, inwieweit die im Unternehmen anzutreffenden Ausprägungen der betrachteten Sachverhalte den Rechtsnormen entsprechen. Diese Art von überbetrieblichen Vergleichen hat für die Unternehmensprüfung (→Jahresabschlussprüfung; →Konzernabschlussprüfung) große Bedeutung, da in diesem Zusammenhang die betrieblich angetroffenen Sachverhalte auf ihre Rechtsnormentsprechung hin zu untersuchen sind.

Literatur: Lachnit, L.: Bilanzanalyse, Wiesbaden 2004; Wysocki, K. v.: Soll-Ist-Vergleich bei der Revision, in: Coenenberg, A. G./Wysocki, K. v. (Hrsg.): HWRev, 2. Aufl., Stuttgart 1992, Sp. 1763–1771; Stuhlmann, S.: Benchmarking, in: Horváth, P./Reichmann, T. (Hrsg.): Vahlens Großes Controlling Lexikon, 2. Aufl., München 2003, S. 48–51; Zentes, J.: Betriebsvergleich im Handel, in: Horváth, P./Reichmann, T. (Hrsg.): Vahlens Großes Controlling Lexikon, 2. Aufl., München 2003, S. 86–87.

Laurenz Lachnit

Überbewertungsfehler →Heterograde Stichprobe

Übergangskonsolidierung →Ent- und Übergangskonsolidierung

Überkreuzkompensation →Grundsätze ordnungsmäßiger Buchführung, bankspezifisch

Überleitungsrechnung

Eine Überleitungsrechnung wird häufig von Nicht-US-Unternehmen („Foreign Private Issuers") anlässlich ihrer Registrierung bei der US-amerikanischen Börsenaufsichtsbehörde →Securities and Exchange Commission (SEC) aufgrund einer Börsennotierung in den USA, insb. an der NYSE, aufgestellt.

Grundsätzlich müssen die für die Einreichung und Registrierung bei der SEC aufgestellten Konzernabschlüsse vollständig mit den →United States Generally Accepted Accounting Principles (US GAAP) übereinstimmen. Gem. SEC Regulation S-X, Rule 4–01 (a) (2) i.V.m. den SEC-Vorschriften in „Form 20–F, Item 18" besteht neben einem US GAAP-Vollabschluss die Alternative, einen Konzernabschluss nach den jeweiligen landesrechtlichen Bilanzierungsgrundsätzen („Primary GAAP"), der um eine Überleitung des *Net Income* und des *Stockholders' Equity* auf US GAAP ergänzt wird, bei der SEC einzureichen. Hierbei ist zudem sämtlichen →Angabepflichten gem. US GAAP und der SEC Regulation S-X, Rule 5–04 im →Anhang („→Notes") nachzukommen.

Plant ein „Foreign Private Issuer" keine Aktien in den USA zu emittieren, so reicht es aus, wenn die Gesellschaft den Vorschriften von „Form 20–F, Item 17" nachkommt. Gem. „Item 17" ist zwar eine Überleitung des Periodenergebnisses (→Jahresergebnis) und des →Eigenkapitals auf US GAAP ebenfalls notwendig, allerdings bestehen in Abweichung zu „Item 18" nur eingeschränkte Angabepflichten. Im Wesentlichen sind bei Option für „Item 17" nur die Unterschiede zwischen „Primary GAAP" und US GAAP zu erläutern.

Für Unternehmen, die ihren ersten vollständigen Abschluss nach →International Financial Reporting Standards (IFRS) aufstellen („First-Time Adopters"), greifen die Regelungen der verpflichtenden Überleitungsrechnung gem. IFRS 1 „*First-time Adoption of International Financial Reporting Standards*". Nach IFRS 1.39 sind Überleitungsrechnungen für das Eigenkapital (Eröffnungsbilanz zum Stichtag des Übergangs auf IFRS und Schlussbilanz der letzten Berichtsperiode nach bisherigen Rechnungslegungsvorschriften) und für das Periodenergebnis des Geschäftsjahres, für das letztmals ein Abschluss nach bisherigen Rechnungslegungsvorschriften erstellt wurde, aufzustellen (→internationale Rechnungslegung, Umstellung auf).

Die Prüfungsziele des →Abschlussprüfers im Rahmen der *Prüfung einer Überleitungsrechnung* unterscheiden sich grundsätzlich nicht von den Prüfungszielen im Rahmen der Prüfung eines sonstigen Konzernjahresabschlusses (→Konzernabschlussprüfung). Die Prüfung hat sicherzustellen, dass die Jahresabschlussaussagen im Bezug auf Vollständigkeit, Existenz, Bewertung, Ausweis und Offenlegung den relevanten Rechnungslegungsvorschriften entsprechen. Die Prüfung einer Überleitungsrechnung erfordert insb. die folgenden zusätzlichen Prüfungshandlungen (→Auswahl von Prüfungshandlungen):

- Prüfung auf Vollständigkeit der Überleitungsposten; eine generelle →Vollständigkeitserklärung seitens der Geschäftsleitung wird regelmäßig mittels eines *Management Representation Letter* abgegeben;
- Prüfung von →Stetigkeit und Vergleichbarkeit der Überleitungsposten gegenüber dem Vorjahr;
- Analyse der vom Unternehmen identifizierten Überleitungssachverhalte mit Unterscheidung in erfolgsneutrale Umgliederungen („Reclassifications") und erfolgswirksame Anpassungen („Adjustments");
- rechnerische Kontrolle der Überleitungsrechnung;
- Kontrolle, inwieweit Ausweis und Offenlegung in Einklang mit den relevanten Rechnungslegungsstandards und anzuwendenden Börsenvorschriften stehen;
- Überprüfung der Vollständigkeit der Anhangangaben.

Sven Diehm

Übernahmegründung →Existenzgründungsberatung

Überörtliche Kassenprüfung
→Hoheitliche Prüfung

Überörtliche Prüfung →Kommunales Rechnungswesen

Überörtliche Rechnungsprüfung
→Hoheitliche Prüfung

Überschuldung, bilanzielle
→Überschuldungsprüfung

Überschuldung, formelle
→Überschuldungsprüfung

Überschuldung, materielle
→Überschuldungsprüfung

Überschuldungsbilanz →Rangrücktrittsvereinbarung

Überschuldungsprüfung

Nach höchstrichterlicher Rspr. liegt eine Überschuldung bei haftungsbegrenzenden KapGes dann vor, wenn das Aktivvermögen bei Ansatz von →*Liquidationswerten* unter Einbeziehung der stillen Reserven (→stille Reserven und Lasten) die bestehenden →Verbindlichkeiten nicht mehr deckt (rechnerische Überschuldung) und die Finanzkraft der KapGes nach überwiegender Wahrscheinlichkeit mittelfristig nicht zur Fortführung des Unternehmens ausreicht (BGH-Urteil vom 13.7. 1992, S. 1650 und BGH-Urteil vom 20.3.1995, S. 1739–1750). Gem. § 19 Abs. 1 InsO ist die Überschuldung auch ein das Insolvenzverfahren (→Insolvenz) auslösender Tatbestand, der dann vorliegt, sobald das Vermögen einer juristischen Person die bestehenden Verbindlichkeiten nicht mehr deckt (§ 19 Abs. 2 InsO). Dazu zählen neben KapGes auch →Personengesellschaften (PersGes), welche weder mittelbar noch unmittelbar über eine natürliche Person als persönlich haftenden Gesellschafter verfügen (§ 19 Abs. 3 InsO). Der Vorstand bzw. die Geschäftsführung von KapGes und haftungsbeschränkten PersGes ist verpflichtet, einen Antrag auf Eröffnung des Insolvenzverfahrens zu stellen (§§ 64 Abs. 1 GmbHG, 92 Abs. 2 AktG, 130a, 177a HGB).

Die insolvenzrechtliche (materielle) Überschuldung unterscheidet sich von der bilanziellen (formellen) Überschuldung. Wird das →Eigenkapital der Gesellschaft durch Verluste aufgebraucht und übersteigen die Posten der Passivseite der Bilanz die Posten der Aktivseite, so ist dieser Betrag nach § 268 Abs. 3 HGB als gesonderter Posten am Ende der Aktivseite unter der Bezeichnung „*Nicht durch Eigenkapital gedeckter Fehlbetrag*" auszuweisen. Die bilanzielle Überschuldung liefert jedoch lediglich eine Indikation für eine mögliche insolvenzrechtlich bedeutsame Überschuldung. Daher ist der zunächst zu *Fortführungswerten* aufgestellte JA (→Going Concern-Prinzip) nur der Ausgangspunkt der weiteren Prüfung auf materielle Überschuldung. Eine weiter gehende Prüfung auf die insolvenzrechtlich bedeutsame materielle Überschuldung ist jedoch entbehrlich, wenn entweder unzweifelhaft hohe stille Reserven in den Aktiva des Unternehmens vorhanden sind (z.B. in →Grundstücken) oder die Gesellschafter eine harte →Patronatserklärung, einen Rangrücktritt (→Rangrücktrittsvereinbarung) oder einen Forderungsverzicht erklärt haben.

Die von Wirtschaftsprüfern durchgeführte Überschuldungsprüfung folgt den Empfehlungen der Stellungnahme IDW FAR 1/1996,

Überschuldungsprüfung

nach der ein zweistufiger Aufbau der Überschuldungsprüfung vorgesehen ist. In der *ersten Stufe* ist die Überlebenschance des Unternehmens durch eine Fortbestehensprognose zu beurteilen. Ausgangspunkt ist ein nach IDW FAR 1/1991 strukturierter →Business-Plan, welcher zunächst die aktuellen rechtlichen, finanz- und leistungswirtschaftlichen Verhältnisse des Unternehmens beschreibt und dann die im Hinblick auf das Leitbild des Unternehmens zu ergreifenden Maßnahmen/Strategien ableitet. Die im Unternehmenskonzept ermittelten monetären Konsequenzen werden dann in eine →Finanzplanung übertragen und quantifiziert. Der zu beurteilende Prognosezeitraum wird maßgeblich durch den Produktionszyklus bestimmt, solle jedoch mindestens 12 Monate ab dem Stichtag des Überschuldungsstatus betragen. In dieser →Planung müssen Restrukturierungsmaßnahmen ebenso wie liquiditätssichernde Sanierungsmaßnahmen (→Sanierungsberatung) berücksichtigt werden. Anhand der Finanzplanung kann dann beurteilt werden, ob und ggf. wie das Unternehmen seinen Zahlungsverpflichtungen im Prognosezeitraum nachkommen kann. Kann auf Basis des Business-Plans und der Finanzplanung eine *positive* Fortbestehensprognose aufgestellt werden, wird das Unternehmen im Prognosezeitraum sein finanzielles Gleichgewicht wiederherstellen können. Eine aufgrund der im Prognosezeitraum zu erwartenden finanziellen Unterdeckung *negative* Fortbestehensprognose führt häufig zur Liquidation des Unternehmens.

In der *zweiten Stufe* wird der Überschuldungsstatus durch eine stichtagsbezogene Gegenüberstellung des Vermögens (→Vermögensgegenstand) und der →Schulden ermittelt. Die Erkenntnisse aus der ersten Stufe der Überschuldungsprüfung geben die anzuwendenden Ansatz- und Bewertungsgrundsätze vor. Diese sind am Zweck der Überschuldungsprüfung auszurichten und weichen von dem im Handelsrecht bekannten Grundsätzen, wie z. B. Anschaffungskosten-, Imparitäts-, Realisations- und Vorsichtsprinzip [→Grundsätze ordnungsmäßiger Rechnungslegung; →Ansatzgrundsätze; →Bewertungsgrundsätze; →Anschaffungskosten (AK)], ab. Bei einer positiven Fortbestehensprognose werden Vermögens- und Schuldposten zum „beizulegenden Teilwert" (d. h. zu dem Betrag, der ihnen als Bestandteil des Gesamtkaufpreises des Unternehmens bei konzeptkonformer Fortführung beizulegen wäre) angesetzt. Handelsrechtlich nicht ansatzfähige Posten, wie z. B. vom Unternehmen selbst geschaffene →immaterielle Vermögensgegenstände, werden aktiviert, restrukturierungsbedingte Verpflichtungen (z. B. Sozialplan) werden passiviert. →Stille Reserven und Lasten werden aufgedeckt. Der originäre →Geschäfts- oder Firmenwert darf jedoch nur angesetzt werden, wenn eine konkrete Veräußerungsmöglichkeit für das Unternehmen oder Unternehmensteile nachgewiesen werden kann, da dieser keinen selbständig verwertbaren Vermögenswert darstellt.

Bei negativer Fortbestehensprognose sind im Überschuldungsstatus Liquidationswerte anzusetzen. Als maßgeblicher Wertansatz gelten für die einzelnen →Vermögensgegenstände die zu erwartenden Einzelveräußerungserlöse ggf. abzgl. noch zu erwartender Veräußerungsaufwendungen. Dies liefert erhebliche Ermessensspielräume bei Vermögensgegenständen, wie z. B. bei Immobilien, →Beteiligungen oder Patenten. Einen erheblichen Einfluss auf den Liquidationswert haben zumeist die Liquidationsgeschwindigkeit und die Verwertungsstrategie.

Nach Aufstellung des Überschuldungsstatus kann das Vorliegen einer Überschuldung im materiellen Sinne beurteilt werden. Bei *negativem Reinvermögen* liegt immer eine Überschuldung i. S. d. § 19 InsO vor, unabhängig davon, ob eine positive oder negative Fortbestehensprognose ermittelt wurde. Im Falle eines *positiven Reinvermögens* und einer positiven Fortbestehensprognose liegt keine insolvenzrechtliche Überschuldung vor. Dies gilt grundsätzlich auch bei *positivem Reinvermögen* und negativer Fortbestehensprognose, jedoch besteht in diesem Fall für das Unternehmen eine erhebliche existenzielle Bedrohung (→Bestandsgefährdung).

Literatur: BGH-Urteil vom 13.7.1992, Aktz. II ZR 269/91, WM 46 (1992), S. 1650 ff.; BGH-Urteil vom 20.3.1995, Aktz. II ZR 205/94, NJW 39 (1995), S. 1739–1750; Förschle, G./Hoffmann, K.: Überschuldung und Sanierung, in: Budde, D./Förschle, G. (Hrsg.): Sonderbilanzen, 3. Aufl., München 2002, S. 571–597; IDW (Hrsg.): IDW Stellungnahme: Anforderungen an Sanierungskonzepte (IDW FAR 1/1991), in: IDW-FN o.Jg. (1991), S. 319–324; IDW (Hrsg.): IDW Stellungnahme: Empfehlungen zur Überschuldungsprüfung bei Unternehmen (IDW FAR 1/1996), in: WPg 50 (1997), S. 22–25.

Frank Loch

Überschuldungsstatus →Liquidationswert

Überwachung →Prüfungstheorie, kybernetischer Ansatz

Überwachungsaufgaben des Aufsichtsrats

Der AR hat die Geschäftsführung zu überwachen. Dazu sind ihm umfassende Informationsrechte eingeräumt worden (§ 111 AktG). Der Vorstand hat dem AR regelmäßig und umfassend über die Lage (→Vermögenslage; →Finanzlage; →Ertragslage) und Entwicklung des Unternehmens Bericht zu erstatten (§ 90 AktG) (→Berichterstattungspflichten des Vorstands).

Gegenstand der Überwachung durch den AR sind die originären Führungsaufgaben des Vorstands, d. h. alle Leitungs- und Verwaltungsmaßnahmen, die der Vorstand höchstpersönlich wahrnehmen muss, um die Gesellschaft eigenverantwortlich zu leiten. Dazu gehören die Entscheidungen über die Unternehmensorganisation (→Organisationspflichten des Vorstands) und Managementstruktur, die strategischen und operativen Zielsetzungen sowie über die darauf beruhende Unternehmensplanung (→Planung), ferner Grundsätze und wesentliche Maßnahmen zur Umsetzung der Pläne sowie Systeme und Verfahren zur Steuerung, Koordinierung und Kontrolle der Aktivitäten des Unternehmens und der Unternehmensangehörigen [→Controlling; →Internes Kontrollsystem (IKS); →Risikomanagementsystem (RMS)].

Die Überwachungspflicht des Aufsichtsrats ist nicht auf die nachträgliche Kontrolle (→Kontrolltheorie) der Geschäftsführung beschränkt. Sie muss vielmehr sogar hauptsächlich zukunftsorientiert wahrgenommen werden. Ein wesentliches Instrument der „vorbeugenden Überwachung" ist die Beratung des Vorstands durch den AR. Die →Beratungsaufgaben des Aufsichtsrats betreffen die Geschäftspolitik und allgemeine Fragen der Unternehmensführung (→Grundsätze ordnungsmäßiger Unternehmensführung) sowie Geschäftsvorgänge von grundsätzlicher Bedeutung. Eine laufende, detaillierte und spezielle Beratung fällt nicht unter die allgemeine Beratungspflicht des Aufsichtsrats.

Um den AR in alle Vorstandsentscheidungen von grundlegender Bedeutung einzubinden, ist es unerlässlich, dass bestimmte Geschäfte nur mit seiner Zustimmung vorgenommen werden dürfen (§ 111 Abs. 4 AktG). Der Katalog →*zustimmungspflichtiger Geschäfte*, der alle für die Existenz und Fortführung des Unternehmens wichtigen und besonders risikoträchtigen Geschäfte beinhalten sollte, muss immer wieder an veränderte Situationen und Entwicklungen angepasst werden.

Maßstäbe für die Überwachung durch den AR sind die Wahrung des Unternehmensinteresses, die Rechtmäßigkeit und Ordnungsmäßigkeit sowie die Wirtschaftlichkeit und Zweckmäßigkeit der Geschäftsführung (→Grundsätze ordnungsmäßiger Unternehmensüberwachung).

Bei einem konzernleitenden Unternehmen ist die Konzernführung Teil der Geschäftsführung. Für die Überwachung der Konzernführung sind insb. die rechtliche Selbständigkeit der Konzernunternehmen und die Grundlagen für die Ausübung der Leitungsmacht sowie die finanziellen Verflechtungen und Abhängigkeiten der Konzernunternehmen zu berücksichtigen (→Aufsichtsrat im Konzern).

Gem. § 90 AktG hat der *Vorstand* dem AR *regelmäßig zu berichten* über:

- die beabsichtigte Geschäftspolitik und andere grundsätzliche Fragen der Unternehmensplanung (insb. die →Finanzplanung, Investitions- und Personalplanung), und zwar mindestens einmal jährlich;
- Regelmäßig, mindestens vierteljährlich über den Gang der Geschäfte, insb. über den Umsatz (→Umsatzerlöse) und die Lage der Gesellschaft;
- in der jährlichen Bilanzsitzung über die Rentabilität der Gesellschaft, insb. die Rentabilität des →Eigenkapitals (→Rentabilitätsanalyse);
- Geschäfte, die für die Rentabilität oder Liquidität der Gesellschaft von erheblicher Bedeutung sein können (→Erfolgscontrolling; →Liquiditätscontrolling).

Bei einem konzernleitenden Unternehmen ist auch auf die Geschäfts- und Ergebnisentwicklung des Gesamtkonzerns und der Tochterunternehmen einzugehen. Über Geschäfte von erheblicher Bedeutung ist so rechtzeitig zu berichten, dass der AR vor Vornahme der Geschäfte zu ihnen Stellung nehmen kann.

Über die genannten Informationen hinaus hat der Vorstand den Vorsitzenden des Aufsichtsrats aus sonstigen wichtigen Anlässen zu informieren. Das sind Vorgänge, die die Lage des Unternehmens erheblich beeinflussen können.

Im Übrigen kann der AR vom Vorstand jederzeit einen zusätzliche Berichterstattung verlangen über Angelegenheiten der Gesellschaft, über ihre rechtlichen und geschäftlichen Beziehungen zu →verbundenen Unternehmen sowie über deren geschäftliche Entwicklungen, soweit sie auf die Lage des Unternehmens von erheblichem Einfluss sind. Auch ein einzelnes Aufsichtsratsmitglied kann einen solchen Bericht fordern, aber nur an den AR insgesamt.

Die genannten Berichte stellen eine Bringschuld des Vorstands dar, doch ist der AR mitverantwortlich für eine ausreichende Informationsversorgung. Die *Vorstandsberichte* müssen die tatsächlichen Verhältnisse zutreffend abbilden, vollständig, übersichtlich, verständlich und nachvollziehbar sein. Der AR darf grundsätzlich davon ausgehen, dass die vom Vorstand gegebenen Informationen zutreffend sind, muss aber Hinweisen oder Umständen nachgehen, aus denen sich Zweifel an der Richtigkeit, Vollständigkeit oder Plausibilität der Informationen ergeben.

Für die zukunftsorientierte Überwachung der Geschäftsführung sind dem AR die Eckdaten der Unternehmensplanung mit den zugrunde liegenden Annahmen und Prämissen sowie Berichte über die Zielerreichung und die Gründe für aufgetretene Soll-Ist-Abweichungen (→Soll-Ist-Vergleich) vorzulegen. Hierbei ist auf Abweichungen der tatsächlichen Entwicklung von früher berichteten Zielen unter Angabe von Gründen einzugehen (→Abweichungsanalyse).

Eine quartalsweise Berichterstattung über den Gang der Geschäfte reicht für die Überwachung der Geschäftsführung nur bei kontinuierlichem und unkritischem Geschäftsverlauf sowie wenig komplexer Unternehmenstätigkeit aus. I.d.R. wird eine monatliche schriftliche Berichterstattung notwendig sein. Im Mittelpunkt steht dabei die Absatz-, Umsatz- und Ergebnisentwicklung für die Zeit vom Beginn des Geschäftsjahres bis zum jeweiligen Monatsende, und zwar unter Herausstellung der Soll-Ist-Abweichungen sowie eine Hochrechnung auf das voraussichtliche Ergebnis des laufenden Geschäftsjahres.

Der AR hat ferner den *JA*, den →Lagebericht und den Vorschlag des Vorstands für die Verwendung des Bilanzgewinns (→Ergebnisverwendung, Vorschlag für die) zu prüfen. Bei Mutterunternehmen gilt dasselbe für den Konzernabschluss und den →Konzernlagebericht. Zur Prüfung genügt es i.A., wenn der AR den →Prüfungsbericht (PrB) des →Abschlussprüfers kritisch durcharbeitet und sich von APr und Vorstand zusätzliche Erläuterungen geben lässt (→Aufsichtsrat, mündliche Berichterstattung an). Allerdings hat der AR über die →Ordnungsmäßigkeitsprüfung des Abschlussprüfers hinaus auch die Zweckmäßigkeit der Rechnungslegung zu prüfen (→Wirtschaftlichkeits- und Zweckmäßigkeitsprüfung). Daher sind insb. die Rechnungslegungspolitik (→bilanzpolitische Gestaltungsspielräume, Prüfung von), ungewöhnliche Sachverhaltsgestaltungen und verlustreiche Geschäftsvorgänge zu erörtern.

Die Prüfungspflicht obliegt dem Gesamtaufsichtsrat. Das schließt nicht aus, dass zur Vorbereitung ein Bilanz- oder Prüfungsausschuss (→Audit Committee; →Aufsichtsratsausschüsse) die Vorlagen untersucht und über die Untersuchungsergebnisse berichtet. Der AR hat über das Ergebnis seiner Prüfung der HV (→Haupt- und Gesellschafterversammlung) schriftlich zu berichten (→Berichterstattungspflichten des Aufsichtsrats). Er hat ferner zum Prüfungsergebnis des Abschlussprüfers [→Prüfungsurteil; →Bestätigungsvermerk (BestV)] Stellung zu nehmen und abschließend zu erklären, ob er den JA billigt (→Feststellung und Billigung des Abschlusses).

Literatur: Potthoff, E./Trescher, K./Theisen, M. R.: Das Aufsichtsratsmitglied, 6. Aufl., Stuttgart 2003; Scheffler, E. (Hrsg.): Corporate Governance, Wiesbaden 1995.

Eberhard Scheffler

Überwachungsaufgaben des Vorstands

Die Überwachungsaufgaben des Vorstands einer AG (→Aktiengesellschaft, Prüfung einer) ergeben sich insb. aus § 91 Abs. 2 AktG. Demnach hat der Vorstand geeignete Maßnahmen zu treffen, insb. die Einrichtung eines Überwachungssystems, damit den Fortbestand der Gesellschaft gefährdende Entwicklungen früh erkannt werden. Die Regelung wurde 1998 durch das KonTraG eingeführt und konkretisiert einen Aspekt der allgemeinen Leitungsaufgaben des Vorstands i. S. d. § 76 Abs. 1 AktG sowie die

Sorgfaltspflicht nach § 93 Abs. 1 Satz 1 AktG (Zimmer/Sonneborn 2001, Rn. 159, S. 42). Bei den in § 91 Abs. 2 AktG geforderten Maßnahmen handelt es sich um einen Teilbereich des allgemeinen Risikomanagements [→Risikomanagementsystem (RMS)] (Zimmer/Sonneborn 2001, Rn. 176, S. 50).

Auf einer ersten Stufe ist der Vorstand verpflichtet, geeignete Maßnahmen zur Früherkennung (→Früherkennungssysteme) bestandsgefährdender Entwicklungen zu treffen, wobei unter Entwicklung die Veränderung eines bestehenden Risikozustands zu verstehen ist. Bestandsgefährdend sind die Entwicklungen dann, wenn sich dadurch Auswirkungen auf die →Vermögenslage, →Finanzlage und →Ertragslage (→wirtschaftliche Verhältnisse) der Gesellschaft ergeben (→Bestandsgefährdung). Beispielhaft können hier Folgen von risikobehafteten Geschäften, Fehlern in der Rechnungslegung (→Unregelmäßigkeiten) und Gesetzesverstößen aufgeführt werden. Unzweifelhaft stellt eine drohende →Insolvenz eine bestandsgefährdende Entwicklung dar (Hüffer 2002, Rn. 6 zu § 91 AktG, S. 441).

Die bestandsgefährdenden Entwicklungen müssen frühzeitig vom Vorstand erkennbar sein. D.h. die Erkennbarkeit muss zu einem Zeitpunkt gegeben sein, in dem den bestandsgefährdenden Entwicklungen noch rechtzeitig entgegengewirkt werden kann. Als Maßnahmen zur Früherkennung kommen jegliche Handlungen des Vorstands im Rahmen seiner Leitungsaufgaben nach § 76 Abs. 1 Satz 1 AktG in Betracht. Typischerweise handelt es sich dabei um unternehmensinterne Anordnungen organisatorischer, verfahrens- oder ablauftechnischer sowie personeller Art (Zimmer/Sonneborn 2001, Rn. 184, S. 53). Geeignet sind die getroffenen Maßnahmen dann, wenn sie entsprechend der Zielsetzung dazu dienen, den Fortbestand der Gesellschaft gefährdende Entwicklungen früh zu erkennen. Eine Eignung ist insb. dann gegeben, wenn nach der Erfahrung erwartet werden darf, dass der Vorstand die relevanten Informationen rechtzeitig erhält (Hüffer 2002, Rn. 7 zu § 91 AktG, S. 441).

Auf einer zweiten Stufe hat der Vorstand ein Überwachungssystem einzurichten. Dieses in § 91 Abs. 2 AktG vorgeschriebene Überwachungssystem ist nicht mit dem aus der Betriebswirtschaftslehre stammenden allgemeinen →Risikomanagementsystem (RMS) zu verwechseln, welches im Wesentlichen von einer Risikoidentifikation über eine Risikoinventur zu einer Risikokontrolle führt (Zimmer/Sonneborn 2001, Rn. 175, S. 49 f.). Das System i.S.d. § 91 Abs. 2 AktG soll vielmehr die Einhaltung der getroffenen Maßnahmen zur Früherkennung überwachen. Hierunter ist eine unternehmensinterne Kontrolle (→Kontrolltheorie) zu verstehen, ob die veranlassten Maßnahmen auch umgesetzt wurden, insb. ob Innenrevision (→Interne Revision) und →Controlling die relevanten Informationen zeitnah an den Vorstand weiterleiten (Hüffer 2002, Rn. 8 zu § 91 AktG, S. 441).

Neben den Überwachungsaufgaben gem. § 91 Abs. 2 AktG konkretisiert das AktG Einzelaspekte, die zum Aufgaben- und insb. Verantwortungsbereich des Vorstands gehören. Dabei ist zum einen die Buchführungsverantwortung gem. § 91 Abs. 1 AktG zu nennen. Der Vorstand hat dafür Sorge zu tragen, dass die erforderlichen Handelsbücher geführt werden. Die Buchführungspflicht obliegt gem. § 238 Abs. 1 HGB der Gesellschaft, da diese Formkaufmann i.S.d. § 6 HGB ist. Der Vorstand trägt damit die Verantwortung für die Erfüllung der Buchführungspflicht der Gesellschaft und ist zudem verpflichtet, die erforderlichen Maßnahmen zu treffen. Ziel der Vorschrift ist, durch Selbstkontrolle und Dokumentation der Geschäftsvorfälle den Gläubigerschutz zu gewährleisten (Hüffer 2002, Rn. 2 zu § 91 AktG, S. 440).

Zum anderen enthält § 92 AktG konkrete Aufgaben des Vorstands beim Eintreten bestimmter Sachverhalte. So muss der Vorstand nach § 92 Abs. 1 AktG unverzüglich die HV (→Haupt- und Gesellschafterversammlung) einberufen und Verlustanzeige erstatten, wenn sich bei der Aufstellung der Jahresbilanz bzw. einer Zwischenbilanz (→Zwischenabschlüsse) oder nach pflichtgemäßem Ermessen herausstellt, dass ein Verlust in Höhe der Hälfte des Grundkapitals (→Gezeichnetes Kapital) besteht (→Einberufungspflichten des Vorstands). Zweck der Vorschrift ist, die HV über die bestandsgefährdende Entwicklung zu informieren und die Handlungsfähigkeit der Aktionäre herzustellen, die gem. § 118 Abs. 1 AktG nur in der HV tätig werden können. Für die Ermittlung des Verlustes aus der Aufstellung der Jahresbilanz bzw. einer Zwischenbilanz oder nach pflichtgemäßem Ermessen sind die geltenden Vorschriften des HGB hinsichtlich Ansatz (→Ansatzgrundsätze) und Bewertung (→Bewertungsgrundsätze) maßgeblich. D.h., dass stille Reserven (→stille Reserven und Lasten) nicht aufgedeckt werden dürfen (Hüffer 2002, Rn. 1 ff. zu § 92 AktG, S. 443 f.).

Gem. § 92 Abs. 2 AktG ist der Vorstand verpflichtet, bei Zahlungsunfähigkeit oder Überschuldung der Gesellschaft (→Zahlungsunfähigkeitsprüfung; →Überschuldungsprüfung) ohne schuldhaftes Zögern, spätestens aber nach 3 Wochen, die Eröffnung des Insolvenzverfahrens zu beantragen. Hiermit soll insb. dem Schutz der Gläubiger Rechnung getragen werden, die an einer geordneten Verwertung der Gesellschaft im Insolvenzfall interessiert sind (Hüffer 2002, Rn. 1 zu § 92 AktG, S. 443).

Der Insolvenzantrag kann nach § 15 Abs. 1 InsO von jedem Vorstandsmitglied einzeln gestellt werden. Die Gesellschaft ist nach § 17 Abs. 2 InsO zahlungsunfähig, wenn sie nicht in der Lage ist, die fälligen Zahlungsverpflichtungen zu erfüllen. Dies ist anzunehmen, wenn von Seiten der Gesellschaft eine Zahlungseinstellung erfolgt ist. Eine Überschuldung der Gesellschaft liegt gem. § 19 Abs. 2 InsO vor, wenn das Vermögen die bestehenden Verbindlichkeiten der Gesellschaft nicht mehr deckt. Die →Überschuldungsprüfung erfolgt mittels einer Überschuldungsbilanz, die insb. dadurch gekennzeichnet ist, dass sämtliche stille Reserven aufzudecken sind, auch wenn von einer Fortführung des Unternehmens ausgegangen wird.

Ist die Zahlungsunfähigkeit oder die Überschuldung der Gesellschaft eingetreten, darf der Vorstand nach § 92 Abs. 3 AktG keine Zahlungen mehr leisten, um eine Schmälerung der späteren Insolvenzmasse zu verhindern. Ausgenommen hiervon sind Zahlungen, denen eine wertdeckende Gegenleistung gegenübersteht oder die im Rahmen von Sanierungsbemühungen (→Sanierungsberatung) innerhalb der Frist des § 92 Abs. 2 AktG erbracht werden müssen (Hüffer 2002, Rn. 14 ff. zu § 92 AktG, S. 448).

Literatur: Hüffler, U.: Aktiengesetz, 5. Aufl., München 2002; Zimmer, D./Sonneborn, A. M.: § 91 Abs. 2 AktG: Anforderungen und gesetzgeberische Absichten, in: Lange, K. W. (Hrsg.): Risikomanagement nach dem KonTraG: Aufgaben und Chancen aus betriebswirtschaftlicher und juristischer Sicht, München 2001.

Ralf Michael Ebeling

Umfeld, wirtschaftliches →Wirtschaftliches Umfeld

Umkehrmaßgeblichkeit →Maßgeblichkeit, umgekehrte

Umlaufintensität →Vermögensstruktur

Umlaufvermögen

Umlaufvermögen ist das Vermögen, welches dem Unternehmen nur kurzfristig (< 1 Jahr) zu dienen bestimmt ist und das keinen →Rechnungsabgrenzungsposten (RAP) darstellt. Gem. § 266 Abs. 2 HGB (→Gliederung der Bilanz) umfasst das Umlaufvermögen Vorräte (→Vorratsvermögen), →Forderungen und →sonstige Vermögensgegenstände, Wertpapiere sowie Kassenbestand, Bundesbankguthaben, Guthaben bei →Kreditinstituten (→Bankguthaben) und Schecks (→Zahlungsverkehr).

Die Prüfung des Umlaufvermögens, die zweckmäßigerweise im Zusammenhang mit den entsprechenden Posten der →Gewinn- und Verlustrechnung (GuV) durchgeführt wird, gliedert sich in eine Prüfung der →Ansatzgrundsätze, Bewertungsprüfung sowie Ausweisprüfung (→Fehlerarten in der Abschlussprüfung). Im Rahmen der Bewertungsprüfung ist insb. auf die Einhaltung des strengen Niederstwertprinzips gem. § 253 Abs. 3 HGB zu achten (→Grundsätze ordnungsmäßiger Buchführung, Prüfung der). Darüber hinaus hat sich der APr von der Vollständigkeit und Richtigkeit der Anhangangaben (→Angabepflichten; →Anhang) zu überzeugen.

Die Ansatzprüfung des →Vorratsvermögens erfolgt u. a. im Rahmen der Inventurbeobachtung durch den APr (→Nachweisprüfungshandlungen). Sind die Vorräte des zu prüfenden Unternehmens absolut oder relativ von Bedeutung, so hat sich der APr von dem ordnungsmäßigen Ablauf der →Inventur zu überzeugen und sollte ggf. die vorgenommenen Inventurzählungen stichprobenartig überprüfen (→Stichprobenprüfung). Es ist darauf zu achten, dass ausschließlich Gegenstände, die sich im (wirtschaftlichen) Eigentum des zu prüfenden Unternehmens befinden, bilanziert werden. Fremdbestände, wie etwa Kommissionsware oder Ware im Konsignationslager, sind nicht zu erfassen. Weiterhin ist auf eine zutreffende Periodenabgrenzung (→periodengerechte Erfolgsermittlung; →Cut-Off) zu achten. Warenausgänge und -eingänge müssen entsprechend dem vereinbarten Gefahrenübergang im Vorratsvermögen erfasst sein, wenn das zu prüfende Unternehmen zum Bilanzstichtag Eigentümer der Ware ist. Die Prüfung der Bewertung der Vorräte erfolgt i.d.R. anhand von externen Nachweisen (→Prüfungsnachweise), wie bspw. Rechnungen, Verträgen, Preislisten oder Marktpreisen. Bei Überbeständen oder nicht mehr voll verwertbaren Materialien ist darauf zu achten, dass angemessene Wertberichtigungen (→außerplanmäßige Abschreibungen) vorgenommen wurden. Hier hat der APr u.U. den Rat von Fachleuten einzuholen. Werden im Rahmen der Vorratsbewertung Bewertungsvereinfachungsverfahren gem. § 256 HGB angewandt (→Bewertungsgrundsätze; →Verbrauchsfolgeverfahren), so hat sich der APr davon zu überzeugen, dass die Voraussetzungen hierfür vorliegen.

Die Ansatzprüfung der →Forderungen beinhaltet i.d.R. eine Saldenbestätigungsaktion (→Bestätigungen Dritter). Alternative Prüfungshandlungen umfassen bspw. die Prüfung des Zahlungsausgleichs sowie die Prüfung anhand von Rechnungen, Verträgen und Lieferscheinen bzw. Abnahmeprotokollen bei erbrachten Leistungen (→Nachweisprüfungshandlungen). Die Bewertungsprüfung der Forderung erfolgt u.a. unter Berücksichtigung der Altersstruktur der Forderungen und der →Bonität der Schuldner (→Bewertungsprüfung). Dabei sind bspw. Zahlungsziele, Sicherheiten und Kreditversicherungen zu berücksichtigen. Bei Fremdwährungsforderungen hat ein Vergleich des Kurses zum Transaktionszeitpunkt mit dem Stichtagskurs zu erfolgen (→Währungsumrechnung). Ggf. sind erforderliche Abschreibungen (→außerplanmäßige Abschreibungen) auf den niedrigeren Stichtagskurs vorzunehmen.

Innerhalb der →sonstigen Vermögensgegenstände werden alle Posten zusammengefasst, die nicht gesondert auszuweisen sind. Es handelt sich bspw. um debitorische Kreditoren, Gehalts- und Reisekostenvorschüsse, Personaldarlehen, Steuererstattungsansprüche oder Schadensersatzansprüche. Der APr hat darauf zu achten, dass innerhalb dieses Postens keine →Vermögensgegenstände ausgewiesen werden, die nicht gesondert unter einem anderen Bilanzposten zu erfassen sind. Darüber hinaus hat der APr den Ansatz und die Bewertung von sonstigen Vermögensgegenständen mithilfe von externen Nachweisen und Unterlagen des zu prüfenden Unternehmens zu beurteilen.

Im Rahmen der Prüfung der *Wertpapiere* erfolgt i.d.R. eine Abstimmung mit der entsprechenden Depotbescheinigung zum Bilanzstichtag. Bewahrt die Gesellschaft die Wertpapiere selbst auf, so hat eine Abstimmung mit der Aufstellung des zu prüfenden Unternehmens und externen Nachweisen, wie Rechnungen, zu erfolgen (→Nachweisprüfungshandlungen; →Abstimmprüfung; →Belegprüfung).

Die Überprüfung des *Kassenbestands* erfolgt anhand des Kassenaufnahmeprotokolls zum Bilanzstichtag sowie des Kassenbuchs. Entsprechend erfolgt die Prüfung des Scheckbestands (→Zahlungsverkehr). Für Guthaben bei Kreditinstituten wird der APr i.d.R. eine externe Bestätigung (→Bestätigungen Dritter) des jeweiligen Kreditinstituts zum Bilanzstichtag einholen. Darüber hinaus sollte eine Abstimmung mit Kontoauszügen vorgenommen werden. Bei temporären Buchungsunterschieden ist die Überleitungsrechnung des Unternehmens nachzuvollziehen. Darüber hinaus hat der APr die periodengerechte Erfassung der Zinsen und Spesen zu prüfen (→periodengerechte Erfolgsermittlung; →Cut-Off).

Literatur: IDW (Hrsg.): WPH 2006, Band I, 13. Aufl., Düsseldorf 2006.

Michael Kritzer

Umsatzanalyse →Sortimentscontrolling

Umsatzerlöse

Bei den Umsatzerlösen handelt es sich um einen Ertragsposten (→Aufwendungen und Erträge), der nach den handelsrechtlichen Gliederungsvorschriften des § 275 Abs. 2 und 3 HGB in der →Gewinn- und Verlustrechnung (GuV) sowohl nach dem UKV als auch nach dem GKV gesondert an erster Position auszuweisen ist (→Gliederung der Gewinn- und Verlustrechnung).

Als Messgröße für das Ausmaß der unternehmerischen Tätigkeit sowie als Ausgangsbasis für die Berechnung weiterer betriebswirtschaftlicher Kennzahlen (→Kennzahlen und Kennzahlensysteme als Kontrollinstrument), wie der Umsatzrendite, kommt dem Posten eine besondere Bedeutung bei der Analyse der →Ertragslage zu. Außerdem dienen die Umsatzerlöse als ein Größenkriterium bei der Abgrenzung von „kleinen", „mittleren" und „großen" KapGes i.S.d § 267 HGB und wirken sich hierdurch mittelbar auch auf den Eintritt der an die →Größenklassen geknüpften Rechtsfolgen, wie Umfang der Aufstellungspflicht gem. § 264 Abs. 1 HGB , →Offenlegung des Jahresabschlusses gem. § 325 ff. HGB oder Prüfungspflicht gem. § 316 Abs. 1 HGB etc. (→Unternehmensformen), aus.

Um eine möglichst hohe Aussagekraft für Analysezwecke, wie z. B. im Rahmen von Unternehmensvergleichen (→überbetriebliche Vergleiche; →Benchmarking), zu erreichen, bedarf es zunächst eines einheitlichen Verständnisses darüber, welche →Erträge dem Grunde nach unter diesen Posten fallen und in welchem Umfang Saldierungen zulässig oder geboten sind (→Grundsätze ordnungsmäßiger Buchführung, Prüfung der). Diesem Bedürfnis wird durch die Definition des Postens in § 277 Abs. 1 HGB Rechnung getragen, wonach als Umsatzerlöse die →Erlöse aus dem Verkauf und der Vermietung oder Verpachtung von für die gewöhnliche Geschäftstätigkeit der KapGes typischen Erzeugnissen und Waren sowie aus von für die KapGes typischen Dienstleistungen nach Abzug von Erlösschmälerungen und der USt auszuweisen sind. Für die Frage, was i.S. dieser Definition als „typisch" anzusehen ist, ist weniger der in der Satzung bzw. dem Gesellschaftsvertrag angegebene Gegenstand der Gesellschaft maßgebend, als vielmehr das tatsächliche Erscheinungsbild des Unternehmens. Bei Zweifeln hinsichtlich der Abgrenzung sollte dem Ausweis unter den Umsatzerlösen der Vorzug vor dem Ausweis unter anderen Posten gegeben werden (ADS 1997, Rn. 6 zu § 277 HGB).

Während eine Verrechnung der Umsatzerlöse mit Aufwendungen aufgrund des Saldierungsverbots des § 246 Abs. 2 HGB nicht statthaft ist, sind Erlösschmälerungen (hierunter fallen z. B. Skonti und Gutschriften) definitionsgemäß zwingend von den Bruttoumsätzen abzuziehen. Dies entspricht dem Grundsatz, dass →Aufwendungen und Erträge in der GuV nur in ihrer tatsächlichen Höhe auszuweisen sind. Zur Sicherstellung der Vergleichbarkeit im Zeitablauf (→zeitlicher Vergleich) ist, sofern sich die tatsächlichen Gegebenheiten nicht ändern, an einer einmal getroffenen Abgrenzung der Umsatzerlöse von anderen Erträgen (→sonstige betriebliche Aufwendungen und Erträge) in den Gewinn- und Verlustrechnungen der Folgejahre entsprechend § 265 Abs. 1 HGB festzuhalten (→Stetigkeit).

Die Analysemöglichkeit des Postens wird für den Jahresabschlussadressaten durch ergänzende Pflichtangaben im →Anhang unterstützt. Nach § 285 Nr. 4 HGB ist im Anhang einer großen KapGes bzw. einer großen Personenhandelsgesellschaft i.S. d. § 264a HGB [→Personengesellschaften (PersGes)] eine Aufgliederung der Umsatzerlöse nach Tätigkeitsbereichen und geographisch bestimmten Merkmalen, soweit sich diese untereinander erheblich unterscheiden, vorzunehmen. Geographisch bestimmte Märkte können Ländergruppen, einzelne Länder und Binnenregionen bis zu einzelnen Gemeinden sein (→Segmentberichterstattung).

Mit der Einbuchung der Umsatzerlöse im JA wird auch der mit dem Umsatzakt verbundene Gewinn realisiert. In zeitlicher Hinsicht hat die Erfassung der Umsatzerlöse deshalb in Übereinstimmung mit dem in § 252 Abs. 1 Nr. 4 HGB normierten Realisationsprinzip zu erfolgen. Danach erfolgt eine Bilanzierung nicht, bevor die vereinbarte Leistung erbracht, bzw. Lieferung erfolgt ist und der Anspruch auf die Gegenleistung damit entstanden ist (→periodengerechte Erfolgsermittlung).

In der Vergangenheit aufgetretene Bilanzierungsskandale (→Bilanzfälschung) haben gezeigt, dass aufgrund der Bedeutung der Umsatzerlöse, z. B. als Analyse- und oft auch als Maßgröße für Anreizsysteme (→Incentive-Systeme), ihre Anfälligkeit für absichtliche Falschausweise besonders groß ist (→Unregelmäßigkeiten). Die Möglichkeit solcher Falschausweise ist daher vor Beginn der Prüfung einzuschätzen und in angemessener Weise bei der →Planung und Durchführung der Prüfung (→Prüfungsplanung; →Auftragsdurchführung) zu berücksichtigen (→Unregelmäßigkeiten, Aufdeckung von). Darüber hinaus sollte eine Überprüfung des →Internen Kontrollsystems zum Absatzprozess erfolgen (→Internes Kontrollsystem, Prüfung des; →Systemprüfung) und die hierdurch gewonnenen Erkenntnisse ebenfalls in den Prüfungsplan einfließen.

Die Prüfung der Umsatzerlöse im Rahmen der →Jahresabschlussprüfung (→Konzernabschlussprüfung) erfolgt i. d. R. zusammen mit der Prüfung der in der Bilanz ausgewiesenen →Forderungen. Der Schwerpunkt liegt auf der Prüfung ihrer Existenz (→Nachweisprüfungshandlungen) sowie ihrer periodengerechten Erfassung unter Beachtung des Realisationsprinzips (→periodengerechte Erfolgsermittlung; →Cut-Off). Einzelfallbezogene substanzielle Prüfungshandlungen (→Einzelfallprüfungen) zu den Forderungen – wie die Einholung von Saldenbestätigungen (→Bestätigungen Dritter) – sollten durch →analytische Prüfungshandlungen zu den Umsatzerlösen ergänzt werden. Zur Bildung von Erwartungswerten bieten sich bspw. unternehmensinterne Statistiken zum Einkauf und Verkauf nach Mengen und Preisen, zu Frachtaufwendungen, Margenanalysen usw. an.

Ein besonderes Risiko für die periodengerechte Bilanzierung stellen Umsatztransaktionen dar, die auf der Grundlage außergewöhnlicher, vom Routinegeschäft abweichender, Vertragsvereinbarungen durchgeführt wurden (z. B. Verträge, die eine Vielzahl eigenständiger Lieferungen und Leistungen zum Gegenstand haben, langfristige Werkverträge, Tauschgeschäfte oder sog. „Sale and Buy Back Geschäfte"). Die Prüfung hat in diesen Fällen durch eine umfassende Würdigung aller vertraglich getroffenen Vereinbarungen zu erfolgen.

Die Einhaltung des Stetigkeitsgrundsatzes (→Stetigkeit) stellt einen Schwerpunkt bei der Ausweisprüfung dar (→Fehlerarten in der Abschlussprüfung). Prüfungsziel ist es, willkürliche Änderungen in der inhaltlichen Abgrenzung des Postens, die eine Vergleichbarkeit zwischen aufeinander folgenden Rechnungslegungsperioden wesentlich stören würden, zu verhindern (→Vergleichsangaben über Vorjahre).

Neben der gesetzmäßigen Bilanzierung der Umsatzerlöse in der GuV sind auch die vollständige und richtige Erfassung der Anhangangaben zu den Umsatzerlösen und ggf. die im →Lagebericht (→Konzernlagebericht) enthaltenen Aussagen zur Umsatzentwicklung zu prüfen (→Prognosebericht). Außerdem bietet es sich an, benachbarte Posten, wie den in der Bilanz ausgewiesenen USt-Saldo, in die Prüfung mit einzubeziehen.

Literatur: ADS: Rechnungslegung und Prüfung der Unternehmen, Teilband 5, 6. Aufl., Stuttgart 1997.

Dirk Hällmayr

Umsatzkostenverfahren →Kostenträgerzeitrechnung; →Gliederung der Gewinn- und Verlustrechnung; →Gewinn- und Verlustrechnung

Umsatzplanung und -kontrolle

Die Umsatzplanung stellt Planwerte über die am Markt zu erzielenden pagatorischen →Erlöse als Informationen für eine marktorientierte Unternehmenssteuerung bereit. Dagegen sind Aufgaben der Umsatzkontrolle der laufende →Soll-Ist-Vergleich der Umsätze sowie eine →Abweichungsanalyse.

Prüfungsrelevant werden Umsatzplanung und -kontrolle etwa durch die Regelungen des § 289 Abs. 2 Nr. 2 HGB zum →Lagebericht oder durch die Pflicht zur Bestimmung von Unternehmens(bereichs)werten (→Unternehmenswert) im Rahmen des →Impairmenttests nach IAS 36.

Die *Umsatzplanung* ist wesentlicher Bestandteil der Unternehmensplanung (→Planung). Sie bedarf der Abstimmung mit anderen betrieblichen Teilplänen. Besondere Zusammenhänge bestehen mit der Absatzplanung, die der Umsatzplanung das Mengengerüst liefert, aber auch mit der Kostenplanung (→Kosten; →Plankostenrechnung). Über innerbetriebliche Restriktionen, wie Kapazitäten (→Kapazitätsplanung), wird auch die Produktionsprogrammplanung berührt. Da der Umsatz (→Umsatzerlöse) die wesentliche Erfolgskomponente darstellt, nimmt die Umsatzplanung eine dominante Stellung ein.

Eine effektive marktorientierte Steuerung erfordert eine Aufschlüsselung der Planumsätze auf *Bezugsgrößen* (→Bezugsgrößenhierarchie). So sind etwa Produkt(gruppen)umsätze und Kundenumsätze denkbar, ebenso wie Planumsätze einzelner Absatzsegmente oder ganzer Unternehmenseinheiten oder auch bestimmter Marketing-Aktivitäten (Rese 2002, Sp. 454). In zeitlicher Hinsicht kann der Planumsatz ferner in Jahres-, Monats- oder Wochenumsätze etc. aufgeschlüsselt werden.

Umsatzplanung kann auf zwei Ebenen erfolgen. Zum einen müssen Absatzmengen und -preise geschätzt und um die verschiedenen Erlösberichtigungen, wie Rabatte, Boni,

Wechselkursänderungen und Forderungsverluste, korrigiert werden. Auf einer höheren Ebene müssen die Bestimmungsfaktoren von Absatzmengen und -preisen hinterfragt werden. Wird die Umsatzplanung konsequent als Teil der Unternehmenssteuerung eingesetzt, ist letztere Analyse unabdingbar.

Die Umsätze werden durch verschiedene *Bestimmungsfaktoren* beeinflusst. Man unterscheidet zwischen disponierbaren und nicht disponierbaren Faktoren. Erstere sind insb. die absatzpolitischen Instrumente (Marketing-Mix). Das →Produktlebenszykluskonzept gibt Anhaltspunkte für eine Umsatzplanung auf Produkt-, aber auch Unternehmensebene (etwa im Rahmen einer →Portfolioanalyse der Geschäftsfelder). Nicht disponierbare Faktoren sind dagegen das Marktvolumen und Marktwachstum sowie seine Aufteilung auf Produktgruppen oder Kunden. Gleiches gilt für den zeitlichen Verlauf dieser Größen. Auch das Preisniveau ist kaum beeinflussbar. Trend-, Konjunktur- und Saisonverläufe sowie branchenbezogene Strukturverschiebungen sind ebenfalls exogene Einflussfaktoren (Reichmann/Scholl 1984, S. 428 f.). *Prognosen* (→Prognoseinstrumente) können mittels statistischer Verfahren, wie Trendextrapolation, Korrelations- und Regressionsanalyse, durchgeführt werden, aber auch über Kausalzusammenhänge und Expertenbefragungen. Ein wichtiges Mittel zur Umsatzplanung ist die Preisabsatzfunktion, die insb. in Massenmärkten aussagefähig ist.

Eine Umsatzplanung erfolgt in mehreren Schritten. Zunächst sind die Bestimmungsfaktoren des Umsatzes zu ermitteln und funktionale wie zeitliche Zusammenhänge zum Umsatz zu schätzen. Daraus können Prognoseumsätze abgeleitet werden. Das Ergebnis der Umsatzplanung sind schließlich zeitabhängig kumulierte Umsatzpläne, die periodenindividuelle sowie kumulierte Umsätze einzelner Bezugsgrößen in unterschiedlichen Aggregationsgraden abbilden.

Ein besonderes Problem der Umsatzplanung sind *Erlösverbunde*. Diese liegen vor, wenn Entscheidungen über ein Absatzobjekt Erlöswirkungen bei anderen Absatzobjekten bewirken (Rese 2002, Sp. 455). Solche Verbundbeziehungen können produkt-, transaktions- und kundenübergreifend sein. Beispiele sind angebotsseitige Verbunde durch Rabattierung, Mindest- oder Pauschalentgelte oder Kopplungsverkäufe. Nachfrageseitige Verbunde können durch Nutzungsgewohnheiten oder in Form von Netzeffekten entstehen. Treten aufgrund von Verbunden sog. Gemeinerlöse auf, muss die Umsatzplanung diese gegenseitigen Abhängigkeiten berücksichtigen.

Die *Umsatzkontrolle* ist die logische Fortführung der Umsatzplanung, indem die Einhaltung der Planwerte und Erreichung der Sollwerte laufend überwacht wird und Abweichungen analysiert werden. Auch die Umsatzkontrolle ist auf zwei Ebenen möglich. Als symptombezogene Abweichungsanalyse kann sie einerseits lediglich die Aufspaltung der Gesamtabweichung in ihre Komponenten →Preisabweichung und →Mengenabweichung verfolgen. Andererseits kann eine ursachenbezogene Analyse einen tieferen Einblick vermitteln, indem sie danach fragt, welche Faktoren ausschlaggebend für die Abweichung waren.

Eine *Prüfung der Umsatzplanung* muss die unvermeidbare Unsicherheit berücksichtigen. Überprüft werden kann daher nicht, ob die Umsatzplanung richtig oder falsch war, sondern nur, ob alle verfügbaren Informationen verwendet wurden, grundlegende Annahmen realistisch und widerspruchsfrei sind und statistische Methoden richtig gehandhabt wurden. Daneben kann geprüft werden, ob die verschiedenen Teilplanungen aufeinander abgestimmt sind, d. h. ob die Umsatzplanung etwa zur Materialverbrauchs-, Produktions- und (Umsatz-) Steuerplanung passt. Die *Prüfung der Umsatzkontrolle* erfolgt im Rahmen der Prüfung des →Internen Kontrollsystems (→Internes Kontrollsystem, Prüfung des).

Literatur: Reichmann, T./Scholl, H. J.: Kosten- und Erfolgscontrolling auf der Basis von Umsatzplänen, in: DBW 44 (1984), S. 427–437; Rese, M.: Erlösplanung und Erlöskontrolle, in: Küpper, H.-U./Wagenhofer, A. (Hrsg.): HWUC, 4. Aufl., Stuttgart 2002, Sp. 453–462.

Dirk Hachmeister

Umsatzprognose →Erfolgsprognose

Umsatzrentabilität →Erfolgskennzahlensystem; →ROI-Kennzahlensystem; →Rentabilitätsanalyse

Umsatzsteuer-Nachschau →Umsatzsteuersonderprüfung

Umsatzsteuersonderprüfung

Die USt-Sonderprüfung ist eine →Außenprüfung der Finanzverwaltung auf dem Gebiet der USt. Diese wird zeitnah und unabhängig vom Turnus der allgemeinen Betriebsprüfung und von der Größe eines Betriebs durch Fachprüfer vorgenommen. Geprüft werden *Unternehmer* i. S. d. § 2 UStG sowie Privatpersonen im Rahmen des innergemeinschaftlichen Erwerbs neuer Fahrzeuge.

Der *Prüfungsumfang* kann von der Vollprüfung einzelner Anmeldezeiträume bis hin zu punktuellen Prüfungen variieren. Zusätzlich können Prüfungen in Insolvenzfällen (→Insolvenz) angeordnet werden. Für die Durchführung der Prüfung gelten die Grundsätze der Außenprüfung der Finanzverwaltung. Insb. gilt der Grundsatz, dass auch die USt-Sonderprüfung mit ausreichendem zeitlichen Vorlauf angekündigt werden muss.

Prüfungsschwerpunkte der USt-Sonderprüfung sind insb.

- die zeitgerechte und richtige Besteuerung der steuerpflichtigen, steuerermäßigten oder steuerbefreiten Umsätze, des innergemeinschaftlichen Waren- und Dienstleistungsverkehrs einschl. Melde- und Dokumentationsanforderungen,
- der Übergang der Steuerschuldnerschaft,
- der Vorsteuerabzug einschl. des Vorliegens der formalen Voraussetzungen,
- das Vorliegen von vorsteuerschädlichen Umsätzen,
- die Vorsteuerberichtigung und
- die Berichtigung von Bemessungsgrundlagen.

Auffälligkeiten können zur Veranlassung einer Sonderprüfung führen. Auch hohe Abschlusszahlungen (Differenzen zwischen USt-Erklärung und -voranmeldungen) sollen i. d. R. Prüfungshandlungen des Finanzamts veranlassen. Daher sind USt-Sonderprüfungen i. d. R. sog. Bedarfsprüfungen.

Typische Streitpunkte bei der Durchführung von USt-Sonderprüfungen sind Feststellungen im Zusammenhang mit unzureichender Erfüllung der formalen Voraussetzungen des USt-Rechts, die häufig Steuernachforderungen trotz eindeutiger materieller Lage bewirken. Beispiele hierfür sind:

- Ein falscher Rechnungsempfänger wurde benannt, eine Leistung fehlerhaft bezeichnet, eine Steuer fehlerhaft zu hoch ausgewiesen – in diesen Fällen wird neben der tatsächlichen Leistung die in der Rechnung fehlerhaft oder zu hoch ausgewiesene Steuer geschuldet, bis die Rechnung wirksam berichtigt wird und eine Gefährdung des Steueraufkommens nicht mehr möglich ist.
- Fehlende Angaben in der Eingangsrechnung – der Vorsteuerabzug wird bis zur Berichtigung der Rechnung verwehrt.
- Dokumente bei der Einfuhr, Ausfuhr oder im innergemeinschaftlichen Erwerb sind unzureichend oder der Geschäftspartner hat eine fehlerhafte USt-Identifikationsnummer verwendet – hierdurch entfallen u. a. Steuerbefreiungen oder es werden Vorsteuerabzüge verwehrt.

Eine *Berichtigung* der Unterlagen mit nachträglicher Abwehr der Steuernachbelastung scheitert häufig daran, dass der zivilrechtliche Anspruch auf Änderung der Abrechnungsunterlagen durch die Geschäftspartner praktisch nicht durchsetzbar ist. Zudem bleibt für die Zeit zwischen Umsatzrealisation und Dokumentenberichtigung die Festsetzung von Steuerzinsen in Höhe von 0,5 % pro Monat.

Nachhaltiger *USt-Betrug* in den Staaten der EU hat auch in Deutschland zu einer Verschärfung der gesetzlichen Bestimmungen im USt-Recht geführt. Es gelten erhöhte Anforderungen an die Dokumentation und Rechnungsberichtigung, zusätzliche Bestimmungen über die Haftung für Steuerschulden von Geschäftspartnern um eine Gefährdung des Steueraufkommens zu reduzieren, z. B. in Fällen der Forderungsabtretung, in Fällen in denen der Unternehmer wusste oder hätte wissen können, dass der Geschäftspartner seine Steuerverbindlichkeiten nicht erfüllt, bei Karussellgeschäften.

Insb. zur Reduktion des Steuerbetrugs mit Scheinunternehmen wurde in Ergänzung zur Sonderprüfung die *USt-Nachschau* geschaffen, die den Prüfungsstellen ermöglicht, sich ohne Vorankündigung ein Bild über räumliche Verhältnisse, das eingesetzte Personal sowie den üblichen Geschäftsbetrieb des Steuerpflichtigen zu verschaffen.

Literatur: Schwarze, R., in: Schröder, J./Muuss, H. (Hrsg.): Handbuch der steuerlichen Betriebsprüfung.

Die Außenprüfung, Loseblattausgabe, Band 2, Berlin, Stand: Erg.-Lfg. 03/05 Dezember 2005; Wenzig, H.: Außenprüfung. Betriebsprüfung, 9. Aufl., Achim 2004.

Alexander Oldenburg

Umschlagshäufigkeit →Sortimentscontrolling; →Erfolgskennzahlensystem

Umschlagshäufigkeit des Umlaufvermögens →Vermögensstruktur

Umschlagskoeffizienten →Vermögensstruktur

Umstellung auf internationale Rechnungslegung →Internationale Rechnungslegung, Umstellung auf

Umstellung von Kameralistik auf Doppik

In Folge des Beschlusses der Innenministerkonferenz vom 21.11.2003 werden die Kommunen in Deutschland bis ca. 2010 von der Kameralistik auf die sog. kommunale Doppik umsteigen müssen, oder, falls die jeweiligen Bundesländer eine Wahlmöglichkeit zwischen kommunaler Doppik und erweiterter Kameralistik vorsehen, umsteigen können.

Bestand die Mitwirkung des Beraterstandes im Kommunalbereich bisher, abgesehen von der Mitarbeit in Pilotprojekten zur Einführung der Doppik, vor allem in der Betreuung von Umstrukturierungen und der Beratung und Prüfung der kaufmännisch rechnenden Tochterunternehmen (Eckstein 1999, S. 87), so bietet die anstehende Umstellung der gesamten Kernverwaltung ein ungleich komplexeres Betätigungsfeld mit einem geschätzten Marktvolumen von mehr als einer Mrd. € (Wambach 2006).

Voraussetzung für eine reibungslose Umstellung auf die Doppik ist eine straffe Projektorganisation: Aufgaben, Verantwortlichkeiten und Meilensteine müssen definiert werden, der Grad der Zielerreichung ist stets zu überprüfen (→Projektcontrolling). Bereits hier wird sich der Berater als übergreifende Koordinierungsstelle einbringen können (Ellerich 2004, S. 62).

Ist der zeitliche Rahmen festgelegt, muss eine Entscheidung über die anzuschaffende Software getroffen werden und müssen vor allem die von der Umstellung betroffenen Kommunalbediensteten in die für sie meist völlig neue doppische Buchungswelt eingewiesen und anschließend permanent fortgebildet werden. Auch hier wird der externe Berater aktiv oder koordinierend eingebunden werden können und müssen. U.U. kann sogar die gesamte Buchungsarbeit in dessen Bereich ausgelagert werden (Dreyer/Lamm/Krüger 2004, S. 418). Neben der Vermittlung der reinen Buchungstechnik (→Buchführungstechnik und Prüfungsmethoden) müssen die Verantwortlichen ganz besonders auch für bilanzpolitische Erwägungen – im Verwaltungsbereich könnte man auch von haushaltsausgleichspolitischen Erwägungen sprechen – sensibilisiert werden (→bilanzpolitische Beratung durch den Wirtschaftsprüfer).

Die Einweisung in die Technik der doppelten Buchführung und die Unterstützung bei der Bilanzerstellung (inkl. →Anhang und →Lagebericht) (→Abschlusserstellung durch den Wirtschaftsprüfer) sind nur erste Schritte; nach einer gewissen Übergangszeit müssen die →Kämmereien darüber hinaus einen sog. Gesamtabschluss (kommunaler Konzernabschluss) aufstellen (vgl. detailliert Kußmaul/Henkes 2006, S. 2062). Hierzu müssen die Abschlüsse der HGB-Rechner (vor allem kommunale Eigenbetriebe und Beteiligungsunternehmen) zunächst nach den vom HGB abweichenden Vorschriften der „Mutterkommune" vereinheitlicht werden, um anschließend eine Konsolidierung (→Konsolidierungsformen) vornehmen zu können. Zumindest nach Ansicht des →*Instituts der Wirtschaftsprüfer in Deutschland e.V.* steht nach erfolgtem Übergang auf die kommunale Doppik in einem weiteren Schritt die Übernahme internationaler Rechnungslegungsstandards (→Internationale Rechnungslegung, Umstellung auf) für den öffentlichen Bereich (IPSAS) an (IDW 2004, S. 722). Auch bei der Bewältigung dieser Aufgaben werden die Kommunen auf die fundierten Kenntnisse und Erfahrungen des Beraterstandes zurückgreifen müssen und wollen.

Voraussetzung für den Start in die Doppik ist das Erstellen einer Eröffnungsbilanz. Mangels in der Kameralistik gefordertem vollständigem Vermögens- und Schuldenausweis i. S. e. Bilanz und mangels erforderlicher →Inventuren, liegt das erste Problem bereits in der bloßen Erfassung weiter Teile des kommunalen Vermögens (→Vermögensgegenstand) und der kommunalen →Schulden. Sowohl bei der strukturierten Erfassung als auch der Bewertung werden die Kommunen in den allermeisten Fällen beratende Unterstützung nachfragen. Zu denken ist hier etwa an die Durchführung von Bestandsaufnahmen, die Zeitwertermittlung bei Immobilien, sofern in der Eröffnungsbilanz Zeitwerte anzusetzen sind bzw. wenn Zeitwerte zum Zwecke einer Rückindizierung auf (fiktive) historische AHK [→Anschaffungskosten (AK); →Herstellungskosten, bilanzielle] benötigt werden; zu denken ist auch an die Berechnung von Pensionsrückstellungen (→Pensionsverpflichtungen; →Rückstellungen). Die Erfassungsarbeiten können im Übrigen als Datenbasis für ein, u.U. mithilfe eines externen Beraters, zu implementierendes kommunales Immobilien- und/oder Straßenerhaltungsmanagement genutzt werden.

Neben der Umstellungsberatung i.e.S. bleiben die klassischen Betätigungsfelder für die Beratungsgesellschaften (→Unternehmensberater) weiterhin bestehen. Genannt seien an dieser Stelle die betriebswirtschaftliche und steuerliche Beratung (→Unternehmensberatung; →Steuerberatung) sowie die in der Kommunalverwaltung zunehmend an Bedeutung gewinnenden Bereiche der Kostenrechnung (→Kosten- und Leistungsrechnung), des →Controllings, insb. des →Beteiligungscontrollings, und damit zusammenhängend auch der Konzernsteuerung (Konzernmanagement; →Controlling im Konzern).

Neben der Beratung der umstellenden Kommune kommt auch der generellen Einflussnahme des Beraterstandes auf den Entwicklungsprozess des →kommunalen Rechnungswesens eine hohe Bedeutung zu. Genannt seien hier die Stellungnahmen des *IDW* sowie die Beraterbeiträge in der Fachliteratur (Ellerich 2004, S. 69).

Neben der Beratung wird künftig auch der Bereich der Prüfung kommunaler Jahres- und Konzernabschlüsse (→Jahresabschlussprüfung; →Konzernabschlussprüfung) für WPGes – in Konkurrenz oder Ergänzung zu den kommunalen →Rechnungsprüfungsämtern – an Bedeutung gewinnen. In Nordrhein-Westfalen findet sich bspw. eine Regelung in § 103 Abs. 5 GO, die es der örtlichen Rechnungsprüfung erlaubt, sich mit Zustimmung des *Rechnungsprüfungsausschusses* Dritter als Prüfer zu bedienen.

Insgesamt bleibt festzuhalten, dass die Bedeutung des Beraterstandes im öffentlichen Sektor zunehmen wird, wobei der Schwerpunkt zunächst mehr in der Beratung als in der Prüfung liegen wird (Ellerich 2004, S. 69). Die anstehende Umstellung bietet dabei nicht nur den großen WPGes (→Revisions- und Treuhandbetriebe) eine Chance, sondern insb. auch mittelgroßen, regional stets präsenten, Gesellschaften (Sommer/Mutter/Wolny 2004, S. 236).

Literatur: Dreyer, H./Lamm, C.-P./Krüger, K. M.: Umstellung der Rechnungslegung der öffentlichen Hand im Bereich der Kommunen – eine neue Aufgabe für den Steuerberater?, in: StB 55 (2004), S. 412–418; Eckstein, B.: Kommunen als Mandanten. Klassische und moderne Beratungsansätze, in: DSWR 28 (1999), S. 87–88; Ellerich, M.: Die Rolle des Wirtschaftsprüfers bei der Umstellung der Rechnungslegung im öffentlichen Sektor, in: WPg 57 (2004), Sonderheft, S. S61–S69; IDW (Hrsg.): IDW Stellungnahme: Referentenentwurf eines Gesetzes über ein Neues Kommunales Finanzmanagement für Gemeinden im Land Nordrhein-Westfalen (Kommunales Finanzmanagementgesetz – NKFG NRW), in: WPg 57 (2004), S. 722–725; Kußmaul, H./Henkes, J.: Kommunaler Konzernabschluss – ein neues Betätigungsfeld für den Berater, in: BB 60 (2005), S. 2062–2067; Sommer, U./Mutter, J./Wolny, C.: Von der Kameralistik zur Doppik. Ergebnisse einer Umfrage zur Einführung des Neuen Kommunalen Finanzmanagements in Nordrhein-Westfalen, in: DSWR 33 (2004), S. 234–237; Wambach, M.: Ende der Kameralistik: spannendster Zukunftsmarkt der Wirtschaftsprüferbranche, in: BB 61 (2006), Die Erste Seite.

Heinz Kußmaul

Umwandlungen →Unternehmensumwandlungen

Umwandlungen, Maßgeblichkeit bei →Maßgeblichkeit bei Umwandlungen

Umwandlungsprüfung

Das UmwG sieht in § 1 Abs. 1 vier Arten der Umwandlung für Rechtsträger vor: *Verschmelzung*, *Spaltung* (*Aufspaltung*, *Abspaltung*, *Ausgliederung*), *Vermögensübertragung* und *Formwechsel* (→Unternehmensumwandlungen). Das Gesetz beschränkt den Begriff der Umwandlung terminologisch auf die von ihm erfassten Umstrukturierungen und grenzt sie somit von anderen, fortbestehenden Umstrukturierungsmaßnahmen ab (Semler/Stengel 2003, S. 3). Diese Umstrukturierungsmöglichkeiten des UmwG bringen zusätzliche Aufgaben für den WP mit sich (Ganske 1994, S. 157). Es lässt sich zwischen den umwandlungsbedingten Vertrags- und Barabfindungsprüfungen einerseits und den umwandlungsveranlassten Kapitalschutz- und Bilanzprüfungen als →Pflichtprüfungen unterscheiden (Schaal 2001, S. 35).

Die Verschmelzung sowie die Auf- und Abspaltung bewirken, dass Anteilsinhaber eines übertragenden Rechtsträgers zu Anteilsinhabern eines übernehmenden Rechtsträgers werden. Die Vermögensübertragung sieht hingegen i. d. R. als Gegenleistung für die Übertragenden die Gewährung einer Geldleistung vor. Der Formwechsel zieht für die Anteilsinhaber der umzuwandelnden Einheit den Erhalt von Anteilen am Rechtsträger neuer Rechtsform nach sich (Ganske 1994, S. 158).

Es liegt im Interesse der vorgenannten Anteilseigner, dass die Angemessenheit des Umtauschverhältnisses, der zu gewährenden Gegenleistung oder der neuen Beteiligungsart durch externe, unabhängige Sachverständige festgestellt wird. Ein ebensolches Interesse besitzen die Anteilseigner aber auch an der Prüfung der Angemessenheit einer anzubietenden Barabfindung. Die Umwandlungsprüfung liegt ausschließlich im Interesse der Anteilsinhaber. Damit ist sie von der Sacheinlagenprüfung (→Gründungsprüfung) im Recht der KapGes, die im Interesse der Gläubiger angeordnet ist, zu unterscheiden (Ganske 1994, S. 159).

Die allgemeinen Vorschriften über die Prüfung und die Prüfer sind gesetzestechnisch in den jeweiligen Allgemeinen Teilen des Zweiten bis Fünften Buches des UmwG enthalten, sofern es sich um die Prüfung des Umtauschverhältnisses oder einer Gegenleistung für den Anteil handelt. Der Gesetzesbefehl findet sich jeweils in den Besonderen Vorschriften des Gesetzes für die einzelnen Arten der Umwandlung und die verschiedenen Formen der Rechtsträger (Ganske 1994, S. 159).

Bei der Auswahl der Prüfer verweist das UmwG in § 11 bei Rechtsträgern, deren Jahresabschlüsse prüfungspflichtig sind (→Pflichtprüfungen; →Jahresabschlussprüfung), auf § 319 Abs. 1–3 HGB. Verschmelzungsprüfer können hier in jedem Fall WP oder WPGes (→Revisions- und Treuhandbetriebe) sein. Sind mittelgroße →Gesellschaften mit beschränkter Haftung (→Größenklassen) beteiligt, können neben WP und WPGes auch →vereidigte Buchprüfer (vBP) oder BPGes Prüfer sein. Bei nicht prüfungspflichtigen Gesellschaften wie kleinen Aktiengesellschaften (→Aktiengesellschaft, Prüfung einer) und kleinen Gesellschaften mit beschränkter Haftung, →Personengesellschaften (PersGes) und Vereinen gelten für die Auswahl der Prüfer dieselben Regeln wie für mittelgroße KapGes. Ist eine eingetragene →Genossenschaft (eGen) an einer Verschmelzung beteiligt, können WP, WPGes, vBP und BPGes nicht Verschmelzungsprüfer sein. In diesem Fall ist für jede an einer Verschmelzung beteiligte Genossenschaft eine gutachterliche Äußerung des genossenschaftlichen Prüfungsverbandes (→Prüfungsverbände) einzuholen (Zeidler 2003, Rn. 1–4 zu § 11 UmwG, S. 220–222). Die Bestellung erfolgt nach § 10 Abs. 1 UmwG durch die Vertretungsorgane oder durch deren Antrag vom Gericht.

Die Umwandlungsprüfer sind mit umfassenden Einsichts- und Auskunftsrechten ausgestattet. Den Prüfern ist zu gestatten, Bücher und Schriften des Rechtsträgers sowie →Vermögensgegenstände und →Schulden zu prüfen. Für eine sorgfältige Prüfung notwendige Aufklärungen und Nachweise (→Prüfungsnachweise) können von den Umwandlungsprüfern verlangt werden. Über das Ergebnis der Prüfung ist ein Bericht zu erstatten, der mit einem Testat abschließt. Hierin ist zu erklären, ob das vorgeschlagene Umtauschverhältnis der Anteile, ggf. die Höhe der baren Zuzahlung oder die Mitgliedschaft bei dem übernehmenden Rechtsträger als Gegenwert angemessen ist. In diesem Rahmen ist auch anzugeben, nach welchen Methoden das vorgeschlagene Umtauschverhältnis ermittelt wurde und aus welchen Gründen die Anwendung angemessen ist. Ferner ist zu erläutern, welches Umtauschverhältnis oder welcher Gegenwert sich bei der Anwendung verschiedener Methoden, falls mehrere angewandt worden sind, jeweils ergeben würde. Weiterhin ist darüber Bericht zu erstatten, welches Gewicht den unterschiedlichen Methoden bei der Bestimmung des vorgeschlagenen Umtauschverhältnisses oder des Gegenwertes und der ihnen zugrunde liegenden Werte beigemessen worden ist. Eingeschlossen ist hierbei auch eine Darlegung der Schwierigkeiten, die bei der Bewertung der Rechtsträger aufgetreten sind (Ganske 1994, S. 160).

Erster Gegenstand der Prüfung ist der von den Vertretungsorganen der einzelnen Rechtsträger abgeschlossene oder entworfene Umwandlungsvertrag, Umwandlungsplan oder Umwandlungsbeschluss. Hierfür sieht das UmwG im Einzelnen detaillierte Mindestinhalte vor. Weiterhin ist der Umwandlungsbericht des Leitungsorgans hinzuziehen. Dieser sieht eine Begründung für die Modalitäten der Umwandlung für die Anteilseigner vor (Ganske 1994, S. 160 f.).

Der Umwandlungsprüfer hat sich zu vergewissern, dass die im Umwandlungsakt angegebenen Tatsachen vollständig und richtig sind. Daraus ergibt sich, dass es sich um eine →formelle Prüfung und →materielle Prüfung handelt (Pfitzer 2002, Rn. 20). Zentraler Gegenstand ist die Prüfung des Umtauschverhältnisses und der entsprechend gleichgestellten Vorgänge auf ihre Angemessenheit, hierüber ist schließlich das Testat des Prüfers auszustellen (Ganske 1994, S. 161).

Das UmwG schreibt nicht fest, welche Bewertungsmethoden bei der Prüfung der Bewertung der beteiligten Unternehmen durch den Umwandlungsprüfer zu verwenden sind. Im Gesetz ist lediglich gefordert, dass die Angemessenheit der Methoden darzulegen ist. Damit sollte einer Entwicklung der betriebs- und rechtswissenschaftlichen Lehre und der Praxis nicht vorgegriffen werden (Ganske 1994, S. 161). Der Prüfer untersucht, ob die angewandten Methoden den Grundsätzen zur Durchführung von →Unternehmensbewertungen (IDW S 1.17 ff.) entsprechen (Pfitzer 2002, Rn. 40).

Literatur: Ganske, J.: Berufsrelevante Regelungen für Wirtschaftsprüfer im neuen Umwandlungsrecht, in: WPg 47 (1994), S. 157–162; IDW (Hrsg.): WPH 2002, Band II, 12. Aufl., Düsseldorf 2002, Abschn. D, S. 223–277; Schaal, C.: Der Wirtschaftsprüfer als Umwandlungsprüfer. Pflichten, Rechte, Haftung, Düsseldorf 2001; Zeidler, G. W., in: Semler, J./Stengel, A. (Hrsg.): Umwandlungsgesetz, München 2003, S. 220–225.

Carsten Friedrich

Umwelt Due Diligence →Environmental Due Diligence

Umweltberichte →Nachhaltigkeitsberichte

Umweltbetriebsprüfung →Ökoaudit

Umweltbezogenes Controlling

Das umweltbezogene Controlling (UC) ist der sowohl strategisch als auch operativ ausgerichtete Teilbereich des Controllings (→strategisches Controlling, →operatives Controlling), der die zieladäquate Erfüllung umweltbezogener Führungshandlungen auf allen Hierarchieebenen des Unternehmens unterstützt. Dabei bezieht sich das Controlling nicht nur auf die Sicherung der finanziellen Ansprüche von Anteilseignern. Schrittweise integriert werden auch die Beziehungen mit, ggf. auch zwischen, Kooperationspartnern entlang der Wertschöpfungskette (→Wertschöpfungsanalyse; →Wertschöpfungsrechnung) sowie die Interessen weiterer als strategisch relevant ermittelter Stakeholder (z. B. allgemeine Öffentlichkeit, Umweltbehörden oder umweltorientierte Investoren). In diesem Sinne kann das UC dem integrierten Controlling zugeordnet werden, da das UC auf ein multikriterielles – auch ökonomische und soziale bzw. gesellschaftliche Aspekte umfassendes, d. h. nachhaltigkeitsorientiertes – Zielsystem ausgerichtet ist (Lange/Schaefer/Daldrup 2001, S. 75–77).

Zum Auf- und Ausbau eines umweltbezogenen Controllingsystems ist es notwendig – ausgehend vom Controllingziel der Unterstützung von Führungsentscheidungen (→Controlling) – zunächst Controllingaufgaben (→Controlling, Aufgaben des) festzulegen und auf umweltbezogene Führungsentscheidungen zu beziehen. In Literatur und Praxis werden als *Controllingaufgaben* insb. die Koordination und die Information diskutiert (→Controllingkonzepte):

Die *Koordinationsaufgabe des umweltbezogenen Controllings* beinhaltet die sachliche und zeitliche Abstimmung umweltbezogener Führungsprozesse, insb. der Planungs- und Kontrollprozesse (→Planung; →Kontrollkonzeptionen) auf allen Entscheidungsebenen eines Unternehmens. Ist dieses in eine Kooperation eingebunden (z. B. in ein strategisches →Unternehmensnetzwerk), erstreckt sich die Koordinationsaufgabe auch auf die Abstimmung der umweltbezogenen Führungsprozesse des Unternehmens mit denen der Kooperationspartner. Zudem kann sie auf die Interessen weiterer strategisch relevanter Stakeholder ausgerichtet werden. Zur Erfüllung der Koordinationsaufgabe werden vom UC Informations- und Kommunikationsbeziehungen zu den Interaktionspartnern auf Unternehmens-, Kooperations- und (erweiterter) Stakeholderebene geschaffen sowie Koordinationsinstrumente, insb. Kennzahlen- und Reportingsysteme (→Berichtssystem), bereitgestellt (Prozess gestaltende Koordination). Bei unvorhersehbaren Störungen sind vom UC Informations- und Kommunikationsbeziehungen aufrecht zu erhalten bzw. situativ anzupassen (Prozess koppelnde Koordination).

Die *Informationsaufgabe des umweltbezogenen Controllings* dient der Sicherstellung eines mit der Informationsnachfrage abgestimmten Informationsangebotes, inkl. der Bereitstellung von Fach- und Methodenwissen. Durch den Auf- und Ausbau eines informationstechnischen Instrumentariums (→Führungsinformationssysteme) zur problemadäquaten Aufbereitung, entscheidungsebenenbezogenen Verdichtung und empfängerorientierten Kommunikation umweltbezogener Informationen kann das UC dazu beitragen, in allen Phasen des Entscheidungsprozesses die Rationalität der Führungshandlungen sicherzustellen und Entscheidungsverhalten zu beeinflussen (→Entscheidungsinstrumente). Daher liegt es nahe, die Informationsaufgabe des umweltbezogenen Controllings um die – mit der Delegation von Entscheidungsbefugnissen verbundenen – Probleme dezentraler Organisationen zu erweitern und auch auf die *Verhaltenssteuerung* auszurichten. Sowohl innerhalb des Unternehmens als auch an den Unternehmensgrenzen unterstützt das UC den Abbau asymmetrischer Informationsverteilungen. Es wird versuchen, opportunistisches Verhalten in umweltbezogenen Entscheidungsprozessen zu vermeiden, indem es Interessenskonflikte analysiert und zusammen mit der Führung motivationsfördernde Anreize zur Überwindung dieser Konflikte schafft. Darüber hinausgehend kann das UC untersuchen, inwieweit dezentrale Entscheidungsträger auch durch *Partizipation und Vertrauensbildung* – verstanden als bewusster Verzicht auf Kontrollinformationen – zu einem zielkonformen Verhalten motiviert werden können (Schaefer/Lange 2004, S. 112 f.).

Zur organisatorischen Festlegung und Beschreibung von Gestaltungs- und Steuerungsmaßnahmen in einem UC-System können aus den UC-Aufgaben (mögliche) unternehmens-, kooperations- und/oder stakeholderspezifische *UC-Aktivitäten* abgeleitet werden. Diese umfassen die Analyse der umweltbezogenen Interessen möglichst aller strategisch relevanten Stakeholder sowie die Analyse der aus Umweltwirkungen, insb. Stoff- und Energieflüssen, resultierenden finanziellen und nicht-finanziellen Risiken und Chancen für das Unternehmen bzw. die Kooperation [→Risiko- und Chancencontrolling; →Risikomanagementsystem (RMS)]. Zu den Risiken gehören etwa zusätzliche →Kosten bzw. Investitionsauszahlungen (→Investition) für Umweltschutzmaßnahmen oder Imageschäden durch Emission umweltbelastender Stoffe. Chancen bestehen etwa in der Realisierung von Kostensenkungspotenzialen, z. B. durch Reduzierung des Ressourceneinsatzes oder des Abfallaufkommens, sowie in der Nutzung von Absatzchancen bei umweltorientierten Kunden. Weiterhin können sich die UC-Aktivitäten auch auf den Auf- und Ausbau von Reportingstrukturen beziehen. Dabei ist das Reporting nicht nur auf die Bereitstellung umweltbezogener Informationen an unternehmens- bzw. kooperations*interne* Entscheidungsträger ausgerichtet. Das UC unterstützt auch die – i. d. R. von der (institutionalisierten) Unternehmenskommunikation (→Investor Relations) vorgenommene – fallweise oder regelmäßige *externe* Umweltberichterstattung an die allgemeine Öffentlichkeit, an spezifische (öffentliche oder nicht öffentliche) Adressaten aufgrund gesetzlicher Informationssonderrechte (z. B. Kontroll- und Genehmigungsinstanzen oder Umweltbehörden) sowie an spezifische Benutzer (z. B. →Versicherungsunternehmen, →Kreditinstitute oder Unternehmenskäufer) aufgrund faktischer Machtpositionen (Lange/Ahsen/Daldrup 2001, S. 21–91). Es sorgt für die Implementierung eines betrieblichen Umweltinformationssystems sowie für die Gestaltung von Kommunikationsschnittstellen zum Intranet sowie zum Internet. Darüber hinausgehend kann das UC untersuchen, inwieweit die (internetgestützte) individuelle Generierung von Berichtsinhalten im Rahmen eines Customized Reporting sinnvoll erscheint (Lange/Pianowski 2006).

Zur Durchführung der UC-Aktivitäten werden *UC-Instrumente* eingesetzt (→Controllinginstrumente). Dabei erscheint es allerdings nicht möglich, dem UC ein spezifisches Instrumentarium zuzuordnen. Es greift auf ein Instrumentarium zurück, das bereits aus anderen Bereichen der Betriebswirtschaftslehre (z. B. interne Unternehmensrechnung oder betriebliches Umweltmanagement) bekannt ist. Hierzu zählen die *Stoff- und Energie-*

flussrechnung zur art- und mengenmäßigen Erfassung und das *Life Cycle Assessment* („Öko-Bilanz") auch zur (nicht-monetären) Bewertung von Umweltwirkungen (→Ökoaudit). Zur Berücksichtigung der Interdependenzbeziehungen zwischen den Umweltwirkungen und der wirtschaftlichen Lage eines Unternehmens kann vor allem das Instrumentarium der Kostenrechnung (→Kosten- und Leistungsrechnung; →Kostenrechnung, Prüfung der) und des →Kostenmanagements sowie die Investitionsrechnung (→Investition) umweltbezogen erweitert werden (Lange/Martensen 2004, S. 16–40). International diskutiert wird dies unter der Bezeichnung *Environmental Management Accounting (EMA)*, welches Umweltwirkungen nicht-monetär in die Systeme der Kostenrechnung und der Investitionsrechnung integriert und möglicherweise die Ermittlung etwa von ökonomisch-ökologischen Entscheidungswerten erlaubt. Zur Verdichtung umweltbezogener Planungs- und Kontrollinformationen können *Umweltkennzahlen und -kennzahlensysteme* (→Kennzahlen und Kennzahlensysteme als Kontrollinstrument) bereitgestellt werden (Lange/Schaefer 1998, S. 306–309), wobei die Integration in eine umwelt- bzw. nachhaltigkeitsbezogen ausgestaltete →*Balanced Scorecard* sinnvoll erscheint.

Literatur: Lange, C./Ahsen, A. v./Daldrup, H.: Umweltschutz-Reporting, München/Wien 2001; Lange, C./Martensen, O.: Environmental Management Accounting. Von der Umweltkostenrechnung zu einem integrierenden Kostenmanagement, Beiträge zur Umweltwirtschaft und zum Controlling, Nr. 30, Universität Duisburg/Essen 2004; Lange, C./Pianowski, M.: Nachhaltigkeitsberichterstattung und Integriertes Controlling, in: Isenmann, R./Gómez, J. M. (Hrsg.): Internetgestützte Nachhaltigkeitsberichterstattung – Stakeholder, Trends, Technologien, neue Medien, Berlin 2006; Lange, C./Schaefer, S.: Umweltschutz-Controlling mit Kennzahlen, in: Lachnit, L./ Lange, C./Palloks, M. (Hrsg.): Zukunftsfähiges Controlling, München 1998, S. 295–319; Lange, C./Schaefer, S./Daldrup, H.: Integriertes Controlling in Strategischen Unternehmensnetzwerken, in: Controlling 13 (2001), S. 75–83; Schaefer, S./Lange, C.: Informationsorientierte Controllingkonzeptionen. Ein Überblick und Ansatzpunkte der Weiterentwicklung, in: Scherm, E./Pietsch, G. (Hrsg.): Controlling. Theorie und Konzeptionen, München 2004, S. 103–123.

Christoph Lange; Sigrid Schaefer

Umweltkostenrechnung
→Umweltbezogenes Controlling

Unabhängigkeit des Aufsichtsrats

Die Regelungen zur Gewährleistung der Unabhängigkeit von Aufsichtsratsmitgliedern im deutschen AktG sind als lediglich rudimentär zu bezeichnen und entsprechen nicht der Bedeutung, die einer unabhängigen Aufsichtsratsüberwachung (→Überwachungsaufgaben des Aufsichtsrats) aus theoretischer Sicht zukommt. Die Empfehlung 2005/162/EG zu den Aufgaben von nicht geschäftsführenden Direktoren/Aufsichtsratsmitgliedern börsennotierter Gesellschaften sowie zu den Ausschüssen des Verwaltungs-/Aufsichtsrats vom 15.2.2005 ist hier sehr viel weitgehender und begründet einen erheblichen Handlungsbedarf auf nationaler Ebene, da auch die Empfehlungen des →Deutschen Corporate Governance Kodex (DCGK) zur Ergänzung der gesetzlichen Regelung bei weitem nicht den europäischen Forderungen entsprechen. Die vergleichende Untersuchung der europäischen Vorgaben einerseits und der relevanten nationalen Normen andererseits soll anhand der Systematisierung nach funktionellen, finanziellen und persönlichen Anhaltspunkten vorgenommen werden.

Die wichtigste Gruppe stellen die Kriterien der funktionellen Unabhängigkeit dar. Hierunter sind alle Situationen zu subsumieren, die zu einer Doppelfunktion der betrachteten Person gegenüber der Gesellschaft führen, so dass ihr Handeln aufgrund der resultierenden Interessenkonflikte nicht mehr allein durch das Unternehmensinteresse bestimmt ist (Empfehlung 2005/162/EG, Rn. 13.1; ähnlich nunmehr auch DCGK 5.4.2). Ebenso wie das Verbot einer Überkreuzverflechtung entspricht es bereits geltendem Recht, dass ein Mitglied des Aufsichtsrats gleichzeitig weder dem Vorstand desselben noch eines abhängigen Unternehmens angehören darf. Nach dem Empfinden der KOM ist ein Aufsichtsratsmitglied überdies erst 5 Jahre nach dem Ausscheiden aus dem Vorstand als unabhängig einzustufen, woraus sich faktisch jedoch keine Änderung ergeben wird, wenngleich eine entsprechende Regelung bisher nicht existiert. Der DCGK hielt bereits bisher höchstens zwei ehemalige Vorstandsmitglieder in dem AR als mit einer guten →Corporate Governance vereinbar. Ein Novum stellt hingegen die ausdrückliche Untersagung eines direkten Wechsels des Vorstands-Vorsitzenden in das Amt des Aufsichtsratsvorsitzenden dar, die zwi-

Umweltkostenrechnung

Abb.: Vergleichender Überblick über die Regelung zur Unabhängigkeit des Aufsichtsrats

Beschreibung	Fundort in der Kommissions-Empfehlung	Gesetzliche Regelung	DCGK-Regelung
Aktuelle Mitgliedschaft im Vorstand desselben oder eines abhängigen Unternehmens	Anhang II, Rn. 1 lit. a	§§ 100 Abs. 2 Satz 1 Nr. 2, 105 Abs. 1 AktG	–
Ehemalige Mitgliedschaft im Vorstand desselben oder eines abhängigen Unternehmens	Anhang II, Rn. 1 lit. a	–	Rn. 5.4.2
Arbeitnehmer in der Gesellschaft oder eines abhängigen Unternehmens innerhalb der letzten drei Jahre; Ausnahme: Arbeitnehmervertreter i.R.d. gesetzlichen Mitbestimmung mit entsprechender Schutzfunktion vor missbräuchlichen Benachteiligungen	Anhang II, Rn. 1 lit. b	Mitbestimmung geregelt in MitbestG, Montan-MitbestG, MitbestErgG BetrVG	–
Erfolgsabhängige, insbesondere aktienoptionsbasierte, Vergütung	Anhang II, Rn. 1 lit. c	–	–
Anteilseigner oder dessen Vertreter mit einer die Kontrolle sichernden Beteiligung	Anhang II, Rn. 1 lit. d	–	–
Geschäftsverhältnis in bedeutendem Umfang, insbes. als Lieferant oder Abnehmer	Anhang II, Rn. 1 lit. e	–	Rn. 5.5.2: Offenlegung hieraus resultierender Interessenkonflikte
Beratungs- sowie sonstige Dienstleistungs- und Werksverträge mit der Gesellschaft	Anhang II, Rn. 1 lit. e	§ 114 Abs. 1 AktG	Rn. 5.5.4
Partner oder Angestellter des (aktuellen) Abschlussprüfers innerhalb der letzten drei Jahre	Anhang II, Rn. 1 lit. f	–	–
Überkreuzverflechtung	Anhang II, Rn. 1 lit. g	§ 100 Abs. 2 Satz 1 Nr. 3 AktG	–
drei Amtszeiten überschreitende Mitgliedschaft im Aufsichtsrat des jeweiligen Unternehmens	Anhang II, Rn 1 lit. h	–	–
Familienangehöriger eines Vorstandsmitglieds oder einer Person, auf die wenigstens eines der obigen Kriterien zutrifft	Anhang II, Rn. 1 lit. i	§ 100 Abs. 2 Satz 3 AktG	–
Wechsel der ehemaligen Vorstandsvorsitzenden in den Aufsichtsratsvorsitz	Rn. 3.2	–	Rn. 5.4.4
Gewährung eines Kreditvertrags durch die Gesellschaft	–	§ 115 Abs. 1 Satz 1 AktG	–
Beratungs- oder Organfunktion bei wesentlichen Wettbewerbern	–	–	Rn. 5.4.2

schenzeitlich ebenfalls ihren Eingang in den DCGK gefunden hat. Überdies fordert der DCGK nun im Einklang mit der Empfehlung 2005/162/EG die Besetzung des Aufsichtsrats mit einer ausreichenden Anzahl an unabhängigen Mitgliedern.

Auch alle anderen Arbeitnehmer des Konzerns (→Konzernarten) unterliegen nach der Vorstellung der *KOM* grds. bis 3 Jahre nach ihrem Ausscheiden aus einem Angestelltenverhältnis dem Verdacht, den Vorstand nicht frei von Interessenkonflikten überwachen zu können; eine Ausnahme besteht ausschließlich für solche Arbeitnehmer, die im Rahmen einer gesetzlichen →Mitbestimmung in den AR zu wählen sind (→Aufsichtsrat, Be- und Abberufung), aufgrund entsprechender Schutzgesetze keine eventuellen Nachteile zu erwarten haben und nicht als Führungskraft zu qualifizieren sind. Die Ausgestaltung der Umsetzung dieser europäischen Vorgabe im deutschen Rechtsraum bleibt abzuwarten.

In die Gruppe der funktionellen Kriterien fällt neben einer Beratertätigkeit bei der eigenen Gesellschaft (→Beratungsaufgaben des Aufsichtsrats), die bereits nach § 114 Abs. 1 AktG der Zustimmung des Aufsichtsratsplenums bedarf (ebenso DCGK 5.5.4), auch die Ausübung eines Amtes bei einem Stakeholder des Unternehmens. Der DCGK sieht hingegen lediglich die Ausübung einer Organfunktion bei einem wesentlichen Wettbewerber oder dessen Beratung als unwiderlegbar schädlich an und setzt im Falle einer derartigen Position bei einem Lieferanten oder Kunden auf Transparenz. Schließlich stellt auch die Cooling Off-Period für →Partner und Angestellte des aktuellen oder früheren →Abschlussprüfers für den DCGK ein Novum dar.

Auch im Bereich der finanziellen Kriterien ergeben sich Neuerungen. Zeugt bisher schon die Genehmigungspflicht von Krediten an die Aufsichtsratsmitglieder (§ 115 Abs. 1 Satz 1 AktG) (→Kreditgewährung an Vorstand und Aufsichtsrat) von der Vermutung, dass hierin eine Interessenkollision begründet liege (→Interessenkonflikte von Vorstand und Aufsichtsrat), soll dieses zukünftig auch für den Bezug erfolgsabhängiger, insb. aktienoptionsbasierter, Vergütungsbestandteile (→Aktienoptionsprogramme) gelten (→Vorstand und Aufsichtsrat, Vergütung von).

Die Vermutung eines Interessenkonflikts infolge einer persönlichen, insb. einer familiären Bindung zu einem Vorstandsmitglied lag auch bereits bisher nahe (Potthoff/Trescher 2003, Rn. 1012). Als Kriterium für eine persönliche Bindung ist schließlich auch die Begrenzung auf drei Amtszeiten (→Amtszeit von Vorstand und Aufsichtsrat) zu erachten, die es in der deutschen Aufsichtsratspraxis bisher nicht gibt.

Schließlich fordert die Empfehlung 2005/162/EG eine Differenzierung zwischen der einerseits auf nationalstaatlicher Ebene kodifizierten, allgemeingültigen und andererseits einer unternehmensindividuellen Definition für die Beurteilung der Unabhängigkeit ein (Empfehlung 2005/162/EG, Rn. 13.2 und Anhang II, Rn. 1). Zukünftig soll der AR selbst festlegen können, wann er ein Mitglied für abhängig hält, wofür ihm die auf nationaler Ebene kodifizierten Kriterien nur als Anhaltspunkt dienen. Eine Person, die mit keinen der hier enumerativ aufgeführten Risiken behaftet ist, kann dennoch aus dem Blickwinkel der einzelnen Gesellschaft Interessenkonflikten unterliegen, während ein anderes (potenzielles) Mitglied, das einzelne Unabhängigkeitskriterien nicht erfüllt, als Free in Mind qualifiziert wird. Gleichwohl sind die Einzelstaaten aufgefordert, die wichtigsten Situationen, die den Verlust der Unabhängigkeit vermuten lassen, zu kodifizieren.

Es gilt stets zu bedenken, dass nach der Empfehlung 2005/162/EG und nunmehr auch dem DCGK dem AR nicht ausschließlich, sondern nur in ausreichender Anzahl – somit nicht einmal mehrheitlich – unabhängige Mitglieder anzugehören haben, denen jedoch zur Zielerreichung einer anspruchsvollen Überwachung eine Schlüsselposition zuerkannt wird. Diesen Umstand berücksichtigend erscheint es konsequent, dass ein AR regelmäßig ggf. unter Beifügung einer Begründung offenlegen soll, welche seiner Mitglieder als unabhängig zu qualifizieren sind (Empfehlung 2005/162/EG, Rn. 13.3.1).

In der gegenüber stehenden Abb. wird ein vergleichender Überblick über die relevanten Regelungen gegeben.

Literatur: Lentfer, T.: Einflüsse der internationalen Corporate Governance-Diskussion auf die Überwachung der Geschäftsführung. Eine kritische Analyse des deutschen Aufsichtsratssystems, Wiesbaden 2005; Potthoff, E./Trescher, K.: Das Aufsichtsratsmitglied. Ein Handbuch der Aufgaben, Rechte und Pflichten, 6. Aufl., Stuttgart 2003.

Thies Lentfer

Unabhängigkeit des Steuerberaters
→ Berufsgrundsätze des Steuerberaters

Unabhängigkeit und Unbefangenheit des Wirtschaftsprüfers

Die Wahrung der Unabhängigkeit gehört in Deutschland zu den allgemeinen →Berufspflichten des Wirtschaftsprüfers [§ 43 Abs. 1 →Wirtschaftsprüferordnung (WPO) und §§ 1 f. →Berufssatzung der Wirtschaftsprüferkammer (BS)]. Im Kern wird dabei auf die persönliche und wirtschaftliche Unabhängigkeit im faktischen Sinn („independence in fact") abgestellt, die der WP bei all seinem beruflichen Tun „gegenüber jedermann" (§ 2 Abs. 1 Satz 2 BS) zu bewahren hat. In einem umfassenderen Sinn beinhaltet der Begriff der Unabhängigkeit, dass der WP seine Leistungen unbeeinflusst von sachfremden Erwägungen und ohne Rücksichtnahme auf eigene Belange oder Interessen Dritter zu erbringen hat. Entsprechend stellt § 21 Abs. 2 BS bei der Definition der Unbefangenheit – als eine besondere Berufspflicht im Zusammenhang mit der Durchführung von Prüfungen (→Auftragsdurchführung) und Erstattung von Gutachten (→Gutachtertätigkeiten) – auf die unsachgemäßen Erwägungen unbeeinflusste Urteilsbildung ab. Die Unbefangenheit ergänzt damit die Forderung nach faktischer Unabhängigkeit um eine entsprechende innere Einstellung („independence of mind"). Der Nutzen der im öffentlichen Interesse liegenden Tätigkeiten des Wirtschaftsprüfers liegt im objektiven Urteil, das der WP in seinen →Prüfungsberichten oder Gutachten abzugeben hat. Die Objektivität des Wirtschaftsprüfers ist jedoch nicht von vornherein überprüfbar. Daher kommt es bei Prüfungen und Gutachten nicht nur auf die tatsächliche und innere Unabhängigkeit des Bericht erstattenden WP an, sondern auch auf die Vermeidung von solchen Situationen, die Zweifel an seiner Unabhängigkeit und Unbefangenheit begründen und damit das Vertrauen in sein objektives Urteil beeinträchtigen könnten. Der WP muss also auch dem äußeren Anschein nach unabhängig sein („independence in appearance"; s. IFAC 2005, Rn. 290.8 f. sowie Empfehlung 2002/590/EG, S. 34 f.) bzw. hat er seine Tätigkeit zu versagen, wenn die Besorgnis seiner Befangenheit besteht (§ 49 2. Alternative WPO).

Dieser Forderung entsprechend gehen sowohl der →*International Federation of Accountants* (*IFAC*) *Code of Ethics for Professional Accountants* (s. dazu Marten/Quick/Ruhnke 2003, S. 122 ff.) als auch die Empfehlung 2002/590/EG (s. dazu Niehues 2002) in ihren Konzepten zur Unabhängigkeit von einem prinzipienbasierten Bezugsrahmen aus, dem als Maßstab für die Beurteilung der Unabhängigkeit („independence in appearance") die Sichtweise eines sachverständigen und gut informierten Dritten zugrunde liegt. Die Beurteilung selbst obliegt dem WP. Er hat dabei die unterschiedlichen Risikofaktoren („threats") zu identifizieren und zu beurteilen, die seine Unabhängigkeit gefährden könnten. Durch gegebene oder vom WP umzusetzende Schutzmaßnahmen („safeguards") kann er die Gefährdung der Unabhängigkeit entweder beseitigen oder auf ein akzeptables Maß reduzieren, wobei die letzte Schutzmaßnahme in der Beendigung einer bestimmten geschäftlichen, finanziellen oder persönlichen Beziehung, d. h. u. a. auch in der Ablehnung eines Auftrags, besteht. Die Risikofaktoren lassen sich in fünf Bedrohungstypen einteilen:

1) das meist wirtschaftliche Eigeninteresse („self-interest"),
2) die Selbstprüfung („self-review") von Sachverhalten, an deren Zustandekommen der WP selbst mitgewirkt hat,
3) die Vertretung für oder gegen die Interessen des Mandanten („advocacy"),
4) die insb. bei langjährigen Mandatsbeziehungen auftretende zu große Vertrautheit oder das zu große persönliche Vertrauen in die Auskünfte des Mandanten („familiarity") sowie
5) die Einschüchterung („intimidation") durch den Mandanten, z. B. durch drohenden Mandatsentzug.

Bei den Schutzmaßnahmen kann unterschieden werden zwischen vorgegebenen gesetzlichen und berufsständischen Normen (→Prüfungsnormen), mandatsbezogenen Schutzmechanismen (hier insb. mit Blick auf die Funktionsweise der →Corporate Governance) und eigenen Schutzmechanismen des Wirtschaftsprüfers (u. a. durch Praxisorganisation und →Qualitätssicherung). Im Einzelnen enthalten sowohl der IFAC Code als auch die Kommissionsempfehlung beispielhafte Erörterungen zu einer nicht abschließenden Anzahl spezifischer Situationen, in denen die Unabhängigkeit des Wirtschaftsprüfers gefährdet sein könnte. Erörtert werden bestimmte finanzielle, geschäftliche und persönliche Beziehungen zum Mandanten, zu denen u. a. auch das Eingehen von Beschäftigungsverhältnissen, die gleichzeitige Erbringung von Prüfungs- und bestimmten Nichtprüfungsleistungen (→vereinbare und unvereinbare Tätigkeiten des Wirtschaftsprüfers), die Gestaltung von →Vergütungsregelungen für den Wirtschaftsprüfer und die längerfristige prüferische Tätigkeit beim Mandanten gezählt werden.

Die RL 2006/43/EG vom 17.5.2006 (sog. novellierte APr-RL) schreibt den Mitgliedstaaten der EU im Grundsatz die Umsetzung der vorstehenden Konzeption für die Abschlussprüfung (→Jahresabschlussprüfung; →Konzernabschlussprüfung) vor, wobei mit Blick auf die Prüfung von Unternehmen des öffentlichen Interesses die mögliche Gefährdung der Unabhängigkeit durch Selbstprüfung oder Eigeninteresse besonders hervorgehoben wird (Art. 22 Abs. 2). In Deutschland erfolgte eine entsprechende Umsetzung bereits insoweit, als durch das BilReG mit Einführung des § 319 Abs. 2 HGB das Vorliegen von Gründen, insb. geschäftlicher, finanzieller oder persönlicher Art, nach denen die Besorgnis der Befangenheit besteht, als allgemeiner Grund für den →Ausschluss als Abschlussprüfer kodifiziert wurde. Von diesem prinzipienbasierten Ansatz zur Regelung der Unabhängigkeit weicht dagegen die Vorgabe von absoluten Ausschlussgründen in §§ 319 Abs. 3 und 319 Abs. 1 HGB ab, denn bei Eintreten der dort aufgeführten Sachverhalte wird die Befangenheit des Wirtschaftsprüfers unwiderlegbar vermutet. Diese Kombination aus prinzipien- und regelbasiertem Ansatz zur Regelung der Unabhängigkeit findet aufgrund von Verweisungen auf die §§ 319 f. HGB auch bei anderen gesetzlichen Prüfungen (→Pflichtprüfungen) Anwendung (z. B. →Verschmelzungsprüfung, →Sonderprüfungen, aktienrechtliche). Bei allen übrigen Prüfungen und Gutachten erfolgt die Beurteilung der Unabhängigkeit bzw. Besorgnis der Befangenheit des Wirtschaftsprüfers nach den Kriterien der §§ 20 ff. BS, die – in zwar weniger detaillierter Form – denen des *IFAC Code* weitestgehend entsprechen.

Entgegen der prinzipienbasierten Betrachtungen von *IFAC* und EU, die durch eine Gewichtung des öffentlichen Interesses letztlich auch die unterschiedlichen Adressatengruppen der zu prüfenden Informationen berücksichtigen und im Hinblick auf die Änderung von Erwartungshaltungen seitens der Öffentlichkeit flexibler sind, folgen einige Staaten einem ausschließlich regelbasierten und damit starren Ansatz. Hier werden durch den Gesetzgeber oder die Berufsaufsicht (→Berufsaufsicht für Wirtschaftsprüfer, international) weitgehend eindeutig die Sachverhalte definiert, bei denen die Verletzung der Unabhängigkeit des Wirtschaftsprüfers als gegeben angesehen wird. Das prominenteste Beispiel dafür sind die in Folge des SOA (→Sarbanes Oxley Act, Einfluss auf das Prüfungswesen) erlassenen Regelungen der →*Securities and Exchange Commission* (*SEC*) (17 CFR Part 210 Rules 2–01 und 2–07) und des →*Public Company Accounting Oversight Board* (*PCAOB*) (Release 2005-002) zur Unabhängigkeit der (in- und ausländischen) APr von in den →United States of America (USA) börsennotierten (in- und ausländischen) Unternehmen.

Literatur: IFAC (Hrsg.): Code of Ethics for Professional Accountants (revised June 2005), http://www.ifac.org/Store/Details.tmpl? 9560085866929 & Cart = 1138031101352990 (Download: 20.12.2005); Marten, K.-U./Quick, R./Ruhnke, K.: Wirtschaftsprüfung. Grundlagen des betriebswirtschaftlichen Prüfungswesens nach nationalen und internationalen Normen, 2. Aufl., Stuttgart 2003; Niehues, M.: Unabhängigkeit des Abschlussprüfers – Empfehlung der EU-Kommission – Hintergrund und Überblick, in: WPK-Mitt. 41 (2002), S. 182–193.

Michael Niehues

Unabhängigkeitserklärung

Nach den Verhaltensempfehlungen des →Deutschen Corporate Governance Kodex (DCGK) soll der AR oder soweit vorhanden, der Prüfungsausschuss (→Audit Committee) einer börsennotierten Gesellschaft vor Unterbreitung des Wahlvorschlags an die HV (→Haupt- und Gesellschafterversammlung) „eine Erklärung des vorgesehenen [Abschluss- bzw. Konzernabschluss-] Prüfers einholen, ob und ggf. welche beruflichen, finanziellen oder sonstigen Beziehungen zwischen dem Prüfer und seinen Organen und den Prüfungsleitern einerseits und dem Unternehmen und seinen Organmitgliedern andererseits bestehen, die Zweifel an seiner Unabhängigkeit begründen können. Die Erklärung soll sich auch darauf erstrecken, in welchem Umfang im vorausgegangenen Geschäftsjahr andere Leistungen für das Unternehmen, insb. auf dem Beratungssektor, erbracht wurden bzw. für das folgende Jahr vertraglich vereinbart sind." (DCGK 7.2.1 Abs. 1). Wird dieser als Sollvorschrift formulierten Empfehlung nicht nachgekommen, haben Vorstand und AR dies in der gem. § 161 AktG erforderlichen →Entsprechenserklärung offenzulegen.

Der Begriff der Unabhängigkeit ist hier i. S. d. „independence in appearance" bzw. der Vermeidung von Umständen zu verstehen, die in Bezug auf den →Abschlussprüfer (APr) Besorgnis der Befangenheit auslösen würden (→Unabhängigkeit und Unbefangenheit des Wirtschaftsprüfers). Die Verantwortung für die Einhaltung der so verstandenen Unabhängigkeit liegt beim APr selbst. So hat ein WP nicht nur gem. § 49 WPO seine Tätigkeit bei Besorgnis seiner Befangenheit zu versagen, er ist auch nach § 319 Abs. 2 HGB als APr ausgeschlossen, wenn Befangenheitsgründe, insb. geschäftlicher, finanzieller oder persönlicher Art vorliegen. Dazu gehören vor allem die in den §§ 319 Abs. 3 und 319a Abs. 1 HGB speziell geregelten Ausschlussgründe (→Ausschluss als Abschlussprüfer).

Anhand der Erklärung soll sich der AR bzw. der Prüfungsausschuss ein eigenes Bild von der Bedeutung etwaiger Sachverhalte machen können, da gerade dies, ggf. nach weiteren Erörterungen mit dem potenziellen APr, als Schutzmaßnahme zur Vermeidung von Unabhängigkeitsrisiken angesehen wird [Empfehlung 2002/590/EG, S. 25 f.; Art. 41 Abs. 2 i.V.m. Art. 42 Abs. 1 RL 2006/43/EG (sog. novellierte APr-RL)]. Folglich sollte der vorgesehene APr in der Erklärung nicht nur die Einhaltung der gesetzlichen Bestimmungen formal bestätigen, sondern bedeutsame Befangenheitsgründe einzeln abhandeln und auf Maßnahmen der Praxisorganisation zur Sicherung seiner Unabhängigkeit eingehen (s. Anhang 2 zu IDW PS 345). Bei der Beurteilung der beruflichen, finanziellen oder sonstigen Beziehungen ist auf die Sichtweise eines objektiven Dritten abzustellen. Ergeben sich im Einzelfall Umstände, die Zweifel an der Unabhängigkeit des vorgesehenen Abschlussprüfers begründen könnten, hat der WP diese gesondert darzustellen. Er hat in diesem Fall in einer Stellungnahme darzulegen, welche Schutzmaßnahmen ergriffen wurden oder noch zu ergreifen sind (z. B. Anteilsveräußerung, Ablehnung eines inkompatiblen Auftrags), damit Unabhängigkeitsrisiken einer Annahme des Prüfungsauftrags nach seiner Beurteilung nicht entgegenstehen (IDW PS 345.44).

Bei der Beauftragung als Konzern-APr bezieht sich die Erklärung auf die Unabhängigkeit des Prüfers selbst, wobei entsprechend der gesetzlichen Bestimmungen (§§ 319 Abs. 4 Satz 1 und 319a Abs. 1 Satz 2 HGB) auch den Beziehungen der (aufgrund gesellschaftsrechtlicher Beteiligungsverhältnisse) mit dem Prüfer →verbundenen Unternehmen (§ 271 Abs. 2 HGB) Rechnung zu tragen ist. Inwieweit auch Beziehungen von anderen, insb. ausländischen Mitgliedsfirmen aus dem Netzwerk des Konzernabschlussprüfers (→Unternehmensnetzwerke), zu berücksichtigen sind, dürfte sich erst im Zusammenhang mit der Transformation der novellierten APr-RL in deutsches Recht konkretisieren. Mit Blick auf die Unabhängigkeitsanforderungen nach Art. 22 der Richtlinie, die sich auf das gesamte Netzwerk des Prüfers erstrecken (s. dazu Lanfermann 2005, S. 2646 f.) kann es allerdings heute schon zweckmäßig sein, bei der Prüfung großer, weltweit operierender Konzerne (→Konzernarten), vorab zu klären, ob die in den einzelnen Ländern als APr der Konzerntöchter vorgesehenen Mitgliedsfirmen im Netzwerk des Konzernabschlussprüfers bestimmte Unabhängigkeitsgrundsätze erfüllen (so schon Gelhausen/Hönsch 2002, S. 530 f.). Dazu gehören insb. die jeweiligen nationalen Unabhängigkeitsstandards, Anforderungen nach internationalen Verlautbarungen, wie der Empfehlung 2002/590/EG zur Unabhängigkeit des Abschlussprüfers und dem *Code of Ethics for Professional Accountants* der →*International Federation of Accountants (IFAC)* sowie z. B. bei gleichzeitiger Börsennotierung in den →United States of America (USA) die Regelungen der →*Securities and Exchange Commission (SEC)* und des →*Public Company Accounting Oversight Board (PCAOB)*. Zwingender Gegenstand der nach deutschen Grundsätzen gem. DCGK abzugebenden Unabhängigkeitserklärung sind diese Regelungen zwar nicht; eine entsprechende Erörterung der festgestellten Sachverhalte mit dem Prüfungsausschuss empfiehlt sich jedoch.

Die Angabe des Umfangs der im vorausgegangenen Geschäftsjahr erbrachten und für das folgende (d. h. zu prüfende) Geschäftsjahr vertraglich vereinbarten anderen Leistungen, soll dem AR ergänzend eine Beurteilung ermöglichen, inwieweit die Unabhängigkeit des vorgesehenen Abschlussprüfers durch Honorarinteressen gefährdet sein könnte. Obwohl nicht ausdrücklich vom DCGK gefordert empfiehlt sich zu diesem Zweck eine Differenzierung der Honorare nach der Art der erbrachten und noch zu erbringenden Leistungen entsprechend der →Honorarangaben im →Anhang bzw. →Konzernanhang (sonstige Bestätigungs- und Bewertungsleistungen, →Steuerberatung, sonstige Leistungen). Bei größeren Beratungsaufträgen im Bereich der sonstigen Leistungen kann eine weitere Untergliederung angebracht sein (Empfehlung 2002/590/ EG, S. 25 f.). Im Rahmen der Beauftragung zur →Konzernabschlussprüfung erstrecken sich die Honorarangaben in der Erklärung auf das durch den vorgesehenen Konzern-APr einschl. seiner verbundenen Unternehmen (§ 271 Abs. 2 HGB) im Konzern des potenziellen Mandanten insgesamt erzielte und kontrahierte Honorar (Pfitzer/Orth/Wader 2002, S. 755). Bei weltweit aufgestellten Konzernen empfiehlt sich der internationalen Entwicklung folgend auch die Angabe der Honorare, die Mitgliedsfirmen aus dem Netzwerk des Konzernabschlussprüfers von Konzerngesellschaften bezogen haben und aufgrund vertraglicher Vereinbarungen voraussichtlich beziehen werden.

Die Erklärung sollte schriftlich verfasst und von dem als APr vorgesehenen WP bzw. bei einer WPGes (→Revisions- und Treuhandbetriebe) durch die voraussichtlich für die Prüfung verantwortlichen und vertretungsberechtigten Personen unterzeichnet und grundsätzlich an den Vorsitzenden des Aufsichtsrats, auf Verlangen des Aufsichtsrats an den Vorsitzenden des Prüfungsausschusses, gerichtet werden.

Angesichts der Notwendigkeit zur Transformation der novellierten APr-RL in deutsches Recht ist in Zukunft fraglich, ob die Einholung der nach Art. 42 der Richtlinie zwingend erforderlichen Unabhängigkeitserklärung weiterhin im Rahmen des DCGK geregelt werden kann.

Literatur: Gelhausen, H. F./Hönsch, H.: Deutscher Corporate Governance Kodex und Abschlussprüfung, in: AG 47 (2002), S. 529–535; IDW (Hrsg.): IDW Prüfungsstandard: Auswirkungen des Deutschen Corporate Governance Kodex auf die Abschlussprüfung (IDW PS 345, Stand: 8. Dezember 2005), in: WPg 59 (2006), S. 314–333; Lanfermann, G.: Modernisierte EU-Richtlinie zur gesetzlichen Abschlussprüfung, in: DB 58 (2005), S. 2645–2650; Pfitzner, N./Orth, C./Wader, D.: Die Unabhängigkeitserklärung des Abschlussprüfers gegenüber dem Aufsichtsrat im Sinn des Deutschen Corporate Governance Kodex, in: DB 55 (2002), S. 753–755.

Michael Niehues

Unbefangenheit des Wirtschaftsprüfers
→Unabhängigkeit und Unbefangenheit des Wirtschaftsprüfers

Unbundling →Energieversorgungsunternehmen

Unechte Zufallsauswahl →Stichprobenprüfung

Unfertige und fertige Erzeugnisse

Unfertige Erzeugnisse sind →Vermögensgegenstände, die bereits im Unternehmen be- oder verarbeitet worden sind. Sie sind jedoch noch nicht unmittelbar absatzreif, sondern müssen noch weitere Fertigungsstufen des Unternehmens durchlaufen. Als Fertigerzeugnis ist ein Vermögensgegenstand zu qualifizieren, wenn er absatzreif und versandfertig ist. Sobald mit einer Be- oder Verarbeitung eines Roh- oder Hilfsstoffes (→Roh-, Hilfs- und Betriebsstoffe) begonnen wurde, ist dieser unter den unfertigen Erzeugnissen auszuweisen. Bei Dienstleistungsunternehmen werden unter den Vorräten unfertige Leistungen ausgewiesen. Für die unfertigen Leistungen gelten die Ausführungen zu unfertigen Erzeugnissen analog mit dem Unterschied, dass die unfertige Leistung mit Vollendung der geschuldeten Dienstleistung erbracht worden ist und damit der Anspruch auf Gegenleistung entstanden ist.

Hinsichtlich der Prüfung des Mengengerüsts finden grundsätzlich die allgemeinen Grundsätze zur Prüfung des →Vorratsvermögens Anwendung. Bei unfertigen Erzeugnissen ergeben sich zusätzliche Prüfungshandlungen hinsichtlich der Feststellung des Fertigstellungsgrades. Ferner ist in Bezug auf eine ordnungsmäßige Periodenabgrenzung (→periodengerechte Erfolgsermittlung; →Cut-Off) sicherzustellen, dass keine Doppelerfassungen bei Fertigerzeugnissen und bereits fakturierten Lieferforderungen (→Forderungen) erfolgen.

Unfertige und fertige Erzeugnisse

Unfertige und fertige Erzeugnisse werden zu HK (→Herstellungskosten, bilanzielle) bewertet (→Bewertungsgrundsätze). Zunächst hat der →Abschlussprüfer (APr) das Verfahren der Ermittlung von HK im Unternehmen anhand der Bewertungsrichtlinien daraufhin zu würdigen, ob das Verfahren im Hinblick auf die Rechnungslegungsvorschriften angemessen ist. Im Rahmen der Prüfung der Einzelkosten (→Kosten) ist vor allem deren ordnungsmäßige Erfassung zu prüfen. Hierzu dienen als Prüfungsunterlagen für Materialeinzelkosten insb. Eingangsrechnungen, Materialentnahmescheine und Stücklisten sowie für Lohneinzelkosten Zeitnachweise oder Akkordzettel (→Nachweisprüfungshandlungen; →Prüfungsnachweise). Ergänzend können Vor- oder Nachkalkulationen herangezogen werden (→Kalkulation; →Kostenträgerstückrechnung; →Auftragskalkulation; →Kalkulation im Warenhandel). Bei der Prüfung der Gemeinkosten (→Kosten) ist zu prüfen, ob alle notwendigen und nur zulässige Gemeinkostenbestandteile in die HK einbezogen werden. Bei Vorliegen eines →Betriebsabrechnungsbogens hat der APr die Angemessenheit von Gemeinkostenzuschlägen unter Berücksichtigung des Verursachungsprinzips (→Kostenverursachung) zu prüfen (→Kostenrechnung, Prüfung der). Ferner sind grundsätzlich Abstimmungshandlungen zwischen dem Betriebsabrechnungsbogen und der Finanzbuchhaltung vorzunehmen (→Abstimmprüfung). Bei der Prüfung der Gemeinkostenbestandteile ist zu beachten, dass diese auf der Basis einer Normalbeschäftigung ermittelt worden sind und dass →kalkulatorische Kosten eliminiert worden sind. Sofern das Unternehmen über keine aussagefähige Kostenrechnung (→Kosten- und Leistungsrechnung) verfügt, lassen sich die HK nur durch die retrograde Methode prüfen.

Weiterhin ist zu prüfen, ob das Niederstwertprinzip berücksichtigt worden ist (→Grundsätze ordnungsmäßiger Buchführung, Prüfung der). Dabei ist zu beurteilen, ob die unfertigen und fertigen Erzeugnisse verlustfrei veräußert werden können (→beizulegender Wert). Im Rahmen der sog. retrograden Bewertung ist zu prüfen, ob ein zu erwartender Nettoerlös (→Erlöse) abzgl. noch anfallender Aufwendungen bis zur Veräußerung und erwarteter Erlösschmälerungen die aktivierten HK mindestens deckt. Die noch anfallenden →Kosten umfassen bei den Fertigerzeugnissen Vertriebs-, Lager-, Versand- und Finanzierungskosten. Bei den unfertigen Erzeugnissen sind darüber hinaus noch anfallende HK zu berücksichtigen. Die voraussichtlichen Veräußerungspreise können anhand von aktuellen Preislisten oder tatsächlich erzielten Verkaufspreisen abgeleitet werden. Die noch anfallenden Kosten können anhand der Kostenrechnung des abgelaufenen Geschäftsjahres festgelegt werden. Neben eventuellen Wertminderungen, die sich aus dem Absatzmarkt ergeben, können weitere Umstände Wertberichtigungen auf die unfertigen und fertigen Erzeugnisse notwendig machen (→außerplanmäßige Abschreibungen). Zu nennen sind hier insb. Überbestände oder Qualitätsminderungen. Der APr hat sich durch geeignete →analytische Prüfungshandlungen, wie bspw. Analyse von Reichweiten, Verschrottungsaufwand, Mehrjahresvergleich von Wertberichtigungen (→Plausibilitätsprüfungen; →Verprobung) oder Einzelstichproben, wie z. B. Prüfung der Gründe für Verschrottungen, Inaugenscheinnahme (→Einzelfallprüfungen), von der Angemessenheit und Vollständigkeit der Wertberichtigungen zu überzeugen (→Fehlerarten in der Abschlussprüfung). Alle in den Vorjahren vorgenommenen Abschreibungen (→Abschreibungen, bilanzielle; →außerplanmäßige Abschreibungen) und Wertberichtigungen sind im aktuellen Jahr daraufhin zu prüfen, ob ein Anlass zur →Wertaufholung besteht.

Im Rahmen der Ausweisprüfung ist zunächst zu untersuchen, ob ein zutreffender Ausweis gem. den oben genannten Grundsätzen in der Bilanzgliederung des § 266 Abs. 2 HGB (→Gliederung der Bilanz) gewählt wurde. Weiterhin sind die Veränderungen innerhalb der unfertigen und fertigen Erzeugnisse mit dem Posten Bestandsveränderungen in der →Gewinn- und Verlustrechnung (GuV) (→Gliederung der Gewinn- und Verlustrechnung) abzustimmen (→Abstimmprüfung). Hinsichtlich der Prüfung notwendiger Anhangangaben (→Anhang; →Angabepflichten) kann auf die allgemeinen Grundsätze (→Vorratsvermögen) verwiesen werden.

Zu Möglichkeiten der Reduzierung von aussagebezogenen Prüfungshandlungen (→ergebnisorientierte Prüfungshandlungen) durch die Prüfung des →Internen Kontrollsystems (→Internes Kontrollsystem, Prüfung des;

→Systemprüfung) kann auf die Ausführungen zur Prüfung des Vorratsvermögens verwiesen werden.

Literatur: Hoyos, M./Pastor, C.: Kommentierung des § 266 HGB, in: Ellrott, H. et al. (Hrsg.): BeckBilKomm, 6. Aufl., München 2006; IDW (Hrsg.): WPH 2006, 13. Aufl., Düsseldorf 2006.

Gerald Reiher

Ungarn

Die gesetzliche Verordnung der Buchprüfung bei Handelsgesellschaften in Ungarn stammt aus dem Jahre 1875. Diese verankerte aber den Beruf der Buchprüfer noch nicht. Dies geschah erst mit dem Gesetz Nr. V aus dem Jahr 1930 (betreffend die Gesellschaften mit beschränkter Haftung), das auch den Berufsstand der WP, insb. die Fragen der Zulassung und Tätigkeit regelte. Die Minister für Justiz, Handel und Finanzen hatten die Pflicht, gemeinsam die Voraussetzungen für die Berufsausübung, Prüfung und Bestellung der WP i. S. d. Gesetzes zu regeln. Von den WP-Aspiranten wurden ein Hochschulabschluss, eine entsprechende praktische Ausbildung an der Seite eines Wirtschaftsprüfers, eine mindestens vierjährige praktische Tätigkeit, 30 Jahre Lebensalter, eine bestandene Prüfung der theoretischen Kenntnisse und deren Anwendung gefordert.

Nach dem zweiten Weltkrieg sind im Rahmen der zwangsweise eingeführten Planwirtschaft alle mit dem →Rechnungswesen verbundenen staatlichen Leitungsfunktionen dem *Ministerium für Finanzen* zugeordnet worden.

Der Diplom-WP-Titel deutete aber nicht mehr auf einen Beruf, sondern auf den Besitz höherer Kenntnisse im Bereich der Finanzen, des Rechnungswesens und der Revisionstechnik. Bei allen großen Firmen sollten bzw. konnten der Leiter des Rechnungswesens, bei den Prüfungsorganen der Ministerien, verschiedenen Behörden, Räten usw. die leitenden Revisoren Diplom-WP sein. Freiberufliche WP gab es seit 1950 keine mehr. Die Jahresabschlüsse, insb. aber die Planerfüllung prüften übergeordnete Behörden.

Die von Diplom-Wirtschaftsprüfern oder WPGes zu verrichtende verbindliche Prüfung der Jahresabschlüsse bei Unternehmungen bestimmter Form und Größenordnung wurde vom sog. Wirtschaftsgesellschaften-Gesetz (Nr. 6/1988, und ergänzt Nr. CXLIV/1997) verordnet, das auch die Reaktivierung der aus den Vorkriegsjahren stammenden WP-Aktivitäten mit sich brachte. Gem. dem Gesetz können WP nur für eine festgelegte Zeit, doch höchstens für 5 Jahre bestellt werden.

Anfang der 2000er Jahre waren ca. 1.800, überwiegend kleinere, WPGes tätig. Die Zahl der Diplom-WP betrug ca. 5.500. Der fachbezogene Nachholbedarf und das Erfüllen der Bedingungen zur EU-Mitgliedschaft forderten neue gesetzliche Regelungen. Deshalb traten zwei weitere Gesetze in Kraft:

- das sog. Rechnungswesen-Gesetz (Nr. C/2000),
- das Gesetz über die Ungarische Wirtschaftsprüferkammer und die Wirtschaftsprüfertätigkeit (Nr. LV/1997).

Das seit 1991 oftmals erneuert Rechnungswesen-Gesetz befasst sich in den die Wirtschaftsprüfung regelnden Paragraphen eingehend mit dem Inhalt des Prüfungsberichts und des Bestätigungsvermerks, weiterhin mit jenen Tätigkeiten, die bei der (Konzern-) Abschlussprüfung zu verrichten sind.

Das Gesetz Nr. LV/1997 gründet und behandelt die *Ungarische WPK* und die WP-Tätigkeit. Gem. dem Gesetz ist die *WPK* das über eine Selbstverwaltung verfügende öffentliche Gremium der WP. Sie ist Mitglied der →*International Federation of Accountants* (*IFAC*) sowie der →*Fédération des Experts Comptables Européens* (*FEE*) und unterliegt der Aufsicht des *Finanzministeriums*. WP-Tätigkeiten dürfen nur jene natürlichen Personen und WPGes durchführen, die den Aufnahmebedingungen entsprechend Mitglieder der Kammer sind.

Die *WPK* ist berechtigt über das Gesetz und andere rechtliche Regelungen ihre Meinung zu äußern, die die Tätigkeit und deren Voraussetzungen der WP bestimmen, die Aufgaben der *WPK* direkt betreffen.

Neben den üblichen ethischen und wirtschaftlichen Funktionen der fachlichen Kammern hat die *WPK* folgende Aufgaben:

- Sie gestaltet die mit den internationalen Prüfungsstandards [→International Standards on Auditing (ISA)] im Einklang stehenden ungarischen Nationalen Wirtschaftsprüferstandards, ergänzt diese kontinuierlich, bzw. ändert und veröffentlicht sie

und verfolgt ihre seit dem Jahr 2000 gesetzlich vorgeschriebene Einhaltung.
- Sie organisiert und leitet die Qualitätskontrolle in der Wirtschaftsprüfung.
- Sie sichert entsprechende Weiterbildungsmöglichkeiten für die WP.
- Sie beteiligt sich an der Ausbildung und Prüfung der WP-Anwärter.

WP-Tätigkeiten dürfen ausschließlich Mitglieder der Kammer und die in das Register der Kammer eingetragenen WPGes verrichten.

Mit der Achten RL 84/253 EWG (sog. APrRL) als Basis bestimmt das Gesetz die Grundregeln der WP-Tätigkeit. Primäre Tätigkeit ist die Jahresabschlussprüfung; weitere Felder sind Gutachtertätigkeiten im Rahmen einer Gründung, Umwandlung und Auflösung von Wirtschaftsunternehmen, Genossenschaften und sonstigen Organisationen. Kammermitglieder-WP können auch in den Bereichen Finanzen, Steuerwesen, Rechnungslegung und der damit verbundenen IT und Organisation Gutachten anfertigen, die damit verbundene Beratung erbringen und an der Fachausbildung, Weiterbildung und Prüfung im diesen Bereichen teilnehmen. Das Kammermitglied darf – um seine fachliche Unabhängigkeit zu wahren – keine Tätigkeiten ausüben, die seine Unabhängigkeit gefährden. Von den WPGes wird gefordert, dass sie als Wirtschaftsgesellschaft oder Genossenschaft beim *Registergericht* eingetragen sind und ihr Tätigkeitsprofil nur solche Tätigkeiten enthält, die für WP zugelassen sind. Nur Kammermitglieder sind befugt, WP-Tätigkeiten auszuüben, insb. zu testieren.

Judit Lado

Ungewissheit, Entscheidung unter
→ Sensitivitätsanalysen

United States Generally Accepted Accounting Principles

US GAAP sind in den →United States of America (USA) zur Anwendung kommende Rechnungslegungsgrundsätze. Ihr Anwendungsbereich erstreckt sich vor allem auf Unternehmen, die den amerikanischen Kapitalmarkt in Anspruch nehmen. Dies gilt sowohl für US-amerikanische als auch für ausländische Unternehmen (sog. *Foreign Registrants*).

Der Begriff „GAAP" stellt analog dem Begriff der „handelsrechtlichen GoB" (→Grundsätze ordnungsmäßiger Buchführung, Prüfung der) einen unbestimmten Rechtsbegriff dar. Der Terminus *Generally Accepted* deutet jedoch darauf hin, dass solche Rechnungslegungsgrundsätze in der Praxis weit verbreitet sein müssen, da dies ein Indiz für die allgemeine Akzeptanz ist, wobei zu beachten ist, dass es sich bei einem Rechnungslegungsgrundsatz nicht zwangsläufig um ein Prinzip handeln muss.

Institutionelle Grundlagen. Im Gegensatz zum deutschen Bilanzrecht, welches im Wesentlichen durch das HGB kodifiziert und durch die Rspr. und Kommentarliteratur konkretisiert wird (*Code Law*), basieren die US GAAP auf der Beantwortung einzelfallspezifischer Sachverhalte (*Case Law*), aus denen Prinzipien abgeleitet werden sollen. Der Gesetzgeber spielt beim Standardsetting-Prozess konsequenterweise auch nur eine untergeordnete Rolle. Diese hat er vielmehr auf andere Institutionen übertragen. Dazu zählen insb.:

1) die US-amerikanische Wertpapieraufsichtsbehörde →*Securities and Exchange Commission* (*SEC*), die das primäre Recht an der Veröffentlichung von Rechnungslegungsgrundsätzen hat. Mit der Abtretung dieses Rechtes an andere Institutionen (*Authoritative Support*) beschränkt sich die *SEC* seit 1938 auf die formale Ausgestaltung von Abschlüssen (sog. *Regulations and Forms*). Dessen ungeachtet nimmt sie regelmäßig Einfluss auf die standardsetzenden Gremien.

2) der →*Financial Accounting Standards Board* (*FASB*), dessen Aufgabe es ist, wie auch bei seinen Vorgängern, dem *CAP* und dem *APB*, Rechnungslegungsgrundsätze zu formulieren, zur Diskussion zu stellen und anschließend zu veröffentlichen (*Due Process*). Finanziert werden die Aktivitäten des *FASB* durch eine Stiftung (*FAF*), welche dessen Unabhängigkeit sicherstellen soll. Das *FASB* hat eine Reihe ihm untergeordnete Einheiten, die eigenständig, jedoch mit seiner Zustimmung, Stellung zu Themen der Rechnungslegung nehmen.

3) der Berufsverband der amerikanischen Wirtschaftsprüfer →*American Institute of Certified Public Accountants* (*AICPA*), der als Spitzenorganisation für diese Berufs-

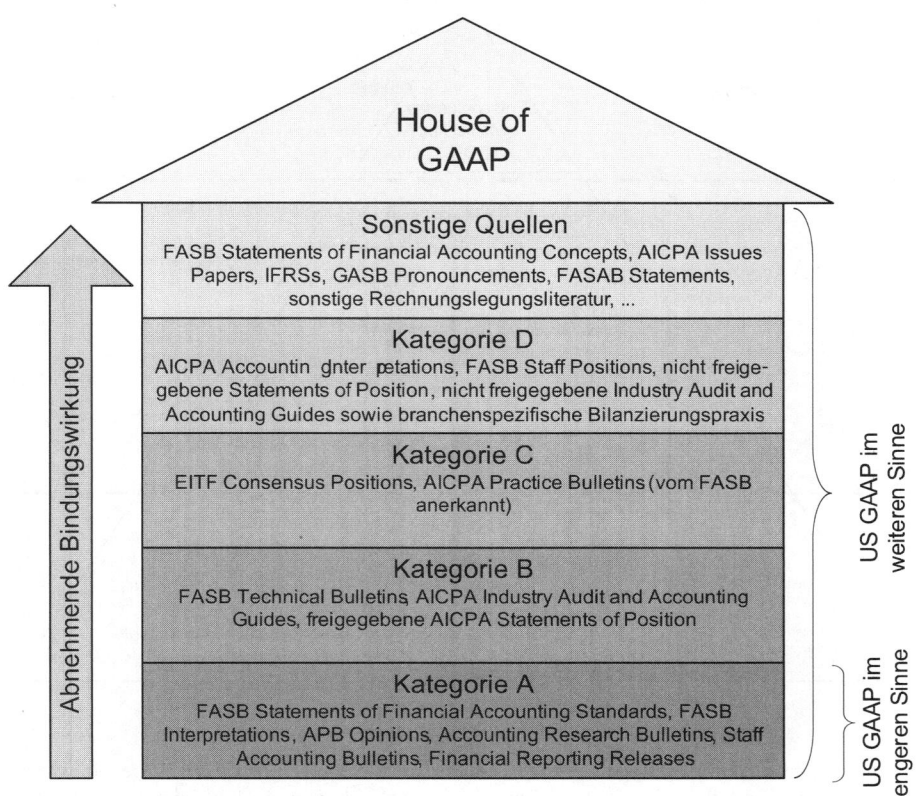

Abb. 1: House of GAAP

gruppe fungiert. Ursprünglich war ihm die Aufgabe der Normensetzung übertragen worden. Seit 1973 wird diese vom *FASB* wahrgenommen.

Von diesen Institutionen sowie deren Untereinheiten wird eine Vielzahl von Verlautbarungen veröffentlicht. Für die Regelungen mit der höchsten Bindungswirkung ist dabei ein sog. *Due Process* vorgesehen, welcher der interessierten Öffentlichkeit die Möglichkeit einräumt, sich aktiv an der Gestaltung durch Stellungnahmen zu beteiligen. Das normierende Gremium muss die Aussagen dieser Stellungnahmen in erneuten Beratungen gegen die ursprüngliche Fassung eines Verlautbarungsentwurfs halten und diesen ggf. abändern (*Redeliberation*). Aufgrund der Menge der Verlautbarungen kommt es regelmäßig zu einer abweichenden Behandlung ein und desselben Sachverhaltes in Abhängigkeit der verwendeten Rechtsquelle. Daher wurde in der Literatur der Versuch unternommen, die US GAAP in eine normative Hierarchie zu gliedern und die Bindungswirkung zu verdeutlichen. Diese Normenhierarchie wird in der Literatur als „House of GAAP" bezeichnet und auch entsprechend dargestellt (s. Abb. 1).

Das „House of GAAP" entfaltet auch für den Prüfer von US GAAP-Abschlüssen Bindungswirkung. Das *AICPA* hat in SAS 69 den Aufbau des „House of GAAP" als maßgeblich für den →Abschlussprüfer (APr) festgelegt. Entspricht ein Abschluss nicht den US GAAP, darf kein uneingeschränkter →Bestätigungsvermerk (*Unqualified Opinion*) erteilt werden.

Die Bindungswirkung der unterschiedlichen Verlautbarungen wird in vier Kategorien (*Categories*) sowie weitere Quellen eingeteilt, wel-

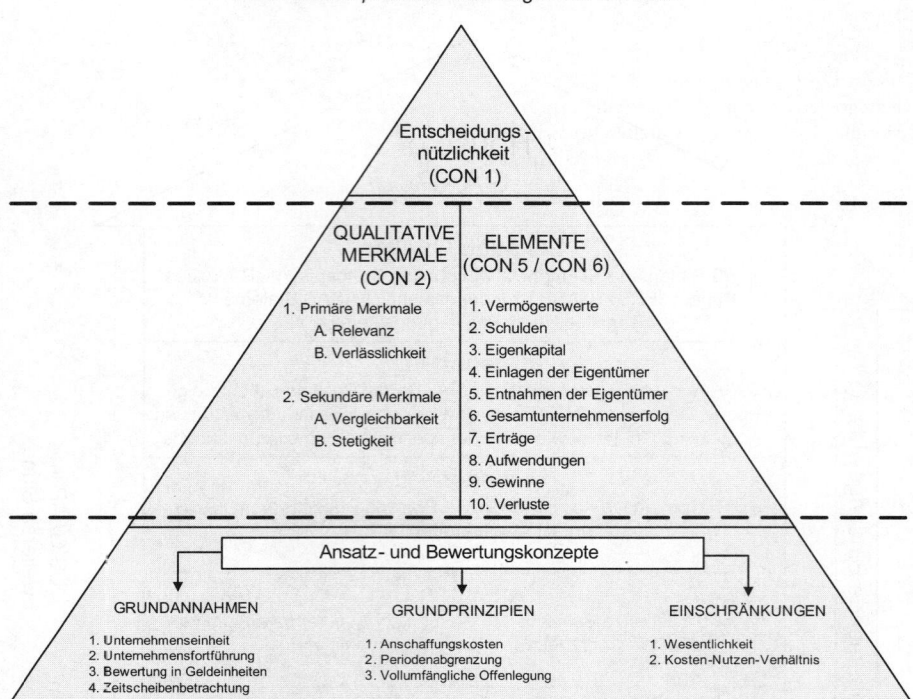

Abb. 2: Konzeptionelle Grundlagen der US GAAP

che in aufsteigender Reihenfolge einen geringeren Grad an Bindungswirkung repräsentieren.

- *Kategorie A*: In diese Kategorie, die auch als US GAAP i.e.S. oder *promulgated* US GAAP bezeichnet wird, fallen die Standards (SFAS) und Interpretationen (FIN) des *FASB* sowie die Veröffentlichungen seiner Vorgängerorganisationen, sofern diese nicht außer Kraft gesetzt wurden. Darunter sind die APB Opinions und die ARB des *CAP* zu subsumieren. Für bei der amerikanischen Börsenaufsicht registrierte Unternehmen haben auch die Verlautbarungen der *SEC* die gleiche Bindungswirkung wie die US GAAP i.e.S., obwohl sie nach h.M. keine GAAP darstellen. Die *SEC* veröffentlicht in unregelmäßigen Abständen SAB und FRR (früher ASR).

- *Kategorie B*: Zu dieser Kategorie zählen alle Empfehlungen der Fachausschüsse des *FASB* und des *AICPA*, welche mit dem Ziel der Festschreibung von Rechnungslegungsgrundsätzen oder gängiger, allgemeiner Bilanzierungspraktiken im Wege eines Entwurfs (*Exposure Draft*) der Öffentlichkeit zur Kommentierung vorgelegt wurden. Darunter fallen die TB, die branchenspezifischen Vorgaben des *AICPA* (*Industry Audit and Accounting Guides*) sowie die SOP, sofern diese die Freigabe durch das *FASB* erhalten haben.

- *Kategorie C*: In diese Kategorie sind alle Veröffentlichungen einzuordnen, bei denen der Öffentlichkeit nicht die Möglichkeit eingeräumt wurde, sie zu kommentieren. Dies sind die Verlautbarungen der *EITF* des *FASB* (*EITF Consensus Position*) und vom *FASB* anerkannte *AICPA Practice Bulletins*.

- *Kategorie D*: Kann aus den vorgenannten Kategorien keine bilanzielle Abbildung für einen Sachverhalt abgeleitet werden, ist auf andere Veröffentlichungen zurückzugreifen. Dies sind im Wesentlichen die *AICPA Accounting Interpretations*, die FSP (früher *FASB Implementation Guides*) sowie vom *FASB* nicht freigezeichnete SOP und *Industry Audit and Accounting Guides*. Daneben ist auch die gängige Bilanzierungspraxis einzelner Branchen zu berücksichtigen.

- *Sonstige Quellen*: Kann ein Sachverhalt nicht durch Aussagen aus den Quellen der Kategorien A bis D bilanziell dargestellt werden, ist auf andere Quellen abzustellen, sofern sie für die jeweilige Fragestellung als zutreffend erachtet werden. Neben den Veröffentlichungen zu konzeptionellen Grundlagen der Rechnungslegung (CON) durch das *FASB*, die selbst keine GAAP darstellen, zählen dazu die Stellungnahmen des APB (APB *Statements*), die *AICPA Issue Papers* und *Technical Practice Aids* sowie Verlautbarungen von anderen berufsständischen Vereinigungen und Aufsichtsbehörden. Daneben sind auch die vom →*International Accounting Standards Board (IASB)* veröffentlichten →*International Financial Reporting Standards* (IFRS) bei der Lösung der Problemstellung zu berücksichtigen. Im Zweifel sind zusätzlich Lehrbücher, Kommentare und Aufsätze zu Rate zu ziehen, sofern dort nicht eine Mindermeinung hinsichtlich des betreffenden Sachverhaltes vertreten wird.

Konzeptionelle Grundlagen der Rechnungslegung nach US GAAP. Wie in den internationalen Rechnungslegungsstandards IFRS existiert auch in den US GAAP ein Rahmenkonzept (*Conceptual Framework*), welches die konzeptionellen Grundlagen der Rechnungslegung beschreibt. Diese sind in sieben CON niedergelegt. Sie dienen neben der konzeptionellen Fundierung existierender Standards auch als theoretische Grundlage für die Erstellung neuer Standards.

Ziele der Rechnungslegung. CON 1 *Objectives of Financial Reporting by Business Enterprises* legt die Ziele der Rechnungslegung nach US GAAP fest. Ein Abschluss muss danach den Anspruch der *Decision Usefulness* erfüllen, d. h. dem Bilanzleser entscheidungsrelevante Informationen vermitteln. Grundsätzlich kann es sich bei den Adressaten der Rechnungslegung um externe oder interne Personen(-gruppen) handeln. Jedoch wird der Fokus auf die externen Adressaten gelegt, da diesen oftmals die Möglichkeit fehlt, an entsprechende Informationen zu gelangen. Zu diesen externen Adressaten zählen insb. Anteilseigner und Fremdkapitalgeber (Investoren), jedoch können die in einem Abschluss vermittelten Informationen auch für andere Personenkreise von Interesse sein (z. B. Arbeitnehmer, Behörden, Kunden, usw.). Informationen werden als entscheidungsrelevant erachtet, wenn sie es dem (potenziellen) Investor ermöglichen, Aussagen über die Fähigkeit eines Unternehmens zu treffen, Zahlungsmittelüberschüsse zu generieren.

Qualitative Anforderungen an den Abschluss. Um dem Ziel der Entscheidungsnützlichkeit zu genügen, muss ein Abschluss nach US GAAP folgende grundlegende qualitative Merkmale aufweisen: Relevanz (*Relevance*) und Verlässlichkeit (*Reliability*). Die Relevanz ist dann als gegeben anzusehen, wenn die vermittelten Informationen die Adressaten in ihren Entscheidungen beeinflussen können. Die Information muss in der Vergangenheit getroffene Entscheidungen bestätigen oder widerlegen (*Feedback Value*) können und/oder Prognosefähigkeit (*Predictive Value*) besitzen. Eine weiterhin zu erfüllende Nebenbedingung ist die Zeitnähe (*Timeliness*) der Information. Von einer Verlässlichkeit der Information ist dann auszugehen, wenn Nachprüfbarkeit (*Verifiability*), Neutralität (*Neutrality*) und Abbildungstreue (*Representational Faithfulness*) gegeben sind.

Die primären qualitativen Anforderungen an die Rechnungslegung werden durch zwei weitere Anforderungen flankiert. Zum einen verlangt der Anspruch auf Vergleichbarkeit (*Comparability*), dass die Rechnungslegungsinformationen eines Unternehmens zu verschiedenen Stichtagen bzw. zwischen Unternehmen zu einem Stichtag vergleichbar sind. Zum anderen müssen die Methoden der Informationsgenerierung über die Perioden hinweg gleich bleibend angewendet werden, was als →Stetigkeit (*Consistency*) bezeichnet wird.

Es gibt jedoch auch zwei Einschränkungen (*Constraints*) hinsichtlich der Erfüllung der qualitativen Anforderungen. Informationen können nur dann entscheidungsrelevant sein, wenn sie das Kriterium der →Wesentlichkeit (*Materiality*) erfüllen. Die Entscheidung, ob ein Sachverhalt wesentlich ist, erfordert vom Bilanzierenden ein hohes Maß an Urteilsvermögen. Sie ist von Art und Betrag (relativ und absolut) der Position abhängig. Neben der Wesentlichkeit der einzelnen Sachverhalte dürfen die →Kosten der Informationsgenerierung nicht den Nutzen der vermittelten Rechnungslegungsdaten überwiegen (*Cost Benefit Constraint*).

United States Generally Accepted Accounting Principles

Grundannahmen und -prinzipien. Aus diesen grundlegenden qualitativen Anforderungen leiten sich vier Grundannahmen (*Basic Assumptions*) und drei Grundprinzipien (*Basic Principles*) der Rechnungslegung ab:

Grundannahmen:

1) Annahme der Unternehmenseinheit (*Economic Entity Assumption*): Die wirtschaftlichen Aktivitäten eines Unternehmens können so zusammengefasst und berichtet werden, als wäre das Unternehmen vollständig von seinen Eigentümern und anderen Unternehmen getrennt.

2) Annahme der Unternehmensfortführung (*Going Concern Assumption*): Sofern keine gegenteiligen Informationen (z. B. Insolvenz) vorliegen, wird bei der Bilanzierung dem Grunde und der Höhe nach angenommen, dass das Unternehmen für unbestimmte Zeit fortbesteht (→Going Concern-Prinzip).

3) Annahme der Zeitscheibenbetrachtung (*Periodicity Assumption*): Die gesamte Lebensspanne eines Unternehmens kann in künstliche Zeitabschnitte für Zwecke der finanziellen Berichterstattung unterteilt werden.

4) Annahme der Bewertung in Geldeinheiten (*Monetary Unit Assumption*): Alle Transaktionen des Unternehmens können in Geldeinheiten (bei US GAAP-Abschlüssen in US $) bewertet werden, wobei inflationäre und deflationäre Auswirkungen keine Berücksichtigung finden.

Grundprinzipien:

1) Prinzip der historischen →Anschaffungskosten (AK) oder →Herstellungskosten, bilanzielle (*Historical Cost Principle*): Die AHK stellen die objektivste Grundlage für die Bilanzierung von Vermögenswerten (→Asset) und Schulden (→Liability) dar. Dieses Prinzip wird durch die zunehmende Möglichkeit bzw. Pflicht zur Bewertung zum →Fair Value zunehmend aufgeweicht.

2) Prinzip der Periodenabgrenzung (*Accrual Principle*): Das Periodenabgrenzungsprinzip ist der zentrale Grundsatz für die Erfolgsermittlung eines Unternehmens. Dazu ist es notwendig, die Zahlungsmittelzu- und -abflüsse eines Unternehmens durch die Größen „Aufwand" und „Ertrag" (→Aufwendungen und Erträge) zu substituieren und in der Periode zu erfassen, in der sie angefallen sind (losgelöst von der Zahlungsebene). Dieses Prinzip teilt sich in folgende zwei Unterprinzipien auf:

- Prinzip der Erlösrealisation (*Revenue Recognition Principle*): Danach sind →Erlöse nur zu erfassen, wenn sie realisiert oder realisierbar sind, d. h. der Leistungserstellungs-/-erbringungsprozess nahezu vollständig abgeschlossen ist.

- Prinzip der Aufwands-/Ertragsabgrenzung (*Matching Principle*): Es hat eine Abgrenzung in sachlicher und zeitlicher Hinsicht zu erfolgen. Somit sind Aufwendungen in der Periode zu erfassen, in welcher der zugehörige Ertrag erfasst wird.

3) Prinzip der vollumfänglichen Offenlegung (*Full Disclosure Principle*): Der Abschluss muss die relevanten Informationen in einem Umfang bereitstellen, die es einem sachverständigen Leser ermöglichen, eine Beurteilung der finanziellen Situation des Unternehmens innerhalb eines angemessenen Zeitraumes vornehmen zu können.

Formale Anforderungen an den Abschluss. Nach CON 5 *Recognition and Measurement in Financial Reporting of Business Enterprises* muss ein Abschluss nach US GAAP die folgenden Bestandteile beinhalten:

1) Bilanz (*Statement of Financial Position*),

2) →Gewinn- und Verlustrechnung (*Statements of Earnings and* →*Comprehensive Income*),

3) →Kapitalflussrechnung (*Statement of Cash Flows*),

4) Eigenkapitalveränderungsrechnung (→Eigenkapitalveränderung) (*Statement of Investments by and Distributions to Owners*) und

5) →Anhang (→*Notes*).

Zusätzlich haben Unternehmen in ihrem JA eine →Segmentberichterstattung gem. SFAS 131 *Disclosures about Segments of an Enterprise and Related Information* aufzustellen. Für Unternehmen, die den Regelungen der SEC unterliegen, ist daneben ein →Lagebericht (*Management's Discussion and Analysis of Financial Condition and Results of Operations*; MD&A) einzureichen. Für ausländische Registranten ist anstelle der MD&A ein sog. *Operating and Financial Review and Prospects* (OFR) einzureichen (KPMG 2003, S. 171).

Elemente des Abschlusses. Die Elemente eines Abschlusses werden in CON 6 *Elements of Financial Statements* behandelt und hier nur stichpunktartig aufgeführt:

- Vermögenswerte (→*Assets*),
- →Schulden (→*Liabilities*),
- →Eigenkapital (*Equity/Net Assets*),
- Einlagen der Eigentümer (*Investments by Owners*),
- Entnahmen der Eigentümer (*Distributions to Owners*),
- Gesamtunternehmenserfolg der Periode (→*Comprehensive Income*),
- →Erträge (*Revenues*),
- Aufwendungen (*Expenses*),
- (Bewertungs-) Gewinne (*Gains*),
- (Bewertungs-) Verluste (*Losses*).

Grundlagen der Prüfung eines US GAAP-Abschlusses. Ziel der Prüfung von Abschlüssen ist die Vermeidung von (gewollten oder ungewollten) Fehlern in der Bilanzierung, um die Adressaten der Abschlüsse (und hier insb. die Kapitalanleger) zu schützen. Damit soll sichergestellt werden, dass der Abschluss ein wahrheitsgetreues Bild der →Vermögenslage, →Finanzlage und →Ertragslage (→*True and Fair View*) vermittelt. Die Prüfungspflicht kann sich aus unterschiedlichen Gründen ergeben. Insb. Abschlüsse, die den *SEC*-Registrierungs- und Berichtspflichten unterliegen, sind prinzipiell prüfungspflichtig. Dies gilt auch für ausländische Unternehmen, die den US-Kapitalmarkt in Anspruch nehmen.

Künftige Entwicklungen der US GAAP im internationalen Kontext. Die Internationalisierung der Kapitalmärkte führt auch zu stetig steigendem Druck auf die nationalen und internationalen Normierungsgremien zu einer Vereinheitlichung der Rechnungslegungsvorschriften. Primäres Ziel ist die Ermöglichung einer Vergleichbarkeit der Abschlüsse über die Grenzen hinweg. Daher haben sich das *IASB* sowie das *FASB*, die bedeutendsten internationalen Standardsetter, im *Norwalk Agreement* auf die Durchführung gemeinsamer Bemühungen zur Vereinheitlichung beider Rechnungslegungswerke verständigt. In einem ersten Schritt soll im Rahmen einer kurzfristigen Konvergenz bei vergleichbaren Standards nach US GAAP und IFRS, bei denen nur marginale Unterschiede bestehen, eine schnelle Vereinheitlichung erreicht werden. Daneben sollen die Rahmenkonzepte sowie andere vorhandene Standards in Einklang gebracht sowie neue Standards gemeinsam entwickelt und verabschiedet werden.

Literatur: Kieso, D. E. et al.: Intermediate Accounting, 10. Aufl., NY 2001; KPMG (Hrsg.): Rechnungslegung nach US-amerikanischen Grundsätzen, 3. Aufl., Düsseldorf 2003; Rubin, S.: The House of GAAP, in: JoA 157 (1984), S. 122–127.

Jens Berger

United States Generally Accepted Auditing Standards

Mit der Formulierung der US GAAS wurde das grundsätzliche Ziel verfolgt, das Minimum an Leistung und Qualität (→*Prüfungsqualität*) vorzugeben, das ein unabhängiger WP (→*Unabhängigkeit und Unbefangenheit des Wirtschaftsprüfers*) in den →United States of America (USA) zu erbringen hat. Dieser vom Berufsstand vorgegebene Rahmen für die Tätigkeit der US-amerikanischen WP [→*Certified Public Accountant* (*CPA*)] wurde im Jahre 1947 von den Mitgliedern des US-amerikanischen Instituts der WP [→*American Institute of Certified Public Accountants* (*AICPA*)] in der Form von zehn grundsätzlichen (generally accepted) Standards festgelegt (AICPA 2004, AU 150.02).

Aufgrund des grundlegenden Charakters erfuhren die US GAAS seit ihrer Festlegung lediglich Anpassungen, um den sich im Zeitablauf ändernden Rahmenbedingungen und Einflüssen auf die Arbeit der WP gerecht zu werden. Somit finden heute zwar nicht mehr die Standards mit ihrem ursprünglichen Wortlaut Anwendung, gleichwohl wurden an ihrem grundlegenden Inhalt und ihrem Zweck durch die erfolgten Anpassungen keine Änderungen vorgenommen (Messier 2000, S. 27).

Die US GAAS sind allgemein gehalten, was eine Vielzahl von Interpretationen ermöglichen würde. Daher werden zwecks fachlicher Unterstützung der Berufsangehörigen fortlaufend →*Statements on Auditing Standards* (*SAS*) vom *ASB* des *AICPA* veröffentlicht, die sich mit spezifischen Fragestellungen bzgl. der Berufsausübung befassen. Die zehn grundlegenden US GAAS finden bei jeder Entwicklung eines neuen SAS Berücksichtigung bzw. neue SAS dürfen nicht in Widerspruch zu ihnen stehen. Darüber hinaus werden die SAS als Interpretationen oder Ergänzungen der US GAAS angesehen.

Es lassen sich drei Kategorien, nämlich grundsätzliche Standards, Standards bzgl. der Durchführung von →Jahresabschlussprüfungen und Standards bzgl. der Berichterstattung unterscheiden. Der erste grundsätzliche Standard befasst sich mit der beruflichen Qualifikation und den persönlichen Eigenschaften, die einen WP auszeichnen, sowie der Qualität der von ihm zu erbringenden Arbeit. So sind u. a. JA-Prüfungen von Personen mit entsprechender Ausbildung und Erfahrung durchzuführen. Zudem bedarf es andauernder Weiterbildung (→Aus- und Fortbildung des Wirtschaftsprüfers). Zum einen sollte der Prüfer über aktuelle Entwicklungen in der Rechnungslegung und der JA-Prüfung informiert sein. Zum anderen gilt es, Auswirkungen auf den Berufsstand der WP, insb. auf die →Abschlussprüfer rechtzeitig wahrzunehmen, die aus technischen Entwicklungen (z. B. DV) oder aktuellen Entwicklungen in der Wirtschaft resultieren. Als weiterer Grundsatz wird die →Unabhängigkeit und Unbefangenheit des Wirtschaftsprüfers angesehen. Im Hinblick auf alle Angelegenheiten, die einen Auftrag (→Prüfungsauftrag und -vertrag) betreffen, hat er unabhängig von Interessengruppen innerhalb und außerhalb des Unternehmens, die ggf. versuchen, auf ihn einzuwirken, ein Urteil (→Prüfungsurteil), z. B. über die Qualität des Jahresabschlusses, zu fällen. Unabhängigkeit schließt alle Beziehungen, die die Objektivität des Prüfers beeinträchtigen können, zu jedweder Person aus.

Dabei kommt es nicht nur darauf an, dass die tatsächliche Unabhängigkeit gewahrt bleibt, sondern dass auch alle Handlungen unterbleiben, die die wahrnehmbare Unabhängigkeit beeinträchtigen können. Kommt der Verdacht auf, dass der Prüfer nicht unabhängig agiert, verlieren die Auftraggeber ihr Vertrauen in seine Fähigkeit, wahrheitsgemäß zu berichten und ein unabhängiges Testat [→Bestätigungsvermerk (BestV)] zu erteilen (AICPA 2004, AU 220.03).

Des Weiteren hat der beauftragte WP die von ihm geleiteten Prüfungen gewissenhaft zu planen und durchzuführen (→Prüfungsplanung; →Auftragsdurchführung). Die Pflicht zur gewissenhaften Berufsausübung (→Berufspflichten des Wirtschaftsprüfers; →Berufsgrundsätze des Wirtschaftsprüfers) bezieht sich auch auf die zu erbringende Berichterstattung (→Berichtsgrundsätze und -pflichten des Wirtschaftsprüfers).

Die Standards bzgl. der Durchführung von Prüfungen dienen als konzeptionelle Grundlage des angestrebten →Prüfungsprozesses. Die Durchführung der Prüfung ist umfassend zu planen, um später effektiv arbeiten zu können. Dann ist die Wahrscheinlichkeit, wesentliche Fehler (→Wesentlichkeit; →Unregelmäßigkeiten; →Fehlerarten in der Abschlussprüfung) im Rahmen der Prüfungshandlungen zu finden (→Unregelmäßigkeiten, Aufdeckung von), höher anzusetzen. Die Planung unterstützt den Prüfer, seine Arbeit auch in einem vertretbaren Zeitraum durchzuführen. Des Weiteren wird die Beaufsichtigung der bei der Prüfung eingesetzten Mitarbeiter gefordert, die selbst keine WP sind.

Unabdingbar für die →Prüfungsplanung sind die Kenntnis und das Verständnis des →Internen Kontrollsystems im zu prüfenden Unternehmen. Der Prüfer muss sich vor Planungsbeginn einen umfassenden Überblick über die im Unternehmen vorhandenen internen Kontrollen und deren Funktionsfähigkeit verschaffen (→Internes Kontrollsystem, Prüfung des; →Systemprüfung; →Aufbauorganisation); →Funktionsprüfung). Nur dann kann er Art, Zeitpunkt und Umfang von effizienten und effektiven Prüfungshandlungen (→Auswahl von Prüfungshandlungen) verlässlich bestimmen (Boynton/Kell 1996, S. 42 f.).

Des Weiteren müssen ausreichende, von Sachverständigen nachvollziehbare Beweise (→Prüfungsnachweise) hinsichtlich der Ordnungsmäßigkeit bzw. der nicht vorhandenen Ordnungsmäßigkeit des geprüften Jahresabschlusses beschafft werden (→Ordnungsmäßigkeitsprüfung). Die Vornahme von Prüfungshandlungen, z. B. Beobachtung, Inaugenscheinnahme, Nachschau abgeschlossener Geschäftsvorfälle, Anforderung von →Bestätigungen Dritter (→ergebnisorientierte Prüfungshandlungen; →analytische Prüfungshandlungen; →Nachweisprüfungshandlungen), fördert die benötigten Argumente zu Tage. Alle daraus resultierenden Ergebnisse hat der Prüfer seinem Urteil (→Prüfungsurteil) zugrunde zu legen, um am Ende der Prüfung eine fundierte Meinung zur Qualität des geprüften Jahresabschlusses abzugeben (Messier 2000, S. 28).

Den Standards bzgl. der Berichterstattung entsprechend ist u. a. darüber zu berichten, ob der JA im Einklang mit den →United States Generally Accepted Accounting Principles (US GAAP) erstellt wurde. In diesem Zusammenhang hat der Prüfer die Sachverhalte zu identifizieren, in denen die US GAAP im Vergleich zum Vorjahr nicht stetig zur Anwendung kamen (→Stetigkeit; →Änderung der Bilanzierungs- und Bewertungsmethoden; →Änderung der Bewertungsannahmen). Zudem hat das Unternehmen im zu prüfenden JA alle benötigten Erläuterungen und Erklärungen so zu erbringen, wie in den US GAAP gefordert. Verneint der Prüfer Vollständigkeit oder Richtigkeit derselben, hat er dies in seinem →Prüfungsbericht (PrB) zu begründen (→Berichtsgrundsätze und -pflichten des Wirtschaftsprüfers).

Der Bericht hat entweder einen Vermerk zu enthalten, der die Meinung des Wirtschaftsprüfers in Bezug auf den gesamten JA wiedergibt, oder eine Aussage dahingehend, dass sich der Prüfer keine Meinung bilden kann. Tritt dieser Fall ein, sind die Gründe dafür anzugeben. Hat der WP einen JA geprüft, muss er in seinem Bericht über Art und Umfang der von ihm vorgenommenen Prüfungshandlungen und den Grad der von ihm zu übernehmenden Verantwortung Auskunft geben (Boynton/ Kell 1996, S. 43).

Literatur: AICPA (Hrsg.): AICPA Professional Standards, NY 2004; Boynton, W. C./Kell, W. G.: Modern Auditing, 6. Aufl., NY et al. 1996; Messier, W. F.: Auditing & Assurance Services: a systematic approach, 2. Aufl., Boston 2000.

Martin Erhardt

United States of America

Die Durchführung von Abschlussprüfungen (Audits) in den USA ist auf den Berufsstand der US-amerikanischen WP [→Certified Public Accountant (CPA)] begrenzt.

Um die *Qualifikation* zum CPA zu erlangen, muss ein Berufsexamen absolviert werden. Dieses wird in den USA einheitlich durchgeführt und ausgewertet (Uniform CPA Examination).

Die Voraussetzungen zur Zulassung zum Berufsexamen unterscheiden sich zwischen den einzelnen Bundesstaaten. I.A. ist der Nachweis eines fachbezogenen Studiums, in dessen Rahmen 150 fachspezifische Semesterwochenstunden absolviert werden müssen, zu erbringen.

Die Prüfung setzt sich aus vier Teilgebieten zusammen. Dies sind im Einzelnen:

1) Auditing,
2) Financial Accounting and Reporting,
3) Business Law and Professional Responsibilities sowie
4) Accounting and Reporting.

In den vier Teilgebieten muss eine computergestützte schriftliche Prüfung abgelegt werden.

Nach Bestehen des Berufsexamens kann grundsätzlich eine Zertifizierung (Certificate) erteilt werden, die zum Tragen des Titels und zum Beitritt in die berufsständische Organisation, dem →*American Institute of Certified Public Accountants* (*AICPA*), qualifiziert. Um den Beruf jedoch auszuüben (Public Practice), muss eine Lizenz (License) beantragt werden. Dazu ist eine praktische Berufstätigkeit nachzuweisen, die sich je nach Bundesstaat auf durchschnittlich 2 Jahre beläuft. Nur eine solche Lizenz berechtigt zur Unterzeichnung von Prüfungsberichten bzw. Prüfungsurteilen. Um die Qualifikation aufrecht zu erhalten, sind CPA verpflichtet, sich regelmäßig fortzubilden (Continuing Professional Education).

Der *Umfang der Dienstleistungen* des CPA im Rahmen der Wirtschaftsprüfung und Steuerberatung (Public Practice) beinhaltet insb. folgende Tätigkeiten: Auditing, Assurance Services, Environmental Accounting, Forensic Accounting, Information Technology Services, International Accounting, Consulting Services, Personnel Financial Planning und Tax Advisory Services.

Die *hoheitliche Aufsicht* über den Berufsstand wird durch das jeweilige *State Board of Accountancy* eines jeden US-amerikanischen Bundesstaates (50 Bundesstaaten und vier Territorien) ausgeübt. Diese überwachen die Examenszulassung, die Bestellung und die Einhaltung der berufsständischen Grundsätze.

Die CPA sind in den einzelnen Bundesstaaten in *CPA Societies* und bundesstaatenübergreifend im *AICPA* organisiert, das eine Art Dachverband darstellt.

Der Berufsstand der CPA unterliegt bei der *Durchführung von Abschlussprüfungen* in den USA Regulierungen, die sich danach unterscheiden, ob der Mandant der Aufsicht der

→*Securities and Exchange Commission* (*SEC*) unterliegt oder nicht.

Ist der *Mandant nicht SEC notiert*, dann gelten die allgemeinen Regelungen des *AICPA*. Dies sind die →United States Generally Accepted Auditing Standards (US GAAS), die aus zehn Standards bestehen. Dazu zählen drei General Standards (Berufsgrundsätze), drei Standards of Fieldwork (Grundsätze für die Prüfungsdurchführung) und vier Standards of Reporting (Grundsätze für die Berichterstattung und Abfassung von Testaten). Die zehn allgemeinen Standards werden durch die SAS konkretisiert. Diese werden vom *ASB*, einem Ausschuss des *AICPA*, verabschiedet. Weiterhin sind die ebenfalls vom *ASB* herausgegebenen SQCS zu beachten.

Sofern der *Mandant bei der SEC notiert* ist, also der Aufsicht der *SEC* unterliegt, sind strengere Anforderungen zu erfüllen. Dies ist auf den SOA zurückzuführen, der als Reaktion auf die Bilanzskandale im Juli 2002 vom US-amerikanischen Kongress verabschiedet worden ist und u. a. Regelungen für die Abschlussprüfung enthält (→Sarbanes Oxley Act, Einfluss auf das Prüfungswesen). In diesem Rahmen ist eine Regulierungsbehörde geschaffen worden, die vom Berufsstand unabhängig ist und somit das bis dahin geltende Selbstverwaltungssystem ablöst. Die Regulierungsbehörde, das →*Public Company Accounting Oversight Board* (*PCAOB*), ist organisiert als privatrechtliche „Nonprofit"-Gesellschaft, die sich über Zwangsbeiträge der Emittenten finanziert. Das *PCAOB* unterliegt der Aufsicht der *SEC*, die alle Standards des *PCAOB* bestätigen muss.

Die Tätigkeiten bzw. Aufgaben des *PCAOB* erstrecken sich insb. auf das Erarbeiten von Prüfungs-, Qualitätskontroll-, Ethik- und Unabhängigkeitsstandards (→Prüfungsnormen; →Prüfungsrichtlinien), die Registrierung gesetzlicher APr in den USA, die Qualitätskontrolle, die Durchführung von Untersuchungen, die Disziplinaraufsicht und die Verhängung von Sanktionen gegenüber registrierten WPGes.

Registrierungspflichtig sind APr von *SEC*-registrierten Unternehmen und deren wesentlichen Tochtergesellschaften. Dies betrifft neben den CPA auch ausländische WP und WPGes. Es sind demnach auch deutsche WP und WPGes betroffen, die Leistungen für in den USA notierte Unternehmen oder Unternehmen, die die Zulassung von Wertpapieren in den USA beantragt haben, erbringen. Dies kann einerseits die Prüfung deutscher Konzerne (→Konzernarten) mit Notierung an einer US-Börse (Foreign Private Issuer) und andererseits die Prüfung von wesentlichen deutschen Tochtergesellschaften einer *SEC*-notierten US-Muttergesellschaft betreffen.

Bislang hat das *PCAOB* vier berufliche Standards (Auditing Standards No. 1–4) herausgegeben, die bei der Prüfung *SEC*-registrierter Unternehmen zu beachten sind. Auditing Standard No. 1 regelt u. a. die grundsätzliche Übernahme der Prüfungs-, Unabhängigkeits- und Qualitätskontrollstandards des *AICPA*. Bisher sind darüber hinaus Standards zur Prüfung des →Internen Kontrollsystems (→Internes Kontrollsystem, Prüfung des) (Auditing Standard No. 2), zur Prüfungsdokumentation (Auditing Standard No. 3) und zur Prüfung im Zusammenhang mit bestimmten Feststellungen bezogen auf das IKS (Auditing Standard No. 4) verabschiedet worden. Neben den Standards werden ergänzende Regelungen zu den Standards (Related Rules) veröffentlicht, die ebenfalls durch den CPA zu beachten sind.

Weiterhin sind die Vorschriften der *SEC* zu beachten. Kern bildet die Regulation S-X. Diese regelt Inhalt, Form, Prüfung und Offenlegungspflichten der bei der *SEC* einzureichenden Jahresabschlüsse.

Insgesamt unterliegt das *regulatorische Umfeld* der Wirtschaftsprüfung in den USA einem steten Wandel, der vor allem durch die Bilanzskandale ausgelöst worden ist. Ziel der Veränderungen ist, das Vertrauen der Öffentlichkeit im Bezug auf Finanzinformationen und das Urteil des Abschlussprüfers über diese zu erhöhen bzw. wiederherzustellen. Davon sind insb. Vorschriften über die Unabhängigkeit des Abschlussprüfers und der Qualitätskontrolle betroffen. Weiterhin sind Prüfungsstandards explizit im Hinblick auf Verstöße (Fraud; →Unregelmäßigkeiten) modifiziert worden, was sich unmittelbar auf die →Erwartungslücke auswirken dürfte. Im Ergebnis nimmt die Regelungsdichte ständig zu.

Diese Entwicklung strahlt unmittelbar auf die Regelungen betreffend der Abschlussprüfung (→Prüfungsnormen; →Prüfungsrichtlinien) in anderen Ländern aus, da eine internationale Konvergenz und „gegenseitige" Anerkennung angestrebt wird. So sind die Entwicklungen in den USA auch in internationalen und nationalen Vorschriften zu beobachten. Dies ist bspw. bei der Überarbeitung der Achten RL 84/253/EWG (sog. APr-RL) und der Entwicklung der →International Standards on Auditing (ISA) eindeutig zu erkennen.

Andreas Sievers

Universitäten, Forschung im Prüfungswesen

Fragestellungen: Universitäten haben derzeit rund 50 Professoren für Wirtschaftsprüfung oder Prüfungswesen in Deutschland, die sich der Forschung und forschungsorientierten Lehre widmen. Zahlreiche von ihnen sind zugleich dem Berufsstand der WP durch Gremienarbeit verbunden oder in Aufsichts- oder Beiräten von WPGes (→ Revisions- und Treuhandbetriebe). Das hindert sie nicht an einem kritischen Blick auf den WP-Sektor.

Die universitären Forscher beschäftigen sich mit vielfältigen Fragen der nationalen und internationalen Rechnungslegung, der Prüfung, insb. im Hinblick auf Notwendigkeit, Prozess (→Prüfungsprozess), Effizienz, Unabhängigkeit des Prüfers (→Unabhängigkeit und Unbefangenheit des Wirtschaftsprüfers), Aufsicht (→ Berufsaufsicht für Wirtschaftsprüfer, national; →Berufsaufsicht für Wirtschaftsprüfer, international) und Markt (→Prüfungsmarkt), der →Unternehmensbewertung sowie der Kreditwürdigkeits- und Solvenzanalyse. Ergänzt werden diese Untersuchungen durch Analysen der vom Management betriebenen Rechnungslegungspolitik (→bilanzpolitische Entscheidungsmodelle) und Bilanzanalyse (→ Jahresabschlussanalyse; →Jahresabschlussanalyse, Methoden der). Der folgende Beitrag kann aus dieser Vielfalt nur einige Hauptpunkte herausgreifen.

Rechnungslegungsanforderungen und Rechnungslegungspolitik: Die Prüfung von Abschlüssen (→Jahresabschlussprüfung; →Konzernabschlussprüfung) verlangt die Kenntnis der Rechnungslegungsanforderungen. Diese sind neben dem nationalen Recht (mit HGB, PublG, AktG, EStG etc.) gewachsen durch die für bestimmte Konzernabschlüsse notwendigen →International Financial Reporting Standards (IFRS) und die →United States Generally Accepted Accounting Principles (US GAAP), welche für Gesellschaften relevant sind, die an US-amerikanischen Börsen notiert sind. Universitäre Forschung hilft beim Verständnis der Regelungen i. S. d. Beantwortung der Fragen, welche Anreize die verschiedenen Bilanzierungsregelungen schaffen (s. insb. Wagenhofer/Ewert 2003), auf welche Prinzipien sie zurückgeführt werden können (s. insb. Ballwieser 2006), welche Lücken sie enthalten, ob sie die vermeintlichen Zielsetzungen (wie Gläubigerschutz, Rechenschaft und Information zur Entscheidungsunterstützung) erfüllen und wie sie verbessert werden können. Hierbei werden sowohl analytische Kalküle als auch empirische Untersuchungen herangezogen. Kritisch wird mit der These umgegangen, Rechnungslegung für Außenstehende könne gleichermaßen gut der internen Steuerung dienen (zur Inkongruenz dieser Anforderungen s. insb. Gjesdal 1981). Besonders in Frage gestellt wird die Entscheidungsnützlichkeit von Rechnungslegungsinformation schlechthin (s. insb. Moxter 2000) und speziell die von →Fair Values (s. insb. Hitz 2005).

Anstelle von analytischen Untersuchungen zur möglichen Rechnungslegungspolitik von Unternehmungen dominieren in jüngerer Zeit empirische Untersuchungen, welche die Einflussfaktoren auf bilanzpolitische Maßnahmen und das Ausmaß ihrer Wahrnehmung zu erheben trachten. Bspw. finden sich erstaunlicherweise in den USA jüngere Auseinandersetzungen mit der Bedeutung des Vorsichtsprinzips (→Grundsätze ordnungsmäßiger Rechnungslegung) (Watts 2003a; Watts 2003b) und empirische Untersuchungen, die zu belegen scheinen, dass der Grad der vorsichtigen Bilanzierung in jüngster Zeit zugenommen hat. Dies gilt es nicht nur zu konstatieren, sondern auch zu erklären und in die Lehre (→Universitäten, Lehre im Prüfungswesen) einzubringen.

Prüfungsnotwendigkeit und Prüfungseffizienz: Die Notwendigkeit der Prüfung resultiert aus der Delegation von Entscheidungen, der fehlenden Zielidentität von Auftraggeber (Principal) und Auftragnehmer (Agent) und der bestehenden vor- und nachvertraglichen Informationsasymmetrie. Prüfer einzuschalten, um Auftraggeber zu schützen, schafft aber neues Auftragshandeln und damit neue Anreizprobleme, die zu bewältigen sind. Dies wird im Rahmen von Agency-Modellen (→Principal-

Agent-Theorie) untersucht (s. insb. Ewert 1990).

Die Effizienz von Prüfungen hängt von der Prüfungsart, dem Prüfungsziel und den weiteren Prüfungsbedingungen ab. Universitäre Forschung hat sich intensiv mit der Organisation und Bewältigung von →Prüfungsprozessen, der Verwendung von Stichprobenergebnissen zur Gewinnung von Prüfungsgesamturteilen (→Stichprobenprüfung), der Fehlerfortpflanzung und der Sicherheit des →Prüfungsurteils auseinandergesetzt.

Prüferunabhängigkeit: Soweit Prüfungsurteilen vertraut werden soll, müssen diese von kompetenten und unabhängigen Prüfern (→Unabhängigkeit und Unbefangenheit des Wirtschaftsprüfers) erstellt worden sein. Die Prüferabhängigkeit ist durch das in einer WPGes üblicherweise vorhandene Portfolio aus Prüfung, prüfungsnaher Beratung, →Steuerberatung und weiterer →Unternehmensberatung latent gefährdet, erst recht, wenn die Deckungsbeiträge in den jeweiligen Bereichen divergieren.

Prüfungsgesellschaften müssen darauf bedacht sein, ihre Unabhängigkeit und Qualität zu signalisieren. Sie können dies nur indirekt, weil Vertrauensgüter vorliegen. Die universitäre Forschung hat sich mit Anreizen für unabhängige Prüfungstätigkeit und Signalen für →Prüfungsqualität auseinander gesetzt und dazu beigetragen, geltende oder denkbare Gesetzesregelungen im Hinblick auf ihre Effizienz einzuschätzen. Untersucht hat man die Wirkungen von interner und externer Rotation (→Prüferrotation), von Trennung von Prüfung und Beratung, von Preisverordnungen und von Offenlegung der Umsatz- oder Deckungsbeitragsanteile aus verschiedenen Geschäftsbereichen (→Honorarangaben).

Markt für Prüfungen und Prüfungsgesellschaften: Während der Markt für Prüfungen und Prüfungsgesellschaften (→Prüfungsmarkt) unbestrittenerweise sehr groß ist, gibt es davon unabhängig die „Big Four", die für Großmandate, welche weltweit tätige Kunden umfassen, prädestiniert sind. Bei vier Gesellschaften kann starker, aber auch schwacher Wettbewerb herrschen. Universitäre Forschung hat sich damit auseinander gesetzt, was die jeweiligen Rahmenbedingungen hierfür sind (s. insb. Hachmeister 2001) und worauf es zurückgeht, dass Prüfer gewechselt werden (s. insb. Marten 1994).

Prüferaufsicht: Nicht zuletzt aufgrund des *Enron*-Skandals, aber auch der zunehmenden Bedeutung von IFRS ist die Prüferaufsicht (→Berufsaufsicht für Wirtschaftsprüfer, national; →Berufsaufsicht für Wirtschaftsprüfer, international) in den Vordergrund getreten. Universitäre Forschung hat sich mit der Rolle von Prüfungen im *Enron*-Skandal und dem „Enforcement" (→Enforcementsysteme) auseinandergesetzt. Darüber hinaus wurde der →Peer Review (→Qualitätskontrolle in der Wirtschaftsprüfung) in möglicher Ausgestaltung und Effizienz zu würdigen versucht. Jüngere Arbeiten widmen sich insb. auch der Rolle des Prüfers im Rahmen der →Corporate Governance, speziell der Zusammenarbeit mit Aufsichtsgremien. Zahlreiche Untersuchungen analysieren die Wirkung unscharfer Rechnungslegungs- oder →Prüfungsnormen und die Anreize verschiedener Formen der Haftung (→Haftung des Wirtschaftsprüfers).

Unternehmensanalysen: Universitäre Forschung und Lehre beschäftigt sich in starkem Maße mit Unternehmensanalysen unter dem Gesichtspunkt der Sanierung (→Sanierungsberatung) oder Zerschlagung (→Unternehmensbeendigung), der Kreditwürdigkeit (→Kreditwürdigkeitsprüfung) und der Ermittlung des potenziellen Marktpreises von Unternehmen (→Unternehmensbewertung; →Unternehmensbewertung, marktorientierte; Unternehmensbewertung). Dies geht nicht zuletzt darauf zurück, dass diese Tätigkeit typisch für WP ist (→Berufsbild des Wirtschaftsprüfers).

Literatur: Ballwieser, W.: IFRS-Rechnungslegung – Konzept, Regeln und Wirkungen, München 2006; Ewert, R.: Wirtschaftsprüfung und asymmetrische Information, Berlin et al. 1990; Ewert, R.: Wirtschaftsprüfung und ökonomische Theorie – Ein selektiver Überblick, in: Richter, M.: Theorie und Praxis der Wirtschaftsprüfung II, Berlin 1999, S. 35–99; Gjesdal, F.: Accounting for Stewardship, in: JoAR 19 (1981), S. 208–231; Hachmeister, D.: Wirtschaftsprüfungsgesellschaften im Prüfungsmarkt, Stuttgart 2001; Hitz, J.-M.: Rechnungslegung zum fair value, Frankfurt a.M. 2005; Marten, K.-U.: Der Wechsel des Abschlußprüfers, Düsseldorf 1994; Moxter, A.: Rechnungslegungsmythen, in: BB 55 (2000), S. 2143–2149; Wagenhofer, A./Ewert, R.: Externe Unternehmensrechnung, Berlin et al. 2003; Watts, R. L.: Conservatism in Accounting, Part I: Explanations and Implications, in: Accounting Horizons 17 (2003a), S. 207–221; Watts, R. L.: Conservatism in Accounting, Part II: Evidence and Research, in: Accounting Horizons 17 (2003b), S. 297–301.

Wolfgang Ballwieser

Universitäten, Lehre im Prüfungswesen

Die Betriebswirtschaftslehre steht, wie auch die anderen Fächer an den Universitäten, vor großen Herausforderungen. Die Studiengänge sind neu zu gliedern in Bachelor- und Masterstudiengänge. Zumindest in der Bachelor-Ausbildung ist diese Umstellung mit weit reichenden Folgen verbunden. Das Master-Programm kann dagegen weitgehend übernommen werden, da bereits in der Vergangenheit von einem viersemestrigen Hauptstudium ausgegangen wurde. Allerdings werden auch hier die Schwerpunkte anders gelegt und andere und neue Spezialisierungsrichtungen angeboten werden.

Das Fach „Prüfungswesen" ist zurzeit auf dem Prüfstand, da nach der →Wirtschaftsprüferordnung (WPO) einzelne Fächer, die an der Universität abgelegt wurden, auf das →Wirtschaftsprüfungsexamen angerechnet werden können bzw. die Prüfung insgesamt – wenn der Studiengang „Wirtschaftsprüfung" an der Universität eingerichtet und zertifiziert wurde – an der Universität abgelegt werden kann. Zurzeit zeichnet sich insofern eine gewisse Ausrichtung an diesen Erfordernissen ab. Ein geschlossener Studiengang Wirtschaftsprüfung, der die genannten Anforderungen erfüllt, war allerdings nicht festzustellen. Als Basis der Auswertung dienten die Angaben der Lehrstühle auf ihren Internetseiten.

Der Vergleich der Lehrangebote erwies sich insofern als schwierig, als die Lehrstühle unterschiedliche Ausrichtungen aufweisen, die Lehrveranstaltungen nicht einheitlich bezeichnet werden und Angaben zu den einzelnen Gliederungspunkten nicht vorlagen. Aus den Angaben lies sich aber ablesen, dass eine deutliche Hinwendung zum zweisemestrigen Studium des Faches Prüfungswesen zu erkennen war. Damit kann das Fach auch bei der Wiederholung eines Teilbereiches im Rahmen der vorgegebenen Zeit absolviert werden.

An den Lehrstühlen werden Lehrveranstaltungen zu den folgenden Gebieten angeboten:

- *Betriebswirtschaftliches Prüfungswesen*: Bei der Veranstaltung betriebswirtschaftliches Prüfungswesen bzw. Grundlagen der Wirtschaftsprüfung bzw. Allgemeine Prüfungslehre handelt es sich um eine Einführungsveranstaltung zum Prüfungswesen. Hier werden Prüfungsinstitutionen, Prüfungsarten (z. B. →Pflichtprüfungen; →freiwillige und vertragliche Prüfung) und Prüfungstechniken (→Buchführungstechnik und Prüfungsmethoden) behandelt. Dazu gehören auch die berufsrechtlichen Fragen (→Berufsrecht des Wirtschaftsprüfers). Einige Lehrstühle behandeln einzelne dieser Themen in gesonderten Veranstaltungen. Z.T. wird diese Veranstaltung auch als „Theorie der Prüfung" (theoretische Grundlagen der Prüfung von Unternehmen) behandelt. Es finden sich aber auch die Bezeichnungen „Wirtschaftsprüfung I" (Berufsrechtliche Fragen) sowie „Prüfung und Überwachung von Unternehmen".

- *Rechnungslegung und Prüfung*: Der zweite Bereich bezieht sich auf Rechnungslegung und Prüfung. Durch die unterschiedlichen Abgrenzungen der Lehrstühle, die nur Prüfungswesen oder Prüfungswesen und →Rechnungswesen zum Gegenstand haben, finden sich zu diesem Schwerpunkt unterschiedliche Bezeichnungen und auch Inhalte. So wird z.T. die Prüfung von JA (→Jahresabschlussprüfung) bzw. →Einzelabschluss und →Konzernabschluss (→Konzernabschlussprüfung) in gesonderten Veranstaltungen behandelt. Daneben werden aber auch Veranstaltungen angeboten, die sich auf die Rechnungslegung und die Abschlussprüfung beziehen. Anhand der Angaben ist nicht ersichtlich, in welchem Umfang bei diesen Veranstaltungen auf die Prüfung eingegangen wird. Einzelne Lehrstühle trennen aber auch nach der Rechnungslegung von JA und Konzernabschluss, wobei gesonderte Veranstaltungen zur internationalen Rechnungslegung angeboten werden. Nur selten wird allerdings dabei für diese Veranstaltung nach →International Financial Reporting Standards (IFRS) und →United States Generally Accepted Accounting Principles (US GAAP) unterschieden. In diesen Fällen wird allein die Frage der Rechnungslegung ohne Prüfung behandelt. Diese Abgrenzung findet sich bei den Lehrstühlen, die Veranstaltungen zum betriebswirtschaftlichen Prüfungswesen anbieten.

- →*Unternehmensbewertung*: Als dritter Bereich wird die Unternehmensbewertung genannt. Dieses Fach wird von fast allen Lehrstühlen angeboten bzw. ist im Lehrangebot der Lehrstühle enthalten, die sich mit Fragen der Wirtschaftsprüfung beschäftigen. Da die Unternehmensbewertung in Deutschland maßgeblich vom →Institut der Wirtschaftsprüfer in Deutschland e.V. (IDW) im IDW S 1 geregelt wird, ist es verständlich, dass dieser Themenkomplex von den Vertretern des Faches Prüfungswesens vorgetragen wird.

- *Praxis der Wirtschaftsprüfung*: Die Lehrstühle für Prüfungswesen haben von jeher einen deutlichen Praxisbezug angestrebt (Peemöller/Kaindl/Nordhausen 1993, S. 381). Von daher erscheint es verständlich, dass viele Lehrstühle Veranstaltungen von Praktikern in ihr Lehrangebot einbeziehen. Dabei zeigt sich auch die große Bedeutung des Wirtschaftsprüferberufs für die Hochschulausbildung im Fach Prüfungswesen, da diese Veranstaltungen i.d.R. von Wirtschaftsprüfern abgehalten werden, die als Lehrbeauftragte oder Honorarprofessoren ausgewiesen sind. Inhalte sind die handelsrechtliche →Jahresabschlussprüfung und die →Konzernabschlussprüfung.

- *Sonderfragen der Rechnungslegung und Prüfung*: Ein weiterer Themenkomplex besteht in den Sonderfragen der Prüfung bzw. Sonderprüfungen, Sonderfragen der Rechnungslegung oder auch Sonderfragen von Rechnungslegung und Prüfung. Z.T. werden hier Sonderbilanzen (z. B. →Insolvenzbilanzen; →Kapitalerhöhungsbilanzen) und aktienrechtliche Sonderprüfungen (→Sonderprüfungen, aktienrechtliche) vorgestellt. Allerdings weisen nur drei Lehrstühle dieses Angebot auf.

- →*Prüfungsprozess*: Nur noch wenige Lehrstühle beschäftigen sich in gesonderten Veranstaltungen mit dem Prüfungsprozess. Von einem Lehrstuhl wird hier allerdings eine weiter gehende Untergliederung in gesonderten Veranstaltungen vorgenommen und die Aufgaben der Abschlussprüfung, Risikoanalyse und →Prüfungsplanung, Prüfungstechniken und →Systemprüfung angesprochen. Damit wird eine sehr intensive Auseinandersetzung mit der Jahresabschlussprüfung vorgenommen.

- *Einzelaspekte*: Weitere Veranstaltungen, die von der Lehrstühlen angeboten werden, beziehen sich auf Branchen [Bankprüfung (→Kreditinstitute)], auf Rechtsformen [genossenschaftliche Pflichtprüfung (→Genossenschaften)], auf Länder (französische Rechnungslegung) und auf öffentliche Betriebe (→öffentliche Unternehmen) (öffentliches Rechnungs- und Prüfungswesen).

- →*Interne Revision*: Die Interne Revision ist mit eigenen Lehrveranstaltungen nur an drei Hochschulen vertreten. Aufgrund der zunehmenden Bedeutung dieser Funktion sollte vermehrt darüber nachgedacht werden, ob sie nicht durch eigene Veranstaltungen gewürdigt wird, da diese Funktion bzw. Institution zu einem akademischen Beruf geworden ist. Sie sollte deshalb nicht nur im Rahmen der Einführung zum Prüfungswesen Gegenstand des Lehrangebots sein.

- *Weitere Themen*: Weitere Themengebiete der Lehrstühle bestehen im →Controlling (→Controlling, Aufgaben des; →Controllingkonzepte), in der wertorientierten Steuerung (→Unternehmenssteuerung, wertorientierte) und der Bilanzanalyse (→Jahresabschlussanalyse; →Jahresabschlussanalyse, Methoden der) sowie dem →Corporate Governance und der →Unternehmensberatung.

Die unterschiedlichen Veranstaltungsangebote und die Kombinationen dieser Angebote durch die Lehrstühle lassen eine größere Heterogenität vermuten. Dies ist aber nach Durchsicht der Unterlagen nicht zu unterstellen. Alle aufgeführten Bestandteile werden mehr oder weniger von allen Lehrstühlen angeboten. Nur die Würdigung, ob der Stoff in einer gesonderten Veranstaltung oder im Rahmen der Grundlagen vermittelt wird, ist unterschiedlich. Folgende Feststellungen – auch im Vergleich zur Untersuchung von 1993 – können getroffen werden:

- der öffentliche Bereich wird so gut wie nicht mehr behandelt,
- die Bezeichnung →Treuhandwesen ist fast zur Gänze verschwunden,
- das Beratungswesen wird so gut wie nicht angeboten,
- die Veranstaltungen zur →Prüfungstheorie sind gestiegen und
- interdisziplinäre Veranstaltungen haben erheblich zugenommen; hier sind die Fächer Steuerlehre, Steuerrecht und Rechnungswesen zu nennen.

Literatur: IDW (Hrsg.): IDW Standard: Grundsätze zur Durchführung von Unternehmensbewertungen (IDW S 1, Stand: 18. Oktober 2005), in: WPg 58 (2005), S. 1303–1321; Peemöller, V. H./Kaindl, G./Nordhausen, A.: Das Fach Prüfungswesen an deutschsprachigen Hochschulen – Eine empirische Erhebung –, in: WPg 46 (1993), S. 374–383.

Volker H. Peemöller

Unparteilichkeit des Wirtschaftsprüfers
→ Berufspflichten des Wirtschaftsprüfers;
→ Grundsätze ordnungsmäßiger Abschlussprüfung

Unregelmäßigkeiten

Im Rahmen der Abschlussprüfung (→ Jahresabschlussprüfung; → Konzernabschlussprüfung) hat sich die nachstehende, den → International Standards on Auditing (ISA) folgende Systematisierung des Terminus Unregelmäßigkeiten durchgesetzt (IDW PS 210.6 f., sowie ergänzend IDW 2006a, Abschn. Q, Rn. 119 und 125–131, S. 1669–1673; Winkeljohann/Poullie 2006, Rn. 32 zu § 321 HGB, S. 1960 f.) (s. Abb.).

Unregelmäßigkeiten werden zunächst danach differenziert, ob diese zu falschen, d. h. zu fehlerhaften oder vorschriftswidrig unterlassenen, Angaben im Abschluss und/oder → Lagebericht bzw. → Konzernlagebericht führen oder nicht. Während in der erstgenannten Kategorie sog. Unrichtigkeiten oder Verstöße vorliegen können, spricht man im Rahmen der zweiten zusammenfassend von sonstigen Gesetzesverstößen.

Als *Unrichtigkeiten (Error)* werden *unbeabsichtigt* falsche Angaben in der Rechnungslegung bezeichnet, die bspw.

- aus Schreib- oder Rechenfehlern in der Buchführung oder in deren Grundlagen,
- aus einer unbewusst falschen Anwendung von Gesetzen und Rechnungslegungsgrundsätzen (→ Grundsätze ordnungsmäßiger Rechnungslegung) oder
- aus einem Übersehen oder einer unzutreffenden Einschätzung von Sachverhalten

resultieren. Unter Unrichtigkeiten sind dabei auch Auswirkungen einer unbeabsichtigten

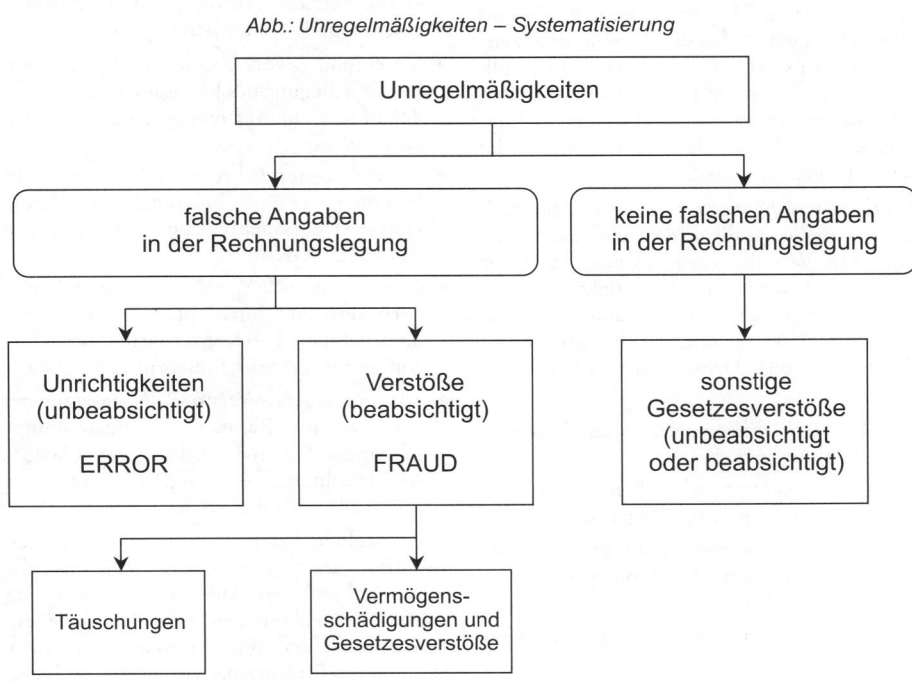

Abb.: Unregelmäßigkeiten – Systematisierung

Quelle: IDW PS 210.7.

Unregelmäßigkeiten

Nichteinhaltung sonstiger, nicht rechnungslegungsbezogener Gesetze zu subsumieren, soweit diese die Rechnungslegung berühren.

Im Gegensatz hierzu versteht man unter *Verstößen (Fraud)* beabsichtigte falsche Angaben in der Rechnungslegung. Es sind hierbei mehrere Arten von Verstößen zu unterscheiden, und zwar Täuschungen auf der einen sowie Vermögensschädigungen und Gesetzesverstöße auf der anderen Seite.

Bei *Täuschungen* handelt es sich in erster Linie um

- bewusst falsche Angaben in der Rechnungslegung (→ Bilanzfälschung),
- Fälschungen in der Buchführung oder deren Grundlagen,
- Manipulationen, wie → Buchungen ohne tatsächliches Vorliegen von Geschäftsvorfällen oder unterlassene Buchungen,
- unerlaubte Änderungen der Buchführung und deren Grundlagen sowie
- die bewusst falsche Anwendung von Gesetzen und Rechnungslegungsgrundsätzen.

Täuschungen können durch das Management oder sonstige Mitarbeiter, ggf. unter Mitwirkung von Dritten, begangen werden. Sie sind dabei häufig eine Folge des Außerkraftsetzens von Mechanismen des → Internen Kontrollsystems durch das Top-Management, d. h. den gesetzlichen Vertretern und anderen Führungskräften (sog. Management Override; Top-Management-Fraud).

Vermögensschädigungen stellen einen Sammelbegriff für alle auf die widerrechtliche Aneignung oder Verminderung des Vermögens der Gesellschaft sowie auf die Erhöhung ihrer Verpflichtungen gerichteten Handlungen von gesetzlichen Vertretern, Aufsichtsorganen, Mitarbeitern oder Dritten dar. Hierzu zählen insb.

- die Unterschlagung von Zahlungseingängen (→ Zahlungsverkehr),
- die Entwendung von Vermögenswerten (→ Asset) oder geistigen Eigentums,
- die Veranlassung einer Zahlung durch die Gesellschaft für nicht empfangene Güter oder Dienstleistungen oder
- der private Gebrauch von Gesellschaftsvermögen.

Vermögensschädigungen sind dann als Verstöße im vorstehenden Sinne zu deklarieren, sofern sie nicht zutreffend in der Rechnungslegung abgebildet werden; ansonsten sind sie den sonstigen Gesetzesverstößen zuzuordnen. Von einem Verstoß wird schließlich auch dann gesprochen, wenn die Auswirkungen von *Gesetzesverstößen*, wie bspw. Geldstrafen oder Schadenersatzverpflichtungen, die keine Vermögensschädigungen darstellen, in der Rechnungslegung bewusst nicht zutreffend berücksichtigt sind.

Als *sonstige Gesetzesverstöße* werden alle – beabsichtigten und unbeabsichtigten – Handlungen und Unterlassungen der gesetzlichen Vertreter oder Mitarbeiter des geprüften Unternehmens bezeichnet, die Gesetzen, dem Gesellschaftsvertrag oder der Satzung zuwiderlaufen und *nicht* zu falschen Angaben in der Rechnungslegung führen. Persönliches Fehlverhalten der gesetzlichen Vertreter oder der Mitarbeiter, sofern es nicht in Bezug zur Geschäftstätigkeit des Unternehmens steht, wird hierdurch nicht erfasst. Beispiele für sonstige Gesetzesverstöße sind

- schwer wiegende Verstöße gegen Gesetzesnormen ohne Rechnungslegungsbezug, bspw. aus dem HGB, AktG, Steuer-, Insolvenz-, Betriebsverfassungs- und Strafrecht sowie dem → Geldwäschegesetz,
- Verletzung von Offenlegungspflichten (→ Offenlegung des Jahresabschlusses) und der Pflicht zur Aufstellung eines Konzernabschlusses,
- Verstoß gegen § 161 AktG in Form einer unzutreffenden → Entsprechenserklärung zum → Deutschen Corporate Governance Kodex (DCGK),
- schwer wiegende Verstöße von gesetzlichen Vertretern und Mitarbeitern bei Konzernunternehmen (→ Konzernarten) im Falle von → Konzernabschlussprüfungen sowie
- schwer wiegende Verstöße der gesetzlichen Vertreter im Rahmen → zustimmungspflichtiger Geschäfte oder gegen die Geschäftsordnung (→ Geschäftsordnung für Vorstand und Aufsichtsrat).

Die einzelnen Arten von Unregelmäßigkeiten resultieren im Rahmen der Abschlussprüfung in unterschiedlichen Anforderungen in Bezug auf ihre Aufdeckung (→ Unregelmäßigkeiten, Aufdeckung von) und Konsequenzen, insb. für den → Prüfungsbericht (PrB) und den → Bestätigungsvermerk (BestV) (→ Unregelmäßigkeiten, Konsequenzen aus).

Literatur: IDW (Hrsg.): WPH 2006, Band I, 13. Aufl., Düsseldorf 2006a; IDW (Hrsg.): IDW Prüfungsstandard: Zur Aufdeckung von Unregelmäßigkeiten im Rahmen der Abschlussprüfung (IDW PS 210, Stand: 6. September 2006), in: WPg 59 (2006b), S. 1422–1433; Sell, K.: Die Aufdeckung von Bilanzdelikten bei der Abschlussprüfung: Berücksichtigung von Fraud & Error nach deutschen und internationalen Vorschriften, Düsseldorf 1999; Winkeljohann, N./Poullie, M.: Kommentierung des § 321 HGB, in: Ellrott, H. et al. (Hrsg.): BeckBilKomm, 6. Aufl., München 2006.

Stefan C. Weber

Unregelmäßigkeiten, Aufdeckung von

Im Wirtschaftsleben betreffen →Unregelmäßigkeiten zumeist komplexe Sachverhalte, die in der Mehrzahl der Fälle mit Verschleierungsmaßnahmen der Beteiligten (→dolose Handlungen) einhergehen. Sie gelten daher als besonders *aufklärungs- und beweisresistent* (Dannecker 2000, S. 15). Die Verantwortung für die Vermeidung und die Aufdeckung von Unregelmäßigkeiten liegt zunächst bei den gesetzlichen Vertretern und den Aufsichtsgremien des betreffenden Unternehmens (IDW PS 210.8–10) (→Überwachungsaufgaben des Vorstands; →Überwachungsaufgaben des Aufsichtsrats). Die Rolle des Wirtschaftsprüfers bei der Aufdeckung von Unregelmäßigkeiten sowie seine Vorgehensweise im →Prüfungsprozess richten sich danach, ob er im Rahmen einer *Abschlussprüfung* (→Jahresabschlussprüfung; →Konzernabschlussprüfung) oder einer *Sonderprüfung* tätig wird.

Die *Abschlussprüfung* ist nach § 317 Abs. 1 Satz 3 HGB so anzulegen, dass Unrichtigkeiten und Verstöße gegen gesetzliche Vorschriften und die ergänzende Bestimmungen des Gesellschaftsvertrags oder der Satzung, die sich auf die Darstellung der →Vermögenslage, →Finanzlage und →Ertragslage des Unternehmens wesentlich auswirken, bei gewissenhafter Berufsausübung (→Berufsgrundsätze des Wirtschaftsprüfers) erkannt werden (→Ordnungsmäßigkeitsprüfung). Der →Abschlussprüfer (APr) führt im Rahmen eines →risikoorientierten Prüfungsansatzes Prüfungshandlungen durch (→Auswahl von Prüfungshandlungen), die es ermöglichen sollen, mit *hinreichender* Sicherheit zu beurteilen, ob der Abschluss wesentliche falsche Angaben (→Wesentlichkeit; →Fehlerarten in der Abschlussprüfung) enthält. Der Grundsatz der hinreichenden Sicherheit bedeutet, dass die Abschlussprüfung keine *absolute* Sicherheit erreicht und damit keine Garantie dafür darstellt, dass wesentliche falsche Angaben aufgrund von Unregelmäßigkeiten aufgedeckt werden.

Bei der Risikobeurteilung im Rahmen der →*Prüfungsplanung* ist das Risiko zu berücksichtigen, dass Kontrollmaßnahmen durch das Management außer Kraft gesetzt werden („Management Override"). Die Möglichkeit der Unehrlichkeit des Managements ist von vornherein in Betracht zu ziehen (Schindler/Gärtner 2004, S. 1238). Eine kritische Grundhaltung ist – ungeachtet eventueller guter Erfahrungen hinsichtlich der Integrität der handelnden Personen des zu prüfenden Unternehmens in der Vergangenheit – während der gesamten Prüfung (→Auftragsdurchführung) aufrechtzuerhalten, da sich die Umstände, von denen das Auftreten von Unregelmäßigkeiten abhängt, wie etwa Anreize zur Ergebnismanipulation oder Schwächen im →Internen Kontrollsystem (IKS), im Zeitablauf ändern können.

Pflichtbestandteil der Prüfungsplanung sind Befragungen des Managements und anderer Führungskräfte des Unternehmens sowie von Mitgliedern des Aufsichtsorgans. Hieraus soll ein Verständnis darüber gewonnen werden, wie das Management das Risiko von Unregelmäßigkeiten einschätzt, welche Kenntnisse über bestehende oder vermutete Unregelmäßigkeiten vorliegen und welche Maßnahmen zu deren Vermeidung oder Aufdeckung getroffen wurden. Darüber hinaus sind auch Gespräche mit der →Internen Revision sowie – nach pflichtgemäßem Ermessen – mit sonstigen Mitarbeitern zu führen, um das Verständnis vom →Kontrollumfeld und von der Anfälligkeit des Unternehmens für Unregelmäßigkeiten zu verbessern (→Unternehmensethik und Auditing).

Zu den Faktoren, die bei der Prüfungsplanung und -durchführung (→Auftragsdurchführung) auf das Risiko von Unregelmäßigkeiten hindeuten, zählen bspw.

- undurchsichtige Organisationsstrukturen,
- häufiger Personalwechsel in Führungspositionen,
- mangelhafte Dokumentation von Geschäftsvorfällen,
- mangelhafte Dokumentation computergestützter Informationssysteme (→Management Support Systeme),

- Geschäfte mit wesentlicher Gewinnauswirkung (besonders gegen Jahresende),
- außergewöhnliche Einkaufs- oder Verkaufspreise,
- hohe Provisionen,
- ungewöhnliche Zahlungen in bar, durch Inhaberschecks oder auf Nummernkonten,
- Zahlungen ohne angemessenen Nachweis des Zahlungsgrundes, insb. Zahlungen für nicht spezifizierte Dienstleistungen an Berater, Behördenvertreter sowie an Personen, die dem benannten Personenkreis nahe stehen und
- behördliche Untersuchungen sowie Straf- oder Bußgeldbescheide.

Ein besonderes Augenmerk ist auf den Bereich der Umsatzrealisierung zu richten. Der APr muss unterstellen, dass hier erhöhte Risiken vorliegen können (etwa Vorfakturierungen oder Einbuchung fingierter →Umsatzerlöse). Er muss feststellen, welche Arten von →Erlösen und ergebniswirksamen Geschäftsvorfällen anfällig für derartige Risiken sein können. Falls der APr im Einzelfall die Umsatzrealisierung nicht als bedeutsames Risiko einschätzt, muss er die Gründe hierfür dokumentieren (→Arbeitspapiere des Abschlussprüfers).

Gesetzesverstöße, die nicht zu falschen Angaben im JA führen, sind nicht Gegenstand der Abschlussprüfung und demnach bei Planung und Durchführung der Prüfung nicht gesondert zu berücksichtigen. Sie können aber, sollten sie im Rahmen der Prüfung festgestellt werden, Rückschlüsse auf die Integrität der handelnden Personen zulassen.

Mögliche Anfälligkeiten für Unregelmäßigkeiten sind bereits bei der Prüfungsplanung mit dem Prüfungsteam zu erörtern. Auf Grundlage seiner Risikobeurteilung hat der APr die Prüfungshandlungen im Einzelfall so durchzuführen, dass mit hinreichender Sicherheit auf Unregelmäßigkeiten beruhende falsche Angaben entdeckt werden, die für den Abschluss wesentlich sind. Hierbei ist ein *Überraschungsmoment* bei der Auswahl von Art, Umfang und Zeitpunkt der Prüfungshandlungen vorzusehen. Im Hinblick auf mögliche Manipulationen im Bereich des Rechnungslegungsprozesses, wie etwa nicht autorisierte →Buchungen oder unangemessene statistische Umgliederungen außerhalb des Hauptbuches (→Grund- und Hauptbuch), sind *zum Ende der Berichtsperiode* vorgenommene Buchungen und Anpassungen besonders zu prüfen, ebenso die Ableitung von *Schätzwerten* aus →Prüfungsnachweisen (→Schätzwerte, Prüfung von). Anders als bei anlassbezogenen Sonderprüfungen (z. B. →Unterschlagungsprüfung) kann der APr jedoch grundsätzlich von der *Echtheit* von Dokumenten und Buchungsunterlagen sowie von der Korrektheit der erhaltenen Informationen ausgehen, falls sich keine gegenteiligen Anhaltspunkte ergeben. Erkennt der APr falsche Angaben, ist festzustellen, auf welche Ursachen diese zurückgehen, um danach mögliche Einflüsse auf die →Prüfungsstrategie abzuschätzen (bspw. eine Erhöhung des Stichprobenumfangs im Rahmen der →Stichprobenprüfung oder die Anforderung ergänzender Unterlagen).

Im Rahmen der Abschlussprüfung festgestellte oder vermutete Unregelmäßigkeiten resultieren in Konsequenzen für den →Prüfungsbericht (PrB) und den →Bestätigungsvermerk (BestV) (→Unregelmäßigkeiten, Konsequenzen aus).

Die gezielte Aufdeckung von Unregelmäßigkeiten im Rahmen einer *Sonderprüfung* erfordert einen abweichenden Prüfungsansatz (IDW FG 1/1937 i.d.F. 1990). Dieser Ansatz basiert auf einem über die kritische Grundhaltung des Abschlussprüfers hinausgehenden, *besonderen Misstrauen* des Sonderprüfers. Der Prüfungsansatz umfasst zumeist eine vollständige Prüfung der zum Prüfungsgebiet gehörenden Geschäftsvorfälle und Bestände. Hierbei können – nach entsprechender rechtlicher Prüfung auf Zulässigkeit im Einzelfall – auch spezielle IT-Tools zur Wiederherstellung und Analyse *gelöschter Datenbestände* (E-Mails, Textdateien, Tabellenkalkulationsdateien) zum Einsatz kommen (→IT-gestützte Prüfungsdurchführung; →forensische Prüfung). Während die Abschlussprüfung stets eine Prüfung der gesamten Rechnungslegung darstellt, handelt es sich bei Sonderprüfungen regelmäßig um Teilprüfungen, jedoch je nach Auftragsformulierung ohne zeitliche Beschränkung auf ein Geschäftsjahr. Darüber hinaus wird sich die Sonderprüfung häufig auftragsgemäß auch auf solche Verstöße, die nicht zu falschen Angaben im JA führen, erstrecken.

Literatur: Dannecker, G.: Die Entwicklung des Wirtschaftsstrafrechts in Deutschland, in: Wabnitz, H.-B./Janovsky, T.: Handbuch des Wirtschafts- und Steuerstrafrechts, München 2000, S. 6–50; IDW (Hrsg.): IDW Fachgutachten: Pflichtprüfung und Unterschlagungsprüfung (IDW FG 1/1937 i.d.F. 1990), in: IDW-FN o.Jg. (1990), S. 66–67; IDW (Hrsg.): IDW Prüfungsstandard: Zur Aufdeckung von Unregelmäßigkeiten im Rahmen der Abschlussprüfung (IDW PS 210, Stand: 6. September 2006), in: WPg 59 (2006), S. 1422–1433; Schindler, J./Gärtner, M.: Verantwortung des Abschlussprüfers zur Berücksichtigung von Verstößen (fraud) im Rahmen der Abschlussprüfung. Eine Einführung in ISA 240 (rev), in: WPg 57 (2004), S. 1233–1246.

Thomas Kurth

Unregelmäßigkeiten, Konsequenzen aus

Die Konsequenzen, welche im Rahmen der Abschlussprüfung (→ Jahresabschlussprüfung; → Konzernabschlussprüfung) aus der Vermutung oder Aufdeckung von → Unregelmäßigkeiten (→ Unregelmäßigkeiten, Aufdeckung von) resultieren, sind im IDW PS 210 des → *Instituts der Wirtschaftsprüfer in Deutschland e.V.* in Übereinstimmung mit den → International Standards on Auditing (ISA) unter Berücksichtigung nationaler Besonderheiten umfassend dargelegt (IDW PS 210.58–76 sowie ergänzend ADS 2000, Rn. 435–443 zu § 318 HGB, S. 260–263; Borcherding/Kleen 2005, S. 165–174; IDW PS 400.50–69; IDW PS 450.42–50; IDW 2006a, Abschn. Q, Rn. 114–143, S. 1669–1676; Schruff 2003, S. 909 f.; Winkeljohann/Poullie 2006, Rn. 25–33 und 38–46 zu § 321 HGB, S. 1958–1963). Wie der Abb. auf S. 1398 zu entnehmen ist, richten sich die Konsequenzen danach, ob es sich bei den vermuteten oder aufgedeckten Unregelmäßigkeiten um Unrichtigkeiten und Verstöße oder um sonstige Gesetzesverstöße handelt.

Liegen Anhaltspunkte für *Unrichtigkeiten* und *Verstöße* vor, so hat der → Abschlussprüfer (APr) im Rahmen seiner *erweiterten Prüfungspflicht* zu beurteilen, welche Umstände dazu geführt haben und welche Auswirkungen sich auf die Rechnungslegung ergeben können. Dabei hat er grds. davon auszugehen, dass die vermuteten Unrichtigkeiten und Verstöße keinen einmaligen Vorgang darstellen und – soweit von einem möglichen Einfluss auf die Ordnungsmäßigkeit der Rechnungslegung (→ Grundsätze ordnungsmäßiger Rechnungslegung) auszugehen ist – sich zusätzliche Erkenntnisse durch geänderte oder erweiterte Prüfungshandlungen zu verschaffen. In diesem Zusammenhang sind auch mögliche Konsequenzen der Feststellungen oder Vermutungen für andere Gebiete der Abschlussprüfung, wie z. B. die Glaubwürdigkeit des Managements, zu berücksichtigen. Vermutet der APr, dass falsche Angaben in der Rechnungslegung aus Verstößen unter *Mitwirkung des höheren Managements* resultieren, hat er erneut zu beurteilen, welche Risiken wesentlich falscher Angaben (→ Prüfungsrisiko) aufgrund von Verstößen bestehen können und wie sich diese auf Art, Umfang und Zeitpunkt der entsprechenden Prüfungshandlungen auswirken (→ risikoorientierter Prüfungsansatz). Auch die Möglichkeit eines kollusiven Verhaltens unter Mitwirkung von anderen Mitarbeitern oder Dritten hat er hierbei in die Betrachtung einzubeziehen.

Im Rahmen seiner *Mitteilungspflichten* hat der APr bei Vermutung oder Aufdeckung von Unrichtigkeiten und Verstößen *zeitnah* nach pflichtgemäßem Ermessen (→ Eigenverantwortlichkeit des Wirtschaftsprüfers) zu erörtern, welche Ebene des Managements hierüber zu informieren ist (→ Unternehmensleitung, Informationsaustausch des Wirtschaftsprüfers mit). Dies wird grds. zumindest immer eine Ebene über derjenigen sein, welcher die mit den falschen Angaben oder dem vermuteten Verstoß verdächtigte Person zugeordnet ist. Handelt es sich um *wesentliche* (→ Wesentlichkeit) falsche Angaben in der Rechnungslegung, so ist der zuständige gesetzliche Vertreter sowie nach den Umständen des Einzelfalls das Aufsichtsorgan *unverzüglich* zu informieren. Bei Verstößen, in welche die *gesetzlichen Vertreter* verwickelt sind, hat der APr so bald wie möglich das Aufsichtsorgan zu informieren und mit diesem Art, Umfang und Zeitpunkt der Prüfungshandlungen (→ Auswahl von Prüfungshandlungen), ggf. auch die zusätzliche Beauftragung einer → forensischen Prüfung, zu diskutieren. Zudem hat der APr – soweit dies für die Überwachung der Geschäftsführung (→ Überwachungsaufgaben des Aufsichtsrats) und des geprüften Unternehmens von Bedeutung ist – das Aufsichtsorgan zwingend über *nicht korrigierte* falsche Angaben zu informieren, die von den gesetzlichen Vertretern als unwesentlich erachtet wurden und die keine Konsequenzen für den → Bestätigungsvermerk (BestV) hatten.

Eine Mitteilung von Erkenntnissen über Verstöße und Unrichtigkeiten *gegenüber Dritten* (z. B. der Staatsanwaltschaft) ist wegen der → Verschwiegenheitspflicht des Wirtschaftsprüfers nach § 43 Abs. 1 → Wirtschaftsprüfer-

Unregelmäßigkeiten, Konsequenzen aus

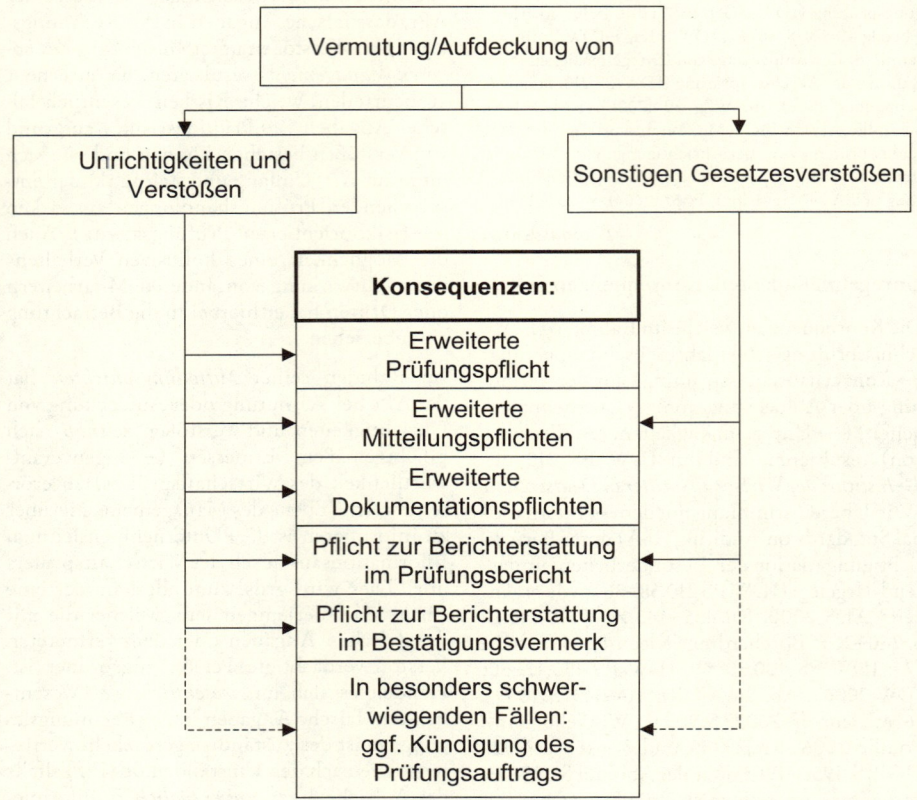

Abb.: Konsequenzen aus der Vermutung/Aufdeckung von Unregelmäßigkeiten i. S. d. IDW PS 210

ordnung (WPO) i.V.m. § 323 HGB nicht zulässig (→Verschwiegenheitspflicht des Wirtschaftsprüfers, Verletzung der; →Berufsgrundsätze des Wirtschaftsprüfers; →Berufsrecht des Wirtschaftsprüfers). Ausnahmen sind nur aufgrund gesetzlicher Regelungen für bestimmte Prüfungen, wie bspw. bei →Kreditinstituten in § 29 Abs. 2 KWG und bei →Versicherungsunternehmen in § 57 Abs. 1 VAG gegenüber der →*Bundesanstalt für Finanzdienstleistungsaufsicht* (*BaFin*) sowie bei schriftlicher Entbindung von der Verschwiegenheitspflicht durch das Unternehmen vorgesehen.

In Bezug auf Unrichtigkeiten und Verstöße hat der APr insb. folgende Sachverhalte in seinen Arbeitspapieren (→Arbeitspapiere des Abschlussprüfers) zu *dokumentieren*:

- Ergebnisse von Prüfungshandlungen, die im Hinblick auf das Risiko der Außerkraft-

setzung von Kontrollmaßnahmen durch das Management durchgeführt wurden,
- die Berichterstattung über Verstöße an das Management, an das Aufsichtsorgan und an Dritte sowie
- die Gründe für die Auffassung des Abschlussprüfers, dass ein Risiko wesentlicher falscher Angaben aufgrund von Verstößen im Zusammenhang mit der Realisierung von →Umsatzerlösen nicht vorliegt.

Bei Feststellung *wesentlicher* Unrichtigkeiten und Verstöße sind im Rahmen der →Redepflicht des Abschlussprüfers (§ 321 Abs. 1 Satz 3 HGB) zunächst deren Auswirkungen, weitere Anhaltspunkte sowie die Maßnahmen des Abschlussprüfers im →*Prüfungsbericht* (PrB) darzustellen. Eine Darstellung im PrB wird zudem erforderlich,

- wenn Beanstandungen zwar nicht zur Einschränkung oder Versagung des Bestätigungsvermerks geführt haben, diese jedoch für eine angemessene Information der Berichtsempfänger, insb. des Aufsichtsorgans, bedeutsam sind,

- sofern Tatsachen auch bei inzwischen behobenen Fehlern auf Schwächen im →Internen Kontrollsystem (IKS) hindeuten,
- falls der APr trotz der Auskunftsbereitschaft des geprüften Unternehmens (→Auskunftsrechte des Abschlussprüfers) aufgrund der gegebenen Umstände nicht abschließend in der Lage ist, festzustellen, ob eine Täuschung, Vermögensschädigung oder ein Gesetzesverstoß vorliegt.

Hat der APr bei Durchführung seiner Prüfung (→Auftragsdurchführung) *keine* berichtspflichtigen Unrichtigkeiten oder Verstöße festgestellt, muss er keine Negativerklärung abgeben.

Bei Vorliegen von Unrichtigkeiten und Verstößen kommt eine Einschränkung oder Versagung des *Bestätigungsvermerks* in Betracht,

- wenn die Unrichtigkeit oder der Verstoß *wesentlich* ist, der Mangel bei Beendigung der Prüfung *noch vorliegt und* dieser *nicht zutreffend* in der Rechnungslegung dargestellt ist oder
- sofern der APr durch das Unternehmen oder andere Umstände daran *gehindert* wird, Untersuchungen zur Aufdeckung von evtl. *wesentlichen* Unrichtigkeiten und Verstößen anzustellen (→Prüfungshemmnisse).

Auch *sonstige Gesetzesverstöße* hat der APr den gesetzlichen Vertretern zeitnah oder – sofern diese wesentlich sind – unverzüglich *mitzuteilen*. Bei Verdacht einer Mitwirkung gesetzlicher Vertreter ist zudem das Aufsichtsorgan des geprüften Unternehmens darüber zu unterrichten. Hinsichtlich des *Prüfungsberichts* hat der APr die Redepflicht gem. § 321 Abs. 1 Satz 3 HGB zu beachten. Berichtspflichtig sind bereits solche Tatsachen, die einen substanziellen Hinweis auf schwer wiegende sonstige Gesetzesverstöße enthalten, wobei der APr keine abschließende rechtliche Würdigung zu treffen hat. Die Mitteilung von Erkenntnissen über sonstige Gesetzesverstöße gegenüber Dritten ist aufgrund der Verschwiegenheitspflicht ebenfalls nicht zulässig, es sei denn gesetzliche Regelungen, wie etwa § 11 →Geldwäschegesetz (GWG), sehen dies explizit vor.

Bei besonders schwer wiegenden Unregelmäßigkeiten hat der APr zu beurteilen, ob die – restriktiv auszulegenden – Voraussetzungen für eine *Kündigung* des Prüfungsauftrags *aus wichtigem Grund* nach § 318 Abs. 6 HGB gegeben sind (→Prüfungsauftrag und -vertrag). Die eine solche Kündigung insb. rechtfertigende schwer wiegende Zweifel an der Vertrauenswürdigkeit der geprüften Gesellschaft können dabei auch aus der *Aufdeckung* krimineller Betätigungen des Unternehmens oder ihrer Organe (→Wirtschaftskriminalität; →dolose Handlungen) erwachsen. In diesen Fällen hat der kündigende APr die Kündigung schriftlich zu begründen, über das Ergebnis seiner bisherigen Prüfung zu berichten (§ 318 Abs. 6 Sätze 3 und 4 HGB) und nach Entbindung von seiner Verschwiegenheitsverpflichtung den nachfolgenden APr auf dessen Anfrage über die prüfungsrelevanten Aspekte aufzuklären. Liegt eine solche Entbindung nicht vor, ist dies dem nachfolgenden APr auf Anfrage mitzuteilen.

Literatur: ADS: Rechnungslegung und Prüfung der Unternehmen, Teilband 7, 6. Aufl., Stuttgart 2000; Borcherding, A./Kleen, H.: Behandlung von Unregelmäßigkeiten durch die handelsrechtliche Abschlussprüfung und das Enforcement, in: Freidank, C.-C. (Hrsg.): Bilanzreform und Bilanzdelikte, Wiesbaden 2005, S. 165–184; IDW (Hrsg.): IDW Prüfungsstandard: Grundsätze für die ordnungsmäßige Erteilung von Bestätigungsvermerken bei Abschlussprüfungen (IDW PS 400, Stand: 28. Oktober 2005), in: WPg 58 (2005), S. 1382–1402; IDW (Hrsg.): WPH 2006, Band I, 13. Aufl., Düsseldorf 2006a; IDW (Hrsg.): IDW Prüfungsstandard: Zur Aufdeckung von Unregelmäßigkeiten im Rahmen der Abschlussprüfung (IDW PS 210, Stand: 6. September 2006), in: WPg 59 (2006b), S. 1422–1433; IDW (Hrsg.): IDW Prüfungsstandard: Grundsätze ordnungsmäßiger Berichterstattung bei Abschlussprüfungen (IDW PS 450, Stand: 8. Dezember 2005), in: WPg 59 (2006c), S. 113–128; Schruff, W.: Zur Aufdeckung von Top-Management-Fraud durch den Wirtschaftsprüfer im Rahmen der Abschlussprüfung, in: WPg 56 (2003), S. 901–911; Winkeljohann, N./Poullie, M.: Kommentierung des § 321 HGB, in: Ellrott, H. et al. (Hrsg.): BeckBilKomm, 6. Aufl., München 2006.

Stefan C. Weber

Unrichtigkeiten →Unregelmäßigkeiten; →Unregelmäßigkeiten, Konsequenzen aus; →Unregelmäßigkeiten, Aufdeckung von

Unscharfe Menge →Prüfungsplanung, Erfassung von Unschärfe und Unsicherheit

Unterbeschäftigungskosten
→ Herstellungskosten, bilanzielle

Unterbewertungsfehler → Heterograde Stichprobe

Unterbilanzen

Unterbilanzen werden in der Literatur auch als Verlustanzeigebilanzen bezeichnet. Wann eine solche Bilanz vorliegt, wird für KapGes legal definiert. Ergibt sich bei der Aufstellung deren Jahres- oder Zwischenbilanz (→Zwischenabschlüsse) ein Verlust (→Jahresergebnis) in Höhe der Hälfte des Grund- bzw. des Stammkapitals (→Gezeichnetes Kapital; →Eigenkapital), so ist der Vorstand bzw. die Geschäftsführung zur Anzeige dieses Verlustes gegenüber den Anteilseignern durch Einberufung einer →Haupt- und Gesellschafterversammlung verpflichtet (§§ 92 Abs. 1 AktG, 49 Abs. 3 GmbHG) (→Einberufungspflichten des Vorstands). Diese Pflicht zur Unterrichtung der Anteilseigner besteht nach § 92 Abs. 1 AktG auch dann, wenn während des laufenden Geschäftsjahres nach pflichtgemäßem Ermessen ein Verlust anzunehmen ist. Die Pflicht zur Einberufung der Gesellschafterversammlung kann jedoch bei der →Gesellschaft mit beschränkter Haftung (GmbH) durch anders lautende Vereinbarungen im Gesellschaftsvertrag ausgeschlossen werden (§ 45 Abs. 2 GmbHG). Ein gesellschaftsrechtlich anzeigepflichtiger Verlust ergibt sich, wenn der Periodenverlust zzgl. eines →Verlustvortrags die Hälfte des mit den →Kapitalrücklagen und →Gewinnrücklagen verrechneten →Gezeichneten Kapitals übersteigt. Bei der Verrechnung mit den →Rücklagen ist zusätzlich der Eigenkapitalanteil im →Sonderposten mit Rücklagenanteil zu berücksichtigen. Davon abweichend wird nach herrschender Literaturmeinung bereits von einer Unterbilanz gesprochen, sobald die Summe des bilanziellen →Eigenkapitals kleiner als das Gezeichnete Kapital ist, d. h. das Gezeichnete Kapital ist durch einen Bilanzverlust (→Verlustvortrag), der ggf. vorhandene Rücklagen übersteigt, angegriffen.

Für die Aufstellung der Unterbilanz sind die handelsrechtlichen →Ansatzgrundsätze, →Bewertungsgrundsätze und Ausweisgrundsätze (→Grundsätze ordnungsmäßiger Rechnungslegung) für den JA maßgeblich (§§ 246 ff. HGB). In Bezug auf Ansatz und Bewertung gilt jedoch die Besonderheit, dass Bewertungswahlrechte (z. B. →Geschäfts- oder Firmenwert, Disagio, aktive →latente Steuern oder →Ingangsetzungs- und Erweiterungsaufwendungen) im laufenden Geschäftsjahr von den Entscheidungen in früheren Perioden abweichen und neu ausgeübt werden dürfen (→bilanzpolitische Gestaltungsspielräume nach HGB). Bei der Anwendung der Bewertungsmethoden ist insb. das Stetigkeitsprinzip des § 252 Abs. 1 Nr. 6 HGB zu beachten (→Stetigkeit). Eventuelle Abweichungen hiervon müssen im →Anhang erläutert werden (→Angabepflichten). Nach IDW HFA 3/1997 ist eine Abweichung ganz allgemein zulässig, sofern die neue Bewertung zu einem besseren Bild der →Vermögenslage, →Finanzlage und →Ertragslage (→True and Fair View) führt. Eine willkürliche unsachgerechte Änderung der Bewertungsmethoden mit dem ausschließlichen Ziel der Vermeidung einer Verlustanzeigebilanz ist unzulässig (→Änderung der Bilanzierungs- und Bewertungsmethoden).

Da die Frage der Unterbilanz typischerweise bei Unternehmen in der Krise auftritt (→Krisendiagnose), haben lagebedingt häufig die folgenden Punkte eine besondere Bedeutung. Sollte durch die Krise die Fortführung des Unternehmens ernsthaft gefährdet sein, müsste an die Stelle der handelsrechtlichen Bewertungsprinzipien eine zeitwert- (→Zeitwerte, Prüfung von) bzw. liquidationsbezogene Bewertung treten. Der allgemeine Bewertungsgrundsatz der Unternehmensfortführung (→Going Concern-Prinzip nach § 252 Abs. 1 Nr. 2 HGB) würde nicht mehr gelten können. Im Zuge der Prüfung des Vorliegens einer Unterbilanz kann auch das Wertaufholungsgebot des § 280 Abs. 1 HGB (→Wertaufholung) besondere Bedeutung erlangen, da insb. Abschreibungen (→Abschreibungen, bilanzielle) auf →Vermögensgegenstände des Finanzanlagevermögens (→Finanzanlagen) in der Vergangenheit zu hohen stillen Reserven (→stille Reserven und Lasten) geführt haben und deren nach § 280 Abs. 1 HGB zulässige erfolgswirksame Aufdeckung durch Zuschreibung auf die ursprünglichen →Anschaffungskosten (AK) der →Beteiligung eine Unterbilanz vermeiden können. Weitere Besonderheiten, welche bei der Erstellung bzw. der Prüfung der Verlustanzeigebilanz zu beachten sind, sind Forderungsverzichtserklärungen der Gesellschafter (→Rangrücktrittsvereinbarung; →Patronatserklärung), welche zu ertragswirksamen Ausbuchungen der entsprechenden →Verbindlichkeiten führen. Häufig sehen sich Unternehmen in der Krise zu Restrukturierungsmaßnahmen veranlasst; bedeutet dies meist Personalabbau im Rahmen eines Sozialplans. Sobald ein entsprechender Beschluss der Geschäftsleitung vorliegt (→Versammlungsprotokolle), müssen die Auswirkungen des Sozialplans bilanziell berücksichtigt werden.

Für die unterjährig erstellte Unterbilanz besteht keine gesetzliche Prüfungspflicht (→Pflichtprüfungen). Sofern jedoch die Unterbilanz mit dem regulären prüfungspflichtigen JA zusammenfällt, würde dieser der gesetzlich vorgeschriebenen Prüfung nach §§ 316 ff. HGB (→Jahresabschlussprüfung) unterliegen. Davon unbeschadet besteht jederzeit die Möglichkeit einer freiwilligen Prüfung (→freiwillige und vertragliche Prüfung) analog zu §§ 316 ff. HGB. Die →Prüfungsplanung, -durchführung (→Auftragsdurchführung) und Berichterstattung (→Berichtsgrundsätze und -pflichten des Wirtschaftsprüfers) richten sich in diesen Fällen nach den einschlägigen →Verlautbarungen des Instituts der Wirtschaftsprüfer in Deutschland e.V. (IDW). Der →Abschlussprüfer (APr) hat im →Prüfungsbericht (PrB) im Rahmen seiner Redepflicht nach § 321 Abs. 1 Satz 3 HGB (IDW PS 450.35 ff.) über die Unterbilanz als entwicklungsbeeinträchtigende und bestandsgefährdende Tatsache (→Bestandsgefährdung), welche ihm während der Prüfungsdurchführung zur Kenntnis gelangt ist, zu berichten (→Redepflicht des Abschlussprüfers). Nach § 321 Abs. 2 Satz 4 HGB müsste der APr im Rahmen seiner Feststellungen zur Gesamtaussage des Jahresabschlusses ggf. auch darauf eingehen, welchen Einfluss die Änderungen in der Ausübung von Bewertungswahlrechten insgesamt auf die Vermögens-, Finanz- und Ertragslage gehabt haben (IDW PS 450.74).

Sofern die Unterbilanz im gesellschaftsrechtlichen Sinne festgestellt ist, müssen die Anteilseigner „unverzüglich", d. h. i.A. spätestens innerhalb von 3 Wochen nach Kenntnis der Unterbilanz, zur Versammlung einberufen werden (→Einberufungspflichten des Vorstands). Die Verlustanzeige ist ausschließlich an die Gesellschafter gerichtet, um diese über die Krisensituation des Unternehmens zu informieren und evtl. geeignete Maßnahmen zur Beseitigung der Krise einzuleiten. Die damit verbundene →Publizität des Kapitalverlustes ist nicht Zweck des Gesetzgebers und wird nur als eine gewollte Nebenfolge angesehen. Verletzen die gesetzlichen Vertreter ihre Verlustanzeigepflicht, so kann dies haftungsrechtliche Folgen haben (→Haftung des Vorstands). Bei schuldhafter Pflichtverletzung besteht gem. §§ 93 Abs. 2 AktG und 43 Abs. 3 GmbHG eine Schadensersatzpflicht.

Literatur: Förschle, G./Hoffmann, K.: Verlustanzeigebilanz und Überschuldung, in: Budde, D./Förschle, G. (Hrsg.): Sonderbilanzen, 3. Aufl., München 2002, S. 571–583; IDW (Hrsg.): IDW Stellungnahme: Zum Grundsatz der Bewertungsstetigkeit (IDW HFA 3/1997), in: WPg 50 (1997), S. 540–542; Winnefeld, R.: Bilanz-Handbuch. Handels- und Steuerbilanz, rechtsformspezifisches Bilanzrecht, bilanzielle Sonderfragen, Sonderbilanzen, IAS/US-GAAP, 2. Aufl., München 2000.

Frank Loch

Unterbilanzhaftung →Vorbelastungsbilanzen

Unternehmen von öffentlichem Interesse →Prüfungsmarkt

Unternehmensbeendigung

Eine Unternehmensbeendigung kann entweder aufgrund zwingender zivilrechtlicher Vorgaben (insb. wenn die Insolvenztatbestände gem. §§ 17 ff. InsO erfüllt sind) durchgeführt werden oder auf Basis eines freien Entschlusses der Gesellschafter. Während die erste Fallgruppe aus Sicht der →Insolvenz und der Insolvenzrechnungslegung (→Insolvenzbilanzen) behandelt wird, erfolgt eine Diskussion der zweiten unter der Bezeichnung Liquidationsrechnungslegung (→Liquidationsbilanz). Im Rahmen der →Jahresabschlussprüfung gem. §§ 316 ff. HGB, § 6 PublG ist festzustellen, ob von der Fortführung der Unternehmenstätigkeit (→Going Concern-Prinzip) ausgegangen werden kann.

Die Aufgaben eines Wirtschaftsprüfers im Rahmen der Unternehmensbeendigung können vielfältig sein. Sie werden dadurch bestimmt, auf welcher Grundlage die Beendigung erfolgt. Sind hierfür gesetzliche Regelungen ausschlaggebend, kann seine Aufgabe entweder in einer aktiven Beteiligung an der Abwicklung, insb. als Insolvenzverwalter (→Insolvenzverwaltung), bestehen. Denkbar ist auch, dass er als Sachverständiger (→Sachverständigentätigkeit) bzw. Gutachter (→Gutachtertätigkeiten) zu verschiedenen Fragen (z. B. Ursachen für die Krise oder den Zeitpunkt der Verfahrenseröffnung) Stellung bezieht. Solche Aspekte spielen insb. für die Exkulpation des bisherigen Managements eine große Rolle (→Haftung des Vorstands; →Haftung des Aufsichtsrats).

Erfolgt die Beendigung auf Veranlassung durch die Gesellschafter, kann diese treuhänderisch durch einen WP – etwa als Notgeschäftsführer (→Notgeschäftsführung) – abgewickelt werden (→Treuhandwesen; Treuhandschaften). Denkbar ist auch, dass Auseinandersetzungen zwischen den Gesellschaftern die Ursache für die Unternehmensbeendigung sind. Dann besteht regelmäßig seitens der nicht an der Geschäftsführung beteiligten Gesellschafter (ggf. auch der Gläubiger) das Bedürfnis nach einer Prüfung der Ordnungsmäßigkeit der Unternehmensbeendigung. Ferner ist es möglich, dass im Rahmen der Unternehmensbeendigung Teile des Unternehmens als Einheit veräußert werden (sollen). Hierbei ergeben sich die allgemeinen Betätigungsfelder für einen WP im Rahmen einer Unternehmensveräußerung, wie z. B. die →Unternehmensbewertung (→Unternehmensbewertung, marktorientierte; Unternehmensbewertung, steuerrechtliche) oder die →Due Diligence (→Commercial Due Diligence; →Environmental Due Diligence; →Financial Due Diligence; →Legal Due Diligence; →Tax Due Diligence). Ferner kann sich die Notwendigkeit zu einer treuhänderischen Bewertung ergeben, etwa wenn Teile des Unternehmens (oder einzelne →Vermögensgegenstände) an die Gesellschafter ausgekehrt werden sollen und hierfür eine Bewertung erforderlich ist, die den Interessen aller Beteiligten gerecht wird. Denkbar ist auch, dass die Kontrolle der Unternehmensbeendigung durch einen WP erfolgt. So kann ihm etwa die Rolle des Aufsichtsrats (-Vorsitzenden) – oder eine zivilrechtlich vergleichbare Stellung – übertragen werden, um so die Möglichkeit einer aktiven Kontrolle und einer gewissen Einflussnahme auf die Durchführung der Beendigung zu geben.

Infolge der Vielschichtigkeit der möglichen Aufgaben des Wirtschaftsprüfers kommt der Formulierung des Prüfungsauftrags (→Prüfungsauftrag und -vertrag) besondere Bedeutung zu. Dieser muss u. a. regeln, ob die Tätigkeit als Parteiberater oder als unabhängiger Sachverständiger ausgeübt werden soll. Diese Abgrenzung ist notwendig, um den Erwartungen des Mandanten gerecht zu werden. Ferner bildet sie die Grundlage für die spätere Berichterstattung an den Auftraggeber (→Berichtsgrundsätze und -pflichten des Wirtschaftsprüfers). Je nach Tätigkeit und den hiermit verbundenen Vorgehensweisen ergeben sich unterschiedliche Prüfungsmethoden (→Buchführungstechnik und Prüfungsmethoden). Hierbei sind die allgemeinen →Berufsgrundsätze des Wirtschaftsprüfers zu beachten, sodass insb. im Rahmen von Prüfungen auf ein hinreichendes Maß an Zuverlässigkeit zu achten ist.

Übernimmt der WP eine aktive Rolle, muss dies einerseits im Auftrag klar zum Ausdruck kommen, andererseits muss eine evtl. Interessenkollision frühzeitig ausgeschlossen bzw. beseitigt werden. Hieraus kann sich z. B. die Notwendigkeit ergeben, entweder dieses oder ggf. ein anderes Mandat niederzulegen (→Mandatsniederlegung des Abschlussprüfers) bzw. nicht anzunehmen (→Auftragsannahme und -fortführung), um nicht der Besorgnis der Befangenheit ausgesetzt zu sein (→Unabhängigkeit und Unbefangenheit des Wirtschaftsprüfers). Bei der Ausübung seiner Tätigkeit sollte sich der WP stets bewusst sein, dass im betroffenen Unternehmen i. d. R. keine Erfahrungen mit der Abwicklungstätigkeit bestehen und daher das Fehlerrisiko (→risikoorientierter Prüfungsansatz) besonders groß ist. Hinzu kommt, dass regelmäßig die bisherigen Mitarbeiter kein Interesse an einer Abwicklung des Unternehmens haben. Folglich bedarf es einer sorgfältigen →Planung der eigenen Tätigkeit als auch der Überwachung und Kontrolle der entsprechenden Maßnahmen, die durch die Mitarbeiter des Unternehmens umzusetzen sind.

Literatur: Budde, W. D./Förschle, G. (Hrsg.): Sonderbilanzen, 3. Aufl., München 2002; Kresse, W./Leuz, N. (Hrsg.): Sonderbilanzen, Stuttgart 2003; Scherrer, G./Heni, B.: Liquidationsrechnungslegung, 2. Aufl., Düsseldorf 1996; Veit, K.-R. (Hrsg.): Sonderbilanzen, Herne/Berlin 2004.

Bert Kaminski

Unternehmensbekanntmachungen
→Publizität

Unternehmensberater

Ein Unternehmensberater ist unabhängig und erbringt auf der Basis einer höherwertigen Qualifikation eine persönliche Dienstleistung, die seinen Klienten bei einer unternehmerischen Entscheidung unterstützt. Inhalt dieser Dienstleistung ist es, gemeinsam mit dem Klienten zunächst Probleme des Klientenunternehmens zu definieren und diese dann unter Einsatz verschiedener Analysetechniken auf ihre Ursachen hin zu untersuchen. Nach der Analyse macht der Berater klare Aussagen zum Beratungsziel. Die Konzepte zur Beseitigung der Problemursachen werden entworfen, geplant und dem Klienten präsentiert. Nach Zustimmung durch den Klienten werden die Konzepte in Maßnahmen überführt, die dann mit dem entsprechenden Projektmanagement (→ Projektcontrolling) umgesetzt werden. Abschließend prüft der Berater, ob das mit dem Klienten vereinbarte Beratungsziel erreicht wurde.

Unternehmensberater müssen grundsätzlich zwei Kompetenzschwerpunkte nachweisen:

1) Branchenschwerpunkt(e) (Industry Practice), wie z. B. Banken, Handel, Verkehr und

2) funktionale(r) Schwerpunkt(e) (Functional Practice), wie z. B. Organisation (→ Organisationsberatung), Fertigung, Marketing/Vertrieb. Innerhalb dieser Spezialisierungen gibt es Beratungsthemen, die entweder nachhaltig sind, d. h. im Zeitverlauf keinen Bedeutungsverlust erleiden, oder Trendthemen, die als „Beratungswelle" auftauchen und wieder verschwinden. Beides müssen Berater mit einer flexiblen Anpassung ihres Kompetenzprofils nachvollziehen können.

Die Entstehung des Berufsstandes der Unternehmensberater wird auf das Jahr 1886 zurückgeführt, in dem *Arthur D. Little* nach seinem Studium der Chemie in Boston ein Beratungsunternehmen mit dem Ziel gründete, das im Studium erworbene Fachwissen der amerikanischen Industrie als Dienstleistung anzubieten. Gleichbedeutend neben der Beratung stand die naturwissenschaftliche und technische Auftragsforschung. Neben diesem Typus von wissenschaftlich geprägten Beratern traten bald die Umsetzer des von *Frederick W. Taylor* entwickelten „Scientific Management" auf. Mit Arbeitszeit- und Arbeitsablaufstudien implementierten sie die Vorläufer von Prozessoptimierung (→ Prozessmanagement) im Fertigungsbereich und trugen damit wesentlich zur Effizienzsteigerung der neuen Fließfertigungen, vor allem in der amerikanischen Automobilindustrie, bei. In Deutschland wurden diese Ideen von der *REFA*-Organisation übernommen, die bis zum heutigen Tage in diesen Feldern beratend tätig ist.

Fast 50 Jahre lang waren amerikanische Unternehmensberater überwiegend auf diesen technologischen, fertigungstechnischen und naturwissenschaftlichen Gebieten tätig, da fast alle ökonomischen Beratungsfelder von den Universalbanken abgedeckt wurden. Das änderte sich nach dem Börsencrash von 1933. Durch die Aufhebung des Universalbankprinzips in Folge des Zusammenbruchs war es den Banken von da an verboten, externe Beratungsleistungen anzubieten. Dies führte in den frühen 1930er Jahren zu einer Gründungswelle von Beratungsunternehmen mit ökonomischen Schwerpunkten (*McKinsey, Booz, Allen & Hamilton, A.T.Kearney*). Vor allem *James Oscar McKinsey*, der schon in den 1930er Jahren mehrere Lehrbücher über betriebliches → Rechnungswesen geschrieben hatte, forcierte die neue Richtung.

Nach dem alten Motto „Consultant follows Client" gründeten amerikanische, aber auch englische (*PA Consultants*) und französische (*CapGemini*) Beratungsfirmen erst dann Niederlassungen in Deutschland, als ihre einheimischen Klienten bestimmte Interessen in Deutschland verfolgten. Die Standards der Berufsausübung wurden ganz entscheidend von diesen Niederlassungen geprägt, da jedes ausländische Beratungsunternehmen möglichst schnell inländische Berater („Local Staff") in den eigenen Vorgehensweisen trainierte und damit zur Verbreitung des Beratungswissens beitrug. Auch die ersten deutschen Beratungsunternehmen (*Kienbaum, Roland Berger*) übernahmen diese Vorgehensweisen, so dass man von einem internationalen Standard der Berufsausübung sprechen kann.

Unternehmensberater präsentieren sich heute in einem sehr breiten fachlichen Spektrum, was durch die Fachverbände des *Bundesverbandes Deutscher Unternehmensberater BDU e.V.* deutlich wird.

Der Berufsstand hatte von Beginn an das Problem, dass, mit Ausnahme weniger Länder (z. B. Österreich), kein Berufsrecht und kein

Schutz der Berufsbezeichnung, wie z. B. bei →Steuerberatern, Wirtschaftsprüfern und Rechtsanwälten, existiert. Damit steht es jedem, auch Unqualifizierten und Unseriösen frei, sich in diesem Beruf zu etablieren. Der führende Berufsverband hat jahrelang nach Auswegen aus dieser Misere gesucht. Im Jahre 1995 ist der *BDU* dem *ICMCI* beigetreten, der weltweiten Vereinigung zur Qualitätssicherung in der →Unternehmensberatung. Der Branchenverband ist damit berechtigt, Berater nach dem *ICMCI*-Standard zu zertifzieren und den international anerkannten Titel eines Certified Management Consultant (CMC) zu verleihen. Damit hat der Berufsstand der Unternehmensberater zum ersten Mal einen rund um den Globus geltenden Ersatz für die fehlenden Regularien eines Berufsrechtes geschaffen.

Literatur: Niedereichholz, C.: Unternehmensberatung, Band I und II, 4. Aufl., München 2004 und 2005; Niedereichholz, C./Niedereichholz J.: Consulting Insight, München 2005; Sommerlatte, T. et al. (Hrsg.): Handbuch der Unternehmensberatung, Loseblattausgabe, Berlin, Grundwerk 2004, Stand: 5. Erg.-Lfg. April 2006.

Christel Niedereichholz

Unternehmensberatung

Die zunehmende Internationalisierung und die Konzentration vieler Unternehmen auf Kernleistungen hat dazu geführt, dass spezialisierte Dienstleistungsanbieter immer mehr Managementleistungen übernommen haben, die zuvor firmenintern erbracht wurden. Unternehmensberatungsfirmen gehörten in den letzten 10 Jahren zu den stark wachsenden Segmenten der Dienstleistungswirtschaft. Die führenden Anbieter sind große internationale Consultingfirmen, die zumeist über eine Vielzahl an Büros in allen wichtigen Wirtschaftszentren verfügen und hocheffiziente Prozesse des länderübergreifenden →Wissensmanagements und der Zusammenarbeit mit Klienten beherrschen müssen.

Der Weltmarkt für Unternehmensberatungsleistungen erreicht etwa eine Größenordnung von ca. 100 Mrd. € (Heuermann/Hermann 2003, S. 14) und ist in der Vergangenheit im längerfristigen Durchschnitt um ca. 15% p.a. gewachsen. Allerdings ist in den letzten Jahren eine Konsolidierung und Restrukturierung der Anbieterstruktur zu beobachten gewesen. Zunehmende Komplexität der Wirtschaftsstrukturen, Globalisierung und der anhaltende Trend zum →Outsourcing werden auch in den kommenden Jahren zu weiterem Wachstum insb. der stark international operierenden →Unternehmensberater führen. Limitiert wird dieses Wachstum nur durch Bemühungen großer Klientenorganisationen, ihrerseits strategisch wichtige Kompetenzen der Beratung intern aufzubauen (Professionalisierung interner Consultingeinheiten), sowie nicht zuletzt durch Engpässe der Qualifizierung und Personalentwicklung für hoch qualifizierte Consultants.

Das Geschäftsmodell der Unternehmensberatung ist ursprünglich in den USA herausgebildet worden, erstmalig durch *Arthur D. Little* (ADL) 1886 in Cambridge, MA. Die klassischen Management- und Strategieberater (*McKinsey*, *Boston Consulting Group*, *ADL*, *Booz Allen & Hamilton*) leiteten insb. ab 1970 eine starke Internationalisierungswelle ein und prägten die Entwicklung des Consultingmarktes in allen wichtigen europäischen Ländern. Deutschland als der wichtigste Beratermarkt in Europa stand von Anfang an im Zentrum der Marktentwicklungs- und Standortstrategie der großen internationalen Consulting-Gesellschaften. Parallel dazu entstanden in den 1980er Jahren namhafte deutsche Gesellschaften, von denen einige ihrerseits eine erfolgreiche Wachstums- und Internationalisierungsstrategie realisiert haben. Der überwiegende Teil der nationalen und internationalen Consultingfirmen ist im *BDU* organisiert. Dieser veröffentlicht jährlich ein Beraterhandbuch sowie konsolidierte Daten zur Markt- und Umsatzentwicklung. Das Marktvolumen in Deutschland wird für 2004 auf 12,3 Mrd. € geschätzt, wobei auch die Umsätze für →IT-Beratung und -Services und für Personaldienstleister mit erfasst sind. Auf die klassische Management- und Unternehmensberatung einschl. Strategie, Organisation (→Organisationsberatung), Führung, Betriebswirtschaft, Logistik und Marketing entfallen davon etwa 8 Mrd. €. Etwa ein Drittel des Umsatzvolumens entfällt auf die 25 größten Anbieter, zwei Drittel des Marktes verteilt sich auf eine große Zahl zumeist hochspezialisierter und überwiegend national operierender Consultants (insgesamt über 14.000 Anbieter). Die großen Mandate sind in hohem Maße auf die größten Consultingfirmen konzentriert, bei denen Tochtergesellschaften

Tab.: Die führenden Unternehmensberatungsgesellschaften in Deutschland

Unternehmen	Umsatz (2004 in Mio. €)	Umsatz im Inland	Mitarbeiter 2004
1 McKinsey & Company Deutschland	540,0	540,0	1770
2 Roland Berger Strategy Consultants	530,0	318,0	1630
3 Boston Consulting Group (BCG) GmbH	246,0	246,0	1050
4 Deloitte Consulting	198,0	198,0	677
5 Booz Allen Hamilton GmbH	190,0	190,0	410
6 Mercer Consulting Group GmbH	167,0	167,0	470
7 A.T. Kearney GmbH	158,0	153,0	510
8 Mumert Consulting AG	147,0	143,0	1186
9 Bain & Company Germany Inc.	130,0	130,0	290
10 Droege & Company GmbH	112,6	80,3	280
11 Arthur D. Little (ADL) GmbH	72,1	72,1	280
12 MC Marketing Corporation	54,8	54,8	190
13 Simon, Kucher & Partners GmbH	46,5	36,0	205
14 Horváth AG (Horváth & Partner Gruppe)	46,5	33,7	236
15 Management Engineers GmbH & Co KG	46,0	38,2	132
16 Dornier Consulting GmbH	43,6	32,6	142
17 Kienbaum Management Consultants GmbH	39,0	36,0	158
18 Towers Perrin Inc.	36,0	36,0	140
19 Celerent Consulting GmbH	28,1	24,6	98
20 Kurt Salmon Associates GmbH	28,0	28,0	145
21 TMG Technologie Management Gruppe	28,0	25,0	80
22 Monitor Group	25,0	25,0	80
23 d-fine GmbH	21,0	20,0	102
24 RWE Systems Consulting GmbH	20,4	20,4	79
25 TellSell Consulting GmbH	18,2	17,2	35

Quelle: Lünendonk Management Beratung 2005.

ausländischer Unternehmen nach wie vor eine wichtige Rolle einnehmen (1.8 Mrd. € bzw. 67% der Umsätze der Top 25–Firmen). Eine Übersicht über die wichtigsten Anbieter im deutschen Markt findet sich in der Tab. oben.

Die Management-Consultingbranche ist hochgradig segmentiert. Dies bietet Ansatzpunkte für kleinere hochspezialisierte Nischenanbieter, sich erfolgreich zu positionieren. Das wirklich interessante internationale Geschäft ist jedoch durch wenige große Anbieter dominiert, die aggressive Wachstums- und Internationalisierungsstrategien verfolgen. Wachstum vollzieht sich durch systematische Kompetenzbündelung und Vertiefung von Geschäftsbeziehungen und Referenzen. Aufgrund von hoher Qualitätsdifferenzierung und -unsicherheit spielt Signalling und Reputationsbildung eine entscheidende Rolle für den Erfolg. Consultingfirmen bauen ihre Kompetenzbasis und Reputation entlang von drei Dimensionen aus: Sie wachsen entlang von Kompetenzfeldern (z. B. Strategie, Portfoliomanagement, →Balanced Scorecard etc.), die ihrerseits auf die Besonderheiten der wichtigsten Industrien bzw. Dienstleistungsbranchen auf Kundenseite zugeschnitten sein müssen (z. B. Beratungsschwerpunkte in der Automobilindustrie, in der Telekommunikation, in Banken etc.). Der Ausbau der Geschäfts- und Kompetenzbasis erfolgt gem. der Darstellung in nachstehender Abb. zunächst in der Ebene; aufbauend auf erprobten Lösungen in bestimmten Industrien erfolgt in einem zweiten Schritt die Expansion auf Auslandsmärkte (entsprechend einer Bewegung in vertikaler Richtung in der folgenden Abb.).

Der Beratungsprozess ist hochgradig professionalisiert und vollzieht sich in einem mehrstufigen Prozess mit z.T. ao. Intensität der Zusammenarbeit zwischen Klienten- und Anbieterorganisation. Unterschieden wird zwischen

Unternehmensberatung

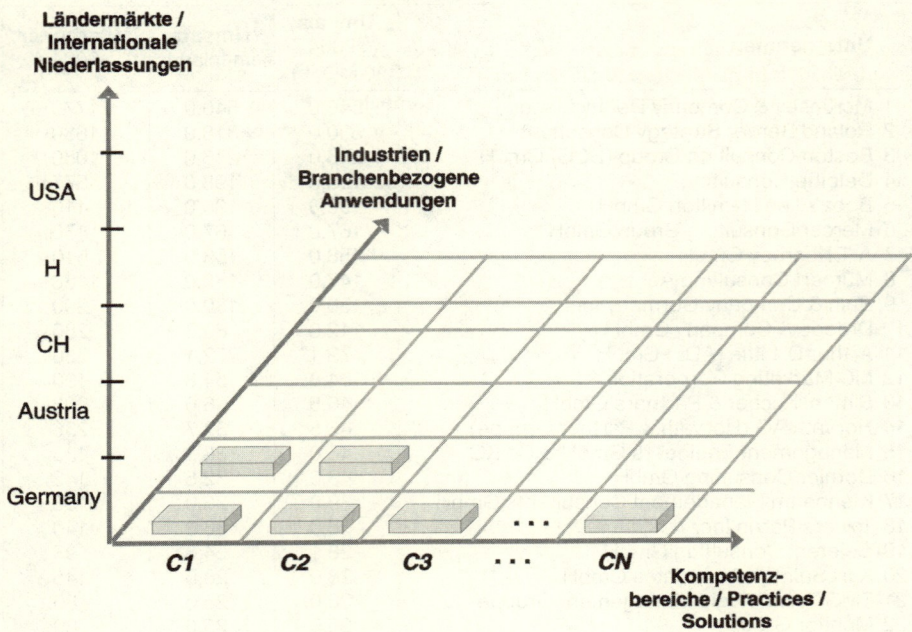

Abb.: Wachstumspfade und Richtungen der Expansion in Consultingfirmen

1) der Anbahnungs- und Akquisitionsphase,
2) der Projektdurchführungs- und Problemlösungsphase und
3) der anschließenden Implementierungs- und Umsetzungsphase (Horváth 2005, S. 624; Kralj 2004, S. 38).

In der Anbahnungs- und Akquisitionsphase muss der Berater glaubhaft machen, dass er über die beste Expertise im Markt verfügt und z.T. umfangreiche Voruntersuchungen erstellen. Für die Durchführungs- und Problemlösungsphase kommt es entscheidend auf die Zusammenstellung eines leistungsfähigen Teams von Experten an, das eng mit einem Kundenteam zusammenarbeiten muss. In der anschließenden Implementierungs- und Umsetzungsphase verlagert sich der Schwerpunkt der Leistungen und Kapazitäten wieder auf die Klientenorganisation. Die am Markt tätigen Consultingfirmen unterscheiden sich allerdings auch hier durch unterschiedliche Typen des Involvement in der besonders kritischen Umsetzungsphase (von reinen Konzeptentwicklern, Problemlösern, Coaches, Implementierern bis hin zu Modellen der Erfolgsbeteiligung).

Gerade im Zuge der Konsolidierung des Beratungsmarktes in den letzten Jahren haben sich die Strukturen der Zusammenarbeit zwischen Klientenorganisation und Consultingfirmen nachhaltig verändert. Zentrales Instrument ist ein Listing und die Festlegung einer Shortlist für bestimmte Typen von Beratungsleistungen und -anbietern. Nur wenige, für ein bestimmtes Thema hoch qualifizierte Anbieter werden zur Abgabe und Präsentation eines Angebots eingeladen. Immer mehr große Unternehmen gehen zur Festlegung auf sog. „Preferred Supplier" über. Zudem werden zunehmend strenge interne Auditierungsverfahren für Beratungsleistungen eingeführt und es erfolgt eine systematisch betriebene Know-how-, Leistungs- und Gebietsabgrenzung zwischen internen Consultants und externen Consultingfirmen (s. zu diesen Veränderungen die Studie von Lünendonk 2006).

Erfolgreiche Consultingfirmen, die längerfristig „Preferred Supplier" bleiben wollen, müssen ihre Problemlösungen auch mit verlässlicher Qualität anbieten können, auch und gerade dann, wenn der Mandant seine Geschäftstätigkeit zunehmend internationalisiert. Große international operierende Firmen mit standardisierten Prozessen, erprobten Beratungstools und einer Vielzahl von Niederlassungen haben hier einen entscheidenden Wettbewerbsvorteil. In den letzten 10 Jahren ist es auch deutschen Consultingfirmen gelungen, länderübergreifende internationale Organisationen aufzubauen. Der Prozess der Internationalisierung folgt dabei häufig dem in der vorstehenden Abb. beschriebenen Muster: von Deutschland aus zunächst in die Schweiz und nach Österreich, anschließend in kulturell verwandte europäische Märkte und, in Abhängigkeit von Internationalisierungsstrategien der Kunden, nach Nordamerika und in ausgewählte Wirtschaftsmetropolen in Asien. Mitunter ist dieser Prozess von Rückschlägen begleitet. Einzelne Firmen aus Deutschland (z. B. *Roland Berger*, *Horváth & Partner*, *Simon Kucher & Partner*) haben durch Kompetenzbündelung und enge Interaktion mit international operierenden Klientenorganisationen demonstriert, dass sie sich als verlässliche Problemlöser auch im globalen Consultingmarkt positionieren können. In den kommenden Jahren wird die fortschreitende Internationalisierung und die Sicherstellung einer länderübergreifend einheitlichen Prozessqualität zum entscheidenden Erfolgsfaktor der Unternehmensberatung.

Literatur: Gerybadze, A./Gaiser, B.: Competence-based Growth and Innovation in Professional Service Firms, European Academy of Management (EURAM), Annual Confernce, Technische Universität München, Mai 2005; Gerybadze, A.: Strategien der Europäisierung, Diversifikation und Integration im Management Consulting, in: Wacker, W. H. (Hrsg.): Internationale Management-Beratung, Berlin 1991; Heuermann, R./Herrmann, F.: Unternehmensberatung. Anatomie und Perspektiven einer Dienstleistungselite, München 2003; Horváth, P.: Internationalisierung von Unternehmensberatungen, in: Oesterle, M.-J./Wolf, J. (Hrsg.): Internationalisierung und Institution, Wiesbaden 2005, S. 615–643; Kralj, D.: Vergütung von Beratungsleistungen. Agency-theoretische und empirische Analyse, Wiesbaden 2004; Lünendonk Managementberatung: Die Top 25 Managementberatungs-Unternehmen in Deutschland 2004, http://www.luenendonk.de (Download: 31. Januar 2006).

Alexander Gerybadze

Unternehmensbeteiligungsgesellschaften

Unternehmensbeteiligungsgesellschaften (UBGes) in diesem Sinne sind Kapitalbeteiligungsgesellschaften, die den Vorschriften des UBGG unterliegen. Die Bezeichnung „Unternehmensbeteiligungsgesellschaft" bedarf der behördlichen Anerkennung (§ 1 UBGG), welche nur erteilt wird, wenn hierfür die gesetzlichen Voraussetzungen erfüllt sind (§ 19 UBGG). Unternehmensgegenstand ist vornehmlich der Erwerb, das Halten, die Verwaltung und die Veräußerung von Aktien, Geschäftsanteilen an einer →Gesellschaft mit beschränkter Haftung (GmbH), Kommanditanteilen [→Kommanditgesellschaft (KG); →Kommanditgesellschaft auf Aktien (KGaA)], Beteiligungen als Komplementär (→GmbH & Co. KG), →Beteiligungen als stiller Gesellschafter i. S. d. § 230 HGB und →Genussrechten (§ 2 Abs. 2 i.V.m. § 1a Abs. 2 UBGG).

UBGes gelten unabhängig ihrer Rechtsform (→Unternehmensformen) bzgl. der Anforderungen zur Rechnungslegung stets als große oder mittelgroße KapGes i. S. d. § 267 HGB (→Größenklassen). Dementsprechend besteht eine Pflicht zur Prüfung des Jahresabschlusses und →Lageberichts gem. §§ 316 f. HGB (→Jahresabschlussprüfung; →Pflichtprüfungen). Erweitert wird der Prüfungsumfang durch § 8 Abs. 1 Satz 1 UBGG (→Jahresabschlussprüfung, erweiterte). Demnach hat der →Abschlussprüfer (APr) bei UBGes nicht nur die Beachtung der allgemeinen bilanzrechtlichen Vorgaben nach Maßgabe von § 317 HGB, sondern auch die Einhaltung der Vorschriften des UBGG zu prüfen. Dem Wesen nach handelt es sich um eine Gesetzmäßigkeits-, Satzungs- und →Ordnungsmäßigkeitsprüfung. Im Rahmen der Prüfung der Entsprechung der UBGG-Normierungen sollte durch den APr ein besonderes Augenmerk auf die Einhaltung der Vorschriften über den Geschäftskreis (§§ 3–5 UBGG), den Anteilsbesitz (§ 7 UBGG) und die Mitteilungspflichten (§ 7 Abs. 2, 3 und § 21 Abs. 1 Nr. 1 UBGG) gelegt werden (Vollmer 2005, Rn. 58–62 zu § 8 UBGG, S. 181–182).

Der APr einer UBGes hat über seine Prüfungstätigkeit einen →Prüfungsbericht (PrB) und →Bestätigungsvermerk (BestV) zu erstellen. Neben den nach §§ 321 f. HGB vorgeschriebenen Inhalten haben die Berichte auch Angaben darüber zu enthalten, ob eine Einhaltung der UBGG-Vorschriften erfolgte (§ 8 Abs. 3 Satz 2 UBGG; Vollmer 2005, Rn. 65–69 zu § 8 UBGG, S. 182–184). Gem. § 21 Abs. 1 Nr. 2 UBGG haben UBGes den geprüften und festgestellten JA (→Feststellung und Billigung des Abschlusses), den Lagebericht sowie den Bericht über die Prüfung des Jahresabschlusses und des Lageberichts der Aufsichtsbehörde [→*Bundesanstalt für Finanzdienstleistungsaufsicht (BaFin)*] unverzüglich vorzulegen.

Literatur: Haack, T.: Unternehmensbeteiligungsgesellschaften, Berlin 2003; Vollmer, L.: Kommentierung des § 8 UBGG, in: Vollmer, L./Elser, T. (Hrsg.): UBGG. Kommentar zum Unternehmensbeteiligungsgesetz mit Erläuterungen zur Besteuerung der Kapital-/ Unternehmensbeteiligungsgesellschaften, Berlin 2005.

Thomas Wernicke

Unternehmensbewertung

Unternehmensbewertung als Kapitalwertkalkül: Mangels aussagefähiger Marktpreise erfolgt Unternehmensbewertung mit einem Kapitalwertkalkül. Zu diskontieren sind die erwarteten finanziellen Vorteile aus dem Unternehmenseigentum mit einem angemessenen Zinssatz (→Kalkulationszinssatz). Dieser muss den finanziellen Vorteilen in vielerlei Hinsicht äquivalent sein, insb. hinsichtlich des Planungshorizonts, des Arbeitseinsatzes, der Währung, der Unsicherheit und der Steuern. Die Technik des Kapitalwertkalküls ist unterschiedlich: Man unterscheidet Ertragswertkalkül (→Ertragswertmethode) und Discounted Cash Flow-Kalkül (→Discounted Cash Flow-Methoden) und innerhalb des Letzten die vier Varianten des Adjusted Present Value-Verfahrens (APV), des Free Cash Flow-Verfahrens (FCF), des Total Cash Flow-Verfahrens (TCF) und des Flow to Equity-Verfahrens (FTE). Dadurch werden sowohl die zu diskontierenden Größen als auch die zugehörigen Diskontierungszinssätze determiniert.

Vorarbeiten: Um die erwarteten finanziellen Vorteile zu schätzen, sind die genaue Abgrenzung des Bewertungsobjekts und eine Vergangenheitsanalyse nötig. Das Bewertungsobjekt kann, muss aber nicht eine Rechtseinheit sein. Beispiele für wirtschaftliche Einheiten sind Konzerne (→Konzernarten) oder unselbstständige Geschäftsbereiche als Bewertungsobjekte. Die Vergangenheitsanalyse dient der Erkenntnis, welche Stellung das Bewertungsobjekt am Markt bei seinen wichtigsten Produkten, den F&E-, Produktions- und Vertriebsaktivitäten, der Finanzierung (→Finanzierungsregeln), der Besteuerung, des Personals und dessen Entwicklung innehatte. Soweit Abschlüsse für diese Analyse herangezogen werden, ist deren Begrenzung hinsichtlich der Erfassung immaterieller Faktoren zu beachten. Bspw. schlagen sich Schulungsmaßnahmen als Aufwand (→Aufwendungen und Erträge) nieder, obwohl sie für die Produktentwicklung, Fertigung und Vertrieb höchst relevant sein können. Gleichermaßen geben Abschlüsse über Faktoren wie Standortvorteile (→Standortberatung) und selbst geschaffene Marken (→Markenbewertung) keine Auskunft.

Die Vergangenheitsanalyse bezieht sich regelmäßig auf 3–5 Jahre, wobei die konkrete Abgrenzung von den Märkten und Produkten abhängt, die für das Unternehmen zentral sind. Bei den Abschlüssen versucht man, prognosefähige Komponenten von nicht prognosefähigen Komponenten zu trennen, um vorgelegte oder selbst erstellte →Planungen einschätzen zu können.

Schwerpunktplanung: Für die wichtigsten Märkte und Produkte wird eine Schwerpunktplanung betrieben. Sie sollte mehrwertig sein, bspw. auf Szenarienbildung (→Szenariotechnik) beruhen, um die Unsicherheit zu berücksichtigen. Die erwarteten finanziellen Vorteile (→finanzielle Ergebnisse, Prognose von) werden durch zwei Faktoren bestimmt:

1) die Entwicklung der grundsätzlich unbeeinflussbaren Umwelt, konkret der Nachfrage, des Wettbewerbs und der Regulierung [z. B. bzgl. Steuern (→Steuerreform, deutsche; →Steuerreform, europäische), Preisgenehmigung oder des Kartellrechts (→Kartellbehörden; →Fusionskontrolle)] und

2) die eigene Geschäftspolitik.

Die Schätzung der finanziellen Vorteile wird auf Plan-GuV (→Gewinn- und Verlustrechnung), →Planbilanzen und Plankapitalflussrechnungen (→Kapitalflussrechnung) aufbauen, in denen sich die vielfältigen Annahmen über Umweltentwicklung und Geschäftspolitik niederschlagen. Für die Prognose der finanziellen Vorteile ist es sinnvoll, (wenigstens) zwei Phasen zu unterscheiden: eine erste unmittelbar nach dem Bewertungsstichtag für einen überschaubaren Zeitraum von 3–8 Jahren und eine zweite für den anschließenden Zeitraum bis in alle Unendlichkeit. In der zweiten Phase wird man mit vergröbernden Annahmen rechnen müssen, während die erste Phase auf der Langfristplanung des Bewertungsobjekts aufbauen kann.

Bewertungskalkül: Beim Ertragswertverfahren sind die Erwartungswerte der künftigen

→Erträge mit einem risikoangepassten Zinsfuß (→Kalkulationszinssatz) zu diskontieren. Die →Erträge stellen Mittelzuflüsse (Nettodividenden oder Nettoentnahmen) beim Eigentümer dar, können aber darüber hinaus bei erwarteten Verbundvorteilen (Synergieeffekten) um ersparte Auszahlungen (→Kosten) erhöht sein (→Synergieeffekte in der Unternehmensbewertung). Der risikoangepasste Zinsfuß muss das operative (Investitions-) Risiko und das Risiko aus Verschuldung (Kapitalstrukturrisiko) erfassen. Die Literatur empfiehlt vielfach die Anwendung des →Capital Asset Pricing Models (CAPM) zur Bestimmung des Risikozuschlags für das operative Risiko. Danach ergibt er sich als Betafaktor mal Marktrisikoprämie. Hierfür lassen sich Vergangenheitsschätzungen heranziehen, wenn das Bewertungsobjekt börsennotiert ist oder eine Vergleichsgruppe von möglichst ähnlichen börsennotierten Unternehmen gewonnen werden kann. Man muss sehen, dass das CAPM von vielen unrealistischen Annahmen (wie Einperiodenhorizont, fehlende →Transaktionskosten, homogene Erwartungen der Marktteilnehmer, μ,σ-Entscheider) abhängt, die Schätzung seiner Parameter weitere Entscheidungen (wie Festlegung des Renditeintervalls, Approximation des Marktportfolios durch einen Index) und die Übertragbarkeit von Vergangenheitsdaten auf die Zukunft weitere Annahmen (Strukturkonstanz) verlangt. Insofern ist das CAPM nur eine „Krücke", um den Risikozuschlag zu ermitteln. Für die Erfassung des Kapitalstrukturrisikos wird z.T. die *Modigliani-Miller*-Beziehung empfohlen, die ebenfalls auf engen Annahmen basiert. Danach ergeben sich die Eigenkapitalkosten des verschuldeten Unternehmens aus den Eigenkapitalkosten des unverschuldeten Unternehmens zzgl. dem Produkt aus Verschuldungsgrad (→Fremdkapital durch →Eigenkapital zu Marktwerten) und der Differenz von Eigenkapitalkosten des unverschuldeten Unternehmens und Fremdkapitalzinsen, beide nach Unternehmenssteuern.

Neben dem Risikozuschlag ist der Basiszins ein Problem. Er soll dem risikolosen Zinsfuß entsprechen. Praktisch verwendet man oft die am Bewertungsstichtag geltenden Effektivzinsen von Staatsanleihen (→Anleihen). Eine exakte Rechnung verlangt die Diskontierung der erwarteten Erträge mit Kassazinssätzen (Spot Rates); üblich ist hingegen die Abzinsung mit konstanten Sätzen, welche die Zinsstrukturkurve verdrängen. Hier ist aber gegenwärtig ein Wandel festzustellen, wonach die Zinsstrukturkurve mehr Relevanz erlangt.

Das FTE-Verfahren entspricht grundsätzlich der Ertragswertmethode. Hingegen sind APV-, FCF- und TCF-Verfahren sog. Bruttoansätze, bei denen zuerst der Wert des gesamten Kapitals (Eigen- und Fremdkapital) ermittelt wird, bevor man durch Abzug des Fremdkapitals zum →Unternehmenswert gelangt. Der APV- und FCF-Ansatz verlangen die Prognose von Free Cash Flows. Diese sind diejenigen Zahlungen des Unternehmens, die auf die Investitionstätigkeit (operatives Geschäft in diesem Sinne) zurückgehen, eine Steuerbelastung unterstellen, die bei reiner Eigenfinanzierung vorliegt, und um sämtliche (Netto-) Investitionsausgaben (→Investition) gemindert sind. Während die Free Cash Flows beim FCF-Ansatz mit dem gewogenen durchschnittlichen Kapitalkostensatz [→Weighted Average Cost of Capital-Ansatz (WACC)] diskontiert werden, in den u. a. die Eigenkapitalkosten des verschuldeten Unternehmens eingehen, und sich dadurch der Wert des Gesamtkapitals ergibt, stellt der APV-Ansatz einen Komponentenansatz dar. Hier werden die Free Cash Flows mit den Eigenkapitalkosten des unverschuldeten Unternehmens diskontiert. Auf diesen Barwert wird der Barwert der Unternehmenssteuervorteile aus Verschuldung addiert (→Steuern in der Unternehmensbewertung). Die Unternehmenssteuervorteile resultieren aus der Abzugsfähigkeit von Fremdkapitalzinsen von Steuerbemessungsgrundlagen. Beim TCF-Ansatz werden Total Cash Flows, welche die richtige Steuerlast erfassen, mit einem WACC diskontiert, der sich von dem des FCF-Ansatzes unterscheidet. Der TCF-Ansatz ist inkonsequent, weil er →Cash Flows bei reiner Eigenfinanzierung unterstellt, zugleich aber eine Steuerbelastung berücksichtigt, die Effekte der Fremdfinanzierung erfasst. Er wird in praxi selten gewählt.

Bei der Ermittlung von Grenzpreisen wird zu Recht eine Rechnung nach persönlichen Steuern verlangt. Da das CAPM ohne persönliche Steuern ist, ergibt sich eine Inkonsequenz bei dessen Anwendung. Ein Ausweg besteht darin, auf das Tax-CAPM zurückzugreifen, wie dies von den Wirtschaftsprüfern vorgeschlagen wird.

Bei den unterschiedlichen Verfahren stellt sich die Frage nach der Wertidentität. Es lässt sich zeigen, dass die Werte auch bei Anwendung verschiedener Verfahren identisch sind, sofern mit risikoangepassten Eigenkapitalkosten gerechnet wird. Bei naiver Anwendung der Verfahren – insb. Verstößen gegen im- oder explizite Annahmen – ergeben sich freilich schnell unterschiedliche Resultate.

Ein verstärktes Anwendungsgebiet der Unternehmensbewertung ergibt sich heute beim Werthaltigkeitstest (→Impairmenttest) des Goodwills (→Geschäfts- oder Firmenwert) nach IAS 36 und SFAS 141/142. Hierbei zeigt sich insb. bei den →International Financial Reporting Standards (IFRS) eine gegenüber der Unternehmensbewertungstheorie unterschiedliche und z.T. falsche Verwendung von Bewertungsbestandteilen, wie Free Cash Flows und Weighted Average Cost of Capital.

Literatur: Ballwieser, W.: Unternehmensbewertung – Prozess, Methoden und Probleme, Stuttgart 2004; Ballwieser, W./Beyer, S./Zelger, H. (Hrsg.): Unternehmenskauf nach IFRS und US-GAAP, Stuttgart 2005; Drukarczyk, J.: Unternehmensbewertung, 4. Aufl., München 2003; Hachmeister, D.: Der Discounted Cash Flow als Maß der Unternehmenswertsteigerung, 4. Aufl., Frankfurt a.M. 2000; IDW (Hrsg.): IDW Standard: Grundsätze zur Durchführung von Unternehmensbewertungen (IDW S 1, Stand: 18. Oktober 2005), in: WPg 58 (2005), S. 1303–1321; Moxter, A.: Grundsätze ordnungsmäßiger Unternehmensbewertung, 2. Aufl., Wiesbaden 1983; Wiese, J.: Komponenten des Zinsfußes in Unternehmensbewertungskalkülen: Theoretische Grundlagen und Konsistenz, Frankfurt a.M. 2006.

Wolfgang Ballwieser

Unternehmensbewertung, marktorientierte

Begriff: Unter dem Begriff „marktorientierte Unternehmensbewertung" (mU) (Market Approach) werden Verfahren zur Bestimmung von →Unternehmenswerten subsumiert, bei denen die Wertermittlung auf aktuellen Börsenkursen oder anderen realisierten Marktpreisen aufbaut (Mandel/Rabel 2005, S. 74). Die mU ist abzugrenzen von der einkommensorientierten Unternehmensbewertung (eU) (Income Approach; →Ertragswertmethode, →Discounted Cash Flow-Methode) und der kostenorientierten Unternehmensbewertung [Cost Approach; Substanzwertverfahren (→Substanzwert)] (Buchner 1995, S. 402). Teilweise werden die Verfahren der eU bei kapitalmarktorientierter Ableitung von Kapitalkostensätzen (→Kapitalkosten) jedoch ebenfalls als marktorientierte Verfahren bezeichnet (s. z. B. Matschke/Brösel 2005, S. 24–27). Während die Verfahren der eU tendenziell besser theoretisch fundiert erscheinen, ist der Vorteil der mU in einer einfachen und praktisch relativ leicht handhabbaren Vorgehensweise zu sehen (Buchner/Englert 1994, S. 1573). Insb. wirft die mU in weit geringerem Maße als die eU Prognoseprobleme auf, sodass ihre Ergebnisse i. d. R. wesentlich besser nachvollziehbar und überprüfbar sind. Die mU ist vor allem im angelsächsischen Raum verbreitet. Als Ursache hierfür wird die größere Bedeutung des Kapitalmarktes in den angelsächsischen Ländern und – damit zusammenhängend – die bessere Qualität angelsächsischer Kapitalmarktinformationen angesehen (Buchner/Englert 1994, S. 1574). Einen Überblick über die Verfahren gibt folgende Abb.

Verfahren: Bei der Wertermittlung ist zwischen börsennotierten und nichtbörsennotierten Unternehmen zu unterscheiden. Bei *börsennotierten Unternehmen* wird der Unternehmenswert als Summe der Marktwerte des börsennotierten →Eigenkapitals und →Fremdkapitals bestimmt („Stock and Debt"-Methode) (Böcking/Nowak 1999, S. 169). Durch eine sog. Kontrollprämie wird berücksichtigt, dass der Wert einer Mehrheitsbeteiligung aufgrund der damit verbundenen Einflussnahmemöglichkeiten höher als die Summe der Werte von Minderheitsbeteiligungen ist. Der Vorteil der „Stock and Debt"-Methode besteht in einer einfachen Wertermittlung. Kritisch ist die Abhängigkeit des Unternehmenswertes von Kursspekulationen zu sehen. Aus diesem Grund werden i. d. R. keine Stichtags-, sondern Durchschnittskurse verwendet.

Bei *nicht-börsennotierten Unternehmen* basieren die Verfahren auf dem Vergleich des zu bewertenden Unternehmens mit einem oder mehreren Referenzunternehmen. Sie werden daher auch als Vergleichsverfahren bezeichnet. Zu unterscheiden sind die Multiplikatormethode auf Basis von Referenzunternehmen (Comparative Company Approach) und die Multiplikatormethode auf Basis von Erfahrungssätzen (Bucher/Englert 1994; Mandl/Rabel 2005, S. 51).

Multiplikatormethode auf Basis von Referenzunternehmen: Die Wertermittlung erfolgt durch die Gegenüberstellung des Bewertungs-

Abb.: Verfahren der marktorientierten Unternehmensbewertung

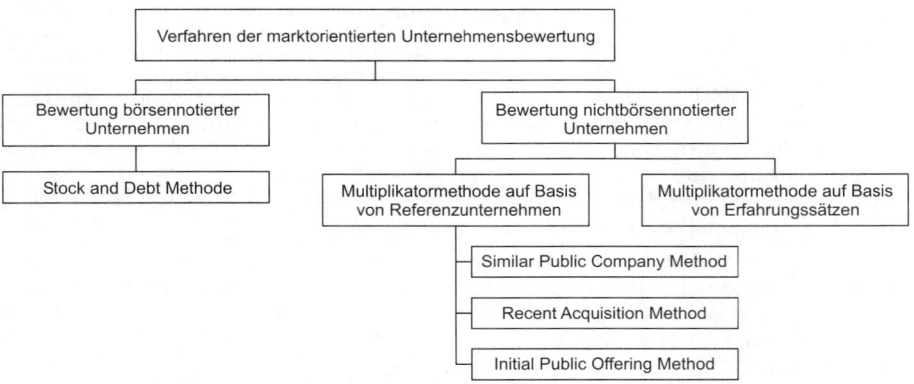

objektes mit Unternehmen, deren Vergleichbarkeit im Hinblick auf bestimmte qualitative und quantitative Kriterien gewährleistet sein muss. Die Marktwerte der identifizierten Referenzunternehmen werden zu ausgewählten, als wertrelevant erachteten Performanceindikatoren, deren Ausprägung beim Referenz- und beim zu bewertenden Unternehmen bekannt ist, ins Verhältnis gesetzt. In der Praxis häufig verwendete Performanceindikatoren sind Periodengewinne (→ Jahresergebnis), → Cash Flows oder Dividendenzahlungen (Buchner 1995, S. 409 f.). Teilweise handelt es sich bei dem Performanceindikator auch um eine aggregierte Größe. Für die Wertermittlung wird die aus dem Performanceindikator und dem Marktwert des Referenzunternehmens errechnete Verhältniszahl (sog. Multiplikator) mit dem Performanceindikator des zu bewertenden Unternehmens multipliziert:

$$MW^B = PI^B \cdot \frac{MW^R}{PI^R}$$

mit:

MW^B = Marktwert zu bewertendes Unternehmen,

PI^B = Performanceindikator zu bewertendes Unternehmen,

MW^R = Marktwert Referenzunternehmen,

PI^R = Performanceindikator Referenzunternehmen,

MW^R/PI^R = Multiplikator.

Bei der Multiplikatormethode auf Basis von Referenzunternehmen werden im Einzelnen drei Varianten unterschieden:

1) Similar Public Company Method,

2) Recent Acquisition Method und

3) Initial Public Offering Method.

Similar Public Company Method: Die Wertermittlung erfolgt anhand des Börsenkurses vergleichbarer öffentlich notierter Unternehmen in drei Schritten (Böcking/Nowak 1999, S. 171 f.; Buchner 1995, S. 406–412; Buchner/ Englert 1994, S. 1574–1577; Mandl/Rabel 1997, S. 260 f.). Im ersten Schritt wird das rechtliche und ökonomische Umfeld des Unternehmens in einem Due Diligence-Prozess (→ Due Diligence; → Legal Due Diligence; → Financial Due Diligence; → Commerical Due Diligence) untersucht und eine Finanzanalyse durchgeführt. Ziel ist die Ermittlung der Charakteristika des Bewertungsobjektes, anhand derer Referenzunternehmen bestimmt werden sollen. Die Suche nach börsennotierten Referenzunternehmen im zweiten Schritt der Bewertung stellt den anspruchsvollsten Teil des Verfahrens dar. Die Auswahl der Referenzunternehmen orientiert sich an der Übereinstimmung grundlegender wirtschaftlicher Faktoren, wie z.B. Branchenzugehörigkeit, Produktportfolio, Absatz- und Beschaffungsmärkte, Wettbewerbsumfeld, Rechtsform (→ Unternehmensformen), Unternehmensgröße. Im dritten Schritt wird – wie oben erläutert – der Unternehmenswert bestimmt, indem der ermittelte Multiplikator mit dem Performanceindikator des zu bewertenden Unternehmens multipliziert wird. I.d.R. werden mehrere Referenzunternehmen und Performanceindikatoren betrachtet. Dies führt zu einer Bandbreite von Unternehmenswerten, die schließlich zu einem Unternehmenswert verdichtet werden muss. Ggf. wird zu dem so bestimmten Unternehmenswert eine Kontrollprämie hinzugerechnet oder ein Abschlag wegen der mangelnden Marktfähigkeit des Bewertungsobjektes berücksichtigt.

Recent Acquisition Method: Das Vorgehen entspricht dem der Similar Public Company Method. Der wesentliche Unterschied besteht in der Bestimmung des Marktwertes der Referenzunternehmen. Der Unternehmenswert wird aus in jüngerer Vergangenheit gezahlten Kaufpreisen für Referenzunternehmen abgeleitet.

Initial Public Offering Method: Die Bewertungsmethode basiert auf der gleichen Konzeption wie die vorangegangenen Verfahren. Der Unternehmenswert wird aus den Emissionspreisen für Anteile der Referenzunternehmen bei deren erstmaliger Börsennotierung abgeleitet.

Multiplikatormethode auf Basis von Erfahrungssätzen: Die Multiplikatormethode auf Basis von Erfahrungssätzen stellt ein vereinfachtes Verfahren zur Bestimmung von Unternehmenswerten mithilfe von Multiplikatoren dar. Im Gegensatz zur Multiplikatormethode auf Basis von Referenzunternehmen kommen branchenabhängige Multiplikatoren zur Anwendung, die aus in der Vergangenheit realisierten Unternehmensverkäufen in der entsprechenden Branche abgeleitet werden. Eine Auswahl von Referenzunternehmen ist nicht erforderlich. Das Bewertungsobjekt ist einer Branche zuzuordnen, um den relevanten branchenabhängigen Multiplikator zu bestimmen. Die Multiplikatoren können sich je nach Branche auf unterschiedliche Performanceindikatoren beziehen (Buchner/Englert 1994, S. 1577 f.; Mandl/Rabel 2005, S. 78). Die Multiplikatormethode auf Basis von Erfahrungssätzen wird in der Literatur teilweise als „theorielos" angesehen (Ballwieser 2000, S. 18 sowie die dort angegebene Literatur). Jedoch ist zu beachten, dass durch die Anwendung des Verfahrens in der Praxis die tatsächlich gezahlten Preise in einzelnen Branchen durch dieses Verfahren bestimmt werden.

Literatur: Ballwieser, W.: Unternehmensbewertung aus der Sicht der Betriebswirtschaftslehre, in: Baetge, J. (Hrsg.): Unternehmensbewertung im Wandel. Vorträge und Diskussionen zum 16. Münsterischen Tagesgespräch des Münsteraner Gesprächskreises Rechnungslegung und Prüfung e.V. am 11. Mai 2000, Düsseldorf 2000, S. 1–24; Böcking, H.-J./Nowak, K.: Marktorientierte Unternehmensbewertung – Darstellung und Würdigung der marktorientierten Vergleichsverfahren vor dem Hintergrund der deutschen Kapitalmarktverhältnisse –, in: FB 8 (1999), S. 169–176; Buchner, R.: Marktorientierte Unternehmensbewertung, in: Seicht, G. (Hrsg.): Jahrbuch für Controlling und Rechnungswesen '95, Wien 1995, S. 401–427; Buchner, R./Englert, J.: Die Bewertung von Unternehmen auf der Basis des Unternehmensvergleichs, in: BB 49 (1994), S. 1573–1580; Mandel, G./Rabel K.: Unternehmensbewertung. Eine praxisorientierte Einführung, Wien 1997; Mandel, G./Rabel, K.: Methoden der Unternehmensbewertung, in: Peemöller, V. H. (Hrsg.): Praxishandbuch der Unternehmensbewertung, 3. Aufl., Berlin 2005, S. 47–88; Matschke, M. J./Brösel, G.: Unternehmensbewertung: Funktionen – Methoden – Grundsätze, Wiesbaden 2005.

Ralf Diedrich; Hans-Christian Gröger

Unternehmensbewertung, steuerrechtliche

Zur Ermittlung steuerlicher Bemessungsgrundlagen wird in zahlreichen Fällen eine Gesamtbewertung des Unternehmens erforderlich. Als Beispiele lassen sich die Ermittlung des gemeinen Wertes von Anteilen an KapGes im ESt- und KSt-Recht sowie die Ermittlung des gemeinen Wertes nicht notierter Anteile an KapGes für Zwecke der ErbSt (§ 11 Abs. 2 BewG) anführen.

Unternehmen und Anteile an KapGes sind nach dem BewG zum *gemeinen* Wert zu bewerten. Dieser „wird durch den Preis bestimmt, der im gewöhnlichen Geschäftsverkehr nach der Beschaffenheit des →Wirtschaftsguts bei einer Veräußerung zu erzielen wäre" (§ 9 Abs. 1 Satz 1 BewG), wobei alle Umstände zu berücksichtigen sind, die den Preis beeinflussen, nicht aber ungewöhnliche oder persönliche Verhältnisse (§ 9 Abs. 1 Satz 2 und 3 BewG). Der gemeine Wert von Anteilen an KapGes bestimmt sich im Einzelnen nach folgenden Grundsätzen:

- Börsennotierte Anteile sind mit ihrem Stichtagskurs zu bewerten (§ 11 Abs. 1 BewG).
- Der gemeine Wert nicht börsennotierter Anteile an KapGes ist in erster Linie aus Verkäufen im gewöhnlichen Geschäftsverkehr abzuleiten, die weniger als 1 Jahr vor

dem Bewertungsstichtag erfolgt sind (§ 11 Abs. 2 BewG; Abschn. 95 Abs. 3 ErbStR).

- Kann der gemeine Wert von nichtnotierten Anteilen an KapGes nicht aus Verkäufen abgeleitet werden, ist er unter Berücksichtigung des Vermögens und der Ertragsaussichten der Gesellschaft abzuleiten (§ 11 Abs. 2 Satz 2 BewG). Die Finanzverwaltung hat hierfür das Stuttgarter Verfahren entwickelt, an das sie für Zwecke der Ertragsteuern bei der Anwendung des § 11 Abs. 2 Satz 2 BewG nach h.M. aber nicht gebunden ist (Neumann 2001, S. 433 f.). Faktisch hat das Stuttgarter Verfahren zumindest bis zu seinen Änderungen in den 1990er Jahren auch im Bereich der Ertragsteuern eine erhebliche Bedeutung gehabt.

Soweit ersichtlich existiert keine Verwaltungsanweisung, wie eine Unternehmensbewertung vorzunehmen ist. Als einzige Quelle kann ein Leitfaden herangezogen werden, der von den Oberfinanzdirektionen des Landes Nordrhein-Westfalen als Arbeitshilfe für die örtlichen Finanzbehörden herausgegeben worden ist (OFD Düsseldorf/Münster 2004). Die Arbeitshilfe empfiehlt im Grundsatz eine Orientierung an der →Ertragswertmethode, die sich weitgehend an der Bewertung nach IDW S 1 a. F. orientiert. Die Veröffentlichung einer überarbeiteten 4. Auflage des Leitfadens, die eine stärkere Ausrichtung an IDW S 1 n.F. beinhaltet, ist für das erste Halbjahr 2007 geplant.

Der Ermittlung des reinen →*Substanzwerts* kommt regelmäßig lediglich eine Auffangfunktion zu und gibt die Untergrenze der Bewertung vor. Ist der Ertragswert negativ, kommt die *Ertragswertmethode* nicht zur Anwendung; die Bewertung erfolgt zum Substanzwert (FG Niedersachsen, Urteil vom 11.4.2000, S.159). Sofern mit einer Fortführung des Unternehmens nach den Umständen des Einzelfalles aus tatsächlichen oder rechtlichen Gründen nicht gerechnet werden kann, ist der →*Liquidationswert* des Unternehmens maßgeblich.

Darüber hinaus werden in dem Leitfaden der Finanzverwaltung die vergleichsorientierte Bewertungsmethode und die Multiplikatorenmethode als zwar nicht gängige, aber doch für bestimmte Branchen und Unternehmen geringerer Größenordnungen durchaus gebräuchliche Bewertungsverfahren angeführt.

Die Schätzung nach § 11 Abs. 2 Satz 2 BewG erfolgt für Zwecke der ErbSt nach dem *Stuttgarter Verfahren* (Abschn. 96–108 ErbStR). Das Stuttgarter Verfahren orientiert sich an der in der Unternehmensbewertung bekannten Übergewinnmethode, die das Ertragswert- und das Substanzwertverfahren kombiniert; es bestehen aber methodische Differenzen (Scheffler 2004, S. 416 f.). Ausgangspunkt bildet der Wert des Betriebsvermögens der KapGes zum Besteuerungszeitpunkt (§ 12 Abs. 2 Satz 1 ErbStG). Es gelten die allgemeinen Bewertungsregeln (§ 12 Abs. 2 Satz 2 ErbStG). Ein in der Steuerbilanz angesetzter →Geschäfts- oder Firmenwert sowie firmenwertähnliche Wirtschaftsgüter sind nicht anzusetzen (§ 12 Abs. 2 Satz 3 ErbStG). Der so ermittelte Wert ist auf das Nennkapital der KapGes zu beziehen (Abschn. 97 Abs. 2 und Abschn. 98 Abs. 3, 4 ErbStR):

$$\text{Vermögenswert (V)} = \frac{\text{Vermögen}}{\text{Nennkapital}}$$

Der Ertragshundertsatz wird aus den in den künftigen 5 Jahren zu erwartenden durchschnittlichen Jahreserträgen (= Ertragsaussichten) hergeleitet. Die zukünftigen →Erträge werden geschätzt; als Schätzgrundlage wird der gewichtete Durchschnittsertrag der vergangenen 3 Jahre vor dem Stichtag herangezogen. Das KSt-pflichtige Einkommen wird durch Hinzu- und Abrechnungen korrigiert (Abschn. 99 Abs. 1 Satz 5 ErbStR). Der ermittelte Jahresertrag ist auf das Nennkapital der KapGes zu beziehen:

$$\text{Ertragshundertsatz(E)} = \frac{\text{Jahresertrag}}{\text{Nennkapital}}$$

Bei negativem Durchschnittsertrag ist der Ertragshundertsatz mit Null anzusetzen (Abschn. 99 Abs. 4 Satz 3 ErbStR).

Zur Ermittlung des in einem Hundertsatz ausgedrückten gemeinen Wertes der Anteile (X) gilt folgende Formel (Abschn. 100 Abs. 2 ErbStR):

$$X = V + 5 \cdot (E - 0{,}09 \cdot X)$$

In der Formel ist berücksichtigt, dass der Erwerber die Ertragsaussichten der Unternehmung (E) mit der Verzinsung des aufgewendeten Betrags (X) auf dem Kapitalmarkt (Alternativanlage zu 9 %) vergleicht. Der Ausdruck $0{,}09 \cdot X$ gibt also die Höhe der Alternativerträge wieder.

Nach Umformung und Abrundung ergibt sich:

X = 0,68 · (V + 5 · E)

Die Multiplikation dieser Prozentgröße mit dem auf den Erwerber entfallenden Anteil am Grund- oder Stammkapital (→Gezeichnetes Kapital) ergibt den gemeinen Wert der Anteile in €.

Die dargestellte Vorgehensweise greift nur dann, wenn der Ertragshundersatz positiv ist (E > 0) und die Rendite (E pro V) mindestens 4,5 % beträgt. Bei geringeren Renditen ist ein Abschlag vorzunehmen, der „jeweils 3 v.H. des gemeinen Werts vor Abschlag für eine Renditeminderung von 0,45 v.H." beträgt (Abschn. 100 Abs. 3 Satz 5 ErbStR).

Gem. § 6 Abs. 1 Nr. 1 Satz 3 EStG ist der *Teilwert* „der Betrag, den ein Erwerber des ganzen Betriebs im Rahmen des Gesamtkaufpreises für das einzelne Wirtschaftsgut ansetzen würde; dabei ist davon auszugehen, dass der Erwerber den Betrieb fortführt." Nach der Rspr. besteht die Vermutung, dass sowohl im Anschaffungszeitpunkt als auch zu einem späteren Zeitpunkt der Teilwert grundsätzlich den (fortgeführten) AHK (→Anschaffungskosten; →Herstellungskosten, bilanzielle) entspricht (BFH-Urteil vom 25.10.1972, S. 79). Bei der Ermittlung eines niedrigeren Teilwertes betont die Rspr. den Substanzwert der Beteiligung, orientiert sich also an bilanziellen Vermögensverlusten der KapGes, und ist insgesamt restriktiv. Anlaufverluste berechtigen nicht zur Vornahme einer Teilwertabschreibung. Entscheidend ist für die Annahme von Anlaufverlusten, dass anfängliche Verluste schon bei Beteiligungserwerb zu erwarten waren. Als Anlaufphase gelten bei inländischen KapGes im Grundsatz 3 Jahre, bei ausländischen 5 Jahre (BFH-Urteil vom 27.7.1988, S. 274). Eine Teilwertabschreibung kommt jenseits dieser Einschränkung nur in Frage, wenn sich der Erwerb der Beteiligung als eine Fehlmaßnahme herausstellt oder die →Wiederbeschaffungskosten der Beteiligung gesunken sind.

Zur Berechnung des *Geschäftswertes* lässt der BFH auch sog. branchenübliche Methoden zur Anwendung kommen: Sofern sich in einer Branche des betreffenden Unternehmens eine anerkannte Verkehrsübung herausgebildet hat, hat die Ermittlung des Geschäftswertes nach dieser Methode zu erfolgen (BFH-Urteil vom 19.2.1965, S. 248). Bspw. erfolgt die Berechnung des Geschäftswertes von Gaststätten nach dem Jahresbierumsatz, von Apotheken nach dem Jahresgeldumsatz.

Literatur: Bauer, J.: Unternehmensbewertung im (Erbschaft-)Steuerrecht, in: Fachinstitut der Steuerberater (Hrsg.): StbJb 1999/2000, Köln 2000, S. 387–409; BFH-Urteil vom 25.10.1972, Aktz. GrS 6/71, BStBl. II 1973, S. 79–83; BFH-Urteil vom 27.7.1988, Aktz. I R 104/84, BStBl. II 1989, S. 274–276; Breidenbach, B.: Steuerliche Unternehmens- und Anteilsbewertung – Abschied vom Stuttgarter Verfahren?, in: Fachinstitut der Steuerberater (Hrsg.): StbJb 1998/99, Köln 1999, S. 245–264; FG-Niedersachsen, Urteil vom 11.4.2000, Aktz. 6 K 611/93, EFG 2001, S. 157–159; IDW (Hrsg.): IDW Standard: Grundsätze zur Durchführung von Unternehmensbewertungen (IDW S 1, Stand: 28. Juni 2000), in: WPg 53 (2000), S. 825–842; Neumann, S.: Verfahren der Unternehmensbewertung gemäß § 11 Abs. 2 BewG für ertragsteuerliche Zwecke, in: Fachinstitut der Steuerberater (Hrsg.): StbJb 2000/01, Köln 2001, S. 425–443; OFD Düsseldorf/Münster: Leitfaden vom 12.8.2004, Aktz. S 2177 – 16 – St13 – K, www.fm.nrw.de (Download: 8. Oktober 2006); Scheffler, W.: Besteuerung von Unternehmen. Band II: Steuerbilanz und Vermögensaufstellung, 3. Aufl., Heidelberg 2004; Schreiber, U.: Besteuerung der Unternehmen, Berlin/Heidelberg 2005.

Holger Kahle; Andreas Dahlke

Unternehmensethik und Auditing

In Deutschland hat die wissenschaftliche Diskussion der Unternehmens- und Wirtschaftsethik nach frühen Ansätzen vor allem in der katholischen Soziallehre verstärkt Anfang der 1990er Jahre eingesetzt. Im Mittelpunkt standen dabei die Konzeptionen von *Peter Ulrich* (Diskursethik), *Horst Steinmann* und *Albert Löhr* (Erlanger Konstruktivismus), *Karl Homann* (Institutionenökonomik) und zuletzt *Josef Wieland* (Organisationsökonomik). Den Hintergrund der sich verstärkenden Diskussion bildete das als Konsequenz aus dem Untergang des staatssozialistischen Wirtschaftsmodells i.V.m. der zunehmenden Globalisierung wachsende Bedürfnis zur systemimmanenten Reflexion der marktwirtschaftlichen Wirtschaftsordnung. Diese wissenschaftliche Diskussion hat Ende der 1990er-Jahre durch den von *Josef Wieland* ausgearbeiteten Ansatz der „Governanceethik" Anschluss gefunden an das Thema →Corporate Governance. Mit Governanceethik wird die Festlegung und Kodifizierung der die Identität eines Unternehmens bestimmenden Werte sowie der Einbau der entsprechenden Wertansprüche und Werthaltungen in die Führungs-, Steuerungs- und

Kontrollstrukturen eines Unternehmens bezeichnet. In der Praxis geht es vor allem um die Einführung von wirksamen Wertemanagementsystemen in Unternehmen in stark korruptionsgefährdeten Branchen, z. B. der Bauindustrie.

In den USA setzte die Diskussion über Business Ethics bereits in den 1970er Jahren ein. Mitte der 1980er Jahre wurde Business Ethics zur akademischen Disziplin. Als Ergebnis der Diskussion wurden Instrumente, wie der Codes of Conduct, Unternehmensleitlinien, Führungsgrundsätze und Whistle Blowing, in vielen Unternehmen eingeführt. Der Gesetzgeber schuf bereits Anfang der 1990er Jahre im Rahmen der *U.S. Federal Sentencing Guidelines* Anreize für Maßnahmen, die auf eine nachhaltige Förderung von ethischen Verhaltensweisen in Unternehmen zielten. So reduziert sich für Unternehmen im Falle einer Verurteilung wegen Korruption der Verschuldensgrad und damit das zu erwartende Strafmaß, wenn das Unternehmen den Nachweis der Durchführung von organisatorischen Maßnahmen zur Förderung einer ethischen Unternehmenskultur, z. B. in Form von Ethikschulungen, erbringen kann. Der als Folge der großen Bilanzskandale (→Bilanzfälschung), wie z. B. *Enron*, *Worldcom* im Jahr 2002 erlassene SOA, verlangt einen Code of Ethics für das Senior Management in Finanzbereichen von börsennotierten Unternehmen (→Sarbanes Oxley Act, Einfluss auf Vorstand und Aufsichtsrat).

Auf der Grundlage der in den USA bereits 1978 eingeführten *Standards for the Professional Practice of Internal Auditing* des →*Institute of Internal Auditors (IIA)* veröffentlichte das →*Deutsche Institut für Interne Revision e.V. (IIR)* im Jahr 1998 die *Grundsätze für die Berufliche Praxis der Internen Revision*. Diese enthalten einen Code of Conduct für Interne Revisoren. Ein Bezug zum Thema Unternehmensethik ergibt sich insb. aus dem erstmals 2001 veröffentlichten Standard 2130.A1, der unter dem Titel „*Führung und Überwachung*" vorsieht, dass die →Interne Revision die Gestaltung, Umsetzung und Wirksamkeit der ethikbezogenen Ziele, Programme und Aktivitäten der Organisation beurteilt. Dieser Standard ist vor allem eine Konsequenz der betrieblichen Praxis in den USA, wo mittlerweile über 90 % der Unternehmen über einen Code of Ethics bzw. einen Code of Conduct verfügen. Im Rahmen des *Praktischen Rat-*

schlages 230 – 1 wird hervorgehoben, dass die Interne Revision durch Erhebungen bei Mitarbeitern, Lieferanten und Kunden den Zustand des ethischen Klimas im Unternehmen ermitteln sowie die Strategien zur Unterstützung und Steigerung der ethischen Kultur bewerten soll. Auch wenn die Bedeutung der Berufsgrundsätze für die Praxis der Internen Revision in Deutschland in den letzten Jahren zugenommen hat, sind bislang in der Praxis der Internen Revision in Deutschland Prüfungsansätze zur Unternehmensethik kaum verbreitet. Eine Veränderung kann sich im Zusammenhang mit der Implementierung von Wertemanagementsystemen ergeben. Ein integraler Bestandteil dieser Systeme ist eine regelmäßige Auditierung, die derzeit oft von externen Beratern (→Unternehmensberater; →Unternehmensberatung) durchgeführt wird, aber zukünftig verstärkt auch von der Internen Revision vorgenommen werden könnte.

Zumindest die internationalen WPGes (→Revisions- und Treuhandbetriebe) verfügen über ihre Berufsgrundsätze (→Berufsgrundsätze des Wirtschaftsprüfers) hinaus mittlerweile über einen eigenen Code of Conduct bzw. einen Code of Ethics (→Berufsethik des Wirtschaftsprüfers). Für die externe Revision in Deutschland wird Unternehmensethik in jüngster Zeit als Ausfluss des in 2003 eingeführten Prüfungsstandards des →*Instituts der Wirtschaftsprüfer in Deutschland e.V.* zur Aufdeckung von Verstößen (insb. von Fraud) im Rahmen der Abschlussprüfung (IDW PS 210) verstärkt zum Thema. Danach ist der →Abschlussprüfer (APr) verpflichtet, sein Augenmerk auf das Bestehen bzw. die Notwendigkeit von Verhaltenskodices sowie die Zuverlässigkeit von deren Einhaltung und Überwachung und in diesem Zusammenhang insb. auf die Funktionsfähigkeit und Qualität der Arbeit der Internen Revision zu richten (→Risikomanagementsystem, Prüfung des; →Interne Revision und Abschlussprüfung). Im Hinblick auf weiter gehende internationale, in Deutschland noch umzusetzende Standards (s. ISA 240) ist davon auszugehen, dass zukünftig APr zur Reduktion des Risikos von →Unregelmäßigkeiten (→Unregelmäßigkeiten, Aufdeckung von) in differenzierter Form und unter expliziter Einbindung der Internen Revision eine eigene Einschätzung der ethischen Kultur eines Unternehmens erarbeiten und nachvollziehbar dokumentieren müssen.

Im Bereich der Bankenrevision führt die Umsetzung der in 2004 abgeschlossenen Vereinbarung des *Baseler Ausschusses für Bankenaufsicht* über „Internationale Konvergenz der Kapitalmessung und Eigenkapitalanforderungen" (→Basel II) zu einem Übergang hin zu einer stärker qualitativ ausgerichteten Bankenaufsicht. Hierbei liegt ein starker Fokus auf der Identifikation, Bewertung und Überwachung von operationellen Risiken [→Risiko- und Chancencontrolling; →Risikomanagementsystem (RMS)]. Unter operationellen Risiken wird die Gefahr von Verlusten verstanden, die in Folge der Unangemessenheit oder des Versagens von internen Verfahren, Menschen und Systemen [→Internes Kontrollsystem (IKS); →Internes Kontrollsystem bei Kreditinstituten] oder in Folge externer Ereignisse eintreten. Die zur Konkretisierung der qualitativen Anforderungen erarbeiteten *Sound Practices for the Management and Supervision of Operational Risk* heben insb. die Bedeutung einer durch aktives Management zu entwickelnden und zu überwachenden ethischen Kultur sowie deren regelmäßige Prüfung und Bewertung durch die Interne Revision hervor.

Als Konsequenz der aktuellen Entwicklungen im Bereich der →Jahresabschlussprüfung (Fraudprävention), der Bankenrevision (Risikomanagement) sowie im Zusammenhang mit der Einführung von Wertemanagementsystemen dürfte das Thema Unternehmensethik als →Prüffeld für die Interne Revision zunehmende Bedeutung erhalten. Dadurch kommen die bislang systematisch weitgehend ausgeblendeten Kultur- und Verhaltensrisiken in den Blick der Internen Revision. Vor diesem Hintergrund dürfte sich zunehmend auch für die Interne Revision von Unternehmen die Notwendigkeit für die Erarbeitung einer eigenen ethischen Positionierung (Code of Ethics bzw. Code of Conduct) als Grundlage für die systematische Entwicklung und Reflexion der Selbst- und Fremdwahrnehmung ergeben.

Literatur: Abendroth, S. S.: Bankenrevision, Berlin 2005; Baseler Ausschuss für Bankenaufsicht: Sound Practices for the Management and Supervision of Operational Risk, Basel 2003; Baseler Ausschuss für Bankenaufsicht. Internationale Konvergenz der Kapitalmessung und Eigenkapitalanforderungen, Basel 2004; De George, R. T.: Unternehmensethik aus amerikanischer Sicht, in: Lenk, H./Maring, M. (Hrsg.): Wirtschaft und Ethik, Stuttgart 1992, S. 301–316; Homann, K./Blome-Drees, F.: Wirtschafts- und Unternehmensethik, Göttingen 1992; IIR: Grundlagen der Internen Revision, Frankfurt a.M. 2005; Steinmann, H./Löhr, A.: Unternehmensethik, 2. Aufl., Stuttgart 1991; Ulrich, P.: Integrative Wirtschaftsethik. Grundlage einer lebensdienlichen Ökonomie, Bern et al. 1997; Wieland, J.: Die Ethik der Governance, Marburg 1999; Wieland, J./Grüninger, S.: EthikManagementSysteme und ihre Auditierung, in: Wieland, J. (Hrsg.): Dezentralisierung und weltweite Kooperation. Die moralische Verantwortung der Unternehmen, Marburg 2000, S. 124–152; Wieland, J.: Wertemanagement und Corporate Governance, in: OrganisationsEntwicklung 4 (2002), S. 84–90.

Mathias Wendt

Unternehmensformen

Prinzipiell lassen sich die Grundtypen *privatrechtlicher Unternehmen* in *Personenunternehmen* [→Kommanditgesellschaft (KG); →Offene Handelsgesellschaft (OHG); →Personengesellschaften], *körperschaftlich organisierte Unternehmen* [→Aktiengesellschaft, europäische; →Aktiengesellschaft, Prüfung einer; →Gesellschaft mit beschränkter Haftung (GmbH); →Genossenschaften) und rechtsfähige →Stiftungen einteilen (Sigloch 1987). Im Folgenden werden die Vorschriften zur handelsrechtlichen, periodischen →Pflichtprüfung dieser *Unternehmensformen* dargelegt. Auf die Prüfung *öffentlicher Unternehmen* wird an anderer Stelle eingegangen (→öffentliche Unternehmen; →Bundes- und Landeshaushaltsordnung; →Rechnungshöfe; →Rechnungsprüfungsämter; →Haushaltsgrundsätzegesetz).

Zunächst sind die von KapGes [AG, →Kommanditgesellschaft auf Aktien (KGaA), GmbH] erstellten *Jahresabschlüsse* (→Jahresabschlussprüfung), →*Lageberichte* und ggf. →*Einzelabschlüsse* durch einen →Abschlussprüfer (APr) zu prüfen, sofern es sich i.S.v. § 267 Abs. 3 Satz 2 HGB um mittelgroße oder große Unternehmen handelt (§ 316 Abs. 1 Satz 1 i.V.m. § 324a Abs. 1 Satz 1, § 325 Abs. 2a HGB). Kleine KapGes brauchen ihren JA und ggf. erstellten Lagebericht sowie Einzelabschluss nicht prüfen zu lassen, können dies aber *freiwillig* tun (→freiwillige und vertragliche Prüfung). Die Einteilung der KapGes in die Kategorien kleine, mittlere und große Unternehmen ist in § 267 Abs. 1 bis Abs. 3 HGB geregelt. Eine KapGes gehört dann zu einer betreffenden Größenklasse, wenn sie an den Abschlussstichtagen von zwei aufeinander folgenden Geschäftsjahren mindestens zwei der genannten Merkmale über- oder unterschreitet (§ 267 Abs. 4 Satz 1). **Börsennotierte** KapGes fallen stets unter die Kategorie „Große Kapitalgesellschaften" (§ 267 Abs. 3 Satz 2 HGB) (→Größenklassen).

Darüber hinaus haben →*Kreditinstitute* (→Jahresabschlussprüfung, erweiterte) und →*Versicherungsunternehmen*, unabhängig von ihrer Größe, die Verpflichtung, ihren JA/Konzernabschluss und (Konzern-) Lagebericht von einem APr prüfen zu lassen (§ 340k Abs. 1, § 341k Abs. 1 HGB). Ähnliches gilt für die eGen nach § 53 Abs. 2 Satz 1 GenG bzw. § 340k Abs. 1 Satz 1 HGB, die darüber hinaus aber auch einer →Geschäftsführungsprüfung zu unterziehen sind (§ 53 Abs. 1 Satz 1 GenG).

Ferner unterliegen die in § 3 Abs. 1 PublG genannten Unternehmensformen der Prüfungspflicht, sofern sie die in § 1 Abs. 1 PublG genannten Kriterien überschreiten (§ 6 Abs. 1 Satz 1 PublG). Die Prüfungspflicht des Jahresabschlusses und ggf. des Lageberichts (§ 5 Abs. 2 Satz 1 PublG) und des Einzelabschlusses (§ 9 Abs. 1 Satz 1 PublG) durch einen APr tritt ein, wenn die Schwellenwerte von mindestens zwei der dort angeführten Merkmale am Abschlussstichtag und an zwei der darauf folgenden Abschlussstichtagen überschritten werden. Von der Aufstellungs- und damit auch der Prüfungspflicht der genannten Medien sind unter das PublG fallende Unternehmen dann entbunden, wenn sie die Befreiungsvorschriften des § 5 Abs. 6 PublG erfüllen.

Wie gezeigt wurde, knüpft das deutsche Handelsrecht die Pflichten zur Prüfung von JA, Lagebericht und auch Einzelabschluss an bestimmte Merkmale der Unternehmensgröße, die in § 267 HGB und § 1 PublG verankert wurden (*Bilanzsumme,* →*Umsatzerlöse, Arbeitnehmer*). Während sich die Größenklassifizierung des § 267 HGB auf die drei Gruppen kleine, mittelgroße und große KapGes bezieht, fallen laut § 3 Abs. 1 PublG lediglich „Unternehmen in der Rechtsform

1) einer Personenhandelsgesellschaft, für die kein Abschluss nach § 264a oder 264b des Handelsgesetzbuches aufgestellt wird, oder des Einzelkaufmanns,
2) (aufgehoben),
3) des Vereins, dessen Zweck auf einen wirtschaftlichen Geschäftsbetrieb gerichtet ist,
4) der rechtsfähigen Stiftung des bürgerlichen Rechts, wenn sie ein Gewerbe betreibt,
5) einer Körperschaft, Stiftung oder Anstalt des öffentlichen Rechts, die Kaufmann nach § 1 des Handelsgesetzbuchs sind oder als Kaufmann im Handelsregister eingetragen sind"

unter den Begriff der sog. *Großunternehmen*, wenn sie mindestens zwei der drei in § 1 Abs. 1 PublG genannten Merkmale an drei aufeinander folgenden Abschlussstichtagen übersteigen.

Für Unternehmen, die die genannten Größenkriterien nicht überschreiten, besteht die Möglichkeit, den JA und einen ggf. aufgestellten Lagebericht und Einzelabschluss *freiwillig* prüfen zu lassen. Da die PartGes den Charakter einer GbR trägt und auch nicht in § 3 Abs. 1 PublG genannt wird, unterliegt sie *nicht* der Prüfungspflicht.

Darüber hinaus werden Personenhandelsgesellschaften, bei denen nicht wenigstens ein persönlich haftender Gesellschafter eine natürliche Person ist (KapGes & Co.), hinsichtlich ihrer Prüfungspflichten den für Kapitalgesellschaften geltenden Anforderungen unterworfen (sog. „kapitalistische" Personenhandelsgesellschaften) (§ 264a – § 264c HGB). Eine Ausnahme gilt für →Kommanditgesellschaften, die in den Konzernabschluss der Komplementär-GmbH oder eines anderen Mutterunternehmens einbezogen sind (§ 264b HGB). Aus § 264a Abs. 1 HGB i.V.m. § 316 Abs. 1 Satz 1 HGB folgt, dass die Jahresabschlüsse und Lageberichte von „kapitalistischen" Personenhandelsgesellschaften, die nicht kleine i.S.v. § 267 Abs. 1 HGB sind, durch einen APr geprüft werden müssen.

Sofern inländische KapGes die *Muttergesellschaft* eines *Konzerns* (→Konzernarten) bilden und die in § 290 Abs. 1 und Abs. 2 HGB genannten Kriterien erfüllt sind, haben ihre gesetzlichen Vertreter einen Konzernabschluss und einen →Konzernanhang zu erstellen, die von einem APr gem. § 316 Abs. 2 Satz 1 HGB zu prüfen sind (→Konzernabschlussprüfung; →Prüfungszeitraum). Da die in § 297 Abs. 1 HGB genannten Rechnungslegungsinstrumente →Kapitalflussrechnung, Eigenkapitalspiegel (→Eigenkapitalveränderung) und →Segmentberichterstattung Bestandteile des Konzernabschlusses sind, müssen auch sie in die Prüfung einbezogen werden. Allerdings enthalten die §§ 291–293 HGB umfassende Befreiungsvorschriften, die

die KapGes von der Aufstellungspflicht des Konzernabschlusses sowie des Konzernanhangs und damit auch von der Prüfungspflicht entbindet (→Konzernabschluss, Befreiungsvoraussetzungen). Für inländische „kapitalistische" Personenhandelsgesellschaften, die Muttergesellschaften eines Konzerns sind, gelten die Regelungen analog (§ 264a Abs. 1 Satz 1 1. HS HGB).

Sofern Unternehmen nicht zu den von § 11 Abs. 5 PublG genannten Formen gehören (z. B. AG, KGaA, GmbH, Kreditinstitut, Versicherungsunternehmen, „kapitalistische" Personenhandelsgesellschaft, Personenhandelsgesellschaften und Einzelunternehmen, die vermögensverwaltend tätig sind), ihren Sitz im Inland haben, als Mutterunternehmen einen Konzern einheitlich leiten und für drei aufeinander folgende Abschlussstichtage mindestens zwei der in § 11 Abs. 1 Nr. 1–3 PublG genannten Merkmale überschreiten, dann haben die gesetzlichen Vertreter dieser Unternehmen einen *Konzernabschluss* sowie einen →*Konzernlagebericht* oder einen →*Teilkonzernabschluss* (§ 11 Abs. 3 PublG) oder einen *Teilkonzernlagebericht* aufzustellen (§ 13 Abs. 1 PublG), die durch einen *APr* zu prüfen sind (§ 14 Abs. 1 und Abs. 2 PublG). Ferner enthalten § 11 Abs. 6 und § 13 Abs. 3 PublG weitere Befreiungs- und Erleichterungsvorschriften bzgl. Aufstellung und Prüfung, die über die für Muttergesellschaften in der Rechtsform einer KapGes oder einer „kapitalistischen" Personenhandelsgesellschaft geltenden Regelungen hinausgehen.

Literatur: ADS: Rechnungslegung und Prüfung der Unternehmen, Teilband 7, 6. Aufl., Stuttgart 2000; Coenenberg, A. G.: Jahresabschluss und Jahresabschlussanalyse, 20. Aufl., Stuttgart 2005; Ellrott, H. et al. (Hrsg.): BeckBilKomm, 6. Aufl., München 2006; Freidank, C.-Chr./Velte, P.: Rechnungslegung und Rechnungslegungspolitik. Eine Einführung aus handels-, steuerrechtlicher und internationaler Sicht in die Rechnungslegung und Rechnungslegungspolitik von Einzelunternehmen, Personenhandels- und Kapitalgesellschaften, Stuttgart 2007; Sigloch, J.: Unternehmensformen, in: WISU 16 (1987), S. 499–506 und S. 554–559; IDW (Hrsg.): WPH 2006, Band I, 13. Aufl., Düsseldorf 2006.

Carl-Christian Freidank

Unternehmensformen, Wahl der

Die Wahl der →Unternehmensform (Rechtsform) ist ein Beratungsfeld des Wirtschaftsprüfers i. S. d. § 2 →Wirtschaftsprüferordnung (WPO) (Inhalt der Tätigkeit des Wirtschaftsprüfers). Zum Beratungsumfang gehört neben der wirtschaftlichen und rechtlichen Beratung (→Rechtsberatung) auch die →Steuerberatung. Die Wahl der Unternehmensform ist Bestandteil der →Existenzgründungsberatung und der →Nachfolgeberatung durch den WP vor allem →kleiner und mittlerer Unternehmen sowie der kontinuierlichen Beratungstätigkeit bereits bestehender Unternehmen.

Die Rechtsformen reichen vom Einzelunternehmen über →Personengesellschaften (PersGes) [z. B. →Offene Handelsgesellschaft (OHG)] und Mischgesellschaften (z. B. →GmbH & Co. KG) bis hin zu KapGes [z. B. →Gesellschaft mit beschränkter Haftung (GmbH)]. Die Rechtsformberatung umfasst die Überprüfung der im Einzelfall vorliegenden wirtschaftlichen, rechtlichen und unternehmerseitigen Restriktionen. Trotz des weitgehend dispositiven Gesellschaftsrechts wird die Rechtsformwahl im Rahmen einer Vorauswahl durch die Art der wirtschaftlichen Betätigung sowie die Anzahl der beteiligten Unternehmer eingeschränkt. Entscheidet sich der Unternehmer z. B. *gegen* eine Beteiligung weiterer Personen am Unternehmen, entfällt die Möglichkeit zur Bildung einer PersGes.

Die aufgrund der Vorauswahl verbleibenden Rechtsformen werden in einem nächsten Schritt anhand weiterer Merkmale auf ihre Eignung überprüft, z. B. nach dem Ausmaß des gesetzlichen Zwangs zur →Publizität und zur Prüfung (→Pflichtprüfungen), der Haftung des Unternehmers mit dem Privatvermögen, den Finanzierungsmöglichkeiten durch →Eigenkapital und →Fremdkapital sowie der Möglichkeit zum Wechsel der beteiligten Eigen- und Fremdkapitalgeber (→Gesellschafterwechsel). Interdependenzen zwischen den Kriterien sind zu beachten. So haften die Gesellschafter einer KapGes nur mit ihrer Einlage, jedoch werden – insb. bei kleineren und mittleren KapGes – Fremdkapitalgeber Sicherheiten aus den Privatvermögen der Gesellschafter verlangen.

Im Hinblick auf die Nachfolgeplanung ist die Übertragbarkeit des unternehmerischen Engagements auf einen Nachfolger rechtsformabhängiger Beratungsbestandteil des Wirtschaftsprüfers (→Nachfolgeberatung). Im Erbfall bilden mehrere Erben eine Erbengemeinschaft; diese erhält den Nachlass als gemeinschaftliches Vermögen (Gesamtrechtsnachfolge gem. §§ 1922, 2032 BGB). Die Übertragung des Vermögens auf *bestimmte* Erben ist daher i. d. R. nur durch Erbauseinandersetzung möglich. Zu diesem Zweck kann eine Übertragung von Anteilen an einer GmbH auf einen bestimmten Erben z. B. bereits durch eine Abtretungsklausel im Gesellschaftsvertrag der GmbH geregelt werden (§ 15 GmbHG). Die Abtretungsklausel verpflichtet die übrigen Erben, den erworbenen Gesellschaftsanteil auf den vertraglich bestimmten Erben zu übertragen. Da eine Erbengemeinschaft jedoch nicht Gesellschafterin einer PersGes werden kann (BFH-Urteil vom 13.12.1990, S. 510), bedarf es bei dieser bestimmter gesellschaftsvertraglicher, zu einer Sonderrechtsnachfolge führender Regelungen, wie der erbrechtlichen Nachfolgeklausel, die z. B. als qualifizierte Nachfolgeklausel (Übertragung des PersGes-Anteils auf einen bestimmten Nachfolger, ohne dass die übrigen Erben Mitunternehmer werden) ausgestaltet werden kann.

Neben der berufsfeldbezogenen →Rechtsberatung darf und sollte der WP auch die ausgewählten Rechtsformen auf ihre *periodischen* und *aperiodischen steuerlichen Auswirkungen* hin untersuchen (→Steuerplanung, nationale; →Steuerplanung, internationale). Im Folgenden wird die Komplexität der Beratung zur Rechtsformwahl exemplarisch anhand der Analyse der steuerlichen Auswirkungen dargestellt.

Das deutsche Steuersystem unterscheidet grundlegend zwischen der *Ertragsbesteuerung* der natürlichen Personen (Besteuerung mit ESt) und der Körperschaften i. S. d. KStG (Besteuerung mit KSt) sowie des Gewerbebetriebs (Besteuerung mit GewSt). Die KapGes versteuert das körperschaftsteuerliche Einkommen mit einem konstanten Steuersatz von 25%. Aufgrund des Trennungsprinzips führt die Gewinn*ausschüttung* aus dem bereits mit KSt belasteten Gewinn bei einer natürlichen Person als Anteilseigner zu Einkünften aus *Kapitalvermögen* gem. § 20 Abs. 1 Nr. 1 EStG, die zur Verminderung der Doppelbelastung mit KSt und ESt gem. § 3 Nr. 40d) EStG durch das Halbeinkünfteverfahren nur zur Hälfte in die Bemessungsgrundlage der ESt (in das zu versteuernde Einkommen) einfließen. Neben Ausschüttungen kann die KapGes dem Anteilseigner *Leistungsvergütungen* (z. B. Tätigkeitsvergütungen, Zinsen oder Mieten) gewähren, die als weitere Überschusseinkünfte dessen zu versteuerndes Einkommen erhöhen. Beim Einzelunternehmer oder Personengesellschafter fließen dagegen Gewinneinkünfte aus *Gewerbebetrieb* i. S. d. § 15 EStG in dessen zu versteuerndes Einkommen ein; die *Entnahme* der Gewinnanteile aus dem Einzelunternehmen oder der PersGes führt dagegen nicht zu Einkünften. Das zu versteuernde Einkommen der natürlichen Person wird progressiv gem. § 32a EStG besteuert.

Grundlage der Ertragsbesteuerung von gesetzlich zur Buchführung verpflichteten Gewerbetreibenden ist der Steuerbilanzgewinn (→Gewinnermittlungsmethoden, steuerrechtliche). Bei der Ermittlung der Ertragsteuerbelastung von KapGes sind die Leistungsvergütungen an die bzw. Pensionsrückstellungen (→Pensionsverpflichtungen) für die Gesellschafter in den Grenzen der §§ 8 Abs. 3 Satz 2, 8a KStG (→verdeckte Gewinnausschüttung) als Betriebsausgaben abzugsfähig. Dagegen werden die Vergütungen eines Personengesellschafters im Rahmen der einheitlichen und gesonderten Gewinnfeststellung gem. § 15 Abs. 1 Nr. 2 EStG als Sonderbetriebseinnahmen des Gesellschafters bei der Ermittlung des Gewinns aus dessen Gewerbebetrieb berücksichtigt (→Sonder- und Ergänzungsbilanzen, steuerrechtliche).

Der jeweilige Gewinn der Gesellschafter einer PersGes/des Einzelunternehmers bzw. der KapGes fließt nicht nur in die ESt-liche bzw. KSt-liche Einkommensermittlung, sondern auch in die GewSt-liche Bemessungsgrundlage gem. § 7 GewStG – in den Gewerbeertrag. Auch der *GewSt-Tarif* sowie die Einräumung eines *Freibetrags* richten sich nach der Rechtsform: Personenunternehmen wird gem. § 11 Abs. 1 Nr. 1 GewStG ein Freibetrag in Höhe von 24.500 € gewährt. Auf den verbleibenden Gewerbeertrag wird zur Ermittlung der GewSt ein Staffeltarif mit einem maximalen Steuersatz von 5% angewendet. Die Besteuerung des Gewerbeertrags einer KapGes erfolgt dagegen konstant mit 5% ohne Abzug eines Freibetrags. Der Hebesatz ist rechtsformunabhängig. Die GewSt ist als Betriebsausgabe i. S. d. § 4 Abs. 4 EStG bei der ESt- bzw. KSt-Berechnung gewinnmindernd zu berücksichtigen. Neben dem Betriebsausgabenabzug wird Personenunternehmern jedoch gem. § 35 Abs. 1 EStG eine *Steuerermäßigung bei Einkünften aus Gewerbebetrieb* gewährt.

Die steuerliche Beratung umfaßt auch die mittel- und langfristige →Planung der unentgeltlichen *Unternehmensübertragung* im Erbfall oder im Wege der vorweggenommenen Erbfolge sowie die der entgeltlichen Unternehmensübertragung. Die Besteuerungsfolgen beider Übertragungsformen sind jeweils rechtsformabhängig.

Bemessungsgrundlage der bei *unentgeltlicher Unternehmensübertragung* anfallenden *ErbSt* ist gem. §§ 10 Abs. 1, 12 ErbStG die Bereicherung des Erben. Bei der unentgeltlichen Übertragung der Anteile an einer KapGes – ohne gesellschaftsvertragliche Nachfolgeregelung – auf einen oder mehrere Nachfolger wird gem. § 12 Abs. 2 ErbStG i.V.m. § 11 BewG der *gemeine Wert* der Anteile angesetzt, der sich – soweit keine börsennotierten Anteile, aktuellen Verkaufswerte oder Verkäufe innerhalb der Jahresfrist vorliegen – nach dem *Stuttgarter Verfahren* berechnet (→Unternehmensbewertung, steuerrechtliche). Dieses Schätzverfahren ermittelt die in die Bereicherung des Erben (bzw. der Erben) einfließenden (quotalen) Wert des KapGes-Anteils durch Berücksichtigung der Ertragsaussichten und der →Vermögenslage der KapGes. Wurde im Gesellschaftsvertrag der GmbH jedoch eine Einziehungs- oder Abtretungsklausel vorgesehen, um die Gesellschaft mit den verbleibenden Gesellschaftern fortzuführen, so fließt bei Ausübung der Klauseln *vor* Veranlagung der ErbSt nicht der Wert des KapGes-Anteils in die Bereicherung des Erben ein, sondern der zum Nennwert bewertete Abfindungsanspruch gegenüber der Gesellschaft. Liegt die Höhe der Abfindung dabei *unter* dem Steuerwert des Anteils, so entsteht – neben dem Erwerb von Todes wegen beim Erben – bei den verbleibenden Gesellschaftern ein Erwerb gem. § 3 Abs. 1 Nr. 2 ErbStG (Schenkung auf den Todesfall) in Höhe der Differenz zwischen Steuerwert und Abfindung.

Die anteilige Bereicherung der Erben bei unentgeltlicher Übertragung eines Einzelunternehmens oder eines Anteils an einer PersGes durch eine im Gesellschaftsvertrag bestimmten Nachfolgeklausel wird vorbehaltlich § 12 Abs. 5 Satz 3 ErbStG gem. § 12 Abs. 5 ErbStG i.V.m. §§ 95 ff. BewG nach *Steuerbilanzwerten* ermittelt. Abweichungen von den vorstehend beschriebenen Grundsätzen zur Ermittlung der Bereicherung der Erben können bei vereinbarter oder – mangels Vereinbarung – gesetzlich gem. § 131 Abs. 3 HGB verankerter Fortsetzungsklausel (der Bestimmung der Fortsetzung der PersGes mit den verbleibenden Gesellschaftern) entstehen. Die Erben werden in diesem Fall nicht durch den Erwerb des Anteils an der PersGes bereichert, sondern durch einen Abfindungsanspruch, der als Kapitalforderung zum Nennwert in die Bereicherung des Erben einzurechnen ist. Ist der Abfindungsanspruch geringer als der Steuerwert des Gesellschaftsanteils, so entsteht bei den verbleibenden Gesellschaftern eine Schenkung auf den Todesfall (§ 3 Abs. 1 Nr. 2 ErbStG).

Den Erben werden bei der Übertragung von Betriebsvermögen – hierzu gehört die Übertragung eines Einzelunternehmens, eines Anteils an einer PersGes sowie die eines qualifizierten (mehr als 25%igen) Anteils an einer KapGes – grundsätzlich erbquotal die *Begünstigungen* der §§ 13a, 19a ErbStG (Freibetrag, Bewertungsabschlag, ggf. Steuertarifvergünstigung) gewährt. Während alle Erben eines PersGes-Anteils bei Vereinbarung einer qualifizierten/nicht qualifizierten *Nachfolgeklausel* die Begünstigungen erhalten, stehen die Begünstigungen bei Ausübung der *Fortsetzungsklausel* nur den verbleibenden Gesellschaftern i.S.d. § 3 Abs. 1 Nr. 2 ErbStG zu (Abschn. 55 Abs. 2 Satz 5 ErbStR); dies gilt auch für bei Übertragung eines GmbH-Anteils vereinbarte Einziehungs- oder Abfindungsklauseln, d.h. die Abfindungsansprüche der Erben des KapGes-Anteils sind nicht durch §§ 13a, 19a ErbStG begünstigt.

Die Begünstigungen werden auch bei der vorweggenommenen Erbfolge angewendet. Allerdings ist bei der Übertragung eines Einzelunternehmens auf mehrere Nachfolger darauf zu achten, dass möglichst eine Schenkung eines *ganzen* Betriebs oder Teilbetriebs vorgenommen wird und gerade *nicht* eine *un*begünstigte Übertragung von Einzelwirtschaftsgütern erfolgt.

Versorgungsleistungen zur Absicherung des im Wege der vorweggenommenen Erbfolge Übertragenden sind, ebenso wie die Bestellung eines Vorbehaltsnießbrauchs, unabhängig von der Rechtsform möglich und unschädlich für die Begünstigungen der §§ 13a, 19a ErbStG.

Die Möglichkeit zur Stundung der ErbSt gem. § 28 ErbStG steht nur dem Erwerber eines Einzelunternehmens oder eines Anteils an einer PersGes zu (Abschn. 86 Abs. 1 ErbStR), nicht aber dem Erwerber des KapGes-Anteils.

Die unentgeltliche Unternehmensübertragung wirkt sich nicht nur auf die ErbSt, sondern auch auf die *Ertragsbesteuerung* aus. Der Nachfolger eines Einzelunternehmers oder Personengesellschafters führt das übertragene Betriebsvermögen gem. § 6 Abs. 3 EStG mit den Buchwerten fort, der Nachfolger eines Anteils an einer KapGes führt gem. § 17 Abs. 2 Satz 3 EStG die →Anschaffungskosten (AK) seines Rechtsvorgängers fort. Abhängig von den gesellschaftsvertraglichen Regelungen kann es noch beim Erblasser zur Realisation eines der Einkommensbesteuerung unterworfenen Veräußerungsgewinns i.S.d. § 16 bzw. § 17 EStG kommen.

Ein beim Erblasser bestehender, noch nicht ausgeglichener einkommensteuerlicher Verlust kann bisher im Erbfall auf den Erben übertragen werden. In Abhängigkeit von der bevorstehenden Entscheidung des Großen Senats (s. Anfrage GrS 2/04 vom 20.12.2004) könnte die Rechtsnachfolge am ESt-lichen Verlust zukünftig nicht mehr möglich sein. Ein GewStlicher Verlustvortrag gem. § 10a GewStG geht aufgrund der fehlenden Unternehmeridentität (§ 2 Abs. 5 GewStG, Abschn. 66 ff. GewStR) unter. Bei der vorweggenommenen Erbfolge sowie bei entgeltlicher Übertragung eines KapGes-Anteils kann es trotz der Trennungstheorie durch § 8 Abs. 4 KStG zum Untergang auch eines KSt-lichen Verlustvortrags kommen.

Eine *entgeltliche Unternehmensübertragung* (z. B. durch Verkauf des Einzelunternehmens, des Anteils an der PersGes bzw. des Anteils an der KapGes) führt *beim Erwerber* zu AK in Höhe des Kaufpreises; eine Buchwertfortführung gem. § 6 Abs. 3 EStG kommt somit nicht in Frage.

Der *Veräußerer* eines Einzelunternehmens bzw. eines Anteils an der PerGes erzielt gewerbliche Einkünfte gem. § 16 EStG, die von ihm unter Berücksichtigung der Vergünstigungen gem. §§ 16 Abs. 4, 34 EStG versteuert werden. Die Veräußerung des Anteils an einer KapGes führt beim Veräußerer dagegen i.d.R. zu Einkünften gem. § 17 EStG, die begünstigt werden durch §§ 17 Abs. 3, 3 Nr. 40a) EStG. Sowohl bei Veräußerung eines Personenunternehmens als auch bei Veräußerung eines KapGes-Anteils besteht bei Vereinbarung einer Leib- oder Zeitrentenzahlung nach Abschn. 16 Abs. 11 i.V.m. Abschn. 17 Abs. 7 Satz 2 EStR ein Wahlrecht (Sofortversteuerung vs. Zuflussversteuerung des Veräußerungsgewinns).

Bestandteil der Beratung des Wirtschaftsprüfers sind – soweit ein Unternehmen bereits in einer bestimmten Rechtsform existiert – auch die Steuerwirkungen des Umwandlungsvorgangs (z. B. die Abwägung zwischen Buchwert- oder Teilwerteinbringung eines bestehenden Unternehmens in eine KapGes) sowie deren Folgewirkungen (→Unternehmensumwandlungen). So ist bspw. bei Veräußerung der durch Buchwerteinbringung entstandenen einbringungsgeborenen Anteile § 21 Abs. 1 Satz 1 UmwStG i.V.m. § 16 EStG vorrangig vor § 17 EStG.

Zur Abbildung der vielfältigen Besteuerungswirkungen der Rechtsformwahl ist dem Unternehmer als Entscheidungshilfe von Seiten des Wirtschaftsprüfers eine aggregierte Darstellung – z. B. die Entwicklung des durch Kombination von Veranlagungssimulation und vollständigem Finanzplan (→Finanzplanung) ermittelten Endvermögens oder die des Steuerbarwerts (→Steuerbarwertminimierung) – zu präsentieren. Eine angeschlossene →Sensitivitätsanalyse bietet dem Unternehmer ferner die Möglichkeit, Änderungen der für die Rechtsformwahl entscheidungsrelevanten Größen zu analysieren.

Literatur: Arbeitskreis Unternehmensnachfolge des IDW: Praxis der Unternehmensnachfolge: Handbuch für die zivil- und steuerrechtliche Beratung, 3. Aufl., Düsseldorf 2004; BFH-Urteil vom 13.12.1990, Aktz. IV R 107/89, BStBl. II 1992, S. 510–512; Crezelius, G.: Unternehmenserbrecht – Erbrecht – Gesellschaftsrecht – Steuerrecht, München 1998; Tipke, K./Lang, J.: Steuerrecht, 18. Aufl., Köln 2005.

Reinhold Hömberg; Susanne Delahaye

Unternehmensforschung →Operations Research

Unternehmensfortführung
→Going Concern-Prinzip

Unternehmensführung →Grundsätze ordnungsmäßiger Unternehmensführung

Unternehmensführung, wertorientierte
→ Wertorientierte Unternehmensführung

Unternehmensgründung

Unternehmensgründung ist ein Vorgang der formaljuristischen Schaffung und unter ökonomischen Gesichtspunkten nachhaltigen Etablierung einer neuen, rechtlich unabhängigen Unternehmensentität durch einen (Einzelgründung) oder mehrere Gründer (Teamgründung). Unter nachhaltiger Etablierung ist der Zustand einer unter Kosten- und Erlösgesichtspunkten (→Kosten; →Erlöse) abgesicherten Marktposition zu verstehen, bei der auf keine Subventionen mehr zurückgegriffen werden muss: Das Kriterium der Wettbewerbsfähigkeit ist erfüllt. Die Unternehmensgründung, die dem Bereich Entrepreneurship (unternehmerische Aufgaben im gründungsbezogenen Kontext) zugeordnet wird, hat zahlreiche Facetten, die sich durch die Dimensionen

- Prozess (Process),
- Inhalt (Content) und
- Rahmenbedingungen (Context)

der Gründung beschreiben lassen (Freiling 2006).

Die Process-Dimension: Die Unternehmensgründung umfasst den Prozess von der Generierung einer ersten Idee, die zum Gegenstand der Geschäftstätigkeit eines noch zu gründenden Unternehmens werden kann/soll, bis zur nachhaltigen Etablierung des Unternehmens im Markt. Ausgangspunkt ist die sog. Keimphase, in der die Geschäftsidee generiert und ausformuliert wird. Sie prägt die in der nachfolgenden Abb. aufgeführte Opportunity-Phase, in der das geschäftliche Konzept weiter ausformuliert und schließlich der Gründungsentschluss gefasst wird. Danach beginnt die Phase des Aufbaus eines Wertschöpfungssystems und der formalen Gründung, die im Gegensatz zur Opportunity-Phase substanzielle →Investitionen erfordert. Schließlich tritt das Unternehmen in die Austauschphase ein, in der erste Verkäufe unter Inanspruchnahme des Wertschöpfungssystems getätigt werden. Der damit verbundene Kundenkontakt verursacht Rückkoppelungen, die auf die bisherige Grundausrichtung Einfluss nehmen und zu Veränderungen führen können. Generell läuft der Etablierungsprozess selten störungsfrei und kann mit zahlreichen Krisen (→Krisendiagnose) einhergehen, durch die das Venture scheitern kann. Der Prozess der Gründung verlangt seitens der Gründer erhebliche Investitionen nicht nur finanzieller Art. Um sicherzustellen, dass eine nachhaltige Etablierung des Unternehmens am Markt möglich ist, ist ein „*Entrepreneurial Controlling*" – als Kennzahlensystem zur Nachhaltung der Erreichung wichtiger Zwischenziele – erforderlich (→Controlling; →Kennzahlen und Kennzahlensysteme als Kontrollinstrument).

Abb.: Prozessmodell der Unternehmensgründung nach Bhave

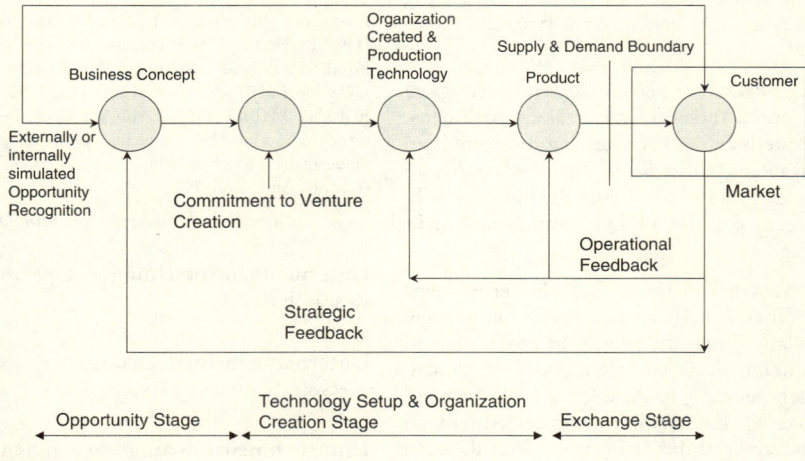

Quelle: Bhave 1994, S. 235.

Die Content-Dimension: Zentrale Inhalte der Unternehmensgründung sind die Wahl der Rechtsform (→Unternehmensformen; →Unternehmensformen, Wahl der), der Vollzug der formalen, rechtsformabhängigen Gründungsschritte sowie die Wahrnehmung dispositiver Aufgabenkomplexe im Gründungs-Management. Unter Letzteren erweist es sich zumeist als unerlässlich, eine Geschäftsidee abzuleiten, ein Geschäftsmodell auszuarbeiten und einen →Business-Plan zu formulieren. Eine *Geschäftsidee* umfasst

1) eine Bedürfniskomponente, durch welche die Marktrelevanz nachgewiesen wird,
2) eine technisch-organisatorische Problemlösungskomponente, welche die Umsetzbarkeit erkennen lässt, und
3) eine Kommerzialisierungskomponente, welche die Wirtschaftlichkeit des Vorhabens belegen soll.

Ein *Geschäftsmodell* dient vor allem internen Planungs- und Steuerungszwecken und setzt sich – in enger Verbindung zur Geschäftsidee – aus drei die Geschäftsidee konkretisierenden Elementen zusammen.

1) Die Value Proposition beschreibt, wie mit den anzubietenden Leistungen ein Wert aus Kundensicht geschaffen werden kann, der zwecks Etablierung des Unternehmens erkennbar sein sollte.
2) Die Wertschöpfungsarchitektur beschreibt das gesamte Wertschöpfungssystem einschl. der unterstützenden Funktionen (z. B. IT oder Verwaltung).
3) Das Ertragsmodell umfasst die Kosten- und Erlösinformationen und verdichtet sie (→Berichtssystem). Dabei greift das Ertragsmodell auf die Value Proposition bzgl. erlösrelevanter und auf die Wertschöpfungsarchitektur bzgl. kostenrelevanter Informationen zurück.

Ein *Business-Plan* ist im Gegensatz zum Geschäftsmodell vor allem auch zur Einsichtnahme für externe Bezugsgruppen bestimmt, die sich auf dieser Basis ein Urteil darüber bilden können, ob sie das Unternehmen mit Mitteln unterschiedlichster Art (vor allem Finanzmitteln) unterstützen. Obwohl ein Business-Plan auch zu internen Planungszwecken verwendet werden kann, dominiert im Regelfall jedoch seine akquisitorische Funktion. Entsprechend zielgruppengerecht ist der Business-Plan vor dem Hintergrund der zu liefernden Informationen und der Art der Aufbereitung zu gestalten. Wichtige Elemente eines Business-Plans sind:

- Executive Summary (d. h. eine kompakte, inhaltlich überzeugende Kurzform des Gesamtdokuments),
- Darstellung von Vision und Mission (einschl. persönlicher Daten der Gründer),
- Umweltanalyse (Markt, Konkurrenz und marktliches Umfeld),
- Strategie,
- Marketing-Plan (→Marketingcontrolling), Operations-Plan zur Strategieumsetzung, Wertschöpfungs-Plan (einschl. Kapazität) (→Wertschöpfungsrechnung), Organisation & Personalplanung (→Organisationsberatung; →Personalcontrolling), Risikoplanung (→Risiko- und Chancencontrolling) sowie
- →Finanzplanung und Finanzierung.

Neben diesen formalen Elementen ist die materielle, d. h. inhaltliche Gestaltung von zentralem Rang. Hierbei ist vor allem auf die →Planung und Umsetzung von Wettbewerbsvorteilen zu achten. Um dies zu erreichen, wird ein sog. *Entrepreneurial Marketing* erforderlich, welches ausgehend von den geäußerten Bedürfnissen der Zielkunden die Stärken und Schwächen der Konkurrenz analysiert und unter Abwägung eigener Stärken und Schwächen die Positionierung im Markt plant und umsetzt. Im Entrepreneurial Marketing steht zum Zwecke der nachhaltigen Etablierung die Schaffung marktrelevanter Werte des Unternehmens im Mittelpunkt. Hierzu zählen Firmenreputation und Markenstärke, durch die eine Bindung von Zielkunden leichter erfolgen kann. Daneben zielt *Entrepreneurial Finance* auf die gründungsphasenbezogene Beschaffung erforderlicher Finanzmittel und beachtet dabei die Einhaltung wichtiger Kapitalstrukturrelationen, wie z. B. die Eigenkapitalquote (→Kapitalstruktur, optimale; →Kapitalstruktur, Planung und Kontrolle der).

Die Context-Dimension: Die Kontextbedingungen einer Unternehmensgründung werden in solche interner und externer Art unterschieden. Unter internen Gesichtspunkten ist die Ausgangsposition der Gründerperson zu bestimmen. Sog. „Necessity Entrepreneurs", die aus einer Not- bzw. Zwangslage heraus die Gründung anstoßen (z. B. Arbeitslosigkeit, soziales Randgruppendasein; Dollinger 2003), stehen „Opportunity Entrepreneurs" gegenüber (Sternberg/Lückgen 2005). Letztere lassen sich in ihren Gründungsbemühungen von erkannten geschäftlichen Chancen mit hoher Anreizwirkung leiten. Daneben unterscheiden sich die internen Kontextbedingungen erheblich in Abhängigkeit von der Zahl der Gründer (Einzel- vs. Teamgründung). Ein Vorteil der Einzelgründung ist der erhebliche dispositive Spielraum des Gründers. Das i. d. R. schmale und ergänzungsbedürftige Fähigkeitsprofil, was mit Beratungsbedarf einhergeht, stellt einen gravierenden Nachteil dar. Neben den genannten Kriterien wird auch auf geschlechterspezifische Unterschiede im Kontext von Unternehmensgründungen zu Lasten von Frauen verwiesen (De 2005). Neben der Gründerperson ist die Faktorintensität der Unternehmensgründung (Kapital-, Wissens-, Arbeitsintensität) und die Art der Wertschöpfung zu analysieren (→Wertschöpfungsanalyse). So stehen Dienstleistungsgründer völlig anderen Herausforderungen als Sachleistungsgründer gegenüber: Während Dienstleister „Leistungsversprechen" vermarkten, bieten Sachleister i. d. R. vor dem Kauf überprüfbare Produkte an. Bzgl. des externen Kontexts nehmen folgende Faktoren nicht zuletzt über das damit verbundene Risiko Einfluss auf die Etablierungschancen:

- Fragmentierung der Märkte (Existenz von Nischenmärkten),
- marktliche Wachstumsperspektiven und Konkurrenzintensität sowie
- Veränderlichkeit von Markt und Umfeld (z. B. aufgrund hoher Technologiedynamik).

Literatur: Bhave, M.: A Process Model of Entrepreneurial Venture Creation, in: Journal of Business Venturing 9 (1994), S. 223–242; De, D. A.: Entrepreneurship, München 2005; Dollinger, M. J.: Entrepreneurship. Strategies and Resources, 3. Aufl., Upper Saddle River/NJ 2003; Freiling, J.: Entrepreneurship, München 2006; Sternberg, R./Lückgen, I.: Global Entrepreneurship Monitor. Länderbericht Deutschland 2004, Köln 2005.

Jörg Freiling

Unternehmensinteresse →Interessenkonflikte von Vorstand und Aufsichtsrat

Unternehmenskommunikation →Investor Relations

Unternehmenskrise →Sanierungsberatung

Unternehmensleitung, Informationsaustausch des Wirtschaftsprüfers mit

Der dargestellte Informationsaustausch beschränkt sich auf den Austausch von Informationen aus Anlass von Abschlussprüfungen (→Jahresabschlussprüfung; →Konzernabschlussprüfung). Formal informiert die Unternehmensführung den APr. In der Praxis erhält der APr seine Informationen von verschiedenen Personen und Stellen des Unternehmens. Von der Geschäftsführung und dem Aufsichtsorgan erhält er z. B. den Jahres- oder Konzernabschluss, Sitzungsprotokolle (→Versammlungsprotokolle), Beschlüsse und Verträge. In der Finanzbuchhaltung kann er Einsicht in die Buchführung, Belege usw. nehmen. Weitere Informationen stellen die Berichte der →Internen Revision und Befragungen dar.

Gegenüber der Unternehmensführung, insb. gegenüber dem Aufsichtsorgan, berichtet der →Abschlussprüfer (APr) schriftlich mittels →*Prüfungsbericht* (PrB) nach Beendigung seiner Prüfung. Der PrB erfordert eine verständliche, eindeutige und problemorientierte Darstellung der Sachverhalte sowie eine übersichtliche Gliederung. Unter Berücksichtigung der gesetzlichen Anforderungen enthält er folgende Inhalte (IDW PS 450.12):

- Prüfungsauftrag (→Prüfungsauftrag und -vertrag),
- grundsätzliche Feststellungen,
- Gegenstand, Art und Umfang der Prüfung,
- Feststellungen und Erläuterungen zur Rechnungslegung,
- Feststellungen zum →Risikomanagementsystem (RMS),
- Feststellungen aus Erweiterungen des Prüfungsauftrags sowie den
- →Bestätigungsvermerk (BestV).

Die Stellungnahme des Abschlussprüfers zur Beurteilung der wirtschaftlichen Lage (→wirtschaftliche Verhältnisse) durch die gesetzlichen Vertreter, Feststellungen zum RMS (→Risikomanagementsystem, Prüfung des) und die Berichtspflichten bei alarmierenden Feststellungen (→Redepflicht des Abschlussprüfers) sind von besonderer Bedeutung für das Aufsichtsorgan, um seine Überwachungsaufgabe (→Überwachungsaufgaben des Aufsichtsrats) wahrzunehmen. Daher hat der APr zur Darstellung der Lage des Unternehmens im JA/Konzernabschluss Stellung zu nehmen und auf die Beurteilung des Fortbestands und die zukünftige Entwicklung des Unternehmens unter Berücksichtigung des →Lageberichts/→Konzernlageberichts einzugehen. Ferner hat er zu beurteilen, ob der Vorstand einer börsennotierten AG (→Aktiengesellschaft, Prüfung einer) ein Überwachungssystem eingerichtet hat und dieses seine Aufgaben erfüllt. Dabei ist darauf einzugehen, ob ein angemessenes Risikofrüherkennungssystem (→Früherkennungssysteme) und eine Interne Revision (→Interne Revision und Abschlussprüfung) eingerichtet sind.

Die *Berichtspflichten bei alarmierenden Feststellungen (Warnfunktion)* betreffen nachteilige Veränderungen der →Vermögenslage, →Finanzlage und →Ertragslage (→wirtschaftliche Verhältnisse) sowie nicht unwesentliche Verluste. Ferner ist über bei Durchführung der Prüfung festgestellte Unrichtigkeiten oder Gesetzesverstöße oder Tatsachen zu berichten, die den Bestand des Unternehmens gefährden oder seine Entwicklung wesentlich beeinträchtigen können oder die schwerwiegende Gesetzes-, Vertrags- oder Satzungsverstöße der gesetzlichen Vertreter oder Arbeitnehmer darstellen (→Unregelmäßigkeiten; →Unregelmäßigkeiten, Konsequenzen aus). Zweck der Warnfunktion ist die frühzeitige Information des Aufsichtsorgans über ernsthafte negative Unternehmensentwicklungen, sodass dieses rechtzeitig Maßnahmen zur Abwendung einer Krise veranlassen kann (Schneider 2000, S. 237). Aus Gründen der Eilbedürftigkeit kann es geboten sein, dass der APr während der Prüfungsdurchführung (→Auftragsdurchführung) über alarmierende Feststellungen berichtet (→Berichtsgrundsätze und -pflichten des Wirtschaftsprüfers).

Ein weiteres schriftliches Berichtsinstrument ist der an die Unternehmensführung adressierte →*Managementletter*. Inhalte sind wesentliche Mängel, Feststellungen, Themen und Fragestellungen, die im Rahmen des Gesamturteils über die Ordnungsmäßigkeit der Rechnungslegung (→Prüfungsurteil; →Ordnungsmäßigkeitsprüfung) nicht von Bedeutung oder nicht unbedingt Bestandteil des Prüfungsberichts sind, deren Mitteilung aber sinnvoll oder erforderlich erscheint. Er dient dazu, Empfehlungen zu Verbesserungen in der organisatorischen, rechtlichen und wirtschaftlichen Ausgestaltung des Betriebsgeschehens zu geben sowie über festgestellte Schwachstellen des →Internen Kontrollsystems (→Internes Kontrollsystem, Prüfung des; →Systemprüfung) und des Risikomanagementsystems zu berichten. Dem Aufsichtsorgan kann er als Informationsmittel dienen (Schneider 2000, S. 241).

In der *Bilanzsitzung* des Aufsichtsorgans berichtet und erläutert der APr mündlich einzelne im PrB enthaltene wesentliche (→Wesentlichkeit) Sachverhalte und Prüfungsfeststellungen (→Aufsichtsrat, mündliche Berichterstattung an). I.d.R. berichtet er über Folgendes:

- Auftrag und Durchführung der Prüfung,
- rechtliche und wirtschaftliche Besonderheiten,
- wirtschaftliche Lage,
- wesentliche Prüfungsaussagen zur Rechnungslegung, zum IKS und RMS,
- sonstige bedeutende Feststellungen und
- das Prüfungsergebnis.

Die mündliche Berichterstattung kann die Berichterstattung durch den PrB nicht ersetzen und darf nicht in Widerspruch zu diesem stehen (IDW PS 470.9–31).

Die Berichterstattung des Abschlussprüfers soll die Überwachung durch das Aufsichtsorgan anregen und diese unterstützen. Ziel der Berichterstattung ist es, auf Risiken aufmerksam zu machen, diese zu mindern und die Findung von Entscheidungen zu fundieren. PrB, Teilnahme des Abschlussprüfers an der Bilanzsitzung und ggf. der Managementletter sind Bestandteile des Überwachungssystems des Aufsichtsorgans (→Unternehmensüberwachung).

Auf *internationaler Ebene* liegt derzeit der Entwurf eines ISA 260 „The Auditor's Comunication with Those Charged with Governance" vor (→International Standards on Auditing). Dieser soll ein Konzept für den Informationsaustausch zwischen APr und der für den JA und Konzernabschluss verantwortlichen Organen und Personen der Unternehmensführung darstellen.

Literatur: IDW (Hrsg.): IDW Prüfungsstandard: Grundsätze ordnungsmäßiger Berichterstattung bei Abschlussprüfungen (IDW PS 450, Stand: 8. Dezember

2005), in: WPg 59 (2006), S. 113–128; IDW (Hrsg.): IDW Prüfungsstandard: Grundsätze für die mündliche Berichterstattung des Abschlussprüfers an den Aufsichtsrat (IDW PS 470, Stand: 8. Mai 2003), in: WPg 56 (2003), S. 608–610; Scheffler, E.: Corporate Governance – Auswirkungen auf den Wirtschaftsprüfer, in: WPg 58 (2005), S. 477–486; Schneider, J.: Erfolgsfaktoren der Unternehmensüberwachung. Corporate Governance aktienrechtlicher Aufsichtsorgane im internationalen Vergleich, Berlin 2000.

Manfred Bolin; Jürgen Schneider

Unternehmensnetzwerke

Unternehmensnetzwerke stellen eine spezielle Form der Kooperation dar, wobei Kooperation den Oberbegriff für verschiedene Formen der zwischenbetrieblichen Zusammenarbeit darstellt. Im betriebswirtschaftlichen Kontext ist dabei die Zusammenarbeit zur gemeinsamen Erfüllung betrieblicher Aufgaben durch (rechtlich und weitgehend auch wirtschaftlich) selbständige Unternehmen gemeint. Inzwischen haben sich eine Vielzahl unterschiedlicher Kooperationsbegriffe etabliert: Franchising, Supply Chain (→Supply Chain Controlling; →Supply Chain Management), →Joint Ventures, Konsortium, virtuelles Unternehmen, strategische Allianz, Verbände, Unternehmensnetzwerke etc. Anhand von zentralen Merkmalen soll im Folgenden der Begriff des Unternehmensnetzwerks dargestellt werden.

Die verwendete Begrifflichkeit Unternehmensnetzwerk deutet bereits auf die Konzentration auf die betriebliche Organisationsform „Unternehmen" bei den Kooperationspartnern hin. Damit können soziale, biologische, infrastrukturelle etc. Netzwerke ausgeschlossen werden. Legt man bei Unternehmen eine Gewinnerzielungsabsicht zugrunde und unterstellt Unternehmensnetzwerken eine direkte Wirkung auf diese, so folgt auf der Kooperationsebene nahezu zwangsläufig die Konzentration auf zwischenbetriebliche Kooperationen. Überbetriebliche Kooperationen, wie bspw. Verbände, können so abgegrenzt werden, ebenso wie innerbetriebliche Kooperationen zwischen Konzernunternehmen. Die gemeinsame Erstellung von Produkten oder Dienstleistungen muss im Vordergrund stehen. Der freiwillige Charakter der Formierung zu Unternehmensnetzwerken scheint von zentraler Bedeutung, da viele Mechanismen nur unter dieser Voraussetzung wirksam sein können. Als weiteres Merkmal wird die Entscheidungseinschränkung herangezogen. Unternehmensnetzwerke sind demnach durch eine partielle Entscheidungseinschränkung gekennzeichnet. Bei völliger Autonomie greift der Netzwerkgedanke der Kooperation mit Partnern zur Zielerreichung nicht mehr, bei völliger Abhängigkeit ist die Freiwilligkeit der Formierung konterkariert. Dieses Merkmal wird besonders von der Neuen Institutionenökonomik betont. Unternehmensnetzwerke stellen demnach eine intermediäre Organisationsform dar, die sich im Spannungsfeld zwischen den Extrempunkten Markt und Hierarchie bewegt.

Von besonderer Bedeutung ist die Steuerungsform bzw. die Möglichkeiten zur Einflussnahme bei Unternehmensnetzwerken, da sie häufig zu Differenzierungszwecken genutzt wird. Dabei wird zwischen fokalen und polyzentrischen Netzwerken unterschieden (alternativ findet sich das Begriffspaar hierarchisch/heterarchisch). Charakteristisch für fokale Netzwerke ist eine asymmetrische Verteilung der Interessenlage und meist auch der Einflussmöglichkeiten, d. h. es existiert ein Unternehmen (das fokale Unternehmen), das die übrigen Partner dominiert. Häufig ist dies identisch mit dem Partner, der den Marktzugang besitzt. Bei polyzentrischen Netzwerken haben alle Partner einen ähnlichen Einfluss und eine ähnliche Machtposition. Die Dominanz darf definitionsgemäß nur wirtschaftlich und nicht rechtlich sein, da es sich sonst um konzernartige Verbindungen (→Konzernarten) auf der Basis eines Beherrschungsvertrages (§ 291 AktG) (→Unternehmensverträge) – und nicht mehr um Netzwerke – handelt. Strukturell weisen fokale Netzwerke allerdings durchaus Parallelen zu Konzernen auf, da das fokale Unternehmen i. d. R. über erhebliche faktische Weisungsmacht verfügt.

Als weiteres zentrales Merkmal wird gesehen, dass mindestens drei Unternehmen an einem Unternehmensnetzwerk beteiligt sein müssen und die Anzahl der Beziehungsbündel (Kanten) die Anzahl der Unternehmen (Knoten) nicht unterschreiten darf. Damit werden rein lineare – zumeist vertikale (Supply Chain) oder horizontale (Allianz) – Kooperationen ausgeklammert. Zwischen den Netzwerkpartnern bestehen Geschäftsbeziehungen, d. h. langfristig angelegte, von ökonomischen Zielen geleitete Interaktionsprozesse und Bindungen zwischen Mitgliedern verschiedener Organisationen, die auf eine Folge von Austauschvorgängen gerichtet sind. Damit ergibt sich folgende Definition: Ein Unternehmensnetzwerk ist eine auf freiwilliger Basis entstandene zwischenbetriebliche Kooperation mindestens dreier Unternehmen, die dadurch in ihrer unternehmerischen Autonomie partiell eingeschränkt werden. Die Anzahl der Beziehungsbündel zwischen den Partnern (Kanten) darf die Anzahl der teilnehmenden Unternehmen (Knoten) nicht unterschreiten.

Literatur: Horváth, P. et al.: Unternehmensnetzwerke: Vorschlag eines begrifflichen Ordnungssystems, Controlling-Forschungsbericht Nr. 78 des Betriebswirtschaftlichen Instituts der Universität Stuttgart, Stuttgart 2004; Kasperzak, R.: Publizität und Unternehmensnetzwerke: Grundlagen und Gestaltungs-möglichkeiten, Bielefeld 2003; Möller, K.: Wertschöpfung in Netzwerken, München 2006; Sydow, J.: Strategische Netzwerke: Evolution und Organisation, 5. Aufl., Wiesbaden 2002; Zentes, J./Swoboda, B./Morschett, D. (Hrsg.): Kooperationen, Allianzen und Netzwerke: Grundlagen – Ansätze – Perspektiven, Wiesbaden 2003.

Péter Horváth; Klaus Möller

Unternehmensregister, elektronisches
→Publizität; →Registeraufsicht; →Zwangsgeld

Unternehmenssteuerung, wertorientierte

Wertorientierte Unternehmenssteuerung (→Value Based Management) und der häufig synonym verwendete Begriff Shareholder Value-Konzept (→Shareholder Value-Analysis) setzt die Maximierung des Marktwertes des →Eigenkapitals ins Zentrum des unternehmerischen Handelns und konzentriert sich somit auf die positive Entwicklung des monetarisierten Erfolgspotenzials. Entgegen der vielfach in Kritiken zum Shareholder Value-Konzept dargestellten Konzentration auf kurzfristige Aktienentwicklungen ist die wertorientierte Unternehmenssteuerung langfristig angelegt. Durch die Interdependenzen zwischen den drei betriebswirtschaftlichen Zielen Liquidität (→Liquiditätscontrolling), Erfolg (→Erfolgscontrolling) und Erfolgspotenzial wird deutlich, dass wertorientierte Unternehmenssteuerung trotz der Konzentration auf das mittel- bis langfristig orientierte Erfolgspotenzial auch für das kurzfristig orientierte operative Geschäft von Bedeutung ist.

Die Ursprünge der wertorientierten Unternehmensführung werden i.A. bei *Rappaport* (Rappaport 1986) gesehen. Durch eine Reihe von freundlichen und unfreundlichen Übernahmen im amerikanischen Markt wurde deutlich, dass zwischen dem Marktwert des Unternehmens als aktuellem Wert und dem potenziellen →Unternehmenswert, der bei unternehmenswertoptimalen Managemententscheidungen und effizienter Preisbildung erreichbar wäre, eine sog. Wertlücke besteht. Diese Wertlücke bildet das grundlegende Motiv zur Unternehmensübernahme. Um das eigene Unternehmen vor Übernahmen zu schützen, ist das Management deshalb bestrebt, die Wertlücke durch optimale Entscheidungen (z. B. →Investitionen in rentable Unternehmensbereiche und Desinvestitionen bei dauerhaft unrentablen Bereichen) und eine effiziente Informationspolitik (→Investor Relations) zu minimieren.

Die wertorientierte Unternehmenssteuerung kann auch bei nicht-börsennotierten Gesellschaften angewendet werden, wenn der Unternehmenswert als ökonomischer Wert der Eigentümerrechte angesehen wird. In diesem Fall kann der Unternehmenswert nicht anhand existierender Marktpreise bestimmt werden, sondern muss theoretisch hergeleitet werden.

Durch die wertorientierte Unternehmenssteuerung soll sichergestellt werden, dass der langfristig orientierte Anteilseigner (Shareholder) für sein im Unternehmen eingesetztes Kapital eine angemessene Rendite erhält. Zwar werden so scheinbar die Interessen der Stakeholder beschnitten, jedoch bestehen z. B. durch Liefer- oder Arbeitsverträge rechtliche Bindungen des Unternehmens zur Bedienung der Stakeholder. Ebenso kann eine langfristig positive Unternehmenswertentwicklung nur erreicht werden, wenn auch über vertragliche Beziehungen hinaus Stakeholderinteressen berücksichtigt werden. Insofern ist die wertorientierte Unternehmenssteuerung kein eindimensional ausgerichtetes Führungskonzept, sondern muss mit multikriteriellen Entscheidungssituationen umgehen und sich dabei verschiedener Instrumente bedienen. Zur Systematisierung der Instrumente ist die folgende Abb. als Rahmenkonzept hilfreich.

Die Basis des Rahmenkonzeptes bilden die Grundsätze der Führung, die sich auf die Unternehmenskultur auswirken, das Geschäftsmodell und die Geschäftsstrategie (→wertorientierte Strategieplanung). Darauf aufbau-

Abb.: Rahmenkonzept eines wertorientierten Führungskonzepts

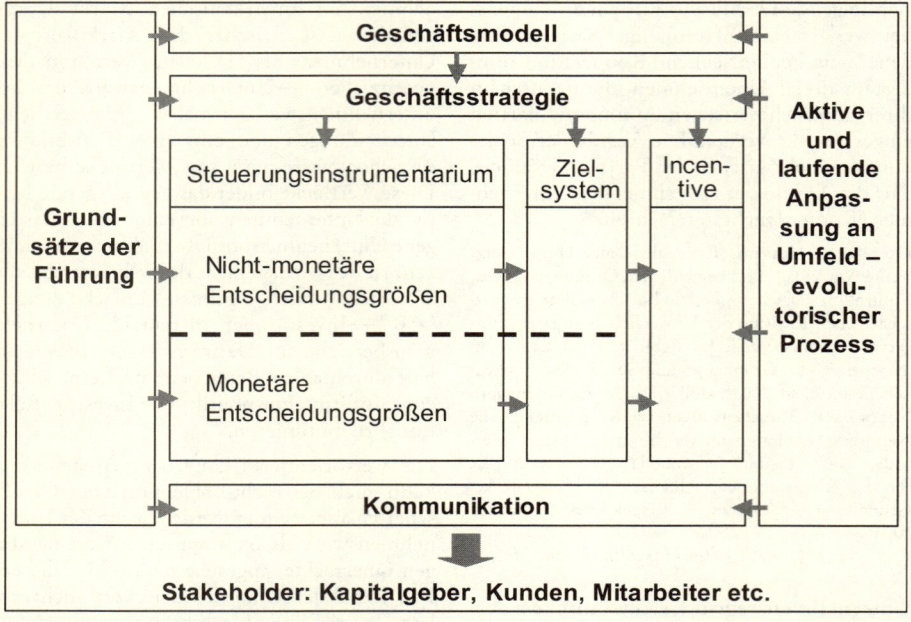

Quelle: Arbeitskreis Wertorientierte Führung in Mittelständischen Unternehmen der Schmalenbach-Gesellschaft für Betriebswirtschaft e.V. 2003, S. 527.

end wird durch ein Steuerinstrumentarium, das selbst verschiedene Werkzeuge der wertorientierten Unternehmensführung beinhalten kann, sowie ein konsistentes Ziel- und →Incentive-System die Erreichung der Geschäftsstrategie sichergestellt.

Im Steuerinstrumentarium wird zwischen der Berücksichtigung monetärer und nichtmonetärer Entscheidungsgrößen unterschieden. Der für die monetären Entscheidungsgrößen zentrale Wert ist der potenzielle Unternehmenswert, zu dessen Berechnung eine Vielzahl von Methoden existieren. Aufgrund der Zukunftsorientierung der wertorientierten Unternehmenssteuerung ist der Zukunftserfolgswert als eine Ausprägung des Unternehmenswertes von besonderer Bedeutung. Der Unternehmenswert berechnet sich dabei als Summe der abgezinsten zukünftig erwarteten freien →Cash Flows (→Discounted Cash Flow-Methoden) oder Jahresüberschüsse (→Ertragswertmethode). Je nachdem, ob die Bewertung aus Gesamtunternehmenssicht (Entity-Approach), also vor Bedienung der Fremdkapitalgeber, oder aus Sicht der Eigenkapitalgeber (Equity-Approach), nach steuerbereinigter Bedienung der Fremdkapitalgeber, erfolgt, werden unterschiedliche Diskontierungszinsen (→Kapitalkosten; →Kalkulationszinssatz) verwendet.

In diesem Sinne werden neue Projekte nur dann durchgeführt, wenn die Investitionen sich durch entsprechende Rückflüsse in der Zukunft angemessen verzinsen, also einen positiven Geschäftswertbeitrag liefern.

Neben der Bestimmung des Zukunftserfolgswertes ist die Bestimmung einer periodenbezogenen, wertorientierten Erfolgskennzahl (→Kennzahlen, wertorientierte; →Erfolgskennzahlensystem) von großem Interesse. Eine solche Kennzahl soll die Unternehmenswertänderung einer Periode darstellen (→Kennzahlen und Kennzahlensysteme als Kontrollinstrument). Hierzu wird im einfachsten Fall der um die Eigenkapitalkosten verringerte Jahresüberschuss vorgeschlagen.

Weitere Übergewinnmethoden wurden besonders von Beratungsunternehmen mit dem Economic Value Added (EVA) und dem Cash Value Added (CVA) propagiert (→Value Based Management). Diesen Erfolgsgrößen ist die sog. Barwertkompatibilität gemein. D.h. die Summe der jeweiligen abgezinsten Erfolgsgröße entspricht dem Zukunftserfolgswert.

Da eine Überleitung sämtlicher Entscheidungsgrößen in monetäre Werte nicht möglich und sinnvoll ist, kommen im Steuerinstrumentarium der wertorientierten Unternehmenssteuerung auch Instrumente zum Management nicht-monetärer Entscheidungsgrößen zum Einsatz. So wird z. B. mit der →Balanced Scorecard die monetäre mit nicht-monetären Ebenen (z. B. Kunden-, Prozess- und Wissensebene) zu einem konsistenten Zielsystem verknüpft. Ein solches Zielsystem kann zum effizienten Management der →Werttreiber genutzt werden.

Um die Ziele der Anteilseigner im Unternehmen durchzusetzen, ist die Anwendung eines wertorientierten Incentive-Systems notwendig. Dabei werden die Eigeninteressen der Manager den Shareholderinteressen nach angemessener Verzinsung des eingesetzten Kapitals angeglichen, indem eine positive Wertentwicklung zu höherer Vergütung des Managements (→Vorstand und Aufsichtsrat, Vergütung von) führt.

Durch entsprechende Kommunikation der vom Unternehmen durchgeführten Maßnahmen soll erreicht werden, dass auf Shareholderseite Informationsdefizite abgebaut werden und somit die Wertlücke aufgrund von Unsicherheiten minimiert wird. Auf Stakeholderseite soll eine offene Informationspolitik zu stabilen Beziehungen, z. B. zwischen Kunden und Unternehmen, führen und somit die Geschäftsgrundlagen langfristig sichern und ausbauen.

Schließlich ist die Geschäftsausrichtung und -strategie kontinuierlich zu überprüfen und an Umfeldänderungen anzupassen, um eine langfristig positive Entwicklung des Unternehmenswertes zu gewährleisten. Dazu bieten sich z. B. →Früherkennungssysteme an.

Literatur: Rappaport, A.: Creating shareholder value. A guide for managers and investors, 2. Aufl., NY 1998; Copeland, T./Koller, T./Murrin, J.: Valuation. Measuring and managing the value of companies, 3. Aufl., NY 2000; Günther, T.: Unternehmenswertorientiertes Controlling, München 1997; Arbeitskreis Wertorientierte Führung in Mittelständischen Unternehmen der Schmalenbach-Gesellschaft für Betriebswirtschaft e.V.: Wert(e)orientierte Führung in mittelständischen Unternehmen, in: FB 9 (2003), S. 525–533.

Thomas Günther; Frank Schiemann

Unternehmensübertragung
→Unternehmensformen, Wahl der

Unternehmensüberwachung

Die Unternehmensüberwachung ist Teil des deutschen Corporate Governance-Systems (→Corporate Governance). Dieses gilt als klassisches Beispiel für die *Kontrolle* durch *Voice*, im Gegensatz zum Exit-geprägten anglo-amerikanischen System. Mit dem AR und seinen Informations-, Kontroll- und Widerspruchsrechten (→Berichterstattungspflichten des Vorstands; →Überwachungsaufgaben des Aufsichtsrats; →zustimmungspflichtige Geschäfte) ist die Möglichkeit zu organisationsinternem Widerspruch institutionalisiert. Dem →Board of Directors in den USA obliegt gegenüber den Aktionären neben der Managementfunktion auch eine Treuhänderfunktion. Die Kontrolle des Managements üben die Aktionäre mittels der *Exit-Option* am *Kapitalmarkt* aus. Folgerichtig sind auch die sonstigen Elemente der Corporate Governance-Systeme ausgestaltet. Dominiert in Deutschland die Finanzierung durch Hausbanken, so erfolgt dies im Exit-System typischerweise am Kapitalmarkt. Entsprechend ist dort der Anlegerschutz ausgebaut, während im deutschen System der Gläubigerschutz eine hohe Bedeutung hat. Aus der Voice-Logik folgt auch die →Mitbestimmung in Unternehmen und Betrieben sowie die ausgeprägte Präferenz für interne Arbeitsmärkte.

Ganz in dieser Logik dominieren im deutschen System der Unternehmensüberwachung die internen Institutionen. Externe Institutionen haben hier keine Tradition und sind erst jüngst verstärkt ausgebaut worden. *Objekt* der internen und externen Kontrolle ist letztlich immer die *Unternehmensführung* [Grundsätze ordnungsmäßiger Unternehmensführung (GoF)] als der zentrale Akteur im Unternehmen. Neben der Unterscheidung in *interne* und *externe* Unternehmensüberwachung ist die interne weiter zu differenzieren in unternehmensführungsinterne und in unternehmensführungsbezogene externe.

Unternehmensüberwachung

Der internen Überwachung dienen die folgenden *unternehmensführungsinternen* Institutionen:

1) Besteht die Unternehmensführung aus mehreren Personen, so ergibt sich die Möglichkeit der *horizontalen* Überwachung. Diese *Peer Control* ist rechtsformunabhängig möglich und findet im Aktienrecht Ausdruck im Kollegialitätsprinzip des Vorstands (§ 77 Abs. 1 Satz 1 AktG). Ein Direktorialprinzip kennt das deutsche Corporate Governance-System nicht im Unterschied zur Position des Chief Executive Officer (CEO) (→Dual- und Boardsystem). In der Europäischen Aktiengesellschaft (→Aktiengesellschaft, europäische) kann sich dies bei Wahl des monistischen Systems (Verwaltungsorgan) anders darstellen.

2) Die Unternehmensführung als Zentralinstanz überwacht die ihr untergeordneten Organisationseinheiten (→Überwachungsaufgaben des Vorstands). Art und Ausmaß der *vertikalen* Überwachung variieren mit der Ausgestaltung der Führungsorganisation und der Organisationsstrukturen. Die Ressortzuständigkeit regelt die Überwachung der einzelnen betrieblichen Aufgaben und Funktionen. Bei funktionaler Organisation ergibt sich aus dem Einlinienprinzip eine Gesamtverantwortung für die Unternehmensführung. Die Spartenorganisation ist durch sachzielorientierte Segmentierung (Produkte, Kunden) und Dezentralisierung der Entscheidung gekennzeichnet. Die vertikale Überwachungskompetenz wird entsprechend auf die Spartenleitung übertragen. Diese Verteilung der Überwachungsaufgabe gilt analog für Regionalorganisationen.

3) Eine spezielle Überwachungseinrichtung zur Unterstützung der Unternehmensführung stellt die →*Interne Revision* dar. Sie soll ein unabhängiges Urteil über die Angemessenheit und Wirksamkeit der verschiedenen Kontrollmethoden [→Internes Kontrollsystem (IKS); →Kontrollsysteme] liefern, deren sich die leitenden Organe des Unternehmens bedienen, um die Aufgabenerfüllung zielgerecht zu steuern. Die Unternehmensführung wird insoweit entlastet, ist aber zugleich auch Gegenstand der Überwachung. Dies entlastet wiederum andere Institutionen, wie den AR.

4) Eine weitere Überwachungsinstitution bildet das →*Controlling* (→Controlling, Aufgaben des), als derivative Managementfunktion bei dynamischer Umwelt. So liefert das →operative Controlling der Unternehmensführung Kennzahlen, die auch der Überwachung dienen können (→Kennzahlen und Kennzahlensysteme als Kontrollinstrument). Das →strategische Controlling bzw. die strategische Kontrolle ermöglicht mit der *strategischen Überwachung* als globaler Kernfunktion und Auffangnetz für die Spezialfunktionen *strategische Prämissenkontrolle* und *strategische Durchführungskontrolle* ein Risikomanagement [→Risikomanagementsystem (RMS)] durch die Unternehmensführung und zugleich durch externe Überwachungsinstitutionen, wie den AR.

Der *unternehmensführungsexternen* Überwachung dienen folgende Institutionen:

1) Zentral für das deutsche System ist der (*mitbestimmte*) *AR*, der die Geschäftsführung zu überwachen hat (§ 111 Abs. 1 AktG). Ausdruck dieser Aufgabe ist die *Personalhoheit* (§ 84 AktG, § 31 MitbestG) und die *Organisationskompetenz* durch den Erlass einer Vorstandsgeschäftsordnung (§ 77 Abs. 2 AktG) (→Geschäftsordnung für Vorstand und Aufsichtsrat). Ferner hat er eine Mitentscheidungsfunktion kraft Gesetz oder aufgrund der Unternehmensstatuten. Zentral ist hier die *unternehmenspolitische Kompetenz* (§ 111 Abs. 4 AktG), die dem AR durch →zustimmungspflichtige Geschäfte eine begleitende vorbeugende Kontrolle der Geschäftsführung ermöglicht. Schließlich eröffnet die *Beratungskompetenz* (→Beratungsaufgabe des Aufsichtsrats) noch die Möglichkeit, Fehlentscheidungen des Vorstands zu verhindern. Bei der Europäischen Aktiengesellschaft obliegen diese Aufgaben den nicht geschäftsführenden Mitgliedern des Verwaltungsorgans.

2) Der Überwachung der Unternehmensführung dient nicht nur die *Mitbestimmung* im AR (Montan-MitbestG, MitbestG, DrittelbG), sondern auch die durch den *Betriebsrat*. Er hat die zugunsten der Arbeitnehmer geltenden Gesetze, Verordnungen, Tarifverträge und Betriebsvereinbarungen zu überwachen (§ 80 BetrVerfG) und durch die Mitbestimmung in sozialen (§§ 87–91 BetrVerfG), personellen (§§ 92–105 Be-

trVerfG) und wirtschaftlichen (§§ 111–113 BetrVerfG) Angelegenheiten eine Kontrollfunktion gegenüber der Unternehmensführung als Arbeitgeber. Diese Überwachung gewinnt faktisch an Gewicht, wenn Betriebsräte zugleich Mitglieder des mitbestimmten Aufsichtsrats sind.

3) In der *Eigentümerversammlung* üben die Kapitaleigner ihre Überwachungsrechte in den Angelegenheiten der Gesellschaft aus. Bei der AG (→Aktiengesellschaft, Prüfung einer) erfolgt dies in der HV (§ 118 Abs. 1 AktG) (→Haupt- und Gesellschafterversammlung). Die Wahl des Aufsichtsrats (→Aufsichtsrat Be- und Abberufung), die Entlastung von Vorstand und AR, die Verwendung des festgestellten Bilanzgewinns (→Ergebnisverwendung; →Feststellung und Billigung des Abschlusses) und die →Bestellung des Abschlussprüfers sind Ausdruck dieser direkten oder indirekten Überwachungstätigkeit (§§ 119, 173, 174 AktG).

4) Der →*Abschlussprüfer* (APr) als weitere zentrale Überwachungsinstitution übt seine Tätigkeit unabhängig von Vorstand, AR und HV aus (→Unabhängigkeit und Unbefangenheit des Wirtschaftsprüfers). Die handelsrechtliche Abschlussprüfung (→Jahresabschlussprüfung; →Konzernabschlussprüfung) hat die Prüfung der Rechnungslegung des Vorstands auf sachliche Richtigkeit, Ordnungsmäßigkeit und Gesetzeskonformität zum Gegenstand (§ 317 HGB) (→Ordnungsmäßigkeitsprüfung). Der APr kann ferner als *Sonderprüfer* (§§ 142, 143 AktG) bestellt werden (→Sonderprüfung, aktienrechtliche) und im Auftrag des Aufsichtsrats auch als *Sachverständiger* (§ 109 Abs. 1 Satz 2 AktG) (→Sachverständigentätigkeit) Überwachungsaufgaben wahrnehmen.

5) Die *Überwachung* im *Konzern* (→Konzernarten) als Grenzfall der internen Unternehmensüberwachung erfolgt auf der Basis von →Unternehmensverträgen (§§ 291, 292 AktG), durch personelle Verflechtungen von der Mutter- in die Tochtergesellschaft und mittels zustimmungspflichtiger Geschäfte gegenüber dem Vorstand der Tochter.

Als Institutionen der *externen* Unternehmensüberwachung kennt das deutsche System:

1) Die →*Deutsche Prüfstelle für Rechnungslegung* (*DPR*) als privatrechtlich organisierte und staatlich anerkannte Institution prüft, ob der zuletzt festgestellte JA (Konzernabschluss) und der →Lagebericht (→Konzernlagebericht) eines kapitalmarktorientierten Unternehmens den anzuwendenden Rechnungslegungsnormen entspricht [§§ 342b ff. HGB, §§ 37n ff. →Wertpapierhandelsgesetz (WpHG)]. Dies kann aus gegebenem Anlass, auf Verlangen der →*Bundesanstalt für Finanzdienstleistungsaufsicht* (*BaFin*) oder stichprobenartig erfolgen.

2) Die *BaFin* kann eine Überprüfung der Rechnungslegung veranlassen. Ergibt die Prüfung der *BaFin* oder der *Prüfstelle* Fehler, so ordnet die *BaFin* an, dass das Unternehmen den festgestellten Fehler inkl. der Begründung bekannt zu machen hat. Ist die Rechnungslegung fehlerfrei, so wird dies dem jeweiligen Unternehmen durch die *BaFin* mitgeteilt (→Enforcementsysteme; →Enforcement in Deutschland).

3) Weitere Überprüfungsinstanzen bilden das *Registergericht* (§ 329 HGB) (→Registeraufsicht), die *ordentlichen Gerichte*, die →*Rechnungshöfe* bei →öffentlichen Unternehmen sowie sonstige (branchenbezogene) Institutionen der *Staatsaufsicht*.

Literatur: Böcking, H.-J.: Audit und Enforcement: Entwicklungen und Probleme, in: ZfbF 55 (2003), S. 683–706; Dierkes, S. et al.: Strategische Kontrolle als Element des Risikomanagements, in: ZfCM 48 (2004), Sonderheft 3, S. 38–50; Gerum, E.: Corporate Governance, internationaler Vergleich, in: Schreyögg, G./Werder, A. v. (Hrsg.): Handwörterbuch Unternehmensführung und Organisation, 4. Aufl., Stuttgart 2004, Sp. 171–178; Gerum, E.: Unternehmensordnung, in: Bea, F.-X./Friedl, B./Schweitzer, M. (Hrsg.): Allgemeine Betriebswirtschaftslehre, Band 1: Grundfragen, 9. Aufl., Stuttgart 2004, S. 224–310; Gerum, E. et al.: Das deutsche Corporate Governance-System zwischen Kontinuität und Wandel – Eine empirische Untersuchung, Stuttgart 2006; Heigl, A./Schmid, R./Uecker, P.: Controlling, Interne Revision, 2. Aufl., Stuttgart/NY 1989; Sjurts, I.: Kontrolle, Controlling und Unternehmensführung, Wiesbaden 1995; Theisen, M. R.: Überwachung der Unternehmungsführung, Stuttgart 1987.

Elmar Gerum

Unternehmensumfeld →Wirtschaftliches Umfeld

Unternehmensumwandlungen

Die Beratung in wirtschaftlichen Angelegenheiten gehört gem. § 2 Abs. 3 →Wirtschaftsprüferordnung (WPO) zu den Berufsaufgaben i.e.S. einschl. der dazu erforderlichen →Rechtsberatung (IDW 2000, S. 7 f.) (→Berufsbild des Wirtschaftsprüfers). Soweit die Beratungstätigkeit im Rahmen einer Unternehmensumwandlung über eine fachliche oder wissenschaftliche Sachaufklärung hinausgeht, besteht hinsichtlich der gleichzeitigen Tätigkeit als →Abschlussprüfer (APr) eines der betroffenen Unternehmen die Besorgnis der Befangenheit, die wegen § 319 Abs. 2 HGB zum →Ausschluss als Abschlussprüfer führt (→Unabhängigkeit und Unbefangenheit des Wirtschaftsprüfers). Für die Beratungstätigkeit selbst gilt ebenfalls das Gebot der Unbefangenheit (IDW 2000, S. 65).

Im *gesellschaftsrechtlichen Bereich* bietet eine Umwandlung nach dem UmwG *Vorteile* durch das dort verankerte Instrument der (partiellen) Gesamtrechtsnachfolge. Hierdurch werden die ansonsten notwendigen Auflösungen bzw. Liquidationen (→Unternehmensbeendigung) sowie →Unternehmensgründungen bzw. die Einzeleinbringungen von Vermögen durch die im UmwG definierten Umwandlungsformen ersetzt. Gem. § 1 Abs. 1 UmwG können diese Vereinfachungen nur dann greifen, wenn ausschließlich Unternehmen mit inländischer Rechtsform und Verwaltungssitz in Deutschland beteiligt sind (Schmidt 2002, S. 337–339). Wesentliche im UmwG geregelte Umwandlungen sind die Verschmelzung und unterschiedliche Formen der Spaltung.

Bei der *Verschmelzung* wird das gesamte Vermögen eines Unternehmens im Wege der Gesamtrechtsnachfolge entweder auf ein bereits bestehendes Unternehmen oder auf ein neu zu gründendes Unternehmen übertragen. Dabei wird das übertragende Unternehmen ohne Abwicklung aufgelöst. Zum Ausgleich erhalten die Anteilseigner des untergehenden Unternehmens im Wege des Anteilstausches (→Umwandlungsprüfung) eine Beteiligung am aufnehmenden Unternehmen. Alle Wirkungen der Verschmelzung treten gleichzeitig mit der Eintragung der Verschmelzung ins HR in Kraft.

Bei der *Spaltung* von Unternehmen werden die Aufspaltung, die Abspaltung und die Ausgliederung unterschieden. Bei der *Aufspaltung* wird das gesamte Vermögen eines Unternehmens aufgeteilt und auf unterschiedliche entweder bereits bestehende Unternehmen oder auf neu zu gründende Unternehmen im Wege der partiellen Gesamtrechtsnachfolge übertragen. Das übertragende Unternehmen wird wie bei der Verschmelzung ohne Abwicklung aufgelöst. Dem gegenüber wird bei der *Abspaltung* nur ein Teil des Vermögens eines Unternehmens auf eines oder mehrere Unternehmen zur Aufnahme oder Neugründung im Wege der partiellen Gesamtrechtsnachfolge übertragen. In beiden Fällen erhalten die Anteilseigner des übertragenden Unternehmens Anteile an den aufnehmenden Unternehmen. Unter der Voraussetzung, dass alle Anteilsinhaber des übertragenden Unternehmens dem Spaltungs- und Übernahmevertrag zustimmen, ist auch eine nicht-verhältniswahrende Spaltung zulässig (§ 128 UmwG). Diese kann genutzt werden, um Gesellschaftergruppen oder Familienstämme des übertragenden Unternehmens zu trennen. Bei der *Ausgliederung* wird ebenso wie bei der Abspaltung nur ein Teil des Vermögens eines Unternehmens auf ein oder mehrere andere Unternehmen zur Aufnahme oder zur Neugründung im Rahmen der partiellen Gesamtrechtsnachfolge übertragen. Die dafür gewährten Anteile am übernehmenden Unternehmen gehen jedoch in das Vermögen des übertragenden Unternehmens über. Wie bei der Verschmelzung treten alle Wirkungen mit der Eintragung der Spaltung in das HR gleichzeitig ein.

Eine *steuerneutrale Übertragung* von Vermögen nach dem UmwStG ist nur dann möglich, wenn es sich bei dem übertragenen Vermögen um einen Betrieb oder Teilbetrieb handelt. Dabei kann eine *steuerliche Rückwirkung* auf einen Zeitpunkt, der bis zu 8 Monate vor dem Tag der Anmeldung der Umwandlung liegt, erfolgen. Die Steuerneutralität ergibt sich bei Übertragungsvorgängen von KapGes auf andere Unternehmen dadurch, dass die KapGes die Möglichkeit hat, in der steuerlichen Schlussbilanz ihr Vermögen mit dem Buchwert anzusetzen. Die übernehmende KapGes hat zwingend die Wertansätze aus der Schlussbilanz der übertragenden KapGes fortzuführen. Soweit beim übernehmenden Unternehmen ein Übernahmegewinn bzw. -verlust entsteht, bleibt dieser Ertrag steuerlich unberücksichtigt. Ein Übernahmefolgegewinn, der durch den Untergang von gegenseitigen →Verbindlichkeiten, →Forderungen oder →Rückstellungen entsteht, wird ertragsteuerlich in voller Höhe berücksichtigt.

Soweit Übertragungsvorgänge zwischen KapGes stattfinden, können auch KSt-liche und

GewSt-liche *Verlustvorträge* von der übertragenden auf die übernehmende KapGes übergehen. Voraussetzung ist, dass der Betrieb oder Betriebsteil, der den Verlust verursacht hat, über den Umwandlungsstichtag hinaus in einem nach dem Gesamtbild der wirtschaftlichen Verhältnisse vergleichbaren Umfang fortgeführt wird.

Die Übertragung von Betrieben oder Teilbetrieben von →Personengesellschaften (PersGes) auf andere Unternehmen sowie die Ausgliederung von Betrieben oder Teilbetrieben aus KapGes werden im UmwStG als *Einbringungsvorgänge* behandelt. Die Steuerneutralität ist gewährleistet, wenn das übernehmende Unternehmen die übernommenen →Wirtschaftsgüter mit dem Buchwert ansetzt. Bei Einbringungen in KapGes gilt der Wert, mit dem die KapGes das eingebrachte Betriebsvermögen ansetzt, für den Einbringenden als Veräußerungspreis und als →Anschaffungskosten (AK) der erhaltenen Anteile. Eine Übertragung von Verlustvorträgen ist bei Einbringungsvorgängen generell nicht möglich.

Umwandlungsvorgänge können GrESt auslösen, wenn →Grundstücke (§ 1 Abs. 1 Nr. 3 GrEStG) oder →Beteiligungen, die Eigentum an Grundstücken vermitteln (§ 1 Abs. 2, 2a oder 3 GrEStG), übertragen werden. Um die mehrfache Belastung mit GrESt bei aufeinander folgenden Umwandlungsvorgängen innerhalb von Konzernen (→Konzernarten) zu vermeiden, ist es u. U. vorteilhaft, die entsprechenden Vermögenswerte direkt auf das Unternehmen zu übertragen, das diese letztendlich erhalten soll. *USt-liche Belastungen* entstehen im Zusammenhang mit Umwandlungsvorgängen dann nicht, wenn Betriebe oder Teilbetriebe übertragen werden (§ 1 Abs. 1a UStG).

Für das *übertragende Unternehmen* ist eine *handelsrechtliche Schlussbilanz* auf den Zeitpunkt unmittelbar vor dem Umwandlungsstichtag aufzustellen, für die die Vorschriften über den JA und seine Prüfung entsprechend gelten. Zum Zeitpunkt der Anmeldung der Umwandlung beim Registergericht (→Registeraufsicht) darf der Bilanzstichtag höchstens 8 Monate zurückliegen. Bei Abspaltung und Ausgliederung ist der Abgang des übertragenen Nettovermögens in der Bilanz des übertragenden Unternehmens zu erfassen. Positive und negative Differenzbeträge sind nach h.M. im →Eigenkapital abzubilden (Scherrer 1999, S. 407–415).

Das *übernehmende Unternehmen* kann gem. § 24 UmwG den Umwandlungsvorgang handelsrechtlich als *Anschaffungsvorgang* behandeln (Neubewertungsmethode) oder die Buchwerte des übertragenden Rechtsträgers fortführen (Buchwertmethode). Bei der *Neubewertungsmethode* sind die übernommenen →Vermögensgegenstände, →Schulden und →Rechnungsabgrenzungsposten mit Vermögensgegenstands- oder Verbindlichkeitscharakter mit ihren AK anzusetzen. Dabei sind die AK aus der gewährten Gegenleistung, also dem Wert der im Rahmen der Umwandlung hingegebenen Anteile, abzuleiten. Bei der angeführten *Buchwertmethode* sind sämtliche Positionen aus der Schlussbilanz des übertragenden Unternehmens zum Umwandlungsstichtag zu übernehmen. Evtl. auftretende Differenzen sind grundsätzlich erfolgswirksam abzubilden (Scherrer 1997, S. 745–756). Soll die Steuerneutralität einer Umwandlung auch am darauf folgenden Bilanzstichtag erhalten bleiben, ist handelsrechtlich die Buchwertmethode zu wählen. Andernfalls führt das →Maßgeblichkeitsprinzip zu einer steuerpflichtigen Aufdeckung der übertragenen stillen Reserven (→stille Reserven und Lasten) in der Steuerbilanz (→Maßgeblichkeit bei Umwandlungen).

Strittig ist, wie Umwandlungsvorgänge im *Konzernabschluss* zu berücksichtigen sind. In Betracht kommen insb. die Eliminierung der Auswirkungen der Umwandlungseffekte, die Durchführung einer Endkonsolidierung, soweit Anteile am übertragenden Unternehmen im Konzern untergehen oder die Übernahme der Umwandlungsfolgen in den Konzernabschluss ohne die Durchführung von Anpassungsmaßnahmen. Auch wenn einiges für die zuerst genannte Alternative spricht, da insb. bei der Verschmelzung von Konzernunternehmen die fiktive vor tatsächlichen rechtlichen Einheit wird, ist ebenfalls unstritten, dass durch die Umwandlung neue rechtliche Gegebenheiten geschaffen werden, die bei Verschmelzungen durch eine Endkonsolidierung und bei Spaltungsvorgängen evtl. durch eine Erstkonsolidierung zu berücksichtigen sind (Ullrich 2002, S. 148–166).

Haftungsrechtlich ist zu beachten, dass bei Spaltungsvorgängen alle beteiligten Unternehmen gem. § 133 Abs. 1 Satz 1 UmwG gesamtschuldnerisch für Verbindlichkeiten, die vor dem Wirksamwerden der Spaltung begründet wurden (Altverbindlichkeiten), haften. Nach h.M. bilanziert nur der Hauptschuldner die übernommenen Altverbindlichkeiten. Die Mitschuldner passivieren eine Verbindlichkeit erst dann, wenn die Inanspruchnahme durch einen Gläubiger konkret droht. Als Ausgleich ist dann eine Forderung gegen den Hauptschuldner bzw. die übrigen Mitschuldner zu aktivieren (Bula/Schlösser 2002, S. 609 f.).

Literatur: Bula, T./Schlösser, J., in: Sagasser, B. et al.: Umwandlungen, 3. Aufl., München 2002; IDW (Hrsg.): WPH 2000, Band I, 12. Aufl., Düsseldorf 2000; Scherrer, G.: Bilanzierung der Verschmelzung durch Aufnahme beim übernehmenden Rechtsträger, in: Martens, K.-P. et al. (Hrsg.): FS für Carsten Peter Claussen zum 70. Geburtstag, Köln et al. 1997, S. 743–768; Scherrer, G.: Bilanzierung der Spaltung beim übertragenden Rechtsträger, in: Kleineidam, H.-J. (Hrsg.): Unternehmenspolitik und Internationale Besteuerung, FS für Lutz Fischer zum 60. Geburtstag, Berlin 1999, S. 391–417; Schmidt, K.: Gesellschaftsrecht, 4. Aufl., Köln et al. 2002; Ullrich, T. M.: Endkonsolidierung, Frankfurt a.M. 2002.

Stefan Göbel

Unternehmensverbände →Unternehmenszusammenschlüsse

Unternehmensverträge

Beherrschungs- und Gewinnabführungsverträge: Im Konzern (→Konzernarten) werden mittels Unternehmensverträgen (§§ 293–299 AktG) die Rechte und Pflichten von abhängigen Unternehmen [AG (→Aktiengesellschaft, Prüfung einer), →Gesellschaft mit beschränkter Haftung (GmbH), wohl aber auch →Personengesellschaften (PersGes), →Genossenschaften und Vereine] gegenüber dem herrschenden Unternehmen präzisiert. Unternehmensverträge greifen in die Struktur der Unternehmen ein, sodass nicht nur die abhängige Gesellschaft, sondern auch deren Gesellschafter und Gläubiger gefährdet sind (Habersack 2005, Rn. 4 f. zu Einleitung, S. 2).

Durch einen – in der Praxis bedeutsamen – Beherrschungsvertrag unterstellt sich ein Unternehmen der Leitung eines anderen Unternehmens (§ 291 Abs. 1 AktG). Hiermit ist ein Weisungsrecht für das herrschende Unternehmen verbunden (§ 308 AktG), aber auch die Pflicht zum Verlustausgleich (§ 302 AktG), zur Sicherheitsleistung bei Vertragsbeendigung (§ 303 AktG) und zur Entschädigung oder Abfindung von außenstehenden Aktionären (§ 304 f. AktG).

Auch wegen der KSt-lichen →Organschaft (§ 14 Abs. 1 Satz 1 KStG) sind Gewinnabführungsverträge verbreitet. Mit einem Gewinnabführungsvertrag wird das abhängige Unternehmen dazu verpflichtet, seinen Gewinn an das herrschende Unternehmen abzuführen. Zum Schutz des abhängigen Unternehmens, seiner Gläubiger und seiner (Minderheits-)Gesellschafter besteht ein Anspruch auf Verlustübernahme gegenüber dem herrschenden Unternehmen (§ 302 AktG).

Prüfung der Unternehmensverträge: § 293b AktG gebietet, dass alle Unternehmensverträge für jede der beteiligten Gesellschaften durch sachverständige Vertragsprüfer geprüft werden (→Pflichtprüfungen). Die Vertragsprüfung bezweckt den Schutz der (Minderheits-) Aktionäre vor einer Beeinträchtigung ihrer Rechte, und zwar hinsichtlich einer angemessenen Ausgleichszahlung (§ 304 AktG), einer angemessenen Barabfindung (§ 305 Abs. 2 Nr. 3 AktG) bzw. eines angemessenen Umtauschverhältnisses der Kapitalanteile (§ 305 Abs. 2 Nr. 1 und 2 AktG). Die Prüfungspflicht entfällt, wenn sich alle Aktien des abhängigen Unternehmens in der Hand des herrschenden Unternehmens befinden.

Die Vertragsprüfer werden durch den Vorstand der abhängigen Gesellschaft oder auf dessen Antrag vom Gericht bestellt (§ 293c Abs. 1 Satz 1 AktG). Als Vertragsprüfer kommen bei der AG, →Kommanditgesellschaften auf Aktien (KGaA) und großen GmbH nur WP bzw. WPGes (→Revisions- und Treuhandbetriebe) in Betracht (§ 293d Abs. 1 AktG; § 319 Abs. 1 Satz 1 und 2 HGB). Dem Vertragsprüfer steht ein weit reichendes Auskunfts- und Prüfungsrecht zu (§ 293d Abs. 1 AktG). Er ist sowohl zur gewissenhaften und unparteiischen Prüfung als auch zur Verschwiegenheit verpflichtet (→Berufsgrundsätze des Wirtschaftsprüfers; →Unabhängigkeit und Unbefangenheit des Wirtschaftsprüfers; →Verschwiegenheitspflicht des Wirtschaftsprüfers); er haftet bei vorsätzlicher oder fahrlässiger Verletzung seiner Pflichten (§ 293d Abs. 2 AktG; § 323 HGB) (→Haftung des Wirtschaftsprüfers).

Prüfungsinhalt und →*Prüfungsbericht*: Die Prüfung bezieht sich zunächst auf den Inhalt der Verträge. Da § 293b Abs. 1 AktG keine Mindeststandards für den Inhalt von Unternehmensverträgen formuliert, wird diskutiert, ob die entsprechenden Vorschriften für Verschmelzungsverträge (§ 5 Abs. 1 UmwG) anzuwenden sind (Emmerich 2005, Rn. 14–19 zu § 293b AktG, S. 218–220 m.w.N.). Nach wohl h.M. ist die Zweckmäßigkeit des Unternehmensvertrages nicht zu untersuchen, da hierüber Vorstand und HV (→Haupt- und Gesellschafterversammlung) entscheiden (Hüffer 2004, Rn. 4 zu § 293b AktG, S. 1407–1408 m.w.N.).

In der Praxis zielt die Vertragsprüfung hauptsächlich auf die Angemessenheit des Ausgleichs, der Abfindung oder des (Aktien-) Umtauschverhältnisses. Der Vertragsprüfer hat daher die Angemessenheit der angewandten Methode zur →Unternehmensbewertung zu begutachten (s. insb. IDW S 1). Zugrunde gelegte Daten sind zumindest stichprobenartig zu überprüfen (→Stichprobenprüfung). Die Plausibilität von Prognosen ist sorgfältig – und zwar insb. hinsichtlich tendenziöser oder willkürlicher Verzerrungen – zu beurteilen (→Plausibilitätsprüfungen).

Im PrB gem. § 293e AktG haben die Prüfer schriftlich zu erklären, ob der Nachteilsausgleich angemessen ist. Dabei ist besonders die gewählte Methode (und die Gründe für deren Wahl) anzugeben und zu erläutern, welche Konsequenzen sich aus der Wahl anderer Methoden ergeben hätten. Der PrB soll die Aktionäre umfassend informieren und ihnen ein sachgerechtes Urteil darüber erlauben, ob sie den angebotenen Nachteilsausgleich akzeptieren oder ob sie ein Spruchstellenverfahren (§ 304 Abs. 3 Satz 3 AktG; § 305 Abs. 5 Satz 2 AktG) anstreben.

Literatur: Emmerich, V.: Kommentierung des § 293b HGB, in: Emmerich, V./Habersack, M. (Hrsg.): Aktien- und GmbH-Konzernrecht, Kommentar, 4. Aufl., München 2005; Habersack, M.: Kommentierung der Einleitung, in: Emmerich, V./Habersack, M. (Hrsg.): Aktien- und GmbH-Konzernrecht, Kommentar, 4. Aufl., München 2005; Hüffer, U.: Aktiengesetz, 6. Aufl., München 2004; IDW (Hrsg.): IDW Standard: Grundsätze zur Durchführung von Unternehmensbewertungen (IDW S 1, Stand: 18. Oktober 2005), in: WPg 58 (2005), S. 1303–1321.

Roland Euler

Unternehmenswert

Nach einer früheren, jedoch falschen Auffassung stellt der Wert eine allgemein gültige und „objektive" Eigenschaft des Unternehmens dar (*objektive Wertlehre*). Wertunterschiede zwischen Käufer und Verkäufer ergeben sich aber aus verschiedenen Zukunftserwartungen (z. B. künftige Marktentwicklung), Gestaltungsmöglichkeiten (z. B. neue Geschäftsidee, Synergien im Konzern, Restriktionen durch Alter/Krankheit) und Zielsystemen (z. B. Risikobereitschaft, Familientradition).

Unter dem *Entscheidungswert* (Investment Value) versteht man deshalb den Wert aus der individuellen Sicht einer bestimmten Person. Andere Bezeichnungen hierfür sind *subjektiver Wert* (gilt für ein bestimmtes Bewertungssubjekt), *Zukunftserfolgswert* oder *Ertragswert* (hängt vom künftigen Nutzen ab, meist nur monetäre Vorteile) oder *Grenzpreis* (bildet Preisgrenze bei Verhandlungen).

Der Entscheidungswert stellt ein theoretisches Leitbild dar, das bei vielen Anlässen nicht vollständig erreichbar ist. Erstens sind die individuellen Verhältnisse der Eigner (wie steuerliche Situation) manchmal unbekannt (z. B. anonyme Aktionäre) oder weichen voneinander ab (z. B. zwei Gesellschafter). Mit *Typisierungen* legt man dann typische, durchschnittliche Daten mehrerer Personen zugrunde. Zweitens sind die persönlichen Zukunftserwartungen oft strittig. In Gerichtsverfahren und bei anderen Anlässen muss die Wertfindung von intersubjektiv nachprüfbaren Fakten ausgehen. Eine solche *Objektivierung* erfolgt z. B. durch Fortschreibung von Vergangenheitszahlen oder durch Rückgriff auf Kapitalmarktdaten.

Im Verhandlungsprozess nennen weder Käufer noch Verkäufer ihren Entscheidungswert. Vorgebliche Unternehmenswerte, bei denen man wichtige Annahmen, wie z. B. nachhaltige Ertragskraft, Umsatzwachstum, erzielbare Kostensenkungen (→Kostenmanagement), im eigenen Sinne wählt, sind *Argumentationswerte*.

Das Bewertungsziel kann auch darin bestehen, den *Tauschwert* als voraussichtlichen Preis bei einem hypothetischen Verkauf abzuschätzen. Von besonderer Bedeutung ist der *Verkehrswert* (*Marktpreis, gemeiner Wert, Market Value*) als Preis „im gewöhnlichen Geschäftsverkehr", d. h. unter normalen Umständen, unabhängig von bestimmten Käufern und Verkäufern und bei gegebener Kauf- bzw. Verkaufsbereitschaft.

Verhandlungen ohne Einigungszwang sind allenfalls erfolgreich, wenn die Preisobergrenze des Käufers über der Preisuntergrenze des Verkäufers liegt. Der spätere *Kaufpreis* liegt nur zufällig in der Mitte beider Entscheidungswerte.

Aus ökonomischer Sicht existieren eindeutige Marktpreise nur bei vollkommenen Märkten. Für heterogene Güter wie Unternehmen stellt deshalb auch der Verkehrswert nur ein theoretisches Leitbild dar. Mithilfe immer stärkerer Typisierungen und Objektivierungen ist ein allmählicher Übergang vom Entscheidungswert zum Verkehrswert möglich.

Die drei Kategorien Entscheidungswert, Argumentationswert und Verkehrswert spiegeln sich in der *Funktionenlehre* wider. Danach kommt es auf die Funktion des Wertes (d. h. seinen Zweck) und den Auftrag an den Bewerter an:

- Die erste Aufgabe eines Bewerters besteht darin, in der Rolle eines interessengebundenen Parteiberaters z. B. den Entscheidungswert eines Kaufinteressenten zu ermitteln (*Beratungsfunktion*).
- Als Schiedsgutachter/Vermittler hat der Bewerter bei Konfliktsituationen (z. B. Zugewinnausgleich) einen Wert vorzuschlagen (*Schiedsfunktion*). Als Arbitriumwert wird von Gesetzgeber und Gerichten meist auf den Verkehrswert abgestellt. Nur im Entschädigungsrecht handelt es sich um den Grenzpreis.
- Die *Argumentationsfunktion* findet sich nur in der betriebswirtschaftlichen Funktionenlehre. Sie wird nicht vom →*Institut der Wirtschaftsprüfer in Deutschland e.V. (IDW)* erwähnt, wohl weil das Ermitteln von „scheinbaren" Werten für WP als unpassend angesehen wird.
- Dafür nennt das *IDW* zusätzlich die *Funktion des neutralen Gutachters* (→Gutachtertätigkeiten), bei der ein WP mit nachvollziehbarer Methodik einen objektivierten und von den Wertvorstellungen betroffener Parteien unabhängigen – somit extrem typisierten – Wert ermitteln soll. Sonderformen sind Bewertungen von →Beteiligungen und beim →Impairmenttest. Dabei soll gelten:
  - IDW S 1 (allgemein): Keine nur möglichen, aber nicht hinreichend konkretisierten Maßnahmen; keine echten Synergieeffekte eines bestimmten Erwerbers (→Synergieeffekte in der Unternehmensbewertung); typische Ausschüttungspolitik (mit kapitalwertneutraler Wiederanlage evtl. thesaurierter Beträge);
bisheriges Management; kalkulatorischen Unternehmerlohn (→kalkulatorische Kosten) abziehen; Transaktionen mit Nahestehenden zu Fremdvergleichspreisen, inländische Anteilseigner; insgesamt 35% ESt/SolZ/KiSt.
  - IDW RS HFA 10 (Beteiligungen in der Handelsbilanz): Synergien nur, wenn sie durch diese selbst, durch die Beteiligungsgesellschaft oder deren Töchter realisiert werden – nicht bei Schwestergesellschaften oder übergeordneten Mutterunternehmen; keine ESt/SolZ/KiSt; marktübliche Alternativrenditen; Stand-Alone-Bewertung bei Veräußerungsabsicht.
  - IDW RS HFA 16 (Werthaltigkeitsprüfung für zahlungsmittelgenerierende Einheiten und Firmenwerte): Keine Steuern; nur Erhaltungsinvestitionen (→Investition).

Betriebswirtschaftlich sind diese Annahmen des *IDW* umstritten. Zur Umsetzung von Bewertungen existieren verschiedene Methoden (→Discounted Cash Flow-Methoden; →Ertragswertmethode; →Value Based Management; Multiplikatorverfahren).

Literatur: Henselmann, K.: Unternehmensrechnungen und Unternehmenswert, Aachen 1999; IDW (Hrsg.): IDW Standard: Grundsätze zur Durchführung von Unternehmensbewertungen (IDW S 1, Stand: 18. Oktober 2005), in: WPg 58 (2005a), S. 1303–1321; IDW (Hrsg.): IDW Stellungnahme zur Rechnungslegung: Anwendung der Grundsätze des IDW S 1 bei der Bewertung von Beteiligungen und sonstigen Unternehmensanteilen für die Zwecke des handelsrechtlichen Jahresabschlusses (IDW RS HFA 10, Stand: 18. Oktober 2005), in: WPg 58 (2005b), S. 1322–1323; IDW (Hrsg.): IDW Stellungnahme zur Rechnungslegung: Bewertungen bei der Abbildung von Unternehmenserwerben und bei Werthaltigkeitsprüfungen nach IFRS (IDW RS HFA 16, Stand: 18. Oktober 2005), in: WPg 58 (2005c), S. 1415–1426; Piltz, D.: Die Unternehmensbewertung in der Rechtsprechung, 3. Aufl., Düsseldorf 1994; Pratt, S./Reilly, R./Schweihs, R.: Valuing a Business, 4. Aufl., NY et al. 2000.

Klaus Henselmann

Unternehmenswert, objektivierter
→Konzerne, Unternehmensbewertung von

Unternehmenszusammenschlüsse

Je nach der Beeinflussung der wirtschaftlichen und rechtlichen Selbstständigkeit der zusammengeschlossenen Unternehmen wird zwischen Kooperationen (z. B. →Unternehmens-

Unternehmenszusammenschlüsse

netzwerke) und Konzentrationen unterschieden.

Kooperationen bezeichnen die freiwillige Zusammenarbeit von Unternehmen, die rechtlich und in den nicht der vertraglichen Zusammenarbeit unterworfenen Bereichen auch wirtschaftlich selbstständig bleiben. Ziel der Zusammenarbeit ist die Leistungssteigerung der beteiligten Unternehmen und dadurch Verbesserung der Wettbewerbsfähigkeit. Kooperationen treten vornehmlich in drei Gruppen auf:

- *Kartelle* stellen vertragsmäßige Zusammenschlüsse wirtschaftlich und rechtlich weitgehend selbstständig bleibender Unternehmungen der gleichen Wirtschaftsstufe zur Beeinflussung des Marktes durch Wettbewerbsbeschränkungen dar (→Kartellbehörden).

- *Arbeitsgemeinschaften bzw. Konsortien* (→Joint Ventures) sind Zusammenschlüsse von Unternehmen zur Durchführung einer sachlich und zeitlich begrenzten Aufgabe. Sie lösen sich mit Erreichen des Zusammenschlusszwecks wieder auf. Arbeitsgemeinschaften sind Zusammenschlüsse von rechtlich und wirtschaftlich selbstständigen Unternehmen, die produktionsbedingt oder finanziell nicht in der Lage sind, große Projekte alleine auszuführen. Arbeitsgemeinschaften sind vorwiegend im Baugewerbe anzutreffen. Konsortien sind Unternehmensverbindungen auf vertraglicher Basis. Sie sind Außengesellschaften und werden i. d. R. in der Rechtsform einer GbR (→Unternehmensformen) geführt. Die Ziele von Konsortien sind eine Risikoverteilung und besonders die Stärkung der Finanzkraft. Die bedeutendste Form des Konsortiums ist das Bankenkonsortium.

- *Unternehmensverbände* entwickeln sich aus Vereinigungen von Unternehmen des gleichen fachlichen Wirtschaftszweiges, die die gemeinsamen wirtschaftlichen Interessen ihrer Mitglieder fördern und insb. gegenüber Öffentlichkeit, gesetzgebenden Organen, den Arbeitnehmerverbänden, der Politik anderer Verbände und gegenüber internationalen Gemeinschaften (EU) vertreten. Daneben erfüllen sie häufig auch die Koordinierungs- und Informationsaufgaben gegenüber den angeschlossenen Unternehmen. Die Unternehmensverbände gliedern sich in Wirtschaftsfachverbände (nach Wirtschaftszweigen gegliederte Unternehmensverbände), Arbeitgeberverbände (Interessenvertretung der Mitglieder insb. gegenüber den Arbeitnehmerverbänden), Kammern (Körperschaften des öffentlichen Rechts zur Förderung und Interessenvertretung der in einem bestimmten Gebiet ansässigen Unternehmen des jeweiligen Wirtschaftszweiges).

Konzentrationen von Unternehmen liegen vor, wenn die Partner einer Unternehmensverbindung ihre wirtschaftliche Selbstständigkeit verlieren und/oder ihre rechtliche Selbstständigkeit aufgeben. Der Zweck des Zusammenschlusses ist entweder die Ausschaltung der bisher bestehenden Konkurrenz zwischen den zusammengeschlossenen Unternehmen und die Schaffung einer marktbeherrschenden Stellung gegenüber nicht angeschlossenen Unternehmen bzw. das Erringen gemeinsamer Marktmacht gegenüber Lieferanten und Abnehmern. Folgende Konzentrationsformen können unterschieden werden:

- *Fusion* (Verschmelzung): Hier erfolgt ein vollständiger Zusammenschluss mehrerer Unternehmen mit dem Verlust der wirtschaftlichen und rechtlichen Selbstständigkeit bei mindestens einem der beteiligten Unternehmen. Eine Fusion kann durch Neugründung oder durch Aufnahme erfolgen (→Fusionskontrolle).

- →*Verbundene Unternehmen*: Es handelt sich um rechtlich selbstständige Unternehmen, deren wirtschaftliche Selbstständigkeit in unterschiedlich starkem Maße eingeschränkt ist. Die Unternehmen sind durch kapitalmäßige Verflechtungen miteinander verbunden. Man unterscheidet vier verschiedene Arten von verbundenen Unternehmen:

  - *Im Mehrheitsbesitz stehende Unternehmen und mit Mehrheit beteiligte Unternehmen*: Es handelt sich um Unternehmen, bei denen entweder die Mehrheit ihrer Anteile oder die Mehrheit ihrer →Stimmrechte einem anderen Unternehmen gehört.

  - *Abhängige und herrschende Unternehmen*: Das sind rechtlich selbstständige Unternehmen, auf die ein anderes (herrschendes) Unternehmen unmittelbar oder mittelbar einen beherrschenden Einfluss ausüben kann.

- *Konzernunternehmen*: Zusammenschluss rechtlich selbstständiger Unternehmen, die aufgrund von →Beteiligungen, von satzungsgemäßen oder von vertraglichen Rechten unter einer einheitlichen Leitung stehen (→Konzernarten).
- *Wechselseitig beteiligte Unternehmen*: Inländische Unternehmen in der Rechtsform einer KapGes, die dadurch verbunden sind, dass jedem Unternehmen mindestens 25% der Anteile des anderen Unternehmens gehören.

Literatur: Schierenbeck, H.: Grundzüge der Betriebswirtschaftslehre, 16. Aufl., München et al. 2003; Jung, H.: Allgemeine Betriebswirtschaftslehre, 9. Aufl., München et al. 2004; Wöhe, G.: Einführung in die Allgemeine Betriebswirtschaftslehre, 22. Aufl., München 2005.

Rainer Jurowsky

Unternehmenszusammenschlusskontrolle
→Fusionskontrolle

Unternehmerlohn, kalkulatorischer
→Kalkulatorische Kosten

Unterordnungskonzern →Konzernmanagement

Unterordnungskonzern →Konzernarten

Unterschlagungsprüfung

Im strafrechtlichen Sinne begeht eine Unterschlagung, „wer eine fremde bewegliche Sache sich oder einem Dritten rechtswidrig zueignet [...]" (§ 246 StGB). Dem wirtschaftlichen Oberbegriff der Unterschlagung sind dagegen verschiedene Straftaten zuzuordnen. Hierzu zählen im Wesentlichen neben der Unterschlagung (§ 246 StGB) auch der Diebstahl (§ 242 StGB) und die mit der Unterschlagung meist gemeinsam verübten Straftatbestände des Betrugs (§ 262 StGB), der Untreue (§ 266 StGB) (→Untreue von Gesellschaftsorganen) sowie der Urkundenfälschung (§ 267 StGB). Der Tatbestand der passiven Bestechlichkeit im geschäftlichen Verkehr (§ 299 StGB) wird ebenfalls dem wirtschaftlichen Oberbegriff der Unterschlagung zugeordnet. Damit werden alle bewussten Vermögensschädigungen, die sich auf die widerrechtliche Aneignung oder Verminderung von Gesellschaftsvermögen durch gesetzlichen Vertreter, Mitarbeiter oder Dritte, zum Zwecke der persönlichen Bereicherung beziehen, umfasst. Der Begriff der wirtschaftlichen Unterschlagung ist daher mit dem Begriff der →dolosen Handlungen gleichzusetzen.

Man unterscheidet die direkte und indirekte Schädigung des Unternehmens. Direkte Schädigung ist die unmittelbare rechtswidrige Zueignung von Unternehmensvermögen durch den Täter. Indirekte Schädigungen sind Zuwendungen von Dritten, welche der Täter annimmt und im Gegenzug dem Bestechenden Vorteile zu Lasten des Unternehmens einräumt.

Die Abschlussprüfung (→Jahresabschlussprüfung; →Konzernabschlussprüfung) hat gem. § 317 Abs. 1 Satz 2 HGB die Prüfung der Einhaltung der gesetzlichen Rechnungslegungsvorschriften und der sie ergänzenden gesellschaftsvertraglichen Bestimmungen zum Gegenstand und bezieht sich auf die Rechnungslegung eines Unternehmens (→Ordnungsmäßigkeitsprüfung).

Die Unterschlagungsprüfung dient als freiwillige Sonder- oder Teilprüfung ausschließlich der Prüfung betrieblicher Tätigkeiten und Geschäftsvorfälle und ist nicht auf bestimmte Perioden beschränkt. Sie unterscheidet sich von der gesetzlich vorgeschriebenen →Pflichtprüfung durch Aufgabe, Zweck und Verfahren. Der Prüfungsansatz einer Unterschlagungsprüfung erfordert die gezielte Aufdeckung von Vermögensschädigungen, erstreckt sich auf Teilgebiete der Rechnungslegung und umfasst eine vollständige Prüfung der zum Prüfungsgebiet gehörenden Geschäftsvorfälle und Bestände sowie eine dezidierte Beurteilung der vorgelegten Prüfungsunterlagen.

Der Anlass für eine Unterschlagungsprüfung ergibt sich oftmals bei der Durchführung einer Abschlussprüfung. Denn dort werden das →Interne Kontrollsystem (IKS), die →Ablauforganisation und das betriebliche Informationssystem überprüft und Schwachstellen aufgezeigt (→Internes Kontrollsystem, Prüfung des; →Systemprüfung). Erkannte Risikobereiche und -situationen – auch ohne konkreten Verdacht auf dolose Handlungen – können zu einem Prüfungsauftrag (→Prüfungsauftrag und -vertrag) führen. Verdachtsmomente können durch Unstimmigkeiten im Betriebsablauf, auffälliges Verhalten verdächtiger Mitarbeiter oder auch durch Zufall ausgelöst werden.

Die Unterschlagungsprüfung kann in verschiedenen Phasen erfolgen.

Bei Trendanalysen wird unterstellt, dass Unterschlagungen nicht kontinuierlich erfolgen. Entsprechend wird versucht, mit der Trendanalyse unregelmäßige Entwicklungen darzustellen.

Bei Kennzahlenanalysen werden Größen zueinander in Beziehung gesetzt, die sich aufgrund sachlogischer Beziehungen in einem bestimmten, vorhersagbaren Verhältnis entwickeln (→Kennzahlen und Kennzahlensysteme als Kontrollinstrument).

Bei der Regressionsanalyse kann durch Einsetzen der aktuellen Werte der unabhängigen Variablen in eine ermittelte Regressionsfunktion ein geschätzter Sollwert für die abhängige Variable ermittelt werden.

Darüber hinaus erfolgt eine Überprüfung des Internen Kontrollsystems. Das IKS besteht aus der Gesamtheit aller Maßnahmen und Grundsätze, die eine ordnungsgemäße Erfassung, Verarbeitung, Speicherung, Ausgabe und Dokumentation der Geschäftsvorfälle und Prozesse (→Geschäftsprozesse) gewährleisten (auch Maßnahmen zur Sicherung des Vermögens vor Verlusten aller Art). Wesentliche Elemente des Internen Kontrollsystems sind Vollständigkeits-, Bestandskontrollen, Kontrolle auf sachliche und rechnerische Sicherheit, Genehmigungs-, Sicherheits-, Verarbeitungskontrollen, Kontrolle durch Funktionstrennung.

Daneben erfolgt auch eine Analyse von Datenbeständen und Informationsbeziehungen mittels IT-Einsatz. Die Analyse von Datenbeständen umfasst Auswertungen, Strukturierungen und Verdichtungen beliebiger Datenbestände nach beliebigen Kriterien zum Zwecke, Hinweise auf Besonderheiten, Veränderungen, spezielle Zusammenhänge oder Abweichungen zu erkennen (z. B. fehlende Rechnungsnummern, gleiche Rechnungsbeträge, auffällige Rechnungsempfänger etc.). Die Analyse von Informationsbeziehungen wird mit dem Ziel durchgeführt, komplexe vertragliche, wirtschaftliche, finanzielle und persönliche Beziehungen transparent und dahinter liegendes Deliktpotenzial sichtbar zu machen. Bestandteile sind:

- Erfassung der Objekte mit ihren Eigenschaften (Name, Straße, Telefonnummer, Bankverbindungen usw.),
- Bildung von Verbindungen (z. B. gleiche Straße, gleiche Bankverbindung, gleiche Namen usw.),
- Ermittlung und Aufklärung von Bestandsdifferenzen im →Vorratsvermögen,
- mögliche Rückschlüsse und Vermutungen aus der vollständigen Überwachung,
- Prüfung zur Aufdeckung direkter Schädigungen,
- Prüfung der äußeren Ordnungsmäßigkeit (Vollständigkeit und Korrektheit) sowie
- rechnerische Richtigkeit der Buchführung.

Zu den Prüfungshandlungen zählen insb. (→Auswahl von Prüfungshandlungen) →Abstimmprüfungen, →Belegprüfungen, Übertragungsprüfungen, →rechnerische Prüfungen und Prüfungen von Saldenbestätigungen (→Bestätigungen Dritter).

Katja Schweigel

Untreue von Gesellschaftsorganen

Untreue ist als Straftatbestand in § 266 StGB verankert, der ausschließlich das individuelle Vermögen schützt. Die Norm enthält in Abs. 1 zwei Tatbestände. Der Missbrauchstatbestand liegt vor, wenn die Befugnis über fremdes Vermögen zu verfügen, missbraucht wird. Dagegen setzt der umfassendere Treubruchtatbestand die Verletzung einer Vermögensbetreuungspflicht voraus, die mit einer besonders qualifizierten Pflichtenstellung gegenüber dem fremden Vermögen verknüpft ist. Durch die Untreuehandlung kommt es zu einem Nachteil für das fremde Vermögen, wobei bereits eine Vermögensgefährdung ausreicht. Der Vorsatz des Handelnden muss sowohl die Pflichtverletzung als auch den unmittelbar verursachten Vermögensnachteil umfassen. Voraussetzungen sind somit das Treueverhältnis, die Vermögensfürsorgepflicht, eine Treubruchhandlung sowie ein Vermögensnachteil.

Insb. der Missbrauchstatbestand kann von den Organen einer juristischen Person, wie der AG (→Aktiengesellschaft, Prüfung einer) oder der →Gesellschaft mit beschränkter Haftung (GmbH), verwirklicht werden, weil sie dem Gebot unterliegen, alle Maßnahmen zu unterlassen, die zu einem Vermögensschaden bei der Gesellschaft führen. So hat bspw. der alleinige Gesellschafter-Geschäftsführer einer GmbH die gesetzlichen Vorschriften zur Mindestkapitalausstattung der Gesellschaft zu beachten. Vorstandsmitglieder einer AG sind Sachwalter fremden Vermögens, weil nicht sie selbst, sondern die Aktionäre Eigentümer der Gesellschaft sind. Als gesetzlicher Vertreter leitet der Vorstand die AG unter eigener Verantwortung gem. § 76 Abs. 1 AktG und trifft seine Leitungsentscheidungen weisungsfrei nach eigenem, weit gefassten Ermessen. Angesichts des weiten Ermessensspielraums, der sich auch in der neu ins AktG integrierten modifizierten →Business Judgement Rule (§ 93 Abs. 1 Satz 2 AktG) widerspiegelt, ist der Untreuetatbestand nur verwirklicht, wenn Innenberechtigung und Außenmacht divergieren und es dadurch zu einem Vermögensschaden bei der Gesellschaft kommt. D.h. die Vermögensfürsorgepflicht muss dort rechtsgeschäftliches Handeln missbraucht werden, was eine Frage des jeweiligen Einzelfalls darstellt.

Die Rspr. hat die Verwirklichung des Untreuetatbestandes durch Geschäftsorgane angenommen bei grober Vernachlässigung von Informationspflichten, was den Anforderungen der Business Judgement Rule entspricht, nach der eine ausreichende Informationsbeschaffung eine Voraussetzung für die Nichtinanspruchnahme von Leitungsorganen trotz schädigendem unternehmerischen Handelns bildet. So erfordert eine Kreditvergabe nach einer Entscheidung des *Bundesgerichtshofs* (BGH-Urteil vom 6.4.2000, S. 34) die Abwägung von Chancen und Risiken auf Grundlage umfassender Informationen (→Kreditwürdigkeitsprüfung), die im konkreten Fall von den Vorstandsmitgliedern eines →Kreditinstituts jedoch nicht eingeholt worden waren. Nach dem Ausfall der Kredite war das Vermögen des Kreditinstituts durch die Missbrauchshandlung geschädigt, was zu einer Verurteilung wegen Untreue führte.

Aufsichtsratsmitglieder können ebenfalls den Untreuestraftatbestand verwirklichen, wenn sie bei ihren Entscheidungen das Unternehmensinteresse als Richtlinie missachten und bspw. kompensationslose Anerkennungsprämien für Vorstandsmitglieder (→Vorstand und Aufsichtsrat, Vergütung von) genehmigen, für die es weder eine vertragliche noch eine gesetzliche Grundlage gibt [BGH-Urteil vom 21.12.2005, S. 278 („*Mannesmann*")]. Auf eine gravierende Pflichtverletzung im Zusammenhang mit der Vermögensbetreuungspflicht kommt es dabei nicht an. Die Einwilligung des Vermögensinhabers (Aktionäre bzw. GmbH-Gesellschafter) kann den Missbrauchstatbestand entfallen lassen, wenn sie in rechtlich zulässiger Weise das rechtliche Dürfen des Leitungsorgans erweitert. Das ist folglich nicht der Fall, wenn die Zustimmung gegen eine gesetzliche Regelung verstößt. Erforderlich ist, dass das Einverständnis bereits im Zeitpunkt der Untreuehandlung vorliegt. Im Falle einer Verurteilung sieht § 266 Abs. 1 StGB eine Geldstrafe bzw. eine Freiheitsstrafe von bis zu 5 Jahren vor.

Literatur: BGH-Urteil vom 6.4.2000, Aktz. 1 StR 280/99, BGHSt 46, S. 30–36; BGH-Urteil vom 21.12.2005, Aktz. 3 StR 470/04, WM 60 (2006), S. 276–286.

Anja Hucke

Unvereinbare Tätigkeiten des Wirtschaftsprüfers →Vereinbare und unvereinbare Tätigkeiten des Wirtschaftsprüfers

Unversehrtheitsgrundsatz
→Vorbelastungsbilanzen

Upsizing →Outsourcing

Urheberrechts- und Urheberrechtswahrnehmungsgesetz

Nach § 1 UrhWahrnG dürfen Nutzungsrechte, Einwilligungsrechte oder Vergütungsansprüche, die sich aus dem UrhG ergeben, mit Erlaubnis des Patentamtes von Verwertungsgesellschaften für Rechnung der Urheber wahrgenommen werden. Diese Gesellschaften haben nach § 9 Abs. 1 UrhWahrnG für jedes Geschäftsjahr einen JA mit →Lagebericht aufzustellen, der von einem →Abschlussprüfer (APr) zu prüfen ist (§ 9 Abs. 4 UrhWahrnG) (→Jahresabschlussprüfung; →Konzernabschlussprüfung). Die Prüfung hat sich auf die Bilanz, die →Gewinn- und Verlustrechnung (GuV), die Buchführung (→Grundsätze ordnungsmäßiger Buchführung, Prüfung der) und den Lagebericht zu erstrecken. APr dürfen nur WP oder WPGes (→Revisions- und Treuhandbetriebe) sein (§ 9 Abs. 4 UrhWahrnG) (→Jahresabschlussprüfung; →Jahresabschlussprüfung, erweiterte). Bei der Prüfung sind die →Grundsätze ordnungsmäßiger Abschlussprüfung zu beachten. Besonderheiten ergeben sich aus der Prüfung der Beachtung der Vorschriften des UrhWahrnG. In diesem Zusammenhang sind insb. die Erteilung der Erlaubnis, die Verteilung der Einnahmen an die Urheber, die Beachtung der Auskunftspflicht, der Abschluss von Gesamtverträgen und die Angemessenheit der Tarife, die die Gesellschaft aufgrund der von ihr wahrgenommenen Rechte fordert, zu prüfen. Über das Ergebnis der Prüfung ist schriftlich zu berichten (§ 9 Abs. 5 UrhWahrnG). Dabei sind die →Berichtsgrundsätze und -pflichten des Wirtschaftsprüfers zu beachten. In einem gesonderten Berichtsabschnitt sollte ggf. auf die Besonderheiten des UrhWahrnG eingegangen werden (IDW 2000, S. 1608). Ergeben sich nach dem abschließenden →Prüfungsurteil keine Einwendungen, so ist dies nach § 9 Abs. 5 UrhWahrnG durch folgenden Vermerk zu bestätigen: „Die Buchführung, der Jahresabschluss und der Lagebericht entsprechen nach meiner (unserer) pflichtmäßigen Prüfung Gesetz und Satzung."

Sind Einwendungen zu erheben, so haben die APr die Bestätigung nach § 9 Abs. 5 UrhWahrnG einzuschränken oder zu versagen.

JA und Lagebericht sind spätestens 8 Monate nach dem Schluss des Geschäftsjahres gemeinsam mit dem →Bestätigungsvermerk (BestV) im BAnz. zu veröffentlichen (§ 9 Abs. 6 UrhWahrnG). Bedeutende Verwertungsgesellschaften sind in Deutschland die *GEMA* und die *VG Wort*.

Literatur: IDW (Hrsg.): WPH 2000, Band I, 12. Aufl., Düsseldorf 2000.

Christian Reibis

Urteilsgenauigkeit →Prüfungsrisikomodelle

Urteilssicherheit →Prüfungsrisikomodelle

US GAAP →United States Generally Accepted Accounting Principles

US GAAS →United States Generally Accepted Auditing Standards

USA →United States of America

Value at Risk

Der Value at Risk (VaR) quantifiziert das Verlustpotenzial marktrisikobehafteter Positionen.

Bereits *Markowitz* verwandte das Konzept im Rahmen seiner *Portfoliotheorie* (1952). Der Begriff VaR wurde aber erst populär in den 1990er Jahren durch Veröffentlichungen der *Group of Thirty* und *J.P. Morgan*.

Die Bedeutung des VaR stieg mit Veränderungen des Bankaufsichtsrechts. Seit Erweiterung der *Baseler Eigenkapitalvereinbarung* (→ Basel II) können Banken interne Risikomodelle zur Ermittlung der erforderlichen Eigenkapitalunterlegung verwenden. Dies verlangt verbesserte Mess- und Steuerinstrumentarien zur Selektion und Kontrolle ihrer Risiken (→ Mindestanforderungen an das Risikomanagement; → Bankencontrolling). Die deutsche Bankenaufsicht [→ *Bundesanstalt für Finanzdienstleistungsaufsicht (BaFin)*] verwendet hier äquivalent zum VaR den Begriff *potenzieller Risikobetrag*. Analog sind Nichtbanken infolge des KonTraG aufgefordert, → Risikomanagementsysteme (→ Risk Management) zu implementieren, in denen der VaR oft von zentraler Bedeutung ist.

Der VaR stellt diejenige negative Wertveränderungsrate einer Vermögensposition, eines Portfolios oder einer Unternehmung als Ganzes dar, die bei vorgegebener Wahrscheinlichkeit $1-\alpha$ (Konfidenzniveau) innerhalb einer vorbestimmten Frist nicht überschritten wird. Statistisch entspricht der VaR jenem Quantil der Dichtefunktion, das dem Konfidenzniveau entspricht. Dessen Höhe ist abhängig von regulativen oder unternehmensinternen Vorgaben und liegt üblicherweise bei 95% oder 99%. Von höheren Verlustraten ist nur mit der Wahrscheinlichkeit α (d. h. 5% oder 1%) auszugehen. Der Zeitraum wird in Kalenderdimensionen (Tag, Woche, Monat, Jahr) festgelegt.

Der VaR wird bzgl. des normalen Geschäftsverlaufs mittels *Varianz-Kovarianz-Ansatz*, *Historischer Simulation* oder *Monte Carlo Simulation* ermittelt (→ Risikosimulation; → Simulationsmodelle) (Jorion 2001, S. 205–230).

Der *Varianz-Kovarianz-Ansatz* ermöglicht die analytische Berechnung des VaR unter vereinfachten Annahmen: Wertänderungen ergeben sich durch Linearkombination normalverteilter Risikofaktoren. Der VaR folgt aus den Varianzen und Kovarianzen der Risikofaktoren, wobei die Praxis häufig auf Daten des Risk-Metrics-Konzepts (J.P. Morgan 1996) zurückgreift.

Abb.: VaR bei normalverteilten Risikofaktoren

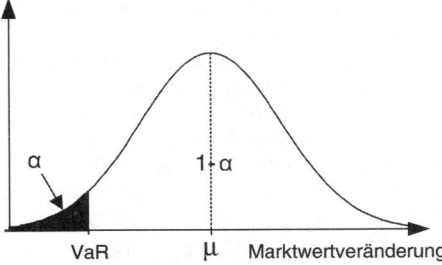

Bei der *Historischen Simulation* werden vergangene Wertänderungsraten herangezogen, auf deren Basis fiktive Neubewertungen des Bewertungsobjekts vorgenommen werden. Durch Vergleich zu tatsächlichen Marktwerten ergeben sich Szenarioabweichungen in Form von Gewinnen oder Verlusten. Werden diese der Höhe nach sortiert, ist der VaR anhand der diskreten Häufigkeitsverteilung bestimmbar. Bei 250 Bewertungstagen binnen eines Jahres stellt der zweitschlechteste (eigentlich der 2,5 schlechteste) Tageswert den heuristischen VaR auf einem Konfidenzniveau von 99% dar. Folglich wird der kritische Wert an 248 (bzw. 247,5) Tagen überschritten.

Bei der *Monte Carlo Simulation* werden dagegen verteilungsbasierte Zufallszahlen für die Wertszenarien generiert, bevor der VaR analog ermittelt wird. Auswahl und angenommene Schwankungsbreite der Risikoparameter haben hier maßgeblichen Einfluss.

Außergewöhnliche Änderungen der Risikoparameter werden durch *Stress-Tests* bzw. *Crash-Tests* berücksichtigt. Hier wird ein Wert ermittelt, der selbst bei ungünstigen oder extremen

Umständen zu 95% oder 99% nicht überschritten würde.

Sog. *Backtestings* bewerten die Güte des VaR. Man prüft, ob die prognostizierte Häufigkeit von VaR-Überschreitungen bei vorgegebenen Zeiträumen und Konfidenzniveaus mit realisierten Werten übereinstimmt.

Mittlerweile haben sich VaR-Modifikationen etabliert, denen andere Bezüge zugrunde liegen. Operative Größen, wie Jahresüberschuss (Earnings at Risk) oder →Cash Flow (Cash Flow at Risk) orientieren sich insb. an Industrieunternehmen und beziehen oft qualitative Risikofaktoren ein.

Der Vorteil des VaR-Konzepts liegt in der hohen Risikoaggregation in einem Skalar. Dadurch sind allerdings Aussagen über Umfang und Verteilung um den kritischen Wert herum nicht ableitbar. Risiken sind zudem oft nicht subadditiv: Wenn sie kumulieren, anstatt zu diversifizieren, wird das Risikopotenzial durch den VaR unterschätzt. Hinzu kommen verfahrensbedingte Nachteile, wie die meist unbegründet unterstellte Normalverteilung oder die Fortschreibung historischer Daten zur Prognose.

Literatur: Jorion, P.: Value at Risk – The New Benchmark for Managing Financial Risk, 2. Aufl., NY et al. 2001; Morgan, J. P.: RiskMetrics(TM) – Technical Document, 4. Aufl., NY 1996.

Rainer Elschen

Value Based Management

Value Based Management (→Unternehmenssteuerung, wertorientierte) ist ein kennzahlengestütztes Managementkonzept zur Umsetzung einer am →Unternehmenswert orientierten periodischen Unternehmenssteuerung. Der mehrperiodisch ausgerichtete Gedanke des Shareholder Value soll durch Residualgewinn-Größen in eine periodische Leistungsvorgabe und -messung für die Unternehmenspraxis überführt werden.

Der Economic Value Added (EVA) und der Cash Value Added (CVA) stellen die in der Praxis am weitesten verbreiteten wertorientierten Kennzahlenkonzepte dar. Der EVA einer Periode t wird anhand der folgenden Formel ermittelt:

$$EVA_t = BG_t - (WACC_t \cdot IK_t)$$

Der EVA ist eine periodenbezogene Differenz zwischen dem durch das eingesetzte Kapital erwirtschafteten betrieblichen Gewinn vor →Kapitalkosten (BG_t) und den mit dem Kapitaleinsatz verbundenen →Kosten (Stewart 1999). Letztere ergeben sich als Produkt aus dem eingesetzten →Eigenkapital und →Fremdkapital (IK_t) und dem mit ihren Anteilen gewichteten Kapitalkostensatz ($WACC_t$) (→Weighted Average Cost of Capital-Ansatz). Zur Ermittlung des Eigenkapitalkostensatzes wird i.d.R auf das →Capital Asset Pricing Model (CAPM) zurückgegriffen, während der Fremdkapitalkostensatz aufgrund vertraglicher Gegebenheiten oder aktueller Marktzinssätze bestimmt wird. Der Gewinn vor Kapitalkosten sowie das eingesetzte Kapital werden prinzipiell auf der Grundlage von JA-Daten berechnet. Diese werden einer Reihe von Anpassungen unterzogen, um ihre Aussage auf die wirtschaftliche Leistungsfähigkeit auszurichten (Eidel 2000, S. 229 ff.). Verzerrungen der Daten des Jahresabschlusses aufgrund seiner Funktionen für den Gläubigerschutz und die Ausschüttungsbemessung soll damit entgegengewirkt werden.

Der CVA einer Periode t ergibt sich aus dem Brutto-Cash Flow (→Cash Flow) der Periode (BCF_t) abzgl. der Ökonomischen Abschreibung ($ÖA_t$) und der Kosten für das während der Periode eingesetzte Kapital ($WACC_t \cdot IK_t$):

$$CVA_t = BCF_t - ÖA_t - (WACC_t \cdot IK_t)$$

Der BCF repräsentiert die am Ende der Periode nach Abzug von Unternehmenssteuern für Zahlungen an die Eigen- und Fremdkapitalgeber und für →Investitionen zur Verfügung stehenden Zahlungsüberschüsse. Das investierte Kapital enthält sowohl das Fremd- als auch das Eigenkapital. Im Gegensatz zur Ermittlung des EVA wird das Kapital zu historischen AHK (→Anschaffungskosten; →Herstellungskosten, bilanzielle) angesetzt. Für die Ermittlung des gewichteten Kapitalkostensatzes sei auf die Ausführungen zum EVA verwiesen.

Die Ökonomische Abschreibung ist der konstante Betrag, den es jährlich zurückzulegen gilt, um die AHK des abschreibbaren →Anlagevermögens zu Periodenbeginn (aA) über dessen gesamte →Nutzungsdauer n zurückzuverdienen (Plaschke 2003, S. 145 f.). Der Ökonomischen Abschreibung liegt die Prämisse einer Wiederanlage der zur Wiedergewinnung des abschreibbaren Anlagevermögens zurückgelegten →Cash Flows zum WACC zu Grunde. Sie wird wie folgt ermittelt:

$$ÖA_t = \frac{WACC}{((1 + WACC)^n - 1) \cdot aA_{t-1}}$$

Die Literatur zum →Rechnungswesen formuliert eine Reihe von Anforderungen an Steuerungssysteme, die eine zielorientierte Einflussnahme auf die Mitarbeiter eines Unternehmens ermöglichen sollen: Die *Zielkongruenz* einer Kennzahl (→Kennzahlen und Kennzahlensysteme als Kontrollinstrument) liegt vor, wenn diese das gewünschte Ziel vollständig und ausschließlich abbildet. Die *zeitliche Entscheidungsverbundenheit* stellt darauf ab, dass ein Steuerungssystem die Folgen getroffener Entscheidungen zeitnah erfassen soll. Eine *sachliche Entscheidungsverbundenheit* ist gegeben, wenn das Steuerungssystem ausschließlich die vom zu steuernden Mitarbeiter zu verantwortenden Entscheidungsfolgen erfasst. Die Objektivität der Leistungsbeurteilung durch ein Steuerungssystem erfordert eine *Unempfindlichkeit gegenüber Manipulationen*. Abschließend ist zu beachten, dass das Steuerungssystem für die Mitarbeiter *verständlich* ist sowie *Wirtschaftlichkeitsaspekten* genügt.

Die vielfach betonte Verbindung wertorientierter Kennzahlen (→Kennzahlen, wertorientierte) zum Wert eines Unternehmens, die bereits in der Namensgebung zum Ausdruck kommt, spiegelt die Kongruenz der Kennzahlen zum Ziel der Unternehmenswertsteigerung nicht wider: Die einperiodisch ausgerichteten Kennzahlen vernachlässigen die Entscheidungsfolgen in künftigen Perioden, die einen wesentlichen Einfluss auf den Wert eines Unternehmens ausüben. In diesem Zusammenhang ist auch die zeitliche Entscheidungsverbundenheit der wertorientierten Kennzahlen in Frage zu stellen, da ein zeitnaher Ausweis langfristiger Entscheidungsfolgen nicht gegeben ist. Durch den Periodenbezug der Kennzahlen wird aber sichergestellt, dass die Entscheidungsfolgen *einer* Periode zeitnah gemessen und für Steuerungszwecke herangezogen werden. Bzgl. der sachlichen Entscheidungsverbundenheit kann eine Beurteilung nur i.V.m. dem Aufgabengebiet der Mitarbeiter erfolgen, deren Leistung anhand der Kennzahl gemessen wird. Eine Einschätzung kann daher an dieser Stelle nicht vorgenommen werden.

Gleiches gilt für Wirtschaftlichkeitsüberlegungen, die nur im gesamten Kontext der Unternehmenssteuerung angestellt werden können.

Da die Ermittlung wertorientierter Kennzahlen i. d. R. auf der Grundlage von JA-Daten erfolgt, die einer Reihe von Anpassungen unterzogen werden, können Ansatz- und Bewertungswahlrechte sowie Ermessensspielräume aus der externen Rechnungslegung (→bilanzpolitische Gestaltungsspielräume nach HGB; →bilanzpolitische Gestaltungsspielräume nach IFRS; →bilanzpolitische Gestaltungsspielräume nach US GAAP) erhalten bleiben. Damit liegen grundsätzlich Manipulationsmöglichkeiten bei der Kennzahlenberechnung vor. Entgegen z.T. anders lautenden Aussagen in der Literatur stellt die Interpretation des EVA und des CVA erhebliche Anforderungen an den Kennzahlennutzer: Kenntnisse im Bereich des externen Rechnungswesens [Bilanz und →Gewinn- und Verlustrechnung (GuV) als Quelle der Ausgangsdaten der Kennzahlenberechnung], das Verständnis der vorgenommenen Anpassungen sowie grundsätzlicher kapitalmarkttheoretischer Zusammenhänge (z. B. bei der Interpretation eines Kapitalkostensatzes, dem das CAPM zugrunde liegt) werden benötigt (Heineke 2005, S. 76 ff.). Die Tiefe der erforderlichen Kenntnisse hängt davon ab, wie stark der Nutzer auf die entsprechenden Kennzahlenbestandteile Einfluss nehmen kann bzw. diese Bestandteile im Rahmen seiner Entscheidungen beachten soll.

Die vorgenannten, z.T. grundsätzlichen Kritikpunkte an einer kennzahlengestützten Unternehmenssteuerung führen zu einer Relativierung der Leistungsfähigkeit wertorientierter Kennzahlen. Eine wertorientierte Unternehmenssteuerung erfordert neben der Einführung von Kennzahlen weitere Maßnahmen, die eine Ausrichtung am langfristigen Ziel der Unternehmenswertsteigerung unterstützen. Wesentliche Erfolgsfaktoren stellen in diesem Zusammenhang eine entsprechende Ausgestaltung der Zielplanung (z. B. Orientierung am Kapitalmarkt), der Anreizgestaltung (z. B. über mehrperiodisch ausgerichtete Bonusbanken), des Berichtswesens (→Berichtssystem) und der Kommunikation mit den Kapitalmärkten (→Investor Relations) dar (s. übergreifend Weber/Bramsemann/Heineke/Hirsch 2004, S. 133 ff.).

Literatur: Eidel, U.: Moderne Verfahren der Unternehmensbewertung und Performance-Messung. Kombinierte Analysemethoden auf der Basis von US-GAAP-, IAS- und HGB-Abschlüssen, 2. Aufl., Herne/Berlin 2000; Heineke, C.: Kennzahlen als Instrument der Führung. Eine sachanalytische Untersuchung aus einer verhaltensorientierten Perspektive unter Einbeziehung kommunikationstheoretischer Überlegungen, Hamburg 2005; Plaschke, F. J.: Wertorientierte Management-Incentivesysteme auf Basis interner Wertkennzahlen, Wiesbaden 2003; Stewart, G. B.: The Quest for Value. A Guide for Senior Managers, NY 1999; Weber, J. et al.: Wertorientierte Unternehmenssteuerung. Konzepte, Implementierung, Praxisstatements, Wiesbaden 2004.

Jürgen Weber; Carsten Heineke

Value Driver →Werttreiber

Value in Use →Cash Generating Units; →Fair Value

Value Reporting

Ausgelöst durch die Einführung von Wertmanagementkonzepten (→wertorientierte Unternehmensführung; →Value Based Management) bei einer Vielzahl von Unternehmen hat die Veröffentlichung wertrelevanter Ereignisse und Entwicklungen an Bedeutung gewonnen. Gegenstand dieses Value Reporting sind alle Bestrebungen zur Veröffentlichung unternehmensertrelevanter Daten an den Kapitalmarkt. Dies umfasst neben vergangenheitsbezogenen auch zukunftsorientierte Informationen. Über diese Verbesserung der Unternehmenstranspasollen Informationsasymmetrien zwischen dem Management und heutigen bzw. zukünftigen Anteilseignern abgebaut und so die Kapitalmarkteffizienz erhöht werden. Ziel ist eine bessere Beurteilung des →Unternehmenswertes (→Unternehmensbewertung) auch durch Externe, sodass eine mögliche Wertlücke zwischen aktuellem Börsenwert und dem inneren Wert eines Unternehmens verringert werden kann. Durch die Unsicherheitsreduktion sinken die durch die Kapitalgeber geforderte Risikoprämie und somit die →Kapitalkosten des Unternehmens.

Bereits durch die Anwendung internationaler, kapitalmarktorientierter Rechnungslegungsstandards [→International Financial Reporting Standards (IFRS); →United States Generally Accepted Accounting Principles (US GAAP)] steigen die Publizitätsanforderungen an Unternehmen. Value Reporting geht jedoch über die Bereitstellung von für die Pflichtpublizität (→Publizität) notwendigen Informationen des Financial Reporting hinaus und operationalisiert die für Externe notwendigen Informationen im Hinblick auf ihre Bewertungsrelevanz. Durch die Verbindung von Financial Reporting und Value Reporting wird insgesamt ein Informationsumfang erreicht, wie er vom →*American Institute of Certified Public Accountants* (*AICPA*) unter dem Stichwort Business Reporting dokumentiert wurde (AICPA 1994).

Der Begriff Value Reporting ist erst vergleichsweise jung und wurde zunächst uneinheitlich verwendet. Die verschiedenen Abgrenzungsversuche unterschieden sich hinsichtlich Informationsumfang und insb. der Strukturierung der Berichtsinhalte (zu einem Literaturüberblick s. Ruhwedel/Schultze 2002, S. 603 ff.). Zur Entwicklung eines einheitlichen und akzeptierten Berichtsstandards hat der *AKEU* im Jahre 2002 auf der Grundlage einer umfassenden theoretischen und empirischen Basis „Grundsätze für das Value Reporting" (Value Reporting-Grundsätze) vorgeschlagen (AKEU 2002, S. 2337–2345).

Die Value Reporting-Grundsätze haben Empfehlungscharakter. Sie bilden ein Rahmenkonzept für die externe Kommunikation freiwilliger wertorientierter Zusatzinformationen, die über die de jure notwendige Kommunikation des Unternehmens hinausgehen. In Deutschland wurde hierdurch ein Berichtsstandard für die regelmäßig zu veröffentlichenden Geschäftsberichte geschaffen (→Geschäftsberichte, Gestaltungsberatung; →Geschäftsberichte, Prüfung von). Die im Rahmen eines umfassenden Gesamtkonzepts notwendige Einbeziehung zusätzlicher Informationskanäle des Unternehmens (Internet, Analystenkonferenzen) soll analog erfolgen (→Investor Relations).

Durch die Orientierung der Value Reporting-Grundsätze am Management Approach werden die externen Informationsadressaten in der gleichen Berichtsstruktur wie das Management des Unternehmens informiert. Dabei werden drei Bereiche des Value Reporting unterschieden:

1) kapitalmarktorientierte Daten über die Wertentwicklung des Unternehmens am Kapitalmarkt (bspw. Börsenkapitalisierung, Kurs-Gewinnverhältnis oder branchenspezifische Multiplikatoren),

2) Informationen über nicht bilanzierte Werte des Unternehmens (bspw. Angaben zu Marktwerten von →Vermögensgegenständen und →Schulden oder nicht bilanzierten immateriellen Vermögenswerten) sowie

3) Informationen über Strategie und Performance des Unternehmens einschl. wertorientierter Kenngrößen (→Kennzahlen, wertorientierte) und einer Erläuterung des wertorientierten Steuerungskonzepts.

Andere Konzepte fordern über das Konzept des *AKEU* hinausgehend zusätzlich die Veröffentlichung von Plandaten (→Planung).

Neben der Orientierung am Management Approach (1. Grundsatz) werden im Value Reporting-Konzept sechs weitere allgemeine Grundsätze des Value Reportings vorgeschlagen:

- Klare und nachvollziehbare Informationen (2. Grundsatz: Klarheit),
- die sachlich, zeitlich und formal vergleichbar sind (3. Grundsatz: Vergleichbarkeit),
- ausgewogene Darstellung von Chancen und Risiken sowie positiver und negativer Sachverhalte (4. Grundsatz: Ausgewogenheit),
- Bereitstellung segmentbezogener Informationen (5. Grundsatz: Segmentierung),
- regelmäßige Veröffentlichung der Informationen (6. Grundsatz: Regelmäßigkeit),
- Empfehlung zur Aufnahme der wertorientierten Zusatzinformationen in den prüfungspflichtigen →Lagebericht (7. Grundsatz: Prüfung).

Obwohl empirische Studien auf einen positiven Zusammenhang zwischen Value Reporting und Kapitalmarktperformance hinweisen, sind die Güte und der Umfang der Bereitstellung wertrelevanter Zusatzinformationen häufig noch unbefriedigend (s. zu empirischen Ergebnissen für den deutschsprachigen Raum bspw. Fischer/Becker/Wenzel 2002, S. 14–25; Pellens/Hillebrandt/Tomaszewski 2000, S. 177–207; Purtscher/Happ 2004, S. 368–374; Ruhwedel/Schultze 2002, S. 602–632). Insb. in wirtschaftlich schwierigen Situationen geht der Informationsumfang teilweise deutlich zurück. Zudem ist Value Reporting in großen Unternehmen zumeist stärker ausgeprägt als in kleineren Gesellschaften.

Neben der fehlenden Gewissheit über die tatsächlich vorhandenen positiven Auswirkungen des Value Reporting auf den Unternehmenswert stellt insb. die Sorge der Unternehmen über die Preisgabe von für den Wettbewerb relevanten Informationen ein wesentliches Hemmnis für die weitere Verbreitung des Value Reporting dar. Mit der zunehmenden Bedeutung institutioneller Investoren angelsächsischer Prägung steigt jedoch der Zwang zur Veröffentlichung bewertungsrelevanter Informationen. Die Festlegung des zweckentsprechenden Umfangs des Value Reporting stellt somit die größte Herausforderung für die Unternehmen dar. Value Reporting ist in ein Gesamtkonzept einzubinden, das weitere Informationsbereiche, bspw. Informationen über die →Corporate Governance des Unternehmens oder zur Corporate Social Responsibility, umfasst.

Literatur: AICPA (Hrsg.): Improving Business Reporting: A Customer Focus, Comprehensive Report of the Special Committee on Financial Reporting (Jenkins Committee Report), 1994; AKEU (Hrsg.): Grundsätze für das Value Reporting, DB 55 (2002), S. 2337–2345; Fischer, T. M./Becker, S./Wenzel, J.: Wertorientierte Berichterstattung – Ein empirischer Vergleich der internetbasierten Geschäftsberichte von DAX 30– und Nemax 50–Unternehmen, in: KoR 2 (2002), S. 14–25; Pellens, B./Hillebrandt, F./Tomaszewski, C.: Value Reporting – Eine empirische Analyse der DAX-Unternehmen, in: Wagenhofer, A./Hrebicek, G. (Hrsg.): Wertorientiertes Management, Stuttgart 2000, S. 177–207; Purtscher, V./Happ, T.: Value Reporting – Mythos und Wahrheit, in: RWZ 14 (2004), S. 368–374; Ruhwedel, F./Schultze, W.: Value Reporting: Theoretische Konzeption und Umsetzung bei den DAX-100 Unternehmen, in: ZfbF 54 (2002), S. 602–632.

Rolf Epstein; Peter Ruhwedel

Variable Kosten →Kosten

Variatorenrechnung

Im Zentrum jeder controllingorientierten Kostenrechnung (→Controlling; →Kosten- und Leistungsrechnung) steht die Frage, wie sich die →Kosten bei einer Änderung der Kapazitätsauslastung (→Beschäftigungsgrad) verhalten (→Kostenabhängigkeiten). Damit verbunden ist die Aufteilung der Kosten in beschäftigungsvariable und beschäftigungsfixe Kosten (Kostenauflösung). Dabei interessiert nicht so sehr die Frage, wie sich die Kosten voraussichtlich verhalten werden, sondern wie sie sich verhalten sollen, sodass eine planmäßige

Variatorenrechnung

Kostenauflösung gegenüber einer statistisch-empirischen zu bevorzugen ist.

Ein Versuch, die relativ aufwendige analytisch-planerische Kostenauflösung zu erleichtern, stellt die Verwendung von Kennzahlen (→Kennzahlen und Kennzahlensysteme als Kontrollinstrument) dar, die angeben, wie viel Prozent einer Kostenart proportional sind (sein sollen). Danach würde die Kennzahl 100 bedeuten, dass sich die Kostenart zu 100 % beschäftigungsvariabel verhält (verhalten soll). Dies würde z. B. auf Hilfsstoffe zutreffen, die sich als unechte Gemeinkosten (→Gemeinkostencontrolling) voll proportional zur Beschäftigung verhalten (sollen). Die Kennzahl 0 würde entsprechend eine reine Fixkostenart (→Fixkostencontrolling) kennzeichnen, wie z. B. Zinskosten auf das →Anlagevermögen (→kalkulatorische Kosten). Liegt die Kennzahl zwischen 0 und 100, so handelt es sich um eine Misch- oder Kombinationskostenart. Die Kennzahl 40, würde danach angeben, dass 40 % der Kosten beschäftigungsvariabel sind (sein sollen), die restlichen 60 % dagegen als beschäftigungsfixe Kosten für die Aufrechterhaltung der Betriebsbereitschaft anfallen (sollen).

Für derartige Kennzahlen ist in Deutschland schon in der ersten Hälfte des letzten Jahrhunderts die Bezeichnung „Variator" geprägt worden, wobei typischerweise als Bezugsbasis nicht 100, sondern 10 gewählt wurde, so dass sich im zuvor angeführten Beispiel der Variator 4 ergeben würde. Dieser kann damit auch so interpretiert werden, dass aus einer Änderung der Beschäftigung um 10 % eine Veränderung der (gesamten) →Sollkosten von 4 % resultiert. Zu beachten ist dabei jedoch, dass sich Beschäftigungsänderung und Variator immer auf dieselbe (Plan-) Beschäftigung beziehen müssen. Nimmt man eine andere Beschäftigung als Bezugsbasis, ändert sich auch der Variator. Diese Beschäftigungsabhängigkeit der Variatoren ist auch als wesentliche Schwäche dieser Form der Kostenauflösung anzusehen. Werden Variatoren nicht an geänderte Beschäftigungsniveaus angepasst, sondern schematisch (unverändert) verwendet, so wird der bei einer derartigen Kostenauflösung gemachte Fehler mit zunehmendem Abstand von der ursprünglichen →Planbeschäftigung immer größer. Mit sinkender Beschäftigung nimmt der Anteil der beschäftigungsvariablen Kosten an den Gesamtkosten ab, bis bei einer Beschäftigung von Null (Zustand der Betriebsbereitschaft) nur noch beschäftigungsfixe Kosten vorhanden sind, der Anteil der variablen Kosten folglich Null ist. Behält man bei sinkender Beschäftigung den ursprünglichen Variator bei, so wird der Anteil der variablen Kosten systematisch überschätzt, was – gerade in einer Rezession – zu existenzbedrohenden Fehlentscheidungen führen kann. Folgendes Beispiel soll die Vorgehensweise bei der Variatorenrechnung verdeutlichen:

Die Planbeschäftigung einer Fertigungskostenstelle (→Kostenstellenrechnung) beträgt 3.000 Fertigungsstunden (FStd.), die Höhe der gesamten Plankosten beträgt 200.000 €, die der proportionalen Plankosten 160.000 €. Der Variator ergibt sich damit zu

$$\frac{160.000\,€}{200.000\,€} \cdot 10 = 8.$$

Liegt die Istbeschäftigung nun bei 3.900 Stunden, also um 30 % über der Planbeschäftigung, müssen die Sollkosten um

$$\frac{8}{10} \cdot 30\% = 24\%$$

über den Plankosten liegen. Die Sollkosten belaufen sich also auf

$$200.000\,€ + 0{,}24 \cdot 200.000\,€ = 248.000\,€.$$

Selbstverständlich hätte man dieses Ergebnis auch errechnen können, wenn man die Daten direkt in die Beziehung zur Ermittlung der Sollkosten einsetzt. Die Sollkosten ergeben sich dann durch Multiplikation der proportionalen Plankosten mit dem Quotienten aus Ist- und Planbeschäftigung (→Beschäftigungsgrad) bzw. durch Multiplikation des Quotienten aus proportionalen Plankosten und Planbeschäftigung (proportionaler Plankostensatz) mit der Istbeschäftigung. Hinzu kommen noch die (beschäftigungs)fixen Plankosten. Für das Beispiel ergibt sich damit der proportionale Kostensatz zu

$$\frac{160.000\,€}{3.000\,\text{FStd.}} = 53{,}33\,\frac{€}{\text{FStd.}};$$

die Sollkosten betragen damit

$$53{,}33\,\frac{€}{\text{FStd.}} \cdot 3.900\,\text{FStd.} + 40.000\,€ = 248.000\,€.$$

Wie verändern sich nun die Sollkosten, wenn die Beschäftigung, ausgehend von der aktuellen Beschäftigung in Höhe von 3.900 Fertigungsstunden, um 20 % auf 3.120 Fertigungsstunden sinkt? Wendet man den (ursprünglichen) Variator von 8 an, so wäre das Ergebnis

$248.000\,€ - \frac{8}{10} \cdot 20\% \cdot 248.000\,€ = 208.320\,€.$

Tatsächlich betragen die Sollkosten jedoch

$53,33\,\frac{€}{\text{FStd.}} \cdot 3.120\,\text{FStd.} + 40.000\,€ = 206.400\,€.$

Anstelle einer Variatorenrechnung sollte daher besser eine flexible →Plankostenrechnung (z. B. die →Grenzplankostenrechnung) eingesetzt werden, die es mithilfe des proportionalen Kostensatzes jederzeit erlaubt, die Sollkosten für jede beliebige Beschäftigung zu ermitteln. Nur so ist auch eine aussagekräftige Kostenkontrolle (→Kostencontrolling) möglich, da die Sollkosten die Basis für die Ermittlung der →Verbrauchsabweichungen sind, die – aufgrund ihrer Verursachung (→Kostenverursachung) durch innerbetriebliche Unwirtschaftlichkeit – typischerweise im Mittelpunkt des Interesses stehen.

Literatur: Kilger, W. et al.: Flexible Plankostenrechnung und Deckungsbeitragsrechnung, 11. Aufl., Wiesbaden 2002; Hoitsch, H.-J./Lingnau, V.: Kosten- und Erlösrechnung. Eine controllingorientierte Einführung, 5. Aufl., Berlin et al. 2004.

Volker Lingnau

Vendor Due Diligence →Commercial Due Diligence

Veränderungsbilanz →Kapital- und Finanzflussrechnung

Veranlagungssimulation, kasuistische →Steuercontrolling

Veranlassungsprinzip →Betriebsausgaben

Verbindlichkeiten

Verbindlichkeiten sind noch nicht erfüllte Verpflichtungen (→Schulden) gegenüber einem anderen, die bereits vor dem Bilanzstichtag verursacht sind, eine wirtschaftliche Belastung darstellen, wahrscheinlich zu einer Inanspruchnahme des Bilanzierenden führen und betrieblich veranlasst sind. Auch müssen sie hinsichtlich Entstehung und Höhe gewiss sein, um nicht als →Rückstellungen passiviert zu werden. In Anlehnung an § 266 Abs. 3 C. HGB (→Gliederung der Bilanz) wird im Rahmen der Abschlussprüfung (→Jahresabschlussprüfung; →Konzernabschlussprüfung) unterschieden in die Prüfung von →Anleihen, Verbindlichkeiten gegenüber →Kreditinstituten, erhaltene →Anzahlungen auf Bestellungen, Verbindlichkeiten aus Lieferungen und Leistungen (→Kreditoren), Wechselverbindlichkeiten, Verbindlichkeiten gegenüber →verbundenen Unternehmen und gegenüber Unternehmen, mit denen ein Beteiligungsverhältnis besteht sowie sonstigen Verbindlichkeiten.

Ziel der Prüfungshandlungen ist es, ein Urteil darüber zu erlangen, ob alle in der Bilanz ausgewiesenen Verbindlichkeiten vorhanden sind und ob alle Verbindlichkeiten in der Bilanz richtig, periodengerecht und vollständig erfasst sind (→Fehlerarten in der Abschlussprüfung). In Abhängigkeit von dem jeweils zu prüfenden Verbindlichkeitenposten ergeben sich unterschiedliche →Prüfungsstrategien und aussagebezogene Prüfungshandlungen (→ergebnisorientierte Prüfungshandlungen). Während sich bei der Prüfung der →Kreditoren eine kontrollorientierte Prüfung (→Kontrollprüfung; →Systemprüfung) anbieten mag, wird die Prüfung der →Bankguthaben eher substanziellen Charakter annehmen (→ergebnisorientierte Prüfungshandlungen).

Der *Nachweis* der Verbindlichkeiten gegenüber Dritten und verbundenen Unternehmen erfolgt grundsätzlich durch die Einholung von Saldenbestätigungen (→Bestätigungen Dritter). Für andere Verbindlichkeiten sind →Prüfungsnachweise, wie bspw. Wechselkopierbuch, Verträge, Abrechnungen der Emissionsbanken, heranzuziehen (→Nachweisprüfungshandlungen).

Um die korrekte periodengerechte Abgrenzung zu gewährleisten, ist anhand von Zahlungsausgängen (→Zahlungsverkehr) und zum Prüfungszeitpunkt unbezahlter Eingangsrechnungen eine *Cut-Off*-Prüfung (→Cut-Off; →periodengerechte Erfolgsermittlung) durchzuführen.

Der →Abschlussprüfer (APr) muss feststellen, ob bei der *Bewertung* der Verbindlichkeiten die →Bewertungsgrundsätze gem. §§ 252–256 bzw. 279–281 HGB eingehalten worden sind, d. h. eine Bewertung zum Rückzahlungsbetrag i. S. v. Erfüllungsbetrag unter Beachtung des Höchstwertprinzips bei Fremdwährungsverbindlichkeiten stattgefunden hat (→Bewertungsprüfung).

Verbindlichkeiten aus Lieferungen und Leistungen

Der APr hat auch den richtigen *Ausweis* der Verbindlichkeiten gem. § 266 Abs. 3 C i.V.m. § 268 HGB (→Gliederung der Bilanz) zu prüfen. Es ist außerdem festzustellen, ob die folgenden Vorgänge richtig gebucht, zugeordnet und/oder ausgewiesen sind: alte, strittige oder fragwürdige Verbindlichkeiten, Abnahmeverpflichtungen, Abwicklung von Darlehen gegenüber Nichtbanken, Abgrenzung von Dauerschuldverhältnissen, Gebühren, Lizenzen, Provisionen sowie debitorischen Kreditoren unter Einsichtnahme in die vertraglichen Unterlagen.

Bei der Prüfung der Verbindlichkeiten sind auch die Angaben im →Anhang (→Angabepflichten) auf Richtigkeit und Vollständigkeit (→Fehlerarten in der Abschlussprüfung) hin zu überprüfen: Verbindlichkeiten gegenüber Gesellschaftern (§ 42 GmbHG/§ 264c Abs. 1 HGB), Wandelschuldverschreibungen und vergleichbare Wertpapiere (§ 160 Abs. 1 Nr. 5 AktG), →Genussrechte, Rechte zu Besserungsscheinen und ähnliche Rechte (§ 160 Abs. 1 Nr. 6 AktG), Mitzugehörigkeit zu anderen Posten (§ 265 Abs. 3 Satz 1 HGB), Restlaufzeit bis zu einem Jahr je Posten (§ 268 Abs. 5 Satz 1 HGB), antizipative Posten unter den Verbindlichkeiten (§ 268 Abs. 5 Satz 3 HGB), Bilanzierungs- und Bewertungsmethoden (§ 284 Abs. 2 Nr. 1 HGB), Grundlagen der →Währungsumrechnung (§ 284 Abs. 2 Nr. 2 HGB), →Änderungen von Bilanzierungs- und Bewertungsmethoden (§ 284 Abs. 2 Nr. 3 HGB), Restlaufzeiten und Sicherheiten insgesamt (§ 285 Nr. 1 HGB), Restlaufzeiten und Sicherheiten je Posten (§ 285 Nr. 2 HGB), nicht aus der Bilanz ersichtliche →sonstige finanzielle Verpflichtungen (§ 285 Nr. 3 HGB), Art und Umfang derivativer Finanzinstrumente (§ 285 Satz 1 Nr. 18 HGB), →beizulegende Werte der betreffenden Finanzinstrumente (§ 285 Satz 3–5 HGB) (→Zeitwerte, Prüfung von).

Die Bilanzierung von Verbindlichkeiten ist in den →International Financial Reporting Standards (IFRS) in einer Vielzahl von Standards geregelt (bspw. IAS 39 für finanzielle Verbindlichkeiten und IAS 17 für Verbindlichkeiten aus →Leasingverhältnissen). Unterschieden wird nach IAS 37 insb. zwischen sicheren (Trade and Other Payables), unsicheren (Provisions), weniger wahrscheinlichen (Contingent Liabilities) und wenig wahrscheinlichen (Remote) Verbindlichkeiten.

Literatur: IDW (Hrsg.): WPH 2006, Band 1, 13. Aufl., Düsseldorf 2006; Raff, I.: Verbindlichkeiten, in: Ballwieser, W. et al. (Hrsg.): HWRP, 3. Aufl., Stuttgart 2002, Sp. 2473–2481.

Telge-Sascha Krantz

Verbindlichkeiten aus Lieferungen und Leistungen →Kreditoren

Verbindlichkeiten gegenüber verbundenen Unternehmen →Verbundene Unternehmen

Verbindlichkeitenspiegel

Gem. § 268 Abs. 5 Satz 1 i.V.m. § 266 Abs. 1 HGB ist in der Bilanz von großen und mittelgroßen KapGes (→Größenklassen) bei jedem gesondert ausgewiesenen Posten der Betrag der →Verbindlichkeiten mit einer Restlaufzeit bis zu einem Jahr zu vermerken (→Gliederung der Bilanz). Im →Anhang sind gem. § 285 Nr. 1 HGB zu den in der Bilanz ausgewiesenen Verbindlichkeiten der Gesamtbetrag der Verbindlichkeiten mit einer Restlaufzeit von mehr als 5 Jahren (lit. a) und der Gesamtbetrag der Verbindlichkeiten anzugeben, die durch Pfandrechte oder ähnliche Rechte gesichert sind. Dabei sind Art und Form der Sicherheiten zu nennen (lit. b). Außerdem ist im Anhang gem. § 285 Nr. 2 HGB die Aufgliederung der in § 285 Nr. 1 HGB verlangten Angaben für jeden Posten der Verbindlichkeiten nach dem vorgeschriebenen Gliederungsschema anzugeben, sofern sich diese Angaben nicht aus der Bilanz ergeben. Gem. § 288 Satz 1 HGB besteht für kleine KapGes bereits im Anhang und gem. § 327 Abs. 2 HGB für mittelgroße KapGes bei der Offenlegung ihres Anhangs (→Offenlegung des Jahresabschlusses) das Wahlrecht zur Freistellung von der verlangten Aufgliederung nach § 285 Nr. 2 HGB.

Die zusammengefasste Darstellung dieser Angaben wird als *Verbindlichkeitenspiegel* bezeichnet, der entweder im Anhang (Regelfall) oder in der Bilanz gezeigt wird (→Angabepflichten) und folgenden Aufbau aufweist:

- Art der Verbindlichkeit (= Unterposten),
- Restlaufzeit bis zu einem Jahr,
- Restlaufzeit zwischen einem und 5 Jahren,
- Restlaufzeit von mehr als 5 Jahren,
- Summe,
- davon durch Pfandrechte und ähnliche Rechte gesichert sowie

- Art und Form der Sicherheit.

Die Aufgliederung im Verbindlichkeitenspiegel hat in der Weise zu erfolgen, dass zu jedem Posten der Verbindlichkeiten die zugehörigen Angaben zu den Restlaufzeiten und zur Besicherung gemacht werden. Zu jedem Posten der Verbindlichkeiten sind die ihn betreffenden Sicherheiten nach Art und Form anzugeben. Haftet eine Sicherheit für mehrere Verbindlichkeiten, z. B. eine Grundschuld für eine →Anleihe und für Verbindlichkeiten gegenüber einem →Kreditinstitut, so ist die Art der Sicherheit bei jedem der in Betracht kommenden Posten anzugeben. Wurden für bestimmte Verbindlichkeiten mehrere oder verschiedene Sicherheiten gewährt, so sind alle (nicht unwesentlichen) Sicherheiten, ggf. anteilig, zu nennen. Zwar verlangt § 265 Abs. 2 HGB für jeden Posten grundsätzlich die Angabe des entsprechenden Betrags des vorhergehenden Geschäftsjahres (→Vergleichsangaben über Vorjahre), den Verbindlichkeitenspiegel betreffend bezieht sich dies lediglich auf die Angabe des Betrags mit einer Restlaufzeit von bis zu einem Jahr für jeden ausgewiesenen Verbindlichkeitenposten.

Nach IAS 1.51 [→International Financial Reporting Standards (IFRS)] hat ein Unternehmen kurz- und langfristige →Schulden (→Liability) grundsätzlich als getrennte Posten in der Bilanz darzustellen. Nach IAS 32.60 sind innerhalb der →Notes für jede Klasse von finanziellen Verbindlichkeiten Angaben über Umfang und Art derselben einschl. wesentlicher Vereinbarungen wie bspw. Laufzeiten zu machen. Die geleisteten Sicherheiten sind nach IAS 32.94 zusätzlich anzugeben. Die Darstellung kann verbal, tabellarisch oder kombiniert erfolgen (IAS 32.74). Wesentlich erscheint die Angabe von Zinssätzen, die ggf. in Form von Durchschnittssätzen oder Zinsbereichen erfolgen kann. Auch sind nach IAS 32.86 für jede Klasse von finanziellen Verbindlichkeiten Informationen über den beizulegenden Zeitwert (→Fair Value) anzugeben, sofern in der Bilanz kein Ansatz zum Zeitwert erfolgt ist. Somit übersteigen die nach IFRS erforderlichen Angaben diejenigen nach HGB erheblich.

Die *Prüfung* des Verbindlichkeitenspiegels erfolgt im Rahmen der Prüfung der Anhangangaben zum Bilanzposten Verbindlichkeiten. Bei der Prüfung der Angaben über die Restlaufzeiten sollte der →Abschlussprüfer (APr) die betreffenden Aufstellungen des zu prüfenden Unternehmens in Stichproben (→Stichprobenprüfung) mit den entsprechenden Vertragsunterlagen abstimmen (→Belegprüfung). Stellt der APr in diesem Rahmen fest, dass Zahlungsvereinbarungen seitens des Unternehmens nicht eingehalten wurden, können das wesentliche Hinweise für die Beurteilung seiner →Finanzlage und →Ertragslage sein (IDW 2006, Abschn. R, Rn. 569, S. 2102).

Die Prüfung des Ausweises der durch Pfandrechte oder ähnliche Rechte gesicherten Verbindlichkeiten erfolgt durch Einsichtnahme in Grundbücher, notarielle Urkunden und Verträge. Werden vereinbarte Kreditsicherungen nicht eingehalten, sollte ein entsprechender Vermerk in den →Prüfungsbericht (PrB) aufgenommen werden (IDW 2006, Abschn. R, Rn. 570 f., S. 2103).

Literatur: IDW (Hrsg.): WPH 2006, Band 1, 13. Aufl., Düsseldorf 2006.

Telge-Sascha Krantz

Verbot der Vertretung widerstreitender Interessen →Berufspflichten des Wirtschaftsprüfers

Verbrauchsabweichungen

Verbrauchsabweichungen sind die zentrale Größe im Rahmen der →Abweichungsanalyse. Bei der Kostenkontrolle (→Kostencontrolling) wird eine verursachungsgerechte Zurechnung (→Kostenverursachung; →Kostenzurechenbarkeit) der Abweichungsbeträge auf diejenigen Einflussgrößen angestrebt, die diese Abweichungen tatsächlich bewirkt haben. Diese Zurechnung bildet die Basis für weitergehende Analysen sowie die Zuweisung von Verantwortung für die jeweiligen Abweichungen (Brühl 2004, S. 293).

Abweichungen zwischen geplanten und realisierten →Kosten ergeben sich *erstens* durch eine Veränderung der *Einflussgrößen Preis* (die Ist-Preise für die Inputgüter weichen von den bei der →Planung angesetzten Preisen ab) und *Beschäftigung* (der Ist-Output weicht vom geplanten Output ab). Diese Veränderungen sind jedoch aus Sicht der einzelnen Kostenstellen (→Cost Center) oft nicht innerbetrieblich bedingt, sondern infolge veränderter (externer) Rahmenbedingungen unvermeidbar. Deshalb erfolgt zu Beginn der Kostenkontrolle eine Abspaltung der durch diese Verän-

Verbrauchsabweichungen

derungen bedingten Abweichungen (→Preisabweichung; →Beschäftigungsabweichung; →Mengenabweichung). Die nach dieser Abspaltung verbleibenden Abweichungen sind *zweitens* auf eine Veränderung der im Produktionsprozess eingesetzten Mengen der *Inputgüter* (Material, Personal etc.) zurückzuführen. Diese Abweichungen werden unter dem Begriff der globalen Verbrauchsabweichung zusammengefasst. Mit ihrer Hilfe sollen Unwirtschaftlichkeiten im betrieblichen Geschehen aufgedeckt werden. Formal errechnet sich die globale Verbrauchsabweichung ΔVA in einem Ist-Soll-Vergleich (→Soll-Ist-Vergleich) (Ewert/Wagenhofer 2005, S. 330) als:

$$\Delta VA = \underbrace{\sum_i M_i^{Ist}(B^{Ist}) \cdot P_i^{Plan}}_{\text{Kontrollgröße}} - \underbrace{\sum_i M_i^{Soll}(B^{Ist}) \cdot P_i^{Plan}}_{\text{Vergleichsgröße}}$$

Kontrollgröße sind die Istkosten der →Plankostenrechnung. Sie ergeben sich aus den Ist-Verbräuchen M_i^{Ist} der eingesetzten Inputfaktoren i für die tatsächlich realisierte Beschäftigung B^{Ist}. Die Verbräuche werden nicht mit den Ist-Preisen, sondern mit den ursprünglich geplanten Preisen P_i^{Plan} bewertet. Als *Vergleichsgröße* dienen die →Sollkosten. Ihnen liegen die ursprünglich geplanten Preise P_i^{Plan} sowie die tatsächlich realisierte Beschäftigung B^{Ist} zugrunde. Die Verbrauchsmengen M_i^{Soll} werden aus den Planansätzen abgeleitet; sie ergeben sich in einer vereinfachten Berechnung aus den geplanten Verbräuchen m_i^{Plan} je Outputeinheit und der Ist-Beschäftigung B^{Ist}:

$$M_i^{Soll}(B^{Ist}) = m_i^{Plan} \cdot B^{Ist} \quad \forall i$$

Die Differenz zwischen Kontroll- und Vergleichsgröße ist folglich, da beiden gleiche Preise und Beschäftigungen (→Beschäftigungsgrad) zugrunde liegen, nur auf ein Abweichen von den geplanten Verbrauchsfaktoren m_i^{Plan} zurückzuführen (Scherrer 1999, S. 466–469).

Die globale Verbrauchsabweichung kann sowohl für Einzel- als auch für variable Gemeinkosten ermittelt werden (→Einzelkostencontrolling; →Gemeinkostencontrolling), für Analysezwecke ist sie aber wenig aussagekräftig. Ihr kann man wohl entnehmen, bei welchen Inputfaktoren i es zu Abweichungen gekommen ist, der Grund der jeweiligen Abweichung ist jedoch nicht offensichtlich. Deshalb wird die globale Verbrauchsabweichung in Spezialabweichungen aufgespalten (s. detailliert Haberstock 2004, S. 320–364). Typische Ursachen für Spezialabweichungen sind:

- **Auftragsbedingte Abweichungen:** Diese Abweichungen entstehen, da die tatsächliche Auftragsgestaltung von der geplanten abweicht. So können z. B. Unterschiede bei der Produktgestaltung vorliegen, der Kunde verlangt anstelle einer geplanten Normaleine Sonderausführung. Die daraus resultierenden Veränderungen im Materialeinsatz sowie bei den Arbeitszeiten schlagen sich in den M_i^{Ist} nieder und führen zu einer Kostenabweichung. Verantwortlich für diese Abweichung sind i. d. R. die Abteilungen Konstruktion und/oder Vertrieb.

- **Verfahrensbedingte Abweichungen:** Veränderte Produktionsabläufe und -verfahren haben Auswirkungen auf die Materialzusammensetzung sowie die Produktionszeiten. Typische Beispiele für verfahrensbedingte Abweichungen sind die →Seriengrößenabweichung, die →Intensitätsabweichung, die Bedienungs-, die Ausbeutungsgrad- und die Maschinenbelegungsabweichung. Die Veränderung der Abläufe und Verfahren kann z. B. durch eine gestiegene Beschäftigung bedingt sein. Zu ihrer Bearbeitung wird es notwendig, von den optimalen Abläufen abzuweichen und somit höhere Kosten zu verursachen. Die Verantwortung für diese Abweichung kann im externen Bereich, bei der Produktionsplanung (→Produktionscontrolling) oder bei der bearbeitenden Kostenstelle liegen.

- **Materialbedingte Abweichungen:** Veränderte Materialeigenschaften bedingen einen höheren Materialverbrauch und, z. B. infolge von schlechter Qualität des Materials, höhere Arbeitszeiten. Die Verantwortung für diese Abweichung liegt i. d. R. im Bereich der Beschaffung (→Qualitätscontrolling; →Beschaffungscontrolling).

Spezialabweichungen erklären die globale Verbrauchsabweichung. Sie zeigen den jeweiligen Grund auf, warum es zu einer Abweichung gekommen ist und legen damit auch die Verantwortung fest. Nicht immer gelingt es, die globale Verbrauchsabweichung vollständig auf Spezialabweichungen zurückzuführen; der verbleibende Teil wird echte Verbrauchsabweichung bzw. Restabweichung genannt. Er beruht auf Einflussgrößen, die entweder bewusst nicht berücksichtigt wurden bzw. nicht voraussehbar waren oder ist Ausdruck von Unwirtschaftlichkeit (Coenenberg 2003, S. 406 f.). Die Verantwortung hierfür liegt i.d.R. bei der bearbeitenden Kostenstelle.

Literatur: Brühl, R.: Controlling. Grundlagen des Erfolgscontrollings, München/Wien 2004; Coenenberg, A. G.: Kostenrechnung und Kostenanalyse, 5. Aufl., Stuttgart 2003; Ewert, R./Wagenhofer, A.: Interne Unternehmensrechnung, 6. Aufl., Berlin et al. 2005; Haberstock, L.: Kostenrechnung II. (Grenz-)Plankostenrechnung, 9. Aufl., Berlin 2004; Scherrer, G.: Kostenrechnung, 3. Aufl., Stuttgart 1999.

Dominik Kramer

Verbrauchsfolgeverfahren

Aus Gründen der Wirtschaftlichkeit kann unter bestimmten Voraussetzungen vom Grundsatz der Einzelbewertung (§ 252 Abs. 1 Nr. 3 HGB) abgewichen werden (→Bewertungsgrundsätze). Das HGB erlaubt die folgenden Bewertungsvereinfachungsverfahren: die Fest- und Gruppenbewertung gem. § 240 Abs. 3 HGB (→Inventurvereinfachungsverfahren, Prüfung von) sowie Anwendung von Verbrauchsfolgeverfahren beim Posten →Vorratsvermögen (§ 256 HGB).

Die Anwendung von Verbrauchsfolgeverfahren setzt voraus, dass diese den GoB (→Grundsätze ordnungsmäßiger Buchführung, Prüfung der) entsprechen und dass sie sich auf gleichartige Gegenstände beziehen. Gleichartigkeit liegt vor, wenn Zugehörigkeit zur gleichen Warengattung oder Funktionsgleichheit vorliegt. Zusätzlich sollte von einer annähernden Wertgleichheit ausgegangen werden. Der →Abschlussprüfer (APr) hat die zutreffende Anwendung der Verbrauchsfolgeverfahren zu prüfen.

Einige Verbrauchfolgeverfahren unterstellen eine gewisse zeitliche Verbrauchsfolge. Zu nennen ist hier das FiFo-Verfahren, welches unterstellt, dass die zuerst angeschafften oder hergestellten →Vermögensgegenstände zuerst verbraucht oder veräußert werden. Dadurch werden die Bestände zum Abschlussstichtag mit zeitnahen →Anschaffungskosten (AK) oder HK (→Herstellungskosten, bilanzielle) ausgewiesen. Der Materialaufwand (→Materialaufwendungen) beinhaltet dagegen nicht mehr aktuelle →Wiederbeschaffungskosten. Bei steigenden Preisen können somit keine stillen Reserven (→stille Reserven und Lasten) gelegt werden. Ferner besteht das Risiko des Ausweises von Scheingewinnen. Insb. bei Saisonartikeln und verderblichen Waren bildet es die tatsächliche Verbrauchsfolge ab. Das LiFo-Verfahren unterstellt, dass die zuletzt angeschafften oder hergestellten Vermögensgegenstände zuerst verbraucht oder veräußert werden. Dadurch werden die Bestände zum Abschlussstichtag mit den ältesten Zugängen ausgewiesen. Da bei gleich bleibenden oder leicht steigenden Beständen der Materialaufwand zu zeitnahen Einstandspreisen ausgewiesen wird, besteht bei allgemeinen Preissteigerungen die Möglichkeit zur Legung stiller Reserven. Weiterhin wird das Risiko inflationsbedingter Scheingewinne minimiert.

Andere Verbrauchsfolgeverfahren orientieren sich an der Preishöhe. Hierunter fallen die HiFo-Methode, wonach die teuersten angeschafften oder hergestellten Vermögensgegenstände zuerst veräußert oder verbraucht werden, sowie die LoFo-Methode, wonach die billigsten angeschafften oder hergestellten Vermögensgegenstände zuerst verbraucht oder veräußert werden. Die Anwendung dieser beiden Verfahren ist umstritten, da der Gesetzeswortlaut eigentlich eine zeitliche Zugangsreihenfolge vorschreibt. Gegen das LoFo-Verfahren werden zudem Bedenken hinsichtlich der Konformität mit dem Vorsichtsprinzip (→Grundsätze ordnungsmäßiger Rechnungslegung) geäußert.

Für die Bewertung von Vorräten (→Vorratsvermögen) in der Konzernbilanz kann als spezielles Verbrauchsfolgeverfahren zudem das KiFo-Verfahren herangezogen werden, nach dem zwischen konzerninternen Lieferungen und Drittlieferungen unterschieden wird (→verbundene Unternehmen). Das Verfahren dient zur Vereinfachung der Zwischengewinneliminierung (→Konsolidierungsformen), indem es den Abgang von konzerninternen Lieferungen zuerst unterstellt. Im Jahres- bzw. →Einzelabschluss eines Konzernunternehmens ist das KiFo-Verfahren wegen der fehlenden zeitlichen Zugangsreihenfolge nicht anwendbar. Ein theoretisch denkbares KiLo-Verfahren ist praktisch wegen des damit verbundenen Mehraufwands der Zwischengewinneliminierung bedeutungslos.

Da einzig das LiFo-Verfahren (neben der Durchschnittsbewertung) auch steuerlich anerkannt ist, hat es aus Gründen der Maßgeblichkeit (→Maßgeblichkeitsprinzip) und der Möglichkeit der Bildung stiller Reserven die größte praktische Bedeutung. Die Anwendung von Verbrauchsfolgeverfahren im HGB-Abschluss setzt nicht voraus, dass das gewählte Verfahren die tatsächliche Verbrauchsfolge abbilden muss. Sie darf aber auch nicht völlig unvereinbar mit betrieblichen Abläufen sein.

LiFo- und FiFo-Verfahren können als permanentes oder periodisches Verfahren angewendet werden. Das permanente Verfahren setzt eine laufende Bestandsfortschreibung der Mengen und Werte mit entsprechender Verbrauchserfassung auf Basis der Verbrauchsfolgefiktion voraus. Da dieses Verfahren rechentechnisch sehr aufwendig ist, ist es praktisch nicht sehr weit verbreitet. Vereinfachend werden bei der periodischen Bewertung nur die AB und EB einer Berichtsperiode (welche i.d.R. das Geschäftsjahr umfassen dürfte) verglichen und der EB nach der unterstellten Verbrauchsfolge bewertet. Dabei kann ein Mehrbestand mit dem AB zu einem fortzuführenden Durchschnittsbestand zusammengefasst werden oder als gesonderter Bestand (Layer) ausgewiesen und fortgeführt werden. Innerhalb der Layer können die Vermögensgegenstände nach unterschiedlichen Verfahren bewertet werden (bspw. Ansatz zu tatsächlichen →Kosten in der Reihenfolge des Zugangs während des Geschäftsjahres oder zu tatsächlichen Kosten der zuletzt zugegangenen Vermögensgegenstände sowie zu Durchschnittskosten aller Zugänge des Geschäftsjahres).

Das Verfahren der isolierten Layerbildung ist handelsrechtlich umstritten und kann über die Umkehrmaßgeblichkeit (→Maßgeblichkeit, umgekehrte) wohl nur für das LiFo-Verfahren als zulässig angesehen werden. Gleiches gilt für die Anwendung des layerbezogenen Niederstwerttests. Handelsrechtlich dürfte hingegen ein Abwertungsbedarf nur bestehen, soweit der →beizulegende Wert des gesamten Vorratspostens dessen Buchwert unterschreitet.

Im Rahmen der Abschlussprüfung (→Jahresabschlussprüfung; →Konzernabschlussprüfung) ist zu berücksichtigen, dass anhand der periodischen Bewertung Bilanzgestaltungen möglich sind (→bilanzpolitische Gestaltungsspielräume nach HGB; →bilanzpolitische Beratung durch den Wirtschaftsprüfer). So können im Rahmen des periodischen LiFo-Verfahrens durch bewusste Bestandsreduzierungen oder Zukäufe zum Abschlussstichtag stille Reserven aufgelöst oder gelegt werden (→stille Reserven und Lasten). Bei der Anwendung von Verbrauchsfolgeverfahren ergeben sich daher zusätzliche →Angabepflichten im →Anhang gem. §§ 284 Abs. 2 Nr. 4 (pauschaler Ausweis eines wesentlichen Unterschiedsbetrags zu einer Bewertung auf der Grundlage des letzten vor dem Abschlussstichtag bekannten Börsen- oder Marktpreises) und 285 Nr. 5 HGB (Ergebnisbeeinflussung durch rein steuerliche Abwertung).

Bei der Prüfung von Abschlüssen nach den →International Financial Reporting Standards (IFRS) ist zu beachten, dass Bewertungsvereinfachungen zulässig sind, sofern Vermögenswerte (→Asset) in großer Stückzahl vorliegen und diese untereinander austauschbar sind. Erlaubt sind die FiFo- und die Durchschnittsmethode. Ein Festwert ist nicht zulässig.

Literatur: Ellrott, H.: Kommentierung des § 256 HGB, in: Ellrott, H. et al. (Hrsg.): BeckBilKomm, 6. Aufl., München 2006.

Gerald Reiher

Verbundeffekte →Sortimentscontrolling

Verbundeffekte in der Unternehmensbewertung →Synergieeffekte in der Unternehmensbewertung

Verbundene Unternehmen

Die Prüfung der verbundenen Unternehmen umfasst die Prüfung des Bestehens der →Beteiligung (→Nachweisprüfungshandlung), des korrekten Ausweises, der Bewertung (→Bewertungsprüfung), der →Ausleihungen sowie →Forderungen/→Verbindlichkeiten gegenüber verbundenen Unternehmen, der →Aufwendungen und Erträge aus verbundenen Unternehmen sowie die Prüfung der Anhangangaben (→Anhang; →Angabepflichten).

In der →Prüfungsplanung wird die Prüfung der verbundenen Unternehmen bereits im Rahmen der →Vorprüfung vorgesehen, da zu diesem Zeitpunkt bereits wesentliche Veränderungen in Bestand und Bewertung der verbundenen Unternehmen nachgewiesen werden können. Aus organisatorischer Sicht ist es vorteilhaft, bereits im Rahmen der Vorprüfung Unterlagen zur Prüfung der verbundenen Unternehmen anzufordern. Ebenso sollte die Durchführung einer Saldenbestätigungsaktion zum Nachweis der Forderungen und Verbindlichkeiten gegenüber verbundenen Unternehmen frühzeitig veranlasst werden (→Nachweisprüfungshandlungen; →Bestätigungen Dritter) und geklärt werden, inwiefern unterjährige Saldenabstimmungen mit den verbundenen Unternehmen erfolgen (→Kontrollprüfung; →Systemprüfung).

Zur Prüfung des *Bestehens der Beteiligung* an verbundenen Unternehmen dient zunächst eine Aufstellung, die den Bestand zum Ende der Vorperiode, die Zu- und Abgänge und →Abschreibungen (→Abschreibungen, bilanzielle; →Abschreibungen, steuerrechtliche) sowie den Bestand zum Abschlussstichtag darstellt. Als →Prüfungsnachweise werden Kaufverträge, Gründungsurkunden u. a. analog der Prüfungsunterlagen von Beteiligungsgesellschaften (→Beteiligungsgesellschaften, Prüfungsunterlagen von) herangezogen (→Nachweisprüfungshandlungen).

Die Prüfung des *Ausweises* der Anteile sowie Ausleihungen und Forderungen bzw. Verbindlichkeiten gegenüber verbundenen Unternehmen erfolgt anhand einer Auflistung der verbundenen Unternehmen. Da der Nachweis sämtlicher verbundener Unternehmen, die gem. § 271 Abs. 2 HGB zu einem Unternehmensverbund gehören, von einem Unternehmen, das nicht selbst Muttergesellschaft ist, i.d.R. nicht vollständig erbracht werden kann, muss diese Aufstellung von der Muttergesellschaft eines Konzerns (→Konzernarten) zur Verfügung gestellt werden. Dem →Abschlussprüfer (APr) steht durch § 320 Abs. 2 Satz 3 HGB ein unmittelbares Auskunftsrecht gegenüber dem Mutterunternehmen sowie auch gegenüber den Tochterunternehmen zu (→Auskunftsrechte des Abschlussprüfers).

Die Prüfung der *Werthaltigkeit* der Anteile an verbundenen Unternehmen erfolgt durch Einsicht in die aktuellen Jahresabschlüsse analog zur Prüfung der →Beteiligungen (→Bewertungsprüfung). Soweit sich hieraus keine Anhaltspunkte für eine nachhaltige Wertminderung des →beizulegenden Wertes gegenüber dem Buchwert ergeben, bestehen an der Weiterführung der →Anschaffungskosten (AK) oder niedrigeren Buchwerte keine Bedenken. Zusätzlich werden Planungsunterlagen (→Planung) und Einschätzungen der Geschäftsleitung herangezogen und auf ihre Plausibilität beurteilt (→analytische Prüfungshandlungen; →Plausibilitätsprüfungen), um die voraussichtliche zukünftige Entwicklung der Beteiligung zu beurteilen.

Im Zusammenhang mit der Prüfung der Anteile steht die Prüfung ggf. bestehender Ausleihungen an Beteiligungsunternehmen. Die Prüfung erstreckt sich auf die Voraussetzung des § 247 Abs. 2 HGB für einen Ausweis im →Anlagevermögen, den Bestandsnachweis sowie die Bewertung. Der Bestand wird anhand von Kreditverträgen bzw. Saldenbestätigungen (→Bestätigungen Dritter) geprüft. Für die Prüfung der Werthaltigkeit der Ausleihung ist insb. die voraussichtliche zukünftige Entwicklung im Bezug auf die Fähigkeit des verbundenen Unternehmens zur Rückzahlung der Ausleihung einzuschätzen.

Forderungen und Verbindlichkeiten gegenüber verbundenen Unternehmen werden durch Saldenbestätigungen oder alternative Prüfungshandlungen (Lieferbelege, Prüfung der Zahlungseingänge) nachgewiesen (→Nachweisprüfungshandlungen). Differenzen in den Bestätigungen sollten nach Möglichkeit bereits vor dem Prüfungszeitpunkt geklärt werden, um Verzögerungen im Prüfungsablauf zu vermeiden.

Mit den verbundenen Unternehmen im Zusammenhang stehende „Abschreibungen auf Finanzanlagen" werden im Rahmen der Prüfung der Anteilsbewertung mit geprüft. Bei den Posten der →Gewinn- und Verlustrechnung (GuV) „Erträge aus Anteilen an verbundenen Unternehmen" sowie den „Erträgen aus Verlustübernahme" bzw. „aufgrund von Gewinnabführungsverträgen abgeführte Gewinne" ist auf einen Ausweis als gesonderter Posten der GuV zu achten (→Gliederung der Gewinn- und Verlustrechnung; →Finanzergebnis). Bei den Zinsaufwendungen und -erträgen aus verbundenen Unternehmen sind jeweils die Davon-Vermerke zu prüfen (→Angabepflichten).

Die Prüfung der Angaben zu verbundenen Unternehmen im →Anhang umfasst die Prüfung der Davon-Vermerke für Ausleihungen, Forderungen und Verbindlichkeiten gegenüber Gesellschaftern, Angaben zum Mutterunternehmen und zu wesentlichen Beteiligungen sowie Angaben zu wechselseitigen Beteiligungen. Weiterhin ist die zutreffende Darstellung der Entwicklung der →Finanzanlagen im →Anlagespiegel zu prüfen.

Literatur: IDW (Hrsg.): WPH 2006, Band I, 13. Aufl., Düsseldorf 2006; Rehkugler, H.: Finanzanlagen, in: Ballwieser, W. et al. (Hrsg.): HWRP, 3. Aufl., Stuttgart 2002, Sp. 772–781.

Oliver Bielenberg

Verdeckte Einlagen

Die verdeckte Einlage ist ein gesellschaftliches Finanzierungsinstrument und bezieht ihren Namen aus der Gegenüberstellung zu der sog. offenen Bar- oder Sacheinlage (Weber-Grellet 1998, S. 1536 f.). Im Grundsatz ist die verdeckte Einlage auf Ebene der KapGes steuerneutral. Beim zuwendenden Gesellschafter können sich je nach Art und Herkunft des Einlagegegenstandes unterschiedliche Besteuerungsfolgen ergeben. I.d.R. führt die verdeckte Einlage zu einer Erhöhung der →Anschaffungskosten (AK) der Anteile an der KapGes.

Nach der Rspr. des *BFH* ist eine verdeckte Einlage gegeben, wenn ein Gesellschafter seiner KapGes außerhalb der gesellschaftsrechtlichen Einlagen →Vermögensgegenstände zuwendet und die Zuwendung durch das Gesellschaftsverhältnis veranlasst ist. Ob und inwieweit eine außerhalb der gesellschaftsrechtlichen Einlagen liegende Zuwendung eines Vermögensvorteils vorliegt, muss durch einen Fremdvergleich festgestellt werden (Wochinger 2003, Rn. 91 zu § 8 Abs. 1 KStG n.F., S. 32). Die Veranlassung durch das Gesellschaftsverhältnis liegt danach vor, wenn ein Nichtgesellschafter bei Anwendung der Sorgfalt eines ordentlichen Kaufmanns der Gesellschaft den Vermögensvorteil nicht eingeräumt hätte (BFH-Urteil vom 16.4.1991, S. 235). Voraussetzung für die Qualifizierung als verdeckte Einlage ist, dass es sich bei dem Vermögensvorteil um ein bilanzierungsfähiges →Wirtschaftsgut handelt. Der Vermögensvorteil muss deshalb in der Bilanz entweder einen Aktivposten geschaffen oder erhöht oder den Wegfall oder die Verminderung eines Passivpostens bewirkt haben (Wochinger 2003, Rn. 94 zu § 8 Abs. 1 KStG n.F., S. 34). Eine verdeckte Einlage kann danach insb. vorliegen, wenn ein Gesellschafter seiner KapGes materielle oder immaterielle Wirtschaftsgüter unentgeltlich oder gegen unangemessen niedriges Entgelt überträgt. Das für unentgeltlich erworbene immaterielle Wirtschaftsgüter (→immaterielle Vermögensgegenstände) bestehende Aktivierungsverbot findet in diesem Fall keine Anwendung. Aus diesem Grund kann auch ein nicht entgeltlich erworbener →Geschäfts- oder Firmenwert Gegenstand einer verdeckten Einlage sein (Wochinger 2002, Anhang zu § 8 Abs. 1 KStG n.F., S. 21). Auch in Fällen, in denen ein Gesellschafter →Verbindlichkeiten seiner KapGes übernimmt oder auf →Forderungen oder Anwartschaften ihr gegenüber verzichtet, kommt eine verdeckte Einlage in Betracht. Ist die Forderung, auf die verzichtet wird, im Wert gemindert, so kann die grundsätzlich steuerneutrale Einlage auf Gesellschaftsebene mit →Ertrag verbunden sein (Weber-Grellet 1998, S. 1537).

Nutzungsvorteile können nicht Gegenstand einer verdeckten Einlage sein, da ihnen die Eigenschaft als bilanzierungsfähiges Wirtschaftsgut fehlt (BFH-Beschluss vom 26.10.1987, S. 354). Keine verdeckte Einlage liegt deshalb vor, wenn der Gesellschafter der KapGes Dienste, Kapital oder Wirtschaftsgüter zur Nutzung unentgeltlich oder gegen unangemessen niedriges Entgelt überlässt. Davon abzugrenzen sind Nutzungsvorteile, wenn sie sich bereits in einer Vermögensmehrung in Gestalt von Wirtschaftsgütern niedergeschlagen haben (BFH-Beschluss vom 26.10.1987, S. 352). Hierbei handelt es sich um Fälle, in denen bereits ein Entgeltanspruch aus der Nutzungsüberlassung entstanden ist. Wird auf einen solchen Anspruch verzichtet, liegt anders als im Fall, dass von vornherein auf ein angemessenes Entgelt verzichtet wird, eine verdeckte Einlage vor.

Die Zuwendung eines Vermögensvorteils an eine KapGes kann nicht nur unmittelbar, sondern auch mittelbar durch eine dem Gesellschafter nahe stehende Person erfolgen. Die Beziehungen, die ein Nahestehen eines Dritten zum Gesellschafter begründen, können persönlicher, schuldrechtlicher oder gesellschaftsrechtlicher Art sein. Überwiegt das eigene wirtschaftliche Interesse der nahestehenden Person, stellt die Zuwendung keine verdeckte Einlage bei der KapGes dar, auch wenn die Zuwendung dem Gesellschafter gleichermaßen zugute kommt (Wochinger 2003, Rn. 130 zu § 8 Abs. 1 KStG n.F., S. 59).

Literatur: BFH-Beschluss vom 26.10.1987, Aktz. GrS 2/86, BStBl. II 1988, S. 348–357; BFH-Urteil vom 16.4.1991, Aktz. VIII R 100/87, BStBl. II 1992, S. 234–237; Weber-Grellet, H.: Die verdeckte Einlage, in: DB 51 (1998), S. 1532–1538; Wochinger, P.: Kommentierung des § 8 KStG n.F., in: Dötsch, E. et al. (Hrsg.): Die Körperschaftsteuer, Kommentar, Loseblattausgabe, Stuttgart, Stand: 56. Erg.-Lfg. April 2006.

Rainer Schütt

Verdeckte Gewinnausschüttung

Eine verdeckte Gewinnausschüttung (vGA) führt bei einer KapGes zu einer Erhöhung des steuerpflichtigen Ergebnisses um die vGA und damit regelmäßig zu Mehrsteuern. Beim begünstigten Gesellschafter wird das betroffene Rechtsgeschäft umqualifiziert und löst, je nachdem, ob es sich bei dem Gesellschafter um eine natürliche Person oder eine KapGes handelt, unterschiedliche Besteuerungsfolgen aus.

Die vGA ist gesetzlich nicht definiert. Nach der Rspr. des *BFH* ist eine vGA bei einer KapGes eine Vermögensminderung oder verhinderte Vermögensmehrung, die durch das Gesellschaftsverhältnis veranlasst ist, sich auf die Höhe des Einkommens auswirkt und in keinem Zusammenhang mit einer offenen Gewinnausschüttung steht (BFH-Urteil vom 22.2.1989, S. 476). Die Veranlassung einer Vermögensminderung durch das Gesellschaftsverhältnis liegt nach ständiger Rspr. stets dann vor, wenn die KapGes dem Gesellschafter einen Vermögensvorteil zuwendet, den sie bei Anwendung der Sorgfalt eines ordentlichen und gewissenhaften Geschäftsleiters einem Nichtgesellschafter nicht gewährt hätte (BFH-Urteil vom 24.3.1999, S. 613). Sie stellt dabei darauf ab, ob die KapGes die gleiche Leistung unter den gleichen oder doch zumindest vergleichbaren Bedingungen auch mit einem fremden Dritten vereinbart hätte. Entsprechen die tatsächlich vereinbarten Bedingungen nicht dem angelegten Maßstab des Fremdvergleichs, so wird eine Verursachung bzw. Veranlassung durch das Gesellschaftsverhältnis vermutet (Wassermeyer 1994, S. 1106). Eine vGA kann danach insb. vorliegen, wenn eine KapGes vom Gesellschafter →Wirtschaftsgüter gegen unangemessen hohes Entgelt erwirbt oder diese an den Gesellschafter unentgeltlich oder gegen unangemessen niedriges Entgelt veräußert. Auch in Fällen, in denen eine KapGes Dienste, Kapital oder Wirtschaftsgüter des Gesellschafters gegen unangemessen hohes Entgelt nutzt oder dem Gesellschafter diese zur Nutzung unentgeltlich oder gegen unangemessen niedriges Entgelt überlässt, kommt eine vGA in Betracht (Wochinger 2002, Rn. 7 zu § 8 Abs. 3 KStG n.F., S. 9).

Besondere formale Erfordernisse gelten beim beherrschenden Gesellschafter. Eine beherrschende Stellung eines Gesellschafters liegt regelmäßig vor, wenn er die Mehrheit der Stimmrechte besitzt. Auch ohne eine solche Mehrheit kann eine beherrschende Stellung vorliegen, wenn mehrere Gesellschafter einer KapGes mit gleichgerichteten Interessen zusammenwirken. Ist der Gesellschafter ein beherrschender, so kann eine vGA auch dann anzunehmen sein, wenn die KapGes eine Leistung an ihn erbringt, für die es an einer klaren, im voraus getroffenen, zivilrechtlich wirksamen und tatsächlich durchgeführten Vereinbarung fehlt (BFH-Urteil vom 24.3.1999, S. 613). In jüngster Zeit hat der *BFH* seine auf formale Kriterien abstellende Betrachtungsweise teilweise gelockert, indem einzelne der Kriterien nicht mehr i. S. v. absoluten Tatbestandsvoraussetzungen verstanden werden (Geiger 2003, Rn. 302 zu § 8 Abs. 3 KStG n.F., S. 115).

Der unmittelbaren Zuwendung eines Vermögensvorteils an einen Gesellschafter steht die an eine ihm nahe stehende Person gleich. Nahe stehend können sowohl natürliche als auch juristische Personen und →Personengesellschaften (PersGes) sein. Die Nähe eines Dritten zum Gesellschafter kann durch persönliche, schuldrechtliche oder gesellschaftsrechtliche Beziehungen begründet sein. Zum Kreis der dem Gesellschafter nahe stehenden Personen aufgrund gesellschaftsrechtlicher Beziehungen gehören insb. →verbundene Unternehmen.

Stehen der Zuwendung eines Vermögensvorteils an den Gesellschafter Leistungen des Gesellschafters an die KapGes gegenüber, so tritt bei der KapGes eine Vermögensminderung oder verhinderte Vermögensmehrung per Saldo nur insoweit ein, als die Vorteilsgewährung die Gegenleistung des Gesellschafters (Vorteilsausgleich) übersteigt (Wochinger 2002, Rn. 129 zu § 8 Abs. 3 KStG n.F., S. 54).

Literatur: BFH-Urteil vom 22.2.1989, Aktz. I R 44/85, BStBl. II 1989, S. 475–477; BFH-Urteil vom 24.3.1999, Aktz. I R 20/98, BStBl. II 2001, S. 612–615; Geiger, O.: Kommentierung des § 8 KStG n.F., in: Dötsch, E. et al. (Hrsg.): Die Körperschaftsteuer, Kommentar, Loseblattausgabe, Stuttgart, Stand: 56. Erg.-Lfg. April 2006; Wassermeyer, F.: Der Fremdvergleich als Tatbestandsmerkmal der verdeckten Gewinnausschüttung, in: DB 47 (1994), S. 1105–1111; Wochinger, P.: Kommentierung des § 8 KStG n.F., in: Dötsch, E. et al. (Hrsg.): Die Körperschaftsteuer, Kommentar, Loseblattausgabe, Stuttgart, Stand: 56. Erg.-Lfg. April 2006.

Rainer Schütt

Verdichtungshierarchien →Bezugsgrößenhierarchie

Vereidigter Buchprüfer

Der freie Beruf des vereidigten Buchprüfers hat sich aus dem Berufsstand der Bücherrevisoren entwickelt, der erstmals in entsprechenden Vorschriften der Hansestädte Lübeck, Hamburg und Bremen (1887 bis 1889) seinen gesetzlichen Niederschlag fand. Nachdem der Zugang zu der Berufsgruppe der vBP 1961 geschlossen wurde, hat das BiRiLiG zu ihrer Neueröffnung im Jahre 1986 geführt. Hierbei war die Bestellung zum vBP – nach der Erfüllung gesetzlich definierter praktischer (Prüfungs-) Erfahrungen und des bestandenen berufsqualifizierenden Examens – im Gegensatz zum WP allein →Steuerberatern und Rechtsanwälten vorbehalten.

Im Interesse der Einheitlichkeit des Prüferberufes führte das WPRefG jedoch zum 31.12.2004 zur erneuten Schließung des Berufsstandes. Bereits bestellte vBP können ihre Tätigkeit jedoch weiterhin ausüben. I.S.e. Zusammenführung der Berufsgruppen steht ihnen überdies während eines Übergangszeitraumes mit der Möglichkeit einer verkürzten Prüfung zum Erwerb der zusätzlichen Berufsqualifikation der Weg zum WP offen (→Wirtschaftsprüferexamen). Der Antrag für eine Erstprüfung muss gem. § 13a Wirtschaftsprüferordnung (WPO) bis spätestens 31.12.2007 eingereicht, die Leistungen müssen bis zum 31.12.2009 erbracht worden sein. Die Bestellung als vBP oder die Anerkennung als BPGes erlischt, wenn eine Bestellung zum WP bzw. eine Anerkennung als WPGes (→Revisions- und Treuhandbetriebe) erfolgt (§ 128 Abs. 1 Satz 1 WPO).

Die berufliche Tätigkeit der vBP wird in § 129 WPO definiert. Der Schwerpunkt liegt auf der Durchführung von Prüfungen auf dem Gebiet des betrieblichen →Rechnungswesens, insb. Buch- und Bilanzprüfungen (→Jahresabschlussprüfung; →Konzernabschlussprüfung) und die Erteilung von Prüfungsvermerken [→Bestätigungsvermerk (BestV)] (§ 129 Abs. 1 Satz 1 f. WPO). Hierüber hinaus beraten und vertreten sie ihre Auftraggeber in steuerlichen Angelegenheiten (→Steuerberatung) und können überdies als Sachverständige (→Sachverständigentätigkeit) auf dem Gebiet des betrieblichen Rechnungswesens, als Berater in wirtschaftlichen Angelegenheiten (→Unternehmensberatung) und als Treuhänder (→Treuhandwesen; →Treuhandschaften) auftreten (§ 129 Abs. 2 f. WPO). Im Rahmen der beschriebenen Berufsaufgaben können sie auch rechtsberatend tätig werden (→Rechtsberatung). Jedoch sind die Möglichkeiten von vBP/BPGes hinsichtlich der Durchführung von gesetzlichen →Jahresabschlussprüfungen gegenüber denen der WP/WPGes eingeschränkt: Sie können ausschließlich bei mittelgroßen →Gesellschaften mit beschränkter Haftung und Personenhandelsgesellschaften i.S.d. § 264a HGB (→Personengesellschaften) →Abschlussprüfer (APr) sein (§ 129 Abs. 1 Satz 4 WPO, § 319 Abs. 1 Satz 2 HGB).

Hinsichtlich der Rechte und Pflichten von vBP/BPGes wird weitgehend auf die entsprechenden für die WP/WPGes geltenden Bestimmungen der WPO verwiesen (§ 130 WPO) (→Berufsrecht des Wirtschaftsprüfers; →Berufsrecht des Wirtschaftsprüfers, Entwicklung des). Die vBP/BPGes unterliegen als Pflichtmitglieder (§ 128 Abs. 3 WPO) der Aufsicht der →*Wirtschaftsprüferkammer* (*WPK*) (→Berufsaufsicht für Wirtschaftsprüfer, national). Ungefähr die Hälfte der ca. 4.000 vBP ist überdies Mitglied des *Bundesverbands der vereidigten Buchprüfer e.V.*

Literatur: Buchner, R.: Wirtschaftliches Prüfungswesen, 2. Aufl., München 1997; IDW (Hrsg.): WPH 2006, Band I, 13. Aufl., Düsseldorf 2006.

Thies Lentfer

Vereinbare und unvereinbare Tätigkeiten des Wirtschaftsprüfers

Vereinbare und unvereinbare Tätigkeiten des Wirtschaftsprüfers sind ausgehend vom →Berufsbild des Wirtschaftsprüfers und den damit einhergehenden Berufspflichten (→Berufspflichten des Wirtschaftsprüfers) abzugrenzen. Dabei kann zum einen allgemein zwischen den mit dem Beruf des Wirtschaftsprüfers vereinbaren und unvereinbaren Tätigkeiten, und zum anderen bzgl. der Vereinbarkeit bestimmter, jeweils für sich allein betrachtet zulässiger Tätigkeiten bei ein und demselben

Auftraggeber, unterschieden werden. Letztere Unterscheidung wird, insb. im Hinblick auf die Entwicklung von WPGes (→Revisions- und Treuhandbetriebe) zu Unternehmen mit einer breit gefächerten Dienstleistungspalette, sog. „Mutidisciplinary Practices" (MDP), im Zusammenhang mit der Frage nach der →Unabhängigkeit und Unbefangenheit des Wirtschaftsprüfers unter der Überschrift „Vereinbarkeit von Prüfung und Beratung" diskutiert.

Der WP hat sich gem. § 43 Abs. 2 Satz 1 →Wirtschaftsprüferordnung (WPO) jeder Tätigkeit zu enthalten, die mit seinem Beruf oder mit dem Ansehen des Berufs unvereinbar ist. Neben der Prüfungstätigkeit (Vorbehaltsaufgabe) grundsätzlich vereinbar sind zunächst die in § 2 WPO ausdrücklich zugelassenen, berufstypischen Tätigkeiten. Dazu gehören die steuerliche Beratung und Vertretung (→Steuerberatung), die Beratung und Wahrung fremder Interessen in wirtschaftlichen Angelegenheiten, die treuhänderische Verwaltung (→Treuhandwesen; →Treuhandschaften) und das Auftreten als Sachverständiger (→Sachverständigentätigkeit) auf den Gebieten der wirtschaftlichen Betriebsführung.

Unter den weiten Begriff der „wirtschaftlichen Angelegenheiten" fallen grundsätzlich alle wirtschaftlichen Fragen. Lediglich bei einer Berührung mit dem Gebiet der →Rechtsberatung unterliegt die Beratung den Beschränkungen durch das RBerG. Der WP darf in rechtlichen Angelegenheiten nur beraten, soweit dies mit seinen Aufgaben als WP in unmittelbarem Zusammenhang steht und für eine sachgemäße Aufgabenbewältigung erforderlich ist (§ 5 Nr. 2 RBerG).

Zu den treuhänderischen Aufgaben gehören u. a. die Verwaltung fremden Vermögens, die Betreuung von Kreditsicherheiten, das Halten von Gesellschaftsanteilen und die Wahrnehmung von Gesellschafterrechten, die Tätigkeit als Testamentsvollstrecker, Nachlassverwalter (→Nachlassverwaltung), Vormund usw., sowie die Tätigkeit als Insolvenzverwalter (→Insolvenzverwaltung), Liquidator, Nachlasspfleger usw. (IDW 2006, Abschn. A., Rn. 30, S. 8).

In Ergänzung zu den berufstypischen Tätigkeiten enthält § 43a Abs. 4 WPO einen Positivkatalog von außerdem mit dem Beruf vereinbaren Tätigkeiten. Dazu gehören u. a. die Ausübung eines freien Berufs auf dem Gebiet der Technik und des Rechtswesens sowie eines sozietätsfähigen Berufs (§ 44b Abs. 1 WPO), die Tätigkeiten als Hochschullehrer, als Angestellter der →Wirtschaftsprüferkammer (WPK) sowie als Angestellter der →Deutschen Prüfstelle für Rechnungslegung. Dagegen dürfen WP nach dem Negativkatalog des § 43a Abs. 3 WPO keine gewerbliche Tätigkeit ausüben und – abgesehen von bestimmten Ausnahmen – nicht in Angestellten- oder Beamtenverhältnissen oder als Berufsrichter tätig sein.

Mit dem Verbot der gewerblichen Tätigkeit soll nach dem Willen des Gesetzgebers verhindert werden, dass die Einhaltung der Berufspflichten unterlaufen wird (BT-Drucks. 12/5685, S. 27). Die Ausübung gewerblicher Tätigkeiten könne zu Interessenkollisionen und einer Gefährdung der Unabhängigkeit des Wirtschaftsprüfers führen. Sie sei mit der Unparteilichkeit des Wirtschaftsprüfers als →Abschlussprüfer (APr) nicht zu vereinbaren. Dieser mit der Funktion der Abschlussprüfung (→Jahresabschlussprüfung; →Konzernabschlussprüfung) begründete vollständige Ausschluss von Wirtschaftsprüfern und WPGes von einer gewerblichen Betätigung erscheint heute antiquiert. Zum einen kann der WP über das zulässige Halten von Gesellschaftsanteilen an einem gewerblichen Unternehmen durchaus am Erfolg einer gewerblichen Betätigung teilnehmen und sich darüber hinaus auch über die Ausübung seiner Gesellschaftsrechte ausreichende Einblicke in das Geschäft eines solchen Unternehmens verschaffen. Zum anderen geht u. U. von bestimmten berufstypischen Beratungstätigkeiten eine weit größere Gefährdung der Unabhängigkeit des Wirtschaftsprüfers als APr aus, als dies durch gewerbliche Tätigkeiten der Fall ist, die mit dem zu prüfenden Unternehmen in keinerlei Beziehung stehen.

Damit stellt sich die Frage nach den mit der Prüfungstätigkeit des Wirtschaftsprüfers vereinbaren Tätigkeiten im Verhältnis zu ein und demselben Unternehmen oder ggf. zu mehreren miteinander →verbundenen Unternehmen. Übergreifendes Abgrenzungskriterium ist dabei die im Vertrauen des Adressaten auf die Objektivität des Prüfergebnisses gebotene Unabhängigkeit (i.w.S.) bzw. – in negativer Abgrenzung – das Bestehen der Besorgnis der Befangenheit, die den WP zur Versagung seiner Prüfungstätigkeit verpflichtet (§ 49

Vereinbarkeit von Prüfung und Beratung

WPO). In diesem Sinn sind sämtlich denkbaren Nichtprüftätigkeiten des Wirtschaftsprüfers dann nicht mit seiner Prüfungstätigkeit vereinbar, wenn das Risiko der Selbstprüfung zu hoch ist, d. h. diese Tätigkeiten zur Entstehung des zu beurteilenden Sachverhalts (des Prüfungsgegenstands) unmittelbar beigetragen haben [§ 23a Abs. 1 →Berufssatzung der Wirtschaftsprüferkammer (BS)]. Als Ausfluss dieses Selbstprüfungsverbots werden in den §§ 319 Abs. 3 und 319a Abs. 1 HGB bestimmte mit der Abschlussprüfung unvereinbare Nichtprüfungsleistungen konkretisiert (→Ausschluss als Abschlussprüfer).

Ein weiteres wesentliches Kriterium zur Identifizierung von mit der Prüfungstätigkeit unvereinbaren Nichtprüfungsleistungen bildet das Risiko der Interessenvertretung. So kann eine nachhaltige und einseitige Wahrnehmung von Interessen für oder gegen das Unternehmen, das den zu prüfenden Sachverhalt zu verantworten hat, die für eine objektive Prüfung gebotene Distanz vermissen lassen. In diesen Zusammenhang fallen die Betreibung von Werbung für ein zu prüfendes Unternehmen, die nachhaltige Wahrnehmung von gegen das zu prüfende Unternehmen gerichtete Interesse Dritter sowie treuhänderische Tätigkeiten für an dem zu prüfenden Unternehmen Beteiligte (§ 23b BS).

Schließlich sind mit der Prüfungstätigkeit sämtliche Tätigkeiten unvereinbar, bei denen der WP in Bezug auf den Prüfungsgegenstand ganz oder teilweise unternehmerische Entscheidungen trifft. Dazu gehören auch Beratungsleistungen, die in alternativlosen Entscheidungsempfehlungen münden, die nicht auch rechtlich oder tatsächlich die einzige richtige Lösung sind [zum diesbezüglichen Abgrenzungskriterium der funktionalen Entscheidungszuständigkeit s. BGH-Urteil vom 21.4.1997, S. 1394–1397 („Allweiler") und Röhricht 1998].

Literatur: BGH-Urteil von 21.4.1997, II ZR 317/95, DB 50 (1997), S. 1394–1397; IDW (Hrsg.): WPH 2006, Band I, 13. Aufl., Düsseldorf 2006; Röhricht, V.: Beratung und Abschlussprüfung, in: WPg 51 (1998), S. 153–163.

Michael Niehues

Vereinbarkeit von Prüfung und Beratung
→Vereinbare und unvereinbare Tätigkeiten des Wirtschaftsprüfers

Vereinigungsmodell →Dual- und Boardsystem

Verfahrenscontrolling →Controlling in Nonprofit-Organisationen

Verfahrensvergleich →Betriebswirtschaftlicher Vergleich

Verfahrenswahlrechte, steuerrechtliche →Bilanzpolitische Gestaltungsspielräume nach Steuerrecht

Vergangenheitsanalyse in der Unternehmensbewertung
→Unternehmensbewertung

Vergleichsangaben über Vorjahre

Gem. IDW PS 318 können Vergleichsangaben über Vorjahre in Jahresabschlüssen und →Lageberichten ihrer Art nach unterschieden werden in:

- Vorjahresabschlüsse,
- Vorjahreszahlen zu den Posten der Bilanz sowie der →Gewinn- und Verlustrechnung (GuV) gem. § 265 Abs. 2 HGB und
- Vorjahresangaben, die nicht Vorjahreszahlen sind (z. B. Zahlenangaben über vorhergehende Geschäftsjahre im Lagebericht).

Vorjahresabschlüsse werden einem geprüften JA zu Vergleichszwecken beigefügt. I.d.R. werden sie nicht in den zu prüfenden →Anhang oder Lagebericht aufgenommen und damit auch nicht Bestandteil des zu prüfenden Abschlusses. Da bereits eine gesetzliche Pflicht zur Angabe der Vorjahreszahlen besteht, wäre eine ausnahmsweise Einbeziehung von Vorjahresabschlüssen in den zu prüfenden JA insb. in den Fällen denkbar, in denen aus Gründen einer besseren Vergleichbarkeit (→zeitlicher Vergleich) der festgestellte Vorjahresabschluss angepasst worden ist (→Feststellung und Billigung des Abschlusses), z. B. unter der fiktiven Annahme, dass eine im Geschäftsjahr erfolgte Umstrukturierung bereits zu Beginn des Vorjahres erfolgt ist.

Die Einbeziehung eines Vorjahresabschlusses in den Anhang oder Lagebericht hat zur Folge, dass dieser der Prüfungspflicht gem. § 317 HGB unterliegt (→Jahresabschlussprüfung; →Konzernabschlussprüfung).

Die Pflicht zur Angabe der Vorjahreszahlen zu den Posten der Bilanz sowie der GuV gem. § 265 Abs. 2 HGB erstreckt sich auch auf Untergliederungen von Posten, Davon-Vermerken, sowie Angaben, die anstatt in der Bilanz oder in der GuV im Anhang gemacht werden (→Angabepflichten). Fraglich ist, ob für Davon-Vermerke deren Ausweis außerhalb der gesetzlichen Gliederungsschemata der §§ 266, 275 HGB (→Gliederung der Bilanz; →Gliederung der Gewinn- und Verlustrechnung) geregelt ist, eine Verpflichtung zur Angabe von Vorjahreszahlen besteht. Laut Schrifttum besteht eine solche Verpflichtung nicht; zwecks besserer Vergleichbarkeit mit dem Vorjahresabschluss ist eine solche Angabe aber zu empfehlen (ADS 1997, Rn. 103 zu § 268 HGB).

Sofern sich Posteninhalte in ihrer Zusammensetzung gegenüber dem Vorjahr verändern und hierdurch die Vergleichbarkeit gestört wird oder aber ein Vorjahresbetrag zur Herstellung der Vergleichbarkeit angepasst wird, ist hierüber nach § 265 Abs. 2 Sätze 2 und 3 HGB im Anhang zu berichten (→Stetigkeit). Eine Beeinträchtigung der Vergleichbarkeit mit den Vorjahreszahlen ist häufig bei Unternehmenstransaktionen, die außerhalb der gewöhnlichen Geschäftstätigkeit liegen, gegeben, so z. B. bei Verschmelzungen, Spaltungen oder Sacheinlage von Unternehmen oder Unternehmensteilen im Rahmen von Kapitalerhöhungen (→Unternehmensumwandlungen). Die Vergleichbarkeit kann in diesen Fällen entweder durch Anpassung der Vorjahreszahlen und Erläuterung gem. § 265 Abs. 2 Satz 3 oder durch Anhangangaben gem. § 265 Abs. 2 Satz 2 HGB hergestellt werden. Nach Auffassung des →*Instituts der Wirtschaftsprüfer in Deutschland e.V.* (*IDW*) ist einer Anpassung der Vorjahreszahlen in der sog. Drei-Spalten-Form der Vorzug zu geben (IDW HFA 5/1988 i.d.F. 1998). Hierbei werden sowohl die tatsächlichen Vorjahreszahlen als auch die angepassten Vorjahreszahlen den aktuellen Zahlen gegenübergestellt. Für den Fall, dass eine Anpassung der Vorjahreszahlen nicht möglich oder nicht mit vertretbarem Aufwand durchführbar ist, können auch an die Vorjahresverhältnisse angepasste aktuelle Zahlen als Vergleichszahlen nach der sog. modifizierten Drei-Spalten-Form ausgewiesen werden (IDW HFA 5/1998 i.d.F. 1998 i.V.m. IDW HFA 3/1995 Abschn. I.5).

Als weitere Sachverhalte, die beispielhaft zu einer Erläuterungspflicht nach § 265 Abs. 2 Sätze 2 und 3 HGB und gegebenenfalls zu einer Anpassung der Vorjahresbeträge führen können, werden in der Literatur genannt (ADS 1997, Rn. 31 und 34 zu § 265 HGB):

- Wechsel zwischen UKV und GKV (→Gliederung der Gewinn- und Verlustrechnung),
- Veränderungen der →Größenklassen mit erst- bzw. letztmaliger Inanspruchnahme von Erleichterungen,
- Fehlerbeseitigung (→Bilanzfehlerberichtigung) und
- geänderte Zuordnung beim Vorliegen von Zweifelsfällen und Ausweiswahlrechten, soweit nach § 265 Abs. 1 HGB zulässig.

Die Erläuterungspflicht gem. § 265 Abs. 2 Sätze 2 und 3 HGB bezieht sich dagegen nicht auf Sachverhalte, in denen die Vergleichbarkeit aufgrund einer abweichenden Ausübung von Bilanzierungs- und Bewertungswahlrechten (→bilanzpolitische Gestaltungsspielräume nach HGB) gestört ist. In diesen Fällen wird grundsätzlich eine Anhangangabe nach § 284 Abs. 2 Nr. 3 HGB erforderlich sein (→Änderung der Bilanzierungs- und Bewertungsmethoden).

Im Rahmen der →Jahresabschlussprüfung ist festzustellen, ob die Vorjahreszahlen richtig und vergleichbar sind bzw. ob durch Anhangangaben nach § 265 Abs. 2 HGB bzw. § 284 Abs. 2 Nr. 3 HGB deren Vergleichbarkeit hergestellt worden ist.

Die Prüfung der Richtigkeit von Vorjahreszahlen beschränkt sich, sofern der →Abschlussprüfer (APr) den Vorjahresabschluss geprüft und mit einem uneingeschränkten →Bestätigungsvermerk (BestV) versehen hat, auf Prüfungshandlungen zur Feststellung der zutreffenden Übernahme der Vorjahreszahlen aus dem geprüften Vorjahresabschluss (→Saldenvortragsprüfung). Ist der Vorjahresabschluss dagegen nicht oder von einem anderen APr geprüft worden, so sind darüber hinausgehende Prüfungshandlungen notwendig (→Auswahl von Prüfungshandlungen), die darauf gerichtet sind, festzustellen, ob die Vorjahreszahlen keine Falschangaben enthalten, die den zu prüfenden Abschluss wesentlich beeinflussen (→Fehlerarten in der Abschlussprüfung; →Wesentlichkeit) und ob zulässige Ausweis-, Bilanzierungs- und Bewertungsmethoden ste-

Vergleichspreismethode

tig im Zeitablauf angewendet werden (→Ansatzgrundsätze; →Bewertungsgrundsätze; →Stetigkeit).

Sofern der Vorjahresabschluss durch einen anderen APr geprüft worden ist, können gem. IDW PS 205 grundsätzlich ausreichende →Prüfungsnachweise zur Richtigkeit der Vorjahreszahlen gewonnen werden, indem der APr den →Prüfungsbericht (PrB) des Vorjahresprüfers durchsieht und bei Unklarheiten über einzelne Sachverhalte, nach Abstimmung mit dem Auftraggeber, Kontakt mit dem Vorjahresprüfer aufnimmt. Ist der Vorjahresabschluss ungeprüft, so kommen beispielhaft die nachfolgenden Prüfungshandlungen zur Feststellung der Richtigkeit der Vorjahreszahlen in Betracht:

- Ausdehnung der Auseinandersetzung mit dem Unternehmen, der Geschäftstätigkeit sowie dem Unternehmensumfeld auch auf das Vorjahr,
- Abstimmung der ausgewiesenen Vorjahreszahlen für das →Anlagevermögen mit der Anlagenbuchhaltung und ggf. Einholung von →Bestätigungen Dritter (z. B. vom Grundbuchamt),
- Prüfungshandlungen zur Feststellung der Zulässigkeit etwaig aktivierter →Bilanzierungshilfen,
- Prüfung des Zahlungsausgleichs der in Vorjahren ausgewiesenen →Forderungen als Nachweis für deren Existenz und Werthaltigkeit,
- →Plausibilitätsprüfungen als Nachweis zum Vorratsbestand (→Vorratsvermögen) des Vorjahres, wie z. B. Rohgewinnanalysen im Mehrjahresvergleich,
- Abstimmung des →Eigenkapitals mit dem Gesellschaftsvertrag, HR-Auszügen und →Versammlungsprotokollen,
- Plausibilitätsanalysen (→analytische Prüfungshandlungen) zu den Posten der GuV usw.

Literatur: ADS: Rechnungslegung und Prüfung der Unternehmen, Teilband 5, 6. Aufl., Stuttgart 1997; IDW (Hrsg.): IDW Stellungnahme: Vergleichszahlen im Jahresabschluss und im Konzernabschluss sowie ihre Prüfung (IDW HFA 5/1988 i.d.F. 1998), in: WPg 42 (1989), S. 42 und WPg 51 (1998), S. 738; IDW (Hrsg.): IDW Stellungnahme: Konzernrechnungslegung bei Änderungen des Konsolidierungskreises (IDW HFA 3/1995), in: WPg 48 (1995), S. 697; IDW (Hrsg.): IDW Prüfungsstandard: Prüfung von Eröffnungsbilanzwerten im Rahmen von Erstprüfungen (IDW PS 205, Stand: 17. November 2000), in: WPg 54 (2001a), S. 150–152; IDW (Hrsg.): IDW Prüfungsstandard: Prüfung von Vergleichsangaben über Vorjahre (IDW PS 318, Stand: 2. Juli 2001), in: WPg 54 (2001b), S. 909–913.

Dirk Hällmayr

Vergleichspreismethode →Verrechnungspreise, steuerrechtliche

Vergleichsverfahren →Unternehmensbewertung, marktorientierte

Vergütung des Aufsichtsrats →Vorstand und Aufsichtsrat, Vergütung von

Vergütung des Vorstands →Vorstand und Aufsichtsrat, Vergütung von

Vergütungsbericht →Vorstandsbezüge

Vergütungsregelungen für den Wirtschaftsprüfer

WP bzw. WPGes (→Revisions- und Treuhandbetriebe) erbringen gegen Entgelt Prüfungsleistungen (insb. →Jahresabschlussprüfung; →Konzernabschlussprüfung), steuerberatende Tätigkeiten (→Steuerberatung) und sonstige Beratungsleistungen [§ 2 Wirtschaftsprüferordnung (WPO)]. Bzgl. der Wirtschaftsprüfern vorbehaltenen Prüfungsaufgaben besteht keine gesetzliche Gebührenregelung, wie etwa die StBGebV für →Steuerberater (StB) oder die BRAGO für Rechtsanwälte. Von der Ermächtigung des § 55 WPO zur Einführung einer Gebührenordnung durch Rechtsverordnung hat das *BMWA* bisher keinen Gebrauch gemacht.

Die Gebühren für →Pflichtprüfungen kommunaler Betriebe (→kommunales Rechnungswesen; →öffentliche Unternehmen) werden durch die Innenminister der Länder festgelegt. Die Festlegung erfolgt auf Vorschlag der *→Wirtschaftsprüferkammer (WPK)* und nach Genehmigung durch den Unterausschuss *„Kommunale Wirtschaft und Finanzen"* bei der *Ständigen Konferenz* der Innenminister und -senatoren der Länder. Für die öffentliche Hand sind dies interne Vorgaben, die unterschiedlich als Runderlass, Anweisung, Verordnung oder auch als Empfehlung bezeichnet werden.

Bei steuerberatenden Tätigkeiten sind WP bzw. WPGes an die Gebührenregelung der

StBGebV gebunden, wenn sie gleichzeitig als StB oder als StBGes zugelassen sind. Insofern hat ein WP/StB bzw. eine WPGes/StBGes kein Honorarwahlrecht. Der Nur-WP bzw. die Nur-WPGes kann die StBGebV analog anwenden, muss es aber nicht (IDW 2006, Abschn. A, Rn. 645, S. 194).

Mangels einer Gebührenordnung für den WP ist regelmäßig eine schriftliche Vereinbarung angebracht. Fehlt eine solche, gilt die übliche Vergütung als vereinbart (§ 612 Abs. 2 BGB für Dienstverträge, § 632 Abs. 2 BGB für Werkverträge). Ist eine übliche Vergütung nicht feststellbar, oder gibt sie nur einen Rahmen vor, kann der WP die Höhe der Vergütung gem. §§ 315, 316 BGB nach billigem Ermessen bestimmen (IDW 2006, Abschn. A, Rn. 631, S. 189).

Beschränkungen in der Freiheit der Gebührenvereinbarung ergeben sich jedoch aus der Pflicht zur Vermeidung der Besorgnis der Befangenheit (→Unabhängigkeit und Unbefangenheit des Wirtschaftsprüfers) sowie aus § 55a WPO. So darf der WP kein Erfolgshonorar vereinbaren, d. h. Vereinbarungen schließen, durch welche die Höhe der Vergütung vom Ergebnis seiner Tätigkeit abhängig gemacht wird (§ 55a Abs. 1 WPO). Ebenso ist ihm die Abgabe oder Entgegennahme eines Teils der Vergütung oder sonstiger Vorteile (Provisionen) für die Vermittlung von Aufträgen untersagt, sei es im Verhältnis zu einem WP oder einem Dritten (§ 55a Abs. 2 WPO). Aufgrund europäischer Initiativen zur Liberalisierung der freien Berufe wird erwogen, diese für sämtliche Leistungen des Wirtschaftsprüfers geltenden Beschränkungen zu lockern (s. entsprechenden Gesetzesentwurf zum BARefG, BT-Drucks. 555/06, S. 10 und 51 f.). Dabei ist sicherzustellen, dass Erleichterungen den steigenden Anforderungen an die Unabhängigkeit des Wirtschaftsprüfers bei Wahrnehmung seiner Prüfungsaufgaben nicht zuwider laufen. Während sich Erfolgshonorare und Provisionen für Prüfungsleistungen unverändert verbieten (→Prüfungshonorare), dürfte sich ein solches Verbot in Zukunft auch weiterhin auf Gebührenvereinbarungen erstrecken, die parallel zu bestimmten Prüfungsleistungen bei einem bestimmten Mandanten erbrachte Nichtprüfungsleistungen betreffen (Empfehlung 2002/590EG, S. 51 f.).

Schließlich muss die Vergütung des Wirtschaftsprüfers zum Zwecke einer unabhängigen Berufsausübung und zur Sicherstellung einer angemessenen Qualität der Leistungen i. S. e. gewissenhaften Berufsausübung (→Berufspflichten des Wirtschaftsprüfers) angemessen sein [§ 27 Abs. 1 →Berufssatzung der Wirtschaftsprüferkammer (BS)]. Dabei soll, insb. bei Prüfungsaufträgen (→Prüfungsauftrag und -vertrag), die Honorarbemessung nicht von der erwarteten Erbringung anderer Dienstleistungen für denselben Mandanten beeinflusst oder bestimmt werden [Art. 25 RL 2006/43/EG (novellierte APr-RL); BT-Drucks. 555/06, S. 11; IDW/WPK VO 1/2006.55].

Gebühren werden regelmäßig als Zeithonorare oder als Pauschalhonorare vereinbart. Bei der Vereinbarung von Zeithonoraren erfolgt die Abrechnung i. d. R. nach der Zahl der aufgewandten Stunden, differenziert nach Stundensätzen, in deren →Kalkulation Kriterien wie die berufliche Qualifikation und Erfahrung der jeweils eingesetzten Fachkräfte eingehen. Für Prüfungsaufträge dürfen Pauschalhonorare gem. § 27 Abs. 2 BS nur dann vereinbart werden, wenn das Honorar angemessen und in einer Vertragsklausel festgelegt ist, dass das Honorar entsprechend zu erhöhen ist, wenn für den Prüfer nicht vorhersehbare Umständen im Bereich des Auftraggebers eintreten, die zu einer erheblichen Erhöhung des Prüfungsaufwands führen (Escape-Klausel).

Literatur: IDW (Hrsg.): WPH 2006, Band I, 13. Aufl., Düsseldorf 2006; IDW/WPK (Hrsg.): Gemeinsame Stellungnahme der WPK und des IDW: Anforderungen an die Qualitätssicherung in der Wirtschaftsprüferpraxis (VO 1/2006), in: WPg 59 (2006), S. 629–646.

Michael Niehues

Verhaltenswissenschaftliche Prüfungsforschung →Prüfungstheorie, verhaltensorientierter Ansatz

Verkaufswertverfahren →Kalkulation im Warenhandel

Verkehrswert →Unternehmenswert

Verlängerte Maßgeblichkeit →Maßgeblichkeitsprinzip

Verlautbarungen des Instituts der Wirtschaftsprüfer in Deutschland e.V.

Die „Verlautbarungen" des →*Instituts der Wirtschaftsprüfer in Deutschland e.V. (IDW)*

umfassen alle fachlichen Äußerungen der Fachgremien des *IDW*. Im Einzelnen sind dies:

- die *IDW PS*, die aufbauend auf §§ 316 ff. HGB die deutschen →Grundsätze ordnungsmäßiger Abschlussprüfung (GoA), Festlegungen zu den dabei vorzunehmenden Prüfungshandlungen (→Auswahl von Prüfungshandlungen) und Anforderungen an die gesetzlich geforderte Berichterstattung des →Abschlussprüfers [→Berichtsgrundsätze und -pflichten des Wirtschaftsprüfers; →Bestätigungsvermerk (BestV); →Prüfungsbericht (PrB)] enthalten,
- die *IDW RS*, die die Berufsauffassung zu ausgewählten Fragen der Rechnungslegung darlegen, zu denen keine allgemein anerkannten Rechnungslegungsstandards bestehen,
- die *IDW S* zu Themen, die nicht unmittelbar der Rechnungslegung oder der Prüfung zugeordnet werden können, wie z.B. zur →Unternehmensbewertung (*IDW S 1*), zu Insolvenzplänen (*IDW S 2*) oder zu →Prospektbeurteilungen (*IDW S 4*),
- die *IDW PH* und *IDW RH*, durch die die Auffassung der Fachausschüsse des *IDW* zu einzelnen Fragen der Prüfung und Rechnungslegung erläutert oder in Bereichen, in denen sich eine Berufsübung noch nicht herausgebildet hat, eine Orientierung für die Berufsangehörigen zur Auslegung bestehender Prüfungs- oder Rechnungslegungsgrundsätze gegeben wird sowie
- *Stellungnahmen des IDW* (Eingaben) gegenüber dem nationalen und europäischen Gesetzgeber, Bundes- und Landesministerien, Verbänden und Institutionen, nationalen und internationalen Berufs- und Fachorganisationen.

Die *IDW PS*, *IDW RS* und *IDW S* werden von dem mit ehrenamtlichen Mitgliedern des *IDW* besetzten *Hauptfachausschuss* (*HFA*) oder durch andere ebenfalls mit ehrenamtlichen Mitgliedern besetzte Fachausschüsse, z.B. *Bankenfachausschuss* (*BFA*), *Versicherungsfachausschuss* (*VFA*), *Fachausschuss für öffentliche Unternehmen und Verwaltungen* (*ÖFA*), *Krankenhausfachausschuss* (*KHFA*), *Immobilienwirtschaftlicher Fachausschuss* (*IFA*), *Fachausschuss Recht* (*FAR*), *Fachausschuss für Informationstechnologie* (*FAIT*), in einem feststehenden Verfahren verabschiedet:

Zur Vorbereitung der Entwürfe von *IDW PS*, *IDW RS* und *IDW S* werden vom *HFA* bzw. den jeweiligen Fachausschüssen spezielle Arbeitskreise eingerichtet. Die von diesen Arbeitskreisen erarbeiteten Entwürfe werden von dem jeweils zuständigen Ausschuss verabschiedet und in den Medien des *IDW* veröffentlicht, um dem gesamten Berufsstand und der interessierten Öffentlichkeit Gelegenheit zur Stellungnahme zu geben. Nach Ablauf der Stellungnahmefrist werden die aus dem Berufsstand und darüber hinaus eingegangenen Anmerkungen im zuständigen Arbeitskreis abgestimmt, um sicherzustellen, dass die Berufsauffassung zutreffend wiedergegeben wird. Anschließend erfolgt eine Erörterung mit Einsendern von Stellungnahmen, mit den führenden Verbänden der Wirtschaft, den Gewerkschaften, den Hochschulen und anderen Interessierten, die vor der endgültigen Verabschiedung des *IDW PS*, der *IDW RS* bzw. des *IDW S* durch den zuständigen Ausschuss nochmals Gelegenheit zu einem weiteren Gedankenaustausch gibt.

Die *IDW RH* und *IDW PH* werden demgegenüber in einem verkürzten Verfahren verabschiedet, in dem z.B. die Veröffentlichung eines Entwurfs und die nachfolgende Erörterung mit den führenden Verbänden der Wirtschaft, den Gewerkschaften, den Hochschulen und anderen Interessierten nicht vorgesehen ist.

Die *IDW PS*, *IDW RS* und *IDW S* geben die Erfahrung des Berufsstandes wieder und stellen insofern ein antizipiertes Sachverständigengutachten über die →Berufspflichten des Wirtschaftsprüfers dar. Beachtet ein APr die Grundsätze der *IDW PS* oder *IDW RS* nicht oder lässt er die Nichtbeachtung durch das geprüfte Unternehmen ohne Widerspruch zu, ohne dass dafür gewichtige Gründe vorliegen, so muss der APr damit rechnen, dass dies ggf. in Regressfällen, in einem Verfahren der Berufsaufsicht (→Berufsaufsicht für Wirtschaftsprüfer, national) oder in einem Strafverfahren zu seinem Nachteil ausgelegt werden kann. Sowohl die Satzung des *IDW* als auch *IDW PS 201* legen zudem fest, dass der APr eine Abweichung von den *IDW PS* oder *IDW RS* schriftlich und an geeigneter Stelle, z.B. im →Prüfungsbericht, hervorzuheben sowie ausführlich zu begründen hat; Abweichungen von den *IDW PS* hat der APr ferner im beschreibenden Abschnitt des →Bestätigungsvermerks zu nennen (*IDW PS 201.13 und 28*).

Die *IDW PH* und *IDW RH* haben einen geringeren Verbindlichkeitsgrad. Ihre Anwendung wird empfohlen.

Als Mitgliedsorganisation der →*International Federation of Accountants (IFAC)* hat das IDW die Verpflichtung übernommen, die →International Standards on Auditing (ISA) in nationale Grundsätze umzusetzen. Dementsprechend handelt es sich bei den *IDW PS* um Prüfungsgrundsätze, die aufbauend auf den Regelungen der §§ 316 ff. HGB aus einer Transformation der ISA gewonnen werden. Allerdings wurden die ISA nicht übersetzt, sondern in einer dem deutschen Denken und Sprachgebrauch entsprechenden, systematisierten Form als deutsche Prüfungsstandards (→Prüfungsnormen) formuliert.

Im Rahmen der Novellierung der Achten RL 84/253/EWG (sog. APr-RL) (→Richtlinien und Verordnungen der Europäischen Union, Bedeutung für Rechnungslegung und Unternehmensüberwachung) ist vorgesehen, dass gesetzliche Abschlussprüfungen (→Jahresabschlussprüfung; →Konzernabschlussprüfung) in Europa künftig unter unmittelbarer Anwendung der ISA durchgeführt werden, wobei ein genauer Termin für den Zeitpunkt des Übergangs auf eine unmittelbare ISA-Anwendung nicht genannt ist. Die Verpflichtung zur Anwendung der ISA kann erst Platz greifen, nachdem die APr-RL in nationales Recht transformiert ist und die ISA von der *KOM* durch das vorgesehene sog. Komitologieverfahren förmlich angenommen, also praktisch durch einen hoheitlichen Akt in den Stand Europäischen Rechts erhoben sind. Der Zeitpunkt dieser Anerkennung ist derzeit nur schwer prognostizierbar. Wahrscheinlich ist, dass die *KOM* den Abschluss des sog. Clarity-Projekts durch den *IAASB* abwarten wird. Angekündigt wurde eine Überarbeitung von sieben der wichtigsten ISA bis Ende 2006; die Überarbeitung acht weiterer Standards soll im Laufe des Folgejahres abgeschlossen sein.

Literatur: IDW (Hrsg.): IDW Standard: Anforderungen an Insolvenzpläne (IDW S 2, Stand: 10. Februar 2000), in: WPg 53 (2000), S. 285–291; IDW (Hrsg.): IDW Standard: Grundsätze zur Durchführung von Unternehmensbewertungen (IDW S 1, Stand: 18. Oktober 2005), in: WPg 58 (2005), S. 1303–1321; IDW (Hrsg.): IDW Prüfungsstandard: Rechnungslegungs- und Prüfungsgrundsätze für die Abschlussprüfung (IDW PS 201, Stand: 18. Mai 2006), in: WPg 59 (2006a), S. 850–854; IDW (Hrsg.): IDW Standard: Grundsätze ordnungsmäßiger Beurteilung von Verkaufsprospekten über öffentlich angebotene Vermögensanlagen (IDW S 4, Stand: 18. Mai 2006), in: WPg 59 (2006b), S. 919–924; IDW (Hrsg.): IDW Prüfungsstandards (IDW PS), IDW Stellungnahmen zur Rechnungslegung (IDW RS), IDW Standards (IDW S) einschließlich der dazugehörigen Entwürfe, IDW Prüfungs- und Rechnungslegungshinweise (IDW PH und IDW RH), Loseblattausgabe, Band I und II, Düsseldorf, Stand: 18. Erg.-Lfg. Mai 2006c.

Klaus-Peter Naumann

Verlustanzeigebilanzen →Unterbilanzen

Verlustdeckungshaftung →Vorbelastungsbilanzen

Verlustvorträge, steuerliche
→Unternehmensumwandlungen

Verlustvortrag

Der Verlustvortrag (§ 266 Abs. 3 A. IV HGB) ist der Bilanzverlust des Vorjahres (Ellrott/Krämer 2006, Rn. 181 zu § 266 HGB, S. 853; Hüffer 2006, Rn. 2 zu § 158 AktG). Da bei der AG (→Aktiengesellschaft, Prüfung einer) und →Gesellschaft mit beschränkter Haftung (GmbH) die Haupt- bzw. Gesellschafterversammlung (→Haupt- und Gesellschafterversammlung) hinsichtlich des ausgewiesenen Bilanzverlustes keine Verwendungsbeschlüsse mehr fassen kann, beschränkt sich die Prüfung des →Abschlussprüfers in diesen Fällen auf die zutreffende Übernahme der im Vorjahr unter dem Bilanzverlust ausgewiesenen Ziffer. Der Ausweis des Verlustvortrags in der →Gewinn- und Verlustrechnung (GuV) ist nach § 158 Abs. 1 Nr. 1 AktG nur für die AG vorgeschrieben, für die GmbH erfolgt der Ausweis in der Bilanz; bei Bilanzaufstellung unter vollständiger oder teilweiser →Ergebnisverwendung nach § 268 Abs. 1 HGB wie bei der AG ebenfalls in der GuV.

Für Personenhandelsgesellschaften, die unter § 264a HGB fallen [→Personengesellschaften (PersGes)], ist der Ausweis des Verlustvortrags in § 264c Abs. 2 Satz 1 IV HGB vorgeschrieben. Die gesetzliche Regelung ist den für KapGes geltenden Vorschriften des § 266 HGB nachgebildet, lässt jedoch außer Acht, dass sowohl für den persönlich haftenden Gesellschafter als auch für den Kommanditisten die Verlustanteile des Geschäftsjahres nach

§ 264c Abs. 2 Satz 3 i.V.m. Satz 6 HGB unmittelbar von deren Kapitalanteilen abzuschreiben sind und daher weder ein Bilanzverlust noch im darauf folgenden Geschäftsjahr ein Verlustvortrag entstehen kann.

Literatur: Ellrott, H./Krämer, A.: Kommentierung des § 266 HGB, in: Ellrott, H. et al. (Hrsg.): BeckBilKomm, 6. Aufl., München 2006; Hüffer, U.: Aktiengesetz, 7. Aufl., München 2006.

Holger Grünewald

Vermittlungsausschuss →Aufsichtsratsausschüsse

Vermögen →Vermögensstruktur

Vermögensgegenstand

Der Begriff „Vermögensgegenstand" wird im deutschen Handelsrecht nicht definiert, sondern ist aus den GoB (→Grundsätze ordnungsmäßiger Buchführung, Prüfung der; § 243 Abs. 1 HGB) abzuleiten. Hinsichtlich der Aktivierungsfähigkeit ist zu differenzieren zwischen einer abstrakten und konkreten Aktivierungsfähigkeit.

Die *abstrakte Aktivierungsfähigkeit* bestimmt die Kriterien für das Vorliegen eines Vermögensgegenstands, während die *konkrete Aktivierungsfähigkeit* die Kriterien für den Ansatz eines Vermögensgegenstands in der Bilanz regelt (→Ansatzgrundsätze). Voraussetzung für das Vorliegen eines Vermögensgegenstands ist die selbständige Verkehrsfähigkeit, d. h. Einzelveräußerbarkeit, die selbständige Bewertbarkeit sowie die Greifbarkeit des wirtschaftlichen Gutes. Das Merkmal der selbstständigen Verwertbarkeit ist dann gegeben, wenn ein Gut durch Veräußerung, durch Einräumung eines Nutzungsrechts, durch bedingten Verzicht oder im Wege der Zwangsvollstreckung in Geld transformiert werden kann (Baetge 2003, S. 143). Die Beschränkung der Aktiva auf einzeln veräußerbare Güter trägt in besonderem Maße dem Gläubigerschutz Rechnung, da dadurch die Gläubiger im Insolvenzfall (→Insolvenz) die Möglichkeit besitzen, einzelne Objekte zur Tilgung von Schulden verwerten zu können. Für die abstrakte Aktivierungsfähigkeit können hierzu neben Sachen und Rechten auch immaterielle Güter, z. B. selbst entwickelte Software, zu den Vermögensgegenständen gehören.

Sind die Kriterien der abstrakten Aktivierungsfähigkeit erfüllt, sind grundsätzlich sämtliche Vermögensgegenstände zu aktivieren, „soweit gesetzlich nichts anderes bestimmt ist" (§ 246 Abs. 1 HGB; Vollständigkeitsgebot). Zu gesetzlich anderen Bestimmungen, die das Vollständigkeitsprinzip durchbrechen, zählen bspw. explizit im Handelsrecht geregelte Ansatzverbote und Ansatzwahlrechte (→bilanzpolitische Gestaltungsspielräume nach HGB). In den Fällen, in denen kein konkretes Ansatzverbot besteht oder aber ein Ansatzwahlrecht existiert, liegt eine *konkrete Aktivierungsfähigkeit* vor, wenn der Vermögensgegenstand dem Vermögen des Bilanzierenden zuzurechnen ist. Die Verfügungsmacht über den Vermögensgegenstand wird hierbei nach wirtschaftlichen und nicht nach juristischen Gesichtspunkten beurteilt (bspw. relevant bei →Leasingverhältnissen, Sicherungsübereignung, Kommission).

Neben den Vermögensgegenständen, die die beschriebenen Ansatzkriterien (abstrakt und konkret) erfüllen und hiernach in der Bilanz anzusetzen sind, kommen nach dem Handelsrecht noch weitere Positionen für eine Aktivierung in Frage:

Ansatzwahlrechte räumt das HGB auf der Aktivseite für bestimmte →Rechnungsabgrenzungsposten (RAP) (Disagio) sowie für →Bilanzierungshilfen ein. Für andere als in § 250 Abs. 3 HGB beschriebene RAP besteht trotz Fehlens der Vermögensgegenstandskriterien eine Aktivierungspflicht (§ 246 Abs. 1 HGB).

Als RAP sind auf der Aktivseite Ausgaben vor dem Abschlussstichtag anzusetzen, soweit sie Aufwand für eine bestimmte Zeit nach diesem Tag darstellen (§ 250 Abs. 1 Satz 1 HGB). Durch die Bildung von RAP soll dem Prinzip der sachgerechten Periodenabgrenzung Rechnung getragen werden, um zu einer zeitlich richtigen Gewinnermittlung zu gelangen (→periodengerechte Erfolgsermittlung). Typische Beispiele aktiver RAP sind die vor dem Bilanzstichtag gezahlten, aber als Gegenleistung für die Zeit nach dem Bilanzstichtag bestimmten Miet-, Pacht- oder Darlehenszinsen.

Bilanzierungshilfen haben zumeist eine bilanzpolitische Funktion (→bilanzpolitische Entscheidungsmodelle) und ihr Ansatz kann an bestimmte Auflagen (Ausschüttungssperre, Angaben im →Anhang) geknüpft sein. Durch ihren Ansatz wird eine periodengerechte Aufwandsverrechnung von einmaligen Ausgaben ermöglicht, die nicht zu Vermögensgegenständen geführt haben. Das HGB nennt als Bilanzierungshilfen explizit nur →Ingangsetzungs- und Erweiterungsaufwendungen (§ 269 HGB) sowie die aktiven →latenten Steuern (§ 274 Abs. 2 HGB). Für den entgeltlich erworbenen (derivativen) →Geschäftsoder Firmenwert besteht gem. § 255 Abs. 4 HGB, wie auch bei den Bilanzierungshilfen, ein Ansatzwahlrecht. Ob der derivative Firmenwert als Bilanzierungshilfe oder Vermögensgegenstand zu interpretieren ist, wird in der Literatur kontrovers diskutiert. Ausweistechnisch zählt er zu den →immateriellen Vermögensgegenständen (§ 266 Abs. 2 A.I.2. HGB).

Ausdrückliche *Aktivierungsverbote* bestehen nach § 248 HGB für Gründungsaufwendungen und Aufwendungen für die Beschaffung von →Eigenkapital sowie für selbst erstellte immaterielle Vermögensgegenstände des →Anlagevermögens. Die Aktivierungsverbote beruhen auf Objektivierungs- und Vorsichtsgedanken und bezwecken, solche Werte von der Aktivierung auszunehmen, die hinsichtlich ihrer Existenz und Werthaltigkeit besonders unsicher und schwer nachprüfbar sind.

Literatur: Baetge, J./Kirsch, H.-J./Thiele, S.: Bilanzen, 7. Aufl., Düsseldorf 2003.

Nicole Jöckle

Vermögenslage

Gegenstand und Umfang der Prüfung der Vermögenslage ergeben sich bei gesetzlichen Abschlussprüfungen (→Pflichtprüfungen; →Jahresabschlussprüfung; →Konzernabschlussprüfung) aus § 317 HGB. Ergänzend sind aus den §§ 321 [→Prüfungsbericht (PrB)] und 322 [→Bestätigungsvermerk (BestV)] HGB zusätzliche Prüfungspflichten abzuleiten. Entsprechend § 264 Abs. 2 HGB hat der JA einer KapGes unter Beachtung der GoB (→Grundsätze ordnungsmäßiger Buchführung, Prüfung der) ein den tatsächlichen Verhältnissen entsprechendes Bild der →Vermögenslage, →Finanzlage und →Ertragslage zu vermitteln (→True and Fair View). Im Ergebnis der Prüfung (→Prüfungsurteil) ist im BestV eine Erklärung darüber abzugeben, inwieweit der JA unter Beachtung der GoB ein den tatsächlichen Verhältnissen entsprechendes Bild der Vermögens-, Finanz- und Ertragslage (→wirtschaftliche Verhältnisse) vermittelt und ob der →Lagebericht eine zutreffende Vorstellung von der Lage des Unternehmens gibt.

Die Vermögenslage eines Unternehmens umfasst die Höhe und die Zusammensetzung seines Vermögens. Dazu gehört insb. die Darstellung des Vermögens- und Kapitalaufbaus, der Struktur (→Vermögensstruktur; →Kapitalstruktur, optimale; →Kapitalstruktur, Planung und Kontrolle der), der Fristigkeiten sowie der Relation zwischen Vermögen und Kapital. Die richtige Darstellung der Vermögenslage hängt sowohl von der vollständigen Erfassung aller →Vermögensgegenstände, →Schulden und →Rechnungsabgrenzungsposten (RAP) des Unternehmens als auch von der zutreffenden Bewertung ab. Zentrales Instrument zur Darstellung der Vermögenslage ist die stichtagsbezogene Bilanz. Daneben kommt bei KapGes insb. dem Lagebericht aber auch dem →Anhang eine wichtige Funktion zu, da er wesentliche zusätzliche Informationen, insb. zur Bewertung der in der Bilanz ausgewiesenen Posten, enthält (Winkeljohann/Schellhorn 2006, Rn. 37 zu § 264 HGB, S. 755).

Bereits zu Beginn der Prüfung im Rahmen der →Prüfungsplanung erfolgt eine vorläufige Beurteilung der Vermögenslage [z. B. durch Vergleich wesentlicher Bilanzposten und wesentlicher Kennzahlen mit denen des Vorjahres (→Kennzahlen und Kennzahlensysteme als Kontrollinstrument; →zeitlicher Vergleich; →Verprobung)], die im weiteren Verlauf der Prüfung konkretisiert wird. Zur Beurteilung der Vermögenslage ist eine Analyse des Vermögens- und Kapitalaufbaus hinsichtlich der Struktur (primär) und hinsichtlich der Bindungsdauer bzw. Fristigkeit (sekundär) durchzuführen. Dabei sind Höhe und Zusammensetzung der Bilanzposten sowie wesentliche Veränderungen gegenüber dem Vorjahr im Rahmen einer →Abweichungsanalyse zu untersuchen. Darüber hinaus sind die Angaben zu den Methoden der Bewertung (→Bewertungsgrundsätze) der einzelnen Bilanzposten, über Beziehungen zu →verbundenen Unternehmen, besondere Belastungen und Sicherheiten, →Eventualverbindlichkeiten sowie aus der Bilanz nicht erkennbare finanzielle Verpflichtungen (→außerbuchhalterische Bereiche) zu berücksichtigen. Hierzu ist eine zieladäquate Aufbereitung der Posten der Handelsbilanz notwendig. Für diese Aufbereitung hat sich in der Praxis die Darstellung in Tabellenform etabliert.

Vermögenslosigkeit

Abb.: Aufbereitung der Bilanzposten zur Prüfung der Vermögenslage – Beispiel

	xx.xx.20xx			Vorjahr			Veränderung	
	gesamt		davon kurzfristig	gesamt		davon kurzfristig	gesamt	
	Mio. €	%	Mio. €	Mio. €	%	Mio. €	Mio. €	%
Anlagevermögen Umlaufvermögen								
		100,0			100,0			
Eigenkapital Fremdkapital								
		100,0			100,0			

Als Abgrenzungskriterien für die Fristigkeit bieten sich die in den §§ 268 Abs. 5, 285 Nr. 1a HGB geltenden Fristen an (kurzfristig: bis zu einem Jahr; mittelfristig: zwischen einem Jahr und 5 Jahren; langfristig: über 5 Jahre).

Ein weiteres Instrument zur Analyse der Vermögenslage ist die Bildung von Kennzahlen. In der Praxis werden insb. Kennzahlen zur Anlagenintensität, Wertberichtigungsquote der →Sachanlagen, Umschlagshäufigkeit des →Vorratsvermögens, Reichweite der →Forderungen und Eigenkapitalquote verwendet (→Vermögensstruktur; →Kapitalstruktur, Planung und Kontrolle der). Die Kennzahlen sollten zur Darstellung eines Trendverlaufes möglichst in einem Fünfjahresvergleich sowie im Branchenvergleich (→überbetriebliche Vergleiche) betrachtet werden (IDW 2006, Abschn. Q, Rn. 232, S. 1699).

Im PrB ist u. a. Stellung zu nehmen, inwieweit die Generalnorm des § 264 Abs. 2 HGB hinsichtlich der Abbildung eines den tatsächlichen Verhältnissen entsprechenden Bildes der Vermögens-, Finanz- und Ertragslage beachtet wurde. Hierzu sind insb. neben der Stellungnahme zur Lagebeurteilung der gesetzlichen Vertreter wesentliche Bewertungsgrundlagen, deren Änderungen sowie sachverhaltsgestaltende Maßnahmen darzustellen (→Änderung von Bewertungsannahmen; →Änderung der Bilanzierungs- und Bewertungsmethoden; →bilanzpolitische Gestaltungsspielräume, Prüfung von). Wenn es für die Beurteilung der Gesamtaussage des Jahresabschlusses erforderlich ist, sind die Posten der Bilanz aufzugliedern und ausreichend zu erläutern.

Literatur: IDW (Hrsg.): WPH 2006, Band I, 13. Aufl., Düsseldorf 2006; Winkeljohann, N./Schellhorn, M.: Kommentierung des § 264 HGB, in: Ellrott, H. et al. (Hrsg.): BeckBilKomm, 6. Aufl., München 2006.

Jörg Balke

Vermögenslosigkeit →Amtslöschung von Unternehmen

Vermögensschädigungen →Unregelmäßigkeiten; →Unregelmäßigkeiten, Konsequenzen aus

Vermögensstruktur

Während das Vermögen aus juristischer Sicht sämtliche einer natürlichen oder juristischen Person zustehenden Rechte und Befugnisse umfasst und eine Bruttogröße darstellt, die durch →Schulden belastet wird, kennzeichnet die ökonomische Perspektive den Saldo künftiger Nutzenzu- und -abflüsse als Nettovermögen i.S. diskontierter Einnahmeüberschüsse, die das Unternehmen in Zukunft erzielen kann (Messung über →Discounted Cash Flow-Methoden). Demgegenüber verharrt die externe Rechnungslegung zurzeit noch bei der stichtagsbezogenen Abbildung von körperlichen Gegenständen, Rechten und sonstigen Befugnissen (Baetge/Zülch 2002, Sp. 2520). Im Zuge der Internationalisierung der Rechnungslegung (→internationale Rechnungslegung, Umstellung auf) sind grundlegende Fragen der bilanziellen Vermögensdarstellung, insb. bei der Abbildung immaterieller Werte (→immaterielle Vermögensgegenstände; →Geschäfts- oder Firmenwert) und →Unternehmenszusammenschlüsse neu aufgeworfen worden. Differierende →Ansatzgrundsätze, →Bewertungsgrundsätze und Ausweisregeln beeinflussen die Vermögensdarstellung und führen zu einer stärkeren Übereinstimmung mit der ökonomischen Betrachtungsweise. Zum Zwecke einer umfassenderen und aktuelleren Vermögensbewertung nehmen die →International Financial Reporting Standards (IFRS) und die →United States Generally Accepted Accounting Principles (US GAAP) allerdings verstärkte Abhängigkeiten von subjektiven Bewertungen und Ermessensspielräumen (→bilanzpolitische Gestaltungsspielräume nach IFRS; →bilanzpolitische Gestaltungsspielräume nach US GAAP) und somit größere Abweichungen in Kauf (Bewertung zum →Fair Value). Trotz wachsender Bedeutung werden immaterielle Vermögenswerte in den Rechnungslegungssystemen aber noch nicht in gleicher Weise wie materielle Güter qualifiziert. Neben dem JA gibt der →Lagebericht (§§ 289, 315 HGB) Informationen über die Vermögensstruktur des Unternehmens. Große KapGes müssen nach § 289 Abs. 3 bzw. § 315 Abs. 1 Satz 4 HGB inzwischen auch über nichtfinanzielle Leistungsindikatoren berichten, soweit sie für das Verständnis des Geschäftsverlaufs oder der Lage von Bedeutung sind. Elemente aus dem →Value Reporting (Intellectual-Capital-Bericht) lassen sich hierfür nutzen (Müller 2003, S. 93 f.).

Vermögensausstattung und -struktur sind von großer Bedeutung für die betriebliche Leistungsfähigkeit und den Unternehmenserfolg. Bei Orientierung an der derzeitigen externen Rechnungslegung rücken bei →Planung und Kontrolle (→Kontrolltheorie) der Vermögensstruktur Art und Zusammensetzung des bilanzierten Vermögens, die Dauer der Vermögensbindung und der Risikogehalt der Kapitalverwendung als Erkenntnisgegenstände in den Mittelpunkt. Dazu gehört auch die Trennung in →betriebsnotwendiges Vermögen und nicht betriebsnotwendiges Vermögen. Vermögensstrukturvorgaben zielen auf das Liquiditätspotenzial, die Dispositions- und Erfolgselastizität und auf erwünschte Fristigkeiten in der Vermögensbindung. Die Frage nach der Monetarisierbarkeit von Vermögenskomponenten erlangt zur Ermittlung des Kapitalbedarfs (→Kapitalbedarfsplanung) und für die Prüfung finanzieller Stabilität der Unternehmung an Bedeutung. Eine Verringerung der Vermögensbindung führt i.A. zur Verbesserung des Liquiditätspotenzials und zur verstärkten Anpassungsfähigkeit an Beschäftigungsschwankungen (→Beschäftigungsgrad) und strukturelle Änderungen. Zur Messung werden sog. Intensitätskennzahlen (Anlage- und Umlaufintensität, Vermögensintensitäten, Vermögensquotienten) ermittelt (Lachnit 2004, S. 269):

$$\text{Anlageintensität} = \frac{\text{Anlagevermögen}}{\text{Gesamtvermögen}} \cdot 100$$

Umlaufintensität (Arbeitsintensität)
$$= \frac{\text{Umlaufvermögen}}{\text{Gesamtvermögen}} \cdot 100$$

$$\text{Vorräteintensität} = \frac{\text{Vorräte}}{\text{Gesamtvermögen}} \cdot 100$$

Solche Intensitätskennzahlen sollten jedoch nur in einer detaillierten, auf unternehmens- und branchenspezifische Besonderheiten ausgerichteten Planung verwendet werden, die dann zur Erkennung von Treibern (→Werttreiber) und von Optimierungspotenzial (Working Capital Management, Verkürzung des Cash Conversion Cycle) im Vergleich mit Branchen- oder Gruppendurchschnittswerten führt (→Kennzahlen und Kennzahlensysteme als Kontrollinstrument; →überbetriebliche Vergleiche; →betriebswirtschaftlicher Vergleich). Basieren Planungs- und Kontrollrechnungen auf den Daten des externen →Rechnungswesens, muss darauf geachtet werden, wie Ansatz- und Bewertungswahlrechte sowie Ermessensspielräume ausgeschöpft werden (→bilanzpolitische Gestaltungsspielräume, Prüfung von).

Umschlagskoeffizienten zeigen an, wie häufig ein Vermögensposten in der betrachteten Rechnungslegungsperiode umgeschlagen worden ist; der reziproke Wert gibt die Zeit an, in der der Bestand umgesetzt wird (Umschlagsdauer). Grundsätzlich gilt, je höher die Umschlagshäufigkeit der Vermögensbestände ist, desto weniger Vermögensbindung ist bei gegebenem Leistungsvolumen erforderlich. In der Praxis werden so bspw. Umschlagshäufigkeiten des →Anlagevermögens und des →Umlaufvermögens ermittelt und interpretiert (Lachnit 2004, S. 271 ff.):

$$\text{Umschlagshäufigkeit des UV} = \frac{\text{Umsatzerlöse}}{\text{Bestand UV}}$$

Kennzahlen zur Investitions- und Abschreibungspolitik (→Investition; →Abschreibungen, bilanzielle; →Abschreibungen, steuerrechtliche) zielen auf die Gewinnung eines Urteils über die Vermögenssubstanz und das Unternehmenswachstum. Dabei werden das durchschnittliche Alter der →Sachanlagen (SA) bzw. des Sachanlagevermögens (SAV) (Anlagenabnutzungsgrad), die Investitions- und die Wachstumsquote ermittelt und in einen Zeitvergleich eingebunden.

Vermögensumschlagshäufigkeit

Anlageabnutzungsgrad
$$= \frac{\text{kumulierte Abschreibungen auf SAV}}{\text{historische AHK des SAV}} \cdot 100$$

Investitionsquote
$$= \frac{\text{Nettoinvestitionen im SAV}}{\text{SAV zu historischen AHK}} \cdot 100$$

Wachstumsquote
$$= \frac{\text{Nettoinvestitionen im SAV}}{\text{Jahresabschreibungen auf SA}} \cdot 100$$

Die Vermögensstruktur ist als Teil der wirtschaftlichen Lage (→wirtschaftliche Verhältnisse) Gegenstand der handelsrechtlichen →Jahresabschlussprüfung. Es ist zu prüfen, ob JA und Lagebericht ein den tatsächlichen Verhältnissen entsprechendes Bild der →Vermögenslage, →Finanzlage und →Ertragslage des Unternehmens vermitteln. Im →Prüfungsbericht (PrB) und im →Bestätigungsvermerk (BestV) ist gem. § 321 Abs. 1 Satz 3 HGB und § 322 Abs. 2 Satz 2 HGB über bestandsgefährdende Risiken, die auch an der Vermögensstruktur festgemacht werden können, zu berichten (→Chancen und Risiken der künftigen Entwicklung; →Chancen- und Risikobericht) (Baetge/Zülch 2002, Sp. 2521 ff.; IDW PS 400; IDW PS 450).

Literatur: Baetge, J./Zülch, H.: Vermögenslage, in: Ballwieser, Wolfgang et al. (Hrsg.): HWRP, 3. Aufl., Stuttgart 2002, Sp. 2518–2539; IDW (Hrsg.): IDW Prüfungsstandard: Grundsätze für die ordnungsmäßige Erteilung von Bestätigungsvermerken bei Abschlussprüfungen (IDW PS 400, Stand: 28. Oktober 2005), in: WPg 58 (2005), S. 1382–1402; IDW (Hrsg.): IDW Prüfungsstandard: Grundsätze ordnungsmäßiger Berichterstattung bei Abschlussprüfungen (IDW PS 450, Stand: 8. Dezember 2005), in: WPg 59 (2006), S. 113–128; Lachnit, L.: Bilanzanalyse, Wiesbaden 2004; Müller, S.: Management-Rechnungswesen. Ausgestaltung des externen und internen Rechnungswesens unter Konvergenzgesichtspunkten, Wiesbaden 2003.

Franz Jürgen Marx

Vermögensumschlagshäufigkeit
→ROI-Kennzahlensystem

Vermögensverwalter
→Vermögensverwaltung

Vermögensverwaltung

Der WP verwaltet das Vermögen Dritter entweder als sog. freier Vermögensverwalter aufgrund rechtsgeschäftlicher Bestellung oder er ist als amtlicher Vermögensverwalter tätig. Zu den wichtigsten Erscheinungsformen des amtlichen Vermögensverwalters zählen die Tätigkeit als Testamentsvollstrecker, Nachlassverwalter (→Nachlassverwaltung), Pfleger und Insolvenzverwalter (→Insolvenzverwaltung). Die Qualifizierung dieser Funktionen als Berufsaufgabe (→Berufsbild des Wirtschaftsprüfers) führt dazu, dass die abzuschließende Berufshaftpflichtversicherung (→Berufshaftpflichtversicherung des Wirtschaftsprüfers und Steuerberaters) auch in diesem Bereich gilt. Gesetzlicher Anknüpfungspunkt für die Vermögensverwaltung ist § 2 Abs. 3 Nr. 3 →Wirtschaftsprüferordnung (WPO), nach der der WP auch zur treuhänderischen Verwaltung (→Treuhandwesen; →Treuhandgesellschaften) befugt ist (IDW 2002, Abschn. H, Rn. 349–361, S. 639–642; IDW 2006, Abschn. A, Rn. 29–31, S. 7 f.).

Wendet man sich den einzelnen Formen zu, insb. der amtlichen Vermögensverwaltung, so hat der WP als Testamentsvollstrecker die letztwilligen Verfügungen des Erblassers zur Ausführung zu bringen (§ 2203 BGB). Er wird grundsätzlich durch den Erblasser durch Testament ernannt (§ 2197 BGB), wobei das Amt erst mit der Annahme durch den Ernannten beginnt (§ 2202 Abs. 1 BGB). Kennzeichnend für den Testamentsvollstrecker ist seine treuhänderische Funktion, sodass der WP aufgrund seiner Befugnis zur treuhänderischen Verwaltung für diese Aufgabe geradezu prädestiniert ist. Regelmäßig wird es sich bei der Tätigkeit um eine Abwicklungsvollstreckung handeln (§§ 2203 ff. BGB). Möglich ist aber auch eine Verwaltungsvollstreckung, nach der der Erblasser die Verwaltung des Nachlasses übertragen kann, ohne dem Testamentsvollstrecker andere Aufgaben als die Verwaltung zuzuweisen (§ 2209 Satz 1 HS 1 BGB). Darüber hinaus kann er anordnen, dass der Testamentsvollstrecker die Verwaltung nach der Erledigung der sonst zugewiesenen Aufgaben fortzuführen hat (sog. Dauervollstreckung gem. § 2209 Satz 1 HS 2 BGB). Ist der WP Testamentsvollstrecker, so kann sein Aufgabenkreis – je nach Willen des Erblassers – von der Durchführung der Bestattung bis zur Ausübung eines →Stimmrechts aus einem Geschäftsanteil an einer →Gesellschaft mit beschränkter Haftung (GmbH) reichen. Die Aufgaben können sich auf den gesamten Nachlass oder auf nur einzelne Nachlassgegenstände beziehen (Edenhofer 2006, Rn. 1–3 zur Einführung vor § 2197 BGB, S. 2305).

Von der Tätigkeit des Wirtschaftsprüfers als Testamentsvollstrecker ist die Aufgabenerledigung als Nachlassverwalter zu unterscheiden. Die →Nachlassverwaltung wird vom Erben beantragt (§ 1981 Abs. 1 BGB). Dieses Recht steht auch den Nachlassgläubigern zu, wenn Grund zu der Annahme besteht, dass die Befriedigung der Nachlassgläubiger durch das Verhalten oder die Vermögenslage des Erben gefährdet wird (§ 1981 Abs. 2 Satz 1 BGB). Die Auswahl dieses Verwalters trifft der Rechtspfleger nach pflichtgemäßem Ermessen. Der Nachlassverwalter, der zur Übernahme des Amtes nicht verpflichtet ist, hat neben seiner Verwaltungsaufgabe vor allem die Nachlassverbindlichkeiten aus dem Nachlass zu berichten. Erst wenn diese →Verbindlichkeiten ausgeglichen worden sind, darf er dem Erben den Nachlass gem. § 1986 Abs. 1 BGB ausantworten. Er führt sein Amt im Übrigen unabhängig und eigenverantwortlich aus (Edenhofer 2006, Rn. 2 zu § 1985 BGB, S. 2177).

In Betracht zu ziehen sind im Bereich des Familienrechts noch die Tätigkeit des Wirtschaftsprüfers als Vormund, Betreuer und Pfleger. Die Einsetzung als Vormund über Minderjährige, bei der es sich um eine dauerhafte Personen- und Vermögensfürsorge für Kinder und Jugendliche handelt (§§ 1773 ff. BGB), kommt in der Wirtschaftsprüferpraxis kaum in Frage. Gleiches gilt für die Betreuung psychisch erkrankter oder behinderter Erwachsener gem. §§ 1896 ff. BGB. Von größerer Bedeutung ist allerdings die Pflegschaft als Hilfe bei der Erledigung bestimmter Aufgaben oder eines eingegrenzten Kreises von Aufgaben (§§ 1909 ff. BGB). Ist der WP Pfleger, so hat er in den Grenzen des gerichtlich angeordneten Aufgabenkreises die Stellung eines gesetzlichen Vertreters. Zu trennen sind in diesem Zusammenhang die einzelnen Arten der Pflegschaft, von denen für den WP vor allem die Abwesenheitspflegschaft (§ 1911 BGB) sowie die Pflegschaft für unbekannte Beteiligte (§ 1913 BGB), für ein Sammelvermögen (§ 1914 BGB) und die Nachlasspflegschaft gem. §§ 1960 ff. BGB von Relevanz sind (s. dazu im Einzelnen Diederichsen 2006, Rn. 1 zur Einleitung vor § 1773 BGB, S. 2010; Rn. 1–8 zur Einführung vor § 1909 BGB, S. 2112 f.; IDW 2002, Abschn. H, Rn. 349–354, S. 639 f.).

Zu den Erscheinungsformen amtlicher Vermögensverwaltung zählt schließlich noch die Tätigkeit als Insolvenzverwalter (§§ 56 ff. InsO). Bestellt wird ausweislich des § 56 Abs. 1 InsO nur eine für den jeweiligen Einzelfall geeignete, insb. geschäftskundige und von den Gläubigern und den Schuldnern unabhängige natürliche Person. Dies obliegt gem. § 27 Abs. 1 InsO dem Insolvenzgericht. Der Insolvenzverwalter untersteht der Aufsicht dieses Gerichts, das jederzeit Auskünfte und einen Bericht über den Sachstand und die Geschäftsführung verlangen und bei Nichterfüllung seiner Pflichten ein Zwangsgeld festsetzen kann (§ 58 Abs. 1 und Abs. 2 InsO). Als Insolvenzverwalter verwaltet der WP das Vermögen des Insolvenzschuldners nach der Eröffnung des Insolvenzverfahrens, verfügt darüber und verwertet es (Janzen 2004, S. 723 f.). Vor dem Hintergrund der gesetzlichen Anforderungen an den Insolvenzverwalter sowie seiner Aufgaben ist der WP aufgrund seiner persönlichen und fachlichen Qualifikation für diese Tätigkeit in besonderer Weise geeignet.

Literatur: Diederichsen, U.: Kommentierung der Einleitung vor § 1773 BGB und der Einführung vor § 1909 BGB, in: Palandt, O. (Hrsg.): Kommentar zum Bürgerlichen Gesetzbuch, 65. Aufl., München 2006; Edenhofer, W.: Kommentierung des § 1985 BGB und der Einführung vor § 2197 BGB, in: Palandt, O. (Hrsg.): Kommentar zum Bürgerlichen Gesetzbuch, 65. Aufl., München 2006; IDW (Hrsg.): WPH 2002, Band II, 12. Aufl., Düsseldorf 2002; IDW (Hrsg.): WPH 2006, Band I, 13. Aufl., Düsseldorf 2006; Janzen, C.: Insolvenzverwalter, in: Alpmann, J. A./Brockhaus, F. A. (Hrsg.): Fachlexikon Recht, Leipzig et al. 2004, S. 723 f.

Rolf Stober; Sven Eisenmenger

Verordnungen der Europäischen Union
→Richtlinien und Verordnungen der Europäischen Union, Bedeutung für Rechnungslegung und Unternehmensüberwachung

Verprobung

Verprobungen dienen zur indirekten Datenprüfung und sind mithin eine Spielart →indirekter Prüfungen. *Indirekte Datenprüfungen* sind unter dem Aspekt, ob rechnerische oder inhaltliche Zusammenhänge zwischen Soll- und Istobjekt die Grundlage des Vergleichs (→Soll-Ist-Vergleich) bilden, weiter zu unterteilen in Abstimmprüfungen (→Abstimmprüfung) und Plausibilitätsprüfungen. *Abstimmprüfungen* sind rein rechnerische Prüfungen und entnehmen ihre Daten ausschließlich dem →Rechnungswesen. Sie werden auch als Globalabstimmungen bezeichnet (Lachnit 1992, Sp. 719–720). Bei *Plausibilitätsprüfungen*, die als die eigentlichen Verprobungen anzusehen sind, besteht ein sachlogischer Zusammenhang zwischen dem geschaffenen Kontrollwert und dem zu überprüfenden Istwert. Bei Verprobungen geht es um die Frage, ob angesichts der Höhe des Sollobjekts die ausgewiesene Höhe des Istobjekts glaubwürdig ist (Lachnit 1992, Sp. 720).

Globalabstimmungen und Verprobungen finden sich in unterschiedlichster Form. *Globalabstimmungen* werden z. B. durchgeführt als summierte Soll-Haben-Gesamtgegenüberstellungen, bekannt als Umsatz-, Salden- oder Probebilanz, oder als Soll-Haben-Teilabstimmungen von Buchhaltungs-Teildatenfeldern. Durch Globalabstimmungen wird letztlich nur die rechnerisch richtige Verarbeitung des Datenmaterials überprüft. *Verprobungen* i.e.S. beruhen dagegen auf einer sachlogischen Beziehung zwischen den betrachteten Daten. Der Zusammenhang kann funktionaler Natur sein, wie z. B. als Relation zwischen Eigenproduktion und zugekaufter Handelsware (Beispiel: Autoproduktion und zugekaufte Reifen, Felgen etc.). Sind die Beziehungen zwischen Ersatzmaß und zu verprobendem Sachverhalt bekannt, bereitet die Ableitung der Sollgröße für die Prüfung keine Probleme. Die sachlogischen Beziehungen müssen nicht funktionaler Natur sein, vielmehr eignen sich auch Erfahrungen über Relationen zwischen zu überprüfendem Istobjekt und inner- und außerbetrieblichen Größen für Verprobungszwecke. Derartiges heuristisches Relationenwissen ist bspw. aus →betriebswirtschaftlichen Vergleichen zu erhalten (Lachnit 1992, Sp. 722).

Im Einzelnen kommen als Formen der Verprobung in Frage:

- Verprobung mit Kontenformeln,
- Verprobung mit Input-Output-Relationen,
- Verprobung mit betriebswirtschaftlichen Vergleichen und
- Verprobung mit kalkulationsmäßigen Rechnungen.

Die *Verprobung mit Kontenformeln* beruht darauf, dass Konten Plus-Minus-Rechnungen sind mit dem Inhalt AB, Zugänge, Abgänge und EB. Diese Positionen sind durch Kontenformeln verknüpft, wie z. B. EB = AB + Zugänge − Abgänge oder Abgänge = AB + Zugänge − EB.

Je nach Kontrollziel können mithin die Bestände oder die Bewegungen auf den Konten mengen- und/oder wertmäßig überprüft werden. Konkret werden diese Möglichkeiten z. B. zur Prüfung des →Zahlungsverkehrs mittels Kassenfehlbetragsrechnung oder zur Prüfung der Waren- und Materialwirtschaft (→Vorratsvermögen; →Materialaufwendungen) mittels Mengen- und Wertverprobung genutzt.

Bei der *Verprobung mit Input-Output-Relationen* wird die Tatsache genutzt, dass betrieblicher Gütereinsatz und dadurch bewirkte Leistungen nicht unproportioniert nebeneinander stehen, sondern sich branchen- oder firmenspezifisch oft vergleichsweise stabile Beziehungen zwischen beiden Größen finden lassen. Im Vordergrund steht der Schluss von Einsatzgrößen auf damit erzielte Produktions- und Umsatzleistungen. Dieses Vorgehen beruht auf der Überlegung, dass Gütereinsatz und betrieblicher Aufwand i.d.R., nicht zuletzt aus steuerlichen Gründen, sorgfältig erfasst werden [→Betriebsdatenerfassung (BDE)] und somit unter der Voraussetzung, dass Erfahrungswerte über Input-Output-Beziehungen zur Verfügung stehen, Rückschlüsse auf Produktion und Umsatz (→Umsatzerlöse) möglich werden (Lachnit 1992, Sp. 725). Mengenmäßige Input-Output-Relationen, als Wirkungsgrad-, Ausbeute- oder Produktivitätskennzahlen bezeichnet, bringen zum Ausdruck, wie viel an betrieblicher Leistung bzw. an Umsatz mit einem bestimmten Einsatz an Waren, Rohstoffen, Energie, Maschinenstunden und Personal erzielt worden ist (→Kennzahlen und Kennzahlensysteme als Kontrollinstrument). Neben mengenmäßigen sind auch wertmäßige Input-Output-Relationen für Verprobungen zu benutzen. In Frage kommen z. B. Strukturrelationen aus der Erfolgsrechnung [→Gewinn- und Verlustrechnung (GuV)], wie etwa das Verhältnis von Materialaufwand (→Materialaufwendungen) oder →Personalaufwand zu Gesamtleistung und Umsatz. Diese Strukturzahlen verändern sich in den meisten Unternehmen kurzfristig nicht gravierend. Daher können mithilfe entsprechender Erfahrungswerte, z. B. aus den Erfolgsrechnungen der Vorjahre, aus statistischen Angaben über durchschnittliche Verhältnisse in der Branche oder betrieblichen Aufzeichnungen über Materialaufwand und Personalaufwand, Schätzungen für Gesamtleistung bzw. Umsatz abgeleitet werden (Lachnit 1992, Sp. 726–727).

Verprobungen mit *betriebswirtschaftlichen Vergleichen* können als innerbetriebliche oder als →überbetriebliche Vergleiche durchgeführt werden. Durch betriebswirtschaftliche Vergleiche werden Auffälligkeiten in den Zahlen des zu prüfenden Unternehmens festgestellt. Der Prüfer erhält so z. B. Hinweise auf mögliche Fehlerfelder und kann entsprechende Prüfungsschwerpunkte für anschließende →direkte Prüfungen setzen (→risikoorientierter Prüfungsansatz). Bei innerbetrieblichen Vergleichen werden zur Verprobung insb. →zeitliche Vergleiche eingesetzt, bei überbetrieblichen Vergleichen kommen für die Verprobung vor allem Vergleiche mit Durchschnittswerten sowie mit steuerlichen Richtsätzen in Frage. Beim zeitlichen Vergleich liegt das Augenmerk auf der Entwicklung der Zahlen im Zeitverlauf sowie auf der Feststellung auffälliger Veränderungen. Vergleiche mit Branchen- oder Gruppendurchschnitten verdeutlichen wiederum Besonderheiten in Relation zum Normalfall der Branche i. S. v. Stärken oder Schwächen des betrachteten Unternehmens, woraufhin der Prüfer gezielt weitere Klärungsmaßnahmen ansetzen kann. Vergleiche mit den Richtsätzen der Finanzverwaltung haben dagegen vor allem im Rahmen der steuerlichen Betriebsprüfung (→Außenprüfung) sowie bei der →Steuerberatung Bedeutung. Die Richtsätze sind ein Hilfsmittel der Finanzverwaltung (→Betriebsprüfungsstellen der Finanzverwaltung), um Umsätze und Gewinne der Gewerbetreibenden im Veranlagungsverfahren und bei der steuerlichen Betriebsprüfung, zu verproben (→Richtsatzprüfung) (Lachnit 1992, Sp. 729–730). Grundgedanke der Richtsätze ist es, dass in verschiedenen Gewerbezweigen zumindest bei der Vielzahl kleiner und mittlerer Betriebe zwischen Umsatz, Waren- und Materialeinsatz, Fertigungslohn, übrigen →Betriebsausgaben und Gewinn in etwa typische Relationen bestehen. Die Richtsätze stellen auf die Verhältnisse in diesem „Normalbetrieb" ab, der für den Richtsatzvergleich sozusagen als fiktiver Normalbetrieb zugrunde gelegt wird. Auf dieser Basis werden sodann die Verprobungsgrößen Umsatz, Rohgewinn, Halbreingewinn und Reingewinn ermittelt und den tatsächlich ausgewiesenen Größen gegenübergestellt.

Die *Verprobung mit kalkulationsmäßigen Rechnungen* kommt dann zur Anwendung, wenn eine Umsatz- und Ergebnisverprobung mit den steuerlichen Richtsätzen wegen betrieblicher Besonderheiten nicht möglich ist. Als Abhilfe werden dann Berechnungen von Umsatz und Ergebnis mithilfe betriebsindividueller Kalkulationsaufschläge (→Kalkulation; →Kalkulation, branchenorientiert) durchgeführt, um mithilfe von i. d. R. gut erfassten →Kosten Umsatz und Ergebnis verproben zu können.

Literatur: Blumers, W./Frick, J./Müller, L.: Betriebsprüfungshandbuch, München 1989; Ernst, J.: Indirekte Methoden der steuerlichen Betriebsprüfung. Klassische Verprobung – Systemprüfung – Neuere Verfahren, Berlin 1986; Lachnit, L.: Globalabstimmung und Verprobung, in: Coenenberg, A. G./Wysocki, K. v. (Hrsg.): HWRev, 2. Aufl., Stuttgart 1992, Sp. 719742.

Laurenz Lachnit

Verrechnungspreise, handelsrechtliche

Verrechnungspreise (Transferpreise) stellen den Wertansatz für Leistungen dar, die von anderen, rechnerisch abgegrenzten Unternehmensteilen (Einheiten) bezogen oder an diese geliefert werden. Handelsrechtliche Bedeutung erlangen Verrechnungspreise, wenn mindestens eine der beteiligten Einheiten rechtlich selbstständig ist, sodass diese Verrechnungspreise dann, anders als interne Verrechnungspreise, tatsächlich fakturiert und gezahlt werden.

In der Diskussion von Verrechnungspreisen dominieren die an die Erfolgsermittlung anknüpfenden steuerlichen Wirkungen (→Verrechnungspreise, steuerrechtliche) einerseits sowie die Anreizwirkungen für die betroffenen Bereichsleitungen andererseits (→Verrechnungspreise, kalkulatorische), während handelsrechtliche Implikationen kaum thematisiert werden, in deren Mittelpunkt der Schutz von Gläubigern und außen stehenden Gesellschaftern vor einer unangemessenen Verlagerung von Erfolgen steht. Darüber hinaus sind jedoch auch die Interessen z. B. von Investoren und Arbeitnehmern betroffen, da durch unangemessene Verrechnungspreise →Aufwendungen und Erträge sowie Vermögen (→Vermögensgegenstand) und →Schulden der beteiligten Einheiten manipuliert werden, so dass letztlich der JA kein der tatsächlichen →Vermögenslage, →Finanzlage und →Ertragslage entsprechendes Bild (→True and Fair View) mehr vermitteln würde (§ 264 Abs. 2 HGB).

Handelsrechtlich ist durch das Realisationsprinzip (→Grundsätze ordnungsmäßiger Rechnungslegung) die Verwendung verlagerungsneutraler Verrechnungspreise gefordert, um so dem Verbot der Einlagenrückgewähr (§ 57 Abs. 1 AktG) und der verdeckten Gewinnausschüttung (§ 57 Abs. 3 AktG) zu entsprechen. Dabei ist jedoch zwischen Vertragskonzern und faktischem Konzern zu differenzieren (→Konzernarten).

Im Vertragskonzern sind der Gläubigerschutz durch Verlustübernahme und Sicherheitsleistung sowie der Außenseiterschutz durch Ausgleichs- und Abfindungsanspruch (§§ 302–305 AktG, die auch für den GmbH-Vertragskonzern entsprechende Anwendung finden) gewährleistet, sodass hier aus gesellschaftsrechtlicher Sicht das Problem der Verrechnungspreise nicht existiert.

Im faktischen AG-Konzern gilt das verfahrensrechtlich durch →Abhängigkeitsbericht und Prüfung abgesicherte Verbot der Nachteilszufügung, sofern keine Kompensation durch einen Vorteil erfolgt (§§ 311–315 AktG). Dementsprechend dürfen Verrechnungspreise nicht isoliert bewertet werden, sondern müssen im Kontext eines potenziellen Nachteilsausgleichs auf ihre Angemessenheit geprüft werden. Im faktischen GmbH-Konzern gilt dagegen ein Schädigungsverbot ohne prozedurale Ergänzung, deshalb „laufen die Dinge im faktischen GmbH-Konzern regelmäßig falsch." (Hommelhoff 1999, S. 51).

Als Kriterium für die Beurteilung der Angemessenheit von Verrechnungspreisen wird allgemein der Grundsatz des Fremdvergleichs herangezogen, wobei die drei Standardmethoden des Preisvergleichs, des Wiederverkaufspreises und des Kostenaufschlags verwendet werden können (Vögele/Collardin/Jeschke 2004, S. 797 f.; kritisch hierzu Schneider 2003).

Im internationalen Bereich ist Basis der Bestimmung von Verrechnungspreisen nach IAS 39.9 der beizulegende Zeitwert (→Fair Value) als der Betrag, zu dem ein Vermögenswert (→Asset) zwischen sachverständigen, vertragswilligen und voneinander unabhängigen Geschäftspartnern (in an Arm's Length Transaction) getauscht oder eine Verpflichtung beglichen werden kann. Allerdings weisen weder die →International Financial Reporting Standards (IFRS) noch die →United States Generally Accepted Accounting Principles (US GAAP) eine konsistente Behandlung des Fair Value auf, was Anlass zu Vereinheitlichungsbemühungen war, die voraussichtlich zu einem gemeinsamen Fair Value-Konzept auf Basis des nachfolgend thematisierten Vorschlags des →*Financial Accounting Standards Board* (*FASB*) (FASB 2006) führen werden.

Die Definition des →Fair Value ist verkürzt worden und umfasst „the price that would be received for an asset or paid to transfer a liability in a transaction between market participants at the measurement date." Die bislang konstitutiven Merkmale von unabhängigen, sachverständigen, transaktionsfähigen und -willigen Marktteilnehmern tauchen in der Definition nicht mehr auf, sondern werden später in den Erläuterungen zu den Marktteilnehmern gefordert. Hierbei wird eine ordentliche Transaktion auf dem Hauptmarkt (Principal Market) angenommen. Maßstab für die „Ordentlichkeit" ist, dass der Vermögenswert eine angemessene Zeitspanne vor der Transaktion den Marktkräften ausgesetzt ist (Exposure to the Market). Ist kein Hauptmarkt vorhanden, so ist der vorteilhafteste Markt zugrunde zu legen. Als Preis für die Ermittlung des Fair Value wird ausdrücklich ein Exit-Preis gefordert, der die Erwartungen und Annahmen der Marktteilnehmer widerspiegelt. Die verwendeten Bewertungstechniken sollen konsistent mit Market Approach (beobachtbare Preise für identische oder vergleichbare Vermögenswerte), Income Approach (Barwert zukünftiger →Cash Flows) oder Cost Approach (aktuelle →Wiederbeschaffungskosten) sein, wobei auch hier in jedem Fall Markterwartungen zugrunde zu legen sind. Höchste Priorität genießen dabei beobachtbare Marktinformationen für identische Vermögenswerte auf aktiven Märkten (Level 1 Inputs), gefolgt von solchen für vergleichbare Vermögenswerte (Level 2 Inputs), während nicht beobachtbare Marktinformationen die niedrigste Priorität aufweisen (Level 3 Inputs).

Sowohl nationale als auch internationale Vorschriften gehen also vom Grundsatz des Fremdvergleichs aus. Insb. bei der präferierten Marktpreismethode ist allerdings zu bedenken, dass die durch die Konzernbildung angestrebten Synergieeffekte (→Synergieeffekte in der Unternehmensbewertung) eigentlich zu einem Verrechnungspreis führen müssten, der unterhalb des Marktpreises liegt.

Literatur: FASB (Hrsg.): Statement of Financial Accounting Standards No. 15 X – Fair Value Measurements. FVM Working Draft – Revised 3/15/06, http://www.fasb.org/project/fv.measurement.html (Download: 5. Juli 2006); Hommelhoff, P.: Gesellschaftsrechtliche Funktionen der Verrechnungspreise: Im Vertragskonzern und im faktischen Konzern; im internationalen Konzern, in: Raupach, A. (Hrsg.): Verrechnungspreissysteme multinationaler Unternehmen in betriebswirtschaftlicher, gesellschafts- und steuerrechtlicher Sicht, Herne/Berlin 1999, S. 48–54; Schneider, D.: Wider Marktpreise als Verrechnungspreise in der Besteuerung internationaler Konzerne, in: DB 56 (2003), S. 53–58; Vögele, A./Collardin, M./Jesche, L. v.: Gesellschafts- und Insolvenzrecht, in: Vögele, A./Borstell, T./Engler, G. (Hrsg.): Handbuch der Verrechnungspreise. Betriebswirtschaft, Steuerrecht, OECD- und US-Verrechnungspreisrichtlinien, 2. Aufl., München 2004, S. 789–800.

Volker Lingnau

Verrechnungspreise, kalkulatorische

Kalkulatorische Verrechnungspreise sind ein Instrument der Koordination in Unternehmen, mittels derer intern erbrachte Leistungen (Zwischenprodukte, Endprodukte, Dienstleistungen) bewertet werden.

Verrechnungspreise (Transfer-, Lenkpreise) dienen ferner der Erfolgsermittlung von Bereichen (→Erfolgscontrolling; →Bereichecontrolling), sie sind ferner Mittel für die bilanzielle Bestandsbewertung (→Vorratsvermögen; →unfertige und fertige Erzeugnisse) und finden Verwendung in der →Kalkulation.

Verrechnungspreise sind heute insb. im Rahmen der Bewertung von Outsourcing-Möglichkeiten (→Outsourcing) von Bedeutung, wenn es um die Frage der Erbringung interner oder externer Leistungen geht.

Der Ansatz von Verrechnungspreisen geht auf das *Konzept der pretialen Lenkung* von *Schmalenbach* zurück. Es dient zur *Koordination* des innerbetrieblichen Güter- und Leistungsaustausches in dezentral organisierten Unternehmen mit dem Ziel, eine gesamtgewinnoptimale Koordination der Einzelaktivitäten zu erreichen. Die Bereiche handeln dabei weitgehend autonom und haben zum Ziel, ihren Bereichsgewinn zu maximieren.

Ferner dienen Verrechnungspreise auch als Grundlage für die Beurteilung der einzelnen Bereiche und deren *Erfolgsermittlung*. Diese Aufgabe gerät allerdings in Widerspruch zur Lenkungsfunktion. Da die Bereichsergebnisse auch von den Verrechnungspreisen beeinflusst werden, maximieren die Bereichsverantwortlichen ihren Gewinn auf Basis von Wertgrößen, die die Leistungsfähigkeit des Bereichs nur verzerrt widerspiegeln können.

Man unterscheidet drei Verrechnungspreistypen:

- kostenorientierte Verrechnungspreise,
- marktorientierte Verrechnungspreise und
- Verrechnungspreise als Ergebnis von Verhandlungen.

Der Anspruch und gleichzeitig das Problem ist die Ermittlung solcher Verrechnungspreise, bei denen die Bereiche ihren Bereichsgewinn dann maximieren, wenn sie gerade die Mengen herstellen, die auch den Gesamtgewinn des Unternehmens maximieren.

Auf Basis von →*Kosten* festgesetzte Verrechnungspreise sind verschiedenen Untersuchungen zufolge (Ewert/Wagenhofer 2005, S. 586) am meisten verbreitet. Sie können unterschiedliche Berechnungshintergründe haben:

- Gegen *Istkosten* (→*Istkostenrechnung*) und für *Standardkosten* spricht, dass Istkosten und die darauf basierenden Verrechnungspreise dem leistungsempfangenden Bereich erst im Nachhinein bekannt sind.

- In Abwägung zu Grenzkosten (→Grenzplankostenrechnung) spricht für *Vollkosten*, dass das Bewusstsein für den Gesamtumfang der Kosten der leistenden Stelle bei den Empfängern gestärkt wird. Gegen sie spricht u. a., dass sie auch lenkungsirrelevante Komponenten enthalten können. Vor allem aber sind Vollkosten mit dem klassischen Gemeinkostenzurechnungsproblem (→Gemeinkostencontrolling; →Kosten- und Leistungsverrechnung, innerbetriebliche; →Kostenzurechenbarkeit; →Kostenverursachung) behaftet und können zudem bei Beschäftigungsschwankungen (→Beschäftigungsgrad) selbst stark verändert werden (→Beschäftigungsabweichung).

- Ermittelt man die Verrechnungspreise auf Basis von *Grenzkosten*, wie sie die klassischen Ansätze nahe legen (s. die umfassende Darstellung bei Pfaff/Pfeiffer 2004), erfüllen sie grundsätzlich die angestrebte Koordinationsfunktion bei kurzfristigen Entscheidungen. Das „Dilemma der pretialen

Lenkung" hierbei ist jedoch, dass man gleichzeitig mit den optimalen Verrechnungspreisen auch die optimale Menge kennt und damit eine Vorgabe des Verrechnungspreises überflüssig ist. Es könnte gleich die optimale Menge den Bereichen vorgegeben werden. Ferner kann nicht davon ausgegangen werden, dass die zugerechneten Gewinne auf Basis von Grenzkostenorientierten Verrechnungspreisen die Erfolgsbeiträge der Bereiche angemessen widerspiegeln. Zudem ist es möglich, dass die Bereiche die Rahmenbedingungen in ihrem Sinne beeinflussen können, die für die Verrechnungspreisbildung maßgeblich sind.

Marktpreise gelten als die beste Grundlage für Verrechnungspreise. Sie bringen marktliche Steuerungseffekte in das Unternehmen hinein. Marktorientierte Verrechnungspreise erfüllen sowohl die Koordinationsfunktion als auch die Erfolgsermittlungsfunktion, denn jeder Bereich hat einfache Vergleichsmöglichkeiten. Für ihren Ansatz müssen einige Voraussetzungen erfüllt sein:

- es muss überhaupt einen Markt für die zu betrachtende Leistung geben,
- es muss ein einheitlicher Marktpreis vorliegen und
- dieser darf nicht kurzfristig schwanken.

Außerdem dürfen die zu betrachtenden Bereiche nicht zu starken synergetischen Wirkungen ausgesetzt sein, da diese in Marktpreisen nicht adäquat abgebildet werden könnten.

Verrechnungspreise als *Verhandlungsergebnis* setzen voraus, dass Lieferant und Empfänger

- liefern und liefern lassen sowie
- über den Preis überhaupt verhandeln wollen.

Gegenstand können dann kosten- oder marktorientierte Verrechnungspreise sein. Sie führen allerdings eher zufällig zur optimalen Steuerung des Austauschs und damit zum Gesamtoptimum, da sie von Verhandlungsgeschick und -macht der einzelnen Bereiche abhängen. Controller (→Controllership; →Controlling) könnten hier als Moderatoren in Konflikten wirken.

Literatur: Ewert, R./Wagenhofer, A.: Interne Unternehmensrechnung, 6. Aufl., Berlin et al. 2005; Pfaff, D./Pfeiffer, T.: Verrechnungspreise und ihre formaltheoretische Analyse: Zum State of the Art, in: DBW 64 (2004), S. 296–315.

Günther Dey

Verrechnungspreise, steuerrechtliche

Steuerliche Verrechnungspreise dienen dazu, zwischen Konzerngesellschaften (gleiches gilt zwischen Stammhaus und Betriebsstätte im Einheitsunternehmen) den Gesamtgewinn des Konzerns (→Konzernarten) für Besteuerungszwecke sachgerecht aufzuteilen. Da mittlerweile mehr als 50 % des gesamten Welthandels zwischen Konzerngesellschaften stattfindet, hat die Problematik aus Sicht der Finanzbehörden einen erheblichen Einfluss auf das lokale Steueraufkommen. Dabei gehen die Finanzbehörden davon aus, dass die gesellschaftsrechtliche Verbundenheit zwischen Konzerngesellschaften es dem Konzern ermöglicht, unter Berücksichtigung des vorhandenen Steuergefälles zwischen den Staaten, die steuerliche Belastung durch die Wahl unangemessener Verrechnungspreise zu optimieren. Deshalb bedarf es eines objektiven Maßstabs, um die Angemessenheit des gewählten Verrechnungspreises zu überprüfen. Als solcher Maßstab hat sich seit Mitte der 90er Jahre des vorigen Jahrhunderts auf Basis der Arbeiten der *OECD* der sog. *Fremdvergleich* durchgesetzt. Danach sind steuerliche Verrechnungspreise zwischen Konzerngesellschaften so festzusetzen, wie sie zwischen fremden Dritten unter gleichen Bedingungen festgesetzt worden wären. Der Fremdvergleich als Korrekturmaßstab findet sich auf der Ebene der *OECD* in den Art. 9 Abs. 1 und 7 Abs. 2 OECD-Musterabkommen (vergleichbare Vorschriften enthalten alle deutschen Doppelbesteuerungsabkommen). Er ist auch zentraler Bestandteil der Arbeiten des *EU Joint Transfer Pricing Forums* (EU Joint Transfer Pricing Forum 2005).

In Deutschland gibt es verschiedene Rechtsvorschriften, die die Korrektur eines nicht angemessenen Verrechnungspreises ermöglichen, die Einlage (→verdeckte Einlagen) und Entnahme (§ 4 Abs. 1 Satz 3 und 5 EStG), die →verdeckte Gewinnausschüttung (§§ 8 Abs. 3 Satz 2, 8a KStG) und die Vorschrift des § 1 AStG. Die Vorschriften basieren i. d. R. auf dem Fremdvergleichspreis (Ausnahme z. B. beim →Umlaufvermögen Korrektur auf Basis des Teilwerts).

Zur Erläuterung des Fremdvergleichs kann international auf die umfangreichen Arbeiten der *OECD* in den *OECD* Verrechnungspreisrichtlinien 1995 (abgedruckt in Kroppen

2005) und national auf die verschiedenen Verwaltungsgrundsätze der Finanzverwaltung (BMF-Schreiben vom 23.2.1983, S. 218; BMF-Schreiben vom 24.12.1999, S. 1076; BMF-Schreiben vom 30.12.1999, S. 1122; BMF-Schreiben vom 9.11.2001, S. 796; BMF-Schreiben vom 12.4.2005, S. 570) sowie aus der Rspr. auf die Entscheidung des *BFH* vom 17.10.2001 (BFH-Urteil vom 17.10.2001, S. 171) zurückgegriffen werden.

Zur Konkretisierung des Fremdvergleichs werden international verschiedene Verrechnungspreismethoden benutzt, wobei zwischen den sog. Standardmethoden und den gewinnorientierten Methoden unterschieden wird.

Zu den Standardmethoden (Becker 2005, Rn. 2.1 ff.) gehören die:

- *Vergleichspreismethode* – Der Preis der Konzerngesellschaft wird mit dem Preis verglichen, den der Steuerpflichtige mit Dritten vereinbart hat (innerer Preisvergleich) oder mit Preisen, die zwei fremde Dritte vereinbart haben (äußerer Preisvergleich). Die Methode hat einen hohen Stellenwert bei der Finanzverwaltung, ist aber in der Praxis mangels verfügbarer Daten nur selten anwendbar, es sei denn, es existieren z. B. Börsenpreise.
- *Wiederverkaufspreismethode* – Die Bruttomarge der Konzerngesellschaft wird mit der Bruttomarge vergleichbarer unabhängiger Wiederverkäufer verglichen und so der angemessene Einkaufspreis ermittelt. Die Methode ist vor allem für Vertriebsgesellschaften gebräuchlich, allerdings ist die Ermittlung von Bruttomargen fremder Dritter in der Praxis schwierig.
- *Kostenaufschlagsmethode* – Sie geht von den →Kosten aus, die der Leistende für seine Leistung hatte und erhöht diese um einen Aufschlag, der demjenigen entspricht, den fremde Dritte bei vergleichbaren Geschäften erzielen. Die Methode wird meist für Dienstleistungen oder Hersteller von Zwischenprodukten verwandt.

Zu den gewinnorientierten Methoden (Schuch/Toifl 2005, Rn. 3.1 ff.) zählen die:

- *Geschäftsvorfall bezogene Nettomargenmethode:* Die aus einem oder mehreren aggregierten Geschäftsvorfällen erzielte Nettomarge wird mit der Nettomarge aus vergleichbaren Drittgeschäften verglichen.
Diese Methode ist mittlerweile die in der Praxis gebräuchlichste, weil sich Daten für Nettomargen oft mithilfe von Datenbanken ermitteln lassen.
- *Gewinnaufteilungsmethode:* Der Gesamtgewinn aus einem Geschäft bzw. der nach Abzug von Routinegewinnen zur Abgeltung von Routinefunktionen verbleibende Restgewinn wird auf die beteiligten Unternehmen aufgeteilt. Diese Methode wird insb. bei integrierten →Geschäftsprozessen oder bei Transaktionen zwischen Unternehmen verwendet, die jeweils wesentlich Risiken tragen oder wesentlich immaterielle →Wirtschaftsgüter (→immaterielle Vermögensgegenstände) besitzen.

Ein wesentlicher Teilbereich der steuerlichen Verrechnungspreisproblematik ist die Dokumentation der Angemessenheit der Verrechnungspreise. Eine große Zahl der Industriestaaten und Entwicklungsländer hat heute umfassende Vorschriften, wie Verrechnungspreise zwischen Konzerngesellschaften zu dokumentieren sind (s. Übersicht bei Deloitte 2006). Oft ist die Nichterfüllung dieser Dokumentationsanforderungen mit erheblichen Sanktionen belegt. In der BRD existieren seit 2003 entsprechende gesetzliche Vorschriften in den §§ 90 und 162 AO (s. Details bei Schreiber 2005). § 90 Abs. 3 AO verlangt vom Steuerpflichtigen, der geschäftliche →Beziehungen zu nahestehenden Personen mit Auslandsbezug unterhält, Aufzeichnungen über die den Grundsatz des Fremdvergleichs beachtenden Vereinbarungen von Preisen zu erstellen. Kommt der Steuerpflichtige dieser gesetzlichen Verpflichtung nicht oder verspätet nach, oder sind seine Aufzeichnungen unverwertbar, sieht der § 162 Abs. 3 und 4 AO als Sanktionen u. a. eine verschärfte Schätzung der Besteuerungsgrundlagen und einen Zuschlag von bis zu 10 % des Mehrbetrages der Einkünfte, mindestens aber 5.000 € vor.

Literatur: Becker, H.: Geschäftsfallbezogene Standartmethoden, in: Kroppen, H.-K. (Hrsg.): Handbuch Internationale Verrechnungspreise, Loseblattausgabe, Band II, Köln, Stand: 7. Erg.-Lfg. November 2005, Rn. 2.1–2.49; BFH-Urteil vom 17.10.2001, Aktz. I R 103/00, BStBl. II 2004, S. 171–179; BMF-Schreiben vom 23.2.1983, Aktz. IV C 5–S-1341–4/83, BStBl. I 1983, S. 218–223; BMF-Schreiben vom 24.12.1999, Aktz. IV B 4–S-1300–111/99, BStBl. I 1999, S. 1076–1120; BMF-Schreiben vom 30.12.1999, Aktz. IV B 4–S-1341–14/99, BStBl. I 1999, S. 1122–1126; BMF-Schreiben vom 9.11.2001, Aktz. IV B 4–S-1341–20/01, BStBl. I 2001,

S. 796–800; BMF-Schreiben vom 12.4.2005, Aktz. IV B 4-S-1341-1/05, BStBl. I 2005, S. 570–599; Deloitte (Hrsg.): Strategy Matrix for Global Transfer Pricing, o.O. 2006; EU Joint Transfer Pricing Forum, http://europa.eu.int/comm/taxation/company.tax/transfer.pricing/forum/index.en.htm (Download: 18. August 2005); Kroppen, H.-K. (Hrsg.): Handbuch Internationale Verrechnungspreise, Köln, Stand: 7. Erg.-Lfg. November 2005; Schuch, J./Toifl, G.: Andere Methoden, in: Kroppen, H.-K. (Hrsg.): Handbuch Internationale Verrechnungspreise, Band II, Köln, Stand: 7. Erg.-Lfg. November 2005, Rn. 3.1–3.74; Schreiber, R.: Verwaltungsgrundsätze Verfahren; in: Kroppen, H.-K. (Hrsg.): Handbuch Internationale Verrechnungspreise, Band I, Köln, Stand: 7. Erg.-Lfg. November 2005, Rn. 315–337.

Heinz-Klaus Kroppen

Verrechnungsverbot →Grundsätze ordnungsmäßiger Buchführung, bankspezifisch

Versagungsvermerk →Bestätigungsvermerk

Versammlungsfolgerechte, aktienrechtliche →Haupt- und Gesellschafterversammlung

Versammlungsprotokolle

Versammlungsprotokolle sind Niederschriften über Zusammenkünfte mehrerer, meist einer größeren Anzahl von Personen. Protokolle werden teils freiwillig zu Beweissicherungszwecken erstellt, etwa über Geschäftsführungs- und Vorstandssitzungen (→Haftung des Vorstands). Unter bestimmten Voraussetzungen müssen sie aber auch aufgrund satzungsmäßiger oder gesellschaftsvertraglicher bzw. gesetzlicher Normen angefertigt werden, bspw. für die HV (→Haupt- und Gesellschafterversammlung) gem. § 130 Abs. 1 Satz 1 AktG, für die Aufsichtsratssitzung gem. § 107 Abs. 2 Satz 1 AktG oder in Sonderfällen auch für die Gesellschafterversammlung, § 48 Abs. 3 GmbHG. In besonderen Fällen sind Versammlungsprotokolle notariell zu beurkunden; fehlt z. B. bei HV-Beschlüssen eine nach § 130 AktG erforderliche notarielle Beurkundung, so sind sie gem. § 241 Nr. 2 AktG nichtig.

Die Prüfung von Versammlungsprotokollen ist i. d. R. untergeordneter Prüfungsgegenstand, bspw. im Rahmen einer Abschlussprüfung (→Jahresabschlussprüfung; →Konzernabschlussprüfung). Versammlungsprotokolle können ausnahmsweise eigenständiger Prüfungsgegenstand sein, etwa bei einer Prüfung durch die →Interne Revision (→Revisionseinsatzgebiete); hierbei sind die jeweiligen Bestimmungen zum Mindestinhalt des Protokolls (Eickhoff 1995, Rn. 287–290; Vollhard 2003, Rn. 37–61) als Soll-Objekt heranzuziehen.

Versammlungsprotokolle sind in den verschiedenen Phasen der Abschlussprüfung heranzuziehen. Die Entwicklung einer angemessenen →Prüfungsstrategie setzt voraus, dass der →Abschlussprüfer (APr) ausreichende Kenntnisse über das zu prüfende Unternehmen erwirbt. Kenntnisse über die Geschäftstätigkeit sowie das rechtliche und →wirtschaftliche Umfeld können auch aus Protokollen gewonnen werden. Für die Prüfung der →rechtlichen Verhältnisse sind u. a. Versammlungsprotokolle der Gesellschaftsorgane als →Prüfungsnachweise hinzuziehen. Bei Durchführung des →Prüfungsprogramms hat der APr die Protokolle durchzusehen, z. B. um die Einhaltung der Beschlüsse des Aufsichtsrats und der HV bzw. Gesellschafterversammlung bei Kapitalerhöhungen und -herabsetzungen zu prüfen (→Kapitalkonten), die wesentlichen →Beziehungen zu nahe stehenden Personen zu erfassen oder auch um alle →Ereignisse nach dem Abschlussstichtag, soweit darauf im →Lagebericht einzugehen ist, identifizieren zu können.

Zur Bestätigung der Vollständigkeit der vorgelegten Versammlungsprotokolle kann der APr eine →Vollständigkeitserklärung einholen. Zur Einschätzung der Verlässlichkeit der Protokolle muss der APr u. a. die Qualifikation und Integrität der an der Erstellung und Aufbewahrung beteiligten Personen sowie die Wirksamkeit der Kontrollen in den zugrunde liegenden Prozessen beurteilen [→Internes Kontrollsystem (IKS); →Internes Kontrollsystem, Prüfung des; →Systemprüfung; →Funktionsprüfung].

Literatur: Eickhoff, A.: Die Praxis der Gesellschafterversammlung bei GmbH und GmbH & Co., 2. Aufl., Köln 1995; Vollhard, R.: § 15 Die Protokollierung, in: Semler, J./Vollhard, R. (Hrsg.): Arbeitshandbuch für die Hauptversammlung, München 2003, S. 541–570.

Werner Hillebrand

Verschmelzung →Unternehmensumwandlungen

Verschuldungsgrad →Kapitalstruktur, optimale; →Kapitalstruktur, Planung und Kontrolle der

Verschwiegenheitspflicht des Steuerberaters →Berufsgrundsätze des Steuerberaters

Verschwiegenheitspflicht des Wirtschaftsprüfers

Die Verschwiegenheitspflicht des Wirtschaftsprüfers (→Berufsgrundsätze des Wirtschaftsprüfers) schützt Informations- und Know-how-Vorsprünge des Mandanten gegenüber Mitwettbewerbern und wirkt ungerechtfertigten Diskriminierungen durch die Finanz- und Kapitalmärkte entgegen. Sie besteht im Rahmen sämtlicher Tätigkeiten des Wirtschaftsprüfers (→Berufsbild des Wirtschaftsprüfers), d. h.

- bei der Durchführung betriebswirtschaftlicher Prüfungen, insb. der →Jahresabschlussprüfung von Unternehmen, und der Erteilung von →Bestätigungsvermerken,
- bei Auftritten als Sachverständiger (→Sachverständigentätigkeit) auf dem Gebiet der wirtschaftlichen Betriebsführung,
- bei der Wahrung fremder Interessen,
- bei treuhänderischen Verwaltungen (→Treuhandwesen; →Treuhandschaften) und
- bei wirtschaftlichen Beratungen (→Unternehmensberatung) sowie Beratungen in steuerlichen Angelegenheiten (→Steuerberatung) nach Maßgabe bestehender Vorschriften und der Vertretung in diesen Angelegenheiten.

Gegenstand der Verschwiegenheitspflicht sind Tatsachen und Umstände, die Betriebs- und Geschäftsgeheimnisse darstellen [§ 9 i.V.m. § 10 →Berufssatzung der *Wirtschaftsprüferkammer* (BS)]. Solche sind gegeben, wenn (Krueger 1984, S. 16–35)

- sie nicht offenkundig sind (objektive Geheimniskomponente),
- seitens des Mandanten ein Geheimhaltungswille besteht (subjektive Geheimniskomponente) und
- ein wirtschaftlich berechtigtes Geheimhaltungsinteresse gegeben ist (normative Geheimniskomponente).

Die Verschwiegenheitspflicht gehört gem. § 43 Abs. 1 →Wirtschaftsprüferordnung (WPO) zu den allgemeinen →Berufspflichten des Wirtschaftsprüfers und wird in deren Berufseid explizit herausgestellt (§ 17 Abs. 1 WPO). Sie ist zeitlich nicht begrenzt (§ 9 Abs. 3 BS).

Der WP hat sich aller Tätigkeiten zu enthalten, die nicht mit der Verschwiegenheitspflicht vereinbar sind (§ 43 Abs. 2 WPO). WP sind gem. § 9 Abs. 1 BS verpflichtet, Tatsachen und Umstände, die ihnen im Rahmen ihrer Tätigkeit anvertraut oder bekannt werden, nicht unbefugt zu offenbaren sowie entsprechende Vorkehrungen zur Wahrung der Verschwiegenheitspflicht zu treffen (§ 9 Abs. 2 BS). So sind Gehilfen und Mitarbeiter zur Verschwiegenheit zu verpflichten (§ 50 WPO, § 5 BS). In diesem Sinne besteht die Verschwiegenheitspflicht auch gegenüber Mitarbeitern, die nicht mit dem Mandat befasst sind. Ist eine WPGes (→Revisions- und Treuhandbetriebe) WP, so finden diese Vorschriften sinngemäß Anwendung (§ 56 Abs. 1 WPO, § 40 BS i.V.m § 58 Abs. 1 Satz 1 WPO). Die Verschwiegenheitspflicht weitet sich bei WPGes auf deren Aufsichtsorgane sowie Vorstandsmitglieder, Geschäftsführer und persönlich haftende Gesellschafter, die nicht WP sind, aus (§ 56 Abs. 1, 2 WPO). Sie ist darüber hinaus in verbindlichen →Verlautbarungen des *Instituts der Wirtschaftsprüfer in Deutschland e.V.* und Stellungnahmen der →*Wirtschaftsprüferkammer (WPK)* (s. z. B. IDW/WPK 2006) enthalten.

Die Verwertung von Betriebs- und Geschäftsgeheimnissen ist untersagt (§ 10 BS), so dass auch berücksichtigt wird, dass WP über Insiderinformationen i.S.v. § 13 Abs. 1 WpHG (→Insidergeschäfte) verfügen. Bei Verletzung der Verschwiegenheitspflicht drohen Geld- und Freiheitsstrafen (→Verschwiegenheitspflicht des Wirtschaftsprüfers, Verletzung der).

Die Verschwiegenheitspflicht findet in Rechtsprozessen durch ein Zeugnisverweigerungsrecht des Wirtschaftsprüfers (§ 383 Abs. 1 Nr. 6 ZPO, §§ 53 Abs. 1 Nr. 3, 53a Abs. 1 StPO, § 98 VwGO, § 385 Abs. 1 AO i.V.m. §§ 53 Abs. 1 Nr. 3, 53a Abs. 1 StPO) und gegenüber Finanzbehörden in Form eines Auskunftsverweigerungsrechts gem. §§ 102 Abs. 1 Nr. 3 b), Abs. 2 AO Beachtung.

Die Verschwiegenheitspflicht besteht nicht, wenn derjenige, auf den sich das zu schützende Geheimnis bezieht, dem WP die Befugnis zur Offenbarung gegenüber Dritten erteilt (OLG Schleswig, Beschluss vom 27.5.1980 – 1 Ws 160 – 161/80, Schönke/Schröder/Lenckner 2001, Rn. 19–24c zu § 203 StGB). Eine Entbindung von der Verschwiegenheitspflicht erfolgt u. a. auch im Rahmen der →Qualitätskontrolle in der Wirtschaftsprüfung (→Peer

Review) (§ 57b Abs. 3 WPO), durch die Pflicht zur Offenlegung des →Prüfungsberichts in besonderen Fällen (s. z. B. § 321a HGB), bei bestimmten Prüfungen (s. z. B. Art. 5.1 und Art. 5.2 RL 95/26/EG, §§ 26, 29 Abs. 2 KWG, § 57 Abs. 2 VAG) sowie bei Verdacht auf Geldwäsche [§ 11 i.V.m. § 2, 3 Abs. 1 Nr. 2 →Geldwäschegesetz (GWG)].

Ist ein WP gem. § 319 i.V.m. § 316 HGB →Abschlussprüfer (APr), so sind die Vorschriften gem. § 323 Abs. 1, Abs. 3 HGB verbindlich. Des Weiteren ist die Verschwiegenheitspflicht in den IDW PS 200 und 201, die den ISA 200 (→International Standards on Auditing) in deutsches Recht umsetzen, verankert. Eine Entbindung von der Verschwiegenheitspflicht erfolgt gem. § 320 Abs. 3 Satz 2 HGB im Rahmen der Prüfung von Konzernabschlüssen (→Konzernabschlussprüfung).

Problematisch ist die Verschwiegenheitspflicht des Wirtschaftsprüfers im internationalen Kontext i.V.m. den Informationsbeschaffungsrechten des →*Public Company Accounting Oversight Board* (PCAOB) zu beurteilen. Sind WPGes dort zur Registrierung verpflichtet (SOA 102), so ist diese mit der Pflicht zur Einwilligung in weit reichende Befugnisse des *PCAOB* zur Durchführung von Kontroll- und Untersuchungsmaßnahmen sowie disziplinarischen Verfahren [SOA 102 (b) (3)] und mit umfangreichen Mitteilungspflichten [SOA 102 (b) (2)] verbunden, die u. U. mit der Verschwiegenheitspflicht des Wirtschaftsprüfers nach deutschem Recht nicht vereinbar sind (→Berufsaufsicht für Wirtschaftsprüfer, international; →Sarbanes Oxley Act, Einfluss auf das Prüfungswesen).

Literatur: IDW (Hrsg.): IDW Prüfungsstandard: Ziele und allgemeine Grundsätze der Durchführung von Abschlussprüfungen (IDW PS 200, Stand: 28. Juni 2000), in: WPg 53 (2000), S. 706–710; IDW: IDW Prüfungsstandard: Rechnungslegungs- und Prüfungsgrundsätze für die Abschlussprüfung (IDW PS 201, Stand: 17. November 2000), in: WPg 53 (2000), S. 710–713; IDW/WPK (Hrsg.): Gemeinsame Stellungnahme der WPK und des IDW: Anforderungen an die Qualitätssicherung in der Wirtschaftsprüferpraxis (VO 1/2006), in: WPg 59 (2006), S. 629–646; Krueger, H.-U.: Der strafrechtliche Schutz des Geschäfts- und Betriebsgeheimnisses im Wettbewerbsrecht: eine Untersuchung zum derzeitigen und künftigen Rechtszustand, Frankfurt a.M. et al. 1984; OLG Schleswig, Beschluss vom 27.5.1980, Aktz. 1 Ws 160 – 161/80, NJW 34 (1981), S. 294; Schönke, A./Schröder, H./Lencker, T.: StGB: Kommentar, 26. Aufl., München 2001.

Wolfgang Ossadnik; Jan Steins

Verschwiegenheitspflicht des Wirtschaftsprüfers, Verletzung der

Die Verletzung der →Verschwiegenheitspflicht des Wirtschaftsprüfers gilt als Verstoß gegen das →Berufsrecht des Wirtschaftsprüfers [§ 43 Abs. 1 →Wirtschaftsprüferordnung (WPO)] und die Verletzung prüfungsvertraglicher Pflichten (§ 323 Abs. 1 Satz 1 HGB). Soweit es sich gleichzeitig um die unbefugte Offenbarung von Betriebs- oder Geschäftsgeheimnissen handelt, ist dies auch strafrechtlich relevant (§ 333 HGB).

Eine Verletzung i.S.d. § 323 HGB liegt nur vor, wenn es sich um eine gesetzliche Abschlussprüfung (→Pflichtprüfungen) handelt. Für freiwillige (Abschluss-) Prüfungen (→freiwillige und vertragliche Prüfung; →Due Diligence) gelten die allgemeinen Regelungen des Berufsrechts [§§ 43 Abs. 1, 50 WPO über die →Verschwiegenheitspflicht des Wirtschaftsprüfers, § 9 →Berufssatzung der *Wirtschaftsprüferkammer* (BS)] mit den entsprechenden Sanktionierungen, daneben das allgemeine Strafrecht.

Die Verschwiegenheitspflicht i.S.d. § 323 HGB wird verletzt, wenn der →Abschlussprüfer (APr), Prüfungsgehilfen oder die bei der Prüfung mitwirkenden gesetzlichen Vertreter einer Prüfungsgesellschaft (→Revisions- und Treuhandbetriebe) Tatsachen und Umstände, die ihnen bei ihrer Berufstätigkeit anvertraut oder bekannt werden, unbefugt offenbaren. Bei diesen Tatsachen und Umständen muss es sich um Sachverhalte handeln, die nicht allgemein bekannt oder jedermann ohne weiteres zugänglich sind (Winkeljohann/Hellwege 2006, Rn. 32 zu § 323 HGB). An deren Vertraulichkeit muss ein berechtigtes Interesse und ein entsprechender Geheimhaltungswille bestehen (Ebke 2001, Rn. 44 ff. zu § 323 HGB).

Eine Verletzung liegt regelmäßig dann vor, wenn Tatsachen und Umstände an Außenstehende weitergegeben werden. Außenstehend sind zunächst alle Personen, die innerhalb des Prüfungsbetriebs nicht unmittelbar mit der Durchführung der Prüfung (→Auftragsdurchführung) befasst sind. Dies betrifft sowohl materiell wie formell die Prüfung begleitenden Mitarbeiter, also Prüfungsassistenten genauso wie Personal in Sekretariat, Recherche etc. Keine Verletzung der Verschwiegenheitspflicht liegt vor, wenn Tatsachen und Umstände gegenüber den gesetzlichen Vertretern der geprüften Gesellschaft offenbart werden. Gleiches gilt gegenüber den Organen, denen auch der →Prüfungsbericht (PrB) vorzulegen ist. Etwas anderes gilt gegenüber dem übrigen Personal des geprüften Unternehmens, sowie den Kontrollorganen und Gesellschaftern der Prüfungsgesellschaft.

Es muss sich um Tatsachen und Umstände handeln, die den Betroffenen im Rahmen ihrer Tätigkeit bekannt geworden sind. Haftungs- und strafrechtliche Folgen (§§ 323, 333 HGB) knüpfen an die Offenbarung von Sachverhalten an, die bei der Prüfung bekannt geworden sind (→Haftung des Wirtschaftsprüfers; →Straf- und Bußgeldvorschriften). Ein berufsrechtlicher Verstoß liegt auch dann vor, wenn es sich um außerhalb einer Abschlussprüfung (→Jahresabschlussprüfung, →Konzernabschlussprüfung) erworbenes Wissen handelt.

Nur die unbefugte Offenbarung ist strafbewehrt. Die Genehmigung durch die Geschäftsführung lässt Haftung, Strafbarkeit und berufsrechtliche Ahndung mangels Tatbestand entfallen (→Berichtsgrundsätze und -pflichten des Wirtschaftsprüfers). Auch gesetzliche Auskunfts- oder Berichtspflichten (→Redepflicht des Abschlussprüfers) bedeuten keine Verletzung der Verschwiegenheitspflicht. Hinzuweisen ist auf die besondere Auskunftspflicht des Abschlussprüfers gegenüber der →*Bundesanstalt für Finanzdienstleistungsaufsicht* (*BaFin*) gem. § 370 Abs. 4 Satz 1 →Wertpapierhandelsgesetz (WpHG). Soweit die Durchführung eines →Peer Review die Offenbarung erforderlich macht, schränkt § 57b Abs. 3 WPO die Verschwiegenheit ein. Zu beachten ist der Charakter der →Qualitätskontrolle in der Wirtschaftsprüfung. Wird hier unnötigerweise mehr offenbart, als zur Durchführung der methodischen Prüfung erforderlich, macht sich der APr strafbar (Winkeljohann/Hellwege 2006, Rn. 39 zu § 323 HGB).

Ob eigene Belange des Abschlussprüfers die Verletzung der Verschwiegenheitspflicht rechtfertigen können, ist fraglich. Diesbezüglich ist auf die allgemeinen Rechtsgrundsätze und einschlägige Rspr. zur Verschwiegenheitspflicht anderer vergleichbarer Berufsstände zurückzugreifen (s. dazu Ebke 2001, Rn. 49 ff. zu § 323 HGB). Danach wird eine durch den jeweiligen Sachverhalt begrenzte Offenlegung im Rahmen gerichtlicher Verfahren (Honorarstreitigkeiten, Strafprozesse, berufsrechtliche Verfahren) wohl zulässig sein. Bei Abwehr öffentlicher Angriffe und Vorwürfe ist dagegen zu differenzieren. Nur gegen Äußerungen des bösgläubigen Mandanten – ob nun direkt getätigt oder von diesem bspw. in der Presse veranlasst – ist eine öffentliche Richtigstellung auch angemessen.

Literatur: Ebke, W.: Kommentierung des § 323 HGB, in: Schmidt, K. (Hrsg.): Münchener Kommentar zum Handelsgesetzbuch, Band 4, München 2001; Winkeljohann, N./Hellwege, H.: Kommentierung des § 323 HGB, in: Ellrott, H. et al. (Hrsg.): BeckBilKomm, 6. Aufl., München 2006.

Torsten Maurer; Tobias Hüttche

Versicherungen
→Versicherungsunternehmen

Versicherungsaufsicht →Bundesanstalt für Finanzdienstleistungsaufsicht

Versicherungsunternehmen

Gem. § 341k Abs. 1 Satz 1 HGB sind alle unter den Geltungsbereich des HGB fallenden Versicherungsunternehmen unabhängig von ihrer Größe (→Größenklassen) und Rechtsform (→Unternehmensformen) prüfungspflichtig. Sie haben ihren JA und →Lagebericht sowie Konzernabschluss und →Konzernlagebericht von einem WP bzw. einer WPGes (→Revisions- und Treuhandbetriebe) anhand der Vorschriften der §§ 316–324 HGB prüfen zu lassen (→Jahresabschlussprüfung; →Konzernabschlussprüfung). Im Gegensatz zu den KapGes, bei denen der →Abschlussprüfer (APr) von den Gesellschaftern gewählt wird, erfolgt die →Bestellung des Abschlussprüfers bei den Versicherungsunternehmen durch den AR, welchem auch die Erteilung des Prüfungsauftrags (→Prüfungsauftrag und -vertrag) obliegt. Die Aufsichtsbehörde – die →*Bundesanstalt für Finanzdienstleistungsaufsicht* (*BaFin*) – kann bei Bedenken gegen den APr verlangen, dass ein anderer als der von der Gesellschaft bestellte beauftragt wird (§ 58 Abs. 2 Satz 2 VAG).

Der *Umfang der Prüfung* ergibt sich aus § 57 Abs. 1 VAG (→Grundsätze ordnungsmäßiger Abschlussprüfung, versicherungsspezifisch; →Jahresabschlussprüfung, erweiterte). Der APr hat dabei festzustellen, ob das Versicherungsunternehmen die Anzeigepflichten nach

§ 13b Abs. 1 und 4, § 13c Abs. 1 und 4, § 13d Nr. 1–5 VAG sowie die Verpflichtungen nach § 15 des Gesetzes über das Aufspüren von Gewinnen aus schweren Straftaten erfüllt hat.

Nach dem →*risikoorientierten Prüfungsansatz* schätzt der APr bei der Planung (→Prüfungsplanung) der ergebnisorientierten Prüfungshandlungen zunächst das →Prüfungsrisiko, d. h. das Risiko, dass der JA wesentliche Fehler oder Verstöße gegen die Rechnungslegung (→Unregelmäßigkeiten) beinhaltet, ein. Es setzt sich aus drei Teilrisiken zusammen: Dem inhärenten Risiko (gewollt oder ungewollt treten signifikante Fehlaussagen auf), dem Kontrollrisiko (wesentliche Fehler werden von dem →Internen Kontrollsystem (IKS) des Unternehmens nicht verhindert oder entdeckt) und dem Entdeckungsrisiko (Prüfungshandlungen führen nicht zur Aufdeckung von wesentlichen Fehlern). Um diesen Risiken vorzubeugen, ist der Vorstand eines Versicherungsunternehmens gem. § 91 Abs. 2 AktG verpflichtet, ein Früherkennungssystem für bestandsgefährdete Risiken einzurichten [→Risikomanagementsystem (RMS)]. Ist dieses System funktionsfähig (→Risikomanagementsystem, Prüfung des), so kann es dem APr als Grundlage für seine Risikoeinschätzung dienen. Der APr eines Versicherungsunternehmens sollte ferner über Erfahrungen und Spezialkenntnisse über Besonderheiten der Versicherungswirtschaft verfügen. Dies sollte bereits bei der Auftragsannahme berücksichtigt werden (→Auftragsannahme und -fortführung).

Bei der Prüfung von Versicherungsunternehmen sind folgende *Prüfungshandlungen* besonders hervorzuheben (→Auswahl von Prüfungshandlungen):

- die Prüfung des Internen Kontrollsystems (→Internes Kontrollsystem, Prüfung des),
- IT-gestützte Prüfungshandlungen und Stichproben (→IT-gestützte Prüfungstechniken; →IT-gestützte Prüfungsdurchführung),
- die Prüfung von geschätzten Werten (→Schätzwerte, Prüfung von; →Prognose- und Schätzprüfung) und
- die →Bestätigungen Dritter.

Bei der *Prüfung des Internen Kontrollsystems* überprüft der APr sowohl die Funktionsfähigkeit der →IT-Systeme und der Internen Kontrollen als auch die von der Geschäftsleitung aufgrund des Internen Informationssystems (→Führungsinformationssysteme) vorgenommenen Kontrollen (→IT-Systemprüfung; →Systemprüfung; →Funktionsprüfung; →Kontrollprüfung). Ersteres ist von Bedeutung, da die IT bei Versicherungsunternehmen aufgrund der dort üblichen Massenvorgänge einen besonderen Stellenwert hat. Die Prüfung deren Funktionsfähigkeit ist somit von wesentlicher Bedeutung, um den Umfang der sonst erforderlichen →Einzelfallprüfungen reduzieren zu können. Die übergeordneten Kontrollen des Vorstands zur Überwachung des Versicherungsunternehmens sind von großer Bedeutung für die Einschätzung des →Prüfungsrisikos und die Planung von Prüfungshandlungen, da durch diese wesentliche Fehler (→Wesentlichkeit; →Fehlerarten) in der Abschlussprüfung aufgedeckt und beseitigt werden sollten. Das IKS muss hinsichtlich seiner Organisation schriftlich niedergelegt, nachvollziehbar und tatsächlich durchführbar sein (→Aufbauorganisation). Dazu dienen: Zeichnungsrichtlinien für das Brutto-Versicherungsgeschäft, Regulierungsrichtlinien für den Schadenbereich, Anlagerichtlinien für den Kapitalanlagenbereich und interne Bilanzierungsrichtlinien für die Bilanzposten, deren Ermittlung und Bewertung gesetzlich nicht vorgeschrieben ist. Für weitere Einzelheiten wird an dieser Stelle auf IDW PS 330 und IDW RS FAIT 1 verwiesen.

Die *IT-gestützten Prüfungshandlungen und Stichproben* können für den APr bei geeigneten Auswertungen zu einer erheblichen Reduktion des Prüfungsumfangs führen. Im Rahmen von IT-gestützten Prüfungshandlungen können vom APr oder vom Versicherungsunternehmen selbst Auswertungen hinsichtlich folgender Punkte erstellt werden:

- Zulässigkeit bestimmter Datenmerkmale,
- Richtigkeit von Berechnungen (z. B. Deckungsrückstellungen),
- Richtigkeit der Abgrenzung zum Bilanzstichtag (→periodengerechte Erfolgsermittlung; →Cut-Off),
- Verteilung charakteristischer Merkmale von Versicherungsbestand und Schaden,
- Plausibilität von Relationen,
- Schichtungen von Datenbeständen nach Kriterien sowie
- Stichproben für Einzelfallprüfungen.

Dem Grundsatz der Wirtschaftlichkeit folgend kann der APr aussagebezogene Prüfungshandlungen (→ergebnisorientierte Prüfungshandlungen) nur in Stichproben und für wesentliche Posten ausführen (IDW PS 300.25). Der APr bedient sich i. d. R. zweier Auswahlverfahren (→Stichprobenprüfung): der Zufallsauswahl und der bewussten Auswahl (→deduktive Auswahl). Bei Versicherungsunternehmen sind zufallsgesteuerte Stichproben besonders bei der Prüfung von großen gleichartigen Beständen, wie →Forderungen, Deckungsrückstellungen (→Rückstellungen) und Massenschäden, anzuwenden. Der APr sollte bewusste Stichproben bei inhomogenen Beständen ziehen, wenn er dort über konkrete Informationen über kritische Bereiche (z. B. bestimmte Fehlerrisiken) verfügt.

Die *Prüfung von geschätzten Werten* erfolgt, sobald eine genaue Feststellung von Werten nicht oder nur mit unverhältnismäßigem Aufwand möglich ist (→Schätzwerte, Prüfung von; →Prognose- und Schätzprüfung). Sie beruht auf zulässigen Näherungsverfahren.

Bei Versicherungsunternehmen sind Schätzungen besonders oft für alle Posten der Passiva sowie für die →beizulegenden Werte der nicht börsennotierten Aktiva zu finden. Die versicherungsmathematisch berechneten Posten des Jahresabschlusses basieren ebenfalls auf Annahmen. Die zur Schätzung der Werte angewandten Verfahren sind auf Zulässigkeit, Angemessenheit und Plausibilität (→Plausibilitätsprüfungen) zu prüfen, wobei der APr hierbei ebenfalls über besondere Kenntnisse der Versicherungswirtschaft verfügen muss. Um die geschätzten Werte zu prüfen, kommen verschiedene Handlungen in Betracht: Durchsicht und Testen der Verfahren, Vergleich der ermittelten Werte mit Werten einer unabhängigen Schätzung (→Verprobung), →prüferische Durchsicht von →Ereignissen nach dem Abschlussstichtag zur Bestätigung der Schätzung und Vergleich der für die vorhergehenden Geschäftsjahre geschätzten Werte mit den eingetretenen Ereignissen dieser Geschäftsjahre (→zeitlicher Vergleich) (IDW PS 314). Berechnungen sind hinsichtlich ihrer Richtigkeit zu beurteilen, wobei der APr hier Kenntnisse über die finanziellen Ergebnisse des Unternehmens in den vorangegangenen Geschäftsjahren und über die Pläne der Unternehmensleitung (→Planung; →Controlling) einbringen sollte. Aufschluss über die Schätzergebnisse am Bilanzstichtag kann durch die Entwicklung der entsprechenden Bilanzposten nach dem Bilanzstichtag bis zum Abschluss der Prüfung erhalten werden. Insb. ist hierbei an die Wertentwicklung von Kapitalanlagen, den Zahlungseingang auf Forderungen sowie die Abwicklung von Schadensrückstellungen zu denken.

Die *Bestätigung Dritter* kommt für die Beurteilung einzelner Posten in Betracht, wenn diese als wesentlich (→Wesentlichkeit) anzusehen sind (IDW PS 300.31). Sie kann aus Wirtschaftlichkeitsgesichtspunkten oder aufgrund ihrer höheren Aussagekraft im Gegensatz zu Nachweisen des zu prüfenden Unternehmens (→Prüfungsnachweise) eingeholt werden. Bei Versicherungsunternehmen ist dies insb. bei Bankverbindungen (→Zahlungsverkehr) und Forderungen der Fall. Kann das Unternehmen Abrechnungen von Externen, wie z. B. Maklern oder Rückversicherern, vorweisen, so dienen diese als Nachweis. Die Einholung von Rechtsanwaltsbestätigungen ist bei Versicherungsunternehmen allenfalls für ao. bedeutende Sachverhalte sinnvoll. Wegen der Häufigkeit von Rechtsstreitigkeiten bei Versicherungsunternehmen ist eine juristische Einzelfallbestätigung oftmals von untergeordneter Bedeutung für die Prüfung des Jahresabschlusses. Die Beurteilung der Sachlage anhand der Schadensakten durch den APr ist i. d. R. kostengünstiger und aussagekräftiger, besonders im Bezug auf die internen Prozesse, die Kontrollverfahren und die Bilanzierungsmethoden des Versicherungsunternehmens.

Ferner sollte der APr die Schadenrückstellungen von Schaden- und Unfallversicherungen aufmerksam prüfen (s. hierzu IDW PS 560; →Grundsätze ordnungsmäßiger Buchführung, versicherungsspezifisch).

Unter Beachtung der berufsüblichen Sorgfalt sollte der APr wesentliche →*Unregelmäßigkeiten*, die Auswirkungen auf den JA und Lagebericht haben, sowie *Geldwäsche* [→Geldwäschegesetz (GwG)] aufdecken. Die Unregelmäßigkeiten entstehen in vielen Fällen im Leistungsfall und Vertrieb (→Unregelmäßigkeiten, Aufdeckung von). Da es sich hier jedoch meistens um unbedeutende Einzelfälle handelt, sind eher die einzelnen Großschäden, die von Dritten in betrügerischer Absicht herbeigeführt wurden (→dolose Handlungen), sowie die allgemeinen Tendenzen zum Versicherungsbetrug mit großer Aufmerksamkeit zu betrachten. Aus diesem Grund hat das Versicherungsunternehmen geeignete Maßnahmen zur Risikofrüherkennung [→Risikomanagementsystem (RMS)] zu treffen.

Die Prüfungspflichten des § 57 Abs. 1 Satz 1 VAG sind aufgrund des GwG erweitert worden. Lebensversicherungsunternehmen und Schadenversicherungsunternehmen betreiben Unfallversicherungen mit Beitragsrückgewährung. Bei diesen hat der APr festzustellen, ob das Unternehmen die gesetzlichen Vorkehrungen nach § 14 Abs. 2 GwG getroffen hat. Hiernach sind folgende Vorkehrungen zu prüfen:

- Bestimmung einer leitenden Person als Ansprechpartner für die Strafverfolgungsbehörden bei der Verfolgung der Geldwäsche nach § 261 StGB,
- Entwicklung interner Grundsätze, Verfahren und Kontrollen zur Verhinderung der Geldwäsche,
- Sicherstellung, dass diejenigen Beschäftigten, die befugt sind, Finanztransaktionen durchzuführen, zuverlässig sind,
- regelmäßige Unterrichtung dieser Personen über die Methoden der Geldwäsche.

Der APr hat nach § 57 Abs. 1 Satz 1 VAG im →Prüfungsbericht (PrB) festzuhalten, ob die Erfüllung der Verpflichtungen gewährleistet ist.

Literatur: IDW (Hrsg.): IDW Prüfungsstandard: Prüfungsnachweise im Rahmen der Abschlussprüfung (IDW PS 300, Stand: 2. Juli 2001), in: WPg 54 (2001a), S. 898–903; IDW (Hrsg.): IDW Prüfungsstandard: Die Prüfung von geschätzten Werten in der Rechnungslegung (IDW PS 314, Stand: 2. Juli 2001), in: WPg 54 (2001b), S. 906–909; IDW (Hrsg.): IDW Prüfungsstandard: Abschlussprüfung bei Einsatz von Informationstechnologie (IDW PS 330, Stand: 24. September 2002), in: WPg 55 (2002a), S. 1167–1179; IDW (Hrsg.): IDW Stellungnahme zur Rechnungslegung: Grundsätze ordnungsmäßiger Buchführung bei Einsatz von Informationstechnologie (IDW RS FAIT 1, Stand: 24. September 2002), in: WPg 55 (2002b), S. 1157–1167; IDW (Hrsg.): Die Prüfung der Schadenrückstellung im Rahmen der Jahresabschlussprüfung von Schaden-/ Unfallversicherungsunternehmen (IDW PS 560, Stand: 9. Dezember 2005), in: WPg 58 (2005), S. 104–111; IDW (Hrsg.): WPH 2006, Band I, 13. Aufl., Düsseldorf 2006; Stöffler, M.: Grundsätze für die Prüfung von Versicherungsunternehmen, in: IDW (Hrsg.): Rechnungslegung und Prüfung der Versicherungsunternehmen, 4. Aufl., Düsseldorf 2003.

Marc Böhlhoff

Verstöße →Unregelmäßigkeiten; →Unregelmäßigkeiten, Konsequenzen aus; →Unregelmäßigkeiten, Aufdeckung von

Verstoßprinzip →Berufshaftpflichtversicherung des Wirtschaftsprüfers und des Steuerberaters

Verteilungsrechnung →Wertschöpfungsrechnung

Vertragliche Prüfung →Freiwillige und vertragliche Prüfung

Vertragskonzern →Konzernmanagement; →Konzernarten

Vertragsprüfung →Unternehmensverträge

Vertriebscontrolling

Das Vertriebscontrolling umfasst die zielorientierte Informationsversorgung sowie die Koordination der →Planungssysteme, →Kontrollsysteme und Informationssysteme (→Führungsinformationssysteme) im Rahmen der physischen und akquisitorischen Distribution, d. h. bspw. die Gestaltung des Außendienstes und der Lieferantenkonditionen. Dabei stehen die Funktionen des Vertriebs- und →Marketingcontrollings häufig in einem eng korrespondierenden Zusammenhang. In Abgrenzung zum Marketingcontrolling umfasst das Vertriebscontrolling lediglich den für den Vertrieb relevanten Teil der Koordinationsmaßnahmen, d. h. ein im Vergleich enges Spektrum an Steuerungsaufgaben i. S. e. Teilausschnitts des Marketingcontrollings. Von der Sache her handelt es sich beim Vertriebscontrolling folglich um einen Teilaspekt des Marketingcontrollings, wobei in der unternehmerischen Praxis häufig eine organisatorische Trennung sowie gesonderte Zuständigkeiten für das Vertriebscontrolling anzutreffen ist.

Die zentrale Aufgabe des Vertriebs besteht darin, die bestehenden Kunden möglichst optimal zu betreuen und somit die Kundenkontakte zu pflegen und auszubauen. Somit sollen langfristige Kundenbeziehungen aufgebaut und gesichert werden. Zur Erreichung dieser Zielsetzungen benötigen das Vertriebsmanagement und die Vertriebsmitarbeiter aussagekräftige Informationen (bspw. durch eine

Kundendatenbank), um die Aktivitäten zielgerecht – und somit auch kundengerecht – zu planen, zu kontrollieren und zu koordinieren. Somit besteht das Ziel des Vertriebscontrollings in der Unterstützung des Vertriebsmanagements, indem bei allen Entscheidungen bzgl. der Kundenbetreuung und -pflege möglichst detaillierte und kundenbezogene Informationen zur Entscheidungsunterstützung bereitgestellt werden, was eine Erfassung, Aufbereitung und Präsentation der Daten [→Betriebsdatenerfassung (BDE); →Führungsinformationssysteme; →Berichtssystem] voraussetzt. Zu diesem Zweck ist zu kontrollieren, welche grundlegenden Informationen im Rahmen des Vertriebsmanagements benötigt werden, welche weiter gehenden Informationsquellen aufgebaut werden müssen und welche dieser Informationen letztlich zwingend zur Entscheidungsfindung benötigt werden. Darüber hinaus unterstützt das Vertriebscontrolling die Mitarbeiterführung im Vertrieb, so u. a. durch die Bereitstellung und Aufarbeitung von adäquaten Anreizsystemen (→Incentive-Systeme), wie bspw. Prämien oder Provisionen, sowie bei der Ordnung und Anpassung der Vertriebsorganisation an sich ändernde Rahmen- bzw. Marktbedingungen durch sog. Vertriebs- bzw. Organisationsaudits.

Instrumente des Vertriebscontrollings sind Informations-, Planungs- und übergreifende Instrumente. Informationsinstrumente dienen der Deckung des Informationsbedarfs im Vertriebsmanagement (→Controllinginstrumente). Dazu müssen interne (Kundendaten, Produktdaten usw.) und externe Daten (Umfelddaten, Konkurrenzdaten, wirtschaftliche Rahmenbedingungen usw.) erhoben werden. Darüber hinaus sind wichtige Daten aus der Unternehmensrechnung zu erheben, wobei insb. der vertriebsspezifische Teil der →Kosten- und Leistungsrechnung (→Kostenrechnung, Prüfung der) analysiert werden muss. Zur Unterstützung der operativen Vertriebsplanung lassen sich Konzepte der →Prozesskostenrechnung anwenden, wobei insb. Kostentreiber (→Cost Driver) und sonstige wichtige Einflussgrößen analysiert werden. Ein wichtiger Teilbereich der Informationsinstrumente im Rahmen der Analyse der Erfolgsrechnung ist die Absatzsegmentrechnung, die eine mehrdimensionale →Deckungsbeitragsrechnung darstellt und erkennen lässt, welche Produkte, Vertriebswege, Kunden und Mitarbeiter das Periodenergebnis beeinflussen.

Planungsinstrumente für das Vertriebscontrolling werden im Grundsatz durch quantitative Modelle unterstützt, d. h. Entscheidungsmodelle (→mathematische Entscheidungsmodelle) zur Lösung von Standort-, Lager- und Transportproblemen im Vertrieb, wobei häufig Entscheidungsinterdependenzen zwischen den einzelnen Fragestellungen zu berücksichtigen sind.

Die übergreifenden Koordinationsinstrumente werden in neueren Ansätzen des Vertriebscontrollings häufig auf Kennzahlensysteme (→Kennzahlen und Kennzahlensysteme als Kontrollinstrument) reduziert. Dabei werden aber Budgetierungssysteme (→Budgetierung), die den Handlungsspielraum des Vertriebs abstecken sollen, vernachlässigt. Im Vertrieb können neben Erlös- und Kostenbudgets auch Deckungsbeitragsbudgets für Bereiche, Mitarbeiter und Abteilungen im Verkauf und in der Vertriebslogistik vorgegeben werden, die vielfach aus der operativen Vertriebsplanung hergeleitet werden. Hierzu eignen sich insb. Vorgaben zur Bestimmung von Deckungsbudgets und Solldeckungsbeiträgen.

Durch Kennzahlensysteme soll eine verdichtete, entscheidungsunterstützende Informationsbereitstellung sichergestellt werden. Dazu bilden Vertriebskennzahlen in systematischer Form einen schnellen und grundlegenden Überblick über die Markt-, Absatz-, Wettbewerbs- und Kundensituation. Die Fülle möglicher Einzelkennzahlen ist in diesen Subbereichen in einem Kennzahlen- und Zielsystem zu ordnen, wobei dem Vertriebscontrolling dabei die Aufgabe zukommt, über die Informationsanalyse an sich hinaus zu einem Zielsystem zu gelangen, mit dem sich die Aktivitäten in diesen Bereichen koordinieren und steuern lassen.

Literatur: Köhler, R.: Vertriebscontrolling, in: Diller, H. (Hrsg.): Vahlens Großes Marketing Lexikon, 2. Aufl., Band 2, München 2001, S. 1804–1805; Küpper, H.-U.: Vertriebs-Controlling, in: Tietz, B./Köhler, R./Zentes, J. (Hrsg.): HWM, 2. Aufl., Stuttgart 1995, Sp. 2623–2633; Zentes, J./Swoboda, B.: Grundbegriffe des Marketing – Marktorientiertes globales Management-Wissen, 5. Aufl., Stuttgart 2001.

Joachim Zentes

Vertriebsmanagement
→Vertriebscontrolling

Verursachungsprinzip
→ Kostenverursachung; → Kalkulation

Verwaltungscontrolling

→ Controlling kommt zunehmend auch für die Wahrnehmung öffentlicher Aufgabenfelder zur Anwendung (→ Controlling nach Branchenaspekten). Allerdings existieren bisher selbst auf kommunaler Ebene kaum konzeptionelle Ansätze, sondern nur weit gehend pragmatisch ausgerichtete Insellösungen. Es geht nach wie vor darum, flächendeckende und den Reformprozess in öffentlichen Verwaltungen steuernde → Controllingkonzepte zu entwickeln (Brüggemeier 1999). Das Verständnis für den Bedarf eines Verwaltungscontrollings erschließt sich dabei nur über den Zugang zur Verwaltungsreform, die in Begriffen wie New Public Management, Neues Steuerungsmodell und wirkungsorientiertes Verwaltungshandeln (Schedler/Pröller 2003) zum Ausdruck kommt.

Controlling steuert und unterstützt den Managementprozess in öffentlichen Verwaltungen durch die Bereitstellung, Verdichtung und Auswertung von Informationen (→ Controlling, Aufgaben des). Zu unterscheiden ist dabei zwischen systemsteuernder und systembildender Funktion (Budäus 2002a, S. 205–211; Budäus 2002b, S. 389–394; Budäus/Buchholtz 1997, S. 322–337). Die systemsteuernde Funktion richtet sich auf die Auswertung und Nutzung der Elemente des bestehenden Informationssystems (→ Führungsinformationssysteme; → Berichtssystem) zur Unterstützung des öffentlichen Managementprozesses. Im Wesentlichen geht es hierbei bisher um Informationen über → Kosten, Leistungen/Produkte und Finanzen öffentlicher Verwaltungen und über die damit angestrebten Ziele und tatsächlich realisierten Zielerreichungsgrade. Die systembildende Funktion bezieht sich primär auf die Verbesserung und Weiterentwicklung des Informationssystems und auf die damit verbundenen notwendigen Anpassungen von Planungsverfahren (→ Planung), Organisationsstrukturen, Personalqualifikation und Personalsteuerung (→ Personalcontrolling).

Idealtypisch soll das Verwaltungscontrolling bei dezentralen Grundstrukturen und globalen Teilbudgets (→ Budgetierung) der einzelnen Organisationseinheiten mit einer weit reichenden Entscheidungsautonomie dazu beitragen, dass die Einzelleistungen und die erforderlichen Budgets zu einem optimalen Gesamtprogramm und Gesamtbudget integriert werden. Diese Koordinationsfunktion des Verwaltungscontrollings schließt die in der Literatur häufig genannten Controllingfunktionen, wie Zielbildung und -steuerung, Maßnahmen- und Prozesssteuerung (→ Prozessmanagement) etc., als Teilaspekte ebenso ein, wie die spezifischen Bereiche des in der Praxis immer wieder genannten öffentlichen Controllings. Hierzu zählen u. a. das → Beteiligungscontrolling, → Investitionscontrolling, → Personalcontrolling, Haushaltscontrolling, → Projektcontrolling, → Finanzcontrolling, → Kostencontrolling und Gebäudecontrolling. Zentrales Instrument (→ Controllinginstrumente) zur Wahrnehmung dieser Koordinationsfunktion ist generell das Informationssystem mit seinen ausdifferenzierten Subsystemen auf der politischen, strategischen und operative Ebene. Hierzu gehören die Dokumentation politischer Programme, Leistungs- und Wirkungsrechnungen, Ziel- und Kontraktsysteme, Aufgabenprogramme sowie Produkte, produktorientierte Haushaltspläne, Personalinformationssysteme, → Kosten- und Leistungsrechnungen (KLR) sowie die → integrierte Verbundrechnung (IVR). Daneben sind die fallweisen Informations- und Entscheidungsrechnungen, insb. für Entscheidungen bei Mehrfachzielsetzungen (→ Kosten-Nutzen-Analyse, Nutzwert-Analyse, Goalpramming), → Simulationsmodelle und Szenarien (→ Szenariotechnik) für die Wahrnehmung von Controllingfunktionen von Bedeutung.

Konzeptionell lässt sich das Verwaltungscontrolling als inhaltliche Ausprägung des sog. 3-E-Konzeptes (Effectiveness, Efficiency, Economy) kennzeichnen (s. Abb.).

Auf der Ebene der Effektivität geht es um die Abstimmung zwischen Politik und Verwaltung durch Ziele und politische Programme. Effektivität ist dabei das Verhältnis geplanter Ziele zum tatsächlich realisierten Zielerreichungsgrad (Outcome). Konkrete überprüfbare politische Zielvorgaben und deren Umsetzung durch politische Entscheidungen beinhalten allerdings das Risiko der Transparenz eines möglichen politischen Scheiterns durch ein politisches Controlling.

Auf der Ebene der Effizienz liegen die politischen Ziele fest und es werden die geeigneten

Abb.: Controllingkategorien und Controllingkreislauf im Rahmen des 3–E-Konzeptes

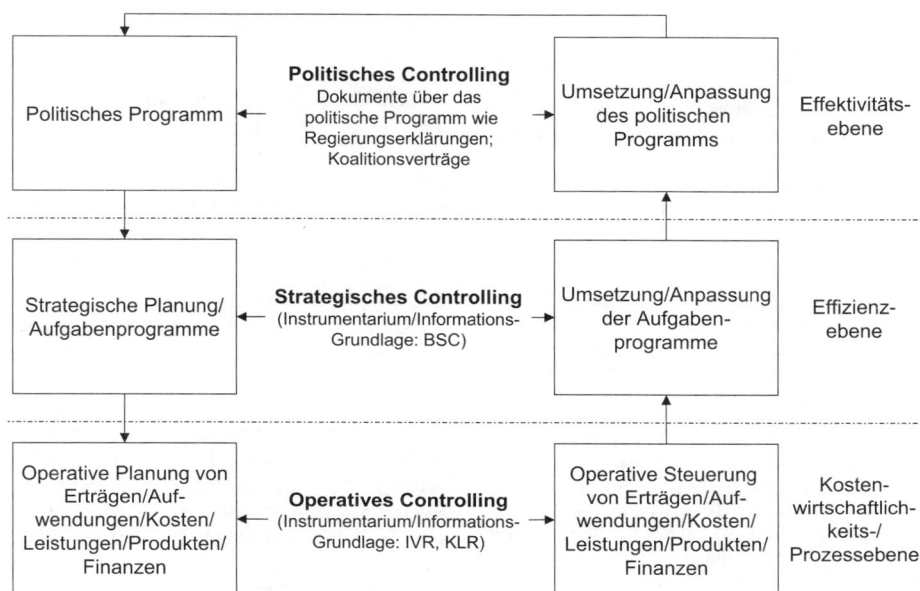

strategischen Maßnahmen in Form von Aufgabenprogrammen und Produktgruppen (Output) festgelegt. Die Effizienz bezieht sich auf die Relation eines Produktes zu den hierfür erforderlichen Ressourcen. Bewertungsmaßstab sind zudem die Zielwirkungen der Maßnahmen einschl. der Berücksichtigung von Qualitätsvorgaben. Das Bewertungsproblem lässt sich im Vergleich zur Effektivität besser strukturieren. Es geht hier weniger um politische Rationalitäten, sondern zunehmend um eine Managementrationalität. Probleme liegen allerdings nicht selten in der Verknüpfung von Aufgabenprogrammen und Produktgruppen mit den diesen Leistungen zugrunde liegenden Zielen, d. h. in der Verknüpfung der Effizienz- und Effektivitätsebene.

Auf der untersten Controllingebene geht es um die Steuerung konkreter operativer Prozesse, bei denen die Kostenwirtschaftlichkeit (→Wirtschaftlichkeitsberechnungen) im Mittelpunkt steht. Hier liegt der Outcome, aber auch in weiten Bereichen die Grundstruktur des Outputs in Form von Aufgabenprogrammen und Produktgruppen fest. Damit geht es auf dieser Ebene um vergleichsweise gut strukturierte Probleme, d. h. um die konkrete Ausgestaltung des Leistungsprozesses. Primäres Bewertungskriterium ist der Ressourcenverbrauch und die in Form von Produkten bereitgestellte quantitative und qualitative Leistung. Es geht hierbei um die wirtschaftliche Steuerung des Ressourceneinsatzes.

Konzeptionell am weitesten entwickelt ist die Informationsbasis des →operativen Controllings in Form der integrierten Verbundrechnung und der Kosten- und Leistungsrechnungen. Erst in Ansätzen finden sich strategische Instrumente und Grundlagen für ein politisches Controlling.

Insgesamt führt Controlling zu einer größeren Transparenz verbunden mit einer systematischen Rechnungslegung (→Umstellung von Kameralistik auf Doppik) über das Verwaltungshandeln nach innen gegenüber Politik, aber auch nach außen gegenüber Bürgern und Bürgerinnen sowie der interessierten Öffentlichkeit. Daneben ermöglicht das Controlling die weitaus schwieriger umzusetzende Abgrenzung und gleichzeitige Integration von Politik und Verwaltung mit sich überschneidenden Einwirkungen, Abhängigkeiten und unterschiedlichen Rationalitäten. Die Zustän-

Verwaltungsrat

digkeit für die Effektivitätsebene, bei der es um politisches und →strategisches Controlling geht, liegt formal bei der Politik, praktisch aber bei Politik und Verwaltungen, je nach Kräfteverhältnis, möglicherweise sogar primär bei Verwaltungen. Die Zuständigkeit für die Prozessebene – und hier insb. für die Wirtschaftlichkeit – liegt sowohl formal als auch überwiegend faktisch bei der Verwaltung. Die Effizienzebene mit ihren Produktstellen stellt die Schnittstelle zwischen Verwaltungen und Politik dar.

Literatur: Brüggemeier, M.: Controlling in der Öffentlichen Verwaltung. Ansätze, Probleme und Entwicklungstendenzen eines betriebswirtschaftlichen Steuerungskonzeptes, 3. Aufl., München/Mering 1999; Budäus, D.: Operatives und strategisches Verwaltungscontrolling im aktuellen Reformprozess des öffentlichen Sektors (Teil I), in: Controlling 14 (2002a), S. 205–211; Budäus, D.: Operatives und strategisches Verwaltungscontrolling im aktuellen Reformprozess des öffentlichen Sektors (Teil II), in: Controlling 14 (2002b), S. 389–394; Budäus, D./Buchholtz, K.: Konzeptionelle Grundlagen des Controlling in öffentlichen Verwaltungen, in: DBW 57 (1997), S. 322–337; Schedler, K./Pröller, I.: New Public Management, 2. Aufl., Bern/Stuttgart/Wien 2003.

Dietrich Budäus

Verwaltungsrat →Beirat bei Personengesellschaften

Verwaltungsrechte →Stimmrecht

Verwaltungstreuhand →Treuhandschaften; →Treuhandwesen

Verwertungsgesellschaften →Urheberrechts- und Urheberrechtswahrnehmungsgesetz

Visakontrolle →Rechnungsprüfungsämter

Voice →Unternehmensüberwachung

Vollkostenkalkulation →Kalkulation

Vollkostenrechnung →Selbstkostenermittlung

Vollmachtstreuhand →Treuhandschaften

Vollprüfung →Lückenlose Prüfung

Vollrechtstreuhand →Treuhandschaften

Vollständigkeitserklärung

Jahres- und Konzernabschlüsse haben gem. §§ 246 Abs. 1 Satz 1 i.V.m. 298 Abs. 1 HGB sämtliche →Vermögensgegenstände, →Schulden, →Rechnungsabgrenzungsposten, →Aufwendungen und Erträge zu enthalten, soweit gesetzlich nichts anderes bestimmt ist. Der hier wiedergegebene Grundsatz der Vollständigkeit ist allgemein anerkannter Bestandteil der GoB (→Grundsätze ordnungsmäßiger Buchführung, Prüfung der).

Die →Jahresabschlussprüfung und die →Konzernabschlussprüfung hat sich darauf zu erstrecken, ob die gesetzlichen Vorschriften und sie ergänzende Bestimmungen des Gesellschaftsvertrags oder der Satzung beachtet worden sind (→Ordnungsmäßigkeitsprüfung) (§ 317 Abs. 1 Satz 2 HGB). Der →Abschlussprüfer (APr) hat seine Prüfung dabei so anzulegen, dass Unrichtigkeiten und Verstöße gegen diese Bestimmungen (→Unregelmäßigkeiten), die sich auf die Darstellung des sich nach § 264 Abs. 2 HGB ergebenden Bildes der →Vermögenslage, →Finanzlage und Ertragslage des Unternehmens (→True and Fair View) wesentlich auswirken (→Wesentlichkeit), bei gewissenhafter Berufsausübung erkannt werden (§ 317 Abs. 1 Satz 3 HGB) (→Prüfungsplanung; →Prüfungsstrategie). Es verbleibt aber immer ein Restrisiko, alle Unrichtigkeiten und Verstöße zu entdecken (→Unregelmäßigkeiten, Aufdeckung von), was zur Folge hätte, dass der Abschluss nicht alle erforderlichen Vermögensgegenstände, Schulden, Rechnungsabgrenzungsposten, Aufwendungen und Erträge enthält.

Dieses Restrisiko wird durch eine sog. Vollständigkeitserklärung seitens des geprüften Unternehmens reduziert, wonach die gesetzlichen Vertreter in vertretungsberechtigter Zahl dem APr gegenüber erklären, dass er alle erforderlichen und gewünschten Auskünfte und Nachweise richtig und vollständig erhalten hat. Diese grundsätzliche Erklärung wird sinnvollerweise in mehrere Teilaspekte zerlegt, sodass die Vertreter des geprüften Unternehmens klar erkennen, worauf es bei der Abgabe einer Vollständigkeitserklärung im Einzelnen ankommt. Hierfür halten die Fachverlage (z. B. *IDW-Verlag*) entsprechende Vordrucke bereit. Die Abgabe einer Vollständigkeitserklärung entbindet den APr aber nicht davon, eigene Vorkehrungen im Rahmen seiner →Prüfungsplanung bzw. -durchführung vorzunehmen. Besondere Bedeutung hat die Vollständigkeitserklärung im Hinblick auf vom Unternehmen gewährte Sicherheiten, eingegangene →Haftungsverhältnisse, bestehende Rückgabeverpflichtungen, wesentliche Vertragsabschlüsse sowie bei anhängigen oder drohenden Rechtsstreitigkeiten.

Der APr hat keinen gesetzlichen Anspruch auf eine Vollständigkeitserklärung. In aller Regel wird er aber durch Vereinbarung (i.d.R. mittels AGB) den Auftraggeber verpflichten, ihm gegenüber eine Vollständigkeitserklärung abzugeben. Er kommt dabei einer berufsständischen Vorgabe (→Berufsgrundsätze des Wirtschaftsprüfers) nach, wonach er vom geprüften Unternehmen eine Vollständigkeitserklärung einzuholen hat (IDW PS 303.20).

Im →Prüfungsbericht (PrB) ist dazu Stellung zu nehmen, ob die gesetzlichen Vertreter des geprüften Unternehmens ihrer Auskunfts- und Nachweisverpflichtung gegenüber dem APr (→Auskunftsrechte des Abschlussprüfers) nachgekommen sind. Auf die Einholung der Vollständigkeitserklärung sollte hingewiesen werden (IDW PS 450.59). Eine Verweigerung stellt ein →Prüfungshemmnis dar (IDW PS 303.19). Sie ist entsprechend im PrB aufzuführen und wirkt sich auf den →Bestätigungsvermerk (BestV) aus (IDW PS 303.19; IDW PS 400.50 ff. und IDW PS 450.59).

Die Vollständigkeitserklärung sollte zweckmäßigerweise zeitnah zum Datum des Bestätigungsvermerks eingeholt und datiert sein (IDW PS 303.24 und IDW PS 400.81). Es ist von Seiten des Abschlussprüfers aber legitim, bereits zu Beginn der Prüfungshandlungen eine vorläufige und im Text angepasste Vollständigkeitserklärung zu verlangen.

Die vorstehenden Grundsätze für die Prüfung von Abschlüssen gelten sinngemäß für die Prüfung von →Lageberichten oder bei der Durchführung anderer Prüfungen als Abschlussprüfungen [z.B. als Prüfer für Qualitätskontrolle nach § 57a →Wirtschaftsprüferordnung (WPO); →Qualitätskontrolle in der Wirtschaftsprüfung] oder bei anderen Tätigkeiten eines Wirtschaftsprüfers bzw. →vereidigten Buchprüferns (vBP) (z.B. bei →Unternehmensbewertungen). Auch hierfür halten die Fachverlage entsprechende Vordrucke bereit.

Die in den IDW PS enthaltenen Regelungen zur Einholung einer Vollständigkeitserklärung entsprechen den →International Standards on Auditing (ISA 580 „Management Representations") bzw. gehen darüber hinaus, zumal dort nur die Möglichkeit der Einholung einer Vollständigkeitserklärung vorgesehen ist.

Literatur: IDW (Hrsg.): IDW Prüfungsstandard: Erklärungen der gesetzlichen Vertreter gegenüber dem Abschlussprüfer (IDW PS 303, Stand: 6. Mai 2002), in: WPg 55 (2002), S. 680–682; IDW (Hrsg.): IDW Prüfungsstandard: Grundsätze für die ordnungsmäßige Erteilung von Bestätigungsvermerken bei Abschlussprüfungen (IDW PS 400, Stand: 28. Oktober 2005), in: WPg 58 (2005), S. 1382–1402; IDW (Hrsg.): IDW Prüfungsstandard: Grundsätze ordnungsmäßiger Berichterstattung bei Abschlussprüfungen (IDW PS 450, Stand: 8. Dezember 2005), in: WPg 59 (2006), S. 113–128.

Wolfgang Hirschberger

Vollständigkeitsgebot →Vermögensgegenstand

Vollständigkeitsprüfung →Materielle Prüfung

Vorbehaltsaufgaben →Revisions- und Treuhandbetriebe

Vorbelastungsbilanzen

Die AG (→Aktiengesellschaft, Prüfung einer) bzw. die →Gesellschaft mit beschränkter Haftung (GmbH) entsteht mit der Eintragung der Gesellschaft in das HR (→Registeraufsicht).

In der Zeit zwischen dem notariellen Gründungsvorgang (→Unternehmensgründung) und dem Zeitpunkt der Eintragung der Gesellschaft existiert eine Vorgesellschaft. Häufig nimmt die Vorgesellschaft bereits Geschäfte vor (Henze 2001, S. 1475).

Die Aktiva und Passiva der Vorgesellschaft gehen mit der Eintragung in das HR im Ganzen auf die KapGes über.

Zum Zeitpunkt der Eintragung muss das Gesellschaftsvermögen vollständig vorhanden sein und insoweit dem Grundkapital bzw. Stammkapital (→Gezeichnetes Kapital) entsprechen (sog. Unversehrtheitsgrundsatz) (Schwaiger 2002, Rn. 37, S. 54; Zätsch 2004, Rn. 270, S. 162).

Vorbelastungsbilanzen

Besteht zumindest die Möglichkeit, dass Vermögensminderungen eingetreten sind, so ist auf den Zeitpunkt der Eintragung eine Vorbelastungsbilanz zu erstellen (Schwaiger 2002, Rn. 39, S. 55).

Verantwortlich für die Aufstellung der Vorbelastungsbilanz sind die für die KapGes in Gründung handelnden Personen (Förschle/Kropp 2002, Rn. 96, S. 188).

Mit der Vorbelastungsbilanz wird das Nettovermögen der Gesellschaft einschl. der durch die Satzung festgesetzten Gründungskosten (z. B. Kosten für den Notar oder die Eintragung in das HR) im Zeitpunkt der Eintragung dokumentiert und die Differenz zum Grund- bzw. Stammkapital erkennbar (Lutter/Bayer 2004, Rn. 30, S. 272).

In Höhe der Deckungslücke besteht ein Anspruch der Gesellschaft gegen die Gesellschafter aus Unterbilanzhaftung (Vorbelastungshaftung). Die Haftung ist insoweit nicht auf das Nennkapital beschränkt (Förschle/Kropp 2002, Rn. 57, S. 176). Die Gesellschafter haften anteilig für die Differenz (Beschluss des OLG Celle vom 12.9.2000; BGH-Urteil vom 23.11.1981; BGH-Urteil vom 9.3.1981).

An die Stelle des Teils der Sach- oder Bareinlage, der in der Zeit bis zur Eintragung verbraucht worden ist, tritt somit der Anspruch gegen die Gesellschafter. Dieser ist zum Zeitpunkt der Eintragung in der Bilanz der Gesellschaft zu aktivieren (Winnefeld 2002, Rn. 190, S. 1798).

Ein Anspruch der Gläubiger der Gesellschaft gegen die Gesellschafter besteht nicht (Innenhaftung) (Zätsch 2004, Rn. 270, S. 162).

In der Praxis wird der Anspruch aus Unterbilanzhaftung in aller Regel erst durch den Insolvenzverwalter (→Insolvenz; →Insolvenzverwaltung) geltend gemacht (Schwaiger 2002, Rn. 37, S. 54).

Der Anspruch kann wegen § 19 Abs. 2 Satz 1 GmbHG nicht erlassen werden (Lutter/Bayer 2004, Rn. 33, S. 273).

Geben die Gesellschafter ihre Eintragungsabsicht auf und wird das Geschäft fortgeführt, so entsteht im Falle einer Überschuldung (→Überschuldungsprüfung) eine Verlustdeckungshaftung der Gesellschafter gegenüber der dann bestehenden →Offenen Handelsgesellschaft (OHG) oder GbR (Henze 2001, S. 1475).

Grundsätzlich trifft die Darlegungs- und Beweislast für das Bestehen von Unterbilanzhaftungsansprüchen die Gesellschaft, also den Geschäftsführer bzw. den Insolvenzverwalter.

Wurde eine Vorbelastungsbilanz auf den Eintragungsstichtag nicht erstellt und bestehen auch keine geordneten Aufzeichnungen, so ist es Sache der Gesellschafter darzulegen, dass eine →Unterbilanz nicht bestanden hat (BGH-Urteil vom 17.2.2003). Insofern tritt eine Beweislastumkehr zu Lasten der Gesellschafter ein.

Bei der Vorbelastungsbilanz handelt es sich um eine Vermögensübersicht der Gesellschaft, die nicht im Bilanzzusammenhang steht und deren Ansätze und Bewertungen teilweise von der handelsrechtlichen Rechnungslegung (→Ansatzgrundsätze; →Bewertungsgrundsätze) abweichen (Förschle/Kropp 2002, Rn. 58, S. 177).

Bei der Aufstellung der Vorbelastungsbilanz ist zunächst eine Fortbestehensprognose auf der Grundlage des Tages der Eintragung der Gesellschaft vorzunehmen.

Soweit eine positive Fortbestehensprognose angemessen ist, können die →Vermögensgegenstände, →Schulden und →Rechnungsabgrenzungsposten (RAP) grundsätzlich auf der Basis von fortgeführten Buchwerten bewertet werden (Förschle/Kropp 2002, Rn. 59, S. 178). Ein Abweichen zugunsten höherer Werte, jedoch höchstens des Zeitwerts (→Zeitwerte, Prüfung von), erscheint dann erforderlich, wenn die Vermögensgegenstände in der vorangegangenen Eröffnungsbilanz nicht mit den wirklichen Zeitwerten angesetzt worden sind (Förschle/Kropp 2002, Rn. 60, S. 179).

Ob neben den in der Satzung aufgeführten Gründungskosten auch die →Ingangsetzungs- und Erweiterungsaufwendungen angesetzt werden können, ist trotz des Aktivierungswahlrechtes aus § 269 HGB umstritten (Lutter/Bayer 2004, Rn. 30, S. 272).

Hat die Tätigkeit der Vor-GmbH in der Zeit zwischen Aufnahme der Geschäftstätigkeit und Eintragung jedoch bei positiver Fortbestehensprognose zu einer Organisationseinheit geführt, die als Unternehmen anzusehen ist, so hat die Bewertung des Vermögens nach der →Ertragswertmethode zu erfolgen (BGH-Urteil vom 9.11.1998). Eine Bewertung (→Unternehmensbewertung) mit dem Ertragswert setzt aber voraus, dass die Vorgesellschaft nicht nur kurze Zeit bestanden hat oder die Aktivitäten der Vorgesellschaft sich noch im Aufbau befanden (Förschle/Kropp 2002, Rn. 61, S. 179).

Durch eine →Unternehmensbewertung wird auch ein ggf. selbst geschaffener →Geschäfts- oder Firmenwert miteinbezogen.

Bei Anwendung der Ertragswertmethode hat der WP zu prüfen, ob bei der Unternehmensbewertung die Grundsätze aus IDW S 1 (→Verlautbarungen des Instituts der Wirtschaftsprüfer in Deutschland e.V.) beachtet worden sind.

Kritisch anzumerken ist, dass insb. der Rückgriff auf Vergangenheitszahlen bei einer KapGes in Gründung nur sehr eingeschränkt möglich ist (Böcker 2002, S. 1949).

Unsicher ist, ob im Streitfall zur Ermittlung der Unterbilanzhaftung auch →Discounted Cash Flow-Methoden oder andere Verfahren der Unternehmensbewertung herangezogen werden können (zustimmend Henze 2001, S. 1475).

Bei einer negativen Fortbestehensprognose ist das Vermögen zu Veräußerungswerten zu bilanzieren (BGH-Urteil vom 29.9.1997). Zumindest in diesem Fall erscheint auch ein Ansatz der Ingangsetzungsaufwendungen nicht sachgerecht.

Der WP muss somit – vor der Prüfung von Ansatz und Bewertung – zunächst die vom Geschäftsführer bzw. Insolvenzverwalter unterstellte Fortbestehensprognose (→Going Concern-Prinzip) prüfen. Er kann dazu sinngemäß IDW PS 270 sowie, im Falle einer möglichen Überschuldung, IDW FAR 1/1996 heranziehen (→Überschuldungsprüfung).

Auf die Unterbilanzhaftung ist § 9 Abs. 2 GmbHG entsprechend anzuwenden (BGH-Urteil vom 24.10.1988). Der Anspruch verjährt somit 10 Jahre nach Eintragung der Gesellschaft in das HR.

Literatur: BGH-Urteil vom 9.3.1981, Aktz. II ZR 54/80, DB 34 (1981), S. 1032; BGH-Urteil vom 23.11.1981, Aktz. II ZR 115/81, GmbHR 73 (1982), S. 235; BGH-Urteil vom 24.10.1988, Aktz. II ZR 176/88, DB 41 (1988), S. 2623; BGH-Urteil vom 29.9.1997, Aktz. II ZR 245/96, DB 50 (1997), S. 2372–2373; BGH-Urteil vom 9.11.1998, Aktz. II ZR 190/97, DB 52 (1999), S. 37; BGH-Urteil vom 17.2.2003, Aktz. II ZR 281/00, DB 56 (2003), S. 760; Böcker, P.: Bewertung und Bilanzerfordernis, in: DB 55 (2002), S. 1949–1955; Förschle, G./Kropp, M.: Gründungs- und Eröffnungsbilanz, in: Budde, W. D./Förschle, G. (Hrsg.): Sonderbilanzen, 3. Aufl., München 2002; Henze, H.: Die Rechtsprechung des BGH zu den Kapitalaufbringungsgrundsätzen im GmbH- und Aktienrecht, in: DB 54 (2001), S. 1469–1477; IDW (Hrsg.): IDW Stellungnahme: Empfehlungen zur Überschuldungsprüfung bei Unternehmen (IDW FAR 1/1996), in: WPg 50 (1997), S. 22–25; IDW (Hrsg.): IDW Standard: Grundsätze zur Durchführung von Unternehmensbewertungen (IDW S 1, Stand: 18. Oktober 2005), in: WPg 58 (2005), S. 1303–1321; Lutter, M./Bayer, W.: § 11 Rechtslage vor Eintragung, in: Lutter, M./Hommelhoff, P. (Hrsg.): GmbH-Gesetz, 16. Aufl., Köln 2004; OLG Celle, Beschluss vom 12.9.2000, in: GmbHR 91 (2000), S. 1265; Winnefeld, R.: Bilanz-Handbuch, 3. Aufl., München 2002; Schwaiger, H., in: Müller, W. et al. (Hrsg.): Beck'sches Handbuch der GmbH, 3. Aufl., München 2002; Zätsch, R., in: Müller, W. et al. (Hrsg.): Beck'sches Handbuch der AG, München 2004.

Peter Haller

Vorbelastungshaftung →Vorbelastungsbilanzen

Vorgesellschaft →Vorbelastungsbilanzen

Vorjahr, Vergleichangaben über
→Vergleichsangaben über Vorjahre

Vorkalkulation →Kalkulation; →Auftragskalkulation; →Selbstkostenermittlung

Vorkostenstellen →Kostenstellenrechnung

Vorlagepflichten des Vorstands →Berichterstattungspflichten des Vorstands

Vorlagerechte des Abschlussprüfers
→Auskunftsrechte des Abschlussprüfers

Vorprüfung

Bei der Vorprüfung handelt es sich um einen Bestandteil der Abschlussprüfung (→Jahresabschlussprüfung; →Konzernabschlussprüfung), in deren Verlauf Prüfungshandlungen des →Abschlussprüfers bereits vor dem Bilanzstichtag vorgenommen werden. Dabei ergibt sich die rechtliche Basis für eine Vorprüfung aus § 320 Abs. 2 Satz 2 HGB, welcher dem APr das Recht einräumt, auch schon vor Aufstellung des Jahresabschlusses sämtliche zur Durchführung der Abschlussprüfung (→Auftragsdurchführung) benötigten Unterlagen und Auskünfte (→Prüfungsnachweise)

Vorprüfung

von den gesetzlichen Vertretern des zu prüfenden Unternehmens zur Verfügung gestellt zu bekommen, soweit der APr dies für die Vorbereitung der Abschlussprüfung für erforderlich erachtet (→Auskunftsrechte des Abschlussprüfers).

Die Notwendigkeit zur Durchführung einer Vorprüfung ergibt sich aus der Einhaltung der zeitlichen Vorgaben in gesetzlichen (→Offenlegung des Jahresabschlusses) oder ggf. unternehmensinternen Regelungen (z. B. in Satzung oder Gesellschaftsvertrag), welche für die Prüfung, die Aufstellung und Feststellung des Jahresabschlusses (→Feststellung und Billigung des Abschlusses) durch die dafür verantwortlichen Organe des Unternehmens sowie die Einberufung und Abhaltung der →Haupt- und Gesellschafterversammlung (→Einberufungspflichten des Vorstands) existieren. Außerdem kann beobachtet werden, dass Unternehmen die weitere Verkürzung dieser zeitlichen Vorgaben anstreben (sog. Fast Close), um den Anforderungen des Kapitalmarktes weltweit Rechnung zu tragen. Es findet durch die Vorprüfung somit eine zeitliche Entzerrung/Vorwegnahme der im Rahmen einer Abschlussprüfung vorzunehmenden Prüfungshandlungen statt (→Continuous Audit), ohne die die ordnungsmäßige Durchführung der Abschlussprüfung bei Unternehmen insb. ab einer bestimmten Größe und Komplexität der Organisation nicht mehr gewährleistet werden kann (→Prüfungszeitraum).

Es ist bei der Planung der Vorprüfung die Einschränkung zu beachten, dass eine abschließende Prüfung in den meisten Fällen nicht möglich sein wird. Aus diesem Grund ist die Vorprüfung besonders für die Beschaffung und Analyse von Informationen über die Geschäftstätigkeit des zu prüfenden Unternehmens geeignet. Hierbei sollte die Analyse der Strategie des Unternehmens (→Geschäftsfeldstrategie und -planung), der auf das Unternehmen einwirkenden externen Faktoren sowie der dem Unternehmen möglicherweise drohenden Risiken im Vordergrund stehen (→Chancen und Risiken der künftigen Entwicklung). Des Weiteren ist die Vorprüfung geeignet, die →Geschäftsprozesse des zu prüfenden Unternehmens zu analysieren, um die in den Geschäftsprozessen enthaltenen internen Kontrollen des Unternehmens (→Internes Kontrollsystem), auf die sich der APr ggf. im Rahmen der Abschlussprüfung verlassen will, zu identifizieren und zu prüfen (→Internes Kontrollsystem, Prüfung des; →Systemprüfung; →Ablauforganisation; →Funktionsprüfung). Die Vorprüfung bietet sich auch dazu an, die Sachverhalte, die schon eine abschließende Beurteilung zulassen, einer Prüfung zu unterziehen. Dazu gehören z. B. die bis zum Zeitpunkt der Vorprüfung erfolgten Zu- und Abgänge des →Anlagevermögens oder der Verbrauch und die Auflösung von →Rückstellungen. In diesen Fällen sind jedoch im Rahmen der Hauptprüfung Überleitungen der diese Sachverhalte beinhaltenden Posten auf die im JA ausgewiesenen Posten notwendig. Weitere Tätigkeitsbereiche können in der Prüfung einer permanenten und/oder der vorgezogenen →Inventur sowie in der Einholung und Prüfung von Bestätigungen (→Bestätigungen Dritter) auf einen vorgezogenen Stichtag, wie z. B. Saldenbestätigungen zu →Forderungen und →Verbindlichkeiten, liegen.

Die Vorprüfung selbst ist, wie bereits erwähnt, keine eigenständige Prüfung, so dass grundsätzlich kein separater →Prüfungsbericht (PrB) i. S. d. § 321 HGB erstellt wird. Sofern sich jedoch im Verlauf der Vorprüfung Anlass zu wesentlichen Beanstandungen ergibt (→Wesentlichkeit), bei denen eine zeitnahe Berichterstattung an die Organe des zu prüfenden Unternehmens geboten ist, ist die Erstellung eines gesonderten Teilberichts, auf welchen im PrB hinzuweisen ist, durch den APr nach IDW PS 450 zulässig. Dies wird i. d. R. dann gegeben sein, wenn es sich bei den wesentliche Beanstandungen um Feststellungen von Tatsachen, die den Bestand des Unternehmens gefährden oder seine Entwicklung wesentlich beeinträchtigen können (→Bestandsgefährdung; →Going Concern-Prinzip), oder um die Feststellung von Unrichtigkeiten oder Verstößen gegen Gesetz oder Unternehmensverfassung handelt (→Unregelmäßigkeiten; →Unregelmäßigkeiten, Aufdeckung von; →Unregelmäßigkeiten, Konsequenzen aus).

Literatur: IDW (Hrsg.): WPH 2006, Band I, 13. Aufl., Düsseldorf 2006; IDW (Hrsg.): IDW Prüfungsstandard: Grundsätze ordnungsmäßiger Berichterstattung bei Abschlussprüfungen (IDW PS 450, Stand: 8. Dezember 2005), in: WPg 59 (2006), S. 113–128; Lück, W. (Hrsg.): Lexikon der Rechnungslegung und Abschlussprüfung, 2. Aufl., Marburg 1989.

Thomas Michehl

Vorräte →Vorratsvermögen

Vorräteintensität →Vermögensstruktur

Vorratsvermögen

Das Vorratsvermögen umfasst →Vermögensgegenstände, die entweder zum Verbrauch [→Roh-, Hilfs- und Betriebsstoffe (RHB)] oder zur Weiterveräußerung (→unfertige und fertige Erzeugnisse, unfertige Leistungen und Waren) angeschafft oder hergestellt worden sind. Da sie einem relativ schnellen Umschlag unterliegen, sind sie dem →Umlaufvermögen zuzuordnen. Bei Industrieunternehmen besteht das Vorratsvermögen insb. aus Roh-, Hilfs- und Betriebsstoffen sowie aus unfertigen und fertigen Erzeugnissen, während bei Handelsunternehmen vornehmlich Waren ausgewiesen werden. Bei Dienstleistungsunternehmen überwiegen die unfertigen Leistungen. Weiterhin werden unter dem Vorratsvermögen geleistete →Anzahlungen auf Vorräte ausgewiesen.

Bei der Prüfung des Vorratsvermögens im Rahmen der Abschlussprüfung (→Jahresabschlussprüfung; →Konzernabschlussprüfung) ist zunächst das Mengengerüst zu prüfen. Anhand der →Inventur werden Nachweis und Vollständigkeit der Vorräte geprüft (→Nachweisprüfungshandlungen; →Fehlerarten in der Abschlussprüfung). Der →Abschlussprüfer (APr) hat bei wesentlichen Vorratsbeständen (→Wesentlichkeit) grundsätzlich an einer Inventur beobachtend teilzunehmen. Danach ist die Übernahme der Ergebnisse der Inventur in das →Inventar zu prüfen. Dabei ist besonders auf die Behandlung von Inventurdifferenzen zu achten. Sofern der APr an der Inventur nicht beobachtend teilnehmen konnte, hat er sich durch alternative Prüfungshandlungen von der Ordnungsmäßigkeit des Mengengerüsts zu überzeugen (→Ordnungsmäßigkeitsprüfung). Bei vor- oder nachverlagerter Stichtagsinventur ist zudem die Überleitung auf den Abschlussstichtag zu prüfen (→Inventur). Weiterhin ist darauf zu achten, dass alle Vermögensgegenstände, die im wirtschaftlichen Eigentum des Unternehmens stehen, aufgenommen werden. Dementsprechend sind auch Vorräte, die unter Eigentumsvorbehalt erworben oder an Dritte verpfändet oder als Sicherheit übertragen wurden, in der Bilanz auszuweisen (§ 246 Abs. 1 HGB). Konsignations- und Außenläger sind ebenfalls zu berücksichtigen. Sofern keine Zählung der Gegenstände in diesen Lägern vorgenommen wird, sind Bestätigungen des Lagerhalters einzuholen. Kommissionsware ist hingegen beim Kommittenten zu erfassen.

Ferner ist der Grundsatz der ordnungsmäßigen Periodenabgrenzung zu prüfen (→periodengerechte Erfolgsermittlung; →Cut-Off). Auf der Beschaffungsseite bedeutet dies, dass zunächst nur Vorräte bilanziert werden, bei denen der Eigentumsübergang durch Zugang der Ware bzw. durch Dokumente, die die Verfügungsmacht verschaffen (z. B. Konossemente, Frachtbriefe), erfolgt ist. Unterwegs befindliche Ware darf nur dann erfasst werden, wenn die Gefahr des zufälligen Untergangs oder der zufälligen Verschlechterung auf das bilanzierende Unternehmen übergegangen ist. Hier sind insb. die jeweiligen Lieferklauseln zu beachten. Weiterhin ist zu berücksichtigen, dass jedem Wareneingang vor dem Bilanzstichtag eine entsprechende gebuchte →Verbindlichkeit und umgekehrt jeder gebuchten Verbindlichkeit ein Wareneingang gegenübersteht.

Auf der Absatzseite ist sicherzustellen, dass ein Umsatz (→Umsatzerlöse) aus dem Verkauf von Fertigerzeugnissen, Waren oder Dienstleistungen nur dann realisiert werden kann, sofern der Gefahrenübergang auf den Kunden erfolgt ist. Die Prüfung des Realisationszeitpunkts (→Grundsätze ordnungsmäßiger Buchführung, Prüfung der) erfolgt i. d. R. im Rahmen der →Forderungen aus Lieferungen und Leistungen. Weiterhin ist zu prüfen, ob Doppelerfassungen in den Vorräten einerseits und den Forderungen aus Lieferungen und Leistungen auszuschließen sind.

Die →Bewertungsprüfung erfolgt grundsätzlich wie bei den →Roh-, Hilfs- und Betriebsstoffen sowie den →unfertigen und fertigen Erzeugnissen. Besonderheiten ergeben sich jedoch im Rahmen der →langfristigen Auftragsfertigung.

Bei der Prüfung des Ausweises ist zu beurteilen, ob das Bilanzschema des § 266 Abs. 2 HGB (→Gliederung der Bilanz) eingehalten wurde. Innerhalb der Vorräte ist die ordnungsgemäße Abgrenzung der einzelnen Posten zu prüfen. Der Übergang von den Roh-, Hilfs- und Betriebsstoffen beginnt mit der ersten Produktionsstufe. Der Übergang vom Halbfertig- zum Fertigerzeugnis mit der Herstellung von Absatzreife und Versandbereitschaft.

In Verbindung mit der Prüfung des Vorratsvermögens sind auch folgende →Angabepflichten im →Anhang zu prüfen (§§ 284, 285 HGB):

- Bilanzierungs- und Bewertungsmethoden und deren Änderung im Zeitablauf (→Änderung der Bilanzierungs- und Bewertungsmethoden),
- Grundlagen der →Währungsumrechnung,
- erhebliche stille Reserven (→stille Reserven und Lasten) bei Anwendung von Bewertungsvereinfachungsverfahren (→Verbrauchsfolgeverfahren),
- Einbeziehung von Fremdkapitalzinsen in die HK (→Herstellungskosten, bilanzielle) sowie
- der Einfluss steuerrechtlicher Bewertungsmaßnahmen auf das →Jahresergebnis; bei Anwendung des Umsatzkostenverfahrens (→Gliederung der Gewinn- und Verlustrechnung) sind die →Materialaufwendungen anzugeben.

Durch eine Prüfung des →Internen Kontrollsystems (→Internes Kontrollsystem, Prüfung des; →Systemprüfung) können aussagebezogene Prüfungshandlungen (→ergebnisorientierte Prüfungshandlungen) im Rahmen des →risikoorientierten Prüfungsansatzes vermindert werden. Für die Prüfung des Vorratsvermögens sind die Unternehmensfunktionen →Einkaufswesen und →Lagerwesen relevant.

Literatur: IDW (Hrsg.): WPH 2006, Band I, 13. Aufl., Düsseldorf 2006.

Gerald Reiher

Vorsichtsprinzip →Grundsätze ordnungsmäßiger Rechnungslegung; →Bewertungsgrundsätze

Vorstand, Abfindung des →Abfindung des Vorstands

Vorstand, Amtsniederlegung vom →Amtsniederlegung von Vorstand und Aufsichtsrat

Vorstand, Amtszeit von →Amtszeit von Vorstand und Aufsichtsrat

Vorstand, Berichterstattungspflichten des →Berichterstattungspflichten des Vorstands

Vorstand, Bestellung und Abberufung

Bei den Rechtsbeziehungen zwischen der AG (→Aktiengesellschaft, Prüfung einer) und ihren Vorstandsmitgliedern sind zwei rechtliche Ebenen zu unterscheiden, zum einen der körperschaftsrechtliche Akt der Bestellung und Abberufung, zum anderen die davon zu separierenden schuldrechtlichen Anstellungsverträge. Beide Rechtsverhältnisse hängen in ihrem Schicksal nicht voneinander ab und können durchaus verschiedene Wege gehen *(Trennungstheorie)*. So kann z. B. ein Vorstand abberufen werden, dem die HV (→Haupt- und Gesellschafterversammlung) das Vertrauen entzieht, jedoch reicht ein Vertrauensentzug allein i. d. R. nicht aus, den Anstellungsvertrag mit dem Vorstand zu kündigen und damit dessen Vergütungsansprüche zu kürzen (→Vorstandsbezüge; →Vorstand und Aufsichtsrat, Vergütung von).

Für die Bestellung von Vorstandsmitgliedern ist nach § 84 Abs. 1 AktG der AR, und zwar das *Aufsichtsratsplenum* ausschließlich und zwingend zuständig. Einem Personalausschuss des Aufsichtsrats (→Aufsichtsratsausschüsse) kann die Bestellung nicht übertragen werden (§ 107 Abs. 3 AktG). Der AR darf Vorstandsmitglieder auf *höchstens 5 Jahre* bestellen, allerdings mit (mehrfacher) Verlängerungsmöglichkeit (→Amtszeit von Vorstand und Aufsichtsrat).

Vorstandsmitglieder können aus wichtigem Grund *vorzeitig abberufen* werden. Als wichtige Gründe nennt das Gesetz exemplarisch grobe Pflichtverletzung, Unfähigkeit zur ordnungsgemäßen Geschäftsführung (→Grundsätze ordnungsmäßiger Unternehmensführung) oder Vertrauensentzug durch die HV (§ 84 Abs. 3 Satz 2 AktG). Ob neben dem aktienrechtlich geregelten Verfahren der *Abberufung* auch eine kurzfristige *Suspendierung* von Vorstandsmitgliedern erfolgen kann, ist zweifelhaft (Liebscher 2004, S. 492 f.). Anerkannt ist demgegenüber die Befugnis der Vorstandsmitglieder, durch *Amtsniederlegung* jederzeit aus dem Organverhältnis ausscheiden zu können (→Amtsniederlegung von Vorstand und Aufsichtsrat). Die Grenze für diese Befugnis markiert der Rechtsmissbrauch. So kann z. B. eine Amtsniederlegung unmittelbar vor einer Sonderprüfung (→Sonderprüfungen, aktienrechtliche) rechtsmissbräuchlich sein, weil Organmitglieder nach ihrem Ausscheiden Sonderprüfern nicht mehr auskunftspflichtig sind (§ 145 Abs. 2 AktG) und dadurch die prüferische Aufklärung behindert würde.

Literatur: Janzen, D.: Vorzeitige Beendigung von Vorstandsamt und -vertrag, in: NZG 6 (2003), S. 468–475; Liebscher, T.: Vorstand, in: Müller, W./Rödder, T. (Hrsg.): Beck'sches Handbuch der AG, München 2004, S. 467–555.

Bernhard Heni

Vorstand, Einberufungspflichten
→ Einberufungspflichten des Vorstands

Vorstand, Geschäftsordnung für
→ Geschäftsordnung für Vorstand und Aufsichtsrat

Vorstand, Haftung des → Haftung des Vorstands

Vorstand, Interessenkonflikte von → Interessenkonflikte von Vorstand und Aufsichtsrat

Vorstand, Kreditgewährung an → Kreditgewährung an Vorstand und Aufsichtsrat

Vorstand, Nebentätigkeit des → Nebentätigkeit von Vorstandsmitgliedern

Vorstand, Organisationspflichten des
→ Organisationspflichten des Vorstands

Vorstand und Aufsichtsrat, Eignungsprofile von

Die Aufgaben und Verantwortlichkeiten von Vorstands- und Aufsichtsratsmitgliedern leiten sich wesentlich aus ihrer aktienrechtlichen Organfunktion ab. Innerhalb dieses Rahmens sind zur Festlegung konkreter Eignungsprofile vor allem branchen- und firmenspezifische Faktoren maßgeblich.

Die Aufgaben- und Zuständigkeitsverteilung ergibt sich aus dem *AktG*. Der AR wird in der HV (→ Haupt- und Gesellschafterversammlung) gewählt (→ Aufsichtsrat, Be- und Abberufung). Vorrangige Aufgaben sind die Überwachung der Geschäftsführung gem. § 111 Abs. 1 AktG (→ Überwachungsaufgaben des Aufsichtsrats) und die Prüfung von Jahresabschluss, → Lagebericht und Gewinnverwendungsvorschlag (→ Ergebnisverwendung, Vorschlag für die) gem. § 171 Abs. 1 Satz 1 AktG. Der Vorstand führt die Geschäfte gem. § 76 AktG als Exekutivorgan eigenverantwortlich (→ Überwachungsaufgaben des Vorstands) und setzt die Beschlüsse der HV um (§§ 77, 73, 83 AktG). Die weitgehende Freiheit des Vorstands bei der Führung der Geschäfte wird durch die gesetzlich vorgeschriebene und satzungsmäßige Kontrolle des Aufsichtsrats (→ Kontrolltheorie) begrenzt.

Aus dem AktG ergeben sich allgemeine personenbezogene Anforderungen an Vorstands- bzw. Aufsichtsratsmitglieder: Es dürfen nur unbeschränkt geschäftsfähige natürliche Personen, die nicht unter Betreuung stehen, wegen einer Insolvenzstraftat (→ Insolvenz) verurteilt wurden oder einem Berufsverbot unterliegen, Vorstand einer AG (→ Aktiengesellschaft, Prüfung einer) werden (§ 76 Abs. 2 AktG). Diese allgemeinen gesetzlichen Anforderungen ergänzt der *BGH* für Aufsichtsräte dergestalt, dass „Mindestkenntnisse allgemeiner wirtschaftlicher und organisatorischer Art, aufgrund derer normalerweise anfallende Geschäftsvorgänge auch ohne fremde Hilfe verstanden und sachgerecht beurteilt werden können," vorhanden sein müssen (BGH-Urteil vom 15.11.1982, S. 295). Fachlich müssen also Aufsichtsräte nicht nur die gesetzlich vorgegebenen Rechte und Pflichten aus dem Mandat erfüllen, sondern auch die Jahres- und Konzernabschlüsse – mithilfe der → Abschlussprüfer (APr) (→ Jahresabschlussprüfung; → Konzernabschlussprüfung) – prüfen können. Die Mindestkenntnisse erstrecken sich auch auf die Beurteilung der Ordnungsmäßigkeit, Wirtschaftlichkeit und Zweckmäßigkeit (→ Wirtschaftlichkeits- und Zweckmäßigkeitsprüfung) von Vorstandsentscheidungen sowie der Rechtmäßigkeit der Geschäftsführung (Potthoff/Trescher 2003, Rn. 805).

Der → Deutsche Corporate Governance Kodex (→ Corporate Governance) enthält die Empfehlung, dass dem Aufsichtsrat jederzeit Mitglieder angehören sollen, die über die zur ordnungsgemäßen Wahrnehmung der Aufgaben erforderlichen Kenntnisse, Fähigkeiten und fachlichen Erfahrungen verfügen (DCGK 5.4.1 und 5.4.2). Dabei sollen die internationale Ttigkeit des Unternehmens, potenzielle Interessenkonflikte (→ Interessenkonflikte von Vorstand und Aufsichtsrat) und eine festzulegende Altersgrenze für Aufsichtsratsmitglieder berücksichtigt werden. Um eine unabhängige Beratung und Überwachung des Vorstands durch den AR zu ermöglichen, soll dem AR eine nach seiner Einschätzung ausreichende Anzahl unabhängiger Mitglieder angehören (→ Beratungsaufgaben des Aufsichtsrats; → Unabhängigkeit des Aufsichtsrats).

Über die formalen Vorgaben von Gesetz und Kodex hinaus erscheint es für die Wahrnehmung der Überwachungsaufgabe von hoher Bedeutung, dass sämtliche Organmitglieder über ausreichende *Branchenkenntnisse* verfügen. Der Gesetzgeber hat konkrete Befähigungen und Fachkenntnisse für Vorstände nur in ausgewählten Branchen festgeschrieben. Das KWG und das VAG verlangen ausreichende theoretische und praktische Kenntnisse sowie Leitungserfahrung bei den Geschäftsleitern von → Kreditinstituten und → Versicherungsunternehmen; diese sind zumindest nach dreijähriger leitender Tätigkeit in der Branche anzunehmen (§ 33 Abs. 2 KWG; § 7a Abs. 1 VAG). Auch ohne gesetzliche Vorgabe richtet sich die Eignung von Vorständen wesentlich nach deren Branchenkenntnis vor allem bei der strategischen Geschäftsentwicklung. Im AR stellen entsprechend qualifizierte Personen das erforderliche Branchenwissen zur Verfügung.

Bei der Festlegung von Eignungsprofilen besteht auch die Notwendigkeit der Berücksichtigung wesentlicher *Unternehmensfunktionen.* Generell zu berücksichtigende Bereiche sind Finanzen und → Controlling, Recht und Compliance, IT und Organisation, Personal sowie Risikomanagement [→ Risikomanagementsystem (RMS)]. Branchenabhängig sind F&E sowie Logistik wesentliche zu behandelnde Bereiche. Schließlich beeinflussen *unternehmensspezifische Faktoren,* wie die Firmengröße und -organisation, die Wettbewerbssituation und die Wachstumsplanung, die Firmenkultur sowie die Internationalität der Aktivitäten die konkreten Anforderungen an Vorstände und Aufsichtsräte.

Der AR hat durch die Auswahl der Vorstandsmitglieder für Kontinuität in der Geschäftsentwicklung zu sorgen, ohne die Notwendigkeit für strategische Veränderungen zu ignorieren (→ Vorstand, Bestellung und Abberufung). Durch die besondere *Führungsrolle* der Vorsitzenden von Vorstand (→ Chief Executive Officer) und AR muss bei der Eignungsbeurteilung intensiv auf die persönlichen Führungsqualitäten geachtet werden.

Für eine konstruktive Tätigkeit von Vorstand und AR ist zudem eine klare *Teamorientierung* ihrer Mitglieder erforderlich. Unterschiedliche Qualifikationen und Erfahrungen unterstützen eine ergebnisorientierte und effiziente Aufsichtsratsarbeit. Konkrete Eignungsprofile für die einzelnen Mitglieder von Vorstand und AR leiten sich daher auch aus einem Qualifikationsprofil für das jeweilige Organ als Ganzes ab.

Die Verantwortung für die *langfristige Nachfolgeplanung* des *Vorstands* liegt wesentlich beim AR. Er soll diese in Abstimmung mit dem Vorstand (insb. dem Vorsitzenden) wahrnehmen. Der AR sollte konkrete Anforderungen an die Kenntnisse, Fähigkeiten und fachliche Erfahrung sowie die Persönlichkeit des Vorstands schriftlich festlegen, die auch in die interne Personalentwicklung einfließen.

Ein firmenspezifisches Qualifikationsprofil für den *AR* sollte folgende Merkmale aufweisen:

- Fachliche Eignung,
- Internationalität entsprechend der Wettbewerbssituation,
- soziale Kompetenz und
- die Fähigkeit zur konfliktgeeigneten Durchsetzung der Kontrollfunktion gegenüber dem Vorstand.

Angesichts der zunehmenden Bedeutung der Ausschusstätigkeit für den AR (→ Aufsichtsratsausschüsse) kommt der Eignung für diese Tätigkeit besondere Bedeutung zu. Zudem muss das → Audit Committee zumindest einen Financial Expert aufweisen.

Bei der Besetzung von Aufsichtsräten werden oftmals Personen weniger aufgrund eines definierten Qualifikationsprofils zur Wahl vorgeschlagen, sondern aufgrund persönlicher Kontakte und des Bekanntheitsgrades ausgewählt (Potthoff/Trescher 2003, Rn. 791). Statt Außenwirkung sollte jedoch fachliche Kompetenz entscheiden. So dürften sich z. B. Finanzvorstände besser als AR eignen als ein medienpräsenter aber zeitmäßig stark beanspruchter Vorstandsvorsitzender. Gerade zeitlich muss sich jedes Aufsichtsratsmitglied so auf die Sitzungen vorbereiten können, dass die Arbeit des Aufsichtsrats durch eigene Initiativen und Sachbeiträge gefördert werden kann (Oechsler 2003, S. 312). Neben der Berücksichtigung einer vorzugebenden Altersgrenze ist die Vermeidung tatsächlicher und potenzieller Interessenkonflikte entscheidender Bestandteil eines umfassenden Eignungsprofils.

Um geeignete Kandidaten für Vorstand und AR auszuwählen, sollte ein *Nominierungsausschuss* gebildet werden, dessen Arbeit durch externe Berater unterstützt werden kann. Regelmäßige *Effizienzüberprüfungen* im Rahmen von →Management Audits (für den Vorstand) bzw. Board Reviews [für den AR (→Aufsichtsratsbeurteilung)] sollten die laufende Anpassung der Eignungsprofile an ein dynamisches Wettbewerbsumfeld sicherstellen.

Literatur: BGH-Urteil vom 15.11.1982, Aktz. II ZR 27/82, BGHZ Band 85, S. 293–295; Oechsler, W. A.: Qualifikation und personelle Besetzung des Vorstands und Aufsichtsrats, in: Hommelhoff, P. et al. (Hrsg.): Handbuch Corporate Governance, Stuttgart 2003, S. 305–322; Potthoff, E./Trescher, K.: Das Aufsichtsratsmitglied, 6. Aufl., Stuttgart 2003.

Christian Strenger

Vorstand und Aufsichtsrat, Vergütung von

Der *Vergütungsanspruch der Vorstandsmitglieder* ergibt sich aus dem Anstellungsvertrag. Für dessen Abschluss ist der AR zuständig. In der Praxis werden diese Fragen oft einem →Aufsichtsratsausschuss mit Beschlusskompetenz (Personal-, Vergütungsausschuss) überlassen (§ 107 Abs. 3 AktG). Allerdings empfiehlt der →Deutsche Corporate Governance Kodex (DCGK 4.2.2), dass das Aufsichtsratsplenum über die Struktur des Vergütungssystems beraten und sie regelmäßig überprüfen soll (→Überwachungsaufgaben des Aufsichtsrats). Für die Höhe der →Vorstandsbezüge besteht grundsätzlich Vertragsfreiheit. Zum Schutz der Gesellschaft sowie der an ihrem Vermögensbestand Interessierten bestimmt § 87 Abs. 1 AktG als Höchstgrenze, dass die Gesamtbezüge des einzelnen Vorstandsmitglieds zu seinen Aufgaben und zur Lage der Gesellschaft „in einem angemessenen Verhältnis" stehen müssen. Zu den *Gesamtbezügen* gehören neben der Vergütung i.e.S. auch Aufwandsentschädigungen, Versicherungsentgelte (→D & O-Versicherung) und Nebenleistungen aller Art; auch Pensionsansprüche unterliegen dem Angemessenheitsgebot (§ 87 Abs. 1 Satz 2 AktG). Zum Begriff der *Angemessenheit* liegt eine konkretisierende Rspr. bisher nicht vor; im Schrifttum wird auf die besonderen Beurteilungsprobleme hingewiesen. Quantitative Grenzwerte werden als systemwidrig abgelehnt; allerdings wird eine Überprüfung anhand relativer Orientierungswerte diskutiert. Das Gesetz unterscheidet personenbezogene („Aufgaben des Vorstandsmitglieds") und unternehmensbezogene („Lage der Gesellschaft") Kriterien. Personenbezogen sind neben der Funktion, z. B. Vorstandsvorsitzender (→Chief Executive Officer), die persönlichen Leistungen und Fähigkeiten sowie das Maß der übernommenen Verantwortung. In der Praxis wird für „einfache" Vorstandsmitglieder aber z.T. eine einheitliche Vergütung präferiert. „Lage der Gesellschaft" umfasst neben dem aktuellen Erfolg auch die Zukunftsaussichten, z. B. in Sanierungsfällen. Nach DCGK 4.2.3 sollen (Empfehlung) Vorstandsbezüge *fixe und variable Bestandteile* umfassen; die variablen Vergütungsteile sollten (Anregung) sowohl einmalige als auch jährlich wiederkehrende erfolgsabhängige Komponenten sowie „Komponenten mit langfristiger Anreizwirkung und Risikocharakter" enthalten (→Incentive-Systeme). *Kurzfristige erfolgsbezogene Vergütungsbestandteile* werden i.d.R. als Tantiemen gewährt, wobei zwischen Ziel- oder Formeltantiemen [Anknüpfung an quantitativ messbare Erfolgsziele, bspw. Earnings before Interest and Taxes (EBIT) oder Earnings before Interest, Taxes, Depreciation and Amortization (EBITDA)], Dividendentantiemen und Ermessenstantiemen (Anknüpfung an die individuelle Leistungsbeurteilung) unterschieden wird (→Tantiemen für Gesellschaftsorgane). *Komponenten mit langfristiger Anreizwirkung* stellen insb. Aktien der Gesellschaft mit mehrjähriger Veräußerungssperre, Aktienoptionen und Stock Appreciation Rights bzw. Phantom Stocks dar (→Aktienoptionsprogramme). Aktienoptionen erfuhren in den letzten Jahren – theoretisch begründet durch die →Principal-Agent-Theorie – eine große Verbreitung, waren wegen ihrer konkreten Ausgestaltung jedoch auch Gegenstand weitreichender Kritik. Der DCGK empfiehlt eine Indexierung; hierzu wird – trotz verbreiteter Kritik am Aktienkurs als Erfolgsmaßstab – ein Branchenindex oder hilfsweise der DAX genannt. Außerdem wird die Vereinbarung eines Cap gefordert, ein Repricing abgelehnt.

Die *Vergütung des Aufsichtsrats* wird gem. § 113 Abs. 1 Satz 2 AktG durch Satzung oder HV-Beschluss (Grundsatzbeschluss oder jährliche Beschlussfassung) bestimmt, d. h. die

Entscheidungskompetenz liegt bei der HV (→Haupt- und Gesellschafterversammlung). Ohne HV-Beschluss bzw. Satzungsregelung besteht kein Anspruch auf Vergütung. Nach § 113 Abs. 1 Satz 3 AktG soll die Vergütung im Verhältnis zu den Aufgaben der Aufsichtsratsmitglieder und zur Lage der Gesellschaft *angemessen* sein. Ausgehend vom Grundsatz der Gleichbehandlung ist zwar eine aufgabenbezogene Differenzierung zwischen den einzelnen Aufsichtsratsmitgliedern, nicht aber eine solche nach persönlichen Eigenschaften zulässig. „Aufgaben" bezieht sich auf die Funktion des jeweiligen Aufsichtsratsmitglieds; DCGK 5.4.7 enthält die Empfehlung, neben Vorsitz und stellvertretendem Vorsitz im AR auch Vorsitz und Mitgliedschaft in Ausschüssen zu berücksichtigen. Das Erfordernis der Angemessenheit eröffnet der HV einen weiten Ermessensspielraum; quantitative Grenzwerte werden in Rspr. und Schrifttum nicht erörtert. DCGK 5.4.7 empfiehlt neben einer festen eine erfolgsorientierte Vergütung. Die *Festvergütung* kann als Betrag je Mitglied oder als Gesamtbetrag festgesetzt werden. Der *erfolgsorientierten Vergütung* – nach dem DCGK sollte sie auch auf den langfristigen Unternehmenserfolg bezogene Bestandteile enthalten – kommt neben einer Anreizfunktion der Charakter einer unternehmerischen Erfolgsbeteiligung zu. Dies wird einerseits mit der zunehmenden Beratungs- und Managementaufgabe des Aufsichtsrats (→Beratungsaufgaben des Aufsichtsrats) begründet, andererseits wird hierin jedoch eine Gefährdung der Kontrollfunktion des Aufsichtsrats (→Überwachungsaufgaben des Aufsichtsrats) und eine Entwicklung hin zum amerikanischen „One-Board-System" (→Dual- und Boardsystem) gesehen. Die Erfolgsorientierung kann grundsätzlich anknüpfen:

1) an den Bilanzgewinn,

2) an die Dividende,

3) an Unternehmenskennziffern sowie

4) an den Aktienkurs.

Zu 1): Die Orientierung am Bilanzgewinn (§ 113 Abs. 3 AktG) hat in der Praxis nur geringe Bedeutung; im Schrifttum wird sie insb. wegen der Möglichkeit der Doppelberücksichtigung von Jahresüberschussbestandteilen (→Jahresergebnis) als Tantiemebasis (bei Gewinnvorträgen oder Auflösung von →Gewinnrücklagen) kritisiert.

Zu 2): Bei der – weit verbreiteten – dividendenabhängigen Vergütung wird i.d.R. ein bestimmter Betrag je Prozent der zur Ausschüttung vorgesehenen Dividende als Tantieme gezahlt.

Zu 3): Als relevante Unternehmenskennziffern werden genannt: Brutto Cash Flow (→Cash Flow), Konzerngewinn je Aktie, Earnings before Taxes (EBT) oder auch EBIT (→Kennzahlen und Kennzahlensysteme als Kontrollinstrument; →Kennzahlen, wertorientierte). Dabei ist streitig, ob eine Anknüpfung an ergebnisabhängige Kennziffern [Konzerngewinn, Earnings before Taxes (EBT), Earnings before Interest and Taxes (EBIT) etc.] zulässig ist.

Zu 4): Aktienoptionen an Aufsichtsratsmitglieder sind nach Auffassung des *BGH* (BGH-Urteil vom 16.2.2004, S. 613) als reine Optionen (Naked Warrents) unter Verwendung bedingten Kapitals nach § 192 Abs. 2 Nr. 3 AktG i.d.F. des KonTraG nicht mehr zulässig. Gleiches gilt für die Überlassung eigener Aktien (§ 71 Abs. 1 Nr. 8 i.V.m. § 193 Abs. 2 Nr. 4 AktG).

Während die Ausgabe von Wandelschuldverschreibungen an Mitglieder des Aufsichtsrats als Vergütungsbestandteil früher rechtlich zulässig war, ist dies durch die Neufassung von § 221 Abs. 4 Satz 2 AktG (Verweis auf § 193 Abs. 2 Nr. 4 AktG) im Rahmen des UMAG ausgeschlossen. Fraglich bleibt, ob und unter welchen Voraussetzungen schuldrechtliche Vergütungsvereinbarungen, die auch auf die Entwicklung des Aktienkurses Bezug nehmen, zulässig sind (→Unabhängigkeit des Aufsichtsrats; →Aufsichtsrat, Be- und Abberufung).

Literatur: BGH-Urteil vom 16.2.2004, Aktz. II ZR 316/02, ZIP 25 (2004), S. 613; Hoffmann-Becking, M.: Rechtliche Anmerkungen zur Vorstands- und Aufsichtsratsvergütung, in: ZHR 169 (2005), S. 155–180; Lücke, O.: Die Angemessenheit von Vorstandsbezügen – Der erste unbestimmbare unbestimmte Rechtsbegriff?, in: NZG 8 (2005), S. 692–697; Meyer, J./Ludwig, S.: Aktienoptionen für Aufsichtsräte ade?, in: ZIP 25 (2004), S. 940–945.

Doris Zimmermann

Vorstand, Zusammensetzung des →Zusammensetzung von Vorstand und Aufsichtsrat

Vorstandsberichte →Überwachungsaufgaben des Aufsichtsrats

Vorstandsbezüge

Der Themenbereich Offenlegung der Vorstandsvergütung hat in der letzten Dekade deutlich an öffentlicher Wahrnehmung und an Handlungsbedarf in den Aufsichts- und Leitungsgremien deutscher, europäischer wie globaler Unternehmen gewonnen. Kaum ein anderes Thema ist derart in die öffentliche Diskussion geraten wie die Thematik Offenlegung und Angemessenheit der Vorstandsvergütung.

Hierbei hat sich gezeigt, dass eine nicht angemessene Handhabung dieses Themenkomplexes nachhaltigen Schaden für die beteiligten Organe anrichten kann. Diese negativen Wirkungen erstrecken sich u. a. auf die Themen öffentliche Imageschäden, Dispute auf Hauptversammlungen (→ Haupt- und Gesellschafterversammlung), missverständliche Kapitalmarktkommunikation, negative Wirkungen in das Unternehmen hinein bis hin zu Schäden der persönlichen Reputation der handelnden Personen.

Gleichzeitig bietet eine stimmige wie durchgängige Handhabung im Hinblick auf die Offenlegung der Vorstandsvergütung nicht nur das Potenzial, einen Interessengleichklang zwischen den wesentlichen Stakeholdern herzustellen, sondern auch den → Unternehmenswert zu erhöhen (Lo 2003, S. 285–314).

Der *Bundesrat* hat am 8.7.2005 dem VorstOG zugestimmt. Mit dem Abschluss des parlamentarischen Verfahrens sind danach die Bezüge von Vorstandsmitgliedern börsennotierter Aktiengesellschaften (→ Aktiengesellschaft, Prüfung einer) künftig individualisiert offen zu legen, es sei denn, die HV fasst einen Beschluss, infolgedessen auf die Offenlegung verzichtet wird. Diese „Opting Out-Regelung" des VorstOG weicht sowohl von der britischen Regelung als auch von neuesten amerikanischen Vorschlägen ab, die der HV weit gehende Rechte einräumen, die deutlich über die Offenlegungsvorschriften hinaus gehen (Gordon 2005).

Die Neufassungen der §§ 285 Satz 1 Nr. 9a und 315 Abs. 2 Nr. 4 HGB sehen vor, dass im → Anhang und → Konzernanhang von börsennotierten (§ 3 Abs. 2 AktG) Aktiengesellschaften in Zukunft jeweils unter Namensnennung die Bezüge jedes einzelnen Mitglieds des Vorstands individualisiert angegeben werden müssen. Für börsennotierte Unternehmen reicht es folglich nicht mehr aus, lediglich die Bezüge des gesamten Vorstands in einer Summe anzugeben. Es ist auch nicht ausreichend, die an ein einzelnes Vorstandsmitglied gezahlten Bezüge in einer Gesamtsumme anzugeben. Statt dessen müssen die individuellen Bezüge für jedes einzelne Vorstandsmitglied nach den erfolgsbezogenen und den nicht erfolgsabhängigen Bestandteilen aufgeschlüsselt und zudem die Komponenten mit einer langfristigen Anreizwirkung (z. B. → Aktienoptionsprogramme oder Erfolgsbeteiligungen) gesondert angegeben werden.

Eine Angabepflicht besteht ausdrücklich auch für Leistungen, die dem Vorstandsmitglied für den Fall der Beendigung seiner Tätigkeit (→ Vorstand, Bestellung und Abberufung) zugesagt worden sind (Versorgungszusagen, Abfindungen). Hierbei ist der wesentliche Inhalt der Zusagen darzustellen, wenn sie in ihrer rechtlichen Ausgestaltung von den den Arbeitnehmern erteilten Zusagen nicht unerheblich abweichen. Folglich sind die vereinbarten Leistungen anzugeben, die über den Standard der im Rahmen des BetrAVG i.A. gewährten Leistungen hinausgehen.

Leistungen, die dem einzelnen Vorstandsmitglied von einem Dritten im Hinblick auf seine Tätigkeit als Vorstandsmitglied zugesagt oder im Geschäftsjahr gewährt worden sind, müssen ebenfalls angegeben werden. Dazu gehören im Grunde alle Leistungen, die über den Rahmen einer bloßen Annehmlichkeit oder eines Gelegenheitsgeschenkes hinausgehen. Nach der Begründung des *Rechtsausschusses* haben die Organe der AG dafür Sorge zu tragen, dass sich die einzelnen Vorstandsmitglieder intern verpflichten, solche Drittzuwendungen zu melden. Damit sollen mögliche Interessenkonflikte (→ Interessenkonflikte von Vorstand und Aufsichtsrat) offen gelegt werden (s. hierzu ausführlich Baums 2005, S. 299–309).

Enthält der JA oder Konzernabschluss weiter gehende Angaben zu bestimmten Bezügen, sind auch diese individuell für jedes einzelne Vorstandsmitglied anzugeben. Ergänzend wird klargestellt, dass → Bezugsrechte (Aktienoptionen) und sonstige aktienbasierte Vergütungen mit ihrer Anzahl und dem beizulegenden Zeitwert zum Zeitpunkt ihrer Gewährung anzugeben sind; spätere Wertänderungen sind aber nur zu berücksichtigen, soweit sie auf einer Änderung der Ausübungsbedingungen beruhen.

Vorstandsvorsitzender

Diese Pflichtangaben können jedoch unterbleiben, wenn die HV dies mit 3/4-Mehrheit des vertretenen Grundkapitals (→Gezeichnetes Kapital) beschlossen hat (sog. „Opting Out-Regelung"). Ein solcher Beschluss darf für höchstens 5 Jahre gefasst werden; danach ist ein neuer Hauptversammlungsbeschluss erforderlich. Vorstände, die gleichzeitig Aktionäre sind, dürfen dabei nicht mitstimmen. Verzichtet die HV auf die Pflichtangaben über die individuellen Vorstandsbezüge, bleibt es bei der allgemeinen Pflicht zur Angabe der Gesamtbezüge. Außerdem ist in der →Entsprechenserklärung nach § 161 AktG anzugeben, dass der Kodex-Empfehlung insoweit nicht gefolgt wurde.

Zudem soll im →Lagebericht zum JA bzw. →Einzelabschluss sowie im →Konzernlagebericht von börsennotierten Aktiengesellschaften darüber hinaus auch auf die Grundzüge des Vergütungssystems für den Vorstand und (anders als im Anhang) für den AR (→Vorstand und Aufsichtsrat, Vergütung von) sowie für ehemalige Mitglieder dieser Organe eingegangen werden (sog. Vergütungsbericht). Sofern dabei für die einzelnen Mitglieder des Vorstands zugleich auch die individuellen Bezüge mit ihren Komponenten angegeben werden, kann auf die entsprechende Angabe im Anhang bzw. Konzernanhang verzichtet werden. In diesem Fall bleibt es wegen der Vorgaben der Vierten RL 78/660/EWG aber wie bisher bei der Pflicht zur Angabe der Gesamtbezüge im Anhang.

Literatur: Baums, T.: Zur Offenlegung der Vorstandsvergütungen, in: ZHR 169 (2005), S. 299–309; Gordon, J. N.: Executive compensation: if there's a problem, what's the remedy? The case for compensation disclosure and analysis, Columbia Law School, Columbia Public Law & Legal Theory Working Papers, Working Paper 0590, Columbia 2005; Lo, K.: Economic consequences of regulated changes in disclosure: the case of executive compensation, in: JAE 35 (2003), S. 285–314.

Jens Massmann

Vorstandsvorsitzender →Chief Executive Officer

Vorverlagerte Stichtagsinventur →Inventurvereinfachungsverfahren, Prüfung von

Vorweggenommene Erbfolge →Unternehmensformen, Wahl der

Vorzugsaktien →Rücklagen

W

WACC →Weighted Average Cost of Capital-Ansatz

Wachstumsquote →Vermögensstruktur

Wachstumsstarke Unternehmen, Unternehmensbewertung von

Junge, dynamische und überproportional wachsende Unternehmen sind zunächst dadurch charakterisiert, dass sie erst relativ kurze Zeit existieren. Dynamisch ist in jenem Sinn zu verstehen, dass das Unternehmen in der Anfangsphase aufgrund schneller technischer und wirtschaftlicher Entwicklungen kontinuierlichen Veränderungsprozessen unterliegt, um sich den geänderten Rahmenbedingungen rasch anpassen zu können. Weiter ist es typisch für derartige Unternehmen, dass sie sich durch Kreativität, Flexibilität und Innovationen (→Innovationsmanagement) einen Wettbewerbsvorteil gegenüber anderen Unternehmen erarbeitet haben, der überproportionales Wachstum ermöglicht (Hayn 2000, S. 15–22). Unternehmen werden dann als wachstumsstark bezeichnet, wenn das jährliche Wachstum ihrer Umsätze 15 % übersteigt. Börsennotierte Wachstumsunternehmen weisen charakteristischerweise sehr volatile Kurse auf. Kein wachstumsstarkes Unternehmen liegt vor, wenn das Unternehmen lediglich in der Vergangenheit erhöhte Wachstumsraten, z.B. durch Akquisitionen, aufweisen kann (Koller/Goedhart/Wessels 2005, S. 637).

Die Bewertung von Wachstumsunternehmen gestaltet sich umso schwieriger, je früher es sich in seinem Entwicklungsprozess befindet, da aus wenigen Umsatz- und Gewinndaten noch keine gesicherten Aussagen über die zukünftige Entwicklung gemacht werden können. Die in der Vergangenheit und Gegenwart erwirtschafteten Erfolge und geschaffenen Strukturen bilden aufgrund der Wachstumsstärke des Unternehmens lediglich einen Ausgangspunkt für zukünftige Entwicklungen (Hayn 2000, S. 22–24).

Die Bewertung von wachstumsstarken Unternehmen kann auf Grundlage von →Ertragswertmethoden und →Discounted Cash Flow-Methoden (DCF) erfolgen, wobei Modifikationen erforderlich sind. Eine vereinfachte Vorgangsweise besteht darin, die →Unternehmensbewertung nach dem Wachstumsmodell vorzunehmen und von konstanten jährlichen Wachstumsraten der künftigen Einzahlungsüberschüsse bzw. →Cash Flows auszugehen. Ist $\mu(E_1)$ der erwartete Einzahlungsüberschuss bzw. Cash Flow der ersten Periode, dann erhält man folgenden →Unternehmenswert UW nach dem Ertragswertverfahren bzw. dem Equity-Approach der DCF-Verfahren:

$$UW = \frac{\mu(E_1)}{r - w}$$

wobei r der risikoadäquate Diskontierungssatz (→Kalkulationszinssatz) und w (w < r) die konstante Wachstumsrate ist. Die Wachstumsrate wird auch als Wachstumsabschlag vom Diskontierungssatz bezeichnet.

Allerdings ergeben sich bei dieser Vereinfachung zwei Probleme. Zum einen darf die Wachstumsrate nicht den Kalkulationszinsfuß übersteigen, was bei Wachstumsunternehmen durchaus möglich ist. Zum anderen ist es unrealistisch anzunehmen, dass ein Unternehmen unendlich lange mit konstant hohen Wachstumsraten wächst. Daher müssen bei Wachstumsunternehmen unbedingt Modifikationen der Ertragswert- bzw. DCF-Verfahren angewendet werden. Eine Modifikation kann darin bestehen, mehrere Phasen des Unternehmenslebenszyklus zu unterscheiden. Dies könnte bspw. so aussehen, dass zu Beginn aufgrund der nötigen Anlaufphase sogar von Verlusten und somit fehlenden Auszahlungen an die Anteilseigner ausgegangen wird. Daran anschließend folgt aufgrund des Wettbewerbsvorteils des Unternehmens eine Phase, in der das Unternehmen Gewinne macht, die mit entsprechenden Wachstumsraten steigen. In der dritten Phase – die bis unendlich dauert – geht man schließlich von Normalgewinnen des Unternehmens aus (Rudolf/Witt 2002, S. 63–87).

Die Prognose der finanziellen Überschüsse (→finanzielle Ergebnisse, Prognose von) und deren Stabilität ist bei Wachstumsunternehmen von erheblichen Unsicherheiten geprägt. Aus diesem Grund muss eine genaue Analyse der nachhaltigen Markt- und Wettbewerbsfähigkeit des Produkt- und Leistungsprogramms, der Ressourcenverfügbarkeit, der in Folge des Wachstums erforderlichen Anpassungsmaßnahmen der internen Organisation und der Finanzierbarkeit des Unternehmenswachstums erfolgen. Die Ergebnisse der Analyse können in Szenarien (→Szenariotechnik), die mit Wahrscheinlichkeiten gewichtet werden, verarbeitet werden (Koller/Goedhart/Wessels 2005, S. 645). Insb. Technologieunternehmen weisen häufig überdurchschnittliche Wachstumsraten auf. Bei diesen Unternehmen kann bspw. die Technologie-Portfolio-Analyse (→Technologie-Markt-Portfolio), bei der technische Kenngrößen in ökonomische Kenngrößen transformiert werden, herangezogen werden (Raab/Sasse 2005, S. 657–669). Dem IDW S 1 zufolge müssen die Besonderheiten schnell wachsender Unternehmen auch bei der Festlegung der Risikoprämie und des Wachstumsabschlags entsprechend berücksichtigt werden (IDW S 1.158). Risikoprämien werden üblicherweise aus Kapitalmarktdaten auf Grundlage des →Capital Asset Pricing Model (CAPM) ermittelt. Die Bewertung von Wachstumsunternehmen durch Berücksichtigung eines Wachstumsabschlages ist – wie oben ausgeführt wurde – problematisch.

Aufgrund der bereits erwähnten Probleme im Zusammenhang mit der Prognose der Zukunftserfolge von Wachstumsunternehmen wird auch versucht, die Bewertung mittels bestimmter Kennzahlen („Multiples") (→Kennzahlen und Kennzahlensysteme als Kontrollinstrument) durchzuführen, die aus ähnlichen, bereits börsennotierten Unternehmen oder aus Transaktionen vergleichbarer Unternehmen gewonnen werden. Dazu gehören u.a. „Price-Earnings-Multiples". Die Vergleichsunternehmen müssen dabei jedenfalls in derselben Branche tätig sein, hinsichtlich der Wachstumsrate, Wettbewerbsposition, →Kapitalkosten und Risikostruktur vergleichbar sein (Rudolf/Witt 2002, S. 91 f. und 113 f.). Abgesehen von diesen Bedingungen wird eine derartige Bewertung als äußerst ungenau beurteilt bzw. u.U. nicht möglich sein. Bei der Verwendung von „Price-Earnings-Multiples" sind die „Earnings" von großer Volatilität bzw. können auch negativ sein (Koller/Goedhart/Wessels 2005, S. 638).

Dem →Substanzwert kommt bei der Bewertung von Unternehmen generell keine eigenständige Bedeutung zu (IDW S 1. 6). Dies gilt insb. auch für die Bewertung von Gründungs- und Wachstumsunternehmen. Abgesehen davon sind die Vermögenswerte bei Wachstumsunternehmen im Vergleich zu ihren zukünftigen Ertragsaussichten typischerweise sehr gering (Rudolf/Witt 2002, S. 56).

Literatur: Hayn, M.: Bewertung junger Unternehmen, in: Küting, K./Weber, C.-P. (Hrsg.): Rechnungs- und Prüfungswesen, 2. Aufl., Herne/Berlin 2000; IDW (Hrsg.): IDW Standard: Grundsätze zur Durchführung von Unternehmensbewertungen (IDW S 1, Stand: 18. Oktober 2005), in: WPg 58 (2005), S. 1303–1321; Koller, T./Goedhart, M./Wessels, D.: Valuation Measuring and Managing the Value of Companies, 4. Aufl., Hoboken/NJ 2005; Raab, M./Sasse, A.: Bewertung von Technologieunternehmen, in: Peemöller, V. H. (Hrsg.): Praxishandbuch der Unternehmensbewertung, 3. Aufl., Herne/Berlin 2005, S. 657–669; Rudolf, M./Witt, P.: Bewertung von Wachstumsunternehmen, Wiesbaden 2002.

Gerwald Mandl; Alexandra Schrempf

Währungscontrolling

Das Währungscontrolling ist ein Teilbereich des →Controllings – aufgefasst als umfassende Informations- und Koordinationsfunktion – der internationalen Unternehmung. Hauptaufgabe (→Controlling, Aufgaben des) des Währungscontrollings ist die →Planung, Steuerung und Kontrolle (→Kontrolltheorie) von Zahlungsmittelbeständen und Zahlungsströmen in verschiedenen Währungen. Bei Ersterem steht die Sicherung der jederzeitigen Zahlungsfähigkeit des Unternehmens (dispositive Liquidität) im Mittelpunkt (Cash Management; →Liquiditätscontrolling). Bei Zweiterem steht das Risiko von Wertveränderungen von Zahlungsströmen aufgrund unerwarteter Wechselkursschwankungen im Vordergrund, welches im Extremfall bis zum Totalausfall führen kann (→Risk Management). Weitere spezielle Risiken der internationalen Unternehmung, wie Länderrisiken oder devisenrechtliche Probleme (z. B. Kapitalverkehrsbeschränkungen), werden an dieser Stelle nicht behandelt. Ebenso wird auf eine bilanzorientierte Betrachtung des Wechselkursrisikos (Translationsrisiko) verzichtet.

In der Literatur werden mit dem Transaktionsrisiko und dem ökonomischen Wechselkursrisiko zwei zahlungsstromorientierte Ansätze des Wechselkursrisikos unterschieden. Das

Transaktionsrisiko betrachtet einzelne Zahlungen in Fremdwährung, deren Höhe und Zeitpunkt bereits feststehen. Unterscheidet sich der tatsächlich realisierte, zukünftige Wechselkurs vom erwarteten Wechselkurs, kann der am Ende ein- bzw. ausgezahlte Betrag in Heimatwährung deutlich von der erwarteten Zahlung abweichen. Das Konzept des ökonomischen Wechselkursrisikos bezieht dagegen die Gesamtheit aller in Zukunft von einem Unternehmen erwirtschafteten Zahlungen mit ein. Charakteristisch für das ökonomische Wechselkursrisiko ist der Einbezug von Zahlungen in Heimatwährung. Diese können ebenfalls einem Wechselkursrisiko unterliegen, wenn sich durch Änderungen von Wechselkursen die Wettbewerbsfähigkeit der einzelnen Marktteilnehmer verändert. Die Bestimmung des ökonomischen Wechselkursrisikos bereitet Schwierigkeiten. Im Folgenden wird deshalb vorrangig auf das Transaktionsrisiko abgestellt (Eiteman et al. 2004, S. 195–268).

Im Cash Management können zur Planung eines optimalen Kassenbestands in verschiedenen Währungen sog. Kassenhaltungsmodelle eingesetzt werden. Prominente Vertreter sind das *Baumol*-Modell und das *Miller/Orr*-Modell. Beide Modelle basieren auf Modellen für die optimale Lagerhaltung und versuchen, einen optimalen Ausgleich zwischen Bargeldhaltung und kurzfristig rentabler Geldanlage zu finden. Eine Steuerung der Kassendisposition erfolgt über Cash Management-Systeme. Diese →IT-Systeme verfügen i.d.R. über die Komponenten Balance Reporting, Money Transfer, Pooling, Netting und Marktinformationen. Der Datenaustausch bzw. die Durchführung von (währungsraumüberschreitenden) Transaktionen geschieht über bankeigene Systeme, internationale Servicenetze oder internationale Bankennetzwerke. Bei Letzteren ist insb. das SWIFT-System hervorzuheben. Eine begleitende Kontrolle (→Kontrollkonzeptionen) ist auch im internationalen Cash Management zentraler Controlling-Bestandteil (Perridon/Steiner 2004, S. 152–168).

Im Rahmen des Managements von Wechselkursrisiken ist es notwendig, sich mit den ökonomischen Erklärungsansätzen für erwartete Wechselkurse (Wechselkursprognose) zu beschäftigen. Diese sog. internationalen Paritätsbeziehungen (Kaufkraftparitätentheorie, Zinssatztheorie, Zinsparitätentheorie, Terminkurstheorie) setzen die erwartete Veränderung eines Wechselkurses in Beziehung zu Inflation, Zinsen und zur Differenz von Termin- und Kassawechselkurs. Daneben existieren rein ökonometrische Modelle zur Wechselkursprognose (→Prognoseinstrumente). Aufgrund der Prognoseunsicherheit bzgl. zukünftiger Wechselkurse besteht die Notwendigkeit, diese Unsicherheit mittels Risikokennzahlen, wie der Varianz oder des →Value at Risk, zu erfassen [→Kennzahlen und Kennzahlensysteme als Kontrollinstrument; →Risikomanagementsystem (RMS)]. Bei mehreren Währungen ist zudem die Korrelation zu beachten, da bei positiv oder negativ korrelierten Wechselkursentwicklungen kompensierende Wirkungen auftreten können. Entscheidend für das Management von Wechselkursrisiken ist die Struktur der Fremdwährungspositionen. Diese wird bestimmt durch die Art der Positionen, Höhe der Positionen, Zeitpunkte der Fälligkeit und beteiligten Fremdwährungen. Die Höhe der offenen Positionen (Wechselkursexposure) ist für jede Fremdwährung auf Unternehmensebene zusammenzuführen und zu saldieren. Lediglich dieses Net-Exposure muss in die Betrachtung einfließen (Adam-Müller/Franke 2001, Sp. 2179–2193; Beike 1995, S. 61–167).

Für eine Steuerung des Wechselkursexposures kann ein Unternehmen auf drei Strategien zurückgreifen: vollständige Absicherung, teilweise Absicherung sowie Verzicht auf eine Absicherung. Als Rechtfertigung für Absicherungsmaßnahmen wird regelmäßig auf eine Reihe von Marktunvollkommenheiten verwiesen. Wechselkursabsicherungsmaßnahmen können das Insolvenzrisiko (→Insolvenz) und damit die Wahrscheinlichkeit für das Auftreten von Insolvenzkosten senken. Zudem können unterschiedliche →Transaktionskosten für Unternehmen und Eigenkapitalgeber oder Principal-Agent-Probleme (→Principal-Agent-Theorie) Wechselkursabsicherungsmaßnahmen rechtfertigen (Adam-Müller/Franke 2001, Sp. 2179–2193).

Eine Reihe von Untersuchungen verweist allerdings auf die enorme Bedeutung des Einsatzes von Absicherungsinstrumenten in der Praxis. Prinzipiell kann eine Steuerung von Wechselkursrisiken mittels interner oder externer Kurssicherungsinstrumente erfolgen. Bei den internen Instrumenten werden nur die am abzusichernden Grundgeschäft beteiligten Parteien einbezogen. Beispiele hierfür sind das

Vorhalten von Fremdwährung, das zeitliche Vorziehen (Leading) oder Hinauszögern (Lagging) von Fremdwährungszahlungen sowie die Wahl der Fakturierungswährung. Bei den externen Instrumenten werden Parteien hinzugezogen, welche nicht am Grundgeschäft beteiligt waren. Zu den bedeutendsten externen Kurssicherungsinstrumenten zählen neben den Ausgestaltungsmöglichkeiten für Forderungsverkäufe die verschiedenen Formen von Devisentermingeschäften wie Devisenforwards, -futures, -optionen und -swaps (Beike 1995, S. 169–262). Eine permanente Überwachung des Zielerreichungsgrads (→Soll-Ist-Vergleich) sowie die Analyse von Planungsabweichungen (→Abweichungsanalyse) stellen auch im Management von Wechselkursrisiken unverzichtbare Aufgaben dar.

Literatur: Adam-Müller, A. F. A./Franke, G.: Währungsmanagement, in: Gerke, W./Steiner, M. (Hrsg.), HWBF, 3. Aufl., Stuttgart 2001; Beike, R.: Devisenmanagement, Hamburg 1995; Eiteman, D. K./Stonehill, A. I./Moffett, M. H.: Multinational Business Finance, 10. Aufl., Boston et al. 2004; Perridon, L./Steiner, M.: Finanzwirtschaft der Unternehmung, 13. Aufl., München 2004.

Manfred Steiner; Martin Wenger

Währungsmanagement →Währungscontrolling

Währungsumrechnung

Fremdwährungsposten im JA müssen gem. § 244 HGB in € umgerechnet werden. Dabei sind die §§ 252, 253, 279, 280 HGB zu berücksichtigen. Für →Kreditinstitute und →Finanzdienstleistungsinstitute ist zusätzlich § 340h HGB zu beachten. Aufgrund des Stichtagsprinzips sind grundsätzlich die am jeweiligen Abschlussstichtag geltenden Wechselkurse maßgeblich. Liegt eine offene, d. h. nicht durch Deckungsgeschäfte abgesicherte Position vor, sind für die Umrechnung der →Anschaffungskosten (AK) und →Wiederbeschaffungskosten von →Anlagevermögen und →Vorratsvermögen die Devisen-Geldkurse maßgeblich. Ein evtl. Zeitwert ist mit dem Devisen-Briefkurs umzurechnen. Für die Umrechnung von →Forderungen, →Bankguthaben und Zahlungsmitteln (→Zahlungsverkehr) ist der Devisen-Briefkurs entscheidend. Die Umrechnung von →Verbindlichkeiten und →Rückstellungen erfolgt zum Devisen-Geldkurs. Aus Vereinfachungsgründen erfolgt in der Praxis auch eine Umrechnung zum Mittelkurs. Aufgrund des Imparitätsprinzips/Realisationsprinzips sind nicht realisierte Kursverluste zu berücksichtigen, während Kursgewinne grundsätzlich erst berücksichtigt werden dürfen, wenn sie realisiert sind (→Grundsätze ordnungsmäßiger Rechnungslegung; →Grundsätze ordnungsmäßiger Buchführung, Prüfung der). In der Praxis werden kurzfristige Fremdwährungsforderungen und -verbindlichkeiten aus Praktikabilitätsgründen häufig generell ergebniswirksam zum Stichtagskurs umgebucht. Bei geschlossenen, d. h. durch Deckungsgeschäfte abgesicherten Positionen, ist eine Verrechnung von unrealisierten Verlusten mit unrealisierten Gewinnen aus dem Deckungsgeschäft möglich, soweit Währungsidentität, Betragsidentität und Fristenkongruenz vorliegen.

Bei der Prüfung der Währungsumrechnung im Rahmen der Abschlussprüfung (→Jahresabschlussprüfung; →Konzernabschlussprüfung) ist festzustellen, welche Währungsrisiken bestehen und welche Vorkehrungen getroffen wurden, um Währungsrisiken zu vermeiden, und ob diese im →Lagebericht gem. § 289 Abs. 2 Nr. 2 HGB ausreichend beschrieben sind. Der →Abschlussprüfer (APr) hat zu beurteilen, ob die Prozesse, die das zu prüfende Unternehmen zum Zwecke der Währungsumrechnung implementiert hat, angemessen sind (→Systemprüfung). Der APr hat die bei der Bewertung zugrunde liegenden Wechselkurse zu bestimmen und diese mit unabhängigen Quellen abzustimmen (→Bewertungsprüfung; →Verprobung). Außerdem sollte er die Währungsumrechnung unter Beachtung des Imparitätsprinzips nachrechnen (→rechnerische Prüfung), Kursgewinne/-verluste mit der Hauptabschlussübersicht abstimmen (→Abstimmprüfung) und den Einfluss von Kurssicherungsgeschäften (Deckungsgeschäften) auf die Bewertung bestimmen. Es ist auch zu prüfen, ob Kursgewinne und -verluste aus Währungsforderungen/-verbindlichkeiten als →sonstige betriebliche Aufwendungen und Erträge in der →Gewinn- und Verlustrechnung (GuV) ausgewiesen werden. Wechselkursbedingte Abschreibungen (→Abschreibungen, bilanzielle) von bspw. langfristigen →Ausleihungen fallen unter § 275 Abs. 2 Nr. 12 HGB und müssen gem. § 277 Abs. 3 Satz 1 HGB gesondert ausgewiesen werden oder im →Anhang dargestellt werden (→Angabepflichten). Der APr hat auch die Erläuterungen zur Währungsumrechnung im Anhang gem. § 284 Abs. 2 Nr. 2 HGB zu prüfen.

Für einen Konzernabschluss auf Basis der →International Financial Reporting Standards (IFRS) nach § 315a HGB wird die Umrechnung und der Ausweis von Fremdwährungsgeschäften der zu konsolidierenden Unternehmen (→Konsolidierungskreis) und die Währungsumrechnung im Konzernabschluss von ausländischen Abschlüssen durch IAS 21 geregelt. Die Bilanzierung von Devisentermingeschäften (→Devisengeschäfte) und Sicherungszusammenhängen regelt IAS 39, während IAS 29 Regelungen zur Inflationsbereinigung trifft (→Inflation, Rechnungslegung bei). Alle Geschäftsvorfälle werden zum Zeitpunkt der Transaktion in die funktionale Währung des Unternehmens umgerechnet. Monetäre Bilanzposten sind zum Bilanzstichtag mit dem Stichtagskurs umzurechnen. Nichtmonetäre Posten, die zu fortgeführten AHK [→Anschaffungskosten (AK); →Herstellungskosten, bilanzielle] bewertet werden, werden mit dem Kurs am Tag der Erstverbuchung umgerechnet. Nichtmonetäre Posten, die mit ihrem beizulegenden Zeitwert (→Fair Value) bewertet werden, werden mit dem Stichtagskurs umgerechnet. Umrechnungsdifferenzen zwischen der Erst- und der Folgebewertung sind grundsätzlich erfolgswirksam zu erfassen. Die Fremdwährungsabschlüsse der zu konsolidierenden Unternehmen (→Konsolidierungskreis) sind in die funktionale Währung des Mutterunternehmens umzurechnen. Mit Ausnahme des →Eigenkapitals werden i. d. R. sämtliche →Vermögensgegenstände und →Schulden zum Stichtagskurs umgerechnet. Die Umrechnung der GuV erfolgt i. d. R. zu Durchschnittskursen. Umrechnungsdifferenzen werden erfolgsneutral in das Eigenkapital eingestellt. Währungserfolge aus konzerninternen Forderungen/Schulden sind i. d. R. nicht zu eliminieren.

Für Unternehmen, die ihren Konzernabschluss nicht nach IFRS gem. § 315a HGB aufstellen, wird die Währungsumrechnung durch DRS 14 geregelt, der inhaltlich keine wesentlichen Unterschiede zu IAS 21 aufweist. Gem. DRS 14.6 sind Fremdwährungsgeschäfte in die funktionale Währung des jeweiligen Unternehmens umzurechnen. Die erstmalige Erfassung eines Fremdwährungsgeschäfts erfolgt zum Devisenkassakurs am Transaktionstag bzw. zu Monatsdurchschnittskursen. Monetäre Posten sind zum Stichtagskurs unter Berücksichtigung der §§ 252 Abs. 1 Nr. 4 und 253 Abs. 1 HGB umzurechnen. Nichtmonetäre Posten, die zu AHK (ggf. vermindert um planmäßige Abschreibungen) bewertet werden, sind mit dem Kurs zum Zeitpunkt der erstmaligen Erfassung umzurechnen. Für nichtmonetäre Posten sind Abschreibungen auf den →beizulegenden Wert vorzunehmen (→außerplanmäßige Abschreibungen), wenn dieser, umgerechnet mit dem Stichtagskurs zum Zeitpunkt der Ermittlung des Wertes, die mit dem historischen Kurs umgerechneten fortgeführten AHK unterschreitet. Gewinne und Verluste aus der Umrechnung sind erfolgswirksam zu erfassen. Die in der funktionalen Währung aufgestellten Abschlüsse der Unternehmen sind bei Einbeziehung in den Konzernabschluss gem. §§ 298 Abs. 1 i.V.m. 244 HGB in € umzurechnen. Die Bilanzposten sind mit Ausnahme des Eigenkapitals mit dem Stichtagskurs und die Posten der GuV zu Durchschnittskursen – so die Praxis – umgerechnet. Differenzen, die bei der Umrechnung entstehen, sind in einen Ausgleichsposten im Eigenkapital einzustellen. Abschlüsse aus einem Hochinflationsland sind um Inflationseffekte zu bereinigen (→Inflation, Rechnungslegung bei).

Der APr hat zu prüfen, ob die Währungsumrechnung den Vorgaben von IAS 21 bzw. DRS 14 entspricht und ob die dazu erforderlichen Angaben im Anhang gemacht wurden.

Im Rahmen der →Kapitalflussrechnung sind wechselkursbedingte Veränderungen des Finanzmittelfonds in einer gesonderten Zeile der Fondsänderungsrechnung auszuweisen (→Finanzlage). Bei der Ermittlung der einzelnen Cash Flow-Bestandteile (→Cash Flow) sind Wechselkursschwankungen möglichst zu eliminieren, was in der Praxis ohne eine weitestgehend automatisierte Lösung nur schwerlich möglich ist. Hier kommen häufig Näherungslösungen zur Anwendung.

Literatur: Langenbucher, G./Blaum, U.: Umrechnung von Fremdwährungsgeschäften, in: Küting, K./Weber, C.-P. (Hrsg): Handbuch der Rechnungslegung, Einzelabschluss, 5. Aufl., Stuttgart 2003, Band 1, Rn. 501–674; Lüdenbach, N.: Währungsumrechnung, in: Lüdenbach, N./Hoffmann, W.-D. (Hrsg.): IFRS-Kommentar, 4. Aufl., Freiburg 2006, S. 1151–1195.

Telge-Sascha Krantz

Wagniskosten, kalkulatorische
→ Kalkulatorische Kosten

Wahl des Abschlussprüfers → Prüfungsauftrag und -vertrag; → Abschlussprüfer; → Bestellung des Abschlussprüfers

Wahlrechte → Bilanzpolitische Gestaltungsspielräume nach HGB; → Bilanzpolitische Gestaltungsspielräume nach US GAAP

Wahlrechtsreserven → Stille Reserven und Lasten

Walkthrough → Aufbauorganisation; → Transaction Flow Auditing; → Kontrollprüfung

Wandelschuldverschreibungen → Rücklagen; → Anleihen

Wareneinsatz → Kalkulation im Warenhandel

Warenhandel, Kalkulation im → Kalkulation im Warenhandel

Warenwirtschaftssysteme → Handelscontrolling

Web-Trust-Prüfungen

Unter Web-Trust-Prüfungen versteht man unabhängige Prüfungen des über Internet abgewickelten elektronischen Geschäftsverkehrs (→ E-Commerce) mittels eines standardisierten Verfahrens. Unter E-Commerce wird dabei die in elektronischer Form ausgestaltete Geschäftsanbahnung, -aushandlung und -abwicklung zwischen unterschiedlichen Internetteilnehmern verstanden. E-Commerce deckt alle Bereiche, beginnend bei den Pre-Sales-Aktivitäten (z. B. Präsentationen, Produktinformationen, allgemeine Marketingaktivitäten), über die Order-Entry-Aktivitäten (z. B. Bestellannahme, Auftragsbearbeitung, Zahlungsabwicklung) bis hin zu den Post-Sales-Aktivitäten (z. B. Kundeninformationen, technische Hotline etc.) ab (IDW PS 890.7).

Der Einsatz des Internets als Kommunikations- und Informationsmedium birgt eine Vielzahl von Risiken, insb. durch die dem Internet typische Anonymität, die i. d. R. die Geschäftsbeziehung zwischen Anbietern und Kunden charakterisiert (s. Abb.).

Derartige Risiken stellen ein erhebliches Hemmnis im Internet-Handel dar und erschweren eine breite Akzeptanz des elektronischen Handels. Insofern besteht ein starkes Interesse aller Beteiligten (Verbraucher, Anbieter, Gesamtwirtschaft), die Geschäftsabwicklung der Anbieter wie auch die Einhaltung des → Datenschutzes einer unabhängigen Prüfung von dritter Seite (*Independent Verification*) zu unterziehen. In Anbetracht der Internationalität des Internet wird nur ein international abgestimmter Prüfungsansatz den gestellten Anforderungen gerecht werden.

Aus diesem Grund haben die beiden WP-Organisationen in den → *United States of America* (USA) und → Kanada, das → *American Institute of Certified Public Accountants* (*AICPA*) und das *CICA*, Grundsätze sowie Kriterien (*Web-Trust-Principles and -Criteria*) entwickelt, die der Identifizierung, Bewertung und Kontrolle der zuvor genannten Risiken mit dem Ziel einer entsprechenden Risikominimierung dienen.

Das vom *AIPCA* und *CICA* entwickelte modulare Web-Trust-Programm besteht aus *sieben Principles* mit jeweils einem eigenständigen Prüfmodul und deckt die Bereiche Datenschutz (→ Datenschutz-Audit), Datensicherheit, Angabe der Geschäftspraktiken und vereinbarungsgemäßen Geschäftsabwicklung, Verfügbarkeit, Web-Trust-Verbraucherschutz sowie Web-Trust-Programme für Zertifizierungsstellen ab. Für jeden dieser Bereiche sind vom *AICPA* und *CICA* umfangreiche Kriterien sowie Kontrollen definiert worden (AICPA 2005).

In Zusammenarbeit mit nationalen Lizenznehmern, so z. B. dem →*Institut der Wirtschaftsprüfer in Deutschland e.V.* (*IDW*), werden die Prinzipien des *AICPA* und des *CICA* laufend an das sich verändernde Internet-Umfeld angepasst. Das *IDW* hat mit dem IDW PS 890 einen Prüfungsstandard veröffentlicht, der für den Berufsstand der WP verpflichtende Ausführungen zu den Voraussetzungen einer Web-Trust-Prüfung, zur ihrer Durchführung sowie zur → Bescheinigung über die Web-Trust-Prüfung (→ Bescheinigungen im Prüfungswesen) beinhaltet. Zu den Voraussetzungen zählt insb., dass die Auftragsannahme (→ Auftragsannahme und -fortführung) nur von einem

Abb.: *Typische Risiken des internetbasierten E-Commerce*

Pre-Sales-Aktivitäten	• Irreführende Informationen über den Anbieter • Fehlerhafte Produktionspräsentation • Falsche Produktspezifikationen • Fehlerhafte Preisangaben • Anbieter existiert nicht
Order-Entry-Aktivitäten	• Inkorrekte Auftragsannahme (bzgl. Produkt, Menge, Preis, Kundeninformationen) • Datenmissbrauch bei der Zahlungsabwicklung (insbesondere Kreditkartenmissbrauch) • Lieferung falscher / fehlerhafter Produkte • Verspätete / keine Lieferung
Post-Sales-Aktivitäten	• Unzureichender Kundendienst (technische Hotline) • Probleme bei Gewährleistungen / Garantien • Unautorisierte Weitergabe von Kundendaten

durch das *IDW* zugelassenen Web-Trust-Prüfer erfolgen darf, um die für eine derartige Prüfung erforderlichen Kenntnisse zu gewährleisten

Im Rahmen der Durchführung der Web-Trust-Prüfungen (→Auftragsdurchführung) hat der Prüfer zunächst eine →Prüfungsstrategie und darauf aufbauend ein →Prüfungsprogramm mit den einzelnen Prüfungshandlungen (→Auswahl von Prüfungshandlungen) zu entwickeln. Die →Planung der Prüfungshandlungen (→Prüfungsplanung) hat auf Grundlage der Kenntnisse über die Geschäftstätigkeit sowie des rechtlichen und →wirtschaftlichen Umfelds des Auftraggebers zu erfolgen. Dabei muss gewährleistet sein, dass mit hinreichender Sicherheit ein →Prüfungsurteil über die Einhaltung der *Web-Trust-Principles* nach Maßgabe der *Web-Trust Criteria* getroffen werden kann.

Die Einholung der →Prüfungsnachweise als Grundlage für das Prüfungsurteil erfolgt in mehreren Schritten. Zunächst werden im Rahmen einer Selbstauskunft *(Self-Assessment Questionnaire)* Informationen zu der jeweils anwendbaren Version der *Web-Trust-Principles and -Criteria* vom zu prüfenden Unternehmen erfragt. Darüber hinaus wird eine schriftliche Web-Trust-Erklärung eingeholt, in der die gesetzlichen Vertreter des Unternehmens die Einhaltung der *Web-Trust-Principles and -Criteria* bestätigen.

Über das Ergebnis der Prüfung hat der Web-Trust-Prüfer eine →Bescheinigung auszustellen, die das Prüfungsurteil über den Prüfungsgegenstand enthält. Nach Erteilung der Bescheinigung wird auf der Web-Seite des Auftraggebers das *Web-Trust-Seal* eingerichtet. Dieses hat eine Gültigkeitsdauer von einem Jahr. Darüber hinaus wird der Inhalt der Bescheinigung ebenfalls im Netz hinterlegt und kann von den Internetnutzern eingesehen werden. Sofern wesentliche (→Wesentlichkeit) Mängel bei der Web-Trust-Prüfung festgestellt wurden, erteilt der Prüfer einen Mängelbericht. Die Erteilung eines *Web-Trust-Seal* unterbleibt in diesem Fall.

Literatur: AICPA (Hrsg.): Suitable Trust Services Criteria and Illustrations, www.aicpa.org (Download 15.9.2005).

Bernd v. Eitzen

Wechsel →Zahlungsverkehr

Wechselkursrisiko →Währungscontrolling

Weighted Average Cost of Capital-Ansatz

Beim WACC-Ansatz handelt es sich um eine Methode zur Projekt- oder →Unternehmensbewertung. Hier diskutieren wir den Aspekt der Unternehmensbewertung. Der →Unternehmenswert wird berechnet über die Summe der zukünftigen erwarteten Free Cash Flows (FCF) (→Cash Flow), welche mit dem WACC (→Kalkulationszinssatz) diskontiert werden.

Der Begriff WACC steht für die gewichteten durchschnittlichen →Kapitalkosten des Unternehmens. Er reflektiert demnach die Kapitalkosten des Unternehmens bei der Nutzung verschiedener Kapitalquellen, gewichtet mit deren relativem Beitrag am Gesamtkapital des Unternehmens. Der Unterschied des WACC-Ansatzes zu anderen Bewertungsansätzen besteht darin, dass zinsbedingte Steuereinsparungen direkt im WACC berücksichtigt werden (→Steuern in der Unternehmensbewertung). Um dies zu erreichen, müssen die Fremdkapitalkosten nach Steuern berechnet werden. Im Gegenzug müssen die zinsbedingten Steuereinsparungen bei der Berechnung der FCF ignoriert werden, um eine doppelte Berücksichtigung zu vermeiden.

Der WACC berechnet sich somit als:

$$WACC = k_{FK} \cdot (1-t) \cdot \left(\frac{FK}{FK+EK}\right) + k_{EK} \cdot \left(\frac{EK}{FK+EK}\right)$$

k_{FK} und k_{EK} bezeichnen die Fremd- bzw. die Eigenkapitalkosten des Unternehmens. Diese Kapitalkosten stellen keine historischen Durchschnitte dar, sondern die →Kosten, welche das Unternehmen zu bezahlen hätte, wenn es sich neu finanzieren müsste. t stellt den durchschnittlichen Unternehmenssteuersatz dar. FK und EK stehen für die Fremd- und Eigenkapitalwerte des Unternehmens. Korrekterweise sind hier Marktwerte statt Buchwerte zu verwenden. $k_{FK} \cdot (1-t)$ entspricht den oben angesprochenen Fremdkapitalkosten *nach Steuern*.

Wie oben bereits erwähnt, wird der Unternehmenswert nun berechnet über die Summe der Free Cash Flows, die mit dem WACC diskontiert werden. Formal ausgedrückt:

$$\text{Unternehmenswert} = \sum_{t=1}^{T} \frac{FCF_t}{(1+WACC)^t}$$

In der Gleichung wird der Einfachheit halber ein über die Zeit konstanter WACC angenommen.

Der WACC-Ansatz trifft keine Annahme darüber, wie die zinsbedingten Steuereinsparungen diskontiert werden. Je nachdem, welches Risiko man den zinsbedingten Steuereinsparungen zuschreibt, bekommt der WACC einen anderen Wert. Grundsätzlich können zwei Szenarien unterschieden werden:

1) die Steuereinsparungen weisen das gleiche Risiko auf wie das Fremdkapital,

2) die Steuereinsparungen haben das gleiche Risiko wie das operative Geschäft des Unternehmens.

Unter den beiden Szenarien wird der WACC wie folgt berechnet:

$$WACC = k_A \cdot \left(1 - t \cdot \left(\frac{FK}{FK+EK}\right)\right)$$

$$WACC = k_A - k_{FK} \cdot t \cdot \left(\frac{FK}{FK+EK}\right)$$

Die Abkürzungen sind definiert wie oben. k_A steht für die →Opportunitätskosten des operativen Geschäfts.

Die Nutzung des WACC-Ansatz zur Unternehmensbewertung bietet sich dann an, wenn das zu bewertende Unternehmen für die Zukunft ein konstantes Verhältnis zwischen Fremd- und Eigenkapital anstrebt. Variiert dieses Verhältnis, ist es einfacher, einen anderen Bewertungsansatz zu verwenden (z. B. Adjusted Present Value-Ansatz).

Literatur: Loderer, C. et al.: Handbuch der Bewertung. Praktische Methoden und Modelle zur Bewertung von Projekten, Unternehmen und Strategien, 3. Aufl., Zürich 2005.

Claudio Loderer

Werbung des Steuerberaters →Berufsgrundsätze des Steuerberaters

Werbung des Wirtschaftsprüfers

Gem. § 52 →Wirtschaftsprüferordnung (WPO) ist der WP zu berufswürdigem Verhalten bei Kundmachung und Werbung verpflichtet; diese Pflicht gilt gem. § 130 Abs. 1 Satz 1 WPO gleichermaßen für →vereidigte Buchprüfer (vBP). Werbung ist dem WP/vBP grundsätzlich erlaubt. § 52 Satz 2 WPO verbietet lediglich die berufswidrige Werbung. Gem. § 52 Satz 3 WPO ist Werbung dann nicht berufswidrig, soweit sie über die berufliche Tätigkeit in Form und Inhalt sachlich unterrichtet und nicht auf die Erteilung eines Auftrages (→Prüfungsauftrag und -vertrag) im Einzelfall gerichtet ist. Die besonderen →Berufspflichten des Wirtschaftsprüfers im Zusammenhang mit Kundmachung und Werbung sind in den §§ 31–36 →Berufssatzung der Wirtschaftsprüferkammer (BS) geregelt. Diese sehen u. a. vor:

- WP/vBP dürfen nur solche Dienstleistungen anbieten, die sie unter Beachtung der dafür geltenden Berufspflichten erbringen können und dürfen (§ 32 Abs. 1 Satz 1 BS).
- Eine Drittwerbung zugunsten des Wirtschaftsprüfers/vereidigten Buchprüfers ist berufswidrig, wenn auch die entsprechende Werbung durch den WP/vBP selbst berufswidrig wäre (§ 33 BS).
- WP/vBP dürfen nur Fachgebietsbezeichnungen führen, die gesetzlich zugelassen sind (§ 35 Abs. 1 Satz 1 BS).

Im Hinblick auf die festzustellenden Liberalisierungstendenzen in der Rspr. und vor allem auch vor dem Hintergrund des Grundrechts der freien Berufsausübung (Art. 12 GG) gelten für WP/vBP im Wesentlichen nur noch diejenigen Werbebeschränkungen, die sich aus dem allgemeinen Wettbewerbsrecht (UWG) ergeben. Im Zuge des BARefG ist daher eine ausdrückliche Beschränkung des Wettbewerbsverbots auf unlautere Werbung geplant, womit sich auch ein Anpassungsbedarf für die BS ergeben wird. Dem WP/vBP ist es also grundsätzlich unbenommen, unter Zuhilfenahme üblicher Werbemittel und Werbeträger auf sich aufmerksam zu machen, solange keine irreführenden Angaben gemacht werden oder Angaben, die mit der Gesetzesordnung nicht in Einklang zu bringen sind. Bestimmte Werbeträger sind nur noch in Ausnahmefällen als unzulässig anzusehen (z. B. Werbung auf einem Faschingswagen). Im Übrigen ist gem. UWG bzgl. Werbemitteln wie folgt zu differenzieren:

- Unaufgeforderte Briefwerbung ist grundsätzlich zulässig, es sei denn, der Empfänger wünscht diese in einer für den Absender ohne weiteres erkennbaren Weise nicht (§ 7 Abs. 2 Nr. 1 UWG).
- Unaufgeforderte Telefonwerbung ist grundsätzlich nicht statthaft. Dies gilt nur dann nicht, wenn bei Verbrauchern eine ausdrückliche und bei Unternehmern eine auf konkreten Anhaltspunkten beruhende mutmaßliche Einwilligung vorliegt (§ 7 Abs. 2 Nr. 2 UWG). Letzteres kann z. B. bei einer dauerhaften Mandatsbeziehung der Fall sein.
- Unaufgeforderte Telefax-Werbung ist ohne ausdrückliche Einwilligung des Empfängers, sowohl eines Verbrauchers als auch eines Unternehmers, stets unzulässig (§ 7 Abs. 2 Nr. 3 UWG).
- Unaufgeforderte E-Mail-Werbung ist nach den gleichen Grundsätzen wie die unaufgeforderte Telefax-Werbung zu beurteilen. Eine Ausnahme gilt allerdings für diejenigen Fälle, in denen der Werbende im Zusammenhang mit früher erbrachten Dienstleistungen von einem Mandanten selbst dessen E-Mail-Adresse erhalten hat und dies zur Direktwerbung für ähnliche Angebote nutzt (§ 7 Abs. 3 UWG).

Auch die in einer Briefwerbung angekündigte weitere unaufgeforderte Kontaktaufnahme per Telefon, Telefax oder E-Mail dürfte daher unzulässig sein, da damit – entgegen der Wertung des Gesetzgebers – der Adressat gezwungen wird, seinerseits Schritte zur Abwehr weiterer unerwünschter Werbemaßnahmen zu unternehmen.

Auf die Registrierung als Prüfer für Qualitätskontrolle nach § 57a Abs. 3 WPO darf hingewiesen werden. Der Hinweis darf aber nicht zu allgemein oder missverständlich sein. Dies ist durch eine (sinngemäße) Bezugnahme auf das System der Qualitätskontrolle der →*Wirtschaftsprüferkammer* (*WPK*) oder die Vorschrift des § 57a Abs. 3 WPO (→Qualitätskontrolle in der Wirtschaftsprüfung) sicherzustellen.

Auch auf die Teilnahme am Qualitätskontrollverfahren darf hingewiesen werden, soweit eine Teilnahmebescheinigung erteilt worden ist. Um eine Irreführung auch hier zu vermeiden, muss der Ansatzpunkt aber die durch die *WPK* ausgestellte Teilnahmebescheinigung sein, nicht das Prüfungsergebnis des Prüfers für Qualitätskontrolle.

Literatur: WPK: Zulässige Werbemittel nach der UWG-Reform, in: WPK-Mag. o.Jg. (2004), Heft 4, S. 26 f; WPK: Regeln zur Kundmachung betreffend das System der Qualitätskontrolle der WPK, in: WPK-Mag. o.Jg. (2005), Heft 2, S. 22 f.

Jan Precht

Werkstattinventur →Inventurvereinfachungsverfahren, Prüfung von

Wertaufhellende Tatsachen →Ereignisse nach dem Abschlussstichtag

Wertaufholung

Sind bei einem →Vermögensgegenstand des →Anlagevermögens oder →Umlaufvermögens →außerplanmäßige Abschreibungen nach § 253 Abs. 2 Satz 3 oder Abs. 3 HGB vorgenommen worden und stellt sich in einem späteren Geschäftsjahr heraus, dass die Gründe, die für die Abschreibung maßgeblich waren, nicht mehr bestehen, so ist der Betrag dieser Wertaufholung unter Berücksichtigung der Abschreibungen (→Abschreibungen, bilanzielle; →Abschreibungen, steuerrechtliche), die inzwischen vorzunehmen gewesen wären, nach § 280 Abs. 1 HGB zuzuschreiben.

Von der Zuschreibung kann nach § 280 Abs. 2 HGB abgesehen werden, wenn der niedrigere Wert bei der steuerrechtlichen Gewinnermittlung (→Gewinnermittlungsmethoden, steuerrechtliche) beibehalten werden kann und wenn Voraussetzung für die Beibehaltung ist, dass der niedrigere Wertansatz auch in der Bilanz beibehalten wird (→Bewertungsgrundsätze). Sofern die Zuschreibung unter Verweis auf diese Vorschrift unterlassen wird, ist im →Anhang (→Angabepflichten) gem. § 280 Abs. 3 HGB der Betrag der im Geschäftsjahr aus steuerrechtlichen Gründen unterlassenen Zuschreibungen anzugeben und hinreichend zu begründen.

Mit der Vorschrift des § 280 Abs. 1 HGB wird für KapGes und bestimmte Personengesellschaften (PersGes) das Wertbeibehaltungswahlrecht des § 253 Abs. 5 HGB außer Kraft gesetzt. Während in der Vergangenheit das Zuschreibungsgebot aufgrund der nach § 5 Abs. 1 Satz 2 EStG geregelten umgekehrten Maßgeblichkeit (→Maßgeblichkeit, umgekehrte) und des Fehlens eines eigenständigen steuerlichen Wertaufholungsgebotes i.d.R. nicht zur Anwendung kam, ist die Vorschrift mit der Kodifizierung des strikten steuerlichen Wertaufholungsgebotes durch das StEntlG 1999/2000/2002 vollumfänglich zur Anwendung gelangt. Das Beibehaltungswahlrecht des § 280 Abs. 2 HGB hat damit nahezu keine Bedeutung mehr.

Es ist grundsätzlich zu jedem Bilanzstichtag zu prüfen, ob bei Vermögensgegenständen der in Betracht kommenden Art relevante Wertsteigerungen eingetreten sind. Der Umfang der in diesem Zusammenhang von den Unternehmen durchzuführenden Prüfungshandlungen richtet sich nach der Bedeutung des betreffenden Vermögensgegenstandes für das Unternehmen und nach der Wahrscheinlichkeit, dass die Gründe für in Vorjahren vorgenommene außerplanmäßige Abschreibungen weggefallen oder entsprechende Wertsteigerungen eingetreten sind (Winkeljohann/Taetzner, Rn. 10 zu § 280 HGB, S. 1173–1174).

Die Dokumentation und Fortschreibung der Gründe, welche für eine außerplanmäßige Abschreibung von Vermögensgegenständen maßgeblich waren, sowie die Ableitung sachgerechter Wertansätze bilden die zentralen Prüfgebiete (→bilanzpolitische Gestaltungsspielräume, Prüfung von).

Zuschreibungen sind in der →Gewinn- und Verlustrechnung (GuV) grundsätzlich unter den sonstigen betrieblichen Erträgen (→sonstige betriebliche Aufwendungen und Erträge) auszuweisen. Bei Erzeugnisbeständen ist der Wertzuwachs über die Bestandsveränderung abzubilden.

Der Betrag der Zuschreibung ist einerseits durch die Wertaufholung des Vermögensgegenstandes, andererseits durch den Betrag der in Vorjahren vorgenommenen außerplanmäßigen Abschreibungen vermindert um die zwischenzeitlich vorzunehmenden planmäßigen Abschreibungen begrenzt. Bei abnutzbaren Vermögensgegenständen des Anlagevermögens ist nach Zuschreibung i.d.R. eine Änderung des Abschreibungsplans erforderlich.

Neben aussagebezogenen Prüfungshandlungen (→ergebnisorientierte Prüfungshandlungen) hat die Prüfung der von dem Unternehmen installierten Verfahren zur Sicherstellung einer zutreffenden Bilanzierung, Bewertung und Berichterstattung über die Wertaufholung eine herausragende Bedeutung (→Internes Kontrollsystem; →Internes Kontrollsystem, Prüfung des; →Systemprüfung).

Wesentliche Risikobereiche bei der Prüfung der Wertaufholung betreffen:

- Verfahren des Unternehmens zur Identifizierung und Verfolgung von Vermögensgegenständen, bei denen in früheren Geschäftsjahren außerplanmäßige Abschreibungen vorgenommen worden sind,

- Verfahren des Unternehmens zur Ermittlung der den abgeschriebenen Vermögensgegenständen beizulegenden Werte bzw. Teilwerte,

- Nachvollziehbarkeit der Überlegungen des Unternehmens zur Dauerhaftigkeit der Wertminderung,
- zutreffende Ermittlung des Zuschreibungsbetrages bei abnutzbaren Vermögensgegenständen des Anlagevermögens,
- zutreffende Dotierung der Wertaufholungsrücklage gem. §§ 58 Abs. 2a AktG, 29 Abs. 4 GmbHG, falls vorgenommen sowie
- Erfüllung der →Angabepflichten im Anhang.

Für den →Abschlussprüfer (APr) stellt die Beurteilung der Angemessenheit der Wertableitung durch die Geschäftsführung des Unternehmens die größte Herausforderung bei der Prüfung der Wertaufholung dar (→Bewertungsprüfung). Sofern nicht aktuelle Marktpreise für eine Bewertung herangezogen werden können, ist auf Wertermittlungsmodelle zurückzugreifen, deren methodische Angemessenheit ebenso zu beurteilen ist, wie die Plausibilität der in die Modelle einbezogenen Daten und Berechnungsparameter. Besondere Herausforderungen stellen sich bei der Bewertung von →Beteiligungen.

Literatur: Winkeljohann, N./Taetzner, T.: Kommentierung des § 280 HGB, in: Ellrott, H. et al. (Hrsg.): BeckBilKomm, 6. Aufl., München 2006.

Helmuth Schäfer

Wertbegründende Ereignisse →Ereignisse nach dem Abschlussstichtag

Werterhellung →Bilanzfehlerberichtigung

Wertgeneratoren →Werttreiber

Werthaltigkeitstest →Impairmenttest

Wertorientierte Kennzahlen
→Kennzahlen, wertorientierte

Wertorientierte Strategieplanung

Im Rahmen der wertorientierten Strategieplanung wird die traditionelle strategische →Planung (→Planungssysteme) mit der Frage konfrontiert, ob die Strategien auch zur Steigerung des →Unternehmenswertes beitragen. Daher besteht die grundlegende Idee darin, die Wertgenerierung in den strategischen Planungsprozess zu integrieren.

Grundlegende Zielgröße der strategischen Planung ist die Schaffung von Erfolgspotenzial als Voraussetzung für zukünftige Erfolge und Liquidität (→Erfolgscontrolling; →Liquiditätscontrolling). Dieser von *Gälweiler* geprägte, zunächst relativ offene Begriff kann nun monetär als Unternehmenswert oder Shareholder Value verstanden werden, da der Barwert aller zukünftigen Erfolge des Unternehmens (Zukunftserfolgswert), eben das Erfolgspotenzial, den Unternehmenswert darstellt. Der Unternehmenswert ist das monetäre Pendant des Erfolgspotenzials.

Innerhalb der strategischen Planung können verschiedene Ebenen unterschieden werden. Einer wertorientierten Steuerung (→Unternehmenssteuerung, wertorientierte; →wertorientierte Unternehmensführung) kommt besondere Bedeutung bei der Gewinnung von Unternehmens- und Geschäftsstrategien zu. Aber auch im Rahmen von funktionalen Strategien, z. B. für das Personalmanagement oder die Logistik, stellt sich grundsätzlich die Frage, wie hierdurch Unternehmenswert geschaffen werden kann. Schließlich kann auch eine Eignerstrategie-Ebene betrachtet werden, die die Frage stellt, wie die Eigentümer ihre eigenen Ziele strategisch ausrichten können. Dies spielt vor allem bei Familienunternehmen des Mittelstandes mit ihren begrenzten Kapitalressourcen eine nennenswerte Rolle, die auch die Ableitung von Unternehmens- und Geschäftsstrategien beeinflusst.

Im Rahmen von Unternehmensstrategien stellt sich die Frage, wie ein Portfolio, bestehend aus unterschiedlichen strategischen Geschäftseinheiten, so ausgerichtet werden kann, dass der Unternehmenswert gesteigert wird. Die hierzu angewendeten klassischen Instrumente der →Portfolioanalyse sind um die zusätzliche Betrachtung des Wertsteigerungspotenzials zu ergänzen. Bereits die klassische Marktanteils-Marktwachstums-Matrix der *Boston Consulting Group* (s. Abb. 1) berücksichtigt einen Finanzausgleich zwischen Cash Cows und Nachwuchs- bzw. Auslaufprodukten (Hedley 1977, S. 9 ff.). Aus der Sicht der →Shareholder Value-Analysis weisen Nachwuchsprodukte negative Freie →Cash Flows (FCF) (Cash Flow < Investitionen) auf, da die Marktrückflüsse noch gering sind, jedoch erhebliche →Investitionen in den Aufbau von Kapazitäten (→Kapazitätsplanung) sowie in die Marktdurchdringung zu tätigen sind. Da-

Wertorientierte Strategieplanung

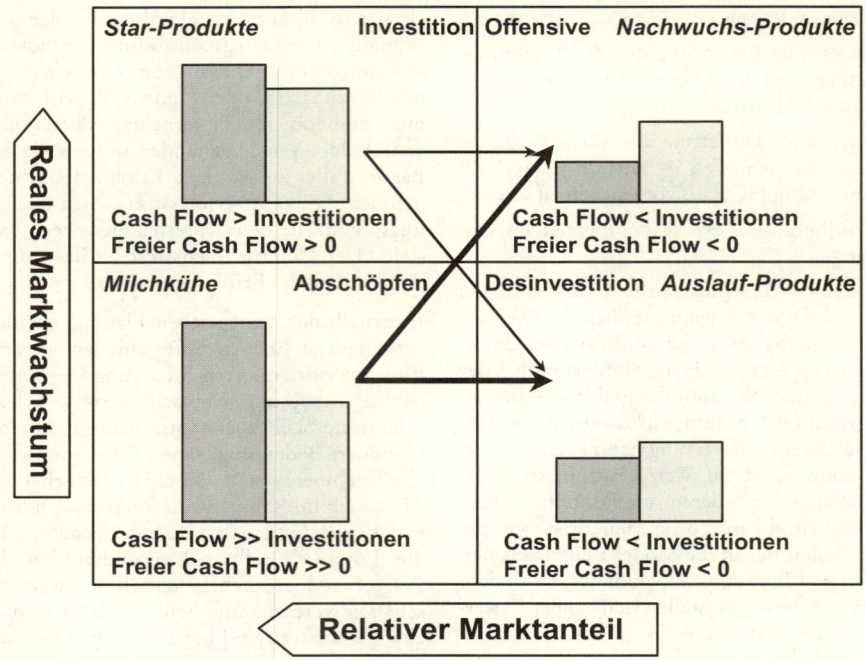

Abb. 1: Investitionen und Cash Flows im Marktanteils-Marktwachstums-Portfolio

gegen weisen Cash Cows positive Freie Cash Flows auf, da die Wachstumsaussichten begrenzt sind und daher einem hohen Umsatz-Cash Flow nur geringe Investitionen gegenüberstehen (Günther 1997, S. 342 ff.).

Eine weitere Sicht stellen sog. Matrixdarstellungen dar, die einzelne →Werttreiber an den beiden Achsen einander gegenüber stellen. So vergleicht z. B. die sog. Marakon Profitability-Matrix (s. Abb. 2) an der Ordinate die Rendite, die eine strategische Geschäftseinheit verdient, mit der zugehörigen Kapitalkostengröße. Wertschaffung findet nur dann statt, wenn die Rendite die →Kapitalkosten übersteigt. An der Abszisse wird das Wachstum der Geschäftseinheit mit dem durchschnittlichen Wachstum des Marktes verglichen. Liegt das Wachstum einer Geschäftseinheit über dem Wachstum des Marktes, gewinnt die Geschäftseinheit auch Marktanteil hinzu. In der Kombination der beiden Achsen lassen sich verschiedene Positionierungen von Geschäftseinheiten ableiten, die dann Aussagen über die Free-Cash Flow-Situation, die Wertgenerierung und die Marktanteilsentwicklung erlauben (Marakon Associates 1981, S. 1 ff.).

Generelles Bestreben derartiger Analysen auf Unternehmensebene ist es, Geschäftseinheiten nach ihrer Wertsteigerung bzw. Wertvernichtung zu klassifizieren. Entsprechend würden Investitionen nur mehr in Geschäftseinheiten getätigt werden, die auch wertschaffend sind, bzw. Geschäftseinheiten, die ihre Kapitalkosten mittelfristig nicht verdienen, würden abgestoßen werden.

Auf der Ebene der Geschäftseinheiten stellt sich die Frage, wie Wertgenerierung zustande kommt. Klassische generische Strategien, wie Kosten-, Qualitäts- oder Technologieführerschaft, werden nun danach hinterfragt, ob sie auch wertsteigernd sind. Alle generischen Strategien können letztendlich auf die generelle Logik „Rendite > Kosten" zurückgeführt werden. Eine Kostenführerschaftsstrategie ist dann wertschaffend, wenn sie es ermöglicht, durch Kostenvorteile (→Kosten; →Kostenmanagement; →Kostencontrolling) eine Rendite über den Kapitalkosten zu erwirtschaften. Qualitäts- und Technologieführerschaft ist jedoch wertvernichtend, wenn die hieraus resultierenden Renditen die Kapitalkosten nicht erreichen. Von Interesse

Abb. 2: Marakon Profitability-Matrix

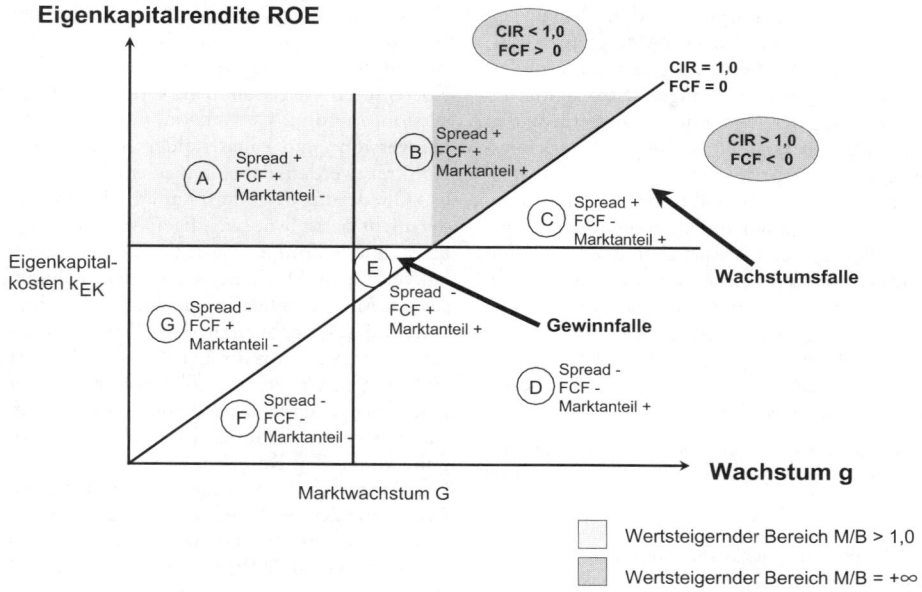

ist auch die Verbindung zum Wachstum. Wachstum ist nicht per se strategisch sinnvoll, sondern Wachstum ist nach der Shareholder Value-Analyse nur dann wertsteigernd, wenn zusätzlich eine Rendite verdient wird, die die Kapitalkosten übersteigt. Ist diese Bedingung nicht erfüllt (Rendite < Kapitalkosten), dann wirkt Wachstum sogar wertvernichtend.

Da die Messung der Wertorientierung, z. B. über Übergewinn-Maße wie Economic Value Added oder Cash Value Added (→Kennzahlen, wertorientierte), auf einer rein finanziellen Sicht beruht, stellt sich die Frage, wie Überrenditen zustande kommen. Daher wurden Werttreiberbäume entwickelt, die diese finanziellen Oberziele in Teilgrößen herunterbrechen können. Zum einen handelt es sich um rein monetäre Modelle, z. B. in Anlehnung an das DuPont-Schema, und zum anderen um sog. Performance Measurement-Systeme (→Performance Measurement), wie die →Balanced Scorecard, die die Finanzperspektive um zusätzliche Perspektiven, wie z. B. die Kundenperspektive, Prozessperspektive oder Entwicklungsperspektive, ergänzt. Intention beider ist es, zu zeigen, wie Wertgenerierung zustande kommt.

Literatur: Günther, T.: Unternehmenswertorientiertes Controlling, München 1997; Hedley, B.: Strategy and the Business Portfolio, in: Long Range Planning 10 (1977), Heft 2, S. 9–15; Marakon Associates: The Marakon Profitability Matrix, in: Commentary – A Quarterly Publication of Marakon Associates, April 1981, S. 1–12.

Thomas Günther

Wertorientierte Unternehmensführung

Die Instrumente der wertorientierten Unternehmensführung können unterteilt werden in einperiodische Ex-post-Betrachtungen der Performance und mehrperiodische Ex-ante-Betrachtungen des →Unternehmenswertes. Letztere lassen sich weiter aufteilen, in Methoden zur Ermittlung des Eigenkapitalwerts (Equity-Approach) und in Methoden zur Bestimmung des Gesamtwertes (Entity-Approach), wobei sich die Bereiche z.T. gleicher Instrumente bedienen. In den theoretischen Konzepten zur Messung von Werten bzw. Wertzuwächsen für die Eigentümer auf Gesamtunternehmens- oder Unternehmenssegmentebene wird entweder von dem Datenmaterial des Jahresabschlusses ganz abstrahiert oder dieses nur nach umfangreichen Bereinigungsschritten verwendet. Die Konzepte sind zukunftsorientiert ausgerichtet, entstammen zumeist der dynamischen Investitionsrechnung (→Investition) und sind im Prinzip seit langem bekannt (Miller/Modigliani 1961, S. 411–433). Die Kernaussage ist, dass im Gegensatz zu einer vergangenheitsorientierten Betrachtung der Wert einer →Investition den zukünftig erwarteten Erfolgen (→Erfolgsprognose) entspricht. Zudem sind die Instrumente i. d. R. als Contribution-Modelle ausgelegt, sodass sie nur die Übergewinne ausweisen, die nach den Ansprüchen der Eigenkapitalgeber verbleiben. Die dazu anzusetzenden →Kapitalkosten sind daher als vom Kapitalgeber vorgegebene Cut-Off- oder Hurdle-Rate anzusehen, die mindestens erwirtschaftet werden muss, um den Erwartungen der Investoren gerecht zu werden.

Zentrale Beispiele aus der Vielzahl der entwickelten wertorientierten Instrumente sind der maßgeblich von *Stern Stewart & Co.* entwickelte Economic Value Added (EVA™) (Stewart 1999) und der maßgeblich von der *Boston Consulting Group (BCG)* entwickelte Cash Value Added (CVA) (Lewis 1995) als periodenbezogene Darstellung, während die dazugehörigen Unternehmenswertdarstellungen über den Market Value Added (MVA), ergänzt um die bereinigten ansatzfähigen →Vermögensgegenstände, und den Discounted →Cash Flow (DCF) (→Discounted Cash Flow-Methoden) (Rappaport 1986) erfolgen können.

Der EVA™ misst retrospektiv den einperiodischen zeitraumbezogenen betrieblichen Übergewinn eines Unternehmens. Die Bestimmung des EVA™ kann alternativ als absoluter Betrag [Capital Charge-Formel (1)] oder als Relativzahl [Value Spread-Formel (2)] erfolgen. Zur Ermittlung des EVA™ werden als Komponenten der Net Operating Profit After Taxes (NOPAT) als ökonomisch zutreffender Gewinn, das Capital Employed (CE) als ökonomisch relevante Kapitalgröße, die Weighted Average Cost of Capital (WACC) (→Weighted Average Cost of Capital-Ansatz) als Gesamtkapitalkostensatz sowie der Return on Capital Employed (ROCE) benötigt, wobei sich letzterer als Quotient aus NOPAT und CE ergibt:

$$EVA^{TM} = NOPAT - CE \cdot WACC_r \quad (1)$$

$$EVA^{TM} = (ROCE - WACC_r) \cdot CE \quad (2)$$

Bei der Nennergröße des ROCE, dem CE, handelt es sich um das stichtagsbezogene betriebsnotwendige Netto-Kapital, dessen tatsächlicher Wert ausgehend von den Buchwerten der Bilanz im Zuge der Aufbereitung der JA-Daten über bestimmte Korrekturen bestimmt wird. Dabei werden vier Arten von Korrekturen vorgenommen: Operating Conversion, Funding Conversion, Comparability Conversion und Shareholder Conversion. Konkret werden dabei zunächst die Aktiva (→Gliederung der Bilanz) um die Buchwerte der nicht betriebsnotwendigen Vermögensgegenstände bereinigt, wie z. B. das Finanzumlaufvermögen. Des Weiteren werden nicht aktivierte Miet- und Leasingobjekte (→Leasingverhältnisse) unabhängig von ihrem juristischen Charakter mit ihrem jeweiligen Barwert einbezogen. Weiterhin erfolgt eine Korrektur zum Zwecke der Konsistenz des →Steueraufwands sowie abschließend eine Berücksichtigung von stillen Reserven (→stille Reserven und Lasten) zum Zwecke der vollständigen Erfassung des →Eigenkapitals. Ziel ist die Ermittlung der um bilanzrechtliche Verzerrungen (→bilanzpolitische Gestaltungsspielräume nach HGB; →bilanzpolitische Gestaltungsspielräume nach Steuerrecht; →bilanzpolitische Gestaltungsspielräume nach IFRS; →bilanzpolitische Gestaltungsspielräume nach US GAAP) korrigierten Kapitalbasis, wobei es zu Differenzen zwischen der internen Wertermittlung und der Sichtweise des Marktes kommen kann. Zudem wird empfohlen, vom CE die nicht explizit zinstragenden kurzfristigen →Schulden abzuziehen. Dies ist aber immer nur dann zutreffend, wenn die impliziten Zinsen nicht aus der Erfolgsrechnung korrigiert werden können, wie etwa bei den Verbindlichkeiten aus Lieferungen und Leistungen (→Verbindlichkeiten) die in den Einkaufspreisen enthaltenen Zinsbeträge. →Rückstellungen sind aufgrund bestehender Risiken [→Risikomanangementsystem (RMS)] aus Gewinnen gebildet worden, die den Eigenkapitalgebern und der Besteuerung vorenthalten wurden, und sollten nicht in das Abzugskapital einbezogen werden, wenn die Zinseffekte aus der Erfolgsrechnung korrigiert werden können.

Die Zählergröße des ROCE, der NOPAT, stellt die zum CE korrespondierende Gewinngröße dar. Den Ausgangspunkt der Ermittlung bildet der Operating Profit, verstanden als Betriebsergebnis, laut Erfolgsrechnung, wobei analog zur Ermittlung des CE

Korrekturen um den Betrag der periodischen Wirkung der vorzunehmenden Conversion erfolgen. Dieser Bruttobetrag wird im Rahmen der Tax Conversion um dem Operating Profit anteilig zurechenbare adjustierte Steuern vermindert.

Der über das WACC-Modell ermittelte Kapitalkostensatz, der als Mindestrendite (Hurdle Rate) benutzt wird, soll aus Kapitalmarktsicht dem nominalen Zinssatz entsprechen, den sowohl Eigen- als auch Fremdkapitalgeber gem. des Opportunitätskostenprinzips (→ Opportunitätskosten) für alternative Investments von vergleichbarer Dauer und Risikobehaftung mindestens erzielen könnten. Die Eigenkapitalkosten werden nach dem → Capital Asset Pricing Model (CAPM) ermittelt.

Beim EVA^{TM} handelt es sich um einen periodisierten Erfolgsmaßstab. Die Abdiskontierung zukünftiger, d. h. zu prognostizierender EVA^{TM} ergibt den MVA, der als originärer Firmenwert (→ Geschäfts- oder Firmenwert) verstanden werden kann. Alternativ wird er aus dem Saldo zwischen Aktienkurs und ökonomischem Buchwert des Eigenkapitals errechnet. Der Gesamtunternehmenswert lässt sich durch Addition des Economic Book Value und des Marktwerts des nicht → betriebsnotwendigen Vermögens ermitteln. Durch Subtraktion um den Marktwert des → Fremdkapitals errechnet sich der Shareholder Value (→ Shareholder Value-Analysis).

Besonders interessant an dem Ansatz von *Stern/Stewart* ist der Versuch, den JA sowohl für eine wertorientierte interne Steuerung (→ Unternehmenssteuerung, wertorientierte) als auch eine wertorientierte externe Erfolgslagedarstellung nutzbar zu machen, was jedoch in Deutschland durch die Verwendung von kalkulatorischen Zinsen (→ kalkulatorische Kosten) in der Kostenrechnung (→ Kosten- und Leistungsrechnung; → Kostenrechnung, Prüfung der) im Prinzip auch schon seit langem praktiziert wird und wodurch sich im EVA^{TM}-Modell einige pragmatische Ausgestaltungen, wie insb. die pauschalisierten Verrechnungen hätten vermeiden lassen. Des Weiteren wird in dem EVA^{TM}-Konzept eine Möglichkeit der Verbindung vorwärtsgerichteter Strategiebeurteilungen und rückwärtsgerichteter Erfolgsmessung (→ Erfolgscontrolling) gesehen (Ballwieser 1994, S. 1378–1405). Der Ansatz kann aufgrund der JA-Basiertheit auch von Unternehmensexternen durchgeführt werden, setzt aufgrund der nötigen Bereinigungen der Daten des → Rechnungswesens aber sehr gute Kenntnisse der Bilanzierungsvorschriften [etwa → International Financial Reporting Standards (IFRS) oder → United States Generally Accepted Accounting Principles (US GAAP)] voraus und kann auch nur in Form einer Ex-post-Bewertung erfolgen; eine Prognose des Unternehmenswertes erfordert → Planbilanzen und Plan-Gewinn- und Verlustrechnungen (→ Prognoseinstrumente). Entscheidend ist dabei die Eignung der Methoden sowohl zur Marginal- als auch zur Totalanalyse des Unternehmens. Die Marginalanalyse stellt auf die Beurteilung zusätzlicher Investitionen oder einzelner Segmente ab und beantwortet die Frage, ob und wie stark erweiternde Investitionen zukünftig Wert schaffen werden. Die Totalanalyse dagegen rückt die Performancemessung (→ Performance Measurement) des Gesamtunternehmens in den Mittelpunkt und ermöglicht Ex-Post-Analysen. Insgesamt bestehen bei der hier vorgestellten Konzeption aber große theoretische und anwendungsorientierte Probleme (Schneider 2001, S. 2509–2514). So bestehen bei der Prognose die grundsätzlichen Schwierigkeiten der Prognostizierbarkeit von Ergebnissen sozioökonomischer Systeme, die Wahl der Prognosemethodik (→ Prognoseinstrumente) sowie des Prognosehorizontes mit dem Zusatzproblem der Endwertbetrachtung und die Behandlung von Reinvestitionen. Die Prognoseproblematik ist besonders hervorzuheben, denn sie ist auch durch weitere Modellannahmen nicht zufrieden stellend zu beantworten. So können für einen kurzen Prognosehorizont zwar noch gute Ergebnisse erwartet werden, doch entsteht dadurch zum einen eine Überbetonung der Endwertbetrachtung und zum anderen die Gefahr, dass konjunktur- oder investitionszyklische Schwankungen die Unternehmenswertbestimmung verzerrend beeinflussen. In der Theorie werden für die Berechnung des Endwertes entweder die (zu prognostizierenden) Restwerte herangezogen, was wieder zu dem Bewertungsproblem der buchhalterisch geprägten Zahlen führt und letztlich das Verfahren inkonsistent wirken lässt, weil dann diese substanzorientierte Bewertung auch bereits zu Beginn des Prognosehorizontes hätte durchgeführt werden können, oder es wird eine ewige Rente unterstellt, wofür ein Durchschnittserfolg, der Erfolg des letzten Prognosejahres oder sogar

Letzterer unterlegt mit weiteren Wachstumsannahmen in die Berechnung einfließen muss. Dabei ist zu berücksichtigen, dass die Variation bestimmter Annahmen erhebliche Auswirkungen auf den ermittelten Unternehmenswert hat.

Der CVA ist die Residualgewinngröße in dem von *Lewis* (Lewis 1995) entwickelten Cash Flow Return on Investment (CFROI)-Konzept. Als einperiodische vergangenheitsorientierte Absolutgröße ist er vergleichbar mit dem EVA™. Der CVA basiert dabei zunächst nicht auf der Erfolgsrechnung (erfolgsorientierte Größe), sondern auf dem Cash Flow (zahlungsstromorientierte Größe). Die Berechnung des CVA basiert auf den Komponenten Brutto-Investitionsbasis (BIB), Brutto-Cash Flow (BCF), WACC als Kapitalkostensatz sowie CFROI, der sich hier als Relation des BCF als Erfolgsgröße und BIB als Vermögensgröße bestimmt.

Konkret erfolgt die Berechnung des CVA sowohl über die Capital Charge (3) als auch mit der Value Spread-Formel (4):

$$CVA = BCF - BIB \cdot WACC_r \quad (3)$$

$$CVA = (CFROI - WACC_r) \cdot BIB \quad (4)$$

Die BIB umfasst das in das Gesamtunternehmen investierte Kapital zu einem bestimmten Zeitpunkt. Für die Herleitung der BIB sind bestimmte Modifikationen bei der Bewertung der Vermögenswerte erforderlich. Zur Ermittlung der historischen →Anschaffungskosten (AK) des zu verzinsenden Investments werden zunächst die ausgewiesenen Buchwerte der abnutzbaren →Sachanlagen um die kumulierten Abschreibungen (→Abschreibungen, bilanzielle) korrigiert. Damit eine geldwertmäßige Konvergenz zwischen in der Vergangenheit getätigten Investitionen und heutigem Cash Flow geschaffen wird, erfolgt unabhängig von der tatsächlichen →Nutzungsdauer über den Zeitraum der durchschnittlichen Nutzung, die sich unter der Prämisse linearer Abschreibungen als Quotient aus historischen AHK und jährlichen Abschreibungen ergibt, eine Inflationsanpassung. Durch dieses Vorgehen, welches aus dem mehrjährigen Konzept übernommen wurde, wird eine gesonderte Betrachtung der Ersatzinvestitionen bei der Cash Flow-Größe vermieden, was jedoch als Prämisse voraussetzt, dass die Investitionstätigkeit im Einklang mit den Abnutzungen erfolgt. Des Weiteren werden Miet- und Leasingaufwendungen mit ihrem Barwert aktiviert. Anstelle des derivativen Goodwills findet der gesamte Goodwill Eingang in die BIB, da auch der originäre Goodwill zur Erzielung des Cash Flows nötig ist. Abschließend werden die explizit nicht zinstragenden →Verbindlichkeiten abgezogen, zu denen systembedingt auch die Rückstellungen gezählt werden, da diese laut Theorie keine Kapitalkosten verursachen.

Der Brutto-Cash Flow (BCF) repräsentiert den zeitraumbezogenen Rückfluss an finanziellen Mitteln auf die eingesetzte BIB, der zur Bedienung des Eigen- und Fremdkapitals sowie zu Investitionszwecken verfügbar ist. Er entspricht somit konzeptionell zunächst dem Cash Flow aus laufender Geschäftstätigkeit, der sowohl nach der direkten als auch nach der indirekten Methode ermittelt werden kann (→Cash Flow-Analyse). *Lewis* geht bei der indirekten Methode vom um aperiodische und außerordentliche Erfolgsgrößen (→Erfolgsspaltung) in Analogie etwa gem. *DVFA/SG* bereinigten Jahresüberschuss aus (Busse v. Colbe et al. 2000). Diese werden anschließend um planmäßige Abschreibungen, Zinsaufwendungen, Miet- und Leasingaufwendungen, erfolgte FiFo- und LiFo-Anpassungen (→Verbrauchsfolgeverfahren) sowie um Inflationsgewinne bzw. -verluste auf die Nettoliquidität korrigiert. Die Klassifizierung der Rückstellungen als nicht zinstragendes Abzugskapital beim BIB hat zur Folge, dass Zuführungen zu Rückstellungen wie dem BCF zurechenbare Auszahlungen verstanden werden.

Aufgrund der Komplexität der Bereinigungen und der i. d. R. nicht erfüllbaren Prämissen bei den Prognosen kommt es in der Praxis oft zu Vereinfachungen bei der Berechnung der wertorientierten Instrumente (s. z. B. Lachnit/Müller 2002, S. 2553–2559). Daraus resultieren oft erhebliche Einschränkungen der Aussagekraft, z.T. geht diese durch konzeptionelle Fehler vollständig verloren.

Der originäre mehrperiodische Ansatz des CFROI ist maßgeblich von der *BCG* und *Holt Planning Association* beeinflusst worden. Er ist vergleichbar mit der Methode des internen Zinsfußes (→Investition), wobei das Unternehmen als Aggregation von Einzelinvestitionen betrachtet wird. Eine Investition ist als wertschaffend einzustufen, wenn der aus ihr resultierende interne Zins über den Kapitalkosten liegt. Berechnungsmodalitäten der Kapitalkosten weichen von der MVA Berechnung insoweit ab, als mit realen risikoadäquaten Gesamtkapitalkosten gerechnet wird, wobei jedoch keine Aussage dahingehend erfolgt, ob die Gewichtung des Eigen- und Fremdkapitals auf der Basis von Buch- oder Marktwerten vorzunehmen ist. Des Weiteren wird der Eigenkapitalkostensatz, da die Verwendung des CAPM abgelehnt wird, empirisch aus dem Kapitalmarkt über den Vergleich mit einem Portfolio vergleichbarer Unternehmen abgeleitet, wobei weitere etwaige Risikoanpassungen anhand qualitativer Kriterien nach einem Kriterienraster erfolgen. Der CFROI ist definiert als Netto-Cash Flow, den ein Geschäft relativ zu dem dafür eingesetzten Kapital innerhalb einer Periode erwirtschaftet. Die Kritik an dem Konzept des CFROI setzt bei der Ermittlung des Cash Flows an, dem lediglich ein einziger JA zugrunde liegt. Atypische Entwicklungen des betreffenden Jahres verzerren so das Ergebnis. Verschärfend wirkt dabei, dass der so ermittelte Cash Flow als konstant für die folgenden Perioden angenommen wird. Die Aufgabe dieser Prämisse führt bei dem von der *BCG* vorgeschlagenen Planungshorizont (→ Planung) von 16 Jahren zu den weiter oben schon genannten Schwierigkeiten bei der Prognose der zu diskontierenden Größen. Klassische Kritik an der Methode des internen Zinsfußes liegt in der Wiederanlageprämisse zum jeweiligen internen Zins.

Für die Bestimmung des Unternehmenswertes üblicher ist die Verwendung des Discounted Cash Flow Verfahrens. Aufgrund der eingeschränkten Aussagekraft der buchhalterischen Erfolgsgrößen postuliert *Rappaport* den Shareholder Value als grundlegende Zielgröße des Unternehmens. Dieser wird über den Entity-Ansatz der DCF-Methode nach Abzug des Fremdkapitals als rechnerischer Marktwert des Eigenkapitals ermittelt. Der Ansatz basiert auf der Kapitalwertmethode, wobei der Zeitwert des Geldes und die Risikoausprägung des Betrachtungsgegenstandes in die Berechnung einfließen. Betrachtungsgegenstand ist ein Konzern (→ Konzernarten) als Ganzes oder auch einzelne Segmente oder Geschäftsfelder. Im Rahmen der Prognose der zukünftigen Cash Flows stellt das Konzept dabei aus praktischen Gründen auf sog. → Werttreiber *(Value Driver)* ab, die den Cash Flow entscheidend beeinflussen. So werden etwa das Umsatzwachstum, die Umsatzüberschussrate, die

Erweiterungsinvestitionsrate für → Anlagevermögen und das *Working Capital* sowie der Cash Flow-Steuersatz genannt. Ausgegangen wird von dem Free Cash Flow, der als Überschuss der betrieblichen Einzahlungen über die betrieblichen Auszahlungen nach Ersatz- und Erweiterungsinvestition und nach Steuern (→ Steuern in der Unternehmensbewertung) definiert ist, sodass der verbleibende Netto-Cash Flow zur Verteilung an die Fremd- und Eigenkapitalgeber zur Verfügung steht. Der Freie Cash Flow einer bestimmten Periode lässt sich demnach wie folgt berechnen:

$$FCF_t = (U_{t-1} \cdot (1 + w_u) \cdot r_u \cdot (1 - s_{cf})) \\ - (U_{t-1} \cdot w_u \cdot (q_{av} + q_{wc})) \quad (5)$$

FCF_t = Freier Cash Flow der Periode t
U_{t-1} = Umsatzerlöse des Vorjahres
w_u = Konstante Wachstumsrate des Unternehmens
r_u = Betriebliche Gewinnmarge (Umsatzüberschussrate)
s_{cf} = Auf den Cash Flow bezogene Ertragssteuern
q_{av} = Erweiterungsinvestitionsquote für das Anlagevermögen
q_{wc} = Erweiterungsinvestitionsquote für das *Working Capital*.

Die Prognose erfolgt damit nur über die Bestimmung von Einflussfaktoren und der Konstantsetzung für den Betrachtungszeitraum, was angesichts dynamischer Wirtschaftsentwicklungen ein höchst fragliches Vorgehen darstellt. Der Wert des Betrachtungsgegenstandes ergibt sich aus der Abzinsung der zukünftigen Cash Flows auf den heutigen Zeitpunkt. Dabei wird der WACC als Diskontierungssatz herangezogen. Da diese Rechnung für einen bestimmten Prognosezeitraum durchgeführt wird, entsteht ein Residualwert, der in die Betrachtung einbezogen wird. Ziel ist die Maximierung des Marktwertes des eingesetzten Aktionärskapitals, wobei die reine Shareholder Value-Orientierung beeinflusst durch das deutsche Konsensmodell in der Praxis i.d.R. in einen Stakeholder-Ansatz abgemildert wurde.

Literatur: Ballwieser, W.: Adolf Moxter und der Shareholder-Value-Ansatz, in: Ballwieser, W./Böcking, H.-J./Drukarczyk, J./Schmidt, R. H. (Hrsg.): Bilanzrecht und Kapitalmarkt, FS zum 65. Geburtstag von

Adolf Moxter, Düsseldorf 1994, S. 1378-1405; Busse v. Colbe, W. et al. (Hrsg.): Ergebnis nach DVFA/SG, Gemeinsame Empfehlung der DVFA und der Schmalenbach-Gesellschaft zur Ermittlung eines von Sondereinflüssen bereinigten Jahresergebnisses je Aktie (Joint Recommendation), 3. Aufl., Stuttgart 2000; Ehrbar, A.: Economic value added, Wiesbaden 1999; Eidel, U.: Moderne Verfahren der Unternehmensbewertung und Performance-Messung, 2. Aufl., Herne/Berlin 2000; Günther, T.: Unternehmenswertorientiertes Controlling, München 1997; Helbling, C.: Unternehmensbewertung und Steuern, 9. Aufl., Düsseldorf 1998; Lachnit, L./Müller, S.: Probleme bei der wertorientierten Performancedarstellung von Unternehmen, in: DB 55 (2002), S. 2553–2559; Lewis, T. G.: Steigerung des Unternehmenswertes – Total Value Management, 2. Aufl., Landsberg/Lech, 1995; Miller, M. H./Modigliani, F.: Dividend Policy, Groth, and the Valuation of Shares, in: JB 34 (1961), S. 411–433; Rappaport, A.: Creating Shareholder-Value, NY 1986; Schneider, D.: Oh, EVA, EVA, schlimmes Weib: Zur Fragwürdigkeit einer Zielvorgabe-Kennzahl nach Steuern im Konzerncontrolling, in: DB 54 (2001), S. 2509–2514; Stewart, G. B.: The Quest for Value, NY 1999.

Stefan Müller

Wertpapieraufsicht →Bundesanstalt für Finanzdienstleistungsaufsicht; →Börsenaufsicht

Wertpapierdienstleistungen →Finanzdienstleistungsinstitute

Wertpapierdienstleistungsunternehmen

Nach § 36 →Wertpapierhandelsgesetz (WpHG) ist bei Wertpapierdienstleistungsunternehmen die Einhaltung der Meldepflichten nach § 9 WpHG und der Verhaltensregeln nach §§ 31–34a WpHG jährlich zu prüfen (→Jahresabschlussprüfung, erweiterte). Als Wertpapierdienstleistungsunternehmen gelten gem. § 2 Abs. 4 WpHG →Kreditinstitute und →Finanzdienstleistungsinstitute sowie Zweigstellen von Unternehmen mit Sitz im Ausland (§ 53 Abs. 1 Satz 1 KWG), die Wertpapierdienstleistungen gewerbsmäßig oder in größerem Umfang betreiben. Bei der Prüfung ist insb. die von der →*Bundesanstalt für Finanzdienstleistungsaufsicht* (*BaFin*) erlassene WpDPV zu beachten, die verbindliche Mindestanforderungen für die Prüfung und Berichterstattung (→Prüfungsnormen) festlegt.

Die Prüfung erstreckt sich grundsätzlich auf alle Teilbereiche des Wertpapierdienstleistungsgeschäftes hinsichtlich der Einhaltung der Wohlverhaltensregeln und Organisationspflichten gem. §§ 31 ff. WpHG und der Meldepflichten nach § 9 WpHG (IDW PS 521.19). Der Prüfer kann Art und Umfang der Prüfung zunächst nach pflichtgemäßem Ermessen selbst bestimmen. Nach § 36 Abs. 3 WpHG hat die *BaFin* jedoch das Recht, Bestimmungen über den Inhalt der Prüfung zu treffen und Schwerpunkte festzulegen. Bei der Durchführung der Prüfung kann sich der Prüfer gem. § 4 WpDPV im Regelfall auf →Systemprüfungen (→indirekte Prüfung) mit Funktionstests (→Funktionsprüfung) und Stichproben (→Stichprobenprüfung) beschränken. Bei der Feststellung schwerwiegender Verstöße ist die *BaFin* unverzüglich zu unterrichten (§ 36 Abs. 3 Satz 3 WpHG).

Die Prüfungsergebnisse sind in einem schriftlichen Bericht darzulegen, der bei der *BaFin* und der *Deutschen Bundesbank* einzureichen ist (§ 36 Abs. 1 Satz 6 WpHG). Dieser sollte innerhalb von 4 Wochen nach Beendigung der Prüfung versandt werden (IDW PS 521.24). Bei der Erstellung des →*Prüfungsberichtes* sind die allgemeinen und besonderen Anforderungen nach §§ 5 und 6 WpDPV zu beachten (→Berichtsgrundsätze und -pflichten des Wirtschaftsprüfers). Danach muss der PrB Aufschluss darüber geben, inwieweit den Meldepflichten, Verhaltensregeln und Informationspflichten entsprochen wurde (→Ordnungsmäßigkeitsprüfung). Dies muss in einer Schlussbemerkung zusammenfassend beurteilt werden (§ 5 Abs. 5 WpDPV) Daneben hat der Prüfer die Prüfungsergebnisse gem. § 5 Abs. 6 WpDPV in einem gesonderten Fragebogen aufzuzeichnen, der der WpDPV als Anlage beigefügt ist. Festgestellte Mängel sind ausführlich darzustellen. Weiterhin sind z. B. noch die vorgenommenen Prüfungshandlungen (→Auswahl von Prüfungshandlungen) zu erläutern sowie Art und Umfang der durchgeführten Wertpapierdienstleistungen aufzuführen.

Literatur: IDW (Hrsg.): IDW Prüfungsstandard: Die Prüfung des Wertpapierdienstleistungsgeschäftes nach § 36 WpHG bei Finanzdienstleistungsinstituten (IDW PS 521, Stand: 2. Juli 2001), in: WPg 54 (2001), S. 989–997; IDW (Hrsg.): WPH 2006, Band I, 13. Aufl., Düsseldorf 2006.

Marco Meyer

Wertpapierhandelsbanken →Finanzdienstleistungsinstitute

Wertpapierhandelsgesetz

Die gesetzliche Verpflichtung zur Prüfung der Vorschriften des WpHG ergibt sich aus § 36 WpHG. Danach ist die Prüfung bei allen →Wertpapierdienstleistungsunternehmen (WpDU) durchzuführen. WpDU sind →Kreditinstitute (§ 1 Abs. 1 KWG), →Finanzdienstleistungsinstitute (§ 1 Abs. 1a KWG) und Zweigstellen von Unternehmen mit Sitz in einem anderen Staat (§ 53 Abs. 1 Satz 1 KWG). Die zentrale Vorschrift zur Durchführung der Prüfung, die WpDPV, enthält wesentliche Prüfungshinweise. Weitere wesentliche Grundlagen der Prüfung und Berichterstattung nach § 36 WpHG werden im IDW PS 521 dargestellt. Folgende Rechtsvorschriften sind bei der Prüfung insb. zu beachten: das WpHG, die Wertpapierhandel-Meldeverordnung, die Richtlinie gem. § 35 Abs. 4 WpHG zur Konkretisierung der §§ 31 und 32 WpHG, die Richtlinie zur Konkretisierung der Organisationspflichten von WpDU gem. § 33 Abs. 1 WpHG und die Finanzanalyseverordnung. Die →*Bundesanstalt für Finanzdienstleistungsaufsicht* (*BaFin*) kann auf schriftlichen Antrag ein WpDU von der Prüfung nach § 36 WpHG befreien, wenn eine jährliche Prüfung im Hinblick auf Art und Umfang der Geschäftstätigkeit des Wertpapierdienstleistungsunternehmens nicht erforderlich erscheint (BaFin 2004a). Daneben sind auch die sog. Mitarbeiterleitsätze (BAKred 2000) zu berücksichtigen.

Der Prüfer wird vom WpDU bestellt und muss nicht identisch mit dem →Abschlussprüfer (APr) sein. Wird der APr mit der Prüfung nach § 36 WpHG bestellt (→Jahresabschlussprüfung, erweiterte), so empfiehlt es sich, diese Prüfung zeitgleich mit der →Depotprüfung durchzuführen. Geeignete Prüfer können WP (→Berufsbild des Wirtschaftsprüfers), →vereidigte Buchprüfer (vBP) sowie WPGes und BPGes (→Revisions- und Treuhandbetriebe) sein, soweit sie über ausreichende Kenntnisse hinsichtlich des Prüfungsgegenstandes verfügen. Vor Erteilung des Prüfungsauftrags (→Prüfungsauftrag und -vertrag) hat das WpDU den Prüfer der *BaFin* anzuzeigen, die innerhalb eines Monats einen anderen Prüfer verlangen kann. Die *BaFin* kann an den Prüfungen teilnehmen. Der Prüfer hat eine berufsübliche →Vollständigkeitserklärung einzuholen, die dem PrB beigeheftet werden sollte. Für die Prüfung nach § 36 WpHG hat das →*Institut der Wirtschaftsprüfer in Deutschland e.V.* (*IDW*) ein spezielles Muster einer Vollständigkeitserklärung herausgegeben.

Die Prüfung nach § 36 WpHG ist eine Zeitraumprüfung und hat einmal im Geschäftsjahr stattzufinden. Der Prüfungszeitpunkt ist vom Prüfer im freien Ermessen zu bestimmen und der *BaFin* mitzuteilen, die innerhalb von 2 Wochen einen anderen Prüfungsbeginn bestimmen kann. Der →Prüfungszeitraum beginnt mit dem Tag der ersten und endet mit dem Tag der letzten Prüfungshandlung. Der Berichtszeitraum ist der Zeitraum zwischen dem Stichtag der letzten und der folgenden Prüfung und stimmt i. d. R. nicht mit dem Kalenderjahr überein. Wird die Prüfung seitens des Wertpapierdienstleistungsunternehmens behindert, so ist die *BaFin* unverzüglich zu unterrichten.

Prüfungsgegenstand sind die Meldepflichten nach § 9 WpHG, die Verhaltensregeln nach Abschn. 6 WpHG (§§ 31–37a WpHG) i.V.m. der Finanzanalyseverordnung sowie die Informationspflichten nach § 37d WpHG. Die *BaFin* kann gegenüber dem WpDU den Inhalt der Prüfung näher bestimmen und insb. Prüfungsschwerpunkte setzen, die vom Prüfer zu berücksichtigen sind. Weitere detaillierte Prüfungsanforderungen können aus den Anforderungen an den PrB (§§ 5 und 6 WpDPV) abgeleitet werden. Grundsätzlich sind unter Berücksichtigung der von der *BaFin* ggf. vorgegebenen Inhalte und Schwerpunkte alle Teilbereiche gleichmäßig zu prüfen (Regelprüfung). Der Prüfer kann aber auch bestimmte Teilbereiche, für die bei der letzten Prüfung keine Mängel festgestellt worden sind, einer mit weniger Prüfungsaufwand verbundenen Eingangsprüfung unterziehen und hinsichtlich anderer Bereiche Schwerpunkte setzen (BaFin 2004b, Zu § 4). Wird ein Teilbereich einer Eingangsprüfung unterzogen, so ist spätestens im übernächsten Berichtszeitraum eine Schwerpunktprüfung durchzuführen. Ebenfalls sind Teilbereiche, bei denen Anhaltspunkte für Mängel vorliegen oder bei denen nach dem Ergebnis der letzten Prüfung Mängel vorhanden waren, einer Schwerpunktprüfung zu unterziehen. Werden Eingangs- und Schwerpunktsprüfungen durchgeführt, so empfiehlt sich die Aufstellung eines →Rotationsplans. Die Prüfungen können in Form von →Systemprüfungen mit Funktionstests (→Funktionsprüfung) und Stichproben (→Stichprobenprüfung) erfolgen, sofern nicht in Einzelfällen eine Detailprüfung erforderlich ist. Ausnahmen von der Prüfungspflicht sind in § 37 WpHG geregelt.

In die Prüfung sind auch die Zweigstellen des Wertpapierdienstleistungsunternehmens einzubeziehen. Der Prüfer entscheidet, ob und in welchem Umfang eine Prüfung vor Ort erforderlich ist. Auf eine Prüfung kann verzichtet werden, wenn die Tätigkeit der Zweigstelle im Hinblick auf den Prüfungsgegenstand unbedeutend ist, sie nachweislich regelmäßig durch die →Interne Revision geprüft wird und sich keine wesentlichen Beanstandungen ergeben haben. Entsprechendes gilt für solche Unternehmen, auf die der Prüfung nach § 36 WpHG unterliegende Tätigkeitsbereiche ausgegliedert worden sind (→Outsourcing).

Bei der Prüfung ist zwischen Fehler und Mängel zu unterscheiden (§ 2 WpDPV), wobei ein qualitativer und ein quantitativer Mangelbegriff existiert (BaFin 2004b, Zu § 2). Bei Fehlern besteht keine Pflicht zur Darstellung im PrB. Mängel dagegen sind einzeln im PrB anzugeben und im Folgejahr hat eine Überprüfung der Maßnahmen zur Mängelbeseitigung zu erfolgen.

Der PrB ist nach Beendigung der Prüfung gesondert vom →Prüfungsbericht zur →Jahresabschlussprüfung zu erstellen und innerhalb von 2 Monaten nach dem Ende des Prüfungszeitraums der *BaFin* und der *Deutschen Bundesbank* einzureichen. Der Bericht kann gemeinsam mit dem Bericht zur Depotprüfung erstattet werden, aufgrund der unterschiedlichen Adressaten empfiehlt sich aber eine getrennte Berichterstattung. Der Inhalt des Berichts ist detailliert in den §§ 5 und 6 WpDPV geregelt (BaFin 2004b, Zu § 5 und § 6). Vor allem muss der PrB darüber Aufschluss geben, ob die Meldepflichten, die Verhaltensregeln und die Informationspflichten eingehalten worden sind. Die Prüfungsergebnisse sind zusätzlich in einem Fragebogen darzustellen, der nach § 5 Abs. 6 WpDPV dem PrB beizufügen ist. In diesem Fragebogen ist für die jeweiligen Prüfungsgebiete anzugeben, welche Art der Prüfung durchgeführt wurde und ob Mängel vorhanden sind bzw. ob diese Mängel im Berichtszeitraum abgestellt wurden. Bei der Gliederung des Prüfungsberichts ist eine Orientierung an der Mustergliederung des IDW PS 521 zweckmäßig.

Literatur: BaFin (Hrsg.): Schreiben vom 27.5.2004: Änderung der Ermessenskriterien im Rahmen der Prüfungsbefreiung gemäß § 36 Abs. 1 Satz 2 WpHG, o.O 2004a; BaFin (Hrsg.): Erläuterungen zur Wertpapierdienstleistungs-Prüfungsverordnung (WpDPV) nach § 36 Abs. 5 Wertpapierhandelsgesetz (WpHG) vom 16.12.2004, o.O. 2004b; BAKred (Hrsg.): Bekanntmachung vom 7.6.2000: Anforderungen an Verhaltensregeln für Mitarbeiter der Kreditinstitute und Finanzdienstleistungsinstitute in Bezug auf Mitarbeitergeschäfte, o.O. 2000; IDW (Hrsg.): IDW Prüfungsstandard: Die Prüfung des Wertpapierdienstleistungsgeschäftes nach § 36 WpHG bei Finanzdienstleistungsinstituten (IDW PS 521, Stand: 2. Juli 2001), in: WPg 54 (2001), S. 989–997.

Ralf Wißmann

Wertpapierlinie, Modell der →Capital Asset Pricing Model

Wertschöpfungsanalyse

Kern einer Wertschöpfungsanalyse (WSA) ist die kennzahlengestützte Aufbereitung von →Wertschöpfungsrechnungen (→Kennzahlen und Kennzahlensysteme als Kontrollinstrument). Der diesen Rechnungen zugrunde liegende Begriff der *betrieblichen* Wertschöpfung (WS) beruht auf dem Konzept der WS aus der Volkswirtschaftlichen Gesamtrechnung (VGR). Gem. dieser ist die Brutto-Wertschöpfung zu Marktpreisen für ein Unternehmen als Überschuss der (Brutto-) Produktionswerte über die von anderen Wirtschaftseinheiten bezogenen und verbrauchten Güter (=Vorleistungen) definiert (Entstehungsrechnung). Werden weiterhin die Abschreibungen (→Abschreibungen, kalkulatorische; →Abschreibungen, bilanzielle) auf das (reproduzierbare) →Anlagevermögen sowie die (bei der Gewinnermittlung abzugfähigen) indirekten Steuern und Abgaben subtrahiert und die Subventionen addiert, resultiert die *Netto*-WS zu Faktorkosten. Diese entspricht dem Beitrag eines Unternehmens zum Nettoinlandsprodukt zu Faktorkosten, bzw. – vereinfacht – zum Volkseinkommen (Frenkel/John 2003, S. 37–41). Analog hierzu wird in der betriebswirtschaftlichen Literatur WS *allgemein* als der in einem Unternehmen erwirtschaftete Wertzuwachs i. S. d. Differenz zwischen den in einer Periode abgegebenen Leistungen (insb. →Umsatzerlöse) und den von Dritten übernommenen Leistungen (Vorleistungen) definiert.

In der Betriebswirtschaftslehre werden für das Konzept der WSA *unterschiedliche Anwen-*

Abb. 1: Interne Berechnung der betrieblichen Wertschöpfung

Berechnung der betrieblichen Wertschöpfung (auf Basis der Kosten- und Leistungsrechnung)	
Lfd. Nr.	Entstehungsrechnung
1	Nettoumsatzerlöse, inkl. Verbrauchssteuern
2	+ Erhöhung oder (./.) Verminderung des Bestandes an fertigen und unfertigen Erzeugnissen
3	+ andere aktivierte Eigenleistungen
4	+ sonstige „umsatzähnliche" Leistungen („Verkäufe"), wie z. B. Miet- und Leasingleistungen
5	= **Bruttoproduktionswert**
	− Verbrauchsvorleistungen:
6	• Materialkosten
7	• Fremdleistungskosten
8	• sonstige vorleistungsbedingte Kosten, inkl. Miet- und Leasingkosten
9	= **Beitrag zur Bruttowertschöpfung** (zu Marktpreisen)
	− Nutzungsvorleistungen
10	• kalkulatorische Abschreibungen auf immaterielle Vermögensgegenstände und Sachanlagen
11	= Beitrag zur Nettowertschöpfung (zu Marktpreisen)
12	− indirekte Steuern („Produktionssteuern" und Einführabgaben), insb. Kosten- und Verbrauchssteuern
13	+ Subventionen (Zuschüsse)
14	= **Beitrag zur Nettowertschöpfung** (zu Faktorpreisen) = **Betriebsbedingte (ordentliche) Wertschöpfung**

dungsbereiche diskutiert. Die Ermittlung der zugrunde gelegten WS-Größe muss dabei zweckorientiert auf den jeweiligen Anwendungsbereich abgestimmt werden. Abhängig vom Analysezweck kann sie als Ertrags-/Aufwands-Differenz, gelegentlich auch als Einnahme-/Ausgabe-Differenz (s. z. B. „Mehrwert" im deutschen USt-System), oder als Leistungs-/Kosten-Differenz gebildet werden.

Für interne Anwendungen ist es zweckmäßig, die WSA auf Basis der betriebsbezogenen Daten der →Kosten- und Leistungsrechnung (KLR) durchzuführen (s. Abb. 1).

Für *Zwecke der Unternehmenssteuerung, insb. auf dezentraler Ebene* (z. B. →Profitcenter), kann die auf Basis der KLR ermittelte betriebsbedingte, ordentliche WS Gewinn- bzw. Rentabilitätszielgrößen nicht ersetzen, da die Verwendung einer Bruttoerfolgsgröße zu Kapitalfehlallokationen führen könnte, bspw. wenn eine „unrentable", aber wertschöpfungshohe Eigenfertigung dem „rentablen", aber wertschöpfungsverringernden Fremdbezug vorgezogen wird (→Eigenfertigung versus Fremdbezug) (Lange 2000, S. 1032 f.).

Allerdings können wertschöpfungsbasierte Kennzahlen wichtige Einflussgrößen der Erfolgslage (→Erfolgsabhängigkeiten) abbilden (→Erfolgscontrolling). So kann die Arbeitsproduktivität als Wertschöpfung je Arbeitsstunde bzw. je € Personalkosten ermittelt werden. Ein mögliches Maß der Kapitalproduktivität ist die Wertschöpfung je Maschinenstunde bzw. je € Sachanlagevermögen (→Sachanlagen). Die beschriebenen Faktorproduktivitäten können (ggf. unter Beachtung z. B. standort- oder branchenspezifischer Besonderheiten) etwa bei Zeit- und Betriebsvergleichen (→zeitlicher Vergleich; →überbetriebliche Vergleiche; →betriebswirtschaftlicher Vergleich) im Rahmen eines internen →Benchmarking eingesetzt werden (Haller 1997, S. 298–318). Bei Nonprofit-Organisationen können wertschöpfungsbasierte Kennzahlen als monetäre Messgrößen für die Performance (→Performance Measurement) dienen, z. B. im Rahmen der finanziellen Perspektive einer →Balanced Scorecard (→Rechnungswesen in Nonprofit-Organisationen; →Controlling in Nonprofit-Organisationen).

Als Absolutkennzahl kann die WS einen besonders geeigneten *Indikator für die Unternehmensgröße* bzw. im Zeitvergleich für das *Unternehmenswachstum* darstellen. Im Gegensatz zu anderen denkbaren Indikatoren, wie z. B.

Abb. 2: Externe Berechnung der betrieblichen Wertschöpfung

Lfd. Nr.	GuV-Pos. gem. § 275 Abs. 2 HGB	Berechnung der betrieblichen Wertschöpfung (auf Basis des externen Jahresabschlusses) Entstehungsrechnung
1	1	Nettoumsatzerlöse, inkl. Verbrauchssteuern
2	2	+ Erhöhung oder (./.) Verminderung des Bestandes an fertigen und unfertigen Erzeugnissen
3	3	+ andere aktivierte Eigenleistungen
4	4	+ sonstige ordentliche betriebliche Erträge (i.V.m. §§ 277 Abs. 4 Satz 3 und 281 Abs. 2 Satz 2 HGB)
5		= **Bruttoproduktionswert**
6	5a	− Materialaufwendungen:
7	5b	− Aufwendungen für bezogene Leistungen
8		− Abschreibungen auf immaterielle Vermögensgegenstände und Sachanlagen (ohne außerplanmäßige Abschreibungen gem. § 277 Abs. 3 Satz 1 HGB und steuerliche Abschreibungen gem. § 281 Abs. 2 Satz 1 HGB)
9	8	− Sonstige ordentliche betriebliche Aufwendungen (i.V.m. §§ 277 Abs. 4 Satz 3 und 281 Abs. 2 Satz 2 HGB)
10	19	− Sonstige Steuern
11		= **Betriebliche (ordentliche) Wertschöpfung**

der Höhe der Umsatzerlöse, misst sie unmittelbar die volkswirtschaftliche Bedeutung eines Unternehmens. Hierzu muss die Berechnung der WS in Anlehnung an das Konzept der VGR, also auf Basis der KLR, erfolgen.

Für externe Analysen der zuvor dargestellten Anwendungsbereiche stehen die Daten der KLR i.d.R. nicht zur Verfügung, so dass auf die →Gewinn- und Verlustrechnung (GuV) zurückgegriffen werden muss (s. Abb. 2).

Hierbei ergeben sich Abgrenzungsprobleme gegenüber der VGR bzw. KLR, vor allem aufgrund unterschiedlicher Wertkategorien. So werden in der VGR die *Abschreibungen*, entgegen dem Anschaffungswertprinzip der Handels- und Steuerbilanz [→Anschaffungskosten (AK); →Anschaffungskosten, Prüfung der; →Grundsätze ordnungsmäßiger Rechnungslegung; →Grundsätze ordnungsmäßiger Buchführung, Prüfung der], auf Basis von →Wiederbeschaffungskosten der Anlagegüter berechnet (→Abschreibungen, kalkulatorische). Auch wird in der VGR der Materialverbrauch zu Marktpreisen der Periode, in Handels- und Steuerbilanz dagegen i.d.R. zu durchschnittlichen historischen Anschaffungspreisen bewertet (→Bewertungsgrundsätze). Eine Ermittlung der ordentlichen, betriebsbedingten WS i.S.d. VGR ist aus den Daten publizierter Jahresabschlüsse (→Publizi-

tät; →Offenlegung des Jahresabschlusses) also nur näherungsweise möglich (Lange 1989, S. 235–240). Auf der absoluten WS-Größe aufbauend lassen sich Relativkennzahlen bilden, die den Anteil eines Unternehmens am (vorgelagerten) unternehmensübergreifenden Wertschöpfungsprozess und somit die *Fertigungstiefe* bzw. vertikale Integration des Unternehmens abbilden. In der Praxis werden hierfür – insb. bei (externen) Betriebsvergleichen (→überbetriebliche Vergleiche) – die Kennzahlen *Wertschöpfungsgrad* („Veredelungsgrad") als Verhältnis der WS zu den Vorleistungen sowie *Wertschöpfungsquote* als Relation von WS und Bruttoproduktionswert verwendet. I.d.R. ist aber eine normative Bewertung der Fertigungstiefe bei Unternehmensvergleichen aufgrund des stark situativen Charakters der Fragestellung und eines unzureichenden Ursache-Wirkungszusammenhangs zu möglichen Zielgrößen problematisch (Haller 1997, S. 319–322).

Ausgehend von einem Stakeholder-orientierten Unternehmenskonzept, das nicht nur die Wertsteigerungen des Marktwertes des →Eigenkapitals (→Value Based Management; →Unternehmenssteuerung, wertorientierte; →wertorientierte Unternehmensführung), sondern auch die für die anderen Stakeholder generierten Einkommen als „Erfolg" auffasst, kann die (Netto-) WS der Analyse der Fähigkeit eines Unternehmens dienen, *Einkommen für seine Stakeholder* (Mitarbeiter, Eigen- und Fremdkapitalgeber, öffentliche Hand) zu generieren. In diesem Sinne ist die WSA von einer Analyse des „Value added" i. S. d. Steigerung des Shareholder Value (→Shareholder Value-Analysis) abzugrenzen. Anders als bei den zuvor beschriebenen Anwendungsbereichen sollte die Bezugsgröße (→Bezugsgrößenhierarchie) der Analyse aber nicht die *betriebliche WS (i. S. d. VGR)*, sondern eine *erweiterte*, unternehmensbezogene WS-Größe („Unternehmenseinkommen") unter Einbezug betriebsfremder, außerordentlicher sowie periodenfremder Erfolgskomponenten (→außerordentliche Aufwendungen und Erträge; →periodenfremde Aufwendungen und Erträge) sein, da auch sie „verteilbares" Einkommen der Berichtsperiode darstellen. Hierbei wird die WS zweckmäßigerweise additiv (i. d. R. auf GuV-Basis) als Summe aus „Arbeitserträgen" (→Personalaufwand), „Gemeinerträgen" [→Steueraufwand (netto)] sowie „Fremd- und Eigenkapitalerträgen" (Zinsaufwand, thesaurierte und ausgeschüttete Gewinne) bestimmt (zur Verwendungsrechnung, für ein detailliertes Ermittlungsschema sowie zu den Möglichkeiten des Einsatzes einer aggregierten WS-Verwendungsrechnung als *Zusatzinformationinstrument* zum handelsrechtlichen JA i. S. e. gesellschaftsbezogenen Rechnungslegung (s. Lange 1994, S. 737–743).

Hierdurch wird für die Berichtsperiode auch die Struktur der Wertschöpfungsverteilung zwischen den Stakeholdergruppen verdeutlicht. Als Kennzahlen können bspw. die jeweiligen Anteile der Produktionsfaktoren „Arbeit" und „Kapital" an der Gesamtwertschöpfung gebildet und für Betriebs- und Zeitvergleiche genutzt werden. Die Analyse kann – insb. im Kontext mit anderen Kennzahlen, etwa der Entwicklung der Arbeitsproduktivität – Hinweise auf künftige Verteilungsspielräume liefern (Lange 1989, S. 240 f.).

Literatur: Frenkel, M./John, K. D.: Volkswirtschaftliche Gesamtrechnung, 5. Aufl., München 2003; Haller, A.: Wertschöpfungsrechnung – ein Instrument zur Steigerung der Aussagefähigkeit von Unternehmensabschlüssen, Stuttgart 1997; Lange, C.: Jahresabschlussinformationen und Unternehmensbeurteilung, Stuttgart 1989; Lange, C.: Erweiterte Rechnungslegungsinformation durch Zusatzrechnungen zum Jahresabschluß, in: Otte, H.-H. (Hrsg.): Praxis der GmbH-Rechnungslegung. Sonderfragen zur Bilanzierung, Herne/Berlin 1994, S. 713–745; Lange, C.: Wertschöpfung, in: Corsten, H. (Hrsg.): Lexikon der Betriebswirtschaftslehre, 4. Aufl., München/Wien 2000, S. 1031–1036.

Christoph Lange; Devid Krull

Wertschöpfungsbeitrag →Beschaffungscontrolling

Wertschöpfungsgrad →Wertschöpfungsanalyse

Wertschöpfungsquote →Wertschöpfungsanalyse

Wertschöpfungsrechnung

Unter Wertschöpfung wird das Ergebnis der Erstellung von Werten im Unternehmen verstanden (Weber 2002, S. 2687 f.). Die Wertschöpfungsrechnung vermittelt einen Überblick über die Leistungen des Unternehmens in der Gesamtwirtschaft (Baetge 2005, S. 830 f.).

In der Literatur und in der Praxis wurden zahlreiche Formen für Wertschöpfungsrechnungen erarbeitet (Weber 2002, S. 2692 f.).

Grundsätzlich können für die Wertschöpfungsrechnung Einzahlungen und Auszahlungen (→Cash Flow), Einnahmen und Ausgaben, →Erträge und Aufwendungen [→Gewinn- und Verlustrechnung (GuV)] oder →Kosten und Leistungen (→Kosten- und Leistungsrechnung) herangezogen werden (Weber 2002, S. 2690).

In der Praxis werden Wertschöpfungsrechnungen auf Grundlage von Erträgen und Aufwendungen erstellt (Kirsch 1997, S. 2291), da diese Angaben vom Unternehmen auch im Rahmen der GuV publiziert werden müssen.

Die Berechnung der Wertschöpfung kann auf zwei Arten erfolgen. Man unterscheidet die Entstehungsrechnung (subtraktive Methode) und die Verteilungsrechnung (additive Methode).

Nach der Entstehungsrechnung ergibt sich die Wertschöpfung aus der Gesamtleistung einer Periode abzgl. der Vorleistungen (Schierenbeck 2003, S. 622).

Als Ergebnis der Verteilungsrechnung resultiert die Wertschöpfung aus der Summe aller Leistungen, die den Mitarbeitern, den Eigenkapitalgebern, den Fremdkapitalgebern und

Wertschöpfungsrechnung

dem Staat zustehen, sowie den Gewinnen, die im Unternehmen verbleiben (Schierenbeck 2003, S. 622).

In Anlehnung an *Schierenbeck* ergeben sich folgende Rechenschemata:

Abb.: Entstehungs- und Verteilungsrechnung

Entstehungsrechnung:

Gesamtleistung
– Materialaufwand
– Abschreibungen

= Wertschöpfung

Verteilungsrechnung

Leistungen an Mitarbeiter
(Lohn, Gehalt, Sozialaufwand, Pensionen)
+ Leistungen an Aktionäre
(Dividenden)
+ Leistungen an Fremdkapitalgeber
(Zinsen)
+ Leistungen an die öffentliche Hand
(Steuern, Abgaben)
+ thesaurierte Gewinne

= Wertschöpfung

Quelle: Schierenbeck 2003, S. 622.

Eine Pflicht zur Erstellung und Veröffentlichung einer Wertschöpfungsrechnung besteht nicht. Veröffentlichen Unternehmen eine Wertschöpfungsrechnung, so geschieht dies entweder als freiwilliger Bestandteil des →Lageberichtes (Baetge 2005, S. 830 f.; Kirsch 1997, S. 2291) oder des →Anhangs.

Für das Geschäftsjahr 2005 veröffentlichten acht der insgesamt 30 im DAX gelisteten Unternehmen eine Wertschöpfungsrechnung in ihrem Geschäftsbericht (*Altana, BASF, Bayer-, BMW-, Fresenius-, Henkel-, Metro-*Gruppe und *Volkswagen*). Nur bei der *Henkel*-Gruppe ist die Wertschöpfungsrechnung Teil des Anhangs. Bei *BASF* ist eine Zuordnung zu Anhang oder Lagebericht nicht möglich. Die anderen Gruppen veröffentlichen die Wertschöpfungsrechnung als Teil des Lageberichts.

Der Anhang und der Lagebericht unterliegen gem. § 316 HGB der Prüfung durch den →Abschlussprüfer (APr) (→Jahresabschlussprüfung; →Konzernabschlussprüfung). Daher hat der APr die Wertschöpfungsrechnung unter Berücksichtigung von IDW PS 200 sowie ggf. IDW PS 350 zu prüfen.

Als Teil des Jahresabschlusses hat die Wertschöpfungsrechnung ein den tatsächlichen Verhältnissen entsprechendes Bild der →Vermögenslage, →Finanzlage und →Ertragslage zu vermitteln (→True and Fair View) (IDW PS 200.12). Die Wertschöpfungsrechnung als Bestandteil des Lageberichts hat im Einklang mit dem JA und den bei der Prüfung gewonnenen Erkenntnissen des Abschlussprüfers zu stehen (IDW PS 350.3).

Erfolgt eine Veröffentlichung der Wertschöpfungsrechnung als ergänzende Information im Geschäftsbericht (→Geschäftsberichte, Gestaltungsberatung) – d. h. außerhalb des Jahresabschlusses und des Lageberichts – besteht keine Pflicht zur Prüfung (IDW PS 350.5; IDW PS 202.6). Der APr hat jedoch in diesem Fall die Wertschöpfungsrechnung kritisch zu lesen. Unstimmigkeiten mit dem JA oder dem Lagebericht können die Glaubwürdigkeit von JA und Lagebericht beeinträchtigen (IDW PS 202.7). Ist die Wertschöpfungsrechnung fehlerhaft, hat der APr eine Richtigstellung zu veranlassen (IDW PS 350.5; IDW PS 202.13) (→Geschäftsberichte, Prüfung von; →zusätzliche Informationen zum Jahresabschluss, Beurteilung von).

Zur Prüfung der Wertschöpfungsrechnung sollte der APr die einzelnen Bestandteile der Wertschöpfungsrechnung mit den Posten der GuV abstimmen (→Abstimmprüfung).

Bei Unternehmen, die ihre GuV gem. § 275 Abs. 2 HGB nach dem GKV erstellen (→Gliederung der Gewinn- und Verlustrechnung), lassen sich die ausgewiesenen Beträge der Wertschöpfungsrechnung sowohl bei der Entstehungs- als auch bei der Verteilungsrechnung der GuV entnehmen.

Da die Prüfung der GuV i. d. R. der Prüfung des Anhangs und der Prüfung des Lageberichts voransteht, hat lediglich ein Abgleich der Beträge zu erfolgen (Weber 2002, S. 2692). Dem APr entsteht dabei nur geringer zusätzlicher Prüfungsaufwand.

Erstellt das zu prüfende Unternehmen die GuV nach dem UKV gem. § 275 Abs. 3 HGB (→Gliederung der Gewinn- und Verlustrechnung), sind die einzelnen Bestandteile der Wertschöpfungsrechnung in der GuV nicht gesondert ausgewiesen.

Nach dem UKV ist z. B. ein gesonderter Ausweis der aktivierten Eigenleistungen nicht vorgesehen (Coenenberg 2003, S. 1067), so dass die Gesamtleistung, als Ausgangspunkt der Wertschöpfungsermittlung nach der Entstehungsrechnung, nicht ersichtlich ist.

Auch die Posten Abschreibungen (→Abschreibungen, bilanzielle) und Materialaufwand (→Materialaufwendungen) für die Entstehungsrechnung und die Posten →Personalaufwand, Leistungen an Aktionäre, Zinsaufwand (→finanzielles Ergebnis) und →Steueraufwand für die Verteilungsrechnung sind nach dem UKV nicht gesondert ausgewiesen (Weber 2002, S. 2691 f.).

Die Abschreibungen des Geschäftsjahres sind nach § 268 Abs. 2 Satz 3 HGB in Bilanz oder Anhang anzugeben (→Anlagespiegel). Der Material- und der Personalaufwand sind bei Anwendung des Umsatzkostenverfahrens gem. § 285 Nr. 8a und 8b HGB zwingend im Anhang aufzugliedern.

Vom APr hat ein Abgleich der Bestandteile der Wertschöpfungsrechnung mit den in Anhang oder Bilanz ausgewiesenen Beträgen zu erfolgen. Alle übrigen Beträge, die nicht gesetzlich vorgeschrieben sind oder freiwillig im JA oder im Anhang ausgewiesen werden, müssen unter Berücksichtigung der →Wesentlichkeit vom APr mit den Buchungsbelegen abgeglichen werden.

Neben der betragsmäßigen Plausibilität hat der APr darauf zu achten, dass die Wertschöpfungsrechnung nicht die tatsächliche Wertschöpfung des Unternehmens durch Ausnutzung von Gestaltungsspielräumen verzerrt (Weber 2002, S. 2693). Insb. kommen hierbei →analytische Prüfungshandlungen (→Plausibilitätsprüfungen) i. S. d. IDW PS 312 in Betracht. Für das Prüffeld Wertschöpfungsrechnung erscheinen z. B. →zeitliche Vergleiche und Branchenvergleiche (→überbetriebliche Vergleiche; →betriebswirtschaftlicher Vergleich; →Benchmarking) sachgerecht.

Darüber hinaus können auch die Zusammenhänge zwischen verschiedenen Informationen beurteilt werden. Der APr sollte z. B. das Verhältnis zwischen →Umsatzerlösen und dem Materialaufwand sowie das Verhältnis zwischen Personalaufwand und der Anzahl der Mitarbeiter beachten (→Verprobung) (Förschle/Peemöller 2004, S. 270).

Literatur: Baetge, J.: Bilanzen, 8. Aufl., Düsseldorf 2005; Coenenberg, A. G.: Jahresabschluss und Jahresabschlussanalyse, 19. Aufl., Stuttgart 2003; Förschle, G./Peemöller, V. H. (Hrsg.): Wirtschaftsprüfung und Interne Revision, Heidelberg 2004; IDW (Hrsg.): IDW Prüfungsstandard: Prüfung des Lageberichts (IDW PS 350, Stand: 26. Juni 1998), in: WPg 51 (1998), S. 663–666; IDW (Hrsg.): IDW Prüfungsstandard: Ziele und allgemeine Grundsätze der Durchführung von Abschlussprüfungen (IDW PS 200, Stand: 28. Juni 2000), in: WPg 53 (2000), S. 706–710; IDW (Hrsg.): IDW Prüfungsstandard: Die Beurteilung von zusätzlichen Informationen, die von Unternehmen zusammen mit dem Jahresabschluss veröffentlicht werden (IDW PS 202, Stand: 17. November 2000), in: WPg 54 (2001a), S. 121–123; IDW (Hrsg.): IDW Prüfungsstandard: Analytische Prüfungshandlungen (IDW PS 312, Stand: 2. Juli 2001), in: WPg 54 (2001b), S. 903–906; Kirsch, H.: Informationsgehalt von Wertschöpfungsrechnungen, in: DB 50 (1997), S. 2290–2293; Schierenbeck, H.: Grundzüge der Betriebswirtschaftslehre, 16. Aufl., München 2003; Weber, H. K.: Wertschöpfungsrechnung, in: Ballwieser, W. et al. (Hrsg.): HWRP, 3. Aufl., Stuttgart 2002, Sp. 2687–2697.

Nina Bernais

Wertsteigerungsanalyse →Shareholder Value-Analysis

Wertsteigerungsstrategie
→Finanzcontrolling

Werttreiber

Werttreiber (Wertgeneratoren; Value Drivers) sind alle Faktoren, die den Wert eines Unternehmens beeinflussen. Jedoch werden oft nur die bedeutendsten Einflussfaktoren auf den →Unternehmenswert als Werttreiber bezeichnet. Eine einheitliche Definition des Begriffs existiert in der Literatur bisher nicht.

Die Bestimmung der Faktoren mit dem größten Hebeleffekt auf den Unternehmenswert (Shareholder Value) (→Shareholder Value-Analysis) kann qualitativ z. B. mittels der Identifikation von Ursache-Wirkungs-Beziehungen erfolgen. Die Ermittlung der Einflussstärke der einzelnen Faktoren kann danach in Abhängigkeit des zugrunde liegenden Wertmodells quantitativ bspw. mittels →Sensitivitätsanalysen oder Simulationen (→Simulationsmodelle) vorgenommen werden.

Zur Quantifizierung der Wertsteigerung von Unternehmen gibt es verschiedene Werttreiber-Modelle, die auf der Basis von heterogenen Werttreibern zu unterschiedlichen Ergebnissen führen. Allerdings sind alle Modelle auf-

Abb. 1: Werttreiber bzw. Wertgeneratoren für die Berechnung des Shareholder Value

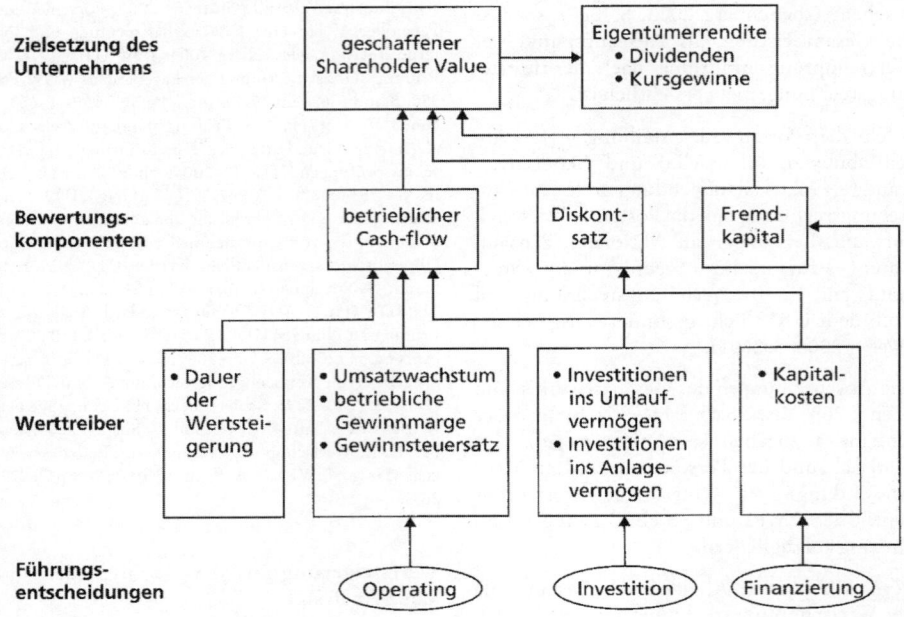

Quelle: Rappaport 1986, S. 79.

grund des identischen Ziels, der Maximierung des Unternehmenswerts (Shareholder Value), auf eine nachhaltige und langfristige Erwirtschaftung von Kapitalrenditen, die über den →Kapitalkosten liegen, ausgerichtet.

Die bekanntesten Werttreiber-Modelle sind der Shareholder Value-Ansatz nach *Rappaport* (Rappaport 1986, S. 50 ff.), der Key Value Drivers-Ansatz von *Copeland/Koller/Murrin* (Copeland/Koller/Murrin 1993, S. 142) und das Werttreiber-Modell von *Lewis* (Lewis 1994, S. 63 ff.). Auch wenn der Economic Value Added (EVA) von *Stewart* (Stewart 1991, S. 136 ff.) und der Cash Value Added (CVA) (Lewis 1994, S. 125 ff.) (→wertorientierte Unternehmensführung) nicht explizit als Werttreiber-Modelle bezeichnet werden, können sie dennoch als solche aufgefasst werden. Eine kritische Übersicht zu den verschiedenen Ansätzen bietet *Günther* (Günther 1997, S. 264 ff.).

Die hierarchisch abgestufte Detaillierung der Einflussfaktoren auf den Unternehmenswert ermöglicht die Darstellung von Werttreiber-Modellen in Werttreiber-Hierarchien oder Werttreiber-Bäumen. Die Zusammenhänge zwischen dem Unternehmenswert und seinen Werttreibern können dabei mathematischer oder kausaler Natur sein. In der kausalen Auffassung können die →Balanced Scorecard und weitere Darstellungen von Ursache-Wirkungs-Zusammenhängen als Werttreiber-Hierarchien oder Werttreiber-Bäume verstanden werden.

Als die wesentlichen Werttreiber für die Berechnung des Shareholder Value bezeichnet *Rappaport* (Rappaport 1986, S. 50 ff.) in seinem Wertgeneratoren-Modell die Wachstumsrate der Umsätze (→Umsatzerlöse), die betriebliche Gewinnmarge, den Gewinnsteuersatz, die →Investitionen in das →Umlaufvermögen, die Investitionen in das →Anlagevermögen, die Kapitalkosten und die Länge der Prognoseperiode bzw. Dauer der Wertsteigerung (Abb. 1).

Die den Unternehmenswert bestimmenden Faktoren bei *Copeland/Koller/Murrin* (Copeland/Koller/Murrin 1993, S. 142) sind der Wert der Wachstumsmöglichkeiten und der Wert der vorhandenen Aktiva. Der Wert der

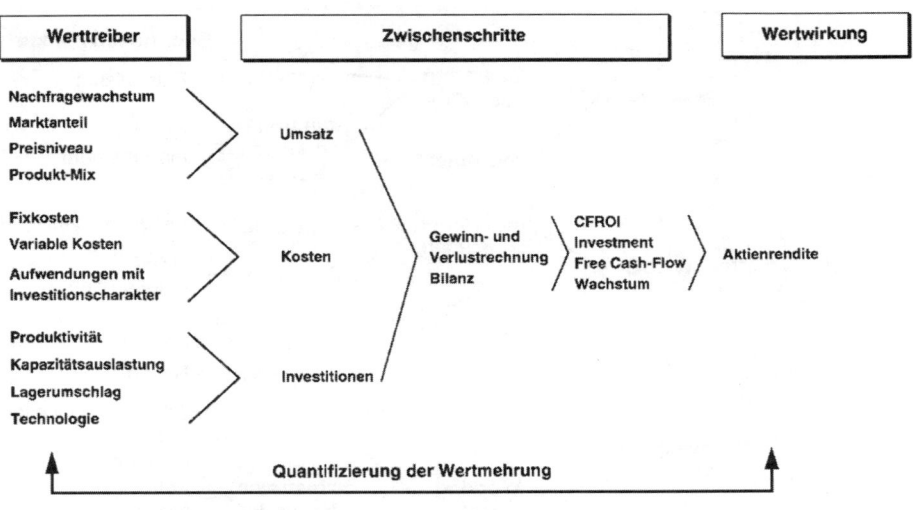

Abb. 2: Werttreiber-Modell nach Lewis

Quelle: Lewis 1994, S. 65.

Wachstumsmöglichkeiten ergibt sich aus der Kapitalrendite, dem Betrag der Nettoinvestitionen, bestehend aus der Investitionsrate und dem operativen Ergebnis nach Steuern, dem Zeitintervall des Wettbewerbsvorteils und dem gewichteten Kapitalkostensatz. Der Wert der vorhandenen Aktiva wird vom gewichteten Kapitalkostensatz und vom Basisniveau des operativen Ergebnisses aus Kapitalrendite und investiertem Kapital bestimmt.

Das Werttreiber-Modell von *Lewis* (Lewis 1994, S. 63 ff.) fasst die Werttreiber Nachfragewachstum, Marktanteil, Preisniveau und Produkt-Mix zu einem den Umsatz bestimmenden Faktor zusammen. Die Werttreiber Fixkosten (→Fixkostencontrolling), variable →Kosten und Aufwendungen mit Investitionscharakter werden zu einem die Kosten bestimmenden Faktor gruppiert. Der als Investitionen charakterisierte Faktor wird von den Werttreibern Produktivität, Kapazitätsauslastung (→Kapazitätsplanung; →Kapazitätscontrolling), Lagerumschlag (→Vermögensstruktur) und Technologie bestimmt. Aus den drei Faktoren leiten sich im Werttreiber-Modell von *Lewis* der Cash Flow Return on Investment (CFROI), das Investment, der Free Cash Flow (→Cash Flow) und das Wachstum ab (Abb. 2).

Die Werttreiber des Economic Value Added (EVA) sind auf aggregierter Ebene das investierte Kapital, die Kapitalrendite, der operative Gewinn und die Kapitalkosten. Analog zum weit verbreiteten DuPont-Schema, das vom ROI (→ROI-Kennzahlensystem) ausgeht, können auch wertorientierte Kennzahlen (→Kennzahlen, wertorientierte) in einem Rechensystem zerlegt werden. Nachfolgender EVA-Baum zeigt, wie das Übergewinnmaß EVA heruntergebrochen werden kann (Abb. 3).

Es existieren zahlreiche Systematisierungen von Werttreiberarten, die sich teilweise überschneiden. Im Folgenden werden die häufigsten Systematisierungen kurz aufgeführt:

- Hierarchisierung in Mikro- und Makrowerttreiber: Mikrowerttreiber entstehen durch das Herunterbrechen der Makrowerttreiber bzw. umgekehrt entstehen Makrowerttreiber durch die Clusterung von Mikrowerttreibern.

- Unterscheidung von finanziellen und nichtfinanziellen Werttreibern: diesem Schema entspricht die Trennung von finanziellen und operativen Werttreibern hinsichtlich

Abb. 3: EVA-Baum

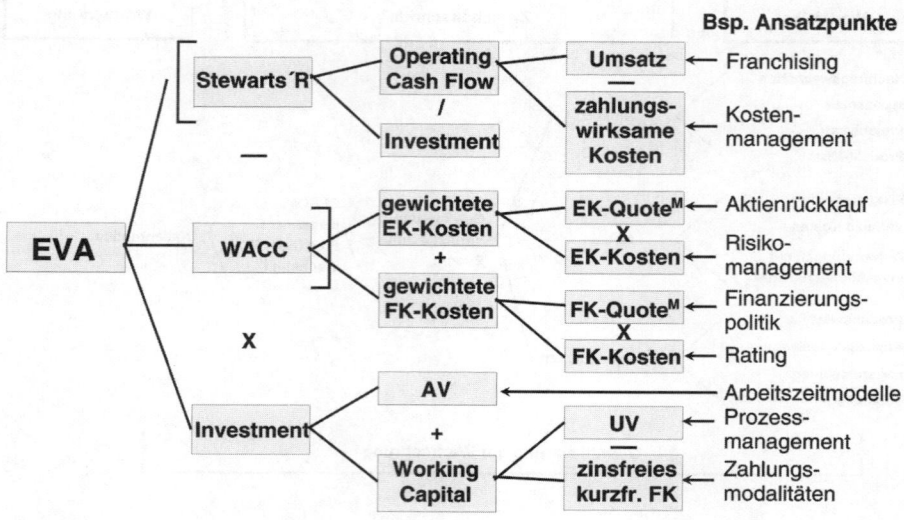

Quelle: Günther 2002, S. 89 ff.

des CFROI bei *Lewis* (Lewis 1994, S. 63 ff.) mit den finanziellen Werttreibern Kapitalumschlag, Cash Flow-Marge und →Nutzungsdauer der Aktiva sowie den operativen Werttreibern, die zusätzlich in kurz- und langfristig wirksame Maßnahmen unterteilt werden, wobei als kurzfristig z. B. eine Ergebnisverbesserung durch höhere Preise, höheren Kundennutzen, Kostensenkungen (→Kostenmanagement; →Kostencontrolling), Wachstum etc. angesehen werden und als langfristig die Verlängerung der Nutzungsdauer sowie die Portfolioverschiebung gelten.

- Ähnlich ist die Teilung von materiellen und immateriellen Werttreibern: die materiellen Werttreiber entsprechen bspw. den finanziellen Werttreibern, immaterielle Werttreiber sind z. B. Wissen, Technologien, Marken, Patente, Verträge.
- Ähnlich ist auch die Unterscheidung von harten und weichen Werttreibern: harte Werttreiber sind z. B. →Cash Flow, Kapitalkosten, Umsatzentwicklung und Steuerrate, weiche Werttreiber sind bspw. die Mitarbeiter, die teilweise innerhalb dieser Systematisierung auch als die „eigentlichen Werttreiber" bezeichnet werden.
- Trennung von internen und externen Werttreibern: interne Werttreiber sind unternehmensinterne Faktoren, der Begriff der externen Werttreiber beruht auf der synonymen Verwendung von Werttreibern und Erfolgsfaktoren.
- Ähnlich ist die Separation in (durch das Management) beeinflussbare oder nicht beeinflussbare Werttreiber: die beeinflussbaren Werttreiber entsprechen weitestgehend den internen Werttreibern, die nicht beeinflussbaren Werttreiber sind meist nicht durch das Management beeinflussbare externe Faktoren, wie z. B. die Inflationsrate.

Werttreiberbasierte Matrixdarstellungen erlauben durch die Reduktion auf einige wenige (meist nur zwei) dominierende Werttreiber mittels einer Klassifikation im Rahmen des Portfolio-Managements die Ableitung von Normstrategien. Bekannte Matrixdarstellungen sind bspw. die Portfolio Profitability Matrix von *Marakon Associates* (→wertorientierte Strategieplanung), das Wertbeitragsportfolio der *Boston Consulting Group* (Lewis 1994, S. 78 ff.) und der Index of Value Creation Potenzial nach *Rappaport* (Rappaport 1986, S. 142 ff.).

Literatur: Copeland, T. E./Koller, T./Murrin, J.: Unternehmenswert, Methoden und Strategien für eine wertorientierte Unternehmensführung, Frankfurt et al. 1993; Günther, T.: Unternehmenswertorientiertes Controlling, München 1997; Günther, T.: Wertorientierte Kennzahlen zur Steuerung mittelständischer Unternehmen, in: Männel, W. (Hrsg.): krp 46 (2002), Sonderheft 1, S. 89–97; Lewis, T. G.: Steigerung des Unternehmenswertes, Total Value Management, Landsberg am Lech 1984; Rappaport, A.: Creating Shareholder Value, The New Standard for Business Performance, NY/London 1996; Stewart, B. G.: The Quest for Value, A Guide for Senior Managers, NY 1991.

Thomas Günther; Martin Hartebrodt

Wesentlichkeit

Wesentlichkeit ist der Maßstab des →Abschlussprüfers bei der →Prüfungsplanung und -durchführung (→Auftragsdurchführung) sowie für das →Prüfungsurteil. Durch den →Bestätigungsvermerk (BestV) wird ausgedrückt, dass der JA und der →Lagebericht (→Konzernlagebericht) mit einer hinreichenden Sicherheit frei von *wesentlichen* Unrichtigkeiten und Verstößen (→Unregelmäßigkeiten) sind und somit in allen *wesentlichen* Belangen mit den Rechnungslegungsgrundsätzen übereinstimmen (→Unregelmäßigkeiten, Aufdeckung von). Hieraus lässt sich unmittelbar die Notwendigkeit der Bestimmung der Wesentlichkeitsgrenze im Rahmen der Prüfungsplanung und ihrer Beachtung bei der Prüfungsdurchführung ableiten.

Die Wesentlichkeitsgrenze ist danach zu bemessen, ob die bestehenden Unrichtigkeiten oder Verstöße dazu führen, dass der JA das nach § 264 Abs. 2 HGB geforderte, unter Beachtung der GoB (→Grundsätze ordnungsmäßiger Buchführung, Prüfung der) den tatsächlichen Verhältnissen entsprechende Bild der →Vermögenslage, →Finanzlage und →Ertragslage (→True and Fair View) nicht vermittelt, und diese Tatsache möglicherweise zu wirtschaftlichen Fehlentscheidungen der Jahresabschlussadressaten führt. Dabei können sich wirtschaftliche Fehlentscheidungen sowohl als Folge unrichtiger quantitativer als auch qualitativer Informationen ergeben. Unter qualitativen Gesichtspunkten sind an erster Stelle Aussagen im Lagebericht zu nennen. Die quantitativen Fehlinformationen können sowohl aus dem Posten eines Jahresabschlusses selbst als auch aus dessen Relation zu einer Bezugsgröße (z. B. →Jahresergebnis, →Eigenkapital oder Bilanzsumme) resultieren und damit Grundlage für wirtschaftliche Fehlentscheidungen sein. Eine wesentliche Unrichtigkeit kann sich aus einem Fehler oder aus dem Saldo mehrerer, für sich alleine betrachtet, unwesentlicher Fehler ergeben.

Bei der *Prüfungsplanung* ergeben sich in Abhängigkeit von diversen Kriterien, wie z. B. Teilnahme am Kapitalmarkt, Größe (→Größenklassen), Branche oder Eigentümerstruktur, unterschiedliche Ansätze für die Ermittlung der Wesentlichkeitsgrenze. Die Bestimmung der Wesentlichkeitsgrenze kann dabei durch fundierte Überlegungen unter Berücksichtigung der jeweiligen Gegebenheiten oder mithilfe von quantitativen Methoden oder als Kombination hieraus erfolgen. Kritische Größen für die Berechnung der Wesentlichkeitsgrenze können u. a. die →Umsatzerlöse, das Eigenkapital, die Bilanzsumme, das Jahresergebnis oder ein aus mehreren Größen gebildeter Durchschnittswert sein. Wesentlichkeitsgrenzen sind für den gesamten JA und für die einzelnen (→Prüffelder) zu planen. In der Praxis finden sich hierzu unterschiedliche Ansätze und Methoden. Sowohl die Aufteilung der Gesamtwesentlichkeitsgrenze auf einzelne Prüffelder als auch ihre Beibehaltung für jedes einzelne Prüffeld, unter der Berücksichtigung weiterer Aspekte, haben ihre Berechtigung.

Bei der *Prüfungsdurchführung* (→Auftragsdurchführung) wird die Anzahl der aussagebezogenen Prüfungshandlungen (→ergebnisorientierte Prüfungshandlungen), aufgrund der Wechselwirkung zwischen Wesentlichkeit und →Prüfungsrisiko, durch die festgelegte Wesentlichkeitsgrenze bestimmt. Eine höhere Wesentlichkeitsgrenze führt zu einem niedrigeren Prüfungsrisiko und umgekehrt, so dass sich hieraus eine unmittelbare Wirkung auf den Umfang der →Stichprobenprüfung und die →analytischen Prüfungshandlungen (→Plausibilitätsprüfungen) ergibt.

Im *Prüfungsurteil* hat der APr im BestV eine Aussage darüber zu treffen, ob der JA ein den tatsächlichen Verhältnissen entsprechendes Bild vermittelt, und der Lagebericht die Lage und die künftige Entwicklung (→Chancen und Risiken der künftigen Entwicklung) der Gesellschaft zutreffend wiedergibt. Grundlage hierfür ist die Frage, ob die festgestellten sowie die mit einer gewissen Wahrscheinlichkeit nicht entdeckten und jeweils nicht korrigierten Unrichtigkeiten und Verstöße einzeln oder insgesamt für diesen JA als wesentlich einzustufen sind. Sollte dies der Fall sein, so besteht zum einen die Möglichkeit von Korrekturen im JA und zum anderen der Durchführung weiterer Prüfungshandlungen, um das Prüfungsrisiko zu mindern. Ergeben sich hieraus keine neuen Erkenntnisse bzw. erfolgen keine ausreichenden Korrekturen, ist der BestV einzuschränken oder zu versagen.

Literatur: Förschle, G./Schmidt, S.: Kommentierung des § 297 HGB in: Ellrott, H. et al. (Hrsg.): BeckBilKomm, 6. Aufl., München 2006; IDW (Hrsg.): IDW Prüfungsstandard: Wesentlichkeit im Rahmen der Jahresabschlussprüfung (IDW PS 250, Stand: 8. Mai 2003), in: WPg 56 (2003), S. 944–946; IDW (Hrsg.): WPH 2006, Band I, 13. Aufl., Düsseldorf 2006.

Jens Thiergard

Wettbewerbsrecht, europäisches
→ Europäische Union, öffentlich-rechtliche Prüfungsorgane

Wettbewerbsstrategien → Geschäftsfeldstrategie und -planung

Wettbewerbsverbot der Unternehmensleitung

Das Wettbewerbsverbot der Unternehmensleitung ist ein rechtliches Mittel, um bestimmten Arten von Interessenkonflikten der Vorstandsmitglieder einer AG (→ Aktiengesellschaft, Prüfung einer) bzw. des Geschäftsführers einer → Gesellschaft mit beschränkter Haftung (GmbH) – beide nachstehend Geschäftsleiter genannt – vorzubeugen (→ Interessenkonflikte von Vorstand und Aufsichtsrat).

Rechtsgrundlage: Der Geschäftsleiter schuldet seiner Gesellschaft loyales Verhalten (organschaftliche Treuepflicht). Daraus leitet man ein Wettbewerbsverbot der Geschäftsleiter *während* ihrer Organtätigkeit ab (z. B. BGH-Urteil vom 9.11.1967, S. 30), und zwar gleichgültig, ob dies ausdrücklich in Satzung oder Anstellungsvertrag aufgenommen ist oder nicht (Schneider 1993, S. 18 zum Anstellungsvertrag). Bei der AG und → Kommanditgesellschaft auf Aktien (KGaA) ist das organschaftliche Wettbewerbsverbot in den §§ 88 und 284 AktG [sowie dieses Verbot bestätigend unter 4.3.1 → Deutscher Corporate Governance Kodex (DCGK)] ausdrücklich geregelt. Bei der GmbH wird § 88 AktG für die Konkretisierung des Wettbewerbsverbots des Geschäftsführers entsprechend herangezogen. Zweck des Wettbewerbsverbots der Geschäftsleiter ist der Schutz der Gesellschaft vor Wettbewerbshandlungen und vor anderweitiger Verwendung der Arbeitskraft ihrer Geschäftsleiter. Für die Zeit *nach* der Beendigung seiner Organtätigkeit unterliegt der Geschäftsleiter demgegenüber einem Wettbewerbsverbot nur, soweit dies ausdrücklich in der Satzung (Gesellschaftsvertrag) geregelt oder im Anstellungsvertrag vereinbart ist (BGH-Urteil vom 11.10.1976, S. 43).

Sind die Geschäftsleiter zugleich Gesellschafter, kommt für sie ein zusätzliches Wettbewerbsverbot in Betracht. Dieses trifft nach der Rspr. des *Bundesgerichtshofs* ausdrücklich Kommanditisten und GmbH-Gesellschafter, möglicherweise auch Aktionäre, die im „Innenverhältnis ausschlaggebend die Geschicke der Gesellschaft" bestimmen [BGH-Urteil vom 5.12.1983, S. 162 („*Heumann/Ogilvy*"), unter II.2.], also insb. beherrschende Mehrheitsgesellschafter. Nach einer starken Literaturmeinung sollen in Gesellschaften mit personalistischer, auf persönliche und vertrauensvolle Zusammenarbeit angelegter Struktur sogar *sämtliche* Gesellschafter einem Wettbewerbsverbot unterliegen. Diese Differenzierung lässt sich dann aber nicht mehr mit der Treuepflicht gegenüber der Gesellschaft, sondern nur derjenigen gegenüber den Mitgesellschaftern rechtfertigen. In der Einmann-Gesellschaft kann es ein *solches* Wettbewerbsverbot somit nicht geben. Auch ein Wettbewerbsverbot gegenüber der Gesellschaft kann den Einmann-Gesellschafter bei der GmbH nur insoweit treffen, als er der Gesellschaft Vermögen unterhalb der Stammkapitalziffer (→ Gezeichnetes Kapital) entzieht.

Inhalt des Wettbewerbsverbots: Das Wettbewerbsverbot für die Vorstandsmitglieder (und entsprechend für die GmbH-Geschäftsführer) umfasst zunächst das *Betreiben eines Handelsgewerbes* i. S. d. §§ 1 ff. HGB (§ 88 Abs. 1 Satz 1 Fall 1 AktG). Diese Fallgruppe soll die volle Verfügbarkeit der Arbeitskraft des Geschäftsleiters sichern und gilt unabhängig vom Geschäftszweig der Gesellschaft oder der Branchennähe. Dem gleichen Zweck dient das Verbot von *Doppelmandaten* (§ 88 Abs. 1 Satz 2 AktG). Vorstandsmitglieder dürfen weder Geschäftsleiter noch persönlich haftende Gesellschafter einer anderen Handelsgesellschaft sein.

Darüber hinaus ist dem Geschäftsleiter jegliche *Geschäftstätigkeit im Geschäftszweig der Gesellschaft* für eigene oder fremde Rechnung untersagt (§ 88 Abs. 1 Satz 1 Fall 2 AktG). Der maßgebliche Geschäftszweig ergibt sich dabei aus dem satzungsmäßigen Unternehmensgegenstand (egal, ob er tatsächlich ausgeübt wird) sowie aus allen Geschäftsbereichen, in denen die Gesellschaft unabhängig vom Unternehmensgegenstand tatsächlich tätig ist (BGH-Urteil vom 21.2.1978, S. 331, unter II.1. zu § 112 HGB). Teilweise wird unter „Geschäftstätigkeit" auch der beherrschende (gesellschaftsrechtlich oder in anderer Weise vermittelte) Einfluss auf ein Konkurrenzunternehmen gefasst, unabhängig davon, ob auch tatsächlich die Unternehmensleitung ausgeübt wird (Schneider 2000, Rn. 129 zu § 43 GmbHG). Die einfache Beteiligung an fremden Unternehmen als Aktionär, Kommanditist, stiller Gesellschafter oder die Übernahme von Aufsichtsratsmandaten fällt dagegen nicht unter § 88 Abs. 1 AktG. Bei etwa auftretenden Interessenkonflikten können sich dann aber Schranken anderer Art ergeben. Jedenfalls darf der Geschäftsleiter das Wettbewerbsverbot nicht durch das Zwischenschalten einer Gesellschaft umgehen (sinngemäß Hefermehl/Spindler 2004, Rn. 16 zu § 88 AktG).

Ferner ist es dem Geschäftsleiter grundsätzlich verboten, geschäftliche oder private Kenntnisse von *Geschäftschancen*, die in den Geschäftskreis der Gesellschaft fallen, für sich selbst zu nutzen (BGH-Urteil vom 23.9.1985, S. 585 zu § 43 GmbHG; Koppensteiner 2002, Rn. 19 zu § 43 GmbHG). Dieses Verbot, das sich auch in DCGK 4.3.3 Satz 2 wiederfindet, folgt nicht alleine aus § 88 Abs. 1 Fall 2 AktG, sondern vor allem aus der zugrunde liegenden Treuepflicht des Geschäftsleiters. Schließlich können *Satzung* oder *Anstellungsvertrag* die außergesellschaftliche Geschäftstätigkeit ihrer Geschäftsleiter noch weiter einschränken, z. B. durch das Verbot der Übernahme von Aufsichtsratsmandaten (→Mandatsbegrenzung des Aufsichtsrats).

Privatautonome Befreiung vom gesetzlichen Verbot: Vom gesetzlichen Wettbewerbsverbot können Geschäftsleiter einer AG oder GmbH ganz oder teilweise durch Satzung (Gesellschaftsvertrag) freigestellt werden. Nur für Einzelfälle kann auch der AR einer AG seine Einwilligung (= vorherige Zustimmung, § 183 BGB) zu einer konkreten Tätigkeit eines Vorstandsmitglieds durch Beschluss erteilen (§ 88 Abs. 1 Satz 2, § 108 AktG). Bei der →Kommanditgesellschaft auf Aktien (KGaA) ist zusätzlich zur Einwilligung des Aufsichtsrats die Einwilligung der übrigen persönlich haftenden Gesellschafter erforderlich (§ 284 Abs. 1 Satz 2 AktG). Bei einer GmbH ist umstritten, ob und mit welcher Mehrheit die Gesellschafterversammlung (→Haupt- und Gesellschafterversammlung) im konkreten Einzelfall Dispens vom Wettbewerbsverbot erteilen kann. Teilweise wird dies nur für zulässig gehalten, wenn die Satzung die Gesellschafterversammlung hierzu ermächtigt (Ziemons 2004 § 22, Rn. 48; a.A. Zöllner 2006, Rn. 43 zu § 35 GmbHG).

Anforderungen an wirksame Wettbewerbsklauseln: Wettbewerbsklauseln in Satzung oder Anstellungsvertrag können die außergesellschaftlichen Geschäftstätigkeiten der Geschäftsleiter weiter einschränken, als das gesetzliche Wettbewerbsverbot dies vorsieht. Sie sind jedoch nur in den Grenzen der §§ 1 GWB (bzw. Art. 81 EGV) und 138 BGB i.V.m. Art. 12 GG wirksam. Vertragliche Wettbewerbsverbote sind nur zulässig, „wenn sie dem Schutze eines berechtigten Interesses des Gesellschaftsunternehmens dienen und nach Ort, Zeit und Gegenstand die Berufsausübung und wirtschaftliche Betätigung des Geschäftsführers nicht unbillig erschweren" (BGH-Urteil vom 26.3.1984, S. 1, unter I.1 m.w.N.). Wettbewerbsverbote für die Zeit *nach* Beendigung der Geschäftsleitertätigkeit unterliegen danach besonders strengen Anforderungen, nicht zuletzt hinsichtlich ihrer Dauer. Im Falle einer WPGes (→Revisions- und Treuhandbetriebe) und StBGes hat der *BGH* eine zweijährige Schutzklausel für angemessen erachtet (BGH-Urteil vom 26.3.1984, S. 1, unter I.2.). Inhaltlich werden sich reine Kundenschutzklauseln, die es dem Geschäftsleiter für eine gewisse Zeit verbieten, in die Kunden- und Lieferantenkreise der Gesellschaft einzubrechen, leichter rechtfertigen lassen als umfassende Konkurrenzschutzklauseln, die jede Art von Wettbewerb verhindern.

Rechtsfolgen eines Verstoßes gegen das Wettbewerbsverbot der Geschäftsleiter: Bei Verstößen des Geschäftsleiters gegen Wettbewerbsverbote hat die Gesellschaft gegen ihn Ansprüche auf *Unterlassung* sowie auf *Schadensersatz* (§ 88 Abs. 2 AktG, § 43 Abs. 2 GmbHG). Anstatt Schadensersatz zu verlangen kann die Gesellschaft nach § 88 Abs. 2 Satz 2, § 93 Abs. 2 AktG (→Haftung des Vorstands) bzw. bei der GmbH nach § 113 HGB analog (BGH-Urteil vom 16.2.1981, S. 69, unter III.) vom Geschäftsleiter verlangen, so gestellt zu werden, als wenn sie die wettbewerbswidrig getätigten Geschäfte selbst abgeschlossen hätte (sog. Eintrittsrecht). Schließlich kann die Gesellschaft die Herausgabe des Erlangten nach den Vorschriften über die unberechtigte Eigengeschäftsführung (§ 687 Abs. 2, § 681 Satz 2, § 667 BGB) verlangen (z. B. BGH-Urteil vom 2.4.2001, S. 2476, unter II.2.a., sog. Gewinnabschöpfung). Bei privatautonomen Wettbewerbsverboten (Satzung, Anstellungsvertrag) sind die Rechtsfolgen meist vertraglich vereinbart (insb. Vertragsstrafe). Ob auch ein Eintrittsrecht der Gesellschaft vertraglich vereinbart werden kann, ist bisher nicht geklärt (s. hierzu Thüsing 2004, S. 14).

Verstöße gegen das Wettbewerbsverbot lösen die →*Redepflicht des Abschlussprüfers* [→Abschlussprüfer (APr)] aus, wenn zugleich Rechnungslegungsvorschriften verletzt wurden (§ 321 Abs. 1 Satz 3 HGB). Daran ist zu denken, wenn als Rechtsfolge des Wettbewerbsverstoßes Ersatzansprüche der Gesellschaft bestehen, die zu Unrecht nicht bilanziert wurden. Davon abgesehen, wenn z. B. kein Schaden entstanden ist oder der Ersatzanspruch korrekt bilanziert wurde, kommt eine Redepflicht bei schwerwiegenden Verstößen gegen § 88 AktG oder gegen die organschaftliche Treuepflicht (→Untreue von Gesellschaftsorganen) in Betracht.

Literatur: BGH-Urteil vom 9.11.1967, Aktz. II ZR 64/67, BGHZ Band 49, S. 30–33; BGH-Urteil vom 11.10.1976, Aktz. II ZR 104/75, GmbHR 68 (1977), S. 43–44; BGH-Urteil vom 21.2.1978, Aktz. KZR 6/77, BGHZ Band 70, S. 331–336; BGH-Urteil vom 16.2.1981, Aktz. II ZR 168/79, BGHZ Band 80, S. 69–76; BGH-Urteil vom 5.12.1983, Aktz. II ZR 242/82, BGHZ 89, S. 162–172; BGH-Urteil vom 26.3.1984, Aktz. II ZR 229/83, BGHZ Band 91, S. 1–9; BGH-Urteil vom 23.9.1985 – II ZR 246/84, NJW 39 (1986), S. 585–586; BGH-Urteil vom 2.4.2001, Aktz. II ZR 217/99, NJW 54 (2001), S. 2476–2477; Fleischer, H.: Wettbewerbs- und Betätigungsverbote für Vorstandsmitglieder im Aktienrecht, in: AG 50 (2005), S. 336–348; Hefermehl, W./ Spindler, G.: Kommentierung des § 88 AktG, in: Kropff, B./Semler, J. (Hrsg.): Münchener Kommentar zum Aktiengesetz, 2. Aufl., München 2004; Koppensteiner, H.-G.: Kommentierung des § 43 GmbHG, in: Rowedder, H./Schmidt-Leithoff, C.(Hrsg.): GmbHG: Kommentar, 4. Aufl., München 2004; Schneider, U. H.: Der Anstellungsvertrag des Geschäftsführers einer GmbH im Konzern, in: GmbHR 84 (1993), S. 10–21; Schneider, U. H.: Wettbewerbsverbot für Aufsichtsratsmitglieder einer Aktiengesellschaft? 12 Thesen zu einer rechtspolitischen Diskussion, in: BB 50 (1995), S. 365–370; Schneider, U. H.: Kommentierung des § 43 GmbHG, in: Scholz, F. (Hrsg.): Kommentar zum GmbH-Gesetz mit Nebengesetzen und dem Anhang Konzernrecht, 1. Band (§§ 1–44; Anhang Konzernrecht), 9. Aufl., Köln 2000; Thüsing, G.: Nachorganschaftliche Wettbewerbsverbote bei Vorständen und Geschäftsführern, in: NZG 7 (2004), S. 9–15; Ziemons, H.: in: Oppenländer, F./Trölitzsch, T. (Hrsg.): Praxishandbuch der GmbH-Geschäftsführung, München 2004; Zöllner, W.: Kommentierung des § 35 GmbHG, in: Baumbach, A./Hueck, A. (Hrsg.): GmbHG, 18. Aufl., München 2006.

Günter Reiner

Whistle Blowing →Dolose Handlungen

Widerruf des Prüfungsauftrages
→Prüfungsauftrag und -vertrag

Wiederbeschaffungskosten

Wiederbeschaffungskosten spielen im Rahmen der handelsrechtlichen Bilanzierung bei der Ermittlung des niedrigeren beizulegenden Werts gem. § 253 Abs. 2 und 3 HGB (→beizulegender Wert) eine Rolle. Sie werden insb. für die Bewertung von →Vermögensgegenständen herangezogen, die nicht unmittelbar der Veräußerung dienen (→Bewertungsgrundsätze). Hierzu zählen i.A. die →Roh-, Hilfs- und Betriebsstoffe (RHB) sowie das →Anlagevermögen des Unternehmens. Bei diesen Vermögensgegenständen ist eine direkte Zurechnung von negativen Erfolgsbeiträgen, die vom Absatzmarkt abgeleitet werden, nicht möglich.

Wiederbeschaffungskosten stellen die Aufwendungen (→Aufwendungen und Erträge) dar, die notwendig sind, um einen im Unternehmen vorhandenen Vermögensgegenstand erneut zu beschaffen. Für die Ermittlung von Wiederbeschaffungskosten im Rahmen der bilanziellen Bewertung von Vermögensgegenständen ist von einer Wiederbeschaffung am Abschlussstichtag auszugehen. Wiederbeschaffungskosten zu einem künftigen Wiederbeschaffungszeitpunkt finden hingegen ausschließlich im Rahmen der internen Kostenrechnung (→Kosten- und Leistungsrechnung; →Kostenrechnung, Prüfung der), wie bspw. bei der Ermittlung kalkulatorischer Abschreibungen (→Abschreibungen, kalkulatorische), Berücksichtigung.

Bei der Ermittlung des niedrigeren beizulegenden Werts von Roh-, Hilfs- und Betriebsstoffen wird anhand des Wiederbeschaffungsneuwerts die fiktive Beschaffung neuwertiger

Vermögensgegenstände unterstellt. Dabei sind die gleichen Grundsätze wie bei der Ermittlung von →Anschaffungskosten (AK) zugrunde zu legen. Dementsprechend sind auch Wiederbeschaffungsnebenkosten und fiktive Wiederbeschaffungskostenminderungen zu berücksichtigen. Bei der Ermittlung des Wiederbeschaffungspreises kann von der bisherigen Bezugsquelle des Unternehmens ausgegangen werden. Dies gilt auch, sofern sich andere kostengünstigere Bezugsquellen identifizieren lassen.

Die Ermittlung von Wiederbeschaffungskosten bei Gegenständen des Anlagevermögens kann problematisch sein, da aktuell am Markt angebotene Anlagen infolge des technischen Fortschritts i. d. R. nicht mehr mit den im Unternehmen vorhandenen Anlagen vergleichbar sind. In diesem Fall können die Wiederbeschaffungskosten anhand der vom *Statistischen Bundesamt* veröffentlichten speziellen Indices unter Berücksichtigung des Preisniveaus am Abschlussstichtag geschätzt werden.

Ebenfalls stehen für die Ermittlung von *Wiederbeschaffungszeitwerten* gebrauchter Vermögensgegenstände nur sehr begrenzt Informationen zur Verfügung. Dies dürfte i. d. R. nur bei Kraftfahrzeugen (Schwackelisten) oder standardisierten Maschinen der Fall sein. In den übrigen Fällen ist der Gebrauchszustand anhand fiktiver planmäßiger Abschreibungen im Rahmen eines *fortgeführten Wiederbeschaffungsneuwerts* abzuleiten.

Für die Bewertung selbst erstellter Vermögensgegenstände des Anlagevermögens können Reproduktionskosten herangezogen werden. Sie stellen fiktive Wiederherstellungskosten unter Berücksichtigung der Kostenverhältnisse am Abschlussstichtag dar. Dementsprechend gelten bei ihrer Ermittlung die gleichen Grundsätze wie bei den HK (→Herstellungskosten, bilanzielle; →Herstellungskosten, Prüfung der). Bei der Berücksichtigung der aktuellen Kostenverhältnisse können auch Kostenvorteile durch neue Produktionsverfahren berücksichtigt werden. Ansonsten sind Einbeziehungswahlrechte bei den Wiederherstellungskosten logischerweise entsprechend denen bei der ursprünglichen Herstellung des Vermögensgegenstands auszuüben.

Literatur: ADS: Rechnungslegung und Prüfung der Unternehmen, Teilband 1, 6. Aufl., Stuttgart 1995, Kommentierung des § 253 HGB, Rn. 516 ff.

Gerald Reiher

Wiederholungsprüfungen

Als Wiederholungsprüfung wird die erneute Prüfung desselben Prüfungsobjektes im Rahmen eines zusammenhängenden Prüfungsvorgangs verstanden. Wiederholungsprüfungen sind daher von →Folgeprüfungen abzugrenzen, bei denen – wie bspw. bei jährlich aufeinander folgenden →Jahresabschlussprüfungen – verschiedene Prüfungsobjekte untersucht werden. Anders als bei Folgeprüfungen ist für eine Wiederholungsprüfung daher kein erneuter Auftrag (→Prüfungsauftrag und -vertrag) bzw. keine erneute →Bestellung des Abschlussprüfers durch den Auftraggeber erforderlich.

Die Notwendigkeit einer Wiederholungsprüfung ergibt sich regelmäßig aus Änderungen des Prüfungsobjektes im zeitlichen Ablauf des →Prüfungsprozesses. Bei Jahresabschlussprüfungen kommen insb. Änderungen der Buchführung von Posten der Bilanz und →Gewinn- und Verlustrechnung (GuV) sowie von Angaben im →Anhang (→Angabepflichten) in Betracht. Derartige Änderungen lösen die Pflicht zur erneuten Durchführung geeigneter Prüfungshandlungen aus, die sich grundsätzlich auf die Auswirkungen der vorgenommenen Änderungen beschränken (→Auswahl von Prüfungshandlungen).

Hinsichtlich der vorgenommenen Änderungen des Prüfungsobjektes ist der Zeitpunkt ihrer Durchführung als Unterscheidungsmerkmal von Bedeutung. Veränderungen, die während der Aufstellungsphase bis zur Beendigung der Abschlussprüfung (→Jahresabschlussprüfung; →Konzernabschlussprüfung) vorgenommen werden, sind jederzeit aus jedem beliebigen Grund möglich und somit Bestandteil des Aufstellungsprozesses. Eine gesonderte Berichtspflicht besteht für den →Abschlussprüfer (APr) nicht.

Erfolgen die Veränderungen dagegen erst nach Erteilung des →Bestätigungsvermerks und Vorlage des →Prüfungsberichtes beim Auftraggeber, wird eine →Nachtragsprüfung gem. § 316 Abs. 3 HGB als spezielle Form der Wiederholungsprüfung erforderlich. Auch Änderungen eines fehlerhaften Jahresabschlusses (→Bilanzfehlerberichtigung) nach erfolgter Feststellung führen zu einer Nachtragsprüfung, über die in einem gesonderten Nachtragsprüfungsbericht als Ergänzung zum bisherigen PrB schriftlich zu berichten ist.

Wiederverkaufspreismethode

Neben den jeweiligen Auswirkungen der vorgenommenen Änderungen sollte der APr auch die Ursachen, die zu den Änderungen geführt haben, näher untersuchen. Änderungen, die erst zu einem späten Zeitpunkt des Aufstellungsprozesses oder sogar erst nach der Entdeckung von Fehlern (→Fehlerarten in der Abschlussprüfung) durch den APr erfolgen, können einen Mangel im →Internen Kontrollsystem (IKS) des Prüfungsobjektes darstellen, über den je nach Schweregrad im →Managementletter oder im PrB zu berichten ist (→Internes Kontrollsystem, Prüfung des).

Literatur: ADS: Rechnungslegung und Prüfung der Unternehmen, Teilband 7, 6. Aufl., Stuttgart 1998, Kommentierung des § 316 HGB, Rn. 53 f.; IDW (Hrsg.): WPH 2006, Band I, 13. Aufl., Düsseldorf 2006, Abschn. Q, Rn. 675.

Frank Bertram

Wiederverkaufspreismethode
→Verrechnungspreise, steuerrechtliche

Willkürreserven →Stille Reserven und Lasten

Winter-Report →Corporate Governance in der EU

Wird-Ist-Vergleich →Kontrollsysteme

Wird-Wird-Vergleich →Kontrollsysteme

Wirtschaftliche Verhältnisse

Die Prüfung der wirtschaftlichen Verhältnisse umfasst im Gegensatz zu jener der →rechtlichen Verhältnisse die Prüfung der →Vermögenslage, →Finanzlage und →Ertragslage insgesamt. Entsprechend § 264 Abs. 2 HGB (Generalnorm der Rechnungslegung) hat der JA ein den tatsächlichen Verhältnissen entsprechendes Bild der Vermögens-, Finanz- und Ertragslage zu vermitteln (→True and Fair View). Gegenstand und Umfang der Prüfung ergeben sich aus § 317 HGB (→Ordnungsmäßigkeitsprüfung). Ergänzend sind aus den §§ 321 [→Prüfungsbericht (PrB)] und 322 HGB [→Bestätigungsvermerk (BestV)] zusätzliche Prüfungspflichten abzuleiten. Darüber hinaus ist die →Jahresabschlussprüfung eines privaten Unternehmens gem. § 53 →Haushaltsgrundsätzegesetz (HGrG) auf Verlangen einer Gebietskörperschaft um die Prüfung der Ordnungsmäßigkeit der Geschäftsführung (→Geschäftsführungsprüfung) und die Prüfung der wirtschaftlichen Verhältnisse zu erweitern (→Jahresabschlussprüfung, erweiterte), wenn der Gebietskörperschaft die Mehrheit der Anteile an dem Unternehmen gehört (→öffentliche Unternehmen). Zum Inhalt dieser Prüfung hat das →*Institut der Wirtschaftsprüfer in Deutschland e.V.* (*IDW*) einen Fragenkatalog entwickelt (IDW PS 720).

Bereits zu Beginn der Jahresabschlussprüfung (→Konzernabschlussprüfung) erfolgt im Rahmen der →Prüfungsplanung eine vorläufige Beurteilung der wirtschaftlichen Verhältnisse z. B. durch Vergleich wesentlicher Kennzahlen mit denen des Vorjahres (→Kennzahlen und Kennzahlensysteme als Kontrollinstrument; →zeitlicher Vergleich; →Abweichungsanalyse; →Verprobung), die im weiteren Verlauf der Prüfung konkretisiert wird. Zur Beurteilung der wirtschaftlichen Verhältnisse ist eine Analyse des Vermögens- und Kapitalaufbaus, der Eigenkapitalausstattung (→Eigenkapital) und Gewinnverwendung (→Ergebnisverwendung) sowie der Wirtschaftlichkeit und der Erfolgsquellen durchzuführen.

Die Prüfung der wirtschaftlichen Verhältnisse erfolgt dabei nicht als eigenes →Prüffeld, sondern im Zusammenhang mit der Prüfung des Jahresabschlusses insgesamt unter Berücksichtigung aller im Rahmen der Prüfung gewonnenen Erkenntnisse.

Die Dokumentation der →Auftragsdurchführung hat in den →Arbeitspapieren des Abschlussprüfers zu erfolgen, zu den Ergebnissen der Prüfung ist im →Prüfungsbericht (PrB) Stellung zu nehmen. Dabei ist darauf einzugehen, ob die Generalnorm des § 264 Abs. 2 HGB hinsichtlich der Abbildung eines den tatsächlichen Verhältnissen entsprechenden Bildes der Vermögens-, Finanz- und Ertragslage beachtet wurde. Hierzu sind neben der Stellungnahme zur Lagebeurteilung der gesetzlichen Vertreter insb. wesentliche Bewertungsgrundlagen (→Bewertungsgrundsätze), deren Änderungen (→Änderung der Bilanzierungs- und Bewertungsmethoden; →Änderung der Bewertungsannahmen) sowie sachverhaltsgestaltende Maßnahmen (→bilanzpolitische Gestaltungsspielräume nach HGB) darzustellen. Soweit der Umfang der Jahresabschlussprüfung gem. § 53 HGrG erweitert wurde, ist in einer Anlage zum PrB über die Jahresabschlussprüfung oder ggf. in einem gesonderten Anlagenband über diese Prüfung gem. IDW PS 720 zu berichten.

Abschließend ist das Ergebnis der Jahresabschlussprüfung (→Prüfungsurteil) im →Bestätigungsvermerk (BestV) zusammenzufassen. Es ist eine Erklärung darüber abzugeben, inwieweit der JA unter Beachtung der GoB (→Grundsätze ordnungsmäßiger Buchführung, Prüfung der) ein den tatsächlichen Verhältnissen entsprechendes Bild der Vermögens-, Finanz- und Ertragslage vermittelt und ob der →Lagebericht eine zutreffende Vorstellung von der Lage des Unternehmens gibt.

Literatur: IDW (Hrsg.): IDW Prüfungsstandard: Fragenkatalog zur Prüfung der Ordnungsmäßigkeit der Geschäftsführung und der wirtschaftlichen Verhältnisse nach § 53 HGrG (IDW PS 720, Stand: 14. Februar 2000), in: WPg 53 (2000), S. 326–331.

Andreas Otter

Wirtschaftliches Umfeld

Das wirtschaftliche Umfeld ist gem. IDW PS 230 und ISA 315 ein wesentlicher Bestandteil der Prüfungshandlungen (→Auswahl von Prüfungshandlungen) im Rahmen der Abschlussprüfung (→Jahresabschlussprüfung; →Konzernabschlussprüfung). Sie bildet zusammen mit fundierten Kenntnissen über die Geschäftstätigkeit des zu prüfenden Unternehmens die Grundlage, das Fehlerrisiko (→Prüfungsrisiko) sachgerecht einzuschätzen und eine effektive →Prüfungsplanung und -durchführung (→Auftragsdurchführung) zu gewährleisten. Die bei der Prüfung des wirtschaftlichen Umfelds erworbenen Kenntnisse ermöglichen dem →Abschlussprüfer (APr) die pflichtgemäße Ermessensausübung in allen Phasen der Prüfung. Dies gilt z. B. für die Beurteilung der Ausführungen im →Lagebericht ebenso wie für die Prüfung des →Risikomanagementsystems (→Risikomanagementsystem, Prüfung des). Durch die Weiterentwicklung →risikoorientierter Prüfungsansätze in Richtung einer geschäftsrisikoorientierten Prüfung (sog. Business Audit) hat die Prüfung des wirtschaftlichen Umfelds an Stellenwert gewonnen.

Die auf das Unternehmensumfeld gerichteten Prüfungshandlungen umfassen die zielgerichtete Gewinnung und Analyse von Informationen über die aktuell vorherrschenden Rahmenbedingungen sowie die sich abzeichnenden Entwicklungen im wirtschaftlichen Umfeld des Unternehmens. Die Sammlung und Auswertung relevanter Informationen erfolgt in einem kontinuierlichen Prozess über die gesamte Abschlussprüfung. Bereits vor der Auftragsannahme muss sich der APr ein vorläufiges Bild von dem potenziellen Mandanten und seinem Umfeld verschaffen, um auf dieser Grundlage über die Annahme des Prüfungsauftrages zu entscheiden (→Auftragsannahme und -fortführung). Nach der Auftragsannahme hat er seine Kenntnisse über das wirtschaftliche Umfeld des zu prüfenden Unternehmens zu vertiefen und fortlaufend zu aktualisieren. Hierbei kann sich der APr auf unterschiedliche Informationsquellen stützen, wie z. B. persönliche Gespräche (mit Mitarbeitern des zu prüfenden Unternehmens, Kollegen aus der Wirtschaftsprüfungspraxis oder sonstigen sachkundigen Personen), Veröffentlichungen über das Unternehmen oder die Branche [Geschäftsberichte (→Geschäftsberichte, Prüfung von), Branchenberichte, öffentliche Statistiken etc.], Datenbanken oder Auskunfteien.

Um eine systematische Erfassung von Informationen über das wirtschaftliche Unternehmensumfeld sicherzustellen, bietet es sich an, dieses in verschiedene Bereiche zu gliedern. In einer umfassenden Sichtweise kann zunächst zwischen dem globalen Umfeld und der Branche differenziert werden, wobei Ersteres häufig in weitere Teilbereiche untergliedert wird (Welge/Al-Laham 2003, S. 185–201). Nachfolgend sind exemplarisch einige Aspekte genannt, die bei der Prüfung des wirtschaftlichen Umfelds regelmäßig von Bedeutung sind.

Globales Umfeld:

- politisch-rechtliches Umfeld: Regulierung, politische Stabilität,
- makroökonomisches Umfeld: konjunkturelle Lage, Zinsniveau, Inflation, Wechselkurse,
- technologisches Umfeld: technologischer Fortschritt (Schnelligkeit, Ausmaß) sowie
- sozio-kulturelles Umfeld: Wertewandel, Demographie.

Branche:

- Marktwachstum,
- Anzahl und Größe der Wettbewerber,

- Rivalität unter den Wettbewerbern,
- Verhandlungsmacht von Kunden und Lieferanten sowie
- Bedrohung durch Ersatzprodukte und neue Wettbewerber.

Da die Umfeldanalyse ein zentrales Element der strategischen →Planung ist, sind in diesem Bereich verschiedene Methoden zur Analyse des Unternehmensumfelds entwickelt worden. Zu diesen Methoden, die auch vom APr bei der Prüfung des wirtschaftlichen Umfeldes genutzt werden können, gehören vor allem die SWOT-Analyse und das Modell der „Five Forces" von *Porter*.

Literatur: IDW (Hrsg.): Kenntnisse über die Geschäftstätigkeit sowie das wirtschaftliche und rechtliche Umfeld des zu prüfenden Unternehmens im Rahmen der Abschlussprüfung (IDW PS 230, Stand: 8. Dezember 2005), in: WPg 53 (2000), S. 842–846 sowie WPg 59 (2006), S. 218; Schmidt, S.: Geschäftsverständnis, Risikobeurteilungen und Prüfungshandlungen des Abschlussprüfers als Reaktion auf beurteilte Risiken, in: WPg 58 (2005), S. 873–887; Welge, M. K./Al-Laham, A.: Strategisches Management, 4. Aufl., Wiesbaden 2003.

Peter Kajüter

Wirtschaftlichkeits- und Zweckmäßigkeitsprüfung

Unter Prüfung versteht man die Durchführung eines Vergleichs (→Soll-Ist-Vergleich; →Prüfungstheorie; →messtheoretischer Ansatz). Ein Vergleich erfordert zumindest zwei Vergleichsgrößen, die wenigstens ein gemeinsames Merkmal haben und in geeigneter Form einander gegenübergestellt werden. Bei einer Prüfung werden die Vergleichsgrößen in eine Ordnung gebracht, wobei eine den Maßstab für den zu beurteilenden Sachverhalt bildet. Die Prüfung wird damit zu einem Zielsetzungsvergleich.

Prüfungen verfolgen den Zweck, im Hinblick auf ein bestimmtes Soll die Übereinstimmung eines gegebenen Sachverhalts zu ermitteln bzw. nachzuweisen und Fehler bzw. Fehlerursachen zu erkennen sowie Ansatzpunkte für Verbesserungen aufzuzeigen (→Abweichungsanalyse). Jede Prüfung verlangt dabei zunächst das Vorhandensein oder die Aufstellung eines für den zu prüfenden Sachverhalt zu fordernden Sollobjektes. Danach sind die tatsächlichen Gegebenheiten des Prüfungsobjektes, d.h. sein Ist-Zustand, festzustellen, eine Untersuchung seiner Übereinstimmung mit dem Soll vorzunehmen und Abweichungen zu ermitteln, um letztlich zu einem Urteil i. S. d. Prüfungszweckes zu gelangen. Prüfungen ermöglichen somit die Verbesserung des Ist-Zustandes und der angeordneten Regelungen.

Nach der Zielsetzung der Prüfung kann nach →Ordnungsmäßigkeitsprüfung, Sicherheits- sowie Wirtschaftlichkeits- und Zweckmäßigkeitsprüfungen unterschieden werden.

Bei der Wirtschaftlichkeitsprüfung werden an das Prüfungsobjekt betriebswirtschaftliche Maßstäbe angelegt. Betriebliche Sachverhalte und Abläufe werden darauf untersucht, ob sie dem ökonomischen Prinzip entsprechen. Als Basis der Prüfung dient damit eine Zweck-Mittel-Relation. Geprüft wird, ob ein Ziel mit den gegebenen Mitteln bestmöglich, d.h. mit einem möglichst hohen Nutzen, erreicht worden ist (Maximalprinzip) oder ob ein vorgegebenes Ziel mit geringstem Aufwand hätte erreicht werden können (Minimalprinzip). Dabei ist von den verfügbaren sachlichen Faktoren und personellen Kräften, unter Berücksichtigung der Umweltverhältnisse und unter Beachtung vorhandener metabetrieblicher Normen, auszugehen.

Bei der Zweckmäßigkeitsprüfung werden Einrichtungen und Vorgänge hinsichtlich der Eignung zur effizienten Erfüllung ihrer Aufgaben betrachtet (Peemöller 2004, S. 155).

Für Wirtschaftlichkeits- und Zweckmäßigkeitsprüfungen finden sich keine eindeutig formulierten Normen (→Prüfungsnormen). Es müssen anhand von betriebswirtschaftlichen Analysen der Prozesse Vergleichsgrößen erarbeitet werden. Die Aufgabe des Prüfers besteht darin, die Zielsetzungen der Unternehmensführung zu ermitteln und zu untersuchen, ob das jeweilige Prüfungsobjekt als Mittel der Zielerreichung geeignet ist, sowie zu prüfen, inwieweit es die vergleichsweise günstigste Ausgestaltung erfahren hat. Dadurch entstehen unscharfe Beurteilungsmaßstäbe, sodass Abweichungen von einem Soll-Objekt nicht mehr eindeutig als Fehler qualifiziert werden können (Peemöller/Richter 2000, S. 79). Der Prüfer wird deshalb versuchen, eine weitere Konkretisierung anhand seines Erfahrungsschatzes vorzunehmen, der vom jeweiligen Erfahrungshorizont abhängig ist. Durch die Bildung von Vergleichszahlen (→betriebswirtschaftlicher Vergleich; →zeitlicher Vergleich; →überbetriebliche Vergleiche) gewinnt er weitere Anhaltspunkte. Hilfreich können dazu auch Benchmarks (→Benchmarking) sein.

Insgesamt besteht bei der Konkretisierung der →Prüfungsnormen aus ihren Quellen oder durch entsprechende Ableitung aus Vergleichsgrößen das Problem, dass der Prüfer auch die Informanten und die Kommunikationswege für die Vergleichsmaßstäbe bei seiner Informationsgewinnung zu beurteilen hat (Peemöller 1978, S. 86). Es sind deshalb die Informationsquellen zu begutachten und den Möglichkeiten der Manipulation der Informationen nachzugehen, da dadurch die Vergleichsmaßstäbe für die →Prüfungsurteile falsch sein könnten. Sind die Prüfungsnormen im Einzelnen erfasst und weitestgehend konkretisiert, sind sie in eine Rangordnung zu bringen. In vielen Fällen wird der Prüfer zu entscheiden haben, welche der verfügbaren Maßstäbe auf ein bestimmtes Prüfungsobjekt anzuwenden sind, und welches Gewicht ihnen dabei zukommt. Die ökonomischen Zielnormen haben im Rahmen der restriktiven Bedingungen gesetzgeberischer Normen absolute Gültigkeit. Voraussetzung für die Anwendung der Normen in der Prüfung ist ihre Vorgabe für den Geprüften. Insofern kann keine Wirtschaftlichkeitsprüfung durchgeführt werden, wenn von den Geprüften das sklavische Abarbeiten von Verfahrensvorschriften verlangt wird.

Bei einer Wirtschaftlichkeitsprüfung steht die Kritik am Ist-Zustand nicht im Vordergrund. Stärkeres Gewicht wird auf die nachfolgende konstruktive Phase gelegt. So ergeben sich Empfehlungen zur Verbesserung der →Geschäftsprozesse der Organisation (→Organisationsberatung) sowohl hinsichtlich der Wirtschaftlichkeit als auch der Zielerreichung (IIR 2005, Praktischer Ratschlag 2100–1). Die Prüfung nimmt damit zunehmend Züge einer Beratungstätigkeit an, da die von der Prüfungsinstitution entwickelten Soll-Objekte als Gestaltungsempfehlung dienen. Diese Entwicklung erhöht die Anforderungen an die kommunikativen und interpersonellen Kompetenzen des Prüfers. Er wird nur dann die Akzeptanz der Geprüften als kompetenter Gesprächspartner finden, wenn er sie vom entwickelten Soll-Zustand überzeugen kann. Neben diesen kommunikativen und interpersonellen Kompetenzen des Prüfers muss er aber auch über die entsprechende Sachkenntnis bzgl. der geprüften Vorgänge und Sachverhalte verfügen. Gefordert ist zudem eine systematische Betrachtungsweise der Prozesse und Institutionen, die einer Prüfung unterzogen werden. Dazu ist die Vollständigkeit eines Prozesses hinsichtlich →Planung, Durchführung und Kontrolle (→Kontrolltheorie; →Kontrollsysteme) zu ermitteln, die Zuordnung der Kompetenzen was Entscheidung, Ausführung und Kontrolle betrifft festzustellen und zu analysieren, ob die Informationsbasis für die Entscheidungs- und Aufgabenträger ausreichend ist. Die Prüfung bleibt damit nicht auf den Einzelfall beschränkt, sondern soll die Geprüften in die Lage versetzen, in der Zukunft die erforderlichen Abwägungen selbst vorzunehmen. Wirtschaftlichkeits- und Zweckmäßigkeitsprüfungen verlangen insofern andere und zusätzliche Kompetenzen fachlicher und persönlicher Art des Prüfers im Vergleich zur Ordnungsmäßigkeitsprüfung.

Die Unternehmensführung verlangt Wirtschaftlichkeits- und Zweckmäßigkeitsprüfungen zur Unterstützung ihrer Entscheidungen, denn die Maxime des Unternehmens besteht in der Wirtschaftlichkeit. Daneben sind aber auch die Ordnungsmäßigkeit und die Sicherheit zu gewährleisten. Welche Bedeutung diesen drei Prüfungszielen im Unternehmen zukommt, entscheidet die Unternehmensführung.

Literatur: IIR: Grundlagen der Internen Revision, Praktische Unterweisung 2100–1, Frankfurt a.M. 2002; Peemöller, V. H.: Management Auditing, Berlin 1978; Peemöller, V. H./Richter, M.: Entwicklungstendenzen der Internen Revision, Berlin 2000; Peemöller, V. H.: Interner Revisor, in: Förschle, G./Peemöller, V. H. (Hrsg.): Wirtschaftsprüfung und Interne Revision, Heidelberg 2004, S. 151–197.

Volker H. Peemöller

Wirtschaftlichkeitsberechnungen

Ökonomisches Handeln erfordert eine Orientierung an der *Wirtschaftlichkeit*. Diese wird gemessen als Verhältnis zwischen Input und Output, wobei eine (positive) Wirtschaftlichkeit gegeben ist, wenn das Ergebnis des Prozesses (Output) größer ist als der Mitteleinsatz (Input).

Zur Beurteilung der Wirtschaftlichkeit von (geplanten) →Investitionen werden Wirtschaftlichkeits(be)rechnungen verwendet. Hierzu zählen i.w.S. auch Analysen zur →Planung und Kontrolle (→Kontrolltheorie) der

Wirtschaftlichkeit betrieblicher Aktionen in Form von *Planungsrechnungen* [z. B. zur Entscheidung →Eigenfertigung versus Fremdbezug, zur Ermittlung optimaler Bestellmengen (→Bestandsplanung und -kontrolle), optimaler Losgrößen oder optimaler Produktionsprogramme (→Produktionscontrolling)] sowie *kennzahlengestützten Analysen* (→Kennzahlen und Kennzahlensysteme als Kontrollinstrument).

Investitionsrechnungen als Wirtschaftlichkeitsberechnungen i.e.S. lassen sich in statische und dynamische Verfahren unterscheiden.

Statische Verfahren beurteilen Investitionsprojekte auf Basis von →Kosten und Leistungen bzw. →Aufwendungen und Erträgen. Da ein während der Laufzeit der Investition gleichmäßiger Verlauf dieser Größen unterstellt wird, muss lediglich die erste oder eine fiktive Durchschnittsperiode betrachtet werden. In Abhängigkeit von den hierbei einbezogenen Größen lassen sich →Kostenvergleichsrechnung, Gewinnvergleichsrechnung und Rentabilitätsrechnung unterscheiden.

Diese vergleichsweise einfachen Verfahren werden in der Praxis gerne angewendet. Allerdings ist die Betrachtung einer Durchschnittsperiode problematisch. Aufgrund der Nichtberücksichtigung des Faktors Zeit bleiben Zins- und Zinseszinseffekte unberücksichtigt. Dadurch können die statischen Verfahren zu ungenauen oder gar falschen Ergebnissen führen.

Dynamische Verfahren ziehen zur Beurteilung einer Investition die durch diese über die gesamte →Nutzungsdauer ausgelösten Zahlungsströme heran. Der unterschiedliche zeitliche Anfall der einzelnen Ein- und Auszahlungen wird durch finanzmathematisches Auf- bzw. Abzinsen berücksichtigt. Bei der *Kapitalwertmethode* werden alle zukünftigen Einzahlungen (e_t) und Auszahlungen (a_t) mithilfe eines Kalkulationszinsfußes (→Kalkulationszinssatz) (i) auf den Entscheidungszeitpunkt (t_0) abgezinst:

$$K_0 = -a_0 + (e_t - a_t) \cdot (1 + i)^{-t},$$

wobei gilt: a_0 = Anfangsinvestition, t = Periode/Nutzungsjahr, n = Nutzungsdauer in Jahren.

Eine Investition ist vorteilhaft, wenn der Kapitalwert (K_0) > 0 ist. Dann erwirtschaftet die Investition einen höheren Vermögenszuwachs als eine alternativ mögliche Anlage zum Kalkulationszinsfuß. Bei mehreren Alternativen ist diejenige mit dem höchsten Kapitalwert zu wählen.

Eine Variante der Kapitalwertmethode ist die *Annuitätenmethode*, bei der der Kapitalwert einer Investition in gleiche Jahresraten umgerechnet wird. Hingegen werden bei der *Endwertmethode* die Ein- und Auszahlungen auf den Endzeitpunkt der Investition aufgezinst.

Die *Interne Zinsfußmethode* ermittelt einen kritischen Zinsfuß (i*), bei dem der Barwert einer Investition 0 entspricht. Es gilt:

$$-a_0 + (e_t - a_t) \cdot (1 + i^*)^{-t} = 0.$$

Eine Investition ist vorteilhaft, wenn deren interner Zinsfuß mindestens einer geforderten Verzinsung entspricht. Bei mehreren Alternativen ist jene mit der höchsten Rentabilität zu wählen.

Die *Amortisationsrechnung* (Kapitalrückflussrechnung) ermittelt den Zeitpunkt, bis zu dem die Anschaffungsauszahlung einer Investition durch Einzahlungsüberschüsse wieder erwirtschaftet wird. Auch hier ist die dynamische Variante vorzuziehen, da diese zusätzlich die auf die Auszahlung entfallenden Zinsen und Zinseszinsen bis zum Amortisationszeitpunkt berücksichtigt.

Diese Rechnungen basieren allerdings auf diversen Annahmen: Neben der Prämisse des vollkommenen Kapitalmarktes erweist sich in der Praxis der Zurechnung der Zahlungsströme auf ein einzelnes Investitionsobjekt als problematisch. Zudem wird eine sichere Prognose der verwendeten Daten (z. B. Nutzungsdauer, Zahlungszeitpunkte) nur selten möglich sein. Trotzdem lassen sich durch dynamische Investitionsrechnungen, gerade bei mittel- und langfristigen Investitionsvorhaben, wertvolle Informationen zur Beurteilung der Wirtschaftlichkeit gewinnen.

Literatur: Däumler, K.-D.: Grundlagen der Investitions- und Wirtschaftlichkeitsrechnung, 11. Aufl., Herne/Berlin 2003; Fischbach, S.: Lexikon Wirtschaftsformeln und Kennzahlen, 3. Aufl., Landsberg/Lech 2006; Perridon, L./Steiner, M.: Finanzwirtschaft der Unternehmung, 13. Aufl., München 2004.

Sven Fischbach

Wirtschaftlichkeitskontrolle →Grenzplankostenrechnung

Wirtschaftlichkeitsprüfung →Wirtschaftlichkeits- und Zweckmäßigkeitsprüfung

Wirtschaftlichkeitsrechnungen
→Wirtschaftlichkeitsberechnungen

Wirtschaftsausschuss →Mitbestimmung

Wirtschaftsbericht

Gem. § 289 Abs. 1 HGB sind im →Lagebericht der Geschäftsverlauf einschl. des Geschäftsergebnisses (→Jahresergebnis) und die Lage der Gesellschaft so darzustellen, dass ein den tatsächlichen Verhältnissen entsprechendes Bild vermittelt wird. Darüber hinaus ist eine Analyse des Geschäftsverlaufs und der Lage der Gesellschaft vorzunehmen, wobei finanzielle Leistungsindikatoren einzubeziehen und unter Bezugnahme auf die im JA ausgewiesenen Beträge und Angaben zu erläutern sind (Verknüpfung mit JA).

Die *Prüfung* des Verlaufs der Geschäftstätigkeit kann infolge des engen Bezugs zum JA bereits im Rahmen der →Jahresabschlussprüfung vorgenommen werden. Die Angaben zur Darstellung des Geschäftsverlaufs sind dahingehend zu prüfen, ob sie den Grundsätzen ordnungsmäßiger Lageberichterstattung entsprechen. Darunter ist jedoch nicht ein bereits im Rahmen des Jahresabschlusses vermitteltes Bild der →Vermögenslage, →Finanzlage und →Ertragslage zu verstehen, sondern der Lagebericht soll mit zusätzlichen Informationen dazu verhelfen, dass ein tatsächliches Bild der Lage der Gesellschaft (→True and Fair View) vermittelt werden kann. Der Geschäftsverlauf ist vor dem Hintergrund der gesamtwirtschaftlichen und branchenspezifischen Rahmenbedingungen zzgl. der dafür ursächlichen Ereignisse darzustellen und um die Einschätzung der Unternehmensleitung zu ergänzen (DRS 15.43), die zu beurteilen hat, ob die Geschäftsentwicklung günstig oder ungünstig verlaufen ist (Wettbewerbssituation, Marktstellung) (DRS 15.44).

Der →Abschlussprüfer (APr) hat sich ein Urteil darüber zu bilden, ob alle wesentlichen Angaben enthalten sind, die für eine zutreffende Beurteilung der wirtschaftlichen Gesamtlage notwendig sind; dazu zählen bspw. Ausführungen zu Marktstellungen und Auftragseingang, Produktion und Beschäftigung, über die Entwicklung einzelner Unternehmensbereiche sowie weiterführende Informationen, die aus dem JA nicht hervorgehen und darüber hinaus, ob Aussagen im Einklang mit dem JA und den gewonnenen Prüfungserkenntnissen stehen.

Der APr hat in diesem Zusammenhang die wesentlichen Einflussfaktoren der Vermögens-, Finanz- und Ertragslage zu analysieren, die z. B. mithilfe von betriebswirtschaftlichen Kennzahlen (→Kennzahlen und Kennzahlensysteme als Kontrollinstrument) abgebildet werden können und wodurch insb. im Branchenvergleich (→Benchmarking; →überbetriebliche Vergleiche; →betriebswirtschaftlicher Vergleich) die Beurteilung bestimmter Entwicklungen und Ursachen möglich ist. Hier hat der APr das Geschäftsergebnis und die wesentlichen finanziellen Leistungsindikatoren zu analysieren, die eine Beurteilung bestimmter Entwicklungen und deren Ursachen ermöglichen (IDW EPS 350 n.F.16). Unter finanziellen Leistungsindikatoren sind Kennzahlen, wie z. B. Rentabilitäts-, Finanzierungskennzahlen und Kennzahlen zur Kapitalstruktur, zu verstehen (→Rentabilitätsanalyse; →Finanzkennzahlensystem; →Kapitalstruktur, optimale), die auch für die →Jahresabschlussanalyse verwendet werden (→Jahresabschlussanalyse, Methoden der); diese sind angemessen zu definieren und ggf. aus den Zahlen des Jahresabschlusses abzuleiten; ihre Anwendung ist grundsätzlich stetig beizubehalten (→Stetigkeit) (IDW RH HFA 1.007).

Darüber hinaus sind in die Beurteilung der Lage des Unternehmens auch solche Informationen einzubeziehen, die wesentlich für die Gesamtsituation des Unternehmens erscheinen; dazu zählen bspw. organisatorische Besonderheiten, die Beziehungen des Unternehmens zu Lieferanten, Abnehmern und Kapitalgebern sowie das Ansehen des Unternehmens in der Öffentlichkeit.

Sofern die Informationen aus internen Quellen stammen, die nicht unmittelbarer Bestandteil der Abschlussprüfung sind, hat der APr deren Zuverlässigkeit zu beurteilen. Bei Angaben aus externen Quellen, wie bspw. Branchenvergleichszahlen, hat sich der APr die Quellen nachweisen zu lassen (→Nachweisprüfungshandlungen).

Bei wertenden Aussagen hat sich der APr davon zu überzeugen, dass trotz der zwangsläufig subjektiven Berichterstattung der Geschäftsführung, die Angaben so gemacht sind, dass sie sich mit dem Verständnis, das der APr

Wirtschaftsethik

im Rahmen der Prüfung über die Lage der Gesellschaft gewonnen hat, decken.

Die Form der Darstellung ist so zu wählen, dass kein falscher Eindruck von der Lage der Gesellschaft vermittelt wird. Dies kann bspw. durch das Weglassen bestimmter Informationen oder durch eine mögliche Fehlinterpretation der Gewichtung wesentlicher und unwesentlicher Informationen hervorgerufen werden. Der APr hat sich von der sachgerechten Darstellungsform zu überzeugen (IDW EPS 350 n.F.19).

Literatur: IDW (Hrsg.): Entwurf einer Neufassung des IDW Prüfungsstandards: Prüfung des Lageberichts (IDW EPS 350 n.F., Stand: 18. Oktober 2005), in: WPg 58 (2005a), S. 1224; IDW (Hrsg.): IDW Rechnungslegungshinweis: Lageberichterstattung nach § 289 Abs. 1 und 3 HGB bzw. § 315 Abs. 1 HGB in der Fassung des Bilanzrechtsreformgesetzes (IDW RH HFA 1.007, Stand: 18. Oktober 2005), in: WPg 58 (2005b), S. 1234–1235; Marten, K.-U./Quick, R./Ruhnke, K.: Wirtschaftsprüfung, 2. Aufl., Stuttgart 2003.

Heiko Engelhardt

Wirtschaftsethik → Berufsethik des Wirtschaftsprüfers

Wirtschaftsforschung, experimentelle → Empirische Forschung im Prüfungswesen

Wirtschaftsführung → Bundes- und Landeshaushaltsordnung

Wirtschaftsgüter, geringwertige → Bilanzpolitische Gestaltungsspielräume nach Steuerrecht

Wirtschaftsgut

Der Begriff des Wirtschaftsgutes ist insb. im Rahmen der steuerlichen Gewinnermittlung von Relevanz, die auf dem Prinzip des Betriebsvermögensvergleichs (§ 4 Abs. 1, § 5 EStG) beruht. Dabei ergibt sich das Betriebs(rein)vermögen als Saldo der in der Vermögensübersicht oder Steuerbilanz (§ 4 Abs. 2 EStG) erfassten positiven und negativen Wirtschaftsgüter (→ Gewinnermittlungsmethoden, steuerrechtliche).

Ebenso wie die *handelsrechtlichen* Begriffe des → Vermögensgegenstandes oder der → Schuld gehört der *steuerliche* Begriff des Wirtschaftsgutes zu den *unbestimmten Rechtsbegriffen*: Das EStG lässt eine Begriffsabgrenzung vermissen und erschöpft sich – vornehmlich zu Bewertungszwecken – in einer Aufzählung der als Wirtschaftsgüter zu verstehenden aktiven und passiven Bilanzposten (§ 6 Abs. 1 EStG).

Die ständige Rspr. des *BFH* geht aufgrund der Maßgeblichkeit der Handelsbilanz für die Steuerbilanz (→ Maßgeblichkeitsprinzip) grundsätzlich von einer *inhaltlichen Übereinstimmung* der Begriffe des positiven Wirtschaftsgutes und des Vermögensgegenstandes einerseits sowie des negativen Wirtschaftsgutes und der Schuld andererseits aus. Diese Übereinstimmung wird jedoch z.T. durch explizite steuerliche Regelungen *konterkariert* (s. unten). Dies entspricht auch der Intention des Gesetzgebers mit dem Begriff des Wirtschaftsgutes einen *eigenständigen steuerlichen Begriff* zu schaffen.

Unter *positiven Wirtschaftsgütern* versteht die Rspr. in erster Linie *Sachen* (§ 90 BGB) oder Rechte sowie sonstige vermögenswerte Vorteile, zu deren *Erwerb Ausgaben* notwendig waren. Sie müssen einen über den Bilanzierungszeitraum (das Wirtschaftsjahr) hinausgehenden zukünftigen *Nutzen* stiften und *selbstständig bewertbar* sein. Dies bedeutet, dass beim (fiktiven) Erwerb des gesamten Unternehmens ein besonderes Entgelt im Rahmen des Gesamtkaufpreises anzusetzen wäre. Hieraus folgt, dass für Wirtschaftsgüter *nicht zwingend* eine *Einzelverwertbarkeit* gefordert wird, ausreichend ist eine Verwertungsmöglichkeit im Rahmen der Veräußerung des Gesamtbetriebes.

Der Begriff des positiven Wirtschaftsgutes ist demnach *weiter* gefasst als der des Vermögensgegenstandes. Dies zeigt sich z. B. am → Geschäfts- oder Firmenwert, der steuerlich als Wirtschaftsgut zu sehen ist, handelsrechtlich aufgrund seiner fehlenden Einzelverwertbarkeit jedoch nicht zu den Vermögensgegenständen zählt.

Zu den im Gesetz genannten positiven Wirtschaftsgütern zählen abnutzbares und nicht abnutzbares → Anlagevermögen sowie → Umlaufvermögen (§ 6 Abs. 1 Nr. 1–2a EStG). Die in § 5 Abs. 5 Satz 1 Nr. 1 EStG explizit geregelten aktiven → Rechnungsabgrenzungsposten gehören nicht zu den Wirtschaftsgütern.

Vergleicht man die Definition des positiven Wirtschaftsgutes mit der *Definition des* → *As-*

set in den →*International Financial Reporting Standards (IFRS)*, so ist eine größere Übereinstimmung festzustellen. So fordern auch die IFRS nicht zwingend eine Einzelverwertbarkeit, sondern sehen als Asset eine „Ressource [...] von der erwartet wird, dass dem Unternehmen aus ihr künftiger wirtschaftlicher Nutzen zufließt" [F. 49(a)], sofern dieser Nutzenzufluss wahrscheinlich ist und die Werte verlässlich ermittelt werden können (F. 83).

Für den Ansatz *negativer Wirtschaftsgüter* verlangt die Rspr. *zukünftige Ausgaben*, die zum Abfluss positiver Wirtschaftsgüter führen und somit eine *zukünftige Belastung* darstellen. Weiterhin müssen sie im oben genannten Sinne selbständig bewertbar sein. Allerdings werden diese Bedingungen *durch explizite steuerliche Regelungen unterlaufen*, so existiert ein steuerliches Passivierungsverbot für Drohverlustrückstellungen (§ 5 Abs. 4a EStG), dem eine handelsrechtliche Passivierungspflicht gegenübersteht (§ 249 Abs. 1 HGB) (→Rückstellungen). Insoweit ist der Begriff des negativen Wirtschaftsgutes faktisch *enger* zu sehen als die Begriffe der Schuld des HGB bzw. der →*Liability* der IFRS [F. 49(b)].

Als negative Wirtschaftsgüter nennt das Gesetz →Verbindlichkeiten und →Rückstellungen (§ 6 Abs. 1 Nr. 3 und 3a EStG). Passive Rechnungsabgrenzungsposten sind keine Wirtschaftsgüter (§ 5 Abs. 5 Satz 1 Nr. 2 EStG).

Literatur: BFH-Beschluss vom 7.8.2000, Aktz. GrS 2/99, BStBl. II 2000, S. 632–635; Freidank, C.-Chr./Velte, P.: Rechnungslegung und Rechnungslegungspolitik. Eine Einführung aus handels-, steuerrechtlicher und internationaler Sicht in die Rechnungslegung und Rechnungslegungspolitik von Einzelunternehmen, Personenhandels- und Kapitalgesellschaften, Stuttgart 2007; Grefe, C.: Unternehmenssteuern, 9. Aufl., Ludwigshafen 2005; Knobbe-Keuk, B.: Bilanz und Unternehmenssteuerrecht, 9. Aufl., Köln 1993; Schneeloch, D.: Besteuerung und betriebliche Steuerpolitik, Band 1: Besteuerung, 4. Aufl., München 2004.

Bettina Schneider; Wilhelm Schneider

Wirtschaftskriminalität

Wirtschaftskriminalität ist die Gesamtheit der gewaltlos verübten Delikte, die mit einem hohen Maß an Fachwissen, durch illegale Ausnützung des im Wirtschaftsleben notwendigen Vertrauens begangen werden, und die hohe materielle und immaterielle Schäden verursachen, wobei die Nachprüfbarkeit durch unternehmenseigene Möglichkeiten nicht immer gegeben sein muss. Wirtschaftskriminalität ist vielfältig und nicht zuletzt wegen ihrer Abhängigkeit von der wirtschaftlichen, technischen und gesamtgesellschaftlichen Entwicklung sowie von zivil- und verwaltungsrechtlichen Regelungen nicht endgültig zu erfassen. Regelmäßig vorkommende Charakteristika (Gewaltfreiheit, Ausnutzen von Fachwissen und einer Vertrauensposition, Normenverstoß) grenzen die Realdefinition dieses umfänglichen und zunehmenden Deliktsfelds ab.

Bei der Wirtschaftskriminalität handelt es sich nicht um einzelne feststehende Straftaten oder um ein scharf abgrenzbares Deliktsbündel, sondern um ein komplexes Kriminalitätsfeld. Je nach Fachrichtung und Zielsetzungen kann zwischen dem polizeilichen, prüferischen und soziologischen Definitionsansatz unterschieden werden (Mang 2004, S. 5–8).

Der *polizeiliche Definitionsansatz* ist länderspezifisch. In Deutschland z. B. sind Wirtschaftsdelikte definiert als die Gesamtheit der in § 74c Abs. 1 Nr. 1–6 GVG aufgeführten Straftaten sowie Delikte, bei denen der Täter im Rahmen einer wirtschaftlichen Betätigung handelt oder sich der Fassade einer legalen wirtschaftlichen Unternehmung bedient, die über eine Schädigung Einzelner hinaus das Wirtschaftsleben insgesamt beeinträchtigen oder die Allgemeinheit schädigen können und/oder deren Aufklärung besondere kaufmännische Kenntnisse erfordert (Bundeskriminalamt 2004, S. 13 und Burghard et al. 1996, S. 355). In der Schweiz z. B. besteht unter Art. 340 StGB ein Deliktskatalog. Generell werden u. a. folgende Deliktsbereiche darunter subsumiert: Vermögensdelikte, Buchführungsdelikte, Insolvenzdelikte (→Insolvenz), Bestechung, Computerkriminalität, Insiderhandel (→Insidergeschäfte), Finanzplatzkriminalität, Steuerhinterziehung.

Der *prüferische Definitionsansatz* versteht unter wirtschaftskriminellen Handlungen alle Formen von rechtswidrigen Handlungen, die sich im Wirtschaftsleben unter Missbrauch des dort herrschenden Vertrauensprinzips zum Nachteil von Unternehmen, Gesellschaft und Staat ereignen (KPMG 2003, S. 8). Folgende Deliktsarten werden darunter subsumiert: Veruntreuung von Vermögen durch die Geschäftsführung oder Unterschlagung durch Beschäftigte (Asset Misappropriation) (→Unterschlagungsprüfung), →Bilanzfälschung (Financial Misrepresentation), Korruption und Bestechung (Corruption & Bribery), Geldwäscherei (Money Laundering) (→Geldwäschegesetz), Cybercrime, Industriespionage und Informationshandel (Industrial Espionage & Information Brokerage), Produktpiraterie/Fälschungen (Product Piracy/Counterfeiting) (PricewaterhouseCoopers 2003, S. 7).

Der *soziologische Definitionsansatz* stellt die sozialen Merkmale des Täterkreises in den Vordergrund. Der amerikanische Soziologe *Sutherland* führte den Begriff des „white-collar crime" ein, das er als Straftat definierte, die von einer Person mit hohem sozialen Status und aus wirtschaftlich gut gestellten Kreisen im Zusammenhang mit der Berufsausübung ausgeführt wird (Sutherland 1949, S. 9). In den vergangenen Jahren setzte sich die Erkenntnis durch, dass, unabhängig von ihrer Zugehörigkeit zu einer sozialen Schicht, Wirtschaftskriminelle überall zu finden sind und wirtschaftskriminelle Handlungen und Regelüberschreitungen von jeder im Unternehmen beschäftigten Person verübt werden können. Wirtschaftskriminalität wird oft in der Betrachtung unternehmerischer Risiken vernachlässigt [→Früherkennungssysteme, →Risikomanagementsystem (RMS)]. Wirtschaftskriminalität spielt sich an der Schnittstelle dreier Achsen ab: an der Gesellschaft und an ihrem Rechtssystem, an der Unternehmenskultur, -strategie und -struktur sowie an den moralischen Voraussetzungen des Individuums. Auf der Achse des Unternehmens üben insb. die →Corporate Governance und Business Ethics ausschlaggebenden präventiven Einfluss aus (Jung 2005, S. 47). Für die Einschätzung von Risikopotenzial wirtschaftskrimineller Handlungen sind Untersuchungen zur *Täterpsychologie* entscheidend. Aus psychologischer Sicht bestimmen drei Faktoren die Handlung des Wirtschaftskriminellen: das (subjektive) Motiv, die (perzipierte) Gelegenheit und die (Fähigkeit zur) Rationalisierung (Albrecht et al. 1994, S. 29 und Jung 2005, S. 45). Bei kriminellen Handlungen im betrieblichen Umfeld steht die Bereicherungsabsicht und die Gier im Vordergrund. Dazu kommen meistens narzisstisch geprägte Motive, wie Machtgewinn, Geltungssucht und Sozialprestige, und emotional geprägte Motive, wie Frustration, Unzufriedenheit und Rache. Bei Wirtschaftskriminellen handelt es sich überwiegend um Gelegenheitstäter. Gelegenheiten können durch unzureichende Überwachung, Lücken im →Internen Kontrollsystem (IKS), weit reichende Kompetenzen oder übermäßiges Vertrauen entstehen. Jede reale oder wahrgenommene Möglichkeit erhöht die Gefahr einer wirtschaftskriminellen Handlung zum Schaden des Unternehmens beträchtlich. Die psychosoziale Konfliktsituation bewältigt der Täter insb. durch die Rationalisierung, die verstandesmäßige Rechtfertigung seiner Handlung.

Literatur: Albrecht, W. S. et al.: Reducing the Cost of Fraud, in: Internal Auditor, 61 (1994), S. 28–94; Bundeskriminalamt (Hrsg.): Bundeslagebericht Wirtschaftskriminalität 2003, Wiesbaden 2004; Burghard, W. et al. (Hrsg.): Kriminalistik-Lexikon, 3. Aufl., Heidelberg 1996; Hauser, H.: Jahresabschlussprüfung und Aufdeckung von Wirtschaftskriminalität, Baden-Baden 2000; Jung, C. G.: Präventionskonzept zum Schutz vor Wirtschaftskriminalität, in: ST 79 (2005), S. 44–50; KPMG (Hrsg.): Wirtschaftskriminalität in Deutschland 2003/04 – Ergebnisse einer Umfrage bei 1.000 Unternehmen, Köln 2003; Mang, A.: Die ökonomische Evaluation von Wirtschaftskriminalität unter besonderer Berücksichtigung des menschlichen Verhaltens, Frankfurt a.M. 2004; PricewaterhouseCoopers (Hrsg.): Global Economic Crime Survey 2003; Sutherland, E. H.: White Collar Crime, NY 1949.

Claude G. Jung

Wirtschaftsprüferkammer

Die *WPK* wurde am 1.11.1961 mit dem In-Kraft-Treten der →Wirtschaftsprüferordnung (WPO) vom 24.7.1961 zur Übernahme der beruflichen Selbstverwaltungsaufgaben als Körperschaft des öffentlichen Rechts geschaffen.

Die *WPK* unterliegt der Rechtsaufsicht durch das *BMWA*. Ein weiteres Element der vom Berufsstand unabhängigen Aufsicht wurde durch das am 1.1.2005 in Kraft getretene APAG eingeführt, das die Errichtung einer →*Abschlussprüferaufsichtskommission* (APAK) vorsieht. Die ausschließlich mit Berufsfremden besetzte *APAK* übt die öffentliche fachbezogene Aufsicht über die *WPK* aus. Dabei steht ihr die Letztverantwortung zu, die besondere Bedeutung bei der Berufsaufsicht (→Berufsaufsicht für Wirtschaftsprüfer, national) und dem Qualitätskontrollverfahren (→Qualitätskontrolle in der Wirtschaftsprüfung) hat. Die Aufsicht betrifft alle Mitglieder der *WPK*, die berechtigt sind, gesetzliche Abschussprüfungen (→Pflichtprüfungen; →Jahresabschlussprüfung; →Konzernabschlussprüfung; →Revisions- und Treuhandbetriebe) durchzuführen. Dies sind ab 2006 alle Mitglieder, die über eine gültige Teilnahmebescheinigung an dem durch die *WPK* organisierten Qualitätskontrollverfahren (→Peer Review) verfügen.

Im Rahmen der Disziplinaraufsicht wird die öffentliche Aufsicht über die WP und →vereidigten Buchprüfer (vBP) auch durch eine außerhalb des Berufsstands bestehende staatliche →Berufsgerichtsbarkeit für Wirtschaftsprüfer einschl. der generalstaatsanwaltlichen Ermittlungsverfahren ausgeübt.

Die *WPK* hat ihren Sitz in Berlin und ist bundesweit zuständig. Sie unterhält derzeit neben der Hauptgeschäftsstelle in Berlin sechs Landesgeschäftsstellen (Berlin, Düsseldorf, Frankfurt, Hamburg, München, Stuttgart). Sie besitzen jedoch keine rechtliche Selbstständigkeit.

Die Wahrnehmung hoheitlicher Aufgaben setzt voraus, dass alle Mitglieder des Berufsstandes kraft Gesetz Mitglieder der *WPK* sind. Für alle WP und WPGes sowie vBP und BPGes in der BRD sowie für diejenigen gesetzlichen Vertreter von WPGes/BPGes (→Revisions- und Treuhandbetriebe), die nicht WP/vBP sind, besteht daher eine Pflichtmitgliedschaft.

Die *WPK* vertritt die Belange und Positionen des Berufsstandes gegenüber der Öffentlichkeit und der Politik und ist Ansprech- sowie Informationspartner ihrer Mitglieder./p> Die Aufgaben, die der *WPK* per Gesetz (§ 57 WPO) übertragen wurden, sind insb.:

- die Berufsaufsicht mit der Zuständigkeit für die Ermittlung und Ahndung der Fälle mit dem Vorwurf geringer Schuld sowie mit einer Ermittlungspflicht auch in den übrigen Fällen (für Fälle mit dem Vorwurf mittlerer und schwerer Schuld ist abschließend die Generalstaatsanwaltschaft Berlin zuständig),
- die Durchführung des Qualitätskontrollverfahrens,
- die Durchführung des bundeseinheitlichen Examens für WP und vBP (→Wirtschaftsprüfungsexamen) sowie
- die Bestellung von Wirtschaftsprüfern und vereidigten Buchprüfern sowie die Anerkennung von WPGes und BPGes (→Revisions- und Treuhandbetriebe) wie auch deren Widerruf (→Errichtung und Erlöschen einer Wirtschaftsprüfungsgesellschaft),
- der Erlass von Regelungen zur Berufsausübung in Form von Berufssatzungen [→Berufssatzung der Wirtschaftsprüferkammer (BS)],
- die Führung des öffentlichen Berufsregisters (→Berufsregister für Wirtschaftsprüfer und Steuerberater).

Organe der *WPK* sind die *Wirtschaftsprüferversammlung*, der *Beirat* und der *Vorstand* sowie die *Kommission für Qualitätskontrolle*. Die Geschäftsführung ist zuständig und vertretungsberechtigt für die Geschäfte der laufenden Verwaltung.

Alle Mitglieder der *WPK* bilden die *Wirtschaftsprüferversammlung*. Sie tritt wenigstens alle 3 Jahre zusammen. Sie ist u. a. für Satzungsänderungen zuständig und wählt die Mitglieder des *Beirates*. Der *Beirat* stellt das Parlament der Berufsangehörigen dar. Er genehmigt u. a.

- die Regelungen einer Zusammenarbeit mit anderen Kammern und Berufsverbänden,
- empfiehlt die berufsständischen Mitglieder der Berufsgerichte (→Berufsgerichtsbarkeit für Wirtschaftsprüfer),
- wählt die Mitglieder der *Aufgaben- und Prüfungskommission* sowie der *Kommission für Qualitätskontrolle*,
- stellt den Wirtschaftsplan fest, genehmigt den JA,
- nimmt den Tätigkeitsbericht des Vorstands entgegen,
- entlastet den Vorstand und
- beschließt die BS sowie die Satzung für Qualitätskontrolle.

Aus seiner Mitte wählt der *Beirat* die Mitglieder des Vorstands mit dem *Präsidenten* und zwei *Vizepräsidenten*. Dem *Beirat* gehören 52 Mitglieder an.

Der *Vorstand* leitet die *WPK*. Er ist grundsätzlich für alle Entscheidungen und Maßnahmen zuständig, die nicht speziell anderen Organen zugewiesen sind. Der *Präsident*, der aus der Mitte des *Vorstands* gewählt wird, vertritt die *WPK* gerichtlich und außergerichtlich. Vertreten wird der *Präsident* durch die zwei *Vizepräsidenten*. Dem *Vorstand* gehören 13 Mitglieder an.

In den Bundesländern wird die Arbeit des Vorstands durch die Landespräsidenten unterstützt. Für das Qualitätskontrollverfahren ist innerhalb der WPK die *Kommission für Qualitätskontrolle*, die 13 Mitglieder hat, verantwortlich.

Die Mitglieder der Organe sind ehrenamtlich tätig. Bei der Besetzung von *Beirat* und *Vorstand* wird dafür Sorge getragen, dass sowohl die Berufsgruppe der WP als auch der vBP entsprechend ihrer Mitgliederstärke vertreten ist und dass ein Gleichgewicht in der regionalen Verteilung beachtet wird. Darüber hinaus wird Wert darauf gelegt, dass sowohl Vertreter kleiner und mittlerer Praxen als auch Repräsentanten großer Gesellschaften in den Organen arbeiten.

Die Aufgabenstellung der WPK bedingt eine vielfältige Zusammenarbeit mit Personen und Institutionen, die im Bereich des Berufsstandes tätig sind. Die WPK steht auf Länder-, Bundes- und EU-Ebene in ständigem Dialog mit dem Gesetzgeber, um sowohl das Fachwissen der WP und vBP in die Gesetzgebungsverfahren einzubringen als auch ihre Sichtweise zur Wahrnehmung der Belange des Berufsstandes zu artikulieren. Die Kammer gibt daher zu wichtigen, den Berufsstand betreffenden Gesetzesvorhaben Stellungnahmen ab und nimmt an Anhörungen teil.

Eine regelmäßige Zusammenarbeit besteht mit den durch die Parallelität der Berufsordnungen verwandten rechts- und steuerberatenden Berufen sowie mit den Organisationen der Prüfungsberufe in anderen Staaten. Mit den übrigen freien Berufen findet ein reger Austausch im *BFB* statt.

Zur Behandlung von Fragen des wirtschaftlichen Prüfungswesens (→Geschichte des Prüfungswesens) und →Treuhandwesens, die gemeinsame Belange der Wirtschaft und des Berufsstandes berühren, bilden der *DIHK* und die WPK die nicht rechtsfähige *Arbeitsgemeinschaft für das wirtschaftliche Prüfungswesen*.

Die WPK trat 1984 der →*International Federation of Accountants* (*IFAC*) bei. Als weltweiter Zusammenschluss der nationalen Prüferorganisationen hat die *IFAC* eine Harmonisierung der Accountancy Profession zum Ziel und trägt auch im berufsrechtlichen Bereich (→Berufsrecht des Wirtschaftsprüfers; →Berufsgrundsätze des Wirtschaftsprüfers) für ein einheitlich hohes Niveau Sorge. Die von der *IFAC* publizierten →Internationalen Standards on Auditing (ISA) werden zukünftig als Prüfungsstandards bindend.

In den osteuropäischen Staaten unterstützt die WPK den Aufbau eines prüfenden Berufsstandes und seiner Organisationen. Die WPK informiert dabei über das deutsche Prüfungswesen sowie über die organisationsrechtlichen Grundlagen eines freien WP-Berufsstandes (Schaffung von Berufsrechtsordnungen und von Kammerorganisationen). Darüber hinaus hat die WPK mit einigen osteuropäischen Berufsständen Kooperationsabkommen.

Das *WPK-Mag.* ist das Veröffentlichungsorgan der *WPK*. Es informiert quartalsweise über die Arbeit der Kammer und bietet durch Aufsätze zu aktuellen Themen sowie durch Berichte über Gesetzgebung, Verlautbarungen des Vorstands und Veröffentlichung ausgewählter Rspr. zu berufsständischen Fragen oder zu Haftungsproblemen (→Haftung des Wirtschaftsprüfers) aktuelle Informationen über den Berufsstand relevante Fragen.

Durch Broschüren, Presseinformationen und Journalistengespräche trägt die WPK dazu bei, dass die Sachkenntnis des breiten Publikums erhöht wird und die Arbeit von Wirtschaftsprüfern und vereidigten Buchprüfern verständlicher gemacht wird. Den Mitgliedern wird im Internet unter www.wpk.de ein ständig aktualisiertes Informationsangebot zur Verfügung gestellt. So finden sich unter dem Fenster „WPK News" regelmäßig aktualisierte Meldungen, die für den Berufsstand von Interesse sind. Mit dem *WP Verzeichnis Online* steht im Internet auch ein tagesaktuelles Mitgliederverzeichnis zur Verfügung.

Reiner J. Veidt

Wirtschaftsprüferordnung

Die WPO vom 24.7.1961 trat am 1.11.1961 in Kraft. Sie beendete die das Berufsrecht der prüfenden Berufe (→Berufsrecht des Wirtschaftsprüfers) seit 1945 kennzeichnende Rechtszersplitterung. Die WPO enthält die zentralen berufsrechtlichen Vorschriften für den Berufsstand der WP sowie den 1961 zunächst geschlossenen und im Jahre 1986 wieder geöffneten Berufsstand der →vereidigten Buchprüfer (vBP) (→Revisions- und Treuhandbetriebe).

Wesentliche Inhalte der WPO sind neben der Legaldefinition der Berufe (§§ 1, 128 Abs. 1,

130 Abs. 1 Satz 1 WPO), der beruflichen Aufgabe sowie der weiteren Befugnisse des Wirtschaftsprüfers/vereidigten Buchprüfers (§§ 2, 129 WPO) die Regelungen zu den Voraussetzungen für die Berufsausübung (§§ 5–42 WPO), zu den Rechten und Pflichten des Wirtschaftsprüfers/vereidigten Buchprüfers (§§ 43–56 WPO) (→Berufspflichten des Wirtschaftsprüfers), zu der – wie bei den anderen freien Berufen vom Grundsatz der Selbstverwaltung geprägten – Organisation des Berufs (§§ 57–61 WPO) [→*Wirtschaftsprüferkammer (WPK)*], zur kammerseitigen Berufsaufsicht (§§ 61a–66a WPO) (→Berufsaufsicht für Wirtschaftsprüfer, national) sowie zur Berufsgerichtsbarkeit (§§ 67–127 WPO) (→Berufsgerichtsbarkeit für Wirtschaftsprüfer). Die WPO ist damit im Wesentlichen ähnlich strukturiert wie die Berufsgesetze der „verwandten" freien Berufe des Rechtsanwalts (BRAO) sowie des →Steuerberaters (StBerG).

Insgesamt hat sich die WPO als bundeseinheitliches, in sich geschlossenes Regulativ der prüfenden Berufe bewährt. Dennoch waren im Laufe der Jahrzehnte Änderungen und Ergänzungen erforderlich, um das Gesetz an die sich ihrerseits ändernden rechtlichen und tatsächlichen Rahmenbedingungen im nationalen wie auch im internationalen Maßstab anzupassen.

Eine erste Reform brachte das *Gesetz zur Änderung der Wirtschaftsprüferordnung* vom 20.8.1975, welches in erster Linie eine Angleichung an geänderte Verfahrensvorschriften in anderen Gesetzen (BRAO, StPO) bezweckte und zu einer Neubekanntmachung der WPO unter dem 5.11.1975 führte.

Mit dem *BiRiLiG* vom 19.12.1985 ist neben der Wiedereinführung des vereidigten Buchprüfers zugleich die Achte RL 84/253/EWG in nationales Recht umgesetzt worden.

Das *Zweite Gesetz zur Änderung der Wirtschaftsprüferordnung* vom 20.7.1990 transformierte die RL 89/48/EWG (sog. Hochschuldiplom-RL), welche die wechselseitige Anerkennung von bestimmten Hochschuldiplomen vorsieht, mit Wirkung zum 1.1.1991 in deutsches Recht.

Aufgrund des *EinigungsVG* vom 23.9.1990 ist die WPO in den neuen Bundesländern sowie in dem Teil des Landes Berlin, in dem sie bis dahin nicht galt, in Kraft getreten.

Das *Dritte Gesetz zur Änderung der Wirtschaftsprüferordnung* vom 15.7.1994 beinhaltete als wesentlichen Bestandteil die Ermächtigung der WPK, die Rechte und Pflichten bei der Ausübung der Berufe des Wirtschaftsprüfers/vereidigten Buchprüfers in einer Berufssatzung zu konkretisieren [→Berufssatzung der Wirtschaftsprüferkammer (BS)].

Schwerpunkt des *WPOÄG* vom 19.12.2000 war die Errichtung eines Systems der externen Qualitätskontrolle (→Qualitätskontrolle der Wirtschaftsprüfung; →Peer Review) sowie die Übertragung des Anerkennungs- und Bestellungsverfahrens von den obersten Landesbehörden auf die WPK.

Durch das *WPRefG* vom 1.12.2003 sind wesentliche Änderungen im Bereich des Berufsexamens (→Wirtschaftsprüferexamen) wie auch der Organisation der Prüfungsdurchführung eingeführt worden. Auch hier ist seit dem 1.1.2004 nicht mehr die jeweilige oberste Landesbehörde, sondern die *„Prüfungsstelle für das Wirtschaftsprüfungsexamen bei der Wirtschaftsprüferkammer"* zuständig, die als unabhängige Verwaltungseinheit bei der WPK geführt wird. Die bislang jüngste – und wohl auch bedeutsamste – Änderung erfuhr die WPO durch das am 1.1.2005 in Kraft getretene *APAG* vom 27.12.2004, durch welches insb. die Letztverantwortung für bestimmte Kernaufgaben der WPK auf die →*Abschlussprüferaufsichtskommission (APAK)*, ein ausschließlich mit Berufsfremden besetztes Gremium, übertragen worden ist. Diese Entscheidung des Gesetzgebers hat zu einer tief greifenden Modifizierung des Systems der berufsständischen Selbstverwaltung im Bereich des Berufsrechts der WP/vBP geführt.

Aktuell liegt der RegE eines BARefG vor, welches in 2007 in Kraft treten wird. Das neuerliche Tätigwerden des Gesetzgebers dient in erster Linie der – mit dem APAG teilweise vorweggenommenen – Umsetzung der RL 2006/43/EG in deutsches Recht. Im Zentrum der hierdurch erforderlichen Änderungen der WPO steht die Erweiterung der Befugnisse der WPK im Rahmen der kammerseitigen Berufsaufsicht, insb. die Einführung von sog. anlassfreien Sonderuntersuchungen bei Berufsangehörigen und Berufsgesellschaften, die gesetzlich vorgeschriebene Abschlussprüfungen bei Unternehmen von öffentlichem Interesse i. S. d. § 319a HGB durchführen.

Ferdinand Goltz

Wirtschaftsprüfungsexamen

Die Bestellung als WP setzt die erfolgreiche Teilnahme am WP-Examen voraus. Bewerber müssen nach § 1 Abs. 1 →Wirtschaftsprüferordnung (WPO) in einem Zulassungs- und staatlichen Prüfungsverfahren ihre persönliche und fachliche Eignung nachweisen. Für die Durchführung des Zulassungs- und Prüfungsverfahrens ist die →Wirtschaftsprüferkammer (WPK) zuständig. Sie hat die „Prüfungsstelle für das Wirtschaftsprüfungsexamen bei der Wirtschaftsprüferkammer" (Prüfungsstelle) eingerichtet (§§ 5 und 57 Abs. 2 Nr. 16 WPO). Die Prüfungsstelle ist eine selbstständige Verwaltungseinheit bei der WPK und bei der Erfüllung ihrer Aufgaben nicht an Weisungen gebunden. Die Zulassung zum WP-Examen erfolgt auf schriftlichen Antrag an die Prüfungsstelle. Nachzuweisen sind eine genügende Vorbildung (§ 8 WPO) und eine für die Ausübung des Berufes genügende praktische Ausbildung (§ 9 WPO), insb. die Teilnahme an Abschlussprüfungen (→Jahresabschlussprüfung; →Konzernabschlussprüfung) und die Mitwirkung bei der Abfassung von →Prüfungsberichten (→Revisions- und Treuhandbetriebe). Die Prüfung wird vor der Prüfungskommission abgelegt (§ 12 Abs. 1 WPO). Vorsitzender ist ein Vertreter einer für die Wirtschaft zuständigen oder einer anderen obersten Landesbehörde (§ 2 WiPrPrüfV). Hierdurch wird die Staatlichkeit der Prüfung sichergestellt. Weitere Mitglieder der Kommission sind ein Hochschullehrer der Betriebswirtschaftslehre, ein Mitglied mit der Befähigung zum Richteramt, ein Vertreter der Finanzverwaltung, ein Vertreter der Wirtschaft und zwei WP. Die Kommissionsmitglieder sind in ihrer Tätigkeit unabhängig. Sie werden i. d. R. für die Dauer von 5 Jahren berufen.

Die Prüfung gliedert sich in einen schriftlichen und in einen mündlichen Teil (§ 12 Abs. 2 WPO). Prüfungsgebiete sind Wirtschaftliches Prüfungswesen, →Unternehmensbewertung und Berufsrecht (→Berufsrecht des Wirtschaftsprüfers) (WPW), Angewandte Betriebswirtschaftslehre, Volkswirtschaftslehre (ABWL/VWL), Wirtschaftsrecht (WR) und Steuerrecht (StR). Die schriftliche Prüfung besteht aus sieben Aufsichtsarbeiten, jeweils zwei aus den Gebieten WPW, ABWL/VWL und StR sowie einer aus dem Gebiet WR. Für jede Arbeit beträgt die Bearbeitungszeit 4–6 Stunden. Die Aufgaben sind aus der Berufsarbeit des Wirtschaftsprüfers zu entnehmen. Sie werden von der Aufgabenkommission bestimmt, die auch über die zuzulassenden Hilfsmittel entscheidet. Der Aufgabenkommission gehören als Vorsitzender ein Vertreter einer obersten Landesbehörde, der Leiter der Prüfungsstelle, ein Vertreter der Wirtschaft, ein Mitglied mit der Befähigung zum Richteramt, zwei Hochschullehrer der Betriebswirtschaftslehre, zwei WP und ein Vertreter der Finanzverwaltung an (§ 8 WiPrPrüfV). Sie werden i. d. R. für die Dauer von 3 Jahren berufen. Jede Aufsichtsarbeit wird von zwei Mitgliedern der Prüfungskommission selbstständig bewertet. Für die Bewertung stehen die Noten 1 (sehr gut) bis 6 (ungenügend) und halbe Zwischennoten (z. B. 3,5) zur Verfügung. Weichen die Bewertungen einer Arbeit voneinander ab, gilt der Durchschnitt der Bewertungen (§ 12 Abs. 2 WiPrPrüfV). Für die schriftliche Prüfung wird eine Gesamtnote gebildet; sie errechnet sich aus der Summe der Bewertungen der Aufsichtsarbeiten, geteilt durch deren Zahl. Wenn die Gesamtnote nicht mindestens 5,00 ist, ist der Kandidat von der mündlichen Prüfung ausgeschlossen. Dies gilt entsprechend, wenn die Aufsichtsarbeiten aus dem Gebiet WPW im Durchschnitt nicht mindestens mit der Note 5,00 bewertet worden sind. In diesen Fällen ist die Prüfung nicht bestanden.

Die mündliche Prüfung besteht aus einem kurzen Vortrag und fünf Prüfungsabschnitten, zwei aus dem Gebiet WPW und jeweils einem aus den Gebieten ABWL/VWL, WR und StR. Die Prüfung beginnt mit dem Vortrag, dessen Dauer 10 Minuten nicht überschreiten soll, über einen Gegenstand aus der Berufsarbeit des WP. Hieran schließen sich Fragen aus den Prüfungsgebieten an, die mit der Berufsarbeit des Wirtschaftsprüfers zusammenhängen. Die Prüfung soll für jeden Kandidaten 2 Stunden nicht überschreiten. Der Vortrag und die fünf Prüfungsabschnitte werden gesondert bewertet. Die Noten werden von der Prüfungskommission auf Vorschlag des jeweiligen Prüfers festgesetzt. Für die mündliche Prüfung wird eine Gesamtnote gebildet.

Aus den Gesamtnoten für die schriftliche und für die mündliche Prüfung wird eine Prüfungsgesamtnote gebildet. Die Prüfungsteile werden mit 60% (schriftlich) bzw. 40% (mündlich) gewichtet. Entsprechend wird für jedes Prüfungsgebiet eine Gesamtnote ermittelt. Die Prüfung ist *bestanden*, wenn auf jedem Prüfungsgebiet eine mindestens mit der Note 4,00 bewertete Leistung erbracht wurde. Ist eine Prüfungsgesamtnote von mindestens 4,00 erzielt worden, aber auf einem oder mehreren Prüfungsgebieten eine nicht mindestens mit 4,00 bewertete Leistung erbracht worden, ist auf diesen Gebieten eine *Ergänzungsprüfung* abzulegen. Dies gilt auch, wenn eine Prüfungsgesamtnote von nicht mindestens 4,00 erzielt wurde, jedoch nur auf einem Prüfungsgebiet eine mit geringer als 4,00 bewertete Leistung erbracht wurde. Dann ist auf diesem Gebiet eine Ergänzungsprüfung abzulegen. In allen anderen Fällen ist die Prüfung *nicht bestanden*. Die Meldung zur Ablegung der Ergänzungsprüfung ist nur innerhalb eines Jahres nach dem Tag der Mitteilung des Prüfungsergebnisses zulässig; die Prüfung besteht aus einem schriftlichen und einem mündlichen Teil ohne kurzen Vortrag. Auf jedem Prüfungsgebiet, auf dem eine Ergänzungsprüfung abzulegen ist, muss eine mindestens mit 4,00 bewertete Leistung erbracht werden; ansonsten ist die gesamte Prüfung nicht bestanden. Das WP-Examen kann zweimal wiederholt werden.

Bewerber, die →Steuerberater (StB) sind oder die StB-Prüfung bestanden haben, können das WP-Examen ebenso wie →vereidigte Buchprüfer (vBP) (vBP/StB, vBP/RA oder vBP/StB/RA) in *verkürzter Form* ablegen (§§ 13 und 13a WPO). Die schriftliche und mündliche Prüfung entfallen in einzelnen Prüfungsgebieten. Die Möglichkeit der Verkürzung des WP-Examens haben auch Bewerber, die einen Master-Studiengang abgeschlossen haben, der als zur Ausbildung von WP besonders geeignet anerkannt ist (§ 8a WPO i.V.m. WPAnrV), oder die im Studium Prüfungsleistungen erbracht haben, die den Anforderungen der Prüfungsgebiete ABWL/VWL oder WR im WP-Examen gleichwertig sind (§ 13b WPO i.V.m. WPAnrV).

Zugang zur *Eignungsprüfung* nach dem Neunten Teil der WPO haben Bewerber, die in einem Mitgliedstaat der EG oder in einem anderen EWR-Vertragsstaat oder in der →Schweiz als Staatsangehöriger eines dieser Staaten über die beruflichen Voraussetzungen für die Zulassung zur →Pflichtprüfung von JA und anderer Rechnungsunterlagen in dem jeweiligen Staat verfügen. Die Eignungsprüfung ist eine ausschließlich die beruflichen Kenntnisse des Bewerbers betreffende Prüfung, mit der seine Fähigkeit, den WP-Beruf in Deutschland auszuüben, beurteilt werden soll (§ 131h Abs. 2 WPO).

Henning Tüffers

Wirtschaftsprüfungsgesellschaft
→ Revisions- und Treuhandbetriebe

Wirtschaftsprüfungsgesellschaft, Erlöschen einer →Errichtung und Erlöschen einer Wirtschaftsprüfungsgesellschaft

Wirtschaftsprüfungsgesellschaft, Errichtung einer →Errichtung und Erlöschen einer Wirtschaftsprüfungsgesellschaft

Wissensmanagement

Wissensmanagement zielt auf die Gestaltung der organisationalen Wissensbasis, die sich aus individuellen und kollektiven Wissensbeständen zusammensetzt. Wissen stellt dabei die Gesamtheit der Kenntnisse (als kognitive Abbilder der Realität) dar, über die Individuen oder Gruppen von Individuen verfügen und die das Handlungspotenzial dieser Individuen neben anderen Qualifikationsbestandteilen beeinflussen. Wissen basiert auf Informationen und Daten, ist jedoch im Unterschied zu diesen an Individuen gebunden und auf bestimmte Handlungskontexte bezogen. Durchgängig zu unterscheiden ist zwischen explizitem, zu geringen →Kosten leicht kodifizierbaren und transferierbaren Wissen und implizitem, kaum kodifizierbaren und nur zu hohen Kosten transferierbarem Wissen, da hier unterschiedliche Kosten- und Ertragseffekte entstehen.

Im Modell von *Probst et al.* (Probst et al. 2003) werden *Aufgabenfelder des Wissensmanagements* entlang der Phasen des Managementprozesses strukturiert. Die operativen Aufgabenfelder werden von den strategischen Aufgabenfeldern, der Bestimmung der Wissensziele und der Bewertung des vorhandenen Wissens im Hinblick auf die Unternehmensziele eingerahmt. Auf der operativen Ebene zielt Wissensmanagement auf die – nicht überschneidungsfreien – Felder Identifizierung, Erwerb, Entwicklung, Bewahrung, (Ver-)Teilung sowie Nutzung von Wissen in Organisationen, die untrennbar mit dem Personalmanagement (→Human Resource Management; →Personalcontrolling) verbunden sind: Die *Identifikation von Wissen* zielt auf die Analyse und Beschreibung vorhandenen Wissens. „Yellow Pages", Expertenverzeichnisse oder Wissenslandkarten, aber auch eine Reihe von weiteren Instrumenten, wie z. B. der *Intangible Assets Monitor* von *Sveiby*, der *Intellectual Capital Navigator* von *Stewart* und der *Skandia Navigator* von *Edvinsson*, werden eingesetzt, um Transparenz hinsichtlich der Wissensbestände und ihrer Verteilung im Unternehmen zu gewährleisten. Der *Wissenserwerb* kann durch die Rekrutierung neuer Mitarbeiter, die Zusammenarbeit mit externen Arbeitskräften, die Zusammenarbeit mit anderen Unternehmen sowie den Erwerb von Wissensprodukten erfolgen. Komplementär dazu zielt die *Wissensentwicklung* auf die Verbesserung der individuellen und organisationalen Wissensbestände durch Personal- und Organisationsentwicklungsmaßnahmen sowie auf die Veränderung der Struktur von implizitem und explizitem Wissen anhand von Sozialisierung, Externalisierung, Kombination und Internalisierung. Diese vier Grundformen der Wissenserzeugung beeinflussen zugleich die *(Ver-) Teilung* individuellen Wissens, die individuelles Wissen immer dort für die Organisation verfügbar machen soll, wo es produktiv genutzt werden kann. Weitere Aktivitäten zur Unterstützung einer wirtschaftlichen *Wissensnutzung* zielen auf den produktiven Einsatz individuellen und organisationalen Wissens, u. a. durch die entsprechende Gestaltung eines transaktionskostenarmen Kontextes (→Transaktionskosten) der Wissensnutzung. Die *Wissensbewahrung* kann über die Dokumentation und regelmäßige Nutzung von Wissen, die Bindung von Mitarbeitern sowie Netzwerkaktivitäten erfolgen.

Insgesamt ist beim Wissensmanagement durchlaufend zu berücksichtigen, dass Wissen eine wichtige individuelle Machtbasis und ein individuelles Investitionsgut darstellt. Hieraus entstehen komplexe Fragen der Beeinflussung und Teilung von Investitions-, Transfer- und Nutzungskosten bzw. hinsichtlich der Anreize zu Wissenserwerb, -offenlegung, -weitergabe und -nutzung. Kontrovers werden in Theorie und Praxis u. a. der Wissensbegriff, Fragen der Messung von Wissen und der Eignung von Messinstrumenten sowie die Abgrenzung von implizitem und explizitem Wissen diskutiert. Daraus entstehen auch unterschiedliche Schwerpunktsetzungen des Wissensmanagements, z. B. auf vorwiegend informationstechnologische Aspekte („IT-Track") oder den Menschen als Wissensträger („People-Track"), grundsätzlich unterschiedliche Auffassungen über Aufgaben und Ziele sowie hieraus abzuleitende Maßnahmen.

Literatur: Borchert, M./Roehling, T./Heine, S.: Wissensweitergabe als spieltheoretisches Problem, in: Zeitschrift für Personalforschung 17 (2003), S. 37–57; Eberl, P./Franke, B./Hofbauer, B.: Instrumente zur Wissensmessung. Eine kritische Bestandsaufnahme, in: WiSt 35 (2006), S. 187–193; Kubitschek, C./Meckl, R.: Die ökonomischen Aspekte des Wissensmanagements – Anreize und Instrumente zur Offenlegung von Wissen, in: ZfbF 52 (2000), S. 742–761; Nonaka, I.: The Knowledge Creating Company, in: HBR 69 (1991), Heft 6, S. 96–104; Probst, G./Raub, S./Romhardt, K.: Wissen managen. Wie Unternehmen ihre wertvollste Ressource optimal nutzen, 4. Aufl., Wiesbaden 2003; Schreyögg, G./Geiger, D.: Wenn alles Wissen ist, ist Wissen am Ende nichts?!, in: DBW 63 (2003), S. 7–22.

Dorothea Alewell; Anne Canis

Wohlverhaltensregeln
→Wertpapierhandelsgesetz

Wohnungsunternehmen

Wohnungsunternehmen sind nach § 1 FormblattVO Unternehmen in der Rechtsform der AG (→Aktiengesellschaft, Prüfung einer), →Kommanditgesellschaft auf Aktien (KGaA), →Gesellschaft mit beschränkter Haftung (GmbH) und eGen (→Genossenschaften), deren satzungsmäßiger Unternehmensgegenstand in der Errichtung von Wohnungen in eigenem Namen, der Betreuung von Wohnungsbauten oder dem Bau und der Veräußerung von Eigenheimen, Kleinsiedlungen und Eigentumswohnungen besteht. Erfüllt ein Unternehmen diese Voraussetzungen, hat es bei der Aufstellung des Jahresabschlusses die ergänzenden Vorschriften zur Gliederung der Bilanz und →Gewinn- und Verlustrechnung (GuV) (→Gliederung der Bilanz; →Gliederung der Gewinn- und Verlustrechnung) sowie zu Anhangangaben (→Anhang; →Angabepflichten) der FormblattVO zu beachten. Im Übrigen gelten die allgemeinen Vorschriften des HGB und rechtsformspezifische Vorschriften, wie z. B. die im AktG, GmbHG, GenG.

Für die Durchführung gesetzlicher und freiwilliger Abschlussprüfungen (→Pflichtprüfungen; →freiwillige und vertragliche Prü-

Wohnungsunternehmen

fung; →Jahresabschlussprüfung; →Konzernabschlussprüfung) von Wohnungsunternehmen gelten keine speziellen Vorschriften. Die Prüfung von Wohnungsunternehmen ist somit nach den allgemeinen für Abschlussprüfungen geltenden Vorschriften und vom Berufsstand der WP aufgestellten Grundsätzen (→Prüfungsnormen; →Grundsätze ordnungsmäßiger Abschlussprüfung; →Verlautbarungen des Instituts der Wirtschaftsprüfer in Deutschland e.V.) durchzuführen. Aufgrund branchenspezifischer Besonderheiten und Risiken (→Prüfungsrisiko) ist bei der Prüfung von Wohnungsunternehmen einzelnen →Prüffeldern besondere Aufmerksamkeit zu widmen. Dieses sind Grundvermögen, Modernisierungskosten, →Rückstellungen für Bauinstandhaltung, →Verbindlichkeiten aus Bauverträgen, Mieterlöse sowie die Berücksichtigung von strukturellen Leerständen bei der Bewertung von Mietwohngebäuden.

Den Prüfungshandlungen (→Auswahl von Prüfungshandlungen) zum *Grundvermögen* kommt bei der Prüfung von Wohnungsunternehmen eine besondere Bedeutung zu, da →Grundstücke des →Anlagevermögens bei Wohnungsunternehmen i.d.R. den größten Vermögensposten (→Vermögensgegenstand) darstellen. Es sind Prüfungshandlungen zu Nachweis, Ausweis und Bewertung durchzuführen (→Fehlerarten in der Abschlussprüfung; →Nachweisprüfungshandlungen; →Bewertungsprüfung).

Bei der Prüfung von *Modernisierungskosten* ist zunächst zu prüfen, ob die Kosten als nachträgliche HK (→Herstellungskosten, bilanzielle) aktivierungspflichtig sind oder als nicht aktivierbare Instandhaltungsaufwendungen Aufwand für das Geschäftsjahr darstellen (→Aufwendungen und Erträge). Für die Annahme von HK gilt der HK-Begriff gem. § 255 Abs. 2 Satz 1 HGB. Danach sind Aufwendungen für die Herstellung eines →Vermögensgegenstandes, dessen Erweiterung oder eine wesentliche über seinen ursprünglichen Zustand hinausgehende Verbesserung als HK zu aktivieren. Bei der Modernisierung von Gebäuden liegen aktivierungspflichtige HK vor, wenn ein Gebäude durch die baulichen Maßnahmen wieder nutzbar gemacht wird (bei technischem oder wirtschaftlichem Vollverschleiß), in seiner Substanz vermehrt wird (z.B. bei Aufstockungen und Anbauten) oder seine Gebrauchsmöglichkeit deutlich erhöht wird (IDW WFA 1/1996). Ob sich die Gebrauchsmöglichkeit durch die Modernisierung erhöht hat, ist durch einen Vergleich des Gebäudes in seinem ursprünglichen Zustand (Zeitpunkt der Erstverbuchung beim Wohnungsunternehmen) mit dem Zustand nach Durchführung der Modernisierung zu beurteilen. Liegen aktivierungspflichtige HK vor, ist zu prüfen, ob in die HK alle aktivierungspflichtigen Aufwendungen einbezogen und nur aktivierungsfähige Kosten (§ 255 Abs. 2 HGB) aktiviert sind (→Herstellungskosten, Prüfung der; →Ansatzgrundsätze). Hat sich aufgrund von Modernisierungsmaßnahmen die Restnutzungsdauer des Gebäudes verlängert, ist zu prüfen, ob die neu festgelegte →Nutzungsdauer angemessen ist.

Nach § 249 Abs. 2 HGB dürfen *Rückstellungen für Bauinstandhaltung* von Wohngebäuden gebildet werden. Voraussetzung für eine Rückstellungsbildung ist, dass die im laufenden Geschäftsjahr oder die in Vorjahren aufgewendeten Beträge für Instandhaltungsmaßnahmen den Betrag unterschreiten, der erforderlich ist, um ein Gebäude in einem zeitgemäßen Zustand zu erhalten. Mit diesem Instrument können Kosten für die bei Gebäuden typischerweise in mehrjährigen zyklischen Abständen durchzuführenden Instandhaltungsmaßnahmen gleichmäßig über die einzelnen Perioden als Aufwendungen verteilt werden (IDW WFA 1/1990). Nach Handelsrecht besteht ein Wahlrecht für die Bildung dieser Rückstellung (→bilanzpolitische Gestaltungsspielräume nach HGB); steuerrechtlich dagegen ein Passivierungsverbot. Daher sind bei der Bildung von Rückstellungen für Bauinstandhaltung in der Handelsbilanz Fragen der Steuerabgrenzung bedeutsam. Die zu Beginn der Steuerpflicht von ehemals gemeinnützigen Wohnungsunternehmen bereits bestehenden Differenzen, sog. Altrückstellungen, stellen keine dauerhaften Abweichungen zwischen der Handelsbilanz und Steuerbilanz dar und sind somit nicht relevant für Steuerabgrenzungen (→latente Steuern) (IDW WFA 1/1992). Im Rahmen der Bilanzierung nach den →International Financial Reporting Standards (IFRS) sind Rückstellungen für Bauinstandhaltung nicht zugelassen, da eine konkrete Fremdverpflichtung fehlt.

Darüber hinaus ist bei der Prüfung von Wohnungsunternehmen die Erfassung und Bilanzierung von *Verbindlichkeiten aus Bauverträ-*

gen zu beurteilen. Bauleistungen, die durch Dritte aufgrund von Werkverträgen erbracht werden, gehen sofort in das Eigentum des Bauherrn über und sind bei diesem bilanzierungspflichtig. Dies trifft auch zu, wenn die Leistungen noch nicht vollständig ausgeführt worden sind. Falls noch keine entsprechenden Abschlagszahlungen geleistet worden sind, sind entsprechende Verbindlichkeiten, die bei fehlenden Rechnungen auf Grundlage von Vertragsunterlagen ermittelt werden können, zu passivieren (IDW WFA 1/1972 i.d.F. 1994).

Bei den *Mieterlösen* ist die Beachtung von Begrenzungen, wie z. B. öffentlich-rechtliche Beschränkungen aufgrund öffentlicher Förderung oder allgemeiner gesetzlicher Vorgaben und daraus abgeleiteter Mietspiegel, zu prüfen. Zudem müssen die Leitlinien des Aufsichtsrats in die Prüfung einbezogen werden. Bspw. ist zu würdigen, ob bestehende Spielräume zur Durchführung von Mieterhöhungen entsprechend den Vorgaben ausgenutzt werden. Ebenso ist etwaigen Mietpreisbindungen Rechnung zu tragen. Daneben sind umlagefähige Betriebskosten hinsichtlich der zutreffenden Abgrenzung von nicht umlagefähigen Kosten zu prüfen. Bei Betriebskosten für Wohnraum sind ferner die gesetzlich vorgesehene Frist (§ 556 Abs. 2 Satz 3 BGB) von einem Jahr nach Ende des Abrechnungszeitraums und etwaige Folgen für den JA des Wohnungsunternehmens bei verspäteter Abrechnung zu beachten.

Bei der Bewertung von Mietwohngebäuden sind *strukturelle Leerstände* zu berücksichtigen, da sie zu einer dauernden Wertminderung von Wohnbauten führen (→ Bewertungsprüfung). Von einem strukturellen Überangebot an Wohnraum können unbewohnbare und bewohnbare Wohnbauten betroffen sein. Die Unternehmensplanung, die u. a. Maßnahmen zur Verbesserung der Vermietbarkeit der betroffenen Objekte vorsehen kann, sollte bei der Bewertung berücksichtigt werden. Durch Maßnahmen anderer Unternehmen können ebenfalls positive Entwicklungen auf dem Vermietungsmarkt ausgelöst werden. Bei einer Wertminderung sind gem. § 253 Abs. 2 Satz 3 HGB → außerplanmäßige Abschreibungen vorzunehmen, wenn der beizulegende Stichtagswert (→ beizulegender Wert) unter dem Buchwert liegt und die Wertminderung voraussichtlich nicht nur vorübergehend gilt (IDW RS WFA 1/2002).

Literatur: IDW (Hrsg.): IDW Stellungnahme: Rückstellung für Bauinstandhaltung von Wohngebäuden (IDW WFA 1/1990), in: WPg 43 (1990), S. 149; IDW (Hrsg.): IDW Stellungnahme: Zur Bilanzierung latenter Steuern bei ehemals gemeinnützigen Wohnungsunternehmen (IDW WFA 1/1992), in: WPg 45 (1992), S. 294–295; IDW (Hrsg.): IDW Stellungnahme: Bilanzierung von Verbindlichkeiten aus Bauverträgen (IDW WFA 1/1972 i.d.F. 1994), in: WPg 47 (1994), S. 481; IDW (Hrsg.): IDW Stellungnahme: Zur Abgrenzung von Erhaltungsaufwand Herstellungsaufwand bei Gebäuden (IDW WFA 1/1996), in: WPg 50 (1997), S. 103–104; IDW (Hrsg.): IDW Stellungnahme zur Rechnungslegung: Berücksichtigung von strukturellem Leerstand bei zur Vermietung vorgesehenen Wohngebäuden (IDW RS WFA 1, Stand: 24. April 2002), in: WPg 55 (2002), S. 633–635.

Jürgen Reker

Working Capital → Liquiditätscontrolling

Working Capital Management
→ Vermögensstruktur

Working Capital Ratio → Liquiditätskennzahlen

Works Order → Fertigungsaufträge

WPK → Wirtschaftsprüferkammer

Wurzelstichprobe → Retrograde Prüfung

Z

Zahlungseinstellung →Zahlungsunfähigkeitsprüfung

Zahlungsstockung →Zahlungsunfähigkeitsprüfung

Zahlungsunfähigkeitsprüfung

Die Zahlungsunfähigkeitsprüfung bezeichnet einen Prozess, von deren Ergebnis die Eröffnung eines Insolvenzverfahrens abhängt (→Insolvenz). Nach § 11 Abs. 1 InsO kann über das Vermögen jeder natürlichen und jeder juristischen Person das Insolvenzverfahren eröffnet werden. Dazu bedarf es eines Antrags unter Angabe eines Eröffnungsgrundes. Antragsberechtigt sind grundsätzlich die Gläubiger und der Schuldner. Der Tatbestand der Zahlungsunfähigkeit gilt nach § 17 Abs. 1 InsO als allgemeiner Eröffnungsgrund für das Insolvenzverfahren. Seit Einführung der InsO am 1.1.1999 gilt auch der Tatbestand der drohenden Zahlungsunfähigkeit als Eröffnungsgrund für das Insolvenzverfahren (§ 18 InsO). Bei drohender Zahlungsunfähigkeit kann jedoch nur der Schuldner Antragsteller sein (§ 18 Abs. 1 InsO).

Ein Schuldner gilt dann als *zahlungsunfähig*, wenn er nicht in der Lage ist, die fälligen Zahlungspflichten zu erfüllen (§ 17 Abs. 2 Satz 1 InsO). Sofern deren Erfüllung nicht innerhalb eines Monats erfolgt, gilt die Zahlungsunfähigkeit bereits als eingetreten. Für die vollständige Berücksichtigung der →Schulden ist entscheidend, ob der Gläubiger rechtlich einen Ausgleich verlangen kann. Auch Zahlungsverpflichtungen, welche bisher de facto stillschweigend gestundet, jedoch de jure fällig sind, müssen für die Prüfung der eingetretenen Zahlungsunfähigkeit berücksichtigt werden. Bei dem Begriff der Erfüllung der Zahlungsverpflichtungen ist auch der Grundsatz der Wesentlichkeit zu berücksichtigen. Sofern der Schuldner in der Lage ist, im vorbezeichneten Zeitraum von 30 Tagen den wesentlichen Teil der Schulden zu begleichen, liegt keine Zahlungsunfähigkeit vor. Es sollte i.A. ausreichend sein, wenn der Schuldner mindestens 95% seiner Verpflichtungen begleichen kann.

Von der Zahlungsunfähigkeit zu unterscheiden ist die *Zahlungseinstellung*. Bei Zahlungseinstellung wird die Zahlungsunfähigkeit widerlegbar vermutet. Indizien für die Zahlungseinstellung sind u. a. die Nichtzahlung von Löhnen, Gehältern, Steuern und Sozialabgaben. Bei der Beurteilung, ob tatsächlich Zahlungseinstellung vorliegt, ist nur auf größere Zahlungen abzustellen. Kleinere Leistungen durch den Schuldner sind keine Anzeichen für Zahlungsfähigkeit. Die Zahlungseinstellung ist wiederum von der *Zahlungsstockung* abzugrenzen. Bei Zahlungsstockung stellt der Schuldner nur *vorübergehend* seine Zahlungen ein. Der →Finanzplanung des Schuldners kann aber nachweislich entnommen werden, dass innerhalb eines Monats die Gläubiger wieder befriedigt werden können.

Von einer *drohenden Zahlungsunfähigkeit* wird ausgegangen, wenn die am Prüfungsstichtag bestehenden wesentlichen Zahlungsverpflichtungen mit überwiegender Wahrscheinlichkeit im Zeitpunkt der Fälligkeit nicht beglichen werden können und auch mit üblichen finanzpolitischen Dispositionen und Kapitalbeschaffungsmaßnahmen das finanzielle Gleichgewicht nicht mehr hergestellt werden kann.

Die Begleichung unwesentlicher Beträge (bis zu 5% der Gesamtverpflichtungen) spielt in der Betrachtung auch hier keine Rolle. In Abgrenzung zu der Prüfung der eingetretenen Zahlungsunfähigkeit ist jedoch der Begriff der wesentlichen Zahlungsverpflichtungen bei der Prüfung der drohenden Zahlungsunfähigkeit im Einklang mit der Gesetzesbegründung der InsO weiter zu fassen. Neben den rechtlich begründeten Schulden sind auch die ökonomisch notwendigen Auszahlungen (z. B. Kulanzleistungen) zu berücksichtigen.

Für die *Prüfung*, ob bereits Zahlungsunfähigkeit vorliegt oder in der Zukunft droht, muss ein Finanzplan erstellt werden (Gliederung und Struktur des Finanzplans sind dem IDW PS 800 als Anlage beigefügt). Ein solcher Finanzplan beinhaltet die systematische Gegenüberstellung von gegenwärtigen und künftig verfügbaren Finanzmitteln mit den zum Prüfungsstichtag begründeten Schulden/Zahlungsverpflichtungen. Die Inventarisierung (→Inventar) der künftigen Ein- und Auszahlungen erfolgt nach dem Grad der Liquidität bzw. nach deren Fälligkeit. Künftig verfügbare Finanzmittel (Realisierung von →Forderungen aus dem operativen Geschäft sowie sonstigen Forderungen, →Erlöse aus Veräußerungen von langfristigem Vermögen, Kapitalerhöhungen, Aufnahme von Krediten etc.) dürfen im Finanzplan jedoch erst dann berücksichtigt werden, wenn diese hinreichend konkretisiert sind. Der zum Prüfungszeitpunkt bestehende Grad der Liquiditätsanspannung sowie die Länge des Planungszeitraums (→Planung) bestimmen nicht nur den Detaillierungsgrad des Finanzplans, sondern auch die Frequenz, mit welcher der Plan zu aktualisieren ist. Bei Prüfung auf eingetretene Zahlungsunfähigkeit sollte der Planungshorizont 3 Monate umfassen, bei Prüfung auf drohende Zahlungsunfähigkeit sollten max. 12 Monate als Planungszeitraum veranschlagt werden.

Der Kernbestandteil der Zahlungsunfähigkeitsprüfung besteht in der Prüfung von Aufbau und Plausibilität des Finanzplans und erfordert vom Prüfer ein entsprechend hohes Maß an betriebswirtschaftlichem Sachverstand, da dieser in hinreichendem Maße Nachweise beurteilen muss, auf denen sich der Finanzplan stützt (→Nachweisprüfungshandlungen; →Plausibilitätsprüfungen). Bei der Feststellung von Zahlungsunfähigkeit als Insolvenztatbestand spielen daher WP und →Steuerberater (StB) angesichts von Ausbildung und Erfahrung eine entscheidende Rolle.

Wird bei KapGes und kapitalistischen →Personengesellschaften (PersGes) die Zahlungsunfähigkeit festgestellt, sind die Leitungsorgane verpflichtet, ohne schuldhaftes Zögern, d. h. spätestens 3 Wochen nach Eintritt, die Eröffnung des Insolvenzverfahrens beim zuständigen Amtsgericht zu beantragen (§ 92 Abs. 2 Satz 1 AktG, § 64 Abs. 1 Satz 1 GmbHG). Über § 130a Abs. 1 HGB und § 177a Satz 1 HGB gilt dies auch für haftungsbeschränkende kapitalistische PersGes (z. B. →GmbH & Co. KG).

Literatur: Budde, W. D./Förschle, G. (Hrsg.): Sonderbilanzen, 3. Aufl., München 2002; IDW (Hrsg.): IDW Prüfungsstandard: Empfehlung zur Prüfung eingetretener oder drohender Zahlungsunfähigkeit bei Unternehmen (IDW PS 800, Stand: 22. Januar 1999), in: WPg 52 (1999), S. 250–253; IDW (Hrsg.): WPH 2002, Band II, 12. Aufl., Düsseldorf 2002; Möhlmann, T.: Der Nachweis eingetretener und drohender Zahlungsunfähigkeit im neuen Insolvenzverfahren. Anforderungen und Aufgaben für Steuerberater und Wirtschaftsprüfer, in: WPg 51 (1998), S. 947–961.

Frank Loch

Zahlungsverkehr

Die Prüfung des Zahlungsverkehrs als Teil der Buchführung zielt auf die Untersuchung der ordnungsgemäßen, d. h. vollständigen, richtigen, übersichtlichen und zeitnahen Abwicklung der baren und unbaren Zahlungsströme eines Unternehmens. Die dynamische Betrachtung im Rahmen des Zahlungsverkehrs umfasst die statischen Sichtweisen des Bankverkehrs und →Kontokorrentverkehrs und beinhaltet →Buchungen auf den Personen- und den Sachkonten (→Grund- und Hauptbuch; →Nebenbücher).

In Zeiten des automatisierten Zahlungsverkehrs und unter Berücksichtigung des →risikoorientierten Prüfungsansatzes stehen insb. organisatorische Maßnahmen zur Einrichtung von fehlerverhindernden und -aufdeckenden Kontrollen [(→Internes Kontrollsystem (IKS)] im Vordergrund der Prüfung (→Internes Kontrollsystem, Prüfung des; →Systemprüfung; →Kontrollprüfung) (Fuchs/Popp 2002, Sp. 2711). Der →Abschlussprüfer (APr) sollte bereits am technischen Ablauf zur Übertragung von Zahlungsmitteln und an der Sicherstellung der Funktionstrennung zur Verhinderung nicht autorisierter Vermögensabgänge oder Kreditaufnahmen ansetzen. Ferner muss das implementierte System gewährleisten, dass Außenstände überwacht werden, Zahlungsmittel in angegebener Höhe an korrekte →Debitoren bzw. →Kreditoren fließen und die Verbuchung der Transaktionen auf den Finanz- und Personenkonten ordnungsgemäß vorgenommen wird.

Im Detail hat der APr im Absatzprozess (→Geschäftsprozesse) die Erreichung der Kontrollziele zu prüfen. Neben der Gewährleistung, dass Rechnungen und Gutschriften über genehmigte Beträge erstellt werden, ist die vollständige Berechnung der tatsächlich erbrachten Lieferungen und Leistungen sowie deren ordnungsgemäße Verbuchung und damit des korrekten Ausweises der →Forderungen und →Umsatzerlöse sicherzustellen (→Fehlerarten in der Abschlussprüfung). Hinsichtlich der Zahlungseingänge sind deren periodengerechte und vollständige Verbuchung (→periodengerechte Erfolgsermittlung;

→Cut-Off) sowie deren richtige Weiterverarbeitung zu prüfen, um Übereinstimmung von Finanzkonto und Hauptbuch sowie der korrekten Entlastung des Debitorenkontos zu gewährleisten. Neben der Überwachung des zeitgerechten Eingangs der Forderungen ist die Stammdatenpflege zu prüfen. An den Kundenstammdaten dürfen nur von autorisierten Personen Änderungen vorgenommen werden, die vollständig sowie richtig eingegeben und verarbeitet werden. Dies schützt das Unternehmen bspw. vor einer Lieferung an eine ungültige Adresse und einem verzögerten oder ausbleibenden Zahlungseingang.

Analog zum Absatzbereich hat der APr die für die Zahlungsverkehrsprüfung notwendigen Kontrollen des Beschaffungsprozesses (→Geschäftsprozesse) zu untersuchen. Es ist sicherzustellen, dass eine →Verbindlichkeit nur für erhaltene Waren und Dienstleistungen erfasst wird und die Beträge richtig berechnet sowie vollständig und zeitgerecht gebucht und verarbeitet werden (→Fehlerarten in der Abschlussprüfung). Eine sachgemäße Rechnungseingangsprüfung gewährleistet, dass lediglich autorisierte Zahlungen erfolgen und die Verbindlichkeiten und die verbundenen Aufwands-, Vorrats- oder Anlagevermögenskonten (→Vorratsvermögen; →Anlagevermögen) in sachlicher und zeitlicher Hinsicht korrekt sind. Ferner hat der APr die Stammdatenpflege zu überprüfen. Die Finanz-, Personen- und Hauptbuchkonten sind regelmäßig durch eine nicht mit dem Zahlungsvorgang betraute Person abzustimmen (→Abstimmprüfung; →Soll-Ist-Vergleich).

Nach Beurteilung der Angemessenheit des Internen Kontrollsystems ist vom APr eine Nachweisprüfung (→Nachweisprüfungshandlungen) durchzuführen. Zur Prüfung des Kassenbestands ist ein vom Kassierer unterschriebenes Kassenprotokoll anzufordern und mit den Kassenbüchern und Sachkonten abzugleichen. Bestände erhaltener Schecks sind durch ein Scheckkopierbuch oder Scheckeinreichungen zu verifizieren. Ausgegebene, aber dem Bankkonto noch nicht belastete Schecks oder Wechsel sind über ein Scheck- oder Wechselausgangsbuch nachzuweisen. Wurden Wechsel zum Diskont an ein →Kreditinstitut weitergereicht, ist der Wechselbetrag nach Abzug von Diskont der Banksaldenbestätigung (→Bestätigungen Dritter) zu entnehmen, die als Nachweis für weitere Zahlungsmittelkonten heranzuziehen ist (→Prüfungsnachweise). Alle im Bestand befindlichen Schecks, der Kassenbestand sowie →Bankguthaben werden in einem Posten im →Umlaufvermögen auf der Aktivseite ausgewiesen (§ 266 Abs. 2 B.IV. HGB; →Gliederung der Bilanz). Ausgegebene, noch nicht belastete Schecks sind als „Cash in Transit" auf dem Bankkonto zu berücksichtigen. Die horizontale Ausweisprüfung bezieht sich im Wesentlichen auf das Vorhandensein der notwendigen Angabe diskontierter Wechsel unter der Bilanz als →Eventualverbindlichkeit oder im →Anhang (→Angabepflichten) unter Angabe der gewährten Pfandrechte und sonstigen Sicherheiten (§ 268 Abs. 7 HGB).

Literatur: Fuchs, H./Popp, M.: Zahlungs- und Kontokorrentverkehr, in: Ballwieser, W. et al. (Hrsg.): HWRP, 3. Aufl., Stuttgart 2002, Sp. 2711–2721.

Frank Bertram

Zehn-Punkte-Programm der Bundesregierung

Die *Bundesregierung* hat am 25.2.2003 den zehn Punkte umfassenden Maßnahmenkatalog „Unternehmensintegrität und Anlegerschutz" veröffentlicht. Ziel dieses Katalogs war es, die Rechte der Anleger zu erweitern und für mehr Transparenz im Aktienmarkt zu sorgen, um das Vertrauen in die Kapitalmärkte nach vorangegangenen Unternehmenskrisen zu stärken. Vorläufer war ein am 28.8.2002 als „Zehn-Punkte-Plan" vorgestelltes Eckpunktepapier, das mit dem Maßnahmenkatalog vom Februar 2003 konkretisiert und erweitert wurde. Die einzelnen angekündigten Maßnahmen haben in der Folgezeit zu zahlreichen Gesetzgebungsmaßnahmen geführt. Der weitaus größte Teil des Zehn-Punkte-Programms ist mittlerweile „abgearbeitet". Im Einzelnen geht es um folgende Maßnahmen:

1) *Persönliche Haftung von Vorstands- und Aufsichtsratsmitgliedern gegenüber der Gesellschaft; Verbesserung des Klagerechts der Aktionäre*: In Umsetzung dieser Ankündigung hat die *Bundesregierung* unter Federführung des *BMJ* das UMAG vorbereitet, das nach Beschluss von *Bundestag* und *Bundesrat* am 27.9.2005 im Bundesgesetzblatt veröffentlicht worden ist. Die Innenhaftung der Organe gegenüber der Gesellschaft wurde geschärft (→Haftung des Vorstands; →Haftung des Aufsichtsrats): Nach § 148 AktG ist jetzt ein besonderes Klagezulassungsver-

fahren vorgesehen. Dieses können Aktionäre beantragen, deren Anteile im Zeitpunkt der Antragstellung zusammen den einhundertsten Teil des Grundkapitals (→Gezeichnetes Kapital) oder einen anteiligen Betrag von 100.000 € erreichen. Das bisherige Quorum wurde damit deutlich herabgesetzt. Die Minderheit kann den Anspruch für die Gesellschaft – und das ist ebenfalls neu – im eigenen Namen geltend machen. Zugleich wurde der Haftungsmaßstab in § 93 Abs. 1 Satz 2 AktG mit der sog. →Business Judgement Rule neu definiert. Hiernach liegt eine Pflichtverletzung nicht vor, wenn das Vorstandsmitglied bei einer unternehmerischen Entscheidung vernünftigerweise annehmen durfte, auf der Grundlage angemessener Informationen zum Wohle der Gesellschaft zu handeln.

2) *Einführung der persönlichen Haftung von Vorstands- und Aufsichtsratsmitgliedern gegenüber Anlegern für vorsätzliche und grob fahrlässige Falschinformation des Kapitalmarktes; Verbesserung der kollektiven Durchsetzung von Ansprüchen der Anleger*: Ein vom *BMF* vorgelegter Entwurf eines Kap InHaG, das die persönliche Haftung von Vorstands- und Aufsichtsratsmitgliedern (→Haftung des Vorstands; →Haftung des Aufsichtsrats) gegenüber Dritten eingeführt hätte, ist in der im Herbst 2005 zu Ende gegangenen 15. Legislaturperiode nicht mehr vom *Bundestag* beraten worden. Demgegenüber wurde aber mit dem KapMuG ein neues Verfahrensgesetz zur Bewältigung von „Massenprozessen" im Kapitalmarktbereich verabschiedet. Das Gesetz ermöglicht die Bündelung von kapitalmarktrechtlichen Streitigkeiten durch Führung eines Musterverfahrens und eine Verfahrenskanalisation der Rechtsstreite durch Einführung eines ausschließlichen Gerichtsstands.

3) *Weiterentwicklung des →Deutschen Corporate Governance Kodex (DCGK), insb. zur Transparenz von aktienbasierten oder anreizorientierten Vergütungen (Aktienoptionen) der Vorstände*: Im deutschen DCGK ist im Anschluss an den 25.2.2003 einiges an zusätzlichen Empfehlungen aufgenommen worden. Ein entscheidender Schritt zu mehr Transparenz war dann das VorstOG vom 3.8.2005. Dieses Gesetz schreibt für börsennotierte Aktiengesellschaften (→Aktiengesellschaft; Prüfung einer) vor, dass die →Vorstandsbezüge im →Anhang bzw. →Konzernanhang individualisiert, also für jedes einzelne Vorstandsmitglied, anzugeben sind. Die Angabe hat dabei getrennt nach erfolgsunabhängiger, erfolgsabhängiger Vergütung sowie Vergütungen mit langfristigen Anreizwirkungen (→Incentive-Systeme) zu erfolgen. Insb. sind auch Leistungen, die dem Vorstandsmitglied für den Fall der Beendigung seiner Tätigkeit (→Vorstand, Bestellung und Abberufung) zugesagt worden sind, anzugeben. Sofern diese in ihrer rechtlichen Ausgestaltung von sonst üblichen Vereinbarungen mit Arbeitnehmern abweichen, sind sie zu erläutern. Auch Leistungen von Dritten sind anzugeben. Ebenso sind Angaben zu Aktienoptionsplänen (→Aktienoptionsprogramme) zu machen. Die Regelungen erfolgen im Interesse der Aktionäre. Demgemäß haben die Aktionäre in der HV (→Haupt- und Gesellschafterversammlung) auch die Möglichkeit, mit 3/4-Mehrheit für eine Dauer von höchstens 5 Jahren zu beschließen, dass auf die Angaben im (Konzern-) Anhang verzichtet wird. Die entsprechenden Gesetzesregelungen sind in den Vorschriften zu Angaben für den (Konzern-) Anhang enthalten (§§ 285 Satz 1 Nr. 9a, 314, 315a HGB).

4) *Fortentwicklung der Bilanzregeln und Anpassung an internationale Rechnungslegungsgrundsätze*: Mit dem BilReG vom 4.12.2004 sind die erforderlichen Regelungen zur Anwendung der internationalen Rechnungslegungsstandards [→International Financial Reporting Standards (IFRS)] geschaffen worden. § 315a HGB sieht in Umsetzung der VO (EG) Nr. 1606/2002 vor, dass Kapitalmarktunternehmen ab 1.1.2005 ihren Konzernabschluss nach den IFRS aufstellen müssen. Für deutsche Unternehmen, die an ausländischen Kapitalmärkten gelistet sind und für dortige Zwecke einen Abschluss nach den Bilanzregeln des Gastlandes aufstellen [insb. →United States Generally Accepted Accounting Principles (US GAAP)], gilt diese Pflicht erst ab 1.1.2007; ebenso für Kapitalmarktunternehmen, die keine Aktien, sondern nur sonstige Wertpapiere, wie z. B. Schuldverschreibungen oder Genussscheine (→Genussrechte), emittieren. Andere (nicht kapitalmarktorientierte) Unternehmen haben für den Konzernabschluss ein Wahlrecht, ob sie nach HGB oder nach

IFRS bilanzieren. Im JA bleibt es bei den bisherigen Regelungen des HGB. Große KapGes (§ 267 HGB) (→Größenklassen) haben aber die Möglichkeit, im BAnz. anstelle eines HGB-Abschlusses einen IFRS-Abschluss (→Einzelabschluss) zu veröffentlichen (§ 325 Abs. 2a HGB) (→Offenlegung des Jahresabschlusses). Die zusätzlich angekündigte Modernisierung der HGB-Rechnungslegungsvorschriften (BilModG) wird erst in der 16. Legislaturperiode erfolgen.

5) *Stärkung der Rolle des →Abschlussprüfers*: Mit dem BilReG sind die Regelungen der §§ 319, 319a HGB zur Unabhängigkeit des Abschlussprüfers neu gefasst worden (→Unabhängigkeit und Unbefangenheit des Wirtschaftsprüfers). Stärker als bisher wird hierbei betont, dass nach dem Grundsatz des Selbstprüfungsverbotes ein APr von der Prüfung ausgeschlossen ist (→Ausschluss als Abschlussprüfer), wenn er für das zu prüfende Unternehmen bestimmte Bewertungs- oder Beratungsdienstleistungen erbracht hat, die sich bei der Darstellung der →Vermögenslage, →Finanzlage und →Ertragslage (→wirtschaftliche Verhältnisse) im Abschluss widerspiegeln. Dies gilt insb. für die Prüfung (→Jahresabschlussprüfung; →Konzernabschlussprüfung) von Kapitalmarktunternehmen (§ 319a HGB).

6) *Überwachung der Rechtmäßigkeit konkreter Unternehmensabschlüsse durch eine unabhängige Stelle („Enforcement")*: Mit dem BilKoG vom 15.12.2004 sind in den §§ 342b ff. HGB sowie in §§ 37n ff. des →Wertpapierhandelsgesetzes die Voraussetzungen dafür geschaffen worden, dass künftig Jahres- und Konzernabschlüsse von Kapitalmarktunternehmen einer zusätzlichen Prüfung unterzogen werden. Diese Aufgabe wird unter den Voraussetzungen der §§ 342b ff. HGB von der →*Deutschen Prüfstelle für Rechnungslegung* (DPR) mit Sitz in Berlin wahrgenommen, die durch Vertrag mit dem *BMJ* und dem *BMF* als Prüfstelle anerkannt worden ist. Die Prüfstelle wird hierbei als private Einrichtung ohne hoheitlichen Zwang tätig. Kann das Verfahren auf dieser Ebene mit dem zuprüfenden Unternehmen nicht abgeschlossen werden, wird gem. § 37p WpHG die →*Bundesanstalt für Finanzdienstleistungsaufsicht* (BaFin) tätig (→Enforcementsystem in Deutschland).

7) *Fortführung der Börsenreform und Weiterentwicklung des Aufsichtsrechts*: Dieses Vorhaben befindet sich noch in der Überprüfungsphase.

8) *Verbesserung des Anlegerschutzes [Umsetzung der RL 2006/6/EG (sog. Marktmissbrauchs-RL)] und Regelungen im Bereich des sog. „grauen Kapitalmarktes"*: Dieses Vorhaben wurde mit dem AnSVG vom 28.10.2004 umgesetzt.

9) *Die Sicherstellung der Verlässlichkeit von Unternehmensbewertungen durch Finanzanalysten und Ratingagenturen* (→Rating).

10) *Verschärfung der Strafvorschriften für Delikte im Kapitalmarktbereich*.

Die Punkte 9) und 10) befinden sich noch in der Überprüfungsphase.

Christoph Ernst

Zeitfalle →Termincontrolling

Zeithonorare für den Wirtschaftsprüfer
→Vergütungsregelungen für den Wirtschaftsprüfer

Zeitlich verzögerte Maßgeblichkeit
→Maßgeblichkeit bei Umwandlungen

Zeitlicher Vergleich

Der zeitliche Vergleich besteht darin, den gleichen Sachverhalt mit verschiedenem Zeitbezug, d. h. zu verschiedenen Zeitpunkten oder aus verschiedenen Zeiträumen, gegenüber zu stellen, wodurch die Veränderung im Zeitverlauf verdeutlicht wird. Im Prinzip lassen sich alle Sachverhalte im zeitlichen Vergleich betrachten, für betriebswirtschaftliche zeitliche Vergleiche kommen aber nur Sachverhalte mit Unternehmensrelevanz in Frage. Im Kern handelt es sich dabei vor allem um Sachverhalte, die im betrieblichen →Rechnungswesen einschl. der betrieblichen Statistik erfasst werden (→betriebswirtschaftlicher Vergleich).

Durch zeitliche Vergleiche sollen *Veränderungen von Sachverhalten im Zeitablauf* sichtbar gemacht werden, wobei zusätzlich je nach Gegenstand und Veränderungsrichtung erkennbar wird, ob es sich aus Unternehmenssicht um eine Verbesserung oder Verschlechterung handelt. Zeitliche Vergleiche sind ein Instrument, um Fehlentwicklungen zu diagnostizieren. Wesentliche Voraussetzung für die betriebswirtschaftliche Erkenntnisgewinnung mit zeitlichen Vergleichen ist allerdings, dass die hinter der Veränderung des Betrachtungsobjekts liegenden Gründe herausgearbeitet werden. Dazu zählt im Falle von Absatz- oder Umsatzzahlen z. B. eine systematische Zeitreihenanalyse, etwa hinsichtlich der Einwirkung von Trend, Konjunktur, Saison oder Zufallskomponenten, eine Auflösung der Daten nach Mengen- und Preiswirkungen oder einer Analyse nach wesentlichen absatzpolitischen Maßnahmen. In ähnlicher Weise müssten z. B. Kostendaten (→Kosten) bzgl. der Kosteneinflussgrößen (→Kostenabhängigkeiten), Bilanz- und Finanzflussgrößen bzgl. der entsprechend zugehörigen Einflüsse aufbereitet werden.

Als Resultat bleibt festzuhalten, dass der zeitliche Vergleich formal zunächst relativ einfach ist, die inhaltliche Auswertung bzgl. der *Veränderungsgründe* jedoch u. U. sehr komplex und schwierig ausfällt. Darüber hinaus bleibt das Problem, dass der zeitliche Vergleich nur Entwicklungen oder Entwicklungstendenzen aufzeigt, die absolute Einordnung vieler betrieblicher Sachverhalte dahingehend, ob der im Unternehmen angetroffene Wert als überdurchschnittlich, unterdurchschnittlich oder normal anzusehen ist, durch den zeitlichen Vergleich nicht geleistet wird. Es besteht vielmehr die Gefahr, dass „Schlendrian mit Schlendrian" verglichen wird; so kann z. B. trotz einer Verdopplung der Umsatzrentabilität (→Rentabilitätsanalyse) im Zeitverlauf das betrachtete Unternehmen mit diesem Wert in der Branche noch immer das Schlusslicht bilden. Für eine absolute Einordnung betrieblicher Sachverhalte i. S. e. Stärken- oder Schwächendiagnose müssen →überbetriebliche Vergleiche herangezogen werden.

Literatur: Lachnit, L.: Bilanzanalyse, Wiesbaden 2004.

Laurenz Lachnit

Zeitmanagement →Termincontrolling

Zeitreihenanalyse →Prognoseinstrumente; →Zeitlicher Vergleich

Zeitschere →Termincontrolling

Zeitwertbilanzen →Stille Reserven und Lasten

Zeitwerte, Prüfung von

Ein Anlass für die Prüfung von Zeitwerten im Rahmen einer Abschlussprüfung (→Jahresabschlussprüfung; →Konzernabschlussprüfung; Prüfung des →Einzelabschlusses) ergibt sich daraus, dass Zeitwerte oft maßgebend für die Bewertung von →Vermögensgegenständen (→Asset) und →Schulden (→Liability) in der Rechnungslegung sind.

Zeitwerte werden je nach den anzuwendenden Rechnungslegungsgrundsätzen *unterschiedlich definiert*. Nach den →International Financial Reporting Standards (IFRS) ist der *beizulegende Zeitwert* (→Fair Value) der Betrag, zu dem zwischen sachverständigen, vertragswilligen und voneinander unabhängigen Geschäftspartnern ein Vermögenswert getauscht oder eine Schuld (→Liability) beglichen werden könnte (IAS 32.11). Nach HGB ist der Zeitwert i. S. d. →beizulegenden Werts beschaffungsmarkt- oder absatzmarktorientiert definiert (Wiederbeschaffungswert bzw. Einzelveräußerungspreis). Bei →immateriellen Vermögensgegenständen wird der beizulegende Wert häufig nur aus dem Ertragswert (→Ertragswertmethode) abgeleitet werden können. Trotz unterschiedlicher Zeitwert-Definitionen in den nationalen und internationalen Rechnungslegungsgrundsätzen erfolgt die Durchführung der Prüfung nach den gleichen Grundsätzen (IDW PS 315, ISA 545).

Die Ermittlung von Zeitwerten erfolgt oft, sofern kein aktiver Marktpreis vorhanden ist, durch Schätzungen. Die *Verantwortung* für die Ermittlung der Zeitwerte trägt das Management. Der →Abschlussprüfer (APr) muss ausreichende und angemessene →Prüfungsnachweise einholen (→Prognose- und Schätzprüfung). Er beurteilt die Annahmen des Managements, ist aber nicht verantwortlich für die Vorhersage zukünftiger Bedingungen oder Ereignisse.

Die erforderlichen *Prüfungshandlungen* umfassen (→Auswahl von Prüfungshandlungen):

- eine →Systemprüfung zur Prüfung der Kontrollen (Prüfung der →Aufbauorganisation und →Funktionsprüfung) sowie

- →ergebnisorientierte Prüfungshandlungen (→analytische Prüfungshandlungen und →Einzelfallprüfungen).

Der APr muss bei komplexen Schätzverfahren ggf. einen *Sachverständigen* hinzuziehen (→Ergebnisse Dritter).

Bei der *Systemprüfung* muss der APr
- ein Verständnis für die organisatorische Ausgestaltung des Prozesses zur Ermittlung von Zeitwerten entwickeln,
- eine Beurteilung der angewandten Bewertungsverfahren vornehmen (→Bewertungsprüfung),
- die Annahmen des Managements und der verwandten Informationen beurteilen und
- im Rahmen der →Funktionsprüfung die mathematische Richtigkeit der Zeitwert-Berechnungen prüfen.

Für die Erlangung eines Verständnisses der organisatorischen Ausgestaltung des Prozesses zur Zeitwert-Ermittlung muss der APr die relevanten Kontrollen verstehen, um die Art und den Umfang der weiteren Prüfungshandlungen planen zu können (→Prüfungsplanung; →Auswahl von Prüfungshandlungen). Außerdem sind bei der Würdigung der organisatorischen Maßnahmen zahlreiche Aspekte, wie Fachkenntnisse und Erfahrung der jeweiligen Mitarbeiter, Genehmigungsprozesse und Zugriffsberechtigungsverfahren, zu berücksichtigen.

Im Rahmen der Beurteilung der Angemessenheit der Bewertungsverfahren ist deren Eignung zu beurteilen, Zeitwerte in Übereinstimmung mit den jeweiligen Rechnungslegungsgrundsätzen zu ermitteln. Grundsätzlich besteht die Prüfungsmethode aus Befragungen des Managements.

Der APr muss weiterhin die Annahmen des Managements und der verwandten Informationen, die im Einzelfall in Abhängigkeit vom Bewertungsmaßstab und von dem Bewertungsverfahren variieren, daraufhin beurteilen, ob diese sowohl einzeln als auch insgesamt plausibel sind und eine hinreichende Basis für die Bewertung bilden. Die Annahmen müssen realistisch sein und im Einklang stehen mit dem →wirtschaftlichen Umfeld des Unternehmens, mit dem Risiko bzw. der Schwankungsbreite der abzubildenden Zahlungsströme (→Cash Flow) und mit den →Planungen des Managements. Hinsichtlich der Unsicherheit, die mit der Ermittlung von Zeitwerten verbunden ist, oder aufgrund des Fehlens objektiver Informationen, hat der APr das Vorliegen eines →Prüfungshemmnisses zu untersuchen.

Nach der Prüfung der Vollständigkeit und Richtigkeit der für die Ermittlung des Zeitwerts relevanten Informationen muss der APr die Berücksichtigung dieser Informationen bei der konkreten Berechnung des Zeitwerts im Rahmen der Funktionsprüfung überprüfen. Dabei prüft er die vom Management angewandten Berechnungsverfahren auch auf mathematische Richtigkeit.

Die *ergebnisorientierten Prüfungshandlungen* umfassen:
- Abgleichung der durch das Management ermittelten Werte mit unabhängigen Schätzungen,
- Prüfung der →Stetigkeit der angewandten Ermittlungsverfahren,
- Beurteilung von →Ereignissen nach dem Abschlussstichtag,
- Prüfung von Angaben im →Anhang (→Konzernanhang) und →Lagebericht (→Konzernlagebericht) sowie
- Einholung von Erklärungen des Managements.

Der APr kann zur →Verprobung der vom Management ermittelten Werte eine unabhängige Schätzung des Zeitwerts vornehmen oder durch Sachverständige vornehmen lassen und eigene Annahmen treffen.

Hinsichtlich der Stetigkeit der angewandten Ermittlungsverfahren soll gem. § 252 Abs. 1 Nr. 6 HGB und IAS 8.13 eine Beibehaltung der auf den vorhergehenden JA angewandten Bewertungsmethoden erfolgen. Im Falle einer Änderung des Ermittlungsverfahrens durch das Management muss der APr beurteilen, ob das neu gewählte Verfahren eine angemessene Grundlage für die Bewertung bietet oder eine Änderung der →wirtschaftlichen Verhältnisse oder der Rechnungslegungsgrundsätze eingetreten ist und keine Stetigkeitsdurchbrechung vorliegt.

Weiterhin muss eine Beurteilung der nach dem Abschlussstichtag eingetretenen Ereignisse, die die Schätzung der Zeitwerte bestätigen oder widerlegen können, erfolgen. Dabei ist zwischen wertbegründenden und wertaufhellenden Ereignissen zu unterscheiden.

Die Angaben im Anhang und im Lagebericht zu den Zeitwerten und den betreffenden Ermittlungsverfahren sind daraufhin zu prüfen, ob sie vollständig, zutreffend und nicht irreführend sind. Es ist auch einzuschätzen, ob die mit der Ermittlung der Zeitwerte verbundene Unsicherheit für den Adressaten ausreichend zum Ausdruck kommt. Die Prüfung bezieht sich auch auf freiwillige Angaben.

Das Management muss dem APr eine schriftliche Erklärung geben, ob die zur Ermittlung der Zeitwerte verwandten Annahmen dessen Absicht und dessen Möglichkeit, entsprechende Handlungen durchzuführen, in angemessener Weise widerspiegeln.

Ein *Prüfungshemmnis* liegt vor, wenn der APr aus den Prüfungshandlungen keine ausreichenden und angemessenen Prüfungsnachweise zu den ermittelten Zeitwerten erlangen kann, mit entsprechender Konsequenz für den →*Bestätigungsvermerk* (BestV) (Einschränkung oder Versagung). Im →*Prüfungsbericht* (PrB) ist ggf. zu den Unsicherheiten hinsichtlich der Ermittlung und der Darstellung von Zeitwerten Stellung zu nehmen, wenn dies für die Aufsichtsorgane des Unternehmens (→Überwachungsaufgaben des Aufsichtsrats) von besonderer Bedeutung ist.

Literatur: IDW (Hrsg.): IDW Prüfungsstandard: Die Prüfung von Zeitwerten (IDW PS 315, Stand: 8. Dezember 2005), in: WPg 59 (2006), S. 309–314.

Klaus J. Müller

Zentralcontrolling →Bereichecontrolling

Zero-Based-Budgeting

Das Zero-Based-Budgeting (ZBB) ist ein Planungsinstrument des Gemeinkostenmanagements (→Gemeinkostencontrolling; →Kostenmanagement). Es unterscheidet sich von anderen Instrumenten (z. B. Gemeinkostenwertanalyse, →Benchmarking) dadurch, dass nicht ausschließlich Kostensenkungsziele (→Kostencontrolling) verfolgt werden, sondern auch langfristige Unternehmungsziele (→strategisches Controlling). *Funktionen des ZBB* sind

- die →Planung von Maßnahmen zur Senkung der →Kosten im Gemeinkostenbereich und
- die an den langfristigen Unternehmungszielen ausgerichtete Verteilung finanzieller Mittel auf die Verantwortungsbereiche im Gemeinkostenbereich.

Der *Grundgedanke des ZBB* besteht darin, dass alle Aktivitäten disponierbar sind, d. h., die Unternehmung auf der „grünen Wiese" neu geplant wird (Meyer-Piening 1989, Sp. 2277). Das ZBB begegnet damit der Gefahr abnehmender Wirtschaftlichkeit (→Wirtschaftlichkeitsberechnungen) im Gemeinkostenbereich, die daraus folgt, dass bei der →Budgetierung der Budgetansatz des Vorjahres nur an Veränderungen angepasst, jedoch nicht grundsätzlich hinterfragt wird.

Der *Prozess des ZBB* vollzieht sich in drei Phasen, der Vorbereitung, der Analyse und der Realisation. In der Phase der *Vorbereitung* werden u. a. die Untersuchungsbereiche ausgewählt sowie die langfristigen Ziele und die Mittel festgelegt, die dem Gemeinkostenbereich zukünftig zur Verfügung stehen sollen. Die wichtigsten Schritte der *Analysephase* sind (Wegmann 1982, S. 167–192):

- die Einteilung des Untersuchungsbereiches in Entscheidungseinheiten,
- die Definition der Leistungsniveaus,
- die Festlegung der Entscheidungspakete,
- die Bildung einer Rangordnung der Entscheidungspakete und
- der Budgetschnitt.

Entscheidungseinheiten sind inhaltlich zusammenhängende Aktivitäten im Untersuchungsbereich. Entscheidungseinheiten können Abteilungen, Kostenstellen (→Cost Center) oder Gruppen von Mitarbeitern, Funktionen, Projekten oder Dienstleistungen sein. Für jede Entscheidungseinheit ist ein Teilziel aus den langfristigen Zielen abzuleiten, das quantifizierbar und realisierbar ist.

Für jede Entscheidungseinheit werden drei Leistungsniveaus definiert. Ein *Leistungsniveau* (LN) beschreibt das quantitative und qualitative Arbeitsergebnis der Entscheidungseinheit,

- das zur Erhaltung eines geordneten Geschäftsbetriebes zwingend notwendig ist (LN 1),
- das dem gegenwärtig realisierten entspricht (LN 2) oder
- das zur Verbesserung der Zielerreichung wünschenswert ist (LN 3).

Die Leistungsniveaus unterscheiden sich in Umfang, Qualität, Häufigkeit oder Pünktlichkeit der Leistungen. Die Definition verschiedener Leistungsniveaus ist die Voraussetzung für die Umverteilung der verfügbaren Mittel zwischen den Entscheidungseinheiten und stellt damit ein zentrales Element des ZBB dar.

Jede Entscheidungseinheit wird für jedes einzelne LN zu einem *Entscheidungspaket* erweitert. Bei drei Leistungsniveaus sind damit für jede Entscheidungseinheit drei Entscheidungspakete zu bilden. Ein Entscheidungspaket umfasst Angaben zu

- den Aufgaben und den Zielen der Entscheidungseinheit beim jeweiligen LN,
- dem wirtschaftlichsten Verfahren zur Zielerreichung und seinen Vor- und Nachteilen,
- den Konsequenzen bei Ablehnung des Entscheidungspaketes,
- den Beziehungen zu anderen Entscheidungseinheiten sowie
- den zur Realisation des Entscheidungspaketes erforderlichen Mitteln.

Die Entscheidungspakete werden nach ihrer Bedeutung für die langfristigen Ziele in eine *Rangordnung* gebracht. Entscheidungspakete mit einem niedrigeren LN haben im Vergleich zu den Entscheidungspaketen der gleichen Entscheidungseinheit mit einem höheren LN stets höhere Priorität.

Liegt die Rangordnung fest, werden den Entscheidungspaketen die verfügbaren finanziellen Mittel in der Reihenfolge abnehmender Prioritäten zugewiesen. Der *Budgetschnitt* grenzt die Entscheidungspakete ab, die aufgrund der begrenzten finanziellen Mittel nicht realisiert werden können.

In der *Realisationsphase* werden die Maßnahmen zur Realisation der Entscheidungspakete geplant, die in einem Ausbau (LN 3 wird realisiert) oder einem Abbau (LN 1 wird realisiert) von Aktivitäten bestehen können. Auf dieser Grundlage werden die Periodenbudgets für die Verantwortungsbereiche des Gemeinkostenbereiches erstellt (Meyer-Piening 1989, Sp. 2281 f.). Durch Fortschritts- und Ergebniskontrollen wird sichergestellt, dass die Maßnahmen tatsächlich realisiert werden (→Realisationskontrolle; →Kontrollkonzeptionen).

Der *Vorteil des ZBB* wird darin gesehen, dass es nicht nur auf eine Senkung der Kosten im Gemeinkostenbereich zielt, sondern auch auf eine an langfristigen Zielen ausgerichtete Umverteilung der Mittel in diesem Bereich. Ein *Nachteil* ist der große Aufwand, den dieses Verfahren verursacht. Zudem werden die Maßnahmen zur Leistungsanpassung von denjenigen erarbeitet, die anschließend von diesen Maßnahmen betroffen sind. Das kann sich ungünstig auf die Motivation in den Projektteams auswirken, denen die Erarbeitung der Anpassungsmaßnahmen obliegt (Wegmann 1982, S. 200–205).

Literatur: Meyer-Piening, A.: Zero-Base-Budgeting, in: Szyperski, N. (Hrsg.): HWPlan, Stuttgart 1989, Sp. 2277–2296; Wegmann, M.: Gemeinkosten-Management. Möglichkeiten und Grenzen der Steuerung industrieller Verwaltungsbereiche, München 1982.

Birgit Friedl

Zero-Line-Approach →Grundsätze ordnungsmäßiger Buchführung, bankspezifisch

Zielerreichungsmessung →Performance Measurement

Zielkategorien, unternehmensbezogene →Controlling

Zielkosten →Target Costing

Zielkostenmanagement →Target Costing

Zinseffekt →Steuerbarwertminimierung

Zinsen, kalkulatorische →Betriebsnotwendiges Vermögen; →Kalkulatorische Kosten

Zinsen und ähnliche Aufwendungen →Finanzergebnis

Zinsprognose →Finanzbedarfsrechnung

Zinssatz, kalkulatorischer →Betriebsnotwendiges Vermögen

Zollfahndung

Der Zollfahndungsdienst ist dem BdF unterstellt. Er ist materiell-rechtlich eine Polizei des Bundes.

Seine Aufgabe ist in erster Linie die Verfolgung von Zuwiderhandlungen im Zuständigkeitsbereich der Zollverwaltung. Unter diese Vorschriften fallen Zollvorschriften der EG, Verbrauchssteuern, Marktordnungsrecht,

Zollfahndung

Außenwirtschaftsrecht und die Verbote und Beschränkungen im grenzüberschreitenden Warenverkehr, wie z. B. Rauschgift, Waffen, Produktpiraterie (→Wirtschaftskriminalität), Washingtoner Artenschutz, bestimmte Arzneimittel oder Abfall.

Der Zollfahndungsdienst ist auch präventiv tätig, er ist zuständig für die Aufdeckung unbekannter Steuerfälle (→Steuerfahndung), die Verhütung von Straftaten und den Schutz seiner eingesetzten Beamten und Dritter. Im Rahmen von strafrechtlichen Ermittlungen erhebt er auch die Besteuerungsgrundlagen.

Schwerpunkt der Tätigkeit ist in den letzten Jahren die Bekämpfung des Rauschgiftschmuggels, des Zigarettenschmuggels und der Produktpiraterie. Von besonderer Bedeutung für die Schmuggelbekämpfung und die Wahrung der finanziellen Interessen der EU ist dabei die internationale Zusammenarbeit.

Geschichte: Mit Einrichtungserlass vom 24.12.1919 hat der Reichsminister der Finanzen den Zollfahndungsdienst ins Leben gerufen. Im Jahr 1952 wird zur Unterstützung der örtlichen Behörden das ZKI in Köln gegründet. Es verfügt über ein eigenes Labor, das auf die Aufdeckung von Zollvergehen spezialisiert ist. Dort werden z. B. Zollplomben und Stempel auf Echtheit überprüft. Als Reaktion auf die *Rabta*-Affäre (illegale Lieferung einer Giftgasfabrik nach Libyen unter deutscher Beteiligung) wird aus dem *ZKI* das *ZKA* mit dem Status einer Bundesoberbehörde. Dem *ZKA* werden weit reichende Befugnisse zur Aufdeckung von Embargoverstößen übertragen.

Mit der Einführung des EU-Binnenmarktes und dem damit verbundenen Wegfall der Warenkontrollen wird der Zollfahndungsdienst am 1.1.2002 neu organisiert. Er soll besser auf die grenzüberschreitende Kriminalität und die steigende Gewaltbereitschaft der Täter vorbereitet sein. Die wachsende Bedeutung der Informationsgewinnung und der damit verbundene größere Ermittlungsaufwand fordert eine stärkere Spezialisierung des Personals und die Konzentration des Zollfahndungsdienstes auf die Fälle der mittleren, schweren und organisierten Kriminalität. Aus den zu diesem Zeitpunkt 21 Zollfahndungsämtern werden deshalb acht große örtliche Behörden.

Am 24.8.2002 tritt das Zollfahndungsgesetz in Kraft. Dieses Gesetz regelt die Aufgaben und Befugnisse des *Zollkriminalamts* und der Zollfahndungsämter und enthält außerdem bereichsspezifische Datenschutzbestimmungen (→Datenschutz). Außerdem werden die Zollfahndungsämter direkt dem *ZKA* unterstellt, das nun in eine Mittelbehörde umgewandelt wird.

Die Zollfahndungsämter: Unabhängig von den Bezirksgrenzen der Zollfahndungsämter können die Zollfahndungsbeamten im gesamten Bundesgebiet ermitteln. Es gibt keine örtlichen Einschränkungen.

Gem. § 208 Abs. 1 Satz 1 und 2 AO ist der Zollfahndungsdienst für die Erforschung von Steuerstraftaten, also Steuerhinterziehung, Steuerhehlerei und Bannbruch zuständig. Unter Bannbruch versteht man Zuwiderhandlungen gegen ein Einfuhr-, Ausfuhr- oder Durchfuhrverbot (§ 372 AO). Diese Verbote sind in einer Vielzahl von Spezialgesetzen geregelt.

Darüber hinaus ist die Strafverfolgungskompetenz des Zollfahndungsdienstes auch in anderen Gesetzen geregelt, so z. B. im AWG und im Marktordnungsgesetz. Er hat eine eigene Zuständigkeit zur Bekämpfung der Geldwäsche [→Geldwäschegesetz (GwG)] und zur Grundstoffüberwachung (Precurser).

Gem. § 208 Abs. 1 Satz 1 Nr. 3 AO hat der Zollfahndungsdienst die Aufgabe der Aufdeckung und Ermittlung unbekannter Steuerfälle. Zusätzlich zu dieser Aufgabenzuweisung zu Vorfeldermittlungen regelt § 24 ZFdG die Mitwirkungsaufgaben der Zollfahndungsämter bei der Überwachung des Außenwirtschaftsverkehrs und des grenzüberschreitenden Warenverkehrs und die Aufgaben im Bereich Verhütung und Verfolgung von Straftaten, der Aufdeckung unbekannter Straftaten und der Vorsorge künftiger Strafverfahren. Indem der Gesetzgeber ausdrücklich den Bereich der Prävention festschreibt, hat er die Möglichkeit eröffnet, neue Wege der Kriminalitätsbekämpfung zu beschreiten. Dazu gehört auch das Vorhalten von Spezialeinheiten und das Erstellen von regionalen zollfahndungsspezifischen Analysen, Statistiken und Lagebildern.

Im Rahmen ihrer Ermittlungstätigkeit haben die Zollfahndungsbeamten die Befugnisse der StPO zur Verfügung. Sie haben dieselben Rechte und Pflichten wie Polizeibeamte (§ 404 Satz 1 AO). Als Ermittlungspersonen der Staatsanwaltschaft dürfen sie bei Gefahr im Verzug selbst Maßnahmen nach der StPO anordnen. Bei Durchsuchungen dürfen sie darüber hinaus die Papiere des von der Durchsuchung Betroffenen selbst durchsehen (§ 404 Satz 2 AO).

Die Befugnisse im präventiven Bereich sind in §§ 26 ff. ZFdG geregelt. Neben einer Generalklausel und Einzelmaßnahmen der Gefahrenabwehr sind dort die besonderen Mittel der Datenerhebung, wie Observation, Einsatz von technischen Mitteln und Einsatz von Vertrauenspersonen, geregelt.

Mit der Neuorganisation des Zollfahndungsdienstes ist auch die innere Struktur der Zollfahndungsämter vereinheitlicht worden. Die Bereiche Einsatzunterstützung (Spezialeinheiten/unterstützende Techniken) und Informationsbeschaffung sind jeweils in einem Sachgebiet zusammengefasst. In jedem Amt ist ein OK-Sachgebiet eingerichtet worden. Fachbereiche sind zu großen Einheiten zusammengefasst worden.

Die acht Zollfahndungsämter haben neben den Hauptsitzen (Berlin, Dresden, Essen, Frankfurt a.M., Hamburg, Hannover, München, Stuttgart) jeweils mehrere Außenstellen. Daneben arbeiten Beamte des Zollfahndungsdienstes zur Rauschgiftbekämpfung in *Gemeinsamen Ermittlungsgruppen Rauschgift mit der Polizei* (GER). In jedem Bundesland gibt es eine *Gemeinsame Ermittlungsgruppe zur Bekämpfung der Geldwäsche* (GFG).

Das ZKA: Das ZKA hat historisch gewachsen eine Vielzahl von Aufgaben. Es koordiniert und lenkt als Zentralstelle die Zollfahndungsämter und unterstützt diese und die anderen Dienststellen der Zollverwaltung z. B. als Erfassungs- und Übermittlungsstelle für Daten in nationalen und internationalen Informationssystemen, in der Amts- und Rechtshilfe oder bei unaufschiebbaren Maßnahmen. Es kann in Fällen von besonderer Bedeutung selbst ermitteln und wirkt bei der Überwachung des Außenwirtschaftsverkehrs und des grenzüberschreitenden Warenverkehrs mit. Es ist somit zugleich Überwachungsbehörde und Strafverfolgungsbehörde.

Im Rahmen der Überwachung des Außenwirtschaftsverkehrs hat das *ZKA* die Befugnis, auch ohne strafprozessualen Anfangsverdacht beim Gericht eine Telefon- und Postüberwachung zu beantragen. Diese Befugnis dient insb. der Verhinderung der Ausfuhr von Kriegswaffen und ähnlichen sensiblen Waren und Techniken in Länder, die einem *UN*-Embargo unterliegen.

Durch präventive Maßnahmen soll verhindert werden, dass die auswärtigen Beziehungen der BRD geschädigt werden.

Ein besonderer Schwerpunkt ist für das *ZKA* die internationale Zusammenarbeit im Bereich der Amts- und Rechtshilfe auf der Grundlage der Verordnung (EG) Nr. 515/97, der Abkommen Neapel I und Neapel II und der bi- und multilateralen Amtshilfeabkommen. Es hat außerdem in eine Reihe von Staaten Zollverbindungsbeamte entsandt. Das Regionalbüro der *WZO* für Westeuropa hat seinen Sitz im ZKA.

Literatur: Fehn, B. J. et al. (Hrsg.): Zollfahndungsdienstgesetz (ZFdG) – Handkommentar, Baden-Baden 2003; Wamers, P.: Zoll, in: Wabnitz, H.-B./Janovsky, T. (Hrsg.): Handbuch des Wirtschafts- und Steuerstrafrechts, 2. Aufl., München 2004; ZKA (Hrsg.): Chronik ZKA, Köln 2002.

Sabine Heise

Zollfahndungsämter →Zollfahndung

Zollkriminalamt →Zollfahndung

Zollprüfung

Einfuhr und Ausfuhrabgaben nach Art. 4 Nr. 10 und 11 ZK sind Steuern i. S. d. AO (§ 3 Abs. 3 AO). Die Bedeutung der Zollprüfung lediglich auf eine einfache Steuerprüfung zu beschränken, wird dem Wesen der Zollprüfung nicht gerecht. Die Prüfungsdienste der Zollverwaltung nehmen inzwischen eine Vielzahl von Aufgaben wahr, die nicht unmittelbar mit der Ermittlung und Erhebung von Steuern zusammenhängen. Als Beispiele hierfür können die Überwachung der übrigen Bestimmungen des grenzüberschreitenden Warenverkehrs (z. B. die Vorschriften des Außenwirtschafts- oder des Präferenzrechts) oder die Regelungen der gemeinsamen Agrarpolitik der EG genannt werden.

Die Zollprüfung dient dazu, bereits abgeschlossene steuerrechtlich relevante Sachverhalte erneut aufzurollen, um deren steuerlich korrekte Abwicklung zu prüfen, ohne dabei die aus den anderen Aufgabenfeldern resultierenden Bereiche außer Acht zu lassen.

Im Rahmen der Zollprüfung ist im Wesentlichen zwischen dem Bereich der Wareneinfuhr (Einfuhrhandelsprüfung) und der Warenausfuhr (Außenhandelsprüfung) zu unterscheiden.

Zufallsauswahl

Die Befugnisse der Zollverwaltung im Rahmen der Zollprüfung umfassen alle geeigneten Maßnahmen, um die ordnungsgemäße Anwendung des Zollrechts sicher zu stellen. Eine Zollprüfung kann bei allen Personen durchgeführt werden, die unmittelbar oder mittelbar mit dem zollrechtlich relevanten Vorgang in Zusammenhang stehen, oder die Unterlagen oder prüfungsrechtlich relevantes Material aus geschäftlichen Gründen in Besitz haben.

Voraussetzung für die ordnungsgemäße Durchführung einer Zollprüfung ist eine Prüfungsanordnung durch das zuständige Hauptzollamt. Ausnahmsweise kann ohne Prüfungsanordnung direkt zur Zollprüfung übergegangen werden, wenn Feststellungen bei der Ausübung der Steueraufsicht hierzu hinreichend Anlass geben (§ 210 AO).

Die Prüfungsanordnung muss mindestens folgende Angaben enthalten:

- anordnendes Hauptzollamt,
- Rechtsgrundlage für die Prüfung,
- Prüfungsumfang und
- Prüfungszeitraum.

Die Zollprüfung kann auf die verschiedensten Rechtsgrundlagen gestützt werden.

Im Bereich der Zollanmeldungen ist Art. 78 ZK zu nennen. Weitere Bereiche des Zollrechts unterfallen Art. 13 ZK i.V.m. den entsprechenden zollrechtlichen Normen. Marktordnungsrecht wird auf der Grundlage von § 33 MOG i.V.m. der jeweiligen Verordnung geprüft und Außenwirtschaftsrecht auf der Grundlage von § 44 AWG.

Der Prüfungsumfang kann sich auf eine bestimmte Steuerart beziehen oder auf bestimmte zollrechtlich relevante Vorgänge, entweder in Form einer umfassenden Einfuhrhandelsprüfung oder der Prüfung bestimmter Sachverhalte, z. B. des Zollwertes oder des präferenziellen Ursprungs einer Ware.

Der Inhalt der Prüfungsanordnung ist für den Prüfer bindend. Wurde in der Prüfungsanordnung nur eine Zollwertprüfung angekündigt, so kann die Prüfung nicht ohne Erweiterung der Prüfungsanordnung zur Prüfung der Tarifierung übergehen.

Eine Zollprüfung wird durch das Sachgebiet D – Prüfungsdienst – des zuständigen Hauptzollamtes durchgeführt. Infolge der Zentralisierung bestimmter Prüfungsgebiete muss das anordnende Hauptzollamt nicht zwangsläufig mit dem prüfenden Hauptzollamt identisch sein.

Die Prüfungen finden während der normalen Geschäfts-/Arbeitszeiten in den Geschäftsräumen des zu prüfenden Betriebes statt. Der Beginn der Prüfung wird aktenkundig gemacht, da dieser Zeitpunkt z. B. hinsichtlich der Möglichkeiten einer Selbstanzeige rechtlich von Bedeutung ist.

Bei der Durchführung der Prüfung haben die Prüfer eine Reihe von Rechten und Pflichten, denen Mitwirkungspflichten des Beteiligten gegenüberstehen (s. hierzu im Einzelnen BMF 2005).

Der Prüfer hat die Pflicht, den Beteiligten über festgestellte Sachverhalte und deren steuerliche Auswirkung zu unterrichten, sofern der Prüfungszweck hierdurch nicht gefährdet wird. Am Ende der Prüfung ist eine Schlussbesprechung durchzuführen, sofern auf diese nicht durch den Beteiligten verzichtet wird. Das Prüfungsergebnis ist in einem PrB festzuhalten, den sich der Beteiligte in Kopie übersenden lassen sollte. Die Prüfung ist mit dem Entwurf des Prüfungsberichtes beendet. Sie ist abgeschlossen, wenn das anordnende Hauptzollamt den PrB ausgewertet hat und zu der Feststellung gekommen ist, dass entweder keine Änderungen der Besteuerungsgrundlagen festzustellen waren oder ein Steuerbescheid zu erlassen ist.

Literatur: BMF (Hrsg.): Merkblatt 0683 über die wesentlichen Rechte und Mitwirkungspflichten bei der Durchführung einer Prüfung durch die Zollverwaltung, o.O. 2005.

Herbert Bayer

Zufallsauswahl →Deduktive Auswahl; →Stichprobenprüfung

Zukunftserfolgswert →Unternehmenswert; →Ertragswertmethode

Zulagen

Zulagen stellen Zuwendungen der öffentlichen Hand an privatrechtliche Unternehmen im Rahmen öffentlicher Förderprogramme (→Fördermittelberatung) dar. Dabei sind diese allgemein nicht rückzahlbar und werden in Abgrenzung zu den →Zuschüssen steuerfrei gewährt (IDW HFA 1/1984, S. 131 f.). Die steuerfreien Zulagen sind i. d. R. als Investitionszulagen (→Investition) ausgestaltet. Steuerfreie Zulagen zur Aufwandsminderung oder als Ertragsausgleich sind praktisch nicht existent und werden im Folgenden vernachlässigt (Kupsch 1984, S. 369).

Im Rahmen der Prüfung von →Forderungen, die sich auf Zulagenansprüche beziehen, hat der →Abschlussprüfer (APr) sicherzustellen, dass die sachlichen Voraussetzungen zur Gewährung der Zulagen erfüllt und diese ohne Auszahlungsvorbehalt bewilligt wurden. Besteht ein Rechtsanspruch, so hat sich der APr von diesem sowie der erfolgten Antragstellung zu überzeugen (IDW HFA 1/1984, S. 134) (→Nachweisprüfungshandlungen). Ungeachtet der Aktivierung des Zulagenanspruchs hat der APr im Rahmen der Prüfung der Ertragswirksamkeit der Zulagen für deutsche Rechnungslegungszwecke sicherzustellen, dass der Erfolgsausweis an die Erfüllung der Voraussetzungen geknüpft und die →Erträge über ein sachgerechtes Verfahren periodisch verteilt werden (IDW HFA 1/1984, S. 133) (→periodengerechte Erfolgsermittlung). Zur Vermeidung von Verzerrungen des Periodenergebnisses (→Jahresergebnis) sollte die Erfüllung der Hauptleistung als Abgrenzungskriterium herangezogen werden, die sich insb. in den Verwendungsauflagen widerspiegelt (Künnemann/Beine 2002, Sp. 2737).

Vor diesem Hintergrund erscheint für deutsche Rechnungslegungszwecke die Absetzung der Investitionszulage von den →Anschaffungskosten (AK) und HK (→Herstellungskosten, bilanzielle) ebenso sachgerecht wie die Bildung eines Passivpostens (IDW HFA 1/1984, S. 135). Dabei ist allerdings zu beachten, dass aus der Bezeichnung des Passivpostens die darin enthaltenen Zulagen ersichtlich sind. Ferner ist sicherzustellen, dass die Auflösung des Postens in der →Gewinn- und Verlustrechnung (GuV) gesondert, abgesetzt von den Abschreibungen (→Abschreibungen, bilanzielle; →Abschreibungen, steuerrechtliche), oder unter den sonstigen betrieblichen Erträgen (→sonstige betriebliche Aufwendungen und Erträge) erfolgt (IDW HFA 1/1984, S. 135).

Zulagen sind i.d.R. an gewisse aufschiebende Bedingungen geknüpft, um den Empfänger zu einem länger dauernden Verhalten zu veranlassen. Bei Nichteinhaltung innerhalb der Bindungsfrist sind die bereits erhaltenen Beträge zurückzuzahlen. Liegt am Bilanzstichtag ein Verstoß vor bzw. ist dies beabsichtigt oder wird dies erwartet und somit die zumindest teilweise Rückzahlung wahrscheinlich, so ist eine →Rückstellung für ungewisse →Verbindlichkeiten gem. § 249 Abs. 1 Satz 1 HGB zu passivieren (IDW HFA 1/1984, S. 134). Der APr hat sich somit zu vergewissern, ob während der Bindungsfrist Verstöße vorliegen oder drohen, die eine teilweise Rückzahlung der gewährten Zulagen wahrscheinlich werden lassen.

Erfolgte die Auszahlung bereits vor Erfüllung der sachlichen Voraussetzungen, die an die Zulage geknüpft sind, so ist der Betrag bis zu seiner bestimmungsgemäßen Verwendung als sonstige Verbindlichkeit zu passivieren (IDW HFA 1/1984, S. 134). Demnach ist für diesen Fall sicherzustellen, dass eine Passivierung vorgenommen wird und keine ergebniswirksame Verbuchung erfolgt. Neben der handelsrechtlichen Bilanzierung hat der APr wegen der Auswirkungen auf die Steuerrückstellungen und den →Steueraufwand ebenfalls die ordnungsgemäße, definitionsgemäß steuerfreie Behandlung in der Steuerbilanz zu prüfen.

Über die Bilanz und GuV hinaus können sich weitere →Angabepflichten im →Anhang gem. § 264 Abs. 2 Satz 2 HGB ergeben, sofern es durch die Investitionszulage zu einer erheblichen Beeinträchtigung der Gesamteinschätzung der →Vermögenslage, →Finanzlage und →Ertragslage kommt (Hense/Schellhorn 2006, Rn. 49 zu § 264 HGB, S. 758). Es ist demnach vom APr zu beurteilen, ob zusätzliche Angaben erforderlich sind bzw. ob die enthaltenen Angaben der geforderten Generalnorm des §264 Abs. 1 Satz 1 HGB ausreichend Rechnung tragen (→True and Fair View). In diesem Zusammenhang ist auch zu prüfen, inwieweit ergänzende Angaben im Rahmen der Darstellung der Lage der Gesellschaft im →Lagebericht gem. § 289 Abs. 1 Satz 1 HGB erforderlich sind.

Literatur: Hense, B./Schellhorn, M.: Kommentierung des § 264 HGB, in: Ellrott, H. et al.: BeckBilKomm., 6. Aufl., München 2006; IDW (Hrsg.): IDW Stellungnahme: Zur Behandlung von Genussrechten im Jahresabschluss von Kapitalgesellschaften (IDW HFA 1/1994), in: WPg 47 (1994), S. 419–423; Künnemann, M./Beine, F.: Zuwendungen/Zuschüsse, in: Ballwieser, W. et al. (Hrsg.): HWRP, 3. Aufl., Stuttgart 2002, Sp. 2731–2743; Kupsch, P.: Bilanzierung öffentlicher Zuwendungen, in: WPg 37 (1984), S. 369–377.

Carsten Friedrich

Zurechnungshierarchien →Bezugsgrößenhierarchie

Zurechnungsobjekte →Einzelkostencontrolling

Zusätzliche Informationen zum Jahresabschluss, Beurteilung von

Die durch →Abschlussprüfer (APr) zu prüfenden Jahresabschlüsse und →Lageberichte werden regelmäßig von den zu prüfenden Unternehmen in Geschäftsberichte (→Geschäftsberichte, Gestaltungsberatung) oder ähnliche Publikationen eingebunden und zusammen mit diesen veröffentlicht. Als „zusätzliche Informationen" werden im Folgenden alle Informationen bezeichnet, die in diesen Geschäftsberichten und Publikationen der Unternehmen enthalten sind, die aber keine Bestandteile des Jahresabschlusses oder des Lageberichtes darstellen und somit grundsätzlich auch nicht der Abschlussprüfung (Jahresabschlussprüfung; →Konzernabschlussprüfung) unterliegen.

In dem IDW PS 202 hat das →*Institut der Wirtschaftsprüfer in Deutschland e.V.* (IDW) die Berufsauffassung dargelegt, nach der WP zusätzliche Informationen bei der Durchführung einer Abschlussprüfung zu berücksichtigen haben. Der IDW PS 202 entspricht dabei inhaltlich im Wesentlichen internationalen Prüfungsgrundsätzen (ISA 720 „Other information in documents containing audited financial statements"). Das *IDW* hat hier insb. auch festgelegt, dass die durch eine gesetzliche oder vertragliche Erweiterung des Prüfungsgegenstandes unter die Prüfungspflicht fallenden Informationen nicht zu den zusätzlichen Informationen gehören. Ebenso wenig fallen hierunter die Unterlagen, die zur Herstellung der Gleichwertigkeit eines nach international anerkannten Rechnungslegungsgrundsätzen aufgestellten Konzernabschlusses (§ 292a HGB) mit einem nach dem HGB aufgestellten Konzernabschluss dienen, da diese Unterlagen grundsätzlich der Prüfungspflicht des Abschlussprüfers unterliegen.

Obwohl der APr weder durch § 317 HGB noch durch die Berufsauffassung des *IDW* verpflichtet ist, die zusätzlichen Informationen zu prüfen, können diese →Prüfungsnachweise darstellen, aus denen der APr seine Prüfungsaussagen und Prüfungsfeststellungen ableitet, die wiederum die Grundlage für die Berichterstattung (→Berichtsgrundsätze und -pflichten des Wirtschaftsprüfers) und die Erteilung des →Bestätigungsvermerks darstellen. Somit fallen die zusätzlichen Informationen unter die Vorlagepflicht des § 320 Abs. 2 HGB (→Auskunftsrechte des Abschlussprüfers). Da Unstimmigkeiten zwischen den zusätzlichen Informationen und dem zu prüfenden JA oder Lagebericht die Glaubwürdigkeit von JA und Lagebericht in Frage stellen, sind die zusätzlichen Informationen durch den APr kritisch zu lesen.

Der APr sollte daher bereits bei der Auftragsannahme (→Auftragsannahme und -fortführung) mit dem zu prüfenden Unternehmen vereinbaren, dass ihm die zusätzlichen Informationen rechtzeitig in der zur Veröffentlichung vorgesehenen Form vorgelegt werden. Auch in Fällen, in denen der APr den BestV vor Einsicht in die zusätzlichen Informationen erteilt, ist sicherzustellen, dass ihm diese Informationen schnellstmöglich zugeleitet werden.

Entdeckt der APr vor Erteilung des Bestätigungsvermerkes beim kritischen Lesen Unstimmigkeiten zwischen den zusätzlichen Informationen und dem zu prüfenden JA oder Lagebericht hat er festzustellen, welche Angaben änderungsbedürftig sind. Liegt der Änderungsbedarf bei dem zu prüfenden JA oder Lagebericht sollte der APr dem Unternehmen empfehlen, die entsprechenden Änderungen vorzunehmen. Nimmt das Unternehmen die Änderungen nicht vor und handelt es sich bei den festgestellten Unstimmigkeiten um wesentliche Falschangaben (→Wesentlichkeit; →Fehlerarten in der Abschlussprüfung) wird der APr den BestV einschränken oder versagen. Zu einer Einschränkung oder Versagung des Bestätigungsvermerks kommt es im Übrigen auch, sofern aufgrund von →Prüfungshemmnissen nicht abschließend beurteilt werden kann, welche Angaben zutreffend bzw. unzutreffend sind. Der Grund für die Einschränkung oder Versagung des Bestätigungsvermerkes ist zusätzlich im →Prüfungsbericht (PrB) zu erläutern.

Besteht der Änderungsbedarf bei den zusätzlichen Informationen, sollte der APr dem Unternehmen ebenfalls empfehlen, die entsprechenden Änderungen vorzunehmen. Nimmt das Unternehmen die Änderungen nicht vor, kann hierin ein Verstoß gegen die gesetzlichen

Berichterstattungspflichten liegen, über den nach § 321 Abs. 1 Satz 3 HGB (→Redepflicht des Abschlussprüfers) im PrB zu berichten ist (→Unregelmäßigkeiten; →Unregelmäßigkeiten, Konsequenzen aus). Bei schwerwiegenden Falschangaben sollte mit der Erteilung des Bestätigungsvermerks bis zur Änderung dieser Angaben gewartet werden. Bei freiwilligen Abschlussprüfungen (→freiwillige und vertragliche Abschlussprüfung) kommt in besonders schweren Fällen aufgrund der Störung des Vertrauensverhältnisses zu den gesetzlichen Vertretern des zu prüfenden Unternehmens auch eine Kündigung des Prüfungsauftrags (→Prüfungsauftrag und -vertrag) seitens des Abschlussprüfers in Betracht (→Mandatsniederlegung des Abschlussprüfers). Dagegen besteht bei gesetzlichen Abschlussprüfungen (→Pflichtprüfungen), abweichend zu ISA 720, aufgrund der nach § 318 Abs. 6 HGB eingeschränkten Kündigungsmöglichkeiten eine derartige Möglichkeit nicht.

Auch wenn der APr die zusätzlichen Informationen erst nach Erteilung des Bestätigungsvermerks erhält, hat er festzustellen, ob Unstimmigkeiten zum geprüften JA oder Lagebericht vorliegen und welche Angaben änderungsbedürftig sind. Sofern wesentliche Angaben des Jahresabschlusses oder Lageberichtes unrichtig sind, kommt es zu einer →Nachtragsprüfung über die vorzunehmenden Anpassungen. Nimmt das Unternehmen die entsprechenden Änderungen nicht vor, ist der BestV zu widerrufen und im Anschluss einzuschränken oder zu versagen.

Stellt der APr beim kritischen Lesen der zusätzlichen Informationen unzutreffende Angaben fest, die keinen Bezug zum zu prüfenden JA oder Lagebericht besitzen, sollte er das Unternehmen ebenfalls auf diese Falschangaben hinweisen bzw. durch geeignete Maßnahmen (z. B. durch das Zurückhalten des Bestätigungsvermerks) auf eine entsprechende Anpassung hinwirken. Nimmt das Unternehmen die entsprechenden Anpassungen dagegen nicht vor, kommt lediglich eine Berichterstattung im PrB in Frage. Eine Einschränkung oder Versagung des Prüfungsberichtes ist in diesen Fällen nicht möglich.

Besondere Bedeutung gewinnt die Beurteilung zusätzlicher Informationen durch die Verknüpfung geprüfter und ungeprüfter Elemente bei der Nutzung des Internets für Zwecke der freiwilligen →Publizität. Viele Unternehmen publizieren regelmäßig auch das Testat des Wirtschaftsprüfers auf ihren Webseiten. Fraglich ist, ob sich daraus die Verpflichtung zum kritischen Lesen auf die gesamte Webseite ausweitet und auch zu welchem Zeitpunkt und wie oft das kritische Lesen erfolgen sollte. Nach h.M. lässt sich aus dem IDW PS 202 zumindest eine einmalige Verpflichtung zum kritischen Lesen der Webseite zum Zeitpunkt der erstmaligen Veröffentlichung des Testats ableiten. Eine permanente Kontrollpflicht der Informationen, die auf der Webseite mit dem Testat veröffentlicht werden, besteht jedoch nicht.

Literatur: Fey, G.: Prüfung kapitalmarktorientierter Unternehmensberichte – Erweiterung der Abschlussprüfung nach nationalen und internationalen Prüfungsgrundsätzen, in: WPg 53 (2000), S. 1097–1108; Küting, K./Dawo, S./Heiden, M.: Das Testat des Wirtschaftsprüfers im Internet – Internationale audit guidance als Vorbild einer künftigen deutschen Regelung, http://www.jurpc.de/aufsatz/20020025.htm (Download: 1. August 2006).

Frank Bertram

Zusage, verbindliche →Außenprüfung

Zusammensetzung von Vorstand und Aufsichtsrat

Der *Vorstand* ist das Leitungs- (Geschäftsführungs-) und Vertretungsorgan der AG (§§ 76 Abs. 1, 78 Abs. 1 AktG). Er besteht mindestens aus einer natürlichen Person; bei Aktiengesellschaften (→Aktiengesellschaft, Prüfung einer) mit einem Grundkapital (→Gezeichnetes Kapital) von mehr als 3 Mio. € hat er aus mindestens zwei Personen zu bestehen, wobei diese Vorschrift durch die Satzung wieder abbedungen werden kann (§ 76 Abs. 2 AktG). Unterliegt die Gesellschaft der Montanmitbestimmung oder dem MitbestG, ist zwingend ein sog. *Arbeitsdirektor* zu bestellen, sodass in diesen Fällen der Vorstand mindestens aus zwei Personen besteht (→Mitbestimmung).

Eine Anzahlbeschränkung der Vorstandsmitglieder nach oben kennt das Gesetz hingegen nicht.

Die Vorstandsmitglieder werden durch den AR für eine Amtszeit von höchstens 5 Jahren bestellt, wobei die wiederholte Bestellung oder Verlängerung der Amtszeit zulässig ist (→Vorstand, Bestellung und Abberufung;

Zusatzauftrag

→Amtszeit von Vorstand und Aufsichtsrat). Der AR ist außerdem berechtigt – aber nicht verpflichtet –, ein Vorstandsmitglied zum *Vorsitzenden des Vorstands* zu ernennen. Dieser repräsentiert den gesamten Vorstand und ist Sitzungsleiter und Koordinator der Vorstandsarbeit. Durch Satzung oder Geschäftsordnung (→Geschäftsordnung für Vorstand und Aufsichtsrat) kann außerdem bestimmt werden, dass dem Vorsitzenden das Recht zum Stichentscheid oder ein Vetorecht eingeräumt wird. Bestellt der AR keinen Vorstandsvorsitzenden, können die Vorstandsmitglieder über ihre Geschäftsordnungskompetenz einen *Vorstandssprecher* ernennen.

Der →*Deutsche Corporate Governance Kodex* sieht vor, dass der Vorstand aus mehreren Personen bestehen und einen Vorsitzenden oder Sprecher haben soll (DCGK 4.2.1).

Nach dem gesetzlichen Regelstatut besteht der *AR* der AG mindestens aus drei Mitgliedern. Die Satzung kann eine höhere, durch drei teilbare Zahl festlegen. Die Höchstzahl der Aufsichtsratsmitglieder beträgt bei einem Grundkapital von bis zu 1,5 Mio. € neun, von mehr als 1,5 Mio. € Grundkapitel 15 und von mehr als 10 Mio. € Grundkapital 21 Personen (§ 95 AktG).

Vorstehendes Regelstatut über die *Anzahl* der Aufsichtsratsmitglieder greift aber nur dann, falls die Gesellschaft nicht unter die Montanmitbestimmung – die angesichts der Strukturveränderungen im industriellen Bereich an Bedeutung verliert – oder das MitbestG fällt (→Mitbestimmung). Unterliegt die AG der *Montanmitbestimmung*, so besteht der AR aus elf Mitgliedern, und zwar aus vier Vertretern der Anteilseigner, vier Vertretern der Arbeitnehmer und drei Vertretern des öffentlichen Interesses (§ 4 Abs. 1 Montan-MitbestG). Bei Gesellschaften, die unter das *MitbestG* fallen (u. a. mindestens 2.000 Arbeitnehmer, § 1 MitbestG), hängt die Größe des Aufsichtsrats ab von der Größe des Unternehmens, gemessen an der Zahl der Arbeitnehmer. Zu beachten ist dabei die Zurechnungsvorschrift im Konzern (§ 5 MitbestG) (→Konzernarten; →Aufsichtsrat im Konzern). Bei Unternehmen mit nicht mehr als 10.000 Arbeitnehmern besteht der AR aus zwölf Mitgliedern, bei mehr als 10.000 Arbeitnehmern sind es 16 und bei mehr als 20.000 Arbeitnehmern 20. Unternehmen mit weniger als 20.000 Arbeitnehmern können auch festlegen, dass der AR aus 16 oder 20 Mitgliedern besteht. Der AR setzt sich zur Hälfte aus Vertretern der Anteilseigner und der Arbeitnehmer zusammen (paritätische →Mitbestimmung, § 7 Abs. 1 MitbestG). Im Fall von *Pattentscheidungen* gibt das Votum der Anteilseignerseite den Ausschlag (§§ 27, 29 MitbestG).

Nicht die Anzahl der Aufsichtsratsmitglieder, wohl aber die Beteiligung der Arbeitnehmer wird im Übrigen durch das am 18.5.2004 verabschiedete *DrittelbG* berührt. Bei Aktiengesellschaften und weiteren Rechtsformen (→Unternehmensformen) mit mehr als 500 Arbeitnehmern, die nicht unter die Montanmitbestimmung oder das MitbestG fallen und auch keine Tendenzbetriebe darstellen (§ 1 Abs. 2 DrittelbG), muss der AR zu einem Drittel aus Arbeitnehmervertretern bestehen (§ 4 Abs. 1 DrittelbG). Dies gilt auch für Aktiengesellschaften mit weniger als 500 Arbeitnehmern, die vor dem 10.8.1994 eingetragen worden sind und keine Familiengesellschaften sind (§ 1 Abs. 1 Nr. 1 Satz 2 DrittelbG). Abgesehen von Tendenzbetrieben kann der AR von Publikums-Aktiengesellschaften somit nur dann arbeitnehmerfrei sein, wenn die Gesellschaft nach dem 10.8.1994 eingetragen ist und weniger als 500 Arbeitnehmer hat. Zur Beurteilung der Grenze von 500 Arbeitnehmern bei einer Konzernobergesellschaft zählen nur die Arbeitnehmer von Tochterunternehmen mit, mit denen ein Beherrschungsvertrag (→Unternehmensverträge) abgeschlossen worden ist oder die in die Hauptgesellschaft eingegliedert worden sind (§ 2 Abs. 2 DrittelbG).

Literatur: Huke, R./Prinz, T.: Das Drittelbeteiligungsgesetz löst das Betriebsverfassungsgesetz 1952 ab, in: BB 59 (2004), S. 2633–2639; Müller, H./Schiegel, B.: Vorstand, in: Pfitzer, N./Oser, P./Orth, C. (Hrsg.): Deutscher Corporate Governance Kodex, 2. Aufl., Stuttgart 2005, S. 105–143.

Carsten Theile

Zusatzauftrag →Jahresabschlussprüfung, erweiterte

Zusatzkosten →Kalkulatorische Kosten; →Kostenartenrechnung

Zusatzleistungen →Erträge; →Kostenartenrechnung

Zuschlagskalkulation

Die Zuschlagskalkulation ist eine Klasse von →*Kalkulationsmethoden* (→Kalkulation; →Kostenträgerstückrechnung), die dem Grundprinzip der getrennten Zurechnung der Kostenträgereinzel- und der Kostenträgergemeinkosten auf die Kostenträger folgen. Die Einzelkosten (→Einzelkostencontrolling) werden dabei direkt, die Gemeinkosten (→Gemeinkostencontrolling) indirekt über prozentuale Zuschlagssätze auf die Kostenträger verrechnet. Es werden folgende Varianten unterschieden (Reichmann 1993, Sp. 2265–2269):

- die einstufige summarische,
- die einstufige differenzierende,
- die mehrstufige summarische und
- die mehrstufige differenzierende Zuschlagskalkulation.

Bei der *einstufigen summarischen Zuschlagskalkulation* werden die gesamten Gemeinkosten über einen einzigen Zuschlagssatz auf die Kostenträger der Unternehmung verrechnet. Als Kalkulationsbezugsgröße (→Bezugsgrößenhierarchie) können die gesamten oder einzelne Arten von Einzelkosten gewählt werden, wie z. B. die Materialeinzelkosten oder die Fertigungslöhne (→Fertigungskosten).

Die *einstufige differenzierende Zuschlagskalkulation* ist dadurch gekennzeichnet, dass die Gemeinkosten artenweise differenziert werden und jede Gemeinkostenart mit einem separaten Gemeinkostenzuschlagssatz verrechnet wird. Das Kalkulationsschema ist bei dieser Methode wie folgt aufgebaut:

	Materialeinzelkosten
+	Materialabhängige Gemeinkosten (bezogen auf die Materialeinzelkosten)
+	Fertigungslöhne
+	Lohnabhängige Gemeinkosten (bezogen auf die Fertigungslöhne)
+	Sondereinzelkosten der Fertigung
=	Herstellkosten
+	Restgemeinkosten (z.B. bezogen auf die Herstellkosten)
+	Sondereinzelkosten des Vertriebes
=	Selbstkosten

Die *einstufigen Varianten* der Zuschlagskalkulation sehen keine Differenzierung der Gemeinkosten nach Kostenstellen (→Cost Center) vor. Sie setzen damit keine →Kostenstellenrechnung voraus.

Nehmen die verschiedenen Kostenträger die Leistungen der einzelnen Arbeitsplätze und Maschinengruppen der Unternehmung in unterschiedlichem Ausmaß in Anspruch oder können Bestandsveränderungen zwischen Produktionsstufen auftreten, ist die Zuschlagskalkulation mehrstufig auszugestalten. Voraussetzung der *mehrstufigen Zuschlagskalkulation* ist eine Kostenstellenrechnung, in der die Gemeinkosten nach Kostenstellen differenziert werden. Die →Kosten der einzelnen Kostenstellen werden anschließend über stellenbezogene Zuschlagssätze auf die Kostenträger verrechnet. Ermittelt werden die Zuschlagssätze in der Kostenstellenrechnung (→Betriebsabrechnungsbogen).

Das Kalkulationsschema der *mehrstufigen summarischen Zuschlagskalkulation* weist das folgende Aussehen auf (s. Tabelle folgende Seite).

Die mehrstufige summarische Zuschlagskalkulation unterstellt, dass die Kostenträgergemeinkosten von den Einzel- bzw. den Herstellkosten (→Herstellkosten, kalkulatorische) abhängen. Diese Kosten werden jedoch primär von den Leistungen der Bereiche beeinflusst, in denen die Gemeinkosten entstehen (→Kostenabhängigkeiten). Die mehrstufige summarische Zuschlagskalkulation rechnet Produkten mit einem hohen Komplexitätsgrad und kleinen Stückzahlen deshalb tendenziell zu geringe Gemeinkosten zu, Standardprodukten dagegen zu hohe. Um dieser Schwachstelle der summarischen Variante zu begegnen, verrechnet die *mehrstufige differenzierende Zuschlagskalkulation* die Kosten einer Kostenstelle über mehrere Zuschlagssätze auf die Kostenträger. So können die Materialgemeinkosten nach Materialgruppen, die Verwaltungs- und Vertriebsgemeinkosten nach Produktgruppen und die Kosten einer Fertigungshauptstelle nach Arbeitsplätzen differenziert verrechnet werden.

An der Zuschlagskalkulation wird insb. die Verwendung von *Fertigungslöhnen* als Kalkulationsbezugsgröße kritisiert. Die Verwendung von Fertigungslöhnen als Kalkulationsbezugsgröße führt bei hohen Automatisierungsgraden zu Problemen. Verursacht werden diese durch den geringen Anteil der Fertigungslöhne an den →Fertigungskosten, der zu Zu-

Materialeinzelkosten + Materialgemeinkosten	Material- kosten	
+ Fertigungslöhne der Fertigungskostenstelle I + Fertigungsgemeinkosten der Fertigungsstelle I (bezogen auf die Fertigungslöhne I) ⋮ + Fertigungslöhne der Fertigungsstelle N + Fertigungsgemeinkosten der Fertigungsstelle N (bezogen auf die Fertigungslöhne N) + Sondereinzelkosten der Fertigung		
+ Verwaltungsgemeinkosten (bezogen auf die Herstellkosten) + Vertriebsgemeinkosten (bezogen auf die Herstellkosten) + Sondereinzelkosten des Vertriebes		

schlagssätzen in Höhe von über 20.000 % führt (Plaut 1992, S. 217). Das hat zur Folge, dass selbst kleinste Veränderungen der einem Kostenträger zugerechneten Fertigungslöhne, die durch Lohnsatzänderungen oder Erfassungsfehler ausgelöst sein können, zu einer deutlichen Zu- bzw. Abnahme der dem Kostenträger zugerechneten Fertigungsgemeinkosten führt (Hummel/Männel 1986, S. 300 f.).

Literatur: Friedl, B.: Kostenrechnung. Grundlagen, Teilrechnungen und Systeme der Kostenrechnung, München/Wien 2004; Hummel, S./Männel, W.: Kostenrechnung, Band 1: Grundlagen, Aufbau und Anwendung, 4. Aufl., Wiesbaden 1986; Plaut, H. G.: Grenzplankostenrechnung- und Deckungsbeitragsrechnung als modernes Kostenrechnungssystem, in: Männel, W. (Hrsg.): Handbuch Kostenrechnung, Wiesbaden 1992, S. 203–225; Reichmann, T.: Zuschlagskalkulation, in: Chmielewicz, K./Schweitzer, M. (Hrsg.): HWR, 3. Aufl., Stuttgart 1993, Sp. 2262–2273.

Birgit Friedl

Zuschüsse

Bei Zuschüssen kann es sich sowohl um Zuwendungen der öffentlichen Hand an Unternehmen als auch um Zuwendungen von nichtöffentlicher Seite an Unternehmen handeln. Öffentliche Zuschüsse (auch unter vielfältigen Bezeichnungen, wie Subventionen, Zuwendungen, →Zulagen, Beihilfen, Prämien) sind Zahlungen, bei denen kein direkter wirtschaftlicher Zusammenhang zwischen dem erhaltenem Zuschuss und einer Gegenleistung durch den Zuschussgeber besteht. Sie werden aus struktur- und wirtschaftspolitischen Gründen oder auf gesetzlicher Grundlage, wie z. B. Investitionsförderung (→Investition) im →Krankenhaus, zur Sicherstellung der Grundversorgung gewährt. Nicht-öffentliche (private) Zuschüsse, die im Rahmen einer Geschäftsbeziehung unter fremdem Dritten gewährt werden, beruhen grundsätzlich auf einem ökonomischen Austauschverhältnis (IDW HFA 2/1996). Private Zuschüsse ohne Gegenleistung werden in der Praxis insb. von Gesellschaftern oder im Rahmen von Sanierungen (→Sanierungsbilanzen) gewährt.

Zuschüsse lassen sich weiterhin nach nicht rückzahlbaren und bedingt rückzahlbaren Zuschüssen differenzieren. Bedingt rückzahlbare Zuschüsse machen die Rückzahlung vom Eintritt eines zukünftigen Ereignisses abhängig (Beispiel: Rückzahlung von Mitteln der Filmförderung bei Eintritt eines bestimmten wirtschaftlichen Erfolgs des geförderten Films). Sofern von Beginn an eine Rückzahlungsverpflichtung vorliegt, handelt es sich nicht um einen Zuschuss, sondern um eine →Verbindlichkeit. Sofern – insb. bei öffentlichen Zuschüssen – die im Rahmen der Zuschussgewährung festgesetzten Auflagen und Bedingungen nicht erfüllt werden, kann durch eine Aufhebung oder Änderung des dem Zuschuss zugrunde liegenden Zuwendungsbescheides eine entsprechende Rückzahlungsverpflichtung aufleben.

Zu differenzieren ist ferner nach Aufwands- und Ertragszuschüssen (→Aufwendungen und Erträge) einerseits und Investitionszuschüssen andererseits. Aufwands- und Ertragszuschüsse dienen der Durchführung von laufenden Maßnahmen (z. B. F&E, Wahrnehmung sozialer Aufgaben durch gemeinnützige Körperschaften). In diesen Fällen dürfen die Zuschüsse nach dem Realisationsprinzip nur nach Maßgabe der Erfüllung der Gegenleistungsverpflichtung (private Zuschüsse) bzw. der Entstehung des Aufwandes zur Erfüllung der im Zuwendungsbescheid festgelegten Bedingungen erfolgswirksam werden (→periodengerechte Erfolgsermittlung). Erfolgswirksam verrechnete Aufwandszuschüsse dürfen nicht mit den Aufwendungen, zu deren Deckung sie gewährt werden, saldiert werden. Sofern Zuschüsse zum Ausgleich bereits entstandener Verluste dienen, dürfen sie sofort erfolgswirksam vereinnahmt werden (IDW HFA 1/1984).

Investitionszuschüsse dienen der Anschaffung oder Herstellung eines →Vermögensgegenstandes, der für festgelegte Zwecke zu verwenden ist. Die erfolgswirksame Vereinnahmung hat nach einem sachgerechten Verfahren, verteilt über die →Nutzungsdauer des zugrunde liegenden Vermögensgegenstandes, zu erfolgen. Die bilanzielle Erfassung erfolgt durch Absetzung von den →Anschaffungskosten (AK) oder HK (→Herstellungskosten, bilanzielle) oder die Bildung eines geeigneten Passivpostens [z. B. „Sonderposten für Investitionszuschüsse zum Anlagevermögen" (→Sonderposten mit Rücklagenanteil)]: im letzteren Fall erfolgt die erfolgswirksame Vereinnahmung durch die Auflösung des Passivpostens nach Maßgabe der Nutzungsdauer des bezuschussten Vermögensgegenstandes.

Die Prüfung von Zuschüssen beginnt mit der Analyse des Zuwendungsbescheides bzw. der zugrunde liegenden vertraglichen Unterlagen (→Prüfungsnachweise; →Nachweisprüfungshandlungen) hinsichtlich

- der Bezeichnung von Zuwendungsgeber und Zuwendungsempfänger bzw. den Vertragsparteien,
- der Art des Zuschusses, differenziert nach Investitionszuschüssen oder Aufwands- und Ertragszuschüssen (und hier ggf. weiter differenziert nach Festbetrags-, Quoten- oder Fehlbedarfsdeckungszuschüssen),
- den Verwendungsvorgaben,
- der zeitlichen Zuordnung des Zuschusses auf die vorgegebenen Zeiträume,
- dem Betrag,
- den Auszahlungsmodalitäten,
- den zugrunde liegenden Nebenbestimmungen(insb. bei öffentlichen Zuschüssen) und vertraglichen Nebenpflichten,
- den Verpflichtungen zur Erbringung von Verwendungsnachweisen,
- etwaigen Vereinbarungen zu einer bedingten Rückzahlung des Zuschusses sowie
- der Rechtswirksamkeit und ggf. Rechtsbehelfsbelehrungen (bei öffentlichen Zuschüssen).

Aus diesen Rahmenbedingungen ergeben sich die anzuwendenden Bilanzierungsmethoden und -normen. Die Prüfung erfolgt dann nach üblichen Grundsätzen [→Grundsätze ordnungsmäßiger Abschlussprüfung (GoA)]. Neben den im Rahmen der zweckentsprechenden Verwendung der Zuschüsse angefallenen Belegen ist bei der Prüfung öffentlicher Zuschüsse der Mittelverwendungsnachweis beizuziehen. Im Rahmen der Prüfung ist insb. zu achten auf

1) die zeitgerechte Erfassung des Zuschusses (→periodengerechte Erfolgsermittlung; →Cut-Off),

2) die erfolgswirksame Vereinnahmung nach Maßgabe des Zuwendungszwecks und

3) die etwaige Erfassung von Rückzahlungsverpflichtungen und sich hieraus ergebende Verpflichtungen zur Bildung von →Rückstellungen oder Verbindlichkeiten.

Sofern Unternehmen regelmäßig Zuschüsse empfangen, ist der gesamte Prozess der Zuschussbeantragung, der Zuschussverwendung und der internen Verwendungskontrolle sowie die damit zusammenhängenden Supportprozesse (→Geschäftsprozesse) in die Prüfung mit einzubeziehen und insb. darauf hin zu prüfen, ob das →Interne Kontrollsystem (IKS) eine ordnungsgemäße Nachverfolgung und Verwendung der Zuschussmittel sicherstellt (→Internes Kontrollsystem, Prüfung des; →Systemprüfung).

Die zweckentsprechende Verwendung der Zuschussmittel an sich ist nicht Gegenstand der Abschlussprüfung (→Jahresabschlussprüfung; →Konzernabschlussprüfung). Die Prüfung der zweckentsprechenden Mittelverwendung ist einer gesondert zu beauftragenden Prüfung der Verwendungsnachweise vorbehalten. Sofern sich aus der Prüfung jedoch Anhaltspunkte für eine nicht sachgerechte Mittelverwendung ergeben, die zu im JA nicht abgebildeten Verpflichtungen führen können, ist nach den allgemeinen Grundsätzen zu entscheiden, ob dies Auswirkungen auf das

→Prüfungsurteil [→Bestätigungsvermerk (BestV)] und die Berichterstattung [→Prüfungsbericht (PrB)] hat.

Literatur: IDW (Hrsg.): IDW HFA 1/1984 i.d.F. 1990: Bilanzierungsfragen bei Zuwendungen, dargestellt am Beispiel finanzieller Zuwendungen der öffentlichen Hand; IDW HFA 2/1996: Zur Bilanzierung privater Zuschüsse, jeweils in: IDW (Hrsg.): IDW Prüfungsstandards (IDW PS), IDW Stellungnahmen zur Rechnungslegung (IDW RS), IDW Standards (IDW S) einschließlich der dazugehörigen Entwürfe, IDW Prüfungs- und Rechnungslegungshinweise (IDW PH und IDW RH), Loseblattausgabe, Band I, Düsseldorf, Stand: 17. Erg.-Lfg. März 2006.

Ralph Höll

Zustimmungspflichtige Geschäfte

Der AR hat die primäre Funktion, den Vorstand, dem die Leitung der Gesellschaft obliegt, zu überwachen (→Überwachungsaufgaben des Aufsichtsrats). Besonderen Nachdruck kann sich der AR dabei durch zustimmungspflichtige Geschäfte verschaffen (Lutter 2002, Sp. 121–124).

Die zustimmungspflichtigen Geschäfte sind in § 111 Abs. 4 AktG kodifiziert. Der AR ist zwar explizit durch Gesetz von der Führung der Geschäfte ausgeschlossen (→Dual- und Boardsystem), durch die Satzung der Gesellschaft oder durch Beschluss des Aufsichtsrats selbst kann sich dieser jedoch durch zustimmungspflichtige Geschäfte die präventive Überwachung der Gesellschaft erleichtern (Hüffer 2002, Rn. 16 zu § 111 AktG, S. 538). Zustimmungspflichtige Geschäfte bedeuten, dass der Vorstand dem AR bestimmte, im Vorhinein festgelegte Geschäfte zur Annahme vorlegt. Der AR berät darüber, ob diese ggf. ein zu großes Risiko für die Gesellschaft darstellen. Es handelt sich hierbei um ein wichtiges Instrument der →Unternehmensüberwachung. Der AR kann seine Zustimmung auch dann versagen, wenn er die Vorgabe des Vorstands zwar für vertretbar hält, er aber selbst eine andere Maßnahme bevorzugen würde (Lutter 2002, Sp. 122).

Die somit begründete zulässige Einflussnahme auf die Geschäftsführung ist in dreierlei Richtung beschränkt. Zum einen bedeutet die Zustimmungserfordernis, dass die Zustimmungsverweigerung zunächst lediglich wie ein Vetorecht wirkt. Darüber hinaus ist es dem AR nicht möglich, eigene Maßnahmen der Geschäftsführung indirekt durch Ablehnung der vorgeschlagenen zustimmungspflichtigen Geschäfte durchzusetzen. Die dritte Beschränkung ist darin zu sehen, dass sich die Zustimmungserfordernis nur auf bestimmte Arten von Geschäften beziehen kann. Dies können zum einen Rechtsgeschäfte sein, zum anderen aber auch unternehmensinterne Leitungsmaßnahmen. Letztere müssen hinsichtlich ihres Konkretisierungsgrades bestimmten Geschäftsarten vergleichbar sein. Eine allgemeine Formulierung wie „alle wesentlichen Geschäfte bedürfen der Zustimmung des Aufsichtsrats" ist mit dem Bestimmtheitserfordernis unvereinbar (Hüffer 2002, Rn. 18 zu § 111 AktG, S. 539).

Zustimmungspflichtige Geschäfte können sich sowohl auf bestimmte Arten als auch auf einzelne Geschäfte erstrecken. Es ist dafür zu sorgen, dass die Leitungsbefugnis des Vorstands weder durch die Art noch die Anzahl der unter Zustimmungsvorbehalt stehenden Geschäfte beschränkt wird (Lutter 2002, Sp. 123).

Verweigert der AR seine Zustimmung, kann gem. § 111 Abs. 4 Satz 3 AktG auf Antrag des Vorstands die fehlende Zustimmung auf Wunsch durch einen Hauptversammlungsbeschluss ersetzt werden. Erforderlich ist hierfür nach § 111 Abs. 4 Satz 4 AktG eine qualifizierte Stimmenmehrheit von $^3/_4$ in der HV (→Haupt- und Gesellschafterversammlung) (Hüffer 2002, Rn. 20 zu § 111 AktG, S. 540). Diese Mehrheit ist gesetzlich festgelegt und kann nicht qua Satzung verändert werden (§ 111 Abs. 4 Satz 5 AktG).

Bei einer →Gesellschaft mit beschränkter Haftung (GmbH) besteht die Pflicht, einen AR zu bilden, wenn sie nach den Regelungen des MitbestG, des Montan-MitbestG oder durch das BetrVerfG dazu verpflichtet ist (→Mitbestimmung). Ist ein AR erforderlich, so greift dann aber auch der Zustimmungsvorbehalt des § 111 Abs. 4 AktG. Im Unterschied zu den Regelungen bei einer AG (→Aktiengesellschaft, Prüfung einer) kommt der Zustimmungsvorbehalt des Aufsichtsrats allerdings nur dann zur Anwendung, wenn der Geschäftsführer nicht aufgrund einer Weisung der Gesellschafterversammlung (→Haupt- und Gesellschafterversammlung) tätig wird. Entgegen der für eine AG geltenden Regelungen bedarf es bei einer verweigerten Zustimmung des Aufsichtsrats zu einer Maßnahme auch nur einer einfachen Mehrheit der Gesellschafterversammlung zur Aufhebung des Vetos (Lutter 2002, Sp. 130).

Empirische Untersuchungen, die die Struktur der zustimmungspflichtigen Geschäfte im AR von Aktiengesellschaften zum Gegenstand hatten, ergaben das folgende Bild: Primär werden die Kataloge zustimmungspflichtiger Geschäfte durch traditionelle kaufmännische Kontrolle, also Liquidität (→Liquiditätscontrolling) und Rentabilität (→Erfolgscontrolling; →Rentabilitätsanalyse), geprägt. Ebenso dominieren juristische Aspekte, wie formgebundene Rechtsgeschäfte, die Kataloge zustimmungspflichtiger Geschäfte. Weniger hingegen unterliegen unternehmensstrategische Entscheidungen der Kontrolle des Aufsichtsrats (Gerum 2004, S. 236).

Literatur: Gerum, E.: Unternehmensordnung, in: Bea, F. X. et al. (Hrsg.): Allgemeine Betriebswirtschaftslehre, 9. Aufl., Stuttgart 2004, S. 225–309; Hüffer, U.: Aktiengesetz, 5. Aufl., München 2002; Lutter, M.: Aufsichtsrat, Prüfungsbefugnisse, in: Ballwieser, W. et al. (Hrsg.): HWRP, 3. Aufl., Stuttgart 2002, Sp. 120–132.

Michael Wehrheim; Thomas Lenz

Zuwendungen →Zuschüsse

ZVEI-Kennzahlensystem →Kennzahlen und Kennzahlensysteme als Kontrollinstrument

Zwangsgeld

Das HGB enthält Zwangsgeldvorschriften im Wesentlichen in den §§ 335, 340n, 341n HGB. Geregelt werden bestimmte Verstöße gegen Pflichten nach HGB bei *KapGes und haftungsbeschränkten* →*Personengesellschaften (PersGes)* (§ 335b HGB), →*Kreditinstituten* sowie →*Versicherungsunternehmen und Pensionsfonds* (auch als Nicht-KapGes). Korrespondierende spezialgesetzliche Regelungen enthalten insb. § 21 Satz 1 Nr. 1–5 PublG, § 50 VAG und § 160 Abs. 1 GenG. Eher unbedeutende Zwangsgelder regeln die §§ 14 (Unterzeichnungspflicht), 37a Abs. 4 sowie 125a Abs. 2 HGB (Firmenangaben in Geschäftsbriefen sowie Vordrucken und Bestellscheinen).

§ 335 HGB sanktioniert die *Missachtung abschließend aufgelisteter Pflichten* mit Zwangsgeld, um das gesetzlich geforderte Verhalten „Erfüllung formeller Pflichten" zu erzwingen. Voraussetzung ist (wie beim →Ordnungsgeld nach HGB) nur ein rechtswidriges Verhalten.

Auf ein schuldhaftes Verhalten kommt es anders als bei →Straf- und Bußgeldvorschriften (§§ 331–334 HGB) nicht an, durch die die materielle Nichteinhaltung bestimmter Einzelpflichten als Ordnungswidrigkeit oder Straftat geahndet wird. Im Einzelfall ist ein Nebeneinander von Zwangsgeld, Ordnungsgeld, Bußgeld und Strafe möglich.

Das *Zwangsgeldverfahren nach* § 335 HGB (s. hierzu §§ 140a Abs. 1 und 132 FGG) wird durch *Antragstellung* ausgelöst. Das zuständige Registergericht (am Sitz der Gesellschaft) *droht* zunächst ein Zwangsgeld (zwischen 5 und 5.000 € je verantwortlichem Mitglied und je Pflichtverletzung) unter Setzung einer 6-Wochen-*Frist für die Pflichtnachholung* an (→Registeraufsicht). Nach Ablauf der Frist ohne Pflichtnachholung hat das Registergericht das Zwangsgeld *festzusetzen* sowie – ohne weitere Antragstellung – die Androhung eines weiteren Zwangsgeldes unter neuerlicher Fristsetzung solange zu *wiederholen*, bis die gesetzlichen Pflichten erfüllt sind, oder *Einspruch* erhoben wird (§ 133 Abs. 2 FGG). Zur Ablehnung des Einspruchs muss sich das Gericht volle Gewissheit über das Vorliegen einer Pflichtverletzung verschaffen. Wird die Pflicht erst zu einem Zeitpunkt erfüllt, zu dem ein Zwangsgeld bereits festgesetzt ist, sind Festsetzungsbeschluss und Kostenentscheidung wieder *aufzuheben*, sofern das Zwangsgeld nicht bereits eingezogen ist.

Zwangsgelder können sich nur *gegen verantwortliche Mitglieder* des vertretungsberechtigten Organs einer KapGes, nicht etwa gegen ein Organ oder die Gesellschaft richten. Dies gilt auch, wenn eine juristische Person zum Abwickler bestellt ist (§ 265 Abs. 2 Satz 3 AktG). Ist die Person ausgeschieden oder verstorben, kann kein Zwangsgeld mehr festgesetzt werden, selbst dann nicht, wenn ein Rechtsnachfolger existiert.

Inhaltlich soll § 335 HGB pflichtgemäßes Verhalten im Hinblick auf die *Aufstellung* eines Jahresabschlusses/Konzernabschlusses und →Lageberichts/→Konzernlageberichts (Nr. 1 und 2), die unverzügliche Erteilung des *Prüfungsauftrags* (→Prüfungsauftrag und -vertrag) (Nr. 3), die gerichtliche →*Bestellung des Abschlussprüfers* (Nr. 4) und die Einhaltung der *Pflichten*, wie Vorlage-, Auskunfts- und Nachweispflicht, *gegenüber dem* →*Abschlussprüfer* (→Auskunftsrechte des Abschlussprüfers) (Nr. 5) erzwingen.

Nr. 1 und 2 fokussieren auf die Erstellung von Unterlagen, nicht auf deren Richtigkeit oder Vollständigkeit. Nr. 3 und 4 betreffen die Beauftragung eines gewählten Abschlussprüfers bzw. die Beantragung einer gesetzlichen Bestellung eines Abschlussprüfers, wenn er nicht rechtzeitig gewählt worden, verhindert oder weggefallen ist oder den Prüfungsauftrag abgelehnt hat (§ 318 Abs. 1 Satz 4 und Abs. 4 Satz 3 HGB).

Antragsberechtigt ist seit Umsetzung des KapCoRiLiG *jedermann* (sog. Jedermann-Verfahren), der das Registergericht glaubhaft auf das Vorliegen eines Verdachtsmoments hinweist (z. B. durch eidesstattliche Versicherung; § 15 Abs. 2 FGG). Ein gestellter Antrag kann nicht zurückgenommen werden (§ 140a Abs. 1 FGG).

Das derzeitige durch das KapCoRiLiG vom 24.2.2000 eingeführte Zwangsgeldverfahren bzw. *Jedermann-Verfahren* geht auf das *EuGH*-Urteil vom 29.9.1998 zurück (EuGH-Urteil vom 29.9.1998, S. 551–562). Darin wird unter Verweis auf das *EuGH*-Urteil vom 4.12.1997 festgestellt, dass das frühere auf Gesellschafter, Gläubiger und Arbeitnehmer beschränkte Antragsrecht in Deutschland die Nichtoffenlegung von Bilanzen deutscher KapGes nicht ausreichend sanktioniert, um den Anforderungen der Ersten RL 68/151/EWG (Art. 6) zu entsprechen. Es wird aber auch bestritten, dass das derzeitige Jedermann-Verfahren der europarechtlichen Vorgabe gerecht wird. Angesichts weiter gehender europarechtlicher Richtlinien, wie die RL 2003/58/EG und die RL 2004/109/EG (sog. Transparenz-RL), sieht sich der deutsche Gesetzgeber neuerlich zum Handeln gezwungen.

Das EHUG wird die Offenlegung sowie sonstige Publizitätspflichten (→Publizität) völlig neu regeln, das deutsche Registerwesen umfassend reformieren und an das „Internetzeitalter" anpassen. Es soll das *Zwangsgeld- und Ordnungsgeldverfahren mit Wirkung zum 1.1.2007 ablösen*. Die entsprechenden Vorschriften des HGB werden aufgehoben.

Ab diesem Zeitpunkt sollen alle deutschen *Handels-, Genossenschafts- und Partnerschaftsregister* zwingend *elektronisch* zu führen und *über Internet einsehbar* sein. Auch sind spätestens ab Ende 2009 die Unterlagen beim zuständigen Amtsgericht zur Eintragung in eines dieser Register *verpflichtend elektronisch einzureichen*. Mittelfristig sollen auch *Bekanntmachungen* von Registereintragungen nur noch via Internet erfolgen statt (zusätzlich) in Tageszeitungen. Es wird ein *neues zentrales Unternehmensregister* als Auskunftsmöglichkeit geschaffen (www.unternehmensregister.de), um die *Einsicht* in alle wesentlichen publikationspflichtigen Daten eines Unternehmens *online* zu ermöglichen. Dieses wird im Wege der Beleihung von einem privatrechtsförmigen Träger geführt, der hierfür auch Gebühren erheben darf. Zur Entlastung der Amtsgerichte soll der *elektronische BAnz.* für die Speicherung und →Offenlegung des Jahresabschlusses eines Unternehmens zuständig sein. Die Zuständigkeit für die Entgegennahme von Abschlüssen wird von den Registergerichten auf den *Betreiber des elektronischen Bundesanzeigers* verlagert, um die Registergerichte von erheblichen justizfernen Aufwand zu entlasten. Der Betreiber *prüft* die Vollständigkeit und Fristgerechtigkeit der eingereichten Unterlagen und untersucht die Inanspruchnahme von Erleichterungsvorschriften im Hinblick auf das Vorliegen der jeweiligen Voraussetzungen. Entsprechende Verstöße werden im elektronischen BAnz. bekannt gemacht. Zugleich wird „die nach § 334 Abs. 4, § 340n Abs. 4 und § 341n Abs. 3 jeweils für die Verfolgung und Ahndung der Ordnungswidrigkeiten zuständige Verwaltungsbehörde unterrichtet" (§ 329 Abs. 4 HGB gem. dem EHUG-ReGE vom 13.3.2006, S. 10).

Wer künftig Einreichungspflichten „nicht, nicht richtig, nicht vollständig, nicht in der vorgeschriebenen Weise oder nicht rechtzeitig" und Bekanntmachungspflichten „nicht, nicht richtig, nicht vollständig, nicht in der vorgeschriebenen Weise oder nicht rechtzeitig" befolgt, handelt nach § 334 Abs. 1a Nr. 1 und 2 HGB (gem. dem EHUG-ReGE vom 15.3.2006, S. 10) *ordnungswidrig*. Der künftige § 334 HGB wird allerdings in Abs. 1a nicht die Tatbestände enthalten, die bislang in § 335 HGB enthalten sind. Diese können nach dem EHUG-ReGE vollständig entfallen, weil ihnen in der registergerichtlichen Praxis kaum Bedeutung zukommt.

Als Verwaltungsbehörden sind das *Bundesamt für Justiz* – im Falle der künftigen §§ 340n, 341n HGB die →*Bundesanstalt für Finanzdienstleistungsaufsicht* (*BaFin*) – zuständig. Sie können den Bußgeldrahmen von bis zu 50.000 € anwenden. Nach den Grundsätzen über *Dauerordnungswidrigkeiten* kann ein fortwährender Verstoß gegen eine rechtskräftig verhängte Geldbuße *wiederholt bußrechtlich geahndet* werden. Der *DAV* warnt diesbezüglich, dass sich die Rechtskraft eines Bußgeldbescheids durch die Betroffenen möglicherweise wesentlich länger herausschieben lässt als eine zweimalige oder gar dreimalige Ordnungsgeldfestsetzungsfrist gem. dem noch geltenden § 335a HGB in Höhe von max. 25.000 € (DAV 2005). Entgegen dieser Bedenken wird es womöglich zu einer höheren Anzahl von Ordnungswidrigkeitsverfahren als Ergebnis der pflichtgemäßen Prüfung des Betreibers des elektronischen Bundesanzeigers kommen als zu Ordnungsgeldverfahren auf Antrag von jedermann, sodass im Ergebnis Verstöße gegen die Einreichungs- und vor allem Publizitätspflichten künftig wohl seltener sein dürften.

Literatur: DAV: Stellungnahme Nr. 31/05 zum Entwurf eines Gesetzes über elektronische Handelsregister- und Genossenschaftsregister sowie das Unternehmensregister (EHUG), Berlin, Mai 2005, http://www.anwaltsverein.de (Download: 30. September 2006); EuGH-Urteil vom 22.4.1999, Aktz. C 272/97, abgedruckt bei Biener, H.: Das neue HGB-Bilanzrecht, Köln 2000, S. 563–567; EuGH-Urteil vom 29.9.1998, Aktz. C 191/95, abgedruckt bei Biener, H.: Das neue HGB-Bilanzrecht, Köln 2000, S. 551–562; Hoyos, M./Huber, H.-P.: Kommentierung des § 335a HGB, in: Ellrott. H. et al. (Hrsg.): BeckBilKomm, 6. Aufl., München 2006; Keidel, T./Kuntze, J./Budde, L.: Freiwillige Gerichtsbarkeit: Kommentar zum Gesetz über die Angelegenheiten der freiwilligen Gerichtsbarkeit, 15. Aufl., München 2003; Pfennig, G.: Kommentierungen des § 335a HGB, in: Küting, K./Weber, C.-P. (Hrsg.): HdR-E, Loseblattausgabe, 5. Aufl., Stuttgart, Stand: 1. Erg.-Lfg. September 2005.

Peter Lorson

Zwangsreserven →Stille Reserven und Lasten

Zweckaufwand →Kostenartenrechnung

Zweckerträge →Erträge; →Kostenartenrechnung

Zweckmäßigkeitsprüfung →Wirtschaftlichkeits- und Zweckmäßigkeitsprüfung

Zweckverband →Öffentliche Unternehmen

Zweigniederlassungsbericht

Im Rahmen des →Lageberichts ist gem. § 289 Abs. 2 Nr. 4 HGB auf bestehende Zweigniederlassungen der Gesellschaft einzugehen.

Als Zweigniederlassungen i. S. d. HGB werden solche in- und ausländischen Unternehmensteile bezeichnet, die allein nicht rechtsfähig sowie von der Hauptniederlassung räumlich getrennt sind. Im Innenverhältnis sind sie weisungsgebunden und treten im entsprechenden organisatorischen Rahmen nachhaltig nach außen selbstständig auf. Sinn und Zweck des Zweigniederlassungsberichts ist es Informationen über die Kunden- und Lieferantennähe darzustellen.

Dem Lageberichtsadressaten soll mithilfe der Angaben im Zweigniederlassungsbericht ein besserer Einblick von der Lage der Gesellschaft (→wirtschaftliche Verhältnisse) und damit eine Erleichterung der wirtschaftlichen Gesamtbeurteilung ermöglicht werden (Marten/Quick/Ruhnke 2003, S. 545). Der Umfang der Erläuterungen hängt von der Bedeutung der Zweigniederlassung für die Beurteilung der wirtschaftlichen Lage (→Vermögenslage, →Finanzlage, →Ertragslage) der Gesellschaft ab (IDW 2006, Abschn. F., Rn. 899, S. 688). Eine gesetzlich vorgeschriebene Form der Darstellung ist nicht vorgeschrieben.

Die Pflicht zur Prüfung des Zweigniederlassungsberichts ergibt sich aus § 316 Abs. 1 HGB (→Jahresabschlussprüfung), wonach der JA und der Lagebericht durch einen →Abschlussprüfer (APr) zu prüfen sind.

Während die Bestandteile des Lageberichts i. S. d. § 289 Abs. 2 Nr. 1–3 HGB prognostischen Charakter haben, hat der APr bei der Prüfung des Zweigniederlassungsberichts nicht die Plausibilität (→Plausibilitätsprüfungen; →Prognose- und Schätzprüfung), sondern die Vollständigkeit der gemachten Angaben in Bezug auf die bestehenden Zweigniederlassungen des Unternehmens zu prüfen (→Fehlerarten in der Abschlussprüfung).

Zweigniederlassungen sind nach §§ 13 ff. HGB in das HR einzutragen (→Registeraufsicht). Die aktuellen HR-Auszüge der Gesellschaft (→Registerauszüge) dienen daher zunächst als Prüfungsunterlage (→Prüfungsnachweise). Da die Eintragung jedoch nur deklaratorische Wirkung hat, hat der APr darüber hinaus zu untersuchen, ob auch bisher nicht eingetragene Unternehmensteile die Voraussetzungen für Zweigniederlassungen erfüllen. Für den APr könnten, insb. bei weltweit agierenden Unternehmen, sich Schwierigkeiten ergeben zu prüfen, ob die Kriterien für das Vorliegen einer Zweigniederlassung im Einzelnen erfüllt sind.

Darüber hinaus sollte der APr, insb. im Hinblick auf ausländische Niederlassungen, rechtzeitig organisatorische Maßnahmen ergreifen, um möglichst frühzeitig und vollständig durch die Geschäftsleitung über Veränderungen der Zweigniederlassungen (bspw. Änderung der Firmierung, Standortwechsel, Neugründung oder Schließung) informiert zu werden (Fey 1994, S. 485 ff.).

Sofern Unternehmen im Lagebericht neben den angabepflichtigen Zweigniederlassungen auch über nicht angabepflichtige Geschäftsstellen berichten, was als zulässig angesehen wird, entfällt die Abgrenzungsproblematik für den APr.

Sollte das Unternehmen jedoch ausschließlich über Zweigniederlassungen berichten, so wird es als vertretbar angesehen, wenn sich der APr bei der Prüfung i. S. d. § 317 Abs. 1 Satz 3 HGB auf diejenigen Unternehmensteile konzentriert, die für die Beurteilung der wirtschaftlichen Lage des Unternehmens quantitativ (bspw. aufgrund des erheblichen Umfangs der Geschäftstätigkeit) oder qualitativ (z. B. aufgrund der geographischen Verbreitung, Kerngeschäft) von wesentlicher Bedeutung sind (ADS 1995, Rn. 127 zu § 289 HGB).

Der APr sollte im Rahmen der Prüfung darauf achten, dass die Form der Berichterstattung sich an der Anzahl der Zweigniederlassungen und dem Sinn und Zweck der Lageberichterstattung orientiert.

In Bezug auf weiterführende Angaben, die über die Anforderungen an den Zweigniederlassungsbericht hinausgehen, hat der APr die allgemeinen Prüfungsgrundsätze (→Grundsätze ordnungsmäßiger Abschlussprüfung) anzuwenden.

Der APr hat sich abschließend im Rahmen der →Vollständigkeitserklärung von der Unternehmensleitung eine Bestätigung über die Vollständigkeit der gemachten Angaben geben zu lassen (IDW 1/1988, Abschn. D II 4 c3).

Literatur: ADS: Rechnungslegung und Prüfung der Unternehmen, Teilband 2, 6. Aufl., Stuttgart 1995; Fey, G.: Die Angabe bestehender Zweigniederlassungen im Lagebericht nach § 289 Abs. 2 Nr. 4 HGB, in: DB 47 (1994), S. 485–487; IDW (Hrsg.): IDW Fachgutachten: Grundsätze ordnungsmäßiger Durchführung von Abschlussprüfungen (IDW FG 1/1988), in: WPg 42 (1989), S. 9–19; IDW (Hrsg.): WPH 2006, Band I, 13. Aufl., Düsseldorf 2006; Marten, K.-U./Quick, R./Ruhnke, K.: Wirtschaftsprüfung, 2. Aufl., Stuttgart 2003; Tesch, J./Wißmann, R.: Lageberichterstattung nach HGB, Weinheim 2006.

Heiko Engelhardt

Zweikreissystem →Kontenrahmen, Wahl des

Zweischneidigkeit der Bilanz
→Flexibilitätsanalyse des bilanzpolitischen Instrumentariums

Zwischenabschlüsse

Die deutschen Rechnungslegungsvorschriften verwenden den Begriff Zwischenabschluss im Bereich der jährlichen Konzernrechnungslegung und bei der →Zwischenberichterstattung nach DRS 6, die unterjährig zu erstellende Quartals- und Halbjahresabschlüsse betrifft. Die nachfolgenden Ausführungen betreffen die Zwischenabschlüsse, die u. U. im Rahmen der jährlichen Konzernrechnungslegung zu erstellen sind.

Der Konzernabschluss ist gem. § 299 Abs. 1 HGB auf den Stichtag des Mutterunternehmens aufzustellen. Folgerichtig fordert § 299 Abs. 2 HGB daher, dass auch die Jahresabschlüsse der in den Konzernabschluss einbezogenen Unternehmen auf den Stichtag des Konzernabschlusses aufgestellt werden sollten. Soweit dies bei einbezogenen Tochterunternehmen nicht der Fall ist und der Stichtag des Jahresabschlusses des Tochterunternehmens um mehr als 3 Monate vor dem Stichtag des Konzernabschlusses liegt, hat das Tochterunternehmen einen gesonderten Zwischenabschluss auf den Stichtag und für den Zeitraum des Konzernabschlusses zu erstellen.

Soweit der Stichtag des Jahresabschlusses des Tochterunternehmens um weniger als 3 Monate vor dem Stichtag des Konzernabschlusses liegt, sind Vorgänge von besonderer Bedeutung für die →Vermögenslage, →Finanzlage und →Ertragslage (→wirtschaftliche Verhältnisse) eines in den Konzernabschluss einbezogenen Unternehmens, die zwischen dem Abschlussstichtag dieses Unternehmens und dem Abschlussstichtag des Konzernabschlusses eingetreten sind, in der Konzernbilanz und der Konzern-GuV zu berücksichtigen oder im →Konzernanhang anzugeben. (§ 299 Abs. 3 HGB). Bei den Vorgängen handelt es sich damit um Vorgänge, die zwischen den beiden Bilanzstichtagen stattgefunden haben (zeitliche Abgrenzung) und die wesentlich im Verhältnis zur Vermögens-, Finanz- und Ertragslage der beteiligten Unternehmen sind (sachliche Abgrenzung). Bei der Feststellung der Wesentlichkeit ist somit nicht auf die Vermögens-, Finanz- und Ertragslage des Konzerns (→Konzernarten) abzustellen, sondern auf die betroffenen Jahres- bzw. →Einzelabschlüsse. Hierbei ist sicherzustellen, dass kein wesentlicher Informationsverlust durch das Nichtaufstellen eines Zwischenabschlusses eintritt (IDW 2006, Abschn. M, Rn. 155–156, S. 1164–1165).

Ist ein Zwischenabschluss zu erstellen, sind bei dessen Erstellung die gesetzlichen Vorschriften zu beachten. I.d.R. besteht der Zwischenabschluss aus einer Bilanz und →Gewinn- und Verlustrechnung (GuV) sowie aus ergänzenden Erläuterungen. Die ergänzenden Erläuterungen beinhalten alle diejenigen Informationen, die für die Erstellung eines vollständigen und korrekten →Konzernlageberichts und -anhangs erforderlich sind.

Für Ansatz und Bewertung (→Ansatzgrundsätze; →Bewertungsgrundsätze) der →Vermögensgegenstände und →Schulden kommen gem. den §§ 300 und 308 HGB die Bilanzierungs- und Bewertungsvorschriften des Mutterunternehmens zur Anwendung. Wie jeder JA muss auch ein Zwischenabschluss jederzeit aus den Büchern und sonstigen Unterlagen der Gesellschaft ableitbar sein (→Grundsätze ordnungsmäßiger Buchführung, Prüfung der; →Buchführungstechnik und Prüfungsmethoden). Grundsätzlich besteht somit kein Unterschied zwischen den qualitativen Anforderungen an einen Zwischenabschluss oder einen JA. Da ein Zwischenabschluss jedoch weder Grundlage für die steuerliche Gewinnermittlung (→Gewinnermittlungsmethoden, steuerrechtliche) ist, noch für die Ermittlung des ausschüttungsfähigen Gewinns, wird auch die Anwendung vereinfachter Verfahren für den Ansatz und die Bewertung der Vermögensgegenstände und Schulden des betreffenden Konzernunternehmens für vertretbar gehalten. Dies gilt allerdings nur, soweit durch diese vereinfachten Verfahren die Darstellung der Vermögens-, Finanz- und Ertragslage des Konzerns (→True and Fair View) nicht beeinträchtigt wird (IDW 2006, Abschn. M, Rn. 146, S. 1163).

Besonderheiten sind bei der Erstellung von Zwischenabschlüssen insb. bei der Behandlung der Ertragsteuern (→Steueraufwand) und von →Aufwendungen und Erträgen zu beachten, die dem Ergebnis der gewöhnlichen Geschäftstätigkeit zuzurechnen sind und regelmäßig erst zum Ende des Geschäftsjahres anfallen sowie bei der Behandlung →außerordentlicher Aufwendungen und Erträge.

Die Besonderheiten bei der Ermittlung des zu versteuernden Ergebnisses ergeben sich dadurch, dass sich grundsätzlich das zu versteuernde Ergebnis des Tochterunternehmens aus dessen JA für dessen Geschäftsjahr ergibt. Die GuV des Zwischenabschlusses auf den Stichtag des Konzernabschlusses setzt sich dagegen aus der Summe der Ergebnisse zweier Teilgeschäftsjahre zusammen. Als Lösungen werden zwei mögliche Verfahren vorgeschlagen: Die erste Vorgehensweise besteht darin, dass das tatsächliche zu versteuernde Ergebnis aus der GuV des Zwischenabschlusses der Ertragsteuerberechnung zugrunde gelegt wird. Die zweite Vorgehensweise nimmt zum einen den tatsächlichen →Steueraufwand aus dem abgelaufenen Geschäftsjahr des Tochterunternehmens, soweit dieser auf das Konzerngeschäftsjahr entfällt, zzgl. des geschätzten Steueraufwands für das Tochterunternehmen soweit es auf den zweiten Teilabschnitt des Konzerngeschäftsjahres entfällt. Hinsichtlich der Berechnung der →latenten Steuern gem. § 274 HGB ergeben sich bei der Erstellung eines Zwischenabschlusses keine Besonderheiten (IDW 2006, Abschn. M, Rn. 147–151, S. 1163–1164).

Aufwendungen und Erträge, die dem Ergebnis der gewöhnlichen Geschäftstätigkeit zuzurechnen sind, keinen saisonalen Charakter haben und regelmäßig erst zum Geschäftsjahresende anfallen, sind zeitanteilig zu berücksichtigen (DRS 6.20).

Für ao. Aufwendungen und Erträge gilt, dass sie der Periode zuzuordnen sind, in der sie realisiert werden (DRS 6.23). Eine Glättung oder Verteilung kommt nicht in Betracht.

Im Rahmen der Prüfung des Konzernabschlusses (→Konzernabschlussprüfung) sind Zwischenabschlüsse von Konzernunternehmen zu prüfen wie einbezogene Jahres- bzw. Einzelabschlüsse. Unterschiede in der Prüfungstiefe bestehen grundsätzlich nicht. Es gilt die Vorschrift des § 317 Abs. 3 Satz 1 i.V.m. Abs. 1 HGB, nach der der →Abschlussprüfer

(APr) des Konzernabschlusses auch die im Konzernabschluss zusammengefassten Jahres- bzw. Einzelabschlüsse unter Einbeziehung der Buchführung zu prüfen hat. Auch wenn in § 317 HGB nicht ausdrücklich Zwischenabschlüsse genannt werden, sind diese den Jahresabschlüssen gleichzustellen. Aufgrund der vorstehend beschriebenen Besonderheiten bei der Aufstellung von Zwischenabschlüssen (Zusammenfassung zweier Teilgeschäftsjahre; besondere Abgrenzungen) ist deren Prüfung üblicherweise sogar zeitaufwendiger.

Literatur: IDW (Hrsg.): WPH 2006, Band I, 13. Aufl., Düsseldorf 2006.

Hans-Jochen Lorenzen

Zwischenberichterstattung

Durch die Zwischenberichterstattung informiert die Unternehmensleitung die übrigen Unternehmensorgane und die interessierte Öffentlichkeit unterjährig über die Unternehmensentwicklung.

Börsennotierte Aktiengesellschaften (→Aktiengesellschaft, Prüfung einer) haben die gesetzliche Verpflichtung, Zwischenberichte zu erstellen und zu veröffentlichen (§ 40 BörsG). Weitere Regelungen zur Zwischenberichterstattung finden sich in DRS 6 und in IAS 34 sowie in § 90 AktG für Berichte an den AR (→Berichterstattungspflichten des Vorstands) und im InvG für →Kapitalanlagegesellschaften (KAGes).

Für Gesellschaften, deren Aktien zur amtlichen Notierung an einer Wertpapierbörse zugelassen sind, schreibt die RL 82/121/EWG des *Europäischen Rates* vom 15.2.1982 vor, welche Informationen regelmäßig zu veröffentlichen sind. Die Regelungen dieser Richtlinie wurden durch die Anpassung des BörsZulG vom 16.12.1986 und der BörsZulV vom 15.4.1987 in deutsches Recht umgesetzt. Nach § 40 BörsG in der Fassung vom 21.6.2002 gilt: „Der Emittent zugelassener Aktien ist verpflichtet, innerhalb des Geschäftsjahres regelmäßig mindestens einen Zwischenbericht zu veröffentlichen, der anhand von Zahlenangaben und Erläuterungen ein den tatsächlichen Verhältnissen entsprechendes Bild der Finanzlage und des allgemeinen Geschäftsgangs des Emittenten im Berichtszeitraum vermittelt". Muttergesellschaften haben darüber hinaus im Rahmen der Zwischenberichterstattung für den Konzern (→Konzernarten) die Regelungen des DRS 6 zu beachten.

Die Vorschriften zur Zwischenberichterstattung des DRS 6 sind von Konzernunternehmen zu beachten, die nach gesetzlichen Vorschriften verpflichtet sind, Zwischenberichte zu erstellen. Sie sollen von Konzernunternehmen beachtet werden, die freiwillig solche Berichte veröffentlichen. Vollumfänglich anzuwenden waren die Vorschriften erstmalig für Geschäftsjahre, die nach dem 31.12.2003 begannen.

Regelmäßige, zeitnahe und verlässliche Informationen über die →Vermögenslage, →Finanzlage und →Ertragslage eines Unternehmens zu geben, ist das Ziel der Zwischenberichterstattung nach DRS 6. Zwischenberichte sind daher jeweils zum Stichtag der ersten 3 Quartale eines Geschäftsjahres auf konsolidierter Basis aufzustellen.

Gem. DRS 6.13 hat ein Zwischenbericht mindestens zu enthalten:

- eine →Gewinn- und Verlustrechnung (GuV) für das zum Stichtag endende Quartal und eine für die Zeit vom Beginn des Geschäftsjahres an bis zum Stichtag fortgeführte Gewinn- und Verlustrechnung mit vergleichenden GuV für die entsprechenden Zeiträume des vorangegangenen Geschäftsjahres (→Vergleichsangaben über Vorjahre),
- eine Bilanz zum Stichtag des Zwischenberichtszeitraums und eine Bilanz zum Stichtag des vorangegangenen Geschäftsjahres,
- eine →Kapitalflussrechnung vom Beginn des Geschäftsjahres bis zum Stichtag des Zwischenberichts und den entsprechenden Zeitraum des vorangegangenen Geschäftsjahres,
- erläuternde Angaben zum →Zwischenabschluss und
- Angaben zum Geschäftsverlauf und der voraussichtlichen Entwicklung des Geschäftsjahres.

Soweit es die Vermittlung eines den tatsächlichen Verhältnissen entsprechenden Bildes der Vermögens-, Finanz- und Ertragslage und das Verständnis für die geschäftliche Tätigkeit fördert (→True and Fair View), dürfen Unternehmen darüber hinausgehende Informationen in die Zwischenberichterstattung aufnehmen. Hierbei sollten die Bilanzen, die Gewinn- und Verlustrechnungen und die Kapitalflussrechnungen die wesentlichen Posten enthalten, die ebenfalls im letzten JA ausgewiesen wurden.

Im Zwischenbericht sollten grundsätzlich die gleichen Bilanzierungs- und Bewertungsmethoden (→Ansatzgrundsätze; →Bewertungsgrundsätze) sowie Konsolidierungsgrundsätze (→Konsolidierungsformen) angewandt werden wie im jeweils letzten JA (→Stetigkeit).

Gewöhnliche →Aufwendungen und Erträge sind im Zwischenbericht zeitanteilig anzusetzen.

Ao. Erträge sind in dem Zwischenberichtszeitraum auszuweisen, indem sie realisiert werden, ao. Verluste dagegen in dem Zwischenberichtszeitraum in dem sie verursacht wurden (→Außerordentliche Aufwendungen und Erträge).

Die erläuternden Angaben (→Anhang; →Angabepflichten) zum Zwischenbericht sollten enthalten:

- Hinweis auf die Anwendung der gleichen Bilanzierungs- und Bewertungsmethoden,
- soweit die Bilanzierungs- und Bewertungsmethoden geändert wurden, eine Beschreibung der art- und betragsmäßigen Auswirkung der Änderung (→Änderung der Bilanzierungs- und Bewertungsmethoden),
- Angaben zu Geschäftsvorfällen, die von besonderer Bedeutung für die Gesellschaft waren,
- Angaben zu Änderungen des →Eigenkapitals und gezahlter bzw. vorgeschlagener Zwischendividenden (→Ergebnisverwendung; →Ergebnisverwendung, Vorschlag für die),
- Erläuterung der Auswirkung von Änderungen des →Konsolidierungskreises sowie von Restrukturierungsmaßnahmen und Einstellung von Geschäftszweigen (→Discontinued Operations),
- Angabe wesentlicher →Investitionen sowie Forschungs- und Entwicklungsaktivitäten (→Forschungs- und Entwicklungsbericht),
- Ergebnis je Aktie,
- Segmentumsatzerlöse und Segmentergebnis (→Segmentberichterstattung),
- Zahl der Arbeitnehmer und

- Hinweis darauf, dass der Zwischenbericht in Übereinstimmung mit den Regelungen des DRS 6 erstellt wurde.

Soweit eine →prüferische Durchsicht des Zwischenberichts stattgefunden hat, ist über das Ergebnis dieser Prüfung zu berichten.

Bei der Darstellung des Geschäftsverlaufs und der Lage des Unternehmens ist i.d.R. auch einzugehen auf

- Risiken der künftigen Entwicklung (→Chancen und Risiken der künftigen Entwicklung),
- Vorgänge von besonderer Bedeutung, die nach dem Stichtag stattgefunden haben (→Ereignisse nach dem Abschlussstichtag),
- Auftragslage,
- →Kosten und →Erlöse sowie
- saisonale Schwankungen.

Zwischenberichte müssen gem. DRS 6.30 spätestens 60 Tage nach dem Stichtag veröffentlicht werden.

Im Wesentlichen wurden die Regelungen des IAS 34 [→International Financial Reporting Standards (IFRS)] bei der Erstellung des vorstehend beschriebenen DRS 6 durch das →Deutsche Rechnungslegungs Standards Committee e.V. (DRSC) übernommen. Der IAS 34 wurde bereits 1998 veröffentlicht und war erstmals anzuwenden auf Zwischenberichte für Stichtage nach dem 1.1.1999.

Ergänzend zu den Vorschriften des DRS 6 enthält der IAS 34 u.a. Regelungen zur Ermittlung des →Steueraufwands und zur vereinfachenden Anwendung von Schätzwerten (→Schätzwerte, Prüfung von), insb. bei der Ermittlung von Pensionsrückstellungen (→Pensionsverpflichtungen) und den Zeitwerten für →Sachanlagen und Anlageimmobilien (→Zeitwerte, Prüfung von; →Fair Value).

Gem. § 90 Abs. 1 und 2 AktG hat der Vorstand dem AR jährlich bzw. halbjährlich i.S.e. Zwischenberichterstattung zu berichten über (→Berichterstattungspflichten des Vorstands):

- die beabsichtigte Geschäftspolitik und andere grundsätzliche Fragen der Unternehmensplanung (→Planung),
- die Rentabilität der Gesellschaft (→Rentabilitätsanalyse),

Zwischenbetrieblicher Vergleich

- den Gang der Geschäfte und die Lage der Gesellschaft sowie
- Geschäfte von erheblicher Bedeutung.

Darüber hinaus kann jedes Aufsichtsratsmitglied jederzeit einen Bericht vom Vorstand über Angelegenheiten der Gesellschaft verlangen (§ 90 Abs. 3 AktG).

KAGes haben für jedes Sondervermögen u. a. einen Halbjahresbericht und, wenn ein Sondervermögen von einer KAGes auf eine andere KAGes übertragen wird, einen Zwischenbericht zu erstellen und zu veröffentlichen (§ 44 Abs. 2 und 3 InvG).

Der Halbjahresbericht hat eine Vermögensaufstellung zu enthalten sowie eine Übersicht über die während des Berichtszeitraums abgeschlossenen Geschäfte, soweit sie nicht mehr in der Vermögensaufstellung erscheinen. Der Halbjahresbericht ist um eine Ertrags- und Aufwandsrechnung und eine Entwicklungsrechnung zu ergänzen, wenn im Berichtszeitraum Zwischenausschüttungen erfolgt sind.

In einem Zwischenbericht wird die Übertragung des Verwaltungsrechts an einem Sondervermögen von einer KAGes auf eine andere KAGes dokumentiert. Hierbei wird eine stichtagsbezogene Bestandsaufnahme durchgeführt, ohne die Ertrags- und Aufwandskonten abzuschließen oder die →stillen Reserven und Lasten zu realisieren. Die Salden werden von der übernehmenden KAGes fortgeführt.

Literatur: IDW (Hrsg.): WPH 2006, Band I, 13. Aufl., Düsseldorf 2006.

Hans-Jochen Lorenzen

Zwischenbetrieblicher Vergleich
→Überbetriebliche Vergleiche; →Betriebswirtschaftlicher Vergleich

Zwischenkalkulation →Kalkulation;
→Selbstkostenermittlung

Zypern

Der Berufsstand des Wirtschaftsprüfers ist in Zypern weitgehend selbstreguliert. Das Institut der Wirtschaftsprüfer Zyperns (*ICPAC*) ist die einzige Stelle in Zypern, die dazu befugt ist, als Regulierungs- und Aufsichtsbehörde in Bezug auf die Aktivitäten der WP tätig zu sein. Das *ICPAC* unterstützt und fördert als Organisation die Berufsinteressen der WP und schützt ihren Ruf. Es überwacht und kontrolliert seine Mitglieder und fördert deren Berufsethos mittels eines von ihm aufgestellten Verhaltenskodex. Das *ICPAC* sieht seine vorrangige Aufgabe darin, seine Mitglieder i.V.m. der Ausübung ihrer beruflichen Aktivitäten zu informieren und zu beraten.

Das *ICPAC* wurde 1961 gegründet und hat derzeit ca. 1.650 Mitglieder. Es ist überall im wirtschaftlichen und sozialen Leben Zyperns präsent und steht in enger Zusammenarbeit mit der Regierung und den staatlichen Behörden, der Zentralbank, der zyprischen Börse, der Börsenaufsichtsbehörde, der Universität von Zypern und anderen Stellen. Darüber hinaus unterhält das Institut als Mitglied u. a. in der →*International Federation of Accountants* (*IFAC*) und der →*Fédération des Expertes Comptables Européens* (*FEE*) sowie in diversen EU-Ausschüssen intensive Kooperationsbeziehungen zu internationalen Organisationen.

Um in der Republik Zypern den Beruf des Wirtschaftsprüfers ausüben zu können, muss die betreffende Person im *ICPAC*-Mitgliederverzeichnis eingetragen sein und über eine Eintragungsbescheinigung verfügen sowie eine vom *ICPAC* ausgestellte Berufslizenz als WP vorweisen können.

Die RL 2006/43/EG vom 17.5.2006 (sog. novellierte APr-RL) wird erhebliche Auswirkungen auf den rechtlichen Rahmen haben, in dem WP in Zypern und auch in der EU generell arbeiten. Diese Veränderungen werden sich in erster Linie in Folgendem zeigen:

- Einführung der Vorgabe zur ständigen beruflichen Weiterentwicklung. Dies ist ein für die Sicherung eines hohen Qualitätsniveaus der Prüfungsleistungen maßgeblicher Faktor. Das *ICPAC* hat sich bereits zur Übernahme des *Professional Development Scheme* (Plan zur beruflichen Weiterentwicklung) entschlossen, der mit dem relevanten Standard der *IFAC* kompatibel ist.

- Die Pflicht für WP, sich einem den Berufsstand betreffenden Ehrenkodex zu unterwerfen, der auf dem *IFAC Code of Ethics* basiert. Das *ICPAC* hat dies 2002 umgesetzt.

- Die Implementierung der →International Standards on Auditing (ISA). Auch in diesem Hinblick hat das *ICPAC* durch Übernahme dieser Standards bereits im Jahr 1981 eine Vorreiterrolle übernommen.

- Die Existenz eines Systems zur Qualitätskontrolle in der Wirtschaftsprüfung (Audit Monitoring). Das *ICPAC* startete das Audit Monitoring in Zypern im Januar 2005.
- Die Einrichtung eines unabhängigen *Public Oversight Board* im Rahmen der Berufsaufsicht. Das *ICPAC* hat sich mit der Gründung eines *Public Oversight Board* im Rahmen der EU-Vorgaben unter Beteiligung aktiver Mitglieder des Berufsstandes einverstanden erklärt.

Das zyprische Gesellschaftsrecht gibt den rechtlichen Rahmen für die Prüfung von Abschlüssen vor. Im Oktober 2003 wurden zur Harmonisierung des Gesetzes mit den EU-Richtlinien maßgebliche Änderungen daran vorgenommen. Nunmehr muss u. a. jedes Unternehmen einen APr bestellen, wobei aber gleichzeitig Ausnahmen für Kleinbetriebe (auf der Grundlage von Umsatzerlösen, Mitarbeiterzahl und Bilanzsumme) eingeführt wurden. In der Praxis wurden die Ausnahmen bislang nicht angewandt, da das UStG Zyperns von allen Unternehmen die Erstellung von Abschlüssen nach allgemein anerkannten Rechnungslegungsgrundsätzen verlangt, die nach ebendiesen Grundsätzen von Personen geprüft werden, welche nach dem Gesellschaftsrecht hierzu autorisiert sind.

Die im Oktober 2003 vorgenommenen Änderungen des zyprischen Gesellschaftsrechts brachten darüberhinaus signifikante Veränderungen im Hinblick auf die Erstellung von Abschlüssen für in Zypern eingetragene Unternehmen. Hierbei ist hervorzuheben, dass heute alle Unternehmen ihre (Konzern-) Abschlüsse nach den →International Financial Reporting Standards (IFRS) zu erstellen haben.

Costas Georghadjis; Gabi Joachim